Fezer
Markenrecht

Band 13 b

# Markenrecht

Kommentar zum Markengesetz,
zur Pariser Verbandsübereinkunft
und zum Madrider Markenabkommen

Dokumentation des nationalen,
europäischen und internationalen Kennzeichenrechts

### Dr. Karl-Heinz Fezer
Ordinarius an der Universität Konstanz
Honorarprofessor an der Universität Leipzig
Richter am Oberlandesgericht Stuttgart

auf der Grundlage von
### Baumbach/Hefermehl
Warenzeichenrecht
12. Auflage 1985

Zweite, neubearbeitete Auflage

## Verlag C. H. Beck München 1999

Die Deutsche Bibliothek – CIP-Einheitsaufnahme

*Fezer, Karl-Heinz:*
Markenrecht : Kommentar zum Markengesetz, zur Pariser Verbandsübereinkunft und zum Madrider Markenabkommen ; Dokumentation des nationalen, europäischen und internationalen Kennzeichenrechts / Karl-Heinz Fezer. Auf der Grundlage von Baumbach/Hefermehl, Warenzeichenrecht. – 2., neubearb. Aufl. – München : Beck, 1999
  (Beck'sche Kurz-Kommentare ; Bd. 13 b)
  ISBN 3 406 44496 2


ISBN 3 406 44496 2

Druck der C.H. Beck'schen Buchdruckerei, Nördlingen,
Gedruckt auf säurefreiem
alterungsbeständigem Papier (hergestellt aus chlorfrei gebleichtem Zellstoff)

# Vorwort

Aufgabe der zweiten Auflage des Kommentars zum MarkenG ist es, eine *aktuelle Bestandsaufnahme* zur Anwendung des MarkenG und zu seiner Umsetzung in der Markenrechtspraxis und zu seiner Diskussion in der Markenrechtswissenschaft vorzulegen. Dem Gebot einer richtlinienkonformen Auslegung folgend, ist die Kommentierung in erster Linie an den *Leitentscheidungen des EuGH*, wie etwa den Grundsatzurteilen *Sabèl/Puma, Silhouette, Canon* und *BMW*, inhaltlich ausgerichtet. Zahlreiche *Grundsatzurteile des BGH*, namentlich zu den absoluten Schutzhindernissen und zu den Kollisionstatbeständen, aber auch zum Markenverfahrensrecht und zum Übergangsrecht, prägen die Kommentierung. Der Rechtsprechung des BGH ist es weithin gelungen, die in der Markenrechtsrichtlinie enthaltenen Innovationen aufzunehmen und in ersten Schritten rechtsfortbildend umzusetzen. Die restriktive *Eintragungspraxis des DPMA* und die sie weithin billigende *Rechtsprechung des BPatG* zur Schutzfähigkeit insbesondere von Werbewörtern und Werbeslogans, Farbmarken und Formmarken bedarf dringend einer Kurskorrektur, zumal die ausdrücklich von der *BONUS*-Entscheidung des BGH abweichende *ADVANTAGE*-Entscheidung des BPatG einen offenen Dissens zur höchstrichterlichen Rechtsprechung bedeutet. Die mit einer in diesem Kommentar empfohlenen extensiven Eintragungspraxis verbundene Entlastung des Registerverfahrens verlagert bestimmte Entscheidungen über markenrechtliche Fallkonstellationen in den Verletzungsprozeß vor den ordentlichen Gerichten, denen aufgrund der Aktualität der konkreten Markenkollisionen sachnäher zu urteilen möglich ist.

Detailanalysen der Kommentierung gelten der Eintragungspraxis der *neuen Markenformen* wie der Farbmarke, der Formmarke und der Hörmarke, der Entwicklung neuer Markenformen wie der Positionsmarke und der virtuellen Marke neben den in der Praxis noch kaum realisierten olfaktorischen, gustatorischen und haptischen Marken sowie den multimedialen Marken. Der Kommentar stellt ein Plädoyer für einen *weiten Markenbegriff* dar, nach dem jedes *Kommunikationszeichen über unternehmerische Leistungen* im Wirtschaftsverkehr grundsätzlich markenfähig ist.

Im *Recht der geschäftlichen Bezeichnungen* erhielten wesentliche Teile der Kommentierung eine neue Konzeption. Im *Werktitelrecht* wird eine Rechtsfortbildung dahin beschrieben, das Prinzip der strengen Akzessorietät zu lockern, um eine angemessene wirtschaftliche Verwertung des Werktitels als eines immaterialgüterrechtlichen Wirtschaftsgutes zu gewährleisten. Die Auswirkungen einer solchen Neuorientierung auf den Werkbegriff und die Werkarten, auf die Werktitelfähigkeit und die neuen Werktitelformen sowie auf die Entstehung des Werktitelschutzes und den Werktitelhandel werden dargestellt. Im Recht der *Firma* und der *besonderen Geschäfts- oder Unternehmensbezeichnung* wird die namensmäßige Unterscheidungskraft im Sinne einer kennzeichenrechtlichen Unterscheidungseignung fortgeschrieben und neue Formen der geschäftlichen Bezeichnungen, wie Buchstabenzeichen, Zahlenzeichen und Bildzeichen, anerkannt.

Mehrere Rechtsbereiche wurden neu in die Kommentierung aufgenommen: das *internationale Markenprivatrecht*, das *internationale Markenprozeßrecht*, die *vorprozessuale Abmahnung* und der *einstweilige Rechtsschutz*. Eine eingehende Darstellung erfuhr das Recht der *Domainnamen* und damit der Rechtsschutz der *Kennzeichen im Internet*.

Die chronologische Voranstellung der *Entscheidungen zum MarkenG* bewährte sich als ein erster Überblick über die Rechtsentwicklung und wurde beibehalten. Ab der nächsten Auflage werden nur noch die Entscheidungen vorangestellt, die innerhalb des Zeitraums zwischen den Auflagen ergangen sind.

Die aktualisierte *Dokumentation* des nationalen, europäischen und internationalen Kennzeichenrechts bildet mit der ersten Auflage eine Einheit. Die Gesetzesbegründungen zum Markenrechtsreformgesetz und Markenrechtsänderungsgesetz wurden nicht mehr aufgenommen. Das PMMA und die AusfO MMA/PMMA wurden nicht mehr in der englischen und französischen, sondern nur noch in der deutschen Fassung abgedruckt. Neu aufgenommen wurde der Markenrechtsvertrag (TLT) und die AusfO TLT. Das Verordnungsrecht der EG wurde erweitert. Zum Recht der Ursprungsbezeichnungen und geographi-

# Vorwort

schen Angaben wurde eine nach Mitgliedstaaten und Erzeugnissen geordnete Übersicht über die Kennzeichen mit gemeinschaftsweitem Schutz erstellt, die in der EU, soweit ersichtlich, die einzige Gesamtveröffentlichung dieser Art darstellt.

Die *Register* wurden optimiert und erweitert. Kommentierung und Dokumentation befinden sich auf dem aktuellen Stand von April 1999.

Den Mitarbeitern meines Lehrstuhls, stellvertretend meinen ehemaligen wissenschaftlichen Assistentinnen, Frau Dr. Andera Thun und Frau Elke Wiedmann, meinen derzeitigen Assistenten, Herrn Jürgen Albrecht und Herrn Christian Heinemann, sowie meiner Sekretärin, Frau Ingrid Kiera, danke ich für die engagierte Unterstützung bei der Herstellung des druckfertigen Manuskripts.

Konstanz, im April 1999                                                                                       Karl-Heinz Fezer

## Aus dem Vorwort zur ersten Auflage

Das Markengesetz, das am 1. Januar 1995 in Kraft trat und das Warenzeichengesetz ablöste, stellt eine *grundlegende Reform* des deutschen Kennzeichenrechts dar. Abschluß jahrzehntelanger Reformbestrebungen, Vereinheitlichung des gesamten Kennzeichenrechts, Rechtsangleichung aufgrund europäischen Richtlinienrechts und Harmonisierung des nationalen Markenrechts mit dem Gemeinschaftsmarkenrecht sind Stichworte zum Markenrechtsreformgesetz sowie zum Markenrechtsänderungsgesetz.

Gegenstand des Buches sind ein *Kommentar* zum Markengesetz, zur Pariser Verbandsübereinkunft und zum Madrider Markenabkommen sowie eine *Dokumentation* des nationalen, europäischen und internationalen Kennzeichenrechts. Das Gemeinschaftsmarkenrecht wird im Überblick dargestellt.

Die Gegenwart des Kennzeichenrechts ist gleichermaßen bestimmt von der Tradition einer jahrhundertealten Geschichte sowie der Innovation aufgrund einer Internationalisierung des Rechts auf globalen Märkten. Wie allgemein im Recht gilt: Recht ist Kultur und ereignet sich als Geschichte. In Fortschreibung des Warenzeichenrechts bedarf das Markengesetz einer *rechtsangleichenden Auslegung* auf der Grundlage des Europäischen Gemeinschaftsrechts. Vorrangige Bedeutung kommt den Entscheidungen des Europäischen Gerichtshofes, einer richtlinienkonformen Auslegung und einer Berücksichtigung der Regelungen des Gemeinschaftsmarkenrechts sowie des TRIPS-Abkommens zu. Die Kommentierung folgt einer diese rechtlichen Vorgaben integrierenden Darstellung des Markenrechts.

In der geschichtlichen Entwicklung des Markenrechts zeichnet sich ein *Paradigmenwechsel* in der Lehre von den rechtlichen Funktionen der Marke von der Herkunftsfunktion zur Identifizierungsfunktion ab. Der Markenschutz dient dem Rechtsschutz der *ökonomischen Funktionen* der Marke als einer Unternehmensleistung auf dem Markt. Die Kommentierung steht unter dem Leitmotiv: Die Marke identifiziert und kommuniziert. Die Marke wird als ein *produktidentifizierendes Unterscheidungszeichen* verstanden.

Grundlage dieser Kommentierung des Markengesetzes ist die 12. Auflage des Kommentars zum Warenzeichengesetz von Baumbach/Hefermehl aus dem Jahre 1985; die Darstellung des Rechts der geschäftlichen Bezeichnungen (§§ 5, 15 MarkenG) beruht auf der Kommentierung des § 16 UWG a.F. der 17. Auflage des Kommentars zum Wettbewerbsrecht von Baumbach/Hefermehl aus dem Jahre 1993. Meinem akademischen Lehrer, *Herrn Professor Dr. Dr. h. c. Wolfgang Hefermehl,* danke ich herzlich für das mir geschenkte Vertrauen, seinen Kommentar fortzuführen. Ihm widme ich das vorliegende Werk.

Zielsetzung des Kommentars ist es, auf der Grundlage einer eigenständigen wissenschaftlichen Darstellung den Stand der *Rechtsprechung* zu beschreiben, die wissenschaftliche Diskussion im *Schrifttum* nachzuzeichnen und Entwicklungslinien aufzuzeigen. Die *Rechtsänderungen* des Markengesetzes gegenüber dem Warenzeichengesetz werden besonders herausgearbeitet. Die Kommentierung ist dem Grundsatz der *Einheit von Wettbewerbsrecht und Kennzeichenrecht* verpflichtet. Der Aufbau der Kommentierung, die Dokumentation zum Kennzeichenrecht und das gegliederte Register sind an den Bedürfnissen der *Markenrechtspraxis* ausgerichtet. Die neuen Entscheidungen zum Markengesetz werden mit Stichworten den einzelnen Vorschriften vorangestellt.

# Inhaltsverzeichnis

| | |
|---|---|
| Vorwort | V |
| Aus dem Vorwort zur ersten Auflage | VI |
| Abkürzungsverzeichnis | XVII |
| Literaturverzeichnis | XXXI |

## Erster Teil
## Kommentar zum Markengesetz

| | |
|---|---|
| **1. Gesetzestext des Markengesetzes** | 3 |
| **2. Kommentierung zum Markengesetz** | 53 |
| Einleitung | 53 |

### Teil 1. Anwendungsbereich

| | |
|---|---|
| § 1 Geschützte Marken und sonstige Kennzeichen | 131 |
| § 2 Anwendung anderer Vorschriften | 136 |

### Teil 2. Voraussetzungen, Inhalt und Schranken des Schutzes von Marken und geschäftlichen Bezeichnungen; Übertragung und Lizenz

| | |
|---|---|
| **Abschnitt 1. Marken und geschäftliche Bezeichnungen; Vorrang und Zeitrang** | 142 |
| § 3 Als Marke schutzfähige Zeichen | 143 |
| § 4 Entstehung des Markenschutzes | 242 |
| § 5 Geschäftliche Bezeichnungen | 302 |
| § 6 Vorrang und Zeitrang | 304 |
| **Abschnitt 2. Voraussetzungen für den Schutz von Marken durch Eintragung** | 313 |
| § 7 Inhaberschaft | 314 |
| § 8 Absolute Schutzhindernisse | 324 |
| § 9 Angemeldete oder eingetragene Marken als relative Schutzhindernisse | 502 |
| § 10 Notorisch bekannte Marken | 506 |
| § 11 Agentenmarken | 510 |
| § 12 Durch Benutzung erworbene Marken und geschäftliche Bezeichnungen mit älterem Zeitrang | 514 |
| § 13 Sonstige ältere Rechte | 517 |
| **Abschnitt 3. Schutzinhalt; Rechtsverletzungen** | 520 |
| § 14 Ausschließliches Recht des Inhabers einer Marke; Unterlassungsanspruch; Schadensersatzanspruch | 520 |
| § 15 Ausschließliches Recht des Inhabers einer geschäftlichen Bezeichnung; Unterlassungsanspruch; Schadensersatzanspruch | 777 |
| § 16 Wiedergabe einer eingetragenen Marke in Nachschlagewerken | 889 |
| § 17 Ansprüche gegen Agenten oder Vertreter | 893 |
| § 18 Vernichtungsanspruch | 896 |
| § 19 Auskunftsanspruch | 916 |
| **Abschnitt 4. Schranken des Schutzes** | 925 |
| § 20 Verjährung | 926 |
| § 21 Verwirkung von Ansprüchen | 938 |
| § 22 Ausschluß von Ansprüchen bei Bestandskraft der Eintragung einer Marke mit jüngerem Zeitrang | 964 |
| § 23 Benutzung von Namen und beschreibenden Angaben; Ersatzteilgeschäft | 966 |
| § 24 Erschöpfung | 994 |
| § 25 Ausschluß von Ansprüchen bei mangelnder Benutzung | 1068 |
| § 26 Benutzung der Marke | 1076 |

# Inhaltsverzeichnis

**Abschnitt 5. Marken als Gegenstand des Vermögens** ................................. 1139
§ 27 Rechtsübergang ................................................................ 1140
§ 28 Vermutung der Rechtsinhaberschaft; Zustellungen an den Inhaber ..................... 1163
§ 29 Dingliche Rechte; Zwangsvollstreckung; Konkursverfahren ........................... 1170
§ 30 Lizenzen ...................................................................... 1184
§ 31 Angemeldete Marken ............................................................ 1209

### Teil 3. Verfahren in Markenangelegenheiten

**Abschnitt 1. Eintragungsverfahren** ...................................................... 1212
§ 32 Erfordernisse der Anmeldung ................................................... 1214
§ 33 Anmeldetag; Anspruch auf Eintragung ............................................ 1234
§ 34 Ausländische Priorität ......................................................... 1238
§ 35 Ausstellungspriorität ........................................................... 1244
§ 36 Prüfung der Anmeldungserfordernisse ............................................. 1249
§ 37 Prüfung auf absolute Schutzhindernisse ........................................... 1254
§ 38 Beschleunigte Prüfung .......................................................... 1263
§ 39 Zurücknahme, Einschränkung und Berichtigung der Anmeldung ...................... 1265
§ 40 Teilung der Anmeldung ......................................................... 1269
§ 41 Eintragung .................................................................... 1274
§ 42 Widerspruch .................................................................. 1279
§ 43 Einrede mangelnder Benutzung; Entscheidung über den Widerspruch ................. 1300
§ 44 Eintragungsbewilligungsklage ................................................... 1315

**Abschnitt 2. Berichtigung; Teilung; Schutzdauer und Verlängerung** ....................... 1324
§ 45 Berichtigung des Registers und von Veröffentlichungen ............................ 1324
§ 46 Teilung der Eintragung ......................................................... 1327
§ 47 Schutzdauer und Verlängerung .................................................. 1334

**Abschnitt 3. Verzicht, Verfall und Nichtigkeit; Löschungsverfahren** ....................... 1339
§ 48 Verzicht ....................................................................... 1339
§ 49 Verfall ........................................................................ 1342
§ 50 Nichtigkeit wegen absoluter Schutzhindernisse ................................... 1357
§ 51 Nichtigkeit wegen des Bestehens älterer Rechte ................................... 1375
§ 52 Wirkungen der Löschung wegen Verfalls oder Nichtigkeit .......................... 1381
§ 53 Löschung durch das Patentamt wegen Verfalls .................................... 1386
§ 54 Löschungsverfahren vor dem Patentamt wegen absoluter Schutzhindernisse .......... 1388
§ 55 Löschungsverfahren vor den ordentlichen Gerichten ............................... 1391

**Abschnitt 4. Allgemeine Vorschriften für das Verfahren vor dem Patentamt** .............. 1405
§ 56 Zuständigkeiten im Patentamt .................................................. 1406
§ 57 Ausschließung und Ablehnung .................................................. 1409
§ 58 Gutachten .................................................................... 1413
§ 59 Ermittlung des Sachverhalts; rechtliches Gehör ................................... 1414
§ 60 Ermittlungen; Anhörungen; Niederschrift ........................................ 1417
§ 61 Beschlüsse; Rechtsmittelbelehrung ............................................... 1420
§ 62 Akteneinsicht; Registereinsicht .................................................. 1424
§ 63 Kosten der Verfahren .......................................................... 1427
§ 64 Erinnerung ................................................................... 1433
§ 65 Rechtsverordnungsermächtigung ................................................ 1438

**Abschnitt 5. Verfahren vor dem Patentgericht** .......................................... 1444
§ 66 Beschwerde ................................................................... 1447
§ 67 Beschwerdesenate; Öffentlichkeit der Verhandlungen ............................. 1455
§ 68 Beteiligung des Präsidenten des Patentamts ...................................... 1456
§ 69 Mündliche Verhandlung ........................................................ 1460
§ 70 Entscheidung über die Beschwerde .............................................. 1462
§ 71 Kosten des Beschwerdeverfahrens ............................................... 1467
§ 72 Ausschließung und Ablehnung .................................................. 1474
§ 73 Ermittlung des Sachverhalts; Vorbereitung der mündlichen Verhandlung ............ 1478
§ 74 Beweiserhebung ............................................................... 1482
§ 75 Ladungen ..................................................................... 1485
§ 76 Gang der Verhandlung ......................................................... 1487
§ 77 Niederschrift .................................................................. 1489

# Inhaltsverzeichnis

| | |
|---|---|
| § 78 Beweiswürdigung; rechtliches Gehör | 1492 |
| § 79 Verkündung; Zustellung; Begründung | 1494 |
| § 80 Berichtigungen | 1497 |
| § 81 Vertretung; Vollmacht | 1500 |
| § 82 Anwendung weiterer Vorschriften; Anfechtbarkeit; Akteneinsicht | 1503 |

**Abschnitt 6. Verfahren vor dem Bundesgerichtshof** ... 1507

| | |
|---|---|
| § 83 Zugelassene und zulassungsfreie Rechtsbeschwerde | 1508 |
| § 84 Beschwerdeberechtigung; Beschwerdegründe | 1516 |
| § 85 Förmliche Voraussetzungen | 1517 |
| § 86 Prüfung der Zulässigkeit | 1523 |
| § 87 Mehrere Beteiligte | 1524 |
| § 88 Anwendung weiterer Vorschriften | 1526 |
| § 89 Entscheidung über die Rechtsbeschwerde | 1527 |
| § 90 Kostenentscheidung | 1532 |

**Abschnitt 7. Gemeinsame Vorschriften** ... 1538

| | |
|---|---|
| § 91 Wiedereinsetzung | 1538 |
| § 92 Wahrheitspflicht | 1542 |
| § 93 Amtssprache und Gerichtssprache | 1543 |
| § 94 Zustellungen | 1544 |
| § 95 Rechtshilfe | 1547 |
| § 96 Inlandsvertreter | 1548 |

### Teil 4. Kollektivmarken

| | |
|---|---|
| § 97 Kollektivmarken | 1557 |
| § 98 Inhaberschaft | 1567 |
| § 99 Eintragbarkeit von geographischen Herkunftsangaben als Kollektivmarken | 1571 |
| § 100 Schranken des Schutzes; Benutzung | 1572 |
| § 101 Klagebefugnis; Schadensersatz | 1574 |
| § 102 Markensatzung | 1576 |
| § 103 Prüfung der Anmeldung | 1581 |
| § 104 Änderung der Markensatzung | 1582 |
| § 105 Verfall | 1583 |
| § 106 Nichtigkeit wegen absoluter Schutzhindernisse | 1587 |

### Teil 5. Schutz von Marken nach dem Madrider Markenabkommen und nach dem Protokoll zum Madrider Markenabkommen; Gemeinschaftsmarken

**Abschnitt 1. Schutz von Marken nach dem Madrider Markenabkommen** ... 1588

| | |
|---|---|
| § 107 Anwendung der Vorschriften dieses Gesetzes | 1589 |
| § 108 Antrag auf internationale Registrierung | 1589 |
| § 109 Gebühren | 1591 |
| § 110 Eintragung im Register | 1593 |
| § 111 Nachträgliche Schutzerstreckung | 1593 |
| § 112 Wirkung der internationalen Registrierung | 1594 |
| § 113 Prüfung auf absolute Schutzhindernisse | 1595 |
| § 114 Widerspruch | 1597 |
| § 115 Nachträgliche Schutzentziehung | 1598 |
| § 116 Widerspruch und Antrag auf Löschung aufgrund einer international registrierten Marke | 1599 |
| § 117 Ausschluß von Ansprüchen wegen mangelnder Benutzung | 1600 |
| § 118 Zustimmung bei Übertragungen international registrierter Marken | 1601 |

**Abschnitt 2. Schutz von Marken nach dem Protokoll zum Madrider Markenabkommen** ... 1601

| | |
|---|---|
| § 119 Anwendung der Vorschriften dieses Gesetzes | 1602 |
| § 120 Antrag auf internationale Registrierung | 1603 |
| § 121 Gebühren | 1604 |
| § 122 Vermerk in den Akten; Eintragung im Register | 1606 |
| § 123 Nachträgliche Schutzerstreckung | 1606 |
| § 124 Entsprechende Anwendung der Vorschriften über die Wirkung der nach dem Madrider Markenabkommen international registrierten Marken | 1608 |
| § 125 Umwandlung einer internationalen Registrierung | 1609 |

# Inhaltsverzeichnis

**Abschnitt 3. Gemeinschaftsmarken** ............................................. 1611

§ 125 a Anmeldung von Gemeinschaftsmarken beim Patenamt ........................ 1611
§ 125 b Anwendung der Vorschriften dieses Gesetzes ................................ 1612
§ 125 c Nachträgliche Feststellung der Ungültigkeit einer Marke .................. 1616
§ 125 d Umwandlung von Gemeinschaftsmarken ..................................... 1617
§ 125 e Gemeinschaftsmarkengerichte; Gemeinschaftsmarkenstreitsachen ........... 1619
§ 125 f Unterrichtung der Kommission ............................................ 1621
§ 125 g Örtliche Zuständigkeit der Gemeinschaftsmarkengerichte .................. 1621
§ 125 h Insolvenzverfahren ...................................................... 1622

### Teil 6. Geographische Herkunftsangaben

**Abschnitt 1. Schutz geographischer Herkunftsangaben** ............................ 1625

§ 126 Als geographische Herkunftsangaben geschützte Namen, Angaben oder Zeichen ........ 1629
§ 127 Schutzinhalt ............................................................... 1642
§ 128 Unterlassungsanspruch; Schadensersatzanspruch ............................. 1653
§ 129 Verjährung ................................................................. 1655

**Abschnitt 2. Schutz von geographischen Angaben und Ursprungsbezeichnungen gemäß der Verordnung (EWG) Nr. 2081/92** ............................................ 1655

§ 130 Antrag auf Eintragung einer geographischen Angabe oder Ursprungsbezeichnung ........ 1692
§ 131 Antrag auf Änderung der Spezifikation ..................................... 1686
§ 132 Einspruchsverfahren ....................................................... 1687
§ 133 Zuständigkeiten im Patentamt; Rechtsmittel ................................ 1689
§ 134 Überwachung ............................................................... 1690
§ 135 Unterlassungsanspruch; Schadensersatzanspruch ............................. 1693
§ 136 Verjährung ................................................................. 1696

**Abschnitt 3. Ermächtigungen zum Erlaß von Rechtsverordnungen** ................... 1696

§ 137 Nähere Bestimmungen zum Schutz einzelner geographischer Herkunftsangaben ........ 1696
§ 138 Sonstige Vorschriften für das Verfahren bei Anträgen und Einsprüchen nach der Verordnung (EWG) Nr. 2081/92 ............................................... 1698
§ 139 Durchführungsbestimmungen zur Verordnung (EWG) Nr. 2081/92 ................ 1699

### Teil 7. Verfahren in Kennzeichenstreitsachen

§ 140 Kennzeichenstreitsachen ................................................... 1701
§ 141 Gerichtsstand bei Ansprüchen nach diesem Gesetz und dem Gesetz gegen den unlauteren Wettbewerb ........................................................ 1709
§ 142 Streitwertbegünstigung .................................................... 1711

### Teil 8. Straf- und Bußgeldvorschriften; Beschlagnahme bei der Einfuhr und Ausfuhr

**Abschnitt 1. Straf- und Bußgeldvorschriften** .................................... 1718

§ 143 Strafbare Kennzeichenverletzung ........................................... 1718
§ 144 Strafbare Benutzung geographischer Herkunftsangaben ....................... 1728
§ 145 Bußgeldvorschriften ....................................................... 1733

**Abschnitt 2. Beschlagnahme von Waren bei der Einfuhr und Ausfuhr** ............... 1737

§ 146 Beschlagnahme bei der Verletzung von Kennzeichenrechten ................... 1740
§ 147 Einziehung; Widerspruch; Aufhebung der Beschlagnahme ...................... 1746
§ 148 Zuständigkeiten; Rechtsmittel ............................................. 1748
§ 149 Schadensersatz bei ungerechtfertigter Beschlagnahme ....................... 1749
§ 150 Beschlagnahme nach der Verordnung (EG) Nr. 3295/94 ........................ 1750
§ 151 Beschlagnahme bei widerrechtlicher Kennzeichnung mit geographischen Herkunftsangaben ......................................................... 1751

### Teil 9. Übergangsvorschriften

§ 152 Anwendung dieses Gesetzes ................................................. 1755
§ 153 Schranken für die Geltendmachung von Verletzungsansprüchen ................ 1758

# Inhaltsverzeichnis

| | | |
|---|---|---|
| § 154 | Dingliche Rechte; Zwangsvollstreckung; Konkursverfahren | 1762 |
| § 155 | Lizenzen | 1762 |
| § 156 | Prüfung angemeldeter Marken auf absolute Schutzhindernisse | 1763 |
| § 157 | Bekanntmachung und Eintragung | 1766 |
| § 158 | Widerspruchsverfahren | 1766 |
| § 159 | Teilung einer Anmeldung | 1771 |
| § 160 | Schutzdauer und Verlängerung | 1772 |
| § 161 | Löschung einer eingetragenen Marke wegen Verfalls | 1773 |
| § 162 | Löschung einer eingetragenen Marke wegen absoluter Schutzhindernisse | 1775 |
| § 163 | Löschung einer eingetragenen Marke wegen des Bestehens älterer Rechte | 1776 |
| § 164 | Erinnerung und Durchgriffsbeschwerde | 1778 |
| § 165 | Übergangsvorschriften | 1779 |

## Zweiter Teil
## Internationales Markenrecht

| | |
|---|---|
| Einführung in das Recht der internationalen Verträge | 1783 |
| **1. Abschnitt. Mehrseitige Abkommen** | 1806 |
| A. Pariser Verbandsübereinkunft zum Schutz des gewerblichen Eigentums vom 20. März 1883 in der Stockholmer Fassung vom 14. Juli 1967, geändert am 2. Oktober 1979 | 1806 |
| B. Madrider Abkommen über die internationale Registrierung von Marken vom 14. April 1891 in der Stockholmer Fassung vom 14. Juli 1967, geändert am 2. Oktober 1979 | 1858 |
| **2. Abschnitt. Zweiseitige Abkommen** | 1903 |
| A. Allgemeines | 1903 |
| B. Die Zweiseitigen Abkommen im einzelnen | 1904 |
|   I. Alte Staatsverträge | 1904 |
|     1. Bolivien | 1904 |
|     2. Griechenland | 1904 |
|     3. Iran | 1904 |
|     4. Irland | 1904 |
|     5. Island | 1904 |
|     6. Österreich | 1904 |
|     7. Schweiz | 1905 |
|     8. Türkei | 1906 |
|     9. USA | 1906 |
|   II. Neue Staatsverträge (nach 1945) | 1907 |
|     1. Ägypten | 1907 |
|     2. Argentinien | 1907 |
|     3. Belgien | 1907 |
|     4. Brasilien | 1907 |
|     5. Chile | 1907 |
|     6. Dominikanische Republik | 1907 |
|     7. Ecuador | 1908 |
|     8. Frankreich | 1908 |
|     9. Griechenland | 1908 |
|     10. Indien | 1908 |
|     11. Indonesien | 1908 |
|     12. Irak | 1908 |
|     13. Island | 1908 |
|     14. Italien | 1909 |
|     15. Japan | 1909 |
|     16. Jugoslawien, ehemaliges | 1909 |
|     17. Kanada | 1909 |
|     18. Kolumbien | 1909 |
|     19. Kuba | 1909 |
|     20. Libanon | 1910 |
|     21. Niederlande | 1910 |
|     22. Österreich | 1911 |
|     23. Pakistan | 1911 |

# Inhaltsverzeichnis

|  |  |
|---|---|
| 24. Paraguay | 1911 |
| 25. Peru | 1911 |
| 26. Schweden | 1911 |
| 27. Schweiz | 1911 |
| 28. Spanien | 1912 |
| 29. Sri Lanka | 1912 |
| 30. USA | 1912 |
| **3. Abschnitt. Herkunftsabkommen** | **1913** |
| A. Allgemeines | 1913 |
| B. Ausgestaltung des Rechtsschutzes | 1914 |
| C. Herkunftsabkommen im einzelnen | 1914 |
| I. Frankreich | 1914 |
| II. Griechenland | 1927 |
| III. Italien | 1936 |
| IV. Schweiz | 1947 |
| V. Spanien | 1960 |
| VI. Österreich | 1975 |

## Dritter Teil
## Gesetzestexte

### I. Nationale Rechtsvorschriften; Marken und sonstige Kennzeichen

| | |
|---|---|
| 1. Gesetz zur Reform des Markenrechts und zur Umsetzung der Ersten Richtlinie 89/104/EWG des Rates vom 21. Dezember 1988 zur Angleichung der Rechtsvorschriften der Mitgliedstaaten über die Marken (Markenrechtsreformgesetz) vom 25. Oktober 1994 | 1987 |
| Gesetzesbegründung (s. 1. Auflage des Kommentars, 3. Teil, I 1) | 1998 |
| 2. Markenrechtsänderungsgesetz 1996 vom 19. Juli 1996 | 1999 |
| Gesetzesbegründung (s. 1. Auflage des Kommentars, 3. Teil, I 2) | 1999 |
| 3. Verordnung zur Ausführung des Markengesetzes (Markenverordnung – MarkenV) vom 30. November 1994 | 2000 |
| 4. Verordnung über die Wahrnehmung einzelner den Prüfungsstellen, der Gebrauchsmusterstelle, den Markenstellen und den Abteilungen des Patentamts obliegender Geschäfte (Wahrnehmungsverordnung – WahrnV) vom 14. Dezember 1994 | 2026 |
| 5. Gesetz über die Gebühren des Patentamts und des Patentgerichts (PatGebG) vom 18. August 1976 | 2032 |
| 6. Verordnung über die Zahlung der Gebühren des Deutschen Patent- und Markenamts und des Bundespatentgerichts (PatGebZV) vom 15. Oktober 1991 | 2039 |
| 7. Verordnung über Verwaltungskosten beim Deutschen Patent- und Markenamt (DPMA VwKostV) vom 15. Oktober 1991 | 2040 |
| 8. Verordnung über das Deutsche Patent- und Markenamt (DPMAV) vom 5. September 1968 | 2046 |
| 9. Warenzeichengesetz in der Fassung der Bekanntmachung vom 2. Januar 1968 | 2050 |
| 10. Gesetz der Deutschen Demokratischen Republik über Warenkennzeichen vom 30. November 1984 | 2064 |
| 11. Gesetz zur Änderung des Patentgesetzes und des Gesetzes über Warenkennzeichen vom 29. Juni 1990 | 2074 |
| 12. Gesetz über die Erstreckung von gewerblichen Schutzrechten (Erstreckungsgesetz – ErstrG) vom 23. April 1992 | 2075 |
| 13. Verordnung zum Schutz des Namens Solingen (Solingenverordnung – SolingenV) vom 16. Dezember 1994 | 2089 |

### II. Europäische Rechtsvorschriften; Gemeinschaftsmarke und sonstige Kennzeichen

| | |
|---|---|
| 1. Erste Richtlinie des Rates zur Angleichung der Rechtsvorschriften der Mitgliedstaaten über die Marken (89/104/EWG) vom 21. Dezember 1988 | 2091 |
| 2. Verordnung (EG) Nr. 40/94 des Rates über die Gemeinschaftsmarke vom 20. Dezember 1993 | 2100 |
| 3. Verordnung (EG) Nr. 2868/95 der Kommission zur Durchführung der Verordnung (EG) Nr. 40/94 des Rates über die Gemeinschaftsmarke vom 13. Dezember 1995 | 2145 |

# Inhaltsverzeichnis

| | |
|---|---|
| 4. Verordnung (EG) Nr. 2869/95 der Kommission über die an das Harmonisierungsamt für den Binnenmarkt (Marken, Muster und Modelle) zu entrichtenden Gebühren vom 13. Dezember 1995 .................................................................................................... | 2185 |
| 5. Verordnung (EG) Nr. 216/96 der Kommission über die Verfahrensordnung vor den Beschwerdekammern des Harmonisierungsamts für den Binnenmarkt (Marken, Muster und Modelle) vom 5. Februar 1996 .................................................................................................... | 2190 |
| 6. Verordnung (EWG) Nr. 2081/92 des Rates zum Schutz von geographischen Angaben und Ursprungsbezeichnungen für Agrarerzeugnisse und Lebensmittel vom 14. Juli 1992 ............ | 2194 |
| Anhang zu Art. 38 Abs. 2 EGV .................................................................................................... | 2202 |
| 7. Verordnung (EWG) Nr. 2037/93 der Kommission mit Durchführungsbestimmungen zur Verordnung (EWG) Nr. 2081/92 zum Schutz von geographischen Angaben und Ursprungsbezeichnungen für Agrarerzeugnisse und Lebensmittel vom 27. Juli 1993 ................ | 2206 |
| 8. Verordnung (EWG) Nr. 1576/89 des Rates zur Festlegung der allgemeinen Regeln für die Begriffsbestimmung, Bezeichnung und Aufmachung von Spirituosen vom 29. Mai 1989 ..... | 2208 |
| 9. Verordnung (EWG) Nr. 2392/89 des Rates zur Aufstellung allgemeiner Regeln für die Bezeichnung und Aufmachung der Weine und der Traubenmoste vom 24. Juli 1989 ............ | 2227 |
| 10. Verordnung (EWG) Nr. 2332/92 des Rates über in der Gemeinschaft hergestellte Schaumweine vom 13. Juli 1992 .................................................................................................... | 2260 |
| 11. Verordnung (EWG) Nr. 2333/92 des Rates zur Festlegung der Grundregeln für die Bezeichnung und Aufmachung von Schaumwein und Schaumwein mit zugesetzter Kohlensäure vom 13. Juli 1992 .................................................................................................... | 2270 |
| 12. Verordnung (EWG) Nr. 4252/88 des Rates über die Herstellung und Vermarktung von in der Gemeinschaft erzeugten Likörweinen vom 21. Dezember 1988 ................................ | 2286 |
| 13. Verordnung (EG) Nr. 3295/94 des Rates vom 22. Dezember 1994 über Maßnahmen, welche das Verbringen von Waren, die bestimmte Rechte am geistigen Eigentum verletzen, in die Gemeinschaft sowie ihre Ausfuhr und Wiederausfuhr aus der Gemeinschaft betreffen .................................................................................................... | 2294 |

### III. Staatsvertragsrecht; Mehrseitige Abkommen

| | |
|---|---|
| 1. Übereinkommen zur Errichtung der Weltorganisation für geistiges Eigentum vom 14. Juli 1967 .................................................................................................... | 2303 |
| 2. Pariser Verbandsübereinkunft zum Schutz des gewerblichen Eigentums vom 20. März 1883 | 2314 |
| 3. Madrider Abkommen über die internationale Registrierung von Marken vom 14. April 1891 .................................................................................................... | 2315 |
| 4. Protokoll zum Madrider Abkommen über die internationale Registrierung von Marken vom 27. Juni 1989 .................................................................................................... | 2316 |
| 5. Gemeinsame Ausführungsordnung zum Madrider Abkommen über die internationale Registrierung von Marken und zum Protokoll zu diesem Abkommen vom 18. Januar 1996..... | 2328 |
| 6. Madrider Abkommen über die Unterdrückung falscher oder irreführender Herkunftsangaben vom 14. April 1891 .................................................................................................... | 2369 |
| 7. Stockholmer Zusatzvereinbarung zum Madrider Abkommen über die Unterdrückung falscher oder irreführender Herkunftsangaben auf Waren vom 14. April 1891 vom 14. Juli 1967 .................................................................................................... | 2371 |
| 8. Abkommen von Nizza über die internationale Klassifikation von Waren und Dienstleistungen für die Eintragung von Marken vom 15. Juni 1957 .................................................................................................... | 2373 |
| 9. Lissaboner Abkommen über den Schutz der Ursprungsbezeichnungen und ihre internationale Registrierung vom 31. Oktober 1958 .................................................................................................... | 2381 |
| 10. Übereinkommen über handelsbezogene Aspekte der Rechte des geistigen Eigentums (TRIPS) vom 15. April 1994 .................................................................................................... | 2384 |
| 11. Markenrechtsvertrag (TLT) vom 27. Oktober 1994 .................................................................................................... | 2410 |
| 12. Ausführungsordnung zum Markenrechtsvertrag (AusfO TLT) vom 27. Oktober 1994 ........ | 2426 |

## Vierter Teil
## Amtliche Veröffentlichungen

### I. Allgemeine Veröffentlichungen

| | |
|---|---|
| 1. Anschriften von Behörden für gewerblichen Rechtsschutz .................................................................................................... | 2435 |
| 2. Verzeichnis der Patentinformationszentren .................................................................................................... | 2439 |

### II. Nationale Marken und sonstige Kennzeichen

| | |
|---|---|
| 1. Richtlinie für die Prüfung von Markenanmeldungen (Richtlinie Markenanmeldungen) vom 27. Oktober 1995 .................................................................................................... | 2451 |

# Inhaltsverzeichnis

2. Formblatt zur Anmeldung einer Marke zur Eintragung in das Register ............................ 2478
3. Merkblatt: Wie melde ich eine Marke an? ................................................................ 2480
4. Mitteilung Nr. 16/94 des Präsidenten des Deutschen Patentamts über die Form der Darstellung von Hörmarken durch Sonagramm und ihre klangliche Wiedergabe gemäß § 11 Abs. 5 der Markenverordnung (MarkenV) vom 16. Dezember 1994..................... 2486
5. Klasseneinteilung von Waren und Dienstleistungen ................................................. 2488
6. Empfehlungsliste zur Klasseneinteilung der Waren und Dienstleistungen für die Eintragung von Marken .............................................................................................. 2493
7. Richtlinie für das markenrechtliche Widerspruchsverfahren (Richtlinie Widerspruchsverfahren) vom 17. November 1997.................................................................... 2514
8. Formblatt zum Widerspruch gegen die Eintragung einer Marke................................ 2531
9. Formblatt zur Erklärung über die Übertragung des Rechts an einer Marke ................ 2535
10. Richtlinien für die Umschreibung von Schutzrechten und Schutzrechtsanmeldungen in der Patentrolle, der Gebrauchsmusterrolle, dem Markenregister und der Topographierolle (Umschreibungsrichtlinien) vom 15. November 1996................................. 2538
11. Mitteilung Nr. 9/94 des Präsidenten des Deutschen Patentamts über die Hinterlegung Allgemeiner Vollmachten und Angestelltenvollmachten beim Deutschen Patentamt vom 4. August 1994 ......................................................................................... 2544
12. Formblatt zur Zustimmungserklärung zur Eintragung eines dinglichen Rechts an der Marke 2547
13. Formblatt zum Antrag auf Eintragung einer Verpfändung, eines sonstigen dinglichen Rechts, einer Maßnahme der Zwangsvollstreckung oder eines Konkursverfahrens............. 2549
14. Formblatt zur Erklärung der Teilung der Anmeldung bzw der Eintragung einer Marke ....... 2551
15. Formblatt zum Antrag auf Verlängerung der Schutzdauer einer eingetragenen Marke .......... 2555
16. Formblatt: Verlängerung der Schutzdauer einer eingetragenen Marke......................... 2558
17. Formblatt zum Antrag auf vollständige bzw teilweise Löschung einer Marke wegen Verzichts............................................................................................................. 2561
18. Formblatt zum Antrag auf vollständige bzw teilweise Löschung einer Marke wegen Verfalls 2563
19. Formblatt zum Antrag auf vollständige bzw teilweise Löschung einer Marke wegen absoluter Schutzhindernisse ...................................................................................... 2565
20. Formblatt zum Antrag auf Berichtigung von Fehlern in der Eintragung im Register, von Fehlern in der Veröffentlichung oder von Fehlern im Inhalt der Anmeldung.................. 2569
21. Formblatt zum Antrag auf Eintragung von Änderungen von Namen oder Anschriften ....... 2571
22. Formblatt zum Antrag auf Eintragung einer geographischen Angabe bzw Ursprungsbezeichnung .......................................................................................................... 2573
23. Merkblatt über den Schutz von geographischen Angaben und Ursprungsbezeichnungen für Agrarerzeugnisse und Lebensmittel gemäß Verordnung (EWG) Nr. 2081/92................. 2575
24. Kostenmerkblatt: Gebühren und Auslagen des Deutschen Patentamts und des Bundespatentgerichts ....................................................................................................... 2578
25. RAL – Grundsätze für Gütezeichen ....................................................................... 2580

### III. Gemeinschaftsmarke

1. Formblatt zur Anmeldung einer Gemeinschaftsmarke .............................................. 2587
2. Hinweise zum Anmeldeformular Anmeldung einer Gemeinschaftsmarke ................... 2593
3. Formblatt zur Erhebung eines Widerspruchs gegen die Anmeldung einer Gemeinschaftsmarke................................................................................................................ 2597
4. Hinweise zum Widerspruchsformblatt .................................................................... 2603
5. Formblatt zur Einlegung einer Beschwerde gegen die Anmeldung einer Gemeinschaftsmarke ................................................................................................................... 2607
6. Hinweise zum Beschwerdeformblatt ....................................................................... 2610
7. Weitere Formblätter und Hinweise zur Gemeinschaftsmarke..................................... 2613

### IV. International registrierte Marken

1. OMPI-Vordruck: Demande d'enregistrement international relevant exclusivement de l'Arrangement de Madrid concernant l'enregistrement international des Marques ........ 2615
2. WIPO-Vordruck: Application for international registration governed exclusively by the Protocol relating to the Madrid Agreement concerning the international registration of Marks............................................................................................................... 2621
3. WIPO-Vordruck: Application for international registration governed by both the Madrid Agreement concerning the international registration of Marks and the Protocol relating to that Agreement ................................................................................................... 2628
4. Mitteilung Nr. 15/94 des Präsidenten des Deutschen Patentamts über die Schutzfähigkeitsprüfung der Markenform bei international registrierten Marken mit Zeitrang vor dem 1. Januar 1995 vom 6. Dezember 1994 .................................................................. 2635

# Inhaltsverzeichnis

5. Merkblatt: Die internationale Registrierung deutscher Marken sowie Schutzbewilligungsverfahren für international registrierte ausländische Marken nach dem Madrider Markenabkommen (MMA) und nach dem Protokoll zum Madrider Markenabkommen (PMMA) ...... 2636
6. Vordruck: Gesuch um internationale Registrierung der Warenmarke/der Dienstleistungsmarke ............ 2645
7. Gebührenmerkblatt: Gebühren des Internationalen Büros nach dem Madrider Abkommen (MMA) und nach dem Protokoll zum Madrider Markenabkommen (PMMA) ............ 2646

## Fünfter Teil
## Register

1. Chronologisches Fundstellenverzeichnis für Entscheidungen des Europäischen Gerichtshofs mit alphabetischem Entscheidungsregister ............ 2653
   a) Alphabetisches Entscheidungsregister ............ 2654
   b) Chronologisches Fundstellenverzeichnis ............ 2655
2. Chronologisches Fundstellenverzeichnis für Entscheidungen des Bundesgerichtshofs mit alphabetischem Entscheidungsregister ............ 2663
   a) Alphabetisches Entscheidungsregister ............ 2664
   b) Chronologisches Fundstellenverzeichnis ............ 2675
3. Chronologisches Fundstellenverzeichnis für Entscheidungen des Bundespatentgerichts mit alphabetischem Entscheidungsregister ............ 2717
   a) Alphabetisches Entscheidungsregister ............ 2718
   b) Chronologisches Fundstellenverzeichnis ............ 2733
4. Konkordanzlisten Markenrechtsrichtlinie, Markengesetz und Warenzeichengesetz ............ 2763
   a) Markenrechtsrichtlinie – Markengesetz ............ 2764
   b) Markengesetz – Markenrechtsrichtlinie ............ 2766
   c) Markengesetz – Warenzeichengesetz ............ 2769
5. Fälleverzeichnis ............ 2775
6. Sachverzeichnis ............ 2808

# Abkürzungsverzeichnis

| | |
|---|---|
| aA | anderer Auffassung |
| aaO | am angegebenen Ort |
| abl. | ablehnend |
| ABl. | Amtsblatt |
| ABlMR BrZ | Amtsblatt der Militärregierung-Deutschland Britische Zone |
| Abs. | Absatz |
| AcP | Archiv für die civilistische Praxis (zitiert nach Band, Jahr und Seite) |
| a. E. | am Ende |
| aF | alte Fassung |
| AfP | Archiv für Presserecht (zitiert nach Jahrgang und Seite) |
| AG | Aktiengesellschaft; Amtsgericht; Die Aktiengesellschaft (zitiert nach Jahr und Seite) |
| AGE | Schweizerisches Amt für geistiges Eigentum |
| AgrarR | Agrarrecht |
| AHKG | Gesetz der Alliierten Hohen Kommission für Deutschland |
| A. I. P. O. | Afrikanische Organisation für geistiges Eigentum |
| AIPPI | Association internationale pour la protection de la propriété industrielle, Internationale Vereinigung für gewerblichen Rechtsschutz |
| AJP/PJA | Aktuelle Juristische Praxis/Pratique juridique actuelle (zitiert nach Jahr und Seite) |
| AktG | Aktiengesetz vom 6. September 1965 (BGBl. I S. 1089) |
| Alt. | Alternative |
| aM | anderer Meinung |
| amtl. | amtlich |
| AMG | Arzneimittelgesetz idF vom 19. Oktober 1994 (BGBl. I S. 3018) |
| Anh. | Anhang |
| Anm. | Anmerkung |
| AnwBl | Anwaltsblatt, Nachrichten für die Mitglieder des Deutschen Anwaltsvereins (zitiert nach Jahr und Seite) |
| AO | Abgabenordnung vom 16. März 1976 (BGBl. I S. 613) |
| APPA | Vereinigung afrikanischer Erdölproduzenten |
| ARABSAT | Arabische Fernmelde-Satellitenorganisation |
| ArbGG | Arbeitsgerichtsgesetz idF vom 2. Juli 1979 (BGBl. I S. 853 S. 1036) |
| ARD | Arbeitsgemeinschaft der öffentlich-rechtlichen Rundfunkanstalten der Bundesrepublik Deutschland |
| Art. | Artikel |
| ArzneimittelVO | Verordnung über den Verkehr mit Arzneimitteln vom 22. Oktober 1901 (RGBl. I S. 380) |
| AS | Amtliche Sammlung der Bundesgesetze und Verordnungen (Eidgenössische Gesetzessammlung) ab 1948, Sammlung der Eidgenössischen Gesetze (Schweiz) |
| Aufl. | Auflage |
| AusfO MMA/PMMA | Gemeinsame Ausführungsordnung zum Madrider Abkommen über die internationale Registrierung von Marken und zum Protokoll zu diesem Abkommen vom 18. Januar 1996 (BGBl. II S. 562) |
| AV | Allgemeine Verfügung |
| AWD | Außenwirtschaftsdienst des Betriebs-Beraters. Recht der internationalen Wirtschaft (vorher RIW, nachher RIW/AWD; zitiert nach Jahr und Seite) |
| AWZ | Allgemeine deutsche Weinfachzeitschrift (zitiert nach Jahr und Seite) |
| Az. | Aktenzeichen |
| Bad.Württ. | Baden-Württemberg |
| BAG | Bundesarbeitsgericht |
| BAnz. | Bundesanzeiger |
| BayObLG | Bayerisches Oberstes Landgericht |
| BayVerfGH | Bayerischer Verfassungsgerichtshof |
| BB | Betriebs-Berater (zitiert nach Jahr und Seite) |

# Abkürzungsverzeichnis

| | |
|---|---|
| Bd. | Band |
| Begr. | Begründung |
| Beil. | Beilage |
| BeitrittsG | Beitrittsgesetz |
| Bek | Bekanntmachung |
| Benelux-MarkenG | Benelux-Markengesetz |
| Benelux-WZG | Benelux-Warenzeichengesetz |
| BernsteinschG | Gesetz zum Schutze des Bernsteins vom 3. Mai 1934 (RGBl. I S. 355) |
| BezG | Bezirksgericht |
| BFH | Bundesfinanzhof |
| BFHE | Sammlung der Entscheidungen und Gutachten des Bundesfinanzhofs (55.1952 ff.; davor RFHE; zitiert nach Band und Seite) |
| BG | Schweizerisches Bundesgericht; Bundesgesetz |
| BGB | Bürgerliches Gesetzbuch vom 18. August 1896 (RGBl. S. 195) |
| BGBl. | Bundesgesetzblatt des Norddeutschen Bundes (1.1867–4.1870; dann RGBl.; zitiert nach Jahr und Seite; Bundesgesetzblatt der Bundesrepublik Deutschland (zitiert nach Teil und Seite) |
| BGE | Sammlungen der Entscheidungen des schweizerischen Bundesgerichts (zitiert nach Jahrgang, Teil und Seite) |
| BGH | Bundesgerichtshof |
| BGHSt | Entscheidungen des Bundesgerichtshofes in Strafsachen (1.1951 ff., zitiert nach Band und Seite) |
| BGHZ | Entscheidungen des Bundesgerichtshofes in Zivilsachen (1.1951 ff., zitiert nach Band und Seite) |
| BierstG | Biersteuergesetz vom 9. Juli 1923 (RGBl. I S. 557) idF vom 29. Juli 1993 (BGBl. I S. 1399) |
| BierV | Bierverordnung vom 2. Juli 1990 (BGBl. I S. 1332) |
| BKartA | Bundeskartellamt |
| Bl. | Blatt |
| BIRPI | Vereinigtes Internationales Büro für den Schutz des geistigen Eigentums |
| BlPMZ | Blatt für das Patent-, Muster- und Zeichenwesen (zitiert nach Jahr und Seite) |
| Bl. f. PMZ | Blatt für das Patent-, Muster- und Zeichenwesen (zitiert nach Jahr und Seite |
| BMJ | Bundesministerium der Justiz |
| BPatG | Bundespatentgericht |
| BPatGE | Entscheidungen des Bundespatentgerichts (1.1962 ff., zitiert nach Band und Seite) |
| BRAGO | Bundesgebührenordnung für Rechtsanwälte vom 26. Juli 1957 (BGBl. I S. 861, berichtigt S. 907) |
| BR AndG | Gesetz zur Änderung beamtenrechtlicher Vorschriften vom 30. Juni 1933 (RGBl. I S. 433) idF vom 12. Dezember 1973 (BGBl. I S. 1853) |
| BRAO | Bundesrechtsanwaltsordnung vom 1. August 1959 (BGBl. I S. 565) |
| BStBl. | Bundessteuerblatt (zitiert nach Jahr, Teil und Seite) |
| BT-Drucks. | Bundestags-Drucksache (zitiert nach Wahlperiode und Nr.) |
| BtMG | Betäubungsmittelgesetz vom 1. März 1994 (BGBl. I S. 2) |
| ButterV | Butterverordnung vom 16. Dezember 1988 (BGBl. I S. 2286) |
| B. V. | Besloten Vennootschap met beperkte aansprakelijkheid (Holländische Aktiengesellschaft) |
| BVerfG | Bundesverfassungsgericht |
| BVerfGE | Entscheidungen des Bundesverfassungsgerichts (1.1952 ff., zitiert nach Band und Seite) |
| BVerwG | Bundesverwaltungsgericht |
| BVerwGE | Entscheidungen des Bundesverwaltungsgerichts (1.1954 ff., zitiert nach Band und Seite) |
| bzw | beziehungsweise |
| | |
| CC | Code Civil |
| CDE | Cahier de droit européen (zitiert nach Jahr und Seite) |
| CEF | Gemeinsamer Fonds für Rohstoffe |
| CEPT | Conférence Européenne des administrations des Postes et des Télécommunications |
| CJEL | The Columbia Journal of European Law (zitiert nach Jahr und Seite) |
| CMLR | Common Market Law Review (zitiert nach Jahr und Seite) |

# Abkürzungsverzeichnis

| | |
|---|---|
| CMR | Convention relative au Contrat de transport international des marchandises par route; Übereinkommen über den Beförderungsvertrag im internationalen Straßengüterverkehr vom 19. Mai.1956/16. August.1961 (BGBl. II 1119, 62 II 12) |
| C.O.I./I.O.O.C. | Internationaler Olivenölrat |
| CR | Computer und Recht (zitiert nach Jahr und Seite) |
| DAJV-NL | Deutsch-Amerikanische Juristen-Vereinigung – Newsletter |
| DB | Der Betrieb (zitiert nach Jahr und Seite) |
| DDR | Deutsche Demokratische Republik |
| dent. | dentaria |
| DGVZ | Deutsche Gerichtsvollzieher Zeitung (zitiert nach Jahr und Seite) |
| d.h. | das heißt |
| DienstleistungsmarkenG | Gesetz über die Eintragung von Dienstleistungsmarken vom 29. Januar 1979 (BGBl. I S. 125) |
| Die Justiz | Die Justiz, Amtsblatt des Ministeriums für Justiz, Bundes- und Europaangelegenheiten Baden-Württemberg (zitiert nach Jahr und Seite) |
| DIHT | Deutscher Industrie- und Handelstag |
| DIN | Deutsches Institut für Normung |
| Diss. | Dissertation |
| DJ | Deutsche Justiz (zitiert nach Jahr und Seite) |
| DJZ | Deutsche Juristenzeitung (zitiert nach Jahr und Spalte) |
| DM | Deutsche Mark |
| DMG | Gesetz über die Eintragung von Dienstleistungsmarken vom 29. Januar 1979 (BGBl. I S. 125) |
| DNA | Deutscher Normenausschuß |
| Dok. | Dokumentation |
| DÖV | Die Öffentliche Verwaltung (zitiert nach Jahr und Seite) |
| DPA | Deutsches Patentamt |
| DPMA | Deutsches Patent- und Markenamt |
| DPAV | Verordnung über das Deutsche Patentamt vom 5. September 1968 (BGBl. I S. 997) |
| DPA VwkostV | Verordnung über Verwaltungskosten beim Deutschen Patentamt vom 15. Oktober 1991 (BGBl. I S. 2013) |
| Dr. | Doktor |
| DR | Deutsches Recht (zitiert nach Jahr und Seite) |
| DRiG | Deutsches Richtergesetz idF vom 19. April 1972 (BGBl. I S. 713) |
| DRiZ | Deutsche Richterzeitung. Beilage zur Deutschen Richterzeitung (zitiert nach Jahr und Seite des Aufsatzes bzw Nr. der Entscheidung) |
| DRZ | Deutsche Rechts-Zeitschrift (1.1946–5.1950; dann JZ, zitiert nach Jahr und Seite) |
| DStZ | Deutsche Steuer-Zeitschrift (zitiert nach Jahr und Seite) |
| DtZ | Deutsch-Deutsche Rechts-Zeitschrift (zitiert nach Jahr und Seite) |
| DuD | Datenschutz und Datensicherheit (zitiert nach Jahr und Seite) |
| DüngemittelV | Düngemittelverordnung vom 9. Juli 1991 (BGBl. I S. 1450) |
| DVBl. | Deutsches Verwaltungsblatt (seit 1950; zitiert nach Jahr und Seite) |
| DZWir | Deutsche Zeitschrift für Wirtschaftsrecht (zitiert nach Jahr und Seite) |
| EBLR | European Business Law Review (zitiert nach Jahr und Seite) |
| EFTA | European Free Trade Association |
| EG | Europäische Gemeinschaften |
| eG | eingetragene Genossenschaft |
| e.g. | exempla gratia |
| EGInsO | Einführungsgesetz zur Insolvenzordnung vom 5. Oktober 1994 (BGBl. I S. 2911) |
| EGÜbk | Übereinkommen über das auf vertragliche Schuldverhältnisse anzuwendende Recht vom 19. Juni 1980 (BGBl. I S. 1301) idF vom 4. November 1975 (BGBl. I S. 2735) |
| EGV | Vertrag über die Gründung der Europäischen Gemeinschaft |
| Eidg. Rek.komm. | Eidgenössische Rekurskommission für geistiges Eigentum |
| Einf. | Einführung |
| EinigV | Einigungsvertrag vom 31. August 1990 (BGBl. II S. 889, GBl. DDR I S. 1629) |
| Einl. | Einleitung |

# Abkürzungsverzeichnis

| | |
|---|---|
| E.I.P.R. | European Intellectual Property Review (zitiert nach Jahr und Seite) |
| EiprodukteV | Eiprodukte-Verordnung vom 19. Februar 1975 (BGBl. I S. 537) |
| EJIL | European journal of international law (zitiert nach Jahr und Seite) |
| ELDO | European space vehicle Launcher Development Organization |
| ELR | European Law Reporter (zitiert nach Jahr und Seite) |
| EnteneierV | Verordnung über Enteneier vom 25. August 1954 (BGBl. I S. 265) |
| EPA | Europäisches Patentamt |
| Erg. | Ergänzung |
| ErstrG | Erstreckungsgesetz vom 23. April 1992 (BGBl. I S. 938) |
| ESARIPO | Organisation für gewerbliches Eigentum für das englisch sprechende Afrika |
| ESO | Europäische Organisation für astronomische Forschung in der südlichen Hemisphäre |
| etc. | et cetera |
| EU | Europäische Union |
| EuGH | Gerichtshof der Europäischen Gemeinschaften |
| EuGHE | Sammlung der Rechtsprechung des Gerichtshofes der Europäischen Gemeinschaften (zitiert nach Band und Seite) |
| EuGVÜ | Übereinkommen über die gerichtliche Zuständigkeit und die Vollstreckung gerichtlicher Entscheidungen in Zivil- und Handelssachen vom 27. September 1968 (BGBl. 1972 II S. 774) idF des 3. Beitrittsübereinkommens vom 26. Mai 1989 (ABl. EG Nr. L 285 vom 3. Oktober 1989, S. 1) |
| EURATOM | Europäische Atomgemeinschaft |
| EuZW | Europäische Zeitschrift für Wirtschaftsrecht (zitiert nach Jahr und Seite) |
| e. V. | eingetragener Verein |
| EWG | Europäische Wirtschaftsgemeinschaft |
| EWGV | Vertrag zur Gründung der Europäischen Wirtschaftsgemeinschaft vom 25. März 1957 (BGBl. II S. 766) |
| EWiR | Entscheidungen zum Wirtschaftsrecht (zitiert nach Jahr und Seite) |
| EWIV | Europäische Wirtschaftliche Interessenvereinigung |
| EWIV-AG | Gesetz zur Ausführung der EWG-Verordnung über die Europäische Wirtschaftliche Interessenvereinigung (EWIV-Ausführungsgesetz) vom 14. April 1988 (BGBl. I S. 514) |
| EWIV–VO | Verordnung (EWG) Nr. 2137/85 des Rates vom 25. Juli 1985 über die Schaffung einer Europäischen Wirtschaftlichen Interessenvereinigung EWIV (ABl. EG Nr. L 199 vom 31. Juli 1985, S. 1) |
| EWR | Europäischer Wirtschaftsraum |
| EWS | Europäisches Wirtschafts- & Steuerrecht (zitiert nach Jahr und Seite) |
| f. | und folgende (Seite) |
| ff. | und folgende (Seiten) |
| FGG | Gesetz über die Angelegenheiten der freiwilligen Gerichtsbarkeit vom 17. Mai 1898 (RGBl. S. 369) |
| FHA | Freihandelsabkommen |
| FleischbeschauG | Fleischbeschaugesetz vom 3. Juni 1900 (RGBl. S. 547) idF vom 8. Juli 1993 (BGBl. I S. 1189) |
| FleischbrühwürfelV | Verordnung über Fleischbrühwürfel vom 27. Dezember 1940 (RGBl. I S. 1672) |
| FleischV | Fleischverordnung vom 21. Januar 1982 (BGBl. I S. 89) |
| Fn. | Fußnote |
| FruchtsaftV | Fruchtsaftverordnung vom 17. Februar 1982 (BGBl. I S. 193) |
| FS | Festschrift |
| FSR | Fleet Street Reports of Industrial Property Cases from the Commonwealth and Europe (zitiert nach Jahr und Seite) |
| g. | Gramm |
| GAusfO MMA/PMMA | Gemeinsame Ausführungsordnung zum Madrider Abkommen über die internationale Registrierung von Marken und zum Protokoll zu diesem Abkommen vom 18. Januar 1996 (BGBl. II S. 562) |
| GBl. | Gesetzblatt |
| GbR | Gesellschaft bürgerlichen Rechts |
| GebrMG | Gebrauchsmustergesetz vom 5. Mai 1936 (RGBl. II S. 130) idF vom 28. August 1986 (BGBl. I S. 1455) |

# Abkürzungsverzeichnis

| | |
|---|---|
| GebVerz | Gebührenverzeichnis |
| GenG | Gesetz betreffend die Erwerbs- und Wirtschaftsgenossenschaften vom 1. Mai 1889 (RGBl. S. 55) idF vom 19. August 1994 (BGBl. I S. 2202) |
| GeschmMG | Gesetz über das Urheberrecht an Mustern und Modellen (Geschmacksmustergesetz) vom 11. Januar 1876 (RGBl. S. 11, BGBl. III 4 Nr. 442–1) |
| GesO | Gesamtvollstreckungsordnung vom 6. Juni 1990 (GBl. DDR I, Nr. 32 S. 285), neu bekanntgemacht am 23. Mai 1991 (BGBl. I S. 1185) |
| GG | Grundgesetz für die Bundesrepublik Deutschland vom 23. Mai 1949 (BGBl. I S. 1) |
| g.g.A. | geschützte geographische Angabe |
| GKG | Gerichtskostengesetz vom 18. Juni 1878 (RGBl. S. 141) idF vom 15. Dezember 1975 (BGBl. I S. 3047) |
| glA | gleicher Ansicht |
| GMarkenDV | Verordnung Nr. 2868/95 (EG) der Kommission vom 13. Dezember 1995 zur Durchführung der Verordnung Nr. 40/94 (EG) des Rates über die Gemeinschaftsmarke (ABl. EG Nr. L 303 vom 15. Dezember 1995, S. 1) |
| GMarkenV | Verordnung (EG) Nr. 40/94 des Rates über die Gemeinschaftsmarke vom 20. Dezember 1993 (ABl. EG Nr. L 11 vom 14. Januar 1994, S. 1) geändert durch Verordnung Nr. 3288/94 (EG) des Rates vom 22. Dezember 1994 (ABl. EG Nr. L 349 vom 31. Dezember 1994, S. 83) |
| GmbH | Gesellschaft mit beschränkter Haftung |
| GmbHG | Gesetz betreffend die Gesellschaften mit beschränkter Haftung vom 20. April 1892 (RGBl. S. 477) idF der Bekanntmachung vom 20. Februar 1898 (RGBl. S. 846) |
| GMI | Gazette des Marques Internationales (zitiert nach Jahr und Seite) |
| GPatG | Gesetz über das Gemeinschaftspatent und zur Änderung patentrechtlicher Vorschriften vom 26. Juli 1979 (BGBl. I S. 1269) |
| GPÜ | (Luxemburger) Übereinkommen über das europäische Patent für den Gemeinsamen Markt vom 15. Dezember 1975 idF vom 21. Dezember 1989 (BGBl. 1991 II S. 1361) |
| GRUR | Gewerblicher Rechtsschutz und Urheberrecht (zitiert nach Jahr und Seite) |
| GRUR Int | Gewerblicher Rechtsschutz und Urheberrecht, Internationaler Teil (zitiert nach Jahr und Seite) |
| g.U. | geschützte Ursprungsbezeichnung |
| GütezeichenV | Verordnung über Güte-, Prüf-, Gewähr- und ähnliche Zeichen (Gütezeichenverordnung) vom 9. April 1942 (RGBl. S. 273) |
| GVBl | Gesetz- und Verordnungsblatt (mit Kürzel des jeweiligen Bundesstaates) |
| GVG | Gerichtsverfassungsgesetz vom 27. Januar 1877 (RGBl. S. 41) idF vom 9. Mai 1975 (BGBl. I S. 1077) |
| GVOBl | Gemeinsames Verordnungsblatt |
| GWB | Gesetz gegen Wettbewerbsbeschränkungen vom 27. Juli 1957 (BGBl. I S. 1081) idF der Bekanntmachung vom 20. Februar 1990 (BGBl. I S. 236) |
| ha | Hektar |
| HABM | Harmonisierungsamt für den Binnenmarkt (Marken, Muster und Modelle) |
| HackfleischV | Verordnung über Hackfleisch, Schabefleisch und anderes rohes Fleisch vom 10. Mai 1976 (BGBl. I S. 1186) |
| Halbbd. | Halbband |
| HalbleitschG | Gesetz über den Schutz von Topographien von mikroelektronischen Halbleitererzeugnissen vom 22. Oktober 1987 (BGBl. I S. 2294) |
| HansOLG | Hanseatisches Oberlandesgericht |
| Hdb. | Handbuch |
| HaustürWiderrufG | Gesetz über den Widerruf von Haustürgeschäften und ähnlichen Geschäften vom 16. Januar 1986 (BGBl. I S. 122) |
| HGB | Handelsgesetzbuch vom 10. Mai 1897 (RGBl. S. 219, BGBl. III 4 Nr. 4100–1) |
| hM | herrschende Meinung |
| HöfeO | Höfeordnung vom 24. April 1947 (VOBl. BrZ Nr. 3 S. 25, 33; ABlMR BrZ Nr. 18 S. 505) idF vom 26. Juli 1976 (BGBl. I S. 1934) |

XXI

# Abkürzungsverzeichnis

| | |
|---|---|
| HonigV | Honigverordnung vom 13. Dezember 1976 (BGBl. I S. 3391) |
| HRefG | Gesetz zur Neuregelung des Kaufmanns- und Firmenrechts und zur Änderung anderer handels- und gesellschaftsrechtlicher Vorschriften (Handelsrechtsreformgesetz-HRefG) vom 22. Juni 1998 (BGBl. I S. 1474 |
| HRR | Höchstrichterliche Rechtsprechung (4.1928–18.1942; davor JR Bd. II; zitiert nach Jahr und Nr.) |
| Hrsg. | Herausgeber |
| hrsg. | herausgegeben |
| HS | Halbsatz |
| IBI | Intergovernmental Bureau for Informatics |
| ICAO | Internationale Zivilluftfahrtorganisation |
| idF | in der Fassung |
| i.Gr. | in Gründung |
| IIC | International Review of Industrial Property and Copyright Law, hrsg vom Max-Planck-Institut für ausländisches und internationales Patent-, Urheber- und Wettbewerbsrecht, München (1.1970; zitiert nach Jahr und Seite) |
| Inc. | incorporated |
| Ind. Prop. | Industrial Property and Copyright (zitiert nach Jahr und Seite) |
| INN | Recommended International Nonproprietary Names |
| InsO | Insolvenzordnung vom 5. Oktober 1994 (BGBl. I S. 2866) |
| IntAusstÜ | Abkommen über Internationale Ausstellungen vom 22. November 1928 (RGBl. 1930 II S. 728) |
| INTELSAT | International Telecommunication Satellite Organization |
| INTERELEKTRO | Organisation für ökonomische und wissenschaftlich-technische Zusammenarbeit auf dem Gebiet der Elektronischen Industrie |
| IntRegVO | Verordnung über die internationale Registrierung von Fabrik- oder Handelsmarken vom 5. September 1968 (BGBl. I S. 1001) |
| IPRax | Praxis des Internationalen Privat- und Verfahrensrecht (1.1981 ff.; zitiert nach Jahr und Seite) |
| IR-Marke | International registrierte Marke |
| IrreführungsRL | Irreführungsrichtlinie |
| i.S. | im Sinne |
| iVm | in Verbindung mit |
| JB | Juristische Blätter |
| JFG | Jahrbuch für freiwillige Gerichtsbarkeit (zitiert nach Jahr und Seite) |
| JMBl. NW | Justizministerialblatt für das Land Nordrhein-Westfalen (zitiert nach Jahr und Seite) |
| JR | Juristische Rundschau (1.1925–3.1927; geteilt in Bd. I: Aufsätze, Bd. II: die Rechtsprechung, dann HRR; zitiert nach Jahr und Spalte bzw Nr. der Entscheidung; 4.1928–11.1935; 1.1947 ff.; zitiert nach Jahr und Seite) |
| jur. | juris |
| JurBüro | Das juristische Büro (7.1956 ff.; davor Büro; zitiert nach Jahr und Spalte) |
| JuS | Juristische Schulung (zitiert nach Jahr und Seite) |
| JW | Juristische Wochenschrift (zitiert nach Jahr und Seite) |
| JZ | Juristenzeitung (6.1951 ff.; davor DRZ und SJZ; zitiert nach Jahr und Seite) |
| K&R | Kommunikation und Recht (zitiert nach Jahr und Seite) |
| KabelkennfadenV | Verordnung über den Warenkennzeichenschutz für Kabelkennfäden vom 29. November 1939 (RGBl. II S. 1005) |
| KäseV | Käseverordnung vom 14. April 1986 (BGBl. I S. 412) |
| KaffeeV | Verordnung über Kaffee, Zichorie, Kaffee-Ersatz und Kaffeezusätze vom 12. Februar 1981 (BGBl. I S. 225) |
| KAG | Kapitalanlagegesellschaft |
| KAGG | Gesetz über Kapitalgesellschaften vom 16. April 1957 (BGBl. I S. 378) idF vom 14. Januar 1970 (BGBl. I S. 127) |
| KakaoV | Kakaoverordnung vom 30. Juni 1975 (BGBl. I S. 1760) |
| Kap. | Kapitel |
| k.E. | keine Entsprechung |
| KG | Kommanditgesellschaft; Kammergericht |

# Abkürzungsverzeichnis

| | |
|---|---|
| KGaA | Kommanditgesellschaft auf Aktien |
| kgl. | königlich |
| KfH | Kammer für Handelssachen |
| Kl. | Klasse |
| KO | Konkursordnung vom 10. Februar 1877 (RGBl. I S. 351) idF vom 20. Mai 1898 (RGBl. S. 612, BGBl. III 3 Nr. 311–4) |
| KonfV | Verordnung über Konfitüren und einige ähnliche Erzeugnisse vom 26. Oktober 1982 (BGBl. I S. 1434) |
| KPA | Kaiserliches Patentamt |
| KristallglasKennzG | Gesetz zur Kennzeichnung von Bleikristall und Kristallglas vom 25. Juni 1971 (BGBl. I S. 857) |
| KTS | Zeitschrift für Konkurs-, Treuhand- und Schiedsgerichtswesen (zitiert nach Jahr und Seite) |
| KunstUrhG | Gesetz betreffend das Urheberrecht an Werken der bildenden Künste und der Photographie (Kunsturhebergesetz) vom 9. Januar 1907 (RGBl. S. 7, BGBl. III 4 Nr. 440-3; aufgehoben durch § 141 Nr. 5 des Urheberrechtsgesetzes vom 9. September 1965 (BGBl. I S. 1273), soweit es nicht den Schutz von Bildnissen betrifft) |
| LandesVO | Landesverordnung |
| LG | Landgericht |
| li. | links |
| lit. | litera |
| LitUrhG | Gesetz betreffend das Urheberrecht an Werken der Literatur und der Tonkunst vom 19. Juni 1901 (RGBl. S. 227, BGBl. III 4 Nr. 440-1) |
| Lkw | Lastkraftwagen |
| LM | Lindenmaier-Möhring, Nachschlagewerk des Bundesgerichtshofs (zitiert nach Paragraph und Ordnungsziffer) |
| LMBG | Gesetz zur Neuordnung und Bereinigung des Rechts im Verkehr mit Lebensmitteln, Tabakerzeugnissen, kosmetischen Mitteln und sonstigen Bedarfsgegenständen (Gesetz zur Gesamtreform des Lebensmittelrechts) vom 15. August 1974 (BGBl. I S. 1945) idF der Bekanntmachung vom 9. September 1997 (BGBl. I S. 2296) |
| LPG bad-württ. | Landespressegesetz Baden-Württemberg vom 14. Januar 1964 (BGl. S. 11) |
| LRE | Sammlung lebensmittelrechtlicher Entscheidungen (zitiert nach Band und Seite) |
| LSpG | Gesetz zur Durchführung der Rechtsakte der Europäischen Gemeinschaft über Bescheinigungen besonderer Merkmale von Agrarerzeugnissen (Lebensmittelspezialitätengesetz – LSpG) vom 29. Oktober 1993 (BGBl. I S. 1814) |
| Ltd. | limited |
| LUA | Lissaboner Abkommen über den Schutz der Ursprungsbezeichnungen und ihre internationale Registrierung vom 31. Oktober 1958 (GRUR 1959, 135) |
| LZ | Leipziger Zeitschrift für Deutsches Recht (zitiert nach Jahr und Seite) |
| MA | Markenartikel (zitiert nach Jahr und Seite) |
| MaBl. | Markenblatt (zitiert nach Jahr und Seite) |
| MaBl. HABM | Markenblatt des Harmonisierungsamts für den Binnenmarkt (zitiert nach Jahr und Seite) |
| MargMFV | Verordnung über Margarine- und Milchfetterzeugnisse vom 31. August 1990 (BGBl. I S. 1989) |
| MarkenanmeldungenRL | Richtlinie für die Prüfung von Markenanmeldungen vom 27. Oktober 1995 |
| MarkenG | Gesetz über den Schutz von Marken und sonstigen Kennzeichen (Markengesetz – MarkenG) vom 25. Oktober 1994 (BGBl. I S. 3082, berichtigt BGBl. 1995 I S. 156) |
| MarkenR | Zeitschrift für deutsches, europäisches und internationales Markenrecht (zitiert nach Jahr und Seite) |
| MarkenRÄndG | Markenrechtsänderungsgesetz 1996 vom 19. Juli 1996 (BGBl. I S. 1014) |
| MarkenRL | Erste Richtlinie des Rates zur Angleichung der Rechtsvorschriften der Mitgliedstaaten über die Marken (89/104/EWG) vom 21. Dezember 1988 (ABl. EG Nr. L 40 vom 11. Februar 1989, S. 1) |

# Abkürzungsverzeichnis

| | |
|---|---|
| MarkenschutzG | Gesetz über Markenschutz vom 30. November 1874 (RGBl. S. 143) |
| MarkenV | Verordnung zur Ausführung des Markengesetzes (Markenverordnung – MarkenV) vom 30. November 1994 (BGBl. I S. 3555) |
| MDR | Monatsschrift für Deutsches Recht (1.1947 ff.; zitiert nach Jahr und Seite) |
| med. | medicinae |
| MHA | Madrider Abkommen vom 14. April 1891 über die Unterdrückung falscher oder irreführender Herkunftsangaben idF vom 31. Oktober 1958 (BGBl. 1961 II S. 293) |
| MilchG | Milchgesetz vom 31. Juli 1930 (RGBl. I S. 421) |
| Milch- und MargarineG | Gesetz über Milch-, Milcherzeugnisse, Margarineerzeugnisse und ähnliche Erzeugnisse vom 25. Juli 1990 (BGBl. I S. 1471) |
| Mineral- und TafelwasserV | Verordnung über natürliches Mineralwasser, Quellwasser und Tafelwasser vom 1. August 1984 (BGBl. I S. 1036) |
| Mitt | Mitteilungen des Verbandes deutscher Patentanwälte (zitiert nach Jahr und Seite) |
| MMA | Madrider Markenabkommen vom 14. April 1891 über die internationale Registrierung von Fabrik- oder Handelsmarken idF vom 14. Juli 1967 (BGBl. 1970 II S. 418) |
| MMR | MultiMedia und Recht (zitiert nach Jahr und Seite) |
| MRRG | Gesetz zur Reform des Markenrechts und zur Umsetzung der Ersten Richtlinie 89/104/EWG des Rates vom 21. Dezember 1988 zur Angleichung der Rechtsvorschriften der Mitgliedstaaten über die Marken (Markenrechtsreformgesetz) vom 25. Oktober 1994 (BGBl. I S. 3082) |
| MRV | Kartellrechtliche Militärregierungsverordnung der Britischen Zone vom 12. Februar 1947 (AblMR BrZ Nr. 78 S. 412) |
| MSchG | Markenschutzgesetz der Schweiz vom 28. August 1992 (AS 1993, S. 274); Markenschutzgesetz Österreich vom 7. Juli 1970 idF vom 12. Februar 1993 |
| MünchKomm | Münchener Kommentar |
| m&m | media&marketing, das Magazin für Entscheider in Marketing und Medien |
| MuR | Medien und Recht (zitiert nach Jahr und Seite) |
| MuW | Markenschutz und Wettbewerb (zitiert nach Jahr und Seite) |
| m. w. Nachw. | mit weiteren Nachweisen |
| NA | Nichtigkeitsabteilung des Österreichischen Patentamts |
| Nachw | Nachweis(e) |
| NährwertKennzV | Nährwert-Kennzeichnungsverordnung vom 25. August 1988 (BGBl. I S. 1709) |
| NJ (DDR) | Neue Justiz (zitiert nach Jahr und Seite) |
| NJW | Neue Juristische Wochenschrift (zitiert nach Jahr und Seite) |
| NJW-CoR | NJW-Computerreport (zitiert nach Jahr und Seite) |
| NJW-RR | NJW-Rechtsprechungsreport Zivilrecht (zitiert nach Jahr und Seite) |
| NJWE-WettbR | NJW-Entscheidungsdienst zum Wettbewerbsrecht (zitiert nach Jahr und Seite) |
| NKA | Abkommen von Nizza über die Internationale Klassifikation von Waren und Dienstleistungen für die Eintragung von Marken vom 15. Juni 1957 in der Genfer Fassung vom 13. Mai 1977 (BGBl. 1981 II S. 359) |
| No. | numéro (franz.), number (engl.) |
| Nr. | Nummer |
| NRW | Nordrhein-Westfalen |
| NZG | Neue Zeitschrift für Gesellschaftsrecht (zitiert nach Jahr und Seite) |
| ÖAA | Anmeldeabteilung des Österreichischen Patentamts |
| ÖArbM | Österreichisches Ministerium für öffentliche Arbeiten (1908–1918) |
| ÖBA | Beschwerdeabteilung des Österreichischen Patentamts |
| ÖBMH | Österreichisches Bundesministerium für Handel |
| ÖBl | Österreichische Blätter für gewerblichen Rechtsschutz (zitiert nach Jahr und Seite) |
| O. C. A. M. | Gemeinsame Afrikanisch-Madagassische Organisation |
| ÖHM | Österreichisches Handelsministerium |
| ÖMSchG | Österreichisches Markenschutzgesetz |
| ÖNH | Nichtigkeitsabteilung des Österreichischen Patentamts |

# Abkürzungsverzeichnis

| | |
|---|---|
| ÖOGH | Österreichischer Oberster Gerichtshof |
| ÖOPM | Österreichischer Oberster Patent- und Markensenat |
| ÖPA | Österreichisches Patentamt |
| ÖPBl. | Österreichisches Patentblatt (zitiert nach Jahr und Seite) |
| öster. | österreichisch |
| ÖUWG | Österreichisches Bundesgesetz gegen den unlauteren Wettbewerb |
| ÖZBl. | Österreichisches Zentralblatt für die Juristische Praxis (ab 42.1924 nur: Zentralblatt für die Juristische Praxis; 11.883–56.1938; zitiert nach Band oder Jahr und Seite) |
| ÖZGR | Österreichische Zeitschrift für gewerblichen Rechtsschutz (1895–1915, zitiert nach Jahr und Seite) |
| OHG | Offene Handelsgesellschaft |
| O. I. V. | Internationales Weinamt |
| OLG | Oberlandesgericht |
| OLGE | Die Rechtsprechung der Oberlandesgerichte auf dem Gebiete des Zivilrechts |
| OLGZ | Entscheidungen der Oberlandesgerichte in Zivilsachen (zitiert nach Jahrgang und Seite) |
| OMPI | Organisation Mondiale de la Propriété Intellectuelle |
| OWiG | Gesetz über Ordnungswidrigkeiten vom 24. Mai 1968 (BGBl. I S. 481) idF der Bekanntmachung vom 19. Februar 1987 (BGBl. I S. 603) |
| PAngVO | Preisangabenverordnung vom 14. März 1985 (BGBl. I S. 580) idF vom 19. Dezember 1997 (BGBl. I S. 3164) |
| PartG | Partnerschaftsgesellschaft (Partnerschaft) |
| PartGG | Gesetz über Partnerschaftsgesellschaften Angehöriger Freier Berufe (Partnerschaftsgesellschaftsgesetz – PartGG) vom 25. Juli 1994 (BGBl. I S. 1744) |
| ParteienG | Gesetz über die politischen Parteien (Parteiengesetz) idF der Bekanntmachung vom 31. Januar 1994 (BGBl. I S. 149) |
| ParÜb | Pariser Verbandsübereinkunft zum Schutz des gewerblichen Eigentums vom 20. März 1883 (BGBl. 1970 II S. 391) geändert am 2. Oktober 1979 (BGBl. 1984 II S. 799) |
| PatAnwG | Patentanwaltsgesetz vom 28. September 1933 (RGBl. I S. 669) |
| PatAnwO | Patentanwaltsordnung vom 7. September 1966 (BGBl. I S. 557) |
| PatentamtsVO | Verordnung über das Deutsche Patentamt (DPAV) vom 5. September 1968 (BGBl. I S. 997) |
| PatG | Patentgesetz vom 5. Mai 1936 (RGBl. II S. 117) idF der Bekanntmachung vom 16. Dezember 1980 (BGBl. 1981 I S. 2) |
| 2. PatGÄndG | Zweites Gesetz zur Änderung des Patentgesetzes und anderer Gesetze (2. PatGÄndG) vom 16. Juli 1998 (BGBl. I S. 1827) |
| PatGebG | Gesetz über die Gebühren des Patentamts und des Patentgerichts vom 18. August 1976 (BGBl. I S. 2188) |
| PatGebZV | Verordnung über die Zahlung der Gebühren des Deutschen Patentamts und des Bundespatentgerichts vom 15. Oktober 1991 (BGBl. I S. 2012) |
| PAVO | Verordnung über das Deutsche Patentamt vom 5. September 1968 (BGBl. I S. 997) |
| PBefG | Personenbeförderungsgesetz vom 21. März 1961 (BGBl. I S. 241) idF vom 8. August 1990 (BGBl. I S. 1690) |
| p.ex. | par exemple |
| PharmaR | Pharma-Recht (zitiert nach Jahr und Seite) |
| phil. | philosophiae |
| PIBD | Propriété Industrielle, Bulletin documentaire (zitiert nach Jahr und Seite) |
| Pkw | Personenkraftwagen |
| PMMA | Protokoll zum Madrider Abkommen über die internationale Registrierung von Marken vom 27. Juni 1989 (BGBl. 1995 II S. 1017) |
| PMMBl | Schweizerisches Patent- und Muster- und Modellblatt (zitiert nach Jahr, Teil und Seite) |
| PostG | Gesetz über das Postwesen vom 28. Juli 1969 (BGBl. I S. 1006) idF vom 3. Juli 1989 (BGBl. I S. 1449) |
| PreisstopVO | Verordnung über das Verbot von Preiserhöhungen vom 26. November 1936 (RGBl. I S. 955) |
| PrGbl. | Preußisches Gesetzblatt |

# Abkürzungsverzeichnis

| | |
|---|---|
| Prop. Ind. | La Propriété Industrielle |
| PrPG | Gesetz zur Stärkung des Schutzes des geistigen Eigentums und zur Bekämpfung der Produktpiraterie vom 7. März 1990 (BGBl. I S. 422) |
| Prot | Protokolle der Kommission für die II. Lesung des Entwurfs des BGB (zitiert nach Band und Seite) |
| PVÜ | Pariser Verbandsübereinkunft vom 20. März 1883 zum Schutz des gewerblichen Eigentums in der Stockholmer Fassung vom 14. Juli 1967 (BGBl. 1970 II S. 293) |
| RabattG | Gesetz über Preisnachlässe (Rabattgesetz) vom 25. November 1933 (RGBl. I S. 1011) |
| RabelsZ | Zeitschrift für ausländisches und internationales Privatrecht, begründet von Rabel (zitiert nach Jahr und Seite) |
| RAL | Deutsches Institut für Gütesicherung und Kennzeichnung e. V. |
| RAMSAR | Übereinkommen über Feuchtgebiete, insbesondere als Lebensraum für Wasser- und Wattvögel von internationaler Bedeutung |
| RCP | Reports of Patent, Design and Trade Mark Cases (zitiert nach Jahr und Seite) |
| Rdn. | Randnote |
| re | rechts |
| RG | Reichsgericht |
| RGBl. | Reichsgesetzblatt |
| RGSt | Entscheidungen des Reichsgerichts in Strafsachen (1.1880–77.1944, zitiert nach Band und Seite) |
| RGZ | Entscheidungen des Reichsgerichts in Zivilsachen (1.1880–172.1945, zitiert nach Band und Seite) |
| RIPIA | Revue Internationale de la Propriété Industrielle et Artistique (zitiert nach Jahr und Seite) |
| RiStBV | Richtlinien für das Strafverfahren und das Bußgeldverfahren vom 1. Januar 1977 in der ab 1. September 1994 (bundeseinheitlich) geltenden Fassung |
| Riv. Dir. Ind. | Rivista di Diritto Industriale (zitiert nach Jahr und Seite) |
| RIW/AWD. | Recht der Internationalen Wirtschaft, Außenwirtschaftsdienst des Betriebsberaters, nach 1981 nur noch RIW (zitiert nach Jahr und Seite) |
| RIW | Recht der Internationalen Wirtschaft (zitiert nach Jahr und Seite) |
| Rn. | Randnote |
| RPA | Reichspatentamt |
| RPflG | Rechtspflegergesetz vom 5. November 1969 (BGBl. I S. 2065) |
| Rs. | Rechtssache |
| Rspr. | Rechtsprechung |
| s. | siehe |
| S. | Satz, Seite |
| S. A. | Société Anonyme |
| SaatgutverkehrsG | Saatgutverkehrsgesetz vom 20. August 1985 (BGBl. I S. 1633) |
| SalzStDB | Durchführungsbestimmungen zum Salzsteuergesetz vom 25. Januar 1960 (BGBl. I S. 52) |
| SchlOLG | Schleswig-Holsteinisches Oberlandesgericht |
| SchMA | Schweizerischer Markenartikel, Zeitschrift für die Markenartikelindustrie (zitiert nach Jahr und Seite) |
| SchMitt | Schweizerische Mitteilungen über Gewerblichen Rechtsschutz und Urheberrecht (zitiert nach Jahr und Seite) |
| SchuldR | Schuldrecht |
| Schweiz. | schweizerisches |
| Schweiz. BG. | Schweizerisches Bundesgericht |
| Sec. | Section |
| sfr. | Schweizer Franken |
| SGB | Sozialgesetzbuch |
| SGRUM | Schriften zum gewerblichen Rechtsschutz, Urheber- und Medienrecht |
| SHAPE | Hauptquartier der Alliierten Mächte |
| sic! | Zeitschrift für Immaterialgüter-, Informations- und Wettbewerbsrecht (zitiert nach Jahr und Seite) |
| SJZ | Süddeutsche Juristen-Zeitung (1.1946–5.1950; dann JZ; zitiert nach Jahr und Spalte) |
| | Schweizerische Juristen-Zeitung (zitiert nach Jahr und Seite) |

# Abkürzungsverzeichnis

| | |
|---|---|
| Slg. | Sammlung |
| SMI | Schweizerische Mitteilungen über Immaterialgüterrecht (zitiert nach Jahr und Seite) |
| sog. | sogenannt |
| SolingenV | Verordnung zum Schutz des Namens Solingen (Solingenverordnung – SolingenV) vom 16. Dezember 1994 (BGBl. I S. 3833) |
| SortenSchG | Sortenschutzgesetz vom 11. Dezember 1985 (BGBl. I S. 2170) idF der Bekanntmachung vom 19. Dezember 1997 (BGBl. I S. 3164) |
| SozGG | Sozialgerichtsgesetz vom 3. September 1953 (BGBl. I S. 1239) idF vom 23. September 1975 (BGBl. I S. 2535) |
| Sp | Spalte |
| st. | ständige |
| St. | Sankt |
| SteuerberatungsG | Steuerberatungsgesetz vom 16. August 1961 (BGBl. I S. 1301) idF vom 4. November 1975 (BGBl. I S. 2735) |
| stG | Stille Gesellschaft |
| StGB | Strafgesetzbuch für das Deutsche Reich vom 15. Mai 1871 (RGBl. S. 127) |
| StPO | Strafprozeßordnung vom 1. Februar 1897 (RGBl. 346) idF der Bekanntmachung vom 7. April 1987 (BGBl. I S. 1074, berichtigt S. 1319) |
| str. | streitig |
| StuR | Staat und Recht (zitiert nach Jahr und Seite) |
| StVollstrO | Strafvollstreckungsordnung vom 15. Februar 1956, BAnz. S. 1, Jahrgang 8, 1956, Nr. 42, zuletzt geändert durch AV vom 20. Juni 1991, BAnz. S. 4260, Jahrgang 43, 1991, Nr. 117 |
| SZIER | Schweizerische Zeitschrift für internationales und europäisches Recht (zitiert nach Jahr und Seite) |
| SZW | Schweizerische Zeitschrift für Wirtschaftsrecht (zitiert nach Jahr und Seite) |
| TabStG | Tabaksteuergesetz vom 13. Dezember 1979 (BGBl. I S. 2118) |
| Tabu DPA | Taschenbuch des gewerblichen Rechtsschutzes |
| TC | Cour civile du Tribunal cantonal vandois |
| TeigwarenV | Verordnung über Teigwaren vom 12. November 1934 (RGBl. I S. 1181) idF der Verordnung vom 17. Dezember 1956 (BGBl. I S. 944) |
| TKG | Textilkennzeichnungsgesetz vom 1. April 1969 (BGBl. I S. 279) idF der Bekanntmachung vom 14. August 1986 (BGBl. I S. 1286) |
| TMR | The Trademark Reporter (zitiert nach Jahr und Seite) |
| TranspR | Transportrecht |
| TRIPS | Übereinkommen zur Errichtung der Welthandelsorganisation vom 15. April 1994 (BGBl. II S. 1625), Übereinkommen über handelsbezogene Aspekte der Rechte des geistigen Eigentums (BGBl. 1994 II S. 1730) |
| ua | und andere |
| Überbl. | Überblick |
| ÜberleitungsG gewerbl. Rechtsschutz | 6. Gesetz zur Änderung und Überleitung von Vorschriften auf dem Gebiete des gewerblichen Rechtsschutzes vom 23. März 1961 (BGBl. I S. 274, 316) |
| UFITA | Archiv für Urheber-, Film-, Funk- und Theaterrecht (zitiert nach Band und Seite) |
| ÜLG | Überleitungsgesetz |
| UNEP | Umweltkonferenz der Vereinten Nationen |
| Unterabs. | Unterabsatz |
| UPOV | Internationaler Verband zum Schutz von Pflanzenzüchtungen |
| UrhG | Gesetz über das Urheberrecht und verwandte Schutzrechte (Urheberrechtsgesetz) vom 9. September 1965 (BGBl. I S. 1273) |
| Urt | Urteil |
| USA | United States of America |
| USCS | United States Code Service |
| usw | und so weiter |
| UWG | Gesetz gegen den unlauteren Wettbewerb vom 7. Juni 1909 (RGBl. S. 499, BGBl. III 4 Nr. 43–1) |

# Abkürzungsverzeichnis

| | |
|---|---|
| v. | von, vom |
| V | Verordnung |
| VAG | Gesetz über die Beaufsichtigung der Versicherungsunternehmen (und Bausparkassen, gestrichen durch Gesetz über Bausparkassen vom 16. November 1972, BGBl. I S. 2097) (Versicherungsaufsichtsgesetz) idF der Bekanntmachung vom 13. Oktober 1983 (BGBl. I S. 1262) |
| VAVG | Gesetz zur verbesserten Abschöpfung von Vermögensvorteilen aus Straftaten (BT-Drucks. 13/9742) |
| VereinsG | Gesetz zur Regelung des öffentlichen Vereinsrechts (Vereinsgesetz) vom 5. August 1964 (BGBl. I S. 593) |
| VerpackV | Verordnung über die Vermeidung von Verpackungsabfällen (Verpackungsverordnung) vom 12. Juni 1991 (BGBl. I S. 1234) |
| VerschG | Verschollenheitsgesetz, Gesetz über die Verschollenheit, die Todeserklärung und die Feststellung der Todeszeit vom 15. Januar 1951 (BGBl. I S. 63) |
| VersR | Versicherungsrecht. Juristische Rundschau für die Individualversicherung (1.1950 ff.; zitiert nach Jahr und Seite) |
| VG | Verwaltungsgericht |
| vgl. | vergleiche |
| Vol. | Volume |
| VO | Verordnung |
| VOBl. BrZ | Verordnungsblatt für die Britische Zone |
| VorabG | Gesetz zur Änderung des Patentgesetzes, des Warenzeichengesetzes und weiterer Gesetze vom 4. September 1967 (BGBl. I S. 953) |
| Vorb. | Vorbemerkung |
| VÜbk Paris | Pariser Verbandsübereinkunft zum Schutz des gewerblichen Eigentums vom 20. März 1883 (BGBl. 1970 II S. 391) geändert am 2. Oktober 1979 (BGBl. 1984 II S. 799) |
| VVaG | Versicherungsverein auf Gegenseitigkeit |
| VwGO | Verwaltungsgerichtsordnung vom 21. Januar 1960 (BGBl. I S. 17) idF der Bekanntmachung vom 19. März 1991 (BGBl. I S. 687) |
| VwKostenG | Verwaltungskostengesetz vom 23. Juni 1970 (BGBl. I S. 821) |
| VwZG | Verwaltungszustellungsgesetz vom 3. Juli 1952 (BGBl. I S. 379) |
| WaarenbezeichnungsschutzG | Gesetz zum Schutz der Waarenbezeichnungen vom 12. Mai 1894 (RGBl. S. 441) |
| WahrnV | Verordnung über die Wahrnehmung einzelner den Prüfungsstellen, der Gebrauchsmusterstelle, den Markenstellen und den Abteilungen des Patentamts obliegender Geschäfte (Wahrnehmungsverordnung – WahrnV) vom 14. Dezember 1994 (BGBl. I S. 3812) |
| WBl. | Wirtschaftsrechtliche Blätter (zitiert nach Jahr und Seite) |
| WeinG | Gesetz über Wein, Likörwein, Schaumwein, weinhaltige Getränke und Branntwein aus Wein (Weingesetz) vom 27. August 1982 (BGBl. I S. 1196) idF vom 8. Juli 1994 (BGBl. I S. 1467) |
| WeinV | Verordnung zur Durchführung des Weingesetzes |
| WG | Wechselgesetz vom 21. Juni 1933 (RGBl. I S. 399) |
| WiB | Wirtschaftsrechtliche Beratung (bis 1997; zitiert nach Jahr und Seite) |
| WiderspruchsverfahrenRL | Richtlinie des DPA für das markenrechtliche Widerspruchsverfahren (Richtlinie Widerspruchsverfahren) Entwurf 1995 |
| WiGBl. | Gesetzblatt für das Vereinigte Wirtschaftsgebiet |
| WIPO | World Intellectual Property Organization, Weltorganisation für geistiges Eigentum |
| WKA | Wiener Abkommen über die Errichtung einer Internationalen Klassifikation der Bildbestandteile von Marken vom 12. Juni 1973 idF vom 1. Oktober 1985 |
| WKG | Gesetz der Deutschen Demokratischen Republik über Warenkennzeichen vom 30. November 1984 (GBl. I Nr. 33 S. 397) |
| WM | Wertpapier-Mitteilungen, Zeitschrift für Wirtschafts- und Bankrecht (zitiert nach Jahr und Seite) |
| WPR | Wertpapierrecht |
| WRP | Wettbewerb in Recht und Praxis (zitiert nach Jahr und Seite) |
| WRV | Verfassung des Deutschen Reichs (Weimarer Verfassung) vom 11. August 1919 (RGBl. S. 1383, BGBl. III 1 Nr. 100–2) |
| WTO | World Trade Organization, Welthandelsorganisation |

# Abkürzungsverzeichnis

| | |
|---|---|
| WuP | Wirtschaft und Produktivität (zitiert nach Jahr und Seite) |
| WuW | Wirtschaft und Wettbewerb (1./2.1951/52 ff.; zitiert nach Jahr und Seite) |
| WuW/E | WuW-Entscheidungssammlung zum Kartellrecht (zitiert nach Entscheidungsträger und Nr.) |
| WZÄndG | Warenzeichenänderungsgesetz |
| WZG | Warenzeichengesetz vom 5. Mai 1936 (RGBl. II S. 134) idF vom 2. Januar 1968 (BGBl. I S. 29, BGBl. III 4 Nr. 423–1) |
| ZA | zweiseitiges Abkommen |
| ZahnheilkG | Gesetz über die Ausübung der Zahnheilkunde vom 31. März 1952 (BGBl. I S. 221) idF vom 16. April 1987 (BGBl. I S. 1226) |
| z. B. | zum Beispiel |
| ZBJV | Zeitschrift des bernischen Juristenvereins (zitiert nach Band, Jahr und Seite) |
| ZEuP | Zeitschrift für Europäisches Privatrecht (zitiert nach Jahr und Seite) |
| ZGB | Schweizerisches Zivilgesetzbuch |
| ZHR | Zeitschrift für das gesamte Handels- und Wirtschaftsrecht (zitiert nach Band, Jahr und Seite) |
| Ziff. | Ziffer |
| ZIP | Zeitschrift für Wirtschaftsrecht (4.1983 ff.), früher: Zeitschrift für Wirtschaftsrecht und Insolvenzpraxis (1.1980–3.1982; zitiert nach Jahr und Seite) |
| ZKostV | Zollkostenverordnung vom 26. Juni 1970 (BGBl. I S. 848) |
| ZLR | Zeitschrift für das gesamte Lebensmittelrecht (zitiert nach Jahr und Seite) |
| ZPO | Zivilprozeßordnung idF vom 12. September 1950 (BGBl. I S. 535, BGBl. III 3 Nr. 310–4) |
| ZR | Blätter für Züricherische Rechtsprechung (zitiert nach Jahr und Seite) |
| ZRP | Zeitschrift für Rechtspolitik (zitiert nach Jahr und Seite) |
| ZuckerG | Zuckergesetz vom 5. Januar 1951 (BGBl. I S. 47 idF vom 3. Oktober 1951; BGBl. I S. 852) |
| ZugabeVO | Zugabeverordnung, Verordnung des Reichspräsidenten zum Schutze der Wirtschaft vom 9. Mai 1932, Erster Teil: Zugabewesen (RGBl. I S. 121) |
| ZUM | Zeitschrift für Urheber- und Medienrecht/Film und Recht (zitiert nach Jahr und Seite) |
| ZUM-RD | Zeitschrift für Urheber- und Medienrecht, Rechtsprechungsdienst (zitiert nach Jahr und Seite) |
| zust. | zustimmend |
| zutr. | zutreffend |
| ZVglRWiss | Zeitschrift für Vergleichende Rechtswissenschaft einschließlich der ethnologischen Rechtsordnung (wechselnde Titel; 1.1878–55.1942, 56.1953 ff.; zitiert nach Band oder Jahr und Seite) |
| ZZP | Zeitschrift für Zivilprozeß (zitiert nach Band und Seite) |

# Literaturverzeichnis

## A. Werke zum Markenrecht und gewerblichen Rechtsschutz

### I. Lehrbücher, Kommentare, Sammelwerke, Grundrisse

*Althammer, Werner/Ströbele, Paul/Klaka, Rainer*, Markengesetz, 5. Aufl., Köln, Berlin, Bonn, München, 1997

*Aufenanger, Martin/Barth, Gerhard*, Markengesetz/The German Trade Mark Act of 1995, 2. Aufl., Weinheim, 1996

*Bartenbach, Kurt/Buddeberg, Michael/Hecker, Manfred/Metzlaff, Karsten/Pitz, Johann/Schulze, Erich/Schuze, Marcel/Schweyer, Stefan/Spitz, Volker/Volz, Franz E./Zindel, Johannes*, Formularsammlung zum Gewerblichen Rechtsschutz mit Urheberrecht, 2. Aufl., Weinheim, New York, Basel, Cambridge, Tokyo, 1998

*Baur, Jürgen F./Jacobs, Rainer/Lieb, Manfred/Müller-Graff, Peter-Christian* (Hrsg.), Festschrift für Ralf Vieregge zum 70. Geburtstag, Berlin, New York, 1995

*Becher, Karl*, Neues deutsches Markenrecht: Schutzrechte erwerben, pflegen, verteidigen, Berlin, 1996

*Berlit, Wolfgang*, Das neue Markenrecht, 3. Aufl., München, 1999

*Bokelmann, Gunther*, Das Recht der Firmen und Geschäftsbezeichnungen, 4. Aufl., Freiburg, München, Berlin, 1997

*Bruhn, Manfred* (Hrsg.), Handelsmarken, Entwicklungstendenzen und Zukunftsperspektiven der Handelsmarkenpolitik, 2. Aufl., Stuttgart, 1997

*Chrocziel, Peter*, Einführung in den Gewerblichen Rechtsschutz und das Urheberrecht, München, 1995

*Dreiss, Uwe/Klaka, Rainer*, Das neue Markengesetz: Entstehung und Erlöschen, Verfahren, Kollision und gerichtliche Durchsetzung, Bonn, 1995

*Eisenmann, Hartmut*, Grundriß Gewerblicher Rechtsschutz und Urheberrecht, 3. Aufl., Heidelberg, 1995

*Erdmann, Willi/Gloy, Wolfgang/Herber, Rolf* (Hrsg.), Festschrift für Henning Piper zum 65. Geburtstag, München, 1996

*Ensthaler, Jürgen*, Gewerblicher Rechtsschutz und Urheberrecht, Berlin, 1998

*Gaul, Dieter/Bartenbach, Kurt*, Handbuch des gewerblichen Rechtsschutzes, Band II, 5. Aufl., Köln, 1994

*Giefers, Hans-Werner*, Markenschutz, Waren- und Dienstleistungsmarken in der Unternehmenspraxis, 4. Aufl., Freiburg, 1995

*Giefers, Hans-Werner*, Marken- und Firmenschutz, Aktueller Leitfaden zum neuen Markenrecht mit vielen Beispielen und Mustern, WRS-Mustertexte, Band 22, Planegg, 1995

*Gloy, Wolfgang* (Hrsg.), Festschrift für Wolfgang Hefermehl zum 90. Geburtstag, Wettbewerbs- und Markenrecht in der Gegenwart, GRUR 1996, 515

*Gloy, Wolfgang* (Hrsg.), Handbuch des Wettbewerbsrechts, 2. Aufl., München, 1997

*Hasselblatt, Gordian N.*, Gewerblicher Rechtsschutz, Bonn, 1996

*Ilzhöfer, Volker*, Patent-, Marken- und Urheberrecht, München, 1995

*Ingerl, Reinhard/Rohnke, Christian*, Markengesetz, München, 1998

*Kouker, Ludwig*, Markenstrafrecht, in: Achenbach, Hans/Wannemacher, Wolfgang J., Beraterhandbuch zum Steuer-und Wirtschaftsstrafrecht, § 26 Abschnitt III, Herne, Berlin, 1997

*Krieger, Ulrich/Schricker, Gerhard* (Hrsg.), Festschrift für Friedrich-Karl Beier zum 70. Geburtstag, Gewerblicher Rechtsschutz und Urheberrecht in internationaler Sicht, GRUR Int 1996, 273

*Kunze, Gerd F.*, Kennzeichenrecht, in: Salger, Hanns-Christian (Hrsg.), Handbuch der europäischen Rechts- und Wirtschaftspraxis, § 32, Herne, Berlin, 1996

*Marx, Claudius* (Hrsg.), Deutsches und Europäisches Markenrecht, Handbuch für die Praxis, Neuwied, 1996

*Meister, Herbert E.*, Marke und Recht, 3. Aufl., Renningen-Malmsheim, Wien, 1997

*Mühlendahl, Alexander von*, Deutsches Markenrecht, Texte und Materialien, München, 1995

*Mühlendahl, Alexander von/Ohlgart, Dietrich C./Bomhard, Verena von*, Die Gemeinschaftsmarke, München, 1998

*Nordemann, Wilhelm/Nordemann, Axel/Nordemann, Jan Bernd*, Wettbewerbs- und Markenrecht, 8. Aufl., Baden-Baden, 1996

*Pfeiffer, Gerd/Kummer, Joachim/Scheuch, Silke* (Hrsg.), Festschrift für Hans Erich Brandner zum 70. Geburtstag, Köln, 1996

*Rebel, Dieter*, Handbuch der gewerblichen Schutzrechte, Anmeldung, Strategie, Verwertung, 2. Aufl., Köln, Berlin, Bonn, München, 1997

# Literaturverzeichnis

*Richter, Bruno/Stoppel, Wolfgang,* Die Ähnlichkeit von Waren und Dienstleistungen (vormals: Richter, Warengleichartigkeit einschließlich Dienstleistungsgleichartigkeit): Sammlung der Spruchpraxis des Reichspatentamts, des Deutschen Patent- und Markenamts, des Bundespatentgerichts, des Bundesgerichtshofs, weiterer Gerichte und des Harmonisierungsamts für den Binnenmarkt, 11. Aufl., Köln, Berlin, Bonn, München, 1999
*Roth, Wulf-Henning/Grey, Gerd,* Markenrecht, in: Bunte, Hermann-Josef (Hrsg.), Lexikon des Rechts, Wettbewerbsrecht (UWG/GWB) und gewerblicher Rechtsschutz, Neuwied, Kriftel, Berlin, 1997
*Scheer, Stefan,* Die Internationale PCT-Anmeldung, das Europäische Patent, das Gemeinschaftspatent, die Gemeinschaftsmarke, 9. Aufl., Hürth, 1996
*Scheer, Stefan,* Internationales Patent-, Muster- und Marken-Recht, 57. Aufl., Hürth, 1998
*Schricker, Gerhard/Bastian, Eva-Maria/Albert, Florian* (Hrsg.), Die Neuordnung des Markenrechts in Europa, Textsammlung: Europäisches und internationales Markenrecht, Markengesetze der Mitgliedstaaten der EU, Baden-Baden, 1998
*Schricker, Gerhard/Beier, Friedrich-Karl* (Hrsg.), Die Neuordnung des Markenrechts in Europa, 10. Ringberg-Symposium des Max-Planck-Instituts für ausländisches und internationales Patent-, Urheber- und Wettbewerbsrecht, 16. bis 21. September 1996, Schloß Ringberg, Tegernsee, Baden-Baden, 1997
*Steckler, Brunhilde,* Grundzüge des Gewerblichen Rechtsschutzes, Lizenzen, Marken, Muster und Patente, 2. Aufl., München, 1996
*Straus, Joseph* (Hrsg.), Festgabe für Friedrich-Karl Beier zum 70. Geburtstag, Aktuelle Herausforderungen des geistigen Eigentums, Köln, Berlin, Bonn, München, 1996
*Teplitzky, Otto,* Wettbewerbsrechtliche Ansprüche: Unterlassung – Beseitigung – Schadensersatz, Anspruchsdurchsetzung und Anspruchsabwehr, 7. Aufl., Köln, Berlin, Bonn, München, 1997

## II. Abhandlungen

*Berlit, Wolfgang,* Aufbrauchsfrist im gewerblichen Rechtsschutz und Urheberrecht, München, 1997
*Bock, Andreas,* Kennzeichenrechtliche Kollisionsprobleme bei Erweiterung des Hoheitsgebietes, Frankfurt am Main, Berlin, Bern, New York, Paris, Wien, 1997
*Brauer, Ulrich,* Der Einfluß von Voreintragungen auf die Schutzfähigkeit von erneut angemeldeten identischen Marken für Produkte anderer Warenklassen: Eine registerrechtliche Untersuchung vor dem Hintergrund von Markentransfermaßnahmen, Frankfurt am Main, 1995
*Bugdahl, Volker,* Marken® machen Märkte, Eine Anleitung zur erfolgreichen Markenpraxis, München, 1998
*Bumiller, Ursula,* Durchsetzung der Gemeinschaftsmarke in der Europäischen Union, München, 1997
*Fritz, Claus-Peter,* Gegenwart und Zukunft von Markenformen unter besonderer Berücksichtigung akustischer Zeichen, Tübingen, 1992
*Funk, Axel,* Die Qualitätsfunktion der Marke im Recht der USA und nach dem neuen deutschen Markengesetz, München, 1995
*Gross, Michael,* Marken-Lizenzvertrag, Heidelberg, 1995
*Großner, Ivo,* Der Rechtsschutz bekannter Marken, Diss. Konstanz, 1998
*Hackbarth, Ralf,* Grundfragen des Benutzungszwangs im Gemeinschaftsmarkenrecht, Köln, Berlin, Bonn, München, 1993
*Hirdina, Ralph,* Der Schutz der nicht eingetragenen Marke im deutschen und im französischen Recht, München, 1997
*Ingerl, Reinhard,* Die Gemeinschaftsmarke, Stuttgart, Dresden, 1996
*Klaka, Rainer/Schulz, Andreas,* Die europäische Gemeinschaftsmarke, Bonn, 1996
*Kommission der Europäischen Gemeinschaften,* Kommerzielle Kommunikationen im Binnenmarkt, Grünbuch der Kommission, 1996
*Kucsko, Guido,* Die Gemeinschaftsmarke: Einführung und Textsammlung, Wien, 1996
*Litpher, Markus,* Auswirkungen der ersten Markenrechtsrichtlinie auf die Merkmale der Verwechslungsgefahr und der Erschöpfung im deutschen Markenrecht, Frankfurt am Main, Berlin, Bern, New York, Paris, Wien, 1997
*Litten, Rüdiger,* Der Schutz von Fernsehshow- und Fernsehserienformaten, Eine Untersuchung anhand des deutschen, englischen und US-amerikanischen Rechts, München, 1997
*Michalsky, Udo,* Die Marke in der Wettbewerbsordnung nach dem Inkrafttreten des Markengesetzes, Baden-Baden, 1996
*Michel, Wolf-Friedrich,* Der Schutz geographischer Herkunftsangaben durch das Markenrecht und certification marks, Berlin, 1995
*Mittas, Tatjana,* Der Schutz des Werktitels nach UWG, WZG und MarkenG, Berlin, 1995
*Müller, Markus,* Firmenlizenz und Konzernfirma, Köln, Berlin, Bonn, München, 1996
*Munzinger, Peter,* Markenkompendium, Prägnante Darstellung des Markenrechts weltweit, München, 1999
*Nägele, Thomas,* Die rechtsverletzende Benutzung im Markenrecht, Baden-Baden, 1999

# Literaturverzeichnis

*Oelschlägel, Kay G. H.*, Der Titelschutz von Büchern, Bühnenwerken, Zeitungen und Zeitschriften, Baden-Baden, 1997

*Oppermann, Klaus*, Der Auskunftsanspruch im gewerblichen Rechtsschutz und Urheberrecht, dargestellt unter besonderer Berücksichtigung der Produktpiraterie, 1997

*Pagenberg, Jochen/Munzinger, Peter*, Leitfaden Gemeinschaftsmarke, Köln, 1996

*Pabst, Cornelia*, Die Motivmarke, Diss. Konstanz, 1998

*Peschel, Andreas*, Die anlehnende vergleichende Werbung im deutschen und französischen Wettbewerbs- und Markenrecht, Eine rechtsvergleichende Untersuchung unter Berücksichtigung der einschlägigen EG-Richtlinien, Köln, Berlin, Bonn, München, 1996

*Repenn, Wolfgang*, Handbuch der Markenbewertung und -verwertung, Weinheim, 1998

*Rößler, Bernd*, Die Rufausbeutung als Unlauterkeitskriterium in der Rechtsprechung zu § 1 UWG, Köln, Berlin, Bonn, München, 1997

*Ruijsenaars, Heijo E.*, Character Merchandising, Eine rechtsvergleichende Untersuchung zum Schutz der Vermarktung fiktiver Figuren, München, 1997

*Scherer, Inge*, Das Beweismaß bei der Glaubhaftmachung, Köln, Berlin, Bonn, München, 1996

*Schönfeld, Thomas*, Die Gemeinschaftsmarke als selbständiger Vermögensgegenstand eines Unternehmens: Eine rechtsdogmatische und ökonomische Analyse zur Property-Rights-Theorie, Baden-Baden, 1994

*Schulz, Birgit*, Die relevante Benutzungshandlung im deutschen Markenrecht, Frankfurt am Main, Berlin, Bern, New York, Paris, Wien, 1997

*Schuster, Silke*, Die Ausnahmen vom markenrechtlichen Erschöpfungsgrundsatz, Frankfurt am Main, 1998

*Schweer, Carl-Stephan*, Die erste Markenrechts-Richtlinie der Europäischen Gemeinschaft und der Rechtsschutz bekannter Marken, Baden-Baden, 1992

*Thilo, Alexandra*, Neue Formen der Marke im Markenrecht und in der Gemeinschaftsmarkenverordnung, Diss. Konstanz, 1998

*Thun, Andrea*, Der immaterialgüterrechtliche Vernichtungsanspruch, München, 1998

*Uysal, Erkan*, Probleme des türkischen Markenrechts aus der Sicht des deutschen und europäischen Rechts, Köln, Berlin, Bonn, München, 1998

*Vießhues, Martin*, Nationale Patente und Marken im europäischen Binnenmarkt, Bonn, 1994

*Volkmer, Jochen*, Das Markenrecht im Zwangsvollstreckungsverfahren, Berlin, 1998

*Walchner, Wolfgang*, Der Beseitigungsanspruch im gewerblichen Rechtsschutz und Urheberrecht, Köln, Berlin, Bonn, München, 1998

*Wiedmann, Christian*, Die mittelbare Kennzeichnung. Das Verändern von Produkten als Markenrechtsverletzung, Diss. Konstanz, 1997

*Wiegand, Michael*, Die Passivlegitimation bei wettbewerbsrechtlichen Abwehransprüchen, Baden-Baden, 1997

*Will, Stefanie*, Der Markenschutz nach § 14 Markengesetz: Eine Untersuchung zum neuen Markenrecht nach der Umsetzung der Ersten Richtlinie des Rates vom 21. Dezember 1989 zur Angleichung der Rechtsvorschriften der Mitgliedstaaten über die Marken (89/104/EWG), Baden-Baden, 1996

*Zimmermann, Julia Bettina*, Immaterialgüterrechte und ihre Zwangsvollstreckung, St. Augustin, 1998

*Zollner, Bernward*, Der Schutz berühmter Marken gegen Verwässerungsgefahr im deutschen und US-amerikanischen Recht, Berlin, 1996

## B. Werke zum Warenzeichenrecht und gewerblichen Rechtsschutz

### I. Lehrbücher, Kommentare, Sammelwerke, Grundrisse

*Baumbach, Adolf/Hefermehl, Wolfgang*, Warenzeichenrecht und Internationales Wettbewerbs- und Zeichenrecht, 12. Aufl., München, 1985

*Baumbach, Adolf/Hefermehl, Wolfgang*, Wettbewerbsrecht, Gesetz gegen den unlauteren Wettbewerb, Zugabeverordnung, Rabattgesetz und Nebengesetze, 20. Aufl., München, 1998

*Beier, Friedrich-Karl/Deutsch, Erwin/Fikentscher, Wolfgang* (Hrsg.), Die Warenzeichenlizenz, Rechtsvergleichende Untersuchungen über die gemeinschaftliche Benutzung von Warenzeichen, Professor Dr. Eugen Ulmer zum 60. Geburtstag, 2. Aufl., München, Köln, Berlin, Bonn, 1966

*Bruhn, Manfred* (Hrsg.), Handbuch Markenartikel, Band 1: Markenbegriffe, Markentheorien, Markeninformationen, Markenstrategien; Band 2: Markentechniken, Markenintegration, Markenkontrolle; Band 3: Markenerfolg, Markenrecht, Markenumfeld, Stuttgart, 1994

*Bundespatentgericht Zehn Jahre*, Festschrift, Herausgegeben von Ernst Häußer, Köln, Berlin, Bonn, München, 1971

*Bundespatentgericht 25 Jahre*, Festschrift, Herausgegeben vom Bundespatentgericht, Köln, Berlin, Bonn, München, 1986

*Busse, Rudolf/Starck, Joachim*, Warenzeichengesetz nebst Pariser Verbandsübereinkunft und Madrider Abkommen, Kommentar, 6. Aufl., Berlin, New York, 1990

# Literaturverzeichnis

*Bussmann, Kurt/Pietzcker, Rolf/Kleine, Heinz*, Gewerblicher Rechtsschutz und Urheberrecht, 3. Aufl., Berlin, 1962
*Daniels, Heinz A.*, Warenzeichen-Verwechselbarkeit, Sammlung der Spruchpraxis des Reichspatentamts, des Deutschen Patentamts und der Gerichte über die Verwechselbarkeit von Warenzeichen, Firmennamen und Titeln, 2. Aufl., München, Köln, Berlin, 1960
*DPA*, Nichteintragungsfähige Wortzeichen 1. 10. 1968–31. 12. 1983, Alphabetische Zusammenstellung nach Veröffentlichungen des Deutschen Patentamtes, 5. Aufl., München, 1984
*DPA* 100 Jahre Marken-Amt, Festschrift, Herausgegeben vom Deutschen Patentamt unter Mitwirkung der Deutschen Vereinigung für gewerblichen Rechtsschutz und Urheberrecht e. V., der Patentanwaltskammer und des Deutschen Verbandes der Patentingenieure und Patentassessoren e. V., München, 1994
*Emmerich, Volker*, Das Recht des unlauteren Wettbewerbs, 4. Aufl., München, 1995
*Erdmann, Willi/Mees, Hans-Kurt/Piper, Henning/Teplitzky, Otto/Hefermehl, Wolfgang/Ulmer, Peter* (Hrsg.), Festschrift für Otto-Friedrich Frhr. v. Gamm, Köln, Berlin, Bonn, München, 1990
*Eyer, Eckhardt*, Warenzeichenrecht, Eine rechtssystematische Darstellung, München, 1972
*Gamm, Otto-Friedrich Frhr. von*, Warenzeichengesetz, Kommentar, München, Berlin, 1965
*Gewerblicher Rechtsschutz und Urheberrecht in Deutschland*, Festschrift zum hundertjährigen Bestehen der Deutschen Vereinigung für gewerblichen Rechtsschutz und Urheberrecht und ihrer Zeitschrift, Herausgegeben von der Vereinigung, 2 Bände, Weinheim, 1991
*Giefers, Hans-Werner*, Markenschutz: Warenzeichen und Dienstleistungsmarken in der Unternehmenspraxis, 3. Aufl., Freiburg i. Br., 1992
*Hartgen, Wilhelm*, Warenzeichengesetz, Köln, Berlin, Bonn, München, 1968
*Hefermehl, Wolfgang/Ipsen, Hans Peter/Schluep, Walter R./Sieben, Günter*, Nationaler Markenschutz und freier Warenverkehr in der Europäischen Gemeinschaft, München, 1979
*Hubmann, Heinrich/Götting, Horst-Peter*, Gewerblicher Rechtsschutz, 6. Aufl., München, 1998
*Jacobs, Rainer/Lindacher, Walter F./Teplitzky, Otto*, UWG Großkommentar, Berlin, New York, 1991
*Kleinmann, Werner*, Warenzeichenrecht, Berlin, 1968
*Knoblauch, Hans*, Warenzeichen- und Ausstattungsrecht, Einführung und Praxis, 3. Aufl., Weinheim, 1973
*Kunz, Hans Peter/Mühlendahl, Alexander von/Stauder, Dieter/Ullrich, Hanns* (Hrsg.), Gewerblicher Rechtsschutz, Urheberrecht, Wirtschaftsrecht, Mitarbeiterfestschrift für Eugen Ulmer zum 70. Geburtstag, Köln, Berlin, Bonn, München, 1973
*Lewinsky, Dietrich*, Warenzeichenschutzfähigkeit: Sammlung der patentamtlichen und gerichtlichen Entscheidungen über die absolute Schutzfähigkeit von Warenzeichen, 2. Aufl., München, Köln, Berlin, Bonn, 1976
*Loewenheim, Ulrich*, Warenzeichen und Wettbewerbsbeschränkung: Eine rechtsvergleichende Untersuchung über das Verhältnis des Warenzeichenrechts zum deutschen und europäischen Kartellrecht, Bad Homburg v. d. H., 1970
*Miosga, Willy*, Verwechslungsgefahr: Alphabetisch geordnete Zusammenstellung aller wesentlichen Verwechslungs-Entscheidungen auf dem Gebiete des Kennzeichnungsrechts, München, 1958
*Möhring, Philipp/Ulmer, Peter/Wilde, Günther* (Hrsg.), Festschrift für Wolfgang Hefermehl zum 65. Geburtstag, Neue Entwicklungen im Wettbewerbs- und Warenzeichenrecht, Heidelberg, 1971
*Neubauer, Hans*, Markenrechtliche Abgrenzungsvereinbarungen aus rechtsvergleichender Sicht, Köln, Berlin, Bonn, München, 1983
*Neumann, Helmut*, Warenzeichengesetz, Kommentar, Baden-Baden, 1992
*Nirk, Rudolph*, Gewerblicher Rechtsschutz, Stuttgart, Berlin, Köln, Mainz, 1981
*Nirk, Rudolph/Bruchhausen, Karl*, Gewerblicher Rechtsschutz und Urheberrecht, Abt. I: Privat- und Prozeßrecht, Band 15, Düsseldorf, 1975
*Ossing, Johann*, Schutzfähigkeit von Warenzeichen, Berlin, 1989
*Reimer, Eduard*, Wettbewerbs- und Warenzeichenrecht, Systematischer Kommentar, 3. Aufl., Köln, Berlin, 1954
*Reimer, Eduard*, Wettbewerbs- und Warenzeichenrecht, Systematischer Kommentar, 1. Band, Warenzeichen und Ausstattung, 4. Aufl., Köln, Berlin, Bonn, München, 1966
*Reimer, Eduard*, Wettbewerbs- und Warenzeichenrecht, Systematischer Kommentar, 2. Band, Wettbewerbsrecht, 4. Aufl., Köln, Berlin, Bonn, München, 1972
*Reimer, Eduard*, Wettbewerbs- und Warenzeichenrecht, Systematischer Kommentar, 3. Band, Das wettbewerbsrechtliche Unterlassungs- und Schadensersatzrecht, 4. Aufl., Köln, Berlin, Bonn, München, 1971
*Reuters, Horst-Dieter*, Territoriale Marktaufteilung mit Hilfe von Warenzeichen-, Patent- und Urheberrechten in der Europäischen Wirtschaftsgemeinschaft: Eine Untersuchung zur Rechtslage nach dem EWG-Vertrag sowie nach den nationalen Warenzeichen-, Patent- und Urheberrechtsordnungen der Mitgliedstaaten, Bochum, 1976
*Richter, Bruno/Stoppel, Wolfgang*, Die Ähnlichkeit von Waren und Dienstleistungen (vormals: Richter, Warengleichartigkeit einschließlich Dienstleistungsgleichartigkeit): Sammlung der Spruchpraxis des Reichspatentamts, des Deutschen Patentamts, des Bundespatentgerichts und des Bundesgerichtshofes sowie weiterer Gerichte, 10. Aufl., Köln, Berlin, Bonn, München, 1996

## Literaturverzeichnis

*Riehle, Gerhard,* Markenrecht und Parallelimport: Ein Beitrag zu Grundlagen und zur Territorialität des Warenzeichenrechts, Band 1, Stuttgart, 1968
*Schricker, Gerhard/Stauder, Dieter* (Hrsg.), Handbuch des Ausstattungsrechts, Festgabe für Friedrich-Karl Beier zum 60. Geburtstag, Weinheim, 1986
*Simader, Diepold,* Deutsches Namensrecht, Kommentar, München, 1991
*Storkebaum, Rupprecht/Kraft, Alfons,* Warenzeichengesetz, Kommentar, Berlin, Heidelberg, New York, 1967
*Talbot, Kurt/Hartherz, Th.,* Kommentar zum Warenzeichenrecht, Frankfurt am Main, 1968
*Tetzner, Heinrich,* Kommentar zum Warenzeichengesetz, Heidelberg, 1958
*Tilmann, Winfried,* Die geographische Herkunftsangabe: Tatsachen, Rechtsschutz und rechtspolitische Entwicklung im Inland, im Ausland und im internationalen Bereich, München, 1976
*Trüstedt, Wilhelm/Schade, Peter,* Warenzeichen-Tabelle, Vergleichende Darstellung des Markenrechts im In- und Ausland, 3. Aufl., München, 1984
*Wild, Gisela/Schulte-Franzheim, Ine-Marie/Lorenz-Wolf, Monika* (Hrsg.), Festschrift für Alfred-Carl Gaedertz zum 70. Geburtstag, München, 1992
*Wadle, Elmar,* Geistiges Eigentum, Weinheim, New York, Basel, Cambridge, Tokyo, 1996

## II. Abhandlungen

*Arnade, Rolf,* Markenfähigkeit nach deutschem und U.S.-amerikanischem Recht, Berlin, 1991
*Banzhaf, Volker,* Der Auskunftsanspruch im gewerblichen Rechtsschutz und Urheberrecht, Diss. Heidelberg, 1989
*Ballhaus, Karl-Josef,* Import und Re-Import von Markenware, München, 1964
*Bar, Christian von,* Territorialität des Warenzeichens und Erschöpfung des Verbreitungsrechts im Gemeinsamen Markt, Frankfurt am Main, 1977
*Bastian, Eva-Marina/Götting, Horst-Peter/Knaak, Roland/Stauder, Dieter,* Der Markenverletzungsprozeß in ausgewählten Ländern der Europäischen Wirtschaftsgemeinschaft, Eine rechtstatsächliche und rechtsvergleichende Untersuchung, Köln, Berlin, Bonn, München, 1993
*Bauer, Florian,* Die Agentenmarke, Rechtsfragen des internationalen Vertriebs von Markenware, Köln, Berlin, Bonn, München, 1972
*Beier, Friedrich-Karl,* Markenrechtliche Abhandlungen, Beiträge zur neueren Entwicklung des Warenzeichen-, Ausstattungs- und Herkunftsschutzes 1956 bis 1985, Köln, Berlin, Bonn, München, 1986
*Beyerle, Peter,* Unterscheidungskraft und Freihaltebedürfnis im deutschen Warenzeichenrecht, Köln, Berlin, Bonn, München, 1988
*Brogsitter, Walter,* Der Rechtsschutz geographischer Herkunftsbezeichnungen von Weinen im deutschen und französischen Recht, unter besonderer Berücksichtigung der „appellation contrôlée", Tübingen, 1964
*Bungeroth, Erhard,* Das Ankündigungsrecht des Zeicheninhabers, Heidelberg, 1969
*Diekmann, Rolf,* Der Vernichtungsanspruch: Ein Beitrag zur Lehre von den Verletzungsansprüchen im gewerblichen Rechtsschutz und im Urheberrecht, Diss. Tübingen, 1993
*Ebenroth, Carsten Thomas,* Gewerblicher Rechtsschutz und europäische Warenverkehrsfreiheit: Ein Beitrag zur Erschöpfung gewerblicher Schutzrechte, Heidelberg, 1992
*Ebenroth, Carsten Thomas/Hübschle, Wolfgang,* Gewerbliche Schutzrechte und Marktaufteilung im Binnenmarkt der Europäischen Union, Heidelberg, 1994
*Eisenreich, Klaus,* Die neuere Entwicklung des Ausstattungsrechts unter besonderer Berücksichtigung der Dienstleistungsausstattung, Köln, Berlin, Bonn, München, 1987
*Elsaesser, Martin,* Der Rechtsschutz berühmter Marken, Weinheim, 1959
*Fammler, Michael,* Die Exportmarke, Frankfurt am Main, 1990
*Fezer, Karl-Heinz,* Der Benutzungszwang im Markenrecht, Berlin, 1974
*Fezer, Karl-Heinz,* Teilhabe und Verantwortung, Die personale Funktionsweise des subjektiven Privatrechts, München, 1986
*Froschmaier, Franz,* Der Schutz der Dienstleistungszeichen, München, Köln, Berlin, Bonn, , 1959
*Gruber, Stephan,* Verbraucherinformation durch Gütezeichen, Köln, Berlin, Bonn, München, 1986
*Haines, Hartmut,* Bereicherungsansprüche bei Warenzeichenverletzungen und unlauterem Wettbewerb, Zugleich ein Beitrag zur Dogmatik der Eingriffskondiktion, Köln, Berlin, Bonn, München, 1970
*Heil, Gerhard,* Schutzunfähige Warenzeichen und Marken, München, 1992
*Henning-Bodewig, Frauke/Kur, Annette,* Marke und Verbraucher, Funktionen der Marke in der Marktwirtschaft, Band I: Grundlagen, Band II: Einzelprobleme, Weinheim, 1988
*Henkenborg, Uwe Andreas,* Der Schutz von Spielen, Stiefkinder des gewerblichen Rechtsschutzes und Urheberrechts, München, 1995
*Hilf, Meinhard/Oehler, Wolfgang,* Der Schutz des geistigen Eigentums in Europa, Baden-Baden, 1991
*Jackermeier, Siegfried,* Die Löschungsklage im Markenrecht, Untersuchung zum deutschen, französischen und englischen Recht, Köln, Berlin, Bonn, München, 1983
*Johannes, Hartmut,* Gewerblicher Rechtsschutz und Urheberrecht im Europäischen Gemeinschaftsrecht, Heidelberg, 1973

# Literaturverzeichnis

*Keller, Erhard*, Der Schutz eingetragener Marken gegen Rufausnutzung, Baden-Baden, 1994
*Kirchner, Christian*, Internationale Marktaufteilungen: Möglichkeiten ihrer Beseitigung mit einer Fallstudie über den internationalen Arzneimittelmarkt, Frankfurt am Main, 1975
*Kleist, Holde*, Die begleitende Marke, Berlin, 1967
*Klippel, Diethelm*, Der zivilrechtliche Schutz des Namens: Eine historische und dogmatische Untersuchung, Paderborn, München, Wien, Zürich, 1985
*Knaak, Roland*, Das Recht der Gleichnamigen, Eine rechtsvergleichende Untersuchung eines kennzeichenrechtlichen Sondertatbestandes, Köln, Berlin, Bonn, München, 1979
*Kroker, Erik R.*, Irreführende Werbung, Die Rechtsprechung des EuGH, Wien, 1998
*Leitherer, Eugen*, Die Entwicklung des Markenwesens, Von den Ursprüngen bis zum Beginn der fünfziger Jahre, Diss. Wiesbaden, 1988/Bamberg, 1954
*Loewenheim, Ulrich*, Warenzeichen und Wettbewerbsbeschränkung: Eine rechtsvergleichende Untersuchung über das Verhältnis des Warenzeichenrechts zum deutschen und europäischen Kartellrecht, Bad Homburg, 1970
*Lötscher, Andreas*, Von Ajax bis Xerox. Ein Lexikon der Produktenamen, Zürich, 1987
*Lukes, Rudolf*, Namens- und Kennzeichenschutz für Technische Überwachungsvereine, Heidelberg, 1972
*Manz, Martin*, Der Schutz von eintragungsfähigen Marken nach dem neuen Markengesetz, Eine Untersuchung zum Anwendungsbereich des neuen Markengesetzes unter besonderer Berücksichtigung der neuen markenfähigen Zeichen, München, 1997
*Meister, Herbert E.*, Leistungsschutz und Produktpiraterie: Fragmente zu einem Phänomen, Frankfurt am Main, 1990
*Meldau, Robert*, Zeichen, Warenzeichen, Marken, Bad Homburg v.d.H., 1967
*Michel, Wolf-Friedrich*, Der Schutz geographischer Herkunftsangaben durch das Markenrecht und certification marks, Berlin, 1995
*Miosga, Willy*, Warenzeichenrecht in neuerer Sicht, München, 1962
*Neu, Christian O.*, Die neuere Rechtsprechung zur Verwirkung im Wettbewerbs- und Warenzeichenrecht, Köln, Berlin, Bonn, München, 1984
*Neubauer, Hans*, Markenrechtliche Abgrenzungsvereinbarungen aus rechtsvergleichender Sicht, Köln, Berlin, Bonn, München, 1983
*Ossing, Johann*, Schutzfähigkeit von Warenzeichen, Mainz, 1989
*Osten, Horst von der*, Die Verkehrsgeltung im Warenzeichen- und Wettbewerbsrecht und ihre Feststellung im Prozeß, München, Köln, Berlin, Bonn, 1960
*Rempe, Winfried*, Der Schutz sog. schwacher und starker Zeichen, Darstellung und Analyse der Entscheidungspraxis zur Verwechslungsgefahr bis zum Ende des Zweiten Weltkrieges, Mainz, 1977
*Repenn, Wolfgang*, Umschreibung gewerblicher Schutzrechte: Möglichkeiten und Durchführung der Umschreibung beim Deutschen Patentamt, Köln, Berlin, Bonn, München, 1994
*Röder, Hein*, Der Schutz des Werktitels, Köln, Berlin, Bonn, München, 1970
*Schenk, Peter*, Das Pfandrecht an Immaterialgütern, Zürich, 1951
*Schirmer, Horst*, Schutzvoraussetzungen der Warenausstattung, Köln, 1961
*Schramm, Carl*, Grundlagenforschung auf dem Gebiete des gewerblichen Rechtsschutzes und Urheberrechts, Berlin, Köln, 1957
*Schreiner, Rupert*, Die Dienstleistungsmarke, Typus, Rechtsschutz und Funktion, Eine rechtstatsächliche und rechtsvergleichende Untersuchung aus Anlaß der Einführung des Formalschutzes der Dienstleistungszeichen im deutschen Recht, Köln, Berlin, Bonn, München, 1983
*Schulte-Beckhausen, Thomas*, Das Verhältnis des § 1 UWG zu den gewerblichen Schutzrechten und zum Urheberrecht, Bonn, 1994
*Schwendemann, Ursula*, Markenrecht in der Praxis, Stuttgart, 1988
*Streber, Albert Christian*, Die internationalen Abkommen der Bundesrepublik Deutschland zum Schutz geographischer Herkunftsangaben, Köln, Berlin, Bonn, München, 1994
*Stuckel, Marc*, Die Integrität von Marke, Ware und Verpackung, Rechtsfragen des Markenartikelvertriebs in Frankreich und Deutschland, Köln, Berlin, Bonn, München, 1990
*Stumpf, Herbert/Groß, Michael*, Der Lizenzvertrag, 6. Aufl., Heidelberg, 1993
*Tetzner, Volkmar*, Die Leerübertragung von Warenzeichen: Eine Untersuchung der Übertragung von Warenzeichen ohne den zugehörigen Geschäftsbetrieb nach dem geltenden Recht, München, 1962
*Thomasberger, Wolfgang*, Rufausbeutung im Wettbewerbsrecht: Ein Problem des ergänzenden wettbewerbsrechtlichen Leistungsschutzes, Frankfurt am Main, Berlin, Bern, New York, Paris, Wien, 1993
*Tietgen, Uwe*, Die Unterschiede zwischen Fabrik- und Händlermarken in warenzeichen- und wettbewerbsrechtlicher Sicht, Köln, Berlin, Bonn, München, 1975
*Tönjes, Erhard*, Der Rechtsschutz des Zeitungs- und Zeitschriftentitels nach geltendem Recht, Bad Godesberg, 1969
*Véràgh, Zoltán*, Übersetzung und Anpassung von Warenzeichen, Weinheim, 1966
*Vierheilig, Wilfried*, Grenzen der Maßgeblichkeit der Verkehrsauffassung im Warenzeichenrecht, München, 1977

# Literaturverzeichnis

*Waibel, Eberhard,* Warenzeichenrechtliche und wettbewerbsrechtliche Fragen des Ersatzteile-, Zubehör- und Reparaturgewerbes, Eine Untersuchung zur Rechtslage in Belgien, Italien, den USA und in Deutschland, Köln, Berlin, Bonn, München, 1977
*Weber, Stefan,* Das Prinzip der Firmenwahrheit im HGB und die Bekämpfung irreführender Firmen nach dem UWG, Köln, Berlin, Bonn, München, 1984
*Wehking, Erwin,* Produktnamen für Arzneimittel, Wortbildung, Wortbedeutung, Werbewirksamkeit, Hamburg, 1984
*Westerhoff, Johannes,* Die relativen Schutzvoraussetzungen, Rechtsvergleichende Überlegungen zur Reform des deutschen Warenzeichenrechts, Köln, Berlin, Bonn, München, 1976
*Winkel, Frank N.,* Formalschutz dreidimensionaler Marken, Rechtsvergleichende Untersuchung, Köln, Berlin, Bonn, München, 1979
*Wölfel, Helmut,* Rechtsfolgen von Markenverletzungen und Maßnahmen zur Bekämpfung der Markenpiraterie, Köln, Berlin, Bonn, München, 1990
*Zipfel, Walter/Künstler, Leopold,* Die Bierbezeichnung in Recht und Wirtschaft, Berlin, Köln, 1957

## C. Ältere Werke zum Warenzeichenrecht und gewerblichen Rechtsschutz

### I. Lehrbücher, Kommentare, Sammelwerke, Grundrisse

*Becher, Carl,* Warenzeichengesetz und internationale Markenregistrierung, Berlin, 1931
*Elster, Alexander,* Urheber- und Erfinder-, Warenzeichen- und Wettbewerbsrecht, 2. Aufl., Berlin, 1928
*Finger, Chr.,* Das Reichsgesetz zum Schutz der Warenbezeichnungen vom 12. 5. 1894 in der Fassung vom 7. 12. 1923, 3. Aufl., Berlin, 1926
*Freund, Günther/Magnus, Julius/Juengel, Friedrich,* Das Deutsche Warenzeichenrecht, Teil I, Die internationalen Verträge, 6. Aufl., Berlin, Leipzig, 1924
*Hagens, Alfred,* Warenzeichenrecht, Gewerbe- und Industrie-Kommentar unter besonderer Berücksichtigung der Rechtsprechung des Reichsgerichts, Band III, Berlin, Leipzig, 1927
*Kohler, Josef,* Warenzeichenrecht, Recht des Markenschutzes mit Berücksichtigung ausländischer Gesetzgebung, 2. Aufl., Mannheim, Leipzig, 1910
*Magnus, Julius/Juengel, Friedrich,* Das deutsche Warenzeichenrecht, Teil II, Gesetz zum Schutz der Warenbezeichnungen, 6. Aufl., Berlin, Leipzig, 1933
*Osterrieth, Albert,* Lehrbuch des gewerblichen Rechtsschutzes, Leipzig, 1908
*Pinzger, Werner,* Das Deutsche Warenzeichenrecht, Kommentar zum Warenzeichengesetz vom 5. Mai 1936 nebst den internationalen Verträgen, 2. Aufl., München, Berlin, 1937
*Rosenthal, Alfred,* Wettbewerbsgesetz nebst den materiellen Vorschriften des Warenzeichengesetzes, 8. Aufl., Berlin, 1930
*Rudloff, Georg/Blochwitz, Reinhard,* Das Recht des Wettbewerbs, Berlin, 1938
*Seligsohn, Arnold,* Warenzeichenrecht, 3. Aufl., Berlin, 1925

### II. Abhandlungen

*Bussmann, Kurt,* Name, Firma, Marke, Berlin, 1937
*Köhler, Walter,* Verwechslungsgefahr im Warenzeichen- und Wettbewerbsrecht unter Mitberücksichtigung des englischen und französischen Rechts, Berlin, 1933
*Matthiolius, Karl,* Der Rechtsschutz geographischer Herkunftsangaben, München, Berlin, Leipzig, 1929
*Oppenheim, Walther,* Die Verwirkung im gewerblichen Rechtsschutz, Berlin, 1932
*Rauter, Gustav,* Das Warenzeichen, Halle a.S., 1938
*Siebert, Wolfgang,* Verwirkung und Unzulässigkeit der Rechtsausübung, Marburg, 1934
*Ulmer, Eugen,* Warenzeichen und unlauterer Wettbewerb in ihrer Fortbildung durch die Rechtsprechung, Berlin, 1929

## D. Ausländisches und internationales Recht

### I. Lehrbücher, Kommentare, Sammelwerke, Grundrisse

*Abel, Paul,* System des österreichischen Markenrechts, Wien, München, 1908
*AIPPI* (Hrsg.), AIPPI und die Entwicklung des gewerblichen Rechtsschutzes 1897-1997, Basel, 1997
*Bainbrigde, David,* Intellectual Property, 3. Aufl., London, Hong Kong, Johannesburg, Melbourne, Singapore, Washington DC, 1996
*Beier, Friedrich-Karl/Schricker, Gerhard,* From GATT to TRIPS, The Agreement on Trade-Related Aspects of Intellectual Property Rights, Weinheim, New York, Basel, Cambridge, Tokyo, 1996
*Bock, Christian/Simon, Jürg* (Hrsg.), Marken, Herkunftsangaben und Ursprungsbezeichnungen, Basel, Frankfurt am Main, 1997
*Bodenhausen, Georg H.,* Pariser Verbandsübereinkunft zum Schutz des gewerblichen Eigentums, Kommentar, Köln, Berlin, Bonn, München, 1971
*Büren, Roland von/David, Lucas* (Hrsg.), Schweizerisches Immaterialgüter- und Wettbewerbsrecht, Erster Band: Allgemeiner Teil, Erster Teilband: Grundlagen; Dritter Band: Kennzeichenrecht, Basel, Frankfurt am Main, 1994, 1996

# Literaturverzeichnis

*Callmann, Rudolf,* The Law of Unfair Competition, Trademarks and Monopolies, 4. Aufl., Chicago, 1994
*Cornish, William Rodolph,* Intellectual Property: Patents, Copyright, Trade Marks and Allied Rights, 2. Aufl., London, 1989
*David, Lucas,* Markenschutzgesetz, Muster- und Modellgesetz, Kommentar zum Schweizerischen Privatrecht, 4. Aufl., Basel, Frankfurt am Main, 1994
*Derenberg, Walter,* Warenzeichen und Wettbewerb in den USA, Köln, Berlin, 1931
*Erasmus, Herbert/Arlt, Erich,* Erfinder- und Warenzeichenschutz im In- und Ausland, Berlin (Ost), 1955
*Friedl, Gerhard/Schönherr, Fritz/Thaler, Gottfried H.,* Patent- und Markenrecht, Wien, 1979
*Hohenecker, Franz/Friedl, Gerhard,* Wettbewerbsrecht (Allgemeines Wettbewerbsrecht, Zugabenrecht, Rabattrecht, Markenrecht), Graz, Köln, 1959
*Kerly, Duncan M.,* Law of Trade Marks and Trade Names, by *White, Blanco/Jacob, Robin,* 12. Aufl., London, 1986
*Koppensteiner, Hans-Georg* (Hrsg.), Österreichisches und europäisches Wirtschaftsprivatrecht, Teil 2: Geistiges Eigentum, Wien, 1996
*Koppensteiner, Hans-Georg,* Österreichisches und europäisches Wettbewerbsrecht, Wettbewerbsbeschränkungen, Unlauterer Wettbewerb, Marken, 3. Aufl., Wien, 1997
*Kucsko, Guido,* Österreichisches und europäisches Wettbewerbs-, Marken-, Muster- und Patentrecht, Einführung und Textsammlung, 4. Aufl., Wien, 1995
*Marinakos, Georgios,* Die Bedeutung der Benutzung der Marke im griechischen und deutschen Recht, München, 1985
*Miosga, Willy,* Internationaler Marken- und Herkunftsschutz, München, 1967
*Morcom, Christopher,* A Guide to the Trade Marks Act, London, 1994
*Osterrieth, Albert,* Die Haager Konferenz 1925 (zur Revision der Pariser Übereinkunft von 1883 für gewerblichen Rechtsschutz), Berlin, Leipzig, 1926
*Osterrieth, Albert/Axster, August,* Die Internationale Übereinkunft zum Schutze des gewerblichen Eigentums (Pariser Konvention), Berlin, 1903
*Pahud, Jules-Daniel,* La marque collective en Suisse et à l'étranger, Lausanne, 1940
*Pedrazzini, Mario/von Büren, Roland/Marbach, Eugen,* Immaterialgüter- und Wettbewerbsrecht, Basel, 1998
*Rafeiner, Otmar* (Hrsg.), Patente, Marken, Muster, Märkte: Der gewerbliche Rechtsschutz international, Wien, 1993
*Rotondi, Mario,* Diritto Industriale, V Edizione, Padova, 1965
*Roubier, Paul,* Le droit de la propriété, Paris, Band I, 1952, Band II, 1954
*Sonn, Alexander/Prettenhofer, Heinrich/Koch, Franz,* Warenzeichenrecht (Markenrecht), Wien, 1972
*Sonn, Alexander/Prettenhofer, Heinrich/Koch, Franz,* Entscheidungen zum Markenrecht, Systematische Zusammenfassung der gesamten einschlägigen Spruchpraxis, Wien, 1985
*Staub, Leo/Hilti, Christian,* Wettbewerbs- und Immaterialgüterrecht, St. Gallen, Zürich, 1998
*Troller, Alois,* Das Internationale Privat- und Zivilprozeßrecht im gewerblichen Rechtsschutz und Urheberrecht, Basel, 1952
*Troller, Alois,* Die mehrseitigen völkerrechtlichen Verträge im internationalen gewerblichen Rechtsschutz und Urheberrecht, Basel, 1965
*Troller, Alois,* Immaterialgüterrecht, Band I, 3. Aufl., Basel, Frankfurt am Main, 1983
*Troller, Alois,* Immaterialgüterrecht, Band II, 3. Aufl., Basel, Frankfurt am Main, 1985
Troller, Kamen, Manuel du droit suisse des biens immatériels, Band I, Basel, Frankfurt am Main, 1992
*Vossius, Volker/Hallmann, Ulrich C.,* Industrial Property Laws of the Federal Republic of Germany, 2. Aufl., 1985
*Wirner, Helmut,* Wettbewerbsrecht und Internationales Privatrecht, München, Köln, Berlin, Bonn, 1960

## II. Abhandlungen

*Arquint, Caspar,* Der Schutz des Slogans nach Marken-, Wettbewerbs- und Urheberrecht, Basel, 1958
*Ascarelli, Tullio,* Teoria della Concorrenza e dei Beni Immateriali, 3. Aufl., Mailand, 1960
*Baeumer, Ludwig,* Schutzfähigkeit und Schutzumfang der Marke im französischen Recht, München, Köln, Berlin, 1964
*Beier, Friedrich-Karl,* Grundfragen des französischen Markenrechts, München, Köln, Berlin, Bonn, 1962
*Beier, Friedrich-Karl/Schricker, Gerhard,* GATT or WIPO, New Ways in the International Protection of Intellectual Property, Weinheim, 1989
*Bohnet, Uwe,* Das Markenrecht in der Volksrepublik China und Rußland, Eine rechtsvergleichende Studie unter Berücksichtigung der deutschen Rechtsentwicklung, Köln, Berlin, Bonn, München, 1996
*Bonasi, Benucci,* Tutela della Forma del Diritto Industriale, Mailand, 1963
*Bredow, Günther,* Das spanische Markenrecht, München, 1993

# Literaturverzeichnis

*Briem, Stephan*, Internationales und Europäisches Wettbewerbsrecht und Kennzeichenrecht, Wien, 1995

*Bühler, Gregor*, Die freie Markenlizenzierung, Eine Untersuchung nach marken-, lauterkeits- und produktehaftpflichtrechtlichen Gesichtspunkten unter Berücksichtigung der Rechtslage in der Europäischen Union, Basel, Frankfurt am Main, 1996

*Bürli, Eric*, Die Übertragung der international eingetragenen Marke, Zürich, 1970

*Duric, Hans-Peter*, Die Freihandelsabkommen EG-EFTA, Baden-Baden, 1991

*Glaus, Urs*, Die geographische Herkunftsangabe als Kennzeichen, Basel, Frankfurt am Main, 1996

*Gubler, Andreas*, Der Ausstattungsschutz nach UWG, Bern, 1991

*Heinzelmann, Wilfried*, Der Schutz der berühmten Marke, Bern, 1993

*Krneta, Georg*, Wesen, Inhaber und Übertragung der Kollektivmarke, Winterthur, 1961

*Landolt, Kaspar*, Die Dienstleistungsmarke: Eine rechtsvergleichende Studie anläßlich der Einführung der Dienstleistungsmarke in das schweizerische Markenschutzgesetz, Berlin, 1993

*Lustenberger, Erwin Maurice*, Die geographischen Herkunftsangaben, Bern, 1972

*Mittendorfer, Heinz*, Die Schutzfähigkeit der Marke in Großbritannien und den USA, Rechtsvergleichende Untersuchung zur Bedeutung von Unterscheidungskraft und Verkehrsgeltung im Markenrecht, Köln, Berlin, Bonn, München, 1977

*Möschel, Wernhard*, Die rechtliche Behandlung der Paralleleinfuhr von Markenware innerhalb der EWG, Bad Homburg, Berlin, Zürich, 1968

*Mostert, Frederick W*, Famous and Well-Known Marks, An International Analysis, London, 1997

*Mühlendahl, Alexander von*, Territorial begrenzte Markenrechte und einheitlicher Markt, Das amerikanische Kennzeichnungsrecht als Beispiel für das Markenrecht der EG, Köln, Berlin, Bonn, München, 1980

*Pfisterer, Benedikt*, Der Schutz der nicht eingetragenen Marke im italienischen Recht, Köln, Berlin, Bonn, München, 1998

*Pointet, Pierre*, Der Schutz der Marke, Vorschläge zur Revision des schweizerischen Bundesgesetzes über Fabrik- und Handelsmarken, Weinheim, 1964

*Schlei, Dirk Christian*, Das Protokoll betreffend das Madrider Abkommen über die internationale Registrierung von Marken, Bern, 1993

*Schluep, Walter*, Das Markenrecht als subjektives Recht, Basel, 1964

*Staehelin, Alesch*, Das TRIPs-Abkommen, Immaterialgüterrechte im Licht der globalisierten Handelspolitik, Diss. Bern, 1997

*Straub, Wolfgang*, Mehrfache Berechtigung an Marken: Lizenzen, Rechtsgemeinschaften, Teilübertragungen, Pfandrechte, fiduziarische Übertragungen, Konzernmarken, Bern, 1998

*Stucki, Marc*, Trademarks and Free Trade, An analysis in Light of the Priciple of Free Movement of Goods, the Exhaustion Doctrine in EG Law and of the WTO Agreements, Bern, Zürich, 1997

*Taucher, Bernd*, Nationales Warenzeichenrecht versus Warenverkehrsfreiheit in der EG, Der spezifische Gegenstand des Warenzeichenrechts als schutzwürdiges Gut im Rahmen des Artikel 36 EG-Vertrag, Graz, 1995

*Tobler, Christa*, Tauglichkeitsanalyse der Unterscheidungskriterien im Markenrecht, Basel, 1990

*Treis, Michael*, Recht des unlauteren Wettbewerbs und Markenvertriebsrecht in Schweden, Mit rechtsvergleichenden Bezügen zum deutschen Recht, Köln, Berlin, Bonn, München, 1991

*Troller, Alois*, Internationale Zwangsverwertung und Expropriation von Immaterialgütern, Basel, 1955

*Troller, Patrick*, Kollisionen zwischen Firmen, Handelsnamen und Marken, Basel, 1980

*Vida, Alexander*, Das Warenzeichen in der Wirtschaft der sozialistischen Länder, Köln, Berlin, Bonn, München, 1987

*Westerholt, Hartwig, Graf von*, Die Passing off-Klage im englischen Recht, Grundzüge des Schutzes vor Verwechslungsgefahr im Wettbewerb, Köln, Berlin, Bonn, München, 1977

*Wieczorek, Reinhard*, Die Unionspriorität im Patentrecht, Grundfragen des Artikels 4 der Pariser Verbandsübereinkunft, Köln, Berlin, Bonn, München, 1975

*Wittenzellner, Ursula*, Grundzüge der Entwicklung des Markenrechts in Argentinien, Eine rechtsvergleichende Darstellung unter besonderer Berücksichtigung des lateinamerikanischen Umfelds und der Stellung Argentiniens als Schwellenland, Köln, Berlin, Bonn, München, 1987

## E. Schrifttum zum Gesetz über Warenkennzeichen der Deutschen Demokratischen Republik

### I. Lehrbücher, Kommentare, Sammelwerke, Grundrisse

*Hemmerling, Joachim*, (Autorenkollektiv), Patente, Marken, Lizenzen, Lexikon des gewerblichen Rechtsschutzes, 1. Aufl., Berlin, 1990

*Hierse, Klaus*, Grundzüge des Rechtsschutzes für Warenkennzeichen in der DDR, Berlin, 1977

*Scheer, Hans*, Das deutsche (West u. Ost) Patent-, Gebrauchsmuster-, Geschmacksmuster-, Warenzeichen-, Wettbewerbs-, Arbeitnehmererfindungs-Recht, Kommentar und Wortlaut nebst einbezogenen Gerichtsurteilen, 25. Aufl., Köln, 1974

# Literaturverzeichnis

## II. Abhandlungen

*Adrian, Johann/Nordemann, Wilhelm/Wandtke, Artur-Axel,* Erstreckungsgesetz und Schutz des geistigen Eigentums, Berlin, 1992

*Hierse, Klaus/Hoffmann, Eva/Schröter, Siegfried* (Autorenkollektiv), Kennzeichnungspflicht für industrielle Erzeugnisse und die Anmeldung, Eintragung und Löschung von Warenzeichen in der DDR, Berlin (Ost), 1967

*Hierse, Klaus,* Wesen, Funktion und Gegenstand des Warenzeichenrechts der DDR, Berlin (Ost), 1967

*Hierse, Klaus,* Die gesellschaftlichen Aufgaben und der Gegenstand des sozialistischen Warenkennzeichnungsrechts der DDR, Berlin, 1978

*Hierse, Klaus,* Warenkennzeichen: Qualität – Effektivität, 1. Auflage, Berlin, 1986

*Hierse, Klaus,* Die gesellschaftlichen Aufgaben und der Gegenstand des sozialistischen Warenkennzeichnungsrechts der DDR, Berlin, 1978

*Hierse, Klaus,* Warenkennzeichen: Qualität – Effektivität, 1. Auflage, Berlin, 1986

*Miosga, Willy,* Das Warenzeichenrecht der DDR, München, 1955

*Schröter, Eva,* Der sachliche Geltungsbereich eines Warenzeichens und der Warenzeichenverletzungsstreit in der DDR, Berlin (Ost), 1967

*Schuster-Woldan, Ulrich,* Lizenz- und Nutzungsverträge in der DDR, Köln, Berlin, Bonn, München, 1975

## III. Aufsätze

*Berg, Günter,* Das Warenkennzeichengesetz der Deutschen Demokratischen Republik, GRUR Int 1988, 621

*Eckner, Klaus-Jürgen,* Einige Fragen des Rechtsschutzes von Warenzeichen in der DDR und ihrer Verwendung auf Erzeugnissen bei Exporten in die DDR, SMI 1975, 265

*Hemmerling, Joachim,* Aufgaben und Stellung der Warenzeichenverbände im System der sozialistischen Wirtschaftsführung, Der Neuerer 1971, 186

*Leib,* Zur Abfassung des Warenverzeichnisses bei der Anmeldung von Warenzeichen, Der Neuerer 1972, 153

*Miosga, Willy,* Das Warenzeichengesetz der Deutschen Demokratischen Republik vom 17. Februar 1954, GRUR 1954, 559

*Ronsdorff, Anita,* Änderungen des Warenzeichengesetzes in der DDR, GRUR 1969, 217

# F. Zeitschriften

## I. Inländische Zeitschriften

*Archiv für Urheber-, Film-, Funk- und Theaterrecht* (UFITA)
*Blatt für Patent-, Muster- und Zeichenwesen* (BlPMZ)
*Computer und Recht* (CR)
*Der Markenartikel, Zeitschrift für Markenführung* (MA)
*Der Neuerer, Zeitschrift für Erfindungs- und Vorschlagswesen,* DDR (bis 1990)
*Europäische Zeitschrift für Wirtschaftsrecht* (EuZW)
*Gewerblicher Rechtsschutz und Urheberrecht* (GRUR)
*Gewerblicher Rechtsschutz und Urheberrecht, Internationaler Teil* (GRUR Int)
*Kommunikation & Recht* (K&R)
*Markenschutz und Wettbewerb* (MuW) (bis 1941)
*Markenrecht* (MarkenR)
*Medien und Recht* (MuR)
*Mitteilungen der Deutschen Patentanwälte* (Mitt)
*Monatszeitschrift für Deutsches Recht* (MDR)
*MultiMedia und Recht* (MMR)
*NJW – Computerreport* (NJW-CoR)
*NJW – Entscheidungsdienst zum Wettbewerbsrecht* (NJWE-WettbR)
*Recht der Internationalen Wirtschaft* (RIW)
*Wettbewerb in Recht und Praxis* (WRP)
*Wirtschaft und Wettbewerb* (WuW)
*Zeitschrift für Urheber- und Medienrecht* (ZUM)
*Zeitschrift für Wirtschaftsrecht* (ZIP)

## II. Internationale Zeitschriften

*Cahier de droit européen, Revue bimestrielle* (CDE)
*Columbia Journal of European Law* (CJEL)
*Common Market Law Review* (CMLR)
*European Business Law Review* (EBLR)
*European journal of international law, Journal européen de droit international* (EJIL)

# Literaturverzeichnis

*Fleet Street Reports of Industrial Property Cases from the Commenwealth and Europe* (FSR)
*Industrial Property and Copyright* (Ind. Prop.)
*International Review of Industrial Property and Copyright Law* (IIC)
*La Propriété Industrielle et le Droit d'Auteur* (Prop. Ind.)

## III. Ausländische Zeitschriften

*Aktuelle Juristische Praxis/Pratique juridique actuelle* (AJP/PJA), Schweiz
*Association Internationale pour la Protection de la Propriété Industrielle* (AIPPI), Schweiz
*European competition law review* (ECLR), Großbritannien
*European Intellectual Property Review* (E.I.P.R.), Großbritannien
*European Law Reporter* (ELR), Schweiz
*Gazette des Marques Internationales* (GMI), Schweiz
*La propriété industrielle et le droit d'auteur, Revue mensuelle de l'Organisation Mondiale de la Propriété Intellectuelle* (OMPI), Schweiz
*Österreichische Blätter für Gewerblichen Rechtsschutz und Urheberrecht, Mitteilungen der Österreichischen Vereinigung für gewerblichen Rechtsschutz und Urheberrecht* (ÖBl.)
*Propriété Industrielle, Bulletin documentaire* (PIBD), Frankreich
*Reports of Patent, Design and Trade Mark Cases* (RCP), Großbritannien
*Revue Internationale de la Propriété Industrielle et Artistique* (RIPIA), Frankreich
*Rivista di Diritto Industriale* (Riv. Dir. Ind.), Italien
*Schweizerische Juristenzeitung* (SJZ)
*Schweizerische Mitteilungen über Immaterialgüterrecht/Revue Suisse de la Propriété Intellectuelle* (SMI/RSPI) (bis 1996)
*Schweizerische Zeitschrift für internationales und europäisches Recht* (SZIER)
*Schweizerische Zeitschrift für Wirtschaftsrecht, Revue Suisse de droit des affaires* (SZW/RSDA)
*The Trademark Reporter* (TMR), Großbritannien
*Wirtschaftsrechtliche Blätter, Beilage zu Juristische Blätter* (WBl.), Österreich
*World Competition: Law and Economics Review* (World Competition), Schweiz
*Zeitschrift für Immaterialgüter-, Informations- und Wettbewerbsrecht; revue de droit de la propriété intellectuelle, de l'information et de la concurrence* (sic!), Schweiz

**Erster Teil
Kommentar zum Markengesetz**

### Übersicht

1. Gesetzestext des Markengesetzes .................................................................. 3
2. Kommentierung zum Markengesetz ............................................................. 53

# 1. Gesetzestext des Markengesetzes

## Gesetz über den Schutz von Marken und sonstigen Kennzeichen (Markengesetz – MarkenG)

vom 25. Oktober 1994*

(BGBl. I S. 3082; berichtigt am 27. Januar 1995, BGBl. I S. 156; zuletzt geändert am 16. Juli 1998, BGBl. I S. 1827)

### Inhaltsübersicht

#### Teil 1. Anwendungsbereich

| | §§ |
|---|---|
| Geschützte Marken und sonstige Kennzeichen | 1 |
| Anwendung anderer Vorschriften | 2 |

#### Teil 2. Voraussetzungen, Inhalt und Schranken des Schutzes von Marken und geschäftlichen Bezeichnungen; Übertragung und Lizenz

##### Abschnitt 1. Marken und geschäftliche Bezeichnungen; Vorrang und Zeitrang

| | |
|---|---|
| Als Marke schutzfähige Zeichen | 3 |
| Entstehung des Markenschutzes | 4 |
| Geschäftliche Bezeichnungen | 5 |
| Vorrang und Zeitrang | 6 |

##### Abschnitt 2. Voraussetzungen für den Schutz von Marken durch Eintragung

| | |
|---|---|
| Inhaberschaft | 7 |
| Absolute Schutzhindernisse | 8 |
| Angemeldete oder eingetragene Marken als relative Schutzhindernisse | 9 |
| Notorisch bekannte Marken | 10 |
| Agentenmarken | 11 |
| Durch Benutzung erworbene Marken und geschäftliche Bezeichnungen mit älterem Zeitrang | 12 |
| Sonstige ältere Rechte | 13 |

##### Abschnitt 3. Schutzinhalt; Rechtsverletzungen

| | |
|---|---|
| Ausschließliches Recht des Inhabers einer Marke; Unterlassungsanspruch; Schadensersatzanspruch | 14 |
| Ausschließliches Recht des Inhabers einer geschäftlichen Bezeichnung; Unterlassungsanspruch; Schadensersatzanspruch | 15 |
| Wiedergabe einer eingetragenen Marke in Nachschlagewerken | 16 |
| Ansprüche gegen Agenten oder Vertreter | 17 |
| Vernichtungsanspruch | 18 |
| Auskunftsanspruch | 19 |

##### Abschnitt 4. Schranken des Schutzes

| | |
|---|---|
| Verjährung | 20 |
| Verwirkung von Ansprüchen | 21 |

---

* Ausgefertigt und verkündet als Art. 1 MRRG vom 25. Oktober 1994 (BGBl. I S. 3082). Nach Art. 50 MRRG gilt für das Inkrafttreten des MarkenG: Die §§ 65, 130 bis 139, 140 Abs. 2, 144 Abs. 6 und 145 Abs. 2 und 3 sind am 1. November 1994, die §§ 119 bis 125 am 20. März 1996 und die übrigen Vorschriften am 1. Januar 1995 in Kraft getreten. Das MarkenRÄndG 1996 vom 19. Juli 1996 ist am 25. Juli 1996 in Kraft getreten (BGBl. I S. 1014). Für die durch das MarkenRÄndG vorgenommenen Änderungen des MarkenG gilt für das Inkrafttreten: Die in Art. 1 Nr. 2 MarkenRÄndG 1996 vorgenommene Änderung des § 29 Abs. 3 MarkenG ist nach Art. 6 Abs. 1 MarkenRÄndG 1996 am 1. Januar 1999 in Kraft getreten; die übrigen Änderungen sind nach Art. 6 Abs. 2 MarkenRÄndG 1996 am 25. Juli 1996 in Kraft getreten. Für die durch das Gesetz zur Abschaffung der Gerichtsferien vom 28. Oktober 1996 (BGBl. I S. 1546) vorgenommene Änderung gilt für das Inkrafttreten: Die in Art. 3 Abs. 14 vorgenommene Änderung des § 82 Abs. 1 S. 2 MarkenG ist nach Art. 4 des Gesetzes zur Abschaffung der Gerichtsferien am 1. Januar 1997 in Kraft getreten. Für die durch das HRefG vom 22. Juni 1998 (BGBl. I 1474) vorgenommenen Änderungen des MarkenG gilt für das Inkrafttreten: Die in Art. 13 Nr. 2 HRefG vorgenommene Änderung des § 65 Abs. 1 MarkenG ist nach Art. 29 Abs. 1 HRefG am 27. Juni 1998 in Kraft getreten; die übrigen Änderungen sind nach Art. 29 Abs. 4 HRefG am 1. Juli 1998 in Kraft getreten. Für die durch das 2. PatGÄndG vom 16. Juli 1998 (BGBl. I S. 1827) vorgenommenen Änderungen des MarkenG gilt für das Inkrafttreten: Die in Art. 5 2. PatGÄndG vorgenommenen Änderungen der §§ 65 Abs. 1 und 85 Abs. 2 MarkenG sind nach Art. 30 Abs. 2 2. PatGÄndG am 1. November 1998 in Kraft getreten.

# MarkenG

Markengesetz

§§

Ausschluß von Ansprüchen bei Bestandskraft der Eintragung einer Marke mit jüngerem Zeitrang .................. 22
Benutzung von Namen und beschreibenden Angaben; Ersatzteilgeschäft ............ 23
Erschöpfung .................. 24
Ausschluß von Ansprüchen bei mangelnder Benutzung .................. 25
Benutzung der Marke .................. 26

### Abschnitt 5. Marken als Gegenstand des Vermögens

Rechtsübergang .................. 27
Vermutung der Rechtsinhaberschaft; Zustellungen an den Inhaber .................. 28
Dingliche Rechte; Zwangsvollstreckung; Insolvenzverfahren .................. 29
Lizenzen .................. 30
Angemeldete Marken .................. 31

## Teil 3. Verfahren in Markenangelegenheiten

### Abschnitt 1. Eintragungsverfahren

Erfordernisse der Anmeldung .................. 32
Anmeldetag; Anspruch auf Eintragung .................. 33
Ausländische Priorität .................. 34
Ausstellungspriorität .................. 35
Prüfung der Anmeldungserfordernisse .................. 36
Prüfung auf absolute Schutzhindernisse .................. 37
Beschleunigte Prüfung .................. 38
Zurücknahme, Einschränkung und Berichtigung der Anmeldung .................. 39
Teilung der Anmeldung .................. 40
Eintragung .................. 41
Widerspruch .................. 42
Einrede mangelnder Benutzung; Entscheidung über den Widerspruch .................. 43
Eintragungsbewilligungsklage .................. 44

### Abschnitt 2. Berichtigung; Teilung; Schutzdauer und Verlängerung

Berichtigung des Registers und von Veröffentlichungen .................. 45
Teilung der Eintragung .................. 46
Schutzdauer und Verlängerung .................. 47

### Abschnitt 3. Verzicht, Verfall und Nichtigkeit; Löschungsverfahren

Verzicht .................. 48
Verfall .................. 49
Nichtigkeit wegen absoluter Schutzhindernisse .................. 50
Nichtigkeit wegen des Bestehens älterer Rechte .................. 51
Wirkungen der Löschung wegen Verfalls oder Nichtigkeit .................. 52
Löschung durch das Patentamt wegen Verfalls .................. 53
Löschungsverfahren vor dem Patentamt wegen absoluter Schutzhindernisse .................. 54
Löschungsverfahren vor den ordentlichen Gerichten .................. 55

### Abschnitt 4. Allgemeine Vorschriften für das Verfahren vor dem Patentamt

Zuständigkeiten im Patentamt .................. 56
Ausschließung und Ablehnung .................. 57
Gutachten .................. 58
Ermittlung des Sachverhalts; rechtliches Gehör .................. 59
Ermittlungen; Anhörungen; Niederschrift .................. 60
Beschlüsse; Rechtsmittelbelehrung .................. 61
Akteneinsicht; Registereinsicht .................. 62
Kosten der Verfahren .................. 63
Erinnerung .................. 64
Rechtsverordnungsermächtigung .................. 65

### Abschnitt 5. Verfahren vor dem Patentgericht

Beschwerde .................. 66
Beschwerdesenate; Öffentlichkeit der Verhandlung .................. 67
Beteiligung des Präsidenten des Patentamts .................. 68
Mündliche Verhandlung .................. 69

|  |  | §§ |
|---|---|---|
| Entscheidung über die Beschwerde | | 70 |
| Kosten des Beschwerdeverfahrens | | 71 |
| Ausschließung und Ablehnung | | 72 |
| Ermittlung des Sachverhalts; Vorbereitung der mündlichen Verhandlung | | 73 |
| Beweiserhebung | | 74 |
| Ladungen | | 75 |
| Gang der Verhandlung | | 76 |
| Niederschrift | | 77 |
| Beweiswürdigung; rechtliches Gehör | | 78 |
| Verkündung; Zustellung; Begründung | | 79 |
| Berichtigungen | | 80 |
| Vertretung; Vollmacht | | 81 |
| Anwendung weiterer Vorschriften; Anfechtbarkeit; Akteneinsicht | | 82 |

### Abschnitt 6. Verfahren vor dem Bundesgerichtshof

| | | |
|---|---|---|
| Zugelassene und zulassungsfreie Rechtsbeschwerde | | 83 |
| Beschwerdeberechtigung; Beschwerdegründe | | 84 |
| Förmliche Voraussetzungen | | 85 |
| Prüfung der Zulässigkeit | | 86 |
| Mehrere Beteiligte | | 87 |
| Anwendung weiterer Vorschriften | | 88 |
| Entscheidung über die Rechtsbeschwerde | | 89 |
| Kostenentscheidung | | 90 |

### Abschnitt 7. Gemeinsame Vorschriften

| | | |
|---|---|---|
| Wiedereinsetzung | | 91 |
| Wahrheitspflicht | | 92 |
| Amtssprache und Gerichtssprache | | 93 |
| Zustellungen | | 94 |
| Rechtshilfe | | 95 |
| Inlandsvertreter | | 96 |

### Teil 4. Kollektivmarken

| | | |
|---|---|---|
| Kollektivmarken | | 97 |
| Inhaberschaft | | 98 |
| Eintragbarkeit von geographischen Herkunftsangaben als Kollektivmarken | | 99 |
| Schranken des Schutzes; Benutzung | | 100 |
| Klagebefugnis; Schadensersatz | | 101 |
| Markensatzung | | 102 |
| Prüfung der Anmeldung | | 103 |
| Änderung der Markensatzung | | 104 |
| Verfall | | 105 |
| Nichtigkeit wegen absoluter Schutzhindernisse | | 106 |

### Teil 5. Schutz von Marken nach dem Madrider Markenabkommen und nach dem Protokoll zum Madrider Markenabkommen

#### Abschnitt 1. Schutz von Marken nach dem Madrider Markenabkommen

| | | |
|---|---|---|
| Anwendung der Vorschriften dieses Gesetzes | | 107 |
| Antrag auf internationale Registrierung | | 108 |
| Gebühren | | 109 |
| Eintragung im Register | | 110 |
| Nachträgliche Schutzerstreckung | | 111 |
| Wirkung der internationalen Registrierung | | 112 |
| Prüfung auf absolute Schutzhindernisse | | 113 |
| Widerspruch | | 114 |
| Nachträgliche Schutzentziehung | | 115 |
| Widerspruch und Antrag auf Löschung aufgrund einer international registrierten Marke | | 116 |
| Ausschluß von Ansprüchen wegen mangelnder Benutzung | | 117 |
| Zustimmung bei Übertragungen international registrierter Marken | | 118 |

# MarkenG

### Abschnitt 2. Schutz von Marken nach dem Protokoll zum Madrider Markenabkommen

|  | §§ |
|---|---|
| Anwendung der Vorschriften dieses Gesetzes | 119 |
| Antrag auf internationale Registrierung | 120 |
| Gebühren | 121 |
| Vermerk in den Akten; Eintragung im Register | 122 |
| Nachträgliche Schutzerstreckung | 123 |
| Entsprechende Anwendung der Vorschriften über die Wirkung der nach dem Madrider Markenabkommen international registrierten Marken | 124 |
| Umwandlung einer internationalen Registrierung | 125 |

### Abschnitt 3. Gemeinschaftsmarken

| Anmeldung von Gemeinschaftsmarken beim Patentamt | 125 a |
|---|---|
| Anwendung der Vorschriften dieses Gesetzes | 125 b |
| Nachträgliche Feststellung der Ungültigkeit einer Marke | 125 c |
| Umwandlung von Gemeinschaftsmarken | 125 d |
| Gemeinschaftsmarkengerichte; Gemeinschaftsmarkenstreitsachen | 125 e |
| Unterrichtung der Kommission | 125 f |
| Örtliche Zuständigkeit der Gemeinschaftsmarkengerichte | 125 g |
| Insolvenzverfahren | 125 h |

## Teil 6. Geographische Herkunftsangaben

### Abschnitt 1. Schutz geographischer Herkunftsangaben

| Als geographische Herkunftsangaben geschützte Namen, Angaben oder Zeichen | 126 |
|---|---|
| Schutzinhalt | 127 |
| Unterlassungsanspruch; Schadensersatzanspruch | 128 |
| Verjährung | 129 |

### Abschnitt 2. Schutz von geographischen Angaben und Ursprungsbezeichnungen gemäß der Verordnung (EWG) Nr. 2081/92

| Antrag auf Eintragung einer geographischen Angabe oder Ursprungsbezeichnung | 130 |
|---|---|
| Antrag auf Änderung der Spezifikation | 131 |
| Einspruchsverfahren | 132 |
| Zuständigkeiten im Patentamt; Rechtsmittel | 133 |
| Überwachung | 134 |
| Unterlassungsanspruch; Schadensersatzanspruch | 135 |
| Verjährung | 136 |

### Abschnitt 3. Ermächtigungen zum Erlaß von Rechtsverordnungen

| Nähere Bestimmungen zum Schutz einzelner geographischer Herkunftsangaben | 137 |
|---|---|
| Sonstige Vorschriften für das Verfahren bei Anträgen und Einsprüchen nach der Verordnung (EWG) Nr. 2081/92 | 138 |
| Durchführungsbestimmungen zur Verordnung (EWG) Nr. 2081/92 | 139 |

## Teil 7. Verfahren in Kennzeichenstreitsachen

| Kennzeichenstreitsachen | 140 |
|---|---|
| Gerichtsstand bei Ansprüchen nach diesem Gesetz und dem Gesetz gegen den unlauteren Wettbewerb | 141 |
| Streitwertbegünstigung | 142 |

## Teil 8. Straf- und Bußgeldvorschriften; Beschlagnahme bei der Einfuhr und Ausfuhr

### Abschnitt 1. Straf- und Bußgeldvorschriften

| Strafbare Kennzeichenverletzung | 143 |
|---|---|
| Strafbare Benutzung geographischer Herkunftsangaben | 144 |
| Bußgeldvorschriften | 145 |

### Abschnitt 2. Beschlagnahme von Waren bei der Einfuhr und Ausfuhr

| Beschlagnahme bei der Verletzung von Kennzeichenrechten | 146 |
|---|---|
| Einziehung; Widerspruch; Aufhebung der Beschlagnahme | 147 |

| | §§ |
|---|---|
| Zuständigkeiten; Rechtsmittel | 148 |
| Schadensersatz bei ungerechtfertigter Beschlagnahme | 149 |
| Beschlagnahme nach der Verordnung (EG) Nr. 3295/94 | 150 |
| Beschlagnahme bei widerrechtlicher Kennzeichnung mit geographischen Herkunftsangaben | 151 |

### Teil 9. Übergangsvorschriften

| | |
|---|---|
| Anwendung dieses Gesetzes | 152 |
| Schranken für die Geltendmachung von Verletzungsansprüchen | 153 |
| Dingliche Rechte; Zwangsvollstreckung; Insolvenzverfahren | 154 |
| Lizenzen | 155 |
| Prüfung angemeldeter Marken auf absolute Schutzhindernisse | 156 |
| Bekanntmachung und Eintragung | 157 |
| Widerspruchsverfahren | 158 |
| Teilung einer Anmeldung | 159 |
| Schutzdauer und Verlängerung | 160 |
| Löschung einer eingetragenen Marke wegen Verfalls | 161 |
| Löschung einer eingetragenen Marke wegen absoluter Schutzhindernisse | 162 |
| Löschung einer eingetragenen Marke wegen des Bestehens älterer Rechte | 163 |
| Erinnerung und Durchgriffsbeschwerde | 164 |
| Übergangsvorschrift aus Anlaß der Insolvenzrechtsreform | 165 |

## Teil 1. Anwendungsbereich

**§ 1 Geschützte Marken und sonstige Kennzeichen.** Nach diesem Gesetz werden geschützt:

1. Marken,
2. geschäftliche Bezeichnungen,
3. geographische Herkunftsangaben.

**§ 2 Anwendung anderer Vorschriften.** Der Schutz von Marken, geschäftlichen Bezeichnungen und geographischen Herkunftsangaben nach diesem Gesetz schließt die Anwendung anderer Vorschriften zum Schutz dieser Kennzeichen nicht aus.

## Teil 2. Voraussetzungen, Inhalt und Schranken des Schutzes von Marken und geschäftlichen Bezeichnungen; Übertragung und Lizenz

### Abschnitt 1. Marken und geschäftliche Bezeichnungen; Vorrang und Zeitrang

**§ 3 Als Marke schutzfähige Zeichen.** (1) Als Marke können alle Zeichen, insbesondere Wörter einschließlich Personennamen, Abbildungen, Buchstaben, Zahlen, Hörzeichen, dreidimensionale Gestaltungen einschließlich der Form einer Ware oder ihrer Verpackung sowie sonstige Aufmachungen einschließlich Farben und Farbzusammenstellungen geschützt werden, die geeignet sind, Waren oder Dienstleistungen eines Unternehmens von denjenigen anderer Unternehmen zu unterscheiden.

(2) Dem Schutz als Marke nicht zugänglich sind Zeichen, die ausschließlich aus einer Form bestehen,

1. die durch die Art der Ware selbst bedingt ist,
2. die zur Erreichung einer technischen Wirkung erforderlich ist oder
3. die der Ware einen wesentlichen Wert verleiht.

**§ 4 Entstehung des Markenschutzes.** Der Markenschutz entsteht
1. durch die Eintragung eines Zeichens als Marke in das vom Patentamt geführte Register,
2. durch die Benutzung eines Zeichens im geschäftlichen Verkehr, soweit das Zeichen innerhalb beteiligter Verkehrskreise als Marke Verkehrsgeltung erworben hat, oder
3. durch die im Sinne des Artikels 6bis der Pariser Verbandsübereinkunft zum Schutz des gewerblichen Eigentums (Pariser Verbandsübereinkunft) notorische Bekanntheit einer Marke.

**§ 5 Geschäftliche Bezeichnungen.** (1) Als geschäftliche Bezeichnungen werden Unternehmenskennzeichen und Werktitel geschützt.

(2) ¹Unternehmenskennzeichen sind Zeichen, die im geschäftlichen Verkehr als Name, als Firma oder als besondere Bezeichnung eines Geschäftsbetriebs oder eines Unternehmens benutzt werden. ²Der besonderen Bezeichnung eines Geschäftsbetriebs stehen solche Geschäftsabzeichen und sonstige zur Unterscheidung des Geschäftsbetriebs von anderen Geschäftsbetrieben bestimmte Zeichen gleich, die innerhalb beteiligter Verkehrskreise als Kennzeichen des Geschäftsbetriebs gelten.

(3) Werktitel sind die Namen oder besonderen Bezeichnungen von Druckschriften, Filmwerken, Tonwerken, Bühnenwerken oder sonstigen vergleichbaren Werken.

**§ 6 Vorrang und Zeitrang.** (1) Ist im Falle des Zusammentreffens von Rechten im Sinne der §§ 4, 5 und 13 nach diesem Gesetz für die Bestimmung des Vorrangs der Rechte ihr Zeitrang maßgeblich, wird der Zeitrang nach den Absätzen 2 und 3 bestimmt.

(2) Für die Bestimmung des Zeitrangs von angemeldeten oder eingetragenen Marken ist der Anmeldetag (§ 33 Abs. 1) oder, falls eine Priorität nach § 34 oder nach § 35 in Anspruch genommen wird, der Prioritätstag maßgeblich.

(3) Für die Bestimmung des Zeitrangs von Rechten im Sinne des § 4 Nr. 2 und 3 und der §§ 5 und 13 ist der Zeitpunkt maßgeblich, zu dem das Recht erworben wurde.

(4) Kommt Rechten nach den Absätzen 2 und 3 derselbe Tag als ihr Zeitrang zu, so sind die Rechte gleichrangig und begründen gegeneinander keine Ansprüche.

## Abschnitt 2. Voraussetzungen für den Schutz von Marken durch Eintragung

**§ 7 Inhaberschaft.** Inhaber von eingetragenen und angemeldeten Marken können sein:
1. natürliche Personen,
2. juristische Personen oder
3. Personengesellschaften, sofern sie mit der Fähigkeit ausgestattet sind, Rechte zu erwerben und Verbindlichkeiten einzugehen.

**§ 8 Absolute Schutzhindernisse.** (1) Von der Eintragung sind als Marke schutzfähige Zeichen im Sinne des § 3 ausgeschlossen, die sich nicht graphisch darstellen lassen.

(2) Von der Eintragung ausgeschlossen sind Marken,
1. denen für die Waren oder Dienstleistungen jegliche Unterscheidungskraft fehlt,
2. die ausschließlich aus Zeichen oder Angaben bestehen, die im Verkehr zur Bezeichnung der Art, der Beschaffenheit, der Menge, der Bestimmung, des Wertes, der geographischen Herkunft, der Zeit der Herstellung der Waren oder der Erbringung der Dienstleistungen oder zur Bezeichnung sonstiger Merkmale der Waren oder Dienstleistungen dienen können,
3. die ausschließlich aus Zeichen oder Angaben bestehen, die im allgemeinen Sprachgebrauch oder in den redlichen und ständigen Verkehrsgepflogenheiten zur Bezeichnung der Waren oder Dienstleistungen üblich geworden sind,
4. die geeignet sind, das Publikum insbesondere über die Art, die Beschaffenheit oder die geographische Herkunft der Waren oder Dienstleistungen zu täuschen,

5. die gegen die öffentliche Ordnung oder die gegen die guten Sitten verstoßen,
6. die Staatswappen, Staatsflaggen oder andere staatliche Hoheitszeichen oder Wappen eines inländischen Ortes oder eines inländischen Gemeinde- oder weiteren Kommunalverbandes enthalten,
7. die amtliche Prüf- oder Gewährzeichen enthalten, die nach einer Bekanntmachung des Bundesministeriums der Justiz im Bundesgesetzblatt von der Eintragung als Marke ausgeschlossen sind,
8. die Wappen, Flaggen oder andere Kennzeichen, Siegel oder Bezeichnungen internationaler zwischenstaatlicher Organisationen enthalten, die nach einer Bekanntmachung des Bundesministeriums der Justiz im Bundesgesetzblatt von der Eintragung als Marke ausgeschlossen sind, oder
9. deren Benutzung ersichtlich nach sonstigen Vorschriften im öffentlichen Interesse untersagt werden kann.

(3) Absatz 2 Nr. 1, 2 und 3 findet keine Anwendung, wenn die Marke sich vor dem Zeitpunkt der Entscheidung über die Eintragung infolge ihrer Benutzung für die Waren oder Dienstleistungen, für die sie angemeldet worden ist, in den beteiligten Verkehrskreisen durchgesetzt hat.

(4) $^1$Absatz 2 Nr. 6, 7 und 8 ist auch anzuwenden, wenn die Marke die Nachahmung eines dort aufgeführten Zeichens enthält. $^2$Absatz 2 Nr. 6, 7 und 8 ist nicht anzuwenden, wenn der Anmelder befugt ist, in der Marke eines der dort aufgeführten Zeichen zu führen, selbst wenn es mit einem anderen der dort aufgeführten Zeichen verwechselt werden kann. $^3$Absatz 2 Nr. 7 ist ferner nicht anzuwenden, wenn die Waren oder Dienstleistungen, für die die Marke angemeldet worden ist, mit denen, für die das Prüf- oder Gewährzeichen eingeführt ist, weder identisch noch diesen ähnlich sind. $^4$Absatz 2 Nr. 8 ist ferner nicht anzuwenden, wenn die angemeldete Marke nicht geeignet ist, beim Publikum den unzutreffenden Eindruck einer Verbindung mit der internationalen zwischenstaatlichen Organisation hervorzurufen.

**§ 9 Angemeldete oder eingetragene Marken als relative Schutzhindernisse.** (1) Die Eintragung einer Marke kann gelöscht werden,
1. wenn sie mit einer angemeldeten oder eingetragenen Marke mit älterem Zeitrang identisch ist und die Waren oder Dienstleistungen, für die sie eingetragen worden ist, mit den Waren oder Dienstleistungen identisch sind, für die die Marke mit älterem Zeitrang angemeldet oder eingetragen worden ist,
2. wenn wegen ihrer Identität oder Ähnlichkeit mit einer angemeldeten oder eingetragenen Marke mit älterem Zeitrang und der Identität oder der Ähnlichkeit der durch die beiden Marken erfaßten Waren oder Dienstleistungen für das Publikum die Gefahr von Verwechslungen besteht, einschließlich der Gefahr, daß die Marken gedanklich miteinander in Verbindung gebracht werden, oder
3. wenn sie mit einer angemeldeten oder eingetragenen Marke mit älterem Zeitrang identisch oder dieser ähnlich ist und für Waren oder Dienstleistungen eingetragen worden ist, die nicht denen ähnlich sind, für die die Marke mit älterem Zeitrang angemeldet oder eingetragen worden ist, falls es sich bei der Marke mit älterem Zeitrang um eine im Inland bekannte Marke handelt und die Benutzung der eingetragenen Marke die Unterscheidungskraft oder die Wertschätzung der bekannten Marke ohne rechtfertigenden Grund in unlauterer Weise ausnutzen oder beeinträchtigen würde.

(2) Anmeldungen von Marken stellen ein Eintragungshindernis im Sinne des Absatzes 1 nur dar, wenn sie eingetragen werden.

**§ 10 Notorisch bekannte Marken.** (1) Von der Eintragung ausgeschlossen ist eine Marke, wenn sie mit einer im Inland im Sinne des Artikels 6$^{bis}$ der Pariser Verbandsübereinkunft notorisch bekannten Marke mit älterem Zeitrang identisch oder dieser ähnlich ist und die weiteren Voraussetzungen des § 9 Abs. 1 Nr. 1, 2 oder 3 gegeben sind.

(2) Absatz 1 findet keine Anwendung, wenn der Anmelder von dem Inhaber der notorisch bekannten Marke zur Anmeldung ermächtigt worden ist.

**§ 11 Agentenmarken.** Die Eintragung einer Marke kann gelöscht werden, wenn die Marke ohne die Zustimmung des Inhabers der Marke für dessen Agenten oder Vertreter eingetragen worden ist.

**§ 12 Durch Benutzung erworbene Marken und geschäftliche Bezeichnungen mit älterem Zeitrang.** Die Eintragung einer Marke kann gelöscht werden, wenn ein anderer vor dem für den Zeitrang der eingetragenen Marke maßgeblichen Tag Rechte an einer Marke im Sinne des § 4 Nr. 2 oder an einer geschäftlichen Bezeichnung im Sinne des § 5 erworben hat und diese ihn berechtigen, die Benutzung der eingetragenen Marke im gesamten Gebiet der Bundesrepublik Deutschland zu untersagen.

**§ 13 Sonstige ältere Rechte.** (1) Die Eintragung einer Marke kann gelöscht werden, wenn ein anderer vor dem für den Zeitrang der eingetragenen Marke maßgeblichen Tag ein sonstiges, nicht in den §§ 9 bis 12 aufgeführtes Recht erworben hat und dieses ihn berechtigt, die Benutzung der eingetragenen Marke im gesamten Gebiet der Bundesrepublik Deutschland zu untersagen.

(2) Zu den sonstigen Rechten im Sinne des Absatzes 1 gehören insbesondere:
1. Namensrechte,
2. das Recht an der eigenen Abbildung,
3. Urheberrechte,
4. Sortenbezeichnungen,
5. geographische Herkunftsangaben,
6. sonstige gewerbliche Schutzrechte.

## Abschnitt 3. Schutzinhalt; Rechtsverletzungen

**§ 14 Ausschließliches Recht des Inhabers einer Marke; Unterlassungsanspruch; Schadensersatzanspruch.** (1) Der Erwerb des Markenschutzes nach § 4 gewährt dem Inhaber der Marke ein ausschließliches Recht.

(2) Dritten ist es untersagt, ohne Zustimmung des Inhabers der Marke im geschäftlichen Verkehr
1. ein mit der Marke identisches Zeichen für Waren oder Dienstleistungen zu benutzen, die mit denjenigen identisch sind, für die sie Schutz genießt,
2. ein Zeichen zu benutzen, wenn wegen der Identität oder Ähnlichkeit des Zeichens mit der Marke und der Identität oder Ähnlichkeit der durch die Marke und das Zeichen erfaßten Waren oder Dienstleistungen für das Publikum die Gefahr von Verwechslungen besteht, einschließlich der Gefahr, daß das Zeichen mit der Marke gedanklich in Verbindung gebracht wird, oder
3. ein mit der Marke identisches Zeichen oder ein ähnliches Zeichen für Waren oder Dienstleistungen zu benutzen, die nicht denen ähnlich sind, für die die Marke Schutz genießt, wenn es sich bei der Marke um eine im Inland bekannte Marke handelt und die Benutzung des Zeichens die Unterscheidungskraft oder die Wertschätzung der bekannten Marke ohne rechtfertigenden Grund in unlauterer Weise ausnutzt oder beeinträchtigt.

(3) Sind die Voraussetzungen des Absatzes 2 erfüllt, so ist es insbesondere untersagt,
1. das Zeichen auf Waren oder ihrer Aufmachung oder Verpackung anzubringen,
2. unter dem Zeichen Waren anzubieten, in den Verkehr zu bringen oder zu den genannten Zwecken zu besitzen,
3. unter dem Zeichen Dienstleistungen anzubieten oder zu erbringen,
4. unter dem Zeichen Waren einzuführen oder auszuführen,
5. das Zeichen in Geschäftspapieren oder in der Werbung zu benutzen.

(4) Dritten ist es ferner untersagt, ohne Zustimmung des Inhabers der Marke im geschäftlichen Verkehr

1. ein mit der Marke identisches Zeichen oder ein ähnliches Zeichen auf Aufmachungen oder Verpackungen oder auf Kennzeichnungsmitteln wie Etiketten, Anhängern, Aufnähern oder dergleichen anzubringen,
2. Aufmachungen, Verpackungen oder Kennzeichnungsmittel, die mit einem mit der Marke identischen Zeichen oder einem ähnlichen Zeichen versehen sind, anzubieten, in den Verkehr zu bringen oder zu den genannten Zwecken zu besitzen oder
3. Aufmachungen, Verpackungen oder Kennzeichnungsmittel, die mit einem mit der Marke identischen Zeichen oder einem ähnlichen Zeichen versehen sind, einzuführen oder auszuführen,

wenn die Gefahr besteht, daß die Aufmachungen oder Verpackungen zur Aufmachung oder Verpackung oder die Kennzeichnungsmittel zur Kennzeichnung von Waren oder Dienstleistungen benutzt werden, hinsichtlich deren Dritten die Benutzung des Zeichens nach den Absätzen 2 und 3 untersagt wäre.

(5) Wer ein Zeichen entgegen den Absätzen 2 bis 4 benutzt, kann von dem Inhaber der Marke auf Unterlassung in Anspruch genommen werden.

(6) Wer die Verletzungshandlung vorsätzlich oder fahrlässig begeht, ist dem Inhaber der Marke zum Ersatz des durch die Verletzungshandlung entstandenen Schadens verpflichtet.

(7) Wird die Verletzungshandlung in einem geschäftlichen Betrieb von einem Angestellten oder Beauftragten begangen, so kann der Unterlassungsanspruch und, soweit der Angestellte oder Beauftragte vorsätzlich oder fahrlässig gehandelt hat, der Schadensersatzanspruch auch gegen den Inhaber des Betriebs geltend gemacht werden.

## § 15 Ausschließliches Recht des Inhabers einer geschäftlichen Bezeichnung; Unterlassungsanspruch; Schadensersatzanspruch.

(1) Der Erwerb des Schutzes einer geschäftlichen Bezeichnung gewährt ihrem Inhaber ein ausschließliches Recht.

(2) Dritten ist es untersagt, die geschäftliche Bezeichnung oder ein ähnliches Zeichen im geschäftlichen Verkehr unbefugt in einer Weise zu benutzen, die geeignet ist, Verwechslungen mit der geschützten Bezeichnung hervorzurufen.

(3) Handelt es sich bei der geschäftlichen Bezeichnung um eine im Inland bekannte geschäftliche Bezeichnung, so ist es Dritten ferner untersagt, die geschäftliche Bezeichnung oder ein ähnliches Zeichen im geschäftlichen Verkehr zu benutzen, wenn keine Gefahr von Verwechslungen im Sinne des Absatzes 2 besteht, soweit die Benutzung des Zeichens die Unterscheidungskraft oder die Wertschätzung der geschäftlichen Bezeichnung ohne rechtfertigenden Grund in unlauterer Weise ausnutzt oder beeinträchtigt.

(4) Wer eine geschäftliche Bezeichnung oder ein ähnliches Zeichen entgegen Absatz 2 oder 3 benutzt, kann von dem Inhaber der geschäftlichen Bezeichnung auf Unterlassung in Anspruch genommen werden.

(5) Wer die Verletzungshandlung vorsätzlich oder fahrlässig begeht, ist dem Inhaber der geschäftlichen Bezeichnung zum Ersatz des daraus entstandenen Schadens verpflichtet.

(6) § 14 Abs. 7 ist entsprechend anzuwenden.

## § 16 Wiedergabe einer eingetragenen Marke in Nachschlagewerken.

(1) Erweckt die Wiedergabe einer eingetragenen Marke in einem Wörterbuch, einem Lexikon oder einem ähnlichen Nachschlagewerk den Eindruck, daß es sich bei der Marke um eine Gattungsbezeichnung für die Waren oder Dienstleistungen handelt, für die die Marke eingetragen ist, kann der Inhaber der Marke vom Verleger des Werkes verlangen, daß der Wiedergabe der Marke ein Hinweis beigefügt wird, daß es sich um eine eingetragene Marke handelt.

(2) Ist das Werk bereits erschienen, so beschränkt sich der Anspruch darauf, daß der Hinweis nach Absatz 1 bei einer neuen Auflage des Werkes aufgenommen wird.

(3) Die Absätze 1 und 2 sind entsprechend anzuwenden, wenn das Nachschlagewerk in der Form einer elektronischen Datenbank vertrieben wird oder wenn zu einer elektronischen Datenbank, die ein Nachschlagewerk enthält, Zugang gewährt wird.

**§ 17 Ansprüche gegen Agenten oder Vertreter.** (1) Ist eine Marke entgegen § 11 für den Agenten oder Vertreter des Inhabers der Marke ohne dessen Zustimmung angemeldet oder eingetragen worden, so ist der Inhaber der Marke berechtigt, von dem Agenten oder Vertreter die Übertragung des durch die Anmeldung oder Eintragung der Marke begründeten Rechts zu verlangen.

(2) [1]Ist eine Marke entgegen § 11 für einen Agenten oder Vertreter des Inhabers der Marke eingetragen worden, so kann der Inhaber die Benutzung der Marke im Sinne des § 14 durch den Agenten oder Vertreter untersagen, wenn er der Benutzung nicht zugestimmt hat. [2]Handelt der Agent oder Vertreter vorsätzlich oder fahrlässig, so ist er dem Inhaber der Marke zum Ersatz des durch die Verletzungshandlung entstandenen Schadens verpflichtet. [3]§ 14 Abs. 7 ist entsprechend anzuwenden.

**§ 18 Vernichtungsanspruch.** (1) Der Inhaber einer Marke oder einer geschäftlichen Bezeichnung kann in den Fällen der §§ 14, 15 und 17 verlangen, daß die im Besitz oder Eigentum des Verletzers befindlichen widerrechtlich gekennzeichneten Gegenstände vernichtet werden, es sei denn, daß der durch die Rechtsverletzung verursachte Zustand der Gegenstände auf andere Weise beseitigt werden kann und die Vernichtung für den Verletzer oder den Eigentümer im Einzelfall unverhältnismäßig ist.

(2) Absatz 1 ist entsprechend auf die im Eigentum des Verletzers stehenden, ausschließlich oder nahezu ausschließlich zur widerrechtlichen Kennzeichnung benutzten oder bestimmten Vorrichtungen anzuwenden.

(3) Weitergehende Ansprüche auf Beseitigung bleiben unberührt.

**§ 19 Auskunftsanspruch.** (1) Der Inhaber einer Marke oder einer geschäftlichen Bezeichnung kann den Verletzer in den Fällen der §§ 14, 15 und 17 auf unverzügliche Auskunft über die Herkunft und den Vertriebsweg von widerrechtlich gekennzeichneten Gegenständen in Anspruch nehmen, es sei denn, daß dies im Einzelfall unverhältnismäßig ist.

(2) Der nach Absatz 1 zur Auskunft Verpflichtete hat Angaben zu machen über Namen und Anschrift des Herstellers, des Lieferanten und anderer Vorbesitzer, des gewerblichen Abnehmers oder des Auftraggebers sowie über die Menge der hergestellten, ausgelieferten, erhaltenen oder bestellten Gegenstände.

(3) In Fällen offensichtlicher Rechtsverletzung kann die Verpflichtung zur Erteilung der Auskunft im Wege der einstweiligen Verfügung nach den Vorschriften der Zivilprozeßordnung angeordnet werden.

(4) Die Auskunft darf in einem Strafverfahren oder in einem Verfahren nach dem Gesetz über Ordnungswidrigkeiten wegen einer vor der Erteilung der Auskunft begangenen Tat gegen den zur Auskunft Verpflichteten oder gegen einen in § 52 Abs. 1 der Strafprozeßordnung bezeichneten Angehörigen nur mit Zustimmung des zur Auskunft Verpflichteten verwertet werden.

(5) Weitergehende Ansprüche auf Auskunft bleiben unberührt.

## Abschnitt 4. Schranken des Schutzes

**§ 20 Verjährung.** (1) Die in den §§ 14 bis 19 genannten Ansprüche verjähren in drei Jahren von dem Zeitpunkt an, in dem der Berechtigte von der Verletzung seines Rechts und der Person des Verpflichteten Kenntnis erlangt, ohne Rücksicht auf diese Kenntnis in 30 Jahren von der Verletzung an.

(2) § 852 Abs. 2 des Bürgerlichen Gesetzbuchs ist entsprechend anzuwenden.

(3) Hat der Verpflichtete durch die Verletzung auf Kosten des Berechtigten etwas erlangt, so ist er auch nach Vollendung der Verjährung zur Herausgabe nach den Vorschriften über die Herausgabe einer ungerechtfertigten Bereicherung verpflichtet.

**§ 21 Verwirkung von Ansprüchen.** (1) Der Inhaber einer Marke oder einer geschäftlichen Bezeichnung hat nicht das Recht, die Benutzung einer eingetragenen Marke mit jüngerem Zeitrang für die Waren oder Dienstleistungen, für die sie eingetragen ist, zu untersagen, soweit er die Benutzung der Marke während eines Zeitraums von fünf aufeinanderfolgenden Jahren in Kenntnis dieser Benutzung geduldet hat, es sei denn, daß die Anmeldung der Marke mit jüngerem Zeitrang bösgläubig vorgenommen worden ist.

(2) Der Inhaber einer Marke oder einer geschäftlichen Bezeichnung hat nicht das Recht, die Benutzung einer Marke im Sinne des § 4 Nr. 2 oder 3, einer geschäftlichen Bezeichnung oder eines sonstigen Rechts im Sinne des § 13 mit jüngerem Zeitrang zu untersagen, soweit er die Benutzung dieses Rechts während eines Zeitraums von fünf aufeinanderfolgenden Jahren in Kenntnis dieser Benutzung geduldet hat, es sei denn, daß der Inhaber dieses Rechts im Zeitpunkt des Rechtserwerbs bösgläubig war.

(3) In den Fällen der Absätze 1 und 2 kann der Inhaber des Rechts mit jüngerem Zeitrang die Benutzung des Rechts mit älterem Zeitrang nicht untersagen.

(4) Die Absätze 1 bis 3 lassen die Anwendung allgemeiner Grundsätze über die Verwirkung von Ansprüchen unberührt.

**§ 22 Ausschluß von Ansprüchen bei Bestandskraft der Eintragung einer Marke mit jüngerem Zeitrang.** (1) Der Inhaber einer Marke oder einer geschäftlichen Bezeichnung hat nicht das Recht, die Benutzung einer eingetragenen Marke mit jüngerem Zeitrang für die Waren oder Dienstleistungen, für die sie eingetragen ist, zu untersagen, wenn ein Antrag auf Löschung der Eintragung der Marke mit jüngerem Zeitrang zurückgewiesen worden ist oder zurückzuweisen wäre,

1. weil die Marke oder geschäftliche Bezeichnung mit älterem Zeitrang an dem für den Zeitrang der Eintragung der Marke mit jüngerem Zeitrang maßgeblichen Tag noch nicht im Sinne des § 9 Abs. 1 Nr. 3, des § 14 Abs. 2 Nr. 3 oder des § 15 Abs. 3 bekannt war (§ 51 Abs. 3),
2. weil die Eintragung der Marke mit älterem Zeitrang am Tag der Veröffentlichung der Eintragung der Marke mit jüngerem Zeitrang wegen Verfalls oder wegen absoluter Schutzhindernisse hätte gelöscht werden können (§ 51 Abs. 4).

(2) In den Fällen des Absatzes 1 kann der Inhaber der eingetragenen Marke mit jüngerem Zeitrang die Benutzung der Marke oder der geschäftlichen Bezeichnung mit älterem Zeitrang nicht untersagen.

**§ 23 Benutzung von Namen und beschreibenden Angaben; Ersatzteilgeschäft.** Der Inhaber einer Marke oder einer geschäftlichen Bezeichnung hat nicht das Recht, einem Dritten zu untersagen, im geschäftlichen Verkehr

1. dessen Namen oder Anschrift zu benutzen,
2. ein mit der Marke oder der geschäftlichen Bezeichnung identisches Zeichen oder ein ähnliches Zeichen als Angabe über Merkmale oder Eigenschaften von Waren oder Dienstleistungen, wie insbesondere ihre Art, ihre Beschaffenheit, ihre Bestimmung, ihren Wert, ihre geographische Herkunft oder die Zeit ihrer Herstellung oder ihrer Erbringung, zu benutzen, oder
3. die Marke oder die geschäftliche Bezeichnung als Hinweis auf die Bestimmung einer Ware, insbesondere als Zubehör oder Ersatzteil, oder einer Dienstleistung zu benutzen, soweit die Benutzung dafür notwendig ist,

sofern die Benutzung nicht gegen die guten Sitten verstößt.

**§ 24 Erschöpfung.** (1) Der Inhaber einer Marke oder einer geschäftlichen Bezeichnung hat nicht das Recht, einem Dritten zu untersagen, die Marke oder die geschäftliche Bezeichnung für Waren zu benutzen, die unter dieser Marke oder dieser geschäftlichen Bezeichnung von ihm oder mit seiner Zustimmung im Inland, in einem der übrigen Mitgliedstaaten der Europäischen Union oder in einem anderen Vertragsstaat des Abkommens über den Europäischen Wirtschaftsraum in den Verkehr gebracht worden sind.

(2) Absatz 1 findet keine Anwendung, wenn sich der Inhaber der Marke oder der geschäftlichen Bezeichnung der Benutzung der Marke oder der geschäftlichen Bezeichnung im Zusammenhang mit dem weiteren Vertrieb der Waren aus berechtigten Gründen widersetzt, insbesondere wenn der Zustand der Waren nach ihrem Inverkehrbringen verändert oder verschlechtert ist.

**§ 25 Ausschluß von Ansprüchen bei mangelnder Benutzung.** (1) Der Inhaber einer eingetragenen Marke kann gegen Dritte Ansprüche im Sinne der §§ 14, 18 und 19 nicht geltend machen, wenn die Marke innerhalb der letzten fünf Jahre vor der Geltendmachung des Anspruchs für die Waren oder Dienstleistungen, auf die er sich zur Begründung seines Anspruchs beruft, nicht gemäß § 26 benutzt worden ist, sofern die Marke zu diesem Zeitpunkt seit mindestens fünf Jahren eingetragen ist.

(2) [1] Werden Ansprüche im Sinne der §§ 14, 18 und 19 wegen Verletzung einer eingetragenen Marke im Wege der Klage geltend gemacht, so hat der Kläger auf Einrede des Beklagten nachzuweisen, daß die Marke innerhalb der letzten fünf Jahre vor Erhebung der Klage für die Waren oder Dienstleistungen, auf die er sich zur Begründung seines Anspruchs beruft, gemäß § 26 benutzt worden ist, sofern die Marke zu diesem Zeitpunkt seit mindestens fünf Jahren eingetragen ist. [2] Endet der Zeitraum von fünf Jahren der Nichtbenutzung nach Erhebung der Klage, so hat der Kläger auf Einrede des Beklagten nachzuweisen, daß die Marke innerhalb der letzten fünf Jahre vor dem Schluß der mündlichen Verhandlung gemäß § 26 benutzt worden ist. [3] Bei der Entscheidung werden nur die Waren oder Dienstleistungen berücksichtigt, für die die Benutzung nachgewiesen worden ist.

**§ 26 Benutzung der Marke.** (1) Soweit die Geltendmachung von Ansprüchen aus einer eingetragenen Marke oder die Aufrechterhaltung der Eintragung davon abhängig ist, daß die Marke benutzt worden ist, muß sie von ihrem Inhaber für die Waren oder Dienstleistungen, für die sie eingetragen ist, im Inland ernsthaft benutzt worden sein, es sei denn, daß berechtigte Gründe für die Nichtbenutzung vorliegen.

(2) Die Benutzung der Marke mit Zustimmung des Inhabers gilt als Benutzung durch den Inhaber.

(3) [1] Als Benutzung einer eingetragenen Marke gilt auch die Benutzung der Marke in einer Form, die von der Eintragung abweicht, soweit die Abweichungen den kennzeichnenden Charakter der Marke nicht verändern. [2] Satz 1 ist auch dann anzuwenden, wenn die Marke in der Form, in der sie benutzt worden ist, ebenfalls eingetragen ist.

(4) Als Benutzung im Inland gilt auch das Anbringen der Marke auf Waren oder deren Aufmachung oder Verpackung im Inland, wenn die Waren ausschließlich für die Ausfuhr bestimmt sind.

(5) Soweit die Benutzung innerhalb von fünf Jahren ab dem Zeitpunkt der Eintragung erforderlich ist, tritt in den Fällen, in denen gegen die Eintragung Widerspruch erhoben worden ist, an die Stelle des Zeitpunkts der Eintragung der Zeitpunkt des Abschlusses des Widerspruchsverfahrens.

## Abschnitt 5. Marken als Gegenstand des Vermögens

**§ 27 Rechtsübergang.** (1) Das durch die Eintragung, die Benutzung oder die notorische Bekanntheit einer Marke begründete Recht kann für alle oder für einen Teil der Waren oder Dienstleistungen, für die die Marke Schutz genießt, auf andere übertragen werden oder übergehen.

(2) Gehört die Marke zu einem Geschäftsbetrieb oder zu einem Teil eines Geschäftsbetriebs, so wird das durch die Eintragung, die Benutzung oder die notorische Bekanntheit der Marke begründete Recht im Zweifel von der Übertragung oder dem Übergang des Geschäftsbetriebs oder des Teils des Geschäftsbetriebs, zu dem die Marke gehört, erfaßt.

(3) Der Übergang des durch die Eintragung einer Marke begründeten Rechts wird auf Antrag eines Beteiligten in das Register eingetragen, wenn er dem Patentamt nachgewiesen wird.

Markengesetz §§ 28–30 MarkenG

(4) ¹Betrifft der Rechtsübergang nur einen Teil der Waren oder Dienstleistungen, für die die Marke eingetragen ist, so ist mit dem Antrag auf Eintragung des Übergangs eine Gebühr nach dem Tarif zu zahlen. ²Wird die Gebühr nicht gezahlt, so gilt der Antrag als nicht gestellt. ³Im übrigen sind die Vorschriften über die Teilung der Eintragung mit Ausnahme von § 46 Abs. 2 und 3 Satz 1 bis 3 entsprechend anzuwenden.

**§ 28 Vermutung der Rechtsinhaberschaft; Zustellungen an den Inhaber.** (1) Es wird vermutet, daß das durch die Eintragung einer Marke begründete Recht dem im Register als Inhaber Eingetragenen zusteht.

(2) ¹Ist das durch die Eintragung einer Marke begründete Recht auf einen anderen übertragen worden oder übergegangen, so kann der Rechtsnachfolger in einem Verfahren vor dem Patentamt, einem Beschwerdeverfahren vor dem Patentgericht oder einem Rechtsbeschwerdeverfahren vor dem Bundesgerichtshof den Anspruch auf Schutz dieser Marke und das durch die Eintragung begründete Recht erst von dem Zeitpunkt an geltend machen, in dem dem Patentamt der Antrag auf Eintragung des Rechtsübergangs zugegangen ist. ²Satz 1 gilt entsprechend für sonstige Verfahren vor dem Patentamt, Beschwerdeverfahren vor dem Patentgericht oder Rechtsbeschwerdeverfahren vor dem Bundesgerichtshof, an denen der Inhaber einer Marke beteiligt ist.

(3) ¹Verfügungen und Beschlüsse des Patentamts, die der Zustellung an den Inhaber der Marke bedürfen, sind dem als Inhaber Eingetragenen zuzustellen. ²Ist dem Patentamt ein Antrag auf Eintragung eines Rechtsübergangs zugegangen, so sind die in Satz 1 genannten Verfügungen und Beschlüsse auch dem Rechtsnachfolger zuzustellen.

**§ 29 Dingliche Rechte; Zwangsvollstreckung; Insolvenzverfahren.** (1) Das durch die Eintragung, die Benutzung oder die notorische Bekanntheit einer Marke begründete Recht kann

1. verpfändet werden oder Gegenstand eines sonstigen dinglichen Rechts sein oder
2. Gegenstand von Maßnahmen der Zwangsvollstreckung sein.

(2) Betreffen die in Absatz 1 Nr. 1 genannten Rechte oder die in Absatz 1 Nr. 2 genannten Maßnahmen das durch die Eintragung einer Marke begründete Recht, so werden sie auf Antrag eines Beteiligten in das Register eingetragen, wenn sie dem Patentamt nachgewiesen werden.

(3) ¹Wird das durch die Eintragung einer Marke begründete Recht durch ein Insolvenzverfahren erfaßt, so wird dies auf Antrag des Insolvenzverwalters oder auf Ersuchen des Insolvenzgerichts in das Register eingetragen. ²Im Falle der Eigenverwaltung (§ 270 der Insolvenzordnung) tritt der Sachwalter an die Stelle des Insolvenzverwalters.

**§ 30 Lizenzen.** (1) Das durch die Eintragung, die Benutzung oder die notorische Bekanntheit einer Marke begründete Recht kann für alle oder für einen Teil der Waren oder Dienstleistungen, für die die Marke Schutz genießt, Gegenstand von ausschließlichen oder nicht ausschließlichen Lizenzen für das Gebiet der Bundesrepublik Deutschland insgesamt oder einen Teil dieses Gebiets sein.

(2) Der Inhaber einer Marke kann die Rechte aus der Marke gegen einen Lizenznehmer geltend machen, der hinsichtlich

1. der Dauer der Lizenz,
2. der von der Eintragung erfaßten Form, in der die Marke benutzt werden darf,
3. der Art der Waren oder Dienstleistungen, für die die Lizenz erteilt wurde,
4. des Gebiets, in dem die Marke angebracht werden darf, oder
5. der Qualität der von ihm hergestellten Waren oder der von ihm erbrachten Dienstleistungen

gegen eine Bestimmung des Lizenzvertrages verstößt.

(3) Der Lizenznehmer kann Klage wegen Verletzung einer Marke nur mit Zustimmung ihres Inhabers erheben.

(4) Jeder Lizenznehmer kann einer vom Inhaber der Marke erhobenen Verletzungsklage beitreten, um den Ersatz seines Schadens geltend zu machen.

(5) Ein Rechtsübergang nach § 27 oder die Erteilung einer Lizenz nach Absatz 1 berührt nicht die Lizenzen, die Dritten vorher erteilt worden sind.

**§ 31 Angemeldete Marken.** Die §§ 27 bis 30 gelten entsprechend für durch Anmeldung von Marken begründete Rechte.

## Teil 3. Verfahren in Markenangelegenheiten

### Abschnitt 1. Eintragungsverfahren

**§ 32 Erfordernisse der Anmeldung.** (1) Die Anmeldung zur Eintragung einer Marke in das Register ist beim Patentamt einzureichen.

(2) Die Anmeldung muß enthalten:
1. Angaben, die es erlauben, die Identität des Anmelders festzustellen,
2. eine Wiedergabe der Marke und
3. ein Verzeichnis der Waren oder Dienstleistungen, für die die Eintragung beantragt wird.

(3) Die Anmeldung muß den weiteren Anmeldungserfordernissen entsprechen, die in einer Rechtsverordnung nach § 65 Abs. 1 Nr. 2 bestimmt worden sind.

(4) [1] Mit der Anmeldung ist eine Gebühr nach dem Tarif zu zahlen. [2] Wird die Eintragung für Waren oder Dienstleistungen beantragt, die in mehr als drei Klassen der Klasseneinteilung von Waren und Dienstleistungen fallen, so ist außerdem für jede weitere Klasse eine Klassengebühr nach dem Tarif zu zahlen.

**§ 33 Anmeldetag; Anspruch auf Eintragung; Veröffentlichung der Anmeldung.**

(1) Der Anmeldetag einer Marke ist der Tag, an dem die Unterlagen mit den Angaben nach § 32 Abs. 2 beim Patentamt eingegangen sind.

(2) [1] Die Anmeldung einer Marke, deren Anmeldetag feststeht, begründet einen Anspruch auf Eintragung. [2] Dem Eintragungsantrag ist stattzugeben, es sei denn, daß die Anmeldungserfordernisse nicht erfüllt sind oder daß absolute Eintragungshindernisse der Eintragung entgegenstehen.

(3) Die Anmeldung einer Marke, deren Anmeldetag feststeht, wird einschließlich solcher Angaben veröffentlicht, die es erlauben, die Identität des Anmelders festzustellen.

**§ 34 Ausländische Priorität.** (1) Die Inanspruchnahme der Priorität einer früheren ausländischen Anmeldung richtet sich nach den Vorschriften der Staatsverträge mit der Maßgabe, daß die Priorität nach der Pariser Verbandsübereinkunft auch für Dienstleistungen in Anspruch genommen werden kann.

(2) Ist die frühere ausländische Anmeldung in einem Staat eingereicht worden, mit dem kein Staatsvertrag über die Anerkennung der Priorität besteht, so kann der Anmelder ein dem Prioritätsrecht nach der Pariser Verbandsübereinkunft entsprechendes Prioritätsrecht in Anspruch nehmen, soweit nach einer Bekanntmachung des Bundesministeriums der Justiz im Bundesgesetzblatt der andere Staat aufgrund einer ersten Anmeldung beim Patentamt ein Prioritätsrecht gewährt, das nach Voraussetzungen und Inhalt dem Prioritätsrecht nach der Pariser Verbandsübereinkunft vergleichbar ist.

(3) [1] Wer eine Priorität nach Absatz 1 oder 2 in Anspruch nimmt, hat innerhalb von zwei Monaten nach dem Anmeldetag Zeit und Staat der früheren Anmeldung anzugeben. [2] Hat der Anmelder diese Angaben gemacht, fordert ihn das Patentamt auf, innerhalb von zwei Monaten nach der Zustellung der Aufforderung das Aktenzeichen der früheren Anmeldung anzugeben und eine Abschrift der früheren Anmeldung einzureichen. [3] Innerhalb dieser Fri-

sten können die Angaben geändert werden. ⁴Werden die Angaben nicht rechtzeitig gemacht, so wird der Prioritätsanspruch für diese Anmeldung verwirkt.

**§ 35 Ausstellungspriorität.** (1) Hat der Anmelder der Marke Waren oder Dienstleistungen unter der angemeldeten Marke

1. auf einer amtlichen oder amtlich anerkannten internationalen Ausstellung im Sinne des am 22. November 1928 in Paris unterzeichneten Abkommens über internationale Ausstellungen oder
2. auf einer sonstigen inländischen oder ausländischen Ausstellung

zur Schau gestellt, kann er, wenn er die Anmeldung innerhalb einer Frist von sechs Monaten seit der erstmaligen Zurschaustellung der Waren oder Dienstleistungen unter der angemeldeten Marke einreicht, von diesem Tag an ein Prioritätsrecht im Sinne des § 34 in Anspruch nehmen.

(2) Die in Absatz 1 Nr. 1 bezeichneten Ausstellungen werden vom Bundesministerium der Justiz im Bundesgesetzblatt bekanntgemacht.

(3) Die Ausstellungen im Sinne des Absatzes 1 Nr. 2 werden im Einzelfall in einer Bekanntmachung des Bundesministeriums der Justiz im Bundesgesetzblatt über den Ausstellungsschutz bestimmt.

(4) ¹Wer eine Priorität nach Absatz 1 in Anspruch nimmt, hat innerhalb von zwei Monaten nach dem Anmeldetag den Tag der erstmaligen Zurschaustellung sowie die Ausstellung anzugeben. ²Hat der Anmelder diese Angaben gemacht, fordert ihn das Patentamt auf, innerhalb von zwei Monaten nach der Zustellung der Aufforderung die Nachweise für die Zurschaustellung der Waren oder Dienstleistungen unter der angemeldeten Marke einzureichen. ³Werden die Nachweise nicht rechtzeitig eingereicht, so wird der Prioritätsanspruch für diese Anmeldung verwirkt.

(5) Die Ausstellungspriorität nach Absatz 1 verlängert nicht die Prioritätsfrist nach § 34.

**§ 36 Prüfung der Anmeldungserfordernisse.** (1) Das Patentamt prüft, ob

1. die Anmeldung der Marke den Erfordernissen für die Zuerkennung eines Anmeldetages nach § 33 Abs. 1 genügt,
2. die Anmeldung den sonstigen Anmeldungserfordernissen entspricht,
3. die Gebühren nach § 32 Abs. 4 entrichtet worden sind und
4. der Anmelder nach § 7 Inhaber einer Marke sein kann.

(2) ¹Werden nach Absatz 1 Nr. 1 festgestellte Mängel nicht innerhalb einer vom Patentamt bestimmten Frist beseitigt, so gilt die Anmeldung als nicht eingereicht. ²Kommt der Anmelder der Aufforderung des Patentamts nach, so erkennt das Patentamt als Anmeldetag den Tag zu, an dem die festgestellten Mängel beseitigt werden.

(3) ¹Unterbleibt die Zahlung der Gebühren, so teilt das Patentamt dem Anmelder mit, daß die Anmeldung als zurückgenommen gilt, wenn die Gebühren mit einem Zuschlag nach dem Tarif nicht bis zum Ablauf eines Monats nach Zustellung der Mitteilung gezahlt werden. ²Werden innerhalb dieser Frist zwar die Anmeldegebühr und der Zuschlag, nicht aber erforderliche Klassengebühren gezahlt, so gilt Satz 1 insoweit nicht, als der Anmelder angibt, welche Waren- oder Dienstleistungsklassen durch den gezahlten Gebührenbetrag gedeckt werden sollen. ³Fehlt es an einer solchen Bestimmung, so werden zunächst die Leitklasse und sodann die übrigen Klassen in der Reihenfolge der Klasseneinteilung berücksichtigt.

(4) Werden sonstige Mängel innerhalb einer vom Patentamt bestimmten Frist nicht beseitigt, so weist das Patentamt die Anmeldung zurück.

(5) Kann der Anmelder nicht nach § 7 Inhaber einer Marke sein, so weist das Patentamt die Anmeldung zurück.

**§ 37 Prüfung auf absolute Schutzhindernisse.** (1) Ist die Marke nach § 3, 8 oder 10 von der Eintragung ausgeschlossen, so wird die Anmeldung zurückgewiesen.

**MarkenG** §§ 38–42

(2) Ergibt die Prüfung, daß die Marke zwar am Anmeldetag (§ 33 Abs. 1) nicht den Voraussetzungen des § 8 Abs. 2 Nr. 1, 2 oder 3 entsprach, daß das Schutzhindernis aber nach dem Anmeldetag weggefallen ist, so kann die Anmeldung nicht zurückgewiesen werden, wenn der Anmelder sich damit einverstanden erklärt, daß ungeachtet des ursprünglichen Anmeldetages und einer etwa nach § 34 oder § 35 in Anspruch genommenen Priorität der Tag, an dem das Schutzhindernis weggefallen ist, als Anmeldetag gilt und für die Bestimmung des Zeitrangs im Sinne des § 6 Abs. 2 maßgeblich ist.

(3) Eine Anmeldung wird nach § 8 Abs. 2 Nr. 4 nur zurückgewiesen, wenn die Eignung zur Täuschung ersichtlich ist.

(4) Eine Anmeldung wird nach § 10 nur zurückgewiesen, wenn die Notorietät der älteren Marke amtsbekannt ist und wenn die weiteren Voraussetzungen des § 9 Abs. 1 Nr. 1 oder 2 gegeben sind.

(5) Die Absätze 1 bis 4 sind entsprechend anzuwenden, wenn die Marke nur für einen Teil der Waren oder Dienstleistungen, für die sie angemeldet worden ist, von der Eintragung ausgeschlossen ist.

**§ 38 Beschleunigte Prüfung.** (1) Auf Antrag des Anmelders wird die Prüfung nach den §§ 36 und 37 beschleunigt durchgeführt.

(2) [1]Mit dem Antrag auf beschleunigte Prüfung ist eine Gebühr nach dem Tarif zu zahlen. [2]Wird die Gebühr nicht gezahlt, so gilt der Antrag als nicht gestellt.

**§ 39 Zurücknahme, Einschränkung und Berichtigung der Anmeldung.** (1) Der Anmelder kann die Anmeldung jederzeit zurücknehmen oder das in der Anmeldung enthaltene Verzeichnis der Waren und Dienstleistungen einschränken.

(2) Der Inhalt der Anmeldung kann auf Antrag des Anmelders zur Berichtigung von sprachlichen Fehlern, Schreibfehlern oder sonstigen offensichtlichen Unrichtigkeiten geändert werden.

**§ 40 Teilung der Anmeldung.** (1) [1]Der Anmelder kann die Anmeldung teilen, indem er erklärt, daß die Anmeldung der Marke für die in der Teilungserklärung aufgeführten Waren und Dienstleistungen als abgetrennte Anmeldung weiterbehandelt werden soll. [2]Für jede Teilanmeldung bleibt der Zeitrang der ursprünglichen Anmeldung erhalten.

(2) [1]Für die abgetrennte Anmeldung sind die nach § 32 erforderlichen Anmeldungsunterlagen einzureichen. [2]Für die Teilung ist außerdem eine Gebühr nach dem Tarif zu zahlen. [3]Werden die Anmeldungsunterlagen nicht innerhalb von drei Monaten nach dem Zugang der Teilungserklärung eingereicht oder wird die Gebühr nicht innerhalb dieser Frist gezahlt, so gilt die abgetrennte Anmeldung als zurückgenommen. [4]Die Teilungserklärung kann nicht widerrufen werden.

**§ 41 Eintragung.** [1]Entspricht die Anmeldung den Anmeldungserfordernissen und wird sie nicht gemäß § 37 zurückgewiesen, so wird die angemeldete Marke in das Register eingetragen. [2]Die Eintragung wird veröffentlicht.

**§ 42 Widerspruch.** (1) Innerhalb einer Frist von drei Monaten nach dem Tag der Veröffentlichung der Eintragung der Marke gemäß § 41 kann von dem Inhaber einer Marke mit älterem Zeitrang gegen die Eintragung der Marke Widerspruch erhoben werden.

(2) Der Widerspruch kann nur darauf gestützt werden, daß die Marke
1. wegen einer angemeldeten oder eingetragenen Marke mit älterem Zeitrang nach § 9 Abs. 1 Nr. 1 oder 2,
2. wegen einer notorisch bekannten Marke mit älterem Zeitrang nach § 10 in Verbindung mit § 9 Abs. 1 Nr. 1 oder 2 oder
3. wegen ihrer Eintragung für einen Agenten oder Vertreter des Markeninhabers nach § 11 gelöscht werden kann.

(3) [1]Innerhalb der Frist des Absatzes 1 ist eine Gebühr nach dem Tarif zu zahlen. [2]Wird die Gebühr nicht gezahlt, so gilt der Widerspruch als nicht erhoben.

## § 43 Einrede mangelnder Benutzung; Entscheidung über den Widerspruch.

(1) ¹Ist der Widerspruch vom Inhaber einer eingetragenen Marke mit älterem Zeitrang erhoben worden, so hat er, wenn der Gegner die Benutzung der Marke bestreitet, glaubhaft zu machen, daß sie innerhalb der letzten fünf Jahre vor der Veröffentlichung der Eintragung der Marke, gegen die der Widerspruch sich richtet, gemäß § 26 benutzt worden ist, sofern sie zu diesem Zeitpunkt seit mindestens fünf Jahren eingetragen ist. ²Endet der Zeitraum von fünf Jahren der Nichtbenutzung nach der Veröffentlichung der Eintragung, so hat der Widersprechende, wenn der Gegner die Benutzung bestreitet, glaubhaft zu machen, daß die Marke innerhalb der letzten fünf Jahre vor der Entscheidung über den Widerspruch gemäß § 26 benutzt worden ist. ³Bei der Entscheidung werden nur die Waren oder Dienstleistungen berücksichtigt, für die die Benutzung glaubhaft gemacht worden ist.

(2) ¹Ergibt die Prüfung des Widerspruchs, daß die Marke für alle oder für einen Teil der Waren oder Dienstleistungen, für die sie eingetragen ist, zu löschen ist, so wird die Eintragung ganz oder teilweise gelöscht. ²Kann die Eintragung der Marke nicht gelöscht werden, so wird der Widerspruch zurückgewiesen.

(3) Ist die eingetragene Marke wegen einer oder mehrerer Marken mit älterem Zeitrang zu löschen, so kann das Verfahren über weitere Widersprüche bis zur rechtskräftigen Entscheidung über die Eintragung der Marke ausgesetzt werden.

(4) Im Falle der Löschung nach Absatz 2 ist § 52 Abs. 2 und 3 entsprechend anzuwenden.

## § 44 Eintragungsbewilligungsklage.
(1) Der Inhaber der Marke kann im Wege der Klage gegen den Widersprechenden geltend machen, daß ihm trotz der Löschung der Eintragung nach § 43 ein Anspruch auf die Eintragung zusteht.

(2) Die Klage nach Absatz 1 ist innerhalb von sechs Monaten nach Unanfechtbarkeit der Entscheidung, mit der die Eintragung gelöscht worden ist, zu erheben.

(3) Die Eintragung aufgrund einer Entscheidung zugunsten des Inhabers der Marke wird unter Wahrung des Zeitrangs der Eintragung vorgenommen.

### Abschnitt 2. Berichtigung; Teilung; Schutzdauer und Verlängerung

## § 45 Berichtigung des Registers und von Veröffentlichungen.
(1) ¹Eintragungen im Register können auf Antrag oder von Amts wegen zur Berichtigung von sprachlichen Fehlern, Schreibfehlern oder sonstigen offensichtlichen Unrichtigkeiten geändert werden. ²War die von der Berichtigung betroffene Eintragung veröffentlicht worden, so ist die berichtigte Eintragung zu veröffentlichen.

(2) Absatz 1 ist entsprechend auf die Berichtigung von Veröffentlichungen anzuwenden.

## § 46 Teilung der Eintragung.
(1) ¹Der Inhaber einer eingetragenen Marke kann die Eintragung teilen, indem er erklärt, daß die Eintragung der Marke für die in der Teilungserklärung aufgeführten Waren oder Dienstleistungen als abgetrennte Eintragung fortbestehen soll. ²Für jede Teileintragung bleibt der Zeitrang der ursprünglichen Eintragung erhalten.

(2) ¹Die Teilung kann erst nach Ablauf der Frist zur Erhebung des Widerspruchs erklärt werden. ²Die Erklärung ist nur zulässig, wenn ein im Zeitpunkt ihrer Abgabe anhängiger Widerspruch gegen die Eintragung der Marke oder eine in diesem Zeitpunkt anhängige Klage auf Löschung der Eintragung der Marke sich nach der Teilung nur gegen einen der Teile der ursprünglichen Eintragung richten würde.

(3) ¹Für die abgetrennte Eintragung sind die erforderlichen Unterlagen einzureichen. ²Für die Teilung ist außerdem eine Gebühr nach dem Tarif zu zahlen. ³Werden die Unterlagen nicht innerhalb von drei Monaten nach dem Zugang der Teilungserklärung eingereicht oder wird die Gebühr nicht innerhalb dieser Frist gezahlt, so gilt dies als Verzicht auf die abgetrennte Eintragung. ⁴Die Teilungserklärung kann nicht widerrufen werden.

**MarkenG** §§ 47–49    Markengesetz

**§ 47 Schutzdauer und Verlängerung.** (1) Die Schutzdauer einer eingetragenen Marke beginnt mit dem Anmeldetag (§ 33 Abs. 1) und endet zehn Jahre nach Ablauf des Monats, in den der Anmeldetag fällt.

(2) Die Schutzdauer kann um jeweils zehn Jahre verlängert werden.

(3) [1] Die Verlängerung der Schutzdauer wird dadurch bewirkt, daß eine Verlängerungsgebühr und, falls die Verlängerung für Waren und Dienstleistungen begehrt wird, die in mehr als drei Klassen der Klasseneinteilung von Waren und Dienstleistungen fallen, für jede weitere Klasse eine Klassengebühr nach dem Tarif gezahlt werden. [2] Die Gebühren sind am letzten Tag der Schutzdauer fällig. [3] Die Gebühren können innerhalb eines Zeitraums von einem Jahr vor Fälligkeit gezahlt werden. [4] Werden die Gebühren nicht rechtzeitig gezahlt, so teilt das Patentamt dem Inhaber der eingetragenen Marke mit, daß die Eintragung der Marke gelöscht wird, wenn die Gebühren mit einem Zuschlag nach dem Tarif nicht innerhalb von sechs Monaten nach Ablauf des Monats, in dem die Mitteilung zugestellt worden ist, gezahlt werden.

(4) [1] Beziehen sich die Gebühren nur auf einen Teil der Waren oder Dienstleistungen, für die die Marke eingetragen ist, so wird die Schutzdauer nur für diese Waren oder Dienstleistungen verlängert. [2] Werden innerhalb der Frist des Absatzes 3 Satz 4 zwar die Verlängerungsgebühr und der Zuschlag, nicht aber erforderliche Klassengebühren gezahlt, so wird die Schutzdauer, soweit nicht Satz 1 Anwendung findet, nur für die Klassen der Klasseneinteilung von Waren oder Dienstleistungen verlängert, für die die gezahlten Gebühren ausreichen. [3] Besteht eine Leitklasse, so wird sie zunächst berücksichtigt. [4] Im übrigen werden die Klassen in der Reihenfolge der Klasseneinteilung berücksichtigt.

(5) [1] Die Verlängerung der Schutzdauer wird am Tag nach dem Ablauf der Schutzdauer wirksam. [2] Sie wird in das Register eingetragen und veröffentlicht.

(6) Wird die Schutzdauer nicht verlängert, so wird die Eintragung der Marke mit Wirkung ab dem Ablauf der Schutzdauer gelöscht.

## Abschnitt 3. Verzicht, Verfall und Nichtigkeit; Löschungsverfahren

**§ 48 Verzicht.** (1) Auf Antrag des Inhabers der Marke wird die Eintragung jederzeit für alle oder für einen Teil der Waren oder Dienstleistungen, für die sie eingetragen ist, im Register gelöscht.

(2) Ist im Register eine Person als Inhaber eines Rechts an der Marke eingetragen, so wird die Eintragung nur mit Zustimmung dieser Person gelöscht.

**§ 49 Verfall.** (1) [1] Die Eintragung einer Marke wird auf Antrag wegen Verfalls gelöscht, wenn die Marke nach dem Tag der Eintragung innerhalb eines ununterbrochenen Zeitraums von fünf Jahren nicht gemäß § 26 benutzt worden ist. [2] Der Verfall einer Marke kann jedoch nicht geltend gemacht werden, wenn nach Ende dieses Zeitraums und vor Stellung des Löschungsantrags eine Benutzung der Marke gemäß § 26 begonnen oder wieder aufgenommen worden ist. [3] Wird die Benutzung jedoch im Anschluß an einen ununterbrochenen Zeitraum von fünf Jahren der Nichtbenutzung innerhalb von drei Monaten vor der Stellung des Löschungsantrags begonnen oder wieder aufgenommen, so bleibt sie unberücksichtigt, sofern die Vorbereitungen für die erstmalige oder die erneute Benutzung erst stattgefunden haben, nachdem der Inhaber der Marke Kenntnis davon erhalten hat, daß Antrag auf Löschung gestellt werden könnte. [4] Wird der Antrag auf Löschung nach § 53 Abs. 1 beim Patentamt gestellt, so bleibt für die Berechnung der Frist von drei Monaten nach Satz 3 der Antrag beim Patentamt maßgeblich, wenn die Klage auf Löschung nach § 55 Abs. 1 innerhalb von drei Monaten nach Zustellung der Mitteilung nach § 53 Abs. 4 erhoben wird.

(2) Die Eintragung einer Marke wird ferner auf Antrag wegen Verfalls gelöscht,

1. wenn die Marke infolge des Verhaltens oder der Untätigkeit ihres Inhabers im geschäftlichen Verkehr zur gebräuchlichen Bezeichnung der Waren oder Dienstleistungen, für die sie eingetragen ist, geworden ist;

2. wenn die Marke infolge ihrer Benutzung durch den Inhaber oder mit seiner Zustimmung für die Waren oder Dienstleistungen, für die sie eingetragen ist, geeignet ist, das Publikum insbesondere über die Art, die Beschaffenheit oder die geographische Herkunft dieser Waren oder Dienstleistungen zu täuschen oder

3. wenn der Inhaber der Marke nicht mehr die in § 7 genannten Voraussetzungen erfüllt.

(3) Liegt ein Verfallsgrund nur für einen Teil der Waren oder Dienstleistungen vor, für die die Marke eingetragen ist, so wird die Eintragung nur für diese Waren oder Dienstleistungen gelöscht.

**§ 50 Nichtigkeit wegen absoluter Schutzhindernisse.** (1) Die Eintragung einer Marke wird auf Antrag wegen Nichtigkeit gelöscht,

1. wenn sie entgegen § 3 eingetragen worden ist,
2. wenn sie entgegen § 7 eingetragen worden ist,
3. wenn sie entgegen § 8 eingetragen worden ist oder
4. wenn der Anmelder bei der Anmeldung bösgläubig war.

(2) ¹Ist die Marke entgegen § 3, 7 oder 8 eingetragen worden, so kann die Eintragung nur gelöscht werden, wenn das Schutzhindernis auch noch im Zeitpunkt der Entscheidung über den Antrag auf Löschung besteht. ²Ist die Marke entgegen § 8 Abs. 2 Nr. 1, 2 oder 3 eingetragen worden, so kann die Eintragung außerdem nur dann gelöscht werden, wenn der Antrag auf Löschung innerhalb von zehn Jahren seit dem Tag der Eintragung gestellt wird.

(3) Die Eintragung einer Marke kann von Amts wegen gelöscht werden, wenn sie entgegen § 8 Abs. 2 Nr. 4 bis 9 eingetragen worden ist und

1. das Löschungsverfahren innerhalb eines Zeitraums von zwei Jahren seit dem Tag der Eintragung eingeleitet wird,
2. das Schutzhindernis auch noch im Zeitpunkt der Entscheidung über die Löschung besteht und
3. die Eintragung ersichtlich entgegen den genannten Vorschriften vorgenommen worden ist.

(4) Liegt ein Nichtigkeitsgrund nur für einen Teil der Waren oder Dienstleistungen vor, für die die Marke eingetragen ist, so wird die Eintragung nur für diese Waren oder Dienstleistungen gelöscht.

**§ 51 Nichtigkeit wegen des Bestehens älterer Rechte.** (1) Die Eintragung einer Marke wird auf Klage wegen Nichtigkeit gelöscht, wenn ihr ein Recht im Sinne der §§ 9 bis 13 mit älterem Zeitrang entgegensteht.

(2) ¹Die Eintragung kann aufgrund der Eintragung einer Marke mit älterem Zeitrang nicht gelöscht werden, soweit der Inhaber der Marke mit älterem Zeitrang die Benutzung der Marke mit jüngerem Zeitrang für die Waren oder Dienstleistungen, für die sie eingetragen ist, während eines Zeitraums von fünf aufeinanderfolgenden Jahren in Kenntnis dieser Benutzung geduldet hat, es sei denn, daß die Anmeldung der Marke mit jüngerem Zeitrang bösgläubig vorgenommen worden ist. ²Das gleiche gilt für den Inhaber eines Rechts mit älterem Zeitrang an einer durch Benutzung erworbenen Marke im Sinne des § 4 Nr. 2, an einer notorisch bekannten Marke im Sinne des § 4 Nr. 3, an einer geschäftlichen Bezeichnung im Sinne des § 5 oder an einer Sortenbezeichnung im Sinne des § 13 Abs. 2 Nr. 4. ³Die Eintragung einer Marke kann ferner nicht gelöscht werden, wenn der Inhaber eines der in den §§ 9 bis 13 genannten Rechte mit älterem Zeitrang der Eintragung der Marke vor der Stellung des Antrags auf Löschung zugestimmt hat.

(3) Die Eintragung kann aufgrund einer bekannten Marke oder einer bekannten geschäftlichen Bezeichnung mit älterem Zeitrang nicht gelöscht werden, wenn die Marke oder die geschäftliche Bezeichnung an dem für den Zeitrang der Eintragung der Marke mit jüngerem Zeitrang maßgeblichen Tag noch nicht im Sinne des § 9 Abs. 1 Nr. 3, des § 14 Abs. 2 Nr. 3 oder des § 15 Abs. 3 bekannt war.

(4) Die Eintragung kann aufgrund der Eintragung einer Marke mit älterem Zeitrang nicht gelöscht werden, wenn die Eintragung der Marke mit älterem Zeitrang am Tag der Veröffentlichung der Eintragung der Marke mit jüngerem Zeitrang

1. wegen Verfalls nach § 49 oder
2. wegen absoluter Schutzhindernisse nach § 50

hätte gelöscht werden können.

(5) Liegt ein Nichtigkeitsgrund nur für einen Teil der Waren oder Dienstleistungen vor, für die die Marke eingetragen ist, so wird die Eintragung nur für diese Waren oder Dienstleistungen gelöscht.

**§ 52 Wirkungen der Löschung wegen Verfalls oder Nichtigkeit.** (1) ¹Die Wirkungen der Eintragung einer Marke gelten in dem Umfang, in dem die Eintragung wegen Verfalls gelöscht wird, als von dem Zeitpunkt der Erhebung der Klage auf Löschung an nicht eingetreten. ²In der Entscheidung kann auf Antrag einer Partei ein früherer Zeitpunkt, zu dem einer der Verfallsgründe eingetreten ist, festgesetzt werden.

(2) Die Wirkungen der Eintragung einer Marke gelten in dem Umfang, in dem die Eintragung wegen Nichtigkeit gelöscht wird, als von Anfang an nicht eingetreten.

(3) Vorbehaltlich der Vorschriften über den Ersatz des Schadens, der durch fahrlässiges oder vorsätzliches Verhalten des Inhabers einer Marke verursacht worden ist, sowie der Vorschriften über ungerechtfertigte Bereicherung berührt die Löschung der Eintragung der Marke nicht

1. Entscheidungen in Verletzungsverfahren, die vor der Entscheidung über den Antrag auf Löschung rechtskräftig geworden und vollstreckt worden sind, und
2. vor der Entscheidung über den Antrag auf Löschung geschlossene Verträge insoweit, als sie vor dieser Entscheidung erfüllt worden sind. Es kann jedoch verlangt werden, daß in Erfüllung des Vertrages gezahlte Beträge aus Billigkeitsgründen insoweit zurückerstattet werden, wie die Umstände dies rechtfertigen.

**§ 53 Löschung durch das Patentamt wegen Verfalls.** (1) Der Antrag auf Löschung wegen Verfalls (§ 49) kann, unbeschadet des Rechts, den Antrag durch Klage nach § 55 geltend zu machen, beim Patentamt gestellt werden.

(2) Das Patentamt unterrichtet den Inhaber der eingetragenen Marke über den Antrag und fordert ihn auf, dem Patentamt mitzuteilen, ob er der Löschung widerspricht.

(3) Widerspricht der Inhaber der eingetragenen Marke der Löschung nicht innerhalb von zwei Monaten nach Zustellung der Mitteilung, wird die Eintragung gelöscht.

(4) Widerspricht der Inhaber der eingetragenen Marke der Löschung, teilt das Patentamt dies dem Antragsteller mit und unterrichtet ihn darüber, daß der Antrag auf Löschung durch Klage nach § 55 geltend zu machen ist.

**§ 54 Löschungsverfahren vor dem Patentamt wegen absoluter Schutzhindernisse.** (1) ¹Der Antrag auf Löschung wegen absoluter Schutzhindernisse (§ 50) ist beim Patentamt zu stellen. ²Der Antrag kann von jeder Person gestellt werden.

(2) ¹Mit dem Antrag ist eine Gebühr nach dem Tarif zu zahlen. ²Wird die Gebühr nicht gezahlt, so gilt der Antrag als nicht gestellt.

(3) ¹Wird ein Antrag auf Löschung gestellt oder wird ein Löschungsverfahren von Amts wegen eingeleitet, so unterrichtet das Patentamt den Inhaber der eingetragenen Marke hierüber. ²Widerspricht er der Löschung nicht innerhalb von zwei Monaten nach Zustellung der Mitteilung, so wird die Eintragung gelöscht. ³Widerspricht er der Löschung, so wird das Löschungsverfahren durchgeführt.

**§ 55 Löschungsverfahren vor den ordentlichen Gerichten.** (1) Die Klage auf Löschung wegen Verfalls (§ 49) oder wegen des Bestehens älterer Rechte (§ 51) ist gegen den als Inhaber der Marke Eingetragenen oder seinen Rechtsnachfolger zu richten.

(2) Zur Erhebung der Klage sind befugt:
1. in den Fällen des Antrags auf Löschung wegen Verfalls jede Person,
2. in den Fällen des Antrags auf Löschung wegen des Bestehens von Rechten mit älterem Zeitrang die Inhaber der in den §§ 9 bis 13 aufgeführten Rechte,
3. in den Fällen des Antrags auf Löschung wegen des Bestehens einer geographischen Herkunftsangabe mit älterem Zeitrang (§ 13 Abs. 2 Nr. 5) die nach § 13 Abs. 2 des Gesetzes gegen den unlauteren Wettbewerb zur Geltendmachung von Ansprüchen Berechtigten.

(3) [1] Ist die Klage auf Löschung vom Inhaber einer eingetragenen Marke mit älterem Zeitrang erhoben worden, so hat er auf Einrede des Beklagten nachzuweisen, daß die Marke innerhalb der letzten fünf Jahre vor Erhebung der Klage gemäß § 26 benutzt worden ist, sofern sie zu diesem Zeitpunkt seit mindestens fünf Jahren eingetragen ist. [2] Endet der Zeitraum von fünf Jahren der Nichtbenutzung nach Erhebung der Klage, so hat der Kläger auf Einrede des Beklagten nachzuweisen, daß die Marke innerhalb der letzten fünf Jahre vor dem Schluß der mündlichen Verhandlung gemäß § 26 benutzt worden ist. [3] War die Marke mit älterem Zeitrang am Tag der Veröffentlichung der Eintragung der Marke mit jüngerem Zeitrang bereits seit mindestens fünf Jahren eingetragen, so hat der Kläger auf Einrede des Beklagten ferner nachzuweisen, daß die Eintragung der Marke mit älterem Zeitrang an diesem Tag nicht nach § 49 Abs. 1 hätte gelöscht werden können. [4] Bei der Entscheidung werden nur die Waren oder Dienstleistungen berücksichtigt, für die die Benutzung nachgewiesen worden ist.

(4) [1] Ist vor oder nach Erhebung der Klage das durch die Eintragung der Marke begründete Recht auf einen anderen übertragen worden oder übergegangen, so ist die Entscheidung in der Sache selbst auch gegen den Rechtsnachfolger wirksam und vollstreckbar. [2] Für die Befugnis des Rechtsnachfolgers, in den Rechtsstreit einzutreten, gelten die §§ 66 bis 74 und 76 der Zivilprozeßordnung entsprechend.

### Abschnitt 4. Allgemeine Vorschriften für das Verfahren vor dem Patentamt

**§ 56 Zuständigkeiten im Patentamt.** (1) Im Patentamt werden zur Durchführung der Verfahren in Markenangelegenheiten Markenstellen und Markenabteilungen gebildet.

(2) [1] Die Markenstellen sind für die Prüfung von angemeldeten Marken und für die Beschlußfassung im Eintragungsverfahren zuständig. [2] Die Aufgaben einer Markenstelle nimmt ein Mitglied des Patentamts (Prüfer) wahr. [3] Die Aufgaben können auch von einem Beamten des gehobenen Dienstes oder von einem vergleichbaren Angestellten wahrgenommen werden. [4] Beamte des gehobenen Dienstes und vergleichbare Angestellte sind jedoch nicht befugt, eine Beeidigung anzuordnen, einen Eid abzunehmen oder ein Ersuchen nach § 95 Abs. 2 an das Patentgericht zu richten.

(3) [1] Die Markenabteilungen sind für die Angelegenheiten zuständig, die nicht in die Zuständigkeit der Markenstellen fallen. [2] Die Aufgaben einer Markenabteilung werden in der Besetzung mit mindestens drei Mitgliedern des Patentamts wahrgenommen. [3] Der Vorsitzende einer Markenabteilung kann alle in die Zuständigkeit der Markenabteilung fallenden Angelegenheiten mit Ausnahme der Entscheidung über die Löschung einer Marke nach § 54 allein bearbeiten oder diese Angelegenheiten einem Angehörigen der Markenabteilung zur Bearbeitung übertragen.

**§ 57 Ausschließung und Ablehnung.** (1) Für die Ausschließung und Ablehnung der Prüfer und der Mitglieder der Markenabteilungen sowie der mit der Wahrnehmung von Angelegenheiten, die den Markenstellen oder den Markenabteilungen obliegen, betrauten Beamten des gehobenen und mittleren Dienstes oder Angestellten gelten die §§ 41 bis 44, 45 Abs. 2 Satz 2, §§ 47 bis 49 der Zivilprozeßordnung über die Ausschließung und Ablehnung der Gerichtspersonen entsprechend.

(2) Über das Ablehnungsgesuch entscheidet, soweit es einer Entscheidung bedarf, eine Markenabteilung.

**MarkenG** §§ 58–62

**§ 58 Gutachten.** (1) Das Patentamt ist verpflichtet, auf Ersuchen der Gerichte oder der Staatsanwaltschaften über Fragen, die angemeldete oder eingetragene Marken betreffen, Gutachten abzugeben, wenn in dem Verfahren voneinander abweichende Gutachten mehrerer Sachverständiger vorliegen.

(2) Im übrigen ist das Patentamt nicht befugt, ohne Genehmigung des Bundesministeriums der Justiz außerhalb seines gesetzlichen Aufgabenbereichs Beschlüsse zu fassen oder Gutachten abzugeben.

**§ 59 Ermittlung des Sachverhalts; rechtliches Gehör.** (1) ¹Das Patentamt ermittelt den Sachverhalt von Amts wegen. ²Es ist an das Vorbringen und die Beweisanträge der Beteiligten nicht gebunden.

(2) Soll die Entscheidung des Patentamts auf Umstände gestützt werden, die dem Anmelder oder Inhaber der Marke oder einem anderen am Verfahren Beteiligten noch nicht mitgeteilt waren, so ist ihm vorher Gelegenheit zu geben, sich dazu innerhalb einer bestimmten Frist zu äußern.

**§ 60 Ermittlungen; Anhörungen; Niederschrift.** (1) Das Patentamt kann jederzeit die Beteiligten laden und anhören, Zeugen, Sachverständige und Beteiligte eidlich oder uneidlich vernehmen sowie andere zur Aufklärung der Sache erforderliche Ermittlungen anstellen.

(2) ¹Bis zum Beschluß, mit dem das Verfahren abgeschlossen wird, ist der Anmelder oder Inhaber der Marke oder ein anderer an dem Verfahren Beteiligter auf Antrag anzuhören, wenn dies sachdienlich ist. ²Hält das Patentamt die Anhörung nicht für sachdienlich, so weist es den Antrag zurück. ³Der Beschluß, durch den der Antrag zurückgewiesen wird, ist selbständig nicht anfechtbar.

(3) ¹Über die Anhörungen und Vernehmungen ist eine Niederschrift zu fertigen, die den wesentlichen Gang der Verhandlung wiedergeben und die rechtserheblichen Erklärungen der Beteiligten enthalten soll. ²Die §§ 160a, 162 und 163 der Zivilprozeßordnung sind entsprechend anzuwenden. ³Die Beteiligten erhalten eine Abschrift der Niederschrift.

**§ 61 Beschlüsse; Rechtsmittelbelehrung.** (1) ¹Die Beschlüsse des Patentamts sind, auch wenn sie nach Satz 2 verkündet worden sind, schriftlich auszufertigen, zu begründen und den Beteiligten von Amts wegen zuzustellen. ²Falls eine Anhörung stattgefunden hat, können sie auch am Ende der Anhörung verkündet werden. ³Einer Begründung bedarf es nicht, wenn am Verfahren nur der Anmelder oder Inhaber der Marke beteiligt ist und seinem Antrag stattgegeben wird.

(2) ¹Der schriftlichen Ausfertigung ist eine Erklärung beizufügen, mit der die Beteiligten über das Rechtsmittel, das gegen den Beschluß gegeben ist, über die Stelle, bei der das Rechtsmittel einzulegen ist, über die Rechtsmittelfrist und, sofern für das Rechtsmittel eine Gebühr zu zahlen ist, über die Gebühr unterrichtet werden. ²Die Frist für das Rechtsmittel beginnt nur zu laufen, wenn die Beteiligten schriftlich belehrt worden sind. ³Ist die Belehrung unterblieben oder unrichtig erteilt, so ist die Einlegung des Rechtsmittels nur innerhalb eines Jahres seit Zustellung des Beschlusses zulässig, außer wenn der Beteiligte schriftlich dahingehend belehrt worden ist, daß ein Rechtsmittel nicht gegeben sei. ⁴§ 91 ist entsprechend anzuwenden. ⁵Die Sätze 1 bis 4 gelten entsprechend für den Rechtsbehelf der Erinnerung nach § 64.

**§ 62 Akteneinsicht; Registereinsicht.** (1) Das Patentamt gewährt auf Antrag Einsicht in die Akten von Anmeldungen von Marken, wenn ein berechtigtes Interesse glaubhaft gemacht wird.

(2) Nach der Eintragung der Marke wird auf Antrag Einsicht in die Akten der eingetragenen Marke gewährt.

(3) Die Einsicht in das Register steht jeder Person frei.

**§ 63 Kosten der Verfahren.** (1) ¹Sind an dem Verfahren mehrere Personen beteiligt, so kann das Patentamt in der Entscheidung bestimmen, daß die Kosten des Verfahrens einschließlich der Auslagen des Patentamts und der den Beteiligten erwachsenen Kosten, soweit sie zur zweckentsprechenden Wahrung der Ansprüche und Rechte notwendig waren, einem Beteiligten ganz oder teilweise zur Last fallen, wenn dies der Billigkeit entspricht. ²Die Bestimmung kann auch getroffen werden, wenn der Beteiligte die Erinnerung, die Anmeldung der Marke, den Widerspruch oder den Antrag auf Löschung ganz oder teilweise zurücknimmt oder wenn die Eintragung der Marke wegen Verzichts oder wegen Nichtverlängerung der Schutzdauer ganz oder teilweise im Register gelöscht wird. ³Soweit eine Bestimmung über die Kosten nicht getroffen wird, trägt jeder Beteiligte die ihm erwachsenen Kosten selbst.

(2) Das Patentamt kann anordnen, daß die Gebühr für einen Widerspruch oder für einen Antrag auf Löschung ganz oder teilweise zurückgezahlt wird, wenn dies der Billigkeit entspricht.

(3) ¹Der Betrag der zu erstattenden Kosten wird auf Antrag durch das Patentamt festgesetzt. ²Die Vorschriften der Zivilprozeßordnung über das Kostenfestsetzungsverfahren und die Zwangsvollstreckung aus Kostenfestsetzungsbeschlüssen sind entsprechend anzuwenden. ³An die Stelle der Erinnerung tritt die Beschwerde gegen den Kostenfestsetzungsbeschluß. ⁴§ 66 ist mit der Maßgabe anzuwenden, daß die Beschwerde innerhalb von zwei Wochen einzulegen ist und daß für die Beschwerde keine Gebühr zu zahlen ist. ⁵Die vollstreckbare Ausfertigung wird vom Urkundsbeamten der Geschäftsstelle des Patentgerichts erteilt.

**§ 64 Erinnerung.** (1) ¹Gegen die Beschlüsse der Markenstellen und der Markenabteilungen, die von einem Beamten des gehobenen Dienstes oder einem vergleichbaren Angestellten erlassen worden sind, findet die Erinnerung statt. ²Die Erinnerung hat aufschiebende Wirkung.

(2) Die Erinnerung ist innerhalb eines Monats nach Zustellung beim Patentamt einzulegen.

(3) ¹Erachtet der Beamte oder Angestellte, dessen Beschluß angefochten wird, die Erinnerung für begründet, so hat er ihr abzuhelfen. ²Dies gilt nicht, wenn dem Erinnerungsführer ein anderer an dem Verfahren Beteiligter gegenübersteht.

(4) Über die Erinnerung entscheidet ein Mitglied des Patentamts durch Beschluß.

(5) ¹Nach Einlegung einer Beschwerde nach § 66 Abs. 3 kann über eine Erinnerung nicht mehr entschieden werden. ²Eine gleichwohl danach erlassene Erinnerungsentscheidung ist gegenstandslos.

**§ 65 Rechtsverordnungsermächtigung.** (1) Das Bundesministerium der Justiz wird ermächtigt, durch Rechtsverordnung ohne Zustimmung des Bundesrates

1. die Einrichtung und den Geschäftsgang des Patentamts in Markenangelegenheiten zu regeln,
2. weitere Erfordernisse für die Anmeldung von Marken zu bestimmen,
3. die Klasseneinteilung von Waren und Dienstleistungen festzulegen,
4. nähere Bestimmungen für die Durchführung der Prüfungs-, Widerspruchs- und Löschungsverfahren zu treffen,
5. Bestimmungen über das Register der eingetragenen Marken und gegebenenfalls gesonderte Bestimmungen über das Register für Kollektivmarken zu treffen,
6. die in das Register aufzunehmenden Angaben über eingetragene Marken zu regeln und Umfang sowie Art und Weise der Veröffentlichung dieser Angaben festzulegen,
7. Bestimmungen über die sonstigen in diesem Gesetz vorgesehenen Verfahren vor dem Patentamt zu treffen, wie insbesondere das Verfahren bei der Teilung von Anmeldungen und von Eintragungen, das Verfahren zur Erteilung von Auskünften oder Bescheinigungen, das Verfahren der Wiedereinsetzung, das Verfahren der Akteneinsicht, das Verfah-

**MarkenG** § 66                                                              Markengesetz

ren über den Schutz international registrierter Marken und das Verfahren über die Umwandlung von Gemeinschaftsmarken.

8. Bestimmungen über die Form zu treffen, in der Anträge und Eingaben in Markenangelegenheiten einzureichen sind, einschließlich der Übermittlung von Anträgen und Eingaben durch elektronische Datenübertragung,

9. Bestimmungen darüber zu treffen, in welcher Form Beschlüsse, Bescheide oder sonstige Mitteilungen des Patentamts in Markenangelegenheiten den Beteiligten zu übermitteln sind, einschließlich der Übermittlung durch elektronische Datenübertragung, soweit nicht eine bestimmte Form der Übermittlung gesetzlich vorgeschrieben ist,

10. Bestimmungen darüber zu treffen, in welchen Fällen und unter welchen Voraussetzungen Eingaben und Schriftstücke in Markenangelegenheiten in anderen Sprachen als der deutschen Sprache berücksichtigt werden,

11. Beamte des gehobenen Dienstes oder vergleichbare Angestellte mit der Wahrnehmung von Angelegenheiten zu betrauen, die den Markenabteilungen obliegen und die ihrer Art nach keine besonderen rechtlichen Schwierigkeiten bieten, mit Ausnahme der Beschlußfassung über die Löschung von Marken (§ 48 Abs. 1, §§ 53 und 54), der Abgabe von Gutachten (§ 58 Abs. 1) und der Entscheidungen, mit denen die Abgabe eines Gutachtens abgelehnt wird,

12. Beamte des mittleren Dienstes oder vergleichbare Angestellte mit der Wahrnehmung von Angelegenheiten zu betrauen, die den Markenstellen oder Markenabteilungen obliegen und die ihrer Art nach keine besonderen rechtlichen Schwierigkeiten bieten, mit Ausnahme von Entscheidungen über Anmeldungen, Widersprüche oder sonstige Anträge,

13. zur Deckung der durch eine Inanspruchnahme des Patentamts entstehenden Kosten, soweit nicht durch Gesetz darüber Bestimmungen getroffen sind, die Erhebung von Verwaltungskosten anzuordnen, insbesondere
    a) zu bestimmen, daß Gebühren für Bescheinigungen, Beglaubigungen, Akteneinsicht und Auskünfte sowie Auslagen erhoben werden,
    b) Bestimmungen über den Kostenschuldner, die Fälligkeit von Kosten, die Kostenvorschußpflicht, Kostenbefreiungen, die Verjährung und das Kostenfestsetzungsverfahren zu treffen,

14. die in die Veröffentlichung nach § 33 Abs. 3 aufzunehmenden Angaben zu regeln und Umfang sowie Art und Weise der Veröffentlichung dieser Angaben festzulegen.

(2) Das Bundesministerium der Justiz kann die Ermächtigung zum Erlaß von Rechtsverordnungen nach Absatz 1 durch Rechtsverordnung ohne Zustimmung des Bundesrates ganz oder teilweise dem Präsidenten des Patentamts übertragen.

## Abschnitt 5. Verfahren vor dem Patentgericht

**§ 66 Beschwerde.** (1) [1]Gegen die Beschlüsse der Markenstellen und der Markenabteilungen findet, soweit gegen sie nicht die Erinnerung gegeben ist (§ 64 Abs. 1), die Beschwerde an das Patentgericht statt. [2]Die Beschwerde steht den am Verfahren vor dem Patentamt Beteiligten zu. [3]Die Beschwerde hat aufschiebende Wirkung.

(2) Die Beschwerde ist innerhalb eines Monats nach Zustellung des Beschlusses beim Patentamt einzulegen.

(3) [1]Ist über eine Erinnerung nach § 64 innerhalb von sechs Monaten nach ihrer Einlegung nicht entschieden worden und hat der Erinnerungsführer nach Ablauf dieser Frist Antrag auf Entscheidung gestellt, so ist die Beschwerde abweichend von Absatz 1 Satz 1 unmittelbar gegen den Beschluß der Markenstelle oder der Markenabteilung zulässig, wenn über die Erinnerung nicht innerhalb von zwei Monaten nach Zugang des Antrags entschieden worden ist. [2]Steht dem Erinnerungsführer in dem Erinnerungsverfahren ein anderer Beteiligter gegenüber, so ist Satz 1 mit der Maßgabe anzuwenden, daß an die Stelle der Frist von sechs Monaten nach Einlegung der Erinnerung eine Frist von zehn Monaten tritt. [3]Hat

der andere Beteiligte ebenfalls Erinnerung eingelegt, so bedarf die Beschwerde nach Satz 2 der Einwilligung des anderen Beteiligten. ⁴Die schriftliche Erklärung der Einwilligung ist der Beschwerde beizufügen. ⁵Legt der andere Beteiligte nicht innerhalb einer Frist von einem Monat nach Zustellung der Beschwerde gemäß Absatz 4 Satz 2 ebenfalls Beschwerde ein, so gilt seine Erinnerung als zurückgenommen. ⁶Der Lauf der Fristen nach den Sätzen 1 und 2 wird gehemmt, wenn das Verfahren ausgesetzt oder wenn einem Beteiligten auf Gesuch eine Frist gewährt wird. ⁷Der noch übrige Teil der Fristen nach den Sätzen 1 und 2 beginnt nach Beendigung der Aussetzung oder nach Ablauf der gewährten Frist zu laufen. ⁸Nach Erlaß der Erinnerungsentscheidung findet die Beschwerde nach den Sätzen 1 und 2 nicht mehr statt.

(4) ¹Der Beschwerde und allen Schriftsätzen sollen Abschriften für die übrigen Beteiligten beigefügt werden. ²Die Beschwerde und alle Schriftsätze, die Sachanträge oder die Erklärung der Zurücknahme der Beschwerde oder eines Antrags enthalten, sind den übrigen Beteiligten von Amts wegen zuzustellen. ³Andere Schriftsätze sind ihnen formlos mitzuteilen, sofern nicht die Zustellung angeordnet wird.

(5) ¹Für die Beschwerde ist eine Gebühr nach dem Tarif zu zahlen. ²Wird die Gebühr für eine Beschwerde nach Absatz 1 nicht innerhalb der Frist des Absatzes 2 oder für eine Beschwerde nach Absatz 3 nicht innerhalb eines Monats nach Zugang der Beschwerde gezahlt, so gilt die Beschwerde als nicht eingelegt.

(6) ¹Erachtet die Stelle, deren Beschluß angefochten wird, die Beschwerde für begründet, so hat sie ihr abzuhelfen. ²Dies gilt nicht, wenn dem Beschwerdeführer ein anderer an dem Verfahren Beteiligter gegenübersteht. ³Die Stelle kann anordnen, daß die Beschwerdegebühr zurückgezahlt wird. ⁴Wird der Beschwerde nicht nach Satz 1 abgeholfen, so ist sie vor Ablauf von einem Monat ohne sachliche Stellungnahme dem Patentgericht vorzulegen. ⁵In den Fällen des Satzes 2 ist die Beschwerde unverzüglich dem Patentgericht vorzulegen.

**§ 67 Beschwerdesenate; Öffentlichkeit der Verhandlung.** (1) Über Beschwerden im Sinne des § 66 entscheidet ein Beschwerdesenat des Patentgerichts in der Besetzung mit drei rechtskundigen Mitgliedern.

(2) Die Verhandlung über Beschwerden gegen Beschlüsse der Markenstellen und der Markenabteilungen einschließlich der Verkündung der Entscheidungen ist öffentlich, sofern die Eintragung veröffentlicht worden ist.

(3) Die §§ 172 bis 175 des Gerichtsverfassungsgesetzes gelten entsprechend mit der Maßgabe, daß
1. die Öffentlichkeit für die Verhandlung auf Antrag eines Beteiligten auch dann ausgeschlossen werden kann, wenn sie eine Gefährdung schutzwürdiger Interessen des Antragstellers besorgen läßt,
2. die Öffentlichkeit für die Verkündung der Entscheidungen bis zur Veröffentlichung der Eintragung ausgeschlossen ist.

**§ 68 Beteiligung des Präsidenten des Patentamts.** (1) ¹Der Präsident des Patentamts kann, wenn er dies zur Wahrung des öffentlichen Interesses als angemessen erachtet, im Beschwerdeverfahren dem Patentgericht gegenüber schriftliche Erklärungen abgeben, an den Terminen teilnehmen und in ihnen Ausführungen machen. ²Schriftliche Erklärungen des Präsidenten des Patentamts sind den Beteiligten von dem Patentgericht mitzuteilen.

(2) ¹Das Patentgericht kann, wenn es dies wegen einer Rechtsfrage von grundsätzlicher Bedeutung als angemessen erachtet, dem Präsidenten des Patentamts anheimgeben, dem Beschwerdeverfahren beizutreten. ²Mit dem Eingang der Beitrittserklärung erlangt der Präsident des Patentamts die Stellung eines Beteiligten.

**§ 69 Mündliche Verhandlung.** Eine mündliche Verhandlung findet statt, wenn
1. einer der Beteiligten sie beantragt,
2. vor dem Patentgericht Beweis erhoben wird (§ 74 Abs. 1) oder
3. das Patentgericht sie für sachdienlich erachtet.

## § 70 Entscheidung über die Beschwerde.
(1) Über die Beschwerde wird durch Beschluß entschieden.

(2) Der Beschluß, durch den eine Beschwerde als unzulässig verworfen wird, kann ohne mündliche Verhandlung ergehen.

(3) Das Patentgericht kann die angefochtene Entscheidung aufheben, ohne in der Sache selbst zu entscheiden, wenn
1. das Patentamt noch nicht in der Sache selbst entschieden hat,
2. das Verfahren vor dem Patentamt an einem wesentlichen Mangel leidet oder
3. neue Tatsachen oder Beweismittel bekannt werden, die für die Entscheidung wesentlich sind.

(4) Das Patentamt hat die rechtliche Beurteilung, die der Aufhebung nach Absatz 3 zugrunde liegt, auch seiner Entscheidung zugrunde zu legen.

## § 71 Kosten des Beschwerdeverfahrens.
(1) [1]Sind an dem Verfahren mehrere Personen beteiligt, so kann das Patentgericht bestimmen, daß die Kosten des Verfahrens einschließlich der den Beteiligten erwachsenen Kosten, soweit sie zur zweckentsprechenden Wahrung der Ansprüche und Rechte notwendig waren, einem Beteiligten ganz oder teilweise zur Last fallen, wenn dies der Billigkeit entspricht. [2]Soweit eine Bestimmung über die Kosten nicht getroffen wird, trägt jeder Beteiligte die ihm erwachsenen Kosten selbst.

(2) Dem Präsidenten des Patentamts können Kosten nur auferlegt werden, wenn er nach seinem Beitritt in dem Verfahren Anträge gestellt hat.

(3) Das Patentgericht kann anordnen, daß die Beschwerdegebühr (§ 66 Abs. 5) zurückgezahlt wird.

(4) Die Absätze 1 bis 3 sind auch anzuwenden, wenn der Beteiligte die Beschwerde, die Anmeldung der Marke, den Widerspruch oder den Antrag auf Löschung ganz oder teilweise zurücknimmt oder wenn die Eintragung der Marke wegen Verzichts oder wegen Nichtverlängerung der Schutzdauer ganz oder teilweise im Register gelöscht wird.

(5) Im übrigen gelten die Vorschriften der Zivilprozeßordnung über das Kostenfestsetzungsverfahren und die Zwangsvollstreckung aus Kostenfestsetzungsbeschlüssen entsprechend.

## § 72 Ausschließung und Ablehnung.
(1) Für die Ausschließung und Ablehnung der Gerichtspersonen gelten die §§ 41 bis 44 und 47 bis 49 der Zivilprozeßordnung entsprechend.

(2) Von der Ausübung des Amtes als Richter ist auch ausgeschlossen, wer bei dem vorausgegangenen Verfahren vor dem Patentamt mitgewirkt hat.

(3) [1]Über die Ablehnung eines Richters entscheidet der Senat, dem der Abgelehnte angehört. [2]Wird der Senat durch das Ausscheiden des abgelehnten Mitglieds beschlußunfähig, so entscheidet ein anderer Beschwerdesenat.

(4) Über die Ablehnung eines Urkundsbeamten entscheidet der Senat, in dessen Geschäftsbereich die Sache fällt.

## § 73 Ermittlung des Sachverhalts; Vorbereitung der mündlichen Verhandlung.
(1) [1]Das Patentgericht ermittelt den Sachverhalt von Amts wegen. [2]Es ist an das Vorbringen und die Beweisanträge der Beteiligten nicht gebunden.

(2) [1]Der Vorsitzende oder ein von ihm zu bestimmendes Mitglied des Senats hat schon vor der mündlichen Verhandlung oder, wenn eine solche nicht stattfindet, vor der Entscheidung des Patentgerichts alle Anordnungen zu treffen, die notwendig sind, um die Sache möglichst in einer mündlichen Verhandlung oder in einer Sitzung zu erledigen. [2]Im übrigen gilt § 273 Abs. 2, Abs. 3 Satz 1 und Abs. 4 Satz 1 der Zivilprozeßordnung entsprechend.

Markengesetz §§ 74–79 **MarkenG**

**§ 74 Beweiserhebung.** (1) ¹Das Patentgericht erhebt Beweis in der mündlichen Verhandlung. ²Es kann insbesondere Augenschein einnehmen, Zeugen, Sachverständige und Beteiligte vernehmen und Urkunden heranziehen.

(2) Das Patentgericht kann in geeigneten Fällen schon vor der mündlichen Verhandlung durch eines seiner Mitglieder als beauftragten Richter Beweis erheben lassen oder unter Bezeichnung der einzelnen Beweisfragen ein anderes Gericht um die Beweisaufnahme ersuchen.

(3) ¹Die Beteiligten werden von allen Beweisterminen benachrichtigt und können der Beweisaufnahme beiwohnen. ²Sie können an Zeugen und Sachverständige sachdienliche Fragen richten. ³Wird eine Frage beanstandet, so entscheidet das Patentgericht.

**§ 75 Ladungen.** (1) ¹Sobald der Termin zur mündlichen Verhandlung bestimmt ist, sind die Beteiligten mit einer Ladungsfrist von mindestens zwei Wochen zu laden. ²In dringenden Fällen kann der Vorsitzende die Frist abkürzen.

(2) Bei der Ladung ist darauf hinzuweisen, daß beim Ausbleiben eines Beteiligten auch ohne ihn verhandelt und entschieden werden kann.

**§ 76 Gang der Verhandlung.** (1) Der Vorsitzende eröffnet und leitet die mündliche Verhandlung.

(2) Nach Aufruf der Sache trägt der Vorsitzende oder der Berichterstatter den wesentlichen Inhalt der Akten vor.

(3) Hierauf erhalten die Beteiligten das Wort, um ihre Anträge zu stellen und zu begründen.

(4) Der Vorsitzende hat die Sache mit den Beteiligten in tatsächlicher und rechtlicher Hinsicht zu erörtern.

(5) ¹Der Vorsitzende hat jedem Mitglied des Senats auf Verlangen zu gestatten, Fragen zu stellen. ²Wird eine Frage beanstandet, so entscheidet der Senat.

(6) ¹Nach Erörterung der Sache erklärt der Vorsitzende die mündliche Verhandlung für geschlossen. ²Der Senat kann die Wiedereröffnung beschließen.

**§ 77 Niederschrift.** (1) ¹Zur mündlichen Verhandlung und zu jeder Beweisaufnahme wird ein Urkundsbeamter der Geschäftsstelle als Schriftführer zugezogen. ²Wird auf Anordnung des Vorsitzenden von der Zuziehung des Schriftführers abgesehen, besorgt ein Richter die Niederschrift.

(2) ¹Über die mündliche Verhandlung und jede Beweisaufnahme ist eine Niederschrift aufzunehmen. ²Die §§ 160 bis 165 der Zivilprozeßordnung sind entsprechend anzuwenden.

**§ 78 Beweiswürdigung; rechtliches Gehör.** (1) ¹Das Patentgericht entscheidet nach seiner freien, aus dem Gesamtergebnis des Verfahrens gewonnenen Überzeugung. ²In der Entscheidung sind die Gründe anzugeben, die für die richterliche Überzeugung leitend gewesen sind.

(2) Die Entscheidung darf nur auf Tatsachen und Beweisergebnisse gestützt werden, zu denen die Beteiligten sich äußern konnten.

(3) Ist eine mündliche Verhandlung vorhergegangen, so kann ein Richter, der bei der letzten mündlichen Verhandlung nicht zugegen war, bei der Beschlußfassung nur mitwirken, wenn die Beteiligten zustimmen.

**§ 79 Verkündung; Zustellung; Begründung.** (1) ¹Die Endentscheidungen des Patentgerichts werden, wenn eine mündliche Verhandlung stattgefunden hat, in dem Termin, in dem die mündliche Verhandlung geschlossen wird, oder in einem sofort anzuberaumenden Termin verkündet. ²Dieser soll nur dann über drei Wochen hinaus angesetzt werden, wenn wichtige Gründe, insbesondere der Umfang oder die Schwierigkeit der Sache, dies erfordern. ³Statt der Verkündung ist die Zustellung der Endentscheidung zulässig. ⁴Entscheidet das Patentgericht ohne mündliche Verhandlung, so wird die Verkündung durch Zustellung an die Beteiligten ersetzt. ⁵Die Endentscheidungen sind den Beteiligten von Amts wegen zuzustellen.

(2) Die Entscheidungen des Patentgerichts, durch die ein Antrag zurückgewiesen oder über ein Rechtsmittel entschieden wird, sind zu begründen.

**§ 80 Berichtigungen.** (1) Schreibfehler, Rechenfehler und ähnliche offenbare Unrichtigkeiten in der Entscheidung sind jederzeit vom Patentgericht zu berichtigen.

(2) Enthält der Tatbestand der Entscheidung andere Unrichtigkeiten oder Unklarheiten, so kann die Berichtigung innerhalb von zwei Wochen nach Zustellung der Entscheidung beantragt werden.

(3) Über die Berichtigung nach Absatz 1 kann ohne vorherige mündliche Verhandlung entschieden werden.

(4) ¹Über den Antrag auf Berichtigung nach Absatz 2 entscheidet das Patentgericht ohne Beweisaufnahme durch Beschluß. ²Hierbei wirken nur die Richter mit, die bei der Entscheidung, deren Berichtigung beantragt ist, mitgewirkt haben.

(5) Der Berichtigungsbeschluß wird auf der Entscheidung und den Ausfertigungen vermerkt.

**§ 81 Vertretung; Vollmacht.** (1) ¹Vor dem Patentgericht kann sich ein Beteiligter in jeder Lage des Verfahrens durch einen Bevollmächtigten vertreten lassen. ²Durch Beschluß kann angeordnet werden, daß ein Bevollmächtigter bestellt werden muß. ³§ 96 bleibt unberührt.

(2) ¹Die Vollmacht ist schriftlich zu den Gerichtsakten einzureichen. ²Sie kann nachgereicht werden. ³Das Patentgericht kann hierfür eine Frist bestimmen.

(3) ¹Der Mangel der Vollmacht kann in jeder Lage des Verfahrens geltend gemacht werden. ²Das Patentgericht hat den Mangel der Vollmacht von Amts wegen zu berücksichtigen, wenn nicht als Bevollmächtigter ein Rechtsanwalt oder ein Patentanwalt auftritt.

**§ 82 Anwendung weiterer Vorschriften; Anfechtbarkeit; Akteneinsicht.** (1) ¹Soweit dieses Gesetz keine Bestimmungen über das Verfahren vor dem Patentgericht enthält, sind das Gerichtsverfassungsgesetz und die Zivilprozeßordnung entsprechend anzuwenden, wenn die Besonderheiten des Verfahrens vor dem Patentgericht dies nicht ausschließen. ²§ 227 Abs. 3 Satz 1 der Zivilprozeßordnung ist nicht anzuwenden. ³Für Auslagen im Verfahren vor dem Patentgericht gilt das Gerichtskostengesetz entsprechend.

(2) Eine Anfechtung der Entscheidungen des Patentgerichts findet nur statt, soweit dieses Gesetz sie zuläßt.

(3) ¹Für die Gewährung der Akteneinsicht an dritte Personen ist § 62 Abs. 1 und 2 entsprechend anzuwenden. ²Über den Antrag entscheidet das Patentgericht.

### Abschnitt 6. Verfahren vor dem Bundesgerichtshof

**§ 83 Zugelassene und zulassungsfreie Rechtsbeschwerde.** (1) ¹Gegen die Beschlüsse der Beschwerdesenate des Patentgerichts, durch die über eine Beschwerde nach § 66 entschieden wird, findet die Rechtsbeschwerde an den Bundesgerichtshof statt, wenn der Beschwerdesenat die Rechtsbeschwerde in dem Beschluß zugelassen hat. ²Die Rechtsbeschwerde hat aufschiebende Wirkung.

(2) Die Rechtsbeschwerde ist zuzulassen, wenn

1. eine Rechtsfrage von grundsätzlicher Bedeutung zu entscheiden ist oder
2. die Fortbildung des Rechts oder die Sicherung einer einheitlichen Rechtsprechung eine Entscheidung des Bundesgerichtshofs erfordert.

(3) Einer Zulassung zur Einlegung der Rechtsbeschwerde bedarf es nicht, wenn gerügt wird,

1. daß das beschließende Gericht nicht vorschriftsmäßig besetzt war,

2. daß bei dem Beschluß ein Richter mitgewirkt hat, der von der Ausübung des Richteramtes kraft Gericht ausgeschlossen oder wegen Besorgnis der Befangenheit mit Erfolg abgelehnt war,
3. daß einem Beteiligten das rechtliche Gehör versagt war,
4. daß ein Beteiligter im Verfahren nicht nach Vorschrift des Gesetzes vertreten war, sofern er nicht der Führung des Verfahrens ausdrücklich oder stillschweigend zugestimmt hat,
5. daß der Beschluß aufgrund einer mündlichen Verhandlung ergangen ist, bei der die Vorschriften über die Öffentlichkeit des Verfahrens verletzt worden sind, oder
6. daß der Beschluß nicht mit Gründen versehen ist.

**§ 84 Beschwerdeberechtigung; Beschwerdegründe.** (1) Die Rechtsbeschwerde steht den am Beschwerdeverfahren Beteiligten zu.

(2) [1]Die Rechtsbeschwerde kann nur darauf gestützt werden, daß der Beschluß auf einer Verletzung des Gesetzes beruht. [2]Die §§ 550 und 551 Nr. 1 bis 3 und 5 bis 7 der Zivilprozeßordnung gelten entsprechend.

**§ 85 Förmliche Voraussetzungen.** (1) Die Rechtsbeschwerde ist innerhalb eines Monats nach Zustellung des Beschlusses beim Bundesgerichtshof schriftlich einzulegen.

(2) In dem Rechtsbeschwerdeverfahren vor dem Bundesgerichtshof gelten die Bestimmungen des § 142 über die Streitwertbegünstigung entsprechend.

(3) [1]Die Rechtsbeschwerde ist zu begründen. [2]Die Frist für die Begründung beträgt einen Monat. [3]Sie beginnt mit der Einlegung der Rechtsbeschwerde und kann auf Antrag vom Vorsitzenden verlängert werden.

(4) Die Begründung der Rechtsbeschwerde muß enthalten
1. die Erklärung, inwieweit der Beschluß angefochten und seine Abänderung oder Aufhebung beantragt wird,
2. die Bezeichnung der verletzten Rechtsnorm und
3. wenn die Rechtsbeschwerde auf die Verletzung von Verfahrensvorschriften gestützt wird, die Bezeichnung der Tatsachen, die den Mangel ergeben.

(5) [1]Vor dem Bundesgerichtshof müssen sich die Beteiligten durch einen beim Bundesgerichtshof zugelassenen Rechtsanwalt als Bevollmächtigten vertreten lassen. [2]Auf Antrag eines Beteiligten ist seinem Patentanwalt das Wort zu gestatten. [3]§ 157 Abs. 1 und 2 der Zivilprozeßordnung ist insoweit nicht anzuwenden. [4]Von den Kosten, die durch die Mitwirkung eines Patentanwalts entstehen, sind die Gebühren bis zur Höhe einer vollen Gebühr nach § 11 der Bundesgebührenordnung für Rechtsanwälte und außerdem die notwendigen Auslagen des Patentanwalts zu erstatten.

**§ 86 Prüfung der Zulässigkeit.** [1]Der Bundesgerichtshof hat von Amts wegen zu prüfen, ob die Rechtsbeschwerde an sich statthaft und ob sie in der gesetzlichen Form und Frist eingelegt und begründet ist. [2]Liegen die Voraussetzungen nicht vor, so ist die Rechtsbeschwerde als unzulässig zu verwerfen.

**§ 87 Mehrere Beteiligte.** (1) [1]Sind an dem Verfahren über die Rechtsbeschwerde mehrere Personen beteiligt, so sind die Beschwerdeschrift und die Beschwerdebegründung den anderen Beteiligten mit der Aufforderung zuzustellen, etwaige Erklärungen innerhalb einer bestimmten Frist nach Zustellung beim Bundesgerichtshof schriftlich einzureichen. [2]Mit der Zustellung der Beschwerdeschrift ist der Zeitpunkt mitzuteilen, in dem die Rechtsbeschwerde eingelegt ist. [3]Die erforderliche Zahl von beglaubigten Abschriften soll der Beschwerdeführer mit der Beschwerdeschrift oder der Beschwerdebegründung einreichen.

(2) Ist der Präsident des Patentamts nicht am Verfahren über die Rechtsbeschwerde beteiligt, so ist § 68 Abs. 1 entsprechend anzuwenden.

**§ 88 Anwendung weiterer Vorschriften.** (1) [1]Im Verfahren über die Rechtsbeschwerde gelten die Vorschriften der Zivilprozeßordnung über die Ausschließung und Ablehnung

**MarkenG** §§ 89–91    Markengesetz

der Gerichtspersonen, über Prozeßbevollmächtigte und Beistände, über Zustellungen von Amts wegen, über Ladungen, Termine und Fristen und über Wiedereinsetzung in den vorigen Stand entsprechend. ²Im Falle der Wiedereinsetzung in den vorigen Stand gilt § 91 Abs. 8 entsprechend.

(2) Für die Öffentlichkeit des Verfahrens gilt § 67 Abs. 2 und 3 entsprechend.

**§ 89 Entscheidung über die Rechtsbeschwerde.** (1) ¹Die Entscheidung über die Rechtsbeschwerde ergeht durch Beschluß. ²Die Entscheidung kann ohne mündliche Verhandlung getroffen werden.

(2) Der Bundesgerichtshof ist bei seiner Entscheidung an die in dem angefochtenen Beschluß getroffenen tatsächlichen Feststellungen gebunden, außer wenn in bezug auf diese Feststellungen zulässige und begründete Rechtsbeschwerdegründe vorgebracht sind.

(3) Die Entscheidung ist zu begründen und den Beteiligten von Amts wegen zuzustellen.

(4) ¹Im Falle der Aufhebung des angefochtenen Beschlusses ist die Sache zur anderweitigen Verhandlung und Entscheidung an das Patentgericht zurückzuverweisen. ²Das Patentgericht hat die rechtliche Beurteilung, die der Aufhebung zugrunde gelegt ist, auch seiner Entscheidung zugrunde zu legen.

**§ 90 Kostenentscheidung.** (1) ¹Sind an dem Verfahren mehrere Personen beteiligt, so kann der Bundesgerichtshof bestimmen, daß die Kosten des Verfahrens einschließlich der den Beteiligten erwachsenen Kosten, soweit sie zur zweckentsprechenden Wahrung der Ansprüche und Rechte notwendig waren, einem Beteiligten ganz oder teilweise zur Last fallen, wenn dies der Billigkeit entspricht. ²Die Bestimmung kann auch getroffen werden, wenn der Beteiligte die Rechtsbeschwerde, die Anmeldung der Marke, den Widerspruch oder den Antrag auf Löschung ganz oder teilweise zurücknimmt oder wenn die Eintragung der Marke wegen Verzichts oder wegen Nichtverlängerung der Schutzdauer ganz oder teilweise im Register gelöscht wird. ³Soweit eine Bestimmung über die Kosten nicht getroffen wird, trägt jeder Beteiligte die ihm erwachsenen Kosten selbst.

(2) ¹Wird die Rechtsbeschwerde zurückgewiesen oder als unzulässig verworfen, so sind die durch die Rechtsbeschwerde veranlaßten Kosten dem Beschwerdeführer aufzuerlegen. ²Hat ein Beteiligter durch grobes Verschulden Kosten veranlaßt, so sind ihm diese aufzuerlegen.

(3) Dem Präsidenten des Patentamts können Kosten nur auferlegt werden, wenn er die Rechtsbeschwerde eingelegt oder in dem Verfahren Anträge gestellt hat.

(4) Im übrigen gelten die Vorschriften der Zivilprozeßordnung über das Kostenfestsetzungsverfahren und die Zwangsvollstreckung aus Kostenfestsetzungsbeschlüssen entsprechend.

## Abschnitt 7. Gemeinsame Vorschriften

**§ 91 Wiedereinsetzung.** (1) ¹Wer ohne Verschulden verhindert war, dem Patentamt oder dem Patentgericht gegenüber eine Frist einzuhalten, deren Versäumung nach gesetzlicher Vorschrift einen Rechtsnachteil zur Folge hat, ist auf Antrag wieder in den vorigen Stand einzusetzen. ²Dies gilt nicht für die Frist zur Erhebung des Widerspruchs und zur Zahlung der Widerspruchsgebühr.

(2) Die Wiedereinsetzung muß innerhalb von zwei Monaten nach Wegfall des Hindernisses beantragt werden.

(3) ¹Der Antrag muß die Angabe der die Wiedereinsetzung begründenden Tatsachen enthalten. ²Diese Tatsachen sind bei der Antragstellung oder im Verfahren über den Antrag glaubhaft zu machen.

(4) ¹Die versäumte Handlung ist innerhalb der Antragsfrist nachzuholen. ²Ist dies geschehen, so kann Wiedereinsetzung auch ohne Antrag gewährt werden.

(5) Ein Jahr nach Ablauf der versäumten Frist kann die Wiedereinsetzung nicht mehr beantragt und die versäumte Handlung nicht mehr nachgeholt werden.

(6) Über den Antrag beschließt die Stelle, die über die nachgeholte Handlung zu beschließen hat.

(7) Die Wiedereinsetzung ist unanfechtbar.

(8) Wird dem Inhaber einer Marke Wiedereinsetzung gewährt, so kann er Dritten gegenüber, die in dem Zeitraum zwischen dem Eintritt des Rechtsverlusts an der Eintragung der Marke und der Wiedereinsetzung unter einem mit der Marke identischen oder ihr ähnlichen Zeichen gutgläubig Waren in den Verkehr gebracht oder Dienstleistungen erbracht haben, hinsichtlich dieser Handlungen keine Rechte geltend machen.

**§ 92 Wahrheitspflicht.** In den Verfahren vor dem Patentamt, dem Patentgericht und dem Bundesgerichtshof haben die Beteiligten ihre Erklärungen über tatsächliche Umstände vollständig und der Wahrheit gemäß abzugeben.

**§ 93 Amtssprache und Gerichtssprache.** [1]Die Sprache vor dem Patentamt und vor dem Patentgericht ist deutsch. [2]Im übrigen finden die Vorschriften des Gerichtsverfassungsgesetzes über die Gerichtssprache Anwendung.

**§ 94 Zustellungen.** (1) Für Zustellungen im Verfahren vor dem Patentamt und dem Patentgericht gelten die Vorschriften des Verwaltungszustellungsgesetzes mit folgenden Maßgaben:

1. Zustellungen an Empfänger, die sich im Ausland aufhalten und die keinen Inlandsvertreter (§ 96) bestellt haben, können auch durch Aufgabe zur Post nach den §§ 175 und 213 der Zivilprozeßordnung bewirkt werden, soweit für den Empfänger die Notwendigkeit zur Bestellung eines Inlandsvertreters im Zeitpunkt der zu bewirkenden Zustellung erkennbar war.

2. Für Zustellungen an Erlaubnisscheininhaber (§ 177 der Patentanwaltsordnung) ist § 5 Abs. 2 des Verwaltungszustellungsgesetzes entsprechend anzuwenden.

3. [1]An Empfänger, denen beim Patentamt oder beim Patentgericht ein Abholfach eingerichtet worden ist, kann auch dadurch zugestellt werden, daß das Schriftstück im Abholfach des Empfängers niedergelegt wird. [2]Über die Niederlegung ist eine schriftliche Mitteilung zu den Akten zu geben. [3]Auf dem Schriftstück ist zu vermerken, wann es niedergelegt worden ist. [4]Die Zustellung gilt als am dritten Tag nach der Niederlegung im Abholfach bewirkt.

(2) § 9 Abs. 1 des Verwaltungszustellungsgesetzes ist nicht anzuwenden, wenn mit der Zustellung die Frist für die Einlegung der Erinnerung (§ 64 Abs. 2), der Beschwerde (§ 66 Abs. 2) oder der Rechtsbeschwerde (§ 85 Abs. 1) beginnt.

**§ 95 Rechtshilfe.** (1) Die Gerichte sind verpflichtet, dem Patentamt Rechtshilfe zu leisten.

(2) [1]Im Verfahren vor dem Patentamt setzt das Patentgericht auf Ersuchen des Patentamts Ordnungs- oder Zwangsmittel gegen Zeugen oder Sachverständige fest, die nicht erscheinen oder ihre Aussage oder deren Beeidigung verweigern. [2]Ebenso ist die Vorführung eines nicht erschienenen Zeugen anzuordnen.

(3) [1]Über das Ersuchen nach Absatz 2 entscheidet ein Beschwerdesenat des Patentgerichts in der Besetzung mit drei rechtskundigen Mitgliedern. [2]Die Entscheidung ergeht durch Beschluß.

**§ 96 Inlandsvertreter.** (1) Der Inhaber einer angemeldeten oder eingetragenen Marke, der im Inland weder einen Wohnsitz oder Sitz noch eine Niederlassung hat, kann an einem in diesem Gesetz geregelten Verfahren vor dem Patentamt oder dem Patentgericht nur teilnehmen, wenn er im Inland einen Rechtsanwalt oder einen Patentanwalt als Vertreter bestellt hat.

(2) [1]Der nach Absatz 1 bestellte Vertreter ist im Verfahren vor dem Patentamt und dem Patentgericht und in bürgerlichen Rechtsstreitigkeiten, die die Marke betreffen, zur Vertretung befugt. [2]Der Vertreter kann auch Strafanträge stellen.

(3) ¹Der Ort, wo der Vertreter seinen Geschäftsraum hat, gilt im Sinne des § 23 der Zivilprozeßordnung als der Ort, wo sich der Vermögensgegenstand befindet. ²Fehlt ein Geschäftsraum, so ist der Ort maßgebend, wo der Vertreter seinen Wohnsitz, und in Ermangelung eines solchen der Ort, wo das Patentamt seinen Sitz hat.

(4) Absatz 1 gilt entsprechend für Dritte, die an einem in diesem Gesetz geregelten Verfahren vor dem Patentamt oder dem Patentgericht beteiligt sind.

## Teil 4. Kollektivmarken

**§ 97 Kollektivmarken.** (1) Als Kollektivmarken können alle als Marke schutzfähigen Zeichen im Sinne des § 3 eingetragen werden, die geeignet sind, die Waren oder Dienstleistungen der Mitglieder des Inhabers der Kollektivmarke von denjenigen anderer Unternehmen nach ihrer betrieblichen oder geographischen Herkunft, ihrer Art, ihrer Qualität oder ihren sonstigen Eigenschaften zu unterscheiden.

(2) Auf Kollektivmarken sind die Vorschriften dieses Gesetzes anzuwenden, soweit in diesem Teil nicht etwas anderes bestimmt ist.

**§ 98 Inhaberschaft.** ¹Inhaber von angemeldeten oder eingetragenen Kollektivmarken können nur rechtsfähige Verbände sein, einschließlich der rechtsfähigen Dachverbände und Spitzenverbände, deren Mitglieder selbst Verbände sind. ²Diesen Verbänden sind die juristischen Personen des öffentlichen Rechts gleichgestellt.

**§ 99 Eintragbarkeit von geographischen Herkunftsangaben als Kollektivmarken.** Abweichend von § 8 Abs. 2 Nr. 2 können Kollektivmarken ausschließlich aus Zeichen oder Angaben bestehen, die im Verkehr zur Bezeichnung der geographischen Herkunft der Waren oder der Dienstleistungen dienen können.

**§ 100 Schranken des Schutzes; Benutzung.** (1) Zusätzlich zu den Schutzschranken, die sich aus § 23 ergeben, gewährt die Eintragung einer geographischen Herkunftsangabe als Kollektivmarke ihrem Inhaber nicht das Recht, einem Dritten zu untersagen, solche Angaben im geschäftlichen Verkehr zu benutzen, sofern die Benutzung den guten Sitten entspricht und nicht gegen § 127 verstößt.

(2) Die Benutzung einer Kollektivmarke durch mindestens eine hierzu befugte Person oder durch den Inhaber der Kollektivmarke gilt als Benutzung im Sinne des § 26.

**§ 101 Klagebefugnis; Schadensersatz.** (1) Soweit in der Markensatzung nichts anderes bestimmt ist, kann eine zur Benutzung der Kollektivmarke berechtigte Person Klage wegen Verletzung einer Kollektivmarke nur mit Zustimmung ihres Inhabers erheben.

(2) Der Inhaber der Kollektivmarke kann auch Ersatz des Schadens verlangen, der den zur Benutzung der Kollektivmarke berechtigten Personen aus der unbefugten Benutzung der Kollektivmarke oder eines ähnlichen Zeichens entstanden ist.

**§ 102 Markensatzung.** (1) Der Anmeldung der Kollektivmarke muß eine Markensatzung beigefügt sein.

(2) Die Markensatzung muß mindestens enthalten:
1. Namen und Sitz des Verbandes,
2. Zweck und Vertretung des Verbandes,
3. Voraussetzungen für die Mitgliedschaft,
4. Angaben über den Kreis der zur Benutzung der Kollektivmarke befugten Personen,
5. die Bedingungen für die Benutzung der Kollektivmarke und
6. Angaben über die Rechte und Pflichten der Beteiligten im Falle von Verletzungen der Kollektivmarke.

(3) Besteht die Kollektivmarke aus einer geographischen Herkunftsangabe, muß die Satzung vorsehen, daß jede Person, deren Waren oder Dienstleistungen aus dem entsprechenden geographischen Gebiet stammen und den in der Markensatzung enthaltenen Bedingun-

Markengesetz §§ 103–108 **MarkenG**

gen für die Benutzung der Kollektivmarke entsprechen, Mitglied des Verbandes werden kann und in den Kreis der zur Benutzung der Kollektivmarke befugten Personen aufzunehmen ist.

(4) Die Einsicht in die Markensatzung steht jeder Person frei.

**§ 103** Prüfung der Anmeldung. Die Anmeldung einer Kollektivmarke wird außer nach § 37 auch zurückgewiesen, wenn sie nicht den Voraussetzungen der §§ 97, 98 und 102 entspricht oder wenn die Markensatzung gegen die öffentliche Ordnung oder die guten Sitten verstößt, es sei denn, daß der Anmelder die Markensatzung so ändert, daß der Zurückweisungsgrund nicht mehr besteht.

**§ 104** Änderung der Markensatzung. (1) Der Inhaber der Kollektivmarke hat dem Patentamt jede Änderung der Markensatzung mitzuteilen.

(2) Im Falle einer Änderung der Markensatzung sind die §§ 102 und 103 entsprechend anzuwenden.

**§ 105** Verfall. (1) Die Eintragung einer Kollektivmarke wird außer aus den in § 49 genannten Verfallsgründen auf Antrag wegen Verfalls gelöscht,
1. wenn der Inhaber der Kollektivmarke nicht mehr besteht,
2. wenn der Inhaber der Kollektivmarke keine geeigneten Maßnahmen trifft, um zu verhindern, daß die Kollektivmarke mißbräuchlich in einer den Verbandszwecken oder der Markensatzung widersprechenden Weise benutzt wird, oder
3. wenn eine Änderung der Markensatzung entgegen § 104 Abs. 2 in das Register eingetragen worden ist, es sei denn, daß der Inhaber der Kollektivmarke die Markensatzung erneut so ändert, daß der Löschungsgrund nicht mehr besteht.

(2) Als eine mißbräuchliche Benutzung im Sinne des Absatzes 1 Nr. 2 ist es insbesondere anzusehen, wenn die Benutzung der Kollektivmarke durch andere als die zur Benutzung befugten Personen geeignet ist, das Publikum zu täuschen.

(3) [1]Der Antrag auf Löschung nach Absatz 1 ist beim Patentamt zu stellen. [2]Das Verfahren richtet sich nach § 54.

**§ 106** Nichtigkeit wegen absoluter Schutzhindernisse. [1]Die Eintragung einer Kollektivmarke wird außer aus den in § 50 genannten Nichtigkeitsgründen auf Antrag wegen Nichtigkeit gelöscht, wenn sie entgegen § 103 eingetragen worden ist. [2]Betrifft der Nichtigkeitsgrund die Markensatzung, so wird die Eintragung nicht gelöscht, wenn der Inhaber der Kollektivmarke die Markensatzung so ändert, daß der Nichtigkeitsgrund nicht mehr besteht.

## Teil 5. Schutz von Marken nach dem Madrider Markenabkommen und nach dem Protokoll zum Madrider Markenabkommen; Gemeinschaftsmarken

### Abschnitt 1. Schutz von Marken nach dem Madrider Markenabkommen

**§ 107** Anwendung der Vorschriften dieses Gesetzes. Die Vorschriften dieses Gesetzes sind auf internationale Registrierungen von Marken nach dem Madrider Abkommen über die internationale Registrierung von Marken (Madrider Markenabkommen), die durch Vermittlung des Patentamts vorgenommen werden oder deren Schutz sich auf das Gebiet der Bundesrepublik Deutschland erstreckt, entsprechend anzuwenden, soweit in diesem Abschnitt oder im Madrider Markenabkommen nichts anderes bestimmt ist.

**§ 108** Antrag auf internationale Registrierung. (1) Der Antrag auf internationale Registrierung einer in das Register eingetragenen Marke nach Artikel 3 des Madrider Markenabkommens ist beim Patentamt zu stellen.

**MarkenG §§ 109–115**  Markengesetz

(2) Wird der Antrag auf internationale Registrierung vor der Eintragung der Marke in das Register gestellt, so gilt er als am Tag der Eintragung der Marke zugegangen.

(3) [1] Dem Antrag ist eine Übersetzung des Verzeichnisses der Waren oder Dienstleistungen in der für die internationale Registrierung vorgeschriebenen Sprache beizufügen. [2] Das Verzeichnis soll in der Reihenfolge der Klassen der internationalen Klassifikation von Waren und Dienstleistungen gruppiert sein.

**§ 109 Gebühren.** (1) [1] Mit dem Antrag auf internationale Registrierung ist eine nationale Gebühr nach dem Tarif zu zahlen. [2] Ist der Antrag auf internationale Registrierung vor der Eintragung der Marke in das Register gestellt worden, so wird die Gebühr am Tag der Eintragung fällig. [3] Wird die Gebühr nicht gezahlt, so gilt der Antrag als nicht gestellt.

(2) Die nach Artikel 8 Abs. 2 des Madrider Markenabkommens zu zahlenden internationalen Gebühren sind unmittelbar an das Internationale Büro der Weltorganisation für geistiges Eigentum zu zahlen.

**§ 110 Eintragung im Register.** Der Tag und die Nummer der internationalen Registrierung einer im Register eingetragenen Marke sind in das Register einzutragen.

**§ 111 Nachträgliche Schutzerstreckung.** (1) [1] Wird ein Antrag auf nachträgliche Schutzerstreckung einer international registrierten Marke nach Artikel 3$^{ter}$ Abs. 2 des Madrider Markenabkommens beim Patentamt gestellt, so ist mit dem Antrag eine nationale Gebühr nach dem Tarif zu zahlen. [2] Wird die Gebühr nicht gezahlt, so gilt der Antrag als nicht gestellt.

(2) § 109 Abs. 2 gilt entsprechend.

**§ 112 Wirkung der internationalen Registrierung.** (1) Die internationale Registrierung einer Marke, deren Schutz nach Artikel 3$^{ter}$ des Madrider Markenabkommens auf das Gebiet der Bundesrepublik Deutschland erstreckt worden ist, hat dieselbe Wirkung, wie wenn die Marke am Tag der internationalen Registrierung nach Artikel 3 Abs. 4 des Madrider Markenabkommens oder am Tag der Eintragung der nachträglichen Schutzerstreckung nach Artikel 3$^{ter}$ Abs. 2 des Madrider Markenabkommens zur Eintragung in das vom Patentamt geführte Register angemeldet und eingetragen worden wäre.

(2) Die in Absatz 1 bezeichnete Wirkung gilt als nicht eingetreten, wenn der international registrierten Marke nach den §§ 113 bis 115 der Schutz verweigert wird.

**§ 113 Prüfung auf absolute Schutzhindernisse.** (1) [1] International registrierte Marken werden in gleicher Weise wie zur Eintragung in das Register angemeldete Marken nach § 37 auf absolute Schutzhindernisse geprüft. [2] § 37 Abs. 2 ist nicht anzuwenden.

(2) An die Stelle der Zurückweisung der Anmeldung (§ 37 Abs. 1) tritt die Verweigerung des Schutzes.

**§ 114 Widerspruch.** (1) An die Stelle der Veröffentlichung der Eintragung (§ 41) tritt für international registrierte Marken die Veröffentlichung in dem vom Internationalen Büro der Weltorganisation für geistiges Eigentum herausgegebenen Veröffentlichungsblatt.

(2) Die Frist zur Erhebung des Widerspruchs (§ 42 Abs. 1) gegen die Schutzgewährung für international registrierte Marken beginnt mit dem ersten Tag des Monats, der dem Monat folgt, der als Ausgabemonat des Heftes des Veröffentlichungsblattes angegeben ist, in dem die Veröffentlichung der international registrierten Marke enthalten ist.

(3) An die Stelle der Löschung der Eintragung (§ 43 Abs. 2) tritt die Verweigerung des Schutzes.

**§ 115 Nachträgliche Schutzentziehung.** (1) An die Stelle des Antrags oder der Klage auf Löschung einer Marke wegen Verfalls (§ 49), wegen des Vorliegens absoluter Schutzhindernisse (§ 50) oder aufgrund eines älteren Rechts (§ 51) tritt für international registrierte Marken der Antrag oder die Klage auf Schutzentziehung.

(2) Wird ein Antrag auf Schutzentziehung nach § 49 Abs. 1 wegen mangelnder Benutzung gestellt, so tritt an die Stelle des Tages der Eintragung in das Register der Tag, an dem die Frist des Artikels 5 Abs. 2 des Madrider Markenabkommens abgelaufen ist, oder, falls bei Ablauf dieser Frist die in den §§ 113 und 114 genannten Verfahren noch nicht abgeschlossen sind, der Tag des Zugangs der abschließenden Mitteilung über die Schutzbewilligung beim Internationalen Büro der Weltorganisation für geistiges Eigentum.

**§ 116 Widerspruch und Antrag auf Löschung aufgrund einer international registrierten Marke.** (1) Wird aufgrund einer international registrierten Marke Widerspruch gegen die Eintragung einer Marke erhoben, so ist § 43 Abs. 1 mit der Maßgabe anzuwenden, daß an die Stelle des Tages der Eintragung der in § 115 Abs. 2 bezeichnete Tag tritt.

(2) Wird aufgrund einer international registrierten Marke eine Klage auf Löschung einer eingetragenen Marke nach § 51 erhoben, so ist § 55 Abs. 3 mit der Maßgabe anzuwenden, daß an die Stelle des Tages der Eintragung der in § 115 Abs. 2 bezeichnete Tag tritt.

**§ 117 Ausschluß von Ansprüchen wegen mangelnder Benutzung.** Werden Ansprüche im Sinne der §§ 14, 18 und 19 wegen der Verletzung einer international registrierten Marke geltend gemacht, so ist § 25 mit der Maßgabe anzuwenden, daß an die Stelle des Tages der Eintragung der Marke der in § 115 Abs. 2 bezeichnete Tag tritt.

**§ 118 Zustimmung bei Übertragungen international registrierter Marken.** Das Patentamt erteilt dem Internationalen Büro der Weltorganisation für geistiges Eigentum die nach Artikel 9$^{bis}$ Abs. 1 des Madrider Markenabkommens erforderliche Zustimmung im Falle der Übertragung einer international registrierten Marke ohne Rücksicht darauf, ob die Marke für den neuen Inhaber der international registrierten Marke in das vom Patentamt geführte Register eingetragen ist.

## Abschnitt 2. Schutz von Marken nach dem Protokoll zum Madrider Markenabkommen

**§ 119 Anwendung der Vorschriften dieses Gesetzes.** Die Vorschriften dieses Gesetzes sind auf internationale Registrierungen von Marken nach dem Madrider Protokoll vom 27. Juni 1989 zum Madrider Abkommen über die internationale Registrierung von Marken (Protokoll zum Madrider Markenabkommen), die durch Vermittlung des Patentamts vorgenommen werden oder deren Schutz sich auf das Gebiet der Bundesrepublik Deutschland erstreckt, entsprechend anzuwenden, soweit in diesem Abschnitt oder im Protokoll zum Madrider Markenabkommen nichts anderes bestimmt ist.

**§ 120 Antrag auf internationale Registrierung.** (1) ¹Der Antrag auf internationale Registrierung einer zur Eintragung in das Register angemeldeten Marke oder einer in das Register eingetragenen Marke nach Artikel 3 des Protokolls zum Madrider Markenabkommen ist beim Patentamt zu stellen. ²Der Antrag kann auch schon vor der Eintragung der Marke gestellt werden, wenn die internationale Registrierung auf der Grundlage einer im Register eingetragenen Marke vorgenommen werden soll.

(2) Soll die internationale Registrierung auf der Grundlage einer im Register eingetragenen Marke vorgenommen werden und wird der Antrag auf internationale Registrierung vor der Eintragung der Marke in das Register gestellt, so gilt er als am Tag der Eintragung der Marke zugegangen.

(3) § 108 Abs. 3 ist entsprechend anzuwenden.

**§ 121 Gebühren.** (1) Mit dem Antrag auf internationale Registrierung ist eine nationale Gebühr nach dem Tarif zu zahlen.

(2) Soll die internationale Registrierung auf der Grundlage einer im Register eingetragenen Marke sowohl nach dem Madrider Markenabkommen als auch nach dem Protokoll

**MarkenG §§ 122–125**  Markengesetz

zum Madrider Markenabkommen vorgenommen werden, so ist mit dem Antrag auf internationale Registrierung eine gemeinsame nationale Gebühr nach dem Tarif zu zahlen.

(3) ¹Soll die internationale Registrierung auf der Grundlage einer im Register eingetragenen Marke vorgenommen werden und ist der Antrag auf internationale Registrierung vor der Eintragung der Marke in das Register gestellt worden, so wird die Gebühr nach Absatz 1 oder nach Absatz 2 am Tag der Eintragung fällig. ²Werden die Gebühren nach Absatz 1 oder Absatz 2 nicht gezahlt, so gilt der Antrag als nicht gestellt.

(4) Die nach Artikel 8 Abs. 2 oder nach Artikel 8 Abs. 7 des Protokolls zum Madrider Markenabkommen zu zahlenden internationalen Gebühren sind unmittelbar an das Internationale Büro der Weltorganisation für geistiges Eigentum zu zahlen.

**§ 122 Vermerk in den Akten; Eintragung im Register.** (1) Ist die internationale Registrierung auf der Grundlage einer zur Eintragung in das Register angemeldeten Marke vorgenommen worden, so sind der Tag und die Nummer der internationalen Registrierung in den Akten der angemeldeten Marke zu vermerken.

(2) ¹Der Tag und die Nummer der internationalen Registrierung, die auf der Grundlage einer im Register eingetragenen Marke vorgenommen worden ist, ist in das Register einzutragen. ²Satz 1 ist auch anzuwenden, wenn die internationale Registrierung auf der Grundlage einer zur Eintragung in das Register angemeldeten Marke vorgenommen worden ist und die Anmeldung zur Eintragung geführt hat.

**§ 123 Nachträgliche Schutzerstreckung.** (1) ¹Der Antrag auf nachträgliche Schutzerstreckung einer international registrierten Marke nach Artikel 3$^{ter}$ Abs. 2 des Protokolls zum Madrider Markenabkommen ist beim Patentamt zu stellen. ²Soll die nachträgliche Schutzerstreckung auf der Grundlage einer im Register eingetragenen Marke vorgenommen werden und wird der Antrag schon vor der Eintragung der Marke gestellt, so gilt er als am Tag der Eintragung zugegangen.

(2) ¹Mit dem Antrag auf nachträgliche Schutzerstreckung ist eine nationale Gebühr nach dem Tarif zu zahlen. ²Soll die nachträgliche Schutzerstreckung auf der Grundlage einer im Register eingetragenen Marke sowohl nach dem Madrider Markenabkommen als auch nach dem Protokoll zum Madrider Markenabkommen vorgenommen werden, so ist mit dem Antrag auf nachträgliche Schutzerstreckung eine gemeinsame nationale Gebühr nach dem Tarif zu zahlen. ³Wird die Gebühr nach Satz 1 oder nach Satz 2 nicht gezahlt, so gilt der Antrag als nicht gestellt.

(3) § 121 Abs. 4 gilt entsprechend.

**§ 124 Entsprechende Anwendung der Vorschriften über die Wirkung der nach dem Madrider Markenabkommen international registrierten Marken.** Die §§ 112 bis 117 sind auf international registrierte Marken, deren Schutz nach Artikel 3$^{ter}$ des Protokolls zum Madrider Markenabkommen auf das Gebiet der Bundesrepublik Deutschland erstreckt worden ist, entsprechend anzuwenden mit der Maßgabe, daß an die Stelle der in den §§ 112 bis 117 aufgeführten Vorschriften des Madrider Markenabkommens die entsprechenden Vorschriften des Protokolls zum Madrider Markenabkommen treten.

**§ 125 Umwandlung einer internationalen Registrierung.** (1) Wird beim Patentamt ein Antrag nach Artikel 9$^{quinquies}$ des Protokolls zum Madrider Markenabkommen auf Umwandlung einer im internationalen Register gemäß Artikel 6 Abs. 4 des Protokolls zum Madrider Markenabkommen gelöschten Marke gestellt und geht der Antrag mit den erforderlichen Angaben dem Patentamt vor Ablauf einer Frist von drei Monaten nach dem Tag der Löschung der Marke im internationalen Register zu, so ist der Tag der internationalen Registrierung dieser Marke nach Artikel 3 Abs. 4 des Protokolls zum Madrider Markenabkommen oder der Tag der Eintragung der Schutzerstreckung nach Artikel 3$^{ter}$ Abs. 2 des Protokolls zum Madrider Markenabkommen, gegebenenfalls mit der für die internationale Registrierung in Anspruch genommenen Priorität, für die Bestimmung des Zeitrangs im Sinne des § 6 Abs. 2 maßgebend.

Markengesetz §§ 125a, 125b **MarkenG**

(2) ¹Mit dem Antrag auf Umwandlung ist eine Gebühr nach dem Tarif zu zahlen. ²Wird die Umwandlung für Waren oder Dienstleistungen beantragt, die in mehr als drei Klassen der Klasseneinteilung von Waren und Dienstleistungen fallen, so ist außerdem für jede weitere Klasse eine Klassengebühr nach dem Tarif zu zahlen. ³Unterbleibt die Zahlung der Gebühren, so ist § 36 Abs. 3 entsprechend anzuwenden.

(3) Der Antragsteller hat eine Bescheinigung des Internationalen Büros der Weltorganisation für geistiges Eigentum einzureichen, aus der sich die Marke und die Waren oder Dienstleistungen ergeben, für die sich der Schutz der internationalen Registrierung vor ihrer Löschung im internationalen Register auf die Bundesrepublik Deutschland erstreckt hatte.

(4) Der Antragsteller hat außerdem eine Übersetzung des Verzeichnisses der Waren oder Dienstleistungen, für die die Eintragung beantragt wird, einzureichen.

(5) ¹Der Antrag auf Umwandlung wird im übrigen wie eine Anmeldung zur Eintragung einer Marke behandelt. ²War jedoch am Tag der Löschung der Marke im internationalen Register die Frist nach Artikel 5 Abs. 2 des Protokolls zum Madrider Markenabkommen zur Verweigerung des Schutzes bereits abgelaufen und war an diesem Tag kein Verfahren zur Schutzverweigerung oder zur nachträglichen Schutzentziehung anhängig, so wird die Marke ohne vorherige Prüfung unmittelbar nach § 41 in das Register eingetragen. ³Gegen die Eintragung einer Marke nach Satz 2 kann Widerspruch nicht erhoben werden.

### Abschnitt 3. Gemeinschaftsmarken

**§ 125 a Anmeldung von Gemeinschaftsmarken beim Patentamt.** Werden beim Patentamt Anmeldungen von Gemeinschaftsmarken nach Artikel 25 Abs. 1 Buchstabe b der Verordnung (EG) Nr. 40/94 des Rates vom 20. Dezember 1993 über die Gemeinschaftsmarke (ABl. EG Nr. L 11 S. 1) eingereicht, so vermerkt das Patentamt auf der Anmeldung den Tag des Eingangs und leitet die Anmeldung ohne Prüfung unverzüglich an das Harmonisierungsamt für den Binnenmarkt (Marken, Muster und Modelle) weiter.

**§ 125 b Anwendung der Vorschriften dieses Gesetzes.** Die Vorschriften dieses Gesetzes sind auf Marken, die nach der Verordnung über die Gemeinschaftsmarke angemeldet oder eingetragen worden sind, in folgenden Fällen anzuwenden:

1. Für die Anwendung des § 9 (Relative Schutzhindernisse) sind angemeldete oder eingetragene Gemeinschaftsmarken mit älterem Zeitrang den nach diesem Gesetz angemeldeten oder eingetragenen Marken mit älterem Zeitrang gleichgestellt, jedoch mit der Maßgabe, daß an die Stelle der Bekanntheit im Inland gemäß § 9 Abs. 1 Nr. 3 die Bekanntheit in der Gemeinschaft gemäß Artikel 9 Abs. 1 Satz 2 Buchstabe c) der Verordnung über die Gemeinschaftsmarke tritt.

2. Dem Inhaber einer eingetragenen Gemeinschaftsmarke stehen zusätzlich zu den Ansprüchen nach den Artikeln 9 bis 11 der Verordnung über die Gemeinschaftsmarke die gleichen Ansprüche auf Schadensersatz (§ 14 Abs. 6 und 7), auf Vernichtung (§ 18) und auf Auskunftserteilung (§ 19) zu wie dem Inhaber einer nach diesem Gesetz eingetragenen Marke.

3. Werden Ansprüche aus einer eingetragenen Gemeinschaftsmarke gegen die Benutzung einer nach diesem Gesetz eingetragenen Marke mit jüngerem Zeitrang geltend gemacht, so ist § 21 Abs. 1 (Verwirkung) entsprechend anzuwenden.

4. Wird ein Widerspruch gegen die Eintragung einer Marke (§ 42) auf eine eingetragene Gemeinschaftsmarke mit älterem Zeitrang gestützt, so ist § 43 Abs. 1 (Glaubhaftmachung der Benutzung) entsprechend anzuwenden mit der Maßgabe, daß an die Stelle der Benutzung der Marke mit älterem Zeitrang gemäß § 26 die Benutzung der Gemeinschaftsmarke mit älterem Zeitrang gemäß Artikel 15 der Verordnung über die Gemeinschaftsmarke tritt.

5. Wird ein Antrag auf Löschung der Eintragung einer Marke (§ 51 Abs. 1) auf eine eingetragene Gemeinschaftsmarke mit älterem Zeitrang gestützt, so sind

   a) § 51 Abs. 2 Satz 1 (Verwirkung) entsprechend anzuwenden;

**MarkenG** §§ 125c, 125d                                    Markengesetz

b) § 55 Abs. 3 (Nachweis der Benutzung) mit der Maßgabe entsprechend anzuwenden, daß an die Stelle der Benutzung der Marke mit älterem Zeitrang gemäß § 26 die Benutzung der Gemeinschaftsmarke nach Artikel 15 der Verordnung über die Gemeinschaftsmarke tritt.

6. Anträge auf Beschlagnahme bei der Einfuhr und Ausfuhr können von Inhabern eingetragener Gemeinschaftsmarken in gleicher Weise gestellt werden wie von Inhabern nach diesem Gesetz eingetragener Marken. Die §§ 146 bis 149 sind entsprechend anzuwenden.

**§ 125c Nachträgliche Feststellung der Ungültigkeit einer Marke.** (1) Ist für eine angemeldete oder eingetragene Gemeinschaftsmarke der Zeitrang einer im Register des Patentamts eingetragenen Marke nach Artikel 34 oder 35 der Verordnung über die Gemeinschaftsmarke in Anspruch genommen worden und ist die im Register des Patentamts eingetragene Marke wegen Nichtverlängerung der Schutzdauer nach § 47 Abs. 6 oder wegen Verzichts nach § 48 Abs. 1 gelöscht worden, so kann auf Antrag nachträglich die Ungültigkeit dieser Marke wegen Verfalls oder wegen Nichtigkeit festgestellt werden.

(2) ¹Die Feststellung der Ungültigkeit erfolgt unter den gleichen Voraussetzungen wie eine Löschung wegen Verfalls oder wegen Nichtigkeit. ²Jedoch kann die Ungültigkeit einer Marke wegen Verfalls nach § 49 Abs. 1 nur festgestellt werden, wenn die Voraussetzungen für die Löschung nach dieser Vorschrift auch schon in dem Zeitpunkt gegeben waren, in dem die Marke wegen Nichtverlängerung der Schutzdauer oder wegen Verzichts gelöscht worden ist.

(3) Das Verfahren zur Feststellung der Ungültigkeit richtet sich nach den Vorschriften, die für das Verfahren zur Löschung einer eingetragenen Marke gelten, mit der Maßgabe, daß an die Stelle der Löschung der Eintragung der Marke die Feststellung ihrer Ungültigkeit tritt.

**§ 125d Umwandlung von Gemeinschaftsmarken.** (1) ¹Ist dem Patentamt ein Antrag auf Umwandlung einer angemeldeten oder eingetragenen Gemeinschaftsmarke nach Artikel 109 Abs. 3 der Verordnung über die Gemeinschaftsmarke übermittelt worden, so hat der Anmelder innerhalb einer Frist von zwei Monaten nach Zugang des Umwandlungsantrags beim Patentamt eine Gebühr nach dem Tarif zu zahlen. ²Wird die Umwandlung für Waren oder Dienstleistungen beantragt, die in mehr als drei Klassen der Klasseneinteilung von Waren und Dienstleistungen fallen, so ist außerdem für jede weitere Klasse eine Klassengebühr nach dem Tarif zu zahlen. ³Wird die Gebühr nicht rechtzeitig gezahlt, so gilt der Umwandlungsantrag als nicht gestellt.

(2) ¹Das Patentamt prüft, ob der Umwandlungsantrag nach Artikel 108 Abs. 2 der Verordnung über die Gemeinschaftsmarke zulässig ist. ²Ist der Umwandlungsantrag unzulässig, so wird er zurückgewiesen.

(3) ¹Betrifft der Umwandlungsantrag eine Marke, die noch nicht als Gemeinschaftsmarke eingetragen war, so wird der Umwandlungsantrag wie die Anmeldung einer Marke zur Eintragung in das Register des Patentamts behandelt mit der Maßgabe, daß an die Stelle des Anmeldetages im Sinne des § 33 Abs. 1 der Anmeldetag der Gemeinschaftsmarke im Sinne des Artikels 27 der Verordnung über die Gemeinschaftsmarke oder der Tag einer für die Gemeinschaftsmarke in Anspruch genommenen Priorität tritt. ²War für die Anmeldung der Gemeinschaftsmarke der Zeitrang einer im Register des Patentamts eingetragenen Marke nach Artikel 34 der Verordnung über die Gemeinschaftsmarke in Anspruch genommen worden, so tritt dieser Zeitrang an die Stelle des nach Satz 1 maßgeblichen Tages.

(4) ¹Betrifft der Umwandlungsantrag eine Marke, die bereits als Gemeinschaftsmarke eingetragen war, so trägt das Patentamt die Marke ohne weitere Prüfung unmittelbar nach § 41 unter Wahrung ihres ursprünglichen Zeitrangs in das Register ein. ²Gegen die Eintragung kann Widerspruch nicht erhoben werden.

(5) Im übrigen sind auf Umwandlungsanträge die Vorschriften dieses Gesetzes für die Anmeldung von Marken anzuwenden.

## § 125e Gemeinschaftsmarkengerichte; Gemeinschaftsmarkenstreitsachen.

(1) Für alle Klagen, für die nach der Verordnung über die Gemeinschaftsmarke die Gemeinschaftsmarkengerichte im Sinne des Artikels 91 Abs. 1 der Verordnung zuständig sind (Gemeinschaftsmarkenstreitsachen), sind als Gemeinschaftsmarkengerichte erster Instanz die Landgerichte ohne Rücksicht auf den Streitwert ausschließlich zuständig.

(2) Gemeinschaftsmarkengericht zweiter Instanz ist das Oberlandesgericht, in dessen Bezirk das Gemeinschaftsmarkengericht erster Instanz seinen Sitz hat.

(3) [1]Die Landesregierungen werden ermächtigt, durch Rechtsverordnung die Gemeinschaftsmarkenstreitsachen für die Bezirke mehrerer Gemeinschaftsmarkengerichte einem dieser Gerichte zuzuweisen. [2]Die Landesregierungen können diese Ermächtigung durch Rechtsverordnung auf die Landesjustizverwaltungen übertragen.

(4) Die Länder können durch Vereinbarung den Gemeinschaftsmarkengerichten eines Landes obliegende Aufgaben ganz oder teilweise dem zuständigen Gemeinschaftsmarkengericht eines anderen Landes übertragen.

(5) Auf Verfahren vor den Gemeinschaftsmarkengerichten ist § 140 Abs. 3 bis 5 entsprechend anzuwenden.

## § 125f Unterrichtung der Kommission.
Das Bundesministerium der Justiz teilt der Kommission der Europäischen Gemeinschaften die Gemeinschaftsmarkengerichte erster und zweiter Instanz sowie jede Änderung der Anzahl, der Bezeichnung oder der örtlichen Zuständigkeit der Gemeinschaftsmarkengerichte erster und zweiter Instanz mit.

## § 125g Örtliche Zuständigkeit der Gemeinschaftsmarkengerichte.
[1]Sind nach Artikel 93 der Verordnung über die Gemeinschaftsmarke deutsche Gemeinschaftsmarkengerichte international zuständig, so gelten für die örtliche Zuständigkeit dieser Gerichte die Vorschriften entsprechend, die anzuwenden wären, wenn es sich um eine beim Patentamt eingereichte Anmeldung einer Marke oder um eine im Register des Patentamts eingetragene Marke handelte. [2]Ist eine Zuständigkeit danach nicht begründet, so ist das Gericht örtlich zuständig, bei dem der Kläger seinen allgemeinen Gerichtsstand hat.

## § 125h Insolvenzverfahren.
(1) Ist dem Insolvenzgericht bekannt, daß zur Insolvenzmasse eine angemeldete oder eingetragene Gemeinschaftsmarke gehört, so ersucht es das Harmonisierungsamt für den Binnenmarkt (Marken, Muster und Modelle) im unmittelbaren Verkehr,
1. die Eröffnung des Verfahrens und, soweit nicht bereits darin enthalten, die Anordnung einer Verfügungsbeschränkung,
2. die Freigabe oder die Veräußerung der Gemeinschaftsmarke oder der Anmeldung der Gemeinschaftsmarke,
3. die rechtskräftige Einstellung des Verfahrens und
4. die rechtskräftige Aufhebung des Verfahrens, im Falle einer Überwachung des Schuldners jedoch erst nach Beendigung dieser Überwachung, und einer Verfügungsbeschränkung

in das Register für Gemeinschaftsmarken oder, wenn es sich um eine Anmeldung handelt, in die Akten der Anmeldung einzutragen.

(2) [1]Die Eintragung in das Register für Gemeinschaftsmarken oder in die Akten der Anmeldung kann auch vom Insolvenzverwalter beantragt werden. [2]Im Falle der Eigenverwaltung (§ 270 der Insolvenzordnung) tritt der Sachwalter an die Stelle des Insolvenzverwalters.

## Teil 6. Geographische Herkunftsangaben

### Abschnitt 1. Schutz geographischer Herkunftsangaben

**§ 126 Als geographische Herkunftsangaben geschützte Namen, Angaben oder Zeichen.** (1) Geographische Herkunftsangaben im Sinne dieses Gesetzes sind die Namen von Orten, Gegenden, Gebieten oder Ländern sowie sonstige Angaben oder Zeichen, die im geschäftlichen Verkehr zur Kennzeichnung der geographischen Herkunft von Waren oder Dienstleistungen benutzt werden.

(2) [1]Dem Schutz als geographische Herkunftsangaben sind solche Namen, Angaben oder Zeichen im Sinne des Absatzes 1 nicht zugänglich, bei denen es sich um Gattungsbezeichnungen handelt. [2]Als Gattungsbezeichnungen sind solche Bezeichnungen anzusehen, die zwar eine Angabe über die geographische Herkunft im Sinne des Absatzes 1 enthalten oder von einer solchen Angabe abgeleitet sind, die jedoch ihre ursprüngliche Bedeutung verloren haben und als Namen von Waren oder Dienstleistungen oder als Bezeichnungen oder Angaben der Art, der Beschaffenheit, der Sorte oder sonstiger Eigenschaften oder Merkmale von Waren oder Dienstleistungen dienen.

**§ 127 Schutzinhalt.** (1) Geographische Herkunftsangaben dürfen im geschäftlichen Verkehr nicht für Waren oder Dienstleistungen benutzt werden, die nicht aus dem Ort, der Gegend, dem Gebiet oder dem Land stammen, das durch die geographische Herkunftsangabe bezeichnet wird, wenn bei der Benutzung solcher Namen, Angaben oder Zeichen für Waren oder Dienstleistungen anderer Herkunft eine Gefahr der Irreführung über die geographische Herkunft besteht.

(2) Haben die durch eine geographische Herkunftsangabe gekennzeichneten Waren oder Dienstleistungen besondere Eigenschaften oder eine besondere Qualität, so darf die geographische Herkunftsangabe im geschäftlichen Verkehr für die entsprechenden Waren oder Dienstleistungen dieser Herkunft nur benutzt werden, wenn die Waren oder Dienstleistungen diese Eigenschaften oder diese Qualität aufweisen.

(3) Genießt eine geographische Herkunftsangabe einen besonderen Ruf, so darf sie im geschäftlichen Verkehr für Waren oder Dienstleistungen anderer Herkunft auch dann nicht benutzt werden, wenn eine Gefahr der Irreführung über die geographische Herkunft nicht besteht, sofern die Benutzung für Waren oder Dienstleistungen anderer Herkunft geeignet ist, den Ruf der geographischen Herkunftsangabe oder ihre Unterscheidungskraft ohne rechtfertigenden Grund in unlauterer Weise auszunutzen oder zu beeinträchtigen.

(4) Die vorstehenden Absätze finden auch dann Anwendung, wenn Namen, Angaben oder Zeichen benutzt werden, die der geschützten geographischen Herkunftsangabe ähnlich sind oder wenn die geographische Herkunftsangabe mit Zusätzen benutzt wird, sofern

1. in den Fällen des Absatzes 1 trotz der Abweichung oder der Zusätze eine Gefahr der Irreführung über die geographische Herkunft besteht oder
2. in den Fällen des Absatzes 3 trotz der Abweichung oder der Zusätze die Eignung zur unlauteren Ausnutzung oder Beeinträchtigung des Rufs oder der Unterscheidungskraft der geographischen Herkunftsangabe besteht.

**§ 128 Unterlassungsanspruch; Schadensersatzanspruch.** (1) Wer im geschäftlichen Verkehr Namen, Angaben oder Zeichen entgegen § 127 benutzt, kann von den nach § 13 Abs. 2 des Gesetzes gegen den unlauteren Wettbewerb zur Geltendmachung von Ansprüchen Berechtigten auf Unterlassung in Anspruch genommen werden.

(2) Wer dem § 127 vorsätzlich oder fahrlässig zuwiderhandelt, ist zum Ersatz des durch die Zuwiderhandlung entstandenen Schadens verpflichtet.

(3) Wird die Zuwiderhandlung in einem geschäftlichen Betrieb von einem Angestellten oder Beauftragten begangen, so kann der Unterlassungsanspruch, und, soweit der Ange-

stellte oder Beauftragte vorsätzlich oder fahrlässig gehandelt hat, der Schadensersatzanspruch auch gegen den Inhaber des Betriebs geltend gemacht werden.

**§ 129 Verjährung.** Ansprüche nach § 128 verjähren gemäß § 20.

## Abschnitt 2. Schutz von geographischen Angaben und Ursprungsbezeichnungen gemäß der Verordnung (EWG) Nr. 2081/92

**§ 130 Antrag auf Eintragung einer geographischen Angabe oder Ursprungsbezeichnung.** (1) Anträge auf Eintragung einer geographischen Angabe oder einer Ursprungsbezeichnung in das Verzeichnis der geschützten Ursprungsbezeichnungen und der geschützten geographischen Angaben, das von der Kommission der Europäischen Gemeinschaften gemäß der Verordnung (EWG) Nr. 2081/92 des Rates vom 14. Juli 1992 zum Schutz von geographischen Angaben und Ursprungsbezeichnungen für Agrarerzeugnisse und Lebensmittel (ABl. EG Nr. L 208 S. 1) in ihrer jeweils geltenden Fassung geführt wird, sind beim Patentamt einzureichen.

(2) [1] Mit dem Antrag ist eine Gebühr nach dem Tarif zu zahlen. [2] Wird die Gebühr nicht gezahlt, so gilt der Antrag als nicht gestellt.

(3) Ergibt die Prüfung des Antrages, daß die zur Eintragung angemeldete geographische Angabe oder Ursprungsbezeichnung den Voraussetzungen der Verordnung (EWG) Nr. 2081/92 und der zu ihrer Durchführung erlassenen Vorschriften entspricht, so unterrichtet das Patentamt den Antragsteller hierüber und übermittelt den Antrag dem Bundesministerium der Justiz.

(4) Das Bundesministerium der Justiz übermittelt den Antrag mit den erforderlichen Unterlagen an die Kommission der Europäischen Gemeinschaften.

(5) Ergibt die Prüfung, daß die Voraussetzungen für die Eintragung der angemeldeten geographischen Angabe oder Ursprungsbezeichnung nicht gegeben sind, so wird der Antrag zurückgewiesen.

**§ 131 Antrag auf Änderung der Spezifikation.** [1] Für Anträge auf Änderung der Spezifikation einer geographischen Angabe oder einer Ursprungsbezeichnung gemäß Artikel 9 der Verordnung (EWG) Nr. 2081/92 gilt § 130 entsprechend. [2] Eine Gebühr ist nicht zu zahlen.

**§ 132 Einspruchsverfahren.** (1) Einsprüche nach Artikel 7 Abs. 3 der Verordnung (EWG) Nr. 2081/92 gegen die Eintragung von geographischen Angaben und Ursprungsbezeichnungen in das von der Kommission der Europäischen Gemeinschaften geführte Verzeichnis der geschützten Ursprungsbezeichnungen und der geschützten geographischen Angaben oder gegen die Änderung der Spezifikation einer geographischen Angabe oder einer Ursprungsbezeichnung sind beim Patentamt einzulegen.

(2) [1] Für den Einspruch ist eine Gebühr nach dem Tarif zu zahlen. [2] Wird die Gebühr nicht rechtzeitig gezahlt, so gilt der Einspruch als nicht erhoben.

**§ 133 Zuständigkeiten im Patentamt; Rechtsmittel.** (1) Für die Bearbeitung von Anträgen nach den §§ 130 und 131 und von Einsprüchen nach § 132 sind die im Patentamt errichteten Markenabteilungen zuständig.

(2) [1] Gegen Entscheidungen, die das Patentamt nach den Vorschriften dieses Abschnitts trifft, finden die Beschwerde zum Bundespatentgericht und die Rechtsbeschwerde zum Bundesgerichtshof statt. [2] Die Vorschriften des Teils 3 dieses Gesetzes über das Beschwerdeverfahren vor dem Patentgericht und über das Rechtsbeschwerdeverfahren vor dem Bundesgerichtshof sind entsprechend anzuwenden.

**§ 134 Überwachung.** (1) Die nach der Verordnung (EWG) Nr. 2081/92 und den zu ihrer Durchführung erlassenen Vorschriften erforderliche Überwachung und Kontrolle obliegt den nach Landesrecht zuständigen Stellen.

(2) ¹Soweit es zur Überwachung und Kontrolle im Sinne des Absatzes 1 erforderlich ist, können die Beauftragten der zuständigen Stellen bei Betrieben, die Agrarerzeugnisse oder Lebensmittel herstellen oder in den Verkehr bringen (§ 7 Abs. 1 des Lebensmittel- und Bedarfsgegenständegesetzes) oder innergemeinschaftlich verbringen, einführen oder ausführen, während der Geschäfts- oder Betriebszeit

1. Geschäftsräume und Grundstücke, Verkaufseinrichtungen und Transportmittel betreten und dort Besichtigungen vornehmen,
2. Proben gegen Empfangsbescheinigung entnehmen; auf Verlangen des Betroffenen ist ein Teil der Probe, falls diese unteilbar ist, eine zweite Probe amtlich verschlossen und versiegelt zurückzulassen,
3. Geschäftsunterlagen einsehen und prüfen,
4. Auskunft verlangen.

²Diese Befugnisse erstrecken sich auch auf Agrarerzeugnisse oder Lebensmittel, die an öffentlichen Orten, insbesondere auf Märkten, Plätzen, Straßen oder im Umherziehen in den Verkehr gebracht werden.

(3) Inhaber oder Leiter der Betriebe sind verpflichtet, das Betreten der Geschäftsräume und Grundstücke, Verkaufseinrichtungen und Transportmittel sowie die dort vorzunehmenden Besichtigungen zu gestatten, die zu besichtigenden Agrarerzeugnisse oder Lebensmittel selbst oder durch andere so darzulegen, daß die Besichtigung ordnungsgemäß vorgenommen werden kann, selbst oder durch andere die erforderliche Hilfe bei Besichtigungen zu leisten, die Proben entnehmen zu lassen, die geschäftlichen Unterlagen vorzulegen, prüfen zu lassen und Auskünfte zu erteilen.

(4) Erfolgt die Überwachung bei der Einfuhr oder bei der Ausfuhr, so gelten die Absätze 2 und 3 entsprechend auch für denjenigen, der die Agrarerzeugnisse oder Lebensmittel für den Betriebsinhaber innergemeinschaftlich verbringt, einführt oder ausführt.

(5) Der zur Erteilung einer Auskunft Verpflichtete kann die Auskunft auf solche Fragen verweigern, deren Beantwortung ihn selbst oder einen der in § 383 Abs. 1 Nr. 1 bis 3 der Zivilprozeßordnung bezeichneten Angehörigen der Gefahr strafrechtlicher Verfolgung oder eines Verfahrens nach dem Gesetz über Ordnungswidrigkeiten aussetzen würde.

(6) ¹Für Amtshandlungen, die nach Artikel 10 der Verordnung (EWG) Nr. 2081/92 zu Kontrollzwecken vorzunehmen sind, werden kostendeckende Gebühren und Auslagen erhoben. ²Die kostenpflichtigen Tatbestände werden durch das Landesrecht bestimmt.

**§ 135 Unterlassungsanspruch; Schadensersatzanspruch.** (1) Wer im geschäftlichen Verkehr Handlungen vornimmt, die gegen Artikel 8 oder 13 der Verordnung (EWG) Nr. 2081/92 verstoßen, kann von den nach § 13 Abs. 2 des Gesetzes gegen den unlauteren Wettbewerb zur Geltendmachung von Ansprüchen Berechtigten auf Unterlassung in Anspruch genommen werden.

(2) § 128 Abs. 2 und 3 ist entsprechend anzuwenden.

**§ 136 Verjährung.** Die Ansprüche nach § 135 verjähren gemäß § 20.

### Abschnitt 3. Ermächtigungen zum Erlaß von Rechtsverordnungen

**§ 137 Nähere Bestimmungen zum Schutz einzelner geographischer Herkunftsangaben.** (1) Das Bundesministerium der Justiz wird ermächtigt, im Einvernehmen mit den Bundesministerien für Wirtschaft, für Ernährung, Landwirtschaft und Forsten und für Gesundheit durch Rechtsverordnung mit Zustimmung des Bundesrates nähere Bestimmungen über einzelne geographische Herkunftsangaben zu treffen.

(2) ¹In der Rechtsverordnung können
1. durch Bezugnahme auf politische oder geographische Grenzen das Herkunftsgebiet,
2. die Qualität oder sonstige Eigenschaften im Sinne des § 127 Abs. 2 sowie die dafür maßgeblichen Umstände, wie insbesondere Verfahren oder Art und Weise der Erzeugung

oder Herstellung der Waren oder der Erbringung der Dienstleistungen oder Qualität oder sonstige Eigenschaften der verwendeten Ausgangsmaterialien wie deren Herkunft, und

3. die Art und Weise der Verwendung der geographischen Herkunftsangabe geregelt werden.

²Bei der Regelung sind die bisherigen lauteren Praktiken, Gewohnheiten und Gebräuche bei der Verwendung der geographischen Herkunftsangabe zu berücksichtigen.

**§ 138 Sonstige Vorschriften für das Verfahren bei Anträgen und Einsprüchen nach der Verordnung (EWG) Nr. 2081/92.** (1) Das Bundesministerium der Justiz wird ermächtigt, durch Rechtsverordnung ohne Zustimmung des Bundesrates nähere Bestimmungen über das Antrags- und Einspruchsverfahren (§§ 130 bis 133) zu treffen.

(2) Das Bundesministerium der Justiz kann die Ermächtigung zum Erlaß von Rechtsverordnungen nach Absatz 1 durch Rechtsverordnung ohne Zustimmung des Bundesrates ganz oder teilweise auf den Präsidenten des Patentamts übertragen.

**§ 139 Durchführungsbestimmungen zur Verordnung (EWG) Nr. 2081/92.**

(1) ¹Das Bundesministerium der Justiz wird ermächtigt, im Einvernehmen mit den Bundesministerien für Wirtschaft, für Ernährung, Landwirtschaft und Forsten und für Gesundheit durch Rechtsverordnung mit Zustimmung des Bundesrates weitere Einzelheiten des Schutzes von Ursprungsbezeichnungen und geographischen Angaben nach der Verordnung (EWG) Nr. 2081/92 zu regeln, soweit sich das Erfordernis hierfür aus der Verordnung (EWG) Nr. 2081/92 oder den zu ihrer Durchführung erlassenen Vorschriften des Rates oder der Kommission der Europäischen Gemeinschaften ergibt. ²In Rechtsverordnungen nach Satz 1 können insbesondere Vorschriften über

1. die Kennzeichnung der Agrarerzeugnisse oder Lebensmittel,
2. die Berechtigung zum Verwenden der geschützten Bezeichnungen oder
3. die Voraussetzungen und das Verfahren bei der Überwachung oder Kontrolle beim innergemeinschaftlichen Verbringen oder bei der Einfuhr oder Ausfuhr erlassen werden.

³Rechtsverordnungen nach Satz 1 können auch erlassen werden, wenn die Mitgliedstaaten nach den dort genannten gemeinschaftsrechtlichen Vorschriften befugt sind, ergänzende Vorschriften zu erlassen.

(2) ¹Die Landesregierungen werden ermächtigt, durch Rechtsverordnung die Durchführung der nach Artikel 10 der Verordnung (EWG) Nr. 2081/92 erforderlichen Kontrollen zugelassenen privaten Kontrollstellen zu übertragen oder solche an der Durchführung dieser Kontrollen zu beteiligen. ²Die Landesregierungen können auch die Voraussetzungen und das Verfahren der Zulassung privater Kontrollstellen durch Rechtsverordnung regeln. ³Sie sind befugt, die Ermächtigung nach den Sätzen 1 und 2 durch Rechtsverordnung ganz oder teilweise auf andere Behörden zu übertragen.

## Teil 7. Verfahren in Kennzeichenstreitsachen

**§ 140 Kennzeichenstreitsachen.** (1) Für alle Klagen, durch die ein Anspruch aus einem der in diesem Gesetz geregelten Rechtsverhältnisse geltend gemacht wird (Kennzeichenstreitsachen), sind die Landgerichte ohne Rücksicht auf den Streitwert ausschließlich zuständig.

(2) ¹Die Landesregierungen werden ermächtigt, durch Rechtsverordnung die Kennzeichenstreitsachen insgesamt oder teilweise für die Bezirke mehrerer Landgerichte einem von ihnen zuzuweisen, sofern dies der sachlichen Förderung oder schnelleren Erledigung der Verfahren dient. ²Die Landesregierungen können diese Ermächtigung auf die Landesjustizverwaltungen übertragen. ³Die Länder können außerdem durch Vereinbarung den Gerichten eines Landes obliegende Aufgaben insgesamt oder teilweise dem zuständigen Gericht eines anderen Landes übertragen.

(3) ¹Vor dem Gericht für Kennzeichenstreitsachen können sich die Parteien auch durch Rechtsanwälte vertreten lassen, die bei dem Landgericht zugelassen sind, vor das die Klage ohne eine Zuweisung nach Absatz 2 gehören würde. ²Satz 1 gilt entsprechend für die Vertretung vor dem Berufungsgericht.

(4) Die Mehrkosten, die einer Partei dadurch erwachsen, daß sie sich nach Absatz 3 durch einen nicht beim Prozeßgericht zugelassenen Rechtsanwalt vertreten läßt, sind nicht zu erstatten.

(5) Von den Kosten, die durch die Mitwirkung eines Patentanwalts in einer Kennzeichenstreitsache entstehen, sind die Gebühren bis zur Höhe einer vollen Gebühr nach § 11 der Bundesgebührenordnung für Rechtsanwälte und außerdem die notwendigen Auslagen des Patentanwalts zu erstatten.

**§ 141 Gerichtsstand bei Ansprüchen nach diesem Gesetz und dem Gesetz gegen den unlauteren Wettbewerb.** Ansprüche, welche die in diesem Gesetz geregelten Rechtsverhältnisse betreffen und auf Vorschriften des Gesetzes gegen den unlauteren Wettbewerb gegründet werden, brauchen nicht im Gerichtsstand des § 24 des Gesetzes gegen den unlauteren Wettbewerb geltend gemacht zu werden.

**§ 142 Streitwertbegünstigung.** (1) Macht in bürgerlichen Rechtsstreitigkeiten, in denen durch Klage ein Anspruch aus einem der in diesem Gesetz geregelten Rechtsverhältnisse geltend gemacht wird, eine Partei glaubhaft, daß die Belastung mit den Prozeßkosten nach dem vollen Streitwert ihre wirtschaftliche Lage erheblich gefährden würde, so kann das Gericht auf ihren Antrag anordnen, daß die Verpflichtung dieser Partei zur Zahlung von Gerichtskosten sich nach einem ihrer Wirtschaftslage angepaßten Teil des Streitwerts bemißt.

(2) ¹Die Anordnung nach Absatz 1 hat zur Folge, daß die begünstigte Partei die Gebühren ihres Rechtsanwalts ebenfalls nur nach diesem Teil des Streitwerts zu entrichten hat. ²Soweit ihr Kosten des Rechtsstreits auferlegt werden oder soweit sie diese übernimmt, hat sie die von dem Gegner entrichteten Gerichtsgebühren und die Gebühren seines Rechtsanwalts nur nach dem Teil des Streitwerts zu erstatten. ³Soweit die außergerichtlichen Kosten dem Gegner auferlegt oder von ihm übernommen werden, kann der Rechtsanwalt der begünstigten Partei seine Gebühren von dem Gegner nach dem für diesen geltenden Streitwert beitreiben.

(3) ¹Der Antrag nach Absatz 1 kann vor der Geschäftsstelle des Gerichts zur Niederschrift erklärt werden. ²Er ist vor der Verhandlung zur Hauptsache zu stellen. ³Danach ist er nur zulässig, wenn der angenommene oder festgesetzte Streitwert später durch das Gericht heraufgesetzt wird. ⁴Vor der Entscheidung über den Antrag ist der Gegner zu hören.

## Teil 8. Straf- und Bußgeldvorschriften; Beschlagnahme bei der Einfuhr und Ausfuhr

### Abschnitt 1. Straf- und Bußgeldvorschriften

**§ 143 Strafbare Kennzeichenverletzung.** (1) Wer im geschäftlichen Verkehr widerrechtlich

1. entgegen § 14 Abs. 2 Nr. 1 oder 2 ein Zeichen benutzt,
2. entgegen § 14 Abs. 2 Nr. 3 ein Zeichen in der Absicht benutzt, die Unterscheidungskraft oder die Wertschätzung einer bekannten Marke auszunutzen oder zu beeinträchtigen,
3. entgegen § 14 Abs. 4 Nr. 1 ein Zeichen anbringt oder entgegen § 14 Abs. 4 Nr. 2 oder 3 eine Aufmachung oder Verpackung oder ein Kennzeichnungsmittel anbietet, in den Verkehr bringt, besitzt, einführt oder ausführt, soweit Dritten die Benutzung des Zeichens
    a) nach § 14 Abs. 2 Nr. 1 oder 2 untersagt wäre oder

Markengesetz § 144 **MarkenG**

b) nach § 14 Abs. 2 Nr. 3 untersagt wäre und die Handlung in der Absicht vorgenommen wird, die Ausnutzung oder Beeinträchtigung der Unterscheidungskraft oder der Wertschätzung einer bekannten Marke zu ermöglichen,
4. entgegen § 15 Abs. 2 eine Bezeichnung oder ein Zeichen benutzt oder
5. entgegen § 15 Abs. 3 eine Bezeichnung oder ein Zeichen in der Absicht benutzt, die Unterscheidungskraft oder die Wertschätzung einer bekannten geschäftlichen Bezeichnung auszunutzen oder zu beeinträchtigen, wird mit Freiheitsstrafe bis zu drei Jahren oder mit Geldstrafe bestraft.

(1 a) Ebenso wird bestraft, wer die Rechte des Inhabers einer nach Rechtsvorschriften der Europäischen Gemeinschaft geschützten Marke verletzt, soweit eine Rechtsverordnung nach Absatz 7 für einen bestimmten Tatbestand auf diese Strafvorschrift verweist.

(2) Handelt der Täter gewerbsmäßig, so ist die Strafe Freiheitsstrafe bis zu fünf Jahren oder Geldstrafe.

(3) Der Versuch ist strafbar.

(4) In den Fällen der Absätze 1 und 1a wird die Tat nur auf Antrag verfolgt, es sei denn, daß die Strafverfolgungsbehörde wegen des besonderen öffentlichen Interesses an der Strafverfolgung ein Einschreiten von Amts wegen für geboten hält.

(5) [1] Gegenstände, auf die sich die Straftat bezieht, können eingezogen werden. [2] § 74a des Strafgesetzbuchs ist anzuwenden. [3] Soweit den in § 18 bezeichneten Ansprüchen auf Vernichtung im Verfahren nach den Vorschriften der Strafprozeßordnung über die Entschädigung des Verletzten (§§ 403 bis 406 c der Strafprozeßordnung) stattgegeben wird, sind die Vorschriften über die Einziehung nicht anzuwenden.

(6) [1] Wird auf Strafe erkannt, so ist, wenn der Verletzte es beantragt und ein berechtigtes Interesse daran dartut, anzuordnen, daß die Verurteilung auf Verlangen öffentlich bekanntgemacht wird. [2] Die Art der Bekanntmachung ist im Urteil zu bestimmen.

(7) Das Bundesministerium der Justiz wird ermächtigt, durch Rechtsverordnung ohne Zustimmung des Bundesrates die Tatbestände zu bezeichnen, die als Straftaten nach Absatz 1a geahndet werden können, soweit dies zur Durchsetzung des in Rechtsvorschriften der Europäischen Gemeinschaft vorgesehenen Schutzes von Marken erforderlich ist.

**§ 144 Strafbare Benutzung geographischer Herkunftsangaben.** (1) Wer im geschäftlichen Verkehr widerrechtlich eine geographische Herkunftsangabe, einen Namen, eine Angabe oder ein Zeichen
1. entgegen § 127 Abs. 1 oder 2, jeweils auch in Verbindung mit Abs. 4 oder einer Rechtsverordnung nach § 137 Abs. 1, benutzt oder
2. entgegen § 127 Abs. 3, auch in Verbindung mit Abs. 4 oder einer Rechtsverordnung nach § 137 Abs. 1, in der Absicht benutzt, den Ruf oder die Unterscheidungskraft einer geographischen Herkunftsangabe auszunutzen oder zu beeinträchtigen,
wird mit Freiheitsstrafe bis zu zwei Jahren oder mit Geldstrafe bestraft.

(2) Ebenso wird bestraft, wer im geschäftlichen Verkehr widerrechtlich eine nach Rechtsvorschriften der Europäischen Gemeinschaft geschützte geographische Angabe oder Ursprungsbezeichnung benutzt, soweit eine Rechtsverordnung nach Absatz 6 für einen bestimmten Tatbestand auf diese Strafvorschrift verweist.

(3) Der Versuch ist strafbar.

(4) Bei einer Verurteilung bestimmt das Gericht, daß die widerrechtliche Kennzeichnung der im Besitz des Verurteilten befindlichen Gegenstände beseitigt wird oder, wenn dies nicht möglich ist, die Gegenstände vernichtet werden.

(5) [1] Wird auf Strafe erkannt, so ist, wenn das öffentliche Interesse dies erfordert, anzuordnen, daß die Verurteilung öffentlich bekanntgemacht wird. [2] Die Art der Bekanntmachung ist im Urteil zu bestimmen.

(6) Das Bundesministerium der Justiz wird ermächtigt, durch Rechtsverordnung ohne Zustimmung des Bundesrates die Tatbestände zu bezeichnen, die als Straftaten nach Absatz 2 geahndet werden können, soweit dies zur Durchsetzung des in Rechtsvorschriften der

Europäischen Gemeinschaft vorgesehenen Schutzes von geographischen Angaben und Ursprungsbezeichnungen erforderlich ist.

**§ 145 Bußgeldvorschriften.** (1) Ordnungswidrig handelt, wer im geschäftlichen Verkehr widerrechtlich in identischer oder nachgeahmter Form

1. ein Wappen, eine Flagge oder ein anderes staatliches Hoheitszeichen oder ein Wappen eines inländischen Ortes oder eines inländischen Gemeinde- oder weiteren Kommunalverbandes im Sinne des § 8 Abs. 2 Nr. 6,
2. ein amtliches Prüf- oder Gewährzeichen im Sinne des § 8 Abs. 2 Nr. 7 oder
3. ein Kennzeichen, ein Siegel oder eine Bezeichnung im Sinne des § 8 Abs. 2 Nr. 8 zur Kennzeichnung von Waren oder Dienstleistungen benutzt.

(2) Ordnungswidrig handelt, wer vorsätzlich oder fahrlässig
1. entgegen § 134 Abs. 3, auch in Verbindung mit Abs. 4,
    a) das Betreten von Geschäftsräumen, Grundstücken, Verkaufseinrichtungen oder Transportmitteln oder deren Besichtigung nicht gestattet,
    b) die zu besichtigenden Agrarerzeugnisse oder Lebensmittel nicht so darlegt, daß die Besichtigung ordnungsgemäß vorgenommen werden kann,
    c) die erforderliche Hilfe bei der Besichtigung nicht leistet,
    d) Proben nicht entnehmen läßt,
    e) geschäftliche Unterlagen nicht oder nicht vollständig vorlegt oder nicht prüfen läßt oder
    f) eine Auskunft nicht, nicht richtig oder nicht vollständig erteilt oder
2. einer nach § 139 Abs. 1 erlassenen Rechtsverordnung zuwiderhandelt, soweit sie für einen bestimmten Tatbestand auf diese Bußgeldvorschrift verweist.

(3) Die Ordnungswidrigkeit kann in den Fällen des Absatzes 1 mit einer Geldbuße bis zu fünftausend Deutsche Mark und in den Fällen des Absatzes 2 mit einer Geldbuße bis zu zwanzigtausend Deutsche Mark geahndet werden.

(4) In den Fällen des Absatzes 1 ist § 144 Abs. 4 entsprechend anzuwenden.

## Abschnitt 2. Beschlagnahme von Waren bei der Einfuhr und Ausfuhr

**§ 146 Beschlagnahme bei der Verletzung von Kennzeichenrechten.** (1) [1]Waren, die widerrechtlich mit einer nach diesem Gesetz geschützten Marke oder geschäftlichen Bezeichnung versehen sind, unterliegen, soweit nicht die Verordnung (EG) Nr. 3295/94 des Rates vom 22. Dezember 1994 über Maßnahmen zum Verbot der Überführung nachgeahmter Waren und unerlaubt hergestellter Vervielfältigungsstücke oder Nachbildungen in den zollrechtlich freien Verkehr oder in ein Nichterhebungsverfahren sowie zum Verbot ihrer Ausfuhr und Wiederausfuhr (ABl. EG Nr. L 341 S. 8) in ihrer jeweils geltenden Fassung anzuwenden ist, auf Antrag und gegen Sicherheitsleistung des Rechtsinhabers bei ihrer Einfuhr oder Ausfuhr der Beschlagnahme durch die Zollbehörde, sofern die Rechtsverletzung offensichtlich ist. [2]Dies gilt für den Verkehr mit anderen Mitgliedstaaten der Europäischen Union sowie mit den anderen Vertragsstaaten des Abkommens über den Europäischen Wirtschaftsraum nur, soweit Kontrollen durch die Zollbehörden stattfinden.

(2) [1]Ordnet die Zollbehörde die Beschlagnahme an, unterrichtet sie unverzüglich den Verfügungsberechtigten sowie den Antragsteller. [2]Dem Antragsteller sind Herkunft, Menge und Lagerort der Waren sowie Name und Anschrift des Verfügungsberechtigten mitzuteilen. [3]Das Brief- und Postgeheimnis (Artikel 10 des Grundgesetzes) wird insoweit eingeschränkt. [4]Dem Antragsteller wird Gelegenheit gegeben, die Waren zu besichtigen, soweit hierdurch nicht in Geschäfts- oder Betriebsgeheimnisse eingegriffen wird.

**§ 147 Einziehung; Widerspruch; Aufhebung der Beschlagnahme.** (1) Wird der Beschlagnahme nicht spätestens nach Ablauf von zwei Wochen nach Zustellung der Mitteilung nach § 146 Abs. 2 Satz 1 widersprochen, ordnet die Zollbehörde die Einziehung der beschlagnahmten Waren an.

(2) ¹Widerspricht der Verfügungsberechtigte der Beschlagnahme, unterrichtet die Zollbehörde hiervon unverzüglich den Antragsteller. ²Dieser hat gegenüber der Zollbehörde unverzüglich zu erklären, ob er den Antrag nach § 146 Abs. 1 in bezug auf die beschlagnahmten Waren aufrechterhält.

(3) ¹Nimmt der Antragsteller den Antrag zurück, hebt die Zollbehörde die Beschlagnahme unverzüglich auf. ²Hält der Antragsteller den Antrag aufrecht und legt er eine vollziehbare gerichtliche Entscheidung vor, die die Verwahrung der beschlagnahmten Waren oder eine Verfügungsbeschränkung anordnet, trifft die Zollbehörde die erforderlichen Maßnahmen.

(4) ¹Liegen die Fälle des Absatzes 3 nicht vor, hebt die Zollbehörde die Beschlagnahme nach Ablauf von zwei Wochen nach Zustellung der Mitteilung an den Antragsteller nach Absatz 2 auf. ²Weist der Antragsteller nach, daß die gerichtliche Entscheidung nach Absatz 3 Satz 2 beantragt, ihm aber noch nicht zugegangen ist, wird die Beschlagnahme für längstens zwei weitere Wochen aufrechterhalten.

**§ 148 Zuständigkeiten; Rechtsmittel.** (1) ¹Der Antrag nach § 146 Abs. 1 ist bei der Oberfinanzdirektion zu stellen und hat Wirkung für zwei Jahre, sofern keine kürzere Geltungsdauer beantragt wird. ²Der Antrag kann wiederholt werden.

(2) Für die mit dem Antrag verbundenen Amtshandlungen werden vom Antragsteller Kosten nach Maßgabe des § 178 der Abgabenordnung erhoben.

(3) ¹Die Beschlagnahme und die Einziehung können mit den Rechtsmitteln angefochten werden, die im Bußgeldverfahren nach dem Gesetz über Ordnungswidrigkeiten gegen die Beschlagnahme und Einziehung zulässig sind. ²Im Rechtsmittelverfahren ist der Antragsteller zu hören. ³Gegen die Entscheidung des Amtsgerichts ist die sofortige Beschwerde zulässig. ⁴Über die sofortige Beschwerde entscheidet das Oberlandesgericht.

**§ 149 Schadensersatz bei ungerechtfertigter Beschlagnahme.** Erweist sich die Beschlagnahme als von Anfang an ungerechtfertigt und hat der Antragsteller den Antrag nach § 146 Abs. 1 in bezug auf die beschlagnahmten Waren aufrechterhalten oder sich nicht unverzüglich erklärt (§ 147 Abs. 2 Satz 2), so ist er verpflichtet, den dem Verfügungsberechtigten durch die Beschlagnahme entstandenen Schaden zu ersetzen.

**§ 150 Beschlagnahme nach der Verordnung (EG) Nr. 3295/94.** In Verfahren nach der in § 146 Abs. 1 genannten Verordnung sind die §§ 146 bis 149 entsprechend anzuwenden, soweit in der Verordnung nichts anderes bestimmt ist.

**§ 151 Beschlagnahme bei widerrechtlicher Kennzeichnung mit geographischen Herkunftsangaben.** (1) ¹Waren, die widerrechtlich mit einer nach diesem Gesetz oder nach Rechtsvorschriften der Europäischen Gemeinschaft geschützten geographischen Herkunftsangabe versehen sind, unterliegen bei ihrer Einfuhr, Ausfuhr oder Durchfuhr der Beschlagnahme zum Zwecke der Beseitigung der widerrechtlichen Kennzeichnung, sofern die Rechtsverletzung offensichtlich ist. ²Dies gilt für den Verkehr mit anderen Mitgliedstaaten der Europäischen Union sowie mit den anderen Vertragsstaaten des Abkommens über den Europäischen Wirtschaftsraum nur, soweit Kontrollen durch die Zollbehörden stattfinden.

(2) ¹Die Beschlagnahme wird durch die Zollbehörde vorgenommen. ²Die Zollbehörde ordnet auch die zur Beseitigung der widerrechtlichen Kennzeichnung erforderlichen Maßnahmen an.

(3) Wird den Anordnungen der Zollbehörde nicht entsprochen oder ist die Beseitigung untunlich, ordnet die Zollbehörde die Einziehung der Waren an.

(4) ¹Die Beschlagnahme und die Einziehung können mit den Rechtsmitteln angefochten werden, die im Bußgeldverfahren nach dem Gesetz über Ordnungswidrigkeiten gegen die Beschlagnahme und Einziehung zulässig sind. ²Gegen die Entscheidung des Amtsgerichts ist die sofortige Beschwerde zulässig. ³Über die sofortige Beschwerde entscheidet das Oberlandesgericht.

## Teil 9. Übergangsvorschriften

**§ 152 Anwendung dieses Gesetzes.** Die Vorschriften dieses Gesetzes finden, soweit nachfolgend nichts anderes bestimmt ist, auch auf Marken, die vor dem 1. Januar 1995 angemeldet oder eingetragen oder durch Benutzung im geschäftlichen Verkehr oder durch notorische Bekanntheit erworben worden sind, und auf geschäftliche Bezeichnungen Anwendung, die vor dem 1. Januar 1995 nach den bis dahin geltenden Vorschriften geschützt waren.

**§ 153 Schranken für die Geltendmachung von Verletzungsansprüchen.** (1) Standen dem Inhaber einer vor dem 1. Januar 1995 eingetragenen oder durch Benutzung oder notorische Bekanntheit erworbenen Marke oder einer geschäftlichen Bezeichnung nach den bis dahin geltenden Vorschriften gegen die Benutzung der Marke, der geschäftlichen Bezeichnung oder eines übereinstimmenden Zeichens keine Ansprüche wegen Verletzung zu, so können die Rechte aus der Marke oder aus der geschäftlichen Bezeichnung nach diesem Gesetz nicht gegen die Weiterbenutzung dieser Marke, dieser geschäftlichen Bezeichnung oder dieses Zeichens geltend gemacht werden.

(2) Auf Ansprüche des Inhabers einer vor dem 1. Januar 1995 eingetragenen oder durch Benutzung oder notorische Bekanntheit erworbenen Marke oder einer geschäftlichen Bezeichnung ist § 21 mit der Maßgabe anzuwenden, daß die in § 21 Abs. 1 und 2 vorgesehene Frist von fünf Jahren mit dem 1. Januar 1995 zu laufen beginnt.

**§ 154 Dingliche Rechte; Zwangsvollstreckung; Konkursverfahren.** (1) Ist vor dem 1. Januar 1995 an dem durch die Anmeldung oder Eintragung einer Marke begründeten Recht ein dingliches Recht begründet worden oder war das durch die Anmeldung oder Eintragung begründete Recht Gegenstand von Maßnahmen der Zwangsvollstreckung, so können diese Rechte oder Maßnahmen nach § 29 Abs. 2 in das Register eingetragen werden.

(2) Absatz 1 ist entsprechend anzuwenden, wenn das durch die Anmeldung oder Eintragung einer Marke begründete Recht durch ein Konkursverfahren erfaßt worden ist.

**§ 155 Lizenzen.** Auf vor dem 1. Januar 1995 an dem durch die Anmeldung oder Eintragung, durch die Benutzung oder durch die notorische Bekanntheit einer Marke begründeten Recht erteilte Lizenzen ist § 30 mit der Maßgabe anzuwenden, daß diesen Lizenzen die Wirkung des § 30 Abs. 5 nur insoweit zugute kommt, als es sich um nach dem 1. Januar 1995 eingetretene Rechtsübergänge oder an Dritte erteilte Lizenzen handelt.

**§ 156 Prüfung angemeldeter Marken auf absolute Schutzhindernisse.** (1) Ist vor dem 1. Januar 1995 ein Zeichen angemeldet worden, das nach den bis dahin geltenden Vorschriften aus vom Patentamt von Amts wegen zu berücksichtigenden Gründen von der Eintragung ausgeschlossen war, das aber nach § 3, 7, 8 oder 10 dieses Gesetzes nicht von der Eintragung ausgeschlossen ist, so sind die Vorschriften dieses Gesetzes mit der Maßgabe anzuwenden, daß die Anmeldung als am 1. Januar 1995 eingereicht gilt und daß, ungeachtet des ursprünglichen Anmeldetags und einer etwa in Anspruch genommenen Priorität, der 1. Januar 1995 für die Bestimmung des Zeitrangs im Sinne des § 6 Abs. 2 maßgeblich ist.

(2) Kommt das Patentamt bei der Prüfung des angemeldeten Zeichens zu dem Ergebnis, daß die Voraussetzungen des Absatzes 1 gegeben sind, so teilt es dies dem Anmelder mit.

(3) Teilt der Anmelder dem Patentamt innerhalb einer Frist von zwei Monaten nach Zustellung der Mitteilung nach Absatz 2 mit, daß er mit der Verschiebung des Zeitrangs im Sinne des Absatzes 1 einverstanden ist, wird die Anmeldung des Zeichens als Anmeldung einer Marke nach diesem Gesetz weiterbehandelt.

(4) Teilt der Anmelder dem Patentamt mit, daß er mit einer Verschiebung des Zeitrangs im Sinne des Absatzes 1 nicht einverstanden ist oder gibt er innerhalb der Frist des Absatzes 3 keine Erklärung ab, so weist das Patentamt die Anmeldung zurück.

(5) [1]Der Anmelder kann die Erklärung nach Absatz 3 auch noch in einem Erinnerungsverfahren, einem Beschwerdeverfahren oder in einem Rechtsbeschwerdeverfahren über die

Zurückweisung der Anmeldung abgeben, das am 1. Januar 1995 anhängig ist. ²Die Absätze 2 bis 4 sind entsprechend anzuwenden.

**§ 157 Bekanntmachung und Eintragung.** ¹Ist vor dem 1. Januar 1995 die Bekanntmachung einer Anmeldung nach § 5 Abs. 1 des Warenzeichengesetzes beschlossen worden, ist die Anmeldung aber noch nicht nach § 5 Abs. 2 des Warenzeichengesetzes bekanntgemacht worden, so wird die Marke ohne vorherige Bekanntmachung nach § 41 in das Register eingetragen. ²Ist für einen nach dem Beschluß der Bekanntmachung gestellten Antrag auf beschleunigte Eintragung die in § 6a Abs. 2 des Warenzeichengesetzes vorgesehene Gebühr bereits gezahlt worden, wird sie von Amts wegen erstattet.

**§ 158 Widerspruchsverfahren.** (1) ¹Ist vor dem 1. Januar 1995 die Anmeldung einer Marke nach § 5 Abs. 2 des Warenzeichengesetzes oder die Eintragung einer Marke nach § 6a Abs. 3 des Warenzeichengesetzes in Verbindung mit § 5 Abs. 2 des Warenzeichengesetzes bekanntgemacht worden, so können Widersprüche innerhalb der Frist des § 5 Abs. 4 des Warenzeichengesetzes sowohl auf die Widerspruchsgründe des § 5 Abs. 4 des Warenzeichengesetzes als auch auf die Widerspruchsgründe des § 42 Abs. 2 gestützt werden. ²Wird innerhalb der Frist des § 5 Abs. 4 des Warenzeichengesetzes Widerspruch nicht erhoben, so wird, soweit es sich nicht um eine nach § 6a Abs. 1 des Warenzeichengesetzes eingetragene Marke handelt, die Marke nach § 41 in das Register eingetragen. ³Ein Widerspruch nach § 42 findet gegen eine solche Eintragung nicht statt.

(2) ¹Ist vor dem 1. Januar 1995 ein Widerspruch gemäß § 5 Abs. 4 des Warenzeichengesetzes gegen die Eintragung einer nach § 5 Abs. 2 des Warenzeichengesetzes bekanntgemachten oder einer nach § 6a Abs. 1 des Warenzeichengesetzes eingetragenen Marke erhoben worden oder wird nach dem 1. Januar 1995 ein Widerspruch nach Absatz 1 erhoben, so sind die Widerspruchsgründe des § 5 Abs. 4 Nr. 2 und 3 des Warenzeichengesetzes, soweit der Widerspruch darauf gestützt worden ist, weiterhin anzuwenden. ²Ist der Widerspruch auf § 5 Abs. 4 Nr. 1 des Warenzeichengesetzes gestützt worden, ist anstelle dieser Bestimmung die Bestimmung des § 42 Abs. 2 Nr. 1 anzuwenden.

(3) ¹Ist in einem Verfahren über einen Widerspruch, der vor dem 1. Januar 1995 erhoben worden ist, die Benutzung der Marke, aufgrund deren Widerspruch erhoben worden ist, bestritten worden oder wird die Benutzung in einem solchen Widerspruchsverfahren bestritten, so ist anstelle des § 5 Abs. 7 des Warenzeichengesetzes § 43 Abs. 1 entsprechend anzuwenden. ²Satz 1 gilt für das Beschwerdeverfahren vor dem Patentgericht auch dann, wenn ein solches Verfahren am 1. Januar 1995 anhängig ist. ³Satz 1 gilt nicht für Rechtsbeschwerden, die am 1. Januar 1995 anhängig sind.

(4) ¹Wird der Widerspruch zurückgewiesen, so wird, soweit es sich nicht um eine nach § 6a Abs. 1 des Warenzeichengesetzes eingetragene Marke handelt, die Marke nach § 41 in das Register eingetragen. ²Ein Widerspruch nach § 42 findet gegen eine solche Eintragung nicht statt.

(5) ¹Wird dem Widerspruch gegen eine nach § 5 Abs. 2 des Warenzeichengesetzes bekanntgemachte Anmeldung stattgegeben, so wird die Eintragung versagt. ²Wird dem Widerspruch gegen eine nach § 6a Abs. 1 des Warenzeichengesetzes eingetragene Marke stattgegeben, so wird die Eintragung nach § 43 Abs. 2 Satz 1 gelöscht.

(6) In den Fällen des Absatzes 1 Satz 2 und des Absatzes 4 Satz 1 findet eine Zurückweisung der Anmeldung aus von Amts wegen zu berücksichtigenden Eintragungshindernissen nicht statt.

**§ 159 Teilung einer Anmeldung.** ¹Auf die Teilung einer vor dem 1. Januar 1995 nach § 5 Abs. 2 des Warenzeichengesetzes bekanntgemachten Anmeldung ist § 40 mit der Maßgabe anzuwenden, daß die Teilung erst nach Ablauf der Widerspruchsfrist erklärt werden kann und daß die Erklärung nur zulässig ist, wenn ein im Zeitpunkt ihrer Abgabe anhängiger Widerspruch sich nach der Teilung nur gegen einen der Teile der ursprünglichen Anmeldung richten würde. ²Der Teil der ursprünglichen Anmeldung, gegen den sich kein Widerspruch richtet, wird nach § 41 in das Register eingetragen. ³Ein Widerspruch nach § 42 findet gegen eine solche Eintragung nicht statt.

## MarkenG §§ 160–165

**§ 160 Schutzdauer und Verlängerung.** Die Vorschriften dieses Gesetzes über die Schutzdauer und die Verlängerung der Schutzdauer (§ 47) sind auch auf vor dem 1. Januar 1995 eingetragene Marken anzuwenden mit der Maßgabe, daß für die Berechnung der Frist, innerhalb derer die Gebühren für die Verlängerung der Schutzdauer einer eingetragenen Marke wirksam vor Fälligkeit gezahlt werden können, die Vorschriften des § 9 Abs. 2 des Warenzeichengesetzes weiterhin anzuwenden sind, wenn die Schutzdauer nach § 9 Abs. 2 des Warenzeichengesetzes vor dem 1. Januar 1995 abläuft.

**§ 161 Löschung einer eingetragenen Marke wegen Verfalls.** (1) Ist vor dem 1. Januar 1995 ein Antrag auf Löschung der Eintragung einer Marke nach § 11 Abs. 4 des Warenzeichengesetzes beim Patentamt gestellt worden und ist die Frist des § 11 Abs. 4 Satz 3 des Warenzeichengesetzes für den Widerspruch gegen die Löschung am 1. Januar 1995 noch nicht abgelaufen, so beträgt diese Frist zwei Monate.

(2) Ist vor dem 1. Januar 1995 eine Klage auf Löschung der Eintragung einer Marke nach § 11 Abs. 1 Nr. 3 oder 4 des Warenzeichengesetzes erhoben worden, so wird die Eintragung nur gelöscht, wenn der Klage sowohl nach den bis dahin geltenden Vorschriften als auch nach den Vorschriften dieses Gesetzes stattzugeben ist.

**§ 162 Löschung einer eingetragenen Marke wegen absoluter Schutzhindernisse.**
(1) Ist der Inhaber einer Marke vor dem 1. Januar 1995 benachrichtigt worden, daß die Eintragung der Marke nach § 10 Abs. 2 Nr. 2 des Warenzeichengesetzes gelöscht werden soll, und ist die Frist des § 10 Abs. 3 Satz 2 des Warenzeichengesetzes für den Widerspruch gegen die Löschung am 1. Januar 1995 noch nicht abgelaufen, so beträgt diese Frist zwei Monate.

(2) [1]Ist vor dem 1. Januar 1995 ein Verfahren von Amts wegen zur Löschung der Eintragung einer Marke wegen des Bestehens absoluter Schutzhindernisse nach § 10 Abs. 2 Nr. 2 des Warenzeichengesetzes eingeleitet worden oder ist vor diesem Zeitpunkt ein Antrag auf Löschung nach dieser Vorschrift gestellt worden, so wird die Eintragung nur gelöscht, wenn die Marke sowohl nach den bis dahin geltenden Vorschriften als auch nach den Vorschriften dieses Gesetzes nicht schutzfähig ist. [2]Dies gilt auch dann, wenn nach dem 1. Januar 1995 ein Verfahren nach § 54 zur Löschung der Eintragung einer Marke eingeleitet wird, die vor dem 1. Januar 1995 eingetragen worden ist.

**§ 163 Löschung einer eingetragenen Marke wegen des Bestehens älterer Rechte.**
(1) [1]Ist vor dem 1. Januar 1995 eine Klage auf Löschung der Eintragung einer Marke aufgrund einer früher angemeldeten Marke nach § 11 Abs. 1 Nr. 1 des Warenzeichengesetzes oder aufgrund eines sonstigen älteren Rechts erhoben worden, so wird, soweit in Absatz 2 nichts anderes bestimmt ist, die Eintragung nur gelöscht, wenn der Klage sowohl nach den bis dahin geltenden Vorschriften als auch nach den Vorschriften dieses Gesetzes stattzugeben ist. [2]Dies gilt auch dann, wenn nach dem 1. Januar 1995 eine Klage nach § 55 auf Löschung der Eintragung einer Marke erhoben wird, die vor dem 1. Januar 1995 eingetragen worden ist.

(2) [1]In den Fällen des Absatzes 1 Satz 1 ist § 51 Abs. 2 Satz 1 und 2 nicht anzuwenden. [2]In den Fällen des Absatzes 1 Satz 2 ist § 51 Abs. 2 Satz 1 und 2 mit der Maßgabe anzuwenden, daß die Frist von fünf Jahren mit dem 1. Januar 1995 zu laufen beginnt.

**§ 164 Erinnerung und Durchgriffsbeschwerde.** Die Vorschriften dieses Gesetzes gelten auch für Erinnerungen, die vor dem 1. Januar 1995 eingelegt worden sind, mit der Maßgabe, daß die in § 66 Abs. 3 Satz 1 und 2 vorgesehenen Fristen von sechs Monaten und zehn Monaten am 1. Januar 1995 zu laufen beginnen.

**§ 165 Übergangsvorschriften.** (1) Auf Anmeldungen, die vor dem 1. Januar 1998 zur Eintragung einer Marke in das Register beim Patentamt eingereicht worden sind, ist § 33 Abs. 3 nicht anzuwenden.

(2) Bis zum 1. Januar 1999 ist § 125h mit der Maßgabe anzuwenden, daß an die Stelle des Insolvenzverfahrens das Konkursverfahren, an die Stelle des Insolvenzgerichts das Konkursgericht, an die Stelle der Insolvenzmasse die Konkursmasse und an die Stelle des Insolvenzverwalters der Konkursverwalter tritt.

## 2. Kommentierung zum Markengesetz*

## Gesetz über den Schutz von Marken und sonstigen Kennzeichen (Markengesetz – MarkenG)

vom 25. Oktober 1994**

(BGBl. I S. 3082; berichtigt am 27. Januar 1995, BGBl. I S. 156;
zuletzt geändert am 16. Juli 1998, BGBl. I S. 1827)

### Einleitung

#### Inhaltsübersicht

|  | Rn |
|---|---|
| A. Geschichte des Markenrechts | 1–13 |
|   I. Geschichtliche Entwicklung | 1–11 |
|     1. Entstehung des Markenschutzes | 1–3 |
|     2. Gesetzesgeschichte | 4–11 |
|   II. Rechtslage im Verhältnis der Bundesrepublik Deutschland zur DDR | 12, 13 |
|     1. Altrechte und Neurechte | 12 |
|     2. Territorialität von Enteignungen | 13 |
| B. Überblick über die gesetzliche Regelung des MarkenG | 14–16 |
|   I. Aufbau des MarkenG | 14, 15 |
|   II. Kennzeichen im Sinne des MarkenG | 16 |
| C. Arten von Kennzeichen | 17–43 |
|   I. Marken | 17–41 |
|     1. Der Begriff der Marke im MarkenG | 17 |
|     2. Die Marke als Immaterialgut innerhalb des Rechts des geistigen Eigentums im Europäischen Binnenmarkt | 18–21 |
|     3. Die Marke als Verfassungseigentum | 22–24 |
|     4. Die Marke als konstitutiver Teil einer marktwirtschaftlichen Wettbewerbsordnung der Europäischen Union | 25–27 |
|     5. Die Marke als Unternehmensleistung | 28, 29 |
|     6. Die Funktionen der Marke | 30–41 |
|       a) Die traditionelle Lehre einer Unterscheidung der wirtschaftlichen von den rechtlichen Markenfunktionen | 30–34 |
|       b) Rechtsschutz der ökonomischen Funktionen der Marke | 35 |
|       c) Die Funktionen der Marke in der Rechtsprechung des EuGH | 36–38 |
|       d) Die Funktionen der Marke im MarkenG: Multifunktionalität der Marke | 39–41 |
|   II. Geschäftliche Bezeichnungen | 42 |
|   III. Geographische Herkunftsangaben | 43 |
| D. Rechtslage nach dem Erstreckungsgesetz | 44–79 |
|   I. Allgemeines | 44 |
|   II. Grundsatz der Erstreckung | 45–47 |
|     1. Erstreckung von Altrechten mit Ursprung in der Bundesrepublik Deutschland | 45, 45a |
|       a) Erstreckung unter Prioritätswahrung | 45 |
|       b) Art der Kennzeichen | 45a |
|     2. Erstreckung von Altrechten mit Ursprung in der DDR | 46 |
|     3. Erstreckung international registrierter Marken | 47 |
|   III. Anwendbares Recht auf Marken mit Ursprung in der DDR | 48–55 |
|     1. Grundsatz | 48 |
|     2. Voraussetzungen der Schutzfähigkeit und Schutzdauer | 49–53 |
|     3. Übertragung von Marken mit DDR-Ursprung | 54 |
|     4. Warenzeichenverbände | 55 |
|   IV. Kollisionsrecht | 56–71 |
|     1. Ausgangspunkt | 56, 57 |

---

\* Paragraphen ohne Gesetzesangaben sind solche des MarkenG.
\*\* Zum Inkrafttreten des MarkenG und seiner Gesetzesänderungen s. die \*-Fn bei dem Gesetzestext (S. 3).

**MarkenG Einl** Einleitung

| | Rn |
|---|---|
| 2. Die einzelnen Kollisionstatbestände | 58–71 |
|    a) Kollision zwischen einer prioritätsälteren Marke mit DDR-Ursprung und einer prioritätsjüngeren Marke mit Ursprung in der Bundesrepublik Deutschland bei fehlendem Bestandsschutz (§§ 2, 3 ErstrG) | 58, 59 |
|    b) Kollision zwischen einer prioritätsälteren Marke mit Ursprung in der Bundesrepublik Deutschland und einer prioritätsjüngeren Marke mit DDR-Ursprung bei fehlendem Bestandsschutz (§§ 21, 23 Abs. 2 S. 1 Nr. 2 ErstrG) | 60, 61 |
|    c) Kollision von Marken mit DDR-Ursprung und Marken mit Ursprung in der Bundesrepublik Deutschland bei beiderseitigem Bestandsschutz (§ 30 ErstrG) | 62–69 |
|       aa) Grundsatz (§ 30 Abs. 1 ErstrG) | 62, 63 |
|       bb) Ausnahmen vom Zustimmungserfordernis (§ 30 Abs. 2 ErstrG) | 64–68 |
|          (1) Überregionale Werbung | 64 |
|          (2) Rückübertragungsanspruch bei enteigneten Marken | 65, 66 |
|          (3) Allgemeine Unbilligkeitsklausel | 67 |
|          (4) Allgemeine Rechtsvorschriften | 68 |
|       cc) Ausgleichsanspruch (§ 30 Abs. 3 ErstrG) | 69 |
|    d) Kollision von Marken und sonstigen Kennzeichenrechten (§ 31 ErstrG) | 70 |
|    e) Kollision von schutzunfähigen Marken mit DDR-Ursprung und im übrigen Bundesgebiet rechtmäßig benutzten Zeichen (§ 32 ErstrG) | 71 |
| V. Aufhebung der Bindung an den Geschäftsbetrieb (§ 47 ErstrG) | 72 |
| VI. Geographische Herkunftsangaben | 73–76 |
| VII. Geschäftliche Bezeichnungen | 77, 78 |
| VIII. Entscheidungspraxis | 79 |
| E. Gemeinschaftsmarkenrecht | 80–153 |
|   I. Allgemeines | 80–82 |
|     1. Gemeinschaftsmarkenrecht und Territorialität des nationalen Markenschutzes | 80, 81 |
|     2. Überblick über die Gemeinschaftsmarkenverordnung | 82 |
|   II. Grundsätze | 83–86 |
|     1. Grundsatz der Einheitlichkeit | 83 |
|     2. Primäre Geltung des Gemeinschaftsrechts | 84 |
|     3. Freie Übertragbarkeit | 85 |
|     4. Grundsatz der Koexistenz | 86 |
|   III. Erwerb der Gemeinschaftsmarke | 87–100 |
|     1. Markenformen (Art. 4 GMarkenV) | 87, 88 |
|     2. Markeninhaber (Art. 5 GMarkenV) | 89 |
|     3. Eintragungsgrundsatz (Art. 6 GMarkenV) | 90 |
|     4. Prioritätsrecht (Art. 29 GMarkenV) | 91–93 |
|     5. Absolute Eintragungshindernisse (Art. 7 GMarkenV) | 94–96 |
|     6. Relative Eintragungshindernisse (Art. 8 GMarkenV) | 97–99 |
|     7. Gemeinschaftskollektivmarken (Art. 64 ff. GMarkenV) | 100 |
|   IV. Wirkungen der Gemeinschaftsmarke | 101–110 |
|     1. Das Gemeinschaftsmarkenrecht als subjektives Ausschließlichkeitsrecht | 101 |
|     2. Schutzumfang | 102–104 |
|     3. Entschädigungsanspruch (Art. 9 Abs. 3 GMarkenV) | 105 |
|     4. Wiedergabe in lexikalischen Werken (Art. 10 GMarkenV) | 106 |
|     5. Sonstige Verletzungsansprüche | 107 |
|     6. Schutzschranken (Art. 12 GMarkenV) | 108 |
|     7. Erschöpfung des Gemeinschaftsmarkenrechts (Art. 13 GMarkenV) | 109, 110 |
|   V. Benutzungszwang | 111–116 |
|     1. Grundlagen | 111 |
|     2. Benutzungsgebiet | 112 |
|     3. Art der Benutzung | 113, 114 |
|     4. Folgen der Nichtbenutzung | 115, 116 |

Rn

- VI. Die Gemeinschaftsmarke als Gegenstand des Vermögens (Art. 16 ff. GMarkenV) .................................................................. 117–122
  1. Selbständiger Rechtsübergang ............................................. 117, 118
  2. Lizenzen ............................................................................ 119–121
  3. Sonstige Rechte .................................................................. 122
- VII. Verfall der Gemeinschaftsmarke ............................................. 123–126
  1. Verfallsgründe (Art. 50 GMarkenV) ..................................... 123
  2. Feststellung ....................................................................... 124
  3. Wirkungen (Art. 54 GMarkenV) ......................................... 125, 126
- VIII. Nichtigkeit der Gemeinschaftsmarke ....................................... 127–131
  1. Absolute Nichtigkeitsgründe (Art. 51 GMarkenV) ................. 127
  2. Relative Nichtigkeitsgründe (Art. 52 GMarkenV) ................. 128, 129
  3. Wirkungen ........................................................................ 130
  4. Verwirkung (Art. 53 GMarkenV) ......................................... 131
- IX. Umwandlung von Gemeinschaftsmarken in nationale Markenanmeldungen (Art. 108 ff. GMarkenV) ......................................... 132
- X. Verfahrensrecht ................................................................... 133–152
  1. Anmeldeverfahren ............................................................. 133–136
     a) Untergang der Anmeldung bei verspäteter Weiterleitung durch die nationalen Behörden (Art. 25 Abs. 3 GMarkenV) ........... 133
     b) Disclaimerverlangen (Art. 38 Abs. 2 GMarkenV) .............. 134
     c) Amtsrecherche (Art. 39 GMarkenV) ................................ 135
     d) Bemerkungen Dritter (Art. 41 GMarkenV) ...................... 136
  2. Widerspruchsverfahren (Art. 42 f. GMarkenV) ...................... 137–143
     a) Vorgeschaltetes Widerspruchsverfahren .......................... 137
     b) Widerspruchsberechtigung von Lizenznehmern ............... 138
     c) Umfassende Prüfungskompetenz .................................... 139
     d) Begründungspflicht ....................................................... 140
     e) Nichtbenutzungseinwand (Art. 43 Abs. 2 GMarkenV) ...... 141
     f) Kostentragung .............................................................. 142
     g) Keine Eintragungsbewilligungsklage .............................. 143
  3. Verfalls- und Nichtigkeitsverfahren ..................................... 144
  4. Beschwerdeverfahren (Art. 57 ff. GMarkenV) ....................... 145
  5. Gemeinschaftsmarkenprozeß ............................................... 146–152
     a) Zuständigkeit der Gemeinschaftsmarkengerichte (Art. 92 GMarkenV) .................................................................. 146
     b) Internationale Zuständigkeit (Art. 93 GMarkenV) ........... 147, 148
     c) Örtliche Zuständigkeit .................................................. 149
     d) Anwendbares Recht (Art. 97 GMarkenV) ....................... 150
     e) Aussetzung des Verfahrens (Art. 100 GMarkenV) ............ 151
     f) Widerklage auf Verfall- oder Nichtigerklärung ............... 152
- XI. IR-Marke und Gemeinschaftsmarke ......................................... 153

F. Internationales Markenprivatrecht ............................................... 154–212
- I. Systematische Stellung .......................................................... 154, 155
- II. Rechtsquellen ...................................................................... 156, 157
- III. Anknüpfungsregeln ............................................................... 158–199
  1. Territorialitätsgrundsatz ..................................................... 158–167
  2. Schutzlandprinzip .............................................................. 168–172
  3. Auswirkungsprinzip ........................................................... 173
  4. Recht des Schutzlandes ...................................................... 174
  5. Einzelheiten der Verweisung auf das Markenrecht des Schutzlandes ................................................................................. 175–199
     a) Allgemeines ................................................................... 175
     b) Entstehen und Erlöschen des Markenschutzes ................. 176, 177
     c) Inhalt und Schutz des Markenrechts ............................... 178
     d) Auslandsaktivitäten als inländische Markenrechtsverletzung ...... 179–197
     e) Einseitigkeit der Kollisionsnorm ..................................... 198
     f) Gesamtverweisung, Rechtswahl, akzessorische Anknüpfung ...... 199
- IV. Rechtsgeschäfte über Marken ................................................. 200–212
  1. Allgemeines ....................................................................... 200, 201
  2. Verfügungsgeschäft ............................................................ 202–204
  3. Verpflichtungsgeschäft ....................................................... 205–207

**MarkenG Einl** Einleitung

|  | Rn |
|---|---|
| 4. Einzelfragenbezogene Schutzlandanknüpfung | 208, 209 |
| 5. Markenlizenzen | 210 |
| 6. Anknüpfung der Immaterialgüterrechtsverträge im österreichischen Recht | 211 |
| 7. Anknüpfung der Immaterialgüterrechtsverträge im schweizerischen Recht | 212 |
| G. Internationales Markenprozeßrecht | 213–239 |
| I. Internationale Zuständigkeit bei Verletzung ausländischer Markenrechte | 213–225 |
| II. Zuständigkeitsfragen nach dem EuGVÜ | 226, 227 |
| III. Reichweite der Entscheidung der nationalen Gerichte | 228–233 |
| IV. Bestand und Wirksamkeit ausländischer Markenrechte als Vorfrage vor inländischen Gerichten | 234, 235 |
| V. Ordre Public | 236 |
| VI. Privilegium Germanicum | 237–239 |

## A. Geschichte des Markenrechts

**Schrifttum.** *Asendorf,* Gesetz zur Stärkung des Schutzes geistigen Eigentums und zur Bekämpfung der Produktpiraterie, NJW 1990, 1283; *Benkard,* Der gegenwärtige Stand des Patent- und Gebrauchsmusterrechts, DRZ 1948, 320; *Berlit,* Änderungen des UWG durch das Markenrechtsreformgesetz, NJW 1995, 365; *Berlit,* Das neue Markenrecht, WiB 1995, 49; *Bußmann,* Zwangsmaßnahmen gegen Unternehmenskennzeichen, FS für Raape, 1948, S. 131; *Coing,* Europäisches Privatrecht, Bd. II, 19. Jahrhundert, 1989, S. 166; *Deringer,* Die Eingliederung des Saarlandes auf dem Gebiet des gewerblichen Rechtsschutzes, GRUR 1959, 406; *Dreiss,* Das neue Markenrecht, Mitt 1995, 1; *Droste,* Auch mehr als 100 Jahre: Deutsches Warenzeichenrecht, GRUR 1977, 411; *Droste/Reimer,* Zur Reform des deutschen Warenzeichengesetzes, GRUR 1974, 636; *Feiler,* Sequestrierung und Warenzeichenrecht, NJ 1950, 155; *Friedrich,* Enteignung und Löschung von Unternehmungen in der Ostzone mit Vermögen in den Westzonen, SJZ 1948, Sp. 25; *v. Gamm,* Zur Warenzeichenreform, WRP 1993, 793; *Harmsen,* Währungsreform und gewerblicher Rechtsschutz, NJW 1948, 444; *Hermann,* Heraldik der Wirtschaft, Geschichte und Wirkung internationaler Marken- und Warenzeichen, 1969; *Ingerl,* Der Regierungsentwurf zum neuen Markengesetz – Zwischenstation auf dem Weg zum europäischen Markenrecht, WiB 1994, 109; *Ingerl/Rohnke,* Die Umsetzung der Markenrechts-Richtlinie durch das deutsche Markengesetz, NJW 1994, 1247; *Jauch,* Fragen zum Ost-West-Problem, WRP 1955, 143; *Knaak,* Die nationalen und internationalen Arbeiten gegen die Markenpiraterie, GRUR Int 1988, 1; *Krieger,* Die Eingliederung des Saarlandes auf dem Gebiet des Warenzeichenrechts, MA 1959, 831; *Krieger,* Zur Reform des Warenzeichenrechts, MA 1970, 4; *Leitherer,* Die Entwicklung des Markenwesens – Von den Ursprüngen bis zum Beginn der fünfziger Jahre, Diss. Erlangen/Nürnberg, 1954 (Neudruck 1988); *Leitherer,* Die Entwicklung der modernen Markenformen, MA 1955, 539; *Leitherer,* Das Markenwesen der Zunftwirtschaft, MA 1956, 685; *Lutz,* Das Schicksal der Firmen- und Warenzeichenrechte enteigneter Betriebe, GRUR 1948, 84; *Meister,* Erste Erfahrungen mit dem neuen Markengesetz, Teil I, II, MA 1995, 507, 572; *Meister,* Die Verteidigung von Marken. Eine Skizze zum neuen Recht, WRP 1995, 366; *Miosga,* Eingliederung des Saarlandes auf dem Gebiet des Warenzeichen- und Markenrechts, GRUR 1960, 112; *Miosga,* Deutsches Zeichenrecht in der Entwicklung, GRUR 1967, 9; *v. Mühlendahl,* Gewerblicher Rechtsschutz im vereinigten Deutschland – eine Zwischenbilanz, GRUR 1990, 719; *Nadler,* Die Entwicklung der Warenzeichenabteilung des Deutschen Patentamts, GRUR 1973, 350; *Schmieder,* Neues deutsches Markenrecht nach europäischem Standard, NJW 1994, 1241; *Ströbele,* Gedanken zum neuen Markenrecht, MA 1993, 219; *Ulmer,* Warenzeichen und Firma zwischen Ost und West, GRUR 1949, 63; *Wadle,* Das Markenschutzgesetz von 1874, JuS 1974, 761; *Wadle,* Markenschutz und Fabrikzeichenrecht, Ein Beitrag zur deutschen Rechtsgeschichte des 19. Jahrhunderts, 1977; *Wadle,* Markenwesen und Markenrecht im Übergang – Die Einflüsse des Strukturwandels am Beispiel des Bielefelder Leinengewerbes, in: Scherner/Willoweit (Hrsg.), Vom Gesetz zum Unternehmer, 1982, S. 152; *Wadle,* Der Einfluß Frankreichs auf die Entwicklung gewerblicher Schutzrechte in Deutschland, Gedächtnisschrift für Constaninesco, 1983, S. 871; *Wadle,* Fabrikzeichenschutz und Markenrecht, Geschichte und Gestalt des deutschen Markenschutzes im 19. Jahrhundert, Erster Teil: Entfaltung, 1977, Zweiter Teil: Historisch-dogmatische Grundlinien, 1983; *Wadle,* Geistiges Eigentum, Bausteine zur Rechtsgeschichte, 1996; *Winkler,* Das neue Markenrecht als Herausforderung für das Deutsche Patentamt, Mitt 1995, 45.

Einleitung 1–4 **Einl MarkenG**

## I. Geschichtliche Entwicklung

### 1. Entstehung des Markenschutzes

Markenrechte sind wie alle Immaterialgüterrechte Ausdruck der geltenden Wirtschafts- 1
verfassung einer Gesellschaft. In Deutschland gibt es Marken als die Bezeichnung von Waren mit bestimmten Kennzeichen seit alters her. Im Zeitalter des Merkantilismus diente das Markenwesen vornehmlich der staatlichen Kontrolle einer Einhaltung bestimmter Fabrikationsregeln. Reglements für Schauzeichen, Meisterzeichen, Fabrikzeichen und Qualitätszeichen beherrschten von der mittelalterlichen Zunftwirtschaft bis zur kapitalistischen Wirtschaftsweise Gewerbe und Handel gleichsam als eine territoriale Wirtschaftsfürsorge des Staates (s. statt aller *Wadle*, Fabrikzeichenschutz und Markenrecht, 1. Teil, S. 20 ff.). Das galt für die Meisterzeichen der Gold- und Silberschmiede sowie der Zinngießer, für die Schauzeichen der Manufakturen der preußischen Seidenindustrie, für die Sensenzeichen vom steirischen Erzberg oder für die Bielefelder Leinen. Die ersten Zeicheneintragungen werden in das 15. Jahrhundert datiert. Die Marken der privilegierten Zünfte, Verbände, Familien und Personen waren Instrument einer staatlichen Qualitätskontrolle aus Gründen des Gewerbeschutzes sowie des Kunstschutzes. Die Anfänge des Markenwesens liegen im echten Ursprungszeichen, das als Haus- und Hofmarke den Wirtschaftsverkehr bestimmte.

Die mit der Theorie des ökonomischen Liberalismus einhergehende Liberalisierung der 2
Wirtschaft befreite Gewerbe und Handel von den zünftigen Fesseln und staatlicher Kontrolle einer behördlichen Gewerbepolitik. Mit der Einführung der Gewerbefreiheit in der Gewerbeordnung des Jahres 1869 vollzog sich ein Wandel im Markenwesen. Die Konstituierung einer Privatrechtsgesellschaft von Marktbürgern gründete auf der Anerkennung eines unbeschränkten Selbstbestimmungsrechts der Wirtschaftssubjekte (s. zur vergleichbaren Entwicklung einer Kartellierung der Wirtschaft *Fezer*, Teilhabe und Verantwortung, S. 432 ff.). Die Privatautonomie durchdrang das Markenwesen. Merkmale dieser liberalen Konzeption des Markenrechts waren die freie Wahl einer eigenen Marke durch den Unternehmer selbst, der Erwerb des Markenrechts aufgrund eines staatlichen Verfahrens, die Anmeldung der Marke in ein Register (Depot) und die Bekanntmachung der Marke an die Mitbewerber (Notifikation), die Rechtsnatur der Marke als eines Ausschließlichkeitsrechts, die Zuerkennung von Unterlassungsansprüchen und Schadensersatzansprüchen, sowie allgemein das Vordringen des zivilrechtlichen Markenschutzes vor den strafrechtlichen Schutzbestimmungen. Das Markenrecht als Zivilrecht wurde Teil des Wettbewerbsrechts.

Im *Marktwettbewerb der Grundrechtsdemokratie* ist das Markenrecht, wie allgemein das Im- 3
materialgüterrecht, ein Baustein einer verfassungsgebundenen Wirtschaftsordnung. Die subjektiven Kennzeichenrechte sind Verfassungseigentum (s. Rn 22 ff.). Als Immaterialgüter nehmen die Kennzeichenrechte innerhalb des Rechts des geistigen und kommerziellen Eigentums im Europäischen Binnenmarkt am Schutzsystem des EGV teil (s. Rn 25 ff.). Die Kennzeichenrechte sind ein konstitutiver Teil einer marktwirtschaftlichen Wettbewerbsordnung in der EU und im EWR und ein wesentliches Strukturelement einer Globalisierung der Wirtschaft, sowie eines freien Welthandels im internationalen Wirtschaftsverkehr.

### 2. Gesetzesgeschichte

Die Markengesetzgebung des Deutschen Reiches gründet auf einer Vielfalt von Verord- 4
nungen und Gesetzen in den deutschen Ländern (s. dazu im einzelnen *Wadle*, Fabrikzeichenschutz und Markenrecht, 1. Teil, S. 71 ff.), sowie auf vergleichbaren Vorarbeiten an Kennzeichenschutzgesetzen in fast allen europäischen Staaten in der zweiten Hälfte des 19. Jahrhunderts (s. dazu im einzelnen *Coing*, Europäisches Privatrecht, Bd. II, S. 168 ff.). Die Geschichte der deutschen Gesetzgebung im Markenrecht beginnt mit dem *Markenschutzgesetz* aus dem Jahr 1874 (*Gesetz über Markenschutz* vom 30. November 1874; RGBl. S. 143). Marken im Sinne des MarkenschutzG sind Zeichen von Gewerbetreibenden, welche zur Unterscheidung ihrer Waren von den Waren anderer Gewerbetreibender auf den Waren selbst oder auf deren Verpackung angebracht werden sollen (§ 1 MarkenschutzG). Der Erwerb des Markenrechts erfolgte durch Eintragung in das Handelsregister. Der Anmeldung mußte eine deutliche Darstellung des Warenzeichens nebst einem Verzeichnis der

**MarkenG Einl** 5–7            Einleitung

Warengattungen, für welche das Zeichen bestimmt war, beigefügt sein (§ 2 MarkenschutzG). Die Eintragung war zu versagen, wenn die Zeichen ausschließlich in Zahlen, Buchstaben oder Worten bestanden, oder wenn sie öffentliche Wappen oder Ärgernis erregende Darstellungen enthielten (§ 3 Abs. 2 MarkenschutzG). Das Warenzeichen erhielt die Priorität der Anmeldung (§ 4 S. 2 MarkenschutzG). Das MarkenschutzG verband eine Vorprüfung mit dem Anmeldeverfahren. Schon die *Verordnung zum Schutze der Fabrikzeichen an Eisen- und Stahlwaren in der Provinz Westphalen und der Rheinprovinz* vom 18. August 1847 (Gesetz-Sammlung für die Königlichen Preußischen Staaten, Nr. 35, vom 18. September 1847) enthielt die Regelung, ein Zeichen, welches ein Gewerbetreibender zu seinem ausschließlichen Gebrauch wählen wolle, müsse sich von anderen, in den Zeichenrollen bereits eingetragenen oder zur Eintragung früher angemeldeten Zeichen hinlänglich unterscheiden; es dürfe weder in Buchstaben noch in Worten bestehen und keine Darstellung enthalten, welche gegen die guten Sitten verstoße (§ 2 Abs. 1 VO). Das *Gesetz zum Schutz der Waarenbezeichnungen* vom 12. Mai 1894 (RGBl. S. 441) suchte der am MarkenschutzG von 1874 geübten Kritik Rechnung zu tragen. Das Gesetz hielt am Eintragungsgrundsatz fest (RGZ 3, 67; 66, 236). Die Schutzversagungsründe werden erweitert und der Freizeichenschutz anerkannt (§ 4 WaarenezeichnungenschutzG). Die Zeichenrolle wird von dem Reichspatentamt als Zentralinstanz geführt (§ 2 WaarenbezeichnungenschutzG). Das mit einer Vorprüfung verbundene Anmeldeverfahren des MarkenschutzG wird durch ein Eintragungsverfahren mit einer Prüfung von Markenkollisionen ersetzt (§§ 3 bis 6 WaarenbezeichnungenschutzG).

**5**    Unter dem Einfluß des UWG aus dem Jahr 1909 entwickelte die Rechtsprechung den Grundsatz, das Zeichenrecht sei nur ein Ausschnitt aus dem allgemeinen Wettbewerbsrecht, das gegenüber dem förmlichen Recht ein Recht höherer Ordnung darstelle (RGZ 97, 90, 93 – Pecho/Pecose; 111, 192 – Goldina; 120, 330 – Sonnengold). Der zum Verhältnis des Markenrechts zur Wettbewerbsordnung entwickelte Grundsatz, das Markenrecht sei Teil des allgemeinen Wettbewerbsrechts, wurde zum Allgemeingut (BGHZ 14, 15, 18 – Frankfurter Römer; BGH GRUR 1954, 346 – Strahlenkranz; s. nur *Baumbach/Hefermehl*, Einl WZG, Rn 44). Die Zurückführung des Markenrechts auf die Wurzeln des Wettbewerbsrechts führte zu einer wertvollen Vertiefung des Kennzeichenschutzes. Die Benutzung eines Kennzeichens kann zeichenrechtlich zulässig, aber wettbewerbsrechtlich unzulässig sein. Nicht zu billigen war jedoch der Satz des RG, das Wettbewerbsrecht stelle gegenüber dem formalen Markenrecht ein Recht höherer Ordnung dar. Dadurch wurde der falsche Eindruck erweckt, als sei das Markenrecht nur ein Recht niederer Ordnung. Gerade aus der Erkenntnis, das Markenrecht sei ein Teil des allgemeinen Wettbewerbsrechts, folgte aber die Anerkennung des wettbewerblichen Eigenwerts der Marke. Die Rechtsnatur der Kennzeichenrechte als subjektive Privatrechte ist Ausdruck sowohl der Eigenwertigkeit der Kennzeichenrechte gegenüber dem Wettbewerbsrecht als auch der Gleichwertigkeit der Kennzeichenrechte untereinander. Die Eigenwertigkeit des Markenschutzes kann man unter dem Aspekt der Entwicklungsbegünstigung der eingetragenen Marke beschreiben (s. dazu *Ulmer*, Warenzeichen und unlauterer Wettbewerb, 1929, S. 67 ff.). Die eingetragene Marke hat die Chance des Erwerbs von Marktgeltung. Aus der frühen Erkenntnis des RG, das Zeichenrecht sei ein Ausschnitt aus dem allgemeinen Wettbewerbsrecht, folgte die Anerkennung eines sachlichen Ausschließlichkeitsrechts neben dem förmlichen Zeichenrecht, das auf der Registereintragung beruht. Der wettbewerbliche Gedanke der Verkehrsgeltung war für die weitere Entwicklung des Markenrechts in Deutschland von grundlegender Bedeutung und führte in einem immer stärkeren Maße zu einer Anerkennung des sachlichen Zeichenrechts.

**6**    Das *Warenzeichengesetz* vom 5. Mai 1936 (RGBl. II S. 134) löste das *Gesetz zum Schutze der Waarenbezeichnungen* aus dem Jahr 1894 ab. Im Anschluß an Art. 6$^{bis}$ PVÜ wurde neben dem Markenschutz durch Eintragung der Markenschutz durch Verkehrsgeltung als Ausstattungsrecht nach § 25 WZG anerkannt. Aufgrund des Erwerbs von Verkehrsdurchsetzung nach § 4 Abs. 3 WZG konnten die unbedingten Versagungsgründe der nicht unterscheidungskräftigen und der beschreibenden Zeichen nach § 4 Abs. 2 Nr. 1 WZG überwunden werden.

**7**    Das Zeichenwesen in Deutschland erlitt als Folge des Zweiten Weltkriegs nachteilige Auswirkungen. Aufgrund der Schließung des RPA im April 1945 trat ein Rechtsstillstand ein, der viereinhalb Jahre dauerte. Die vor der Schließung beim RPA eingereichten Anmel-

Einleitung                                        **8  Einl MarkenG**

dungen blieben unerledigt. Neue Warenzeichen konnten nicht mehr mit prioritätsbegründender Wirkung angemeldet werden. Während der patentamtslosen Zeit konnten nur Ausstattungsschutzrechte nach § 25 WZG aufgrund des Erwerbs von Verkehrsgeltung entstehen. Im Vereinigten Wirtschaftsgebiet trat durch das *Gesetz über die Errichtung von Annahmestellen für Patent-, Gebrauchsmuster- und Warenzeichenanmeldungen* vom 5. Juli 1948 (WiGBl. S. 65) eine Verbesserung des untragbaren Zustands der patentamtslosen Zeit ein. Bei den am 1. Oktober 1948 gleichzeitig in Darmstadt und Berlin errichteten Annahmestellen konnten neue Warenzeichen angemeldet werden (Bek vom 24. Juli 1948, WiGBl. S. 78; Bek vom 30. September 1948, WiGBl. S. 110). Diese Anmeldungen begründeten zwar kein Schutzrecht für den Anmelder, sicherten ihm aber wenigstens für das Vereinigte Wirtschaftsgebiet den Zeitrang der Anmeldung. Erreichbar war auch ein Ausstellungszeitvorrang aufgrund des *Gesetzes betreffend den Schutz von Erfindungen, Mustern und Warenzeichen auf Ausstellungen* vom 18. März 1904 (RGBl. S. 141). Diesen Sonderregelungen wegen der besonderen Umstände des Zweiten Weltkriegs kommt heute keine unmittelbare Bedeutung mehr zu (s. § 6, Rn 21 f.; zu den Bestimmungen im einzelnen *Baumbach/Hefermehl*, 10. Aufl., § 2 WZG, Rn 45 ff.). Durch das *Gesetz über die Errichtung eines Patentamtes im Vereinigten Wirtschaftsgebiet* vom 12. August 1949 (WiGBl. S. 251) wurde für das Vereinigte Wirtschaftsgebiet das Deutsche Patentamt (DPA) mit Sitz in München errichtet und am 1. Oktober 1949 eröffnet. Mit der Eröffnung des DPA waren die Annahmestellen aufgelöst, deren Aufgaben und Befugnisse auf das DPA übergingen. In Berlin (West) wurde eine Zweigstelle des DPA unter der Bezeichnung Deutsches Patentamt Dienststelle Berlin errichtet und am 1. Februar 1950 eröffnet. Bei ihr konnten Anmeldungen mit prioritätsbegründender Wirkung sowie sonstige fristwahrende Anträge eingereicht werden; die sachliche Bearbeitung lag beim DPA in München. Nach Gründung der Bundesrepublik Deutschland wurde das DPA in die Verwaltung des Bundes überführt. Mit Wirkung vom 1. September 1998 wurde die Dienststelle Berlin nach Jena verlagert. Gleichzeitig wurde in Berlin unter Aufrechterhaltung der Öffentlichkeitsbereiche *Annahmestelle, Auskunftsstelle* und *Geldannahmestelle* ein Technisches Informationszentrum des DPA eingerichtet (s. § 56, Rn 1 b). Durch das 2. PatGÄndG vom 16. Juli 1998 (BGBl. I S. 1827) wurde das Deutsche Patentamt in *Deutsches Patent- und Markenamt (DPMA)* umbenannt.

Das Warenzeichenrecht in der Bundesrepublik Deutschland erfuhr in den Jahren 1949 bis  **8**
1961 einschneidende Änderungen und Ergänzungen durch sechs *Überleitungsgesetze*, aufgrund deren es innerhalb etwa eines Jahrzehnts gelungen war, den gewerblichen Rechtsschutz wieder aufzubauen (Nachw. bei *Baumbach/Hefermehl*, Einl WZG, Rn 68). Die sachlichen Änderungen bezogen sich zum einen auf das Eintragungsverfahren. An die Stelle der Amtsprüfung und Benachrichtigung des früheren Zeicheninhabers trat ein öffentliches Aufgebot der neuen Warenzeichenanmeldungen. Zur Verwirklichung der Rechtsweggarantie des Art. 19 Abs. 4 GG wurde zum anderen ein Bundespatentgericht (BPatG) errichtet und ein gerichtlicher Instanzenzug vom DPA zum BPatG sowie zum BGH eingerichtet. Ein Teil der früheren Zuständigkeiten des DPA wurde auf das BPatG übertragen. Das in der Bundesrepublik Deutschland geltende Warenzeichenrecht galt auch in Berlin (West) und seit dem 5. Juli 1959 auch im Saarland (*Gesetz über die Eingliederung des Saarlandes auf dem Gebiet des gewerblichen Rechtsschutzes* vom 30. Juni 1959, BGBl. I S. 388; s. dazu KG GRUR 1961, 186 – Novopan; *Deringer*, GRUR 1959, 406; *Krieger*, MA 1959, 831, 906; *Miosga*, GRUR 1960, 112). Die Wiederherstellung der Warenzeichenrechte ausländischer Staaten und ausländischer Staatsangehöriger regelte das Gesetz Nr. 8 der Alliierten Hohen Kommission vom 20. Oktober 1949 (*Gesetz über gewerbliche, literarische und künstlerische Eigentumsrechte ausländischer Staaten und Staatsangehöriger*, AHKABl. S. 18). Durch das *Gesetz zur Änderung des Patentgesetzes, des Warenzeichengesetzes und weiterer Gesetze* vom 4. September 1967 (BGBl. I S. 953) wurde der Benutzungszwang in das WZG eingeführt (Art. 2 VorabG), um einer Überfüllung der Warenzeichenrolle entgegenzuwirken und das DPA und das BPatG durch eine Verkürzung der Dauer der Eintragungsverfahren zu entlasten. Durch das *Gesetz über die Eintragung von Dienstleistungsmarken* vom 29. Januar 1979 (BGBl. I S. 125) wurde die Eintragung von Dienstleistungsmarken in die Zeichenrolle zugelassen. In Umsetzung der am 1. Januar 1988 in Kraft getretenen *Verordnung (EWG) Nr. 3842/86* vom 1. Dezember 1986 (ABl. EG Nr. L 357 vom 18. Dezember 1986, S. 1; s. dazu *Knaak*, GRUR Int 1988, 1 ff.) über Maßnahmen zum Verbot der Überführung nachgeahmter Waren in den zollrechtlich

59

freien Verkehr wurde durch das *Gesetz zur Stärkung des Schutzes des geistigen Eigentums und zur Bekämpfung der Produktpiraterie* vom 7. März 1990 (BGBl. I S. 422; s. dazu *Asendorf*, NJW 1990, 1283) durch entsprechende Änderungen auch des WZG der Schutz vor der internationalen Markenpiraterie verstärkt. Der Strafrechtsschutz vor Schutzrechtsverletzungen wurde verschärft (§ 25 d WZG), die strafrechtlichen sowie die zivilrechtlichen Möglichkeiten einer Vernichtung und Einziehung schutzrechtsverletzender Waren sowie der zu ihrer Herstellung verwendeten Produktionsmittel erweitert (§§ 25 a und 25 d Abs. 5 WZG), ein besonderer Auskunftsanspruch des Verletzten zur Aufklärung der Quellen und Vertriebswege schutzrechtsverletzender Waren geschaffen (§ 25 b WZG) sowie die Befugnis, offensichtlich schutzrechtsverletzende Waren bei ihrer Einfuhr oder Ausfuhr anzuhalten, ausgedehnt (§ 28 WZG).

**9** In der DDR wurde das WZG von 1936 durch das *Warenzeichengesetz* vom 17. Februar 1954 (GBl. DDR S. 216) außer Kraft gesetzt. Seit diesem Datum gab es somit in Deutschland kein einheitliches Markenrecht mehr. Aufgrund des *Gesetzes über die Errichtung eines Amtes für Erfindungs- und Patentwesen in der Deutschen Demokratischen Republik* vom 6. September 1950 (GBl. DDR S. 1000) ist für das Gebiet der DDR mit Wirkung vom 1. Oktober 1950 das Amt für Erfindungs- und Patentwesen in Berlin (Ost) errichtet worden. Dem WZG (DDR) folgte das *Gesetz über Warenkennzeichen* vom 30. November 1984 (GBl. Nr. 33 I S. 397), das am 1. April 1985 in Kraft getreten ist. In der DDR galt wie auch in der Bundesrepublik Deutschland die PVÜ sowie das MMA.

**10** Mit dem *Vertrag zwischen der Bundesrepublik Deutschland und der Deutschen Demokratischen Republik über die Herstellung der Einheit Deutschlands (Einigungsvertrag)* vom 31. August 1990 wurde die staatliche Einheit Deutschlands mit Wirkung vom 3. Oktober 1990 wiederhergestellt. Die Anlage I zum Einigungsvertrag, die besondere Bestimmungen zur Überleitung von Bundesrecht enthielt, regelte in Kapitel III, dessen Regelungsgegenstand der Geschäftsbereich des Bundesministers der Justiz war, als Sachgebiet E den gewerblichen Rechtsschutz, das Recht gegen den unlauteren Wettbewerb sowie das Urheberrecht. Die Vorschriften enthalten die zur Herstellung der Rechtseinheit auf diesen Rechtsgebieten notwendigen Einführungs- und Überleitungsvorschriften, die Geltung im gesamten Bundesgebiet hatten (s. dazu im einzelnen *v. Mühlendahl*, GRUR 1990, 719). Nach dem Einigungsvertrag bestanden territorial begrenzte Altrechte, deren Anmeldetag beim DPA oder beim DDR-Patentamt vor dem 3. Oktober 1990 lag und die zunächst noch nach altem Recht zu beurteilen waren, neben gesamtdeutschen neuen Schutzrechten. Der Herstellung der vollständigen Rechtseinheit im vereinigten Deutschland auf dem Gebiet des gewerblichen Rechtsschutzes diente das *Gesetz über die Erstreckung von gewerblichen Schutzrechten (Erstreckungsgesetz)* vom 23. April 1992 (BGBl. I S. 938). Das ErstrG erstreckte alle vor dem 3. Oktober 1990 in der Bundesrepublik Deutschland und in der DDR begründeten gewerblichen Schutzrechte, die aufgrund der besonderen Bestimmungen zum gewerblichen Rechtsschutz im Einigungsvertrag noch auf ihr früheres Schutzgebiet beschränkt waren, auf ganz Deutschland. Die Schutzrechte wurden ohne Antrag von Gesetzes wegen erstreckt. Ausgenommen wurden lediglich die im Gebiet der DDR registrierten oder zur Registrierung angemeldeten Herkunftsangaben, für die eine Umwandlung in Verbandszeichen auf Antrag vorgesehen war. Auf die erstreckten Schutzrechte mit DDR-Ursprung, die als Altrechte noch den Rechtsvorschriften der DDR unterlagen, war im wesentlichen nur noch Bundesrecht anzuwenden. Für die Überleitung in das Bundesrecht enthielt das ErstrG eine Reihe von materiellrechtlichen und verfahrensrechtlichen Anpassungs- und Übergangsvorschriften. Das ErstrG regelte zudem auch im Bereich der Markenrechte und sonstigen Kennzeichenrechte die Fallkonstellationen, in denen übereinstimmende Schutzrechte infolge der Erstreckung zusammentrafen (§§ 30 bis 32 ErstrG; zur Rechtslage nach dem ErstrG im einzelnen s. Rn 44 ff.).

**11** In Umsetzung der *Ersten Richtlinie des Rates zur Angleichung der Rechtsvorschriften der Mitgliedstaaten über die Marken* vom 21. Dezember 1988 (89/104/EWG; ABl. EG Nr. L 40 vom 11. Februar 1989, S. 1) wurde durch Art. 1 des *Gesetzes zur Reform des Markenrechts (MRRG)* vom 25. Oktober 1994 das *Gesetz über den Schutz von Marken und sonstigen Kennzeichen (Markengesetz – MarkenG)* erlassen (BGBl. I S. 3082). Das MarkenG löste das geltende WZG in der Fassung der Bekanntmachung vom 2. Januar 1968 (BGBl. I S. 1, 29), das zuletzt durch das ErstrG vom 23. April 1992 geändert worden war, ab. Das MarkenG trat am 1. Januar 1995 in Kraft (Art. 50 Abs. 3 MRRG). Das MRRG stellt eine grundlegende Reform des deutschen Markenrechts und eine Anpassung an die internationale Rechtsentwicklung im Kennzeichenschutz dar. Es vereinheitlicht den Kennzeichenschutz der Marken, geschäftlichen Bezeichnungen und geographischen Herkunftsangaben (§ 1 MarkenG). Die Anerkennung neuer Markenformen aufgrund eines weiten Begriffs der Marke, die freie Übertragbarkeit der Marke und die Selbständigkeit der Marke als eines Vermögenswertes des Unternehmens sowie die Dinglichkeit der Markenlizenz sind wesentliche Rechtsänderungen. Aufgrund der Rechtsverordnungsermächtigungen des MarkenG ist die *Verordnung zur Ausführung des Markengesetzes (Markenverordnung – MarkenV)* vom 30. November 1994 verordnet worden (BGBl. I S. 3555). Die *Verordnung (EG) Nr. 40/94 des Rates über die Gemeinschaftsmarke* vom 20. Dezember 1993 (ABl. EG Nr. L 11 vom 14. Januar 1994, S. 1) trat am 15. März 1994 in Kraft (Art. 143 Abs. 1 GMarkenV). Das *Markenrechtsänderungsgesetz 1996* vom 19. Juli 1996 (BGBl. I S. 1014) enthält die nationalen Ausführungsvorschriften zur GMarkenV. Diese Ausführungsvorschriften sind als Abschnitt 3 in Teil 5 des MarkenG (§§ 125a bis 125h) eingefügt worden. Das MarkenRÄndG 1996 ist am 25. Juli 1996 in Kraft getreten (Art. 6 Abs. 2 MarkenRÄndG 1996). Durch das *Gesetz zur Neuregelung des Kaufmanns- und Firmenrechts und zur Änderung anderer handels- und gesellschaftsrechtlicher Vorschriften* (Handelsrechtsreformgesetz – HRefG) vom 22. Juni 1998 (BGBl. I S. 1474) wurden Bestimmungen in das MarkenG eingefügt, die die Veröffentlichung der Anmeldung von Marken zur Eintragung in das Markenregister ermöglichen. Das HRefG ist am 1. Juli 1998 in Kraft getreten (Art. 29 Abs. 4 HRefG). Durch das *Zweite Gesetz zur Änderung des Patentgesetzes und anderer Gesetze* (2. PatGÄndG) vom 16. Juli 1998 (BGBl. I S. 1827) wurde das Deutsche Patentamt in Deutsches Patent- und Markenamt umbenannt und das Kostenrecht für das Rechtsbeschwerdeverfahren vor dem BGH neu geregelt. Das 2. PatGÄndG ist am 1. November 1998 in Kraft getreten (Art. 30 Abs. 2 2. PatGÄndG).

## II. Rechtslage im Verhältnis der Bundesrepublik Deutschland zur DDR

**Schrifttum zum Verhältnis des WZG zur DDR.** *Beil,* Spaltbarkeit des deutschen Warenzeichenrechts, BB 1948, 592; *Benkard,* Einfluß der Zwangsenteignung auf juristische Personen des Handelsrechts mit Betrieben in verschiedenen Zonen, DRZ 1947, 356; *Benkard,* Trennung gewerblicher Schutzrechte, DR 1949, 320; *Bußmann,* Unternehmenskennzeichen zwischen Ost und West, GRUR 1950, 93; *Bußmann,* Zwangsmaßnahmen gegenüber Unternehmenskennzeichen, FS für Raape, 1948, S. 131; *Bußmann,* GRUR 1963, 477; *Dehler,* Wiederaufbau des deutschen gewerblichen Rechtsschutzes, GRUR 1950, 342; *Feiler,* Sequestration und Warenzeichenrecht, NJ 1950, 155; *Ficker,* Grundfragen des deutschen interlokalen Rechts, 1952; *Fischer,* Nachkriegsfragen des gewerblichen Rechtsschutzes in Hamburger Vorträgen, 1987; *Friedrich,* Enteignung und Löschung von Unternehmungen in der Ostzone mit Vermögen in den Westzonen, SJZ 1948, Sp. 24; *Harmsen,* Zum Knäckebroturteil, NJW 1948, 693; *Lutz,* Schicksal der Firmen und Warenzeichenrechte enteigneter Betriebe, GRUR 1948, 84; *Papier/Dippel,* Die Rückübertragung enteigneter Warenzeichen nach dem Vermögensgesetz, GRUR 1991, 639; *Paterna,* Schicksal der Warenzeichen bei Enteignung von Ostbetrieben, MDR 1948, 462; *Schönrath,* Die zwischenstaatliche Sitzverlegung juristischer Personen unter dem Aspekt des Wechsels der Gebietshoheit, StuR 1970, 390; *Schricker,* Altes und Neues zur Enteignung von Markenrechten, GRUR 1977, 434; *v. Stoephasius,* Anerkennung der DDR und ihre Auswirkungen auf Warenzeichen- und Firmenrecht, WRP 1970, 281; *Troller,* Internationale Zwangsverwertung und Expropriation von Immaterialgütern, 1955; *Ulmer,* Warenzeichen und Firma zwischen Ost und West, GRUR 1949, 63; *Wilke,* Patente und Warenzeichen zwischen Ost und West, SJZ 1950, 558.

### 1. Altrechte und Neurechte

Innerhalb des Zeitraums zwischen der Kapitulation Deutschlands am Ende des Zweiten Weltkriegs (am 7. Mai 1945 mit Wirkung zum Beginn des 9. Mai 1945), der Gründung der Bundesrepublik Deutschland (am 24. Mai 1949) und der Gründung der Deutschen Demokratischen Republik (am 7. Oktober 1949) einerseits und dem Beitritt der DDR zum Geltungsbereich des GG und damit der Herstellung der Einheit Deutschlands durch den Einigungsvertrag vom 31. August 1990 (am 3. Oktober 1990) war die Rechtslage wie allgemein auch auf dem Gebiet des Markenrechts durch die Spaltung Deutschlands in zwei territoriale Hoheitsbereiche gekennzeichnet. Es galten verschiedene Kennzeichengesetze (s. Rn 7). Kennzeichenrechtliche Folge der Spaltung Deutschlands war es, daß Kennzeichenrechte nicht mehr für Gesamtdeutschland begründet werden konnten. Die vom DPA eingetragenen Warenzeichen galten nur für das Hoheitsgebiet der Bundesrepublik Deutschland und für Berlin (West); die vom Amt für Erfindungs- und Patentwesen eingetragenen Zeichen galten nur für das Gebiet der DDR und Berlin (Ost). Altwarenzeichen, die vor dem Kapitulationstag vom RPA eingetragen worden waren, blieben in ihrem Rechtsbestand zwar erhalten, doch war die Geltendmachung der Altrechte in der Bundesrepublik Deutschland davon abhängig, ob bis zum Ablauf des 30. September 1950 ihre Aufrechterhaltung beim DPA beantragt worden war (zur Gesetzeslage s. *Baumbach/Hefermehl*, 7. Aufl., Anh. I WZG). Nach dieser Rechtslage war zwischen Altrechten, die in Deutschland unbeschränkt geltend gemacht werden konnten, und Altrechten, die in der Bundesrepublik Deutschland oder in der DDR nicht geltend gemacht werden konnten, weil dort die Aufrechterhaltung nicht rechtzeitig beantragt worden war, zu unterscheiden. Neurechte konnten nicht mehr für Gesamtdeutschland begründet werden. Die in der Zeichenrolle des DPA in München eingetragenen neuen Warenzeichen galten nur für die Bundesrepublik Deutschland und für Berlin (West). Die in das Zeichenregister des Amts für Erfindungs- und Patentwesen eingetragenen neuen Warenzeichen galten nur für das Gebiet der DDR und Berlin (Ost).

## 2. Territorialität von Enteignungen

13   Die Enteignung von Unternehmen in der DDR hatte Rechtswirkungen auf die Warenzeichenrechte als Vermögensgegenstände der enteigneten Unternehmen. Die nach der Rechtslage im WZG bestehende Akzessorietät der Marke (s. § 3, Rn 57 f.) stand der Rechtswirkung einer Enteignung nicht grundsätzlich entgegen (RGZ 69, 1 – Chartreuse; HansOLG Hamburg GRUR 1948, 260 – Knäckebrot; OLG Düsseldorf GRUR 1950, 145 – Olympia; *Benkard*, DRZ I. Beiheft, 1 ff.; *Ulmer*, GRUR 1949, 64; einschränkend für Unternehmenskennzeichen wegen des persönlichkeitsrechtlichen Einschlags von sogenannten Firmenmarken *Bußmann*, FS für Raape, S. 131; *Harmsen*, NJW 1948, 693). Die *Territorialität der Enteignung* begrenzt die Rechtswirkungen einer Enteignung auf das Hoheitsgebiet des enteignenden Staates. Dieser völkerrechtliche Grundsatz galt auch für die interlokalen Rechtsbeziehungen zwischen der Bundesrepublik Deutschland und der DDR (BGHZ 17, 209, 213 – Heynemann; BGH GRUR 1956, 553, 555 – Coswig; 1958, 189, 194 – Zeiß; 1963, 263, 265 – Formfit; 1963, 473, 476 – Filmfabrik Köpenick; 1969, 487 – Ihagee). Die Rechtswirkung einer Enteignung beschränkt sich auf das Territorium des belegenen Vermögenswerts. Dieser völkerrechtliche Enteignungsgrundsatz führte folgerichtig zur sogenannten *Spaltungstheorie*. Die vom RPA eingetragenen Altwarenzeichenrechte, denen Rechtsschutz für Gesamtdeutschland vor seiner Spaltung verliehen worden war, waren sowohl im Gebiet der DDR als auch im Gebiet der Bundesrepublik Deutschland belegen. Folge der territorialen Begrenzung einer Enteignung in der DDR war deshalb, daß einer Enteignung in der DDR nicht die Rechtswirkung des Verlusts des Markenrechts in der Bundesrepublik Deutschland zukam (BGHZ 17, 209, 212 – Heynemann; BGH GRUR 1956, 553, 554 – Coswig; 1960, 137, 138 – Astra; 1960, 372 – Kodak; 1961, 420, 421 – Cuypers; *Friedrich*, SJZ 1948, Sp 25; *Ulmer*, GRUR 1949, 64, 67; *Jauch*, WRP 1955, 144; für tschechoslowakische Enteignungen BGHZ 18, 1, 8 – Hückel; zur Kritik an der Spaltungstheorie aus der Sicht der DDR s. *Schönrath*, StuR 1970, 390). Folge der Territorialität der Enteignung ist eine rechtliche Spaltung des Markenrechts. Ein angeblicher Grundsatz der Einheitlichkeit des Markenrechts stand dem nicht entgegen (so *Lutz*, GRUR 1948, 92; *Feiler*, NJ 1950, 155). Der Verlust der Markeneinheit ist eine rechtliche Folge der territorialen Teilung der Hoheitsgewalt des Geltungsbereichs des Rechts (s. zum Diskussionsstand *Baumbach/Hefermehl*, Einl WZG, Rn 73). Ständige Rechtsprechung und herrschende Meinung im Schrifttum gingen von einer Aufspaltung des Markenrechts aufgrund der Enteignungen in der DDR aus (BGHZ 17, 209, 212 – Heynemann; 18, 1 – Hückel; BGH GRUR 1956, 553, 554 – Coswig; Schweiz. BG GRUR Int 1955, 250; 1957, 128; OLG Wien ÖBl 1958, 12 – Zeiss; die gegenteilige Auffassung vertrat das Oberste Gericht der DDR GRUR 1954, 284). Folge der Enteignung des Vermögens einer juristischen Person

ist nicht die Vernichtung der juristischen Person als solcher. Die enteigneten Markenrechte konnten so in der Bundesrepublik Deutschland trotz einer Stillegung des Unternehmens auch im Hinblick auf den nach der Rechtslage im WZG geltenden Grundsatz der Akzessorietät der Marke (s. dazu § 3, Rn 52 ff.) weitergelten, wenn zumindest aus rechtlicher Sicht von dem Willen und der Möglichkeit einer Wiederaufnahme des Unternehmens und einer Inbenutzungnahme der Marke auszugehen war. Die Realität der Einheit Deutschlands ist ein empirisches Lehrstück für den langen Atem einer freiheitlichen Rechtsordnung. Die Anmeldung eines Warenzeichens zur Eintragung in die Zeichenrolle in der Bundesrepublik Deutschland durch ein enteignetes Unternehmen in der DDR stand dem Anmelder der DDR dann zu, wenn es mit einem Altwarenzeichen eines in der Bundesrepublik Deutschland fortgeführten Unternehmens nicht verwechselbar war (BGH GRUR 1969, 487, 489 – Ihagee mit Anm. *Harmsen*; *Bußmann*, GRUR 1963, 477).

## B. Überblick über die gesetzliche Regelung des MarkenG

### I. Aufbau des MarkenG

Regelungsgegenstand des MarkenG ist das Kennzeichenrecht. *Kennzeichen* sind nach § 1 Nr. 1 bis 3 *Marken*, *geschäftliche Bezeichnungen* und *geographische Herkunftsangaben*. Das MarkenG regelt sowohl das *materielle Markenrecht* als auch die *Verfahren in Markenangelegenheiten*. Der Aufbau des MarkenG folgt der Struktur der GMarkenV. Das MarkenG besteht aus 9 Teilen. Teil 1 (§§ 1 und 2) und Teil 2 (§§ 3 bis 31) enthalten im wesentlichen das materielle Markenrecht und das materielle Recht der geschäftlichen Bezeichnungen. Teil 4 (§§ 97 bis 106) enthält das Kollektivmarkenrecht. Teil 5 (§§ 107 bis 125 h) regelt in Abschnitt 1 (§§ 107 bis 118) den Schutz von Marken nach dem MMA, in Abschnitt 2 (§§ 119 bis 125) den Schutz von Marken nach dem Protokoll zum MMA und in Abschnitt 3 (§§ 125 a bis 125 h) Vorschriften zum Gemeinschaftsmarkenrecht. Teil 6 (§§ 126 bis 139) regelt in Abschnitt 1 (§§ 126 bis 129) den Schutz geographischer Herkunftsangaben und in Abschnitt 2 (§§ 130 bis 136) den Schutz von geographischen Angaben und Ursprungsbezeichnungen gemäß der Verordnung (EWG) Nr. 2081/92.

Die Verfahren in Markenangelegenheiten sind in Teil 3 (§§ 32 bis 96) geregelt. Das Verfahrensrecht im MarkenG ist ähnlich dem PatG aufgebaut. Abschnitt 1 (§§ 32 bis 44) regelt das Eintragungsverfahren (Anmeldung, Eintragung, Widerspruch, Eintragungsbewilligungsklage). Abschnitt 3 (§§ 48 bis 55) regelt den Verzicht, den Verfall und die Nichtigkeit der Marke sowie das Löschungsverfahren vor dem DPMA und vor den ordentlichen Gerichten. Abschnitt 2 (§§ 45 bis 47) enthält Vorschriften zur Berichtigung des Registers, zur Teilung der Eintragung sowie zur Schutzdauer und Verlängerung eines Markenrechts. Allgemeine Vorschriften für das Verfahren vor dem DPMA enthält Abschnitt 4 (§§ 56 bis 65), Vorschriften über das Verfahren vor dem BPatG enthält Abschnitt 5 (§§ 65 bis 82) und Vorschriften über das Verfahren vor dem BGH enthält Abschnitt 6 (§§ 83 bis 90). In Abschnitt 7 (§§ 91 bis 96) sind gemeinsame Vorschriften für alle Verfahren in Markenangelegenheiten enthalten. Vorschriften über das Verfahren in Kennzeichenstreitsachen enthält Teil 7 (§§ 140 bis 142). Teil 8 (§§ 143 bis 151) enthält in Abschnitt 1 (§§ 143 bis 145) Straf- und Bußgeldvorschriften und in Abschnitt 2 (§§ 146 bis 151) Vorschriften über die Beschlagnahme von Waren bei der Einfuhr und Ausfuhr. Teil 9 (§§ 152 bis 164) enthält Übergangsvorschriften.

### II. Kennzeichen im Sinne des MarkenG

Das MarkenG regelt den *Rechtsschutz von Kennzeichen*. Kennzeichen ist der im MarkenG verwendete Oberbegriff. Kennzeichen identifizieren Unternehmensleistungen im weitesten Sinne. Ein Kennzeichen dient der *Unterscheidung einer unternehmerischen Leistung* des Inhabers des Kennzeichens von Leistungen anderer Unternehmen (s. zu diesem an den Rechtsschutz der unternehmerischen Leistung als den übergreifenden Schutzzweck des gesamten Kennzeichenrechts anknüpfenden Theorieansatz *Fezer*, FS für Gaedertz, S. 153, 167 ff.; s.

zum Markenrecht im einzelnen § 3, Rn 9 ff.). Im MarkenG geschützte Kennzeichen sind *Marken* (§ 1 Nr. 1), *geschäftliche Bezeichnungen* (§ 1 Nr. 2) und *geographische Herkunftsangaben* (§ 1 Nr. 3). Kennzeichenrechte sind subjektive Ausschließlichkeitsrechte. Das gilt auch für die geographischen Herkunftsangaben, denen eine beschränkte Ausschließlichkeitsfunktion zukommt (s. § 126, Rn 4); der BGH leugnet die immaterialgüterrechtliche Struktur der geographischen Herkunftsangaben (BGH GRUR 1999, 252 – Warsteiner II). Die Kennzeichenrechte sind nach den *Kenneichnungsobjekten* zu unterscheiden. Marken kennzeichnen *Waren* oder *Dienstleistungen*, Unternehmenskennzeichen als geschäftliche Bezeichnungen kennzeichnen *Unternehmen*, Werktitel als geschäftliche Bezeichnungen kennzeichnen *Werke* und geographische Herkunftsangaben kennzeichnen die *geographische Herkunft* von Waren oder Dienstleistungen. Ein Zeichen kann zugleich die Funktion verschiedener Kennzeichen erfüllen (s. dazu schon *Bußmann*, FS für Raape, 1948, S. 131 f.). Ein Zeichen kann etwa zugleich *Produktkennzeichen* als auch *Unternehmenskennzeichen* oder zugleich *geographisches Herkunftskennzeichen* und *Kollektivmarke* sein.

## C. Arten von Kennzeichen

### I. Marken

#### 1. Der Begriff der Marke im MarkenG

17   Marken sind nach § 1 Nr. 1 geschützte Kennzeichen. Das MarkenG verwendet den Begriff der Marke für alle *Arten von Marken*; das sind *Warenmarken* und *Dienstleistungsmarken* sowie *Kollektivmarken*. Das MarkenG versteht unter einer Marke ein Zeichen, das geeignet ist, Waren oder Dienstleistungen eines Unternehmens von denjenigen anderer Unternehmen zu unterscheiden (§ 3 Abs. 1). Nach der *Entstehung des Markenschutzes* sind drei Kategorien von Marken zu unterscheiden: das durch die Eintragung eines Zeichens als Marke in das Register entstehende Markenrecht (*Registermarke* oder *Eintragungsmarke* nach § 4 Nr. 1), das durch die Benutzung eines Zeichens und den Erwerb von Verkehrsgeltung als Marke entstehende Markenrecht (*Benutzungsmarke* oder *Verkehrsgeltungsmarke* nach § 4 Nr. 2) und das durch den Erwerb von notorischer Bekanntheit entstehende Markenrecht (*notorisch bekannte Marke* oder *Notorietätsmarke* nach § 4 Nr. 3). Die Marke ist ein *Unterscheidungszeichen zur Identifikation von Unternehmensprodukten* auf dem Markt (s. § 3, Rn 9 ff.).

#### 2. Die Marke als Immaterialgut innerhalb des Rechts des geistigen Eigentums im Europäischen Binnenmarkt

18   Die Marke ist eine der tragenden Säulen im europäischen System des geistigen Eigentums (s. dazu *Fezer*, FS für Gaedertz, 1992, S. 153). Den anderen immateriellen Gütern ist die Marke gleichwertig und gleich schutzwürdig. Die Freiheit der Investitionsentscheidungen der Unternehmer sowie die Freiheit der Erwerbsentscheidungen der Verbraucher als Marktbürger ist von der Echtheit der Marke nicht minder abhängig wie von der Verläßlichkeit der anderen gewerblichen Schutzrechte. Die Interdependenz der verschiedenen Immaterialgüterrechte bedingt ihre wirtschaftliche und rechtliche Gleichwertigkeit. Noch in den siebziger Jahren diskreditierte die europäische Rechtsprechung die Marke als ein Immaterialgut mit minderer Schutzwürdigkeit. Den Anfang dieser markenrechtsfeindlichen Entwicklung (s. dazu *Hefermehl/Fezer*, in: Hefermehl/Ipsen/Schluep/Sieben, Nationaler Markenschutz, 1979, S. 65) bildete die Entscheidung *Sirena* des EuGH (EuGH, Rs. 40/70, Slg. 1971, 69 ff., GRUR Int 1971, 279 – Sirena); die Wende nach einer nahezu zwanzigjährigen, im Laufe der Zeit allerdings immer deutlicher abgewogen urteilenden und die Aufgaben des Markenschutzes merkbar akzentuierenden, höchstrichterlichen Rechtsprechung des EuGH zum Immaterialgüterrechtsschutz brachte die Entscheidung HAG II (EuGH, Rs. C-10/89, Slg. 1990, I-3711, GRUR Int 1990, 960 – HAG II).

19   Die ursprüngliche Abwertung der Marke belastete die Rechtsprechung des EuGH in den beiden letzten Jahrzehnten auf weite Strecken selbst dann, wenn die Urteilsgründe eher abgewogen waren und dem gefundenen Ergebnis die grundsätzliche Zustimmung nicht zu

versagen war; sie provozierten bleibende und teils harsche Kritik. Diese kritische Haltung gegenüber der Rechtsprechung des EuGH war insoweit berechtigt, als sie die Entscheidung *Sirena* selbst betraf, in der vom EuGH die geringschätzende Sicht des Markenschutzes, wie sie in den Schlußanträgen des Generalanwalts *Dutheillet de Lamothe* vorgetragen worden war (EuGH, Rs. 40/70, Slg. 1971, 69, 86, GRUR Int 1971, 279 – Sirena), im Ansatz übernommen wurde. Der EuGH führte aus, das Markenrecht unterscheide sich von anderen gewerblichen Schutzrechten dadurch, daß das Schutzobjekt dieser letzteren meist von größerer Bedeutung und schutzwürdiger sei als das des Warenzeichens. Noch Entscheidungen in späterer Zeit, wie die Entscheidungen *Terranova* (EuGH, Rs. 119/75, Slg. 1976, 1039, GRUR Int 1976, 402 – Terranova/Terrapin) und *EMI* (EuGH, Rs. 51/75, Slg. 1976, 811, GRUR Int 1976, 398 – EMI), in denen in überzeugender Weise die Lehre von der gemeinschaftsrechtlichen Erschöpfung der nationalen Markenrechte begründet wurde, litten unter diesem Bannstrahl des Markenrechts in der frühen Rechtsprechung des EuGH.

Es ist nachhaltig zu begrüßen, daß Generalanwalt *Jacobs* in der Rechtssache *HAG II* die **20** Gelegenheit wahrnahm, in einer Vorbemerkung die Einstellung des Gerichtshofs zu Natur und Funktion der Marke in früheren Rechtssachen zu analysieren (GRUR Int 1990, 962). Mit deutlichen Worten geißelt *Jacobs* die unangebracht negative Einstellung gegenüber dem Wert von Warenzeichen in der frühen Rechtsprechung des EuGH. Sein Credo ist: Warenzeichen seien nicht weniger wichtig und nicht weniger schutzwürdig als irgendeine andere Form des geistigen Eigentums. Nicht anders als Patente fänden Warenzeichen ihre Rechtfertigung in einer harmonischen Verbindung zwischen öffentlichen und privaten Interessen. Während Patente die Kreativität des Erfinders belohnten und damit den wissenschaftlichen Fortschritt stimulierten, belohnten Warenzeichen den Hersteller, der ständig hochwertige Waren erzeuge, und stimulierten damit den wirtschaftlichen Fortschritt. Ohne Warenzeichenschutz gäbe es wenig Anreiz für Hersteller, neue Erzeugnisse zu entwickeln oder die Qualität von vorhandenen Erzeugnissen zu erhalten. Durch Warenzeichen könne diese Wirkung erzielt werden, weil sie gegenüber dem Verbraucher als Garantie dafür wirkten, daß alle Waren, die ein besonderes Zeichen trügen, von demselben Hersteller oder unter dessen Kontrolle erzeugt worden und daher wahrscheinlich von gleicher Qualität seien. Diese Neuorientierung im Ausgangspunkt der Schlußanträge des Generalanwalts *Jacobs* dürfte den entscheidenden Anstoß für den EuGH gegeben haben, seine Rechtsprechung zum Markenschutz in Europa von Grund auf neu zu durchdenken.

Die wirtschaftliche und rechtliche Gleichwertigkeit der Immaterialgüterrechte ist ein **21** tragfähiges Fundament eines internationalen Systems des gewerblichen Rechtsschutzes im Europäischen Binnenmarkt. Das schließt nicht aus, bedingt vielmehr, der Verschiedenartigkeit der Aufgaben der jeweiligen Immaterialgüterrechte nach den jeweiligen Normzwecken der nationalen, internationalen und gemeinschaftsrechtlichen Regelungen Rechnung zu tragen.

### 3. Die Marke als Verfassungseigentum

Die Marke ist ein subjektives Recht (s. dazu *Schluep*, Das Markenrecht als subjektives **22** Recht, 1964; allgemein zum subjektiven Recht als Ausdruck personaler Freiheit und subjektivrechtlicher Handlungsalternativen *Fezer*, Teilhabe und Verantwortung, 1986, S. 363). Das bedeutet zum einen, daß dem Markeninhaber ein subjektives Ausschließlichkeitsrecht an der Marke zusteht. Der Schutzbereich der Marke gewährt dem Markeninhaber unternehmerische Freiräume der wirtschaftlichen Betätigung auf dem Markt. Der Markeninhaber kann jedem Dritten Eingriffe in sein Markenrecht verbieten.

Die subjektivrechtliche Struktur des Markenrechts bedeutet zum anderen, daß die Marke **23** *Verfassungseigentum* ist (s. dazu *Ipsen,* in: Hefermehl/Ipsen/Schluep/Sieben, Nationaler Markenschutz, 1979, S. 163, 166). Die Marke ist als ein immaterielles Gut ein verfassungsrechtlicher Schutzgegenstand. Das internationale System des Immaterialgüterrechtsschutzes steht unbestritten und unbestreitbar unter dem Eigentumsschutz der nationalen Verfassungen der Mitgliedstaaten sowie dem gemeinschaftsrechtlichen Verfassungsschutz der EU. Die wirtschaftliche und rechtliche Gleichwertigkeit der Marke im internationalen System der gewerblichen Schutzrechte harmoniert mit dem einheitlichen Grundrechtsschutz des Immaterialgüterrechts.

**24** In seiner Entscheidung *Weinbergsrolle* hat das BVerfG den grundrechtlichen Schutz der Marke als Eigentum anerkannt und den hervorgehobenen subjektivrechtlichen Vermögensschutz der Marke vom schlichten objektivrechtlichen Interessenschutz des Wettbewerbsrechts abgegrenzt (BVerfGE 51, 193 – Weinbergsrolle: „Das schutzfähige Warenzeichen ist eine durch Art. 14 Abs. 1 Satz 1 GG geschützte Rechtsposition."; s. auch BVerfGE 78, 58 – Esslinger Neckarhalde II; s. dazu *Krieger*, GRUR 1980, 335; *Kraft*, GRUR 1980, 416, 419). Die Garantie grundrechtlichen Verfassungsschutzes im gewerblichen Rechtsschutz verbietet es, Rangunterschiede zwischen den einzelnen Immaterialgüterrechten vorzunehmen. Die frühe Rechtsprechung des EuGH, wie sie sich vornehmlich in der Entscheidung *Sirena* niederschlug, war verfassungsrechtlich unhaltbar (s. Rn 19). Die verfassungsrechtliche Zuordnung der Marke zum Eigentumsschutz des Grundgesetzes (Art. 14 Abs. 1 GG) erheischt die Anerkennung des Vermögensgehalts der Marke als eines Verfassungsgutes (s. zur Marke als Gegenstand des Vermögens die §§ 27 ff.).

### 4. Die Marke als konstitutiver Teil einer marktwirtschaftlichen Wettbewerbsordnung in der Europäischen Union

**25** Die tiefgreifenden Umwälzungen der Rechts- und Wirtschaftsordnungen im Osten der nördlichen Hemisphäre unserer Welt im ausgehenden 20. Jahrhundert belegen im geschichtlichen Kontext auf einmalige Weise die Interdependenz der Verfassungen von Wirtschaft und Recht. Die Verfassung ist die Klammer zwischen Marktwettbewerb und allgemeinem Sozialmodell einer Gesellschaft. Marktwettbewerb ist verfassungsgebunden (s. dazu *Fezer*, JZ 1990, 657; *Fezer*, JuS 1991, 889). Die Rahmenbedingungen der Verfassung setzen der wirtschaftsrechtlichen Gesetzgebung Schranken. Mit den Geboten des Rechts- und Sozialstaatsprinzips sowie der Geltung der Grundrechte ist allein eine solche Wirtschaftsordnung vereinbar, in der Vertragsfreiheit und Wettbewerbsfreiheit herrschen. Beide Freiheitsrechte sind Erscheinungsweisen des Grundrechts auf freie Entfaltung der Persönlichkeit, das die wirtschaftliche Betätigungsfreiheit des einzelnen sichert. Zu den grundgesetzlichen Vorgaben einer Ordnung der Wirtschaftsverhältnisse gehören etwa auch der Schutz des privaten Eigentums, die freie Wahl und Ausübung des Berufs, die Freiheit der Vereinigung und Koalition, die Freizügigkeit und freier Handel sowie die Rechte der Meinungs-, Informations- und Pressefreiheit. Diese Freiheitsrechte sind Bausteine einer verfassungskonformen Wirtschaftsordnung. Unter Rückgriff auf *Walter Euckens* frühe Theorie von der Interdependenz der Ordnungen (*Eucken*, Grundzüge der Wirtschaftspolitik, 4. Aufl., 1968, S. 13) wird so der Bedingungszusammenhang zwischen *Demokratie, Rechtsstaat* und *Marktwirtschaft* in einer pluralistischen Gesellschaft beschreibbar. In einer Gesellschaft freier Bürger sind Markt, Parlament und Rechtsverfahren Instrumente prozeduraler Rationalität. Im Bereich verfassungsgebundener Wirtschaft geht es um die Gewährleistung privater Planungsfreiheit zur Organisation einer dezentralen Steuerung des Marktgeschehens anhand subjektivrechtlicher Handlungsalternativen.

**26** Die Immaterialgüterrechte sind subjektivrechtliche Instrumente zur Gewährleistung privater Planungsfreiheit auf dem Markt. Indem in der Grundrechtsdemokratie die verfassungsrechtlichen Rahmenbedingungen der marktwirtschaftlichen Wettbewerbsordnung die Immaterialgüterrechte als subjektive Rechte verbürgen, wird die Einheit von Immaterialgüterrechtsschutz und marktwirtschaftlicher Wettbewerbsordnung hergestellt. Die Internationalisierung des Systems der immateriellen Güter als Teil der verfassungsrechtlich verbürgten Ordnung eines marktwirtschaftlichen Wettbewerbs ist Teil einer Internationalisierung der Freiheitsrechte der Marktbürger zur Optimierung der personalen Freiheit.

**27** Die Einheit des geistigen Eigentumsschutzes macht die Erkenntnis augenscheinlich, daß die Marke nicht anders als die anderen immateriellen Güter für eine marktwirtschaftliche Wettbewerbsordnung konstitutiv ist (*Cornish*, Intellectual Property: Patents, Copyright, Trade Marks and Allied Rights, 2. Aufl. 1989, S. 392: (The trade mark is) „nothing more nor less than the fundament of most market-place competition"). Die Integration des Markenschutzes in das Wirtschaftssystem der Europäischen Union auf der Grundlage des EGV wird nachdrücklich auch vom EuGH in seiner Entscheidung *HAG II* betont (EuGH, Rs. C-10/89, Slg. 1990, I-3711, GRUR Int 1990, 960 – HAG II). Hinsichtlich der Marke wird festgestellt, daß das Markenrecht ein wesentlicher Bestandteil des Systems eines unverfälschten Wettbewerbs sei, das der EGV schaffen und erhalten wolle. Allgemein kann mit Blick auf die Verfassungs-, Wirtschafts- und Sozialstruktur im Europäischen Binnenmarkt festgestellt werden: So wie die Verwirklichung des Europäischen Binnenmarktes eine Konstituierung der Wirtschaftsstaaten als Verfassungsstaaten verlangt, bedarf der Immaterialgüterrechtsschutz der verfassungsrechtlich verbürgten Integration in die marktwirtschaftliche Wettbewerbsordnung als Freiheits- und Eigentumsordnung.

## 5. Die Marke als Unternehmensleistung

Die höchstrichterliche Rechtsprechung zur wettbewerbswidrigen Rufausbeutung der **28** Marke, wie sie vor Inkrafttreten des MarkenG namentlich in den Entscheidungen *Rolls Royce* (BGH GRUR 1983, 247 – Rolls Royce), *Dimple* (BGHZ 93, 96 – Dimple) und *Salomon* (BGH GRUR 1991, 465 – Salomon) vom BGH im deutschen Wettbewerbsrecht verankert worden ist, konnte als *Markenschutz durch Wettbewerbsrecht* verstanden werden (*Fezer*, GRUR 1986, 485; s. im einzelnen § 14, Rn 410 ff.). Das nationale Markenrecht des WZG schützte die Marke als ein Herkunftskennzeichen, das Wettbewerbsrecht des UWG schützte den Werbewert der Marke als eine unternehmerische Leistung. Das Wettbewerbsrecht übernahm gegenüber dem tradierten Warenzeichenrecht eine Vorreiterrolle und schützte die Marke als eine Unternehmensleistung. Aufgabe der Gesetzgeber in den Mitgliedstaaten zum nationalen Markenschutz sowie in der EU zum Gemeinschaftsmarkenrecht wird es sein, dieser Entwicklung, die Marke als einen integrierten Teil weltweiter Vermarktungs- und Distributionssysteme und damit als einen Bestandteil der unternehmerischen Leistung auf dem Markt zu schützen, Rechnung zu tragen. Das Wettbewerbsrecht als Jungbrunnen des Immaterialgüterrechts – so kann man das Verhältnis der Entwicklung der höchstrichterlichen Rechtsprechung vor Inkrafttreten des MarkenG zu den Bestrebungen der nationalen und europäischen Gesetzgeber schlagwortartig charakterisieren. Der Gesetzgeber des MarkenG hat diese Entwicklung aufgegriffen und den Markenschutz im MarkenG verstärkt. Im MarkenG ist die Marke als ein selbständiger Gegenstand des Vermögens und als Unternehmensleistung geschützt. Die Marke dient auch dem Schutz des Goodwills von Ware und Unternehmen. Der Imageschutz der Marke bedeutet ökonomisch und rechtlich Schutz einer unternehmerischen Leistung auf dem Markt, auch und gerade im Interesse der Verbraucher (s. schon *Baumbach/Hefermehl,* Einl WZG, Rn 45).

Für das Markenwesen im Europäischen Binnenmarkt wird erforderlich, die Funktionen- **29** lehre (s. Rn 30 ff.) in ihrer traditionellen Formulierung erneut zu überdenken. Im Europäischen Binnenmarkt bedarf die Marke des Schutzes als Unternehmensleistung im Interesse aller Marktbeteiligten.

## 6. Die Funktionen der Marke

**Schrifttum zum WZG.** *Beier,* Territorialität des Markenrechts und internationaler Wirtschaftsverkehr, GRUR Int 1968, 8; *Beier/Krieger,* Wirtschaftliche Bedeutung, Funktion und Zweck der Marke, GRUR Int 1976, 125; *van den Bergh/Lehmann,* Informationsökonomie und Verbraucherschutz im Wettbewerbs- und Warenzeichenrecht, GRUR Int 1992, 588; *Fezer,* Das Markenrecht im Aufwind des Europäischen Binnenmarkts – Überlegungen zum Markenschutz in Europa nach dem Urteil des Europäischen Gerichtshofs vom 17. Oktober 1990 – „HAG II", FS für Gaedertz, 1992, S. 153; *Hefermehl,* Der namentliche Schutz geschäftlicher Kennzeichen, FS für Hueck, 1959, S. 519; *Henning-Bodewig/Kur,* Marke und Verbraucher, Bd. 1, 1988; *Heydt,* Benutzung und Benutzungszwang nach dem Vorabgesetz, FS für Hefermehl, 1971, S. 59; *Heydt,* Zur Funktion der Marke, GRUR Int 1976, 339; *Heydt,* Der Benutzungszwang in der Denkschrift der EG-Kommission zur Schaffung einer EWG-Marke, GRUR Int 1977, 47; *Isay,* Die Selbständigkeit des Rechts an der Marke, GRUR 1929, 23; *Krüger-Nieland,* Neue Beurteilungsmaßstäbe für die Verwechslungsgefahr im Warenzeichenrecht?, GRUR 1980, 425; *Kunz-Hallstein,* Perspektiven der Angleichung des nationalen Markenrechts in der EWG, GRUR Int 1992, 81; *Kur,* Borderline Cases of Trademark Protection – A Study in German Trademark Law on the Eve of Amendment, IIC 1992, 485; *Lehmann,* Wettbewerbs- und warenzeichenrechtliche Bemerkungen zur Entscheidung des Bundesgerichtshofs vom 6. Oktober 1983 – Verkauf unter Einstandspreis II, GRUR 1984, 313; *Lehmann,* Die wettbewerbswidrige Ausnutzung und Beeinträchtigung des guten Rufs bekannter Marken, Namen und Herkunftsangaben, GRUR Int 1986, 6; *Loewenheim,* Warenzeichen und Wettbewerbsbeschränkungen, 1970; *Oppenhoff,* Wandel der Markenrechtskonzeption?, GRUR Int 1973, 433; *Riehle,* Markenrecht und Parallelimport, 1968; *Sack,* Die rechtlichen Funktionen des Warenzeichens, GRUR 1972, 402; *Schluep,* Das Markenrecht als subjektives Recht, 1964; *Schreiner,* Die

Dienstleistungsmarke – Typus, Rechtsschutz und Funktion, 1983; *Stauss*, Dienstleistungsmarken, in: Bruhn (Hrsg.), Handbuch Markenartikel, Bd. I: Markenbegriffe, Markentheorien, Markeninformationen, Markenstrategien, 1994, S. 79; *Tietgen*, Unterschiede zwischen Fabrik- und Händlermarken, 1975; *Tilmann*, Die Rechtsprechung des Europäischen Gerichtshofs und ihre Auswirkungen auf das künftige EWG-Markenrecht, GRUR 1977, 446; *Toni*, Merchandising und berühmte Marke in Italien – Eine Schwächung der Herkunftsfunktion!, GRUR Int 1990, 929. 30, 31; *Troller*, Markenrecht und Landesgrenzen, GRUR Int 1967, 261; *Troller*, Immaterialgüterrecht, Bd. 1, S. 205; *Vanzetti*, Funktion und Rechtsnatur der Marke, GRUR Int 1965, 128; *de Wilmars*, Die Funktionen des Warenzeichens und die Gemeinschaftsrechtsprechung, GRUR Int 1976, 93; *Zeug*, Die wirtschaftlichen Funktionen von Waren- und Dienstleistungszeichen, 1986.

**Schrifttum zum EGV.** *Kommission der Europäischen Gemeinschaften,* Kommerzielle Kommunikationen im Binnenmarkt, Grünbuch der Kommission, 1996; *Kommission der Europäischen Gemeinschaften,* Folgedokument zum Grünbuch über kommerzielle Kommunikationen im Binnenmarkt, CAB 15/0012/98-DE; *Henning-Bodewig*, Das Folgedokument zum Grünbuch über die kommerziellen Kommunikationen im Binnenmarkt: Ein neuer Ansatz der Kommission, GRUR Int 1999, 233.

**Schrifttum zum MarkenG.** *Deichsel*, Markentechnische Beobachtungen zum Markenschutz, GRUR 1998, 336; *Fezer*, Grundprinzipien und Entwicklungslinien im europäischen und internationalen Markenrecht, Richtlinienkonforme Auslegung – Internationale Marktaufteilungen – Funktionenlehre – Markenrechtlicher Designschutz, WRP 1998, 1; *Funk*, Die Qualitätsfunktion der Marke im Recht der USA und nach dem neuen deutschen Markengesetz, 1995; *v. Gamm*, Zur Warenzeichenrechtsreform, WRP 1993, 793; *Harte-Bavendamm*, Einleitende Anmerkungen zum Aufsatz „Markentechnische Beobachtungen zum Markenschutz" von Prof. Dr. Alexander Deichsel, GRUR 1998, 335; *Ingerl/Rohnke*, Die Umsetzung der Markenrechts-Richtlinie durch das deutsche Markengesetz, NJW 1994, 1247; *Kaltner*, Die Verbraucherfunktion – eine neue EG-Markenfunktion?, EWS 1995, 12; *Kunz-Hallstein*, Die Funktion der Marke nach europäischem und künftigem deutschen Markenrecht, FS 100 Jahre Marken-Amt, 1994, S. 147; *Mangini*, Die Marke: Niedergang der Herkunftsfunktion, GRUR Int 1996, 462; *Schönfeld*, Die Gemeinschaftsmarke als selbständiger Vermögensgegenstand eines Unternehmens, 1994; *Tilmann*, Das neue Markenrecht und die Herkunftsfunktion, ZHR 158 (1994), S. 371; *Vanzetti*, Die Funktion der Marke in einem System der freien Übertragbarkeit, GRUR Int 1999, 205.

**30** **a) Die traditionelle Lehre einer Unterscheidung der wirtschaftlichen von den rechtlichen Markenfunktionen.** In der Lehre von den Funktionen der Marke werden die Aufgaben und Wirkungen beschrieben, die einer Marke im Verkehr zukommen. Als Grundfunktion der Marke wird die *Unterscheidungsfunktion* verstanden (*Baumbach/Hefermehl*, Einl WZG, Rn 10, 14; *Troller*, Immaterialgüterrecht, Bd. 1, S. 205 ff.; *Troller*, GRUR Int 1967, 261, 265; *Schluep*, Das Markenrecht als subjektives Recht, S. 265 ff.; *Vanzetti*, GRUR Int 1965, 128, 132 f.; *Sack*, GRUR 1972, 402, 445; *Henning-Bodewig/Kur*, Marke und Verbraucher, Bd. 1, S. 6 ff.). Die Unterscheidungsfunktion einer Marke bezieht sich auf Waren oder Dienstleistungen eines Unternehmens, die sie von den Waren oder Dienstleistungen anderer Unternehmen unterscheidet. Die Marke individualisiert Produkte aus der Anonymität des Marktgeschehens. Die Unterscheidungsfunktion wird teils konkreter als Individualisierungsfunktion oder als Identifizierungsfunktion beschrieben. Auf der Grundlage dieser zum Wesen der Marke als eines Kennzeichens gehörenden Unterscheidungsfunktion werden eine Vielzahl weiterer Markenfunktionen genannt. Die klassischen Funktionen stellen die Herkunftsfunktion, die Garantie-, Qualitäts- oder Vertrauensfunktion und die Werbefunktion dar. Die dem subjektiven Markenrecht als Ausschließlichkeitsrecht (s. § 14, Rn 8) zukommenden Funktionen werden auch als Monopolisierungsfunktion und als Schutzfunktion beschrieben. Die Herkunftsfunktion ist die klassische Markenfunktion der im 19. Jahrhundert entstehenden Markenrechtsordnungen in Europa (s. Rn 2, 31). Teil der errungenen Gewerbefreiheit war die unternehmerische Freiheit, eine Marke zur Kennzeichnung der eigenen Waren zu wählen. In den Jahrhunderten zuvor dienten die Marken als Schau- und Qualitätszeichen vornehmlich einer staatlichen Produktionskontrolle (s. Rn 1). Die Herkunftsfunktion offenbart sich am besten bei den Haus- und Hofmarken sowie den Firmenmarken, die der Kennzeichnung der kommerziellen Herkunft der Produkte aus einem bestimmten Unternehmen dienen. Im Laufe der Entwicklung büßte die Marke eine solche konkrete Herkunftsfunktion ein (*Isay*, GRUR 1929, 23; *Heydt*, GRUR Int 1976, 339, 342; *Heydt*, GRUR Int 1977, 47, 49). Zum einen kennzeichnet die Marke Produkte nicht nur um sie von Produkten eines anderen Unternehmens zu unterscheiden, sondern auch um sie von anderen Produkten des Markeninhabers selbst zu unterscheiden

(Sortenfunktion). Zum anderen kommt es dem Verbraucher zumeist nicht auf die Kenntnis eines konkreten Unternehmens an, als vielmehr auf die Gleichmäßigkeit der Herkunftsstätte. Wesentlicher als ein konkreter oder auch nur abstrakter betrieblicher Herkunftshinweis ist dem Verbraucher, die Produkte nach ihrer individuellen Eigenart zu identifizieren (s. dazu schon *Heydt*, FS für Hefermehl, 1971, S. 59 ff.; *Oppenhoff*, GRUR Int 1973, 433; *Tilmann*, GRUR 1977, 446; *Krüger-Nieland*, GRUR 1980, 425, 428). Die Herkunftsfunktion kann als *Produktverantwortung des Markeninhabers* verstanden werden, der sich aus der Sicht des Verbrauchers zu seinen Produkten als unternehmerische Leistungen bekennt (*Fezer*, FS für Gaedertz, S. 153, 169 ff.). Dem Markeninhaber kommt die *Produkt- und Markensouveränität* zu. Dieses Markenverständnis liegt auch der Rechtsprechung des EuGH zugrunde, nach der die Marke ihre Aufgabe, Produkte zu identifizieren, nur erfüllen kann, wenn sie die Gewähr bietet, daß alle Waren oder Dienstleistungen, die mit ihr versehen sind, unter der *Kontrolle eines einzigen Unternehmens* hergestellt oder erbracht worden sind, das *für ihre Qualität verantwortlich gemacht* werden kann (s. Rn 36). In der TIFFANY-Entscheidung stellt der BGH erstmals bei Beurteilung der Produktähnlichkeit im Sinne der §§ 9 Abs. 1 Nr. 2; 14 Abs. 2 Nr. 2 als Beurteilungskriterium auf die *Erwartung des Verkehrs von einer Verantwortlichkeit desselben Unternehmens für die Qualität der Waren* ab (BGH, Beschluß vom 26. November 1998, I ZB 18/98 – TIFFANY). Das subjektive Markenrecht erstreckt sich nur auf solche tatsächlichen Funktionen der Marke, die *nach der geltenden Markenrechtsordnung rechtlich geschützt* sind (*Vanzetti*, GRUR Int 1965, 128 ff., 185 ff.). Da der Gesetzgeber über den rechtlichen Schutzinhalt des Markenrechts entscheidet, bestimmen sich die rechtlich geschützten Funktionen der Marke nach dem *Normzweck* des MarkenG.

**31** Nach der Rechtslage im WZG wurde nach überwiegender Meinung und in ständiger Rechtsprechung die *Herkunftsfunktion* der Marke als die rechtlich geschützte Funktion angesehen (RG GRUR 1939, 852 – Original Zählerersatzteile; BGHZ 41, 84, 87 – Maja; 42, 151, 155 – Rippenstreckmetall II; BGH GRUR 1965, 86, 88 – Schwarzer Kater; BGHZ 60, 185 – Cinzano). Die Herkunftsfunktion wurde als eine wesenseigene Aufgabe der Marke verstanden. Die Reduktion des Markenschutzes auf die Herkunftsfunktion bestimmte die Auslegung des WZG wie etwa die Begriffe der Verwechslungsgefahr (s. § 14, Rn 132 ff.) und der Warengleichartigkeit (s. § 14, Rn 334 ff.) sowie die Erschöpfung des Markenrechts, der die internationale Wirkung zuerkannt wurde (s. § 24, Rn 13 f.). Schon nach der Rechtslage im WZG wurde die Überbetonung der Herkunftsfunktion kritisiert (repräsentativ *Heydt*, FS für Hefermehl, 1971, S. 59, 68; *Heydt*, GRUR Int 1976, 339; *Heydt*, GRUR Int 1977, 47, 48; *Krüger-Nieland*, GRUR 1980, 425; auch *Tilmann*, GRUR 1977, 446, 453) und teilweise eine Ersetzung der Herkunftsfunktion durch die Unterscheidungsfunktion in Verbindung mit der Werbefunktion verlangt (*Oppenhoff*, GRUR Int 1973, 433). Rechtsprechung und herrschende Meinung hielten an dem Verständnis des Markenrechts als eines betrieblichen Herkunftshinweises nach der Rechtslage im WZG fest (s. dazu *Baumbach/Hefermehl*, Einl WZG, Rn 17).

**32** Die *Vertrauensfunktion* (Garantie- oder Qualitätsfunktion) wurde nicht als eine rechtlich geschützte Funktion der Marke anerkannt. Auch wenn der Verbraucher zumindest auf eine gleichbleibende Beschaffenheit und Güte des Produkts schließe, verbürge die Marke aber nicht die Einhaltung bestimmter Produktqualitäten (BGH GRUR 1966, 45 – Markenbenzin; 1967, 100, 104 – Edeka-Schloß-Export). Der Markeninhaber hat nicht für eine gleichbleibende Beschaffenheit des Produkts gleichsam wie ein Verkäufer für Sachmängel einzustehen (RG GRUR 1939, 852 – Original Zählerersatzteile; BGHZ 48, 118, 123 – Trevira). Der Vertrauensfunktion wurde rechtliche Bedeutung nur in Verbindung mit der Herkunftsfunktion zuerkannt, da die Gleichheit der betrieblichen Herkunft die Grundlage für das Urteil der Verbraucher über die Produktqualität darstelle. In der Rechtsprechung wurde der Schutz der Herkunfts- und Garantiefunktion als der Zweck des Markenrechts beschrieben (BGHZ 41, 84, 89 – Maja; BGH GRUR 1982, 115, 116 – Öffnungshinweis).

**33** Nach der Rechtsprechung und herrschenden Meinung wurde nach der Rechtslage im WZG auch die *Werbefunktion* nicht als eine rechtlich geschützte Funktion der Marke anerkannt. Unter der Werbefunktion wird die einer Marke eigene Suggestiv- und Attraktionskraft verstanden (*Isay*, GRUR 1929, 23; *Schluep*, Das Markenrecht als subjektives Recht, S. 76 ff.; *Riehle*, Markenrecht und Parallelimport, S. 111 ff.) Ein selbständiger Markenschutz des Werbewerts einer Marke wie ihres Images oder Goodwills wurde auch bei bekannten

Marken abgelehnt. Folge dieser restriktiven Anwendung des WZG war eine Entwicklung des Markenschutzes durch Wettbewerbsrecht (s. § 14, Rn 410 ff.).

**34** Die klassische Funktionenlehre wurde durch interdisziplinäre Untersuchungen namentlich betriebswirtschaftlicher, marketingtheoretischer, informationsökonomischer und verbraucherpsychologischer Art ergänzt (*Henning-Bodewig/Kur*, Marke und Verbraucher, Bd. 1, S. 4 ff.; *Schreiner*, Die Dienstleistungsmarke, S. 451; *Lehmann*, GRUR 1984, 313; *Lehmann*, GRUR Int 1986, 6; *Kur*, IIC 1992, 485; *van den Bergh/Lehmann*, GRUR Int 1992, 588; zum Transaktionskostenansatz s. *Schönfeld*, Die Gemeinschaftsmarke, S. 157 ff.). Die *Kommunikationsfunktion* der Marke beschreibt die Kommunikationsbeziehung zwischen Markeninhaber und Verbraucher aufgrund der Marke. Kommunikationsinhalte bestimmen das Produktimage. Als ein angebotsdifferenzierender Signalcode wirkt die Marke im Informationskanal zwischen den Marktseiten des Angebots und der Nachfrage. Die Kommunikationsfunktion vermag auf der Grundlage der *Identifizierungsfunktion* die ökonomischen Funktionen der Marke auf dem Markt anschaulich zu machen (s. Rn 35).

**35 b) Rechtsschutz der ökonomischen Funktionen der Marke.** Mit dem Inkrafttreten des MarkenG ist ein *Paradigmenwechsel* in den rechtlichen Funktionen der Marke erfolgt. Die Herkunftsfunktion ist nicht mehr die ausschließlich rechtlich geschützte Markenfunktion (Begründung zum MarkenG, BT-Drucks. 12/6581 vom 14. Januar 1994, S. 81 f.; *Tilmann*, ZHR 158 (1994), S. 371, 383 ff.; *Kunz-Hallstein*, FS 100 Jahre Marken-Amt, S. 147, 156 ff.; aA *v. Gamm*, WRP 1993, 793, 795; *Ingerl/Rohnke*, NJW 1994, 1247, 1253; *Beier*, GRUR Int 1989, 603, 614; *Vanzetti*, GRUR Int 1999, 205, der nachdrücklich den Versuch unternimmt, die Herkunftsfunktion auch im System der freien Übertragbarkeit der Marke um jeden Preis beizubehalten, zur Rettung der Herkunftsfunktion allerdings eine Pflicht des Markeninhabers konstruiert, das Publikum von einer Markenrechtsübertragung zu informieren). Die Nichtakzessorietät der Marke, die freie Übertragbarkeit der Marke, der Schutz der kommerziellen Verwertbarkeit bekannter Marken, das Verständnis der Marke als eines selbständigen Vermögensgegenstandes des Unternehmens, sowie die Dinglichkeit der Markenlizenz sind einige der wesentlichen Daten des MarkenG, die nicht nur punktuelle Rechtsänderungen gegenüber der Rechtslage im WZG darstellen, sondern die vielmehr eine deutliche Verstärkung des Markenschutzes im MarkenG signalisieren. Auch wenn die Herkunftsfunktion eine wesentliche Funktion der Marke darstellt, die einer Marke im Sinne eines abstrakten Herkunftshinweises regelmäßig im Verkehr auch zukommen wird, so ist die Auslegung der Vorschriften des MarkenG nicht mehr allein an dem Schutz der Herkunftsfunktion der Marke zu orientieren. Das MarkenG dient dem Schutz sowohl der *Herkunftsidentität* als auch der *Produktidentität*. Der Markenschutz besteht für alle ökonomischen Funktionen der Marke auf dem Markt. Nur dann ist ein umfassender Markenschutz gewährleistet, wenn die ökonomische Funktionalität der Marke als ein Instrument der kommerziellen Kommunikation im Marktwettbewerb die Normauslegung des MarkenG bestimmt. Das MarkenG kennt keine funktionale Reduktion des Schutzinhalts der Marke. Folge der *Realität der ökonomischen Funktionen* der Marke auf dem Markt ist die *rechtliche Multifunktionalität* der Marke im MarkenG (s. Rn 39 ff.).

**36 c) Die Funktionen der Marke in der Rechtsprechung des EuGH.** Eine Reihe von Entscheidungen des EuGH enthalten wesentliche Erwägungen zu den Aufgaben des Markenschutzes im Europäischen Binnenmarkt. Die Feststellungen des EuGH gehen im wesentlichen dahin: Das Markenrecht sei ein wesentlicher Bestandteil des Systems eines unverfälschten Wettbewerbs, das der EG-Vertrag schaffen wolle. In einem solchen System müßten die Unternehmen in der Lage sein, die Kunden durch die Qualität ihrer Waren oder ihrer Dienstleistungen an sich zu binden, was nur möglich sei, wenn es Kennzeichen gebe, mit denen sich diese *identifizieren* ließen. Damit die Marke diese Aufgabe erfüllen könne, müsse sie die Gewähr dafür bieten, daß alle Waren oder Dienstleistungen, die mit ihr versehen seien, unter der *Kontrolle eines einzigen Unternehmens* hergestellt oder erbracht worden seien, das *für ihre Qualität verantwortlich gemacht* werden könne (EuGH, Rs. C-10/89, Slg. 1990, I-3711, GRUR Int 1990, 960 – HAG II, Rn 13; EuGH, Rs. C-9/93, Slg. 1994, I-2789, GRUR Int 1994, 614 – Ideal Standard, Rn 37; EuGH, Rs. C-232/94, Slg. 1996, I-3671, WRP 1996, 874 – MPA Pharma/Rhône-Poulenc Pharma, Rn 16; EuGH, Rs. C-71/94, C-72/94, C-73/94, Slg. 1996, I-3603, WRP 1996, 867 – Eurim-Pharm/Beiersdorf, Rn 30; EuGH, Rs. C-427/93, C-429/93, C-436/93, Slg. 1996, I-3514, GRUR Int 1996, 1144 – Bristol-Myers Squibb/Paranova, Rn 43; EuGH, Rs. C-39/97, GRUR 1998, 922 – Canon, Rn 28). Den Schutzinhalt des Markenrechts umschreibt der EuGH mit der Formel vom *spezifischen Gegenstand des Markenrechts*. Der spezifische Gegenstand des Markenrechts besteht insbesondere darin, daß der Inhaber durch das ausschließliche Recht, die Marke beim erstmaligen Inverkehrbringen einer Ware zu benutzen, Schutz vor Konkurrenten erlange, die *unter Mißbrauch der aufgrund der Marke erworbenen Stellung und Kreditwürdigkeit* widerrechtlich mit der Marke versehene Waren veräußerten (EuGH, Rs. 102/77, Slg. 1978, 1139, GRUR 1978, 599 – Hoffmann-La Roche/Centrafarm, Rn 7; EuGH, Rs. C-10/89, Slg. 1990, I-3711, GRUR Int 1990, 960 – HAG II, Rn 14; EuGH, Rs. C-9/93, Slg. 1994, I-2789, GRUR Int 1994, 614 – Ideal Standard, Rn 33; EuGH, Rs. C-232/94, Slg. 1996, I-3671, WRP 1996, 874 – MPA Pharma/Rhône-Poulenc Pharma, Rn 17; EuGH, Rs. C-71/94, C-72/94, C-73/94, Slg. 1996, I-3603, WRP 1996, 867 – Eurim-Pharm/Beiersdorf, Rn 31; EuGH, Rs. C-427/93, C-429/93, C-436/93, Slg. 1996, I-3514, GRUR Int 1996, 1144 – Bristol-Myers Squibb/Paranova, Rn 44). Zur Bestimmung des Schutzinhalts des ausschließlichen Rechts des Markeninhabers ist nach der Rechtsprechung des EuGH die *Hauptfunktion der Marke* zu berücksichtigen, die darin bestehe, dem Verbraucher oder Endabnehmer die *Ursprungsidentität* der mit ihr versehenen Ware zu garantieren, indem ihm ermöglicht werde, diese Ware ohne Verwechslungsgefahr von Waren anderer Herkunft zu unterscheiden. Diese *Herkunftsgarantie* schließe ein, daß der Verbraucher oder Endabnehmer sicher sein dürfe, daß an einer ihm angebotenen, mit der Marke versehenen Ware, nicht auf einer früheren Vermarktungsstufe durch einen Dritten ohne Zustimmung des Markeninhabers ein Eingriff vorgenommen worden sei, der den *Originalzustand der Ware* beeinträchtigt habe (EuGH, Rs. 102/77, Slg. 1978, 1139, GRUR 1978, 599 – Hoffmann-La Roche/Centrafarm, Rn 7; EuGH, Rs. C-10/89, Slg. 1990, I-3711, GRUR Int 1990, 960 – HAG II, Rn 8; EuGH Rs. C-232/94, Slg. 1996, I-3671, WRP 1996, 874 – MPA Pharma/Rhône-Poulenc Pharma, Rn 20; EuGH, Rs. C-71/94, C-72/94, C-73/94, Slg. 1996, I-3603, WRP 1996, 867 – Eurim-Pharm/Beiersdorf, Rn 34; EuGH, Rs. C-427/93, C-429/93, C-436/93, Slg. 1996, I-3514, GRUR Int 1996, 1144 – Bristol-Myers Squibb/Paranova, Rn 47). Das dem Markeninhaber eingeräumte Recht, sich jeder Benutzung der Marke zu widersetzen, die die so verstandene Herkunftsgarantie verfälschen könne, gehört zum spezifischen Gegenstand des Markenrechts (EuGH, Rs. 102/77, Slg. 1978, 1139, GRUR 1978, 599 – Hoffmann-La Roche/Centrafarm, Rn 7; EuGH, Rs. C-10/89, Slg. 1990, I-3711, GRUR Int 1990, 960 – HAG II, Rn 9; EuGH, Rs. C-232/94, Slg. 1996, I-3671, WRP 1996, 874 – MPA Pharma/Rhône-Poulenc Pharma, Rn 21; EuGH, Rs. C-71/94, C-72/94, C-73/94, Slg. 1996, I-3603, WRP 1996, 867 – Eurim-Pharm/Beiersdorf, Rn 35; EuGH, Rs. C-427/93, C-429/93, C-436/93, Slg. 1996, I-3514, GRUR Int 1996, 1144 – Bristol-Myers Squibb/Paranova, Rn 48). Der EuGH berücksichtigt zudem das Interesse des Markeninhabers, das *Luxusimage* seiner Erzeugnisse und deren *hervorragenden Ruf* zu schützen (EuGH, Rs. C-349/95, GRUR Int 1998, 145 – Loendersloot/Ballantine; zum Schutz des Markeninhabers vor einer Schädigung des Rufes seiner Marke bei Waren mit Luxus- und Prestigecharakter s. EuGH, Rs. C-337/95, GRUR Int 1998, 140 – Dior/Evora).

Der EuGH entwickelte die Formel vom spezifischen Gegenstand der Immaterialgüterrechte als Bestandteil der Lehre von der gemeinschaftsrechtlichen Erschöpfung in Auslegung des Art. 36 S. 1 EGV (s. im einzelnen zum spezifischen Gegenstand des Markenrechts § 24, Rn 73 ff.). Diese Rechtsgrundsätze gelten auch innerhalb der *richtlinienkonformen Auslegung* des MarkenG, da die MarkenRL wie das gesamte abgeleitete Recht *im Lichte der EG-Vertragsbestimmungen über den freien Warenverkehr*, wie insbesondere des Art. 36 EGV, auszulegen ist (EuGH, Rs. C-47/90, Slg. 1992, I-3669, RIW 1992, 768 – Delhaize, Rn 26; EuGH, Rs. C-315/92, Slg. 1994, I-317, GRUR 1994, 303 – Clinique, Rn 31; EuGH, Rs. C-427/93, C-429/93, C-436/93, Slg. 1996, I-3514, GRUR Int 1996, 1144 – Bristol-Myers Squibb/Paranova, Rn 25; siehe im einzelnen § 24, Rn 59 f.). Folge dieses systematischen Zusammenhanges zwischen der Rechtsprechung des EuGH zur Auslegung des EGV zum Warenverkehrsrecht der Art. 30, 36 EGV, der Rechtsverbindlichkeit der MarkenRL für die nationalen Markenrechtsordnungen der Mitgliedsstaaten der EU, sowie einer richtlinienkonformen Auslegung des MarkenG ist es, daß der *spezifische Gegenstand des Markenrechts* nach der Rechtsprechung des EuGH die *rechtserheblichen Funktionen der Marke* rechtsverbindlich bestimmt. So wird zugleich ein Gleichklang zwischen nationalem Markenrecht und Gemeinschaftsmarkenrecht gewährleistet.

**38** Die gemeinschaftsrechtliche Lehre vom spezifischen Gegenstand des Markenrechts enthält rechtsverbindliche Vorgaben für die Funktionenlehre im nationalen Markenschutz. Es werden *Teilinhalte des Markenrechts* umschrieben, ohne daß die rechtlichen Funktionen der Marke abschließend und endgültig bestimmt werden. Innerhalb der gemeinschaftsrechtlichen Vorgaben bleibt die Rechtsentwicklung zum Verständnis des Markenschutzes für eine *rechtsangleichende Auslegung* der nationalen Markenrechtsordnungen in den Mitgliedsstaaten der EU unter Berücksichtigung des Gemeinschaftsmarkenrechts offen. Nach der Rechtsprechung des EuGH stellt die *Herkunftsgarantie eine Hauptfunktion der Marke* dar. Diese Formulierung darf nicht zu einer unbesehenen Übernahme der traditionellen Lehre von der Herkunftsfunktion der Marke verleiten. Die Herkunftsfunktion stellt zudem nicht die ausschließlich rechtlich geschützte Funktion der Marke dar. Nach der Rechtsprechung des EuGH gewährleistet die Marke auch, daß der Verbraucher anhand der Produktqualität die Waren und Dienstleistungen identifiziert, die unter der Unternehmenskontrolle des Markeninhabers hergestellt werden. Der *Identifizierungsfunktion der Marke* entspricht so die *Produktverantwortung des Markeninhabers* (siehe dazu *Fezer*, FS für Gaedertz, S. 153, 169). Nach den Feststellungen des EuGH gehört zum Markenschutz auch der Schutz des guten Rufs der Marke auf dem Markt, sowie die aufgrund der Marke erworbene Stellung und Kreditwürdigkeit. Der EuGH berücksichtigt zudem das Interesse des Markeninhabers, das Luxusimage seiner Erzeugnisse und deren hervorragenden Ruf zu schützen. Teilinhalte der Identifizierungsfunktion der Marke stellen so die *Herkunftsidentität* sowie die *Produktidentität* dar.

**39 d) Die Funktionen der Marke im MarkenG: Multifunktionalität der Marke.**
Ausgangspunkt der Funktionenlehre im MarkenG und somit einer Beschreibung der rechtlich geschützten ökonomischen Funktionen der Marke ist die Formulierung in § 3 Abs. 1, der zwar keine ausdrückliche Begriffsbestimmung der Marke enthält, die Marke aber hinsichtlich der schutzfähigen Markenformen als Unterscheidungszeichen umschreibt. Nach dieser Vorschrift ist die Marke ein Zeichen, das geeignet ist, Waren oder Dienstleistungen eines Unternehmens von denjenigen anderer Unternehmen zu unterscheiden. Die *Unterscheidungsfunktion* ist das allgemeine Merkmal eines jeden Kennzeichens. Im geschäftlichen Verkehr unterscheiden Kennzeichen unternehmerische Leistungen im weitesten Sinne (s. § 1, Rn 2). Die Unterscheidungsfunktion einer Marke bezieht sich auf Waren oder Dienstleistungen eines Unternehmens, die sie von den Waren oder Dienstleistungen anderer Unternehmen unterscheidet. Die Marke kennzeichnet Produkte als Unternehmensleistungen. Die Unterscheidungsfunktion der Marke ist mit der alltäglich vertrauten Namensfunktion vergleichbar. So wie der Name eine bestimmte Person kennzeichnet und von anderen Personen unterscheidet, kennzeichnet und unterscheidet die Marke unternehmerische Produkte im Marktwettbewerb. So wie der Name für eine Person Kennwort ist, das gesprochen, gehört und geschrieben werden kann (*Hefermehl*, FS für Hueck, S. 519, 520), ist die Marke Signalcode für ein Produkt zur Kommunikation zwischen Akteuren im Marktgeschehen. So wie in der Öffentlichkeit der Name für eine bestimmte Person steht, so identifiziert die Marke ein bestimmtes Produkt auf dem Markt (*Identifizierungs-* und *Kommunikationsfunktion*). Die Marke macht ein Wirtschaftsgut eines Unternehmens identifizierbar und auf diese Weise von Wirtschaftsgütern anderer Unternehmen auf dem Markt differenzierbar (s. aus wirtschaftswissenschaftlicher Sicht *Stauss*, in: Bruhn [Hrsg.], Handbuch Markenartikel, Bd. 1, S. 79, 85; so auch nach der Rechtslage im MarkenG *Kunz-Hallstein*, GRUR 1996, 6, 8; so auch zum schweizerischen Markenrecht *David*, Schweiz. Markenschutzgesetz, Art. 1 MSchG, Rn 3). Die Marke ist ein *produktidentifizierendes Unterscheidungszeichen* im Marktwettbewerb (s. § 3, Rn 9 ff.). Die im Sinne der Produktidentifikation und Markenkommunikation erweiterte Herkunftsfunktion kann als *Produktverantwortung des Markeninhabers* verstanden werden, der sich aus der Sicht des Verbrauchers zu den markierten Produkten als unternehmerische Leistungen bekennt (*Fezer*, FS für Gaedertz, S. 153, 169 ff.). Dem Markeninhaber, der die Produktverantwortung trägt, kommt die *Produkt- und Markensouveränität* zu. Dieses Markenverständnis liegt auch der Rechtsprechung des EuGH zugrunde, nach der

die Marke ihre Aufgabe, Produkte zu identifizieren, nur erfüllen kann, wenn sie die Gewähr bietet, daß alle Waren oder Dienstleistungen, die mit ihr versehen sind, unter der *Kontrolle eines einzigen Unternehmens* hergestellt oder erbracht worden sind, das *für ihre Qualität verantwortlich gemacht* werden kann (s. Rn 36). In der *TIFFANY*-Entscheidung stellt der BGH erstmals bei Beurteilung der Produktähnlichkeit im Sinne der §§ 9 Abs. 1 Nr. 2; 14 Abs. 2 Nr. 2 als Beurteilungskriterium auf die *Erwartung des Verkehrs von einer Verantwortlichkeit desselben Unternehmens für die Qualität der Waren* ab (BGH, Beschluß vom 26. November 1998, I ZB 18/98 – TIFFANY).

**40** Die Identifikation einer unternehmerischen Leistung auf dem Markt bedeutet mehr als eine nur ordnende Unterscheidung der Produkte untereinander. Die Marke ist nicht nur Bestellcode eines Produkts. Eine Marke ist der Name eines Produkts. Wie ein Personenname berichtet ein Produktname vornehmlich von der Herkunft, den Eigenschaften und dem Ruf eines Produkts (Produktkennzeichen), ein Handelsname über ein Unternehmen als solches (Unternehmenskennzeichen). Diese Identifikationsfunktion der Marke weist über die bloß ordnende Unterscheidungsfunktion der Marke auf dem Markt hinaus. Die Marke als Produktname kommuniziert wie der Personenname das Charakterbild einer Person in der Öffentlichkeit das Image eines Produkts auf dem Markt. *Die Marke identifiziert und kommuniziert*. Eine solche Markenkommunikation ist zugleich Marketingbestandteil einer mehrdimensionalen und multimedialen Kommunikation durch Werbung. Die weiteren ökonomischen Funktionen der Marke, wie die Vertrauensfunktion, die Werbefunktion oder die Verbraucherschutzfunktion, stellen Konkretisierungen der Identifizierungsfunktion verbunden mit der Kommunikationsfunktion dar. Folge der *Realität der ökonomischen Funktionen* der Marke auf dem Markt ist die *rechtliche Multifunktionalität* der Marke im MarkenG (s. Rn 35 ff.). Die Marke ist nicht nur ein *monofunktionales Herkunftskennzeichen*, sondern ein *multifunktionales Produktkennzeichen*.

**41** Das Verständnis der Marke als eines produktidentifizierenden Unterscheidungszeichens ist der *Auslegung* der Vorschriften des MarkenG zugrundezulegen. Die Rechtsbegriffe des MarkenG wie etwa Unterscheidungskraft, Verwechslungsgefahr, Produktähnlichkeit, rechtserhaltende Benutzung oder Markenerschöpfung erfahren insoweit eine inhaltliche Änderung gegenüber den Rechtsbegriffen des WZG. Das schließt nicht aus, das MarkenG in der Tradition des WZG wie allgemein in der Geschichte des Markenschutzes fortzuschreiben, wenn nur die mit dem Normzweck des MarkenG verbundenen inhaltlichen Änderungen berücksichtigt und innerhalb einer richtlinienkonformen Auslegung des MarkenG zur Geltung gebracht werden. Das gilt etwa für die Funktionalität der Verwechslungsgefahr (s. § 14, Rn 83 ff., 103 ff.). Der Verwechslungsschutz der Marke nach § 14 Abs. 2 Nr. 2 dient dem Schutz der Identifizierungsfunktion und Kommunikationsfunktion der Marke. Die Marke wird sowohl im Interesse des Markeninhabers als ein produktidentifizierendes Unterscheidungszeichen für Produkte als Unternehmensleistungen geschützt, als auch im Interesse der Verbraucher als ein Instrument der Kommunikation auf dem Markt. Die nichtakzessorische Marke ist nicht nur als Herkunftshinweis, sondern auch hinsichtlich ihres kommunikativen Aussagegehalts über das gekennzeichnete Produkt geschützt. Die Produktidentifikation nach dem MarkenG geht über die Produktherkunft hinaus, indem die Markenkommunikation Teil des Verwechslungsschutzes der Marke ist. Eine Markenverletzung nach § 14 Abs. 2 Nr. 2 ist eine Störung der Produktidentifikation und Markenkommunikation aufgrund einer Markenkollision im Identitätsbereich oder Ähnlichkeitsbereich der Marken und Waren oder Dienstleistungen. Verwechslungsgefahr besteht, wenn das Publikum der Gefahr einer assoziativen Fehlzurechnung des markierten Produkts an den Markeninhaber unterliegt. Da eine rechtserhebliche Verwechslungsgefahr nicht das Vorliegen einer Irreführung über die Herkunftsidentität des Produkts voraussetzt, kommt es allein auf die Assoziationsgefahr eines Irrtums über die Produktverantwortung des Markeninhabers an. Eine rechtserhebliche Störung der Identifizierungsfunktion einschließlich der Kommunikationsfunktion der Marke ist der rechtliche Auslöser des Markenschutzes vor Verwechslungsgefahr. Verwechslungsschutz besteht hinsichtlich der Herkunftsidentität als auch der Produktidentität.

## II. Geschäftliche Bezeichnungen

**42** Das MarkenG gewährt geschäftlichen Bezeichnungen Kennzeichenschutz (§ 1 Nr. 2). Es werden zwei Arten von geschäftlichen Bezeichnungen unterschieden. Nach § 5 Abs. 1 werden *Unternehmenskennzeichen* und *Werktitel* als geschäftliche Bezeichnungen geschützt. Unternehmenskennzeichen sind als Name, Firma oder besondere Bezeichnungen eines Geschäftsbetriebs oder Unternehmens benutzte Zeichen (§ 5 Abs. 2 S. 1). Der besonderen Geschäfts- oder Unternehmensbezeichnung (§ 5 Abs. 2 S. 1 3. Alt.) werden nach § 5 Abs. 2 S. 2 Geschäftsabzeichen und sonstige betriebliche Unterscheidungszeichen gleichgestellt, die innerhalb der beteiligten Verkehrskreise als Kennzeichen des Geschäftsbetriebs gelten. Als Werktitel werden nach § 5 Abs. 3 Namen und besondere Bezeichnungen von Druckschriften, Filmwerken, Tonwerken, Bühnenwerken oder sonstigen vergleichbaren Werken geschützt. Geschäftliche Bezeichnungen individualisieren Unternehmen oder Werke. Der Kennzeichenschutz an einer geschäftlichen Bezeichnung wird durch die *Aufnahme der Benutzung* erworben. Bei Geschäftsabzeichen und sonstigen betrieblichen Unterscheidungszeichen ist der *Erwerb von Verkehrsgeltung* als Kennzeichen des Geschäftsbetriebs Schutzvoraussetzung. Als Kennzeichenrechte sind geschäftliche Bezeichnungen subjektive Ausschließlichkeitsrechte (§ 15 Abs. 1). Nach § 15 Abs. 2 besteht Verwechslungsschutz und nach § 15 Abs. 3 Bekanntheitsschutz der geschäftlichen Bezeichnungen. Neben dem Kennzeichenschutz der geschäftlichen Bezeichnungen besteht der Namensschutz nach § 12 BGB (s. § 15, Rn 21 ff.).

## III. Geographische Herkunftsangaben

**43** Das MarkenG schützt neben den Marken und geschäftlichen Bezeichnungen die geographischen Herkunftsangaben als Kennzeichenrechte (§ 1 Nr. 3). § 126 enthält in Abs. 1 eine Definition des *Begriffs der geographischen Herkunftsangabe* und in Abgrenzung zur geographischen Herkunftsangabe in Abs. 2 eine Definition des *Begriffs der Gattungsbezeichnung*. Nach dieser Vorschrift sind geographische Herkunftsangaben die Namen von Orten, Gegenden, Gebieten oder Ländern sowie sonstige Angaben oder Zeichen, die im geschäftlichen Verkehr zur Kennzeichnung der geographischen Herkunft von Waren oder Dienstleistungen benutzt werden. Geographische Herkunftsangaben kennzeichnen die geographische Produktherkunft. Zu unterscheiden ist der Irreführungsschutz der einfachen geographischen Herkunftsangaben (§ 127 Abs. 1), der Qualitätsschutz der qualifizierten geographischen Herkunftsangaben (§ 127 Abs. 2) und der Bekanntheitsschutz der geographischen Herkunftsangaben mit besonderem Ruf (§ 127 Abs. 3). Folge des Kennzeichenschutzes an geographischen Herkunftsangaben ist es, daß geographische Herkunftsangaben als immaterialgüterrechtliche Vermögensrechte verstanden werden und ihrer Rechtsnatur nach subjektive Rechte mit einer beschränkten Ausschließlichkeitsfunktion darstellen (aA BGH GRUR 1999, 252 – Warsteiner II; s. § 126, Rn 4). Geographische Herkunftsangaben fallen unter den Schutz des gewerblichen und kommerziellen Eigentums im Sinne des Art. 36 EGV (EuGH, Rs. C-3/91, Slg. 1992-9, I-5529, GRUR Int 1993, 76, 78 – Turrón de Alicante). Zum Kennzeichenschutz der geographischen Herkunftsangaben besteht der Wettbewerbsschutz der geographischen Herkunftsangaben nach § 3 UWG in Anspruchskonkurrenz (aA BGH GRUR 1999, 252 – Warsteiner II; s. § 126, Rn 3).

## D. Rechtslage nach dem Erstreckungsgesetz

**Schrifttum zum ErstrG.** *Adrian/Nordemann/Wandtke*, Erstreckungsgesetz und Schutz des geistigen Eigentums, 1992; *Albrecht*, § 47 Erstreckungsgesetz – der Beginn des warenzeichenrechtlichen Paradieses?, GRUR 1992, 660; *Bär-Bouyssière*, „Altenburger Spielkarten" – Deutsch-deutscher Firmenrechtsschutz, DtZ 1996, 69; *Beier/Kur*, Deutschland und das Madrider Markenabkommen, GRUR Int 1991, 677; *Berg,* WRP 1993, 279; *Berg*, Parallele Benutzung verwechslungsfähiger Marken auf Grund der Erstreckung nach der deutschen Vereinigung aus Billigkeitsgründen – Ausnahmeregel oder Modellfall?, WRP 1993, 297; *Berg*, Die Zeichenrechte von Unternehmen und Verbänden der neuen Bundesländer im Rahmen des deutschen Einigungsprozesses, FS 100 Jahre Marken-Amt, 1994, S. 43; *Bock,* Kennzeichenrechtliche Kollisionsprobleme bei Erweiterung des Hoheitsgebietes, 1997; *Eisenführ,* Die bevorstehende Erstreckung gewerblicher Schutzrechte im Zuge der deutschen Vereinigung, Mitt 1991, 50; *Eisenführ,* Der Referentenentwurf des Erstreckungsgesetzes, Mitt 1991, 185; *Engels,* Vertragliche Schutzrechte nach und neben dem Erstreckungsgesetz, DZWir 1994, 449; *Faupel,* Deutsche Einheit und Schutz des geistigen Eigentums, Mitt 1990, 202; *Fingerhut,* Deutsch-deutsches Firmenrecht von geographisch Gleichnamigen in Enteignungsfällen, BB 1996, 283; *Fingerhut,* Zur Kollision geographischer Herkunftsbezeichnungen nach der Vereinigung Deutschlands, BB 1997, 2448; *Fingerhut/Witzmann,* Deutsch-deutsches Firmenrecht von Gleichnamigen in Enteignungsfällen, BB 1993, 1382; *Gaul/Burgmer,* Das Erstreckungsgesetz für den gewerblichen Rechtsschutz, GRUR 1992, 283; *Irrling/Schröter,* Die Schutzfähigkeit von Marken nach dem Recht der ehemaligen DDR, GRUR 1993, 425; *Knaak,* Der Schutz der nichteingetragenen Kennzeichenrechte im vereinigten Deutschland, GRUR 1991, 891; *Knaak,* Kennzeichenrechte in der deutschen Einigung, GRUR Int 1993, 18; *Kunz-Hallstein,* Die absolute Bindung der Marke an den Geschäftsbetrieb und ihre Aufhebung durch das Erstreckungsgesetz, GRUR 1993, 439; *Loewenheim,* Kollision geschäftlicher Bezeichnungen nach Herstellung der deutschen Einheit – „BZ/Berliner Zeitung", EWiR 1997, 761; *v. Mühlendahl,* Gewerblicher Rechtsschutz im vereinigten Deutschland – eine Zwischenbilanz, GRUR 1990, 719; *v. Mühlendahl/Mühlens,* Gewerblicher Rechtsschutz im vereinigten Deutschland, GRUR 1992, 725; *Mühlens/Schaefer,* Die Vereinheitlichung des gewerblichen Rechtsschutzes im vereinigten Deutschland, DtZ 1992, 194; *Niederleithinger,* Die Erstreckung von gewerblichen Schutzrechten auf das Gesamtgebiet Deutschlands, Mitt 1991, 125; *Niederleithinger,* Die schrittweise Wiederherstellung der Rechtseinheit auf dem Gebiet des gewerblichen Rechtsschutzes, DWiR 1992, 485; *Papier,* Rechtsfragen zum Erstreckungsgesetz, MA 1993, 134; *Schaefer,* Vereinheitlichung des gewerblichen Rechtsschutzes in Deutschland, NJ 1992, 248; *Schultz-Süchting,* Kennzeichnungsrecht im vereinigten Deutschland, GRUR 1992, 481; *Sefzig,* Warenzeichenübertragungen ohne den Geschäftsbetrieb vor dem 1. Mai 1992 nach dem neuen Warenzeichengesetz, GRUR 1993, 711; 1994, 94; *Stögmüller,* Ringberg-Symposium über Urheberrecht und Kennzeichenrechte in der deutschen Einigung, Tagungsbericht, GRUR Int 1993, 32; *Tetzner,* Kollisionen von westmit ostdeutschen Zeichenrechten in den neuen Bundesländern, Mitt 1993, 274; *Tilmann,* Die Erstreckung von DDR-Marken und der Wegfall des Löschungsgrundes der Nichtfortsetzung der Wirtschaftstätigkeit des DDR-Markenrechts, GRUR Int 1996, 491; *Vogel,* Zur Auswirkung des Vertrages über die Herstellung der Einheit Deutschlands auf die Verfahren vor dem Deutschen Patentamt und dem Bundespatentgericht, GRUR 1991, 83.

## I. Allgemeines

Das am 1. Mai 1992 in Kraft getretene *Gesetz über die Erstreckung von gewerblichen Schutzrechten* (Erstreckungsgesetz – ErstrG) vom 23. April 1992 (BGBl. I S. 938) ist der letzte Schritt auf dem Weg zur Herstellung der Rechtseinheit im wiedervereinigten Deutschland auf dem Gebiet des gewerblichen Rechtsschutzes. Der *Einigungsvertrag* vom 31. August 1990 (BGBl. II S. 889) stellt lediglich einen Zwischenschritt auf diesem Weg dar. Zwar sind mit Wirkung zum 3. Oktober 1990, dem Tag des Beitritts der DDR zur Bundesrepublik Deutschland, die bundesdeutschen Rechtsvorschriften auf dem Gebiet des gewerblichen Rechtsschutzes im Gebiet der ehemaligen DDR in Kraft getreten (Art. 8 EinigV), ebenso wie die völkerrechtlichen Verträge der Bundesrepublik Deutschland (Art. 11 EinigV); die Herstellung der Rechtseinheit blieb jedoch auf die nach dem 3. Oktober 1990 begründeten Schutzrechte beschränkt. Nach den besonderen Bestimmungen zum gewerblichen Rechtsschutz im Einigungsvertrag kam lediglich diesen neu begründeten Schutzrechten die Bedeutung eines gesamtdeutschen Rechts mit Geltung im gesamten Bundesgebiet zu (§ 2 Anlage I Kapitel III Sachgebiet E Abschnitt II Nr. 1 EinigV), während die vor dem 3. Oktober 1990 in der Bundesrepublik Deutschland und in der DDR begründeten Rechte mit auf ihr bisheriges Schutzgebiet beschränkter territorialer Wirkung aufrechterhalten wurden und auch weiterhin dem bei ihrer Entstehung geltenden Recht unterlagen (§ 3 Anlage I Kapitel III Sachgebiet E Abschnitt II Nr. 1 EinigV). Gleiches galt für die den internationalen Abkommen unterfallenden Schutzrechte. Die vollständige Herstellung der Rechtseinheit, namentlich die Erstreckung von Altrechten auf das jeweils andere Schutzgebiet, wurde dem gesamtdeutschen Gesetzgeber vorbehalten (§ 13 Anlage I Kapitel III Sachgebiet E Abschnitt II Nr. 1 EinigV). Dieser Aufgabe sollte mit dem ErstrG entsprochen werden. Das ErstrG regelt jedoch nicht nur die gegenseitige Erstreckung von Altrechten, sondern es enthält auch Bestimmungen zur Integration von Altrechten mit DDR-Ursprung in das Bundesrecht. Ferner enthält das ErstrG Regelungen zur Behandlung von Schutzrechtskollisionen infolge des Aufeinandertreffens von erstreckten Schutzrechten.

## II. Grundsatz der Erstreckung

### 1. Erstreckung von Altrechten mit Ursprung in der Bundesrepublik Deutschland

**45** **a) Erstreckung unter Prioritätswahrung.** Durch § 1 Abs. 1 ErstrG wurden alle vor dem 3. Oktober 1990 in der Bundesrepublik Deutschland begründeten, am 1. Mai 1992 noch bestehenden gewerblichen Schutzrechte, die nach dem Einigungsvertrag nur mit Wirkung für das Bundesgebiet aufrechterhalten wurden, unter Wahrung ihres ursprünglichen Zeitrangs auf das Beitrittsgebiet (Art. 3 EinigV) erstreckt. Die Erstreckung erfolgte kraft Gesetzes mit dem Inkrafttreten des ErstrG am 1. Mai 1992, ohne daß es eines Antrags oder einer sonstigen Mitwirkungshandlung des Schutzrechtsinhabers bedurfte, und begründete gesamtdeutsche Immaterialgüterrechte mit einem einheitlichen Zeitrang. Von der Erstreckung erfaßt wurden alle durch Anmeldung, Eintragung oder Erteilung begründeten gewerblichen Schutzrechte, sowie alle Schutzrechtsanmeldungen, die zum Zeitpunkt der Erstreckung noch nicht zur Eintragung geführt haben, namentlich alle nach dem WZG geschützten *Warenzeichen* und *Dienstleistungsmarken*. Insgesamt handelt es sich um weit über eine Million nationaler gewerblicher Schutzrechte mit Ursprung im Bundesgebiet, die in den Genuß der Erstreckung gekommen sind. Die Zahl der von der Erstreckung betroffenen Marken lag im Januar 1991 bei etwa 367000; 50000 davon befanden sich noch im Anmeldestadium (Begründung zum ErstrG, BT-Drucks. 12/1399 vom 30. Oktober 1991, S. 18). Die Schutzrechtserstreckung war erforderlich, da Immaterialgüterrechte mit begrenzter territorialer Wirkung dem Charakter eines einheitlichen Staats- und Wirtschaftsgebiets nicht gerecht werden konnten (Begründung zum ErstrG, BT-Drucks. 12/1399 vom 30. Oktober 1991, S. 20).

**45a** **b) Art der Kennzeichen.** Gegenstand der Erstreckung sind die *durch Eintragung in die Warenzeichenrolle entstandenen Warenzeichenrechte* (Registermarken oder Eintragungsmarken). Zum Anwendungsbereich des § 1 Abs. 1 ErstrG gehören auch solche eingetragenen Warenzeichen, deren Eintragung aufgrund des Erwerbs von Verkehrsdurchsetzung nach § 4 Abs. 3 WZG erfolgt ist (zutr. HansOLG Hamburg GRUR 1999, 172, 175 – CABINET). Maßgeblich für die Erstreckung ist der *Bestand des Registerrechts*, nicht der Umstand der Verkehrsdurchsetzung als Voraussetzung der Eintragungsfähigkeit des Warenzeichens. Zur Aufrechterhaltung und Erstreckung von *durch Benutzung erworbenen Kennzeichenrechten*, namentlich *Ausstattungsrechten* im Sinne des § 25 WZG und *geschäflichen Bezeichnungen* im Sinne des § 16 UWG aF, enthält das ErstrG keine Regelung. Einer solchen Regelung bedurfte es auch nicht, da mit der Überleitung des Bundesrechts auf das Beitrittsgebiet durch den Einigungsvertrag die territoriale Beschränkung dieser Rechte unmittelbar beseitigt wurde (s. dazu *v. Mühlendahl/Mühlens*, GRUR 1992, 725, 730 f.). Die *Rechtslage bei geschäftlichen Bezeichnungen* ist dadurch gekennzeichnet, daß mit dem Inkrafttreten der entsprechenden Rechtsvorschriften des Bundesrechts im Gebiet der DDR eine einheitliche Rechtsgrundlage für den Schutz solcher Rechte nach § 16 UWG aF und § 12 BGB geschaffen wurde (s. dazu im einzelnen Rn 77 f.; § 15, Rn 195 f.; BGHZ 130, 134 – Altenburger Spielkartenfabrik; BGH GRUR 1997, 661 – B.Z./Berliner Zeitung). Anders als bei geschäftlichen Bezeichnungen, die aufgrund erstmaliger Inbenutzungnahme entstehen, kommt bei *Ausstattungsrechten* nach § 25 WZG, die aufgrund des Erwerbs von Verkehrsgeltung entstehen, eine territoriale Erstreckung nicht ohne weiteres in Betracht, da der Bestand des Ausstattungsrechts von der territorialen Verkehrsgeltung abhängig ist. Voraussetzung einer Erstreckung des Ausstattungsschutzes ist deshalb grundsätzlich der *Nachweis der Verkehrsgeltung* auch im Gebiet der neuen Bundesländer (s. zur Ausstattung der *Marlboro*-Packung HansOLG Hamburg GRUR 1999, 172, 175 – CABINET). Den Ausstattungsschutz ohne Nachweis der Verkehrsgeltung aus Gründen der besonderen Verhältnisse der deutschen Einheit und des Übergangs von zwei getrennten deutschen Schutzrechtsterritorien zu einem gesamtdeutschen Schutzrechtsgebiet auszudehnen (s. zu den möglichen Lösungsalternativen *Knaak*, GRUR Int 1993, 18, 24), ist mit dem Rechtsgrund der Verkehrsgeltung, die konstitutiv für den Ausstattungsschutz ist, nicht vereinbar (weitergehend *Ingerl/Rohnke*, MarkenG, Einl, Rn 28). Da ein *Markenanwartschaftsrecht* auf die Entstehung des Markenschutzes durch den

Erwerb von Verkehrsgeltung und damit auch nicht auf die Erweiterung des territorialen Geltungsbereichs eines Ausstattungsrechts anzuerkennen ist (s. dazu § 4, Rn 221), kommt vor einer tatsächlichen Ausdehnung der Verkehrsgeltung auf das Gebiet der neuen Bundesländer ein wettbewerbsrechtlicher Schutz nach § 1 UWG in Betracht (s. zum Wettbewerbsschutz vor dem Erwerb von Verkehrsgeltung § 4, Rn 222). Es gelten die wettbewerbsrechtlichen Grundsätze zur Nachahmung von Kennzeichnungen (s. dazu im einzelnen *Baumbach/Hefermehl*, Wettbewerbsrecht, § 1 UWG, Rn 483 ff.), soweit sie auf das Vorstadium des Erwerbs von Verkehrsgeltung bzw der Ausdehnung von Verkehrsgeltung übertragbar sind.

### 2. Erstreckung von Altrechten mit Ursprung in der DDR

Durch § 4 Abs. 1 ErstrG wurden alle vor dem 3. Oktober 1990 in der DDR begründeten, am 1. Mai 1992 noch bestehenden gewerblichen Schutzrechte, die nach dem Einigungsvertrag nur mit Wirkung für das Gebiet der ehemaligen DDR aufrechterhalten wurden, unter Wahrung ihres ursprünglichen Zeitrangs auf das übrige Bundesgebiet erstreckt. Die Erstreckung der gewerblichen Schutzrechte, namentlich der Markenrechte mit DDR-Ursprung, folgte den gleichen Grundsätzen wie die Erstreckung von Schutzrechten mit Ursprung im Bundesgebiet. Die Schutzrechtserstreckung betrifft die Altrechte in ihrem jeweiligen konkreten Bestand. Sie führt nicht zu einer Ausweitung des Schutzumfangs. Bestehende Rechte Dritter bleiben von der Schutzrechtserstreckung unberührt (BGH GRUR 1997, 224, 226 f. – Germed). Insgesamt sind etwa 280 000 nationale gewerbliche Schutzrechte mit DDR-Ursprung in den Genuß der Erstreckung gekommen; die Zahl der betroffenen Marken lag Ende April 1992 bei etwa 23 000, etwa 3000 davon befanden sich noch im Anmeldestadium (*v. Mühlendahl/Mühlens*, GRUR 1992, 725, 733). Eine Besonderheit bestand insoweit, als die im Gebiet der DDR registrierten oder zur Registrierung angemeldeten Herkunftsangaben von dem Grundsatz der automatischen Erstreckung ausgenommen wurden. Da im Bundesrecht keine dem DDR-Recht vergleichbare Regelung zum Schutz von Herkunftsangaben bestand, sah das ErstrG lediglich die Möglichkeit der Umwandlung der geschützten Herkunftsangaben in Verbandszeichen auf Antrag vor (§§ 4 Abs. 3, 33 bis 38 ErstrG; s. dazu im einzelnen Rn 70 ff.).

### 3. Erstreckung international registrierter Marken

Von der Erstreckung erfaßt wurden auch alle vor dem 3. Oktober 1990 aufgrund internationaler Abkommen mit Wirkung für die Bundesrepublik Deutschland geschützten gewerblichen Schutzrechte (§ 1 Abs. 2 ErstrG) sowie die aufgrund internationaler Abkommen mit Wirkung für die DDR geschützten Rechte (§ 4 Abs. 2 ErstrG). Da neben der Bundesrepublik Deutschland auch die DDR zu den Mitgliedstaaten des Madrider Abkommens vom 14. April 1891 über die internationale Registrierung von Marken in der Stockholmer Fassung vom 14. April 1967 (MMA; BGBl. 1972 II S. 293, 418) gehörte, unterlagen namentlich die nach dem MMA mit Wirkung für die Bundesrepublik Deutschland und die mit Wirkung für die DDR international registrierten Marken der gegenseitigen Erstreckung. Für die Verwaltung der bei der WIPO in Genf international registrierten Marken haben sich schon mit der Herstellung der staatlichen Einheit in Deutschland einige Besonderheiten ergeben (s. dazu im einzelnen Begründung zum ErstrG, BT-Drucks. 12/1399 vom 30. Oktober 1991, S. 30). Die Erstreckung erfolgte auch in den Fällen, in denen die IR-Marke in der Bundesrepublik Deutschland und die Ursprungsmarke in der DDR bestand sowie in den umgekehrten Fällen, in denen die IR-Marke in der DDR und die Ursprungsmarke im bisherigen Bundesgebiet bestand. Dies führte zu der Besonderheit, daß die internationale Registrierung auch in dem Land Wirkung entfaltet, in dem die Ursprungsmarke besteht. Bei international registrierten Marken, die sowohl im Bundesgebiet als auch im Gebiet der DDR Schutz genossen und die demselben Inhaber gehörten, wurden durch die gegenseitige Erstreckung parallele Schutzrechte begründet. Solche Schutzrechte werden von der WIPO einheitlich verwaltet und führen für die Zwecke der internationalen Register zu einem einheitlichen Schutzrecht; für die Zwecke des deutschen Rechts handelt es sich jedoch weiterhin um getrennte Rechte, die auch künftig unterschiedlichen Regelungen unterliegen (Begründung zum ErstrG, BT-Drucks. 12/1399 vom 30. Oktober 1991, S. 31;

*v. Mühlendahl/Mühlens*, GRUR 1992, 725, 732; die WIPO hat die von ihr beachtete Vorgehensweise bezüglich der internationalen Registrierung in entsprechenden Merkblättern niedergelegt, die bei der WIPO bezogen werden können).

## III. Anwendbares Recht auf Marken mit Ursprung in der DDR

### 1. Grundsatz

**48** Altrechte mit Ursprung in der DDR unterliegen grundsätzlich nur noch den mit dem Einigungsvertrag (Art. 8 EinigV) übergeleiteten Vorschriften des Bundesrechts (§ 5 S. 2 ErstrG). Dazu gehören sowohl die Vorschriften des Bundesrechts im engeren Sinne als auch die anzuwendenden Bestimmungen internationaler Abkommen, denen die Bundesrepublik Deutschland angehört und die nach Art. 11 EinigV im Beitrittsgebiet Geltung erlangt haben (Begründung zum ErstrG, BT-Drucks 12/1399 vom 30. Oktober 1991, S. 23, 24). Sinn und Zweck der Bestimmung ist die Herstellung der Rechtseinheit im wiedervereinigten Deutschland. Erstreckte Schutzrechte mit DDR-Ursprung, die nach dem Einigungsvertrag noch ausschließlich den Rechtsvorschriften der DDR unterlagen, sollten mehr und mehr in das bundesdeutsche Recht integriert werden.

### 2. Voraussetzungen der Schutzfähigkeit und Schutzdauer

**49** Eine allgemeine Ausnahme von dem oben genannten Grundsatz gilt nach § 5 S. 1 ErstrG für die Voraussetzungen der Schutzfähigkeit und die Schutzdauer. Da Altrechte, so wie sie erteilt oder eingetragen worden sind, Bestandsschutz genießen, soll insoweit auch weiterhin das alte DDR-Recht Anwendung finden. Für den Markenschutz bedeutet dies, daß das *Gesetz über Warenkennzeichen* vom 30. November 1984 (GBl. I Nr. 33 S. 397; s. auch 3. Teil des Kommentars, I 10) in der durch das Änderungsgesetz vom 29. Juni 1990 (GBl. I Nr. 40 S. 571) geänderten Fassung auch in Zukunft maßgeblich ist. Von Bedeutung sind hier insbesondere die Vorschriften über die materiellen Schutzvoraussetzungen in § 12 (absolute Schutzhindernisse) und § 13 (ältere Rechte) WKG (zur Schutzfähigkeit von Marken nach DDR-Recht s. *Berg*, GRUR Int 1988, 621; *Irrling/Schröter*, GRUR 1993, 425). Diese Ausnahme gilt nicht uneingeschränkt, es gibt insoweit Ausnahmen von der Ausnahme.

**50** Für eingetragene Marken mit Ursprung in der DDR, die nach § 4 ErstrG auf das übrige Bundesgebiet erstreckt worden sind, gilt der Grundsatz der Meistbegünstigung (§ 20 ErstrG). Die Löschung einer erstreckten DDR-Altmarke kommt demnach nur in Betracht, wenn die Marke sowohl nach den Rechtsvorschriften der DDR als auch nach den Rechtsvorschriften des WZG schutzunfähig ist. Entsprechendes gilt nach § 20 Abs. 2 ErstrG für Anträge auf Entziehung des Schutzes international registrierter Marken gemäß § 10 der Verordnung über die internationale Registrierung von Fabrik- oder Handelsmarken vom 5. September 1968 (BGBl. I S. 1001).

**51** Auf Markenanmeldungen, die vor dem 3. Oktober 1990 beim Patentamt der DDR eingereicht wurden und die bis zum 1. Mai 1992 noch nicht zur Eintragung gelangt sind, fanden ausschließlich die Vorschriften des WZG Anwendung (§ 22 Abs. 1 ErstrG). Nach § 22 Abs. 2 ErstrG war es dem DPA jedoch verwehrt, die Eintragung einer Marke deshalb zu verweigern, weil es sich bei dem angemeldeten Zeichen um eine nach dem WZG nicht eintragbare Markenform, namentlich um eine dreidimensionale Marke handelte. Mit dieser Bestimmung sollte sowohl dem Umstand Rechnung getragen werden, daß nach DDR-Recht auch für solche Markenformen eine Eintragungsmöglichkeit bestand, als auch der bevorstehenden Reform des Markenrechts und der Umsetzung der *Ersten Richtlinie des Rates zur Angleichung der Rechtsvorschriften der Mitgliedstaaten über die Marken* vom 21. Dezember 1988 (89/104/EWG; ABl. EG Nr. L 40 vom 11. Februar 1989, S. 1; s. 3. Teil des Kommentars, II 1), die von einem umfassenderen Markenbegriff ausgeht. Entsprechendes galt für international registrierte Marken (§ 22 Abs. 3 ErstrG).

**52** Eine Ausnahme von der Anwendbarkeit des DDR-Rechts bestand für angemeldete Marken auch insoweit, als eine Prüfung auf entgegenstehende ältere Rechte nicht mehr wie nach § 13 WKG von Amts wegen, sondern nur noch auf Widerspruch erfolgen sollte (§ 23 Abs. 1 und 2 Nr. 2 ErstrG).

Eine Ausnahme von der Schutzdauer besteht insoweit, als die Schutzdauer von DDR-Altmarken nach § 9 Abs. 1 WZG berechnet werden soll (§ 24 ErstrG). **53**

### 3. Übertragung von Marken mit DDR-Ursprung

Nach § 25 Abs. 1 ErstrG werden alle vor dem 1. Mai 1992 ohne die nach DDR-Recht **54** konstitutiv wirkende Eintragung im Register vorgenommenen Übertragungen von DDR-Marken rückwirkend geheilt. Die Übertragung muß jedoch nach § 8 Abs. 2 WZG in der Zeichenrolle vermerkt sein, wenn der Rechtsnachfolger das erworbene Recht gegenüber einem Dritten geltendmachen will. Die Eintragung erfolgt auf Antrag, wenn die Rechtsnachfolge gegenüber dem DPMA nachgewiesen wird (Begründung zum ErstrG, BT-Drucks. 12/1399 vom 30. Oktober 1991, S. 49).

### 4. Warenzeichenverbände

§ 25 Abs. 2 ErstrG enthält eine enge und zeitlich begrenzte Ausnahmeregelung zu den **55** Eintragungs- und Löschungsgrundsätzen des WZG. Die Löschung eines nach § 1 ErstrG erstreckten Verbandszeichens oder einer nach § 4 ErstrG erstreckten Kollektivmarke oder die Versagung der Eintragung eines solchen Zeichens konnte nicht auf die fehlende Rechtsfähigkeit des Verbandes gestützt werden, für den das Zeichen angemeldet oder eingetragen war, wenn dem DPA bis zum 30. April 1993 nachgewiesen wurde, daß der Verband seine Rechtsfähigkeit nach den nunmehr maßgeblichen Vorschriften des Bundesrechts erhalten oder wiedererlangt hat und die Voraussetzungen eines rechtsfähigen Verbandes im Sinne der §§ 17 Abs. 1 oder 2 und 18 S. 1 WZG erfüllt. Mit dieser Bestimmung sollten die von den Warenzeichenverbänden der DDR gehaltenen Verbandszeichen und Kollektivmarken, die auf eine Anmeldung vor dem 3. Oktober 1990 zurückgehen, aufrechterhalten werden (Begründung zum ErstrG, BT-Drucks. 12/1399 vom 30. Oktober 1991, S. 49).

## IV. Kollisionsrecht

### 1. Ausgangspunkt

Das zentrale Problem einer gegenseitigen Erstreckung zeigt sich in den Fällen, in denen **56** in den bisher getrennten Schutzgebieten sachlich ganz oder teilweise übereinstimmende Schutzrechte bestanden, die durch die Erstreckung aufeinandertreffen. Nach dem Willen des Gesetzgebers soll die Kollision übereinstimmender Schutzrechte der Erstreckung nicht entgegenstehen. Das ErstrG enthält daher verschiedene Regelungen zur Lösung von Kollisionsfällen. Unterschieden wird zwischen Markenrechten, denen Bestandsschutz zukommt (§ 30 ErstrG), und solchen Markenrechten, denen kein Bestandsschutz zukommt (§§ 2, 3, 21, 23 Abs. 2 S. 1 Nr. 2 ErstrG). Die unterschiedliche Behandlung kollidierender Markenrechte entspricht § 5 der besonderen Bestimmungen zum gewerblichen Rechtsschutz im Einigungsvertrag (Anlage I Kapitel III Sachgebiet E Abschnitt II Nr. 1 EinigV). Nach dieser Vorschrift sollen Benutzungshandlungen und Schutzrechtsanmeldungen, die nach dem 1. Juli 1990 im noch schutzrechtsfreien Raum vorgenommen wurden, keine Rechte begründen, die gegenüber später erstreckten Schutzrechten Bestandsschutz genießen. Der 1. Juli ist als Stichtag gewählt worden, weil mit dem Inkrafttreten des deutsch-deutschen Vertrages vom 18. Mai 1990 über die Schaffung einer Währungs-, Wirtschafts- und Sozialunion ein weitgehend einheitlicher gesamtdeutscher Wirtschaftsraum geschaffen wurde (s. dazu *v. Mühlendahl*, GRUR 1990, 719, 733 f.). Mit dieser Bestimmung sollte jeglichem Rechtsmißbrauch im Hinblick auf die zu erwartende Erstreckung wirksam begegnet werden.

Eine Regelung zur möglichen Kollision von erstreckten Marken und durch Benutzung **57** erworbenen Kennzeichnungsrechten findet sich in § 31 ErstrG. § 32 ErstrG enthält eine besondere Vorschrift zur Regelung der Kollision von DDR-Marken, die nach dem WZG nicht schutzfähig waren, und anderen im übrigen Bundesgebiet benutzten Zeichen, denen wegen fehlender Eintragungsfähigkeit nach Bundesrecht die Eintragung versagt blieb.

## 2. Die einzelnen Kollisionstatbestände

**58**  a) **Kollision zwischen einer prioritätsälteren Marke mit DDR-Ursprung und einer prioritätsjüngeren Marke mit Ursprung in der Bundesrepublik Deutschland bei fehlendem Bestandsschutz (§§ 2, 3 ErstrG).** Nach § 2 Abs. 1 S. 1 ErstrG steht dem Inhaber einer erstreckten prioritätsälteren Marke mit DDR-Ursprung ein besonderer Löschungsanspruch in Ergänzung zu § 11 Abs. 1 Nr. 1 WZG in bezug auf eingetragene Marken zu, die in der Zeit vom 1. Juli 1990 bis zum 2. Oktober 1990 beim DPA angemeldet und nach § 1 ErstrG erstreckt worden sind. Der Vorrang der prioritätsälteren DDR-Marken gegenüber der prioritätsjüngeren bundesdeutschen Marke rechtfertigt sich aus dem fehlenden Bestandsschutz der eingetragenen Marke. Die Stichtagsregelung entspricht § 5 der besonderen Bestimmungen zum gewerblichen Rechtsschutz im Einigungsvertrag (s. dazu Rn 44). Entsprechendes gilt für international registrierte Marken (§ 2 Abs. 1 S. 2).

**59**  Eine Stichtagsregelung für angemeldete Marken findet sich in § 3 ErstrG. Gegen die Eintragung einer in der Zeit zwischen dem 1. Juli 1990 und dem 2. Oktober 1990 beim DPA angemeldeten und nach § 1 ErstrG erstreckten Marke konnte der Inhaber einer prioritätsälteren DDR-Marke Widerspruch nach den §§ 5 Abs. 4 oder 6a Abs. 3 WZG einlegen (§ 3 Abs. 1 S. 1 ErstrG). Entsprechendes galt für international registrierte Marken (§ 3 Abs. 1 S. 2 ErstrG).

**60**  b) **Kollision zwischen einer prioritätsälteren Marke mit Ursprung in der Bundesrepublik Deutschland und einer prioritätsjüngeren Marke mit DDR-Ursprung bei fehlendem Bestandsschutz (§§ 21, 23 Abs. 2 S. 1 Nr. 2 ErstrG).** Nach § 21 Abs. 1 S. 1 ErstrG steht dem Inhaber einer erstreckten prioritätsälteren Marke mit Ursprung im Bundesgebiet ein besonderer Löschungsanspruch in Ergänzung zu § 11 Abs. 1 Nr. 1 WZG in bezug auf eingetragene Marken zu, die in der Zeit zwischen dem 1. Juli 1990 und dem 2. Oktober 1990 beim Patentamt der DDR angemeldet und nach § 4 ErstrG erstreckt worden sind. Entsprechendes gilt für international registrierte Marken (§ 21 Abs. 1 S. 2 ErstrG). Die Bestimmung entspricht der parallelen Regelung in § 2 ErstrG.

**61**  Die parallele Regelung zu § 3 ErstrG findet sich in § 23 Abs. 2 S. 1 Nr. 2 ErstrG. Dem Inhaber einer prioritätsälteren Marke mit Ursprung im Bundesgebiet stand gegen die Eintragung einer beim Patentamt der DDR in der Zeit zwischen dem 1. Juli 1990 und dem 2. Oktober 1990 angemeldeten Marke ein Recht zum Widerspruch zu. Entsprechendes galt für international registrierte Marken (§ 23 Abs. 2 S. 2 ErstrG). Der Vorrang der prioritätsälteren bundesdeutschen Marke gegenüber einer prioritätsjüngeren DDR-Marke rechtfertigt sich auch hier aus dem fehlenden Bestandsschutz der angemeldeten Marke. Die Stichtagsregelung entspricht § 5 der besonderen Bestimmungen zum gewerblichen Rechtsschutz im Einigungsvertrag (s. dazu Rn 44).

**62**  c) **Kollision von Marken mit DDR-Ursprung und Marken mit Ursprung in der Bundesrepublik Deutschland bei beiderseitigem Bestandsschutz (§ 30 ErstrG). aa) Grundsatz (§ 30 Abs. 1 ErstrG).** Nach § 30 Abs. 1 ErstrG darf in den Fällen, in denen eine Waren- oder Dienstleistungsmarke mit Ursprung in der Bundesrepublik Deutschland infolge der Erstreckung mit einer übereinstimmenden Marke mit Ursprung in der DDR zusammentrifft, jede der Marken im Erstreckungsgebiet nur mit Zustimmung des Inhabers der jeweils anderen Marke benutzt werden (Zustimmungslösung). Übereinstimmung im Sinne des § 30 ErstrG kommt nicht nur bei identischen, sondern auch bei verwechslungsfähigen Zeichen in Betracht. Nach der Intention des Gesetzgebers soll das Bestehen kollidierender Altrechte dem Grundsatz der gegenseitigen Erstreckung nicht entgegenstehen. Marken mit Ursprung im Bundesgebiet und Marken mit Ursprung in der DDR sollen unabhängig davon auf das jeweils andere Gebiet erstreckt werden, ob es sich um übereinstimmende Zeichen handelt oder nicht. Die Benutzung einer erstreckten Marke im Erstreckungsgebiet erfordert jedoch im Kollisionsfall die *Zustimmung* des Inhabers der kollidierenden Marke. Im Bereich des Markenrechts gilt demnach der Grundsatz der *territorialen Ausschließlichkeit,* während bei der Kollision von Patenten und technischen Schutzrechten vom Grundsatz der Koexistenz ausgegangen wird (s. § 26 Abs. 1 ErstrG). Der markenrechtlichen Kollisionslösung liegt die Erwägung zugrunde, daß nur bei der Anerkennung territorial begrenzter Ausschließlichkeitsrechte die Marke in ihrer Funktion als Kennzeichen

Einleitung                                                    63–69  **Einl MarkenG**

von Waren oder Dienstleistungen und Verkörperung des Goodwill des Unternehmens gewahrt werden kann (Begründung zum ErstrG, BT-Drucks. 12/1399 vom 30. Oktober 1991, S. 24). Die einem einheitlichen Staats- und Wirtschaftsgebiet grundsätzlich widersprechende Aufrechterhaltung von innerdeutschen Schutzrechtsgrenzen wurde im Hinblick auf einen wirksamen Markenschutz für erforderlich gehalten (zur Kritik an der gesetzgeberischen Lösung s. *Schultz-Süchting*, GRUR 1992, 481).

Die Benutzung einer erstreckten Marke im Erstreckungsgebiet ist unter bestimmten Voraussetzungen ausnahmsweise auch ohne Zustimmung des Inhabers der kollidierenden Marke zulässig (§ 30 Abs. 2 Nr. 1 bis 3 ErstrG). Im übrigen obliegt es den Inhabern der kollidierenden Markenrechte eine einvernehmliche Regelung zur Überbrückung der Trennung zwischen Erstreckung und Benutzung zu treffen und ein einheitliches Schutzrecht zu schaffen. 63

**bb) Ausnahmen vom Zustimmungserfordernis (§ 30 Abs. 2 ErstrG). (1) Überregionale Werbung.** Nach § 30 Abs. 2 Nr. 1 ErstrG darf eine erstreckte Marke auch ohne Zustimmung des Inhabers der kollidierenden Marke zur Werbung in öffentlichen Bekanntmachungen oder Mitteilungen, die für einen größeren Kreis von Personen bestimmt sind, benutzt werden, wenn die Verbreitung nicht auf das bisherige Schutzgebiet beschränkt werden kann. Rechtsverletzungen durch überregionale Werbung können demnach nicht untersagt werden; es besteht insoweit eine Duldungspflicht. 64

**(2) Rückübertragungsanspruch bei enteigneten Marken.** Nach § 30 Abs. 2 Nr. 2 ErstrG darf eine erstreckte Marke mit Ursprung im Bundesgebiet auch ohne Zustimmung des Inhabers der kollidierenden DDR-Marke im Beitrittsgebiet benutzt werden, wenn er glaubhaft machen kann, daß ihm ein Anspruch auf Rückübertragung der DDR-Marke oder des Unternehmens, zu dem diese Marke gehört, zusteht (§§ 3, 6 VermG). Die Ausnahmeregelung betrifft die Fälle, in denen sich als Folge einer Enteignungsmaßnahme in der ehemaligen DDR gespaltene Rechte gegenüberstehen. Der nach dem Vermögensgesetz Berechtigte soll auf diese Weise in die Lage versetzt werden, von seiner Marke vorläufig im gesamten Bundesgebiet Gebrauch zu machen, ohne den Abschluß des Restitutionsverfahrens abwarten zu müssen (s. Bericht über die Beratungen im Rechtsausschuß des deutschen Bundestages, BT-Drucks. 12/2171 vom 28. Februar 1992, S. 7). 65

Erweist sich der Rückübertragungsanspruch als unbegründet, so haftet der Inhaber der bundesdeutschen Marke dem Inhaber der kollidierenden DDR-Marke für jeden Schaden, den dieser dadurch erleidet, daß die bundesdeutsche Marke im Erstreckungsgebiet ohne seine Zustimmung benutzt worden ist (§ 30 Abs. 4 ErstrG). 66

**(3) Allgemeine Unbilligkeitsklausel.** Nach § 30 Abs. 2 Nr. 3 ErstrG besteht das Zustimmungserfordernis bei kollidierenden Marken insoweit nicht, als sich die Anerkennung eines Ausschlußrechts unter Berücksichtigung aller Umstände des Falles und bei Abwägung der Interessen der Beteiligten und der Allgemeinheit als unbillig erweisen würde. Der Gesetzgeber hat bewußt davon abgesehen die gesetzliche Generalklausel der Unbilligkeit durch eine enumerative Aufzählung einzelner konkreter Tatbestände im Gesetzestext zu präzisieren. Die Konkretisierung der Unbilligkeitsklausel ist der Rechtsprechung überlassen (zu möglichen Fallkonstellationen der Unbilligkeit s. Begründung zum ErstrG, BT-Drucks. 12/1399 vom 30. Oktober 1991, S. 59 f.; *v. Mühlendahl/Mühlens*, GRUR 1992, 725, 743 f.; *Berg*, WRP 1993, 297). Unbilligkeit wurde etwa angenommen, wenn bei Bestehen einer vertraglichen Verpflichtung, die kollidierende Marke nicht anzugreifen, die Anmeldung der Marke in der DDR nur wenige Tage vor dem Zeitpunkt des Inkrafttretens der Wirtschafts- und Währungsunion erfolgte (OLG München DtZ 1997, 326, 327 – Trolli). 67

**(4) Allgemeine Rechtsvorschriften.** Weitere Einschränkungen können sich aus allgemeinen Rechtsvorschriften ergeben, insbesondere aus dem UWG und den Grundsätzen über den Rechtsmißbrauch bei der Geltendmachung von Verbietungsansprüchen (§ 54 ErstrG). 68

**cc) Ausgleichsanspruch (§ 30 Abs. 3 ErstrG).** Nach § 30 Abs. 3 ErstrG kann der Markenrechtsinhaber, der aufgrund der in § 30 Abs. 2 Nr. 1 und 3 ErstrG normierten Ausnahmeregelungen verpflichtet ist, die Benutzung einer kollidierenden Marke zu dulden, eine angemessene Entschädigung verlangen, wenn er durch die Benutzung unzumutbar beeinträchtigt wird. Eine generelle Entschädigungspflicht wird damit nicht begründet. Der 69

Ausgleichsanspruch richtet sich gegen denjenigen, gegen den der markenrechtliche Abwehranspruch durchgesetzt werden könnte, wenn nicht die Duldungspflicht nach Abs. 2 bestünde.

**70**   **d) Kollision von Marken und sonstigen Kennzeichenrechten (§ 31 ErstrG).** Nach § 31 ErstrG findet die in § 30 ErstrG für eingetragene Marken normierte Kollisionsregel in den Fällen entsprechende Anwendung, in denen Marken und übereinstimmende, *durch Benutzung erworbene* Kennzeichenrechte infolge der Erstreckung aufeinandertreffen. Marken mit Ursprung im Bundesgebiet und Marken mit Ursprung in der DDR, die nach den §§ 1, 4 ErstrG erstreckt worden sind, bedürfen zur Benutzung im Erstreckungsgebiet auch der Zustimmung des Inhabers eines dort bestehenden kollidierenden Kennzeichenrechts. Die Marke darf im Erstreckungsgebiet jedoch dann ohne Zustimmung des Inhabers des kollidierenden Rechts benutzt werden, wenn eine der Ausnahmeregelungen des § 30 Abs. 2 ErstrG vorliegt. Dem zur Duldung verpflichteten Rechtsinhaber steht ein Ausgleichsanspruch nach § 30 Abs. 3 ErstrG zu, sofern die Voraussetzungen für einen solchen Anspruch vorliegen. Eine Regelung zur Lösung von Kollisionen *geschäftlicher Bezeichnungen untereinander* ist im ErstrG nicht enthalten (s. dazu im einzelnen Rn 45).

**71**   **e) Kollision von schutzunfähigen Marken mit DDR-Ursprung und im übrigen Bundesgebiet rechtmäßig benutzten Zeichen (§ 32 ErstrG).** § 32 ErstrG gewährt ein begrenztes Weiterbenutzungsrecht in den Fällen, in denen ein in der Bundesrepublik Deutschland vor dem 1. Juli 1990 rechtmäßig benutztes Zeichen, das nach den Vorschriften des WZG einer Eintragung nicht fähig war, infolge der Erstreckung mit einer übereinstimmenden Marke mit DDR-Ursprung zusammentrifft, die nur nach DDR-Recht, nicht aber nach Bundesrecht eintragungsfähig war, die jedoch aufgrund des in § 20 ErstrG normierten Meistbegünstigungsgrundsatzes nicht der Löschung unterliegt. Das Benutzungsrecht ist nicht auf das bisherige Benutzungsgebiet beschränkt, sondern gilt auch im Beitrittsgebiet (§ 32 S. 2 ErstrG). Auch dieses Weiterbenutzungsrecht wird allerdings durch eine Unbilligkeitsklausel eingeschränkt (§ 32 S. 2 ErstrG), die der Unbilligkeitsklausel in § 30 Abs. 2 Nr. 3 ErstrG entspricht.

## V. Aufhebung der Bindung an den Geschäftsbetrieb (§ 47 ErstrG)

**72**   Mit dem ErstrG wurde die nach der Rechtslage im WZG bestehende Bindung der Marke an den Geschäftsbetrieb aufgehoben (zur Rechtsentwicklung von der akzessorischen zur nichtakzessorischen Marke s. im einzelnen § 3, Rn 55 f.). Die Änderungen des WZG durch das ErstrG bestanden im wesentlichen in der Streichung des Erfordernisses der Angabe des Geschäftsbetriebes bei der Anmeldung eines Warenzeichens (§§ 47 Nr. 2 ErstrG, 2 Abs. 1 S. 3 WZG), der Einführung der freien Übertragbarkeit des Warenzeichens (§§ 47 Nr. 3 ErstrG, 8 Abs. 1 S. 1 WZG) und der Aufhebung des Löschungsgrundes des Wegfalls des Geschäftsbetriebes (§§ 47 Nr. 4 ErstrG, 11 Abs. 1 Nr. 2 WZG).

## VI. Geographische Herkunftsangaben

**73**   Nach DDR-Recht konnten geographische Herkunftsangaben durch Eintragung geschützt werden. Die Eintragung begründete ein markenrechtsähnliches Ausschlußrecht (§§ 19 ff., 28, 29 WKG). Da im Bundesrecht keine dem DDR-Recht vergleichbare Regelung zum Schutz von geographischen Herkunftsangaben bestand, wurden die im Gebiet der DDR registrierten oder zur Registrierung angemeldeten Herkunftsangaben von dem Grundsatz der automatischen Erstreckung ausgenommen (§ 4 Abs. 3 ErstrG). Das ErstrG sah insoweit lediglich die Möglichkeit der Umwandlung von Herkunftsangaben in *Verbandszeichen* (§§ 17 ff. WZG) vor (§§ 33 bis 38 ErstrG). Die Umwandlung der geschützten geographischen Herkunftsangaben in Verbandszeichen setzte einen entsprechenden Antrag voraus, der bis zum 30. April 1993 gestellt werden mußte (§ 34 ErstrG). Herkunftsangaben, für die innerhalb der gesetzlichen Ausschlußfrist kein Umwandlungsantrag gestellt wurde, waren von Amts wegen zu löschen (§ 34 Abs. 3 ErstrG). Die Löschung läßt den Schutz dieser Bezeichnungen nach allgemeinen Vorschriften jedoch unberührt (§ 34 Abs. 4 ErstrG). Zu den eingetragenen Herkunftsangaben, die von der Möglichkeit zur Umwandlung betroffen waren, gehörten so bekannte Bezeichnungen wie *Meißner Porzellan, Suhler Jagdwaffen, Dresdner Stollen, Erzgebirgisches Kunsthandwerk* und *Nordhäuser Korn* (s. dazu *v. Mühlendahl/Mühlens*, GRUR 1992, 725, 745).

Eine Kollisionsnorm für das Zusammentreffen von in Verbandszeichen umgewandelten **74** Herkunftsangaben und im bisherigen Bundesgebiet bestehenden Marken und sonstigen Kennzeichenrechten findet sich in § 36 ErstrG. Es gelten insoweit die im ErstrG normierten allgemeinen Kollisionsregelungen (§§ 2, 3, 20 bis 24 und 30 bis 32 ErstrG) entsprechend.

Die §§ 37 und 38 Abs. 1 ErstrG enthalten Sonderregelungen für die Fälle, in denen sich **75** eine geographische Herkunftsangabe im bisherigen Bundesgebiet zur *Gattungsbezeichnung* entwickelt hat, die Schutzfähigkeit als geographische Herkunftsangabe im Ursprungsgebiet aber weiterhin besteht. Dies gilt namentlich für die Bezeichnung *Dresdner Stollen* (LG Leipzig GRUR 1994, 379, 380 – Dresdner Butterstollen II; s. dazu auch § 126, Rn 13; allgemein zum Schutz von geographischen Herkunftsangaben aus der DDR nach Inkrafttreten des ErstrG s. *Hierse*, in: Adrian/Nordemann/Wandtke, Erstreckungsgesetz und Schutz des geistigen Eigentums, S. 161). So kann nach § 37 ErstrG die Umwandlung einer in der DDR registrierten oder zur Registrierung angemeldeten Herkunftsangabe mit der Begründung, daß es sich hier um eine Gattungsbezeichnung handelt, nur abgelehnt werden, wenn es der Auffassung der beteiligten Verkehrskreise im gesamten Bundesgebiet entspricht, daß die Bezeichnung ihre ursprüngliche Bedeutung als geographische Herkunftsangabe verloren hat und zur Gattungsbezeichnung geworden ist. Im Falle der Kollision zwischen einer solchen in ein Verbandszeichen umgewandelten Herkunftsangabe und einer Bezeichnung, die schon vor dem 1. Juli 1990 im bisherigen Bundesgebiet rechtmäßig als Gattungsbezeichnung benutzt worden ist, besteht ein zweijähriges Weiterbenutzungsrecht und eine Aufbrauchsfrist von zwei weiteren Jahren (§ 38 Abs. 1 ErstrG). Mit den getroffenen Regelungen soll zum einen dem Bestandsschutz der in der DDR geschützten Herkunftsangaben Rechnung getragen werden und zum anderen den Erwartungen des Verkehrs im bisherigen Bundesgebiet entsprochen werden, auch weiterhin eine zur Gattungsbezeichnung gewordene geographische Herkunftsangabe benutzen zu können (*v. Mühlendahl/Mühlens*, GRUR 1992, 725, 747).

Trifft eine in ein Verbandszeichen umgewandelte Herkunftsangabe mit Ursprung in der **76** DDR mit einer im bisherigen Bundesgebiet bereits vor dem 1. Juli 1990 rechtmäßig als personengebundene Herkunftsangabe benutzten Bezeichnung zusammen, so besteht ein Weiterbenutzungsrecht von 10 Jahren und eine Aufbrauchsfrist von zwei weiteren Jahren (§ 38 Abs. 2 ErstrG).

## VII. Geschäftliche Bezeichnungen

Das ErstrG enthält keine Regelungen zur Erstreckung geschäftlicher Bezeichnungen und **77** zur Lösung von Kollisionen geschäftlicher Bezeichnungen untereinander. Die Rechtslage bei geschäftlichen Bezeichnungen, die vor dem Beitritt der DDR zur Bundesrepublik Deutschland durch Benutzung erworben worden sind, ist dadurch gekennzeichnet, daß mit dem Inkrafttreten der entsprechenden Rechtsvorschriften des Bundesrechts im Gebiet der DDR eine einheitliche Rechtsgrundlage für den Schutz solcher Rechte nach § 16 UWG aF und § 12 BGB geschaffen wurde. Die Territorialität der durch Benutzung erworbenen Kennzeichenrechte wurde bereits mit der Herstellung der Wirtschafts- und Währungsunion zum 1. Juli 1990 überwunden. Mit der Schaffung eines einheitlichen gesamtdeutschen Wirtschaftsraums und der Eröffnung eines ungehinderten Waren- und Dienstleistungsverkehrs wurde bereits die Möglichkeit zur Erlangung eines übergreifenden Schutzes eröffnet (s. dazu *v. Mühlendahl*, GRUR 1990, 719, 736). Im Gegensatz zu den eingetragenen Markenrechten wurden die durch Benutzung erworbenen geschäftlichen Bezeichnungen durch den Einigungsvertrag auch nicht in ihrer territorialen Wirkung auf ihr bisheriges Schutzgebiet beschränkt (BGHZ 127, 262, 274 – NEUTREX). Ihr Schutzbereich erstreckt sich vielmehr auf das gesamte Bundesgebiet. Eine automatische Erstreckung des bisher beschränkten räumlichen Schutzbereichs auf das Gesamtgebiet ist nicht nur bei Kennzeichenrechten mit *originärer* Unterscheidungskraft anzuerkennen, sondern auch bei *kraft Verkehrs-*

*geltung* geschützten Rechten (tendenziell BGHZ 130, 134, 142 – Altenburger Spielkartenfabrik; BGH GRUR 1997, 661, 662 – B.Z./Berliner Zeitung; OLG Stuttgart WRP 1993, 269, 277 – Altenburger Spielkartenfabrik mit Anm. *Berg*; BezG Dresden GRUR 1992, 338 – Gelbe Seiten; *v. Mühlendahl*, GRUR 1990, 719, 736; *Knaak*, GRUR 1991, 891, 894 ff.). Die dogmatische Grundlage für eine automatische Schutzrechtserstreckung bei Kennzeichen mit originärer Unterscheidungskraft läßt sich in den Grundsätzen des Ausdehnungsschutzes finden (so *v. Mühlendahl*, GRUR 1990, 719, 736; *Knaak*, GRUR 1991, 891, 895; s. dazu auch *Stögmüller*, GRUR Int 1993, 32, 45 f.). Ob die Erstreckung des räumlichen Schutzbereichs bei kraft Verkehrsgeltung geschützten Rechten als Ausdehnungsschutz oder als Zubilligung eines vorübergehenden gesamtdeutschen Verkehrsschutzes auf niedrigerem Durchsetzungsniveau begründet werden kann, ist eine dogmatische Frage (*Knaak*, GRUR 1991, 891, 895 f.). Die Annahme einer automatischen Erstreckung soll jedoch dann ausgeschlossen sein, wenn der räumliche Schutzbereich eines Unternehmenskennzeichens seiner Natur nach beschränkt ist, namentlich weil der *Geschäftsbetrieb* seiner Natur nach *orts- oder regionengebunden* ist, oder weil die Kennzeichnung des Unternehmens nur auf einer auf einen bestimmten Wirtschaftsraum *beschränkten Verkehrsgeltung* beruht (BGHZ 130, 134, 141 f. – Altenburger Spielkartenfabrik).

**78**  Kollisionen von geschäftlichen Bezeichnungen, die dadurch entstehen, daß infolge der Erstreckung vor dem 3. Oktober 1990 in den beiden deutschen Teilstaaten erworbene Kennzeichenrechte aufeinandertreffen, sind nach der Rechtsprechung des BGH nach den zum *Recht der Gleichnamigen* entwickelten Grundsätzen zu behandeln (BGHZ 130, 134, 143 – Altenburger Spielkartenfabrik; BGH GRUR 1997, 661, 662 – B.Z./Berliner Zeitung; so auch HansOLG Hamburg NJW-RR 1993, 687, 688 – Hanse-Immobilien; aA OLG Stuttgart WRP 1993, 269, 277 – Altenburger Spielkartenfabrik mit Anm. *Berg*; kritisch auch *Bär-Bouyssière*, DtZ 1996, 69, 71); das gleichnamige Recht findet bei firmenrechtlichen Kollisionsfällen nur dann Anwendung, wenn die in der Rechtsordnung der jeweiligen Teile Deutschlands entstandenen Unternehmenskennzeichen bei der Herstellung der Einheit Deutschlands am 3. Oktober 1990 oder gegebenenfalls bereits mit der Schaffung der Wirtschafts- und Währungsunion zum 1. Juli 1990 aufeinandertrafen und keines der Kennzeichen vorher bereits im anderen Teil Deutschlands besseren Schutz beanspruchen konnte (BGHZ 136, 11, 18 – L'Orange). Ausgangspunkt der vom BGH herangezogenen Kollisionsregelung des gleichnamigen Rechts ist der Grundsatz der Koexistenz. Die bestehende Verwechslungsgefahr ist durch eine unterschiedliche Gestaltung der geschäftlichen Bezeichnung weitgehend auszuräumen, wie namentlich durch die Verwendung unterscheidungskräftiger Zusätze. Im Wege der Interessenabwägung ist zu bestimmen, welcher der beiden Schutzrechtsinhaber zur Beseitigung oder Verminderung der Verwechslungsgefahr durch geeignete Maßnahmen beizutragen hat (BGHZ 130, 134, 147 ff. – Altenburger Spielkartenfabrik; BGH GRUR 1997, 661, 662 – B.Z./Berliner Zeitung). Die Lösung von Kollisionen durch die Verwendung unterscheidungskräftiger Zusätze wurde für eingetragene Marken im Hinblick auf eine wirksamen Markenschutz abgelehnt und zugunsten einer Ausschließlichkeitslösung entschieden (s. dazu Begründung zum ErstrG, BT-Drucks. 12/1399 vom 30. Oktober 1991, S. 24). Im Schrifttum wird vorgeschlagen, die Kollisionen geschäftlicher Bezeichnungen nach den gleichen Grundsätzen zu behandeln, wie sie für Kollisionen eingetragener Marken gelten (*Knaak*, GRUR 1991, 891, 898 f.; *Berg*, FS 100 Jahre Marken-Amt, S. 43, 44 Fn 3).

## VIII. Entscheidungspraxis

**79**  Aus einer *Marke mit DDR-Ursprung*, deren Eintragung nach den §§ 1, 4 Abs. 1, 2 Nr. 1 WZG ausgeschlossen wäre und die auf das Bundesgebiet erstreckt wird, können keine Verbietungsrechte gegenüber demjenigen hergeleitet werden, der eine übereinstimmende Bezeichnung für gleiche oder gleichartige Waren bereits vor dem 1. Juli 1990 im Erstreckungsgebiet rechtmäßig benutzt hat (LG Düsseldorf Mitt 1994, 247). Dem Wegfall des Löschungsgrundsatzes des § 11 Abs. 1 Nr. 2 WZG kommt *keine Rückwirkung* zu. Eine infolge Wegfalls oder Fehlens des Geschäftsbetriebs eingetretene Löschungsreife einer Marke ist durch die Aufhebung des Löschungsgrundes des § 11 Abs. 1 Nr. 2 WZG geheilt worden.

Die Löschungsreife kann deshalb dem Bestand der eingetragenen Marke nicht entgegengehalten werden. Den während der Löschungsreife entstandenen Zwischenrechten kommt im Verhältnis zu älteren Marken nach Heilung der Löschungsreife ein besserer Zeitrang zu. Diese Priorität verschafft jedoch dem Inhaber des Zwischenrechts keinen Löschungsanspruch gegenüber der älteren Marke (BGH GRUR 1994, 288 – Malibu; s. § 3, Rn 65). Der Aufhebung des Verbots der Leerübertragung von Marken in § 47 Nr. 3 ErstrG kommt keine Rückwirkung zu. Die Schutzwirkung einer erstreckten Marke erfaßt nicht rückwirkend Verletzungshandlungen im Beitrittsgebiet, die vor dem 1. Mai 1992 begangen wurden (BGH GRUR 1995, 117 – NEUTREX; LG Frankfurt GRUR 1997, 62 – Leerübertragungen; aA *Kunz/Hallstein*, GRUR 1993, 439, 447; s. § 3, Rn 65). Zur Beurteilung der *Eintragungsfähigkeit* einer eingetragenen prioritätsjüngeren Marke mit DDR-Ursprung ist auf den Begriff der Verwechslungsgefahr nach dem WKG abzustellen; bei einer *Löschungsbewilligungsklage,* bei der es um die Frage des Fortbestandes der eingetragenen Marke geht, ist auf den Zeitpunkt der letzten Tatsachenverhandlung abzustellen (BGH WRP 1995, 809 – f6/R6). Ein zum 3. Oktober 1990 bestehendes Unternehmenskennzeichen ist von diesem Zeitpunkt an hinsichtlich seiner räumlichen Schutzwirkung so anzusehen, als habe niemals eine Trennung Deutschlands bestanden. Der Kollisionsfall solcherart erstreckter Kennzeichen ist nach den zum *Recht der Gleichnamigen* entwickelten Grundsätzen zu lösen. Auf geschäftliche Bezeichnungen finden die Vorschriften des ErstrG keine analoge Anwendung (BGHZ 130, 134 – Altenburger Spielkartenfabrik; BGH GRUR 1997, 661 – B.Z./Berliner Zeitung; s. § 15, Rn 195 f.). Eine Marke mit DDR-Ursprung (DDR-Altrecht) entfaltet nach ihrer Unterstellung unter die Vorschriften des WZG und MarkenG nach § 5 ErstrG im Beitrittsgebiet nur in dem Umfang Rechtswirkungen, der für das Recht zum Zeitpunkt des Inkrafttretens des ErstrG Geltung hatte. Eine schon vor diesem Zeitpunkt im Beitrittsgebiet bestehende Koexistenz mit einem wortgleichen Firmenbestandteil hat der Markeninhaber auch weiterhin hinzunehmen. Ein nach § 4 Abs. 1 ErstrG erstrecktes DDR-Altrecht entfaltet auch im übrigen Bundesgebiet nur den Schutzumfang, der ihm im Gebiet der DDR zustand. Bestand vor dem Zeitpunkt der Erstreckung in diesem Gebiet eine Koexistenz der Marke mit einem wortgleichen Firmenbestandteil, so kann sich der Rechtsnachfolger des Inhabers des im Gebiet der DDR koexistierenden Firmenrechts, sofern er dessen Firma berechtigterweise fortführt, auch im übrigen Bundesgebiet auf diese *Koexistenzlage* berufen (BGH GRUR 1997, 224 – Germed). Die *Unbilligkeit* eines *Zustimmungserfordernisses* im Sinne des § 30 ErstrG kann sich aus der vertraglichen Verpflichtung ergeben, die kollidierende Marke nicht anzugreifen. Dies gilt insbesondere dann, wenn die Anmeldung der Marke in der DDR nur wenige Tage vor dem Zeitpunkt des Inkrafttretens der Wirtschafts- und Wahrungsunion am 18. Juni 1990 erfolgte und hierfür keine wirtschaftlich vernünftigen Gründe bestehen (OLG München DtZ 1997, 326 – Trolli). Eine für das Gebiet der DDR *international registrierte Marke* erlangte als IR-Marke eigenständigen Schutz und wurde nicht durch die Vereinigung der beiden deutschen Staaten von der Basismarke „aufgesogen"; Folge ist das Bestehen von *zwei parallelen Schutzrechten,* die in der registermäßigen Verwaltung durch das Internationale Büro der WIPO *als ein Schutzrecht geführt* werden (BGH GRUR 1999, 155 – DRIBECK's LIGHT). Die *Benutzungsfrist* von fünf Jahren einer mit Wirkung für die DDR international registrierten Marke begann nicht schon nach Ablauf eines Jahres ab Eintragung der Marke im internationalen Register zu laufen, sondern gemäß Anlage 1 Kap. III Sachgebiet E Absch. II Nr. 1 § 10 Satz 1, 3 EinigungsV am 3. Oktober 1990 als dem Tag des Wirksamwerdens des Beitritts (BGH GRUR 1999, 155 – DRIBECK's LIGHT). Schutzrechte, die nicht aufgrund *formeller Eintragung,* sondern nur *aufgrund von Verkehrsgeltung* Schutz beanspruchen, werden vom ErstrG nicht miterfaßt (s. zum Ausstattungsrecht an der *Marlboro*-Packungsgestaltung HansOLG Hamburg GRUR 1999, 172 – CABINET); Ausstattungsschutz setzt den *Nachweis der Verkehrsgeltung* auch im Gebiet der neuen Bundesländer voraus (s. Rn 45a). Die Restitution eines enteigneten Unternehmens nach dem VermG beseitigt nicht rückwirkend den Verlust eines infolge Nichtbenutzung untergegangenen Unternehmenskennzeichens (BGHZ 136, 11, 26 – L'Orange; s. § 15, Rn 80). Der Fiktion des Fortbestehens der Firma eines enteigneten berechtigten Unternehmens kommt lediglich ex nunc-Wirkung zu (*Säcker/Busche*, Vermögensrecht, § 6 VermG Rn 63). Gegenstand einer Restitution nach dem VermG kann nur sein, eine ehedem entzogene Rechtsposition wiederherzustellen und einem Berechtigen zuzuordnen, nicht aber wirtschaftliche Vorgänge wie etwa die Nichtbenutzung eines Unternehmenskennzeichens ungeschehen zu machen.

### E. Gemeinschaftsmarkenrecht

**Materialien.** *Denkschrift* der EG-Kommission über die Schaffung einer EG-Marke, Dok. SEC (76) 2462, Bulletin der EG, Beilage 8/1976; *Entwurf einer VO des Rates über die Gemeinschaftsmarke* vom Juli 1978, Dok. III/D/753/78-DE vom Juli 1978, GRUR Int 1978, 452; *Vorschlag einer VO des Rates über die Gemeinschaftsmarke* vom 27. November 1980 nebst Begründung, Dok. KOM (80) 635 endg., ABl. EG Nr. C 351 vom 31. Dezember 1980, S. 1; *Stellungnahme des Wirtschafts- und Sozialausschusses der EG* zum Vorschlag für eine erste Richtlinie des Rates zur Angleichung des Markenrechts in den Mitgliedstaaten und zum Vorschlag für eine VO über die Gemeinschaftsmarke vom 23. September 1981, ABl. EG Nr. C 310 vom 30. November 1981, S. 22; *Stellungnahme des Fachausschusses für Wettbewerbs- und Warenzeichenrecht* vom 18. Dezember 1981, GRUR 1982, 87 und vom 25. Mai 1982, GRUR 1982, 478; *Stellungnahme des Europäischen Parlaments* vom 12. Oktober 1983, ABl. EG Nr. C 307 vom 14. November 1983, S. 46; *Geänderter Vorschlag für eine VO des Rates über die Gemeinschaftsmarke* vom 9. August 1984, Dok. KOM (84) 470 endg., ABl. EG Nr. C 230 vom 31. August 1984, S. 1; *Geänderter Vorschlag für eine VO des Rates über die Gemeinschaftsmarke* vom 11. Mai 1988, Dok. 5865/88, GRUR Int 1989, 388.

**Schrifttum bis 1993.** *Balz*, Paradigmenwechsel im Warenzeichenrecht? Zu einigen Grundsatzproblemen der Europamarke, RabelsZ 1981, 317; *Beier*, Das europäische Markenrecht und sein Verhältnis zum nationalen Marken- und Wettbewerbsrecht, GRUR Int 1976, 1; *Beier*, Ziele und Leitgedanken des europäischen Markenrechts, GRUR Int 1976, 363; *Beier*, Unterscheidende Zusätze als Mittel zur Lösung marken- und firmenrechtlicher Konflikte im Gemeinsamen Markt?, RIW/AWD 1978, 213; *Beier/Krieger*, Wirtschaftliche Bedeutung, Funktionen und Zweck der Marke, GRUR Int 1976, 125; *Beier/v. Mühlendahl*, Der Grundsatz der internationalen Erschöpfung des Markenrechts in den Mitgliedstaaten der EG und ausgewählten Drittstaaten, Mitt 1980, 101; *Callmann*, Vorschläge für eine EWG-Marke unter Berücksichtigung der Markenprobleme in USA, GRUR 1960, 514; *Gloy*, Notwendigkeit und Grenzen der Harmonisierung des Warenzeichenrechts in der EG, FS für v. Gamm, 1990, S. 257; *Hackbarth*, Grundfragen des Benutzungszwangs im Gemeinschaftsmarkenrecht, 1993; *Hefermehl/Ipsen/Schluep/Sieben*, Nationaler Markenschutz und freier Warenverkehr in der Europäischen Gemeinschaft, 1979; *Heil*, Die Gemeinschaftsmarke für den Anmelder, FS für Oppenhoff, 1985, S. 127; *Heil*, Benutzungszwang im Markenrecht der Europäischen Gemeinschaften, FS 25 Jahre BPatG, 1986, S. 371; *Heil*, Gemeinschaftsmarke: Der Sprung ins Ungewisse, MA 1987, 308; *Heydt*, Wege zur Vereinfachung des europäischen Markenrechts, GRUR Int 1960, 348; *Heydt*, Der Benutzungszwang im Vorentwurf eines Abkommens über ein europäisches Markenrecht, GRUR Int 1973, 540; *Heydt*, Europäische Marke für den Gemeinsamen Markt, MA 1974, 312; *Heydt*, Zur Funktion der Marke, GRUR Int, 1976, 339; *Heydt*, Offensivzeichen, GRUR Int 1976, 501; *Heydt*, Der Benutzungszwang in der Denkschrift der EG-Kommission zur Schaffung einer EWG-Marke, GRUR Int 1977, 47; *Heydt*, Benutzung und Benutzungszwang im europäischen Gemeinschaftsmarkenrecht, GRUR Int 1978, 2; *Heydt*, Nationale Markenrechte und sonstige Rechte in dem Entwurf einer Verordnung über die Gemeinschaftsmarke der EG-Kommission, GRUR Int 1979, 123; *Kraft*, Die Europäische Marke, MA 1974, 157; *Kretschmer*, Aktuelle Berichte, EG-Markenrecht: Letzte Runde?, GRUR 1987, 696; *Krieger*, Die künftige Entwicklung des Markenrechts – zugleich ein Beitrag zur europäischen Regelung, MA 1973, 262; *Krieger*, Europäisches Markenrecht im Werden, GRUR Int 1979, 279; *Kunz-Hallstein*, Perspektiven der Angleichung des nationalen Markenrechts in der EWG, GRUR Int 1992, 81; *Lewinsky*, Amtsrecherche für die Gemeinschaftsmarke anstelle laufender Warenzeichen-Kollisionsüberwachung?, Mitt 1978, 224; *Lewinsky*, Amtsrecherche für die Gemeinschaftsmarke, Mitt 1978, 121; *Mak*, Europäische Marken und ältere nationale Rechte, GRUR Int 1974, 214; *Mak*, Die Amtsrecherche bei der EWG-Marke, GRUR Int 1978, 121; *Martino*, Auf dem Wege zur Gemeinschaftsmarke – ein Zwischenbericht, WRP 1978, 92; *Miosga*, Gedanken zur Europäisierung des Zeichenrechts, Mitt 1960, 161; *Mitscherlich*, Anmelde- und Widerspruchsverfahren vor dem Europäischen Markenamt, GRUR 1980, 638; *v. Mühlendahl*, Koexistenz und Einheitlichkeit im europäischen Markenrecht, GRUR Int 1976, 27; *v. Mühlendahl*, Der Angriff auf die Gültigkeit der Gemeinschaftsmarke im Verletzungsprozeß, GRUR Int 1978, 317; *v. Mühlendahl*, Das künftige Markenrecht der Europäischen Gemeinschaft, GRUR Int 1989, 353; *v. Mühlendahl*, Das neue Markenrecht der Europäischen Gemeinschaft, MA 1989, 38; *Pagenberg*, Widerspruch aufgrund nicht eingetragener Marken und Kostenerstattung des Widerspruchsverfahrens nach dem zukünftigen Recht der Gemeinschaftsmarke, GRUR Int 1989, 748; *Puchberger*, Zur Amtsrecherche bei der EWG-Marke, GRUR Int 1978, 407; *Röttger*, Gedanken zur Schaffung einer EWG-Marke, GRUR Int 1959, 329; *Röttger*, Unanfechtbarkeit der Europamarke und Amtsrecherche, RIW/AWD 1978, 220; *Röttger*, Widerspruch, Nichtigkeitsverfahren und Amtsrecherche im neuen Entwurf für eine Verordnung über die Gemeinschaftsmarke, RIW/AWD 1979, 167; *Sack*, Markenschutz außerhalb des Gleichartigkeitsbereichs in der EG, RIW/AWD 1985, 597; *Saint-Gal/Röttger*, Das Problem der Schaffung einer EWG-Marke, GRUR Int 1960, 500; *Schawel*, Zum Vorschlag einer Verordnung des Rates über die Gemeinschaftsmarke, Mitt 1981, 166; *Schwanhäusser,* Entwicklung und zukünftige Gestaltung der EWG-Marke, WRP 1984, 1; *Schwartz,* Zur Politik der Europäischen Kommission im Hinblick auf eine Europa-Marke, GRUR Int 1975, 71; *Schwartz,* Das Markenrecht der Europäischen Gemeinschaft – Eine Zwischenbilanz, GRUR Int 1981, 1; *Sprick,* Die Auswirkungen des EWG-Rechts auf den Schutz des Warenzeichens gegenüber nicht ursprungsgleichen, verwechslungsfähigen Warenzeichen, GRUR Int 1977, 285; *Tilmann,* Die Rechtsprechung des Europäischen Gerichtshofs und ihre Auswirkungen auf das künftige EWG-Markenrecht, GRUR 1977, 446; *Tilmann,* Grundfragen des EWG-Markenrechts, GRUR Int 1979, 20; *Tilmann,* Zur Reichweite des Schutzes im deutschen und europäischen Markenrecht, GRUR 1980, 660; *Troller,* Zur Vereinheitlichung oder Angleichung des Markenrechts in den Mitgliedstaaten des Europarats, GRUR Int 1980, 723; *Ullrich,* Staatsgrenzen und Warenzeichen, GRUR Int 1975, 291; *Graf von Westerholt,* Das europäische Markenrecht und sein Verhältnis zum nationalen Marken- und Wettbewerbsrecht, GRUR Int 1976, 39; *Winter,* MMA und EG-Marke, Mitt 1985, 231.

**Schrifttum seit 1994.** *Bender,* Die Beschwerdekammern des Harmonisierungsamtes für den Binnenmarkt im Gemeinschaftsmarkensystem – Ihre Einrichtung, ihre Stellung im europäischen Rechtssystem und ihre verfahrensrechtlichen Grundprinzipien, MarkenR 1999, 11; *Berlit,* Die Gemeinschaftsmarke und das Markenrechtsänderungsgesetz 1996, EWS 1997, 9; *Berlit,* Markenrechtliche und europarechtliche Grenzen des Markenschutzes, GRUR 1998, 423; *Bumiller,* Durchsetzung der Gemeinschaftsmarke in der Europäischen Union, 1997; *v. Einem,* Checkliste zur Anmeldung einer EU-Gemeinschaftsmarke, WiB 1996, 605; *Gielen/Strowel,* Guide to the New Trademark Law in Europe, Mitt 1995, 198; *Fernández-Nóvoa,* Die Verwirkung durch Duldung im System der Gemeinschaftsmarke, GRUR Int 1996, 442; *Harte-Bavendamm/v. Bomhard,* Strategische Aspekte der Gemeinschaftsmarke, WRP 1996, 534; *Harte-Bavendamm/v. Bomhard,* Abgrenzungsvereinbarungen und Gemeinschaftsmarken, GRUR 1998, 530; *Hasselblatt,* The Community Trademark, in: Campbell/Cotter (Hrsg.), International Intellectual Property Law, 1997, S. 145; *Ingerl,* Die Gemeinschaftsmarke, 1996; *Kellerhals,* Der Benutzungszwang im Gemeinschaftsmarkenrecht, GRUR Int 1999, 14; *Klaka/Schulz,* Die Europäische Gemeinschaftsmarke, 1996; *Knaak,* Rechtsdurchsetzung im Markenrecht, in: Schricker/Beier (Hrsg.), Die Neuordnung des Markenrechts in Europa, 1997, S. 157; *Knaak*; Die Rechtsdurchsetzung der Gemeinschaftsmarke und der älteren nationalen Rechte, GRUR Int 1997, 864; *Kunze,* Die Verzahnung der Gemeinschaftsmarke mit dem System der internationalen Registrierung von Marken unter der gemeinsamen Ausführungsordnung zum Madrider Markenabkommen und dem Madrider Protokoll, GRUR 1996, 627; *Kunze,* Kennzeichenrecht, in: Salger (Hrsg.), Handbuch der europäischen Rechts- und Wirtschaftspraxis, § 32 II 2, 1996; *Kur,* Die Harmonisierung der europäischen Markengesetze, Resultate – offene Fragen – Harmonisierungslücken, GRUR 1997, 241; *Lehmann/Schönefeld,* Die neue europäische und deutsche Marke: Positive Handlungsrechte im Dienste der Informationsökonomie, GRUR 1994, 481; *Lindner/Schrell,* Die Gemeinschaftsmarke im Überblick, WRP 1996, 94; *Meister,* Some Basic Information on the Community Trade Mark System, MA 1996, 166; *Meister,* Seniorität oder die sogenannte Beanspruchung des Zeitranges einer identischen nationalen Marke, WRP 1997, 1022; *v. Mühlendahl,* Das neue Markenrecht der Europäischen Union, FS 100 Jahre Marken-Amt, 1994, S. 215; *v. Mühlendahl,* Die Heilung einer wegen mangelnder Benutzung löschungsreif gewordenen Markeneintragung im europäischen und im deutschen Markenrecht, FS für Vieregge, 1995, S. 641; *v. Mühlendahl,* Das Harmonisierungsamt für den Binnenmarkt nach sechs Monaten, MA 1996, 526; *v. Mühlendahl,* Die Sprachenregelung des Harmonisierungsamtes für den Binnenmarkt (Marken, Muster und Modelle), FS für Piper, 1996, S. 575; *v. Mühlendahl,* Rechtsmittel gegen Entscheidungen des Harmonisierungsamts für den Binnenmarkt – Marken, Muster und Modelle, in: Straus (Hrsg.), Aktuelle Herausforderungen des geistigen Eigentums, FS für Beier, 1996, S. 303; *v. Mühlendahl/Ohlgart,* Die Gemeinschaftsmarke, 1998; *Over,* Neue Möglichkeiten internationalen Markenschutzes für den deutschen Markeninhaber, MA 1994, 552; *Over,* Die neue Gemeinschaftsmarke – anmelden oder abwarten?, WRP 1996, 274; *Pagenberg/Munzinger,* Leitfaden Gemeinschaftsmarke, 1996; *Pagenberg,* Das Widerspruchsverfahren der Gemeinschaftsmarke – Neue Strategien im Markenrecht, GRUR 1998, 288; *Piper,* Zu den Anforderungen an den Schutz der bekannten Gemeinschaftsmarke nach der Gemeinschaftsmarkenverordnung, GRUR 1996, 657; *Preglau/Neuffer,* Die Kollisionsprüfung im Widerspruchsverfahren vor dem Harmonisierungsamt für den Binnenmarkt – Eine Erörterung des gegenwärtigen Stands der materiellen Rechtsentwicklung, MarkenR 1999, 41; *Schäfer,* Seniorität und Priorität – Ausgesuchte Probleme der Auswirkungen im deutschen Markenrecht und im Gemeinschaftsmarkenrecht, GRUR 1998, 350; *Schennen,* Die Vertretung vor dem Harmonisierungsamt für den Binnenmarkt, Mitt 1996, 361; *Schönfeld,* Die Gemeinschaftsmarke als selbständiger Vermögensgegenstand eines Unternehmens, 1994; *Schulte-Beckhausen,* Die gerichtliche Durchsetzung von Ansprüchen wegen Verletzung der Gemeinschaftsmarke, WRP 1999,300; *Sosnitza,* Nationales, gemeinschaftsweites und internationales Markenrecht – Auf dem Weg zur globalen Marke?, in: Immenhaur, Wichtermann, Weber, Ackermann (Hrsg.), Vernetzte Welt – globale Welt, Jahrbuch Junger Zivilrechtswissenschaftler 1998; *Ubertazzi,* Bemerkungen zum Benutzungszwang der Gemeinschaftsmarke, GRUR Int 1995, 474; *Vogt,* Das Markenrechtsänderungsgesetz 1996, NJW 1996, 2776; *Zorzi,* Die Verkehrsfähigkeit der Marke im italienischen Recht und in der Gemeinschaftsmarkenverordnung, GRUR Int 1997, 781.

## I. Allgemeines

### 1. Gemeinschaftsmarkenrecht und Territorialität des nationalen Markenschutzes

**80** Das internationale Markenrecht ist durch den Grundsatz der *Territorialität* gekennzeichnet. Danach sind die Rechtswirkungen einer Marke auf das Gebiet des jeweiligen Schutzstaates beschränkt. Der Markenschutz richtet sich in jedem Staat nach dessen nationaler Rechtsordnung. Lediglich Belgien, Luxemburg und die Niederlande haben ihre Staatsgebiete im Jahre 1971 zu einem Schutzrechtsraum mit einem einheitlichen Benelux-Markenrecht zusammengefaßt. Die internationalen Abkommen auf dem Gebiet des Markenrechts (s. dazu 2. Teil des Kommentars, Einführung in das Recht der internationalen Verträge, Rn 1 ff.) bringen zwar eine Reihe von Rechten und Erleichterungen für Angehörige fremder Staaten, sie schaffen aber kein einheitliches übernationales Markenrecht. Auch das MMA erleichtert nur die Erlangung nationalen Markenschutzes, indem der Markeninhaber durch eine einzige Registrierung beim Internationalen Büro der WIPO in Genf in beliebig vielen Markenverbandsstaaten Schutz erlangen kann. Die Eintragung im internationalen Register begründet jedoch nur ein Bündel nationaler Markenrechte, die einen territorial begrenzten Rechtsschutz gewährleisten (s. Art. 4 MMA, Rn 1 f.). Die territoriale Beschränkung der Markenrechte ermöglicht eine Abschottung der nationalen Märkte. Dieser Zustand ist für einen freien zwischenstaatlichen Handel mit Markenwaren im EG-Binnenmarkt ein starkes Hindernis, das allein durch die Angleichung der Rechtsvorschriften der Mitgliedstaaten nicht beseitigt werden kann. Schätzungsweise umfassen die Marken eines EU-Staates, die in irgendeinem anderen Mitgliedstaat mit ähnlichen Marken in Konflikt geraten können, ein Viertel des gesamten Markenbestandes der Gemeinschaft (*Tilmann*, GRUR Int 1979, 20, 22; *Schwartz*, GRUR Int 1981, 1).

**81** Aus diesen Gründen hat der Rat der Europäischen Union die *Verordnung (EG) Nr. 40/94 des Rates vom 20. Dezember 1993 über die Gemeinschaftsmarke* (GMarkenV; ABl. EG Nr. L 11 vom 14. Januar 1994, S. 1; s. 3. Teil des Kommentars, II 2) erlassen. Diese schafft mit der Gemeinschaftsmarke ein über die nationalen Grenzen hinausgehendes Markenrecht, das sich auf das gesamte Gebiet der EU erstreckt und einem einheitlichen, unmittelbar in allen Mitgliedstaaten geltenden Gemeinschaftsrecht unterliegt. Die GMarkenV ist am 15. März 1994 in Kraft getreten (Art. 143 Abs. 1 GMarkenV). Sie ist durch die *Verordnung Nr. 3288/94 (EG) des Rates vom 22. Dezember 1994* (ABl. EG Nr. L 349 vom 31. Dezember 1994, S. 83) geringfügig geändert worden (Art. 5 Abs. 1 lit. b/d; 7 Abs. 1 lit. j; 29 Abs. 1 und 5 GMarkenV), um den Verpflichtungen aus dem TRIPS-Abkommen nachzukommen (zum TRIPS-Abkommen s. 2. Teil des Kommentars, Einführung in das Recht der internationalen Verträge, Rn 17 ff.). Die GMarkenV wird ergänzt durch die *Verordnung Nr. 2868/95 (EG) der Kommission vom 13. Dezember 1995 zur Durchführung der Verordnung Nr. 40/94 (EG) des Rates über die Gemeinschaftsmarke* (ABl. EG Nr. L 303 vom 15. Dezember 1995, S. 1), sowie die *Verordnung Nr. 2869/95 (EG) der Kommission vom 13. Dezember 1995 über die an das Harmonisierungsamt für den Binnenmarkt (Marken, Muster und Modelle) zu entrichtenden Gebühren* (ABl. EG Nr. L 303 vom 15. Dezember 1995, S. 33). Beide Verordnungen sind am 22. Dezember 1995 in Kraft getreten (Art. 3 GMarkenDV; 11 GebV). Den Verordnungen kommt nach Art. 189 S. 2 EGV allgemeine Geltung zu; sie sind in allen ihren Teilen rechtsverbindlich und unmittelbar in jedem Mitgliedstaat der Gemeinschaft. Eine Umsetzung in das nationale Recht ist nicht erforderlich. Das in Alicante/Spanien errichtete Harmonisierungsamt für den Binnenmarkt (Marken, Muster und Modelle) hat am 1. April 1996 offiziell seine Tätigkeit aufgenommen. Anmeldungen für Gemeinschaftsmarken werden seit dem 1. Januar 1996 entgegengenommen. Die für die Schnittstellen zwischen Gemeinschaftsmarkenrecht und deutschem Markenrecht erforderlichen nationalen Regelungen sind durch das MarkenRÄndG 1996 in das MarkenG eingefügt worden. Der dritte Abschnitt von Teil 5 des MarkenG (§§ 125a bis 125h) regelt namentlich das Verhältnis des durch eine Gemeinschaftsmarke erlangten Schutzes zum nationalen Markenschutz und die nationale Durchsetzung der Rechte aus einer Gemeinschaftsmarke.

## 2. Überblick über die Gemeinschaftsmarkenverordnung

Die auf 18 Erwägungsgründe gestützte GMarkenV besteht aus 13 Titeln mit insgesamt 143 Artikeln. Titel I (Art. 1 bis 3 GMarkenV) enthält allgemeine Bestimmungen über die Gemeinschaftsmarke, das Amt und die Rechtsfähigkeit. Titel II (Art. 4 bis 24 GMarkenV) enthält die materiellrechtlichen Vorschriften über die Voraussetzungen, die Wirkungen und die Benutzung der Gemeinschaftsmarke sowie deren Übertragung und wirtschaftliche Verwertbarkeit. Titel III und IV (Art. 25 bis 45 GMarkenV) regeln das Anmeldeverfahren, das Widerspruchsverfahren und das Eintragungsverfahren einschließlich der Priorität. Titel V und VI (Art. 46 bis 56 GMarkenV) enthalten materiellrechtliche und verfahrensrechtliche Regelungen über Dauer, Verzicht, Verfall und Nichtigkeit der Gemeinschaftsmarke. Hierauf folgen Bestimmungen über den Rechtsbehelf der Beschwerde und die Klage beim Gerichtshof gegen Beschwerdeentscheidungen (Teil VII; Art. 57 bis 63 GMarkenV) sowie Vorschriften über Gemeinschaftskollektivmarken (Teil VIII; Art. 64 bis 72 GMarkenV), an die sich allgemeine Verfahrensvorschriften für die Tätigkeit des Harmonisierungsamtes anschließen (Teil IX; Art. 73 bis 89 GMarkenV). Titel X (Art. 90 bis 104 GMarkenV) enthält die verfahrensrechtlichen Vorschriften für Klagen, die Gemeinschaftsmarken betreffen, insbesondere für Streitigkeiten über die Verletzung und Rechtsgültigkeit von Gemeinschaftsmarken. Titel XI (Art. 105 bis 110 GMarkenV) regelt die Auswirkungen auf das Recht der Mitgliedstaaten, insbesondere die Umwandlung einer Gemeinschaftsmarke in eine nationale Markenanmeldung. Darauf folgen Organisationsvorschriften für das Harmonisierungsamt (Teil XII; Art. 111 bis 139 GMarkenV). Die Schlußbestimmungen über die Durchführung der GMarkenV und das Inkrafttreten sind in Teil XIII (Art. 140 bis 143 GMarkenV) enthalten.

## II. Grundsätze

### 1. Grundsatz der Einheitlichkeit

Die räumliche Wirkung einer Gemeinschaftsmarke erstreckt sich auf das gesamte Gebiet der Gemeinschaft (Art. 1 Abs. 2 GMarkenV); sie kann nicht auf ein Teilgebiet beschränkt werden. Der Grundsatz der Einheitlichkeit gilt für die Eintragung, die Übertragung und den Verzicht sowie für die Entscheidung über den Verfall oder die Nichtigkeit einer Gemeinschaftsmarke (Erwägungsgrund 2; Art. 1 Abs. 2 GMarkenV). So kann etwa die Eintragung einer Gemeinschaftsmarke nicht mit Schutzwirkung nur für bestimmte EU-Staaten beantragt oder nur mit Wirkung für einzelne Staaten auf die Marke verzichtet werden (Alles-oder-Nichts-Prinzip; *Schwanhäusser*, WRP 1984, 1). Für die Untersagung der Benutzung einer Gemeinschaftsmarke gilt der Grundsatz der Einheitlichkeit dagegen nur eingeschränkt. So können Inhaber prioritätsälterer Rechte mit rein örtlicher Bedeutung die Benutzung der Gemeinschaftsmarke für den Wirkungsbereich ihres Schutzrechts untersagen (Art. 107 GMarkenV). Der Grundsatz der Einheitlichkeit steht einer Benutzungsuntersagung nur für einen Teil des Gemeinschaftsgebiets auch dann nicht entgegen, wenn das Verbot auf außermarkenrechtlichen nationalen Vorschriften, insbesondere des Deliktsrechts oder des Wettbewerbsrechts, beruht (Art. 14 Abs. 2; 106 Abs. 2 GMarkenV). Der Grundsatz der Einheitlichkeit gilt nicht für die Erteilung von Lizenzen; diese können auch für einzelne Mitgliedstaaten eingeräumt werden (Art. 22 Abs. 1 GMarkenV).

### 2. Primäre Geltung des Gemeinschaftsrechts

Die Voraussetzungen für den Erwerb (Art. 25 ff. GMarkenV) und den Untergang von Gemeinschaftsmarken richten sich grundsätzlich nur nach Gemeinschaftsrecht. Gleiches gilt für die Wirkungen einer Gemeinschaftsmarke (Art. 9 ff. GMarkenV), insbesondere ihren Schutzumfang (Art. 14 Abs. 1 S. 1 GMarkenV). Dagegen richtet sich der zivilrechtliche und der strafrechtliche Schutz einer Gemeinschaftsmarke gegen Verletzung, soweit das Gemeinschaftsrecht nicht entgegensteht, nach dem Recht des Mitgliedstaates, in dem sich das mit der Sache befaßte Gericht befindet (Art. 14 Abs. 1 S. 2 iVm 97 GMarkenV), wobei hinsichtlich der Sanktionen bei Gemeinschaftsmarkenverletzungen wiederum das Recht desjenigen Mitgliedstaates anzuwenden ist, in dem die Verletzungshandlungen begangen worden sind oder drohen (Art. 98 Abs. 2 GMarkenV). Die dem Inhaber einer Gemeinschaftsmarke zustehenden Klageansprüche (Art. 9 bis 11 GMarkenV) schließen nach Art. 14 Abs. 2 GMarkenV die Geltendmachung von Ansprüchen nach nationalem Recht, insbesondere wegen unlauteren Wettbewerbs, nicht aus (zu weiteren Verknüpfungen der GMarkenV mit den nationalen Rechtsordnungen s. *Ingerl*, Die Gemeinschaftsmarke, S. 37 ff.).

### 3. Freie Übertragbarkeit

**85** Die Gemeinschaftsmarke ist ein vom Unternehmen unabhängiges Vermögensgut (Erwägungsgrund 10). Das ausschließliche Recht an der Gemeinschaftsmarke kann selbständig übertragen, verpfändet und lizenziert werden (Art. 17 ff. GMarkenV). Die freie Übertragbarkeit der Gemeinschaftsmarke findet zwar ihre Grenze in dem Schutz des Publikums vor einer Täuschung über die Herkunfts- und Produktidentität (Erwägungsgrund 10; Art. 17 Abs. 4 GMarkenV). Das schließt aber nicht aus, Rechtsübertragungen anzuerkennen, die auf einen Handel mit Marken gerichtet sind.

### 4. Grundsatz der Koexistenz

**86** Die nationalen Kennzeichenrechte bestehen gleichwertig neben den Gemeinschaftsmarkenrechten. Das ursprünglich geplante Verbot eines Doppelschutzes (Art. 81 Verordnungsvorschlag 1984) ist in der GMarkenV nicht übernommen worden. Im Kollisionsfall gilt das Prioritätsprinzip. Der Inhaber der prioritätsälteren Marke kann gegen die Eintragung der prioritätsjüngeren Marke vorgehen. Eine echte Koexistenz sieht die GMarkenV nur in den Verwirkungstatbeständen (Art. 53, 106 Abs. 1 S. 2, 107 Abs. 2 und 3 GMarkenV) und eingeschränkt bei prioritätsälteren Rechten mit lediglich örtlicher Bedeutung vor (Art. 107 GMarkenV).

## III. Erwerb der Gemeinschaftsmarke

### 1. Markenformen (Art. 4 GMarkenV)

**87** Der Schutz der GMarkenV beschränkt sich auf Warenmarken und Dienstleistungsmarken; Unternehmenskennzeichen und geographische Herkunftsangaben werden dagegen nicht geschützt. Eine Ausnahme besteht nur hinsichtlich der Gemeinschaftskollektivmarke (Art. 64 Abs. 2 GMarkenV). Allerdings anerkennt die GMarkenV Unternehmenskennzeichen und geographische Herkunftsangaben als möglicherweise kollidierende prioritätsältere nationale Rechte, die der Eintragung und Benutzung der Gemeinschaftsmarke entgegengehalten werden können.

**88** Der Anmelder kann nach Art. 4 GMarkenV ein beliebiges Zeichen als Gemeinschaftsmarke wählen, sofern es sich graphisch darstellen läßt. Die Vorschrift entspricht Art. 2 MarkenRL. Die Aufzählung der gebräuchlichen Markenformen in Art. 4 GMarkenV (Wörter einschließlich Personennamen, Abbildungen, Buchstaben, Zahlen und die Form oder Aufmachung der Ware) ist nicht erschöpfend. Das Harmonisierungsamt bzw die Gerichte können weitere Markenformen zulassen, wie etwa Hörmarken, Geruchsmarken, Geschmacksmarken, Tastmarken, Farben und Farbzusammenstellungen. Eintragungsfähig sind nicht nur flächenhafte Gebilde, sondern auch dreidimensionale Gestaltungen wie die Form oder Aufmachung einer Ware, jedoch mit Ausnahme solcher Formen, die durch das Wesen der Ware bedingt sind, ihren wesentlichen Wert beeinflussen oder eine technische Wirkung zur Folge haben (Art. 7 Abs. 1 lit. e GMarkenV). Entscheidend für die Eintragungsfähigkeit einer Marke ist deren abstrakte Eignung, Waren oder Dienstleistungen eines Unternehmens von den Waren oder Dienstleistungen anderer Unternehmen zu unterscheiden. Durch diese Eignung wird die Verwendung einer Gemeinschaftsmarke als Sortenmarke zur Unterscheidung der Waren oder Dienstleistungen des Markeninhabers von eigenen Waren oder Dienstleistungen nicht ausgeschlossen (s. § 3, Rn 30).

## 2. Markeninhaber (Art. 5 GMarkenV)

Inhaber einer Gemeinschaftsmarke können natürliche und juristische Personen, einschließlich der Körperschaften des öffentlichen Rechts, sein (Art. 5 Abs. 1 GMarkenV). Den juristischen Personen gleichgestellt sind Gesellschaften und andere juristische Einheiten, die nach ihrem Heimatrecht die Fähigkeit haben, im eigenen Namen Träger von Rechten und Pflichten jeder Art zu sein, Verträge zu schließen oder andere Rechtshandlungen vorzunehmen und vor Gericht zu stehen (Art. 3 GMarkenV). Damit können auch die Handelsgesellschaften (OHG, KG) und die PartG Inhaber einer Gemeinschaftsmarke sein; die Markenfähigkeit der GbR nach § 7 Nr. 3 ist umstritten (s. dazu im einzelnen § 7, Rn 34 ff.). Auch die EWV ist durch die Gleichstellungsklausel des Art. 3 GMarkenV gemeinschaftsmarkenfähig (Art. 1 Abs. 2 EWV-VO). Nach Art. 5 GMarkenV kann eine Gemeinschaftsmarke von allen Angehörigen der EU-Mitgliedstaaten (Abs. 1 lit. a) und der anderen Vertragsstaaten der PVÜ und des WTO-Übereinkommens (Abs. 1 lit. b) erworben werden. Angehörige von Drittstaaten können Gemeinschaftsmarken erwerben, wenn sie entweder ihren Wohnsitz oder Sitz oder ihre Niederlassung im Gebiet der Gemeinschaft oder eines anderen Vertragsstaates der PVÜ oder der WTO haben (Abs. 1 lit. c) oder wenn ihr Heimatstaat den Staatsangehörigen aller EU-Mitgliedstaaten den gleichen Schutz gewährt wie seinen eigenen Angehörigen (Abs. 1 lit. d; Grundsatz der Inländerbehandlung; s. dazu Art. 2 PVÜ, Rn 1 ff.).

**89**

## 3. Eintragungsgrundsatz (Art. 6 GMarkenV)

Gemeinschaftsmarken sind die aufgrund der GMarkenV für Waren oder Dienstleistungen in das vom Harmonisierungsamt in Alicante/Spanien geführte Gemeinschaftsmarkenregister eingetragenen Marken (Art. 1 Abs. 1 GMarkenV). Gemeinschaftsmarken können nur durch Eintragung erworben werden (Art. 6 GMarkenV). Es handelt sich um ein reines *Registerrecht*. Durch bloße Benutzung oder notorische Bekanntheit kann keine Gemeinschaftsmarke entstehen (anders § 4 Nr. 2 und 3). Die Eintragung der Gemeinschaftsmarke erfolgt aufgrund einer Anmeldung (Art. 25 ff. GMarkenV) und nach einer amtlichen Prüfung, die sich darauf bezieht, ob die Anmeldungserfordernisse erfüllt sind und keine absoluten Eintragungshindernisse bestehen (Art. 36 ff. GMarkenV). Die Anmeldung einer Gemeinschaftsmarke kann unmittelbar beim Harmonisierungsamt in Alicante/Spanien (Art. 25 Abs. 1 lit. a GMarkenV) oder bei einer Zentralbehörde für den gewerblichen Rechtsschutz in einem der Mitgliedstaaten (Art. 25 Abs. 1 lit. b GMarkenV) eingereicht werden. Gemeinschaftsmarkenanmeldungen können demnach auch beim DPMA eingereicht werden; für die Weiterleitung der Anmeldung an das Harmonisierungsamt wird nach § 125a keine Gebühr erhoben (s. § 125a, Rn 1). Der Schutz der Gemeinschaftsmarke dauert zehn Jahre, gerechnet vom Tage der Anmeldung an (Art. 46 GMarkenV). Er kann nach Art. 47 GMarkenV beliebig oft um jeweils zehn Jahre verlängert werden.

**90**

## 4. Prioritätsrecht (Art. 29 GMarkenV)

Der *Zeitrang der Gemeinschaftsmarke* richtet sich grundsätzlich nach dem *Anmeldetag*. Das ist der Tag, an dem eine den Mindesterfordernissen des Art. 26 GMarkenV entsprechende Anmeldung beim Harmonisierungsamt in Alicante/Spanien oder bei den nationalen Behörden eingereicht wird (Art. 27 GMarkenV). Die in der Zeit vom 1. Januar bis zum 1. April 1996 eingereichten Anmeldungen erhalten einheitlich den 1. April 1996 als Anmeldetag (Art. 143 Abs. 4 GMarkenV). Die Anmeldegebühr muß innerhalb eines Monats nach Einreichung der Anmeldung gezahlt werden, andernfalls erhält die Anmeldung nicht den Tag der Antragseinreichung als Anmeldetag, sondern den späteren Tag der Zahlung (Art. 27, 36 Abs. 1 lit. a, 2 und 3 GMarkenV). Eine Verschiebung des Zeitrangs für den in § 37 Abs. 2 geregelten Fall, daß ein Eintragungshindernis zwischen der Anmeldung der Marke und der Entscheidung über die Eintragung entfällt, ist in der GMarkenV nicht vorgesehen.

**91**

Nach Art. 29 Abs. 1 GMarkenV kann der Anmelder einer Gemeinschaftsmarke das *Prioritätsrecht einer früheren ausländischen Anmeldung,* die er in einem Vertragsstaat der PVÜ oder der WTO eingereicht hat, in Anspruch nehmen, wenn und soweit er die Gemeinschaftsmarke innerhalb einer Frist von sechs Monaten nach Einreichung der ersten Anmeldung zur

**92**

Eintragung beim Harmonisierungsamt für identische Waren oder Dienstleistungen anmeldet. Damit kann im Ergebnis die *Unionspriorität* nach Art. 4 PVÜ auch für Gemeinschaftsmarken in Anspruch genommen werden. Eine unmittelbare Anwendung von Art. 4 PVÜ auf Gemeinschaftsmarken kommt dagegen nicht in Betracht, da die Europäischen Gemeinschaften nicht Mitglied der PVÜ sind. Nach Art. 29 Abs. 5 GMarkenV kann innerhalb der Sechsmonatsfrist auch die Priorität einer früheren ausländischen Anmeldung in einem nicht der PVÜ oder der WTO angehörigen Staat in Anspruch genommen werden, wenn dieser Staat aufgrund einer Gemeinschaftsmarkenanmeldung ein vergleichbares Prioritätsrecht gewährt (Prinzip der Gegenseitigkeit).

**93** Nach Art. 33 GMarkenV kann der Anmelder für die Gemeinschaftsmarke auch die *Ausstellungspriorität* einer internationalen Ausstellung nach dem Übereinkommen über internationale Ausstellungen vom 22. November 1928 in Anspruch nehmen. Die Regelung entspricht § 35 Abs. 1 Nr. 1 (s. dazu im einzelnen § 35, Rn 6).

## 5. Absolute Eintragungshindernisse (Art. 7 GMarkenV)

**94** Die absoluten Eintragungshindernisse nach Art. 7 GMarkenV führen *von Amts wegen* zu einer Versagung der Eintragung der Gemeinschaftsmarke. Jedermann kann das Harmonisierungsamt während der Dauer des Eintragungsverfahrens auf solche Hindernisse hinweisen (Art. 41 GMarkenV). Die Eintragung wird nach Art. 7 Abs. 2 GMarkenV auch dann versagt, wenn das Eintragungshindernis nur in einem Teil der Gemeinschaft besteht. So würde etwa die Eintragung von *Dos* (BGH GRUR 1993, 825 – Dos) oder *Torres* (BGHZ 130, 276, 280 – Torres mit Anm. *Fezer*, GRUR 1995, 829) als Gemeinschaftsmarke am spanischen Sprachverständnis scheitern. Eintragungshindernisse, die nur in einem Teil der Gemeinschaft bestehen, können auch nicht durch Erklärungen des Markenanmelders, etwa nach Art eines Disclaimers für einen bestimmten Sprachraum, oder durch eine Einschränkung des Vertriebsgebietes (nur zum Vertrieb in ... bestimmt) ausgeräumt werden, da dies dem Grundsatz der Einheitlichkeit der Gemeinschaftsmarke (s. dazu Rn 83) widersprechen würde.

**95** Von der Eintragung ausgeschlossen sind nach Art. 7 Abs. 1 lit. a GMarkenV zunächst alle Zeichen, die nicht unter Art. 4 GMarkenV fallen, die also nicht markenfähig sind, insbesondere weil sie sich nicht graphisch darstellen lassen. Im Gegensatz zum MarkenG formuliert die GMarkenV die graphische Darstellbarkeit einer Marke ausdrücklich als ein allgemeines Kriterium der Markenfähigkeit (Art. 4 GMarkenV; s. dazu § 8, Rn 11 ff.). Weiter nennt Art. 7 GMarkenV die absoluten Schutzhindernisse der fehlenden Unterscheidungskraft (Abs. 1 lit. b), der beschreibenden Marke (Abs. 1 lit. c), der Gattungsbezeichnung (Abs. 1 lit. d), der produktbedingten, technisch bedingten und wertbedingten Form (Abs. 1 lit. e), der ordnungswidrigen und sittenwidrigen Marke (Abs. 1 lit. f), der täuschenden Marke (Abs. 1 lit. g), der staatlichen Hoheitszeichen, der amtlichen Prüf- oder Gewährzeichen und der Bezeichnungen internationaler zwischenstaatlicher Organisationen (Abs. 1 lit. h) sowie der nicht von Art. 6$^{ter}$ PVÜ erfaßten Abzeichen, Embleme und Wappen, die von öffentlichem Interesse sind (Abs. 1 lit. i), und schließlich der falschen geographischen Angabe bei Weinen und Spirituosen (Abs. 1 lit. j). Der Katalog des Art. 7 GMarkenV entspricht weitgehend der MarkenRL und damit der Regelung des § 8. So stimmen Art. 7 Abs. 1 lit. a bis h GMarkenV mit Art. 3 Abs. 1 MarkenRL überein. Art. 7 Abs. 1 lit. i GMarkenV entspricht Art. 3 Abs. 2 lit. c MarkenRL. Die Schutzhindernisse der produktbedingten, technisch bedingten und wertbedingten Form (Art. 7 Abs. 1 lit. e GMarkenV) sind im MarkenG nicht bei den absoluten Schutzhindernissen nach § 8, sondern als Ausschlußgründe der Schutzfähigkeit von Markenformen nach § 3 Abs. 2 aufgeführt. Während das DPMA die Anmeldung einer täuschenden Marke nur zurückweist, wenn die Täuschung ersichtlich ist (§ 37 Abs. 3), muß das Harmonisierungsamt die Eignung zur Täuschung umfassend prüfen (Art. 38 GMarkenV). Dennoch wird dieser Irreführungsschutz häufig erst aufgrund von Bemerkungen Dritter nach Art. 41 GMarkenV oder im Nichtigkeitsverfahren nach den Art. 55, 51 GMarkenV verwirklicht werden können, weil das Harmonisierungsamt zu einer umfassenden Täuschungsprüfung unter Berücksichtigung der Verkehrsvorstellungen in den unterschiedlichen europäischen Regionen kaum in der Lage sein wird. Die in § 8 Abs. 2 Nr. 6 ausdrücklich als absolutes Schutzhindernis normierten kommunalen Wappen werden von Art. 7 Abs. 1 lit. i GMarkenV erfaßt. Das absolute Eintragungshindernis der falschen geographischen Angabe bei Weinen und Spirituosen (Art. 7 Abs. 1 lit. j GMarkenV) ist erst nachträglich durch die Verordnung (EG) Nr. 3288/94 des Rates vom 22. Dezember 1994 (ABl. EG Nr. L 349 vom 31. Dezember 1994, S. 83) in die GMarkenV eingefügt worden. Anlaß für diese Änderung war Art. 23 Abs. 2 TRIPS-Abkommen, der falsche geographische Angaben für Weine oder Spirituosen unabhängig von einer Täuschungsgefahr verbietet (Erwägungsgrund 4 zur VO Nr. 3288/94). Der deutsche Gesetzgeber hat insoweit noch keinen Änderungsbedarf gesehen.

Nach Art. 7 Abs. 3 GMarkenV sind die absoluten Schutzhindernisse der fehlenden Unterscheidungskraft, der beschreibenden Marke und der Gattungsbezeichnung dann nicht anzuwenden, wenn das Zeichen durch Benutzung Unterscheidungskraft erlangt hat. Die Regelung entspricht § 8 Abs. 3, der allerdings darauf abstellt, ob das Zeichen als Marke Verkehrsdurchsetzung erworben hat.

### 6. Relative Eintragungshindernisse (Art. 8 GMarkenV)

Die relativen Eintragungshindernisse nach Art. 8 GMarkenV führen nur dann zur Versagung der Eintragung einer Gemeinschaftsmarke, wenn der Inhaber einer prioritätsälteren eingetragenen Marke oder eines sonstigen im geschäftlichen Verkehr benutzten prioritätsälteren Kennzeichenrechts von nicht lediglich örtlicher Bedeutung gegen die Eintragung fristgerecht und erfolgreich *Widerspruch* erhoben hat (Art. 8 und 42f. GMarkenV). Nach der Eintragung der Gemeinschaftsmarke stellen sie einen Nichtigkeitsgrund (Art. 52 GMarkenV) dar, der auch durch Widerklage oder als Einrede im Verletzungsprozeß geltend gemacht werden kann.

Relative Eintragungshindernisse sind nach Art. 8 Abs. 2 GMarkenV Markenkollisionen mit prioritätsälteren Gemeinschaftsmarken, eingetragenen nationalen Marken einschließlich der im Benelux-Gebiet eingetragenen Marken und den für einen Mitgliedstaat international registrierten Marken (Abs. 2 lit. a), ferner Kollisionen mit Anmeldungen solcher Marken, vorbehaltlich ihrer Eintragung (Abs. 2 lit. b), sowie mit Marken, die am Tag der Anmeldung der Gemeinschaftsmarke in einem Mitgliedstaat iSd Art. 6$^{bis}$ PVÜ notorisch bekannt sind (Abs. 2 lit. c). Für den Inhaber eines solchen prioritätsälteren Markenrechts besteht Identitätsschutz (Art. 8 Abs. 1 lit. a GMarkenV), Verwechslungsschutz (Art. 8 Abs. 1 lit. b GMarkenV) und Bekanntheitsschutz (Art. 8 Abs. 5 GMarkenV). Ein weiteres relatives Eintragungshindernis bildet die rechtswidrige Agentenmarke (Art. 8 Abs. 3 GMarkenV). Schließlich können auch nicht eingetragene nationale Marken sowie sonstige im geschäftlichen Verkehr benutzte Kennzeichenrechte von mehr als lediglich örtlicher Bedeutung der Eintragung einer prioritätsjüngeren Gemeinschaftsmarke entgegenstehen (Art. 8 Abs. 4 GMarkenV). Für die Kollisionstatbestände verweist die GMarkenV insoweit auf das nationale Recht der Mitgliedstaaten. Maßgeblich ist, ob und inwieweit das nicht eingetragene Kennzeichen nach dem maßgeblichen nationalen Recht seinem Inhaber das Recht verleiht, die Benutzung einer jüngeren Marke zu untersagen (s. dazu § 12, Rn 5 ff.). Inhaber prioritätsälterer nicht eingetragener Kennzeichenrechte mit nur örtlicher Bedeutung können sich nach Art. 107 Abs. 1 GMarkenV der Benutzung der Gemeinschaftsmarke in ihrem Schutzgebiet widersetzen.

Die relativen Eintragungshindernisse des Art. 8 Abs. 1 und 2 GMarkenV entsprechen den relativen Schutzhindernissen der §§ 9 und 10. Allerdings wird nach § 37 Abs. 4 eine prioritätsältere notorisch bekannte Marke ausnahmsweise von Amts wegen bei der Entscheidung über die Markenanmeldung berücksichtigt, wenn die Notorietät amtsbekannt ist. Nach der GMarkenV werden prioritätsältere notorisch bekannte Marken dagegen ausschließlich auf Widerspruch berücksichtigt. Die Regelung des Art. 8 Abs. 3 GMarkenV entspricht § 11.

### 7. Gemeinschaftskollektivmarken (Art. 64 ff. GMarkenV)

Die GMarkenV enthält in Titel VIII (Art. 64 bis 72 GMarkenV) eine ausführliche Regelung zum Schutz eingetragener Gemeinschaftskollektivmarken, die der Regelung in den §§ 97 bis 106 vergleichbar ist. Nach Art. 64 Abs. 1 S. 1 GMarkenV handelt es sich bei einer Gemeinschaftskollektivmarke um eine Gemeinschaftsmarke, die dazu dienen kann, Waren und Dienstleistungen der Mitglieder des Verbands, der Markeninhaber ist, von denen anderer Unternehmen zu unterscheiden. Eine Gemeinschaftskollektivmarke ist bei der Anmeldung als solche zu bezeichnen. Nach Art. 64 Abs. 1 S. 2 GMarkenV können Gemeinschaftskollektivmarken angemeldet werden von Verbänden, von Herstellern, Erzeugern, Dienstleistungserbringern oder Händlern, die nach dem für sie maßgebenden Recht die Fähigkeit haben, im eigenen Namen Träger von Rechten und Pflichten jeder Art zu sein, Verträge zu schließen oder andere Rechtshandlungen vorzunehmen und vor Gericht zu stehen, sowie von juristischen Personen des öffentlichen Rechts. Nach Art. 64 Abs. 2 S. 1 GMarkenV können auch geographische Herkunftsangaben als Gemeinschaftskollektivmarken eingetragen werden.

## IV. Wirkungen der Gemeinschaftsmarke

### 1. Das Gemeinschaftsmarkenrecht als subjektives Ausschließlichkeitsrecht

**101**    Die Gemeinschaftsmarke gewährt ihrem Inhaber ein subjektives ausschließliches Recht (Art. 9 Abs. 1 GMarkenV; s. zum subjektiven Markenrecht im einzelnen § 14, Rn 9 f.). Dieses Recht wird als Verbietungsrecht präzisiert, das ein entsprechendes Benutzungsrecht reflexartig einschließt. Seiner Natur nach ist das Recht aus der Gemeinschaftsmarke ein Vermögensrecht, das ebenso wie das Markenrecht unter der verfassungsrechtlichen Eigentumsgarantie (Art. 14 GG) steht (s. dazu Rn 22 ff.). Ohne Ausschließlichkeitsrecht könnte die Gemeinschaftsmarke ihre Unterscheidungsfunktion und die mit ihr verbundenen Funktionen nicht erfüllen (zu den Funktionen der Marke s. Rn 30 ff.).

### 2. Schutzumfang

**102**    Art. 9 Abs. 1 GMarkenV regelt drei Kollisionstatbestände einer Markenverletzung. Die Vorschrift gewährt dem Markeninhaber *Identitätsschutz* (lit. a), *Verwechslungsschutz* (lit. b) und *Bekanntheitsschutz* seiner Marke (lit. c). Die Verletzungstatbestände stimmen mit denen des § 14 überein (s. im einzelnen § 14, Rn 13). Das verletzende prioritätsjüngere Zeichen kann eine Gemeinschaftsmarke, eine nationale Marke oder ein sonstiges Kennzeichenrecht sein.

**103**    Art. 9 Abs. 2 GMarkenV enthält einen beispielhaften Katalog rechtserheblicher *Benutzungshandlungen*, der mit dem Katalog des § 14 Abs. 3 übereinstimmt. Danach sind rechtserhebliche Benutzungshandlungen im Sinne der Kollisionstatbestände des Art. 9 Abs. 1 lit. a bis c GMarkenV das Anbringen des Zeichens auf Waren oder ihrer Aufmachung oder Verpackung (lit. a), das Anbieten, Inverkehrbringen oder zu diesen Zwecken der Besitz von Waren unter dem Zeichen sowie das Angebot oder das Erbringen von Dienstleistungen unter dem Zeichen (lit. b), die Einfuhr oder Ausfuhr von Waren unter dem Zeichen (lit. c) und die Benutzung des Zeichens in Geschäftspapieren oder in der Werbung (lit. d). Ebenso wie nach der Rechtslage im MarkenG sind das Markieren, Vermarkten und Werben (s. dazu § 14, Rn 459 ff.) die wesentlichen Inhalte des subjektiven Markenrechts als eines Ausschließlichkeitsrechts.

**104**    Im Falle der Verletzung von Rechten aus der Gemeinschaftsmarke gewährt die GMarkenV Unterlassungsansprüche (Art. 98 Abs. 1 GMarkenV), Ansprüche gegen den Verleger von Wörterbüchern oder ähnlichen Werken (Art. 10 GMarkenV) und Ansprüche gegen einen Agenten oder Vertreter des Markeninhabers (Art. 11 GMarkenV). Weitere Verletzungsansprüche, insbesondere auf Schadensersatz, Vernichtung und Auskunftserteilung bestehen nur, soweit das Recht des Mitgliedstaates, in dem die Verletzungshandlung begangen worden ist oder droht, einen solchen Anspruch gewährt (Art. 98 Abs. 2 GMarkenV).

### 3. Entschädigungsanspruch (Art. 9 Abs. 3 GMarkenV)

**105**    Das Recht aus der Gemeinschaftsmarke entsteht konstitutiv durch ihre Eintragung. Erst dann kann das Verbietungsrecht ausgeübt werden. Um schon vorher einer angemeldeten Gemeinschaftsmarke einen gewissen Schutz zu gewähren und um vor allem die Nachteile des vorgeschalteten Widerspruchsverfahrens zu kompensieren, hat der Inhaber der Gemeinschaftsmarke einen *verschuldensunabhängigen Anspruch auf angemessene Entschädigung* für Handlungen, die nach Veröffentlichung der Anmeldung einer Gemeinschaftsmarke vorgenommen werden und die nach Veröffentlichung der Eintragung aufgrund der Gemeinschaftsmarke verboten wären (Art. 9 Abs. 3 GMarkenV). Ein solcher Entschädigungsanspruch für Verletzungshandlungen zwischen der Veröffentlichung der Markenanmeldung und der Eintragung der Marke ist dem MarkenG fremd.

### 4. Wiedergabe in lexikalischen Werken (Art. 10 GMarkenV)

Die Gemeinschaftsmarke verfällt, wenn sie sich zu einer Gattungsbezeichnung für die eingetragenen Waren oder Dienstleistungen entwickelt hat (Art. 50 Abs. 1 lit. b GMarkenV). Zu einer solchen Entwicklung kann auch die Wiedergabe einer Marke in Nachschlagewerken beitragen, wenn die Wiedergabe den Eindruck erweckt, bei der Marke handele es sich um eine Gattungsbezeichnung für die Waren oder Dienstleistungen. Um der Entwicklung von Gemeinschaftsmarken zu Gattungsbezeichnungen im Interesse der Markeninhaber entgegenzuwirken, hat der Inhaber einer Gemeinschaftsmarke in diesen Fällen gegen den Verleger des Nachschlagewerks einen Anspruch dahin, daß der Wiedergabe der Marke in dem Nachschlagewerk spätestens bei einer Neuauflage der Hinweis beigefügt wird, es handele sich um eine eingetragene Marke. Nachschlagewerke in der Form elektronischer Datenbanken nennt Art. 10 GMarkenV im Gegensatz zu der Parallelvorschrift des § 16 nicht ausdrücklich. Der Begriff des ähnlichen Nachschlagewerkes ist aber weit genug, um auch elektronische Nachschlagewerke unter Art. 10 GMarkenV zu subsumieren, wenn sie die gleiche Funktion wie die konventionellen Werke wahrnehmen. **106**

### 5. Sonstige Verletzungsansprüche

Nach Art. 14 Abs. 1 und 2 iVm 98 Abs. 2 GMarkenV findet bei einer Verletzung der Rechte aus einer Gemeinschaftsmarke das Recht des Mitgliedstaates Anwendung, in dem die Verletzungshandlung begangen worden ist oder begangen zu werden droht. § 125 b Nr. 2 sieht eine Regelung dahingehend vor, daß dem Inhaber einer Gemeinschaftsmarke zusätzlich zu den Ansprüchen nach den Art. 9 bis 11 GMarkenV die gleichen Ansprüche auf Schadensersatz (§ 14 Abs. 6 und 7), auf Vernichtung (§ 18) und auf Auskunftserteilung (§ 19) zustehen wie dem Inhaber einer nach dem MarkenG eingetragenen Marke (s. § 125 b, Rn 1). Ferner soll der Inhaber einer Gemeinschaftsmarke widerrechtlich gekennzeichnete Waren bei der Einfuhr und der Ausfuhr in gleicher Weise beschlagnahmen lassen können wie der Inhaber einer nationalen Marke (§§ 125 b Nr. 6 iVm 146 bis 149). **107**

### 6. Schutzschranken (Art. 12 GMarkenV)

Im Interesse der Mitbewerber und des Verkehrs schränkt Art. 12 GMarkenV den durch Art. 9 GMarkenV gewährten Schutz der Gemeinschaftsmarke ein und erlaubt die freie Benutzung bestimmter persönlicher und sachlicher Angaben. Zulässig ist die lautere Benutzung von Namen oder Anschriften (lit. a), beschreibenden Angaben wie Artangaben, Beschaffenheitsangaben, Bestimmungsangaben, Wertangaben, geographischen Herkunftsangaben und Zeitangaben (lit. b), sowie die Benutzung im Zubehör- und Ersatzteilgeschäft (lit. c). Die Schutzschranke des Art. 12 GMarkenV steht unter dem Vorbehalt, daß die Benutzung den anständigen Gepflogenheiten in Gewerbe oder Handel entspricht. Die Regelung ist mit Art. 6 Abs. 1 MarkenRL identisch und entspricht weitgehend wörtlich § 23 (zu den Abweichungen s. § 23, Rn 3). **108**

### 7. Erschöpfung des Gemeinschaftsmarkenrechts (Art. 13 GMarkenV)

Art. 13 GMarkenV regelt die *europarechtliche* Erschöpfung der Gemeinschaftsmarke. Der Erschöpfungsgrundsatz gilt für Waren, nicht auch für Dienstleistungen (s. dazu § 24, Rn 8). Die Regelung entspricht Art. 7 MarkenRL und der markengesetzlichen Erschöpfung nach § 24. Nach Art. 13 GMarkenV hat der Inhaber einer Gemeinschaftsmarke nicht das Recht, einem Dritten die Benutzung der Marke für solche Waren – Vertrieb und Werbung – zu untersagen, die er selbst unter dieser Marke in der EU in den Verkehr gebracht hat. Gleiches gilt, wenn ein Dritter die Markenware mit Zustimmung des Markeninhabers rechtmäßig in den Verkehr gebracht hat. Die Gemeinschaftsmarke gibt folglich keine Handhabe, **109** den Vertrieb der rechtmäßig in der EU in den Verkehr gebrachten Markenwaren zu steuern und dadurch den freien Warenverkehr zu behindern. Durch das erste Inverkehrbringen der markierten Ware hat sich das Verbietungsrecht des Markeninhabers insoweit erschöpft. Art. 13 Abs. 1 GMarkenV beschränkt die Erschöpfung auf das *Gebiet der Gemeinschaft*. Die Vorschrift ist insoweit zu eng gefaßt, als die Erschöpfung auch bei einem ersten Inverkehrbringen in einem anderen *Vertragsstaat des Abkommens über den europäischen Wirtschaftsraum* als zwingende Rechtsfolge dieses Abkommens eintreten muß. Der Gesetzgeber des MarkenG hat dies in § 24 Abs. 1 berücksichtigt.

**110** Auch wenn eine Fallkonstellation der Erschöpfung nach Art. 13 Abs. 1 GMarkenV gegeben ist, tritt die Erschöpfungswirkung ausnahmsweise dann nicht ein, wenn *berechtigte Gründe* des Markeninhabers vorliegen, die einer Benutzung der Marke im Zusammenhang mit dem weiteren Vertrieb der Waren entgegenstehen. Ein berechtigter Grund liegt insbesondere dann vor, wenn der Zustand der Ware nach ihrem Inverkehrbringen verändert oder verschlechtert wird (Art. 13 Abs. 2 GMarkenV). Da sich die Erschöpfung des Rechts aus der Gemeinschaftsmarke aus ihrer Funktion ergibt, auf die Herkunfts- und Produktidentität einer Ware oder Dienstleistung hinzuweisen (zu den Funktionen der Marke s. Rn 30 ff.), folgt daraus, daß der Markeninhaber aufgrund des ihm verbliebenen Kennzeichnungsrechts die Wiederanbringung seiner Marke auf einer neuen Verpackung in der Regel verhindern kann.

### V. Benutzungszwang

#### 1. Grundlagen

**111** Nach den Erwägungsgründen in der Präambel der GMarkenV ist der Schutz der Gemeinschaftsmarke sowie jeder eingetragenen prioritätsälteren Marke, die ihr entgegensteht, nur insoweit berechtigt, als diese Marken tatsächlich benutzt werden (Erwägungsgrund 9). Die GMarkenV sieht daher in Art. 15 GMarkenV einen Benutzungszwang mit einer fünfjährigen Benutzungsfrist ab dem Zeitpunkt der Eintragung der Gemeinschaftsmarke vor. Die Regelung des Art. 15 GMarkenV entspricht wörtlich Art. 10 MarkenRL und stimmt weitgehend mit § 26 überein. Art. 15 GMarkenV enthält die grundsätzliche Regelung über eine *rechtserhaltende Benutzung* der eingetragenen Marke im Sinne des Benutzungszwangs wie namentlich die Benutzungsfrist, die Art der rechtserhaltenden Benutzung sowie die Zurechnung einer Benutzung mit Zustimmung des Markeninhabers. Die GMarkenV unterwirft auch nationale Marken dem gemeinschaftsrechtlichen Benutzungszwang, wenn aus solchen Marken durch Widerspruch (Art. 43 Abs. 3 GMarkenV), Antrag auf Verfallserklärung (Art. 56 Abs. 3 GMarkenV) oder Widerklage im Verletzungsprozeß (Art. 96 Abs. 5 GMarkenV) gegen eine Gemeinschaftsmarke vorgegangen wird. Durch diese an sich systemwidrige Erstreckung des Gemeinschaftsmarkenrechts auf nationale Marken soll verhindert werden, daß in der Markenrechtsordnung mit den geringsten Benutzungsanforderungen alle möglichen Gegenrechte gegen eine Gemeinschaftsmarke eingetragen werden (*Ingerl*, Die Gemeinschaftsmarke, S. 102 f. m.w.Nachw.).

#### 2. Benutzungsgebiet

**112** Nach Art. 15 Abs. 1 GMarkenV trifft den Inhaber der Gemeinschaftsmarke die rechtliche Obliegenheit, seine Marke innerhalb der fünfjährigen Benutzungsfrist für die eingetragenen Waren oder Dienstleistungen ernsthaft in der Gemeinschaft zu benutzen. Welche Anforderungen an die räumliche Ausdehnung der Benutzung zu stellen sind, ist umstritten. Der ursprüngliche Gedanke, eine Benutzung in mindestens drei EU-Staaten zu fordern, wurde fallengelassen. Nach den gemeinsamen Protokollerklärungen von Rat und Kommission soll eine ernsthafte Benutzung in einem einzigen EU-Mitgliedstaat genügen (abgedruckt in ECTA LAW BOOK 3/1994 der European Communities Trade Mark Association, Nr. 9; a. A. *Hackbarth*, Grundfragen des Benutzungszwangs im Gemeinschaftsmarkenrecht, S. 113 ff.; *Heil*, FS 25 Jahre BPatG, S. 371, 392 f.; *Schwanhäusser*, WRP 1984, 1, 3). Gegen eine an den Grenzen der Mitgliedstaaten orientierte Betrachtung wird eingewandt, diese widerspreche einem Gemeinsamen Markt ohne Binnengrenzen; der räumliche Benutzungsumfang solle bei der Prüfung der Ernsthaftigkeit der Benutzung berücksichtigt werden (*Ingerl,* Die Gemeinschaftsmarke, S. 103). Es kann weder eine Benutzung in mehr als einem Mitgliedstaat noch eine Benutzung im zwischenstaatlichen Wirtschaftsverkehr verlangt werden. (*v. Mühlendahl/Ohlgart,* Die Gemeinschaftsmarke, S. 69; *Kellerhals,* GRUR 1999, 14, 18f.). Der Grundsatz der Benutzung innerhalb der Gemeinschaft wird in Art. 15 Abs. 2 lit. b GMarkenV für Exportwaren ergänzt. Nach dieser Vorschrift gilt als Benutzung in der Gemeinschaft auch das Anbringen der Marke auf Waren oder deren Aufmachung in der Gemeinschaft, wenn die Waren ausschließlich für die Ausfuhr bestimmt sind. Die Regelung entspricht § 26 Abs. 4.

### 3. Art der Benutzung

Nicht jede Verwendung der Gemeinschaftsmarke ist eine für die Erhaltung des Markenrechts ausreichende Benutzung. Der Benutzungsbegriff ist von den zuständigen Behörden eigenständig auszulegen. Gleiches gilt für die Frage, ob die Benutzung nach *Art, Umfang* und *Dauer* als *ernsthaft* anzusehen ist (s. dazu § 26, Rn 31 ff.). Die Gemeinschaftsmarke muß grundsätzlich in der *Form* benutzt werden, in der sie im Gemeinschaftsmarkenregister eingetragen ist. Nach Art. 15 Abs. 2 lit. a GMarkenV wird die Benutzung der Gemeinschaftsmarke in einer Form, die von der Eintragung nur in Bestandteilen abweicht, als rechtserhaltende Benutzung anerkannt, soweit die Abweichungen die Unterscheidungskraft der Marke nicht beeinflussen (Art. 5 C Abs. 2 PVÜ). Die Regelung entspricht § 26 Abs. 3 S. 1, der allerdings in der Formulierung darauf abstellt, daß die Abweichungen den kennzeichnenden Charakter der Marke nicht verändern dürfen (zur richtlinienkonformen Auslegung des § 26 Abs. 3 s. § 26, Rn 91). Nach § 26 Abs. 3 S. 2 sind abgewandelte Benutzungsformen im Sinne des § 26 Abs. 3 S. 1 auch dann als eine rechtserhaltende Benutzung anzusehen, wenn die Marke in der Form, in der sie benutzt wird, ebenfalls eingetragen ist. Die GMarkenV enthält keine entsprechende ausdrückliche Regelung. Dies kann jedoch keinen sachlichen Unterschied machen, da die Benutzung einer Marke im Verkehr nicht im Hinblick auf eine bestimmte Eintragung der Marke erfolgt, die rechtserhaltende Benutzung vielmehr für jede eingetragene Marke festzustellen ist und rechtliche Wirkung zeigt. Die Benutzung einer Marke wirkt daher rechtserhaltend zugleich für alle Gemeinschaftsmarken, die im Anwendungsbereich der Markenabweichungen liegen, die die Unterscheidungskraft der Marke nicht beeinflussen, selbst dann, wenn die Marke in der abgewandelten Form, die benutzt wird, ebenfalls eingetragen ist (s. dazu § 26, Rn 120f.; a. A. *Hackbarth,* Grundfragen des Benutzungszwangs im Gemeinschaftsmarkenrecht, S. 223 f.).

Die Marke muß grundsätzlich vom Markeninhaber selbst benutzt werden. Nach Art. 15 Abs. 3 GMarkenV wird die Benutzung der Gemeinschaftsmarke durch einen Dritten mit *Zustimmung* des Inhabers der Benutzung durch den Markeninhaber gleichgestellt. So wird etwa die Benutzung durch einen Lizenznehmer oder ein Konzernmitglied dem Inhaber der Gemeinschaftsmarke zugerechnet. Das entspricht § 26 Abs. 2.

### 4. Folgen der Nichtbenutzung

Folge der Nichtbenutzung einer Gemeinschaftsmarke ist nicht ipso iure der Verlust des Markenrechts. Der Benutzungszwang stellt eine rechtliche Obliegenheit dar. Der Inhaber der Gemeinschaftsmarke erleidet Rechtsnachteile im Falle der Nichtbenutzung der Marke. Nach Art. 50 Abs. 1 lit. a GMarkenV *verfällt* die Gemeinschaftsmarke, wenn sie während eines ununterbrochenen Zeitraums von fünf Jahren nicht ernsthaft gemäß Art. 15 GMarkenV benutzt worden ist. Ob die Gemeinschaftsmarke schon seit der Eintragung oder erst seit einem späteren Zeitpunkt fünf Jahre lang nicht benutzt wurde, ist gleichgültig (zur Berechnung des Fünfjahreszeitraums s. § 25, Rn 9 ff.). Mit einer einmaligen ernsthaften Benutzung beginnt eine neue Fünfjahresfrist zu laufen. Anderes gilt, wenn die Gemeinschaftsmarke aus berechtigten Gründen (Art. 15 Abs. 1 GMarkenV) nicht benutzt wurde; eine gerechtfertigte Nichtbenutzung hemmt die Benutzungsfrist, die mit dem Wegfall der berechtigten Gründe weiterläuft (s. dazu § 26, Rn 47). Der Verfall der Marke wegen Nichtbenutzung kann nach Art. 50 Abs. 1 lit. a GMarkenV aber dann nicht geltend gemacht werden (*Heilung der Nichtbenutzung*), wenn der Inhaber die Benutzung der Gemeinschaftsmarke vor dem Antrag eines

Dritten auf Verfallserklärung gutgläubig begonnen oder wiederaufgenommen hat. Der Verfall der Gemeinschaftsmarke muß festgestellt werden (Art. 54 Abs. 1 GMarkenV). Die Erklärung des Verfalls wegen Nichtbenutzung kann nach Art. 55 Abs. 1 lit. a GMarkenV von jedermann beim Harmonisierungsamt beantragt werden. Von Amts wegen erfolgt sie nicht. Ist die Gemeinschaftsmarke rechtskräftig für verfallen erklärt worden, so wird dies nach Art. 56 Abs. 6 GMarkenV im Register eingetragen (zum Verfall s. Rn 123 ff.). Im Widerspruchsverfahren muß der Widersprechende als Inhaber einer prioritätsälteren Gemeinschaftsmarke nach Art. 43 Abs. 2 GMarkenV auf Verlangen des Anmelders die Benutzung der Widerspruchsmarke nachweisen oder nachweisen, daß berechtigte Gründe für die Nichtbenutzung vorliegen. Andernfalls wird sein Widerspruch gegen die Eintragung der neuen Marke zurückgewiesen. Entsprechendes gilt nach Art. 56 Abs. 2 GMarkenV im Nichtigkeitsverfahren. Nach Art. 95 Abs. 3 GMarkenV ist der Nichtbenutzungseinwand auch im Verletzungsprozeß und im Entschädigungsprozeß (Art. 92 lit. a und c GMarkenV) zulässig. Der Einwand kann nach Art. 96 Abs. 5 GMarkenV ferner gegenüber der auf eine nationale Marke gestützten Widerklage erhoben werden. Über den Wortlaut des Art. 96 Abs. 5 GMarkenV hinaus muß der Nichtbenutzungseinwand auch gegenüber der auf eine prioritätsältere Gemeinschaftsmarke gestützten Widerklage nach Art. 96 GMarkenV möglich sein (Redaktionsversehen; s. dazu *Ubertazzi*, GRUR Int 1995, 474, 478, Fn. 27; *Ingerl*, Die Gemeinschaftsmarke, S. 102). Die nachteiligen Folgen einer Nichtbenutzung treten nach Art. 15 Abs. 1 GMarkenV nicht ein, wenn berechtigte Gründe für die Nichtbenutzung vorliegen (s. dazu § 26, Rn 40 ff.).

**116** Der Nichtbenutzungseinwand gegenüber einer Gemeinschaftsmarke, aus der Widerspruch gegen die Anmeldung oder Eintragung einer nationalen Marke erhoben oder die Löschung einer nationalen Marke betrieben wird, muß in den nationalen Rechtsordnungen geregelt werden. § 125 b Nr. 4 und 5 lit. b sieht eine solche Regelung vor (s. im einzelnen § 125 b, Rn 1).

### VI. Die Gemeinschaftsmarke als Gegenstand des Vermögens (Art. 16 ff. GMarkenV)

#### 1. Selbständiger Rechtsübergang

**117** Das Recht aus der Gemeinschaftsmarke kann nach Art. 17 Abs. 1 GMarkenV selbständig übertragen werden oder übergehen. Dies folgt auch schon daraus, daß der Inhaber einer Gemeinschaftsmarke weder ein Unternehmen haben, noch die Marke selbst benutzen muß. Auch eine Teilrechtsübertragung ist möglich. Bei einer Übertragung des ganzen Unternehmens oder einer entsprechenden Übertragungsverpflichtung ist nach Art. 17 Abs. 2 GMarkenV im Zweifel von einer Übertragung der Gemeinschaftsmarke auszugehen. Im Interesse der Rechtsklarheit muß die rechtsgeschäftliche *Übertragung* einer Gemeinschaftsmarke nach Art. 17 Abs. 3 GMarkenV schriftlich erfolgen und von den Vertragsparteien unterschrieben werden; andernfalls ist sie nichtig. Der Schriftform bedarf es dann nicht, wenn das Unternehmen in seiner Gesamtheit übertragen wird. Die *Verpflichtung zur Übertragung* einer Gemeinschaftsmarke ist nach der GMarkenV nicht formbedürftig (argumentum e contrario Art. 17 Abs. 2 GMarkenV). Nach Art. 17 Abs. 5 GMarkenV wird der Rechtsübergang auf Antrag eines Beteiligten in das Register eingetragen und veröffentlicht. Der *Eintragung* kommt keine konstitutive Wirkung für den Rechtsübergang der Gemeinschaftsmarke zu, jedoch kann der Rechtsnachfolger seine Rechte aus der Gemeinschaftsmarke nicht vor der Eintragung des Rechtsübergangs in das Register geltend machen (Art. 17 Abs. 6 GMarkenV). Die Regelung entspricht der Rechtslage im WZG nach § 8 Abs. 2 WZG und weicht insoweit grundsätzlich von § 28 Abs. 1 und 2 ab. Folge des Art. 17 Abs. 6 GMarkenV ist es, daß zwischen dem Rechtsübergang der Gemeinschaftsmarke und der Eintragung des Rechtsübergangs in das Register niemand zur Geltendmachung des Gemeinschaftsmarkenrechts berechtigt ist, und zwar der Rechtsvorgänger nicht mangels materieller Berechtigung, der Rechtsnachfolger nicht mangels formeller Berechtigung. Allerdings kann der Rechtsnachfolger fristgebundene Erklärungen gegenüber dem Harmonisierungsamt abgeben, sobald der Antrag auf Eintragung des Rechtsübergangs bei dem Amt eingegangen ist (Art. 17 Abs. 7 GMarkenV). Auch kann der Rechtsnachfolger einen nicht eingetragenen

Rechtsübergang einem Dritten entgegenhalten, der Rechte an der Marke nach dem Zeitpunkt des Rechtsübergangs erworben hat und zum Zeitpunkt des Erwerbs dieser Rechte von dem Rechtsübergang wußte (Art. 23 Abs. 1 S. 2 GMarkenV).

Das Harmonisierungsamt trägt einen Rechtsübergang nicht ein, wenn sich aus den Unterlagen offensichtlich ergibt, daß die Gemeinschaftsmarke aufgrund des Rechtsübergangs geeignet ist, die Öffentlichkeit insbesondere über die Art, die Beschaffenheit oder die geographische Herkunft der für sie eingetragenen Waren oder Dienstleistungen *irrezuführen* und diese Irreführungseignung nicht durch eine Einschränkung des Waren- oder Dienstleistungsverzeichnisses beseitigt wird (Art. 17 Abs. 4 GMarkenV). Wird die Eintragung abgelehnt, so bleibt der Rechtsübergang zwischen den Parteien gültig, jedoch kann die Marke auf Antrag für verfallen erklärt werden, wenn ihre Benutzung durch den neuen Inhaber geeignet ist, die Öffentlichkeit irrezuführen. Gleiches gilt nach Art. 50 Abs. 1 lit. c GMarkenV, wenn die Marke eingetragen worden ist.

## 2. Lizenzen

Nach Art. 22 Abs. 1 GMarkenV kann eine Gemeinschaftsmarke für alle oder einen Teil der Waren oder Dienstleistungen, für die die Marke Schutz genießt, lizenziert werden. Lizenzen können auch für ein Teilgebiet der Gemeinschaft erteilt werden. Die GMarkenV anerkennt ebenso wie das MarkenG die ausschließliche (dingliche) und die nicht ausschließliche (einfache) Lizenz (s. dazu § 30, Rn 6f.). Der Inhaber der Gemeinschaftsmarke kann mit der *Markenverletzungsklage* nach Art. 22 Abs. 2 GMarkenV gegen den Lizenznehmer vorgehen, wenn dieser den Beschränkungen der Lizenz in bezug auf die Dauer der Lizenz, die Form der Verwendung der Marke, die Art der Waren oder Dienstleistungen, das Gebiet der Benutzung oder die Qualität der Waren oder Dienstleistungen nicht nachkommt. Diese Lizenzvertragsverletzungen stellen zugleich Markenrechtsverletzungen dar. Die Regelung stimmt mit Art. 8 Abs. 2 MarkenRL und § 30 Abs. 2 überein (s. im einzelnen § 30, Rn 12ff.).

Ein Lizenznehmer kann eine Markenverletzungsklage grundsätzlich nur mit *Zustimmung* des Markeninhabers erheben (Art. 22 Abs. 3 S. 1 GMarkenV). Die Regelung ist im Ansatz mit § 30 Abs. 3 vergleichbar. Weitergehend als das MarkenG normiert die GMarkenV ein *Klageprivileg* des Inhabers einer ausschließlichen Gemeinschaftsmarkenlizenz. Nach Art. 22 Abs. 3 S. 2 GMarkenV kann der Inhaber einer ausschließlichen Gemeinschaftsmarkenlizenz ein Verfahren wegen Verletzung der Gemeinschaftsmarke unabhängig von einer Zustimmung des Inhabers der Gemeinschaftsmarke dann anhängig machen, wenn der Inhaber der Gemeinschaftsmarke nach Aufforderung nicht selber innerhalb einer angemessenen Frist die Verletzungsklage erhoben hat (Art. 22 Abs. 3 S. 2 GMarkenV). Der Lizenznehmer kann darüber hinaus mit Ermächtigung des Gemeinschaftsmarkeninhabers Widerspruch gegen die Eintragung einer Gemeinschaftsmarke erheben (Art. 42 Abs. 1 lit. a GMarkenV) sowie Nichtigkeitsverfahren wegen relativer Nichtigkeitsgründe betreiben (Art. 55 Abs. 1 lit. b GMarkenV). Eine solche Befugnis des Lizenznehmers ist dem MarkenG fremd. Nach Art. 22 Abs. 4 GMarkenV kann der Lizenznehmer ebenso wie nach § 30 Abs. 4 einer Markenverletzungsklage des Lizenzgebers beitreten, um den Ersatz seines eigenen Schadens geltend zu machen (s. § 30, Rn 32f.).

Die Lizenz kann formlos, auch mündlich erteilt werden. Im Gegensatz zur Rechtslage nach dem MarkenG können die Erteilung und der Übergang einer Lizenz nach Art. 22 Abs. 5 GMarkenV in das Gemeinschaftsmarkenregister eingetragen und veröffentlicht werden. Der Eintragung kommt keine konstitutive Wirkung zu, der Lizenznehmer kann jedoch seine Rechte aus der Lizenz gegenüber Dritten erst geltend machen, wenn die Lizenz im Register eingetragen ist (Art. 23 Abs. 1 und 2 GMarkenV).

## 3. Sonstige Rechte

Aus dem Grundsatz der freien Übertragbarkeit folgt, daß eine Gemeinschaftsmarke auch unabhängig vom Unternehmen *verpfändet* und mit beschränkt dinglichen Rechten *belastet* werden kann (Art. 19 Abs. 1 GMarkenV). Die Wirksamkeit solcher Verfügungen gegenüber Dritten setzt die Eintragung voraus (Art. 19 Abs. 2 iVm 23 Abs. 1 GMarkenV). Ebenso wie die Übertragung und die Verpfändung ist auch eine *Beschlagnahme* der Gemeinschaftsmarke unabhängig vom Unternehmen zulässig. Um den Einheitscharakter der Marke zu wahren, sind nach Art. 20 Abs. 2 GMarkenV für die Vollstreckung und nach Art. 21 GMarkenV für das Konkursverfahren ausschließlich die Gerichte bzw Behörden eines Mitgliedstaates zuständig.

## VII. Verfall der Gemeinschaftsmarke

### 1. Verfallsgründe (Art. 50 GMarkenV)

**123** Die Gemeinschaftsmarke kann nach der Eintragung verfallen. Als *Verfallsgründe* nennt Art. 50 Abs. 1 GMarkenV den Verfall wegen *Nichtbenutzung* der Marke (Abs. 1 lit. a), den Verfall wegen Entwicklung zu einer *Gattungsbezeichnung* (Abs. 1 lit. b), den Verfall wegen *Täuschungsgefahr* (Abs. 1 lit. c) und den Verfall wegen des *Verlusts der Markenfähigkeit* (Abs. 1 lit. d). Liegt ein Verfallsgrund nur für einen Teil der eingetragenen Waren oder Dienstleistungen vor, so wird die Gemeinschaftsmarke nach Art. 50 Abs. 2 GMarkenV nur teilweise für verfallen erklärt. Die Regelung der Verfallsgründe in Art. 50 GMarkenV entspricht § 49 und Art. 12 MarkenRL (s. im einzelnen § 49, Rn 10 ff.).

### 2. Feststellung

**124** Der Verfall einer Gemeinschaftsmarke tritt nicht automatisch ein, sondern muß durch eine *Entscheidung des Markenamts* oder eines *nationalen Gerichts* festgestellt werden. Das Verfahren zur Erklärung des Verfalls durch das Harmonisierungsamt bestimmt sich nach Art. 55 und 56 GMarkenV. Die Entscheidung, durch die die Gemeinschaftsmarke für verfallen erklärt wird, wird in das Register eingetragen, sobald sie rechtskräftig ist (Art. 56 Abs. 6 GMarkenV; zum Verfahren s. Rn 144 ff.).

### 3. Wirkungen (Art. 54 GMarkenV)

**125** Die zeitliche Wirkung der Verfallserklärung der Gemeinschaftsmarke regelt Art. 54 Abs. 1 GMarkenV. Die Regelung stimmt mit § 52 Abs. 1 überein. Nach Art. 54 Abs. 1 S. 1 GMarkenV ist maßgebender Zeitpunkt des Eintritts der Verfallswirkung der Zeitpunkt der Antragstellung oder der Erhebung der Widerklage. Ab dem *Zeitpunkt der Antragstellung* oder der *Erhebung der Widerklage* gelten die Wirkungen der Gemeinschaftsmarke als nicht eingetreten. Von diesem Zeitpunkt an gilt das subjektive Markenrecht als erloschen. Auch wenn der Verfall der Marke, wie etwa wegen Nichtbenutzung, zu einem früheren Zeitpunkt eingetreten ist, bleibt es bei der nur beschränkten Rückwirkung der Verfallserklärung auf den Zeitpunkt der Antragstellung oder der Erhebung der Widerklage.

**126** Die Interessenlage der Parteien kann gebieten, einen *früheren Zeitpunkt* festzusetzen, zu dem die Wirkungen der Gemeinschaftsmarke aufgrund der Verfallserklärung als nicht eingetreten gelten. Das Bedürfnis an einer weiterreichenden Rückwirkung der Verfallserklärung kann insoweit bestehen, als die Verfallsgründe im Sinne des Art. 50 GMarkenV zumeist zu einem früheren Zeitpunkt als der Geltendmachung eingetreten und Markenkollisionen entstanden sind. Nach Art. 54 Abs. 1 S. 2 GMarkenV kann deshalb auf *Antrag* einer Partei ein früherer Zeitpunkt als der Zeitpunkt der Antragstellung oder der Erhebung der Widerklage als der für den Eintritt der Wirkungen der Verfallserklärung maßgebliche Zeitpunkt festgesetzt werden (s. dazu § 52, Rn 6).

## VIII. Nichtigkeit der Gemeinschaftsmarke

### 1. Absolute Nichtigkeitsgründe (Art. 51 GMarkenV)

**127** Nach Art. 51 GMarkenV wird die Gemeinschaftsmarke auf Antrag vom Harmonisierungsamt oder auf Widerklage im Verletzungsverfahren für nichtig erklärt, wenn *absolute Nichtigkeitsgründe* vorliegen. Absolute Nichtigkeitsgründe sind das Fehlen der Voraussetzungen der *Inhaberschaft* an Gemeinschaftsmarken nach Art. 5 GMarkenV (Art. 51 Abs. 1 lit. a

GMarkenV), das Bestehen *absoluter Eintragungshindernisse* nach Art. 7 GMarkenV (Art. 51 Abs. 1 lit. a GMarkenV) und die *Bösgläubigkeit des Anmelders* bei der Anmeldung der Marke (Art. 51 Abs. 1 lit. b GMarkenV). Die Regelung entspricht weitgehend § 50. Anders als nach der Rechtslage im MarkenG kann die ursprünglich gegebene Nichtigkeit einer Gemeinschaftsmarke durch die nachträgliche Erlangung von Unterscheidungskraft *geheilt* werden (Art. 51 Abs. 2 GMarkenV).

### 2. Relative Nichtigkeitsgründe (Art. 52 GMarkenV)

Nach Art. 52 GMarkenV wird die Gemeinschaftsmarke auf Antrag vom Harmonisierungsamt oder auf Widerklage im Verletzungsverfahren für nichtig erklärt, wenn *relative Nichtigkeitsgründe* vorliegen. Diese umfassen die *relativen Eintragungshindernisse* des Art. 8 GMarkenV (Art. 52 Abs. 1 GMarkenV; s. Rn 97 ff.), sowie alle *sonstigen prioritätsälteren nationalen Rechte*, aufgrund derer die Benutzung der Gemeinschaftsmarke nach nationalem Recht untersagt werden kann (Art. 52 Abs. 2 GMarkenV).

Wenn der Inhaber eines der in Art. 52 Abs. 1 oder 2 GMarkenV genannten Rechte der Eintragung der Gemeinschaftsmarke ausdrücklich *zugestimmt* hat, dann kann er kein Nichtigkeitsverfahren mehr betreiben (Art. 52 Abs. 3 GMarkenV). Das gilt auch dann, wenn er der Eintragung erst *nachträglich* zugestimmt hat (Verbot des venire contra factum proprium). Der Nichtigkeitsantrag kann auf mehrere prioritätsältere Rechte gestützt werden. Hat der Inhaber aber bereits einen Nichtigkeitsantrag gestellt, so ist er nach Art. 52 Abs. 4 GMarkenV nicht berechtigt, aufgrund eines anderen prioritätsälteren Kennzeichenrechts, das er bereits bei seinem ersten Nichtigkeitsantrag hätte geltend machen können, einen neuen Nichtigkeitsantrag zu stellen. Der Antragsteller im Nichtigkeitsverfahren muß also alle ihm zur Verfügung stehenden relativen Nichtigkeitsgründe auf einmal vorbringen (Konzentration auf ein Verfahren).

### 3. Wirkungen

Ebenso wie der Verfall (Rn 123 ff.) tritt auch die Nichtigkeit einer Gemeinschaftsmarke nicht automatisch ein, sondern muß durch eine *Entscheidung des Markenamts* oder eines *nationalen Gerichts* festgestellt werden (zum Verfahren s. Rn 144). Wenn die Gemeinschaftsmarke für nichtig erklärt wird, dann gelten ihre Wirkungen nach Art. 54 Abs. 2 GMarkenV als von Anfang an nicht eingetreten. Die Rückwirkung der Nichtigerklärung hat jedoch keine Auswirkungen auf Entscheidungen in Verletzungsverfahren, die vor der Nichtigerklärung rechtskräftig geworden und vollstreckt worden sind, sowie auf bereits erfüllte Verträge (Art. 54 Abs. 3 GMarkenV).

### 4. Verwirkung (Art. 53 GMarkenV)

Ein Interesse am Erwerb einer Gemeinschaftsmarke wird meist nur dann vorhanden sein, wenn der Bestand der Marke nach Ablauf einer bestimmten Zeit vor Angriffen prioritätsälterer Rechte gesichert ist. Aus diesem Grunde verwirkt der Inhaber einer prioritätsälteren Gemeinschaftsmarke oder eines prioritätsälteren nationalen Rechts seine Rechte, wenn er die Benutzung einer prioritätsjüngeren Gemeinschaftsmarke während fünf aufeinanderfolgender Jahre in Kenntnis dieser Benutzung geduldet hat. Er kann weder die Nichtigerklärung der prioritätsjüngeren Gemeinschaftsmarke verlangen, noch ihre Benutzung verbieten, es sei denn, daß die prioritätsjüngere Gemeinschaftsmarke bösgläubig angemeldet worden ist. Dementsprechend ist auch für den Inhaber eines prioritätsälteren Rechts im Sinne des Art. 8 Abs. 2 oder 4 GMarkenV nach Art. 53 Abs. 2 GMarkenV das Antragsrecht auf Nichtigerklärung der jüngeren Gemeinschaftsmarke ausgeschlossen. Die Verwirkung führt nach Art. 53 Abs. 3 GMarkenV zu einer *Koexistenz* der jüngeren Gemeinschaftsmarke und des prioritätsälteren Rechts.

### IX. Umwandlung von Gemeinschaftsmarken in nationale Markenanmeldungen (Art. 108 ff. GMarkenV)

Führt die Anmeldung einer Gemeinschaftsmarke nicht zur Eintragung oder verliert eine eingetragene Gemeinschaftsmarke ihre Schutzwirkung wegen Verzichts, Verfalls oder Nichtigkeit, dann kann die Gemeinschaftsmarkenanmeldung bzw die Gemeinschaftsmarke unter Beibehaltung der Priorität in eine nationale Markenanmeldung umgewandelt werden (Art. 108 GMarkenV). Der Anmelder oder Inhaber der Gemeinschaftsmarke muß die Umwandlung innerhalb einer dreimonatigen Frist, deren Beginn von der Art des Untergangstatbestandes abhängt, beim Harmonisierungsamt beantragen (Art. 108 Abs. 4 bis 6; 109 Abs. 1 GMarkenV; Regel 44 GMarkenDV), sonst geht die Priorität der Anmeldung der Gemeinschaftsmarke für die nationale Anmeldung verloren. Zu beachten ist, daß der Umwandlungsantrag nach Art. 109 Abs. 1 S. 2 GMarkenV erst dann als gestellt gilt, wenn die Umwandlungsgebühr gezahlt worden ist. Eine Umwandlung in eine nationale Marke ist nach Art. 108 Abs. 2 GMarkenV unzulässig, wenn die Marke wegen Nichtbenutzung verfallen ist, oder wenn nach einer Entscheidung des Harmonisierungsamtes oder eines nationalen Gerichts ein absolutes oder relatives Eintragungshindernis besteht. Die für die innerstaatliche Umsetzung in der Bundesrepublik Deutschland erforderlichen Regelungen sind in § 125 d enthalten.

## X. Verfahrensrecht

### 1. Anmeldeverfahren

133 **a) Untergang der Anmeldung bei verspäteter Weiterleitung durch die nationalen Behörden (Art. 25 Abs. 3 GMarkenV).** Die Anmeldung einer Gemeinschaftsmarke kann nach Art. 25 Abs. 1 GMarkenV wahlweise beim Harmonisierungsamt in Alicante/Spanien oder bei einer Zentralbehörde für den gewerblichen Rechtsschutz in einem der Mitgliedstaaten (in der Bundesrepublik Deutschland beim DPMA, s. § 125 a, Rn 1) eingereicht werden. Nach Art. 25 Abs. 2 GMarkenV sind Gemeinschaftsmarkenanmeldungen, die bei einer nationalen Markenbehörde eingereicht werden, binnen zwei Wochen an das Markenamt der Gemeinschaft in Alicante weiterzuleiten. Anmeldungen, die dort später als einen Monat nach ihrer Einreichung bei der nationalen Behörde eingehen, gelten als zurückgenommen (Art. 25 Abs. 3 GMarkenV). Wenn der Anmelder die Empfangsbestätigung des Harmonisierungsamtes (Regel 5 Abs. 3 GMarkenDV) nicht rechtzeitig vor Ablauf der Monatsfrist erhält, sollte er sich daher durch Rückfrage in Alicante versichern, daß die Anmeldung dort eingegangen ist.

134 **b) Disclaimerverlangen (Art. 38 Abs. 2 GMarkenV).** Um die Monopolisierung schutzunfähiger Zeichenbestandteile zu verhindern, kann das Harmonisierungsamt nach Art. 38 Abs. 2 GMarkenV die Eintragung einer Gemeinschaftsmarke, die einen *nicht unterscheidungskräftigen Zeichenbestandteil* enthält, von der Erklärung des Anmelders abhängig machen, er nehme an dem schutzunfähigen Zeichenbestandteil kein ausschließliches Recht in Anspruch (*Disclaimer*). Voraussetzung dafür ist, daß die Aufnahme dieses Zeichenbestandteils in die Gemeinschaftsmarke zu Zweifeln über den Schutzumfang der Marke Anlaß geben könnte. Der Disclaimer kann auch noch nach der Veröffentlichung der Anmeldung verlangt werden, etwa weil sich die Notwendigkeit erst aus Bemerkungen Dritter nach Art. 41 GMarkenV ergibt. Die Erklärung wird nach Art. 38 Abs. 2 S. 2 GMarkenV zusammen mit der Anmeldung bzw der Eintragung der Gemeinschaftsmarke veröffentlicht. Der Disclaimer bewirkt, daß Zeichen, die ausschließlich hinsichtlich des vom Disclaimer betroffenen Zeichenbestandteils übereinstimmen, vom Schutzumfang der Gemeinschaftsmarke nicht umfaßt werden (zum Disclaimer s. im einzelnen *Ingerl*, Die Gemeinschaftsmarke, S. 126 f.; zu Überlegungen der Einführung dieses aus dem britischen Markenrecht stammenden Rechtsinstituts in das MarkenG s. *Kunz-Hallstein*, GRUR Int 1990, 747, 754).

135 **c) Amtsrecherche (Art. 39 GMarkenV).** Nach Art. 39 Abs. 1 GMarkenV recherchiert das Harmonisierungsamt für jede Gemeinschaftsmarkenanmeldung nach prioritätsälteren Gemeinschaftsmarken und Gemeinschaftsmarkenanmeldungen, die relative Eintragungshindernisse im Sinne von Art. 8 GMarkenV sein können. Die nationalen Behörden können ebenfalls eine Amtsrecherche nach kollidierenden nationalen Marken und Markenanmeldungen durchführen und dem Harmonisierungsamt innerhalb von drei Monaten zur Weiterleitung an den Anmelder übermitteln (Art. 39 Abs. 2 bis 5 GMarkenV). Von dieser Möglichkeit machen alle Länder mit Ausnahme Deutschlands, Frankreichs und Italiens Ge-

Einleitung                                                      136–139  **Einl MarkenG**

brauch. Die Recherchenberichte werden dem Anmelder übermittelt (Art. 39 Abs. 5 GMarkenV). Die Gemeinschaftsmarkenanmeldung darf frühestens einen Monat, nachdem der Anmelder die Berichte erhalten hat, veröffentlicht werden, um ihm die Gelegenheit zu geben, seine Anmeldung (teilweise) zurückzunehmen (Art. 39 Abs. 6 GMarkenV). Wenn die Anmeldung veröffentlicht wird, dann unterrichtet das Harmonisierungsamt hiervon alle Inhaber prioritätsälterer Rechte, die in dem Gemeinschaftsmarkenrecherchenbericht genannt sind. Eine Unterrichtung der in den nationalen Recherchenberichten genannten Markeninhaber ist in der GMarkenV nicht vorgesehen, wird aber auch nicht ausgeschlossen. In den gemeinsamen Protokollerklärungen von Rat und Kommission wird auf das Recht der Mitgliedstaaten, die Inhaber prioritätsälterer nationaler Marken über die Gemeinschaftsmarkenanmeldung zu informieren, ausdrücklich hingewiesen (abgedruckt in ECTA LAW BOOK 3/1994 der European Communities Trade Mark Association, Nr. 13).

**d) Bemerkungen Dritter (Art. 41 GMarkenV).** Art. 41 Abs. 1 GMarkenV eröffnet   **136**
jedermann die Möglichkeit, nach der Veröffentlichung der Anmeldung schriftliche Bemerkungen über von Amts wegen zu berücksichtigende Eintragungshindernisse einzureichen. Das Harmonisierungsamt gibt dem Anmelder Gelegenheit zur Stellungnahme (Art. 41 Abs. 2 GMarkenV). Zwar prüft das Harmonisierungsamt vor der Veröffentlichung der Anmeldung, ob absolute Eintragungshindernisse bestehen (Art. 40 GMarkenV). Doch folgt aus Art. 40 Abs. 2 GMarkenV, daß eine Gemeinschaftsmarkenanmeldung auch noch nach der Veröffentlichung wegen des Bestehens absoluter Eintragungshindernisse zurückgewiesen werden kann.

## 2. Widerspruchsverfahren (Art. 42 f. GMarkenV)

**a) Vorgeschaltetes Widerspruchsverfahren.** Nach der GMarkenV wird das Wider-   **137**
spruchsverfahren vor der Eintragung der Gemeinschaftsmarke durchgeführt (Art. 42 Abs. 1 GMarkenV). Dies entspricht der Rechtslage im WZG nach § 5 Abs. 4 WZG; im MarkenG ist das Widerspruchsverfahren dagegen der Eintragung nachgeschaltet (§ 42 Abs. 1; s. dazu § 42, Rn 6). Das nachgeschaltete Widerspruchsverfahren hat vor allem den Vorteil, daß die Entstehung des vollen markenrechtlichen Schutzes nicht mehr durch die Erhebung eines Widerspruchs um Jahre verzögert werden kann. Die GMarkenV versucht dem Mißbrauch des Widerspruchsverfahrens vor allem durch den Entschädigungsanspruch nach Art. 9 Abs. 3 S. 2 GMarkenV (s. dazu Rn 105) und die Kostenregelung (s. dazu Rn 142) entgegenzuwirken.

**b) Widerspruchsberechtigung von Lizenznehmern.** Nach Art. 42 Abs. 1 lit. a    **138**
GMarkenV kann der Lizenznehmer mit Ermächtigung des Gemeinschaftsmarkeninhabers Widerspruch gegen die Eintragung einer Gemeinschaftsmarke erheben. Eine solche Befugnis des Lizenznehmers ist dem MarkenG fremd.

**c) Umfassende Prüfungskompetenz.** Nach Art. 42 Abs. 1 GMarkenV kann der Wi-   **139**
derspruch auf alle in Art. 8 GMarkenV genannten relativen Eintragungshindernisse (s. Rn 97 ff.) gestützt werden. Der Kreis der möglichen Widerspruchsgründe ist in der GMarkenV damit deutlich weiter gezogen als im MarkenG, das dem DPMA im Widerspruchsverfahren nur eine beschränkte Prüfungskompetenz zubilligt. So stellen nach dem MarkenG der Bekanntheitsschutz (§ 9 Abs. 1 Nr. 3), die durch Benutzung erworbenen Marken und geschäftlichen Bezeichnungen mit älterem Zeitrang (§ 12) sowie die sonstigen älteren Rechte nach § 13 keine Widerspruchsgründe dar. Die Inhaber solcher Rechte können nur die Löschungsklage nach den §§ 51, 55 erheben (s. im einzelnen § 42, Rn 36 ff.). Im Gemeinschaftsmarkenrecht kann dagegen auch der Bekanntheitsschutz einer prioritätsälteren Marke als Widerspruchsgrund geltend gemacht werden (Art. 42 Abs. 1 iVm 8 Abs. 5 GMarkenV). Ebenso können auch nicht eingetragene nationale Marken sowie sonstige im geschäftlichen Verkehr benutzte Kennzeichenrechte von mehr als lediglich örtlicher Bedeutung als Widerspruchsgründe geltend gemacht werden, wenn und soweit sie nach dem maßgeblichen nationalen Recht dem Inhaber das Recht verleihen, die Benutzung einer jüngeren Marke zu untersagen (Art. 8 Abs. 4 GMarkenV). Damit kann der Widerspruch gegen die Eintragung einer Gemeinschaftsmarke etwa auf eine durch Benutzung erworbene Marke oder geschäftliche Bezeichnung mit älterem Zeitrang nach § 12 oder auf ein sonstiges

älteres Recht nach § 13 gestützt werden. Das Harmonisierungsamt muß demnach nicht nur eine gemeinschaftsmarkenrechtliche Kollisionsprüfung durchführen, sondern über Art. 8 Abs. 4 GMarkenV die Kollisionstatbestände aller einzelstaatlichen Kennzeichenrechtsordnungen anwenden.

**140** **d) Begründungspflicht.** Der schriftlich einzureichende Widerspruch ist nach Art. 42 Abs. 3 S. 1 GMarkenV zu begründen. Eine solche Begründungspflicht besteht nach dem MarkenG nicht (s. dazu § 42, Rn 27).

**141** **e) Nichtbenutzungseinwand (Art. 43 Abs. 2 GMarkenV).** Der Anmelder der Gemeinschaftsmarke kann nach Art. 43 Abs. 2 GMarkenV vom Inhaber der Widerspruchsmarke den Nachweis verlangen, daß er seine Marke innerhalb der letzten fünf Jahre vor Veröffentlichung der Gemeinschaftsmarke ernsthaft benutzt hat oder berechtigte Gründe für die Nichtbenutzung vorliegen, wenn die Widerspruchsmarke im Zeitpunkt der Veröffentlichung der Anmeldung der jüngeren Gemeinschaftsmarke seit mindestens fünf Jahren eingetragen ist. Kann er den Benutzungsnachweis nicht erbringen, so wird der Widerspruch zurückgewiesen. Im Gegensatz zur Rechtslage nach dem MarkenG (§ 43 Abs. 1 S. 2) kann die Einrede der mangelnden Benutzung dagegen nicht erhoben werden, wenn die fünfjährige Benutzungsfrist erst nach der Veröffentlichung der Eintragung der angegriffenen Marke und damit während der Widerspruchsfrist oder im Verlauf des Widerspruchsverfahrens abläuft. Der Anmelder der Gemeinschaftsmarke kann in diesem Fall nur nach Art. 50, 55 Abs. 1 lit. a GMarkenV die Verfallserklärung der Widerspruchsmarke beantragen.

**142** **f) Kostentragung.** Nach Art. 81 Abs. 1 GMarkenV gilt für die kontradiktorischen Verfahren vor dem Harmonisierungsamt das *Unterliegensprinzip*. Der im Widerspruchsverfahren Unterliegende muß den anderen Beteiligten die verauslagten Gebühren sowie alle notwendigen Kosten einschließlich der Reise- und Aufenthaltskosten sowie der Vertreterkosten erstatten. Die Widerspruchsabteilung kann aus Billigkeitsgründen eine andere Kostenverteilung beschließen (Art. 81 Abs. 2 GMarkenV). Wird das Widerspruchsverfahren durch die Rücknahme der Gemeinschaftsmarkenanmeldung oder des Widerspruchs oder durch Verzicht auf die prioritätsältere Gemeinschaftsmarke beendet, dann trägt der das Verfahren beendende Beteiligte die Kosten (Art. 81 Abs. 3 GMarkenV). Die Kostenregelung in der GMarkenV weicht damit grundlegend von derjenigen im MarkenG ab, das vom Grundsatz der Kostentragung durch die Beteiligten ausgeht (§§ 63, 71, 90). Das mit dem gemeinschaftsmarkenrechtlichen Widerspruchsverfahren verbundene erhebliche Kostenrisiko wird zum Teil durch die GMarkenDV abgemildert. So kann der Anmelder die Anmeldung binnen zwei Monaten nach Zustellung des Widerspruchs zurücknehmen oder auf die Waren und Dienstleistungen beschränken, die nicht Gegenstand des Widerspruchs sind; in diesem Fall erstattet das Harmonisierungsamt dem Widersprechenden die Widerspruchsgebühr (Regel 19 Abs. 1 und 3 GMarkenDV). Wenn mehrere Widersprüche gegen eine Gemeinschaftsmarkenanmeldung vorliegen, dann kann das Verfahren über einen Teil von ihnen ausgesetzt werden und gilt als erledigt, wenn die Gemeinschaftsmarkenanmeldung aufgrund eines anderen Widerspruchs rechtskräftig zurückgewiesen wird. Das Harmonisierungsamt erstattet den von der Erledigung betroffenen Widersprechenden die Hälfte der von ihnen gezahlten Widerspruchsgebühr (Regel 21 Abs. 2 bis 4 GMarkenDV). Schließlich beschränkt Regel 94 Abs. 7 GMarkenDV die Erstattung der dem obsiegenden Beteiligten entstandenen notwendigen Kosten auf bestimmte Höchstsätze.

**143** **g) Keine Eintragungsbewilligungsklage.** Das Widerspruchsverfahren nach der GMarkenV führt zu einer abschließenden Entscheidung zwischen den Parteien. Eine Eintragungsbewilligungsklage, wie sie das MarkenG in § 44 zur Geltendmachung von im Widerspruchsverfahren unberücksichtigt bleibenden Rechten vorsieht, kennt die GMarkenV nicht.

### 3. Verfalls- und Nichtigkeitsverfahren

**144** Der Verfall und die Nichtigkeit einer Gemeinschaftsmarke können nur durch *Antrag* auf Verfalls- oder Nichtigerklärung beim Harmonisierungsamt und durch *Widerklage* im Verletzungsprozeß, beim Verfall aufgrund mangelnder Benutzung und bei Nichtigkeit aufgrund eines prioritätsälteren Rechts auch durch *Einrede* im Verletzungs- oder Entschädigungsprozeß geltend gemacht werden (Art. 55, 56, 92, 95 und 96 GMarkenV). Eine selbständige Löschungsklage, wie sie das MarkenG in § 55 vorsieht, kennt die GMarkenV ebensowenig wie die nach § 50 Abs. 3 in bestimmten Fällen mögliche Amtslöschung. Die Verfallserklärung und die Nichtigerklärung einer Gemeinschaftsmarke wegen *absoluter* Nichtigkeitsgründe kann nach Art. 55 Abs. 1 lit. a GMarkenV von jeder natürlichen oder juristischen Person sowie von prozeßfähigen Interessenverbänden beim Harmonisierungsamt ohne Darlegung eines berechtigten Interesses beantragt werden. Die Nichtigerklärung wegen *relativer* Nichtigkeitsgründe kann dagegen nur von den nach Art. 42 Abs. 1 GMarkenV widerspruchsberechtigten Personen beantragt werden (Art. 55 Abs. 1 lit. b GMarkenV). Anders als nach der Rechtslage im MarkenG kann auch der Lizenznehmer ein Nichtigkeitsverfahren wegen relativer Nichtigkeitsgründe betreiben, sofern ihn der Gemeinschaftsmarkeninhaber hierzu ermächtigt (Art. 55 Abs. 1 lit. b iVm 42 Abs. 1 lit. a GMarkenV). Die Anträge sind schriftlich einzureichen und zu begründen; sie gelten erst als gestellt, wenn die Gebühr gezahlt ist (Art. 55 Abs. 2 GMarkenV). Der Antrag auf Erklärung des Verfalls oder der Nichtigkeit ist unzulässig, wenn ein nationales Gericht im Wege der Widerklage (Art. 96 GMarkenV) bereits über denselben Anspruch zwischen denselben Parteien rechtskräftig entschieden hat (Art. 55 Abs. 3 GMarkenV). Im Interesse der Verfahrenskonzentration muß der Antragsteller im Nichtigkeitsverfahren alle ihm zur Verfügung stehenden relativen Nichtigkeitsgründe auf einmal vorbringen (Art. 52 Abs. 4 GMarkenV). Ein zweites Nichtigkeitsverfahren aus Gründen, die er schon im ersten Verfahren hätte geltend machen können, ist unzulässig. Auch insoweit weicht die GMarkenV vom MarkenG ab. Ist die Gemeinschaftsmarke rechtskräftig für verfallen oder für nichtig erklärt worden, so wird dies nach Art. 56 Abs. 6 GMarkenV im Register eingetragen.

#### 4. Beschwerdeverfahren (Art. 57 ff. GMarkenV)

Die Entscheidungen des Harmonisierungsamtes können nach Art. 57 Abs. 1 GMarkenV mit der Beschwerde angefochten werden. Beschwerdeberechtigt sind nach Art. 58 GMarkenV diejenigen Verfahrensbeteiligten, die durch die Entscheidung des Amtes beschwert sind. Über die Beschwerde entscheiden die beim Harmonisierungsamt gebildeten Beschwerdekammern (Art. 130 f. GMarkenV). Gegen die Entscheidungen der Beschwerdekammern ist nach Art. 63 GMarkenV die Klage an den Europäischen Gerichtshof zulässig.

#### 5. Gemeinschaftsmarkenprozeß

##### a) Zuständigkeit der Gemeinschaftsmarkengerichte (Art. 92 GMarkenV).

Für Verletzungsklagen, negative Feststellungsklagen, Entschädigungsklagen nach Art. 9 Abs. 3 S. 2 GMarkenV und Widerklagen auf Erklärung des Verfalls oder der Nichtigkeit einer Gemeinschaftsmarke sind bestimmte nationale Gerichte als sogenannte Gemeinschaftsmarkengerichte ausschließlich zuständig (Art. 92 GMarkenV). Die Zuständigkeit für sonstige Verfahren über Gemeinschaftsmarken, wie etwa Klagen im Zusammenhang mit Übertragungen oder Lizenzen, richtet sich nach der in dem jeweiligen Mitgliedstaat für eingetragene nationale Marken geltenden Regelung (Art. 102 GMarkenV). Die Gemeinschaftsmarkengerichte erster und zweiter Instanz werden von den Mitgliedstaaten bis spätestens 15. März 1997 benannt (Art. 91 Abs. 1 und 2 GMarkenV). Bis zu dieser Benennung sind die nationalen Gerichte zuständig, die für entsprechende Verfahren betreffend nationale Marken zuständig wären (Art. 91 Abs. 5 GMarkenV). In der Bundesrepublik Deutschland sind nach § 125e Abs. 1 für alle Klagen im Sinne des Art. 92 GMarkenV die Landgerichte als Gemeinschaftsmarkengerichte erster Instanz ohne Rücksicht auf den Streitwert zuständig. Gemeinschaftsmarkengerichte zweiter Instanz sind die Oberlandesgerichte (Abs. 2). Entsprechend der Regelung des § 140 Abs. 2 für Kennzeichenstreitsachen werden den Bundesländern in § 125e Abs. 3 Zuständigkeitskonzentrationen ermöglicht. Revisionsgericht in Gemeinschaftsmarkenstreitsachen ist der BGH (Art. 101 Abs. 3 GMarkenV).

##### b) Internationale Zuständigkeit (Art. 93 GMarkenV).

Die internationale Zuständigkeit der Gemeinschaftsmarkengerichte richtet sich nach Art. 93 GMarkenV. Die allgemeinen und besonderen Zuständigkeitsregelungen nach dem EuGVÜ sind insoweit nicht anzuwenden (Art. 90 Abs. 2 GMarkenV). Die Klagen nach Art. 92 GMarkenV sind vorrangig vor dem Gericht des Mitgliedstaates zu erheben, an dem der *Beklagte* seinen *Wohnsitz*, hilfsweise seine *Niederlassung* hat (Art. 93 Abs. 1 GMarkenV). Hat er weder Wohnsitz noch Niederlassung in einem Mitgliedstaat, so ist das Gericht international zuständig, in dem der *Kläger* seinen *Wohnsitz* bzw seine *Niederlassung* hat (Art. 93 Abs. 2 GMarkenV). Hat auch dieser weder Wohnsitz noch Niederlassung in einem Mitgliedstaat, dann sind die *spanischen Gerichte* zuständig (Art. 93 Abs. 3 GMarkenV). Durch Zuständigkeitsvereinbarungen und rügelose Einlassung können die Parteien die Zuständigkeit eines anderen Gemeinschaftsmarkengerichts unter den Voraussetzungen der Art. 17 und 18 EuGVÜ begründen (Art. 93 Abs. 4 GMarkenV).

**148** Verletzungs- und Schadensersatzklagen können nach Art. 93 Abs. 5 GMarkenV auch vor den Gerichten des Mitgliedstaates erhoben werden, in dem eine *Verletzungshandlung* begangen worden ist (Gerichtsstand der unerlaubten Handlung). Doch beschränkt sich die Zuständigkeit dann auf die in diesem Mitgliedstaat begangenen oder drohenden Verletzungshandlungen (Art. 94 Abs. 2 GMarkenV). So dürfen diese Gerichte der Mitgliedstaaten insbesondere nur aus ihrer Sicht inländische Benutzungshandlungen untersagen oder zur Berechnung von Schadensersatzansprüchen heranziehen, während die nach Art. 93 Abs. 1 bis 4 GMarkenV zuständigen Gemeinschaftsmarkengerichte für Handlungen in allen Mitgliedstaaten zuständig sind und damit EU-weite Verbote erlassen können.

**149** **c) Örtliche Zuständigkeit.** Die örtliche Zuständigkeit der Gemeinschaftsmarkengerichte richtet sich nach dem *nationalen Recht* der Mitgliedstaaten. In der Bundesrepublik Deutschland bestimmt sich die örtliche Zuständigkeit nach den Vorschriften, die auch für die beim DPMA registrierten Marken gelten (§ 125g S. 1). Hilfsweise ist der allgemeine Gerichtsstand des Klägers maßgeblich (§ 125g S. 2).

**150** **d) Anwendbares Recht (Art. 97 GMarkenV).** Die Gemeinschaftsmarkengerichte wenden vorrangig die GMarkenV an. In Fragen, die nicht durch die GMarkenV erfaßt werden, wenden sie ihr nationales Recht einschließlich ihres internationalen Privatrechts an (Art. 97 Abs. 1 und 2 GMarkenV). Das Verfahren bestimmt sich – vorbehaltlich anderer Bestimmung – nach den nationalen Verfahrensvorschriften, die in dem jeweiligen Mitgliedstaat für gleichartige Klagen betreffend nationale Marken anzuwenden sind (Art. 97 Abs. 3 GMarkenV).

**151** **e) Aussetzung des Verfahrens (Art. 100 GMarkenV).** Die Gemeinschaftsmarkengerichte setzen Verletzungs- und Entschädigungsprozesse in der Regel aus, wenn eine Widerklage wegen des Verfalls oder der Nichtigkeit der Klagemarke vor einem anderen Gemeinschaftsmarkengericht anhängig ist oder wenn ein Antrag auf Verfalls- oder Nichtigerklärung beim Harmonisierungsamt gestellt worden ist (Art. 100 Abs. 1 GMarkenV). Umgekehrt sind Verfalls- und Nichtigkeitsverfahren beim Harmonisierungsamt auszusetzen, wenn bereits eine Widerklage wegen Verfalls oder Nichtigkeit derselben Gemeinschaftsmarke bei einem Gemeinschaftsmarkengericht anhängig ist, es sei denn, das Gemeinschaftsmarkengericht setzt seinerseits auf Antrag einer Partei das Verfahren aus; in diesem Fall ist das Verfahren vor dem Harmonisierungsamt fortzusetzen (Art. 100 Abs. 2 GMarkenV).

**152** **f) Widerklage auf Verfall- oder Nichtigerklärung.** Im Verletzungs- und Entschädigungsverfahren ist nach Art. 96 Abs. 1 GMarkenV eine Widerklage auf Erklärung des Verfalls oder der Nichtigkeit der Gemeinschaftsmarke zulässig, falls nicht bereits das Harmonisierungsamt über einen Antrag wegen desselben Anspruchs zwischen denselben Parteien entschieden hat (Art. 96 Abs. 2 GMarkenV). Das Gericht kann nach Art. 96 Abs. 7 GMarkenV auf Antrag des Inhabers der Gemeinschaftsmarke das Verfahren aussetzen und den Beklagten auffordern, innerhalb einer zu bestimmenden Frist beim Amt die Verfalls- oder Nichtigerklärung zu beantragen. Wird der Antrag nicht fristgerecht gestellt, dann gilt die Widerklage als zurückgenommen.

## XI. IR-Marke und Gemeinschaftsmarke

**153** Die Angehörigen eines EG-Staates können sowohl IR-Marken als auch Gemeinschaftsmarken anmelden. Gleiches gilt für Angehörige von Staaten, die dem MMA oder dem

Einleitung

PMMA, nicht aber der EU angehören (Art. 5 Abs. 1 lit. b GMarkenV). Nach Art. 2 Abs. 1 PMMA wird zudem die Anmeldung einer Gemeinschaftsmarke auch als *Basismarke für die internationale Registrierung* anerkannt. Umgekehrt kann über eine internationale Registrierung der Schutz als Gemeinschaftsmarke in Anspruch genommen werden (Art. 4 Abs. 1 PMMA). Voraussetzung ist allerdings, daß die EU dem Protokoll zum MMA beitritt, was im Jahre 1999 geschehen soll.

## F. Internationales Markenprivatrecht

**Schrifttum.** *Bachmann*, Der Gerichtsstand der unerlaubten Handlung im Internet, IPRax 1998, 179; *v. Bar*, Internationales Privatrecht, 2. Bd. Besonderer Teil, 1991; *Baeumer*, Anmerkungen zum Territorialitätsprinzip im internationalen Patent- und Markenrecht, FS für Fikentscher 1998, S. 803; *Baumbach/Hefermehl*, Wettbewerbsrecht, 20. Aufl., 1998, Einl UWG, Rn 176; *Behr*, Internationale Tatortszuständigkeit für vorbeugende Unterlassungsklagen bei Wettbewerbsverstößen, GRUR Int 1992, 604; *Beier*, Territorialität des Markenrechts und internationaler Wirtschaftsverkehr, GRUR Int 1968, 8; *Beier*, Das auf internationale Markenlizenzverträge anwendbare Recht, GRUR Int 1981, 299; *Beier*, Die internationalprivatrechtliche Beurteilung von Verträgen über gewerbliche Schutzrechte, in: Holl/Kleinke (Hrsg.), Internationales Privatrecht, Internationales Wirtschaftsrecht, 1985, S. 287; *Briem*, Internationales und Europäisches Wettbewerbsrecht und Kennzeichenrecht, 1995; *David*, Kommentar zum schweizerischen Privatrecht – Markenschutzgesetz, Muster- und Modellgesetz, 4. Aufl., 1994, Einl; *Deutsch*, Die Warenzeichenlizenz im Kollisionsrecht, in: Beier/Deutsch/Fikentscher (Hrsg.), Die Warenzeichenlizenz, 1966, S. 463; *Drobnig*, Originärer Erwerb und Übertragung von Immaterialgüterrechten im Kollisionsrecht, RabelsZ 40 (1976), 195; *Fezer*, Markenschutz durch Wettbewerbsrecht, GRUR 1986, 485; *Fezer*, Vertriebsbindungssysteme als Unternehmensleistung, GRUR 1990, 551 *Fezer*, Leistungsschutz im Wettbewerbsrecht, WRP 1993, 63; *Habermeier*, Neue Wege zum Wirtschaftskollisionsrecht: Eine Bestandsaufnahme prävalenter wirtschaftskollisionsrechtlicher Methodologie unter dem Blickwinkel des kritischen Rationalismus, 1997; *Haas*, Die französische Rechtsprechung zum Konflikt zwischen Domain-Namen und Kennzeichenrechten, GRUR Int 1998, 934; *Hausmann*, Möglichkeiten und Grenzen der Rechtswahl in internationalen Urheberrechtsverträgen, in: FS für Schwarz, 1988, S. 47; *Hoeren*, Internet und Recht – Neue Paradigmen des Informationsrechts, NJW 1998, 2849; *Katzenberger*, TRIPS und das Urheberrecht, GRUR Int 1995, 447; *Kieninger*, Internationale Zuständigkeit bei der Verletzung ausländischer Immaterialgüterrechte: Common Law auf dem Prüfstand des EuGVÜ, GRUR Int 1998, 280; *Kindler*, Internationale Zuständigkeit und anwendbares Recht im italienischen IPR-Gesetz von 1995, RabelsZ 61 (1997), 227; *Köster*, Urheberkollisionsrecht im Internet – Aufweichung des „Territorialitätsprinzips" durch das europäische „Ursprungslandprinzip"?, in: Götting (Hrsg.), Multimedia, Internet und Urheberrecht, 1998, S. 153; *Koppensteiner*, Österreichisches und europäisches Wettbewerbsrecht, 3. Aufl., 1997, § 37; *Kropholler*, Europäisches Zivilprozeßrecht, 5. Aufl., 1996; *Lichtenstein*, Der gewerbliche Rechtsschutz im internationalen Privatrecht, NJW 1964, 1208; *Locher*, Das Internationale Privat- und Zivilprozeßrecht der Immaterialgüterrechte aus urheberrechtlicher Sicht, 1993; *Martiny*, Verletzung von Immaterialgüterrechten im Internationalen Privatrecht, RabelsZ 40 (1976), 218; *Neuhaus*, Freiheit und Gleichheit im internationalen Immaterialgüterrecht, RabelsZ 40 (1976), 191; *Pfaff*, Das internationale Privatrecht des Ausstattungsschutzes in: Schricker/Stauder (Hrsg.), Handbuch des Ausstattungsrechts, 1986; *Raape*, Internationales Privatrecht, 5. Aufl., 1961; *Reithmann/Martiny*, Internationales Vertragsrecht, 5. Aufl., 1996; *Rüßmann*, Wettbewerbshandlungen im Internet – Internationale Zuständigkeit und anwendbares Recht, K&R 1998, 422; *Sandrock*, Das Kollisionsrecht des unlauteren Wettbewerbs zwischen dem internationalen Immaterialgüterrecht und dem internationalen Kartellrecht, GRUR Int 1985, 507; *Schack*, Urheberverletzung im internationalen Privatrecht – Aus der Sicht des Kollisionsrechts, GRUR Int 1985, 523; *Stauder*, Die Anwendung des EWG-Gerichtsstands- und Vollstreckungsübereinkommens auf Klagen im gewerblichen Rechtsschutz und Urheberrecht – 2. Teil, GRUR Int 1976, 510; *Tetzner*, Die Verfolgung der Verletzung ausländischer Patente vor deutschen Gerichten unter Berücksichtigung des EWG-Gerichtsstands- und Vollstreckungs-Abkommens, GRUR 1976, 669; *Troller*, Das internationale Privat- und Zivilprozeßrecht im gewerblichen Rechtsschutz und Zivilprozeßrecht, 1952; *Ulmer*, Die Immaterialgüterrechte im Internationalen Privatrecht, 1975; *Ulmer*, Fremdenrecht und internationales Privatrecht im gewerblichen Rechtsschutz und Urheberrecht, in: Holl/Klinke (Hrsg.), Internationales Privatrecht, Internationales Wirtschaftsrecht, 1985, S. 257; *Vischer*, Das Internationale Privatrecht des Immaterialgüterrechts nach dem schweizerischen IPR-Gesetzentwurf, GRUR Int 1987, 670; *Wagner*, Zeichenkollisionen im Internet, ZHR 1998, 701; *Weber*, Die kollisionsrechtliche Behandlung von Wettbewerbsverletzungen mit Auslandsbezug, 1982; *Wegner*, Rechtlicher Schutz von Internetdomains, CR 1998, 676; *Wengler*, Die Gesetze über unlauteren Wettbewerb und das internationale Privatrecht, RabelsZ 19 (1954), 401; *Weigel*, Gerichtsbarkeit, internationale Zuständigkeit und Territorialitätsprinzip im deutschen gewerblichen Rechtsschutz, 1973; *Wirner*, Wettbewerbsrecht und internationales Privatrecht, 1960; *Zweigert/Puttfarken*, Zum Kollisionsrecht der Leistungsschutzrechte, GRUR Int 1973, 573. 154.

## I. Systematische Stellung

**154** Das *internationale Markenprivatrecht* als Teil des *Immaterialgüterkollisionsrechts* wird, soweit es um die Frage der Folgen von Markenrechtsverletzungen geht, systematisch dem *internationalen Deliktsrecht*, im übrigen dem *internationalen Sachenrecht* zugeordnet. Diese traditionelle systematische Einordnung des internationalen Markenprivatrechts erscheint nicht mehr zeitgemäß. Mit der Anerkennung eines von benachbarten Rechtsgebieten abgrenzbaren Wirtschaftsrechts muß auch das die entsprechenden Teilrechtsgebiete betreffende Kollisionsrecht in einen eigenen, ganzheitlichen, wirtschaftsrechtlichen Kontext gestellt werden. Das internationale Markenprivatrecht ist daher Bestandteil eines das internationale Wettbewerbsrecht, Kartellrecht und Immaterialgüterrecht umfassenden *internationalen Wirtschaftsprivatrechts* und ist in diesem Kontext darzustellen. Ohnehin bestehen erhebliche Unterschiede zwischen der allgemeinen kollisionsrechtlichen Behandlung des Deliktsrechts und des Immaterialgüterrechts. In demselben Maße, wie sich das Recht des unlauteren Wettbewerbs zunehmend von seinen deliktsrechtlichen Ursprüngen löst und im Sinne eines institutionellen Wettbewerbsschutzes verstanden wird, ist auch das Immaterialgüterrecht im Lichte einer effektiven Gesamtwettbewerbsordnung auszulegen. Nur auf den ersten Blick nehmen gewerbliche Schutzrechte durch die Begründung einer Monopolstellung des Schutzrechtsinhabers Einschränkungen des Wettbewerbs in dessen alleinigem Individualinteresse hin. Letzlich dient dies dem unternehmerischen Leistungsschutz (s. dazu unter Gegenüberstellung mit dem Wettbewerbsrecht *Fezer*, GRUR 1986, 485, 490 f.) und verfolgt damit im Hinblick auf den effektiven Leistungswettbewerb ähnlich institutionelle Ziele wie etwa nach moderner Auffassung das Lauterkeitsrecht. Danach ist der *Schutz der unternehmerischen Leistung* eine originäre Aufgabe des Wettbewerbsrechts im weiteren Sinne (*Fezer*, GRUR 1986, 485, 491; *Fezer*, WRP 1993, 63, 64 f.), bestehend aus Kartell-, Fusionskontroll- und Lauterkeitsrecht, wodurch das Immaterialgüterrecht in die unmittelbare Nähe des Wettbewerbsrechts rückt. Das gilt in besonderem Maße für das mit dem Recht des unlauteren Wettbewerbs aufgrund seiner Schutzintention eng verwandte Markenrecht (s. dazu *Ulmer*, Die Immaterialgüterrechte im Internationalen Privatrecht, 1975, Rn 32; zur österreichischen Rechtslage s. *Briem*, Internationales und Europäisches Wettbewerbsrecht und Kennzeichenrecht, 1995, S. 117). Dies hat Auswirkungen auf die systematische Einordnung des internationalen Markenprivatrechts in ein internationales Wirtschaftsprivatrecht.

**155** Eine Darstellung des internationalen Privatrechts des Markenrechts hat zwei Fragen zu trennen: Zum einen ist dies die Frage nach der *Anknüpfung* hinsichtlich der *Verletzung von Markenrechten*, mithin dem traditionell im Rahmen des internationalen Deliktsrechts abgehandelten Bereich. Zum anderen muß sich eine Darstellung der Frage nach der *Anknüpfung* hinsichtlich von *Bestand und Nichtbestand des Markenrechts* annehmen. Die Bedeutung dieser Unterscheidung für das eigentliche Kollisionsrecht beschränkt sich allerdings auf den systematischen Aspekt. In beiden Fällen gelten dieselben Anknüpfungsgesichtspunkte, denn notwendig stimmen *Bestands- und Schutzstatut* überein (näher Rn 167).

## II. Rechtsquellen

**156** Das deutsche Recht kennt im Gegensatz zu verschiedenen anderen Rechtsordnungen keine ausdrückliche internationalprivatrechtliche Regelung im Bereich des Immaterialgüterrechtsschutzes (s. etwa für Österreich § 34 IPRG [immaterialgüterrechtlicher Kennzeichenschutz] und § 43 IPRG [Verträge über Immaterialgüterrechte]; für die Schweiz Art. 110 Abs. 1 IPRG). Die moderne IPR-rechtliche Beurteilung der *Entstehung*, des *Inhalts* und des *Untergangs* sowie der *Verletzung* von Markenrechten wurde vorwiegend aus der Rechtsprechung des RG und des BGH entwickelt und vom Schrifttum dem *deliktsrechtlichen Kollisionsrecht* zugeordnet. Vorschläge, in den Referentenentwurf eines Gesetzes zur Ergänzung des Internationalen Privatrechts vom 1. Dezember 1993 entsprechende kollisionsrechtliche Regelungen zum Immaterialgüterrecht aufzunehmen, haben sich nicht durchgesetzt, ebenso wie schon zuvor der Versuch, im Zuge des EGBGB-Entwurfs von 1984 die Verletzung von Immaterialgüterrechten in die Kollisionsregelung zum Deliktsrecht zu integrieren (s. dazu *Schack* GRUR Int 1985, 523 ff.; dagegen Stellungnahme des Max-Planck-Instituts für ausländisches und internationales Patent-, Urheber- und Wettbewerbsrecht zum Entwurf eines Gesetzes zur Ergänzung des internationalen Privatrechts, GRUR Int 1985, 104, 107).

Das internationale Markenprivatrecht kann nicht zuletzt wegen der weltweiten Verbreitung und Verwertung von Marken nicht isoliert von *internationalen Übereinkommen* betrachtet werden. Eine kollisionsrechtliche Bewertung durch das nationale Recht muß vorgegebene Wertungen, die internationalen Verträgen zu entnehmen sind, berücksichtigen. Vorrangig sind in diesem Zusammenhang die Pariser Verbandsübereinkunft zum Schutze des gewerblichen Eigentums (PVÜ) vom 20. März 1883 (s. 3. Teil des Kommentars, III. 2.), das Protokoll zum Madrider Abkommen über die internationale Registrierung von Marken vom 27. Juni 1989 (PMMA); s. 3. Teil des Kommentars, III. 4.) und das Abkommen über handelsbezogene Aspekte der Rechte des geistigen Eigentum (TRIPS) vom 14. April 1994 (s. 3. Teil des Kommentars, III 10.) zu nennen, die Aufschluß über eine kollisionsrechtliche Beurteilung von Markenrechten geben. Auch die GMarkenV enthält Kollisionsregelungen, indem Art. 97 Abs. 2 GMarkenV subsidiär auf das nationale Recht einschließlich des internationalen Privatrecht des jeweiligen Gerichtsstaates verweist. Eine weitere kollisionsrechtliche Regelung findet sich in Art. 98 GMarkenV hinsichtlich der Sanktionen bei der Verletzung einer Gemeinschaftsmarke. **157**

## III. Anknüpfungsregeln

### 1. Territorialitätsgrundsatz

Während die kollisionsrechtliche Beurteilung im Deliktsrecht an den *Tatort der Verletzungshandlung* anknüpft (s. Soergel/*Lüderitz*, Art. 38 EGBGB, Rn 3 ff.), kann dieser Grundsatz für die Verletzung eines Markenrechts, wie für die anderen Immaterialgüterrechte nicht ohne Einschränkung gelten. Denn subjektive Immaterialgüterrechte sind von den jeweiligen Staaten verliehene Rechte; ihre Besonderheit liegt in der nationalen Begrenztheit des hoheitlichen Verleihungsaktes (zur Besonderheit beim Urheberrecht s. *Ulmer*, Die Immaterialgüterrechte im internationalen Privatrecht, 1975, Rn 14; *v. Bar*, Internationales Privatrecht, 2. Bd.: Besonderer Teil, 1991, Rn 702). Diese Wirkungsbegrenzung des staatlichen Verleihungsaktes und nicht schon die allgemeine Territorialität der Rechtsordnungen stellt die eigentliche Begründung des Territorialitätsprinzips im Bereich des Immaterialgüterrechts dar (s. schon *Deutsch*, Wettbewerbstatbestände mit Auslandsbeziehung, 1962, S. 21 ff.). **158**

Schon die Entstehung eines immateriellen Gutes ist territorial bestimmt. Dabei ist es unerheblich, ob etwa eine Marke erst dadurch die Rechtsnatur eines Ausschließlichkeitsrechtes erlangt, daß ein staatlicher Registrierungsakt erfolgt, oder ob das nationale Sachrecht hierzu die bloße Benutzung ausreichen läßt (*Pfaff*, in: Schricker/Stauder [Hrsg.], Handbuch des Ausstattungsrechts, FS für Beier, 1986, S. 1125, Rn 12). Der Wirkungsbereich nationaler Rechte an Immaterialgütern beschränkt sich auf das Gebiet desjenigen Staates, nach dessen Recht sie begründet werden (Handelsgericht Zürich, GRUR Int 1985, 411, 411). Dieser Umstand führt zunächst zur Heranziehung des *Territorialitätsprinzips* als Basis für die Herleitung einer *Anknüpfungsregel* für entsprechende Sachverhalte. Das Territorialitätsprinzip ist aufgrund der geschilderten Besonderheiten der Immaterialgüterrechte ein charakteristisches Element des internationalen Privatrechts des Immaterialgüterrechtsschutzes, wirkt zugleich aber auch in benachbarte Rechtsgebiete hinein, wie insbesondere in das internationale Zivilprozeßrecht und das Völkerrecht. Ersteres wird durch das Territorialitätsprinzip im Hinblick auf die Frage nach der *internationalen Zuständigkeit inländischer Gerichte* für die Beurteilung von *Auslandssachverhalten* berührt. Letzteres ist insoweit betroffen, als das Territorialitätsprinzip einerseits als Begrenzung einer völkerrechtlichen Pflicht zur *Achtung fremder Hoheitsakte* gesehen werden kann (s. OLG Hamm, NJW-RR 1986, 1047, 1048), andererseits aber auch selbst als Ausdruck des Respekts der nationalen Rechtsordnungen gegenüber fremder staatlicher Souveränität. **159**

**MarkenG Einl** 160–163                                                Einleitung

160  Im Bereich des Markenrechts hat sich das Territorialitätsprinzip in der deutschen Rechtsprechung erst verhältnismäßig spät durchgesetzt. In der *Hengstenberg*-Entscheidung des RG vom 20. September 1927 (RGZ 118, 76, 81 – Hengstenberg) wurde erstmals unter ausdrücklicher Berufung auf das internationale Privatrecht anerkannt, daß das Markenrecht ein *territorial begrenztes Immaterialgüterrecht* darstellt und nicht, wie dies zuvor herrschende Auffassung war (s. RGZ 18, 28 – Hoff; zum Markenrecht RGZ 51, 263, 267 – Mariani; s. dazu *Weber*, Die kollisionsrechtliche Behandlung von Wettbewerbsverletzungen mit Auslandsbezug, 1982, 24 f.), ein umfassendes, weltweit geltendes Persönlichkeitsrecht. Infolge dieser älteren von der deutschen Rechtsprechung vertretenen Auffassung konnte sich der Inhaber eines deutschen Warenzeichenrechts auch im Falle von ausländischen Eingriffshandlungen vor deutschen Gerichten auf den Schutz des deutschen Warenzeichens berufen. Das *Universalitätsprinzip* wird heute auch im Schrifttum kaum mehr vertreten (zu Tendenzen, das Universalitätsprinzip im Bereich des Urheberrechts wiederzubeleben s. *Schricker-Katzenberger*, Urheberrecht, vor §§ 120, Rn 71; *Ulmer*, in: Holl/Klinke [Hrsg.], Internationales Privatrecht, Internationales Wirtschaftsrecht, 1985, S. 257, 259 f.; s. auch *Drobnig*, RabelsZ 40 [1976], 195, 197). Vorschläge, etwa zwischen Existenz und Schutz von Immaterialgüterrechten zu unterscheiden und den Schutz solcher Rechte dem Territorialitätsprinzip zu unterstellen, im übrigen aber von der Weitergeltung des Universalitätsprinzips mit der Konsequenz einer Anknüpfung an das Heimat- oder Ursprungsrecht auszugehen (*Neuhaus*, RabelsZ 40 [1976], 191, 192 f.), haben sich nicht durchgesetzt.

161  Die Anwendung des Territorialitätsprinzips im Markenrecht ist zu einem Teil Ausdruck des Respektes der inländischen Rechtsordnung gegenüber ausländischen Hoheitsrechten. Anderseits ermöglicht sie eine Abschottung der nationalen Märkte (Einl, Rn 80). Die territoriale Beschränkung der Markenrechte mag man deshalb besonders im Lichte eines zunehmend *globalisierten Welthandels* als protektonistische Regel ansehen (s. *Neuhaus*, RabelsZ 40 [1976], 191, 193, 195; ähnlich wohl auch *Briem*, Internationales und Europäisches Wettbewerbsrecht und Kennzeichenrecht, 1995, S. 110 unter Bezugnahme auf die Hinwendung des RG zum Territorialitätsprinzip). Sie ist aber durch die großen internationalen Konventionen, sowie einen breiten internationalen Konsens weitestgehend vorgegeben. Dessenungeachtet sind im Hinblick auf die sich stetig weiterentwickelnde globale Wirtschaftsordnung internationale Harmonisierungsmaßnahmen notwendig, wie sie im innergemeinschaftlichen Rahmen mit der Einführung der Gemeinschaftsmarke begonnen wurden. Zudem erfordert die *Internationalisierung der Wirtschaft* teilweise Durchbrechungen eines streng verstandenen Territorialitätsprinzips durch eine verstärkte *Berücksichtigung exterritorialer Sachverhalte* bei territorialen Markenkollisionen (s. dazu § 14, Rn 19 a.E.).

162  Das *Territorialitätsprinzip* umschreibt zunächst eine *räumliche materielle Beschränkung der Wirkung des Schutzrechts*, das für die Marke entstanden ist (zur Frage des Bezugspunkts einer durch das Territorialitätsprinzip bewirkten, räumlichen Begrenzung *Weigel*, Gerichtsbarkeit, internationale Zuständigkeit und Territorialitätsprinzip im deutschen gewerblichen Rechtsschutz, 1973, S. 87 ff., S. 91). Insoweit stellt es *Sachrecht* dar. Infolge der räumlichen Begrenzung des Markenrechts durch die Anwendung des Territorialitätsprinzip fehlt dem Markeninhaber ein einheitliches, weltweit gültiges Markenrecht. Vielmehr besteht allenfalls ein Bündel voneinander unabhängiger nationaler Schutzrechte, weshalb insoweit auch von der *Bündeltheorie* gesprochen wird (BGHZ 18, 1, 13 – Hückel; BGHZ 22, 1, 14 – Flava-Erdgold; s. auch BGHZ 49, 331, 334 f. – Voran; EuGH GRUR Int 1994, 614, 615 Rn 24 f. – Ideal Standard). Die verschiedenen nationalen Markenrechte unterscheiden sich nach ihrem Inhalt, Umfang und ihrer Schutzdauer; ihre Entstehung, ihr Schutz und ihr Untergang sind von Staat zu Staat verschieden und diese Verschiedenheit spiegelt sich in dem Bündel, in dem sie zusammengefaßt sind, wider.

163  Daraus folgt zugleich, daß der Bestand inländischer Markenrechte gegebenenfalls unabhängig von dem Bestand demselben Markeninhaber zustehender, entsprechender ausländischer Registerrechte ist (BGHZ 41, 84, 91 – Maja). Das betrifft nicht nur die Frage der Zulässigkeit einer Markeneintragung trotz Bestehens eines identischen ausländischen Markenrechts. Vielmehr scheidet grundsätzlich auch die lauterkeitsrechtliche Beurteilung einer inländischen Markeneintragung als sittenwidrig aus. So genügt insbesondere nicht schon die bloße Kenntnis der Benutzung einer Marke im Ausland, um die Anmeldung der Marke im Inland als wettbewerbswidrig anzusehen (BGH GRUR 1969, 607, 609 – Recrin). Anderes

gilt nur dann, wenn zur Kenntnis von der Benutzung im Ausland besondere Umstände hinzutreten, die das Verhalten des Eintragenden als wettbewerbswidrig erscheinen lassen, etwa die Absicht, den Benutzer der identischen Auslandsmarke daran zu hindern, die Marke auf dem inländischen Markt zu benutzen (BGH GRUR 1969, 607, 609 – Recrin; s. auch BGH GRUR 1967, 298, 301 – Modess; 1967, 304, 305 – Siroset). Das Territorialitätsprinzip zwingt insoweit zu einer strengen Prüfung der Voraussetzungen für die Annahme einer solchen *Zweckentfremdung der Markeneintragung* als Mittel des *Behinderungswettbewerbs* (zu Fallkonstellationen sittenwidrigen Behinderungswettbewerbs s. § 50 Rn 27 ff.).

Auch die *multilateralen Konventionen zum Markenrecht* ändern an der dargestellten Ausgangslage nichts (*v. Bar*, Internationales Privatrecht, 2. Bd.: Besonderer Teil, 1991, Rn 703). Sie stellen lediglich Regeln zur Erleichterung des Erwerbs nationaler Markenrechte durch Ausländer auf; ein einheitliches übergeordnetes Markenrecht ist durch sie nicht geschaffen worden (*Katzenberger*, GRUR Int 1995, 447, 459; Einl, Rn 80). Dasselbe gilt für die im MMA vorgesehene Möglichkeit, durch eine einzige Registrierung beim internationalen Büro der WIPO in Genf in beliebig vielen Markenverbandsstaaten Schutz zu erlangen (s. dazu Art. 4 MMA, Rn 1). Auch durch eine Eintragung im internationalen Register wird lediglich ein Bündel territorial begrenzter, nationaler Markenrechte begründet (BGHZ 18, 1, 13 – Hückel; Einl, Rn 80; s. dazu Art. 4 MMA, Rn 2).

Da das jeweilige nationale Sachrecht Inhalt und sachliche Grenzen des Markenrechtsschutzes festlegt, bestimmt sich nach dem Recht des Staates, für dessen Territorium eine markenrechtliche Rechtsfolge nach Eintragung oder Benutzung in Anspruch genommen werden soll, *Entstehung, Inhalt* und *Umfang* des Markenschutzes (*Koppensteiner*, Österreichisches und europäisches Wettbewerbsrecht, 3. Aufl. 1997, § 37, Rn 1; dagegen *Briem*, Internationales und Europäisches Wettbewerbsrecht und Kennzeichenrecht, 1995, S. 111, der den Grundsatz der Territorialität für untauglich zur Entscheidung entsprechender kollisionsrechtlicher Sachverhalte hält). Diese Formulierung verhindert gegenüber der in Anlehnung an die Revidierte Berner Übereinkunft zum Schutz von Werken der Literatur und Kunst (Art. 5 Abs. 2 Satz 2; 6$^{bis}$ Abs. 2 RBÜ) verwendeten Formulierung, zuständig sei das Recht des Staates, in dem der Schutz beansprucht wird, daß als maßgebliches Recht die *lex fori* erscheint (*Ulmer*, Die Immaterialgüterrechte im internationalen Privatrecht, 1975, Rn 16; MünchKomm/*Kreuzer*, Nach Art. 38 EGBGB, Anh II, Rn 8). *Lex fori* und *lex loci protectionis* fallen nicht zwingend zusammen (*Ulmer*, Die Immaterialgüterrechte im internationalen Privatrecht, 1975, Rn 18). Das deutsche Markenrecht betrifft mithin ausschließlich Erwerb und Verlust einer deutschen Marke. Deren Geltungsbereich ist auf das Territorium der Bundesrepublik Deutschland beschränkt; eine Verletzung eines inländischen Markenrechts durch Auslandshandlungen ist nur im Grundsatz nicht möglich, der aber nur vorbehaltlich begrenzter Durchbrechungen anzuerkennen ist (strenger die hM im Sinne einer Anwendung des Territorialitätsprinzips ohne Durchbrechungsmöglichkeit), ebensowenig wie eine Verletzung eines ausländischen Markenrechts durch eine Inlandshandlung (*Beier*, GRUR Int 1968, 8, 12).

Bereits dem Territorialitätsprinzip und nicht erst dem hieraus folgenden Schutzlandprinzip eine solche Deutung beizulegen (so etwa *Koppensteiner*, Österreichisches und europäisches Wettbewerbsrecht, 3. Aufl. 1997, § 37 Rn 1), entspricht einem weitgehend *kollisionsrechtlichen* Verständnis dieses Prinzips. Demgegenüber wird der Inhalt des Territorialitäsprinzips in Bezug auf dessen sachliche Reichweite bis heute nicht einheitlich gesehen. Teilweise wird dem Territorialitätsprinzip im Gegensatz zu der eben vertretenen kollisionsrechtlichen Sichtweise ein kollisionsrechtlicher Inhalt gänzlich abgesprochen (s. etwa *Zweigert/Puttfarken*, GRUR Int 1973, 573, 574; *Pfaff*, in: Schricker/Stauder [Hrsg.], Handbuch des Ausstattungsrechts, FS für Beier, 1986, S. 1123, für den das Territorialitätsprinzip mangels eines internationalprivatrechtlichen Anknüpfungsmoments dem Sachrecht zuordnet; zu den möglichen Sichtweisen im Hinblick auf das Territorialitätsprinzip *Weigel*, Gerichtsbarkeit, internationale Zuständigkeit und Territorialitätsprinzip im deutschen gewerblichen Rechtsschutz, 1973, S. 79 ff.). Der Meinungsstreit ist indessen nur von geringer Bedeutung, denn auch von Vertretern dieser Auffassung wird eine kollisionsrechtliche Anknüpfung jedenfalls im Schutzlandprinzip gesehen und dieses als Umsetzung eines sachrechtlichen Territorialitätsprinzips in das internationale Privatrecht aufgefaßt (so *Briem*, Internationales und Europäisches Wettbewerbsrecht und Kennzeichenrecht, 1995,

S. 112; s. auch *Ulmer,* Die Immaterialgüterrechte im internationalen Privatrecht, 1975, Rn 14).

**167** Weitere notwendige Folge des Territorialitätsprinzips ist es, daß Entstehung, Bestand und Untergang des Markenrechts ausschließlich nach ein und demselben nationalen Statut denkbar sind. Einen *Statutenwechsel* gibt es *nicht* (MünchKomm/*Kreuzer,* Nach Art. 38 EGBGB, Anh II, Rn 13; Staudinger/*v. Hoffmann,* Art. 38, Rn 591). Zwingend unterfallen Schutz und Bestand des Markenrechts demselben Statut (MünchKomm/*Kreuzer,* Nach Art. 38 EGBGB, Anh II, Rn 13).

## 2. Schutzlandprinzip

**168** Maßgeblich für die Anknüpfung ist das *Recht des Schutzlandes,* sowohl für den, Bestand als auch für den Schutz des Markenrechts (Staudinger/*v. Hoffmann,* Art. 38 EGBGB, Rn 591; s. auch BGH GRUR Int 1994, 1044, 1044f. – Folgerecht bei Auslandsbezug). Denn wenn der Wirkungsbereich des nationalen Markenrechts auf das Territorium des Staates, nach dessen Recht es begründet wird, begrenzt ist, kann prinzipiell auch ein deliktisch relevanter Tatort nur im Hoheitsgebiet dieses Staates liegen (s. EuGH GRUR Int 1994, 614, 615, Rn 22 – Ideal Standard; Handelsgericht Zürich, GRUR Int 1985, 411, 411; MünchKomm/*Kreuzer,* Nach Art. 38 EGBGB, Anh II, Rn 26 m.w.Nachw.; *David,* Markenschutzgesetz, Muster- und Modellgesetz, 4. Aufl., 1994, Einl, Rn 16), weil außerhalb dessen Territorium ein deliktischer Schutz des von ihm verliehenen Rechts, und damit auch eine Rechtsgutsverletzung entfällt. Soweit verschiedentlich insbesondere durch die Rechtsprechung an den Ort der Verletzung des Immaterialgüterrechts angeknüpft wird (etwa LG Düsseldorf, GRUR Int 1968, 101, 102 – Frauenthermometer), kommt man infolgedessen zu keinem anderen Ergebnis (Staudinger/*v. Hoffmann,* Art. 38 EGBGB, Rn 593).

**169** Es ist nach herkömmlicher Auffassung zu fragen, ob gerade nach dem Recht des Staates, für den der Schutz des Markenrechts in Anspruch genommen wird, das Markenrecht besteht und Schutz genießt. Was den Bestand oder Nichtbestand des nationalen Markenrechts betrifft, so kann nur das Recht desjenigen Staates, der das Recht verliehen hat, für die entsprechende Beurteilung maßgeblich sein. *Rechtswahlvereinbarungen* der Beteiligten sind ausgeschlossen (s. aber zu Lizenzverträgen Rn 205).

**170** Die *Geltung des Territorialprinzips* und die damit verbundene *Anknüpfung an das Recht des Schutzlandes* ist für das Markenrecht weitestgehend unstreitig. Das Territorialprinzip kann im Bereich des Immaterialgüterrechtsschutzes als *international anerkanntes Prinzip* angesehen werden. Es folgt namentlich aus den einschlägigen internationalen Konventionen, für das Markenrecht vor allem aus der *PVÜ* und aus dem *TRIPS-Abkommen.* Der dort normierte Grundsatz der *Inländerbehandlung* hat nicht lediglich fremdenrechtlichen Charakter sondern impliziert zugleich die Heranziehbarkeit des Territorialprinzips (s. *Lichtenstein,* NJW 1964, 1208; zum TRIPS-Abkommen *Katzenberger,* GRUR Int 1995, 447, 460) und wirkt somit auch kollisionsrechtlich (str. aA Soergel/*Kegel,* Anh Art. 12 EGBGB, Rn 26 m.w. Nachw.). Nach diesem Grundsatz, der sich in der PVÜ in Art. 2 PVÜ und im TRIPS-Abkommen in Art. 3 TRIPS-Abkommen findet, dürfen Ausländer weder beim Erwerb noch bei Ausübung sowie hinsichtlich des Schutzes einer inländischen Marke schlechter gestellt werden als Inländer. Das ist allerdings zunächst eine *fremdenrechtliche* Aussage. Der daneben bestehende kollisionsrechtliche Gehalt der Regel wird deutlich, wenn man bedenkt, daß mit der Integrierung des Inländerbehandlungsgrundsatzes in die das Markenrecht betreffenden Konventionen zugleich ausgesagt ist, daß es bei den unterschiedlichen nationalen Markenrechten bleibt und jeder Staat selbst die sachlichen Voraussetzungen für ein absolut wirkendes Immaterialgüterrecht, seinen Inhalt und seinen Schutz festlegt (*v. Bar,* Internationales Privatrecht, 2. Bd.: Besonderer Teil, 1991, Rn 704). Unter diesen national festgelegten Voraussetzungen ist eine Gleichstellung der Ausländer mit den Inländern im jeweiligen nationalen Territorium gewährleistet. Damit verweist der Inländerbehandlungsgrundsatz zugleich auf das Prinzip der Maßgeblichkeit des Rechts des Schutzlandes. Der auch kollisionsrechtliche Charakter des Inländerbehandlungsgrundsatzes ist nicht unumstritten (aA etwa *Vischer,* GRUR Int 1987, 670, 676), jedoch überwiegend anerkannt (s. etwa *Troller,* Das internationale Privat- und Zivilprozeßrecht im gewerblichen Rechtsschutz und Urheberrecht, 1952,

S. 20; *Ulmer*, in: Holl/Klinke [Hrsg.], Internationales Privatrecht, Internationales Wirtschaftsrecht, 1985, S. 257, 258). Nach einer Mindermeinung soll der Grundsatz ausschließlich fremdenrechtlich aufzufassen sein (*Neuhaus*, RabelsZ 40 [1976], 191, 193; *Wirner*, Wettbewerbsrecht und internationales Privatrecht, 1960, S. 39 f.). Praktische Bedeutung hat der Streit jedenfalls dann nicht, wenn man grundsätzlich anerkennt, daß Immaterialgüterrechte territorial begrenzt sind (*Pfaff*, in: Schricker/Stauder [Hrsg.], Handbuch des Ausstattungsrechts, FS für Beier, 1986, S. 1226, Rn 21).

Die *Existenz völkerrechtlicher Kollisionsnormen* bewirkt, daß die Mitgliedstaaten der entsprechenden Konventionen das Markenkollisionsrecht gegenüber den anderen Vertragsstaaten nicht frei gestalten können, weil die territoriale Begrenzung der Immaterialgüterrechte insoweit Schranken begründet. Das Territorialitätsprinzip und die mit ihm verbundene Verweisung auf das Recht des Schutzlandes hat zur Folge, daß eine grundsätzlich mögliche extraterritoriale Wirkung einer Sachnorm bei entsprechender Verweisung durch eine Kollisionsnorm durch die einseitige Beschränkung des Wirkungsbereichs der Sachnorm oder der Kollisionsnorm auf innerstaatliche Vorgänge aufgehoben wird (*Deutsch*, in: Die Warenzeichenlizenz, 1966, S. 463, 471; *Ulmer*, Die Immaterialgüterrechte im internationalen Privatrecht, 1975, Rn 17; *Weber*, Die kollisionsrechtliche Behandlung von Wettbewerbsverletzungen mit Auslandsbezug, 1982, S. 33). 171

Die internationale Anerkennung von Territorialitätsprinzip und Schutzlandprinzip kann nicht überraschen angesichts der auch in Zeiten verstärkter *Globalisierung des Welthandels* bestehenden Tendenz im Handeln der Staaten, sich gegen Einwirkungen ausländischer Rechtsordnungen in die eigene Rechtsordnung abzuschotten. Die Anknüpfung an das Schutzland ist in verschiedenen ausländischen Rechtsordnungen kodifiziert. Im österreichischen IPRG findet sich in § 34 eine besondere Anknüpfung auf der Grundlage des Territorialitätsprinzips (näher *Koppensteiner*, Österreichisches und europäisches Wettbewerbsrecht, 3. Aufl. 1997, § 37, Rn 1). Eine entsprechende Anknüpfung enthält Art. 110 Abs. 1 schweizerisches IPRG (s. *David*, Markenschutzgesetz, Muster- und Modellgesetz, 4. Aufl. 1994; Einl, Rn 23); Art. 54 italienisches IPRG verweist im Immaterialgüterschutz auf das Recht des Benutzungsstaates, was der *lex loci protectionis* entspricht (*Kindler*, RabelsZ 61 [1997], 227, 276 f. m.w. Nachw.). 172

### 3. Auswirkungsprinzip

Das im Kartellrecht in § 98 Abs. 2 GWB normierte *Auswirkungsprinzip*, wonach kollisionsrechtlich eine Anknüpfung an das *Recht des Marktes* stattfindet, auf dem sich ein Verstoß auswirkt, kann als Kollisionsnorm für den gesamten Bereich des Wettbewerbsrechts fruchtbar gemacht werden (dazu näher Rn 189). Das gilt nicht nur für das Lauterkeitsrecht (s. schon *Wengler*, RabelsZ 19 [1954], 401, 417), sondern wegen der konzeptionellen Verbundenheit von Kartellrecht, Lauterkeitsrecht und Immaterialgüterrechtsschutz auch für das Kollisionsrecht des Immaterialgüterrechtsschutzes. In der herrschenden Lehre und Rechtsprechung wird das Auswirkungsprinzip im Immaterialgüterrecht, soweit ersichtlich, noch nicht angewandt. 173

### 4. Recht des Schutzlandes

Zum Recht des Schutzlandes gehören nicht nur die einschlägigen innerstaatlichen Sachnormen, sondern auch die für den jeweiligen Staat verbindlichen und in dem betreffenden Staat unmittelbar vorrangig vor den innerstaatlichen Rechtsnormen anzuwendenden, internationalen Verträge, insbesondere die PVÜ (*Ulmer*, Die Immaterialgüterrechte im internationalen Privatrecht, 1975, Rn 19; MünchKomm/*Kreuzer*, Nach Art. 38 EGBGB, Anh II, Rn 9). Es ist stets auf denjenigen Regelungskomplex zurückzugreifen, auf den der Schutzanspruch im konkreten Fall gestützt wird (MünchKomm/*Kreuzer*, Nach Art. 38 EGBGB, Anh II, Rn 9). Kann etwa der markenrechtliche Schutz einerseits auf den nationalen Sachnormen, andererseits auf der GMarkenV beruhen, so ist, wenn sich der Schutzrechtsinhaber auf die Gemeinschaftsmarke beruft, diese als Recht des Schutzlandes anzusehen. Entsprechendes gilt für die PVÜ und das MMA. 174

**MarkenG Einl** 175–180                                                                                       Einleitung

## 5. Einzelheiten der Verweisung auf das Markenrecht des Schutzlandes

**175**   a) **Allgemeines.** Die internationalen Konventionen setzen zwar das Territorialitätsprinzip mit der Folge der Heranziehbarkeit des Rechts des Schutzlandes voraus und haben damit auch kollisionsrechtlichen Charakter; die in dem Grundsatz der Inländerbehandlung enthaltene Kollisionsregel ist allerdings nicht vollkommen (*Ulmer*, Die Immaterialgüterrechte im internationalen Privatrecht, 1975, Rn 16). Denn die genaue *Reichweite* der Anwendung des Territorialitätsprinzips kann der völkerrechtlichen Kollisionsnorm nicht entnommen werden.

**176**   b) **Entstehen und Erlöschen des Markenschutzes.** Das Recht des Schutzstaates entscheidet über die Voraussetzungen der Entstehung des Schutzes für nationale Marken (BGHZ 18, 1, 13 – Hückel; 41, 84, 85, 88 – Maja; OLG Stuttgart, NJW-RR 1988, 490, 491), gemäß Art. 6 Abs. 1 PVÜ auch soweit hierauf die PVÜ anwendbar ist (MünchKomm/*Kreuzer*, Nach Art. 38 EGBGB, Anh II, Rn 57). Dies betrifft zum einen die Notwendigkeit der Registereintragung für das Entstehen des Markenschutzes (Registermarke nach § 4 Nr. 1), zum anderen die Entbehrlichkeit der Eintragung unter besonderen Voraussetzungen, etwa bei der Entstehung eines Markenrechts durch Benutzung und dem Erwerb von Verkehrgeltung als Marke (Benutzungsmarke nach § 4 Nr. 2) oder durch den Erwerb von Notorietät (Notorietätsmarke nach § 4 Nr. 3), auch die Entstehung einer geschäftlichen Bezeichnung durch bloße Inbenutzungsnahme. Ebenfalls nach dem Recht des Schutzlandes bestimmt sich, ob ein Formalakt, der zum Erwerb eines markenrechtlichen Schutzes führen soll, bei etwaigen Eingriffen in ein älteres Markenrecht von vornherein ungültig bzw zu versagen ist, oder ob zunächst ein markenrechtlicher Schutz entsteht, der auf Antrag durch Eintragungslöschung oder Nichtigkeitserklärung zu beseitigen ist (*Ulmer*, Die Immaterialgüterrechte im internationalen Privatrecht, 1975, Rn 111). Das Schutzlandrecht gilt gleichermaßen für das Entstehen und das Erlöschen des Markenrechts (MünchKomm/*Kreuzer*, Nach Art. 38 EGBGB, Anh II, Rn 60).

**177**   Für *telle-quelle-Marken* ist im Ergebnis die Vorschriftsmäßigkeit der Markeneintragung im Ursprungsland im Sinne des Art. 6$^{\text{quinquies}}$ A Abs. 2 PVÜ nach dem dortigen Sachrecht maßgeblich. Dies betrifft insbesondere die *Form* des Zeichens (Art. 6$^{\text{quinquies}}$ PVÜ, Rn 4). Das bedeutet allerdings keine Durchbrechung des Schutzlandprinzips, da die Vorschriften der PVÜ ihrerseits zum Schutzlandrecht gehören (s. MünchKomm/*Kreuzer*, Nach Art. 38 EGBGB, Anh II, Rn 57). Die Auslegung der Zurückweisungsgründe des Art. 6$^{\text{quinquies}}$ B PVÜ richtet sich nach dem Schutzlandrecht, ebenso das Erlöschen der *telle-quelle*-Marke. Entfällt im Ursprungsland der Schutz des Zeichens, so stellt dies nach Art. 6$^{\text{quinquies}}$ D PVÜ einen Erlöschensgrund dar. Die Frage, ob der Ursprungslandschutz weggefallen ist, bestimmt sich nach dem dortigen Sachrecht.

**178**   c) **Inhalt und Schutz des Markenrechts.** Nach dem Recht des Schutzlandes sind die Wirkungen des Markenrechts zu beurteilen. Das betrifft zunächst allgemein den Inhalt des Markenrechts. Nach der *lex loci protectionis* bestimmt sich auch der Schutz des der Marke, einschließlich einer *telle-quelle*-Marke, insbesondere bereits die Frage des Vorliegens einer Benutzungshandlung oder einer Verletzungshandlung, sowie sämtliche mit der Verletzung verbundenen Sanktionen (*Koppensteiner*, Österreichisches und europäisches Wettbewerbsrecht, 3. Aufl. 1997, § 37, Rn 3).

**179**   d) **Auslandsaktivitäten als inländische Markenrechtsverletzung.** Das Recht des Schutzstaates entscheidet grundsätzlich über die Reichweite des von ihm gewährleisteten Schutzes, somit auch über die Frage, inwieweit eine (teilweise) *im Ausland begangene Handlung* eine *inländische Markenrechtsverletzung* darstellt (zur Frage der *Grenzen dieser Schutzreichweitenbestimmung* durch das Territorialitätsprinzip s. Rn 193). Die inländischen Gerichte sind bei der Prüfung von Verletzungen ausländischer Markenrechte an die hierfür geltende materielle *Schutzreichweitenbestimmung* gebunden (s. *Vischer*, GRUR Int 1987, 670, 678); ein einheitlicher Begriff des *Eingriffsortes* existiert nicht (*Sandrock*, GRUR Int 1985, 507, 514).

**180**   Von der Frage nach der für die Beurteilung des *Vorliegens einer Verletzungshandlung* maßgeblichen Rechtsordnung ist das Problem der *Berücksichtigung exterritorialer Sachverhalte*, etwa für territoriale Markenbeeinträchtigungen, zu unterscheiden. Eine eigentliche *kollisionsrechtliche* Fragestellung ist damit allerdings nur verbunden, falls im Ausland begangene Verletzungshandlungen Sanktionen nach inländischem Markenrecht nach sich ziehen können, weil es dann um die Frage geht, welches Recht auf einen konkreten Sachverhalt anwendbar ist (§ 3 Abs. 1 Satz 1 EGBGB). Geht es dagegen um die *Vorfragenbeurteilung* ausländischer Sachverhalte oder allgemein um die *Berücksichtigung ausländischer Sachverhalte* im Rahmen der Prüfung einer *inländischen Markenverletzung*, liegt strenggenommen kein kollisionsrechtliches Problem vor. Das Problem hängt aber insoweit eng mit der Frage des Markenstatuts zusammen, als eine zu weite Auslegung des Begriffs der inländischen Markenrechtsverletzung im Ergebnis zu einer Anwendbarkeit inländischen Markenrechts auf ausländische Sachverhalte führen kann. Grundsätzlich hindert das *Territorialitätsprinzip* nationale Gerichte nicht, auch ausländische Sachverhalte bei der Beurteilung eines inländischen Markenrechts zu berücksichtigen, solange der Gesamtsachverhalt seinen *inländischen Bezug* behält und solange nicht ein *Eingriff in den zu beachtenden Hoheitsbereich eines ausländischen Staates* vorliegt.

Dabei geht es etwa um die Frage, ob ein *rechtmäßiges Inverkehrbringen von Markenware im Ausland* einem rechtmäßigen inländischen Inverkehrbringen gleichzustellen ist und sich der Inhaber der inländischen Marke wegen Eintritts der Erschöpfung des Markenrechts nicht auf eine Verletzung seiner inländischen Rechtsposition berufen kann, wenn die im Ausland mit der Marke versehene und in Verkehr gebrachte Originalware in das Inland verbracht wird (*internationale Erschöpfung*; s. zur *EU-weiten* und *EWR-weiten territorialen Erschöpfung* § 24 MarkenG). In diesem Sinne entschied der BGH in der *Maja*-Entscheidung, in der ausdrücklich festgestellt wird, diesem Ergebnis stehe das *Territorialitätsprinzip* nicht entgegen, weil dieses nicht die Bewertung von im Ausland stattfindenden Maßnahmen als inländische Erschöpfungshandlungen verbiete (BGHZ 41, 84, 91 – Maja). 181

Darüberhinaus geht die hM auf dem Boden eines streng verstandenen Territorialitätsprinzip von einer äußerst begrenzten Berücksichtigungsfähigkeit ausländischer Sachverhalte im Zusammenhang mit inländischen Markenrechtsverletzungen aus, um eine *faktisch exterritoriale Wirkung des inländischen Schutzrechts* zu vermeiden. Allenfalls als *Vorfrage* können danach ausländische Sachverhalte bei der Prüfung inländischer Markenrechte Berücksichtigung finden; die Verletzung inländischer Markenrechte durch eine Begehung im Ausland soll grundsätzlich ausgeschlossen sein. 182

Trotz prinzipieller Anerkennung der Maßgeblichkeit des *Territorialitätsprinzips* im Markenrecht sind demgegenüber allgemein exterritoriale Sachverhalte unter engen Voraussetzungen *auch außerhalb einer bloßen Vorfragenberücksichtigung* bei der Prüfung einer inländischen Markenrechtsverletzung zu berücksichtigen. Das gilt nicht nur für die Prüfung solcher Sachverhalte, die, wie in der *Maja*-Entscheidung (BGHZ 41, 84, 91 – Maja), einen Anspruch des Rechtsinhabers aufgrund des inländischen Markenrechts *ausschließen*, sondern auch für Sachverhalte, die einen Anspruch *begründen* könnten. 183

Es sind *zwei Konstellationen* zu unterscheiden: Zum einen ist es denkbar, eine inländische Markenrechtsverletzung infolge einer Handlung anzunehmen, deren Begehungsort im deliktsrechtlichen Sinne im Inland liegt, wobei die Verletzungshandlung teilweise im Ausland vorgenommen wird. Da die Bestimmung des deliktsrechtlichen Begriffes des *Begehungsortes* bzw allgemein die Bestimmung der Tatbestandsvoraussetzungen einer Immaterialgüterrechtsverletzung prinzipiell beim Schutzland liegt (s. auch MünchKomm/*Kreuzer*, Nach Art 38 EGBGB, Anh II, Rn 26), ist es möglich, daß eine ausufernde Auslegung der inländischen Schutznormen im Ergebnis zu einer *Kollision mit dem international anerkannten Territorialitätsprinzip* führt. Dem Schutzstaat sind deshalb Grenzen gesetzt, die dann überschritten sind, wenn kein im Sinne des Territorialitätsgedankens *hinreichender Inlandsbezug* mehr vorliegt (ähnlich *Ulmer*, Die Immaterialgüterrechte im internationalen Privatrecht, 1975, Rn 25). Im übrigen sind exterritoriale Sachverhalte bei der Prüfung einer inländischen Verletzungshandlung berücksichtigungsfähig. 184

Zum anderen ist zu fragen, ob eine *inländische* Markenrechtsverletzung auch durch eine nach deliktsrechtlichem Verständnis ausländische Verletzungshandlung begangen werden kann. Bei dieser Fallkonstellation werden die Grenzen einer Annahme des Vorliegens eines *inländischen Begehungsortes im deliktsrechtlichen Sinn* überschritten weil ein insoweit hinreichender Inlandsbezug der Verletzungshandlung jedenfalls nach herkömmlichen deliktsrechtlichen Verständnis fehlt. Bislang folgert die herrschende Meinung in Rechtsprechung und 185

Schrifttum aus dem *Territorialitätsprinzip* und dem *Schutzlandprinzip*, daß eine Markenrechtsverletzung durch eine im Ausland erfolgende Verletzungshandlung nach inländischem Recht stets ausgeschlossen ist. Dem liegt die Vorstellung zugrunde, daß das rechtserhebliche Territorium einer Markenrechtsverletzung notwendig identisch mit dem Territorium des Geltungsbereichs einer Marke ist.

186  Diese Auffassung führt indes zu einer erheblichen *Verkürzung des innerstaatlichen Rechtsschutzes einer inländischen Marke*, etwa in Fällen internationaler Rufausbeutung und Rufbeeinträchtigung mit der Folge einer Beeinträchtigung der überragenden Kennzeichnungskraft und Wertschätzung einer Weltmarke (ähnlich auf die Wirksamkeit des Schutzes des Zeicheninhabers abstellend, freilich wegen der rein nationalen Sichtweise und des der Entscheidung zugrundeliegenden Universalitätsprinzips überholt, RGZ 18, 28 – Hoff). Wenn man in solchen Fällen das Vorliegen einer für das deutsche Markenrecht rechtserheblichen Verletzungshandlung deswegen ablehnt, weil es sich um Benutzungshandlungen außerhalb der territorialen Geltung des deutschen Markenrechts handelt, dann vernachlässigt das innerstaatliche Recht gerade den infolge der *Internationalisierung der Wirtschaft* wachsenden Bereich der Kennzeichen mit Weltgeltung. Das deutsche Markenrecht sollte globale Marken insoweit seinem Schutz unterstellen, indem bestimmte ausländische Markenrechtsverletzungen mit Inlandsbezug als rechtserheblich berücksichtigt werden.

187  Eine solche *Heranziehung ausländischer Sachverhalte* bei der Beurteilung von Markenverletzungen *nach deutschem Recht* steht im Einklang mit einem *weltmarktkompatibel verstandenen Schutzlandprinzip*. Die Überwindung starrer nationaler Begrenzungen des räumlich relevanten Marktes zugunsten einer *weltmarktorientierten Marktabgrenzung* erfordert es zugleich, das Territorialitätsprinzip im Sinne einer warenverkehrsfreundlichen Sichtweise anzuwenden. In Fällen internationaler Markenausbeutung und Markenverwässerung von globalen Marken findet durch den Umstand, daß exterritoriale Sachverhalte bei der Beurteilung einer inländischen Verletzungshandlung herangezogen werden, auch soweit ein inländischer Begehungsort im deliktsrechtlichen Sinne nach herkömmlicher Auffassung abzulehnen ist, eine entsprechende *sachrechtliche Bestimmung der räumlichen Elemente des Verletzungstatbestandes* statt. Auch nach dieser Auffassung bleibt es bei dem Grundsatz, daß der *Schutzbereich der Marke territorial begrenzt* ist. Durch das Recht des Schutzlandes werden jedoch die maßgeblichen Aspekte und Kriterien für den Tatbestand einer *inländischen Markenrechtsverletzung* bestimmt (*Eingriffslokalisierung*; s. auch *Martiny*, RabelsZ 40 [1976], 218, 226; *Sandrock*, GRUR Int 1985, 507, 514). Das Schutzlandrecht bestimmt damit, wann es einen hinreichenden Bezug zu sich anerkennt, um im konkreten Fall Anwendung zu finden (ähnlich *Vischer*, GRUR Int 1987, 670, 678, der in der Formulierung der Schutzlandanknüpfung nach Art. 110 Abs. 1 schweizerisches IPRG einen Ansatz erblickt, wonach das schweizerische Recht die Entscheidung des vom Kläger angerufenen Rechts hinsichtlich der jeweiligen Reichweite des Immaterialgüterrechtsschutzes in den Grenzen des *ordre public* übernimmt).

188  Eine *Durchbrechung* eines im strengen Sinne verstandenen *Territorialitätsprinzips* ist damit insoweit verbunden, als eine inländische Marke grundsätzlich durch eine auf ausländischem Territorium erfolgende Aktivität verletzt werden kann, auch soweit der Begehungsort im herkömmlichen deliktsrechtlichen Sinne nicht im Inland lokalisiert werden kann.

189  Da somit im Ergebnis *Inlandsmarktwirkungen von Auslandswettbewerb* bei der kollisionsrechtlichen Prüfung einer Markenrechtsverletzung zu berücksichtigen sein können, erfolgt in den entsprechenden Fällen gleichsam eine Annäherung an das im Kartellrecht anerkannte und im Recht des unlauteren Wettbewerbs diskutierte *Auswirkungsprinzip*. Danach ist für die Bestimmung des jeweiligen Statuts maßgeblich, auf welchem Markt sich eine Wettbewerbshandlung auswirkt. Für die Annahme einer inländischen Markenverletzung unter Berücksichtigung exterritorialer Sachverhalte muß geprüft werden, ob ein *hinreichender Bezug zum Schutzland* gegeben ist. Dieser Bezug liegt bei internationaler Rufschädung einer inländischen Marke mit Weltgeltung in der *Auswirkung, die eine im Ausland vollzogene Handlung auf den Markt des Schutzlandes hat*. Hinsichtlich der Tatsache eines Vorliegens einer entsprechenden Inlandsauswirkung ist der Verletzte darlegungs- und beweispflichtig. Wird eine Inlandsauswirkung nicht behauptet und gegebenenfalls bewiesen, so ist der entsprechende exterritoriale Sachverhalt nicht berücksichtigungsfähig, so daß unter diesem Gesichtspunkt die Bejahung einer Markenrechtsverletzung im Sinne des Schutzlandrechts entfällt. Die kollisionsrechtliche Anknüpfung erfolgt mithin weiterhin nach dem *Schutzlandprinzip* und nicht nach

dem internationalprivatrechtlichen Auswirkungsprinzip; lediglich das nach dem Sachrecht des Schutzlandes zu bestimmende Vorliegen einer Kennzeichenverletzung beurteilt sich nach bestehenden Inlandsmarktwirkungen.

Die damit verbundene *Durchbrechung des Territorialitätsprinzips* rechtfertigt sich aus mehreren Gesichtspunkten. Die wachsende *Globalisierung des Weltwettbewerbs* zwingt zu einer Fortschreibung des internationalen Privatrechts im Immaterialgüterrecht, namentlich im Markenrecht. Die Entwicklung moderner weltweiter Medien, im besonderen des Internets, hat die Rechtsentwicklung zudem gerade auch im Bereich des gewerblichen Rechtsschutzes bereits überholt. Es ist ein wirksamer Schutz von Immaterialgüterrechten, namentlich der Marke aufgrund der *technisch nicht möglichen nationalen Begrenzbarkeit von Internetinformationen* auf der Basis eines streng verstandenen Territorialitätsprinzip bereits kaum noch möglich (s. § 3, Rn 329 ff.). Das Territorialitätsprinzip findet seine dogmatische Begründung vorwiegend in dem faktisch hoheitlichen Charakter der Schutzrechtsverleihung, deren Wirkung grundsätzlich auf den Souveränitätsbereich des jeweiligen Staates begrenzt ist. Daneben spielen traditionell völkerrechtliche Rücksichtnahmeaspekte ein gewisse Rolle; diese sind in einer zunehmend globalisierten Weltordnung indes weitgehend zurückgedrängt. Das inländische Recht kann daher weder ausweitend noch einschränkend über die Reichweite eines ausländischen Schutzrechts bestimmen; es kann aber in bestimmten Grenzen seinen *eigenen Schutzumfang definieren*. Soweit im Rahmen dieser Schutzdefinition auch Handlungen oder Handlungsteile erfaßt werden, die tatsächlich im Ausland stattfinden, stellt dies infolge eines damit möglicherweise verbundenen *Eingriffs in die ausländische Regelungssouveränität* allenfalls ein *völkerrechtliches Problem* dar, nicht aber ein Problem der aus der Souveränität des schutzgewährenden Staates entspringenden Rechtsmacht. Die gewandelten Rahmenbedingungen auf dem Weltmarkt bringen gewisse Einschränkungen traditioneller völkerrechtlicher Rücksichtnahmegebote indes zwangsläufig mit sich und sind in der modernen Weltmarktordnung nach Schaffung der WTO angelegt.

Ein weiteres Argument ergibt sich aus der *Sicht der Marke als eines vom Unternehmen losgelösten Vermögenswertes*. Markenschutz dient dem *Schutz der unternehmerischen Leistung*, namentlich der *unternehmerischen Investition in die Marke* und kann im Ergebnis auch über das Recht des unlauteren Wettbewerbs errreicht werden. Der Markenschutz entfernt sich damit gleichsam von dem traditionellen Schutz der bloßen Registermarke und nähert sich dem Wettbewerbsschutz im übrigen, insbesondere dem Lauterkeitsrecht an. Damit steht der rechtsbegründende Hoheitsakt zugleich nicht länger im Vordergrund der Betrachtung des Immaterialgüterrechts, auch wenn aus der Notwendigkeit einer hoheitlichen Verleihung des Rechts beim Immaterialgüterrechtsschutz gegenüber reinen lauterkeitsrechtlichen Verletzungen eine modifizierte Sichtweise im Hinblick auf die begrenzte Hoheitsgewalt des verleihenden Staates sowie den Respekt vor fremder Souveränität erforderlich sind. Verletzungen nationalen Lauterkeitsrechts durch Auslandsaktivitäten sind aber prinzipiell möglich.

Die Annäherung des Immaterialgüterrechtsschutzes an das Lauterkeitsrecht muß im Kontext mit dessen Entwicklung zum *Marktordnungsrecht* gesehen werden. Kartellrecht, Lauterkeitsrecht und Immaterialgüterrechtsschutz bilden einen *gemeinsamen Komplex eines marktordnenden Wirtschaftsrechtssystems*, dessen *Schutzziele untereinander weithin kompatibel auszugestalten* sind. Dies gilt, allerdings unter Berücksichtigung der Besonderheiten der einzelnen Teilgebiete, auch für die *Entwicklung der kollisionsrechtlichen Anknüpfungskriterien*. Die kollisionsrechtliche Beurteilung entsprechender internationaler Sachverhalte muß sich damit auch im Immaterialgüterrechtsschutz nach *marktordnungsrechtlichen Kriterien* richten. Damit ist zugleich eine *Abwendung von der traditionellen deliktsrechtlichen Sichtweise* verbunden, so daß es nicht darauf ankommen kann, ob ein Begehungsort in diesem Sinne im Inland liegt. Vielmehr ist allein der *hinreichende Inlandsbezug* maßgeblich, der aus der Funktion des Schutzrechts heraus *wettbewerbsspezifisch zu bestimmen* ist.

Die grundsätzlich nicht bestrittene *Territorialität der Marke* hat in den genannten Fällen allerdings zur Folge, daß eine inländische Verletzungslokalisierung allenfalls erfolgen kann, soweit die einseitige sachrechtliche Anwendbarkeitsbestimmung durch das Inlandsrecht nicht *Souveränitätsansprüche fremder Staaten über ein hinzunehmendes Maß hinaus beeinträchtigt* (s. schon Rn 159). Diese sind zwar im Bereich eines der Marktglobalisierung anzupassenden internationalen Wirtschaftsrecht in ihrer Bedeutung zurückgedrängt; eine prinzipielle exterritoriale Wirkung des nationalen Markenrechts gilt es jedoch nach wie vor zu vermeiden. Es muß daher eine *hinreichende Intensität des Inlandsbezuges* vorliegen. Mithin können nicht schon jegliche auch nur gering spürbare Auswirkungen auf den inländischen Wettbewerb ausreichen, um über die Bejahung eines Inlandbezuges eine inländische Markenrechtsverletzung zu begründen. Soweit allerdings diese Minimalgrenze überschritten ist, ist eine Anwendbarkeit des inländischen Rechts nicht zu beanstanden und auch mit internationalen Rechtsprinzipen zu vereinbaren. Dabei ist zu berücksichtigen, daß international eine Verpflichtung zu einem *an den Erfordernissen einer globalisierten Marktordnung ausgerichteten effektiven Schutzes des Leistungswettbewerbs* besteht. Gravierende Schutzlücken, die sich aus der fehlenden Vereinheitlichung des Immaterialgüterrechtsschutzes ergeben, müssen in diesem Rahmen ausgeglichen werden können.

**194** In diesem Zusammenhang kann wegen der konzeptionellen Nähe des immaterialgüterrechtlichen Markenschutzes zum Schutz des Leistungswettbewerbs mittels des Lauterkeitsrechts auf die Wertungen der hierzu vom BGH in der *Stahlexport*-Entscheidung entwickelten Rechtsprechung zurückgegriffen werden (BGHZ 40, 391 – Stahlexport). Danach genügt es für die Anwendung deutschen Lauterkeitsrechts nicht, daß Auslandswettbewerb deutscher Wettbewerber vorliegt. Vielmehr ist grundsätzlich *der Ort der wettbewerblichen Interessenkollision* maßgeblich. Dies ist der Ort, an dem die wettbewerblichen Interessen der Konkurrenten aufeinandertreffen. Bei Wettbewerbsverletzungen im Ausland, ist dies regelmäßig der ausländische Markt. Deutsches Wettbewerbsrecht ist als Ausnahme von diesem Grundsatz auch bei Wettbewerbshandlungen auf einem ausländischen Markt anwendbar, soweit sich im Auslandswettbewerb inländischer Unternehmen eine Wettbewerbshandlung *gezielt gegen einen inländischen Mitwettbewerber* richtet oder soweit auf dem betreffenden Auslandsmarkt *ausschließlich inländische Wettbewerber tätig* sind. Ähnliche Ansätze, den Eingriffsort bei Auslandshandlungen durch eine wettbewerbsspezifisch wertende Betrachtung zu bestimmen, finden sich auch im Bereich des Immaterialgüterrechtsschutzes (s. *Wirner*, Gewerblicher Rechtsschutz und Urheberrecht im zwischenstaatlichen Bereich, S. 108 ff.). Die Rechtsprechung hat hier allerdings einen besonderen *Begehungsortbegriff* wie im Recht des unlauteren Wettbewerbs nicht ausdrücklich entwickelt.

**195** Eine *direkte Übertragung der Interessenkollisionslehre* des BGH auf das Markenkollisionsrecht kommt zwar *nicht in Betracht*, zumal der BGH insoweit von einem vorrangig deliktsrechtlich geprägten Wettbewerbsschutz ausgeht und den Marktordnungscharakter des Lauterkeitsrechts konzeptionell vernachlässigt. Doch können die in der *Stahlexport*-Entscheidung (BGHZ 40, 391 – Stahlexport) entwickelten Fallgruppen zumindest eingeschränkt auch im Markenkollisionsrecht herangezogen werden. Jedenfalls bei einem *gezielten Angriff auf eine inländische Marke durch inländische Wettbewerber auf Auslandsmärkten* ist regelmäßig ein hinreichender Inlandsbezug gegeben, soweit sich der Angriff wesentlich auf die Wettbewerbsposition des Markenrechtsinhabers auf dem Inlandsmarkt auswirkt.

**196** Eine *Finalität des Angriffs* auf einen Wettbewerber kann zwar nicht ausschlaggebendes Moment bei der kollisionsrechtlichen Bewertung sein, weil die *gebotene objektiv marktordnungsrechtliche Sichtweise* subjektive Elemente ausschließt. Allerdings kann das Vorliegen eines gezielten Angriffs auf einen bestimmten Mitbewerber ein *Indiz für eine Inlandsauswirkung* darstellen. Die Frage, ob darüberhinaus auch entsprechende Verletzungshandlungen ausländischer Konkurrenten auf dem Auslandsmarkt ausreichen können, wird man im Hinblick auf den Umstand bejahen müssen, daß es für die Wettbewerbsauswirkung nicht von Bedeutung ist, ob eine Verletzungshandlung von einem inländischen oder von einem ausländischen Konkurrenten begangen wird. Damit sind entgegen der herrschenden Auffassung Verletzungen inländischer Markenrechte durch Aktivitäten, die außerhalb des Geltungsbereichs des MarkenG begangen werden, nicht grundsätzlich ausgeschlossen.

**197** Gestaltungen, in denen *auf einem Auslandsmarkt ausschließlich inländische Wettbewerber agieren*, werden hingegen nur noch selten vorkommen. Es bleibt unabhängig davon zweifelhaft, ob allein der Umstand, daß ausschließlich inländische Konkurrenten vorhanden sind, ohne weiteres dazu führen kann, daß die auf dem ausländischen Markt vorgenommene Verletzungshandlung als inländische Markenrechtsverletzung qualifiziert werden kann. Denn die Fallgruppe wird vom BGH als Ausnahme von dem wettbewerbsspezifischen Anknüpfungsprinzip der Interessenkollisionslösung formuliert. Sie kann bei Zugrundelegung einer marktordnungsorientierten Auslegung des Auswirkungsprinzips im Rahmen des Territorialitätsgrundsatzes daher keine Rolle spielen. Ohnehin werden Markenrechtsverletzungen fast ausschließlich unter die Fallgruppe eines *gezielten Angriffs* auf einen Wettbewerber fallen und nach den dort genannten Kriterien zu behandeln sein.

**e) Einseitigkeit der Kollisionsnorm.** Das Schutzlandprinzip stellt notwendig einen einseitigen Kollisionsansatz dar, falls das Kollisionsrecht des Staates, auf dessen Zeichenschutz sich der Kläger beruft, über die Anwendbarkeit *seines eigenen Sachrechts* bestimmt, weil dieses Recht nur darüber entscheidet, ob das *zu ihm gehörige* Markenrecht anwendbar ist oder nicht (s. auch *Vischer*, GRUR Int 1987, 670, 678 zu Art. 110 Abs. 1 schweiz. IPRG). Das ist nicht zu verwechseln mit der Prüfung des jeweils anwendbaren Rechts durch den nationalen Richter bei der Rüge ausländischer Markenverletzungen vor inländischen Gerichten (s. Rn 222). Hierbei handelt es sich nach dieser Auffassung um die Anwendung einer jeweils *ausländischen* Kollisionsregel durch das inländische Gericht. Auch soweit man das Auswirkungsprinzip zur Bestimmung eines hinreichenden Inlandsbezugs einer Markenrechtsverletzung in die kollisionsrechtliche Prüfung einbezieht und selbst als allseitige Kollisionsregel ansieht (anders aber die hM zu § 98 Abs 2 Satz 1 GWB), würde sich an dieser Beurteilung nichts ändern. Nach wohl überwiegender Auffassung bestimmt indes das *Kollisionsrecht des Forumstaates* unter Zuhilfenahme des Schutzlandprinzips über das anwendbare Sachrecht. Folgt man dem, so erscheint das Schutzlandprinzip als *allseitige* Kollisionsnorm (Staudinger/ *v. Hoffmann*, Art. 38 EGBGB, Rn 594), weil das Gericht im inländischen Markenprozeß, in dem sich der Kläger auf eine ausländische Verletzung eines ausländischen Schutzrechts beruft, zu prüfen hat, ob nach dem betreffenden ausländischen Recht ein Schutz besteht und eine Verletzung gegeben ist. Die *inländische Kollisionsnorm* verweist mithin auf ein ausländisches Statut.

**f) Gesamtverweisung, Rechtswahl, akzessorische Anknüpfung.** Die Anknüpfung nach dem Schutzlandprinzip stellt nach hM eine *Gesamtverweisung* dar (MünchKomm/ *Kreuzer*, Nach Art 38 EGBGB, Anh II, Rn 10; Staudinger/*v. Hoffmann*, Art. 38 EGBGB, Rn 594). Die Möglichkeit von *privatautonomen Rechtswahlvereinbarungen* besteht wegen der territorialen Begrenzung der Schutzrechtsgewährleistung grundsätzlich nicht (BGHZ 136, 380 – Spielbankaffaire; *Zweigert-Puttfarken*, GRUR Int 1973, 573, 577; MünchKomm/ *Kreuzer*, Nach Art 38 EGBGB, Anh II, Rn 15; aA *Schack*, GRUR Int 1985, 523, 525, sowie für die Frage der Haftungsfolgen Staudinger/*v. Hoffmann*, Art. 38 EGBGB, Rn 595). Auch eine akzessorische Anknüpfung an das Vertragsstatut scheidet aus (*Hausmann*, FS für Schwarz, 1988, S. 47, 62 f.). Die *RanwVO* ist unanwendbar (s. zum Patent- und Gebrauchsmusterrecht LG Düsseldorf GRUR Int 1968, 101, 102 – Frauenthermometer; MünchKomm/*Kreuzer*, Nach Art. 38 EGBGB, Anh II, Rn 15).

## IV. Rechtsgeschäfte über Marken

### 1. Allgemeines

Unter Rechtsgeschäften über Marken werden *rechtsgeschäftliche Verfügungen über Markenrechte*, insbesondere *Markenrechtsübertragungen* im Sinne des § 27 und *Merkenlizenzen* im Sinne des § 30, *Vergleiche* bei Markenkollisionen und die *rechtsgeschäftliche Verpfändung* des Markenoder Markenanwartschaftsrechts im Sinne des § 29 Nr. 1 Hs. 1 verstanden.

Verträge über Markenübertragungen richten sich teilweise nach dem *Schutzlandprinzip*. Maßgeblich ist das Recht des Staates, für den das Recht übertragen wird (MünchKomm/ *Martiny*, Art. 28 EGBGB, Rn 261; MünchKomm/*Kreuzer*, Nach Art. 38 EGBGB, Anh II, Rn 20). Es ist nach hM zwischen dem *Verpflichtungs-* und dem *Verfügungsgeschäft* zu unterscheiden.

### 2. Verfügungsgeschäft

Auf eine *Verfügung* über das Markenrecht im Sinne der §§ 413, 398 ff. BGB als einer *dinglichen Übertragung des Rechts* (s. § 27, Rn 14) ist das Recht des Staates anzuwenden, für den über das Markenrecht verfügt wird. Das *Schutzlandstatut* erstreckt sich insoweit auf die Frage der *Zulässigkeit einer Übertragung* (*Ulmer*, Die Immaterialgüterrechte im Internationalen Privatrecht, 1975, Rn 132; Reithmann/Martiny-*Hiestand*, Internationales Vertragsrecht, 5. Aufl. 1996, Rn 1289; s. auch Art. 6$^{quarter}$ PVÜ), insbesondere der *Zulässigkeit einer Teilübertragung der Marke* (*Ulmer*, Die Immaterialgüterrechte im Internationalen Privatrecht, 1975, Rn 141), der *Fähigkeit, die Marke zu erwerben*, der *Möglichkeit eines gutgläubigen Markenrechtserwerbs* sowie allgemein der *Wirksamkeit des Verfügungsgeschäfts* (s. auch Reithmann/Martiny-*Hiestand*, Internationales Vertragsrecht, 5. Aufl. 1996, Rn 1290 zur *Art und Weise der Erfüllung*).

**203** Ob *Art. 11 Abs. 1 EGBGB* bei Markenübertragungen dazu führt, daß die Frage der Form der Verfügung nicht zwingend nach dem Schutzlandrecht zu beurteilen ist, ist streitig. Angesichts starker Divergenzen zwischen den verschiedenen Rechtsordnungen im Bereich der notwendigen Förmlichkeiten ist dies von erheblicher Bedeutung. Im Hinblick auf das Territorialitätsprinzip wird die Frage jedoch analog Art. 11 Abs. 5 EGBGB zu verneinen sein (ebenso MünchKomm/*Kreuzer*, Nach Art. 38 EGBGB, Anh. II, Rn 21; Reithmann/Martiny/*Hiestand*, Internationales Vertragsrecht, 5. Aufl. 1996, Rn 1291), weil die Form der Verfügung Teilfrage des Rechtserwerbs beim Erwerber infolge der Verfügung ist. Gerade die Entstehung eines Markenrechts richtet sich zwingend nach dem Recht des Staates, für den der Markenschutz in Anspruch genommen wird. Unstreitig gilt das *Schutzlandprinzip* in diesem Zusammenhang auch für die *formellen Entstehungsvoraussetzungen des Markenrechts*. Nichts anderes kann für die mit der Rechtsübertragung zusammenhängenden Fragen gelten (ähnlich *Ulmer*, Die Immaterialgüterrechte im Internationalen Privatrecht, 1975, Rn 137 a.E.).

**204** Im Falle von *multinationalen Markenübertragungen*, bei denen Schutzrechteübertragungen für verschiedene Staaten gleichsam im Bündel vorgenommen werden, gilt für den Bereich des Immaterialgüterrechtsstatuts und damit nach hM für das Verfügungsgeschäft (s. aber Rn 208) die *Spaltungstheorie*. Danach ist jedes einzelne Verfügungsgeschäft aus dem von dem Vertragswerk umfaßten Bündel nach dem Recht des Staates zu beurteilen, für den das Recht übertragen wird (MünchKomm/*Kreuzer*, Nach Art. 38 EGBGB, Anh II, Rn 22). Anderes gilt im Bereich des für das Verpflichtungsgeschäft einschlägigen Vertragsstatutes, bei dem die Spaltungstheorie heute überwiegend zugunsten der *Einheitstheorie* überwunden ist (näher Rn 205).

### 3. Verpflichtungsgeschäft

**205** Für das der Verfügung zugrundeliegende *Verpflichtungsgeschäft* sind die Regeln des *Vertragskollisionsrechts* anzuwenden (BGH GRUR Int 1965, 504 – Carla; MünchKomm/*Martiny*, Art. 28 EGBGB, Rn 261; MünchKomm/*Kreuzer*, Nach Art. 38 EGBGB, Anh II, Rn 22). *Rechtswahlvereinbarungen* der Vertragsparteien sind insoweit grundsätzlich möglich (s. Art. 27 EGBGB; s. OLG Karlsruhe GRUR Int 1987, 788, 789 – Offenendspinnmaschinen; zu den *Grenzen der Rechtswahlmöglichkeit Beier*, GRUR Int 1981, 299, 300 ff.).

**206** Fehlen solche Vereinbarungen, kommt es auf den *objektiven Schwerpunkt des Rechtsgeschäfts* an (Art. 28 Abs. 1 Satz 1 EGBGB; s. *Ulmer*, Die Immaterialgüterrechte im Internationalen Privatrecht, 1975, Rn 132; *Hausmann*, FS für Schwarz, 1988, S. 47, 52 f.). Es werden verschiedene *Anknüpfungsgesichtspunkte* für möglich gehalten, etwa der *Sitzort des Lizenzgebers* (Art. 28 Abs. 2 EGBGB) bzw des *Lizenznehmers*, gegebenenfalls das *gemeinsame Heimatrecht der Vertragsparteien*, das *Recht am Gerichtsort* oder das *Recht im Schutzland*. In den meisten Fällen führt die über die *Ausweichklausel* des Art. 28 Abs. 5 EGBGB erfolgende Verlagerung des Rechtsgeschäftsschwerpunktes auf das Schutzland wegen der dort beabsichtigten Verwertung des Markenrechts zu den sachgerechtesten Ergebnissen (OLG Düsseldorf GRUR Int 1962, 256, 257 – Tubenverschluß; zum Teil abweichend Reithmann/Martiny/*Hiestand*, Internationales Vertragsrecht, 5. Aufl. 1996, Rn 1278). Damit wird eine sinnvolle *Parallelanknüpfung hinsichtlich des Verfügungs- und des Verpflichtungsgeschäfts* erzielt (s. *Beier* in: Holl/Klinke [Hrsg.], Internationales Privatrecht, Internationales Wirtschaftsrecht [1985], S. 287, 298; kritisch *Hausmann*, FS für Schwarz, 1988, S. 47, 58).

**207** Probleme ergeben sich bei der Heranziehung der *lex loci protectionis-Regel* im Falle von Verträgen, die die *Verfügung über ein Bündel verschiedener nationaler Markenrechte* zum Vertragsgegenstand haben, weil die Berücksichtigung des *Schutzlandprinzips* im Rahmen der Bestimmung des Vertragsstatuts dazu führt, daß etwa Teile eines einheitlich konzipierten Lizenzvertrages im Ergebnis verschiedenen Schuldstatuten unterfallen. Diese *Aufsplitterung des Schuldstatuts* entspräche der durch das *Territorialitätsprinzip* bewirkten, dort aber hinzunehmenden Aufsplitterung des Immaterialgüterrechtsstatuts. In solchen Fällen kann jedenfalls nicht mehr davon gesprochen werden, daß der Zusammenhang des Vertrages mit einem der betroffenen Schutzstaaten überwiegt (s. aber den Ansatz von *Beier*, in: Holl/Klinke [Hrsg.], Internationales Privatrecht, Internationales Wirtschaftsrecht [1985], S. 287, 298 [Anknüpfung an das Recht des primären Schutzlandes], so daß die Ausweichklausel des Art. 28 Abs. 5 EGBGB nicht eingreift. Es ist dann regelmäßig an das Recht am *Sitzort des Schuldners* anzuknüpfen, der die charakteristische Leistung zu erbringen hat (s. Art. 28 Abs. 2 EGBGB), wobei bei Lizenzverträgen zumeist die Leistung des *Lizenzgebers* (*Beier*, GRUR Int 1981, 299, 307; MünchKomm/*Martiny*, Art. 28 EGBGB, Rn 269 für die zentral gesteuerte Lizenzvergabe bei Weltmarken) und bei Markenübertragungen die Leistung des *Zedenten* dem Vertrag das *charakteristische Gepräge* gibt. Eine andere Beurteilung hinsichtlich des Vertragsschwerpunktes kann sich ergeben, soweit ein Markenlizenznehmer oder Markenerwerber sich zur Verwertung des Markenrechts verpflichtet oder eine ausschließliche Lizenz vergeben wird. In solchen Fällen wird teils auf das Recht am Sitz des Erwerbers bzw *Lizenznehmers* abgestellt, weil insoweit dessen Leistung charakteristisch sei (*Ulmer*, Die Immaterialgüterrechte im Internationalen Privatrecht, 1975, Rn 147).

### 4. Einzelfragenbezogene Schutzlandanknüpfung

Die von der überwiegenden Meinung im Schrifttum vorgenommene *Unterscheidung zwischen dem verfügenden und dem obligatorischen Teil des Markenlizenz- bzw Abtretungsvertragswerkes* wird teils abgelehnt. Diese Auffassung hat nicht zur Folge, daß etwa das gesamte Vertragswerk einheitlich dem Vertragsstatut unterstellt würde. Vielmehr werden bestimmte *Einzelfragen* herausgegriffen und notwendigerweise dem *Schutzlandprinzip* unterstellt (*Ulmer*, Die Immaterialgüterrechte im Internationalen Privatrecht, 1975, Rn 133). Grundsätzlich unterscheidet sich diese Lehre insoweit im Ergebnis kaum von der herrschenden Lehre, da die notwendigerweise dem Schutzlandprinzip zu unterstellenden Elemente von Immaterialgüterrechtsverträgen regelmäßig in den verfügenden Bereich fallen werden. Der Vorteil dieser Auffassung liegt dabei in der *Vermeidung des Problems einer Abgrenzung zwischen obligatorischem und verfügungsrechtlichem Teil des Gesamtvertragswerkes*. Diese Unterscheidung bereitet gerade bei internationalen Sachverhalten deswegen besondere Schwierigkeiten, weil sie in ausländischen Rechtsordnungen vor allem dann nicht erkannt wird, wenn Verfügung und Verpflichtung einen einzigen Rechtsakt darstellen. Bisweilen wird die Frage der Abgrenzung zwischen verfügenden und schuldrechtlichen Teilen eines Vertragswerkes allerdings dem *Schutzlandrecht* überlassen (so MünchKomm/*Kreuzer*, Nach Art. 38 EGBGB, Anh II, Rn 24). Das hätte zur Folge, daß die Lizensierung einer Marke für einen Staat, in dem Lizenzverträge einheitlich als obligatorische Verträge angesehen werden, unter Umständen entgegen dem für bestimmte Fragen zwingenden Schutzlandprinzip allgemein nach dem Vertragsstatut zu beurteilen wäre.

Eine Umgehung der für den Bereich der Immaterialgüter unabdingbar aus dem Wesen des hoheitlichen Verleihungsaktes folgenden Kollisionsanknüpfung ist mit dieser Auffassung noch nicht unmittelbar verbunden (so aber MünchKomm/*Kreuzer*, Nach Art. 38 EGBGB, Anh II, Rn 22). Sie würde sich erst dann ergeben, wenn man im Einzelfall Teile des Vertragswerkes dem Vertragsstatut unterstellt, die unmittelbar mit Entstehung, Übertragbarkeit, Lizensierbarkeit, Bestand und Schutzinhalt des Markenrechts, über welches verfügt wird, zusammenhängen. Zumindest die sich hinsichtlich des Verpflichtungs- und Verfügungsgeschäftes ergebenden Fragen einschließlich der Form der Markenübertragung und Markenlizensierung sind auch nach dieser Auffassung nach dem Schutzlandrecht zu beurteilen (s. auch *Beier* in: Holl/Klinke [Hrsg.], Internationales Privatrecht, Internationales Wirtschaftsrecht [1985], S. 287, 298ff.). Zuzustimmen ist der Gegenauffassung allerdings darin, daß solche den Bestand und Schutz der Marke betreffenden Fragen nicht ohne weiteres dem Vertragsstatut unterstellt werden können.

### 5. Markenlizenzen

Die beschriebenen Grundsätze (s. Rn 202ff.) gelten entsprechend für Markenlizenzen. Insoweit wird von der hM ebenfalls zwischen dem dinglichen *Verfügungsgeschäft* und dem schuldrechtlichen *Verpflichtungsgeschäft* unterschieden. Insbesondere die *Rechte des Lizenznehmers gegenüber Dritten* im Falle einer *dinglichen* Markenlizenz bestimmen sich auch nach der hier vertretenen Auffassung nach dem Recht des *Schutzlandes*. Entsprechendes gilt bei der *schuldrechtlichen* Gebrauchsüberlassung der Marke für die *Rechte des Lizenzerwerbers gegenüber anderen Lizenznehmern*, weil dies gleichsam zur Frage des Schutzrechtsinhaltes gehört, die nicht nur allgemein bei originärer Entstehung eines Markenrechts, sondern auch bei rechtsgeschäftlicher Schutzrechtsübertragung und Gebrauchsüberlassung nach dem Recht im Schutzland zu beurteilen ist (nicht ganz deutlich insoweit OLG Karlsruhe GRUR Int 1987, 788, 789 – Offenendspinnmaschinen, das offensichtlich davon ausgeht, daß insoweit der für das *Vertragsstatut* maßgebliche Schwerpunkt des Rechtsverhältnisses typischerweise im Schutzland liegt).

### 6. Anknüpfung der Immaterialgüterrechtsverträge im österreichischen Recht

**211** Im Gegensatz zur Rechtslage in der Bundesrepublik Deutschland besteht nach § 43 Abs. 1 ÖIPRG eine Kollisionsregel für Verträge über Immaterialgüterrechte mit einer von der Schutzlandanknüpfung hinsichtlich Entstehens, Inhalts und Erlöschens des Immaterialgüterrechts nach § 34 ÖIPRG gesonderten Anknüpfung (für vertragliche Pfandrechte wird dagegen die Anwendbarkeit des § 45 ÖIPRG angenommen, s. *Rummel/Schwimann*, Kommentar zum ABGB, 2. Aufl. 1992, § 43, Rn 1; *Koppensteiner*, Österreichisches und europäisches Wettbewerbsrecht, 3. Aufl. 1997, § 37, Rn 7). Danach sind Verträge über Immaterialgüterrechte nach dem Recht des Staates zu beurteilen, für den das Immaterialgüterrecht übertragen oder eingeräumt wird. Das entspricht der Annahme des *Schwerpunktes von immaterialgüterrechtlichen Rechtsgeschäften im Schutzland*. Bei Verfügungen über Immaterialgüterrechte für mehrere Staaten in einem Vertrag stellt § 43 Abs. 1 ÖIPRG auf das Recht des Staates ab, in dem der Erwerber bzw Lizenznehmer seinen gewöhnlichen Aufenthalt bzw seine Niederlassung im Sinne des § 36 ÖIPRG hat. Diese Anknüpfung wird gleichermaßen für das Verpflichtungs- und für das Verfügungsgeschäft als einschlägig angesehen (s. *Rummel/Schwimann*, Kommentar zum ABGB, 2. Aufl. 1992, § 43, Rn 2).

### 7. Anknüpfung der Immaterialgüterrechtsverträge im schweizerischen Recht

**212** Das schweizerische IPR enthält in Art. 110 Abs. 2, 122 schweizIPRG eine spezielle Kollisionsnorm für Verträge über Immaterialgüterrechte. Danach unterstehen entsprechende Verträge dem *Recht des gewöhnlichen Aufenthalts- bzw Niederlassungsortes des Zedenten oder Lizenzgebers*. Eine Anknüpfung an das Recht des Staates, für den das Immaterialgüterrecht übertragen wird oder für den dessen Benutzung eingeräumt wird, wurde in dem Bestreben des schweizerischen Gesetzgebers, schweizerische Lizenzgeber zu schützen, nicht aufgenommen (s. *Vischer*, GRUR Int 1987, 670, 680). Eine *Rechtswahl* bleibt nach Art. 122 Abs. 2 schweizIPRG zulässig. Wie in der deutschen Rechtsdiskussion wird das Vertragskollisionsrecht und damit Art. 122 schweizIPRG ausschließlich dem *obligatorischen* Teil des Gesamtrechtsgeschäfts zugeordnet, während sich der *verfügungsrechtliche* Teil nach dem Immaterialgüterstatut des Art. 110 schweizIPRG bestimmt (*Vischer*, GRUR Int 1987, 670, 680; *Honsell/Vogt/Schnyder-Jegher/Schnyder*, IPRG, 1996, Art. 122, Rn 10).

## G. Internationales Markenprozeßrecht

**Schrifttum.** *Kieninger*, Internationale Zuständigkeit bei der Verletzung ausländischer Immaterialgüterrechte: Common Law auf dem Prüfstand des EuGVÜ, GRUR Int 1998, 280.

### I. Internationale Zuständigkeit bei Verletzung ausländischer Markenrechte

**213** Das autonome deutsche Recht enthält keine Bestimmungen zur internationalen Zuständigkeit in Kennzeichenrechtsverletzungsklagen. Vielmehr ist die Beantwortung der Frage nach der internationalen Zuständigkeit eines deutschen Gerichts an die *örtliche Zuständigkeit* gekoppelt (*Bachmann,* IPRax 1998, 179, 181). Grundsätzlich besteht eine internationale Zuständigkeit des deutschen Gerichts, bei dem die örtliche Zuständigkeit nach den §§ 12, 13, 17, 20, 23, 32 ZPO begründet ist.

Wie für alle deliktischen Handlungen gilt für Kennzeichenrechtsverletzungen der *besondere Gerichtsstand des Begehungsortes* (zur Zuständigkeit nach dem EuGVÜ s. Einl, Rn 226). Anwendbar ist § 32 ZPO. Es handelt sich insoweit um einen *konkurrierenden Gerichtsstand,* so daß daneben der allgemeine Gerichtsstand der §§ 12 ff. ZPO in Betracht kommt. Gemäß § 141 MarkenG müssen auch Ansprüche, die im MarkenG geregelt sind, aber auf Vorschriften des UWG gegründet werden, nicht im ausschließlichen Gerichtsstand des § 24 UWG, insbesondere § 24 Abs. 2 S. 1 UWG geltend gemacht werden. Bei Fehlen eines Wohnsitzes, einer Niederlassung oder von Vermögen des Verletzers im Inland nach den §§ 12, 13, 17, 20, 21, 23 ZPO ergibt sich die örtliche Zuständigkeit aus dem Ort, in dessen Bezirk wenigstens ein Teilakt der Kennzeichenverletzung begangen wurde (OLG Frankfurt IPRspr. 1990, Nr. 155). *Begehungsort* ist in der Regel der Ort, an dem die wettbewerblichen Interessen der Mitbewerber aufeinandertreffen. Bei *gezielten Verbreitungen im Internet* kommt somit potentiell jeder *Computerstandort* in der Bundesrepublik Deutschland als Handlungs- oder Verletzungsort im Sinne der *Einheitstheorie* in Betracht (LG München I CR 1997, 155, 156 – Schmähkritik via Internet; LG Düsseldorf GRUR 1998, 159 – epson.de; s. auch Rn 216), insbesondere wenn hier die Verwechslungsgefahr eintritt (KG Berlin NJW 1997, 3321 – concert-concept.de/concert-concept.com). Entsprechendes gilt bei *Satellitenausstrahlung* und *Druckmittelverbreitung.*

Als *Marktort* gelten nach herrschender Auffassung jedoch nur solche Orte, an denen *bestimmungsgemäß wettbewerbliche Interessenkollisionen* entstehen (LG Düsseldorf GRUR 1998, 159 – epson.de). Es kommt weder auf den Ort der Vorbereitungs- oder Verbreitungshandlung oder des Schadenseintritts an, noch auf den Wohnsitz oder die Staatsangehörigkeit des einzelnen Internet-Nutzers. Entscheidend ist danach die *bestimmungsgemäße wettbewerbliche Kollision auf deutschem Hoheitsgebiet,* die sowohl anhand subjektiver wie auch inhaltlicher Kriterien festgestellt werden kann (s. dazu im Hinblick auf die internationale Zuständigkeit *Rüßmann,* K&R 1998, 422, 424).

Den Kennzeichenverletzungen im Internet und durch eine mehrere Staaten erreichende Satelliten- bzw Rundfunkwerbung vergleichbar sind insoweit die vom RG und BGH schon mehrfach entschiedenen *Verletzungsfälle durch Presseerzeugnisse* (RG GRUR 1936, 670 – Primeros; BGH GRUR 1971, 153 – Tampax). Der BGH grenzt solche unerlaubten Handlungen aus, die auf einer zufälligen Verbreitung von Zeitschriften außerhalb ihres festgelegten Zustellungsgebietes und regelmäßigen Geschäftsbetriebs beruhen (BGH GRUR 1971, 153, 154 – Tampax; *Baumbach/Hefermehl,* Einl UWG, Rn 193). Dementsprechend geht die herrschende Auffassung davon aus, daß jede auf einer rein technisch bedingten, weltweiten Verbreitung in elektronischen Medien beruhende unerlaubte Handlung nicht zur Anwendbarkeit deutschen Rechts und damit nicht zur Begründung des Deliktsgerichtsstands im Inland führt, wenn sich die Information nicht gezielt an den möglichen Empfänger richtet.

Anders kann dies zu beurteilen sein, soweit man abweichend von der herrschenden Auffassung im Rahmen einer Anwendung des kollisionsrechtlichen *Auswirkungsprinzips* finale Aspekte aus der Statutbestimmung ausscheidet und ausschließlich eine nach *Spürbarkeitsgesichtspunkten* nicht vernachlässigbare Auswirkung in einem bestimmten Marktbereich für die Anknüpfung genügen läßt. Dafür spricht der Umstand, daß auch kollisionsrechtlich einerseits eine *parallele Bewertung kartellrechtlicher, immaterialgüterrechtlicher und lauterkeitsrechtlicher Ansprüche* zu erfolgen hat und andererseits der *marktordnungsrechtliche Aspekt des Immaterialgüterrechts und des Lauterkeitsrechts* verstärkt zu berücksichtigen ist. Für die Berücksichtigung subjektiver Elemente, wie die Zielgerichtetheit einer Wettbewerbshandlung oder die Zumutbarkeit der Vermeidbarkeit entsprechender Verbrauchereinwirkungen in bestimmten Marktbereichen, ist unter Zugrundelegung einer solchen Betrachtungsweise kein Raum.

Richtet sich ein Unternehmen etwa via Internet *planmäßig* an ausländische Nutzer, dann muß es bei lokalen Kollisionen im Ausland allerdings jedenfalls damit rechnen, am jeweiligen Verletzungsort gerichtlich in Anspruch genommen zu werden. Insoweit spricht eine *Vermutung* dafür, daß eine hinreichende Marktauswirkung in dem anvisierten Land gegeben sein wird, an dessen Verbraucher sich die Internetwerbung richtet. Auch ohne eine Finalität oder eine Erkennbarkeit beziehungsweise Vermeidbarkeit der Markterreichung ist allerdings nach der hier vertretenen Auffassung grundsätzlich die Begründung eines inländischen Deliktsgerichtsstands möglich.

**219** Unter Zugrundelegung der herrschenden Auffassung ist es dagegen ausschlaggebend, daß es dem Unternehmen in solchen Fällen *zuzumuten* ist, eine *Firmen- oder Markenrecherche* in den anvisierten Ländern durchzuführen. Eine darüberhinausgehende Ausdehnung der Rechercheplicht auf das weltweite Empfangsgebiet über das geschäftliche Verkehrsgebiet hinaus würde nach dieser Auffassung die wirtschaftliche Betätigungsfreiheit schwer beeinträchtigen.

**220** Die hier vertretene Auffassung nimmt dies im Hinblick auf marktordnungsrechtliche Gesichtspunkte in Kauf, sucht aber eine ausufernde *Statutenkumulation* durch das Anlegen einer streng zu handhabenden *Spürbarkeitsgrenze* zu vermeiden. Im übrigen vermag unabhängig von dogmatischen Bedenken auch die Heranziehung subjektiver Aspekte bei der Kollisionsanknüpfung ausufernde Statutenkumulationen nicht zufriedenstellend zu verhindern. Das gilt insbesondere bei der auf ein internationales Publikum gerichteten englischsprachigen Internetwerbung. Das Problem wird sich mit der Etablierung von effektiven Handelsmechanismen auf einem gleichsam globalen Marktplatz verschärfen, weshalb wirkungsvolle Kriterien zur Eingrenzung möglicher Statute notwendig sind. Diese können schon mangels zuverlässiger Feststellbarkeit nicht subjektiver Art sein. Letzlich kann allerdings auch die hier vertretene Lösung nur ein Provisorium darstellen, dem wirksame Rechtsvereinheitlichungen folgen müssen (s. auch *Waltl*, in: Lehmann (Hrsg.), Internet- und Multimediarecht (Cyberlaw), 1997, S. 185, 191).

**221** Da nach herrschender Meinung die Verletzung einer Marke ausschließlich auf dem Hoheitsgebiet des Staates möglich ist, für den der Markenschutz beansprucht wird, kann nach dieser Auffassung ein möglicher *Interessenkollisionsort* auch nur in diesem Staat liegen. Das bedeutet nicht, daß ein statut- bzw zuständigkeitsbegründender Begehungsort im Inland dann fehlt, wenn eine Markenrechtsverletzung etwa durch *Ausstrahlung vom Ausland aus in das den Markenschutz gewährende Inland* erfolgt. In solchen Fällen läge zwar eine Interessenkollision im Inland vor (*Einwirkungsmarkt*); die Handlung als solche fände aber am *Ausstrahlungsort* und damit außerhalb des Schutzlandes statt, so daß eine inländische Markenrechtsverletzung nicht gegeben wäre. Aufgrund der mit einem streng verstandenen *Territorialitätsprinzip* verbundenen Schutzlücken vor allem im Bereich der *Internet- und Satellitenwerbung* (s. § 3, Rn 322 ff., 329 ff.), ist davon auszugehen, daß auch bei der Verletzung territorial gebundener Rechte neben dem eigentlichen Handlungsort der Ort von Bedeutung ist, in dem die *Werbung bestimmungsgemäß abrufbar oder empfangbar* ist (so Jacobs/Schulte-Beckhausen) in: Gloy [Hrsg.], Handbuch des Wettbewerbsrechts, 2. Aufl. 1997, § 27, Rn 51), bzw in dem eine *spürbare Auswirkung auf den Wettbewerb* und damit ein hinreichender Inlandsbezug gegeben ist (s. Rn 184; aA die hM).

**222** Von der *Reichweite des Territorialitätsprinzips* ist dann die Antwort auf die dem *internationalen Verfahrensrecht* zuzuordnende Frage abhängig, ob ein deutsches Gericht, bei dem ein Gerichtsstand begründet ist, eine im Ausland begangene Markenrechtsverletzung wenn schon nicht aufgrund eines deutschen Markenrechts, so doch wenigstens aufgrund des jeweiligen ausländischen Markenrechts beurteilen kann. Aus dem Territorialitätsgrundsatz könnte geschlossen werden, daß vor den inländischen Gerichten Rechtsschutz ausschließlich aufgrund eines inländischen Markenrechts in Anspruch genommen werden kann (*absolute Territorialität*; zu diesem Begriff s. *Pfaff*, in: Schricker/Stauder [Hrsg.], Handbuch des Ausstattungsrechts, FS für Beier, 1986, S. 1122, Rn 11 und besonders S. 1129, Rn 28). *Territorialität*, wie sie auch aus den internationalen Konventionen folgt, bedeutet in diesem Zusammenhang aber nur, daß die nationalen Markenrechte eine begrenzte territoriale Wirkung haben; ihre Wirkungsreichweite macht an den jeweiligen Staatsgrenzen halt. Das Territorialitätsprinzip betrifft insoweit nur die *territoriale Reichweite der Wirkung von Markenrechtsnormen*. Konsequenterweise müssen aber umgekehrt die inländischen Gerichte einen Auslandssachverhalt in eben diesem Sinne beachten, soweit ihre Zuständigkeit nach den allgemeinen prozeßrechtlichen Regeln begründet ist.

**223** Damit ist ein Eingriff in die *Souveränität des ausländischen Staates*, wie er durch die Anwendung des Territorialitätsprinzip vermieden werden soll, gerade nicht verbunden (*Raape*, Internationales Privatrecht, 5. Aufl., S. 640; s. auch *Baumbach/Hefermehl*, Einl. UWG, Rn 195;

BGH NJW 1957, 140, 142 – Flava-Erdgold; s. weiter BGH GRUR 1969, 607, 608 – Recrin). Der Schutz, den das ausländische Markenrecht gegen eine ausländische Verletzungshandlung im Sinne des *Schutzlandprinzips* gewährt, ist vor inländischen Gerichten durchsetzbar, wenn ein *inländischer Gerichtsstand* im Sinne der §§ 12 ff. ZPO besteht (so allgemein zum Immaterialgüterrecht auch der überwiegende Teil des Schrifttums, s. *Baumbach/Hefermehl*, Einl UWG, Rn 193; *Ulmer*, Die Immaterialgüterrechte im internationalen Privatrecht, 1975, S. 17 f.; *Vischer*, GRUR Int 1987, 670, 672; im Ergebnis auch RGRK/*Wengler*, Internationales Privatrecht, § 17, S. 481, wonach infolge der Anwendung des Schutzlandrechts im Inland ein zu dem im Schutzland gewährten Recht paralleles subjektives Recht geschaffen wird). Eine *ausschließliche auf das Schutzland begrenzte territoriale Zuständigkeit am Handlungsort* besteht nicht (so für die Schweiz auch Handelsgericht Zürich, GRUR Int 1985, 411, 411). Das folgt zwar nicht aus dem *Inländerbehandlungsprinzip*, ist aber schon aus der mit einer *globalisierten Marktordnung* verbundenen Notwendigkeit herleitbar, einen wenn schon nicht harmonisierten weltweit einheitlichen Markenschutz, so doch zumindest einen effektiven territorial unterteilten Schutz zu sichern. Dem wird die mit der umfassenden Zuständigkeit des Gerichts insbesondere des Wohnsitzes des Rechtsinhabers eröffnete Möglichkeit, mehrere Klagen wegen der Verletzung verschiedener ausländischer Markenrechte an einem Ort zusammengefaßt, anstatt einzeln in den jeweiligen Staaten zu erheben, gerecht (*Vischer*, GRUR Int 1987, 670, 672).

In der *deutschen Rechtsprechung* ist die internationale Zuständigkeit der nationalen Gerichte für die Beurteilung von Verletzungen ausländischer Immaterialgüterrechte, namentlich von Markenrechten anerkannt (BGHZ 22, 1, 13 – Flava-Erdgold). Dies gilt nicht nur für Klagen auf *Schadensersatz* wegen Verletzung entsprechender Rechte, sondern auch für *Ansprüche auf Unterlassung*, da auch hier ein Eingriff in die ausländische Souveränität wegen der auf das Inland beschränkten Wirkung eines Urteils nicht zu befürchten ist (BGHZ 22, 1, 13 – Flava-Erdgold; für den Bereich des Patentrechts noch offengelassen OLG Düsseldorf GRUR Int 1968, 100, 101 – Kunststofflacke). Die Rechtsprechung folgt damit dem Konzept der *relativen Territorialität*. 224

Ein *Titel auf Unterlassung* einer Verletzungshandlung im Ausland hinsichtlich eines ausländischen Immaterialgüterrechts kann gegen einen im Inland befindlichen Anspruchsgegner *vollstreckt* werden. Hierin liegt kein Verstoß gegen das Territorialitätsprinzip (für das schweizerische Recht s. *Vischer*, GRUR Int 1987, 670, 673). Dagegen wird man für *Klagen die sich unmittelbar gegen Bestand und Wirksamkeit ausländischer Markenrechte richten*, regelmäßig eine internationale Zuständigkeit des nationalen Richters ablehnen müssen (s. auch Art. 109 Abs. 3 iVm. Abs. 1 schweiz. IPRG und Art. 16 Nr. 4 EuGVÜ). Zwar besteht insoweit kein allgemeiner völkerrechtlicher Grundsatz mit dem Inhalt einer ausschließlichen Zuständigkeit des Verleihungsstaates (RGRK/*Wengler*, Internationales Privatrecht, § 17, S. 495). Die mangelnde internationale Zuständigkeit folgt indes aus der Tatsache, daß die Entscheidung über Einschränkung oder Vernichtung von Immaterialgüterrechten gleichsam die Kehrseite von deren Verleihung ist und deshalb wie diese nur den staatlichen Organen des Verleihungsstaates und damit des Schutzstaates obliegt (kritisch zu diesem Argument *Vischer*, GRUR Int 1987, 670, 674). Dem ist nicht der Fall gleichzusetzen, daß der Inhaber eines ausländischen Markenrechts nach *inländischem* Deliktsrecht verurteilt werden soll, die Löschung der Marke im Ausland zu beantragen (OLG Hamm, NJW-RR 1986, 1047, 1048). Denn allein in einer solchen gerichtlichen Entscheidung liegt mangels unmittelbarer Wirkung auf den Bestand des Schutzrechts noch kein Eingriff in die staatliche Souveränität des Schutzstaates. 225

## II. Zuständigkeitsfragen nach dem EuGVÜ

Nach Art. 16 Nr. 4 EuGVÜ besteht eine *ausschließliche Zuständigkeit* im Eintragungsstaat bzw dem Staat, in dem die Eintragung beantragt wurde, für Klagen deren *Hauptgegenstand* (*Stauder*, GRUR Int 1976, 510, 511; s. zu Art. 109 Abs. 3 schweizIPRG Honsell/Vogt/Schnyder-*Jegher/Schnyder*, IPRG, 1996, Art. 109 Rn 32) die *Eintragung* oder die *Gültigkeit von Marken* ist. Hierunter fallen *Klagen auf Eintragung und Löschung* sowie *Nichtigkeitsklagen* (*Kropholler*, Europäisches Zivilprozeßrecht, 5. Aufl. 1996, Art. 16, Rn 43-45). Für *Schadens-* 226 *ersatz- bzw Unterlassungsklagen* wegen der Verletzung von Markenrechten gilt Art. 16 Nr. 4 EuGVÜ dagegen nicht (*Stauder*, GRUR Int 1976, 510, 513 ff.; zu Patenten s. EuGH GRUR Int 1984, 693, 696 Rn 23 – Schienenbefestigung). Eine ausschließliche Zuständigkeit des Eintragungsstaates ist auch dann nicht gegeben, wenn in einem Verletzungsprozeß die *Nichtigkeit der Marke* eingewendet wird (s. *Kieninger*, GRUR Int 1998, 280, 281). Dasselbe gilt für *Klagen aus Markenübertragungsverträgen* und *Klagen wegen der Verletzung von Markenlizenzverträgen* (Kropholler, Europäisches Zivilprozeßrecht, 5. Aufl. 1996, Art. 16, Rn 48). Insoweit bleibt es bei den allgemeinen Gerichtsstandsregelungen der Art. 2 Abs. 1 und 6 Nr. 1 EuGVÜ. Für *Markenverletzungsklagen* ist der *besondere Gerichtsstand der unerlaubten Handlung* nach Art. 5 Nr. 3 EuGVÜ zu beachten, der trotz der Beschränkung des Wortlauts auf den Ort des Eintritts des schädigenden Ereignisses auch für vorbeugende Unterlassungsklagen gilt (*Behr*, GRUR Int 1992, 604, 607). Da nach herrschender Auffassung aus dem *Territorialitätsprinzip* gefolgert wird, daß Markenrechtsverletzungen ausschließlich auf dem Territorium des Verleihungsstaates möglich sind (s. aber Rn 183 ff.), führt regelmäßig die Anwendung des Art. 5 Nr. 3 EuGVÜ im Ergebnis wie Art. 16 Nr. 4 EuGVÜ zur *internationalen Zuständigkeit des Eintragungsstaates* (*Kieninger*, GRUR Int 1998, 280, 282).

**227** Daran ändert sich auch dann nichts, wenn man ausländische Verletzungshandlungen im Rahmen einer *inländischen Verletzungslokalisierung* für die Annahme inländischer Markenrechtsverletzungen als ausreichend ansieht (s. dazu Rn 187), jedenfalls soweit noch nach deliktsrechtlichem Verständnis ein Begehungsort im Inland angenommen werden kann. Probleme ergeben sich aber dann, wenn die Grenze der Annahme eines deliktsrechtlichen Begehungsortes im Inland überschritten ist und das inländische Recht aufgrund einer *wettbewerbsspezifischen Wertung aus der Heranziehung des Auswirkungsprinzips* für Entscheidung berufen ist. In diesem Fall wird man den in Art. 5 Nr. 3 EuGVÜ enthaltenen Begriff des Ortes, an dem das schädigende Ereignis eingetreten ist, nach der Begriffsauslegung des EuGH (s. EuGH Slg. 1995-I, 415, 459 f., Rn 20 – Fiona Shevill/ Presse Alliance SA) nicht mehr ausschließlich auf den Eintragungsstaat beziehen können. Danach wäre auch ein Gerichtsstand am Ort der Eingriffshandlung gegeben. Insoweit ist eine einschränkende Auslegung der Vorschrift zu erwägen, um eine Anpassung an die kollisionsrechtliche Situation zu erreichen.

### III. Reichweite der Entscheidung der nationalen Gerichte

**228** Ein für internationale Kennzeichenverletzungen im Bereich der *Multistate-Werbung*, insbesondere im *Internet*, typisches Problem stellt die Frage nach der *Reichweite eines Unterlassungsurteils* des international zuständigen inländischen Gerichts aufgrund des Schutzlandrechts dar. Wirbt etwa ein amerikanisches Unternehmen unter Benutzung eines in Deutschland zugunsten eines anderen Unternehmens geschützten Kennzeichens, welches im Staat des Standortes des Internetservers zugunsten des werbenden Unternehmens geschützt ist, so ist kollisionsrechtlich deutsches Markenrecht anwendbar, nach hM jedenfalls dann, wenn gezielt auch deutsche Verbraucher angesprochen werden sollen (Rn 214). Da danach eine Verletzung des deutschen Kennzeichens gegeben ist, kann das deutsche Gericht die Verwendung der Marke auf deutschem Territorium untersagen. Allerdings besteht insoweit die Schwierigkeit, daß sich der Unterlassungsanspruch wegen der territorialen Begrenzung des nationalen Kennzeichens an sich nur auf das Inland beschränkt, eine Untersagung der Benutzung der Marke im übrigen mithin ausscheiden würde. Besteht also die inländische Kennzeichenrechtsverletzung etwa in der Verwendung eines auch im Inland abrufbaren gleichlautenden Domainnamens, so fragt sich, ob das inländische Unterlassungsurteil zur Folge haben kann, daß der entsprechende Domainname im Internetverkehr überhaupt nicht mehr verwendet werden darf, obwohl er lediglich in Deutschland ein bestehendes Schutzrecht verletzt.

**229** Da im Ergebnis die Internationalität moderner technischer Verbreitungsmedien nicht dazu führen kann, die Effektivität nationaler Wettbewerbsschutzsysteme vollständig außer Kraft zu setzen, hängt die Beantwortung dieser Frage von der *technischen Möglichkeit der nationalen Beschränkung einer Informationsverbreitung* über solche Medien ab. Wäre eine solche nationale Beschränkung technisch nicht wirkungsvoll möglich, so muß die Begründung eines entsprechenden Unterlassungsanspruchs als deren faktische Folge zu einem Anspruch auf *weltweite* Unterlassung der Kennzeichenbenutzung führen. Das Ergebnis wäre eine Untersagung der Verwendung etwa eines Domainnamens im gesamten Internetbereich (so auch *Jacobs/Schulte-Beckhausen* in: Gloy [Hrsg.], Handbuch des Wettbewerbsrechts, 2. Aufl. 1997, § 27, Rn 51). Eine *Kompetenzüberschreitung* des nationalen Gerichts besteht wegen der rein *faktischen* Erstreckung des Unterlassungsurteils auf die weltweite Verwendbarkeit des Kennzeichens nicht (anders aber Southern District Court of New York vom 19. Juni 1996, 939 F. Supp. 1032, 1040 – Playboy Enterprises Inc. vs. Chuckleberry Publishing Inc.).

Als technische Möglichkeit, die Verbreitung von Internetinformationen auf bestimmte Staaten zu beschränken, kommt allenfalls eine *Paßwortvergabe* an die Benutzer in den Staaten in Betracht, auf die sich die Unterlassungsverfügung nicht bezieht (s. Southern District Court of New York vom 16. Juli 1996, 939 F. Supp. 1032, 1044 f. – Playboy Enterprises Inc. vs. Chuckleberry Publishing Inc.). Allerdings besteht diese Möglichkeit nur im Internet, wohingegen das Problem der Beschränkbarkeit etwa satellitengestützt verbreiteter Information damit nicht gelöst wird. Zudem können Paßwörterschutzsysteme relativ einfach umgangen werden, vor allem durch Weiterverbreitung der Codes im Internet durch Anwender. Jedoch kann das Versehen einer Webseite mit einem Paßwortschutz im Einzelfall dazu führen, daß aufgrund der derzeit noch nicht allzu großen Zahl von Benutzern, die in der Lage sind, sich in den Besitz entsprechender Paßwörter zu bringen, eine *spürbare* Auswirkung auf den nationalen Markt zu verneinen sein kann. **230**

Dabei ist aber zu beachten, daß der BGH im Bereich der *Druckmedienwerbung* eine wettbewerbliche Interessenkollision im Inland aufgrund von quantitativen Aspekten erst dann verneint hat, wenn nur gelegentlich lediglich einzelne Exemplare des die Werbung enthaltenden Druckerzeugnisses in den deutschen Marktraum gelangen (BGH GRUR 1971, 153, 154 – Tampax; s. auch BGH GRUR 1978, 194, 195 – profil). Hierin liegt eine auf die Internet- und Satellitenwerbung übertragbare *Konkretisierung des deliktsrechtlichen Handlungsbegriffes* und keine eigentliche wettbewerbsrechtliche de-minimis-Regel, so daß diese Schwelle ohne Ansehung der konkreten inländischen Marktverhältnisse relativ niedrig anzusetzen sein wird. **231**

Der bloße *Hinweis des ausländischen Anbieters* an die inländischen Benutzer, daß der Bezug des auf der Webseite unter einem kollidierenden inländischen Kennzeichen beworbenen Produktes für Inländer ausgeschlossen sei, stellt ebenfalls kein geeignetes Mittel zur isolierten Verhinderung einer inländischen Kennzeichenverletzung dar, weil dadurch die vom MarkenG erfaßte Störung des inländischen Kennzeichens nicht beseitigt wird (s. allgemein auch *Waltl*, in: Lehmann [Hrsg.], Internet- und Multimediarecht [Cyberlaw], 1997, S. 185, 190). **232**

Dasselbe gilt in Fällen einer *Kollision eines ausländischen Domainnamens mit einem inländischen Kennzeichen*. Im übrigen erscheint in solchen Fällen die mit einer erzwungenen Verhinderung des Vertriebs der im Rahmen der verletzenden Domain international angebotenen Produkte verbundene *Beschränkung des internationalen Warenverkehrs* problematisch. Im *gemeinschaftsrechtlichen* Rahmen stellt sie darüberhinaus eine nicht gerechtfertigte *Beschränkung der Warenverkehrsfreiheit* im Sinne des Art. 30 EGV dar, da die auf der Domain im Rahmen der dort getätigten Angebote verwendeten Produktkennzeichnungen ihrerseits nicht notwendig gegen inländische Kennzeichenrechte verstoßen, das generelle Vertriebsverbot von auf der Domain angebotenen Produkten aber auch die ohne Verletzung inländischer Kennzeichenrechte gekennzeichneten Produkte erfaßt. **233**

## IV. Bestand und Wirksamkeit ausländischer Markenrechte als Vorfrage vor inländischen Gerichten

Von der internationalen Zuständigkeit nationaler Gerichte ist die Frage zu unterscheiden, inwieweit der nationale Richter berufen ist, Bestand und Wirksamkeit eines ausländischen Markenrechts als *Vorfrage* in einem Prozeß zu prüfen. Das OLG Hamm hat aus der durch das *Territorialitätsprinzip* begrenzten völkerrechtlichen Pflicht zur Achtung fremder staatlicher Hoheitsakte gefolgert, daß eine vom Schutzstaat beanspruchte ausschließliche Zuständigkeit für Rechtsstreitigkeiten über Bestand und Wirksamkeit des von ihm gewährten Markenrechts vom nationalen Richter zu beachten sei (s. auch Art. 16 Nr. 4 EuGVÜ, s. Rn 226). **234**

In diesem Fall soll eine Entscheidung des nationalen Gerichts über Bestand und Wirksamkeit des ausländischen Markenrechts auch nicht als Vorfrage, etwa in einem Prozeß über nach inländischem Recht zu beurteilende lauterkeitsrechtliche Ansprüche, in Betracht kommen (OLG Hamm, NJW-RR 1986, 1047, 1048; aA für Verletzungsprozesse aus gewerblichen Schutzrechten wohl *Stauder*, GRUR Int 1976, 511, 513, nach dem regelmäßig keine Aussetzung des Verfahrens nach dem EuGVÜ bis zu einer ausländischen Entscheidung über die Wirksamkeit des Schutzrechts in Betracht kommt).

235 Da das aus dem Territorialitätsprinzip hergeleitete *Schutzlandprinzip* nur eine Aussage über das anwendbare *Sachrecht* trifft, kommt es letztlich darauf an, ob die Frage nach der Überprüfbarkeit von Wirksamkeit und Bestand des ausländischen Markenrechts eine solche des materiellen Rechts ist (s. für Patente Handelsgericht Zürich, GRUR Int 1985, 411, 412). Ist dies der Fall so hat das Sachrecht des Schutzlandes eine abschließende Entscheidung getroffen, die wegen des Schutzlandprinzips auch im Einzelfall international zuständiges ausländisches Gericht bindet und eine Überprüfbarkeit ausschließt. In anderen Fällen ist die Prüfung der Entstehungs- bzw Wirksamkeitsvoraussetzungen des Markenrechts nach ausländischem Sachrecht durch den nationalen Richter als Vorfrage für die Gewährung inländischen Rechtsschutzes nicht ausgeschlossen, jedenfalls dann nicht, wenn eine konkrete Entscheidung eines Gerichts oder einer sonstigen zuständigen staatlichen Stelle des Schutzlandes im Einzelfall fehlt. Besteht allerdings eine solche Entscheidung eines Gerichts des Verleihungsstaates, so ist diese auch vorfrageweise zu respektieren.

## V. Ordre Public

236 Die Anwendung ausländischer Markenrechtsgesetzgebung durch deutsche Gerichte steht grundsätzlich unter dem Vorbehalt des *ordre public* (Art. 6 EGBGB; MünchKomm/*Kreuzer*, Nach Art. 38 EGBGB, Anh II, Rn 31). Im Bereich des Markenrechts sind allerdings im Zuge einer zunehmenden *Globalisierung des Weltmarktes* mit einer wachsenden wirtschaftlichen und rechtlichen Verflechtung der nationalen Markträume kaum mehr Sachverhalte denkbar, in denen diese Begrenzung erheblich werden könnte (s. *Wirner*, Wettbewerbsrecht und internationales Privatrecht, 1960, S. 140).

## VI. Privilegium Germanicum

237 Nach hM soll Art. 38 EGBGB im internationalen Immaterialgüterrecht Anwendung finden (MünchKomm/*Kreuzer*, Nach Art. 38 EGBGB, Anh II, Rn 30; *Schricker-Katzenberger*, Urheberrecht, vor §§ 120, Rn 78; nicht ganz deutlich hinsichtlich der Reichweite einer Anwendung Soergel/*Lüderitz*, Art. 38, Rn 112; aA wohl RGRK/*Wengler*, Internationales Privatrecht, § 17, Fn. 19), obwohl die Verletzung ausländischer Markenrechte keine unerlaubte Handlung im Sinne des deutschen Deliktsrechts darstellt (zu letzterem *Schricker-Katzenberger*, Urheberrecht, vor §§ 120, Rn 78; aA BGHZ 23, 100 – Taeschner/Pertussin I, der von einem Verstoß gegen § 823 Abs. 2 BGB in Verbindung mit § 1 UWG ausgeht). Danach würde ein Deutscher, der im Ausland ein ausländisches Markenrecht verletzt, keiner weitergehenden Haftung ausgesetzt sein, als im Falle einer Verletzung eines inländischen Markenrechts. Dies bedeutet eine *Privilegierung deutscher Staatsbürger gegenüber ausländischen Staatsbürgern*, die bei Bestehen eines entsprechenden Gerichtsstandes ebenfalls vor deutschen Gerichten verklagt werden können.

238 Die genaue Reichweite dieser Privilegierung wird nicht einheitlich beantwortet. Die Rechtsprechung und ihr folgend der überwiegende Teil des Schrifttums tendiert in diesem Zusammenhang zu einer weiten Auslegung des Art. 38 EGBGB. Sie stellt die Fiktion eines dem verletzten ausländischen Markenrecht entsprechenden inländischen Markenrechts auf und prüft sodann, ob und in welchem Umfang nach deutschem Sachrecht eine Haftung des Verletzers in Betracht kommen würde (RGZ 129, 385, 388; BGH NJW 1957, 140, 142 – Flava-Erdgold; für Patente LG Düsseldorf, GRUR Int 1968, 101, 103 – Frauenthermometer). Dabei scheint das Schutzlandprinzip über die Anwendung des Art. 38 EGBGB zumindest nicht dergestalt eingeschränkt zu werden, als es um für das ausländische Schutzrecht selbst und nicht erst für den aus der Verletzung desselben folgenden Anspruch konstitutive

Tatbestandselemente geht. So soll im Hinblick auf die Schutzdauer eines Immaterialgüterrechts trotz Art. 38 EGBGB das Recht des Schutzlandes maßgeblich bleiben (s. LG Düsseldorf, GRUR Int 1968, 101, 103 – Frauenthermometer; MünchKomm/*Kreuzer*, Nach Art. 38 EGBGB, Anh II, Rn 30 a.E.). Dagegen soll sich bei Ansprüchen gegen deutsche Staatsbürger wegen der Verletzung eines ausländischen Markenrechts im Ausland die Verjährung des Anspruchs aus einem Vergleich mit den für ein entsprechendes deutsches Recht anzuwendenden Verjährungsregeln ergeben (RGZ 129, 385, 388; LG Düsseldorf, GRUR Int 1968, 101, 103 – Frauenthermometer). Dasselbe wird für die Frage des Verschuldens angenommen (Soergel/*Lüderitz*, Art. 38 EGBGB, Rn 112). Entsprechendes gilt für die Beurteilung der Rechtsfolgen aus der Verletzung eines ausländischen Immaterialgüterrechts (Soergel/*Lüderitz*, Art. 38 EGBGB, Rn 112).

Eine Privilegierung durch Art. 38 EGBGB verstößt zwar nicht unmittelbar gegen die *Inländerbehandlung*. Denn danach haben die Staaten lediglich Inländern wie Ausländern denselben Rechtsschutz zu gewähren. Damit ist aber nichts darüber ausgesagt, inwieweit inländische Verletzer eines *ausländischen* Schutzrechts vor inländischen Gerichten privilegiert werden dürfen. Dennoch ist nicht zu verkennen, daß die Anwendung des Art. 38 EGBGB in diesem Rahmen der den internationalen Konventionen innewohnenden Idee einer möglichst *weitgehenden Gleichberechtigung der verschiedenen nationalen Rechte* entgegensteht (*Zweigert/Puttfarken*, GRUR Int 1973, 573, 576; *Pfaff*, in: Schricker/Stauder [Hrsg.], Handbuch des Ausstattungsrechts, FS für Beier, 1986, S. 1163, Rn 119; gegen die Privilegierung auch *Martiny*, RabelsZ 40 [1976], 218, 221). Bedeutsamer ist der Umstand, daß das im Markenrecht international anerkannte *Schutzlandprinzip* durch die auf deutsche Staatsbürger begrenzte Heranziehung des deutschen Markenrechtsschutzes als Maßstab für eine Haftung wegen der Verletzung eines ausländischen Markenrechts im Ergebnis unzulässig durchbrochen wird. Auf diese Weise wirkt das deutsche Markenrecht vermittelt durch die internationale Zuständigkeit deutscher Gerichte bei Verletzungen ausländischer Markenrechte im Ausland faktisch beeinflussend auf den ausländischen Markenrechtsschutz ein. Das Schutzlandprinzip verdrängt mithin in seinem Wirkungsbereich den Art. 38 EGBGB. Da das Schutzlandprinzip nicht nur für das Entstehen und Erlöschen des Schutzrechts maßgeblich ist, sondern auch für die Entstehung und den Inhalt des Anspruchs aus der Verletzung des Schutzrechts, erstreckt sich die Nichtanwendbarkeit des Art. 38 EGBGB insbesondere auch auf die *Rechtsfolgen einer Markenrechtsverletzung*.

## Teil 1. Anwendungsbereich

### Vorbemerkung zu den §§ 1 und 2

#### Inhaltsübersicht

| | Rn |
|---|---|
| A. Regelungsgegenstand des Markengesetzes | 1 |
| B. Ergänzender Kennzeichenschutz | 2 |

### A. Regelungsgegenstand des Markengesetzes

Der *Regelungsgegenstand* des MarkenG ist das *gesamte Kennzeichenrecht* (s. Einl, Rn 14 ff.). 1 Entgegen dem vom Gesetzgeber gewählten Titel *Markengesetz* handelt es sich um ein Kennzeichengesetz. Das MarkenG schützt *Marken, geschäftliche Bezeichnungen* und *geographische Herkunftsangaben* (§ 1). Zu den geschäftlichen Bezeichnungen rechnen neben den Unternehmenskennzeichen auch die Werktitel (§ 5 Abs. 1). Kennzeichenrechte sind ihrer Rechtsnatur nach *subjektive Ausschließlichkeitsrechte* (s. §§ 14, Rn 8; 15, Rn 9). Der zivilrechtliche Kennzeichenschutz der geographischen Herkunftsangaben wirkt sich gegenüber dem bisherigen Rechtszustand auf die Rechtsnatur der geographischen Herkunftsangaben aus (str. s. § 126, Rn 1).

### B. Ergänzender Kennzeichenschutz

Der Kennzeichenschutz nach dem MarkenG schließt die Anwendung anderer als mar- 2 kengesetzlicher Vorschriften zum Schutz der Kennzeichen nicht aus (§ 2). Zwischen dem Kennzeichenschutz nach dem MarkenG und dem Kennzeichenschutz nach anderen Vorschriften des Zivilrechts besteht *Anspruchskonkurrenz* (s. § 2, Rn 2 ff.). Der BGH anerkennt den *ergänzenden* wettbewerbsrechtlichen und bürgerlichrechtlichen Kennzeichenschutz, nicht aber eine *parallele* Anspruchskonkurrenz des MarkenG zum UWG und BGB (s. zum Rechtsschutz der geographischen Herkunftsangaben nach § 3 UWG BGH GRUR 1999, 252 – Warsteiner II; s. dazu § 126 Rn 3; s. zum wettbewerbsrechtlichen und bürgerlichrechtlichen Rechtsschutz bekannter Kennzeichen nach den §§ 1 UWG, 823 Abs. 1 BGB BGH GRUR 1999, 161 – MAC Dog; s. dazu § 15, Rn 411 ff.). Kennzeichen genießen zumindest ergänzend Firmenrechtsschutz, Namensrechtsschutz, Wettbewerbsrechtsschutz, Deliktsrechtsschutz, gewerblichen Rechtsschutz sowie internationalen und europäischen Rechtsschutz (s. § 2, Rn 6 ff.). Bei der Anwendung des ergänzenden Kennzeichenschutzes ist der *Schutzzweck des MarkenG* bei der Auslegung der zivilrechtlichen Vorschriften zu berücksichtigen.

### Geschützte Marken und sonstige Kennzeichen

**1** Nach diesem Gesetz werden geschützt:
1. Marken,
2. geschäftliche Bezeichnungen,
3. geographische Herkunftsangaben.

#### Inhaltsübersicht

| | Rn |
|---|---|
| A. Einheit des Kennzeichenschutzes | 1 |
| B. Sachlicher Geltungsbereich des MarkenG | 2–14 |
|     I. Kennzeichen als Oberbegriff | 2, 3 |

|  | Rn |
|---|---|
| II. Marken | 4–7 |
|   1. Sprachgebrauch von Marke und Zeichen | 4 |
|   2. Arten und Kategorien von Marken | 5 |
|   3. Marke als Produktkennzeichen | 6 |
|   4. Markenrechtliche Vorschriften | 7 |
| III. Geschäftliche Bezeichnungen | 8–12 |
|   1. Kennzeichenschutz der geschäftlichen Bezeichnungen | 8 |
|   2. Arten von geschäftlichen Bezeichnungen | 9–11 |
|     a) Unternehmenskennzeichen | 10 |
|     b) Werktitel | 11 |
|   3. Wegfall des wettbewerbsrechtlichen Schutzes | 12 |
| IV. Geographische Herkunftsangaben | 13, 14 |
| C. Rechtsschutzkonkurrenz im Kennzeichenrecht | 15, 16 |
| D. Verhältnis des nationalen Markenschutzes zum Gemeinschaftsmarkenrecht | 17, 18 |
|   I. Begriff der Gemeinschaftsmarke | 17 |
|   II. Nationale Markenrechte als relative Eintragungshindernisse | 18 |

## Entscheidung zum MarkenG

**BGH GRUR 1999, 252 – Warsteiner II**
Zur Rechtsnatur des Kennzeichenschutzes an geographischen Herkunftsangaben.

## A. Einheit des Kennzeichenschutzes

**1** Regelungsgegenstand des MarkenG ist das Kennzeichenrecht (§ 1). Das MarkenG vereinheitlicht den Kennzeichenschutz, ohne ihn abschließend zu regeln (§ 2). Alle Kennzeichenrechte sind in den sachlichen Geltungsbereich des MarkenG einbezogen. Zielsetzung der *Vereinheitlichung des Kennzeichenschutzes* im MarkenG war es, die historisch bedingte Aufspaltung der nationalen Kennzeichenrechte innerhalb des Warenzeichenrechts und des Wettbewerbsrechts, auch des zivilrechtlichen Namensrechts und des handelsrechtlichen Firmenrechts zu überwinden.

## B. Sachlicher Geltungsbereich des MarkenG

### I. Kennzeichen als Oberbegriff

**2** § 1 bestimmt allgemein den *sachlichen Geltungsbereich* des einheitlichen Kennzeichenschutzes nach dem MarkenG. Regelungsgegenstand des MarkenG sind Kennzeichen. *Kennzeichen* ist der im MarkenG verwendete *Oberbegriff*. § 1 spricht von geschützten Marken und sonstigen Kennzeichen. Allgemein kann man den Begriff der Kennzeichen dahin bestimmen: Kennzeichen sind Namen von unternehmerischen Leistungen (s. zu diesem an dem Kennzeichenschutz der unternehmerischen Leistung als dem umfassenden Schutzzweck des gesamten Kennzeichenrechts anknüpfenden Theorieansatz *Fezer*, FS für Gaedertz, S. 153, 167ff.; s. zum Begriff der Marke im einzelnen § 3, Rn 9ff.). Kennzeichen identifizieren Unternehmensleistungen im weitesten Sinne. Sie sind ein Instrument der unternehmerischen Kommunikation zwischen den Akteuren am Markt. Ein Kennzeichen dient der *Unterscheidung einer unternehmerischen Leistung* des Inhabers des Kennzeichens von Leistungen anderer Unternehmen. Geschützte Kennzeichen nach dem MarkenG sind *Marken* (§ 1 Nr. 1), *geschäftliche Bezeichnungen* (§ 1 Nr. 2) und *geographische Herkunftsangaben* (§ 1 Nr. 3). Kennzeichen sind *Kommunikationszeichen* über Waren und Dienstleistungen als unternehmerische Leistungen (*Produktkennzeichen*), über Unternehmen (*Unternehmenskennzeichen*) und über die geographische Herkunft von unternehmerischen Leistungen (*geographische Herkunftskennzeichen*).

**3** Das MarkenG regelt den Rechtsschutz von Kennzeichen. Kennzeichen sind Marken und sonstige Kennzeichen (§ 1). *Marken* im Sinne des § 1 Nr. 1 sind angemeldete oder eingetragene, durch Benutzung erworbene sowie notorisch bekannte Marken nach § 4, der nach der Entstehung des Markenschutzes als die drei Kategorien von Marken die *Registermarke* (§ 4 Nr. 1), die *Benutzungsmarke* (§ 4 Nr. 2) und die *Notorietätsmarke* (§ 4 Nr. 3) unterscheidet. *Sonstige Kennzeichen* sind *geschäftliche Bezeichnungen* (§ 5) und *geographische Herkunftsangaben* (§ 126).

## II. Marken

### 1. Sprachgebrauch von Marke und Zeichen

Nach § 1 Nr. 1 sind Marken geschützte Kennzeichen. Das MarkenG übernimmt den internationalen Sprachgebrauch und verwendet einheitlich den Begriff der Marke. Der Begriff der Marke war ursprünglich auch im deutschen Rechtskreis üblich, wenngleich der Gesetzgeber den Begriff des Zeichens bevorzugte. Von alters her gibt es in Deutschland Marken, die auf die bekannten Haus- und Hofmarken zurückgehen, die der Kennzeichnung von Personen, Familien und Verbänden dienten (zur Geschichte des Markenrechts s. Einl, Rn 1 ff.). Im preußischen Recht (V vom 18. August 1847, PrGBl. S. 335) wurde der Schutz von Fabrikzeichen an Eisen- und Stahlwaren in der Provinz Westphalen und der Rheinprovinz eingeführt. Das *Gesetz über den Markenschutz* vom 30. November 1874 (RGBl. S. 143) verwendete entgegen seinem Titel die Begriffe Zeichen und Warenzeichen. Im *Gesetz zum Schutz der Warenbezeichnungen* vom 12. Mai 1894 (RGBl. S. 441) und schließlich im *Warenzeichengesetz* vom 5. Mai 1936 (RGBl. II S. 134), das bis zum Inkrafttreten des MarkenG am 1. Januar 1995 galt, wird allgemein von Warenzeichen gesprochen. Als im Jahre 1979 die Eintragbarkeit der Dienstleistungsmarke im WZG eingeführt wurde, kam es gleichwohl nicht zu einer Änderung der Sprachregelung im übrigen; die Bezeichnung Warenzeichen wurde beibehalten. Im Recht der EU gilt der Begriff der Gemeinschaftsmarke (s. zum Gemeinschaftsmarkenrecht Einl, Rn 80 ff.).

### 2. Arten und Kategorien von Marken

Das MarkenG verwendet den Begriff der Marke (§ 1 Nr. 1) für alle Arten von Marken; das sind *Warenmarken* und *Dienstleistungsmarken* sowie *Kollektivmarken*. Eine ausdrückliche Definition der Marke enthält das MarkenG nicht, es umschreibt vielmehr in § 3 die Voraussetzungen der Schutzfähigkeit eines Zeichens als Marke. Das MarkenG versteht unter einer Marke ein Zeichen, das geeignet ist, Waren oder Dienstleistungen eines Unternehmens von denjenigen anderer Unternehmen zu unterscheiden (§ 3 Abs. 1). Der Begriff der Marke nach § 1 Nr. 1 umfaßt die nach der *Entstehung des Markenschutzes* zu unterscheidenden *drei Kategorien* von Marken: *Registermarken* als angemeldete oder eingetragene Marken (§ 4 Nr. 1), *Benutzungsmarken* als durch den Erwerb von Verkehrsgeltung entstehende Marken (§ 4 Nr. 2) und *Notorietätsmarken* als im Sinne der PVÜ notorisch bekannte Marken (§ 4 Nr. 3).

### 3. Marke als Produktkennzeichen

Allgemein kann man das Wesen der Marke dahin umschreiben: Eine Marke ist der Name eines Produkts. Wie ein Personenname über eine natürliche Person, berichtet ein Produktname vornehmlich von der Herkunft, den Eigenschaften und dem Ruf eines Produkts (Produktkennzeichen), ein Handelsname über ein Unternehmen als solches (Unternehmenskennzeichen). Die *Marke als Produktkennzeichen* identifiziert das Produkt, das sie von Produkten anderer Unternehmen auf dem Markt unterscheidet, und sie kommuniziert das Charakterbild des Produkts in der Öffentlichkeit. Schlagwortartig formuliert: Die Marke *identifiziert* und *kommuniziert* auf dem Markt (s. § 3, Rn 9 ff.). Die Markenkommunikation ist Marketingbestandteil einer mehrdimensionalen und multimedialen Kommunikation über unternehmerische Leistungen. Die Marke ist ein Unterscheidungszeichen zur Identifikation von Unternehmensprodukten auf dem Markt (*produktidentifizierendes Unterscheidungszeichen*).

### 4. Markenrechtliche Vorschriften

Die *materiellrechtlichen* Regelungen des Markenschutzes enthält Teil 2 des MarkenG (§§ 3 bis 31); das *Verfahren* in Markenangelegenheiten ist in Teil 3 des MarkenG (§§ 32 bis 96) geregelt. Teil 4 des MarkenG (§§ 97 bis 106) enthält Vorschriften über die Kollektivmarke. Gegenstand von Teil 5 des MarkenG (§§ 107 bis 125h) sind Vorschriften über die international registrierten Marken sowie über die Gemeinschaftsmarken.

### III. Geschäftliche Bezeichnungen

#### 1. Kennzeichenschutz der geschäftlichen Bezeichnungen

8    Das MarkenG gewährt geschäftlichen Bezeichnungen Kennzeichenschutz. Nach § 1 Nr. 2 sind geschäftliche Bezeichnungen sonstige Kennzeichen, die nach dem MarkenG geschützt werden. Der Schutz der geschäftlichen Bezeichnungen ist gemeinsam mit dem Markenschutz in Teil 2 des MarkenG (§§ 3 bis 31) geregelt.

#### 2. Arten von geschäftlichen Bezeichnungen

9    Das MarkenG unterscheidet zwei Arten von geschäftlichen Bezeichnungen. Nach § 5 Abs. 1 werden *Unternehmenskennzeichen* und *Werktitel* als geschäftliche Bezeichnungen geschützt.

10   a) **Unternehmenskennzeichen.** Unternehmenskennzeichen sind als *Name, Firma* oder *besondere Bezeichnung eines Geschäftsbetriebs oder Unternehmens* benutzte Zeichen (§ 5 Abs. 2 S. 1). Der besonderen Geschäfts- oder Unternehmensbezeichnung (§ 5 Abs. 2 S. 1 3. Alt.) werden nach § 5 Abs. 2 S. 2 *Geschäftsabzeichen* und *sonstige betriebliche Unterscheidungszeichen* gleichgestellt, die innerhalb der beteiligten Verkehrskreise als Kennzeichen des Geschäftsbetriebs gelten.

11   b) **Werktitel.** Als Werktitel, denen als geschäftliche Bezeichnungen der Schutz nach dem MarkenG gewährt wird, werden nach § 5 Abs. 3 Namen und besondere Bezeichnungen von *Druckschriften, Filmwerken, Tonwerken, Bühnenwerken* oder *sonstigen vergleichbaren Werken* geschützt.

#### 3. Wegfall des wettbewerbsrechtlichen Schutzes

12   Die Einbeziehung des Kennzeichenschutzes der geschäftlichen Bezeichnungen in das MarkenG hat zur Folge, daß der bisherige Schutz der geschäftlichen Bezeichnungen im Wettbewerbsrecht nach § 16 UWG aF entfällt; nach Art. 25 Nr. 2 des Markenrechtsreformgesetzes vom 25. Oktober 1994 (BGBl. I S. 3082) wurde § 16 UWG aF aufgehoben.

### IV. Geographische Herkunftsangaben

13   Geographische Herkunftsangaben werden als sonstige Kennzeichen nach dem MarkenG geschützt (§ 1 Nr. 3). Der *zivilrechtliche* Schutz der geographischen Herkunftsangaben ist in Teil 6 des MarkenG (§§ 126 bis 139) geregelt; § 144 regelt den *strafrechtlichen* Schutz vor einer Benutzung geographischer Herkunftsangaben. Das MarkenG vereinheitlicht den Rechtsschutz von geographischen Herkunftsangaben, der nach bisheriger Rechtslage in verschiedenen Vorschriften des Wettbewerbs- und Warenzeichenrechts geregelt war (§§ 3, 5 UWG, 26 WZG). Das MarkenG enthält ferner die Durchführungsvorschriften zum Schutz von geographischen Angaben und Ursprungsbezeichnungen für Agrarerzeugnisse und Lebensmittel gemäß der Verordnung (EWG) Nr. 2081/92 des Rates (ABl. EG L 208, S. 1) vom 14. Juli 1992 (§§ 130 bis 136).

14   Nach der Rechtslage im WZG bestand für geographische Herkunftsangaben vornehmlich ein Wettbewerbsschutz aufgrund des Verbots der irreführenden Werbung nach § 3 UWG. Dieser wettbewerbsrechtliche Schutz der geographischen Herkunftsangaben wurde als ein objektivrechtlicher Interessenschutz verstanden. Geographische Herkunftsangaben waren ihrer Rechtsnatur nach keine subjektiven Immaterialgüterrechte. Nach der Rechtslage im MarkenG besteht an geographischen Herkunftsangaben Kennzeichenschutz. Folge des

Kennzeichenschutzes an geographischen Herkunftsangaben ist es, daß geographische Herkunftsangaben als *immaterialgüterrechtliche Vermögensrechte* verstanden werden und ihrer Rechtsnatur nach *subjektive Rechte* mit eingeschränkter Ausschließlichkeitsfunktion darstellen (ähnlich *Knaak*, GRUR 1995, 103, 105; aA BGH GRUR 1999, 252 – Warsteiner II; s. dazu § 126, Rn 4). Geographische Herkunftsangaben fallen unter den Schutz des gewerblichen und kommerziellen Eigentums im Sinne des Art. 36 EGV (EuGH, Rs. C-3/91, Slg. 1992, I-5529, GRUR Int 1993, 76, 78 – Turrón de Alicante). Wie das Markenrecht durch Eintragung entsteht, wenn die Eintragungsvoraussetzungen erfüllt sind, so entsteht ein subjektives Kennzeichenrecht an der geographischen Herkunftsangabe durch Benutzung, wenn die Schutzvoraussetzungen eines rechtmäßigen Gebrauchs erfüllt sind. Die Besonderheit der geographischen Herkunftsangaben als subjektive Immaterialgüterrechte besteht in ihrer eingeschränkten Ausschließlichkeitsfunktion. Geographische Herkunftsangaben als Ausschließlichkeitsrechte wirken gegenüber solchen Dritten, die die Voraussetzungen zur Benutzung einer geographischen Herkunftsangabe nach den §§ 126 ff. nicht erfüllen. Innerhalb der rechtmäßigen Benutzer einer geographischen Herkunftsangabe kommt der geographischen Herkunftsangabe als einem subjektiven Recht keine Ausschließlichkeitsfunktion zu. Die Rechtslage ist der Entstehung des Markenschutzes durch Eintragung nach § 4 Nr. 1 vergleichbar, wenn das Zeichen für mehrere Markeninhaber als Marke in das Markenregister eingetragen wird (s. § 7, Rn 46).

## C. Rechtsschutzkonkurrenz im Kennzeichenrecht

Der Inhaber einer Marke (§ 14), der Inhaber einer geschäftlichen Bezeichnung (§ 15) und der Inhaber einer geographischen Herkunftsangabe (§ 126) hat ein subjektives Ausschließlichkeitsrecht an der Marke (§ 1 Nr. 1), der geschäftlichen Bezeichnung (§ 1 Nr. 2) und der geographischen Herkunftsangabe (§ 1 Nr. 3) als nach dem MarkenG geschützten Kennzeichen. Marken, geschäftliche Bezeichnungen und geographische Herkunftsangaben sind subjektive Immaterialgüterrechte. Das MarkenG hat den Rechtsschutz der geographischen Herkunftsangabe gegenüber der Rechtslage im WZG und dem Wettbewerbsschutz der geographischen Herkunftsangabe aufgrund des Verbots der irreführenden Werbung nach § 3 UWG verstärkt. Der nach dem MarkenG bestehende Rechtsschutz als Marke, als geschäftlicher Bezeichnung und als geographischer Herkunftsangabe ist ein gleichwertiger Immaterialgüterrechtsschutz.

Zwischen dem Kennzeichenschutz als Marke (§ 1 Nr. 1) und dem Kennzeichenschutz als geschäftlicher Bezeichnung (§ 1 Nr. 2) besteht *Rechtsschutzkonkurrenz*. Die Parallelität des Kennzeichenschutzes ist eine Folge der rechtlichen Selbständigkeit dieser beiden Arten des Kennzeichenschutzes als eines Rechtsschutzes subjektiver Ausschließlichkeitsrechte. Anders ist die Rechtslage hinsichtlich des Kennzeichenschutzes an geographischen Herkunftsangaben. Nach § 8 Abs. 2 Nr. 2 sind geographische Herkunftsangaben grundsätzlich von der Eintragung als Marke in das Markenregister ausgeschlossen; an geographischen Herkunftsangaben besteht ein absolutes Schutzhindernis als Marke. Eine Parallelität und damit Konkurrenz des Kennzeichenschutzes als Marke und als geographische Herkunftsangabe ist insoweit ausgeschlossen. Ein als geographische Herkunftsangabe nach § 3 Abs. 1 als Marke schutzfähiges Zeichen ist nur dann nicht von der Eintragung als Marke ausgeschlossen, wenn die Marke in den beteiligten Verkehrskreisen nach § 8 Abs. 3 Verkehrsdurchsetzung erworben hat.

## D. Verhältnis des nationalen Markenschutzes zum Gemeinschaftsmarkenrecht

### I. Begriff der Gemeinschaftsmarke

Die Gemeinschaftsmarke, die durch Eintragung erworben wird (Art. 6 GMarkenV), ist eine entsprechend den Voraussetzungen und Einzelheiten der Verordnung (EG) Nr. 40/94 des Rates vom 20. Dezember 1993 über die Gemeinschaftsmarke (ABl. EG Nr. L 11 vom 14. Januar 1994, S. 1) eingetragene Marke für Waren oder Dienstleistungen (Art. 1 Abs. 1

**MarkenG § 2**  Anwendung anderer Vorschriften

GMarkenV). Die Gemeinschaftsmarke ist ein über die nationalen Grenzen hinausgehendes Markenrecht, das sich auf das gesamte Gebiet der EU erstreckt und einem einheitlichen, unmittelbar in allen Mitgliedstaaten geltenden Gemeinschaftsrecht unterliegt (Grundsatz der Einheitlichkeit, Art. 1 Abs. 2 GMarkenV). Folge der einheitlichen Wirkung der Gemeinschaftsmarke ist es, daß die Gemeinschaftsmarke nur für das gesamte *Territorium der EU* als des Geltungsbereichs der Gemeinschaftsmarke eingetragen und übertragen werden kann. Die Benutzung der Gemeinschaftsmarke kann grundsätzlich, wenn sich aus der GMarkenV nichts anderes ergibt, nur für die gesamte Gemeinschaft, nicht aber für einzelne Mitgliedstaaten untersagt werden (s. zur Gemeinschaftsmarke im einzelnen Einl, Rn 80ff.).

### II. Nationale Markenrechte als relative Eintragungshindernisse

**18**  Die Gemeinschaftsmarke als gemeinschaftliches Markenrecht der EU tritt nicht an die Stelle der nationalen Markenrechte nach den Markenrechtsordnungen der Mitgliedstaaten. Es ist nicht gerechtfertigt, die Unternehmen zu zwingen, ihre Marken als Gemeinschaftsmarken anzumelden. Die nationalen Marken in den Mitgliedstaaten sind nach wie vor für diejenigen Unternehmen notwendig, die keines Schutzes ihrer Marken auf Gemeinschaftsebene bedürfen. Auch soweit Gemeinschaftsmarkenrechte erworben werden, bestehen die nationalen Kennzeichenrechte gleichwertig daneben (Grundsatz der Koexistenz). Das ursprünglich geplante Verbot eines Doppelschutzes (Art. 81 Verordnungsvorschlag 1984) ist in der GMarkenV nicht übernommen worden. Nationale Marken, die in einem Mitgliedstaat eingetragen sind (Art. 8 Abs. 2 lit. a ii GMarkenV), oder mit Wirkung für einen Mitgliedstaat international registrierte Marken (Art. 8 Abs. 2 lit. a iii GMarkenV) stellen als ältere Markenrechte relative Eintragungshindernisse für eine angemeldete Gemeinschaftsmarke dar, die auf Widerspruch des Inhabers des prioritätsälteren Markenrechts von der Eintragung ausgeschlossen ist, wenn zwischen den Marken Identität oder Verwechslungsgefahr besteht (Art. 8 Abs. 1 GMarkenV; s. zur Gemeinschaftsmarke im einzelnen Einl, Rn 97ff.).

**Anwendung anderer Vorschriften**

**2**  Der Schutz von Marken, geschäftlichen Bezeichnungen und geographischen Herkunftsangaben nach diesem Gesetz schließt die Anwendung anderer Vorschriften zum Schutz dieser Kennzeichen nicht aus.

**Inhaltsübersicht**

|  | Rn |
|---|---|
| A. Markengesetz als nicht abschließende Regelung | 1 |
| B. Ergänzender Kennzeichenschutz | 2–12 |
|    I. Grundsatz der Anspruchskonkurrenz | 2–5 |
|   II. Wettbewerbsschutz und Unternehmensschutz | 6–11 |
|     1. Der wettbewerbsrechtliche Schutz der Kennzeichen | 6–10 |
|     2. Der unternehmensrechtliche Schutz der Kennzeichen | 11 |
|  III. Objektive Klagenhäufung (§ 260 ZPO) | 12 |

**Schrifttum zum WZG und UWG.** *Beier/Kur*, Das Verhältnis von Markenrecht und Recht des unlauteren Wettbewerbs im Wandel der Zeiten, FS für Fikentscher, 1998, S. 477; *Bork*, Kennzeichenschutz im Wandel – Zum Verhältnis des bürgerlichrechtlichen zum wettbewerbsrechtlichen Schutz der berühmten Marke gegen Verwässerungsgefahr, GRUR 1989, 725; *Deutsch*, Der Schutz von Marken und Firmen außerhalb des Wettbewerbsbereichs, FS für Gaedertz, 1992, S. 99; *Erdmann*, Die zeitliche Begrenzung des ergänzenden wettbewerbsrechtlichen Leistungsschutzes, FS für Vieregge, 1995, S. 197; *Fezer*, Markenschutz durch Wettbewerbsrecht, GRUR 1986, 485; *Fezer*, Der wettbewerbsrechtliche Schutz der unternehmerischen Leistung, FS GRUR, Bd. II, 1991, S. 939; *Fezer*, Leistungsschutz im Wettbewerbsrecht, WRP 1993, 63; *v. Gamm*, Der ergänzende wettbewerbsrechtliche Schutz von Kennzeichnungsrechten, Zehn Jahre Bundespatentgericht, 1971, S. 133ff.; *Keller*, Der Schutz eingetragener Marken gegen Rufausbeutung, Diss. Heidelberg, 1994; *Klippel*, Grundfragen des Schutzes gewerblicher Kennzeichen gegen Verwässerungsgefahr, GRUR 1986, 697; *Knies*, Der wettbewerbsrechtliche Leistungsschutz – eine unzulässige Rechtsfortbildung?, Diss. Hamburg, 1996; *Kraft*, Notwendigkeit und Chancen eines verstärkten Schutzes bekannter Marken im WZG, GRUR 1991, 339; *Pluta*,

Der ergänzende wettbewerbsrechtliche Kennzeichenschutz mit Blick auf die Rechtslage in England, USA, Frankreich und Italien, Diss. München, 1977.

**Schrifttum zum MarkenG.** *Starck*, Die Auswirkungen des Markengesetzes auf das Gesetz gegen den unlauteren Wettbewerb, DZWir 1996, 313.

S. auch die Schrifttumsangaben zu § 14 C V (vor Rn 410) und VI (vor Rn 441).

### Entscheidungen zum MarkenG

**1. BGH GRUR 1998, 69 – VENUS MULTI**
Die Geltendmachung kennzeichenrechtlicher Ansprüche nach dem MarkenG neben Ansprüchen nach dem UWG stellt sich auch bei identischem Klagebegehren als eine objektive Klagenhäufung nach § 260 ZPO dar.

**2. BGH GRUR 1999, 161 – MAC Dog**
Zum ergänzenden Wettbewerbsschutz der Marke.

**3. BGH GRUR 1999, 252 – Warsteiner II**
Zum ergänzenden Wettbewerbsschutz geographischer Herkunftsangaben.

## A. Markengesetz als nicht abschließende Regelung

Das MarkenG regelt den Kennzeichenschutz nicht abschließend. Andere als markengesetzliche Vorschriften sind auf den Schutz von Marken, geschäftlichen Bezeichnungen und geographischen Herkunftsangaben *ergänzend* anzuwenden. Das entspricht der bisher geltenden Rechtslage zum Wettbewerbs- und Warenzeichenrecht sowie zum gewerblichen Rechtsschutz, zum Namens- und Firmenrecht und zum allgemeinen Deliktsrecht; insoweit kommt § 2 nur eine klarstellende Funktion zu.

## B. Ergänzender Kennzeichenschutz

### I. Grundsatz der Anspruchskonkurrenz

Kennzeichen sind außerhalb des MarkenG geschützt, wenn die Schutzvoraussetzungen eines anderen Gesetzes vorliegen. Zwischen *markengesetzlichem* und *ergänzendem Kennzeichenschutz* nach anderen Vorschriften als des MarkenG besteht *Anspruchskonkurrenz*. Der ergänzende Rechtsschutz der Marke und der sonstigen Kennzeichen darf den Schranken des Kennzeichenschutzes nach dem MarkenG nicht widersprechen. Die *Reichweite* des ergänzenden Kennzeichenschutzes richtet sich nach dem *Normzweck* der Schutzvorschriften außerhalb des MarkenG. Der BGH anerkennt zwar den ergänzenden wettbewerbsrechtlichen und bürgerlichrechtlichen Rechtsschutz der Kennzeichen, wendet aber die Vorschriften des UWG und BGB nur dann an, wenn der Schutz nach dem MarkenG versagt (s. zum wettbewerbsrechtlichen und bürgerlichrechtlichen Rechtsschutz bekannter Kennzeichen BGH GRUR 1999, 161 – MAC Dog; s. dazu § 14, Rn 411 ff.; s. zum Rechtsschutz der geographischen Herkunftsangaben nach § 3 UWG BGH GRUR 1999, 252 – Warsteiner II; s. dazu § 126, Rn 3). Nach der in diesem Kommentar vertretenen Auffassung, besteht nach § 2 eine *vollständige Anspruchskonkurrenz* und sind die kennzeichenrechtlichen Tatbestände des MarkenG, UWG und BGB aufgrund einer *autonomen Anwendung* der Gesetze *parallel* nebeneinander anzuwenden. So besteht etwa nach der hier vertretenen Auffassung zwischen dem Bekanntheitsschutz der Marke nach § 14 Abs. 2 Nr. 3 und der wettbewerbswidrigen Anlehnung an ein fremdes Kennzeichen zur Empfehlung des eigenen Produkts nach § 1 UWG Anspruchskonkurrenz. Die parallele Anspruchskonkurrenz ist etwa wegen der im MarkenG und im UWG unterschiedlichen Regelung der Aktivlegitimation und damit zur Gewährleistung einer effizienten Verfolgung von Wettbewerbsverstößen nach § 13 UWG von Bedeutung. Die Wettbewerbswidrigkeit einer Annäherung an ein fremdes Kennzeichen nach § 1 UWG kann sich aber auch aus dem *Vorliegen weiterer besonderer Umstände*, wie etwa der gesamten Marketingkonzeption, ergeben, selbst wenn die Verwendung des Kennzeichens als solches nicht unter die Schutzbereiche der konkreten Kennzeichen nach dem MarkenG, wie etwa der bekannten Marke nach § 14 Abs. 2 Nr. 3 oder der bekannten geschäftlichen Bezeichnung nach § 15 Abs. 3, zu subsumieren ist. Rechtsgrundlage des ergänzenden Kennzeichenschutzes kann das Firmenrecht, das Namensrecht, das Wettbewerbsrecht, das Deliktsrecht und der gewerbliche Rechtsschutz sowie der internationale und europäische Rechtsschutz sein (s. Rn 6 ff.). Umgekehrt sollte auch der markengesetzliche Rechtsschutz nicht ungebührlich beschränkt und unter Hinweis auf das Bestehen von wettbewerbsrechtlichem Rechtsschutz verkürzt werden. Das gilt etwa für den kennzeichenrechtlichen Bekanntheitsschutz der Marke nach § 14 Abs. 2 Nr. 3 innerhalb des Produktähnlichkeitsbereichs (s. dazu § 14, Rn 431, 435). Zu verweisen ist nur auf eine Vielzahl von Spezifika des markengesetzlichen Rechtsschutzes, wie etwa eines *Herstellungsverbots* nach § 14 Abs. 3 Nr. 1, eines *Besitzverbots* nach § 14 Abs. 3 Nr. 2, der *Grenzbeschlagnahme* nach den §§ 146 ff. und der VO (EG) Nr. 3295/94, der *Verhängung von Strafen* nach § 143 Abs. 1 Nr. 3 lit. b, der *Verjährung* nach § 20 und der *Verwirkung* nach § 21, aber auch auf *verfahrensrechtliche Besonderheiten*, wie etwa der *Zuständigkeit der Kennzeichengerichte* nach § 140 oder der *Kostenerstattung* für einen mitwirkenden Patentanwalt nach § 140 Abs. 5 (s. dazu zutreffend Eichmann, GRUR 1998, 201, 206).

3   Nicht nur das Verhältnis des Kennzeichenrechts, sondern allgemein des Immaterialgüterrechts zum Wettbewerbsrecht wird weithin dahin verstanden, daß der wettbewerbsrechtliche Leistungsschutz eine *ausnahmsweise* Ergänzung des immaterialgüterrechtlichen Sonderrechtsschutzes darstelle. Diese Reduktion des Wettbewerbsrechts auf eine Lückenbüßerfunktion ist verfehlt. Der *Schutz der unternehmerischen Leistung* ist im Wettbewerbsrecht als eine originäre Aufgabe dieses Rechtsgebietes eigenständig zu begründen. Schon rechtstheoretisch vermag die Auffassung von der *abschließenden Regelung* der Immaterialgüterrechtsgesetze (*numerus clausus der Immaterialgüterrechte*) nicht zu überzeugen. Der Anwendungsbereich der Sonderrechtsgesetze bestimmt sich nach deren jeweiligem immaterialgüterrechtlichen Normzweck und damit nach dem *Schutzbereich der einzelnen gewerblichen Schutzrechte*. Der wettbewerbsrechtliche Schutz der unternehmerischen Leistung dient einem anderen Schutzzweck. Schon insoweit normieren die Sonderrechtsgesetze den unternehmerischen Leistungsschutz nicht abschließend (s. dazu *Fezer*, WRP 1993, 63, 64 f.; *Fezer*, GRUR 1986, 485, 490 ff.; *Fezer*, FS GRUR, Bd. II, S. 939, 959 ff.; weithin zustimmend *Ulmer*, WRP 1987, 299, 303 ff.; *Rohnke*, GRUR 1991, 284; kritisch *Kraft*, FS GRUR, Bd. II, S. 729, 756 ff.; zu einem deliktsrechtlichen Ansatz s. *Deutsch*, FS für Gaedertz, S. 99). Das Wettbewerbsrecht dient der *Abwehr von Behinderungswettbewerb* zum Schutze des Leistungswettbewerbs. Damit rückt die Schutzwürdigkeit der unternehmerischen Leistung an sich in den Mittelpunkt der wettbewerbsrechtlichen Bewertung zur Abwehr von Behinderungen im Leistungswettbewerb. Der wettbewerbsrechtliche Leistungsschutz kann nicht als Schaffung gesetzloser Ersatzausschließlichkeitsrechte, die den Wettbewerb erheblich behinderten, gebrandmarkt werden (s. aber repräsentativ *Emmerich*, Das Recht des unlauteren Wettbewerbs, S. 160). Im Anschluß an das traditionelle Verhältnis des Immaterialgüterrechts zum Wettbewerbsrecht wurde weithin auch das Verhältnis des Kennzeichenrechts zum Wettbewerbsrecht dahin bestimmt, der ergänzende Leistungsschutz nach § 1 UWG komme dann nicht in Betracht, wenn ein kennzeichenrechtlicher Schutz bestehe. Der BGH anerkennt zwar den *ergänzenden* wettbewerbsrechtlichen und bürgerlichrechtlichen Rechtsschutz der Kennzeichen, wendet aber die Vorschriften des UWG und BGB nur dann an, wenn der Schutz nach dem MarkenG versagt (s. zum Rechtsschutz der bekannten Kennzeichen BGH GRUR 1999, 161 – MAC Dog; s. dazu § 14, Rn 411 ff.; s. zum Rechtsschutz der geographischen Herkunftsangaben nach § 3 UWG BGH GRUR 1999, 252 – Warsteiner II; s. dazu § 126, Rn 3). Ein wettbewerbsrechtlicher Schutz soll bei Kennzeichen nur dann bedeutsam sein, wenn der Sonderschutz der Kennzeichengesetze nicht eingreife (s. dazu *Baumbach/Hefermehl*, Wettbewerbsrecht, § 1 UWG, Rn 483 ff., 559 a ff.). Nach der in diesem Kommentar vertretenen Auffassung besteht nach § 2 eine *vollständige Anspruchskonkurrenz* und sind die kennzeichenrechtlichen Tatbestände des MarkenG, UWG und BGB aufgrund einer *autonomen Anwendung der Gesetze parallel* nebeneinander anzuwenden.

4   Über den *ergänzenden Leistungsschutz nach Wettbewerbsrecht* hinaus sollte der Grundsatz einer *vollständigen Anspruchskonkurrenz zwischen Wettbewerbsrecht und Kennzeichenrecht* anerkannt werden (autonome Anwendung der Gesetze). Die *Verschiedenheit der Normzwecke, Schutzvor-*

*aussetzungen* und *Sanktionen* rechtfertigt eine an dem normspezifischen Schutzzweck orientierte, *autonome* und *parallele* Anwendung der Schutzvorschriften, wenn deren Tatbestandsvoraussetzungen gegeben sind. Eine Anspruchskonkurrenz scheidet nur dann aus, wenn nach dem Normzweck eines Schutztatbestandes diesem eindeutig eine *abschließende Regelung* zukommt. Das aber ist im Kennzeichenrecht allgemein nicht der Fall. Die Regel der Konkurrenzlehre *lex specialis derogat legi generali,* die zudem allein dazu dient, Widersprüche zwischen verschiedenen Gesetzen zu vermeiden, um die Einheit und Widerspruchslosigkeit der Rechtsordnung zu gewährleisten (s. *Engisch,* Einführung in das juristische Denken, 9. Aufl., 1997, S. 209 ff.; *Larenz,* Methodenlehre der Rechtswissenschaft, 6. Aufl., 1991, S. 266 ff.: „Nur dann, wenn die Rechtsfolgen sich ausschließen, führt das logische Verhältnis der Spezialität notwendig zur Verdrängung der allgemeineren Norm, da im umgekehrten Fall die spezielle Norm überhaupt kein Anwendungsgebiet hätte."), gilt allgemein zur Bestimmung des Verhältnisses von gewerblichem Rechtsschutz zum Lauterkeitsrecht als überholt (s. zu den verschiedenen Abgrenzungstheorien näher *Müller,* in: v. Bühren/David, Schweiz. Immaterialgüter- und Wettbewerbsrecht, Bd. V/1, Lauterkeitsrecht, S. 39 ff.). Insoweit besteht etwa eine vollständige Anspruchskonkurrenz zwischen dem wettbewerbsrechtlichen und dem kennzeichenrechtlichen Bekanntheitsschutz der Marken und geschäftlichen Bezeichnungen, so daß ein Sachverhalt, der sowohl unter § 1 UWG als auch unter die §§ 14 Abs. 2 Nr. 3 und 15 Abs. 3 zu subsumieren ist, zugleich die wettbewerbsrechtlichen und die kennzeichenrechtlichen Sanktionen auslöst (s. dazu im einzelnen § 14, Rn 411). Anders geht der BGH davon aus, die Regelung zum Schutz bekannter Marken und Unternehmenskennzeichnungen sei an die Stelle des bisherigen von der Rechtsprechung entwickelten Schutzes getreten und lasse in ihrem Anwendungsbereich für eine gleichzeitige Anwendung des § 1 UWG oder des § 823 Abs. 1 BGB grundsätzlich keinen Raum (BGH GRUR 1999, 161 – MAC Dog). Der BGH geht auch zur Bestimmung des Verhältnisses des Kennzeichenschutzes der geographischen Herkunftsangaben nach den §§ 126 ff. zu den wettbewerbsrechtlichen Vorschriften der §§ 3, 1 UWG von der lex specialis-Regelung mit der Folge aus, daß die wettbewerbsrechtlichen Vorschriften nur noch ergänzend für solche Sachverhalte herangezogen werden können, die nicht unter die §§ 126 ff. fallen (BGH GRUR 1999, 252 – Warsteiner II). Diese Rechtsansicht wird von der lex specialis-Regelung nicht gerechtfertigt und mißachtet die vom Gesetzgeber in § 2 normierte Anspruchskonkurrenz. Man wird nach wie vor diese Anspruchskonkurrenz zum MarkenG angemessen als *ergänzenden Kennzeichenschutz* bezeichnen können, wenn nur deutlich gemacht wird, daß der außermarkengesetzliche Schutz nicht nur dann besteht, wenn ein Kennzeichenschutz nach dem MarkenG nicht besteht, sondern daß entgegen der Rechtsansicht des BGH die außermarkengesetzlichen Schutztatbestände autonom und parallel zum Kennzeichenschutz immer dann eingreifen, wenn deren Schutzvoraussetzungen gegeben sind. Das gilt etwa auch für den namensrechtlichen oder deliktsrechtlichen Berühmtheitsschutz der Marke nach den §§ 12, 823 Abs. 1 BGB (s. § 14, Rn 441) oder den wettbewerbsrechtlichen Schutz der geographischen Herkunftsangaben nach § 3 UWG; aA BGH GRUR 1999, 252 – Warsteiner II; s. § 126, Rn 3). Den Wettbewerbstatbestand einer *vermeidbaren Herkunftstäuschung* bei Anlehnung an eine Kombinationsmarke mit einem wettbewerblich eigenartigen Gepräge, das herkunftskennzeichnend wirkt, anerkennt der BGH in Anspruchskonkurrenz (BGH GRUR 1998, 934, 937 – Wunderbaum). Auch bei einem restriktiven Verständnis der Anspruchskonkurrenz des § 2 im Sinne eines nur ergänzenden und nicht parallelen Wettbewerbschutzes werden etwa neben dem Nichtigkeitsgrund der bösgläubigen Anmeldung nach § 50 Abs. 1 Nr. 4 auch der Tatbestand des *Behinderungswettbewerbs* nach § 1 UWG, sowie ein wettbewerbsrechtlicher Anspruch auf *Rücknahme der Anmeldung* oder *Löschung der Eintragung* der Marke im Markenregister in Anspruchskonkurrenz bestehen ( s. dazu §§ 32, Rn 59; 50, Rn 23 ff., 28; so auch *v. Linstow,* MarkenR 1999, 81).

In der Konkurrenzlehre wird weithin zwischen *Anspruchsnormenkonkurrenz,* bei der ein einheitlicher Anspruch aufgrund mehrerer Anspruchsnormen mehrfach begründet wird, und *Anspruchskonkurrenz,* bei der sich aus mehreren Anspruchsnormen selbständige Ansprüche zur Befriedigung des gleichen wirtschaftlichen Interesses ergeben, unterschieden (s. dazu nur *Georgiades,* Die Anspruchskonkurrenz im Zivilrecht und Zivilprozeßrecht, 1968, S. 167 f., 190 f.; s. allgemein *Dietz,* Anspruchskonkurrenz bei Vertragsverletzung und Delikt, 1934). Selbst wenn man die Aufteilung der traditionellen Konkurrenzlehre in diese beiden Arten der Konkurrenzen für sachgerecht hält, kommt es darauf für die Bestimmung des Verhältnisses des Kennzeichenrechtsschutzes als Teil des Immaterialgüterrechts zum Wettbewerbsschutz im einzelnen nicht an. Die Normzweckverschiedenheit des Rechtsschutzes rechtfertigt die Annahme selbständiger Ansprüche zum Schutz der Kennzeichen nach dem MarkenG und dem Wettbewerbsrecht einschließlich dem bürgerlichen Recht.

## II. Wettbewerbsschutz und Unternehmensschutz

### 1. Der wettbewerbsrechtliche Schutz der Kennzeichen

**6** Zwischen dem Kennzeichenschutz nach dem MarkenG und dem ergänzenden Wettbewerbsschutz der Kennzeichen nach dem UWG besteht Anspruchskonkurrenz (s. Rn 2 ff.). Der in der Rechtsprechung entwickelte Tatbestand einer *wettbewerbswidrigen Anlehnung* an fremde Kennzeichen zur Empfehlung der eigenen Ware hat eine eingehende Systematisierung erfahren (s. dazu im einzelnen *Baumbach/Hefermehl,* Wettbewerbsrecht, § 1 UWG, Rn 559 a ff.). Nach § 1 UWG ist die versteckte und die offene Anlehnung an eine fremde Marke verboten. Die *versteckte Anlehnung* (Schmarotzen) wird dann als sittenwidrig beurteilt, wenn ein Wettbewerber sich bewußt an verkehrsbekannte Merkmale eines fremden Kennzeichens annähert, um auf diese Weise den guten Ruf des Kennzeichens des Mitbewerbers für seine Produkte auszunutzen (s. dazu im einzelnen *Baumbach/Hefermehl,* Wettbewerbsrecht, § 1 UWG, Rn 560 ff.). Er schleicht sich gleichsam verdeckt an das fremde Kennzeichen an. Die *offene Anlehnung* wird dann als sittenwidrig beurteilt, wenn ein Wettbewerber in der Werbung für ein mit seinem Kennzeichen versehenes Produkt ein fremdes Kennzeichen verwendet, um an dem guten Ruf des Kennzeichens des Mitbewerbers zur Empfehlung des eigenen Produkts teilzuhaben. Unverhohlen wird an fremdem Ruf partizipiert. Weder die versteckte noch die offene Anlehnung verlangen das Vorliegen einer Verwechslungsgefahr (*Baumbach/Hefermehl,* Wettbewerbsrecht, § 1 UWG, Rn 563). Als eine Fallkonstellation des wettbewerbsrechtlichen Kennzeichenschutzes hat sich seit Anfang der achtziger Jahre die *Ausbeutung des guten Rufs einer branchenfremde Marke* entwickelt (s. dazu im einzelnen *Baumbach/Hefermehl,* Wettbewerbsrecht, § 1 UWG, Rn 564 ff.), die eine Vorreiterrolle für die Einführung des Bekanntheitsschutzes der Marke in das MarkenG nach § 14 Abs. 2 Nr. 3 spielte (s. dazu § 14, Rn 410 ff.).

**7** Es wird schließlich der Gedanke der *Verkehrsverwirrung* zur Begründung der Wettbewerbswidrigkeit der Verwendung eines fremden Kennzeichens außerhalb eines markenmäßigen Gebrauchs fruchtbar gemacht (BGH GRUR 1960, 126 – Sternbild). Auch die *gattungsmäßige Verwendung* eines fremden Kennzeichens kann unter besonderen Umständen wettbewerbswidrig sein (BGH GRUR 1964, 82, 83 – Lesering; 1968, 425, 427 – feuerfest II). Die leichtfertige Gefährdung wertvoller Kennzeichen wie namentlich die *bewußte Annäherung* in verwerflicher Absicht an Kennzeichen mit überragender Verkehrsgeltung kann aus Gründen der Beeinträchtigung des Mitbewerbers wettbewerbswidrig sein (s. dazu schon BGH GRUR 1968, 371, 377 – Maggi mit Anm. *Hefermehl;* 1968, 581, 586 – Blunazit).

**8** Als sittenwidriger Behinderungswettbewerb ist die *bösgläubige Anmeldung* einer Marke zu beurteilen, die nach der Rechtslage im MarkenG einen eigenen Nichtigkeitsgrund der Eintragung nach § 50 Abs. 1 Nr. 4 darstellt (s. dazu im einzelnen § 50, Rn 23 ff.).

**9** Ein ergänzender Wettbewerbsschutz der Kennzeichen besteht aufgrund des Verbots der *irreführenden Angaben* nach § 3 UWG. Eine Fallkonstellation des Irreführungsverbots ist etwa die werbliche Verwendung des Begriffs der Marke an sich, wie namentlich der Gebrauch der Begriffe *Markenware* und *Markenqualität* sowie vornehmlich die *Qualitätswerbung für markenlose Ware* (s. dazu etwa KG GRUR 1985, 228 – Alternative zur Marke). Die Behauptung im geschäftlichen Verkehr, an einem nicht geschützten Kennzeichen bestehe Kennzeichenschutz, ist als eine *Schutzrechtsanmaßung* nach § 3 UWG irreführend. Die Benutzung des Symbols ® (*R im Kreis*) für eine nicht eingetragene Marke ist regelmäßig irreführend (BGH GRUR 1990, 364, 365 – Baelz; HansOLG Hamburg WRP 1986, 290 – Reál Sangria; OLG Stuttgart WRP 1994, 136 – DOMO; OLG Düsseldorf Mitt 1996, 355, 357 – pasofast; s. dazu im einzelnen *Baumbach/Hefermehl,* Wettbewerbsrecht, § 3 UWG, Rn 167; zu irreführenden Marken nach § 4 WZG s. BPatG GRUR 1992, 704 – Royals®; zu Schutzrechtsberühmungen als täuschende Marken im Sinne des § 8 Abs. 2 Nr. 4 s. § 8, Rn 335 ff.) und selbst ohne Vorliegen einer unrichtigen Vorstellung des Verkehrs über die tatsächlichen Verhältnisse als *falsche Selbstanpreisung* wettbewerbswidrig nach § 1 UWG (OLG Düsseldorf Mitt 1996, 355 – pasofast).

In einer traditionsreichen Rechtsprechung wird auch der *geographischen Herkunftsangabe* wettbewerbsrechtlicher Irreführungsschutz gewährt (s. dazu im einzelnen *Baumbach/Hefermehl*, Wettbewerbsrecht, § 3 UWG, Rn 185 ff.), der zu dem kennzeichenrechtlichen Rechtsschutz der geographischen Herkunftsangaben nach den §§ 126 ff. in Anspruchskonkurrenz (aA BGH GRUR 1999, 252 – Warsteiner II; s. § 126, Rn 3) steht.

## 2. Der unternehmensrechtliche Schutz der Kennzeichen

Das subjektive Recht, das einen selbständigen Vermögensgegenstand des Unternehmens darstellt (zur Marke s. §§ 27 ff.), ist unter dem Aspekt einer rechtswidrigen Verletzung des Rechts am Unternehmen nach den §§ 823 Abs. 1, 1004 BGB geschützt, ohne daß es auf das Vorliegen eines Wettbewerbsverhältnisses im Sinne des § 1 UWG ankommt (kritisch *Katzenberger*, Recht am Unternehmen, 1967, S. 86 ff., 144 ff.). Der Deliktsschutz besteht für die *Berühmtheit einer Marke* gegen Verwässerungsgefahr (s. § 14, Rn 441 ff.) in Anspruchskonkurrenz zum Bekanntheitsschutz der Marke nach § 14 Abs. 2 Nr. 3 (str. s. Rn 2 ff.). Der Kennzeicheninhaber ist deliktsrechtlich auch gegen die *Beseitigung des Kennzeichens* von dem inverkehrgebrachten Produkt geschützt. Wenn ein Händler eine Markenware nach Entfernung der Marke von dem Produkt als eine anonyme Dutzendware vertreibt, dann stehen dem Markeninhaber wegen der Beeinträchtigung des Markenwertes und des Produktabsatzes Abwehr- und Schadensersatzansprüche nach den §§ 1004, 823 Abs. 1 BGB zu; wenn ein Wettbewerbsverhältnis vorliegt, dann bestehen wettbewerbsrechtliche Ansprüche nach § 1 UWG (BGH GRUR 1972, 558 – Teerspritzmaschinen). Eine unberechtigte Schutzrechtsverwarnung einschließlich der unberechtigten *Kennzeichenrechtsverwarnung* stellt einen rechtswidrigen Eingriff in das Recht am Unternehmen nach § 823 Abs. 1 BGB dar (s. dazu im einzelnen *Baumbach/Hefermehl*, Wettbewerbsrecht, § 1 UWG, Rn 237 ff.; kritisch *Larenz/Canaris*, SchuldR II/2, § 81, S. 537 ff.); die Schutzrechtsverwarnung ist auch nach den §§ 14 UWG, 824 BGB zu beurteilen.

## III. Objektive Klagenhäufung (§ 260 ZPO)

Die Anspruchskonkurrenz begründende, autonome Anwendung des MarkenG und des UWG auf Kennzeichenrechtsverletzungen (s. Rn 2 ff.) setzt in der Regel die Feststellung eines Sachverhalts voraus, der sich mit dem Vorwurf des rufschädigenden Wettbewerbsverhaltens überschneiden kann, ohne daß die Sachverhalte notwendigerweise identisch sind. Die Geltendmachung kennzeichenrechtlicher Ansprüche nach dem MarkenG neben Ansprüchen wegen sittenwidrigen Wettbewerbsverhaltens nach dem UWG stellt sich deshalb auch bei identischem Klagebegehren in der Regel als eine *objektive Klagenhäufung* nach § 260 ZPO dar (BGH GRUR 1998, 697 – VENUS MULTI). Wenn zunächst wegen Rufausbeutung nach § 1 UWG geklagt wird und in der Berufungsinstanz eine Markenrechtsverletzung geltend gemacht wird und damit erst im Laufe des Verfahrens die objektive Klagenhäufung erfolgt, dann ist diese als eine *Klageänderung* nach § 263 ZPO zu beurteilen.

## Teil 2. Voraussetzungen, Inhalt und Schranken des Schutzes von Marken und geschäftlichen Bezeichnungen; Übertragung und Lizenz

### Vorbemerkung zu den §§ 3 bis 31

#### Inhaltsübersicht

|  | Rn |
|---|---|
| A. Materielles Kennzeichenrecht | 1, 2 |
| B. Verfahrensrecht | 3 |

### A. Materielles Kennzeichenrecht

**1** Teil 2 des MarkenG (§§ 3 bis 31) enthält das *materielle Kennzeichenrecht* des Schutzes von *Marken* und *geschäftlichen Bezeichnungen*. Geregelt werden der Gegenstand des Markenrechts (Schutzgegenstand), die Entstehung des Markenrechts (Schutzvoraussetzungen), der Inhalt des Markenrechts (Schutzbereich), die Schranken des Markenrechts (Schutzrechtsgrenzen) und die Verwertung des Markenrechts (Schutzrechtsverwertung) einschließlich der geschäftlichen Bezeichnungen.

**2** Vorschriften des materiellen Markenrechts finden sich ferner in Teil 4 des MarkenG zum Schutz von Kollektivmarken (§§ 97 bis 106) sowie in Teil 5 des MarkenG zum internationalen Markenrecht (§§ 107 bis 125). Vorschriften mit materiellrechtlichem Gehalt finden sich auch im verfahrensrechtlichen Teil des MarkenG wie etwa die Vorschriften über den Verzicht auf das Markenrecht (§ 48) oder den Verfall des Markenrechts (§ 49).

### B. Verfahrensrecht

**3** Das *Verfahren in Markenangelegenheiten* hat im MarkenG erstmals eine eigene Regelung erfahren. In Teil 3 des MarkenG (§§ 32 bis 96) ist das gesamte behördliche und gerichtliche Verfahrensrecht in Markensachen geregelt.

### Abschnitt 1. Marken und geschäftliche Bezeichnungen; Vorrang und Zeitrang

### Vorbemerkung zu den §§ 3 bis 6

#### Inhaltsübersicht

|  | Rn |
|---|---|
| A. Regelungsübersicht | 1 |
| B. Europäisches Unionsrecht | 2 |

### A. Regelungsübersicht

**1** Abschnitt 1 von Teil 2 (§§ 3 bis 6) gilt für alle Markenkategorien im Sinne des § 4 Nr. 1 bis 3. § 3 regelt die *Markenfähigkeit* eines Zeichens. Die Vorschrift geht von einem weiten Begriff der Markenformen aus und zählt einen Beispielskatalog von als Marke schutzfähigen Zeichen auf. § 4 regelt die *Entstehung* des Markenschutzes. Die Vorschrift unterscheidet zwischen drei Kategorien von Marken: Die *Registermarke,* die *Benutzungsmarke* und die *Notorietätsmarke*. Markenschutz kann entstehen durch die Eintragung eines Zeichens als Marke in das Markenregister (Nr. 1), durch die Benutzung eines Zeichens und den Erwerb von Verkehrsgeltung als Marke (Nr. 2) sowie durch notorische Bekanntheit einer Marke (Nr. 3). § 5 regelt den Schutz von *geschäftlichen Bezeichnungen* der bis zum Inkrafttreten des MarkenG in § 16 UWG aF geregelt war. § 6 normiert das *Prioritätsprinzip* (Zeitvorrang).

## B. Europäisches Unionsrecht

Die Vorschrift des § 3 über die als Marke schutzfähigen Zeichen setzt Art. 2 und 3 Abs. 1 **2** lit. e MarkenRL um. Die nach dem MarkenG schutzfähigen Markenformen stimmen inhaltlich mit Art. 2 MarkenRL überein. Die Regelung der schutzfähigen Markenformen einer Gemeinschaftsmarke nach Art. 4 GMarkenV entspricht wörtlich § 3 Abs. 1 und Art. 2 MarkenRL. Hinsichtlich der Entstehung des Markenschutzes sind Regelungsgegenstand der MarkenRL nur angemeldete oder eingetragene Marken. Nach § 4 kann Markenschutz entstehen durch die Eintragung eines Zeichens als Marke in das Markenregister (Nr. 1), durch die Benutzung eines Zeichens und den Erwerb von Verkehrsgeltung als Marke (Nr. 2) sowie durch notorische Bekanntheit einer Marke (Nr. 3). Eine Gemeinschaftsmarke kann nur durch Eintragung erworben werden (Art. 5 GMarkenV). Der Schutz von geschäftlichen Bezeichnungen nach § 5 ist in der MarkenRL nicht geregelt.

**Als Marke schutzfähige Zeichen**

**§ 3** (1) **Als Marke können alle Zeichen, insbesondere Wörter einschließlich Personennamen, Abbildungen, Buchstaben, Zahlen, Hörzeichen, dreidimensionale Gestaltungen einschließlich der Form einer Ware oder ihrer Verpackung sowie sonstige Aufmachungen einschließlich Farben und Farbzusammenstellungen geschützt werden, die geeignet sind, Waren oder Dienstleistungen eines Unternehmens von denjenigen anderer Unternehmen zu unterscheiden.**

(2) **Dem Schutz als Marke nicht zugänglich sind Zeichen, die ausschließlich aus einer Form bestehen,**
1. **die durch die Art der Ware selbst bedingt ist,**
2. **die zur Erreichung einer technischen Wirkung erforderlich ist oder**
3. **die der Ware einen wesentlichen Wert verleiht.**

### Inhaltsübersicht

| | Rn |
|---|---|
| A. Allgemeines | 1–8 |
|   I. Regelungsübersicht | 1, 2 |
|   II. Rechtsänderungen | 3 |
|   III. Europäisches Unionsrecht | 4, 5 |
|     1. Erste Markenrechtsrichtlinie | 4 |
|     2. Gemeinschaftsmarkenverordnung | 5 |
|   IV. Staatsvertragsrecht | 6–8 |
|     1. Pariser Verbandsübereinkunft | 6 |
|     2. Madrider Markenabkommen und Protokoll zum MMA | 7 |
|     3. TRIPS-Abkommen | 8 |
| B. Begriff der Marke | 9–51 |
|   I. Die Marke als produktidentifizierendes Unterscheidungszeichen | 9–14 |
|   II. Warenmarke und Dienstleistungsmarke | 15–17 |
|   III. Individualmarke und Kollektivmarke | 18–21 |
|   IV. Registermarke, Benutzungsmarke und Notorietätsmarke | 22 |
|   V. Defensivmarken und Vorratsmarken | 23, 24 |
|     1. Defensivmarken | 23 |
|     2. Vorratsmarken | 24 |
|   VI. Zweitmarken | 25 |
|   VII. Begleitende Marken | 26, 27 |
|   VIII. Serienmarken | 28 |
|   IX. Hausmarken und Sortenmarken | 29, 30 |
|     1. Hausmarken | 29 |
|     2. Sortenmarken | 30 |
|   X. Herstellermarken und Handelsmarken | 31–33 |
|   XI. Konzernmarken und Holdingmarken | 34–42 |
|     1. Konzernmarken | 34–40 |
|     2. Holdingmarken | 41, 42 |
|   XII. Sammelmarken | 43–45 |

|  | Rn |
|---|---|
| XIII. Garantiemarken | 46 |
| XIV. Telle-quelle-Marke | 47 |
| XV. Warenmarke und Markenware | 48–51 |
| C. Die Nichtakzessorietät der Marke | 52–76 |
|     I. Prinzip der Akzessorietät | 52–65 |
|         1. Grundsatz | 52–54 |
|         2. Rechtsentwicklung | 55 |
|             a) Von der akzessorischen zur nichtakzessorischen Marke | 55, 56 |
|             b) Strenge Akzessorietät im WZG bis zum ErstrG | 57, 58 |
|             c) Lockerung der Akzessorietät im ErstrG | 59–61 |
|             d) Unternehmenseigenschaft des Anmelders | 62 |
|             e) Fehlen oder Wegfall der Unternehmenseigenschaft | 63, 64 |
|             f) Keine Rückwirkung der Rechtsänderungen | 65 |
|     II. Rechtslage im MarkenG | 66–72 |
|         1. Rechtsentstehung der Marke | 66–69 |
|         2. Rechtsbestand der Marke | 70, 71 |
|         3. Rechtsübergang der Marke | 72 |
|     III. Kritik an der Nichtakzessorietät der Marke | 73, 74 |
|     IV. Mißbrauchstatbestände | 75, 76 |
| D. Benutzungswille des Rechtsinhabers einer angemeldeten oder eingetragenen Marke | 77–80 |
|     I. Benutzungswille als Schutzvoraussetzung | 77 |
|     II. Genereller Benutzungswille | 78 |
|     III. Widerlegbare Vermutung des Benutzungswillens | 79, 80 |
| E. Die rechtliche Konnexität zwischen Marke und Unternehmen | 81–104 |
|     I. Konnexität ohne Akzessorietät | 81 |
|     II. Unternehmen und Geschäftsbetrieb | 82–84 |
|     III. Begriff des Unternehmens | 85–87 |
|     IV. Eingeschränkte Fortgeltung der Rechtsprechung zum Begriff des Geschäftsbetriebs im WZG | 88–101 |
|         1. Arten von Unternehmen | 89 |
|         2. Selbständigkeit des Unternehmens | 90 |
|         3. Dauer | 91 |
|         4. Gewinnerzielungsabsicht | 92 |
|         5. Freie Berufe | 93 |
|         6. Ausländisches Unternehmen | 94 |
|         7. Marktbezug der Marke | 95–97 |
|         8. Unternehmen eines anderen als des Markeninhabers | 98–101 |
|             a) Keine Identität von Markeninhaber und Unternehmensinhaber | 98, 99 |
|             b) Rechtspraxis | 100, 101 |
|     V. Aufnahme der unternehmerischen Betätigung | 102, 103 |
|     VI. Beendigung der unternehmerischen Betätigung | 104 |
| F. Waren oder Dienstleistungen | 105–168 |
|     I. Eigene und fremde Produkte | 105–110 |
|         1. Grundsatz | 105–108 |
|         2. Sortenmarke | 109 |
|         3. Kontrollzeichen | 110 |
|     II. Begriff der Ware | 111–122 |
|         1. Grundsatz | 111–113 |
|         2. Beispiele | 114–117 |
|         3. Abgrenzung der Ware von der Dienstleistung | 118, 119 |
|         4. Einteilung der einzutragenden Waren nach Warenklassen | 120 |
|         5. Marktbezug der Ware | 121, 122 |
|             a) Grundsatz | 121 |
|             b) Beispiele | 122 |
|     III. Begriff der Dienstleistung | 123–128 |
|         1. Unkörperliche Dienste | 123–125 |
|         2. Arten von Dienstleistungen | 126–128 |
|             a) Reine Dienstleistungen | 126 |
|             b) Dienstleistungen mit Warenbezug | 127 |
|             c) Einteilung der einzutragenden Dienstleistungen nach Dienstleistungsklassen | 128 |

|  | Rn |
|---|---|
| IV. Abgrenzung zwischen Ware und Dienstleistung | 129–147 |
|    1. Grundsatz | 129, 130 |
|    2. Dienstleistungen an Waren auf dem Markt | 131 |
|    3. Dienstleistung an noch nicht in Verkehr gebrachten Waren | 132 |
|    4. Nebenleistungen beim Warenabsatz | 133 |
|    5. Mischunternehmen | 134 |
|    6. Gebrauchsüberlassung | 135–138 |
|       a) Miete und Leihe | 135 |
|       b) Leasing | 136–138 |
|    7. Computersoftware | 139–144 |
|       a) Rechtsentwicklung | 139 |
|       b) Standardsoftware und Individualsoftware | 140–143 |
|       c) Werktitelschutz für Computersoftware | 144 |
|    8. Franchising | 145–147 |
| V. Hilfsprodukte | 148–154 |
|    1. Grundsatz | 148–151 |
|    2. Einzelfälle und Rechtsprechung zum WZG | 152–154 |
| VI. Defensivprodukte | 155–157 |
|    1. Rechtslage im WZG | 155 |
|    2. Rechtslage im MarkenG | 156 |
|    3. Rechtsschutz | 157 |
| VII. Vorratsprodukte | 158–167 |
|    1. Rechtslage im WZG | 158 |
|    2. Rechtslage im MarkenG | 159–164 |
|       a) Grundsatz | 159 |
|       b) Vermutung der Absicht zur Produktkennzeichnung | 160–162 |
|       c) Änderung der Rechtspraxis zu Vorratsprodukten | 163, 164 |
|    3. Rechtsschutz | 165–167 |
| VIII. Löschung und Bestandsschutz zu Unrecht eingetragener Warenmarken oder Dienstleistungsmarken | 168 |
| G. Die Benutzung der Marke | 169–196 |
|   I. Rechtserheblichkeit der Markenbenutzung | 169–171 |
|    1. Benutzung und Rechtserwerb | 169 |
|    2. Benutzungswille | 170 |
|    3. Benutzungszwang | 171 |
|   II. Defensivmarken | 172–183 |
|    1. Gesetzwidrigkeit von Defensivmarken | 172, 173 |
|    2. Begriff der Defensivmarke | 174 |
|    3. Rechtsschutz | 175 |
|    4. Rechtsentwicklung zum WZG | 176–183 |
|       a) Rechtspraxis | 176, 177 |
|       b) Entwicklung der Rechtsprechung | 178–183 |
|   III. Vorratsmarken | 184–196 |
|    1. Begriff der Vorratsmarke | 184, 185 |
|    2. Rechtslage im WZG | 186–196 |
|       a) Rechtslage vor Einführung des Benutzungszwangs | 186–189 |
|       b) Rechtslage nach Einführung des Benutzungszwangs | 190 |
|       c) Rechtsschutz | 191–196 |
| H. Markenfähigkeit | 197–234 |
|   I. Selbständigkeit, Einheitlichkeit und graphische Darstellbarkeit der Marke | 197–202 |
|   II. Abstrakte Unterscheidungseignung | 203–209 |
|    1. Begriff | 203 |
|    2. Abgrenzung von der konkreten Unterscheidungskraft | 204 |
|       a) Grundsatz | 204 |
|       b) Rechtsprechung | 205 |
|    3. Abstrakte Unterscheidungseignung und Verkehrsdurchsetzung | 206, 207 |
|    4. Unterscheidungseignung der Marke als Ganzes | 208, 209 |
|   III. Kriterien der Markenfähigkeit | 210–221 |
|    1. Markenfähigkeit als Erfordernis aller Markenkategorien | 210 |
|    2. Selbständigkeit der Marke von der Ware | 211–215 |
|    3. Einheitlichkeit der Marke | 216 |

# MarkenG § 3  Als Marke schutzfähige Zeichen

|  | Rn |
|---|---|
| 4. Graphische Darstellbarkeit der Marke | 217–220 |
| 5. Kein Erfordernis der betrieblichen Herkunftskennzeichnung | 221 |
| IV. Schranken der Markenfähigkeit | 222–234 |
|    1. Regelungsübersicht | 222–226 |
|      a) Grundsatz | 222 |
|      b) Warenmarke und Dienstleistungsmarke | 223 |
|      c) Warenform und Verpackungsform als ausschlußfähige Zeichen | 224 |
|      d) Registermarke, Benutzungsmarke und Notorietätsmarke | 225 |
|      e) Rechtsprechung zum Ausstattungsschutz als Auslegungshilfe | 226 |
|    2. Ausschlußgrund der warenbedingten Form | 227, 228 |
|    3. Ausschlußgrund der technisch bedingten Form | 229, 230 |
|    4. Ausschlußgrund der wertbedingten Form | 231, 232 |
|    5. Markenrechtlicher Designschutz | 233, 234 |
| I. Markenformen | 235–295 |
|   I. Regelungsübersicht | 235–237 |
|   II. Äußeres Erscheinungsbild der Marke | 238, 239 |
|   III. Die verschiedenen Formen von Marken | 240–295 |
|    1. Wortmarken | 240–255 c |
|      a) Einzelne oder mehrere Wörter, Sätze und Texte | 240, 241 |
|      b) Beschreibende Angaben | 242 |
|      c) Buchstaben und Zahlen | 243, 244 |
|      d) Personennamen | 245–248 |
|      e) Unternehmenskennzeichen | 249, 250 |
|      f) Werktitel | 251–255 c |
|         aa) Grundsatz | 251-253 |
|         bb) Zeitungs- und Zeitschriftentitel | 254 |
|         cc) Buchtitel | 255 a, 255 b |
|         dd) Titel von periodischen Hörfunk- und Fernsehsendungen sowie Filmtitel | 255 c |
|    2. Bildmarken | 256–262 |
|      a) Abbildungen jeder Art | 256 |
|      b) Graphische Gestaltung von Buchstaben, Wörtern und Zahlen | 257 |
|      c) Abbildung der Ware | 258–261 |
|      d) Abbildung der Warenverpackung | 262 |
|    3. Formmarken | 263–264 f |
|      a) Rechtslage im WZG | 263 |
|      b) Rechtslage im MarkenG | 264 a–264 f |
|         aa) Markenfähigkeit dreidimensionaler Gestaltungen | 264 a |
|         bb) Produktabhängige und produktunabhängige Formmarken | 264 b, 264 c |
|         cc) Eintragungsverfahren | 264 d |
|         dd) Besondere Formen dreidimensionaler Marken | 264 e |
|         ee) Eintragungspraxis und Rechtsprechung | 264 f |
|    4. Farbmarken | 265–267 i |
|      a) Ausgangspunkt | 265 |
|      b) Rechtslage im WZG | 266 |
|      c) Rechtslage im MarkenG | 267 a–267 i |
|         aa) Grundsatz der Markenfähigkeit | 267 a–267 c |
|           (1) Ausschlußgründe der Markenfähigkeit | 267 a |
|           (2) Einfarbenmarken und Mehrfarbenmarken ohne Angabe der Farbenrelation | 267 b |
|           (3) Kritik am Farbmarkenschutz | 267 c |
|         bb) Konturloser Farbenschutz | 267 d |
|         cc) Farbmarkenschutz ohne Verkehrsgeltung oder Verkehrsdurchsetzung | 267 e, 267 f |
|         dd) Meinungsstand | 267 g |
|         ee) Eintragungspraxis und Rechtsprechung | 267 h, 267 i |
|    5. Hörmarken | 268–278 |
|      a) Sprachregelung | 268 |
|      b) Begriff | 269 |
|      c) Rechtslage im WZG | 270 |
|      d) Rechtsvergleich | 271 |
|      e) Markenfähigkeit von Hörmarken | 272–274 |
|         aa) Grundsatz | 272 |

|  | Rn |
|---|---|
| bb) Graphische Darstellbarkeit | 273 |
| cc) Urheberrechtsschutz | 274 |
| f) Hörmarken kraft Verkehrsgeltung | 275 |
| g) Durchführungsbestimmung des § 11 MarkenV | 276–278 |
| 6. Geruchsmarken | 279–282 |
| a) Rechtslage im WZG | 279 |
| b) Rechtslage im MarkenG | 280–282 |
| 7. Geschmacksmarken | 283–285 |
| a) Rechtslage im WZG | 283 |
| b) Rechtslage im MarkenG | 284, 285 |
| 8. Tastmarken | 286–288 |
| a) Rechtslage im WZG | 286 |
| b) Rechtslage im MarkenG | 287, 288 |
| 9. Bewegungsmarken | 289–291 |
| a) Begriff | 289 |
| b) Markenfähigkeit | 290 |
| c) Typisierte Bewegungsmarken als Motivmarken | 291 |
| 10. Kennfadenmarken | 292a–293 |
| a) Markenfähigkeit von Kennfadenmarken | 292a |
| b) Eintragungsverfahren | 292b |
| c) Rechtslage im WZG | 293 |
| 11. Positionsmarken | 294a, 294b |
| a) Markenfähigkeit von Positionsmarken | 294a |
| b) Eintragungsverfahren | 294b |
| 12. Virtuelle Marken | 294c, 294d |
| a) Markenfähigkeit von virtuellen Marken | 294c |
| b) Eintragungsverfahren | 294d |
| 13. Zusammengesetzte Marken und Kombinationsmarken | 295 |
| J. Kennzeichenrechte im Internet | 296–347 |
| I. Das System der Domainnamen im Internet | 296–303 |
| 1. Allgemeine Problematik der Internet-Domains | 296 |
| 2. Begriff des Domainnamens | 297, 298 |
| 3. Vergabeverfahren für Domainnamen | 299–303 |
| II. Domainnamen als Kennzeichen | 304–312 |
| 1. Technische Adressfunktion und kennzeichenrechtliche Identifizierungsfunktion von Internet-Domains | 304–307 |
| 2. Kennzeichenerwerb durch Benutzung von Domainnamen | 308–312 |
| a) Erwerb einer Registermarke oder Benutzungsmarke | 308–310 |
| (aa) Grundsatz | 308 |
| (bb) Erwerb einer Warenmarke | 309 |
| (cc) Erwerb einer Dienstleistungsmarke | 310 |
| b) Erwerb einer geschäftlichen Bezeichnung | 311 |
| c) Erwerb eines Werktitels | 312 |
| III. Rechtserhaltene Kennzeichenbenutzung durch Domainnamen | 313 |
| IV. Kennzeichenkollisionen im Internet | 314–323 |
| 1. Kollisionen zwischen Kennzeichenrechten und Domainnamen | 314–321 |
| a) Allgemeines | 314–316 |
| (aa) Ausgangspunkt | 314 |
| (bb) Konfliktslösung im Vergabeverfahren | 315, 316 |
| b) Kennzeichenkollisionen durch die Anmeldung und Benutzung von Domainnamen | 317–321 |
| 2. Rechtsverletzende Benutzung von Kennzeichenrechten in der Internet-Werbung | 322 |
| 3. Kennzeichenverletzung durch Internet-Vermarktung | 323 |
| V. Namensmäßige Benutzung einer Internet-Domain | 324, 325 |
| VI. Wettbewerbsrechtliche Behandlung von Domainnamen | 326–328 |
| 1. Nicht unterscheidungskräftige Bezeichnungen, beschreibende Angaben und Gattungsbezeichnungen als Domainnamen | 327 |
| 2. Wettbewerbsrechtlicher Unterlassungsanspruch nach den §§ 1 und 3 UWG | 328 |
| VII. Internet-Benutzungshandlungen im internationalen Markenprivatrecht | 329–333 |

**MarkenG § 3**  Als Marke schutzfähige Zeichen

|  | Rn |
|---|---|
| VIII. Rechtsprechung und Enscheidungpraxis zu Domainnamen | 334–346 |
|    1. Verletzung von Kennzeichenrechten durch Domainnamen | 334–344 |
|       a) Verletzung von Marken durch Domainnamen | 334 |
|       b) Verletzung von geschäftlichen Bezeichnungen durch Domainnamen | 335–338 |
|          (aa) Verletzung von Unternehmenskennzeichen | 335, 336 |
|          (bb) Verletzung von Werktiteln | 337, 338 |
|       c) Verletzung von geographischen Herkunftsangaben durch Domainnamen | 339 |
|       d) Verwechslungsschutz, Freihaltebedürfnis und Unterscheidungskraft bei Domainnamen | 340–344 |
|          (aa) Verwechslungsgefahr Domainnamen | 340, 341 |
|          (bb) Freihaltebedürfnis bei Domainnamen | 342 |
|          (cc) Unterscheidungskraft bei Domainnamen | 343, 344 |
|    2. Verletzung von Namensrechten durch Domainnamen | 345, 346 |
| IX. Zuständigkeit deutscher Gerichte | 347 |

**Schrifttum zum WZG und zum MarkenG.** S. die Schrifttumsangaben zu § 8.

**Schrifttum zum Kennzeichenschutz im Internet.** S. die Schrifttumsangaben zu § 3 J (vor Rn 296).

### Entscheidungen zum MarkenG

**1. BGH GRUR 1994, 288 – Malibu**
Keine Rückwirkung der Rechtsänderungen des ErstrG – Im Zeitpunkt der Löschungsreife wegen Fehlens oder Wegfalls des Geschäftsbetriebs nach § 11 Abs. 1 Nr. 2 WZG aF wirksam entstandene Zwischenrechte.

**2. BGH GRUR 1995, 54 – Nicoline**
Zur konzernrechtlichen Wirkung des Markenrechts.

**3. BGHZ 127, 262 – NEUTREX**
Keine Rückwirkung der Aufhebung des Verbots der Leerübertragung von Warenzeichen durch das ErstrG.

**4. BGH GRUR 1995, 408 – PROTECH**
Unterscheidungskraft einer zusammengesetzten Wortmarke aus zwei Abkürzungen mit beschreibendem Inhalt – Konkreter Anhalt für ein zukünftiges Freihaltebedürfnis.

**5. BGH GRUR 1995, 410 – TURBO I**
Fehlende Unterscheidungskraft eines Modewortes mit Verfremdung seines ursprünglichen Sinngehalts.

**6. BPatG GRUR 1996, 881 – Farbkombination**
Beschränkung der Markenfähigkeit von Farbkombinationen auf die konkrete Erscheinungsform einer farbigen Aufmachung.

**7. BPatG Mitt 1997, 70 – UHQ III**
Zur Schutzfähigkeit von Kombinationen aus Zahlen und Buchstaben.

**8. BPatGE 36, 241 – INDIKATIV SWF-3**
Zur Markenfähigkeit von Hörmarken.

**9. BPatG GRUR 1997, 60 – SWF-3 Nachrichten**
Zur Markenfähigkeit von Hörmarken.

**10. BPatG GRUR 1997, 134 – Anmeldetag**
Zu Anmeldeerfordernissen bei Hörmarken.

**11. BPatGE 38, 57 – FÜNFER**
Zur abstrakten Unterscheidungseignung von Zahlen nach § 3 Abs. 1 und zur Prüfung der Eintragungsfähigkeit nach § 8 Abs. 2 Nr. 1 und 2.

**12. BPatG GRUR 1997, 830 – St. Pauli Girl**
Zur Einheitlichkeit der Marke.

**13. BGH GRUR 1997, 754 – grau/magenta**
Die markenrechtlichen Ausführungen des zum Erwerb der Verkehrsdurchsetzung erforderlichen Bekanntheitsgrades der zu einem wettbewerbsrechtlichen Sachverhalt ergangenen Entscheidung *grau/magenta* stellen als obiter dicta noch keine verbindliche Auslegung des MarkenG dar.

Als Marke schutzfähige Zeichen    1, 2  § 3 MarkenG

**14. BGH GRUR 1997, 527 – Autofelge**
Zur abstrakten Unterscheidungskraft.
**15. BGH GRUR 1997, 902 – FTOS**
Die Bezeichnung eines Computerprogramms ist dem Werktitelschutz zugänglich.
**16. BGHZ 135, 278 – PowerPoint**
Zum Werktitelschutz für Computersoftware.
**17. BPatGE 38, 138 – Klassentreffen**
Zur Markenfähigkeit des Titels einer Fernsehsendung.
**18. BPatGE 38, 185 – Plastische IR-Flaschenmarke**
Zum Schutz von nach Erlaß der MarkenRL registrierten plastischen IR-Marken.
**19. BPatG GRUR 1997, 833 – Bücher für eine humanere Welt**
Buchtitel und Buchreihentitel sind grundsätzlich markenfähig.
**20. BPatG GRUR 1997, 832 – Bücher für eine bessere Welt**
Buchtitel und Buchreihentitel sind grundsätzlich markenfähig.
**21. BGH GRUR 1998, 165 – RBB**
Zur Schutzfähigkeit von geschäftlichen Bezeichnungen.
**22. BPatGE 38, 212 – A3**
Zur Schutzfähigkeit von Kombinationen aus Zahlen und Buchstaben.
**23. BGH GRUR 1998, 412 – Analgin**
Zur Benutzung der Marke im geschäftlichen Verkehr.
**24. BPatGE 38, 262 – Roter Streifen im Schuhabsatz**
Ein im Absatz eines Schuhes eingearbeiteter roter Querstreifen als nicht technisch bedingt.
**25. BGH GRUR 1998, 465 – Bonus**
Zum äußeren Erscheinungsbild einer Marke bei Bestimmung von Markenformen.
**26. BPatGE 39, 110 – Zahl 9000**
Zur abstrakten Unterscheidungseignung von Zahlen nach § 3 Abs. 1 und zur Prüfung der Eintragungsfähigkeit nach § 8 Abs. 2 Nr. 1.
**27. BPatGE 39, 238 – POP swatch**
Zur abstrakten Unterscheidungseignung nach § 3 Abs. 1 und zur Prüfung der Eintragungsfähigkeit nach § 8 Abs. 2 Nr. 1.
**28. BPatGE 40, 98 – Trafogehäuse**
Zur Markenunfähigkeit von Bezeichnungen oder sonstigen Merkmalen (Zeichen) von Waren, welche einen funktionell notwendigen Bestandteil der Ware darstellen.
**29. BGH WRP 1999, 430 – Farbmarke gelb/schwarz**
Abstrakte Markenfähigkeit von Farben und Farbzusammenstellungen.
**30. HABM MarkenR 1999, 108 – LIGHT GREEN**
Zur generellen Markenfähigkeit konturloser Farben und zur Verkehrsdurchsetzung als regelmäßige Eintragungsvoraussetzung.

## A. Allgemeines

### I. Regelungsübersicht

Die Vorschrift des § 3, der die *Marke* als ein *schutzfähiges Zeichen* umschreibt, regelt drei **1** unterschiedliche Gegenstände. Sie umschreibt den Begriff der Marke, benennt die schutzfähigen Markenformen und normiert Ausschlußgründe für ausschließlich aus einer Form bestehende, dreidimensionale Marken.

Nach § 3 Abs. 1 ist die Marke ein Zeichen, das geeignet ist, *Waren oder Dienstleistungen* **2** eines Unternehmens von denjenigen anderer Unternehmen *zu unterscheiden*. Als schutzfähige *Markenformen* werden Wörter einschließlich Personennamen, Abbildungen, Buchstaben, Zahlen, Hörzeichen, dreidimensionale Gestaltungen einschließlich der Form einer Ware oder ihrer Verpackung sowie sonstige Aufmachungen einschließlich Farben und Farbzusammenstellungen genannt. Die Aufzählung der schutzfähigen Markenformen ist nicht abschließend. § 3 Abs. 2 normiert für dreidimensionale Marken die *Ausschlußgründe* der warenbedingten, technisch bedingten und wertbedingten Form.

## II. Rechtsänderungen

**3** Die Vorschrift benennt die schutzfähigen Markenformen (§ 3 Abs. 1), die in § 1 WZG nicht umschrieben waren. Über die von der Rechtsprechung als schutzfähig anerkannten Markenformen hinaus werden namentlich dreidimensionale Marken und Hörzeichen als dem Markenschutz zugängliche Markenformen anerkannt; auch Buchstaben und Zahlen sind markenfähig. Von den schutzfähigen Markenformen werden ausschließlich produktbedingte, technisch bedingte und wertbedingte Markenformen dreidimensionaler Marken ausgenommen (§ 3 Abs. 2). Die Markenformen des § 3 gelten auch für die Markenkategorie der durch Benutzung erworbenen Marke nach § 4 Nr. 2. Deshalb erübrigte sich eine eigene Regelung des Ausstattungsschutzes im Sinne des § 25 WZG.

## III. Europäisches Unionsrecht

### 1. Erste Markenrechtsrichtlinie

**4** § 3 setzt Art. 2 (Markenformen) und Art. 3 Abs. 1 lit. e (Schutzhindernis der produktbedingten, technisch bedingten und wertbedingten Form) der MarkenRL um. Die nach § 3 Abs. 1 schutzfähigen Markenformen stimmen inhaltlich mit Art. 2 MarkenRL überein, auch wenn die Aufzählung des MarkenG zur Klarstellung ausdrücklich Hörzeichen, dreidimensionale Gestaltungen, die Verpackung einer Ware sowie Farben und Farbzusammenstellungen nennt. Die Schutzvoraussetzung der graphischen Darstellbarkeit einer Markenform nach Art. 2 MarkenRL wird nicht in § 3 als Regelung der schutzfähigen Markenformen, sondern als absolutes Schutzhindernis in § 8 Abs. 1 umgesetzt. Die Schutzhindernisse der produktbedingten, technisch bedingten und wertbedingten Form nach Art. 3 Abs. 1 lit. e MarkenRL werden nicht bei der Regelung der absoluten Schutzhindernisse nach § 8, sondern als Ausschlußgründe der Schutzfähigkeit von Markenformen nach § 3 Abs. 2 umgesetzt; auf diese Weise wirken diese Ausschlußgründe für die beiden Markenkategorien der durch Eintragung und durch Benutzung erworbenen Marken.

### 2. Gemeinschaftsmarkenverordnung

**5** Die Regelung der schutzfähigen Markenformen einer Gemeinschaftsmarke nach Art. 4 GMarkenV entspricht wörtlich Art. 2 MarkenRL.

## IV. Staatsvertragsrecht

### 1. Pariser Verbandsübereinkunft

**6** Die *PVÜ* enthält keine Definition der Marke. Die herkömmliche Wortwahl der PVÜ ist Fabrik- oder Handelsmarke. Seit der Lissaboner Fassung der PVÜ werden mit dem Begriff der Marke auch Dienstleistungsmarken in den Geltungsbereich der PVÜ einbezogen (Art. 6[sexies] PVÜ). Welche Zeichen als Marke schutzfähig sind, bestimmt sich grundsätzlich nach der nationalen Rechtsordnung des Verbandsstaates, in dem der Schutz nachgesucht wird, denn die PVÜ schafft nicht gleichlautendes Recht für alle Verbandsangehörigen, sie stellt vielmehr nur die verbandsangehörigen Ausländer dem Inländer gleich (Art. 2 Abs. 1 S. 1 PVÜ; zum Grundsatz der Inländerbehandlung s. im einzelnen Art. 2 PVÜ, Rn 1 ff.). Um die Schwierigkeiten zu beseitigen, die sich aus den unterschiedlichen Auffassungen der einzelnen Verbandsländer über den Schutz der Marke ergeben, bestimmt Art. 6[quinquies] PVÜ, daß einer im Ursprungsland eingetragenen Marke in allen Verbandsstaaten Schutz als Marke telle-quelle zu gewähren ist, das meint, so wie die Marke im Ursprungsland eingetragen ist. Bei der Telle-quelle-Marke ist damit das Recht des Ursprungslandes dafür maßgebend, welche Zeichen markenfähig sind. Im Gegensatz zu einer gewöhnlichen, von einem Inländer oder Ausländer nach Art. 2 PVÜ angemeldeten selbständigen Inlandsmarke ist die Tellequelle-Marke in ihrer Entstehung und in ihrem Fortbestand von der Eintragung im Ursprungsland absolut abhängig (s. im einzelnen Art. 6[quinquies] PVÜ, Rn 16).

## 2. Madrider Markenabkommen und Protokoll zum MMA

Das *MMA* enthält keine Definition der Marke. Es ermöglicht vielmehr die *internationale Registrierung* jeder in einem Markenverbandsstaat eingetragenen Waren- oder Dienstleistungsmarke. Welche Zeichen als Marke international registriert werden können, bestimmt sich damit nach der jeweiligen Rechtsordnung des Staates, in dem die *Ursprungsmarke* eingetragen ist. Entsprechendes gilt für den Schutz von Marken nach dem *Protokoll zum MMA*. Eine Abweichung besteht insoweit, als eine internationale Registrierung nicht nur auf der Grundlage einer im Ursprungsland *eingetragenen Marke* erfolgen kann, sondern auch auf der Grundlage einer *Markenanmeldung* im Ursprungsland (Art. 2 PMMA).

## 3. TRIPS-Abkommen

Das *TRIPS-Abkommen* enthält in Art. 15 Abs. 1 eine einheitliche Definition der als Marke eintragungsfähigen Zeichen. Danach kommt es ebenso wie nach dem MarkenG darauf an, ob dem Zeichen *Unterscheidungskraft* zukommt. Art. 15 Abs. 1 S. 2 TRIPS-Abkommen zählt als eintragungsfähige Marken beispielhaft Wörter einschließlich Personennamen, Buchstaben, Zahlen, Abbildungen und Farbverbindungen auf. Nach Art. 15 Abs. 1 S. 4 TRIPS-Abkommen können die TRIPS-Mitglieder die Eintragungsfähigkeit von Zeichen, die, wie etwa Geruchsmarken und Hörmarken, nicht visuell wahrnehmbar sind, ausschließen.

## B. Begriff der Marke

### I. Die Marke als produktidentifizierendes Unterscheidungszeichen

§ 3 Abs. 1 enthält zwar keine ausdrückliche Begriffsbestimmung der Marke, umschreibt aber die Marke hinsichtlich der schutzfähigen Markenformen als Unterscheidungszeichen. Nach dieser Vorschrift ist die Marke ein Zeichen, das geeignet ist, Waren oder Dienstleistungen eines Unternehmens von denjenigen anderer Unternehmen zu unterscheiden. Die *Unterscheidungsfunktion* ist das allgemeine Merkmal eines jeden Kennzeichens. Im geschäftlichen Verkehr unterscheiden Kennzeichen unternehmerische Leistungen im weitesten Sinne (s. § 1, Rn 2).

Die Unterscheidungsfunktion einer Marke bezieht sich auf Waren oder Dienstleistungen eines Unternehmens, die sie von den Waren oder Dienstleistungen anderer Unternehmen unterscheidet. Die Marke kennzeichnet Produkte als Unternehmensleistungen.

Die Unterscheidungsfunktion der Marke ist der alltäglich vertrauten Namensfunktion vergleichbar. So wie der Name eine bestimmte Person kennzeichnet und von anderen Personen unterscheidet, kennzeichnet und unterscheidet die Marke unternehmerische Produkte (Waren und Dienstleistungen) im Marktwettbewerb. So wie der Name für eine Person Kennwort ist, das gesprochen, gehört und geschrieben werden kann (*Hefermehl*, FS für A. Hueck, S. 519, 520), ist die Marke *Signalcode für ein Produkt* zur Kommunikation zwischen Akteuren im Marktgeschehen. So wie in der Öffentlichkeit der Name für eine bestimmte Person steht, so identifiziert die Marke ein bestimmtes Produkt auf dem Markt (*Identifizierungsfunktion*). Die Marke macht ein Wirtschaftsgut eines Unternehmens identifizierbar und auf diese Weise von Wirtschaftsgütern anderer Unternehmen auf dem Markt differenzierbar (s. *Stauss*, in: Bruhn (Hrsg.), Handbuch Markenartikel, Bd. I, S. 79, 85). Die Marke ist ein *produktidentifizierendes Unterscheidungszeichen* im Marktwettbewerb.

Die Identifikation einer unternehmerischen Leistung auf dem Markt bedeutet mehr als eine nur ordnende Unterscheidung der Produkte untereinander. Die Marke ist nicht nur Bestellcode eines Produkts. Man kann das Wesen der Marke allgemein dahin umschreiben: Eine Marke ist der Name eines Produkts (*Produktkennzeichen*). Wie ein Personenname berichtet ein Produktname vornehmlich von der Herkunft, den Eigenschaften und dem Ruf eines Produkts. Diese Identifizierungsfunktion der Marke weist über die bloß ordnende Unterscheidungsfunktion der Marke auf dem Markt hinaus. Die Marke als Produktname kommuniziert wie der Personenname das Charakterbild einer Person in der Öffentlichkeit das Image eines Produkts auf dem Markt. Die Marke *identifiziert* und *kommuniziert*. Marken sind *Kommunikationszeichen über unternehmerische Leistungen* im Wirtschaftsverkehr. Eine Marke kann jede *Bezeichnung* oder ein *sonstiges Merkmal* (Zeichen) sein, das der Kommunikation über Unternehmensleistungen auf dem Markt dient. Die verschiedenen Arten der Wirkungen von Marken als Kommunikationszeichen auf die Sinnesorgane des Menschen bestimmen die verschiedenen Formen von Marken (s. Rn 240 ff.). Marken wirken *visuell, auditiv, olfaktorisch, gustatorisch* und *haptisch*, und zwar isoliert oder kombiniert auf die Sinnesorgane des Menschen. Marken sind produktbezogene Kommunikationszeichen. Von den Marken als *Produktkennzeichen* sind die *Unternehmenskennzeichen* (geschäftliche Bezeichnungen) und die *Herkunftskennzeichen* (geographische Herkunftsangaben) zu unterscheiden.

13   Eine nähere Konkretisierung der *Identifizierungsfunktion der Marke* veranschaulicht die weiteren Funktionen, die der Marke über die ordnende Unterscheidungsfunktion hinaus zukommen. In der *Lehre von den Markenfunktionen* werden diese weiteren markenrechtlichen Funktionen als Konkretion der Identifizierungsfunktion der Marke im einzelnen umschrieben (zur Funktionenlehre s. Einl, Rn 30 ff.). In ständiger Rechtsprechung bezeichnet der EuGH richtig die Identifizierungsfunktion der Marke als deren Hauptfunktion (s. dazu Einl, Rn 36 ff.).

14   Ein Unternehmen kann nicht nur für verschiedene Produkte verschiedene Marken, sondern auch für die gleiche Art von Produkten verschiedene Marken verwenden, etwa für verschiedene Partien der gleichen Ware (BGH GRUR 1979, 707, 708 – Haller I). Die gleiche Marke kann auch von verschiedenen Unternehmen gemeinsam benutzt werden. § 3 umschreibt die Marke als schutzfähiges Zeichen, schreibt aber keine bestimmten Markenformen zur Benutzung vor, sondern läßt die Vielheit der Benutzungsmöglichkeiten zu.

## II. Warenmarke und Dienstleistungsmarke

15   Die Marke als Produktname kennzeichnet Waren oder Dienstleistungen eines Unternehmens. Waren und Dienstleistungen sind unternehmerische Leistungen, die ein Unternehmen als Produkte auf dem Markt anbietet. Das MarkenG geht grundsätzlich von einer rechtlichen Gleichbehandlung von *Warenmarke* und *Dienstleistungsmarke* (Produktmarken) aus. Auch im Gemeinschaftsmarkenrecht werden beide Markenarten gleich behandelt (Art. 3 GMarkenV).

16   Das WZG von 1936 gewährte ursprünglich nur den Warenmarken (Warenzeichen) Rechtsschutz. Dienstleistungsmarken waren nur wettbewerbsrechtlich geschützt, und zwar nach § 16 Abs. 1 UWG aF, wenn für die Dienstleistungsmarke ein Unternehmenskennzeichen (Name, Firma, besondere Geschäftsbezeichnung) verwendet wurde, und nach § 16 Abs. 3 UWG aF, wenn die Dienstleistungsmarke als Geschäftsabzeichen innerhalb beteiligter Verkehrskreise Verkehrsgeltung erworben hatte. Der mit Beweisschwierigkeiten im Prozeß verbundene Wettbewerbsschutz der Dienstleistungsmarke konnte den formalen Registerschutz als eingetragenes Warenzeichen nicht ersetzen. Das Fehlen eines warenzeichengesetzlichen Schutzes der Dienstleistungsmarke hatte besonders nachteilige Auswirkungen im internationalen Wirtschaftsverkehr, da ohne eine Heimateintragung der Dienstleistungsmarke ein Markenschutz im Ausland im Wege der internationalen Registrierung als IR-Marke nicht möglich war. Ohne eine Heimateintragung der Dienstleistungsmarke können Unternehmen die Vorteile der Telle-quelle-Klausel nach Art. 6$^{quinquies}$ PVÜ in den Verbandsstaaten nicht wahrnehmen. Zwar sind die Verbandsländer nach Art. 6$^{sexies}$ S. 1 PVÜ verpflichtet, Dienstleistungsmarken zu schützen. Doch sind sie nach Art. 6$^{sexies}$ PVÜ nicht gehalten, die Eintragung von Dienstleistungsmarken vorzusehen. Die Verbandsländer können die Art des Rechtsschutzes selbst bestimmen. Der Verpflichtung nach Art. 6$^{sexies}$ PVÜ genügt es, wettbewerbsrechtlichen Schutz zu gewähren (BGHZ 42, 44, 52 – Scholl). Im Jahre 1979 wurde der warenzeichengesetzliche Schutz von Dienstleistungsmarken im WZG verankert (BGBl. I S. 125). Art. 2 MarkenRL gewährleistet einen rechtseinheitlichen Markenschutz der Dienstleistungsmarke in der EU.

17   Die Anmeldung einer Marke zur Eintragung in das Register beim DPMA hat ein *Verzeichnis der Waren oder Dienstleistungen* zu enthalten, für die die Eintragung der Marke beantragt wird. Die Klasseneinteilung unterscheidet zwischen 34 Warenklassen und 8 Dienstleistungsklassen (zur Klasseneinteilung s. §§ 15, 16 MarkenV; zu den Produktklassen im ein-

zelnen s. die Anlage zu § 15 Abs. 1 MarkenV). Eine Marke kann für eine oder mehrere Warenklassen (Warenmarke), für eine oder mehrere Dienstleistungsklassen (Dienstleistungsmarke) sowie für eine oder mehrere Waren- und Dienstleistungsklassen zugleich (Waren- und Dienstleistungsmarke oder Mischmarke) angemeldet und eingetragen werden (s. dazu § 32, Rn 31 ff.). Aus der rechtlichen Gleichbehandlung von Warenmarke und Dienstleistungsmarke folgt, daß sich die beiden Markenarten allein aus der Sicht der Klasseneinteilung durch die Verschiedenheit der Klassen, für die sie angemeldet und eingetragen werden, unterscheiden. Rechtliche Unterschiede zwischen Warenmarke und Dienstleistungsmarke, die sich namentlich aus der Unkörperlichkeit der Dienstleistung als einem immateriellen Wirtschaftsgut gegenüber der Körperlichkeit einer Ware als einem materiellen Wirtschaftsgut ergeben, bestehen vornehmlich hinsichtlich des Schutzbereichs, der Erschöpfung und der rechtserhaltenden Benutzung der beiden Arten von Marken.

### III. Individualmarke und Kollektivmarke

Die Vorschriften des MarkenG beziehen sich grundsätzlich auf eine Marke, die Waren oder Dienstleistungen eines bestimmten Unternehmens, das entweder der Markeninhaber selbst ist oder das mit Zustimmung des Markeninhabers (§ 26 Abs. 2) seine Produkte mit dessen Marke auf dem Markt kennzeichnet, von Produkten anderer Unternehmen unterscheidet (Individualmarke). Von dieser *Individualmarke,* die den Regeltypus des Markenrechts darstellt, ist die *Kollektivmarke* zu unterscheiden, die den Mitgliedern eines Kollektivs (rechtsfähiger Verband) als des Markeninhabers dient und in Teil 4 des MarkenG (§§ 97 bis 106) geregelt ist. Das WZG enthielt in den §§ 17 bis 23 WZG vergleichbare Vorschriften für Verbandszeichen. Nach Art. 7[bis] PVÜ sind die Verbandsländer verpflichtet, die Hinterlegung von Verbandsmarken zuzulassen.

Nach § 97 Abs. 1 unterscheiden Kollektivmarken die Waren oder Dienstleistungen der Mitglieder des Inhabers der Kollektivmarke von den Produkten anderer Unternehmen nach ihrer betrieblichen oder geographischen Herkunft, ihrer Art, ihrer Qualität oder ihren sonstigen Eigenschaften. Wesensmerkmal einer Kollektivmarke ist deren Benutzung durch die Mitglieder des Markeninhabers. Die Kollektivmarke wird von mehreren Unternehmen zur Kennzeichnung ihrer Unternehmensprodukte benutzt. Im Marktgeschehen erscheinen solche Kollektivmarken etwa als Gewährleistungs-, Garantie- oder Gütemarken.

Die allgemeinen Vorschriften des MarkenG sind auf Kollektivmarken anzuwenden, soweit in den §§ 97 bis 106 nichts anderes bestimmt ist. Nach § 97 Abs. 1 sind Kollektivmarken eintragbare Markenformen im Sinne des § 3. Das Gesetz regelt nicht, ob Markenschutz an einer Kollektivmarke nur durch die Eintragung eines Zeichens als Kollektivmarke in das Markenregister entstehen kann, oder ob auch die Entstehung des Markenschutzes durch Benutzung eines Zeichens im geschäftlichen Verkehr als Kollektivmarke zulässig ist, soweit das Zeichen innerhalb beteiligter Verkehrskreise als Kollektivmarke nach § 4 Nr. 2 Verkehrsgeltung erworben hat. Nach der Rechtslage im WZG war die Verbandsausstattung anerkannt (BGH GRUR 1964, 381, 384 – WKS-Möbel I; 1957, 88 – Funkberater). Die Neuregelung der Kollektivmarke in den §§ 97 ff. steht der Entstehung des Markenschutzes durch Benutzung der Marke und dem *Erwerb von Verkehrsgeltung als Kollektivmarke* nach § 4 Nr. 2 nicht entgegen. In der Begründung zum MarkenG findet sich zur Kollektivmarke durch Benutzung kein Hinweis.

In der Praxis sind bisher Kollektivmarken wenig gebräuchlich. Die Notwendigkeit zur Gründung eines Verbands als des Markeninhabers sowie der Vereinbarung einer von jedermann einsehbaren Satzung, schreckt weithin ab. In der Praxis wird deshalb die Markenlizenz bevorzugt, aufgrund derer ein Markeninhaber einem anderen oder mehreren anderen Unternehmen die Benutzung seiner Marke erlaubt.

### IV. Registermarke, Benutzungsmarke und Notorietätsmarke

Marken im Sinne des § 3 sind die drei Kategorien von Marken, deren Entstehung in § 4 geregelt ist. Diese nach der Entstehung des Markenschutzes zu unterscheidenden drei Markenkategorien kann man als *Registermarke, Benutzungsmarke* und *Notorietätsmarke* bezeichnen. Die nach § 3 geschützten Markenformen gelten somit für angemeldete oder eingetragene Marken (§ 4 Nr. 1), durch Benutzung erworbene Marken (§ 4 Nr. 2) und im Sinne von Art. 6[bis] PVÜ notorisch bekannte Marken (§ 4 Nr. 3). Da sich § 3 nicht nur auf das *förmliche Markenrecht* (Registerrecht), das durch die Anmeldung und Eintragung der Marke in das Markenregister entsteht (§ 4 Nr. 1), sondern auch auf das *sachliche Markenrecht* (Ausstattung im Sinne des § 25 WZG), dessen Entstehung auf der durch Benutzung erworbenen Verkehrsgeltung beruht (§ 4 Nr. 2), bezieht, erklärt sich die Abweichung der dem Markenschutz zugänglichen Markenformen gegenüber Art. 2 MarkenRL, ohne daß damit ein sachlicher Unterschied gegenüber der MarkenRL, deren Vorschriften nach Art. 1 MarkenRL nur für angemeldete und eingetragene Marken gelten, verbunden ist.

## V. Defensivmarken und Vorratsmarken

### 1. Defensivmarken

23   *Defensivmarken* sind Abwehrzeichen, um einer Hauptmarke Entwicklungsschutz zu gewähren. Weil Defensivmarken nicht zur Benutzung als Marke bestimmt sind, sind sie gesetzwidrig und eintragungsunfähig (s. Rn 172 ff.).

### 2. Vorratsmarken

24   *Vorratsmarken* sind Marken, die der Markeninhaber zwar nicht im Zeitpunkt der Anmeldung der Marke, aber zu einem späteren Zeitpunkt zu benutzen beabsichtigt. Die Eintragung von Vorratsmarken in das Markenregister ist zulässig (s. Rn 184 ff.).

## VI. Zweitmarken

25   Markeninhaber kennzeichnen ihre Unternehmensleistungen häufig mit mehreren Marken (*Zweitmarken*). Unter einer *Mehrfachkennzeichnung* eines Unternehmensprodukts ist die Identifizierung einer Ware oder Dienstleistung mit mehreren Marken zu verstehen. Zweitmarken werden häufig gemeinsam mit der Hausmarke des Unternehmens verwendet (s. Rn 29). Im internationalen Wirtschaftsverkehr ist die Zweitmarke ein bedeutsames Instrument der Produktdifferenzierung und Produktdiversifikation. Die Mehrfachkennzeichnung ist namentlich ein Problem der rechtserhaltenden Benutzung der Marke (s. § 26, Rn 124 ff.).

## VII. Begleitende Marken

26   Unter einer *begleitenden Marke* wird herkömmlich die Marke eines Herstellers eines Werkstoffs, eines Vor- und Zwischenprodukts oder Behandlungsmittels bezeichnet, das ursprünglich und zunächst der Kennzeichnung allein dieses Erzeugnisses dient, dieses jedoch auf dem Weg zum Fertigprodukt begleitet und auf diesem neben der Marke des Herstellers des Fertigprodukts erscheint. Vor allem die Marken der Hersteller von synthetischen Fasern (etwa *Nylon, Perlon, Trevira, Diolen*), von Kunststoffen (etwa *Plexiglas, Luran*), von Stoffarten (etwa *Nyltest, Popeline*) oder von Farbstoffen (etwa *Indanthren, Sanfor*) werden auf dem Fertigprodukt als begleitende Marken verwendet, um den letzten Verbraucher unmittelbar zu umwerben. Die Benutzung einer Marke als begleitende Marke, die ein Vorprodukt über die verschiedenen Bearbeitungsstufen bis hin zum Endprodukt begleitet, liegt im Interesse aller beteiligten Hersteller. Die Güte des Vorprodukts kommt dem Endprodukt gleichermaßen zugute wie die Güte des Endprodukts dem Vorprodukt. Die begleitende Marke dient dem Hersteller eines Werkstoffs auch zur Gewährleistung und Kontrolle einer richtigen Verarbeitung des Werkstoffs im Fertigprodukt (BGH GRUR 1970, 80, 81 – Dolan; *Kraft*, GRUR 1970, 218). Zugleich dient die begleitende Marke der Information des Verbrauchers über die im Fertigprodukt etwa verwendeten Werkstoffe. Frühzeitig hat die Recht-

sprechung erkannt, daß dem berechtigten Schutzbedürfnis des Inhabers einer begleitenden Marke das Wettbewerbsrecht nicht ausreichend gerecht wird und deshalb einem markenrechtlichen Schutz den Vorzug gegeben. Da die begleitende Marke zumeist nur für den Werkstoff, das Vor- und Zwischenprodukt oder das Behandlungsmittel, nicht aber für das Fertigprodukt in das Markenregister eingetragen ist, besteht die rechtliche Problematik der begleitenden Marke vor allem darin, den Markenschutz innerhalb des Ähnlichkeitsbereichs der eingetragenen Waren sowie die rechtserhaltende Benutzung innerhalb des Benutzungszwangs zu bestimmen.

Bei Textilerzeugnissen als Fertigprodukte sind Art und Gewichtsanteil der verwendeten textilen Rohstoffe deutlich lesbar anzugeben (§ 1 Abs. 1 TKG). Nach § 9 Abs. 2 TKG dürfen bei der Rohstoffgehaltsangabe Marken oder Unternehmensbezeichnungen mitverwendet werden (s. auch § 11 Abs. 2 TKG).

## VIII. Serienmarken

Unter *Serienmarken* sind solche verschiedenen Marken eines Markeninhabers zu verstehen, deren gemeinsamer *Stammbestandteil* im wesentlichen den markenrechtlichen Identifikationshinweis enthält und damit die Funktion der Marke als eines Unterscheidungszeichens erfüllt (BGHZ 34, 299, 302 – Almglocke/Almquell; BGH GRUR 1959, 420 – Opal/Ecopal; DPA GRUR 1955, 154 – Dextropur/Inverpur). Im übrigen unterscheiden sich die Serienmarken trotz des produktidentifizierenden Wortstammes erkennbar voneinander. Serienmarken werden durch das Verändern bestimmter Zeichenbestandteile gebildet wie das Voranstellen, Anhängen oder Weglassen von Wortsilben sowie der Modifikation von Bildbestandteilen. Solche Serienmarken werden regelmäßig für verschiedene Waren oder Dienstleistungen (Produktsorten) des Markeninhabers verwendet. Die Serienmarken einer Markenfamilie charakterisiert ein gemeinsamer Stammbestandteil als Wortstamm oder auch als Bildstamm der Serienmarken. Die rechtliche Problematik von Serienmarken besteht zum einen darin, ob die Benutzung der Stammarke eine rechtserhaltende Benutzung im Sinne des § 26 für die abgeleiteten Serienmarken darstellt (s. § 26, Rn 115). Die Eigenschaft eines Zeichens als Serienmarke ist rechtlich zum anderen für den Schutzumfang der Marke im Hinblick auf das Bestehen einer mittelbaren Verwechslungsgefahr von Bedeutung (s. § 14, Rn 220 ff.).

## IX. Hausmarken und Sortenmarken

### 1. Hausmarken

Unter einer *Hausmarke* wird eine Marke verstanden, die der Markeninhaber für sämtliche Waren oder Dienstleistungen seines Unternehmens verwendet. Die Hausmarke kann zugleich Unternehmenskennzeichen oder ein Bestandteil des Unternehmenskennzeichens des Markeninhabers sein (etwa *Volkswagen* für Pkw der Volkswagen AG). Im Wege der Mehrfachkennzeichnung eines Unternehmensprodukts werden Hausmarken häufig als Hauptmarke gemeinsam mit einer Zweitmarke verwendet (etwa die Zweitmarke *Golf* neben der Hausmarke *Volkswagen* für Pkw der Volkswagen AG). Von den Hausmarken werden zum Teil die *Umbrellamarken* unterschieden, die als eine Obermarke für ein bestimmtes Produktsegment verwendet werden.

### 2. Sortenmarken

Unter einer *Sortenmarke* (Spezialmarke) wird eine Marke verstanden, die der Markeninhaber neben anderen Sortenmarken für bestimmte seiner Unternehmensprodukte verwendet. Die Sortenmarke ist nicht nur ein produktidentifizierendes Unterscheidungszeichen im Marktwettbewerb, indem sie die Waren oder Dienstleistungen eines Unternehmens identifizierbar und auf diese Weise von den Waren oder Dienstleistungen anderer Unternehmen auf dem Markt differenzierbar macht. Die Sortenmarke identifiziert zugleich die mit verschiedenen Sortenmarken gekennzeichneten Unternehmensprodukte des Markeninhabers untereinander. Die Sortenmarken haben die Hausmarken weitgehend verdrängt (zu dieser Entwicklung s. schon *H. Isay*, GRUR 1929, 23). Sortenmarken werden häufig als Zweitmarke gemeinsam mit einer Hausmarke als Hauptmarke verwendet (etwa die Zweitmarke *Golf* neben der Hausmarke *Volkswagen* für Pkw der Volkswagen AG). Die Hauptmarken sind häufig zugleich Unternehmenskennzeichen (s. dazu BGH GRUR 1961, 280, 282 – Tosca). Vor allem in der pharmazeutischen Industrie werden Sortenmarken nicht nur als produktidentifizierende Unterscheidungszeichen, sondern häufig zugleich als indikative Zeichen verwendet, die auch den therapeutischen Zweck des Arzneimittels anzeigen. Hausmarken und Sortenmarken werden sowohl als Warenmarken wie auch als Dienstleistungsmarken rechtlich gleich behandelt; einer Regelung im MarkenG bedurfte es nicht.

## X. Herstellermarken und Handelsmarken

31  *Herstellermarken* (Produktionsmarken, Fabrikmarken) individualisieren Waren eines Herstellers als Unternehmensleistung eines Produktionsunternehmens. *Handelsmarken* individualisieren Waren nicht im Hinblick auf die Produktionsleistung eines Unternehmens, sondern vielmehr im Hinblick auf die spezifischen Unternehmensleistungen der Handelswirtschaft. Herstellermarken identifizieren eine *produktive* Unternehmensleistung, Handelsmarken identifizieren eine *distributive* Unternehmensleistung. Ursprünglich diente die Handelsmarke einer Intensivierung des Preiswettbewerbs, weniger dem Qualitätswettbewerb mit den Markenartikeln. Heute stehen die Handelsmarken der großen Handelsorganisationen oder Handelsketten (*Edeka, ReWe, Aldi*) sowohl in einem Preiswettbewerb als auch in einem Qualitätswettbewerb zu den Markenwaren.

32  Herstellermarken und Handelsmarken werden im MarkenG, das diese Unterscheidung nicht kennt, markenrechtlich gleich behandelt. Der Unterschied in der ökonomischen Funktion der Herstellermarken und Handelsmarken kann markenrechtlich bei einer Markenkollision zur Feststellung der Ähnlichkeit der Unternehmensprodukte erheblich sein (s. § 14, Rn 345 ff.), ist kartellrechtlich im Hinblick auf die Zulässigkeit einer vertikalen Preisempfehlung für Markenwaren (§ 38 a GWB) zu beachten und ist in wettbewerbsrechtlicher Hinsicht im Hinblick auf das Verbot der irreführenden Werbung von Bedeutung, da Handelsmarken dem Verbraucher nicht die ökonomische Funktion einer Herstellermarke, wie umgekehrt, vortäuschen dürfen (BGH GRUR 1967, 100, 104 – Edeka-Schloß-Export; *Baumbach/Hefermehl*, Wettbewerbsrecht, § 3 UWG, Rn 167 ff.; *Heiseke*, WRP 1976, 282; *Tietgen*, Die Unterschiede zwischen Fabrik- und Händlermarken, 1975, S. 145 ff.).

33  Der intensive Preiswettbewerb der Handelsketten hat im Lebensmittelhandel zur Verwendung von Gattungsmarken (Generics, No-names) geführt (etwa *Die Weißen* von ReWe-Leibbrand). Solche Gattungsmarken unterscheiden sich von den herkömmlichen Handelsmarken dadurch, daß die Gattungsmarke für eine als besonders preisgünstig beworbene Produktgruppe verschiedener Produkte verwendet wird. Wenn die Gattungsmarke nicht nur als ein Hinweis auf eine besonders günstige Preisstellung verschiedener Produkte verstanden wird, sondern auch als ein produktidentifizierendes Unterscheidungszeichen im Marktwettbewerb erscheint, dann sind Gattungsmarken markenrechtlich nicht anders zu behandeln als herkömmliche Handelsmarken (s. *Berekoven*, MA 1982, 135; *Böcker*, MA 1984, 15).

## XI. Konzernmarken und Holdingmarken

**Schrifttum zum WZG.** *Beier,* Benutzung und Geschäftsbetrieb – Zur Markenrechtsfähigkeit von Holdinggesellschaften, GRUR 1980, 352; *Koppensteiner*, Konzernmarken und Konzernbegriff, GRUR 1972, 394; *Kroher*, Zur Eintragung von Konzernmarken, GRUR Int 1989, 337; *Reimer*, Konzernzeichen, Mitt 1928, 125; *Selchert*, Behandlung konzernintern erstellter und erworbener immaterieller Wirtschaftsgüter in der konsolidierten Bilanz, DB 1971, 1265.

**Schrifttum zum MarkenG.** *Müller,* Firmenlizenz und Konzernfirma, 1996; *Straub,* Mehrfache Berechtigung an Marken: Lizenzen, Rechtsgemeinschaften, Teilübertragungen, Pfandrechte, fiduziarische Übertragungen, Konzernmarken, 1998.

## 1. Konzernmarken

Nach Art. 5 lit. C Abs. 3 PVÜ ist der gleichzeitige Gebrauch einer Marke durch verschiedene Konzerngesellschaften zulässig. Nach dieser Vorschrift ist es den Verbandsländern nicht gestattet, bei gleichzeitiger Benutzung einer *Konzernmarke* durch verschiedene Konzernunternehmen den Markenschutz zu versagen, soweit nicht öffentliche Belange entgegenstehen, wie namentlich eine Irreführung der Verbraucher zu befürchten ist (s. Art. 5 PVÜ, Rn 2). Im MarkenG wird die Konzernmarke nicht ausdrücklich erwähnt.

Rechtlich selbständige Unternehmen bilden einen Konzern, wenn sie unter einheitlicher Leitung zusammengefaßt sind, ohne daß das eine Unternehmen von dem anderen Unternehmen abhängig ist; die einzelnen Unternehmen sind Konzernunternehmen (§ 18 Abs. 2 AktG). Ein Konzern bildet eine wirtschaftliche, nicht aber eine rechtliche Einheit. Folge der fehlenden Rechtssubjektivität des Konzerns ist es, daß einem Konzern an sich die zur Inhaberschaft an einer Marke nach § 7 erforderliche *Markenrechtsfähigkeit* fehlt (s. § 7, Rn 39; zur Rechtslage nach dem WZG RGZ 172, 49, 57 – Siemens; *Koppensteiner*, GRUR 1972, 394, 395). Anders als nach der Rechtslage im WZG würde wegen der Nichtakzessorietät der Marke nach der Rechtslage im MarkenG die Markenrechtsfähigkeit eines Konzerns nicht am Fehlen eines eigenen Geschäftsbetriebs scheitern. Dem schutzwürdigen Interesse eines Konzerns als eines Gesamtunternehmens, Inhaber eines eigenen Markenrechts zu sein, das von den Konzernunternehmen einheitlich benutzt wird, kann durch die Eintragung einer *Kollektivmarke* nach den §§ 97 ff. nur unzureichend Rechnung getragen werden. Die Konzernunternehmen können einen rechtsfähigen Verband als Markeninhaber der Kollektivmarke gründen. Nach der Rechtslage im WZG war die Kollektivmarke der einzige Ausweg für einen Konzern, ein der Funktion einer Konzernmarke angenähertes Markenrecht zu erwerben, da das Vorhandensein eines eigenen Geschäftsbetriebs unabdingbare Voraussetzung des Erwerbs eines Markenrechts war (BGH GRUR 1965, 86, 90 – Schwarzer Kater). Abgesehen von den praktischen Erschwernissen des Erwerbs einer Kollektivmarke, wird die Kollektivmarke eines Verbands von Konzernunternehmen nicht der Funktion einer Konzernmarke gerecht, die des Konzerns als der Zentrale der einheitlichen Leitung als Markeninhaber bedarf. Es ist deshalb zu erwägen, ob trotz der fehlenden Rechtssubjektivität des Konzerns aufgrund der rechtlichen Wirkungen der einheitlichen Leitung eines Konzerns die Markenrechtsfähigkeit des Konzerns nach § 7 analog anerkannt werden sollte (s. § 7, Rn 39).

Schon nach der Rechtslage im WZG hat die *Rechtsprechung* einem als Konzernmarke verwendeten Zeichen die nachträgliche Anerkennung nicht versagt. Nach dieser Rechtsprechung liegt eine Konzernmarke vor, wenn eine für ein bestimmtes Konzernunternehmen eingetragene und von allen Konzernunternehmen benutzte Marke nach der Auffassung des Verkehrs als ein Merkmal für die Herkunft der gekennzeichneten Produkte aus dem Bereich eines Konzerns und nicht aus dem Geschäftsbetrieb des als Markeninhaber eingetragenen Konzernunternehmens angesehen wird. Bei Vorliegen solcher Umstände wurde die eingetragene Marke nicht wegen inhaltlicher Unrichtigkeit nach § 11 Abs. 1 Nr. 2 WZG gelöscht, weil die Vorstellung des Verkehrs mit den tatsächlichen Verhältnissen im Einklang stand (BGH GRUR 1957, 350 – Raiffeisensymbol). Die Rechtsprechung verneinte auch eine Löschungsklage nach § 11 Abs. 1 Nr. 2 WZG wegen Wegfalls des Geschäftsbetriebs, da ein öffentliches Interesse an der Löschung der Marke dann fehle, wenn die Marke durch den häufigen Gebrauch durch die Konzernunternehmen im Verkehr zum Schlagwort für den Konzern als Einheit geworden sei, und der Verkehr jede Ware, die ihm unter der Marke angeboten werde, als aus dem Bereich des Konzerns stammend ansehe; unerheblich sei dabei, ob der Verbraucher an den Konzern in seiner Gesamtheit oder an ein bestimmtes Konzernunternehmen denke (RGZ 172, 49 – Siemens). Es wurde als nicht erforderlich angesehen, daß es sich bei der Konzernmarke um ein Unternehmenskennzeichen handelte (BGHZ 34, 299, 309 – Almglocke). Als warenzeichenrechtlich entscheidend wurde angesehen, daß die verschiedenen Konzernunternehmen als mehrere Benutzer der Marke dem Verbraucher auf dem Markt so erscheinen, daß sie als eine wirtschaftliche Einheit und nicht als Konkurrenzunternehmen verstanden werden (BGHZ 34, 299, 309 – Almglocke).

Schon nach der Rechtslage im WZG wurde im *Schrifttum* die Auffassung vertreten, die Eintragung einer Konzernmarke für den Konzern als wirtschaftliche Einheit sei zulässig.

Schon nach Warenzeichenrecht wurde erkannt, daß die Problematik der Konzernmarke weniger auf der fehlenden Rechtssubjektivität des Konzerns als vielmehr auf der Notwendigkeit des Vorhandenseins eines eigenen Geschäftsbetriebs des Konzerns wegen der nach dem WZG bestehenden Akzessorietät der Marke beruhte (*Koppensteiner*, GRUR 1972, 394). Schon nach Warenzeichenrecht stand die Konzernmarke nicht im Widerspruch mit den Funktionen des subjektiven Markenrechts. Schon die nachträgliche Anerkennung einer im Verkehr durchgesetzten Konzernmarke durch die Rechtsprechung mußte es als folgerichtig erscheinen lassen, auch die Eintragung einer Marke zwar nicht für den Konzern als wirtschaftliche Einheit als solchen, aber für eines der rechtsfähigen Konzernunternehmen zuzulassen. Dogmatisch wurde die Zulässigkeit der Eintragung einer Konzernmarke für ein Konzernunternehmen mit einer Zurechnung der Geschäftsbetriebe der anderen Konzernunternehmen an das Konzernunternehmen begründet, für das die Konzernmarke einzutragen ist. Das Erfordernis einer Identität von Markeninhaber und Unternehmensinhaber nach dem WZG wurde aufgrund der wirtschaftlichen Unternehmenseinheit des Konzerns als gewahrt angesehen (s. zum ganzen *Baumbach/Hefermehl*, § 1 WZG, Rn 82). Die aus einer möglichen Änderung der Beteiligungsverhältnisse folgenden Schwierigkeiten (s. dazu BGH GRUR 1965, 86, 89) wurden als überwindbar beurteilt. Zumindest bei einer Eingliederung nach den §§ 319ff. AktG wurde es als sachlich gerechtfertigt angesehen, den Geschäftsbetrieb der eingegliederten Gesellschaft der Hauptgesellschaft zuzurechnen. Damit war selbstverständlich nicht ausgeschlossen, daß sich die eingegliederte Gesellschaft auch nach der Eingliederung eigene Warenzeichen eintragen ließ.

**38** Nach der Rechtslage im MarkenG sollte aufgrund der Nichtakzessorietät der Marke an einer Eintragung einer Konzernmarke für eines der Konzernunternehmen keine Bedenken mehr bestehen. Darüber hinaus ist es nach der Rechtslage im MarkenG gerechtfertigt, die Eintragung einer Konzernmarke für den *Konzern als wirtschaftliche Einheit* als solches zuzulassen und damit die Markenrechtsfähigkeit des Konzerns nach § 7 analog anzuerkennen (s. § 7, Rn 39).

**39** Ein Markenrecht kann *konzernrechtliche Wirkungen* entfalten. Die Geltendmachung von kennzeichenrechtlichen Ansprüchen einer Konzernmutter für eine Konzerntochter kann im Wege der gewillkürten Prozeßstandschaft erfolgen (BGH GRUR 1995, 54 – Nicoline). Auch wenn es sich bei einer Konzerntochter um ein im Verhältnis zur Konzernmutter rechtlich selbständiges Unternehmen handelt, so hat gleichwohl regelmäßig die Konzernmuttergesellschaft ein ausreichendes schutzwürdiges eigenes Interesse an der Geltendmachung von kennzeichenrechtlichen Ansprüchen der Tochtergesellschaft, sofern sie an der Tochtergesellschaft in einem Maße beteiligt ist, daß sie an der Durchsetzung ihrer Rechte in nahezu demselben Maße interessiert ist wie die Tochtergesellschaft selbst (BGH GRUR 1995, 54, 57 – Nicoline). Ein rechtliches und wirtschaftliches Eigeninteresse der Konzernmutter besteht namentlich dann, wenn der beeinträchtigte Firmenname der Tochtergesellschaft zugleich Firmenschlagwort der Konzernmutter ist und demzufolge der Muttergesellschaft ein rechtliches und wirtschaftliches Eigeninteresse aufgrund der mittelbaren Schutzwirkung ihres eigenen Firmenschlagwortes zukommt.

**40** Ein Markenrecht kann die Grundlage der Marktstellung des Markeninhabers derart begründen, daß allein die Übertragung der Marke als Übertragung und Erwerb des Vermögens eines anderen Unternehmens zu einem wesentlichen Teil im Sinne des § 23 Abs. 2 Nr. 12 GWB zu beurteilen ist. Die Übertragung der Marke kann bereits zur Aufgabe der Marktstellung des Veräußerers führen (BGH GRUR 1992, 877, 880 – Warenzeichenerwerb).

## 2. Holdingmarken

**41** Unter einer *Holdingmarke* wird die Marke einer Holdinggesellschaft verstanden, die weder ein Produktionsunternehmen noch ein Handelsunternehmen betreibt (Verwaltungsholding, Finanzholding). Nach der Rechtslage im WZG bedurfte der Rechtsinhaber eines Warenzeichens eines eigenen Geschäftsbetriebs. Holdingmarken wurden als unzulässig beurteilt (RGZ 111, 192 – Goldina; 114, 276, 278 – Axa; BGH GRUR 1965, 86, 89 – Schwarzer Kater; *Baumbach/Hefermehl*, § 1 WZG, Rn 79 m.w.Nachw.). Die einheitliche Leitung des Konzerns wurde nicht als eine wirtschaftliche Tätigkeit beurteilt, die einen eigenen Geschäftsbetrieb begründet (aA schon *Reimer*, Mitt 1928, 125). Nach der Rechtslage im WZG wurde ein auf Erzeugung oder den Umsatz von Waren gerichteter Geschäftsbetrieb verlangt (s. Rn 99). Der Geschäftsbetrieb einer Tochtergesellschaft wurde nicht als ein Geschäftsbetrieb der Holdinggesellschaft zugerechnet. Die Eintragung eines Warenzeichens wurde nur für die einzelnen Konzernunternehmen mit eigenem Geschäftsbetrieb für die konkreten Waren zugelassen. Es bestanden voneinander unabhängige Markenrechte der verschiedenen Konzernunternehmen mit jeweils eigener Priorität. Nach der Rechtsprechung in der Schweiz wurde die Eintragung eines Warenzeichens für eine Holdinggesellschaft auch als reine Verwaltungsgesellschaft mit der Begründung zugelassen, diese übe im weiteren Sinne eine herstellende Tätigkeit dadurch aus, daß sie den Unternehmen, an denen sie beteiligt sei, die Mitarbeit ihrer Leitung und Zentralstelle zur Verfügung stelle (BGE 75 I, 354 – Suchard; *Troller*, Immaterialgüterrecht, Bd. 1, S. 506). Auch im deutschen Schrifttum hat man sich für die Eintragung einer Marke für eine Holdinggesellschaft schon nach der Rechtslage im WZG mit der Begründung ausgesprochen, die Geschäftsbetriebe der einzelnen Konzernunternehmen seien der Holdinggesellschaft zuzurechnen (*Baumbach/Hefermehl*, § 1 WZG, Rn 79).

Indem das MarkenG auf das Vorliegen eines allgemeinen Geschäftsbetriebs des Markeninhabers beim Erwerb des Markenrechts verzichtet, ist die Akzessorietät der Marke zu einem Unternehmen des Markeninhabers bei der Entstehung des Markenschutzes vollständig aufgehoben (s. Rn 66 ff.). Jede Person kann eine Marke erwerben (zur Markenrechtsfähigkeit und Inhaberschaft an einer Marke s. § 7, Rn 6 ff.). Nach dem MarkenG sind Holdingmarken zulässig (s. Begründung zum ErstrG, BT-Drucks. 12/1399 vom 30. Oktober 1991, S. 69).

## XII. Sammelmarken

Unter einer *Sammelmarke* wurde in der Vergangenheit die Zusammenfassung mehrerer Marken zu einer rechtlichen Markeneinheit verstanden. Bei der Eintragung eines Warenzeichens in das Register wurde vom DPMA eine *Sammelverwendungserklärung* des Anmelders dahin zugelassen, der Zeicheninhaber werde die verschiedenen Zeichen nur zusammen als eine Einheit verwenden (zur Zusammenfassung von auf einer Nähmaschine angebrachten Ornamenten RPA BlPMZ 1907, 162; *Rauter*, GRUR 1907, 377; *Schwanhäuser*, WRP 1969, 178, 179; § 3 Nr. 2 der Anmeldebestimmungen für Warenzeichen vom 16. Oktober 1954, BAnz. Nr. 217, S. 2). Die Problematik bestand im wesentlichen bei zusammengesetzten Bildmarken, die aus mehreren Bildbestandteilen zusammengesetzt waren (etwa eine aus einem *Hals- und Bauchetikett einer Flasche* bestehende Getränkemarke), sowie bei solchen Kombinationsmarken, die aus einem Produktkennzeichen und einem Unternehmenskennzeichen bestanden.

Weder das MarkenG noch die MarkenV regeln die Sammelmarke; entsprechende Anmeldebestimmungen bestehen nicht. Nach Auffassung des DPMA ist eine *förmliche Sammelverwendungserklärung* des Anmelders bei der Anmeldung einer Marke nicht erforderlich. Eine Sammelmarke ist als zusammengesetzte Marke oder als Kombinationsmarke dann eintragungsfähig, wenn sie die Einheitlichkeit der Marke als eines allgemeinen Kriteriums der Markenfähigkeit (s. Rn 216) erfüllt. Wenn an der Einheitlichkeit der Marke Zweifel bestehen, genügt dem DPMA eine auf Anfrage zu erteilende *formlose Zeicheneinheitserklärung* des Anmelders.

Eine Sammelmarke stellt im übrigen regelmäßig ein Problem der *rechtserhaltenden Benutzung* nach § 26 dar. Die Benutzung eines Markenbestandteils kann nicht allein wegen der Sammelverwendungserklärung oder Zeicheneinheitserklärung bei der Eintragung der Marke als eine rechtserhaltende Benutzung der eingetragenen Sammelmarke beurteilt werden (s. § 26, Rn 119).

## XIII. Garantiemarken

Unter einer *Garantiemarke* (Qualitätsmarke, Gütemarke, Gewährleistungsmarke, Prüfzeichen) versteht man eine Marke, deren Verwendung das Vorliegen bestimmter Produkteigenschaften als Qualitätsmerkmale voraussetzt, deren Einhaltung von einem Dritten, etwa einem Verband, der die Erlaubnis zur Verwendung der Garantiemarke vergibt, kontrolliert wird. Als *Individualmarken* (s. Rn 18 ff.) bezwecken solche Garantiemarken regelmäßig nicht, Waren oder Dienstleistungen eines Unternehmens von denjenigen anderer Unternehmen zu unterscheiden, sondern als Prüfzeichen die Einhaltung der Qualitätsanforderungen zu belegen. Garantiemarken sind als Individualmarken grundsätzlich keine Marken im Sinne des MarkenG; es ist aber nicht ausgeschlossen, eine Garantiemarke auch als Individualmarke, etwa im Wege der Markenlizenz an verschiedene Lizenznehmer, zu verwenden. Zumeist werden *Kollektivmarken* als Garantiemarken im Marktgeschehen verwendet (s. Rn 18 ff.; § 97, Rn 16 ff.). Das Schweizerische MSchG enthält eine eingehende Regelung der Garantiemarke (Art. 21 ff. MSchG). Nach Art. 21 Abs. 1 MSchG ist eine Garantiemarke ein Zeichen, das unter der Kontrolle des Markeninhabers von verschiedenen Unternehmen gebraucht wird und dazu dient, die Beschaffenheit, die geographische Herkunft, die Art der Herstellung oder andere gemeinsame Merkmale von Waren oder Dienstleistungen dieser Unternehmen zu gewährleisten.

## XIV. Telle-quelle-Marke

47  Nach Art. 6$^{quinquies}$ PVÜ genießt eine im Ursprungsland eingetragene Marke in den Verbandsstaaten Auslandsschutz als Marke telle-quelle und damit so, wie sie eingetragen ist. Rechtsentstehung und Rechtsbestand der *Telle-quelle-Marke* ist von ihrer Eintragung im Ursprungsland abhängig (s. Art. 6$^{quinquies}$ PVÜ, Rn 16). Auslandmarken von Verbandsangehörigen sind so in den anderen Verbandsländern auch dann zur Hinterlegung zugelassen und geschützt, wenn sie dem nationalen Markenrecht des fremden Verbandslandes nicht entsprechen. Die Eintragung von Fabrik- oder Handelsmarken darf nur aus den in Art. 6$^{quinquies}$ B PVÜ genannten Gründen verweigert oder für ungültig erklärt werden, etwa wenn die Marke keine Unterscheidungskraft besitzt oder eine Beschaffenheitsangabe darstellt (s. dazu BPatGE 7, 215 – Farbbezeichnung). Der Schutz einer Telle-quelle-Marke, die dem Markenrecht des fremden Verbandslandes nicht entspricht, bleibt nach ihrer Eintragung von dem Fortbestand der Marke im Ursprungsland abhängig (Art. 6$^{quinquies}$ D PVÜ).

## XV. Warenmarke und Markenware

48  Die *Warenmarke* ist ein in Abgrenzung zur Dienstleistungsmarke verwendeter Begriff des MarkenG (s. Rn 15 ff.). Der Begriff der *Markenware* ist kein markenrechtlicher, sondern ein kartellrechtlicher und wettbewerbsrechtlicher Begriff. Eine Ware, die mit einer Marke versehen wird, ist nicht schon aufgrund der Kennzeichnung eine Markenware.

49  Der kartellrechtliche Begriff der Markenware folgt aus dem Preisempfehlungsrecht. Nach § 38a Abs. 2 GWB sind Markenwaren solche Erzeugnisse, deren Lieferung in gleichbleibender oder verbesserter Güte von dem preisempfehlenden Unternehmen gewährleistet wird und die selbst oder deren für die Abgabe an den Verbraucher bestimmte Umhüllung oder Ausstattung oder deren Behältnisse, aus denen sie verkauft werden, mit einem ihre Herkunft kennzeichnenden Merkmal (Firmen-, Wort- oder Bildzeichen) versehen sind. Der kartellrechtliche Begriff der Markenware ist auf den Preiswettbewerb sowie die Gütegewähr zugeschnitten.

50  Das Vorliegen einer Markenware im *wettbewerbsrechtlichen* Sinne verlangt über den kartellrechtlichen Begriff hinaus, daß die Markenware im Verkehr bekannt und wegen ihrer anerkannten Qualität vom Verbraucherbewußtsein breiter Verkehrskreise getragen wird. Wettbewerbsrechtlich liegt eine Markenware dann vor, wenn die Ware aufgrund ihrer gleichbleibenden Qualität eine beachtliche Verkehrsanerkennung erworben hat. Sowohl der Markeninhaber als auch der Verbraucher sind gegen das Vortäuschen einer Markenware sowie gegen die Ausnutzung ihres guten Rufs und Werbewerts nach §§ 1, 3 UWG geschützt (s. *Baumbach/Hefermehl*, Wettbewerbsrecht, § 3 UWG, Rn 176 ff.).

51  Der *Markenartikel* ist ein *betriebswirtschaftlicher* Begriff der Marketingtheorie. Nach herkömmlicher Auffassung sind Markenartikel solche für den privaten Bedarf geschaffene Fer-

tigwaren, die in einem größeren Absatzraum unter einem besonderen, die Herkunft kennzeichnenden Merkmal (Marke) in einheitlicher Aufmachung, gleicher Menge sowie in gleichbleibender oder verbesserter Güte erhältlich sind und sich dadurch sowie durch die für sie betriebene Werbung die Anerkennung der beteiligten Wirtschaftskreise (Verbraucher, Händler und Hersteller) erworben haben (Verkehrsgeltung) (*Mellerowicz*, Markenartikel, Die ökonomischen Gesetze ihrer Preisbildung und Preisbindung, 2. Aufl., 1963, S. 39). Das betriebswirtschaftliche Schrifttum kennt eine Vielzahl von Erklärungsansätzen zur Wesensbestimmung der Marke und des Markenartikels. Eine Definition des Markenartikels erfolgt heute weithin aus der Kundenperspektive. Aus der Sicht des Verbrauchers bezeichnet der Markenartikel ein Versprechen, auf Kundennutzen ausgerichtete und unverwechselbare Sachgüter oder Dienstleistungen standardisiert in gleichbleibender oder verbesserter Qualität zur Erfüllung gegebener Erfordernisse anzubieten (*Bruhn*, in: Bruhn (Hrsg.), Handbuch Markenartikel, Bd. I, S. 5 ff.).

## C. Die Nichtakzessorietät der Marke

### I. Prinzip der Akzessorietät

#### 1. Grundsatz

Unter *Akzessorietät der Marke* ist die rechtliche Beziehung der Marke zu dem Unternehmen des Markeninhabers zu verstehen. Im MarkenG besteht im Grundsatz keine Akzessorietät der Marke zu dem Unternehmen des Markeninhabers. Das Markenrecht ist rechtlich unabhängig von der Existenz eines Geschäftsbetriebs des Markeninhabers. Das gilt grundsätzlich für die Entstehung des Markenrechts, den rechtlichen Bestand des Markenrechts sowie den Rechtsübergang der Marke auf einen anderen Markeninhaber.

Bei der Markenkategorie eines durch Benutzung aufgrund von Verkehrsgeltung erworbenen Markenrechts nach § 4 Nr. 2 ist zu beachten, daß in diesem Fall die Entstehung des Markenschutzes ohne ein Unternehmen des Markeninhabers nicht denkbar ist, da Verkehrsgeltung im geschäftlichen Verkehr nur durch eine Benutzung der Marke zur Unterscheidung von Waren oder Dienstleistungen eines Unternehmens erworben werden kann.

Das *Prinzip der freien Übertragbarkeit* eines entstandenen Markenrechts gilt für alle Markenkategorien des § 4. Die Vorschrift des § 27, die den Rechtsübergang eines Markenrechts regelt, gilt für das durch die Eintragung, die Benutzung oder die notorische Bekanntheit einer Marke erworbene Recht. Der Grundsatz der freien Übertragbarkeit der Marke gilt allgemein im MarkenG. Das Markenrecht kann ohne Übergang des Geschäftsbetriebs des Markeninhabers übertragen werden. Die Markenverwertung durch Markenrechtszession entspricht der Rechtsnatur des Markenrechts als eines selbständigen Vermögensgegenstandes eines Unternehmens.

#### 2. Rechtsentwicklung

**a) Von der akzessorischen zur nichtakzessorischen Marke.** Die Akzessorietät der Marke zu einem Unternehmen war ein traditioneller Grundsatz des deutschen Warenzeichenrechts. Die absolute *Bindung der Marke an den Geschäftsbetrieb* des Markeninhabers galt hinsichtlich der Entstehung, des Bestands sowie des Übergangs des Markenrechts. Die Akzessorietät der Marke entspricht aber keinem rechtslogischen Postulat (*Baumbach/Hefermehl*, § 8 WZG, Rn 1), sondern erklärt sich aus einer Überbetonung der Herkunftsfunktion der Marke sowie der unberechtigten Sorge vor einer Irreführung der Verbraucher bei einer freien Übertragbarkeit der Marke.

Rechtsvergleichend bestand eine uneinheitliche Rechtslage, da weltweit in den Industrienationen teils das Prinzip der Akzessorietät, teils das der freien Übertragbarkeit der Marke verwirklicht war. Gegenwärtig geht die internationale Rechtsentwicklung dahin, die Bindung der Marke an den Geschäftsbetrieb aufzugeben und die freie Übertragbarkeit des Markenrechts zuzulassen. Nach Art. 17 GMarkenV kann die Gemeinschaftsmarke unabhängig von der Übertragung des Unternehmens Gegenstand eines Rechtsübergangs sein. Die MarkenRL zur Angleichung der Rechtsvorschriften der Mitgliedstaaten über die Marken enthält die Bindung der Marke an ein Unternehmen nicht als Bedingung der Rechtsangleichung.

**57** **b) Strenge Akzessorietät im WZG bis zum ErstrG.** Im deutschen Warenzeichenrecht galt das *strenge Akzessorietätsprinzip* (zu Zweck und Kritik der gesetzlichen Regelung im WZG s. § 27, Rn 7). Schon die Entstehung des Markenrechts, nicht nur der Rechtsbestand und der Rechtsübergang war an das zwingende Erfordernis eines Geschäftsbetriebs des Markeninhabers gebunden. Nach § 1 WZG konnte ein Warenzeichen zur Eintragung in die Zeichenrolle nur anmelden, wer sich in seinem Geschäftsbetrieb zur Unterscheidung seiner Waren von Waren anderer eines Warenzeichens bedienen wollte. Der Zeichenanmeldung mußte die Bezeichnung des Geschäftsbetriebs, in dem das Zeichen verwendet werden sollte, beigefügt sein.

**58** Nach seiner Entstehung blieb das Markenrecht in seinem Rechtsbestand mit dem Geschäftsbetrieb untrennbar verbunden. Der Übergang des ganzen Geschäftsbetriebs oder zumindest des Betriebsteils, zu dem das Warenzeichen gehörte, war zu einer rechtswirksamen Übertragung des Warenzeichens erforderlich (§ 8 Abs. 1 S. 2 WZG). Eine Vereinbarung, die eine andere Übertragung des Warenzeichens zum Gegenstand hatte, war nach § 8 Abs. 1 S. 3 WZG unwirksam. Nach § 11 Abs. 1 Nr. 2 WZG begründete die Nichtfortsetzung des zu einem Warenzeichen gehörenden Geschäftsbetriebs einen Löschungsgrund. Nach deutschem Warenzeichenrecht bestand so eine absolute Bindung der Marke an einen Geschäftsbetrieb hinsichtlich der Entstehung, des Bestands sowie des Übergangs des Zeichenrechts (strenge Akzessorietät).

**59** **c) Lockerung der Akzessorietät im ErstrG.** Eine Änderung des WZG erfolgte durch das *Gesetz über die Erstreckung von gewerblichen Schutzrechten* (Erstreckungsgesetz) vom 23. April 1992 (BGBl. I S. 938). Das ErstrG diente der Herstellung der vollständigen Rechtseinheit im vereinigten Deutschland auf dem Gebiet des gewerblichen Rechtsschutzes (s. zur Rechtslage nach dem ErstrG Einl, Rn 44 ff.). Nach dem *Gesetz über Warenkennzeichen der DDR* vom 30. November 1984 (GBl. I Nr. 33 S. 397) bestand keine Bindung der Marke an einen Geschäftsbetrieb. Zur Anmeldung und Eintragung einer Marke war nach § 10 WKG ein Geschäftsbetrieb nicht erforderlich; kennzeichenpflichtig waren die Betriebe nach § 3 WKG, den persönlichen Geltungsbereich bestimmte § 1 WKG. Nach § 17 Abs. 1 S. 1 WKG war die Marke ohne einen Geschäftsbetrieb frei übertragbar. Die Bereinigung von Markenrechtskollisionen bei der Herstellung der deutschen Einheit stand vor der Schwierigkeit, daß zwar Marken mit DDR-Ursprung, nicht aber solche mit Ursprung im bisherigen Bundesgebiet frei übertragen werden konnten. Der Gesetzgeber löste diese Diskrepanz zwischen den Regelungen des WKG und des WZG im Vorgriff auf die ohnehin bevorstehende Markenrechtsreform, indem er das Markenrecht verselbständigte und von dem zugrunde liegenden Geschäftsbetrieb loslöste (Begründung zum ErstrG, BT-Drucks. 12/1399 vom 30. Oktober 1991, S. 69). Die Gesetzesänderung sollte eine einvernehmliche Konfliktlösung der bestehenden Markenrechtskollisionen im Wege vertraglicher Vereinbarungen zwischen den beteiligten Unternehmen fördern. Nach § 47 ErstrG wurde das Erfordernis der Angabe des Geschäftsbetriebs bei der Anmeldung des Warenzeichens gestrichen (§ 2 Abs. 1 S. 3 WZG), die freie Übertragbarkeit des Warenzeichens eingeführt (§ 8 Abs. 1 S. 1 WZG) und der Löschungsgrund des Wegfalls des Geschäftsbetriebs aufgehoben (§ 11 Abs. 1 Nr. 2 WZG).

**60** Mit dem Inkrafttreten des ErstrG am 1. Mai 1992 bestand die Akzessorietät der Marke nicht mehr für den *Rechtsübergang*. Das Prinzip der strengen Akzessorietät der Marke wurde zwar gelockert, aber nicht vollständig aufgehoben. Der Gesetzgeber des ErstrG ließ § 1 WZG unverändert. Nach dieser Vorschrift war die *Entstehung* des Markenschutzes an einen Geschäftsbetrieb des Anmelders des Warenzeichens gebunden. Nach § 1 WZG konnte nur derjenige ein Zeichen zur Eintragung in die Zeichenrolle anmelden, der sich in seinem Geschäftsbetrieb des Warenzeichens bediente. Die Akzessorietät des Warenzeichens wurde bei der Entstehung des Markenschutzes nach dem WZG streng gehandhabt. Zwingende Anmeldevoraussetzung war eine rechtliche Konnexität zwischen dem Geschäftsbetrieb des Anmelders und den angemeldeten Waren oder Dienstleistungen, aus der bestimmte Anforderungen an die Art des Geschäftsbetriebs abgeleitet wurden (zur Rechtslage nach dem WZG *Baumbach/Hefermehl*, § 1 WZG, Rn 6).

Auch wenn § 1 WZG seinem Wortlaut nach durch das ErstrG nicht geändert wurde, **61** konnte an der absoluten Bindung des Warenzeichens an einen bestimmten Geschäftsbetrieb des Anmelders schon deshalb nicht mehr festgehalten werden, da das Erfordernis der Angabe des Geschäftsbetriebs bei der Anmeldung des Warenzeichens (§ 2 Abs. 1 S. 3 WZG) nicht mehr bestand (§ 47 Nr. 2 ErstrG). Im Hinblick auf die Akzessorietät der Marke bei der Entstehung des Markenrechts war § 1 WZG dahin auszulegen, daß Anmeldevoraussetzung zwar nicht mehr das Vorhandensein eines *bestimmten,* zu den angemeldeten Waren oder Dienstleistungen gehörenden Geschäftsbetriebs, wohl aber *irgendeines* Geschäftsbetriebs des Anmelders war. Der Geschäftsbetrieb des Anmelders mußte nicht notwendig die in der Anmeldung oder Eintragung erfaßten Waren oder Dienstleistungen abdecken; auch war die Angabe dieses Geschäftsbetriebs bei der Anmeldung nicht erforderlich.

**d) Unternehmenseigenschaft des Anmelders.** Zwischen dem Inkrafttreten des **62** ErstrG am 1. Mai 1992 und dem Inkrafttreten des MarkenG am 1. Januar 1995 ging die Rechtslage bei der Entstehung des Markenschutzes dahin: Die *Unternehmenseigenschaft* des Anmelders eines Warenzeichens war Schutzvoraussetzung zum Erwerb eines Markenrechts. Die erforderliche Unternehmenseigenschaft (Existenz eines allgemeinen Geschäftsbetriebs) bestand auch bei Holdinggesellschaften, denen so der Erwerb von Warenzeichen ermöglicht wurde. Auch Lizenzunternehmen, die sich im wesentlichen mit der Vergabe von Lizenzen befassen, ohne selbst die betreffenden Waren oder Dienstleistungen zu vertreiben, konnten somit Markeneintragungen mit umfassenden Waren- und Dienstleistungsverzeichnissen erreichen (Begründung zum ErstrG, BT-Drucks. 12/1399 vom 30. Oktober 1991, S. 69). Nichts anderes konnte etwa für Werbeagenturen und Unternehmensberater sowie insoweit als freie Berufe einem Unternehmen gleichstehende Anwaltskanzleien gelten. Im WZG wurde damit der Markenerwerb zum Zwecke des *Markenhandels* im Grundsatz zugelassen.

**e) Fehlen oder Wegfall der Unternehmenseigenschaft.** Die Unternehmenseigen- **63** schaft des Anmelders und damit das Vorliegen eines allgemeinen Geschäftsbetriebs war nicht Gegenstand der Prüfung des DPA bei der Eintragung eines Warenzeichens nach Inkrafttreten des ErstrG. Wenn ein Warenzeichen für einen Anmelder ohne allgemeinen Geschäftsbetrieb eingetragen wurde, dann konnte der Mangel dieser Eintragungsvoraussetzung von Amts wegen oder auf Antrag in einem Löschungsverfahren nach § 10 Abs. 2 Nr. 2 WZG geltend gemacht werden (Begründung zum ErstrG, BT-Drucks. 12/1399 vom 30. Oktober 1991, S. 70). Das Verfahren der Amtslöschung nach § 10 Abs. 2 Nr. 2 WZG war auch dann zulässig, wenn der allgemeine Geschäftsbetrieb und damit die Unternehmenseigenschaft des Markeninhabers nach der Eintragung des Warenzeichens wegfiel. Da das ErstrG den Löschungsgrund des Wegfalls des Geschäftsbetriebs (§ 11 Abs. 1 Nr. 2 WZG) aufgehoben hatte, war eine Ausdehnung des Amtslöschungsverfahrens vom Fall des ursprünglichen Fehlens eines allgemeinen Geschäftsbetriebs nicht nur auf den Fall des späteren Wegfalls des allgemeinen Geschäftsbetriebs notwendig (*Kunz-Hallstein,* GRUR 1993, 439, 447), sondern auch geboten, die Vorschrift sowohl auf das Fehlen sowie den Wegfall der Unternehmenseigenschaft des Markeninhabers anzuwenden. Der Wegfall der Unternehmenseigenschaft des Markeninhabers als Löschungsgrund im Verfahren der Amtslöschung nach § 10 WZG war Ausdruck der Akzessorietät der Marke in ihrem Rechtsbestand.

Die Akzessorietät der Marke wurde durch das ErstrG auch beim Rechtsübergang nicht **64** vollständig aufgehoben. Zwar führte das ErstrG die freie Übertragbarkeit des Warenzeichens nach § 8 Abs. 1 S. 1 WZG ein, doch bestand nach § 8 Abs. 1 S. 2 WZG eine *Vermutung,* daß das Warenzeichen im Zweifel von der Übertragung oder dem Übergang des Geschäftsbetriebs oder des Teils des Geschäftsbetriebs, zu dem das Warenzeichen gehört, erfaßt wurde.

**f) Keine Rückwirkung der Rechtsänderungen.** Den Rechtsänderungen des WZG **65** durch das ErstrG hinsichtlich der Akzessorietät der Marke kommt keine Rückwirkung zu. Vor Inkrafttreten des ErstrG am 1. Mai 1992 verwirklichte Sachverhalte und vorgenommene Rechtshandlungen sind nach der bis zu diesem Zeitpunkt geltenden Rechtslage zu beurteilen. Das *Rückwirkungsverbot* der Rechtsänderungen des ErstrG folgt zum einen aus dem Willen des Gesetzgebers und entspricht zum anderen der verfassungsrechtlichen Wertung der Eigentumsgarantie des Art. 14 Abs. 1 GG (BGH GRUR 1994, 288, 289 – Malibu). Eine *Heilung* der nach der Rechtslage im WZG unwirksamen Rechtshandlungen durch das

ErstrG folgt auch nicht aus dem Markenschutz telle-quelle nach Art. 6$^{quinquies}$ PVÜ (aA *Kunz-Hallstein*, GRUR 1993, 439, 447). Da dem Wegfall des Löschungsgrundes des fehlenden Geschäftsbetriebs nach § 11 Abs. 1 Nr. 2 WZG durch § 47 Nr. 4 lit. a ErstrG keine Rückwirkung zukommt, bleiben solche durch Aufnahme der Benutzung von Kennzeichen entstandenen Zwischenrechte Dritter, deren Unterlassung der Warenzeicheninhaber infolge der Löschungsreife seines Warenzeichens nicht verlangen konnte, wirksam bestehen (BGH GRUR 1994, 288, 289 – Malibu; s. Einl, Rn 76). Eine infolge Wegfalls oder Fehlens des Geschäftsbetriebs eingetretene Löschungsreife eines Warenzeichens ist durch die Aufhebung des Löschungsgrundes des § 11 Abs. 1 Nr. 2 WZG allerdings mit Wirkung vom 1. Mai 1992 insoweit geheilt worden, als sie seit diesem Zeitpunkt dem Bestand eines eingetragenen Warenzeichens nicht mehr entgegengehalten werden kann. Die Unwirksamkeit einer Warenzeichenübertragung, die vor dem Inkrafttreten des ErstrG ohne den dazugehörigen Geschäftsbetrieb erfolgte und somit nach § 8 Abs. 1 WZG rechtsunwirksam war, bleibt trotz der im Zeitpunkt der rechtlichen Beurteilung geänderten Gesetzeslage unberührt. Der Aufhebung des Verbots der Leerübertragung von Warenzeichen kommt keine Rückwirkung zu (BGHZ 127, 262 – NEUTREX; LG Frankfurt GRUR 1997, 62 – Leerübertragungen; aA *Kunz/Hallstein*, GRUR 1993, 439, 447). Eine erneute Vornahme der fehlgeschlagenen Warenzeichenübertragung ist frühestens zum Zeitpunkt des Abschlusses eines neuen Übertragungsvertrages rechtswirksam (zur Priorität und allgemein zum Rechtsverhältnis der Beteiligten an einer unwirksamen Leerübertragung und der Rechtslage im MarkenG s. im einzelnen § 27, Rn 26 ff.). Auch der *Bestätigung* einer nichtigen Warenzeichenübertragung nach § 141 BGB kommt schon wegen des Normzwecks des früheren Verbots der Leerübertragung von Warenzeichen keine Rückwirkung zu.

## II. Rechtslage im MarkenG

### 1. Rechtsentstehung der Marke

66 Der Erwerb des Markenrechts verlangt keinen Geschäftsbetrieb des Anmelders. Das MarkenG hat nicht nur das Anmeldeerfordernis eines *bestimmten* Geschäftsbetriebs des Anmelders der Marke aufgegeben, wie ursprünglich der Rechtszustand nach § 1 WZG vor Inkrafttreten des ErstrG am 1. Mai 1992 war. Das MarkenG verzichtet auch auf das Vorliegen eines *allgemeinen* Geschäftsbetriebs des Markeninhabers beim Erwerb des Markenrechts (s. dazu Rn 61). Damit ist die Akzessorietät der Marke zu einem Unternehmen des Markeninhabers bei der Entstehung des Markenschutzes vollständig aufgehoben. Jede Person kann eine Marke erwerben (zur Markenrechtsfähigkeit und Inhaberschaft an einer Marke s. § 7, Rn 6 ff.). Das entspricht der internationalen Rechtsentwicklung (Art. 3 Abs. 7; 11 Abs. 4 Trademark Law Treaty vom 28. Oktober 1994, WIPO-Dokument), sowie den Markenrechtsordnungen in vielen anderen Mitgliedstaaten der EU (s. nur Art. 11 A Benelux-MarkenG, § 38 Dänisches MarkenG, Art. 23 des französischen Gesetzes über Fabrik-, Handels oder Dienstleistungsmarken, Section 24 (1) Trade Marks Act 1994 von Großbritannien, Art. 15 Abs. 1 Italienisches MarkenG, Art. 41 Abs. 1 Spanisches MarkenG) sowie Drittstaaten (s. nur Art. 28 Abs. 1 MSchG der Schweiz).

67 Diese Rechtslage folgt zwingend schon daraus, daß das MarkenG keine § 1 Abs. 1 WZG entsprechende Bezugnahme zu einem Geschäftsbetrieb des Anmelders mehr enthält (Begründung zum MarkenG, BT-Drucks. 12/6581 vom 14. Januar 1994, S. 69). Die Umschreibung der Marke als Unterscheidungszeichen nach § 3 ohne Bezug zu einem Unternehmen des Rechtsinhabers entspricht wörtlich Art. 2 MarkenRL und Art. 3 GMarkenV. Auch § 7, der die Inhaberschaft von eingetragenen und angemeldeten Marken regelt, enthält keine Einschränkungen der Markenrechtsfähigkeit. Markenrechtsfähig ist jedes Rechtssubjekt unabhängig von seiner Unternehmenseigenschaft. Die Unternehmenseigenschaft des Rechtsinhabers ist nach dem MarkenG keine Schutzvoraussetzung der Entstehung des Markenrechts.

68 Das durch Benutzung begründete Markenrecht (§ 4 Nr. 2) ist notwendigerweise bei der Entstehung des Markenschutzes akzessorisch, da die Benutzung der Marke zum Erwerb von Verkehrsgeltung zur Unterscheidung von Waren oder Dienstleistungen eines Unternehmens zu erfolgen hat.

Der Erwerb des auf der notorischen Bekanntheit einer Marke beruhenden Rechts (§ 4 **69** Nr. 3) setzt nicht notwendig die Innehabung eines Unternehmens seitens des Markeninhabers voraus. Die Bekanntheit kann auch durch Maßnahmen Dritter erzeugt werden. Erteilt etwa der Inhaber einer eingetragenen Marke in einem verbandsangehörigen Staat einem Dritten eine Lizenz, so können die Maßnahmen des Lizenznehmers Notorietät zugunsten des ausländischen Markeninhabers in der Bundesrepublik Deutschland erzeugen. Unterhält der ausländische Markeninhaber selbst auch keinen Geschäftsbetrieb, so erwirbt er dennoch eine notorisch bekannte Marke in der Bundesrepublik Deutschland.

### 2. Rechtsbestand der Marke

Die Akzessorietät der Marke besteht hinsichtlich des Rechtsbestands der Marke insoweit, **70** als die Marke als Unterscheidungszeichen nur für Waren oder Dienstleistungen eines Unternehmens rechtserhaltend verwendet werden kann. Das Unternehmen, für dessen Waren oder Dienstleistungen die Marke benutzt wird, wird regelmäßig ein Unternehmen des Markeninhabers sein. Die Marke kann aber auch nur für die Waren oder Dienstleistungen des Unternehmens eines anderen als des Markeninhabers benutzt werden, da die Markenrechtsfähigkeit des Rechtsinhabers einer Marke nicht dessen Unternehmenseigenschaft voraussetzt und die Benutzung der Marke durch ein anderes Unternehmen mit Zustimmung des Markeninhabers als Benutzung durch den Inhaber gilt (§ 26 Abs. 2). Bei dem durch Benutzung begründeten Markenrecht (§ 4 Nr. 2) führt der Wegfall des Unternehmens nach der Entstehung des Rechts nicht zum Untergang des Rechts, sofern die Verkehrsgeltung etwa durch eine Drittbenutzung aufrechterhalten wird.

Auch der Rechtsbestand einer notorisch bekannten Marke (§ 4 Nr. 3) ist unabhängig da- **71** von, ob der Markeninhaber selbst oder ein Dritter die zur Aufrechterhaltung der Notorietät erforderlichen Maßnahmen vornimmt.

### 3. Rechtsübergang der Marke

Auch beim Rechtsübergang der Marke bleibt eine gewisse Akzessorietät aufrechterhalten. **72** Nach § 27 Abs. 2 besteht eine *Vermutung*, daß das Markenrecht im Zweifel von der Übertragung oder dem Übergang des Geschäftsbetriebs oder des Teils des Geschäftsbetriebs, zu dem die Marke gehört, erfaßt wird. Das gilt allerdings nur, wenn die Marke zu einem Geschäftsbetrieb oder zu einem Teil des Geschäftsbetriebs gehört; auch daraus folgt, daß der Gesetzgeber Markenrechte anerkennt, die nicht zu einem Unternehmen gehören.

## III. Kritik an der Nichtakzessorietät der Marke

Versuche einer restriktiven Auslegung des MarkenG dahin, das durch Eintragung begrün- **73** dete Markenrecht sei dann zu löschen, wenn der Markeninhaber keine *Marktbeziehung* (Unternehmensbeteiligung, Wettbewerbsverhältnis) aufbaue (so *Füllkrug*, GRUR 1994, 679, 688), ist abzulehnen. Das MarkenG anerkennt die Schutzwürdigkeit eines durch Eintragung entstandenen Markenrechts schon vor Aufnahme der Benutzung der Marke nach den Regeln über den Benutzungszwang bis zum Ablauf der fünfjährigen Benutzungsfrist. Die Annahme, ein Markenrecht ohne Marktbeziehung sei schutzunwürdig und der Anmelder bösgläubig im Sinne des Nichtigkeitsgrundes nach § 50 Abs. 1 Nr. 4, ist fiktiv, nicht praktikabel und gefährdet die Rechtssicherheit hinsichtlich des Bestands von Markenrechten.

Auch rechtspolitisch ist die Forderung nach Wiedereinführung der Akzessorietät der **74** Marke bei der Entstehung des Markenschutzes (so *Tilmann*, ZHR 158 (1994), S. 371, 388) schon aus Sicht der internationalen Rechtsentwicklung nicht sachgerecht. Der freie Rechtserwerb einer Marke ist vielmehr im Interesse eines Angebots an Marken integrierenden Marketingstrategien geboten. Der Markenhandel etwa von Merchandisingunternehmen entspricht vielmehr einem dem internationalen Wirtschaftsverkehr angemessenen Markenrecht sowie dem Verständnis der Marke als einem selbständigen Vermögensgegenstand, von dem das MarkenG in den §§ 27 bis 31 ausgeht.

## IV. Mißbrauchstatbestände

**75** Die von interessierten Kreisen vorgetragene Befürchtung, der freie Rechtserwerb und die freie Rechtsübertragung der Marke seien Ursachen für Mißstände im Markenwesen, findet im internationalen Markenverkehr, soweit in ausländischen Markenrechtsordnungen das Prinzip der Akzessorietät der Marke nicht gilt, keine Bestätigung (Begründung zum ErstrG, BT-Drucks. 12/1399 vom 30. Oktober 1991, S. 69). Im übrigen wird nach Ablauf der fünfjährigen Benutzungsfrist die Akzessorietät der Marke im Hinblick auf den Rechtsbestand der Marke insoweit hergestellt, als der Markenschutz auf den rechtserhaltend benutzten Schutzbereich der Marke beschränkt wird.

**76** In Fallgestaltungen eines Mißbrauchs des freien Rechtserwerbs und der freien Rechtsübertragung (Mißbrauchstatbestände) bestehen im übrigen Schutzrechtsgrenzen nach den allgemeinen Vorschriften (zur bösgläubigen Anmeldung s. § 50, Rn 21 ff.). Der Rechtserwerb einer Marke kann nach § 1 UWG *wettbewerbswidrig* sein, wenn der Tatbestand einer unzulässigen Behinderung eines Mitbewerbers verwirklicht ist. Auch kann die Benutzung einer Marke nach einer Rechtsübertragung nach § 3 UWG *irreführend* sein.

## D. Benutzungswille des Rechtsinhabers einer angemeldeten oder eingetragenen Marke

### I. Benutzungswille als Schutzvoraussetzung

**77** Der Benutzungswille des Rechtsinhabers ist eine allgemeine Schutzvoraussetzung der Entstehung eines Markenrechts (zur Rechtslage nach § 1 WZG BGH GRUR 1964, 454, 456 – Palmolive; 1973, 523, 524 – Fleischer-Fachgeschäft; 1975, 487, 488 – WMF-Mondmännchen; BPatGE 18, 65, 68; zur Prüfung des Benutzungswillens im Eintragungsverfahren s. BGH GRUR 1988, 820 – Oil of...). Das *Erfordernis eines Benutzungswillens* ergibt sich aus dem Wesen der Marke als eines Unterscheidungszeichens (§ 3 Abs. 1). Der im MarkenG verwirklichte Grundsatz des freien Rechtserwerbs und der freien Rechtsübertragung (Nichtakzessorietät der Marke) haben an dem rechtlichen *Erfordernis eines Benutzungswillens* grundsätzlich nichts geändert.

### II. Genereller Benutzungswille

**78** Nicht erforderlich ist, daß der Anmelder oder Inhaber einer Marke den Willen hat, die Marke als Unterscheidungszeichen selbst zu benutzen, wie es die Rechtslage nach dem WZG war (*individueller* Benutzungswille). Es genügt das Vorliegen eines *generellen* Benutzungswillens des Rechtsinhabers, die Marke einer Benutzung als Unterscheidungszeichen im geschäftlichen Verkehr, etwa auch durch einen Dritten, zuzuführen (zustimmend OLG Frankfurt WRP 1997, 1208 – Classe E); die Zurechnung der Drittbenutzung erfolgt nach § 26 II. Der Rechtsinhaber muß nur den Willen haben, daß die Marke im geschäftlichen Verkehr als ein Unterscheidungszeichen zur Identifikation von Unternehmensprodukten (Waren oder Dienstleistungen eines Unternehmens) im Marktwettbewerb benutzt wird. Der Markeninhaber kann auch ein Unternehmen sein, dessen Zweck auf die Verwertung der Marke durch ein anderes Unternehmen gerichtet ist. Die Benutzung der Marke kann durch den Rechtsinhaber selbst, einen Dritten mit Zustimmung des Markeninhabers (Lizenznehmer) oder einen anderen Rechtsinhaber nach einer Übertragung des Markenrechts (Rechtserwerber) erfolgen.

### III. Widerlegbare Vermutung des Benutzungswillens

**79** Der generelle Benutzungswille des Rechtsinhabers einer angemeldeten oder eingetragenen Marke wird vermutet. Die Vermutung besteht bei der Anmeldung der Marke und dauert an bis zum Ende der ersten Benutzungsfrist. Die *Vermutung eines generellen Benutzungswillens* entsteht erneut, wenn nach Aufgabe einer rechtserhaltenden Benutzung der Marke der Lauf einer neuen Benutzungsfrist beginnt.

Bei der Vermutung des generellen Benutzungswillens handelt es sich nicht um eine unwiderlegbare Vermutung (so aber nach Einführung des Benutzungszwangs *Krieger*, GRUR 1972, 311, 313; anders *Fezer*, Der Benutzungszwang im Markenrecht, S. 153 ff.). Der generelle Benutzungswille des Rechtsinhabers einer angemeldeten oder eingetragenen Marke kann bei Vorliegen besonderer Umstände *widerlegt* werden. Wenn die Eintragung einer Marke zu dem Zwecke der Behinderung eines Kennzeicheninhabers erfolgt, dann steht die Behinderungsabsicht der Annahme eines ein Benutzungsverbot rechtfertigenden Benutzungswillens nicht entgegen (OLG München WRP 1997, 116 – Deutsche Telekom). 80

## E. Die rechtliche Konnexität zwischen Marke und Unternehmen

### I. Konnexität ohne Akzessorietät

Auch wenn das Markenrecht grundsätzlich nicht akzessorisch ist, so besteht dennoch eine gewisse, eingeschränkte, nicht allgemeine Akzessorietät zwischen einer Marke und einem Unternehmen. Bei der Rechtsentstehung muß sich der Benutzungswille des Rechtsinhabers der angemeldeten oder eingetragenen Marke auf die Benutzung der Marke als eines Unterscheidungszeichens für Waren oder Dienstleistungen eines Unternehmens beziehen. Hinsichtlich des Rechtsbestands der Marke besteht eine Akzessorietät insoweit, als die Marke als Unterscheidungszeichen nur für Waren oder Dienstleistungen eines Unternehmens rechtserhaltend benutzt werden kann. Auch beim Rechtsübergang der Marke bleibt eine gewisse Akzessorietät aufrecht erhalten, da bei einer Übertragung oder einem Übergang des Geschäftsbetriebs der Rechtsübergang der Marke vermutet wird (§ 27 Abs. 2). Diese nach dem MarkenG bestehende, rechtliche Beziehung einer Marke als eines Unterscheidungszeichens zu einem Unternehmen wird als *rechtliche Konnexität* bezeichnet, die zwischen einer Marke und einem Unternehmen besteht. 81

### II. Unternehmen und Geschäftsbetrieb

Nach dem Wortlaut des § 3 Abs. 1 ist die Marke Unterscheidungszeichen für Waren oder Dienstleistungen eines Unternehmens. In § 1 Abs. 1 WZG wurde nicht der Begriff des Unternehmens, sondern der Begriff des Geschäftsbetriebs verwendet. Im WZG war die Verwendung des Begriffs des Geschäftsbetriebs einheitlich. Auch in § 8 WZG, der die Rechtsnachfolge in ein Recht am Warenzeichen regelte, wurde auf den Geschäftsbetrieb oder den Teil des Geschäftsbetriebs, zu dem das Warenzeichen gehörte, abgestellt. Das im WZG geltende, strenge Prinzip der Akzessorietät der Marke war mit dem Begriff des Geschäftsbetriebs verknüpft. 82

Im geltenden Markenrecht wird in § 27, der den Rechtsübergang des Markenrechts regelt, anders als in § 3 Abs. 1 nicht von dem Begriff des Unternehmens, sondern vom Begriff des Geschäftsbetriebs oder des Teils des Geschäftsbetriebs, zu dem die Marke gehört, ausgegangen. Die Gesetzesbegründung gibt für den unterschiedlichen Sprachgebrauch von Unternehmen und Geschäftsbetrieb keine Erklärung. Der Grund für die Verwendung des Begriffs des Geschäftsbetriebs bei der Regelung des Rechtsübergangs in § 27 Abs. 2 wird darin zu suchen sein, daß der Gesetzgeber die Regelung des § 8 Abs. 1 WZG in etwas anderer Gestalt übernommen hat. Sachgerecht wäre ein einheitlicher Sprachgebrauch des Begriffs des Unternehmens. Vor allem ist für das geltende Recht zu beachten, daß die weite Auslegung, die der Begriff des Geschäftsbetriebs unter Geltung des strengen Prinzips der Akzessorietät nach § 8 Abs. 1 S. 2 erfahren hat, nicht für die Vermutungsregel des § 27 Abs. 2 gelten kann. 83

Bei der Auslegung des WZG wurde davon ausgegangen, der Gesetzgeber habe den Begriff des Geschäftsbetriebs in bewußtem Gegensatz zum Begriff des Unternehmens verwendet. Unter Geltung des strengen Akzessorietätsprinzips wurde mit dem Begriff des Ge- 84 schäftsbetriebs zum Ausdruck gebracht, daß nicht jedes Unternehmen eine Marke erwerben konnte, sondern nur ein solches Unternehmen, das einen auf die Herstellung, Bearbeitung oder Verteilung von Waren oder auf die Erbringung von Dienstleistungen gerichteten Geschäftsbetrieb hatte (*Baumbach/Hefermehl*, § 1 WZG, Rn 4). Die jahrzehntelange Rechtsprechung zum Begriff des Geschäftsbetriebs im WZG, die unter Geltung der strengen Bindung des Warenzeichens an den Geschäftsbetrieb erfolgte, kann für den Begriff des Unternehmens im MarkenG nur insoweit gelten, als sie nicht nur Ausdruck des Akzessorietätsprinzips ist, sondern die auch nach dem MarkenG bestehende rechtliche Konnexität der Marke zu einem Unternehmen sachgerecht beschreibt.

### III. Begriff des Unternehmens

85  Die Rechtsordnung kennt *keinen einheitlichen Begriff* des Unternehmens, der für alle Rechtsgebiete Geltung beansprucht (BGHZ 31, 105, 109 – Gasglühkörper; 69, 334, 336; 74, 359, 364 – Paritätische Beteiligung). Der Unternehmensbegriff hat in jedem Gesetz eine eigenständige Bedeutung und ist für jede Vorschrift nach deren jeweiligem Normzweck auszulegen. Allgemein kann man ein Unternehmen als eine auf dem Markt tätige Organisation einer *Wirtschaftseinheit von personellen und sachlichen Ressourcen* umschreiben.

86  Zum Verständnis der Marke als eines Unterscheidungszeichens im Hinblick auf die rechtliche Konnexität der Marke zu einem Unternehmen ist der Begriff des Unternehmens *weit* zu fassen. Unternehmen ist *jede wirtschaftliche Betätigung* auf dem Markt. Unternehmen sind die Rechtssubjekte des geschäftlichen Verkehrs. Ein weiter Unternehmensbegriff veranschaulicht das Verständnis des Markenrechts als Teil des Wettbewerbsrechts.

87  Schon nach der Ausdehnung des Markenschutzes auf Dienstleistungsmarken entsprach der Begriff des Geschäftsbetriebs im Markenrecht dem Unternehmensbegriff des UWG. Danach handelt es sich bei einem Unternehmen um eine auf Dauer angelegte Tätigkeit im Wirtschaftsleben, die sich durch den Austausch von Leistung und Gegenleistung im freien Wettbewerb mit anderen Unternehmen vollzieht (BGHSt 2, 396 zu § 12 UWG).

### IV. Eingeschränkte Fortgeltung der Rechtsprechung zum Begriff des Geschäftsbetriebs im WZG

88  Von der Rechtsprechung zum Begriff des Geschäftsbetriebs im WZG ist bei der Auslegung des Begriffs des Unternehmens im MarkenG insoweit auszugehen, als die Rechtsprechung nicht Ausdruck des strengen Prinzips der Akzessorietät der Marke ist (s. Rn 52 ff.). Soweit eine rechtliche Konnexität der Marke zu einem Unternehmen nach dem MarkenG besteht (s. Rn 81 ff.), ist die Rechtsprechung zum Begriff des Geschäftsbetriebs anzuwenden, soweit diese nicht auf dem Akzessorietätsprinzip beruht.

#### 1. Arten von Unternehmen

89  Unternehmen im weiten Sinne des MarkenG sind Unternehmen, die Waren herstellen, Unternehmen, die Handel mit Waren betreiben, Unternehmen, die Dienstleistungen erbringen, und Unternehmen, die landwirtschaftliche oder forstwirtschaftliche Produkte (Urproduktion) erzeugen. Anders als das WZG beschränkt das MarkenG den Begriff des Unternehmens nicht auf bestimmte Bereiche der wirtschaftlichen Betätigung.

#### 2. Selbständigkeit des Unternehmens

90  Das Unternehmen, dessen Produkte die Marke unterscheidet, muß eine selbständige Wirtschaftseinheit darstellen. Kein Unternehmen ist eine nur zu Produktionszwecken verbundene technische Wirtschaftseinheit, die nur aus räumlich abgrenzbaren Fabrikationsanlagen besteht (RG GRUR 1937, 813 – Fortissimus). Unternehmen sind selbständige Wirtschaftseinheiten auf dem Markt. Eine Marke kann nur Waren oder Dienstleistungen selbständiger Unternehmen voneinander unterscheiden. Unerheblich ist, ob die markierten Produkte von dem gesamten Unternehmen oder nur von einem Unternehmensteil oder ei-

ner Zweigniederlassung angeboten werden, wenn nur die Marke Produkte eines selbständigen Unternehmens identifiziert. Ein Unternehmen kann Marken auch zur Unterscheidung von Produkten regionaler und lokaler Unternehmenseinheiten von Produkten anderer Unternehmen verwenden.

### 3. Dauer

Bei dem Unternehmen, dessen Produkte die Marke kennzeichnet, muß es sich um eine auf Dauer angelegte und fortgesetzte unternehmerische Betätigung im markenrechtlichen Sinne handeln. Eine nur gelegentliche Herstellung, gelegentlicher Handel oder gelegentliche Dienstleistungen genügen nicht (RG GRUR 1928, 215 – Alka/Alkalysol). 91

### 4. Gewinnerzielungsabsicht

Gewinnerzielungsabsicht des Unternehmens, dessen Produkte die Marke kennzeichnet, ist nicht erforderlich. Unternehmen im markenrechtlichen Sinne können alle Arten von Zwecken wie gemeinnützige, wohltätige, soziale oder religiöse verfolgen. 92

### 5. Freie Berufe

Eine Marke als Unterscheidungszeichen kann auch für die wirtschaftliche Betätigung der freien Berufe verwendet werden, die Unternehmen im markenrechtlichen Sinne darstellen. Freiberufliche Unternehmen führen etwa Ärzte, Heilpraktiker, Rechts- und Patentanwälte (BPatG Mitt 1983, 115 – LEGALITER; 1983, 238 – TECHNOLAW), Rechtsberater, Steuerberater, Wirtschaftsprüfer, Architekten, Wissenschaftler und Künstler (s. die beispielhafte Aufzählung der freien Berufe in § 1 Abs. 2 PartGG). Die rechtliche Konnexität der Marke zu einem Unternehmen verlangt kein kaufmännisches Unternehmen im handelsrechtlichen Sinne. 93

### 6. Ausländisches Unternehmen

Schon nach dem WZG brauchte der Geschäftsbetrieb des Markeninhabers nicht im Inland zu liegen (BGH GRUR 1969, 48 – Alcacyl). Nach dem MarkenG kann die Marke zur Unterscheidung der Produkte eines ausländischen Unternehmens dienen. 94

### 7. Marktbezug der Marke

Als Unterscheidungszeichen für Produkte eines Unternehmens dient die Marke dem Wettbewerb auf dem Markt. Marken sind keine Kennzeichen unternehmensinterner Organisation; unternehmensinterne Codes für Produkte sind keine Marken. Das gilt auch für den konzerninternen Wirtschaftsverkehr zwischen Konzernunternehmen, es sei denn, daß die Marke im Wettbewerb der Konzernunternehmen untereinander auf dem Markt benutzt wird. Entscheidend ist, ob die Marke ihre grundlegende Funktion, Produkte eines Unternehmens von denjenigen anderer Unternehmen zu unterscheiden, erfüllt. Als Unterscheidungszeichen auf dem Markt ermöglicht die Marke dem Verbraucher, Produkte verschiedener Unternehmen zu identifizieren (ähnlich schon RGZ 109, 73, 76 – Weißer Hirsch; BGHZ 42, 44, 46 – Scholl). Die Marke dient der Identifikation markierter Produkte bei der Verbraucherentscheidung. Ein Marktbezug der Marke besteht bei potentiellen Marktalternativen des Verbrauchers. Die Marke identifiziert und kommuniziert. 95

Keine rechtliche Konnexität der Marke besteht zu dem Unternehmen eines Sanatoriums, das unter seiner Marke versehene Medikamente an seine Patienten verabreicht, ohne Produkte anderer Unternehmen anzubieten und einen Marktbezug der eigenen Marke ausschließt (RGZ 109, 73 – Weißer Hirsch); die Marke verkümmert so zum unternehmensinternen Kennwort. Auch der Markierung eines konzerninternen Produktverkehrs fehlt der Marktbezug der Marke. Dem Vertrieb markierter Produkte zwischen Konzernunternehmen mangelt es dann an der rechtlichen Konnexität der Marke, wenn der konzerninterne Produktvertrieb unter Ausschluß von Konkurrenzunternehmen erfolgt (konzerneigene Einkaufsgesellschaft, BGH GRUR 1958, 544 – Colonia). Ein Marktbezug der Marke besteht, wenn das markierte Konzernprodukt außerhalb oder auch innerhalb des Konzerns in Wett- 96 bewerb zu Produkten anderer Unternehmen steht. Verneint wurde ein Markenschutz für Waren, die im Rahmen eines auf Vermietung von Reparatur- und Wartungsgeräten für Kraftfahrzeuge gerichteten Geschäftsbetriebs den Kunden zur Verfügung gestellt wurden (BPatGE 15, 206 – Autohobby); bei diesen Waren handelte es sich um Betriebsmittel, die nur innerhalb des Geschäftsbetriebs hergestellt, verarbeitet, bearbeitet oder sonst benötigt werden, den Betrieb aber niemals verlassen. Auch der nach dem MarkenG notwendige Marktbezug der Marke fehlt bei einer solchen unternehmensinternen Markenbenutzung.

**97** Ein Verlag für Modezeitschriften und Schnittmuster, der in einem eigenen Nähatelier Modellbekleidungsstücke zum Zwecke des Ausprobierens und Vorführens der jeweiligen Modelle herstellte und sie sodann an Betriebsangehörige veräußerte, konnte für die Modellbekleidungsstücke keine Marke erhalten, da er keinen auf Herstellung und Vertrieb solcher Waren gerichteten Geschäftsbetrieb unterhielt und die Modellbekleidungsstücke als bloße Hilfswaren des Verlags erschienen (BPatGE 19, 237). Die Begründung, der Verlag habe keinen eigenen auf Herstellung und Vertrieb von Modellbekleidungsstücken gerichteten Geschäftsbetrieb, kann nach dem MarkenG nicht mehr gelten (s. Rn 66 ff.). Ausreichend ist, wenn die Marke zur Unterscheidung der Modellbekleidungsstücke unternehmensextern benutzt wird. Auch die restriktive Rechtsprechung zur Markierung von Hilfswaren und Hilfsdienstleistungen eines Unternehmens kann nach dem MarkenG nicht mehr aufrechterhalten werden (s. Rn 148 ff.).

### 8. Unternehmen eines anderen als des Markeninhabers

**98** **a) Keine Identität von Markeninhaber und Unternehmensinhaber.** In der Regel wird der Markeninhaber die Marke zur Unterscheidung von Waren oder Dienstleistungen seines Unternehmens von Produkten eines anderen Unternehmens benutzen. Da wegen der Nichtakzessorietät der Marke der Markeninhaber keines eigenen Unternehmens bedarf und die Benutzung der Marke mit Zustimmung des Markeninhabers dem Markeninhaber als rechtserhaltend zugerechnet wird (§ 26 Abs. 2), ist nicht erforderlich, daß das Unternehmen, dessen Produkte die Marke kennzeichnet, ein eigenes Unternehmen des Markeninhabers ist. Der Markeninhaber kann die Marke zur Kennzeichnung der Produkte eines anderen Unternehmens verwenden. Ausreichend für die rechtliche Konnexität zwischen Marke und Unternehmen ist, wenn die Marke zur Unterscheidung von Produkten eines Unternehmens benutzt wird. Das MarkenG verlangt keine Identität von Markeninhaber und Unternehmensinhaber. Damit ist eine weitreichende *Änderung der Rechtsprechung* zum WZG verbunden.

**99** Nach der Rechtslage im WZG bedurfte der Rechtsinhaber eines Warenzeichens eines eigenen Geschäftsbetriebs. Eine Ausnahme vom Erfordernis des eigenen Geschäftsbetriebs machte allein die Verbandsmarke (§ 17 WZG). Die Rechtsprechung verlangte, daß der Geschäftsbetrieb dem Rechtsinhaber des Warenzeichens gehörte, auch wenn er nicht Eigentümer des Geschäftsvermögens, insbesondere der Betriebsmittel und der Produktionsanlagen zu sein brauchte (BGH GRUR 1963, 473, 476 – Filmfabrik Köpenick); ferner, daß der Geschäftsbetrieb im eigenen Namen des Rechtsinhabers geführt wurde (BGH GRUR 1965, 86, 88 – Schwarzer Kater; RGZ 146, 325, 331 – FRATELLI; 114, 276, 278 – Axa), auch wenn der Geschäftsbetrieb nicht für Rechnung des Rechtsinhabers geführt zu werden brauchte. Nach der Rechtslage im WZG genügte es nicht, wenn der Rechtsinhaber Waren oder Dienstleistungen von einem anderen Unternehmen für sich herstellen, vertreiben oder erbringen ließ. Der Geschäftsbetrieb eines anderen wurde dem Rechtsinhaber selbst dann nicht zugerechnet, wenn engste finanzielle, wirtschaftliche und organisatorische Zusammenhänge, wie etwa zwischen Konzernunternehmen bestanden (BGH GRUR 1965, 86, 88 – Schwarzer Kater). Diese Rechtssätze gelten nach dem MarkenG nicht mehr. Der Rechtsinhaber kann die Marke als Unterscheidungszeichen für Produkte eines *fremden* Unternehmens benutzen (s. Rn 98 ff.).

**100** **b) Rechtspraxis.** Diese *Änderung der Rechtslage* wirkt sich nachhaltig auch auf die *Markenlizenz* aus. Nach dem WZG konnte der Geschäftsbetrieb des Lizenznehmers grundsätzlich nicht dem Lizenzgeber zugerechnet werden und einen eigenen Geschäftsbetrieb des Lizenzgebers als des Rechtsinhabers des Warenzeichens ersetzen (BGHZ 18, 175, 179 – Matern). Nur aufgrund einer besonderen Gestaltung des Lizenzverhältnisses konnte der Lizenzgeber mittelbar als Mitinhaber des Geschäftsbetriebs des Lizenznehmers angesehen werden; das Lizenzverhältnis als solches genügte dafür nicht. Notwendig war eine dem Verkehr erkennbare Kontrolle des Produktions-, Vertriebs- oder Dienstleistungsbereichs des Lizenznehmers durch den Lizenzgeber. Auch Lizenznehmer können Markeninhaber sein, selbst wenn sie kein eigenes Unternehmen haben, dessen Produkte die Marke unterscheidet. Auch insoweit hat sich die Rechtslage nach dem MarkenG gegenüber dem WZG geändert.

*Pächter* oder *Nießbraucher* eines Unternehmens können wie schon nach dem WZG (BPatGE 4, 73, 74 – Betriebsverpachtung; OLG Düsseldorf GRUR 1983, 772 – Lange Kerls) Markeninhaber sein. Nichts anderes galt schon nach dem WZG für den *Handelsvertreter* (§ 84 Abs. 1 HGB) und den *Kommissionär* (§ 383 HGB; RGZ 120, 402, 407 – Bärenstiefel). *Angehörige eines Unternehmens* (Vorstandsmitglied, Geschäftsführer, Prokurist, sonstige Angestellte) können selbst Markeninhaber sein (anders nach WZG RG GRUR 1928, 215 – Alka/Alkalysol). *Gesellschafter einer Handelsgesellschaft* können selbst Markeninhaber sein. Das war nach dem WZG nicht möglich, da ein Unternehmen im Namen der Gesellschaft geführt wird und die Gesellschafter somit keinen eigenen Geschäftsbetrieb hatten. Selbst bei einer Einpersonengesellschaft (AG, GmbH) wurde dem Alleingesellschafter der Geschäftsbetrieb nicht zugerechnet (RGZ 114, 76, 78 – Axa; 169, 240, 247 – Schwarz-Weiß; BGH GRUR 1965, 86, 88 – Schwarzer Kater); nach dem MarkenG gilt diese Rechtsprechung nicht mehr. *Insolvenzverwalter* und *Testamentsvollstrecker* können selbst Markeninhaber sein, auch wenn sie das von ihnen verwaltete Unternehmen im Namen des Gemeinschuldners oder Erben führen (s. dazu § 7, Rn 17f., 19f.).

### V. Aufnahme der unternehmerischen Betätigung

Da die Entstehung des Markenrechts nicht akzessorisch ist, muß bei der Anmeldung und Eintragung der Marke ein Unternehmen nicht bestehen. Insoweit hat sich die Rechtslage nach dem MarkenG gegenüber dem WZG, das einen Geschäftsbetrieb grundsätzlich bereits bei der Anmeldung und Eintragung des Warenzeichens verlangte, nachhaltig geändert. Auf die großzügige Rechtsprechung zum WZG, nach der die Eintragung des angemeldeten Warenzeichens schon vor der Eröffnung des Geschäftsbetriebs zulässig war, wenn nur die Eröffnung wirklich beabsichtigt war und der Geschäftsbetrieb in angemessener Zeit eröffnet wurde, kommt es nicht mehr an (*Baumbach/Hefermehl*, § 1 WZG, Rn 17 m.w.Nachw.).

Nach dem MarkenG ist die Existenz eines Unternehmens vornehmlich für den Rechtsbestand der Marke erheblich. Die rechtliche Konnexität zwischen Marke und Unternehmen besteht insoweit, als die Marke zur Unterscheidung von Produkten eines Unternehmens zu benutzen ist. Die Benutzung der Marke als Unterscheidungszeichen ist der späteste Zeitpunkt für die Aufnahme der unternehmerischen Betätigung, mit der die Existenz eines Unternehmens gegeben ist.

### VI. Beendigung der unternehmerischen Betätigung

Wegen der Nichtakzessorietät der Marke ist die Aufgabe des Unternehmens nach dem MarkenG kein Löschungsgrund mehr. Insoweit hat sich die Rechtslage nach dem MarkenG gegenüber dem WZG, nach dem bei einer endgültigen Einstellung des Geschäftsbetriebs das akzessorische Warenzeichenrecht erlosch (§ 11 Abs. 1 Nr. 2 WZG), nachhaltig geändert (Nachw. der Rechtsprechung bei *Baumbach/Hefermehl*, § 1 WZG, Rn 18). Die Beendigung der unternehmerischen Betätigung wirkt sich auf den Rechtsbestand des Markenrechts grundsätzlich nicht aus. Soweit die Marke nicht mehr als Unterscheidungszeichen für Produkte eines Unternehmens verwendet wird, greifen die Rechtssätze zum Benutzungszwang der Marke (§ 26) ein.

## F. Waren oder Dienstleistungen
### I. Eigene und fremde Produkte
#### 1. Grundsatz

**105** In der Regel wird der Markeninhaber die Marke zur Kennzeichnung seiner Waren oder Dienstleistungen des eigenen Unternehmens verwenden. Aus der Nichtakzessorietät der Marke folgt aber, daß der Markeninhaber keines *eigenen* Unternehmens bedarf, dessen Produkte er mit der Marke kennzeichnet (s. Rn 98 ff.). Der Markeninhaber kann die Marke auch zur Unterscheidung von Waren oder Dienstleistungen eines *fremden* Unternehmens von den Produkten eines anderen Unternehmens benutzen.

**106** Ein Markeninhaber kann die Marke als Vermögensgegenstand seines Unternehmens dadurch verwerten, daß die Marke als Unterscheidungszeichen für Produkte eines anderen Unternehmens dient. Der Markeninhaber kann auch ein Unternehmen sein, dessen Zweck auf die Verwertung einer Marke durch ein anderes Unternehmen gerichtet ist. Die Markenverwertung kann auch durch mehrere Unternehmen innerhalb der wettbewerbsrechtlichen Grenzen erfolgen. Eine solche Markenverwertungsgesellschaft kann etwa eine Werbeagentur sein, die Marken als Teil ganzheitlicher Marketingkonzeptionen internationalen Produktions- und Distributionsunternehmen anbietet. Rechtlich zulässig ist sogar, zum Zwecke der Verwertung einer bestimmten Marke, etwa dem bekannten Namen eines Künstlers, ein eigenes Unternehmen zu gründen, das die Marke durch dritte Unternehmen vermarktet.

**107** Insoweit hat sich die Rechtslage nach dem MarkenG gegenüber dem WZG nachhaltig verändert. Nach § 1 Abs. 1 WZG mußte der Rechtsinhaber selbst sich des Warenzeichens zur Unterscheidung seiner Waren von den Waren anderer bedienen. Die Umschreibung der Marke als Unterscheidungszeichen in § 3 Abs. 1 enthält folgerichtig das Possessivpronomen „seiner" hinsichtlich der Waren oder Dienstleistungen eines Unternehmens nicht mehr. Auch die Anmeldung zur Eintragung einer Marke muß nach § 32 Abs. 2 Nr. 3 nur ein Verzeichnis der Waren oder Dienstleistungen, für die die Eintragung beantragt wird, enthalten, ohne daß es einer Beziehung zu einem Unternehmen des Anmelders bedarf.

**108** Nach WZG war der Anmelder in der Wahl der Waren und Dienstleistungen, für die er Schutz begehrte, beschränkt. Es mußte ein *innerer Zusammenhang* zwischen dem Waren- und Dienstleistungsverzeichnis und dem Geschäftsbetrieb des Anmelders bestehen. Der Geschäftsbetrieb mußte das Warenzeichen decken. Die vom Anmelder im Verzeichnis angegebenen Waren und Dienstleistungen mußten Gegenstand des Geschäftsverkehrs seines Geschäftsbetriebs sein oder üblicherweise in einem Geschäftsbetrieb der angegebenen Art hergestellt, vertrieben oder erbracht werden. Ein Warenzeichen konnte nicht für betriebsfremde Waren oder Dienstleistungen angemeldet werden. Nach dem MarkenG können die Waren oder Dienstleistungen, zu deren Unterscheidung von Produkten eines anderen Unternehmens die Marke benutzt wird, eigene oder fremde Produkte sein.

#### 2. Sortenmarke

**109** Die Marke dient der Unterscheidung von Produkten am Markt. In der Regel kennzeichnet der Markeninhaber seine eigenen Waren oder Dienstleistungen, um sie von den Produkten anderer Unternehmen zu unterscheiden. Ein Unternehmen kann Inhaber mehrerer Markenrechte sein. Der Inhaber kann die Marke nicht nur zur Unterscheidung der eigenen Waren oder Dienstleistungen von den Produkten der Mitbewerber, sondern auch zur Unterscheidung von anderen Waren oder Dienstleistungen des eigenen Sortiments verwenden (zur unterschiedlichen Markierung verschiedener Partien der gleichen Ware BGH GRUR 1979, 707 – Haller). Auch eine solche *Sortenmarke* ist als identifizierendes Unterscheidungszeichen eine echte Marke.

#### 3. Kontrollzeichen

**110** Ein Zeichen ist dann keine Marke, wenn ihm nicht die markenrechtliche Unterscheidungsfunktion nach § 3 Abs. 1 zukommt, weil es einer anderen Zweckbestimmung zu dienen bestimmt ist. *Prüfzeichen, Qualitätszeichen* oder *Kontrollzeichen* sowie *Bestellzeichen* sind als solche keine Marken. Solche Zeichen können nicht als Marke geschützt werden, weil sie ihrer Funktion nach keine markenrechtlichen Unterscheidungszeichen darstellen.

## II. Begriff der Ware

### 1. Grundsatz

Ware ist grundsätzlich jedes Erzeugnis, das Gegenstand des Handelsverkehrs sein kann. Die Rechtsprechung lehnte es bislang ab, den markenrechtlichen Begriff der Ware mit dem weitergehenden Begriff des eigenständigen Wirtschaftsgutes zu umschreiben (BGHZ 42, 44, 45 – Scholl). Das Verständnis der Ware als eines *materiellen Wirtschaftsgutes* wird aber der Entwicklung der Warenproduktion eher gerecht und erlaubt zudem eine sachgerechte Abgrenzung der Ware von einer Dienstleistung als einem immateriellen Wirtschaftsgut.

Waren stammen aus einem Unternehmen der Herstellung und des Handels sowie der landwirtschaftlichen und forstwirtschaftlichen, auch fischwirtschaftlichen Produktion (Urproduktion), von der sie in den wirtschaftlichen Verkehr gelangen. Entsprechend dem herkömmlichen Begriff der Ware im Handelsrecht (§ 1 II Nr. 1 HGB) wird der markenrechtliche Warenbegriff auf *bewegliche körperliche Sachen* beschränkt (BGH GRUR 1974, 657, 658 – Concentra). Nicht anders als im Handelsrecht ist aber im Markenrecht die Ausgrenzung von *Immobilien* nicht sachgerecht. So kann etwa eine Warenmarke für Eigentumswohnungen nicht nur beim Vertrieb der Immobilien im Anlagenbereich, sondern auch bei einer nachfolgenden Verwertung der Immobilie einen bestimmten Standard der Eigentumswohnung als Ware am Markt kommunizieren.

Schon nach dem WZG brauchten die Waren nicht im Eigentum des Zeicheninhabers zu stehen. Denn das Warenzeichen kennzeichnete weder den Eigentümer noch den Unternehmer, sondern die Ware nach ihrer betrieblichen Herkunft. Mit den Worten „seiner Waren" brachte § 1 WZG nur den Gegensatz zwischen den Waren, die vom Zeicheninhaber, und denen, die von anderen Personen hergestellt oder vertrieben werden, zum Ausdruck (RGZ 120, 402, 409 – Bärenstiefel); so konnten schon nach dem WZG *Kommissionäre, Handelsvertreter* und *Pächter* Rechtsinhaber eines Warenzeichens sein. Mit der Einführung der Nichtakzessorietät der Marke wird im MarkenG weitergehend die nach dem WZG notwendige Identität von Markeninhaber und Unternehmensinhaber aufgehoben (s. Rn 98 f.).

### 2. Beispiele

Keine Waren im markenrechtlichen Sinne sind nach herkömmlicher Auffassung *Grundstücke*, seien sie unbebaut, seien sie bebaut, auch nicht grundstücksgleiche Rechte. Die Beschränkung des Warenbegriffs auf bewegliche Sachen wird der Entwicklung im Immobilienhandel nicht gerecht. Namentlich für Eigentumswohnungen sollte eine Warenmarke zulässig sein. Selbstverständlich sind Waren solche Sachen, die mit einem Grundstück verbunden werden, wie etwa Steine, Ziegel, Türen, Schlösser, Öfen und Klimaanlagen. Auch für Fertighäuser kann eine Warenmarke eingetragen werden.

Geistige oder gewerbliche *Schutzrechte* sind keine Waren. Doch kann für die Vergabe von Lizenzen an solchen Rechten eine Dienstleistungsmarke eingetragen werden (anders vor der Einführung der Dienstleistungsmarke RGZ 101, 407, 412 – Simonsbrot; BGHZ 18, 175, 179 – Matern). Auch einmalige künstlerische oder geistige Erzeugnisse, wie etwa ein Originalgemälde oder ein Romanmanuskript sind keine für einen mehrfachen Umsatz bestimmten, beweglichen Sachen (*Hagens*, Warenzeichenrecht, § 1 WZG, Anm. 10; *Kohler*, Warenzeichenrecht, § 28 III, S. 116; aM *Pinzger*, Warenzeichenrecht, § 1 WZG, Anm. 20), wohl aber Vervielfältigungen solcher Originalwerke wie Bücher oder Kunstdrucke sowie Erzeugnisse des Kunsthandwerks. Originale Graphik, die eine Auflage hat, ist markenrechtlich eine Ware. Eine Galerie kann für von ihr verlegte Druckgraphik verschiedener Künstler der Galerie eine Warenmarke, etwa als Prägestempel der Galerie auf jedem Graphikblatt, verwenden. Von der Warenmarke für Gegenstände der Kunst und Literatur ist der Schutz des Werktitels als Name von Druckschriften, Filmwerken, Tonwerken, Bühnenwerken oder sonstigen vergleichbaren Waren (§ 5 III) zu unterscheiden. Filme sind als Filmbänder, nicht als Filmwerke dem Markenschutz als Ware zugänglich.

116  *Wertpapiere* sind markenrechtlich keine Waren; die Verkörperung des verbrieften Rechts in einer Urkunde rechtfertigt nicht den Markenschutz durch Eintragung des Druckereierzeugnisses (BPatGE 13, 229; *Baumbach/Hefermehl*, Wechselgesetz und Scheckgesetz, WPR, Rn 3). Ebenso sind von einer Kapitalanlagegesellschaft ausgegebene Investmentanteilscheine keine Waren im Sinne des § 3 I (BGH GRUR 1974, 657 – Concentra; dazu *Droste*, GRUR 1974, 649).

117  Der BGH hat es zu Recht abgelehnt, *Dienstleistungen* als Waren im Sinne des § 1 WZG anzusehen, insbesondere auch nichtkörperliche Gegenstände, auf die sich eine Dienstleistung bezieht (BGHZ 42, 44 – Scholl; *Reimer/Trüstedt*, Bd. 1, Kap. 4, Rn 7; *Hefermehl*, GRUR 1965, 37; *Bußmann*, GRUR Int 1955, 158, 159; *Ehlers*, BB 1956, 181; *Tetzner*, § 1 WZG, Rn 23; *Busse/Starck*, § 1 WZG, Rn 19; aA *Reimer*, 3. Aufl., Kap. 4, Rn 7; *Skaupy*, BB 1971, 445). Beförderungsunternehmen, Banken, Reisebüros, Auskunfteien, ferner Rundfunkanstalten, die Musik von Schallplatten senden, erzeugen und vertreiben keine Waren. Gleiches gilt auch für Wäschereien, Färbereien, Reinigungen und Reparaturbetriebe, deren bearbeitende Tätigkeit sich gewöhnlich auf gebrauchte und bereits in Verkehr gelangte Sachen bezieht. Ihre Bearbeitung führt nicht zur Herstellung einer nach der Verkehrsauffassung neuen Ware, sondern beschränkt sich auf die reine Arbeitsleistung. Wird die bearbeitete Ware mit einem Kennzeichen versehen, so individualisiert dieses nur die von einem bestimmten Bearbeitungsbetrieb an der Ware geleistete Arbeit. Soweit solche Kennzeichen vor Einführung der Dienstleistungsmarke vom DPMA mitunter eingetragen worden sind, hätten sie nach § 10 Abs. 2 Nr. 2 WZG von Amts wegen gelöscht werden müssen. Doch konnten sie nach Einführung der Dienstleistungsmarke nach § 1 Abs. 2 WZG als Dienstleistungsmarken markenrechtlichen Schutz erlangen.

### 3. Abgrenzung der Ware von der Dienstleistung

118  Bevor in dem Jahre 1979 die Eintragbarkeit von Dienstleistungsmarken in das WZG eingeführt worden war, war die Abgrenzung zwischen Ware und Dienstleistung für die Zuerkennung von Markenschutz entscheidend. In ständiger Rechtsprechung hatte es der BGH abgelehnt, Dienstleistungen als Waren im Sinne des § 1 WZG aF zu beurteilen und insbesondere den Markenschutz auf nicht körperliche Gegenstände, auf die sich eine Dienstleistung bezieht, zu erstrecken (BGHZ 42, 44 – Scholl). Reine Dienstleistungsunternehmen wie Banken, Versicherungen, Reisebüros, Beförderungsbetriebe, Auskunfteien, Rundfunkanstalten sowie warenbearbeitende Dienstleistungsunternehmen wie Reparaturbetriebe, Reinigungsunternehmen, Wäschereien und Färbereien konnten keine Warenzeichen erwerben.

119  Nach Einführung der Dienstleistungsmarke besteht zwischen Warenmarke und Dienstleistungsmarke gleichwertiger Rechtsschutz. Die Abgrenzung zwischen Ware und Dienstleistung (s. dazu Rn 129 ff.) bleibt rechtserheblich bei der *Anmeldung* der Marke, die ein Verzeichnis der Waren oder Dienstleistungen, für die die Eintragung beantragt wird, enthalten muß (§ 32 Abs. 2 Nr. 3), für den *Schutzumfang* des Markenrechts (§ 14), für die *Erschöpfung* des Markenrechts (§ 24), sowie für die *rechtserhaltende Benutzung* der Marke, die für die Waren oder Dienstleistungen, für die sie eingetragen ist, ernsthaft benutzt werden muß (§ 26 Abs. 1).

### 4. Einteilung der einzutragenden Waren nach Warenklassen

120  Eine Marke kann nur für bestimmte Waren eingetragen werden. In der MarkenV werden die Waren nach Warenklassen eingeteilt (zur Klasseneinteilung s. §§ 15, 16 MarkenV und zu den 34 Warenklassen die Anlage zu § 15 Abs. 1 MarkenV). Rechtlich nicht möglich ist es, eine Marke für sämtliche Waren, die ein Unternehmen jeweils führt, einzutragen, ohne diese Waren im einzelnen zu benennen. Einer Marke, die sich im Verkehr als Kennzeichen des Unternehmens durchsetzt, kommt kennzeichenrechtlicher Schutz nach § 15 und namensrechtlicher Schutz nach § 12 BGB zu, der sich auf das Unternehmen als solches und damit auf alle Waren des Unternehmens erstreckt. Der Verkehr versteht und bewertet eine

solche Marke als den Namen eines bestimmten Unternehmens (BGH GRUR 1957, 87 – Meisterbrand; 1958, 339 – Technika; zu den Einzelheiten s. § 15, Rn 36).

## 5. Marktbezug der Ware

**a) Grundsatz.** Erforderlich ist ein Marktbezug der markierten Ware. Waren, zu deren Kennzeichnung die Marke bestimmt ist, müssen in den freien Verkehr gelangen, wo sie in Wettbewerb mit den Waren anderer Unternehmen treten und sich als Marktalternative der Verbraucherentscheidung stellen. *Unternehmensinterne Zeichen* sind keine Marken, auch wenn sie Waren kennzeichnen (s. zum Marktbezug der Marke Rn 95 ff.). Keine Marken sind etwa Begleitzeichen, Bestellzeichen, Prüfzeichen, Qualitätszeichen und Kontrollzeichen, die eine Ware lediglich für einen unternehmensinternen Vorgang individualisieren. Am Marktbezug der Ware fehlt es auch, wenn markierte Waren von einer konzernverbundenen Einkaufsgesellschaft ausschließlich an ein Konzernunternehmen vertrieben werden, das seinen Gesamtbedarf konzernintern ohne Nachfrage am Markt deckt.

**b) Beispiele.** Am Marktbezug fehlt es bei Waren wie *Wasch- und Pflegeanlagen,* die im Rahmen eines auf Vermietung von Reparatur- und Wartungsgeräten für Kraftfahrzeuge gerichteten Geschäftsbetriebs den Kunden zur Verfügung gestellt werden, weil die Waren nicht in den Marktwettbewerb gelangen (BPatGE 15, 206 – Auto-Hobby); in Betracht kommt die Eintragung einer Dienstleistungsmarke. Für *Speisen und Getränke* eines Restaurants kann eine Warenmarke eingetragen werden (*v. Gamm*, § 1 WZG, Rn 33; *Busse/Starck*, § 1 WZG, Rn 20; *Städtler*, Mitt 1970, 65; aA RGZ 101, 372 – Kreuzzeichen).

## III. Begriff der Dienstleistung

### 1. Unkörperliche Dienste

Unter einer Dienstleistungen versteht man die Erbringung von Diensten wie vor allem von beruflicher Arbeit. Im Gegensatz zu einer Ware, die ein materielles Wirtschaftsgut darstellt (s. Rn 111), ist eine Dienstleistung ein *immaterielles Wirtschaftsgut*. Da eine positive Definition der Dienstleistung bisher nicht überzeugend gelungen ist, verständigte man sich weithin auf eine negative Abgrenzung der Dienstleistung von der wirtschaftlichen Betätigung in Produktion, Handel und Landwirtschaft sowie Forstwirtschaft. Dienstleistungen sind wirtschaftliche Tätigkeiten, die am Markt für einen anderen erbracht werden ohne Herstellung, Vertrieb oder Urproduktion von Waren zu sein (s. näher *Schreiner*, Dienstleistungsmarke, S. 115 ff.).

Indiz für die selbständige wirtschaftliche Bedeutung einer Dienstleistung ist die Entgeltlichkeit des Angebots einer Dienstleistung am Markt.

Im Gegensatz zu Waren, die nach herkömmlichem Verständnis bewegliche körperliche Sachen sind (s. Rn 112), sind Dienstleistungen *unkörperliche Dienste*. Die Dienstleistung, für die die Eintragung der Marke beantragt wird, muß einen selbständigen wirtschaftlichen Wert besitzen. Notwendig ist ein Marktbezug der Dienstleistung, die im Marktwettbewerb mit Dienstleistungen oder Waren anderer Unternehmen konkurriert. Es liegt insoweit nicht anders als bei Waren (s. Rn. 121 f.).

### 2. Arten von Dienstleistungen

**a) Reine Dienstleistungen.** Reine Dienstleistungen haben keinen Warenbezug. Solche Dienste erbringen etwa Banken, Versicherungen, Personenbeförderungsunternehmen, Reisebüros, Werbeagenturen, Hotels und Restaurants, Auskunfteien, Theater, Kinos, Rundfunk sowie auch Wissenschaftler und Künstler einschließlich der freien Berufe wie Rechtsanwälte, Wirtschaftsprüfer und Steuerberater (*Baumbach/Hefermehl*, Wettbewerbsrecht, § 2 UWG, Rn 2).

**b) Dienstleistungen mit Warenbezug.** Eine Dienstleistung kann sich auf eine Ware beziehen. *Warenbezogene Dienstleistungen* sind etwa die Verarbeitung, Bearbeitung, Entsorgung, Beförderung und Aufbewahrung von Waren. Wenn eine warenbezogene Dienstleistung nicht zur Herstellung einer nach der Verkehrsauffassung neuen Ware führt, sondern sich auf die an der Ware erbrachte Arbeitsleistung beschränkt, dann identifiziert die Marke des Dienstleistenden, mit der er die Ware versieht, nicht die Ware, sondern den geleisteten Dienst. Dienstleistungen mit Warenbezug erbringen etwa Reparaturbetriebe, Transportunternehmen, Lagerhäuser, Reinigungsunternehmen und Autowaschanlagen. Eine warenbezogene Dienstleistungsmarke stellt auch die Wortbildmarke *Der Grüne Punkt* der Duales System Deutschland GmbH dar, deren Gegenstand die Organisation eines dualen Entsorgungssystems als ein flächendeckendes System im Sinne des § 6 Abs. 3 VerpackV zur Freistellung von nach § 6 Abs. 1, 1a und 2 VerpackV bestehenden Rücknahme- und Verwertungspflichten ist und mit der die an dem Entsorgungssystem teilnehmenden Verkaufsverpackungen versehen werden. Keine wirtschaftlich selbständige Dienstleistung erbringt etwa ein Großhändler, der neben der bloßen Lieferung von Waren an Einzelhändler in diesem Zusammenhang ohne gesonderte Berechnung als Leistung die Zusammenstellung, Präsentation und Bewertung von einem ganzen Sortiment von Waren verschiedener Hersteller als Leistung erbringt; es handelt sich hierbei nur um ein bloßes Vertriebssystem im Großhandel, für das eine Dienstleistungsmarke nicht eingetragen werden kann (BPatGE 31, 142).

**128** **c) Einteilung der einzutragenden Dienstleistungen nach Dienstleistungsklassen.** Die Anmeldung der Dienstleistungsmarke hat ein Verzeichnis der Dienstleistungen, für die Eintragung beantragt wird, zu enthalten (§ 32 Abs. 2 Nr. 3). In der MarkenV werden die Dienstleistungen nach Dienstleistungsklassen eingeteilt (zur Klasseneinteilung s. §§ 15, 16 MarkenV und zu den 8 Dienstleistungsklassen die Anlage zu § 15 Abs. 1 MarkenV).

## IV. Abgrenzung zwischen Ware und Dienstleistung

**Schrifttum zum MarkenG.** *Bydlinski*, Der Fachbegriff im elektronischen Zeitalter: zeitlos oder anpassungsbedürftig?, AcP 198 (1998), S. 287; *Fezer*, Markenrechtliche Produktabgrenzung zwischen Ware und Dienstleistung – Zur markenrechtlichen Produkteigenschaft von Leasing, Computersoftware und Franchising, GRUR Int 1996, 445.

### 1. Grundsatz

**129** Die Eintragung einer Marke als Warenmarke oder als Dienstleistungsmarke richtet sich nach dem Angebot des Unternehmens auf dem Markt im Wettbewerb mit anderen Unternehmen nach der Verkehrsauffassung der Marktgegenseite. Es kommt darauf an, ob aus der Sicht des Verbrauchers eine Ware als verkörpertes Gut (materielles Wirtschaftsgut) oder ein Dienst als nicht verkörperte Leistung (immaterielles Wirtschaftsgut) angeboten wird. Der übliche Sprachgebrauch, wie er in der *nationalen* Einteilung nach Warenklassen und Dienstleistungsklassen in der Anlage zu § 15 Abs. 1 MarkenV zum Ausdruck kommt, indiziert, ob der Verbraucher eine Ware bezieht oder eine Dienstleistung erhält. Ergänzend ist die *internationale* Klassifikation heranzuziehen (s. dazu Deutsches Patentamt, München/Weltorganisation für geistiges Eigentum, Genf (Hrsg.), Internationale Klassifikation von Waren und Dienstleistungen für die Eintragung von Marken nach dem Abkommen von Nizza, Teil 1: Liste der Waren und Dienstleistungen in alphabetischer Reihenfolge; Teil 2: Liste von Waren und Dienstleistungen in einer nach Klassen geordneten alphabetischen Reihenfolge, 6. Aufl., 1992; s. auch § 15 Abs. 2 MarkenV).

**130** Die Abgrenzung zwischen Ware und Dienstleistung kann bei Dienstleistungen mit Warenbezug (s. dazu Rn 127) schwierig sein, bei denen der Dienstleistende die Dienstleistung an einer Ware des Dienstleistungsnehmers erbringt (Bearbeitung, Verarbeitung, Veredelung, Transport, Aufbewahrung, Entsorgung). Entscheidend wird es darauf ankommen, ob aus der Sicht der Marktbeteiligten die Arbeit an der Ware Produktion darstellt und nach der Verkehrsauffassung wirtschaftlich eine neue Ware entsteht, oder ob die Arbeitsleistung als solche die wirtschaftliche Tätigkeit des Unternehmens prägt. Die Abgrenzung zwischen Ware und Dienstleistung ist von Bedeutung für die Anmeldung der Marke, die ein Verzeichnis der Waren oder Dienstleistungen, für die die Eintragung beantragt wird, enthalten muß (§ 32 Abs. 2 Nr. 3), für den Schutzumfang der Marke, der für Waren oder Dienstleistungen besteht (§ 14), für die Erschöpfung des Markenrechts (§ 24) und für die rechtserhaltende Benutzung der Marke, die sich auf Waren oder Dienstleistungen bezieht (§ 26 Abs. 1).

## 2. Dienstleistungen an Waren auf dem Markt

Dienstleistungen mit Warenbezug werden in der Regel an Waren erbracht, die sich bereits auf dem Markt befinden oder vom Verbraucher konsumiert werden. Eine Wäscherei, chemische Reinigung oder Färberei, die bereits in den Verkehr gebrachte Ware ihrer Kunden wäscht, reinigt oder färbt, erhält keine Warenmarke für die bearbeiteten Waren, sondern eine Dienstleistungsmarke für die erbrachten Dienstleistungen (BGHZ 42, 44, 48 – Scholl; *Schreiner*, Dienstleistungsmarke, S. 124; aA früher RPA BlPMZ 1909, 169; 1923, 70). Die Waren, an denen die Dienstleistung erbracht wird, werden nicht als neue Waren auf dem Markt angeboten, sondern gelangen unmittelbar in die Sphäre des Dienstleistungsnehmers zurück. Der Verbraucher vergleicht das Angebot der Dienste solcher Unternehmen am Markt, nicht das Angebot von bearbeiteten Waren. Eine Marke des Dienstleistungsunternehmens an der bearbeiteten Ware kennzeichnet die Dienstleistung und unterscheidet sie von dem Angebot an Dienstleistungen anderer Unternehmen. Nichts anderes gilt für ein Reparaturunternehmen. Eine warenbezogene Dienstleistung stellt auch die Produktentsorgung dar.

## 3. Dienstleistung an noch nicht in Verkehr gebrachten Waren

Bearbeitungs- und Veredelungsunternehmen, die für andere Unternehmen in deren Auftrag Rohstoffe, Halbfabrikate oder Material bearbeiten, veredeln oder Erzeugnisse erst verkehrsfähig machen, stellen in der Regel keine neuen Waren her, die sie in den Verkehr bringen, sondern verrichten gegen Entgelt Dienstleistungen. Erst das Unternehmen, das den Auftrag erteilt, bringt die Ware als deren Hersteller erstmalig auf den Markt. Das bearbeitende oder veredelnde Unternehmen kann nur für seine Dienstleistung, das es im Wettbewerb mit anderen Unternehmen erbringt, Markenschutz erlangen; die Marke identifiziert die Bearbeitung oder Veredelung als Dienstleistung. Der BGH hat die Frage, ob für einen Bearbeitungsbetrieb, der eine Ware erst verkehrsfähig macht, eine Warenmarke eingetragen werden kann, offen gelassen (BGHZ 42, 44, 48 – Scholl). Die Frage ist grundsätzlich zu verneinen (*Ströbele*, GRUR 1981, 771, 775; *Schreiner*, Dienstleistungsmarke, S. 127; aA *Froschmaier*, Dienstleistungszeichen, S. 124 f.). Nur wenn durch die Bearbeitung oder Veredelung eine neue Ware hergestellt wird, die das bearbeitende Unternehmen als Hersteller im Wettbewerb mit Konkurrenten durch Lieferung an den Besteller in den Verkehr bringt, kann eine Warenmarke eingetragen werden. Da die Grenzen zwischen Herstellung und Bearbeitung in einer arbeitsteiligen und hochspezialisierten Wirtschaft fließend sind, kann Bearbeitungs- und Veredelungsunternehmen sowie auch Zulieferungsbetrieben die Eintragung einer Warenmarke nicht grundsätzlich versagt werden. Entscheidend ist, ob das Leistungsergebnis in der Weise in den freien Verkehr gelangt, daß Abnehmer unter Konkurrenzangeboten wählen können. Das Angebot eines Verfahrens zur Veredelung einer Ware (Resistenzschutz), sei es eine technische Anlage zum Gebrauch, sei es ein Know-how zur Auswertung, ist Dienstleistung.

## 4. Nebenleistungen beim Warenabsatz

Die Dienstleistung muß einen wirtschaftlich selbständigen Unternehmensbereich darstellen und als ein *eigenständiges Angebot* auf dem Markt erscheinen. Leistungen in Herstellung und Handel, die zur Förderung des Warenabsatzes erbracht werden und die Produktion und Distribution der Ware begleiten, gehören als bloße *Nebenleistungen zum Warenabsatz* und stellen keine eigene Dienstleistung dar. So kann für Leistungen, die herkömmlich durch eine Handelsmarke gekennzeichnet werden, eine Dienstleistungsmarke nicht eingetragen werden. Nebenleistungen eines Handelsunternehmens beim Absatz einer Ware, die mit einer Handelsmarke versehen ist, wie etwa Preisgestaltung, qualitative Auswahl der Waren, Dekoration und Pflege des Images der Verkaufsstätte sowie die Werbung und Durchführung selbständiger Werbeveranstaltungen für die Handelsware sind keine selbständigen Dienstleistungen (BPatG GRUR 1985, 50 – Lodenfrey).

### 5. Mischunternehmen

**134** Ein Unternehmen kann sowohl auf die Herstellung oder den Handel von Waren sowie auf die Erbringung von Dienstleistungen gerichtet sein. Voraussetzung ist nur, daß die Dienstleistung eine wirtschaftliche Eigenständigkeit gegenüber dem Warenabsatz aufweist. Ein solches Mischunternehmen kann sowohl für den Warenbereich Warenmarken als auch für den Dienstleistungsbereich Dienstleistungsmarken erwerben (*Schreiner*, Dienstleistungsmarke, S. 129; *Ströbele*, GRUR 1981, 771, 775). Derselbe wirtschaftliche Tätigkeitsbereich kann aber nicht zugleich mit einer Warenmarke und einer Dienstleistungsmarke gekennzeichnet werden.

### 6. Gebrauchsüberlassung

**135** **a) Miete und Leihe.** Die Gebrauchsüberlassung ist eine Dienstleistung. Vor der Zulässigkeit der Eintragung von Dienstleistungsmarken im Jahre 1979 wurde für Waren wie Autos, Bücher, Wasch- und Pflegeanlagen, die auf dem Markt zur Miete oder Leihe überlassen werden, häufig die Eintragung einer Warenmarke zugelassen (BGHZ 42, 44, 47 – Scholl; RPA BlPMZ 1909, 169; *Busse/Starck*, § 1 WZG, Rn 6). Die Leistung des Vermieters und Verleihers, die eine Ware zum zeitweisen Gebrauch überlassen, ist aber Dienstleistung, für die nur eine Dienstleistungsmarke eingetragen werden kann.

**b) Leasing**

**Schrifttum zum MarkenG.** *Fezer*, Markenrechtliche Produktabgrenzung zwischen Ware und Dienstleistung – Zur markenrechtlichen Produkteigenschaft von Leasing, Computersoftware und Franchising, GRUR Int 1996, 445.

**136** Leasing ist Dienstleistung. Die verschiedenen Vertragsgestaltungen des Leasings sollten markenrechtlich grundsätzlich *einheitlich* behandelt werden. Das Leasing ist als Dienstleistung mit einer Dienstleistungsmarke zu kennzeichnen. Das *Operating-Leasing,* bei dem der Leasinggegenstand von vornherein kurzfristig oder auf unbestimmte Zeit mit kurzfristiger Kündigung zum Gebrauch überlassen wird, ist immer Dienstleistung. Das Entgelt des Leasingnehmers ist die Gegenleistung für die zeitweilige Gebrauchsüberlassung des Leasinggegenstandes durch den Leasinggeber.

**137** Beim *Finanzierungs-Leasing* kreditiert der Leasinggeber den Leasingnehmer. Anders als beim Operating-Leasing tragen der Leasingnehmer das Investitionsrisiko und der Leasinggeber, der die Gebrauchsüberlassung an den Leasingnehmer finanziert, das Kreditrisiko. Auch wenn der Leasingnehmer den Substanzwert des Leasinggegenstandes mit den Leasingraten bezahlt, unterscheidet sich das Finanzierungs-Leasing vom Abzahlungskauf vor allem dadurch, daß der Leasingnehmer vom Leasinggeber grundsätzlich kein Eigentum an dem Leasinggegenstand erwirbt. Auch wenn das Finanzierungs-Leasing als typengemischter Vertrag kaufrechtliche Inhalte aufweist, so steht doch die für einen Mietvertrag typische Pflicht zur entgeltlichen Gebrauchsüberlassung im Vordergrund. Auch aus Gründen der Rechtssicherheit ist es gerechtfertigt, das Finanzierungs-Leasing unabhängig von der konkreten Vertragsgestaltung grundsätzlich als Dienstleistung zu behandeln (aA *Schreiner*, Dienstleistungsmarke, S. 134 f.). Ausnahmsweise sind aber Vertragsgestaltungen denkbar, in denen der Erwerb des Leasinggegenstandes und nicht die entgeltliche Gebrauchsüberlassung auf Zeit das eigentliche Vertragsziel darstellt (*Mietkauf*); dann handelt es sich im Schwerpunkt um den Absatz von Waren, die mit einer Warenmarke zu kennzeichnen sind.

**138** Auch beim *Hersteller-Leasing* liegt eine Dienstleistung vor. Zwar kommt es dem Hersteller als Leasinggeber vornehmlich auf den Absatz seiner Waren an, doch stellt die entgeltliche Gebrauchsüberlassung auf Zeit den wesentlichen Vertragsbestandteil dar (zu den verschiedenen Vertragstypen des Leasings s. *Larenz*, SchuldR II/2, § 66, S. 99 ff.; MünchKomm/ *Voelskow*, vor § 535 BGB, Rn 42 ff.).

### 7. Computersoftware

**Schrifttum zum WZG.** *Betten*, Zum Rechtsschutz von Computerprogrammen, Mitt 1983, 62; *Betten*, Der Rechtsschutz von Computer-Software, Mitt 1986, 10; *Bohlig*, Warenzeichen: Eine alternative Schutzmöglichkeit für Computerprogramme?, CR 1986, 126; *Hoepffner*, Warenzeichenrechtlicher Schutz von Namen für Datenverarbeitungsprogramme?, GRUR 1974, 546; *Kolle*, Der Rechtsschutz der

Computersoftware in der Bundesrepublik Deutschland, GRUR 1982, 443; *Lehmann,* Der wettbewerbsrechtliche Titelschutz für Computerprogramme, CR 1986, 373; *Marly,* Softwareüberlassungsverträge, 1991; *Schweyer,* Der warenzeichenrechtliche Schutz von Computerprogrammen, in: Lehmann (Hrsg.), Rechtsschutz und Verwertung von Computerprogrammen, 2. Aufl., 1993, VIII, Rn 7 ff.; *Teufel,* Computerindustrie und Warenzeichen, FS 100 Jahre Marken-Amt, 1994, S. 309 ff.; *Wiebe,* Rechtsschutz für Software in den neunziger Jahren, BB 1993, 1094.

**Schrifttum zum MarkenG.** *Betten,* Titelschutz von Computerprogrammen, GRUR 1995, 5; *Betten,* Titelschutz von Computerprogrammen, CR 1995, 383; *Fezer,* Markenrechtliche Produktabgrenzung zwischen Ware und Dienstleistung – Zur markenrechtlichen Produkteigenschaft von Leasing, Computersoftware und Franchising, GRUR Int 1996, 445; *Jacobs,* Werktitelschutz für Computerspiele und Computerprogramme, GRUR 1996, 601; *Lehmann,* Neuer Titelschutz von Software im Markengesetz, CR 1995, 129; *Lehmann,* Titelschutz von Computerprogrammen, GRUR 1995, 250; *Rupprecht,* Achtung Falle! – Titelschutz für Softwaremarken, WRP 1996, 385; *Stratmann,* Titelschutz für Software nach dem neuen deutschen Markengesetz, Mitt 1995, 366; *Zahrnt,* Titelschutz für Software-Produkte – ein Irrtum?!, BB 1996, 1570.

**a) Rechtsentwicklung.** Nach Einführung der Dienstleistungsmarke war in der Rechtspraxis umstritten, ob Computersoftware Warencharakter zukommt und für Computerprogramme eine Warenmarke eingetragen werden kann (s. zur Rechtsentwicklung näher *Schweyer,* in: Lehmann (Hrsg.), Rechtsschutz und Verwertung von Computerprogrammen, S. 357 ff, Rn 7 ff.). Es herrschte die Vorstellung vor, bei Computersoftware handele es sich um ein Immaterialgut als Produkt eines geistigen Urhebers, das sich nur auf einem Datenträger als Hilfsware manifestiere (offen gelassen von BPatG BlPMZ 1984, 178; s. dazu *Hoepffner,* GRUR 1974, 546). Der BGH hält die auf den immateriellen Charakter von Computersoftware abstellenden Bedenken für unbegründet. Das auf einem Datenträger gespeicherte Computerprogramm stelle stets schon die Verkörperung einer geistigen Leistung dar, die etwa auch in vervielfältigter Form Gegenstand des Handelsverkehrs sein könne. Deshalb könne dem auf einem Datenträger verkörperten oder auch in anderer Weise niedergelegten Leistungsergebnis Computerprogramm der Charakter einer Ware nicht abgesprochen werden (BGH GRUR 1985, 1055 – Datenverarbeitungsprogramme als Ware).

**b) Standardsoftware und Individualsoftware.** Computersoftware kann sowohl Gegenstand einer Warenmarke als auch einer Dienstleistungsmarke sein. Zu unterscheiden ist zwischen *Standardsoftware,* für die eine *Warenmarke* einzutragen, und *Individualsoftware,* für die eine *Dienstleistungsmarke* einzutragen ist. Die Unterscheidung ist nach dem Schwergewicht der wirtschaftlichen Betätigung und dem daraus folgenden Charakter der Computersoftware zu treffen. Es kommt darauf an, ob die Computersoftware als ein Standardprogramm erstellt und in vervielfältigter Form vertrieben wird (Warenmarke der Klasse 9) oder ob der Schwerpunkt auf dem Erstellen eines Computerprogramms zur individuellen Problemlösung liegt (Dienstleistungsmarke der Klasse 42).

Die Abgrenzung zwischen Warenmarke und Dienstleistungsmarke erfolgt auch bei modifizierter Standardsoftware nach dem Schwergewicht der wirtschaftlichen Betätigung und dem Charakter des angebotenen Wirtschaftsgutes. Bei *modifizierter Standardsoftware* wird trotz erbrachter Nebenleistungen mit werkvertraglichem Charakter das Schwergewicht regelmäßig auf der Überlassung von fertiger Computersoftware liegen, so daß vom Warencharakter der Software auszugehen und eine Warenmarke einzutragen ist. Wenn ausnahmsweise aufgrund des erheblichen Umfangs der Anpassung der Standardsoftware an die individuelle Problemlösung der werkvertragliche Charakter deutlich überwiegt, wird eine Dienstleistung anzunehmen sein. Die Abgrenzung kann entsprechend den Kriterien im Softwaregewährleistungsrecht erfolgen (s. dazu *Marly,* Softwareüberlassungsverträge, Rn 512 ff.).

Für *Computerhardware* kann nur eine Warenmarke eingetragen werden (zur Ähnlichkeit von Computerhardware und Computersoftware s. DPA CR 1993, 357 – TRICOM; s. dazu § 14, Rn 382).

Vor dem Inkrafttreten des MarkenG kam der Abgrenzung zwischen einer Warenmarke für Standardsoftware und einer Dienstleistungsmarke für Individualsoftware für solche *Mischunternehmen,* deren Gegenstand sowohl der Vertrieb von Standardsoftware als auch die Erstellung von Individualsoftware war, erhebliche Bedeutung zu. Da nach der Rechtslage im MarkenG wegen der Nichtakzessorietät der Marke der Erwerb des Markenrechts keinen Geschäftsbetrieb des Anmelders verlangt, ist die Unterscheidung für den Erwerb des Markenrechts durch Eintragung in das Markenregister nicht mehr bedeutsam. Nach der Rechtslage im MarkenG bleibt die Unterscheidung insoweit rechtserheblich, als eine rechtliche Konnexität zwischen Marke und Unternehmen besteht (s. Rn 81 ff.). So stellt etwa die Benutzung einer Dienstleistungsmarke für Standardsoftware, wie umgekehrt, keine rechtserhaltende Benutzung im Sinne des Benutzungszwangs dar (BPatG BlPMZ 1984, 178).

**144** c) **Werktitelschutz für Computersoftware.** Nach den §§ 5 Abs. 3, 15 kann an Computersoftware Werktitelschutz bestehen. Der *Name eines Computerprogramms* stellt einen als geschäftliche Bezeichnung *schutzfähigen Werktitel* dar. Markenschutz und Titelschutz an Computersoftware bestehen kumulativ und gleichwertig nebeneinander. Im Kennzeichenrecht besteht allgemein Rechtsschutzkonkurrenz zwischen dem Kennzeichenschutz als Marke und dem Kennzeichenschutz als geschäftlicher Bezeichnung (s. § 1, Rn 15 f.). Die Rechtslage ist dem Bestehen von Markenschutz an Zeitungstiteln neben dem Werktitelschutz vergleichbar (s. Rn 251 ff.; § 15, Rn 177). Der BGH hat die Bezeichnung eines Computerprogramms als dem Werktitelschutz zugänglich beurteilt (BGHZ 135, 278 – PowerPoint; BGH GRUR 1997, 902 – FTOS; s. § 15, Rn 154h). Die *Priorität des Werktitelschutzes* bestimmt sich nach der Veröffentlichung der Titelschutzanzeige oder nach der tatsächlichen Ingebrauchnahme des unterscheidungskräftigen Werktitels (§ 6 Abs. 3); die *Priorität des Markenschutzes* bestimmt sich nach dem Anmeldetag (§ 6 Abs. 2).

### 8. Franchising

**Schrifttum zum WZG.** *Forkel,* Der Franchisevertrag als Lizenz am Immaterialgut Unternehmen, ZHR 153 (1989), S. 511; *Loewenheim,* Markenlizenzen und Franchising, GRUR Int 1994, 156; *Martinek,* Franchising – Grundlagen der zivil- und wettbewerbsrechtlichen Behandlung der vertikalen Gruppenkooperation beim Absatz von Waren und Dienstleistungen, 1987; *Ullmann,* Die Schnittmenge von Franchise und Lizenz, CR 1991, 193; *Ullmann,* Die Verwendung von Marke, Geschäftsbezeichnung und Firma im geschäftlichen Verkehr, insbesondere des Franchising, NJW 1994, 1255.

**Schrifttum zum MarkenG.** *Fezer,* Markenrechtliche Produktabgrenzung zwischen Ware und Dienstleistung – Zur markenrechtlichen Produkteigenschaft von Leasing, Computersoftware und Franchising, GRUR Int 1996, 445.

**145** Franchising ist ein Vertriebssystem für Unternehmensprodukte. Im Franchisevertrag wird dem Franchisenehmer, der als selbständiger Unternehmer im eigenen Namen und für eigene Rechnung tätig wird, vom Franchisegeber das Recht eingeräumt, bestimmte Waren zu vertreiben oder bestimmte Dienstleistungen zu erbringen. Der Franchisenehmer ist berechtigt und gegen Entgelt verpflichtet, im Rahmen einer Marketingkonzeption bestimmte geschäftliche Bezeichnungen, Marken, Werbestrategien und Einrichtungen des Franchisegebers zu benutzen. Markenrechtlich unerheblich ist, ob der Franchisevertrag seiner Rechtsnatur nach als Geschäftsbesorgungsvertrag oder als Lizenzvertrag zu beurteilen ist (s. dazu *Forkel,* ZHR 153 (1989), S. 511; *Martinek,* Franchising, S. 171 ff.).

**146** Kernstück eines Franchisevertrages ist in der Regel eine Lizenz, die an einem jeden Immaterialgut im Unternehmensbereich möglich ist. Die Abgrenzung zwischen Warenfranchising über den Vertrieb von Waren (*Product Distribution Franchising*) und Dienstleistungsfranchising über die Erbringung von Dienstleistungen (*Business Format Franchising*) erfolgt danach, ob materielle Sachgüter oder immaterielle Dienstleistungen im Mittelpunkt der Marketingkonzeption des Franchisesystems stehen. Entscheidend ist, ob der Sachgüterbeitrag als Warenfranchising oder der Serviceanteil als Dienstleistungsfranchising im Angebot auf dem Markt gegenüber dem Verbraucher vorherrscht. Seit der Einführung der Dienstleistungsmarke im Jahre 1979 ist neben dem *Warenmarkenfranchising* ein *Dienstleistungsmarkenfranchising* rechtlich anerkannt (*Martinek,* Franchising, S. 274; *Ullmann,* CR 1991, 193, 195).

**147** Nach der Rechtslage im MarkenG ist wegen der Nichtakzessorietät der Marke (s. Rn 52 ff.) die Unterscheidung zwischen Warenmarkenfranchising und Dienstleistungsmarkenfranchising für den Erwerb des Markenrechts durch Eintragung in das Markenregister nicht erheblich. Rechtserheblich ist die Unterscheidung insoweit, als eine rechtliche Konnexität zwischen Marke und Unternehmen besteht (s. Rn 81 ff.). Das gilt namentlich für die rechtserhaltende Benutzung einer Warenmarke oder einer Dienstleistungsmarke (s. dazu § 26, Rn 3 ff.) innerhalb eines Franchisesystems.

## V. Hilfsprodukte

### 1. Grundsatz

Unter *Hilfsprodukten* sind solche Waren und Dienstleistungen zu verstehen, die ein Unternehmen benötigt, um die Herstellung oder den Vertrieb der Waren und die Erbringung der Dienste zu fördern, auf deren Herstellung, Vertrieb oder Leistung der Geschäftsbetrieb gerichtet ist. Das sind etwa Verpackungsmaterial, Betriebsmittel und Werbegegenstände. Für *Hilfswaren,* die nur der Verkehrsfähigkeit der Hauptware oder Hauptleistung dienen, jedoch keine selbständige Bedeutung im Wettbewerb besitzen, kann keine Marke eingetragen werden (BGH GRUR 1986, 893 – Stelzer Motor; 1973, 523 – Fleischer-Fachgeschäft; BPatG BlPMZ 1990, 437 – Wenko; GRUR 1985, 50 – Lodenfrey; RGZ 101, 372, 374 – Kreuzzeichen; RPA BlPMZ 1911, 197; *v. Gamm,* § 1 WZG, Rn 37; *Busse/Starck,* § 1 WZG, Rn 22; *Schwendy,* GRUR 1984, 18; *Ströbele,* GRUR 1981, 771, 776; *Heil/Ströbele,* GRUR 1979, 127, 129). Hilfswaren können nicht nur zur Herstellung oder zum Vertrieb von Waren, sondern auch zur Erbringung von Dienstleistungen verwendet werden. Auch *Hilfsdienstleistungen* können nicht nur zur Erbringung einer Hauptdienstleistung, sondern auch zur Herstellung oder zum Vertrieb einer Hauptware eingesetzt werden (zur Abgrenzung einer Hilfsdienstleistung von einer selbständigen Dienstleistung hinsichtlich der Dienstleistungen *Produktion einer Fernsehsendung* und der *Sendung einer [Fernseh]-Filmserie* s. BGHZ 102, 88, 94f. – Apropos Film). Um einen sachwidrigen Markenschutz auszuschließen, ist bei der Anmeldung einer Marke sorgfältig zu prüfen, ob die Marke für eine Hauptware oder Hauptdienstleistung eingetragen werden soll, die mit Produkten anderer Unternehmen auf dem Markt konkurriert, oder ob es sich bei der Ware oder Dienstleistung, für die die Eintragung der Marke beantragt wird, nur um ein Hilfsmittel handelt, das lediglich den Absatz einer Hauptware oder Hauptdienstleistung fördern soll.

Wenn Hilfsmittel nur dem unternehmensinternen Gebrauch dienen und nicht in den freien Verkehr auf den Markt gelangen, dann fehlt es schon an dem zur Eintragung erforderlichen Marktbezug der Ware (s. Rn 121 f.). Wenn die Hilfsmittel wie etwa Geschäftswagen und Verpackungsmaterial wie Kartons, Kisten, Flaschen und Fässer den internen Geschäftsbereich des Unternehmens verlassen und im freien Verkehr auf dem Markt in Erscheinung treten, dann war nach der Rechtslage des WZG wegen der strengen Akzessorietät der Marke (s. Rn 57 f.) die Eintragung eines Warenzeichens für die Hilfsmittel unzulässig, wenn sich der Geschäftsbetrieb des Anmelders nicht auch auf Waren oder Dienstleistungen von der Art der Hilfsmittel erstreckte. Nur wenn der Geschäftsbetrieb des Anmelders auch auf die Herstellung und den Vertrieb solcher Waren oder die Erbringung solcher Dienstleistungen gerichtet war, konnte eine Warenmarke für die Hilfswaren oder eine Dienstleistungsmarke für die Hilfsdienstleistungen eingetragen werden, die gerade nicht mehr als Hilfsmittel, sondern als Hauptwaren oder Hauptdienstleistungen angesehen wurden. Nach dem WZG war der Charakter einer Ware oder Dienstleistung als Hilfsmittel von der Art des Geschäftsbetriebs des Anmelders abhängig. Wenn etwa ein Unternehmen mit Verpackungsmaterial, das von diesem Unternehmen selbst hergestellt worden war, auch andere Unternehmen belieferte, so war Markenschutz möglich. Aus der Nichtakzessorietät der Marke im MarkenG (s. Rn 66 ff.) folgt zwar, daß es zur Abgrenzung der Hilfsmittel von eintragungsfähigen Produkten nicht mehr auf die Art des Geschäftsbetriebs des Anmelders ankommen kann, da die Eintragung der angemeldeten Marke nicht das Vorliegen eines Unternehmens des Rechtsinhabers verlangt. Gleichwohl hat sich die Rechtslage hinsichtlich der Eintragungsunfähigkeit von Hilfsprodukten nicht geändert. Die rechtliche Konnexität von Marke und Unternehmen (s. Rn 81 ff.) geht dahin, daß die Marke als Unterscheidungszeichen zur Identifikation von Waren und Dienstleistungen im Marktwettbewerb benutzt wird, auch wenn der Markeninhaber nicht selbst der Unternehmensinhaber ist, für dessen Produkte die Marke als Unterscheidungszeichen dient. Der Marktbezug des Produkts als Ausdruck der rechtlichen Konnexität von Marke und Unternehmen kommt bei der Anmeldung der Marke im Benutzungswillen des Anmelders und bei der Aufrechterhaltung des Markenschutzes in der Benutzung der Marke im Marktwettbewerb zum Ausdruck. Auch nach dem MarkenG ist eine Marke als Unterscheidungszeichen für Hilfsprodukte nicht einzutragen (ungenau BPatG GRUR 1998, 65 – REXHAM, allerdings insoweit zutreffend, als rechtliche Zweifel darüber, wie eine sachlich hinreichend bestimmte Waren- oder Dienstleistungsangabe zu klassifizieren sei, keine Zurückweisung der Anmeldung rechtfertigen; s. § 32, Rn 33). Hilfsprodukte sind keine Waren oder Dienstleistungen nach § 3 Abs. 1, zu deren Identifikation die Marke im Marktwettbewerb dient.

**150** Wenn vor der Zulässigkeit der Dienstleistungsmarke mitunter Warenzeichen für bloße Hilfswaren wie etwa Kisten und Fässer für Spediteure (RPA BlPMZ 1907, 243; 1909, 169; RG MuW 1939, 124) oder für Scheckhefte und Sparbücher (s. *Froschmaier*, Dienstleistungszeichen, S. 28 ff.) eingetragen worden sind, dann bestand spätestens seit Einführung der Dienstleistungsmarke im Jahre 1979 für eine solche großzügige Praxis kein Anlaß mehr.

**151** Die werbliche Verwendung einer Warenmarke oder Dienstleistungsmarke auf Hilfsprodukten, die nicht die Hilfsprodukte identifiziert, sondern als Werbeträger dient, ist ein Problem der Aufrechterhaltung des Markenschutzes durch eine rechtserhaltende Benutzung der Marke für die eingetragenen Hauptprodukte.

## 2. Einzelfälle und Rechtsprechung zum WZG

**152** Ein Bauunternehmen, das zur Ausführung seiner Bauarbeiten ein eigenes Planungsbüro unterhält, kann für die *Planungstätigkeit* keine Dienstleistungsmarke erwerben, wenn die Planung nur einen unselbständigen Teil der eigenen Bautätigkeit darstellt. Wenn das Bauunternehmen die Planung selbständig am Markt anbietet, dann kann für diese Dienstleistung eine Marke eingetragen werden. Ein Hersteller-, Handels- oder Dienstleistungsunternehmen kann für die *Werbung* seiner unternehmensinternen Werbeabteilung, anders als eine selbständige Werbeagentur, keine Dienstleistungsmarke für Werbung erwerben; den Werbeagenturen als den Anbietern der Dienstleistung Werbung am Markt würde sonst das Markenregister für Dienstleistungsmarken versperrt. Nicht eintragungsfähige Hilfsdienstleistungen erbringt eine Autowerkstatt mit dem Abholen und Zurückbringen der Kundenautos, ein Hotel mit der Beförderung seiner Gäste von und zum Bahnhof oder Flughafen, ein Warenhaus mit der Zusendung der gekauften Waren an die Käufer, ein Unternehmen mit der Lehre für Auszubildende (*Heil/Ströbele*, GRUR 1979, 127, 129). Für einen Hersteller und Händler von Sportartikeln kann eine Dienstleistungsmarke für *Kundenberatung* und Verkäufe von Geschenkgutscheinen eingetragen werden, weil diese Tätigkeiten Hilfsdienstleistungen für den Absatz der Sportartikel darstellen; die Kataloge für Sportartikel des Unternehmens sind Hilfswaren (DPA BlPMZ 1981, 354 – BAURAL/RAL). Für eine Wäscherei, die auch Münzautomaten zum Selbstwaschen betrieb, wurde ein Warenzeichen für solche Waschmittel nicht eingetragen, die von der Wäscherei zusammen mit der Erbringung der Dienstleistung des Wäschewaschens gegen Entgelt zur Verfügung gestellt wurden (BPatG GRUR 1985, 54 – RE-WA-MAT). Als reine Hilfswaren übten die Waschmittel keine selbständige Funktion im Wettbewerb aus. Nach dem MarkenG wird etwas anderes dann zu gelten haben, wenn die Wäscherei die Waschmittel selbständig neben der Dienstleistung des Wäschewaschens anbietet, auch wenn sie keinen auf die Herstellung von Waschmitteln gerichteten Geschäftsbetrieb besitzt.

**153** Für Gegenstände, die eine Gastwirtschaft zum Ausschank markenrechtlich geschützter Getränke verwendet, wurde die Eintragung eines Warenzeichens abgelehnt (RGZ 101, 372, 374 – Kreuzzeichen). *Kantinenwaren,* die ein Unternehmen an seine Betriebsangehörigen in der Kantine abgibt, wurden bisher nicht als eintragungsfähige Waren angesehen (*Heynemann*, GRUR 1958, 283); etwas anderes kann nach dem MarkenG dann gelten, wenn die Kantinenwaren in einem Angebotswettbewerb zu den Waren anderer Unternehmen stehen, auch wenn ein auf die Herstellung solcher Waren gerichtetes Unternehmen des Markeninhabers nicht besteht. Keine eintragungsfähigen Waren sind *Werbegegenstände,* Zugabeartikel, Preislisten, Kataloge oder Kalender, die ein Unternehmen zu Werbezwecken unentgeltlich verteilt, die aber nicht als Waren in den Marktwettbewerb gelangen (RG MuW 1922, 148). Scheckbücher einer Bank an ihre Kunden sind keine eintragungsfähigen Waren, sondern Hilfswaren der Dienstleistung der Bank, selbst wenn die Scheckbücher entgeltlich abgegeben werden (BPatGE 13, 229 – Wertpapiere).

**154** Einem Fleischerverband, der sich zwar ein Verbandszeichen (Kollektivmarke) für Fleisch- und Wurstwaren eintragen lassen kann, wurde aber die Eintragung einer Marke für *Verpak-*

*kungsmaterialien* verwehrt, da es sich nur um Hilfswaren für Fleischer handele und das Warenzeichen nicht als Herkunftshinweis auf den Lieferanten des Verpackungsmaterials diene (BGH GRUR 1973, 523 – Fleischer-Fachgeschäft). Nach der Rechtslage im WZG konnte ein Unternehmen für Verpackungsmaterial, Betriebsmittel oder Werbegegenstände Warenzeichenschutz nur erwerben, wenn das Unternehmen die Waren in seinem Geschäftsbetrieb selbst herstellte und vertrieb; dann handelte es sich um Hauptwaren des Unternehmens des Markeninhabers. Nach der Rechtslage im MarkenG genügt es, wenn die Marke als Unterscheidungszeichen für Unternehmensprodukte auf dem Markt dient, ohne daß der Markeninhaber auch Inhaber eines Unternehmens zur Herstellung solcher Waren zu sein braucht. Die Rechtslage hat sich insoweit auch hinsichtlich einer Kollektivmarke (§ 97) geändert, da der Rechtsinhaber die Kollektivmarke als Unterscheidungszeichen für fremde Waren, die nicht aus einem eigenen Unternehmen stammen, benutzen kann.

## VI. Defensivprodukte

### 1. Rechtslage im WZG

Unter Defensivprodukten wurden solche Waren oder Dienstleistungen verstanden, die der Anmelder des Warenzeichens oder der Dienstleistungsmarke überhaupt nicht in seinem Geschäftsbetrieb zu führen oder zu erbringen beabsichtigte. Defensivprodukte waren wegen Fehlens eines entsprechenden Geschäftsbetriebs des Anmelders eintragungsunfähig (RGZ 118, 201, 208 – Goldkrone). Solche blinde Zeichen stellten zudem einen Verstoß gegen die öffentliche Ordnung im Sinne des Art. $6^{quinquies}$ B Nr. 3 PVÜ dar.

### 2. Rechtslage im MarkenG

Auch nach dem MarkenG sind Defensivprodukte eintragungsunfähig. Wegen der Nichtakzessorietät der Marke (s. Rn. 66 ff.) kann die Unzulässigkeit von Defensivwaren oder Defensivdienstleistungen aber nicht mehr mit dem Fehlen eines entsprechenden Geschäftsbetriebs des Anmelders begründet werden. Die Eintragung von Defensivprodukten ist unzulässig, weil dem Anmelder der Marke die Absicht fehlt, die Marke als Unterscheidungszeichen für die Waren oder Dienstleistungen, für die er die Eintragung beantragt hat, zu benutzen. Die rechtliche Konnexität der Marke zu einem Unternehmen (s. Rn 81 ff.) verlangt zwar nicht, daß der Markeninhaber selbst ein eigenes Unternehmen hinsichtlich der Waren oder Dienstleistungen, für die die Eintragung beantragt wird, unterhält. Trotz des Verzichts auf eine Identität zwischen Markeninhaber und Unternehmensinhaber ist aber Voraussetzung des Markenschutzes die Absicht des Anmelders, die Marke als Unterscheidungszeichen für Unternehmensprodukte auf dem Markt zu verwenden (zum Erfordernis eines Benutzungswillens s. Rn 77 ff.), auch wenn die Benutzung der Marke durch ein anderes Unternehmen mit Zustimmung des Markeninhabers (§ 26 Abs. 2) erfolgt.

### 3. Rechtsschutz

Die Eintragung von Defensivprodukten (Waren oder Dienstleistungen) ist auch für die Dauer der fünfjährigen Benutzungsfrist unzulässig. Es besteht ein Nichtigkeitsgrund wegen eines absoluten Schutzhindernisses, da die Marke für die Defensivprodukte wegen Fehlens eines Benutzungswillens entgegen § 3 eingetragen worden ist. Die Eintragung der Marke ist für die defensiven Waren oder Dienstleistungen auf Antrag zu löschen (§ 50 Abs. 1 Nr. 1, Abs. 4). Nach Ablauf der Benutzungsfrist kann die Marke für die Defensivprodukte wegen Verfalls nach § 49 Abs. 1 S. 1 gelöscht werden (§ 55).

## VII. Vorratsprodukte

### 1. Rechtslage im WZG

Unter Vorratsprodukten wurden solche Waren oder Dienstleistungen verstanden, die der Anmelder des Warenzeichens oder der Dienstleistungsmarke zwar gegenwärtig in seinem

Geschäftsbetrieb noch nicht führte oder erbrachte, aber in der Zukunft ernsthaft zu führen oder zu erbringen beabsichtigte. Im Gegensatz zu defensiven Produkten ist die Eintragung von Vorratswaren und Vorratsdienstleistungen, die der Anmelder der Marke im Zeitpunkt der Anmeldung zwar noch nicht führt oder erbringt, die er aber in angemessener Zeit ernstlich führen oder erbringen will, nach ständiger Rechtsprechung zulässig (BGH GRUR 1965, 86, 89 – Schwarzer Kater; 1958, 544, 546 – Colonia; 1957, 287, 288 – Plasticummännchen; 1957, 125, 126 – Troika; RGZ 169, 240, 244 – Schwarz-Weiß; 111, 192, 195 – Goldina; BPatGE 4, 182, 186 – colorclip; *Busse/Starck*, § 1 WZG, Rn 26; *v. Gamm*, § 1 WZG, Rn 45; *Reimer*, Kap. 7, Rn 19).

### 2. Rechtslage im MarkenG

**159**  **a) Grundsatz.** Auch nach dem MarkenG sind *Vorratsprodukte eintragungsfähig*. Wegen der Nichtakzessorietät der Marke (s. Rn 66 ff.) kommt es aber für die Zulässigkeit von Vorratsprodukten nicht darauf an, ob der Anmelder der Marke die Waren oder Dienstleistungen innerhalb angemessener Zeit in seinem Geschäftsbetrieb ernstlich zu führen oder zu erbringen beabsichtigt; entscheidend ist vielmehr, ob der Anmelder der Marke ernstlich beabsichtigt, die Marke als Unterscheidungszeichen für die Waren oder Dienstleistungen, für die er die Eintragung beantragt hat, zu benutzen oder von einem anderen Unternehmen mit seiner Zustimmung (§ 26 Abs. 2) benutzen zu lassen. Zulässigkeitsvoraussetzung der Anmeldung von Vorratsprodukten ist die Absicht des Anmelders, innerhalb angemessener Zeit die Marke als Unterscheidungszeichen für Unternehmensprodukte im Marktwettbewerb selbst oder durch Dritte zu benutzen. Unter einer Vorratsmarke (Rn 184 ff.) ist demgegenüber eine solche Marke zu verstehen, die der Anmelder vorläufig noch nicht als Unterscheidungszeichen im Marktwettbewerb zu benutzen beabsichtigt, auch wenn er die Waren oder Dienstleistungen, für die er die Eintragung der Marke beantragt, schon mit einer anderen Marke kennzeichnet und in Verkehr bringt.

**160**  **b) Vermutung der Absicht zur Produktkennzeichnung.** Die Abgrenzung der eintragungsunfähigen Defensivprodukte von den eintragungsfähigen Vorratsprodukten erfolgt nach dem Vorliegen eines subjektiven Tatbestands: der Absicht des Anmelders, in der Zukunft die Marke für diese Produkte einer Benutzung im Marktwettbewerb selbst oder durch einen Dritten zuzuführen. Wegen der Nichtakzessorietät der Marke sowie der Zurechnung einer Drittbenutzung nach § 26 Abs. 2 kommt es nicht darauf an, ob der Anmelder die Absicht hat, die Produkte in einem eigenen Geschäftsbetrieb zu führen.

**161**  Im Eintragungsverfahren ist es für das DPMA schwierig, wenn nicht gar unmöglich, die Absicht des Anmelders zur Produktkennzeichnung festzustellen. Nicht anders als der generelle Benutzungswille des Rechtsinhabers einer angemeldeten oder eingetragenen Marke (Rn 79 f.) wird auch die Absicht zur Produktkennzeichnung hinsichtlich der Vorratsprodukte vermutet. Die Vermutung besteht bei der Anmeldung der Marke und dauert an bis zum Ende der ersten fünfjährigen Benutzungsfrist. Eine solche Vermutung zur Produktkennzeichnung entsteht erneut, wenn nach Aufgabe einer erfolgten Produktkennzeichnung auf dem Markt der Lauf einer neuen fünfjährigen Benutzungsfrist beginnt.

**162**  Bei der Vermutung der Absicht zur Produktkennzeichnung handelt es sich nicht um eine unwiderlegbare Vermutung, vielmehr kann die Vermutung bei Vorliegen besonderer Umstände widerlegt werden. Wenn die Vermutung für bestimmte Produkte widerlegt ist, dann handelt es sich bei diesen Produkten um eintragungsunfähige Defensivwaren oder Defensivdienstleistungen. Anders als nach der Rechtslage im WZG kommt es wegen der Nichtakzessorietät der Marke nicht darauf an, ob der Anmelder in seinem Unternehmen schon entsprechende Waren führt oder Dienstleistungen erbringt. Den Anmelder trifft weder eine Darlegungslast noch die Beweislast dafür, künftig solche Unternehmensprodukte auf dem Markt zu kennzeichnen (so wohl auch schon zum WZG BGH GRUR 1975, 487, 488 – WMF-Mondmännchen). Der Anmelder ist nicht zur Offenlegung seiner Unternehmensstrategie verpflichtet. Nur das Vorliegen besonderer Umstände, die ernsthafte Zweifel an der Absicht des Anmelders zur Produktkennzeichnung erwecken, können Darlegungsobliegenheiten des Anmelders begründen. Ob dazu allein der Umstand ausreichend ist, daß der Anmelder schon über einen langen Zeitraum Inhaber einer nahezu identischen Marke für diese

Als Marke schutzfähige Zeichen  163–167  § 3 MarkenG

Produkte ist, erscheint zweifelhaft (so zum WZG BGH GRUR 1971, 309, 311 – Zamek II). Um die Vermutung der Absicht zur Produktkennzeichnung zu widerlegen, hat das DPMA das Fehlen einer solchen ernsthaften Absicht anhand objektiver Umstände eindeutig festzustellen; das wird nur in seltenen Ausnahmefällen möglich sein.

**c) Änderung der Rechtspraxis zu Vorratsprodukten.** Die Rechtsprechung zur 163 Eintragungsfähigkeit von Vorratsprodukten war geprägt vom Grundsatz der Akzessorietät der Marke bei der Entstehung des Markenrechts. Die strenge Bindung der Marke an den Geschäftsbetrieb des Anmelders war der Grund für die Anforderungen, die an die Verwirklichung der Absicht, innerhalb eines angemessenen Zeitraums die Waren oder Dienstleistungen im Geschäftsbetrieb des Anmelders zu führen oder zu erbringen, gestellt wurden. So reichte nicht aus, daß der Anmelder die Benutzung der Marke für die angemeldeten Waren einem Dritten gestattete (RGZ 111, 192 – Goldina); nach dem MarkenG setzt die Zurechnung der Drittbenutzung nach § 26 Abs. 2 kein entsprechendes Unternehmen des Markeninhabers voraus.

Folge der Nichtakzessorietät der Marke ist vor allem eine *rechtliche Gleichbehandlung* der 164 *Vorratswaren* mit den *Vorratsmarken* (Rn 184 ff.). Vor Einführung des Benutzungszwangs im Jahre 1968 gab es eine umfängliche Rechtsprechung zur Schutzwürdigkeit von Vorratsmarken. Die Benutzungsfrist brachte eine feste Zeitgrenze für die Schutzwürdigkeit von Vorratsmarken. Die von der Rechtsprechung entwickelten Grundsätze zur Schutzwürdigkeit von Vorratsmarken waren nicht mehr anzuwenden. Nach Einführung des Benutzungszwangs betrug der angemessene Zeitraum für die Aufnahme der Benutzung einer Vorratsmarke grundsätzlich fünf Jahre (BGH GRUR 1971, 251, 252 – Oldtimer; 1971, 409, 411 – Stallmeister; 1974, 276, 277 – King). Das galt selbst für die Beurteilung der Löschungsreife einer Marke vor Inkrafttreten des Benutzungszwangs (BGH GRUR 1974, 276, 277 – King). Im Unterschied zu Vorratsmarken fehlte bei Vorratsprodukten ein entsprechender Geschäftsbetrieb des Rechtsinhabers der angemeldeten oder eingetragenen Marke. Es lag deshalb nahe, die Aufnahme eines den Vorratsprodukten entsprechenden Geschäftsbetriebs innerhalb eines angemessenen Zeitraums zu verlangen. Diese an der Art des Geschäftsbetriebs sowie der Art der Vorratsprodukte orientierte Rechtsprechung (s. dazu *Baumbach/Hefermehl*, § 1 WZG, Rn 38 f.), ist heute überholt. Innerhalb der fünfjährigen Benutzungsfrist sind Vorratsprodukte bei nicht widerlegter Vermutung der Absicht des Markeninhabers zur Produktkennzeichnung rechtsbeständig (so schon nach Einführung des Benutzungszwangs *Baumbach/Hefermehl*, § 1 WZG, Rn 49).

## 3. Rechtsschutz

Die Eintragung von Vorratsprodukten (Waren und Dienstleistungen) ist zulässig und in- 165 nerhalb des Zeitraums der fünfjährigen Benutzungsfrist rechtsbeständig. Der angemessene Zeitraum zur Verwirklichung der Absicht des Markeninhabers, solche Unternehmensprodukte im Marktwettbewerb mit der Marke zu kennzeichnen, entspricht der fünfjährigen Benutzungsfrist. Mit Ablauf der Benutzungsfrist ist die Gefahr unzulässiger *Unternehmensmarken* gebannt, die einem Unternehmen für ein breites Spektrum an Waren und Dienstleistungen ungerechtfertigten Markenschutz gewähren sollen.

Wenn die Vermutung der Absicht des Markeninhabers zur Produktkennzeichnung wi- 166 derlegt wird, dann handelt es sich nicht um Vorratsprodukte, sondern um eintragungsunfähige defensive Waren oder Dienstleistungen. In diesem Fall besteht ein Nichtigkeitsgrund wegen eines absoluten Schutzhindernisses, da die Marke für solche Defensivprodukte wegen Fehlens eines Benutzungswillens entgegen § 3 eingetragen worden ist. Die Eintragung der Marke ist für die defensiven Waren oder Dienstleistungen auf Antrag zu löschen (§ 50 Abs. 1 Nr. 1, Abs. 4). Nach Ablauf der Benutzungsfrist kann die Marke für die Defensivprodukte wegen Verfalls nach § 49 Abs. 1 S. 1 gelöscht werden (§ 55).

Trotz der Rechtsbeständigkeit der Vorratsprodukte während der Benutzungsfrist werden 167 im Widerspruchsverfahren, wenn die Benutzung bestritten wird, bei der Entscheidung über den Widerspruch nur die Waren oder Dienstleistungen berücksichtigt, für die die Benutzung glaubhaft gemacht worden ist (§ 43 Abs. 1 S. 3). Nach Ablauf der fünfjährigen Benutzungsfrist erstreckt sich in einem Verletzungsverfahren der Schutz der Marke, wenn die

Einrede der Löschungsreife erhoben wird (§ 25 Abs. 2 S. 1), nicht auf die nicht benutzten Vorratsprodukte, auch wenn die Marke nicht wegen Verfalls für diese Waren oder Dienstleistungen gelöscht worden ist.

### VIII. Löschung und Bestandsschutz zu Unrecht eingetragener Warenmarken oder Dienstleistungsmarken

**168** Die Eintragung einer Marke wird auf Antrag gelöscht, wenn das Markenrecht wegen Vorliegens eines absoluten Schutzhindernisses nach § 50 nichtig ist. Ein Nichtigkeitsgrund nach § 50 Abs. 1 Nr. 1 liegt auch dann vor, wenn für eine Ware eine Dienstleistungsmarke oder für eine Dienstleistung eine Warenmarke eingetragen wird. Ein Bestandsschutz an dem Markenrecht steht der Löschung entgegen, wenn der Markeninhaber durch Benutzung der Marke über einen langen Zeitraum und ohne Beanstandung sich einen wertvollen Besitzstand geschaffen hat, der ein schutzwürdiges Interesse an der Aufrechterhaltung des Markenschutzes an der eingetragenen Marke rechtfertigt (Einzelheiten s. § 50, Rn 34f.).

## G. Die Benutzung der Marke

**Schrifttum zum WZG und MarkenG.** S. die Schrifttumsangaben Vorb zu den §§ 25 und 26.

### I. Rechtserheblichkeit der Markenbenutzung

#### 1. Benutzung und Rechtserwerb

**169** Nach dem *Eintragungsprinzip,* das schon im WZG galt und im MarkenG beibehalten worden ist, entsteht das Markenrecht durch den registerrechtlichen Akt der Eintragung eines Zeichens als Marke, unabhängig von einer Benutzung der Marke im geschäftlichen Verkehr (s. § 4, Rn 12). § 4 regelt drei Tatbestände des Rechtserwerbs einer Marke. Markenschutz entsteht durch die Eintragung eines Zeichens als Marke in das Markenregister (Nr. 1), durch Benutzung eines Zeichens bei Erwerb von Verkehrsgeltung als Marke (Nr. 2) und durch die notorische Bekanntheit einer Marke im Sinne von Art. $6^{bis}$ PVÜ (Nr. 3). Die Entstehung eines Markenrechts durch Benutzung eines Zeichens im geschäftlichen Verkehr nach § 4 Nr. 2 verwirklicht das Prinzip der Erstbenutzung, nach dem das Markenrecht mit dem Tag der erstmaligen Benutzung der Marke entsteht, nicht als solches, da der Markenschutz erst mit dem Erwerb von Verkehrsgeltung des Zeichens als Marke entsteht. Es besteht kein Vorbenutzungrecht (BGH GRUR 1961, 413, 416 – Dolex; zum MarkenG BGH GRUR 1998, 412, 414 – Analgin).

#### 2. Benutzungswille

**170** Das Erfordernis eines Benutzungswillens des Markeninhabers als eine allgemeine Schutzvoraussetzung der Entstehung eines Markenrechts folgt aus dem Wesen der Marke als eines Unterscheidungszeichens (s. Rn 77 ff.). Es genügt das Vorliegen eines generellen Benutzungswillens des Rechtsinhabers, die Marke einer Benutzung als Unterscheidungszeichen im geschäftlichen Verkehr, etwa auch durch einen Dritten, zuzuführen; die Zurechnung der Drittbenutzung erfolgt nach § 26 Abs. 2. Der Rechtsinhaber muß nur den Willen haben, daß die Marke im geschäftlichen Verkehr als ein Unterscheidungszeichen zur Identifikation von Unternehmensprodukten im Marktwettbewerb benutzt wird. Der generelle Benutzungswille des Rechtsinhabers einer angemeldeten oder eingetragenen Marke wird widerlegbar vermutet.

#### 3. Benutzungszwang

**171** Die Benutzung der Marke ihrer Funktion entsprechend im geschäftlichen Verkehr ist ein traditionelles Prinzip des Markenrechts (s. Vorb zu den §§ 25 und 26, Rn 1 f.). Die Vorschriften der §§ 25, 26 enthalten die Regelungen über den Benutzungszwang. Wenn eine Marke nicht innerhalb der fünfjährigen Benutzungsfrist rechtserhaltend benutzt wird, dann sind markenrechtliche Ansprüche des Rechtsinhabers wegen mangelnder Benutzung nach § 25 ausgeschlossen. § 26 enthält eine einheitliche Definition des Begriffs der Benutzung für alle Vorschriften des MarkenG, nach denen es auf die Benutzung der Marke ankommt. Nach dieser Vorschrift muß die Marke von ihrem Inhaber für die Waren oder Dienstleistungen, für die sie eingetragen ist, im Inland ernsthaft benutzt worden sein, es sei denn, daß berechtigte Gründe für die Nichtbenutzung vorliegen. Die Benutzung der Marke durch einen Dritten mit Zustimmung des Markeninhabers gilt als eine rechtserhaltende Benutzung (§ 26 Abs. 2).

## II. Defensivmarken

### 1. Gesetzwidrigkeit von Defensivmarken

Defensivmarken (Abwehrzeichen) sind gesetzwidrig. Soweit von der Rechtsprechung eine gewisse Legitimität von Defensivmarken im Sinne eines Entwicklungsschutzes für eine Hauptmarke anerkannt wurde, ist diese Rechtspraxis anachronistisch und nur historisch zu erklären. Im MarkenG ist für Defensivmarken kein Raum. Defensivmarken sind eintragungsunfähig.

Defensivmarken beschränken den freien Wettbewerb zum Nachteil der Mitbewerber. Defensivmarken sind Behinderungswettbewerb. Wer den Erwerb eines förmlichen Markenrechts durch Eintragung einer Defensivmarke anstrebt, handelt wettbewerbswidrig. Anmeldung und Eintragung eines defensiven Markenrechts stellen einen *Rechtsmißbrauch* dar, der die Marke in ihrem Rechtsbestand unzulässig macht (*Baumbach/Hefermehl*, Wettbewerbsrecht, Einl UWG, Rn 428 f.; zum Nichtigkeitsgrund der bösgläubigen Anmeldung nach § 50 Abs. 1 Nr. 4 s. § 50, Rn 21 ff.).

### 2. Begriff der Defensivmarke

Unter einer *Defensivmarke* ist eine Marke zu verstehen, die der Markeninhaber nicht als Unterscheidungszeichen für Unternehmensprodukte auf dem Markt zu benutzen beabsichtigt. Defensivmarken sind generell nicht zur Benutzung als Marke bestimmt. Der Zweck einer Defensivmarke ist es, eine eingetragene und benutzte Hauptmarke vor Marken anderer Unternehmen zu schützen. Defensivmarken sind Instrumente der Verteidigung einer anderen Marke des Markeninhabers und dienen nicht als Unterscheidungszeichen. Anders als bei Vorratsmarken (Rn 184) besteht für die Zulassung von Defensivmarken kein Schutzbedürfnis. Im Wege der Eintragung einer Defensivmarke den Schutzbereich einer Hauptmarke zu erweitern, widerspricht der Begrenzung des Markenschutzes auf das Vorliegen von Verwechslungsgefahr im Ähnlichkeitsbereich des Markenrechts.

### 3. Rechtsschutz

Defensivmarken verstoßen wegen *Fehlens eines Benutzungswillens* des Anmelders gegen § 3 Abs. 1 und sind deshalb eintragungsunfähig. Werden Defensivmarken entgegen § 3 eingetragen, dann kann die Eintragung der Marke auf Antrag *wegen Nichtigkeit gelöscht* werden (§ 50 Abs. 1 Nr. 1). Dem Rechtsinhaber einer angemeldeten oder eingetragenen Defensivmarke, der sein ausschließliches Recht an der Marke gegenüber Dritten geltend macht, steht der *Einwand der unzulässigen Rechtsausübung* (§ 242 BGB) entgegen.

### 4. Rechtsentwicklung zum WZG

**a) Rechtspraxis.** Defensivmarken sind eine Schöpfung der Rechtspraxis. Sie stellten schon nach der Rechtslage im WZG einen Verstoß gegen § 1 WZG dar, der zwar keine sofortige Benutzung des Warenzeichens, wohl aber für die Eintragung des Zeichens das Vorliegen eines Benutzungswillens des Anmelders verlangte (BGHZ 41, 187, 193 – Palmolive; BGH GRUR 1973, 523, 524 – Fleischer-Fachgeschäft; BPatGE 18, 65, 68). Das Erfordernis eines Benutzungswillens ließ sich schon unter Geltung des WZG nicht mit der Erwägung bei Seite schieben, der Staatsakt der Erteilung eines Warenzeichens dürfe nicht von einem Benutzungswillen abhängig gemacht werden (so aber BGHZ 32, 133, 139 – Dreitannen).

**177** Aus der Sicht der Rechtspraxis fanden Defensivmarken ihre Rechtfertigung in dem engherzigen Schutz, den namentlich die Tatsachengerichte den Warenzeichen jahrzehntelang gewährten. Der Inhaber eines Warenzeichens, der nicht vogelfrei sein wollte, mußte sich alle annähernd verwechslungsfähigen Zeichen als Abwehrzeichen eintragen lassen. So wurden Defensivmarken bald zu einem großen Übel. Unternehmen, die nur wenige Warenzeichen tatsächlich benutzten, ließen sich in immer weiterer Entfernung von den benutzten Warenzeichen zahlreiche Defensivmarken eintragen und verstopften so die Zeichenrolle. Mit solchen defensiven Zeichen als Hinterhaltszeichen zerschlug der Rechtsinhaber Marken redlicher Kaufleute (RGZ 112, 160, 162 – Kornfrank; mit dem Abwehrzeichen *Kofra* vernichtete der Rechtsinhaber, der das Zeichen *Kornfrank* benutzte, das Drittzeichen *Koffea*). Insoweit die Rechtsprechung den Begriff der Verwechslungsgefahr immer weiter faßte, wurden Defensivmarken auch aus der Sicht der Rechtspraxis überflüssig. Ein Schutzbedürfnis an Defensivmarken war nicht mehr anzuerkennen. Dennoch ließ die Rechtsprechung Defensivmarken nach wie vor zu.

**178 b) Entwicklung der Rechtsprechung.** Die Rechtsprechung gewährte ursprünglich Defensivmarken vollen Markenschutz (RGZ 69, 375, 380 – Roter Streifen; 104, 312, 315 – Sinalco). Zwar räumte der BGH ein, ein reines Abwehrzeichen entspräche nicht den Erfordernissen des § 1 WZG, dennoch sei es bei Nachweis eines Rechtsschutzbedürfnisses zuzulassen, und zwar sogar zum Abwehrschutz für ein nicht benutztes Vorratszeichen (BGHZ 10, 211, 214 – Nordona). In seinem Grundsatzurteil *Dreitannen* verschärfte der BGH im Jahre 1960 die Anforderungen an die Schutzwürdigkeit eines Abwehrzeichens. Der BGH anerkannte zwar den Rechtsbestand eines bloßen Abwehrzeichens, billigte ihm aber nur einen schwachen Schutz zu, der sich auf die Entwicklungshilfe für ein noch nicht zur normalen Verkehrsgeltung gereiftes Hauptzeichen beschränke (BGHZ 32, 133 – Drei-Tannen; BGH GRUR 1961, 231 – Hapol; 1970, 27, 28 – Ein-Tannen-Zeichen; 1972, 180, 182 – Cheri. Das zusätzliche Schutzbedürfnis für das Hauptzeichen bestand noch nicht, wenn das Abwehrzeichen und das mit diesem verwechslungsfähige Gegenzeichen im Ähnlichkeitsbereich des Hauptzeichens lag. Der Umfang des Ähnlichkeitsbereichs war darüber hinaus absolut begrenzt. Er reichte nicht weiter als der Schutzumfang, den das Hauptzeichen bei normaler Verkehrsgeltung erlangen konnte. Der Verwechslungsbereich im Sinne des § 31 WZG bildete die äußerste Schutzgrenze. Die Entwicklungschance, die ein Warenzeichen besaß, konnte demnach durch ein Abwehrzeichen bereits verwirklicht werden, jedenfalls bis zur normalen, nicht starken Verkehrsgeltung. Diese Vorgabe wurde nicht hinfällig, wenn sich später herausstellte, daß die mutmaßliche Verkehrsgeltung in angemessener Zeit nicht erreicht worden war.

**179** Ein antizipierter Schutz des Hauptzeichens im Rahmen seines künftig zu erwartenden Verwechslungsbereichs widersprach jedoch der gesetzlichen Regelung des Zeichenschutzes und war auch mit dem zu Recht verneinten Vorbenutzungsrecht ungeschützter Warenbezeichnungen unvereinbar (BGH GRUR 1961, 413 – Dolex). Sachgerechter war es schon nach WZG, bei der Prüfung des Schutzumfangs des Hauptzeichens stärker die künftige, in angemessener Zeit zu erwartende, normale Entwicklung des Hauptzeichens zu berücksichtigen, womit jedes Schutzbedürfnis für Abwehrzeichen entfiele. Nach dem *Drei-Tannen*-Urteil war ein Abwehrzeichen wertlos, sobald das Hauptzeichen seinen normalen Schutzumfang erreicht hatte; sein Schutz konnte nicht weiter reichen als der Verwechslungsbereich des Hauptzeichens. Mit Recht wurde daher die Eintragung eines Abwehrzeichens abgelehnt, das nach der ausdrücklichen Erklärung des Anmelders nur die Abwehr von Eingriffen in sein Ausstattungsrecht nach § 25 WZG an einer Warenverpackung erleichtern sollte (BGH GRUR 1964, 454, 456 – Palmolive). Eine im Verkehr durchgesetzte Ausstattung benötigte keine Entwicklungshilfe. Machte der Zeicheninhaber nach Ablauf der ihm zustehenden Einführungszeit des Hauptzeichens das Verbietungsrecht aus einem reinen Abwehrzeichen geltend, so handelte er rechtsmißbräuchlich. Anders als noch im *Nordona*-Urteil (BGHZ 10, 211, 214) wurde im *Drei-Tannen*-Urteil (BGHZ 32, 133, 145) sowohl ein zeichenrechtlicher Löschungsgrund als auch ein materieller Löschungsanspruch verneint, weil die Rechtsausübung nicht generell unzulässig sei, und eine Duldungspflicht auf Grund des Einwands unzulässiger Rechtsausübung nur zwischen den Parteien bestehe; nur in Fällen besonderer Art, wie etwa einer sittenwidrigen Schädigung nach § 826 BGB (RG GRUR 1934, 190 – Lederoid), läge es anders.

Wenn aber ein Zeichen, das nicht benutzt werden sollte, nicht schutzwürdig war und auch keine weitergehenden Rechte als das Hauptzeichen geben konnte, dann war seine Löschung sachlich geboten. Schon nach WZG hatte ein Zeicheninhaber kein schutzwertes Anliegen, gegen einen späteren Verlust der erreichten Verkehrsgeltung durch ein Abwehrzeichen geschützt zu werden. Die im *Drei-Tannen*-Urteil gegen eine Löschung geäußerten Bedenken überzeugten nicht (zweifelnd auch BGH GRUR 1967, 89, 93 – Rose). Der Einwand des Rechtsmißbrauchs entfiel, wenn sich die für die rechtliche Beurteilung maßgeblichen Verhältnisse geändert hatten, so wenn ein ursprünglich reines Abwehrzeichen in Benutzung genommen worden war und im Zeitpunkt der Inbenutzungnahme keine Kennzeichnungsrechte Dritter entgegenstanden (BGH GRUR 1970, 27, 28 – Ein-Tannen-Zeichen). Hatte ein Dritter ein Warenzeichen nach Ablauf der dem Hauptzeichen eingeräumten Einführungszeit angemeldet, das zwar mit dem Abwehrzeichen, nicht aber mit dem Hauptzeichen verwechselbar war, so verlor der Anmelder nach dem auf den Zeitpunkt der Anmeldung bezogenen Prioritätsgrundsatz den Einwand des Rechtsmißbrauchs nicht dadurch, daß der Inhaber des Abwehrzeichens dieses nachträglich benutzte (BGH GRUR 1971, 409, 410 – Stallmeister; 1974, 276, 277 – King; 1975, 135, 137 – KIM-Mohr). Das galt auch dann, wenn der Dritte das Zeichen ohne Eintragung benutzte.

Nach der Einführung des Benutzungszwangs im Jahre 1968 war der Entwicklungsschutz, den ein Abwehrzeichen einem Hauptzeichen für die Dauer der Einführungszeit des Hauptzeichens gewährte, auf den Zeitraum von fünf Jahren zu begrenzen. Nach Ablauf der Benutzungsfrist mußte das Hauptzeichen seinen normalen Schutzumfang erreicht haben. Nach Ablauf der Fünfjahresfrist konnte das Abwehrzeichen auf Antrag eines Dritten nach § 11 Abs. 1 Nr. 4 WZG gelöscht werden. Nach § 49 Abs. 1 S. 1 wäre eine fünf Jahre nicht benutzte Defensivmarke auf Antrag wegen Verfalls zu löschen. Die Nichtbenutzung konnte der Zeicheninhaber nicht mit dem Einwand rechtfertigen, ihm sei die Benutzung während des maßgeblichen Zeitraums unzumutbar gewesen (*Nastelski*, MA 1968, 319, 322). Auf ein fünf Jahre lang unbenutzt gebliebenes Defensivzeichen konnte ein Widerspruch nach § 5 Abs. 7 WZG nicht mehr gestützt werden, wenn der Anmelder die Benutzung bestritt. Nichts anderes würde nach § 43 Abs. 1 S. 1 für Defensivmarken nach dem MarkenG gelten.

Durch die Zubilligung der fünfjährigen Benutzungsfrist hatten Abwehrzeichen, die bei der Einführung des Benutzungszwangs mit dem Inkrafttreten des VorabG am 1. Januar 1968 bereits eingetragen waren, keine Aufwertung erfahren. Es hätte ein unzulässiger Eingriff in den Rechtsbestand von Konkurrenzzeichen vorgelegen, wenn man Abwehrzeichen den vollen Schutz eines unbenutzten Zeichens auf die Dauer von fünf Jahren zugebilligt hätte (BGH GRUR 1970, 27, 28 – Ein-Tannen-Zeichen). Gleiches galt für Abwehrzeichen, die nach dem Inkrafttreten des VorabG eingetragen worden waren (*Nastelski*, MA 1968, 319, 321 ff.; *Kraft*, GRUR 1968, 123, 128; *Hefermehl*, GRUR 1968, 486, 487; *Schricker*, GRUR Int 1969, 14, 28; *Fezer*, Der Benutzungszwang im Markenrecht, S. 153 ff.; aA *U. Krieger*, GRUR 1972, 311, 313, der das subjektive Merkmal des Benutzungswillens durch das objektive Merkmal der Benutzung für ersetzt hielt). Nichts anderes gilt für Defensivmarken nach dem Inkrafttreten des MarkenG am 1. Januar 1995, wenn man Defensivmarken unter Geltung des MarkenG für zulässig hielte, was aber abzulehnen ist.

Abwehrzeichen wurden während der Fünfjahresfrist nicht als schutzwürdig fingiert. Diese Frist bezog sich nur auf die Löschungsreife eines Defensivzeichens. Sobald das Hauptzeichen seinen normalen Schutzumfang erreicht hatte, bestand kein Grund mehr, Defensivzeichen weiterhin zu schonen (*Nastelski*, MA 1968, 319, 321); sie unterlagen nach den §§ 1 UWG, 826 BGB der Löschung. An dieser Rechtslage hat das MarkenG nichts geändert.

### III. Vorratsmarken

#### 1. Begriff der Vorratsmarke

Unter einer Vorratsmarke ist eine Marke zu verstehen, die der Rechtsinhaber des angemeldeten oder eingetragenen Markenrechts zwar als Unterscheidungszeichen zur Identifika-

**MarkenG § 3** 185–189 Als Marke schutzfähige Zeichen

tion von Unternehmensprodukten im Marktwettbewerb zu benutzen beabsichtigt, deren Benutzung er aber nicht sofort, sondern erst zu einem späteren Zeitpunkt aufnehmen will. Die *Eintragung von Vorratsmarken* ist *zulässig*. Anders als bei Defensivmarken (Rn 174) ist bei Vorratsmarken der Benutzungswille als Schutzvoraussetzung des § 3 Abs. 1 gegeben. Ob der Anmelder die Waren oder Dienstleistungen, für die die Eintragung beantragt wird, gegenwärtig in seinem Unternehmen führt oder erbringt, oder ob er sie zu einem späteren Zeitpunkt zu führen oder zu erbringen beabsichtigt, ist rechtlich nicht erheblich. Ausreichend ist es, wenn ein Benutzungswille des Anmelders dahin besteht, die Marke einer Benutzung als Unterscheidungszeichen für Unternehmensprodukte auf dem Markt zuzuführen, sei es durch eine eigene Benutzung, sei es durch eine Benutzung der Marke durch einen anderen mit Zustimmung des Markeninhabers (§ 26 Abs. 2). Eine Vorratsmarke kann so auch für *Vorratswaren* eingetragen werden.

185 Wegen der Nichtakzessorietät der Marke im MarkenG unterscheidet sich insoweit die Rechtslage vom WZG wegen dessen strenger Bindung der Marke an den Geschäftsbetrieb. Nach der Rechtslage im WZG war erforderlich, daß der Anmelder eines Vorratszeichens die Waren, für die es eingetragen wurde, in seinem Geschäftsbetrieb führte, auch wenn er das Vorratszeichen noch nicht für diese Waren benutzte.

## 2. Rechtslage im WZG

186 **a) Rechtslage vor Einführung des Benutzungszwangs.** Vor Einführung des Benutzungszwangs im Jahre 1968 unterlagen Vorratszeichen wettbewerbsrechtlichen Schranken. Markeninhaber horteten Vorratszeichen und verstopften so die Zeichenrolle. In der Praxis war es schwierig, das Vorliegen eines Benutzungswillens des Markeninhabers als subjektiven Tatbestand zu widerlegen. Mit Vorratsmarken, die über lange Zeiträume nicht benutzt wurden, wurde ein erheblicher Mißbrauch getrieben. Deshalb beschränkte die Rechtsprechung zu Recht, wenn auch ungenügend den Schutz von Vorratszeichen. Vor Einführung des Benutzungszwangs waren Vorratszeichen, die längere Zeit nicht benutzt worden waren, nur zugelassen, wenn ein schutzwürdiges Interesse an der Aufrechterhaltung der Zeichen bestand und keine übermäßige Beeinträchtigung des freien Wettbewerbs vorlag (BGH GRUR 1957, 224, 225 – Odorex; 1957, 228, 230 – Astrawolle; 1957, 499, 500 – Wit/Wipp; 1963, 533, 534 – Windboy; 1965, 665, 667 – Liquiderma; 1969, 604, 605 – Slip; 1971, 252 – Oldtimer; 1971, 409, 410 – Stallmeister; RGZ 97, 90, 93 – Pecho/Pecose; 111, 192, 195 – Goldina).

187 Aufgrund der Eintragung war vom Benutzungswillen des Zeicheninhabers auszugehen. Der Benutzungswille wurde bei einer ordnungsgemäßen Anmeldung zunächst vermutet, so daß der Gegenbeweis für sein Fehlen grundsätzlich dem Verletzer oblag (BGH GRUR 1969, 604, 605 – Slip; 1971, 251, 252 – Oldtimer; 1971, 409, 410 – Stallmeister; 1974, 276, 277 – King). Hatte der Zeicheninhaber nach Inbenutzungnahme seines Zeichens die Benutzung eingestellt, so wurde vermutet, daß er die Benutzung wieder aufnehmen wolle (BGH GRUR 1974, 276, 277 – King). Fehlte es schon an der Absicht künftiger Benutzung oder Wiederbenutzung, so lag ein Defensivzeichen vor.

188 Eine allgemein gültige Zeitgrenze für die Schutzwürdigkeit eines Vorratszeichens bestand nicht. Der Zeitraum, nach dessen Ablauf den Zeicheninhaber die Darlegungslast für seinen Benutzungswillen und sein Aufrechterhaltungsinteresse traf, war jedoch grundsätzlich erheblich enger zu bemessen als der Zeitraum, für den aufgrund besonderer Umstände noch sein Interesse an der Aufrechterhaltung seines Vorratszeichens als schutzwürdig anzuerkennen war (BGH GRUR 1971, 409, 411 – Stallmeister). Vor Einführung des Benutzungszwangs wurde die Schutzwürdigkeit eines Vorratszeichens gewöhnlich erst aufgrund längerer Nichtbenutzung verneint (zur Rspr. s. *Baumbach/Hefermehl*, 10. Aufl., § 1 WZG, Rn 37).

189 Solange an der Aufrechterhaltung eines Vorratszeichens ein schutzwürdiges Interesse bestand, genoß es den vollen zeichenrechtlichen Schutz eines benutzten Zeichens aus den §§ 24, 31 WZG. Dieser bezog sich auf alle eingetragenen und im Geschäftsbetrieb des Zeicheninhabers geführten Waren (BGH GRUR 1969, 604, 606 – Slip). War ein Vorratszeichen durch langjährige Nichtbenutzung schutzunwürdig geworden, so stand der Geltendmachung der Einwand des Rechtsmißbrauchs (§ 242 BGB) entgegen (BGH GRUR 1970,

Als Marke schutzfähige Zeichen  190–196  § 3 MarkenG

27 – Ein-Tannen-Zeichen). Aufgrund des fehlenden Benutzungswillens war das Zeichen löschungsreif (BGH GRUR 1971, 409, 410 – Stallmeister; 1974, 206 – King). Doch konnte die Löschungsreife durch Aufnahme der Benutzung geheilt werden.

**b) Rechtslage nach Einführung des Benutzungszwangs.** Nach Einführung des Be- **190** nutzungszwangs, der an der grundsätzlichen Zulässigkeit von Vorratszeichen nichts geändert hatte, bestand eine feste Zeitgrenze für die Schutzwürdigkeit der Vorratszeichen. Der angemessene Zeitraum für die Benutzungsaufnahme betrug grundsätzlich fünf Jahre (BGH GRUR 1971, 251, 252 – Oldtimer; 1971, 409, 411 – Stallmeister; 1974, 276, 277 – King). Diese Frist sollte nach dem *King*-Urteil auch für die Beurteilung der Löschungsreife eines Zeichens vor Inkrafttreten des Benutzungszwangs gelten (BGH GRUR 1974, 276, 277 – King). Die frühere Rechtsprechung zur Schutzwürdigkeit von Vorratszeichen war überholt.

**c) Rechtsschutz.** Vorratszeichen konnten nach § 11 Abs. 1 Nr. 4 WZG wegen fünf- **191** jähriger Nichtbenutzung auf Antrag eines Dritten gelöscht werden, auch wenn sie früher aus wettbewerbsrechtlicher Sicht noch als schutzwürdig anzuerkennen waren. Lagen jedoch Umstände vor, unter denen dem Zeicheninhaber die Benutzung während des Fünfjahreszeitraums nicht zumutbar war, so konnte er die Löschung abwenden. Nur unter diesem Gesichtspunkt konnte ein schutzwürdiges Interesse des Zeicheninhabers an der Aufrechterhaltung des Zeichenschutzes berücksichtigt werden. Das galt gleichermaßen für Warenzeichen und für Dienstleistungsmarken. Das Interesse des Zeicheninhabers, jederzeit ein passendes Zeichen zur Verfügung zu haben, reichte allerdings nicht aus, um die Unzumutbarkeit der Benutzung zu begründen (*Nastelski*, MA 1968, 319, 324; *Hefermehl*, GRUR 1968, 486, 488; *Fezer*, Der Benutzungszwang im Markenrecht, S. 159). Die Schutzwürdigkeit eines reinen Vorratsinteresses war zwingend auf einen Zeitraum von fünf Jahren begrenzt (BGH GRUR 1971, 251, 253 – Oldtimer; 1971, 409, 411 – Stallmeister; 1974, 276, 277 – King). Es mußten triftige Gründe anderer Art dargetan und nachgewiesen werden, die eine Nichtbenutzung im Hinblick auf den gesetzlichen Zweck der Regelung hinreichend rechtfertigten. Insoweit hat sich im MarkenG die Rechtslage einer wegen Verfalls löschungsreifen Vorratsmarke (§§ 49 Abs. 1 S. 1, 26 Abs. 1) nicht geändert.

Im Verletzungsverfahren konnten aus einer löschungsreifen Vorratsmarke keine Rechte **192** mehr hergeleitet werden. Insoweit unterscheidet sich die Rechtslage im MarkenG nicht vom WZG; im Verletzungsverfahren kann der Beklagte die Einrede der Löschungsreife erheben (§ 25 Abs. 2 S. 1).

Im Eintragungsverfahren konnte ein Widerspruch auf ein fünf Jahre lang nicht benutztes **193** Vorratszeichen nicht mehr gestützt werden, wenn der Neuanmelder die Benutzung bestritt und der Widersprechende nicht glaubhaft machte, daß er das Zeichen innerhalb der letzten fünf Jahre vor der Bekanntmachung des angemeldeten Zeichens benutzt hatte (§ 5 Abs. 7 S. 1 WZG). Die Rechtslage im MarkenG ist hinsichtlich der Einrede der mangelnden Benutzung im Widerspruchsverfahren nach § 43 Abs. 1 S. 1 vergleichbar, der auf die Nichtbenutzung der Marke innerhalb der letzten fünf Jahre vor der Veröffentlichung der Eintragung der Marke, gegen die der Widerspruch sich richtet, abstellt.

Entsprechende Grundsätze galten und gelten für Marken, die zunächst benutzt wurden, **194** dann aber nicht mehr benutzt werden. Sie werden in der Regel zu Vorratsmarken und so lange markenrechtlich geschützt, bis die vom Tage der Benutzungsaufgabe zu berechnende Fünfjahresfrist abgelaufen ist.

Die zeitliche Begrenzung der Benutzungsfrist veränderte den Rechtsstatus eines Vorrats- **195** zeichens mit Einführung des Benutzungszwangs einschneidend. Diese Rechtslage wird im MarkenG beibehalten. Während der fünfjährigen Benutzungsfrist kann einer Vorratsmarke die Schutzwürdigkeit nicht aus wettbewerbsrechtlichen Gründen wegen der Dauer der Nichtbenutzung aberkannt werden. Es ist allerdings auch nach der Rechtslage im MarkenG nicht ausgeschlossen, ausnahmsweise die Schutzwürdigkeit einer Vorratsmarke *aus anderen Gründen*, wie etwa einer unmäßigen Hortung von Marken, zu verneinen (zum WZG *Hefermehl*, GRUR 1968, 486, 488; *Schricker*, GRUR Int 1969, 14, 28; *Fezer*, Der Benutzungszwang im Markenrecht, S. 157).

Die für die Schutzwürdigkeit von Vorratszeichen entwickelten Grundsätze waren auf die **196** nach Inkrafttreten des VorabG eingetragenen Zeichen in der Regel nicht mehr anwendbar. Alte Vorratszeichen, die beim Inkrafttreten des VorabG nach Wettbewerbsrecht nicht mehr schutzwürdig waren, wurden durch die Einführung des Benutzungszwangs nicht begünstigt und nicht besser gestellt (BGH GRUR 1969, 604, 605 – Slip; 1970, 27, 29 – Ein-Tannen-Zeichen; 1975, 135, 137 – KIM-Mohr; *Hefermehl,* GRUR 1968, 486, 488; *Nastelski,* MA 1968, 319, 322; *Fezer,* Der Benutzungszwang im Markenrecht, S. 160; *Bökel,* BB 1971, 1033, 1037; aA *Kraft,* GRUR 1968, 123, 128). Sie genossen nicht auf weitere fünf Jahre uneingeschränkten Schutz. Dem Zweck der gesetzlichen Regelung widersprach eine Aufwertung schutzunwürdiger Vorratszeichen, zumal dies zu einem ungerechtfertigten Eingriff in den Rechtsbestand von Konkurrenzzeichen geführt hätte. Bei alten Vorratszeichen mußte deshalb geprüft werden, ob aus ihnen Rechte hergeleitet wurden, die nach bisherigen Rechtsgrundsätzen als rechtsmißbräuchlich anzusehen waren (BGH GRUR 1975, 135, 137). Ein vergleichbares Rechtsproblem stellt sich mit dem Inkrafttreten des MarkenG nicht, in dem der schon nach WZG bestehende Benutzungszwang fortgeführt worden ist.

## H. Markenfähigkeit

### I. Selbständigkeit, Einheitlichkeit und graphische Darstellbarkeit der Marke

**197** Unter *Markenfähigkeit* wird die Fähigkeit einer Bezeichnung oder eines sonstigen Merkmals (Zeichen) verstanden, Marke zu sein. Marke zu sein, bedeutet, als Unterscheidungszeichen zur Identifikation von Unternehmensprodukten im Marktwettbewerb benutzt werden zu können. Nach traditionellem Verständnis ist die Markenfähigkeit einer Bezeichnung oder eines sonstigen Merkmals von den beiden Eigenschaften der *Selbständigkeit* und der *Einheitlichkeit* der Marke abhängig. Eine Marke muß selbständig und einheitlich sein, um ihre Funktion als Unterscheidungszeichen erfüllen zu können. Wenn einer Bezeichnung oder einem sonstigen Merkmal nicht die Funktion einer Marke als eines Unterscheidungszeichens zukommt, dann ist dieses Zeichen nicht markenfähig. So sind etwa Testplaketten, Prüf- oder Kontrollzeichen nicht markenfähig, da sie nicht der markenmäßigen Produktidentifikation, sondern allein der Produktinformation über Test- oder Prüfergebnisse dienen. Nicht anders sind die Eigenschaften der Selbständigkeit und Einheitlichkeit einer Marke auf die Identifizierungsfunktion der Marke im MarkenG bezogen. Im registerrechtlichen Eintragungsverfahren gilt zudem der *Bestimmtheitsgrundsatz* für die Anmeldung einer Marke zur Eintragung (s. § 32, Rn 1), auf dem der Grundsatz der Unveränderlichkeit einer angemeldeten oder eingetragenen Marke beruht (s. § 45, Rn 8).

**198** Im Warenzeichenrecht wurden die Eigenschaften der Selbständigkeit und Einheitlichkeit der Marke für das förmliche Zeichenrecht, das durch die Eintragung in die Warenzeichenrolle entstand, beschrieben. Die Schutzfähigkeit eines sachlichen Zeichenrechts, das § 25 WZG einer nicht eingetragenen Ausstattung gewährte, wurde mit dem Begriff der *Ausstattungsfähigkeit* umschrieben. Die Kriterien der Ausstattungsfähigkeit, die vornehmlich formbedingt ausstattungsunfähige Gestaltungen aus dem Markenschutz ausgrenzen sollten, enthielten die Eigenschaften der Selbständigkeit und Einheitlichkeit der Marke, ohne diese beim Ausstattungsschutz (§ 25 WZG) eigenständig zu behandeln. Die traditionelle Systematik darf nicht darüber hinwegtäuschen, daß die Selbständigkeit und Einheitlichkeit der Marke allgemeine Kriterien der Markenfähigkeit, sei es des förmlichen Markenrechts, sei es des sachlichen Markenrechts, darstellen.

**199** Anders als das WZG, das zwischen dem eingetragenen Warenzeichen (förmlicher Zeichenschutz) und der nicht eingetragenen Ausstattung (sachlicher Zeichenschutz) unterschied, behandelt § 3 die als Marke schutzfähigen Zeichen einheitlich. Marken sind die nach der Entstehung des Markenschutzes zu unterscheidenden drei Kategorien von Marken: angemeldete oder eingetragene Marken (§ 4 Nr. 1), durch Benutzung erworbene Marken (§ 4 Nr. 2) und im Sinne der PVÜ notorisch bekannte Marken (§ 4 Nr. 3). Die *Ausschlußgründe* der Schutzfähigkeit von Marken, die § 3 Abs. 2 normiert, gelten zwar für alle Markenkategorien, umschreiben aber im wesentlichen die schon im Warenzeichenrecht entwickelten Kriterien zur Ausstattungsfähigkeit namentlich dreidimensionaler Gestaltungen; sie enthalten insoweit zwangsläufig auch die Eigenschaften der Selbständigkeit und Einheitlichkeit einer Marke.

Als Marke schutzfähige Zeichen       200–203  § 3 MarkenG

Nach Art. 2 MarkenRL können Marken nur solche Zeichen sein, die sich graphisch darstellen lassen. Auch nach Art. 3 GMarkenV ist die *graphische Darstellbarkeit* eines Zeichens Voraussetzung der Gemeinschaftsmarkenfähigkeit. Nach der MarkenRL und der GMarkenV gilt das Erfordernis der graphischen Darstellbarkeit eines Zeichens nur für eingetragene oder angemeldete Marken; dies allein deshalb, weil Regelungsgegenstand der MarkenRL und der GMarkenV allein der formelle Markenschutz, nicht auch der materielle Markenschutz ist. Im MarkenG ist das Erfordernis der graphischen Darstellbarkeit einer Marke als ein absolutes Schutzhindernis nach § 8 Abs. 1 geregelt. Nach dieser Vorschrift sind von der Eintragung als Marke schutzfähige Zeichen im Sinne des § 3 ausgeschlossen, die sich nicht graphisch darstellen lassen. Der Gesetzgeber des MarkenG sah sich zu dieser Regelung veranlaßt, da er der Auffassung war, das Erfordernis der graphischen Darstellbarkeit einer Marke passe nur für die eingetragene oder angemeldete Marke, nicht auch für die benutzte oder notorisch bekannte Marke entsprechend der nach der Entstehung des Markenschutzes kategorisierten Markenrechte (§ 4). 200

An diesem systematischen Verständnis ist zunächst zutreffend, daß die durch Benutzung entstehende Marke (§ 4 Nr. 2) vom Markeninhaber tatsächlich allein durch den Erwerb von Verkehrsgeltung erworben wird, ohne daß sich die beteiligten Verkehrskreise, innerhalb deren die Marke Verkehrsgeltung erworben hat, um die graphische Darstellbarkeit der Marke kümmern, und ohne daß eine staatliche Instanz entsprechend der durch Eintragung entstehenden Marke in das Markenregister die graphische Darstellbarkeit der Marke einer Prüfung unterzieht. Es sind aber Fallgestaltungen eines sachlichen Markenschutzes durch Erwerb von Verkehrsgeltung kaum denkbar, bei denen sich die Marke mit erworbener Verkehrsgeltung nicht graphisch darstellen läßt. Die einem herkömmlichen Verständnis des Markenschutzes verhaftete Systematik des MarkenG verdeckt, daß es sich bei dem Erfordernis der graphischen Darstellbarkeit einer Marke um ein allgemeines Merkmal der Markenfähigkeit im Markenrecht der EU handelt. Die nationale Anerkennung graphisch nicht darstellbarer Marken mit erworbener Verkehrsgeltung würde zudem zu einer nicht sachgerechten *Rechtszersplitterung* im Markenrecht der EU führen. Ein Beispiel bieten die Geruchsmarken (s. Rn 279 ff.). Wenn in der Praxis der Markenämter in Europa die Auffassung vorherrschen sollte, daß Geruchsmarken wegen mangelnder graphischer Darstellbarkeit nicht eintragungsfähig seien, dann sollten nationale Markenrechtsordnungen nicht den Schutz von Geruchsmarken als durch Benutzung entstandene Markenrechte zulassen. Wenn Markenschutz an Geruchsmarken im Markenrecht der EU als legitim erscheint, dann sollte die graphische Darstellbarkeit von Geruchsmarken näher durchdacht werden. 201

Zudem ist es eine Zielsetzung des MarkenG, die nach der Entstehung des Markenschutzes kategorisierten Markenrechte nach § 3 einheitlich zu behandeln, einer Zielsetzung, der die rechtliche Regelung der graphischen Darstellbarkeit als eines absoluten Schutzhindernisses nach § 8 Abs. 1 nur für den Markenschutz durch Eintragung widerstreitet. Diese einem herkömmlichen Verständnis des Markenschutzes verhaftete Systematik des MarkenG verdeckt, daß es sich bei dem Erfordernis der graphischen Darstellbarkeit einer Marke um ein allgemeines Merkmal der Markenfähigkeit im Markenrecht der EU handelt. 202

## II. Abstrakte Unterscheidungseignung

### 1. Begriff

Nach § 3 Abs. 1 ist die Marke ein Zeichen, das geeignet ist, Waren oder Dienstleistungen eines Unternehmens von denjenigen anderer Unternehmen zu unterscheiden. Die *Unterscheidungsfunktion* ist das allgemeine Merkmal eines jeden Kennzeichens. Die Marke dient stets als Unterscheidungszeichen für Unternehmensprodukte (s. Rn 9 ff.). Die Eignung des Zeichens zur Unterscheidung von Waren oder Dienstleistungen eines Unternehmens von denjenigen anderer Unternehmen ist abstrakt zu beurteilen (*abstrakte Unterscheidungseignung*). Es kommt nur darauf an, ob der Bezeichnung oder dem sonstigen Merkmal (Zeichen) die mögliche Eignung zur Identifikation von Unternehmensprodukten bei abstrakter Betrachtungsweise zukommt. Ausreichend ist die Unterscheidungseignung zur Produktidentifikation; nicht erforderlich ist eine Unterscheidungseignung dahin, Produkte nach Maßgabe ihrer kommer- 203 ziellen Herkunft voneinander zu unterscheiden (so aber *Kur*, FS 100 Jahre Marken-Amt, S. 175, 183). § 3 Abs. 1 sowie Art. 2 MarkenRL stellen nicht nur Aufzählungen möglicher Markenformen dar, vielmehr kommt den Vorschriften ein rechtlicher Regelungsgehalt zu. Die abstrakte Unterscheidungseignung konstituiert ein Kennzeichen im Rechtssinne. Die *Markenfähigkeit*, die sich nach der abstrakten Unterscheidungseignung im Sinne des § 3 Abs. 1 beurteilt, ist von der *Eintragungsfähigkeit*, die sich nach der *konkreten Unterscheidungskraft* im Sinne des § 8 Abs. 2 Nr. 1 beurteilt, zu unterscheiden. Merkmal der konkreten Unterscheidungskraft ist der Produktbezug (s. zur Abgrenzung Rn 204 f.). Anders als das Fehlen der konkreten Unterscheidungskraft kann das Fehlen der abstrakten Unterscheidungseignung als ein allgemeines Merkmal der Markenfähigkeit nicht durch den *Erwerb von Verkehrsdurchsetzung* als Marke nach § 8 Abs. 3 überwunden werden.

### 2. Abgrenzung von der konkreten Unterscheidungskraft

**204** **a) Grundsatz.** Von der *abstrakten Unterscheidungseignung* ist die *konkrete Unterscheidungskraft* der Marke für die Waren oder Dienstleistungen, für die die Eintragung beantragt wird (§ 32 Abs. 1 Nr. 3), zu unterscheiden (s. § 8, Rn 22 f.). Nach § 8 Abs. 2 Nr. 1 sind Marken von der Eintragung ausgeschlossen, denen für die Waren oder Dienstleistungen jegliche Unterscheidungskraft fehlt. Das Fehlen der *konkreten Unterscheidungskraft* ist ein absolutes Schutzhindernis. Die Prüfung der absoluten Schutzhindernisse nach § 8 setzt die Markenfähigkeit des Zeichens nach § 3 voraus. Die abstrakte Unterscheidungseignung eines Zeichens ist Voraussetzung seiner Markenfähigkeit. Es bedarf daher *zweier Prüfungsschritte:* In einem ersten Schritt ist die abstrakte Unterscheidungseignung des Zeichens als Voraussetzung der Markenfähigkeit nach § 3 zu prüfen, in einem zweiten Schritt ist die konkrete Unterscheidungskraft des markenfähigen Zeichens in bezug auf die angemeldeten Waren oder Dienstleistungen zu prüfen.

**205** **b) Rechtsprechung.** In der ersten Rechtsprechung des BGH zum MarkenG wird die Unterscheidung zwischen der abstrakten Unterscheidungseignung nach § 3 als einer Voraussetzung der Markenfähigkeit und dem Fehlen der konkreten Unterscheidungskraft nach § 8 Abs. 2 Nr. 1 noch nicht in dem dargestellten Verhältnis deutlich. Nach dieser Rechtsprechung (BGH GRUR 1995, 408 – PROTECH; 1995, 410 – TURBO I) sind Marken nach § 8 Abs. 2 Nr. 1 von der Eintragung ausgeschlossen, denen für die Waren oder Dienstleistungen des Verzeichnisses (§ 32 Abs. 2 Nr. 3) jegliche Unterscheidungskraft fehlt. Als Unterscheidungskraft in diesem Sinne wird die einer Marke innewohnende Eignung, vom Verkehr als *Unterscheidungsmittel* für Waren oder Dienstleistungen eines Unternehmens gegenüber solchen anderer Unternehmen aufgefaßt zu werden (§ 3 Abs. 1), verstanden. Die zu entscheidenden Sachverhalte erforderten nicht, zwischen der abstrakten Unterscheidungseignung nach § 3 und der konkreten Unterscheidungskraft nach § 8 Abs. 2 Nr. 1 deutlich zu unterscheiden. Eine Vermengung der abstrakten Unterscheidungseignung mit der konkreten Unterscheidungskraft läßt eine klare Unterscheidung zwischen Markenfähigkeit und absoluten Schutzhindernissen nicht zu, die namentlich im Hinblick auf den Erwerb von Verkehrsdurchsetzung als Marke nach § 8 Abs. 3 von Bedeutung ist (s. Rn 206). In seiner weiteren Rechtsprechung zum MarkenG differenziert der BGH zwischen dem Vorliegen der abstrakten Unterscheidungseignung der angemeldeten Marke im Sinne des § 3 Abs. 1 und der Eintragungsfähigkeit der Marke anhand einer Prüfung des Bestehens von absoluten Schutzhindernissen im Sinne des § 8, ohne allerdings den Begriff der abstrakten Unterscheidungseignung näher bestimmen zu müssen (BGH GRUR 1997, 527, 529 – Autofelge). Der Rechtsprechung des BPatG liegen ebenso die beiden Prüfungsschritte einer Darstellung der Markenfähigkeit einerseits und der Eintragungsfähigkeit der Marke andererseits zugrunde (so differenzierend hinsichtlich der Schutzfähigkeit von Zahlen BPatGE 38, 57 – FÜNFER; zustimmend BPatGE 39, 110 – Zahl 9000; 40, 6 – Mona Lisa; hinsichtlich des Gehäuseträgers einer Uhr BPatGE 39, 238 – POP swatch). Nicht zu überzeugen vermag allerdings die Feststellung der Eintragungsfähigkeit von dreidimensionalen Marken (s. § 8, Rn 117 b ff.), wie namentlich von Flaschenmarken (s. § 8, Rn 117 e ff.), in der Rechtsprechung des BPatG, das die Markenfähigkeit regelmäßig unterstellt, ohne die Ausschlußgründe der warenbedingten, technisch bedingten und wertbedingten Form nach § 3 Abs. 2 Nr. 1 bis 3 (s. Rn 222 ff.) im einzelnen zu untersuchen, und die entsprechenden Erwägungen bei der Prüfung der konkreten Unterscheidungskraft nach § 8 Abs. 2 Nr. 1 anstellt (zur Kritik s. § 8, Rn 117 f).

### 3. Abstrakte Unterscheidungseignung und Verkehrsdurchsetzung

Das Vorliegen der abstrakten Unterscheidungseignung eines Zeichens ist im Hinblick auf die Möglichkeit des Erwerbs von Verkehrsdurchsetzung als Marke nach § 8 Abs. 3 zu beurteilen. Anders als das absolute Schutzhindernis des Fehlens einer konkreten Unterscheidungskraft für die angemeldeten Waren oder Dienstleistungen nach § 8 Abs. 2 Nr. 1, das durch den Erwerb von Verkehrsdurchsetzung nach § 8 Abs. 3 überwunden werden kann (s. § 8, Rn 415 ff.), kann das Fehlen der abstrakten Unterscheidungseignung als ein allgemeines Merkmal der Markenfähigkeit nach § 3 Abs. 1 nicht aufgrund des Erwerbs von Verkehrsgeltung oder Verkehrsdurchsetzung ersetzt werden.

Die *Feststellung* der abstrakten Unterscheidungseignung einer Marke als ein allgemeines Merkmal der Markenfähigkeit ist aber im Hinblick auf die Möglichkeit des Erwerbs von Verkehrsdurchsetzung bei Fehlen einer konkreten Unterscheidungskraft der Marke im Sinne des § 8 Abs. 2 Nr. 1 zu beurteilen und *großzügig* zu bestimmen. Insoweit an einer Marke, die für die angemeldeten Waren oder Dienstleistungen nicht konkret unterscheidungskräftig ist, der Erwerb von Verkehrsdurchsetzung nach § 8 Abs. 3 denkbar und das Entstehen einer konkreten Unterscheidungskraft möglich ist, wird regelmäßig von einer abstrakten Unterscheidungseignung der Marke nach § 3 Abs. 1 auszugehen sein (zustimmend BPatGE 39, 238, 241 – POP swatch). Den Regelungszusammenhang veranschaulicht ein Beispiel. Die Bezeichnung *Deutsche Bank* ist abstrakt unterscheidungsgeeignet, auch wenn der Bezeichnung als Dienstleistungsmarke für Dienstleistungen der Klasse 36 die konkrete Unterscheidungskraft von Haus aus fehlt. Die Dienstleistungsmarke *Deutsche Bank* ist aber dann nicht nach § 8 Abs. 2 Nr. 1 von der Eintragung ausgeschlossen, wenn sie sich nach § 8 Abs. 3 in den beteiligten Verkehrskreisen durchgesetzt und für die angebotenen Dienstleistungen konkrete Unterscheidungskraft erworben hat.

### 4. Unterscheidungseignung der Marke als Ganzes

Die Unterscheidungseignung muß der Marke als Ganzes zukommen. Bei der Feststellung der abstrakten Unterscheidungseignung sind einzelne Bestandteile der Marke, auch wenn diese als solche nicht abstrakt unterscheidungsgeeignet sind, regelmäßig nicht zu berücksichtigen, etwa bei einer zusammengesetzten Wortmarke, die als eine Worteinheit erscheint (zur Unterscheidungskraft BPatGE 18, 219 – *Biomint* für Zuckerwaren und Erfrischungsmittel). Es ist nicht erforderlich, daß jeder Zeichenbestandteil einer zusammengesetzten Marke unterscheidungsgeeignet ist (zum Freizeichen nach § 4 Abs. 1 WZG s. RG GRUR 1937, 313 – *Ly-Feder* für eine Stahlfeder mit Öffnungen und einer Zahl). Eine zusammengesetzte Marke mit einem nicht unterscheidungsgeeigneten Zeichenbestandteil ist markenfähig, wenn der Marke als Ganzes abstrakte Unterscheidungseignung zukommt. Zusammengesetzte Marken, die ausschließlich aus nicht unterscheidungsgeeigneten Zeichenbestandteilen bestehen, sind grundsätzlich nicht markenfähig, es sei denn, daß aufgrund der Zusammensetzung der Zeichenbestandteile ein eigenartiges Gesamtbild der Marke entsteht (zur Unterscheidungskraft s. BGHZ 19, 367, 375 – W-5).

Die abstrakte Unterscheidungseignung ist zum einen nach objektiven Kriterien der Markenfähigkeit zu beurteilen, wie etwa bei technischen Zeichen, zum anderen aber auch unter Berücksichtigung der Verkehrsauffassung, insoweit bei der Feststellung der abstrakten Unterscheidungseignung eines Zeichens die Möglichkeit des Erwerbs von Verkehrsdurchsetzung nach § 8 Abs. 3 zu berücksichtigen ist (s. Rn 207). Die Beurteilung der abstrakten Unterscheidungseignung kann sich mit der Zeit ändern, etwa wenn sich der Sprachgebrauch oder die Technologie ändert. Als Zeichen ohne abstrakte Unterscheidungseignung werden etwa die Wörter *med* und *dent,* sowie *super, prima, extra, ultra* und *ideal,* auch *euro, int* und *international,* wohl auch *ur,* sowie *Tele* und das Buchstabenzeichen *TV* in Alleinstellung zu gelten haben. Anderes gilt, wenn ein nicht abstrakt unterscheidungsgeeignetes Zeichen als Wortbestandteil eines zusammengesetzten Zeichens verwendet wird (s. Rn 208). Eine abstrakt unterscheidungsgeeignete, aber konkret nicht unterscheidungskräftige Dienstleistungsmarke wie etwa *Bahnhofshotel* oder *Stadtsparkasse* können schon aufgrund einer Verbindung mit einer Ortsangabe (*Stadtsparkasse Konstanz*) konkret unterscheidungskräftig sein (*Heil/Ströbele*, GRUR 1979, 126; aA *Schreiner*, Dienstleistungsmarke, S. 190 ff.).

## III. Kriterien der Markenfähigkeit

### 1. Markenfähigkeit als Erfordernis aller Markenkategorien

210 Kriterien der *Markenfähigkeit* sind die *Selbständigkeit, Einheitlichkeit* und *graphische Darstellbarkeit* der Marke. Das gilt im Grundsatz für alle drei nach der Entstehung des Markenschutzes zu unterscheidenden Kategorien von Marken nach § 4. Diesem Verständnis von der Markenfähigkeit einer Marke als Unterscheidungszeichen steht nicht entgegen, daß der Gesetzgeber des MarkenG das Erfordernis der graphischen Darstellbarkeit als ein absolutes Schutzhindernis (§ 8 Abs. 1) und nicht wie im Europäischen Unionsrecht als eine Eigenschaft der Markenfähigkeit (Art. 2 MarkenRL, 3 GMarkenV) normiert hat. Trotz dieser Unterschiede in der Systematik der gesetzlichen Regelung ist die Markenfähigkeit einheitlich für alle Kategorien von Marken zu bestimmen (s. Rn 197 ff.). Auch die durch Benutzung erworbene Marke ist graphisch darstellbar. Markenfähig sind *selbständige, einheitliche* und *graphisch darstellbare* Zeichen. Die Ausschlußgründe der warenbedingten, technisch bedingten und wertbedingten Form nach § 3 Abs. 2 Nr. 1 bis 3 stellen nur Konkretisierungen der allgemeinen Kriterien der Markenfähigkeit dar. Eine jede Marke ist im Falle ihrer Warenbedingtheit, technischen Bedingtheit und Wertbedingtheit vom Markenschutz ausgeschlossen, ohne daß es einer analogen Anwendung der für die Formmarke geltenden Ausschlußgründe bedarf.

### 2. Selbständigkeit der Marke von der Ware

211 Marke und Ware sowie deren Verpackung sind verschieden. Die Marke ist gegenüber der Ware selbständig erfaßbar und kein unentbehrlicher Bestandteil der Ware. Eine Bezeichnung oder ein sonstiges Merkmal (Zeichen) der Ware ist dann nicht markenfähig, wenn es einen *funktionell notwendigen Bestandteil* der Ware darstellt (BGHZ 35, 341, 345 – Buntstreifensatin I; GRUR 1970, 141 – Europharma; 1975, 550, 551 – Drahtbewehrter Gummischlauch; BPatGE 40, 98 – Trafogehäuse). Die Selbständigkeit der Marke gegenüber der Ware ist eine zwingende Folge der Identifizierungsfunktion der Marke. Die Marke, die als Unterscheidungszeichen Unternehmensprodukte des Markeninhabers auf dem Markt identifiziert, darf nicht mit der Ware, die sie kennzeichnet, identisch sein. Die Marke ist eine Bezeichnung oder ein sonstiges Merkmal, das gegenüber der Ware, deren Verpackung oder Umhüllung frei gewählt, funktional unabhängig und damit selbständig ist.

212 Die Selbständigkeit der Marke von der Ware schließt nicht aus, daß die Marke ein Bestandteil der Ware ist. Es kommt nicht auf die *körperliche* oder *gegenständliche* Selbständigkeit der Marke von der Ware, sondern auf die aus der Identifizierungsfunktion der Marke folgende *funktionale* Verschiedenheit der Marke von der Ware an. Das galt im WZG schon für Warenzeichen und Ausstattung gleichermaßen (*Baumbach/Hefermehl*, § 1 WZG, Rn 56) und gilt für alle nach der Entstehung des Markenschutzes zu unterscheidenden drei Kategorien von Marken nach § 4.

213 Dieses allgemeine Kriterium der Markenfähigkeit hatte zwar schon das RG gesehen, aber in seiner Bedeutung verkannt, als es das *Rückenmuster einer Spielkarte* als einen schutzunfähigen Warenbestandteil beurteilte und auch einen Ausstattungsschutz mit der Begründung ablehnte, das Warenzeichen müsse neben der Ware als etwas Selbständiges und gleichsam als eine Zutat zu der Ware erscheinen (RGZ 64, 95, 99 – Spielkarten; kritisch *Elster*, GRUR 1938, 799, 801; ablehnend *Baumbach/Hefermehl*, § 1 WZG, Rn 56). Funktional selbständig und damit markenfähig ist auch eine Bezeichnung oder ein sonstiges Merkmal, das in technischer Weise gegenständlich mit der Ware verbunden wird, etwa wenn ein technisch nicht notwendiges Merkmal in die Ware oder deren Umhüllung bei Textilien eingewebt, bei Eisenwaren eingegossen oder sonst mit der Ware fest verbunden wird (RGZ 64, 95, 99; 155, 109, 113 – Kabelkennfäden). *Farbige Streifen* auf Glaswaren, Webstoffen, Schläuchen, Kabeln und Drähten bilden keinen funktionell notwendigen Teil der Ware, sondern sind durch andere Streifen oder Musterungen austauschbar und können deshalb als bildliche Darstellun-

gen Marken sein (zur Kennfadenmarke s. Rn 292 f.). Althergebracht ist Markenschutz für farbige *Webkantstreifen* in Einlagestoffen. Wie diese Fallgestaltungen zeigen, wäre es begriffsjuristisch, lebensfremd und auch in der Abgrenzung kaum durchführbar, eine gegenständliche Selbständigkeit der Marke von der Ware im Sinne einer Zutat zur Ware zu verlangen. Es kommt nicht auf ein formales oder gegenständliches, sondern auf ein funktionales Verständnis der Selbständigkeit der Marke gegenüber der Ware an.

Nach traditionellem Verständnis vom Warenzeichen fehlte es an der Selbständigkeit der Marke, wenn die Marke nur *technischen* oder *ornamentalen* Zwecken diente. Eine solche Begrenzung der Markenfähigkeit enthalten für Zeichen, die ausschließlich aus einer Form bestehen, die Ausschlußgründe der Schutzfähigkeit von Marken nach § 3 Abs. 2.

Die Eintragbarkeit *farbgemusterter Kennfäden* in Kordeln für Fischereinetze wurde zu Unrecht verneint (DPA BlPMZ 1958, 111); nicht der Kennfaden als körperliches Gebilde, sondern das auf dem Faden befindliche Farbbild ist das markenfähige Zeichen, wenn es die notwendige Unterscheidungskraft besitzt (RPA GRUR 1939, 971 – Kabelkennfäden; *Heydt*, GRUR 1958, 293). Markenfähig ist auch eine Kennzeichnung, deren Bildwirkung sich aus einer bestimmten *Musterung* ergibt, die durch eine besondere Verflechtungsart von farbigen Kunststoffbändern in der Stahldrahtumflechtung von Schlauchleitungen aus Gummi oder Kunststoff hervorgerufen wird (BGH GRUR 1975, 550, 551 – Drahtbewehrter Gummischlauch); bei einer Bildmarke ist Markeninhalt nur die Bildgestaltung mit ihrer bildlichen Wirkung, nicht das die Bildwirkung hervorrufende Mittel, das konkret die Verflechtung der farbigen Kunststoffbänder war.

### 3. Einheitlichkeit der Marke

Unter Einheitlichkeit der Marke ist die Erkennbarkeit der Marke als eine Einheit zu verstehen. Eine Marke sollte möglichst mit einem Blick überschaubar oder in einem Gehöreindruck erfaßbar sein, da ihr sonst die Einprägsamkeit fehlt, die der Marke in ihrer Gesamtheit ihre Einheitlichkeit gibt. Einer Marke fehlt die Einheitlichkeit, wenn die visuellen oder auditiven Merkmale erst aufgrund eines längeren Denkvorgangs des Verbrauchers als zusammengehörend erfaßt werden (*Troller*, Immaterialgüterrecht, Bd. I, S. 256). Einem aus mehreren Sätzen bestehenden Text fehlt die Einheitlichkeit einer erkennbaren Marke. Nicht zu verlangen ist, daß eine Marke sofort als solche erkennbar ist. Eine Marke kann aus mehreren Teilen zusammengesetzt sein, wenn nur die *Einheitlichkeit eines geschlossenen Gesamteindrucks* entsteht (zur Sammelmarke und der Zeicheneinheitserklärung bei der Markenanmeldung s. Rn 43 ff.). Die Einheitlichkeit einer Marke geht nicht schon dadurch verloren, daß sich die Marke, wie etwa bei Dosen und Flaschen üblich, erkennbar um die ganze Ware spannt. In alter Zeit wurde allerdings die Markenfähigkeit einer aus *zwanzig verschiedenen Bildetiketten* bestehenden Marke abgelehnt (RPA BlPMZ 1904, 52). Mangels Einheitlichkeit verneint wurde die Markenfähigkeit von lediglich aus sechs voneinander getrennten und zusammenhanglos nebeneinander gestellten Zeichenteilen, nämlich fünf teils waagerecht, teils senkrecht angeordneten *Streifenabschnitten* und einer außerhalb davon befindlichen kleinen und kaum erkennbaren kreisförmigen Marke (BPatGE 18, 65, 67). Es ist bedenklich, im Rahmen der Prüfung der konkreten Unterscheidungskraft nach § 8 Abs. 2 Nr. 1 bei einer Reihe von fünf verschiedenen chinesischen Schriftzeichen für Waren des täglichen Bedarfs (Biere) die erforderliche *Merkfähigkeit* zu verneinen, da der durchschnittliche Konsument nicht anhand einfacher und einprägsamer Zeichenbestandteile die chinesischen Schriftzeichen wiedererkennen könne (BPatG GRUR 1997, 830 – St. Pauli Girl; zur Eintragungsfähigkeit chinesischer Schriftzeichen s. § 8, Rn 105, 248, 313).

### 4. Graphische Darstellbarkeit der Marke

Im Warenzeichenrecht wurde herkömmlich das Erfordernis der graphischen Darstellbarkeit einer Marke nicht ausdrücklich als ein Kriterium der Markenfähigkeit einer Bezeichnung oder eines sonstigen Merkmals verstanden. Nach Art. 2 MarkenRL ist die graphische Darstellbarkeit ein zwingendes Erfordernis der Markenfähigkeit. Nach dieser Vorschrift können Marken alle Zeichen sein, die sich graphisch darstellen lassen. Art. 3 GMarkenV enthält für die Gemeinschaftsmarke eine identische Regelung.

**218** Die Regelungen der MarkenRL binden die Mitgliedstaaten der EU nur hinsichtlich der Kategorie der angemeldeten und eingetragenen Marken (Art. 1 MarkenRL). Die Gemeinschaftsmarke kann nur durch Eintragung erworben werden (Art. 5 GMarkenV); die GMarkenV kennt kein sachliches Gemeinschaftsmarkenrecht. Anders regelt das MarkenG einheitlich die nach der Entstehung des Markenschutzes zu unterscheidenden drei Kategorien von Marken: angemeldete oder eingetragene Marken (§ 4 Nr. 1), durch Benutzung erworbene Marken (§ 4 Nr. 2) und im Sinne der PVÜ notorisch bekannte Marken (§ 4 Nr. 3). Aus diesem Grund glaubte der Gesetzgeber das Erfordernis der graphischen Darstellbarkeit nicht beim Markenbegriff des § 3 regeln zu können, da es nicht auf alle drei Kategorien von Marken und der dazugehörenden Markenformen passe. Das Erfordernis der graphischen Darstellbarkeit wurde deshalb in die Vorschrift des § 8 Abs. 1 als ein absolutes Schutzhindernis aufgenommen, das sich nur auf das durch Eintragung entstehende Markenrecht bezieht (s. Rn 200 ff.).

**219** Diese Systemwidrigkeit des MarkenG schadet zwar nicht, war aber auch nicht vonnöten. Das Erfordernis der graphischen Darstellbarkeit gilt der Sache nach auch für den durch Benutzung entstehenden Markenschutz nach § 4 Nr. 2. Zwar ist der Erwerb von Verkehrsgeltung innerhalb beteiligter Verkehrskreise als Voraussetzung der Entstehung des durch Benutzung erworbenen Markenrechts nicht von der graphischen Darstellbarkeit abhängig, ein sachliches Markenrecht ohne graphische Darstellbarkeit aber kaum denkbar. Zudem kann der Inhaber eines durch Benutzung erworbenen Markenrechts an dieser Marke durch Eintragung ein förmliches Markenrecht erwerben. Systematisch zutreffend ist es deshalb, das Erfordernis der graphischen Darstellbarkeit als ein Kriterium der Markenfähigkeit zu verstehen, das für alle drei Kategorien von Marken im Sinne des § 4 gilt. Auch aus rechtsvergleichender Sicht wäre es im Interesse einheitlicher Markenrechtsordnungen in den Mitgliedstaaten der EU sachgerecht gewesen, das Erfordernis der graphischen Darstellbarkeit als ein allgemeines Kriterium der als Marke schutzfähigen Zeichen in § 3 zu regeln.

**220** Das Erfordernis der graphischen Darstellbarkeit ist rechtserheblich namentlich für nach § 3 Abs. 1 als Marke schutzfähige Hörzeichen, Farben und Farbzusammenstellungen sowie dreidimensionale Gestaltungsformen, deren Markenfähigkeit im WZG nicht anerkannt war. Das Nähere zum Erfordernis der graphischen Darstellbarkeit wird bei den absoluten Schutzhindernissen nach § 8 ausgeführt (§ 8, Rn 11 ff.).

### 5. Kein Erfordernis der betrieblichen Herkunftskennzeichnung

**221** Keine Voraussetzung der Markenfähigkeit ist die abstrakte Eignung der Marke zur betrieblichen Herkunftskennzeichnung (aA v. *Gamm*, GRUR 1994, 775, 779), auch wenn eine Marke im Verkehr zumeist auf die Herkunft aus einem bestimmten Unternehmen, einer Unternehmensgruppe oder zumindest auf einen gleichen Unternehmensursprung hinweisen wird. Ausreichend ist, wenn das als Marke schutzfähige Zeichen abstrakt geeignet ist, als Unterscheidungszeichen zur Identifikation von Unternehmensprodukten im Marktwettbewerb zu dienen.

### IV. Schranken der Markenfähigkeit

**Schrifttum.** S. die Schrifttumsangaben zu § 3 I III 3 (vor Rn 263).

### 1. Regelungsübersicht

**222** a) **Grundsatz.** Nach § 3 Abs. 2 bestehen Schranken der Markenfähigkeit. Die Vorschrift normiert *drei Ausschlußgründe* der Schutzfähigkeit von Marken. Der Markenschutz ist solchen Zeichen verwehrt, die ausschließlich aus der Form der Ware selbst (§ 3 Abs. 2 Nr. 1) oder ausschließlich aus einer Form bestehen, die zur Erzielung einer technischen Wirkung notwendig ist (§ 3 Abs. 2 Nr. 2) oder der Ware einen wesentlichen Wert verleiht (§ 3 Abs. 2 Nr. 3). *Warenbedingte, technisch bedingte* und *wertbedingte Formen* sind nicht markenfähig. An solchen Produktformen, deren Monopolisierung ausgeschlossen wird, besteht ein *absolutes Freihaltebedürfnis* (*Eichmann*, GRUR 1995, 184, 185). Der Mangel der Markenfähigkeit nach § 3 Abs. 1 wegen eines bestehenden Ausschlußgrundes nach § 3 Abs. 2 Nr. 1 bis 3 kann nicht durch den *Erwerb von Verkehrsdurchsetzung oder Verkehrsgeltung* überwunden werden (s.

Rn 206). Diese Ausschlußgründe der Schutzfähigkeit einer Marke konkretisieren teilweise die allgemeinen Kriterien der Markenfähigkeit (s. Rn 210 ff.). So überschneiden sich die Ausschlußgründe der warenbedingten, technisch bedingten und wertbedingten Form weithin mit dem Erfordernis der Selbständigkeit der Marke von der Ware, soweit es um Zeichen geht, die ausschließlich aus einer Form bestehen (dreidimensionale Marken).

**b) Warenmarke und Dienstleistungsmarke.** Die Ausschlußgründe der Schutzfähigkeit von Marken nach § 3 Abs. 2 beziehen sich nur auf die *Warenmarke,* nicht auch auf die *Dienstleistungsmarke.* Diese Ausschlußgründe beziehen sich nur auf solche Zeichen, die ausschließlich aus einer bestimmten Form bestehen. Solche *formgebundenen* Zeichen sind grundsätzlich nur bei Waren als körperlichen Sachen, nicht auch bei Diensten als unkörperlichen Leistungen denkbar. Die Selbständigkeit, Einheitlichkeit und graphische Darstellbarkeit als allgemeine Kriterien der Markenfähigkeit gelten aber für die Warenmarke und Dienstleistungsmarke gleichermaßen. Die Beschränkung der Ausschlußgründe auf die Warenmarke kommt im Wortlaut des § 3 Abs. 2 nicht zureichend zum Ausdruck, da ein Bezug zur Ware nur in Nr. 1 und 3, nicht auch in Nr. 2 hergestellt wird. Insoweit ist der Wortlaut von Art. 3 Abs. 1 lit. e MarkenRL und Art. 6 Abs. 1 lit. i bis iii GMarkenV deutlicher. Auch wenn die Ausschlußgründe der warenbedingten, technisch bedingten und wertbedingten Form grundsätzlich nur für die Warenmarke gelten, so ist § 3 Abs. 2 Nr. 1 bis 3 zumindest entsprechend auf bestimmte Fallkonstellationen von Dienstleistungsmarken anzuwenden, wenn man die *dreidimensionale Dienstleistungsmarke* auch als produktabhängige Formmarke, etwa für Arbeitsergebnisse von Dienstleistungen oder für Hilfswaren bei der Erbringung von Dienstleistungen, für markenfähig hält (s. dazu Rn 264b).

**c) Warenform und Verpackungsform als ausschlußfähige Zeichen.** Die Ausschlußgründe des § 3 Abs. 2 bis 3 sind nicht nur auf die *Formen von Waren,* wie der Wortlaut der Vorschrift nahelegt, sondern auch auf die *Formen von Verpackungen* anzuwenden (aA Eichmann/v. *Falckenstein,* Geschmacksmustergesetz, Allg, Rn 28). Der Normzweck, warenbedingte, technisch bedingte und wertbedingte Formen im Allgemeininteresse eines unbehinderten Wettbewerbs freizuhalten und nicht zu monopolisieren, besteht für Produktverpackungen gleichermaßen, wie für Produkte selbst. Unter dem Begriff der Ware im Sinne der Ausschlußgründe ist die Ware in der Produktgestalt zu verstehen, in der sie der Markeninhaber in den Verkehr bringt. Ware ist das Produkt auf dem Markt, wie es dem Verbraucher entgegentritt, und für das der Markeninhaber die Produktverantwortung trägt. Kennzeichenrechtlich ist die *Verpackung ein Teil der Ware.* Das gilt namentlich dann, wenn die Ware als solche keine eigene Gestaltung aufweist und ihre äußere Form erst durch die Art der Verpackung erhält, wie das etwa bei Flüssigkeiten, Cremes oder Gasen der Fall ist. Die Markenfähigkeit von Verpackungsformmarken und namentlich Flaschenmarken bestimmt sich nicht anders als die Markenfähigkeit der Produktformmarken nach den Ausschlußgründen des § 3 Abs. 2 Nr. 1 bis 3 (zu diesen Markenformen s. § 8, Rn 117 d ff.). Auch im *Gemeinschaftsmarkenrecht* werden die Form der Ware und die Form der Verpackung als dreidimensionale Gemeinschaftsmarken hinsichtlich der Ausschlußgründe des Art. 7 Abs. 1 lit. e GMarkenV gleich behandelt (s. Mitteilung Nr. 2/98 des Präsidenten des Amtes vom 8. April 1998, ABl. HABM 1998, 700).

**d) Registermarke, Benutzungsmarke und Notorietätsmarke.** Die MarkenRL regelt die Ausschlußgründe der warenbedingten, technisch bedingten und wertbedingten Form als Eintragungshindernisse und Ungültigkeitsgründe nach Art. 3 Abs. 1 lit. e MarkenRL, der grundsätzlich die Regelung der absoluten Schutzhindernisse in § 8 umgesetzt wird. In der Gesetzesbegründung (Begründung zum MarkenG, BT-Drucks. 12/6581 vom 14. Januar 1994, S. 69) wird darauf hingewiesen, das in Art. 3 Abs. 1 lit. e MarkenRL enthaltene Schutzhindernis für bestimmte dreidimensionale Gestaltungen sei, auch wenn es als Eintragungshindernis ausgestaltet sei, geeignet, auch als Schutzhindernis für den Erwerb des Markenschutzes durch Benutzung Anwendung zu finden. Zweck der Systematik des MarkenG ist es, auf diese Weise zu einer Übereinstimmung des formalen Markenschutzes durch Eintragung mit dem materiellen Markenschutz durch Benutzung beizutragen. Auch wenn sich die MarkenRL nur auf eingetragene oder angemeldete Marken bezieht, gelten die Ausschlußgründe des § 3 Abs. 2 nicht nur für die durch Eintragung erworbenen Markenrechte, sondern für alle drei Kategorien von Marken im Sinne des § 4. Das MarkenG verwendet einen einheitlichen Begriff der Marke. Schon deshalb ist notwendig, die Markenfähigkeit eines Zeichens einheitlich für alle drei Kategorien von Marken zu bestimmen. Die Kriterien, die für ein durch Benutzung erworbenes Markenrecht gelten, sind hinsichtlich der vom Markenschutz ausgeschlossenen Markenformen dieselben, die für den Schutz durch Eintragung gelten. Nichts anderes kann für das Erfordernis der graphischen Darstellbarkeit gelten (Rn 200 ff.).

226   **e) Rechtsprechung zum Ausstattungsschutz als Auslegungshilfe.** Die Ausschlußgründe der Schutzfähigkeit von Marken nach § 3 Abs. 2 entsprechen weitgehend den Kriterien, die im WZG zur *Ausstattungsfähigkeit dreidimensionaler Gestaltungsformen* nach § 25 WZG entwickelt wurden. Insoweit kann zur Auslegung des § 3 Abs. 2 auf die reichhaltige *Rechtsprechung zum Ausstattungsschutz*, wie namentlich zu den *technischen* und *ästhetischen Zeichen*, als Auslegungshilfe zurückgegriffen werden, soweit diese Rechtssätze der verbindlichen Regelung des Art. 3 Abs. 1 lit. e MarkenRL entsprechen (zur Markenfähigkeit einer Benutzungsmarke s. § 4, Rn 45 ff.). Die Konkretisierung der Ausschlußgründe des § 3 Abs. 2 Nr. 1 bis 3 ist am *Freihaltebedürfnis* der warenbedingten, technisch bedingten und wertbedingten Formen zu orientieren und verlangt eine *umfassende Interessenabwägung* (*Eichmann*, FS für Vieregge, S. 147, 153 ff.; *Kur*, FS 100 Jahre Marken-Amt, S. 175).

### 2. Ausschlußgrund der warenbedingten Form

227   Nach § 3 Abs. 2 Nr. 1 ist ein Zeichen nicht als Marke schutzfähig, das ausschließlich aus einer *Form* besteht, die durch die *Art der Ware selbst bedingt* ist. Die Regelung entspricht Art. 3 Abs. 1 lit. e MarkenRL und gilt auch für die Gemeinschaftsmarke (Art. 7 Abs. 1 lit. e ii GMarkenV). Der Ausschlußgrund der warenbedingten Form konkretisiert für Zeichen, die ausschließlich aus einer Form bestehen, die Selbständigkeit der Marke von der Ware als ein Kriterium der Markenfähigkeit (s. Rn 211 ff.). Die Marke muß sich vom *Wesen der Ware* unterscheiden. Insoweit Ware und Verpackung eine Einheit darstellen, muß die Marke auch von der Verpackung der Ware verschieden sein; die Verpackung einer Ware als solche kann nicht Marke sein. Was zum Wesen einer Ware gehört, kann keine Marke sein, sei es eine eingetragene oder angemeldete, sei es eine durch Benutzung erworbene, sei es eine notorisch bekannte Marke. Zur Konkretisierung der Voraussetzungen, unter denen die Form eines Zeichens warenbedingt und damit als Marke nicht schutzfähig ist, kann auf die reichhaltige *Rechtsprechung zur Ausstattungsfähigkeit* zurückgegriffen werden (s. § 4, Rn 45 ff.). So wurde die *Umhüllung einer Praline mit goldfarbigem Stanniolpapier* nicht als ein notwendiges Wesenselement der Ware beurteilt (OLG Karlsruhe GRUR 1989, 271 – Pralinenumhüllung).

228   Die Form ist nicht markenfähig, wenn sie durch die Art der Ware selbst bedingt ist. Vor dem Hintergrund, daß die abstrakte Markenfähigkeit nicht durch den Erwerb von Verkehrsgeltung überwindbar ist (s. Rn 206), ist auch bei der Bestimmung der Anwendungsbereiches des Ausschlußgrundes der warenbedingten Form nur eine *abstrakte* Betrachtungsweise anzustellen. Die Form muß, abstrakt gesehen, für die Ware bedingt sein. Nicht entscheidend wird sein, ob die *konkrete* Form des Produkts gerade diese Art eines Produkts bedingt. Bei einer solchen abstrakten Betrachtungsweise wird allerdings der Ausschlußgrund der warenbedingten Form nur in seltenen Fallkonstellationen eingreifen (zur nicht warenbedingten Form des Gehäuseträgers einer Uhr, da Raum für eine Vielfalt von Gestaltungsvarianten bestehe s. BPatGE 39, 238, 241 – POP swatch). So hat etwa eine Flasche einen begrenzten Rauminhalt, ein Fahrzeug Räder, eine Gabel Zinken. Diese gestaltenden Formelemente der konkreten Produkte, sowie namentlich deren Kombination, stellen *Formbedingungen des Produkts* dar. Aber schon die weitere Folgerung, es gäbe bestimmte Grundelemente der Form, die generell der Markenfähigkeit entbehren, kann schwerlich angenommen werden. So ist etwa die Form eines Kegels oder einer Pyramide auch für einen Stuhl verwendbar, der keine Stuhlbeine aufweist. Formbedingt ist demgegenüber die Kugelform eines Balles.

### 3. Ausschlußgrund der technisch bedingten Form

229   Nach § 3 Abs. 2 Nr. 2 ist ein Zeichen nicht als Marke schutzfähig, das ausschließlich aus einer *Form* besteht, die zur *Erreichung einer technischen Wirkung erforderlich* ist. Die Regelung

entspricht Art. 3 Abs. 1 lit. e MarkenRL und gilt auch für die Gemeinschaftsmarke (Art. 7 Abs. 1 lit. e ii GMarkenV). Dem Ausschlußgrund der warenbedingten Form nach § 3 Abs. 2 Nr. 1 vergleichbar, konkretisiert auch der Ausschlußgrund der technisch bedingten Form für solche Zeichen, die ausschließlich aus einer Form bestehen, die Selbständigkeit der Marke von der Ware als ein Kriterium der Markenfähigkeit (s. Rn 211 ff.). Die Marke muß sich vom *Wesen der Ware* unterscheiden. Was zum Wesen einer Ware gehört, kann keine Marke sein, sei es eine eingetragene oder angemeldete, sei es eine durch Benutzung erworbene, sei es eine notorisch bekannte Marke. Zur Konkretisierung der Voraussetzungen, unter denen die Form eines Zeichens technisch bedingt und damit als Marke nicht schutzfähig ist, kann auf die reichhaltige *Rechtsprechung zur Ausstattungsfähigkeit* zurückgegriffen werden (s. § 4, Rn 45 ff.).

Schon die Abgrenzung zwischen warenbedingter und technisch bedingter Form bereitet erhebliche Schwierigkeiten. In anderen Markenrechtsordnungen wird teilweise konkreter auf den Ausschlußgrund der *Nützlichkeit der Form* zurückgegriffen (s. dazu *Kur*, FS 100 Jahre Marken-Amt, S. 175, 189) oder wie im U.S.-amerikanischen Markenrecht die *doctrine of necessity* (s. dazu *Callmann*, The Law of Unfair Competition, Vol. 3, 1994, § 18.13) angewandt. Es liegt auf der Hand, daß der Normzweck dieses Ausschlußgrundes dahin geht, nicht aufgrund des Markenschutzes technische Wirkungen einer Form zu monopolisieren. Eine Formgebung wird aber nur dann als technisch bedingt im Sinne des Ausschlusses der Markenfähigkeit zu beurteilen sein, wenn es zu dieser Formgebung keine *Formalternativen* gibt, um diese technische Wirkung zu erzielen. Der Ausschlußgrund der technisch bedingten Form liegt nicht schon vor, wenn die Formenwahl nicht auf einem *Akt der Willkürlichkeit* beruht (so zu einschränkend *Althammer/Ströbele/Klaka*, § 3 MarkenG, Rn 23; dagegen *Kiethe/Groeschke*, WRP 1998, 541, 545), obgleich ernsthafte Formalternativen bestehen (zur *Rechtsprechung zu den technischen Zeichen* im Ausstattungsschutzrecht nach der Rechtslage im WZG s. § 4, Rn 66 ff.). In früherer Zeit wurde diese Diskussion um die bekannten drei *Adidas-Streifen* an Turnschuhen geführt, wobei Konkurrenten behaupteten, dieser Streifen als Nahtstellen technisch zu bedürfen. Die Problematik liegt weitgehend darin, sparsames Design nicht markenrechtlich zu bestrafen. Wer sein Produkt in Form und Funktion optimiert, wird es schwer haben, den Ausschlußgrund der technischen Bedingtheit der Form zu überwinden. An den Ausschlußgrund der technisch bedingten Form sollte kein allzu strenger Maßstab angelegt werden, und die technische Bedingtheit der Form schon immer dann verneint werden, wenn Formalternativen für die technische Wirkung bestehen. Die Möglichkeit einer *Substitution* der konkreten Form zur Erreichung der technischen Wirkung sollte grundsätzlich ausreichen, die Markenfähigkeit der Form anzunehmen. Als nicht zur Erreichung einer technischen Wirkung erforderlich beurteilt wurde *ein in den Absatz eines Schuhes eingearbeiteter roter Querstreifen* für Herrenschuhe (BPatGE 38, 262 – Roter Streifen im Schuhabsatz; zur Positionsmarke s. §§ 3, Rn 294 a f.; 8, Rn 117 j; zur nicht technisch bedingten Form des Gehäuseträgers einer Uhr s. BPatGE 39, 238, 241 – POP swatch).

### 4. Ausschlußgrund der wertbedingten Form

Nach § 3 Abs. 2 Nr. 1 ist ein Zeichen nicht als Marke schutzfähig, daß ausschließlich aus einer *Form* besteht, die der *Ware einen wesentlichen Wert verleiht*. Die Regelung entspricht Art. 3 Abs. 1 lit. e MarkenRL und gilt auch für die Gemeinschaftsmarke (Art. 7 Abs. 1 lit. e ii GMarkenV). Nicht anders als die Ausschlußgründe der warenbedingten und technisch bedingten Form konkretisiert auch der Ausschlußgrund der wertbedingten Form für Zeichen, die ausschließlich aus einer Form bestehen, die Selbständigkeit der Marke von der Ware als ein Kriterium der Markenfähigkeit (s. Rn 211 ff.). Die Marke muß sich vom *Wesen der Ware* unterscheiden. Was zum Wesen einer Ware gehört, kann keine Marke sein, sei es eine eingetragene oder angemeldete, sei es eine durch Benutzung erworbene, sei es eine notorisch bekannte Marke. Der Ausschlußgrund der wertbedingten Form spielte in der Rechtsprechung zur Ausstattungsfähigkeit nach der Rechtslage im WZG (s. § 4, Rn 45 ff.) nur eine untergeordnete Rolle.

Der Ausschlußgrund der wertbedingten Form ist aus dem Benelux-WZG sowie auch aus anderen Rechtsordnungen bekannt. Er gründet auf der Lehre von der markenrechtlichen Schutzunfähigkeit der *ästhetischen Funktion* eines Produkts, die im amerikanischen Recht entwickelt worden ist (doctrine of aesthetic functionality). Die durch die MarkenRL vorgegebene Regelung wird weithin als verfehlt betrachtet (*Kur*, FS 100 Jahre Marken-Amt, S. 175, 191). Wenn man den Anwendungsbereich des Ausschlußgrundes der wertbedingten Form ausdehnt, besteht die Gefahr, im Eintragungsverfahren dem DPMA gleichsam als einer Designjury Entscheidungen über die ästhetische Formgebung von Produkten zur Aufgabe zu machen. Ein wesentlicher Grund, dreidimensionalen Marken Schutz zu gewähren, besteht aber gerade darin, attraktives Design dem Markenschutz zuzuführen und nicht zu entziehen (s. Rn 233 f.). Man wird den Ausschlußgrund der wertbedingten Form dahin beschränken können, daß die *Anziehungskraft* (Attraktivität), die die Form eines Produkts aufgrund seiner *Bekanntheit als Marke* entfaltet, bei der Prüfung der abstrakten Unterscheidungskraft als Ausschlußgrund außer Betracht bleibt. Das schließt nicht aus, bei einem markenfähigen Design die Attraktivität der Produktform bei Feststellung der konkreten Unterscheidungskraft nach § 8 Abs. 2 Nr. 1 zu berücksichtigen (*Kiethe/Gröschke*, WRP 1998, 541, 545 f.). Die attraktive Form eines Produkts ist dann als Marke eintragungsfähig (zur nicht wertbedingten Form des Gehäuseträgers einer Uhr s. BPatGE 39, 238, 241 – POP swatch).

### 5. Markenrechtlicher Designschutz

**233** Welche wirtschaftliche Bedeutung dem dreidimensionalen Markenschutz zukommen wird, wird namentlich von der Eintragungspraxis des DPMA bestimmt werden (s. § 8, Rn 117 b ff.). Insoweit kommt dem Amt eine Schlüsselstellung zu. Diese Weichenstellung ist international von erheblicher Bedeutung. Zu bedenken ist, daß es sich bei dem dreidimensionalen Markenschutz um eine europäische Markenrechtskonzeption handelt, deren Inhalt letztlich von der Rechtsprechung des EuGH bestimmt werden wird. Die internationale Entwicklung geht eindeutig dahin, *Characteristics* und *Design* dem Markenschutz zugänglich zu machen. Bei Produkten mit einem charakteristischen Erscheinungsbild kann der Formgebung eine Kennzeichenfunktion zukommen. In der Rechtsprechung des BPatG wird grundsätzlich anerkannt, daß das *Design eines Produkts* oder einer *Produktverpackung* Kennzeichnungsfunktion entfalten kann (s. BPatG Jahresbericht 1997, S. 70). Das prägnante Image des Produkts ist ein Wiedererkennungssignal für den Verbraucher. Reiz und Gefahr des dreidimensionalen Markenschutzes liegen somit auf der Hand. Die Marktorientierung eines markenrechtlichen Designapproachs schafft offenkundig einerseits wirtschaftlich lohnende Innovationsanreize, andererseits ist nicht zu verkennen, daß dem Markenschutz der Produktform eine Monopolisierungstendenz innewohnt. Damit wird das *Verhältnis des Musterschutzes zum Markenschutz* als ein altehrwürdiges Thema auf eine brisante Weise aktuell. Das Thema ist selbstverständlich nicht neu, da die Problematik schon nach der Rechtslage im WZG im Verhältnis zwischen Ausstattungsrecht und Geschmacksmusterrecht bestand. Doch war die Abgrenzung deshalb weniger problematisch, weil der sachliche Markenschutz der Ausstattung zunächst einmal Verkehrsgeltung voraussetzte. Nach der Rechtslage im MarkenG geht die Frage nunmehr dahin, wie der Markenschutz der Form des Produkts sowie dessen Verpackung vom Musterschutz abzugrenzen ist. Die theoretische Grenzziehung wird über die Ausschlußgründe der warenbedingten, technisch bedingten und wertbedingten Form nach § 3 Abs. 2 Nr. 1 bis 3 vollzogen, die praktische Abgrenzung bereitet aber erhebliche Schwierigkeiten (zu einer engen Auslegung im Interesse des Designschutzes dreidimensionaler Marken s. *Kiethe/Groeschke*, WRP 1998, 541).

**234** Die Marke ist der Name des Produkts, nicht das Produkt selbst. Markenschutz behindert nicht den Produktwettbewerb, sondern setzt diesen gleichsam voraus. Wenn nun allerdings der Markenschutz auch die Formgebung erfaßt, dann wird das Produkt in seiner originären Gestalt als solches monopolisiert. Insoweit stellt die Identität von Marke und Produktgestaltung aus markenrechtlicher Sicht eine scheinbare Irregularität dar. Folge solcher dogmatischer Bedenken darf aber nicht sein, dem Markenschutz dreidimensionaler Gestaltungen mit Mißtrauen zu begegnen. Nach der Rechtslage im MarkenG und unter Einbeziehung der internationalen Rechtsentwicklung wird künftig eine *Parallelität* des Musterschutzes und des Markenschutzes im Bereich des Produkt- und Werbedesigns bestehen. Der markenrechtliche Designschutz bietet die Chance ganzheitlicher Marketingstrategien, die den Markenschutz umfassend in die Konzeption von Produktion, Distribution und Werbung integrieren.

## I. Markenformen

### I. Regelungsübersicht

§ 3 Abs. 1 regelt die *Formen* von Zeichen, die *als Marke schutzfähig* sind. Als schutzfähige 235 Markenformen werden Wörter einschließlich Personennamen, Abbildungen, Buchstaben, Zahlen, Hörzeichen, dreidimensionale Gestaltungen einschließlich der Form einer Ware oder ihrer Verpackung sowie sonstige Aufmachungen einschließlich Farben und Farbzusammenstellungen genannt. Die Aufzählung der Regelbeispiele ist nicht abschließend.

Die Vorschrift bedeutet eine wesentliche *Rechtsänderung* gegenüber der Rechtslage im 236 WZG. Das MarkenG läßt nunmehr alle Zeichen ohne Einschränkung zum Formalschutz durch Eintragung einer Marke zu. Die Rechtsprechung hatte das WZG dahin ausgelegt, daß sich nur zweidimensionale Zeichenformen zur Eintragung in die Zeichenrolle eigneten und dreidimensionalen Formen den Schutz als eingetragenes Warenzeichen versagt. Gleiches galt für Hörzeichen. Hörzeichen und dreidimensionale Gestaltungen sind nunmehr ausdrücklich zur Eintragung zugelassen. Seit alters sind auch Zahlen und Buchstaben als solche von der Eintragung als Warenzeichen ausgeschlossen; ihre Schutzfähigkeit hing davon ab, daß sie sich als Kennzeichen der Waren oder Dienstleistungen des Anmelders im Verkehr durchgesetzt hatten (§ 4 Abs. 3 WZG). § 3 Abs. 1 geht nunmehr ausdrücklich von der Markenfähigkeit von Buchstaben und Zahlen aus. Diese Rechtsänderung verlangte Art. 2 MarkenRL; die Rechtslage entspricht der Markenfähigkeit von Gemeinschaftsmarken nach Art. 3 GMarkenV.

Die Vorschrift umschreibt die als Marke schutzfähigen Zeichen für alle drei nach der 237 Entstehung des Markenschutzes zu unterscheidenden Kategorien von Marken: angemeldete oder eingetragene Marken (§ 4 Nr. 1), durch Benutzung erworbene Marken (§ 4 Nr. 2) und im Sinne der PVÜ notorisch bekannte Marken (§ 4 Nr. 3).

### II. Äußeres Erscheinungsbild der Marke

Nach dem äußeren Erscheinungsbild der Marke, sowie nach den verschiedenen Sinnen 238 des Menschen kann man verschiedene *Arten von Markenformen* unterscheiden. Es gibt *Wortmarken, Bildmarken, Formmarken* (dreidimensionale Marken), *Farbmarken* und *Hörmarken*. Ob Markenschutz an *Geruchsmarken, Geschmacksmarken, Tastmarken* sowie *Bewegungsmarken* und *Positionsmarken* Anerkennung finden wird, ist ein Problem der internationalen Rechtsentwicklung im Markenrecht.

Ferner ist zu unterscheiden zwischen *einfachen Marken,* die aus einem Zeichenbestandteil 239 (ein Wort, ein Bild, eine Form), und *zusammengesetzten Marken,* die aus mehreren Zeichenbestandteilen (mehrere Wörter, mehrere Bilder, mehrere Formen) bestehen. Unter *Kombinationsmarken* versteht man etwa Wortbildmarken, die aus Zeichenbestandteilen einer Wortmarke sowie einer Bildmarke bestehen, oder Wortklangmarken, die aus Text und Ton gebildet sind, auch akustische Bewegungsmarken, die Bildtonfolgen darstellen. Nach der Flächen- und Raumgestalt eines Zeichens sind *zweidimensionale* und *dreidimensionale Marken* zu unterscheiden. Eine Kombinationsmarke stellt auch die dreidimensionale Farbmarke dar. Die Markenfähigkeit dieser Zeichen regelt § 3 Abs. 1.

### III. Die verschiedenen Formen von Marken

#### 1. Wortmarken

**a) Einzelne oder mehrere Wörter, Sätze und Texte.** In Deutschland wurden *Wort-* 240 *marken* (verbale Marken) erst im Jahre 1894 im WZG als schutzfähig anerkannt. Sowohl nach preußischem Recht (§ 2 S. 2 VO zum Schutze der Fabrikzeichen an Eisen- und Stahlwaren in der Provinz Westphalen und der Rheinprovinz vom 18. August 1847, PrGBl. S. 335), als auch noch im Gesetz über den Markenschutz vom 30. November 1874 (RGBl. S. 143) wurden nach § 3 Abs. 2 solchen Zeichen die Eintragung versagt, die ausschließlich aus Worten bestanden. Gegenwärtig beherrschen Wortmarken den internationalen Wirtschaftsverkehr.

**241** Eine Wortmarke besteht häufig nur aus einem Wort (*Nivea, Boss, Benetton*). Als zusammengesetzte Wortmarke (Mehrwortmarke) besteht eine Wortmarke aus mehreren Wörtern (*New Yorker, Hugo Boss, United Colours of Benetton, Toys R us, Nimm zwei, What about Eve*). Auch ein kurzer Satz kann eine Wortmarke bilden (*Pack' den Tiger in den Tank!, Mach' mal Pause..., Die zarteste Versuchung, seit es Schokolade gibt.*; zur Eintragungsfähigkeit und zur restriktiven Eintragungspraxis von Werbeschlagwörtern und Werbeslogans s. § 8, Rn 94ff.). Voraussetzung ist allein, daß dem Wort, den Wörtern oder dem Satz eine abstrakte Unterscheidungseignung in dem Sinne zukommt, daß sie als Marke geeignet sind, Waren oder Dienstleistungen eines Unternehmens von denjenigen anderer Unternehmen zu unterscheiden (s. Rn 203 ff.). Ob einem als Mehrwortmarke markenfähigen Satz, wie etwa einem *Imperativsatz* (*Nimm zwei, Wash & Go*) oder einem *Werbeslogan* (*Nicht immer, aber immer öfter*) konkrete Unterscheidungskraft als Marke nach § 8 Abs. 2 Nr. 1 zukommt, ist ein Problem der Eintragungsfähigkeit (s. § 8, Rn 22 ff.). Ein längerer Text, bestehend aus mehreren Sätzen, der nach seinem äußeren Erscheinungsbild nicht als eine Einheit erkannt werden kann, kann nicht Gegenstand einer Wortmarke sein; einem solchen Text fehlt das Erfordernis der Einheitlichkeit der Marke als Voraussetzung der Markenfähigkeit (s. Rn 197 ff., 216). Aussage- oder Imperativsätzen, sowie Werbeschlagwörtern und Werbeslogans aus *linguistischen* Gründen regelmäßig die produktidentifizierende Unterscheidungsfunktion abzusprechen, weil sie zu allgemeine Anpreisungen darstellten, die für viele Hersteller paßten und daher wegen fehlender Herkunftsfunktion nicht auf ein bestimmtes Unternehmen hinwiesen (so *Schmieder*, NJW 1992, 1257; im Anschluß daran BPatG GRUR 1998, 710 – Welch ein Tag), stellt eine sachwidrige Beschränkung der Markenfähigkeit von Mehrwortmarken dar. Abgesehen von der linguistischen Vorgabe, nicht jedes beliebige Sprachgebilde sei als Marke geeignet und schutzfähig, beruht dieses Rechtsverständnis der Marke auf der tradierten Sicht von der nach der Rechtslage im WZG rechtlich ausschließlich geschützten Herkunftsfunktion. Kennzeichenrechtlich ist eine Abgrenzung zwischen einer markenfähigen Mehrwortmarke und einem nicht markenfähigen Werbeslogan schon deshalb nicht nach dem *Kriterium einer allgemeinen Anpreisung* sachgerecht und markenrechtlich zulässig vorzunehmen, da einer Marke ein *werblicher Inhalt wesenseigen* ist, dessen Intensität gerade die Attraktivität einer Marke ausmacht. Zudem verkennt diese Auffassung die Multifunktionalität der Marke im Marktwettbewerb und die auch international und im Gemeinschaftsmarkenrecht sowie in der Rechtsprechung des EuGH anerkannte *Werbefunktion der Marke* (s. zu den Markenfunktionen Einl, Rn 30 ff.). Es ist nicht zu verkennen, daß die in der Rechtsprechung des BPatG gebilligte, restriktive Eintragungspraxis des DPMA, namentlich zu den Werbeschlagwörtern und Werbeslogans, auf dieser *linguistischen Markenrechtskonzeption* beruht (s. § 8, Rn 94 ff.). Ein solch linguistisch geprägtes Vorverständnis der Marke, das a priori-Schranken des Markenschutzes propagiert, mißachtet zudem die vom Gesetzgeber in den absoluten Schutzhindernissen des § 8 Abs. 2 gezogenen Schutzrechtsgrenzen, die restriktiv auszulegen sind. In der *BONUS*-Entscheidung (BGH GRUR 1998, 465 – BONUS; s. § 8, Rn 128) hat der BGH zu Recht die vom BPatG gebilligte, restriktive Eintragungspraxis des DPMA zu den beschreibenden Marken zurückgewiesen und auf das Erfordernis eines unmittelbaren Produktbezugs (s. dazu allgemein § 8, Rn 19) abgestellt.

**242** **b) Beschreibende Angaben.** Beschreibende Angaben genügen der abstrakten Unterscheidungseignung im Sinne der Markenfähigkeit nach § 3 Abs. 1 (anders die Rechtslage im WZG, *Baumbach/Hefermehl*, § 1 WZG, Rn 63). Es besteht aber für beschreibende Angaben ein absolutes Schutzhindernis nach § 8 Abs. 2 Nr. 2, das sie von der Eintragung als Marken ausschließt. Das absolute Schutzhindernis für die beschreibende Angabe entfällt nach § 8 Abs. 3, wenn die Marke sich infolge ihrer Benutzung für die Waren oder Dienstleistungen, für die sie angemeldet worden ist, in den beteiligten Verkehrskreisen durchgesetzt hat. Das Fehlen der konkreten Unterscheidungskraft (§ 8 Abs. 2 Nr. 1) kann wie der beschreibende Charakter einer Angabe (§ 8 Abs. 2 Nr. 2) durch den Erwerb von Verkehrsdurchsetzung überwunden werden. Das setzt allerdings die Markenfähigkeit des Zeichens und damit dessen abstrakte Unterscheidungseignung nach § 3 Abs. 1 voraus. Das Fehlen der Markenfähigkeit eines Zeichens kann nicht durch den Erwerb von Verkehrsdurchsetzung überwunden werden. Auch aus diesem Grund ist eine beschreibende Angabe als Wortmarke abstrakt unterscheidungsgeeignet. Die gleichen Grundsätze gelten für Gattungsbezeichnungen und Wörter des allgemeinen Sprachgebrauchs im Sinne des § 8 Abs. 2 Nr. 3.

### c) Buchstaben und Zahlen.

**Schrifttum.** S. die Schrifttumsangaben zu § 8 E I 3 1 (vor Rn 113).

**243** Der internationalen Rechtsentwicklung entsprechend, wird im MarkenG die *Markenfähigkeit* von Buchstabenmarken und Zahlenmarken in § 3 Abs. 1 ausdrücklich anerkannt (zur Rechtsentwicklung s. im einzelnen § 8, Rn 113 ff.). *Buchstabenmarken* (FA, GTI, SL) und *Zahlenmarken* (4711), sowie *Buchstabenzahlenmarken* als zusammengesetzten Marken (A 4, R 1, F 6) kommt die *abstrakte Unterscheidungseignung* als Voraussetzung der Markenfähigkeit zu (zur Schutzfähigkeit von Kombinationen aus Zahlen und Buchstaben s. BPatGE 38, 212 – A 3; zur Schutzfähigkeit von geschäftlichen Bezeichnungen hinsichtlich der abstrakten kennzeichenrechtlichen Unterscheidungseignung von aus einer nicht als Wort aussprechbaren und nicht aus sich heraus verständlichen Buchstabenfolge als Firmenabkürzung s. BGH GRUR 1998, 165 – RBB). Zahlenmarken können alle *Arten von Zahlen* und *mathematischen Formeln* sein. Die Rechtsprechung geht auch von der Markenfähigkeit der *einstelligen Zahlen* (1 bis 9) aus (so zur Zahl 4 BGH Mitt 1995, 184 – quattro II); gleiches hat auch für *Einzelbuchstaben* in Großschreibung oder Kleinschreibung zu gelten (BPatGE 40, 76, 80 – N als Zick-Zack-Linie). Von der Markenfähigkeit (§ 3) zu unterscheiden ist, ob die *Eintragungsfähigkeit* (§ 8) der jeweiligen Buchstabenmarke oder Zahlenmarke besteht, dieser etwa die *konkrete Unterscheidungskraft* zukommt, deren Vorliegen für die konkreten Waren oder Dienstleistungen, für die die Eintragung beantragt wird, nach § 8 Abs. 2 Nr. 1 absolute Eintragungsvoraussetzung ist (s. § 8, Rn 113 ff.). Wenn der bestimmten Buchstabenmarke oder Zahlenmarke die konkrete Unterscheidungskraft für die angemeldeten Waren oder Dienstleistungen fehlt, dann sind die Marken wegen Bestehens eines absoluten Schutzhindernisses von der Eintragung ausgeschlossen. Buchstabenmarken und Zahlenmarken, die nach § 8 Abs. 2 Nr. 1 konkret unterscheidungskräftig sind, sind nach § 8 Abs. 2 Nr. 2 ferner von der Eintragung ausgeschlossen, wenn sie zugleich beschreibende Marken darstellen und an ihnen als beschreibende Angaben ein aktuelles Freihaltebedürfnis besteht.

**244** Die absoluten Schutzhindernisse des Fehlens der konkreten Unterscheidungskraft nach § 8 Abs. 2 Nr. 1 und das Bestehen eines aktuellen Freihaltebedürfnisses nach § 8 Abs. 2 Nr. 2 entfallen und die Marke ist eintragungsfähig, wenn die Marke sich vor dem Zeitpunkt der Entscheidung über die Eintragung infolge ihrer Benutzung für die Waren oder Dienstleistungen, für die sie angemeldet worden ist, in den beteiligten Verkehrskreisen durchgesetzt hat (§ 8 Abs. 3). Die Schutzfähigkeit einer Buchstabenmarke oder Zahlenmarke scheitert zwar grundsätzlich nicht an der abstrakten Unterscheidungseignung als einem Erfordernis der Markenfähigkeit nach § 3 Abs. 1. Inwieweit Buchstabenmarken und Zahlenmarken aber eine konkrete Unterscheidungskraft nach § 8 Abs. 2 Nr. 1 zukommt und damit die Eintragungsfähigkeit auch ohne Erwerb von Verkehrsdurchsetzung nach § 8 Abs. 3 angenommen werden kann, hängt von den Anforderungen ab, die von der Rechtspraxis in den Verfahren in Markenangelegenheiten an die konkrete Unterscheidungskraft gestellt werden (zur konkreten Unterscheidungskraft von Buchstabenmarken und Zahlenmarken s. § 8, Rn 113 ff.). Nichts anderes gilt für das absolute Schutzhindernis eines bestehenden Freihaltebedürfnisses nach § 8 Abs. 2 Nr. 2 für solche Buchstabenmarken und Zahlenmarken, die als Produktmerkmalsbezeichnungen zugleich beschreibende Marken darstellen (s. zur Rechtslage im WZG BGH GRUR 1996, 202 – UHQ II; zur Rechtslage im MarkenG s. BPatG Mitt 1997, 70 – UHQ III).

### d) Personennamen.

**245** Wie Art. 2 MarkenRL und Art. 3 GMarkenV verwendet § 3 Abs. 1 nur den Begriff des Personennamens, nicht auch den Begriff des Handelsnamens. Mit der Wortwahl ist aber keine Begrenzung des Anwendungsbereichs der Vorschrift verbunden. Unter Personennamen sind umfassend die Namen von natürlichen und juristischen Personen sowie von namensfähigen Personengemeinschaften zu verstehen.

**246** Personenname ist der *bürgerliche Name* einer natürlichen Person, die *Firma* eines Kaufmanns, der natürliche Person, juristische Person (AG, KGaA, GmbH, eG, KAG, VVaG)

**MarkenG § 3** 247–254 Als Marke schutzfähige Zeichen

oder Personenhandelsgesellschaft (OHG, KG) sein kann, sowie der Name einer sonstigen juristischen Person (e. V.; Stiftung), auch der PartG, der Partenreederei oder einer sonstigen Personengemeinschaft (GbR, nichtrechtsfähiger Verein).

247 Der bürgerliche Name einer Person ist ihr äußeres sprachliches Kennzeichen zur Unterscheidung ihrer sozialen Individualität von anderen (*Hefermehl,* FS für A. Hueck, S. 520). Der bürgerliche Personenname ist ein als Marke schutzfähiges Zeichen. Markenfähig sind auch Teile des Personennamens, wie der Nachname oder der Nachname mit einzelnen Vornamen. Auch ein *Wahlname,* den eine Person frei wählen und jederzeit wieder ablegen kann, wie etwa das Pseudonym, ist markenfähig.

248 Als Personenname ist die Firma eines Kaufmanns sowie der Name einer sonstigen Personengemeinschaft markenfähig. Auch *Wortbestandteile* der Firma sowie sonstiger geschäftlicher Namen stellen als Marke schutzfähige Zeichen dar. Vom markenrechtlichen Schutz einer Firma als eines Personennamens ist der Schutz eines Zeichens als Unternehmenskennzeichen zu unterscheiden (Rn 249 f.).

249 **e) Unternehmenskennzeichen.** Unternehmenskennzeichen sind Zeichen, die im geschäftlichen Verkehr als Name, als Firma oder als besondere Bezeichnung eines Geschäftsbetriebs oder eines Unternehmens benutzt werden (§ 5 Abs. 2 S. 1). Unternehmenskennzeichen sind als geschäftliche Bezeichnungen (§ 5 Abs. 1) Kennzeichen im Sinne des MarkenG nach § 1 Nr. 2, aber es sind keine Marken. Unternehmenskennzeichen genießen als geschäftliche Bezeichnungen nach § 15 Kennzeichenschutz.

250 Ein Unternehmenskennzeichen kann auch als Marke für Waren oder Dienstleistungen eingetragen werden (*Volkswagen* als Warenmarke, *Deutsche Bank* als Dienstleistungsmarke). Das gilt ebenso für die nach § 5 Abs. 2 S. 2 gleichgestellten Geschäftsabzeichen und sonstigen betrieblichen Unterscheidungszeichen.

251 **f) Werktitel. aa) Grundsatz.** Werktitel nach § 5 Abs. 3 dienen der Unterscheidung der bezeichneten Werke (Druckschriften, Filmwerke, Tonwerke, Bühnenwerke oder sonstige vergleichbare Werke). Werktitel sind als geschäftliche Bezeichnungen (§ 5 Abs. 1) Kennzeichen im Sinne des MarkenG nach § 1 Nr. 2, aber es sind keine Marken. Werktitel genießen als geschäftliche Bezeichnungen nach § 15 Kennzeichenschutz (s. § 15, Rn 154 ff.).

252 Werktitel sind zum einen als Marke für *andere Waren oder Dienstleistungen als das bezeichnete Werk* markenfähig. Bei der Vermarktung eines Werkes (etwa eines Musicals) kann der Werktitel (*Cats*) als Produktmarke Waren (Uhren, Sonnenbrillen, Kalender), die im Umfeld der Verwertung des Werkes angeboten, oder Dienstleistungen (Reisen), die eigenständig und nicht nur als Hilfsdienstleistungen (Rn 148 ff.) erbracht werden, identifizieren und deshalb markenfähig sein.

253 Ein Werktitel kann zum anderen auch als Marke für solche *Produkte* eingetragen werden, die *als Werk Gegenstand des Titelschutzes* sein können. Zwischen dem Rechtsschutz als Marke (§ 1 Nr. 1) und dem Rechtsschutz als geschäftlicher Bezeichnung (§ 1 Nr. 2) besteht eine Konkurrenz des Kennzeichenschutzes. Die Parallelität der Kennzeichenschutzes ist Folge der rechtlichen Selbständigkeit der Arten von Kennzeichenrechten (s. § 1, Rn 2 ff.).

254 **bb) Zeitungs- und Zeitschriftentitel.** Nach der *Rechtslage im WZG* war zwar grundsätzlich anerkannt, daß an einem Werktitel sachlicher Markenschutz durch Benutzung entstehen kann, wenn der Werktitel im Verkehr als Marke gilt (zum Ausstattungsschutz nach § 25 Abs. 1 WZG s. schon RG GRUR 1936, 130 – Molkerei-Zeitung. Es wurde aber zwischen der Zeichenfähigkeit eines *Zeitungs- oder Zeitschriftentitels* einerseits und der Zeichenfähigkeit eines *Buchtitels* andererseits unterschieden (s. dazu *Baumbach/Hefermehl,* § 1 WZG, Rn 61). Bei Vorliegen von *zeichenrechtlicher Unterscheidungskraft* wurde die Zeichenfähigkeit eines Zeitungs- oder Zeitschriftentitels angenommen. Wenn der Zeitungs- oder Zeitschriftentitel ausschließlich aus einer *beschreibenden Angabe* bestand, dann war der *Erwerb von Verkehrsdurchsetzung* Voraussetzung der Eintragung in die Warenzeichenrolle. Der Erwerb von Verkehrsdurchsetzung war erforderlich, wenn der Zeitungs- oder Zeitschriftentitel lediglich aus einer *Herkunfts- und Beschaffenheitsangabe* (BGH GRUR 1956, 376, 377 – Berliner Illustrierte Zeitung), aus einer *Ortsangabe und einer Gattungsbezeichnung* (BGH GRUR 1974, 661, 662 – St. Pauli Nachrichten) oder nur aus *beschreibenden Angaben* (BPatGE 17, 276 – WM) bestand; das wurde auch dann angenommen, wenn dem Titel

Als Marke schutzfähige Zeichen 255a–255c § 3 MarkenG

Unterscheidungskraft im Sinne des § 15 (§ 16 Abs. 1 UWG aF) zukam. Nach diesen Grundsätzen war schon nach der Rechtslage im WZG bei Vorliegen der allgemeinen zeichenrechtlichen Voraussetzungen die *Zeichenfähigkeit eines Zeitungs- oder Zeitschriftentitels* anerkannt (RG JW 1931, 1945 – Vossische Zeitung; BGHZ 21, 85 – Der Spiegel; BGH GRUR 1961, 232 – Hobby; 1970, 141 – Europharm). In der Rechtsprechung wurde Markenschutz *bejaht* etwa für *Cannstatter Zeitung* (OLG Stuttgart GRUR 1951, 517 – Cannstatter Zeitung), *Der neue Roman* als Titelseite einer Zeitschrift (HansOLG Hamburg GRUR 1950, 87 – Der neue Roman), *Der Spiegel* (HansOLG Hamburg WRP 1955, 109 – Der Spiegel; BGH GRUR 1958, 141 – Spiegel der Woche), *Service World* (BPatG Mitt 1972, 51 – Service World), das *Titelemblem* der Bild-Zeitung, bestehend aus einem roten aufrecht stehenden *Rechteck,* das in weißer Schrift das Wort *Bild* enthält (HansOLG Hamburg GRUR 1975, 72 – Bild-Zeitung; BGH GRUR 1979, 564, 565 – Metall-Zeitung mit Anm. *Fezer),* *Mulimedia* (OLG München CR 1995, 394 – Multimedia), *Luftfahrt Woche & Weltraum Technologie* (BPatG GRUR 98, 718 – Luftfahrt Woche & Weltraum Technologie). Markenschutz *verneint* wurde für die *Farbkombination rot-weiß* einer Hamburger Tageszeitung, die lediglich außerhalb der Zeitung in der Werbung verwendet wurde (HansOLG Hamburg WRP 1955, 139 – Hamburger Anzeiger). Als eintragungsunfähig wurden beurteilt (s. dazu § 8 Rn 54) BUSINESS WEEK (BPatGE 28, 44 – BUSINESS WEEK), *selbst ist der Mann* (BPatGE 28, 149 – selbst ist der Mann).

**cc) Buchtitel.** Die *Zeichenfähigkeit eines Buchtitels* war nach der *Rechtslage im WZG* umstritten. Sie wurde überwiegend abgelehnt, weil ein Buchtitel ein Buch lediglich als ein geistiges Werk und nicht als ein aus einem bestimmten Verlag stammendes Produkt kennzeichne (BGHZ 26, 52, 61 – Sherlock Holmes; BGH GRUR 1958, 500 – Mecki-Igel; *Ulmer,* Urheberrecht, S. 153; *Deutsch,* GRUR 1958, 66). Aber schon nach der Rechtslage im WZG wurde teilweise zu Recht angenommen, auch ein Buchtitel könne dazu dienen, ein Buch als Produkt eines bestimmten Verlages zu kennzeichnen, der es vervielfältige oder vertreibe (so *Baumbach/Hefermehl,* § 1 WZG, Rn 61).

Nach der *Rechtslage im MarkenG* wurde vom BPatG die *Markenfähigkeit von Buchtiteln* und *Buchreihentiteln* entsprechend den Zeitschriftentiteln (s. Rn 254) grundsätzlich anerkannt (BPatG GRUR 1998, 51 – BGHZ; BPatG GRUR 1997, 832 – Bücher für eine bessere Welt; 1997, 833 – Bücher für eine humanere Welt; s. dazu mit einer aufgrund der besonderen Voraussetzungen der Eintragungsfähigkeit von Druckschriftentiteln [s. § 15 Rn 61] unzutreffend abgeleiteten Reduktion der Markenfunktionen *Oelschlegel,* GRUR 1998, 981; zur *Eintragungsfähigkeit* von Zeitungs- und Zeitschriftentiteln s. § 8, Rn 54, 220). Namentlich den Titeln von *Sammelwerken, Schriftenreihen* und *periodisch erscheinenden Büchern* kommt die Funktion eines markenidentifizierenden Unterscheidungszeichens zu. Titel als *Verlagsmarken* stellen etwa *Brockhaus, Duden* oder *Beck'sche Kurz-Kommentare* dar. Wenn der Werktitel als Marke eingetragen wird, dann erwirbt der Inhaber neben dem Schutz nach den §§ 5, 15 Markenschutz nach § 4 Nr. 1 (zur *Unterscheidungskraft* von Druckerzeugnissen s. § 8, Rn 54; zu Zeitungstiteln mit *Ortsangaben* s. § 8, Rn 220; zum Markenschutz aufgrund von *Verkehrsgeltung* s. § 4, Rn 211 ff.).

**dd) Titel von periodischen Hörfunk- und Fernsehsendungen sowie Filmtitel.** In Parallele zur Eintragungsfähigkeit von Zeitungs- und Zeitschriftentitel hat der BGH schon nach der Rechtslage im WZG die Eintragungsfähigkeit des *Titels einer periodisch ausgestrahlten Fernsehsendung als Dienstleistungsmarke* anerkannt (BGHZ 102, 88 – Apropos Film). Im Anschluß an diese Rechtsprechung geht das BPatG nach der Rechtslage im MarkenG allgemein von der *Markenfähigkeit des Titels einer Fernsehsendung* nach § 3 Abs. 1 aus (BPatGE 38, 138 – Klassentreffen). Die nach der Rechtslage im WZG erforderliche *hinreichende Unterscheidungskraft* von Hörfunk-, Fernseh- und Filmtiteln qualifizierte der BGH nach der im WZG ausschließlich geschützten *Herkunftsfunktion* des Warenzeichens. Das Erfordernis einer hinreichenden Unterscheidungskraft als Marke gehe über die geringeren Anforderungen der Unterscheidungskraft im Sinne des § 16 Abs. 1 UWG aF hinaus. Dem Titelschutz genüge die Eignung des Titels zur Unterscheidung von anderen Werken; für eine Zeicheneintragung müsse der Titel darüber hinaus auch die *Eignung zur Herkunftskennzeichnung* aus einem bestimmten Geschäftsbetrieb besitzen (BGHZ 102, 88, 91 f. – Apropos Film). Eine solche herkunftskennzeichnende Unterscheidungskraft wurde dem Titel *Apropos Film* einer periodisch ausgestrahlten Fernsehsendung als Dienstleistungsmarke abgesprochen, da der Titel lediglich den Inhalt der Sendung beschreibe. Das BPatG hat diese ausschließlich an der Herkunftsfunktion der Marke orientierte Betrachtungsweise – wie allgemein in seiner die restriktive Eintragungspraxis des DPMA billigenden Rechtsprechung – auf die Rechtslage im MarkenG übertragen. Ein Wort, das als Titel einen *naheliegenden Werkinhalt* treffend und erschöpfend *beschreibe*, sei zum einen für die auf die Schöpfung oder Verwertung des Werkes gerichteten Dienstleistungen freihaltebedürftig, und zum anderen, wenn sein *beschreibender Gehalt* für den inländischen Verkehr ohne weiteres *verständlich* sei, für die Dienstleistung nicht unterscheidungskräftig (den Titel *Klassentreffen* als Dienstleistungsmarke für Produktion und Ausstrahlung einer Fernsehsendung als eintragungsunfähig beurteilend BPatGE 38, 138 – Klassentreffen). Die ausschließliche Orientierung der Eintragungsfähigkeit an der herkunftskennzeichnenden Funktion einer Bezeichnung *verkürzt den Kennzeichenschutz von Titeln als Marken* und wird damit der als Folge der rechtlichen Selbständigkeit der Kennzeichen bestehenden Rechtsschutzkonkurrenz im Kennzeichenrecht (s. dazu §§ 1, Rn 15 f.; 5, Rn 7) nicht gerecht.

## 2. Bildmarken

**256** **a) Abbildungen jeder Art.** *Bildmarken* (visuelle oder optische Marken) sind als Abbildungen jeder Art grundsätzlich markenfähig, wenn ihnen abstrakte Unterscheidungseignung zukommt. In welcher Form die Abbildung erfolgt, spielt grundsätzlich keine Rolle. So stellen etwa auch Etiketten, Siegel, Randstreifen, Reliefs, Hologramme, Logos, synthetische Bilder, Anordnungen, Kombinationen oder Nuancen von Farben als Bildmarke geeignete Abbildungen dar. Im Hinblick auf die Markenfähigkeit von Buchstaben und Zahlen (s. Rn 243 f.) sollte die Markenfähigkeit von Abbildungen grundsätzlich großzügig gehandhabt werden, da die Eintragungsfähigkeit der als Marke schutzfähigen Abbildung von dem Vorliegen der konkreten Unterscheidungskraft und somit dem Fehlen absoluter Schutzhindernisse nach § 8 Abs. 2 abhängig ist. Eine Grenze der abstrakten Unterscheidungseignung von Bildmarken ist allgemein kaum zu bestimmen. Selbst den *Satzzeichen* wie Ausrufezeichen oder Fragezeichen und den *geometrischen Grundformen* wie Kreis, Dreieck oder Viereck kann die abstrakte Unterscheidungseignung nicht generell abgesprochen werden (s. zur Eintragungsfähigkeit des *JOOP-Ausrufezeichens* § 8, Rn 71). Allerdings wird solchen Bildmarken zumeist die konkrete Unterscheidungskraft nach § 8 Abs. 2 Nr. 1 fehlen, da sie im Verkehr regelmäßig nicht als produktidentifizierendes Unterscheidungszeichen verstanden werden. Keine abstrakte Unterscheidungseignung kommt allerdings einem *Punkt* oder einer *Linie* als solcher zu, die etwa nur mit der Schreibmaschine geschrieben sind und keine weiteren Besonderheiten aufweisen. Abstrakte Unterscheidungseignung ist aber schon dann gegeben, wenn etwa der Punkt eine bestimmte Größe und Farbe aufweist (*roter Punkt* für den Regenschirm *Knirps*) oder der Linie einer bestimmten Farbe aufgrund eines Werbetextes eine bestimmte Bedeutung zukommt (*grüne Linie* als grünes Band der Sympathie der *Dresdner Bank*).

**257** **b) Graphische Gestaltung von Buchstaben, Wörtern und Zahlen.** Buchstaben, Wörter und Zahlen können aufgrund ihrer graphischen Gestalt eine als Marke schutzfähige Abbildung darstellen. Doch wird der zeichnerischen Ausgestaltung von Buchstaben, Wörtern und Zahlen regelmäßig schon die abstrakte Unterscheidungseignung fehlen, da die ständige Verbreitung einer Vielfalt von graphischen Gestaltungen den Verkehr an die Formelemente der Gebrauchsgraphik gewöhnt. Die Markenfähigkeit einer graphischen Gestaltung von Buchstaben, Wörtern und Zahlen kommt nur dann in Betracht, wenn sie eine besondere Eigenart aufweist, den gegenwärtigen Stand der gebrauchsüblichen Werbegraphik überschreitet und ihr so die Eignung zur Unterscheidung von Unternehmensprodukten am Markt zukommt. Ein historisches Beispiel bildet die Schreibweise des Namens *Farina* in der Wortmarke *Johann Maria Farina gegenüber dem Jülichplatz* (RG MuW 1931, 390, 391 zur geschnörkelten Schriftart des Anfangsbuchstaben *F* und der mit Punkten versehenen Schlußschleife).

**258** **c) Abbildung der Ware.** Der naturgetreuen Abbildung einer Ware (Fotografie eines Autos) kommt als solcher grundsätzlich nicht die abstrakte Unterscheidungseignung zu,

Unternehmensprodukte im Marktwettbewerb zu identifizieren. Das Warenbild als solches ist keine unterscheidungsgeeignete Markenform. Der Verkehr erkennt im Bild einer Ware ein Produkt als solches, nicht ein Kennzeichen für ein Produkt.

Wenn allerdings das äußere Erscheinungsbild der Ware und damit deren Gestaltung eine besondere Eigenart aufweist, dann ist nicht ausgeschlossen, daß auch dem Bild der Ware die abstrakte Unterscheidungseignung eines als Marke schutzfähigen Zeichens zukommt; insoweit kann ein Warenbild auch Bildmarke sein. **259**

Selbst wenn bei Vorliegen der abstrakten Unterscheidungseignung die Markenfähigkeit einer *Produktbildmarke* gegeben ist, dann ist die Marke von der Eintragung gleichwohl ausgeschlossen, wenn ihr die konkrete Unterscheidungskraft fehlt, wenn die Warenbildmarke für die Waren, für die die Eintragung beantragt wird, nicht unterscheidungskräftig ist (§ 8 Abs. 2 Nr. 1). Einem Warenbild fehlt regelmäßig die konkrete Unterscheidungskraft für die abgebildete Ware (§ 8, Rn 76 ff.). **260**

Auch wenn Markenschutz an einer abstrakt unterscheidungsgeeigneten und konkret unterscheidungskräftigen Warenbildmarke besteht, ist das Markenrecht vom Bestehen *gewerblicher Schutzrechte* an der Ware selbst unabhängig; der Markenschutz verlängert nicht den gewerblichen Warenschutz. Umgekehrt bleibt der Bestand des Markenrechts vom Ablauf von gewerblichen Schutzrechten an der Ware unberührt. Nicht zu folgen ist der Auffassung des RG, mit dem Erlöschen des Patent- oder Musterschutzes werde auch die Abbildung der Ware frei (RG MuW 1927/1928, 445 – Mergenthaler Setzmaschinen). Zwar kann jeder die Ware als solche etwa in der Händlerwerbung abbilden, nicht aber die Warenbildmarke verwenden, wenn dieser ausnahmsweise Markenschutz zukommt. **261**

**d) Abbildung der Warenverpackung.** Die Markenfähigkeit der Abbildung einer Warenverpackung ist im Ansatz nicht anders zu beurteilen als die Markenfähigkeit der Abbildung einer Ware selbst (Rn 258 ff.). Auch dem Bild einer Warenverpackung wird allgemein schon die abstrakte Unterscheidungseignung fehlen. Der Verkehr erkennt im Bild einer Warenverpackung regelmäßig allein die Verpackungsart der Ware, nicht das Kennzeichen der Ware. Doch es sind bei Abbildungen von Warenverpackungen eher als bei der Abbildung von Waren Fallgestaltungen denkbar, bei denen die Bildmarke nach der Art der Darstellung eine die abstrakte Unterscheidungseignung begründende Eigenart aufweist. Doch wird regelmäßig die konkrete Unterscheidungskraft für die Waren, für die die Eintragung beantragt wird, nach § 8 Abs. 2 Nr. 1 fehlen (BGHZ 41, 187 – Palmolive zu den Form- und Farbmerkmalen der *Palmolive*-Seifenpackung ohne das auf der Banderole in gelber Farbe aufgedruckte und geschützte Wort *Palmolive*; s. § 8, Rn 84 ff.). **262**

### 3. Formmarken

**Schrifttum zum WZG.** *Ackmann,* Zur Eintragbarkeit plastischer Warenzeichen in die Zeichenrolle, GRUR 1973, 165; *Arnet,* Die Formmarke, Diss. Zürich, 1993; *Becker-Bender,* Schutz origineller Verpackungsformen, BB 1959, 1084; *Droste,* Der Schutz origineller Verpackungsformen, MA 1954, 678; *Eck,* Neue Wege zum Schutz der Formgebung, 1993; *Eichmann,* Das Verhältnis von Mustern zu Marken, FS für Nirk, 1992, S. 165 ff.; *Jene-Bollag,* Die Schutzfähigkeit von Marke und Ausstattung unter dem Gesichtspunkt des Freihaltebedürfnisses, 1981; *Kur,* TRIPs and Design Protection, in: Beier/Schricker (Hrsg.), From GATT to TRIPs, 1996, S. 141; *Marbach,* Die eintragungsfähige Marke, 1984; *Miosga,* Schutz der Verpackung nach dem Warenzeichengesetz, Mitt 1965, 88; *Miosga,* Schutz der äußeren Gestaltung der Ware oder Verpackung, Mitt 1969, 105; *Streuli-Youssef,* Die Formmarke, in: Rehbinder (Hrsg.), Marke und Marketing, 1990, S. 47; *Ulmer,* Die plastischen Zeichen und der Begriff des Warenzeichens, GRUR 1939, 1; *Winkel,* Formalschutz dreidimensionaler Marken, 1979.

**Schrifttum zum MarkenG.** *Anders/Hacker,* Aus der Rechtsprechung des Bundespatentgerichts im Jahre 1996, GRUR 1997, 487; *Bauer,* Die Ware als Marke, Gedanken zur BGH-Entscheidung „Füllkörper", GRUR 1996, 319; *Eichmann,* Die dreidimensionale Marke im Verfahren vor dem DPA und BPatG, GRUR 1995, 184; *Eichmann,* Die dreidimensionale Marke, FS für Vieregge, 1995, S. 125 ff.; *Henning-Bodewig/Ruijsenaars,* Designschutz qua Markenrecht – Das „Burberrys"-Urteil des Benelux-Gerechtshof im Rechtsvergleich, GRUR Int 1990, 821; *Kiethe/Groeschke,* Der Designschutz dreidimensionaler Marken nach dem Markengesetz, WRP 1998, 541; *Klaka,* Schutzfähigkeit der dreidimensionalen Benutzungsmarke nach § 4 Nr. 2 MarkenG, GRUR 1996, 613; *Kur,* Formalschutz dreidimensionaler Marken – neue Aufgaben für die Markenabteilung des Deutschen Patentamts, FS 100 Jahre Marken-Amt, 1994, S. 175; *Kur,* GRUR Int 1997, 1026; *Meister,* Praktische Erfahrungen mit dem neuen Markengesetz, WRP 1995, 1005; *Ruijsenaars,* Neue Entwicklungen im Muster- und Markenrecht der Benelux-Länder, GRUR Int 1992, 505; *Watts,* Trade Marks for the Shape of Goods, E.I.P.R. 1998, 147; *Winkler,* Erfahrungen des DPA mit dem erweiterten Markenbegriff, MA 1996, 516.

263 **a) Rechtslage im WZG.** Die Rechtsprechung lehnte die *Eintragung* plastischer Zeichen nach der Rechtslage im WZG ab und folgerte aus dem Wesen des Warenzeichens das Erfordernis dessen Flächenhaftigkeit (BGHZ 41, 187, 189 – Palmolive; 1952, 274, 275 – Streifenmuster; BGH GRUR 1975, 550 – Drahtbewehrter Gummischlauch; 1976, 355 –P-Tronix; RGZ 115, 235, 237 – Bandmaß; 155, 108, 116 – Kabelkennfäden; 155, 374 – Kaffeemühle). Der zeichenrechtliche Schutz einer dreidimensionalen Formgestalt ließ sich allein durch eine Eintragung als Flächenzeichen in zweidimensionaler Form erreichen. Der Verwechslungsschutz des Flächenzeichens bestand auch gegenüber einer dreidimensionalen Wiedergabe des Warenzeichens (Bildmarke einer *Kaffeemühle* gegenüber einer Reklame-Kaffeemühle RGZ 155, 374 – Kaffeemühle; die Bildmarke einer *Ettal-Likör-Flasche* gegenüber einer ähnlichen Flasche BGH GRUR 1956, 179 – Ettaler-Klosterliqueur; die Bildmarke einer *etikettierten Flasche* gegenüber einer Flaschenaufmachung BGH GRUR 1982, 111, 112 – Original-Maraschino). Der *Ausstattungsschutz* nach § 25 Abs. 1 aufgrund des Erwerbes von Verkehrsgeltung war an dreidimensionalen Zeichen anerkannt. Schon nach der Rechtslage im WZG wurde die Anerkennung des Zeichenschutzes dreidimensionaler Gebilde gefordert (s. dazu in einzelnen *Baumbach/Hefermehl,* § 1 WZG, Rn. 66).

264a **b) Rechtslage im MarkenG. aa) Markenfähigkeit dreidimensionaler Gestaltungen.** In Umsetzung von Art. 2 MarkenRL und im Anschluß an die internationale Entwicklung besteht nach § 3 Abs. 1 die *Markenfähigkeit dreidimensionaler Gestaltungen* (Formmarken oder dreidimensionale Marken). Die Vorschrift § 3 Abs. 1 rechnet zu den dreidimensionalen Gestaltungen ausdrücklich auch die Form einer Ware oder ihrer Verpackung sowie sonstige Aufmachungen. Voraussetzung der Markenfähigkeit einer dreidimensionalen Gestaltung ist deren abstrakte Unterscheidungseignung, Waren oder Dienstleistungen eines Unternehmens von denjenigen anderer Unternehmen zu unterscheiden. Als ein identifizierendes Unterscheidungszeichen muß die Formmarke die allgemeinen Voraussetzungen der Markenfähigkeit wie Selbständigkeit, Einheitlichkeit und graphische Darstellbarkeit der Marke (s. Rn 197 ff.) erfüllen. Da es sich bei dreidimensionalen Gestaltungen um Zeichen handelt, die ausschließlich aus einer Form bestehen, gelten für dreidimensionale Marken die *Ausschlußgründe* des § 3 Abs. 2 Nr. 1 bis 3 (s. dazu im einzelnen Rn 222 ff.). Eine dreidimensionale Marke ist dann von der Eintragung in das Register ausgeschlossen, wenn ihre Form durch die Art der Ware selbst bedingt ist (Nr. 1), zur Erreichung einer technische Wirkung erforderlich ist (Nr. 2), oder der Ware einen wesentlichen Wert verleiht (Nr. 3). Da der bis zum Inkrafttreten des MarkenG geltende Grundsatz von der Eintragungsunfähigkeit dreidimensionaler Marken nach Erlaß der MarkenRL nicht mehr zur öffentlichen Ordnung (ordre public) im Sinne des Art. 6$^{quinquies}$ B Nr. 2 PVÜ zählte, kann nach Erlaß der MarkenRL registrierten, plastischen *IR-Marken* nicht aus dem Gesichtspunkt des ordre public der Schutz versagt werden (BPatGE 38, 185 – Plastische IR-Flaschenmarke).

264b **bb) Produktabhängige und produktunabhängige Formmarken.** Beispiele dreidimensionaler Marken sind etwa ein Stern, ein Apfel, ein Tier (die *lila Kuh* für Schokolade der Kraft Jacobs Suchard AG) oder eine konkrete menschliche Gestalt. Markeninhaber dreidimensionaler Marken werden regelmäßig verschiedene Markenformen gleichen Inhalts zur Eintragung in das Register anmelden (etwa die Wortmarke Stern, die Bildmarke eines Sterns sowie eine dreidimensionale Marke eines Sterns als Gestaltung). Solche *produktunabhängigen Formmarken* (Formmarken im weiteren Sinn; so Schweiz. BG PMMBL 1995 I 15f.) stellen nicht die Form der Ware oder ihrer Verpackung, zu deren Kennzeichnung sie bestimmt sind, dar. Eine produktunabhängige Formmarke kann sowohl *Warenmarke* als auch *Dienstleistungsmarke* (etwa das *Wirtshausschild eines Löwen* eines Restaurants und Hotels *Zum Löwen* für die Dienstleistungen Verpflegung und Beherbergung von Gästen) sein. Anders beziehen sich *produktabhängige Formmarken* (Formmarken im engeren Sinn) auf die Form der Ware oder ihre Verpackung. Beispiele solcher *Produktformmarken* und *Verpackungsformmarken* (s. § 8, Rn 117d) sind etwa die quadratische Form der *Ritter-Sport-*Schokolade (abl. selbst bei Verkehrsdurchsetzung Dänisches See- und Handelsgericht und Dänischer Oberster Gerichtshof GRUR Int 1997, 1018 – Ritter Sport) oder die Dreiecksform der *Toblerone*-Schokolade, sowie die originelle Form der *Dimple*-Flasche für Spirituosen (s. § 8, Rn 117 e). Nach kanadischem und englischem Markenrecht wurde die Form eines aus der Anordnung von drei Drehscherköpfen bestehenden Rasierapparatekopfes des elektrischen *Philips*-Rasierapparates als dreidimensionale Marke nicht anerkannt, da die Scherkopfanordnung die *funktionale* Struktur des Rasierapparates selbst betreffe und damit die gesetzlichen Grenzen einer Marke verletze (Federal Court of Appeals GRUR Int 1997, 1023 – Rasierapparatkopf mit Anm. *Kur; Watts*, E.I.P.R. 1998, 147; High Court, Chancery Division E.I.P.R. 1998, 39). Die *Eintragungspraxis* dreidimensionaler Marken wird bei den absoluten Schutzhindernissen dargestellt (s. § 8, Rn 117 b ff.).

Eine produktabhängige Formmarke ist grundsätzlich eine *Warenmarke*, für die die Ausschlußgründe der warenbedingten, technisch bedingten und wertbedingten Form nach § 3 Abs. 2 Nr. 1 bis 3 gelten. Die Markenfähigkeit einer produktabhängigen *Dienstleistungsmarke* ist noch nicht endgültig geklärt (abl. *Arnet*, Die Formmarke, S. 17 ff.; bejahend *Marbach*, in: v. Büren/David, Schweizerisches Immaterialgüter- und Wettbewerbsrecht, 3. Bd., Kennzeichenrecht, S. 62). Dreidimensionale Formmarken sind etwa an *Arbeitsergebnis einer Dienstleistung* (Kennzeichnung einer Architekturleistung durch eine typische Form eines Fensterausschnitts oder Giebelteiles eines Hauses) oder an *Hilfswaren zur Erbringung der Dienstleistung* (typische Form eines Handys für Kommunikationsdienstleistungen oder des Aufbaus eines Lkw für Transportdienstleistungen) denkbar. Weder dogmatische noch praktische Gründe sprechen gegen die Anerkennung der Markenfähigkeit von dreidimensionalen Dienstleistungsmarken, die dem offenen Tatbestand der Markenformen nach § 3 Abs. 1 entsprechen (s. auch Rn 223). 264c

**cc) Eintragungsverfahren.** Die Vorschrift des § 9 MarkenV enthält die Regelungen zur Anmeldung einer dreidimensionalen Marke. Wenn der Anmelder die Eintragung einer Marke als dreidimensionale Marke beantragt, dann sind der Anmeldung vier übereinstimmende zweidimensionale graphische Wiedergaben der Marke beizufügen (§ 9 Abs. 1 MarkenV). Die Anmeldung kann auch eine Beschreibung der Marke enthalten (§ 9 Abs. 5 MarkenV). Bei dreidimensionalen Marken, die die Form einer Ware oder ihrer Verpackung oder eine sonstige Aufmachung wiedergeben, sind die allgemeinen Kriterien der Markenfähigkeit, wie die Selbständigkeit der Marke von der Ware, die Einheitlichkeit der Marke und die graphische Darstellbarkeit der Marke (s. dazu Rn 197 ff.) sorgfältig zu prüfen. 264d

**dd) Besondere Formen dreidimensionaler Marken.** Die *Kennfadenmarke* (s. Rn 292 a f.) und die *Positionsmarke* (s. Rn 294 a f.) stellen besondere Formen dreidimensionaler Marken dar. 264e

**ee) Eintragungspraxis und Rechtsprechung.** Die *Eintragungspraxis* und *Rechtsprechung* zu den dreidimensionalen Marken wird bei den absoluten Schutzhindernissen dargestellt (s. § 8, Rn 117 b ff.). 264f

## 4. Farbmarken

**Schrifttum.** S. die Schrifttumsangaben zu § 8 E I 3 e (vor Rn 89).

**a) Ausgangspunkt.** Farben und Farbzusammenstellungen sind als Marke schutzfähige Zeichen nach § 3 Abs. 1 (*Farbmarken*). Es gelten die allgemeinen Kriterien der *Markenfähigkeit* (zur *Eintragungsfähigkeit* von Farbmarken s. § 8, Rn 89 ff.; zur Entstehung des Farbmarkenschutzes durch den Erwerb von Verkehrsgeltung s. § 4, Rn 168 ff.), wie vor allem der Grundsatz der Selbständigkeit der Marke von der Ware (s. Rn 211 ff.). So sind etwa Farben oder Farbzusammenstellungen, die ein wesensbestimmendes Merkmal des Produkts darstellen, keine als Marke schutzfähigen Zeichen. Die Farbe eines Produkts kann technisch bedingt oder anhand von gesetzlichen Bestimmungen vorgeschrieben und deshalb zur Produktkennzeichnung markenunfähig sein. Das Fehlen der Markenfähigkeit kann nicht durch den Erwerb von Verkehrsdurchsetzung nach § 8 Abs. 3 überwunden werden. Der BGH anerkennt die abstrakte Markenfähigkeit von Farben und Farbzusammenstellungen im Sinne des § 3 Abs. 1, deren Annahme zwar nicht das Vorliegen besonderer abstrakter Schutzvoraussetzungen verlangt, aber es müssen die allgemeinen Voraussetzungen der Markenfähigkeit, wie vor allem der Grundsatz der Selbständigkeit der Marke von dem Produkt, er- 265 füllt sein (BGH WRP 1999, 430 – Farbmarke gelb/schwarz). Wenn einer markenfähigen Farbe oder Farbzusammenstellung zudem konkrete Unterscheidungskraft im Sinne des § 8 Abs. 2 Nr. 1 zukommt, dann ist diese Farbe oder Farbzusammenstellung als Marke eintragungsfähig. Wenn einer Farbe oder Farbzusammenstellung die konkrete Unterscheidungskraft für die Waren oder Dienstleistungen, für die die Eintragung beantragt wird, fehlt, und damit ein absolutes Schutzhindernis nach § 8 Abs. 2 Nr. 1 besteht, dann kann die Farbe oder Farbzusammenstellung nur eingetragen werden, wenn sie infolge ihrer Benutzung Verkehrsdurchsetzung nach § 8 Abs. 3 erworben hat. Das gleiche gilt auch für die absoluten Schutzhindernisse der beschreibenden Angaben (§ 8 Abs. 2 Nr. 2) und der allgemein sprachgebräuchlichen oder verkehrsüblichen Bezeichnungen (§ 8 Abs. 2 Nr. 3).

266  **b) Rechtslage im WZG.** Nach der Rechtslage im WZG wurde die Zeichenfähigkeit einer *abstrakten* Farbe oder Farbkombination ohne jede graphische Darstellung, wie durch Linien, Kurven oder sonstige Zeichnungen, abgelehnt. Erst eine *figürliche Begrenzung der Farbe* begründete die Zeichenfähigkeit. Bloße Färbungen und Farbtönungen eines Produkts wurden als nicht zeichenfähig angesehen (RPA MuW 1930, 89 – grüner Wickelstern; 1932, 314 – farbiger Einlagestoff; DPA BlPMZ 1958, 111). Eine von einer bestimmten Form unabhängige Farbgebung wurde selbst dann nicht als zeichenfähig beurteilt, wenn sie sich im Verkehr als Hinweis auf den Geschäftsbetrieb durchgesetzt hatte (BPatGE 7, 137, 139 – Rot-Gelb). Der BGH verneinte die Unterscheidungskraft einer konturlosen Farbgebung als solcher (BGH GRUR 1979, 853, 855 – LILA). Weitergehend wurde die Zeichenfähigkeit der postgelben Farbe als ein kräftiger und leuchtender Gelbton (*Postgelb*) bejaht und Ausstattungsschutz nach § 25 Abs. 1 WZG angenommen (OLG Frankfurt NJW-RR 1992, 1519 – Gelbe Seiten; zur Ablehnung im Eilverfahren OLG Frankfurt NJW 1988, 2480). Schon nach der Rechtslage im WZG wurde aber auch darauf hingewiesen, daß nicht nur durch eine figürlich umgrenzte Form die Farbe vom Wesen der Ware unabhängig werde (*Baumbach/Hefermehl*, § 1 WZG, Rn 60). Eine Farbe könne die Selbständigkeit als Zeichen auch aufgrund einer willkürlich gewählten und eigenartigen *Farbgebung* erlangen; es liege insoweit nicht anders als bei der Form der Ware. Allein für eine Farbe oder Farbkombination *in abstracto* sei die Zeichenfähigkeit zu verneinen. Nach Art. 1 Abs. 1 Benelux-WZG war die Zeichenfähigkeit einer Farbe oder einer besonderen Farbnuance bereits anerkannt; so wurde die Zeichenfähigkeit für eine bestimmte Nuance der Farbe *blau* für Gasflaschen grundsätzlich bejaht (Benelux-Gerichtshof GRUR Int 1979, 117 – Farben einer Gasflasche).

267a  **c) Rechtslage im MarkenG. aa) Grundsatz der Markenfähigkeit. (1) Ausschlußgründe der Markenfähigkeit.** Farben und Farbzusammenstellungen sind nach § 3 Abs. 1 als Marke schutzfähige Zeichen. Der BGH anerkennt die abstrakte Markenfähigkeit von Farben und Farbzusammenstellungen im Sinne des § 3 Abs. 1, deren Annahme nicht das Vorliegen besonderer abstrakter Schutzvoraussetzungen verlangt (BGH WRP 1999, 430 – Farbmarke gelb/schwarz). *Farbmarken* sind nur dann abstrakt unterscheidungsgeeignet und damit markenfähig, wenn sie die *allgemeinen Kriterien der Markenfähigkeit*, wie vor allem den Grundsatz der Selbständigkeit der Marke von dem Produkt (s. Rn 211 ff.), erfüllen. Eine Bezeichnung oder ein sonstiges Merkmal (Zeichen) der Ware kann dann nicht markenfähig sein, wenn es einen funktionell notwendigen Bestandteil der Ware darstellt. Die Selbständigkeit der Marke gegenüber der Ware ist eine zwingende Folge der Identifizierungsfunktion der Marke. Die Farbmarke muß abstrakt geeignet sein, als Unterscheidungszeichen Unternehmensprodukte des Markeninhabers auf dem Markt zu identifizieren; die Farbmarke darf nicht mit dem Produkt, das es kennzeichnet, identisch oder ein funktionell notwendiger Bestandteil des Produkts sein. Die Farbe eines Produkts kann *technisch bedingt* oder aufgrund von *gesetzlichen Bestimmungen* vorgeschrieben und so zur Produktkennzeichnung markenunfähig sein. Die Praxis zu § 25 WZG bietet ein reiches Anschauungsmaterial zur objektiven Ausstattungsfähigkeit der Farbgebung als Schutzvoraussetzung des Ausstattungsschutzes (zu Beispielen zur Markenfähigkeit von Farbmarken in der der Rechtsprechung zum Ausstattungsschutz nach § 25 WZG s. § 4, Rn 171 f.), auch wenn wegen der Anerkennung des Markenschutzes konturloser konkreter Farben und Farbzusammenstellungen diese Rechtssätze zum WZG nicht unbesehen übertragen werden können. Berühmt ist die den Ausstattungsschutz verneinende Entscheidung *rote Herzwandvase* des BGH (BGHZ 16, 296 – rote Herzwandvase). Die dem Herzsymbol entsprechende rote Farbe einer Herzwandvase wurde als *wesensbestimmendes* Merkmal der Ware beurteilt, so daß an der roten Farbgebung Markenschutz auch nicht durch Benutzung aufgrund des Erwerbs von Verkehrsgeltung erworben werden konnte. Als nicht markenfähig wurde auch die weiße Farbe von Spielzeugbausteinen beurteilt, wenn die Farbe einem *üblichen* Verputz von Gebäuden entspreche (BGH GRUR 1964, 621, 623 – Klemmbausteine). Schon das RG hatte die bräunliche Färbung eines Wundpflasters, das der Verhinderung des Einschmutzens diente, als nicht markenfähig beurteilt, da die Farbgebung *technisch-funktionell bedingt* sei (RG GRUR 1941, 238 – Leukoplast/Hansaplast). In dem Grundsatzurteil *Qualitex* des U.S.-Supreme Court, in dem im Jahre 1995 die Markenfähigkeit des Farbtons *grün-gold* für Auflagen oder Überzüge zur Verwendung für Reinigungs- und Kleiderpressen in chemischen Reinigungen anerkannt wurde, wurde nach der *functionality doctrine* (doctrine of necessity) die Funktionalität der grün-goldenen Farbe für die konkreten Waren verneint und entschieden, daß kein besonderer gesetzlicher Grund eine Farbe als solche daran hindere, als Marke zu dienen (U.S.-Supreme Court GRUR Int 1996, 961 – Qualitex). Dogmatisch und rechtssystematisch geht es darum, daß die § 3 Abs. 2 Nr. 1 bis 3 für Formmarken bestehende Ausschlußgründe der *Warenbedingtheit*, der *technischen Bedingtheit* und der *Wertbedingtheit* für alle Markenformen gelten. Diese *Ausschlußgründe der Markenfähigkeit* stellen nichts anderes als eine Konkretisierung des Grundsatzes der Selbständigkeit der Marke von der Ware dar. Es bedarf keiner analogen Anwendung des § 3 Abs. 2 auf die anderen Markenformen. Die Amtspraxis des DPMA hat es bisher versäumt, im Eintragungsverfahren Beurteilungskriterien der Markenfähigkeit zu entwickeln und damit Rechtssicherheit zu schaffen. Das Ausweichen auf die absoluten Schutzhindernisse des § 8 Abs. 2 Nr. 1 bis 3 stellt keine sachgerechte Problemlösung dar.

**(2) Einfarbenmarken und Mehrfarbenmarken ohne Angabe der Farbenrelation.** 267b
Eine *konkrete Farbe* ist als solche *markenfähig*. Das bedeutet nicht die Anerkennung eines *abstrakten* Farbenschutzes, da nicht einer Farbe in abstracto gleichsam als allgemeiner Vorstellung oder Idee Markenschutz gewährt wird. Die Konkretisierung einer Farbe zu einem bestimmten Farbton begründet die Fähigkeit der Marke, als Zeichen Produkte auf dem Markt zu individualisieren und zu identifizieren und begründet damit die Markenfähigkeit. Eine *formale Begrenzung zweidimensionaler oder dreidimensionaler Art* ist nicht Voraussetzung des Farbmarkenschutzes. Eine *konturlose Farbe* ist als ein typischer Farbton oder als eine konkrete Farbnuance markenfähig. Der BGH anerkennt die abstrakte Markenfähigkeit konturloser konkreter Farben und Farbzusammenstellungen (BGH WRP 1999, 430 – Farbmarke gelb/schwarz). Als *dreidimensionale Farbmarke* (s. zur dreidimensionalen Marke Rn 263 ff.) kann eine Farbmarke einen Zeichenbestandteil einer Kombinationsmarke (s. zur Kombinationsmarke Rn 295) bilden, wie etwa ein *dreidimensionaler Stern* in einem bestimmten Farbton oder eine *Flaschenmarke* als Verpackungsformmarke in einem bestimmten Farbton (s. zur Eintragungspraxis von Flaschenmarken § 8, Rn 117 h). Die Markenfähigkeit von *Grundfarben* ist nicht anders als die Markenfähigkeit von Grundformen grundsätzlich anzuerkennen (s. *Fezer*, MarkenR 1999, 73, 75) Die Markenfähigkeit als abstrakte Unterscheidungseignung besteht für *Einfarbenmarken*, bei denen eine einzelne Farbe als Zeichen dient, und *Mehrfarbenmarken*, die aus einer Kombination mehrerer Farben (Farbzusammenstellungen) bestehen. An die *Markenfähigkei einer Farbzusammenstellung* sind keine besonderen Schutzvoraussetzungen, wie etwa Angaben über die Zuordnung, das Verhältnis oder die Gewichtung der verschiedenen Farben zueinander, zu stellen (zu den vom BPatG verlangten weiteren Angaben bei Farbkombinationsmarken s. § 8, Rn 90 d). Ein solch restriktives Verständnis des Begriffs der Farbzusammenstellung im Sinne des § 3 Abs. 1, nach dem präzise Angaben über die *Farbenrelation* bei Mehrfarbenmarken (s. dazu *Fezer*, MarkenR 1999, 73, 77 f.) eine rechtliche Voraussetzung des Farbmarkenschutzes darstellt, leugnet die Farbzusammenstellung als eigenständige Markenform und reduziert die Mehrfarbenmarke auf eine Art von Bildmarke. Dem steht nicht entgegen, daß das konkrete Markendesign einer Mehrfarbenmarke als Produktkennzeichen aufgrund des optischen Eindrucks von unterschiedlicher Wirkung auf den Verbraucher sein kann. Die Konkretisierung der Mehrfarbenmarke etwa als Muster von Streifen, Wellenlinien und Quadraten oder in Aufteilung der Farben auf verschiedene Produktteile ist als ein Problem der Kennzeichnungskraft der Farbmarke bei der Bestimmung ihres Schutzbereichs zu berücksichtigen. Die *Bestimmtheit* einer konkreten Farbe als Marke (zum Bestimmtheitsgrundsatz bei der Anmeldung einer Marke s. § 32,

Rn 1) kann anhand eines anerkannten *Farbbezeichnungssystems* (RAL-Farbregler, Pantone-System; s. dazu *Völker/Semmler*, GRUR 1998, 93, 94 Fn 10), das der Systematisierung und Standardisierung von Farben zu verschiedenen Zwecken dient, dargestellt werden. Die konkreten Farbangaben aufgrund eines Farbbezeichnungssystems erfüllen als eine *mittelbare graphische Wiedergabe* der Farbmarke das Erfordernis einer graphischen Darstellbarkeit (s. dazu Rn 217 ff.; § 8, Rn 11 ff.) der Marke (BGH WRP 1999, 430 – Farbmarke gelb/schwarz; zur restriktiven Rechtsprechung des BPatG s. § 8, Rn 90 f.). Der registerrechtliche Bestimmtheitsgrundsatz ist kein zulässiges Instrument, solche Voraussetzungen der Eintragungsfähigkeit einer Mehrfarbenmarke zu verlangen, die materiellrechtlich die Zulässigkeit der Markenform reduzieren und den materiellrechtlichen Eintragungsanspruch des Anmelders beschränken. Das BPatG instrumentalisiert den registerrechtlichen Bestimmtheitsgrundsatz, um die Anforderungen an den Grundsatz der Einheitlichkeit der Marke, der ein seit Alters her anerkanntes Kriterium der Markenfähigkeit darstellt (s. Rn 216), einzuschränken. Bei der Anerkennung der Markenfähigkeit konturloser konkreter Farben und Farbzusammenstellungen gehört die Farbenrelation nicht zur Einheitlichkeit der Marke, sondern es bestimmt die Art und Weise der Gestaltung der Farbzusammenstellung in der Markenpraxis (*Markendesign*) die Kennzeichnungskraft der Marke. Der registerrechtliche Bestimmtheitsgrundsatz betrifft allein die materiellrechtlichen Voraussetzungen des Inhalts des Markenrechts.

**267c**   **(3) Kritik am Farbmarkenschutz.** Die gegen einen Farbmarkenschutz konturloser Farben ohne figürliche oder formale Begrenzung zweidimensionaler oder dreidimensionaler Art vorgebrachten Gründe vermögen nicht zu überzeugen. Nicht anders als Wörter, Bilder oder Töne sind Farben Unterscheidungsmittel zur Produktidentifikation im Marktwettbewerb. Die *Figuration der Farbe* ist keine rechtliche Voraussetzung der Markenfähigkeit. Farben als Marken begründen nicht mehr oder weniger als andere Unterscheidungszeichen aus Gründen einer etwaigen *Farbtonverwirrung* ein Problem der rechtssicheren Identifikation, da die reale Vielfalt der Lichtverhältnisse den Sicht-, Lese- oder Hörverhältnissen bei anderen Markenformen entspricht. Das Argument eines angeblich *begrenzten Vorrats an Farben* vermag die Markenfähigkeit einer konturlosen Farbe als solcher schon deshalb nicht zu hindern, weil namentlich erst das Bestehen einer konkreten Unterscheidungskraft (§ 8 Abs. 2 Nr. 1), sowie das Fehlen eines aktuellen und konkreten Freihaltebedürfnisses (§ 8 Abs. 2 Nr. 2) der Farbe für die konkreten Waren oder Dienstleistungen, für die die Eintragung beantragt wird, die Eintragungsfähigkeit der markenfähigen Farbe als Marke begründet.

**267d**   **bb) Konturloser Farbenschutz.** Die *Markenfähigkeit einer konturlosen Farbe* als solcher besteht unabhängig von einer formalen Begrenzung zweidimensionaler oder dreidimensionaler Art (s. Rn 267a ff.). Die gegen einen Farbmarkenschutz konturloser konkreter Farben vorgebrachte Wortlautauslegung des § 3 Abs. 1, die Markenformen Farben und Farbzusammenstellungen bezögen sich nur auf die im Gesetzestext vorangegangenen *Aufmachungen* (in diesem Sinne zunächst die restriktive Eintragungspraxis des DPMA und die Entscheidungspraxis des BPatG; s. dazu § 8, Rn 90a ff.), überzeugt schon deshalb nicht, weil zum einen der Begriff der Aufmachung nicht im traditionellen Sinne des Ausstattungsschutzes nach § 25 WZG zu verstehen ist, vor allem aber, weil es sich bei der Beschreibung der Markenformen nach § 3 Abs. 1 nur um einen *Beispielskatalog* und damit um einen *offenen Tatbestand* handelt (so auch BGH WRP 1999, 430 – Farbmarke gelb/schwarz). Gerade der offene Tatbestand des Art. 2 MarkenRL, der keinen Hinweis auf Farben enthält, läßt einen Farbmarkenschutz ohne Beschränkung auf traditionelle Aufmachungen zu und verbietet eine restriktive Auslegung des § 3 Abs. 1 im Sinne einer weitgehenden Aufrechterhaltung der Eintragungspraxis nach der Rechtslage im WZG (s. dazu Rn 266). Eine richtlinienkonforme Auslegung des MarkenG verlangt die Anerkennung der Markenfähigkeit konturloser konkreter Farben und Farbzusammenstellungen. Auch im *Gemeinschaftsmarkenrecht* wird von der *generellen Markenfähigkeit einer Farbe an sich* nach Art. 4 GMarkenV ausgegangen (3. Beschwerdekammer HABM GRUR Int 1998, 612 – Orange; MarkenR 1999, 108 – LIGHT GREEN; s. § 8, Rn 90g). Eine solche Auffassung entspricht zudem der *internationalen Rechtsentwicklung* (s. dazu *v. Schulz*, GRUR 1997, 714, 720 f.; *Thilo*, Neue Formen der Marke, S. 238 ff.; zum schweizerischen Markenrecht s. *Marbach*, in: v. Büren/David, Schweizerisches Immaterialgüter- und Wettbewerbsrecht, 3. Bd., Kennzeichenrecht, S. 22 f., 52; abl.

Als Marke schutzfähige Zeichen  267e, 267f § 3 MarkenG

*David*, Schweiz. Markenschutzgesetz, Art. 2 MSchG, Rn 15; BGE 103 Ib 268, 270; die Schutzfähigkeit einer einzelnen Farbe oder eines Farbtons an sich ablehnend, betreffend die Farbe *LILA* für Schokolade, Eidg. Rek.komm. PMMBL 1995 I, 73 ff., wenngleich ungeachtet dieser Entscheidung das Bundesamt die identische Farbe *LILA* nach erneuter Hinterlegung gleichwohl als Marke registriert hat, CH-Nr. 419 105; die Monopolisierung von Grundfarben und Farbnuancen als Gemeingut ablehnend, betreffend die *uni kobaltblaue Färbung einer Flasche*, Eidg. Rek.komm. sic! 1998, 300 – kobalt-blaue Flasche; zum österreichischen Markenrecht s. *Koppensteiner*, Österreichisches und europäisches Wettbewerbsrecht, § 38, Rn 13; abl. ÖOGH GRUR Int 1998, 331 – MANZ-Rot; s. schon ÖOHG GRUR Int 1970, 58 – Aral-Blau-Weiß; s. dazu *Wiltschek*, WRP 1998, 698, 713 f.; zur Rechtslage im U.S.-amerikanischen Markenrecht s. zum Farbton *grün-gold* für Auflagen von Reinigungspressen U.S.-Supreme Court GRUR Int 1996, 961 – Qualitex; s. dazu *Ropski/ Wettermann*, Mitt 1995, 295, 309; *Wachter*, DAJV-NL 1995, 91; allgemein *Callmann*, The Law of Unfair Competition, Vol. 3, 1994, § 18.13; s. schon Farbton *rosa* für Fiberglasisoliermaterial Court of Appeals, Federal Circuit GRUR Int 1987, 116), der sich das neue deutsche MarkenG nicht verschließen sollte. Nach Art. 15 Abs. 1 S. 1 TRIPS-Abkommen werden Farbverbindungen als markenfähige Zeichen genannt.

cc) **Farbmarkenschutz ohne Verkehrsgeltung oder Verkehrsdurchsetzung.** Die Markenfähigkeit einer Farbe besteht unabhängig vom Vorliegen von Verkehrsgeltung oder Verkehrsdurchsetzung. Der *Erwerb von Verkehrsgeltung* einer Farbe als Marke begründet den sachlichen Markenschutz als Benutzungsmarke nach § 4 Nr. 2. Der *Erwerb von Verkehrsdurchsetzung* einer Farbe als Marke überwindet die absoluten Schutzhindernisse der fehlenden Unterscheidungskraft (§ 8 Abs. 2 Nr. 1), des Vorliegens einer Produktmerkmalsbezeichnung (§ 8 Abs. 2 Nr. 2) oder einer allgemein sprachgebräuchlichen oder verkehrsüblichen Bezeichnung (§ 8 Abs. 2 Nr. 3) der Farbe für die konkreten Waren oder Dienstleistungen, für die die Eintragung beantragt wird. Markenfähigkeit einer Farbe ohne Verkehrsgeltung oder Verkehrsdurchsetzung bedeutet, daß die Farbe als solche ein Zeichen zur Kommunikation über unternehmerische Leistungen auf dem Markt darstellt. In der internationalen Diskussion des markenrechtlichen Farbenschutzes wird gleichwohl weithin von der Voraussetzung des *Nachweises von Verkehrsgeltung* ausgegangen (s. zum Gemeinschaftmarkenrecht HABM MarkenR 1999, 108 – LIGHT GREEN; s. § 8 Rn 90g), auch wenn sich die Stimmen mehren, die das Bestehen von Verkehrsgeltung nicht als eine rechtliche Voraussetzung des Farbmarkenschutzes verlangen (s. dazu *Hudis* 86 TMR 1 [1996]; *Samuel/ Samuel* 83 TMR 554, 569 f. [1993]; Trademark Review Commission Report and Recommendations to USTA President and Board of Directors 77 TMR 375, 421 [1987]; *Jaeger-Lenz*, WRP 1999, 290, 295). In Anbetracht der sich aus einem Rechtsvergleich der unterschiedlichen Markenrechtssysteme ergebenden Unsicherheit innerhalb der internationalen Rechtsentwicklung des Farbmarkenschutzes ist festzustellen, daß einerseits Farbmarkenschutz ohne Vorliegen von Verkehrsdurchsetzung *in praxi* weithin rechtlich nicht anerkannt wird, daß andererseits aber *de jure* das Vorliegen von Verkehrsdurchsetzung keine unabdingbare rechtliche Voraussetzung des markenrechtlichen Farbenschutzes darstellt.

Rechtsdogmatisch und rechtssystematisch ist bei der Anerkennung von Farbmarkenschutz ohne Verkehrsgeltung oder Verkehrsdurchsetzung zu unterscheiden: Die *Markenfähigkeit einer Farbe* nach § 3 Abs. 1 verlangt nicht das Vorliegen von Verkehrsgeltung oder Verkehrsdurchsetzung. Der *Eintragungsfähigkeit einer Farbe* ohne Vorliegen von Verkehrsdurchsetzung können aber die absoluten Schutzhindernisse des § 8 Abs. 2 Nr. 1 bis 3 entgegenstehen. Erst die Überwindung dieser absoluten Schutzhindernisse des § 8 Abs. 2 Nr. 1 bis 3 durch den Erwerb von Verkehrsdurchsetzung nach § 8 Abs. 3 begründet die Eintragungsfähigkeit der Farbe als Marke. Diese Rechtssystematik erklärt den angeblichen Erfahrungssatz der Praxis, einer Farbe sei in der Regel ohne Vorliegen von Verkehrsdurchsetzung die Eintragungsfähigkeit nicht zuzuerkennen. Es ist aber ein solcher Erfahrungssatz der Praxis als rechtlicher Regelsatz bedenklich und allein aufgrund einer noch nicht vorhandenen Gewöhnung des Verkehrs an eine Markenpraxis der Farbmarken zu erklären. Die erheblichen Kosten eines demoskopischen Gutachtens zum Nachweis der Verkehrsdurchsetzung benachteiligen zudem mittelständische Unternehmen bei dem Erwerb des Farbmarkenschutzes. Die Eintragungsfähigkeit einer Farbe als solcher ist unabhängig vom Vorliegen von Verkehrsdurchsetzung aus Rechtsgründen nicht ausgeschlossen und wegen der Priorität der Farbmarke von erheblicher Bedeutung. Die konkrete Art und Form der Benutzung der Farbmarke auf dem Markt begründet die sich in der Zeit verändernde Marktstärke der Farbmarke, die aber Rechtsschutz für die konturlose konkrete Farbe für konkrete Waren oder Dienstleistungen als Registermarke genießt. Nicht anders als bei zweidimensionalen oder dreidimensionalen Grundformen (s. Rn 256, 264), sowie etwa bei den Grundzahlen oder Einzelbuchstaben (s. § 8, Rn 116a f.) wird aber bei den *Grundfarben*, wenn auch nur bei diesen, eine solche *Regelvermutung der Eintragungsunfähigkeit* bestehen. In der zu einem wettbewerbsrechtlichen Sachverhalt ergangenen Entscheidung *grau/magenta* legt der BGH an den zum Erwerb von Verkehrsdurchsetzung erforderlichen Bekanntheitsgrad einen strengen Maßstab an; in der Regel werde ein Bekanntheitsgrad vorausgesetzt, der jenseits der 50%-Grenze liege (BGH GRUR 1997, 754, 755 – grau/magenta; s. Rn 267h).

**267g**   dd) **Meinungsstand.** Im *Schrifttum* wird ganz überwiegend die Markenfähigkeit konturloser konkreter Farben und Farbzusammenstellungen angenommen (*Fezer*, WRP 1998, 1, 13; *Völker/Semmler*, GRUR 1998, 93, 95 ff.; *Thilo*, Neue Formen der Marke, S. 262 ff.; *Wittenzellner*, in: Straus (Hrsg.), FS für Beier, S. 333, 334 f.; *Schmieder*, NJW 1997, 2908, 2910; *Bauer*, GRUR 1996, 319, 320; *Kur*, FS 100 Jahre Marken-Amt, S. 175, 185 Fn 45; *Althammer/Ströbele/Klaka*, § 3 MarkenG, Rn 18; *Ingerl/Rohnke*, § 3 MarkenG, Rn 32; *Berlit*, Das neue Markenrecht, Rn 7, 87). Die positive Einstellung zum Farbmarkenschutz ist Ausdruck der wirtschaftlichen Erfordernisse und der Interessen im internationalen Handelsverkehr. Die vereinzelte Kritik am Farbmarkenschutz kommt namentlich aus Interessenkreisen der Angehörigen des DPMA und BPatG (*Winkler*, MA 1996, 516; *Ströbele*, GRUR 1997, 355; anders aber *Schmieder*, NJW 1997, 2908, 2910). Die befremdliche Zurückhaltung der behördlichen und zunächst auch der gerichtlichen Praxis ist Ausdruck einer allgemein konservativen und restriktiven Grundeinstellung gegenüber den Neuerungen des MarkenG als Teil des europäischen Markenschutzes. Im historischen Blick relativiert sich diese zögerliche Haltung der deutschen Eintragungspraxis, bedenkt man, daß nach § 3 Abs. 2 MarkenschutzG aus dem Jahre 1874 (s. Einl Rn 4) noch Wortmarken vom Zeichenschutz ausgeschlossen waren.

**267h**   ee) **Eintragungspraxis und Rechtsprechung.** Der BGH hat zwar über die markenrechtlichen Voraussetzungen der *Markenfähigkeit* (§ 3), aber noch nicht über die *Eintragungsfähigkeit* (§ 8) einer Farbmarke entschieden. In seiner Grundsatzentscheidung *Farbmarke gelb/schwarz* (BGH WRP 1999, 430 – Farbmarke gelb/schwarz) anerkennt der BGH die abstrakte Markenfähigkeit von konturlosen konkreten Farben und Farbzusammenstellungen (s. dazu Rn 267d), wenn die allgemeinen Anforderungen an die Markenfähigkeit von Zeichen im Sinne des § 3 Abs. 1 erfüllt sind (s. zu den Kriterien der Markenfähigkeit Rn 210 ff.). Auch Farbmarken müßten zwar die allgemeinen Voraussetzungen der Markenfähigkeit, wie vor allem den Grundsatz der Selbständigkeit der Marke von dem Produkt, erfüllen, aber nicht mehr und nicht weniger (s. zu den Ausschlußgründen der Farbmarke Rn 267a). Der BGH hat zu Recht die restriktive Eintragungspraxis des DPMA und die frühe Entscheidungspraxis des BPatG zurückgewiesen, die den Farbmarkenschutz auf den Ausstattungsschutz im Sinne des § 25 WZG beschränkten (s. dazu § 8, Rn 90a ff.). Über die markenrechtliche Erheblichkeit der Verkehrsgeltung oder Verkehrsdurchsetzung für den Farbmarkenschutz hatte der BGH noch nicht zu entscheiden (s. dazu Rn 267 e f.). Auch wenn nach der Rechtsansicht des BGH das Erfordernis von Angaben über die Farbenrelation einer Farbkombination nicht mehr *aus Gründen einer graphischen Darstellbarkeit* der Farbmarke, der eine mittelbare graphische Wiedergabe der Farbmarke genügt, verlangt werden kann, so hat der BGH gleichwohl noch nicht ausdrücklich entschieden, ob das in der Eintragungspraxis des DPMA und in der Rechtsprechung des BPatG aufgestellte Erfordernis von Angaben über die Farbenrelation *aus Gründen des registerrechtlichen Bestimmtheitsgrundsatzes* gerechtfertigt werden kann (s. Rn 267b). Die markenrechtlichen Ausführungen in der zu einem wettbewerbsrechtlichen Sachverhalt ergangenen Entscheidung *grau/magenta* (BGH GRUR 1997, 754, 755 – grau/magenta) stellen als obiter dicta noch keine verbindliche Auslegung des MarkenG dar. Zum Erwerb des Farbmarkenschutzes an der Farbkombination *grau/magenta* als Benutzungsmarke durch den Erwerb von Verkehrsgeltung nach § 4 Nr. 2 stellte der BGH allerdings fest, gerade bei Farbkombinationen, denen von Haus aus keine betriebliche Herkunftshinweisfunktion zukomme und die eine solche nur durch Verkehrsdurchsetzung gewinnen könnten, seien nach der Rechtsprechung des BGH an den hierfür erforderlichen Bekanntheitsgrad mit Rücksicht auf das Freihaltebedürfnis des Verkehrs strenge Maßstäbe anzulegen (BGH GRUR 1968, 371, 375 – Maggi). In der Regel werde dabei ein Bekanntheitsgrad vorausgesetzt, der jenseits der 50%-Grenze liege (BGH GRUR 1992, 48, 50 – frei öl; 1997, 754, 755 – grau/magenta). Da eine Farbe nicht anders als ein Wort oder ein Bild ein markenfähiges Zeichen zur Kommunikation über unternehmerische Leistungen im Marktwettbewerb darstellt (Rn 267a), sollten die rechtlichen Voraussetzungen der Entstehung des Farbmarkenschutzes sowohl als Registermarke nach § 4 Nr. 1 als auch als Benutzungsmarke nach § 4 Nr. 2 erneut überdacht und harmonisiert werden.

Deutsche und gemeinschaftsrechtliche *Eintragungspraxis* und *Rechtsprechung* werden im Zusammenhang mit der *Eintragungsfähigkeit von Farbmarken* nach § 8 dargestellt (s. § 8, Rn 90a ff.).

### 5. Hörmarken

**Schrifttum zum WZG.** *Fritz,* Gegenwart und Zukunft von Markenformen unter besonderer Berücksichtigung akustischer Zeichen, Diss. Tübingen, 1992.

**Schrifttum zum MarkenG.** *Winkler,* Erfahrungen des DPA mit dem erweiterten Markenbegriff, MA 1996, 516.

**a) Sprachregelung.** International besteht keine einheitliche Sprachregelung für *Hörmarken*. In der GMarkenV und der MarkenRL wird diese Markenform nicht erwähnt. Die Sprachregelung des MarkenG und der MarkenV ist nicht einheitlich. Das MarkenG spricht von Hörzeichen (§ 3 Abs. 1), die MarkenV spricht von Hörmarken (§ 11). Der sprachliche Unterschied erklärt sich daraus, daß § 3 Abs. 1 einen Beispielskatalog der als Marke schutzfähigen Zeichen enthält und so die Markenfähigkeit aller Zeichen wie eben auch der Hörzeichen nach ihrer Unterscheidungsfunktion regelt; Gegenstand der MarkenV sind die Verfahren in Markenangelegenheiten, die von der Anmeldung zur Eintragung einer Marke in das Register beim Patentamt ausgehen (§ 32 MarkenG, §§ 1, 2 MarkenV). Im Hinblick auf den Sprachgebrauch in Markenangelegenheiten sollte einheitlich von Hörmarken gesprochen werden. In der internationalen Rechtspraxis sind weitere Ausdrücke für Hörmarken gängig. Weithin wird von *akustischen Marken* gesprochen. Im Bereich des Hörfunks ist der Ausdruck Jingles oder auch Radiomarke verbreitet; auch die Bezeichnung Klangmarke oder Tonmarke findet sich.

**b) Begriff.** *Hörmarken* (akustische oder auditive Marken) sind Zeichen, die vom Gehör wahrgenommen werden, ohne Sprache zu sein. Hörmarken sind Zeichen von nichtsprachlichen Schallwellen an das menschliche Gehörorgan. Solche akustischen Marken können Töne, Tonfolgen, Melodien, aber auch sonstige Klänge und Geräusche (Hupen oder andere Laute, Zerbrechen von Glas, Donner), deren Bestimmtheit und Individualität als Marke etwa auf der Eigenart bestimmter Obertonreihen und Frequenzspektren beruht, sein.

**c) Rechtslage im WZG.** Nach der Rechtslage im WZG waren Hörmarken nicht als schutzfähig anerkannt. Die Rechtspraxis lehnte die Eintragung von Hörmarken in die Zeichenrolle ab (RPA BlPMZ 1932, 17; 1929, 212 aA schon *Aron*, GRUR 1930, 1017). Auch als Dienstleistungsmarke waren Hörmarken nicht schutzfähig (BPatGE 29, 150). Die Begründung ging überwiegend dahin, daß Hörmarken zwar mittels eines Tonträgers bestimmbar und insoweit eintragungsfähig seien; einer Hörmarke fehle aber die für einen zeichenmäßigen Gebrauch erforderliche Beziehung des Zeichens zur Ware, auf der ein akustisches Zeichen nicht angebracht werden könne (*Baumbach/Hefermehl,* § 1 WZG, Rn 67; *Reimer/Trüstedt,* Bd. 1, Kap. 4, Rn 1). Doch wurde die Schutzfähigkeit von Hörzeichen immer wieder befürwortet (*Reimer,* 3. Aufl., Kap. 4, Rn 3; *Tetzner,* § 1 WZG, Rn 11; *Beier/A. Reimer,* GRUR 1955, 266, 273; *Tetzner,* GRUR 1951, 66; schon *Elster,* GRUR 1928, 781; für die Schweiz *Pointet,* GRUR Int 1964, 1, 7; *Troller,* Immaterialgüterrecht I, S. 353). Der BGH hat die Eintragungsfähigkeit von akustischen Kennzeichen, die nur als Klang Hinweisfunktion haben und Schutz genießen sollen, als Hörzeichen namentlich mit der Begründung abgelehnt, daß die Rechtsfortbildung in erster Linie Aufgabe des Gesetzgebers, nicht der Rechtsprechung sei (BGH GRUR 1988, 306, 307 – Hörzeichen; s. auch BPatGE 29, 150).

**271** **d) Rechtsvergleich.** In den *USA* sind Hörmarken als Dienstleistungsmarken schon lange anerkannt (Sec. 45 Lanham Act; 15 USC § 1127); sie werden vorwiegend als Jingles im Rundfunk verwendet. In Umsetzung der MarkenRL sind in den Mitgliedstaaten der EU inzwischen Hörmarken weithin entweder ausdrücklich anerkannt (s. *Frankreich* Art. L.711-1.b) Code de la propriété intelletuelle vom 1. Juli 1992, vormals Gesetz Nr. 91–7 über Fabrik-, Handels- oder Dienstleistungsmarken vom 4. Januar 1991, in Kraft getreten am 28. Dezember 1991, BlPMZ 1993, 216, zuletzt geändert durch Gesetz Nr. 96-1106 vom 19. Dezember 1996, BlPMZ 1997, 371; *Griechenland* Art. 1 Abs. 1 MarkenG Nr. 2239/1994 vom 16. September 1994, in Kraft getreten am 1. November 1994, GRUR Int 1995, 886; *Italien* Art. 16 MarkenG Nr. 929 vom 21. Juni 1942 idF der Verordnung Nr. 480 vom 4. Dezember 1992, in Kraft getreten am 28. Dezember 1992, GRUR Int 1994, 218, geändert durch Verordnung Nr. 198 vom 13. März 1996, BlPMZ 1997, 277; *Portugal* Art. 165 Abs. 1 Gesetz Nr. 16/1995 über gewerbliche Schutzrechte vom 24. Januar 1995, in Kraft getreten am 1. Juni 1995, GRUR Int 1997, 698) oder werden von einer weitgefaßten Definition der Markenformen erfaßt (s. *Belgien, Luxemburg, Niederlande* Art. 1 Abs. 1 Einheitliches Benelux-MarkenG vom 19. März 1962, in Kraft getreten am 1. Januar 1971, GRUR Int 1976, 452, idF vom 2. Dezember 1992, GRUR Int 1997, 29, geändert durch Protokoll vom 7. August 1996, BlPMZ 1997, 430; *Dänemark* § 2 Abs. 2 MarkenG Nr. 341 vom 6. Juni 1991, in Kraft getreten am 1. Januar 1992, GRUR Int 1994, 1004, idF der Gesetzesbekanntmachung Nr. 162 vom 21. Februar 1997; *Großbritannien* Sec. 1 Trade Marks Act 1994 vom 21. Juli 1994, in Kraft getreten am 31. Oktober 1994, BlPMZ 1997, 286; *Irland* Sec. 6 (1) Trade Marks Act 1996 vom 16. März 1996, in Kraft getreten am 1. Juli 1996, BlPMZ 1998, 213, 260; *Österreich* § 1 Abs. 1 MSchG 1970, in Kraft getreten am 30. November 1970, Österr. BGBl. Nr. 260, idF durch die Markenschutzgesetznovelle 1992, Österr. BGBl. Nr. 773, zuletzt geändert durch Bundesgesetz Nr. 109/1993, BlPMZ 1993, 465; *Spanien* Art. 2 MarkenG Nr. 32/1988 vom 10. November 1988, in Kraft getreten am 12. Mai 1989, GRUR Int 1989, 552). Als erstes Land nach den USA ermöglichte die Schweiz die Eintragung akustischer Marken (Art. 1 Abs. 2 Schweiz. MSchG vom 28. August 1992, in Kraft getreten am 1. April 1993, GRUR Int 1993, 663, geändert durch Gesetz vom 4. Oktober 1996, BlPMZ 1997, 284). Aus dem Erfordernis der graphischen Darstellbarkeit teils wird gefolgert, daß Hörmarken wie etwa Jingles nur in Notenschrift, wie etwa einer Partitur, nicht aber in elektronischer Festlegung, wie auf einem Tonband, hinterlegt werden können (zur deutschen Anmeldepraxis s. Rn. 273). Diskutiert wird, inwieweit es zur Begründung einer bestimmten Kennzeichnungskraft der Hörmarke notwendig sein wird, bestimmte Orchestrierungen, konkrete Arrangements oder Klangfarben anzumelden (s. *David*, SJZ 1993, 109; *Eggers*, MA 1993, 561; *Winkler*, MA 1996, 516, 518 ff.; *Schmieder*, NJW 1997, 2908, 2909).

**272** **e) Markenfähigkeit von Hörmarken. aa) Grundsatz.** Hörmarken sind nach § 3 Abs. 1 als Marke schutzfähige Zeichen. Einer Hörmarke muß die abstrakte Unterscheidungseignung zukommen, Waren oder Dienstleistungen eines Unternehmens von denjenigen anderer Unternehmen zu unterscheiden. Als ein identifizierendes Unterscheidungszeichen muß eine Hörmarke die allgemeinen Voraussetzungen der Markenfähigkeit wie Selbständigkeit, Einheitlichkeit und graphische Darstellbarkeit der Marke erfüllen. Einer längeren Melodie wird als akustisches Zeichen regelmäßig die Markenfähigkeit fehlen. So wie ein Roman keine Wortmarke, kann eine Oper keine Hörmarke sein; es fehlt die Einheitlichkeit als Marke. So soll die klangliche Wiedergabe einer Hörmarke auf einem Tonträger eine für den Charakter einer Marke *angemessene Dauer* nicht überschreiten (s. Nr. 3 der Mitteilung Nr. 16/94 vom 16. Dezember 1994 des Präsidenten des DPA über die Form der Darstellung von Hörmarken durch Sonagramm und die klangliche Wiedergabe gemäß § 11 Abs. 5 MarkenV; s. 4. Teil des Kommentars, II 4). Doch ist nicht ausgeschlossen, daß etwa ein Song als solcher, der für ein bestimmtes Produkt komponiert und in eine Marketing- und Werbestrategie integriert ist, im Verkehr als produktidentifizierende Hörmarke verstanden wird. Da die Kennzeichnungskraft einer Hörmarke nicht nur von der Tonfolge, sondern auch von der Klangfarbe abhängig sein kann, ist zu empfehlen, etwa eine bestimmte Orchestrierung einer Melodie anzumelden (siehe dazu *David*, SJZ 1993, 109; *Eggers*, MA 1993, 561; s. Rn 273).

**bb) Graphische Darstellbarkeit.** Eine *akustische Marke* muß *graphisch darstellbar* sein (zum Erfordernis der graphischen Darstellbarkeit nach § 8 Abs. 1 s. Rn 217 ff.; § 8, Rn 11 ff.). Die graphische Darstellung der Hörmarke erfolgt durch eine *Notenschrift* oder ein *Sonagramm* (zeitabhängiges Frequenz-Amplitudenspektrum, bei dem auf der x-Achse die Zeit und auf der y-Achse die Frequenz gekennzeichnet wird und der Schwärzungsgrad der Amplitude entspricht). Die Einzelheiten der Anmeldung einer Hörmarke zur Eintragung in das Markenregister regelt § 11 MarkenV (s. Rn 276 ff.). Neben der *graphischen Darstellung* der Marke muß der Anmelder eine *klangliche Wiedergabe* der Marke auf einem Datenträger einreichen. Die Forderung nach Einreichung einer Hörmarke in klanglicher und zugleich in graphischer Wiedergabe nach § 11 MarkenV ist als ein weiteres Anmeldeerfordernis im Sinne der §§ 32 Abs. 3, 33 Abs. 2, 36 Abs. 4 nicht für die Begründung eines Anmeldetages, sondern nur für das folgende Prüfungsverfahren von Bedeutung (BPatGE 36, 241 – INDIKATIV SWF-3; BPatG GRUR 1997, 60 – SWF-3 NACHRICHTEN; 1997, 134 – Anmeldetag; s. dazu §§ 32, Rn 12, 28; 33, Rn 5; 36, Rn 8). Bei der Beurteilung der Markenfähigkeit einer Hörmarke nach § 3 sowie der Prüfung von absoluten Schutzhindernissen nach § 8 kommt der graphischen Darstellung ein *kennzeichenrechtlicher Vorrang* vor der klanglichen Wiedergabe der Hörmarke zu (so auch *Winkler*, MA 1996, 516, 521 mit der Erwägung der Einführung eines Klangregisters oder eines sogenannten dualen Systems, das aus einer Kombination des herkömmlichen Markenregisters mit einem Klangregister bestehen könne; s. dazu *Fritz*, Gegenwart und Zukunft von Markenformen unter besonderer Berücksichtigung akustischer Zeichen, S. 237). Der klanglichen Wiedergabe der Hörmarke kann aber bei der Beurteilung der Bestimmtheit der Hörmarke, deren Markenfähigkeit als abstrakter Unterscheidungseignung sowie deren konkreter Unterscheidungskraft eine die graphische Darstellbarkeit erläuternde Bedeutung zukommen. Das kann namentlich bei nicht melodischen Hörmarken zur Konkretisierung von sonstigen Klängen und Geräuschen rechtserheblich sein. Zwar ist der Schutzumfang einer eingetragenen Hörmarke nicht auf eine bestimmte Tonart, Orchestrierung oder konkretes Arrangement beschränkt (so richtig *Schmieder*, NJW 1997, 2908, 2909), doch kann die klangliche Wiedergabe der Hörmarke bei der Bestimmung des Schutzumfangs der eingetragenen Hörmarke konkretisierend zu berücksichtigen sein. Der hinreichenden Bestimmtheit der Anmeldung einer Hörmarke zur Eintragung in das Markenregister genügt es nicht, wenn in der graphischen Wiedergabe die Abfolge von Bestandteilen der Marke offen bleibt (BPatGE 36, 241 – INDIKATIV SWF-3; BPatG GRUR 1997, 60 – SWF-3 NACHRICHTEN).

**cc) Urheberrechtsschutz.** Ob an der Tonfolge (Melodie), die Gegenstand des Hörzeichens ist, ein Urheberrecht und damit Sonderrechtsschutz besteht, ist für die Entstehung des Markenschutzes unerheblich.

**f) Hörmarken kraft Verkehrsgeltung.** Nach § 4 Nr. 2 kann an einer Hörmarke durch Benutzung Markenschutz entstehen, soweit das akustische Zeichen als Marke Verkehrsgeltung erworben hat. Wenn das als Marke schutzfähige Hörzeichen zwar nach § 3 Abs. 1 markenfähig, aber wegen Fehlens der konkreten Unterscheidungskraft nach § 8 Abs. 2 Nr. 1 nicht eintragungsfähig ist, dann kann dieses absolute Schutzhindernis durch den Erwerb von Verkehrsdurchsetzung nach § 8 Abs. 3 analog (zur analogen Anwendung des § 8 Abs. 3 auf die Entstehung des Markenschutzes durch Benutzung s. § 4, Rn 134 ff.) überwunden werden.

**g) Durchführungsbestimmung des § 11 MarkenV.** § 11 MarkenV regelt als Durchführungsbestimmung aufgrund der Rechtsverordnungsermächtigung des § 65 die Einzelheiten der Anmeldung einer Hörmarke zur Eintragung in das Register beim Patentamt nach § 32. Auf Angabe des Anmelders wird die Marke als Hörmarke eingetragen. Die graphische Wiedergabe der Marke erfolgt in zweidimensionaler Form und ist in vier übereinstimmenden Ausfertigungen vorzulegen. Die Hörmarke ist grundsätzlich in einer üblichen Notenschrift darzustellen. Ist die Wiedergabe in einer Notenschrift wegen der Art des Hörzeichens (Geräusche wie das Zerbrechen von Glas oder Donner) nicht möglich, dann erfolgt die graphische Darstellung durch ein Sonagramm (s. Rn 273). Für die Form der Wiedergabe gelten die Durchführungsbestimmungen für Bildmarken nach § 8 Abs. 2 bis 4 MarkenV (s. auch die Mitteilung Nr. 16/94 vom 16. Dezember 1994 des Präsidenten des DPA über die Form der Darstellung von Hörmarken durch Sonagramm und ihre klangliche Wiedergabe gemäß § 11 Abs. 5 MarkenV; s. 4. Teil des Kommentars, II 4).

**277** Neben der graphischen Darstellung der Marke muß der Anmelder eine klangliche Wiedergabe der Marke auf einem Datenträger einreichen. Die Anmeldung kann ferner eine Beschreibung der Hörmarke enthalten.

**278** Das Nähere zur Form der Darstellung durch ein Sonagramm sowie die für die klangliche Wiedergabe zu verwendenden Datenträger einschließlich der Einzelheiten der klanglichen Wiedergabe wie Formatierung, Abtastfrequenz, Auflösung und Spieldauer ist in der Mitteilung Nr. 16/94 vom 16. Dezember 1994 des Präsidenten des DPA geregelt (s. 4. Teil des Kommentars, II 4).

### 6. Geruchsmarken

**Schrifttum zum Marketing.** *Jellinek*, Parfümieren von Produkten – Wirtschaftliche, technische und Marketing-Aspekte, 1976; *Jellinek*, Gerüche und Parfums als Zeichensystem, dragoco report 1991, 10; *Knoblich*, Markengestaltung mit Duftstoffen, in: Bruhn (Hrsg.), Handbuch Markenartikel, Anforderungen an die Markenpolitik aus Sicht von Wissenschaft und Praxis, Bd. II: Markentechnik, Markenintegration, Markenkontrolle, 1994, S. 849; *Knoblich/Schubert*, Marketing mit Duftstoffen, 1989; *Kroeber-Riel/Möcks/Neibecker*, Zur Wirkung von Duftstoffen – Untersuchungsbericht des Instituts für Konsum- und Verhaltensforschung für die Firma Henkel (Düsseldorf), 1982.

**279 a) Rechtslage im WZG.** Nach der Rechtslage im WZG wurden *Geruchsmarken* (Duftmarken, Riechmarken) nicht als eintragungsfähig angesehen (RPA BlPMZ 1932, 17, 18; aA schon *Aron*, GRUR 1930, 1017; *Tetzner*, GRUR 1951, 66, 68 mit Reformvorschlägen). Bei Geruchsmarken wurde die für einen warenzeichenmäßigen Gebrauch erforderliche Beziehung der Marke zur Ware als nicht ausreichend beurteilt (*Baumbach/Hefermehl*, § 1 WZG, Rn 67; *Busse/Starck*, § 1 WZG, Rn 31). Nach dem weiten Begriff der Markenfähigkeit nach § 3 Abs. 1 und der Zulassung von Hörmarken (s. Rn 268 ff.) kann mit dieser Begründung die Schutzfähigkeit von Geruchsmarken als Form einer *sensitiven Marke* nicht mehr verneint werden.

**280 b) Rechtslage im MarkenG.** *Geruchsmarken* (olfaktorische Marken) sind als Marke schutzfähige Zeichen, wenn sie die allgemeinen Merkmale der Markenfähigkeit erfüllen. Eine Geruchsmarke ist eine sensorische Marke, die ein Produkt *olfaktorisch* identifiziert. Erforderlich ist, daß eine Geruchsmarke graphisch darstellbar ist (zum Erfordernis der graphischen Darstellbarkeit nach § 8 Abs. 1 s. Rn 217 ff.; § 8, Rn 11 ff.). Der Beispielskatalog der schutzfähigen Markenformen des § 3 Abs. 1 ist nicht abschließend. Überwiegend wird allerdings davon ausgegangen, daß nach dem gegenwärtigen Stand der Technik Geruchsmarken nicht graphisch darstellbar seien. Ob das der Fall ist, ist keine rechtliche, sondern eine technische Frage. Es erscheint allerdings verfassungsrechtlich (zum Markenrecht als Verfassungseigentum s. Einl Rn 22 ff.) bedenklich, den Anspruch des Anmelders auf Eintragung eines markenfähigen Zeichens aus dem formalen Grund einer technisch nicht realisierbaren graphischen Darstellbarkeit der Marke abzulehnen, wenn dem Erfordernis der Bestimmtheit der Markenanmeldung auf andere Weise Rechnung getragen werden kann. Ob ein wirtschaftliches Bedürfnis an der Eintragung von Geruchsmarken besteht, kann dahinstehen (s. dazu AIPPI-Kongreßbericht 1989, GRUR Int 1989, 912, 915, 923; *Droste/Reimer*, GRUR 1974, 636, 639; zur Bedeutung der olfaktorischen Markierung von Produkten aus marketingtheoretischer Sicht s. *Knoblich*, in: Bruhn (Hrsg.), Handbuch Markenartikel, Bd. II, 1994, S. 849). Im U.S.-amerikanischen Markenrecht ist anerkannt, daß ein besonderer Duft zur Benutzung als Marke zugelassen werden kann (s. zur Geruchsmarke *Pflaumenblüten auf Nähfäden* berichtend U.S.-Supreme Court GRUR Int 1996, 961 – Qualitex). Das HABM beurteilte die olfaktorische Marke *the smell of fresh cut grass* für Tennisbälle als eintragungsfähig (HABM MarkenR 1999, 142). Es stellt sich im übrigen die Frage, ob im Falle einer aus tatsächlichen Gründen der Technik bestehenden, graphischen Nichtdarstellbarkeit einer Geruchsmarke eine verfassungskonforme Auslegung des MarkenG sowie der MarkenRL gebietet, auf die Eintragungsvoraussetzung einer graphischen Darstellbarkeit einer Marke für Geruchsmarken zu verzichten, da ein Anspruch auf Eintragung einer Geruchsmarke als Registermarke wegen des verfassungsrechtlich verbürgten Eigentumsschutzes der Marke nach Art. 14 GG (s. Einl Rn 22 ff.) bestehen kann, oder zumindest das Erfordernis der graphischen Darstellbarkeit hinsichtlich der Eintragbarkeit von Geruchsmarken verfassungskonform zu interpretieren ist und die technischen Anforderungen an die graphische Gestaltung anzupassen sind.

Wenn man die graphische Darstellbarkeit einer Marke nicht als ein allgemeines Erfordernis der Markenfähigkeit, sondern nur als ein absolutes Schutzhindernis für die durch Eintragung entstehenden Marken nach § 8 Abs. 1 versteht, dann kann an Geruchszeichen Markenschutz durch Benutzung nach § 4 Nr. 2 unabhängig von dem Erfordernis der graphischen Darstellbarkeit erworben werden. Folge einer solchen Anerkennung eines sachlichen Markenrechts an einer Geruchsmarke kraft Verkehrsgeltung wäre allerdings, daß auch nach dem Erwerb von Verkehrsgeltung die Geruchsmarke wegen Fehlens ihrer graphischen Darstellbarkeit nicht eintragungsfähig wäre. Eine solche unterschiedliche Behandlung der nach der Entstehung des Markenschutzes zu unterscheidenden Kategorien von Marken des § 4 widerstreitet nicht nur der vom Gesetzgeber erstrebten Einheitlichkeit des Markenschutzes, sondern einer rechtseinheitlichen Entwicklung im internationalen Markenrecht. Notwendig ist deshalb, die graphische Darstellbarkeit einer Marke als ein allgemeines Merkmal der Markenfähigkeit aller nach der Benutzung zu unterscheidenden Kategorien von Marken anzusehen und insoweit § 8 Abs. 1 analog auf die Entstehung des Markenschutzes durch Benutzung nach § 4 Nr. 2 anzuwenden (s. § 4, Rn 24 f.). 281

Eine Geruchsmarke muß die allgemeinen Merkmale der Markenfähigkeit erfüllen (s. Rn 197 ff.); sie muß selbständig gegenüber der Ware sein und nicht zum Wesen des Produkts gehören. So ist der Geruch eines Parfüms wesensbedingt und kann nicht als Unterscheidungszeichen markenfähig sein. Beispiele für Geruchsmarken aus der Praxis sind etwa duftende Schallplatten oder Disketten, parfümierte Wolle, Telefonkarten, Mouse-Pads, Briefpapier, sowie T-Shirts oder Schnürsenkel, auch Toilettenpapier oder Papiertaschentücher, die mit einem bestimmten Duft ausgestattet werden. 282

### 7. Geschmacksmarken

**a) Rechtslage im WZG.** Nach der Rechtslage im WZG wurden *Geschmacksmarken* (Schmeckmarken) nicht als eintragungsfähig angesehen (RPA BlPMZ 1932, 17, 18; aA schon *Aron*, GRUR 1930, 1017, *Tetzner*, 1951, 66, 68 mit Reformvorschlägen). Bei Geschmacksmarken wurde die für einen warenzeichenmäßigen Gebrauch erforderliche Beziehung der Marke zur Ware als nicht ausreichend beurteilt (*Baumbach/Hefermehl*, § 1 WZG, Rn 67; *Busse/Starck*, § 1 WZG, Rn 31). Nach dem weiten Begriff der Markenfähigkeit nach § 3 Abs. 1 und der Zulassung von Hörmarken (s. Rn 268 ff.) kann mit dieser Begründung die Schutzfähigkeit von Geschmacksmarken als Form einer sensitiven Marke nicht mehr verneint werden. 283

**b) Rechtslage im MarkenG.** *Geschmacksmarken* (gustatorische Marken) sind als Marke schutzfähige Zeichen, wenn sie die allgemeinen Merkmale der Markenfähigkeit erfüllen. Eine Geschmacksmarke ist eine sensorische Marke, die ein Produkt *gustatorisch* identifiziert. Erforderlich ist, daß eine Geschmacksmarke graphisch darstellbar ist (zum Erfordernis der graphischen Darstellbarkeit nach § 8 Abs. 1 s. Rn 217 ff.; § 8, Rn 11 ff.). Ob die graphische Darstellbarkeit einer Geschmacksmarke möglich ist, ist keine rechtliche, sondern eine technische Frage. Es erscheint allerdings verfassungsrechtlich (zum Markenrecht als Verfassungseigentum s. Einl Rn 22 ff.) bedenklich, den Anspruch des Anmelders auf Eintragung eines markenfähigen Zeichens aus dem formalen Grund einer technisch nicht realisierbaren graphischen Darstellbarkeit der Marke abzulehnen, wenn dem Erfordernis der Bestimmtheit der Markenanmeldung auf andere Weise Rechnung getragen werden kann. Wenn man die graphische Darstellbarkeit einer Marke nicht als ein allgemeines Erfordernis der Markenfähigkeit, sondern nur als ein absolutes Schutzhindernis für die durch Eintragung entstehenden Marken nach § 8 Abs. 1 versteht, dann kann an Geschmacksmarken Markenschutz durch Benutzung nach § 4 Nr. 2 unabhängig von dem Erfordernis der graphischen Darstellbarkeit erworben werden. Die Folgen einer solchen Anerkennung eines sachlichen Markenrechts an einer Geschmacksmarke kraft Verkehrsgeltung entsprechen der Rechtslage bei Geruchsmarken (s. Rn 281). 284

285    Eine Geschmacksmarke muß die allgemeinen Merkmale der Markenfähigkeit erfüllen (s. Rn 197 ff.). Sie muß selbständig gegenüber der Ware sein und darf nicht zum Wesen des Produkts gehören. So ist der Geschmack von Lebensmitteln wie etwa einer Süßigkeit oder von Getränken wesensbedingt und kann nicht als Unterscheidungszeichen markenfähig sein. Beispiel einer Geschmacksmarke ist etwa der den Gegenstand einer Wortbildmarke ausdrückende, im übrigen willkürlich gewählte Geschmack der eßbaren Verpackung eines Produkts oder ein nicht produktbedingter Geschmack eines Lippenpflegestiftes, der der Wortbildmarke des Produkts entspricht.

### 8. Tastmarken

286    **a) Rechtslage im WZG.** Nach der Rechtslage im WZG wurden *Tastmarken* nicht als eintragungsfähig angesehen (RPA BlPMZ 1932, 17, 18; aA schon *Aron*, GRUR 1930, 1017; *Tetzner*, GRUR 1951, 66, 68). Bei Tastmarken (Gefühlsmarken) wurde die für einen warenzeichenmäßigen Gebrauch erforderliche Beziehung der Marke zur Ware als nicht ausreichend beurteilt (*Baumbach/Hefermehl*, § 1 WZG, Rn 67; *Busse/Starck*, § 1 WZG, Rn 31). Nach dem weiten Begriff der Markenfähigkeit nach § 3 Abs. 1 und der Zulassung von Hörmarken (s. Rn 268 ff.) kann mit dieser Begründung die Schutzfähigkeit von Tastmarken als Form einer sensitiven Marke nicht mehr verneint werden.

287    **b) Rechtslage im MarkenG.** *Tastmarken* (haptische oder taktile Marken) sind als Marke schutzfähige Zeichen, wenn sie die allgemeinen Merkmale der Markenfähigkeit erfüllen. Eine Tastmarke ist eine sensorische Marke, die ein Produkt *haptisch* identifiziert. Erforderlich ist, daß eine Tastmarke graphisch darstellbar ist (zum Erfordernis der graphischen Darstellbarkeit nach § 8 Abs. 1 s. Rn 217 ff.; § 8, Rn 11 ff.). Ob die graphische Darstellbarkeit einer Tastmarke möglich ist, ist keine rechtliche, sondern eine technische Frage. Es erscheint allerdings verfassungsrechtlich (zum Markenrecht als Verfassungseigentum s. Einl Rn 22 ff.) bedenklich, den Anspruch des Anmelders auf Eintragung eines markenfähigen Zeichens aus dem formalen Grund einer technisch nicht realisierbaren graphischen Darstellbarkeit der Marke abzulehnen, wenn dem Erfordernis der Bestimmtheit der Markenanmeldung auf andere Weise Rechnung getragen werden kann. Wenn man die graphische Darstellbarkeit einer Marke nicht als ein allgemeines Erfordernis der Markenfähigkeit, sondern nur als ein absolutes Schutzhindernis für die durch Eintragung entstehenden Marken nach § 8 Abs. 1 versteht, dann kann an Tastmarken Markenschutz durch Benutzung nach § 4 Nr. 2 unabhängig von dem Erfordernis der graphischen Darstellbarkeit erworben werden. Die rechtlichen Folgen einer solchen Anerkennung eines sachlichen Markenrechts an einer Tastmarke kraft Verkehrsgeltung sind der Rechtslage bei einer Geruchsmarke vergleichbar (s. Rn 281).

288    Eine Tastmarke muß die allgemeinen Merkmale der Markenfähigkeit erfüllen (s. Rn 197 ff.). Sie muß selbständig gegenüber der Ware sein und darf nicht zum Wesen des Produkts gehören. So ist die Form oder etwa die Gestaltung der Oberfläche eines Produkts grundsätzlich wesensbedingt und kann nicht als Unterscheidungszeichen markenfähig sein. Ein Anwendungsbereich für Tastmarken ist auf dem Gebiet der Markengestaltung etwa für Blinde, der Blindenschrift vergleichbar, denkbar.

### 9. Bewegungsmarken

289    **a) Begriff.** Gegenstand einer *Bewegungsmarke* (multimediale Marke) ist ein Bewegungsablauf, etwa eine Folge von bewegten Bildern. Der Tonfolge einer Hörmarke vergleichbar, kennzeichnet die Bewegungsmarke eine Bildfolge. Es kann sich um einen natürlichen Bewegungsvorgang handeln (fliegendes Tier, laufende Person), sowie um eine künstliche Bildfolge (Zeichentrick, Cartoon). Möglich sind auch Kombinationsmarken aus einer Hörmarke und einer Bewegungsmarke (Bildtonfolge). Beispiel einer solchen Kombinationsmarke ist etwa der *Brüllende Löwe* des Unternehmens *Metro-Goldwyn-Mayer* für Spielfilme. Als Bewegungsmarken eintragungsfähig sind etwa auch die kurzen Fernsehspots zur Erkennung der jeweiligen Fernsehanstalt (*ARD-Spot; Eurovisions-Spot*) oder zur Kennzeichnung einer bestimmten Sendung (*Spots der Magazinsendungen*).

290    **b) Markenfähigkeit.** Nach der Rechtslage im WZG waren Bewegungsmarken nicht bekannt und so auch nicht als schutzfähig anerkannt (*Kunz-Hallstein*, GRUR Int 1990, 747,

751). Der weite Markenbegriff des Art. 2 MarkenRL, der zwingende Vorgabe der nach dem MarkenG zulässigen Markenformen ist, rechtfertigt es nicht, die Markenfähigkeit von Bewegungsmarken abzulehnen. Eine Bewegungsmarke muß die allgemeinen Kriterien der Markenfähigkeit erfüllen (s. Rn 197 ff.). Die Bewegungsmarke muß graphisch darstellbar sein. Vor allem muß eine Bewegungsmarke das Merkmal der Einheitlichkeit einer Marke erfüllen. Nicht anders als ein Text bei einer Wortmarke, eine Tonfolge bei einer Hörmarke muß die Bildfolge bei einer Bewegungsmarke als Marke und damit als ein Unterscheidungszeichen zur Identifizierung von Unternehmensprodukten auf dem Markt vom Verkehr *als Einheit* erfaßt werden können.

**c) Typisierte Bewegungsmarken als Motivmarken.** Ideen und Motive als solche sind zwar grundsätzlich nicht markenfähig (zum Motivschutz s. § 14, Rn 248 ff.). Wenn sich allerdings eine Idee oder ein Motiv in einer konkreten Gestaltungsform niedergeschlagen hat, dann ist nicht grundsätzlich ausgeschlossen, daß einer solchen Markenform als Motivmarke die Markenfähigkeit zukommt. So kann auch ein Bewegungsmotiv als Motivmarke markenfähig sein. Gegenstand einer solchen Motivmarke ist ein typisierter Bewegungsablauf (etwa das Zeigen des Buchstabens *L* mit dem Daumen und dem Zeigefinger einer Hand für *Lipton Tee;* die Öffnung zwischen Daumen und Zeigefinger, gleichsam eine Flasche *Underberg* haltend, als Bestellmotiv für den Kräuterlikör *Underberg*). Gegenstand des Markenschutzes einer typisierten Bewegungsmarke als Motivmarke ist nicht nur eine konkrete Bildfolge, sondern ein *typisierter Bewegungsablauf*. Voraussetzung der Markenfähigkeit einer solchen Motivmarke als typisierter Bewegungsmarke ist deren graphische Darstellbarkeit.

## 10. Kennfadenmarken

**a) Markenfähigkeit von Kennfadenmarken.** Seit alters her sind Kennfadenmarken namentlich in der Textilindustrie als Webkantstreifen bei Stoffen oder bei der Ummantelung von Kabeln und Drähten mit farblichen Streifen üblich. *Kennfadenmarken* sind zumeist farbige Fäden oder Streifen, die in Textilien, Kabel, Drähte, Schläuche oder ähnliche Gegenstände eingewirkt, eingewoben, eingegossen oder auf sonstige Weise mit dem Produkt fest verbunden werden. Sie stellen für Textilien, Seidenmaterialien und vergleichbare Produkte zumeist das einzig sachgerechte Unterscheidungsmittel zur Kennzeichnung dar. Gegenstand einer Kennfadenmarke können auch Ziernähte sein. Die Kennfadenmarke stellt eine besondere Form der *dreidimensionalen Marke* dar (s. Rn 263, 264d). Die *Markenfähigkeit* der Kennfadenmarke bestimmt sich nach den allgemeinen Voraussetzungen der Markenfähigkeit wie Selbständigkeit, Einheitlichkeit und graphische Darstellbarkeit der Marke (s. Rn 197 ff.) und als einer dreidimensionalen Marke nach den Ausschlußgründen der warenbedingten, technisch bedingten und wertbedingten Form nach § 3 Abs. 2 Nr. 1 bis 3 (s. Rn 222 ff.). Als dreidimensionale Marke ist die Form einer Kennfadenmarke grundsätzlich weder nach § 3 Abs. 2 Nr. 1 durch die Art der Waren selbst bedingt, noch nach § 3 Abs. 2 Nr. 2 zur Erreichung einer technischen Wirkung erforderlich. Die *Eintragungsfähigkeit* einer Kennfadenmarke bestimmt sich namentlich nach den absoluten Schutzhindernissen des § 8 Abs. 2 Nr. 1 bis 3, deren Vorliegen durch den Erwerb von Verkehrsdurchsetzung nach § 8 Abs. 3 überwunden werden kann.

**b) Eintragungsverfahren.** § 10 MarkenV regelt die Eintragung einer Marke als Kennfadenmarke. Nach § 10 Abs. 1 MarkenV findet die Regelung des § 9 MarkenV über die Eintragung dreidimensionaler Marken auf die Eintragung einer Marke als Kennfadenmarke Anwendung. Die Anmeldung kann zudem nach § 10 Abs. 2 MarkenV eine Beschreibung der Marke mit Angaben zur Art des Kennfadens enthalten.

**c) Rechtslage im WZG.** Nach der *Rechtslage im WZG* war die Markenfähigkeit von Kennfadenmarken umstritten, weil es zum einen einer Kennfadenmarke an der Selbständigkeit des Zeichens gegenüber der Ware mangele, und zum anderen Kennfäden als dreidimensionale Formen verstanden und damit als eintragungsunfähig beurteilt wurden (zur Rechtslage im WZG s. *Baumbach/Hefermehl*, § 1 WZG, Rn 56). Das RG verneinte die Eintragungsfähigkeit von Kabelkennfäden als Marke, da es sich bei Kennfäden um körperliche Gebilde handele, die als solche nicht als Marke eintragungsfähig seien (RGZ 155, 108, 109 – Kabelkennfaden). Anders entschied das RPA, das sich über das Problem der Eintragungsunfähigkeit körperlicher Gebilde nach der Rechtslage im WZG hinwegsetzte und nicht auf den Kennfaden als ein körperliches Gebilde, sondern auf das auf dem Kennfaden befindliche Farbbild abstellte (RPA GRUR 1939, 971). Das DPA lehnte die Eintragbarkeit farbgemusterter Kennfäden in *Kordeln für Fischereinetze* ab (DPA BlPMZ 1958, 111 – Fischereinetzkordel; kritisch *Heydt*, GRUR 1958, 293 unter Hinweis auf BGH GRUR 1955, 59 – Schlauchmusterung). Der BGH anerkannte die Markenfähigkeit von Kennfäden. Wenn sich durch eine besondere Verflechtungsart von farbigen Kunststoffbändern in der *Stahldrahtumflechtung von Schlauchleitungen* eine bestimmte Musterung ergebe, dann sei deren Bildwirkung als Marke eintragungsfähig (BGH GRUR 1975, 550 – Drahtbewehrter Gummischlauch). Die Kontroverse zwischen RG und RPA hinsichtlich der Markenfähigkeit von Kabelkennfäden führte zum Erlaß der *KabelkennfadenV* (Verordnung über den Warenzeichenschutz für Kabelkennfäden vom 29. November 1939, RGBl. II S. 1005), sowie der *Anmeldebestimmungen* vom 5. Februar 1940 (BlPMZ 1940, 32) und deren *Ergänzung* vom 22. April 1942 (BlPMZ 1942, 68). Die KabelkennfadenV wurde durch Art. 48 Nr. 2 MRRG aufgehoben, die Anmeldebestimmungen und deren Ergänzung wurden durch § 78 Nr. 3 MarkenV aufgehoben.

## 11. Positionsmarken

**294a** **a) Markenfähigkeit von Positionsmarken.** Gegenstand einer *Positionsmarke* ist die besondere *Art und Weise der Anbringung oder Anordnung* eines Zeichens auf einem Produkt. Die *kennzeichnende Positionierung* des Zeichens auf dem Produkt begründet die Markenqualität. So ist etwa der *Knopf im Ohr* für Plüschtiere der Marke *STEIFF* abstrakt unterscheidungsgeeignet (so auch zum schweizerischen Markenrecht *Marbach*, in: v. Büren/David, Schweizerisches Immaterialgüter- und Wettbewerbsrecht, 3. Bd., Kennzeichenrecht, S. 23). Die Markenfähigkeit von Positititionsmarken wird in der deutschen Markenrechtspraxis gegenwärtig noch nicht diskutiert (s. zur Eintragungspraxis aber § 8, Rn 117j). Die Positionsmarke stellt eine besondere Form der *dreidimensionalen Marke* oder eine *sonstige Aufmachung* nach § 3 Abs. 1 dar (s. Rn 263, 264d). Die *Markenfähigkeit* einer Positionsmarke bestimmt sich nach den allgemeinen Voraussetzungen der Markenfähigkeit wie Selbständigkeit, Einheitlichkeit und graphische Darstellbarkeit der Marke (s. Rn 197 ff.) und als einer dreidimensionalen Marke nach den Ausschlußgründen der warenbedingten, technisch bedingten und wertbedingten Form nach § 3 Abs. 2 Nr. 1 bis 3 (s. Rn 222 ff.). Die *Eintragungsfähigkeit* einer Positionsmarke bestimmt sich namentlich nach den absoluten Schutzhindernissen des § 8 Abs. 2 Nr. 1 bis 3, deren Vorliegen durch den Erwerb von Verkehrsdurchsetzung nach § 8 Abs. 3 überwunden werden kann.

**294b** **b) Eintragungsverfahren.** Da die Positionsmarke im deutschen Markenrecht bisher nicht diskutiert worden ist, findet sich in der MarkenV keine ausdrückliche Regelung über die Form der Anmeldung im Eintragungsverfahren. Die Form der Anmeldung einer Positionsmarke bestimmt sich nach der Regelung über die *sonstigen Markenformen* des § 12 MarkenV (s. auch BPatGE 38, 262 – Roter Streifen im Schuhabsatz). Wenn man die Positionsmarke als eine besondere Form der dreidimensionalen Marke versteht, dann ist auf die Anmeldung unmittelbar § 9 MarkenV anzuwenden; dies entspricht der Rechtslage bei der Kennfadenmarke (s. Rn 292a ff.) nach § 10 MarkenV als einer besonderen Form der dreidimensionalen Marke.

## 12. Virtuelle Marken

**294c** **a) Markenfähigkeit von virtuellen Marken.** Gegenstand einer *virtuellen Marke* ist eine computergenerierte und computergesteuerte Gestaltung wie namentlich ein Drahtgittermodell, das aus einem Netz von Punkten und Linien mit einer Oberfläche versehen besteht. Die virtuelle Realität einer solchen Figuration kann als Marke mit produktidentifizierender Funktion ausgestattet werden. Eine solche virtuelle Marke kann aufgrund einer Computeranimation mit Bewegungsabläufen programmiert und so zu einer Bewegungsmarke (s. Rn 289 ff.) kombiniert werden.

**294d** **b) Eintragungsverfahren.** Da die virtuelle Marke im deutschen Markenrecht bisher nicht diskutiert worden ist, findet sich in der MarkenV keine ausdrückliche Regelung über

## 13. Zusammengesetzte Marken und Kombinationsmarken

Unter einer *zusammengesetzten Marke* versteht man eine solche Marke, die aus *mehreren Zeichen gleicher Markenformen* gebildet ist. Zusammengesetzte Marken sind etwa *Mehrwortmarken, Mehrbildmarken, Mehrfarbenmarken* oder *Mehrformenmarken*. Von der zusammengesetzten Marke unterscheidet man die *Kombinationsmarke*, die aus *mehreren Zeichen verschiedener Markenformen* gebildet ist. Kombinationsmarken sind etwa *Wortbildmarken, Worthörmarken, dreidimensionale Flaschenfarbmarken* oder *akustische Bewegungsmarken* (Bildtonfolgen). Bei Kombinationsmarken, die verschiedene Reizmodalitäten des Menschen ansprechen, besteht eine *multisensuale Wahrnehmung*, bei der das visuelle und auditive System des Menschen regelmäßig den olfaktorischen, gustatorischen und haptischen Sinnesmodalitäten vorrangig ist. Voraussetzung einer markenfähigen zusammengesetzten Marke oder Kombinationsmarke ist deren Einheitlichkeit (s. Rn 216); die zusammengesetzte Marke oder Kombinationsmarke muß als eine Einheit erkennbar sein (zur Zeicheneinheitserklärung bei einer Sammelmarke s. Rn 43 ff.). Bei einer zusammengesetzten Marke oder Kombinationsmarke kann jedem Zeichenbestandteil, wie etwa einem einzelnen Wort oder Bild, selbständig die Identifizierungsfunktion als Unterscheidungszeichen im Verkehr zukommen. So wurde etwa an der bekannten Wortbildmarke der *Deutschen Grammophon AG*, die aus der Abbildung eines *Grammophons mit einem Hund* sowie den Worten *Die Stimme seines Herrn* besteht, Markenschutz nicht nur an der einheitlichen Kombinationsmarke, sondern auch an den Markenbestandteilen als Bildmarke und als Wortmarke anerkannt (RGZ 109, 226). Es ist aber nicht erforderlich, daß jeder Zeichenbestandteil einer zusammengesetzten Marke oder Kombinationsmarke selbständig markenfähig ist. Ausreichend ist es, wenn die Zusammensetzung oder Kombination der Zeichenbestandteile und damit die einheitliche zusammengesetzte Marke oder Kombinationsmarke als solche als ein produktidentifizierendes Unterscheidungszeichen markenfähig ist (BGH GRUR 1983, 440 – Burkheimer Schloßberg).

## J. Kennzeichenrechte im Internet

**Schrifttum zum MarkenG.** *Bachmann*, Internet und Internationales Privatrecht, in: Lehmann (Hrsg.), Internet- und Multimediarecht (Cyberlaw), 1997, S. 169; *Bachmann*, Der Gerichtsstand der unerlaubten Handlung im Internet, IPRax 1998, 179; *Bähler/Lubich/Schneider/Widmer*, in: Switch, Zürich (Hrsg.), Internet-Domainnamen – Funktion, Richtlinien zur Registration, Rechtsfragen, 1996; *Bäumer*, Domain-Namen und Markenrecht, CR 1998, 174; *Berlit*, Multimedia und Marken, NJW 1999, 701; *Bettinger*, Kennzeichenrechte im Cyberspace: Der Kampf um die Domain-Namen, GRUR Int 1997, 402; *Bettinger*, CR 1998, 243; *Bortloff*, Die Verantwortlichkeit von online-Diensten, GRUR Int 1997, 387; *Bettinger/Freytag*, Verantwortlichkeit der DENIC e.G. für rechtswidrige Domains?, CR 1999, 28; *Bücking*, Internet-Domains – Neue Wege und Grenzen des bürgerlich-rechtlichen Namensschutzes, NJW 1997, 1886; *Bullinger/Mestmäcker*, Multimediadienste, 1997; *Ernst*, Internet und Recht, JuS 1997, 776; *Day*, Kennzeichenrechtsverletzungen durch Metatags, AJP/PJA 1998, 1463; *Ernst*, Wirtschaftsrecht im Internet, BB 1997, 1057; *Ernst*, Deutsche Städte im Internet und das Namensrecht, NJW-CoR 1997, 426; *Freitag*, Domain-Name: Technische Adresse oder geschütztes Unternehmenskennzeichen?, MA 1996, 495; *Funk*, K&R 1998, 265; *Gabel*, Internet: Die Domain-Namen, NJW-CoR 1996, 322; *Gerling*, Internet: Juristische Probleme und kein Ende?, DuD 1996, 218; *Graefe*, Marken und Internet, MA 1996, 100; *Haas*, Die französische Rechtsprechung zum Konflikt zwischen Domain-Namen und Kennzeichenrechten, GRUR Int 1998, 934; *Hackbarth*, CR 1998, 307; *Hage*, Das Internet für Juristen – eine Momentaufnahme, AnwBl 1996, 529; *Hahn/Wilmer*, Die Vergabe von Top-Level-Domains und ihre rechtlichen Konsequenzen, NJW-CoR 1997, 485; *Hoeren*, Cybermanners und Wettbewerbsrecht – einige Überlegungen zum Lauterkeitsrecht im Internet, WRP 1997, 993; *Hoeren*, Internationale Netze und das Wettbewerbsrecht, in: Becker/Rehbinder, Rechtsfragen internationaler Datennetze, 1996, S. 35; *Hoeren*, Internet und Recht – Neue Paradigmen des Informationsrechts, NJW 1998, 2849; *Hoeren*, Rechtsfragen des Internet – Ein Leitfaden für die Praxis, 1998; *Hurdle*, Domain Names – The Scope of a Trade Mark Proprietor's Monopoly Avnet Inc. V. Isoact Ltd, E.I.P.R. 1998, 74; *Jaeger-Lenz*, Kennzeichenschutz gegen ähnliche Domainbezeichnungen?, K&R 1998, 9; *Kelleher*, Generic Domain Names on the Internet, E.I.P.R. 1998, 62; *Kelly/Kumor*, Trademarks: Intellectual Property Protection on the

Information Super Highway, E.I.P.R. 1995, 481; *Kieninger,* Internationale Zuständigkeit bei der Verletzung ausländischer Immaterialgüterrechte: Common Law auf dem Prüfstand des EuGVÜ, GRUR Int 1998, 280; *Kilian,* Die Adresse im Internet – Domains und ihr rechtlicher Schutz, DZWiR 1997, 381; *Kloos,* Markenschutz im internet – Effektives Vorgehen gegen Domain-Grabbing; MA 1998, 50; *Kobia,* Intellectual property in the Internet: the collision of trade marks and domain names, Mitt 1998, 468; *Koch,* Neue Rechtsprobleme der internet-Nutzung, NJW-CoR 1998, 45; *Kochinke/Bäumer,* Die Vergaberichtlinie des InterNIC bei Internetadressen, CR 1996, 499; *Kochinke/Schmitter,* Domain Name Dispute, CR 1998, 188; *Kotthoff,* Die Anwendbarkeit des deutschen Wettbewerbsrechts auf Werbemaßnahmen im Internet, CR 1997, 676; *Kuner,* Internationale Zuständigkeitskonflikte im Internet, CR 1996, 453; *Kuner,* Internet für Juristen: Zugang, Recherche, Kommunikation, Sicherheit, Informationsquellen, 1996; *Kur,* Kennzeichenkonflikte im Internet – „Kinderkrankheiten" oder ernstzunehmendes Problem?, FS für Beier, 1996, S. 265; *Kur,* Namens- und Kennzeichenschutz im Cyberspace, CR 1996, 590; *Kur,* Internet Domain Names – Brauchen wir strengere Zulassungsvorschriften für die Datenautobahn?, CR 1996, 325; *Kur,* Der Bericht des Internationalen Ad Hoc Committee – Neue Regeln für die Vergabe von Domainnamen, CR 1997, 325; *Kur,* Marken in grenzüberschreitenden Informationssystemen, in: Schricker/Beier (Hrsg.), Die Neuordnung des Markenrechts in Europa, 1997, S. 49; *Kur,* Internet und Kennzeichenrecht, in: Loewenheim/Koch (Hrsg.), Praxis des Online-Rechts, 1998, S. 325; *Kur,* Neue Perspektiven für die Lösung von Domainnamen-Konflikten: WIPO-Interim Report, GRUR Int 1999, 212; *Lehmann,* (Hrsg.), Internet- und Multimediarecht (Cyberlaw), 1997; *Nägele,* „Zwilling.de", WRP 1998, 841; *Nordemann A.,* Internet-Domains und zeichenrechtliche Kollisionen, NJW 1997, 1891; *Nordemann A./Goddar/Tönhardt/Czychowski,* Gewerblicher Rechtsschutz und Urheberrecht im Internet, CR 1996, 645; *Nordemann J./Czychowski/Grüter,* Das Internet, die NameServer und das Kartellrecht, NJW 1997, 1897; *Omsels,* Die Kennzeichenrechte im Internet, GRUR 1997, 328; *Osborne,* Domain Names, Registration & Dispute Resolution and Recent U.K. Cases, E.I.P.R. 1998, 644; *Poeck,* in: Schwarz (Hrsg.), Recht im Internet, Band 1, Kap. 4, 1997; *Rosenthal,* Projekt Internet; Was Unternehmen über Internet und Recht wissen müssen, 1997; *Roßnagel,* Globale Datennetze, ZRP 1997, 26; *Schippen,* Rechtsprobleme internationaler Datennetze, ZUM 1996, 229; *Siebert,* Neuere Entwicklungen im US-amerikanischen Handels- und Wirtschaftsrecht, RIW 1997, 157; *Stoodley,* Internet Domain Names and Trade Marks, E.I.P.R. 1997, 509; *Stratmann,* Internet domain names oder der Schutz von Namen, Firmenbezeichnungen und Marken gegen die Benutzung durch Dritte als Internetadresse, BB 1997, 689; *Strömer,* Online-Recht: Rechtsfragen im Internet und in Mailboxen, 1997; *Ubber,* Rechtsschutz bei Mißbrauch von Internet-Domains, WRP 1997, 497; *Vahrenwald* (Hrsg.), Recht in Online und Multimedia, Kap. 8.5, S. 1 *Vießhues,* Justitia im Internet, DRiZ 1996, 347; *Völker/Weidert,* Domain-Namen im Internet, WRP 1997, 652; *Wagner,* Zeichenkollision im Internet, ZHR 1998, 701; *Wegner,* Rechtlicher Schutz von Internetdomains, CR 1998, 676; *Wendel,* Wer hat Recht im Internet, 1997; *Wiebe,* Zur Kennzeichnungsfunktion von Domain Names, CR 1998, 157; *Wilmer,* Offene Fragen der rechtlichen Einordnung von Internetdomains, CR 1997, 562.

## Entscheidungen zum MarkenG

**1. LG Mannheim GRUR 1997, 377 – heidelberg.de**
Die Benutzung des Domainnamens *heidelberg.de* durch ein Computerunternehmen verletzt das Namensrecht der Stadt Heidelberg aus § 12 BGB, da aus dem Domainnamen auf die ihn unterhaltende Person zurückgeschlossen werden kann.

**2. OLG Frankfurt GRUR 1997, 52 – Die Blauen Seiten**
Ein WWW-Branchenverzeichnis mit dem Titel „Die Blauen Seiten" ist mit den bekannten „Gelben Seiten" wegen der großen Ähnlichkeit im Sinne des § 14 Abs. 2 Nr. 2 MarkenG verwechslungsfähig.

**3. LG Köln, Beschluß vom 13. September 1996, 81 O 141/96 – loveparade.de**
Der Domainname *loveparade.de* darf nur vom namens- und/oder markenmäßigen Inhaber als Internetadresse verwendet werden.

**4. LG Hamburg CR 1997, 157 – Zurückbehaltungsrecht an Domainnames**
Internetadressen unterliegen als individuelle namensartige Kennzeichen dem Schutz des § 12 BGB.

**5. LG Berlin, Beschluß vom 5. Dezember 1996, 16 O 602/96 – bally-wulf.de**
Die Benutzung eines Unternehmenskennzeichens als Internet-Domain erfolgt kennzeichenmäßig und beinhaltet Verwechslungsgefahren. Die Verwendung eines als geschäftliche Bezeichnung nach § 5 Abs. 1 MarkenG geschützten Unternehmenskennzeichens als Domainname verstößt gegen §§ 5, 15 Abs. 2 MarkenG.

**6. LG Köln BB 1997, 1121 – kerpen.de (gleichlautend LG Köln NJW-RR 1998, 976 – pulheim.de und LG Köln GRUR 1997, 377 – huerth.de)**
Der Domainname *kerpen.de* stellt wegen der freien Wählbarkeit der Internetadresse keinen Hinweis auf die Stadt *Kerpen* dar, besitzt keine namensrechtliche Kennzeichnungskraft und erfüllt somit keine Namensfunktion im Sinne von § 12 BGB.

Als Marke schutzfähige Zeichen § 3 MarkenG

**7. LG Frankfurt, Beschluß vom 7. Januar 1997, 2-06 O 711/96 – citroën.de**
Die Marke *Citroën* ist nach § 14 MarkenG und § 1 UWG gegen die Verwendung als Domainname durch Nichtberechtigte geschützt.

**8. LG München I NJW-RR 1998, 973 – juris.de**
Es bestehen Beseitigungs- und Unterlassungsansprüche bezüglich eines Domainnamens, der als *natürlichste* Adresse direkt auf die Firma des betroffenen Unternehmens verweist.

**9. LG Braunschweig NJW 1997, 2687 – braunschweig.de**
Der Stadt Braunschweig steht Namensschutz nach § 12 BGB gegen die unbefugte, widerrechtliche, mit einer bösgläubigen Markenanmeldung i.S. von § 50 MarkenG vergleichbaren Verwendung der Bezeichnung Braunschweig als Bestandteil einer Domain-Adresse zu.

**10. LG Lüneburg GRUR 1997, 470 – celle.de**
Domainnamen besitzen wie Namen Identifikations- und Individualisierungsfunktion.

**11. LG Köln AfP 1997, 655 – karriere.de**
Die Bezeichnung *Karriere* für eine Zeitungsbeilage genießt Titelschutz nach §§ 5, 15 MarkenG.

**12. LG München I NJW-RR 1998, 978 – sat-shop.de**
Die Bezeichnung *Sat-Shop* für einen Geschäftsbetrieb im Telekommunikationsbereich ist nicht hinreichend unterscheidungskräftig und damit nicht als geschäftliche Bezeichnung gegen die Verwendung als Domain durch Dritte geschützt.

**13. LG Frankfurt CR 1997, 287 – das.de**
Durch die Reservierung einer Internetadresse, die sich als Name eines anderen darstellt, wird dessen Recht zum Gebrauch des Namens einschließlich Abkürzungen und Schlagworte im Sinne von § 12 BGB bestritten.

**14. LG Ansbach NJW 1997, 2688 – ansbach.de**
Die namensmäßige Verwendung der Internetadresse *ansbach.de* verletzt die Interessen der Stadt, da unter der identifizierenden Buchstabenkombination Informationen *von* der Stadt erwartet werden.

**15. KG Berlin NJW 1997, 3321 – concert-concept.de/concert-concept.com**
Der Erfolgs- und Tatort befindet sich dort, wo der Domainname bestimmungsgemäß abrufbar ist.

**16. LG Düsseldorf GRUR 1998, 159 – epson.de**
Ein mit einer eingetragenen Wortmarke identischer Domainname verletzt den Schutzbereich der §§ 4, 14 Abs. 1 MarkenG auch dann, wenn der Tatbestand des „Domain-Grabbings" noch nicht durch Veräußerung erfüllt ist, sondern lediglich eine kennzeichenmäßige Benutzung der Domain droht.

**17. LG München I CR 1998, 434 – paulaner.de**
Die Registrierung der Firmenbezeichnung eines Dritten als Domainname zur Erlangung einer Zahlung gegen Freigabe der Adresse führt zu einer unbefugten Nutzung im geschäftlichen Verkehr

**18. LG München I CR 1997, 540, 984 – freundin.de**
Einem Verlag, der eine Zeitschrift mit dem Titel *Freundin* herausgibt, stehen gegenüber einem branchenverschiedenen Anbieter weder markenrechtliche noch wettbewerbsrechtliche oder sonstige Anspruchsgrundlagen auf Freigabe der Domain zu.

**19. LG Mannheim CR 1998, 306 – Arwis**
Der Verweis auf eine Homepage mittels eines Hyperlinks, der ein Unternehmenskennzeichen enthält, stellt eine Benutzung i.S. der §§ 14 Abs. 2 Nr. 1, 15 MarkenG dar und kann zugleich irreführend i.S. des § 3 UWG sein.

**20. LG Braunschweig CR 1998, 364 – deta.com**
Ab dem Zeitpunkt der Reservierung wird eine Domain im Sinne des § 14 Abs. 2 Nr. 2 MarkenG benutzt. Die Klägerin kann von der Beklagten die Erklärung des Verzichts auf die Domain gegenüber der international zuständigen Vergabestelle verlangen.

**21. LG Hamburg MMR 1998, 46 – bike.de**
Der Begriff *bike* ist freihaltebedürftig und die Internetadresse *bike.de* verletzt nicht die Titelschutzrechte einer gleichnamigen Zeitschrift.

**22. LG Frankfurt NJW-RR 1998, 974 – lit.de**
Domainnamen besitzen Namensfunktion, so daß die Benutzung einer Firmenabkürzung als Internetadresse dem berechtigten Inhaber der Geschäftsbezeichnung vorbehalten ist.

**23. LG München I NJW-CoR 1998, 111 – deutsches-theater.de**
Die Reservierung einer Domain stellt eine Benutzung im geschäftlichen Verkehr dar. Als Etablissements-Bezeichnung gem. § 5 Abs. 2 S. 1 MarkenG besitzt die Bezeichnung *Deutsches Theater* Kennzeichnungskraft.

**24. LG Bonn NJW-RR 1998, 977 – detag.de**
Bei der lauteren Benutzung einer geschäftlichen Kurzbezeichnung als Domainname liegt auch bei Verwechslungsgefahr keine Verletzung von § 15 Abs. 1, 2 MarkenG oder § 12 BGB vor.

# MarkenG § 3      Als Marke schutzfähige Zeichen

**25. LG Düsseldorf NJW-CoR 1998, 310 – ufa.de**
Obwohl Domainnamen frei wählbar sind, besitzen sie Namensfunktion. Schlagwortartige Unternehmenshinweise mit Verkehrsdurchsetzung sind nach § 5 Abs. 2 MarkenG als Unternehmenskennzeichen schutzfähig, wenn es sich um einen unterscheidungskräftigen Firmenbestandteil handelt.

**26. LG Mannheim WRP 1998, 920 – zwilling.de**
Die Verwendung einer bekannten Marke als Bestandteil eines Domainnamens durch einen Dritten stellt eine unlautere Ausnutzung und Beeinträchtigung der Wertschätzung dieser Marke dar.

**27. LG Bochum, Urteil vom 27. November 1997, 14 O 152/97 – hellweg.de**
Der unterscheidungskräftig prägende Firmenbestandteil *Hellweg* ist gegen Verwechslungsgefahr beim Gebrauch im Internet geschützt.

**28. LG Köln CR 1998, 362 – d-radio.de**
Der Domainname *d-radio.de* ist verwechslungsfähig mit Produkten der geschützten „D-...".-Reihe.

**29. OLG Hamm CR 1998, 241 – krupp.de**
§ 12 BGB räumt einem Unternehmen mit überragender Verkehrsgeltung wegen der Benutzung des Firmenschlagwortes als Domainname durch einen Gleichnamigen einen Beseitigungs- und Unterlassungsanspruch ein, nicht aber einen Anspruch auf Übertragung des Domainnamens.

**30. OLG Stuttgart K&R 1998, 263 – steiff.com**
Die Registrierung eines Unternehmensnamens als Domainname mit Benutzungsabsicht stellt einen Namensgebrauch i.S. von § 12 BGB dar.

**31. LG Hamburg K&R 1998, 365 – eltern.de**
Zwischen dem Zeitschriftentitel *Eltern* und dem Domainnamen *eltern.de* besteht Verwechslungsgefahr.

**32. OLG München NJW-RR 1998, 984 – freundin.de**
Zur unlauteren Ausnutzung einer bekannten Marke durch Eintragung eines Domainnamen für eine Homepage im Internet.

**33. OLG Karlsruhe WRP 1998, 900 – zwilling.de**
Bekannte Marken im Sinne des § 14 Abs. 2 Nr. 3 sind gegen Rufausbeutung im Internet geschützt.

**34. LG Manheim K&R 1998, 558 – brockhaus.de**
Zur unlauteren Ausnutzung einer bekannten Marke durch Eintragung eines Domainnamen für eine Homepage im Internet.

**35. LG Berlin K&R 1998, 557 – technomed.de**
Im Bereich des Internet erfaßt die Beseitigungsverpflichtung den Verzicht auf den gesamten Domainnamen.

**36. OLG Düsseldorf WRP 1999, 343 – ufa.de**
Domainnamen besitzen Namensfunktion und sind als schlagwortartige Unternehmenshinweise mit Verkehrsdurchsetzung nach § 5 Abs. 2 MarkenG als Unternehmenskennzeichen schutzfähig, wenn es sich um einen unterscheidungskräftigen Firmenbestandteil handelt.

## Entscheidungen zum UWG

**1. LG Berlin AfP 1996, 405 – stellenmarkt.de**
Die unbezahlte Übernahme von Stellenanzeigen aus Tageszeitungen zählt zur Fallgruppe des „Schmarotzens an fremder Leistung" und ist als eine sittenwidrige Ausbeutung fremder Leistung wettbewerbswidrig im Sinne des § 1 UWG.

**2. LG München I CR 1997, 155 – Schmähkritik via Internet**
Bei einem im Internet verbreiteten Erfahrungsbericht kann es sich um unzulässige Schmähkritik gemäß § 1 UWG bzw unzulässige Anschwärzung gemäß § 14 UWG handeln.

**3. LG München I CR 1996, 736 – Online-Anwalt**
Die Empfehlung einer einzelnen Kanzlei durch einen Provider als „Online-Anwalt" verstößt als sachlich falsche und damit irreführende Angabe gegen § 3 UWG.

**4. LG München I, Beschluß vom 9. Januar 1997, 4 HK O 14792/96 – dsf.de (gleichlautend „eurosport.de" und „sportschau.de")**
Die Registrierung eines Domainnamens in der Absicht, Verhandlungen über eine Internet-Zusammenarbeit herbeizuführen, ist sittenwidrig und wettbewerbswidrig im Sinne des § 1 UWG. Gleiches gilt für die Anlehnung an den guten Ruf eines anderen, Irreführung der Verbraucher und die damit verbundene Rufschädigung. Ein Unterlassungsanspruch besteht jedenfalls bei Identität des Waren- und Dienstleistungsangebots.

**5. OLG Frankfurt GRUR 1997, 481 – wirtschaft-online.de**
Der Domainname „wirtschaft-online.de" verstößt nicht als irreführend oder unlauter gegen §§ 1, 3 UWG. Eine analoge Anwendung des § 8 Abs. 2 Nr. 1, 2 MarkenG auf Domainnamen wurde abgelehnt.

Als Marke schutzfähige Zeichen

**6. OLG Koblenz WRP 1997, 478 – E-Mail-Doktor**
Zahnärzte dürfen im Internet keine kommerzielle Reklame verbreiten oder um neue Patienten werben. Eine berufswidrige Werbung verstößt immer gegen die guten wettbewerblichen Sitten.

**7. LG Stuttgart, Beschluß vom 9. Juni 1997, 11 KfH O 82/97 – hepp.de**
Die Reservierung eines Domainnamens in Behinderungsabsicht ist wettbewerbswidrig und verstößt gegen § 1 UWG.

**8. LG Köln CR 1998, 30 – spiele.de**
Die Übertragung eines für einen Kunden verwalteten Domainnamens durch einen Internet-Provider auf einen Dritten stellt einen Vertragsbruch dar und ist wettbewerbswidrig.

**9. LG Düsseldorf MMR 1998, 670 – baumarkt.de**
Zur Frage, unter welchen Voraussetzungen der Einsatz der Frame-Technologie wettbewerbsrechtliche Positionen anderer beeinträchtigen kann.

### Weitere nicht veröffentlichte, instanzgerichtliche Entscheidungen

LG Hamburg, Beschluß vom 9. Januar 1997, 312 O 7/97 – adn.de; LG Stuttgart, Beschluß vom 12. Februar 1997, 17 O 70/97 – liebherr.de; LG München I, Beschluß vom 25. Februar 1997, 7HK O 3558/97 – allnet.de; LG Köln, Beschluß vom 8. April 1997, 31 O 327/97 – wepag.de; LG Frankfurt, Beschluß vom 2. April 1997, 2-06 O 193/97 – reuters.de; LG Hamburg, Beschluß vom 3. April 1997, 315 O 227/97 – click.de; LG Frankfurt, Beschluß vom 4. April 1997, 2/06 O 194/97 – honda.de; LG Köln, Beschluß vom 23. April 1997, 315 O 282/97 – sharp.de; LG Hamburg, Beschluß vom 27. Mai 1997, 322 O 218/97 – fehmarn.de; LG Frankfurt, Urteil vom 28. Mai 1997, 2/6 O 125/97 – auv.de; LG Köln, Einstweilige Verfügung vom 14. Juni 1996 – toyota.de; LG Leipzig, Beschluß vom 23. Juni 1997, 5 O 5206/97 – terramed.de; LG München I, Beschluß vom 4. Juli 1997, 4HK O 12440/97 – shimano.de; LG Hamburg, Beschluß vom 14. Juli 1997, 315 O 448/97, 315 O 445/97 – dinfo.de; LG Hamburg, Beschluß vom 14. Juli 1997, 315 O 456/97 – d-hotel.de; LG München I, Beschluß vom 31. Juli 1997, 7HK O 14204/97 – tripleclick.de; LG Düsseldorf, Urteil vom 17. September 1997, 34 O 118/97 – cartronic.de; LG Hamburg, Beschluß vom 13. Oktober 1997, 315 O 632/97 – d-kfz.de; LG Düsseldorf, Urteil vom 15. Oktober 1997, 2/6 O 300/97 – yellow pages; LG Nürnberg-Fürth, Einstweilige Verfügung vom 22. Oktober 1997, 4HK O 9273/97 – big.de; LG Berlin, Urteil vom 30. Oktober 1997, 16 O 236/97 – esotera; LG Köln, Beschluß vom 31. Oktober 1997, 31 O 880/97 – bahnhof.de.

## I. Das System der Domainnamen im Internet

### 1. Allgemeine Problematik der Internet-Domains

Das *Internet* führt als *kommerzialisiertes Massenmedium* mit einer fast grenzenlosen Informationsvielfalt zwangsläufig zu *Kollisionen* von *Internet-Domains mit Markenrechten* und *anderen Kennzeichenrechten*. Im Zusammenhang mit der Benutzung von Domainnamen ergeben sich eine Vielfalt kennzeichenrechtlicher und wettbewerbsrechtlicher Probleme. Eingetragene Marken werden etwa von Internet-Nutzern als Domainname verwendet oder für Werbezwecke eingesetzt, Markenartikel werden im Internet zum Kauf angeboten. Die kennzeichenrechtlichen und wettbewerbsrechtlichen Probleme lassen sich weithin mit den zur Verfügung stehenden Rechtsinstrumentarien des MarkenG und des UWG lösen.

### 2. Begriff des Domainnamens

Domainnamen dienen als *technische Adressen* im Internet. Bei Internetadressen ist zwischen *Internet-Protokoll-Nummern* (Internet-Protocol, IP) und *Domainnamen* zu unterscheiden. Wegen der geringeren Akzeptanz von numerischen Adressen werden bis zu 24-stellige Namen als alphanumerische Adressen vergeben, die der Identifizierung des Inhabers des Internetanschlusses dienen. Je einprägsamer die Internetadresse gewählt wird, desto leichter wird das Auffinden der entsprechenden Leitseiten im Internet für den Benutzer. Besonders geeignet sind wegen des Wiedererkennungseffekts solche Adressen, die eine Marke oder ein Unternehmenskennzeichen enthalten. Die Registrierung identischer Namen im Internet ist ausgeschlossen. Eine Internetadresse besteht aus mehreren Ebenen (*Levels*), die durch Punkte voneinander getrennt sind. Zu unterscheiden ist zwischen der *Top-Level-Domain*, dem *Domainnamen*, der *Subdomain* und dem *Hostname*. Ein Domainname kann, Telefonnummern

**MarkenG § 3** 298–302                    Als Marke schutzfähige Zeichen

vergleichbar, nur ein einziges Mal vergeben werden. Dies gilt auch für branchenverschiedene Anmelder. Domainnamen werden im Internet gleichsam monopolisiert.

**298**  In den USA existieren derzeit sieben generische Top-Level-Domaingruppen: *.com* für kommerzielle Anbieter, sowie private Internet-Nutzer; *.edu* für Universitäten und andere Bildungseinrichtungen; *.int* für internationale zwischenstaatliche Organisationen; *.gov* für staatliche US-Einrichtungen; *.mil* für das US-Militär; *.net* für Rechner von Netzwerkprovidern und Internet-Systemverwaltern; *.org* für nichtkommerzielle Organisationen, die Aufschluß über den Rechnerbetreiber geben. Außerhalb der USA bestehen weitere, den internationalen Länderkennzeichen entsprechende geographische Domains, wie *.de* für Deutschland oder *.fr* für Frankreich, die auf die nationale Vergabeorganisation hindeuten. Unterhalb der nationalen Top-Level-Domain *.de* liegt die Verantwortung für die Vergabe von Domainnamen bei deutschen Organisationen. Links neben der Top-Level-Domain befindet sich der seinerseits noch in Subdomains aufspaltbare und frei wählbare Namensbestandteil der Internetadresse. Die parallele Registrierung eines identischen Domainnamens unter verschiedenen Top-Level-Domains, wie etwa *coca-cola.com* und *coca-cola.de*, ist möglich.

### 3. Vergabeverfahren für Domainnamen

**299**  Bis Ende Februar 1998 war für die *Vergabe von Internetadressen* unterhalb der sieben generischen Top-Level-Domains in den USA ausschließlich die amerikanische NSI (Network Solutions Incorporated), die im Auftrag der NSF (National Science Foundation) das InterNIC (Internet Network Information Center) betrieb, zuständig. Wegen allgemeiner Unzufriedenheit mit diesem Monopol dürfen seit März 1998 auf Betreiben der IANA (Internet Assigned Numbers Authority) und des CORE (Council of Registrars), das den Markt überwachen soll, inzwischen weltweit 88 Unternehmen Domains vergeben, allerdings ohne daß diese bisher online geschaltet wurden. Zusätzlich wurde die WIPO (World Intellectual Property Organisation) in Genf mit der Regelung von Konflikten im Zusammenhang mit Markennamen beauftragt. Nach einem Reformplan des IAHC (Internet Ad Hoc Committees) sollten von März 1998 an zur Lösung der Namensprobleme sieben neue Toplevel-Domains, wie etwa *.arts* für Themen der Kunst, Kultur und Entertainment oder *.nom* für persönliche Web-Seiten eingeführt werden. Nach Protesten der amerikanischen Kongreßabgeordneten legte das US-Handelsministerium ein *Greenpaper* (s.. http://www.ntia.doc.gov/ntiahome/domainname/domainhome.htm) vor, in dem die Einführung von nur fünf neuen Domains gefordert wird, die von je einem Unternehmen verwaltet werden sollen. Das im Juni 1998 ergangene *Whitepaper* nimmt zu den davor erhaltenen Kommentaren Stellung, ohne Entscheidungen herbeizuführen. Das DE-NIC rechnet jedoch mit der Einführung der weiteren Top-Level-Domains frühestens im September 1999. Das genaue Ergebnis der dringend erforderlichen Reform ist derzeit noch nicht absehbar und hängt nicht zuletzt vom Verhalten der EG ab.

**300**  In *Deutschland* ist das *DE-NIC* (Deutsches Network Information Center) in Frankfurt am Main mit seinem technischen Betrieb im *Rechenzentrum der Universität Karlsruhe* für die Vergabe und Registrierung eines (Second-Level-) Domainnamens unterhalb der Top-Level-Domain *.de* verantwortlich. Domainnamen-Anträge sind seit dem 30. April 1996 allerdings nicht mehr direkt an das DE-NIC, sondern an örtliche *Internet Service Provider* (Dienstleister) zu richten, die ihrerseits Mitglieder beim *IV-DE-NIC* (Interessenverbund zur Sicherstellung des DE-NIC) sind. Seit 1995 werden für die Anmeldung einmalige Eintragungsgebühren und darüber hinaus regelmäßige Jahresgebühren erhoben. Nach Auffassung des LG Frankfurt ist die Domain-Vergabestelle ein marktbeherrschendes Unternehmen im Sinne des Kartellrechts (LG Frankfurt WRP 1999, 336, 367 – ambiente.de).

**301**  Um die Eindeutigkeit im weltweiten Namensraum zu gewährleisten, muß ein gültiger Domainname mit einem Buchstaben oder einer Ziffer beginnen oder enden. Registriert werden kann eine maximal 63 Zeichen umfassende Kette aus Buchstaben, Zahlen oder Sonderzeichen. Die Vergabe der Domainnamen richtet sich grundsätzlich nach dem *Prioritätsprinzip* (first come, first served), wobei der Antragsteller die namensrechtliche Verantwortung trägt.

**302**  Als Folge mehrerer kennzeichenrechtlicher Streitigkeiten in den USA (s. *Bäumer*, CR 1998, 174, 176) wurde die *InterNIC-Vergaberichtlinie* (Dispute Policy Statement) mit Wirkung vom 23. November 1995 verabschiedet. Diese verpflichtet den Antragsteller unter anderem, bei der Einreichung des Domainnamen-Antrags einen sogenannten Namensservice von zwei Nameservern nachzuweisen, seine regelmäßige Benutzungsabsicht zu erklären und zu versichern, lediglich gesetzmäßige Zwecke zu verfolgen. Seit einer Verurteilung wegen Beihilfe zur Markenverletzung lassen sich die am Vergabeverfahren beteiligten US-amerikanischen Organisationen darüber hinaus für den Fall kennzeichenrechtlicher Streitigkeiten von ihrer Haftung freistellen. Die InterNIC-Vergaberichtlinie stellt den Versuch dar, einen Ausgleich zwischen der freien Adressenwahl nach dem Prioritätsprinzip und dem Kennzeichenschutz herzustellen. Letztendlich bleibt die Entscheidung über den Ausgleich der widerstreitenden Interessen zwischen einem Adressenanmelder und einem Kennzeicheninhaber den Gerichten vorbehalten.

Die Richtlinien des deutschen DE-NIC und IV-DENIC enthalten dagegen lediglich eine Klausel, daß das DE-NIC für Namenskonflikte nicht verantwortlich gemacht werden könne und daß der Antragsteller versichere, durch den Antrag keine Rechte Dritter, insbesondere keine Schutzrechte zu verletzen. Desweiteren läßt sich das DE-NIC von den Kosten und nachteiligen Folgen aus einer eventuellen Inanspruchnahme durch Dritte wegen einer Rechtsverletzung umfassend freistellen (zur Frage der Mitverantwortlichkeit des DE-NIC s. Rn 314). Durch die Registrierung des Domainnamens erwirbt der Antragsteller schließlich kein Eigentum an der Adresse, sondern ein jederzeit kündbares entgeltliches Benutzungsrecht.

### II. Domainnamen als Kennzeichen

#### 1. Technische Adressfunktion und kennzeichenrechtliche Identifizierungsfunktion von Internet-Domains

Domainnamen stellen als solche nicht anders als Telegrammadressen keine der drei Arten von Kennzeichen nach § 1 Nr. 1 bis 3 dar. In erster Linie haben Domainnamen eine *Adressfunktion* zur Bezeichnung des angeschlossenen Rechners. Domainnamen können aber über ihre Funktion hinaus, als Internetadressen zu dienen, aufgrund des *Aussagegehalts des gewählten Domainnamens* auch eine *rechtserhebliche kennzeichnende Wirkung* entfalten. Es ist gerade die inhaltliche Aussagekraft eines prägnanten Domainnamens, der einen entscheidenden und identifizierenden Vorteil gegenüber weniger kennzeichnenden Internetadressen mit sich bringt.

Der Internetadresse als technischer Adresse zur Individualisierung und Identifizierung eines bestimmten Rechners wird in der *instanzgerichtlichen Rechtsprechung* teilweise die kennzeichnungsrechtliche Qualität abgesprochen (LG Köln GRUR 1997, 377 – hürth.de; gleichlautend NJW-RR 1998, 976 – pulheim.de; BB 1997, 1121 – kerpen.de). Wenn aber zur Bildung einer Internetadresse Marken, geschäftliche Bezeichnungen oder Namen verwendet werden, dann kommt zumindest der Second-Level-Domain eine kennzeichnende Funktion zu (LG Lüneburg GRUR 1997, 470 – celle.de; LG Frankfurt CR 1997, 287 – das.de; LG Braunschweig CR 1998, 364 – deta.com). Das gilt auch für Firmennamenbestandteile, soweit diese selbst unterscheidungskräftig und ihrer Art nach im Vergleich zu den übrigen Firmenbestandteilen geeignet erscheinen, sich im Verkehr als ein schlagwortartiger Hinweis auf das Unternehmen durchzusetzen (BGH GRUR 1997, 468, 469 – NetCom; OLG Düsseldorf WRP 1999, 343, 345 – ufa.de). Das Schutzbedürfnis ergibt sich namentlich aus dem *Verständnis der beteiligten Verkehrskreise*, die einen Domainnamen, dessen wesentliche Zeichenbestandteile aus einer Marke oder einem Unternehmenskennzeichen bestehen, als *Identifikationshinweis* nicht nur hinsichtlich der Verbindung zu dem an das *Internet angeschlossenen Computer*, sondern auch auf den *Kennzeicheninhaber* auffassen. Wird diese Erwartung enttäuscht, führt die Verwendung eines fremden Kennzeichens zu einer Zuordnungsverwirrung und Identitätstäuschung.

Die Kennzeichnungskraft ist abhängig von der Kürze und Prägnanz des Domainnamens, sie sinkt mit zunehmender Länge des Namens und der Anzahl der angeschlossenen Prä- und Suffixe. Bei derart *kennzeichnenden Domainnamen* ist in Anlehnung an die Rechtsprechung des BGH zum Schutz von Telegrammadressen und Telefonnummern (BGH GRUR 1953, 290, 291 – Fernsprechnummer; s. § 15, Rn. 144, 145) von einer Schutzfähigkeit des Domainnamens als ein sonstiges betriebliches Unterscheidungszeichen im Sinne von § 5 Abs. 2 S. 2 MarkenG auszugehen, das Vorliegen von Unterscheidungskraft und Namensfunktion des Zeichen nach § 5 Abs. 2 S. 1 MarkenG, sowie die Aufnahme der Benutzung des Zeichens im geschäftlichen Verkehr vorausgesetzt.

**307** Zur kennzeichnungsrechtlichen Qualität des Domainnamens kann die Rechtsprechung des BGH zu den Fernschreibkennungen (BGH GRUR 1986, 475 – Fernschreibkennung) namentlich wegen der identisch gelagerten Verwenderinteressen herangezogen werden. Der BGH qualifiziert Telegrammadressen als dem Namen oder der Firma vergleichbare, besondere Geschäftsabzeichen im Sinne des § 5 Abs. 2 S. 2 (§ 16 Abs. 3 UWG aF), die bei entsprechender Verkehrsgeltung ab Benutzungsaufnahme geschützt sind. Eine entsprechende rechtliche Beurteilung der Domainnamen nach den §§ 5 und 15 MarkenG wird deren hohem Stellenwert bei der Selbstdarstellung des Benutzers im weltweiten Netz gerecht. Denn über die bloße technische Adressenfunktion des Domainnamens hinaus kann ein mit einer Marke oder einer geschäftlichen Bezeichnung identischer Domainname durch Verwendung auf Geschäftsbriefen, auf Werbeplakaten oder in Fernsehspots von den beteiligten Verkehrskreisen als *kennzeichenmäßiger Hinweis* verstanden werden. Gleiches gilt für die in den USA seit längerem gebräuchlichen sogenannten *mnemonics*, Telefonnummern, die mit der Zahlenkombination 1–800 beginnen und mit einer einprägsamen Buchstabenkombination enden, die mittels einer alphanumerischen Telefontastatur eingeben werden. Für diese mnemonics ist anerkannt, daß zur Vermeidung von Verwechslungsgefahr und Zuordnungsverwirrung keine fremden Marken oder Namen benutzt werden dürfen.

### 2. Kennzeichenerwerb durch Benutzung von Domainnamen

**308** **a) Erwerb einer Registermarke oder Benutzungsmarke. (aa) Grundsatz.** Neben der Eintragung in das Register beim DPMA und dem Erwerb einer Registermarke nach § 4 Nr. 1 MarkenG kann Markenschutz nach § 4 Nr. 2 aufgrund des Erwerbs von Verkehrsgeltung als Marke erworben werden. Der *Erwerb einer Benutzungsmarke* an einem Kennzeichen als Domainname im Internet ist rechtlich möglich. Voraussetzung dafür ist eine objektive, konkrete und funktionsgerechte Verwendung eines Domainnamens als Kennzeichen für bestimmte Waren oder Dienstleistungen im geschäftlichen Verkehr nach Art einer Marke oder als Marke. Zwar hindert die räumliche Trennung des benutzten Zeichens von den Waren oder Dienstleistungen nicht den Erwerb von Verkehrsgeltung, solange eine gedankliche Beziehung zu dem Produkten besteht (*virtueller Produktbezug*). Die bloße Benutzung eines Kennzeichens als Domainname stellt aber als solche keine rechtsbegründende Benutzung einer Marke oder geschäftlichen Bezeichnung dar, wenn der konkrete Bezug zu einer Ware oder Dienstleistung fehlt.

**309** **(bb) Erwerb einer Warenmarke.** Zum Erwerb von Verkehrsgeltung als Benutzungsmarke ist erforderlich, daß der Domainname über seine technische Adressfunktion hinaus für eine konkrete Ware oder Dienstleistung im geschäftlichen Verkehr innerhalb des Internets *nach Art einer Marke* oder *als Marke* verwendet wird. Waren können im Internet bildlich dargestellt werden, auch wenn es sich um ein virtuelles Angebot handelt. Aufgrund des *konkreten Produktbezugs* besteht die Eignung des Domainnamens zur Produktidentifizierung, so daß der Domainname im Verkehr als Unterscheidungszeichen zur Identifikation von Produkten im Internet-Markt verstanden wird (BGHZ 8, 202, 226 – Kabel-Kennzeichnung; BGH GRUR 1964, 372, 374 – Maja mit Anm. *Hefermehl*).

**310** **(cc) Erwerb einer Dienstleistungsmarke.** Nicht anders verhält es sich bei Dienstleistungen, die teilweise direkt über das Internet erbracht werden. Ein Beispiel bildet das Internet-Banking. Bei einer Dienstleistung als immateriellem Wirtschaftsgut entfällt wegen des unkörperlichen Charakters des Dienstes das Erfordernis des Versehens des Produkts mit der Marke. Sofern eine im Internet angebotene Dienstleistung einen eigenen wirtschaftlichen Wert besitzt und ein Marktbezug erkennbar ist, eignet sich der als Kennzeichen verwendete Domainname als Dienstleistungsmarke. Der Domainname muß seiner Funktion nach als Unterscheidungszeichen dienen und Assoziationen in Bezug auf die Internet-Dienstleistung hervorrufen. Die Dienstleistung muß unter dem als Marke verwendeten Domainnamen unmittelbar gegenüber dem angeschlossenen Kundenkreis erbracht werden. Führt die Be-

Als Marke schutzfähige Zeichen 311–313 **§ 3 MarkenG**

nutzung des Domainnamens für die Dienstleistung zur Erlangung einer entsprechenden Verkehrsgeltung, dann erwirbt der Inhaber ohne Eintragung ein materielles Markenrecht an dem als Domainnamen benutzten Kennzeichen.

**b) Erwerb einer geschäftlichen Bezeichnung.** Von erheblich praktischer Bedeutung ist der Erwerb eines Rechts an einer geschäftlichen Bezeichnung im Sinne von § 5 Abs. 1 MarkenG (BGHZ 8, 387 – Fernsprechnummer). Bei einem Domainnamen kann es sich sowohl um ein sonstiges betriebliches Unterscheidungszeichen nach § 5 Abs. 2 S. 2 MarkenG als auch um einen schutzfähigen Werktitel nach § 5 Abs. 3 handeln. Der Kennzeichenschutz des Domainnamens als eines sonstigen betrieblichen Unterscheidungszeichens nach § 15 MarkenG setzt die *Aufnahme der Benutzung* des Zeichens im geschäftlichen Verkehr, das heißt in Form eines konkreten Angebots im Internet als Teilnahme am Wettbewerb, voraus (BGHZ 10, 196, 204 – DUN-Europa; 21, 85, 88 – Spiegel; BGH GRUR 1985, 72 – Consilia; 1995, 825 – Torres). Der Domainname muß als Unternehmenskennzeichen zur Identifizierung des Geschäfts selbst dienen, namensmäßig gebraucht werden und braucht kein Produkt zu kennzeichnen (BGH GRUR 1995, 825, 826 – Torres). Als Kennzeichen des Geschäftsbetriebs muß er zudem *Verkehrsgeltung* innerhalb der beteiligten Verkehrskreise erlangen, um nach § 15 Abs. 2 MarkenG Kennzeichenschutz zu genießen (s. §§ 5, Rn 4; 15, Rn 140; zum Namensschutz s. Rn 324f.). Für die den Domainnamen ohne die technisch notwendigen Zusätze *http://www.* oder *.de* vergleichbaren Fernschreibnummern hat der BGH ausdrücklich entschieden, daß diese als Geschäftsabzeichen schutzfähig sein können (BGHZ 8, 387, 389 – Fernsprechnummer).

**c) Erwerb eines Werktitels.** Nach dem eigenständigen kennzeichenrechtlichen Werkbegriff (zum Werkbegriff s. § 15, Rn 154a ff.) können Domainnamen auch als geschäftliche Bezeichnungen Kennzeichenschutz nach dem MarkenG erlangen, wenn sie ein immaterielles, auf geistiger Leistung beruhendes Gesamtwerk bezeichnen (BGH GRUR 1993, 767, 768 – Zappelfisch). Ein Beispiel ist die Internetzeitschrift *Hotwired*, die unter der Internetadresse *http://www.hotwired.com* abgerufen werden kann. Der Domainname *Hotwired* weist eindeutig den Weg zu den entsprechenden Internet-Seiten der Zeitschrift und kennzeichnet das dahinterstehende Werk in unverkennbarer Weise. Bei einer derartigen Verknüpfung eines Internet-Werkes mit einem kennzeichnenden Domainnamen ist es gerechtfertigt, dem Domainnamen als geschäftlicher Bezeichnung Werktitelschutz nach § 5 Abs. 3 MarkenG zu gewähren.

### III. Rechtserhaltende Kennzeichenbenutzung durch Domainnamen

Die Benutzung einer *Warenmarke* als Domainname als technische Internetadresse stellt *als solche grundsätzlich keine funktionsgerechte Benutzungshandlung* zur rechtserhaltenden Benutzung der Marke im Sinne des § 26 Abs. 1 dar (s. dazu allgemein § 26, Rn 7 ff.). Wenn der Domainname aufgrund eines *virtuellen konkreten Produktbezugs* als produktidentifizierendes Unterscheidungszeichen verwendet wird, dann ist auch die Verwendung eines Domainnamens im Internet als eine funktionsgerechte Benutzungshandlung im geschäftlichen Verkehr zu berücksichtigen. Die Benutzung eines Domainnamens als kennzeichenrechliches Unterscheidungsmittel mit einem konkreten viritruellen Produktbezug wird allerdings regelmäßig als solche noch nicht die Anforderungen an eine *ernsthafte Benutzung* erfüllen. Nicht anders verhält es sich bei *Dienstleistungsmarken* und *geschäftlichen Bezeichnungen*. Sofern unter einem Domainnamen eine Dienstleistung direkt aus dem Netz abgerufen werden kann, gegenüber den Nutzern direkt erbracht wird und eine geschäftliche Bezeichnung ein Unternehmen als Wettbewerber unmittelbar kennzeichnet, kann die Benutzung des Domainnamens rechtserhaltend wirken. Erforderlich ist eine dem wirtschaftlichen Zweck der Dienstleistung entsprechende, verkehrsübliche und nicht lediglich formale Benutzung der Marke. Die über das Internet erbrachte Dienstleistung und der als Marke fungierende Domainname müssen eine gedankliche Verbindung zueinander erkennen lassen.

## IV. Kennzeichenkollisionen im Internet

### 1. Kollisionen zwischen Kennzeichenrechten und Domainnamen

314 **a) Allgemeines. (aa) Ausgangspunkt.** Im geschäftlichen Verkehr kommt Domainnamen regelmäßig eine *Doppelfunktion* zu. Sie sind zum einen und in erster Linie *elektronische Rufnummern mit Adressfunktion* für den angerufenen Rechner. Domainnamen erfüllen zum anderen im geschäftlichen Verkehr immer dann eine kennzeichenrechtliche Identifizierungsfunktion hinsichtlich des Unternehmens oder der Unternehmensprodukte, wenn das Unternehmenskennzeichen, die Marke oder der Name als Domainnamen verwendet wird. Auch wenn die Domain nicht zugleich das Unternehmenskennzeichen, die Marke oder den Namen des Verwenders darstellt, kann Folge der kennzeichenrechtlichen Identifizierungsfunktion der Domain im geschäftlichen Verkehr eine Kennzeichenkollision mit einem Unternehmenskennzeichen, einer Marke oder einem Namen eines anderen Rechtsinhabern eines Kennzeichenrechts sein. Das Bestreben der Anmelder, einen Domainnamen so einprägsam wie möglich zu wählen, verursacht zwangsläufig Konflikte mit anderen Kennzeichenrechten. Als *Kennzeichenverletzungen* kommen die Verletzung von *Marken, geschäftlichen Bezeichnungen* und *geographischen Herkunftsangaben* sowie *Namen* in Betracht. Die Verwendung von Domainnamen kann *markenrechtliche* Ansprüche nach § 14, unternehmenskennzeichenrechtliche Ansprüche nach § 15, Ansprüche wegen Verletzung einer *geographischen Herkunftsangabe* nach § 126, *namensrechtliche* Ansprüche nach § 12 BGB, *handelsrechtliche* Ansprüche nach § 37 Abs. 2 HGB, *deliktsrechtliche* Ansprüche nach den §§ 823, 1004 BGB, sowie *wettbewerbsrechtliche* Ansprüche nach den §§ 1, 3 UWG begründen. Anspruchsgegner sind sowohl der Benutzer des fremden Kennzeichens sowie dessen Service-Provider, wenn er die Web-Seiten gestaltet und den Domainnamen beantragt. Dies gilt grundsätzlich auch für das DE-NIC als Betreiber des deutschen Domainname-Servers, soweit dem DE-NIC die zugewiesenen Internet-Domains bekannt sind, und soweit das DE-NIC über die technischen Möglichkeiten verfügt, eine mißbräuchliche Anmeldung von Domainnamen zu verhindern (*Kur*, in: Loewenheim/Koch (Hrsg.), S. 325, 373; s. auch *Bettinger/Freytag*, CR 1999, 28, 36). Dagegen neigt die instanzgerichtliche Rechtsprechung dazu, eine Mitverantwortlichkeit des DE-NIC mangels Verpflichtung zur inhaltlichen Prüfung der sachlichen Berechtigung abzulehnen (KG NJW 1997, 3321, 3322 – concert-concept.de/concert-concept.com; LG Mannheim CR 1996, 353;.zum Haftungsausschluß in der Richtlinie des DE-NIC und dem darin enthaltenen Freistellungsanspruch gegen den Domaininhaber s. Rn 303).

315 **(bb) Konfliktslösung im Vergabeverfahren.** Nach den Richtlinien über die Domainnamen-Vergabe durch das DE-NIC ist die deutsche Organisation IV-DENIC berechtigt, in Konfliktsfällen die Domainnamenserteilung zu versagen. Weitergehend enthält die Vergaberichtlinie der InterNIC in den USA eine Art Widerspruchsverfahren, in dem der Inhaber einer eingetragenen US-amerikanischen oder ausländischen Marke sich gegen die Verwendung eines mit seiner Marke identischen Domainnamens wehren kann.

316 Das Prüfungsverfahren erstreckt sich in Abweichung vom markengesetzlichen Widerspruchsverfahren allein auf die formale Position der Markenregistrierung ohne Rücksicht auf Waren- oder Dienstleistungsgruppen oder mögliche Verwechslungsgefahren. Weist der Inhaber einer eingetragenen Marke einen Registrierungszeitpunkt nach, der vor dem Datum der Domainnamen-Antragstellung liegt, so kann er erreichen, daß der umstrittene Domainname auf sogenannten *Hold-Status* gesetzt wird. Bis zur gerichtlichen Lösung des Kennzeichenkonflikts kann der Domainname von niemandem benutzt werden, obwohl dem Markeninhaber unter Umständen ein kennzeichenrechtliches Verbietungsrecht nicht zusteht. Sind sich eine Marke oder geschäftliche Bezeichnung und ein kollidierender Domainname lediglich ähnlich, dann greift dieses weitreichende vergaberechtliche Schutzsystem nicht ein und der Kennzeicheninhaber ist auf eine gerichtliche Entscheidung angewiesen.

317 **b) Kennzeichenkollisionen durch die Anmeldung und Benutzung von Domainnamen.** Bei der Anmeldung einer eingetragenen Marke oder einer geschäftliche Bezeichnung zur Registrierung als Domainname werden Unternehmen oft erfahren, daß die Domains bereits vergeben waren. Kennzeichenrechtsschutz besteht nur im *geschäftlichen Ver-*

*kehr* (s. § 14, Rn 39 ff.). Kein Kennzeichenrechtsschutz besteht, wenn eine *Privatperson* den Domainnamen in ihrem persönlichen, familiären Bereich ohne Reservierungs- und Gewinnerzielungsabsicht verwendet. Nicht zum privaten Bereich zählen die Fallkonstellationen des sogenannten *Domain-Grabbings*, bei denen Privatpersonen Marken oder geschäftliche Bezeichnungen namhafter Unternehmen anmelden, um sie erst gegen Entgeltzahlung an die betroffenen Unternehmen zu übertragen.

Der markenrechtliche Schutz gegen die Verwendung eines mit einer Marke oder geschäftlichen Bezeichnung identischen Domainnamens besteht nach § 14 Abs. 2 Nr. 1 MarkenG absolut; der Markeninhaber kann dem Dritten die Benutzung des Domainnamens untersagen. Schon die (seit dem 1. Februar 1997 nicht mehr mögliche) bloße *Reservierung* eines Domainnamens (Delegierung einer Internetadresse) stellt eine Kennzeichenrechtsverletzung dar, wenn beabsichtigt ist, die Domainbezeichnung zu nutzen (OLG Stuttgart K&R 1998, 263, 264 – steiff.com). Die drohende Verwendung eines fremden Kennzeichens für eine konnektierte, aber noch nicht konkret benuzte Domainadresse kann für die Annahme eines Rechtsschutzbedürfnisses bei Vorliegen einer Erstbegehungsgefahr ausreichend sein (LG Braunschweig CR 1998, 364 – deta.com; OLG Karlsruhe WRP 1998, 841 – zwilling.de). Nach anderer Ansicht muß sich zusätzlich aus dem subjektiven Verhalten des potentiellen Verletzers eine solche Gefahr ergeben (LG Düsseldorf GRUR 1998, 159 – epson.de). Umstritten ist auch, ob nach dem MarkenG eine kennzeichenmäßige Benutzung erforderlich ist. In der Rechtsprechung der Instanzgerichte wird weithin noch von einer markenmäßigen Benutzung als Schutzvoraussetzung ausgegangen (HansOLG Hamburg WRP 1996, 572, 576 – Les Paul Gitarren; GRUR 1996, 982, 983 – Für Kinder; OLG München Mitt 1996, 174 – FAT TIRE; KG GRUR 1997, 295 – Alles wird teurer; HansOLG Hamburg WRP 1997, 106, 108 – Gucci), ebenso von weiten Teilen des Schrifttums (*Deutsch*, GRUR 1995, 319; *v. Gamm*, WRP 1993, 773; *Keller*, GRUR 1996, 607; *Krüger*, GRUR 1995, 527; *Piper*, GRUR 1996, 429; *Sack*, GRUR 1995, 81). Die markenmäßige Benutzung bei Internet-Domains ergibt sich schon aus der Wahl einer auf den Markeninhaber hinweisenden, kennzeichnenden Buchstabenkombination, so daß dieser Streitpunkt regelmäßig dahinstehen kann. So läßt beispielsweise das OLG Karlsruhe diese Rechtsfrage offen und sieht es als ausreichend an, daß die Verwendung des Zeichens als unternehmenskennzeichnend verstanden werden kann (OLG Karlsruhe WRP 1998, 900 – zwilling.de; ebenso LG Düsseldorf GRUR 1998, 159, 161 – epson.de; LG Braunschweig CR 1998, 365 – deta.com; OLG München NJW-RR 1998, 984 – freundin.de).

Bei der Benutzung von geschützten Kennzeichen als Domainnamen für ähnliche Waren oder Dienstleistungen besteht Kennzeichenschutz bei Vorliegen von Verwechslungsgefahr (§§ 14 Abs. 2 Nr. 3, 15 Abs. 2) und bei bekannten Kennzeichen ohne Vorliegen von Verwechslungsgefahr (§§ 14 Abs. 2 Nr. 3, 15 Abs. 3). Im Unterschied zum Registrierungssystem nach dem MarkenG ist im Internet bisher *keine Koexistenz von gleichlautenden Domainnamen* für Produkte von branchenverschiedenen Unternehmen möglich. Dieses technische Problem wird durch die geplante Einführung neuer Top-Level-Domains auch nur geringfügig entschärft werden. Zur Verwechslungsgefahr urteilte das LG Düsseldorf im Fall der umstrittenen Domain *epson.de*, die verwechslungsfähige Ware oder Dienstleistung sei die abrufbare Homepage selbst (LG Düsseldorf GRUR 1998, 159 – epson.de). Anders entschieden das LG München I und das OLG München, die eine Verwechslungsgefahr zwischen der Domain *freundin.de* für eine Partnervermittlungsgesellschaft und dem geschützten Titel einer Frauenzeitschrift mangels Ähnlichkeit der angebotenen Waren oder Dienstleistungen ablehnten (LG München I NJW-RR 1998, 984 – freundin.de; anders dagegen die Berufungsinstanz OLG München NJW-RR 1998, 984 – freundin.de).

Der Schutz des Kennzeicheninhabers wird durch die *Schutzrechtsschranke des § 23 Nr. 1*, der die lautere Benutzung des Namens oder der Anschrift eines Dritten im geschäftlichen Verkehr gestattet, begrenzt. Dies führt für Kennzeichenrechtsinhaber zu oftmals schwer erträglichen, aber hinzunehmenden Konflikten, die zumeist durch die begrenzte Anzahl an verfügbaren Adressen technisch bedingt sind. Nicht lösbar sind daher nach dem derzeitigen Vergabesystem Kollisionen, die im Rahmen einer nach § 23 privilegierten, lauteren Nutzung der eigenen gleichlautenden Adresse oder des eigenen Namens entstehen.

Das Konfliktpotential wird zusätzlich gesteigert durch die Wahl von *Abkürzungen als Domainnamen*, die durch die Beschränkung auf maximal 63 Stellen entstehen. Ein Beispiel stellt der Domainname *camel.com* dar, der an ein Verbraucherkreditberatungsunternehmen namens Consumer *Assistance Mediation Link* vergeben ist und mit der Zigarettenmarke *Camel* kollidiert. Das Problem resultiert aus dem begrenzten Angebot an wählbaren Namen sowie Top-Level-Domains und kann auch nach den Plänen des von der Internet Society (ISOC) gebildeten International Ad Hoc Committee (IAHC) durch die Einrichtung zusätzlicher branchenspezifischer Top-Level-Domains zwar abgemildert, aber nicht beseitigt werden.

## 2. Rechtsverletzende Benutzung von Kennzeichenrechten in der Internet-Werbung

**322** Das Internet dient wie Zeitschriften oder Prospekte, Rundfunk oder Fernsehen auch der Werbung. Meist wird durch *Werbe-Icons* (Banner) in Form von sogenannte *Hyperlinks*, sensiblen Flächen, die beim Anklicken eine Werbeseite eröffnen, geworben. Kennzeichenrechtlich besteht kein Unterschied zu der Verwendung von geschützten Kennzeichen in anderen Medien. Wird bei der *Internet-Werbung* ein Zeichen verwendet, das für identische oder ähnliche Produkte oder Dienstleistungen als Marke oder als geschäftliche Bezeichnung Schutz genießt, dann stehen dem Kennzeicheninhaber auch bei der Internet-Werbung die markengesetzlichen Ansprüche aus einer Kennzeichenverletzung zu. Keine Verletzung einer fremden Marke ist bei der *Verweisung auf Werbeseiten anderer Unternehmen* unter Nennung der Marke durch Hyperlinks gegeben (sog. *cross referencing*). Hierin liegt eine zulässige Benutzungshandlung, weil in der Präsentation des jeweiligen Anbieters im Internet zugleich eine konkludente Zustimmung für die Benutzung der betreffenden Internetadresse, zu deren Aufruf das Hyperlink dient, liegt (*Hoeren*, WRP 1997, 993, 995; s. Rn 323).

## 3. Kennzeichenverletzung durch Internet-Vermarktung

**323** Das Internet ist nicht nur eine unerschöpfliche Informationsquelle, sondern auch ein fast grenzenloser Marktplatz. Nahezu jede Ware wird angeboten, gehandelt und zum Teil an jeden Ort geliefert. Internet-Kaufhäuser bieten alle erdenklichen Produkte oder Dienstleistungen an, darunter auch Markenartikel. Sofern in diesem Zusammenhang Marken oder geschäftliche Bezeichnungen oder Werktitel Dritter verletzt werden, bestehen die markengesetzlichen Ansprüche aus der Kennzeichenverletzung. Problematisch erscheint dabei die grundsätzliche Annahme einer Kennzeichenverletzung durch die Anbringung von Hyperlinks in Homepages, welche zu Werbeseiten führen, auf denen Produkte unter Benutzung geschützter Kennzeichen angeboten werden. Eine solche weitgehende Auffassung würde zu einer – angesichts des insoweit geringen Verletzungspotentials – unangemessenen Beschränkung der Internetkultur führen. Soweit das geschützte Kennzeichen nicht schon in dem Hyperlink selbst genannt wird, etwa in Fällen der sogenannten *Bannerwerbung* (s. Rn 322), fehlt es bereits an einer relevanten Benutzungshandlung des Inhabers der Homepage, von der aus der Verweis erfolgt. Soweit mit der Verlinkung keine wettbewerblichen Vorteile angestrebt werden, wird im übrigen zumindest eine einschränkende Auslegung der Verbotstatbestände des MarkenG in Betracht kommen bzw das Tatbestandsmerkmal des *Produktabsatzzweckes* (s. § 14, Rn 66 ff.) fehlen, mit der Folge, daß eine Verletzung durch das Hyperlink ausscheidet. Eine andere Beurteilung kann sich ergeben, wenn eine *wirtschaftliche oder rechtliche Verbindung* zu dem Netzanbieter des fremde Kennzeichenrechte verletzenden Produkts besteht. Nichts anderes gilt, wenn Anbieter gegenseitig zu Werbezwecken Links auf ihren jeweiligen Werbeseiten anbringen. Keine Markenrechtsverletzung liegt nach diesen Grundsätzen bei Fallkonstellationen der *virtual malls* vor. Hierunter sind virtuelle Marktplätze zu verstehen, also Domains, auf denen nach bestimmten Kriterien Hyperlinks zu verschiedenen Anbietern von Produkten oder Informationen gesammelt werden, etwa Zusammenstellungen verschiedener Anbieter einer Region oder Anbieter von kostenlosen Warenproben und Gewinnspielen im Internet. Insoweit wird von einer Legitimierung der Verlinkung im Sinne eines *Marktes der Meinungen* entsprechend den zum allgemeinen Persönlichkeitsrecht entwickelten Grundsätzen der höchstrichterlichen Rechtsprechung auszugehen sein (BGH NJW 1996, 1131, 1132). Nach diesen Grundsätzen scheidet eine Verletzung aus, wenn das Zusammentragen von fremden Stellungnahmen zu einem Thema lediglich Teil einer *dokumentarischen* Zusammenstellung des Meinungsstandes ist. Übertragen auf den Fall einer *Hyperlinksammlung im Internet* bedeutet dies, daß Links auf einer solchen Seite keine deliktische Handlung darstellen, soweit sie Teil einer bloßen zu *Verbraucherinformationszwecken* zusammengestellten Sammlung sind (s. auch LG Hamburg, Urteil vom 12. Mai 1998, 312 O 85/98 – Haftung für Links).

## V. Namensmäßige Benutzung einer Internet-Domain

In zahlreichen instanzgerichtliche Entscheidungen wurde Internetadressen eine *Namensfunktion* zugesprochen (s. nur LG Ansbach NJW 1997, 2688 – ansbach.de; LG Lüneburg GRUR 1997, 47 – celle.de; KG NJW 1997, 3321 – concert-concept; LG Frankfurt CR 1997, 287 – das.). Die drei abweichenden Entscheidungen des LG Köln zu den Domainnamen *Kerpen.de, Pulheim.de* und *Huerth.de* wurden nicht von der Kennzeichenrechtskammer entschieden, sondern von der Namensrechtskammer (LG Köln BB 1997, 1121 – kerpen.de; gleichlautend LG Köln NJW-RR 1998, 976 – pulheim.de und LG Köln GRUR 1997, 377 – huerth.de). Das LG Mannheim gewährte in einem grundlegenden Urteil der *Stadt Heidelberg* Namensschutz nach § 12 BGB gegenüber der unbefugten Nutzung ihres Namens als Domainnamen durch ein ortsansässiges Unternehmen, das sich mit Informationstechnologie, Softwareentwicklung und Beratung befaßt (LG Mannheim GRUR 1997, 377 – heidelberg.de; kritisch dazu Kur, CR 1996, 590 ff.). Das LG spricht, ohne sich mit dem im Internet nur begrenzt zur Verfügung stehenden Namensraum auseinanderzusetzen, der Stadt die Priorität bei der Benutzung des Domainnamens *heidelberg.de* zu. Die Beklagten machten durch Verwendung der Internetadresse Gebrauch vom Namen der Klägerin, der weltweit eindeutig die Stadt bezeichne. Es sei die klassische Funktion des Namens, bestimmte Personen oder Einrichtungen eindeutig von anderen zu unterscheiden. Mit der Verwendung des Domainnamens *heidelberg.de* werde der Name *Heidelberg* unbefugt namensmäßig benutzt, denn der Benutzer erwarte unter der Internetadresse die Stadt Heidelberg zu erreichen und ziehe Rückschlüsse aus der Bezeichnung der Domain auf die diese unterhaltende Person oder Organisation. Zur Lösung von Interessenskollisionen mit natürlichen Personen namens Heidelberg oder unbekannteren Orten gleichen Namens nimmt das LG nicht Stellung. Es handelt sich um einen Konflikt in einem Bereich, in dem das Internet an seine technischen Grenzen gelangt. Die beschränkte Anzahl von unterscheidbaren Domain-Adressen erfordert eine Lösung abweichend von den Regelungen des § 12 BGB oder des MarkenG. Eine Reform des Adressystems durch Schaffung zusätzlicher Top-Level-Domains ist im Planungsstadium, verspricht aber nur geringe Besserung.

Eine Kollision von Rechten Gleichnamiger hatte das OLG Hamm im Fall der Domain-Adresse *krupp.de* zu entscheiden (OLG Hamm CR 1998, 241 – krupp.de mit Anm. *Bettinger*). Trotz des bürgerlichen Familiennamens *Krupp* und der entsprechenden Firmierung nach § 18 HGB erachtete das OLG Hamm die Wahl der Domain-Adresse *krupp.de* durch den Beklagten als nicht berechtigt. Die überragende Verkehrsgeltung des Firmenschlagwortes *Krupp* gebiete es, der Klägerin nicht nur einen Schutz gegen Verwechslungsgefahr, sondern auch gegen Verwässerungsgefahr zu gewähren. Zur Erhaltung der Kennzeichnungskraft ihres Namens und unter Berücksichtigung des Prioritätsgrundsatzes sei eine identische Verwendung des Firmenschlagwortes als Domain-Adresse keinesfalls zu billigen. Im Ergebnis wurde der Gleichnamige, aber prioritätsjüngere Beklagte auf eine durch *geringfügige Zusätze abweichende Domain-Adresse* verwiesen. In Fortführung dieser Rechtsprechung bejahte das OLG Stuttgart die Namensfunktion von Domainnamen. In Abwägung mit den legitimen Interessen des zuerst registrierten Domain-Inhabers entschied es, daß für den unterscheidungskräftigen Firmenbestandteil, der seiner Art nach im Vergleich mit den übrigen Firmenbestandteilen zur Durchsetzung als schlagwortartiger Hinweis auf das Unternehmen geeignet erscheint, ein selbständiger Namensschutz beansprucht werden kann (OLG Stuttgart WRP 1998, 800 – steiff.com; zum Namensschutz gegenüber einer prioritätsjüngeren Marke s. OLG Hamburg CR 1999, 184 – emergency.de mit Anm. *Hackbarth*).

## VI. Wettbewerbsrechtliche Behandlung von Domainnamen

Beschreibende, irreführende oder in fremde Kennzeichenrechte eingreifende Online-Adressen können zugleich sowohl gegen Kennzeichenrechte als auch gegen die allgemeinen

Vorschriften des Wettbewerbsrechts, namentlich gegen die §§ 1, 3 UWG, verstoßen. Zwischen Kennzeichenrecht und Wettbewerbsrecht besteht Anspruchskonkurrenz (s. § 2, Rn 2 ff.).

### 1. Nicht unterscheidungskräftige Bezeichnungen, beschreibende Angaben und Gattungsbezeichnungen als Domainnamen

**327**  Entgegen § 8 Abs. 2 können etwa *nicht unterscheidungskräftige Bezeichnungen* (Nr. 1), *beschreibende Angaben* (Nr. 2) oder *Gattungsbegriffe* (Nr. 3) als Domainnamen registriert werden. Das OLG Frankfurt lehnte eine analoge Anwendung des § 8 Abs. 2 Nr. 1 und 2 auf Fälle, in denen ein freihaltebedürftiger Begriff als Domainname verwendet wird, ausdrücklich ab (GRUR 1997, 481 – wirtschaft-online). Begründet wird dies mit dem Fehlen einer staatlichen Prüfungs- und Überwachungsbehörde beim Eintragungsverfahren und den vom Markenschutz gegen verwechslungsfähige Bezeichnungen abweichenden Registrierungsverfahren bei Internetadressen, das lediglich vollkommen identische Namen ausschließt. Auch der sich aus der Wahl eines rein beschreibenden, freihaltebedürftigen Domainnamens ergebende Kanalisierungseffekt verstößt grundsätzlich nicht gegen § 1 UWG, sondern resultiert aus dem derzeitigen Anmeldereglement. Die Grenze zur Wettbewerbswidrigkeit wird erst dann erreicht, wenn ein Antragsteller für eine identische Internetadresse eine die Interessen des angemeldeten Adressinhabers überwiegende Berechtigung nachweist. Bis zur gesetzlichen Normierung von Vorschriften zur Registrierung und zum Gebrauch von Internetadressen kann durch die Verwendung eines begehrten Domainnamens auch kein unlauterer Wettbewerbsvorsprung durch Rechtsbruch erlangt werden.

### 2. Wettbewerbsrechtlicher Unterlassungsanspruch nach den §§ 1 und 3 UWG

**328**  Sofern ein mit einer Marke oder geschäftlichen Bezeichnung identischer Domainname mit der Intention angemeldet wird, Wettbewerbsvorteile auf Kosten von Konkurrenzunternehmen zu erhalten oder diese zu blockieren, liegt ein sittenwidriges Verhalten im Sinne von § 1 UWG vor (LG Stuttgart, Beschluß vom 9. Juni 1997, 11 KfH O 82/97 – hepp.de; LG München I, Beschluß vom 9. Januar 1997, 4 HKO 14792/96 – dsf.de, eurosport.de, sportschau.de). Besondere, die Sittenwidrigkeit begründende Umstände, liegen auch dann vor, wenn Domainnamen ausschließlich zum Zweck des Feilbietens auf Domain-Börsen oder Auktionen delegiert werden. Es kann auch die vom BGH entwickelten Grundsätze zur Anmeldung und Erwerb eines Kennzeichens als *unzulässiger Behinderungswettbewerb* zurückgegriffen werden (s. dazu § 50, Rn 23 ff.). Gleiches gilt für die Anmeldung eines freihaltebedürftigen Domainnamens unter Nachweis einer gezielten Sabotageabsicht bezüglich eines im geschäftlichen Verkehr aufwendig eingeführten Kennzeichens (s. zur Agressionsmarke § 50, Rn 29 f.). Die Eintragung und Benutzung eines generischen Domainnamens ist so lange nicht irreführend im Sinne von §§ 1 und 3 UWG, als sie keine objektiv falschen Angaben enthält oder eine irreführende Alleinstellung suggeriert. Erst wenn mit einer Homepage der Eindruck erweckt wird, sie stamme vom Inhaber der Marke oder geschäftlichen Bezeichnung, liegt eine Herkunftstäuschung im Sinne des § 3 UWG vor.

### VII. Internet-Benutzungshandlungen im internationalen Markenprivatrecht

**329**  Als ein die gesamte Welt umspannendes Datennetz gewährt das Internet seinen Benutzern die Möglichkeit, von jedem Punkt der Erde auf jeden beliebigen Rechner im Netz zuzugreifen. Der *universelle* Charakter des Internet bringt nicht nur Vorteile mit sich. Namentlich kennzeichenrechtliche Kollisionen werden durch das weltweite Netz internationalisiert. Das Internet differenziert nicht zwischen nationalen und internationalen Märkten, die Nutzung erfolgt länderübergreifend und grenzenlos.

**330**  Bei markenrechtlich relevanten Verletzungen im Inland durch ein international im Internet verwendetes Kennzeichen entsteht durch die technische Abrufbarkeit im Inland notwendig auch eine nationale Kollision. Exterritoriale Handlungen im Internet sind damit grundsätzlich geeignet, inländische Kennzeichenrechte zu verletzen. Das den gewerblichen Schutzrechten immanente *Territorialitätsprinzip* wird auf diese Weise durchbrochen. Das gilt jedenfalls dann, wenn man nicht an dem strikten Prinzip festhält, nach dem eine inländische Kennzeichenverletzung ausschließlich durch eine Handlung im Inland denkbar ist (s. Einl, Rn 190), bzw bei Heranziehung der Auffassung, wonach kollisionsrechtlich nicht nur der eigentliche Handlungsort – mithin der Standort des ursprünglich verbreitenden Servers – von Bedeutung ist, sondern daneben das Recht der Staaten zur Anwendung kommt, in denen die Daten bestimmungsgemäß abrufbar sind (*Jacobs/Schulte-Beckhausen* in: Gloy (Hrsg.), Handbuch des Wettbewerbsrechts, § 27 Rn 51).

Grundsätzlich ist das *Territorium der Markenrechtsverletzung* auf den Geltungsbereich des **331** MarkenG beschränkt. Der durch Eintragung des Zeichens nach § 4 Nr. 1 erlangte förmliche Markenschutz ist räumlich auf das Territorium der Bundesrepublik Deutschland begrenzt. Bei durch Benutzung entstandenen materiellen Markenrechten, die aus den Entstehungsgründen der Verkehrsgeltung (§ 4 Nr. 2) oder der notorischen Bekanntheit (§ 4 Nr. 3) resultieren, erstreckt sich der Markenschutz auf das Territorium der erworbenen Verkehrsgeltung oder Notorietät. Bei den sonstigen Kennzeichen, den geschäftlichen Bezeichnungen (§ 1 Nr. 2) und den geographischen Herkunftsangaben (§ 1 Nr. 3) ergibt sich der Schutzbereich in erster Linie aus deren territorialer Kennzeichnungskraft. Zusätzlich kommt es auf die räumliche Beziehung der an der Kennzeichenkollision Beteiligten an.

Das grenzüberschreitende Medium Internet beinhaltet aufgrund seines *globalen* Charakters **332** ein hohes Konfliktpotential für Kennzeichenrechte. Kollisionen können in verschiedenen Richtungen, häufig mit Auslandsbezug, auftreten. Möglich sind sowohl ausländische Markenrechtsverletzungen mit Inlandsbezug als auch territoriale Benutzungshandlungen mit exterritorialen Auswirkungen oder exterritoriale Benutzungshandlungen, die nach dem Auswirkungsprinzip kollisionsrechtlich relevante Inlandsmarktwirkungen ausländischen Wettbewerbs hervorrufen. Die Internationalisierung der Wirtschaft und die grenzüberschreitende Kommunikationstechnologie gebieten in solchen Fällen eine Durchbrechung des streng verstandenen Territorialitätsprinzips zugunsten eines effektiven Schutzes der Kennzeichenrechte (s. Einl, Rn 179 ff).

Aufgrund der *Globalisierung des Wettbewerbs im Internet* kann ein wirksamer Schutz gegen **333** Kennzeichenrechtsverletzungen nur erreicht werden, wenn deutsches Markenrecht und Wettbewerbsrecht bei *exterritorialen Verletzungshandlungen mit Inlandsmarktwirkung* zur Anwendung kommt. Insofern ist das *internationalprivatrechtliche Auswirkungsprinzip* in Ergänzung des Schutzlandprinzips heranzuziehen. Ihre Grenzen findet die Anwendbarkeit deutschen Rechts zum Schutz der Marken und sonstigen Kennzeichen, wenn es bei exterritorialen Verletzungshandlungen an einer *relevanten Inlandsmarktwirkung* fehlt, und wenn ein besonderes *Souveränitätsinteresse* eines ausländischen Hoheitsträgers tangiert wird (s. Einl, Rn 179 ff.).

## VIII. Rechtsprechung und Entscheidungspraxis zu Internet-Domains

### 1. Verletzung von Kennzeichenrechten durch Domainnamen

**a) Verletzung von Marken durch Domainnamen.** Als *Markenrechtsverletzung* beur- **334** teilt wurde *Die Blauen Seiten* für ein Internet-Branchenverzeichnis gegenüber der Marke *Gelbe Seiten* (OLG Frankfurt GRUR 1997, 52 – Die Blauen Seiten); *epson.de* delegiert für einen Domain-Grabber (LG Düsseldorf GRUR 1998, 159 – epson.de); *deta.com* delegiert für einen Domain-Händler (LG Braunschweig CR 1998, 364 – deta.com); *Arwis* als Hyperlink auf einer nicht dem Inhaber der Marke *Arwis* gehörenden Homepage (LG Mannheim CR 1998, 306 – Arwis mit Anm. *Hackbarth*); *d-radio.de* für eine öffentlich-rechtliche Hörfunkanstalt gegenüber einer Vertriebsgesellschaft für Computersoftware und Inhaberin der sogenannten „*D-...*"-*Reihe* (LG Köln CR 1998, 362 – d-radio.de); *eltern.de* für einen Internet-Dienstleister zum Thema Eltern gegenüber der Zeitschrift *Eltern* (LG Hamburg K&R 1998, 365 – eltern.de); *brockhaus.de* für einen Berater und Dienstleister für die Informations- und Publishing-Industrie gegenüber der Marke *Brockhaus* (LG Mannheim K&R 1998, 558 – brockhaus.de); *technomed.de* für einen Vetreiber elektromedizinischer Apparate gegenüber der Marke *Technomed* (LG Berlin K&R 1998, 557 – technomed.de).

335 **b) Verletzung von geschäftlichen Bezeichnungen durch Domainnamen. aa) Verletzung von Unternehmenskennzeichen.** Als eine *Unternehmenskennzeichenverletzung* wurden beurteilt *bally-wulf.de* (LG Berlin, Beschluß vom 5. Dezember 1996, 16 O 602/96 – bally-wulf.de); *epson.de* für einen Domain-Grabber (LG Düsseldorf GRUR 1998, 159 – epson.de); *deta.com* (LG Braunschweig CR 1998, 364 – deta.com); der Hyperlink *Arwis* auf einer nicht vom Inhaber der als Unternehmenskennzeichen geschützten Firma eingerichteten Homepage (LG Mannheim CR 1998, 306 – Arwis mit Anm. *Hackbarth*); *lit.de* für eine Informationstechnikfirma (LG Frankfurt NJW-RR 1998, 974 – lit.de); *deutsches-theater.de* als Etablissementsbezeichnung für einen Softwareentwickler (LG München I NJW-CoR 1998, 111 – deutsches-theater.de); *ufa.de* für eine Internet-Agentur (LG Düsseldorf NJW-CoR 1998, 310 – ufa.de); *hellweg.de* für eine Werbeagentur (LG Bochum, Urteil vom 27. November 1997, 14 O 152/97 – hellweg.de); *paulaner.de* für einen Domain-Grabber (LG München I CR 1998, 434 – paulaner.de).

336 *Nicht* als *Unternehmenskennzeichenverletzung* wurden beurteilt *sat-shop.de* gegenüber der geschäftlichen Bezeichnung der Firma *SAT-SHOP Klinserer GmbH* (LG München I NJW-RR 1998, 978 – sat-shop.de); *detag.de* gegenüber dem Träger einer gleichlautenden geschäftlichen Bezeichnung (LG Bonn NJW-RR 1998, 977 – detag.de).

337 **bb) Verletzung von Werktiteln.** Als *Titelrechtsverletzungen* wurden beurteilt die Domainnamen *karriere.de* gegenüber einer gleichnamigen Zeitschriftenbeilage (LG Köln AfP 1997, 655 – karriere.de); *eltern.de* gegenüber einer Zeitschrift für Eltern (LG Hamburg K&R 1998, 365 – eltern.de).

338 *Nicht als Titelrechtsverletzungen* wurden beurteilt die Domainnamen *freundin.de* gegenüber einem eine Zeitschrift mit diesem Titel herausgebenden Verlag (LG München I NJW-RR 1998, 984 – freundin.de; anders dagegen die Berufungsinstanz OLG München NJW-RR 1998, 984 – freundin.de); *bike.de* gegenüber einer gleichnamigen Zeitschrift (LG Hamburg MMR 1998, 46 – bike.de).

339 **c) Verletzung von geographischen Herkunftsangaben durch Domainnamen.** Es liegen noch keine Entscheidungen zur Verletzung von geographischen Herkunftsangaben durch Domainnamen vor.

340 **d) Verwechslungsschutz, Freihaltebedürfnis und Unterscheidungkraft bei Domainnamen. aa) Verwechslungsgefahr bei Domainnamen.** Als *verwechslungsfähig* wurden beurteilt *Gelbe Seiten* und *Die Blauen Seiten* für ein Branchenverzeichnis im Internet (OLG Frankfurt GRUR 1997, 52 – Die Blauen Seiten); *bally-wulf.de* und *Bally-Wulf* als Unternehmenskennzeichen (LG Berlin, Beschluß vom 5. Dezember 1996, 16 O 602/96 – bally-wulf.de); *epson.de* und *Epson Deutschland GmbH* (LG Düsseldorf GRUR 1998, 159 – epson.de); *lit.de* und *L.I.T.* als Firmenabkürzung (LG Frankfurt NJW-RR 1998, 974 – lit.de); *deta.com* und *Deta-Akkumulatorenwerk GmbH* (LG Braunschweig CR 1998, 364 – deta.com); *detag.de* für Unternehmen mit gleichlautenden geschäftlichen Bezeichnungen (LG Bonn NJW-RR 1998, 977 – detag.de); *hellweg.de* und *Hellweg* für Baumärkte (LG Bochum, Urteil vom 27. November 1997, 14 O 152/97 – hellweg.de); *steiff.com* mit *steiff.de* trotz Fehlen jeglichen Lokalbezugs (OLG Stuttgart K&R 1998, 263 – steiff.com); *eltern.de* und *Eltern* für einen Zeitschriftentitel (LG Hamburg K&R 1998, 365 – eltern.de).

341 Als *nicht verwechslungsfähig* wurden beurteilt *freundin.de* für eine Partnervermittlung und für die Verleger einer Zeitschrift mangels Ähnlichkeit der sich gegenüberstehenden Waren bzw Dienstleistungen (LG München I NJW-RR 1998, 984 – freundin.de; anders dagegen die Berufungsinstanz OLG München NJW-RR 1998, 984 – freundin.de); *bike.de* für eine Informationsseite für Fahrradinteressierte und die Zeitschrift *Bike* (LG Hamburg MMR 1998, 46 – bike.de).

342 **bb) Freihaltebedürfnis bei Domainnamen.** Als *freihaltebedürftig* wurde beurteilt *Bike* aufgrund der beschreibenden Natur des Wortes (LG Hamburg MMR 1998, 46 – bike.de).

343 **cc) Unterscheidungskraft bei Domainnamen.** Als *unterscheidungskräftig* wurden beurteilt das Firmenschlagwort *D.A.S.* (LG Frankfurt CR 1997, 287 – das.de); der Firmenbestandteil *DETA* (LG Braunschweig CR 1998, 364 – deta.com); *UFA* für die Berliner Filmund Fernsehverwaltungsgesellschaft (LG Düsseldorf NJW-CoR 1998, 310 – ufa.de; s. auch OLG Düsseldorf WRP 1999, 343 – ufa.de); der Firmenbestandteil S*teiff* (OLG Stuttgart

K&R 1998, 263 – steiff.com); *Eltern* für eine Zeitschrift für Eltern (LG Hamburg K&R 1998, 365 – eltern.de).

Als *nicht unterscheidungskräftig* wurden beurteilt der Firmenbestandteil *sat-shop* für ein Telekommunikationsanlagen anbietendes Unternehmen (LG München I NJW-RR 1998, 978 – sat-shop.de); *wirtschaft-online.de* für den Wirtschaftsinformationsdienst einer Verlagsgruppe (OLG Frankfurt GRUR 1997, 481 – wirtschaft-online.de). 344

## 2. Verletzung von Namensrechten durch Domainnamen

Als *Namensrechtsverletzungen* wurden beurteilt *heidelberg.de* für die Stadt Heidelberg (LG Mannheim GRUR 1997, 377 – heidelberg.de); *loveparade.de* für den namens- und markenmäßigen Inhaber der Bezeichnung (LG Köln, Beschluß vom 5. Dezember 1996, 81 O 141/96 – loveparade.de); *juris.de* für ein Unternehmen zum Betrieb einer juristischen Datenbank (LG München I NJW-RR 1998, 973 – juris.de); *braunschweig.de* für die Stadt Braunschweig (LG Braunschweig NJW 1997, 2687 – braunschweig.de); *celle.de* für die Stadt Celle (LG Lüneburg GRUR 1997, 470 – celle.de); *das.de* für Deutscher Automobil Schutz (LG Frankfurt CR 1997, 287 – das.de); *ansbach.de* für die Stadt Ansbach (LG Ansbach NJW 1997, 2688 – ansbach.de); *concert-concept.de/concert-concept.com* für eine geschützte Firmenbezeichnung (KG Berlin NJW 1997, 3321 – concert-concept.de/concert-concept); *epson.de* für den wesentlichen Teil des Namens einer Firma (LG Düsseldorf GRUR 1998, 159 – epson.de); *lit.de* für den Inhaber der Firmenabkürzung (LG Frankfurt NJW-RR 1998, 974 – lit.de); *deutsches-theater.de* für das Deutsche Theater in München (LG München I NJW-CoR 1998, 111); *ufa.de* für den Inhaber des Unternehmenskennzeichens (LG Düsseldorf NJW-CoR 1998, 310 – ufa.de); *krupp.de* für das Firmenschlagwort eines Unternehmens mit überragender Verkehrsgeltung (OLG Hamm CR 1998, 241– krupp.de mit Anm. *Bettinger*); *steiff.com* für den Aufbau eines Fanclubs in den USA (OLG Stuttgart K&R 1998, 263 – steiff.com). 345

*Nicht* als *Namensrechtsverletzung* wurden beurteilt *kerpen.de* für die Stadt Kerpen (LG Köln BB 1997, 1121 – kerpen.de); *pulheim.de* für die Stadt Pulheim (LG Köln NJW-RR 1998, 976 – pulheim.de); *huerth.de* für die Stadt Hürth (LG Köln GRUR 1997, 377 – huerth.de); *sat-shop.de* mangels Unterscheidungskraft des Namensteils für eine Firma zum Vertrieb von Satelliten- und Telekommunikationsanlagen (LG München I NJW-RR 1998, 978 – sat-shop.de); *freundin.de* für die Verleger einer gleichnamigen Zeitschrift (LG München I NJW-RR 1998, 984 – freundin.de); *detag.de* für einen Namensträger mit schutzwürdigem Interesse (LG Bonn NJW-RR 1998, 977 – detag.de). 346

## IX. Zuständigkeit deutscher Gerichte

Das örtlich zuständige Gericht ist auch international zuständig und zur Entscheidung über Tatbestände mit Auslandsbezug befugt, soweit die Interessenkollision zumindest auch in der Bundesrepublik Deutschland stattfindet (LG Braunschweig CR 1998, 364 – deta.com; s. zum internationalen Markenprozeßrecht Einl, Rn 213). Bei Domain-Streitigkeiten im Internet besteht wie bei allen anderen Massenmedien die örtliche Zuständigkeit nach den allgemeinen Grundsätzen der ZPO (LG Düsseldorf GRUR 1998, 159 – epson.de). Zuständig sind nach § 140 die Kennzeichengerichte für Kennzeichenstreitsachen (LG Aachen, Beschluß vom 19. September 1997) und nach § 125 e die Gemeinschaftsmarkengerichte für Gemeinschaftsmarkenstreitsachen. 347

### Entstehung des Markenschutzes

**4** Der Markenschutz entsteht

1. **durch die Eintragung eines Zeichens als Marke in das vom Patentamt geführte Register,**
2. **durch die Benutzung eines Zeichen im geschäftlichen Verkehr, soweit das Zeichen innerhalb beteiligter Verkehrskreise als Marke Verkehrsgeltung erworben hat, oder**
3. **durch die im Sinne des Artikels 6$^{bis}$ der Pariser Verbandsübereinkunft zum Schutz des gewerblichen Eigentums (Pariser Verbandsübereinkunft) notorische Bekanntheit einer Marke.**

### Inhaltsübersicht

| | Rn |
|---|---|
| A. Allgemeines | 1–8 |
|   I. Regelungsübersicht | 1 |
|   II. Rechtsänderungen | 2–5 |
|   III. Europäisches Unionsrecht | 6–8 |
|     1. Markenrechtsrichtlinie | 6, 7 |
|     2. Gemeinschaftsmarkenverordnung | 8 |
| B. Formeller und materieller Markenschutz | 9–12 |
|   I. Entstehungsgründe des Markenrechts | 9–11 |
|   II. Eintragungsprinzip und Benutzungsprinzip | 12 |
| C. Entstehung des Markenrechts durch Eintragung nach § 4 Nr. 1 (Registermarke) | 13–20 |
|   I. Anmeldepriorität der eingetragenen Marke | 13 |
|   II. Anwendbare Vorschriften | 14 |
|   III. Anmeldung und Eintragung | 15, 16 |
|   IV. Benutzungsrecht und Verbietungsrecht | 17 |
|   V. Unbeschränkbarer Schutzbereich der eingetragenen Marke | 18–20 |
| D. Entstehung des Markenrechts durch Benutzung nach § 4 Nr. 2 (Benutzungsmarke) | 21–222 |
|   I. Die benutzte Marke mit Verkehrsgeltung als eigene Markenkategorie | 21–25 |
|     1. Gleichwertiger Markenschutz | 21 |
|     2. Unterschiede zum Ausstattungsschutz im WZG | 22 |
|       a) Identifizierungsfunktion statt Herkunftsfunktion | 23 |
|       b) Einheitlichkeit des Markenbegriffs | 24, 25 |
|   II. Begriff der benutzten Marke mit Verkehrsgeltung | 26–36 |
|     1. Ausgangspunkt | 26 |
|     2. Die benutzte Marke als Unterscheidungszeichen | 27 |
|     3. Die Selbständigkeit der benutzten Marke | 28–36 |
|       a) Ausgangspunkt | 28, 29 |
|       b) Das Zeichen als Zutat | 30 |
|       c) Verschiedenheit von Zeichen und Ware | 31–34 |
|       d) Mehrere benutzte Zeichen eines Produkts | 35 |
|       e) Keine Neuheit oder Eigenart des benutzten Zeichens | 36 |
|   III. Rechtsnatur der durch Benutzung entstandenen Marke mit Verkehrsgeltung | 37–44 |
|     1. Subjektives Ausschließlichkeitsrecht | 37 |
|     2. Rechtsentwicklung | 38, 39 |
|     3. Schutzvoraussetzungen | 40–44 |
|   IV. Markenfähigkeit der Benutzungsmarke | 45–102 |
|     1. Grundsätzliche Geltung der Rechtsprechung zum Ausstattungsschutz | 45–55 |
|       a) Rechtsprechung des RG | 46–50 |
|         aa) Technisch-funktionelle Produktgestalt | 47–49 |
|         bb) Ästhetische Formgebung | 50 |
|       b) Rechtsprechung des BGH | 51–53 |
|       c) Stellungnahme zur Rechtsprechung | 54, 55 |
|     2. Rechtslage im MarkenG | 56 |
|       a) Ausgangspunkt | 56–58 |
|       b) Selbständigkeit des Zeichens | 59–65 |

|  | Rn |
|---|---|
| 3. Technische Zeichen | 66–84 |
| a) Produktbedingte Merkmale | 67–69 |
| b) Technisch bedingte Merkmale | 70–72 |
| c) Verhältnis zum Patent- und Gebrauchsmusterschutz | 73, 74 |
| d) Abgrenzung | 75–82 |
| aa) Zwingende Produktmerkmale | 75 |
| bb) Willkürliche Produktmerkmale | 76–79 |
| cc) Wertungsmaßstäbe | 80–82 |
| e) Beispiele | 83, 84 |
| aa) Markenunfähigkeit technischer Zeichen | 83 |
| bb) Markenfähigkeit technischer Zeichen | 84 |
| 4. Ästhetische Zeichen | 85–96 |
| a) Produktbedingte Merkmale | 85–88 |
| b) Verhältnis zum Kunst- und Musterschutz | 89–91 |
| c) Abgrenzung | 92–94 |
| d) Beispiele | 95, 96 |
| aa) Markenunfähigkeit ästhetischer Zeichen | 95 |
| bb) Markenfähigkeit ästhetischer Zeichen | 96 |
| 5. Designschutz durch Markenrecht | 97 |
| 6. Verkehrsgeltungshindernisse | 98–102 |
| V. Verkehrsgeltung | 103–136 |
| 1. Abgrenzung zwischen Verkehrsgeltung und Verkehrsdurchsetzung | 103, 104 |
| 2. Verkehrsgeltung als Marke | 105–108 |
| 3. Verkehrsgeltung und wertvoller Besitzstand | 109 |
| 4. Verkehrsgeltung als tatsächlicher Zustand | 110, 111 |
| 5. Erwerb von Kennzeichnungskraft als Unterscheidungszeichen | 112–116 |
| a) Maßgeblichkeit der Verkehrsauffassung | 112, 113 |
| b) Feststellung der Verkehrsauffassung | 114, 115 |
| c) Beweis der Kennzeichnungskraft | 116 |
| 6. Zeichenrechtliche Konkretheit der Verkehrsgeltung | 117, 118 |
| a) Verkehrsgeltung des benutzten Zeichens und benutzter Gesamtzeichen | 117 |
| b) Verkehrsgeltung an Zeichenbestandteilen | 118 |
| 7. Produktbezug der Verkehrsgeltung | 119 |
| 8. Anforderungen an die Verkehrsgeltung | 120–126 |
| a) Innerhalb beteiligter Verkehrskreise | 120 |
| b) Grad der Verkehrsgeltung | 121–123 |
| c) Art der Verkehrskreise | 124–126 |
| aa) Abnehmer | 124 |
| bb) Hochwertige Produkte | 125 |
| cc) Produkte des täglichen Bedarfs | 126 |
| 9. Zeitdauer und Umfang der Markenbenutzung | 127 |
| 10. Territorium der Verkehrsgeltung | 128–133 |
| a) Verkehrsgeltung im Inland | 128 |
| b) Regionale und lokale Verkehrsgeltung | 129–132 |
| c) Inländische und ausländische Verkehrsgeltung | 133 |
| 11. Verkehrsgeltung bei absoluten Schutzhindernissen nach § 8 Abs. 2 Nr. 1 bis 3 | 134–136 |
| VI. Zeitrang und Vorrang des Markenrechts durch Benutzung | 137–140 |
| 1. Zeitrang | 137 |
| 2. Vorrang | 138, 139 |
| 3. Gleichrangigkeit | 140 |
| VII. Inhaberschaft | 141–153 |
| 1. Keine gesetzliche Regelung | 141 |
| 2. Rechtslage im WZG | 142, 143 |
| 3. Rechtslage im Markengesetz | 144–151 |
| a) Maßgeblichkeit der Identifizierungsfunktion | 144 |
| b) Kein Erfordernis der Unternehmenseigenschaft des Inhabers | 145 |
| c) Zuordnung der Verkehrsgeltung | 146–149 |
| d) Markenrechtsfähigkeit | 150 |
| e) Mehrere Rechtsinhaber | 151 |
| 4. Zuordnung der Verkehrsgeltung und Markenrechtsfähigkeit | 152 |
| 5. Markenschutz durch Verkehrsgeltung an einer Kollektivmarke | 153 |

|  | Rn |
|---|---|
| VIII. Einzelne Markenformen | 154–213 |
| 1. Deskriptive Marken | 155–167 |
| a) Grundsatz | 155–158 |
| b) Konkretes Freihaltebedürfnis | 159–161 |
| c) Intensität der Verkehrsgeltung | 162–164 |
| d) Deskriptive Verwendung einer deskriptiven Marke | 165 |
| e) Beispiele der Rechtsprechung | 166, 167 |
| 2. Farbmarken | 168–194 |
| a) Schutzvoraussetzungen | 168–170 |
| b) Markenfähigkeit von Farbzeichen | 171, 172 |
| c) Farbzeichen als identifizierende Unterscheidungszeichen | 173, 174 |
| d) Intensität der Verkehrsgeltung | 175, 176 |
| e) Absolute Verkehrsgeltungshindernisse | 177 |
| f) Farbenschutz durch Wortmarken | 178–180 |
| g) Unmittelbarer und mittelbarer Farbenschutz | 181–183 |
| h) Produktbezug der Farbmarke | 184–186 |
| i) Konkretheit des Farbenschutzes | 187–189 |
| j) Konturloser Farbenschutz | 190–192 |
| k) Beispiele der Rechtsprechung | 193, 194 |
| aa) Schutzfähige Farbmarken | 193 |
| bb) Schutzunfähige Farbmarken | 194 |
| 3. Verpackungen | 195–200 |
| a) Grundsatz | 195, 196 |
| b) Sachlicher Markenschutz an Flaschen | 197, 198 |
| c) Sachlicher Markenschutz an Packungen | 199, 200 |
| 4. Werbeschlagwörter, Werbeslogans, Werbetexte und Werbeanzeigen | 201–204 |
| a) Grundsatz | 201, 202 |
| b) Beispiele der Rechtsprechung | 203, 204 |
| 5. Sonstige Zeichen | 205–213 |
| a) Bilder | 205 |
| b) Bücher | 206 |
| c) Buchstaben | 207 |
| d) Firma | 208 |
| e) Graphische Gestaltungsmerkmale | 209 |
| f) Zahlen | 210 |
| g) Werktitel | 211–213 |
| IX. Erlöschen des Markenrechts mit Verkehrsgeltung | 214–220 |
| 1. Verlust der Verkehrsgeltung | 214–218 |
| 2. Unternehmenseigenschaft des Markeninhabers | 219 |
| 3. Entstehen absoluter Verkehrsgeltungshindernisse nach § 8 Abs. 2 Nr. 1 bis 3 | 220 |
| X. Markenanwartschaft und Wettbewerbsschutz | 221, 222 |
| 1. Kein Anwartschaftsrecht an einer Marke mit Verkehrsgeltung | 221 |
| 2. Wettbewerbsschutz vor dem Erwerb von Verkehrsgeltung | 222 |
| E. Entstehung des Markenrechts durch notorische Bekanntheit nach § 4 Nr. 3 (Notorietätsmarke) | 223–227 |
| I. Umfassender Markenschutz | 223 |
| II. Verhältnis zu den anderen Markenkategorien | 224–226 |
| 1. Verhältnis zur benutzten Marke | 224 |
| 2. Verhältnis zur eingetragenen Marke | 225 |
| 3. Verhältnis zur bekannten Marke | 226 |
| III. Notorietät | 227 |

**Schrifttum zum WZG.** *Alexander-Katz,* Aktuelle Probleme des Ausstattungsrechts, GRUR 1956, 54; *Beier,* Ausstattungsschutz für Farben, GRUR 1980, 600; *Bezzenberger,* Der Begriff der Ausstattung im Sinne des § 25 WZG, WRP 1956, 33; *Chrocziel/Götting/Katzenberger/Knaak/Stauder,* Länderbericht Deutschland, in: Schricker/Stauder (Hrsg.), Handbuch des Ausstattungsrechts, FS für Beier, 1986, S. 199; *Degen,* Ausstattungsbesitz oder Ausstattungsrecht?, GRUR 1929, 143; *Deutsch,* Können Titel in die Warenzeichenrolle eingetragen werden?, GRUR 1958, 66; *Dietze,* Die Grenzen des Ausstattungsschutzes, GRUR 1952, 317; *Eisenführ,* Begriff und Schutzfähigkeit von Marke und Ausstattung, FS GRUR, 1991, Bd. II, S. 765; *Eisenreich,* Die neuere Entwicklung des Ausstattungsrechts unter besonderer Berücksichtigung der Dienstleistungsausstattung, 1987; *v. Falck,* Die Zuordnung des Ausstattungsrechts im Fall einer Mehrzahl von Beteiligten, GRUR 1974, 532; *Fischötter,* Bericht über das Kolloquium zum Thema „Ausstattungsschutz und Freihaltebedürfnis in der jüngsten Rechtsprechung des BGH", GRUR 1972, 702; *Gorny,* Zum Nachweis der Verkehrsgeltung bei Beschaffenheitsangaben, GRUR 1972, 577; *Gubler,* Der Ausstattungsschutz nach UWG, Diss. Bern, 1991; *Hagens,* Warenzeichen und Ausstattungsbesitz, MuW 1927/28, 561; *Harmsen,* Der Besitzstand im Wettbewerbs- und Warenzeichenrecht in seinen verschiedenen Erscheinungsformen und Anforderungen an den Bekanntheitsgrad, GRUR 1968, 503; *Hefermehl,* GRUR 1957, 605; *Hefermehl,* Zum Rechtsschutz der Ausstattung, in: Bericht über die 7. Werbewirtschaftliche Tagung in Wien 1960, 1961; *Heydt,* Der Ausstattungsschutz von Werbeanzeigen, GRUR 1938, 238; *Heydt,* Grenzen der Verwirkung im gewerblichen Rechtsschutz und Urheberrecht, GRUR 1951, 182; *Heydt,* Zum Begriff der Weltmarke, GRUR 1952, 321; *Heydt,* GRUR 1972, 124; *Kaufmann,* Erstbenutzungs- und Eintragungsprinzip im Markenrecht, Diss. Zürich, 1970; *Klaka,* Vor-(Weiter-) Benutzung im Kennzeichnungsrecht, FS für v. Gamm, 1990, S. 271; *Köhler,* Unterscheidungskraft, GRUR 1950, 117; *Körner,* Ausstattungsanwartschaft und Wettbewerbsschutz, BB 1968, 1064; *Kraft,* Einzelfragen zum Ausstattungsrecht, GRUR 1957, 314; *Kunschert,* Zum Ausstattungs- und Warenzeichenschutz an beschreibenden Angaben, GRUR 1963, 513; *Neu,* Ausstattungsschutz, Schutz des vorbenutzten Kennzeichens nach § 1 UWG und Verwirkung, GRUR 1984, 501; *v. d. Osten,* Die Verkehrsgeltung im Warenzeichen- und Wettbewerbsrecht und ihre Feststellung im Prozeß, 1960; *Pawlowski,* Der Rechtsbesitz im geltenden Sachen- und Immaterialgüterrecht, 1961; *Pluta,* Ausstattungsschutz und Freihaltebedürfnis bei Warengestaltungen, Mitarbeiterfestschrift für E. Ulmer, 1973, S. 257; *Schirmer,* Schutzvoraussetzungen der Warenausstattung, Diss. Köln, 1961; *Schramm,* Grundlagenforschung auf dem Gebiet des gewerblichen Rechtsschutzes und Urheberrechts, 1954; *Schricker,* Zum Begriff der „beteiligten Verkehrskreise" in Ausstattungsrecht, GRUR 1980, 462; *Schricker/Stauder,* Handbuch des Ausstattungsrechts, 1986; *Schumann,* Ausstattungsschutz trotz technischer Funktion, GRUR 1931, 691; *Schulze zur Wiesche,* Zum Schutz von konkreten und abstrahierten Ausstattungselementen, GRUR 1969, 15; *Spengler,* Das Vorbenutzungsrecht bei Warenkennzeichnungen, GRUR 1953, 160; *Spengler,* Schranken des Ausstattungsschutzes durch Verkehrsgeltung, MA 1953, 385; *Tilmann,* Die Verkehrsauffassung im Wettbewerbs- und Warenzeichenrecht, GRUR 1984, 716; *Ulmer,* Verkehrsgeltung und Besitzstand im Wettbewerbs- und Warenzeichenrecht, ZHR 114 (1951), S. 43; *Vierheilig,* Grenzen der Maßgeblichkeit der Verkehrsauffassung im Warenzeichenrecht, 1977; *Wenzel,* Wesen und Begriff der Warenausstattung, Diss. Köln, 1957; *Wilde,* Warenzeichen und Wettbewerb in der Rechtsprechung des Bundesgerichtshofes, MA 1954, 597; *Wilde,* Technische Gestaltungen im Ausstattungs- und Wettbewerbsrecht, FS für Hefermehl, 1971, S. 223; *Wirth,* Ausstattungsschutz für Formen der Ware, GRUR 1926, 502.

**Schrifttum zum MarkenG.** *Erdmann,* Schutz von Werbeslogans, GRUR 1996, 550; *Hirdina,* Der Schutz der nicht eingetragenen Marke im deutschen und im französischen Recht, 1997; *Klaka,* Schutzfähigkeit der dreidimensionalen Benutzungsmarke nach § 4 Nr. 2 MarkenG, GRUR 1996, 613; *Munz,* Die Zuordnung einer Marke durch Verkehrsgeltung des Zeichens im Verhältnis zwischen Hersteller und Händler nach Beendigung des Vertragsverhältnisses (§ 4 Nr. 2 MarkenG), GRUR 1995, 474; *Pfisterer,* Der Schutz der nicht eingetragenen Marke im italienischen Recht, 1998.

## A. Allgemeines

### I. Regelungsübersicht

Die Vorschrift des § 4 regelt die *Entstehung des Markenschutzes.* Markenschutz entsteht durch die Eintragung eines Zeichens als Marke in das Markenregister (Nr. 1), durch Benutzung eines Zeichens bei Erwerb von Verkehrsgeltung als Marke (Nr. 2) oder durch die notorische Bekanntheit einer Marke im Sinne von Art. 6$^{bis}$ PVÜ (Nr. 3). Die drei Erwerbstatbestände der *Registermarke,* der *Benutzungsmarke* und der *Notorietätsmarke* stehen gleichberechtigt nebeneinander und können kumulativ gegeben sein. Ein Zeichen kann als eingetragene Marke *förmlichen Markenschutz* und als benutztes Zeichen mit Verkehrsgeltung als Marke *sachlichen Markenschutz* genießen, sowie eine notorisch bekannte Marke sein. Schon vor der Eintragung der Marke stehen dem Anmelder bestimmte Rechte zu. So sind *drei Kategorien von Marken* zu unterscheiden: die durch Anmeldung oder Eintragung entstandene Marke (angemeldete oder eingetragene Marke), die durch Benutzung und den Erwerb von Verkehrsgeltung entstandene Marke (benutzte Marke) und die durch notorische Bekanntheit entstandene Marke (notorisch bekannte Marke). Das Eintragungsverfahren ist in den §§ 32 bis 44 geregelt. Die Anmeldung zur Eintragung einer Marke in das Markenregister ist beim DPMA einzureichen (§ 32 Abs. 1).

## II. Rechtsänderungen

2   Die Systematik des § 4 unterscheidet sich wesentlich von der Rechtslage nach dem WZG, auch wenn der Sache nach nur geringe Rechtsänderungen erfolgten. Der Erwerbstatbestand des durch Eintragung entstehenden Markenrechts (Nr. 1) entspricht dem Markenschutz des durch Eintragung entstehenden Warenzeichenrechts nach den §§ 15, 24 WZG. Der Erwerbstatbestand des durch Benutzung entstehenden Markenrechts entspricht dem Markenschutz des sachlichen Zeichenrechts der Ausstattung nach § 25 WZG. Den Begriff der Ausstattung verwendet das MarkenG nicht, da es für alle drei nach der Entstehung des Markenschutzes zu unterscheidenden Kategorien von Markenrechten einheitlich den Begriff der Marke als eines schutzfähigen Zeichens im Sinne des § 3 gebraucht.

3   Eine Rechtsänderung gegenüber dem WZG stellt der Erwerbstatbestand des durch notorische Bekanntheit entstehenden Markenrechts (Nr. 3) dar. Im WZG bildete die notorisch bekannte Marke nur ein von Amts wegen zu berücksichtigendes Eintragungshindernis nach § 4 Abs. 2 Nr. 5 WZG. Die notorisch bekannte Marke war nicht in das Widerspruchsverfahren einbezogen, bildete keinen Löschungsgrund und eine Verletzungklage war nicht vorgesehen. Demgegenüber gewährt das MarkenG der notorisch bekannten Marke als dritter Markenkategorie gleichwertigen Markenschutz. Die Aufwertung des gesetzlichen Markenschutzes der notorisch bekannten Marke ist sachlich aber weniger weitreichend, als die Rechtsänderung auf den ersten Blick vermuten läßt, da der notorisch bekannten Marke regelmäßig Ausstattungsschutz nach § 25 WZG zukam oder für die nach der PVÜ Berechtigten ein Anspruch unmittelbar aus Art. 6$^{bis}$ PVÜ bestand. Während das WZG den Begriff der notorisch bekannten Marke in § 4 Abs. 2 Nr. 5 eigenständig definierte, verwendet das MarkenG den konventionsrechtlichen Begriff der notorischen Bekanntheit im Sinne des Art. 6$^{bis}$ PVÜ.

4   Markenschutz an einer eingetragenen, benutzten oder notorisch bekannten Marke kann sowohl für Waren als auch für Dienstleistungen erworben werden. Die Erwerbstatbestände verwenden den Begriff der Marke als Unterscheidungszeichen im Sinne des § 3 Abs. 1 einheitlich. Folge ist eine Rechtsänderung hinsichtlich der notorisch bekannten Marke. Aus Art. 6$^{bis}$ PVÜ ergibt und ergab sich nach der Rechtslage im WZG die Beschränkung des Markenschutzes auf notorisch bekannte Warenmarken; im MarkenG gilt auch für die notorisch bekannte Marke die Gleichstellung der Warenmarke mit der Dienstleistungsmarke.
§ 4 enthält keine Regelung über den Rechtsinhaber des nach den Entstehungstatbeständen erworbenen Markenrechts. Die Inhaberschaft der eingetragenen und angemeldeten Marke (Markenrechtsfähigkeit) regelt § 7. Die Inhaberschaft der durch Benutzung oder durch notorische Bekanntheit erworbenen Marke regelt das MarkenG nicht.

5   Die Kritik an der einheitlichen Systematik des MarkenG zur Entstehung des Markenschutzes geht dahin, daß das Recht des sachlichen Markenschutzes (Ausstattungsschutz) nicht mehr einheitlich geregelt, sondern nach Entstehung, Inhalt und Erlöschen des Markenschutzes aufgespalten ist. Vor allem im Vergleich zu ausländischen Markenrechtsordnungen wird die Lesbarkeit des MarkenG erschwert, da der Ausstattungsschutz namentlich in Deutschland beheimatet ist. Eine gesonderte Regelung des sachlichen Markenschutzes in einem eigenen Teil des MarkenG, vergleichbar der Regelung der Kollektivmarken in Teil 4 des MarkenG (§§ 97 bis 106), wäre vorzuziehen gewesen. Zudem liegt der Erwerbstatbestand der notorischen Bekanntheit als dritter Markenkategorie auf einer anderen Ebene der Systematisierung als die eingetragene und benutzte Marke.

## III. Europäisches Unionsrecht

### 1. Erste Markenrechtsrichtlinie

6   Regelungsgegenstand der *MarkenRL* sind angemeldete oder eingetragene Marken. Art. 1 MarkenRL beschränkt den Anwendungsbereich auf solche Individual-, Kollektiv-, Garantie- und Gewährleistungsmarken, die in einem Mitgliedstaat oder beim Benelux-Markenamt eingetragen oder angemeldet oder mit Wirkung für einen Mitgliedstaat international registriert worden sind.

Entstehung des Markenschutzes  7–10 § 4 MarkenG

Das MarkenG bedeutet nur hinsichtlich der angemeldeten oder eingetragenen Marken 7
eine Umsetzung bindenden EG-Rechts in nationales Recht. Dies ist für die Art der Auslegung der Vorschriften über den sachlichen Markenschutz rechtserheblich. Allerdings beläßt die MarkenRL den Mitgliedstaaten ausdrücklich das Recht, die durch Benutzung entstehenden Marken weiterhin zu schützen. Die MarkenRL berücksichtigt die durch Benutzung entstehenden Marken lediglich in ihrer Beziehung zu den durch Eintragung entstehenden Marken.

## 2. Gemeinschaftsmarkenverordnung

Nach Art. 5 GMarkenV wird eine Gemeinschaftsmarke durch Eintragung erworben. Eine 8
durch Benutzung entstehende Gemeinschaftsmarke gibt es nicht. Die *GMarkenV* regelt allerdings die Beziehung einer Gemeinschaftsmarke zum sachlichen Markenschutz in einem Mitgliedstaat. Nach Art. 8 Abs. 6 GMarkenV stellt eine nicht eingetragene Marke oder ein sonstiges im geschäftlichen Verkehr benutztes nationales Kennzeichenrecht von mehr als lediglich örtlicher Bedeutung auf Widerspruch des Rechtsinhabers ein relatives Eintragungshindernis für die angemeldete Gemeinschaftsmarke entsprechend dem Schutz des Kennzeichens nach dem maßgeblichen Recht des Mitgliedstaates dar.

## B. Formeller und materieller Markenschutz

### I. Entstehungsgründe des Markenrechts

§ 4 normiert drei Gründe für die Entstehung des Markenschutzes. Ein Markenrecht ent- 9
steht entweder durch die Eintragung eines Zeichens als Marke in das Markenregister (Nr. 1) oder durch die Benutzung eines Zeichens im geschäftlichen Verkehr bei Erwerb von Verkehrsgeltung als Marke (Nr. 2) sowie durch notorische Bekanntheit einer Marke im Sinne von Art. 6$^{bis}$ PVÜ. Die *Eintragung* eines Zeichens als Marke begründet einen *formellen Markenschutz,* der die vorherige Benutzung der Marke im geschäftlichen Verkehr nicht voraussetzt (RGZ 97, 90 – Pecho/Pecose; BGHZ 10, 211, 213 – Nordona; 32, 133, 139 – Dreitannen; BGH GRUR 1957, 224 – Odorex; 1961, 628, 629 – Umberto Rosso; 1965, 672 – Agyn). Zweck einer Marke als Unterscheidungszeichen für Unternehmensprodukte ist aber, im Wettbewerb auf dem Markt benutzt zu werden. Die Existenz eines förmlichen Registerrechts ohne tatsächliche Benutzung im geschäftlichen Verkehr bedeutet auf Dauer eine Behinderung des Wettbewerbs. Vor Einführung des Benutzungszwangs durch das Vorabgesetz vom 4. Dezember 1967 (BGBl. I S. 953) brauchte eine Marke überhaupt nicht benutzt zu werden. Folge dieses unbefriedigenden Rechtszustandes war häufig ein Mißbrauch gehorteter und unbenutzter Warenzeichen. Allein im Einzelfall konnte die Geltendmachung von Rechten aus unbenutzten Marken unter dem Gesichtspunkt des Mißbrauchs eines Formalrechts als unzulässig beurteilt werden (BGHZ 32, 133 – Dreitannen; BGH GRUR 1965, 86 – Schwarzer Kater). Die wettbewerbsrechtliche Schwäche einer nicht benutzten Marke erwies sich ferner bei einer Kollision des förmlichen Registerrechts mit einem sachlichen Markenrecht. Auch nach Einführung des Benutzungszwangs entstand der formelle Markenschutz ohne eine vorherige Benutzung der Marke im geschäftlichen Verkehr, doch ist die innerhalb der fünfjährigen Benutzungsfrist nicht benutzte Marke wegen Verfalls auf Antrag der Löschung unterworfen (§ 49 Abs. 1 S. 1). Der formelle Markenschutz auf Zeit dient der *Entwicklungsbegünstigung* der Marke im geschäftlichen Verkehr (*Ulmer*, Warenzeichen und unlauterer Wettbewerb, S. 65). Die Marke soll sich als Unterscheidungszeichen für Unternehmensprodukte im Marktwettbewerb Geltung verschaffen.

Ohne eine Eintragung der Marke in das Markenregister entsteht ein *materielles Markenrecht* 10
durch die Benutzung eines Zeichens im geschäftlichen Verkehr, soweit das Zeichen innerhalb beteiligter Verkehrskreise als Marke *Verkehrsgeltung* erworben hat (Nr. 2). Der Entstehungsgrund der Benutzung eines Zeichens bei Erwerb von Verkehrsgeltung als Marke entspricht dem Ausstattungsrecht des § 25 WZG im bisherigen Warenzeichenrecht. Formeller und materieller Markenschutz stehen nicht in einem alternativen Verhältnis zueinander. Die Entstehungsgründe der Eintragung und Benutzung einer Marke können *kumulativ* vorliegen.

Der Markeninhaber eines durch Eintragung entstandenen Markenrechts kann an der Marke durch Benutzung im geschäftlichen Verkehr bei Erwerb von Verkehrsgeltung neben dem formellen ein materielles Markenrecht erwerben. Umgekehrt kann der Markeninhaber eines durch Benutzung entstandenen Markenrechts durch die Eintragung der Marke in das Markenregister neben dem materiellen ein förmliches Markenrecht erwerben.

11 Ein Markenrecht kann auch durch die notorische Bekanntheit einer Marke im Sinne des Art. 6$^{bis}$ PVÜ entstehen (Nr. 3). Der *Entstehungsgrund der notorischen Bekanntheit* kann kumulativ neben den Entstehungsgründen der Eintragung und Benutzung der Marke vorliegen. Eine Marke mit notorischer Bekanntheit ist aber nicht notwendigerweise eine Marke mit Verkehrsgeltung. Voraussetzung der Entstehung des Markenschutzes durch Benutzung der Marke (Nr. 2) ist die Benutzung der Marke im inländischen Geschäftsverkehr. Anders kann eine notorisch bekannte Marke (Nr. 3) auch ohne inländische Benutzung entsprechend der Rechtslage nach Art. 6$^{bis}$ PVÜ entstehen.

## II. Eintragungsprinzip und Benutzungsprinzip

**Schrifttum zum WZG.** *Kaufmann*, Erstbenutzungs- und Eintragungsprinzip im Markenrecht, Diss. Zürich, 1970.

12 Im internationalen Rechtsvergleich werden zwei gegensätzliche Rechtsprinzipien zur Entstehung des Markenschutzes erkennbar. Man unterscheidet zwischen dem Eintragungsprinzip (Hinterlegungsprinzip) und dem Benutzungsprinzip oder Erstbenutzungsprinzip (Gebrauchsprinzip). Nach dem *Eintragungsprinzip* entsteht das Markenrecht durch den registerrechtlichen Akt der Eintragung eines Zeichens als Marke unabhängig von einer Benutzung der Marke im geschäftlichen Verkehr. Das Eintragungsprinzip dominiert international und gilt auch für die Gemeinschaftsmarke (Art. 5 GMarkenV). Nach dem *Erstbenutzungsprinzip* entsteht das Markenrecht mit dem Tag der erstmaligen Benutzung der Marke. Das Benutzungsprinzip galt etwa in der Schweiz bis zur Totalrevision des schweizerischen Markenschutzgesetzes zum 1. April 1993. Der Entstehungsgrund der Erstbenutzung liegt im Interesse kleinerer und rechtlich unerfahrener Unternehmen, die den Weg in ein Registerverfahren zunächst scheuen und erst bei einer späteren Registrierung der Marke die Priorität der Erstbenutzung erhalten. Schon im WZG galt das Eintragungsprinzip, das im MarkenG beibehalten worden ist. Das Eintragungsprinzip wird allerdings durch die Anerkennung des sachlichen Markenschutzes relativiert. Die Entstehung eines Markenrechts durch Benutzung eines Zeichens im geschäftlichen Verkehr nach § 4 Nr. 2 verwirklicht das Prinzip der Erstbenutzung aber nicht als solches, da der Markenschutz erst mit dem Erwerb von Verkehrsgeltung entsteht. Es besteht kein Vorbenutzungrecht (BGH GRUR 1961, 413, 416 – Dolex; zum MarkenG BGH GRUR 1998, 412, 414 – Analgin).

## C. Entstehung des Markenrechts durch Eintragung nach § 4 Nr. 1 (Registermarke)

### I. Anmeldepriorität der eingetragenen Marke

13 Nach § 4 Nr. 1 entsteht der Markenschutz durch die Eintragung eines Zeichens als Marke in das vom DPMA geführte Register (*Registermarke*). Das Markenrecht entsteht allein durch die Eintragung (*Eintragungsprinzip*). Es entsteht nicht schon durch eine Vorbenutzung des Zeichens im geschäftlichen Verkehr vor dem Zeitpunkt der Eintragung und auch nicht erst durch eine spätere Benutzung des Zeichens im geschäftlichen Verkehr nach dem Zeitpunkt der Eintragung. Der Markenschutz der eingetragenen Marke entsteht nicht schon mit der Anmeldung der Marke zur Eintragung in das Markenregister (§ 32 Abs. 1), sondern erst mit der Eintragung des Zeichens als Marke. Die *Priorität der Marke* (Zeitrang) richtet sich aber nicht nach dem Tag der Eintragung der Marke in das Markenregister, sondern nach dem Zeitrang der Anmeldung der Marke zur Eintragung in das Markenregister (Anmeldepriorität). Nach § 6 Abs. 2 1. Alt. bestimmt sich die Priorität einer angemeldeten oder eingetragenen Marke nach dem Anmeldetag; der Anmeldetag einer Marke ist der Tag des Ein-

Entstehung des Markenschutzes　　　　　　　　　　　　　14–17　§ 4 MarkenG

gangs der nach § 32 Abs. 2 erforderlichen Unterlagen der Anmeldung beim Patentamt (§ 33 Abs. 1). Wenn eine ausländische Priorität nach § 34 oder eine Ausstellungspriorität nach § 35 in Anspruch genommen wird, dann ist für die Bestimmung des Zeitrangs der angemeldeten oder eingetragenen Marke nach § 6 Abs. 2 2. Alt. dieser Prioritätstag maßgeblich. Ohne Eintragung eines Zeichens als Marke kann Markenschutz nur durch Benutzung des Zeichens im geschäftlichen Verkehr bei Erwerb von Verkehrsgeltung als Marke (§ 4 Nr. 2) oder durch notorische Bekanntheit der Marke im Sinne des Art. 6$^{bis}$ PVÜ (§ 4 Nr. 3) entstehen.

### II. Anwendbare Vorschriften

Die *materiellrechtlichen* Voraussetzungen, die für den Schutz einer Marke durch Eintragung bestehen, sind in den §§ 7 bis 13 geregelt; diese Vorschriften gelten nur für die angemeldete oder eingetragene Marke. Das *Eintragungsverfahren* ist in Abschnitt 1 von Teil 3 des MarkenG, der die Vorschriften über die Verfahren in Markenangelegenheiten enthält, in den §§ 32 bis 44 geregelt.  14

### III. Anmeldung und Eintragung

Nach § 4 Nr. 1 entsteht der Markenschutz durch die Eintragung eines Zeichens als Marke, dessen Priorität sich nach der Anmeldung der Marke zur Eintragung in das Markenregister bestimmt (§ 6, Rn 9 ff.). Mit dem Erwerb des Markenschutzes durch Eintragung wird dem Markeninhaber ein ausschließliches Recht nach § 14 Abs. 1 gewährt. Schon vor der Eintragung der Marke stehen dem Anmelder der Marke bestimmte Rechte zu (Markenanwartschaftsrecht). So bestimmt etwa der Anmeldetag die Priorität der Marke. Auf die durch die Anmeldung der Marke begründeten Rechte sind die Vorschriften über die Marke als Gegenstand des Vermögens (§§ 27 bis 30) schon anzuwenden (§ 31). Mit der Anmeldung zur Eintragung einer Marke entsteht ein *Markenanwartschaftsrecht* an dem Zeichen.  15

Der Eintragung der Marke in das Markenregister kommt *konstitutive* und nicht nur deklaratorische Wirkung zu (*Baumbach/Hefermehl*, vor §§ 15, 16 WZG, Rn. 2; aA für das schweizerische Recht BGE 26 II 644, 649, wonach der Hinterlegung der Marke nur deklaratorische Wirkung zukommt; s. dazu näher *Troller*, Immaterialgüterrecht, Bd. I, S. 451 ff.). Die Eintragung ist Wirksamkeitsvoraussetzung zur Entstehung des Markenrechts nach § 4 Nr. 1 als eines Ausschließlichkeitsrechts. Das durch Eintragung entstandene Markenrecht besteht bis zur Löschung der Eintragung im Register (s. §§ 48 ff.). Die Eintragung wirkt auch dann konstitutiv, wenn die Marke schon vor der Eintragung benutzt worden und ein Markenrecht nach § 4 Nr. 2 durch den Erwerb von Verkehrsgeltung entstanden ist. Der Inhaber der durch Benutzung entstandenen Marke erwirbt ein weiteres Markenrecht durch Eintragung. Die beiden Markenrechte nach § 4 Nr. 1 und 2 sind nicht identisch, sondern in ihrer Entstehung, ihrem Bestand und in ihrem Erlöschen rechtlich unabhängig voneinander. Gegenüber einem prioritätsälteren Kennzeichenrecht muß das durch Eintragung entstehende Markenrecht weichen (s. § 6, Rn 8 ff.). Auch wenn der Eintragung einer Marke konstitutive Wirkung zukommt, entsteht ein Markenrecht nur dann, wenn die *materiellrechtlichen* Schutzvoraussetzungen der Marke vorliegen. Die Eintragung einer Marke, die entgegen den §§ 3, 7, 8 eingetragen worden ist, wird auf Antrag wegen Nichtigkeit nach § 50 Abs. 1 gelöscht.  16

### IV. Benutzungsrecht und Verbietungsrecht

Die Entstehung des Markenschutzes an dem als Marke eingetragenen Zeichen durch Eintragung in das Markenregister gewährt dem Markeninhaber ein *positives Benutzungsrecht* an der Marke (anders nach der Rechtslage im WZG *Baumbach/Hefermehl*, Einl WZG, Rn. 30 m. w. N.; s. auch BGH GRUR 1961, 181, 183 – Mon Chéri mit Anm. *Heydt*) und ein *negatives Verbietungsrecht* gegen die widerrechtliche Benutzung der Marke durch Dritte (§ 14). Das positive Benutzungsrecht des Markeninhabers beschränkt sich auf die Benutzung der Marke für die eingetragenen Waren oder Dienstleistungen. Das negative Verbietungs-  17 recht des Markeninhabers reicht weiter als sein positives Benutzungsrecht. Das negative Verbietungsrecht beschränkt sich nicht auf die eingetragenen Waren oder Dienstleistungen, sondern erstreckt sich auf den Ähnlichkeitsbereich der eingetragenen Waren oder Dienstleistungen als dem Schutzbereich der Marke (s. näher § 14, Rn 333 ff.).

## V. Unbeschränkbarer Schutzbereich der eingetragenen Marke

18  Das MarkenG legt den Schutzbereich der eingetragenen Marke zwingend fest (§ 14). Eine Beschränkung des gesetzlichen Schutzbereichs der Marke ist unzulässig. Es liegt im Interesse des Rechtsverkehrs, von einem gesetzlichen Schutzumfang der eingetragenen Marke ausgehen zu können, ohne mit einem abweichenden Inhalt des Markenregisters rechnen zu müssen. Weder dem Anmelder noch dem DPMA oder dem BPatG ist es erlaubt, den Schutzbereich der eingetragenen Marke gegenständlich oder räumlich zu beschränken (BGHZ 34, 1, 5 – Mon Chéri; RGZ 122, 207, 209 – Bergmännle; RG GRUR 1943, 137; Busse/Starck, § 2 WZG, Rn 10; v. Gamm, § 2 WZG, Rn 12 f., § 24 WZG, Rn 5 f.; RGSt MuW 1912/13, 21).

19  Wenn im Hinblick auf das Verzeichnis der eingetragenen Waren im Markenregister ein Exportvermerk dahin eingetragen wird, sämtliche Waren seien nur für den Export bestimmt, dann kann der Markeninhaber gleichwohl die Benutzung verwechslungsfähiger jüngerer Bezeichnungen auch dann verbieten, wenn diese nur im Inland benutzt werden, weil eine Benutzung des Umfangs des gesetzlichen Verbietungsrechts des Markeninhabers unzulässig ist (BGHZ 34, 1 – Mon Chéri). Unzulässig ist auch, eine schwarz-weiß eingetragene Marke auf eine bestimmte Farbgebung zu beschränken; die Marke ist vielmehr gegen alle Farbgebungen geschützt, die eine Verwechslungsgefahr begründen (BGHZ 24, 257, 263 – Tintenkuli).

20  Um keine Einschränkung des gesetzlichen Umfangs des Markenschutzes handelt es sich, wenn Waren oder Dienstleistungen bestimmter Art aus dem Verzeichnis herausgenommen werden, um den Schutzbereich der Marke hinsichtlich dieser Waren oder Dienstleistungen zu beschränken (BGH GRUR 1961, 181, 182 – Mon Chéri; BPatGE 16, 85, 87 – PIRIMOR). Eine Beschränkung des Waren- oder Dienstleistungsbereichs im Verzeichnis der eingetragenen Waren oder Dienstleistungen stellt keine Beschränkung des gesetzlich festgelegten Schutzbereichs der eingetragenen Marke dar (s. näher § 32, Rn 31 ff.). Unzulässig ist eine Beschränkung des räumlichen Absatzgebietes der eingetragenen Waren oder Dienstleistungen, da eine solche räumliche Marktabgrenzung den gesetzlich zwingend festgelegten Schutzbereich der eingetragenen Marke auf die Bundesrepublik Deutschland als den Geltungsbereich des MarkenG einschränken würde.

## D. Entstehung des Markenrechts durch Benutzung nach § 4 Nr. 2 (Benutzungsmarke)

### I. Die benutzte Marke mit Verkehrsgeltung als eigene Markenkategorie

#### 1. Gleichwertiger Markenschutz

21  Nach § 4 Nr. 2 entsteht Markenschutz durch die Benutzung eines Zeichens im geschäftlichen Verkehr, soweit das Zeichen innerhalb beteiligter Verkehrskreise als Marke Verkehrsgeltung erworben hat (*Benutzungsmarke* oder *Verkehrsgeltungsmarke*). Die benutzte Marke mit Verkehrsgeltung ist eine eigene Markenkategorie, die gleichwertig neben dem Markenschutz steht, der nach § 4 Nr. 1 durch die Eintragung eines Zeichens als Marke in das Markenregister entsteht. Die benutzte Marke mit Verkehrsgeltung entspricht sachlich der Ausstattung nach § 25 WZG. Die reichhaltige Rechtsprechung zum Ausstattungsrecht kann grundsätzlich für das durch Benutzung erworbene Markenrecht gelten.

#### 2. Unterschiede zum Ausstattungsschutz im WZG

22  Zwar übernimmt das MarkenG den sachlichen Markenschutz der Ausstattung im Grundsatz inhaltsgleich als eine nach der Entstehung des Markenschutzes zu unterscheidende, eigene Kategorie der benutzten Marke mit Verkehrsgeltung. Aufgrund der veränderten Ge-

samtkonzeption des MarkenG gegenüber dem WZG bestehen gleichwohl Unterschiede zwischen dem Ausstattungsrecht und der benutzten Marke mit Verkehrsgeltung. Diese rechtlichen Unterschiede sind bei der Fortgeltung der zum Ausstattungsschutz entwickelten Rechtssätze sowie der Fortführung der höchstrichterlichen Rechtsprechung zu berücksichtigen.

**a) Identifizierungsfunktion statt Herkunftsfunktion.** Das sachliche Zeichenrecht der Ausstattung nach § 25 WZG beruhte zunächst nicht anders, als es für die benutzte Marke mit Verkehrsgeltung nach § 4 Nr. 2 gilt, auf dem durch Benutzung entstandenen, tatsächlichen Zustand der Verkehrsgeltung. Voraussetzung der Entstehung des Ausstattungsschutzes war, daß die Ausstattung innerhalb beteiligter Verkehrskreise als Kennzeichen gleicher oder gleichartiger Waren eines anderen galt. Aufgrund der zentralen Bedeutung, die der Herkunftsfunktion als der rechtlich geschützten Funktion im WZG zukam, wurde die Verkehrsgeltung dahin bestimmt, die Ausstattung müsse sich innerhalb beteiligter Verkehrskreise als Kennzeichen der Waren ihrer Herkunft nach durchsetzen (*Baumbach/Hefermehl*, § 25 WZG, Rn 1). Diente ursprünglich nach § 15 des Gesetzes zum Schutz der Waarenbezeichnungen vom 12. Mai 1894 (RGBl. S. 441) der Ausstattungsschutz allein der Abwehr einer zweckgerichteten Täuschung in Handel und Verkehr, so besteht seit Inkrafttreten des WZG vom 5. Mai 1936 (RGBl. II S. 134), das bis zum Inkrafttreten des MarkenG am 1. Januar 1995 galt, umfassend markenrechtlicher Herkunftsschutz. Nach dem MarkenG, das die Herkunftsfunktion der Marke nur als eine unter anderen markenrechtlichen Funktionen schützt, kann es für die Entstehung von Verkehrsgeltung als Marke nicht auf die Durchsetzung der Ausstattung als *Herkunftshinweis* ankommen. Entscheidend kommt es allein auf die *Identifizierungsfunktion* der benutzten Marke zum Erwerb von Verkehrsgeltung an (s. Einl, Rn 30 ff.). Nach § 4 Nr. 2 muß das benutzte Zeichen als Marke Verkehrsgeltung erworben haben. Verkehrsgeltung als Marke bedeutet, daß die Ausstattung sich innerhalb beteiligter Verkehrskreise als Unterscheidungszeichen für Waren oder Dienstleistungen eines Unternehmens im Sinne des § 3 Abs. 1 durchgesetzt hat. Die Verkehrsgeltung der benutzten Marke muß als Unterscheidungszeichen zur Identifikation von Unternehmensprodukten, bezogen sowohl auf die *Herkunftsidentität* als auch auf die *Produktidentität*, im Marktwettbewerb erworben werden.

**b) Einheitlichkeit des Markenbegriffs.** Im MarkenG gilt ein einheitlicher Begriff der Marke. Die als Marke schutzfähigen Zeichen (Markenformen) regelt § 3 einheitlich für alle nach der Entstehung des Markenschutzes zu unterscheidenden Markenkategorien des § 4. Indem das MarkenG in Angleichung an die internationale Rechtsentwicklung die Markenformen der als Marke schutzfähigen Zeichen ausdehnte und damit den durch Eintragung entstehenden Markenschutz erweiterte, wurde auch das Verhältnis zwischen förmlichem und sachlichem Markenschutz verändert. Das WZG definierte den Begriff der Ausstattung nicht. Aus § 25 WZG wurde entnommen, die Ausstattung müsse etwas vom Wesen der Ware zwar nicht körperlich, aber doch begrifflich Verschiedenes sein (BGHZ 5, 1, 6 – Hummel-Figuren I; 11, 129, 131 – Zählkassetten; 29, 62, 64 – Rosenthal-Vase; BGH GRUR 1986, 252, 253 – Sportschuhe). Wäre man vom Sprachgebrauch ausgegangen, so wäre unter einer Ausstattung die konkrete Aufmachung einer Ware oder ihrer Verpackung zu verstehen gewesen. Der Rechtsbegriff der Ausstattung reichte jedoch weiter. Auch die besondere Aufmachung von Werbeankündigungen, Preislisten oder Briefbögen konnte als Ausstattung geschützt sein. Gleiches galt für Werbeschlagworte und Werbeverse, sofern der Verkehr sie als Hinweise auf die Herkunft der Waren aus einem bestimmten Geschäftsbetrieb und nicht lediglich als eine Empfehlung verstand. Der Ausstattungsschutz galt auch für Dienstleistungen nach § 1 Abs. 2 WZG. Danach umfaßte der Rechtsbegriff der Ausstattung jede äußere Form oder Aufmachung, in der ein Unternehmen seine Waren oder Dienstleistungen in den Verkehr brachte oder für sie warb, um sie von gleichen oder gleichartigen Waren oder Dienstleistungen anderer Herkunft zu unterscheiden. Nur wenn eine Aufmachung eine andere Funktion als die der Individualisierung einer Ware oder Dienstleistung ihrer Herkunft nach erfüllte, konnte sie als Ausstattung nicht geschützt werden.

Folge der Schutzbegrenzung des eingetragenen Warenzeichens auf bestimmte Markenformen war, daß der Schutzbereich der Ausstattung bedeutend weiter reichte, als der Schutzbereich des eingetragenen Warenzeichens (RGZ 115, 235, 237 – Mundharmonikadecke; BGHZ 41, 187, 189 – Palmolive). Ausstattungsfähig waren etwa dreidimensionale Gestaltungen sowie Farben und Farbkombinationen. Nach WZG galt der Grundsatz: Alles, was Warenzeichen oder Dienstleistungsmarke sein konnte, konnte auch Ausstattung sein. Die Umkehrung dieses Grundsatzes war dagegen unrichtig. Nicht alles, was Ausstattung sein konnte, konnte Warenzeichen oder Dienstleistungsmarke sein. Nach dem MarkenG gelten die Markenformen des § 3 einheitlich für alle Markenkategorien des § 4. Die Formen der als Marke schutzfähigen Zeichen nach § 3 gelten einheitlich für die durch Eintragung (§ 4 Nr. 1) und durch Benutzung (§ 4 Nr. 2) entstehenden Markenrechte. Deshalb gelten die Ausschlußgründe der warenbedingten, technisch bedingten und wertbedingten Form nach § 3 Abs. 2 einheitlich für den förmlichen wie den sachlichen Markenschutz. Die Rechtsprechung zum Ausstattungsschutz nach § 25 überschneidet sich insoweit teilweise mit den Regelungen der Ausschlußgründe nach § 3 Abs. 2, als diese ausschließlich aus einer Form bestehende Zeichen betreffen. Um die Einheitlichkeit des Markenschutzes zu wahren, sollten auch die Kriterien der Markenfähigkeit für alle Kategorien von Marken einheitlich beurteilt werden. Das gilt auch für das Erfordernis der graphischen Darstellbarkeit der Marke, das ein Kriterium der Markenfähigkeit darstellt, auch wenn es als ein absolutes Schutzhindernis nach § 8 Abs. 1 geregelt worden ist (s. § 3, Rn 217 ff.). Ein Unterschied im Schutzbereich der durch Eintragung und der durch Benutzung entstehenden Markenrechte ist nur insoweit denkbar, als der Erwerb von Verkehrsgeltung an einem als Marke schutzfähigen Zeichen, das nicht graphisch darstellbar ist, angenommen wird.

## II. Begriff der benutzten Marke mit Verkehrsgeltung

### 1. Ausgangspunkt

**26** Markenschutz durch Benutzung entsteht, wenn das Zeichen als Marke Verkehrsgeltung erworben hat (Benutzungsmarke oder Verkehrsgeltungsmarke). Der *Erwerb von Verkehrsgeltung* bezieht sich auf die Benutzung der Marke als Unterscheidungszeichen zur Identifikation von Unternehmensprodukten im Marktwettbewerb. Nicht erforderlich ist, daß das Zeichen gerade als Herkunftshinweis Verkehrsgeltung erwirbt; insoweit hat sich die Rechtslage gegenüber dem WZG geändert, als die Verkehrsgeltung sowohl auf die Herkunftsidentität als auch auf die Produktidentität bezogen ist. Die Rechtsprechung zum Wesen der Ausstattung, die grundsätzlich weiter gilt und allein hinsichtlich des Gegenstands der Verkehrsgeltung der Marke eine Änderung erfährt, überschneidet sich teilweise mit den Ausschlußgründen des § 3 Abs. 2, die für ausschließlich aus einer Form bestehende Zeichen gelten (§ 3, Rn 222 ff.).

### 2. Die benutzte Marke als Unterscheidungszeichen

**27** Der Erwerb von Verkehrsgeltung setzt voraus, daß das als Marke schutzfähige Zeichen geeignet ist, Waren oder Dienstleistungen eines Unternehmens von denjenigen anderer Unternehmen zu unterscheiden. Als Unterscheidungszeichen erwirbt die Marke Verkehrsgeltung und verwirklicht damit die markenrechtlich erhebliche Identifizierungsfunktion. Die *abstrakte Unterscheidungseignung* kann einem Zeichen von vornherein aufgrund seiner Originalität und Einprägsamkeit zukommen. Eine Bezeichnung oder ein sonstiges Merkmal (Zeichen) kann die abstrakte Unterscheidungseignung auch erst allmählich durch ständige Benutzung im geschäftlichen Verkehr wie vor allem in der Werbung bilden. So kann sich auch etwas ganz Alltägliches aufgrund einer Gewöhnung innerhalb beteiligter Verkehrskreise zu einem Unterscheidungszeichen zur Identifikation von Unternehmensprodukten auf dem Markt entwickeln. Es ist nicht erforderlich, daß von vornherein die Absicht bestand, die Bezeichnung oder das sonstige Merkmal als ein identifizierendes Unterscheidungszeichen zu verwenden. Ausreichend ist, wenn sich im Verkehr eine Identifizierungsfunktion des Zeichens ausbildet. Werbe- und Marketingstrategien sind in der Lage, die Verkehrsauffassung hinsichtlich der Identifizierungsfunktion eines Zeichen zu prägen. Der Erwerb von Verkehrsgeltung als Marke setzt begrifflich die Identifizierungsfunktion des Zeichens voraus. Die benutzte Marke ist Unterscheidungszeichen mit Verkehrsgeltung.

## 3. Die Selbständigkeit der benutzten Marke

**a) Ausgangspunkt.** Der Grundsatz der Selbständigkeit der Marke von der Ware, der ein **28** allgemeines Kriterium der Markenfähigkeit nach § 3 Abs. 1 darstellt (s. § 3, Rn 211 ff.) und sich für ausschließlich aus einer Form bestehende Zeichen teilweise mit den Ausschlußgründen des § 3 Abs. 2 überschneidet, gilt auch für den Erwerb von Verkehrsgeltung eines Zeichens als Marke durch Benutzung. Insoweit bleibt die langjährige Rechtsprechung zum Ausstattungsschutz von Bedeutung.

Das als Marke benutzte Zeichen darf nicht mit der Ware oder Dienstleistung, die es im **29** geschäftlichen Verkehr identifiziert, identisch sein. Das Unternehmensprodukt als solches kann nicht sein eigenes Instrument einer markenrechtlichen Identifizierung sein. Die Identifizierung einer Unternehmensleistung auf dem Markt verlangt die Verschiedenheit des Subjekts vom Objekt der Identifizierung, zweier verschiedener Gegenstände, die in eine gedankliche Beziehung zueinander gebracht werden. Nur so wird gewährleistet, daß das als Marke benutzte Zeichen mit Verkehrsgeltung nicht zu einem Monopolrecht an der Unternehmensleistung als solcher führt.

**b) Das Zeichen als Zutat.** In der Frühzeit des Ausstattungsschutzes wurde häufig da- **30** von ausgegangen, die Ausstattung müsse eine *äußere Zutat zu der Ware* sein. Das RG vertrat die Auffassung, die Ausstattung einer Ware sei nach dem Begriffe des gewöhnlichen Lebens stets äußere Zutat zu der Ware oder Kennzeichen äußerer Art, durch die sich die Ware dem Auge des Kunden als die eines bestimmten Gewerbetreibenden präsentiere (RGZ 40, 65, 67 – Briefordner). Diese Rechtsansicht wurde ständige Rechtsprechung (RGZ 71, 384 – Nadelpolitur; 112, 352, 354 – Sternseide; 155, 108 – Kabelkennfäden; RG GRUR 1938, 854, 857 – Ariston/Optimus). Auch in seiner Grundsatzentscheidung zum Ausstattungsschutz verwendet der BGH den Gesichtspunkt der Zutat zur Ware als ein Kriterium der Ausstattungsfähigkeit (BGHZ 5, 1 – Hummelfiguren I). Die Folgerung, es müsse ein räumlicher Zusammenhang zwischen dem ausstattungsfähigen Zeichen und der Ware bestehen (so *Reimer*, Kap. 39, Rn 2, 9; *Tetzner*, § 25 WZG, Rn 17), war schon zum Ausstattungsschutz nach WZG zu weitreichend (*Reimer/Heydt,* Kap. 39, Rn 3; *Bezzenberger,* WRP 1956, 33). Die Entstehung des Ausstattungsschutzes hinderte nämlich nicht, wenn die ausstattungsfähige Bezeichnung oder sonstigen Merkmale (Zeichen) eine substantielle Einheit mit der Ware bildeten (BGH GRUR 1972, 546, 547 – Trainingsanzug). Nach WZG konnte eine Bezeichnung oder sonstiges Merkmal Ausstattung sein und nach MarkenG kann ein solches Zeichen als Marke durch Benutzung Verkehrsgeltung erwerben, das einen *Teil der Ware* oder ihrer Verpackung darstellt, namentlich wenn es die identifizierende Gestalt der Ware ausmacht. Die Fähigkeit, Unternehmensprodukte auf dem Markt zu identifizieren, kommt keinesfalls nur einer Zutat zu der Ware zu (RG GRUR 1941, 238 – Leukoplast/Hansaplast). Die *begriffliche* Trennung zwischen Unternehmensprodukt und Zeichen genügt für die Entstehung des Markenschutzes eines Zeichens mit Verkehrsgeltung als Marke. In diesem Sinne gilt auch der in der höchstrichterlichen Rechtsprechung entwickelte Rechtssatz zum Ausstattungsschutz weiter, die Ausstattung müsse etwas vom Wesen der Ware, so wie der Verkehr diese wahrnimmt, zwar nicht *körperlich,* so doch *begrifflich* Verschiedenes sein (BGHZ 5, 1, 6 – Hummel-Figuren I). So kommt etwa ein durch Benutzung erworbenes Markenrecht für *Nelkensorten* nicht in Betracht, auch wenn diese besondere Eigenarten aufweisen, da die Eigenschaften von dem Züchtungsergebnis als dem Unternehmensprodukt nicht zu trennen sind (BGH GRUR 1959, 240 – Nelkenstecklinge).

**c) Verschiedenheit von Zeichen und Ware.** Das benutzte Zeichen mit Verkehrsgel- **31** tung als Marke, das ein Unternehmensprodukt im Marktwettbewerb identifiziert, ist von dem Unternehmensprodukt, das es identifiziert, zu unterscheiden. Diese Auswirkung der Selbständigkeit der benutzten Marke als eines Kriteriums der Markenfähigkeit (s. § 3, Rn 211 ff.) entspricht für solche Zeichen, die ausschließlich aus einer Form bestehen, dem Ausschlußgrund der warenbedingten Form nach § 3 Abs. 2 Nr. 1. Als Unterscheidungszeichen muß die Marke in einer erkennbaren Beziehung zu der Ware oder Dienstleistung stehen, die sie als Unternehmensprodukte am Markt identifiziert. Der Erwerb von Verkehrsgeltung bezieht sich auf die Kennzeichnungswirkung innerhalb beteiligter Verkehrskreise.

**MarkenG § 4** 32–36

32  Das benutzte Zeichen mit Verkehrsgeltung als Marke wird in erster Linie an der Ware selbst angebracht sein, etwa in Form einer *Aufschrift* oder eines *Anhängers*. Das Zeichen kann mit der Ware eine stoffliche Einheit bilden, etwa eine *Seife in Kugelform* oder die *Färbung einer Flüssigkeit*. Bei Textilien kann das Zeichen eingewebt oder bei Eisenwaren eingegossen sein (zur Ausstattung RGZ 120, 94 – Huthaken; RG GRUR 1941, 238 – Leukoplast/Hansaplast; 1943, 213 – Handfeuerlöscher). Nur mit dem Wesen des Produkts selbst darf das benutzte Zeichen mit Verkehrsgeltung als Marke nicht identisch sein. Häufig wird das benutzte Zeichen sich auf der Verpackung oder Umhüllung des Produkts befinden, die mit dem Produkt eine wirtschaftliche Einheit bilden, sofern das Produkt nur in einer bestimmten Verpackung angeboten wird. So ist etwa bei einem Parfüm nicht das Parfüm als solches, sondern das Flakon mit dem benutzten Zeichen markiert. Das benutzte Zeichen kann eine besondere *Verpackungsform* als solche sein, etwa die *Traubenform einer Weinbrandflasche* oder die *braune Umhüllung aus Papier* bei der *Underberg*-Flasche.

33  Ausreichend ist es, wenn das benutzte Zeichen mit Verkehrsgeltung als Marke in einer für den Verkehr erkennbaren *gedanklichen Beziehung zu dem Produkt* steht. Eine räumliche Trennung zwischen der benutzten Marke und dem Produkt hindert nicht den Erwerb von Verkehrsgeltung. Im Recht der Ausstattung war wegen des unklaren Wortlauts des § 25 Abs. 1 WZG umstritten, ob als Ausstattung nur die Aufmachung einer Ware, ihrer Verpackung oder Umhüllung, oder auch die Aufmachungen von Ankündigungen, Preislisten, Geschäftsbriefen, Rechnungen und dergleichen geschützt sein können. So wurde etwa die Auffassung vertreten, unter einer Ausstattung sei nur die äußere Aufmachung der Ware selbst oder ihrer Verpackung zu verstehen (*Kraft*, GRUR 1957, 314, 316). Zwar konnte regelmäßig von einer Übereinstimmung zwischen der Aufmachung einer Werbeankündigung und der Aufmachung des Produkts selbst ausgegangen werden, so daß bei Vorliegen von Verkehrsgeltung an einem Ausstattungsschutz kein Zweifel bestehen konnte. Doch wurde überwiegend eine solche Kongruenz nicht für erforderlich gehalten, zumal das Versehen des Produkts mit der Ausstattung erschwert oder unüblich sein konnte, wie etwa bei Flüssigkeiten. In der Rechtsprechung wurde der Ausstattungsschutz an der *Aufmachung von Werbeanzeigen* anerkannt, auch wenn die Waren, für die geworben wurde, oder ihre Verpackung diese Aufmachung nicht trugen (RG GRUR 1937, 708 – Stoffzeichen „R"; RGZ 117, 318 – Kruschensalz; *Heydt*, GRUR 1938, 238). Das benutzte Zeichen kann Verkehrsgeltung als Ware erwerben, auch wenn es *räumlich* von dem Produkt getrennt ist und nur in einer *gedanklichen Beziehung zu dem Produkt* steht, etwa wenn es nur auf *Werbeankündigungen, Preislisten, Geschäftsbriefen, Rechnungen, Prospekten* oder dergleichen verwendet wird. Erforderlich ist allein, daß das benutzte Zeichen als Unterscheidungszeichen zur Identifikation von Unternehmensprodukten auf dem Markt Verkehrsgeltung innerhalb beteiligter Verkehrskreise erwirbt. Bei der besonderen Aufmachung von *Geschäftsgebäuden* oder *Geschäftsautos* wird das benutzte Zeichen grundsätzlich keine Verkehrsgeltung als Unterscheidungszeichen erwerben; das benutzte Zeichen kann aber ein Geschäftsabzeichen oder ein sonstiges Unterscheidungszeichen nach § 5 Abs. 2 S. 2 sein. Anders ist es aber, wenn auch das Produkt selbst mit der gleichen Aufmachung wie das Geschäftsgebäude oder das Geschäftsauto, etwa mit einer bestimmten Farbgebung, versehen ist (*Kraft*, GRUR 1957, 314, 316).

34  Eine erkennbare Verbindung des benutzten Zeichens mit dem Produkt ist auch bei der *farbigen Aufmachung* einer Zapfsäule an einer Tankstelle oder der farbigen Aufmachung einer typischen *Tankstellenanlage* insgesamt gegeben (RG GRUR 1933, 39 – gelb-rote Tankstelle; OLG Düsseldorf MuW 1930, 540 – blau-weißes Pumpengehäuse).

35  **d) Mehrere benutzte Zeichen eines Produkts.** Mehrere Bezeichnungen oder sonstige Merkmale (Zeichen) können hinsichtlich eines Produkts zugleich als benutzte Zeichen Verkehrsgeltung als Marke erwerben. So können die *Form eines Produkts* und zugleich ein besonderes *Werbemittel* benutzte Zeichen mit Verkehrsgeltung als Marke sein. Auch die *Form einer Verpackung* des Produkts kann benutztes Zeichen neben der *Marke* sein, mit der das Produkt gekennzeichnet ist. Benutzte Zeichen können hinsichtlich eines Produkts auch zu verschiedenen Zeiten Verkehrsgeltung erwerben (zur Ausstattung RG GRUR 1938, 523, 524 – PB-Spezial-Pistole).

36  **e) Keine Neuheit oder Eigenart des benutzten Zeichens.** Der Erwerb von Verkehrsgeltung als Marke verlangt keine Neuheit oder besondere Eigenart des benutzten Zei-

Entstehung des Markenschutzes 37, 38 § 4 MarkenG

chens (zur Ausstattung BGH GRUR 1957, 369, 371 – Rosa-Weiß-Packung; RG MuW 1925, 265 – Dekortafeln; RG GRUR 1921, 67 – Insel-Bücher; RG MuW 1917, 245 – Vivil). Die Entstehung des Markenschutzes durch Benutzung dient nicht dem Schutz einer originellen künstlerischen oder technischen Schöpfung, sondern der Kennzeichnungskraft, die eine Form oder eine Aufmachung als benutztes Zeichen und damit als Unterscheidungszeichen zur Identifikation von Unternehmensprodukten erlangt. Maßgebend ist insoweit allein die Auffassung des Verkehrs. Auch eine Bezeichnung oder ein sonstiges Merkmal, die von Haus aus ungeeignet sind, als Unterscheidungszeichen für Unternehmensprodukte zu dienen, vielmehr eher geeignet sind, beim Verkehr eine solche Vorstellung auszuschließen, können Verkehrsgeltung als Marke erlangen (zur Herkunftsfunktion im Ausstattungsrecht BGH GRUR 1962, 459, 460 – Lichtkuppeln; 1962, 409, 410 – Wandsteckdose). Gleiches gilt für Gattungsbezeichnungen, Beschaffenheitsangaben, Buchstaben, Zahlen, Farben und Abbildungen von Formgebungen (BGHZ 30, 357, 363 – Nährbier; BGH GRUR 1963, 423 – coffeinfrei; RG GRUR 1939, 627 – Eloxieren/Aloxieren). Es werden allerdings im Allgemeingebrauch stehende Bezeichnungen und sonstige Merkmale (Zeichen) nur selten Verkehrsgeltung als Unterscheidungszeichen erwerben. Der Verkehr wehrt sich gegen die Monopolisierung solcher allgemeingebräuchlicher Bezeichnungen oder sonstiger Merkmale. Daraus erklärt sich, daß vielfach Gestaltungen von einer bestimmten Eigenart Verkehrsgeltung als Marke erwerben werden, obwohl die Eigenartigkeit als solche keine Voraussetzung der Entstehung des Markenschutzes durch Benutzung ist. Es wird aber die größere Eigenartigkeit im allgemeinen die Entstehung der erforderlichen Kennzeichnungskraft als Unterscheidungszeichen fördern und beschleunigen (RGZ 77, 431). Wenn eine Bezeichnung oder ein sonstiges Merkmal innerhalb beteiligter Verkehrskreise Verkehrsgeltung als Unterscheidungszeichen erworben hat, dann hindert auch ein Freihaltebedürfnis der Mitbewerber nicht die Entstehung des Markenschutzes durch Benutzung.

### III. Rechtsnatur der durch Benutzung entstandenen Marke mit Verkehrsgeltung

#### 1. Subjektives Ausschließlichkeitsrecht

Die nach der Entstehung des Markenschutzes zu unterscheidenden drei Markenkategorien des § 4 haben die gleiche Rechtsnatur. Der Erwerb des Markenschutzes nach § 4 gewährt dem Inhaber der Marke ein ausschließliches Recht (§ 14 Abs. 1). Die Verletzung des subjektiven Rechts an der Marke begründet Unterlassungsansprüche und Schadensersatzansprüche des Markeninhabers (§ 14 Abs. 5, 6). Nicht anders als die eingetragene Marke ist die benutzte sowie die notorisch bekannte Marke Gegenstand des Vermögens des Markeninhabers (§§ 27 bis 31). Als Vermögensrechte an einem unkörperlichen Wirtschaftsgut handelt es sich bei den drei Markenkategorien um Immaterialgüterrechte. 37

#### 2. Rechtsentwicklung

Die Anerkennung eines der eingetragenen Marke gleichwertigen, markenrechtlichen Schutzes eines Zeichens, das durch Benutzung Verkehrsgeltung als Marke erworben hat, ist ein rechtssystematischer Fortschritt des MarkenG, der eine Rechtsentwicklung vom Wettbewerbsschutz zum Markenschutz im Ausstattungsrecht beschließt. Ursprünglich gewährte das Gesetz zum Schutz der Waarenbezeichnungen vom 12. Mai 1894 (RGBl. S. 441) in § 15 WZG einen Entschädigungsanspruch nur dann, wenn jemand zum Zwecke der Täuschung im Handel und Verkehr eine fremde Ausstattung benutzte. Daher wollte man in der Ausstattung zunächst nur einen tatsächlichen, geschützten Zustand sehen (RG MuW 1926/27, 287 – Pfarrer Kneipp). Man sprach von Besitzstand und von Ausstattungsbesitz (RGZ 47, 100; Degen, GRUR 1929, 143). Später erkannte das RG die Ausstattung wenigstens als geschütztes Rechtsgut an, dessen rein objektiv rechtswidrige Verletzung einen Unterlassungsanspruch und bei Verschulden einen Schadensersatzanspruch begründete (RG MuW 1927/28, 93 – Waldbaur; 1927/28, 337 – Kathreiners Malzkaffee). Das war ein Stehenbleiben auf halbem Wege und zwang zu künstlichen Konstruktionen (*Hagens*, MuW 38

1927/28, 561). Erst im Jahr 1933 wurden die Ausstattung und das Warenzeichen als gleichwertige Rechte bezeichnet (RGZ 141, 110, 119 – The White Spot). Seitdem erkannte die Rechtsprechung neben dem Warenzeichen als förmlichem Zeichenrecht ein Recht an der Ausstattung als sachliches Recht an (RGZ 162, 347 – Lavendelwasserflasche; RG GRUR 1944, 145 – Robuso/Robur; BGH GRUR 1964, 381, 384 – WKS-Möbel; BVerfGE 78, 58 – Esslinger Neckarhalde II). Wenn vereinzelt noch von Ausstattungsbesitz gesprochen wurde, dann wurde damit nur zum Ausdruck gebracht, daß Gegenstand des Rechts ebenso wie beim Besitz ein tatsächlicher Zustand ist, und zwar bei der Ausstattung die Verkehrsgeltung. Entsprechend der im WZG rechtlich geschützten Herkunftsfunktion mußten die beteiligten Verkehrskreise in der Ausstattung einen Hinweis auf die Herkunft der mit ihr versehenen Waren aus einem bestimmten Betrieb oder zumindest aus mehreren miteinander in Verbindung stehenden Betrieben erkennen (BGH GRUR 1961, 347, 352 – Almglokke).

39 Im MarkenG ist Gegenstand des durch Benutzung eines Zeichens entstandenen Markenschutzes gleichermaßen die erworbene Verkehrsgeltung als Marke. Nicht entscheidend ist, daß die beteiligten Verkehrskreise in dem benutzten Zeichen einen Herkunftshinweis erblicken. Ausreichend ist für den Erwerb von Verkehrsgeltung als Marke, daß die beteiligten Verkehrskreise das Zeichen als Unterscheidungszeichen zur Identifikation von Unternehmensprodukten auf dem Markt erkennen.

### 3. Schutzvoraussetzungen

40 Die Entstehung des Markenschutzes durch Benutzung eines Zeichens setzt nach § 4 Nr. 2 voraus, daß das benutzte Zeichen innerhalb beteiligter Verkehrskreise als Marke Verkehrsgeltung erworben hat und damit als Unterscheidungszeichen zur Identifizierung von bestimmten Unternehmensprodukten auf dem Markt gilt. Die erworbene Verkehrsgeltung als Grad der Kennzeichnungskraft des Zeichens ist notwendige Schutzvoraussetzung für den durch Benutzung entstehenden Markenschutz, auch wenn die Verkehrsgeltung nicht zur Markenfähigkeit des Zeichens gehört. Deshalb gibt es benutzte Zeichen, die als Marke wegen des Erwerbs von Verkehrsgeltung geschützt sind, wie benutzte Zeichen, denen kein Markenschutz zukommt, weil es ihnen an dem Erwerb von Verkehrsgeltung mangelt. Bei der Entstehung des Markenschutzes durch die Benutzung eines Zeichens tritt die *Verkehrsgeltung* an die Stelle der *Eintragung* des Zeichens in das Markenregister.

41 Während über die Zuerkennung des formellen Markenschutzes das DPMA im Eintragungsverfahren entscheidet und dabei die im Interesse der Mitbewerber und der Allgemeinheit bestehenden absoluten Schutzhindernisse zu beachten hat, scheint es für die Entstehung des Markenschutzes durch Benutzung eines Zeichens allein auf den Erwerb von Verkehrsgeltung anzukommen. So richtig es ist, Markenschutz durch Benutzung eines Zeichens, auch wenn dieses unterscheidungskräftig ist, nur bei erworbener Verkehrsgeltung anzuerkennen, so bedenklich wäre es, den Markenschutz allein vom Urteil der beteiligten Verkehrskreise abhängig zu machen, so daß es nur darauf ankäme, eine bestehende Verkehrsgeltung zu ermitteln. Von jeher hat man deshalb im Ausstattungsschutzrecht versucht, dem sachlichen Markenschutz objektive Grenzen zu setzen. Eine *Begrenzung des sachlichen Markenschutzes* ist vor allem aber auch deshalb vonnöten, um die Reichweite des Markenschutzes kraft Verkehrsgeltung im Verhältnis zu den gewerblichen Schutzrechten und dem Urheberrecht zu bestimmen. Auch eine Gestaltungsform, die in den Schutzbereich des Patent-, Muster- oder Urheberrechts fällt, kann innerhalb beteiligter Verkehrskreise als Unterscheidungszeichen zur Produktidentifizierung verstanden werden. Dann stellt sich die Frage, ob dieselbe Formgebung unter verschiedenen Aspekten rechtlich geschützt sein kann, etwa eine technisch funktionelle oder ästhetisch bestimmte Gestaltung sowohl Patent- und Gebrauchsmusterschutz oder Urheberrechtsschutz als auch bei Erwerb von Verkehrsgeltung Markenschutz durch Benutzung genießen kann.

42 Für eine Anerkennung *mehrfachen Rechtsschutzes* spricht, daß der Patent-, Muster- und Urheberrechtsschutz einerseits und der Markenschutz kraft Verkehrsgeltung andererseits verschiedene Normzwecke auf rechtlich unterschiedliche Weise verfolgen. Dagegen spricht aber die Gefahr, daß Gestaltungen auf dem Umweg über den Markenschutz kraft Verkehrsgeltung einen ewigen Monopolschutz erlangen können, der dem zeitlich begrenzten Schutz

des Patent-, Muster- und Urheberrechts widerspricht. Der international das Recht des gewerblichen und kommerziellen Eigentums beherrschende Grundsatz, daß Immaterialgüterrechte, die dem einzelnen für von ihm geschaffene immaterielle Güter gewährt werden, nach Ablauf einer gewissen Zeit der Allgemeinheit zugänglich sein müssen, um den geistigen und technischen Fortschritt durch Weiterentwicklung anderer zu fördern, darf durch Zuerkennung eines Markenschutzes durch Benutzung nicht beeinträchtigt werden. Aus diesem Grunde sind dem Wirkungsbereich der Verkehrsgeltung objektive Schranken zu setzen.

Die Crux liegt in einer sachgerechten Bestimmung der *Reichweite des sachlichen Markenschutzes*. Im Ausstattungsschutzrecht hat die Frage nach der Schutzfähigkeit der Ausstattung eine lange Tradition. Einigkeit bestand dahin, daß die Entscheidung über die Zuerkennung eines Ausstattungsschutzes nicht souverän von den beteiligten Verkehrskreisen getroffen werden könne. Schon immer wurden vielmehr für den Ausstattungsschutz objektive Grenzen anerkannt, die sich einmal aus dem Rechtsbegriff der Ausstattung, zum anderen aus dem Verhältnis des Ausstattungsschutzes zum Sonderrechtsschutz des Patent-, Muster- und Urheberrechts ergaben. Erst wenn die objektive Ausstattungsfähigkeit eines Gestaltungselements anerkannt war, hing der Ausstattungsschutz nunmehr allein vom Erwerb von Verkehrsgeltung ab. Schutzvoraussetzung des Ausstattungsschutzes für eine Ware oder deren Verpackung war somit zweierlei: Die *Ausstattungsfähigkeit der Aufmachung* und der *Erwerb von Verkehrsgeltung*.

Trotz der abweichenden Systematik des MarkenG hat sich der Sache nach an diesen *Schutzvoraussetzungen des sachlichen Markenschutzes* nichts wesentlich geändert. Die Entstehung des Markenschutzes nach § 4, sei es durch die Eintragung eines Zeichens (Nr. 1), sei es durch die Benutzung eines Zeichens (Nr. 2), verlangt als Schutzvoraussetzung die *Markenfähigkeit* des Zeichens nach § 3 (zu unterschiedlichen Rechtsbegriffen des Warenzeichens und der Ausstattung sowie der zeichenrechtlichen Schutzfähigkeit nach der Rechtslage im WZG s. *Baumbach/Hefermehl*, § 25 WZG Rn. 101 ff.). Markenfähig sind selbständige, einheitliche und graphisch darstellbare Zeichen (s. § 3, Rn 197 ff.). Diese Kriterien der Markenfähigkeit werden durch die Ausschlußgründe der warenbedingten, technisch bedingten und wertbedingten Form nach § 3 Abs. 2 für solche Zeichen, die ausschließlich aus einer Form bestehen, konkretisiert. Die in einer jahrzehntelangen Rechtsprechung entwickelten Rechtssätze zur Ausstattungsfähigkeit umschreiben im wesentlichen die Markenfähigkeit des benutzten Zeichens, das *als Marke Verkehrsgeltung* erworben hat. Von der höchstrichterlichen Rechtsprechung zur Ausstattungsfähigkeit einer Ausstattung nach § 25 Abs. 1 WZG ist deshalb auch bei der Entstehung des Markenschutzes durch Benutzung nach dem MarkenG auszugehen, um die Schutzvoraussetzungen der Markenfähigkeit des benutzten Zeichens festzustellen. Diese Rechtsprechung geht über die Reichweite der Ausschlußgründe des § 3 Abs. 2 hinaus, die nur für solche Zeichen, die ausschließlich aus einer Form bestehen, gelten.

## IV. Markenfähigkeit der Benutzungsmarke

### 1. Grundsätzliche Geltung der Rechtsprechung zum Ausstattungsschutz

**Schrifttum.** S. die Schrifttumangaben zu § 3 I III 3 (vor Rn 263).

Von der höchstrichterlichen Rechtsprechung zur Ausstattungsfähigkeit einer Ausstattung nach § 25 Abs. 1 WZG ist als Schutzvoraussetzung der Entstehung des Markenschutzes durch Benutzung zur Bestimmung der Markenfähigkeit eines benutzten Zeichens, das als Marke Verkehrsgeltung erworben hat, auszugehen. Die Rechtsprechung stellt für den sachlichen Markenschutz eine Konkretisierung der allgemeinen Kriterien der Markenfähigkeit sowie der Ausschlußgründe für ausschließlich aus einer Form bestehende Zeichen nach § 3 Abs. 2 dar.

**a) Rechtsprechung des RG.** Das RG suchte die Schutzfähigkeit einer Aufmachung aufgrund einer funktionellen Wertung zu bestimmen. In der Rechtsprechung wurden *technische* und *ästhetische Formelemente* verschieden behandelt. Die höchstrichterliche Rechtsprechung entspricht im wesentlichen den Ausschlußgründen der warenbedingten (Nr. 1) und technisch bedingten (Nr. 2) Form nach § 3 Abs. 2.

47   **aa) Technisch-funktionelle Produktgestalt.** Die *technisch-funktionelle* Gestaltung der Ware oder ihrer Verpackung wurde vom RG als nicht ausstattungsschutzfähig angesehen, selbst wenn sie nach Auffassung beteiligter Verkehrskreise gerade wegen der technischen Besonderheit auf die Herkunft der Ware aus einem bestimmten Betrieb hinwies (RGZ 54, 173, 174; 69, 31 – Sternrad; 71, 384 – Uhrenbalancewellen; RG GRUR 1940, 454 – Bestecke; 1943, 213 – Handfeuerlöscher; *Reimer,* Kap. 39, Rn 10; *Spengler,* MA 1953, 385; aA *Schumann,* GRUR 1931, 691; *Köhler,* GRUR 1950, 117, 120). Die Problemstellung ist dem Ausschlußgrund der technisch bedingten Form nach § 3 Abs. 2 Nr. 2 vergleichbar. Ob das technisch-funktionelle Moment der Ware selbst oder ihrer Verpackung anhaftete, wurde als gleichgültig angesehen (RGZ 54, 173, 175 – Sternkarten zum Aufwickeln von Seidenfäden). Der Ausschluß der technisch-funktionellen Produktgestalt vom sachlichen Markenschutz bezog sich nicht nur auf *technisch unbedingt notwendige,* sondern auch auf solche Gestaltungen, die sich nur als eine praktisch angemessene Verwertung des technischen Elements darstellten, etwa als ein geeignetes Mittel zur Förderung der praktischen Brauchbarkeit der Ware oder Verpackung dienten. Auch die dem Gebrauchszweck der Ware oder Verpackung nur *technisch förderlichen* Gestaltungen wurden überwiegend nicht als schutzfähig angesehen (RGZ 69, 31 – Sternrad; RG GRUR 1930, 967 – Zigarillos; 1940, 29 – Lavendelwasserflasche; 1941, 238 – Leukoplast/Hansaplast; ebenso *Reimer,* Kap. 39, Rn 10; anders *Reimer/Heydt,* Kap. 39, Rn 10; *Spengler,* MA 1953, 386). Nur der nach Ausschaltung der technisch notwendigen und zweckmäßigen Elemente noch verbleibende ästhetische Überschuß an besonderer Gestaltung konnte kraft Verkehrsgeltung Ausstattungsschutz genießen (RG GRUR 1943, 213 – Handfeuerlöscher; 1938, 348 – Sonnenschein).

48   Für die Entscheidung, ob eine Gestaltung durch den Gebrauchszweck bestimmt war, etwa eine technisch notwendige oder technisch angemessene, weil zweckmäßige oder erleichternde Gestaltung vorlag, galt ein *objektiver,* von der Auffassung beteiligter Verkehrskreise unabhängiger Maßstab (RGZ 100, 250, 254). Der Ausschluß technisch-funktioneller Gestaltungen vom Ausstattungsschutz wurde als ein Grundsatz des objektiven Rechts angesehen; die Auffassung beteiligter Verkehrskreise konnte sich demnach nur außerhalb des technischen Bereichs auswirken. Das *Sternrad*-Urteil (RGZ 69, 31, 32) bildet ein anschauliches Beispiel, zu dem das RG ausführte: Jede Flasche, wie immer sie geformt sei, diene dem in der Flasche verkörperten technischen Element; doch könne eine Flasche mit charakteristischer Ausbauchung dann Ausstattungsschutz genießen, wenn sie nicht durch Verwendung des technischen Elements bedingt sei. Als technisch bedingt und damit schutzunfähig wurden die Größe des Sternrads und die Zahl der Zähne angesehen, als schutzfähig die Art der Aufwicklung und die Größe der nicht mit Seide bedeckten Kreisfläche.

49   Weitere Fallgestaltungen sind: Als technisch-funktionell und daher nicht schutzfähig wurde *Papier zum Überkleben* der Außenflächen eines Verpackungskartons angesehen, für schutzfähig dagegen eine bestimmte Farbe oder besondere Art des Papiers, etwa eine Holzmaserung (RG GRUR 1938, 523 – PB-Spezial-Pistole). Die *bräunliche Farbe eines Wundpflasters,* mit der bezweckt wurde, den Schmutz nicht sichtbar werden zu lassen, wurde als technisch bedingt angesehen (RG MuW 1941, 132 – Leukoplast/Hansaplast). Begründet wurde der Ausschluß des Technisch-funktionellen vom sachlichen Markenschutz damit, es müsse sich bei der Ausstattung um eine äußere Zutat zur Ware (Rn 30) handeln, zudem widerspreche ein Schutz technisch-funktioneller Gestaltungen dem zeitlich beschränkten Patent- und Musterschutz.

50   **bb) Ästhetische Formgebung.** Im Gegensatz zur technisch-funktionellen Gestaltung wurde in der Rechtsprechung des RG die *ästhetische* Formgebung der Ware oder ihrer Verpackung als schutzfähig angesehen, und zwar auch dann, wenn sie als Kunstwerk oder Geschmacksmuster geschützt war (RGZ 112, 352 – Sternseide; RG GRUR 1938, 854 – Ariston/Optimus; 1943, 213 – Handfeuerlöscher; aM *Wirth,* GRUR 1926, 502). Zur Begründung wird im *Huthaken*-Urteil (RGZ 120, 94, 98) ausgeführt, es bestehe kein öffentliches Interesse, den Gegenstand eines Geschmacksmusters möglichst bald gemeinfrei zu machen, um dadurch die Herstellung gleicher Stücke für die Allgemeinheit zu ermöglichen.

**b) Rechtsprechung des BGH.** Die Rechtsprechung des BGH weicht in mehrfacher 51
Hinsicht von der des RG ab. Den Ausgangspunkt bildete das *Hummel-Figuren*-Urteil I
(BGHZ 5, 1), dessen Problematik dem Ausschlußgrund der warenbedingten Form des § 3
Abs. 2 Nr. 1 entspricht. Gegenstand der Entscheidung war die Schutzfähigkeit von Werken
der angewandten Kunst, nämlich der bekannten *Hummel-Figuren,* die von einem Mitbewerber nachgeahmt worden waren. Bei diesen Kinderplastiken ist die ästhetische Gestaltungsform nicht nur körperlich, sondern auch begrifflich die Ware selbst. Denkt man sich bei solchen kunstgewerblichen Erzeugnissen die den ästhetischen Eindruck vermittelnde, äußere
Gestaltung, gleichsam das Gesicht des Produkts, fort, so bleibt nur der Rohstoff Ton übrig.
Ein sachlicher Markenschutz war daher nicht anzuerkennen. Um ihre Unterscheidungsfunktion ausüben zu können, muß die Ausstattung etwas vom Wesen der Ware, so wie der
Verkehr diese wertet, zwar nicht körperlich, jedoch begrifflich Verschiedenes sein (BGHZ
5, 1, 6 – Hummel-Figuren I).

Der Grundsatz der Selbständigkeit der Marke von der Ware ist ein allgemeines Kriterium 52
der Markenfähigkeit eines Zeichens (s. § 3, Rn 211 ff.) und kommt für solche Zeichen, die
ausschließlich aus einer Form bestehen, im Ausschlußgrund der warenbedingten Form des
§ 3 Abs. 2 Nr. 1 zum Ausdruck. Gleiches gilt auch für ästhetisch geformte Gebrauchsgegenstände (BGHZ 29, 62, 64 – Rosenthal-Vase; BGH GRUR 1962, 144 – Buntstreifensatin I; 72, 546, 547 – Trainingsanzug; GRUR 1986, 252, 253 – Sportschuhe). Auch bei
technisch-funktionellen Elementen schließt die *technisch bedingte Form* den sachlichen Markenschutz aus (BGHZ 11, 129, 132 – Zählkassetten; BGH GRUR 1960, 232 – Feuerzeug-Ausstattung; 1962, 299, 301 – form-strip; 1962, 409 – Wandsteckdose; 1962, 459 – Lichtkuppeln; 1972, 122, 123 – Schablonen). Im *Zählkassetten*-Urteil wird ausgeführt: Alle diejenigen Elemente des äußeren Gesamtbildes, die das Wesen der Ware selbst ausmachten und
durch den mit ihr verfolgten Zweck technisch bedingt seien, gehörten zur Ware und nicht
zur Ausstattung. Sie könnten deshalb nicht Gegenstand des Ausstattungsschutzes sein. Dagegen gehörten alle diejenigen Elemente des äußeren Gesamtbildes, die nicht allein durch den
technischen Zweck bedingt seien, sondern willkürlich gewählt werden könnten, zur Aufmachung und seien daher bei nachgewiesener Verkehrsgeltung ausstattungsschutzfähig, auch
wenn sie daneben den Gebrauchszweck der Ware unterstützten und förderten (*Wilde*, MA
1954, 597, 600; *Droste*, MA 1954, 678, 682; *Wilde*, FS für Hefermehl, 1971, S. 223).

Die Grenze für die rechtliche Anerkennung der Verkehrsgeltung wird aus dem Grundsatz 53
der Selbständigkeit der Marke als einem allgemeinen Kriterium der Markenfähigkeit eines
Zeichens abgeleitet. Ob ein Sonderrechtsschutz nach Patent- oder Musterrecht bestanden
hat, besteht oder nicht besteht, wird für die Schutzfähigkeit einer Gestaltung als sachlichem
Markenrecht für unerheblich gehalten. Eine durch das Wesen der Ware, wie der Verkehr
sie versteht, bestimmte technische Gestaltung ist schon deshalb nicht dem sachlichen Markenschutz zugänglich, weil sie mit der Ware selbst identisch ist. Problematisch wird diese
Abgrenzung, wenn die Auffassung des Verkehrs über die Schutzfähigkeit einer Gestaltung
unrichtig ist, weil etwa ein technisch-funktionelles Element nicht dem Wesen der Ware zugeordnet wird. Dann ergibt sich die Frage einer Korrektur nach objektiven Gesichtspunkten
(zur Abgrenzung schutzfähiger von schutzunfähigen Gestaltungen s. auch *Vierheilig*, Verkehrsauffassung, S. 134).

**c) Stellungnahme zur Rechtsprechung.** Die jüngere Rechtsprechung beurteilt die 54
Schutzfähigkeit einer Formgebung danach, ob sie zum Wesen der Ware gehört oder nicht.
Folge ist, daß für die Beurteilung *technischer* und *ästhetischer* Tatbestände *gleiche Maßstäbe* gelten. Im Vergleich zur älteren Rechtsprechung wurde die Ausstattungsschutzfähigkeit ästhetischer Formgebungen eingeengt, der sachliche Markenschutz technisch-funktioneller Gestaltungen dagegen erweitert. Soweit ästhetische oder technische Gestaltungen nicht das
Wesen einer Ware ausmachen, wurden sie als Ausstattung geschützt, wenn sie die hierfür
erforderliche Verkehrsgeltung erlangt hatten. Die objektiven Schranken wurden allein dem
Rechtsbegriff der Ausstattung entnommen. Im übrigen wurde im Einklang mit der wettbewerblichen Natur der Ausstattung soweit wie möglich der Verkehrsauffassung Rechnung
getragen.

Die Abgrenzung der wesensbestimmenden von den willkürlich gewählten Merkmalen ei- 55
ner Ware erfordert eine wertungsjuristische Entscheidung (*Hefermehl*, GRUR 1957, 605;

zust. *Storkebaum/Kraft*, § 25, Rn 27). Der sachliche Markenschutz ist ein reiner Kennzeichenschutz. Er darf nicht dazu führen, Mitbewerber daran zu hindern, gleiche oder gleichartige Waren herzustellen und zu vertreiben. Hieraus erklärt sich die Notwendigkeit, Formgebungen, die durch die Art der Ware selbst bedingt oder zur Erreichung einer technischen Wirkung erforderlich sind oder der Ware einen wesentlichen Wert verleihen, generell vom sachlichen Markenschutz auszuschließen. Diesem Zweck diente die begriffliche Erfassung der Ausstattung in Rechtsprechung und Rechtswissenschaft. Es geht darum zu gewährleisten, eine Ware als solche nicht zu monopolisieren, gleichviel, ob sie technische oder nichttechnische Elemente aufweist.

## 2. Rechtslage im MarkenG

56 **a) Ausgangspunkt.** Die Markenfähigkeit eines Zeichens, das durch Benutzung im geschäftlichen Verkehr als Marke Verkehrsgeltung innerhalb beteiligter Verkehrskreise erworben hat, bestimmt sich im Grundsatz nicht anders als die Markenfähigkeit eines Zeichens, das durch die Eintragung als Marke in das Markenregister als ein Markenrecht entsteht. Die Entstehung des Markenschutzes durch Eintragung (§ 4 Nr. 1) sowie die Entstehung des Markenschutzes durch Benutzung (§ 4 Nr. 2) setzen ein als Marke schutzfähiges Zeichen nach § 3 voraus. Die Markenfähigkeit eines Zeichens nach § 3 ist von der Eintragungsfähigkeit eines als Marke schutzfähigen Zeichens nach § 8 zu unterscheiden.

57 Die allgemeinen Kriterien der Markenfähigkeit eines als Marke schutzfähigen Zeichens nach § 3 Abs. 1 sind die Selbständigkeit, Einheitlichkeit und graphische Darstellbarkeit der Marke (s. § 3, Rn 197 ff.). Auch die graphische Darstellbarkeit der Marke sollte als ein allgemeines Merkmal der Schutzfähigkeit eines Zeichens als Marke gelten, auch wenn die graphische Darstellbarkeit als ein absolutes Schutzhindernis nach § 8 Abs. 1 geregelt worden ist. Schranken der Markenfähigkeit sind die Ausschlußgründe der warenbedingten, technisch bedingten und wertbedingten Form nach § 3 Abs. 2. Diese Ausschlußgründe, die nur für solche Zeichen gelten, die ausschließlich aus einer Form bestehen, sind Konkretisierungen der Selbständigkeit der Marke von der Ware als einem allgemeinen Kriterium der Markenfähigkeit, das für alle Arten von Zeichen gilt. Die höchstrichterliche Rechtsprechung zum sachlichen Markenschutz, die eingehend die Kriterien der Ausstattungsfähigkeit entwickelte, stellt selbst nichts anderes dar, als eine Ausprägung des Grundsatzes der Selbständigkeit der Marke sowie der Ausschlußgründe für aus einer Form bestehende Zeichen. Insoweit kann vom Stand der Rechtsprechung zur Ausstattungsfähigkeit ausgegangen werden, der nach dem MarkenG für die Markenfähigkeit eines benutzten Zeichens mit Verkehrsgeltung als Marke gilt.

58 Von der Markenfähigkeit eines Zeichens nach § 3 ist die Eintragungsfähigkeit des als Marke schutzfähigen Zeichens nach § 8 zu unterscheiden. Die absoluten Schutzhindernisse des § 8 gelten grundsätzlich nur für den durch Eintragung entstehenden Markenschutz. Zu berücksichtigen ist aber, daß die absoluten Schutzhindernisse des § 8 Abs. 2 Nr. 1, 2 und 3 durch den Erwerb von Verkehrsdurchsetzung nach § 8 Abs. 3 überwunden werden können. Die Vorschrift ist aber auch für den durch Benutzung entstehenden Markenschutz rechtserheblich. Wenn schutzfähige Zeichen von der Eintragung als Marke ausgeschlossen sind, dann kann an solchen als Marke schutzfähigen Zeichen auch kein Markenschutz durch Benutzung entstehen, es sei denn, daß diese absoluten Schutzhindernisse durch den Erwerb von Verkehrsdurchsetzung überwunden werden können. Das bedeutet: Markenschutz durch Benutzung kann trotz Markenfähigkeit des Zeichens nach § 3 nicht entstehen, wenn für die Marke ein absolutes Schutzhindernis nach § 8 Nr. 4 bis 9 besteht. Anders kann an Marken, bei denen ein absolutes Schutzhindernis nach § 8 Abs. 2 Nr. 1 bis 3 besteht, das durch den Erwerb von Verkehrsdurchsetzung überwunden werden kann, Markenschutz durch Benutzung im Wege des Erwerbs von Verkehrsgeltung oder Verkehrsdurchsetzung (s. zur Abgrenzung Rn 103 f.) des Zeichens als Marke entstehen. Im Ergebnis gilt: Die für den Markenschutz durch Eintragung geltenden absoluten Schutzhindernisse nach § 8 Abs. 2 Nr. 4 bis 9, die nicht nach § 8 Abs. 3 durch den Erwerb von Verkehrsdurchsetzung überwunden werden können, gelten auch als absolute Schutzhindernisse für die Entstehung des Markenschutzes durch Benutzung (zu den Verkehrsgeltungshindernissen s. im einzelnen Rn 98 ff.). Schon im WZG hat man von den Eintragungshindernissen des § 4 WZG ent-

Entstehung des Markenschutzes

**§ 4 MarkenG**

sprechenden Ausstattungshindernissen gesprochen. Das Erfordernis der Markenfähigkeit eines Zeichens kann weder bei der Entstehung des Markenschutzes durch Eintragung im Wege des Erwerbs von Verkehrsdurchsetzung noch bei der Entstehung des Markenschutzes durch Benutzung im Wege des Erwerbs von Verkehrsgeltung überwunden werden.

**b) Selbständigkeit des Zeichens.** An einer Bezeichnung oder einem sonstigen Merkmal (Zeichen) kann Markenschutz durch Benutzung im Wege des Erwerbs von Verkehrsgeltung als Marke nur dann entstehen, wenn das Zeichen gegenüber der Ware selbständig ist. Vor allem sind Zeichen, die ausschließlich aus einer Form bestehen, nach § 3 Abs. 2 nicht markenfähig, wenn die Form durch die Art der Ware selbst bedingt ist (Nr. 1), zur Erreichung einer technischen Wirkung erforderlich ist (Nr. 2) oder der Ware einen wesentlichen Wert verleiht (Nr. 3). Bei Vorliegen dieser Ausschlußgründe fehlt es an der *Selbständigkeit der Marke* von der Ware und damit der Markenfähigkeit. 59

Nicht anders war im Grundsatz die Rechtslage zum WZG: Was zum *Wesen der Ware* gehörte, konnte keine Ausstattung sein. Das Erfordernis der Markenfähigkeit ist eine Folge der rechtserheblichen Markenfunktionen. Nur insoweit hat sich gegenüber der Rechtslage im WZG eine Änderung vollzogen, als die Kennzeichnungsfunktion der Ausstattung nach § 25 WZG allein auf die Herkunftsfunktion bezogen war. Die Ausstattung sollte Waren bestimmter Herkunft von gleichen oder gleichartigen Waren anderer Herkunft unterscheiden. Im MarkenG genügt die Benutzung der Marke als Unterscheidungszeichen zur Identifikation von Unternehmensprodukten auf dem Markt, ohne daß es auf die Verwirklichung der Herkunftsfunktion ankommt. Nicht anders als im WZG ergibt sich im MarkenG schon aus der rechtserheblichen Unterscheidungsfunktion der Marke der Grundsatz der Selbständigkeit der Marke von der Ware als ein allgemeines Kriterium der Markenfähigkeit. 60

Wie die eingetragene Marke kann auch das Zeichen, an dem Markenschutz durch Benutzung besteht, nicht mit der Ware identisch sein. Die Selbständigkeit der benutzten Marke von der Ware ist leichter festzustellen, wenn die identifizierende Aufmachung körperlich von der Ware getrennt ist, wie etwa bei einer originellen Verpackung des Produkts. Schwieriger liegt es, wenn es sich bei dem Merkmal um einen körperlichen Teil des Produkts selbst handelt. Bei jeder Formgebung eines Produkts ist es denkbar, daß der Verkehr in der Produktgestalt eine Identifikation des Produkts im Sinne einer Unterscheidung von Produkten anderer Unternehmen wahrnimmt. Allein die Möglichkeit einer solchen Vorstellung beteiligter Verkehrskreise kann der Selbständigkeit des Zeichens vom Produkt und damit der Markenfähigkeit noch nicht genügen. Ansonsten wäre es zu leicht, auf dem Umwege über den Erwerb eines sachlichen Markenschutzes in dem Sonderrechtsschutz widersprechendes Herstellungsmonopol an dem Produkt zu erhalten. Deshalb ist entscheidend, ob die Bezeichnung oder das sonstige Merkmal (Zeichen), auf das sich die Unterscheidungsfunktion gründet, zum Produkt selbst oder zu einer von dem Produkt jedenfalls *begrifflich* zu trennenden Kennzeichnung gehört. Entscheidend kommt es also darauf an, welche Gesichtspunkte für die Zuordnung eines Gestaltungselements zum Wesen der Ware erheblich sind. 61

Konsumgüter dienen der Befriedigung menschlicher Bedürfnisse. Merkmale, die in diesem *Funktionsbereich* liegen, werden grundsätzlich zum Wesen der Ware zu rechnen sein. Sie sind bei Zeichen, die ausschließlich aus einer Form bestehen, durch die Art der Ware selbst bedingt (§ 3 Abs. 2 Nr. 1). Die Abgrenzung erfolgt zwischen *Produktfunktion* und *Zeichenfunktion*. Bei den Produktfunktionen kann es sich um *technische, ästhetische* oder *sonstige Eigenschaften* handeln, die ein Wirtschaftsgut als Mittel der Bedarfsdeckung charakterisieren. Welche Bedürfnisse ein Produkt seiner Gattung nach befriedigt, ist im wesentlichen nach der *Verkehrsauffassung* und damit der durchschnittlichen Auffassung der Abnehmer des Produkts zu entscheiden. Vor allem bei den dreidimensionalen Zeichen des § 3 Abs. 2 kommt es für die Feststellung der warenbedingten, technisch bedingten und wertbedingten Form auf die *nach der Verkehrsauffassung bestehenden Produktfunktionen* an. Schon in der frühen Rechtsprechung des BGH zum Ausstattungsschutz heißt es zur Abgrenzung zwischen der Warenfunktion und der Unterscheidungsfunktion des Zeichens, die Ausstattung müsse etwas vom Wesen der Ware, so wie der Verkehr diese werte, zwar nicht körperlich, so doch begrifflich Verschiedenes sein (BGHZ 5, 1, 6 – Hummel-Figuren I). 62

Auch bei technischen Formgestaltungen kommt es zunächst auf die Verkehrsauffassung an. § 3 Abs. 2 Nr. 2 stellt für Zeichen, die ausschließlich aus einer Form bestehen, darauf ab, 63 ob die Form zur Erreichung einer technischen Wirkung erforderlich ist. Bei technisch bedingten Produktformen kommt es zunächst darauf an, ob der *Verkehr* sie als wesensbestimmende Eigenschaften des Produkts beurteilt. Wenn das der Fall ist, dann ist das technische Merkmal des Produkts als eine technisch bedingte Form nicht markenfähig und damit der Entstehung des Markenschutzes durch Benutzung nicht zugänglich. Wenn der Verkehr jedoch das technische Merkmal des Produkts nicht als wesensbestimmend für das Produkt ansieht, dann ist noch nach *objektiven* Gesichtspunkten zu prüfen, ob das technische Merkmal durch die Funktion des Produkts zur Erreichung einer technischen Wirkung erforderlich ist. Das ist jedenfalls dann nicht der Fall, wenn das technische Merkmal des Produkts willkürlich gewählt werden kann. Über die Frage der technisch bedingten Form kann nicht allein die Verkehrsauffassung maßgebend sein, da dem Verkehr regelmäßig die dafür erforderliche Fachkunde fehlt (BGHZ 11, 129 – Zählkassetten; BGH GRUR 1972, 122, 123 – Schablonen).

**64** Bei vielen Produkten verbinden sich technische mit ästhetischen Formelementen. Das Design der modernen Warenwelt dient nicht nur der technischen Funktion. Die Prüfung der Markenfähigkeit einer Bezeichnung oder eines sonstigen Merkmals macht erforderlich, die technischen und ästhetischen Funktionen, denen eine bestimmte Form des Produkts zugewiesen werden kann, im einzelnen zu benennen.

**65** Im Ergebnis gilt: Wenn auch das Erfordernis der Selbständigkeit der Marke von der Ware im Grundsatz für technische und ästhetische Merkmale gleichermaßen gilt, so ist doch die Markenfähigkeit technischer Gestaltungsmerkmale nicht allein nach der Verkehrsauffassung, sondern auch anhand objektiver Gesichtspunkte festzustellen. Kern der schwierigen Abgrenzungsfrage ist zugleich das Problem einer Konkurrenz zwischen sachlichem Markenschutz einerseits und Sonderrechtsschutz nach Patent-, Muster- und Urheberrecht andererseits. Die Markenfähigkeit eines benutzten Zeichens mit Verkehrsgeltung als Marke ist eine Vokabel, die dieses Kernproblem des Immaterialgüterrechtsschutzes benennt.

### 3. Technische Zeichen

**66** Nach § 3 Abs. 2 Nr. 2 sind dem Schutz als Marke solche Zeichen, die ausschließlich aus einer Form bestehen, nicht zugänglich, wenn die Form zur Erreichung einer technischen Wirkung erforderlich ist. Schon aus der Selbständigkeit der Marke von der Ware als einem allgemeinen Merkmal der Markenfähigkeit folgt, daß ein technisches Merkmal eines Produkts, das zur Produktfunktion gehört, nicht die Identifizierungsfunktion als Marke erfüllt und damit nicht markenfähig ist. Die zu technischen Gestaltungen von der Rechtsprechung entwickelten Rechtssätze zum Ausstattungsschutz als sachlichem Zeichenrecht gelten weiter.

**67** **a) Produktbedingte Merkmale.** Voraussetzung der Markenfähigkeit eines technischen Produktmerkmals ist, daß das Merkmal vom Verkehr nicht als zum Wesen der Ware gehörend angesehen wird. Die Feststellung der *Produktbedingtheit* erfolgt wertend nach der *Verkehrsauffassung*. Unabhängig davon und in einem zweiten Schritt zu prüfen ist, ob es sich objektiv um eine technisch bestimmte Gestaltung handelt (Rn 70 ff.). Es kommt deshalb zunächst nicht darauf an, ob die erstrebte technische Wirkung auch mit einem anderen Gestaltungselement (Formalternative) erreicht und so willkürlich gewählt werden kann (BGH GRUR 1962, 299, 300 – form-strip; 1972, 122, 123 – Schablonen).

**68** Entscheidend für die Feststellung, ob ein Gestaltungselement das Wesen der Ware bestimmt, ist der Zweck den es erfüllen soll. Ferner kommt es darauf an, ob dieser Zweck für die Wertschätzung des Produkts nach der durchschnittlichen Auffassung der Abnehmerkreise von maßgebender Bedeutung ist. Das wiederum hängt von den Zwecken ab, denen die Ware selbst ihrer Gattung nach zu dienen bestimmt ist (BGHZ 35, 341, 346 – Bundstreifensatin I; BGH GRUR 1962, 459, 460 – Lichtkuppeln; 1972, 122, 123 – Schablonen). Schon dann, wenn innerhalb beteiligter Verkehrskreise ein bestimmtes technisches Gestaltungselement als eine wesensbestimmende Eigenschaft des Produkts beurteilt wird, ist dieses technische Merkmal produktbedingt und nicht markenfähig. Es kommt nicht darauf an, ob die Verkehrsauffassung aus einer objektiven Sicht eines fachkundigen Betrachters als richtig oder unrichtig zu beurteilen ist. Denn es kommt nicht darauf an, ob dem technischen Merkmal tatsächlich die ihm vom Verkehr beigemessene technische Bedeutung zukommt oder nicht. Auch bei Bestehen einer irrtümlichen Verkehrsauffassung ist das technische Zeichen nicht als Marke schutzfähig. Wenn die beteiligten Verkehrskreise ein technisches Zeichen als einen produktbedingten Wesensbestandteil der Ware ansehen, dann ist Folge dieser Verkehrsauffassung, daß das technische Zeichen nicht als Unterscheidungszeichen zur Identifikation von Unternehmensprodukten auf dem Markt geeignet ist.

So wurde von der Rechtsprechung die *Orangefärbung von durchsichtigen Zeichen- und Schreibschablonen* als eine wesensbestimmende Eigenschaft angesehen, weil ein nicht unerheblicher Teil des Verkehrs die Einfärbung psychologisch als besonders angenehm empfinde und daher gerade diese Farbgebung als besonders zweckmäßig erachte (BGH GRUR 1972, 122, 123 – Schablonen mit Anm. *Heydt,* der verlangt, daß der weit überwiegende Teil der Verbraucher die Orangefärbung der Schablonen für besonders vorteilhaft halte). Wegen der Produktbedingtheit des technischen Zeichens nach der Verkehrsauffassung kam es nicht mehr darauf an, ob die Orangefärbung objektiv technisch bedingt und schon deshalb nicht schutzfähig war. **69**

**b) Technisch bedingte Merkmale.** Nach § 3 Abs. 2 Nr. 2 besteht für Zeichen, die ausschließlich aus einer Form bestehen, ein Ausschlußgrund, wenn die Form zur Erreichung einer technischen Wirkung erforderlich ist. In der Rechtsprechung wird die *technische Bedingtheit* eines Merkmals als ein *objektives* Schutzhindernis angesehen. Gestaltungselemente einer Ware, die durch den mit ihr verfolgten Zweck technisch bedingt und nicht willkürlich wählbar sind, sind nicht markenfähig (BGHZ 11, 129, 132 – Zählkassetten; BGH GRUR 1957, 603 – Taschenstreifen; 1960, 232, 233 – Feuerzeug-Ausstattung; 1962, 299, 301 – form-strip; 1962, 409 – Wandsteckdose; 1964, 621, 623 – Klemmbausteine; 1972, 122, 123 – Schablonen; 1976, 434, 435 – Merkmalklötze; 1981, 517, 519 – Rollhocker). Das ist ohnehin offenkundig, wenn diese Gestaltungselemente schon nach der Auffassung des Verkehrs das Wesen der Ware ausmachen und damit durch die Art der Ware selbst bedingt sind (§ 3 Abs. 2 Nr. 1). Wenn der Verkehr ein technisches Produktmerkmal aber nicht dem Wesen der Ware zurechnet, dieses jedoch wegen des mit ihm verfolgten technischen Zwecks technisch-funktionell bedingt und daher richtigerweise ein Wesensbestandteil der Ware ist, dann ist diese objektive Erkenntnis maßgebend und das technisch bedingte Produktmerkmal wegen der Zugehörigkeit zum Wesen der Ware nicht markenfähig. Wenn sich die Markenfähigkeit allein nach der Verkehrsauffassung bestimmte, dann könnte der sachliche Markenschutz ein Alleinherstellungsrecht an der Ware selbst begründen, eine Wirkung, die einem Kennzeichen nicht zukommen darf. Mit Recht heißt es daher im *Zählkassetten*-Urteil zum Ausstattungsschutz nach § 25 WZG, alle technischen Elemente des äußeren Gesamtbildes, die das Wesen der Ware ausmachten und durch den mit ihr verfolgten Zweck technisch bedingt seien, gehörten zur Ware und nicht zur Ausstattung und könnten mithin auch nicht Gegenstand des Ausstattungsschutzes sein (BGHZ 11, 129, 131 – Zählkassetten; die Kumulierung der Erfordernisse beruht offenbar nicht auf einem Versehen, aA *Storkebaum/Kraft,* Rn 26; *Vierheilig,* Verkehrsauffassung, S. 128). **70**

Die Entscheidung darüber, ob es sich um ein technisch-funktionell bestimmtes oder willkürlich wählbares Gestaltungselement der Ware oder ihrer Verpackung handelt, ist nach objektiven Gesichtspunkten zu prüfen (BGHZ 11, 129, 131 – Zählkassetten; BGH GRUR 1962, 299, 301 – form-strip). Bei der Prüfung der technischen Bedingtheit eines Merkmals kommt es nicht auf den Gebrauchszweck an, der mit der Ware selbst oder ihrer Verpackung verfolgt wird. Maßgebend ist vielmehr, ob die Gestaltung des einzelnen Merkmals durch die technische Funktion bedingt ist oder ebensogut eine andere Gestaltung hätte gewählt werden können, um die beabsichtigte technische Wirkung zu erreichen (Formalternative). Als technisch-funktionell bedingt sind solche Gestaltungselemente der Ware oder der Verpackung anzusehen, die erforderlich sind, damit die Ware überhaupt hergestellt werden und ihren Gebrauchs- oder Verwendungszweck erfüllen kann. Ohne weiteres objektiv vertauschbare Gestaltungselemente sind dagegen, sofern solche technischen Zeichen innerhalb beteiligter Verkehrskreise als Unterscheidungszeichen zur Identifikation von Unternehmensprodukten gelten, als Marke schutzfähig, und zwar auch dann, wenn sie zugleich den Gebrauchszweck der Ware unterstützen und fördern, also technischen Zwecken dienen. **71**

Der sachliche Markenschutz durch Benutzung reicht insoweit weiter als nach der früheren Rechtsprechung des RG, die auch den Gebrauchszweck der Ware lediglich unterstützende und fördernde Gestaltungen als nicht schutzfähig ansah. Nach dem zum Ausstat- **72** tungsschutz ergangenen *Zählkassetten*-Urteil gehören dagegen alle Elemente des äußeren Gesamtbildes, die nicht allein durch den technischen Zweck bedingt sind, sondern willkürlich gewählt werden können, zur Aufmachung und sind bei nachgewiesener Verkehrsgeltung schutzfähig, mögen sie daneben auch den Gebrauchszweck der Ware unterstützen und fördern (BGHZ 11, 129, 132 – Zählkassetten). Für die Schutzfähigkeit eines einem technischen Zweck dienenden Produktmerkmals, das vom Verkehr nicht als eine wesensbestimmende Eigenschaft der Ware angesehen wird, kommt es demnach darauf an, welche *Maßstäbe* bei der Wertung, ob ein Gestaltungselement durch den mit ihm verfolgten Zweck technisch bedingt ist oder willkürlich gewählt werden kann, anzulegen sind (Rn 75 ff.).

73   **c) Verhältnis zum Patent- und Gebrauchsmusterschutz.** Technisch bedingte Produktmerkmale sind nicht markenfähig und damit auch nicht dem sachlichen Markenschutz durch Benutzung zugänglich. Die Abgrenzung zum Sonderrechtsschutz des Patent- und Gebrauchsmusterrechts erfolgt nach den Normzwecken der Immaterialgüterrechte. Markenschutz durch Benutzung an technisch bedingten Produktmerkmalen würde ein dem Kennzeichenschutz fremdes Herstellungsmonopol an dem Produkt selbst oder seiner Verpackung begründen. Zwar würde sich der Markenschutz nur auf das bestimmte Produktmerkmal, sei es auch technisch bedingt, niemals aber auf die technische Lehre, die allein Gegenstand des Patent- oder Musterschutzes ist, beziehen. Ein solcher Markenschutz durch Benutzung würde sich aber mittelbar auf die technische Lehre auswirken, wenn es nur eine optimal brauchbare Ausführungsform gibt, die zur Erreichung der technischen Wirkung erforderlich ist. Der Technologie kommt das Primat vor dem Markenschutz zu.

74   Die Entscheidung über die Schutzfähigkeit eines technischen Zeichens als Marke und damit über die Zuerkennung von Markenschutz durch Benutzung hängt aber nicht unbedingt von der Frage ab, ob für das technische Produktmerkmal ein Sonderrechtsschutz nach Patent- oder Musterrecht besteht oder bestanden hat. Sonst müßte stets vorab geprüft werden, ob ein technisches Produktmerkmal patent- oder musterfähig ist. Die Sonderrechtsfähigkeit eines technischen Zeichens schließt aber die Markenfähigkeit nicht aus. Dem Umstand, ob ein technisches Produktmerkmal nach Patent- oder Musterrecht geschützt ist, kommt nur eine *indizielle* Bedeutung zu (BGH GRUR 1957, 603 – Taschenstreifen; 1962, 299, 301 – form-strip). Die Existenz eines technischen Sonderrechtsschutzes kann im konkreten Fall ein Indiz dafür sein, daß das betreffende Produktmerkmal durch die technische Lehre des Patents oder Gebrauchsmusters bedingt ist und deshalb zu den wesensbestimmenden Merkmalen der Ware oder der Verpackung gehört. In einem solchen Fall ist das technische Zeichen nicht als Marke schutzfähig und insoweit nicht einem Markenschutz durch Benutzung zugänglich. Wenn es sich dagegen um ein nicht technisch-funktionell bedingtes Produktmerkmal handelt, dann schließt auch das Bestehen von Patent- oder Musterschutz die Markenfähigkeit des technischen Zeichens und damit das Entstehen von Markenschutz durch Benutzung nicht aus (s. auch *Reimer/Heydt*, Kap. 39, Rn 11).

75   **d) Abgrenzung. aa) Zwingende Produktmerkmale.** Wenn sich ein Gestaltungselement einer Ware als das einzig brauchbare Mittel darstellt, um eine bestimmte technische Lehre zu verwirklichen, dann ist es ein wesensbestimmendes Merkmal der Ware und daher als technisches Zeichen objektiv ungeeignet, als Marke geschützt zu werden. Die Zuerkennung eines Markenschutzes durch Benutzung würde sonst ein Herstellungsmonopol an dem Produkt selbst oder seiner Verpackung begründen. Sollte eine durch die technische Funktion bedingte Gestaltung nach der Auffassung des Verkehrs zugleich auch als Unterscheidungszeichen Unternehmensprodukte am Markt identifizieren, so handelt es sich um eine bloße Nebenwirkung, die als solche nicht schutzfähig ist. Da technisch-funktionell bedingte Merkmale zum Wesen der Ware selbst gehören, ist es schon aus diesem Grunde ausgeschlossen, daß ein erloschener patent- oder musterrechtlicher Schutz durch Entstehen von sachlichem Markenschutz praktisch verlängert werden kann (RGZ 112, 352 – Sternseide).

76   **bb) Willkürliche Produktmerkmale.** Wenn es mehrere konstruktiv und wirtschaftlich gleichwertige Gestaltungen eines Produkts gibt, um eine bestimmte technische Lehre zu verwirklichen (Formalternativen), dann wird es sich gewöhnlich nicht um wesensbestimmende Gestaltungen der Ware handeln, so daß an ihnen ein Markenschutz durch Benutzung entstehen kann. Der Markeninhaber gewinnt kein Herstellungsmonopol an der Ware,

wenn den Mitbewerbern genügend gleichwertige Gestaltungsmöglichkeiten zur Verwirklichung der technischen Funktion verbleiben.

Nach den gleichen Grundsätzen ist die Schutzfähigkeit einer *Verpackungsform* als Marke zu beurteilen. Ein Beispiel bietet das viel erörterte *Zigarillo*-Urteil (RG GRUR 1930, 967 – Zigarillos; *Wilde*, FS für Hefermehl, 1971, S. 223): In den Packungen waren die Zigarillos mit Ausnahme des zweiten und vierten Stücks der obersten Lage eingewickelt. Das RG, das technisch-funktionellen Produktmerkmalen den Ausstattungsschutz generell verwehrte, lehnte folgerichtig die Schutzfähigkeit für das eigenartige Einwickeln einiger in der oberen Lage liegender Zigarillos ab, weil dadurch die Ware dem Käufer anschaulich gemacht werden sollte. Aber zur Erreichung dieses technisch-funktionellen Zwecks gibt es genügend andere gleichwertige Möglichkeiten, so daß die Schutzfähigkeit der Aufmachung der oberen Lage bei Verkehrsgeltung insoweit hätte bejaht werden müssen, als gerade das zweite und vierte Stück uneingewickelt blieben (*Dietze*, GRUR 1952, 317, 321); ein anderes Erscheinungsbild der Aufmachung war den Mitbewerbern auch zuzumuten (aA *Reimer/Heydt*, Kap. 39, Rn 10, weil die Klage nicht auf das spezielle Bild der Aufmachung gerichtet gewesen sei). Es wird aber die Schutzfähigkeit eines kennzeichnenden Gestaltungselements nicht dadurch ausgeschlossen, daß es auch eine technische Funktion für die Ware oder Verpackung erfüllt. Es muß nur willkürlich gewählt sein, so daß die Monopolisierung als Marke die wettbewerbliche Betätigung der Mitbewerber nicht unbillig beschränkt. Auch nach dem MarkenG ist ein technisches Zeichen eines Produkts als Marke schutzfähig und damit dem Markenschutz durch Benutzung zugänglich, wenn die Form nicht zur Erreichung einer technischen Wirkung erforderlich ist (§ 3 Abs. 2 Nr. 2), weil Formalternativen bestehen. Das *eigenartige Einwickeln der Zigarillos* ist keine technisch bedingte Form, die die Markenfähigkeit des kennzeichnenden Zeichens ausschließt.

Die *Form einer grünen Viereckflasche* hat den besonderen technischen Vorteil raumsparender Verpackungsmöglichkeit, ist aber deshalb noch nicht schutzunfähig, weil dieser Vorzug, wie die zahllosen in Verkehr befindlichen, runden Flaschen zeigen, kein solches Gewicht hat, daß er die Annahme ausschließt, es könne der Verpackungszweck nicht auch durch die Wahl einer anderen Flaschenform erreicht werden (BGH GRUR 1969, 541, 542 – Grüne Vierkantflasche); eine technisch bedingte Form liegt nicht vor.

Setzt sich eine Aufmachung aus *mehreren Gestaltungselementen* zusammen, die nicht sämtlich technisch-funktionell bedingt sind, so kann die Kombination wegen der Verbindung mit einem willkürlich gewählten Element markenfähig sein (BGHZ 11, 129, 133 – Zählkassetten; RG GRUR 1932, 311 – Stabilotherm). Wenn dagegen alle Gestaltungselemente technisch-funktionell bedingt sind, dann sind sie auch in ihrer Kombination nicht dem Markenschutz durch Benutzung zugänglich.

cc) **Wertungsmaßstäbe.** Die Feststellung, ob ein Gestaltungselement wegen seiner technischen Funktion zwingend geboten oder willkürlich wählbar ist, kann im Einzelfall schwierig sein. Für die Markenfähigkeit eines technischen Zeichens genügt es nicht, daß es noch andere Möglichkeiten einer zweckmäßigen technischen Ausführung gibt. Als Marke ist das technische Zeichen nur dann schutzfähig, wenn die anderen Gestaltungsmöglichkeiten *gleichwertig* sind und dem Mitbewerber ein Ausweichen auf ein anderes technisches Produktmerkmal *zumutbar* ist. Wenn gleichwertige und zumutbare Varianten eines technischen Zeichens bestehen (*Formalternativen*), dann ist die Gestaltungsform nicht zur Erreichung der technischen Wirkung nach § 3 Abs. 2 Nr. 2 erforderlich. Bei der Feststellung der Gleichwertigkeit kommt es nicht nur auf den Gebrauchs- oder Verwendungszweck an, den die Ware als ein zur Befriedigung bestimmter Bedürfnisse bestimmtes Gut erfüllen soll, sondern auch auf die Kosten der Herstellung. Eine wirtschaftlich unrationale oder eine erheblich kostspieligere Gestaltungsmöglichkeit ist keine gleichwertige. Als willkürlich gewählt ist eine Gestaltung nur anzusehen, wenn sie sowohl unter dem Gesichtspunkt des *Gebrauchszwecks* als auch unter dem der *Kosten* ohne einen ins Gewicht fallenden Nachteil anders gestaltet werden kann (BGH GRUR 1962, 459, 460 – Lichtkuppeln).

Markenschutzfähig ist ein Produktmerkmal nur, wenn zumindest eine gleichwertige andere Gestaltungsmöglichkeit zur Verwirklichung der technischen Funktion verbleibt. Eine besondere Problematik ergibt sich, wenn der Spielraum vorhandener Gestaltungsmöglichkeiten durch bereits bestehende, sachliche Markenrechte erschöpft ist. Es zeigt sich, daß der Begriff der Markenfähigkeit die Abgrenzungsschwierigkeiten noch nicht vollständig ausräumt. Das Markenrecht ist Teil des Wettbewerbsrechts. Einem Unternehmen muß die erforderliche Freiheit sachgerechter Ausführung einer nicht oder nicht mehr geschützten technischen Lehre bleiben. Nur soweit dieser Grundsatz gewahrt ist, ist einer technisch-funktionellen Gestaltung die Markenfähigkeit zuzuerkennen. Die Tatsache, daß eine bestimmte Formgebung in der Praxis beliebt ist und häufig verwendet wird, macht sie noch nicht schutzunfähig.

82  Weist eine Ware oder Verpackung neben ihrer technisch-funktionell bedingten Gestaltung und unabhängig von dieser zusätzliche Merkmale auf, die nicht ihr Wesen ausmachen, so können diese technischen Zeichen als Marke schutzfähig sein, wenn sie im Verkehr als Unterscheidungszeichen zur Identifikation von Unternehmensprodukten angesehen werden (zum Ausstattungsschutz s. RG GRUR 1935, 376 – Makkaronipackung; MuW 1932, 178, 179). Maßgebend ist insoweit allein der im Verkehr herrschende Zustand. Die Problematik entsteht erst, wenn ein bestimmtes Gestaltungselement sowohl technisch-funktioneller als auch kennzeichnender Art ist.

83  **e) Beispiele. aa) Markenunfähigkeit technischer Zeichen.** Verneint wurde die Markenfähigkeit wegen technisch-funktioneller Bedingtheit für die *kreisrunde Form des Schutzgehäuses von Radschutzantrieben* (BGH GRUR 1954, 337 – Radschutz); für *bunte Flügelstreifen an Sportschuhen*, die das Ausbeulen des Schuhs verhindern und das Schaftleder im Ballenbereich gegen Abscheuern schützen sollen (BGH GRUR 1962, 299 – form-strip); für *Klemmnocken auf der Oberseite von Spielbausteinen* für Kinder, nicht dagegen für die besondere Gestaltungsform der Nocken (BGH GRUR 1964, 621, 623 – Klemmbausteine); für *Merkmalklötze* zur Einführung in mathematisch-abstraktes Denken (BGH GRUR 1976, 434, 435 – Merkmalklötze).

84  **bb) Markenfähigkeit technischer Zeichen.** Bejaht wurde die Markenfähigkeit wegen willkürlich gewählter Gestaltungsform für die Anbringung von *Werbeetiketten auf der linken Innenseite von Arbeitsjacken* (BGH GRUR 1957, 603 – Taschenstreifen); für drei in bestimmter Weise angeordnete, bunte *Zierriemen an Fußballstiefeln* (BGH GRUR 1959, 423 – Fußballstiefel) und an *Sportschuhen* (GRUR 1986, 252, 253 – Sportschuhe; s. aber auch BGH GRUR 1972, 546 – Trainingsanzug; s. dazu Rn 88); für drei parallel in gleichen Abständen voneinander verlaufende Riemen beziehungsweise *Streifen auf Sportschuhen* (HansOLG Hamburg GRUR 1973, 368 – Drei-Streifen-Kennzeichnung); für die Form des *Zündaufsatzes eines Feuerzeugs* (BGH GRUR 1960, 232 – Feuerzeug-Ausstattung); für die Formgebung von *Lichtkuppeln,* die zur Außenabdeckung von Lichtöffnungen bei Baulichkeiten dienen (BGH GRUR 1962, 459 – Lichtkuppeln); für das äußere Erscheinungsbild einer *Wandsteckdose* (BGH GRUR 1962, 409 – Wandsteckdose); für die runde zylindrische *Form von Klemmnocken auf Klemmbausteinen* für Kinder, da unschwer vertauschbar durch andere Gestaltungsformen (eckige, ovale, kegelförmige), nicht dagegen für das Vorhandensein von Klemmnocken, das technisch-funktionell bedingt ist (BGH GRUR 1964, 621, 623 – Klemmbausteine).

### 4. Ästhetische Zeichen

85  **a) Produktbedingte Merkmale.** Wegen des Erfordernisses der Selbständigkeit der Marke von der Ware setzt die Markenfähigkeit eines ästhetischen Zeichens voraus, daß das Produktmerkmal vom Verkehr nicht als zum Wesen der Ware gehörend aufgefaßt wird. Dem entspricht der Ausschlußgrund des § 3 Abs. 2 Nr. 1, nach dem Zeichen, die ausschließlich aus einer Form bestehen, nicht als Marke schutzfähig sind, wenn die Form durch die Art der Ware selbst bedingt ist. Bei *Kunstwerken* bestimmen die ästhetischen Formelemente das Wesen der Ware und sind deshalb nicht als Marke schutzfähig. Gleiches gilt auch für *kunstgewerbliche Erzeugnisse.* Wenn die ästhetische Gestaltungsform bei einem Kunstwerk oder kunstgewerblichen Erzeugnis hinweggedacht wird, dann verändert sich das Werk als handelbare Ware selbst. Einem sachlichen Markenschutz waren deshalb die bekannten *Hummel-Figuren* nicht zugänglich, die ohne ihre künstlerischen Formelemente ihr Wesen als kunstgewerbliche Erzeugnisse eingebüßt hätten (BGHZ 5, 1 – Hummel-Figuren I; s. Rn 51).

86  Die ästhetischen Formelemente von *Gebrauchsgegenständen* sind nur dann markenfähig, wenn sie sich nach der allgemeinen Lebensauffassung von der Ware begrifflich trennen und

Entstehung des Markenschutzes

nicht die Ware in ihrem eigentlichen Wesensgehalt erst entstehen lassen. Verneint wurde sachlicher Markenschutz an einer *asymmetrischen Blumenvase* (zum Ausstattungsschutz BGHZ 29, 62, 64 – Rosenthal-Vase); bei der asymmetrischen Blumenvase verbleibt zwar nach Wegfall der besonderen ästhetischen Formgestaltung noch ein als Vase benutzbares Gefäß, doch erblickt der Verkehr gerade in der asymmetrischen Form der Vase ihren eigentlichen Wesensgehalt. Die Rechtslage ist bei anderen künstlerisch gestalteten Gebrauchsgegenständen wie Möbel, Geschirr, Bestecke, Kleider oder Schuhe vergleichbar. In Frage steht die grundsätzliche Problematik eines *Designschutzes* durch Markenrecht (s. Rn 97; § 3, Rn 233 f.).

Auch das *Dekor eines Gebrauchsgegenstandes* dient dem Verkehr nicht als Unterscheidungszeichen zur Identifikation von bestimmten Unternehmensprodukten auf dem Markt. So wird eine Vase, die mit einem bunten Dekor versehen ist, vom Verkehr als eine andere Ware gewertet als eine einfarbige Vase. Das Dekor dient nicht als Unterscheidungszeichen zur Identifikation dieses Unternehmensproduktes von denen anderer Unternehmen, sondern das ästhetische Zeichen individualisiert das Produkt als solches. Ebenso sind *farbige Streifenmuster*, die in Bettwäsche eingewebt sind, keine Wäschekennzeichen, da Buntsatin und weiße Bettwäsche nach der Auffassung des Verkehrs die gleichen Produkte sind (BGHZ 35, 341, 346 – Buntstreifensatin I; ÖOGH ÖBl 1961, 11 – Buntsatin-Irisette). Auch eine willkürlich gewählte Form ist nicht markenfähig, wenn das ästhetische Zeichen das Wesen des Produkts ausmacht oder den Wert des Produkts bestimmt. Nach § 3 Abs. 2 Nr. 3 besteht ein Ausschlußgrund für solche Zeichen, die ausschließlich aus einer Form bestehen, wenn die Form der Ware einen wesentlichen Wert verleiht.

87

Daß die willkürliche Wahl eines ästhetischen Produktmerkmals nicht die Markenfähigkeit des ästhetischen Zeichens zu begründen vermag, ist besonders von Bedeutung für solche Industrieprodukte, bei denen sich technisch bedingte und ästhetische Formelemente mischen. Der Umstand allein, daß ein ästhetisches Produktmerkmal im Verkehr Vorstellungen über die Identifikation der Unternehmensprodukte auslöst, begründet noch nicht die Markenfähigkeit. Entscheidend ist vielmehr, daß die ästhetische Form nicht das Wesen der Ware prägt, sondern das ästhetische Zeichen als Unterscheidungszeichen eine *kennzeichnende* Funktion erfüllt. Das ist nicht der Fall, wenn der Verkehr dem ästhetischen Eindruck ein so erhebliches Gewicht beimißt, daß er in ihm eine das Produkt als solches charakterisierende Eigenschaft und nicht ein dem Produkt nur beigegebenes *Kennzeichnungsmittel* erblickt, bei dessen Wegfall noch eine wesensgleiche Ware verbleibt. Den Ausstattungsschutz nach § 25 Abs. 1 WZG erheblich verkürzend, wurde ein Muster von *drei Streifen für Trainingsanzüge* als zunächst nicht ausstattungsfähig erachtet, weil es bei einer Ware, deren Wertschätzung wesentlich von modischen Momenten abhänge, dem Erzeugnis ein für sein Wesen entscheidendes Gepräge verleihe (BGH GRUR 1972, 546, 547 – Trainingsanzug mit kritischer Anm. *Heydt*; *Fischötter*, GRUR 1972, 702). Das Urteil war mit einer anderen Entscheidung des BGH, in der die Ausstattungsschutzfähigkeit von *Zierriemen auf Fußballstiefeln* anerkannt worden war (BGH GRUR 1959, 423 – Fußballstiefel), kaum zu vereinbaren. Denn sowohl Zierriemen von Fußballstiefeln als auch Zierstreifen an Trainingsanzügen stellen grundsätzlich keine wesenseigenen Eigenschaften dieser Produkte dar, von denen sie begrifflich unterscheidbar sind. Schon nach der Rechtslage im WZG kam es deshalb allein darauf an, ob die drei Streifen als ein Hinweis auf die betriebliche Herkunft aufgefaßt wurden, was von 45% der beteiligten Verkehrskreise bejaht wurde. Dem Freihalteinteresse der Mitbewerber war bei den Anforderungen an die Verkehrsgeltung Rechnung zu tragen. Im Jahre 1985 anerkannte der BGH im Anschluß an seine Entscheidung zur Ausstattungsschutzfähigkeit von Zierriemen auf Fußballstiefeln (BGH GRUR 1959, 423 – Fußballstiefel) den Ausstattungsschutz an einer *Drei-Streifen-Kennzeichnung bei Sportschuhen* (BGH GRUR 1986, 252 – Sportschuhe). Der BGH hält seine Rechtsprechung zum Ausstattungsschutz der *Drei-Streifen-Marke* an jeder Art von Sportschuhen mit seiner Entscheidung zur Ablehnung der Ausstattungsschutzfähigkeit von drei Kontraststreifen auf einfarbigen Bekleidungsstücken (BGH GRUR 1972, 546 – Trainingsanzug) für vereinbar. Es komme bei einer einem praktischen Gebrauchszweck dienenden Ware für die Frage, ob das den Geschmack ansprechende äußere Erscheinungsbild der Ware den Begriff der Ausstattung erfülle, darauf an, ob der Verkehr dem ästhetischen Eindruck ein so erhebliches Gewicht beimesse, daß er in ihm eine die Ware als solche charakterisierende Eigenschaft und nicht ein der Ware nur beigege-

88

benes Warenkennzeichnungsmittel erblicke, bei dessen Wegfall noch eine wesensgleiche Ware verbleibe. Die Ausstattungsschutzfähigkeit von drei Streifen sei bei verschiedenen Waren und namentlich nach etwa 15 Jahren zu verschiedenen Zeiten unterschiedlich zu beurteilen. Im übrigen bedeute der Ausstattungsschutz der Drei-Streifen-Marke keine zeichenrechtlich unzulässige Gewährung des Schutzes der abstrakten Idee, Sportschuhe in irgendeiner Form mit drei Zierstreifen zu versehen. Der Ausstattungsschutz beschränke sich vielmehr auf die konkret benutzte Form der Drei-Streifen-Marke und der damit verwechslungsfähigen Abwandlungen. Auch nach der Rechtslage im MarkenG handelt es sich in solchen Fallgestaltungen nicht um eine Form, die durch die Art der Ware selbst bedingt ist (§ 3 Abs. 2 Nr. 1).

89 **b) Verhältnis zum Kunst- und Musterschutz.** Ästhetische Formen, die das Wesen der Ware ausmachen, wurden schon nach der Rechtslage im WZG allein nach Urheber- oder Geschmacksmusterrecht geschützt (BGHZ 5, 1, 6 – Hummel-Figuren I). Nach § 3 Abs. 2 Nr. 1 sind solche Zeichen, die ausschließlich aus einer Form bestehen, nicht als Marke schutzfähig, wenn die Form durch die Art der Ware selbst bedingt ist. Dieser Ausschlußgrund gilt auch für ästhetische Zeichen. Dieser Mangel der Markenfähigkeit kann auch nicht durch den Erwerb von Verkehrsgeltung überwunden werden. Der Unterschied zwischen Kunsturheberrechtsschutz und Geschmacksmusterschutz besteht namentlich im Grad der künstlerischen Gestaltungshöhe (BGHZ 22, 209 – Europapost; 29, 62 – Rosenthal-Vase; *Ulmer*, Urheberrecht, S. 148).

90 Formelemente einer Ware, die nicht ihr Wesen oder ihren Wert bestimmen, können dagegen Kunst- oder Geschmacksmusterschutz wegen ihres künstlerischen Gehalts und zugleich sachlichen Markenschutz genießen, wenn das ästhetische Zeichen als Unterscheidungszeichen im Verkehr eine Identifizierungsfunktion erfüllt (zum Ausstattungsschutz BGHZ 5, 1, 6 – Hummel-Figuren I; RGZ 112, 352, 354 – Gütermann's Nähseide). Beide Schutzarten schließen sich nicht gegenseitig aus. Die Zuerkennung eines sachlichen Markenschutzes an ästhetischen Formen, die nicht zum Wesen der Ware gehören, ist im Gegensatz zu technisch-funktionell bedingten Formelementen deshalb tragbar, weil zur Verwirklichung einer künstlerischen Idee gewöhnlich zahlreiche Gestaltungsmöglichkeiten bestehen. Ein mehrfacher Rechtsschutz ist auch deshalb unbedenklich, weil der sachliche Markenschutz nur die Verwendung einer dem Urheber- oder Musterrecht unterliegenden Gestaltung als Marke ausschließt.

91 Markenfähig sind ästhetische Zeichen jedoch nur als konkrete Einzelmerkmale einer Ware oder ihrer Verpackung. Ein besonderer Stil oder eine ästhetische Kunstrichtung, die als solche dem Kunstschutz nicht fähig sind, sind auch nicht dem sachlichen Markenschutz zugänglich, insoweit sie sich nicht in konkrete Kennzeichnungsmerkmale aufgliedern lassen (BGHZ 5, 1, 6 – Hummel-Figuren I für die *Hummel-Linie*).

92 **c) Abgrenzung.** Ästhetische Formmerkmale eines Produkts, die nicht das Wesen oder den Wert des Produkts ausmachen, sind dem sachlichen Markenschutz durch Benutzung zugänglich. Ästhetische Zeichen, die ausschließlich aus einer Form bestehen, sind nach § 3 Abs. 2 markenfähig, wenn die Form nicht durch die Art der Ware selbst bedingt ist (Nr. 1) und der Ware nicht einen wesentlichen Wert verleiht (Nr. 3). Unerheblich ist, ob neben dem Markenschutz zugleich ein urheber- oder musterrechtlicher Formenschutz besteht oder bestanden hat. Die Normzwecke der Immaterialgüterrechte sind verschieden. Gegenstand des sachlichen Markenschutzes ist allein die Kennzeichnungsfunktion des ästhetischen Zeichens.

93 Für die Beurteilung, ob ein Formelement das Wesen der Ware oder ihren Wert bestimmt, kommt der Auffassung des Verkehrs eine maßgebende Bedeutung zu. Der Markenfähigkeit eines ästhetischen Formelements steht nicht schon entgegen, daß es körperlicher Bestandteil der Ware ist und mit ihr eine Stoffeinheit bildet. Wenn allerdings, wie häufig bei kunstgewerblichen Erzeugnissen, die Formgebung begrifflich nicht von der Ware zu trennen ist, dann ist ein Markenschutz durch Benutzung an der Produktform ausgeschlossen.

94 Etiketten, Verpackungen, Flaschen, Kisten und sonstige Umhüllungen, die mit dem Produkt keine stoffliche Einheit bilden, sind grundsätzlich markenfähig und dem sachlichen Markenschutz zugänglich. Dies gilt auch dann, wenn, wie etwa bei einer künstlerisch geformten Flasche, Kunsturheber- oder Musterrechtsschutz besteht. Der Markenschutz ist

auch nach Ablauf der Schutzfrist des Sonderrechtsschutzes nicht ausgeschlossen, bezieht sich allerdings allein auf die Benutzung des Produkts als Marke (*Kraft,* GRUR 1957, 314, 316). Im übrigen können die urheber- oder musterrechtlich nicht mehr geschützten Gegenstände von jedermann frei hergestellt und verwendet werden.

**d) Beispiele. aa) Markenunfähigkeit ästhetischer Zeichen.** Verneint wurde die 95 Markenfähigkeit einer zum Wesen der Ware gehörenden Produktgestaltung für *Zierfiguren* (BGHZ 5, 1, 6 – Hummel-Figuren I; BGH GRUR 1961, 581 – Hummel-Figuren II); für eine *asymmetrische Blumenvase* (BGHZ 29, 62 – Rosenthal-Vase); für *farbige Streifenmuster in Bettwäsche* (BGHZ 35, 341 – Buntstreifensatin I); für die *Bemusterung eines Kunststoffs* (Kunstleder) nach Art von Naturprodukten (Rindsledernarbung) (BGH GRUR 1967, 315 – skai-cubana); für ein *Drei-Streifen-Muster an Trainingsanzügen* (BGH GRUR 1972, 546 – Trainingsanzug).

**bb) Markenfähigkeit ästhetischer Zeichen.** Bejaht wurde die Markenfähigkeit einer 96 nicht zum Wesen der Ware gehörenden Produktgestaltung für *drei Zierriemen auf Fußballstiefeln,* die sich farblich von ihrem Untergrund abhoben (BGH GRUR 1959, 423 – Fußballstiefel); für drei parallel in gleichen Abständen voneinander verlaufende Riemen und *Streifen an Sportschuhen* (HansOLG Hamburg GRUR 1973, 367); für eine *Drei-Streifen-Kennzeichnung bei Sportschuhen* (BGH GRUR 1986, 252 – Sportschuhe); für *Werbeetiketten in Jakken* (BGH GRUR 1957, 603 – Taschenstreifen); für eine *Pralinenumhüllung* mit goldfarbenem Staniolpapier (OLG Karlsruhe GRUR 1989, 271 – Pralinenumhüllung).

## 5. Designschutz durch Markenrecht

Nach der *Rechtslage im WZG* stellte sich die Problematik eines markenrechtlichen Designschutzes im wesentlichen nur im Ausstattungsrecht, da plastische Zeichen nicht eintragungsfähig waren (s. § 3, Rn 263). Da nach der *Rechtslage im MarkenG* dreidimensionale Gestaltungen einschließlich der Form einer Ware oder ihrer Verpackung sowie sonstige Aufmachungen nach § 3 Abs. 1 als Marke schutzfähige Zeichen darstellen, stellt sich die Problematik des Designschutzes durch Markenrecht für alle nach der Entstehung des Markenschutzes zu unterscheidenden drei Kategorien von Marken nach § 4 Nr. 1 bis 3. Nach § 3 Abs. 2 bestehen für alle als Marke schutzfähigen Zeichen, die ausschließlich aus einer Form bestehen, die Ausschlußgründe der warenbedingten, technisch bedingten und wertbedingten Form. Eintragungsfähige Formmarken können Träger von Produktdesign sein. Die Schutzvoraussetzungen eines markenrechtlichen Designschutzes und dessen Abgrenzung vom Musterschutz gelten für die Benutzungsmarke vergleichbar der Registermarke (s. § 3, Rn 233 f.).

## 6. Verkehrsgeltungshindernisse

Die Entstehung des Markenschutzes nach § 4 hat die Markenfähigkeit nach § 3 zur Voraussetzung. Das gilt für alle drei nach der Entstehung des Markenschutzes zu unterscheidenden Kategorien von Marken des § 4. So entsteht auch Markenschutz durch die Benutzung eines Zeichens sowie den Erwerb von Verkehrsgeltung als Marke nur an solchen Zeichen, die nach § 3 als Marke schutzfähig sind. Markenschutz entsteht nur an selbständigen, einheitlichen und graphisch darstellbaren Zeichen (s. § 3, Rn 197 ff.); zudem sind Zeichen, die ausschließlich aus einer Form bestehen, nach § 3 Abs. 2 nicht schutzfähig, wenn die Form warenbedingt, technisch bedingt oder wertbedingt ist.

Von der Markenfähigkeit ist die Eintragungsfähigkeit nach § 8 zu unterscheiden. Das Be- 99 stehen eines absoluten Schutzhindernisses nach § 8 schließt die Eintragung auch von als Marke schutzfähigen Zeichen aus. Auch wenn die Vorschrift des § 8 nur für den Markenschutz durch Eintragung gilt, sind die absoluten Schutzhindernisse auch für den Markenschutz durch Benutzung von Bedeutung. Der Gesetzgeber hat diesen systematischen Zusammenhang zwischen den Markenkategorien verkannt und die schon im WZG bekannte, aber nicht geregelte Problematik keiner Regelung zugeführt (zu den sogenannten Ausstattungshindernissen s. *Baumbach/Hefermehl,* § 25 WZG, Rn 33).

**100** Im Hinblick auf den Markenschutz durch Benutzung ist zwischen den absoluten Schutzhindernissen des § 8 Abs. 2 Nr. 1 bis 3, die durch den Erwerb von Verkehrsdurchsetzung nach § 8 Abs. 3 überwunden werden können, und den absoluten Schutzhindernissen des § 8 Abs. 2 Nr. 4 bis 9, die nicht durch den Erwerb von Verkehrsdurchsetzung überwunden werden können, zu unterscheiden. Die durch den Erwerb von Verkehrsdurchsetzung überwindbaren absoluten Schutzhindernisse des § 8 Abs. 2 Nr. 1 bis 3 stellen für den Markenschutz durch Benutzung keine Verkehrsgeltungshindernisse dar. Da Markenschutz an einem benutzten Zeichen erst durch den Erwerb von Verkehrsgeltung entsteht, kommt die ursprüngliche Schwäche, die Marken im Sinne des § 8 Abs. 2 Nr. 1 bis 3 von Hause aus anhaftet, im Grundsatz nicht zum Tragen. Allerdings verlangt der Grundsatz der Einheitlichkeit des Markenschutzes der nach der Entstehung des Markenschutzes zu unterscheidenden drei Markenkategorien des § 4 eine *analoge Anwendung des § 8 Abs. 3* auf die Entstehung des Markenschutzes durch Benutzung nach § 4 Nr. 2 für solche benutzten Zeichen, die nach § 8 Abs. 2 Nr. 1 bis 3 grundsätzlich von der Eintragung als Marke in das Markenregister ausgeschlossen sind. Der Erwerb von *Verkehrsgeltung* im Sinne des § 4 Nr. 2 für Zeichen im Sinne des § 8 Abs. 2 Nr. 1 bis 3 ist analog § 8 Abs. 3 im Sinne von *Verkehrsdurchsetzung zu verstehen* (zur Abgrenzung s. Rn 103 f.).

**101** Anders verhält es sich mit den Zeichen im Sinne des § 8 Abs. 2 Nr. 4 bis 9, an denen Markenschutz durch Eintragung nicht entstehen kann. An solchen Marken kann auch kein Markenschutz durch Benutzung entstehen. Die Schwäche dieser Marken kann nicht durch den Erwerb von Verkehrsgeltung oder Verkehrsdurchsetzung überwunden werden. Gerade die vom Gesetzgeber angestrebte Gleichwertigkeit der drei Markenkategorien des § 4 verlangt, daß die absoluten Schutzhindernisse des § 8 Abs. 2 Nr. 4 bis 9 auch für den Markenschutz durch Benutzung gelten. An Marken im Sinne des § 8 Abs. 2 Nr. 4 bis 9 kann Verkehrsgeltung zur Entstehung des Markenschutzes durch Benutzung nicht erworben werden. Dogmatisch handelt es sich um eine *analoge Anwendung des § 8 Abs. 2 Nr. 4 bis 9* auf die Entstehung des Markenschutzes durch Benutzung nach § 4 Nr. 2. Die Analogie ist geboten, da das MarkenG insoweit eine Regelungslücke aufweist. Bei den absoluten Schutzhindernissen des § 8 handelt es ich bei dem Markenschutz durch Eintragung um Eintragungshindernisse, bei dem Markenschutz durch Benutzung handelt es sich bei den absoluten Schutzhindernissen des § 8 Abs. 2 Nr. 4 bis 9 um *Verkehrsgeltungshindernisse*.

**102** Auch im Ausstattungsschutzrecht des WZG war die Problematik der *Ausstattungshindernisse* ungeregelt. Doch schon das RG hat etwa anstößige oder irreführende Angaben und Darstellungen als dem Ausstattungsschutz nicht zugänglich angesehen (RGZ 117, 318, 321 – Kruschensalz; RGSt 34, 26, 31; *Spengler*, MA 1953, 385, 389). Auch öffentliche Belange konnten das Entstehen von Ausstattungsschutz hindern (HansOLG Hamburg, WRP 1955, 139). Zur dogmatischen Begründung wurde teils auf eine Analogie zu den unbedingten Versagungsgründen des § 4 WZG verwiesen, auf allgemeine Rechtsgrundsätze zurückgegriffen und vermerkt, daß regelmäßig in solchen Fällen auch ein Verstoß gegen die §§ 1, 3 UWG vorliegen werde.

## V. Verkehrsgeltung

### 1. Abgrenzung zwischen Verkehrsgeltung und Verkehrsdurchsetzung

**103** Markenschutz durch Benutzung entsteht nicht schon durch die Benutzung eines als Marke schutzfähigen Zeichens im geschäftlichen Verkehr, sondern erst dann, wenn das Zeichen innerhalb beteiligter Verkehrskreise als Marke Verkehrsgeltung erworben hat. Die Entstehung des Markenschutzes durch Benutzung setzt somit die *Markenfähigkeit* des benutzten Zeichens sowie den *Erwerb von Verkehrsgeltung* voraus. Der Begriff der Verkehrsgeltung ist aus der die Ausstattung regelnden Vorschrift des § 25 Abs. 1 WZG hervorgegangen. § 25 Abs. 1 WZG stellte darauf ab, ob die Ausstattung innerhalb beteiligter Verkehrskreise als Kennzeichen gleicher oder gleichartiger Waren eines anderen galt. Aus dieser Schutzvoraussetzung hat sich der Begriff der Verkehrsgeltung entwickelt. Somit hatte das Entstehen von Ausstattungsschutz die objektive Ausstattungsfähigkeit sowie den Erwerb von Verkehrsgeltung zur Voraussetzung. Zur Auslegung des Begriffs der Verkehrsgeltung im Sinne des

Entstehung des Markenschutzes 104–107 § 4 MarkenG

§ 4 Nr. 2 kann auf die zur Rechtslage nach dem WZG entwickelten Rechtssätze zurückgegriffen werden, soweit diese nicht von der im WZG allein rechtlich geschützten Herkunftsfunktion des Warenzeichens bestimmt sind.

Vom Begriff der Verkehrsgeltung ist der Begriff der *Verkehrsdurchsetzung* zu unterscheiden. § 8 Abs. 3 stellt auf die Verkehrsdurchsetzung ab, aufgrund derer die absoluten Schutzhindernisse des § 8 Abs. 2 Nr. 1 bis 3 überwunden werden können. Vergleichbar hatte § 4 Abs. 3 WZG auf die Verkehrsdurchsetzung abgestellt. Die Maßstäbe zur Bestimmung der Verkehrsdurchsetzung oder Verkehrsgeltung sind verschieden. An den Nachweis und die Höhe der Verkehrsdurchsetzung im Sinne des § 8 Abs. 3 werden je nach der Art des absoluten Schutzhindernisses mehr oder weniger strenge Anforderungen zu stellen sein. Schon deshalb können dieselben Grundsätze nicht ohne weiteres auch als Maßstab für die Verkehrsgeltung im Sinne des § 4 Nr. 2 dienen. So kann die Entstehung des Markenschutzes durch Benutzung bei einem unterscheidungskräftigen Zeichen schon bei einer relativ niedrigen Verkehrsgeltung gerechtfertigt sein. Ferner kann der Markenschutz durch Benutzung territorial auf den Erwerb regionaler oder lokaler Verkehrsgeltung beschränkt sein (Begründung zum MarkenG BT-Drucks. 12/6581 vom 14. Januar 1994, S. 65 f.). 104

## 2. Verkehrsgeltung als Marke

Markenschutz durch Benutzung entsteht, wenn das Zeichen als Marke Verkehrsgeltung erworben hat. Im Ausstattungsschutzrecht des WZG, in dem die Herkunftsfunktion des Warenzeichens die allein rechtlich geschützte Markenfunktion darstellte, war Gegenstand der Verkehrsgeltung des Zeichens als Herkunftshinweis. Die Ausstattung, die nach § 25 Abs. 1 WZG innerhalb beteiligter Verkehrskreise als Kennzeichen gleicher oder gleichartiger Waren eines anderen gelten mußte, mußte innerhalb beteiligter Verkehrskreise als ein Hinweis auf die Herkunft der Ware aus einem bestimmten Betrieb oder aus mehreren miteinander in Verbindung stehenden Betrieben verstanden werden. Der Verkehr mußte die Ausstattung als Kennzeichen für die betriebliche Herkunft einer bestimmten Ware ansehen. Nur so vermochte die Ausstattung die gekennzeichneten Waren von gleichen oder gleichartigen Waren anderer Herkunft zu unterscheiden. Wenn eine Form oder Aufmachung eine andere Funktion als die der Individualisierung einer Ware nach ihrer betrieblichen Herkunft erfüllte, dann kam ein Ausstattungsschutz nicht in Betracht. 105

Im MarkenG bezieht sich der Erwerb von Verkehrsgeltung auf die Benutzung der Marke als Unterscheidungszeichen zur Identifikation von Unternehmensprodukten im Marktwettbewerb. Nicht erforderlich ist, daß das Zeichen als Herkunftshinweis Verkehrsgeltung erwirbt; insoweit hat sich die Rechtslage gegenüber dem WZG geändert. Der *Erwerb von Verkehrsgeltung* kann sich sowohl auf die *Herkunftsidentität* als auch auf die *Produktidentität* der Waren oder Dienstleistungen beziehen. Gleichwohl kann die Rechtsprechung zum Ausstattungsschutz des WZG grundsätzlich auch für den Markenschutz durch Benutzung auch hinsichtlich der Verkehrsgeltung einer Marke weiter gelten, wenn nicht gerade die Rechtssätze zum sachlichen Markenschutz sich aus der alleinigen Geltung der Herkunftsfunktion ergeben; das wird nur selten der Fall sein, da die Herkunftsfunktion auch im MarkenG eine der rechtlich geschützten Funktionen darstellt, wenn auch nicht die ausschließlich rechtlich erhebliche (s. Einl Rn 30 ff.). 106

Nach dem MarkenG setzt der Erwerb von Verkehrsgeltung voraus, daß das als Marke schutzfähige Zeichen geeignet ist, Waren oder Dienstleistungen eines Unternehmens von denjenigen anderer Unternehmen zu unterscheiden. Als Unterscheidungszeichen erwirbt die Marke Verkehrsgeltung und verwirklicht damit die markenrechtlich erhebliche Identifizierungsfunktion. Zur Feststellung, ob Markenschutz durch Benutzung entsteht, ist es aus diesem Grunde unerläßlich, sorgfältig die jeweilige Funktion zu ermitteln, die einer konkreten Form oder Aufmachung zukommt. An einer Bezeichnung oder einem sonstigen Merkmal (Zeichen) kann sich innerhalb beteiligter Verkehrskreise eine Identifizierungsfunktion des Zeichens dann nicht ausbilden, wenn das Zeichen objektiv ungeeignet ist, als ein identifizierendes Unterscheidungszeichen für Unternehmensprodukte auf dem Markt zu dienen (so zur Herkunftsfunktion im Ausstattungsschutzrecht BGHZ 5, 1, 6 – Hummel-Figuren I; 11, 129, 131 – Zählkassetten; 29, 62, 64 – Rosenthal-Vase; 35, 341, 345 – Buntstreifensatin I). Grundvoraussetzung der Ausbildung der Identifizierungsfunktion sowie des 107

Erwerbs einer auf die Identifizierungsfunktion bezogenen Verkehrsgeltung ist die Markenfähigkeit des als Marke benutzten Zeichens (Rn 45 ff.). Wenn etwa ein Zeichen auf eine bestimmte Beschaffenheit oder Qualität des Produkts hinweist, dann dient das Zeichen nicht ohne weiteres als ein identifizierendes Unterscheidungszeichen (zu einem Zeichen als Herkunftshinweis im Ausstattungsschutzrecht BGHZ 42, 151, 155 – Rippenstreckmetall II). Gütezeichen, Qualitätszeichen, Prüfzeichen oder Kontrollzeichen sind keine Unterscheidungszeichen zur Produktidentifikation.

**108** Notwendig ist, daß der Bezeichnung oder dem sonstigen Merkmal die *kennzeichnende* Funktion als solche zukommt. Es ist nicht ausreichend, wenn der Verkehr allein aufgrund der Warenart oder der Marktlage das Produkt eines Unternehmens von denjenigen anderer Unternehmen unterscheidet; diese Vorstellung des Verkehrs begründet keine kennzeichnende Wirkung des Zeichens als Marke (zur Herkunftsfunktion im Ausstattungsschutzrecht BGHZ 30, 357, 371 – Nährbier; 42, 151, 155 – Rippenstreckmetall II; BGH GRUR 1964, 621, 623 – Klemmbausteine; HansOLG Hamburg GRUR 1973, 83, 84 – Kunststoffkästen; BPatG GRUR 1972, 654, 657 – Club-Pilsener). Die Entstehung des Markenschutzes durch Benutzung verlangt eine kennzeichnende Wirkung des als Marke schutzfähigen Zeichens. Es ist nicht erforderlich, daß von vornherein die Absicht bestand, die Bezeichnung oder das sonstige Merkmal als identifizierendes Unterscheidungszeichen zu verwenden. Ausreichend ist, wenn sich im Verkehr eine Identifizierungsfunktion des Zeichens ausbildet. So sind auch Werbe- und Marketingstrategien in der Lage, die Verkehrsauffassung hinsichtlich der Identifizierungsfunktion eines Zeichens zu prägen.

### 3. Verkehrsgeltung und wertvoller Besitzstand

**109** Der Erwerb von Verkehrsgeltung der als Unterscheidungszeichen benutzten Marke verlangt mehr als die Erlangung eines wertvollen Besitzstandes an dem Zeichen (*Ulmer*, ZHR 114 (1951), S. 43). Es muß ein höherer Grad der Verkehrsbekanntheit erreicht werden.

### 4. Verkehrsgeltung als tatsächlicher Zustand

**110** Ob Markenschutz durch Benutzung eines Zeichens entsteht, ist abhängig von dem tatsächlichen Zustand der Verkehrsgeltung. Das MarkenG gewährt ein ausschließliches Markenrecht an einem tatsächlichen Zustand ohne Registrierung des Zeichens. Ob die erworbene Verkehrsgeltung erhalten bleibt oder wieder erlischt, ist vom Willen des Markeninhabers unabhängig; es kommt allein auf den Fortbestand der Verkehrsgeltung als eines tatsächlichen Zustands an, die der eigentliche Gegenstand des Markenschutzes durch Benutzung ist. Im Gegensatz zum Markenschutz der Unternehmenskennzeichen wie Name, Firma oder besondere Unternehmensbezeichnung im Sinne des § 5 Abs. 2 S. 1, für die das Erstbenutzungsprinzip gilt und denen schon vom Zeitpunkt der Ingebrauchnahme an Kennzeichenschutz § 15 gewährt wird, genügt der Entstehung des Markenschutzes durch Benutzung nach § 4 Nr. 2 noch nicht die Ingebrauchnahme des Zeichens, sondern setzt eine zur normalen Verkehrsgeltung gewordene Bekanntheit des Zeichens als Marke innerhalb beteiligter Verkehrskreise voraus. Der Erwerb von Verkehrsgeltung ist auch für den Schutzbereich der eingetragenen Marke rechtlich erheblich; zudem kann neben dem Markenschutz durch Eintragung an dem als Marke schutzfähigen Zeichen Markenschutz durch Benutzung entstehen und so förmlicher und sachlicher Markenschutz nebeneinander bestehen.

**111** Der Erwerb von Verkehrsgeltung als Marke verlangt, daß die Marke im Verkehr so bekannt geworden ist, das sie allein und *unmittelbar* die Unternehmensprodukte identifiziert und so die Waren oder Dienstleistungen eines Unternehmens von denjenigen anderer Unternehmen unterscheidet. Die Rechtsprechung verneinte eine solche Kennzeichnungsfunktion für *Aufzugteile und Brücken von Uhrwerken,* wenn sich nur mittels eines Katalogs (Werksuchers) der Hersteller der Uhrenteile ermitteln ließ (zur Herkunftsfunktion im Ausstattungsschutzrecht BGHZ 21, 266 – Uhrrohrwerk). Wenn wegen fehlender Identifizierungsfunktion eines Zeichens Markenschutz durch Benutzung nicht entsteht, kann gleichwohl wettbewerbsrechtlicher Schutz wegen Behinderungswettbewerbs nach § 1 UWG bestehen (s. § 2, Rn 2 ff.).

## 5. Erwerb von Kennzeichnungskraft als Unterscheidungszeichen

**a) Maßgeblichkeit der Verkehrsauffassung.** Ob ein als Marke schutzfähiges, benutztes Zeichen die zum Erwerb von Verkehrsgeltung erforderliche Kennzeichnungskraft als ein identifizierendes Unterscheidungszeichen erlangt, entscheidet sich nach der *innerhalb beteiligter Verkehrskreise bestehenden Verkehrsauffassung* (BGHZ 11, 129, 133 – Zählkassetten; 35, 341, 343 – Buntstreifensatin I). Auch eine Bezeichnung oder ein sonstiges Merkmal (Zeichen), die zunächst objektiv nicht als markenfähig erscheinen, um eine Identifizierungsfunktion des Zeichens auszubilden, wie etwa eine bloße Verzierung des Produkts, können sich gleichwohl tatsächlich im Verkehr als Unterscheidungszeichen zur Identifikation von Unternehmensprodukten auf dem Markt durchsetzen (zur Herkunftsfunktion im Ausstattungsschutzrecht BGHZ 21, 182, 196 – Ihr Funkberater; BGH GRUR 1962, 459, 460 – Lichtkuppeln; 1962, 409, 410 – Wandsteckdose; 1969, 541, 542 – Grüne Vierkantflasche). So kann auch eine ganz alltägliche Aufmachung, die von Hause aus nicht kennzeichnet, innerhalb beteiligter Verkehrskreise als Marke Verkehrsgeltung erwerben. Denn auch das Alltägliche kann sich aufgrund einer Gewöhnung des Verkehrs zu einem Unterscheidungszeichen zur Identifikation von Unternehmensprodukten auf dem Markt entwickeln. Was etwa ein Wort als solches als ein benutztes Zeichen bedeutet, bleibt gleich, da es entscheidend darauf ankommt, welchen Sinn der Verkehr dem Wort als Kennzeichen beilegt (RG GRUR 1933, 241 – Ei-Ei/Ei). Auf die Absicht, eine Bezeichnung oder ein sonstiges Merkmal als Unterscheidungszeichen zu verwenden, kommt es nicht an (RGZ 100, 250, 254 – Gasmessergehäuse).

Da ausschließlich die Geltung im Verkehr entscheidet, braucht das benutzte Zeichen weder *eigenartig* noch *neu* zu sein (RGZ 77, 432). Die Neuheit des benutzten Zeichens ist allerdings in dem Sinne nötig, daß an dem benutzten Zeichen nicht schon Markenschutz durch Benutzung für einen anderen Hersteller bestehen darf (RGZ 106, 250, 253). Wird etwa eine Wandsteckdose in unterschiedlicher äußerer Form in den Verkehr gebracht und werden die Merkmale des Zeichens, für das Markenschutz durch Benutzung beansprucht wird, in der Werbung nicht als Kennzeichnungsmerkmale herausgestellt, so schließt dies gleichwohl nicht aus, daß eine dieser Formen im Verkehr als ein identifizierendes Unterscheidungszeichen angesehen wird (BGH GRUR 1962, 409, 410 – Wandsteckdose). Es ist auch belanglos, wie der Verkehr zu der Auffassung gelangt, ein benutztes Zeichen als ein identifizierendes Unterscheidungszeichen zu verstehen. Eine Verkehrsauffassung kann sich aufgrund von verschiedenen Umständen wie etwa der Form oder Güte eines Produkts sowie einer intensiven Werbung entwickeln.

**b) Feststellung der Verkehrsauffassung.** Wenn auch über die Entstehung von Markenschutz durch Benutzung allein die Verkehrsgeltung entscheidet, so gibt es doch eine Reihe von Umständen, die erfahrungsgemäß gegen die Entwicklung eines benutzten Zeichens zu einem Unterscheidungszeichen und damit gegen die Ausbildung einer Identifizierungsfunktion des Zeichens sprechen. Unter diesem Aspekt kann *rechtlich erheblich* sein, ob das benutzte Zeichen *eigenartig* oder *neu* ist. Die Aussicht, als ein identifizierendes Unterscheidungszeichen im Verkehr anerkannt zu werden, ist um so größer, je stärker sich die Bezeichnung oder das sonstige Merkmal des Produkts von dem auf dem Markt Üblichen abhebt; denn es ist gerade die Abweichung, die auffällt und deshalb eher geeignet ist, sich dem Verkehr einzuprägen. Es ist zwar nicht grundsätzlich ausgeschlossen, so doch aber eher unwahrscheinlich, daß etwa eine Aufmachung, die sich nicht von den bisher bei solchen Produkten üblichen Formgebungen unterscheidet, sich im Verkehr als ein Unterscheidungszeichen mit Identifizierungsfunktion durchsetzen wird.

Der Verkehr beurteilt, auch soweit es sich um fachkundige Verkehrskreise handelt, *technische Merkmale* eines Produkts, die seinen Gebrauchszweck fördern und unterstützen, im allgemeinen nicht als kennzeichnende Produktmerkmale (zur Herkunftsfunktion im Ausstattungsschutzrecht BGH GRUR 1960, 232 – Feuerzeug-Ausstattung; 1962, 459, 460 – Lichtkuppeln). Aus diesem Grunde werden gewöhnlich besondere Maßnahmen erforderlich sein, um solchen Merkmalen die für den Markenschutz notwendige Kennzeichnungskraft zu verschaffen. Indessen Bedarf es bei technischen Produktmerkmalen nicht stets einer besonderen Hinweiswerbung zum Erwerb von Verkehrsgeltung. Wenn aber innerhalb beteiligter Verkehrskreise bestimmte Produktmerkmale als wertsteigernde oder technische Eigenschaften herausgestellt werden, dann ist anzunehmen, daß sich ein Bedeutungswandel von einer solchen *Produktfunktion* zur *Kennzeichnungsfunktion* nur aufgrund besonderer Werbemaßnahmen innerhalb beteiligter Verkehrskreise vollzieht. Die Rechtsprechung verlangt deshalb in solchen Fällen den Nachweis einer Werbung, die geeignet ist, im Verkehr einen solchen Bedeutungswandel des benutzten Zeichens durchzusetzen (BGH GRUR 1962, 409, 410 – Wandsteckdose; 1962, 459, 460 – Lichtkuppeln). An warenbedingten, technisch bedingten und wertbedingten Formen kann allerdings Markenschutz durch Benutzung nicht entstehen, da solchen Zeichen nach § 3 Abs. 2 die Markenfähigkeit fehlt, die nicht durch den Erwerb von Verkehrsgeltung überwunden werden kann.

116 **c) Beweis der Kennzeichnungskraft.** Wer Markenschutz durch die Benutzung eines Zeichens im geschäftlichen Verkehr in Anspruch nimmt, ist für den Erwerb von Verkehrsgeltung beweispflichtig. Ein Beweisantritt, daß eine Bezeichnung oder ein sonstiges Merkmal (Zeichen) tatsächlich im Verkehr als identifizierendes Unterscheidungszeichen verstanden wird, darf nicht mit der Begründung abgelehnt werden, es handele sich um eine zur Erweckung von Kennzeichnungsfunktion objektiv ungeeignete Gestaltung (BGH GRUR 1962, 459, 460 – Lichtkuppeln) oder auch andere Unternehmen verwendeten die fragliche Aufmachung gleichfalls (BGHZ 35, 341, 343 – Buntstreifensatin I), wenn nur das benutzte Zeichen nach § 3 als Marke schutzfähig und damit markenfähig ist.

### 6. Zeichenrechtliche Konkretheit der Verkehrsgeltung

117 **a) Verkehrsgeltung des benutzten Zeichens und benutzter Gesamtzeichen.** Markenschutz durch Benutzung entsteht an einem konkret benutzten Zeichen und besteht damit grundsätzlich nur für eine bestimmte einzelne Aufmachung (BGH GRUR 1953, 40, 41 – Gold-Zack). Markenschutz durch Benutzung kann aber auch an einem Gesamtzeichen, das sich aus mehreren Bezeichnungen oder sonstigen Merkmalen wie etwa Wort-, Bild-, Form- und Farbelementen zusammensetzt, wenn diese nur gleichmäßig im Verkehr verwendet werden, entstehen, wenn aufgrund von *übereinstimmenden Merkmalen* die jeweiligen Aufmachungen als ein identifizierendes Unterscheidungszeichen im Verkehr verstanden werden (zum Ausstattungsschutz BGH GRUR 1982, 672, 674 – Aufmachung von Qualitätsseifen). Es hindert die Entstehung von Markenschutz durch Benutzung nicht, wenn die *Einbände einer Bücherreihe* in den Mustern und Farben geringfügig voneinander abweichen (RG MuW 1920, 33 – Inselverlag). Eine mehrmalige Abwandlung eines Bildzeichens hindert nicht den Erwerb oder den Fortbestand von Verkehrsgeltung für die Zeichenbestandteile, in denen die im übrigen wechselnden Darstellungen übereinstimmen (BGH GRUR 1957, 88 – Ihr Funkberater; 1959, 599 – Teekanne; 1969, 686, 687 – Roth-Händle). Auch bei Verwendung einer Farbkombination für die Aufmachung eines ganzen *Warensortiments* kann trotz abgewandelter Farbgebung in den jeweiligen Aufmachungen Markenschutz durch Benutzung an den gemeinsamen Merkmalen bestehen (BGH GRUR 1968, 371, 374 – Maggi II für die Variation der *gelb-roten Farbgebung* des *Maggi*-Sortiments). Erforderlich ist nur, daß das benutzte Zeichen in den übereinstimmenden Merkmalen der unterschiedlichen Aufmachungen den für die Identifizierungsfunktion gleichen und einheitlichen Charakter besitzt. Das wird etwa bei bloßen Größenvariationen häufig zutreffen, wenn nicht das benutzte Zeichen aufgrund der verschiedenen Benutzungsformen seinen einheitlichen Charakter verliert, wie es etwa bei zunehmender Größe eines roten Punkts je nach dem Zusammenhang als Fläche oder Hintergrund der Fall sein kann (BGH GRUR 1982, 51, 52 – Rote-Punkt-Garantie).

118 **b) Verkehrsgeltung an Zeichenbestandteilen.** Wenn ein Zeichen aus mehreren Wort-, Bild-, Form- oder Farbelementen zusammengesetzt ist, dann kann selbständiger Markenschutz an *einzelnen Zeichenbestandteilen* aufgrund des Erwerbs von Verkehrsgeltung entstehen (RG MuW 1938, 252; BGH GRUR 1956, 179, 180 – Ettaler Klosterliqueur; 1966, 30, 32 – Konservenzeichen). Ob Verkehrsgeltung an dem Gesamtzeichen oder an Zeichenbestandteilen entsteht, bestimmt sich nach der Verkehrsauffassung innerhalb der beteiligten Verkehrskreise. Der Erwerb von Verkehrsgeltung als Marke setzt grundsätzlich voraus, daß das Unterscheidungszeichen im Verkehr zur Identifizierung von Unternehmensprodukten auf dem Markt verstanden wird. Bei dem Erwerb von Verkehrsgeltung an

Zeichenbestandteilen soll nach der Rechtsprechung ausreichend sein, wenn der Zeichenbestandteil im Rahmen einer Verkehrsgeltung besitzenden Gesamtaufmachung im Vergleich zu den übrigen Zeichenbestandteilen seiner Art nach die Eignung aufweist, sich im Verkehr als *schlagwortartiger Hinweis* auf die Herkunft des Produkts durchzusetzen (s. zum Ausstattungsschutz BGH GRUR 1958, 604, 605 – Wella-Perla). Der selbständige Markenschutz eines Zeichenbestandteils, dem als solchem keine eigene Verkehrsgeltung zukommt, beruht auf dem firmenrechtlichen Gedanken, daß sich der Verkehr zur kurzen und prägnanten Kennzeichnung häufig eines unterscheidungskräftigen Zeichenbestandteils einer zusammengesetzten Marke bedient (s. dazu *Baumbach/Hefermehl*, § 25 WZG, Rn 86).

### 7. Produktbezug der Verkehrsgeltung

Die Verkehrsgeltung wird produktbezogen erworben. Die Verkehrsgeltung bezieht sich auf ein als Marke schutzfähiges Zeichen, unter dem eine konkrete Ware angeboten oder Dienstleistung erbracht wird (s. zum Ausstattungsschutz RG GRUR 1937, 708, 711). So wie eine Marke für bestimmte Waren oder Dienstleistungen in das Register eingetragen wird, so entsteht die Verkehrsgeltung für konkrete Produkte (BHG GRUR 1962, 195, 196 – Palettenbildzeichen). Der Schutzumfang der Marke mit Verkehrsgeltung besteht nicht nur für den Identitätsbereich der Produkte (§ 14 Abs. 2 Nr. 1), sondern besteht auch innerhalb des Verwechslungsschutzes der Marke für den Produktähnlichkeitsbereich (§ 14 Abs. 2 Nr. 2) und bei bekannten Marken mit Verkehrsgeltung auch außerhalb des Produktähnlichkeitsbereichs (§ 14 Abs. 2 Nr. 3).

### 8. Anforderungen an die Verkehrsgeltung

**a) Innerhalb beteiligter Verkehrskreise.** Die zur Entstehung des Markenschutzes durch die Benutzung eines Zeichens im geschäftlichen Verkehr erforderliche Verkehrsgeltung muß innerhalb beteiligter Verkehrskreise erworben werden. Die eigenartige Wortwahl der Vorschrift *innerhalb beteiligter Verkehrskreise* statt *innerhalb der beteiligten Verkehrskreise* wurde schon im WZG absichtlich gewählt und im MarkenG beibehalten. Die Fassung des Gesetzestextes bedeutet, daß es zur Entstehung des sachlichen Markenrechts nicht auf die beteiligten Verkehrskreise in ihrer Gesamtheit und damit auf eine übereinstimmende Verkehrsauffassung oder zumindest auf eine nahezu einhellige Vorstellung des Verkehrs über die benutzte Marke als ein identifizierendes Unterscheidungszeichen ankommt.

**b) Grad der Verkehrsgeltung.** Der Erwerb von Verkehrsgeltung verlangt, daß innerhalb beteiligter Verkehrskreise zu einem gewissen Grad das benutzte Zeichen als ein identifizierendes Unterscheidungszeichen gilt. Weder ist erforderlich, daß die Gesamtheit der beteiligten Verkehrskreise, noch ist ausreichend, daß nur ein geringer Teil der beteiligten Verkehrskreise das benutzte Zeichen als Unterscheidungszeichen verstehen. Der Begriff der *Verkehrsgeltung* im Sinne des § 4 Nr. 2 stimmt nicht mit dem Begriff der *Verkehrsdurchsetzung* im Sinne des § 8 Abs. 3 überein (Rn 417). Verkehrsgeltung kann bei einem geringeren Durchsetzungsgrad vorliegen als Verkehrsdurchsetzung. Entscheidend ist, daß Verkehrsgeltung innerhalb eines auf die Identifizierungsfunktion des benutzten Zeichens relevanten Teils der beteiligten Verkehrskreise erworben wird.

In der Rechtsprechung wird teils die Formel von einem *beachtlichen* Teil der Verkehrskreise (RG MuW 1931, 91) oder von einem *nicht ganz unerheblichen* Teil der Verkehrskreise (RGZ 167, 171, 176 – Alpenmilch; RG MuW 1934, 271, 273 – Antimott; BGH GRUR 1960, 130, 133 – Sunpearl II; 1969, 681, 682 – Kochendwassergerät) verwendet. Die Formel von der Beachtlichkeit der Verkehrskreise ist wegen ihrer Ungenauigkeit nicht brauchbar. Einen nicht ganz unerheblichen Teil der Verkehrskreise, der schon bei einer kleinen Anzahl von Menschen gegeben ist, genügen zu lassen, stellt zu geringe Anforderungen, da schon das Abstellen auf einige zufällige Zeugen ausreichen würde. Auch die bloße Beliebtheit eines Produkts begründet allein noch keine Verkehrsgeltung (RG GRUR 1940, 454 – Bestecke). In einer anderen Entscheidung wird auf die Vorstellung *gewisser* Kreise hinsichtlich der Kennzeichnungsfunktion der Bezeichnung oder des sonstigen Merkmals abgestellt (RG GRUR 1939, 545, 547 – Standard).

Der Grad an Verkehrsgeltung innerhalb beteiligter Verkehrskreise ist in *Relation zur Identifizierungsfunktion* des benutzten Zeichens als Unterscheidungszeichen für Unternehmensprodukte auf dem Markt zu bestimmen. Der relevante Teil der Verkehrskreise ergibt sich aus der gemeinsamen Vorstellung über das benutzte Zeichen als ein identifizierendes Unterscheidungszeichen. Der Grad der Verkehrsgeltung eines benutzten Zeichens läßt sich nicht abstrakt bestimmen, sondern nur relativ in bezug auf die *Art des Kennzeichens* unter Einbeziehung der konkreten Umstände des Einzelfalls. Bei einem benutzten Zeichen mit schwacher Kennzeichnungskraft werden an den Nachweis der Verkehrsgeltung strengere Anforderungen zu stellen sein, als bei einem benutzten Zeichen mit starker Kennzeichnungskraft. Gleichwohl ist jedoch für den Grad der erforderlichen Verkehrsgeltung eine ursprünglich geringe Kennzeichnungskraft des benutzten Zeichens ohne Belang (BGH GRUR 1969, 541, 542 – Grüne Vierkantflasche). Wegen des Freihalteinteresses der Mitbewerber werden besondere Anforderungen bei alltäglichen Bezeichnungen oder sonstigen Merkmalen (Zeichen) zu verlangen sein, wie etwa bei glatten Beschaffenheits- oder Bestimmungsangaben (BGHZ 30, 357, 372 – Nährbier; 45, 131 – Shortening), bei einfachen Zahlen- oder Buchstabenkombinationen (BGHZ 19, 367, 374 – W-5; BGH GRUR 1978, 591 – KABE; BGHZ 74, 1 – RBB/RBT), sowie bei gängigen Farbkombinationen (BGH GRUR 1962, 299, 302 – form-strip; 1968, 371, 374 – Maggi II; 1969, 345, 347 – red white; 1969, 541, 542 – Grüne Vierkantflasche, wonach jedoch Farben den höheren Anforderungen an den Umfang der Verkehrsgeltung nicht unterliegen sollen; kritisch *Schulze zur Wiesche*, GRUR 1969, 544; HansOLG Hamburg GRUR 1972, 185, 187 – Roter Punkt). In der zu einem wettbewerbsrechtlichen Sachverhalt ergangenen Entscheidung *grau/magenta* legt der BGH an den zum Erwerb von Verkehrsdurchsetzung erforderlichen Bekanntheitsgrad der Farbkombination *grau/magenta*, der von Haus aus keine betriebliche Herkunftshinweisfunktion zukomme, einen strengen Maßstab an und verlangt in der Regel einen Bekanntheitsgrad jenseits der 50%-Grenze (BGH GRUR 1997, 754, 755 – grau/magenta; s. schon BGH GRUR 1992, 48, 50 – frei öl). Schon weil sich nach dem Freihalteinteresse der Mitbewerber bestimmt, welche Anforderungen an die Breite und Stärke einer Verkehrsgeltung zu stellen sind, die einen Markenschutz durch Benutzung rechtfertigen, ist die Festlegung bestimmter Prozentsätze nicht möglich.

**124**  c) **Art der Verkehrskreise. aa) Abnehmer.** Die beteiligten Verkehrskreise sind nicht die Mitbewerber, sondern die *Abnehmer* wie Händler und Verbraucher, möglicherweise auch Hersteller (RGZ 155, 108, 126 – Kabelkennfäden; *v. d. Osten*, Verkehrsgeltung, S. 14). Zum relevanten Personenkreis der Verkehrskreise gehören alle, für deren Produktentscheidung die Identifizierungsfunktion des benutzten Zeichens von Bedeutung ist (zum Herkunftshinweis im Ausstattungsschutzrecht BGH GRUR 1969, 681, 682 – Kochendwassergerät). So sind etwa bei *Malzkaffee* die Verbraucher der relevante Personenkreis der beteiligten Verkehrskreise (RGZ 106, 250, 255) oder bei einer *Anweisung zum Öffnen von Aufreißpackungen* solche Hersteller, die entsprechende Verpackungen benötigen (RG MuW 1926, 251, 252). Der relevante Personenkreis der beteiligten Verkehrskreise bestimmt sich nach der Zweckbestimmung und den Absatzmöglichkeiten der Unternehmensprodukte (BGH GRUR 1960, 130, 132 – Sunpearl II).

**125**  **bb) Hochwertige Produkte.** Bei hochwertigen Produkten, etwa Luxusgütern wie Schmuck, Pelzen, Uhren und Halbfabrikaten von hoher Qualität kann schon ein kleiner Kreis den relevanten Personenkreis der beteiligten Verkehrskreise ausmachen. Zum relevanten Personenkreis gehören die Personen, die entweder solche Produkte erwerben oder an einem Erwerb interessiert sind und das Produktangebot beachten (BGH GRUR 1963, 622 – Sunkist; 1971, 305 – Konservenzeichen II; 1982, 672, 674 – Aufmachung von Qualitätsseifen; RGZ 144, 41, 48 – Hosenträger).

**126**  **cc) Produkte des täglichen Bedarfs.** Bei Waren des täglichen Bedarfs, wie insbesondere Produkten des Massenkonsums, gehören zum relevanten Teil der beteiligten Verkehrskreise alle Personen, die als Händler sowie als Verbraucher mit den Produkten in Berührung kommen (zu Hausfrauen RGZ 167, 171, 176 – Alpenmilch, für kondensierte Dosenmilch). Der relevante Personenkreis kann durch eine entsprechende Preispolitik und Werbung anwachsen, so daß es als gerechtfertigt angesehen wird, auch Personen in den Kreis einzubeziehen, die erst künftig für das Produkt beworben werden (BGH GRUR 1963, 622, 623 – Sunkist; 1960, 130, 132 – Sunpearl II; 1971, 305 – Konservenzeichen II; 1974, 220, 222 – Club-Pilsener). Personen, die weder als Käufer noch als Interessenten für einen künftigen

Erwerb des Produkts in Betracht kommen, bei denen ein Erwerb des Produkts allein im Hinblick auf die verstärkte Absatzwerbung und Preisherabsetzung im Bereich des Möglichen liegt, gehören nicht zum relevanten Teil der beteiligten Verkehrskreise, bei denen sich eine Vorstellung über die Identifizierungsfunktion des Zeichens bilden konnte; auf ihre Auffassung kann es für den Erwerb von Verkehrsgeltung deshalb nicht ankommen (*Schricker*, GRUR 1980, 462). Unerläßlich für einen Markenschutz durch Benutzung ist es, daß ein nicht unerheblicher Teil der effektiven Käufer des Produkts mit dem benutzten Zeichen die Vorstellung einer Produktidentifizierung auf dem Markt verbindet.

### 9. Zeitdauer und Umfang der Markenbenutzung

Das Markenrecht durch Benutzung entsteht nicht schon durch die erste Inbenutzungnahme wie etwa Unternehmenskennzeichen nach § 5 Abs. 2 S. 1, sondern erst durch den Erwerb von Verkehrsgeltung. Das benutzte Zeichen muß im Verkehr als Marke gelten. Es wird regelmäßig eine gewisse Zeit erfordern, bis der Verkehr sich an das benutzte Zeichen als Unternehmensprodukte identifizierendes Unterscheidungszeichen gewöhnt hat. Um Verkehrsgeltung zu erwerben, wird das benutzte Zeichen grundsätzlich über einen *längeren Zeitraum* im geschäftlichen Verkehr Verwendung finden müssen (RGZ 106, 250, 252). Wie lange das Zeichen benutzt werden muß, um im Verkehr als Marke zu gelten, kann aber nicht allgemein gesagt werden, sondern hängt von den Umständen des Einzelfalls ab. Die Zeitdauer bis zum Erwerb von Verkehrsgeltung ist umso kürzer, je unterscheidungskräftiger und einprägsamer das Zeichen ist, umso länger, je banaler das Zeichen ist. Unter besonderen Umständen wird ein benutztes Zeichen schon *nach kurzer Zeit* oder gar schon bei seinem ersten Erscheinen auf dem Markt Verkehrsgeltung erwerben (HansOLG Hamburg, GRUR 1950, 87). Ein *sofortiger Erwerb von Verkehrsgeltung* bei der ersten Benutzung des Zeichens auf dem Markt hängt vor allem von der Strategie der Markteinführung, begleitet etwa von intensiven Werbekampagnen in allen Medien, ab. Insoweit kommt es auch auf den Umfang der Markenbenutzung an. Da ein sofortiger Erwerb von Verkehrsgeltung jedenfalls nicht ausgeschlossen ist, darf ein Beweisantritt in diese Richtung nicht mit der Begründung abgelehnt werden, eine Verkehrsgeltung könne sich in so kurzer Zeit nicht bilden.

### 10. Territorium der Verkehrsgeltung

a) **Verkehrsgeltung im Inland.** Der territoriale Schutzbereich eines durch Benutzung entstandenen Markenrechts nach § 4 Nr. 2 ist wie bei dem durch Eintragung entstandenen Markenrecht nach § 4 Nr. 1 grundsätzlich die Bundesrepublik Deutschland als der Geltungsbereich des MarkenG. Der Markenschutz ist auf den Inlandsschutz beschränkt (RG GRUR 1939, 490 – Daimon 270/Demand 280; 1940, 564). Die Bundesrepublik Deutschland als Schutzrechtsterritorium des Markenschutzes nach § 4 Nr. 2 hat zur Voraussetzung, daß die Verkehrsgeltung im gesamten *Geltungsbereich des MarkenG* erworben wird. Inlandschutz in der Bundesrepublik Deutschland besteht, wenn im gesamten Geltungsbereich des MarkenG die mit der Marke gekennzeichneten Waren angeboten oder die Dienstleistungen erbracht werden. Die Marke muß als Unterscheidungszeichen zur Identifizierung von Unternehmensprodukten auf dem Markt der Bundesrepublik Deutschland Verkehrsgeltung erwerben.

b) **Regionale und lokale Verkehrsgeltung.** Der durch Eintragung eines Zeichens als Marke in das Markenregister entstehende Markenschutz gilt in der gesamten Bundesrepublik Deutschland als dem Geltungsbereich des MarkenG. Der durch die Benutzung eines Zeichens entstehende Markenschutz gilt nur in dem Territorium, in dem das benutzte Zeichen im Verkehr als Marke gilt. Da der Markenschutz nach § 4 Nr. 2 durch den Erwerb von Verkehrsgeltung entsteht, beschränkt sich der Markenschutz der benutzten Marke auf das Territorium, in dem die Verkehrsgeltung erworben wird. Der Markenschutz durch Benutzung kann grundsätzlich *territorial begrenzt* sein. Die beteiligten Verkehrskreise, innerhalb deren die Verkehrsgeltung erworben wird, können sich auf ein regionales oder lokales Territorium beschränken. Bei regionaler oder lokaler Verkehrsgeltung entsteht ein auf dieses Territorium begrenzter Markenschutz nach § 4 Nr. 2 (zum Ausstattungsschutz s. RGZ 172, 49 – Siemens; RG GRUR 1942, 217, 219 – Goldbronzierte Likörflaschen; BGHZ 21, 182,

196 – Ihr Funkberater). Zwar wird bei überregionaler Werbung und überregionalem Vertrieb regelmäßig die Verkehrsgeltung auch im Geltungsbereich des MarkenG erworben werden, doch ist eine territorial begrenzte Verkehrsgeltung nicht ausgeschlossen und bestimmt sich nach den tatsächlichen Verhältnissen der beteiligten Verkehrskreise. Die Existenz eines *einheitlichen Wirtschaftsgebiets* ist Voraussetzung der Anerkennung einer territorial begrenzten Verkehrsgeltung. Territorial begrenzte Verkehrsgeltung wird etwa erworben, wenn das Unternehmensprodukt nur auf einem regional oder lokal beschränkten Markt angeboten und abgenommen wird. Markenschutz durch Benutzung mit örtlicher Verkehrsgeltung wird jedoch nur zurückhaltend angenommen werden können; erforderlich ist eine Markenbenutzung von einer bestimmten Intensität auf einem lokal begrenzten Markt (RG GRUR 1942, 217, 219 – Goldbronzierte Likörflaschen; 1944, 28 – Siemens). Das Erfordernis eines einheitlichen Wirtschaftsgebiets der Verkehrsgeltung soll eine Aufsplitterung des Markenschutzes verhindern. Folge des Bestehens einer Vielzahl regionalen und lokalen Markenschutzes ist leicht eine Marktverwirrung. So ist zwar die Anerkennung von Verkehrsgeltung im Stadtgebiet einer Großstadt grundsätzlich möglich, in einem einzelnen Stadtteil aber schwerlich durchsetzbar (s. dazu schon *Spengler*, MA 1953, 385, 392); entscheidend sind die tatsächlichen Verhältnisse innerhalb der beteiligten Verkehrskreise. Der Erwerb territorialer oder lokaler Verkehrsgeltung begründet den Markenschutz für das gesamte einheitliche Wirtschaftsgebiet (RG GRUR 1942, 217, 219 – Goldbronzierte Likörflaschen); die territoriale Begrenzung des Wirtschaftsgebiets ist nicht engherzig vorzunehmen, auch wenn in einzelnen Orten des einheitlichen Wirtschaftsgebiets eine Verkehrsgeltung noch nicht besteht (BGH GRUR 1967, 482, 485 – WKS-Möbel II).

**130** Wenn eine territorial begrenzte Verkehrsgeltung erworben wird, dann hängt die Zuerkennung des Markenschutzes mit einem regionalen oder lokalen Schutzbereich weiter davon ab, ob das einheitliche Wirtschaftsgebiet, in dem die Marke Verkehrsgeltung erworben hat, nach Umfang und wirtschaftlicher Bedeutung einen Ausschluß kollidierender Zeichen in diesem Territorium *rechtfertigt* (RG GRUR 1942, 217, 219 – Goldbronzierte Likörflaschen). Dabei wird es etwa auf die Art des Produkts, die Form des Angebots und des Vertriebs, das Absatzgebiet und auf die Unternehmensstruktur ankommen (BGH GRUR 1970, 479, 480 – Treppchen; BGHZ 74, 1, 7 f. – RBB/RBT). Wenn der Erwerb einer territorial begrenzten Verkehrsgeltung eines im gesamten Bundesgebiet tätigen Unternehmens allein darauf beruht, daß das Unternehmen in dem betreffenden Territorium seinen Sitz hat und dort als Herstellungs- oder Vertriebsunternehmen ganz allgemein eine gewisse Bedeutung erlangt hat, dann stellt ein solch begrenztes Territorium keinen einheitlichen Wirtschaftsraum dar, der die Anerkennung eines territorialen Markenschutzes kraft Verkehrsgeltung zu rechtfertigen vermag (BGHZ 74, 1, 7 f. – RBB/RBT). Wenn territorialer Markenschutz durch den Erwerb von Verkehrsgeltung in einem einheitlichen Wirtschaftsraum entstanden ist, dann kommt es weiter darauf an, ob einem Konkurrenten die Benutzung einer identischen oder ähnlichen Marke in diesem Territorium auch dann verboten ist, wenn er diese Marke im ganzen Bundesgebiet benutzt. Erforderlich ist eine Abwägung der kollidierenden Interessen der Konkurrenten. Wenn die wirtschaftliche Betätigung eines Unternehmens nicht nur im Territorium der Verkehrsgeltung, sondern im gesamten Bundesgebiet erfolgt, dann wird das Interesse des Unternehmens an einer territorial begrenzten Untersagung der Markenbenutzung geringer zu beurteilen sein, als wenn sich das Unternehmen ausschließlich im Territorium der Verkehrsgeltung betätigt (BGHZ 74, 1, 8 f. – RBB/RBT). Innerhalb der *Interessenabwägung* ist auch zu berücksichtigen, ob die Produkte der Konkurrenten identisch oder ähnlich sind, nur verwandten Branchen angehören und sich etwa die Produktsortimente nur geringfügig überschneiden.

**131** Wenn ein starkes *Freihaltebedürfnis* an dem benutzten Zeichen besteht, dann wird weithin der Erwerb einer lokal oder regional begrenzten Verkehrsgeltung für die Entstehung des Markenschutzes durch Benutzung nicht ausreichend sein. So wird an einer glatten Beschaffenheits- oder Bestimmungsangabe Markenschutz durch Benutzung für Unternehmensprodukte, die im gesamten Gebiet der Bundesrepublik Deutschland vertrieben werden, regelmäßig auch dann nur entstehen, wenn sich die Bezeichnung oder das sonstige Merkmal (Zeichen) auch im gesamten Geltungsbereich des MarkenG als Unterscheidungszeichen zur Identifikation von Unternehmensprodukten eines Unternehmens zur Unterscheidung von anderen durchgesetzt hat (BGHZ 30, 357, 373 – Nährbier).

Wenn der Inhaber eines durch Benutzung nach § 4 Nr. 2 entstandenen Markenrechts mit **132** territorial begrenzter Verkehrsgeltung seine Wirtschaftstätigkeit territorial ausdehnt, dann kann sich auch die Verkehrsgeltung entsprechend territorial ausdehnen und sich der Schutzbereich des Markenrechts erweitern (RG GRUR 1936, 961, 966 – Bienenzeichen). Wenn der Markeninhaber durch die *territoriale Ausdehnung* in den Schutzbereich eines kollidierenden Markenrechts eindringt, dann besteht ein Abwehranspruch des in diesem Territorium prioritätsälteren Markeninhabers. Dem Inhaber eines territorial begrenzten Abwehrrechts im Sinne des § 4 Nr. 2 steht kein Ausdehnungsrecht gegenüber prioritätsälteren Markeninhabern zu (*Heydt*, GRUR 1951, 182; *Baumbach/Hefermehl*, § 25 WZG, Rn 81; *Reimer/Heydt*, Kap. 42, Rn 11; aA *Reimer*, 3. Aufl., Kap. 116, Rn 20). Ein Ausdehnungsrecht über den Geltungsbereich der territorialen Verkehrsgeltung hinaus dann anzuerkennen, wenn Anhaltspunkte für eine Erweiterung der geschäftlichen Betätigung des Markeninhabers vorliegen (so BGH GRUR 1956, 559 – Regensburger Karmelitergeist), ist bedenklich, da die Entstehung des sachlichen Markenschutzes die Existenz einer entsprechenden Verkehrsgeltung voraussetzt. Sachgerechter ist es, den einheitlichen Wirtschaftsraum der Verkehrsgeltung unter Berücksichtigung der wirtschaftlichen Betätigung des Markeninhabers zu bestimmen. Anders als bei der Entstehung des Markenschutzes durch Eintragung nach § 4 Nr. 1, bei dem mit der Anmeldung zur Eintragung der Marke ein Markenanwartschaftsrecht entsteht, ist ein Anwartschaftsrecht an dem durch den Erwerb von Verkehrsgeltung entstehenden Markenschutz und damit auch ein Ausdehnungsrecht nicht anzuerkennen.

c) **Inländische und ausländische Verkehrsgeltung.** Der Schutzbereich einer benutz- **133** ten Marke nach § 4 Nr. 2 bestimmt sich nach dem Territorium der erworbenen Verkehrsgeltung (s. dazu im einzelnen Rn 128 ff.). Der Erwerb der Verkehrsgeltung muß grundsätzlich im *Inland* erfolgen. *Auslandssachverhalte* sind zu berücksichtigen, wenn sie auf den inländischen Verkehr ausstrahlen. Bei fremdsprachigen Bezeichnungen kann der Auffassung eines ausländischen Markenamtes eine indizielle Bedeutung zukommen. Bei Importwaren genügt auch eine im Ausland erworbene Verkehrsgeltung nicht dem inländischen Markenschutz. Ausreichend ist auch nicht eine aufgrund inländischer Geschäftstätigkeit entstehende Verkehrsgeltung, deren Erwerb aber noch nicht völlig abgeschlossen ist (so aber für den Schutz eines ausländischen Firmenschlagworts nach den §§ 12 BGB, 16 UWG aF RGZ 141, 110, 120 – The white spot). Ausländische Unternehmen genießen im Inland keinen stärkeren Markenschutz als inländische Unternehmen (s. Art. 2 PVÜ). Eine im Ausland erworbene Verkehrsgeltung begründet auch für Exportwaren eines inländischen Unternehmens keinen Markenschutz nach § 4 Nr. 2 (zum Ausstattungsschutz RGZ 140, 25, 28; RG GRUR 1937, 466, 470; BGH GRUR 1955, 411 – Zahl 55). Anders als bei dem durch Eintragung entstehenden Markenrecht nach § 4 Nr. 1, bei dem aufgrund der Anmeldung der Marke zur Eintragung in das Register ein Markenanwartschaftsrecht entsteht, ist ein Markenanwartschaftsrecht an der benutzten Marke vor dem Erwerb von Verkehrsgeltung im Sinne des § 4 Nr. 2 nicht anzuerkennen (s. dazu Rn 132, 221), da im deutschen Markenrecht nicht das Vorbenutzungsrecht gilt (s. Rn 12). In besonderen Fallkonstellationen kann ein Rechtsschutz nach § 1 UWG nach den Grundsätzen des wettbewerbsrechtlichen Leistungsschutzes in Betracht kommen (s. dazu Rn 222).

## 11. Verkehrsgeltung bei absoluten Schutzhindernissen nach § 8 Abs. 2 Nr. 1 bis 3

Bei der Entstehung des Markenschutzes durch Benutzung nach § 4 Nr. 2 ist zwischen **134** den absoluten Schutzhindernissen nach § 8 Abs. 2 Nr. 1 bis 3, die durch den Erwerb von Verkehrsdurchsetzung nach § 8 Abs. 3 überwunden werden, und den absoluten Schutzhindernissen nach § 8 Abs. 2 Nr. 4 bis 9, die nicht durch den Erwerb von Verkehrsdurchsetzung überwunden werden können, zu unterscheiden. Die durch den Erwerb von Verkehrsdurchsetzung nach § 8 Abs. 3 nicht überwindbaren absoluten Schutzhindernisse des § 8 Abs. 2 Nr. 4 bis 9 stellen für den Markenschutz durch Benutzung nach § 4 Nr. 2 *Verkehrsgeltungshindernisse* dar (s. Rn 98 ff.). Anders stellen die durch den Erwerb von Verkehrsdurchsetzung nach § 8 Abs. 3 überwindbaren absoluten Schutzhindernisse des § 8 Abs. 2 Nr. 1 bis 3 für den Markenschutz durch Benutzung keine Verkehrsgeltungshindernisse dar. Da Markenschutz an einem benutzten Zeichen erst durch den Erwerb von Verkehrsgeltung entsteht, kommt die ursprüngliche Schwäche, die an sich eintragungsunfähigen Marken im Sinne des § 8 Abs. 2 Nr. 1 bis 3 von Hause aus anhaftet, im Grundsatz nicht zum Tragen. Allerdings verlangt der Grundsatz der Einheitlichkeit des Markenschutzes der nach der Entstehung des Markenschutzes zu unterscheidenden drei Markenkategorien des § 4 eine analoge Anwendung des § 8 Abs. 3 auf die Entstehung des Markenschutzes durch Benutzung nach § 4 Nr. 2 für solche benutzten Zeichen, die nach § 8 Abs. 2 Nr. 1 bis 3 grundsätzlich von der Eintragung als Marke in das Markenregister ausgeschlossen sind. Der Erwerb von Verkehrsgeltung im Sinne des § 4 Nr. 2 für Zeichen im Sinne des § 8 Abs. 2 Nr. 1 bis 3 ist analog § 8 Abs. 3 im Sinne von Verkehrsdurchsetzung zu verstehen. Verkehrsgeltung nach § 4 Nr. 2 bei Bestehen von absoluten Schutzhindernissen nach § 8 Abs. 2 Nr. 1 bis 3 als Verkehrsdurchsetzung analog § 8 Abs. 3 zu verstehen, ist deshalb rechtserheblich, da die Anforderungen an das Vorliegen von Verkehrsgeltung im Sinne des § 4 Nr. 2 und an das Vorliegen von Verkehrsdurchsetzung im Sinne des § 8 Abs. 3 unterschiedlich sind (s. § 8, Rn 417).

**135** Die rechtliche Problematik unterschiedlicher Anforderungen an das Vorliegen von Verkehrsgeltung und Verkehrsdurchsetzung war auch im Warenzeichenrecht nach der Rechtslage im WZG bekannt. In der reichsgerichtlichen sowie der frühen Rechtsprechung des BGH wurde es abgelehnt, die Entstehung des Ausstattungsschutzes nach § 25 WZG an Zahlen- und Buchstabenmarken sowie an beschreibenden Angaben im Sinne des § 4 Abs. 2 Nr. 1 WZG an den Anforderungen des Erwerbs von Verkehrsdurchsetzung im Sinne des § 4 Abs. 3 WZG zu messen (RGZ 167, 171, 176 – Alpenmilch; BGHZ 19, 367, 376 – W-5; 21, 182, 194 – Ihr Funkberater). Im Schrifttum ist diese höchstrichterliche Rechtsprechung auf Kritik gestoßen und die Forderung erhoben worden, bei Kennzeichnungsmitteln im Sinne des § 4 Abs. 2 Nr. 1 WZG die Anforderungen hinsichtlich der Verkehrsgeltung im Sinne von § 25 WZG ebenso zu bestimmen, wie hinsichtlich der Verkehrsdurchsetzung im Sinne des § 4 Abs. 3 WZG. Bei der Gewährung von Ausstattungsschutz nach § 25 WZG wurde Verkehrsgeltung in der Breite der Verkehrsdurchsetzung nach § 4 Abs. 3 WZG verlangt (so für Farbmarken *Möhring*, MA 1950, 139; *Schramm*, Grundlagenforschung auf dem Gebiete des gewerblichen Rechtsschutzes und Urheberrechts, 1954, S. 27; *Ulmer*, ZHR 114 (1951), S. 43, 52 ff.; *Tetzner*, § 25 WZG, Rn 24 f.). In seiner Grundsatzentscheidung *Nährbier* lehnte der BGH zwar noch eine analoge Anwendung des § 4 Abs. 2 Nr. 1, Abs. 3 WZG auf das Entstehen des Ausstattungsschutzes nach § 25 WZG ab (BGHZ 30, 357, 369 – Nährbier). Allerdings suchte die Rechtsprechung der Kritik im Schrifttum dadurch Rechnung zu tragen, bei der Frage, ob eine ausreichende Verkehrsgeltung zur Entstehung des Ausstattungsschutzes nach § 25 WZG vorliege, das Freihaltebedürfnis der Mitbewerber namentlich an glatten Beschaffenheits- und Bestimmungsangaben im Rahmen einer Interessenabwägung mit zu berücksichtigen. Es könne der in der Regelung des § 4 Abs. 2 Nr. 1, Abs. 3 WZG zum Ausdruck kommende wettbewerbliche Grundgedanke, den Mitbewerbern Ausdrucksmöglichkeiten rein beschreibenden Inhalts ohne Beschränkung durch Ausschließlichkeitsrechte Dritter offenzuhalten, bei der Frage, ob Verkehrsgeltung im Sinne des § 25 WZG erreicht sei, nicht unberücksichtigt bleiben.

**136** Nach der Rechtslage im MarkenG ist es geboten, die höchstrichterliche Rechtsprechung dahin fortzuschreiben, bei Zeichen, die wegen Bestehens eines absoluten Schutzhindernisses nach § 8 Abs. 2 Nr. 1 bis 3 eintragungsunfähig sind, auf die Entstehung des Markenschutzes durch Benutzung und den Erwerb von Verkehrsgeltung nach § 4 Nr. 2 die Vorschrift des § 8 Abs. 3 analog anzuwenden und zur Entstehung des Markenschutzes durch Benutzung Verkehrsdurchsetzung im Sinne dieser Vorschrift zu verlangen.

### VI. Zeitrang und Vorrang des Markenrechts durch Benutzung

#### 1. Zeitrang

**137** Für die Bestimmung des Zeitrangs eines Markenrechts durch Benutzung ist nach § 6 Abs. 3 der Zeitpunkt maßgeblich, zu dem das Recht erworben wird. Der Markenschutz durch Benutzung entsteht mit dem *Erwerb von Verkehrsgeltung* des benutzten Zeichens als Marke. Ein benutztes Zeichen erwirbt Verkehrsgeltung als Marke, wenn es sich innerhalb beteiligter Verkehrskreise als Unterscheidungszeichen zur Identifikation von Unternehmensprodukten im Marktwettbewerb durchgesetzt hat. Der Erwerb von Verkehrsgeltung hat keine Rückwirkung auf den Zeitpunkt der ersten Inbenutzungnahme.

## 2. Vorrang

Ausdruck des das Kennzeichenrecht beherrschenden Grundsatzes der Priorität (Zeitvorrang) ist der Zeitrang der Markenrechte. Bei einer *Kollision von Markenrechten* hat grundsätzlich das *prioritätsältere* vor dem *prioritätsjüngeren* Markenrecht den Vorrang. Das gilt nach § 6 Abs. 1 für die Markenrechte des § 4, die geschäftlichen Bezeichnungen des § 5 sowie die sonstigen Rechte des § 13. Im Falle der Kollision von Markenrechten bestimmt sich der Vorrang des Rechts nach seinem Zeitrang. Diese allgemeinen Prioritätsregeln gelten nunmehr auch für den durch Benutzung entstehenden Markenschutz. Schon nach der Rechtslage im WZG kam es darauf an, daß im Zeitpunkt, in dem eine kollidierende Ausstattung in den Verkehr gebracht worden war, der prioritätsältere Ausstattungsschutz schon entstanden war (BGH GRUR 1962, 409, 411 – Wandsteckdose; aA HansOLG Hamburg, GRUR 1972, 185, 188 – Roter Punkt). 138

In einem Rechtsstreit kollidierender Markenrechte muß die als Marke erworbene Verkehrsgeltung des benutzten Zeichens noch im Zeitpunkt der letzten mündlichen Verhandlung bestehen. Von diesem Grundsatz besteht eine wichtige Ausnahme. Wenn der Verletzer des durch Benutzung entstandenen Markenrechts aufgrund seiner Verletzungshandlungen den Verlust der Verkehrsgeltung verursacht, dann kann er sich auf den Wegfall der Verkehrsgeltung gegenüber dem Inhaber des durch Benutzung entstandenen Markenrechts nicht berufen (BGHZ 21, 66, 77 f. – Hausbücherei; BGH GRUR 1957, 428, 430 – Bücherdienst; 1959, 45, 47 – Deutsche Illustrierte; 1961, 33, 35 – Dreitannen; 1962, 409 – Wandsteckdose). 139

## 3. Gleichrangigkeit

Zwischen Markenrechten mit gleichem Zeitrang besteht *Koexistenz* nach § 6 Abs. 4. Gleichrangige Markenrechte begründen gegeneinander keine Ansprüche. Das gilt auch für die durch Benutzung entstehenden Markenrechte des § 4 Nr. 2. 140

## VII. Inhaberschaft

### 1. Keine gesetzliche Regelung

Die Vorschrift des § 4 über die Entstehung des Markenschutzes enthält keine Regelung über den Markeninhaber eines nach den drei Entstehungstatbeständen erworbenen Markenrechts. Im MarkenG ist die Inhaberschaft nur für den Markeninhaber von eingetragenen und angemeldeten Marken in § 7 geregelt (Markenrechtsfähigkeit). Wie schon das WZG für das Ausstattungsrecht enthält das MarkenG für das durch Benutzung entstehende Markenrecht keine Definition der Inhaberschaft. 141

### 2. Rechtslage im WZG

Nach der Rechtslage im WZG wurde das Ausstattungsrecht des § 25 Abs. 1 WZG aufgrund der im WZG allein rechtlich geschützten Herkunftsfunktion einem Geschäftsbetrieb zugeordnet. Wenn sich eine Ausstattung innerhalb beteiligter Verkehrskreise als Kennzeichen für die Herkunft von Waren aus einem bestimmten Betrieb oder aus mehreren miteinander in Verbindung stehenden Betrieben durchgesetzt hatte, so stand das Ausstattungsrecht dem Betrieb zu, für den die Ausstattung zur Herkunftskennzeichnung tatsächlich benutzt wurde, oder den Betrieben, die die Ausstattung gemeinsam benutzten (BGHZ 34, 299, 308 – Almglocke). Das Ausstattungsrecht erhielt der Geschäftsbetrieb, der die Ausstattung auch tatsächlich benutzte. Wenn die Waren entgegen der Verkehrsauffassung nicht aus einem bestimmten Betrieb oder mehreren miteinander in Beziehung stehenden Betrieben, sondern aus verschiedenen, voneinander unabhängigen Betrieben stammten, dann entstand kein 142

Ausstattungsrecht. Das galt selbst dann, wenn Nachahmungen im geschäftlichen Verkehr erschienen; denn der erste Benutzer einer Ausstattung war gehalten, sofort gegen den Nachahmer seiner benutzten Bezeichnung oder des sonstigen Merkmals einzuschreiten.

143 Allerdings genügte es, wenn die beteiligten Verkehrskreise die mit der Ausstattung versehenen Waren als aus einem bestimmten Betrieb oder mehreren miteinander in Beziehung stehenden Betrieben stammend ansahen; den Namen oder die Firma des Betriebs brauchte der Verkehr nicht zu kennen. Unschädlich war es für die Entstehung eines Ausstattungsrechts auch, wenn einzelne Abnehmer die Ausstattung irrtümlich auf einen anderen Betrieb als denjenigen, für den sie benutzt wurde, bezogen (RGZ 167, 171, 177 – Alpenmilch).

### 3. Rechtslage im Markengesetz

144 **a) Maßgeblichkeit der Identifizierungsfunktion.** Die Rechtslage im MarkenG hat sich gegenüber der Rechtslage im WZG allgemein dahin geändert, daß nicht mehr ausschließlich auf die Herkunftsfunktion als die allein rechtlich geschützte Markenfunktion abgestellt werden kann, sondern es auf die Identifizierungsfunktion der Marke als eines Unterscheidungszeichens ankommt. Selbstverständlich ist, daß die Verwirklichung der Herkunftsfunktion eines benutzten Zeichens auch nach dem MarkenG ausreichend, eben nur nicht Bedingung des Markenschutzes durch Benutzung ist.

145 **b) Kein Erfordernis der Unternehmenseigenschaft des Inhabers.** Die weitere Rechtsänderung des MarkenG gegenüber dem WZG besteht in der Aufgabe des strengen Akzessorietätsprinzips (§ 3, Rn 52 ff.). Der Erwerb eines Markenrechts verlangt nicht die Existenz eines Geschäftsbetriebs des Rechtsinhabers. Die Aufgabe der Bindung der Marke an den Geschäftsbetrieb des Rechtsinhabers scheint im MarkenG zwar rechtstechnisch nur für die Anmeldung einer Marke und damit für den durch Eintragung entstehenden Markenschutz normiert zu sein. Ursache dieser Gesetzestechnik ist, daß die MarkenRL allein für den förmlichen nicht auch für den sachlichen Markenschutz gilt. Zwar wäre eine differenzierende Behandlung des durch Eintragung und des durch Benutzung eines Zeichens entstehenden Markenschutzes mit der MarkenRL vereinbar, widerspräche aber der einheitlichen Behandlung der drei nach der Entstehung des Markenschutzes zu unterscheidenden Markenkategorien im Sinne des § 4. Es ist deshalb davon auszugehen, daß auch der Inhaber eines durch Benutzung entstehenden Markenschutzes jedes Rechtssubjekt unabhängig von seiner Unternehmenseigenschaft sein kann. Die Rechtslage zur Rechtsentstehung eines Markenrechts nach dem MarkenG geht dahin, daß markenrechtsfähig jedes Rechtssubjekt unabhängig von seiner Unternehmenseigenschaft ist. Die Unternehmenseigenschaft des Rechtsinhabers ist nach dem MarkenG keine Schutzvoraussetzung der Entstehung des Markenrechts (§ 3, Rn 66).

146 **c) Zuordnung der Verkehrsgeltung.** Zur Inhaberschaft eines durch Benutzung entstehenden Markenrechts ist nach dem MarkenG von folgendem Grundsatz auszugehen. Der Markenschutz durch Verkehrsgeltung steht demjenigen zu, *zu dessen Gunsten die Verkehrsgeltung erworben wird.* (zum Ausstattungsschutz RG GRUR 1939, 627, 630 – Eloxal; RGZ 162, 347 – Lavendelwasserflasche; BGHZ 16, 89, 91 – Wickelsterne) Rechtsinhaber des durch Benutzung entstehenden Markenrechts kann jedes Rechtssubjekt unabhängig von seiner Unternehmenseigenschaft sein. Entscheidend kommt es darauf an, zu wessen Gunsten die Verkehrsgeltung des benutzten Zeichens als Marke erworben wird. Die Verkehrsgeltung wirkt zugunsten desjenigen, der die Marke als Unterscheidungszeichen zur Identifizierung von Unternehmensprodukten im Marktwettbewerb benutzt. Das wird in der Regel der Inhaber des Unternehmens sein, für dessen Waren oder Dienstleistungen die Marke innerhalb eines einheitlichen Wirtschaftsgebietes (s. Rn 129) verwendet wird.

147 Doch ist diese Zuordnung des Markenschutzes durch Verkehrsgeltung nicht zwingend, da es rechtlich nicht ausschließlich auf die Verwirklichung der Herkunftsfunktion der Marke ankommt, sondern die Verwirklichung der Identifizierungsfunktion der Marke als eines Unterscheidungszeichens für die Entstehung des Markenschutzes ausreichend ist. Da es nicht um den förmlichen Registereintrag, sondern um den tatsächlichen Vorgang des Erwerbs von Verkehrsgeltung geht, kommt es maßgebend auf die von den besonderen Umständen des Einzelfalls bestimmte Verkehrsauffassung an.

**148** Wenn der Inhaber des sachlichen Markenrechts die Benutzung der Marke durch andere duldet, dann gefährdet er sein Markenrecht, das erlischt, wenn nach der Auffassung des Verkehrs die Marke nicht mehr als Unterscheidungszeichen zur Identifizierung der Waren oder Dienstleistungen des Markeninhabers dient. Nach der Rechtslage im WZG wurde angenommen, daß auch aufgrund einer Lizenzierung der Marke die Gefahr eines Rechtsverlustes besteht, wenn der Lizenznehmer die Marke erkennbar für sein eigenes Unternehmen benutzt und etwa seine eigene Firma der Marke hinzufügt, ohne auf die Lizenzierung hinzuweisen (RG GRUR 1937, 66, 72 – Brillenbügel s. dazu im einzelnen § 30, Rn 49). Eine solche Gefährdung des Markenrechts mit Verkehrsgeltung ist nach der Rechtslage im MarkenG geringer einzuschätzen, da wegen der Nichtakzessorietät der Marke (s. § 3, Rn 66 ff.) der Markeninhaber selbst keines eigenen Unternehmens bedarf. Innerhalb desselben einheitlichen Wirtschaftsgebiets können mehrere Unternehmen Verkehrsgeltung an einer Marke für identische oder ähnliche Produkte nur dann erwerben, wenn die mehreren Markenrechte aufgrund territorial begrenzter Verkehrsgeltung ohne territoriale Überschneidungen in den einheitlichen Wirtschaftsgebieten entstehen. In besonderen Fallkonstellationen wird es für möglich gehalten, daß sachlicher Markenschutz mit lokaler Verkehrsgeltung innerhalb eines einheitlichen Wirtschaftsgebiets entsteht, in dessen Territorium bereits ein Markenrecht kraft Verkehrsgeltung entstanden ist (BGHZ 16, 82, 91 – Wickelsterne; 34, 299, 307 – Almglocke). Den Inhabern der koexistierenden Markenrechte kommt Markenschutz gegenüber Dritten zu. Die Duldungspflicht des Inhabers des territorial weitergehenden Markenrechts ist eine Folge der Verwirkung, nicht des Erlöschens des prioritätsälteren Markenrechts (offen gelassen BGHZ 16, 82, 91 – Wickelsterne). Wenn als Folge der Benutzung der sich überschneidenden Markenrechte eine Irreführung des Verkehrs im Sinne des § 3 UWG eintritt, dann ist im Allgemeininteresse eine Aufgabe eines der Markenrechte geboten. Das wird in der Regel der Inhaber des prioritätsjüngeren Markenrechts sein. Möglich ist aber auch die Fallkonstellation, daß das prioritätsjüngere Markenrecht aufgrund der territorial begrenzten Verkehrsgeltung das prioritätsältere Markenrecht aus der territorial weiteren Verkehrsgeltung verdrängt, das insoweit seinen Markenschutz verliert. Die Verdrängung des prioritätsälteren Markenrechts darf allerdings nicht in einer wettbewerbswidrigen Weise erfolgt sein. Ein Markenrecht mit lokaler Verkehrsgeltung kann auch gegenüber einem Markenrecht, das eine regionale Verkehrsgeltung erwirbt, verwirkt werden oder erlöschen (OLG Stuttgart BB 1952, 758).

**149** Wenn eine Marke von mehreren Unternehmen in demselben Wirtschaftsgebiet benutzt wird, dann ist der Erwerb von Verkehrsgeltung für die *Gruppe der Unternehmen* möglich, wenn der Verkehr die Unternehmen als rechtlich oder wirtschaftlich miteinander verbundene Unternehmen auffaßt (zur Entstehung von Verkehrsgeltung für mehrere Rechtsinhaber s. Rn 151). Das kann etwa bei einer für ein Konzernunternehmen eingetragenen Marke der Fall sein, die von mehreren Konzernunternehmen benutzt wird und Verkehrsgeltung als Marke für den Konzern erwirbt (RGZ 172, 49, 57 – Siemens; zur Konzernmarke s. § 3, Rn 34 ff.).

**150** d) **Markenrechtsfähigkeit.** Von der Zuordnung der Verkehrsgeltung an einen bestimmten Markeninhaber ist das Problem der Markenrechtsfähigkeit des Rechtsinhabers zu unterscheiden. Die Markenrechtsfähigkeit ist auch bei Entstehung des Markenschutzes durch Benutzung nach § 7 analog zu bestimmen (s. Rn 152; § 7, Rn 9).

**151** e) **Mehrere Rechtsinhaber.** Ein benutztes Zeichen kann die Funktion eines Unterscheidungszeichens zur Identifizierung von Unternehmensprodukten auf dem Markt nicht nur für ein Unternehmen, sondern auch für *mehrere Unternehmen* oder sonstige Rechtssubjekte verwirklichen. Wenn das benutzte Zeichen als Marke Verkehrsgeltung erwirbt, dann kann jedem dieser Unternehmen oder sonstigen Rechtssubjekte ein eigenes durch Benutzung entstandenes Markenrecht zustehen (so schon zum Ausstattungsschutz *Baumbach/Hefermehl*, § 25 WZG, Rn 37; zur Zuordnung der Verkehrsgeltung an eine Gruppe von Unternehmen als solche s. Rn 149). Die gemeinschaftliche Benutzung eines Zeichens durch mehrere Unternehmen oder sonstige Rechtssubjekte zum Erwerb von Markenschutz durch Verkehrsgeltung wird aber häufig zu einer Marktverwirrung und damit zu einer Zerstörung der Markenfunktionen führen. Der Verkehr wird die Marke weder als ein identifizierendes Unterscheidungszeichen, noch gar als einen betrieblichen Herkunftshinweis verstehen. Folge ist, daß die Entstehung des Markenschutzes durch den Erwerb von Verkehrsgeltung zumeist gehindert wird. Ein Markenrecht durch Benutzung entsteht nicht. Ausreichend für die Verwirklichung der Identifizierungsfunktion der Marke bei einer Benutzung des Zeichens durch mehrere Unternehmen oder sonstige Rechtsinhaber ist es, wenn die Markenbenutzer dem Verkehr als Konzern oder konzerngleiche Unternehmensgruppe erkennbar sind (s. Rn 149). Wenn die das Zeichen gemeinsam benutzenden Unternehmen nach außen nicht als wirtschaftliche Einheit oder Gruppe, sondern als miteinander konkurrierende Unternehmen erscheinen, dann wird Markenschutz durch Verkehrsgeltung regelmäßig für eines der Unternehmen entstehen.

### 4. Zuordnung der Verkehrsgeltung und Markenrechtsfähigkeit

**152** Inhaber eines Markenrechts durch Benutzung ist derjenige, zu dessen Gunsten die Verkehrsgeltung erworben wird (Rn 146 ff.). Wie der Anmelder einer eingetragenen Marke ist der Erwerber von Verkehrsgeltung einer benutzten Marke der Rechtsinhaber. Von der Zuordnung des Markenschutzes, die aufgrund des Erwerbs von Verkehrsgeltung (§ 4 Nr. 2) oder aufgrund der Eintragung (§ 4 Nr. 1) erfolgt, ist die Markenrechtsfähigkeit zu unterscheiden, die die Fähigkeit eines Rechtssubjekts umschreibt, Rechtsinhaber einer Marke zu sein (s. § 7, Rn 6). Im MarkenG ist die Markenrechtsfähigkeit allein für die Inhaber von eingetragenen und angemeldeten Marken in § 7 geregelt. Die Markenrechtsfähigkeit ist aber ein allgemeines Kriterium der Rechtsinhaberschaft einer Marke. Die Markenrechtsfähigkeit gilt für alle nach der Entstehung des Markenschutzes zu unterscheidenden drei Kategorien von Marken nach § 4. Hinsichtlich der Entstehung des Markenschutzes durch die Benutzung eines Zeichens und den Erwerb von Verkehrsgeltung als Marke hat der Gesetzgeber des MarkenG die Unterscheidung zwischen einer Zuordnung der Verkehrsgeltung an einen Rechtsinhaber und der Markenrechtsfähigkeit der Markeninhaberschaft nicht zureichend erkannt. Der für den Schutz von Marken durch Eintragung geltende § 7 ist auf den durch Benutzung eines Zeichens und den Erwerb von Verkehrsgeltung entstehenden Markenschutz nach § 4 Nr. 2 analog anzuwenden (s. § 7, Rn 9). Markenrechtsfähiges Zuordnungssubjekt der Verkehrsgeltung im Sinne des § 4 Nr. 2 sind nach § 7 analog natürliche und juristische Personen sowie mit Rechtserwerbsfähigkeit ausgestattete Personengesellschaften.

### 5. Markenschutz durch Verkehrsgeltung an einer Kollektivmarke

**153** Die Inhaberschaft für Kollektivmarken (§ 97) ist nur für die Inhaber von angemeldeten oder eingetragenen Kollektivmarken (§ 98) geregelt. Markenschutz an einer Kollektivmarke kann aber auch durch den Erwerb von Verkehrsgeltung nach § 4 Nr. 2 entstehen (zum Kollektivmarkenschutz durch Benutzung nach § 4 Nr. 2 s. im einzelnen § 97, Rn 12 ff.).

## VIII. Einzelne Markenformen

**154** Das MarkenG bestimmt die als Marke schutzfähigen Zeichen (Markenformen) des § 3 einheitlich für die drei nach der Entstehung des Markenschutzes zu unterscheidenden Markenkategorien des § 4. Bei der Entstehung des Markenschutzes durch Eintragung sind von der Eintragung als Marke schutzfähige Zeichen nach § 8 Abs. 2 Nr. 1 bis 3 bei fehlender Unterscheidungskraft, Bestehen eines Freihaltebedürfnisses und Vorliegen einer Gattungsbezeichnung ausgeschlossen. Diese absoluten Schutzhindernisse können nach § 8 Abs. 3 aufgrund des Erwerbs von Verkehrsdurchsetzung überwunden werden. Diese für die Entstehung des Markenschutzes durch Eintragung bestehenden absoluten Schutzhindernisse bestehen für die Entstehung des Markenschutzes durch Benutzung nicht, der gerade den Erwerb von Verkehrsgeltung nach § 4 Nr. 2 voraussetzt. Bei solchen Markenformen, die als Marke schutzfähige Zeichen darstellen und denen somit Markenfähigkeit zukommt, die aber das Fehlen von Unterscheidungskraft, das Bestehen eines Freihaltebedürfnisses sowie das Vorliegen einer Gattungsbezeichnung durch den Erwerb von Verkehrsgeltung überwinden, kann auf die höchstrichterliche Rechtsprechung und die von der Rechtswissenschaft entwickelten

Rechtssätze zur Entstehung des Ausstattungsschutzes nach § 25 Abs. 1 WZG zurückgegriffen werden. Die folgenden Ausführungen behandeln eine Reihe solcher Fallkonstellationen exemplarisch.

## 1. Deskriptive Marken

**a) Grundsatz.** Unter *deskriptiven Marken* (Produktmerkmalsbezeichnungen) sind solche Zeichen oder Angaben zu verstehen, die im Verkehr zur *Bezeichnung von Merkmalen* der Waren oder Dienstleistungen dienen. Solche deskriptive Zeichen sind nach § 8 Abs. 2 Nr. 2 von der Eintragung als Marke grundsätzlich ausgeschlossen. Es handelt sich um *beschreibende* Zeichen oder Angaben zur Bezeichnung der Art, der Beschaffenheit, der Menge, der Bestimmung, des Wertes, der geographischen Herkunft, der Zeit, der Herstellung der Waren oder der Erbringung der Dienstleistungen oder zur Bezeichnung sonstiger Merkmale des Produkts. Produktmerkmalsbezeichnungen sind sprachübliche Ausdrucksmöglichkeiten, die jedem Unternehmen zur Charakterisierung seiner Produkte im Marktwettbewerb zustehen und deren Monopolisierung zugunsten eines Unternehmens eine unangemessene Wettbewerbsbeschränkung darstellt.

Schon nach der Rechtslage im WZG war anerkannt, daß sich solche deskriptiven Marken im Verkehr als Kennzeichen für die Herkunft einer Ware aus einem bestimmten Betrieb durchsetzen können (BGHZ 30, 357, 363 – Nährbier; 42, 151 – Rippenstreckmetall II; BGH GRUR 1955, 487 – Alpha-Sterilisator; 1963, 423, 427 – coffeinfrei). Solche im Verkehr als Herkunftshinweis durchgesetzten Zeichen waren sowohl nach § 4 Abs. 3 WZG eintragungsfähig als auch nach § 25 Abs. 1 WZG als Ausstattung schutzfähig. Nach dem MarkenG genügt es zur Eintragungsfähigkeit einer als Marke schutzfähigen Produktmerkmalsbezeichnung und damit auch zur Entstehung des Markenschutzes durch Benutzung nach § 4 Nr. 2, wenn die deskriptive Marke als ein identifizierendes Unterscheidungszeichen für Unternehmensprodukte auf dem Markt, sei es Verkehrsdurchsetzung nach § 8 Abs. 3, sei es Verkehrsgeltung nach § 4 Nr. 2 erworben hat; nach der hier vertretenen Auffassung ist bei deskriptiven Zeichen zur Entstehung des Markenschutzes durch Benutzung der Erwerb von Verkehrsdurchsetzung nach § 8 Abs. 3 analog erforderlich (s. Rn 134).

Produktmerkmalsbezeichnungen werden wegen ihrer sprachüblichen Bedeutung im Verkehr nur selten als Marke gelten und damit innerhalb beteiligter Verkehrskreise als ein identifizierendes Unterscheidungszeichen für Unternehmensprodukte verstanden werden. Der Bedeutungswandel einer Angabe etwa über die Beschaffenheit, Bestimmung oder Herstellung eines Produkts von einem deskriptiven Zeichen zu einem identifizierenden Unterscheidungszeichen wird sich nur selten und im Verkehr nur allmählich vollziehen. An den Nachweis der Verkehrsgeltung oder Verkehrsdurchsetzung nach § 8 Abs. 3 analog, wie namentlich an die Tauglichkeit und den Umfang des Beweismaterials wie Umsatznachweise, Werbeaufwand und demoskopische Gutachten, werden strenge Anforderungen gestellt (RGZ 167, 171, 176 – Alpenmilch; 172, 129, 131 – Fettchemie; BGHZ 21, 182, 193 – Ihr Funkberater; 30, 357, 363 – Nährbier; BGH GRUR 1974, 337, 338 – Stonsdorfer).

Als Marke Verkehrsgeltung erwerben können deskriptive Zeichen wie Wortzeichen, und zwar nicht nur *Substantive,* sondern auch dem allgemeinen Sprachgebrauch entnommene *Verben,* die innerhalb beteiligter Verkehrskreise als identifizierendes Unterscheidungszeichen für Unternehmensprodukte verstanden werden können (zum Ausstattungsschutz RG GRUR 1939, 627, 629 – Eloxieren/Aloxieren). Auch eine aus mehreren Wörtern *zusammengesetzte Wortmarke,* die ein Bild umschreibt, kann Verkehrsgeltung erwerben; als schutzfähig beurteilt wurde die Bezeichnung *Die Weltmarke mit den drei Streifen* für Sportbekleidungsstücke (BGH GRUR 1986, 248, 249 – Sporthosen). Bei einer deskriptiven Marke, die aus einer *Gattungsbezeichnung* und einem *Ortsnamen* besteht, setzt der Erwerb von Verkehrsgeltung voraus, daß das Zeichen innerhalb beteiligter Verkehrskreise nicht nur als ein geographischer Hinweis auf den Herstellungsort, sondern als Marke zur Identifizierung von Unternehmensprodukten gilt, sei es auch sich als Herkunftshinweis auf ein bestimmtes Unternehmen durchgesetzt hat (BGH GRUR 1956, 559, 562 – Regensburger Karmelitengeist; 1956, 270 – Rügenwalder Teewurst); nach der Rechtslage im WZG wurde erworbener Ausstattungsschutz auch nach einer Verlegung des Unternehmenssitzes gewährt.

**MarkenG § 4** 159–162

159 **b) Konkretes Freihaltebedürfnis.** In Umsetzung der bindenden Vorschrift des Art. 3 Abs. 1 lit. c MarkenRL stellt § 8 Abs. 2 Nr. 2 für die Produktmerkmalsbezeichnungen nicht wie § 4 Abs. 2 Nr. 1 WZG auf ein allgemeines, sondern auf ein aktuelles und konkretes Freihaltebedürfnis ab (s. § 8, Rn 119 f.). Zum einen muß ein Freihaltebedürfnis konkret für die angemeldete oder eingetragene Marke und nicht etwa nur für Abwandlungen des Zeichens vorliegen, zum anderen muß das Freihaltebedürfnis für die Waren oder Dienstleistungen, für die die Eintragung beantragt wird, bestehen. Auch bei der Entstehung des Markenschutzes durch Benutzung ist der Erwerb von Verkehrsgeltung allein auf ein solches konkretes Freihaltebedürfnis des konkreten Zeichens sowie der konkreten Waren oder Dienstleistungen, für die es benutzt wird, bezogen. Wenn sich allerdings eine Produktmerkmalsbezeichnung innerhalb beteiligter Verkehrskreise trotz eines konkreten Freihaltebedürfnisses durch den Erwerb von Verkehrsgeltung als Unterscheidungszeichen zur Produktidentifikation durchgesetzt hat, dann kann die Entstehung des Markenschutzes durch Benutzung nicht mit der Begründung versagt werden, es bestehe ein vorrangiges Bedürfnis der Allgemeinheit an der Freihaltung solcher Angaben für den allgemeinen Gebrauch. Ein Freihalteinteresse der Allgemeinheit kann die Entstehung des sachlichen Markenschutzes an einem benutzten Zeichen, das markenfähig ist und Verkehrsgeltung erworben hat, nicht hindern (RGZ 167, 171, 176 – Alpenmilch; BGHZ 21, 182, 193 – Ihr Funkberater; BGH GRUR 1959, 599, 601 – Teekanne; BGHZ 30, 357, 369 – Nährbier; 35, 341, 343 – Buntstreifensatin I; BGH GRUR 1962, 299, 301 – form-strip; BGHZ 45, 131 – Shortening; BGH GRUR 1974, 337, 338 – Stonsdorfer; 1979, 853, 854 – LILA; *Reimer/Heydt*, Kap. 39, Rn 1). Die frühere Auffassung (*Reimer*, Kap. 39, Rn 1), nach der ein sachliches Markenrecht trotz des Erwerbs von Verkehrsgeltung dann nicht entstehen konnte, wenn die Monopolisierung für einen bestimmten Produktbereich zu einer unbilligen Beschränkung der freien Betätigung der Mitbewerber führte, ist überwunden.

160 Das Bestehen eines konkreten Freihaltebedürfnisses ist rechtserheblich bei der Feststellung des Erwerbs von Verkehrsgeltung. Das Freihaltebedürfnis an deskriptiven Zeichen wirkt sich auf die Anforderungen aus, die an die Stärke und Breite einer Verkehrsgeltung zu stellen sind. Notwendig ist eine *Interessenabwägung* zwischen dem Freihalteinteresse der Allgemeinheit und namentlich der Mitbewerber und dem Interesse des Benutzers der Produktmerkmalsbezeichnung.

161 Nichts anders gilt für den sachlichen Markenschutz an einfachen Buchstabenzusammenstellungen, bei denen sich gleichfalls das Bestehen eines konkreten Freihaltebedürfnisses auf die Intensität der Verkehrsgeltung auswirkt (BGH GRUR 1964, 381, 383 – WKS Möbel; BGHZ 74, 1 – RBB/RBT; s. Rn 207).

162 **c) Intensität der Verkehrsgeltung.** Die Entstehung des Markenschutzes durch Benutzung setzt den Erwerb von Verkehrsgeltung innerhalb eines relevanten Teils der beteiligten Verkehrskreise voraus (Rn 120 ff.); die Verkehrsgeltung kann auch territorial begrenzt sein (Rn 128 ff.). Diesen Rechtssatz, zum Erwerb von Verkehrsgeltung sei nicht auf die Gesamtheit, sondern nur auf den relevanten Teil der beteiligten Verkehrskreise abzustellen, hat die Rechtsprechung auch auf den Ausstattungsschutz für deskriptive Zeichen wie glatte Beschaffenheits- oder Bestimmungsangaben angewandt (RGZ 167, 171, 176 – Alpenmilch; RG GRUR 1943, 128, 130 – Dextro; 1943, 131, 134 – Valenciade). Aus wettbewerbspolitischen sowie marktstrukturellen Gründen bestehen jedoch erhebliche Bedenken an der Entstehung des Markenschutzes durch Benutzung an einem deskriptiven Zeichen, das von einem erheblichen Teil der beteiligten Verkehrskreise noch als deskriptiv verstanden wird (*Ulmer*, ZHR 114 (1951), S. 43, 52). Verkehrsgeltung im Sinne des Markenschutzes durch Benutzung nach § 4 Nr. 2 und Verkehrsdurchsetzung zur Überwindung der absoluten Schutzhindernisse des § 8 Abs. 2 Nr. 1 bis 3 im Sinne des § 8 Abs. 3 sind hinsichtlich der Intensität einer Verkehrsrelevanz zu unterscheiden. Die Entstehung des Markenschutzes durch Benutzung eines Zeichens erfordert schon deshalb einen geringeren Grad an Verkehrsrelevanz, weil der sachliche Markenschutz für alle Markenformen des § 3 gilt und dem Markenschutz durch Eintragung eines Zeichens gleichwertig ist. Anders ist die Rechtslage, wenn es sich um die Entstehung des Markenschutzes durch Benutzung an solchen Zeichen handelt, die wegen Bestehens eines absoluten Schutzhindernisses nach § 8 Abs. 2 Nr. 1 bis 3 grundsätzlich von der Eintragung ausgeschlossen sind, deren Eintragungsunfähigkeit aber

aufgrund von Verkehrsdurchsetzung nach § 8 Abs. 3 überwunden werden kann. Der Grundsatz der Einheitlichkeit des Markenschutzes der nach der Entstehung des Markenschutzes zu unterscheidenden drei Markenkategorien des § 4 verlangt eine analoge Anwendung des § 8 Abs. 3 auf die Entstehung des Markenschutzes durch Benutzung nach § 4 Nr. 2 für solche benutzten Zeichen, die nach § 8 Abs. 2 Nr. 1 bis 3 grundsätzlich von der Eintragung als Marke in das Markenregister ausgeschlossen sind. Der Erwerb von Verkehrsgeltung im Sinne des § 4 Nr. 2 für Zeichen im Sinne des § 8 Abs. 2 Nr. 1 bis 3 ist analog § 8 Abs. 3 im Sinne von Verkehrsdurchsetzung zu verstehen. § 8 Abs. 3 ist analog auf § 4 Nr. 2 anzuwenden. Bei Zeichen mit fehlender Unterscheidungskraft (§ 8 Abs. 2 Nr. 1), bestehendem Freihaltebedürfnis (§ 8 Abs. 2 Nr. 2) und Gattungsbezeichnungen (§ 8 Abs. 2 Nr. 3) bestehen für den Markenschutz durch Benutzung oder durch Eintragung die gleichen Voraussetzungen an die Intensität der Verkehrsgeltung oder Verkehrsdurchsetzung (so schon *Baumbach/Hefermehl*, § 25 WZG, Rn 49). Bei der Entstehung des Markenschutzes durch Benutzung an eintragungsunfähigen Zeichen im Sinne des § 8 Abs. 2 Nr. 1 bis 3 kann die Verkehrsdurchsetzung nach § 8 Abs. 3 analog auch territorial begrenzt sein. Die Analogie ist auch deshalb geboten, weil ansonsten Markenschutz durch den Erwerb von Verkehrsgeltung an eintragungsunfähigen Zeichen im Sinne des § 8 Abs. 2 Nr. 1 bis 3 nach § 4 Nr. 2 entstehen könnte, ohne daß die benutzte Marke in das Markenregister eingetragen werden könnte, weil die Intensität der Verkehrsdurchsetzung im Sinne des § 8 Abs. 3 noch nicht erreicht ist.

Die neuere Rechtsprechung zum Ausstattungsschutz nach § 25 Abs. 1 WZG war zwar **163** nicht bereit, § 4 Abs. 3 WZG analog im Ausstattungsschutzrecht anzuwenden, suchte aber dem Rechtsgedanken dieser Vorschrift insoweit Rechnung zu tragen, als an die Breite der Durchsetzung innerhalb beteiligter Verkehrskreise um so größere Anforderungen gestellt wurden, je dringender der Verkehr diese Angaben als deskriptive Hinweise brauchte (BGHZ 30, 357, 372 – Nährbier; BGH GRUR 1969, 345, 347 – red white; 1974, 337, 338 – Stonsdorfer; auch BGHZ 42, 151, 155 – Rippenstreckmetall II). Nach dieser Rechtsprechung konnte die gebotene Interessenabwägung dazu führen, bei glatten Beschaffenheitsangaben ohne jegliche Eigenart eine nahezu einhellige Durchsetzung innerhalb beteiligter Verkehrskreise zu verlangen (BGHZ 30, 357, 372 – Nährbier).

Die Rechtsprechung veranschaulicht zwei Beispiele zum Ausstattungsschutz. Für die Be- **164** zeichnung *Stonsdorfer,* die sich von einer ursprünglich geographischen Herkunftsangabe zu einer von allen Herstellern benutzten und nur schwer ersetzbaren Sortenbezeichnung für einen bestimmten Kräuterlikör entwickelt hatte und bilateralen Schutz genoß, wurde ein Durchsetzungsgrad von 74% als nicht ausreichend angesehen, um einen Ausstattungsschutz zu Gunsten eines einzelnen Unternehmens anzuerkennen (BGH GRUR 1974, 337 – Stonsdorfer). Für die Bezeichnung *Kroatzbeere*, die von vielen Spirituosenherstellern als eine Beschaffenheitsangabe für einen Likör aus Brombeeren verwendet wurde und daher auf diesem Warengebiet zu einer Sortenbezeichnung geworden war und von einem Teil des Verkehrs dahin verstanden wurde, daß es sich um einen Fruchtlikör einer bestimmten Geschmacksrichtung handelte, wurde ein Ausstattungsschutz verneint, weil nicht eine nahezu einhellige Verkehrsdurchsetzung erreicht worden war (BGH GRUR 1975, 67 – Kroatzbeere).

**d) Deskriptive Verwendung einer deskriptiven Marke.** Wenn an einem deskripti- **165** ven Zeichen Markenschutz durch Benutzung besteht, dann richtet sich der Markenschutz nur gegen eine Benutzung des deskriptiven Zeichens als Marke (§§ 14, 23). Folge eines weitergehenden Markenschutzes an deskriptiven Zeichen wäre eine unzulässige Monopolisierung des Zeichens für einen bestimmten Rechtsinhaber. Jeder kann ein deskriptives Zeichen in seiner sprachüblichen Bedeutung im geschäftlichen Verkehr verwenden (s. § 23, Rn 9 ff.). Allerdings kann eine schlagwortartige Verwendung eines deskriptiven Zeichens durch einen Dritten, die im Verkehr als Identifizierung der Unternehmensprodukte des Rechtsinhabers verstanden wird, unzulässig sein (zum Ausstattungsschutz RGZ 167, 171 – Alpenmilch; RG MuW 1937, 257 – Herva).

**e) Beispiele der Rechtsprechung.** Sachlicher Markenschutz wurde *verneint* für *Heilerde* **166** für zu Heilzwecken bestimmte Lehmmasse (RG MuW 1933, 16 – Heilerda); für die Silbe *med* für medizinische Artikel (RG MuW 1935, 171 – Eu-Med); für *Knäckebrot* (HansOLG

Hamburg GRUR 1941, 167, 169); für *Photoprint* (HansOLG Hamburg GRUR 1949, 295); für *frischatmen* (OLG Düsseldorf GRUR 1952, 95, 96); für *Elt* als Abkürzung für Elektrizität (OLG Düsseldorf NJW 1959, 941); für *Nährbier* wegen zu geringer Durchsetzung (BGHZ 30, 357, 367 – Nährbier); für *Stonsdorfer* für einen Kräuterlikör (BGH GRUR 1974, 337 – Stonsdorfer); für *Kroatzbeere* für einen Brombeerlikör (BGH GRUR 1975, 67 – Kroatzbeere); für *Schwarzer Krauser* als Sortenbezeichnung für einen schwarzen Feinschnittabak (BGH GRUR 1990, 681 – Schwarzer Krauser).

**167** Sachlicher Markenschutz wurde *bejaht* für *Lavendel-Orangen* für Duftwasser (RG MuW 1925, 149); für *Sonnengold* für Rauchtabak (RGZ 120, 330); für *Bärenstiefel* für Schuhwaren (RGZ 120, 402); für *Mott-Nie* und *Antimott* (RG MuW 1934, 271); für *Attikah* für Zigarettensorte (RG MuW 1934, 321), obwohl verwechselbar mit der geographischen Herkunftsangabe *Attika*; für *Hutstein-Paste* für Einschleifpaste (RG MuW 1935, 355); für *Standard* für Seifen (RG GRUR 1939, 545; früher verneint RG MuW 1932, 308); für *Alpenmilch* (RGZ 167, 171, 175); für *Dextropur* (RG GRUR 1943, 128, 130); für *Valenciade* für Apfelsinen (RG GRUR 1943, 131, 134); für *Almglocke* (BGH GRUR 1961, 347, 351 – Almglocke).

## 2. Farbmarken

**Schrifttum.** S. die Schrifttumsangaben zu § 8 E I 3 e (vor Rn 89).

**168** **a) Schutzvoraussetzungen.** *Farbmarken* (Farben und Farbzusammenstellungen) sind als Marke schutzfähige Zeichen nach § 3 Abs. 1 (s. § 3, Rn 265 ff.; zur *Eintragungsfähigkeit* von Farbmarken s. § 8, Rn 89 ff.). Es gelten die allgemeinen Kriterien der *Markenfähigkeit*, wie vor allem der Grundsatz der Selbständigkeit der Marke von der Ware (s. § 3, Rn 211 ff.). So sind etwa Farben oder Farbzusammenstellungen, die ein wesensbestimmendes Merkmal des Produkts darstellen, keine als Marke schutzfähigen Zeichen; das Fehlen der Markenfähigkeit kann auch nicht durch den Erwerb von Verkehrsgeltung überwunden werden.

**169** Wenn einer markenfähigen Farbe oder Farbzusammenstellung auch konkrete Unterscheidungskraft im Sinne des § 8 Abs. 2 Nr. 1 zukommt, dann ist diese Farbe oder Farbzusammenstellung auch als Marke eintragungsfähig. An solchen markenfähigen und eintragungsfähigen Farben und Farbzusammenstellungen kann Markenschutz durch Benutzung entstehen, wenn an der Farbe oder Farbzusammenstellung *Verkehrsgeltung als Marke* nach § 4 Nr. 2 erworben wird. Wenn einer Farbe oder Farbzusammenstellung die konkrete Unterscheidungskraft fehlt und damit ein absolutes Schutzhindernis nach § 8 Abs. 2 Nr. 1 besteht, dann kann die Farbe oder Farbzusammenstellung nur eingetragen werden, wenn sie infolge ihrer Benutzung Verkehrsdurchsetzung erworben hat (§ 8 Abs. 3). An solchen zwar markenfähigen, aber eintragungsunfähigen Farben und Farbzusammenstellungen kann Markenschutz durch Benutzung nicht schon durch den Erwerb von Verkehrsgeltung im Sinne des § 4 Nr. 2, sondern erst durch den Erwerb von Verkehrsdurchsetzung nach § 8 Abs. 3 analog entstehen (s. Rn 134 ff.). Diese rechtliche Differenzierung des markenrechtlichen Farbenschutzes folgt aus der Einheitlichkeit und Gleichwertigkeit der nach der Entstehung des Markenschutzes zu unterscheidenden Markenkategorien des § 4. An die Entstehung des Markenschutzes durch Benutzung einer Farbmarke sind keine geringeren Anforderungen als an die Entstehung des Markenschutzes durch die Eintragung einer Farbmarke zu stellen.

**170** Unter der Vorgabe der rechtlichen Voraussetzungen der Markenfähigkeit und Eintragungsfähigkeit von Marken nach dem MarkenG gilt die *Rechtsprechung zum Ausstattungsschutz an Farben* nach § 25 Abs. 1 WZG unter der Einschränkung weiter, daß zwar zum Erwerb von Verkehrsgeltung oder Verkehrsdurchsetzung die Verwirklichung der Herkunftsfunktion des Zeichens zwar zureichend, aber nicht zwingend geboten ist, da auch die Verwirklichung der Identifizierungsfunktion der Marke der Entstehung des Markenschutzes genügt.

**171** **b) Markenfähigkeit von Farbzeichen.** Farben und Farbzusammenstellungen sind nach § 3 Abs. 1 als Marke schutzfähige Zeichen (s. § 3, Rn 265 ff.). Farbzeichen sind nur dann abstrakt unterscheidungsgeeignet und damit markenfähig, wenn sie die allgemeinen Kriterien der *Markenfähigkeit*, wie vor allem den Grundsatz der *Selbständigkeit der Marke von dem Produkt* erfüllen. Das Farbzeichen muß abstrakt geeignet sein, als Unterscheidungszeichen Unternehmensprodukte des Markeninhabers auf dem Markt zu identifizieren; es darf nicht mit dem Produkt, das es kennzeichnet, identisch sein (s. § 3, Rn 211 ff.). Auch im Ausstattungsschutzrecht des WZG war die *objektive Ausstattungsfähigkeit* der Farbgebung Schutzvoraussetzung des § 25 Abs. 1 WZG. Die Farbe oder Farbkombination durfte nicht das Wesen oder den Wert der Ware ausmachen. Als wesensbestimmendes Merkmal einer Ware war die Farbe nicht schutzfähig. Nichts anderes gilt insoweit auch für die Entstehung des Markenschutzes durch Benutzung nach dem MarkenG. Da die Markenfähigkeit von Farbmarken nach § 3 Abs. 1 aber *unabhängig von einer formalen Begrenzung zweidimensionaler oder dreidimensionaler Art* für eine konkrete Farbe als solche besteht (s. § 3, Rn 267a ff.), kann Markenschutz durch Benutzung nach § 4 Nr. 2 auch an *konturlosen Farben* entstehen. Der Farbmarkenschutz einer Benutzungsmarke ist nach der Rechtslage im MarkenG insoweit weiterreichend als der Ausstattungsschutz einer Farbe nach § 25 WZG. Diese veränderte Rechtslage ist bei einem Rückgriff auf die Rechtsprechung zum Ausstattungsschutz zu berücksichtigen.

Die dem Herzsymbol entsprechende *rote Farbe einer Herzwandvase* ist ein wesensbestimmendes Merkmal der Ware und damit nicht abstrakt unterscheidungsgeeignet, so daß an der roten Farbgebung Markenschutz durch Benutzung auch nicht aufgrund des Erwerbs von Verkehrsgeltung erworben werden kann (Ausstattungsschutz verneint BGHZ 16, 296 – rote Herzwandvase). Nicht markenfähig ist auch die *weiße Farbe von Spielzeugbausteinen,* wenn die Farbe einem üblichen Verputz von Gebäuden entspricht (BGH GRUR 1964, 621, 623 – Klemmbausteine). Nicht markenfähig ist die Einschmutzen verhindernde *bräunliche Färbung eines Wundpflasters,* da die Farbgebung technisch-funktionell bedingt ist (RG GRUR 1941, 238 – Leukoplast/Hansaplast). Als schutzunfähig wurden *farbige Außenriemen auf Sportschuhen* angesehen, wenn die Farbverschiedenheit dazu diente, die Unterscheidungsmöglichkeiten unter verschiedenen Sportschuhen etwa in einer Garderobe zu verbessern (BGH GRUR 1962, 299, 303 – form-strip; kritisch *Reimer/Heydt,* Kap. 39, Rn 6). Ebenso wurde für *farbige Streifen auf Trainingsanzügen* ein sachliches Markenrecht verneint (BGH GRUR 1972, 546, 547). Die warenbedingte Funktion einer Farbe oder Farbzusammenstellung kann sich nach der Verkehrsauffassung auch aus ästhetischen Gründen der Mode und des Geschmacks ergeben. So wurde die *farbige Bemusterung von Textilerzeugnissen,* bei denen die Abnehmer entscheidendes Gewicht auf das äußere Erscheinungsbild des Produkts legen, als ein wesensbestimmendes Merkmal der Ware beurteilt (BGHZ 35, 341, 347 – Buntstreifensatin I; ÖOGH ÖBl 1961, 11 – Buntsatin-Irisette). Die Farbe eines Produkts wird häufig absatz- und werbepsychologisch bedingt sein. Solche wesensbestimmenden Farbmerkmale eines Produkts sind dem Markenschutz durch Benutzung nicht zugänglich, um eine solche Art der Produktgestaltung nicht zu monopolisieren. Wenn die Farbgebung eines Produkts weder dessen Wesen noch Wert ausmacht, vielmehr willkürlich gewählt ist, dann ist sie dem sachlichen Markenschutz auch dann zugänglich, wenn sie zugleich den Gebrauchszweck des Produkts fördert. Der *rote Strich unter der Schlagzeile einer Zeitung* wurde als technisch-funktionell bedingt beurteilt und Ausstattungsschutz verneint (RG GRUR 1932, 460; zust. *Reimer/Heydt,* Kap. 39, Rn 10; kritisch *Ulmer,* JW 1932, 1855; *Reimer,* Kap. 39, Rn 10; OLG Wien, ÖBl 1958, 49). Die Entscheidung kann nach dem MarkenG nicht mehr gelten (so schon zum WZG *Baumbach/Hefermehl,* § 25 WZG, Rn 54). Zwar mag die rote Unterstreichung von Schlagzeilen bei Zeitungen üblich sein, so ist der rote Strich als Farbzeichen doch gegenüber der Zeitung als Produkt selbständig und damit als abstrakt unterscheidungsgeeignetes Zeichen als Marke schutzfähig und so dem Markenschutz durch Benutzung zugänglich. Einem roten Strich als Farbzeichen für Zeitungen fehlt aber die konkrete Unterscheidungskraft im Sinne des § 8 Abs. 2 Nr. 1. Das schutzfähige Farbzeichen ist als Marke nur eintragungsfähig, wenn es Verkehrsdurchsetzung nach § 8 Abs. 3 erworben hat. Deshalb kann an dem roten Strich als Farbzeichen Markenschutz durch Benutzung nicht schon durch den Erwerb von Verkehrsgeltung im Sinne des § 4 Nr. 2, sondern erst aufgrund des Erwerbs von Verkehrsdurchsetzung im Sinne des § 8 Abs. 3 analog entstehen. Eine formale Begrenzung der Farbe und Farbzusammenstellung begründet regelmäßig die Markenfähigkeit des Farbzeichens; einem typischen Farbton als solchem kann aber auch unabhängig von einer formalen Begrenzung die abstrakte Unterscheidungseignung zur Begründung der Markenfähigkeit zukommen (s. näher zur restriktiven Haltung der Rechtsprechung § 3, Rn 265 ff.).

**c) Farbzeichen als identifizierende Unterscheidungszeichen.** Der Erwerb von Verkehrsgeltung im Sinne des § 4 Nr. 2 an markenfähigen Farbzeichen mit konkreter Unterscheidungskraft sowie der Erwerb von Verkehrsdurchsetzung im Sinne des § 8 Abs. 3 an markenfähigen Farbzeichen ohne konkrete Unterscheidungskraft im Sinne des § 8 Abs. 2 Nr. 1 bezieht sich auf die Verwirklichung der rechtserheblichen Markenfunktionen. Im Ausstattungsschutzrecht des WZG war erforderlich, daß das Farbzeichen herkunftskennzeichnende Funktion besitzt. Als ausstattungsschutzfähig war eine Farbe oder Farbzusammenstellung nur dann anerkannt, wenn gerade sie die Vorstellung im Verkehr auslöste, die mit ihr ausgestatteten Waren stammten aus einem bestimmten Unternehmen.

174 Nach dem MarkenG genügt es, wenn die Farbmarke ein identifizierendes Unterscheidungszeichen darstellt. Verkehrsübliche Farbgebungen eines Produkts werden im Verkehr gewöhnlich nicht als Unterscheidungszeichen verstanden, sondern lediglich als Schmuck, Ornament und Verzierung oder als ein Merkmal einer bestimmten Produktbeschaffenheit gewertet. Selbst wenn der Verkehr ein Produkt, das mit einer bestimmten Farbe oder Farbzusammenstellung gestaltet ist, einem bestimmten Unternehmen zuschreibt, so folgt daraus nicht zwingend die kennzeichnende Funktion der Farbgebung. Die Vorstellung des Verkehrs über die Herkunft des Produkts kann etwa auch darauf beruhen, daß der Verkehr aus anderen Gründen (Herstellungs- oder Vertriebsmonopol) das Produkt einem Unternehmen zuschreibt. Der Erwerb von Verkehrsgeltung oder Verkehrsdurchsetzung verlangt aber, daß die Identifizierung des Produkts im Verkehr gerade auf der kennzeichnenden Wirkung der Farbmarke beruht. Die Produktidentifikation muß auf der Unterscheidungsfunktion der Farbe oder Farbzusammenstellung gründen. Erst diese gedankliche Verknüpfung begründet die *Kennzeichnungsfunktion der Farbe oder Farbzusammenstellung* als eines Unterscheidungszeichens. Unerheblich ist, ob mit der Farbgebung des Produkts von vornherein die Absicht einer Produktkennzeichnung im markenrechtlichen Sinne verbunden war oder ob sich die Kennzeichnungsfunktion unbeabsichtigt aus der Benutzung der Farbmarke im Verkehr ergibt.

175 **d) Intensität der Verkehrsgeltung.** Schon im Ausstattungsschutzrecht des WZG wurden bei der Feststellung der Verkehrsgeltung einer Farbe oder Farbkombination im Hinblick auf das Freihalteinteresse an die Breite und Stärke einer Verkehrsdurchsetzung hohe Anforderungen gestellt und ein strenger Maßstab angelegt (BGH GRUR 1957, 369, 371 – Rosa-Weiß-Packung; 1962, 299, 302 – form-strip; 1968, 371, 374 – Maggi II; *Blasendorff*, GRUR 1954, 294, 298; *Möhring*, MA 1950, 139, 140). Dies war schon deshalb geboten, weil Farben und Farbzusammenstellungen sowohl für die Produktgestaltung, wie auch für Marketing und Werbung unabdingbar sind. Unter Anwendung des Rechtsgedankens des § 4 Abs. 3 WZG wurden an die Verkehrsdurchsetzung einer Farbe oder Farbkombination desto höhere Anforderungen gestellt, je mehr die Unternehmen im Wettbewerb auf die Benutzung solcher Farbzeichen vor allem in der Werbung angewiesen waren. Die Anerkennung eines Ausstattungsschutzes nach § 25 Abs. 1 WZG an einer Grundfarbe wurde nur mit äußerster Zurückhaltung angenommen (BGH GRUR 1957, 369, 371 – Rosa-Weiß-Packung; GRUR 1969, 190 – halazon; *Hefermehl*, FS Möhring, 1965, S. 226). Ausstattungsschutz an einer Grundfarbe oder an einer naheliegenden oder gebräuchlichen Farbgebung verlangte den Nachweis einer besonders starken und nicht nur örtlich begrenzten Verkehrsdurchsetzung. Wenn Verkehrsgeltung in dem erforderlichen Maß und Umfang erreicht war, dann konnte der Schutz einer farbigen Ausstattung nicht mehr mit dem Hinweis auf ein Freihalteinteresse der Mitbewerber versagt werden (BGHZ 39, 357, 371 – Nährbier; BGH GRUR 1962, 299, 302 – form-strip). Das Korrektiv gegen eine den freien Verkehr beeinträchtigende Monopolisierung von Farben oder Farbkombinationen lag allein im Grad der zu verlangenden Verkehrsgeltung.

176 Der differenzierende Maßstab zur Feststellung der Verkehrsdurchsetzung einer farbigen Ausstattung nach dem WZG ist der Rechtslage nach dem MarkenG vergleichbar. Zur Entstehung des Markenschutzes durch Benutzung genügt der Erwerb von Verkehrsgeltung im Sinne des § 4 Nr. 2, wenn das Farbzeichen nicht nur markenfähig im Sinne des § 3, sondern auch konkret unterscheidungskräftig im Sinne des § 8 Abs. 2 Nr. 1 ist. Wenn dagegen dem Farbzeichen die konkrete Unterscheidungskraft nach § 8 Abs. 2 Nr. 1 fehlt, dann ist für die Entstehung des Markenschutzes durch Benutzung nach § 4 Nr. 2 der Erwerb von Verkehrsdurchsetzung im Sinne des § 8 Abs. 3 analog zu verlangen (s. Rn 134 ff.).

e) **Absolute Verkehrsgeltungshindernisse.** Markenschutz durch Benutzung nach § 4 Nr. 2 kann nicht an solchen als Marke schutzfähigen Zeichen im Sinne des § 3 entstehen, die wegen Bestehens eines absoluten Schutzhindernisses nach § 8 Abs. 2 Nr. 4 bis 9 von der Eintragung als Marke in das Markenregister ausgeschlossen sind. § 8 Abs. 2 Nr. 4 bis 9 analog bilden *absolute Verkehrsgeltungshindernisse* (s. Rn 98ff.). An Zeichen, an denen Markenschutz durch Eintragung wegen Bestehens eines nicht durch den Erwerb von Verkehrsdurchsetzung überwindbaren absoluten Schutzhindernisses nicht entstehen kann, kann auch kein Markenschutz durch den Erwerb von Verkehrsgeltung entstehen. Schutzunfähig sind etwa Farben und Farbzusammenstellungen, die als Staatswappen, Staatsflaggen oder andere staatliche Hoheitszeichen (§ 8 Abs. 2 Nr. 6) oder als Bezeichnungen internationaler zwischenstaatlicher Organisationen (§ 8 Abs. 2 Nr. 8) dienen. Deshalb kann Markenschutz durch Benutzung nicht an den *Hamburger Landesfarben rot-weiß* für die Tageszeitung *Hamburger Anzeiger* entstehen (so zum Ausstattungsschutz HansOLG Hamburg, WRP 1955, 139 – Hamburger Anzeiger).

f) **Farbenschutz durch Wortmarken.** Markenschutz an einer Farbe kann nicht durch Benutzung einer Wortmarke, die die Farbe sprachlich ausdrückt, entstehen. Sachlicher Markenschutz an einer Farbe oder Farbzusammenstellung kann nur entstehen, wenn das Farbzeichen als solches tatsächlich verwendet wird. Wenn eine Farbmarke benutzt wird, dann ist die sprachliche Wiedergabe der Farbe in Worten nur ein Mittel, um die Vorstellung im Verkehr zu fördern, das Farbzeichen werde als identifizierendes Unterscheidungszeichen verwendet. Auf diese Weise wird die Verkehrsdurchsetzung gefördert.

Das RG verneinte einen sachlichen Markenschutz an dem *Wortzeichen Blau-Gold,* da die Wortverbindung keine selbständige Bedeutung habe, sondern nur mit den tatsächlich benutzten Farben sinnvoll sei und an sie erinnere. Die Farben *blau* und *gold* hatten nur als eine konkrete *grünlich-blaue Farbtönung mit goldener Aufschrift* Verkehrsgeltung erlangt; anders läge es nach Auffassung des RG, wenn die Farben *blau* und *gold* als solche sich im Verkehr als Herkunftshinweis durchgesetzt hätten. Abgelehnt wurde im Eilverfahren (ohne demoskopisches Gutachten), daß die Farbe *gelb* schlechthin auf die Bundespost hinweise und für sie unabhängig von der verwendeten *Gelb-Nuance* sachlicher Markenschutz bestehe (OLG Frankfurt NJW 1988, 2480; zum Ausstattungsschutz der postgelben Farbe nach § 25 Abs. 1 WZG s. OLG Frankfurt NJW-RR 1992, 1519 – Gelbe Seiten).

Sachlicher Markenschutz an einer *berühmten* Farbzusammenstellung bezieht sich auch auf die sprachliche Wiedergabe des Farbzeichens (BGH GRUR 1961, 280, 282 zur berühmten *blau-goldenen Verpackung* der Parfümerie-Erzeugnisse *Tosca*).

g) **Unmittelbarer und mittelbarer Farbenschutz.** Der Farbenschutz durch Benutzung nach § 4 Nr. 2 ist ein selbständiger und unmittelbarer Markenschutz der Farbe oder Farbzusammenstellung, die als identifizierendes Unterscheidungszeichen Verkehrsgeltung erworben haben. Dem steht nicht entgegen, daß Farbmarken zumeist in Verbindung mit Wörtern, Bildern oder sonstigen Merkmalen verwendet werden (etwa der *rote i-Punkt* als Bestandteil der Wortbildmarke *Knirps* BGH GRUR 1982, 51 – Rote-Punkt-Garantie). Voraussetzung eines selbständigen und unmittelbaren Farbenschutzes ist nur, daß die Farbmarke einen kennzeichnenden Teil der Gesamtaufmachung darstellt und als solche der Produktidentifikation dient. Wenn der Farbe oder Farbzusammenstellung als solche keine kennzeichnende Funktion als Marke zukommt, dann kommt nur ein unselbständiger und mittelbarer Farbenschutz in Betracht, wenn die Farbe den Schutzbereich des etwa an der Gesamtaufmachung bestehenden Markenrechts mitbestimmt.

Voraussetzung eines *unmittelbaren Farbenschutzes* ist der Erwerb von Verkehrsgeltung als Farbmarke (zur Durchsetzung als Herkunftshinweis im Ausstattungsschutzrecht BGH GRUR 1956, 179, 180 – Ettaler-Klosterliqueur; 1966, 30, 32 – Konservenzeichen I). Eine solche Verkehrsgeltung wird sich bei Farben als Teil einer Gesamtaufmachung nicht ohne weiteres bilden. Wenn den sonstigen Aufmachungsmerkmalen wie Wörtern und Bildern selbst eine bestimmte Eigenart zukommt, dann wird sich die Wirkung einer Farbgebung zunächst darauf beschränken, die Kennzeichnungskraft der übrigen Bestandteile und der Gesamtaufmachung zu fördern; die Farbe oder Farbzusammenstellung dient als bloßes Beiwerk der Gesamtaufmachung. Der Farbkombination *rosa-weiß einer Seifenpackung* wurde Ausstattungsschutz nach § 25 Abs. 1 WZG versagt, weil das Charakteristische der Ausstattung die

Beschriftung der Packung mit den Ziffern *8 mal 4* war, und die der Packung zugrunde liegende Farbe in der kurzen Zeit, in der sie verwendet worden war, unabhängig von der kennzeichnungskräftigen Zahlenkombination noch keine selbständige Verkehrsgeltung erwerben konnte (BGH GRUR 1957, 369, 371 – Rosa-Weiß-Packung; kritisch *Reimer/Heydt*, Kap. 39, Rn 6). Unmittelbarer Farbenschutz setzt aber nicht voraus, daß die Kennzeichnungskraft entscheidend von dem farbigen Teil der Gesamtaufmachung ausgeht und alle übrigen Aufmachungsmerkmale lediglich als bloßes Beiwerk ohne eigene Kennzeichnungskraft erscheinen. Bei einer zusammengesetzten Gesamtaufmachung können Wortmarken, Bildmarken und Farbmarken sowohl nebeneinander als auch die Gesamtaufmachung als solche Verkehrsgeltung besitzen (BGH GRUR 1968, 371, 374 – Maggi II). So wirkt bei den *Bassermann-Konserven* der Name *Bassermann* gegenüber einem *schwarzen Querbalken mit weißer Inschrift* nicht als bloßes Beiwerk; sowohl an der farbigen graphischen Gestaltung als auch an dem Namen *Bassermann* kann jeweils unmittelbarer Markenschutz bestehen, wenn die Zeichen jeweils selbständig als Marke Verkehrsgeltung erwerben (BGH GRUR 1966, 30, 32 – Konservenzeichen I). Es ist gerade die Verbindung einer Farbgebung etwa mit einer bekannten Wortmarke ein Umstand, der die Durchsetzung der Farbmarke als Unterscheidungszeichen innerhalb beteiligter Verkehrskreise fördert, weil der Verkehr bei ihrem Anblick sofort an den bekannten Namen denkt (*Heydt*, GRUR 1966, 33; *Beier*, GRUR 1980, 600, 604). So stellt die Farbkombination *blau-weiß* bei den *Aral-Tankstellen* im Vergleich zu den übrigen Bestandteilen der Gesamtaufmachung kein bloßes Beiwerk dar, sondern besitzt selbständige Kennzeichnungskraft, nicht zuletzt deshalb, weil die Farbkombination mit der Marke *Aral* erscheint und deshalb als identifizierendes Unterscheidungszeichen für *Aral*-Produkte verstanden wird (zum Herkunftshinweis der Farbkombination OLG Düsseldorf, MuW 1930, 540, 541 – blau-weißes Pumpengehäuse). Ein Autofahrer, der an eine Tankstelle mit einem blau-weißen Schild fährt, um dort zu tanken, will Benzin der Marke *Aral* und nicht etwa *blau-weiß* tanken (*Heydt*, GRUR 1966, 33 ff.; zur *gelb-roten Shell-Tankstelle* RG GRUR 1933, 39 – gelb-rote Tankstelle; zu den *Blau-Gold-Packungen* der Parfümerieerzeugnisse *4711* RG GRUR 1931, 1290).

**183** Wenn andere Produkte, die gleichen oder benachbarten Branchen angehören, mit einer gleichen oder ähnlichen Farbgebung auf dem Markt sind, dann wird die Farbgebung als solche noch nicht als ein Unterscheidungszeichen verstanden. Auch wenn eine Farbe oder Farbzusammenstellung nicht als Teil einer Gesamtaufmachung erscheint, jedoch nur in Verbindung mit einer Wortmarke oder einem Unternehmenskennzeichen im Verkehr verwendet wird, dann ist nicht ohne weiteres anzunehmen, daß die Farbgebung als solche eine bestimmte die Unternehmensprodukte identifizierende Vorstellung im Verkehr auslöst. Es wird zumeist besonderer Maßnahmen zur Beeinflussung der Verkehrsauffassung bedürfen, um die Farbe oder Farbzusammenstellung als eine selbständige Farbmarke mit Identifizierungsfunktion im Verkehr durchzusetzen.

**184** **h) Produktbezug der Farbmarke.** Eine Farbe oder Farbzusammenstellung muß in einer dem Verkehr erkennbaren *Beziehung zu dem Produkt* benutzt werden, das sie von Produkten anderer Unternehmen unterscheidet. Ohne einen Produktbezug der Farbmarke wird diese ihre Identifizierungsfunktion nicht erfüllen. Farben oder Farbzusammenstellungen als solche haben von sich aus keine erkennbare Beziehung zu den Produkten eines Unternehmens, so daß der Produktbezug regelmäßig erst aufgrund intensiver Werbung hergestellt wird.

**185** Es wurde Ausstattungsschutz nach § 25 Abs. 1 WZG für die farbige Aufmachung einer Schachtel verneint, in der die Ware nicht üblicherweise gehandelt, sondern nur beim Verkauf zur Verwahrung der Kaufsache mitgegeben wurde (RG GRUR 1938, 523, 526 – PB-Spezial-Pistole). Die farbige Aufmachung eines gewöhnlichen Lkw oder Pkw, in dem Waren zwar befördert, nicht aber in Wettbewerb mit anderen Waren dem Verbraucher angeboten werden, besitzt als solche keine Identifizierungsfunktion. Wird die Hauswand oder der Giebel eines Geschäftsgebäudes mit einer Farbe versehen, so fehlt es, abgesehen von der Üblichkeit farbiger Anstriche, an einer Beziehung zu bestimmten Produkten, so daß sich die Vorstellung, der farbige Gebäudeanstrich solle Unternehmensprodukte identifizieren und damit als Marke kennzeichnen, im Verkehr nur selten bilden wird. Soweit ein Geschäftsbetrieb, seine Räume oder Einrichtungen gekennzeichnet werden, kommt ein Schutz als Geschäftsabzeichen nach § 5 Abs. 2 S. 2 in Betracht, wenn das Zeichen innerhalb beteiligter Verkehrskreise als Kennzeichen des Geschäftsbetriebs gilt.

Ein Produktbezug der Farbmarke ist dann gegeben, wenn sich die Farbe oder Farbzusammenstellung etwa auf der Verpackung der Ware befindet. So kann die farbige Aufmachung der *Zapfsäule einer Tankstelle* als Farbmarke für das angebotene Benzin gelten (RG GRUR 1933, 39 – gelb-rote Tankstelle; OLG Düsseldorf MuW 1930, 540 – blau-weißes Pumpengehäuse). Nichts anderes gilt für die farbige Aufmachung von *Tankstellenanlagen* insgesamt, bei denen der Produktbezug zu den angebotenen Kraftstoffen, Ölen und Pflegemitteln dem Kraftfahrer deutlich erkennbar ist. Auch die farbige Aufmachung einer *Tankstellenquittung,* die den Zahlungsempfang für den erworbenen Kraftstoff bestätigt, kann als Farbmarke geschützt sein (aA OLG Hamm BB 1964, 1230, das Ausstattungsschutz nach § 25 Abs. 1 mit der Begründung verneinte, die *gelb-roten* Hausfarben der *Shell AG* würden von dieser sonst nur mit ihren Wort- und Bildmarken benutzt, die der Verkehr nicht als bedeutungsloses Beiwerk betrachte; dazu kritisch *Reimer/Heydt,* Kap. 39, Rn 6).

**i) Konkretheit des Farbenschutzes.** Der Markenschutz einer Farbmarke erstreckt sich nur auf die konkrete Farbe oder Farbzusammenstellung, die innerhalb beteiligter Verkehrskreise als identifizierendes Unterscheidungszeichen gilt und den Schutzinhalt der Farbmarke nach § 14 bestimmt. Darin liegt ein wesentlicher Unterschied des Markenschutzes durch Benutzung zum Markenschutz durch Eintragung. Das durch Eintragung eines Zeichens entstehende Markenrecht erstreckt sich auch als Schwarzweißmarke auf alle Farben (§ 32, Rn 20).

Der Markenschutz durch Benutzung an einer *goldenen Zickzacklinie* erfaßt deshalb eine *blaue Zickzacklinie* nur, wenn der Verkehr die Zickzacklinie als solche ohne Rücksicht auf die Farbgebung als identifizierend ansieht (BGH GRUR 1953, 40, 43 – Gold-Zack). Ebenso entsteht sachlicher Markenschutz nur dann für jede Art der farblichen Verschiedenheit von *Außenriemen auf Sportschuhen und Schaftleder,* wenn die Linienführung der Riemenanordnung (Flügelstreifen) vom Verkehr selbst als identifizierendes Unterscheidungszeichen angesehen wird (zum Herkunftshinweis im Ausstattungsschutzrecht BGH GRUR 1962, 299, 302 – form-strip).

Wird eine Farbe oder Farbzusammenstellung auf den markierten Produkten nicht völlig gleichförmig benutzt, so sind die verschiedenen Benutzungsformen als Farbmarke nur geschützt, wenn jede einzelne Benutzungsform die erforderliche Verkehrsgeltung erlangt. Wenn mehreren *Abwandlungen einer Farbmarke,* etwa in den Konturen, den Flächen oder der Tönung, innerhalb eines Produktsortiments jeweils einzelner Markenschutz nicht zukommt, dann kann sich ein Markenschutz durch Benutzung auch auf die konkret erfaßbaren gemeinsamen Merkmale der nicht durchweg übereinstimmenden Aufmachungen gründen. Es kommt darauf an, ob die *gemeinsamen Merkmale* in ihrer Gesamtheit als Farbmarke eine Einheit bilden, um als Unterscheidungszeichen Produkte auf dem Markt identifizieren zu können. Besteht eine Einheitlichkeit der Farbmarke, dann bilden die Gemeinsamkeiten der Abwandlungen der Farbe und Farbzusammenstellungen den Gegenstand des sachlichen Markenrechts. Ein solcher Farbenschutz ist nicht auf eine bestimmte graphische Gestaltung oder Raumaufteilung der Farben beschränkt (zur *gelb-roten* Farbgebung des *Maggi*-Sortiments BGH GRUR 1968, 371 – Maggi II). Wenn die Abwandlungen der Farbmarke erheblich verändern, dann wird es regelmäßig an der Einheitlichkeit der Marke als einem allgemeinen Kriterium der Markenfähigkeit fehlen (s. dazu 3, Rn 216) und werden die Abwandlungen der Farbgebung kein als Marke schutzfähiges Farbzeichen bilden. Selbst bloße Größenunterschiede in der Fläche des Farbzeichens können der Markenfähigkeit entgegenstehen. Wenn etwa ein isolierter *roter Punkt* einer bestimmten Größe Verkehrsgeltung als *i-Punkt* erworben hat, dann ist Gegenstand der Farbmarke nicht ein roter Punkt in jeder beliebigen Größe, da der Größenunterschied die Eigenart des Farbzeichens hinsichtlich der Identifizierungsfunktion verändern kann (BGH GRUR 1982, 51, 52 – Rote-Punkt-Garantie).

**j) Konturloser Farbenschutz.** Der Farbenschutz an einer Farbe oder Farbzusammenstellung besteht grundsätzlich nur in der konkreten Erscheinungsform, in der die Farbmarke als Unterscheidungszeichen verwendet wird. Die Rechtsprechung zum Ausstattungsschutz nach § 25 WZG anerkannte keinen abstrakten Schutz an einer Farbe oder Farbkombination als solchen ohne konkrete Konturen oder Flächen vor allem unter Hinweis auf die ver-

# MarkenG § 4   191–194   Entstehung des Markenschutzes

gleichbare Ablehnung eines allgemeinen Motivschutzes (BGH GRUR 1953, 40, 41 – Gold-Zack; 1968, 371, 374 – Maggi II, mit Anm. *Hefermehl*; 1979, 853, 855 – LILA; OLG Stuttgart WRP 1966, 225; s. dazu *Hefermehl*, FS für Möhring, S. 225; *Borck*, WRP 1966, 231, 234). Verlangt wurde eine gegenständliche Konkretheit der farbigen Aufmachung wie etwa durch Konturen, die graphische Anordnung, die Farbfläche, die Farbaufteilung oder den Farbton. Nur eine individualisierte Einheit von Farbe und Form war als Ausstattung schutzfähig, wenn sie sich im Verkehr als Herkunftshinweis durchgesetzt hatte (weitergehend *Beier*, GRUR 1980, 600, 606, der bei entsprechender Verkehrsgeltung schon die bloße Farbe oder Farbkombination ohne jede weitere Konkretisierung als alleinigen Schutzgegenstand einer Ausstattung anerkannte, ohne damit aber einen absoluten Schutz der Farbe zu verbinden).

**191**   Nach dem MarkenG sind Farben und Farbzusammenstellungen als solche markenfähig, wenn die übrigen Kriterien der Markenfähigkeit, wie Selbständigkeit, Einheitlichkeit und graphische Darstellbarkeit der Marke, vorliegen und keine Ausschlußgründe nach § 3 Abs. 2 gegeben sind. Aufgrund der allgemeinen Markenfähigkeit einer Farbe oder Farbzusammenstellung ist das Bestehen eines *Farbenschutzes an konturlosen Farben* unabhängig von einer formalen Begrenzung zweidimensionaler oder dreidimensionaler Art möglich (s. § 3, Rn 267a ff.). Damit ist nicht die Anerkennung eines abstrakten Farbmarkenschutzes verbunden.

**192**   Von der Farbmarke als Gegenstand des Markenschutzes ist der Schutzbereich des Markenrechts und damit die Reichweite des Farbenschutzes zu unterscheiden. In einem *ersten* Prüfungsschritt ist die konkrete Farbmarke als Unterscheidungszeichen festzustellen: die bestimmte Farbe oder Farbzusammenstellung einschließlich der graphischen Gestaltung der Konturen und Flächen. In einem *zweiten* Prüfungsschritt ist der Schutzbereich der Farbmarke gegenüber einer verwechslungsfähigen Farbmarke eines anderen Unternehmens im Ähnlichkeitsbereich der Farbmarke des Markeninhabers festzustellen (zum Schutzinhalt einer Farbmarke s. § 14, Rn 198 ff.).

**193**   **k) Beispiele der Rechtsprechung. aa) Schutzfähige Farbmarken.** Farbenschutz wurde *bejaht* für den *schokoladenbraunen Aufdruck einer Zigarette* (RG MuW 1909, 159 – Salem-Aleikum); für die *gelbe Packung für M. K. Papier* (RG GRUR 1929, 710); für die Hausfarben *blau-weiß* der Mineralölgesellschaft *Aral* (OLG Düsseldorf MuW 1930, 540 – blau-weißes Pumpengehäuse); für die Farbzusammenstellung *blau-weiß* auf *Aral-Zapfsäulen* (ÖOGH GRUR Int 1970, 58 – Aral-Farben; 1975, 60 – Aral II); für die Hausfarben *gelb-rot* der Mineralölgesellschaft *Shell* (RG MuW 1933, 74 – gelb-rote Tankstelle; OLG Hamm BB 1964, 1230); für die unübliche und auffallende *grüne Färbung von Kohlepapier* (LG Düsseldorf MA 1953, 385); für die *grün-weiß-rote Persilpackung*, die aus einem *roten Schild mit weißer Inschrift auf grünem Grund* bestand (RG MuW 1931, 344 – Persil); für die *grüne Färbung von Wickelsternen*, die zum Aufwickeln von Leinenzwirn dienen (BGHZ 16, 82 – Wickelsterne); für eine *goldene Zickzacklinie für Gummilitzen* (BGH GRUR 1953, 40 – Gold-Zack); für eine *blau-weiße Kunststoffdose für Nähmaschinennadeln* (OLG Düsseldorf GRUR 1956, 416); für die *olivgrün-weiße Verpackung* von *Kaloderma*-Erzeugnissen in Verbindung mit der graphischen Ausgestaltung (OLG Karlsruhe GRUR 1962, 587); für die *blauviolette* Farbtönung für *Milchschokolade* (ÖOGH ÖBl 1959, 115 – Milka-Packung; zur Ablehnung der Unterscheidungskraft einer konturlosen Farbgebung s. aber auch BGH GRUR 1979, 853, 855 – LILA; s. zur Markenfähigkeit eines typischen Farbtons im einzelnen § 3, Rn 265 ff.); für die *lindgrüne Verpackung von Schwarz-weiß-Filmen* (LG München GRUR 1966, 443 – Der grüne Film); für die *rote Raute auf weißem oder hellem Grund* für Benzin, Öle und dergleichen der Mineralölgesellschaft *Gasolin* (LG Hannover GRUR 1967, 98); für die Hausfarben *gelb-rot* der *Maggi*-Erzeugnisse (BGH GRUR 1968, 371 – Maggi II; OLG Stuttgart DB 1965, 968; RG JW 1907, 565 – gelb-rote Maggipackung; HansOLG Hamburg MuW 1917, 111 – gelb-rote Maggiwürfel); für die *postgelbe* Farbe für die Branchentelefonbücher *Gelbe Seiten* der Deutschen Postreklame (OLG Frankfurt NJW-RR 1992, 1519 – Gelbe Seiten).

**194**   **bb) Schutzunfähige Farbmarken.** Farbenschutz wurde verneint für die *braune Farbe einer Pappschachtel* (RG GRUR 1938, 523 – PB-Spezial-Pistole); für die *bräunliche Färbung eines Wundpflasters* als technisch bedingt (RG GRUR 1941, 238 – Leukoplast/Hansaplast); für die *rote Färbung von Herzwandvasen*, weil das Publikum aus der roten Farbe nicht auf eine bestimmte Herkunftsstätte schließe (BGHZ 16, 296 – rote Herzwandvase); für den *roten Signet-Kasten auf dem Titelblatt einer Illustrierten Zeitschrift,* wenn ihm keine selbständige Kennzeichnungskraft zukommt (OLG Düsseldorf GRUR 1956, 35); für die *Rot-weiß-Packung* der *8 mal 4-Seifenerzeugnisse,* da es an der erforderlichen Verkehrsgeltung als Herkunftshinweis fehlte (BGH GRUR 1957, 369 – Rosa-Weiß-Packung); für die *farbige Bemusterung von Textilerzeugnissen,* da diese wesensbestimmend seien (BGHZ 35, 341, 345 – Bundstreifensatin I; ÖOGH ÖBl 1961, 11 – Buntsatin-Irisette); für die *Verschiedenfarbigkeit von Außenriemen auf Sportschuhen,* weil ein Ausstattungsschutz nach § 25 Abs. 1 WZG nur für eine bestimmte im Verkehr durchgesetzte Farbe bestehen könne (BGH GRUR 1962, 299, 303 – formstrip); für die Benutzung *verschiedenfarbigen Verpackungspapiers für Orangen* (ÖOGH ÖBl 1964, 88, 90); für die *weiße Farbe von Spielbausteinen,* da die Farbe für das Produkt wesensbestimmend sei (BGH GRUR 1964, 621, 623 – Klemmbausteine); für *Gelb-Orange-Rot auf dem Kelly-Säckchen* (ÖOGH ÖBl 1977, 103 – Kelly-Chips); für die *Orange-Färbung von Zeichen- und Schreibschablonen* (BGH GRUR 1972, 122 – Schablonen); für die Farbkombination *grau/magenta* für die Umschlagseiten von Telefonverzeichnissen, da an den zum Erwerb von Verkehrsdurchsetzung erforderlichen Bekanntheitsgrad ein strenger Maßstab anzulegen und ein Bekanntheitsgrad jenseits der 50%-Grenze erforderlich sei (s. zu einem wettbewerbsrechtlichen Sachverhalt BGH GRUR 1997, 754, 755 – grau/magenta; s. § 3, Rn 267h).

### 3. Verpackungen

**Schrifttum.** S. die Schrifttumsangaben zu § 3 I III 3 (vor Rn 263).

**a) Grundsatz.** Die meisten Produkte auf dem Markt werden dem Verbraucher in einer **195** bestimmten Verpackung angeboten. Verpackungen sind etwa Schachteln, Tüten, Dosen, Flaschen, Kisten und Container. Verpackungen schützen die Ware vor Beschädigung oder Verderb, machen sie etwa nach Gewicht, Menge, Anzahl und Art marktgängig, teils auch gebrauchsfähig und dienen der Produktinformation sowie Produktwerbung. Manche Produkte wie Flüssigkeiten, Waschmittel oder Kaffee sind schon ihrer Natur nach nur in einer bestimmten Packung handelbar. Unabhängig von dieser *typischen Funktion* kann eine Verpackung auch einen Eigenwert besitzen, der sie für andere Zwecke wie etwa als Schmuckdose (Zweitnutzen) verwendbar macht (zur zugabeberechtlichen Beurteilung s. *Baumbach/Hefermehl,* Wettbewerbsrecht, § 1 ZugabeVO, Rn 79).

An der Verpackung eines Produkts kann Markenschutz durch den Erwerb von Verkehrs- **196** geltung nach § 4 Nr. 2 und so eine *Benutzungsmarke* (zu Verpackungsformmarken als Registermarken s. § 8, Rn 117d ff.) entstehen. Zum einen kann die Verpackung Träger eines als Marke schutzfähigen Zeichens, wie einer Wortmarke, Bildmarke, einem ornamentalen Etikett oder einer Farbzusammenstellung, sein. Zum anderen kann die Verpackung selbst etwa wegen ihrer originellen Form oder Gestaltung Gegenstand eines sachlichen Markenrechts sein. Markenschutz durch Benutzung kann an einer Verpackung als solcher dann entstehen, wenn die Verpackung im Verkehr als Unterscheidungszeichen dient und innerhalb beteiligter Verkehrskreise als Marke Verkehrsgeltung erwirbt. Einer solchen Verpackung kommt *kennzeichnende* Funktion zu. Markenschutz durch Benutzung entsteht an einer Verpackung als solcher dann nicht, wenn die Art der Verpackung technisch bedingt oder produktbedingt ist; insoweit fehlt der Verpackung die zur Markenfähigkeit notwendige Selbständigkeit als Marke (s. dazu § 3, Rn 211ff.; zu den Ausschlußgründen der warenbedingten, technisch bedingten und wertbedingten Form s. § 3, Rn 222ff.). Der Entstehung des sachlichen Markenschutzes steht nicht entgegen, daß die Verpackung, wie etwa eine kunstvoll geformte Flasche als kunstgewerbliches Erzeugnis, urheberrechtlichen oder musterrechtlichen Schutz genießt. Der sachliche Markenschutz bezieht sich allein auf die Kennzeichnungsfunktion der Verpackung als ein identifizierendes Unterscheidungszeichen für Unternehmensprodukte.

**b) Sachlicher Markenschutz an Flaschen.** Die Rechtsprechung hat Ausstattungs- **197** schutz nach § 25 Abs. 1 WZG an *Flaschen mit eigenartiger Ausbauchung und Gestaltung* dann anerkannt, wenn diese Merkmale nicht technisch zwingend bedingt sind. Nach dem MarkenG entsteht Markenschutz durch Benutzung vergleichbar, wenn die Verpackung nicht produktbedingt (§ 3 Abs. 2 Nr. 1) oder technisch bedingt (§ 3 Abs. 2 Nr. 2) ist und damit die Verpackungsmerkmale die Selbständigkeit als Marke gegenüber der Verpackung aufweisen und so Markenfähigkeit besteht.

**198** Beispiele der Rechtsprechung sind: die edelgrüne *Lavendelwasser-Flasche* mit goldglänzender Schraubkappe (RGZ 162, 347 – Lavendelwasserflasche); die *Steinhäger-Flasche* (HansOLG Hamburg GRUR 1951, 516, 517 – Steinhägerkrug); die *Ettal-Flasche* (BGH GRUR 1956, 179 – Ettaler-Klosterliqueur); die eigentümliche Ausgestaltung der weißen *Odol-Flasche* mit bläulichem Etikett (BGH GRUR 1964, 140 – Odol Flasche); die *Trylisin-* und *Ortizon-Flasche* (ablehnend RG GRUR 1926, 593, 594). Einer bestimmten Flasche kann auch ohne das Vorliegen weiterer Merkmale der Aufmachung wie etwa Etikett und dergleichen sachlicher Markenschutz zukommen (BGH GRUR 1969, 541, 542 – Grüne Vierkantflasche; OLG Köln WRP 1983, 637 – Geschirrspülmittel). Sachlicher Markenschutz wurde *verneint* für die *Benediktiner-Flasche,* weil diese schon zu lange anderweitig verwendet worden sei (RG MuW 1934, 59 – Benediktinerflasche).

**199** **c) Sachlicher Markenschutz an Packungen.** Sachlicher Markenschutz an Packungen wurde *verneint* für *Aufreißpackungen,* wegen technischer Bedingtheit (RG MuW 1926, 252); für die besondere *Anordnung eingewickelter und uneingewickelter Zigarillos* wegen technischer Bedingtheit (RG GRUR 1930, 967, 969 – Zigarillos); für *Makkaroni-Packung* in durchsichtigen Hüllen mit Kappen an den Enden (RG MuW 1935, 144 – Schwabenstolz).

**200** Sachlicher Markenschutz wurde *bejaht* für *Pistolen-Pappkästen,* die in ihrer inneren Aufmachung eigenartig sind (RG MuW 1938, 252 – Modell PB-Spezial); für einen *würfelförmigen Karton* mit Kantenverzierung für Haarpflegemittel (LG Düsseldorf GRUR 1953, 134 – Kolestral); für *flache Silberbeutel* für Rote Grütze (HansOLG Hamburg GRUR 1953, 532 – Rote Grütze).

### 4. Werbeschlagwörter, Werbeslogans, Werbetexte und Werbeanzeigen

**Schrifttum.** S. die Schrifttumsangaben zu § 8 E I 3 g (vor Rn 94).

**201** **a) Grundsatz.** Zeichen der Werbung wie Wörter, Texte, Bilder, Töne, Farben und Formen sowie deren Zeichenfolgen und Zeichenkombinationen sind grundsätzlich nach § 3 Abs. 1 markenfähig und so dem Markenschutz durch Benutzung nach § 4 Nr. 2 zugänglich. Das gilt namentlich hinsichtlich des *Markendesigns* wie insbesondere der graphischen Gestaltung. Gegenstand der bisherigen Entscheidungspraxis sind namentlich Werbeschlagwörter und Werbeslogans (zur Eintragungsfähigkeit von Werbeschlagwörtern und Werbeslogans s. § 8, Rn 94ff.). Schon nach der Rechtslage im WZG war ein allgemeiner Ausschluß der Werbemittel vom Ausstattungsschutz nach § 25 Abs. 1 WZG nicht gerechtfertigt (*Baumbach/Hefermehl,* § 25 WZG, Rn 69; aA *Spengler,* MA 1953, 385, 394). Werbemittel sind markenfähig, wenn ihnen die abstrakte Unterscheidungseignung (s. § 3, Rn 203ff.) zukommt, Unternehmensprodukte im Marktwettbewerb zu identifizieren. Das Bestehen eines Freihaltebedürfnisses schließt die grundsätzliche Möglichkeit der Monopolisierung eines Werbemittels durch Markenschutz nicht aus, sondern erschwert lediglich die Verkehrsdurchsetzung des Werbemittels als Marke. Wenn das Werbemittel zwar ein als Marke schutzfähiges Zeichen nach § 3 Abs. 1 darstellt, aber wegen Bestehen eines absoluten Schutzhindernisses nach § 8 Abs. 2 Nr. 1 bis 3 von der Eintragung als Marke ausgeschlossen ist, dann bedarf es zur Entstehung des Markenschutzes durch Benutzung nicht nur des Erwerbs von Verkehrsgeltung nach § 4 Nr. 2, sondern des Erwerbs von Verkehrsdurchsetzung im Sinne des § 8 Abs. 3 analog (zur analogen Anwendung des § 8 Abs. 3 auf das durch Benutzung entstehende Markenrecht s. 134ff.). Wenn ein Werbemittel im Verkehr als Marke gilt, dann ist der Markenschutz nicht nur im Interesse des Markeninhabers gerechtfertigt, sondern auch im Interesse der Allgemeinheit geboten.

**202** Werbeaussagen von nur allgemeinem Inhalt werden selten im Verkehr als Marke gelten, weil sie sich regelmäßig nicht als Unterscheidungszeichen zur Identifizierung von Unternehmensprodukten auf dem Markt durchsetzen werden. Werbeaussagen, an denen Markenschutz durch Benutzung entsteht, werden regelmäßig charakteristische Merkmale aufweisen. Werbetexte, die nur einen Rat oder Hinweis auf die Beschaffenheit oder Wirkung des Produkts geben, werden zunächst nur in diesem Wortsinn verstanden und sind nicht originär markenfähig. Wenn der ursprüngliche Wortsinn solcher beschreibender Werbetexte aufgrund intensiver Benutzung verblaßt, können sie als Unterscheidungszeichen produktidentifizierend wirken (Beispiele: „Darauf einen ..." – Dujardin; „Wenn's ums Geld geht ..." – Sparkasse; „Nicht immer, aber immer öfters ..." – Clausthaler (eine Verkehrsdurchsetzung für Bier für möglich erachtend BPatG GRUR 1998, 57 – Nicht immer, aber immer öfter); „Und läuft, und läuft, und läuft ..." – Volkswagen). Die produktidentifizierende Funktion eines Slogans in der Werbung wird gefördert, wenn die Werbeaussage zusätzlich die Produktmarke oder das Unternehmenskennzeichen enthält („Hoffentlich Allianz versichert.").

**b) Beispiele der Rechtsprechung.** Sachlicher Markenschutz an Werbeslogans wurde bejaht für *Laß Dir raten, trinke Spaten.* (LG München GRUR 1953, 184); *Feuer breitet sich nicht aus, hast Du Minimax im Haus.; Persil bleibt Persil.* 203

So wie an Werbetexten und Werbeanzeigen sachlicher Markenschutz durch Benutzung entstehen kann, können solche Werbemittel auch als Marke eingetragen werden, wenn sie nach § 8 eintragungsfähig sind (§ 8, Rn 94 ff.). Werbeslogans kann auch Kennzeichenschutz als Geschäftsabzeichen nach § 5 Abs. 2 S. 2 zukommen (s. § 15, Rn 142). 204

### 5. Sonstige Zeichen

**a) Bilder.** Bild von *Fritz Reuter* auf einer Kaffee-Packung (RGZ 106, 250 – Fritz-Reuter-Kaffe); eigenartig gestaltetes *Pferdebild* für Bekleidung und Stoffe (RG MuW 1931, 375 – Hänsel-Pferd); *Gilette-Kopf* auf Rasierklingen-Packung (RGZ MuW 1931, 87; RPA Mitt 1935, 386); kein Markenschutz für ein *Herzbild* für ein herzstärkendes Mittel (RG MuW 1932, 233; anders allerdings für *Kaffee-Hag*). Kein Markenschutz wurde für den *Äskulapstab* in einer besonderen Form gewährt, da es sich um ein Freizeichen handele (RG MuW 1936, 452; anders für die Wortmarke *Äskulap*). Auch einer Verbindung von Wort und Bild kann als ganzes oder teilweise Markenschutz zukommen (RG MuW 1937, 412 – Druckknopfkarten). Die naturgetreue Abbildung einer Ware oder einer Verpackung wird im allgemeinen nur als bildliche Erläuterung verstanden werden, der keine Identifizierungsfunktion als ein Unterscheidungszeichen zukommt. Anderes kann gelten, wenn die Abbildung nach Art und Weise der Darstellung eine gewisse Eigenart aufweist, oder wenn das abgebildete Produkt oder die Verpackung als solche originell gestaltet ist oder sich im Verkehr als identifizierendes Unterscheidungszeichen durchgesetzt hat. Markenschutz wurde aufgrund der Eigenartigkeit der Abbildungsweise einer Maschine gewährt (RG GRUR 1930, 615, 618 – Mergenthaler Setzmaschinen von vorn rechts). 205

**b) Bücher.** Die äußere *Aufmachung eines Buches* einschließlich der Art des Drucks und Satzes sowie die Bild- und Zeicheneinteilung sind markenfähig und damit dem Markenschutz durch Benutzung zugänglich, wenn sie nicht technisch bedingt (§ 3 Abs. 2 Nr. 2) sind. Auch einheitliche *Bucheinbände* sind in ihrer Gesamtheit markenschutzfähig, wenn sie nicht warenbedingt (§ 3 Abs. 2 Nr. 1) sind (RG MuW 1920, 33 – Inselverlag). Auch an der Aufmachung von Kommentaren und Textausgaben kann Markenschutz durch Benutzung entstehen. 206

**c) Buchstaben.**
**Schrifttum.** S. die Schrifttumsangaben zu § 8 E I 3 l (vor Rn 113).

Markenschutz wurde nach der *Rechtslage im WZG* bejaht für *PP* und *PPK* als Kennzeichen für Pistolen (RG MuW 1938, 252); für die *Anordnung der Lettern und der schokoladenbraunen Farbe* im Aufdruck einer Zigarette (RG MuW 1909, 159 – Salem Aleikum). Ausstattungsschutz wurde anerkannt an der Buchstabenzusammenstellung *RBB*, die als Firmen- und Warenkennzeichnung verwendet wurde (BGHZ 74, 1 – RBB/RBT). Ausstattungsschutz der Buchstabenkombination *MSU* wurde mangels Verkehrsdurchsetzung abgelehnt (OLG Stuttgart GRUR 1989, 783, 785 – MSU). Anders als nach der Rechtslage im WZG handelt es sich bei Buchstaben nach der *Rechtslage im MarkenG* um als Marke schutzfähige Zeichen nach § 3 Abs. 1, an denen Markenschutz durch Eintragung nach § 4 Nr. 1 entstehen kann (s. zur *Markenfähigkeit* von Buchstaben § 3, Rn 243 f.; zur *Eintragungsfähigkeit* von Buchstaben § 8, Rn 113 ff.). 207

**d) Firma.** Eine Firma als Unternehmenskennzeichen nach § 5 Abs. 2 S. 1 kennzeichnet nicht nur das Unternehmen als solches (§ 15, Rn 106 ff.), sondern auch die Produkte des Unternehmens. So wie ein Unternehmenskennzeichen als Marke eingetragen werden kann 208

(§ 3, Rn 250), kann an einer Firma auch Markenschutz durch Benutzung nach § 4 Nr. 2 entstehen, wenn die Firma als Unterscheidungszeichen zur Identifizierung der Unternehmensprodukte verwendet wird und im Verkehr als Marke gilt.

**209** **e) Graphische Gestaltungsmerkmale.** Graphische Gestaltungselemente, die im Produktmarketing üblich sind, werden ebenso wie beschreibende Angaben gewöhnlich nur in ihrer sprachüblichen Bedeutung und nicht als Unterscheidungszeichen zur Identifizierung von Unternehmensprodukten aufgefaßt (BGH GRUR 1971, 305, 308 – Konservenzeichen II). Der Verkehr beurteilt solche graphischen Gestaltungsmerkmale gewöhnlich nur als bloße graphische Ausschmückungs- oder Darstellungsformen oder als Beiwerk für eine in dieser graphischen Gestaltung dargestellten Wortmarke. Regelmäßig wird die Wortmarke oder Bildmarke, nicht das graphische Darstellungsmittel als identifizierendes Unterscheidungszeichen verstanden (BGHZ 14, 15, 23 – Frankfurter Römer; BPatGE 3, 248, 253 – Polymar).

**f) Zahlen.**
**Schrifttum.** S. die Schrifttumsangaben zu § 8 E I 3 l (vor Rn 113).

**210** Markenschutz wurde nach der *Rechtslage im WZG* bejaht für die Weltmarke *4711* für Kölnisch Wasser (s. dazu § 8, Rn 114); für die Zahl *695* auf Ly-Federn (RG MuW 1930, 240, 241). Anders als nach der Rechtslage im WZG handelt es sich bei Zahlen nach der *Rechtslage im MarkenG* um als Marke schutzfähige Zeichen nach § 3 Abs. 1, an denen Markenschutz durch Eintragung nach § 4 Nr. 1 entstehen kann (s. zur *Markenfähigkeit* von Zahlen § 3, Rn 243 f.; zur *Eintragungsfähigkeit* von Zahlen § 8, Rn 113 ff.).

**211** **g) Werktitel.** Werktitel nach § 5 Abs. 3 dienen der Unterscheidung der bezeichneten Werke (Druckschriften, Filmwerke, Tonwerke, Bühnenwerke oder sonstige vergleichbare Werke). Ein *Buch-, Zeitungs-* oder *Zeitschriftentitel* ist als eine besondere Bezeichnung einer Druckschrift ein Werktitel im Sinne von § 5 Abs. 3 und genießt als geschäftliche Bezeichnung Kennzeichenschutz nach § 15.

**212** Zwischen dem Rechtsschutz als Marke (§ 1 Nr. 1) und dem Rechtsschutz als geschäftlicher Bezeichnung (§ 1 Nr. 2) besteht eine Konkurrenz des Kennzeichenschutzes (s. § 3, Rn 253). Es kann deshalb an einem Buch-, Zeitungs- oder Zeitschriftentitel auch sachlicher Markenschutz durch Benutzung entstehen, wenn der Werktitel im Verkehr als Marke gilt (RG GRUR 1936, 130 – Molkerei-Zeitung; BGH GRUR 1974, 661 – St. Pauli-Nachrichten; BPatGE 17, 277 – WM; BPatG GRUR 1997, 832 – Bücher für eine bessere Welt; 1997, 883 – Bücher für eine humanere Welt).

**213** Die *Markenfähigkeit* und *Eintragungsfähigkeit* eines Buch-, Zeitungs- oder Zeitschriftentitels als Benutzungsmarke bestimmt sich nach den allgemeinen Grundsätzen (s. dazu im einzelnen § 3, Rn 254-255c; § 8, Rn 54, 220).

## IX. Erlöschen des Markenrechts mit Verkehrsgeltung

### 1. Verlust der Verkehrsgeltung

**214** Der sachliche Markenschutz, der nach § 4 Nr. 2 durch die Benutzung eines Zeichens im geschäftlichen Verkehr und den Erwerb von Verkehrsgeltung als Marke innerhalb beteiligter Verkehrskreise entsteht, endet, wenn die Verkehrsgeltung innerhalb beteiligter Verkehrskreise verloren wird. Der *Verlust der Verkehrsgeltung* ist ein *Erlöschensgrund* des sachlichen Markenrechts im Sinne des § 4 Nr. 2. Der Inhaber einer Marke mit Verkehrsgeltung ist im Interesse einer Aufrechterhaltung des Markenschutzes gehalten, die Marke zum einen innerhalb der beteiligten Verkehrskreise zur Erhaltung der Verkehrsgeltung zu benutzen und zum anderen gegen eine rechtsverletzende Benutzung Dritter zu verteidigen.

**215** Die Aufgabe der Benutzung stellt noch keinen Erlöschensgrund dar, sondern erst der Verlust der Verkehrsgeltung. Folge einer nur vorübergehenden Nichtbenutzung ist regelmäßig noch nicht der Verlust der Verkehrsgeltung, da im Verkehr noch für eine bestimmte Zeit eine Erinnerung an die Marke besteht und infolgedessen der Zustand der Verkehrsgeltung fortdauert (RGZ 120, 402, 409 – Bärenstiefel; BGHZ 21, 66, 76 – Hausbücherei; zur Firma unter den besonderen Verhältnissen der Nachkriegszeit BGH GRUR 1959, 45, 47 – Deutsche Illustrierte). Zum Ausstattungsschutz wurde von einer tatsächlichen *Vermutung* für einen zeitweisen Fortbestand der Verkehrsgeltung ausgegangen (*Baumbach/Hefermehl*, § 25 WZG, Rn 88). Das muß wegen der Gleichwertigkeit des Markenschutzes durch Eintragung nach § 4 Nr. 1 und durch den Erwerb von Verkehrsgeltung nach § 4 Nr. 2 nach der Rechtslage im MarkenG erst recht gelten. Auch wenn die fünfjährige Benutzungsfrist, die nach der Aufgabe der Benutzung einer eingetragenen Marke zu laufen beginnt, nicht auf die Marke mit Verkehrsgeltung, deren Benutzung aufgegeben wird, übertragen werden kann, so ist doch gleichwohl von einer Aufrechterhaltung des Markenschutzes nach der Aufgabe der Benutzung innerhalb eines angemessenen Zeitraums auszugehen.

So wie die Verkehrsgeltung territorial innerhalb einheitlicher Wirtschaftsgebiete erworben werden kann (s. Rn 129), so kann sie vergleichbar innerhalb einheitlicher Wirtschaftsgebiete verloren gehen. Der Verlust der Verkehrsgeltung innerhalb eines *territorial abgrenzbaren einheitlichen Wirtschaftsgebiets* hat deshalb nicht den Verlust des Markenrechts als Ganzes zur Folge. Die territoriale Begrenzung der Verkehrsgeltung gilt gleichermaßen für den Erwerb wie für den Verlust des sachlichen Markenrechts. **216**

Wenn der Inhaber des sachlichen Markenrechts die Marke in einer Form benutzt, die von der Form abweicht, für die der Markeninhaber Verkehrsgeltung erworben hat, dann kann die *Benutzung der Marke in abweichender Form* zu einem Verlust der Verkehrsgeltung und damit zu einem Erlöschen des Markenrechts führen. Der Gesetzgeber, der den sachlichen Markenschutz nicht gleichermaßen eingehend wie den förmlichen Markenschutz geregelt hat, hat die Anforderungen, die an eine die Verkehrsgeltung erhaltende Benutzung eines sachlichen Markenrechts zu stellen sind, nicht näher bestimmt. Es liegt nahe, die Vorschrift des *§ 26 Abs. 3 analog* auf die rechtserhaltende Benutzung einer Marke mit Verkehrsgeltung anzuwenden. Nach einer analogen Anwendung dieser Vorschrift gilt auch die Benutzung mit Verkehrsgeltung in einer Form, die von der Form, mit der die Marke Verkehrsgeltung erworben hat, abweicht, als eine die Verkehrsgeltung erhaltende Benutzung, soweit die Abweichungen den kennzeichnenden Charakter der Marke nicht verändern (zu den Erfordernissen einer rechtserhaltenden Benutzung abweichender Markenformen s. im einzelnen § 26, Rn 89 ff.). Da für die Marke mit Verkehrsgeltung nach einer nicht rechtserhaltenden Benutzung einer abweichenden Benutzungsform eine fünfjährige Benutzungsfrist nicht zu laufen beginnt, ist selbst die Anwendung eines großzügigeren Maßstabs an rechtserhaltende Markenabweichungen nicht ausgeschlossen. **217**

Die Verkehrsgeltung muß im *Zeitpunkt* der letzten mündlichen Verhandlung bestehen. Wenn der Verletzer allerdings selbst durch eine rechtswidrige Benutzung der fremden Marke mit Verkehrsgeltung die Schwächung und den Verlust der Verkehrsgeltung verursacht hat, kann er sich gegenüber dem Inhaber der Marke mit Verkehrsgeltung als dem Verletzten nicht auf den Verlust der Verkehrsgeltung berufen (BGHZ 21, 66, 77 – Hausbücherei; BGH GRUR 1961, 33, 35 – Dreitannen; 1962, 409 – Wandsteckdose). **218**

## 2. Unternehmenseigenschaft des Markeninhabers

Anders als nach der Rechtslage im WZG, nach der die Aufgabe des Geschäftsbetriebs des Inhabers eines Ausstattungsrechts nach § 25 WZG zum Erlöschen des sachlichen Zeichenrechts führte (s. dazu *Baumbach/Hefermehl*, § 25 WZG, Rn 89), stellt wegen der Nichtakzessorietät der Marke nach der Rechtslage im MarkenG (s. § 3, Rn 66 ff.) weder die Aufgabe des Unternehmens noch der Wegfall der Unternehmenseigenschaft des Markeninhabers einen Erlöschungsgrund des Markenrechts mit Verkehrsgeltung dar. **219**

## 3. Entstehen absoluter Verkehrsgeltungshindernisse nach § 8 Abs. 2 Nr. 1 bis 3

Bei der Entstehung des Markenschutzes durch Benutzung nach § 4 Nr. 2 können die absoluten Schutzhindernisse nach § 8 Abs. 2 Nr. 1 bis 3 durch den Erwerb von Verkehrsdurchsetzung nach § 8 Abs. 3 überwunden werden (s. dazu im einzelnen Rn 134 ff.). Folge des *nachträglichen* Entstehens von Verkehrsgeltungshindernissen im Sinne des § 8 Abs. 2 Nr. 1 bis 3 ist der Verlust der Verkehrsgeltung. Wenn die Marke mit Verkehrsgeltung nachträglich ihre Unterscheidungskraft im Sinne des § 8 Abs. 2 Nr. 1 verliert oder zur beschreibenden Marke im Sinne des § 8 Abs. 2 Nr. 2 oder zur Gattungsbezeichnung im Sinne des § 8 Abs. 2 Nr. 3 wird, dann erlischt das Markenrecht im Sinne des § 4 Nr. 2. An den **220**

Nachweis dieser Erlöschensgründe sind strenge Anforderungen zu stellen (s. dazu schon zum Ausstattungsschutz *Baumbach/Hefermehl*, § 25 WZG, Rn 90).

## X. Markenanwartschaft und Wettbewerbsschutz

### 1. Kein Anwartschaftsrecht an einer Marke mit Verkehrsgeltung

221 Bei der Entstehung des Markenschutzes durch Eintragung nach § 4 Nr. 1 entsteht mit der Anmeldung zur Eintragung der Marke in das Register beim DPMA ein Markenanwartschaftsrecht (s. Rn 15). Anders ist die Rechtslage des Markenschutzes durch den Erwerb von Verkehrsgeltung nach § 4 Nr. 2. Der Anerkennung einer *Verkehrsgeltungsanwartschaft* steht das Fehlen eines der konstitutiv wirkenden Anmeldung vergleichbaren Entstehungstatbestands entgegen. Das aufgrund des Erwerbs von Verkehrsgeltung entstehende Markenrecht nach § 4 Nr. 2 entsteht im Zeitpunkt des Erwerbs der Verkehrsgeltung, ohne daß eine subjektivrechtliche Rechtsposition im Sinne eines Anwartschaftsrechts der Entstehung des Markenschutzes vorausgeht (s. zum wettbewerbsrechtlichen Schutz Rn 222). Auch nach der Rechtslage im WZG war ein Ausstattungsanwartschaftsrecht im Sinne einer Vorstufe des § 25 WZG nicht anerkannt (RG MuW 1927/1928, 489, 491 – Küchenwunder; HansOLG Hamburg GRUR 1949, 422 – Vimulsan/Lemulsan; OLG Düsseldorf GRUR 1953, 527 – Dimas-Uhren; *Pawlowski*, Der Rechtsbesitz im geltenden Sachen- und Immaterialgüterrecht, S. 84 ff.). Der Anerkennung eines Anwartschaftsrechts an einem sachlichen Markenrecht im Sinne des § 4 Nr. 2 steht vor allem entgegen, daß im deutschen Markenrecht ein Vorbenutzungsrecht nicht anerkannt wird (s. Rn 12; BGH GRUR 1961, 413, 416 – Dolex; 1984, 210, 211 – AROSTAR; *Heydt*, GRUR 1952, 321, 325; *Baumbach/Hefermehl*, § 25 WZG, Rn 104; *Reimer/Heydt*, Kap. 37, Rn 3; aA *Reimer*, 3. Aufl., Kap. 40, Rn 2).

### 2. Wettbewerbsschutz vor dem Erwerb von Verkehrsgeltung

222 Ein Markenanwartschaftsrecht auf die Entstehung des Markenschutzes durch den Erwerb von Verkehrsgeltung (Verkehrsgeltungsanwartschaft) im Sinne des § 4 Nr. 2 ist nicht anzuerkennen, da im deutschen Markenrecht nicht der Grundsatz des Vorbenutzungsrechts gilt (s. Rn 12, 221). Im Zeitpunkt vor dem Erwerb von Verkehrsgeltung kann der Benutzung einer Marke aber *wettbewerbsrechtlicher Schutz nach § 1 UWG* zukommen (BGH GRUR 1961, 413, 416 – Dolex; 1967, 298, 301 – Modess; 1967, 304, 306 – Siroset mit Anm. *Hefermehl*; 1967, 490 – Pudelzeichen; 1969, 190 – halazon). Es gelten die wettbewerbsrechtlichen Grundsätze zur Nachahmung von Kennzeichnungen (s. dazu im einzelnen *Baumbach/Hefermehl*, Wettbewerbsrecht, § 1 UWG, Rn 483 ff.), soweit sie auf das Vorstadium des Erwerbs von Verkehrsgeltung an einer Marke übertragbar sind. Zwar begründet das Vorliegen einer objektiven Verwechslungsgefahr zwischen den Kollisionszeichen noch nicht die Wettbewerbswidrigkeit der Benutzung des Drittzeichens (so aber HansOLG Hamburg GRUR 1949, 422, 424 – Vimulsan/Lemulsan), es kann aber die Verwendung eines verwechslungsfähigen Zeichens ohne zureichenden Grund trotz der erkannten Gefahr der Marktverwirrung wettbewerbswidrig sein (BGH GRUR 1963, 423, 427 – coffeinfrei). Zu berücksichtigen ist aber, daß die Rechtsprechung zur wettbewerbswidrigen Annäherung an fremde Kennzeichen den Bestand des Kennzeichenrechts voraussetzt, und deshalb diese Rechtssätze nicht ohne das Vorliegen besonderer Umstände auf das Vorstadium einer entstehenden Verkehrsgeltung zu übertragen sind.

## E. Entstehung des Markenrechts durch notorische Bekanntheit nach § 4 Nr. 3 (Notorietätsmarke)

### I. Umfassender Markenschutz

223 Nach § 4 Nr. 3 entsteht der Markenschutz durch notorische Bekanntheit einer Marke im Sinne des Art. 6[bis] PVÜ (*Notorietätsmarke*). Anders als im WZG, nach dem die notorisch bekannte Marke nur ein von Amts wegen zu berücksichtigendes Eintragungshindernis darstellte (§ 4 Abs. 2 Nr. 5 WZG), gewährt das MarkenG der notorisch bekannten Marke als

dritter nach der Entstehung des Markenschutzes zu unterscheidenden Markenkategorien umfassenden Markenschutz. Der Schutz der notorisch bekannten Marke ist dem Schutz der eingetragenen Marke sowie dem Schutz der benutzten Marke gleichwertig. Auch wenn sich Art. 6$^{bis}$ PVÜ allein auf den Markenschutz von Fabrik- oder Handelsmarken und damit auf Warenmarken bezieht, entsteht nach § 4 Nr. 3 Markenschutz nicht nur an notorisch bekannten Warenmarken, sondern auch an notorisch bekannten Dienstleistungsmarken (s. Art. 6$^{bis}$ PVÜ, Rn 2).

## II. Verhältnis zu den anderen Markenkategorien

### 1. Verhältnis zur benutzten Marke

Eine notorisch bekannte Marke wird regelmäßig auch eine im geschäftlichen Verkehr benutzte Marke mit Verkehrsgeltung innerhalb beteiligter Verkehrskreise darstellen. An einer Marke mit notorischer Bekanntheit entsteht so zumeist auch Markenschutz durch Benutzung nach § 4 Nr. 2. Zur Rechtslage im WZG wurde angenommen, daß eine jede im Inland notorisch bekannte Marke kraft Verkehrsgeltung auch Ausstattungsschutz genießt (*Baumbach/Hefermehl*, Art. 6$^{bis}$ PVÜ, Rn 7). Die Entstehung des Markenschutzes durch notorische Bekanntheit deckt sich aber nicht zwingend mit der Entstehung des Markenschutzes durch Benutzung. Die Entstehung des Markenschutzes nach § 4 Nr. 2 setzt eine Benutzung im geschäftlichen Verkehr des Inlands voraus. Die Entstehung des Markenschutzes nach § 4 Nr. 3 verlangt nur das *Vorliegen der notorischen Bekanntheit im Inland,* nicht auch eine Benutzung der Marke im inländischen Geschäftsverkehr (s. BGH GRUR Int 1969, 257, 258 – Recrin).

### 2. Verhältnis zur eingetragenen Marke

Der Inhaber der notorisch bekannten Marke kann den förmlichen Markenschutz nach § 4 Nr. 1 durch Eintragung der notorisch bekannten Marke in das Markenregister erwerben. Da der Inhaber der notorisch bekannten Marke umfassenden Markenschutz genießt, bedurfte es im MarkenG keiner § 4 Abs. 2 Nr. 5 WZG vergleichbaren Regelung, nach der die notorische Bekanntheit einer Marke ein absolutes Eintragungshindernis war. Nach § 10 stellt die notorisch bekannte Marke ein *relatives Eintragungshindernis* dar. Im Falle ihrer *Amtsbekanntheit* bedeutet die notorisch bekannte Marke ein *von Amts wegen* zu berücksichtigendes Eintragungshindernis (§ 37). Die notorisch bekannte Marke begründet ein *Widerspruchsrecht* im Eintragungsverfahren (§ 42 Abs. 2 Nr. 2). Die notorisch bekannte Marke gewährt dem Inhaber der Marke ein *ausschließliches Recht* nach § 14 Abs. 1 und stellt damit die Grundlage für Verletzungsansprüche nach den §§ 14 ff. dar.

### 3. Verhältnis zur bekannten Marke

Nach § 14 Abs. 2 Nr. 3 genießt eine im Inland bekannte Marke Schutz gegen ihre Benutzung für Waren oder Dienstleistungen außerhalb des Ähnlichkeitsbereichs. Ein solcher erweiterter Schutzbereich kommt der notorisch bekannten Marke im Sinne des Art. 6$^{bis}$ PVÜ dann zu, wenn die notorisch bekannte Marke zugleich den Tatbestand der im Inland bekannten Marke im Sinne des § 14 Abs. 2 Nr. 3 erfüllt (s. dazu näher § 14, Rn 432).

## III. Notorietät

Notorietät ist die Allbekanntheit einer Marke im Verkehr (s. dazu im einzelnen Art. 6 PVÜ, Rn 4, 5). Amtsbekanntheit etwa des DPMA genügt nicht. Erforderlich ist eine *allgemeine Kenntnis* von der Marke als eines produktidentifizierenden Unterscheidungszeichens innerhalb der beteiligten Verkehrskreise im Inland. Die Entstehung des Markenschutzes aufgrund des Erwerbs von Notorietät nach § 4 Nr. 3 verlangt nur das Vorliegen der notorischen Bekanntheit im Inland, nicht auch eine Benutzung der Marke im inländischen Geschäftsverkehr (s. BGH GRUR Int 1969, 257, 258 – Recrin). Der Erwerb von Verkehrsgeltung im Sinne des § 4 Nr. 2 begründet noch nicht die Notorietät einer Marke, an deren Erwerb strengere Voraussetzungen zu stellen sind (*Becher*, GRUR 1951, 488; *Heydt*, GRUR 1952, 354; *Ulmer*, ZHR 114 (1951), S. 43, 49).

## Geschäftliche Bezeichnungen

**5** (1) Als geschäftliche Bezeichnungen werden Unternehmenskennzeichen und Werktitel geschützt.

(2) ¹Unternehmenskennzeichen sind Zeichen, die im geschäftlichen Verkehr als Name, als Firma oder als besondere Bezeichnung eines Geschäftsbetriebs oder eines Unternehmens benutzt werden. ²Der besonderen Bezeichnung eines Geschäftsbetriebs stehen solche Geschäftsabzeichen und sonstige zur Unterscheidung des Geschäftsbetriebs von anderen Geschäftsbetrieben bestimmte Zeichen gleich, die innerhalb beteiligter Verkehrskreise als Kennzeichen des Geschäftsbetriebs gelten.

(3) Werktitel sind die Namen oder besonderen Bezeichnungen von Druckschriften, Filmwerken, Tonwerken, Bühnenwerken oder sonstigen vergleichbaren Werken.

### Inhaltsübersicht

| | Rn |
|---|---|
| A. Allgemeines | 1 |
| B. Begriff der geschäftlichen Bezeichnungen | 2–6 |
|    I. Unternehmensidentifizierende und werkidentifizierende Unterscheidungszeichen (§ 5 Abs. 1) | 2 |
|    II. Unternehmenskennzeichen (§ 5 Abs. 2) | 3, 4 |
|    III. Werktitel (§ 5 Abs. 3) | 5, 6 |
| C. Kennzeichenschutz von Marken und geschäftlichen Bezeichnungen | 7 |

**Schrifttum zum UWG und MarkenG.** S. die Schrifttumsangaben zu § 15 (vor Rn 1).

## A. Allgemeines

1    Das MarkenG vereinheitlicht den Kennzeichenschutz (s. § 1, Rn 1). Geschützte *Kennzeichen* sind neben den *Marken* (§ 1 Nr. 1) und den *geographischen Herkunftsangaben* (§ 1 Nr. 3) auch die *geschäftlichen Bezeichnungen* (§ 1 Nr. 2). Die Vorschrift des § 5 enthält einen Katalog der als geschäftliche Bezeichnungen geschützten Kennzeichen. Das Kollisionsrecht der geschäftlichen Bezeichnungen ist Regelungsgegenstand des § 15. Der Kennzeichenschutz der geschäftlichen Bezeichnungen nach den §§ 5, 15 ersetzt den wettbewerbsrechtlichen Schutz der geschäftlichen Bezeichnungen nach § 16 UWG aF. Auch wenn das Kollisionsrecht des § 15 den Rechtsschutz der geschäftlichen Bezeichnungen nicht nur verstärkte, sondern auch wie namentlich hinsichtlich des Bekanntheitsschutzes der geschäftlichen Bezeichnungen ausdehnte, so erfolgte nach der Auffassung des Gesetzgebers des MarkenG diese Gesetzesänderung unter Wahrung der von der Rechtsprechung für den Schutz der geschäftlichen Bezeichnungen entwickelten Grundsätze (s. Begründung zum MarkenG, BT-Drucks. 12/6581 vom 14. Januar 1994, S. 67); eine inhaltliche Rechtsänderung war im Grundsatz nicht beabsichtigt. Auch wenn die Regelung der geschäftlichen Bezeichnungen im MarkenG nicht in Umsetzung verbindlicher Vorgaben der MarkenRL erfolgte, so wird doch die *Einheit des Kennzeichenschutzes* ein gemeinschaftsrechtliches Verständnis auch des Rechts der geschäftlichen Bezeichnungen nahelegen (s. § 15, Rn 3).

## B. Begriff der geschäftlichen Bezeichnungen

### I. Unternehmensidentifizierende und werkidentifizierende Unterscheidungszeichen (§ 5 Abs. 1)

2    Als Kennzeichen sind geschäftliche Bezeichnungen Individualisierungsmittel im Geschäftsverkehr. Eine geschäftliche Bezeichnung ist ein Zeichen, das geeignet ist, Unternehmen oder Werke von anderen Unternehmen oder Werken zu unterscheiden. Die *Unterscheidungsfunktion* ist das allgemeine Merkmal eines jeden Kennzeichens. Die Unterscheidungsfunktion einer geschäftlichen Bezeichnung bezieht sich auf ein Unternehmen oder ein Werk, das sie von anderen Unternehmen oder anderen Werken unterscheidet. Geschäftliche Bezeichnungen sind *unternehmensidentifizierende* Unterscheidungszeichen (Unterneh-

Geschäftliche Bezeichnungen  3–6 § 5 MarkenG

menskennzeichen) und *werkidentifizierende* Unterscheidungszeichen (Werktitel). Das MarkenG unterscheidet zwei Arten von geschäftlichen Bezeichnungen. Nach § 5 Abs. 1 werden *Unternehmenskennzeichen* (s. Rn 3 f.) und *Werktitel* (s. Rn 5 f.) als geschäftliche Bezeichnungen geschützt. Marken sind demgegenüber *produktidentifizierende* Unterscheidungszeichen, die Waren oder Dienstleistungen eines Unternehmens von den Waren oder Dienstleistungen anderer Unternehmen unterscheiden (s. § 3, Rn 9 ff.). Geschäftliche Bezeichnungen sind als Immaterialgüterrechte subjektive Ausschließlichkeitsrechte, Verfassungseigentum nach Art. 14 GG und gewerbliches und kommerzielles Eigentum im Sinne des Art. 36 S. 1 EGV (s. § 15, Rn 9).

### II. Unternehmenskennzeichen (§ 5 Abs. 2)

Die Vorschrift des § 5 Abs. 2 enthält gleichsam als eine Definition des Unternehmens- 3 kennzeichens einen Katalog der als Unternehmenskennzeichen geschützten geschäftlichen Bezeichnungen. Unternehmenskennzeichen sind als *Name, Firma* oder *besondere Bezeichnung eines Geschäftsbetriebs* oder *Unternehmens* benutzte Zeichen (5 Abs. 2 S. 1). Der besonderen Geschäfts- oder Unternehmensbezeichnung (§ 5 Abs. 2 S. 1 3. Alt.) werden nach § 5 Abs. 2 S. 2 *Geschäftsabzeichen* und *sonstige betriebliche Unterscheidungszeichen* gleichgestellt, die innerhalb der beteiligten Verkehrskreise als Kennzeichen des Geschäftsbetriebs gelten. Das MarkenG regelt nicht die Schutzvoraussetzungen der Unternehmenskennzeichen im einzelnen. Der Kennzeichenschutz des Namens, der Firma und der besonderen Geschäfts- oder Unternehmensbezeichnung als Unternehmenskennzeichen im Sinne des § 5 Abs. 2 S. 1 setzt grundsätzlich das Vorliegen von *Unterscheidungskraft* und *Namensfunktion* der Zeichen voraus. Die Entstehung des Kennzeichenschutzes des *Namens*, der *Firma* und der *besonderen Geschäfts- oder Unternehmensbezeichnung* beginnt mit der *Aufnahme der Benutzung* des Zeichens im geschäftlichen Verkehr. Wenn dem Namen, der Firma und der besonderen Geschäfts- oder Unternehmensbezeichnung von Haus aus keine Unterscheidungskraft zukommt, dann entsteht der Kennzeichenschutz nicht schon mit der ersten Benutzungsaufnahme, sondern erst zu dem Zeitpunkt, zu dem den im geschäftlichen Verkehr benutzten Zeichen aufgrund des *Erwerbs von Verkehrsgeltung* Unterscheidungskraft zukommt.

Der Kennzeichenschutz der *Geschäftsabzeichen* und *sonstigen betrieblichen Unterscheidungs-* 4 *zeichen* im Sinne des § 5 Abs. 2 S. 2 beginnt nicht schon mit der ersten Benutzungsaufnahme, sondern erst zu dem Zeitpunkt, zu dem diese Zeichen innerhalb der beteiligten Verkehrskreise *als Kennzeichen des Geschäftsbetriebs gelten*. Die Abgrenzung der Unternehmenskennzeichen im Sinne des § 5 Abs. 2 S. 1 mit Unterscheidungskraft aufgrund des Erwerbs von Verkehrsgeltung und der Unternehmenskennzeichen im Sinne des § 5 Abs. 2 S. 2 mit Verkehrsgeltung als Kennzeichen des Geschäftsbetriebs erfolgt nach dem Kriterium der *Namensfunktion* (s. dazu im einzelnen § 15, Rn 139). Der Kennzeichenschutz der Unternehmenskennzeichen besteht im übrigen nicht nur nach § 15, sondern vor allem nach § 12 BGB, der im Falle einer Namensanmaßung einen Interessensschutz gewährt (s. dazu im einzelnen § 15, Rn 21 ff.). Während die Unternehmenskennzeichen der ersten Gruppe mit der ersten Benutzungsaufnahme geschützt sind, wenn sie unterscheidungskräftig sind und Namensfunktion besitzen, sind die Unternehmenskennzeichen der zweiten Gruppe erst geschützt, wenn sie Verkehrsgeltung erlangt haben.

### III. Werktitel (§ 5 Abs. 3)

Das MarkenG gewährt Werktiteln in der Tradition des wettbewerbsrechtlichen Titel- 5 schutzes nach § 16 Abs. 1 UWG aF den Kennzeichenschutz der geschäftlichen Bezeichnungen. Sachgerecht wäre, den Werktitelschutz einer eigenen gesetzlichen Regelung zuzuführen, die den Besonderheiten des Titelschutzrechts im einzelnen entspricht. Im Kennzeichenrecht gilt ein eigenständiger *kennzeichenrechtlicher Werkbegriff*, der sich von dem urheberrechtlichen Werkbegriff unterscheidet (s. Begründung zum MarkenG, BT-Drucks. 12/6581 vom 14. Januar 1994, S. 67; s. § 15, Rn 154a ff.).

Als Werktitel, denen als geschäftliche Bezeichnungen der Schutz nach dem MarkenG 6 gewährt wird, werden nach § 5 Abs. 3 Namen und besondere Bezeichnungen von *Druckschriften, Filmwerken, Tonwerken, Bühnenwerken* oder *sonstige vergleichbare Werke* geschützt. Den nach der Rechtslage vor Inkrafttreten des MarkenG nach § 16 Abs. 1 UWG aF auf den Titelschutz von Druckschriften begrenzten Wettbewerbsschutz hatte die Rechtsprechung in *analoger* Anwendung der Vorschrift auf den Schutz von bestimmten vergleichbaren Werken ausgedehnt. Nach § 5 Abs. 3 besteht der Kennzeichenschutz von Werktiteln allgemein für mit dem Werkkatalog der Vorschrift vergleichbaren Werken. Der kennzeichenrechtliche Werkbegriff rechtfertigt eine *Ausdehnung des Titelschutzes* gegenüber der bisherigen Rechtslage (s. § 15, Rn 154a). Zudem erscheint es dem Verständnis des Werktitelschutzes als Kennzeichenschutz angemessen, den *Titelschutz* den *Markenformen* im Sinne des § 3 Abs. 1, soweit dies als sachgerecht erscheint, zugänglich zu machen (s. § 15, Rn 155).

## C. Kennzeichenschutz von Marken und geschäftlichen Bezeichnungen

7   Marken und geschäftliche Bezeichnungen enthalten entsprechend dem verschiedenen Gegenstand ihrer Individualisierung einen unterschiedlichen kennzeichenrechtlichen Identifikationshinweis. Marken sind produktidentifizierende Unterscheidungszeichen, geschäftliche Bezeichnungen sind unternehmensidentifizierende oder werkidentifizierende Unterscheidungszeichen. Im geschäftlichen Verkehr kann ein Zeichen zugleich die Funktionen verschiedener Arten von Kennzeichen erfüllen. Ein Unternehmenskennzeichen kann zugleich Marke sein, sei es aufgrund einer Eintragung in das Register, sei es aufgrund des Erwerbs von Verkehrsgeltung oder Notorietät als Marke. Umgekehrt kann eine Marke sich zum Kennzeichen des Unternehmens entwickeln (Firmen- oder Hausmarke). Der Verkehrsgeltung einer Marke oder eines Unternehmenskennzeichens kommt ein verschiedener Inhalt zu. Unternehmenskennzeichen identifizieren *namensmäßig,* Marken identifizieren *produktbezogen.* Eine Marke mit Verkehrsgeltung ist deshalb nicht unbedingt Unternehmenskennzeichen. Das ist namentlich dann der Fall, wenn bekannte Marken von dem bekannten Unternehmenskennzeichen verschieden sind.

**Vorrang und Zeitrang**

**6** (1) **Ist im Falle des Zusammentreffens von Rechten im Sinne der §§ 4, 5 und 13 nach diesem Gesetz für die Bestimmung des Vorrangs der Rechte ihr Zeitrang maßgeblich, wird der Zeitrang nach den Absätzen 2 und 3 bestimmt.**

(2) **Für die Bestimmung des Zeitrangs von angemeldeten oder eingetragenen Marken ist der Anmeldetag (§ 33 Abs. 1) oder, falls eine Priorität nach § 34 oder nach § 35 in Anspruch genommen wird, der Prioritätstag maßgeblich.**

(3) **Für die Bestimmung des Zeitrangs von Rechten im Sinne des § 4 Nr. 2 und 3 und der §§ 5 und 13 ist der Zeitpunkt maßgeblich, zu dem das Recht erworben wurde.**

(4) **Kommt Rechten nach den Absätzen 2 und 3 derselbe Tag als ihr Zeitrang zu, so sind die Rechte gleichrangig und begründen gegeneinander keine Ansprüche.**

**Inhaltsübersicht**

| | Rn |
|---|---|
| A. Allgemeines | 1–5 |
|    I. Regelungsübersicht | 1 |
|    II. Rechtsänderungen | 2 |
|    III. Europäisches Unionsrecht | 3, 4 |
|       1. Erste Markenrechtsrichtlinie | 3 |
|       2. Gemeinschaftsmarkenverordnung | 4 |
|    IV. Staatsvertragsrecht | 5 |
| B. Prioritätsprinzip (§ 6 Abs. 1) | 6, 7 |
|    I. Grundsatz des Zeitvorrangs | 6 |
|    II. Arten der Kennzeichen einer Kollision | 7 |
| C. Prioritätsregeln (§ 6 Abs. 2 und 3) | 8–13 |
|    I. Maßgeblichkeit der Entstehung des Rechts | 8 |
|    II. Zeitrang von angemeldeten und eingetragenen Marken (§ 6 Abs. 2) | 9–11 |
|    III. Zeitrang von Marken mit Verkehrsgeltung oder Notorietät, geschäftlichen Bezeichnungen und sonstigen Rechten (§ 6 Abs. 3) | 12 |
|    IV. Verhältnis von § 6 Abs. 2 und 3 | 13 |

|  | Rn |
|---|---|
| D. Abweichende Prioritätsregeln | 14–23 |
|   I. Anmeldungen mit Unionspriorität und TRIPS-Priorität | 15a, 15b |
|     1. Unionspriorität (Art. 4 PVÜ) | 15a |
|     2. TRIPS-Priorität (Art. 2 Abs. 1 TRIPS iVm Art. 4 PVÜ) | 15b |
|   II. Anmeldungen international registrierter Marken | 16–18 |
|     1. Grundsatz | 16 |
|     2. Inanspruchnahme der Unionspriorität nach Art. 4 PVÜ (Art. 4 Abs. 2 MMA, 4 Abs. 2 PMMA) | 17 |
|     3. Keine Inanspruchnahme der Unionspriorität nach Art. 4 PVÜ (Art. 4 Abs. 1 MMA, 4 Abs. 1 PMMA) | 18 |
|   III. Anmeldungen mit sonstiger ausländischer Priorität | 19 |
|   IV. Anmeldungen mit Ausstellungspriorität | 20 |
|   V. Sonderregelungen wegen der besonderen Umstände des Zweiten Weltkrieges | 21, 22 |
|   VI. Namensgleichheit und Erfordernis einer Interessenabwägung | 23 |
| E. Koexistenz von Kennzeichenrechten (§ 6 Abs. 4) | 24–26 |
|   I. Gleichrangigkeit | 24 |
|   II. Wechselseitige Schutzrechtsbegrenzung gleichrangiger Kennzeichenrechte | 25 |
|   III. Koexistenz bei Verwirkung (§ 21 Abs. 3) | 26 |
| F. Begrenzung des Prioritätsprinzips nach dem ErstrG | 27 |
| G. Die Priorität von Dienstleistungsmarken nach dem Übergangsrecht des DMG | 28, 29 |
|   I. Sonderregelung für Voranmeldungen | 28 |
|   II. Weiterbenutzungsrecht vorbenutzter Dienstleistungsmarken | 29 |
| H. Teilprioritäten | 30 |

**Schrifttum zum WZG.** *Haupt*, Die Bedeutung des Prioritätsgrundsatzes im Recht der Kennzeichen, Diss. Köln, 1963; *Kaufmann*, Erstbenutzungs- und Eintragungsprinzip im Markenrecht, Zürich, 1970; *Klaka*, Geteilte Zeichenpriorität und Eintragungsbewilligungsklage, GRUR 1985, 681; *Knaak*, Der Schutz der nichteingetragenen Kennzeichenrechte im vereinigten Deutschland, GRUR 1991, 891; *Kündig*, Von der Gebrauchspriorität zur Hinterlegungspriorität im neuen schweizerischen Markenschutzgesetz (MSchG), GRUR Int 1993, 628; *Mitscherlich*, Zum Schutz international registrierter Dienstleistungsmarken in der Bundesrepublik Deutschland, GRUR Int 1979, 26; *Ruijsenaars*, GRUR Int 1992, 58; *Seelig*, Mitt 1980, 136; *Siewers*, Übertragung des Prioritätsrechts bei Warenzeichen, Mitt 1977, 90; *Zeug*, GRUR Int 1986, 61.

## A. Allgemeines

### I. Regelungsübersicht

Das *Prioritätsprinzip* (Grundsatz des Vorrangs nach dem Zeitrang) beherrscht das gesamte Kennzeichenrecht. Die Vorschrift des § 6 normiert diesen zentralen Grundsatz der Priorität. Nach § 6 Abs. 1 bestimmt grundsätzlich der Zeitrang über den Vorrang kollidierender Kennzeichenrechte. Das *prioritätsältere* Kennzeichenrecht hat Vorrang gegenüber dem *prioritätsjüngeren* Kennzeichenrecht. Die Priorität einer angemeldeten oder eingetragenen Marke (§ 4 Nr. 1) bestimmt sich nach § 6 Abs. 2 nach dem *Anmeldetag* (§ 33 Abs. 1) oder dem *Prioritätstag* (§§ 34, 35). Die Priorität eines durch Benutzung entstehenden Markenrechts (§ 4 Nr. 2), einer notorisch bekannten Marke (§ 4 Nr. 3), einer geschäftlichen Bezeichnung (§ 5) und der sonstigen Rechte des § 13 bestimmt sich nach § 6 Abs. 3 nach dem *Tag des Rechtserwerbs*. Kennzeichenrechte mit gleichem Zeitrang sind nach § 6 Abs. 4 gleichrangig *(Koexistenz)* und begründen gegeneinander keine Ansprüche. 1

### II. Rechtsänderungen

Im Warenzeichenrecht sowie im Recht der geschäftlichen Bezeichnungen (§ 16 UWG aF) galt das Prioritätsprinzip (Grundsatz des Zeitvorrangs), das aber im WZG nicht ausdrücklich normiert war. Es fand seinen gesetzlichen Ausdruck in verschiedenen Vorschriften des warenzeichenrechtlichen Widerspruchs- und Löschungsverfahrens (etwa §§ 5 Abs. 3, 4 S. 1; 9 Abs. 1; 11 Abs. 1 Nr. 1 WZG). 2

## III. Europäisches Unionsrecht

### 1. Erste Markenrechtsrichtlinie

**3** Die *MarkenRL* enthält zwar keine ausdrückliche Regelung des Prioritätsprinzips; sie geht aber von dem Grundsatz des Zeitvorrangs aus, der als ein allgemeingültiges Prinzip des europäischen Kennzeichenrechts Geltung beansprucht.

### 2. Gemeinschaftsmarkenverordnung

**4** Das Prioritätsprinzip ist auch Grundlage der *GMarkenV*. Die Art. 29 bis 32 GMarkenV enthalten ausführliche Regelungen über das Prioritätsrecht der Gemeinschaftsmarke sowie die Inanspruchnahme des Zeitrangs einer nationalen Marke.

## IV. Staatsvertragsrecht

**5** Das Prioritätsrecht ist ein zentraler Regelungsgegenstand der *PVÜ*. Die *Unionspriorität* bestimmt Art. 4 PVÜ. Im MarkenG wird erstmals in § 34 das Prioritätsrecht eigenständig geregelt. Durch das *TRIPS-Abkommen* wird die Unionspriorität nach Art. 4 PVÜ zu einer *TRIPS-Priorität* ausgeweitet.

# B. Prioritätsprinzip (§ 6 Abs. 1)

## I. Grundsatz des Zeitvorrangs

**6** Das Zusammentreffen von Kennzeichenrechten verschiedener Rechtsinhaber begründet den grundlegenden Interessenkonflikt des Kennzeichenrechts. Die Entscheidung über eine solche Kennzeichenkollision bestimmt sich regelmäßig nach dem Grundsatz des Vorrangs nach dem Zeitrang *(Prioritätsprinzip)*. Die Vorschrift des § 6 Abs. 1 regelt, daß im Falle des Zusammentreffens von Kennzeichenrechten der Zeitrang nach den Abs. 2 und 3 der Vorschrift zu bestimmen ist, wenn eine Vorschrift des MarkenG für die Bestimmung des Vorrangs der Kennzeichenrechte ihren Zeitrang für maßgeblich erklärt. § 6 Abs. 1 geht von der Grundregel aus, daß grundsätzlich der Zeitrang über den Vorrang von Kennzeichenrechten bestimmt und bestätigt das Prioritätsprinzip als den das gesamte Kennzeichenrecht beherrschenden Grundsatz. Die Vorschrift regelt nicht, ob und unter welchen Voraussetzungen der Zeitrang das maßgebliche Kriterium zur Beurteilung einer Kennzeichenkollision darstellt. Die Maßgeblichkeit der Priorität für die Entscheidung über eine Kennzeichenkollision bestimmt sich nach der Art und den konkreten Umständen der Markenkollision und der für diese Markenkollision einschlägigen Vorschriften namentlich des MarkenG. Nach dem Prioritätsprinzip muß das *prioritätsjüngere* Kennzeichenrecht dem *prioritätsälteren* Kennzeichenrecht weichen. Die Priorität bestimmt das Alter eines Kennzeichenrechts und gewährleistet das prioritätsältere Recht als ein subjektives Immaterialgüterrecht gegenüber prioritätsjüngeren Rechten bei einer Kollision von Kennzeichenrechten.

## II. Arten der Kennzeichen einer Kollision

**7** Die Vorschrift des § 6 Abs. 1 bestimmt den Anwendungsbereich hinsichtlich der Arten von Kennzeichenrechten, für die das Prioritätsprinzip im Falle des Zusammentreffens eines prioritätsjüngeren mit einem prioritätsälteren Kennzeichenrecht gilt. Der Anwendungsbereich sind Kollisionen von Kennzeichen im Sinne der §§ 4, 5 und 13. Das Prioritätsprinzip gilt für *Marken im Sinne des § 4,* das sind durch Eintragung in das Markenregister entstehende Marken (§ 4 Nr. 1), durch den Erwerb von Verkehrsgeltung entstehende Marken (§ 4 Nr. 2) und durch notorische Bekanntheit entstehende Marken (§ 4 Nr. 3). Das Prioritätsprinzip gilt weiter für *geschäftliche Bezeichnungen im Sinne des § 5,* das sind zum einen Unternehmenskennzeichen wie Name, Firma und besondere Bezeichnungen eines Geschäftsbetriebs oder Unternehmens (§ 5 Abs. 2 S. 1; zu prioritätsälteren Firmenrechten OLG Düsseldorf WRP 1995, 330), sowie Geschäftsabzeichen und sonstige betriebliche Unterscheidungszeichen (§ 5 Abs. 2 S. 2) und zum anderen Werktitel wie die Namen oder besonderen Bezeichnungen von Druckschriften, Filmwerken, Tonwerken, Bühnenwerken oder sonstigen vergleichbaren Werken (§ 5 Abs. 3). Das Prioritätsprinzip gilt desweiteren für die *sonstigen Rechte im Sinne des § 13,* das sind insbesondere das Namensrecht, das Recht an der eigenen Abbildung, Urheberrechte, Sortenbezeichnungen, geographische Herkunftsangaben und sonstige gewerbliche Schutzrechte (§ 13 Abs. 2). Die Maßgeblichkeit des Prioritätsprinzips bestimmt sich nach der Konstellation der konkreten Kennzeichenkollision. Aus bestimmten Rechtsgründen und in bestimmten Fallkonstellationen bestehen Schranken des Prioritätsprinzips (s. Rn 14 ff.).

## C. Prioritätsregeln (§ 6 Abs. 2 und 3)

### I. Maßgeblichkeit der Entstehung des Rechts

Die Vorschriften des § 6 Abs. 2 und 3 enthalten Regeln zur Bestimmung des Zeitrangs. Der Tag der Priorität eines Kennzeichenrechts ist der Tag der Entstehung des Rechts, gleichsam der Geburtstag des Kennzeichenrechts. Da sich die Gründe der Entstehung der Kennzeichenrechte unterscheiden, bedarf es verschiedener Prioritätsregeln. Kennzeichenrechte entstehen entweder aufgrund eines *förmlichen Registeraktes* als eines staatlichen Hoheitsaktes, aufgrund dessen das Kennzeichenrecht verliehen wird, oder aufgrund des Vorgangs einer *tatsächlichen Benutzung* des Kennzeichens wie der bloßen Ingebrauchnahme des Kennzeichens oder des Erwerbs von Verkehrsgeltung, aufgrund deren das Kennzeichenrecht erworben wird.

### II. Zeitrang von angemeldeten und eingetragenen Marken (§ 6 Abs. 2)

Das Kennzeichenrecht an der eingetragenen Marke entsteht konstitutiv durch die Eintragung eines Zeichens als Marke in das vom Patentamt geführte Register (§ 4 Nr. 1). Da schon die Anmeldung einer Marke einen Anspruch auf Eintragung der Marke begründet (§ 33 Abs. 2 S. 1), wird die angemeldete Marke der eingetragenen Marke hinsichtlich der Priorität gleichgestellt (*Anmeldepriorität*). Das Alter der Anmeldung bestimmt das Alter der Marke. Für angemeldete oder eingetragene Marken gilt die Prioritätsregel des § 6 Abs. 2. Nach dieser Vorschrift bestimmt sich der Zeitrang einer angemeldeten oder eingetragenen Marke nach dem *Anmeldetag* (so schon nach der Rechtslage im WZG BGHZ 19, 23, 28 – Magirus; 21, 85, 86 – Spiegel; 34, 299, 303 – Almglocke). Der Anmeldetag einer Marke ist nach § 33 Abs. 1 der Tag des Eingangs der Anmeldeunterlagen im Sinne des § 32 Abs. 2 beim Patentamt.

Anstelle der Priorität des Anmeldetags kann eine Priorität nach § 34 oder nach § 35 in Anspruch genommen werden. Wenn die Priorität einer früheren ausländischen Anmeldung im Sinne des § 34 in Anspruch genommen wird, dann bestimmt sich der Prioritätstag nach der *ausländischen Priorität* (s. § 34, Rn 4 ff.). Wenn eine Ausstellungspriorität nach § 35 in Anspruch genommen wird, dann bestimmt sich die Priorität unter den Voraussetzungen des § 35 nach dem Prioritätstag der *Ausstellungspriorität* (s. § 35, Rn 4 ff.).

Auch wenn die prioritätsjüngere Marke noch nicht in das Register eingetragen ist, kommt es zur Beurteilung einer Kennzeichenkollision mit einer prioritätsälteren Marke als eines Verletzungstatbestandes nach dem MarkenG ausschließlich auf den Anmeldetag der prioritätsjüngeren Marke an. Eine tatsächliche Benutzung der prioritätsjüngeren Marke zu einem früheren Zeitpunkt als dem Anmeldetag begründet keinen markenrechtlichen Zeitrang im Sinne des § 6 Abs. 2. Wenn eine solche Fallkonstellation besteht, ist nicht ausgeschlossen, daß ein außermarkengesetzlicher Vorrang wie etwa ein namensrechtlicher Vorrang nach § 12 BGB oder ein wettbewerbsrechtlicher Vorrang nach § 1 UWG besteht (s. § 2, Rn 6 ff.).

## III. Zeitrang von Marken mit Verkehrsgeltung oder Notorietät, geschäftlichen Bezeichnungen und sonstigen Rechten (§ 6 Abs. 3)

**12**  § 6 Abs. 3 regelt den Zeitrang von Marken mit Verkehrsgeltung (§ 4 Nr. 2), von notorisch bekannten Marken (§ 4 Nr. 3), von geschäftlichen Bezeichnungen wie Unternehmenskennzeichen und Werktitel (§ 5) sowie von sonstigen Rechten im Sinne des § 13. Die Priorität dieser Kennzeichen bestimmt sich nach dem Tag des Erwerbs des jeweiligen Kennzeichenrechts. Prioritätstag ist der *Erwerbstag*. Markenschutz nach § 4 Nr. 2 wird durch den Erwerb von Verkehrsgeltung erworben. Markenschutz nach § 4 Nr. 3 wird durch den Erwerb von Notorietät erworben. Kennzeichenschutz an geschäftlichen Bezeichnungen im Sinne des § 5 Abs. 1 wird nach den jeweiligen Erwerbstatbeständen erworben. Erwerbstatbestand für Unternehmenskennzeichen ist die Inbenutzungsnahme des Zeichens im geschäftlichen Verkehr als Name, als Firma oder als besondere Bezeichnung eines Geschäftsbetriebs oder eines Unternehmens nach § 5 Abs. 2 S. 1. Erwerbstatbestand von Geschäftsabzeichen und sonstigen betrieblichen Unterscheidungszeichen ist die Verkehrsgeltung als Kennzeichen des Geschäftsbetriebs nach § 5 Abs. 2 S. 2. Die Priorität eines Werktitels im Sinne des § 5 Abs. 3 bestimmt sich nach den jeweiligen Erwerbstatbeständen (s. § 15, Rn 155 ff.). Die Datierung des Erwerbstags ist dann rechtstatsächlich schwierig zu bestimmen, wenn die Entstehung des Kennzeichenschutzes von der tatsächlichen Benutzungslage abhängig ist. Der Nachweis der Verkehrsgeltung eines Kennzeichens aufgrund demoskopischer Meinungsumfrage, die innerhalb eines bestimmten Zeitraums durchgeführt worden ist, beweist zumindest, daß diesem Kennzeichen mit Verkehrsgeltung Priorität vor solchen Kennzeichen zukommt, die nach dem Befragungszeitraum entstanden sind. Das schließt nicht aus, daß ein früherer Erwerbstag als Prioritätstag tatsächlich besteht und aufgrund eines weiteren demoskopischen Gutachtens, aber auch aufgrund von Indizien in Zusammenhang mit dem demoskopischen Gutachten, die einen Rückschluß auf den Zeitraum vor der Meinungsumfrage zulassen, bestimmt werden kann.

## IV. Verhältnis von § 6 Abs. 2 und 3

**13**  Die Priorität gleicher oder verschiedener Arten von Kennzeichen im Sinne des § 6 Abs. 2 und 3 ist in ihrem Verhältnis zueinander unabhängig von dem Erwerbstatbestand gleich zu beurteilen. § 6 Abs. 2 und 3 bestimmt allein den für den Zeitrang des Kennzeichenrechts maßgebenden Zeitpunkt des Anmeldetags oder Erwerbstags. Die grundsätzliche Gleichwertigkeit der Kennzeichenrechte bestimmt die Priorität einer Kennzeichenkollision. Der Grundsatz von der Gleichwertigkeit der Kennzeichenrechte schließt Schranken des Prioritätsprinzips aufgrund der besonderen Fallkonstellation einer Kennzeichenkollision nicht aus.

## D. Abweichende Prioritätsregeln

**14**  Von dem Grundsatz, daß sich die Priorität einer angemeldeten oder eingetragenen Marke nach dem Anmeldetag im Sinne des § 33 Abs. 1 bestimmt, bestehen verschiedene Ausnahmen, bei denen ein die Priorität begründender Umstand vor dem Anmeldetag liegt und so eine *frühere Priorität* besteht.

## I. Anmeldungen mit Unionspriorität und TRIPS-Priorität

### 1. Unionspriorität (Art. 4 PVÜ)

**15a**  Nach Art. 4 PVÜ gelten alle Verbandsstaaten hinsichtlich des Zeitvorrangs (Unionspriorität) als ein Staat. Wer in einem der Verbandsstaaten eine Marke erstmals ordnungsgemäß anmeldet (Erstanmeldung), sichert sich den Zeitvorrang für eine Frist von sechs Monaten (Art. 4 C PVÜ). Die innerhalb dieser Frist vorgenommene, weitere Anmeldung der Marke in einem anderen Verbandsstaat (Zweitanmeldung) wird so behandelt, als ob sie am Tag der Erstanmeldung vorgenommen worden sei. Aufgrund von Staatsverträgen sind für die Nachkriegszeit die Prioritätsfristen verlängert worden. Nach der Rechtslage im WZG konnte die Unionspriorität nach Art. 4 PVÜ zunächst nur für Handels- und Fabrikmarken, nicht auch für Dienstleistungsmarken in Anspruch genommen werden. Das Gesetz über die Eintragung von Dienstleistungsmarken vom 29. Januar 1979 (BGBl. I S. 125) änderte diese Rechtslage nicht *(Heil/Ströbele,* GRUR 1979, 127, 130; aA *Betten,* BB 1979, 19, 20). Diese Schlechterstellung von Dienstleistungsmarken gegenüber Warenmarken ist im Jahre 1987 teilweise beseitigt worden durch die Einfügung des § 35 Abs. 4 WZG (BGBl. 1986 I, S. 1446), der die Inanspruchnahme einer Auslandspriorität für Dienstleistungsmarken auf der Basis der Gegenseitigkeit gestattete. Nach der Rechtslage im MarkenG kann die Unionspriorität nach § 34 Abs. 1 auch für Dienstleistungsmarken in Anspruch genommen werden, ohne daß es insoweit auf die Gegenseitigkeit ankommt. Das Verfahren für die Inanspruchnahme der Unionspriorität regelt § 34 Abs. 3 (s. § 34, Rn 10 ff.).

### 2. TRIPS-Priorität (Art. 2 Abs. 1 TRIPS iVm Art. 4 PVÜ)

Nach Art. 2 Abs. 1 TRIPS-Abkommen, der die materiellrechtlichen Vorschriften der PVÜ in das TRIPS-Abkommen inkorporiert, wird die Unionspriorität nach Art. 4 PVÜ zu einer *TRIPS-Priorität* ausgeweitet. Jedermann, der in einem Vertragsstaat des Übereinkommens zur Errichtung der Welthandelsorganisation eine Marke ordnungsgemäß anmeldet, genießt innerhalb einer Frist von sechs Monaten nach der ersten Anmeldung ein *Prioritätsrecht* (zur unterschiedslosen Anerkennung der Prioritäten aus allen WTO-Mitgliedstaaten s. die Mitteilung des Präsidenten des DPA über die Anerkennung von Prioritäten aus allen Mitgliedstaaten der Welthandelsorganisation vom 20. Mai 1997, BlPMZ 1997, 213). Die TRIPS-Priorität gilt nach Art. 62 Abs. 3 TRIPS-Abkommen auch für *Dienstleistungen.*

## II. Anmeldungen international registrierter Marken

### 1. Grundsatz

Die Priorität einer international registrierten Marke richtet sich nach Art. 4 MMA iVm §§ 6 Abs. 2, 34 Abs. 1. Es sind zwei Fälle zu unterscheiden (s. Rn 17, 18).

### 2. Inanspruchnahme der Unionspriorität nach Art. 4 PVÜ (Art. 4 Abs. 2 MMA, 4 Abs. 2 PMMA)

Nach Art. 4 Abs. 2 MMA genießen IR-Marken das durch Art. 4 PVÜ festgelegte Prioritätsrecht. Die Priorität einer IR-Marke bestimmt sich nach dem Tag der Anmeldung zur Eintragung im Ursprungsland, wenn die internationale Registrierung innerhalb von sechs Monaten nach der Heimatanmeldung erfolgt (s. im einzelnen Art. 4 MMA, Rn 3). Entsprechendes gilt für den Schutz von Marken nach dem Protokoll zum MMA (Art. 4 PMMA iVm §§ 124, 112).

### 3. Keine Inanspruchnahme der Unionspriorität nach Art. 4 PVÜ (Art. 4 Abs. 1 MMA, 4 Abs. 1 PMMA)

Nach Ablauf der in Art. 4 C PVÜ bestimmten Frist von sechs Monaten kann die Unionspriorität nicht mehr in Anspruch genommen werden. In diesem Fall bestimmt sich die Priorität nach dem Datum der internationalen Registrierung (Art. 4 Abs. 1 MMA iVm §§ 112, 6 Abs. 2; zum Registrierungsdatum s. Art. 3 MMA, Rn 6). Entsprechendes gilt für den Schutz von Marken nach dem Protokoll zum MMA (Art. 4 PMMA iVm §§ 124, 112).

## III. Anmeldungen mit sonstiger ausländischer Priorität

Nach der Rechtslage im WZG konnte die Priorität einer früheren ausländischen Anmeldung nur dann in Anspruch genommen werden, wenn ein Staatsvertrag die Anerkennung der Priorität regelte. Nach der Rechtslage im MarkenG kann nach § 34 Abs. 2 auch die Priorität einer Voranmeldung in einem Staat, der nicht zum Verband der PVÜ gehört und mit dem kein Sonderstaatsvertrag besteht, in Anspruch genommen werden, soweit nach einer Bekanntmachung des Bundesministeriums der Justiz im Bundesgesetzblatt die Gegenseitigkeit gegeben ist (s. im einzelnen § 34, Rn 7 ff.).

### IV. Anmeldungen mit Ausstellungspriorität

20   Eine vom Anmeldetag abweichende Priorität kann derjenige in Anspruch nehmen, der bereits vor der Anmeldung die Marke auf einer Ausstellung nach § 35 Abs. 1 bis 3 zur Schau gestellt hat (s. § 35 Rn 4 ff.). Die Anmeldung muß binnen sechs Monaten nach der Zurschaustellung erfolgen, ansonsten hat der Anmelder sein Recht auf die Gewährung einer Ausstellungspriorität verwirkt. Die Ausstellungspriorität entspricht in ihrer Ausgestaltung der Unionspriorität.

### V. Sonderregelungen wegen der besonderen Umstände des Zweiten Weltkrieges

21   Ausländische Markenanmelder, die vor dem 1. Oktober 1949 innerhalb von sechs Monaten vor Beginn des Kriegszustandes zwischen Deutschland und dem betreffenden ausländischen Staat die Erstanmeldung in einem anderen Land als Deutschland vorgenommen hatten, konnten sich bis zum 3. Oktober 1950 auf die Erstanmeldung prioritätswahrend berufen (Art. 6 des Gesetzes Nr. 8 des Rates der Alliierten Hohen Kommission vom 20. Oktober 1949; ABl. S. 18).

22   Eine weitere Durchbrechung des Anmeldegrundsatzes enthielt § 12 des 1. Überleitungsgesetzes vom 8. Juli 1949 (WiGBl. S. 175). Nach dieser Regelung konnte im Falle übereinstimmender Anmeldungen mit gleichem Zeitrang derjenige das Recht auf Eintragung beanspruchen, der das Zeichen in der Zeit vom 1. Juli 1944 bis zum 30. September 1948 als erster in seinem Geschäftsbetrieb benutzt hatte, sofern die Anmeldung vor dem 1. November 1949 erfolgt war.

### VI. Namensgleichheit und Erfordernis einer Interessenabwägung

23   Schranken des Prioritätsprinzips bestehen in Fallkonstellationen einer Namensgleichheit von Kennzeichen (s. § 15, Rn 92 ff.) sowie in solchen Fallkonstellationen, in denen eine Interessenabwägung aufgrund der besonderen Umstände des konkreten Einzelfalles eine Abkehr von dem Prioritätsprinzip erfordert (s. Begründung zum MarkenG, BT-Drucks. 12/6581 vom 14. Januar 1994, S. 68).

## E. Koexistenz von Kennzeichenrechten (§ 6 Abs. 4)

### I. Gleichrangigkeit

24   Der Zeitrang von Kennzeichenrechten bestimmt sich nach dem Tag der Entstehung des Kennzeichenrechts. Der Entstehungstag ist nach § 6 Abs. 2 bei angemeldeten oder eingetragenen Marken der *Anmeldetag* oder bei Inanspruchnahme einer Priorität nach den §§ 34 und 35 der *Prioritätstag* und nach § 6 Abs. 3 bei Marken mit Verkehrsgeltung oder Notorietät, geschäftlichen Bezeichnungen und sonstigen Rechten der *Erwerbstag*. Wenn Kennzeichenrechten derselbe Tag als ihr Zeitrang zukommt, dann sind diese Kennzeichenrechte nach § 6 Abs. 4 gleichrangig (*Koexistenz*). Eine Identität des Entstehungstages festzustellen, ist bei durch Eintragung entstehenden Rechten sicher und genau möglich, bei durch Ingebrauchnahme entstehenden Rechten schwieriger nachzuweisen und bei durch den Erwerb von Verkehrsgeltung entstehenden Rechten regelmäßig nur unter erheblichen Schwierigkeiten, wenn überhaupt, auf den Tag genau zu bestimmen. Gleichrangigkeit wird deshalb nur selten zwischen Kennzeichenrechten bestehen, die durch den Erwerb von Verkehrsgeltung entstehen, sowie zwischen diesen Kennzeichenrechten und solchen durch Eintragung entstehenden Kennzeichenrechten. Angemeldete oder eingetragene Marken sind dann

gleichrangig, wenn ihnen derselbe Anmeldetag als Zeitrang zusteht. Der Anmeldetag einer Marke ist nach § 33 Abs. 1 der Tag, an dem die Unterlagen der Anmeldung mit den erforderlichen Angaben beim Patentamt eingegangen sind. Das Datum des Eingangs der Anmeldeunterlagen beim Patentamt bestimmt den Anmeldetag. Für den Zeitpunkt der Anmeldung kommt es nicht auf die niedrigere oder höhere Geschäftsnummer, sondern allein auf das Datum des Eingangs (Eingangsstempel) an. Rechtlich unerheblich für den Zeitrang ist die Uhrzeit des Eingangs von Anmeldungen desselben Tages. Wenn eine ausländische Priorität nach § 34 oder eine Ausstellungspriorität nach § 35 in Anspruch genommen wird, dann ist für die Anmeldung entweder das frühere Datum einer Ausstellung oder das frühere Datum einer Auslandsanmeldung als Prioritätsdatum einzutragen. Der gleiche Zeitrang mit dem Prioritätsdatum des 1. Januar 1995 kommt nach § 156 Abs. 1 allen vor dem 1. Januar 1995 eingereichten schwebenden Anmeldungen von solchen Marken zu, die nach der Rechtslage des WZG nicht schutzfähig waren. Bei Mängeln der Anmeldeerfordernisse im Sinne des § 36 Abs. 1 bestimmt sich der Zeitrang der Anmeldung nicht nach dem Anmeldetag, sondern nach dem Tag der Beseitigung der festgestellten Mängel (§ 36 Abs. 2). Wenn am Anmeldetag ein Schutzhindernis nach § 8 Abs. 2 Nr. 1, 2 oder 3 bestand, das Schutzhindernis aber nach dem Anmeldetag weggefallen ist, dann bestimmt sich der Zeitrang der Anmeldung nach § 37 Abs. 2 nach dem Tag, an dem das Schutzhindernis weggefallen ist; das ist der Tag, an dem für die Marke Verkehrsdurchsetzung im Sinne des § 8 Abs. 3 erstmals nachgewiesen werden kann und so das Schutzhindernis im Sinne des § 8 Abs. 2 Nr. 1, 2 oder 3 überwunden wurde.

## II. Wechselseitige Schutzrechtsbegrenzung gleichrangiger Kennzeichenrechte

Gleichrangige Kennzeichenrechte begründen nach § 6 Abs. 4 gegeneinander keine Ansprüche. Folge der *Gleichrangigkeit* ist die *Koexistenz der Kennzeichenrechte*. Den Inhabern der gleichrangigen Kennzeichenrechte steht Dritten gegenüber der volle Kennzeichenschutz zu.

## III. Koexistenz bei Verwirkung (§ 21 Abs. 3)

Nach dem Prioritätsprinzip muß das prioritätsjüngere Kennzeichen dem prioritätsälteren Kennzeichen weichen. Die Verwirkung bildet eine Ausnahme von diesem Grundsatz des Zeitvorrangs. Im Falle der Verwirkung kann der Inhaber einer prioritätsälteren Marke oder einer prioritätsälteren geschäftlichen Bezeichnung nach § 21 Abs. 1 die Benutzung einer eingetragenen Marke mit jüngerem Zeitrang und nach § 21 Abs. 2 die Benutzung einer Marke im Sinne des § 4 Nr. 2 oder 3, einer geschäftlichen Bezeichnung im Sinne des § 5 oder eines sonstigen Rechts im Sinne des § 13 mit jüngerem Zeitrang nicht untersagen. Da in diesen Fällen auch der Inhaber des Rechts mit jüngerem Zeitrang die Benutzung des Rechts mit älterem Zeitrang nach § 21 Abs. 3 nicht untersagen kann, besteht eine Koexistenz der Kennzeichenrechte trotz unterschiedlicher Priorität.

## F. Begrenzung des Prioritätsprinzips nach dem ErstrG

Im Falle der Erstreckung von Markenrechten zwischen den Gebieten der alten Bundesrepublik Deutschland und der ehemaligen DDR nach den §§ 1 und 4 ErstrG können sich Markenkollisionen ergeben (s. dazu *Knaak*, GRUR 1991, 891; zur Rechtslage nach dem ErstrG s. im einzelnen Einl, Rn 44 ff.). Für solche Markenkollisionen, bei denen eine Marke in dem Gebiet, auf das sie erstreckt wird, mit einer verwechslungsfähigen Marke kollidiert, enthält § 30 ErstrG eine Kollisionsregel, die das Prioritätsprinzip begrenzt. Die erstreckte Marke darf nach § 30 Abs. 1 ErstrG in dem Erstreckungsgebiet nur mit Zustimmung des Inhabers der kollidierenden Marke benutzt werden, auch wenn die erstreckte Marke prioritätsälter ist, es sei denn, daß einer der Ausnahmetatbestände des § 30 Abs. 2 ErstrG eingreift. Die das Prioritätsprinzip begrenzende Kollisionsregel des § 30 ErstrG gilt nach § 31 ErstrG entsprechend für die Kollisionen von erstreckten Marken mit einem Namen, einer Firma, einer besonderen Bezeichnung eines Unternehmens oder einem sonstigen durch Benutzung erworbenen Kennzeichenrecht. In Rechtsstreitigkeiten aufgrund solcher Markenkollisionen kann zur Vermittlung einer gütlichen Einigung zwischen den Parteien eine beim DPMA errichtete Einigungsstelle angerufen werden (§§ 39 bis 46 ErstrG).

## G. Die Priorität von Dienstleistungsmarken nach dem Übergangsrecht des DMG

### I. Sonderregelung für Voranmeldungen

28    Die Priorität einer Dienstleistungsmarke bestimmt sich wie die Priorität einer Warenmarke nach den Prioritätsregeln des § 6. Eine Sonderregelung besteht für solche Anmeldungen von Dienstleistungsmarken, die schon vor dem Inkrafttreten des Gesetzes über die Eintragung von Dienstleistungsmarken (DMG) vom 29. Januar 1979 (BGBl. I S. 125 f.) eingereicht worden waren. Nach Art. 3 Abs. 1 DMG gelten diese vorangemeldeten Dienstleistungsmarken als eingereicht am Beginn des Tages des Inkrafttretens des DMG. Da der 1. April 1979 als Tag des Inkrafttretens des DMG ein Sonntag war, an dem nach § 13 Abs. 2 PAVO Geschäftssachen nicht angenommen werden konnten, ist der die Priorität der vorangemeldeten Dienstleistungsmarken bestimmende Anmeldetag erst der 2. April 1979 (BPatGE 24, 105). Die aufgrund der Voranmeldung gleichrangigen Dienstleistungsmarken begründen gegeneinander keine markenrechtlichen Ansprüche. Folge der Gleichrangigkeit der vorangemeldeten Dienstleistungsmarken ist deren Koexistenz. Die mit der Priorität vom 2. April 1979 entstandenen Dienstleistungsmarken waren aber markenrechtlichen Ansprüchen prioritätsälterer Warenmarken und Warenausstattungen ausgesetzt.

### II. Weiterbenutzungsrecht vorbenutzter Dienstleistungsmarken

29    Nach Art. 3 Abs. 2 S. 1 DMG konnte der Inhaber einer eingetragenen Dienstleistungsmarke, die vor dem 1. April 1980 angemeldet worden ist, im Interesse kleiner Dienstleistungsunternehmen die Weiterbenutzung eines nach der Rechtslage im WZG mit der Dienstleistungsmarke übereinstimmenden, weil identischen oder verwechslungsfähigen Zeichens für gleiche oder gleichartige Dienstleistungen durch einen anderen im räumlichen Bereich der bisherigen Benutzung nicht verbieten, wenn das Zeichen spätestens am 1. Oktober 1978 in Benutzung genommen worden war. Nach Art 3. Abs. 2 S. 2 DMG bleiben prioritätsältere Kennzeichenrechte wie etwa Unternehmenskennzeichen nach den §§ 12 BGB, 16 UWG aF oder deren Rechtsschutz nach allgemeinem Wettbewerbsrecht unberührt. Das Verhältnis dieser Kennzeichenrechte zueinander war in einem außermarkenrechtlichen Rechtsstreit vor den ordentlichen Gerichten zu klären. Wenn der Inhaber einer vorbenutzten Dienstleistungsmarke sich auch gegenüber einer nach dem 31. März 1980 angemeldeten Dienstleistungsmarke aufgrund der Priorität durchsetzen wollte, dann war die Dienstleistungsmarke bis zum 31. März 1980 zur Eintragung anzumelden. Das weitere Benutzungsrecht einer vor dem 1. Oktober 1978 in Benutzung genommenen Dienstleistungsmarke bestand nur gegenüber eingetragenen Dienstleistungsmarken, nicht auch gegenüber Warenmarken (Warenzeichen).

## H. Teilprioritäten

30    Unabhängig von der Teilung einer Anmeldung auf bestimmte Waren und Dienstleistungen nach § 40 Abs. 1 S. 1, bei der nach § 40 Abs. 1 S. 2 für jede Teilanmeldung der Zeitrang der ursprünglichen Anmeldung erhalten bleibt, sind Teilprioritäten für bestimmte Waren und Dienstleistungen zulässig. Im Falle solcher Teilprioritäten bestehen für ein und dieselbe Marke verschiedene Prioritäten für bestimmte Produktbereiche. So kommt es in der Praxis nicht selten vor, daß eine ausländische Priorität nach § 34 oder eine Ausstellungspriorität nach § 35 nur für bestimmte Produkte beansprucht werden kann. Es ist daher

zulässig, der Anmeldung einer Marke den Vermerk über die Inanspruchnahme einer Auslandspriorität oder einer Ausstellungspriorität nur für einen Teil der Waren oder Dienstleistungen beizufügen und einzutragen (BPatGE 18, 125). Wenn lediglich für einen Teil der Waren oder Dienstleistungen eine Priorität nach den §§ 34, 35 beansprucht werden kann oder wenn aus anderen Gründen für eine Anmeldung unterschiedliche Prioritäten für bestimmte Produktbereiche beansprucht werden, dann ist das Waren- und Dienstleistungsverzeichnis so zu gliedern, daß der Umfang der durch den Prioritätsanspruch gedeckten Waren oder Dienstleistungen klar bestimmt ist; das kann etwa durch einen vorangestellten Hinweis *Waren oder Dienstleistungen mit Zeitrang vom* . . . erfolgen (s. MarkenanmeldungenRL III 3 d).

## Abschnitt 2. Voraussetzungen für den Schutz von Marken durch Eintragung

### Vorbemerkung zu den §§ 7 bis 13

#### Inhaltsübersicht

| | Rn |
|---|---|
| A. Materielles Markenrecht und Markenverfahrensrecht | 1 |
| B. Regelungsübersicht | 2 |
| C. Europäisches Unionsrecht | 3 |
| D. Analoge Anwendung auf die Markenkategorien des § 4 Nr. 2 und 3 | 4 |

### A. Materielles Markenrecht und Markenverfahrensrecht

Abschnitt 2 (§§ 7 bis 13) regelt die Voraussetzungen, die für den Schutz von Marken im Sinne des § 4 Nr. 1 gelten. Die Vorschriften sind nur auf solche Marken anzuwenden, an denen Markenschutz durch die Eintragung des Zeichens als Marke in das Markenregister entsteht. Gegenstand der Vorschriften sind die materiellrechtlichen Schutzvoraussetzungen einer angemeldeten oder eingetragenen Marke. Das Verfahren in Markenangelegenheiten ist in Teil 3 des MarkenG (§§ 32 bis 96) geregelt. Das Markenverfahrensrecht regelt, in welchen Verfahren in Markenangelegenheiten die Prüfung der materiellrechtlichen Schutzvoraussetzungen einer angemeldeten oder eingetragenen Marke erfolgt. **1**

### B. Regelungsübersicht

Gegenstand der Vorschriften über die materiellrechtlichen Schutzvoraussetzungen einer angemeldeten oder eingetragenen Marke sind die *Markenrechtsfähigkeit* (§ 7) sowie die *absoluten* (§ 8) und die *relativen* (§§ 9 bis 13) *Schutzhindernisse*. Die absoluten Schutzhindernisse ergeben sich aus der Natur einer Marke als solcher. Die relativen Schutzhindernisse ergeben sich aus Fallkonstellationen einer Kollision der angemeldeten oder eingetragenen Marke mit prioritätsälteren Kennzeichenrechten. **2**

### C. Europäisches Unionsrecht

Die Regelung der absoluten Schutzhindernisse nach § 8 setzt die Eintragungshindernisse und Ungültigkeitsgründe des Art. 3 MarkenRL um. Die Regelung der relativen Schutzhindernisse in den §§ 9 bis 13 setzt die Vorschrift über die Kollision mit älteren Rechten des Art. 4 MarkenRL in Teilen um. **3**

### D. Analoge Anwendung auf die Markenkategorien des § 4 Nr. 2 und 3

Die materiellrechtlichen Schutzvoraussetzungen der §§ 7 bis 13 gelten nur für angemeldete oder eingetragene Marken im Sinne des § 4 Nr. 1. Insoweit vergleichbare Regelungen für den durch Benutzung und den Erwerb von Verkehrsgeltung als Marke (§ 4 Nr. 2) sowie durch notorische Bekanntheit einer Marke (§ 3 Nr. 3) entstehenden Markenschutz fehlen, wird im einzelnen zu prüfen sein, inwieweit eine analoge Anwendung der materiellrechtli- **4**

**MarkenG § 7** — Inhaberschaft

chen Schutzvoraussetzungen des durch Eintragung entstehenden Markenschutzes (§ 4 Nr. 1) auf die anderen Markenkategorien des § 4 Nr. 2 und 3 sachlich geboten und systematisch gerechtfertigt ist.

## Inhaberschaft

**7** Inhaber von eingetragenen und angemeldeten Marken können sein:
1. natürliche Personen,
2. juristische Personen oder
3. Personengesellschaften, sofern sie mit der Fähigkeit ausgestattet sind, Rechte zu erwerben und Verbindlichkeiten einzugehen.

### Inhaltsübersicht

| | Rn |
|---|---|
| A. Allgemeines | 1–5 |
|   I. Regelungsübersicht | 1, 2 |
|   II. Rechtsänderungen | 3 |
|   III. Europäisches Unionsrecht | 4, 5 |
|     1. Erste Markenrechtsrichtlinie | 4 |
|     2. Gemeinschaftsmarkenverordnung | 5 |
| B. Begriff der Markenrechtsfähigkeit | 6–14 |
|   I. Abgrenzung zur Zuordnung eines konkreten Markenrechts | 6–10 |
|   II. Kennzeichenrechtsfähigkeit | 11, 12 |
|   III. Abgrenzung der Markenrechtsfähigkeit von der Markenanmeldefähigkeit | 13 |
|   IV. Markenverfügungsbefugnis und Markenverwaltungsbefugnis | 14 |
| C. Markenrechtsfähige Rechtssubjekte | 15–43 |
|   I. Natürliche Personen | 15–21 |
|     1. Rechtsfähige Rechtssubjekte | 15 |
|     2. Nasciturus | 16 |
|     3. Testamentsvollstrecker | 17, 18 |
|     4. Insolvenzverwalter | 19, 20 |
|     5. Treuhand | 21 |
|   II. Juristische Personen | 22–27 |
|     1. Grundsatz | 22 |
|     2. Juristische Personen des Privatrechts | 23 |
|     3. Juristische Personen des öffentlichen Rechts | 24–27 |
|   III. Personengesellschaften | 28–43 |
|     1. Personenhandelsgesellschaften | 29 |
|     2. Partnerschaftsgesellschaft | 30 |
|     3. Partenreederei | 31 |
|     4. Stille Gesellschaft | 32 |
|     5. Unterbeteiligung | 33 |
|     6. Gesellschaft bürgerlichen Rechts | 34–38 |
|       a) Rechtslage im WZG | 34 |
|       b) Rechtslage im MarkenG | 35–38 |
|     7. Konzern | 39 |
|     8. Europäische Wirtschaftliche Interessenvereinigung | 40 |
|     9. Nichtrechtsfähiger Verein | 41 |
|     10. Erbengemeinschaft | 42 |
|     11. Bruchteilsgemeinschaft | 43 |
| D. Insolvenz des Markeninhabers | 44, 45 |
| E. Mehrere Markeninhaber | 46 |
| F. Ausländische Markeninhaber | 47 |

**Schrifttum zum WZG.** *Ahrens,* Die Warenzeicheninhaberschaft der BGB-Gesellschaft – eine rechtspolitische Skizze, FS für Nirk, 1992, S. 1.

**Schrifttum zum MarkenG.** *Fezer,* Die Markenrechtsfähigkeit der Gesellschaft bürgerlichen Rechts, FS für Boujong, 1996, S. 123; *Ruijsensaars,* Merchandising von Sportemblemen und Universitätslogos – Ein markenrechtliches Lösungsmodell für Europa?, GRUR Int 1998, 110.

## A. Allgemeines
### I. Regelungsübersicht

Die Vorschrift des § 7 regelt die *Markenrechtsfähigkeit*. Markenrechtsfähigkeit ist die recht- **1** liche Fähigkeit eines Anmelders, Inhaber einer Marke zu sein. Die Vorschrift regelt die Markenrechtsfähigkeit nur hinsichtlich des durch die Eintragung eines Zeichens als Marke in das Markenregister entstehenden Markenschutzes (§ 4 Nr. 1). Die Markenrechtsfähigkeit hinsichtlich einer durch Benutzung und den Erwerb von Verkehrsgeltung entstehenden Marke (§ 4 Nr. 2) sowie einer durch notorische Bekanntheit entstehenden Marke (§ 4 Nr. 3) regelt das MarkenG nicht ausdrücklich.

Inhaber einer angemeldeten oder eingetragenen Marke können *natürliche* und *juristische* **2** *Personen* sowie mit Rechtserwerbsfähigkeit ausgestattete *Personengesellschaften* sein. Zur Markenrechtsfähigkeit gehört weder das Vorhandensein eines bestimmten Unternehmens des Markeninhabers noch eine allgemeine Unternehmenseigenschaft des Markeninhabers. Markenrechtsfähig sind auch *ausländische* Personen und Personenvereinigungen.

### II. Rechtsänderungen

Die Fähigkeit, Markeninhaber zu sein, wurde im WZG aus allgemeinen Grundsätzen ab- **3** geleitet (*Baumbach/Hefermehl*, § 1 WZG, Rn 3 zur Markeninhaberschaft; § 2 WZG, Rn 4ff. zur Anmeldefähigkeit). Die Regelung des § 7 bedeutet grundsätzlich keine inhaltliche Änderung der Markeninhaberschaft. Folge der Nichtakzessorietät der Marke im MarkenG ist aber, daß ein Markeninhaber weder einen bestimmten noch einen allgemeinen Geschäftsbetrieb (Unternehmenseigenschaft) haben muß (s. § 3, Rn 66). Hinsichtlich der Markenrechtsfähigkeit ausländischer Personen verzichtet das MarkenG auf die Voraussetzung der Gegenseitigkeit (anders § 35 Abs. 3 WZG).

### III. Europäisches Unionsrecht
#### 1. Erste Markenrechtsrichtlinie

Die *MarkenRL* enthält keine verbindlichen Vorgaben für die Markenrechtsfähigkeit. Eine **4** extensive Auslegung des § 7 Nr. 3, nach der etwa die Markenrechtsfähigkeit der GbR anzuerkennen ist (s. Rn 34ff.), ist mit der MarkenRL vereinbar.

#### 2. Gemeinschaftsmarkenverordnung

Art. 5 GMarkenV regelt die Inhaberschaft an Gemeinschaftsmarken. Nach dieser Vor- **5** schrift können Inhaber von Gemeinschaftsmarken natürliche oder juristische Personen einschließlich der Körperschaften des öffentlichen Rechts sein. Die Markenrechtsfähigkeit von Personengesellschaften ist nicht ausdrücklich geregelt. Die Vorschrift regelt im einzelnen die Nationalität des Inhabers einer Gemeinschaftsmarke (Angehörige eines Mitgliedstaats, Angehörige anderer Verbandsländer der PVÜ, Angehörige von Staaten, die nicht Verbandsländer der PVÜ sind, gleichgestellte Angehörige anderer Staaten, Staatenlose).

## B. Begriff der Markenrechtsfähigkeit
### I. Abgrenzung zur Zuordnung eines konkreten Markenrechts

Regelungsgegenstand des § 7 ist die *Inhaberschaft an Marken*. Die Vorschrift regelt, wer **6** Inhaber von eingetragenen und angemeldeten Marken sein kann. Dabei handelt es sich um die *Markenrechtsfähigkeit* einer Person. Markenrechtsfähigkeit ist die rechtliche Fähigkeit eines Rechtssubjekts, Inhaber einer Marke zu sein. Die Markenrechtsfähigkeit gibt Auskunft darüber, welche rechtlichen Voraussetzungen ein Rechtssubjekt zur Innehabung eines Markenrechts erfüllen muß. Die Markenrechtsfähigkeit besagt abstrakt, wer im allgemeinen eine Marke innehaben kann, nicht aber, wem ein konkretes Markenrecht zusteht.

**MarkenG § 7** 7–11  Inhaberschaft

7  Von der Markenrechtsfähigkeit ist die rechtliche Zuordnung eines konkretes Markenrechts an ein bestimmtes Rechtssubjekt zu unterscheiden. Im Zeitpunkt der Entstehung des Markenschutzes hat die *rechtliche Zuordnung des entstehenden Markenrechts* an ein bestimmtes und zwar markenrechtsfähiges Rechtssubjekt zu erfolgen. Das Problem der rechtlichen Zuordnung eines entstehenden Markenrechts ist nicht Regelungsgegenstand des § 7.

8  Bei der Entstehung des Markenschutzes durch Eintragung (§ 4 Nr. 1) ist die Zuordnung des entstehenden Markenrechts einfach. Rechtsinhaber der angemeldeten und eingetragenen Marke ist der *Anmelder*. Anders erfolgt die Zuordnung des konkreten Markenrechts bei den anderen Kategorien von Marken im Sinne des § 4. Bei der Entstehung des Markenschutzes durch Benutzung und den Erwerb von Verkehrsgeltung (§ 4 Nr. 2) steht das konkrete Markenrecht demjenigen zu, zu dessen Gunsten die Verkehrsgeltung erworben wird (§ 4, Rn 146). Bei der Entstehung des Markenschutzes durch notorische Bekanntheit der Marke (§ 4 Nr. 3) steht das konkrete Markenrecht demjenigen zu, zu dessen Gunsten die Notorietät erworben wird. Die Zuordnung des benutzten oder notorisch bekannten Markenrechts erfolgt an den *Produktverantwortlichen* als den Markeninhaber. Die Verkehrsgeltung oder Notorietät ist normativ zu bestimmen. Fehlsame Verkehrsvorstellungen hinsichtlich eines bestimmten Markeninhabers hindern die Zuordnung des konkreten Markenrechts an den Produktverantwortlichen nicht. Einer möglichen Irreführung des Verkehrs ist wettbewerbsrechtlich nach UWG zu begegnen.

9  Auch der Rechtsinhaber einer Marke mit Verkehrsgeltung oder Notorietät muß markenrechtsfähig sein. Der Gesetzgeber des MarkenG hat die Unterscheidung zwischen markenrechtsfähigkeit und rechtlicher Zuordnung eines entstehenden Markenrechts verkannt. Der Gesetzgeber ging davon aus, die Markenrechtsfähigkeit betreffe nur den durch Eintragung entstehenden Markenschutz, da er die rechtliche Zuordnung beim Markenschutz durch den Erwerb von Verkehrsgeltung oder Notorietät für ein Problem der Markenrechtsfähigkeit hielt (Begründung zum MarkenG BT-Drucks. 12/6581 vom 14. Januar 1994, S. 66). Die Regelung des § 7 über die Markenrechtsfähigkeit gehört systematisch in Abschnitt 1 von Teil 2 des MarkenG, der allgemeine Vorschriften über die Marken und geschäftlichen Bezeichnungen enthält. Die Markenrechtsfähigkeit im Sinne des § 7 ist Voraussetzung auch für den Erwerb eines Markenrechts durch Benutzung und den Erwerb von Verkehrsgeltung im Sinne des § 4 Nr. 2, sowie für den Erwerb eines Markenrechts durch notorische Bekanntheit im Sinne des § 4 Nr. 3. § 7 ist auf § 4 Nr. 2 und 3 *analog* anzuwenden.

10  Selbst wenn man der Auffassung, die Markenrechtsfähigkeit sei eine allgemeine Schutzvoraussetzung für den Erwerb aller drei Kategorien von Marken im Sinne des § 4, nicht folgt, dann gilt § 7 für die durch den Erwerb von Verkehrsgeltung oder Notorietät entstehenden Markenrechte zumindest insoweit, als ein jedes markenrechtsfähige Rechtssubjekt im Sinne des § 7 auch die Markenrechte im Sinne des § 4 Nr. 2 und 3 erwerben kann. Wenn man allerdings für die Inhaberschaft an einer benutzten oder notorisch bekannten Marke im Sinne des § 4 Nr. 2 und 3 die Markenrechtsfähigkeit im Sinne des § 7 nicht als eine Voraussetzung des Rechtserwerbs versteht, dann kann es Rechtsinhaber solcher Marken geben, die mangels Markenrechtsfähigkeit im Sinne des § 7 die benutzte oder notorisch bekannte Marke nicht zur Eintragung in das Markenregister anmelden und somit an diesen Marken nicht auch ein Markenrecht durch Eintragung erwerben können. Ein solcher Rechtszustand wäre nicht zuletzt aus rechtsvergleichender Sicht unbefriedigend. Diese Überlegung spricht namentlich dafür, § 7 nicht restriktiv zu verstehen und seinen Anwendungsbereich nicht auf die nach herkömmlicher Auffassung anerkannten Rechtsinhaber zu beschränken, sondern vielmehr extensiv auszulegen und neuere Entwicklungen innerhalb der Rechtsdogmatik zur Rechtssubjektivität, wie vor allem der GbR (s. Rn 34 ff.), zu berücksichtigen.

## II. Kennzeichenrechtsfähigkeit

11  Regelungsgegenstand des MarkenG ist nach § 1 das gesamte Kennzeichenrecht. Das MarkenG regelt den Kennzeichenschutz der Marken, geschäftlichen Bezeichnungen und geographischen Herkunftsangaben. Das MarkenG regelt nicht die Kennzeichenrechtsfähigkeit als die Fähigkeit, Inhaber eines Kennzeichens zu sein. Anders als bei der Rechtsinha-

berschaft an den drei Kategorien von Marken im Sinne des § 4 (s. Rn 6 ff.), kann die Kennzeichenrechtsfähigkeit nicht mit der Markenrechtsfähigkeit im Sinne des § 7 gleichgesetzt werden. Die Rechtsinhaberschaft nach § 7 gilt aber insoweit *analog* für alle geschützten Kennzeichen nach § 1, als nur markenrechtsfähige Rechtssubjekte im Sinne des § 7 Rechtsinhaber von Kennzeichen im Sinne des § 1 sein können.

Die Markenrechtsfähigkeit ist *Mindestvoraussetzung* der Kennzeichenrechtsfähigkeit. Aus **12** den die einzelnen Kennzeichenrechte regelnden Gesetzen können sich aber weitere und besondere Voraussetzungen der Kennzeichenrechtsfähigkeit ergeben. So kann etwa Rechtsinhaber einer Firma, die der Name ist, unter dem ein Kaufmann im Handel seine Geschäfte betreibt (§ 17 Abs. 1 HGB), und die nach den §§ 1 Nr. 2, 5 Abs. 2 S. 1, 15 als Unternehmenskennzeichen den Kennzeichenschutz einer geschäftlichen Bezeichnung genießt, nur ein Vollkaufmann, nicht auch ein Minderkaufmann (§ 4 HGB) oder ein Nichtkaufmann sein.

### III. Abgrenzung der Markenrechtsfähigkeit von der Markenanmeldefähigkeit

Von der Markenrechtsfähigkeit als der Fähigkeit, Rechtsinhaber einer Marke zu sein, ist **13** die *Anmeldefähigkeit* als die Fähigkeit zu unterscheiden, die Anmeldung zur Eintragung einer Marke in das Markenregister beim DPMA wirksam einreichen zu können. Die Markenanmeldefähigkeit verlangt Geschäftsfähigkeit des Anmelders als Wirksamkeitsvoraussetzung der Anmeldung (s. dazu im einzelnen § 32, Rn 3).

### IV. Markenverfügungsbefugnis und Markenverwaltungsbefugnis

Die *Markenverfügungsbefugnis* und *Markenverwaltungsbefugnis* steht grundsätzlich dem Markeninhaber als dem markenrechtsfähigen Rechtssubjekt zu. Die Markenverfügungsbefugnis und Markenverwaltungsbefugnis steht dann einem anderen als dem Markeninhaber zu, wenn dem Markeninhaber die Verfügungsmacht über das Vermögen, zu dem das Markenrecht gehört, fehlt. So steht die Markenverfügungsbefugnis und Markenverwaltungsbefugnis über ein zur Insolvenzmasse gehörendes Markenrecht nicht dem Schuldner, der Rechtsinhaber des zur Insolvenzmasse gehörenden Markenrechts bleibt, sondern dem *Insolvenzverwalter* zu (Rn 44 f.). Auch dem *Testamentsvollstrecker,* der im Interesse des Erben die Verfügungs- und Verpflichtungsbefugnisse für den Erben ausübt, steht die Markenverfügungsbefugnis und Markenverwaltungsbefugnis über ein zum Nachlaß gehörendes Markenrecht zu (Rn 17). Bei der *Treuhand,* bei der zwischen Sicherungstreuhand und Verwaltungstreuhand zu unterscheiden ist, bestimmt sich die Markenverfügungsbefugnis und Markenverwaltungsbefugnis nach den Regelungen in dem Treuhandvertrag (Rn 21).

## C. Markenrechtsfähige Rechtssubjekte

### I. Natürliche Personen

#### 1. Rechtsfähige Rechtssubjekte

Die Markenrechtsfähigkeit einer *natürlichen Person* ist Folge ihrer Rechtsfähigkeit als eines **15** Rechtssubjekts. Unter Rechtsfähigkeit, die nach § 1 BGB mit der Vollendung der Geburt beginnt, ist die Fähigkeit zu verstehen, Träger von Rechten und Pflichten zu sein (so die hM *Jauernig,* § 1 BGB Anm. 1; weitergehend MünchKomm/*Gitter,* § 1 BGB, Rn 5 ff.). Wie die Rechtsfähigkeit endet die Markenrechtsfähigkeit einer natürlichen Person nur mit dem Tode des Menschen.

#### 2. Nasciturus

Markenrechtsfähig ist auch der *Nasciturus.* Die beschränkte Rechtsfähigkeit der schon erzeugten, aber noch nicht geborenen Leibesfrucht ist durch die Tatsache der Lebendgeburt aufschiebend bedingt (MünchKomm/*Gitter,* § 1 BGB, Rn 26). Insbesondere ist die Eintragung einer Marke zugunsten des Nasciturus, etwa im Zusammenhang mit der Schenkung eines Unternehmens, zulässig (zur Eintragung einer Hypothek RGZ 61, 355; 65, 277). Die Wahrnehmung der Rechte des Nasciturus vor dessen Geburt ist den Eltern oder einem Pfleger (§ 1912 BGB) zugewiesen.

### 3. Testamentsvollstrecker

17 Der *Testamentsvollstrecker,* der Träger eines privaten Amtes ist (hM BGH NJW 1983, 40), übt kraft eigenen Rechts, unabhängig vom Willen des Erben, aber im Rahmen der letztwilligen Anordnung des Erblassers im Interesse des Erben nach den §§ 2205, 2206 BGB die Verfügungs- und Verpflichtungsbefugnisse für den Erben aus. Die materiellrechtlichen und prozessualen Rechtsfolgen von Handlungen des Testamentsvollstreckers wirken für und gegen den Nachlaß. Die Rechtsfolgen der Verwaltung eines zum Nachlaß gehörenden Markenrechts sowie eine Verfügung über ein solches Markenrecht durch den Testamentsvollstrecker treffen nicht den Testamentsvollstrecker persönlich. Es kommt deshalb nicht auf die Markenrechtsfähigkeit des Testamentsvollstreckers an. Markenrechtsfähig ist entweder der Erbe als natürliche (§ 7 Nr. 1) oder juristische (§ 7 Nr. 2) Person oder die Erbengemeinschaft als rechtserwerbsfähige Personengemeinschaft (§ 7 Nr. 3; s. Rn 42). Entscheidend ist, daß der Testamentsvollstrecker die Markenanmeldefähigkeit (s. Rn 13) sowie die Markenverwaltungsfähigkeit und die Markenverfügungsfähigkeit (s. Rn 14) für den Nachlaß besitzt. Hinsichtlich des Erwerbs eines neuen Markenrechts für den Nachlaß kommt es somit auf die Markenrechtsfähigkeit des Erben oder der Erbengemeinschaft sowie bei einem durch Eintragung entstehenden Markenrecht auf die Markenanmeldefähigkeit des Testamentsvollstreckers an.

18 Ein Testamentsvollstrecker ist als natürliche Person markenrechtsfähig, etwa zum Erwerb einer eigenen Dienstleistungsmarke zur Kennzeichnung seiner Tätigkeit als Testamentsvollstrecker. Ein solches dem Testamentsvollstrecker zustehendes Markenrecht ist unabhängig von einem bestimmten Nachlaß.

### 4. Insolvenzverwalter

19 Durch die Eröffnung des Insolvenzverfahrens geht das Verwaltungs- und Verfügungsrecht des Schuldners über sein zur Insolvenzmasse gehöriges Vermögen auf den Insolvenzverwalter über (§ 80 Abs. 1 InsO). Der Schuldner bleibt Rechtsinhaber eines zur Insolvenzmasse gehörenden Markenrechts; markenrechtsfähig ist der Schuldner (s. Rn 14). Dem Insolvenzverwalter stehen die Markenverwaltungs- und Markenverfügungsbefugnisse über ein zur Insolvenzmasse gehörendes Markenrecht zu.

20 Ein Insolvenzverwalter ist als natürliche Person markenrechtsfähig, etwa zum Erwerb einer Dienstleistungsmarke zur Kennzeichnung seiner Tätigkeit als Insolvenzverwalter. Ein solches dem Insolvenzverwalter zustehendes Markenrecht ist unabhängig von einem bestimmten Insolvenzverfahren oder einer bestimmten Insolvenzmasse.

### 5. Treuhand

21 Bei der *Treuhand* ist grundsätzlich zwischen Sicherungstreuhand und Verwaltungstreuhand zu unterscheiden. Die Rechtsstellung des Treuhänders bestimmt sich nach dem mit dem Treugeber geschlossenen Treuhandvertrag. Wenn Gegenstand einer Sicherungstreuhand ein Markenrecht ist, das von dem Treugeber als dem Markeninhaber auf den Treuhänder übertragen wird, dann bedarf es auch der Markenrechtsfähigkeit des Treuhänders. Aber auch bei der Verwaltungstreuhand, bei der das Treugut von dem Treuhänder für den Treugeber verwaltet wird, wird man die Markenrechtsfähigkeit des Treuhänders verlangen müssen, da einem nicht markenrechtsfähigen Rechtssubjekt keine Markenverwaltungsbefugnis zustehen kann. Bei der Sicherungstreuhand verliert der Treugeber die Markenverfügungsbefugnis und Markenverwaltungsbefugnis, die dem Treuhänder zusteht. Im Treuhandvertrag kann abweichend die Mitwirkung des Treugebers bei der Ausübung der Markenverfügungsbefugnis und Markenverwaltungsbefugnis durch den Treuhänder geregelt werden. Im Treuhandvertrag kann auch vereinbart werden, daß im Außenverhältnis allein der Treugeber die Markenverfügungsbefugnis und Markenverwaltungsbefugnis wahrzunehmen berechtigt ist. Der Verbleib der Markenverfügungsbefugnis und Markenverwal-

tungsbefugnis beim Treugeber trotz der Vollrechtsübertragung bei der Sicherungstreuhand ist entsprechend den §§ 164 ff., 185 Abs. 1 BGB zulässig. Bei der Verwaltungstreuhand bestimmt der Treuhandvertrag, ob und inwieweit dem Treuhänder vom Treugeber die Markenverfügungsbefugnis und Markenverwaltungsbefugnis übertragen wird.

## II. Juristische Personen

### 1. Grundsatz

Eine *juristische Person* ist eine zweckgebundene Organisation, der die Rechtsordnung 22 Rechtsfähigkeit verleiht (hM MünchKomm/*Reuter*, vor § 21 BGB, Rn 2). Folge der Zuerkennung von Rechtsfähigkeit ist die rechtliche Verselbständigung der Organisation vor allem gegenüber ihren Mitgliedern. Als rechtsfähig ist die juristische Person selbst Trägerin von Rechten und Pflichten. Juristische Personen sind solche des privaten und des öffentlichen Rechts. Jede juristische Person ist markenrechtsfähig.

### 2. Juristische Personen des Privatrechts

Juristische Personen des Privatrechts sind der *eingetragene Verein* (e. V.; §§ 21 bis 23 BGB), 23 die *Stiftung* (§ 80 BGB), die *Aktiengesellschaft* (AG; § 1 Abs. 1 AktG), die *Kommanditgesellschaft auf Aktien* (KGaA; § 278 Abs. 1 AktG), die *Gesellschaft mit beschränkter Haftung* (GmbH; § 13 Abs. 1 GmbHG), die *eingetragene Genossenschaft* (eG; § 17 Abs. 1 GenG), die *Kapitalanlagegesellschaft* (KAG; § 1 Abs. 3 KAGG), der *Versicherungsverein auf Gegenseitigkeit* (VVaG; §§ 15, 16 VAG). Die Markenrechtsfähigkeit einer juristischen Person beginnt mit der Entstehung der juristischen Person. Eine juristische Person des Privatrechts entsteht in der Regel mit der konstitutiven Registereintragung. Mit dem Ende der juristischen Person (s. zu den Gründen *Flume*, Die juristische Person, 1983, § 6, S. 176 ff.) endet deren Markenrechtsfähigkeit.

### 3. Juristische Personen des öffentlichen Rechts

Markenrechtsfähig sind auch juristische Personen des öffentlichen Rechts. Es gibt drei 24 Arten von juristischen Personen des öffentlichen Rechts: rechtsfähige Körperschaften, Anstalten und Stiftungen des öffentlichen Rechts. Der Staat nimmt die ihm zukommenden Verwaltungsaufgaben nicht nur in Form der unmittelbaren Staatsverwaltung durch Bund und Länder wahr, sondern auch in Form der mittelbaren Staatsverwaltung durch die rechtsfähigen Körperschaften, Anstalten und Stiftungen als sonstige juristische Personen des öffentlichen Rechts. Markenrechtsfähig sind somit zunächst der *Bund* und die *Länder* als die juristischen Personen des öffentlichen Rechts im Bereich der unmittelbaren Staatsverwaltung. Markenrechtsfähig sind auch die sonstigen juristischen Personen wie die *Körperschaften*, *Anstalten* und *Stiftungen* des öffentlichen Rechts.

*Körperschaften des öffentlichen Rechts* sind mitgliedschaftliche Organisationen. Zu ihnen ge- 25 hören etwa die *Landkreise* und *Gemeinden* sowie die *Universitäten* (zur Verwertung des Namens einer Universität als Bereich ihrer universitären Selbstverwaltung BGHZ 119, 237 – Universitätsemblem). *Anstalten des öffentlichen Rechts* sind einem bestimmten Verwaltungszweck dienende Bestände an persönlichen und sächlichen Mitteln. Anstalten haben keine Mitglieder, sondern Benutzer. Zu den Anstalten des öffentlichen Rechts gehören etwa *stadt-* oder *ländereigene Theater, Museen, Bibliotheken* und *Krankenhäuser*. *Stiftungen des öffentlichen Rechts* sind mit Rechtspersönlichkeit ausgestattete Vermögen zur Erfüllung eines bestimmten Zwecks. Ein Beispiel ist die *Stiftung Preußischer Kulturbesitz*.

*Teilrechtsfähige Verwaltungseinheiten* des öffentlichen Rechts sind Organisationen, die nicht 26 den Status einer juristischen Person des öffentlichen Rechts besitzen, aber zur eigenverantwortlichen Wahrnehmung bestimmter Verwaltungsaufgaben berufen und insoweit mit eigenen Rechten und Pflichten ausgestattet sind. Der Gesetzgeber des MarkenG hat nicht geregelt, inwieweit solchen teilrechtsfähigen Verwaltungsträgern die Markenrechtsfähigkeit zukommt. Für die privatrechtlichen Personengesellschaften, die mit der Fähigkeit ausgestattet sind, Rechte zu erwerben und Verbindlichkeiten einzugehen (§ 7 Nr. 3), hat der Gesetzgeber des MarkenG die Markenrechtsfähigkeit anerkannt. Die Regelung zeigt, daß die

Ausstattung eines Rechtssubjekts mit Teilrechtsfähigkeit der Markenrechtsfähigkeit genügt. Nichts anderes kann für die öffentlichrechtlich begründeten Organisationen gelten. Teilrechtsfähige Verwaltungseinheiten sind grundsätzlich markenrechtsfähig, wenn nicht gerade der Zweck ihrer Ausstattung mit Teilrechtsfähigkeit und damit die Wahrnehmung einer bestimmten Verwaltungsaufgabe dem Erwerb eines Markenrechts widerspricht. So stellen die *Fakultäten von Universitäten* teilrechtsfähige Körperschaften dar; sie können etwa eine Dienstleistungsmarke für Fortbildungsangebote an Nichtmitglieder der Universität erwerben.

27  *Beliehene Unternehmen,* denen der Staat bestimmte Verwaltungsaufgaben überträgt und ihnen insoweit hoheitliche Befugnisse zuweist (etwa Flug- und Schiffskapitäne, Jagdaufseher, freiberufliche Fleischbeschauer, Prüfingenieure für Baustatistik), bleiben natürliche oder juristische Personen des Privatrechts, denen schon insoweit die Markenrechtsfähigkeit zukommt.

### III. Personengesellschaften

28  Nach § 7 Nr. 3 sind *Personengesellschaften* markenrechtsfähig, sofern sie mit der Fähigkeit ausgestattet sind, Rechte zu erwerben und Verbindlichkeiten einzugehen.

#### 1. Personenhandelsgesellschaften

29  Personenhandelsgesellschaften sind die *offene Handelsgesellschaft* (OHG; §§ 105 ff. HGB) und die *Kommanditgesellschaft* (KG; §§ 161 ff. HGB). Die OHG und die KG sind zwar keine juristischen Personen, sie sind aber nach § 124 HGB insoweit mit Rechtsfähigkeit ausgestattet, als sie unter ihrer Firma Rechte erwerben und Verbindlichkeiten eingehen können. OHG und KG sind markenrechtsfähig.

#### 2. Partnerschaftsgesellschaft

30  Die *Partnerschaft* ist eine Gesellschaft (Partnerschaftsgesellschaft, PartG), in der sich Angehörige Freier Berufe, die kein Handelsgewerbe ausüben, zur Ausübung ihrer Berufe zusammenschließen (§ 1 Abs. 1 PartGG). Ein Katalog der Freien Berufe (Ärzte und Heilberufe, Rechtsanwälte und rechts- und steuerberatende Berufe, Ingenieure, Architekten, Journalisten, Wissenschaftler, Künstler, Schriftsteller, lehrende und erziehende Berufe) ist in § 1 Abs. 2 PartGG aufgezählt. Auf die PartG ist nach § 7 Abs. 2 PartGG die Vorschrift des § 124 HGB entsprechend anzuwenden. Die PartG ist markenrechtsfähig.

#### 3. Partenreederei

31  Die *Partenreederei* ist eine besondere Gesellschaftsform des Seehandelsrechts. Nach § 489 Abs. 1 HGB besteht eine Reederei, wenn von mehreren Personen ein ihnen gemeinschaftlich zustehendes Schiff zum Erwerb durch die Seefahrt verwendet wird. Wenn das Schiff einer Handelsgesellschaft gehört, liegt nach § 489 Abs. 2 HGB keine Reederei vor. Schiffahrtsunternehmen sind überwiegend als Handelsgesellschaften, die als solche markenrechtsfähig sind, organisiert. Auch die Partenreederei als solche ist markenrechtsfähig. Zwar ist die Rechtsnatur der Partenreederei umstritten (s. *K. Schmidt,* Gesellschaftsrecht, § 64 I 3, S. 1418 f.); die Partenreederei kann aber nach fast einhelliger Auffassung Trägerin von Rechten und Pflichten sein (HansOLG Hamburg, OLGE 23, 91). Die Partenreederei ist markenrechtsfähig.

#### 4. Stille Gesellschaft

32  Die *stille Gesellschaft* (stG; §§ 230 ff. HGB) ist eine Gesellschaft, bei der sich eine Person als stiller Gesellschafter an dem Handelsgewerbe eines Kaufmanns (Geschäftsinhaber) durch Leistung einer Vermögenseinlage, die in das Vermögen des Inhabers des Handelsgeschäfts übergeht, beteiligt. Die stG ist ihrer Rechtsnatur nach eine Personengesellschaft in Gestalt einer Innengesellschaft. Die stG ist als Innengesellschaft nicht Trägerin von Rechten und Pflichten. Markenrechtsfähig ist nicht die stG als Personengesellschaft, sondern der *Inhaber*

*des Handelsgeschäfts* als natürliche Person (§ 7 Nr. 1). Ein Bedürfnis an der Markenrechtsfähigkeit einer stG besteht nicht.

## 5. Unterbeteiligung

Bei der *Unterbeteiligung* besteht im Gegensatz zur stG keine Beteiligung an einem Handelsgewerbe, sondern nur eine kapitalmäßige Beteiligung an einem Gesellschaftsanteil. Die an der Unterbeteiligung beteiligten Personen bilden eine GbR. Bei der Unterbeteiligung, die ausschließlich zwischen den Vertragsparteien wirkt, handelt es sich um eine reine Innengesellschaft. Die Unterbeteiligung ist als Innengesellschaft nicht markenrechtsfähig.

## 6. Gesellschaft bürgerlichen Rechts

**a) Rechtslage im WZG.** Die *Gesellschaft bürgerlichen Rechts* (GbR; §§ 705 ff. BGB) war nach der Rechtslage im WZG nicht als markenrechtsfähig anerkannt. Die GbR als solche konnte keine Marke erwerben. Inhaber einer Marke konnten alle Gesellschafter gemeinsam als natürliche Personen sein, da ein Markenrecht nicht nur einem Rechtssubjekt, sondern zugleich mehreren Rechtssubjekten zustehen kann (s. Rn 46).

**b) Rechtslage im MarkenG.** Nach § 7 Nr. 3 soll nur solchen Personengesellschaften die Markenrechtsfähigkeit zukommen, die mit der Fähigkeit ausgestattet sind, Rechte zu erwerben und Verbindlichkeiten einzugehen. Diese die Rechtsfähigkeit einer markenrechtsfähigen Personengesellschaft umschreibende Formulierung ist an der Regelung der Rechtsfähigkeit nach § 124 Abs. 1 HGB ausgerichtet. Der Gesetzgeber ging offenkundig von der Vorstellung aus, nur den Personenhandelsgesellschaften (OHG, KG; s. Rn 29), sowie den Personengesellschaften, die das Gesetz den Personenhandelsgesellschaften gleichstellt (PartG, s. Rn 30; EWIV, s. Rn 40), komme Markenrechtsfähigkeit im Sinne des § 7 Nr. 3 zu. So heißt es in der Gesetzesbegründung (Begründung zum MarkenG, BT-Drucks. 12/6581 vom 14. Januar 1994, S. 69), es könnten nur die *einzelnen Gesellschafter* zusammen, nicht aber könne die GbR als solche Rechtsinhaber eines Markenrechts sein.

Die Ablehnung der Markenrechtsfähigkeit einer GbR als solcher ist anachronistisch und wird einem Reformgesetz zum Markenrecht nicht gerecht. Die *Markenrechtsfähigkeit der GbR* folgt zwingend aus der Dogmatik zur Rechtsnatur der GbR als eines gesamthänderischen Rechtssubjekts, aus der fortschreitenden Anerkennung der Rechtsfähigkeit der GbR, wie etwa der Insolvenzfähigkeit der GbR nach § 11 Abs. 2 Nr. 1 InsO, einer Europäisierung der Unternehmensgesellschaften ohne Rechtspersönlichkeit wie der EWIV (s. Rn 40), aus Gründen der Praktikabilität von Unternehmensgesellschaften in Form der GbR mit einer Vielzahl von Gesellschaftern und einem ständig wechselnden Gesellschafterbestand, sowie aus der Sicht eines europäischen Rechtsvergleichs und dem Gebot einer Rechtsvereinheitlichung, die eindeutig zur Anerkennung der Rechtspersönlichkeit der Personengesellschaften tendiert (s. aus rechtspolitischer Sicht *Ahrens*, FS für Nirk, S. 1 ff.). Unabdingbar erscheint zumindest eine analoge Anwendung von § 7 Nr. 3 auf *Unternehmensgesellschaften* in der Rechtsform der GbR (s. zur Unterscheidung zwischen einer GbR als Gelegenheitsgesellschaft und einer unternehmensbezogenen GbR *Schmidt*, Gesellschaftsrecht, S. 1423 ff., 1443 ff.). Die als Folge des neuen Kaufmannsrechts mit Inkrafttreten des Handelsrechtsreformgesetzes am 1. Juli 1998 eingetretene Ausdehnung des Anwendungsbereichs der Personenhandelsgesellschaften (OHG, KG) gegenüber der GbR entschärfte die rechtstatsächliche Problematik, die nunmehr zwar von geringerer Bedeutung ist, aber weiterhin besteht. Eine Anerkennung der Markenrechtsfähigkeit der GbR ist auch im Hinblick auf die Inhaberschaft an einer Gemeinschaftsmarke geboten. Nach Art. 3 GMarkenV werden den markenrechtsfähigen juristischen Personen solche Gesellschaften und andere juristische Einheiten, die nach ihrem Heimatrecht die Fähigkeit haben, im eigenen Namen Träger von Rechten und Pflichten jeder Art zu sein, Verträge zu schließen oder andere Rechtshandlungen vorzunehmen und vor Gericht zu stehen, gleichgestellt (s. dazu im einzelnen Einl, Rn 89). Folge einer Nichtanerkennung der Markenrechtsfähigkeit der GbR ist es, daß eine GbR nicht Inhaber einer Gemeinschaftsmarke sein kann. Diese Rechtslage würde sich als eine Benachteiligung deutscher Markeninhaber in der Markenrechtspraxis der EU auswirken.

Im europäischen Gesellschaftsrecht verstärkt sich die Tendenz, die Rechtspersönlichkeit der Personengesellschaft allgemein anzuerkennen. So billigt bereits das französische wie auch das spanische Gesellschaftsrecht den der GbR entsprechenden Personengesellschaften Rechtspersönlichkeit zu (Art. 1842 Abs. 1 CC – *société civile; Xavier O'Callaghan Muños*, Compendio de derecho civil Tomo II, 1991, 252f. – *sociedad*). Das schottische Recht behandelt die GbR als juristische Person (Partnership Act 1890 (c 39), section 4 (2) – *partnership*). Das italienische Recht anerkennt dagegen die Rechtsfähigkeit der GbR (*società semplice*) wie aber auch allgemein der Personenhandelsgesellschaften nicht (*Trabucchi*, Instituzioni di Diritto Civile, XXXVI, 1995, S. 352f.); dieser Zustand wird jedoch namentlich in der italienischen Rechtsprechung zum Teil nicht für interessengerecht erachtet. So wurde zumindest der OHG (*società in nomo colletivo*) die partielle Rechtsfähigkeit zuerkannt (Cass., 24 luglio 1989, n. 3498).

**38** Eintragungspraxis des DPMA und höchstrichterliche Rechtsprechung sollten sich zur Anerkennung der Markenrechtsfähigkeit der GbR nach der Rechtslage im MarkenG durchringen.

### 7. Konzern

**39** Der Zusammenschluß unabhängiger Unternehmen zu einem *Konzern* stellt eine GbR dar; das gilt zumindest für den Gleichordnungskonzern (*Geßler/Hefermehl/Eckardt/Kropff*, AktG, § 18, Rn 37). Die Markenrechtsfähigkeit des Konzerns als GbR folgt aus der Markenrechtsfähigkeit der GbR, wenn man die Markenrechtsfähigkeit der GbR nach § 7 Nr. 3 als Folge ihrer Rechtssubjektivität anerkennt (s. Rn 34ff.). Unabhängig von der Markenrechtsfähigkeit einer GbR sollte nach der Rechtslage im MarkenG eine *Konzernmarke* als eintragungsfähig (s. § 3, Rn 34ff.) und damit der Konzern als markenrechtsfähig anerkannt werden. Rechtlich selbständige Unternehmen bilden dann einen Konzern, wenn sie unter einheitlicher Leitung zusammengefaßt sind, ohne daß das eine Unternehmen von dem anderen Unternehmen abhängig ist; die einzelnen Unternehmen sind Konzernunternehmen (§ 18 Abs. 2 AktG). Ein Konzern bildet zwar eine wirtschaftliche, nicht aber eine rechtliche Einheit. Auch wenn es Folge der fehlenden Rechtssubjektivität des Konzerns ist, daß einem Konzern an sich die zur Inhaberschaft an einer Marke nach § 7 erforderliche Markenrechtsfähigkeit fehlt, so kann doch das Bestehen der *einheitlichen Leitung* als ausreichende Grundlage zur Begründung der Markenrechtsfähigkeit angesehen werden; insoweit ist § 7 analog auf den Konzern anzuwenden. Nach der Rechtslage im WZG wurde die Eintragungsunfähigkeit einer Konzernmarke namentlich mit der Akzessorietät des Warenzeichens begründet. Nach der Rechtslage im MarkenG sollte aufgrund der Nichtakzessorietät der Marke an einer Eintragung der Konzernmarke für eines der Konzernunternehmen keine Bedenken mehr bestehen; dann wird die Marke etwa für die Muttergesellschaft als einer markenrechtsfähigen Kapitalgesellschaft als Konzernmarke eingetragen. Die Anerkennung der Markenrechtsfähigkeit des Konzerns als solcher ist namentlich dann von Bedeutung, wenn der Konzern eine GbR darstellt und deren Markenrechtsfähigkeit nicht anerkannt wird (s. zur Markenrechtsfähigkeit der GbR Rn 34ff.). Ohne Anerkennung der Markenrechtsfähigkeit des Konzerns als solchen oder der Markenrechtsfähigkeit der GbR als solcher bedarf es der Eintragung der Marke für alle Konzernunternehmen als Gesellschafter der GbR. Darüber hinaus scheint es nach der Rechtslage im MarkenG gerechtfertigt zu sein, die Eintragung einer Konzernmarke für den Konzern als wirtschaftliche Einheit als solches zuzulassen.

### 8. Europäische Wirtschaftliche Interessenvereinigung

**40** Die *Europäische Wirtschaftliche Interessenvereinigung* (EWIV; Verordnung des Ministerrats der EG vom 25. Juli 1985 über die Schaffung einer Europäischen Wirtschaftlichen Interessenvereinigung, ABl. EG Nr. L 199 vom 31. Juli 1985, S. 1; Gesetz zur Ausführung der EWG-Verordnung über die Europäische Wirtschaftliche Interessenvereinigung vom 1. Januar 1989, BGBl. I 1988, S. 514) ist eine europäische Gesellschaft, der mindestens zwei Mitglieder aus verschiedenen Mitgliedstaaten der EU angehören (Art. 4 Abs. 1, 2 EWIV-VO). Zweck der EWIV ist eine Unternehmenskooperation. Nach Art. 1 Abs. 2 EWIV-VO kann die EWIV Trägerin von Rechten und Pflichten sein. Allerdings bestimmen nach Art. 1 Abs. 3 EWIV-VO die Mitgliedstaaten, ob sie die EWIV mit eigener Rechtspersönlichkeit ausstatten. Nach § 1 EWIV-Ausführungsgesetz ist auf die EWIV § 124 HGB anzuwenden. Die EWIV ist markenrechtsfähig.

## 9. Nichtrechtsfähiger Verein

Der *nichtrechtsfähige Verein* (§ 54 BGB) ist nicht anders zu behandeln als die GbR (s. 41
Rn 34 ff.). Die Markenrechtsfähigkeit des nichtrechtsfähigen Vereins ist anzuerkennen. Auf
das Vorliegen eines wirtschaftlichen Zwecks des nichtrechtsfähigen Vereins kommt es nicht
an. Ein Idealverein kann etwa auch für die Betätigung innerhalb eines wirtschaftlichen Nebenzweckprivilegs (s. dazu MünchKomm/*Reuter*, §§ 21, 22 BGB, Rn 8) ein Markenrecht
erwerben.

## 10. Erbengemeinschaft

Die *Erbengemeinschaft* (§ 2032 BGB) ist eine Gesamthandsgemeinschaft. Als Gesamthands- 42
gemeinschaft ist die Erbengemeinschaft nicht anders als die GbR (str. s. Rn 34 ff.) markenrechtsfähig. Zwar ist das wirtschaftliche Bedürfnis an der Markenrechtsfähigkeit bei der Erbengemeinschaft nicht in gleichem Maße wie bei der GbR vorhanden, da der Mitgliederbestand bei der Erbengemeinschaft regelmäßig konstant und nicht wie bei der GbR als Unternehmensgesellschaft nicht selten einem häufigen Gesellschafterwechsel unterworfen ist.
Die Markenrechtsfähigkeit der Erbengemeinschaft erleichtert aber vor allem bei solchen Erbengemeinschaften, die aus einer Vielzahl von Erben bestehen und über einen längeren
Zeitraum ein Unternehmen betreiben, den Erwerb eines Markenrechts. Es erscheint auch
sachgerecht, alle Gesamthandsgemeinschaften hinsichtlich der Markenrechtsfähigkeit gleichzubehandeln. Wenn eine Testamentsvollstreckung über den Nachlaß angeordnet ist, dann
bleibt die Markenrechtsfähigkeit der Erbengemeinschaft bestehen; dem Testamentsvollstrecker steht die Markenanmeldefähigkeit, die Markenverfügungsbefugnis und die Markenverwaltungsbefugnis zu (s. Rn 17).

## 11. Bruchteilsgemeinschaft

Die *Bruchteilsgemeinschaft* (§ 741 BGB) ist markenrechtsfähig und kann Rechtsinhaber ei- 43
nes Markenrechts sein.

## D. Insolvenz des Markeninhabers

Der Markeninhaber verliert mit der Eröffnung des Insolvenzverfahrens über sein Vermö- 44
gen nicht die Markenrechtsfähigkeit. Mit der Eröffnung des Insolvenzverfahrens verliert der
Schuldner nur das Recht, sein zur Insolvenzmasse gehöriges Vermögen zu verwalten und
über dasselbe zu verfügen. Dieses Recht geht auf den Insolvenzverwalter (s. Rn 19) über
(§ 80 Abs. 1 InsO).

Der Schuldner verliert hinsichtlich der zur Insolvenzmasse gehörenden Markenrechte das 45
Markenverwaltungs- und Markenverfügungrecht. Er bleibt aber Rechtsinhaber der Markenrechte, da seine Markenrechtsfähigkeit von dem Insolvenzverfahren unberührt bleibt. Da
die Insolvenz nur die Insolvenzmasse im Sinne des § 35 InsO erfaßt und damit nur das
Vermögen, das dem Schuldner zur Zeit der Eröffnung des Insolvenzverfahrens zustand,
bleibt der Schuldner hinsichtlich solcher neuer Marken, die er erst nach der Eröffnung des
Insolvenzverfahrens erwirbt und die deshalb nicht zur Insolvenzmasse gehören, nicht nur
markenrechtsfähig, sondern auch zur Markenverwaltung und Markenverfügung befugt.

## E. Mehrere Markeninhaber

An einem als Marke schutzfähigen Zeichen können Markenrechte mehrerer Markenin- 46
haber bestehen. Die voneinander unabhängigen Markenrechte der verschiedenen Markeninhaber können sowohl durch Eintragung nach § 4 Nr. 1 als auch durch den Erwerb von
Verkehrsgeltung nach § 4 Nr. 2 wie auch durch den Erwerb von Notorietät nach § 4 Nr. 3
entstehen. Die Entstehung der Markenrechte kann in Unkenntnis oder mit Wissen der
Markeninhaber erfolgen. Die Koexistenz von Markenrechten an identischen oder ähnlichen
Zeichen kann die Kennzeichnungskraft der Marken schwächen (s. zur Wirkung von Drittmarken auf den Schutzumfang eines Markenrechts § 14, Rn 307 ff.). Der Vorrang der
Rechte bestimmt sich nach ihrem Zeitrang (§ 6). Der Zeitablauf kann zur Verjährung (§ 20)

**MarkenG § 8**  Absolute Schutzhindernisse

oder zur Verwirkung (§ 21) der markenrechtlichen Ansprüche führen. Die Benutzung einer identischen oder ähnlichen Marke durch mehrere Markeninhaber kann die Gefahr einer Irreführung des Verkehrs begründen und nach § 3 UWG wettbewerbswidrig sein.

### F. Ausländische Markeninhaber

**47**  Ausländische Personen können in gleichem Umfang wie deutsche Staatsangehörige Markenschutz in der Bundesrepublik Deutschland erlangen. Das Prinzip der Gegenseitigkeit ist im MarkenG aufgegeben worden. Nach der Rechtslage im WZG konnten Angehörige fremder Staaten, die in der Bundesrepublik Deutschland keine Niederlassung besaßen, in der Bundesrepublik Deutschland nur dann Markenschutz erwerben, wenn sie eine Niederlassung im Gegenseitigkeitsstaat hatten (§ 35 Abs. 1 WZG; s. dazu *Baumbach/Hefermehl*, § 35 WZG, Rn 2 ff.). Die Gegenseitigkeit konnte entweder durch Staatsverträge oder durch eine einseitige Feststellung gewährt werden. Im Hinblick darauf, daß viele Staaten inzwischen der PVÜ angehören (136 Staaten am 1. Januar 1996; s. 2. Teil des Kommentars, Einführung in das Recht der internationalen Verträge, Rn 2) und daß im Verhältnis zu einer Vielzahl weiterer Staaten Gegenseitigkeitsbekanntmachungen ergangen sind, erschien dem Gesetzgeber des MarkenG der Aufwand, der mit der Feststellung der Gegenseitigkeit bei noch nicht erfaßten Staaten verbunden war, nicht mehr gerechtfertigt, zumal am Ende der Bemühungen häufig die Erkenntnis stand, daß deutsche Marken in dem anderen Staat ohne weiteres zum Schutz zugelassen wurden. Angesichts der zahlenmäßig außerordentlich geringen Anmeldungen aus Ländern, mit denen keine Gegenseitigkeit besteht, hat der Gesetzgeber des MarkenG auf das Erfordernis der Gegenseitigkeit generell verzichtet. Im Interesse einer einheitlichen Regelung ist zugleich § 28 UWG aufgehoben worden (s. Begründung zum MarkenG, BT-Drucks. 12/6581 vom 14. Januar 1994, S. 69, 141). Gleiches gilt für die Voraussetzung des Heimatschutzes (§ 35 Abs. 3 WZG; s. dazu *Baumbach/Hefermehl*, § 35 WZG, Rn 11 ff.). Nach der Rechtslage im MarkenG muß der Anmelder einer ausländischen Marke nicht mehr nachweisen, daß die Marke im Ursprungsland geschützt ist.

### Absolute Schutzhindernisse

**8** (1) Von der Eintragung sind als Marke schutzfähige Zeichen im Sinne des § 3 ausgeschlossen, die sich nicht graphisch darstellen lassen.

(2) Von der Eintragung ausgeschlossen sind Marken,

1. denen für die Waren oder Dienstleistungen jegliche Unterscheidungskraft fehlt,
2. die ausschließlich aus Zeichen oder Angaben bestehen, die im Verkehr zur Bezeichnung der Art, der Beschaffenheit, der Menge, der Bestimmung, des Wertes, der geographischen Herkunft, der Zeit der Herstellung der Waren oder der Erbringung der Dienstleistungen oder zur Bezeichnung sonstiger Merkmale der Waren oder Dienstleistungen dienen können,
3. die ausschließlich aus Zeichen oder Angaben bestehen, die im allgemeinen Sprachgebrauch oder in den redlichen und ständigen Verkehrsgepflogenheiten zur Bezeichnung der Waren oder Dienstleistungen üblich geworden sind,
4. die geeignet sind, das Publikum insbesondere über die Art, die Beschaffenheit oder die geographische Herkunft der Waren oder Dienstleistungen zu täuschen,
5. die gegen die öffentliche Ordnung oder die gegen die guten Sitten verstoßen,
6. die Staatswappen, Staatsflaggen oder andere staatliche Hoheitszeichen oder Wappen eines inländischen Ortes oder eines inländischen Gemeinde- oder weiteren Kommunalverbandes enthalten,
7. die amtliche Prüf- oder Gewährzeichen enthalten, die nach einer Bekanntmachung des Bundesministeriums der Justiz im Bundesgesetzblatt von der Eintragung als Marke ausgeschlossen sind,
8. die Wappen, Flaggen oder andere Kennzeichen, Siegel oder Bezeichnungen internationaler zwischenstaatlicher Organisationen enthalten, die nach einer Bekanntmachung des Bundesministeriums der Justiz im Bundesgesetzblatt von der Eintragung als Marke ausgeschlossen sind, oder
9. deren Benutzung ersichtlich nach sonstigen Vorschriften im öffentlichen Interesse untersagt werden kann.

Absolute Schutzhindernisse　　　　　　　　　　　　　　　　　　　　　**§ 8 MarkenG**

(3) **Absatz 2 Nr. 1, 2 und 3** findet keine Anwendung, wenn die Marke sich vor dem Zeitpunkt der Entscheidung über die Eintragung infolge ihrer Benutzung für die Waren oder Dienstleistungen, für die sie angemeldet worden ist, in den beteiligten Verkehrskreisen durchgesetzt hat.

(4) [1]**Absatz 2 Nr. 6, 7 und 8** ist auch anzuwenden, wenn die Marke die Nachahmung eines dort aufgeführten Zeichens enthält. [2]Absatz 2 Nr. 6, 7 und 8 ist nicht anzuwenden, wenn der Anmelder befugt ist, in der Marke eines der dort aufgeführten Zeichen zu führen, selbst wenn es mit einem anderen der dort aufgeführten Zeichen verwechselt werden kann. [3]Absatz 2 Nr. 7 ist ferner nicht anzuwenden, wenn die Waren oder Dienstleistungen, für die die Marke angemeldet worden ist, mit denen, für die das Prüf- oder Gewährzeichen eingeführt ist, weder identisch noch diesen ähnlich sind. [4]Absatz 2 Nr. 8 ist ferner nicht anzuwenden, wenn die angemeldete Marke nicht geeignet ist, beim Publikum den unzutreffenden Eindruck einer Verbindung mit der internationalen zwischenstaatlichen Organisation hervorzurufen.

**Inhaltsübersicht**

|  | Rn |
|---|---|
| A. Allgemeines | 1–7 |
|   I. Regelungsübersicht | 1 |
|   II. Rechtsänderungen | 2 |
|   III. Europäisches Unionsrecht | 3, 4 |
|     1. Erste Markenrechtsrichtlinie | 3 |
|     2. Gemeinschaftsmarkenverordnung | 4 |
|   IV. Staatsvertragsrecht | 5–7 |
|     1. Pariser Verbandsübereinkunft | 5 |
|     2. Madrider Markenabkommen und Protokoll zum MMA | 6 |
|     3. TRIPS-Abkommen | 7 |
| B. Abgrenzung der Markenfähigkeit von der Eintragungsfähigkeit einer Marke | 8–10 |
| C. Graphische Darstellbarkeit einer Marke (§ 8 Abs. 1) | 11–16 |
|   I. Allgemeines Kriterium der Markenfähigkeit | 11–13 |
|   II. Art der graphischen Darstellung | 14–16 |
| D. Eintragungsunfähigkeit einer Marke | 17–21 |
|   I. Absolute, relative und außermarkenrechtliche Schutzhindernisse | 17, 18 |
|   II. Unmittelbarer Produktbezug unterscheidungskräftiger, beschreibender und allgemein sprachgebräuchlicher oder verkehrsüblicher Marken | 19–19 c |
|     1. Unmittelbarer Produktbezug als allgemeines Merkmal im Eintragungsverfahren | 19 |
|     2. Die extensive Anwendung der absoluten Schutzhindernisse in der Rechtsprechung des BPatG entgegen der Rechtsprechung des BGH | 19a–19c |
|   III. Prüfungszuständigkeit des DPMA | 20, 21 |
|     1. Formelle und materielle Prüfung der Anmeldung | 20 |
|     2. Tatbestandswirkung der Entscheidung über die Eintragungsfähigkeit | 21 |
| E. Absolute Schutzhindernisse (§ 8 Abs. 2) | 22–414 |
|   I. Fehlende Unterscheidungskraft einer Marke (§ 8 Abs. 2 Nr. 1) | 22–117l |
|     1. Abgrenzung der abstrakten Unterscheidungseignung von der konkreten Unterscheidungskraft | 22, 23 |
|       a) Grundsatz | 22 |
|       b) Rechtsprechung | 23 |
|     2. Konkrete Unterscheidungskraft | 24–45 |
|       a) Produktbezug der Unterscheidungskraft | 24 |
|       b) Fehlen jeglicher Unterscheidungskraft | 25–27 |
|       c) Unterscheidungskraft zur Produktidentifikation | 28, 29 |
|       d) Verhältnis des Fehlens von Unterscheidungskraft zum Bestehen eines Freihaltebedürfnisses | 30, 31 |
|       e) Maßgebliche Verkehrsauffassung | 32–35 |
|       f) Restriktive Auslegung | 36, 37 |
|       g) Unterscheidungskraft und Markenbenutzung | 38, 39 |
|       h) Unterscheidungskraft und Ähnlichkeit von Marken | 40 |
|       i) Unterscheidungskraft der Marke als Ganzes | 41, 42 |

# MarkenG § 8 Absolute Schutzhindernisse

| | Rn |
|---|---|
| j) Unterscheidungskraft aufgrund von Verkehrsdurchsetzung | 43 |
| k) Anlehnung an beschreibende Zeichen | 44, 45 |
| 3. Fallgestaltungen | 46–117 l |
| a) Ausgangspunkt | 46 |
| b) Phantasiewörter | 47–55 |
| aa) Grundsatz | 47–49 |
| bb) Wortsilben | 50 |
| cc) Arzneimittelmarken | 51 |
| dd) INN-Zeichen | 52 |
| ee) Marken für ärztliche Geräte | 53 |
| ff) Marken für Druckerzeugnisse und sonstige Werktitel | 54 |
| gg) Geographische Marken | 55 |
| c) Phantasielose Marken | 56–61 |
| aa) Grundsatz | 56 |
| bb) Rechtsprechung | 57–61 |
| d) Bildmarken | 62–88 a |
| aa) Grundsatz | 62, 63 |
| bb) Rechtsprechung | 64–88 a |
| (1) Punkte, Linien, geometrische Formen, Ornamente, Umrandungen | 65–67 |
| (2) Wortmarke einer graphischen Darstellung | 68 |
| (3) Graphische Gestaltung des Schriftbildes und Markendesign | 69–71 |
| (4) Streifen, Bänder, Ringe, Musterungen | 72–74 |
| (5) Beschreibende Bildmarken | 75 |
| (6) Abbildung der Ware (Produktbildmarken) | 76–83 |
| (7) Abbildung der Warenverpackung (Verpackungsbildmarken) | 84–88 |
| (a) Produktverpackung als Bildmarke | 84–87 |
| (b) Flaschenbildmarken | 88 |
| (8) Farbige Ausgestaltung von Wort- und Bildmarken | 88 a |
| e) Farbmarken | 89–91 |
| aa) Ausgangspunkt | 89 |
| bb) Restriktive Eintragungspraxis | 90 a–90 g |
| (1) Wandel der Eintragungspraxis des DPMA | 90 a |
| (2) Rechtsprechung des BPatG | 90 b–90 d |
| (3) Eintragungspraxis des DPMA | 90 e, 90 f |
| (4) Eintragungspraxis des HABM | 90 g |
| cc) Rechtsprechung des BGH | 91 |
| f) Dessinzeichen, Sortimentsbezeichnungen, Bestellzeichen, Typenzeichen, Kontrollzeichen, Prüfzeichen, Gütezeichen, Medaillen, Plaketten, Signierzeichen, Packerzeichen, Stempel | 92, 93 |
| g) Werbeschlagwörter und Werbeslogans | 94–97 h |
| aa) Grundsatz | 94 |
| bb) Rechtslage im WZG | 95-96 |
| cc) Werbeslogans nach der Rechtslage im MarkenG | 97 a–97 e |
| (1) Produktidentifizierende Unterscheidungskraft eines Werbeslogans als Mehrwortmarke | 97 a |
| (2) Restriktive Rechtsprechung des BPatG | 97 b–97 d |
| (3) Kritik der Rechtsprechung des BPatG | 97 e |
| dd) Werbeschlagwörter nach der Rechtslage im MarkenG | 97 f |
| ee) Bedeutung der Entscheidungen BONUS und Today des BGH | 97 g–97 h |
| h) Wörter der Fachsprache und des allgemeinen Sprachgebrauchs | 98–103 c |
| aa) Grundsatz | 98–100 |
| bb) Rechtslage im WZG | 101–103 |
| cc) Rechtslage im MarkenG | 103 a–103 c |
| i) Fremdsprachige Bezeichnungen | 104–109 |
| j) Politische Begriffe | 110, 111 |
| k) Produkthinweise | 112 |
| l) Buchstabenmarken und Zahlenmarken | 113–116 i |
| aa) Ausgangspunkt | 113 |
| bb) Rechtsentwicklung nach der Rechtslage im WZG | 114, 115 |
| cc) Rechtslage im MarkenG | 116 a–116 i |

|  | Rn |
|---|---|
| m) Dreidimensionale Marken | 117 a–117 j |
| aa) Grundsatz | 117 a |
| bb) Eintragungspaxis und Rechtsprechung des BPatG | 117 b–117 i |
| (1) Grundsatz | 117 b–117 c |
| (2) Produktformmarken und Verpackungsformmarken | 117 d |
| (3) Flaschenmarken | 117 e–117 h |
| (4) Glasverpackungen und Glasbehälter als Hilfswaren | 117 i |
| (5) Positionsmarken | 117 j |
| n) Gemeinfreie Marken | 117 k, 117 l |
| aa) Grundsatz | 117 k |
| bb) Eintragungspaxis | 117 l |
| II. Beschreibende Marken (§ 8 Abs. 2 Nr. 2) | 118–256 |
| 1. Markenfähigkeit, konkrete Unterscheidungskraft und Freihaltebedürfnis beschreibender Angaben | 118–129 |
| a) Regelungszusammenhang | 118 |
| b) Aktuelles Freihaltebedürfnis | 119, 120 |
| c) Entwicklung der Rechtsprechung zum Freihaltebedürfnis (*Polyestra*-Doktrin) | 121 |
| d) Konkretes Freihaltebedürfnis | 122 |
| e) Unmittelbarer Produktbezug | 123 a–128 |
| aa) Ausgangspunkt | 123 a |
| bb) Extensive Auslegung durch das BPatG | 123 b–125 |
| (1) Grundsatz | 123 b |
| (2) Rechtsprechung zum WZG | 123 c–123 g |
| (3) Rechtsprechung zum MarkenG | 124, 125 |
| cc) Restriktive Auslegung durch den BGH | 126–128 |
| (1) Grundsatz | 126 |
| (2) Rechtsprechung zum WZG | 127 |
| (3) Rechtsprechung zum MarkenG | 128 |
| f) Beschreibende Dienstleistungsmarken | 129 |
| 2. Begriff der beschreibenden Marke | 130–134 |
| a) Produktmerkmalsbezeichnungen | 130, 131 |
| b) Unmittelbar und mittelbar beschreibende Angaben | 132–134 |
| 3. Benutzung beschreibender Angaben durch Dritte | 135, 136 |
| 4. Maßgebliche Verkehrsauffassung | 137–139 |
| 5. Arten von beschreibenden Marken | 140–149 d |
| a) Beschreibende Wortmarken, Buchstabenmarken und Zahlenmarken | 140–142 |
| b) Beschreibende Bildmarken | 143–148 |
| c) Zusammengesetzte beschreibende Marken und beschreibende Kombinationsmarken | 149 a–149 d |
| aa) Grundsatz | 149 a, 149 b |
| (1) Rechtsentwicklung im WZG | 149 a |
| (2) Restriktive Rechtsprechung des BPatG | 149 b |
| bb) Eintragungspraxis und Rechtsprechung des BPatG | 149 c, 149 d |
| (1) Eintragungsunfähige Wortzusammensetzungen | 149 c |
| (2) Eintragungsfähige Wortzusammensetzungen | 149 d |
| 6. Produktmerkmalsbezeichnung als Oberbegriff für beschreibende Marken | 150 |
| 7. Artangaben | 151–156 |
| a) Begriff | 151–153 |
| b) Angaben über die Art der Herstellung einer Ware oder der Erbringung einer Dienstleistung | 154–156 |
| 8. Beschaffenheitsangaben | 157–180 c |
| a) Grundsatz | 157, 158 |
| b) Begriff der Beschaffenheitsangabe | 159–161 |
| c) Konkretes Freihaltebedürfnis produktbezogener Beschaffenheitsangaben | 162 |
| d) Produktunabhängige Beschaffenheitsangaben | 163, 164 |
| e) Eintragungspraxis und Rechtsprechung | 165–170 |
| aa) Eintragungsunfähige Beschaffenheitsangaben | 165–168 |
| bb) Eintragungsfähige Beschaffenheitsangaben | 169, 170 |
| f) Abkürzungen von Beschaffenheitsangaben | 171 |

**MarkenG § 8**  Absolute Schutzhindernisse

|  | Rn |
|---|---|
| g) Wortneubildungen | 172–174 |
| h) Systemangaben | 175, 176 |
| i) Wortverbindungen beschreibender Angaben | 177–179 |
| j) Goldbezeichnungen | 180a–180c |
| 9. Mengenangaben | 181–187 |
| a) Grundsatz | 181 |
| b) Mengenangaben | 182, 183 |
| c) Maßangaben | 184, 185 |
| d) Gewichtsangaben | 186, 187 |
| 10. Bestimmungsangaben | 188–193 |
| a) Grundsatz | 188 |
| b) Begriff der Bestimmungsangabe | 189–191 |
| c) Eintragungspraxis und Rechtsprechung | 192, 193 |
| aa) Eintragungsunfähige Bestimmungsangaben | 192 |
| bb) Eintragungsfähige Bestimmungsangaben | 193 |
| 11. Wertangaben | 194–201 |
| a) Grundsatz | 194, 195 |
| b) Begriff der Wertangabe | 196–198 |
| c) Preisangaben | 199–201 |
| 12. Geographische Herkunftsangaben | 202–234 |
| a) Grundsatz | 202–204 |
| b) Begriff | 205 |
| c) Bekanntheit geographischer Herkunftsangaben im Verkehr | 206–210 |
| aa) Bekannte geographische Herkunftsangaben | 206 |
| bb) Unbekannte geographische Herkunftsangaben | 207–210 |
| d) Aktualität des Freihaltebedürfnisses an internationalen Herkunftsangaben | 211–214 |
| e) Beispiele geographischer Herkunftsangaben | 215–220 |
| aa) Bekannte Straßennamen | 215–217 |
| bb) Namen von Flüssen, Bergen und Gebirgen | 218 |
| cc) Gebäudenamen | 219 |
| dd) Zeitungs- und Zeitschriftentitel | 220 |
| f) Lagenamen | 221–229 |
| aa) Grundsatz | 221 |
| bb) Rechtsentwicklung | 222–227 |
| cc) Verhältnis der Marke zum Lagenamen | 228, 229 |
| (1) Beschränkungsvermerk im Warenverzeichnis | 228 |
| (2) Werbliches Trennungsgebot | 229 |
| g) Eintragungspraxis und Rechtsprechung | 230–234 |
| aa) Eintragungsunfähige geographische Herkunftsangaben | 231–233 |
| bb) Eintragungsfähige geographische Herkunftsangaben | 234 |
| 13. Zeitangaben | 235, 236 |
| 14. Sonstige Produktmerkmalsangaben | 237 |
| 15. Fremdsprachige Angaben | 238–254a |
| a) Grundsätze | 238–245 |
| b) Eintragungspraxis und Rechtsprechung | 246–248 |
| aa) Eintragungsunfähige fremdsprachige Angaben | 246 |
| bb) Eintragungsfähige fremdsprachige Angaben | 247, 248 |
| c) Die Bezeichnung *Ultra* | 249, 250 |
| d) Die Bezeichnung *Euro* | 251–253 |
| e) Die Bezeichnung *Inter* | 254 |
| f) Die Bezeichnung *Tele* | 254a |
| 16. Abwandlungen von beschreibenden Angaben | 255, 256 |
| III. Gattungsbezeichnungen (§ 8 Abs. 2 Nr. 3) | 257–293 |
| 1. Markenfähigkeit, konkrete Unterscheidungskraft und Gattungsbezeichnung | 257–262 |
| a) Regelungszusammenhang | 257 |
| b) Rechtsentwicklung vom Freizeichen zur Gattungsbezeichnung | 258–262 |
| 2. Begriff der Gattungsbezeichnung | 263–265 |
| a) Allgemein sprachgebräuchliche und verkehrsübliche Bezeichnungen | 263 |
| b) Geographische Gattungsbezeichnungen (§ 126 Abs. 2) | 264 |
| c) Beispiele | 265 |

|  | Rn |
|---|---|
| 3. Allgemeiner Sprachgebrauch und Verkehrsüblichkeit | 266–269 |
| a) Markenbezogener Allgemeingebrauch | 266 |
| b) Regionaler Allgemeingebrauch | 267 |
| c) Allgemeiner Sprachgebrauch und Verkehrsüblichkeit im Inland und Ausland | 268, 269 |
| 4. Produktbezug der allgemein sprachgebräuchlichen und verkehrsüblichen Bezeichnungen | 270–272 f |
| a) Grundsatz | 270 |
| b) Produkte im Ähnlichkeitsbereich | 271 |
| c) Wörter des allgemeinen Sprachgebrauchs ohne Produktbezug | 272 a–272 e |
| aa) Rechtsprechung des BPatG | 272 a–272 c |
| bb) Rechtsprechung des BGH | 272 d |
| cc) Dissens zwischen BGH und BPatG | 272 e |
| d) Gemeinfreie Zeichen | 272 f |
| 5. Abwandlungen von Gattungsbezeichnungen | 273–275 |
| 6. Gattungsbezeichnungen als Zeichenbestandteil | 276 |
| 7. Motiv als Gattungsbezeichnung | 277 |
| 8. Entwicklung einer Marke zur Gattungsbezeichnung | 278–287 |
| a) Grundsätze | 278–282 |
| b) Rechtsfolgen | 283 |
| c) Rückbildung zur Marke | 284–287 |
| 9. Eintragungspraxis und Rechtsprechung | 288–293 |
| a) Rechtslage im WZG | 288–292 |
| aa) Freizeichen | 289, 290 |
| bb) Keine Freizeichen | 291, 292 |
| b) Rechtslage im MarkenG | 293 |
| IV. Täuschende Marken (§ 8 Abs. 2 Nr. 4) | 294–343 |
| 1. Ausgangspunkt | 294–300 |
| a) Regelungszusammenhang | 294, 295 |
| b) Normzweck | 296 |
| c) Verhältnis zum Wettbewerbsrecht | 297 |
| d) Begriff | 298–300 |
| 2. Unrichtigkeit der Marke und Täuschungsgefahr | 301–309 |
| a) Maßgeblichkeit der Verkehrsauffassung | 301–305 |
| b) Inhaltliche Unrichtigkeit | 306–308 |
| c) Abstrakte Irreführungsverbote | 309 |
| 3. Angaben über die geographische Herkunft | 310–321 |
| a) Allgemeine Beurteilung | 310–312 |
| b) Fremdsprachige Bezeichnungen | 313–318 |
| c) Exportmarken | 319 |
| d) Rechtsprechung und Entscheidungspraxis | 320, 321 |
| aa) Irreführende Herkunftsangaben | 320 |
| bb) Nicht irreführende Herkunftsangaben | 321 |
| 4. Lagenamen | 322–329 |
| 5. Firmen, Namen, Adelsnamen und Personenbilder | 330–333 |
| 6. Titel | 334 |
| 7. Berühmungen | 335–337 |
| 8. Beschaffenheitsangaben | 338–340 |
| 9. Bestimmungsangaben | 341, 342 |
| 10. Ersichtlichkeit der Täuschungseignung | 343 |
| V. Ordnungswidrige und sittenwidrige Marken (§ 8 Abs. 2 Nr. 5) | 344–358 |
| 1. Regelungsübersicht | 344 |
| 2. Ordnungswidrige Marken | 345–351 |
| a) Begriff der öffentlichen Ordnung | 345, 346 |
| b) Diskriminierende Marken | 347, 348 |
| c) Eintragungspraxis und Rechtsprechung | 349 a, 349 b |
| aa) Rechtslage im WZG | 349 a |
| bb) Rechtslage im MarkenG | 349 b |
| d) Schweizerisches Markenrecht | 350 |
| e) Österreichisches Markenrecht | 351 |
| 3. Sittenwidrige Marken | 352–358 |
| a) Begriff der guten Sitten | 352, 353 |
| b) Eintragungspraxis und Rechtsprechung | 354, 355 |

# MarkenG § 8  Absolute Schutzhindernisse

| | Rn |
|---|---|
| aa) Rechtslage im WZG | 354 |
| bb) Rechtslage im MarkenG | 355 |
| c) Schweizerisches Markenrecht | 356 |
| d) Österreichisches Markenrecht | 357, 358 |
| VI. Staatliche Hoheitszeichen und kommunale Wappen (§ 8 Abs. 2 Nr. 6) | 359–377 |
| 1. Regelungszusammenhang | 359 |
| 2. Anwendungsbereich | 360–369 |
| a) Staatliche Hoheitszeichen | 360–362 |
| b) Kommunale Wappen (inländische Ortswappen, Gemeindeverbandswappen und Kommunalverbandswappen) | 363–365 |
| c) Private Wappen (Familienwappen, Vereinswappen) | 366 |
| d) Alte Hoheitszeichen | 367 |
| e) Kreuzmarken | 368 |
| f) Schweizer Wappen | 369 |
| 3. Nachahmung von staatlichen Hoheitszeichen und kommunalen Wappen | 370, 371 |
| 4. Befugnis zur Eintragung | 372–375 |
| 5. Verfahren | 376 |
| 6. Ordnungswidrigkeitenrecht | 377 |
| VII. Amtliche Prüf- oder Gewährzeichen (§ 8 Abs. 2 Nr. 7) | 378–388 |
| 1. Regelungszusammenhang | 378 |
| 2. Anwendungsbereich | 379–381 |
| 3. Nachahmung eines amtlichen Prüf- oder Gewährzeichens | 382 |
| 4. Befugnis zur Eintragung | 383–385 |
| 5. Verfahren | 386 |
| 6. Ordnungswidrigkeitenrecht | 387 |
| 7. Bekanntmachungen der amtlichen Prüf- oder Gewährzeichen | 388 |
| VIII. Bezeichnungen internationaler zwischenstaatlicher Organisationen (§ 8 Abs. 2 Nr. 8) | 389–399 |
| 1. Regelungszusammenhang | 389 |
| 2. Anwendungsbereich | 390 |
| 3. Nachahmung von Bezeichnungen internationaler zwischenstaatlicher Organisationen | 391, 392 |
| 4. Befugnis zur Eintragung | 393, 394 |
| 5. Verfahren | 395 |
| 6. Ordnungswidrigkeitenrecht | 396–398 |
| 7. Bekanntmachungen der Bezeichnungen internationaler zwischenstaatlicher Organisationen | 399 |
| IX. Gesetzwidrige Marken (§ 8 Abs. 2 Nr. 9) | 400–413 c |
| 1. Regelungszusammenhang | 400, 401 |
| 2. Anwendungsbereich | 402–404 |
| 3. Ersichtlichkeit des Benutzungsverbots | 405 |
| 4. Außermarkengesetzliche Eintragungs- und Benutzungsverbote im einzelnen | 406–413 c |
| a) Geographische Herkunftsangaben | 406, 407 |
| aa) Ausgangspunkt | 406 |
| bb) Einzelne geographische Herkunftsangaben | 407 |
| b) Weinbezeichnungen | 408, 409 |
| c) Sorten- und Saatgutbezeichnungen | 410 |
| d) Fruchtsaftbezeichnungen | 411 |
| e) Sonstige Lebensmittel | 412 |
| f) Sonstige Produkte | 413 a |
| g) Verwendungs- und Werbeverbot nach dem Betäubungsmittelgesetz | 413 b |
| h) Verwendungsverbot aufgrund einer Verbotsverfügung nach § 9 VereinsG | 413 c |
| X. Bindung der Eintragungsentscheidung | 414 |
| F. Eintragung aufgrund von Verkehrsdurchsetzung (§ 8 Abs. 3) | 415–448 |
| I. Regelungszusammenhang | 415–420 |
| 1. Überwindung der absoluten Schutzhindernisse des § 8 Abs. 2 Nr. 1 bis 3 | 415 |
| 2. Verkehrsdurchsetzung als durch Benutzung erworbene Unterscheidungskraft | 416 |

|   | Rn |
|---|---|
| 3. Abgrenzung zwischen Verkehrsdurchsetzung und Verkehrsgeltung | 417 |
| 4. Generelle Eintragungsfähigkeit und konkrete Verkehrsdurchsetzung | 418, 419 |
| 5. Erwerb von Verkehrsdurchsetzung und Priorität | 420 |
| II. Begriff der Verkehrsdurchsetzung | 421–425 |
|    1. Verkehrsdurchsetzung der Marke als eines produktidentifizierenden Unterscheidungszeichens | 421 |
|    2. Verkehrsdurchsetzung infolge der Benutzung als Marke | 422 |
|    3. Personenbezug der Verkehrsdurchsetzung | 423 |
|    4. Produktbezug der Verkehrsdurchsetzung | 424, 425 |
| III. Umfang der Verkehrsdurchsetzung | 426–437 |
|    1. Beteiligte Verkehrskreise | 426–429 |
|      a) Unterschiedliche Wortwahl zu § 4 Nr. 2 | 426 |
|      b) Art der Verkehrskreise | 427, 428 |
|      c) Zusätze im Waren- oder Dienstleistungsverzeichnis | 429 |
|    2. Grad der Verkehrsdurchsetzung | 430–436 |
|      a) Mehrheit der beteiligten Verkehrskreise | 430, 431 |
|      b) Durchsetzungsgrad und Freihaltebedürfnis | 432, 433 |
|      c) Verkehrsdurchsetzung von zusammengesetzten Marken und Kombinationsmarken | 434–436 |
|    3. Analoge Anwendung des § 8 Abs. 3 auf § 4 Nr. 2 | 437 |
| IV. Schutzbereich einer aufgrund von Verkehrsdurchsetzung eingetragenen Marke | 438 |
| V. Territorium der Verkehrsdurchsetzung | 439–441 |
| VI. Eintragungspraxis und Rechtsprechung | 442–446 |
|    1. Zahlenmarken und Buchstabenmarken mit Verkehrsdurchsetzung | 443 |
|    2. Beschaffenheitsangaben | 444 |
|    3. Bestimmungsangaben | 445 |
|    4. Herkunftsangaben | 446 |
| VII. Ausländische Rechtspraxis | 447, 448 |
|    1. Schweizerisches Markenrecht | 447 |
|    2. Österreichisches Markenrecht | 448 |

**Schrifttum zum WZG.** *Ackmann,* Zur Eintragbarkeit plastischer Zeichen in die Zeichenrolle, GRUR 1973, 165; *Althammer,* Zur Eintragbarkeit von Zahlen- und Buchstabenzeichen, FS für v. Gamm, 1990, S. 241; *Arnet,* Die Formmarke, Diss. Zürich, 1993; *Aron,* Freiheit der Markenformen, GRUR 1930, 1017; *Arquint,* Der Schutz des Slogans, 1958; *Becker-Bender,* Schutz origineller Verpackungsformen, BB 1959, 1084; *Beier,* Die Bedeutung ausländischer Tatbestände für die Markenschutzfähigkeit, GRUR 1968, 492; *Beier,* Ausstattungsschutz für Farben, GRUR 1980, 600; *Beier,* Unterscheidungskraft und Freihaltebedürfnis – zur Markenschutzfähigkeit individueller Herkunftsangaben nach § 4 WZG und Art. 6$^{quinquies}$ PVÜ, GRUR Int 1992, 243; *Beier/A. Reimer,* Vorbereitete Studie zur Schaffung eines einheitlichen internationalen Markenbegriffs, GRUR 1955, 266; *Berekoven,* „No names" – Eine Analyse ihrer Bestimmungsfaktoren, MA 1982, 135; *Beyerle,* Unterscheidungskraft und Freihaltebedürfnis im deutschen Warenzeichenrecht, 1988; *Bindewald,* Eintragbarkeit von Münznamen, Mitt 1943, 50; *Blasendorf,* Farbenwirkung und Farbenschutz, GRUR 1954, 294; *Böcker,* Gattungsmarken aus Verbrauchersicht, MA 1984, 15; *Bobsin,* Die Benutzung von Warenzeichen außerhalb des geschäftlichen Verkehrs, GRUR 1956, 16; *Borck,* Frühjahrsmode 1966: Hausfarben, WRP 1966, 231; *Brandt/Linzmeyer,* Kollision von Dienstleistungsmarken und Warenzeichen, GRUR 1979, 214; *Bruhn,* Begriffsabgrenzungen und Erscheinungsformen von Marken, in: Bruhn (Hrsg.), Handbuch Markenartikel, Bd. I: Markenbegriffe, Markentheorien, Markeninformationen, Markenstrategien, 1994, S. 3; *Bunke,* Polyestra und Buchstaben, GRUR 1979, 356; *Busse,* Der Schutz von Werbesprüchen, MA 1955, 603; *Bußmann,* Die Grenzen des Zeichenschutzes, GRUR 1952, 313; *Bußmann,* Dienstleistungsmarken, GRUR Int 1955, 158; *Bußmann,* Freihaltebedürfnis, Schutzfähigkeit und Schutzumfang des Warenzeichens, Mitt 1959, 269; *Bußmann,* Chemische Kurzbezeichnungen und Zeichenrechte, GRUR 1964, 297; *DPA,* Nichteintragungsfähige Wortzeichen, Alphabetische Zusammenstellung nach Veröffentlichungen des Deutschen Patentamts, 1984; *Calimann,* Farbbezeichnungen und Ausstattungsschutz, MuW 1932, 484; *Cöster,* Freihaltebedürfnis bei Eintragung bildlich ausgestalteter Buchstabenzeichen, GRUR 1983, 223; *Dietze,* Farben unter Kennzeichenschutz?, GRUR 1959, 410; *Droste,* Der Schutz origineller Verpackungsformen, MA 1954, 678; *Droste,* Irreführende Beschaffenheitsangaben und Interessenabwägung, GRUR 1972, 281; *Droste,* Zum euromarin-Beschluß des Bundesgerichtshofs vom 26. November 1971 – I ZB 8/71 –, GRUR 1972, 341; *Droste,* „Concentra" und noch keine Dienstleistungsmarke!, GRUR 1974, 649; *Droste,* Zum Schutz dreidimensionaler Zeichen, GRUR 1976, 338; *Droste/Reimer,* Zur Reform des Deutschen Warenzeichengesetzes, GRUR 1974, 636; *Duchesne,* Eintragbarkeit sogenannter Systemzeichen, GRUR 1930, 238; *Duchesne,* Neue Grundsätze in Warenzeichensachen, GRUR 1932, 992; *Ebel,* Werbung mit Stadtwappen, MA 1950, 373; *Eck,* Neue Wege zum Schutz der Formgebung, 1993; *Ehlers,* Markenschutz für Dienstleistungen, BB 1956, 181; *Eichmann,* Das Verhältnis von Mustern zu Marken, FS für Nirk, 1992, S. 165 ff.; *Eisenführ,* Voraussetzungen und Nachweis der Verkehrsdurchsetzung nach § 4 Abs. 3 WZG, GRUR 1987, 82; *Eisenführ,* Begriff und Schutzfähigkeit von Marke und Ausstattung, FS GRUR, Bd. II, 1991, S. 765; *Eisenführ,* „Dos", „quattro", „UHQ" – Ein Schwanengesang?, GRUR 1994, 340; *Elster,* Der Schutz der bloßen Zahl, MuW 1926, 1967; *Elster,* Hörzeichen als Warenzeichen, GRUR 1928, 781; *Elster,* Der Schutz von Inseraten, Reklamevorlagen und Reklameschlagwörtern, GRUR 1929, 443; *Elster,* Der Rechtsschutz einfachster graphischer Muster als gewerbliches Erzeugnis und als Warenkennzeichnung, GRUR 1938, 799; *Endemann,* Die Zahl als Warenzeichen, GRUR 1930, 719; *Fichtner,* Warenzeichen- und werbemäßige Benutzung von Herkunftsangaben bei Oberbekleidung, RIW/AWD 1969, 190; *Fischer,* Besondere Fälle der Beurteilung des Markenbegriffs und der Unterscheidungskraft im französischen Markenrecht, GRUR Int 1989, 522; *Foerster,* Der Schutz von Werbeslogans vor Nachahmung, 1989; *Forkel,* Der Franchisevertrag als Lizenz am Immaterialgut Unternehmen, ZHR 153 (1989), S. 511; *Frieling,* Farbe hilft verkaufen, 1957; *Fritz,* Gegenwart und Zukunft von Markenformen unter besonderer Berücksichtigung akustischer Zeichen, Diss. Tübingen, 1992; *Froschmaier,* Der Schutz der Dienstleistungszeichen, 1959; *v. Gamm,* Absolute Schutzversagungsgründe in der neueren Rechtsprechung des BGH, MA 1974, 170; *v. Gamm,* Die neuere Rechtsprechung des Bundesgerichtshofs in Warenzeichensachen, MA 1979, 222; *v. Gamm,* Wein- und Bezeichnungsvorschriften des Gemeinschaftsrechts und nationales Recht gegen den unlauteren Wettbewerb, GRUR 1984, 165; *v. Gamm,* Entwicklungen und neuere Rechtsprechung im Kennzeichnungsrecht, WM 1985, 849, 854; *v. Gamm,* Die Rechtsprechung des BGH zu den absoluten Schutzversagungsgründen des § 4 Abs. 2 WZG, MA 1989, 29; *v. Gamm,* Zur Warenzeichenrechtsreform, WRP 1993, 793; *Gerstenberg,* Werbeverse als Warenzeichen, MA 1965, 667; *Gloy,* GRUR 1978, 592; *Goll,* Die Eintragungsfähigkeit phonetisch ausgeschriebener Buchstabenzeichen, GRUR 1976, 229; *Gomy,* Zum Nachweis der Verkehrsgeltung bei Beschaffenheitsangaben, GRUR 1972, 577; *Gottschalk,* Die Elzym-Entscheidung des BGH vom 7. Februar 1975 und das Problem der Zeichenlöschung auf Grund nach der Eintragung geänderter Rechtsprechung zu Eintragungshindernissen, GRUR 1975, 343; *Harmsen,* GRUR 1964, 456; *Harmsen,* Der Besitzstand im Wettbewerbs- und Warenzeichenrecht in seinen verschiedenen Erscheinungsformen und Anforderungen an den Bekanntheitsgrad, GRUR 1968, 503; *Herstatt,* Die Entwicklung von Markennamen im Rahmen der Neuproduktplanung, MA 1996, 361; *Hefermehl,* Der namensrechtliche Schutz geschäftlicher Kennzeichen, FS für A. Hueck, 1959, S. 519; *Hefermehl,* GRUR 1965, 36; *Hefermehl,* Zum Schutz der Farbe als Kennzeichnungsmittel, FS für Philipp Möhring, 1965, S. 225; *Hefermehl,* Schutz der berühmten Marke gegen Neuanmeldung gleicher oder verwechslungsfähiger Zeichen im Eintragungsverfahren, GRUR Int 1973, 425; *Heil,* Die absolute Schutzfähigkeit bei Warenzeichen, GRUR 1981, 699; *Heil,* Erleichterung der Eintragung von Warenzeichen, MA 1984, 95; *Heil,* Schutzunfähige Warenzeichen und Marken 1993; *Heil/Ströbele,* Die Einführung der Dienstleistungsmarke, GRUR 1979, 127; *Heiseke,* Fabrik- und Händlermarken, WRP 1976, 282; *Heiseke,* Zum Rechtsschutz von Werbesprüchen, DB 1969, 1637; *Herb,* WRP 1991, 302; *Heydt,* Der Ausstattungsschutz von Werbeanzeigen, GRUR 1938, 238; *Heydt,* Mitt 1953, 96; *Heydt,* GRUR 1960, 430; *Heydt,* GRUR 1961, 184; *Heydt,* GRUR 1966, 33; *Heydt,* Benutzung und Benutzungszwang nach dem Vorabgesetz, GRUR Int 1975, 339; *Heynemann,* Ist ein Warenzeichenschutz für Kantinenwaren berechtigt?, GRUR 1958, 283; *Hoepffner,* Warenzeichenrechtlicher Schutz von Namen für Datenverarbeitungsprogramme?, GRUR 1974, 546; *Hönn,* Akademische Grade, Amts-, Dienst- und Berufsbezeichnungen sowie Titel (Namensattribute) in der Firma in firmen- und wettbewerbsrechtlicher Sicht, ZHR 153 (1989), S. 386; *Hubbuch,* Schutzfähigkeit von Buchstabenzeichen, GRUR 1958, 12; *Hubbuch,* Schutzfähigkeit geographischer Bezeichnungen, GRUR 1959, 171; *Hubbuch,* Der Schutz von Bildzeichen, GRUR 1960, 283; *Hubbuch,* Schutzfähigkeit von Buchstaben in neuerer Sicht, Mitt 1975, 130; *Isay,* Die Selbständigkeit des Rechts an der Marke, GRUR 1929, 23; *Jene-Bollag,* Die Schutzfähigkeit von Marke und Ausstattung unter dem Gesichtspunkt des Freihaltebedürfnisses, 1981; *Kehl,* Mitt 1986, 237; *Kicker,* Rechtsprechungswandel zur Unterscheidungskraft, FS für Preu, 1988, S. 97; *Koch,* AWZ 1974, 173; *Koch,* Das Gesetz zur Reform des Weinrechts, ZLR 1994, 497; *Koch,* Das neue Weingesetz, NJW 1994, 2880; *Köhler,* Unterscheidungskraft, GRUR 1950, 117; *Krebs,* Die Wechselbeziehungen zwischen den weinrechtlichen Vorschriften und dem Warenzeichenrecht, GRUR 1976, 171; *Krebs,* Der Einfluß von EWG-Bestimmungen für die Bezeichnung und Aufmachung der Weine und Traubenmoste auf das deutsche Weinrecht und das Warenzeichenrecht, GRUR 1978, 83; *v. Kreisler/Fuß,* Die absoluten Versagungsgründe des § 4 WZG in der Praxis der Prüfungsstellen und des Beschwerdesenats des Deutschen Patentamts, GRUR 1951, 439; *Krieger,* Zur Auslegung der zweiseitigen Abkommen über den Schutz geographischer Bezeichnungen, GRUR Int 1964, 499; *Krieger,* Benutzungswille und Benutzungszwang im Warenzeichenrecht, GRUR 1972, 311; *Krieger,* Dienstleistungsmarken, jetzt eintragungsfähig, DB 1979, 389; *Kunschert,* Zum Ausstattungs- und Warenzeichenschutz an beschreibenden Angaben, GRUR 1963, 513; *Kunz-Hallstein,* Europäisierung und Modernisierung des deutschen Warenzeichenrechts, GRUR Int 1990, 747; *Kunz-Hallstein,* GRUR Int 1991, 48; *Kur,* TRIPs and Design Protection, in: Beier/Schricker (Hrsg.), From GATT to TRIPs,

1996, S. 141; *Ladas*, Die Entwicklung der Marke zur Gattungsbezeichnung, GRUR Int 1964, 418; *Lemhoefer*, Der Schutz der gestalteten Werbeidee, 1954; *Lemhoefer*, Rechtsschutz der Werbung, MA 1954, 45, 324; *Lewinsky*, Warenzeichen-Schutzfähigkeit nach neuerer Rechtsprechung, FS für Wendel, 1969, S. 59; *Lewinsky*, Warenzeichenschutzfähigkeit, 2. Aufl. 1976; *Loewenheim*, Markenlizenzen und Franchising, GRUR Int 1994, 156; *Lüscher*, Psychologie der Farben, 1949; *Marbach*, Die eintragungsfähige Marke, 1984; *Marly*, Softwareüberlassungsverträge, 1991; *Martinek*, Franchising – Grundlagen der zivil- und wettbewerbsrechtlichen Behandlung der vertikalen Gruppenkooperation beim Absatz von Waren und Dienstleistungen, 1987; *Mediger*, Zulässigkeit der Verwendung von Lederbezeichnungen für Narbungen von Plastikfolien, Mitt 1963, 101; *Meister*, Markenrecht im Umbruch, MA 1993, 556; *Meister*, Die Marke zwischen den Gesetzen, GRUR 1994, 167; *Messer*, Zur Eintragungsfähigkeit von Monogrammen, GRUR 1976, 573; *v. Metzen*, Zeichenschutz an Beschaffenheitsangaben, GRUR 1956, 103; *Miosga*, Das verkehrsbekannte Zeichen im patentamtlichen Eintragungs- und Löschungsverfahren, MA 1956, 852; *Miosga*, Absolute Eintragungshindernisse in der Warenzeichenpraxis des Deutschen Patentamts, MA 1957, 654, 827; *Miosga*, Die Schutzfähigkeit des Warenzeichens in der neuen Rechtsprechung des Deutschen Patentamts, Mitt 1958, 101; *Miosga*, Auswahl und Einsatz neuer Warenzeichen, Mitt 1961, 61; *Miosga*, Die Farbe als Zeichenelement, MA 1961, 235; *Miosga*, Die „Euro(p)"-Zeichen in der Rechtsprechung, Mitt 1963, 121; *Miosga*, Chemische Kurzbezeichnungen und Zeichenrechte, GRUR 1963, 291; *Miosga*, Einheitliche Fachbezeichnungen und Zeichenrechte, MA 1963, 1117; *Miosga*, Schutz der Verpackung nach dem Warenzeichengesetz, Mitt 1965, 88; *Miosga*, Fremdsprachige Bezeichnungen als Warenzeichen, GRUR 1969, 57; *Miosga*, Schutz der äußeren Gestaltung der Ware oder Verpackung, Mitt 1969, 105; *Miosga*, Täuschungsgefahr bei „Euro"-Zeichen, GRUR 1969, 379; *Mitscherlich*, Zum Schutz von Dienstleistungsmarken, MA 1979, 92; *Möhring*, Hausfarben und ihre rechtliche Bedeutung, MA 1950, 139; *Möhring/Kroitzsch*, Die Umwandlung von Warenzeichen in freie Warennamen, WRP 1965, 239; *Müller, H. J.*, Sind Lagebezeichnungen für Warenzeichen tabu? GRUR 1978, 154; *Oppenhoff*, Geographische Bezeichnungen und Warenzeichen, GRUR Int 1977, 226; *Ossing*, Schutzfähigkeit von Warenzeichen, 1989; *v. d. Osten*, Die Verkehrsgeltung im Warenzeichen- und Wettbewerbsrecht und ihre Feststellung im Prozeß, 1960; *Ostwald*, Die Polyestra-Entscheidung des BGH und ihre Folgen, MA 1973, 74; *Pointet*, Der Schutz der Marke, GRUR Int 1964, 1; *Prüfer*, Zur Eintragbarkeit von Weinberglagenamen als Warenzeichen, GRUR 1977, 242; *Rauter*, Zur Frage der Kollektivzeichen, GRUR 1907, 377; *Ronga*, Der Schutz von Kennzeichen zwischenstaatlicher Organisationen nach der Pariser Verbandsübereinkunft, GRUR Int 1966, 148; *Ropski/Wettermann*, Important Decisions, Trends, and Events in United States Patent and Trademark Law: 1993 and 1994, Mitt 1995, 295; *Rowedder*, Die Weinbezeichnungen im Wettbewerbs- und Warenzeichenrecht, GRUR 1979, 460; *Sambuc*, Das Freihaltebedürfnis an Warenzeichen bei der Eintragung, im Widerspruchverfahren und im Verletzungsprozeß – einmal „Polymar"/„Polyestra" und zurück, Mitt 1991, 105; *Samwer*, Olympische Bezeichnungen und Embleme in der Wirtschaftswerbung, DB 1970, 1769, 1820; *Schawel*, Unterscheidungskraft – abhängig vom Freihaltungsbedürfnis?, FS Zehn Jahre Bundespatentgericht, 1971, S. 147; *Schawel*, Aus der täglichen Praxis eines Warenzeichensenats, MA 1981, 83; *Schickedanz*, Schutzfähigkeit fremdsprachiger Bestimmungsangaben, Mitt 1989, 21; *Schickedanz*, Buchstaben und Buchstabenkombinationen als Warenzeichen, GRUR 1990, 153; *Schlüter*, Der Schutzumfang von Buchstaben-Warenzeichen im patentamtlichen Widerspruchsverfahren, GRUR 1958, 379; *Schlüter*, Die Schutzfähigkeit des Wortes „Ultra" als Warenzeichen, MA 1962, 738; *Schlüter*, Absoluter Schutz für verkehrsbekannte Warenzeichen nach § 4 Abs. 2 Nr. 4 und 5 WZG, MA 1969, 63; *Schmieder*, „Ersichtlichkeit" von Eintragungshindernissen als allgemeine Prüfungsbeschränkung im Warenzeichen-Registerrecht, GRUR 1992, 672; *Schmieder*, Warenzeichen als Sprachgebilde – Linguistische Probleme des Markenrechts auch im Hinblick auf dessen Europäisierung, NJW 1992, 1257; *Schreiner*, Die Dienstleistungsmarke, 1983; *Schubert*, Mitwirkung von Psychologen bei der Warenzeichenprüfung, Mitt 1970, 109; *Schulz*, Die Eintragung eines Warenzeichens kraft Verkehrsdurchsetzung nach § 4 Abs. 3 WZG aus der Sicht der Demoskopie, MA 1984, 139; *Schulze zur Wiesche*, Der Schutz der Farbe oder farbigen Aufmachung durch den § 25 WZG, GRUR 1965, 129; *Schulze zur Wiesche*, Um Ausstattungsschutz an der Farbe oder farbigen Aufmachung, BB 1966, 722; *Schulze zur Wiesche*, Die neue Rechtsprechung des BGH auf dem Gebiet des Warenzeichenrechts, NJW 1970, 1521; *Schwanhäusser*, Umgehung des Benutzungszwanges, WRP 1969, 178; *Schweikert*, Markenrechtliche Aspekte der Irreführung, Mitt 1990, 1; *Schwendy*, Aus der Rechtsprechung des Bundespatentgerichts in den Jahren 1979 bis 1981, GRUR 1980, 815; 1981, 489; 1982, 379; *Schwendy*, Warenzeichen oder Dienstleistungsmarke? – Zum Zeichenschutz für betriebsfremde Waren und Dienstleistungen; *Schweyer*, Der warenzeichenrechtliche Schutz von Computerprogrammen, in: Lehmann (Hrsg.), Rechtsschutz und Verwertung von Computerprogrammen, 2. Aufl., 1993; *Seligsohn*, Die Zeichen- und Schutzfähigkeit von Buchstaben und Zahlen, GRUR 1922, 103; *Skaupy*, Wann kommt die Dienstleistungsmarke?, BB 1971, 445; *Specht*, Die Prüf- und Gewährzeichen, GRUR 1929, 880; *Spengler*, Gesetzlicher Schutz für Werbemaßnahmen und Werbemittel?, MA 1965, 15; *Städtler*, Zulässigkeit der Eintragung von Warenzeichen für Gaststätten, Mitt 1970, 65; *Stauder*, Amtsprüfung und Farbenschutz im französischen Markenrecht, GRUR Int 1976, 116; *Stauss*, Dienstleistungsmarken, in: Bruhn (Hrsg.), Handbuch Markenartikel, Bd. I: Markenbegriffe, Markentheorien, Markeninformationen, Markenstrategien, 1994, S. 79; *Storch*, „Cokies", „Fe" und die Möglichkeit ausgewogener Kollisionsentscheidungen, FS für Klaka, 1987 S. 197; *Storkebaum,* Schutzminderung des eingetragenen Warenzeichens durch wissenschaftlichen Gebrauch, NJW 1952, 643; *Storkebaum,* „Ultra" ein schutzfähiger Zeichenbestandteil?, MA 1953, 45; *Streuli-Youssef,* Die Formmarke, in: Rehbinder (Hrsg.), Marke und Marketing, 1990, S. 47; *Ströbele,* Die Berücksichtigung des Freihaltebedürfnisses im zeichenrechtlichen Eintragungsverfahren, GRUR 1981, 706; *Ströbele,* Praktische Erfahrungen mit dem neuen Zeichenschutz für Dienstleistungsmarken, GRUR 1981, 771; *Ströbele,* Die Eintragung eines Zeichens kraft Verkehrsdurchsetzung nach § 4 Abs. 3 WZG, MA 1984, 127; *Ströbele,* Voraussetzungen und Nachweis der Verkehrsdurchsetzung nach § 4 Abs. 3 WZG, GRUR 1987, 75; *Ströbele,* Der Schutz von Kennzeichen internationaler zwischenstaatlicher Organisationen (§ 4 Abs. 2 Nr. 3a WZG), GRUR 1989, 84; *Sünner,* Die neuere Rechtsprechung des DPA in Warenzeichensachen, GRUR 1953, 415; *Swoboda,* Die Verkehrsdurchsetzung von Warenzeichen und Dienstleistungsmarken aus der Sicht des DIHT, MA 1984, 139; *Tauchner,* Abkehr von Polyestra, GRUR 1978, 410; *Teplitzky,* Die Funktionen des Freihaltebedürfnisses in der Rechtsprechung des BGH, FS für v. Gamm, 1990, S. 303; *Tetzner,* Neue Markenformen, GRUR 1951, 66; *Tetzner,* Wettbewerbsrechtlicher Schutz von Farben und Werbemethoden, WRP 1956, 93; *Tietgen,* Die Unterschiede zwischen Fabrik- und Händlermarken, 1975; *Tilmann,* Die Dienstleistungsmarken – Novelle, NJW 1979, 408; *Tilmann,* Die weinrechtlichen Bezeichnungsvorschriften aus wettbewerbs- und warenzeichenrechtlicher Sicht, GRUR 1984, 188; *Traub,* Der Schutz von Werbeslogans im gewerblichen Rechtsschutz, GRUR 1973, 186; *Trentini,* Die neuere Rechtsprechung des BGH und des BPatG zum Warenzeichenrecht und ihre Auswirkung auf das Weinrecht, GRUR 1991, 280; *Trüstedt,* Die Praxis des Patentgerichts auf dem Gebiet der Warenzeichen unter Berücksichtigung der Rechtsprechung des BGH, GRUR 1967, 403; *Uexküll,* Zeichenschutz von beschreibenden Zeichen für Hilfswaren eines nicht mehr fortgesetzten Geschäftsbetriebs, GRUR 1961, 227; *Ullmann,* Die Schnittmenge von Franchise und Lizenz, CR 1991, 193; *Ullmann,* Die Verwendung von Marke, Geschäftsbezeichnung und Firma im geschäftlichen Verkehr, insbesondere des Franchising, NJW 1994, 1255; *Ulmer,* JW 1932, 1855; *Ulmer,* Die plastischen Zeichen und der Begriff des Warenzeichens, GRUR 1939, 1; *Ulmer,* Verkehrsgeltung und Besitzstand im Wettbewerbs- und Warenzeichenrecht, ZHR 114 (1951), S. 43; *Utescher,* Der Farbenschutz im Kennzeichnungsrecht, Mitt 1959, 293; *Vierheilig,* Grenzen der Maßgeblichkeit der Verkehrsauffassung im Warenzeichenrecht, 1977, S. 27; *Völp,* „Euro"-Marken und „Euro"-Firmen, WRP 1971, 2; *Wenz,* Die absolute Schutzfähigkeit von Warenzeichen, GRUR 1981, 716; *Winkel,* Formalschutz dreidimensionaler Marken, 1979; *Witte,* Über den Bekanntheitsgrad von Warenzeichen, GRUR 1961, 223; *Wuesthoff,* Was sind eintragbare Warenzeichen?, GRUR 1955, 7; *Würtenberger,* Begriffe „Im Verkehr" und „Höhe der Verkehrsdurchsetzung", GRUR 1988, 272; *Zeller,* Bemerkungen zur Palmolive-Entscheidung des BGH, GRUR 1965, 21.

**Schrifttum zum MarkenG.** *Albrecht,* § 47 Erstreckungsgesetz – der Beginn des warenzeichenrechtlichen Paradieses?, GRUR 1992, 660; *Albrecht,* Buchstaben und Zahlen im Kollisionsfall, GRUR 1996, 246; *Anders/Hacker,* Aus der Rechtsprechung des Bundespatentgerichts im Jahre 1996, GRUR 1997, 487; *Aracama Zorraquín,* Marken, die aus Farben bestehen, und ihr Schutz im argentinischen Recht, GRUR Int 1996, 405; *Bauer,* Die Ware als Marke, GRUR 1996, 319; *Berlit,* Markenrechtliche und europarechtliche Grenzen des Markenschutzes, GRUR 1998, 423; *Betten,* Titelschutz von Computerprogrammen, CR 1995, 383; *Bugdahl/Bugdahl/Bugdahl,* Rhythmus und Verdopplungen bei Markennamen, MarkenR 1999, 51; *Bydlinski,* Der Fachbegriff im elektronischen Zeitalter: zeitlos oder anpassungsbedürftig?, AcP 198 (1998), S. 287; *David,* Das neue Markenschutzgesetz, SJZ 1993, 109; *Deichsel,* Markentechnische Beobachtungen zum Markenschutz, GRUR 1998, 336; *Eggers,* Neues Schweizer Markenschutzgesetz in Kraft getreten, MA 1993, 561; *Eichmann,* Die dreidimensionale Marke im Verfahren vor dem DPA und BPatG, GRUR 1995, 184; *Eichmann,* Die dreidimensionale Marke, FS für Vieregge, 1995, S. 125 ff.; *Eisenführ,* Schutzfähigkeit und Schutzumfang nach dem neuen Markenrecht, FS 100 Jahre Marken-Amt, 1994, S. 71; *Engels,* „THE HOME DEPOT", WRP 1997, 21; *Erdmann,* Schutz von Werbeslogans, GRUR 1996, 550; *Fammler,* GRUR 1996, 247; *Fezer,* Die Nichtakzessorietät der Marke und ihre rechtliche Konnexität zu einem Unternehmen, FS für Vieregge, 1995, S. 229; *Fezer,* Die Markenfähigkeit nach § 3 MarkenG, FS für Piper, 1996, S. 525; *Fezer,* Markenrechtliche Produktabgrenzung zwischen Ware und Dienstleistung – Zur markenrechtlichen Produkteigenschaft von Leasing, Computersoftware und Franchising, GRUR Int 1996, 445; *Fezer,* Grundprinzipien und Entwicklungslinien im europäischen und internationalen Markenrecht, WRP 1998, 1; *Füllkrug,* Spekulationsmarken, GRUR 1994, 679; *v. Gamm,* Schwerpunkte des neuen Markenrechts, GRUR 1994, 775; *Henning-Bodewig/Ruijsenaars,* Designschutz qua Markenrecht – Das „Burberrys"-Urteil des Benelux-Gerechtshof im Rechtsvergleich, GRUR Int 1990, 821; *Hudis,* Removing the Boundaries of Color, 86 TMR 1 (1996); *Ingerl,* Die Öffnung des Markenregisters für nur mittelbar produktbeschreibende Angaben und Werbeappelle – Ein „BONUS" der Markenrechtsreform, WRP 1998, 473; *Ingerl,* LM Nr. 12 zu § 8 MarkenG; *Jacobs,* Werktitelschutz für Computerspiele und Computerprogramme, GRUR 1996, 601; *Jaeger-Lenz,* Neues zum Farbenschutz, WRP 1999, 290; *Jonas,* GRUR 1998, 465; *Jordan,* Die Eintragungsfähigkeit fremdsprachiger Bezeichnungen als Marke unter besonderer Berücksichtigung der Rechtsprechung des Bundesgerichtshofs als Rechtsbeschwerdeinstanz in Warenzeichen-Eintragungs-

Absolute Schutzhindernisse § 8 MarkenG

verfahren, FS für Brandner, 1996, S. 387; *Kiethe/Groeschke*, Der Designschutz dreidimensionaler Marken nach dem Markengesetz, WRP 1998, 541; *Klaka*, Schutzfähigkeit der dreidimensionalen Benutzungsmarke nach § 4 Nr. 2 MarkenG, GRUR 1996, 613; *Knies*, Der wettbewerbsrechtliche Leistungsschutz – eine unzulässige Rechtsfortbildung?, Diss. Hamburg, 1996; *König*, Mitt 1998, 143; *Kunz-Hallstein*, Die absolute Bindung der Marke an den Geschäftsbetrieb und ihre Aufhebung durch das Erstreckungsgesetz, GRUR 1993, 439; *Kur*, Formalschutz dreidimensionaler Marken – neue Aufgaben für die Markenabteilung des Deutschen Patentamts, FS 100 Jahre Marken-Amt, 1994, S. 175; *Kur*, GRUR Int 1997, 1026; *Lehmann*, Neuer Titelschutz von Software im Markengesetz, CR 1995, 129; *Lehmann*, Titelschutz von Computerprogrammen, GRUR 1995, 250; *Manz*, Der Schutz von eintragungsfähigen Marken nach dem neuen Markengesetz, Eine Untersuchung zum Anwendungsbereich des neuen Markengesetzes unter besonderer Berücksichtigung der neuen markenfähigen Zeichen, 1997; *Meister*, Praktische Erfahrungen mit dem neuen Markengesetz, WRP 1995, 1005; *Meister*, Erste Erfahrungen mit dem neuen Markengesetz, MA 1995, 507; *Meister*, Erste Erfahrungen mit dem neuen Markengesetz – Teil II, MA 1995, 572; *Meister*, Die Verteidigung von Marken. Eine Skizze zum neuen Recht, WRP 1995, 366; *Müller*, Firmenlizenz und Konzernfirma, 1996; *Nordemann*, Mona Lisa als Marke, WRP 1997, 389; *Oelschlegel*, Zur markenrechtlichen Schutzmöglichkeit von Druckschriftentiteln, GRUR 1998, 981; *Osenberg*, Markenschutz für urheberrechtlich gemeinfreie Werkteile, GRUR 1996, 101; *Pösentrup/Keukenschrijver/Ströbele*, Aus der Rechtsprechung des Bundespatentgerichts im Jahre 1995, GRUR 1996, 303; *Popp*, Mitt 1999, 33; *Ring*, Grundzüge der Kennzeichnung deutscher Weine nach nationalem und europäischem Recht, DZWir 1997, 297; *Ruijsenaars*, Neue Entwicklungen im Muster- und Markenrecht der Benelux-Länder, GRUR Int 1992, 505; *Rupprecht*, Achtung Falle! – Titelschutz für Softwaremarken, WRP 1996, 385; *Sambuc*, Das Freihaltebedürfnis an beschreibenden Angaben und der Ware selbst nach dem Markengesetz, GRUR 1997, 403; *Samuel/Samuel*, Color Trademarks: Shades of Confusion, 83 TMR 554 (1993); *Schmieder*, Erste Erfahrungen mit dem neuen Markengesetz, NJW 1997, 2908; *v. Schultz*, Die Farbmarke: ein Sündenfall?, GRUR 1997, 714; *Sieckmann*, Der Schutz von Werbeslogans in Imperativform nach dem Markenrecht, WRP 1998, 842; *Starck*, Rechtsprechung des Bundesgerichtshofes zum neuen Markenrecht, WRP 1996, 269; *Stratmann*, Titelschutz für Software nach dem neuen deutschen Markengesetz, Mitt 1995, 366; *Straub*, Mehrfache Berechtigung an Marken: Lizenzen, Rechtsgemeinschaften, Teilübertragungen, Pfandrechte, fiduziarische Übertragungen, Konzernmarken, 1998; *Thilo*, Neue Formen der Marke im Markenrecht und in der Gemeinschaftsmarkenverordnung, Diss. Konstanz, 1998; *Tilmann*, Das neue Markenrecht und die Herkunftsfunktion, ZHR 158 (1994), S. 371; *Völker/Semmler*, Markenschutz für Farben und Farbkombinationen, GRUR 1998, 93; *Wandtke/Bullinger*, Die Marke als urheberrechtlich schutzfähiges Werk, GRUR 1997, 573; *Watts*, Trade Marks for the Shape of Goods, E.I.P.R. 1998, 147; *Winkler*, Erfahrungen des DPA mit dem erweiterten Markenbegriff, MA 1996, 516; *Wittenzellner*, Schutzfähigkeit von Farben als Marken nach dem neuen Markengesetz, in: Straus (Hrsg.), Aktuelle Herausforderungen des geistigen Eigentums, FS für Beier, 1996, S. 333; *Zahrnt*, Titelschutz für Software-Produkte – ein Irrtum!, BB 1996, 1570.

S. auch die Schrifttumsangaben zu § 3 I III 3 (vor Rn 263).

### Entscheidungen zum MarkenG

**1. BGH GRUR 1994, 288 – Malibu**
Keine Rückwirkung der Rechtsänderungen des ErstrG – Im Zeitpunkt der Löschungsreife wegen Fehlens oder Wegfalls des Geschäftsbetriebs nach § 11 Abs. 1 Nr. 2 WZG aF wirksam entstandene Zwischenrechte.

**2. BGHZ 127, 262 – NEUTREX**
Keine Rückwirkung der Aufhebung des Verbots der Leerübertragung von Warenzeichen durch das ErstrG.

**3. BGH GRUR 1995, 408 – PROTECH**
Unterscheidungskraft einer zusammengesetzten Wortmarke aus zwei Abkürzungen mit beschreibendem Inhalt – Konkreter Anhalt für ein zukünftiges Freihaltebedürfnis.

**4. BGH GRUR 1997, 366 – quattro II**
Das italienische Zahlenwort *quattro* ist unterscheidungskräftig und keine beschreibende Angabe.

**5. BPatG, Beschluß vom 13. Februar 1995, 30 W (pat) 134/94 – MASTERSOUND**
Freihaltebedürfnis von *MASTERSOUND* für Tonträger als Wortverbindung ausländischen Ursprungs, die in dieser Wortkombination noch keinen Eingang in den deutschen Sprachschatz gefunden hat.

**6. BPatG Mitt 1995, 288 – Selective Control System**
Die Wortverbindung *Selective Control System* für Skibindungen ist nicht unterscheidungskräftig.

**7. BPatG BlPMZ 1996, 134 – 4 YOU**
*4 YOU* als beschreibende Angabe eintragungsfähig.

# MarkenG § 8                  Absolute Schutzhindernisse

**8. BGH GRUR 1995, 410 – TURBO I**
Fehlende Unterscheidungskraft eines Modewortes mit Verfremdung seines ursprünglichen Sinngehalts.

**9. DPA Mitt 1995, 290**
Zur Eintragungsunfähigkeit der Bezeichnung *uni* für Schreibwaren, Büroartikel.

**10. BPatGE 35, 90 – Absperrpoller**
Die bildliche Wiedergabe einer Ware genügt dem Erfordernis der Unterscheidungskraft, wenn die Abbildung eine nicht lediglich durch das Wesen der Ware selbst bedingte Gestaltung der Ware erkennen läßt.

**11. BPatGE 35, 96 – While you Wait**
Fehlende Unterscheidungskraft der Wortverbindung *While you Wait* für Umstandsbekleidungsstücke als eines in die englische Sprache übersetzten Werbespruchs.

**12. BPatG BlPMZ 1996, 277– CHANGE**
Zur Bezeichnung sonstiger Merkmale der Waren oder Dienstleistungen im Sinne des § 8 Abs. 2 Nr. 2 können auch solche Angaben dienen, die geeignet sind, bedeutsame Umstände bezüglich der Waren zu beschreiben, die nicht unmittelbar auf die Waren selbst bezogen sind.

**13. BPatG, Beschluß vom 13. Juni 1995, 27 W (pat) 291/93 – Compliment**
Freihaltebedürfnis von *Compliment* für Schuhwaren als übliche Bezeichnung, die keinen unmittelbar spezifischen Bezug zu bestimmten Waren oder Dienstleistungen aufweist.

**14. BPatGE 35, 109 – BONUS**
Freihaltebedürfnis von *BONUS* für Waren aus dem Bereich des Pflanzen- und Vorratsschutzes als übliche Bezeichnung, die keinen unmittelbar spezifischen Bezug zu bestimmten Waren oder Dienstleistungen aufweist.

**15. BPatGE 35, 114 – Fernöstliche Schriftzeichen**
An die Unterscheidungskraft fernöstlicher Schriftzeichen sind keine zu strengen Maßstäbe anzulegen.

**16. BPatGE 35, 202 – Fernettchen**
*Fernettchen* ist als Verkleinerungsform von *Fernet* nicht unterscheidungskräftig und freihaltebedürftig.

**17. BPatG, Beschluß vom 3. Juli 1995, 30 W (pat) 335/93 – COLORSCRIPT**
Freihaltebedürfnis von *COLORSCRIPT* für Drucker als Wortverbindung ausländischen Ursprungs, die in dieser Wortkombination noch keinen Eingang in den deutschen Sprachschatz gefunden hat.

**18. BGH GRUR 1996, 770 – MEGA**
Die Bezeichnung *MEGA* für Zigaretten ist nach § 8 Abs. 2 Nr. 2 freizuhalten, da sie zur Bezeichnung der Beschaffenheit der Ware dienen kann.

**19. BGH GRUR 1995, 732 – Füllkörper**
Zur Eintragungsfähigkeit von Zahlenbildmarken.

**20. OLG Frankfurt AfP 1995, 676 – ARD-1/Kabel-1**
Schutzumfang der Marke *1*.

**21. BPatGE 35, 249 – Finishmaster**
Freihaltebedürfnis von *Finishmaster* für Bügelmaschinen als Wortverbindung ausländischen Ursprungs, die in dieser Wortkombination noch keinen Eingang in den deutschen Sprachschatz gefunden hat.

**22. BGH GRUR 1996, 68 – COTTON LINE**
*COTTON LINE* als Beschaffenheitsangabe nicht eintragungsfähig.

**23. BPatG, Beschluß vom 4. Oktober 1995, 26 W (pat) 117/94 – STATUS**
*STATUS* unterscheidungskräftig für Lampen, Möbel und Küchengeräte.

**24. BPatG, Beschluß vom 31. Oktober 1995, 27 W (pat) 172/94 – CAPITO**
Freihaltebedürfnis von *CAPITO* für Bekleidung als übliche Bezeichnung, die keinen unmittelbar spezifischen Bezug zu bestimmten Waren oder Dienstleistungen aufweist.

**25. BPatGE 36, 19 – COSA NOSTRA**
Zum Begriff des Sittenverstoßes im Sinne von § 8 Abs. 2 Nr. 5 MarkenG.

**26. BPatG, Beschluß vom 14. November 1995, 24 W (pat) 156/94 – Mann oh Mann nur keinen Ärger**
Werbeslogan als Mehrwortmarke mangels Unterscheidungskraft eintragungsunfähig.

**27. BPatG, Beschluß vom 15. November 1995, 28 W (pat) 100/95 – THAT'S BIKE**
Die Marke *THAT'S BIKE* kommt kein konkreter beschreibender Sinngehalt zu.

**28. BPatG, Beschluß vom 22. November 1995, 26 W (pat) 188/94 – vital/fit**
*vital* und *fit* sind als Hinweis auf die Wirkung von Getränken freihaltebedürftig und deshalb keine schutzfähigen Marken.

**29. BPatG Mitt 1996, 216 – MASTER**
Anforderungen an die Unterscheidungskraft bei fehlendem Freihaltebedürfnis.

Absolute Schutzhindernisse § 8 MarkenG

**30. BPatGE 36, 25 – Benvenuto**
Freihaltebedürfnis von *Benvenuto* für Juwelier- und Schmuckwaren als übliche Bezeichnung, die keinen unmittelbar spezifischen Bezug zu bestimmten Waren oder Dienstleistungen aufweist.

**31. BPatG Mitt 1996, 250 – Trio**
Freihaltebedürfnis von *TRIO* für Vorrichtungen und Geräte zur Herstellung chemischer Produkte als übliche Bezeichnung, die keinen unmittelbar spezifischen Bezug zu bestimmten Waren oder Dienstleistungen aufweist.

**32. BPatG BlPMZ 1996, 466 – Etiketten**
Die naturgetreue Wiedergabe einer geläufigen Etikettenform genügt nicht dem Erfordernis der über die bloße Abbildung der Ware hinausreichenden, eigentümlichen und originellen Darstellung der Marke.

**33. BPatG BlPMZ 1997, 175 – HOUSE OF BLUES**
Die Marke *HOUSE OF BLUES* ist für bespielte Tonbänder, Videobänder und andere Bild- und Tonträger nicht eintragbar.

**34. BPatG GRUR 1996, 881 – Farbmarke**
Zur Markenfähigkeit einer Farbkombination.

**35. BPatG, Beschluß vom 28. November 1995, 27 W (pat) 73/94 – RESPECT**
Freihaltebedürfnis von *RESPECT* für Bekleidung als übliche Bezeichnung, die keinen unmittelbar spezifischen Bezug zu bestimmten Waren oder Dienstleistungen aufweist.

**36. BPatGE 36, 29 – Color COLLECTION**
Anforderungen an die graphische Ausgestaltung schutzunfähiger Wörter zur Begründung der erforderlichen Unterscheidungskraft.

**37. BPatG, Beschluß vom 29. November 1995, 28 W (pat) 143/95 – CONTOUR**
An der Marke *CONTOUR* besteht kein Freihaltebedürfnis.

**38. BPatG, Beschluß vom 29. November 1995, 28 W (pat) 94/95 – EVOLUTION**
Die Marke *EVOLUTION* ist eine freizuhaltende Angabe, auch wenn sie keine direkte, konkret warenbeschreibende Bedeutung hat.

**39. BPatG Mitt 1996, 215 – MOD'elle**
Freihaltebedürfnis zusammengesetzter Marken.

**40. BPatG, Beschluß vom 20. Dezember 1995, 28 W (pat) 129/95 – Logo I**
*Logo* ist eine allgemeine, anpreisende Werbeaussage ohne unmittelbare oder konkrete Produktbezogenheit.

**41. BPatG, Beschluß vom 16. Januar 1996, 27 W (pat) 168/94 – AMERICA TODAY**
*AMERICA TODAY* für Textilien ist nicht unterscheidungskräftig.

**42. BPatG, Beschluß vom 29. Januar 1996, 30 W (pat) 156/94 – HOSENBOY**
Der Wortbestandteil *-boy* besitzt im deutschen Sprachgebrauch die früher angenommene Bedeutungsveränderung von Hilfsgerät nicht mehr.

**43. BPatG, Beschluß vom 31. Januar 1996, 29 W (pat) 101/93 – RODIZIO**
Freihaltebedürfnis der Marke *RODIZIO* für Verpflegung von Gästen, Grillspieße mit verschiedenen Fleischarten unabhängig von dem tatsächlichen Bekanntheitsgrad wegen tatsächlicher benutzter, beschreibender Angabe in einer Fremdsprache.

**44. BPatGE 36, 119 – Hautactiv**
Die Marke *Hautactiv* ist für Mittel zu Körperpflege und Schönheitspflege nicht unterscheidungskräftig. Es ist nicht ausreichend, wenn nicht unbeträchtliche Teile des Verkehrs in ihr einen betrieblichen Herkunftshinweis erblicken.

**45. BPatGE 36, 126 – PREMIERE I**
Anforderungen an die Verkehrsdurchsetzung einer Marke.

**46. BPatGE 36, 130 – PREMIERE II**
An dem Wort *Premiere* besteht ein Freihaltebedürfnis.

**47. BPatG, GRUR 1996, 494 – PREMIERE III**
Die Verkehrsdurchsetzung einer Marke muß exakt für die Produkte nachgewiesen werden, für die die Marke eingetragen werden soll.

**48. BPatG BlPMZ 1997, 209 – Die Zukunft braucht unsere besten Ideen**
Der Werbeslogan *Die Zukunft braucht unsere besten Ideen* ist für Waren und Dienstleistungen auf dem Baustoffsektor nicht unterscheidungskräftig.

**49. BPatG GRUR 1996, 411 – AVANTI**
Freihaltebedürfnis von *AVANTI* für Möbel als übliche Bezeichnung, die keinen unmittelbar spezifischen Bezug zu bestimmten Waren oder Dienstleistungen aufweist.

# MarkenG § 8 — Absolute Schutzhindernisse

**50. BPatG CR 1996, 470 – Discware**
Für die Wortmarke *Discware* als Bezeichnung für die Entwicklung, Konzeption und Produktion von Information für optische Datenspeicher besteht kein Freihaltebedürfnis.

**51. BPatG BlPMZ 1997, 209 – climaaktivplus**
Beschreibender Sinngehalt der Marke *climaaaktivplus* für Bekleidungsstücke.

**52. BPatG BlPMZ 1997, 209 – climaplus**
Die Marke *climaplus* für Bekleidungsstücke genießt infolge ihres beschreibenden Sinngehalts keine Unterscheidungskraft.

**53. BPatGE 36, 144 – ManuFact**
Zum Freihaltebedürfnis der fremdsprachigen Marke *ManuFact* für Möbel, Spiegel und Rahmen.

**54. BPatGE 36, 153 – BLUE LINE**
Die Marke *BLUE LINE* für Kühlgeräte und Gefriergeräte wirkt infolge der mit der Farbe verbundenen Assoziationen zu den beanspruchten Waren beschreibend.

**55. BPatG, Beschluß vom 13. März 1996, 26 W (pat) 92/93 – Goldkrone**
Zur Beschaffenheitsangabe mit der Bezeichnung Gold.

**56. BPatG GRUR 1996, 885 – Schloß Wachenheim**
Ob eine *Schloß*-Bezeichnung für Schaumweine eine ersichtliche Täuschungsgefahr birgt, ist in jedem Einzelfall anhand der besonderen Umstände zu prüfen.

**57. BPatGE 36, 171 – Paradies**
Die Marke *Paradies* für Likör ist nicht beschreibend.

**58. BPatGE 36, 190 – MARQUIS DE MONTESQUIOU**
Ein *Adelsname* begründet als Marke für Cidre, Likör, Spirituosen und andere alkoholische Getränke auch ohne Bezug der Waren zu einem traditionellen Weingut sowie ohne Einfluß nehmende Beteiligung des Namensgebers an der Produktion keine Täuschungsgefahr.

**59. BPatG Mitt 1997, 98 – JUMBOMOBIL**
Zur Unterscheidungskraft der Wortmarke *JUMBOMOBIL*.

**60. BPatG Mitt 1997, 70 – UHQ III**
An der Buchstabenfolge UHQ besteht kein konkretes Freihaltebedürfnis im Sinne des § 8 Abs. 2 Nr. 2.

**61. BPatGE 36, 229 – Sweater TOPS**
Die Bezeichnung *Sweater TOPS* für Oberbekleidungstücke ist nicht unterscheidungskräftig.

**62. BPatGE 36, 233 – CIAO**
Die Bezeichnung *CIAO* ist für Tabakwaren nicht schutzfähig, da fremdsprachige Grußformeln im allgemeinen Sprachgebrauch zur Bezeichnung von Waren üblich geworden sind.

**63. BPatGE 36, 238 – ErgoPanel**
Die aus den Wörtern *Ergo* und *Panel* zusammengesetzte Wortmarke *ErgoPanel* ist als beschreibende Angabe eintragungsunfähig.

**64. BGH GRUR 1996, 771 – THE HOME DEPOT**
Die Annahme eines zukünftigen Freihaltebedürfnisses bedarf konkreter Umstände.

**65. BPatGE 37, 124 – ABSOLUT**
*ABSOLUT* als allgemein sprachgebräuchliche und verkehrsübliche Bezeichnung eintragungsunfähig.

**66. BPatG GRUR 97, 279 – FOR YOU**
*FOR YOU* als einfache fremdsprachige Kaufaufforderung nicht unterscheidungskräftig.

**67. BPatG 38, 221 – BGHZ**
Die Buchstabenfolge *BGHZ* ist nicht unterscheidungskräftig und stellt eine beschreibende Angabe dar.

**68. BPatG BlPMZ 1997, 365 – VHS**
Zu sonstigen Produktmerkmalsangaben.

**69. BPatG BPatGE 36, 251 – Berliner Allgemeine**
An dem Wort *Allgemeine* besteht kein Freihaltebedürfnis.

**70. BPatG GRUR 1997, 53 – Chinesische Schriftzeichen**
Fernöstlichen Schriftzeichen fehlt nicht generell die Unterscheidungskraft. Der deutsche Verkehr versteht sie auch nicht mehr ausnahmslos als geographischen Herkunftshinweis.

**71. BPatGE 37, 11 – INTERSHOP**
*INTERSHOP* für Dienstleistungen der Klasse 35, 36 und 42 eintragungsfähig.

**72. BPatGE 37, 72 – TAX FREE**
Der Antrag auf farbige Eintragung einer Marke bestimmt und beschränkt deren Schutz.

Absolute Schutzhindernisse § 8 MarkenG

**73. BPatGE 37, 148 – Rohrreiniger**
Fehlende Unterscheidungskraft trotz farbiger Ausgestaltung einer naheliegenden bildlichen Wiedergabe der Wirkungsweise einschlägiger Waren.

**74. BPatGE 37, 77 – Radio von hier, Radio wie wir**
*Radio von hier, Radio wie wir* als eintragungsunfähiger Werbeslogan.

**75. BPatG, Beschluß vom 30. Oktober 1996, 29 W (pat) 15/95 – PC-Computing**
Zur Eintragungsfähigkeit zusammengesetzter beschreibender Marken und beschreibender Kombinationsmarken.

**76. BPatG, Beschluß vom 5. November 1996, 24 W (pat) 125/95 – KID CARE**
Zur Eintragungsfähigkeit zusammengesetzter beschreibender Marken und beschreibender Kombinationsmarken.

**77. BPatG GRUR 1997, 286 – VODNI STAVBY**
Zur Eintragungsfähigkeit fremdsprachiger Angaben.

**78. BPatGE 37, 98 – VISA-Streifenbild**
Zur Bestimmung und Beschränkung des Prüfungsgegenstandes durch den Antrag auf farbige Eintragung einer Marke.

**79. BPatG GRUR 1997, 640 – ASTHMA-BRAUSE**
*ASTHMA-BRAUSE* für Arzneimittel eintragungsunfähige Bestimmungsangabe.

**80. BPatG GRUR 1997, 639 – FERROBRAUSE**
*FERROBRAUSE* für pharmazeutische Produkte eintragungsfähige Bestimmungsangabe.

**81. BPatG GRUR 1997, 467 – ULTIMATE**
Zum Freihaltebedürfnis bei fremdsprachigen Bezeichnungen.

**82. BPatG, Beschluß vom 15. Januar 1997, 28 W (pat) 268/94 – Den Mobilen gehört die Welt**
Als üblicher, mehrdeutiger Werbespruch nicht unterscheidungskräftig.

**83. BPatG Mitt 1997, 197 – Treppenmeister**
Zur Eintragungsfähigkeit von Marken mit sprachüblichem Zeichenbestandteil.

**84. HansOLG Hamburg NJW-RR 1998, 554 – ARD-1/HH 1**
Fehlende Unterscheidungskraft der Zahl *1* als Grundzahl.

**85. BPatG, Beschluß vom 22. Januar 1997, 28 W (pat) 194/96 – Blood Pressure Watch**
Zur Eintragungsfähigkeit fremdsprachiger Angaben.

**86. BPatGE 37, 250 – Du darfst**
Zur Eintragungsfähigkeit von Werbeslogans.

**87. BPatG, Beschluß vom 22. Januar 1997, 28 W (pat) 138/96 – AVANTGARDE**
*AVANTGARDE* ist eintragungsfähig für Rollstühle und Kinderwagen, da es dem Wort, bezogen auf die angemeldeten Waren, bereits am allgemein anpreisenden Charakter fehlt.

**88. BPatGE 37, 259 – Partner with the Best**
*Partner with the Best* als eintragungsunfähiger Werbeslogan.

**89. BPatG, Beschluß vom 28. Januar 1997, 24 W (pat) 78/96 – ROUTE 66**
*ROUTE 66* für Dienstleistungen der Klassen 35, 36 und 42 eintragungsfähig.

**90. BPatGE 37, 265 – Sigel**
Zur Eintragungsfähigkeit phantasieloser Marken.

**91. BPatG, Beschluß vom 31. Januar 1997, 33 W (pat) 59/96 – Anwalt's Liebling**
Wegen des phantasievollen Überschusses von *Anwalt's Liebling* und eines insgesamt nur anhaftenden beschreibenden Anklangs für die Dienstleistung Versicherungswesen eintragungsfähig.

**92. BPatGE 38, 57 – Fünfer**
Zur konkreten Unterscheidungskraft von Zahlen und Zahlwörtern.

**93. BPatG, Beschluß vom 5. Februar 1997, 29 W (pat) 232/94 – Colors**
Das Werbeschlagwort *Colors* ist eintragungsfähig für Zeitschriften.

**94. BPatG, Beschluß vom 5. Februar 1997, 29 W (pat) 88, 90, 91/96 – Übernacht Express, Heute Express und Wochenend-Express**
Zur Eintragungsfähigkeit zusammengesetzter beschreibender Marken und beschreibender Kombinationsmarken.

**95. BPatGE 37, 277 – YES**
Eintragungsunfähig für Tabakwaren, weil das Wort *YES* im normalen Sprachgebrauch als allgemein anpreisende Aussage üblich geworden ist.

**96. BPatGE 38, 4 – SOMETHING SPECIAL IN THE AIR**
Zur Eintragungsfähigkeit von Werbeslogans.

**97. BPatG, Beschluß vom 26. Februar 1997, 32 W (pat) 152/96 – Früchetraum**
Zur Eintragungsfähigkeit zusammengesetzter beschreibender Marken und beschreibenden Kombinationsmarken.

**98. BPatG, Beschluß vom 26. Februar 1997, 28 W (pat) 185/96 – EASYCOAT**
Zur Eintragungsfähigkeit fremdsprachiger Angaben.

**99. BGH GRUR 1997, 627 – à la carte**
Zu produktunabhängigen Beschaffenheitsangaben.

**100. BPatG GRUR 1997, 830 – St. Pauli Girl**
Zur konkreten Unterscheidungskraft fremdsprachiger Bezeichnungen.

**101. BPatG, Beschluß vom 7. März 1997, 33 W (pat) 87/96 – AUTOPARTNER**
Zur Eintragungsfähigkeit fremdsprachiger Angaben.

**102. BPatGE 38, 89 – Ahornblatt**
Zu Produkt- und Verpackungsformmarken (dreidimensionale Marken).

**103. BGH GRUR 1997, 754 – grau/magenta**
Zur Eintragungsfähigkeit von Farbmarken.

**104. BPatG, Beschluß vom 21. März 1997, 33 W (pat) 231/96 – m²**
Eintragungsfähig ist *m²* für Werbung, Geschäftsführung, Druckerzeugnisse und Buchartikel, da der farbigen Eintragung mit der Farbe hellblau ein gewisses Mindestmaß an Eigenart zukommt.

**105. BPatG Mitt 1998, 272 – Koch**
Die Wortmarke *Koch* für Kochgeräte ist trotz des begrifflichen Zusammenhangs zwischen dem Markenwort *Koch* und den Waren der Anmeldung unterscheidungskräftig.

**106. BGH GRUR 1997, 634 – Turbo II**
Freihaltebedürfnis an einer beschreibenden Marke muß für die konkreten Waren oder Dienstleistungen bestehen, für die die Eintragung beantragt wird.

**107. BPatG CR 1997, 683 – Windowmatrix**
Zur konkreten Unterscheidungskraft fremdsprachiger Bezeichnungen.

**108. BPatG, Beschluß vom 9. April 1997, 32 W (pat) 429/95 – Schokoladenriegel**
Als Produktbildmarke wegen fehlender Unterscheidungskraft nicht eintragungsfähig.

**109. BPatG, Beschluß vom 9. April 1997, 27 W (pat) 30/96 – Fisch**
Fehlende Unterscheidungskraft für farbige, bildliche Darstellung eines *Fisches*.

**110. BGH GRUR 1997, 527 – Autofelge**
Zur Eintragungsfähigkeit von Produktbildmarken.

**111. BPatGE 38, 113 – Goldener Zimt**
Das Adjektiv *golden* ist für Spirituosen keine Beschaffenheitsangabe und die Wortmarke *Goldener Zimt* hinreichend phantasievoll und damit unterscheidungskräftig.

**112. BPatGE 38, 116 – L**
Einzelbuchstaben in üblicher einfacher Schreibweise entbehren in der Regel jeglicher Unterscheidungskraft.

**113. BPatG, Beschluß vom 22. April 1997, 24 W (pat) 73/96 – MULTI-PILOT**
Zur Eintragungsfähigkeit fremdsprachiger Angaben.

**114. BPatG, Beschluß vom 28. April 1997, 30 W (pat) 59/96 – FKS**
Eintragungsunfähig ist *FKS* trotz Mehrdeutigkeit der lexikalischen Abkürzung.

**115. BPatG, Beschluß vom 30. April 1997, 26 W (pat) 82/96 – Is egal**
Werbespruch mangels schutzbegründenden Kennzeichenbestandteils und phantasievollen Überschusses eintragungsunfähig.

**116. BPatGE 38, 127 – REEFER**
Die Bezeichnung *REEFER* ist als englischer umgangssprachlicher Ausdruck für Marihuana-Zigarette als gesetzwidrige Marke nach § 8 Abs. 2 Nr. 9 für Tabakwaren nicht schutzfähig, eintragungsfähig aber für Raucherbedarfsartikel.

**117. BPatGE 38, 182 – MAC**
*MAC* für EDV-Geräte eintragungsfähig.

**118. BPatG GRUR 1997, 833 – digital**
Zur praktisch einhelligen Verkehrsdurchsetzung zur Überwindung des hochanzusetzenden Freihaltebedürfnisses der Wortmarke *digital* für Waren und Dienstleistungen der Daten- und Textverarbeitung.

**119. BPatG, Beschluß vom 13. Mai 1997, 24 W (pat) 204/95 – NETFAX**
Zur Eintragungsfähigkeit fremdsprachiger Angaben.

**120. BPatGE 38, 145 – JURIS LIBRI**
An Wörtern einer toten Sprache besteht ein Freihaltebedürfnis, wenn diese in einem bestimmten Produktbereich als Fachsprache verwendet werden.

Absolute Schutzhindernisse  § 8 MarkenG

**121. BPatGE 38, 185 – Plastische IR-Flaschenmarke**
Zum Schutz von nach Erlaß der MarkenRL registrierten plastischen IR-Marken.

**122. BPatG GRUR 1998, 57 – Nicht immer, aber immer öfter**
Als Werbespruch aufzufassende Wortfolge ohne selbständig kennzeichnenden Bestandteil und hinreichend phantasievollen Überschuß.

**123. BPatG GRUR 1997, 833 – Bücher für eine humanere Welt**
Zur Überwindung der Eintragungsunfähigkeit durch Verkehrsdurchsetzung nach § 8 Abs. 3.

**124. BPatG GRUR 1997, 832 – Bücher für eine bessere Welt**
*Bücher für eine bessere Welt* für Bücher und Broschüren als inhaltsbeschreibende Angabe nur bei Erwerb von Verkehrsdurchsetzung nach § 8 Abs. 3 eintragungsfähig.

**125. BPatG, Beschluß vom 23. Mai 1997, 33 W (pat) 34, 97 – ÖKO?LOGO!**
*ÖKO?LOGO!* mangels schutzbegründenden Zeichenbestandteils und fehlenden phantasievollen Überschusses für Waren der Klasse 16, 18 und 25 eintragungsunfähig.

**126. BGH GRUR 1998, 396 – Individual**
*Individual* als Beschaffenheitsangabe nicht eintragungsfähig.

**127. BGH GRUR 1998, 394 – Active Line**
*Active Line* als Beschaffenheitsangabe nicht eintragungsfähig.

**128. BPatG CR 1997, 602 – SMART**
Zur Unterscheidungskraft und zum Freihaltebedürfnis der Mehrwortmarke *SMART STORE*.

**129. BGH GRUR 1997, 756 – Kessler Hochgewächs**
Zur Eintragungsfähigkeit von Lagenamen.

**130. BPatGE 38, 191 – BROADWAY**
*BROADWAY* für Freizeitbekleidungsstücke unterscheidungskräftig und nicht freihaltebedürftig.

**131. BPatG, Beschluß vom 18. Juni 1997, 29 W (pat) 121/95 – ART TEC**
Zur Eintragungsfähigkeit fremdsprachiger Angaben.

**132. BPatG, Beschluß vom 9. Juli 1997, 29 W (pat) 51/96 – HQ**
Als Buchstabenmarke für Ton- und Datenträger eintragungsfähig, da ein lexikalischer Beleg als Indiz und sonstige weitere Umstände kein Freihaltebedürfnis erkennen lassen.

**133. BPatGE 39, 6 – Unter Uns**
Die allgemeine sloganartige Redewendung *Unter Uns* ist nicht unterscheidungskräftig und freihaltebedürftig.

**134. BPatG, Beschluß vom 11. Juni 1997, 32 W (pat) 439/95 – Gold/Gelb**
Eintragungsfähig für im Farbton *Gold/Gelb* gehaltene Vorwandinstallationselemente.

**135. BPatGE 38, 212 – A 3**
Zur Eintragungsfähigkeit von Buchstabenzahlenmarken.

**136. BPatG, Beschluß vom 11. Juli 1997, 33 W (pat) 49/96 – GLOBAL SCAN**
Zur Eintragungsfähigkeit fremdsprachiger Angaben.

**137. KG Berlin, Beschluß vom 15. Juli 1997, 5 W 5012/97 – 701-Die Show/702**
Zur Eintragungsfähigkeit der Zahlenmarke *702*.

**138. BPatG, Beschluß vom 16. Juli 1997, 28 W (pat) 232/96 – 420, 430, 440**
Dreistellige Zahlenkombinationen finden sich in vielfältiger Weise auf Werkzeugen und sind hierfür nicht eintragungsfähig.

**139. BPatG, Beschluß vom 21. Juli 1997, 30 W (pat) 35/96 – MAPINFO**
Zur Eintragungsfähigkeit fremdsprachiger Angaben.

**140. BPatG, Beschluß vom 21. Juli 1997, 30 W (pat) 140/96 – P20**
Buchstabenzahlenmarke *P20* für Mittel zur Körper und Schönheitspflege, nicht medizinischer Sonnenschutz und Bräunungsmittel eintragungsfähig.

**141. BPatG, Beschluß vom 24. Juli 1997, 25 W (pat) 74/95 – Exact**
Zur Eintragungsfähigkeit von Beschaffenheitsangaben.

**142. BPatG, Beschluß vom 29. Juli 1997, 24 W (pat) 16/96 – HANDBOOK**
Zur Eintragungsfähigkeit fremdsprachiger Angaben.

**143. BPatG GRUR 1998, 399 – Rack-Wall**
Fremdsprachige Angabe *Rack-Wall* für Küchenmöbel und Beschläge eintragungsfähig.

**144. BPatG, Beschluß vom 6. August 1997, 26 W (pat) 80/96 – Wurstförmige Rollenverpackung**
Die naturalistische, zweidimensionale Zeichnung einer *wurstförmigen Rollenverpackung* für zubereiteten Käse ist eintragungsunfähig, weil die Darstellung keine über die verpackungstechnische Gestaltung der Ware hinausreichenden Elemente aufweist.

# MarkenG § 8 Absolute Schutzhindernisse

**145. BPatG CR 1998, 198 – DATA I/O**
   *DATA* und *I/O* im Gesamtbild und jeweils für sich im Computerbereich freihaltungsbedürftig.

**146. BPatGE 38, 239 – Jean's etc ...**
   *Jean's etc* ... für vêtements, chaussures und chapellerie (Waren der Klasse 25) eintragungsunfähig.

**147. BPatG, Beschluß vom 14. August 1997, 137/95 – RISC 86**
   Buchstabenzahlenmarke *RISC 86* für Computer nicht eintragungsfähig.

**148. BPatGE 39, 29 – K**
   Zur Schutzfähigkeit von Einzelbuchstaben in üblicher einfacher Schreibweise.

**149. BPatGE 39, 45 – 442**
   Die dreistellige Zahlenkombination 442 genügt den Anforderungen an die Unterscheidungskraft.

**150. BPatG, Beschluß vom 10. September 1997, 26 W (pat) 181/96 – Giro**
   Zur Eintragungsfähigkeit von Beschaffenheitsangaben.

**151. BPatG, Beschluß vom 17. September 1997, 26 W (pat) 162/92 – Weihnachtströpfchen**
   Zur Eintragungsfähigkeit zusammengesetzter beschreibender Marken und beschreibender Kombinationsmarken.

**152. BPatG, Beschluß vom 19. September 1997, 33 W (pat) 129/97 – Qualität aus Ton**
   Eintragungsunfähig als Mehrwortmarke mangels Unterscheidungskraft.

**153. BPatG, Beschluß vom 24. September 1997, 26 W (pat) 171/96 – Kleine Flaschen zum Vernaschen**
   Lediglich werbeüblich, ohne schutzbegründenden Zeichenbestandteil und phantasievollen Überschuß.

**154. BPatG, Beschluß vom 29. September 1997, 33 W (pat) 185/96 – Paperfill**
   Zur Eintragungsfähigkeit fremdsprachiger Angaben.

**155. BPatG, Beschluß vom 29. September 1997, 33 W (pat) 22/97 – GASTRONET**
   Zur Eintragungsfähigkeit fremdsprachiger Angaben.

**156. BPatG, Beschluß vom 29. September 1997, 30 W (pat) 124/95 – SILENTWRITER SUPERSCRIPT**
   Zur Eintragungsfähigkeit fremdsprachiger Angaben.

**157. BPatG, Beschluß vom 30. September 1997, 24 W (pat) 210/96 – autosoft**
   Zur Eintragungsfähigkeit fremdsprachiger Angaben.

**158. BPatGE 38, 258 – UNO DUE**
   Die Wortfolge UNO DUE ist als Marke für Bekleidungsstücke und Kopfbedeckungen schutzfähig.

**159. BPatG GRUR 1998, 710 – Welch ein Tag**
   Werbeslogan *Welch ein Tag* mangels schutzbegründenden Zeichenbestandteils eintragungsunfähig.

**160. BPatG, Beschluß vom 1. Oktober 1997, 28 W (pat) 097/97 – Vitalfutter**
   Zur Eintragungsfähigkeit zusammengesetzter beschreibender Marken und beschreibender Kombinationsmarken.

**161. BPatGE 39, 55 – M (33 W)**
   Zu den unterschiedlichen Anforderungen an die Beurteilung der Schutzfähigkeit eines Einzelbuchstabens bei einer Anmeldung als Wortmarke und als Bildmarke.

**162. BPatG, Beschluß vom 1. Oktober 1997, 32 W (pat) 111/97 – Einhebelmischer mit Gravur**
   Die Produktform eines Einhebelmischers mit der Gravur des Herstellernamens auf dem Hebel ist als dreidimensionale Marke unterscheidungskräftig und eintragungsfähig.

**163. BPatGE 38, 262 – Roter Streifen im Schuhabsatz**
   Zur Eintragungsfähigkeit eines in den Absatz eines Schuhes eingearbeiteten Querstreifens als Positionsmarke.

**164. BPatGE 39, 116 – Schmerz-ASS**
   Zur Eintragungsfähigkeit zusammengesetzter beschreibender Marken und beschreibender Kombinationsmarken.

**165. BPatG, Beschluß vom 20. Oktober 1997, 30 W (pat) 152/97 – CD-Hülle**
   Die naturgetreue, perspektivische Zeichnung einer *CD-Hülle* ist als dreidimensionale Marke eintragungsunfähig, da CD und CD-Hülle eine Einheit bilden und nicht unterscheidungskräftig sind.

**166. BPatG, Beschluß vom 21. Oktober 1997, 24 W (pat) 133/96 – Goldene Serie**
   Die aus den Wörtern *Goldene* und *Serie* zusammengesetzte Wortmarke *Goldene Serie* ist als beschreibende Angabe eintragungsunfähig.

**167. BPatG, Beschluß vom 22. Oktober 1997, 29 W (pat) 243/96 – C 1**
   *C 1* für Druckerzeugnisse und Dienstleistungen der Telekommunikation eintragungsfähig.

Absolute Schutzhindernisse § 8 MarkenG

**168. BGH GRUR 1998, 465 – BONUS**
Zum Erfordernis eines unmittelbaren Produktbezugs bei § 8 Abs. 2 Nr. 2 und Nr. 3.

**169. BPatGE 39, 65 – Zahnpastastrang**
Naturgetreue Produktabbildung eintragungsunfähig.

**170. BPatG, Beschluß vom 28. Oktober 1997, 27 W (pat) 38/97 – Turnschuh**
Die zeichnerische Darstellung eines *Turnschuhes* mit rotem Punkt auf der Lasche ist nicht unterscheidungskräftig.

**171. BPatG CR 1998, 79 – ADVANCESTACK**
Zur konkreten Unterscheidungskraft fremdsprachiger Bezeichnungen.

**172. BPatG, Beschluß vom 29. Oktober 1997, 32 W (pat) 49/97 – Bär**
Keine Unterscheidungskraft für *Bär* als Produktbildmarke.

**173. BPatGE 39, 75 – DSS**
Zur Eintragungsfähigkeit von Buchstabenmarken.

**174. BPatG, Beschluß vom 4. November 1997, 27 W (pat) 14/97 – Ober**
Zur Eintragungsfähigkeit von Beschaffenheitsangaben.

**175. BPatGE 39, 854 – Mit uns kommen Sie weiter**
Als spruchartige Wortfolge lediglich originelles Werbemittel ohne markenmäßig kennzeichnenden Bestandteil und damit grundsätzlich nicht unterscheidungskräftig.

**176. BPatG, Beschluß vom 5. November 1997, 26 W (pat) 64/96 – Transportbox**
Fehlende Unterscheidungsfähigkeit einer *Transportbox* als Produktbildmarke.

**177. BPatG GRUR 1998, 717 – ROSENFELDER**
*ROSENFELDER* als scheingeographische Angabe für Wein und Schaumwein nicht schutzfähig.

**178. BGH WRP 1998, 495 – Today**
Die Wortmarke *Today* ist eintragungsunfähig für Waren des täglichen Bedarfs, da der Begriff Eingang in die deutsche Umgangssprache gefunden hat und keinen phantasievoll wirkenden Überschuß enthält.

**179. BPatG GRUR 1998, 718 – Luftfahrt Woche & Weltraum Technologie**
*Luftfahrt Woche & Weltraum Technologie* ist als Marke für Zeitschriften unterscheidungskräftig und nicht freihaltebedürftig.

**180. BPatG, Beschluß vom 21. November 1997, 33 W (pat) 108/97 – Quarter Turn Gate**
Zur Eintragungsfähigkeit fremdsprachiger Angaben.

**181. BPatGE 39, 110 – Zahl 9000**
Die *Zahl 9000* ist in Alleinstellung schutzfähig für verschiedene Dienstleistungen auf dem Gebiet der elektronischen Datenverarbeitung.

**182. BPatG, Beschluß vom 25. November 1997, 24 W (pat) 96/97 – Zahl 3000**
*Zahl 3000* ist in Alleinstellung für Waren der elektronischen Datenverarbeitung nicht unterscheidungskräftig.

**183. BPatG GRUR 1998, 1021 – Mona Lisa**
Die weitgehend originalgetreue Wiedergabe des weltbekannten Gemäldes *Mona Lisa* von Leonardo da Vinci als übliches Zeichen im Sinne von § 8 Abs. 2 Nr. 3 eintragungsunfähig.

**184. BPatG, Beschluß vom 26. November 1997, 26 W (pat) 107/97 – Schenkelspreizer**
Zur Sittenwidrigkeit von Marken.

**185. BPatGE 39, 140 – M**
Einzelbuchstaben können die erforderliche Unterscheidungskraft in der Regel nur durch eine besondere graphische Gestaltung des Buchstabens gewinnen.

**186. BPatGE 39, 145 – Schwarz/Zink-Gelb**
Farbkombinationen sind nur im Rahmen einer Aufmachung nach § 8 Abs. 1 markenfähig, weil ohne konkrete Raumaufteilung die nach § 3 Abs. 1 erforderliche graphische Darstellbarkeit fehlt.

**187. BPatG, Beschluß vom 26. November 1997, 32 W (pat) 145/96 – schwarz/zink-gelb/weiß**
Eintragungsunfähig als Farbmarke wegen fehlender Markenfähigkeit und graphischer Darstellbarkeit.

**188. BPatG GRUR 1998, 1015 – weiß/zink-gelb**
Eintragungsunfähig als Farbmarke wegen fehlender Markenfähigkeit und graphischer Darstellbarkeit.

**189. BPatGE 39, 132 – weiße Kokosflasche**
Einer weiß eingefärbten Flasche mit zylindrischer Form fehlt es an einer herkunftshinweisenden Funktion.

**190. BPatG GRUR 1998, 582 – blaue Vierkantflasche**
Bei einer *blauen Vierkantflasche* mit typischen Gestaltungsmerkmalen kann die Farbnuance allein keine Unterscheidungkraft begründen.

## MarkenG § 8  Absolute Schutzhindernisse

**191. BPatG GRUR 1998, 584 – Kleine Kullerflasche**
Der bauchigen Form und dem kurzem Hals einer Flasche fehlt die Unterscheidungskraft, wenn sie nur typische, beliebig kombiniert wirkende Merkmale aufweist.

**192. BPatG, Beschluß vom 3. Dezember 1997, 26 W (pat) 97/97 – Zisch & Frisch**
Eintragungsfähiger Werbespruch wegen des besonderen phantasievollen Überschusses des Wortinhalts *Zisch*.

**193. BPatG CR 1998, 264 – NewsHighway**
*NewsHighway* als nicht beschreibend eintragungsfähig.

**194. BPatG GRUR 1998, 719 – THE OUTDOOR CHANNEL**
Zur Eintragungsfähigkeit fremdsprachiger Angaben.

**195. BPatG, Beschluß vom 8. Dezember 1997, 30 W (pat) 18/97 – XXL**
Eintragungsunfähig für Unterhaltungsautomaten, da *XXL* eine allgemeine Größenangabe aller Branchen ist.

**196. BPatG, Beschluß vom 8. Dezember 1997, 30 W (pat) 75/97 – SCM**
*SCM* für EDV-Geräte wegen Mehrdeutigkeit aufgrund dreizehn verschiedener lexikalischer Bedeutungen eintragungsfähig.

**197. BPatGE 39, 158 – Dimple-Flasche**
Zur Eintragungsfähigkeit der besonderen Form der bauchigen, durch drei konkave Einwölbungen in der Draufsicht dreieckigen *Dimple-Flasche* als dreidimensionale Marke.

**198. BPatG, Beschluß vom 10 Dezember 1997, 28 W (pat) 190/97 – LOGO II**
Bei der Wortmarke *LOGO* handelt es sich um ein lediglich anpreisendes Werbeschlagwort.

**199. BPatG Mitt 1998, 182 – GARANT**
Zu produktunabhängigen Beschaffenheitsangaben.

**200. BPatG, Beschluß vom 12. Dezember 1997, 33 W (pat) 73/97 – Traumhochzeit**
Zur Eintragungsfähigkeit von Beschaffenheitsangaben.

**201. BPatG, Beschluß vom 16. Dezember 1997, 24 W (pat) 143/96 – GDDM**
Mangels Freihaltebedürfnis *GDDM* für Computer, Datenverarbeitungsprogramme und Handbücher eintragungsfähig.

**202. BPatG, Beschlüsse vom 17. Dezember 1997, 28 W (pat) 45/97 und 28 W (pat) 63/97 – Fahrerkabinen**
Eintragungsunfähig als Produktformmarke wegen fehlender kennzeichnender Funktion der sich in einem geläufigen, verkehrsüblichen Rahmen bewegenden äußeren Formgebung.

**203. BPatGE 39, 172 – GILSONITE**
Zur Entwicklung einer Marke zur Gattungsbezeichnung.

**204. BPatGE 39, 192 – grün/gelb**
Zum Erfordernis der graphischen Darstellbarkeit einer Mehrfarbenmarke im Sinne des § 8 Abs. 1.

**205. BPatG, Beschluß vom 13. Januar 1998, 27 W (pat) 214/94 – Punktsystem auf der Lasche**
Zur technischen Funktion von Verzierungen bei Sportschuhen.

**206. BPatGE 39, 219 – Taschenlampen**
Eintragungsunfähigkeit der naturgetreuen Darstellung einer *Stabtaschenlampe* als Produktformmarke wegen fehlender Unterscheidungskraft.

**207. BPatGE 40, 13 – Test it**
Eintragungsunfähigkeit der englischen Wortfolge *Test it* nach § 8 Abs. 2 Nr. 1 und 2.

**208. BPatG, Beschluß vom 27. Januar 1998, 27 W (pat) 100/96 – Dessous for you**
Mangels Unterscheidungskraft als Mehrwortmarke eintragungsunfähig auch für Dienstleistungen, da weder betriebliche Herkunft erkennbar noch phantasievoller Überschuß gegeben.

**209. BPatGE 39, 247 – magenta/grau**
Die Markenfähigkeit von abstrakten Farbkombinationen beschränkt sich wegen des Erfordernisses der graphischen Darstellbarkeit nach § 8 Abs. 1 auf Aufmachungen gemäß § 3 Abs. 1.

**210. BPatG GRUR 1998, 706 – Montre I; 1998, 710 – Montre II**
Keine Schutzerstreckung der IR-Marke *Uhrgehäuse mit Armbandteil*, da es an Elementen mangelt, die über eine modernem Industriedesign entsprechende Gestaltung der Ware hinausreichen.

**211. BPatG, Beschluß vom 28. Januar 1998, 32 W (pat) 72/97 – magenta**
Schutzunfähigkeit der abstrakten Farbe *magenta* mangels der erforderlichen graphischen Darstellbarkeit gemäß § 8 Abs. 1 außerhalb des Rahmens einer Aufmachung.

**212. BPatGE 40, 17 – Honigglas**
Zur Eintragungsunfähigkeit einer Glasverpackung für Brotaufstrich.

Absolute Schutzhindernisse                                         § 8 MarkenG

**213. BPatGE 39, 238 – POP swatch**
Fehlende Unterscheidungskraft der bildlichen Darstellung des Gehäuseträgers einer Uhr.

**214. BPatG, Beschluß vom 2. Februar 1998, 30 W (pat) 252/97 – RATIONAL SOFTWARE CORPORATION**
Zur Eintragungsfähigkeit fremdsprachiger Angaben.

**215. BPatGE 40, 98 – Trafogehäuse**
Zu den warentypischen und warenüblichen Formelementen einer dreidimensionalen Marke.

**216. BPatG GRUR 1998, 702 – PROTEST**
Die Wortmarke *PROTEST* für Sportbekleidungsstücke und Sportschuhe nicht unterscheidungskräftig.

**217. BPatG, Beschluß vom 3. Februar 1998, 27 W (pat) 165/96 – Fersenverstärkung**
Zur technischen Funktion von Verzierungen bei Sportschuhen.

**218. BPatG, Beschluß vom 3. Februar 1998, 27 W (pat) 128/96 – Winkelverzierung**
Zur fehlenden Unterscheidungskraft bei Verzierungen bei Sportschuhen.

**219. BPatG, Beschluß vom 4. Februar 1998, 32 W (pat) 116/97 – Einhebelmischer**
Eintragungsunfähigkeit der als dreidimensionale Marke angemeldeten Produktform eines Wasserhahns (*Einhebelmischer*), die keine über die Formenvielfalt auf dem Gebiet der Installationen hinausgehende Besonderheit aufweist.

**220. BPatGE 39, 256 – K.U.L.T.**
*K.U.L.T.* für Bekleidung als besondere Schreibweise des Wortes *Kult* nicht eintragungsfähig.

**221. BGH GRUR 1998, 813 – CHANGE**
*CHANGE* eintragungsfähig, da nur Verkaufs- und Vertriebsmodalitäten für die konkreten Waren beschreibend (zu § 8 Abs. 2 Nr. 2).

**222. BPatG NJWE-WettbR 1999, 37 – Bilderbuch Deutschland**
Zur Freihaltebedürftigkeit des Werktitels der Fernsehserie *Bilderbuch Deutschland* als Marke.

**223. BPatG, Beschluß vom 16. Februar 1998, 30 W (pat) 310/96 – MCS**
*MCS* trotz lexikalischen Belegs als Fachbegriff der beanspruchten Ware eintragungsfähig, da eine Mehrdeutigkeit des Abkürzungsinhalts gegeben ist.

**224. BPatG NJWE WettbR 1998, 154 – Aviation Week & Space Technology**
*Aviation Week & Space Technology* ist für Zeitschriften eintragbar.

**225. BPatGE 39, 262 – Technik, die mit Sicherheit schützt**
Mangels schutzbegründenden Zeichenbestandteils und fehlenden phantasievollen Überschusses eintragungsunfähig.

**226. BPatG GRUR 1999, 58 – SWISS ARMY**
*SWISS ARMY* für modische Armbanduhren Schweizer Ursprungs weder unterscheidungsgeeignet noch unterscheidungskräftig und freihaltebedürfig.

**227. BPatG, Beschluß vom 27. Februar 1998, 33 W (pat) 221/97 – THE RIGHT ANSWER IN ANY LANGUAGE**
Mangels erkennbarer betrieblicher Hinweiswirkung eintragungsunfähig.

**228. BPatG GRUR 1999, 170 – ADVANTAGE**
Zur Eintragungsunfähigkeit von allgemeinen sloganartigen Kaufaufforderungen (Werbewörtern) ohne spezifischen Bezug zu den beworbenen Waren und Dienstleistungen nach § 8 Abs. 2 Nr. 3, wenn sie im allgemeinen Werbesprachgebrauch üblich sind.

**229. BPatGE 40, 57 – TeleOrder**
Zur Schutzunfähigkeit der Bezeichnung *TeleOrder*.

**230. BPatGE 40, 136 – Rechteck in Pink**
Ein einzelner konturloser Farbton ist für Waren und Dienstleistungen aller Art von Hause aus nicht unterscheidungskräftig.

**231. BPatGE 40, 76 – N als Zick-Zack-Linie**
Eine am Sattel eines Sportschuhes positionierte, dem Buchstaben *N* ähnliche Zick-Zack-Linie ist unterscheidungskräftig.

**232. BPatGE 40, 71 – Jeanstasche mit Ausrufezeichen**
Zur Eintragungsfähigkeit eines an stets gleichbleibender Stelle in gleicher Größe und in einem bestimmten farblichen Kontrast zum (Jeans-)Stoff auf der Tasche eines Bekleidungsstücks aufgenähten Ausrufezeichens als Positionsmarke.

**233. BPatGE 40, 81 – BAUMEISTER-HAUS**
*BAUMEISTER-HAUS* ist für Fertighäuser nicht eintragungsfähig.

**234. BPatGE 40, 85 – CT**
Die Unterscheidungskraft einer aus zwei Einzelbuchstaben gebildeten Marke kann nicht generell verneint werden.

**235. BGH GRUR 1999, 238 – Tour de culture**
Maßgeblichkeit des Verständnisses des inländischen Geschäftsverkehrs hinsichtlich des beschreibenden Charakters einer fremdsprachigen Angabe.

**236. BPatGE 40, 149 – Villa Marzolini**
*Villa Marzolini* als Phantasiebezeichnung für italienischen Wein nicht irreführend.

**237. BPatGE 40, 153 – Surprise**
*Surprise* als allgemeine Werbeanpreisung nicht unterscheidungskräftig.

**238. BPatG, Beschluß vom 15. Juli 1998, 28 W (pat) 108/96 – violettfarben**
Zur Anerkennung der generellen Markenfähigkeit von Farben und Farbzusammenstellungen.

**239. BPatGE 40, 168 – ARAL-blau I**
Zur Anerkennung der generellen Markenfähigkeit von Farben und Farbzusammenstellungen.

**240. BPatGE 40, 177 – ARAL-blau II**
Zur Anerkennung der generellen Markenfähigkeit von Farben und Farbzusammenstellungen.

**241. BPatGE 40, 167 – ARAL-blau III**
Zur Anerkennung der generellen Markenfähigkeit von Farben und Farbzusammenstellungen.

**242. BPatG GRUR 1999, 61 – ARAL-Blau/Weiß**
Zur Anerkennung der generellen Markenfähigkeit von Farben und Farbzusammenstellungen.

**243. OLG München Mitt 1999, 25 – CHIEMSEE**
Die Bezeichnung *CHIEMSEE* ist keine geographische Herkunftsangabe.

**244. HABM Mitt 1999, 29 – CHIEMSEE**
Die Bezeichnung *CHIEMSEE* ist eine geographische Herkunftsangabe.

**245. BPatG, Beschluß vom 9. Dezember 1998, 28 W (pat) 244/96 – BP-grün/gelb**
Zur Anerkennung der generellen Markenfähigkeit von Farben und Farbzusammenstellungen.

**246. BGH WRP 99, 430 – Farbmarke gelb/schwarz**
Konturlose konkrete Farben und Farbzusammenstellungen sind grundsätzlich markenfähig, sofern sie die allgemeinen Anforderungen an die Markenfähigkeit von Zeichen im Sinne von § 3 Abs. 1 MarkenG erfüllen.

**247. HABM MarkenR 1999, 108 – LIGHT GREEN**
Zur generellen Markenfähigkeit konturloser Farben und zur Verkehrsdurchsetzung als regelmäßige Eintragungsvoraussetzung.

## A. Allgemeines

### I. Regelungsübersicht

**1** Regelungsgegenstand des § 8 ist die *Eintragungsfähigkeit* einer Marke. Die Vorschrift bestimmt die absoluten Schutzhindernisse für angemeldete und eingetragene Marken. Das Bestehen eines absoluten Schutzhindernisses schließt als Marke schutzfähige Zeichen von der Eintragung in das Markenregister aus. Die Prüfung einer Anmeldung auf absolute Schutzhindernisse erfolgt nach § 37 von Amts wegen. Die Eintragung einer Marke, die entgegen § 8 eingetragen worden ist, wird auf Antrag wegen Nichtigkeit nach § 50 Abs. 1 Nr. 3 gelöscht. Das Löschungsverfahren wird nach § 54 durchgeführt. Absolute Schutzhindernisse ergeben sich aus der Natur der Marke. *Absolute Schutzhindernisse* nach § 8 Abs. 2 sind die *fehlende Unterscheidungskraft* einer Marke (Nr. 1), die *beschreibenden Marken* (Nr. 2), die *Gattungsbezeichnungen* (Nr. 3), die *täuschenden Marken* (Nr. 4), die *ordnungswidrigen* und *sittenwidrigen Marken* (Nr. 5), die *staatlichen Hoheitszeichen* und *kommunalen Wappen* (Nr. 6), die *amtlichen Prüf- oder Gewährzeichen* (Nr. 7), die *Bezeichnungen internationaler zwischenstaatlicher Organisationen* (Nr. 8) und die *gesetzwidrigen Marken* (Nr. 9). Die absoluten Schutzhindernisse des § 8 Abs. 2 Nr. 1 bis 3 (fehlende Unterscheidungskraft, beschreibende Marken, Gattungsbezeichnungen) können nach § 8 Abs. 3 durch den *Erwerb von Verkehrsdurchsetzung* überwunden und die Eintragungsfähigkeit des als Marke schutzfähigen Zeichens begründet werden. Nach § 8 Abs. 1 sind auch solche als Marke schutzfähige Zeichen im Sinne des § 3 von der Eintragung ausgeschlossen, die sich nicht graphisch darstellen lassen.

### II. Rechtsänderungen

**2** Die Regelung der absoluten Schutzhindernisse nach § 8 entspricht im wesentlichen den unbedingten Versagungsgründen nach § 4 WZG. Der Anwendungsbereich der absoluten

Schutzhindernisse ist gegenüber der Rechtslage im WZG vor allem deshalb geringer geworden, weil nach § 3 Abs. 1 die Markenfähigkeit neuer Markenformen wie etwa der Buchstabenmarken, Zahlenmarken, Hörmarken oder dreidimensionalen Marken anerkannt wird. Die konkrete Regelung einzelner Schutzhindernisse wie namentlich das Schutzhindernis der fehlenden Unterscheidungskraft wird im übrigen zu einer restriktiven Handhabung der absoluten Schutzhindernisse und einer großzügigeren Eintragungspraxis führen. Das Schutzhindernis der gesetzwidrigen Marken nach § 8 Abs. 2 Nr. 9 regelt die nach der Rechtslage im WZG als außerzeichenrechtliche Versagungsgründe anerkannten Benutzungsverbote einer Marke.

## III. Europäisches Unionsrecht

### 1. Erste Markenrechtsrichtlinie

Die *MarkenRL* regelt die absoluten Schutzhindernisse in Art. 3 MarkenRL als Eintragungshindernisse und zugleich als Ungültigkeitsgründe im Falle der Eintragung der Marke. Die graphische Darstellbarkeit einer Marke regelt die MarkenRL als ein allgemeines Kriterium der Markenfähigkeit nach Art. 2 MarkenRL. Das MarkenG entspricht den Vorgaben der MarkenRL.

### 2. Gemeinschaftsmarkenverordnung

Die Regelung der absoluten Eintragungshindernisse nach Art. 7 GMarkenV entspricht im wesentlichen der Regelung des § 8. Die graphische Darstellbarkeit einer Marke versteht die GMarkenV als ein allgemeines Kriterium der Markenfähigkeit (Art. 4 GMarkenV).

## IV. Staatsvertragsrecht

### 1. Pariser Verbandsübereinkunft

Die *PVÜ* enthält keinen Katalog absoluter Eintragungshindernisse. Die Eintragungsfähigkeit einer Marke bestimmt sich grundsätzlich nach der nationalen Rechtsordnung des Verbandsstaates, in dem der Schutz nachgesucht wird (Art. 6 PVÜ), denn die PVÜ schafft nicht gleichlautendes Recht für alle Verbandsangehörigen, sie stellt vielmehr nur den verbandsangehörigen Ausländer dem Inländer gleich (Art. 2 Abs. 1 S. 1 PVÜ; zum Grundsatz der Inländerbehandlung s. im einzelnen Art. 2 PVÜ, Rn 1 ff.). Nur für die Telle-quelle-Marke nach Art. 6$^{quinquies}$ PVÜ zählt die PVÜ die möglichen Schutzversagungsgründe abschließend auf (Art. 6$^{quinquies}$ B PVÜ; zur Telle-quelle-Marke s. im einzelnen Art. 6$^{quinquies}$ PVÜ, Rn 2 ff.). Praktisch besteht kein Unterschied zum deutschen Recht. Allerdings begründet Art. 6$^{quinquies}$ B PVÜ keine Pflicht zur Zurückweisung der Eintragung.

### 2. Madrider Markenabkommen und Protokoll zum MMA

Das *MMA* enthält keine Bestimmungen über die Eintragungsfähigkeit einer Marke, da es nur die Erlangung nationalen Markenschutzes erleichtert. Nach dem MMA kann jede in einem Markenverbandsstaat eingetragene Marke international registriert werden. Die Staaten, auf die der Schutz aus der internationalen Registrierung erstreckt worden ist, prüfen die Marke dann im Rahmen der inneren Gesetzgebung auf ihre Schutzfähigkeit, allerdings unter Beachtung der durch Art. 6$^{quinquies}$ PVÜ gezogenen Grenzen (Art. 5 Abs. 1 S. 2 MMA). Die Schutzverweigerung ist nur aus den in Art. 6$^{quinquies}$ PVÜ erschöpfend aufgezählten Schutzversagungsgründen zulässig. Sachlich besteht kein Unterschied zum deutschen Recht. Entsprechendes gilt für die internationale Registrierung von Marken nach dem *Protokoll zum MMA* (Art. 5 PMMA).

### 3. TRIPS-Abkommen

Das *TRIPS-Abkommen* enthält keinen Katalog absoluter Eintragungshindernisse. Nach Art. 15 Abs. 2 TRIPS-Abkommen können die Mitglieder die Eintragung einer Marke in den durch die PVÜ gezogenen Grenzen verweigern.

## B. Abgrenzung der Markenfähigkeit von der Eintragungsfähigkeit einer Marke

8   Die Vorschrift des § 8 schließt als Marke schutzfähige Zeichen wegen Bestehens eines absoluten Schutzhindernisses von der Eintragung in das Markenregister aus. Regelungsgegenstand der Vorschrift ist die Eintragungsfähigkeit einer Marke. Eintragungsfähig ist nur ein solches Zeichen, das nach § 3 als Marke schutzfähig ist. Die *Eintragungsfähigkeit* einer Marke nach § 8 setzt die *Markenfähigkeit* des als Marke einzutragenden Zeichens nach § 3 voraus. Erst wenn die Markenfähigkeit eines Zeichens gegeben ist und damit in einem ersten Prüfungsschritt von einem als Marke schutzfähigen Zeichen nach § 3 ausgegangen werden kann, ist in einem zweiten Prüfungsschritt die Eintragungsfähigkeit dieses als Marke schutzfähigen Zeichens und damit das Bestehen von absoluten Schutzhindernissen nach § 8 zu untersuchen. So können auch als Marke schutzfähige Zeichen, deren Markenfähigkeit nach § 3 gegeben ist, wegen Vorliegens eines absoluten Schutzhindernisses nach § 8 von der Eintragung als Marke ausgeschlossen sein.

9   Der Unterscheidung zwischen der Markenfähigkeit eines Zeichens nach § 3 und der Eintragungsfähigkeit der Marke nach § 8 kommt vor allem deshalb rechtliche Bedeutung zu, weil nach § 8 Abs. 3 bestimmte absolute Schutzhindernisse (§ 8 Abs. 1 Nr. 1 bis 3), die grundsätzlich die Eintragungsfähigkeit der Marke ausschließen, infolge des Erwerbs von Verkehrsdurchsetzung der Marke überwunden werden können. Der Erwerb von Verkehrsdurchsetzung nach § 8 Abs. 3 setzt das Vorliegen eines als Marke schutzfähigen Zeichens voraus. Das Fehlen der Markenfähigkeit eines Zeichens nach § 3 kann nicht infolge des Erwerbs von Verkehrsdurchsetzung nach § 8 Abs. 3 überwunden werden.

10  Im Wortlaut des § 8 kommt die Unterscheidung zwischen Markenfähigkeit und Eintragungsfähigkeit in § 8 Abs. 1 deutlich zum Ausdruck, der von einem als Marke schutzfähigen Zeichen im Sinne des § 3 spricht. Die Unterscheidung gilt aber gleichermaßen für alle absoluten Schutzhindernisse des § 8 Abs. 2, auch wenn in dieser Vorschrift nur von Marken und nicht mehr von als Marke schutzfähigen Zeichen im Sinne des § 3 gesprochen wird.

## C. Graphische Darstellbarkeit einer Marke (§ 8 Abs. 1)

### I. Allgemeines Kriterium der Markenfähigkeit

11  Der Gesetzgeber des MarkenG hat das Erfordernis der *graphischen Darstellbarkeit* einer Marke in die Vorschrift des § 8 über die absoluten Schutzhindernisse aufgenommen. Nach § 8 Abs. 1 sind solche als Marke schutzfähigen Zeichen im Sinne des § 3 von der Eintragung ausgeschlossen, die sich nicht graphisch darstellen lassen. Trotz dieser systematischen Stellung der Regelung über die graphische Darstellbarkeit handelt es sich bei dem Erfordernis der graphischen Darstellbarkeit nicht um ein absolutes Schutzhindernis, sondern um ein allgemeines Kriterium der Markenfähigkeit. Nach Art. 2 MarkenRL ist die graphische Darstellbarkeit ein zwingendes Erfordernis der Markenfähigkeit. Der Gesetzgeber des MarkenG glaubte, das Erfordernis der graphischen Darstellbarkeit nicht beim Markenbegriff des § 3 regeln zu können, da es nicht für alle nach der Entstehung des Markenschutzes zu unterscheidenden drei Kategorien von Marken und den dazu gehörenden Markenformen passe. Nach der Systematik des MarkenG gilt das Erfordernis der graphischen Darstellbarkeit nur für angemeldete und eingetragene Marken.

12  Entgegen der Auffassung des Gesetzgebers des MarkenG handelt es sich bei dem Erfordernis der graphischen Darstellbarkeit einer Marke um ein allgemeines Kriterium der Markenfähigkeit, das einheitlich für alle nach der Entstehung des Markenschutzes zu unterscheidenden drei Kategorien von Marken im Sinne des § 4 gilt. Das Erfordernis der graphischen Darstellbarkeit gilt der Sache nach auch für den durch Benutzung eines Zeichens und den Erwerb von Verkehrsgeltung als Marke entstehenden Markenschutz nach § 4 Nr. 2. Zwar ist der Erwerb von Verkehrsgeltung innerhalb beteiligter Verkehrskreise als Voraussetzung der Entstehung des durch Benutzung erworbenen Markenrechts nicht von der graphischen Darstellbarkeit der Marke abhängig, ein sachliches Markenrecht ohne graphische Darstellbarkeit aber kaum denkbar (s. § 3, Rn 217 ff.). Wenn man die Entstehung eines Marken-

rechts durch den Erwerb von Verkehrsgeltung unabhängig von der graphischen Darstellbarkeit der Marke anerkennt, dann können graphisch nicht darstellbare Markenrechte durch Benutzung entstehen. Eine solche unterschiedliche Behandlung der nach der Entstehung des Markenschutzes zu unterscheidenden Kategorien von Marken nach § 4 widerstreitet schon der vom Gesetzgeber des MarkenG selbst erstrebten Einheitlichkeit des Markenschutzes. Die Zulassung eines Markenschutzes von graphisch nicht darstellbaren Marken würde zudem einen Verstoß gegen die zwingende Vorgabe des Art. 2 MarkenRL darstellen. Nach dieser Vorschrift ist die graphische Darstellbarkeit einer Marke zwingendes Erfordernis der Markenfähigkeit der Markenformen. Der Begriff der Marke ist ein Rechtsbegriff des Europäischen Unionsrechts. Die MarkenRL regelt zwingend, welche Zeichen als Marke schutzfähig sind. Zwar beläßt die MarkenRL den Mitgliedstaaten ausdrücklich das Recht, die durch Benutzung erworbenen Marken weiterhin zu schützen und enthält insoweit keine verbindlichen Vorgaben über die Entstehung des Markenschutzes durch den Erwerb von Verkehrsgeltung. Gegenstand des durch Benutzung eines Zeichens und den Erwerb von Verkehrsgeltung als Marke entstehenden Markenschutzes muß aber eine *Marke im Sinne des Art. 2 MarkenRL* sein. Die MarkenRL gibt den Begriff der Marke für alle nach der Entstehung des Markenschutzes zu unterscheidenden Markenkategorien verbindlich vor.

Ein Beispiel, an dem sich die unterschiedlichen Rechtsfolgen zeigen, wenn man auf einen einheitlichen Begriff der Marke und der Markenfähigkeit verzichtet, bilden die Geruchsmarken. Wenn nach dem gegenwärtigen Stand der Technik Geruchsmarken nicht graphisch darstellbar sein sollten, dann könnte an Geruchszeichen Markenschutz durch Benutzung nach § 4 Nr. 2 unabhängig von dem Erfordernis der graphischen Darstellbarkeit erworben werden (§ 3, Rn 281). Die entsprechende Rechtslage besteht für Geschmacksmarken (s. dazu § 3, Rn 284) und für Tastmarken (s. dazu § 3, Rn 287).

## II. Art der graphischen Darstellung

Die Art der graphischen Darstellung einer Marke ist weder im MarkenG noch in der MarkenRL geregelt. Die graphische Darstellung einer Marke ist eine zweidimensionale Wiedergabe der Marke durch Schriftzeichen im weiten Sinne sowie etwa durch Schaubilder, chemische Funktionen, mathematische Formeln und Notenbilder. Die graphische Darstellbarkeit einer Marke ist vor allem für die dreidimensionalen Marken und Hörmarken sowie Geruchs-, Geschmacks- und Tastmarken, auch für Bewegungsmarken von Bedeutung (zu den verschiedenen Markenformen s. § 3, Rn 240 ff.).

Die MarkenV regelt im einzelnen die *Art der graphischen Darstellung* einer Marke. In der Anmeldung zur Eintragung einer Marke in das Markenregister ist anzugeben, ob die Marke als Wortmarke, Bildmarke, dreidimensionale Marke, Kennfadenmarke, Hörmarke oder als sonstige Markenform eingetragen werden soll (§ 6 MarkenV). Die Art der zweidimensionalen graphischen Wiedergabe der Marke ist im einzelnen geregelt für Wortmarken (§ 7 MarkenV), Bildmarken (§ 8 MarkenV), dreidimensionale Marken (§ 9 MarkenV), Kennfadenmarken (§ 10 MarkenV), Hörmarken (§ 11 MarkenV) und sonstige Markenformen (§ 12 MarkenV). Für die graphische Wiedergabe einer dreidimensionalen Marke können etwa Lichtbilder als Positivabzüge verwendet werden (§ 9 Abs. 2 MarkenV). Neben der graphischen Wiedergabe einer Hörmarke ist eine klangliche Wiedergabe der Hörmarke einzureichen (§ 11 Abs. 3 MarkenV). Tonträger als solche sind keine Mittel der graphischen Wiedergabe einer Marke. Bei Bewegungsmarken (s. § 3, Rn 289 ff.), die bislang noch nicht anerkannt und so in der MarkenV nicht ausdrücklich geregelt, sondern als eine sonstige Markenform im Sinne des § 12 MarkenV anzusehen sind, empfiehlt sich neben der graphischen Darstellung der Bewegungsmarke eine Wiedergabe der Marke auf einem Bildträger (Film- oder Videoband).

Aus dem Erfordernis der graphischen Darstellbarkeit einer Marke folgt nicht, daß die Marke eine räumliche Begrenzung aufweisen oder als eine in sich geschlossene Einheit erscheinen müsse. So haben etwa Kennfadenmarken (§ 10 MarkenV) kein erkennbares Ende. Markenfähig sind auch Endstreifen bei Geweben oder umlaufende Verzierungen. Die graphische Darstellung solcher *endlosen* Marken erfolgt durch die Wiedergabe eines charakteristischen Teils der Marke in bestimmten Wiederholungen (s. *David*, Schweiz. Markenschutzgesetz, Art. 1 MSchG, Rn 8).

## D. Eintragungsunfähigkeit einer Marke
### I. Absolute, relative und außermarkenrechtliche Schutzhindernisse

**17** Voraussetzung der Eintragung einer Marke in das Markenregister ist die Eintragungsfähigkeit der Marke. Von der Markenfähigkeit ist die Eintragungsfähigkeit einer Marke zu unterscheiden (s. Rn 8 ff.). Ein nach § 3 als Marke schutzfähiges Zeichen muß nach § 8 Abs. 2 eintragungsfähig sein, um als Marke in das Markenregister eingetragen werden zu können. § 8 Abs. 2 Nr. 1 bis 9 regelt die *absoluten Schutzhindernisse*, bei deren Vorliegen eine Marke von der Eintragung ausgeschlossen ist. Absolute Schutzhindernisse sind in der Natur der Marke begründet und bestehen im Interesse der Allgemeinheit. Sie sind von Amts wegen bei jeder Anmeldung zur Eintragung einer Marke in das Markenregister vom DPMA zu prüfen und zu berücksichtigen. Die Formulierung, daß eine Marke bei Vorliegen eines absoluten Schutzhindernisses von der Eintragung ausgeschlossen ist, hat der Gesetzgeber des MarkenG deshalb gewählt, um sowohl angemeldete Marken als auch, wie etwa im Löschungsverfahren, eingetragene Marken zu erfassen, da § 8 nur eine materiellrechtliche Regelung darstellt, ohne das Verfahrensrecht zu enthalten. Bestimmte absolute Schutzhindernisse bestehen nicht ausnahmslos. Die Eintragungsunfähigkeit von Zeichen mit fehlender Unterscheidungskraft (§ 8 Abs. 2 Nr. 1), von beschreibenden Angaben bei bestehendem Freihaltebedürfnis (§ 8 Abs. 2 Nr. 2) und von Gattungsbezeichnungen (§ 8 Abs. 2 Nr. 3) kann nach § 8 Abs. 3 durch den *Erwerb von Verkehrsdurchsetzung* überwunden werden (s. Rn 415 ff.).

**18** Von den *absoluten* Schutzhindernissen des § 8 Abs. 2 sind die *relativen* Schutzhindernisse zu unterscheiden, die sich aus Fallgestaltungen einer Kollision der angemeldeten oder eingetragenen Marke mit älteren Kennzeichenrechten ergeben. Die *relativen Schutzhindernisse* sind in den §§ 9 bis 13 geregelt. Nach der Rechtslage im WZG waren neben den absoluten Versagungsgründen des § 4 WZG, der im wesentlichen § 8 entspricht, weitere *außerzeichenrechtliche Versagungsgründe* von der Rechtsprechung entwickelt worden. § 4 WZG wurde als eine nicht abschließende Regelung verstanden. Außerzeichenrechtliche Kennzeichnungsvorschriften waren im zeichenrechtlichen Eintragungsverfahren nur dann zu beachten, wenn es sich um eindeutige, nicht der Auslegung bedürftige Verbote handelte (BPatGE 32, 78; zu den verschiedenen außerzeichenrechtlichen Versagungsgründen s. *Baumbach/Hefermehl*, § 4 WZG, Rn 2, 155 ff.). Art. 3 Abs. 2 lit. a MarkenRL enthält eine Ermächtigungsgrundlage für die Mitgliedstaaten dahin, die Eintragungsfähigkeit einer Marke auch dann abzulehnen, wenn und soweit die Benutzung dieser Marke nach anderen Rechtsvorschriften als des Markenrechts des jeweiligen Mitgliedstaates oder der Gemeinschaft untersagt werden kann. Der Gesetzgeber des MarkenG hat von dieser Ermächtigung Gebrauch gemacht und im öffentlichen Interesse bestehende, *außermarkenrechtliche Benutzungsverbote* nach § 8 Abs. 2 Nr. 9 (*gesetzwidrige Marken*) als absolute Schutzhindernisse anerkannt.

### II. Unmittelbarer Produktbezug unterscheidungskräftiger, beschreibender und allgemein sprachgebräuchlicher oder verkehrsüblicher Marken

#### 1. Unmittelbarer Produktbezug als allgemeines Merkmal im Eintragungsverfahren

**19** Das Bestehen eines *unmittelbaren Produktbezugs* der Marke zu den konkreten Waren oder Dienstleistungen, für die die Eintragung beantragt wird (§ 32 Abs. 1 Nr. 3), ist ein *allgemeines Merkmal* der absoluten Schutzhindernisse des *Fehlens jeglicher Unterscheidungskraft* (§ 8 Abs. 2 Nr. 1), der *beschreibenden Angaben bei bestehendem Freihaltebedürfnis* (§ 8 Abs. 2 Nr. 2) und der *allgemein sprachgebräuchlichen oder verkehrsüblichen Bezeichnungen* (§ 8 Abs. 2 Nr. 3). Der unmittelbare Produktbezug konstituiert die Eintragungsunfähigkeit im Sinne eines der absoluten Schutzhindernisse des § 8 Abs. 2 Nr. 1 bis 3 eines als Marke schutzfähigen Zeichens im Sinne des § 3. Die Nichtanerkennung eines Rechts des Anmelders auf Erwerb eines Markenrechts durch Eintragung ist im Allgemeininteresse nur dann gerechtfertigt, wenn die Schutzunwürdigkeit der Marke ihren Grund gerade in den konkreten Waren oder

Dienstleistungen, für die die Eintragung beantragt wird, findet. Das Erfordernis eines unmittelbaren Produktbezugs zu den konkreten Waren oder Dienstleistungen der Anmeldung verlangt eine *restriktive Auslegung* der absoluten Schutzhindernisse des § 8 Abs. 2 Nr. 1 bis 3. Als Schranke des Markenschutzes normiert § 23 im Interesse der Allgemeinheit und namentlich der Wettbewerber die freie Benutzung der Marke als beschreibende Angabe (§ 23 Nr. 2) und als allgemein sprachgebräuchliche oder verkehrsübliche Bezeichnung (§ 23 Nr. 2 analog) durch Dritte (s. § 23, Rn 29 ff., 62). Der unmittelbare Produktbezug stellt ein die Eintragungsunfähigkeit konstituierendes Kriterium zur Abgrenzung der Funktion des Eintragungsverfahrens vom Verletzungsrecht dar. In seiner jüngsten Rechtsprechung zum Anwendungsbereich der §§ 14 und 23 und damit zum sachlichen Schutzumfang des Markenrechts stellt der BGH zutreffend fest, der Ausdehnung des markenrechtlichen Schutzes gegenüber einer freizuhaltenden Angabe sei im Verletzungsrecht durch eine sachgerechte Handhabung des Erfordernisses der Verwechslungsgefahr nach § 14 Abs. 2 Nr. 2 und vor allem durch die Bestimmung des § 23 Nr. 2 zu begegnen, die es dem Markeninhaber verwehrt, mit Hilfe des Markenschutzes gegen beschreibende Angaben einzuschreiten (BGH GRUR 1999, 238 – Tour de culture).

## 2. Die extensive Anwendung der absoluten Schutzhindernisse in der Rechtsprechung des BPatG entgegen der Rechtsprechung des BGH

Die restriktive Eintragungspraxis des DPMA und die sie billigende Rechtsprechung des BPatG, die sich namentlich bei der materiellrechtlichen und registerrechtlichen Beurteilung der Eintragungsfähigkeit von Farbmarken (s. Rn 89 ff.) und dreidimensionalen Marken (s. Rn 117a ff.), wie vor allem bei der Eintragungsfähigkeit von Werbeschlagwörtern und Werbeslogans (s. Rn 94 ff., 270 ff.) zeigt, stellt gleichsam eine Rechtverweigerung dar und beeinträchtigt den markenrechtlichen Industriestandort in Deutschland. Die extensive Anwendung der absoluten Schutzhindernisse des § 8 Abs. 2 Nr. 1 bis 3 in der Rechtsprechung des BPatG steht in Widerspruch zum Rechtsverständnis des BGH von Aufgabe und Reichweite des registerlichen Eintragungsverfahrens im Verhältnis zum Kollisionsrecht vor den ordentlichen Gerichten. Charakteristikum der Markenrechtspraxis des DPMA ist es, das traditionelle Verständnis des Markenschutzes nach der Rechtslage im WZG weithin auf das MarkenG zu übertragen und sich den mit der MarkenRL verbundenen Innovationen im internationalen Kennzeichenschutz zu verweigern. Der BGH mahnt in grundsätzlichen Entscheidungen, wie namentlich zum Farbmarkenschutz (BGH WRP 1999, 430 – Farbmarke gelb/schwarz) und zur Eintragungsfähigkeit von Werbewörtern (BGH GRUR 1998, 465 – BONUS), eine Kurskorrektur der registerrechtlichen Amtspraxis an, der sich selbst die Rechtspechung des BPatG ausdrücklich unter Inkaufnahme eines offenen Gerichtskonflikts verweigert (BPatG GRUR 1999, 170 – ADVANTAGE). Die Eintragungspraxis des DPMA sowie die Rechtsprechung des BPatG bedürfen einer grundsätzlichen Revision.

Schon die Eintragungspraxis des DPA und auch die Rechtsprechung des BPatG zum Anwendungsbereich der unbedingten Versagungsgründe des § 4 WZG kennzeichnete eine *extensive Auslegung* der Vorschrift. Diese restriktive Eintragungspraxis wurde nach Inkrafttreten des MarkenG weithin auf die Rechtslage im MarkenG übertragen. In diesem Markenrechtskommentar wurde von Anfang an für eine großzügigere Eintragungspraxis, die aus Gründen einer richtlinienkonformen Auslegung internationalrechtlich geboten ist, plädiert und das Kriterium eines konkreten Produktbezugs als Anwendungsvoraussetzung der absoluten Schutzhindernisse des § 8 Abs. 2 Nr. 1 bis 3 verlangt (s. Rn 19).

In den ersten Entscheidungen (BGH GRUR 1995, 408 – PROTECH; 1995, 410 – TURBO I) zum Schutzhindernis der fehlenden Unterscheidungskraft (§ 8 Abs. 2 Nr. 1) und vor allem in dem Grundsatzurteil *BONUS* (BGH GRUR 1998, 465 – BONUS mit Anm. *Jonas*; s. auch BGH GRUR 1998, 813 – CHANGE) zu den absoluten Schutzhindernissen der beschreibenden Angaben (§ 8 Abs. 2 Nr. 2) und der allgemein sprachgebräuchlichen oder verkehrsüblichen Bezeichnungen (§ 8 Abs. 2 Nr. 3) verlangt der BGH als *Anwendungsvoraussetzung* dieser absoluten Schutzhindernisse das Bestehen eines *unmittelbaren Produktbezugs* der Marke zu den konkreten Waren oder Dienstleistungen, für die die Eintragung beantragt wird. Nach dieser zutreffenden Richtungsbestimmung der höchstrichterlichen Rechtsprechung bestimmt sich der Anwendungsbereich der absoluten Schutzhindernisse des § 8 Abs. 2 Nr. 1 bis 3 nach einer Abgrenzung zwischen *unmittelbarem* und *mittelbarem* Produktbezug (s. dazu im einzelnen Rn 123a). Die Rechtsprechung des BPatG ist der Rechtsauffassung des BGH zwar zu dem absoluten Schutzhindernis der beschreibenden Angabe (§ 8 Abs. 2 Nr. 2) gefolgt, hat sich dieser aber zu dem absoluten Schutzhindernis der allgemein sprachgebräuchlichen oder verkehrsüblichen Bezeichnungen (§ 8 Abs. 2 Nr. 3) verweigert (BPatG GRUR 1999, 170 – ADVANTAGE). Die restriktive Eintragungspraxis zum Farbmarkenschutz, die zunächst nur Aufmachungsfarbmarken Rechtsschutz gewährte und die über eine Restriktion der Markenfähigkeit von Farbmarken nach § 3 Abs. 1 begründet wurde, sucht das PBatG nunmehr über eine extensive Anwendung des absoluten Schutzhindernisses der fehlenden Unterscheidungskraft (§ 8 Abs. 2 Nr. 1), sowie eine Ausdehnung des registerrechtlichen Bestimmtheitsgrundsatzes aufrechtzuerhalten. Es zeigt sich zudem nicht nur im Farbmarkenschutz, sondern aufgrund einer *linguistischen Markenkonzeption* (s. dazu § 3, Rn 241) bei der Beurteilung der Eintragungsfähigkeit von Werbeschlagwörtern und Werbeslogans die Tendenz, das absolute Schutzhindernis des Fehlens einer jeglichen Unterscheidungskraft (§ 8 Abs. 2 Nr. 1) zur Zauberformel der Eintragungsunfähigkeit zu stilisieren (s. dazu nur BPatG GRUR 1999, 170, 171 – ADVANTAGE). Die Extension des Anwendungsbereichs des § 8 Abs. 2 Nr. 1 mißachtet das Gebot einer restriktiven Auslegung (Rn 36 f.) und verkennt zudem bei den Wortmarken die Unterscheidung zwischen abstrakter Unterscheidungseignung und konkreter Unterscheidungskraft.

### III. Prüfungszuständigkeit des DPMA

#### 1. Formelle und materielle Prüfung der Anmeldung

20  Die Anmeldung zur Eintragung einer Marke in das Register, die nach § 32 Abs. 1 beim DPMA einzureichen ist, unterliegt im *Eintragungsverfahren* einer patentamtlichen Prüfung. Die Eintragung der Marke in das Register erfolgt nach § 41 S. 1 nur dann, wenn die Anmeldung nach § 36 den Anmeldungserfordernissen entspricht und nach § 37 nicht wegen absoluter Schutzhindernisse zurückgewiesen wird. Die Prüfung der Anmeldung im Eintragungsverfahren bezieht sich auf zwei verschiedene Gegenstände. In einem *ersten* Schritt erfolgt die Prüfung der *Anmeldungserfordernisse*. Diese Formalprüfung ist Regelungsgegenstand des § 36. Die Vorschrift benennt die formellen Anmeldungserfordernisse, die Gegenstand der patentamtlichen Prüfung sind, und regelt das Verfahren zur Beseitigung festgestellter Mängel der Anmeldung. In einem *zweiten* Schritt erfolgt die Prüfung der *absoluten Schutzhindernisse*, die von Amts wegen zu berücksichtigen sind und die Eintragung der Marke in das Register hindern. Diese Inhaltsprüfung ist Regelungsgegenstand des § 37. Die Vorschrift benennt die einer Eintragung entgegenstehenden absoluten Schutzhindernisse und regelt verfahrensrechtliche Besonderheiten einzelner absoluter Schutzhindernisse. Der maßgebliche Zeitpunkt für das Vorliegen der absoluten Schutzhindernisse ist der *Eintragungszeitpunkt* als der Zeitpunkt der Entscheidung über die Anmeldung (zu § 4 Abs. 2 Nr. 1 WZG s. BGH GRUR 1993, 744 – MICRO CHANNEL; zu § 8 Abs. 2 Nr. 2 s. BGH GRUR 1997, 634 – Turbo II).

#### 2. Tatbestandswirkung der Entscheidung über die Eintragungsfähigkeit

21  Über die Eintragungsfähigkeit einer Marke wird im Eintragungsverfahren abschließend entschieden. Die Entscheidung entfaltet *Bindungswirkung* sowohl für spätere Verfahren vor dem DPMA oder dem BPatG in der Beschwerdeinstanz als auch für die ordentlichen Gerichte. So wird etwa die Eintragungsfähigkeit der Widerspruchsmarke im Widerspruchsverfahren weder vom DPMA oder im Beschwerdeverfahren vom BPatG noch von den ordentlichen Gerichten im Verletzungsrechtsstreit oder im Verfahren über die Eintragungsbewilligungsklage nach § 44 nachgeprüft. Es besteht eine Tatbestandswirkung der Entscheidung über die Eintragungsfähigkeit der Marke (s. § 41, Rn 10 ff.). Eine Ausnahme von diesem Grundsatz wird nur dann gemacht, wenn die Marke sich nachträglich in eine beschreibende Angabe oder eine Gattungsbezeichnung umgewandelt hat (BPatGE 18, 144 – Lord). Ein solcher Bedeutungswandel wird indessen nur in seltenen Fällen und nur dann angenommen werden können, wenn die Marke innerhalb der beteiligten Verkehrskreise vollständig ihre Eigenschaft als produktidentifizierendes Unterscheidungszeichen verloren hat.

Das DPMA nimmt eine Nachprüfung aber auch dann vor, wenn die Umwandlung der Marke offenkundig ist und es deshalb besonderer Ermittlungen nicht bedarf (DPA BlPMZ 1956, 150 – Derby; kritisch *Schlüter*, MA 1957, 354, 358). Der Nachprüfung unterliegt auch der Verlust der Verkehrsdurchsetzung bei einer nach § 8 Abs. 3 eingetragenen Marke.

## E. Absolute Schutzhindernisse (§ 8 Abs. 2)

### I. Fehlende Unterscheidungskraft einer Marke (§ 8 Abs. 2 Nr. 1)

#### 1. Abgrenzung der abstrakten Unterscheidungseignung von der konkreten Unterscheidungskraft

**a) Grundsatz.** Nach § 8 Abs. 2 Nr. 1 sind Marken von der Eintragung ausgeschlossen, denen für die Waren oder Dienstleistungen, für die die Eintragung beantragt wird (§ 32 Abs. 1 Nr. 3), jegliche Unterscheidungskraft fehlt. Das Fehlen der konkreten Unterscheidungskraft ist ein absolutes Schutzhindernis. Von der *konkreten Unterscheidungskraft* ist die *abstrakte Unterscheidungseignung* einer Marke zu unterscheiden. Die abstrakte Unterscheidungseignung eines Zeichens ist Voraussetzung seiner Markenfähigkeit nach § 3 Abs. 1 (s. § 3, Rn 203 ff.). Die Unterscheidung zwischen abstrakter Unterscheidungseignung als ein allgemeines Merkmal der Markenfähigkeit nach § 3 Abs. 1 und der konkreten Unterscheidungskraft als ein Kriterium der Eintragungsfähigkeit eines als Marke schutzfähigen Zeichens nach § 8 Abs. 2 Nr. 1 war schon in der doppelten Aspektivität der Unterscheidungskraft eines Zeichens nach der Rechtslage im WZG angelegt, die zum einen *positive* Schutzvoraussetzung war und aus dem Begriff des Warenzeichens nach § 1 WZG folgte, und zum anderen *negative* Schutzvoraussetzung war, deren Fehlen einen unbedingten Versagungsgrund nach § 4 Abs. 2 Nr. 1 WZG darstellte (s. Rn 258 ff.). Die abstrakte Unterscheidungseignung ist schon dann gegeben, wenn der Bezeichnung oder dem sonstigen Merkmal (Zeichen) bei abstrakter Betrachtungsweise die mögliche Eignung zukommt, Produkte auf dem Markt zu identifizieren und damit die Produkte eines Unternehmens von denjenigen anderer Unternehmen zu unterscheiden. Ausreichend ist die Unterscheidungseignung zur Produktidentifikation; nicht erforderlich ist eine Unterscheidungseignung dahin, Produkte nach Maßgabe ihrer kommerziellen Herkunft voneinander zu unterscheiden (so aber *Kur*, FS 100 Jahre Marken-Amt, S. 175, 183). Anders als das Fehlen der konkreten Unterscheidungskraft kann das Fehlen der abstrakten Unterscheidungseignung als ein allgemeines Merkmal der Markenfähigkeit nicht durch den Erwerb von Verkehrsdurchsetzung als Marke nach § 8 Abs. 3 überwunden werden.

**b) Rechtsprechung.** In der Rechtsprechung des BGH und BPatG werden die beiden Prüfungsschritte hinsichtlich der abstrakten Unterscheidungseignung eines Zeichens als Voraussetzung der Markenfähigkeit nach § 3 und hinsichtlich der konkreten Unterscheidungskraft des markenfähigen Zeichens nach § 8 Abs. 2 Nr. 1 unterschieden, ohne daß allerdings der Begriff der abstrakten Unterscheidungseignung bislang näher zu bestimmen war (s. dazu § 3, Rn 205). In der Rechtsprechung des BPatG wird allerdings bei der Feststellung der Eintragungsfähigkeit von dreidimensionalen Marken (s. Rn 117b ff.), wie namentlich von Flaschenmarken (s. Rn 117e ff.), die rechtlich gebotene Prüfung der Ausschlußgründe der warenbedingten, technisch bedingten und wertbedingten Form nach § 3 Abs. 2 Nr. 1 bis 3 nicht hinreichend von der Prüfung der konkreten Unterscheidungskraft nach § 8 Abs. 2 Nr. 1 unterschieden.

#### 2. Konkrete Unterscheidungskraft

**a) Produktbezug der Unterscheidungskraft.** Die konkrete Unterscheidungskraft einer Marke muß für die konkreten Waren oder Dienstleistungen, für die die Eintragung beantragt wird, bestehen (s. Rn 19). In dem *unmittelbaren Produktbezug der konkreten Unterscheidungskraft* liegt der wesentliche Unterschied zur abstrakten Unterscheidungseignung als eines Merkmals der Markenfähigkeit nach § 3 Abs. 1 (s. § 3, Rn 203 ff.). Einem abstrakt unterscheidungsgeeigneten und damit als Marke schutzfähigen Zeichen kann für bestimmte Waren oder Dienstleistungen die produktidentifizierende Unterscheidungskraft fehlen, für andere Produkte kann es konkret unterscheidungskräftig sein. Als nicht unterscheidungskräftig beurteilt wurde etwa *Diva* für Damenwäsche und Miederwaren (BPatG GRUR 1993, 670 – Diva; abzulehnen, s. auch Rn 123e).

25 **b) Fehlen jeglicher Unterscheidungskraft.** Nach dem Wortlaut des § 8 Abs. 2 Nr. 1 besteht das absolute Schutzhindernis nur dann, wenn der Marke *jegliche* Unterscheidungskraft fehlt. Die Formulierung ist an die deutsche Fassung von Art. 6$^{quinquies}$ B Nr. 2 PVÜ angelehnt, nach dem die Eintragung von Fabrik- oder Handelsmarken verweigert oder für ungültig erklärt werden darf, wenn die Marken jeder Unterscheidungskraft entbehren. Bei der konventionsrechtlichen Formulierung handelt es sich um eine bewußte Einschränkung des Zurückweisungsgrundes der mangelnden Unterscheidungskraft (s. zur Entstehungsgeschichte *Beier*, GRUR Int 1992, 243, 244). Der Gesetzgeber des MarkenG wählte diese konventionsrechtliche Formulierung bewußt, um eine *restriktive* Handhabung des Schutzhindernisses der fehlenden Unterscheidungskraft sicherzustellen (Begründung zum MarkenG, BT-Drucks. 12/6581 vom 14. Januar 1994, S. 70). Die Formulierung der MarkenRL ist eine andere. Nach Art. 3 Abs. 1 lit. b MarkenRL sind Marken von der Eintragung ausgeschlossen oder unterliegen im Falle der Eintragung der Ungültigerklärung, die *keine* Unterscheidungskraft haben. Auch der Wortlaut des § 4 Abs. 2 Nr. 1 WZG entsprach dieser Formulierung. Der Gesetzgeber hätte besser daran getan, den Wortlaut der MarkenRL zu übernehmen, da die Eintragungshindernisse der fehlenden Unterscheidungskraft einen verbindlichen Richtlinienmaßstab darstellt und § 8 Abs. 2 Nr. 1 richtlinienkonform auszulegen ist. In der Gesetzesbegründung wird insoweit auch richtig eingeräumt, mit der von der MarkenRL abweichenden Formulierung im MarkenG sei *keine inhaltliche Änderung* gegenüber der Regelung in der MarkenRL verbunden. Aus Gründen der Rechtsvereinheitlichung der nationalen Markenrechtsordnungen in den Mitgliedstaaten der EU wäre die Übernahme der Formulierung der MarkenRL in das MarkenG sachgerechter und angemessener gewesen.

26 § 8 Abs. 2 Nr. 1 ist *restriktiv auszulegen* (s. Rn 36 f.). Eine Marke ist schon dann konkret unterscheidungskräftig, wenn ihr für die angemeldeten Waren oder Dienstleistungen *irgendeine* Unterscheidungskraft zukommt. Jede Art und jeder Grad von Unterscheidungskraft, auch wenn sich diese als noch so gering erweist, ist ausreichend, um das absolute Schutzhindernis der fehlenden Unterscheidungskraft zu überwinden.

27 Im WZG war keine § 8 Abs. 2 Nr. 1 entsprechende ausdrückliche Formulierung enthalten. Unabhängig davon wurde die Rechtslage im WZG dahin beurteilt, daß die Eintragung eines Zeichens nur dann versagt werden darf, wenn dem Zeichen jede Unterscheidungskraft mangelte. Schon eine *geringe* Unterscheidungskraft stand dem Eintragungsverbot entgegen (BGH GRUR 1991, 136, 137 – NEW MAN). Das MarkenG veränderte insoweit nicht die Rechtslage hinsichtlich der Eintragungsfähigkeit eines Zeichens als Marke im Vergleich zum WZG (BGH GRUR 1995, 410 – TURBO I; s. zur Rechtsprechung Rn 57 ff.). Das MarkenG verdeutlicht allerdings die Notwendigkeit einer restriktiven Auslegung des absoluten Schutzhindernisses des Fehlens einer konkreten Unterscheidungskraft. In der Rechtsprechung des BGH (BGH GRUR 1998, 465 – BONUS mit Anm. *Jonas*; 1998, 813 – CHANGE; s. schon BGH GRUR 1996, 770 – Mega; s. dazu Rn 97 b ff., 128, 272 d) konnte die Reichweite des Anwendungsbereichs, die dem absoluten Schutzhindernis des Fehlens einer jeglichen Unterscheidungskraft zukommt, noch offen bleiben. In der *CHANGE*-Entscheidung hatte der BGH zwar nicht zu entscheiden, ob dem Wort *CHANGE* für die konkreten Waren der Anmeldung jegliche Unterscheidungskraft im Sinne des § 8 Abs. 2 Nr. 1 fehle, wies aber darauf hin, daß den in der Werbung üblichen Angaben zur beschreibenden Anpreisung von Waren, insbesondere fremdsprachlicher Art wie das zu beurteilende Wort *CHANGE*, bei markenmäßigem Gebrauch nicht stets jede Unterscheidungskraft abgesprochen werden könne. In zu restriktiver Auslegung des Begriffs des Fehlens einer jeglichen Unterscheidungskraft geht das BPatG davon aus, allgemeinen sloganartigen Kaufaufforderungen (*Werbewörtern*) in englischer Sprache wie dem Wort *ADVANTAGE* fehle jedenfalls dann die Unterscheidungskraft, wenn sie im Inland nachweislich als Werbewörter verwendet würden (BPatG GRUR 1999, 170, 171 – ADVANTAGE; zu Werbeschlagwörtern und Werbeslogans s. Rn 94 ff.). Der Wortmarke PROTEST wurde

für Sportbekleidungsstücke und Sportschuhe das erforderliche Mindestmaß an Unterscheidungskraft abgesprochen, weil diese insbesondere von Jugendlichen vielfach auch im Alltag getragen würden, die Grenzen zwischen Sportbekleidung und allgemeiner Freizeitbekleidung fließend geworden seien und es sich zudem um einen Fachbegriff der Sportsprache als Hinweis auf sogenannte Protestkleidung handele (BPatG GRUR 1998, 702 – PROTEST; abzulehnen). *Bezeichnungen in- und ausländischer Behörden* oder anderer staatlicher Stellen, die im Inland ohne weiteres als solche verstanden werden, soll jegliche Unterscheidungskraft fehlen, da derartige staatliche Stellen nach ihrer Struktur, ihrer Organisation und Aufgabenstellung sowie nach ihrem äußeren Erscheinungsbild keine Unternehmen, die mit privaten Konkurrenten in Wettbewerb treten, seien und ihnen die erwerbswirtschaftliche Betätigung fremd sei (*SWISS ARMY* als jedermann verständliche Bezeichnung der Streitkräfte der Schweizerischen Eidgenossenschaft für modische Armbanduhren Schweizer Ursprungs weder unterscheidungsgeeignet noch unterscheidungskräftig und freihaltebedürftig BPatG GRUR 1999, 58 – SWISS ARMY; s. auch das absolute Schutzhindernis des § 8 Abs. 2 Nr. 6).

**c) Unterscheidungskraft zur Produktidentifikation.** Nach der Rechtslage im WZG **28** war die Unterscheidungskraft auf die Marke als Herkunftshinweis bezogen. Unterscheidungskraft bedeutete die Eignung einer Marke, Waren oder Dienstleistungen des Markeninhabers von Waren oder Dienstleistungen anderer Unternehmen ihrer betrieblichen Herkunft nach zu unterscheiden (BGHZ 21, 182, 186 – Ihr Funkberater; 41, 187, 190 – Palmolive; 42, 151, 154f. – Rippenstreckmetall II; *Baumbach/Hefermehl*, § 4 WZG, Rn 21; *Beyerle*, Unterscheidungskraft und Freihaltebedürfnis im deutschen Warenzeichenrecht, S. 23; *Beier*, GRUR Int 1992, 243). Dieses Verständnis der Unterscheidungskraft war Ausdruck der im WZG ausschließlich rechtlich geschützten Herkunftsfunktion. Nach der Rechtslage im MarkenG stellt die Herkunftsfunktion nur noch eine von mehreren rechtlich geschützten Funktionen einer Marke dar (s. dazu Einl, Rn 30ff.). Die Marke als ein identifizierendes Unterscheidungszeichen dient der Identifikation von Produkten eines Unternehmens zur Unterscheidung von Produkten anderer Unternehmen auf dem Markt.

Konkrete Unterscheidungskraft einer Marke besteht, wenn das als Marke schutzfähige **29** Zeichen für die angemeldeten Waren oder Dienstleistungen geeignet ist, als Unterscheidungszeichen *zur Identifikation von Unternehmensprodukten* im Marktwettbewerb zu dienen. Die Marke macht ein Wirtschaftsgut eines Unternehmens identifizierbar und auf diese Weise von Wirtschaftsgütern anderer Unternehmen auf dem Markt differenzierbar (s. dazu § 3, Rn 9ff.). Diesem Verständnis kommt die Umschreibung der Unterscheidungskraft dahin nahe, ein Zeichen habe Unterscheidungskraft, das geeignet sei, bestimmte Waren und Dienstleistungen *als aus einer bestimmten Quelle stammend* zu kennzeichnen (so für das Gemeinschaftsmarkenrecht *v. Mühlendahl/Ohlgart*, Die Gemeinschaftsmarke, § 4, Rn 14). Herkunftsidentität und Produktidentität sind gleichermaßen Teilinhalte der *Identifizierungsfunktion* der Marke, die aus der Sicht der Verbraucher als *Produktverantwortung des Markeninhabers* umschrieben werden kann (s. dazu Einl, Rn 30ff., 38, 41). Einer Unterscheidungskraft *zur betrieblichen Herkunftskennzeichnung* bedarf es nach der Rechtslage im MarkenG nicht mehr (aA *Kur*, FS 100 Jahre Marken-Amt, S. 175, 193ff.; *v. Gamm*, WRP 1993, 793, 795; *v. Gamm*, GRUR 1994, 775, 779). In der *Eintragungspraxis des DPMA* und der diese billigenden *Rechtsprechung des BPatG* wird, noch entsprechend der Rechtlage im WZG, die Schutzfähigkeit der Marke dahin bestimmt, ob dem angemeldeten Zeichen als Marke *Unterscheidungskraft als betrieblicher Herkunftshinweis* zukommt (s. dazu die neuere Rechtsprechung etwa zu den Farbmarken [Rn 90b ff.] sowie den Buchstabenmarken und Zahlenmarken [Rn 116f.], aber auch zu den beschreibenden Angaben [Rn 124] sowie den allgemein sprachgebräuchlichen und verkehrsüblichen Bezeichnungen [Rn 272a ff.]). Nach der *Rechtsprechung des BGH* sind nach § 8 Abs. 2 Nr. 1 solche Marken von der Eintragung ausgeschlossen, denen für die Waren oder Dienstleistungen, für die die Eintragung beantragt wird, jegliche Unterscheidungskraft fehlt. Stellt die Marke nur die eng angelehnte Abwandlung eines warenbeschreibenden Fachausdrucks dar, so daß ihr jede individualisierende Eigenart fehlt und der Verkehr, soweit ihm das Fachwort bekannt ist, in der Abwandlung ohne weiteres Nachdenken den Fachbegriff als solchen erkennt, so ist sie von der Eintragung wegen fehlender Unterscheidungskraft ausgenommen (BGH GRUR 1995, 48 – Metoproloc; BGHZ 91, 262 – Indorektal I). Der BGH (BGH GRUR 1995, 408 – PROTECH) versteht unter Unterscheidungskraft in diesem Sinne die einer Marke innewohnende Eignung, vom Verkehr als *Unterscheidungsmittel für Waren oder Dienstleistungen* eines Unternehmens gegenüber solchen anderer Unternehmen aufgefaßt zu werden (§ 3 Abs. 1). Die Formulierung des BGH wird dahin zu verstehen sein, daß auch die Rechtsprechung nicht weiterhin von dem unabdingbaren Erfordernis der Unterscheidungskraft zur betrieblichen Herkunftskennzeichnung ausgeht, sondern Unterscheidungskraft im Sinne der Marke als eines Unterscheidungsmittels für Produkte eines Unternehmens versteht. In der zur Produktähnlichkeit ergangenen *TIFFANY*-Entscheidung (BGH, Beschluß vom 26. November 1998, I ZB 18/98 – TIFFANY) stellt der BGH im Anschluß an die *Canon*- Entscheidung des EuGH (EuGH WRP 1998, 1165, 1168 – Canon) fest, es sei für die Ähnlichkeit von Waren nicht die Feststellung gleicher Herkunftsstätten entscheidend, sondern die Erwartung des Verkehrs von einer Verantwortlichkeit desselben Unternehmens für die Qualität der Waren (zum Verständnis der Herkunftsfunktion als Produktverantwortung des Markeninhabers s. Einl, Rn 30, 39; § 14, Rn 130 f.). Auch die der Unterscheidungskraft entsprechende Kennzeichnungskraft im schweizerischen Markenrecht wird allein auf die *Individualisierung von Produkten* im Marktangebot, nicht auch auf die betriebliche Herkunftskennzeichnung bezogen (*David*, Schweiz. Markenschutzgesetz, Art. 1 MSchG, Rn 9).

30  **d) Verhältnis des Fehlens von Unterscheidungskraft zum Bestehen eines Freihaltebedürfnisses.** Das Schutzhindernis der fehlenden Unterscheidungskraft nach § 8 Abs. 2 Nr. 1 ist deutlich von dem Schutzhindernis eines bestehenden Freihaltebedürfnisses an beschreibenden Angaben nach § 8 Abs. 2 Nr. 2 zu unterscheiden. Schon nach der Rechtslage im WZG waren die beiden Eintragungshindernisse auseinanderzuhalten, auch wenn sie gemeinsam in § 4 Abs. 2 Nr. 1 WZG geregelt waren und in der Rechtspraxis die Prüfung der beiden Eintragungshindernisse sich häufig vermengte. Beide Schutzhindernisse verfolgen verschiedene Regelungszwecke. Zeichen ohne Unterscheidungskraft können von vornherein die Aufgabe einer Marke als eines identifizierenden Unterscheidungszeichens nicht erfüllen. Markenschutz durch Eintragung an einem Zeichen zu gewähren, das nicht zur Marke taugt, ist nicht gerechtfertigt. Das Freihaltebedürfnis an beschreibenden Zeichen bildet ein Schutzhindernis, um im Allgemeininteresse die Benutzung solcher Zeichen allen Marktbeteiligten offenzuhalten. Auch die rechtlichen Maßstäbe der Prüfung des Fehlens von Unterscheidungskraft und des Bestehens eines Freihaltebedürfnisses differieren (s. Rn 118 ff.).

31  Auch wenn die Schutzhindernisse der fehlenden Unterscheidungskraft und des bestehenden Freihaltebedürfnisses rechtlich Verschiedenes regeln, so werden sich in der Praxis bei den meisten Fallgestaltungen beide Schutzhindernisse überschneiden. An einem nicht unterscheidungskräftigen Zeichen wird regelmäßig ein Freihaltebedürfnis bestehen; ein freihaltebedürftiges beschreibendes Zeichen wird regelmäßig nicht unterscheidungskräftig sein. In selteneren Fällen aber kann der Anwendungsbereich der beiden Schutzhindernisse unterschiedlich weit reichen. An einer unterscheidungskräftigen Marke, deren beschreibender Charakter den beteiligten Verkehrskreisen überwiegend unbekannt ist, kann ein Freihaltebedürfnis bestehen. Umgekehrt ist eine nicht beschreibende Marke, an der kein Freihaltebedürfnis besteht, nicht zwingend unterscheidungskräftig (BGH GRUR 1976, 587 – Happy; BPatG GRUR 1993, 670 – Diva). Eine Wortmarke kann trotz ihres erkennbar beschreibenden Begriffsinhalts unterscheidungskräftig sein, wenn ein beachtlicher Teil der Verkehrskreise wegen der ungewöhnlichen Wortbildung auf die Marke eines Unternehmens schließt (BPatG Mitt 1984, 57 – Schlemmerfrost). Nichts anderes gilt auch für das Verhältnis des Schutzhindernisses der fehlenden Unterscheidungskraft zum Schutzhindernis der Gattungsbezeichnungen nach § 8 Abs. 2 Nr. 3 für Zeichen, die Gattungsbezeichnungen darstellen oder andere Aussagen über einen bestimmten geschäftlichen Bereich enthalten (BPatGE 17, 261, 264 – xpert).

32  **e) Maßgebliche Verkehrsauffassung.** Die Unterscheidungskraft einer Marke bestimmt sich nach der Verkehrsauffassung. Zur Feststellung der Unterscheidungskraft kommt es auf die *Auffassung aller beteiligten Verkehrskreise* an. Wenn nur ein geringfügiger Teil des Gesamtverkehrs der Marke keine Unterscheidungskraft beimißt, dann reicht dies gewöhnlich nicht aus, um die Marke wegen Fehlens einer jeglichen Unterscheidungskraft von der Eintragung

auszuschließen (DPA BlPMZ 1956, 40 – Ravensberg; *Reimer/Trüstedt*, Kap. 5, Rn 5). Als Faustregel kann gelten, daß sich die Unterscheidungskraft nach der Auffassung der beteiligten Verkehrskreise, das Freihaltebedürfnis nach den berechtigten Interessen der Mitbewerber bestimmt (BPatG Mitt 1997, 70 – UHQ III).

Die zuverlässige Feststellung der Unterscheidungskraft einer Marke anhand der maßgeblichen Verkehrsauffassung, für die es auf die *tatsächlich vorhandenen Vorstellungen* innerhalb der beteiligten Verkehrskreise ankommen soll, bereitet in der Praxis nicht unerhebliche Schwierigkeiten und ist weithin spekulativ (*Heil*, GRUR 1981, 699, 703). Vor allem über eine noch nicht benutzte Marke bestehen keine tatsächlich vorhandenen Vorstellungen der Verkehrskreise. Schon deshalb sollte eine Marke wegen Fehlens einer jeglichen Unterscheidungskraft von der Eintragung nur dann ausgeschlossen werden, wenn es sich um eine *eindeutige* Fallkonstellation (ein Punkt oder eine Linie, geschrieben mit der Schreibmaschine ohne jedes weitere Merkmal; eine einfache geometrische Grundfigur) handelt (s. *Beier*, GRUR Int 1992, 243, 244). 33

Die Unterscheidungskraft bestimmt sich nach dem *äußeren Erscheinungsbild* und der *Marktwirkung* der Marke als eines identifizierenden Unterscheidungszeichens im Verkehr. In der Rechtsprechung des RG wurde abgelehnt, die Unterscheidungskraft einer Marke aus ihrem wettbewerblichen Gesamtbild unter Einschluß der Werbung mit der Marke abzuleiten (RG GRUR 1938, 607 – Luhn-Streifen). Im Hinblick auf die Verstärkung des Markenschutzes im MarkenG insoweit, als auch die Wertschätzung sowie das Image einer Marke markenrechtlichen Schutz genießen, ist diese Rechtsprechung nicht mehr aufrechtzuerhalten. Die konkrete Unterscheidungskraft einer Marke ist unter Einbeziehung der gesamten *Werbestrategie* und *Marktkonzeption* einer Marke zu beurteilen. Nicht entscheidend ist die Neuheit der Marke, sondern deren Eigenart, Einprägsamkeit und ihre Marktwirkung im Verkehr. In seiner Rechtsprechung zum MarkenG berücksichtigt der BGH bei Feststellung der Unterscheidungskraft nach § 8 Abs. 2 Nr. 1, ob die Marke bei entsprechender Benutzung als Unterscheidungsmittel für die Waren oder Dienstleistungen des Unternehmens gegenüber solchen anderer Unternehmen im Verkehr aufgefaßt wird (s. Rn 29). 34

Die maßgebliche Verkehrsauffassung bestimmt sich nach dem *inländischen Verkehr*. Die Rechtsprechung leitet diesen Grundsatz aus dem territorialen Geltungsbereich des MarkenG ab, da sich die Markierung an den inländischen Verkehr wende und insoweit deshalb auf dessen Anschauung maßgeblich abzustellen sei (BGH GRUR 1995, 408 – PROTECH; 1994, 730, 731 – VALUE). Im Hinblick auf den freien Waren- und Dienstleistungsverkehr im europäischen Binnenmarkt sowie unter Berücksichtigung der Internationalität der Werbestrategien und Distributions- und Vermarktungssysteme ist diese Beschränkung der Beurteilung der Verkehrsauffassung nach dem inländischen Verkehr bedenklich. Auch im Hinblick auf das Gemeinschaftsmarkenrecht ist erforderlich, den Einfluß internationaler Umstände auf den inländischen Verkehr zu berücksichtigen und verstärkt von einer *internationalen Verkehrsauffassung* auszugehen. 35

**f) Restriktive Auslegung.** Wenn einer Marke die abstrakte Unterscheidungseignung als ein allgemeines Merkmal der Markenfähigkeit nach § 3 Abs. 1 zukommt, dann wird in der Regel auch die konkrete Unterscheidungskraft der Marke für die angemeldeten Waren oder Dienstleistungen bestehen. Das Fehlen einer konkreten Unterscheidungskraft wird nur in seltenen und *eindeutigen Fallkonstellationen* angenommen werden können (so auch Begründung zum MarkenG, BT-Drucks. 12/6581 vom 14. Januar 1994, S. 70). Es ist eine *restriktive,* den Anwendungsbereich des Schutzhindernisses nach § 8 Abs. 2 Nr. 1 angemessen begrenzende Auslegung der Vorschrift geboten. Jede Art und jeder Grad von Unterscheidungskraft, auch wenn sich dieser als noch so gering erweist, ist ausreichend, um das absolute Schutzhindernis der fehlenden Unterscheidungskraft zu überwinden. 36

Fehlende Unterscheidungskraft wird regelmäßig etwa nur bei solchen Zeichen anzunehmen sein, die ausschließlich aus einem Punkt, einem Strich, einer Linie oder aus einfachen geometrischen Grundfiguren wie einem Kreis oder einem Dreieck bestehen, wenn nicht schon die abstrakte Unterscheidungseignung nach § 3 Abs. 1 fehlt, wie etwa bei einem Punkt oder einer Linie, die mit der Schreibmaschine geschrieben sind und kein weiteres Merkmal aufweisen. Auch wenn die konkrete Unterscheidungskraft einer Marke gegeben ist, kann die Marke von der Eintragung ausgeschlossen sein, wenn ein Freihaltebedürfnis an 37

**MarkenG § 8** 38–42 Absolute Schutzhindernisse

dem beschreibenden Zeichen nach § 8 Abs. 2 Nr. 2 besteht oder eine Gattungsbezeichnung nach § 8 Abs. 2 Nr. 3 vorliegt. Insoweit ist die Bedeutung des § 8 Abs. 2 Nr. 1 gering, als bei der Entscheidung über den Ausschluß einer Marke von der Eintragung in das Markenregister den Schutzhindernissen eines bestehenden Freihaltebedürfnisses an beschreibenden Marken und einer Gattungsbezeichnung das eigentliche Gewicht zukommt.

38 **g) Unterscheidungskraft und Markenbenutzung.** Die Unterscheidungskraft einer Marke besteht zunächst unabhängig von der Markenbenutzung. Eine Marke ist als solche unterscheidungskräftig oder nicht unterscheidungskräftig. Eine Marke erfüllt ihre Aufgabe als identifizierendes Unterscheidungszeichen aber erst mit ihrer Benutzung im Verkehr zur Identifikation von Unternehmensprodukten auf dem Markt. Die Markenbenutzung wirkt sich auf die Unterscheidungskraft der Marke aus. Je nach der *Intensität der Markenbenutzung*, wie etwa Dauer und Umfang, wird die Kennzeichnungskraft der Marke gestärkt. Folge einer Zunahme der Kennzeichnungskraft einer Marke kann der Erwerb von Verkehrsgeltung oder Verkehrsdurchsetzung sein, auch kann die Marke zu einer bekannten Marke, zu einer notorisch bekannten Marke oder gar zu einer berühmten Marke werden. Die Eintragung der Marke in das Markenregister gewährt so der Marke eine Entwicklungschance (*Ulmer*, Warenzeichen und unlauterer Wettbewerb, S. 65 ff.).

39 Das Maß der Unterscheidungskraft einer Marke kann unterschiedlich sein. Die mehr oder minder große Unterscheidungskraft einer Marke beeinflußt deren *Kennzeichnungskraft* im Verkehr. Von dem Maß der Kennzeichnungskraft ist der Schutzumfang der Marke abhängig (§ 14, Rn 271 ff.).

40 **h) Unterscheidungskraft und Ähnlichkeit von Marken.** Die konkrete Unterscheidungskraft einer Marke wird nicht dadurch ausgeschlossen, daß ein identisches oder ähnliches Zeichen für ein anderes Unternehmen als Marke eingetragen und im Verkehr benutzt wird. Ob einer Marke konkrete Unterscheidungskraft zukommt, ist nicht aufgrund eines Vergleichs mit anderen Marken festzustellen. Die Unterscheidungskraft ist von der Verwechslungsgefahr mit ähnlichen Marken zu unterscheiden. Eine Marke kann für die angemeldeten Waren oder Dienstleistungen konkret unterscheidungskräftig und daher von der Eintragung nicht ausgeschlossen sein, dennoch aber wegen des Vorliegens von Verwechslungsgefahr mit einer prioritätsälteren ähnlichen Marke der Löschung unterliegen.

41 **i) Unterscheidungskraft der Marke als Ganzes.** Die Unterscheidungskraft muß der Marke als Ganzes zukommen. Bei der Feststellung der konkreten Unterscheidungskraft sind einzelne Bestandteile der Marke, auch wenn diese als solche nicht konkret unterscheidungskräftig sind, regelmäßig nicht zu berücksichtigen, etwa bei einer zusammengesetzten Wortmarke, die als eine Worteinheit erscheint (*BIOMINT* für Zuckerwaren und Erfrischungsmittel BPatGE 18, 219 – BIOMINT). Es ist nicht erforderlich, daß jeder Zeichenbestandteil einer zusammengesetzten Marke konkret unterscheidungskräftig ist (zum Freizeichen nach § 4 Abs. 1 WZG s. zu einer Stahlfeder mit Öffnungen und Zahl RG MuW 1930, 713 – Ly-Feder). Eine zusammengesetzte Marke mit einem nicht unterscheidungskräftigen Zeichenbestandteil ist dann nicht von der Eintragung in das Markenregister ausgeschlossen, wenn der *Marke als Ganzes* konkrete Unterscheidungskraft zukommt.

42 Zusammengesetzte Marken, die *ausschließlich* aus nicht unterscheidungskräftigen Zeichenbestandteilen bestehen, wurden als grundsätzlich eintragungsunfähig beurteilt, es sei denn, daß aufgrund der Zusammensetzung der Zeichenbestandteile ein eigenartiges Gesamtbild der Marke entsteht (BGHZ 19, 367, 375 – W-5). In seiner Rechtsprechung zu § 8 Abs. 2 Nr. 1 wendet der BGH das Schutzhindernis des Fehlens jeglicher Unterscheidungskraft bei der Beurteilung zusammengesetzter Wortmarken zu Recht restriktiv an. Einem aus zwei Abkürzungen mit beschreibendem Inhalt zusammengesetzten Markenwort, das als solches nicht als bekannt nachweisbar ist, fehlt nicht die Unterscheidungskraft im Sinne von § 8 Abs. 2 Nr. 1 (BGH GRUR 1995, 408 – PROTECH). Bei einer neuen, nicht geläufigen Wortzusammenstellung, deren beschreibender Gebrauch derzeit nicht nachweisbar ist, muß angenommen werden, daß die Marke bei entsprechender Benutzung unter Berücksichtigung der konkreten Waren oder Dienstleistungen des Warenverzeichnisses als Unterscheidungsmittel geeignet ist. Wenn einer Marke nämlich kein für die konkreten Produkte im Vordergrund stehender beschreibender Begriffsinhalt zugeordnet werden kann, und es sich auch sonst nicht um ein gebräuchliches Wort der deutschen oder einer bekannten Fremd-

sprache handelt, das nur als solches und nicht als Kennzeichnungsmittel verstanden wird, so gibt es keinen tatsächlichen Anhalt dafür, daß der inländische Verkehr, an den sich angesichts des territorialen Geltungsbereichs des MarkenG die Markierung wendet und auf dessen Anschauung insoweit maßgeblich abzuheben ist (BGH GRUR 1994, 730, 731 – VALUE; s. Rn 35), einer als Marke verwendeten Kennzeichnung ihre spezifische Unterscheidungsfunktion und damit die Unterscheidungskraft abspricht. Der BGH geht von dem Grundsatz aus, Gegenstand der Beurteilung einer zusammengesetzten Wortmarke sei grundsätzlich allein die Marke in ihrer angemeldeten Form, nicht jedoch diejenigen Bestandteile, aus denen sie bei analysierender Betrachtung als zusammengesetzt erscheinen mag (BGH GRUR 1995, 408 – PROTECH). Im Verkehr werde eine Marke erfahrungsgemäß so aufgenommen, wie sie dem Verkehr entgegentrete, ohne daß eine analysierende, möglichen Bestandteilen und deren Begriffsbedeutung nachgehende Betrachtungsweise Platz greife (BGH GRUR 1992, 515, 516 – Vamos; 1994, 730, 731 – VALUE; 1995, 269 – U-KEY). Bei Beurteilung der Unterscheidungskraft der zusammengesetzten Wortmarke *PROTECH* wurde der Tatsache keine rechtliche Bedeutung beigemessen, daß die beiden Bestandteile *PRO* und *TECH* der zusammengesetzten Wortmarke *PROTECH* je für sich einen beschreibenden Inhalt hätten, nämlich einerseits sowohl übersetzt für bedeute, als auch als geläufige Abkürzung für professionell und Profi stehe und andererseits eine geläufige Abkürzung für Technik und Technologie sei.

**j) Unterscheidungskraft aufgrund von Verkehrsdurchsetzung.** Das absolute Schutzhindernis der fehlenden Unterscheidungskraft nach § 8 Abs. 2 Nr. 1 kann durch den Erwerb von Verkehrsdurchsetzung nach § 8 Abs. 3 überwunden werden. Eine für die Waren oder Dienstleistungen des Anmelders von Haus aus nicht konkret unterscheidungskräftige Marke ist dann nicht von der Eintragung ausgeschlossen, wenn sich die Marke als ein identifizierendes Unterscheidungszeichen in den beteiligten Verkehrskreisen durchgesetzt hat. Verkehrsdurchsetzung verlangt einen bestimmten Grad von Kennzeichnungskraft der Marke. Wenn der Verkehr die Marke als ein identifizierendes Unterscheidungszeichen für die Waren oder Dienstleistungen des Anmelders versteht, dann kommt der Marke konkrete Unterscheidungskraft zu. Verkehrsdurchsetzung, Kennzeichnungskraft sowie konkrete Unterscheidungskraft der Marke fallen dann zusammen. 43

**k) Anlehnung an beschreibende Zeichen.** Bei Marken, die sich an ein beschreibendes Zeichen anlehnen, unterscheidet die Rechtsprechung (zu § 4 Abs. 2 Nr. 1 WZG s. BGHZ 50, 219, 222 ff. – Polyestra) zwischen dem Schutzhindernis der fehlenden Unterscheidungskraft (§ 8 Abs. 2 Nr. 1) und einem bestehenden Freihaltebedürfnis an beschreibenden Zeichen (§ 8 Abs. 2 Nr. 2). Eine Marke, die sich an allgemein sprachübliche Warenbezeichnungen eng anlehnt, ist schon nach § 8 Abs. 2 Nr. 1 wegen Fehlens der produktidentifizierenden (nach der Rechtsprechung zum WZG herkunftskennzeichnenden) Unterscheidungskraft von der Eintragung ausgeschlossen. Da bei Wortbildungen, die sich an einen allgemein bekannten, glatt warenbeschreibenden Fachausdruck anlehnen, lediglich die Abwandlung in ihrem Einfluß auf den Gesamteindruck produktidentifizierend wirken kann, sind Anlehnungen, bei denen der Abwandlung jede individualisierende Eigenart fehlt, schon wegen fehlender Unterscheidungskraft eintragungsunfähig. Dies gilt auch dann, wenn der Verkehr zwar bemerkt, daß ein warenbeschreibender Fachausdruck in irgendeiner Weise abgewandelt wurde, jedoch die Marke nicht aufgrund der Abwandlung als ein produktidentifizierendes Unterscheidungszeichen auffaßt. Geringfügige Abwandlungen schalten den allgemein bekannten warenbeschreibenden Charakter einer Bezeichnung gewöhnlich nicht aus und machen das Zeichen nicht unterscheidungskräftig. Bei der Beurteilung der Unterscheidungskraft fällt außer der bildlichen Schreibweise auch die klangliche Wiedergabe ins Gewicht. 44

Anderes gilt für eine Marke, die sich an solche Fachausdrücke anlehnt, die nur einem Teil der beteiligten Verkehrskreise bekannt sind. Wenn diesem Teil der Verkehrskreise wie etwa den letzten Verbrauchern der Fachausdruck nicht allgemein bekannt ist und daher ein Teil des Verkehrs die Abwandlung des beschreibenden Zeichens als ein Phantasiewort auffaßt, kann die Marke zwar die erforderliche Unterscheidungskraft besitzen, gleichwohl aber von der Eintragung nach § 8 Abs. 2 Nr. 2 wegen Bestehens eines Freihaltebedürfnisses von der Eintragung ausgeschlossen sein (s. Rn 119 ff.). 45

### 3. Fallgestaltungen

**46**   a) **Ausgangspunkt.** Die Prüfung des Schutzhindernisses eines Fehlens der konkreten Unterscheidungskraft einer Marke nach § 8 Abs. 2 Nr. 1 setzt das Vorliegen der abstrakten Unterscheidungseignung der Marke im Sinne der Markenfähigkeit nach § 3 Abs. 1 voraus. Die markenfähigen Markenformen im Sinne des § 3 Abs. 1 wurden im einzelnen dargestellt (s. § 3, Rn 235 ff.). Die nach der Rechtslage im MarkenG gebotene Trennung dieser beiden Prüfungsschritte war dem WZG unbekannt. Die Kritik im Schrifttum zum WZG an der Regelung des Fehlens von Unterscheidungskraft als eines negativen absoluten Eintragungshindernisses nach § 4 Abs. 2 Nr. 1 WZG beruhte vor allem darauf, daß das Vorliegen von Unterscheidungskraft zugleich eine positive Eintragungsvoraussetzung darstellte, die sich schon aus dem Begriff der Marke nach § 1 WZG ergab. In Umsetzung der verbindlichen MarkenRL hat der Gesetzgeber des MarkenG nunmehr deutlich zwischen der Markenfähigkeit nach § 3 und der Eintragungsfähigkeit nach § 8 unterschieden. Die Rechtsprechung zum Versagungsgrund des § 4 Abs. 2 Nr. 1 WZG kann zur Auslegung des absoluten Schutzhindernisses des § 8 Abs. 2 Nr. 1 herangezogen werden, insoweit nur berücksichtigt wird, daß die Unterscheidungskraft einer Marke nicht nur auf die betriebliche Herkunftskennzeichnung, sondern auch auf die Produktidentifikation zu beziehen und damit das Vorliegen einer produktidentifizierenden Unterscheidungskraft ausreichend ist (s. im einzelnen Rn 28 f.). Unter diesem Vorbehalt kann nach wie vor auf die höchstrichterliche Rechtsprechung zurückgegriffen werden.

**47**   b) **Phantasiewörter. aa) Grundsatz.** Die abstrakte Unterscheidungseignung als ein allgemeines Kriterium der Markenfähigkeit nach § 3 Abs. 1 ist für Wortmarken als markenfähige Markenformen im einzelnen bei § 3 dargestellt (§ 3 Rn 240 ff.). Die folgenden Ausführungen betreffen das Vorliegen der konkreten Unterscheidungskraft. Soweit die höchstrichterliche Rechtsprechung noch zu § 4 Abs. 2 Nr. 1 WZG ergangen ist, kann sie grundsätzlich auf das MarkenG übertragen werden, wenn man nur von einem Verständnis einer nicht allein herkunftsidentifizierenden, sondern auch produktidentifizierenden Unterscheidungskraft als genügend ausgeht.

**48**   *Phantasiewörter* sind regelmäßig konkret unterscheidungskräftig, andere als Phantasiewörter stellen zumeist auch beschreibende Zeichen im Sinne des § 8 Abs. 2 Nr. 2 dar, die zugleich nach § 8 Abs. 2 Nr. 1 nicht konkret unterscheidungskräftig sind. Zur Begründung der konkreten Unterscheidungskraft ist ausreichend, wenn die Marke eine gewisse, wenn auch nur geringfügige Eigenheit besitzt. Schon ein geringfügiger Phantasiegehalt kann der produktidentifizierenden Unterscheidungskraft einer Marke genügen (DPA BlPMZ 1952, 326 für die Marke *Urbraun*, weil die Zusammensetzung des Zeichenbestandteils *Ur* mit einer Farbbezeichnung im deutschen Sprachgebrauch ungewöhnlich sei). Banale, simple oder völlig phantasielose Zeichen sind zwar, weil abstrakt unterscheidungsgeeignet, als Marke schutzfähige Zeichen nach § 3 Abs. 1, sie sind aber regelmäßig nicht geeignet, als Unterscheidungszeichen bestimmte Waren oder Dienstleistungen zu identifizieren. Sie sind von der Eintragung ausgeschlossen, wenn sie sich nicht nach § 8 Abs. 3 in den beteiligten Verkehrskreisen als Marke für die angemeldeten Waren oder Dienstleistungen durchsetzen (zu der Wortmarke *Standard* für Seifen und Futtermittel RGZ 154, 1, 5; RPA MuW 1932, 403).

**49**   Wenn eine Wortmarke nur *symbolhaft* eine undeutliche begriffliche Vorstellung erweckt, dann ist sie zureichend phantasievoll und konkret unterscheidungskräftig (*VITA-MALZ* für Bier BGH GRUR 1966, 436 – VITA-MALZ; *UNIPLAST* für elektronische Geräte BGH GRUR 1966, 495 – UNIPLAST; *Rheuma-Quick* für Farben, Firnisse, Lacke, Rostschutzmittel, Blatt- und Pulvermetalle BPatGE 10, 126; *Seim-Lebkuchen* für Lebkuchen BPatG Mitt 1971, 109; *COMPOSIT* für Düngemittel BPatG GRUR 1973, 415; *newtec* für Verpackungs-, Abfüll-, und Abpackmaschinen als sprachliche Neuschöpfung unklaren Begriffsgehalts BPatG Mitt 1992, 250). Die Wortmarke *Unimeter* ist als eine phantasievolle Abkürzung konkret unterscheidungskräftig für ein Universalmeßgerät, nicht aber für Textilien, da es sich insoweit um eine gängige Bezeichnung für einfarbige Stoffe handelt (DPA GRUR 1953, 139).

**50**   bb) **Wortsilben.** Der Wortsilbe *con* wurde als selbständiger Wortmarke Unterscheidungskraft für Fahrräder und Büromaschinen zuerkannt (RPA GRUR 1943, 212). Auch die Wortsilbe *Zin* wurde als eine phantasievolle Abkürzung für Benzin als unterscheidungskräftig beurteilt (DPA GRUR 1951, 88). Die Wortmarke *Roll-Notizer* wurde für Aufschreibvorrichtungen als unterscheidungskräftig angesehen, weil das Wort *Notizer* sprachregelwidrig gebildet sei, auch wenn die Endsilbe *-er* als Stamm von Zeitwörtern grundsätzlich keine Unterscheidungskraft begründe (DPA BlPMZ 1952, 191); anders könnten Vor- und Endsilben lateinischer Wörter unterscheidungsbegründend wirken.

**cc) Arzneimittelmarken.** Für den Verbraucher als Laien stellen Arzneimittelmarken **51** regelmäßig Phantasiewörter dar, denen produktidentifizierende Unterscheidungskraft zukommt. Arzneimittelmarken kommt aber dann keine konkrete Unterscheidungskraft zu, wenn sie einen die Art, Zusammensetzung, Wirkung, Indikation oder Darreichungsform der Arznei beschreibenden Begriff in einer für den Fachmann sachgerechten und sprachangemessenen Weise wiedergeben; im übrigen kommt Arzneimittelmarken auch für den Fachverkehr konkrete Unterscheidungskraft zu (*ULCUGEL* für Arzneimittel wegen sprachregelwidriger Wortbildung eingetragen BPatGE 14, 222). Doch kann dieser Grundsatz nicht ausnahmslos gelten. Wenn in der Fachwelt die maßgebenden Verkehrskreise eine nicht nach den Regeln der Fachsprache gebildete Arzneimittelmarke trotz der Unüblichkeit der Bezeichnung als eine Sachangabe verstehen, dann besteht keine konkrete Unterscheidungskraft (*Insulin Semitard* als bloße Abwandlung von *Semiretard* ohne Eigenständigkeit in Sinn, Klang und Schriftbild nicht unterscheidungskräftig BGH GRUR 1982, 49, 50 – Insulin Semitard). Als nicht unterscheidungskräftig wurde die Wortmarke *PULSOTEST* für digitale Pulsgeräte beurteilt, da das Wort sprachüblich gebildet sei und auch von den angesprochenen Verbrauchern in sachbeschreibendem Sinne verstanden werde (BPatGE 22, 164, 167). Anders handelt es sich bei *NITRORETARD* weder um ein Wort der Umgangssprache noch um einen Fachausdruck, da der Wortbestandteil *Nitro,* der als Vorsilbe und Bestimmungswort verwendet wird, erst in Zusammensetzung mit einem Substantiv einen eindeutigen Sinn ergebe, nicht aber mit einem Wortbestandteil wie *Retard,* bei dem offenbleibe, welche Nitroverbindung gemeint sei (BPatGE 14, 148). Als eintragungsfähig beurteilt wurden die Arzneimittelmarken *Karex*, obwohl die Bezeichnung *Carex,* wenn auch regelmäßig mit Zusätzen (*Carex arenaria, Carex hirta*), namentlich in der Volksmedizin als Gattungsbezeichnung für eine Grasart verwendet wird (BPatG Mitt 1988, 176); *adato,* da keine Abwandlung der Angabe *adatto* (ital. passend, geeignet) (BPatG Mitt 1988, 55). Als hinreichend unterscheidungskräftige Zeichenkombination beurteilt wurde *DENTACONTROL* für elektrische Geräte zur Förderung der Oralhygiene (BPatG Mitt 1990, 235).

**dd) INN-Zeichen.** INN-Zeichen sind empfohlene, internationale, gesetzlich nicht ge- **52** schützte Bezeichnungen (Recommended International Nonproprietary Names) für Substanzen, die für pharmazeutische Zwecke verwendet werden. Diese sogenannte Liste 21 (Rec. INN) ist eine Veröffentlichung der Weltgesundheitsorganisation (Bekanntmachung vom 22. Dezember 1981, BAnz. vom 14. Januar 1982, Nr. 8, S. 10ff.). Eine Wortmarke, die an ein INN-Zeichen angelehnt oder einem INN-Zeichen entnommen ist, ist als ein *Fachausdruck für Substanzen zu pharmazeutischen Zwecken* freizuhalten. Die Wortmarke *FELOPIN,* die sich von dem INN-Zeichen *Felodipin* durch die Weglassung der Wortsilbe *di* unterscheidet, deren Fehlen für den Fachmann nicht unbemerkt bleibt, weil sie im Kontext des INN-Zeichens zur Kennzeichnung der chemischen Beschaffenheit des mit dem INN-Zeichen bezeichneten Wirkstoffes notwendig ist, stellt keine Abwandlung eines Fachausdruckes dar, dem die Eintragung zu versagen ist (BPatGE 32, 44 – FELOPIN). Das Weglassen der Mittelsilbe *phos* der Zeichenbildung *CYCLOPHAMID* begründet keine individualisierende Eigenart gegenüber dem INN-Zeichen *Cyclophosamid* und ist daher eintragungsunfähig (BPatG Mitt 1995, 522). Keine Anlehnungen an INN-Zeichen sind *LUXABENDOL* hinsichtlich INN *Luxabendazol* (BPatG GRUR 1992, 700 – Luxabendazol); *Alphaferon* hinsichtlich INN *Interferon alpha* (BGH Mitt 1994, 269); *Metoproloc* hinsichtlich INN *Metoprolol* (BGH GRUR 1995 – Metoproloc).

**ee) Marken für ärztliche Geräte.** Wie bei Arzneimittelmarken (s. Rn 51) sind bei **53** Marken für ärztliche Instrumente und Apparate die beteiligten Fachkreise an solche Warenbezeichnungen gewöhnt, die zwar das Indikationsgebiet und die Produkteigenschaften erkennen lassen, denen aber zugleich produktidentifizierende Unterscheidungskraft auf dem Markt beigelegt wird. Solche Marken sind nur dann für die ärztlichen Geräte nicht konkret unterscheidungskräftig, wenn sie das Produkt in einer für die Fachkreise sachgerechten und sprachangemessenen Weise bezeichnen. Wenn dem privaten Verbraucher, dem entsprechende Sprachkenntnisse fehlen, solche Marken als Phantasiewörter erscheinen, sind sie konkret unterscheidungskräftig (*MONO DENTI* für Injektionsspritzen BPatGE 16, 79; *OPTIMALT* für Enzyme BPatGE 16, 240). Doch sind solche Marken als beschreibende Zeichen nach § 8 Abs. 2 Nr. 2 von der Eintragung ausgeschlossen, wenn ein aktuelles Freihaltebedürfnis für das konkrete Produkt besteht (s. Rn 119).

**54**   **ff) Marken für Druckerzeugnisse und sonstige Werktitel.** Nach der Rechtslage im MarkenG ist die *Markenfähigkeit von Werktiteln* allgemein anzuerkennen. Das gilt nicht nur für die Markenfähigkeit von *Zeitungs-* und *Zeitschriftentiteln*, sondern auch von *Buch-* und *Buchreihentiteln*, sowie für die *Titel von periodischen Hörfunk-* und *Fernsehsendungen*, für *Filmtitel* und für Titel von *Film-, Ton-, Video-* und *Fernsehproduktionen* sowie von *Unterhaltungsveranstaltungen*, auch für *Computerprogramme* (zur Markenfähigkeit s. § 3, Rn 251 ff.; zum Markenschutz aufgrund von Verkehrsgeltung s. § 4, Rn 211 ff.; zum Titelschutz von Computerprogrammen s. § 15, Rn 154j). Voraussetzung für die Eintragung als Marke ist das Bestehen einer *hinreichenden Unterscheidungskraft*, die über die für den Werktitelschutz erforderliche geringere Unterscheidungskraft hinausgeht (BGHZ 102, 88 – Apropos Film). Als schutzfähig wurde *Service World* für periodische Zeitschriften beurteilt, da auf diesem Markt seit jeher Zeitschriften und Zeitungen unter farblosen Gattungsbezeichnungen angeboten würden, das Publikum sich an diesen Zustand gewöhnt habe und daher solchen Titeln eine hinreichende Unterscheidungskraft beimesse; dies gelte jedoch nicht für andere Druckerzeugnisse (BPatG Mitt 1972, 51 – Service World). *BUSINESS WEEK* für ein wöchentlich erscheinendes Magazin mit Handels-, Finanz- und Industriethemen für Führungskräfte in der gewerblichen Wirtschaft wurde als beschreibende Angabe mangels Verkehrsdurchsetzung als eintragungsunfähig beurteilt (BPatGE 28, 44 – BUSINESS WEEK). Für Zeitschriften soll die beschreibende Angabe *selbst ist der Mann* nicht eintragbar sein, da nur ein Motto ausgedrückt werde und ein erhebliches Freihaltebedürfnis der Mitbewerber bestehe (BPatGE 28, 149 – selbst ist der Mann; bedenklich nach dem Grundsatzbeschluß *BONUS* des BGH, s. Rn 272). Die Wortfolge *Bücher für eine bessere Welt* für Bücher und Broschüren soll als inhaltsbeschreibende Angabe nur bei Erwerb von Verkehrsdurchsetzung nach § 8 Abs. 3 MarkenG eintragungsfähig sein (BPatG GRUR 1997, 832 – Bücher für eine bessere Welt; bedenklich, da als Reihentitel unterscheidungskräftig). Nicht unterscheidungskräftig ist die Wortmarke *TRENDSCHREIB* für Papier, da das Wort aus der modernen Werbesprache stamme und der ursprünglich englische Begriff als Fremdwort in die deutsche Sprache mit der Bedeutung von Entwicklungstendenz, Moderichtung eingegangen sei und nur als Ausdruck eines Modernitätsbewußtseins, nicht aber als Herkunftshinweis verstanden werde (BPatGE 28, 156 – TRENDSCHREIB). Zeitungstitel, die eine *Ortsangabe* in Verbindung mit einer Gattungsbezeichnung (*Frankfurter Allgemeine Zeitung, Frankfurter Rundschau*) enthalten, sind nach der Eintragungsfähigkeit geographischer Herkunftsangaben zu beurteilen (s. Rn 220). Als eintragungsunfähig beurteilt wurde die Buchstabenfolge *BGHZ* als gebräuchliche Abkürzung für den beschreibenden Titel der Entscheidungssammlung „Entscheidungen des BGH in Zivilsachen, herausgegeben von den Mitgliedern des BGH und der Bundesanwaltschaft" oder kurz für die „Amtliche Sammlung" der genannten Entscheidungen, da der Verkehr der Abkürzung *BGHZ* als einer beschreibenden Angabe lediglich einen Hinweis auf den Inhalt der Druckerzeugnisse, deren besondere Qualität, allenfalls noch deren Urheber, nicht aber auf ein bestimmtes Unternehmen entnehme und der Abkürzung zugleich jegliche Unterscheidungskraft fehle (BPatGE 38, 221 – BGHZ; bedenklich). Auch wenn es sich bei *BGHZ* um die Abkürzung eines berühmten Werktitels handele, sei zudem die Verkehrsdurchsetzung als Werktitel nicht mit der Verkehrsdurchsetzung als Marke im Sinne des § 8 Abs. 3 gleichzusetzen. *Luftfahrt Woche & Weltraum Technologie* ist als Marke für Zeitschriften unterscheidungskräftig und nicht freihaltebedürftig trotz der Beliebtheit des Wortes *Woche* als Marke oder als Markenbestandteil von Zeitschriftentiteln (BPatG GRUR 1998, 718 – Luftfahrt Woche & Weltraum Technologie); eintragungsfähig auch *Aviation Week & Space Technology* (BPatG NJWE-WettbR 1998, 154 – Aviation Week & Space Technology). Die Wortfolge *Bilderbuch Deutschland*, die einen naheliegenden Werkinhalt treffend und erschöpfend beschreibe, wurde für die auf die Schöpfung oder Verwertung des Werkes gerichteten Dienstleistungen *Veranstaltung und Verbreitung von Hörfunk-*

Absolute Schutzhindernisse 55–58 § 8 MarkenG

*und Fernsehsendungen, Film-, Ton-, Video- und Fernsehproduktionen, Durchführung von Unterhaltungsveranstaltungen* als freihaltebedürftig und, wenn ihr beschreibender Gehalt für den inländischen Verkehr ohne weiteres verständlich ist, als nicht unterscheidungskräftig beurteilt (BPatG NJWE-WettbR 1999, 37 – Bilderbuch Deutschland).

**gg) Geographische Marken.** Im Verkehr weithin unbekannte geographische Namen, 55 die als ein Phantasiewort verstanden werden, kann produktidentifizierende Unterscheidungskraft zukommen. Sorgfältig ist aber zu prüfen, ob an einer solchen geographischen Marke ein aktuelles Freihaltebedürfnis für das konkrete Produkt nach § 8 Abs. 2 Nr. 2 besteht (s. zahlreiche Beispiele Rn 215 ff.). So wurde die Eintragung der geographischen Bezeichnung *Apia* als der ehemaligen Hauptstadt Westsamoas für Tabakerzeugnisse und Zigarettenpapier zugelassen (BPatGE 15, 214; s. Rn 207, 217).

**c) Phantasielose Marken. aa) Grundsatz.** Jedes Wort ist abstrakt unterscheidungs- 56 geeignet nach § 3 Abs. 1 und kann eine markenfähige Wortmarke bilden (s. § 3, Rn 240). Selbst beschreibende Angaben genügen der abstrakten Unterscheidungseignung und stellen markenfähige Markenformen dar. Eine markenfähige Markenform ist aber erst dann eintragungsfähig, wenn ihr als ein produktidentifizierendes Unterscheidungszeichen konkrete Unterscheidungskraft für die angemeldeten Waren oder Dienstleistungen nach § 8 Abs. 2 Nr. 1 zukommt. Wörter, Wortfolgen und Sätze der deutschen Sprache, die nach den anerkannten Regeln der Grammatik gebildet sind (phantasielose Wörter), kommt regelmäßig dann keine konkrete Unterscheidungskraft zu, wenn sie für solche Waren oder Dienstleistungen angemeldet werden, zu denen die Marke im Verkehr eine bestimmte Produktvorstellung hervorruft. Solche Marken wirken nicht produktidentifizierend, allenfalls produktbeschreibend. Namentlich auch Wortfolgen und Sätze, die eine allgemein verständliche Bedeutung wiedergeben oder einen sachlichen Produktbezug aufweisen, wirken nicht als produktidentifizierendes Unterscheidungszeichen, selbst wenn sie in appellativer oder imperativer Form gestaltet sind.

**bb) Rechtsprechung.** Die teils zu strenge Eintragungspraxis und Rechtsprechung kann 57 nur noch unter Vorbehalten im MarkenG gelten, da nach dem MarkenG das Fehlen jeglicher Unterscheidungskraft nur in eindeutigen Fallgestaltungen angenommen werden kann (s. Rn 36). Wenn die konkrete Unterscheidungskraft einer phantasielosen Marke gegeben ist, dann wird zumeist weiter zu prüfen sein, ob es sich um ein beschreibendes Zeichen handelt, an dem nach § 8 Abs. 2 Nr. 2 ein aktuelles Freihaltebedürfnis für die konkreten Waren oder Dienstleistungen besteht. Unter diesem Vorbehalt soll die weithin zu engherzige Rechtspraxis zur Eintragungsfähigkeit von phantasielosen Marke skizziert werden.

Nicht eingetragen wurde die Wortmarke *Warmluftbläser* für Wärmeaustauscher mit Lüfter, 58 weil der Zeichenbestandteil *bläser* nicht phantasievoll sei (DPA BlPMZ 1953, 264). Als *eintragungsunfähige* Marken wurden beurteilt *Kleine Geräte – große Hilfen* für Beleuchtungs-, Heizungs-, Koch-, Kühl-, Trocken- und Ventilationsapparate, Wasserleitungen, Bade- und Klosettanlagen (RPA Mitt 1935, 245); *Mein Ideal* für Kämme und Schwämme (RPA MuW 1936, 111); *Photographiere farbig* für photographische Apparate (RPA Mitt 1935, 325); *malmit* für Farben, Papier, Pinsel, aber konkret unterscheidungskräftig und eintragungsfähig für Schreibmaschinen und Spielkarten (BPatGE 12, 220); *Die mit der Fahne* bei einem entsprechenden Bild für Bonbons (RPA MuW 1933, 262; zweifelhaft; *Aroma in der Tüte* für Kaffee, Tee und Kakao (RPA JW 1935, 3191; zweifelhaft); *skiometer* als fremdsprachige Bezeichnung für Belichtungszeitmesser (RPA JW 1935, 3191); *Farbenmischblocks* für Farbtonblocks (RPA JW 1936, 2894); *Magnetodyn* für Lautsprecher (RPA JW 1936, 1711; zweifelhaft); *Kathodenfallableiter* für elektrische Überspannungsschutzapparate (RPA JW 1936, 2678); *Entwicklungshilfe* für ein Unterhaltungsspiel, weil ohne jede individuelle Eigenart im Gegensatz zu Spieltiteln wie etwa *Fang den Hut* nur die Spielart beschrieben werde (BPatGE 5, 151; zweifelhaft); *Multicolor* für Kohlenstifte bei Farbfilmbandwerfern (RPA MuW 1938, 34; zweifelhaft); *Kreiselantrieb* für Rundfunkgeräte mit Schwungmassenantrieb (RPA MuW 1938, 35); *Ferngriff* für Rundfunkgeräte (RPA MuW 1938, 267); *Gabelfisch* für Fischwaren (BPatGE 11, 266; zweifelhaft); *Profit* für Weißlacke (BPatGE 10, 260; zweifelhaft); *Schorli* für Mischgetränke aus Wein und Wasser (BPatG Mitt 1971, 22); *Die Saubermacht* für Seifen und weitere Waren (BPatG BlPMZ 1972, 30; zweifelhaft); *Maxigold* sowie *Minigold* für Groß- oder Kleinpackungen von Milch oder Sahne (BPatGE 12, 228 – Minigold; 12, 232 –

Maxigold zweifelhaft); *men's club* für Herren- und Burschenoberbekleidungsstücke (BPatGE 13, 113; zweifelhaft); *xpert* für Verpackungs- und Etikettiermaschinen (BPatGE 17, 261, 264 – xpert); *selbst ist der Mann* für Zeitschriften (BPatGE 28, 149 – selbst ist der Mann); *Hautactiv* für Mittel zur Körper- und Schönheitspflege (BPatGE 36, 119 – Hautactiv).

**59** Nicht konkret unterscheidungskräftig sind Bezeichnungen, die auf die *Produktionsweise*, den *Herstellungsort* oder die *Vertriebsart* der Produkte hinweisen. Als *eintragungsunfähige* Marken wurden beurteilt *Night Club* für Weine und Spirituosen (BPatGE 10, 118); *Bratwursthäusle* für diverse Lebensmittel (BPatGE 11, 120); *FABRIK* für Ton- und Bildträger, da Besucher eines solchen Fabrik genannten Kommunikationszentrums nur einen geringen Teil der in Frage kommenden Abnehmerkreise ausmachten (BPatG Mitt 1978, 32).

**60** Allein die bloße *Verdoppelung einer schutzunfähigen Angabe* verleiht der Marke in ihrer Gesamtheit noch keinen Phantasiecharakter als produktidentifizierendes Unterscheidungszeichen, wenn die Selbständigkeit der einzelnen Zeichenbestandteile erhalten bleibt. Als nicht unterscheidungskräftig wurde beurteilt *AIR-AIR* für Wärmetauscher, Kompressoren, Motoren und Kondensatoren (BPatGE 21, 154, 158; zweifelhaft).

**61** In seiner *Rechtsprechung zum MarkenG* hat der BGH dem aus den beiden Abkürzungen *PRO* und *TECH* mit beschreibendem Inhalt zusammengesetzten Markenwort *PROTECH*, das als solches nicht als bekannt nachweisbar war, die Unterscheidungskraft nicht abgesprochen und die zusammengesetzte Marke *PROTECH* für Tennisschläger, Tennissaiten, Joggingbekleidungsstücke sowie Sweatshirts und T-Shirts als eintragungsfähig beurteilt (BGH GRUR 1995, 408 – PROTECH). Die aus den geläufigen Begriffen *clima* und *plus* sowie *climaaktiv* und *plus* im Wege der Zusammenschreibung gebildeten und bisher nicht nachzuweisenden Bezeichnungen *climaplus* und *climaaktivplus* wurden vom BPatG als *eintragungsunfähig* für Bekleidungsstücke beurteilt, da den Bezeichnungen nicht nur hinsichtlich der Einzelteile, sondern auch in der Gesamtheit vielfach ein beschreibender Sinngehalt zugeordnet werden könne (BPatG BlPMZ 1997, 209 – climaplus; 1997, 209 – climaaktivplus). Das Wort *Sigel* stellt auf einem Flaschenetikett keine so deutliche Anlehnung an die Sachangabe Siegel dar, daß es in einer Kombinationsmarke neben den rein beschreibenden Teilen *Pilsner-*, *Kloster-* und *Weizen-Biere* nicht als prägend angesehen werden könne (BPatGE 37, 265 – Sigel).

**62** **d) Bildmarken. aa) Grundsatz.** Abbildungen jeder Art sind nach § 3 Abs. 1 grundsätzlich markenfähig, da ihnen regelmäßig abstrakte Unterscheidungseignung zukommt (s. § 3 Rn 256 ff.). Selbst einfachen geometrischen Grundformen wie Kreis, Dreieck und Viereck wird die abstrakte Unterscheidungseignung nicht abgesprochen werden können. Allenfalls einem Punkt als solchem oder einer Linie als solcher, die etwa nur mit der Schreibmaschine geschrieben sind und keine weiteren Besonderheiten aufweisen, sind nicht abstrakt unterscheidungsgeeignet. Die Eintragungsfähigkeit von einfachen Bildmarken setzt aber weiter deren konkrete Unterscheidungskraft für die angemeldeten Waren oder Dienstleistungen voraus. Es kommt darauf an, ob der Verkehr die einfache Bildmarke als ein produktidentifizierendes Unterscheidungszeichen versteht. Die graphische Gestaltung muß im Verkehr als Marke erkannt werden. Wenn der einfachen Bildmarke keine konkrete Unterscheidungskraft zukommt, dann kann sie die Eintragungsfähigkeit infolge ihrer Benutzung für die angemeldeten Waren oder Dienstleistungen aufgrund des Erwerb von Verkehrsdurchsetzung als Marke nach § 8 Abs. 3 erlangen.

**63** Die restriktive Entscheidungspraxis zur Eintragungsfähigkeit einfacher Bildmarken nach § 4 Abs. 2 Nr. 1 WZG ist im Hinblick auf die Ausdehnung des Markenschutzes im MarkenG zu überdenken. Vor allem kam es nach der Rechtslage im WZG zur Feststellung der Unterscheidungskraft einer Bildmarke darauf an, ob die graphische Darstellung geeignet war, im geschäftlichen Verkehr auf die betriebliche Herkunft der Ware hinzuweisen. Nach der Rechtslage im MarkenG kommt es auf die Feststellung einer herkunftsidentifizierenden Unterscheidungskraft nicht zwingend an. Eine einfache Bildmarke ist schon dann konkret unterscheidungskräftig nach § 8 Abs. 2 Nr. 1, wenn die graphische Darstellung als Bildmarke im Verkehr produktidentifizierend wirkt.

**64** **bb) Rechtsprechung.** Die Darstellung der restriktiven Entscheidungspraxis und Rechtsprechung steht unter dem Vorbehalt, daß im MarkenG eine großzügigere Beurteilung als im WZG geboten ist und der Ausschluß einer Marke von der Eintragung wegen fehlender Unterscheidungskraft nur in eindeutigen Fallgestaltungen in Betracht kommen kann (s. Rn 36).

**(1) Punkte, Linien, geometrische Formen, Ornamente, Umrandungen.** Punkte, Linien, lineare und geometrische Formen, Umrandungen, Verzierungen und Ornamente sind regelmäßig nicht konkret unterscheidungskräftig. Sie werden im Verkehr zumeist nicht als produktidentifizierende Unterscheidungszeichen und damit als Marke verstanden. Es ist allerdings nicht ausgeschlossen, daß auch solchen graphischen Darstellungen im Verkehr konkrete Unterscheidungskraft für bestimmte Produkte zugesprochen und die graphische Darstellung als Bildmarke verstanden wird. Produktidentifizierende Unterscheidungskraft kommt einer graphischen Darstellung vor allem dann nicht zu, wenn die graphische Darstellung erkennbar nur eine *technische* oder *ornamentale Funktion* hinsichtlich des Produkts oder der Produktverpackung erfüllt. 65

In der Rechtsprechung wurden die folgenden graphischen Darstellungen als *eintragungsunfähig* beurteilt: *Umrißlinie* einer Halsetikette für Bierflaschen (KPA BlPMZ 1899, 18); schmale *Überdruckstreifen* auf einer Packung für Schokolade (RG GRUR 1935, 577 – Mauxion; RPA MuW 1933, 98); farbige *Markierungslinien* auf Gardinentragbändern wegen ihrer technischen Funktion (RPA MuW 1937, 317); zickzackförmige *Verzierungslinie* (DPA GRUR 1951, 128); ein rotfarbener rechteckiger *Stoffausschnitt* auf einem Kleidungsstück, der als farbliche Verzierung, als Kontrollmarke oder als Untergrund eines Werbeetiketts zur Aufnahme von Inschriften, nicht aber produktidentifizierend als Marke im Verkehr verstanden wird (BPatGE 4, 80 – roter Fleck); eine *Karoumrandung* für Futtermittelzusatz (BGH GRUR 1973, 467 – Praemix); ein symmetrisch zweigeteiltes *Oval* für Strumpfwaren (BGH GRUR 1969, 345 – red white); eine *Ovalumrandung* für chemische Erzeugnisse, Farbstoffe und Reinigungsmittel (BPatGE 1, 187, 190). 66

Als *eintragungsfähig* wurde die *Verbindung zahlreicher Ornamente* zu einem einheitlichen Bild für Nähmaschinen beurteilt (KPA BlPMZ 1907, 162). Der hohe Stand der modernen Gebrauchsgraphik steht aber der Annahme von Unterscheidungskraft einer Bildmarke aus wenigen oder einfachen Gestaltungselementen nicht grundsätzlich entgegen, auch wenn eigentümliche oder gar urheberrechtsschutzfähige Gestaltungen nicht stets als unterscheidungskräftig anzusehen sind (so zur Bildmarke eines *Kreises mit weißen Durchbrechungen* BPatGE 29, 48). Von werbeüblichen graphischen Gestaltungen ohne Sachinformation, die nur der Erweckung von Aufmerksamkeit dienen (Eye-catcher), muß sich eine unterscheidungskräftige Bildmarke aus der Sicht des Verkehrs deutlich unterscheiden. Wenn die graphische Gestaltung eine besondere Eigenart aufweist oder gar den gegenwärtigen Stand der gebrauchsüblichen Werbegraphik überschreitet, dann wird sie im Verkehr eher als produktidentifizierend wirken. 67

**(2) Wortmarke einer graphischen Darstellung.** Wenn eine graphische Darstellung (Bild eines Kreises) nicht konkret unterscheidungskräftig ist, dann wird regelmäßig auch dem entsprechendem Wort (das Wort Kreis) keine produktidentifizierende Wirkung zukommen. Als *eintragungsunfähig* wurden die folgenden Wortmarken beurteilt: *Siegel* für Seifenpulver (KPA BlPMZ 1902, 193); *Blau-Siegel* für Schaumweine (RPA MuW 1932, 361); *Rotkant* für Gummilitzen (RPA Mitt 1936, 208); *Arabeske* (KPA BlPMZ 1905, 30; zweifelhaft); *Goldring* für chemische Erzeugnisse, Getränke und Lebensmittel (DPA Mitt 1957, 137); *Städtesiegel* für Spirituosen (BPatGE 12, 208; zweifelhaft); *Grünring* für Beton-Filterrohre (BPatGE 14, 225; zweifelhaft); *CARO* als klanggleich mit *Karo* für Tabakerzeugnisse (BPatGE 20, 191 – CARO; zweifelhaft); jedenfalls kann ohne weitere tatsächliche Feststellungen allein mit der Begründung, KARO sei die wörtliche Benennung einer einfachen geometrischen Figur, die Eintragung nicht versagt werden (BPatG GRUR 1993, 827 – KARO). 68

**(3) Graphische Gestaltung des Schriftbildes und Markendesign.** Buchstaben, Wörter und Zahlen können aufgrund ihrer graphischen Gestalt eine als Marke schutzfähige Abbildung darstellen (s. § 3, Rn 257). Doch wird der zeichnerischen Ausgestaltung von Buchstaben, Wörtern und Zahlen regelmäßig schon die abstrakte Unterscheidungseignung nach § 3 Abs. 1 fehlen. Die Markenfähigkeit einer graphischen Gestaltung von Buchstaben, Wörtern und Zahlen kann aber dann bestehen, wenn die graphische Gestaltung eine besondere Eigenart aufweist, den gegenwärtigen Stand der gebrauchsüblichen Werbegraphik überschreitet und ihr so die Eignung zur Unterscheidung von Unternehmensprodukten am 69

Markt zukommt. An die üblichen Formelemente der Gebrauchsgraphik hat sich der Verkehr gewöhnt, der bei einer schriftbildlichen Gestaltung im übrigen weniger auf die graphische Gestaltung als auf das Wort selbst achtet. In diese Richtung tendiert auch die neuere Rechtsprechung des BPatG, wenn verlangt wird, daß die graphische Ausgestaltung schutzunfähiger Wörter einen schutzbegründenden Überschuß erzielt, wobei das erforderliche Ausmaß des Überschusses vom beschreibenden Charakter der fraglichen Wörter abhängt (BPatGE 36, 29 – Color COLLECTION).

**70** Als *eintragungsunfähig* wurde die bildliche Ausgestaltung des Wortes *Dauerwellen*, unterstrichen mit einer Wellenlinie, die den ersten und letzten Buchstaben des lateinisch geschriebenen Wortes schriftzugmäßig verbindet, beurteilt (DPA GRUR 1951, 167). Ein historisches Beispiel bildet die Schreibweise des Namens *Farina* in der Wortmarke *Johann Maria Farina gegenüber dem Jülichplatz* für Kölnisch Wasser (RG MuW 1931, 389, 391 zur geschnörkelten Schriftart des Anfangsbuchstabens *F* und der mit Punkten versehenen Schlußschleife). Als *eintragungsunfähig* beurteilt wurde *Jean's etc ...* für vêtements, chaussures, chapellerie (Waren der Klasse 25) auch bei Querstellung des Zeichenbestandteiles *etc* sowie unterschiedlicher farblicher Fassung der den Untergrund für die Schrift bildenden Blöcke (BPatGE 38, 239 – Jean's etc ...).

**71** Als *eintragungsfähig* wurden beurteilt eine ins Bildhafte verfremdete Darstellung des Buchstabens *S* für Schuhwaren (BPatG Mitt 1988, 94 – S); eine eigenartige und einprägsame Verfremdung des Buchstabens *G* für elektrische und elektronische Geräte, da der Bildcharakter der Marke überwiege (BPatG Mitt 1988, 94 – G); die ineinander verschachtelten Buchstaben *H* und *P* für Web- und Wirkstoffe, Textilwaren (BPatG Mitt 1987, 221); die ineinander verschachtelten Buchstaben *GG* (BPatG Mitt 1986, 236; GRUR Int 1992, 923 – GG); die bildhaft verfremdete Buchstaben-Zahlenkombination *3 p* für chemische Erzeugnisse, Kautschuk, da der Bildcharakter den Schriftzugcharakter überwinde (BPatG Mitt 1990, 37); die graphische Ausgestaltung der Wortmarke *K-Flow* für Meßgeräte (BPatG CR 1992, 96); eine ins Bildhafte über das verkehrsübliche Maß verfremdete Ausgestaltung des Buchstabens *C* als Worbildmarke, auch wenn der Bildbuchstabe *C* mit dem Anlaut des schutzunfähigen Wortbestandteils *Champion* übereinstimmt und dieser Umstand eine Deutung des Bildteils als Buchstabe zusätzlich ermögliche (BPatG 29, 248 – C/Champion). In Abweichung von dieser Entscheidungspraxis sieht das BPatG nunmehr eine *Verfremdung ins Bildhafte,* die den Eindruck einer reinen Buchstabenmarke aufhebe, nicht mehr als eine Voraussetzung für die Schutzfähigkeit an. Als *eintragungsfähig* wurde die Wortmarke *rdc-group* beurteilt, da schon die nicht verkehrsübliche und nicht einfache Gestaltung der Buchstaben, die Abstand von einer Schrift mit vorbekanntem Formenschatz halte, das Freihaltebedürfnis ausschließe (BPatG GRUR 1992, 397 – rdc-group). Als sonstige Aufmachung nach § 3 Abs. 1 und als unterscheidungskräftig für Bekleidungsstücke beurteilt wurde ein *bestimmtes Ausrufezeichen,* das an stets gleichbleibender Stelle in gleicher Größe und in einem bestimmten farblichen Kontrast zum (Jeans-)Stoff auf der Tasche eines Bekleidungsstücks aufgenäht ist, auch wenn Ausrufezeichen als solche bei isolierter Verwendung als Bildzeichen auf dem Warensektor nicht schutzfähig sind (BPatGE 40, 71 – Jeanstasche mit Ausrufezeichen; bei dem JOOP-Ausrufezeichen auf der Jeanstasche handelt es sich um eine Positionsmarke, s. § 3, Rn 294a; zur Markenfähigkeit von Satzzeichen s. § 3, Rn 256).

**72** **(4) Streifen, Bänder, Ringe, Musterungen.** Streifen, Bänder, Ringe, Musterungen und ähnliche graphische Darstellungen werden vor allem dann, wenn es sich um fortlaufende, nach allen Seiten unbegrenzte Gestaltungen handelt, im Verkehr regelmäßig als *schmückender Zierrat* oder *technisch bedingte Ausgestaltung* verstanden (RG GRUR 1939, 841 – Mauxion/Waldbaur; 1938, 607 – Luhns Goldband; DPA BlPMZ 1952, 192 – Farbringröhre; BPatGE 14, 225 – Grünring). Es ist aber nicht ausgeschlossen, daß der Verkehr bei bestimmten Produkten auch solchen graphischen Gestaltungen produktidentifizierende Wirkung als Marke zuerkennt. Nach uraltem Brauch werden *Webkantenfäden* im Verkehr als Marken verstanden. Webkantenfäden sind farbige, parallel zur Stoffbahn verlaufende Randleisten von Webstoffen, die seit alters her als eintragungsfähig angesehen werden (RPA MuW 1927/28, 351). Ebenso wirken farbige Streifen auf *Glasröhren, Glasstäben, Zündschnüren* und *Thermometern* im Verkehr produktidentifizierend (RPA MuW 1935, 296). Als eintragungsfähig beurteilt wurden Musterungen und Streifen auf *Schläuchen* aus Gummi oder Kunststoff (nach beiden Längsrichtungen unbegrenzt fortgesetzte oder sich wiederholende

Musterungen wie Winkel, Schlangenlinien, Längsstreifen, Felder, kreisförmige Punkte DPA GRUR 1955, 59).

Nach früherer Eintragungspraxis wurde Markenschutz nur der Farbgebung solcher Musterungen, nicht den Musterungen als solchen gewährt. Die Verkehrsübung gehe dahin, die farbliche Gestaltung von Schläuchen als technischen Zwecken dienend zu beurteilen. So wurde die auf Außenmänteln von *Kabeln* und *isolierten Leitungen* in schwarz-weißer oder farbiger Ausführung angebrachte Darstellung einer Folge unter sich paralleler, senkrecht zur Kabellängsachse verlaufender, endlicher Striche mangels Unterscheidungskraft nicht eingetragen, da die Striche als Hinweise technischer Art verstanden würden (DPA BlPMZ 1960, 184). Der Markenschutz von *Kennfadenmarken* beurteilte sich nach der KabelkennfädenV und nach deren Aufhebung durch Art. 48 Nr. 2 MRRG nach dem MarkenG und § 10 MarkenV (s. dazu § 3, Rn 292 f.). Nach der Rechtslage im WZG wurden als eintragungsfähig beurteilt Musterungen und Streifen in und auf *Kabeln* und *Litzen* (BGHZ 8, 203, 205). Die Eintragungsfähigkeit farbiger Streifen wurde nur für bestimmte Produktbereiche angenommen, im übrigen regelmäßig abgelehnt. Diese restriktive Eintragungspraxis ist nach der Rechtslage im MarkenG zu überdenken, da die Eintragungsunfähigkeit wegen fehlender Unterscheidungskraft nur in eindeutigen Fallkonstellationen in Betracht kommen kann (s. Rn 36).

Als *eintragungsunfähig* wurden beurteilt ein blauer *Streifen* in umgrenztem Rechteck auf hellem Untergrund für Schokolade (RPA MuW 1935, 295 – Mauxion); farbige *Tuchstreifen* und Musterungen in Zwischenfuttern (RPA MuW 1933, 40); *Streifenmuster* in Teppichrücken (RPA MuW 1932, 359); *Nahtlinien* von Kleidungsstücken (DPA BlPMZ 1955, 191); farbige *Ringe* oder *Streifen* bei Rundfunkverstärkerröhren (DPA BlPMZ 1952, 192). Nach der Rechtsprechung sollen Farbstreifenmuster grundsätzlich nur in flächenmäßiger Umgrenzung eingetragen werden können, da der Verkehr sich nur an konkret umrissenen Erscheinungsformen orientiere (BGH GRUR 1970, 75 – Streifenmuster). Der Verzicht auf eine flächenmäßige Begrenzung eines Farbstreifenmusters sei nur bei solchen Produkten entbehrlich, bei denen gewohnheitsmäßig eine entsprechende Verkehrsübung bestehe, wie etwa bei Schläuchen, Webkanten, Glasröhren und Treibriemen. Auch nach der *Rechtslage im MarkenG* werden in der Eintragungspraxis *Verzierungen von Sportschuhen* weithin eine *technische Funktion* beigemessen (s. zu einem *halbkugelförmigen Punktsystem auf der Lasche* BPatG, Beschluß vom 13. Januar 1998, 27 W (pat) 214/94 – Punktsystem auf der Lasche; zu einer *Fersenverstärkung* BPatG, Beschluß vom 3. Februar 1998, 27 W (pat) 165/96 – Fersenverstärkung) oder wird ohne Verkehrsdurchsetzung von *fehlender Unterscheidungskraft* ausgegangen (so zu einer *Winkelverzierung* an einem Sportschuh BPatG, Beschluß vom 3. Februar 1998, 27 W (pat) 128/96 – Winkelverzierung).

**(5) Beschreibende Bildmarken.** Graphische Darstellungen können rein beschreibend wirken. Einfache Bildmarken ohne besondere Eigenart können die Beschaffenheit oder Bestimmung eines Produkts beschreiben, ohne dieses im Verkehr als Marke zu identifizieren (zur Abgrenzung der Schutzhindernisse der fehlenden Unterscheidungskraft und der beschreibenden Marken s. Rn 30 f.). So wurde die Unterscheidungskraft einer *Herzdarstellung*, die nur als bildliches Bezugselement zu dem die angemeldeten Verpackungswaren (Schallplattenhüllen) anpreisenden Aussagegehalt (Schenk' Musik mit Herz verpackt) wirke und keine phantasievolle Eigenart aufweise, verneint (BPatG Mitt 1978, 230; zweifelhaft). Erst die besondere graphische Ausgestaltung einer *Herzdarstellung* begründet die Schutzfähigkeit als Marke (BGH GRUR 1989, 425 – Herzsymbol). Bedenklich ist es, eine Bildmarke schon dann als beschreibend zu beurteilen und ihr jegliche Unterscheidungskraft abzusprechen, wenn technisch- funktionale Vorgänge mit Produktbezug bildlich dargestellt werden, auch wenn sich die Darstellung im wesentlichen in einer einfachen schematischen Wiedergabe von technischen Symbolen erschöpft (so aber BPatG GRUR 1993, 121 – Spreizdübelzeichnung). So wurde die Unterscheidungskraft stilisierter *Wassertropfen* als Bildmarke verneint, weil sich die graphische Darstellung unmittelbar beschreibend auf die mit ihr versehenen Wasseraufbereitungsgeräte beziehe (BPatGE 18, 90; bedenklich). Als eintragbar wurde ein Bildzeichen beurteilt, das sich nicht in der bildlichen Wiedergabe der Wirkungsweise eines *Klettverschlusses* erschöpfte. Die Verkehrskreise fassen diese Darstellung als Phantasiegebilde auf (BPatG Mitt 1987, 241). Um unterscheidungskräftig zu sein, muß sich ein Bildzeichen auch von werbeüblichen graphischen Gestaltungen, die keine Sachinformation enthalten, sondern nur der Erweckung von Aufmerksamkeit dienen (Eye-catcher) deutlich aus Sicht des Verkehrs unterscheiden (BPatGE 29, 49).

76 **(6) Abbildung der Ware (Produktbildmarken).** Der *naturgetreuen Abbildung* einer Ware (Photographie oder zeichnerische Darstellung eines Autos) fehlt grundsätzlich schon die abstrakte Unterscheidungseignung, Unternehmensprodukte im Marktwettbewerb zu identifizieren. Der Verkehr erkennt im Bild einer Ware ein Produkt als solches, nicht ein Kennzeichen für ein Produkt. Einem naturgetreuen Warenbild als solchem kommt keine abstrakte Unterscheidungseignung als ein allgemeines Merkmal der Markenfähigkeit nach § 3 Abs. 1 zu (s. § 3, Rn 258 ff.). Bildliche Darstellungen eines Produkts oder der Form eines Produkts, die *nicht photographisch oder zeichnerisch naturgetreu* sind, sind grundsätzlich als markenfähig im Sinne des § 3 zu beurteilen. Nach der *Rechtslage im WZG* wurde die Schutzfähigkeit einer *Produktbildmarke* davon abhängig gemacht, daß die Art und Weise der Darstellung des abgebildeten Gegenstandes in der Marke eine *unterscheidungskräftige Eigenart* aufweise (s. nur BGH GRUR 1964, 454 – Palmolive). Nach dieser Auffassung stellt ein Warenbild nur aufgrund seiner konkreten Eigenart eine als Bildmarke markenfähige Markenform dar. Nach der *Rechtslage im MarkenG* ist das BPatG zu einer zunächst großzügiger erscheinenden, der Sache nach aber restriktiveren Eintragungspraxis übergegangen. Kern des Beurteilungswandels ist es, nicht mehr nur auf die unterscheidungskräftige Eigenart, sondern auf die *herkunftshinweisend originellen* Gestaltungsmerkmale abzustellen. Die Herkunftshinweisfunktion in ihrer traditionellen *Formulierung* wird zum rechtserheblichen Kriterium der konkreten Unterscheidungskraft eines Produktbildes. Nach diesen zur Rechtslage im MarkenG aufgestellten Grundsätzen kann die Abbildung einer Ware oder eines Warenteils nach § 8 Abs. 2 Nr. 1 bis 3 nicht von der Eintragung als Marke ausgeschlossen werden, wenn die Abbildung eine *hinreichende herkunftshinweisend originelle* und nicht lediglich durch die Art der Ware selbst bedingte Gestaltung der Ware oder des Warenteils (*unterscheidungskräftige Besonderheit*) erkennen läßt (BPatGE 35, 90 – Absperrpoller). In seiner neueren Rechtsprechung stellt das BPatG nicht mehr nur auf die unterscheidungskräftige Besonderheit des Produktbildes als solches ab, sondern beurteilt eine Produktbildmarke erst dann als eintragungsfähig, wenn dem photographisch oder zeichnerisch im Bild wiedergegebenen Produkt ein *besonderes Gestaltungselement* zu eigen ist, das über die Art des Produkts bedingte Formelemente hinaus *herkunftshinweisende* Merkmale aufweist. Der BGH hat die kennzeichenrechtliche Erheblichkeit des Kriteriums der herkunftshinweisend originellen Gestaltungsmerkmale anerkannt. Nach der *Autofelge*-Entscheidung, in der die Produktbildmarke der graphischen Darstellung einer Autofelge zu beurteilen war, kommt es darauf an, daß die Produktbildmarke über die technische Gestaltung der Ware hinausgehende Elemente aufweist, auf denen die konkrete Eignung der Marke beruht, diese Ware einem bestimmten Geschäftsbetrieb zuzuordnen (BGH GRUR 1997, 527, 529 – Autofelge). Dieser Rückzug auf die Herkunftsindividualisierung als Abgrenzungskriterium stellt gegenüber der *Palmolive*-Entscheidung (BGH GRUR 1964, 454 – Palmolive) einen Rückschritt dar und war nach der *Füllkörper*-Entscheidung (BGH GRUR 1995, 732 – Füllkörper) nicht geboten (so selbst die fragliche Relevanz des Kriteriums der herkunftshinweisenden Originalität problematisierend BPatGE 39, 238, 243 – POP swatch). Die konkrete Unterscheidungskraft eines Produktbildes sowie einer Produktform (s. Rn 117b ff.) als Marke wird zwar, aber nicht nur aufgrund von *herkunftsindividualisierenden*, sondern auch von allgemein *produktidentifizierenden* Gestaltungsmerkmalen begründet. Man wird die Eintragungspraxis und die sie billigende Rechtsprechung nicht dahin zu verstehen haben, daß die Orientierung an der Herkunftsfunktion der Marke im Eintragungsverfahren als ausschließlich und abschließend zu verstehen ist. Als nicht unterscheidungskräftig beurteilt wurden die bildliche Darstellung eines *Schokoladenriegels* für Schokolade (BPatG, Beschluß vom 9. April 1997, 32 W (pat) 429/95 – Schokoladenriegel); die farbige, bildliche Darstellung eines *Fisches* für feine Backwaren und Dauerbackwaren (BPatG, Beschluß vom 9. April 1997, 32 W (pat) 30/96 – Fisch); die farbige, bildliche Darstellung eines *Bären* für feine Backwaren und Dauerbackwaren (BPatG, Beschluß vom 29. Oktober 1997, 32 W (pat) 49/97 – Bär); die zeichnerische Darstellung eines *Turnschuhes mit rotem Punkt auf der Lasche* für Schuhe (BPatG, Beschluß vom 28. Oktober 1997, 27 W (pat) 38/97 – Turnschuh); die zeichnerische Darstellung eines zweifarbigen *Zahnpastastranges* für Seifen und Parfümerien (BPatGE 39, 65 – Zahnpastastrang); die bildliche Darstellung einer *Transportbox* für Tiere (BPatG, Beschluß

Absolute Schutzhindernisse 77–82 § 8 MarkenG

vom 5. November 1997, 26 W (pat) 64/96 – Transportbox); die bildliche Darstellung des *Gehäuseträgers* einer Uhr (BPatGE 39, 238 – POP swatch).

Einer nach § 3 Abs. 1 markenfähigen Produktbildmarke wird aber regelmäßig die konkrete Unterscheidungskraft nach § 8 Abs. 2 Nr. 1 für das abgebildete Produkt, nicht aber für andere Waren oder Dienstleistungen fehlen. Auch wenn einer Produktbildmarke produktidentifizierende Unterscheidungskraft zukommt, dann kann es sich zwar bei dem Produktbild um ein als Marke schutzfähiges, beschreibendes Zeichen handeln, dessen Eintragung aber wegen Bestehens eines aktuellen Freihaltebedürfnisses für das konkrete Produkt nach § 8 Abs. 2 Nr. 2 ausgeschlossen ist (vergleichbar die Rechtsprechung zu § 4 Abs. 2 Nr. 1 s. RG MuW 1927/28, 524, 525; 1930, 90; BPatGE 4, 80 – Roter Fleck; 11, 251 – Kirschpraline). Im Anschluß an die Rechtsprechung des BGH (BGH GRUR 1955, 421 – Forellenzeichen; 1985, 383 – BMW-Niere) lehnte das BPatG noch nach der Rechtslage im WZG die Eintragungsfähigkeit eines Bildes ab, da es sich für den Verkehr als weitgehend naturgetreue Wiedergabe der angemeldeten Ware (*Kraftfahrzeug-Leichtmetallfelge*) darstellte; das gilt auch dann, wenn die Ware selbst in unterschiedlicher ästhetischer und technischer Gestaltung (wie des Speichenbildes) auftrat und die gewählte Darstellung eine dieser gebräuchlichen Gestaltungen wiedergab, ohne daß diese Gestaltung oder ihre Wiedergabe im angemeldeten Zeichen besondere herkunftshinweisend eigenartige, einprägsame Gestaltungsmerkmale aufwies (BPatG BlPMZ 1995, 373 – Kraftfahrzeug-Leichtmetallfelge). Ob an dieser Rechtspraxis nach der Rechtslage im MarkenG und der Entscheidung *Absperrpoller* (BPatGE 35, 90 – Absperrpoller), sowie der jüngeren Rehtsprechung des BPatG (s. Rn 76) noch festzuhalten ist, erscheint zwar zweifelhaft. Doch auch nach der Rechtslage im MarkenG sollte an der *Schutzunfähigkeit von Produktbildmarken mit naturgetreuer Produktabbildung* grundsätzlich festgehalten werden.

Einer Produktbildmarke kommt konkrete Unterscheidungskraft zu, wenn das Produktbild nicht naturgetreu und photographisch die Ware abgebildet, sondern diese stilisiert, eigenartig gestaltet oder symbolhaft wiedergibt oder mit einer besonderen Zutat versieht (BPatG BlPMZ 1995, 373 – Kraftfahrzeug-Leichtmetallfelge; BGH GRUR 1955, 421 – Forellenzeichen; 1985, 383 – BMW-Niere; ähnlich schon RG GRUR 1928, 595 – Intertype; RPA MuW 1931, 408). Als *eintragungsfähig* beurteilt wurden die stilisierten Darstellungen des *Autokühlergrills* der Rolls-Royce Automobile (BPatG, Beschluß vom 25. September 1975, 25 W (pat) 110/75 – Autokühlergrill) sowie der BMW Kraftfahrzeuge (BGH GRUR 1985, 383 – BMW-Niere; aA BPatG, Beschluß vom 14. September 1983, 28 W (pat) 165/83 – Kfz-Kühlergrill); die stilisierte Darstellung von *Klettverschluss-Bändern* (BPatG Mitt 1987, 241). Als *eintragungsunfähig* wurde die Abbildung eines *Motorradmotors* beurteilt (BPatG GRUR 1993, 392 – Motorradmotor); auch die naturgetreue Wiedergabe einer geläufigen *Etikettenform* genügt nicht dem Erfordernis der über die bloße Abbildung der Ware hinausreichenden, eigentümlichen und originellen Darstellung der Marke (BPatG BlPMZ 1996, 466 – Etiketten).

Dieser Grundsatz gilt auch für die stilisierte Abbildung von *Produktteilen*. Die farbigen *Endmuffen* naturgetreu abgebildeter Betonfilterrohre wurden als nicht unterscheidungskräftig angesehen (BPatG GRUR 1973, 28 – Betonfilter); das ist nicht nur im Hinblick auf den Schutz von Kennfadenmarken (s. Rn 73) bedenklich, sondern nach der Rechtslage im MarkenG auch im Hinblick auf die Reichweite des Rechtsschutzes von Farbmarken (s. Rn 89 ff.).

Die dargestellten Grundsätze zur Produktbildmarke gelten auch für solche Marken, die einen Teil des Produkts bildhaft darstellen. Bei der Abbildung von Produktbestandteilen kommt deren technisch-funktioneller Bedingtheit für den Ausschluß der Schutzfähigkeit besondere Bedeutung zu.

Auch eine *IR-Marke,* die aus der naturgetreuen Abbildung der Ware besteht, ist wegen fehlender Unterscheidungskraft im Geltungsbereich des MarkenG nicht schutzfähig; etwas anderes kann nach Art. 6$^{quinquies}$ C PVÜ dann gelten, wenn sich bei Würdigung der Schutzfähigkeit der Marke aus einer Berücksichtigung aller Tatumstände, wie vor allem der Dauer des Gebrauchs der Marke, etwas anderes ergibt.

Wenn an einem bestimmten Merkmal einer Ware Markenschutz durch Benutzung und den Erwerb von Verkehrsgeltung als Marke nach § 4 Nr. 2 entstanden ist, dann wird durch das Bestehen des Markenschutzes an diesem Merkmal nicht die Unterscheidungskraft einer naturgetreuen Abbildung der Marke begründet. Einem Produktbild als solchem fehlt schon die abstrakte Unterscheidungseignung im Sinne des § 3 Abs. 1 (s. § 3, Rn 258).

83   Wenn die naturgetreue Abbildung eines Produkts als Produktbildmarke nicht konkret unterscheidungskräftig ist, dann gilt dies auch für die wörtliche Bezeichnung des Produkts als Wortmarke. Als eintragungsunfähig wurde beurteilt die Wortmarke *Grünring* für einen grünen Ring (BPatGE 14, 225 – Grünring).

84   **(7) Abbildung der Warenverpackung (Verpackungsbildmarken). (a) Produktverpackung als Bildmarke.** Die abstrakte Unterscheidungseignung der Abbildung einer Produktverpackung als ein allgemeines Merkmal der Markenfähigkeit nach § 3 Abs. 1 ist im Ansatz nicht anders zu beurteilen als die Markenfähigkeit der Abbildung eines Produkts selbst (§ 3, Rn 262). Dem Bild einer Warenverpackung fehlt im allgemeinen schon die abstrakte Unterscheidungseignung, weil der Verkehr im Bild einer Warenverpackung regelmäßig allein die *Verpackungsart* der Ware, nicht aber ein Kennzeichen der Ware erkennt. Allerdings sind bei der Abbildung von Warenverpackungen eher als bei der Abbildung von Waren Fallgestaltungen denkbar, bei denen die Bildmarke nach der Art der Darstellung eine die abstrakte Unterscheidungseignung begründende Eigenart aufweist. Wenn die Abbildung einer Warenverpackung abstrakt unterscheidungsgeeignet nach § 3 Abs. 1 ist, dann kommt es weiter auf die konkrete Unterscheidungskraft der Abbildung der Warenverpackung nach § 8 Abs. 2 Nr. 1 an.

85   Die Verpackung und Aufmachung eines Produkts gehört zur äußeren Beschaffenheit der Ware selbst. Wenn die Verpackung einer Ware naturgetreu ohne jede Eigenart bildlich dargestellt wird, dann fehlt dieser Bildmarke regelmäßig die konkrete Unterscheidungskraft für die Waren, deren Verpackung abgebildet wird und für die die Eintragung beantragt wird. Für den Verkehr erscheint die Bildmarke der Produktverpackung nur als eine Darstellung der Art und Weise der Warenverpackung (BGHZ 41, 187 – Palmolive zu den Form- und Farbmerkmalen der *Palmolive*-Seifenpackung ohne das auf der Banderole in gelber Farbe aufgedruckte und geschützte Wort *Palmolive*; kritisch *Reimer/Trüstedt*, Kap. 5, Anm. 13; *Miosga*, Mitt 1969, 105).

86   Die Rechtsprechung zu § 4 Abs. 2 Nr. 1 WZG hat die Eintragungsfähigkeit einer Produktverpackung selbst dann verneint, wenn die Art und Weise der Verpackung als solche originell gestaltet ist. Es widerspreche einem an einem dem sachlichen Markenschutz nach § 25 Abs. 1 WZG, wenn ein Markenrecht für eine Verpackung schon zu einer Zeit erworben werde, zu der die Verpackung im Verkehr noch keine Verkehrsdurchsetzung erworben habe, weil ein Flächenzeichen auch durch plastische Gebilde (dreidimensionale Marke) verletzt werden könne. Zum anderen bestehe kein zwingendes Bedürfnis, neben einem Ausstattungsschutz nach § 25 Abs. 1 WZG noch einen förmlichen Zeichenschutz durch Eintragung der Abbildung einer Ware in die Zeichenrolle zu gewähren, weil dadurch der Zeichenschutz auf einen Zeitraum erstreckt werde, in dem die Warenverpackung möglicherweise schon ihre Verkehrsgeltung eingebüßt habe. Diese Begründung, mit der die Eintragungsfähigkeit *originell gestalteter Produktverpackungen* als Bildmarke abgelehnt worden ist, überzeugte schon nicht nach der Rechtslage im WZG (*Vierheilig*, Grenzen der Maßgeblichkeit der Verkehrsauffassung im Warenzeichenrecht, S. 27ff.; *Harmsen*, GRUR 1964, 456, 457; *Zeller*, GRUR 1965, 21, 22) und kann vor allem nach der Rechtslage im MarkenG im Hinblick auf die Gleichwertigkeit der nach der Entstehung des Markenschutzes zu unterscheidenden Kategorien von Marken nach § 4 nicht gelten. Zum einen kann einer originellen Darstellung einer Produktverpackung als Bildmarke konkrete Unterscheidungskraft als ein produktidentifizierendes Unterscheidungszeichen zukommen, zum anderen erwirbt die Abbildung einer Warenverpackung spätestens dann konkrete Unterscheidungskraft, wenn sich die Produktverpackung als dreidimensionale Marke durch Benutzung und den Erwerb von Verkehrsgeltung im Verkehr durchgesetzt hat. Eine konkret unterscheidungskräftige, weil produktidentifizierende Bildmarke einer Produktverpackung ist nicht von der Eintragung ausgeschlossen, auch wenn an der Produktverpackung mangels Erwerbs von Verkehrsgeltung kein dreidimensionaler Markenschutz durch Benutzung besteht.

87   Eine naturgetreue Abbildung einer Warenverpackung, wird im Verkehr, auch wenn sie originell gestaltet ist, häufig als ein deskriptiver Hinweis auf die Art der Verpackung und damit als ein beschreibendes Zeichen verstanden werden. Eine solche Bildmarke ist nach § 8

Absolute Schutzhindernisse  88, 88a  § 8 MarkenG

Abs. 2 Nr. 2 dann von der Eintragung ausgeschlossen, wenn ein *aktuelles Freihaltebedürfnis* für die konkrete Ware besteht. Wenn kein Freihalteinteresse besteht, ist die Bildmarke eintragungsfähig. Die Gleichwertigkeit des Markenschutzes durch Eintragung (§ 4 Nr. 1) und des Markenschutzes durch Benutzung (§ 4 Nr. 2) verbietet es, im Hinblick auf ein mögliches Freihalteinteresse an der Bildmarke einer Produktverpackung grundsätzlich nur den sachlichen Markenschutz durch den Erwerb von Verkehrsgeltung, nicht auch den formalen Markenschutz durch Eintragung zuzubilligen (aA zum WZG *Vierheilig*, Grenzen der Maßgeblichkeit der Verkehrsauffassung im Warenzeichenrecht, S. 33).

**(b) Flaschenbildmarken.** Originellen Flaschenformen kommt als Verpackungsart bei bestimmten Konsumgütern wie etwa den Flakons von Parfums eine wichtige Funktion im Produktmarketing zu. Flaschenbildmarken, die sich nicht in der Darstellung des technisch-funktionellen Charakters als Warenverpackung erschöpfen, werden kraft der originellen Eigenart der Produktverpackung im Verkehr als produktidentifizierendes Unterscheidungszeichen verstanden (Parfumflakon als Dali-Skulptur, Getränkesaftflasche als Tierfigur, Alkoholflasche in Buchform). Die Darstellung einer Whiskyflasche, die sich darauf beschränkte, die Flasche als Verpackung für Getränke in ihrer Eigenart wiederzugeben, wurde als nicht eintragungsfähig beurteilt (dreieckige Triangularflasche mit eingebuchteten Seitenflächen BPatGE 5, 44 – Wiskyflasche). Konkrete Unterscheidungskraft kommt namentlich einer solchen Flaschendarstellung zu, der über die Flaschenform als solcher hinaus eine unübliche Zutat wie etwa ein Gesicht, ein Babyschnuller für Kindergetränkeflaschen oder eine Künstlerskulptur (Niki de St. Phalle-Skulptur als Verschluß eines Parfumflakons) beigefügt wird (BPatGE 5, 44, 47 – Whiskyflasche). 88

**(8) Farbige Ausgestaltung von Wort- und Bildmarken.** Es ist nicht eindeutig geklärt, inwieweit sich die *farbige Ausgestaltung* einer Wort- oder Bildmarke auf die absoluten Schutzhindernisse der fehlenden Unterscheidungskraft nach § 8 Abs. 2 Nr. 1, sowie der beschreibenden Angabe nach § 8 Abs. 2 Nr. 2 und damit auf die Eintragungsfähigkeit der farbigen Markenform, die keine Farbmarke als solche (s. dazu Rn 89 ff.) darstellt, auswirkt (zu farbigen Eintragungen s. § 32, Rn 20 ff.). In der Rechtsprechung des BGH wird davon ausgegangen, daß die unterschiedliche Färbung eines Zeichenbildes regelmäßig die Markenform nicht verändert. Wenn die Färbung des Zeichenbildes allerdings bisher unwesentliche Zeichenbestandteile als charakteristische Merkmale der Marke erscheinen läßt, dann erstreckt sich der Schutzumfang der eingetragenen Markenform nicht mehr auf das durch die Farbgebung veränderte Zeichenbild (BGH GRUR 1956, 183, 185 – Drei-Punkt-Urteil; 1957, 553, 556 – Tintenkuli; s. dazu § 32, Rn 20). Auf der Grundlage dieser Rechtsprechung entschied der 24. Senat des BPatG, daß eine naheliegende bildliche Wiedergabe der Wirkungsweise einschlägiger Waren auch dann jeglicher Unterscheidungskraft entbehren kann, wenn sie farbig ausgestaltet ist; als eintragungsunfähig beurteilt wurden *die in verschiedenen Farbtönen gehaltenen, bildlichen Darstellungen der Wirkungsweise eines Rohrreinigers* für chemische Erzeugnisse für gewerbliche Zwecke, insbesondere Reinigungsmittel zum Reinigen von Rohren, Ausgüssen und Becken (BPatGE 37, 148 – Rohrreiniger). Da der Schutzbereich einer farbigen Eintragung grundsätzlich auch die Wiedergabe in schwarz-weiß sowie in jeder anderen Farbe umfasse und darüberhinaus dahin erweitert sein könne, daß zusätzlich ein durch die konkrete Farbgebung eventuell entstehendes besonderes Markenbild geschützt werde, könne eine Beschränkung des Markenschutzes auf eine bestimmte Farbe nur unter besonderen Umständen angenommen werden. Einen solchen Umstand bilde etwa eine bereits bei der Markenanmeldung beigefügte Beschreibung, die eine Klarstellung des Schutzbegehrens in der Richtung enthalte, daß entgegen der Regel nur die Ausführung der Marke in bestimmten Farben geschützt sein solle. Anders geht der 33. Senat des BPatG davon aus, daß durch den Antrag auf farbige Eintragung einer Marke der Gegenstand der Prüfung im Eintragungsverfahren entsprechend bestimmt und beschränkt werde, ohne daß mit der Eintragung insoweit eine bindende Aussage über etwaige Anforderungen an die Benutzung sowie über den künftigen Schutzumfang der Marke verbunden sei; als eintragungsfähig beurteilt wurde ein *Streifenbild* (dunkelblauer oberer und goldgelber unterer Querstreifen auf weißem Grund) aufgrund der konkreten farblichen Gestaltung für Dienstleistungen der Klasse 36 (BPatGE 37, 98 – VISA-Streifenbild). Auch der 29. Senat des BPatG geht davon aus, die bei einer farbigen Anmeldung einer Marke gewählte Farbstellung werde Be- 88a

371

standteil der Marke und bestimme und beschränke deren Schutz. Die beanspruchten Farben könnten daher jedenfalls zusammen mit weiteren graphischen Gestaltungselementen ein Freihaltebedürfnis am Wortbestandteil der Marke überwinden; als eintragungsfähig beurteilt wurde die Wortbildmarke TAX FREE FOR TOURISTS, deren Wortbestandteile als glatt beschreibend angesehen wurden, aufgrund der graphischen und insbesondere der farblichen Ausgestaltung einer silbergrauen Innen- und königsblauen Außenumrahmung mit entsprechenden Unterstreichungen (BPatGE 37, 72 – TAX FREE).

### e) Farbmarken

**Schrifttum zum WZG.** *Beier,* Ausstattungsschutz für Farben, GRUR 1980, 600; *Blasendorf,* Farbenwirkung und Farbenschutz, GRUR 1954, 294; *Borck,* Frühjahrsmode 1966: Hausfarben, WRP 1966, 231; *Callmann,* Farbbezeichnungen und Ausstattungsschutz, MuW 1932, 484; *Dietze,* Farben unter Kennzeichenschutz?, GRUR 1959, 410; *Frieling,* Farbe hilft verkaufen, 1957; *Hefermehl,* Zum Schutz der Farbe als Kennzeichnungsmittel, FS für Philipp Möhring, 1965, S. 225; *Heydt,* GRUR 1966, 33; *Lüscher,* Psychologie der Farben, 1949; *Miosga,* Die Farbe als Zeichenelement, MA 1961, 235; *Möhring,* Hausfarben und ihre rechtliche Bedeutung, MA 1950, 139; *Ropski/Wettermann,* Important Decisions, Trends, and Events in United States Patent and Trademark Law: 1993 and 1994, Mitt 1995, 295; *Schulze zur Wiesche,* Der Schutz der Farbe oder farbigen Aufmachung durch den § 25 WZG, GRUR 1965, 129; *Schulze zur Wiesche,* Zum Ausstattungsschutz an der Farbe oder farbigen Aufmachung, BB 1966, 722; *Stauder,* Amtsprüfung und Farbenschutz im französischen Markenrecht, GRUR Int 1976, 116; *Tetzner,* Wettbewerbsrechtlicher Schutz von Farben und Werbemethoden, WRP 1956, 93; *Ulmer,* JW 1932, 1855; *Utescher,* Der Farbenschutz im Kennzeichnungsrecht, Mitt 1959, 293.

**Schrifttum zum MarkenG.** *Anders/Hacker,* Aus der Rechtsprechung des Bundespatentgerichts im Jahre 1996, GRUR 1997, 487; *Aracama Zorraquín,* Marken, die aus Farben bestehen, und ihr Schutz im argentinischen Recht, GRUR Int 1996, 405; *Fezer,* Grundprinzipien und Entwicklungslinien im europäischen und internationalen Markenrecht, WRP 1998, 1; *Fezer,* Farbmarkenschutz – Zur Markenfähigkeit und Eintragungsfähigkeit von Einfarbenmarken und Mehrfarbenmarken – Zugleich eine Anmerkung zur "Farbmarke gelb/schwarz"-Entscheidung des BGH, MarkenR 1999, 73; *Hudis,* Removing the Boundaries of Color, 86 TMR 1 (1996); *Jaeger-Lenz,* Neues zum Farbenschutz, WRP 1999, 290; *Samuel/Samuel,* Color Trademarks: Shades of Confusion, 83 TMR 554 (1993); *Schmieder,* Erste Erfahrungen mit dem neuen Markengesetz, NJW 1997, 2908; *v. Schultz,* Die Farbmarke: ein Sündenfall?, GRUR 1997, 714; *Thilo,* Neue Formen der Marke im Markenrecht und in der Gemeinschaftsmarkenverordnung, Diss. Konstanz, 1998; *Völker/Semmler,* Markenschutz für Farben und Farbkombinationen, GRUR 1998, 93; *Winkler,* Erfahrungen des DPA mit dem erweiterten Markenbegriff, MA 1996, 516; *Wittenzellner,* Schutzfähigkeit von Farben als Marken nach dem neuen Markengesetz, in: Straus (Hrsg.), Aktuelle Herausforderungen des geistigen Eigentums, FS für Beier, 1996, S. 333.

**89  aa) Ausgangspunkt.** Farben und Farbzusammenstellungen sind als Marke schutzfähige Zeichen nach § 3 Abs. 1 (*Farbmarken*). Die *Markenfähigkeit* von Farbmarken nach § 3 Abs. 1 besteht unabhängig von einer formalen Begrenzung zweidimensionaler oder dreidimensionaler Art für eine *konturlose konkrete Farbe als solche,* ohne daß damit markenrechtlich ein abstrakter Farbmarkenschutz verbunden ist (BGH WRP 1999, 430 – Farbmarke gelb/schwarz; s. dazu § 3, Rn 267 a ff.). Die vom BPatG zunächst gebilligte restriktive Eintragungspraxis des DPMA (s. Rn 90 a ff.) ist mit einer richtlinienkonformen Auslegung des MarkenG sowie der internationalen Rechtsentwicklung im Farbmarkenschutz nicht vereinbar. Die *Eintragungsfähigkeit* einer nach § 3 Abs. 1 markenfähigen konkreten Farbe als Marke besteht dann, wenn der Farbe für die Waren oder Dienstleistungen, für die die Eintragung beantragt wird, konkrete Unterscheidungskraft nach § 8 Abs. 2 Nr. 1 zukommt, für die Farbe ein aktuelles und konkretes Freihaltebedürfnis nach § 8 Abs. 2 Nr. 2 nicht besteht und die Farbe für die konkreten Waren oder Dienstleistungen keine allgemein sprachgebräuchliche oder verkehrsübliche Bezeichnung nach § 8 Abs. 2 Nr. 3 darstellt. Auch wenn in der Praxis weithin von einer *Regelvermutung der Eintragungsunfähigkeit* einer konkreten Farbe als Marke ausgegangen wird, so besteht der Farbmarkenschutz aus Rechtsgründen grundsätzlich unabhängig vom Vorliegen von Verkehrsgeltung oder Verkehrsdurchsetzung (s. § 3, Rn 267 e f.). Wenn absolute Schutzhindernisse nach § 8 Abs. 2 Nr. 1 bis 3 vorliegen, dann können diese durch den Erwerb von Verkehrsdurchsetzung nach § 8 Abs. 3 überwunden werden (zur Entstehung des Farbmarkenschutzes an einer Benutzungsmarke durch den Erwerb von Verkehrsgeltung s. § 4, Rn 168 ff.). Mit der Anerkennung der Markenfähigkeit einer konkreten Farbe ist deren abstrakte Unterscheidungseignung für Waren oder Dienstleistungen anerkannt.

Das Vorliegen des absoluten Schutzhindernisses des Fehlens einer jeglichen Unterscheidungskraft nach § 8 Abs. 2 Nr. 1 setzt die Feststellung voraus, daß die abstrakt markenfähige Farbe für die *konkreten* Waren oder Dienstleistungen, für die die Eintragung beantragt wird (§ 32 Abs. 1 Nr. 3), nicht unterscheidungskräftig ist. Eine pauschalierende Ablehnung der konkreten Unterscheidungskraft verkennt den restriktiven Anwendungsbereich des absoluten Schutzhindernisses des § 8 Abs. 2 Nr. 1. So ist zwar nicht braun oder weiß, wohl aber lila oder türkis für Schokolade konkret unterscheidungskräftig. Das BPatG verkennt die nach § 3 Abs. 1 grundsätzlich anerkannte kennzeichnende Funktion von Farben, wenn es einen einzelnen konturlosen Farbton für Waren und Dienstleistungen aller Art von Hause aus nicht für unterscheidungskräftig hält (so der 27. Senat des BPatG für eine Hausfarbe *pink* für Bekleidungsstücke und sonstige Textilwaren BPatGE 40, 136 – Rechteck in Pink), oder zumindest davon ausgegangen wird, Farben seien für sich genommen von Hause aus nicht besonders geeignet, Waren und Dienstleistungen von anderen Waren und Dienstleistungen zu unterscheiden und damit Herkunftsfunktion zu entfalten, da ihnen weitgehend zusätzliche identifizierende Merkmale fehlten (so in mehreren Beschlüssen der 28. Senat des BPatG, s. Rn 90 d).

**bb) Restriktive Eintragungspraxis. (1) Wandel der Eintragungspraxis des DPMA.** Nach Inkrafttreten des MarkenG wurden die *materiellrechtlichen* und *verfahrensrechtlichen* Voraussetzungen des Farbmarkenschutzes im DPMA eingehend diskutiert. Nachdem das DPMA das Markenregister zunächst dem Farbmarkenschutz öffnete, kehrte es schon bald zu einer *restriktiven Eintragungspraxis* zurück (s. Rn 90 d f.) und implementierte die unter Geltung des WZG bestehende traditionelle Rechtsauffassung zum Farbmarkenschutz als Ausstattungsschutz im Sinne des § 25 WZG in das MarkenG. Die Gründe für die Kehrtwendung in der Eintragungspraxis sind namentlich das Leugnen der Herkunftsfunktion einer Farbmarke ohne Vorliegen von Verkehrsdurchsetzung, die Beschränkung des Farbmarkenschutzes auf zweidimensionale und dreidimensionale Aufmachungen im Sinne des warenzeichengesetzlichen Ausstattungsrechts sowie die verfahrensrechtliche Nichtanerkennung einer graphischen Darstellbarkeit einer Farbmarke als eines bestimmten und konkreten Farbtons. Die frühen Eintragungsentscheidungen wurden schlicht als Ausreißer abgetan (so *Winkler*, MA 1996, 516, 517), und künftig der Eintragungsanspruch des Anmelders einer Farbmarke verweigert. Der Sache nach verhielt sich die Amtspraxis so, als hätte es die Einführung der neuen Markenform der Farbmarke nicht gegeben und bestimmte die Rechtslage nach wie vor im Sinne des WZG. Die restriktive Eintragungspraxis des DPMA, die mit der Grundsatzentscheidung *Farbmarke gelb/schwarz* des BGH (BGH WRP 1999, 430 – Farbmarke gelb/schwarz) nicht mehr vereinbar ist, beschädigte den markenrechtlichen Industriestandort Deutschlands. Sie bedarf einer grundsätzlichen Revision.

**(2) Rechtsprechung des BPatG.** In der Rechtsprechung des BPatG wird die restriktive Eintragungspraxis des DPMA (s. Rn 90a) zunächst gebilligt und argumentativ ausgebaut. Eine restriktive Haltung nahm das BPatG schon in einer ersten Entscheidung zum Rechtsschutz von Farbmarken nach der Rechtslage im MarkenG ein. Schon die *Markenfähigkeit einer Farbkombination* und nicht erst der *Schutzinhalt der Marke* wird auf *die konkrete Erscheinungsform der farbigen Aufmachung einer Ware* in naturgemäß durch die Form oder Verpackung der Ware bestimmten graphischen Umgrenzungen beschränkt. Bei der Anmeldung einer Farbkombination könne auf eine nähere Präzisierung der Farbkombination nicht verzichtet und nicht offengelassen werden, ob die verschiedenen Farben flächenmäßig Verwendung fänden oder eine Farbe nur für die Beschriftung, die andere als Untergrund vorgesehen sei, und ob die Farben zueinander in einer bestimmten Musterung, wie beispielsweise Karo oder Streifenmuster, stehen sollten (BPatG GRUR 1996, 881 – Farbmarke). Die Entscheidung des 30. Senats betraf eine Marke, die die Farben RAL 1018 *gelb* und RAL 9005 *schwarz* für eine Vielzahl der Waren der Klasse 9, wie etwa Meß-, Steuer-, Regel-, Signal-, Kontroll- und Registriergeräte, zum Gegenstand hatte (aufgehoben von BGH WRP 1999, 430 – Farbmarke gelb/schwarz; s. dazu Rn 91). Der 32. Senat entschied weitergehend, daß die Farbbezeichnung RAL 1004 *Gold/Gelb* als ein konkreter Farbton für Vorwandinstallationselemente für die Sanitärinstallation eintragungsfähig sei (BPatG, Beschluß vom 11. Juni 1997, 32 W (pat) 439/95 – Gold/Gelb). Der tatsächliche Umstand, daß die Vorwandinstallationselemente insgesamt in dem Farbton *goldgelb* gehalten sein sollten, wird vom

**MarkenG § 8** 90c  Absolute Schutzhindernisse

BPatG später dahin interpretiert, es sei nur eine Farbausstattung der gesamten Ware als markenfähig anerkannt worden (s. BPatG Jahresbericht 1997, S. 66). Der Beschluß der Markenstelle wurde aufgehoben und die Sache zur erneuten Entscheidung mit der Empfehlung des Senats zurückverwiesen, die Markenstelle habe die absoluten Schutzhindernisse nach § 8 Abs. 2 MarkenG nach den tatsächlichen Verhältnissen auf dem jeweiligen Warensektor zu prüfen und festzustellen, ob die Fachleute des Bausektors generell an die farbige Ausgestaltung von Vorwandinstallationselementen gewöhnt seien; auch wurde auf die Möglichkeit der Überwindung der absoluten Schutzhindernisse des § 8 Abs. 2 Nr. 1 bis 3 aufgrund des Erwerbs von Verkehrsdurchsetzung nach § 8 Abs. 3 hingewiesen. In drei weiteren Entscheidungen des 32. Senats wird die Beschränkung des markenrechtlichen Farbmarkenschutzes auf farbige Aufmachungen im Sinne des Ausstattungsrechts nach § 25 WZG beschränkt und namentlich der registerrechtliche Vorhalt an den Anmelder einer konturlosen Farbmarke eines RAL-Farbtons vertieft, verfahrensrechtlich fehle es an der graphischen Darstellbarkeit einer konturlosen Farbmarke. Wenn der Anmelder einer Farbmarke ausdrücklich den Schutz einer Farbkombination im Hinblick auf eine freie Verteilung der Farben, die in den verschiedensten Proportionen und Formen denkbar sei, begehre, dann seien die Möglichkeiten, die Farben auf den Waren, ihrer Aufmachung oder Verpackung, in der Werbung, in den Geschäftspapieren zu verwenden und miteinander zu kombinieren, unüberschaubar zahlreich und geeignet, jeweils einen sehr unterschiedlichen optischen Eindruck hervorzurufen. Diese ohne Prinzip oder Proportion beliebige Verteilung der Farben auf den Waren lasse sich in keiner Weise graphisch wiedergeben, insbesondere aber nicht durch zwei farbige, zusammen ein Quadrat bildende Rechtecke, wie sie etwa der Anmeldung beigefügt waren. Die registerrechtliche Argumentation des BPatG kommt einer Rechtsverweigerung gleich. Die Bestimmtheit einer konkreten Farbe als Marke kann anhand eines anerkannten Farbbezeichnungssystems (RAL-Farbregler, Pantone-System; s. dazu *Völker/Semmler*, GRUR 1998, 93, 94 Fn 10), das der Systematisierung und Standardisierung von Farben zu verschiedenen Zwecken auf anerkannte Weise dient, dargestellt werden (so nunmehr auch BGH WRP 1999, 430 – Farbmarke gelb/schwarz). Die Verwendungsvielfalt einer Farbmarke hat mit der *Bestimmtheit einer Markenanmeldung* im Sinne der *graphischen Darstellbarkeit der Marke* nichts zu tun und stellt sich im übrigen bei einer Wortmarke wegen der graphischen Vielfalt des Markendesigns nicht grundsätzlich anders dar. Die internationale Eintragungspraxis zeigt zudem, daß eine hinreichend bestimmte, graphische Darstellbarkeit, verbunden mit ergänzenden Beschreibungen, möglich ist (s. dazu *Thilo*, Neue Formen der Marke, S. 268 ff.). Im übrigen bedeutet das Erfordernis der graphischen Darstellbarkeit nicht, daß sich der Schutz der eingetragenen Marke nur auf die konkrete graphische Darstellung beschränkt. Die Entscheidungen des BPatG betrafen die Farbkombinationen *schwarz* (RAL 9005)/*zink-gelb* (RAL 1018)/*weiß* (RAL 9010) für Reinigungsmaschinen, Fahrzeugwaschanlagen und maschinelle Geräte zur Endkonservierung von Fahrzeugen (BPatG, Beschluß vom 26. November 1997, 32 W (pat) 145/96 – schwarz/zink-gelb/weiß); die Farbkombination *schwarz* (RAL 9005)/*zink-gelb* (RAL 1018) für Sprüh-, Spül- und Reinigungsgeräte sowie Fahrzeugwaschanlagen (BPatGE 39, 145 – Schwarz/Zink-Gelb); die Farbkombination *weiß* (RAL 9010)/*zink-gelb* (RAL 1018) für maschinelle Sprüh-, Spül- und Reinigungsgeräte sowie maschinelle Geräte zur Endkonservierung von Fahrzeugen und elektrische und nichtelektrische Kochgeräte (BPatG GRUR 1998, 1015 – weiß/zink-gelb). Das BPatG faßt seine Auffassung zum restriktiven Farbmarkenschutz dahin zusammen (BPatGE 39, 145 – Schwarz/Zink-Gelb): Die Anmeldung einer Farbkombination, die nur im Rahmen einer Aufmachung nach § 3 Abs. 1 markenfähig sei, mit RAL-Nummern, einem aus zwei zusammengefügten farbigen Rechtecken bestehenden Farbbeispiel und einer Beschreibung, wonach diese Kombination von Farben, nicht die konkrete Raumaufteilung, und zwar jede Kombination dieser Farben geschützt werden solle, fehle die nach § 8 Abs. 1 erforderliche graphische Darstellbarkeit. Das BPatG bekräftigte diese restriktive Rechtsauffassung in seinen Entscheidungen *magenta* (BPatG, Beschluß vom 28. Januar 1998, 32 W (pat) 72/97 – magenta) und *magenta/grau* (BPatGE 39, 247 – magenta/grau).

**90c**  In der Entscheidung *grün/gelb* konkretisiert der 32. Senat die Voraussetzungen zur graphischen Darstellbarkeit einer Farbkombination als Marke (BPatGE 39, 192 – grün/gelb). Die Anmeldung betraf eine *Mehrfarbenmarke* für land- und forstwirtschaftliche Arbeitsma-

Absolute Schutzhindernisse **90d § 8 MarkenG**

schinen, der ein grünes und ein gelbes Quadrat als Farbbeispiel beigefügt war, sowie eine Beschreibung mit Zeichnungen, in der Pfeile anzeigten, wie die Farben sich auf den Waren verteilten; die grüne Farbe war für den Fahrzeugkorpus, die gelbe Farbe war für die Räder vorgesehen. Der Senat hält solche Beschreibungen nach § 12 Abs. 3 MarkenV für zulässig, um das Erfordernis der graphischen Darstellbarkeit der Marke im Sinne des § 8 Abs. 1 zu erfüllen. So werde der Gegenstand des Markenschutzes eindeutig festgelegt, auch wenn es an einer speziellen Regelung der graphischen Darstellbarkeit von Farbmarken fehle. Die Verweisung des für dreidimensionale Marken geltenden § 9 Abs. 3 MarkenV auf § 12 Abs. 2 MarkenV und die darin für zulässig gehaltene Strichzeichnung wertete der Senat so, daß die zeichnerische Darstellung der Waren und die Verwendung von Pfeilen zur Kennzeichnung der Verteilung der Farbe *grün* und *gelb* auf den Waren der graphischen Darstellbarkeit genüge. Der Senat wies jedoch zugleich darauf hin, daß der Aufmachung der Waren in den Grundfarben *grün/gelb* von Haus aus keine betriebliche Herkunftshinweisfunktion zukomme und Farbmarkenschutz nur im Wege der Verkehrsdurchsetzung aufgrund intensiver Benutzung denkbar erscheine.

In mehreren Entscheidungen anerkannte der 28. Senat aufgrund einer historischen, wörtlichen, systematischen und richtlinienkonformen Auslegung die *generelle Markenfähigkeit* von Farben und Farbzusammenstellungen, die er nicht mehr auf Aufmachungsfarbmarken beschränkte (BPatG, Beschluß vom 15. Juli 1998, 28 W (pat) 108/96 – violettfarben; BPatGE 40, 158 – ARAL-blau I; 40, 177 – ARAL-blau II; 40, 167 – ARAL-blau III; BPatG GRUR 1999, 61 – ARAL-Blau/Weiß; BPatG, Beschluß vom 9. Dezember 1998, 28 W (pat) 244/96 – BP-grün/gelb). Dem Erfordernis der graphischen Darstellbarkeit genügt die Einreichung eines Farbmusters, das als Rechteck mittig auf einem Blatt Papier mit oder ohne Umgrenzung wiedergegeben oder ein Papier bis zum Rande mit der konkreten Farbe bestrichen werden kann. Eine restriktive Haltung nimmt der 28. Senat bei der Prüfung der *Eintragungsfähigkeit* von Farbmarken ein und hält eine eher kritische Sichtweise für angebracht. Es wird davon ausgegangen, Farben seien für sich genommen von Hause aus nicht besonders geeignet, Waren und Dienstleistungen von anderen Waren und Dienstleistungen zu unterscheiden und damit Herkunftsfunktion zu entfalten, da ihnen weitgehend zusätzliche identifizierende Merkmale fehlten. Der Verkehr messe Farben aufgrund seiner Erfahrung mit deren regelmäßig nicht kennzeichnenden Verwendung ohnehin nur ausnahmsweise eine herkunftshinweisende Bedeutung bei. Indem bei Prüfung der Eintragungsfähigkeit nach § 8 Abs. 2 Nr. 1 bis 3 eine herkunftsidentifizierende Funktion der Farbe nach der Verkehrsauffassung regelmäßig verneint wird, wird die nach § 3 Abs. 1 angenommene Markenfähigkeit, die eine abstrakte Unterscheidungseignung voraussetzt, relativiert. Bei Prüfung der absoluten Schutzhindernisse ist die herkunftsidentifizierende Funktion der Farbe für die konkreten Waren oder Dienstleistungen, für die die Eintragung beantragt wird, zu untersuchen (s. zum unmittelbaren Produktbezug Rn 19). Wegen der Üblichkeit der Farbverwendung auf dem konkreten Warengebiet der Katzennahrung fehle es an jeglichem Anhaltspunkt für eine betriebliche Herkunftshinweisfunktion. Eine betriebliche oder wirtschaftliche Zuordnung von Farben in der Praxis setze regelmäßig eine langanhaltende Gewöhnung des Publikums durch entsprechende werbliche wie betriebliche Maßnahmen voraus und begründe die Eintragungsfähigkeit der Farbe erst aufgrund des Erwerbs von Verkehrsdurchsetzung nach § 8 Abs. 3. Das allgemeine Leugnen einer herkunftsidentifizierenden Funktion von Farbmarken als Regelfall überdehnt die absoluten Schutzhindernisse des § 8 Abs. 2 Nr. 1 bis 3 und versäumt deren konkrete Feststellung im einzelnen. Bei *Mehrfarbenmarken* (s. dazu § 3, Rn 267b) stellt das PBatG zudem weitere Schutzvoraussetzungen auf. Aus Gründen des *registerrechtlichen Bestimmtheitsgrundsatzes* (s. dazu § 32, Rn 1) müßten Mindestkriterien erfüllt sein, an denen sich die Einheitlichkeit der Marke fixieren lasse. Bei einer Farbkombinationsmarke werden neben der graphischen Wiedergabe der Farben Angaben verlangt zum quantitativen Verhältnis der Farben innerhalb der Farbkombination untereinander sowie zusätzlich ihrer Abfolge nacheinander, in der sie auf der Marke in Erscheinung treten. Damit solle das Zeichen in seiner Wirkung auf den Verkehr hinsichtlich seiner Hinweisfunktion festgelegt und die Einheitlichkeit der Marke gesichert werden. Ein solch restriktives Verständnis des Begriffs der Farbzusammenstellung im Sinne des § 3 Abs. 1 leugnet die Farbkombination als eine eigenständige Markenform und reduziert die Mehrfarbenmarke auf eine Art von Bildmarke. Der registerrechtliche Bestimmtheitsgrundsatz wird so zu einer

**MarkenG § 8**  90e, 90f  Absolute Schutzhindernisse

materiellrechtlichen Schranke des Mehrfarbenmarkenschutzes instrumentalisiert. Die vom BPatG verlangten Anforderungen an eine konkrete Beschreibung von Farbzusammenstellungen ist im Eintragungsverfahren kaum praktikabel, erschwert eine Markenpraxis mit Farbkombinationen und führt zu erheblichen Schwierigkeiten etwa bei der Feststellung einer rechtserhaltenden Benutzung. Der BGH behandelt Farben und Farbzusammenstellungen hinsichtlich ihrer Markenfähigkeit nach § 3 Abs. 1 gleich (BGH WRP 1999, 430 – Farbmarke gelb/schwarz).

90e  (3) Eintragungspraxis des DPMA. Als *eintragungsfähig* beurteilt wurden die Farbkombination *lila/blau/grün/gelb/orange/rot (Regenbogenfarben)* für Bekleidungsstücke, Schuhwaren, Kopfbedeckungen sowie Waren der Klassen 3 und 18 der Firma C&A Mode & Co. (MaBl. 1996, 3729, Nr. 39543043); die Farbkombination *blau/grau/weiß* für Schokoladenwaren der Firma Gubor Schokoladenfabrik GmbH (MaBl. 1996, 4015, Nr. 2913005); die Farbe *orange* für Lebensmittel der Klasse 29 der Firma N.V. Master Foods S.A. (MaBl. 1997, 565, Nr. 39612698); die Farbkombination *rot/weiss/schwarz* für Milchprodukte der Firma Zott KG (MaBl. 1997, 565, Nr. 39624997); die Farbkombination *grün/gelb* für Brennstoffe und Dienstleistungen eines Tankstellenbetriebes der Deutschen BP Holding AG (MaBl. 1997, 3685, Nr. 39626203); als Gemeinschaftsmarke die Farbkombination *grün/grau* für chemische, pharmazeutische und veterinärmedizinische Erzeugnisse sowie Instrumente und Apparate der Firma MERCK & Co. (MaBl. HABM 1997, 137, Nr. 77701); als IR-Marke die Farbkombination *hellgrün/weiß* für Maschinen der Klasse 7 der Firma Andreas Stihl (Gazette OMPI des marques internationales N° 25/1997/WIPO Gazette of International Marks No. 25/1997, 292, Nr. 641447). Farbmarkenschutz besteht auch an der konkreten Farbmarke *LILA* für Schokolade als durchgesetzte Marke (MaBl. 1995, 4106, Nr. 2906958) und als Gemeinschaftsmarke (MaBl. HABM 1997, 70, Nr. 31419).

90f  Als *eintragungsunfähig* beurteilt wurden die abstrakten Farben *gelb/schwarz* für verschiedene Geräte der Klasse 9, da es mangels eines abstrakten Schutzes von Farbkombinationen in jeder beliebigen Zusammenstellung an der Markenfähigkeit sowie an der graphischen Darstellbarkeit und Umgrenzung fehle (BPatG GRUR 1996, 881 – Farbmarke; aufgehoben von BGH MarkenR 1999, 64 – Farbmarke gelb/schwarz); die abstrakte Farbe *goldgelb* für Vorwandinstallationselemente für die Sanitätinstallation, weil die Markenfähigkeit abhängig sei von der konkreten Aufmachung der gesamten Ware in dem angemeldeten Farbton und der ausreichenden Wiedergabe der graphischen Darstellbarkeit und Unterscheidungskraft auch nur dann bestehe, wenn der maßgebliche Verkehr an die farbige Ausgestaltungen der in Rede stehenden Waren (noch) nicht gewöhnt sei, da sonst die Unterscheidungskraft fehle (BPatG, Beschluß vom 11. Juni 1997, 32 W (pat) 439/95 – Gold/Gelb); die Farben *schwarz/zink-gelb* in jeder Kombination für Reinigungsmaschinen und Fahrzeugwaschanlagen (BPatGE 39, 145 – Schwarz/Zink-Gelb) und in den Parallelverfahren die Farben *weiß/zink-gelb* in jeder Kombination (BPatG GRUR 98, 1015 – weiß/zink-gelb) sowie *schwarz/zink-gelb/weiß* in jeder Kombination (BPatG, Beschluß vom 26. November 1997, 32 W (pat) 145/96 – schwarz/zink-gelb/weiß), weil es sich um eine unbestimmte Anmeldung einer abstrakten Farbkombination handele, der die graphische Darstellbarkeit und damit die Markenfähigkeit fehle; die Farbkombination *grün/gelb*, Korpus grün, Räder gelb für land- und forstwirtschaftliche Arbeitsmaschinen, Spielzeuge als Verkleinerung, weil die Farbkombination in Verbindung mit der eingereichten Skizze zwar hinreichend bestimmt und durch Zuordnung der beiden Farben zu bestimmten Warenteilen graphisch darstellbar, also markenfähig sei, aber nicht unterscheidungskräftig, da Aufmachungen von Waren in verschiedenen Farben – zumal in den Grundfarben *grün* und *gelb* – von Haus aus keine betriebliche Herkunftsfunktion zukomme (BPatGE 39, 192 – grün/gelb unter Hinweis auf die zu einem wettbewerbsrechtlichen Sachverhalt ergangene Entscheidung des BGH GRUR 1997, 754 – grau/magenta; s. dazu § 3, Rn 267 h); die isolierte Farbe *magenta* in jeglicher Erscheinungsform, da es aufgrund der Vielfalt der potentiellen Verwendungsmöglichkeiten an der graphischen Darstellbarkeit und damit an der Markenfähigkeit mangele (BPatG, Beschluß vom 28. Januar 1998, 32 W (pat) 72/97 – magenta); die abstrakte Kombination der Farben *magenta/grau*, weil es an jeder Konkretisierung des Verhältnisses der beiden Farben zueinander fehle und die Vielfalt ihrer Kombinationen graphisch nicht darstellbar sei (BPatGE 39, 247 – magenta/grau; s. § 3, Rn 267 h); der einzelne konturlose Farbton *pink* für Bekleidungsstücke und sonstige Textilwaren, da zum einen die Farbe für

Waren und Dienstleistungen aller Art von Hause aus nicht unterscheidungskräftig sei, und zum anderen diese Farbe für Bekleidungsstücke und sonstige Textilwaren ein wesensbestimmendes Merkmal sei, unabhängig von der konkreten Verwendungsabsicht wie im Rahmen eines Unternehmensauftritts (Hausfarbe) freihaltebedürftig sei (BPatGE 40, 136 – Rechteck in Pink).

**(4) Eintragungspraxis des HABM.** Zum *Gemeinschaftsmarkenrecht* geht das HABM von dem Grundsatz aus, daß *konturlose konkrete Farben* und *Farbkombinationen* unabhängig von einer zweidimensionalen oder dreidimensionalen Begrenzung *markenfähig* und *eintragungsfähig* sind. Eine konturlose Farbe ohne jedwede Formgebung fällt unter den als sehr weit zu verstehenden Oberbegriff des Zeichens; eine Reduzierung des Farbmarkenschutzes auf eine konkrete Aufmachung ist dem Gemeinschaftsmarkenrecht fremd (HABM MarkenR 1999, 108, 110 – LIGHT GREEN). Nach Nr. 8.3 der Prüfungsrichtlinien wird aber von dem Erfahrungssatz ausgegangen, einzelnen Farben, insbesondere Primärfarben, in einfacher Darstellung fehle im allgemeinen die Unterscheidungskraft. Marken, die aus einer *Kombination* mehrerer Bestandteile bestünden, die für sich gesehen keine Unterscheidungskraft hätten, könnten im Gesamteindruck Unterscheidungskraft besitzen. Regel 3 GMarkenDV (s. 3. Teil des Kommentars, II 3) regelt die *graphische Darstellbarkeit* der Farbe. In Regel 3 Abs. 5 GMarkenDV wird in bezug auf die farbige Wiedergabe der zur Eintragung angemeldeten Farbe auf Abs. 2 der Regel verwiesen, der die Wiedergabe auf einem gesonderten Blatt, das nicht größer als Format DIN A 4 sein darf, vorschreibt und für die für die Wiedergabe zu benutzende Fläche eine Größe von maximal 26,2 cm x 17 cm. In der Praxis wird vom HABM empfohlen, ein 8 x 8 cm großes Feld mit der Farbe oder Farbkombination zu füllen (*Völker/Semmler*, GRUR 1998, 93, 100). Durch die Hinterlegung eines auf einem Blatt Papier aufgetragenen Farbstreifens mit den Anmeldeunterlagen ist der Gegenstand des Markenschutzes eindeutig festgelegt und damit dem registerrechtlichen Betimmtheitsgrundsatz Rechnung getragen. Zur Eintragungspraxis des HABM ist zu betonen, daß es angesichts der elektronischen Speichermöglichkeiten auch keiner ansonsten erforderlichen Codeangabe zur Erhaltung eines von den Zeitläuften unangegriffenen Farbtons für eine unbegrenzte Zukunft mehr bedarf. In der Entscheidungspraxis zum Gemeinschaftsmarkenrecht wird von der *generellen Markenfähigkeit einer Farbe an sich* nach Art. 4 GMarkenV ausgegangen (s. § 3, Rn 267d). Zwar werde eine Farbe an sich generell markenfähig nach Art. 4 GMarkenV sein, ihrer Eintragung könnten aber im Regelfall die *absoluten Eintragungshindernisse* des Art. 7 Abs. 1 lit. b, c oder d GMarkenV entgegenstehen, es sei denn, es handele sich um einen *ganz speziellen Farbton für ganz spezifische Waren oder Dienstleistungen*, oder der Anmelder könne sich nach Art. 7 Abs. 3 GMarkenV mit Erfolg *auf infolge Benutzung erlangte Unterscheidungskraft* berufen (so 3. Beschwerdekammer HABM GRUR Int 1998, 612 – Orange). In dieser Entscheidung wird die *Regelvermutung der Eintragungsunfähigkeit* (s. Rn 89) für nicht spezielle Farbtöne ohne Verkehrsdurchsetzung angewandt. In der *LIGHT GREEN*-Entscheidung geht das HABM ebenfalls von dieser Regelvermutung aus (HABM MarkenR 1999, 108, 110 ff. – LIGHT GREEN). Die Eintragungsfähigkeit einer Farbmarke erfordere sowohl eine *Kennzeichnungskraft* als auch die *Eignung zur Ausübung einer Herkunftsfunktion*. Die Marke müsse von Haus aus die konkret angemeldeten Waren nach ihrer betrieblichen Herkunft unterscheidbar machen. Hierbei sei einerseits auf die branchenübliche Verwendung von Marken als Herkunftshinweis abzustellen, andererseits auf die Auffassung der beteiligten Verkehrskreise im Binnenmarkt. Einer Farbe an sich fehlten im Regelfall diese Eigenschaften, da der Verkehr aufgrund seiner Erfahrung mit deren regelmäßig nicht kennzeichnenden Verwendung nicht daran gewöhnt sei, Waren allein aufgrund der ihnen und ihrer Verpackung anhaftenden isolierten Farbe ohne jedes zusätzliche graphische oder schriftbildliche Element herkunftshinweisende Bedeutung beizumessen. Dieser Grundsatz könne nur dann eine Einschränkung finden, wenn es sich einerseits um ganz spezielle Waren für einen ganz speziellen Kundenkeis handele, und andereseits die Farbe eine in diesem Bereich außerordentlich ungewöhnliche und eigentümliche Tönung aufweise (so in der Entscheidung der 3. Beschwerdekammer HABM GRUR Int 1998, 612 – Orange). Die beanspruchte Farbe *HELLGRÜN* wird dem Bereich der typischen Grundfarben zugeordnet und auch der Farbton des *WRIGLEY'S* nicht als eigentümlich beurteilt. Das absolute Schutzhindernis der fehlenden Unterscheidungskraft nach Art. 7 Abs. 1 lit b GMarkenV kann durch das *Erlangen von Unterscheidungskraft infolge von Benutzung* nach Art. 7 Abs. 3

GMarkenV überwunden werden. Das Erlangen von Unterscheidungskraft infolge der Benutzung der Marke ist als *Verkehrsdurchsetzung* der Marke zu verstehen. Eine von Haus aus nicht unterscheidungskräftige Farbmarke ist nach Art. 7 Abs. 3 GMarkenV dann eintragungsfähig, wenn sie infolge ihrer Benutzung, also regelmäßig aufgrund einer langanhaltenden Gewöhnung des Publikums infolge entsprechender werblicher oder betrieblicher Maßnahmen, Unterscheidungskraft (Verkehrsdurchsetzung) erlangt hat (HABM MarkenR 1999, 108, 112 – LIGHT GREEN). Das HABM mißt *parallelen Markeneintragungen in den Mitgliedstaaten der EU* unter dem harmonisierten Markenrecht eine gewisse *Indizwirkung*, nicht aber einen bindenden Charakter zu (s. dazu Kammerentscheidung ABl. HABM 1998, 1156 – LASTING PERFORMANCE). Die Farbmarke *lila* für *Milka*-Schokoladewaren wurde aufgrund nachgewiesener Verkehrsdurchsetzung als Gemeinschaftsmarke eingetragen (MaBl HABM Nr. 31336). Die Eintragung von Farbmarken an der Regelvermutung der Eintragungsunfähigkeit grundsätzlich scheitern zu lassen und den Erwerb von Verkehrsdurchsetzung zu fordern, beruht auf der bedenklichen Annahme, es bestehe noch keine *Verkehrsgewöhnung* an die Kennzeichnungsfunktion von Farbmarken. Unabhängig davon, daß diese Annahme aus werbepraktischer und marketingtechnischer Sicht wenig plausibel erscheint, bedeutet diese Reduktion des Farbmarkenschutzes eine Degradierung der Farbmarke als Registermarke zu einer Marke minderen Rechts. Es ist gerade Sache des Markeninhabers, nach der prioritätswahrenden Eintragung der Farbmarke in das Markenregister die herkunftsidentifizierende und produktidentifizierende Funktion der Marke aufgrund ihrer Benutzung im Verkehr zu realisieren. Wenn die Realisierung der Markenfunktionen auf dem Markt deshalb möglich ist, weil die Marke nicht nur abstrakt, sondern auch konkret für die Waren oder Dienstleistungen, für die die Eintragung beantragt wird, Unterscheidungskraft zukommt, dann ist dem Anmelder Markenregisterschutz unabhängig vom Vorliegen von Verkehrsdurchsetzung zu gewähren (s. dazu § 3 Rn 267 e f.).

**91**     **cc) Rechtsprechung des BGH.** Der BGH hat zwar über die markenrechtlichen Voraussetzungen der *Markenfähigkeit* (§ 3), aber noch nicht über die der *Eintragungsfähigkeit* (§ 8) einer Farbmarke entschieden. In seiner Grundsatzentscheidung *Farbmarke gelb/schwarz* (BGH WRP 1999, 4304 – Farbmarke gelb/schwarz) anerkennt der BGH die abstrakte Markenfähigkeit von konkturlosen konkreten Farben und Farbzusammenstellungen (s. dazu § 3, Rn 267h).

**92**     **f) Dessinzeichen, Sortimentsbezeichnungen, Bestellzeichen, Typenzeichen, Kontrollzeichen, Prüfzeichen, Gütezeichen, Medaillen, Plaketten, Signierzeichen, Packerzeichen, Stempel.** Zeichen, die nicht als produktidentifizierende Unterscheidungszeichen im Marktwettbewerb, sondern *anderen Zwecken* dienen, fehlt die Unterscheidungskraft als Marke. Dessin- oder Sortimentsbezeichnungen, die zur Unterscheidung verschiedener Produktsorten verwendet werden, dienen ausschließlich unternehmensinternen Ordnungszwecken. Auch wenn solche Zeichen als Bestell- oder Typenzeichen bei der Distribution von Produkten zwischen Unternehmen verwendet werden, erfüllen sie keine produktidentifizierende Unterscheidungsfunktion als Marke. Anders liegt es, wenn solche Zeichen auch auf dem Markt als Produktnamen zur Unterscheidung der Produkte des Markeninhabers von den Produkten anderer Unternehmen etwa in Katalogen, Preislisten und in der Werbung verwendet werden (zur herkunftsidentifizierenden Unterscheidungskraft BGH GRUR 1961, 280, 281 – Tosca; 1970, 552, 553 – Felina-Britta; 1979, 707 – Haller I). Als eintragungsfähig beurteilt wurde *KATJA* für Puppen für Spielzwecke (BPatGE 20, 195).

**93**     Der besondere Zweck von Kontroll-, Prüf-, Güte- und Signierzeichen schließt die Verwendung solcher Zeichen als Marke grundsätzlich aus. Gleiches gilt für Packerzeichen, Stempel für Gold- und Silberwaren, Medaillen und Prüfplaketten. Auch sonstige Zwecke können der Fähigkeit eines Zeichens, Marke zu sein, entgegenstehen. So wurde die Unterscheidungskraft eines Lehrzwecken dienenden Schaubildes abgelehnt (Schaubild von Steinkohlenerzeugnissen in Stammbaumgestalt RPA MuW 1933, 422). Bedenklich ist es, einer Wortmarke als mittelbares Gütezeichen die Unterscheidungskraft abzusprechen. So wurde die Wortmarke *7 Stern* für Spirituosen als eintragungsunfähig beurteilt, da das Wort Stern auf die besondere Güte des Produkts, nicht aber auf einen bestimmten Geschäftsbetrieb hinweise (DPA Mitt 1954, 24).

## g) Werbeschlagwörter und Werbeslogans

**Schrifttum zum WZG.** *Arquint,* Der Schutz des Slogans, 1958; *Busse,* Der Schutz von Werbesprüchen, MA 1955, 603; *Elster,* Der Schutz von Inseraten, Reklamevorlagen und Reklameschlagwörtern, GRUR 1929, 443; *Foerster,* Der Schutz von Werbeslogans vor Nachahmung, 1989; *Gerstenberg,* Werbeverse als Warenzeichen, MA 1965, 667; *Heiseke,* Zum Rechtsschutz von Werbesprüchen, DB 1969, 1637; *Heydt,* Der Ausstattungsschutz von Werbeanzeigen, GRUR 1938, 238; *Lemhoefer,* Der Schutz der gestalteten Werbeidee, 1954; *Lemhoefer,* Rechtsschutz der Werbung, MA 1954, 45, 324; *Spengler,* Gesetzlicher Schutz für Werbemaßnahmen und Werbemittel?, MA 1965, 15; *Traub,* Der Schutz von Werbeslogans im gewerblichen Rechtsschutz, GRUR 1973, 186.

**Schrifttum zum MarkenG.** *Erdmann,* Schutz von Werbeslogans, GRUR 1996, 550; *Sieckmann,* Der Schutz von Werbeslogans in Imperativform nach dem Markenrecht, WRP 1998, 842.

**aa) Grundsatz.** Wortfolgen, Sätze und Texte sind abstrakt unterscheidungsgeeignet und nach § 3 Abs. 1 markenfähig (s. § 3, Rn 240). Nur wenn ein längerer Text nach seinem äußeren Erscheinungsbild nicht als eine Einheit erkannt werden kann, kann er nicht Gegenstand einer Mehrwortmarke sein, weil einem solchen Text das Erfordernis der Einheitlichkeit der Marke als Voraussetzung der Markenfähigkeit fehlt (s. § 3, Rn 216). Insoweit sind *Werbeslogans* und *Werbeschlagwörter* grundsätzlich *markenfähig*. Solche einzelne Werbeschlagwörter und spruchartige Wortfolgen sind aber nur dann als Marke oder Mehrwortmarke eintragungsfähig, wenn sie für die Waren oder Dienstleistungen, für die die Eintragung beantragt wird, nach § 8 Abs. 2 Nr. 1 konkret unterscheidungskräftig sind. An Werbeschlagwörtern, Werbeslogans sowie auch an Werbeanzeigen kann Markenschutz durch die Benutzung des Zeichens und den Erwerb von Verkehrsgeltung als Marke nach § 4 Nr. 2 erworben werden (s. dazu § 4, Rn 201ff.).

**bb) Rechtslage im WZG.** Nach der *Rechtslage im WZG* wurde die Eintragungsfähigkeit von Werbetexten und Schlagwörtern nur dann angenommen, wenn diese einen *schutzfähigen Zeichenbestandteil* enthielten, der auf einen bestimmten Geschäftsbetrieb hindeutete, wie etwa den Namen oder das Produkt des Herstellers oder ein warenzeichenmäßig wirkendes Schlagwort (DPA BlPMZ 1953, 379). Als *eintragungsfähig* wurden die folgenden Werbetexte beurteilt: *Laß Dir raten, trinke Spaten* für Bier (LG München GRUR 1953, 184); *Sage und schreibe, der beste Ballograf* für Kugelschreiber (BPatGE 5, 146); *Genießer trinken Doornkaat* für Spirituosen (BPatGE 5, 188); *Stets mobil mit forbil* für ein Schmerzlinderungs- und Anregungsmittel (BPatGE 9, 240 – Stets mobil mit forbil); *Persil bleibt Persil; Feuer breitet sich nicht aus, hast Du Minimax im Haus; Besser schlafen, auf Schlaraffia schlafen; Mach mal Pause – trink Coca Cola; Schenke von Herzen, was es auch sei – 4711 immer dabei.*

Werbetexte, die weder die Firma noch den Namen oder eine Marke enthielten, wurden als eintragungsunfähig beurteilt. Werbetexte seien grundsätzlich nicht geeignet, Waren ihrer Herkunft nach unterscheidbar zu machen. Das gelte auch für Werbetexte, die nicht dem allgemeinen Sprachgebrauch entsprächen. Werbeverse und Schlagwörter seien allgemeine Anpreisungen ohne Unterscheidungskraft. Als *eintragungsunfähig* wurden die folgenden Werbeschlagwörter, Werbeslogans und Werbetexte beurteilt: *Es ist ein Brauch von alters her, Wer Sorgen hat, hat auch Likör* für Spirituosen (OLG München BlPMZ 1918, 42); *Heilen heißt Reinigen* für Stoffwechselerkrankungen (RPA MuW 1927/28, 105); *Der Name sagt alles* für Firma *Herold* (RPA MuW 1931, 290); *3 Gramm die Tasse schont Herz und Kasse* für Kaffee (RPA MuW 1932, 312); *Selbstheilkunde in einer Stunde* (RPA MuW 1933, 426); *Kleine Geräte – große Hilfen* für Beleuchtungs-, Heizungs-, Koch-, Kühl-, Trocken- und Ventilationsapparate, Wasserleitungen, Bade- und Klosettanlagen (RPA GRUR 1935, 958); *Schwabenart und Schwabenland, seit alters her gar wohl bekannt* (RPA Mitt 1935, 29); *Verlockend ist der äußere Schein, der Weise dringet tiefer ein* für Flaschenetiketten (DPA BlPMZ 1953, 379); *Farbvariant* für Rundfunk- und Fernsehempfänger (BPatGE 9, 227); *VARIO* für Bodenverdichtungsgeräte (BPatGE 26, 176); die umgangssprachliche Redewendung *Wie hammas denn?* als Titel einer periodisch ausgestrahlten Fernsehsendung für verschiedene Waren, wie Ton- und Bildträger, und Dienstleistungen, wie Sendung und Weitersendung von Rundfunk- und Fernsehprogrammen, Produktion von Rundfunk- und Fernsehsendungen, Veranstaltungen (BGH GRUR 1988, 211 – Wie hammas denn?; aA PBatGE 29, 106); *MADE IN PARADISE* für Fahrzeuge (BPatG GRUR 1994, 217 – MADE IN PARADISE; eintragungsfähig aber *Paradies* für Likör (BPatGE 36, 171 – Paradies).

**97a**  cc) **Werbeslogans nach der Rechtslage im MarkenG. (1) Produktidentifizierende Unterscheidungskraft eines Werbeslogans als Mehrwortmarke.** Die restriktive Eintragungspraxis nach der Rechtslage im WZG (s. Rn 95 f.) kann nach der *Rechtslage im MarkenG* nicht mehr gelten. Dem MarkenG genügt anders als im WZG statt der *herkunftsidentifizierenden* eine *produktidentifizierende* Unterscheidungskraft des Werbetextes (s. Rn 29). Zudem schützt das MarkenG auch die *Werbefunktion* einer Marke (s. Einl, Rn 39 ff.). Nach der Rechtslage im MarkenG kann einem Werbeslogan oder Werbeschlagwort als solchem produktidentifizierende Unterscheidungsfunktion für die konkreten Waren oder Dienstleistungen zukommen, unabhängig davon, ob der Werbetext eine Firma, einen Namen oder eine andere Marke enthält. Entscheidend kommt es auf den *produktbezogen unterscheidungskräftigen* Inhalt der Wortfolge an. Einer nach § 3 Abs. 1 markenfähigen Wortfolge kann nicht von vornherein allein wegen ihres werblichen Inhalts die markenrechtliche Unterscheidungskraft abgesprochen werden. So ist der Werbetext *Pack' den Tiger in den Tank!* für Benzin konkret unterscheidungskräftig und als solcher eintragungsfähig, auch wenn in dem Text die Marke *Esso* nicht enthalten ist (zu restriktiv etwa BPatG GRUR 1998, 57, 58 – Nicht immer, aber immer öfter; der Verkehr sei aufgrund der allgemein üblichen Kennzeichnungspraxis an kurze und prägnante Herkunftskennzeichnungen gewöhnt und fasse Sprüche, Sätze und sonstige längere Wortfolgen zwar als Werbemittel, nicht aber als Marken auf). Allgemeinen Werbetexten, wie etwa *Wer photographiert, hat mehr vom Leben*, wird aber regelmäßig der zur Verwirklichung der produktidentifizierenden Unterscheidungskraft erforderliche Produktbezug fehlen.

**97b**  **(2) Restriktive Rechtsprechung des BPatG.** Eine zu *restriktive Haltung* nimmt das BPatG ein, das auch nach der Rechtslage im MarkenG von keinen im Vergleich zu § 4 Abs. 2 Nr. 1 WZG herabgesetzten Anforderungen an die Unterscheidungskraft von Werbeslogans ausgeht, die weder einen für sich *eingetragenen Bestandteil* noch einen auf sonstigen Umständen beruhenden, hinreichend *phantasievollen Überschuß* aufweisen. Der rechtstheoretische Ansatz des BPatG beruht offensichtlich auf einer den Markenschutz verkürzenden, linguistischen Markenkonzeption (s. dazu § 3, Rn 241). In Fortführung seiner Rechtsprechung (BPatG GRUR 1994, 217 – MADE IN PARADISE; s. Rn 96) wurde der Werbeslogan *Die Zukunft braucht unsere besten Ideen* für Waren und Dienstleistungen auf dem Bausektor (Klassen 19 und 42) als eintragungsunfähig beurteilt (BPatG BlPMZ 1997, 209 – Die Zukunft braucht unsere besten Ideen). Auch solche Wortfolgen, die zwar keinen grammatikalisch vollständigen Satz darstellen, jedoch als Spruch ähnlich einem Imperativ gebildet sind, sollen grundsätzlich nicht geeignet sein, als Marke im Sinne einer betrieblichen Herkunftskennzeichnung zu dienen. So wurde in einer zu restriktiven Anwendung des § 8 Abs. 2 Nr. 1 die zusammengesetzte Wortmarke *Mann oh Mann nur keinen Ärger* als eintragungsunfähig beurteilt (BPatG, Beschluß vom 14. November 1995, 24 W (pat) 156/94 – Mann oh Mann nur keinen Ärger). Das BPatG bestimmt die *Unterscheidungskraft spruchartiger Wortfolgen* (*Werbeslogans*) nunmehr danach, ob sie entweder einen *selbständigen, betriebskennzeichnenden Bestandteil* enthalten oder einen so *erheblichen phantasievollen Überschuß* in der Aussage oder in der sprachlichen Form aufweisen, daß der Verkehr in ihnen nicht nur ein Werbemittel von gewisser Originalität und Schlagkraft sieht, sondern in der Lage ist, mit dem Wiedererkennungseffekt eine betriebliche Hinweiswirkung zu verbinden. Dabei soll es noch nicht einmal genügen, daß irgendein Wort aus der betreffenden Wortfolge für sich genommen die Funktion einer Marke für die von der Anmeldung erfaßten Waren oder Dienstleistungen ausüben könne, vielmehr sei entscheidend, ob nach dem maßgeblichen Gesamteindruck der betreffende Bestandteil gerade in seiner Einbindung in das Gesamtgefüge des Spruches betriebskennzeichnend wirke.

**97c**  Als *eintragungsunfähig* beurteilt wurden weiter die Wortfolgen *Radio von hier, Radio wie wir* für Dienstleistungen der Klasse 38 (BPatGE 37, 77 – Radio von hier, Radio wie wir); *SOMETHING SPECIAL IN THE AIR* für bestimmte Beförderungsdienstleistungen (BPatGE 38, 4 – SOMETHING SPECIAL IN THE AIR). Wenn der Werbeslogan keinen *schutzbegründenden Zeichenbestandteil* enthält, dann lehnt das BPatG die Schutzfähigkeit ab, wenn der Werbeslogan nicht einen *phantasievollen Überschuß* aufweist, sondern lediglich werbeübliche, wortspielartige Mehrdeutigkeiten enthält. Nach diesen Grundsätzen wurde als *eintragungsunfähig* beurteilt *Unter Uns* für zahlreiche Waren und Dienstleistungen (BPatGE 39, 6, 9 – Unter Uns); *Den Mobilen gehört die Welt* für Kraftfahrzeuge (BPatG, Beschluß vom 15. Januar 1997, 28 W (pat) 268/94 – Den Mobilen gehört die Welt); *Is egal* für Getränke (BPatG, Beschluß vom 30. April 1997, 26 W (pat) 82/96 – Is egal; bedenklich); *ÖKO?LOGO!* für Waren der Klassen 16, 18 und 25 (BPatG, Beschluß vom 23. Mai 1997, 33 W (pat) 34/97 – ÖKO?LOGO!); *Nicht immer, aber immer öfter* für Bier, alkoholische und nicht alkoholische Getränke (BPatG GRUR 1998, 57 – Nicht immer, aber immer öfter; bedenklich); *Qualität aus Ton* für grobkeramische Baustoffe, insbesondere Dachziegel (BPatG, Beschluß vom 19. September 1997, 33 W (pat) 129/97 – Qualität aus Ton); *Kleine Flaschen zum Vernaschen* für Getränke (BPatG, Beschluß vom 24. September 1997, 26 W (pat) 171/96 – Kleine Flaschen zum Vernaschen); *Welch ein Tag* für Bier, Beherbergung und Verpflegung von Gästen (BPatG GRUR 1998, 710 – Welch ein Tag; abl. *Sieckmann*, WRP 1998, 842); *Mit uns kommen Sie weiter* für Kraftfahrzeuge und EDV-Geräte (BPatGE 39, 85 – Mit uns kommen Sie weiter); *Partner with the Best* für elektrotechnische Geräte (BPatGE 37, 259 – Partner with the Best); *Dessous for you* für Unterwäsche, Miederwaren und die Dienstleistung Durchführung von Verkaufsveranstaltungen (BPatG, Beschluß vom 27. Januar 1998, 27 W (pat) 100/96 – Dessous for you; bedenklich für die angemeldete Dienstleistung); *Technik, die mit Sicherheit schützt* für Türen und Tore, da trotz begrifflicher Doppeldeutigkeit als rein beschreibender Werbespruch nicht unterscheidungskräftig (BPatGE 39, 262 – Technik, die mit Sicherheit schützt); *THE RIGHT ANSWER IN ANY LANGUAGE* für die Dienstleistungen Ausgabe von Kreditkarten und Scheckkarten sowie Identifikationskarten zu Zahlungszwecken, Finanzwesen, Versicherungswesen und Immobilienwesen als ohne weiteres verständliche, beschreibende Werbeanpreisung ohne jegliche betriebliche Hinweiswirkung (BPatG, Beschluß vom 27. Februar 1998, 33 W (pat) 221/97 – THE RIGHT ANSWER IN ANY LANGUAGE).

Als *eintragungsfähige* Werbeslogans wurden beurteilt *Du darfst* für Halbfettmargarine, da die keinen vollständigen Satz darstellende, allgemeine Aufforderung in Gedanken ergänzt werden müsse und selbst dann keinen eindeutigen, warenbeschreibenden Sinn ergebe, vielmehr die Wortfolge geradezu zum Nachdenken anrege (BPatG GRUR 1997, 532 – Du darfst); *Zisch & Frisch* für Behälter für Haushalt und Küche, da ein besonderer phantasievoller Überschuß in der Lautmalerei des Wortes *Zisch* zu sehen sei (BPatG, Beschluß vom 3. Dezember 1997, 26 W (pat) 97/97 – Zisch & Frisch); *Anwalt's Liebling* für die Dienstleistung Versicherungswesen, da der Begriff *Liebling* nicht ohne weiteres von eindeutiger Aussage im Hinblick auf die Dienstleistungen sei, es gewisser Überlegung bedürfe, auf welche Person er sich beziehe und in diesem Begriff eine originelle und witzige Anspielung auf eine bekannte Fernsehserie mit gewisser Verfremdung liege, so daß der Bezeichnung insgesamt nur ein beschreibender Anklang anhafte (BPatG, Beschluß vom 31. Januar 1997, 33 W (pat) 59/96 – Anwalt's Liebling). 97d

**(3) Kritik der Rechtsprechung des BPatG.** Die Rechtsprechung des BPatG stellt teilweise eine Rechtsverweigerung dar, die den Anmelder um die Anmeldepriorität seiner Marke bringen kann, da er eine Eintragung erst nach Überwindung des angeblichen Schutzhindernisses der fehlenden Unterscheidungskraft aufgrund des Erwerbs von Verkehrsgeltung nach § 8 Abs. 3 erreichen kann. *Werbeslogans sind Mehrwortmarken.* Die pauschale Leugnung der Unterscheidungskraft solcher Werbeslogans hat seine Ursache in dem traditionellen Markenverständnis des DPMA und BPatG, die die Werbefunktion der Marke aus der rechtlichen Beurteilung ausblenden und die absoluten Schutzhindernisse des § 8 Abs. 2 Nr. 1 bis 3 ausschließlich an dem Vorliegen eines betrieblichen Herkunftshinweises inhaltlich ausrichten. Aber selbst wenn von einer eingeschränkten Prüfung der Schutzfähigkeit eines Werbeslogans als Mehrwortmarke hinsichtlich der markenrechtlichen Herkunftsfunktion im traditionellen Sinne ausgegangen wird, ist nur schwer verständlich, weshalb Mehrwortmarken mit einem verständlichen Sinngehalt nicht von Hause aus herkunftskennzeichnend sollen wirken können. Das Merkmal des phantasievollen Überschusses ist kein kennzeichenrechtlich erhebliches Abgrenzungskriterium. Das schließt nicht aus, daß das Fehlen der konkreten Unterscheidungskraft in jedem Einzelfall sorgfältig zu prüfen ist und bei manchen Redensarten nicht vorliegen wird. 97e

**dd) Werbeschlagwörter nach der Rechtslage im MarkenG.** Bei *Werbeschlagwörtern* neigte die Rechtsprechung des BPatG dazu, das Fehlen einer jeglichen Unterscheidungskraft unabhängig von einem unmittelbaren Bezug zu den Waren oder Dienstleistungen, für die 97f

**MarkenG § 8** 97g, 97h                                    Absolute Schutzhindernisse

die Eintragung beantragt wird, anzunehmen (zur Rechtserheblichkeit des unmittelbaren Produktbezugs s. Rn 19). Als *eintragungsunfähig* beurteilt wurde die Wortmarke LOGO für Waren der Klassen 29 und 30, da es sich um ein lediglich anpreisendes Werbeschlagwort handele, dem auch ohne konkreten Produktbezug die Unterscheidungskraft fehle (BPatG, Beschluß vom 10. Dezember 1997, 28 W (pat) 190/97 – LOGO II; eintragungsunfähig auch nach § 8 Abs. 2 Nr. 3); YES für Tabakwaren, weil das Wort im normalen Sprachgebrauch zur Bezeichnung von Waren als allgemein anpreisende Aussage üblich geworden sei und es auch alleine eine positive, zustimmende Wirkung ausstrahle (BPatGE 37, 277 – YES; eintragungsunfähig auch nach § 8 Abs. 2 Nr. 3). Als *eintragungsfähig* beurteilt wurde AVANTGARDE für Rollstühle und Kinderwagen, da es diesem Wort, bezogen auf die angemeldeten Waren, bereits am allgemein anpreisenden Charakter für die beanspruchten Waren fehle, sich das Wort im wesentlichen lediglich im Bereich der Kfz-Werbung feststellen lasse, weshalb die Unterscheidungskraft zu bejahen sei (BPatG, Beschluß vom 22. Januar 1997, 28 W (pat) 138/96 – AVANTGARDE). Auch in anderen Entscheidungen wird vorsichtig anerkannt, daß bei der Prüfung der Eintragungsfähigkeit einer Marke, die der Anmeldung zugrunde liegenden Waren nicht völlig unberücksichtigt bleiben dürften; als *eintragungsfähig* beurteilt wurde Colors für Zeitschriften (BPatG, Beschluß vom 5. Februar 1997, 29 W (pat) 59/96 – Colors). In der jüngsten Rechtsprechung des BPatG zeichnet sich erneut die Tendenz ab (zur Kritik s. Rn 19; 28 f.), in extensiver Anwendung des § 8 Abs. 2 Nr. 1 Werbeschlagwörtern die Eintragungsfähigkeit zu versagen. Die Wortmarke AD-VANTAGE, ein allgemeines Werbewort, das in der Werbung als Hinweis auf die Vorteilhaftigkeit eines Produkts verwendet werde, werde selbst den vergleichsweise geringen Anforderungen an die erforderliche Unterscheidungskraft nach § 8 Abs. 2 Nr. 1 nicht gerecht, da der Verkehr das Wort als allgemeines Werbewort kenne und verstehe, das zum Geschäftsabschluß ermuntere und deshalb als bloße Kaufaufforderung und nicht als Hinweis auf ein bestimmtes Unternehmen angesehen werde (BPatG GRUR 1999, 170, 171 – ADVANTAGE; s. dazu die kritischen Äußerungen des HABM Mitt 1999, 29, 30 – CHIEMSEE mit Anm. *Popp*, Mitt 1999, 33). Selbst die nicht für sämtliche beanspruchte Waren glatt beschreibende, dem inländischen Publikum aber weitgehend bekannte und leicht verständliche, fremdsprachliche Bezeichnung *Surprise* entbehre das erforderliche Mindestmaß an Unterscheidungskraft wegen ihrer Eignung als allgemeiner Werbeanpreisung (BPatGE 40, 153 – Surprise).

97g  **ee) Bedeutung der Entscheidungen *BONUS* und *Today* des BGH.** Die restriktive Eintragungspraxis des DPMA und die sie billigende Rechtsprechung des BPatG zur allgemeinen Eintragungsunfähigkeit von Werbeslogans (s. Rn 97a ff.) und Werbeschlagwörtern (s. Rn 97f) führt die Rechtsprechung nach der Rechtslage im WZG im wesentlichen fort und verweigert sich einem mit der MarkenRL intendierten modernen Markenrecht auf der Grundlage der Multifunktionalität der Marke (s. Einl, Rn 39 ff.). In der Eintragungspraxis führt diese Rechtsauffassung zu einer weitreichenden *Rechtsverweigerung* und einer an einem *willkürlichen Abgrenzungskriterium* orientierten Zuerkennung von Markenrechten. Diese Eintragungspraxis bedarf dringend der Revision. Dies ist namentlich in Folge der *BONUS*-Entscheidung des BGH (BGH GRUR 1998, 465 – BONUS mit Anm. *Jonas*) geboten (s. Rn 128), die einen Grundsatzbeschluß darstellt, in dem die Rechtsprechung sich gegen die vom BPatG gebilligte restriktive Eintragungspraxis des DPMA wendet und mit dem Erfordernis eines unmittelbaren Produktbezugs (s. Rn 19) eine restriktive Anwendung des absoluten Schutzhindernisses der beschreibenden Marke im Sinne des § 8 Abs. 2 Nr. 2 (insoweit dem BGH folgend BPatG GRUR 1999, 170 – ADVANTAGE) und des absoluten Schutzhindernisses der allgemein sprachgebräuchlichen und verkehrsüblichen Bezeichnungen im Sinne des § 8 Abs. 2 Nr. 3 (insoweit sich dem BGH verweigernd BPatG GRUR 1999, 170 – ADVANTAGE) verlangt (s. dazu Rn 128). Das Bestehen eines *unmittelbaren Produktbezugs* der Marke zu den konkreten Waren oder Dienstleistungen, für die die Eintragung beantragt wird (§ 32 Abs. 1 Nr. 3), ist ein allgemeines Merkmal der absoluten Schutzhindernisse der fehlenden Unterscheidungskraft (§ 8 Abs. 2 Nr. 1), der beschreibenden Angaben bei bestehendem Freihaltebedürfnis (§ 8 Abs. 2 Nr. 2) und der allgemein sprachgebräuchlichen oder verkehrsüblichen Bezeichnungen (§ 8 Abs. 2 Nr. 3).

97h  Die restriktive Eintragungspraxis erscheint auch nach der *Today*-Entscheidung des BGH (BGH WRP 1998, 495 – Today) weiterzuführen nicht gerechtfertigt. Der BGH beurteilt die Wortmarke *Today* für eine Reihe von Waren des täglichen Bedarfs wie Haushaltswäsche, Zahnputzbecher, Rasierklingen oder Kleinlederwaren als eintragungsunfähig. Der Begriff *Today* habe in die deutsche Umgangsprache Eingang gefunden und enthalte keinen *phantasievoll wirkenden Überschuß*. Der BGH geht deshalb davon aus, bei der vom BPatG festgestellten objektiven Eignung des Wortes *Today*, in der Werbesprache als Hinweis auf die Aktualität der Ware verstanden zu werden, sei die Annahme, der Verkehr verstehe den Begriff in diesem Sinne, nicht aber als einen *betrieblichen Herkunftshinweis*, nicht zu beanstanden. Auch wenn der BGH in der *Today*-Entscheidung die Abgrenzungskriterien des *phantasievoll wirkenden Überschusses* und des *betrieblichen Herkunftshinweises* verwendet, kann die *Today*-Entscheidung nicht als eine Relativierung des Grundsatzbeschlusses *BONUS* des BGH (BGH GRUR 1998, 465 – Bonus; s. Rn 128) verstanden werden. Die Entscheidung des BGH beruht gerade darauf, daß dem Begriff *Today* wegen seines werblichen Sinngehalts als modern oder aktuell für die *Waren des täglichen Bedarfs* jegliche Unterscheidungskraft fehlt. Der unmittelbare Produktbezug begründet das Fehlen der Unterscheidungskraft. Der werbliche oder alltägliche Sinngehalt des Wortes *Today* dominiert das Begriffsverständnis für Waren des täglichen Bedarfs und verhindert einen produktbezogenen kennzeichenrechtlichen Sinngehalt.

**h) Wörter der Fachsprache und des allgemeinen Sprachgebrauchs. aa) Grundsatz.** Wörtern der *Fachsprache* und des *allgemeinen Sprachgebrauchs*, die grundsätzlich abstrakt unterscheidungsgeeignet sind und insoweit markenfähige Markenformen nach § 3 Abs. 1 darstellen, wird häufig die konkrete Unterscheidungskraft für bestimmte Waren oder Dienstleistungen nach § 8 Abs. 2 Nr. 1 fehlen. Das Vorliegen der konkreten Unterscheidungskraft bestimmt sich nach dem *konkreten Produktbereich* der angemeldeten Waren oder Dienstleistungen. Das Erfordernis eines *unmittelbaren Produktbezugs* (s. Rn 19) zu den konkreten Waren oder Dienstleistungen, für die die Eintragung beantragt wird (§ 32 Abs. 2 Nr. 3), verlangt eine *restriktive Auslegung* des absoluten Schutzhindernisses des Fehlens einer jeglichen Unterscheidungskraft. So ist die Bezeichnung *Ingenieur* als ein Wort der Fachsprache weder konkret unterscheidungskräftig für Dienstleistungen eines technischen Büros noch für sanitäre Anlagen, wohl aber für Lederwaren wie Schuhe oder für Reise- und Handkoffer. Die Bezeichnung *Apfel* (*apple*) als ein Wort des allgemeinen Sprachgebrauchs ist nicht konkret unterscheidungskräftig für frisches Obst und Gemüse, wohl aber für Computer.

Auch wenn Wörtern der Fachsprache oder des allgemeinen Sprachgebrauchs konkrete Unterscheidungskraft zukommt, sind sie gleichwohl von der Eintragung als Marke ausgeschlossen, wenn es sich entweder um *beschreibende Angaben* handelt, an denen ein aktuelles Freihaltebedürfnis für die konkreten Waren oder Dienstleistungen nach § 8 Abs. 2 Nr. 2 besteht, oder wenn es sich bei den Wörtern um *allgemein sprachgebräuchliche oder verkehrsübliche Bezeichnungen* zur Kennzeichnung von Waren oder Dienstleistungen der angemeldeten Art nach § 8 Abs. 2 Nr. 3 handelt. Die Eintragungsunfähigkeit solcher Bezeichnungen kann aufgrund des *Erwerbs von Verkehrsdurchsetzung* nach § 8 Abs. 3 überwunden werden.

Die restriktive Entscheidungspraxis und Rechtsprechung, die zur Rechtslage im WZG zur Unterscheidungskraft von Gattungsbezeichnungen des geschäftlichen Lebens und zu sonstigen geschäftlichen und kaufmännischen Bezeichnungen ergangen ist, kann insoweit nicht mehr gelten, als das Fehlen jeglicher Unterscheidungskraft nach § 8 Abs. 2 Nr. 1 nur in *eindeutigen Fallkonstellationen* angenommen werden kann (s. Rn 36). Über die Eintragungsfähigkeit solcher Bezeichnungen, die als konkret unterscheidungskräftig zu beurteilen sind, ist dann nach § 8 Abs. 2 Nr. 2 und 3 zu entscheiden.

**bb) Rechtslage im WZG.** Nach der *Rechtslage im WZG* als *nicht unterscheidungskräftig* beurteilt wurden die Wortmarken *Trustfeind* für Tabakfabrikate (KPA BlPMZ 1903, 10); *Firma, GmbH, Kaufmann, Prokurist, Comprador* für chinesische Handelsagenten (auch nicht chinesisch im Verkehr mit Ostasien KPA BlPMZ 1904, 51); *Hansabund* für Tabakfabrikate (KPA MuW 1910, 69); *Markenschutzverband* für Verband der Fabrikanten von Markenartikeln e. V. (RG GRUR 1932, 1052); *Funkdienst* als allgemeine Aussage über eine branchenübliche Tätigkeit (RG GRUR 1933, 243); *Gesellschaft, Kredit, Goodwill* als Kundschafts- und Geschäftsbetriebszeichen (RPA MuW 1933, 43); *Profit* für Weißlacke (BPatGE 10, 260); *xpert* für Maschinen und Geräte zum Verpacken und/oder Etikettieren (BPatGE 17, 261,

264); die umgangssprachliche Redewendung *Wie hammas denn?* als Titel einer periodisch ausgestrahlten Fernsehsendung für die verschiedenen Waren Ton- und Bildträger und Dienstleistungen wie Sendung und Weitersendung von Rundfunk- und Fernsehprogrammen, Produktion von Rundfunk- und Fernsehsendungen, Veranstaltungen (BGH GRUR 1988, 211 – Wie hammas denn?; aA BPatGE 29, 106).

102 Nach der *Rechtslage im WZG* als *unterscheidungskräftig* beurteilt wurden die Wortmarken *Privileg* für kosmetische Erzeugnisse (BPatGE 6, 225 – Privileg); *Director* für Weine (BPatGE 10, 122 – Director); *Arthrodest* für Antirheumatika (BPatG Mitt 1987, 221).

103 Insoweit charakteristischen Unternehmensbezeichnungen die Schutzfähigkeit im Hinblick auf die Herkunftskennzeichnungsfunktion der Marke abgesprochen wurde, bedürfen solche Entscheidungen hinsichtlich der konkreten Unterscheidungskraft der Überprüfung. Als *nicht unterscheidungskräftig* beurteilt wurden *Night-Club* für Nachtlokale (BPatGE 10, 118); *Bratwursthäusle* für alle nach der Verkehrsauffassung in einem Geschäftsbereich der bezeichneten Art üblicherweise hergestellten oder vertriebenen Waren (BPatGE 11, 120, 124 – Bratwursthäusle; bedenklich); *Old Saloon* für Bourbon Whiskey (BPatGE 15, 227 – Old Saloon; bedenklich). Anders sollte es nur bei sprachlichen Neuschöpfungen liegen. Eine solche wurde aber selbst bei dem Wortbestandteil *Ihr Funkberater* für ein Verbandszeichen verneint für Schutzgemeinschaft für Funkberater e. V. von Radio-Einzelhandelsfirmen (BGH GRUR 1957, 88 – Ihr Funkberater).

103a cc) **Rechtslage im MarkenG.** Bei der Beurteilung der konkreten Unterscheidungskraft von Wörtern der *Fachsprache* und des *allgemeinen Sprachgebrauchs* nach der *Rechtslage im MarkenG* ist zu berücksichtigen, daß die restriktive Eintragungspraxis des DPMA zur Eintragungsunfähigkeit von allgemein sprachgebräuchlichen und verkehrsüblichen Bezeichnungen ohne Produktbezug von § 8 Abs. 2 Nr. 3 vom BGH in seinem Grundsatzbeschluß *BONUS* (BGH GRUR 1998, 465 – BONUS mit Anm. *Jonas*; s. Rn 128, 272d) zurückgewiesen wurde. Nach dieser Rechtsprechung sind auch *geläufige Ausdrücke der Wirtschafts- und Werbesprache, umgangssprachliche Anpreisungen* und *sloganartige Kaufaufforderungen*, die keinen unmittelbaren Produktbezug zu den konkreten Waren oder Dienstleistungen, für die die Eintragung beantragt wird, aufweisen, grundsätzlich eintragungsfähig. In der *BONUS*-Entscheidung hatte der BGH allerdings nicht zu entscheiden, ob der für die Waren chemische Erzeugnisse, Desinfektionsmittel, Düngemittel und Unkrautvertilgungsmittel zur Eintragung angemeldeten Wortmarke *BONUS* konkrete Unterscheidungskraft iS § 8 Abs. 2 Nr. 1 zukam. Der BGH stellte hinsichtlich der vom BPatG nachzuholenden Prüfung der Unterscheidungskraft fest, es sei zu beachten, daß die in dem Rechtsstreit bisher getroffenen Feststellungen einen hinreichend engen beschreibenden Bezug der Wortmarke *BONUS* zu den angemeldeten Waren als solchen nicht aufwiesen. Bei Prüfung der konkreten Unterscheidungskraft von Wörtern der Fachsprache und des allgemeinen Sprachgebrauchs ist zum anderen zu berücksichtigen, daß die restriktive Eintragungspraxis des DPMA und die sie billigende Rechtsprechung des BPatG zur allgemeinen Eintragungsunfähigkeit von *Werbeschlagwörtern* (s. Rn 97f) nach der *BONUS*-Entscheidung nicht mehr aufrecht erhalten werden kann (s.Rn 97g). Die Rechtsprechung des BPatG birgt die Gefahr, das an sich restriktiv zu verstehende absolute Schutzhindernis des Fehlens jeglicher Unterscheidungskraft nach § 8 Abs. 2 Nr. 1 zur zentralen Norm der Entscheidung über die Eintragungsfähigkeit oder Eintragungsunfähigkeit einer Marke zu machen (s. nur die Rechtsprechung zu den Werbeslogans Rn 97a ff., zu den dreidimensionalen Marken Rn 117a ff., zu den Farbmarken Rn 89 ff.). Es erscheint auch nicht gerechtfertigt, die Bedeutung der *BONUS*-Entscheidung aufgrund der *Today*-Entscheidung des BGH zu relativieren (s. Rn 97h). In der *Today*-Entscheidung (BGH WRP 1998, 495 – Today) beurteilt der BGH die Wortmarke *Today* für eine Reihe von Waren des täglichen Bedarfs wie Haushaltswäsche, Zahnputzbecher, Rasierklingen oder Kleinlederwaren als eintragungsunfähig. Der Begriff *Today* habe in die deutsche Umgangssprache Eingang gefunden und enthalte keinen phantasievoll wirkenden Überschuß. Die *Today*-Entscheidung des BGH beruht gerade darauf, daß dem Begriff *Today* wegen seines werblichen Sinngehalts als modern oder aktuell für die *Waren des täglichen Bedarfs* jegliche Unterscheidungskraft fehlt. Der unmittelbare Produktbezug begründet das Fehlen der Unterscheidungskraft. Der werbliche oder alltägliche Sinngehalt des Wortes *Today* dominiert das Begriffsverständnis für Waren des täglichen Bedarfs und verhindert einen produktbezogen kennzeichenrechtlichen Sinngehalt.

Als nicht *unterscheidungskräftig* beurteilt wurden die Wörter *vital* und *fit* für Fruchtgetränke, **103b** Gemüsesäfte, Milchmischgetränke, Müsli, insbesondere als diätetische Erzeugnisse, sowie für medizinische Zwecke, die Mehrwortmarke *vital/fit*, da die Aneinanderreihung der beiden Wörter unter Verwendung des kaufmännischen Und-Zeichens nicht zu einer solchen Eigenprägung führe, daß ein von den Einzelwörtern losgelöster Markenschutz beansprucht werden könne (BPatG, Beschluß vom 22. November 1995, 26 W (pat) 188/94 – vital/fit). Die Mehrwortmarke *AMERICA TODAY* wurde für Textilien als nicht unterscheidungskräftig beurteilt, da es keiner *analysierenden Betrachtungsweise* bedürfe, um die Sachaussage zu erkennen, die so angebotenen Waren entsprächen aktuellen Trends in Amerika (BPatG, Beschluß vom 16. Januar 1996, 27 W (pat) 168/94 – *AMERICA TODAY*).

Als *unterscheidungskräftig* beurteilt wurden das alleinstehende Wort *STATUS* für Lampen, **103c** Möbel und Küchengeräte, da das Wort wegen seines Fremdwortcharakters und seiner Alleinstellung keine eindeutige Bedeutung habe ( BPatG, Beschluß vom 4. Oktober 1995, 26 W (pat) 117/94 – STATUS); *Paradies* in Alleinstellung für Likör, da die übliche Verwendung des Wortes *Paradies* in Werbeslogans (s. BPatG GRUR 1994, 217 – MADE IN PARADISE; s. Rn 96), in sonstigen Wortkombinationen sowie in der Adjektivform *paradiesisch* der Eintragung als Einzelwort nicht entgegenstehe (BPatGE 36, 171 – Paradies). Bei der Wortmarke *Treppenmeister*, die aus einer scheinbar sprachüblichen Verbindung zweier Begriffe bestehe, deren Kombination weder als Fachausdruck noch als allgemeines Wortgebilde nachweisbar sei, sei von einer *Neuschöpfung* auszugehen, da bei der Kombination der Warenangabe *Treppe* mit der nachgestellten Bezeichnung *Meister* es sich nicht notgedrungen um die personen- wie sachbezogene Verwendung des Wortes *Meister* als Hinweis auf die Güte und Qualität der Waren (vorgefertigte Treppen aus Holz) im Sinne einer werbeüblichen Beschaffenheits- oder Bestimmungsangabe handele (BPatG Mitt 1997, 197 – Treppenmeister; in Abkehr von BPatG, 27 W (pat) 293/66 – Teppichmeister und BPatG, 24 W (pat) 301/85 – Ledermeister). Die Wortmarke *JUMBOMOBIL* wurde nicht lediglich als eine sprachübliche Wortneuschöpfung, sondern als phantasievolles Wortgebilde, dem ein eindeutiger Sinngehalt nicht zu entnehmen sei und als eintragungsfähig für maschinelle Vorrichtungen und Werkzeuge der Förder- und Handhabungstechnik beurteilt (BPatG Mitt 1997, 98 – JUMBOMOBIL). Als unterscheidungskräftig beurteilt wurde die Wortmarke *Koch* für Kochgeräte, da zwar ein begrifflicher Zusammenhang zwischen dem Markenwort *Koch* und den Waren der Anmeldung nicht zu leugnen sei, der sich daraus ergebe, daß die Geräte unmittelbar oder mittelbar der Zubereitung von Speisen dienten; diese Gefahr, daß rechtlich relevante Teile des Verkehrs in der Bezeichnung *Koch* einen warenbeschreibenden Hinweis sähen, werde durch das Zusammenwirken verschiedener Umstände in einem die erforderliche Unterscheidungskraft im Sinne des § 8 Abs. 2 Nr. 1 begründenden Maße vermindert; eine wichtige Rolle spiele dabei der Umstand, daß die beanspruchten Waren in aller Regel nicht lediglich aufgrund mündlicher Bestellung gekauft würden, sondern nach vorheriger Besichtigung oder anhand einer Werbeanzeige eines Katalogs oder dergleichen und im Vergleich mit der mündlichen Benennung dabei die Gefahr, daß die Marke als Bestimmungsangabe, und nicht als Herkunftshinweis verstanden werde, von vornherein deutlich verringert sei (BPatG Mitt 1998, 272, 273 – Koch). Die Mehrwortmarke *SMART STORE* wurde für Unternehmensberatung, betriebswirtschaftliche und Organisationsberatung unter Ausschluß der Beratung hinsichtlich der computergesteuerten Ausstattung als unterscheidungskräftig und nicht freihaltebedürftig beurteilt, nicht aber, wenn ein Bezug zu gerätetechnischer Intelligenz bestehe, da das Wort *SMART* in dem speziellen Sinn von intelligent sich zu einem gebräuchlichen Fachausdruck für Computertechnik entwickelt habe und, verbunden mit dem Gattungsnamen eines Gegenstandes, der selbst unmittelbar mit intelligenter Technik ausgerüstet sei, schutzunfähig sei (BPatG CR 1997, 602 – SMART).

**i) Fremdsprachige Bezeichnungen.** Für fremdsprachige Bezeichnungen gelten die **104** Grundsätze zu den Wörtern der Fachsprache und des allgemeinen Sprachgebrauchs entsprechend (s. Rn 98 ff.). Die konkrete Unterscheidungskraft solcher Bezeichnungen wird nur in eindeutigen Fallkonstellationen abzulehnen sein. Ob solche fremdsprachigen Bezeichnungen von der Eintragung ausgeschlossen sind, beurteilt sich vor allem nach § 8 Abs. 2 Nr. 2 und 3. Namentlich kommt es darauf an, ob die fremdsprachige Bezeichnung zum allgemeinen Sprachgebrauch gehört oder eine im Verkehr üblich gewordene Bezeichnung für die konkreten Produkte darstellt (s. Rn 238 ff.).

**105** Als *schutzunfähig* wurden die folgenden Bezeichnungen beurteilt: *Micro* für Aufzüge, Elevatoren, Fahrtreppen und Hebezeuge (RPA MuW 1931, 547); *Robusta* für Lichtbildapparate als Hinweis auf die Widerstandsfähigkeit des Produkts (RPA JW 1936, 2677). Wörter der *japanischen* oder *chinesischen* Sprache, die in japanischen oder chinesischen Schriftzeichen wiedergegeben werden, wurden nach früherer Rechtsprechung in der Regel als nicht unterscheidungskräftig beurteilt. Wenn derartige Wörter in die lateinische Schrift transkribiert werden, können sie unterscheidungskräftig sein (BPatGE 29, 218 – JIN SHIN DO; BPatGE 30, 156 – Morgenrötezeichnung; BPatGE 35, 114 – Fernöstliche Schriftzeichen). Nach neuerer Rechtsprechung soll ohne zusätzliche gesicherte Feststellungen der Anmeldung *fernöstlicher* Schriftzeichen zumindest dann nicht jegliche Unterscheidungskraft abgesprochen werden können, wenn sie eine überschaubare Anzahl ausreichender charakteristischer Merkmale enthielten und damit durchaus geeignet erschienen, das Erinnerungsvermögen der betreffenden Verkehrskreise in herkunftshinweisender Funktion zu beeinflussen (BPatG GRUR 1997, 53 – Chinesische Schriftzeichen). An japanischen oder chinesischen Bezeichnungen, die in die lateinische Schrift transkribiert werden, besteht in der Regel nur dann ein Freihaltebedürfnis, wenn diese Bezeichnungen entweder im deutschen Sprachraum als feststehende Begriffe Verwendung finden oder einen Fachausdruck für die Waren selbst oder ihre wesensbestimmenden Bestandteile darstellen (s. zu einer beschreibenden Angabe der *schwedischen* Sprache schon BPatG BlPMZ 1985, 370 – Fläkt). Mehrwortzeichen (zusammengesetzte Marken) aus transkribierten Wörtern der japanischen oder chinesischen Sprache werden in der Regel auch dann, wenn sie für die beteiligten Verkehrskreise nicht als Gesamtbegriff verständlich sind, in ihrer Gesamtheit erfaßt und wiedergegeben; eine Aufgliederung in die einzelnen Wortbestandteile der Marke ist nur dann geboten, wenn der Verkehr hierfür einen besonderen Anlaß hat. Die zusammengesetzte Marke *JIN SHIN DO* ist für die Waren Bücher und Zeitschriften sowie für die Dienstleistungen Unterweisung und Informationsvermittlung eintragbar (BPatGE 29, 218 – JIN SHIN DO). In Anbetracht der zunehmenden wirtschaftlichen und kulturellen Verflechtungen fernöstlicher Länder mit den westlichen Industrienationen dürfen an die erforderliche Unterscheidungskraft etwa chinesischer Schriftzeichen keine zu strengen Maßstäbe angelegt werden (BPatGE 35, 114 – Fernöstliche Schriftzeichen) Angesicht der weltwirtschaftlichen Entwicklung und des ständigen Anwachsens der kulturellen und touristischen Beziehungen zu den fernöstlichen Ländern kann heute jedenfalls nicht mehr generell davon ausgegangen werden, daß der deutsche Verkehr bei der Wahrnehmung etwa chinesischer Schriftzeichen in Zusammenhang mit Produkten oder Dienstleistungen diese ausnahmslos mit der Vorstellung an eine geographische Herkunftsangabe verbindet (BPatG GRUR 1997, 53 – Chinesische Schriftzeichen; s. Rn 313ff.). In restriktiverer Eintragungspraxis soll eine Reihe von fünf verschiedenen chinesischen Schriftzeichen für Waren des täglichen Bedarfs wie Biere nicht unterscheidungskräftig sein, da chinesischen Schriftzeichen jedenfalls dann die erforderliche Merkfähigkeit fehle, wenn sie der durchschnittliche Konsument nicht anhand einfacher und einprägsamer Bestandteile wieder erkennen könne (BPatG GRUR 1997, 830 – St. Pauli Girl). Da als Marke angemeldete Kennzeichen, die ausschließlich aus fernöstlichen Schriftzeichen gebildet seien, von den deutschen Verkehrskreisen wegen fehlender Kenntnisse solcher Schriftzeichen und ihrer Bedeutung weitgehend nur aufgrund ihres bildlichen Gesamteindrucks unterschieden und erinnert würden, seien sie als Bildmarken und nicht als Wortmarken zu beurteilen.

**106** Wörtern *toter Sprachen* wie vor allem der *lateinischen* und *griechischen* Sprache wurde zumeist die erforderliche Unterscheidungskraft zugesprochen. Wegen Fehlens eines Freihaltebedürfnisses wurde die Eintragungsfähigkeit selbst dann bejaht, wenn die fremdsprachigen Bezeichnungen beschreibende Angaben enthielten. Als *unterscheidungskräftig* wurden beurteilt *Hannovera* (RPA BlPMZ 1931, 125); *HELVETIA* für Waren einer schweizer Firma (BPatGE 5, 152). Als *nicht unterscheidungskräftig* wurde beurteilt *ARS ELECTRONICA* für Musikinstrumente, das auf dem betreffenden Gebiet Fachsprache und als Fremdwort in den deutschen Sprachschatz übergegangen ist (BPatG Mitt 1987, 76 – ARS ELECTRONICA). Die Eintragungsfähigkeit von fremdsprachigen Bezeichnungen toter Sprachen wurde aber dann abgelehnt, wenn die Wörter in den deutschen Sprachschatz aufgenommen oder zu Fachwörtern auf einem bestimmten Fachgebiet geworden waren. Als *schutzunfähig* wurden beurteilt etwa *Contact* für die Waren komplette Rundfunkgeräte, auch in Wechselsprechschaltung, ausgenommen deren Teile (BPatGE 9, 65); *Solu-Paraxin* für Arzneimittel für stoffwechselumstimmende Therapie (Blutreinigung) (BPatGE 10, 97).

Bei fremdsprachigen Bezeichnungen *moderner Sprachen* ist hinsichtlich des Vorliegens der konkreten Unterscheidungskraft sorgfältig zu prüfen, ob sie in den deutschen Sprachschatz übergegangen sind oder zum allgemeinen Sprachgebrauch gehören. Wenn die nächstliegende Übersetzung einer fremdsprachigen Bezeichnung für die beteiligten Verkehrskreise keinen der Umgangssprache entnommenen, beschreibenden Sachhinweis enthält, dann kann die eigenständige Wirkung der Bezeichnung und deren Unterscheidungskraft nicht ohne weiteres abgelehnt werden (BGH GRUR 1989, 666, 667 – Sleepover). Die Tatsache, daß die fremde Sprache eine Welthandelssprache darstellt, soll nicht ausreichend sein, die konkrete Unterscheidungskraft zu verneinen. Bei der Beurteilung der Unterscheidungskraft einer fremdsprachigen Bezeichnung ist auf das Verständnis der inländischen Verkehrskreise abzustellen; Eintragungen im Ausland kommt in diesem Zusammenhang grundsätzlich keine Bedeutung zu (BGH GRUR 1989, 666 – Sleepover). Bei *geteilter Verkehrsauffassung* über den fremdsprachigen Sinngehalt eines Wortes kommt es zur Beurteilung der Schutzversagung neben dem Verhältnis der Verkehrsteile zueinander insbesondere darauf an, in welchem Maße ein Freihaltebedürfnis besteht (BGH GRUR 1992, 514 – Ole). Auch wenn die Voraussetzungen der Eintragungsfähigkeit einer Marke nur nach *inländischem Recht* zu prüfen sind, schließt das nicht aus, bei der Beurteilung insbesondere des Freihaltebedürfnisses an Wörtern fremder Sprachen der *Eintragung solcher Wörter in den Ländern des jeweiligen Sprachkreises* dann Bedeutung beizumessen, wenn diesen Eintragungen regelmäßig auch eine Prüfung des Freihaltebedürfnisses zugrunde liegt. Eine solche Eintragung bildet in der Regel ein starkes *Indiz* für das Fehlen eines Freihaltebedürfnisses für das fremdsprachliche Wort auch im Inland (BGH GRUR 1988, 379, 380 – RIGIDITE I; 1989, 421, 422 – Conductor; 1989, 666, 667 – Sleepover; unrichtig *Althammer/Ströbele/Klaka*, § 8 MarkenG, Rn 58 nach dem ein in Deutschland bestehendes Freihaltungsbedürfnis nie durch die Eintragung der fraglichen Marke im Ausland aufgehoben werden könne, da verschiedene territoriale Rechtskreise betroffen seien; auch BPatG, CR 1998, 198, 199 – DATA I/O).

Als *eintragungsfähig* wurden beurteilt *Amora* (portugiesisch: Maul- oder Brombeere) für sauer konserviertes Obst und Gemüse (BPatGE 13, 128); *ADJUTOR* (Helfer, Gehilfe) für zahnärztliche Apparate als weder in den deutschen Sprachschatz übergegangen noch als ein Wort der Fachsprache auf dem Gebiet ärztlicher Geräte zu verstehen (BPatGE 16, 82); als noch nicht völlig in die deutsche Verkehrssprache übergegangen, wurde das Wort *Ultra* für kosmetische Waren eingetragen (DPA GRUR 1951, 467; heute anders zu beurteilen; s. zur Eintragungsunfähigkeit der Bezeichnung *ultra* Rn 249 f.); *Marvel* (englisch: Wunderding, Wunderbares) eintragungsfähig für Molkenmischgetränke (BPatG GRUR 1990, 195); eintragungsfähig *BLAZEMASTER* als Phantasiewort (BPatG Mitt 1987, 114); *FOOTVAX* für veterinärmedizinische Erzeugnisse, nämlich Injektionslösungen als Impfstoff gegen Fußkrankheiten trotz hochgradiger Ähnlichkeit der zwar im Englischen nicht gebräuchlichen, aber sprachüblichen Wortbildung (BPatGE 29, 163); *LIDO* für aus Kunststoff und Glas hergestellte WC- und Duschabtrennungen (BPatG Mitt 1990, 177); *JAY* für Behälter, Behälterverschlüsse (BPatG GRUR 1991, 142 – JAY); *Glass-line* für Kühl- und Gefriergeräte (BPatG GRUR 1993, 741 – Glass-line); offengelassen *Sleepover* für aufblasbare Stütz- und Ruhekissen (BPatG GRUR 1989, 666 – Sleepover); *MOD'elle* für Bekleidungen für Herren, Damen und Kinder sowie Schuhwaren (BPatG Mitt 1996, 215 – MOD'elle); *SMART STORE* für Unternehmensberatung, betriebswirtschaftliche und Organisationsberatung unter Ausschluß der Beratung hinsichtlich der computergesteuerten Ausstattung (BPatG CR 1997, 602 – SMART); *Windowmatrix* für elektronische Geräte und Instrumente (BPatG CR 1997, 683 – Windowmatrix; *ADVANCESTACK* für Hard- und Software, da der Zeichenbestandteil *advance* der aus den Begriffen *advance* und *stack* zusammengesetzten Marke mehrdeutig sei (BPatG CR 1998, 79 – ADVANCESTACK).

Als *eintragungsunfähig* wurden die folgenden englischen Wörter auf dem Gebiet der Mode beurteilt *Soft-Line* für Büstenhalter und Damenunterwäsche (BPatG Mitt 1971, 130); *Show* für Strickwolle (BPatG Mitt 1970, 174; bedenklich hinsichtlich der Unterscheidungskraft); ferner *look, Style, no iron;* als schutzfähig wurde eingetragen *Interfashion* für Strumpfwaren (BPatGE 4, 82; bedenklich, zur Bezeichnung *Inter* s. Rn 254). Nach der Rechtslage im MarkenG wurde vom BPatG die Mehrwortmarke *SWEATER TOPS* als eine Aneinanderreihung der beiden auf dem Textilsektor gebräuchlichen Fachbezeichnungen Sweater und Tops für Oberbekleidungsstücke als *eintragungsunfähig* beurteilt, da die Bezeichnung vom deutschen Publikum auch dann nicht in einem entscheidungserheblichen Umfang als Marke gewertet werde, wenn diese Wortzusammenstellung sowohl im deutschen als auch im englischen Sprachbereich bisher als solche nicht belegbar sei, da einer derartigen Wortfolge das erforderliche Mindestmaß an Unterscheidungskraft fehle (BPatGE 36, 229 – SWEATER TOPS). Als *nicht unterscheidungskräftig* beurteilt wurden *Top* für alkoholfreie Getränke (BPatG Mitt 1967, 65 – Top); *Happy* für Dessertspeise auf Milchbasis (BGH GRUR 1976, 587 – Happy; bedenklich); *Bambino* für Hohlgläser (BPatGE 5, 41 – Bambino); *MASTERSOUND* für Tonträger (BPatG, Beschluß vom 13. Februar 1995, 30 W (pat) 134/94 – MASTERSOUND); *COLORSCRIPT* für Drucker (BPatG, Beschluß vom 3. Juli 1995, 30 W (pat) 335/93 – COLORSCRIPT); *Finishmaster* für Bügelmaschinen (BPatGE 35, 249 – Finishmaster); *While you Wait* für Umstandsbekleidungsstücke (BPatGE 35, 96 – While you Wait); *Selective Control System* für Skibindungen wegen Fehlens jeglicher Unterscheidungskraft (BPatG Mitt 1995, 288 – Selective Control System); *Conductor* für aufgezeichnete Computerprogramme (BGH GRUR 1989, 421 – Conductor); *tutto* für Papier in Rollenform, da erhebliche Teile des inländischen Verkehrs die Marke als beschreibende Angabe für universelle Nutzungsmöglichkeit verstehen (BPatGE 31, 79 – tutto); *BLUE LINE* für Kühl- und Gefriergeräte, da eine Marke, die sich aus dem Zeichenbestand *LINE* und einer Farbbezeichnung wie blau zusammensetze, insbesondere dann beschreibend wirke, wenn sie aufgrund der mit der Farbe verbundenen Assoziation von kalt, Kühle und Frische einen leicht erkennbaren Bezug zu den beanspruchten Waren (hier: Kühl- und Gefriergeräte) herstelle (BPatGE 36, 153 – BLUE LINE); eintragungsfähig aber *Glass-line* für Kühl- und Gefriergeräte, ausgenommen solche, deren Frontplatte und/oder Seitenwände aus Glas bestehen (BPatG GRUR 1993, 741 – Glass-line). Als ein Ergebnis von Ermittlungen stellt das BPatG fest, der Zeichenbestandteil *LINE* werde nicht nur im Modebereich im Sinne von Linie, sondern auch bei Haushaltsgeräten von erheblichen Teilen des Verkehrs als beschreibender Hinweis auf eine bestimmte Produktlinie verstanden. Als *eintragungsunfähig* wurde weiter beurteilt *ManuFact* für Möbel, Spiegel und Rahmen, da sich die tradionell handwerkliche Herstellung dieser Waren besonderer Wertschätzung erfreue, und deshalb ein die Handarbeit allgemeinverständlich ausdrückendes, lexikalisch nachweisbares Fremdwort auch dann freihaltebedürftig sein könne, wenn es im Sprachgebrauch weitgehend als veraltet angesehen werde (BPatGE 36, 144 – ManuFact); *ULTIMATE* für Waren der Klassen 18, 20, 22 und 25, da sinngleich mit dem Begriff *ultimativ*, der als Superlativbezeichnung und Hinweis auf eine Spitzenqualität in der inländischen Produktwerbung bereits Verwendung finde (BPatG GRUR 1997, 467 – ULTIMATE); *DATA I/O* für Computerhardware und Computersoftware, da aus den englischsprachigen Begriffen *Data* (Daten) und *I/O* (Abkürzung für Input/Output) bestehend (BPatG CR 1998, 198 – DATA I/O); *Surprise* für Waren der Klassen 3, 18 und 25 wie Mittel zur Körper- und Schönheitspflege, Bekleidungsstücke und Schuhwaren (BPatGE 40, 153 – Surprise).

110 **j) Politische Begriffe.** Politischen Begriffen wie *Parlament, Regierung, Kanzler* oder *Minister* wird zwar regelmäßig konkrete Unterscheidungskraft für bestimmte Produkte zukommen, doch bestimmt sich ihre Eintragungsfähigkeit als Wörter im allgemeinen Sprachgebrauch vornehmlich nach § 8 Abs. 2 Nr. 3. So ist *Minister* für Kaffee nicht anders zu beurteilen als *König* für Bier oder *Fürst* für Sekt und insoweit für die konkreten Produkte eintragungsfähig. Als *eintragungsfähig* beurteilt wurde *SELA*, identisch mit der Abkürzung einer Organisation von 25 lateinamerikanischen Staaten zur gegenseitigen Konsultation und Koordination ökonomischer und sozialer Themen (Sistema Economico Latinoamericano), für Maschinen für die Seifen- und Waschmittelindustrie (BPatG Mitt 1987, 78).

111 Politische Begriffe sowie Wörter und Namen der Zeitgeschichte können nach § 8 Abs. 2 Nr. 5 von der Eintragung als Marke ausgeschlossen sein, wenn sie gegen die öffentliche Ordnung oder gegen die guten Sitten verstoßen. So ist etwa der Begriff *Nazi* als Marke eintragungsunfähig. Von zeitgeschichtlichem Interesse ist die Beurteilung als *eintragungsunfähig* der folgenden Bezeichnungen: *Hindenburg-Wolle* (KPA MuW 1914/15, 197); *Deutschösterreichische Bündnis-Spielkarte* für Waren, Schaustücke, Schilder (KPA BlPMZ 1915, 136); *Uns treibt nicht Eroberungslust* für Bedarfs- und Konsumartikel (KPA MuW 1915, 244).

**k) Produkthinweise.** Produkthinweise wie Gebrauchsanweisungen, Warnungen oder **112** Etiketten mit Produktangaben werden vom Verkehr grundsätzlich nicht als produktidentifizierende Unterscheidungszeichen verstanden. Produkthinweise können aber dann konkret unterscheidungskräftig wirken, wenn sie etwa aufgrund einer besonderen Druckanordnung und graphischen Gestaltung ein Bild von besonderer Eigenart ergeben wie bei der Bezeichnung *Echt österreichischer Landtabak* für Tabak (RG MuW 1930, 551, 554). Produkthinweise können auch bildliche Zweckangaben darstellen. Als schutzfähig wurde das Bild einer *Hand* beurteilt, die mit gespreizten Fingern eine Schuheinlage hochhielt (RPA MuW 1932, 476). Nicht eingetragen wurde die bildliche Darstellung einer *Einhandbrille*, durch die allein auf die besondere Bauart der Brille hingewiesen wurde, die mit einer Hand auf- und abgesetzt werden konnte (RPA Mitt 1933, 335).

**l) Buchstabenmarken und Zahlenmarken.**
**Schrifttum zum WZG.** *Althammer,* Zur Eintragbarkeit von Zahlen- und Buchstabenzeichen, FS für v. Gamm, 1990, S. 241; *Bunke,* Polyestra und Buchstaben, GRUR 1979, 356; *Cöster,* Freihaltebedürfnis bei Eintragung bildlich ausgestalteter Buchstabenzeichen, GRUR 1983, 223; *Eisenführ,* „Dos", „quattro", „UHQ" – Ein Schwanengesang?, GRUR 1994, 340; *Eisenführ,* Schutz von Marke und Ausstattung, FS GRUR, Bd. II, 1991, S. 767; *Elster,* Der Schutz der bloßen Zahl, MuW 1926, 1967; *Endemann,* Die Zahl als Warenzeichen, GRUR 1930, 719; *Fischer,* Besondere Fälle der Beurteilung des Markenbegriffs und der Unterscheidungskraft im französischen Markenrecht, GRUR Int 1989, 522; *Gloy,* GRUR 1978, 592; *Goll,* Die Eintragungsfähigkeit phonetisch ausgeschriebener Buchstabenzeichen, GRUR 1976, 229; *Herb,* WRP 1991, 302; *Hubbuch,* Schutzfähigkeit von Buchstabenzeichen, GRUR 1958, 12; *Hubbuch,* Schutzfähigkeit von Buchstaben in neuerer Sicht, Mitt 1975, 130; *Kehl,* Mitt 1986, 237; *Kunz-Hallstein,* GRUR Int 1991, 48; *Meister,* Markenrecht im Umbruch, MA 1993, 556; *Meister,* Die Marke zwischen den Gesetzen, GRUR 1994, 167; *Messer,* Zur Eintragungsfähigkeit von Monogrammen, GRUR 1976, 573; *Ropski/Wettermann,* Important Decisions, Trends, and Events in United States Patent and Trademark Law: 1993 and 1994, Mitt 1995, 295; *Schickedanz,* Buchstaben und Buchstabenkombinationen als Warenzeichen, GRUR 1990, 153; *Schlüter,* Der Schutzumfang von Buchstaben-Warenzeichen im patentamtlichen Widerspruchsverfahren, GRUR 1958, 379; *Schmieder,* Warenzeichen als Sprachgebilde, WRP 1992, 1257; *Seligsohn,* Die Zeichen- und Schutzfähigkeit von Buchstaben und Zahlen, GRUR 1922, 103.

**Schrifttum zum MarkenG.** *Albrecht,* Buchstaben und Zahlen im Kollisionsfall, GRUR 1996, 246; *Bauer,* Die Ware als Marke, GRUR 1996, 319; *Eisenführ,* Schutzfähigkeit und Schutzumfang nach dem neuen Markenrecht, FS 100 Jahre Marken-Amt, 1994, S. 71; *Krings,* Der Schutz von Buchstabenkennzeichen, WRP 1999, 50.

**aa) Ausgangspunkt.** Die *Markenfähigkeit* von *Buchstabenmarken* und *Zahlenmarken* wird **113** in § 3 Abs. 1 ausdrücklich anerkannt. Buchstaben und Zahlen sowie der Kombination von Buchstaben und Zahlen kommt die abstrakte Unterscheidungseignung als Voraussetzung der Markenfähigkeit zu (s. dazu im einzelnen § 3, Rn 243 f.). Von der Markenfähigkeit nach § 3 ist die *Eintragungsfähigkeit* der Buchstabenmarken, Zahlenmarken und zusammengesetzten Buchstabenzahlenmarken nach § 8 zu unterscheiden. Das Bestehen eines absoluten Schutzhindernisses nach § 8 Abs. 2 Nr. 1 bis 3 begründet die Eintragungsunfähigkeit der Buchstabenmarke oder Zahlenmarke. Wenn der bestimmten Buchstabenmarke oder Zahlenmarke die konkrete Unterscheidungskraft nach § 8 Abs. 2 Nr. 1 für die konkreten Waren oder Dienstleistungen, für die die Anmeldung beantragt wird, fehlt, dann sind die Marken wegen Bestehens eines absoluten Schutzhindernisses von der Eintragung ausgeschlossen. Buchstabenmarken und Zahlenmarken, die nach § 8 Abs. 2 Nr. 1 konkret unterscheidungskräftig sind, sind nach § 8 Abs. 2 Nr. 2 ferner von der Eintragung ausgeschlossen, wenn sie zugleich beschreibende Marken darstellen und an ihnen als beschreibende Angaben ein aktuelles Freihaltebedürfnis besteht. Die absoluten Schutzhindernisse des Fehlens der konkreten Unterscheidungskraft nach § 8 Abs. 2 Nr. 1 und das Bestehen eines aktuellen Freihaltebedürfnisses nach § 8 Abs. 2 Nr. 2 entfallen und die Marke ist eintragungsfähig, wenn die Marke sich vor dem Zeitpunkt der Entscheidung über die Eintragung infolge ihrer Benutzung für die Waren oder Dienstleistungen, für die sie angemeldet worden ist, in den beteiligten Verkehrskreisen durchgesetzt hat (§ 8 Abs. 3).

**bb) Rechtsentwicklung nach der Rechtslage im WZG.** Vor Inkrafttreten des Mar- **114** kenG wurden Zeichen, die ausschließlich aus *Zahlen* oder *Buchstaben* bestehen, als *eintragungsunfähig* beurteilt (s. zur Rechtslage im WZG *Baumbach/Hefermehl,* § 4 WZG, Rn 56 ff.).

**MarkenG § 8  115**

Zwar war auch nach der Rechtslage im WZG anerkannt, daß Zahlen und Buchstaben die für ein Zeichen erforderliche Unterscheidungskraft besitzen können, doch wurde ihre Monopolisierung als unzulässig angesehen, weil der Verkehr sie als Typen-, Mengen-, Sorten-, Qualitäts- oder Größenangaben benötige. Nach § 4 Abs. 2 Nr. 1 WZG wurden Warenzeichen aus Buchstaben und Zahlen aufgrund der Annahme eines abstrakten Freihaltebedürfnisses nicht in die Warenzeichenrolle eingetragen. Der unbedingte Versagungsgrund bestand nicht nur für einstellige Ziffern und Einzelbuchstaben, sondern auch für mehrstellige Ziffern und Buchstabenzusammenstellungen (BPatG GRUR 1985, 443 – DEK; BGH GRUR 1986, 894 – OCM), sowie für Buchstaben- und Zahlenkombinationen (BGHZ 19, 367 – W-5; 1995, 808 – P3-plastoclin), und zwar selbst dann, wenn den als freihaltebedürftig angesehenen Buchstaben oder Zahlen solche Zeichenbestandteile hinzugefügt wurden, die als nicht unterscheidungskräftig zu beurteilen waren (BPatGE 26, 78 – DP mit Doppelstern). Der unbedingte Versagungsgrund wurde selbst für in Lautschrift geschriebene Buchstaben angenommen (BGH GRUR 1978, 591, 592 – KABE; 1983, 244, 245 – Beka; s. dazu *Bunke*, GRUR 1979, 356). Der Erwerb von Verkehrsdurchsetzung nach § 4 Abs. 3 WZG begründete die Eintragungsfähigkeit von Buchstaben und Zahlen. Als berühmtes Beispiel gilt die Weltmarke *4711* für Kölnisch Wasser (s. dazu MuW 1927/1928, 421, 465, 503, 543). Vereinzelt wurde die Schutzfähigkeit von Buchstaben und Zahlen auch ohne Vorliegen von Verkehrsgeltung bejaht, wenn sie als reine Fantasiegebilde kennzeichnend und für den Allgemeingebrauch entbehrlich seien (so *Reimer*, 3. Aufl., Kap. 5, Rn 8; *Endemann*, GRUR 1930, 719, 724). Die Rechtsprechung lehnte selbst die Eintragungsfähigkeit graphisch gestalteter Zahlen ab, die im Geschäftsverkehr ohne weiteres als Zahl aufgefaßt und ausgesprochen würden (BGH GRUR 1982, 373, 374 – Zahl 17; BPatG BlPMZ 1986, 380). Die *Polyestra*-Doktrin (BGHZ 50, 219, 224 – Polyestra; s. dazu im einzelnen *Baumbach/Hefermehl*, § 4 WZG, Rn 95 ff.; s. Rn 121), nach der das Freihaltebedürfnis auch einer Eintragung wesensgleicher Abwandlungen beschreibender Angaben entgegenstand, verschärfte noch die Spruchpraxis zur Eintragungsunfähigkeit von Buchstaben und Zahlen. Die frühere Eintragungspraxis, zumindest ausgeschriebene Einzelbuchstaben und Buchstabenfolgen einzutragen, wurde endgültig aufgegeben (BGH GRUR 1982, 373 – Zahl 17; BlPMZ 1984, 113 – MSI). Beispiele *eintragungsunfähiger* Buchstaben- und Zahlenmarken nach der Rechtslage im WZG sind etwa für *Buchstabenzusammenstellungen* (BPatGE 24, 255 – E & J; 16, 231, 237 – OMEGA; 19, 179 – IGc; 23, 229 – ABN Bank; 24, 84 – AD; 25, 230, 233 – gdo), für *phonetisch ausgeschriebene Einzelbuchstaben und Buchstabenverbindungen* (RPA BlPMZ 1902, 26 – ZERO; MuW 1911, 210 – Zett und Eff-Eff; 1927/1928, 92 – ERRTEE; 1937, 316 – ES; DPA BlPMZ 1957, 203 – ca-ha; BPatG Mitt 1962, 54 – KWO; 1968, 111 – OPW; BPatGE 18, 76, 80 – peha; 18, 82, 84 – VAUEFGE; 19, 179 – Ige und Igk), für *graphische Gestaltungen von Buchstaben* (BPatGE 11, 116 – RSW; 18, 86, 88 – PG; BGH GRUR 1983, 243, 244, 245 – BEKA Robusta; BlPMZ 1984, 113 – MSI), für *einstellige und mehrstellige Zahlen* (RPA BlPMZ 1902, 26 – Zero; RG MuW 1930, 240, 241 – Ly-Federn; RPA MuW 1938, 33 – Unendlichkeitszeichen; DPA Mitt 1960, 198 – 8 x 4; BPatGE 16, 237 – 7 mit einem Querstrich in der Gestalt eines Pfeils für Feuerwaffen; BPatGE 16, 73, 75 – ZEN; BGH GRUR 1982, 373 – Zahl 17), für *Buchstaben- und Zahlenkombinationen* (BGHZ 19, 367 – W-5).

**115** Die strenge Handhabung des Eintragungsverbots für Buchstabenmarken und Zahlenmarken führte zu erheblichen Unerträglichkeiten in der Markenrechtspraxis. Folge namentlich der *Polyestra*-Doktrin (s. dazu Rn 121) war eine Inländerdiskriminierung, da sich Ausländer auf den Heimatschutz und die Telle-quelle-Klausel des Art. 6$^{quinquies}$ Abs. 1 PVÜ beriefen und die Eintragungsfähigkeit von IR-Buchstabenmarken erreichten (BGH GRUR 1991, 535 – ST; 1991, 838 – FE; 1991, 839 – Z-Tech). Die verbindlichen Vorgaben der MarkenRL leiteten schon nach der Rechtslage im WZG die *Wende in der höchstrichterlichen Rechtsprechung* ein, die endlich die den Buchstaben- und Zahlenmarken angelegten Eintragungsfesseln lockerte. Die Eintragungspraxis suchte den Anschluß an die internationale Rechtsentwicklung. Das BPatG anerkannte die Eintragungsfähigkeit der IR-Marke *3p*, die als Zahl- und Buchstabenkombination gedeutet werden konnte, dann an, wenn die Kombination derart ins Bildhafte verfremdet war, daß der Bildcharakter den Schriftzugcharakter überlagerte (BPatG Mitt 1990, 37 – 3p). Eine über das verkehrsübliche Maß hinausgehende, ins Bildhafte verfremdete, graphische Ausgestaltung eines Buchstabens, die im Verhältnis zu dem weiteren schutzfähigen Wortbestandteil größenmäßig besonders herausgestellt war, konnte die Eintragbarkeit des kombinierten Zeichens C/Champion dann begründen, wenn sie mit dem Anlaut des Wortbestandteils übereinstimmte und dieser Umstand eine Deutung des Bildteils als Buchstabe zusätzlich ermöglichte (BPatG GRUR 1988, 913 – C/Champion). Die in der Mitte des Jahres 1993 fast gleichzeitig ergangenen Entscheidungen *UHQ* des BPatG (BPatG GRUR 1993, 742 – UHQ I) und *Dos* des BGH (BGH GRUR 1993, 825 – Dos) veränderten die Eintragungspraxis im Vorgriff auf das MarkenG (s. dazu *Meister*, MA 1993, 556, 558; *Meister*, GRUR 1994, 167, 168; *Eisenführ*, GRUR 1994, 340). Die allmähliche Überwindung der *Polyestra*-Doktrin, die ursprünglich in der Eintragungspraxis dem Freihaltebedürfnis als Eintragungshindernis eine übersteigerte Rolle zusprach und seit Mitte der 80iger Jahre einer mehr differenzierten Anwendung des Instituts des Freihaltebedürfnisses Raum gab (s. dazu *Teplitzky*, FS für v. Gamm, S. 303; BGHZ 91, 262, 272 – Indorektal I; BGH GRUR 1985, 1053, 1054 – ROAL), ebnete den Weg zur Eintragungsfähigkeit von Buchstabenmarken und Zahlenmarken. Der BGH bejahte nunmehr die Eintragungsfähigkeit eines Zeichens, das die phonetische Umschreibung einer nach § 4 Abs. 2 Nr. 1 HS 2 WZG freizuhaltenden Buchstaben- und Zahlenkombination *R 1* enthielt (BGH GRUR 1989, 264, 265 – REYNOLDS R 1/EREINTZ). Nach Ablauf der Umsetzungsfrist der MarkenRL hielt der BGH in der *Dos*-Entscheidung ein absolutes Eintragungsverbot von Zahlen nicht nur in der Form von Ziffern oder Ziffernfolgen, sondern auch als Zahlwörter, zumindest für Zahlwörter einer fremden Sprache, nicht mehr für rechtmäßig (BGH GRUR 1993, 825 – Dos; s. schon BPatG GRUR 1993, 45 – 11er). In der *UHQ*-Entscheidung ging das BPatG nicht länger davon aus, daß für Buchstabenmarken ein generelles und gleichsam unwiderlegbar vermutetes Freihaltebedürfnis bestehe. Ein absolutes Schutzhindernis gegen die Eintragung von Buchstaben liege nur dann vor, wenn entweder die Unterscheidungskraft fehle oder dem Anmelder ein konkretes Freihaltebedürfnis nachgewiesen werden könne (BPatG GRUR 1993, 742 – UHQ I). Die nach der MarkenRL vorgegebene und im MarkenG umgesetzte Differenzierung zwischen abstrakter Unterscheidungseignung im Sinne des § 3 Abs. 1 und konkreter Unterscheidungskraft im Sinne des § 8 Abs. 2 Nr. 1 wurde damit in die Entscheidungspraxis zur Eintragungsfähigkeit von Buchstabenmarken und Zahlenmarken eingeführt.

**cc) Rechtslage im MarkenG.** Buchstabenmarken und Zahlenmarken kommt die abstrakte Unterscheidungseignung als Voraussetzung der *Markenfähigkeit* nach § 3 Abs. 1 zu. Das gilt gleichermaßen für einstellige und mehrstellige Zahlen sowie für Einzelbuchstaben und Buchstabenzusammenstellungen, auch für Kombinationen von Zahlen und Buchstaben, und zwar in der Form von Ziffern, Einzelbuchstaben, ausgeschriebenen Zahlwörtern oder Buchstabenwörtern sowie deren graphischer Darstellung. Buchstabenmarken und Zahlenmarken sind nach § 8 Abs. 2 Nr. 1 nur dann eintragungsfähig, wenn der Buchstabenmarke oder der Zahlenmarke *konkrete Unterscheidungskraft* für die Waren oder Dienstleistungen zukommt, für die die Eintragung beantragt wird. Die MarkenanmeldungenRL (s. 4. Teil des Kommentars, II 1) enthält im einzelnen keine Angaben über Buchstabenmarken und Zahlenmarken. Nach Nr. 8.3 der Prüfungsrichtlinien des HABM zur Gemeinschaftsmarke soll eine Marke, die aus einem oder zwei Buchstaben oder Ziffern besteht, sofern diese nicht in ungewöhnlicher Form wiedergegeben sind oder sofern nicht besondere Umstände vorliegen, keine Unterscheidungskraft haben. Auch wenn in praxi von einem solchen Erfahrungssatz zumindest bei einstelligen Zahlen und Einzelbuchstaben ausgegangen wird, bleibt de jure der Grundsatz festzuhalten, daß auch den Grundzahlen sowie Einzelbuchstaben unabhängig von dem Markendesign für konkrete Waren oder Dienstleistungen Unterscheidungskraft zukommen kann. In der vom BPatG gebilligten Eintragungspraxis des DPMA wird diese einschränkende Prüfungsrichtlinie des HABM noch in einem restriktiven Verständnis verstärkt (s. BPatG Jahresbericht 1997, S. 78). Es bleibt abzuwarten, ob eine Beschwerdeentscheidung des HABM eine Änderung der Prüfungsrichtlinien erzwingt und damit zu einer liberaleren Eintragungspraxis auch bei Buchstabenmarken und Zahlenmarken führt. In der Beschwerdeentscheidung wird eine Prüferentscheidung, in der der Prüfer ohne konkrete Begründung im einzelnen unter loser Bezugnahme auf die Prüfungsrichtlinien entschied und die angemeldete Marke als schutzunfähig beurteilte, zu einer Einzelfallbewertung zurück verwiesen. Gegenstand der Entscheidung war die Buchstabenmarke *IX* in Standardschrift für verschiedene Waren und Dienstleistungen der Klassen 1, 9 und 40 im Bereich des photographischen Bedarfs und der Photobearbeitung (2. Beschwerdekammer HABM GRUR Int 1998, 613 – IX).

**116b** Nach diesen Grundsätzen wurde die Zahl *9000* in Alleinstellung als unterscheidungskräftig für Dienstleistungen auf dem Gebiet der elektronischen Datenverarbeitung beurteilt (BPatGE 39, 110 – Zahl 9000), nicht aber die Zahlen *3000* und *9000* für zahlreiche Waren auf dem Gebiet der elektronischen Datenverarbeitung (BPatG, Beschluß vom 25. November 1997, 24 W (pat) 96/97 – Zahl 3000), da die verbreitete Verwendung von Zahlen im wesentlichen nur in Bezug auf Hardware- und Standard-Software-Produkte zu beobachten sei und sich eine entsprechende Verkehrspraxis bei Dienstleistungen nicht habe feststellen lassen. Bei Einzelbuchstaben in üblicher einfacher Schreibweise ohne jede graphische oder farbliche Besonderheit soll nach der Rechtsprechung des BPatG im Interesse der Allgemeinheit an der ungehinderten Verwendung von Zahlen und Buchstaben, insbesondere wegen der nur geringen Zahl der zur Verfügung stehenden Einzelbuchstaben des Alphabets, ein Freihaltungsbedürfnis in der Regel schon dann anzunehmen sein, wenn der betreffende Buchstabe als Abkürzung einer Sachangabe lexikalisch nachweisbar sei und die Sachangabe in der abgekürzten Form in Alleinstellung zur Beschreibung der Waren und Dienstleistungen ernsthaft in Betracht kommen könne; zudem erweckten Einzelbuchstaben häufig nur die Vorstellung einer Typen-, Sorten- oder abgekürzten Bezeichnung (BPatGE 38, 116, 121 – L; 39 29, 32 – K; 39, 55, 60 – M; 39, 140 – M. Die aus dem italienischen Zahlwort gebildete Marke *quattro* genügt bei Benutzung für Personenkraftwagen und bestimmte konstruktionsgebundene Teile solcher Personenkraftwagen den nach § 8 Abs. 2 Nr. 1 bestehenden geringen Anforderungen an die Unterscheidungskraft (BGH GRUR 1997, 366 – quattro II). Auf der Grundlage der Rechtsprechung des BGH billigt auch das BPatG der aus italienischen Zahlwörtern bestehenden Wortfolge *UNO DUE* für Bekleidungsstücke und Kopfbedeckungen das zur Eintragung als Marke erforderliche Mindestmaß an Unterscheidungskraft zu, da der Kombination zweier Zahlwörter Originalität zukomme (BPatGE 38, 258 – UNO DUE). In einem obiter dictum führt der BGH in der *quattro II*-Entscheidung weiter aus, daß nicht nur Zahlwörter, sondern selbst reine Zahlen (Ziffern) der Markenfähigkeit im Sinne des § 3 Abs. 1 genügen, ohne daß die Entscheidung Ausführungen zur konkreten Unterscheidungskraft von Ziffern und namentlich den einstelligen Zahlen enthält. Das HansOLG Hamburg spricht der Zahl *1* als Grundzahl jegliche Unterscheidungskraft im Sinne des § 8 Abs. 2 Nr. 1 ab (HansOLG Hamburg NJW-RR 1998, 554 – ARD-1/HH 1). In einer zum kennzeichenrechtlichen Verwechslungsschutz nach den §§ 14 Abs. 2 Nr. 2, 15 Abs. 2 ergangenen Entscheidung stellt das OLG Frankfurt in einem obiter dictum fest, es bestehe jedenfalls an niedrigen Zahlen grundsätzlich ein weitgehendes Freihaltebedürfnis im Sinne des § 8 Abs. 2 Nr. 2 (OLG Frankfurt AfP 1995, 676, 677 – ARD-1/Kabel-1; s. zur Verwechslungsgefahr bei Buchstabenmarken und Zahlenmarken § 14, Rn 243 af.). In der Rechtsprechung des BPatG wird zwar auch von dem Grundsatz ausgegangen, Zahlen könnte im Regelfall die Unterscheidungskraft nicht abgesprochen werden, doch wird zugleich von der Vermutung ausgegangen, für einzelne niedrigere Zahlen werde die Unterscheidungskraft eher zu verneinen sein als für Zahlenkombinationen; als eintragungsunfähig beurteilt wurde das Zahlwort *FÜNFER* für Traubenzucker und Traubenzukker-Präparate, da das Wort zur Bezeichnung von Packungen mit mehreren Einheiten oder Eigenschaften auf dem Markt üblich sei und zwanglos und in sinnvoller Weise im Sinne einer Mengen- oder Größenangabe verwendet werden könne (BPatGE 38, 57 – FÜNFER). Als eintragungsfähig beurteilt wurde die dreistellige Zahlenkombination *442* für Sturm- und Firstklammern aus Metall, da ein Zusammenhang zwischen der Zahl und dem Warengebiet nicht bestehe (BPatGE 39, 45 – 442). Anders wurden die dreistelligen Zahlenkombinationen *420, 430* und *440* für Handwerkszeug als eintragungsunfähig beurteilt, da derartige Zahlen in vielfältiger Weise auf Werkzeugen angebracht zu finden seien (BPatG, Beschluß vom 16. Juli 1997, 28 W (pat) 232/96 – 420, 430, 440). Eine willkürlich gebildete Kombination aus einem Buchstaben des Alphabets und einer einstelligen Zahl (Buchstabenzahlenmarke), an der sich ein konkretes Freihaltebedürfnis nicht feststellen läßt, entbehrt nicht jeglicher Unterscheidungskraft (BPatG 38, 212, 217 – A 3; das gilt für eine Serie von Anmeldungen der Buchstabenzahlenmarken *A3, A4, A6* und *A8* für Kraftfahrzeuge, s. BPatG Jahresbericht 1997, S. 81). Der nach § 8 Abs. 2 Nr. 1 geringe Grad an konkreter Unterscheidungskraft wird nach der in diesem Kommentar von Anfang an vertretenen Auf-

Absolute Schutzhindernisse 116c, 116d § 8 MarkenG

fassung zwar regelmäßig auch bei einstelligen Zahlen und Einzelbuchstaben vorliegen, doch ist eine sorgfältige Prüfung hinsichtlich der konkreten Produkte erforderlich. So wird etwa konkrete Unterscheidungskraft einer Buchstabenmarke *TV* für die Dienstleistung Telekommunikation (Klasse 38) nicht anzunehmen sein. Das BPatG spricht in *zu restriktiver Eintragungspraxis* Einzelbuchstaben in üblicher einfacher Schreibweise ohne jede graphische Ausgestaltung in der Regel jegliche Unterscheidungskraft ab, so etwa für den Großbuchstaben *L* für Waren aus Leder und Lederimitationen sowie Möbel (BPatGE 38, 116, 121 – L); für den Großbuchstaben *K* für ein umfangreiches Warenverzeichnis der Klassen 6, 17 und 19 (BPatGE 39, 29 – K); für den Großbuchstaben *M* für verschiedene (Haushalts-)Geräte der Klassen 7, 9, 11 und 20 sowie Dienstleistungen der Klasse 37 (BPatGE 39, 140 – M).

Wenn der Buchstabenmarke oder der Zahlenmarke die *konkrete Unterscheidungskraft* für die angemeldeten Waren oder Dienstleistungen fehlt, dann sind die Marken wegen Bestehens eines absoluten Schutzhindernisses von der Eintragung ausgeschlossen. Buchstabenmarken, Zahlenmarken und Buchstabenzahlenmarken, die nach § 8 Abs. 2 Nr. 1 konkret unterscheidungskräftig sind, sind nach § 8 Abs. 2 Nr. 2 aber dann von der Eintragung ausgeschlossen, wenn sie zugleich *beschreibende Marken* darstellen und an ihnen als beschreibende Angaben ein aktuelles Freihaltebedürfnis besteht. Eine Buchstabenmarke, Zahlenmarke oder Buchstabenzahlenmarke kann etwa *einen beschreibenden Hinweis auf bestimmte Produkteigenschaften* enthalten oder *eine technisch bedingte Abkürzung* darstellen. So besteht etwa für die Zahlenmarke *110* für die Dienstleistung der ärztlichen Versorgung (Klasse 42) oder für die Oktanwerte als Zahlenmarken für Benzin sowie für die Buchstabenmarke *P* für Parkplatzdienste ein aktuelles Freihaltebedürfnis. Nach der Aufgabe der *Polyestra*-Doktrin (s. Rn 121) verlangt die Annahme eines aktuellen Freihaltebedürfnisses objektiv nachprüfbare Anhaltspunkte für die angemeldeten Waren oder Dienstleistungen. Die Buchstabenfolge *UHQ* stellt für photographische, kinematologische, optische, nautische und geodätische Apparate und Instrumente keine gegenwärtig oder künftig als Abkürzung für die beschreibende und freihaltebedürftige Werbeaussage *Ultra High Quality* dar (BPatG Mitt 1997, 70, 71 – UHQ III; zur Rechtslage im WZG s. BGH GRUR 1996, 202 – UHQ II). Wegen der abstrakten Unterscheidungseignung von Zahlenmarken und damit deren Markenfähigkeit nach § 3 Abs. 1 ist davon auszugehen, daß Zahlen und Zahlwörter nicht schon deshalb von der Eintragung als *Mengenangaben* nach § 8 Abs. 2 Nr. 2 von der Eintragung ausgeschlossen sind, weil jeder Zahl und jedem Zahlwort schon wesensmäßig die Eignung zukommt, als Mengenbezeichnung für Produkte zu dienen (BGH GRUR 1997, 366 – quattro II). Das absolute Schutzhindernis der beschreibenden Marke nach § 8 Abs. 2 Nr. 2 verlangt das Vorliegen eines aktuellen Freihaltebedürfnisses an der beschreibenden Angabe. An Zahlen und Zahlwörtern besteht nur dann ein solches aktuelles Freihaltebedürfnis, wenn über die generelle Eignung der Zahlen und Zahlwörter zur Mengenangabe die konkrete Möglichkeit einer für den Verkehr sinnvollen und deshalb für ihn freizuhaltenden Verwendung der in Frage stehenden Zahl als Bezeichnung einer bestimmten Menge der in Frage stehenden konkreten Ware besteht (BGH GRUR 1997, 366 – quattro II). Nach Auffassung des BGH ist die Mengenangabe *4* für Personenkraftwagen und bestimmte konstruktionsgebundene Teile solcher Personenkraftwagen als solche ohne praktische Bedeutung. Die Zahl *4* stellt auch keine sonstige Produktmerkmalsangabe im Sinne des § 8 Abs. 2 Nr. 2 dar, da sie nicht zur Bezeichnung sonstiger Merkmale der konkreten Ware dienen kann. Das BPatG spricht Zahlen und Zahlwörtern, die zur Bezeichnung von Packungen mit mehreren Einheiten oder Eigenschaften auf dem Markt üblich sind und die der daran gewöhnte Verkehr je nach Sachzusammenhang zwanglos in ihm sinnvoll erscheinender Weise im Sinne von Mengen- oder Größenangaben ergänzt, die erforderliche Unterscheidungskraft ab; so wurde das Wort *FÜNFER* für Traubenzucker und Traubenzuckerpräparate als schutzunfähig beurteilt (BPatGE 38, 57 – FÜNFER). Das soll auch für die entsprechenden Bezeichnungen bei 5er, 6er, 10er, 12er und 20er-Einheiten gelten, bei denen sich die gedankliche Ergänzung etwa durch das Wort Packung oder Pack anbiete. In einer zu § 4 Abs. 2 Nr. 1 WZG ergangenen Entscheidung hatte das BPatG die Marke *11er* für Waren der Klassen 29 bis 33 als eintragungsfähig beurteilt, da Sortimentsgestaltungen aus 11 Einheiten relativ selten seien (BPatG GRUR 1993, 45, 47 – 11er).

Gegenstand der zu Art. 6[quinquies] Abs. B Nr. 2 PVÜ ergangenen *Füllkörper*-Entscheidung des BGH (BGH GRUR 1995, 732 – Füllkörper; s. dazu *Bauer*, GRUR 1996, 319) ist eine

**MarkenG § 8** 116e, 116f  Absolute Schutzhindernisse

*Zahlenbildmarke,* die aus der Zahl *8* besteht, die aber plastisch in der Form dargestellt ist, daß sie einen *Füllkörper in der Form einer 8* abbildet. Nach der Gestaltung der angemeldeten Zahlenbildmarke handelte es sich nicht um eine übliche drucktechnische Wiedergabe der Ziffer *8,* sondern um eine besondere, sich nicht von selbst ergebende graphische Darstellung dieser Ziffer, welcher deshalb nicht jede Unterscheidungskraft abzusprechen war. Der BGH führt aus, es könne zur Beurteilung dieser Rechtsfrage nicht auf die im Rahmen des § 4 Abs. 2 Nr. 1 WZG für Buchstaben- und Zahlenmarken angestellten Wertungen zurückgegriffen werden (s. dazu BGH GRUR 1989, 420 – KSÜD). Nach der Rechtslage im WZG bedurfte es besonderer gestalterischer Elemente, um das gesetzliche Schutzhindernis für eine dem Verkehr ohne weiteres erkennbare Zahlen- oder Buchstabenkombination zu überwinden. Wenn aber der Wahl einer Zahl ein eigenständiger gesetzlicher Schutzversagungsgrund nicht entgegenstehe, dann genüge schon eine dem Verkehr ohne weiteres erkennbare, augenfällige, von den üblichen Verkehrsgepflogenheiten abweichende graphische Gestaltung, um den Schutzversagungsgrund des Mangels jeder Unterscheidungskraft im Sinne des Art. 6$^{quinquies}$ Abs. B Nr. 2 PVÜ zu überwinden. Nichts anderes kann für das Schutzhindernis der fehlenden Unterscheidungskraft nach § 8 Abs. 2 Nr. 1 gelten.

**116e**  Die restriktive Eintragungspraxis bestärkend, wird vom BPatG auf den *lexikalischen Beleg* der Buchstabenmarke als Abkürzung von Fachbegriffen und Fachwörtern abgestellt. Wenn eine Buchstabenmarke als identischer Eintrag sich in einem Abkürzungsnachschlagewerk findet, dann sei dieser Eintrag als Indiz für das Bestehen eines Freihaltebedürfnisses zu werten, auch wenn dieses Indiz durch weitere Umstände bestätigt oder entkräftet werden könne. So komme es darauf an, ob die lexikalische Bezeichnung mit nur einer Bedeutung aufgeführt werde oder ob der Fachabkürzung zahlreiche verschiedene Bedeutungen zugeordnet würden. Nach diesen Grundsätzen wurden als *eintragungsfähig* beurteilt *MAC* für EDV-Geräte (BPatGE 38, 182 – MAC); *DSS* für Apparate sowie Instrumente der Schwachstromelektronik und *DSS* für Satellitensende- und Empfangshardware und -software (BPatGE 39, 75 – DSS); *CT* für zahlreiche technische und wissenschaftliche Geräte (BPatGE 40, 85 – CT); *HQ* für Kerne von Aufwicklern von bahnförmigen Materialien, ausgenommen zum Aufwickeln von Ton- und Datenträgern oder deren Vorprodukte, da nicht nachgewiesen sei, daß die Abkürzung *HQ* im Sinne von High Quality schon heute für die in Anspruch genommenen Waren verwendet werde (BPatG, Beschluß vom 9. Juli 1997, 29 W (pat) 51/96 – HQ; bedenklich); *GDDM* für Computer, Datenverarbeitungsprogramme und Handbücher für die genannten Waren, da der Beleg in einem Abküzungsverzeichnis für die Annahme eines Freihaltebedürfnisses deshalb nicht ausreiche, da in einem später erschienenen Wörterbuch die ausgeschriebene Form der Fachabkürzung nicht mehr aufgeführt und dies als ein Anhaltspunkt dafür zu werten sei, daß es sich nicht um einen geläufigen Fachbegriff handle (BPatG, Beschluß vom 16. Dezember 1997, 24 W (pat) 143/96 – GDDM); *MCS* für Computerprogramme trotz eines lexikalischen Nachweises als Fachbegriff, da die Fachabkürzung sich in zahlreichen verschiedenen Bedeutungen finde und die Belege aus den Lexika uneinheitlich seien (BPatG, Beschluß vom 16. Februar 1998, 30 W (pat) 310/96 – MCS); *SCM* für EDV-Geräte wegen der Mehrdeutigkeit aufgrund dreizehn verschiedener Bedeutungen für die angemeldeten Waren (BPatG, Beschluß vom 8. Dezember 1997, 30 W (pat) 75/97 – SCM). Als eintragungsunfähig beurteilt wurden *FKS* als lexikalisch belegbare Abkürzung für den Begriff Festkörperschaltkreis, auch wenn die Buchstabenfolge für andere Begriffe als Abkürzung verwendet werde (BPatG, Beschluß vom 28. April 1997, 30 W (pat) 59/96 – FKS); *XXL* für Unterhaltungsautomaten als Abkürzung einer besonderen Größenbezeichnung in allen Branchen (BPatG, Beschluß vom 8. Dezember 1997, 30 W (pat) 18/97 – XXL, wobei das absolute Schutzhindernis der beschreibenden Angabe nach § 8 Abs. 2 Nr. 2 (Mengenangabe, s. Rn 182f.) vorliegen könne; die Bezeichnung *K.U.L.T.* für Bekleidung, die zu Recht nicht als eine Folge von vier Einzelbuchstaben oder als Abkürzung und damit als eine Buchstabenkombination verstanden wurde, sondern als die besondere Schreibweise des Wortes *Kult* (BPatGE 39, 256 – K.U.L.T.; bedenklich nach dem Grundsatzbeschluß *BONUS* des BGH GRUR 1998, 465 – BONUS; s. Rn 128).

**116f**  Als *eintragungsunfähig* beurteilt wurde die Buchstabenzahlenmarke *RISC 86* für Computer, da es sich um die Abkürzung einer Bezeichnung für einen Rechner mit reduziertem Befehlsvorrat handle und die Zahl auf die Prozessorenfamilie der Firma Intel „X 86" hinweise (BPatG, Beschluß vom 14. August 1997, 30 W (pat) 137/95 – RISC 86). Als *eintragungsfähig* beurteilt wurden *P20* für Mittel zur Körper und Schönheitspflege, nicht medizinischer Sonnenschutz und Bräunungsmittel (BPatG, Beschluß vom 21. Juli 1997, 30 W (pat) 140/96 – P20); *A3* für Kraftfahrzeuge, da die Kombination aus einem Buchstaben des Alphabets und einer einstelligen Zahl willkürlich gebildet sei (BPatGE 38, 212 – A 3; ebenso im Parallelverfahren für *A4, A6* und *A8*); *C 1* für Druckerzeugnisse und Dienstleistungen der Telekommunikation (BPatG, Beschluß vom 22. Oktober 1997, 29 W (pat) 243/96 – C 1).

Als *eintragungsfähig* beurteilt wurde die Bezeichnung $m^2$ für Werbung, Geschäftsführung, Druckerzeugnisse und Buchartikel, da der farbigen Eintragung mit der Farbe hellblau ein gewisses Mindesmaß an Eigenart zuzusprechen sei (BPatG, Beschluß vom 21. März 1997, 33 W (pat) 231/96 – $m^2$, wobei auch das absolute Schutzhindernis der Mengen- und Maßangabe nach § 8 Abs. 2 Nr. 2 als beschreibende Angabe für die konkreten Waren oder Dienstleistungen zu prüfen ist; s. dazu Rn 181 ff.). **116g**

Buchstabenmarken und Zahlenmarken, die wegen Fehlens der konkreten Unterscheidungskraft nach § 8 Abs. 2 Nr. 1 oder wegen des Bestehens eines aktuellen Freihaltebedürfnisses nach § 8 Abs. 2 Nr. 2 eintragungsunfähig sind, können diese absoluten Schutzhindernisse nach § 8 Abs. 3 überwinden, wenn die Marke sich vor dem Zeitpunkt der Entscheidung über die Eintragung infolge ihrer Benutzung für die Waren oder Dienstleistungen, für die sie angemeldet worden ist, *in den beteiligten Verkehrskreisen durchgesetzt* hat (allgemein zur Verkehrsdurchsetzung s. Rn 415 ff.; zu Zahlen und Buchstaben nach der Rechtslage im WZG s. § 4, Rn 207, 210). **116h**

Von der Eintragungsfähigkeit aufgrund von Verkehrsdurchsetzung ist der *Schutzinhalt* der Marke nach den §§ 14, 23 zu unterscheiden (zur Verwechslungsgefahr bei Buchstabenmarken und Zahlenmarken s. § 14, Rn 243 a f.). Eine Monopolisierung von Buchstaben oder Zahlen als solchen ist weder eine Folge des Markenschutzes durch Eintragung (§ 4 Nr. 1) noch durch Benutzung und den Erwerb von Verkehrsgeltung als Marke (§ 4 Nr. 2). Es besteht trotz großer Verkehrsdurchsetzung der aus einer stilisierten Ziffer *1* bestehenden Dienstleistungsmarke für die Sendung von Fernsehprogrammen kein Markenschutz der Ziffer *1* als solcher. So wurde das Bestehen von Verwechslungsgefahr zwischen den Logos von *ARD-1* und *Kabel-1*, die beide eine Darstellung der Ziffer *1* zeigen, teils verneint (OLG Frankfurt AfP 1995, 676 – ARD-1/Kabel-1), teils eine bildliche mittelbare Verwechslungsgefahr im weiten Sinne angenommen (OLG Köln NJWE-WettbR 1997, 205 – Kabel-1/ARD-1); als nicht verwechslungsfähig beurteilt wurde ferner das Logo von *ARD-1* mit dem Logo von *HH 1* (HansOLG Hamburg NJW-RR 1998, 554 – ARD-1/HH 1); offengelassen in einem obiter dictum für die Ziffer *1* der ARD (KG, Beschluß vom 15. Juli 1997, 5 W 5012/97 – 701-Die Show/702). Als nicht verwechslungsfähig beurteilt wurden auch die Bildmarke *702* für Produkte aus dem Mediengeschäft wie die Konzeption und Realisierung von Fernsehproduktionen im Unterhaltungsbereich und der Titel *701-Die Show* für Fernsehproduktionen und Softwareprodukte im Medienbereich (KG, Beschluß vom 15. Juli 1997, 5 W 5012/97 – 701-Die Show/702). **116i**

### m) Dreidimensionale Marken.

**Schrifttum.** S. die Schrifttumsangaben zu § 3 I III 3 (vor Rn 263).

**aa) Grundsatz.** Nach der Rechtslage im MarkenG besteht nach § 3 Abs. 1 die Markenfähigkeit dreidimensionaler Gestaltungen. Bei solchen dreidimensionalen Marken ist zwischen *produktunabhängigen* und *produktabhängigen Formmarken* zu unterscheiden (s. § 3, Rn 264). Da es sich bei dreidimensionalen Gestaltungen um Zeichen handelt, die ausschließlich aus einer Form bestehen, gelten für dreidimensionale Marken die *Ausschlußgründe* der *warenbedingten Form* nach § 3 Abs. 2 Nr. 1, der *technisch bedingten Form* nach § 3 Abs. 2 Nr. 2 und der *wertbedingten Form* nach § 3 Abs. 2 Nr. 3 (s. dazu § 3, Rn 222 ff.). An warenbedingten, technisch bedingten und wertbedingten Formen besteht ein absolutes Freihaltebedürfnis. Zur Auslegung der Ausschlußgründe nach § 3 Abs. 2 kann auf die reichhaltige *Rechtsprechung zum Ausstattungsschutz*, wie namentlich zu den *technischen* und *ästhetischen Zeichen*, zurückgegriffen werden, soweit diese Rechtssätze der *verbindlichen Regelung des Art. 3 Abs. 1 lit. e MarkenRL* entsprechen (zur Markenfähigkeit einer Benutzungsmarke s. § 4, Rn 45 ff.). Der Mangel der Markenfähigkeit nach § 3 Abs. 1 wegen eines bestehenden Ausschlußgrundes nach § 3 Abs. 2 Nr. 1 bis 3 kann nicht durch den Erwerb von Verkehrsdurchsetzung oder Verkehrsgeltung überwunden werden (s. § 3, Rn 206). Wenn die Mar- **117a**

kenfähigkeit einer dreidimensionalen Marke gegeben ist und kein Ausschlußgrund nach § 3 Abs. 2 Nr. 1 bis 3 vorliegt, dann ist die dreidimensionale Marke eintragungsfähig, wenn kein absolutes Schutzhindernis nach § 8 besteht. Das Vorliegen eines absoluten Schutzhindernisses nach § 8 Abs. 2 Nr. 1 bis 3 kann durch den Erwerb von Verkehrsdurchsetzung nach § 8 Abs. 3 überwunden werden (s. Rn 415)

**117b** **bb) Eintragungspraxis und Rechtsprechung des BPatG. (1) Grundsatz.** In der Rechtsprechung des BPatG zur Eintragungspraxis des DPMA zur *Eintragungsfähigkeit von dreidimensionalen Marken* wurde über eine Vielzahl von *Verpackungsformmarken* und *Produktformmarken* entschieden. Ausgehend von der Markenfähigkeit dreidimensionaler Marken nach § 3 Abs. 1, unterstellt das BPatG weithin die Markenfähigkeit, ohne die Ausschlußgründe der warenbedingten, technisch bedingten und wertbedingten Form nach § 3 Abs. 2 Nr. 1 bis 3 im einzelnen zu untersuchen (zur Anwendung der Ausschlußgründe auf die Verpackungsform s. § 3, Rn 224). Da eine Eintragungsfähigkeit einer dreidimensionalen Marke nur dann besteht, wenn keine absoluten Schutzhindernisse nach § 8 Abs. 2 vorliegen, gehen die Entscheidungen im Schwerpunkt der Prüfung nach, ob der dreidimensionalen Marke für die Waren, für die die Eintragung beantragt wird, jegliche Unterscheidungskraft nach § 8 Abs. 2 Nr. 1 fehlt. In der Rechtsprechung des BPatG wird versäumt, auf die reichhaltige *Rechtsprechung zum Ausstattungsschutz*, wie namentlich zu den *technischen* und *ästhetischen Zeichen* (s. § 4, Rn 45 ff.), zurückzugreifen, die einen reichen Fundus an sachgerechten Abgrenzungskriterien bietet. Das ist um so mehr verwunderlich, als die Rechtsprechung des BPatG zu den *Farbmarken* auf die Rechtsprechung zum Ausstattungsschutzrecht zurückgreift (s. Rn 90 a ff.), um den Farbmarkenschutz im traditionellen Sinne des Ausschutzungsschutzrechts nach dem WZG in das MarkenG zu unrecht zu implementieren und einen konturlosen Farbmarkenschutz ohne Vorliegen von Verkehrsdurchsetzung (s. § 3, Rn 267a ff.) zu leugnen.

**117c** Bei der Beurteilung der Eintragungsfähigkeit dreidimensionaler Marken geht das BPatG von dem Grundsatz aus, daß einer dreidimensionalen Marke jegliche Unterscheidungskraft für die Waren, für die die Eintragung beantragt wird, nach § 8 Abs. 2 Nr. 2 fehlt, wenn die dreidimensionale Gestaltung im Verkehr keine als *betrieblicher Herkunftshinweis wirkende Originalität* aufweist. Der Grad der erforderlichen Originalität ist abhängig von der auf dem Warengebiet üblichen Gestaltungsvielfalt. Der Originalitätsgrad der Produktform oder der Verpackungsform muß das technisch oder ästhetisch Notwendige erheblich übersteigen. Entsprechend der tatsächlichen Gestaltungsvielfalt auf einem Warengebiet, werden bestimmte gebräuchliche oder nahegelegte Gestaltungsmerkmale oder deren beliebige Kombination für den formgestalterischen Gebrauch der Wettbewerber vom Markenschutz freigehalten. Da zum einen eine Monopolisierung des Produkts durch den markenrechtlichen Formenschutz die Gefahr einer Behinderung der Produktgestaltung auf dem Markt berge, und zum anderen die Wesensverschiedenheit von Markenrecht und Gebrauchsmusterrecht zu beachten sei, wird bei der Prüfung des Fehlens jeglicher Unterscheidungskraft nach § 8 Abs. 2 Nr. 1 ein *strenger Maßstab* angelegt und werden *erhöhte Anforderungen* gestellt. Es wird allerdings auch vom BPatG grundsätzlich anerkannt, daß das *Design eines Produkts* oder einer Produktverpackung *Kennzeichenfunktion* entfalten kann (BPatG Jahresbericht 1997, S. 70; s. zum markenrechtlichen Designschutz § 3, Rn 233 f.). Voraussetzung sei aber, daß die dreidimensionale Gestaltung (Formgebung) aus dem *verkehrsüblichen Rahmen* falle und dem Verkehr aus diesem Grunde einen *betrieblichen Herkunftshinweis* vermittle. Auch wenn den Entscheidungen des BPatG im Ergebnis der Eintragungspraxis weithin zuzustimmen ist, so wird die auf das absolute Schutzhindernis des Fehlens jeglicher Unterscheidungskraft nach § 8 Abs. 2 Nr. 2 begrenzte Prüfung einer Konkretisierung der Markenfähigkeit und Eintragungsfähigkeit von dreidimensionalen Marken und damit der Ausbildung von Abgrenzungskriterien langfristig nicht genügen. Zum einen stellt das Fehlen einer jeglichen Unterscheidungskraft ein *restriktiv* auszulegendes Schutzhindernis dar, zum anderen verlangt eine sachgerechte Beurteilung der *kennzeichnenden Funktion einer dreidimensionalen Marke* eine rechtliche Auseinandersetzung mit den *Ausschlußgründen* der *warenbedingten, technisch bedingten und wertbedingten Form* nach § 3 Abs. 2, zumal diese Ausschließungsgründe anders als das absolute Schutzhindernis der fehlenden Unterscheidungskraft nicht durch den Erwerb von Verkehrsdurchsetzung nach § 8 Abs. 3 überwunden werden können. In der *Trafogehäuse*-Entscheidung greift das BPatG zwar zu Recht auf das Kriterium der Warenbedingtheit nach

§ 3 zurück (s. dazu § 3, Rn 211 ff., 227 f.), verneint aber die Unterscheidungskraft, wenn sich die als dreidimensionale Marke angemeldete Form der Ware in der Gestaltung von zum Wesen der Ware selbst gehörenden, nämlich warentypischen und warenüblichen Elementen erschöpft und keine über die Ware hinausreichenden Formelemente aufweist, die ihr die Eignung verleihen könnten, diese Ware einem bestimmten Geschäftsbetrieb zuzuordnen (BPatGE 40, 98 – Trafogehäuse). Nach der Rechtsansicht des BPatG kommt es bei den Formelementen der dreidimensionalen Marke nicht darauf an, ob die Gestaltung solcher Elemente im Einzelfall besonders ästhetisch gelungen und das Design in seiner künstlerischen Wirkung neu und eigentümlich von einem vorbekannten Formenschatz abgehoben sei oder nicht, da dies keine Frage des Markenschutzes, sondern anderer Schutzrechte wie des Geschmacksmusterschutzes sei. Diese *Restriktion der Prüfkriterien* verweigert sich einer Auseinandersetzung mit den Ausschlußgründen des § 3 Abs. 2 Nr. 1 bis 3, die den markenrechtlichen Designschutz vom allgemeinen Designschutz abgrenzen (s. § 3, Rn 233 f.). In der Mitteilung des Präsidenten des HABM über die Prüfung von dreidimensionalen Gemeinschaftsmarken (Mitteilung Nr. 2/98 des Präsidenten des Amtes vom 8. April 1998, ABl. HABM 1998, 700) wird richtig auch auf die Ausschlußgründe des Art. 7 Abs. 1 lit. e verwiesen. Aus diesen Gründen wird das Amt *dreidimensionale Gemeinschaftsmarken* nur zurückweisen, wenn die Marke ausschließlich aus der normalen oder üblichen Verpackung (Flaschen, Schachteln) oder der normalen oder üblichen Form der Waren, für die die Eintragung beantragt wird, besteht; in Fällen, in denen die dreidimensionale Marke andere Bestandteile enthält (Wort- oder Bildbestandteile oder Farbe) und diese anderen Bestandteile alleine oder in Verbindung mit der dreidimensionalen Form ausreichend sind, um die Marke eintragungsfähig zu machen, wird das HABM die Eintragung nicht ablehnen.

**(2) Produktformmarken und Verpackungsformmarken.** Den meisten Anmeldungen dreidimensionaler Marken, die aber teils auch noch zweidimensionale Produktbildmarken (s. Rn 76 ff.) oder Verpackungsbildmarken (s. Rn 84 ff.) betreffen, wurde die Eintragung (zu Verpackungsformmarken als Benutzungsmarke s. § 4, Rn 195 ff.) versagt. Als *eintragungsunfähig* beurteilt wurden die *Form eines Ahornblattes* für Back- und Konditorwaren sowie Extruderprodukte, da der Verkehr auf dem Gebiet der Backwaren an die Verwendung ständig neuer Formen gewöhnt sei, so daß eine gewisse Originalität der Form nicht geeignet sei, herkunftskennzeichnend und phantasievoll im Sinne einer unterscheidungskräftigen Marke zu wirken (BPatGE 38, 89 – Ahornblatt); die zeichnerische Darstellung der Anmeldung von *Fahrer-/Bedienerkabinen,* da der sich in einem geläufigen verkehrsüblichen Rahmen bewegenden, äußeren Formgebung keinerlei kennzeichnende Funktion beizumessen sei (BPatG, Beschlüsse vom 17. Dezember 1997, 28 W (pat) 45/97 und 28 W (pat) 63/97 – Fahrerkabinen); ein *Uhrgehäuse mit Armbandteil* als Schutzerstreckung einer IR-Marke (BPatG GRUR 1998, 706 – Montre I; 1998, 710 – Montre II); die naturalistische, zweidimensionale Zeichnung einer *wurstförmigen Rollenverpackung* für zubereiteten Käse, die als eine auf den Markenschutz an der Verpackung und auf die Form der Ware selbst gerichtete Anmeldung gedeutet wurde, da der Verkehr an rollenförmige Verpackungen der vorliegenden Art als verkehrsübliche Praxis gewöhnt sei und in dieser Art der Verpackung nur die Ware selbst sehe, die Darstellung keine über die verpackungstechnische Gestaltung der Ware hinausreichenden Elemente aufweise (BPatG, Beschluß vom 6. August 1997, 26 W (pat) 80/96 – Wurstförmige Rollenverpackung); als dreidimensionale Marke eine *CD-Hülle für bespielte und unbespielte Ton-, Bild- und Datenträger aller Art*, insbesondere CDs und Kassetten in sechs verschiedenen perspektivischen, naturgetreuen Zeichnungen, da CD und CD-Hülle eine Einheit bildeten und nicht unterscheidungskräftig seien (BPatG, Beschluß vom 20. Oktober 1997, 30 W (pat) 152/97 – CD-Hülle); die naturgetreue Darstellung einer *Stabtaschenlampe* wegen fehlender Unterscheidungskraft (BPatGE 39, 219 – Taschenlampen); als dreidimensionale Marke die Form eines Wasserhahns (*Einhebelmischer*), da die Produktform keine über die Formenvielfalt auf dem Gebiet der Sanitärinstallationen hinausgehende Besonderheit aufweise (BPatG, Beschluß vom 4. Februar 1998, 32 W (pat) 116/97 – Einhebelmischer; unterscheidungskräftig allerdings ein Einhebelmischer mit der Gravur des Herstellernamens auf dem Hebel (BPatG, Beschluß vom 1. Oktober 1997, 32 W (pat) 111/97 – Einhebelmischer mit Gravur).

**(3) Flaschenmarken.** Flaschen stellen *Verpackungsformmarken* dar und sind als dreidimensionale Marken nach § 3 Abs. 1 grundsätzlich *markenfähig* (s. § 3, Rn 264; zu Flaschenmarken als Benutzungsmarken s. § 4, Rn 197 f.). Die Markenfähigkeit besteht aber dann nicht, wenn einer der *Ausschlußgründe der warenbedingten, technisch bedingten oder wertbedingten Form* nach § 3 Abs. 2 Nr. 1 bis 3 vorliegt (s. dazu § 3, Rn 222 ff.), die nicht durch den Erwerb von Verkehrsdurchsetzung nach § 8 Abs. 3 überwunden werden können. Die *Eintragungsfähigkeit* markenfähiger Flaschenmarken als dreidimensionale Marken bestimmt sich nach den *absoluten Schutzhindernissen* des § 8 Abs. 2. In seiner bisherigen Rechtsprechung unterstellt das BPatG regelmäßig die Markenfähigkeit dreidimensionaler Marken und auch der Flaschenformmarken, ohne die Ausschlußgründe der Markenfähigkeit nach § 3 Abs. 2 Nr. 1 bis 3 im einzelnen zu untersuchen, und stellt die entsprechenden Erwägungen bei der Prüfung der Unterscheidungskraft der Flaschenformmarke nach § 8 Abs. 2 Nr. 1 an (zur Anwendung der Ausschlußgründe auf Flaschenmarken als Verpackungsformmarken s. § 3, Rn 224).

**117f** Nach der *Rechtsprechung des BPatG* sind Flaschenformmarken dann nach § 8 Abs. 2 Nr. 1 unterscheidungskräftig, wenn ihre Form sich so auffallend von den für die beanspruchten Waren gängigen Flaschenformen abhebt, daß der Verkehr sie neben der Etikettierung als Besonderheit wahrnimmt (BPatGE 39, 132 – weiße Kokosflasche; 39, 158 – Dimple-Flasche; BPatG GRUR 1998, 581 1998, 582 – blaue Vierkantflasche; 1998, 584 – Kleine Kullerflasche; restriktiv hinsichtlich der *Kegelform* für eine Mineralwasserflasche als banale und gebräuchliche Form sowie hinsichtlich der *kobalt-blauen Farbe* der als Formmarke nicht schutzfähigen Flasche Eidg. Rek.komm sic! 1998, 300 – kobalt-blaue Flasche). Es wird von dem Grundsatz ausgegangen, für *nicht genormte Flaschenformen* bestehe in der Regel auch kein Freihaltebedürfnis. Allerdings besteht bei *verpackungstechnisch günstigen Flaschen* ein gewisses Freihaltebedürfnis, da die Mitbewerber auf eine Mindestanzahl von wirtschaftlich zumutbaren Ausweichmöglichkeiten angewiesen sind (BPatG GRUR 1998, 582 – blaue Vierkantflasche). Wenn die Flaschenform keine auf dem betroffenen Warengebiet ungebräuchlichen, sondern nur typische Gestaltungsmerkmale aufweist, dann begründet eine beliebig wirkende *Kombination dieser typischen Formmerkmale* keine Unterscheidungskraft (BPatGE 39, 132 – weiße Kokosflasche; BPatG GRUR 1998, 584 – Kleine Kullerflasche). Übliche *Einfärbungen von Flaschen* unterliegen einem allgemeinen Freihaltebedürfnis (BPatGE 39, 132 – weiße Kokosflasche; BPatG GRUR 1998, 582 – blaue Vierkantflasche). Auch wenn den vom BPatG entwickelten Abgrenzungskriterien zur Unterscheidungskraft von Flaschenformmarken im Ergebnis, wenn auch mit kritischer Haltung gegenüber der Einfärbung von Flaschen, zuzustimmen ist, so ist doch nicht zu verkennen, daß die Abgrenzungskriterien systematisch und sachlich zu den Ausschlußgründen des § 3 Abs. 2 gehören und ihre Zuordnung zur Unterscheidungskraft nach § 8 Abs. 2 Nr. 1 dieses restriktiv auszulegende, absolute Schutzhindernis mit sachfremden Erwägungen überfrachtet. Bei diesem Vorgehen werden die beiden rechtlich zu unterscheidenden Prüfungsschritte hinsichtlich der abstrakten Unterscheidungseignung des Zeichens als Voraussetzung der Markenfähigkeit nach § 3 und hinsichtlich der konkreten Unterscheidungskraft des markenfähigen Zeichens nach § 8 Abs. 2 Nr. 1 vermengt (s. dazu Rn 22). Warenbedingte und technisch bedingte Abgrenzungskriterien prüft das PBatG nach seinem Verständnis der Unterscheidungskraft nach § 8 Abs. 2 Nr. 1 und nicht nach der Reichweite der Ausschlußgründe des § 3 Abs. 2 Nr. 1 bis 3. Maßgebend sei das Verständnis der angesprochenen Verkehrskreise, mit dem sie Flaschenformen begegneten und als Herkunftshinweis werteten. Bei einer besonders auffälligen, vom Gängigen abweichenden Gestaltung der Flasche werde sich der Verkehr zumindest auch an deren Form orientieren und nicht nur an den auf den Flaschen befindlichen Etiketten. Eine *signifikante Gestaltung* einer Flasche begründe hinreichende Unterscheidungskraft, zumal die Anforderungen nicht überzogen werden dürften.

**117g** Als *eintragungsfähig* beurteilt wurde die *bauchige, durch drei konkave Einwölbungen in der Draufsicht dreieckige, sogenannte Dimple-Flasche* für alkoholische Getränke, da keine beliebige und beziehungslose Kombination der Gestaltungselemente vorliege (BPatGE 39, 158 – Dimple-Flasche).

**117h** Als *eintragungsunfähig* beurteilt wurden eine *weiß eingefärbte Flasche mit zylindrischer Form, Verschlankung zu einem langen Hals sowie mit dunkler abgesetzter Kappe* für Weine, Spirituosen und Liköre, da das hervorgehobene Gestaltungsmerkmal eines langgezogenen Halsansatzes für den Verbraucher wenig einprägsam sei, weil er dies als beliebig ansehe und er jedenfalls allein deshalb der Flaschenform keine herkunftsweisende Funktion beimesse (BPatGE 39,

132 – weiße Kokosflasche; bedenkliche Vermengung der Abgrenzungskriterien zur Konkretisierung der Ausschlußgründe nach § 3 Abs. 2 und der Unterscheidungskraft nach § 8 Abs. 2 Nr. 1); eine *blaue Flasche mit eckigem Querschnitt, kurzem Hals sowie schwarzem Verschluß* für alkoholische Getränke, da die Flasche keine auf dem Getränkesektor ungebräuchlichen, sondern nur typische Gestaltungsmerkmale aufweise und auch blaue Flaschen für Getränke nicht unüblich seien, zumal sie eine Anmutung von Klarheit und Frische vermittelten, die blaue Farbe einer Flasche ohne deren besonders auffällige Formgestaltung auch nichts zur Schutzfähigkeit beitragen könne; allein die Farbnuance könne die Unterscheidungskraft nicht begründen (BPatG GRUR 1998, 582 – blaue Vierkantflasche); eine *Flasche mit bauchiger Form und kurzem Hals* für Mineralwässer und alkoholfreie Getränke, da die Flaschenform keine auf dem betroffenen Warengebiet ungebräuchlichen Gestaltungsmerkmale, sondern nur typische Merkmale aufweise, deren beliebig wirkende Kombination die Unterscheidungskraft nicht begründen könne (BGH GRUR 1998, 584 – Kleine Kullerflasche). Bei der Beurteilung der *Eintragungsfähigkeit farbiger Flaschenmarken* wird in der Rechtsprechung nicht hinreichend berücksichtigt, daß es sich nach der Rechtslage im MarkenG bei solchen *dreidimensionalen Farbmarken* um Kombinationsmarken handelt, die aus den Zeichenbestandteilen Farbe und dreidimensionaler Gestaltung bestehen (s. § 3, Rn 267b). Die Rechtsprechung des BPatG beruht auf dessen restriktivem Verständnis von der Farbmarke im traditionellen Sinne des Ausstattungsschutzrechts nach § 25 WZG (s. § 3, Rn 267d).

**(4) Glasverpackungen und Glasbehälter als Hilfswaren.** Die Rechtsprechung zur Eintragungsfähigkeit von Getränkeflaschen als dreidimensionale Marken ist auf *andere Glasverpackungen* zu übertragen (s. für eine *Glasverpackung* für einen Brotaufstrich BPatGE 40, 17 – Honigglas). Auch *Glasbehälter für Hilfswaren* eines Produkts (Ware oder Dienstleistung) können als dreidimensionale Marke markenfähig und eintragungsfähig sein. So wurde nach dem Benelux-Markengesetz ein *Bierglas* für das Weißbier *Wiecske Witte* in einer bestimmter *Facetten-Form* als unterscheidungskräftig beurteilt (Rechtbank Breda GRUR Int 1994, 853 – Hoegaarden-Bierglas I). Nach Benelux-Markenrecht wurde darüberhinaus anerkannt, daß die Form eines Bierglases auch dann, wenn sie mehr oder minder der anderer Biergläser gleiche, zur Unterscheidung eines bestimmten Bieres von dem Bier anderer Unternehmer dienen könne, wenn das Glas einen derartigen *Bekanntheitsgrad* beim relevanten Publikum erreicht habe, daß es mit einem bestimmten Bier verbunden werde. Der Umstand, daß das fragliche Glas und die Gläser der Konkurrenten in der Regel mit einer Wort- und Bildmarke versehen benutzt würden, stehe der Anerkennung einer Markenfunktion des Glases als solchem nicht entgegen. Ein Ausschluß des Markenrechts nach Art. 1 Abs. 2 Benelux-MarkenG komme nicht in Betracht, da der wesentliche Wert des *Hoegaarden*-Weißbiers nicht von der Form des Glases bestimmt werde und die *Facetten-Form* des Glases auch nicht als *unentbehrlich* für derartige Biergläser angesehen werden könne (Rechtbank Amsterdam GRUR Int 1994, 855 – Hoegaarden-Bierglas II).

**(5) Positionsmarken.** Eine *Positionsmarke* ist eine besondere Form der dreidimensionalen Marke oder eine sonstige Aufmachung nach § 3 Abs. 1 (s. § 3, Rn 264b, 294a f.). Als unterscheidungskräftig beurteilt wurde ein *in den Absatz eines Schuhes eingearbeiteter roter Querstreifen* für Herrenschuhe, da dem Querstreifen keine warenbezogene Funktion zukomme und im Verkehr eine gewisse Übung bestehe, auf den Sohlen von Schuhen bestimmte Symbole oder geometrische Gebilde, sogenannte *Absatzflecken*, anzubringen (BPatGE 38, 262 – Roter Streifen im Schuhabsatz). Das als sonstige Aufmachung nach § 3 Abs. 1 für Bekleidungsstücke als eintragungsfähig beurteilte *JOOP-Ausrufezeichen*, das an stets gleichbleibender Stelle in gleicher Größe und in einem bestimmten farblichen Kontrast zum (Jeans-)Stoff auf der Tasche eines Bekleidungsstücks aufgenäht ist, ist als Positionsmarke zu beurteilen (BPatGE 40, 71 – Jeanstasche mit Ausrufezeichen; s. Rn 71). Einer am Sattel eines Sportschuhes positionierten, den Buchstaben *N oder Z ähnliche Zick-Zack-Linie* wurde das erforderliche Maß an Unterscheidungskraft zugesprochen, selbst wenn es einer Buchstabenmarke als solcher möglicherweise nicht zuzubilligen wäre (BPatGE 70, 76, 80 – N als Zick-Zack-Linie).

### n) Gemeinfreie Marken.
**Schrifttum zum MarkenG.** *Kepinski*, GRUR 1999, 187; *Nordemann*, Mona Lisa als Marke, WRP 1997, 389; *Osenberg*, Markenschutz für urheberrechtlich gemeinfreie Werkteile, GRUR 1996, 101; *Wandtke/Bullinger*, Die Marke als urheberrechtlich schutzfähiges Werk, GRUR 1997, 573.

**177k aa) Grundsatz.** Eine *gemeinfreie Marke* ist ein Zeichen, an dem ursprünglich Sonderrechtsschutz wie zumeist ein Urheberrecht bestand, dessen Schutzdauer abgelaufen und dessen Benutzung im Verkehr gemeinfrei ist. Gegenstand solcher gemeinfreier Zeichen sind zumeist *Bilder*, aber auch *Melodien*, selbst *Wörter* oder *Wortfolgen*, wie etwa Aphorismen oder Titel. Aufgrund der als Folge des zeitlichen Ablaufs des Sonderrechtsschutzes eingetretenen Gemeinfreiheit stehen solche Bezeichnungen grundsätzlich dem kennzeichenrechtlichen Rechtserwerb offen (so auch, wenngleich mit Bedenken *Wandtke/Bullinger*, GRUR 1997, 573, 578; einschränkend *Nordemann*, WRP 1997, 389; *Osenberg*, GRUR 1996, 101; zur restriktiven Eintragungspraxis s. Rn 117l). Die Normzwecke der Immaterialgüterrechte sind veschieden. Die Anerkennung eines Kennzeichenschutzes an gemeinfreien Zeichen ursprünglichen Immaterialgüterrechtschutzes stellt keine unzulässige Verlängerung der Schutzdauer gewerblicher Schutzrechte und Urheberrechte dar. Gemeinfreie Zeichen sind allgemein markenfähig nach § 3 und grundsätzlich eintragungsfähig nach § 8. Es stellt eine unzulässige Verkürzung des Markenschutzes dar, das Vorliegen absoluter Schutzhindernisse mit einem ursprünglich bestehenden Sonderrechtsschutz zu begründen. Die *Rechtsprechung* des BPatG, die bei *Abbildungen allgemein bekannter Kunstwerke* die *Unterscheidungskraft* des gemeinfreien Zeichens als Bildmarke verneint und damit dessen Eintragungsfähigkeit ablehnt, gründet auf der restriktiven Eintragungspraxis zu Werbeslogans (s. Rn 97a ff.) und Werbeschlagwörtern (s. Rn 97f), die mit der Rechtsprechung des BGH (s. Rn 97g f.) nicht vereinbar ist. Die Abgrenzung zwischen allgemein bekannten Kunstwerken und sonstigen Kunstwerken ist kennzeichenrechtlich zudem weder sachgerecht noch praktikabel. Gemeinfreie Zeichen sind auch nicht von Hause aus *allgemein sprachgebräuchliche* oder *verkehrsübliche Bezeichnungen* im Sinne des absoluten Schutzhindernisses des § 8 Abs.2 Nr. 3. Die abweichende Rechtsansicht des BPatG beruht auf dessen vom BGH abgelehnter Rechtsansicht, ein unmittelbarer und konkreter Produktbezug der Marke zu den Waren oder Dienstleistungen, für die die Eintragung beantragt wird, sei nicht Voraussetzung dieses absoluten Schutzhindernisses (zum Dissens zwischen BGH und BPatG s. Rn 272e). Ein gemeinfreies Zeichen als Marke stellt auch nicht allgemein eine *ordnungswidrige* oder *sittenwidrige* Marke nach § 8 Abs. 2 Nr. 5 dar (s. Rn 345). Zwar vermag der ursprünglich bestehende Sonderrechtsschutz nicht den Verstoß gegen die öffentliche Ordnung oder gegen die guten Sitten zu begründen, doch vermag der konkrete Produktbezug des gemeinfreien Zeichens aufgrund dessen Ansehen und Akzeptanz in der Bevölkerung die Ordnungswidrigkeit oder Sittenwidrigkeit zu begründen.

**117l bb) Eintragungspraxis.** Das BPatG hat die Anmeldung der weitgehend originalgetreuen Wiedergabe des weltbekannten Gemäldes *Mona Lisa* von Leonardo da Vinci allgemein als nicht eintragungsfähig beurteilt (BPatG GRUR 1998, 1021 – Mona Lisa; zum Erwerb von Unterscheidungskraft des Titels eines gemeinfrei gewordenen Werkes *An der schönen blauen Donau* als Filmtitel s. OLG München GRUR 1955, 436 – An der schönen blauen Donau). Das BPatG unternahm nicht einmal den Versuch, bei Prüfung der Schutzfähigkeit zwischen der Vielzahl der unterschiedlichen Waren, für die die Eintragung beantragt worden ist, zu unterscheiden. Die Eintragung wurde wegen *fehlender Unterscheidungskraft* nach § 8 Abs. 2 Nr. 1 und wegen der Qualifizierung der Bezeichnung als *übliches Zeichen* nach § 8 Abs. 2 Nr. 3 abgelehnt (zur Kritik s. Rn 117k). Nach polnischem Markenrecht wurde die Feststellung der polnischen Patentbehörden, daß der Schutz *historischer Namen* vor ihrer Kommerzialisierung ein die Eintragung des Zeichens *Jan III Sobieski* unzulässig machender Grundsatz des gesellschaftlichen Zusammenlebens im Sinne von Art. 18 Nr. 1 Poln. WZG sei, angesichts der bisherigen Eintragungspraxis bei historischen Namen in Polen und in den EU-Ländern als willkürlich und fehlerhaft bezeichnet (Oberstes Gericht GRUR Int 1999, 185 mit Anm. *Kepinski*).

## II. Beschreibende Marken (§ 8 Abs. 2 Nr. 2)

### 1. Markenfähigkeit, konkrete Unterscheidungskraft und Freihaltebedürfnis beschreibender Angaben

**118 a) Regelungszusammenhang.** *Beschreibende Angaben* genügen regelmäßig der abstrakten Unterscheidungseignung im Sinne der Markenfähigkeit nach § 3 Abs. 1. Sie sind aber schon

Absolute Schutzhindernisse
119, 120 § 8 MarkenG

dann von der Eintragung in das Markenregister ausgeschlossen, wenn ihnen jegliche Unterscheidungskraft für die konkreten Waren oder Dienstleistungen, für die die Eintragung beantragt wird, nach § 8 Abs. 2 Nr. 1 fehlt. Wenn die beschreibende Marke nicht konkret unterscheidungskräftig ist, ist sie eintragungsunfähig; dann kommt es nicht mehr nach § 8 Abs. 2 Nr. 2 darauf an, ob an der beschreibenden Angabe ein Freihaltebedürfnis besteht. Nach § 8 Abs. 2 Nr. 1 konkret unterscheidungskräftige Marken, die als beschreibende Zeichen nach § 3 Abs. 1 markenfähig sind, sind aber dann nach § 8 Abs. 2 Nr. 2 von der Eintragung in das Markenregister ausgeschlossen, wenn an der Benutzung der beschreibenden Marke ein *Freihaltebedürfnis* im Allgemeininteresse besteht. Die Eintragungsunfähigkeit beschreibender Marken trägt den berechtigten Interessen der Marktbeteiligten Rechnung, eine Monopolisierung beschreibender Angaben zugunsten eines Markeninhabers zu verhindern, und zu gewährleisten, daß beschreibende Angaben von allen Mitbewerbern frei verwendet werden können. Dabei ist allerdings zu berücksichtigen, daß § 23 Nr. 2 im Interesse der Allgemeinheit und namentlich der Wettbewerber die freie Benutzung der Marke als beschreibende Angabe als eine Schranke des Markenschutzes normiert (s. § 23, Rn 29 ff.). Ein bestehendes Freihaltebedürfnis kann nach § 8 Abs. 3 überwunden werden, wenn die beschreibende Marke in den beteiligten Verkehrskreisen Verkehrsdurchsetzung als Marke erlangt.

**b) Aktuelles Freihaltebedürfnis.** Das Freihaltebedürfnis der Mitbewerber an der beschreibenden Marke darf nicht nur ein *hypothetisches* oder *potentielles* sein, dessen Bestehen unter Berücksichtigung der weiteren Wirtschaftsentwicklung in der Zukunft als nicht ausgeschlossen erscheint. In Übereinstimmung mit Art. 3 Abs. 1 lit. c MarkenRL kommt es auf das Bestehen eines *aktuellen Freihaltebedürfnisses* an der beschreibenden Marke an. Das absolute Schutzhindernis eines bestehenden Freihaltebedürfnisses verlangt, daß ein Freihaltebedürfnis der Mitbewerber, wenn auch unter Berücksichtigung einer naheliegenden, wahrscheinlichen Wirtschaftsentwicklung in der Zukunft im einzelnen Fall auch tatsächlich vorhanden ist. Auch wenn von einem auf der gegenwärtigen Benutzung der Marke als Sachangabe beruhenden Freihaltebedürfnis noch nicht ausgegangen werden kann, kann die Eintragung dann versagt werden, wenn eine solche Benutzung der Marke als Sachangabe nach den gegebenen Umständen in Zukunft erfolgen wird. Die Feststellung eines *künftigen* Freihaltebedürfnisses verlangt eine Zukunftsprognose. Zur Feststellung der die Annahme eines zukünftigen Freihaltebedürfnisses an Sachangaben rechtfertigenden Umstände genügt es nicht, daß eine Entwicklung *theoretisch denkbar* ist, die zum beschreibenden Gebrauch der Marke führen kann (BGH GRUR 1983, 768, 770 – Capri-Sonne mit Anm. *Heil*; BGHZ 91, 262 – Indorektal I; BGH GRUR 1985, 1053, 1054 – ROAL; 1986, 245, 247 – India-Gewürze; 1989, 349, 350 – ROTH-HÄNDLE/KENTUCKY/Cenduggy; 1989, 264, 265 – REYNOLDS R1/EREINTZ; 1992, 515 – Vamos; 1993, 43, 45 – Römigberg; 1993, 825 – Dos; 1995, 269 – U-KEY). Die Berücksichtigung der zukünftigen Entwicklung setzt vielmehr die Feststellung von Tatsachen voraus, die einen konkreten Anhalt für die vorausgesetzte Entwicklung bieten sowie hierauf gegründete sichere Erwägungen (*objektiv nachprüfbare Anhaltspunkte*), wobei auch die Gründe, die die Entwicklung fraglich erscheinen lassen, sorgfältig geprüft werden müssen (BGH GRUR 1995, 408 – PROTECH; 1992, 515 – Vamos). Wenn eine Benutzung als Sachangabe bisher noch nicht erfolgt ist, dann besteht das absolute Schutzhindernis der beschreibenden Angabe dann, wenn eine solche nach den gegebenen Umständen in Zukunft erfolgen wird, da auch in einem derartigen Fall die in der Marke liegenden Angaben als Sachangaben im Sinne des § 8 Abs. 2 Nr. 2 dienen können (BGH GRUR 1998, 813 – CHANGE). Wenn allerdings schon die konkrete Unterscheidungskraft nach § 8 Abs. 2 Nr. 1 fehlt, dann kommt es auf ein Freihaltebedürfnis nach Nr. 2 nicht mehr an (so schon BPatGE 16, 73, 78 – ZEN). Erforderlich ist ferner, daß das aktuelle Freihaltebedürfnis für die *konkrete Marke,* deren Eintragung beantragt wird, und nicht nur für eine *Abwandlung der Markenform* besteht (s. Rn 255 f.).

Das *Freihaltebedürfnis* muß für die Waren oder Dienstleistungen, für die die Eintragung beantragt wird, *konkret* (s. Rn 122) und *unmittelbar produktbezogen* (s. Rn 122 a ff.) sein. Aktualität, Konkretheit und unmittelbarer Produktbezug eines bestehenden Freihaltebedürfnisses schränken den Anwendungsbereich des absoluten Schutzhindernisses nach § 8 Abs. 2 Nr. 2 gegenüber der Rechtslage im WZG ein. Insoweit sich die bisherige Eintragungspraxis gegenüber der verbindlichen Vorgabe des Europäischen Unionsrechts als zu restriktiv erweist, ist sie im Hinblick auf das Bestehen eines Freihaltebedürfnisses an beschreibenden Marken zu überdenken.

**121** **c) Entwicklung der Rechtsprechung zum Freihaltebedürfnis (*Polyestra*-Doktrin).** Die Funktion des Freihaltebedürfnisses erfuhr in der Entwicklung der Rechtsprechung des BGH schon zur Rechtslage im WZG einen Beurteilungswandel, dessen restriktiven Höhepunkt die *Polyestra*-Doktrin aus dem Jahr 1968 markiert, die seit Mitte der 80er Jahre in mehreren Entwicklungsschritten überwunden wurde und im Anschluß an die internationale Rechtsentwicklung im MarkenG einer extensiveren Eintragungspraxis wich (s. zur Darstellung der Entwicklung im einzelnen *Baumbach/Hefermehl*, § 4 WZG, Rn 95 ff.; zur Kritik *Teplitzky*, FS für v. Gamm, S. 303; auch *Heil*, GRUR 1981, 699; *Wenz*, GRUR 1981, 716; *Sambuc*, Mitt 1991, 105; *Eisenführ*, GRUR 1994, 340; *Sambuc*, GRUR 1997, 403). Die *Polyestra*-Doktrin des BGH ging dahin, solche *ohne weiteres verwechselbare Abwandlungen von beschreibenden Angaben* aus Gründen eines Freihaltebedürfnisses als eintragungsunfähig zu beurteilen (BGHZ 50, 219, 224 – Polyestra; BGH GRUR 1970, 416, 417 – Turpo). Die Ausdehnung des unbedingten Versagungsgrundes des § 4 Abs. 2 Nr. 1 WZG auf ohne weiteres verwechselbare Abwandlungen nicht allgemein bekannter Fachausdrücke war eine Folge der Anerkennung eines umfassenden Schutzbereichs eingetragener Zeichen aufgrund des Ausschlusses des Einwandes einer *in Kauf zu nehmenden Verwechslungsgefahr* gegenüber einem prioritätsälteren Warenzeichen im Widerspruchsverfahren sowie im Verletzungsprozeß (s. dazu BGH GRUR 1963, 630 – Polymar; 1966, 676 – Shortening). Die *Polyestra*-Doktrin galt für *Abwandlungen von Fachausdrücken* (BPatG GRUR 1974, 469 – Elzym; BGHZ 91, 262 – Indorektal I), für *Abwandlungen von beschreibenden Angaben* (BPatGE 13, 240 – bessa; BPatG Mitt 1971, 22 – Schorli; BGH GRUR 1970, 416 – Turpo; BPatG GRUR 1972, 426 – Portofolio; Mitt 1973, 189 – Videothek; BPatGE 21, 124 – Elastoped; BPatG Mitt 1979, 88 – ISOL; eintragungsfähige Zeichen BPatGE 16, 175 – PETTER; 16, 240 – OPTIMALT; 17, 108 – vileda; 18, 102 – POPFIT; BPatG GRUR 1982, 485, 487 – YUSI) und für *Abwandlungen von geographischen Herkunftsangaben* (BGH GRUR 1969, 615 – Champi-Krone; BPatGE 11, 139 – CANA; 15, 219 – SANTIGO; BPatG Mitt 1974, 11 – DAKS; BPatGE 18, 73 – LAR; 21, 198 – Aldeck). Die *Polyestra*-Doktrin beruhte auf der Ablehnung der Eintragung der Wortmarke *Polyestra* für *Garne*, *Zwirne* und *Chemiefäden* wegen der Anlehnung an den nicht allgemein bekannten chemischen Fachausdruck *Polyester*. Seit Mitte der 80iger Jahre wurde das Institut des Freihaltebedürfnisses differenzierter angewandt und *objektiv nachprüfbare Anhaltspunkte* verlangt, um ein konkretes Freihaltebedürfnis der Allgemeinheit an der Bezeichnung zu rechtfertigen (BGH GRUR 1983, 768 – Capri-Sonne; BGHZ 91, 262 – Indorektal I; BGH GRUR 1985, 1053 – ROAL; 1986, 245 – India-Gewürze; 1989, 349 – ROTH-HÄNDLE/KENTUCKY/Cenduggy; 1989, 264 – REYNOLDS R1/EREINTZ; 1992, 515 – Vamos; 1993, 43, 45 – Römigberg; 1993, 825 – Dos; 1995, 269 – U-KEY; 1995, 408 – PROTECH; s. Rn 119). Nach der *Rechtslage im MarkenG* ist die *Polyestra*-Doktrin im Einklang mit der internationalen Rechtsentwicklung im Markenrecht überwunden.

**122** **d) Konkretes Freihaltebedürfnis.** Das Freihaltebedürfnis an einer beschreibenden Marke muß für die konkreten Waren oder Dienstleistungen bestehen, für die die Eintragung beantragt wird (*konkretes Freihaltebedürfnis*). Die beschreibende Marke ist nur für die *konkret freihaltebedürftigen Produkte* von der Eintragung ausgeschlossen, nicht auch für solche Waren oder Dienstleistungen, die mit den angemeldeten Waren oder Dienstleistungen nur *ähnlich* sind, selbst wenn für diese auch ein Freihaltebedürfnis besteht (BGH GRUR 1997, 634, 636 – Turbo II; zu gleichartigen Produkten nach dem WZG BGH GRUR 1977, 717, 718 – Cokies; 1990, 517 – SMARTWARE; BPatGE 13, 228 – AMORA; 13, 139 – TETRA-CITRO; aA BPatGE 11, 263 – teleren; 18, 98 – MANNEQUIN; BPatG Mitt 1986, 235 – CONNOISSEUR). Der Gefahr der Aushöhlung einer freizuhaltenden Angabe durch die für ähnliche Waren eingetragene Marke ist nicht im *Eintragungs- oder Löschungsverfahren*, sondern im *Verletzungsverfahren* zu begegnen (BGH GRUR 1997, 634 – Turbo II). Einem Begriff, der nur in Verbindung mit einem bestimmten Gegenstand, wie etwa der Technik, eine Eigenschaft beschreibt, kann die markenrechtliche Unterscheidungskraft nicht von vornherein abgesprochen werden, wenn der Begriff zur Kennzeichnung einer anderen technischen Vorrichtung eingesetzt wird. In einer solchen Fallkonstellation bedarf es zur Begründung eines konkreten Freihaltebedürfnisses der besonderen Feststellungen dazu, daß die Fachkreise den Sinngehalt dieses Begriffs, der sich bislang nur auf eine spezielle Ware bezog, auch auf die bezeichnete andere Ware übertragen haben oder in Zukunft übertragen werden (BGH GRUR 1990, 517 – SMARTWARE; 1995, 410 – TURBO I). Eine Marke, die nur im *Ähnlichkeitsbereich* der angemeldeten Produkte eine freizuhaltende Angabe darstellt, ist dann nicht von der Eintragung ausgeschlossen, wenn für die angemeldeten Waren oder Dienstleistungen ein konkretes Freihaltebedürfnis nicht besteht. Der Markeninhaber einer eingetragenen Marke kann sich in einem Widerspruchsverfahren sowie in einem Verletzungsprozeß gegen die Anmeldung einer identischen oder ähnlichen Marke für ähnliche Waren oder Dienstleistungen auf sein Markenrecht berufen, auch wenn seine Marke für die Produkte der angemeldeten Marke eine freizuhaltende Angabe ist (BGH GRUR 1968, 414, 416 – Fe; 1977, 717, 718 – Cokies; aA OLG München GRUR 1970, 137 – Napoléon Le Petit Corporal).

**e) Unmittelbarer Produktbezug. aa) Ausgangspunkt.** Das Bestehen eines *unmittel-* **123a** *baren Produktbezugs* der Marke zu den konkreten Waren oder Dienstleistungen, für die die Eintragung beantragt wird, ist eine Anwendungsvoraussetzung des absoluten Schutzhindernisses der beschreibenden Angaben nach § 8 Abs. 2 Nr. 2 (s. dazu allgemein Rn 19). Von den *unmittelbar beschreibenden Marken* sind die nur *mittelbar beschreibenden Marken* zu unterscheiden (zur Abgrenzung s. Rn 133). Mittelbar beschreibende Angaben, die ein Produkt nicht unmittelbar beschreiben, sondern nur eine mittelbare Verbindung zu der Beschaffenheit oder Bestimmung des Produkts herstellen, weil die Produktmerkmalsbezeichnung erst eine gedankliche Schlußfolgerung verlangt oder lediglich in einem übertragenen Sinne Produktmerkmale beschreibt, sind grundsätzlich nicht nach § 8 Abs. 2 Nr. 2 von der Eintragung ausgeschlossen. Der beschreibende Charakter einer mittelbar beschreibenden Angabe erschließt sich dem Verkehr erst nach einem längeren Nachdenken. In seinem Grundsatzurteil *BONUS* (BGH GRUR 1998, 465 – BONUS; s. Rn 128) weist der BGH die von der Rechtsprechung des BPatG gebilligte, restriktive Eintragungspraxis des DPMA zurück, nach der ein nur mittelbarer Produktbezug genügen sollte und verlangt das Bestehen eines unmittelbaren Produktbezugs zu den konkreten Waren oder Dienstleistungen der Anmeldung.

**bb) Extensive Auslegung durch das BPatG. (1) Grundsatz.** In einer extensiven **123b** Auslegung des absoluten Schutzhindernisses der beschreibenden Marke nach § 8 Abs. Nr. 2 billigte das BPatG zunächst die restriktive Eintragungspraxis des DPMA. Nach dieser Rechtsprechung des BPatG genügte ein nur *mittelbarer* Produktbezug der beschreibenden Marke zu den konkreten Waren oder Dienstleistungen (s. Rn 123 c ff.). Nach der *BONUS*-Entscheidung des BGH (s. Rn 128) revidierte das BPatG zwar seine Rechtsauffassung einer erweiternden Auslegung des § 8 Abs. 2 Nr. 2, hält aber in ausdrücklichem Widerspruch zur Rechtsprechung des BGH an der Extension des Anwendungsbereichs des § 8 Abs. 2 Nr. 3 fest (BPatG GRUR 1999, 170 – ADVANTAGE; zur allgemeinen Kritik s. Rn 19).

**(2) Rechtsprechung zum WZG.** In schon nach der Rechtslage im WZG zu strenger **123c** Eintragungspraxis als *eintragungsunfähig,* weil in einer bestimmten Tendenz beschreibend, wurden beurteilt *Comtoirfeder* für Stahlfedern (KPA BlPMZ 1896, 66); *Blumenigel* für Geräte zur Blumendekoration (BPatGE 13, 120); der Ortsname *Nola* für diätetische Lebensmittel, weil ein künftiges Freihaltebedürfnis bestehe (BGH GRUR 1963, 469). Zu Recht als *eintragungsunfähig* beurteilt wurde *Chronolog* für Zeitmesser, da wegen der Anlehnung an die Begriffe Chronograph und Chronologie die Produktmerkmalsbeschreibung offenkundig sei (RPA MuW 1935, 78); *Landfrost,* da *frost* fach- und zum Teil auch umgangssprachlich als Synonym oder sachbezogener Hinweis auf Tiefgekühltes, Tiefgefrorenes verstanden werde (BPatG Mitt 1988, 17 – Landfrost). Bei einem *mehrdeutigen* Wort kann sich der beschreibende Charakter aus *einer* der Bedeutungen ergeben und die Eintragungsunfähigkeit begründen.

Wörter, die bestimmte Personen, menschliche Fähigkeiten, Eigenschaften oder Tätigkei- **123d** ten umschreiben, wurden als *eintragungsunfähig* beurteilt, wenn sie als Produktmarke verwendet werden sollten: *Der Flüsternde* für Körper- und Schönheitspflegegeräte (BPatGE 17,

267); *Favorit* für textile Fußbodenbeläge, Teppiche, Matten, Teppichauslegeware und Teppichrollenwaren (BPatGE 8, 219). Entgegen der Auffassung des BPatG kann die personenbezogene Bedeutung einer Produktmarke, auch wenn sie allgemeinverständlich ist, für sich allein noch nicht die Eintragungsunfähigkeit als beschreibende Angabe begründen.

**123e** Als *eintragungsunfähig* wurden weiter beurteilt *Spectacle* für Bekleidungsstücke (BPatG Mitt 1990, 36 – Spectacle); *Diva* für Damenwäsche und Miederwaren (BPatG GRUR 1993, 670 – Diva); *MADE IN PARADISE* für Kraftfahrzeuge (BPatG Mitt 1994, 216 – MADE IN PARADISE). Je mittelbarer der Produktbezug einer beschreibenden Marke ist, desto mehr nähert sich die Bezeichnung einem Werbeslogan (zur Eintragungsfähigkeit von Werbeslogans s. Rn 94 f.).

**123f** In der Eintragungspraxis zu § 4 Abs. 2 Nr. 1 WZG wurden als eintragungsfähig beurteilt *TELE-TRACER* für elektronische Personenrufapparate, weil die technische Eigenart der zu bezeichnenden Geräte auf dem phantasievollen Umweg des Spurensuchens ausgedrückt werde (BPatG 3, 68 – TELE-TRACER); *Liquid Veneer* für einen flüssigen Anstrich für Putz- und Poliermittel (RPA MuW 1930, 330); *Teppichbremse* für rutschfeste Teppichunterlagen (OLG Frankfurt GRUR 1976, 663); *Schlemmerfrost* für tiefgefrorene Lebensmittel und Fertiggerichte im Gegensatz zu Ausdrücken wie Schlemmerfilet, Schlemmerpizza oder Schlemmertoast (BPatG Mitt 1984, 57); *Windward* (Wort der englischen Seglersprache) als Bewegungsrichtungsbezeichnung für Schutzbekleidung für den Wassersport, Schwimmwesten und Bekleidungsstücke (BPatG Mitt 1989, 242).

**123g** Im Hinblick auf das Erfordernis der Aktualität eines bestehenden Freihaltebedürfnisses nach der Rechtslage im MarkenG ist die Eintragungspraxis und Rechtsprechung zum WZG allerdings hinsichtlich der Annahme eines beschreibenden Aussagegehalts einer Bezeichnung teilweise zu weitgehend. Als beschreibende Angaben wurden etwa weiter beurteilt *Minigold* und *Maxigold* für kleine und große Packungen (BPatGE 12, 228 – Minigold; 12, 232 – Maxigold); *Maxi-Trac* für Fahrzeugreifen (BPatGE 17, 124); *TEAM* für Tabakwaren (BPatGE 25, 227; abzulehnen).

**124** **(3) Rechtsprechung zum MarkenG.** Als freihaltungsbedürftige beschreibende Produktmerkmalsbezeichnungen wurden in der Rechtsprechung des BPatG zum MarkenG nicht nur die Angaben über *unmittelbar auf die Waren oder Dienstleistungen selbst bezogene Merkmale* beurteilt, sondern auch solche Angaben, die geeignet sind, *sonstige für den Warenverkehr wichtige* oder *für die umworbenen Abnehmerkreise* in *irgendeiner Weise bedeutsamen* Umstände bezüglich der Waren oder Dienstleistungen zu beschreiben. Der Wortmarke *CHANGE* für Tabakwaren wurde als eine werbeübliche schlagwortartige Aufforderung zu einem Produktwechsel ein Freihaltebedürfnis zuerkannt (BPatG BlPMZ 1996, 277 – CHANGE; s. aber BGH GRUR 1998, 813 – CHANGE). Die Wortmarke *EVOLUTION* wurde als eine freizuhaltende Angabe beurteilt, die im Verkehr zur Bezeichnung der Art oder der Beschaffenheit der angemeldeten Ware dienen könne, auch wenn sie keine direkte konkret warenbeschreibende Bedeutung habe, da sie geeignet sei, für den Warenverkehr wichtige und für die umworbenen Abnehmerkreise bedeutsame Umstände mit Bezug auf die Waren zu beschreiben (BPatG, Beschluß vom 29. November 1995, 28 W (pat) 94/95 – EVOLUTION). An der Wortmarke *BONUS* wurde ein Freihaltebedürfnis anerkannt, da die Bezeichnung eine in der deutschen Geschäfts- und Handelssprache gebräuchliche beschreibenden Angabe sei (BPatGE 35, 109, 110 – BONUS; s. dazu BGH GRUR 1998, 465 – BONUS; s. Rn 128). An der Wortmarke *FOR YOU* wurde für Zigaretten und andere Tabakerzeugnisse ein gewisses Freihaltebedürfnis anerkannt, da die Bezeichnung zwar keine konkret warenbeschreibende Sachaussage, die auf eine bestimmte Eigenschaft der Waren selbst Bezug nehme, sei, aber als eine *aus sich heraus verständliche, schlagwortartige Aussage*, die den Verbraucher unmittelbar anspreche und zum Kauf auffordere, nicht monopolisiert werden dürfe (BPatG GRUR 1997, 279, 280 – FOR YOU). An der IR-Marke *4 YOU* wurde für Waren- und Dienstleistungen der Klassen 9 und 42 ein Freihaltebedürfnis angenommen, obwohl für fremdsprachige Ausdrücke der Werbesprache im allgemeinen kein ernsthaftes Interesse des inländischen Verkehrs bestehe, sich dieser in der Publikumswerbung zu bedienen, da *4 YOU* mit werbemäßiger Bedeutung Eingang in die inländische Werbung gefunden habe (BPatG BlPMZ 1996, 134 – 4 You). Die kurze englische Wortfolge *Test it*, die in allgemeinverständlicher Form eine Aufforderung zum teilweisen Konsum enthalte, sei jedenfalls für *Tabakerzeugnisse* und *Raucherartikel*, für die regelmäßig englischsprachig geworben werde, nicht geeignet, als Marke auf ein bestimmtes Unternehmen hinzuweisen, zumal wenn davon ausgegangen werden müsse, daß der sprachliche Ausdruck mit großer Wahrscheinlichkeit für Werbezwecke auch von den Mitbewerbern des Anmelders benötigt werde; in solchen Fällen eines gewissen für mangelnde Unterscheidungskraft indiziellen Freihaltebedürfnisses komme es selbst nicht entscheidend darauf an, ob sich die fremdsprachliche Wendung in der Werbung bereits konkret nachweisen lasse (BPatGE 40, 13 – Test it.).

Auch an *geläufigen Ausdrücken der Wirtschafts- und Werbesprache*, an *umgangssprachlichen Anpreisungen* und *sloganartigen Kaufaufforderungen*, die keinen unmittelbar spezifischen Bezug zu bestimmten einzelnen Waren- oder Dienstleistungen aufweisen, wurde in der Rechtsprechung des BPatG ein Freihaltebedürfnis angenommen (s. dazu aber die ablehnende Rechtsprechung des BGH Rn 272d). Die Wortmarke *Benvenuto* für Juwelier- und Schmuckwaren wurde noch als *allgemeine, sloganartige Kaufaufforderung* (Werbewort) ohne spezifischen Bezug zu den beworbenen Waren und Dienstleistungen und nicht als Merkmale von Waren und Dienstleistungen beschreibend verstanden, da das Schutzhindernis der beschreibenden Angaben nicht erweiternd dahin ausgelegt werden könne, daß auch derartige *allgemeine Werbewörter* unter diese Vorschrift fielen (BPatGE 36, 25 – Benvenuto, wobei allerdings das absolute Schutzhindernis des § 8 Abs. 2 Nr. 3, das keinen spezifischen Bezug zu den beworbenen Produkten voraussetze, angenommen wurde; so nunmehr auch BPatG GRUR 1999, 170 – ADVANTAGE). Als *eintragungsunfähig* wurde TRIO für Vorrichtungen und Geräte zur Herstellung chemischer Produkte beurteilt (BPatG Mitt 1996, 250 – TRIO). Weitere Beispiele nicht eingetragener Marken sind etwa: MASTERSOUND für Tonträger (BPatG, Beschluß vom 13. Februar 1995, 30 W (pat) 134/94 – MASTERSOUND); COLORSCRIPT für Drucker (BPatG, Beschluß vom 3. Juli 1995, 30 W (pat) 335/93 – COLORSCRIPT); *Finishmaster* für Bügelmaschinen (BPatGE 35, 249 – Finishmaster); *ErgoPanel* für Datenverarbeitungsanlagen und Computer (BPatGE 36, 238 – ErgoPanel); *ABSOLUT* für Wodka (BPatGE 37, 124 – ABSOLUT, offengelassen für § 8 Abs. 2 Nr. 1 und 2). In Fortführung der *Benvenuto*-Entscheidung des BPatG (BPatGE 36, 25 – Benvenuto) und unter Zugrundelegen der *BONUS*-Entscheidung des BGH (s. Rn 128), soweit diese das absolute Schutzhindernis der beschreibenden Angaben nach § 8 Abs. 2 Nr. 2 betrifft, lehnt der 29. Senat des BPatG nunmehr ausdrücklich eine erweiternde Auslegung des § 8 Abs. 2 Nr. 2 dahin ab, daß auch allgemeine Werbewörter, wie die Wortmarke *ADVANTAGE* für die Dienstleistung *Behandlung und Beschichtung von Samen, Verlängerung der Haltbarkeit und Lebensfähigkeit von Samen*, unter den Anwendungsbereich der Vorschrift zu subsumieren seien (BPatG GRUR 1999, 170 – ADVANTAGE); in Widerspruch zur Rechtsprechung des BGH wird eine extensive Anwendung des absoluten Schutzhindernisses der allgemein sprachgebräuchlichen oder verkehrsüblichen Bezeichnungen nach § 8 Abs. 2 Nr. 3 ohne spezifischen Bezug zu den beworbenen Waren oder Dienstleistungen ausdrücklich aufrechterhalten (s. Rn 272a ff.).

**cc) Restriktive Auslegung durch den BGH. (1) Grundsatz.** In seiner Rechtsprechung nach der *Rechtslage im WZG* sanktionierte der BGH weithin die restriktive Eintragungspraxis des DPMA. Nach dieser Rechtsprechung wurden auch solche Bezeichnungen als freihaltebedürftig im Sinne des § 4 Abs. 2 Nr. 1 2. HS WZG beurteilt, die aus anderen als in dieser Vorschrift aufgezählten Angaben bestehen und *für den Warenverkehr wichtige* und *für die umworbenen Abnehmerkreise irgendwie bedeutsame Umstände* mit Bezug auf die Waren beschreiben. Die Wortmarke *Premiere*, die zwar nicht unmittelbar warenbeschreibend sei, wurde als freihaltebedürftig beurteilt, da die erstmalige Präsentation einer Ware bzw die erste Vorstellung einer Neuheit zu den irgendwie bedeutsamen Umständen mit Bezug auf die Ware zählten (BGH GRUR 1993, 746 – Premiere). In seinem Grundsatzurteil *BONUS* (BGH GRUR 1998, 465 – BONUS; s. Rn 128) zur *Rechtslage im MarkenG* hält der BGH zwar eine Beurteilung des Begriffs *Premiere* im Sinne der ersten Vorstellung einer Ware und deshalb noch hinreichend eng mit der Ware selbst in Beziehung stehend für möglich, signalisiert aber eine Abkehr von dieser Entscheidung, da die Eintragung von Angaben, die nur *irgendwie bedeutsame Umstände mit Bezug auf die Ware beschreiben*, wohl nicht mehr im Sinne der mit dem MarkenG angestrebten weiteren Öffnung des Markenregisters unbedenklich zugelassen werden könnte, auch wenn diese Streitfrage in der *BONUS*-Entscheidung offen bleiben konnte.

**127** **(2) Rechtsprechung zum WZG.** Die in der *Premiere*-Entscheidung des BGH in bezug genommenen, zum WZG ergangenen Entscheidungen *Ole* (BGH GRUR 1992, 514 – Ole), die allein den unbedingten Versagungsgrund der fehlenden Unterscheidungskraft nach § 4 Abs. 2 Nr. 1 1. HS WZG betraf, und *Vamos* (BGH GRUR 1992, 515 – Vamos), die sich auf die Anwendungsvoraussetzung eines aktuellen Freihaltebedürfnisses und nicht eines Produktbezugs bezieht, stehen einem grundsätzlichen Rechtsprechungswandel nach der Rechtslage im MarkenG nicht entgegen.

**128** **(3) Rechtsprechung zum MarkenG.** Die *BONUS*-Entscheidung des BGH (BGH GRUR 1998, 465 – BONUS mit Anm. *Jonas*) stellt einen Grundsatzbeschluß dar, in dem die Rechtsprechung sich gegen die vom BPatG gebilligte, restriktive Eintragungspraxis des DPMA wendet und mit dem Erfordernis eines *unmittelbaren Produktbezugs* (s. dazu Rn 123a) eine restriktive Anwendung des absoluten Schutzhindernisses der beschreibenden Marke im Sinne des § 8 Abs. 2 Nr. 2 verlangt (insoweit nunmehr zustimmend der 29. Senat des BPatG BPatG GRUR 1999, 170 – ADVANTAGE). Wenn ein Wort nicht die Art, die Beschaffenheit, die Menge, die Bestimmung, den Wert, die geographische Herkunft, die Zeit der Herstellung oder sonstige Merkmale der der Anmeldung zugrunde liegenden Waren selbst, sondern mit diesen Merkmalen nur mittelbar in Beziehung stehende *Vertriebsmodalitäten* oder *sonstige die Ware selbst nicht unmittelbar betreffende Umstände* beschreibt, dann darf die Anmeldung nicht wegen eines Freihaltebedürfnisses an der beschreibenden Angabe im Sinne von § 8 Abs. 2 Nr. 2 zurückgewiesen werden. Ein Wort beschreibt *unmittelbar betreffende Umstände* der Ware nur dann, wenn der Begriff des Markenwortes hinreichend eng mit der Ware selbst in Beziehung steht und so ein enger Zusammenhang des Begriffs mit den Merkmalen der Ware besteht. Bei der für die Waren *chemische Erzeugnisse, Desinfektionsmittel, Düngemittel* und *Unkrautvertilgungsmittel* zur Eintragung angemeldeten Wortmarke *BONUS* handele es sich um einen Begriff, der nur eine *Angabe zu Vertriebsmodalitäten*, nämlich um eine von der Ware selbst verschiedene Zusatzleistung, betreffe. Die vom BPatG vorgenommene Erstreckung des absoluten Schutzhindernisses der beschreibenden Angaben nach § 8 Abs. 2 Nr. 2 auf Angaben, die nicht die Ware selbst, sondern nur mittelbar mir ihr in Beziehung stehende Angaben über Vertriebsmodalitäten oder sonstige die Ware nicht unmittelbar beschreibende Umstände beträfen, würde für die zur Kennzeichnung eines Produkts bestimmte Marke den erforderlichen Zusammenhang zwischen Ware und Kennzeichnung sprengen. Es sei auch aus Art. 3 Abs. 1 lit. c MarkenRL kein Anhalt für eine erweiternde Auslegung in dem vom BPatG zugrunde gelegten Sinn ersichtlich. Eine unnötige Erschwerung der freien Verwendbarkeit des Wortes *BONUS* im Zusammenhang mit dem Angebot von Waren oder Dienstleistungen sei mit dessen Eintragung nicht verbunden, da die Vorschrift des § 23 Nr. 2 das Recht aus der Marke gegenüber einer beschreibenden Verwendung hinreichend abgrenze, so daß bei einer solchen Verwendung durch Dritte Unzuträglichkeiten nicht zu erwarten seien. In der *CHANGE*-Entscheidung (BGH GRUR 1998, 813 – CHANGE) bekräftigt der BGH diese restriktive Auslegung des § 8 Abs. 2 Nr. 2. Das BPatG hatte die Eintragung der für *Tabakerzeugnisse, Zigaretten* und *Zigarettenpapier* angemeldeten Wortmarke *CHANGE* abgelehnt, da das Wort in seiner Bedeutung von „wechseln" im Inland praktisch allgemein geläufig sei und wegen des Wettbewerbs um Marktanteile auf dem Zigarettenmarkt für sich allein als imperativisches *Werbeschlagwort* naheliege (BPatG BlPMZ 1996, 277 – CHANGE). Nach Auffassung des BGH war die Annahme eines zukünftigen Freihaltebedürfnisses nicht hinreichend belegt, da die vom BPatG vorausgesetzte Verwendung des Wortes „change" als Aufforderung zum Überwechseln von einer Marke (Ware) zu einer anderen derzeit nicht nachweisbar sei. Es sei die Überlegung anzustellen, ob nicht trotz der praktisch allgemeinen Geläufigkeit des Wortes für den Begriff des „Wechselns" im Inland aus Gründen der werbemäßigen Eignung die Verwendung als imperativisches Werbeschlagwort gerade nicht naheliege, sei es, daß der Verkehr nicht annehme, daß ohne eine erläuternde Ergänzung etwa in der Form von „change to..." mit dem Markenwort in werbeüblicher Imperativform die Aufforderung zu einem Überwechseln auf eine andere Ware zum Ausdruck gebracht werde, oder da die Verwendung des Markenwortes aus werbepsychologischen oder sonstigen werbetechnischen Gründen nicht geeignet erscheine. Ob dem Wort *CHANGE* für die konkreten Waren der Anmeldung jegliche Unterscheidungskraft im Sinne des § 8 Abs. 2 Nr. 1 fehle, hatte der BGH nicht zu entscheiden, wies aber daraufhin, daß den in der Werbung üblichen Angaben zur beschrei-

Absolute Schutzhindernisse　　　　　　　　　　　　　　129–132　§ 8 MarkenG

benden Anpreisung von Waren, insbesondere fremdsprachlicher Art wie das zu beurteilende Wort *CHANGE*, bei markenmäßigem Gebrauch nicht stets jede Unterscheidungskraft abgesprochen werden könne. Schon vor seinem Grundsatzbeschluß *BONUS* und der diesen bestätigenden Entscheidung *CHANCE* hatte der BGH die Bezeichnung *MEGA* für Zigaretten als eintragungsunfähig beurteilt, da sie zur Bezeichnung der Beschaffenheit dieser Ware dienen könne (BGH GRUR 1996, 770 – MEGA, offengelassen für § 8 Abs. 2 Nr. 1 und 3).

**f) Beschreibende Dienstleistungsmarken.** Die Anwendungsvoraussetzungen eines **129** *aktuellen Freihaltebedürfnisses* (s. Rn 119) sowie eines *unmittelbaren Produktbezuges* (s. Rn 123 a ff.) der beschreibenden Marke gelten gleichermaßen für Warenmarken und Dienstleistungsmarken. Beschreibende Namen von Waren, an denen ein Freihaltebedürfnis besteht, sind auch von der Eintragung als *Dienstleistungsmarke* ausgeschlossen, wenn die Herstellung der Ware Gegenstand einer Dienstleistung ist (*Jumbo-Foto* eintragungsunfähig für die Dienstleistung Photographieren BPatGE 24, 232 – Jumbo-Foto; im Ergebnis nach der *BONUS*-Entscheidung des BGH abzulehnen, s. Rn 128). Auch solche Warennamen, die zur Ausführung einer Dienstleistung benötigt werden und für deren schriftliche oder mündliche Benennung ein Freihaltebedürfnis besteht, sind nicht als Dienstleistungsmarke eintragungsfähig (*Pfeffer & Salz* weder für die Waren Pfeffer und Salz noch für die Dienstleistung Bewirtung von Gästen eintragungsfähig BPatGE 24, 64 – Pfeffer & Salz; im Ergebnis nach der *BONUS*-Entscheidung des BGH für die Dienstleistung abzulehnen, s. Rn 128).

**2. Begriff der beschreibenden Marke**

**a) Produktmerkmalsbezeichnungen.** Beschreibend ist ein als Marke schutzfähiges **130** Zeichen, das ausschließlich aus Angaben besteht, die im Verkehr zur Bezeichnung der Art, der Beschaffenheit, der Menge, der Bestimmung, des Wertes, der geographischen Herkunft, der Zeit der Herstellung der Waren oder der Erbringung der Dienstleistungen oder zur Bezeichnung sonstiger Merkmale der Waren oder Dienstleistungen dienen können (§ 8 Abs. 2 Nr. 2). Beschreibende Marken sind *Produktmerkmalsbezeichnungen* (s. Rn 150). Das absolute Schutzhindernis des § 8 Abs. 2 Nr. 2 entspricht der Sache nach dem unbedingten Versagungsgrund des § 4 Abs. 2 Nr. 1 3. Alt. WZG (so auch BGH GRUR 1998, 465 – BONUS), vorbehaltlich der sich aus Art. 3 Abs. 1 lit. c MarkenRL ergebenden, erhöhten Anforderungen an das Bestehen eines Freihaltebedürfnisses der Mitbewerber an der beschreibenden Marke. Der Katalog der freihaltebedürftigen Angaben in § 8 Abs. 2 Nr. 2 ist nur beispielhaft und nicht abschließend. Beschreibende Marken im Sinne dieser Vorschrift sind *Artangaben* (s. Rn 151 ff.), *Beschaffenheitsangaben* (s. Rn 157 ff.), *Mengenangaben* (s. Rn 181 ff.), *Bestimmungsangaben* (s. Rn 188 ff.), *Wertangaben* (s. Rn 194 ff.), *geographische Herkunftsangaben* (s. Rn 202 ff.), *Zeitangaben* (s. Rn 235 f.) sowie *sonstige Produktmerkmalsangaben* (s. zu den Produktmerkmalsbezeichnungen als Oberbegriff für beschreibende Marken Rn 237). Beschreibende Marken sind alle Zeichen, die *ausschließlich* aus Angaben bestehen, die im Verkehr zur Bezeichnung von Eigenschaften oder sonstigen Merkmalen der Waren oder Dienstleistungen dienen können. Solche Produktmerkmalsbezeichnungen enthalten eine *unmittelbare* Aussage über die Eigenschaften oder sonstigen Merkmale von Waren oder Dienstleistungen.

Anders als die Vorschrift des § 4 Abs. 2 Nr. 1 2. Alt. WZG, die ausdrücklich Buchstaben **131** und Zahlen den beschreibenden Angaben gleichstellte, sind Buchstaben und Zahlen in § 8 Abs. 2 Nr. 2 nicht mehr erwähnt. In § 3 Abs. 1 sind *Buchstabenmarken* und *Zahlenmarken* ausdrücklich als markenfähig anerkannt. Es bestand aber auch schon nach der Rechtslage im WZG Einigkeit dahin, daß Buchstaben und Zahlen, die für eine Marke erforderliche Unterscheidungskraft besitzen können (*Baumbach/Hefermehl*, § 4 WZG, Rn 56). Buchstabenmarken und Zahlenmarken sind als schutzfähige Zeichen nach § 8 nur dann nicht von der Eintragung ausgeschlossen, wenn sie konkret unterscheidungskräftig (Nr. 1) sind und an ihnen als beschreibende Marken kein Freihaltebedürfnis (Nr. 2) besteht (s. Rn 113 ff.).

**b) Unmittelbar und mittelbar beschreibende Angaben.** In seinem Grundsatzbe- **132** schluß *BONUS* entschied der BGH, daß nach § 8 Abs. 2 Nr. 2 nur *unmittelbar* beschreibende Angaben von der Eintragung ausgeschlossen sind (BGH GRUR 1998, 465 – BONUS; s.

407

Rn 128). Eine Ausdehnung des absoluten Schutzhindernisses der beschreibenden Angabe auf nur *mittelbar* beschreibende Angaben hätte zur Folge, daß entgegen der Zielsetzung des MarkenG Anmeldungen in größerer Zahl die Eintragung versagt werden müßte, als dies sachlich gerechtfertigt sei, und daß die Gleichmäßigkeit und Berechenbarkeit der Rechtsanwendung sowie allgemein eine den Bedürfnissen entsprechende Entscheidungspraxis in Frage gestellt wäre. Die Abgrenzung zwischen unmittelbar und mittelbar beschreibenden Angaben (s. Rn 133) erfolgt über den *Produktbezug* der Bezeichnung (s. dazu Rn 123 a).

**133** Abgrenzungskriterium zwischen unmittelbar und mittelbar beschreibenden Angaben ist das Maß oder die Intensität des *erforderlichen Zusammenhangs zwischen Ware und Kennzeichnung*, der bei einer zur Kennzeichnung eines Produkts bestimmten Marke bestehen muß. Bei der Abgrenzung der unmittelbar von den nur mittelbar beschreibenden Angaben, bei der eine *restriktive Auslegung* des absoluten Schutzhindernisses geboten ist (s. Rn 19), ist ein rein begriffliches Verständnis von der Unmittelbarkeit der beschreibenden Angabe sachlich nicht angemessen, vielmehr der *Marken-Produkt-Zusammenhang* als ein *kennzeichenrechtlicher* zu verstehen und die Unmittelbarkeit der beschreibenden Angabe entsprechend den *Funktionen des Markenschutzes* zu konkretisieren. Als unmittelbar beschreibend zu verstehende Produktaussagen können nicht nur die substantiellen Eigenschaften eines Produkts betreffen, sondern etwa auch das Herstellungsverfahren, die Produktwirkungen, die Distributionsformen sowie selbst die Produktentsorgung beschreiben. Es ist nicht ausgeschlossen, daß alle im Verkehr für den Produktabsatz erheblichen Umstände unmittelbar beschreibende Angaben darstellen können. Eine nur mittelbar beschreibende Angabe liegt vor, wenn die Angabe allein geeignet ist, sonstige für den Warenverkehr wichtige oder für die umworbenen Abnehmerkreise in irgendeiner Weise bedeutsamen Umstände bezüglich der Waren zu beschreiben. Ein hinreichend enger Zusammenhang der Bezeichnung mit den Merkmalen der Ware besteht dann nicht mehr, wenn es sich bei dem Begriff um eine Angabe zu Vertriebsmodalitäten, wie etwa um eine von der Ware selbst verschiedene Zusatzleistung, handelt (so hinsichtlich der Wortmarke *BONUS* für chemische Erzeugnisse BGH GRUR 1998, 465 – BONUS). Auch nur mittelbar beschreibende Angaben sollten ausnahmsweise dann als eintragungsunfähig beurteilt werden, wenn die Produktmerkmalsbeschreibung trotz der Mittelbarkeit des Ausdrucks für den Verkehr auf der Hand liegt.

**134** In der Eintragungspraxis des DPMA und in der Rechtsprechung des BPatG wurden bis zur *BONUS*-Entscheidung des BGH nur mittelbar beschreibende Angaben von der Eintragung ausgeschlossen (s. dazu Rn 123 b ff.). Diese Entscheidungspraxis war schon nach der Rechtslage im WZG bedenklich. Auch wenn diese Entscheidungen weithin überholt sind, sind sie doch weiterhin insoweit von Interesse, als nicht ohne weiteres ausgeschlossen ist, daß bei den verschiedenen Fallkonstellationen das Erfordernis eines engen Marken-Produkt-Zusammenhangs gegeben sein kann.

### 3. Benutzung beschreibender Angaben durch Dritte

**135** Das ausschließliche Recht des Markeninhabers nach § 14 ist durch § 23 dahin eingeschränkt, daß einem Dritten die Benutzung eines Zeichens, das mit einer Marke identisch oder ähnlich ist, dann erlaubt ist, wenn das Zeichen als eine beschreibende Angabe und nicht als Marke benutzt wird (s. dazu § 23, Rn 9 ff.). Dies gilt auch für beschreibende Marken, deren Eintragung kein aktuelles Freihaltebedürfnis entgegensteht. Nach § 23 Nr. 2 kann ein Dritter ein mit der beschreibenden Marke identisches Zeichen oder ein ähnliches Zeichen als Angabe über Merkmale oder Eigenschaften von Waren oder Dienstleistungen, wie insbesondere ihre Art, ihre Beschaffenheit, ihre Bestimmung, ihren Wert, ihre geographische Herkunft oder die Zeit ihrer Herstellung oder ihre Erbringung benutzen. § 23 Nr. 3 regelt die Benutzung einer Marke im Ersatzteilgeschäft.

**136** Von der Eintragungsfähigkeit einer beschreibenden Marke ist der Umfang des Markenschutzes hinsichtlich einer beschreibenden Benutzung der Marke durch Dritte zu unterscheiden. Die Feststellung, ob die Benutzung der Marke durch den Dritten nach Art einer Marke erfolgt oder nicht, kann tatsächlich schwierig sein und ist häufig Ursache von Rechtsstreiten. Das absolute Schutzhindernis eines bestehenden Freihaltebedürfnisses entlastet den Mitbewerber und Benutzer beschreibender Angaben von diesen Risiken (BPatGE 12, 210, 213 – Gaststätten Rixdorf Hähnchenhaus; 17, 261, 266 – xpert; 24, 235, 240 –

E & J). Aus diesem Grunde schließt § 8 Abs. 2 Nr. 2 beschreibende Angaben, an denen ein Freihaltebedürfnis besteht, von vornherein von der Eintragung aus und stellt damit die Freiheit der Benutzung beschreibender Angaben sicher. Das Recht eines jeden Dritten, eine eingetragene Marke nach § 23 beschreibend und damit nicht als Marke zu benutzen, gebietet aber auch, den Erwerb des Markenschutzes durch Benutzung nicht unangemessen zu beschränken und das Schutzhindernis des § 8 Abs. 2 Nr. 2 auf das Bestehen eines aktuellen und im Einzelfall auch tatsächlich vorhandenen Freihaltebedürfnisses an der beschreibenden Marke zu begrenzen.

### 4. Maßgebliche Verkehrsauffassung

Zur Feststellung des Schutzhindernisses einer *fehlenden Unterscheidungskraft* genügt es im allgemeinen nicht, wenn nur ein geringer Teil der Verkehrskreise dem als Marke schutzfähigen Zeichen jegliche Unterscheidungskraft abspricht. Maßgeblich kommt es auf die Verkehrsauffassung der von der Marke und dem Produkt angesprochenen Verkehrskreise an (s. Rn 32 ff.). Um die Marke von der Eintragung auszuschließen, ist grundsätzlich erforderlich, daß ein *größerer* Teil des Gesamtverkehrs der Marke jegliche Unterscheidungskraft abspricht. Das Schutzhindernis der fehlenden Unterscheidungskraft wird daher nur in eindeutigen Fallkonstellationen in Betracht kommen (s. Rn 36).

Die Eintragungsunfähigkeit einer *beschreibenden Marke* beruht auf dem Vorliegen eines berechtigten Freihaltebedürfnisses der Mitbewerber im Allgemeininteresse an dem im Gemeingebrauch stehenden Zeichen. Anders als bei der Prüfung der Unterscheidungskraft, bei der auf die *subjektive* Verkehrsauffassung abzustellen ist, sind für die Prüfung eines Freihaltebedürfnisses an einem beschreibendem Zeichen in der Regel *objektive* Kriterien maßgebend; ausnahmsweise kann zur Beurteilung der Abwandlung eines beschreibenden Zeichens die Verkehrsauffassung heranzuziehen sein (BGH GRUR 1985, 1053, 1054 – ROAL). Ein Freihaltebedürfnis an einem beschreibenden Zeichen kann auch schon durch das Interesse eines zahlenmäßig kleinen Teiles der beteiligten Verkehrskreise gerechtfertigt sein (BGH GRUR 1969, 345, 347 – red white; BPatGE 24, 94, 98 – Yusi). Wenn es sich nach Auffassung eines *beachtlichen* Teils der maßgeblichen Verkehrskreise um eine beschreibende Angabe handelt, dann soll nach bisheriger Rechtsprechung das bestehende Freihalteinteresse den Ausschluß der beschreibenden Marke von der Eintragung rechtfertigen (BGH GRUR 1963, 630 – Polymar). Schon das Interesse eines verhältnismäßig *kleinen* Kreises des Gesamtverkehrs an der Freihaltung für den Gemeingebrauch soll schutzwürdig sein. Nach diesen Grundsätzen konnte eine beschreibende Marke, auch wenn sie vom Verbraucher als ein Phantasiewort angesehen wurde, zwar unterscheidungskräftig sein, doch konnte gleichwohl das Bestehen eines berechtigten Freihaltebedürfnisses die Eintragung ausschließen (*Baumbach/Hefermehl*, § 4 WZG, Rn 63). Bei einer Fachbezeichnung, die nur einem kleinen Teil von Fachleuten bekannt war, konnte allein deren Freihalteinteresse die Versagung der Eintragung rechtfertigen (BGH GRUR 1968, 694 – Polyestra; 1975, 369 – Elzym; zur Entwicklung der *Polyestra*-Doktrin und deren Überwindung nach der Rechtslage im MarkenG s. Rn 121). Schon das Freihaltebedürfnis lediglich der einschlägigen Fabrikations- und Handelsbetriebe an der Freihaltung des Namens einer Grafschaft wurde als ausreichend beurteilt (*Ravensberg* für Arzneimittel, chemische Erzeugnisse DPA BlPMZ 1956, 320). Selbst wenn andere, der beschreibenden Marke sinnverwandte Ausdrücke den Mitbewerbern zur Verfügung standen, ließ dieser Umstand das Freihaltebedürfnis nicht entfallen (DPA BlPMZ 1958, 209 – Kernschuß). Wenn nur ein Teil der Verkehrskreise einem Zeichen hinreichende Unterscheidungskraft beimißt, dann hängt die Schutzwürdigkeit davon ab, in welchem Maße ein Interesse der Allgemeinheit besteht, die Bezeichnung für die beanspruchten Waren freizuhalten. Je geringer das Freihalteinteresse ist, um so eher kann ein Teil des Verkehrs, der das Zeichen nicht als Unterscheidungszeichen auffaßt, vernachlässigt werden (BGH GRUR 1969, 345, 347 – red white; 1991, 136 – NEW MAN). Je verbreiteter und allgemein geläufiger ein glatt warenbeschreibender Begriff ist, um so höhere Anforderungen sind etwa an die bildliche Gestaltung einer diesen enthaltenden zusammengesetzten Marke oder Kombinationsmarke insgesamt bzw an dessen typographische Wiedergabe zu stellen, um die Schutzhindernisse des Freihaltebedürfnisses und der fehlenden Unterscheidungskraft des Wortes zu überwinden (BPatGE 38, 239 – Jean's etc ...).

**139** Schon nach der Rechtslage im WZG bestand nach dieser Eintragungspraxis die Gefahr, das Freihaltebedürfnis zu überspannen. Diese Erschwernis des Erwerbs von Markenschutz durch Eintragung ist wegen der bestehenden Schranken des Markenschutzes hinsichtlich eines beschreibenden und damit nicht markenmäßigen Gebrauchs der Marke durch Dritte nach § 23 nicht mehr sachgerecht. Notwendig ist es, die Interessen des Anmelders an dem Erwerb eines Markenrechts durch Eintragung sorgfältig mit den allgemeinen Interessen des Verkehrs an einer absoluten Freihaltung der beschreibenden Marke abzuwägen. Nach dem MarkenG kommt es bei dieser erforderlichen Interessenabwägung nunmehr darauf an, die *Aktualität eines Freihaltebedürfnisses der rechtserheblichen Verkehrskreise* und damit das Vorliegen eines im Einzelfall tatsächlich vorhandenen Freihaltebedürfnisses festzustellen. Das Freihaltebedürfnis muß ferner dahin konkretisiert werden, daß es für das konkret als Marke schutzfähige Zeichen und nicht nur für Abwandlungen der angemeldeten Marke sowie für die konkreten Waren oder Dienstleistungen besteht, für die die Eintragung beantragt wird. Schon der fließenden Grenzen wegen müsse im Eintragungsverfahren Takt und Erfahrung walten (so schon *Baumbach/Hefermehl*, § 4 WZG, Rn 63). Eine stärkere Berücksichtigung der Interessen an der Entstehung des Markenschutzes durch Eintragung verlangt auch eine Auslegung des MarkenG im Sinne des Europäischen Unionsrechts der MarkenRL sowie vergleichbar die internationale Rechtsentwicklung.

### 5. Arten von beschreibenden Marken

**140** **a) Beschreibende Wortmarken, Buchstabenmarken und Zahlenmarken.** Bei der Vielzahl der beschreibenden Angaben handelt es sich vornehmlich um als *Wortmarke* schutzfähige Zeichen nach § 3 Abs. 1. Wörtern kommt grundsätzlich die abstrakte Unterscheidungseignung als ein allgemeines Merkmal der Markenfähigkeit zu, die im Hinblick auf die nach § 8 Abs. 3 bestehende Möglichkeit des Erwerbs von Verkehrsdurchsetzung eines beschreibenden Zeichens großzügig zu bestimmen ist (s. § 3, Rn 207). Nach dem Gesetz über den Markenschutz vom 30. November 1874 (RGBl. S. 143) waren Wörter schlechthin von der Eintragung als Warenzeichen ausgeschlossen. Erst das Gesetz zum Schutz der Warenbezeichnungen vom 12. Mai 1894 (RGBl. S. 441) erweiterte den Markenschutz auf solche Wörter, die entweder frei erfunden waren und als sogenannte Phantasiewörter im engeren Sinne galten, oder die, wenn auch dem allgemeinen Sprachschatz zugehörig, doch zu der Ware und ihren Eigenschaften in einer außerbegrifflichen Beziehung standen (so Denkschrift zum Gesetzentwurf GRUR 1892, 148, 150). Von der Eintragung ausgeschlossen wurden nur solche Wörter, die als beschreibende Angaben der Vorschrift des § 4 Abs. 2 Nr. 1 3. Alt. WZG entsprachen. Beschreibende Angaben werden vom Verkehr nicht als Marke verstanden. Sie beschreiben Produktmerkmale, ohne das Produkt markenmäßig zu identifizieren, das sie nicht als solches von Produkten eines anderen Unternehmens auf dem Markt unterscheiden. Beschreibende Wortmarken sind von der Eintragung in das Markenregister nach § 8 Abs. 2 Nr. 2 ausgeschlossen, sowie nach § 8 Abs. 2 Nr. 3, wenn sie zugleich aus solchen Angaben bestehen, die im allgemeinen Sprachgebrauch üblich geworden sind. Die verschiedenen Wortmarken beschreibender Zeichen (Produktmerkmalsbezeichnungen) werden im einzelnen dargestellt (Rn 150 ff.).

**141** Nach der Rechtslage im MarkenG ist die *Markenfähigkeit* von *Buchstabenmarken* und *Zahlenmarken* nach § 3 Abs. 1 ausdrücklich anerkannt. Wenn einer Buchstabenmarke oder Zahlenmarke *konkrete Unterscheidungskraft* für die Waren oder Dienstleistungen, für die die Eintragung beantragt wird, zukommt (s. Rn 116a ff.), dann kann die Buchstabenmarke oder Zahlenmarke nach § 8 Abs. 2 Nr. 2 von der Eintragung ausgeschlossen sein, wenn sie eine beschreibende Marke darstellt und an ihr als einer beschreibenden Angabe ein aktuelles Freihaltebedürfnis besteht (zu Beispielen beschreibender Buchstabenmarken, Zahlenmarken und Buchstabenzahlenmarken s. Rn 116c).

**142** Einem Begriff, der sich in der Umgangssprache über seine ursprüngliche Bedeutung hinaus als ein *Modewort für eine bestimmte Eigenschaft* entwickelt hat, fehlt dann jegliche Unterscheidungskraft, wenn diese Eigenschaft den angemeldeten Waren oder Dienstleistungen zukommen kann. Als eintragungsunfähig wurde der Begriff *TURBO* für Herbizide, Fungizide, Pestizide und Mittel zur Vertilgung von schädlichen Tieren beurteilt, da der Begriff *Turbo* über seine ursprüngliche Bedeutung, auf eine nach dem Turbinenprinzip arbeitende

Vorrichtung hinzuweisen, hinausreiche und in der Umgangssprache als ein Modewort synonym für schnell, leistungsstark und wirksam verwendet werde. Wenn ein Begriff in seiner beschreibenden Bedeutung, auch wenn diese auf einer Verfremdung seines ursprünglichen Sinngehalts beruht, als Eigenschaftswort nahezu unbegrenzt verwendbar ist, dann ist er mangels Unterscheidungskraft als Marke nicht eintragungsfähig, wenn auch den angemeldeten Waren oder Dienstleistungen diese Eigenschaft zukommen kann (BGH GRUR 1995, 410 – TURBO I). Ein Begriff wie die Bezeichnung *LOGO,* der sich zu einer allgemein anpreisenden Werbeaussage ohne unmittelbare und konkrete Produktbezogenheit entwickelt hat, fehlt jede Unterscheidungskraft (BPatG, Beschluß vom 20. Dezember 1995, 28 W (pat) 129/59 – LOGO I, weil die Bezeichnung dem Verkehr wegen ihrem Bedeutungsgehalts keinen Hinweis auf einen bestimmten Geschäftsbetrieb vermittle). *Bezeichnungen von Behörden oder staatlichen Stellen,* die als Abnehmer von Waren in Betracht kommen, werden für diese Waren als freihaltebedürftig beurteilt; das gelte gleichermaßen für *fremdsprachige* Bezeichnungen ausländischer Behörden (so für *SWISS ARMY* für modische Armbanduhren schweizer Ursprungs BPatG GRUR 1999, 58 – SWISS ARMY).

**b) Beschreibende Bildmarken.** Die Rechtsprechung des RG war noch äußerst zögerlich in der Annahme der beschreibenden Natur einer Bildmarke. Ausgegangen wurde von der Vorstellung, die Möglichkeiten der bildlichen Darstellung eines Themas seien derart unbegrenzt, daß sich eine allgemeingültige Rechtsregel nicht aufstellen lasse (RG MuW 1927/28, 526). So lasse sich ein einfaches Motiv wie eine Ähre in zahlreichen Gestaltungsformen graphisch darstellen, sei es naturalistisch, stilisiert, impressionistisch, sei es vereinzelt, gebündelt, auf dem Feld, in einer Vase, sei es in Blüte, reif oder gemäht; nur das Wort Ähre sei unwandelbar (*Baumbach/Hefermehl,* § 4 WZG, Rn 64). Diese Vorstellung, wegen der zahllosen Varianten einer graphischen Darstellbarkeit stellten Bildmarken zumeist keine beschreibenden Angaben dar, beherrschte auch noch die frühe Rechtsprechung des BGH (zum Bild einer *springenden Forelle* BGH GRUR 1955, 421, 423 – Forellenzeichen). Bildmarken galten nur dann als Bestimmungsangaben, wenn sie aus ganz *einfachen Motiven* gebildet waren und, ohne die Phantasie des Betrachters oder weiteres Überlegen zu fordern, den Bestimmungszweck erkennbar werden ließen. **143**

Einigkeit bestand schon immer dahin, daß eine *naturalistische Abbildung des Produkts* nicht unterscheidungskräftig und schlechthin von der Eintragung ausgeschlossen ist. Das gilt jedoch nicht für solche graphischen Darstellungen des Produkts, denen eine besondere Eigenart oder eine unübliche Stilisierung zukommt (s. zu Produktbildmarken im einzelnen Rn 76 ff.). **144**

Die Eintragungspraxis zu den beschreibenden Bildmarken ist im Laufe der Zeit restriktiver geworden. Die Rechtsprechung hat *Piktogramme* (BPatGE 18, 90) und einfache bildliche *Funktionsdarstellungen* eines Produkts (BGH GRUR 1989, 510, 512 – Teekanne II) von der Eintragung ausgeschlossen. So habe die Abbildung einer *Teekanne* schlechthin im Zusammenhang mit Tee, auf den sie hinweise, von Haus aus eine beschreibende Funktion, an deren Freihaltung für den Allgemeingebrauch ein Bedürfnis des Verkehrs bestehe. Die Eintragungsfähigkeit der Abbildung eines alltäglichen Gegenstandes als einer glatten Beschaffenheits- oder Bestimmungsangabe ohne jegliche Eigenart erfordere die nahezu einhellige Verkehrsdurchsetzung innerhalb beteiligter Verkehrskreise. **145**

In seiner jüngeren Rechtsprechung verstärkte der BGH die restriktive Haltung zur Eintragungsfähigkeit als beschreibend beurteilter Bildmarken. Der BGH beurteilte eine Wortbildmarke als Dienstleistungsmarke für einen Baubetreuer als eintragungsunfähig, die aus der stark stilisierten, perspektivischen *Graphik eines Gebäudes* bestand, dessen eine Wand den Buchstaben *K* als schutzunfähige Wortmarke, und dessen andere Wand die als beschreibende Angabe schutzunfähige Wortmarke *SÜD* enthielt (BGH GRUR 1989, 420 – KSÜD). Auch dem Gesamteindruck der Kombinationsmarke wurde eine den beschreibenden Charakter der Hausdarstellung aufhebende Wirkung nicht zuerkannt. **146**

Das MarkenG verlangt, diese restriktive Beurteilung von stilisierten graphischen Darstellungen als beschreibende Bildmarken zu überdenken. Zum einen besteht nur ein beschränkter Schutzbereich einer Bildmarke gegenüber anderen graphischen Gestaltungsformen und Stilelementen. Zum anderen verlangt das Erfordernis eines aktuellen Freihaltebedürfnisses nach § 8 Abs. 2 Nr. 2, daß im Hinblick auf die Vielfalt der Darstellungsmöglich- **147** keiten in der Werbegraphik gerade an der konkreten graphischen Gestaltung einer Bildmarke ein aktuelles Freihaltebedürfnis besteht. Zwar besteht bei einer Bildmarke, die die Abbildung eines Gebäudes für einen Baubetreuer als Anmelder darstellt, ein konkretes Freihaltebedürfnis hinsichtlich der angemeldeten und eingetragenen Waren. Das konkrete Freihaltebedürfnis muß aber auch in diesem Sinne konkret sein, als es für die angemeldete und eingetragene Marke und nicht nur für Abwandlungen dieser Marke gilt (s. Rn 255 f.). Dieses Erfordernis der Konkretheit des Freihaltebedürfnisses hinsichtlich der besonderen graphischen Gestaltung der Bildmarke verlangt eine Änderung der Eintragungspraxis und der Rechtsprechung dahin, an die Annahme des beschreibenden Charakters einer Bildmarke strengere Anforderungen zu stellen und die Eintragung von Bildmarken großzügiger zuzulassen. Einfachen Motiven von schlichter graphischer Gestaltung, die den Bestimmungszweck oder die Beschaffenheit des Produkts jedem Verbraucher aktenkundig und eindeutig angeben, wird aber regelmäßig die konkrete Unterscheidungskraft fehlen (zur Darstellung von *Früchten* für Fruchtbonbons s. BPatG GRUR 1979, 242 – Visuelles Gesamtbild).

**148**   Für Bildmarken, die eine Abbildung der Warenverpackung darstellen, gelten die beschriebenen Grundsätze vergleichbar (s. Rn 84 ff.). Allerdings werden Verpackungsbildmarken eher als eintragungsfähig zu beurteilen sein als Produktbildmarken. So sollte die originelle Gestaltung der Verpackung eines Produkts zumindest als ein Indiz für die Eintragbarkeit deren Abbildung als Bildmarke anzusehen sein.

**149a**   **c) Zusammengesetzte beschreibende Marken und beschreibende Kombinationsmarken. aa) Grundsatz. (1) Rechtsentwicklung im WZG.** Wenn eine zusammengesetzte Marke oder eine Kombinationsmarke (zu den Begriffen s. § 3, Rn 295) *ausschließlich* aus solchen Wörtern besteht, die *beschreibende Angaben* darstellen, dann handelt es sich insgesamt um eine beschreibende Marke, die von der Eintragung ausgeschlossen ist (zur abstrakten Unterscheidungseignung eines zusammengesetzten Zeichens nach § 3 Abs. 1 s. § 3, Rn 241). Dies gilt auch dann, wenn es sich bei einer Kombinationsmarke um solche Bildbestandteile handelt, die, wie etwa eine Umrandung, Verzierung oder ein sonstiges Ornament, wie auch eine besondere Schreibweise, für das Gesamtbild und den Gesamteindruck der Marke im Verkehr als unwesentlich beurteilt werden (RG MuW 1934, 44). Wenn eine zusammengesetzte Marke oder eine Kombinationsmarke *nicht ausschließlich aus beschreibenden Angaben besteht*, dann sind solche Marken eintragungsfähig, wenn der nicht beschreibende Bestandteil den Gesamteindruck der Marke bestimmt. Besteht eine Marke aus einem beschreibenden und einem nicht beschreibenden Wort oder Bild, dann kommt es nach Auffassung des BPatG darauf an, ob der schutzfähige Zeichenbestandteil mit genügender Deutlichkeit zur Geltung komme und nicht in der Gesamtwortprägung untergehe oder im Verhältnis zu dem schutzunfähigen Zeichenbestandteil durch Schriftgröße und Anordnung im Gesamteindruck derart zurücktrete, daß ihm die Kennzeichnungskraft fehle (BPatGE 10, 71 – Melittafilter; 17, 121 – Brasilia; 31, 184). Allerdings wird solchen Marken, die unter Verwendung eines schutzunfähigen Bestandteils gebildet sind, regelmäßig nur eine *schwache Kennzeichnungskraft* zukommen. Eine aus schutzunfähigen Zeichenbestandteilen zusammengesetzte Wortmarke ist nur dann, aber auch dann eintragungsfähig, wenn die Kombination der Wortfolge einen über die Summe der einzelnen Zeichenbestandteile hinausgehenden *Gesamtbegriff* ergibt (BPatG GRUR 1984, 445 – van Linnen Primerur). Eine aus freihaltebedürftigen Wörtern sowie aus allgemein geläufigen und daher nicht unterscheidungskräftigen Schmuckelementen zusammengesetzte Kombinationsmarke wurde auch dann als schutzfähig beurteilt, wenn die graphische und farbliche Gestaltung als Design geschmackvoll und werblich attraktiv erscheint (BPatGE 31, 184 – VIRGINIA Classic FULL FLAVOUR). In ausdrücklicher Abgrenzung zur *van Linnen Primer*-Entscheidung (BPatG GRUR 1984, 445 – van Linnen Primer; s. auch BPatG GRUR 1989, 420 – KSÜD) übertrug das BPatG die in der Rechtsprechung des BGH schon zur Rechtslage im WZG erkennbare Linie einer zurückhaltenden Annahme des Freihaltebedürfnisses und beurteilte die Kombinationsmarke *FLEUR charme* als schutzfähig trotz eines Freihaltebedürfnisses für die einzelnen Wörter *FLEUR* und *charme* auf dem Warengebiet der Kosmetik (BPatG GRUR 1992, 607 – FLEUR charme). Wortmarken, die aus schutzunfähigen Zeichenbestandteilen zusammengesetzt sind, sind schon dann eintragungsfähig, wenn es sich um *Wortneubildungen* handelt, die als Phantasiewörter wirken und geeignet sind, im Verkehr

Absolute Schutzhindernisse 149b, 149c § 8 MarkenG

als produktidentifizierende Unterscheidungszeichen verstanden zu werden (zur Herkunftsfunktion BGH GRUR 1966, 436 – VITA-MALZ; 1967, 246 – Vitapur; BPatG Mitt 1969, 189 – NATUR-A-TOP; 1970, 231 – novaform; 1971, 91 – Black Rage; 1971, 92 – Russet Rose). Als *eintragungsfähig* beurteilt wurde *SERAPHARM* für pharmazeutische und veterinärmedizinische Erzeugnisse trotz Bildung aus zwei beschreibenden Hinweisen, da die Marke als Gesamtwort noch hinreichend phantasievoll sei (BPatG Mitt 1988, 50 – SERAPHARM). Diese Grundsätze gelten auch für *fremdsprachige* beschreibende Marken, die aus solchen beschreibenden Angaben bestehen, die im internationalen Waren- und Dienstleistungsverkehr benötigt werden (s. Rn 238 ff.).

**(2) Restriktive Rechtsprechung des BPatG.** In seiner Rechtsprechung zum Mar- 149b
kenG verfolgt das BPatG seinen mit der *FLEUR charme*-Entscheidung (BPatG GRUR 1992, 607 – FLEUR charme; s. Rn 149a) begonnenen Rechtsprechungswandel nicht weiter und schwenkt umgekehrt auf eine die restriktive Eintragungspaxis des DPMA billigende Beurteilung von Mehrwortmarken, zusammengesetzten Marken und Kombinationsmarken ein. Das BPatG verneint die Schutzfähigkeit solcher Markenformen schon dann, wenn aufgrund der Werbegepflogenheiten auf dem einschlägigen Warengebiet davon auszugehen sei, daß der warenbezogene Sinngehalt der Bezeichnungen wegen ihrer sprachüblichen Bildung als beschreibende Angaben ohne weiteres verständlich und aus der jeweiligen Zusammensetzung oder Kombination kein eigenständiger, individuell prägender Charakter hervorgegangen sei. Das gilt unabhängig von einem Beleg des beschreibenden Gebrauchs der Marke, namentlich bei fremdsprachigen Marken unabhängig von einem lexikalischen Beleg. Diese tendenziell den Entscheidungen *PROTECH* (BGH GRUR 1995, 408 – PROTECH) und *THE HOME DEPOT* (BGH GRUR 1996, 771 – THE HOME DEPOT) des BGH widersprechende Rechtsprechung des BPatG harmoniert mit der restriktiven Rechtsprechung zur fehlenden Unterscheidungskraft von Werbeschlagwörtern und Werbeslogans (s. Rn 97b ff.), sowie zur Eintragungsunfähigkeit von Wörtern des allgemeinen Sprachgebrauchs ohne Produktbezug (s. Rn 272 a ff.). Die ausschließlich an der Herkunftsfunktion als rechtlich geschützter Markenfunktion orientierte Rechtsprechung des BPatG vernachlässigt die Werbefunktion der Marke und verkennt, daß gerade der werbliche Inhalt einer Marke deren Attraktivität ausmacht. Entgegen der Rechtsauffassung des BPatG kann ein Freihaltebedürfnis an einer Mehrwortmarke, einer zusammengesetzten Marke oder einer Kombinationsmarke nur dann angenommen werden, wenn ein Freihaltebedürfnis an dem gesamten als Marke angemeldeten Zeichen besteht.

**bb) Eintragungspraxis und Rechtsprechung des BPatG. (1) Eintragungsunfä-** 149c
**hige Wortzusammensetzungen.** Als *eintragungsunfähige* Wortzusammensetzungen wurden beurteilt *PC-Computing* für Bücher, Journale, Zeitungen, da zwar ein Gebrauch dieser Bezeichnung gegenwärtig nicht feststellbar sei, es sich aber um eine glatt beschreibende Angabe des möglichen Druckschrifteninhalts handele und deshalb ein beschreibender Gebrauch der Bezeichnung in Zukunft ernstlich in Betracht komme (BPatG, Beschluß vom 30. Oktober 1996, 29 W (pat) 15/95 – PC-Computing); *KID CARE* für Mittel zur Körper- und Schönheitspflege (BPatG, Beschluß vom 5. November 1996, 24 W (pat) 125/95 – KID CARE); *ErgoPanel* für Datenverarbeitungsgeräte (BPatGE 36, 238 – ErgoPanel); *Schmerz-ASS* für Arzneimittel, da bei dieser Verbindung von Indikationsangabe und Abkürzung eines bekannten Wirkstoffes zu einer bislang nicht bekannten Bezeichnung die warenbeschreibende Eigenschaft im Vordergrund stehe und der Verkehr an andere Kombinationen von Substantiv und Abkürzung auf dem einschlägigen Warengebiet gewöhnt sei (BPatG 39, 116 – Schmerz-ASS; abzulehnen); *Vitalfutter* für Futtermittel für Heimtiere (BPatG, Beschluß vom 1. Oktober 1997, 28 W (pat) 97/97 – Vitalfutter); *Goldene Serie* für Magnetaufzeichnungsträger, Compactdiscs (BPatG, Beschluß vom 21. Oktober 1997, 24 W (pat) 133/96 – Goldene Serie); *Weihnachtströpfchen* für alkoholische Getränke BPatG, Beschluß vom 17. September 1997, 26 W (pat) 162/96 – Weihnachtströpfchen); *Übernacht Express*, *Heute Express* und *Wochenend-Express* für Dienstleistungen des Transportwesens (BPatG, Beschluß vom 5. Februar 1997, 29 W (pat) 88, 90, 91/96 – Übernacht Express, Heute Express und Wochenend-Express); *Früchetraum* für Kakao, Schokolade (BPatG, Beschluß vom 26. Februar 1997, 32 W (pat) 152/96 – Früchetraum); *Jean's etc ...* für vêtements, chaussures, chapellerie (Waren der Klasse 25) auch bei Querstellung des Zeichenbestandteiles *etc*

sowie unterschiedlicher farblicher Fassung der den Untergrund für die Schrift bildenden Blöcke (BPatGE 38, 239 – Jean's etc ...).

**149d** **(2) Eintragungsfähige Wortzusammensetzungen.** Als *eintragungsfähige* Wortzusammensetzungen wurden beurteilt *BauMineral* für Baumaterialien, da die bei erster Betrachtung in der Wortschöpfung liegende, beschreibende Sachangabe nicht so deutlich und unmißverständlich sei, daß sich sofort und eindeutig Näheres über die Beschaffenheit oder Qualität der Ware erschließe (BPatG, Beschluß vom 25. Juni 1997, 28 W (pat) 180/96 – BauMineral); *Intersport* für Ski, Skistiefel, Tennisbekleidung, da *Inter* für Messebezeichnungen lediglich als sprechendes Zeichen zu verstehen sei und es nicht als sachbeschreibend im Sinne von international in Betracht komme (BPatG, Beschluß vom 24. September 1997, 29 W (pat) 184/96 – Intersport); *ELASTOFORM* für Kunststoffe im Rohzustand, technische Teile aus Kunststoff, da trotz der formal sprachüblich gebildeten Wortschöpfung die Bezeichnung nicht zu einer ohne weiteres verständlichen eindeutigen Beschreibung der Ware geeignet sei, der Zeichenbestandteil *form* eine Vielzahl von möglichen Interpretationen zulasse und die Verbindung mit dem Wort *Elasto* in keiner Richtung eine die Beschaffenheit der angemeldeten Waren sachgerecht und eindeutig beschreibende Aussage angebe (BPatG, Beschluß vom 12. September 1997, 33 W (pat) 143/97 – ELASTOFORM); *Fliesenfreund* für Fliesen, Werkzeug zum Bearbeiten von Fliesen, Baustoffe zum Verlegen von Fliesen (BPatG, Beschluß vom 26. September 1997, 33 W (pat) 152/97 – Fliesenfreund); *Europa-Hölzer* für Tabak, Zigarren, Streichhölzer (BPatG, Beschluß vom 15. Oktober 1997, 26 W (pat) 4/95 – Europa-Hölzer); *MOD'elle* für Bekleidungsstücke, auch wenn an den einzelnen Zeichenbestandteilen *MOD* und *elle* (französisch: sie) ein Freihaltebedürfnis besteht (BPatG Mitt 1996, 215 – MOD'elle); *TOP-STEEL* für Autoreifen, da es bei der Prüfung der Schutzfähigkeit von zusammengesetzten Marken nicht darauf ankomme, ob die einzelnen Markenwörter, sondern ob die schutzsuchende Kombination derselben zur warenbeschreibenden Verwendung oder als Fachausdruck von den Mitbewerbern tatsächlich benötigt werde (BPatG Mitt 1997, 96 – TOP-STEEL).

### 6. Produktmerkmalsbezeichnung als Oberbegriff für beschreibende Marken

**150** In Umsetzung von Art. 3 Abs. 1 lit. c MarkenRL unterscheidet § 8 Abs. 2 Nr. 2 zwischen Artangaben, Beschaffenheitsangaben, Mengenangaben, Bestimmungsangaben, Wertangaben, geographischen Herkunftsangaben, Zeitangaben und sonstigen Produktmerkmalsangaben. Als Oberbegriff für diese beschreibenden Marken wird der Begriff der *Produktmerkmalsbezeichnung* vorgeschlagen. Die inhaltlichen Aussagen verschiedener Produktmerkmalsbezeichnungen wie vor allem der Artangaben, Beschaffenheitsangaben, Bestimmungsangaben und Wertangaben zu dem bezeichneten Produkt werden sich häufig überschneiden. Artangaben enthalten etwa Aussagen über die wesensbestimmenden und grundlegenden Eigenschaften eines Produkts wie etwa die Zugehörigkeit zu einer bestimmten Gattung. Beschaffenheitsangaben enthalten Aussagen über einzelne bestimmte Eigenschaften oder sonstige Merkmale eines Produkts wie etwa über die Substanz des Produkts, aber auch über das Herstellungsverfahren, die Produktdistribution oder die Produktentsorgung. Bestimmungsangaben enthalten Aussagen über die Bestimmung eines Produkts wie etwa den Verwendungszweck. Wertangaben enthalten Aussagen über den Wert eines Produkts wie etwa über dessen Alter oder Echtheit. Eine Produktmerkmalsbezeichnung kann zugleich verschiedenen Arten von Merkmalsangaben zuzuordnen sein. Einer genauen Abgrenzung der verschiedenen Produktmerkmalsbezeichnungen bedarf es nicht, da für alle Arten die gleichen Rechtsfolgen des Bestehens eines absoluten Schutzhindernisses nach § 8 Abs. 2 Nr. 2 sowie die Eintragungsfähigkeit bei Erwerb von Verkehrsdurchsetzung nach § 8 Abs. 3 gelten.

### 7. Artangaben

**151** **a) Begriff.** Eine *Artangabe* wird im Verkehr zur Bezeichnung der Art der Ware oder Dienstleistung verwendet. Eine Artangabe enthält eine inhaltliche Aussage über allgemeine, die Eigenschaften eines Produkts wesensbestimmende und grundlegende Produktmerkmale, wie etwa die Zugehörigkeit eines Produkts zu einer bestimmten Gattung. Artangaben, die

Absolute Schutzhindernisse        152–157 § 8 MarkenG

ausschließlich eine Aussage zu der Art des Produkts enthalten, sind nach § 8 Abs. 2 Nr. 2 eintragungsunfähig, soweit an ihnen ein aktuelles Freihaltebedürfnis für den konkreten Produktbereich besteht. Die Aussage einer Artangabe wird sich häufig mit einer Beschaffenheitsangabe (s. Rn 157 ff.) inhaltlich überschneiden.

Im deutschen Warenzeichenrecht wurde bislang nicht zwischen Artangaben und Beschaffenheitsangaben unterschieden. Artangaben und Beschaffenheitsangaben sind rechtlich gleich zu behandeln. Der Gesetzgeber des MarkenG wollte mit der Angleichung des Wortlauts des § 8 Abs. 2 Nr. 2 an die MarkenRL den Rechtszustand gegenüber der Vorschrift des § 4 Abs. 2 WZG sachlich nicht ändern. Insoweit kann auf die in Rechtsprechung und Schrifttum entwickelten Rechtssätze zur Beschaffenheitsangabe zurückgegriffen werden, soweit es sich um Angaben über die Art der Ware oder Dienstleistung handelt. **152**

Nach § 4 Abs. 2 Nr. 1 WZG wurden Angaben über die Art, die Zeit und den Ort der Herstellung einheitlich als beschreibende Angaben beurteilt. Daraus hat sich die Fallgruppe der *Herstellungsangaben* entwickelt. § 8 Abs. 2 Nr. 2 unterscheidet nunmehr zwischen Angaben über die Art eines Produkts, zu denen auch Angaben über die Art der Herstellung zu rechnen sind, Angaben über die Zeit der Herstellung sowie Angaben über die geographische Herkunft eines Produkts, zu denen auch Angaben über den Ort der Herstellung zu rechnen sind. Herstellungsangaben im Sinne des WZG sind nach der Rechtslage im MarkenG teils als *Artangaben,* teils als *Zeitangaben,* teils als *Herkunftsangaben* im Sinne des § 8 Abs. 2 Nr. 2 zu bezeichnen. **153**

**b) Angaben über die Art der Herstellung einer Ware oder der Erbringung einer Dienstleistung.** Beschreibend sind Angaben über die Art der Herstellung einer Ware oder die Erbringung einer Dienstleistung. Solche Angaben betreffen etwa die Art der Rohstoffe, das Produktionsverfahren, die Zusammensetzung und Bestandteile der Ware einschließlich der Produktentsorgung sowie die Art und Weise der Erbringung einer Dienstleistung. Solche Angaben über die Herstellungsart oder die Art der Erbringung einer Dienstleistung stellen Artangaben im Sinne des § 8 Abs. 2 Nr. 2 dar; solche Artangaben sind zumeist auch Beschaffenheitsangaben (s. Rn 157 ff.). **154**

Als *eintragungsunfähig* wurden beurteilt *La Satineuse* als Name einer der Bearbeitung von Papier dienenden Glättmaschine (KPA BlPMZ 1907, 119); *Cellonierung* für die Behandlung von Gegenständen mit Cellon (RPA BlPMZ 1918, 111; abzulehnen, s. Rn 176); *Zentimeter-Kleidung* für Maßbekleidung (RPA MuW 1933, 531); *Kräutertract* für Kräutermost, weil die Wortsilbe *tract* eine Abkürzung von *Extract* sei (RPA Mitt 1936, 240; anders für *tract* in Alleinstellung); *Termal-Stahl* für Stahl (RPA Mitt 1934, 332). Als *eintragungsfähig* wurde beurteilt *Schuß* für Kopfbedeckungen, da die Bedeutung als webtechnischer Fachausdruck bei den angemeldeten Waren völlig zurücktrete (BPatG Mitt 1970, 172). **155**

Angaben über die Art der Herstellung stellen auch die Wörter *System* und *Methode* als Zeichenbestandteil einer Wortmarke dar (zur Eintragungsfähigkeit von Systemangaben als Beschaffenheitsangaben s. Rn 175 f.). Wenn die übrigen Zeichenbestandteile selbst beschreibende Angaben darstellen, wie etwa *Sterilsystem,* dann ist die Marke in jedem Fall von der Eintragung ausgeschlossen; im übrigen kommt es zur Beurteilung der Eintragungsfähigkeit von *Systemangaben* auf die Verkehrsauffassung zum beschreibenden Charakter der Marke an (s. *Duchesne,* GRUR 1930, 238; *Duchesne,* GRUR 1932, 992). Als *eintragungsfähig* wurden beurteilt *Zeiler-System* für Systembezeichnungen (RPA BlPMZ 1930, 246); *Heilsystem Reinecke* für ein Heilsystem (RPA BlPMZ 1931, 276); *usu Barracco* für pharmazeutische Waren (RPA BlPMZ 1929, 273). **156**

## 8. Beschaffenheitsangaben

**a) Grundsatz.** Eine *Beschaffenheitsangabe* wird im Verkehr zur Beschreibung der Beschaffenheit einer Ware oder Dienstleistung verwendet. Jedes Wort, das ausschließlich die Beschaffenheit einer Ware oder Dienstleistung beschreibt, stellt eine beschreibende Angabe im Sinne des § 8 Abs. 2 Nr. 2 dar. Solche Beschaffenheitsangaben sind eintragungsunfähig, wenn an ihnen ein aktuelles Freihaltebedürfnis für die konkreten Waren oder Dienstleistungen besteht, für die Eintragung beantragt wird. Wenn eine freihaltebedürftige Beschaffenheitsangabe als Marke eingetragen würde, bestünde die Gefahr der Begründung eines fakti- **157**

415

schen Vertriebsmonopols des Markeninhabers für den konkreten Produktbereich, auch wenn der Markeninhaber Dritten nur die Benutzung der Beschaffenheitsangabe als Marke und nicht deren beschreibenden Gebrauch (§ 23 Nr. 2) untersagen könnte.

**158** Beschreibende Angaben genügen der abstrakten Unterscheidungseignung im Sinne der Markenfähigkeit nach § 3 Abs. 1 und stellen insoweit markenfähige Markenformen dar. Bei zahlreichen Beschaffenheitsangaben wird schon das absolute Schutzhindernis des § 8 Abs. 2 Nr. 1 eingreifen, weil den Beschaffenheitsangaben keine konkrete Unterscheidungskraft zukommt und sie schon deshalb von der Eintragung für die Waren oder Dienstleistungen, für die die Eintragung beantragt wird, ausgeschlossen sind. Konkret unterscheidungskräftige Beschaffenheitsangaben können nach § 8 Abs. 2 Nr. 2 aber nur dann eingetragen werden, wenn kein aktuelles Freihaltebedürfnis besteht.

**159** **b) Begriff der Beschaffenheitsangabe.** Ob eine Bezeichnung als eine Beschaffenheitsangabe zu verstehen ist, beurteilt sich nach der *Auffassung der Verkehrskreise*, die als Abnehmer des Produkts in Betracht kommen. Ob an einer Beschaffenheitsangabe ein aktuelles Freihaltebedürfnis besteht, bestimmt sich nach den Interessen der Mitbewerber an einem Gemeingebrauch der Bezeichnung. Eine Beschaffenheitsangabe braucht kein Wort der Umgangssprache zu sein. Auch ein von einem Hersteller, Händler oder Dienstleistenden neu geprägtes Wort, das in sprachüblicherweise gebildet ist und im allgemeinen Verkehr ohne weiteres als ein Hinweis auf die Beschaffenheit der Ware oder die Art der Dienstleistung verstanden wird, stellt grundsätzlich eine beschreibende Beschaffenheitsangabe dar. Auch wenn der Verkehr ein Produkt mit einem bestimmten Unternehmen in Verbindung bringt, das dieses Produkt vorwiegend auf dem Markt anbietet, braucht die Produktbezeichnung noch nicht als Marke eintragungsfähig zu sein. Entscheidend kommt es darauf an, daß der Verkehr die als Produktbezeichnung verwendete Beschaffenheitsangabe nicht nur als eine Produktbeschreibung versteht, sondern als ein produktidentifizierendes Unterscheidungszeichen, das entweder auf die betriebliche Herkunft des Produkts hinweist oder, was nach dem MarkenG ausreichend ist, das Produkt markenmäßig identifiziert, indem es dieses Produkt von den Produkten anderer Unternehmen im Marktwettbewerb unterscheidet. Die markenmäßige Identifikation eines Unternehmensprodukts auf dem Markt aufgrund einer beschreibenden Marke ist zu unterscheiden von einer schlichten Produktmerkmalsbeschreibung durch die Beschaffenheitsangabe.

**160** Zur Feststellung der Verbrauchervorstellung kommt es auf die Auffassung des durchschnittlichen Marktteilnehmers an. Die Schlußfolgerung, die Bezeichnung beschreibe ausschließlich die Produktbeschaffenheit, muß sich für den Verbraucher ohne weiteres ergeben. Unbeachtlich ist, ob nur ein gelehrter Philologe oder ein besonders gewitzter Verbraucher spitzfindig eine solche Schlußfolgerung zieht. Schon deshalb sind Wörter, die im Verkehr als Phantasienamen aufgefaßt werden, im allgemeinen eintragungsfähig. Das gilt insbesondere auch für Wörter und Begriffe, die erst mit Hilfe einer besonderen gedanklichen Überlegung als eine Beschaffenheitsangabe aufgefaßt werden können. Oft ist allerdings die Grenzziehung zwischen einer Beschaffenheitsangabe und einer Phantasiebezeichnung unsicher. Namentlich in solchen Fallkonstellationen, in denen die Verbraucherauffassung nicht eindeutig erscheint, kommt es zur Beurteilung der Eintragungsfähigkeit einer beschreibenden Marke vorwiegend darauf an, ob ein Freihaltebedürfnis der beteiligten Verkehrskreise anzuerkennen ist oder nicht.

**161** Der beschreibende Inhalt eines Wortes kann sich nicht nur auf das Produkt selbst beziehen, sondern das Wort kann auch die Verpackung oder Umhüllung der Ware oder die Art und Umstände der Erbringung einer Dienstleistung beschreiben. Auch beschreibende Bildmarken können Beschaffenheitsangaben darstellen, wenn es sich bei der bildlichen Darstellung um einfache Motive handelt, die eindeutig und ausschließlich die Produktbeschaffenheit beschreiben. Etwas anderes gilt, wenn eine solche Verbrauchervorstellung erst aufgrund von Phantasie und Überlegung sich bildet und damit der Hinweis auf die Produktbeschaffenheit sich nicht ohne weiteres aufdrängt (BGH GRUR 1956, 183 – Drei-Punkt-Urteil; 1955, 421 – Forellenzeichen für Angelgeräte). Einer naturgetreuen Abbildung eines Produkts oder einer Produktverpackung kommt als solcher grundsätzlich schon nicht die abstrakte Unterscheidungseignung zu, Unternehmensprodukte im Marktwettbewerb zu identifizieren; es liegt keine markenfähige Markenform nach § 3 Abs. 1 vor (s. Rn 139 ff.; § 3,

Rn 258 ff., 262). Anders als bei Bildmarken, bei denen wegen der mannigfaltigen Möglichkeiten der bildlichen Darstellung in der Regel ein Freihaltebedürfnis an der konkreten Gestaltung zu verneinen sein wird, sollen auf dem Gebiet der Backwaren die Mitkonkurrenten auf die Vielfalt der gestalterischen Möglichkeiten angewiesen sein (die Form eines *Ahornblattes* in zu restriktiver Eintragungspraxis als freihaltebedürftig beurteilend BPatGE 38, 89 – Ahornblatt). Beschreibende Produktnamen sind auch nicht als Dienstleistungsmarke eintragungsfähig, wenn zur Ausführung der Dienstleistung ein Freihaltebedürfnis an den Produktnamen hinsichtlich deren schriftlicher oder mündlicher Benennung besteht; insoweit ist die Bezeichnung *Pfeffer & Salz* nicht nur für die Waren Pfeffer und Salz, sondern auch für die Dienstleistung einer Bewirtung von Gästen von der Eintragung ausgeschlossen (BPatGE 24, 64; eintragungsunfähig *Jumbo-Foto* für die Dienstleistung Photographieren BPatGE 24, 232; s. Rn 126).

**c) Konkretes Freihaltebedürfnis produktbezogener Beschaffenheitsangaben.** Das **162** aktuelle, weil tatsächlich vorhandene Freihaltebedürfnis muß für die konkreten Waren oder Dienstleistungen bestehen, für die die Eintragung beantragt wird. Beschaffenheitsangaben sind nicht schlechthin eintragungsunfähig, sondern nur für die Waren oder Dienstleistungen, deren Beschaffenheit die Angabe beschreibt, wenn ein aktuelles Freihaltebedürfnis für die konkreten Produkte besteht. Eine Beschaffenheitsangabe, für die ein Freihaltebedürfnis lediglich für ähnliche, nicht auch für die angemeldeten Produkte besteht, ist eintragungsfähig (BGH GRUR 1977, 717 – Cokies; BPatGE 13, 128 – AMORA; 13, 139 – TETRACITRO; aA BPatGE 11, 263 – teleren). Als *eintragungsfähig* wurden beurteilt *Unimeter* für elektronische Meßgeräte, nicht für einfarbige Stoffe (DPA GRUR 1953, 139); *Zin* für Benzin, nicht für Metallwaren (DPA GRUR 1951, 88).

**d) Produktunabhängige Beschaffenheitsangaben.** Allgemeine Produktmerkmalsbe- **163** schreibungen können als Qualitätsangaben oder Gütebezeichnungen für Produkte aller Art dienen und aussagekräftig sein. Solchen *produktunabhängigen Beschaffenheitsangaben*, die aufgrund ihres allgemeingültigen Aussagegehalts in allen Produktbereichen Verwendung finden, sind allgemeine eintragungsunfähig. Wenn ausnahmslos ausgeschlossen ist, daß solche generellen Qualitätsangaben, wie etwa *super, extra, prima* oder *ideal*, geeignet sind, als produktidentifizierende Unterscheidungszeichen auf dem Markt zu wirken, dann fehlt solchen Bezeichnungen schon die abstrakte Unterscheidungseignung nach § 3 Abs. 1. Solche Bezeichnungen sind nicht markenfähig und können die Eintragungsfähigkeit auch nicht durch den Erwerb von Verkehrsdurchsetzung als Marke nach § 8 Abs. 3 für einen konkreten Produktbereich erlangen. Eine Einwortmarke ist aber nicht schon dann als beschreibende Angabe eintragungsunfähig, wenn sie nur in Kombination mit weiteren Wörtern als Beschaffenheitsangabe geeignet ist, da bei der Feststellung eines absoluten Schutzhindernisses von der Marke in ihrer konkret angemeldeten Form auszugehen ist (BPatG Mitt 1998, 182 – GARANT; s. auch BPatGE 36, 171 – Paradies) und das Zeichen als solches ohne etwa zusätzlich gedachte Wort- oder Bildbestandteile zugrundezulegen ist (BGH GRUR 1997, 627 – à la Carte).

Als *eintragungsunfähige* Beschaffenheitsangaben nach § 4 Abs. 2 Nr. 1 WZG wurden be- **164** urteilt *Extra* für Feilen und Raspeln (KPA BlPMZ 1894/1895, 275); *Duplex* für Nahrungs- und Genußmittel (KPA MuW 1914/15, 407); *mein ideal* für Kämme und Schwämme (RPA MuW 1936, 111); *Pickfein* für Rinder- und Kursalami (ÖPA BlPMZ 1937, 128); *Exquisita* für Massenwaren aus Gummi (DPA BlPMZ 1955, 98); *okay* für Zigarettenhülsen, Zigarettenpapier und Zigarettenpapierbüchseln (ÖPA GRUR Int 1956, 231 – okay); *Star* für Papier und Pappe (BPatG Mitt 1987, 55 – PaperStar).

**e) Eintragungspraxis und Rechtsprechung. aa) Eintragungsunfähige Beschaf- 165 fenheitsangaben.** Als *eintragungsunfähig* wurden beurteilt *Medicon* für Arzneimittel (KPA MuW 1916, 209); *Kabinett* für Nahrungs- und Genußmittel (RPA MuW 1930, 412); *Goldkorn* für Branntwein (KPA BlPMZ 1898, 92); *Kristallid* als Fachwort für Kristallisation (KPA BlPMZ 1904, 307); *Bergsteiger* für Fahrräder (KPA BlPMZ 1910, 322; bedenklich); *Primula* als Name einer Pflanze für Parfümerien (RPA Mitt 1931, 203); *Radium* für pharmazeutische Erzeugnisse, eintragungsfähig für Spirituosen (RPA MuW 1931, 632); *Sparordner* für Briefordner als sprachüblich gebildetes Wort (RPA MuW 1933, 532); *Nährgut* für Nahrungsmittel (KPA MuW 1916, 259); *Alto* für Gummi und Lederabsätze (RPA Mitt 1935, 368);

*Sprenkelschwarz* für Herde (RPA JW 1936, 1711); *Supergriff* für Luftreifen (RPA Mitt 1936, 168); *Stereocenter* für Rundfunkgeräte (BPatG Mitt 1970, 229); *Auditorium* für Filmvorführapparate als Hinweis auf die Verwendbarkeit der Geräte in Hörsälen (RPA MuW 1940, 178; bedenklich); *Edelschliff* für Transformatoren (RPA MuW 1939, 201); *Urhopfen* für Bier als phantasieloser Hinweis auf eine gute Beschaffenheit (RPA MuW 1941, 75); *UR-PILS* als nicht unterscheidungskräftiger Biersortenname (BPatG GRUR 1975, 602); *Das entspannte Etikett* für selbstklebende Etiketten als im übertragenen Sinne warenbeschreibend (BPatGE 5, 149); *Telecheck* für Geräte zur fernsehmäßigen Übertragung von Schriftstücken, weil *Tele* eine gebräuchliche Abkürzung für Television sei (BPatGE 9, 229); *Compucolor*, für beschichtete, unbeschichtete und lichtempfindliche Papiere (BPatG BlPMZ 1986, 341); *STARKRAFT* für Papier (BPatGE 31, 126); zur beschreibenden Angabe *COTTON LINE* als Kennzeichen eines Unternehmens der Textilbranche (BGH GRUR 1996, 68 – COTTON LINE; s. § 15, Rn 123); die farbig eingetragene Wortmarke *digital* für Waren und Dienstleistungen der Daten- und Textverarbeitung, da das sehr hoch anzusetzende Freihaltebedürfnis nur durch praktisch einhellige Verkehrsdurchsetzung überwunden werden könne (BPatG GRUR 1997, 833 – digital); *Active Line* für Waren aus Leder und Textilstoffen (BGH GRUR 1998, 394 – Active Line); *Individual* für Waren wie Kleineisenwaren, Fahrzeuge, Waren aus Papier und Pappe, Annähetiketten und Dienstleistungen wie Wartung, Instandhaltung und Reparatur von Fahrzeugen (BGH GRUR 1998, 396 – Individual).

**166** Den Wortsilben *dent* und *med* fehlt schon die abstrakte Unterscheidungseignung und damit die Markenfähigkeit nach § 3 Abs. 1; diese fehlende Markenfähigkeit kann nicht durch den Erwerb von Verkehrsdurchsetzung nach § 8 Abs. 3 überwunden werden. Als *schutzunfähig* wurden beurteilt *Kukident* und *Pegodent* für Reinigungsmittel für künstliche Gebisse (RG GRUR 1943, 83). Als *schutzfähig* beurteilt wurde aber *DENTACONTROL* für elektrische Geräte zur Förderung der Oralhygiene (BPatG Mitt 1990, 235).

**167** *Wissenschaftliche Stoffnamen* wie insbesondere chemische Kurzbezeichnungen sind als beschreibende Angaben *eintragungsunfähig*. Anders ist zu entscheiden, wenn es sich bei der chemischen Bezeichnung um einen individuellen Produktnamen handelt, der auf das Produktionsunternehmen des Anmelders hinweist; aus diesem Grunde wurde als eintragungsfähig beurteilt *Insulin* für handelsfähige Waren (RPA MuW 1932, 313).

**168** Als *eintragungsunfähig* wurden beurteilt *Hydro Lift* für Ladebordwände für Land-, Luft- und Wasserfahrzeuge sowie für feste Rampen und ortsfeste Hebeeinrichtungen als Hinweis auf einen hydraulischen Aufzug (BPatGE 8, 68); *Kompaktblitz* für Blitzlichtgeräte und Elektroblitzgeräte trotz der ungewöhnlichen Wortbildung als Hinweis auf eine zusammenhängende Bauweise von Blitzlichtgeräten (BPatGE 8, 74; bedenklich); *Touringgas* für Kraftstoffe, weil die Bezeichnung als gasförmiger Kraftstoff für große Reisen verstanden werde (BPatGE 6, 232; bedenklich); *Sonniger September* für Weine und Schaumweine, da als Angabe über bestimmte Wachstumsvorgänge (Traubenreife) warenbeschreibend (BPatGE 10, 120); *gutso* für konservierte Fertiggerichte, da die grammatikwidrige Zusammenschreibung bei mündlicher Wiedergabe nicht in Erscheinung trete (BPatG Mitt 1970, 14); *profitdress* für Bekleidungsstücke und Stoffe, da nur die Vorstellung eines vorteilhaften Angebots erweckt werde (BPatG Mitt 1970, 230); *Schorli* für Mischgetränke aus Wein und Wasser (BPatG Mitt 1971, 22); *Herrschaftswein* für Weine, da nur die Güte der Weine beschreibend (BPatG Mitt 1971, 108); *Soft-Line* und *Softline* für Textilwaren (BPatG Mitt 1971, 130); Prestige für Bekleidungsstücke (BPatGE 6, 142); *Plus* für wegwerfbare Windeln und Windeleinlagen als moderne schlagwortartige Produktbeschreibung (BPatG Mitt 1972, 212); *BIONAPLUS* für pharmazeutische Erzeugnisse (BPatG GRUR 1994, 122 – BIONAPLUS); *Innovaaktiv* für chemische Erzeugnisse für Heilzwecke und Gesundheitspflege (BPatG GRUR 1993, 829 – Innovaaktiv); *Portofolio* für Kunstgegenstände aller Art, da Portfolio ein Fachausdruck für Kunstmappen sei und der zusätzliche Buchstabe o in der Wortmitte nicht die Eintragungsfähigkeit begründe (BPatG GRUR 1972, 426 – Portofolio); *franko* für Möbelbeschläge aus Metall und Kunststoff, da für eine Angabe über Preisverhältnisse ein hohes Freihaltebedürfnis bestehe (BPatGE 16, 181 – franko); *Mozart* für Schokoladenwaren, da das Wort Mozartkugel als Warenname für eine Pralinenart verwendet werde (BPatG Mitt 1985, 119 – Mozart; 1987, 33 – Mozartstäbchen); *OECOSTAR* für Heizkessel, Warmwasserbereiter, Heizkörper (BPatG GRUR 1989, 56 – OECOSTAR); *CREATION GROSS* für Bekleidungsstücke, weil der Familienname *Groß* zugleich eine beschreibende Beschaffenheitsangabe darstelle (BPatGE 32, 5 – CREATION GROSS); *Innovaaktiv* für chemische Erzeugnisse für Heilzwecke und Gesundheitspflege (BPatG GRUR 1993, 829 – Innovaaktiv); *BIONA-PLUS* für pharmazeutische Erzeugnisse (BPatG GRUR 1994, 122 – BIONAPLUS); *vital & fit* für Fruchtgetränke, Gemüsesäfte, Milchmischgetränke, Müsli, insbesondere als diätetische Erzeugnisse, die gezielt und speziell für Sportler und Fitneß-bewußte Verbraucher angeboten werden (BPatG, Beschluß vom 22. November 1995, 26 W (pat) 188/94 – vital/fit); *HOUSE OF BLUES* für bespielte Bild- und Tonträger (BPatG BlPMZ 1997, 175 – HOUSE OF BLUES); *PREMIERE* für zahlreiche Dienstleistungen (BPatGE 36, 130 – PREMIERE II).

bb) **Eintragungsfähige Beschaffenheitsangaben.** Im Bereich der pharmazeutischen Industrie ist der Verkehr an eine starke Anlehnung von *Arzneimittelmarken* an beschreibende Angaben wie pharmazeutische Fachausdrücke gewöhnt; an der Verwendung solcher deskriptiver Marken, deren Wortbildung häufig die Endsilben -in oder -ol aufweist, besteht ein sachliches Bedürfnis und berechtigtes Interesse. Als *eintragungsfähig* beurteilt wurden *Phytovenin* für ein Venenpräparat (BPatG Mitt 1969, 53); *Saccharin* für künstlichen Süßstoff (RPA MuW 1923, 23); *Antipyrin* für Arzneimittel als ein frei erfundenes Phantasiewort (KPA BlPMZ 1899, 147).

Als *eintragungsfähig* beurteilt wurden ferner *Globus* für Bücher (KPA MuW 1914, 120); *Krebs-Fett* für Wichse (KPA MuW 1910, 168); *Triumph* für Druckknöpfe (KPA MuW 1911, 163); *Mosaik* für Tabakfabrikate, weil die Benutzung von Mosaikbildern bei deren Ausstattung nicht üblich sei (KPA BlPMZ 1912, 204); *Meisterkorn* für Spirituosen, weil das Wort Meister für Waren des alltäglichen Bedarfs nicht naheliegend sei (RPA MuW 1931, 110; bedenklich); *Imperial* für Schallplatten, weil die Bezeichnung in einer Republik weder Herkunfts- noch Beschaffenheitsangabe sei (RPA MuW 1931, 630); *Roll-Notizer* für Aufschreibvorrichtungen (DPA BlPMZ 1952, 191); *TELE-TRACER* für elektronische Personenrufapparate, weil die technische Eigenart des zu bezeichnenden Geräts auf dem phantasievollen Umwege des Spurensuchens nur mittelbar beschreibend ausgedrückt werde (BPatGE 3, 68); *Permanizing* für chemische Erzeugnisse der Photographie, weil die begriffliche Bedeutung des künstlich gebildeten Wortes für die deutschen Verkehrskreise besondere Überlegungen erfordere und deshalb ein gewisses Maß von Phantasiegehalt besitze (BPatGE 4, 42); *MIXFIX* für Lebensmittel, soweit es sich um fertige Mischungen handele (BPatG Mitt 1965, 70); *Privileg* für Parfümerien, weil das Wort heute nicht mehr als ein Sonderrecht oder Vorrecht im kaufmännischen Leben verstanden werde (BPatGE 6, 225); *UNIPLAST* für elektrotechnische Geräte aus Kunststoff, weil es sich um eine Wortneubildung handele, die wegen der Mehrdeutigkeit der Vorsilbe uni als eine Phantasiebezeichnung aufgefaßt werde (BGH GRUR 1966, 495, 497); *VITA-MALZ* für ein Biererzeugnis, weil in der Wortneubildung Vita als Phantasiewort wirke (BGH GRUR 1966, 436); *Top Hat* für Bekleidungsstücke, weil der abgebildete und benannte Gegenstand (Zylinderhut) in keinem unmittelbar erkennbaren Zusammenhang zu den Bekleidungsstücken stehe (BPatGE 8, 89); *Interglas* für Waren aus Glasgewebe (BPatGE 18, 229; bedenklich); *COMPOSIT* für Düngemittel, weil die Klangform der Bezeichnung nicht den fremdsprachigen Ausdrücken entspreche (BPatG GRUR 1973, 415); *vileda* für Reinigungstücher, weil es bei einer Anlehnung an eine Angabe (wie Leder), die sich nicht selbständig und unmittelbar zur mündlichen Beschreibung einer Ware eigne, trotz klanglicher Ähnlichkeit genüge, daß das Zeichen dem Schriftbild nach eine hinreichende Eigenständigkeit aufweise (BPatGE 17, 108); *Finest Cork Dry Gin* für Gin, weil die Angabe *finest* keine irreführende Alleinstellung enthalte, sondern als eine qualitative Spitzengruppenwerbung anzusehen sei, die als solche keine Täuschungsgefahr begründe (BPatGE 22, 240; s. dazu *Baumbach/Hefermehl*, Wettbewerbsrecht, § 3 UWG, Rn 68); *Camper* für ein motorisiertes Wohnmobil, weil das Wort jemanden bezeichne, der campiere (OLG Stuttgart GRUR 1984, 126); *ZINNIA* für Kosmetikartikel, da die Verwendung von Pflanzenbestandteilen der Zinnie nicht nachweisbar sei (BPatG Mitt 1988, 234); *SOFT MATE* für Mittel zur Reinigung und Pflege von Kontaktlösungen, obwohl ein gewisser sachbezogener Begriffsanklang vorhanden sei (BPatG Mitt 1988, 34); *Vreneli* für aus der Schweiz stammende Nahrungs- und Genußmittel, weil diese volkstümliche Bezeichnung einer schweizerischen Goldmünze keine Angabe über Preisverhältnisse (s. Rn 199) darstelle (BPatG GRUR 1993, 48 – Vreneli); *STATUS* für Lampen, Möbel und Küchengeräte, weil das Wort STATUS in Alleinstellung keinen eindeutigen Hinweis auf die Qualität und das Prestige dieser Waren gebe (BPatG, Beschluß vom 4. Oktober 1995, 26 W (pat) 117/94 – STATUS); *THAT'S BIKE,* da die sprachregelwidrige Wortfolge als beschreibende Angabe nicht in Betracht komme (BPatG, Beschluß vom 15. November 1995, 28 W (pat) 100/95 – THAT'S BIKE); *CONTOUR,* da der rein lexikalische Nachweis eines Fremdwortes tatsächliche Feststellungen zum konkreten Freihaltebedürfnis zugunsten der Mitbewerber nicht überflüssig mache, auch wenn das Wort möglicherweise zur Beschreibung der Waren verwendet werden könne (BPatG, Beschluß vom 29. November 1995, 28 W (pat) 143/95 – CONTOUR); *Master* für Schlösser (BPatG Mitt 1996, 216 – MASTER); *HOSENBOY* für elektrisch beheizte Hosenbügler als Reisegepäck, da nicht mehr feststellbar sei, daß die Wortsilbe *-boy* die früher angenommene Bedeutungsveränderung von Hilfsgeräten besitze (BPatG, Beschluß vom 29. Januar 1996, 30 W (pat) 156/94 – HOSENBOY); *Paradies* für Likör, da die Marke allein über die Eigenschaften des Produkts keine Aussagen treffe (BPatGE 36, 171 – Paradies); *Discware* für die Entwicklung, Konzeption und Produktion von Information für optische Datenspeicher (BPatG CR 1996, 470 – Discware); *à la Carte* für Bücher, Zeitschriften, Zeitungen und sonstige Druckwerke, da bei der Feststellung des beschreibenden Inhalts das Zeichen als solches, also dieses ohne etwa zusätzlich gedachte Wort- oder Bildbestandteile, zugrundezulegen sei (BGH GRUR 1997, 627 – à la Carte); *Traumhochzeit* für Wasch-, Putz-, Bleichmittel, wissenschaftliche Apparate (BPatG, Beschluß vom 12. Dezember 1997, 33 W (pat) 73/97 – Traumhochzeit); *OBER* für Bekleidungsstücke und Schuhwaren, nicht für Bedienungspersonal in der Gastronomie bestimmt, Kopfbedeckungen (BPatG, Beschluß vom 4. November 1997, 27 W (pat) 14/97 – OBER); *EXACT* für Präparate gegen Akne (BPatG, Beschluß vom 24. Juli 1997, 25 W (pat) 74/95 – EXACT); *COLORS* für wissenschaftliche Geräte, Instrumente, Edelmetalle (BPatG, Beschluß vom 18. Juli 1997, 33 W (pat) 179/96 – COLORS); *GIRO* für Stahlrohrbetten und Matratzen (BPatG, Beschluß vom 10. September 1997, 26 W (pat) 181/96 – GIRO); *GARANT* für Maschinen zur Herstellung von Tragetaschen, Beuteln und Säcken aus Papier, da einer Einwortmarke der gesetzliche Schutz dann nicht versagt werden dürfe, wenn sie nur in Kombination mit weiteren Wörtern als Beschaffenheitsangabe geeignet sei, da bei der Feststellung eines absoluten Schutzhindernisses stets von der Marke in ihrer konkreten angemeldeten Form auszugehen sei (BPatG Mitt 1998, 182 – GARANT).

**171**  f) **Abkürzungen von Beschaffenheitsangaben.** Die Abkürzung einer Beschaffenheitsangabe, die im Verkehr als eine solche Abkürzung erkannt und verstanden wird, ist, wie die Beschaffenheitsangabe selbst, nicht eintragungsfähig. Als *eintragungsunfähige Abkürzungen* einer Beschaffenheitsangabe wurden beurteilt *REHAB* als Abkürzung für Rehabilitation für eine den Gegenstand einer Messe beschreibenden Angabe (BGH GRUR 1985, 41); *Cacaol* für Kakao und diätische Lebensmittel (RPA MuW 1941, 229); *Zitrona* als Abkürzung für Zitrone (DPA Mitt 1959, 34); *Alumin* als Abkürzung für Aluminium (KPA MuW 1917, 210); *Kameel* als Abkürzung für aus Kamelhaar hergestellten Treibriemen (KPA BlPMZ 1906, 11); *Feinschmeck* als Abkürzung für Feinschmecker (RPA MuW 1930, 582); *Compucolor* mit dem Zeichenbestandteil *Compu* als Abkürzung für Computer für beschichtetes, unbeschichtetes und lichtempfindliches Papier (BPatG BlPMZ 1986, 341); *Inter* als Abkürzung für international für Möbel (BPatG 22, 84); *VARIO* als Abkürzung für variabel für Bodenverdichtungsgeräte, nämlich Rüttler mit variabler einstellbarer Frequenz und Umwucht (BPatGE 26, 176); *Interquarz* für elektrotechnische und elektronische Geräte (BPatG Mitt 1981, 197); *VARICOLOR* für bedruckte Folien, Photographien und Druckerzeugnisse (BPatGE 29, 120); *BGHZ* für Druckerzeugnisse, Rechtsentscheidungssammlungen, Bücher und Zeitungen (BPatGE 38, 221 – BGHZ).

**172**  g) **Wortneubildungen.** Sprachregelwidrig gebildete Worte und Wortneubildungen können eintragungsfähig sein, wenn sie konkret unterscheidungskräftig sind und an ihnen als beschreibender Angabe kein Freihaltebedürfnis besteht. Als *eintragungsfähig* wurden beurteilt *Unimeter* als phantasievolle Bezeichnung für elektronische Meßgeräte, nicht aber für einfarbige Stoffe (DPA GRUR 1953, 139); *UNIPLAST* für elektronische Haus- und Küchengeräte (BGH GRUR 1966, 495); *Diform* für Milch, Butter und Käse (BPatG Mitt 1974, 130); *Numiscop* für Münzbetrachtungsgeräte (BPatG Mitt 1976, 175); *DISC PREENER* für Reinigungsgeräte (BPatG Mitt 1977, 28); *ZOOM AWAY* für insektenvertreibende und insektenvertilgende Mittel (BPatG Mitt 1987, 94); *Biozon* für medizinisch-technische Geräte zur

Durchführung von biologischen Therapien (BPatG Mitt 1988, 54); *Virugard* für chemische Erzeugnisse für die Gesundheitspflege, insbesondere bakteriozide und viruzide Mittel (BPatG Mitt 1988, 53); *Mikropur* für Desinfektionsmittel (BPatG Mitt 1988, 33); *Hydrojoint* für Abdichtungsmassen im Bauwesen, da nur eine ganz verschwommene und uneinheitliche Vorstellung der Bedeutung für Wasser hervorgerufen werde (BPatG Mitt 1988, 19 – Hydrojoint). Als *eintragungsunfähig* wurde beurteilt *DIGIPHON* für Geräte der Kommunikationstechnik, da die Digitalisierung zu solchen glatt beschreibenden Sprachschöpfungen wie *Digifax* oder *Digitext* führe (BPatG Mitt 1989, 94 – DIGIPHON).

Zur Beurteilung der Eintragungsfähigkeit einer Wortneubildung ist auf die Verkehrsauffassung des konkreten Abnehmerkreises des Produkts abzustellen. Als *eintragungsfähig* beurteilt wurde *Schokovit* für Margarine, Speiseöle und Speisefette für die kakao- und schokoladenverarbeitende Industrie, weil fachkundige Abnehmer eine Wortneubildung, die vom Konsumenten noch als eine beschreibende Angabe aufgefaßt werden könne, bei nur zur Weiterverarbeitung bestimmten Produkten ohne weiteres mit einer schutzunfähigen Sachaussage gleichsetzten (BPatGE 20, 198 – Schokovit). **173**

Bei Wortneubildungen, die aus einer der Aussprache angenäherten Schreibweise bestehen, ist die Rechtsprechung uneinheitlich. Regelmäßig wird davon auszugehen sein, daß die Änderung der Schreibweise nicht die Eintragungsfähigkeit einer Beschaffenheitsangabe zu begründen vermag, die in der grammatikalisch richtigen Schreibweise eintragungsunfähig wäre. Als *eintragungsunfähig* wurden beurteilt *gutso* (statt gut so) für konservierte Fertiggerichte (BPatG Mitt 1970, 14); *bessa* (statt besser) für Wasch- und Putzmittel (BPatGE 13, 240). Die Eintragungsfähigkeit wurde bejaht für *vileda* (statt wie Leder) für Reinigungstücher (BPatGE 17, 108). **174**

**h) Systemangaben.** Systemangaben sind solche Bezeichnungen, die einen Zusatz wie System, Methode, Ersatz oder eine ähnliche Formulierung enthalten. Die Systemangabe verweist auf die Ware oder Dienstleistung eines anderen Unternehmens. Solche Systemangaben sind *wettbewerbsrechtlich* nur dann zulässig, wenn die Warenmarke oder Dienstleistungsmarke des anderen Unternehmens, die in der Systemangabe verwendet werden, Beschaffenheitsangaben darstellen (*Baumbach/Hefermehl*, Wettbewerbsrecht, § 1 UWG, Rn 481). Solche Systemangaben in beschreibenden Produktmarken wirken selbst nur beschreibend und sind deshalb nicht selbständig eintragungsfähig. **175**

Wenn eine Systemangabe einer nicht beschreibenden Angabe hinzugefügt wird, dann ist es nach Lage des Falles nicht ausgeschlossen, daß eine solche Bezeichnung eintragungsfähig ist (zur Eintragungsfähigkeit von Systemangaben als Artangaben s. Rn 156). Das ist etwa dann anzunehmen, wenn eine Systemangabe mit einer Marke oder einem Unternehmenskennzeichen des Anmelders kombiniert wird. Zu Unrecht wurde das Eigenschaftswort *tropagemahlen* nicht eingetragen, weil das Wort als Beschaffenheitsangabe wirke (DPA BlPMZ 1960, 186); es bestand indessen kein Freihaltebedürfnis, weil das Wort *tropa* als Marke für Kaffee und Tee für den Anmelder eingetragen war. Aus dem gleichen Grunde hätte das Wort *Cellonierung* als eintragungsfähig beurteilt werden müssen, da dem Anmelder die Wortmarke *Cellon* zustand (aA RPA BlPMZ 1918, 111; kritisch *Heydt*, GRUR 1960, 430). Als *eintragungsfähig* beurteilt wurde *MELITTAGEFILTERT* für Filtermaschinen und Filtergeräte, weil der schutzfähige Zeichenbestandteil genügend deutlich zur Geltung komme (BPatGE 10, 71). **176**

**i) Wortverbindungen beschreibender Angaben.** Wenn eine beschreibende Marke aus mehreren beschreibenden Angaben zusammengesetzt ist, die jede für sich nicht eintragungsfähig ist, dann ist regelmäßig auch die zusammengesetzte Marke nicht eintragungsfähig (s. dazu im einzelnen Rn 149). Als *eintragungsunfähig* wurden beurteilt *Rheinfein* für alkoholische Getränke (RPA BlPMZ 1933, 307); *Meisterbrille* für Brillen (RPA BlPMZ 1935, 200). Als *eintragungsfähig* beurteilt wurde *SERAPHARM* für pharmazeutische und veterinärmedizinische Erzeugnisse trotz Bildung aus zwei beschreibenden Hinweisen, da die Marke als Gesamtwort noch hinreichend phantasievoll sei (BPatG Mitt 1988, 50 – SERAPHARM). **177**

Wenn eine beschreibende Marke aus einer eintragungsunfähigen Beschaffenheitsangabe und einem sonstigen eintragungsfähigen Wortbestandteil gebildet ist, dann kann die Gesamtmarke schutzfähig sein (s. Rn 149). Ein Freihaltebedürfnis steht einer Eintragung einer **178** beschreibenden Angabe als Zeichenbestandteil dann nicht entgegen, wenn die beschreibende Angabe in einer solchen Wortverbindung verwendet wird, die den deskriptiven Charakter der beschreibenden Angabe aufhebt (BGH GRUR 1966, 436, 438 – VITA-MALZ); die beschreibende Angabe nimmt an der kennzeichnenden Wirkung des eintragungsfähigen Wortbestandteils teil. Wenn die Einheit zwischen beschreibender Angabe und dem eintragungsfähigen Wortbestandteil allein durch die Schreibweise hervorgerufen wird, dann entsteht regelmäßig noch keine phantasievolle Gesamtmarke als ein herkunftsidentifizierendes oder produktidentifizierendes Unterscheidungszeichen. Eine lediglich sprachübliche Zusammensetzung der beschreibenden Angabe mit dem eintragungsfähigen Wortbestandteil läßt regelmäßig die beschreibende Angabe als solche noch ohne weiteres erkennen (BGH GRUR 1970, 305, 306 – Löscafé; 1969, 274, 277 – Mokka-Express; 1966, 495, 497 – UNIPLAST).

**179** Eine Gesamtmarke, die eine Wortverbindung aus an sich eintragungsunfähigen beschreibenden Angaben darstellt, kann ausnahmsweise dann eintragungsfähig sein, wenn sie eine willkürliche, nicht ohne weiteres verständliche, ungewöhnliche oder phantasievoll zusammengesetzte Markeneinheit darstellt, für die ein Freihaltebedürfnis nicht besteht. Als eintragungsfähig beurteilt wurde die aus einem chemischen Symbol und einem ausgeschriebenen Elementennamen gebildete Gesamtmarke *Nichrome* für Waren aus feuerfestem Material (RPA MuW 1929, 521). Die Eintragungsunfähigkeit der Wortbestandteile einer Marke bedingt nicht zwingend auch die Eintragungsunfähigkeit der Gesamtmarke. Es kommt stets darauf an, ob nach der Auffassung des Verkehrs der neugebildeten Wortverbindung die Eignung zukommt, Marke zu sein und als Unterscheidungszeichen zur Identifikation von Unternehmensprodukten auf dem Markt benutzt werden zu können. Als *eintragungsfähig* wurden ferner beurteilt *Autochrom* für Ansichtskarten, da willkürlich aus Autotypie und Chomolithographie gebildet (KPA MuW 1907, 88); *Hopfentropfen* für Bier, weil sich die beiden Wörter reimten (KPA BlPMZ 1910, 141); *Tomaten-Perlen* für Zwiebeln in Tomatentunke, weil es keine übliche Abkürzung sei (KPA MuW 1913, 335); *Au-We Wundercreme* für Wundcreme wegen der phantasievollen Anlehnung an den Ruf Auweh (RPA Mitt 1942, 156); *Coca-Cola* für alkoholfreie Getränke, obwohl *Coca* als Hinweis auf Kokain und Cola als Hinweis auf die Kolanuß für sich allein nicht eintragungsfähig seien (DPA BlPMZ 1955, 94); *Almglocke* für Sterilmilch als nicht übliche Bezeichnung (BGH GRUR 1961, 347 – Almglocke); *Rheuma-Quick* für Arzneimittel, weil der zwischen den je für sich nicht eintragungsfähigen Wörtern befindliche Bindestrich diese zu einer eintragungsfähigen Einheit mit dem erforderlichen Phantasiegehalt verbinde (BPatG Mitt 1969, 113); keine solche Verbindung zwischen zwei Zeichenbestandteilen zu einer Einheit bewirkt der Bindestrich der für Filter eintragungsunfähigen Bezeichnung *OIL-X* (BPatG GRUR 1989, 428 – OIL-X). Als *eintragungsunfähig* beurteilt wurde *DUOFILM* für Warzenentfernungsmittel, da für Arzneimittel Wortzusammensetzungen mit *DUO* im Sinn von zweifach oder doppelt wirksam verstanden werden (BPatG Mitt 1988, 51). Es steht der Eintragungsfähigkeit von Wortneubildungen nicht entgegen, wenn der Verkehr mit ihnen verschwommene und uneinheitliche Vorstellungen in bezug auf die Beschaffenheit oder Wirkung des Produkts verbindet, wie dies oft bei Phantasiebezeichnungen zutrifft (BGH GRUR 1966, 436 – VITA-MALZ; 1966, 495 – UNIPLAST; 1967, 246, 247 – Vitapur; 1970, 308, 309 – Duraflex).

**180a** **j) Goldbezeichnungen.** Das Substantiv *Gold* und das Adjektiv *golden* werden nicht nur in Alleinstellung, sondern auch als Wortsilbe regelmäßig nur als ein Hinweis auf das Produkt, die Produkteigenschaften oder die Produktverpackung und nicht als produktidentifizierendes Unterscheidungszeichen und damit als Marke im Verkehr verstanden. In der neueren Eintragungspraxis und der Rechtsprechung des BPatG vollzog sich ein *Beurteilungswandel* hinsichtlich der Eintragungsfähigkeit des Adjektiv *golden* und der Wortsilbe *Gold* in zusammengesetzten Marken jedenfalls für alkoholische Getränke (BPatGE 38, 113 – Goldener Zimt). Das Adjektiv *golden* sei bei *alkoholischen Getränken* im allgemeinen weder eine Beschaffenheitsangabe oder eine beschreibende Farbangabe noch ein beschreibender Qualitäts- und Werbehinweis. Wenn an einer Goldbezeichnung ein Freihaltebedürfnis nicht angenommen werden könne, dann seien die Anforderungen an die Unterscheidungskraft nur gering anzusetzen. Das BPatG deutet tendenziell auch seine Rechtsauffassung an, daß Goldbezeichnungen als *wörtliche Benennungen von Ausstattungselementen* im allgemeinen als schutz-

Absolute Schutzhindernisse 180b–185 § 8 MarkenG

fähig zu beurteilen seien. Der vielfach übertreibende, mit Hochwertwörtern angereicherte Stil moderner Werbung sei den angesprochenen Verkehrskreisen geläufig und werde von ihnen kaum noch ernst und jedenfalls nicht wörtlich genommen. Die frühere Annahme, das Adjektiv *golden* werde immer als Hinweis auf höchste Qualität gewertet, entspreche heute nicht mehr dem durchschnittlichen Erwartungshorizont des aufgeklärten Konsumenten.

Als *eintragungsunfähig* beurteilt wurden *Goldtropfen* für Schaumwein als Hinweis auf die 180b goldgelbe Farbe des Weines (KPA BlPMZ 1899, 147); *Gold* für Schokolade (RPA BlPMZ 1918, 63); *Goldbottlebeer* für eine Exportbierflasche mit goldfarbigem Kopf und Hals (RPA BlPMZ 1929, 153); *Goldglanz* für Mehl als Hinweis auf die Farbe des Mehls oder dessen Verpackung (RPA MuW 1932, 314); *Goldreif* für Isolierflaschen als phantasielose Angabe über die Ausstattung (RPA Mitt 1937, 394); *Gold-Eukalyptus* für Heilmittel, weil das Wort Eukalyptus nur ein Warenname sei und das Wort Gold nur auf die Farbe der Ware, deren Qualität und Verpackung hinweise, nicht aber als Marke verstanden werde (DPA BlPMZ 1958, 191); *Minigold* und *Maxigold* für Milch und Sahne (BPatGE 12, 228; 12, 232); *Goldenes Weinfaß* für Weine und Schaumweine (BPatG, Beschluß vom 18. November 1980, 26 W (pat) 94/80 – Goldenes Weinfaß); *Hopfengold* für unter Verwendung von Hopfen hergestellte Spirituosen (BPatG, Beschluß vom 22. Juni 1992, 26 W (pat) 118/90 – Hopfengold).

Als *eintragungsfähig* beurteilt wurden *Japan-Altgold* für Tabakfabrikate (RPA BlPMZ 1931, 180c 232); *Eifelgold* für alkoholische Getränke (BPatG, Beschluß vom 7. Februar 1993, 26 W (pat) 232/93 – Eifelgold); *Goldkrone* für Wein, Spirituosen und alkoholfreie Getränke (BPatG, Beschluß vom 13. März 1996, 26 W (pat) 92/93 – Goldkrone); *Goldener Zimt* für Spirituosen, da nach heutigem Verkehrsverständnis das Adjektiv *golden* bei alkoholischen Getränken im allgemeinen weder eine Beschaffenheitsangabe oder eine beschreibende Farbangabe noch ein beschreibender Qualitäts- und Werbehinweis sei (BPatGE 38, 113 – Goldener Zimt; s. Rn 180a).

### 9. Mengenangaben

**a) Grundsatz.** In Umsetzung von Art. 3 Abs. 1 lit. c MarkenRL nennt § 8 Abs. 2 Nr. 2 181 nur die Angaben, die im Verkehr zur Bezeichnung der Menge der Waren oder Dienstleistungen dienen können, nicht auch die Angaben über Gewichtsverhältnisse der Waren, die in § 4 Abs. 2 Nr. 1 WZG enthalten waren. Doch nicht nur die reinen *Mengenangaben*, sondern auch *Gewichtsangaben* sowie *Maßangaben* stellen beschreibende Angaben im Sinne des § 8 Abs. 2 Nr. 2 dar. Unerheblich ist, ob man die Gewichts- und Maßangaben unter den Begriff der Mengenangaben subsumiert oder sie als Angaben zur Bezeichnung sonstiger Merkmale (s. Rn 237) versteht. Wörter, die ausschließlich eine Aussage zu der Menge, dem Gewicht oder dem Maß eines Produkts enthalten, sind als beschreibende Marken nach § 8 Abs. 2 Nr. 2 eintragungsunfähig, soweit an ihnen ein Freihaltebedürfnis besteht.

**b) Mengenangaben.** Mengenangaben sind Bezeichnungen, die eine Aussage zu einer 182 möglichen Menge eines Produkts enthalten. Sie sind grundsätzlich eintragungsunfähig. Mengenangaben sind etwa *Liter*, *Dutzend* und *Gros* sowie vergleichbare Bezeichnungen. Als *eintragungsunfähige* Mengenangaben wurden beurteilt *Litra* für Schaumweine als das polnische Wort für Liter (RPA Mitt 1937, 120); *Dreitaler-Zeichen* für Schokolade und Zuckerwaren (RPA MuW 1941, 229).

*Veraltete* Mengenbezeichnungen wie *Mandel*, *Scheffel* oder *Schock* sind nicht schon dann 183 eintragungsfähig, wenn sie im Verkehr keine verkehrsüblichen Bezeichnungen mehr darstellen, sondern erst dann, wenn sie im Verkehr nicht mehr als eine Mengenbezeichnung verstanden werden und kein Freihaltebedürfnis für den konkreten Produktbereich besteht.

**c) Maßangaben.** Maßangaben sind Bezeichnungen, die eine Aussage zu einem mögli- 184 chen Maß eines Produkts enthalten. Sie sind grundsätzlich eintragungsunfähig. Maßangaben sind etwa *Meter*, *Ar*, *Hektar*, aber auch *Volt* und *Watt* sowie vergleichbare Bezeichnungen. Als *eintragungsunfähige* Maßangaben wurden beurteilt *Volta* für elektrische Hausapparate (RPA MuW 1932, 270); *Watt* für galvanische Elemente (KPA BlPMZ 1896, 313).

*Veraltete* Maßbezeichnungen wie *Elle*, *Ster* oder *Modul* sind nicht schon dann eintragungs- 185 fähig, wenn sie im Verkehr keine verkehrsüblichen Bezeichnungen mehr darstellen, sondern erst dann, wenn sie im Verkehr nicht mehr als eine Maßbezeichnung verstanden werden und kein Freihaltebedürfnis für den konkreten Produktbereich besteht. Als *eintragungsunfähig* wurde beurteilt *Modul* als Bezeichnung einer Maßeinheit für Möbel (BPatG Mitt 1975, 114).

186  **d) Gewichtsangaben.** Gewichtsangaben sind Bezeichnungen, die eine Aussage zu einem möglichen Gewicht eines Produkts enthalten. Sie sind grundsätzlich eintragungsunfähig. Gewichtsangaben sind etwa *Gramm*, *Kilo*, *Zentner*, *Tonne* und *Pfund* sowie vergleichbare Bezeichnungen. Als *eintragungsunfähige* Gewichtsangabe wurde beurteilt *Pfundschokolade* (KPA BlPMZ 1896, 313). Als *eintragungsfähige* Gewichtsangabe wurde beurteilt *Pfund auf Pfund* für Back- und Konditorwaren, da eine erst durch Überlegungen verständlich werdende Andeutung eines Gewichtsverhältnisses keine konkrete Gewichtsangabe sei (BPatG Mitt 1969, 143).

187  *Veraltete* Gewichtsangaben wie *Loth*, *Mine* oder *Talent* sind nicht schon dann eintragungsfähig, wenn sie im Verkehr keine verkehrsüblichen Bezeichnungen mehr darstellen, sondern erst dann, wenn sie im Verkehr nicht mehr als eine Gewichtsbezeichnung verstanden werden und kein Freihaltebedürfnis für den konkreten Produktbereich besteht.

### 10. Bestimmungsangaben

188  **a) Grundsatz.** Die Eintragungsfähigkeit einer *Bestimmungsangabe* ist wie die Eintragungsfähigkeit einer *Beschaffenheitsangabe* (s. Rn 157 ff.) zu beurteilen. Jedes Wort, das ausschließlich die Bestimmung einer Ware oder Dienstleistung beschreibt, stellt eine beschreibende Angabe im Sinne des § 8 Abs. 2 Nr. 2 dar. Solche Bestimmungsangaben sind eintragungsunfähig, wenn an ihnen ein aktuelles Freihaltebedürfnis für die konkreten Waren oder Dienstleistungen besteht, für die die Eintragung beantragt wird. Wenn eine freihaltebedürftige Bestimmungsangabe als Marke eingetragen würde, bestünde die Gefahr der Begründung eines faktischen Vertriebsmonopols des Markeninhabers für den konkreten Produktbereich, auch wenn der Markeninhaber Dritten nur die Benutzung der Bestimmungsangabe als Marke und nicht deren beschreibenden Gebrauch (§ 23 Nr. 2) untersagen könnte.

189  **b) Begriff der Bestimmungsangabe.** Eine Bestimmungsangabe ist eine beschreibende Angabe, die zu der Bestimmung der Ware oder Dienstleistung eine inhaltliche Aussage enthält. Die Aussage zu der Bestimmung eines Produkts kann von allgemeiner Natur sein, wie etwa der Hinweis auf die allgemeine Ware oder Dienstleistung bei der Bestimmungsangabe *universell* oder *universal*. Die Aussage kann sich auch auf einzelne Bestimmungen des Produkts beziehen, wie etwa die Art, Zeit und den Ort des Gebrauchs, auf einzelne Produktwirkungen, die Art und den Ort des Vertriebs der Ware oder der Erbringung einer Dienstleistung, den Abnehmerkreis sowie schließlich auf die Produktentsorgung. Die Aussagen von Bestimmungsangaben und Beschaffenheitsangaben werden sich häufig inhaltlich überschneiden (BGH GRUR 1961, 347, 349 – Almglocke). Eine Bestimmungsangabe liegt auch dann vor, wenn sich deren Aussage nur auf einen bestimmten Verwendungszweck des Produkts bezieht, das Produkt aber noch weiteren Zwecken zu dienen bestimmt ist.

190  Bestimmungsangaben können in der Form des Imperativs gebildet werden. Auch solche *imperativen* Bestimmungsangaben, die sich konkret auf die Waren oder Dienstleistungen, für die die Eintragung beantragt wird, beziehen, sind grundsätzlich eintragungsunfähig. Das gilt selbst dann, wenn die Imperativform als ein Wortbestandteil mit einer Präposition verbunden als ein einheitliches Wort geschrieben wird und der Imperativ zwanglos erkennbar bleibt. Als *eintragungsunfähig* wurden beurteilt *strickmit* für Seilerwaren, Nadeln und Fischangeln (DPA BlPMZ 1962, 382); *Baufix* für Metallwaren (BlPMZ 1958, 305); *Backmix* für Lebensmittel (BlPMZ 1964, 376); *malmit* für Farben, Papier und Pinsel, jedoch eintragungsfähig für Schreibmaschinen und Spielkarten (BPatGE 12, 220); *Falta* für Faltmaschinen wegen klanglicher Anlehnung an den beschreibenden Fachausdruck Falter, vergleichbar Drucker oder Fernschreiber (BPatGE 19, 62).

191  Auch *bildliche* Darstellungen können eine solche Aussage enthalten, die sie als Bestimmungsangaben erscheinen lassen und ihre Eintragungsunfähigkeit begründen.

192  **c) Eintragungspraxis und Rechtsprechung. aa) Eintragungsunfähige Bestimmungsangaben.** Als *eintragungsunfähige* Bestimmungsangaben wurden beurteilt *Universal* für Bleistifte (KPA BlPMZ 1896,14); *Alpina* für Fahrräder, die für die Alpen geeignet sind (KPA

Mitt 1910, 138; bedenklich); *Bergsteiger* für Fahrräder (KPA Mitt 1910, 132; bedenklich); *Polo* für Fahrräder zum Polospiel (KPA BlPMZ 1909, 33; bedenklich, weil diese Zweckbestimmung fernliegt); *Comtoirfeder* für Schreibfedern (KPA BlPMZ 1896, 66); *Nach Tisch* und *After Dinner* für Zigarren (KPA BlPMZ 1900, 276); *After Shave* für Rasierwasser; *Volksboot* für Boote (DPA Mitt 1956, 126); *Volkstabak* für Tabak (KPA BlPMZ 1903, 200); *Aristokrat* für Toilettengegenstände in aristokratischen Kreisen (KPA BlPMZ 1900, 282; bedenklich); *Pfadfinder* (KPA BlPMZ 1914, 53); *Twen* für Herrenoberbekleidungsstücke als Ausdruck der Modesprache freihaltebedürftig für Fachkreise der Bekleidungsbranche (BPatGE 2, 120); *für's Herz* für medizinische Weine und Spirituosen (DPA GRUR 1951, 127); *Husten-Heil* für Bonbons (KPA BlPMZ 1894/95, 233); *Bodega* für eine Schankstätte, in der Südweine direkt aus Fässern ausgeschenkt werden (KPA BlPMZ 1896, 99); *Kiosk* für eine Verkaufsstelle (KPA BlPMZ 1901, 176); *Warenverteiler* als Bezeichnung einer Vertriebsart für Waren (RPA MuW 1932, 556); *Anglic* für die Bezeichnung einer Welthilfssprache für eine vereinfachte Schreibweise des Englischen (RPA MuW 1933, 41); *Gentleman* für Spirituosen (BPatG Mitt 1969, 51; bedenklich); *Segler-Rum* für Rum warenbeschreibend, auch wenn die Segler als der angesprochene Personenkreis nicht ausschließlich als Abnehmer in Betracht kämen (BPatGE 10, 117; bedenklich); *Night-Club* für Wein und Spirituosen als gebräuchliche Bezeichnung für Nachtlokale freihaltebedürftig (BPatGE 10, 118); *Blumenigel* für Geräte zur Blumendekoration (BPatGE 13, 120); *Olympia-Cuvée* für Getränke als Hinweis auf die olympischen Spiele in der Bundesrepublik Deutschland (BPatG Mitt 1970, 70); *malmit* für Farben, Papier und Pinsel, jedoch eintragungsfähig für Schreibmaschinen und Spielkarten (BPatGE 12, 220); *Falta* für Faltmaschinen wegen klanglicher Anlehnung an das Wort Falter als Fachausdruck (BPatGE 19, 62); *IRONMAN TRIATHLON* für Turn- und Sportartikel aller Art, da die Wortkombination eine Fachbezeichnung für einen speziellen Triathlonwettbewerb unter besonders harten Bedingungen darstelle und auch in dieser Weise von dem maßgeblichen Verkehr verstanden werde (BPatGE 33, 12 ); *BATIDA* für Spirituosen, Liköre, andere nichtalkoholische Getränke, andere Präparate zur Herstellung von Getränken und Sirupen, aber schutzfähig für Mineralwässer und kohlensäurehaltige Wässer (BPatG Mitt 1991, 80); *ASTHMA-BRAUSE* für Arzneimittel (BPatGE 37, 194 – ASTHMA-BRAUSE; eintragungsfähig aber *FERROBRAUSE* für pharmazeutische Produkte (BPatG GRUR 1997, 639 – FERROBRAUSE).

**bb) Eintragungsfähige Bestimmungsangaben.** Als *eintragungsfähige* Bestimmungsangaben wurden beurteilt *Grammophon* für Sprechmaschinennadeln, weil die Bezeichnung keine Bestimmungsangabe konkret für Nadeln sei (KPA BlPMZ 1904, 415); *Arctic* für Mineralschmieröle als phantasievoller Hinweis auf Kältebeständigkeit (RPA MuW 1932, 362); *Vitacor* für pharmazeutische Präparate als nicht freihaltebedürftig in der medizinischen Fachsprache (DPA GRUR 1951, 88); *Procolon*, zusammengesetzt aus dem lateinischen Wort pro (für) und dem griechischen Wort colon (Grimmdarm) für Arzneimittel als sprachregelwidrige Wortneubildung, die der Laie als Phantasiebezeichnung beurteile und an der ein Freihaltebedürfnis der Hersteller nicht bestehe (DPA GRUR 1955, 152); *Forellenbild* für Angelgeräte als eigentümliche und kennzeichnende Bezeichnung (BGH GRUR 1955, 421); *Capella* für Rundfunkgeräte, weil die Bezeichnung keinen unmittelbaren Hinweis auf die Wiedergabe von Orchestermusik darstelle (DPA Mitt 1958, 50); *Sauwohl* für Futtermittel, weil die Bezeichnung lediglich ein Schlagwort, nicht aber eine Bestimmungsangabe sei (DPA Mitt 1958, 231); *Gymnastica* für Fußkorrekturbehelfe als phantasievolle Bezeichnung (DPA Mitt 1960, 181; bedenklich); *Rheuma-Quick* für Arzneimittel als aufgrund des Bindestrichs phantasievolle Wortneubildung (BPatGE 10, 126; bedenklich); *TRAMPER* für Hosen, weil für den Verkehr die Bezeichnung nur als Andeutung einer zwanglosen, sportlichen Note der Kleidung beurteile (BPatG Mitt 1970, 12); *Torch* für Feuerzeuge und Feuerzeuggas, weil der überwiegende Teil der Verkehrskreise das englische Wort für Fackel als Phantasieangabe auffasse und ein Freihaltebedürfnis nicht bestehe (BGH, Urteil vom 9. Februar 1979, I ZB 23/77); *BATIDA* für Mineralwässer und kohlensäurehaltige Wässer, nicht aber für Spirituosen, Liköre, andere nicht alkoholische Getränke, andere Präparate zur Herstellung von Getränken und Sirupen (BPatG Mitt 1991, 80); *uni* für Schreibwaren, Büroartikel (DPA Mitt 1995, 290); *FERROBRAUSE* für pharmazeutische Produkte (BPatG GRUR 1997, 639 – FERROBRAUSE; eintragungsunfähig aber *ASTHMA-BRAUSE* für Arzneimittel BPatGE 37, 194 – ASTHMA-BRAUSE).

## 11. Wertangaben

**194** **a) Grundsatz.** In Umsetzung von Art. 3 Abs. 1 lit. c MarkenRL werden in § 8 Abs. 2 Nr. 2 Angaben zur Bezeichnung des Wertes einer Ware oder Dienstleistung genannt. Wertangaben waren in § 4 Abs. 2 Nr. 1 WZG nicht ausdrücklich erwähnt; die Änderung des Beispielkatalogs des § 8 Abs. 2 Nr. 1 enthält keine sachliche Änderung.

**195** Die Eintragungsfähigkeit einer Wertangabe ist nicht anders zu beurteilen als die Eintragungsfähigkeit der übrigen beschreibenden Produktmerkmalsbestimmungen. Jedes Wort, das ausschließlich den Wert einer Ware oder Dienstleistung beschreibt, stellt eine beschreibende Angabe im Sinne des § 8 Abs. 2 Nr. 2 dar. Solche Wertangaben sind eintragungsunfähig, wenn an ihnen ein aktuelles Freihaltebedürfnis für die konkreten Waren oder Dienstleistungen besteht, für die die Eintragung beantragt wird.

**196** **b) Begriff der Wertangabe.** Wertangaben sind Bezeichnungen, die eine Aussage zu einer den Wert bestimmenden Eigenschaft eines Produkts enthalten. Allgemeine Wertangaben enthalten etwa die Bezeichnungen *billig* und *teuer*, *kostbar* und *wertvoll*, *antik*, *original* und *echt*. Besondere Wertangaben, die eine Aussage über das Alter, die Echtheit, die Urheberschaft, den Kurswert eines Produkts oder vergleichbare Angaben über wertbildende Faktoren, wie etwa die Stilrichtung eines Werkes oder die Epoche seiner Entstehung, enthalten, werden zumeist auch Beschaffenheitsangaben (s. Rn 157 ff.) darstellen. Die inhaltliche Aussage einer Wertangabe wird sich häufig mit der inhaltlichen Aussage einer Beschaffenheitsangabe überschneiden, wie etwa eine Angabe über die Kilometerleistung eines Gebrauchtfahrzeuges.

**197** Wertangaben können als Wortbestandteil einer zusammengesetzten Marke oder einer Kombinationsmarke eintragungsfähig sein (s. Rn 149). Wenn eine beschreibende Marke aus einer eintragungsunfähigen Wertangabe und einem sonstigen eintragungsfähigen Wortbestandteil gebildet ist, dann kann die *Gesamtmarke* schutzfähig sein. Ein Freihaltebedürfnis steht einer Eintragung einer beschreibenden Angabe als Zeichenbestandteil dann nicht entgegen, wenn die beschreibende Angabe in einer solchen Wortverbindung verwendet wird, die den descriptiven Charakter der beschreibenden Angabe aufhebt (zu einer Beschaffenheitsangabe s. BGH GRUR 1966, 436, 438 – VITA-MALZ); die beschreibende Wertangabe nimmt an der kennzeichnenden Wirkung des eintragungsfähigen Wortbestandteils teil. Wenn dagegen eine beschreibende Marke aus mehreren beschreibenden Angaben zusammengesetzt ist, die jede für sich nicht eintragungsfähig ist, dann ist regelmäßig auch die zusammengesetzte Marke nicht eintragungsfähig. So wird etwa als eintragungsunfähig zu beurteilen sein *Billig-Markt* für Lebensmittel und wohl auch *Billiger Jakob* für Obst und Gemüse. Als eintragungsfähig wird zu beurteilen sein etwa *Billig-Rondeo* für second hand-Produkte.

**198** Ob *Preisangaben* (s. Rn 199 ff.) als Mengenangaben oder als Wertangaben zu bezeichnen sind, ist rechtlich nicht von Bedeutung.

### c) Preisangaben

**Schrifttum zum WZG.** *Bindewald*, Eintragbarkeit von Münznamen, Mitt 1943, 50.

**199** Preisangaben sind Bezeichnungen, die eine Aussage zu einem möglichen Preis eines Produkts enthalten. Sie sind grundsätzlich eintragungsunfähig. Preisangaben sind etwa *Pfennig* und *Mark*, *Cent* und *Euro*, *Cent* und *Dollar*, auch *DM* (BPatG BlPMZ 1992, 111) sowie *Yen*. Die volkstümliche, umgangssprachliche, auch im Münzhandel gebräuchliche Bezeichnung *Vreneli* einer schweizerischen Goldmünze, die gesetzliches Zahlungsmittel ist, wegen ihres den Nennwert erheblich übersteigenden Material- und Sammlerwertes aber nicht und als solches umläuft, sondern nur noch als Sammler- oder Anlageobjekt gehandelt wird, ist nicht als Angabe über Preisverhältnisse freizuhalten und für Nahrungs- und Genußmittel eintragungsfähig (BPatG GRUR 1993, 48 – Vreneli).

**200** Bei Preisangaben stellt sich in besonderem Maße das Problem einer Eintragungsfähigkeit *veralteter* sowie *fremdsprachiger* Bezeichnungen (s. Rn 238 ff.). Veraltete Preisangaben wie etwa *Taler*, *Vierling*, *Groschen* und *Lepton* sind nicht schon dann eintragungsfähig, wenn sie im Verkehr keine verkehrsüblichen Bezeichnungen mehr darstellen, sondern erst dann, wenn sie im Verkehr nicht mehr als Preisbezeichnung verstanden werden und kein aktuelles Freihaltebedürfnis für den konkreten Produktbereich besteht.

Im Hinblick auf die Verflechtung der internationalen Wirtschaft sowie den weltweiten Reiseverkehr sollte die Eintragungspraxis für Geldeinheiten ausländischer Währungen restriktiver gehandhabt werden. Als *eintragungsunfähige* Münzbezeichnungen wurden beurteilt *Vierling* für Stumpen als freihaltebedürftige Preisangabe (RPA MuW 1933, 319); *Groschen-Illustrierte* für Zeitschriften (RPA Mitt 1931, 237). Als *eintragungsfähig* wurden beurteilt die veralteten Münzbezeichnungen wie *Goldgulden* als außer Kurs gesetzte Münze, die keine freihaltebedürftige Preisangabe sei (RPA MuW 1933, 319); *Heller* für Münzen (RPA Mitt 1943, 50; bedenklich); *Lepton* für chemische Produkte als Hilfsmittel für die Lederindustrie als veraltete Preisangabe (DPA Mitt 1961, 107). Als *eintragungsfähige* Münzbezeichnungen wurden beurteilt die *fremdsprachigen* Preisangaben wie der indische *Goldmohur* (KPA BlPMZ 1898, 262); die persische Kleinmünze *Abbasi* für Teppiche (RPA BlPMZ 1930, 134).

## 12. Geographische Herkunftsangaben

**a) Grundsatz.** In Umsetzung von Art. 3 Abs. 1 lit. c MarkenRL werden in § 8 Abs. 2 Nr. 2 Angaben zur Bezeichnung der geographischen Herkunft einer Ware oder Dienstleistung genannt. Das *absolute Schutzhindernis der geographischen Herkunftsangabe* entspricht sachlich dem unbedingten Versagungsgrund des § 4 Abs. 2 Nr. 1 WZG, nach dem Wörter, die ausschließlich aus Angaben über den Ort der Herstellung bestehen, von der Eintragung ausgeschlossen waren.

Die Eintragungsfähigkeit einer geographischen Herkunftsangabe ist grundsätzlich nicht anders zu beurteilen als die Eintragungsfähigkeit der übrigen beschreibenden Produktmerkmalsbestimmungen. Jedes Wort, das ausschließlich die geographische Herkunft einer Ware oder Dienstleistung beschreibt, stellt eine beschreibende Angabe im Sinne des § 8 Abs. 2 Nr. 2 dar. Solche geographischen Herkunftsangaben sind eintragungsunfähig, wenn an ihnen ein aktuelles Freihaltebedürfnis für die konkreten Waren oder Dienstleistungen besteht, für die die Eintragung beantragt wird. Abweichend von diesem absoluten Schutzhindernis normiert § 99 die Eintragbarkeit von geographischen Herkunftsangaben als Kollektivmarken. Nach dieser Vorschrift können Kollektivmarken, die ausschließlich aus Zeichen oder Angaben bestehen, die im Verkehr zur Bezeichnung der geographischen Herkunft der Waren oder der Dienstleistungen dienen können, eingetragen werden (s. dazu BPatG BlPMZ 1997, 208, 209 – MADEIRA; BGH GRUR 1996, 270 – MADEIRA). Der Kollektivmarkenschutz an einer geographischen Herkunftsangabe führt grundsätzlich nicht zu einer dem Freihaltebedürfnis widersprechenden Monopolisierung der geographischen Herkunftsangabe. Die allgemeinen Eintragungsvoraussetzungen, wie namentlich die übrigen absoluten Schutzhindernisse des § 8 Abs. 2, gelten auch für die Eintragbarkeit von geographischen Herkunftsangaben als Kollektivmarken.

Jedes Unternehmen ist berechtigt, auf die geographische Herkunft seiner Produkte durch Angabe des Landes, auch des Erdteils und der Region oder Landschaft sowie der Stadt oder des Ortes hinzuweisen. Geographische Herkunftsangaben sind nicht dazu bestimmt, die Produkte eines Unternehmens zu identifizieren und sie von den Produkten anderer Unternehmen auf dem Markt zu unterscheiden. Geographische Herkunftsangaben stehen als kollektive Bezeichnungen einem jedem Unternehmen zur wahrheitsgemäßen Nutzung frei. Erst der Erwerb von Verkehrsdurchsetzung nach § 8 Abs. 3 überwindet die Eintragungsunfähigkeit der beschreibenden Angabe über den Herstellungsort und ermöglicht den Erwerb von Markenschutz durch Benutzung in den Grenzen des § 23 Nr. 2.

**b) Begriff.** *Geographische Herkunftsangaben* im Sinne des § 8 Abs. 2 Nr. 2 sind solche Bezeichnungen, die eine Aussage zu der geographischen Herkunft eines Produkts enthalten. Die Aussage zu der geographischen Herkunft eines Produkts kann etwa einen Hinweis auf das Land, den Erdteil und die Region oder Landschaft sowie die Stadt oder den Ort enthalten, der eine Beziehung zu der geographischen Herkunft des Produkts herstellt. Geographische Herkunftsangaben werden in der Regel Wortmarken oder Wortbildmarken darstellen. Auch eine reine Bildmarke, wie etwa die Abbildung einer Landschaft oder eines berühmten Gebäudes einer Stadt, kann einen Hinweis auf die geographische Herkunft des Produkts enthalten. Die Auslegung von Art. 3 Abs. 1 lit. c MarkenRL, der das Eintragungshindernis der beschreibenden Angaben einschließlich der geographischen Herkunftsangaben regelt, ist Gegenstand von zwei Vorabentscheidungsersuchen des Landgerichts München I an den

EuGH, die Marke *Windsurfing Chiemsee* betreffend, in denen es um die Beantwortung der Frage geht, ob unter die geographischen Herkunftsangaben der Vorschrift nur solche fallen, die sich auf die *Herstellung* der Ware an diesem Ort beziehen, oder ob der *Handel* mit diesen Waren an diesem Ort oder von diesem Ort aus genügt, oder ob es im Falle der Herstellung von Textilien genügt, wenn diese in der bezeichneten Region entworfen, dann aber im Lohnherstellungsverfahren anderswo hergestellt werden (Rs. C-108/97 und C-109/97, ABl. EG Nr. C 166 vom 31. Mai 1997, S. 4; s. auch Rn 211, 431).

**206**   **c) Bekanntheit geographischer Herkunftsangaben im Verkehr. aa) Bekannte geographische Herkunftsangaben.** Als *eintragungsunfähig* beurteilt wurde der Städtename *Atlanta* als Zeichenbestandteil einer aus der beschreibenden Angabe und der Gesellschaftsform *Chemie- und Handels-GmbH* zusammengesetzten Wortmarke (BPatGE 23, 71, 73 – ATLANTA). Als *eintragungsfähig* beurteilt wurde *Telefunken atlanta* wegen des betrieblichen Herkunftshinweises sowie *Atlanta-Extra* aufgrund von Verkehrsdurchsetzung (BPatGE 8, 76). Als *eintragungsunfähig* beurteilt wurden die Erdteilsbezeichnungen *Europa*, *Australia* und *Asia* oder *Asien* (so schon KPA BlPMZ 1900, 375). Eine geographische Herkunftsangabe ist auch dann von der Eintragung ausgeschlossen, wenn sie zu einer Täuschung des Publikums über die geographische Herkunft der Waren oder Dienstleistungen geeignet ist (§ 8 Abs. 2 Nr. 4).

**207**   **bb) Unbekannte geographische Herkunftsangaben.** Eine Vielzahl der Ortsnamen der ganzen Welt ist dem Publikum weithin unbekannt; sie werden im Verkehr als Phantasiename verstanden, wenn der Ortsname als Marke verwendet wird. Für die Eintragungsfähigkeit einer geographischen Herkunftsangabe als Marke kommt es allein auf das Bestehen eines Freihaltebedürfnisses für die beteiligten Verkehrskreise an. Nicht entscheidend ist, ob dem Publikum allgemein die geographische Herkunftsangabe als solche bekannt ist. Bei geographischen Herkunftsangaben, die allgemein oder einem beachtlichen Teil der Verkehrskreise bekannt sind, wird das Bestehen eines Freihaltebedürfnisses *vermutet*. Bei einer im Verkehr überwiegend unbekannten geographischen Herkunftsangabe ist das Bestehen eines Freihaltebedürfnisses besonders festzustellen (BPatGE 15, 214 – Apia).

**208**   Im Hinblick auf die internationale Verflechtung der Weltwirtschaft sowie den globalen Waren- und Dienstleistungsverkehr, den interkontinentalen Tourismus und die grenzüberschreitende Informationstechnologie sollte die Eintragungsfähigkeit einer geographischen Herkunftsangabe nur in seltenen Ausnahmefällen angenommen werden, auch wenn die geographische Herkunftsangabe nur einem geringen Teil der Verkehrskreise bekannt ist. Die Eintragungspraxis sollte eine eher noch restriktivere Haltung einnehmen.

**209**   Als *eintragungsfähig* beurteilt wurden *Xenia* als Stadt im Staate Ohio für Garne (RPA JW 1936, 1928); *Ferrol* als spanische Stadt für Eisenwaren (RPA MuW 1919/20, 234); beide Entscheidungen sind im Hinblick auf das Freihaltebedürfnis aus heutiger Sicht bedenklich. Eingetragen wurden ferner *Morelia* als Name einer mexikanischen Großstadt für Lederwaren (DPA Mitt 1962, 25); *Palma* als botanische und geographische Bezeichnung für Fahrräder (DPA Mitt 1960, 182); in beiden Entscheidungen wird zu Unrecht ein Freihaltebedürfnis verneint. Bei der Beurteilung der Eintragungsfähigkeit von geographischen Herkunftsangaben wie vor allem von Städtenamen ist wegen der ihnen eigenen Natur an das Freihaltebedürfnis der Mitbewerber ein strenger Maßstab anzulegen (BGH GRUR 1963, 469 – Nola; 1970, 311, 314 – Samos; BPatGE 12, 225 – Campione). Der Eintragbarkeit der geographischen Herkunftsangabe *Vittel* für Mineralwässer stand deshalb kein aktuelles Freihaltebedürfnis entgegen, weil die Markeninhaberin das einzige Unternehmen ist, das die im Bereich des französischen Kurorts Vittel erschlossenen Mineralquellen tatsächlich nutzt und zu nutzen berechtigt ist; Anhaltspunkte zur ausnahmsweisen Berücksichtigung eines zukünftigen Freihaltebedürfnisses lagen nicht vor (BPatG GRUR Int 1992, 62 – Vittel). Das BPatG hat mehrfach entschieden, daß geographische Herkunftsangaben dann dem Markenschutz zugänglich sein können, wenn ein Freihaltebedürfnis der Mitbewerber deshalb entfällt, weil unter den gegebenen Umständen nur der Markenanmelder selbst als Hersteller oder Lieferant von Waren aus dem fraglichen Ort in Betracht kommt (s. dazu die für Mineralwasser als eintragungsfähig beurteilten geographischen Herkunftsangaben *SAN PELLEGRINO, WATERFORD, RÖMIGBERG* und *Urbacher* der in BPatG GRUR Int 1992, 62, 63 – Vittel zitierten, nicht veröffentlichten Entscheidungen). Bei Beurteilung des Freihaltebedürfnisses

Absolute Schutzhindernisse 210–212 § 8 MarkenG

sind *ausländische Markeneintragungen* zu berücksichtigen. Die Eintragung einer englischen Ortsbezeichnung ENFIELD in das britische Markenrechtsregister kann indiziell gegen ein Freihaltebedürfnis sprechen (BPatG GRUR 1993, 122 – ENFIELD).

Auch eine *veraltete* Ortsbezeichnung ist eintragungsunfähig, wenn sie noch in einem nicht 210 unbeachtlichen Teil der Bevölkerung lebendig geblieben ist und als geographischer Hinweis verstanden wird (BPatGE 12, 210 – Gaststätten Rixdorf Hähnchenhaus).

**d) Aktualität des Freihaltebedürfnisses an internationalen Herkunftsangaben.** 211
Die *Aktualität eines bestehenden Freihaltebedürfnisses* bestimmt sich grundsätzlich nach den *tatsächlichen Verhältnissen* im Zeitpunkt der Anmeldung unter Berücksichtigung der wirtschaftlichen Entwicklung in der Zukunft. Auch an einem den beteiligten Verkehrskreisen im wesentlichen unbekannten Ortsnamen der weithin als Phantasiename verstanden wird, besteht immer dann ein Freihaltebedürfnis, wenn die Annahme berechtigt ist, daß die Bezeichnung als geographische Herkunftsangabe auf dem Warengebiet der Anmeldung *ernsthaft* in Betracht kommt und so von den beteiligten Verkehrskreisen zum freien Gebrauch benötigt wird. Zwar kann ein Freihaltebedürfnis an internationalen und ausländischen geographischen Herkunftsangaben nicht schon unter Hinweis auf *rein theoretische und hypothetische Entwicklungsmöglichkeiten* angenommen werden, da ansonsten Ortsnamen kaum mehr als Marke eintragungsfähig wären (*Baumbach/Hefermehl*, § 4 WZG, Rn 72). Die zunehmende Internationalisierung der Wirtschaft und Gesellschaft rechtfertigt es aber, die Eintragungsfähigkeit internationaler und ausländischer geographischer Herkunftsangaben *strenger* zu beurteilen und bei der Annahme der Aktualität eines Freihaltebedürfnisses großzügiger als bei anderen beschreibenden Angaben zu verfahren (s. Rn 208). Es ist deshalb angemessen, auch eine lediglich *mögliche*, nicht außerhalb jeder Wahrscheinlichkeit liegende *künftige Entwicklung der wirtschaftlichen Verhältnisse* zu berücksichtigen, ohne aber hypothetische oder realitätsferne Spekulationen anzustellen. Das HABM, das die isolierte Feststellung eines Freihaltebedürfnisses ablehnt, die Notwendigkeit, bestimmte Angaben zum allgemeinen Gebrauch freizuhalten, aber innerhalb des Normzwecks berücksichtigt, gelangt aufgrund einer teleologischen Reduktion des Art. 3 Abs. 1 lit. c MarkenRL zur Anwendung des Grundsatzes *im Zweifel für den Markt* (HABM Mitt 1999, 29 – CHIEMSEE).

Die Auslegung von Art. 3 Abs. 1 lit. c) MarkenRL, der das Eintragungshindernis der be- 211a schreibenden Angaben einschließlich der geographischen Herkunft regelt, ist Gegenstand von zwei Vorabentscheidungsersuchen des Landgerichts München I an den EuGH, die Marke *Windsurfing Chiemsee* betreffend, in denen es namentlich um die Beantwortung der Frage geht, ob es genügt, wenn die *Möglichkeit* einer Verwendung der Bezeichnung zur Bestimmung der geographischen Herkunft besteht, oder ob diese Möglichkeit *konkret naheliegend* sein muß (in dem Sinne, daß bereits andere derartige Unternehmen zur Bezeichnung der geographischen Herkunft ihrer gleichartigen Waren sich dieses Wortes bedienen oder wenigstens konkrete Anhaltspunkte vorliegen, daß dies in absehbarer Zukunft zu erwarten ist), oder ob sogar ein *Bedürfnis* bestehen muß, diese Bezeichnung zum Hinweis auf die geographische Herkunft der in Frage stehenden Waren zu verwenden, oder ob darüberhinaus auch noch ein *qualifiziertes Bedürfnis* für die Verwendung dieser Herkunftsbezeichnung bestehen muß, weil etwa Waren dieser Art, die in dieser Region hergestellt werden, ein besonders Ansehen genießen (Rs. C-108/97 und C-109/97, ABl. EG Nr. C 166 vom 31. Mai 1997, S. 4; s. auch Rn 205, 431). Das OLG München beurteilt unter Berufung auf die Schlußanträge des Generalanwalts die Marke *CHIEMSEE* für Textilien zutreffend nicht als eine Bezeichnung der geographischen Herkunft, vielmehr werde die Bezeichnung entfremdet und daher markenmäßig zulässig verwendet; zudem sei eine Verwendung der Bezeichnung *CHIEMSEE* im Rahmen des § 23 erlaubt (OLG München Mitt 1999, 25 – CHIEMSEE). Anders beurteilt das HABM die Bezeichnung *CHIEMSEE* aufgrund der wirtschaftlichen Struktur der Region *Chiemsee* als eine geographische Herkunftsangabe, die nicht als Marke eintragungsfähig sei (HABM Mitt 1999, 29 – CHIEMSEE).

So wurde zu Recht die Eintragungsfähigkeit der Wortmarke *Nola* als Name einer italie- 212 nischen Stadt mit 22000 Einwohnern für diätetische Nährmittel und Getreideflocken abgelehnt, weil es unter Berücksichtigung des Güteraustausches zwischen Italien und der Bundesrepublik Deutschland nicht unwahrscheinlich sei, daß sich in Nola in absehbarer Zeit Unternehmen niederließen, die ebenfalls Waren der angemeldeten Art herstellten oder vertrieben (BGH GRUR 1963, 469 – Nola). Bei europäischen Orten, namentlich in Ländern der EU, anderen Vertragsstaaten sowie nicht unbedeutenden Handelspartnern sollte ein Freihaltebedürfnis an geographischen Herkunftsangaben regelmäßig angenommen werden, und zwar nicht nur bei größeren, sondern nach Lage des Falles auch bei kleineren Städten, selbst wenn diese zur Zeit der Anmeldung des Ortsnamens als Marke im inländischen Verkehr nahezu unbekannt sind. Abgelehnt wurde die Eintragung von *Samos* als einer bekannten größeren europäischen Insel für elektronische Datenverarbeitungsgeräte (BGH GRUR 1970, 311 – Samos); eintragungsunfähig beurteilt wurde auch *Campione*, ein Ort am Luganer See, für Süßwaren (BPatGE 12, 225). Es ist bedenklich, die Eintragungsfähigkeit der geographischen Bezeichnung *Apia* als der ehemaligen Hauptstadt von Westsamoa, auch wenn diese im Inland weithin unbekannt ist, für Tabakerzeugnisse und Zigarettenpapier mit der Begründung zuzulassen, wegen der fehlenden Rohstoffgrundlage liege die Entwicklung einer Industrie in Apia (anders als bei Nola BGH GRUR 1963, 469) fern und es bestünden keine engen wirtschaftlichen Beziehungen (BPatGE 15, 214, 218). Ein auch unter Berücksichtigung der künftigen Wirtschaftsentwicklung aktuelles und konkretes Freihaltebedürfnis bestand wohl kaum an der geographischen Bezeichnung *Lar* als dem Namen einer iranischen Oasenstadt für die Erzeugnisse Klebstoffe und chemische Reinigungsmittel, zumindest weil Anhaltspunkte auch für eine künftige Produktion solcher Waren in Lar nicht bestanden (BPatGE 18, 73). Die Berücksichtigung der künftigen wirtschaftlichen Entwicklung zur Feststellung eines aktuellen Freihaltebedürfnisses rechtfertigt es, von der Eintragungsunfähigkeit der geographischen Herkunftsangabe zumindest immer dann auszugehen, wenn ein Ortsname als örtliche Herkunftsangabe auf dem Produktsektor der Markenanmeldung ernsthaft in Betracht kommt (BGH GRUR 1983, 768, 769 – Capri-Sonne; BPatGE 15, 214 – Apia; 16, 244 – Weisel). Bei der Feststellung eines bestehenden Freihaltebedürfnisses an geographischen Herkunftsangaben ist es nicht gerechtfertigt, Aspekte einer künftigen Entwicklung nicht zu beachten und nur ein gegenwärtig klar beschreibbares und so für einen jeden Dritten nachvollziehbares Freihaltebedürfnis zu berücksichtigen (so aber *Heil*, GRUR 1981, 699, 706).

**213**  Das Schutzhindernis der freihaltebedürftigen geographischen Ortsangabe nach § 8 Abs. 2 Nr. 2 reicht weiter als das Schutzhindernis der das Publikum täuschenden geographischen Herkunftsangabe nach § 8 Abs. 2 Nr. 4, da bei unbekannten Ortsangaben unter Berücksichtigung der künftigen Wirtschaftsentwicklung ein Freihaltebedürfnis unabhängig von einer Publikumstäuschung angenommen werden kann.

**214**  Nach Art. 13b des Abkommens zwischen der Bundesrepublik Deutschland und der Republik Kuba über die Wiederherstellung gewerblicher Schutzrechte und über den Schutz von Herkunftsbezeichnungen vom 22. März 1954 (BGBl. II S. 1112; 1955, S. 4) sind *kubanische Ortsangaben* unabhängig von der Verkehrsauffassung stets als Herkunftsangaben anzusehen. Auch für eine kubanische Ortsangabe gilt dann etwas anderes, wenn die Ortsangabe nach Handelsbrauch als Gattungsbezeichnung angesehen werden kann. Nach Art. 13 Abs. g des Abkommens wird für Bezeichnungen und Ausdrücke, die nach dem Abkommen unzulässig sind, eine Weiterbenutzungsfrist von 6 Jahren, gerechnet von dem Zeitpunkt des Inkrafttretens des Vertrags, gewährt, wenn die Bezeichnungen und Ausdrücke zur Zeit der Unterzeichnung des Abkommens eingetragen oder benutzt worden sind. Da bei *Havana* für Rasierklingen kein Handelsbrauch besteht, ist Zeichenschutz nach Ablauf der sechsjährigen Übergangsfrist ausgeschlossen (BGH GRUR 1957, 430 – Havana).

**215**  **e) Beispiele geographischer Herkunftsangaben. aa) Bekannte Straßennamen.** Namen bekannter Straßen (*Kurfürstendamm, Jungfernstieg, Fifth Avenue*) werden im Verkehr nur ausnahmsweise als Angaben über den Ort der Herstellung bestimmter Produkte verstanden werden. Die Eintragungspraxis des DPMA und die Rechtsprechung des BPatG ging aber bis in die neunziger Jahre von einer solchen Annahme als Regel aus. Diese Rechtsauffassung wurde schon in der Vorauflage als bedenklich bezeichnet, wenn nicht konkrete Anhaltspunkte für eine solche Verkehrsauffassung bestehen, insoweit bekannte Straßen von Großstädten als Produktionsstätten für Waren oder gar als geographischer Ursprung für eine ortsunabhängige Erbringung von Dienstleistungen eher unwahrscheinlich sind. In seiner Rechtsprechung zum MarkenG revidierte das BPatG seine Rechtsauffassung und korrigierte die Eintragungspraxis des DPMA. Es wird zwar weiterhin davon ausgegangen, daß auch

Straßennamen grundsätzlich als freizuhaltende geographische Herkunftsangaben in Betracht kommen. Ein Freihaltebedürfnis an dem Straßennamen BROADWAY für Freizeitbekleidungsstücke wurde verneint, da weder vom *Broadway* als einem Zentrum oder einem herausgehobenen Ort für die Herstellung von Bekleidungsstücken gesprochen werden könne, noch sich unter der Bezeichnung *Broadway* ein bestimmter Modestil herausgebildet hätte (BPatGE 38, 191 – BROADWAY). In einem obiter dictum wird ausgeführt, es könne für die Geschäfte einer Straße naheliegen, sich auf den Straßennamen als besonderen Werbehinweis zu beziehen, wenn diese Straße als Einkaufsstraße für bestimmte Waren eine erhebliche Bekanntheit genieße, wie es etwa für die *Fifth Avenue* in New York, die *Maximilianstraße* in München oder die *Königsallee* in Düsseldorf für exklusive Mode und Schmuck zutreffe.

Als *eintragungsunfähig* beurteilt wurden *Champs Elysées* auch in der veränderten Schreibweise *Champs Elysee* für Briefpapierausstattung (BPatGE 4, 74); *Avenue* für Kakao, Schokolade, Zucker-, Back- und Konditorwaren (BPatGE 5, 207); *Broadway* für Kakao, Schokolade, Zucker-, Back- und Konditorwaren (BPatGE 7, 54; anders noch *Broadway* für Füllfederhalter und Bleistifte, da in der Verwendung dieses Wortes kein Hinweis auf die Herkunft der angemeldeten Waren aus einer bestimmten einzelnen Straße, nämlich der weiten Verkehrskreisen bekannten großen New Yorker Geschäftsstraße, erblickt werde RPA MuW 1933, 318; nunmehr auch BPatGE 38, 191 – BROADWAY); *Parkavenue* für Parfümerien, Mittel zur Körper- und Schönheitspflege und ätherische Öle (BPatGE 12, 215); *BOND STREET* (BPatG, Beschluß vom 27. Januar 1982, 27 W (pat) 216/81 – BOND STREET).

Als *eintragungsfähig* beurteilt wurde *Picadilly* für Bekleidung (RPA BlPMZ 1930, 268). Eingetragen wurde die geographische Herkunftsangabe *Lido* ohne den Zusatz eines Ortsnamens für Fischkonserven, weil der Verkehr nur an einen Badestrand als solchen, nicht aber an den Lido von Venedig denke (BPatGE 13, 125). *Unbestimmte Ortsangaben* sind grundsätzlich eintragungsfähig; eingetragen wurden *City* für Tabakwaren (BPatG Mitt 1975, 15); *GIRONDA* für Möbel, da es sich weder um eine Ortsbezeichnung in der Sprache des betreffenden Landes noch um eine im Deutschen übliche Form handelt, sondern um die italienischsprachige Bezeichnung für das französische Departement Gironde (BPatGE 32, 82). Als *unbekannte Ortsangabe* wurde die geographische Bezeichnung *Apia* als der ehemaligen Hauptstadt Westsamoas für Tabakerzeugnisse und Zigarettenpapier eingetragen (BPatGE 15, 214). Ein Rechtsprechungswandel zu einer *großzügigeren Eintragungspraxis* von geographischen Angaben zeichnete sich nach der *RÖMIGBERG*-Entscheidung des BGH (BGH GRUR 1993, 43 – RÖMIGBERG) mit der *Verneinung eines Freihaltebedürfnisses* an bestimmten geographischen Angaben ab. Als *eintragungsfähig* beurteilt wurden *Augusta* für alkoholfreie Getränke (BPatGE 27, 219 – Augusta); *ENFIELD* für Handfeuerwaffen, Munition und Patronentaschen (BPatGE 33, 164 – ENFIELD); *CRAVEN A* für Tabakerzeugnisse und Raucherartikel (BPatGE 34, 128 – CRAVEN A); *ROUTE 66* für bespielte und unbespielte Ton- und Bildtonträger, da der Name eines bekannten Highways in den USA weder als Name eines Herstellungsortes noch als Angabe für einen Vertriebsort wegen der Länge der betreffenden Überlandstraße nicht in Betracht komme (BPatG, Beschluß vom 28. Januar 1997, 24 W (pat) 78/96 – ROUTE 66). In der *BROADWAY*-Entscheidung des BPatG wurden die Anforderungen bei geographischen Ortsangaben, wie namentlich Straßennamen, an die Annahme eines aktuellen oder zukünftigen Freihaltebedürfnisses für Mitbewerber deutlich erhöht und *BROADWAY* für Freizeitbekleidungsstücke als unterscheidungskräftig und nicht freihaltebedürftig beurteilt (BPatGE 38, 191 – BROADWAY; so schon RPA MuW 1933, 318; anders noch BPatGE 7, 54; s. Rn 216).

**bb) Namen von Flüssen, Bergen und Gebirgen.** Namen von Flüssen, Bergen und Gebirgen sind grundsätzlich eintragungsfähig, es sei denn, daß sie zugleich eine Bezeichnung für ein ganzes Gebiet, eine Region oder eine Landschaft darstellen, wie etwa *Rhein*, *Ruhr* oder *Saar* in Alleinstellung, und insoweit als Angabe über die geographische Herkunft im Verkehr verstanden werden können. Als *eintragungsunfähig* beurteilt wurden *Schwarzwald* für Oberbekleidung (DPA BlPMZ 1957, 126); *Rigi* für Weine, Schaumweine, Spirituosen und Bier (BPatGE 6, 233); *Rhein* oder *Ruhr* in jeweiliger Alleinstellung (KPA BlPMZ 1901, 248), anders aber *Rhein und Ruhr* als Gesamtbezeichnung für Tabakfabrikate (KPA MuW 1913/14, 79); auch nicht *Mekong* für Seidengewebe (KPA BlPMZ 1905, 12).

**MarkenG § 8** 219–221 Absolute Schutzhindernisse

219 **cc) Gebäudenamen.** Die Namen von Schlössern, Burgen, Ruinen, Klöstern, Wolkenkratzern und sonstigen bekannten Gebäuden sind grundsätzlich eintragungsfähig, wenn nicht der Verkehr das Gebäude mit einer bestimmten Produktion oder Dienstleistung verbindet oder der Name zugleich eine Region oder Landschaft bezeichnet. Eingetragen wurde der Name des Loire-Schlosses *Chambord* für Tabakerzeugnisse (BPatGE 4, 171); nicht eingetragen, weil täuschend wurde *Oldenhof* für Fleischwaren (BPatGE 11, 151).

220 **dd) Zeitungs- und Zeitschriftentitel.** Zeitungs- und Zeitschriftentitel, die lediglich eine Ortsangabe in Verbindung mit einer Gattungsbezeichnung (*Frankfurter Allgemeine Zeitung, Frankfurter Rundschau*) enthalten, sind als Marke nicht eintragungsfähig (zu Marken für Druckerzeugnisse s. Rn 54; allgemein zur Markenfähigkeit von Zeitungs-, Zeitschriften- und Buchtiteln s. § 3, Rn 251 ff.; zum Werktitelschutz s. § 15, Rn 154 ff.). Als eintragungsunfähig beurteilt wurde *Berliner Allgemeine Zeitung,* als eintragungsfähig aber *Berliner Allgemeine,* da die sprachunrichtige Bildung der Wortfolge wegen ihrer Verkürzung durch die Weglassung des Wortes *Zeitung* und mit dem lokalisierenden Zusatz *Berliner* durchaus noch geeignet sei, eine bestimmte Druckschrift nach ihrer betrieblichen Herkunft zu individualisieren (BPatG GRUR 1996, 980 – Berliner Allgemeine; gegen BPatG BlPMZ 1983, 124 – Der Innendienstbote). Die Eintragungsunfähigkeit kann durch den Erwerb von Verkehrsdurchsetzung nach § 8 Abs. 3 überwunden werden (BGH GRUR 1974, 661 – St. Pauli-Nachrichten; BPatGE 17, 277 – WM; BPatG GRUR 1997, 832 – Bücher für eine bessere Welt; 1997, 833 – Bücher für eine humanere Welt; s. dazu mit einer aufgrund der besonderen Voraussetzungen der Eintragungsfähigkeit von Druckschriftentiteln [s. § 15, Rn 61] unzutreffend abgeleiteten Reduktion der Markenfunktionen *Oelschlegel*, GRUR 1998, 981; s. § 4, Rn 211 ff.). BUSINESS WEEK für ein wöchentlich erscheinendes Magazin mit Handels-, Finanz- und Industriethemen für Führungskräfte in der gewerblichen Wirtschaft wurde als beschreibende Angabe mangels Verkehrsdurchsetzung als eintragungsunfähig beurteilt (BPatGE 28, 44 – BUSINESS WEEK); als eintragungsunfähig wurde auch das Motto *selbst ist der Mann* für eine Zeitschrift (BPatGE 28, 149 – selbst ist der Mann; bedenklich nach dem Grundsatzbeschluß *BONUS* des BGH, s. Rn 272; allgemein zu Marken für Druckerzeugnisse s. Rn 54.

**f) Lagenamen.**
**Schrifttum zum WZG.** *Busse,* Weinbergslagen als Marken, BlPMZ 1952, 284; *Eyer,* Das Recht der geographischen Herkunftsbezeichnung in der Weinwirtschaft, Mitt 1974, 61; *v. Gamm,* Wein- und Bezeichnungsvorschriften des Gemeinschaftsrechts und nationales Recht gegen den unlauteren Wettbewerb, GRUR 1984, 165; *Hallgarten,* Die Zulässigkeit von Phantasiebezeichnungen als Marken für Wein, GRUR 1983, 407; *Hammann,* Über die Eintragungsfähigkeit geographischer Bezeichnungen, GRUR 1961, 7; *Haß,* Weinbezeichnungen und Warenzeichenrecht, GRUR 1980, 87; *Heß,* Die Zulässigkeit von Phantasiebezeichnungen im Lichte der Rechtsprechung, Die Weinwirtschaft 1976, 889; *Hieronimi,* Das Verwechslungs- und Täuschungsverbot des gemeinschaftlichen Weinbezeichnungsrechts und die Regelung der Marken, Die Weinwirtschaft 1977, 1195; *Hill,* Rechtsfragen bei der Gestaltung von Angebots-Anzeigen für Wein, Die Weinwirtschaft 1977, 1215; *Koch,* AWZ 1974, 173; *Koch,* Das neue Weingesetz, NJW 1994, 2880; *Koch,* Das Gesetz zur Reform des Weinrechts, ZLR 1994, 497; *Krebs,* Die Wechselbeziehungen zwischen den weinrechtlichen Vorschriften und dem Warenzeichenrecht, GRUR 1976, 171; *Krebs,* Sind Weinberglagenamen dem warenzeichenrechtlichen Schutz zugänglich?, Die Weinwirtschaft 1976, 1308; *Krebs,* Der Einfluß von EWG-Bestimmungen für die Bezeichnung und Aufmachung der Weine und Traubenmoste auf das deutsche Weinrecht und das Warenzeichenrecht, GRUR 1978, 83; *Müller, H. J.,* Sind Lagebezeichnungen für Warenzeichen tabu?, GRUR 1978, 154; *Oppenhoff,* Geographische Bezeichnungen und Warenzeichen, GRUR Int 1977, 226; *Prüfer,* Zur Eintragbarkeit von Weinberglagenamen als Warenzeichen, GRUR 1977, 242; *Roweder,* Die Weinbezeichnungen im Wettbewerbs- und Warenzeichenrecht, GRUR 1979, 460; *Tilmann,* Die weinrechtlichen Bezeichnungsvorschriften aus wettbewerbs- und warenzeichenrechtlicher Sicht, GRUR 1984, 169; *Zipfel/Künstler,* Die Bierbezeichnung in Recht und Wirtschaft, 1957.

**Schrifttum zum MarkenG.** *Bülow,* Aktuelle Probleme des Weinbezeichnungsrechts – Zugleich ein Beitrag zum Verhältnis von Marktwirtschaft und Weinwirtschaft, WRP 1996, 88; *Ring,* Grundzüge der Kennzeichnung deutscher Weine nach nationalem und europäischem Recht, DZWir 1997, 297.

221 **aa) Grundsatz.** *Lagenamen* sind als Marke für den Alleinbesitzer der Lage eintragungsfähig, da insoweit kein Freihaltebedürfnis besteht. Mitbesitzer einer Lage können an dem Lagenamen eine Kollektivmarke (§ 97) erwerben (*Tilmann,* Herkunftsangabe, S. 320;

*v. Trentini*, GRUR 1991, 280). *Eingetragen* wurden etwa die Lagenamen *Bernkasteler Doctor, Schloß Johannisberger, Escherndorfer Lump, Würzburger Stein, Schloß Zell* für Weine aus Lagen des Weingutes Schloß Zell (BPatG Mitt 1972, 52); *Drachenblut* für Rotweine aus den Weinbergslagen Königswinterer Drachenfels und Rhöndorfer Drachenfels (BPatG GRUR 1991, 210 – Drachenblut).

**bb) Rechtsentwicklung.** Der BGH hat die Eintragungspraxis des DPMA zur Eintragungsfähigkeit von Lagenamen für Lagen im Alleinbesitz des Markeninhabers zunächst für Eintragungen bis zum Inkrafttreten des WeinG 1971 bejaht (BGH GRUR 1983, 440, 441 – Burkheimer Schloßberg). Vor dieser Zeit konnten alle geographischen Bezeichnungen zur Kennzeichnung der Herkunft eines Weines verwendet werden (§ 6 WeinG 1909). Bereits nach dem WeinG 1971 war die Verwendung von geographischen Bezeichnungen zur Kennzeichnung der Herkunft von Weinen nur noch in einem beschränkten Umfange zulässig. Änderungen des WeinG im Jahre 1982 dehnten diese Verwendungsbeschränkungen noch weiter aus. Das WeinG 1971 wurde, gemeinsam mit dem Weinwirtschaftsgesetz, abgelöst von dem *Gesetz zur Reform des Weinrechts* vom 8. Juli 1994 (BGBl. I S. 1467; dazu *Koch*, NJW 1994, 2880; *Koch*, ZLR 1994, 497; *Bülow*, WRP 1996, 88). Das WeinG 1994 wird als ein Rahmengesetz durch eine Rechtsverordnung des Bundesministeriums für Ernährung, Landwirtschaft und Forsten (*Verordnung zur Durchführung des WeinG* vom 9. Mai 1995, BGBl. I S. 630, zuletzt geändert durch die Dritte Verordnung zur Änderung der Weinverordnung vom 16. Juni 1998, BGBl. I S. 1500) sowie Rechtsverordnungen der Weinbau betreibenden Bundesländer (Dritte Verordnung des Ministeriums Ländlicher Raum zur Durchführung des Weingesetzes vom 13. September 1994; Bad.-Württ. GBl. Nr. 21, S. 488) ergänzt.

Namen von Lagen und Bereichen (Lagenamen) müssen in die Weinbergsrolle eingetragen sein. Eine *Lage* ist eine bestimmte Rebfläche (Einzellage) oder die Zusammenfassung solcher Flächen (Großlage), aus deren Erträgen gleichwertige Weine gleichartiger Geschmacksrichtung hergestellt werden (§ 2 Nr. 22 WeinG). Eine Lage wird grundsätzlich nur dann in die Weinbergsrolle eingetragen, wenn sie insgesamt mindestens fünf ha groß ist (§ 23 Abs. 3 WeinG iVm § 29 WeinV). Die Eintragung einer kleineren Fläche ist nur zulässig, wenn die Bildung einer größeren Lage wegen der örtlichen Nutzungsverhältnisse oder wegen der Besonderheit der auf der Fläche gewonnenen Weine nicht möglich ist oder der Lagename durch eine vor dem 19. Juli 1971 eingetragene Marke geschützt ist (§ 29 Abs. 1 Nr. 1 lit. a und b, Nr. 2 lit. a WeinV; zur Rechtslage nach § 65 a WeinG 1982 s. BGH GRUR 1983, 440 – Burkheimer Schloßberg mit Anm. *Hieronimi*; zur Verfassungswidrigkeit der früheren Rechtslage s. BVerfGE 51, 193 – Weinbergsrolle). Die Eintragung einer kleineren Fläche als Lage ist ferner dann zulässig, wenn der Lagename durch ein vor diesem Zeitpunkt aufgrund markenrechtlicher Vorschriften erworbenes Ausstattungsrecht geschützt ist (§ 29 Abs. 1 Nr. 2 lit. b WeinV; zur Verfassungswidrigkeit der früheren Rechtslage s. BVerfGE 78, 58 – Esslinger Neckarhalde II).

§§ 23 Abs. 3 WeinG, 29 Abs. 2 WeinV regeln die Eintragungsfähigkeit von Bezeichnungen als Lagenamen in die Weinbergsrolle. Nach diesen Vorschriften ist als Lagename nur ein solcher Namen in die *Weinbergsrolle* eintragungsfähig, der für eine zur Lage gehörenden Rebfläche herkömmlich oder in das Flurkataster eingetragen ist oder der sich an einen solchen Namen anlehnt. Im begründeten Einzelfall, insbesondere wenn bestehende Lagen zusammengefaßt werden sollen, darf auch ein anderer Name eingetragen werden, wenn hierfür ein wirtschaftliches Bedürfnis besteht und Interessen des Verbrauchers nicht entgegenstehen (§ 29 Abs. 2 S. 2 WeinV); der Name muß einen geographischen Bezug aufweisen.

Auch nach dem Inkrafttreten der Weingesetze 1971 und 1994 sind *Lagenamen* bei Alleinbesitz *als Marke* und bei Mitbesitz *als Kollektivmarke* eintragungsfähig (*Prüfer*, GRUR 1977, 242; *Müller*, GRUR 1978, 154; *Oppenhoff*, GRUR Int 1977, 226, 232 f.; *Rowedder*, GRUR 1979, 460; *Tilmann*, Herkunftsangabe, S. 305 f.; *Tilmann*, GRUR 1984, 169, 175; aA *Eyer*, Mitt 1974, 61, 66; *Krebs*, GRUR 1976, 171; *Krebs*, GRUR 1978, 83; BGH GRUR 1993, 832 – Piesporter Goldtröpfchen). Das gilt grundsätzlich auch hinsichtlich der freien Übertragbarkeit der nichtakzessorischen Marke nach dem MarkenG. Die durch die freie Übertragbarkeit der Marke bestehende Möglichkeit einer jederzeitigen Markenübertragung ohne den Geschäftsbetrieb kann die Annahme eines Freihaltebedürfnisses namentlich hinsichtlich der Eintragbarkeit eines Lagenamens als IR-Marke stützen (so schon zu § 8 Abs. 1 WZG iVm § 47 Nr. 3 ErstrG BGH GRUR 1993, 43 – Römigberg; BPatG GRUR 1993, 395 – Römigberg II).

226    In die Weinbergsrolle eingetragene Lagenamen enthalten zum einen eine Aussage über den Herkunftsort des Weines. Lagenamen können zum anderen aber auch die Funktion einer Marke als eines produktidentifizierenden Unterscheidungszeichens am Markt erfüllen. Lagenamen sind nur dann von der Eintragung als Marke in das Markenregister ausgeschlossen, wenn an ihnen ein *Freihaltebedürfnis* nach § 8 Abs. 2 Nr. 2 besteht (zur konkreten Feststellung der tatsächlichen Gegebenheiten, die geeignet sind, unter Berücksichtigung der künftigen wirtschaftlichen Entwicklung die Annahme eines Freihaltebedürfnisses an einem Lagenamen zu stützen s. BGH GRUR 1993, 43 – Römigberg; BPatG GRUR 1993, 395 – Römigberg II), oder sie als Marke geeignet sind, das Publikum über die geographische Herkunft des Weines zu *täuschen* (§ 8 Abs. 2 Nr. 4; s. Rn 322 ff.). Wenn ein Lagename Verkehrsdurchsetzung als Marke erwirbt, besteht die Eintragungsfähigkeit nach § 8 Abs. 3.

227    Das WeinG 1994 regelt die Voraussetzungen der Bezeichnung eines Tafelweines als Landwein (§ 22 WeinG), der Verwendung von geographischen Bezeichnungen (§ 23 WeinG) und gesundheitsbezogenen Angaben (§ 24 WeinG), das Verbot von irreführenden Bezeichnungen (§ 25 WeinG), den Bezeichnungsschutz der weinrechtlichen Erzeugnisse (Wein, Kabinett, Spätlese, Auslese, Beerenauslese, Trockenbeerenauslese, Eiswein) und den Schutz vor Verwechslung weinrechtlicher Erzeugnisse (§ 26 WeinG). Ergänzend regelt die Verordnung zur Durchführung des WeinG vom 9. Mai 1995 (BGBl. I S. 630) die zulässigen Bezeichnungen und Aufmachungen von Weinen (§ 29 ff. WeinV).

228    **cc) Verhältnis der Marke zum Lagenamen. (1) Beschränkungsvermerk im Warenverzeichnis.** Ein in die Weinbergsrolle eingetragener Lagename darf nach § 39 Abs. 1 WeinV nur für Qualitätswein b. A. und damit nicht auch für Tafelwein verwendet werden. Diese Verwendungsbeschränkung kann im Verzeichnis der Waren, für die die Eintragung des Lagenamens als Marke in das Markenregister beantragt wird, vermerkt werden.

229    **(2) Werbliches Trennungsgebot.** Bei der Flaschenausstattung, auf Preisangeboten oder in der Werbung darf eine Wort- oder Bildmarke neben der Weinbezeichnung nur verwendet werden, wenn die Marke von der Weinbezeichnung deutlich abgehoben ist (§ 49 Abs. 5 WeinV).

230    **g) Eintragungspraxis und Rechtsprechung.** Die Entscheidungen sind nicht verallgemeinerungsfähig. Ihre Auswertung verlangt die Berücksichtigung der besonderen Umstände des konkreten Einzelfalles. Maßgeblich kommt es darauf an, ob der Verkehr die geographische Herkunftsangabe allein als einen Hinweis auf einen bestimmten Ort oder als Marke versteht, die auf die Produktherkunft aus einem bestimmten Unternehmen hinweist oder, was nach dem MarkenG ausreichend ist, das Produkt eines Unternehmens auf dem Markt identifiziert und dadurch von den Produkten anderer Unternehmen unterscheidet.

231    **aa) Eintragungsunfähige geographische Herkunftsangaben.** Als *eintragungsunfähig* wurden beurteilt *Niagara* für Maschinen zur Bearbeitung von Metall, Holz und Mineralien als Hinweis auf die amerikanische Herkunft (KPA GRUR 1916, 122); *Yankee* für Eier- und Schneeschläger als Hinweis auf die amerikanische Herkunft (KPA MuW 1912, 550; bedenklich); *Hanseaten* für Nahrungs-, Genuß- und Arzneimittel (RPA MuW 1931, 405); *Erfordia* für Sämereien wegen bestehenden Freihaltebedürfnisses der Gärtner an diesem latinisierten Namen von Erfurt (RPA GRUR 1932, 966); *Douro* für Ölsardinen (RPA MuW 1933, 156); *Brunswick* als plattdeutsche Bezeichnung für Braunschweig (KPA BlPMZ 1912, 16); *Sudan* für Gebäck (KPA BlPMZ 1900, 373; bedenklich); *Bristol* für Spirituosen britischer Herkunft, auch wenn das Wort als Hotelbezeichnung dient und insoweit nicht als Hinweis auf die Stadt Bristol verstanden werde (BPatGE 2, 123); *Carlton* für Herren- und Burschen-Oberbekleidungsstücke wegen bestehenden Freihaltebedürfnisses als Herkunftsangabe der Stadt Carlton, eintragungsfähig aber für Getränke und Parfümerien, da diese Produkte weder gegenwärtig noch in naher Zukunft in Carlton hergestellt würden (BPatGE 9, 225); *Maryland* für Tabakwaren, eintragungsfähig aber *Merryland* (BPatG GRUR 1989, 825, 826 – MARILUND/Merryland).

232    Eintragungsunfähige geographische Herkunftsangaben werden grundsätzlich nicht dadurch eintragungsfähig, daß der Herkunftsangabe wie namentlich Ortsnamen *Zusätze* wie

Absolute Schutzhindernisse 233–236 § 8 MarkenG

etwa Alt-, Neu-, Groß-, Klein-, Ober-, Unter-, Bad- oder Old- hinzugefügt werden. Als *eintragungsunfähig* wurden beurteilt *Alt-Wien* für Kleidungsstücke (RPA Mitt 1939, 131); *Old-England* für Kleidungsstücke (KPA BlPMZ 1900, 355). Als *eintragungsunfähig* beurteilt wurden ferner *Oppenheimer Kloster-Tröpfchen* für Liköre, weil Klosterlikör ebenso wie Kloster-Tröpfchen Gattungsnamen seien und der Zusatz Oppenheimer als Herkunftsangabe nicht auf ein bestimmtes Kloster als Herkunftsstätte hinweise (DPA GRUR 1951, 89); *Quickborn* für Spirituosen, da Quickborn eine in Schleswig-Holstein gelegene Großgemeinde von etwa 18 000 Einwohnern und mit der Niederlassung von Erzeugerbetrieben nach der wirtschaftlichen Struktur des Ortes zu rechnen sei (BPatGE 10, 116). Als *eintragungsfähig* beurteilt wurde *Petitparis* für französische Weine (BPatGE 7, 187).

*Veraltete Ortsnamen* werden erst dann eintragungsfähig, wenn die geographische Herkunftsangabe in der Bevölkerung nicht mehr als Ortshinweis lebendig ist und kein aktuelles Freihaltebedürfnis für bestimmte Mitbewerber und konkrete Produkte besteht. Als *eintragungsunfähig* beurteilt wurden *Gaststätten Rixdorfer Hähnchenhaus* für Fleischwaren (BPatGE 12, 210); *Brunswick* als plattdeutsche Bezeichnung für Braunschweig (KPA BlPMZ 1912, 16); *Ravensberg* für Arzneimittel, chemische Erzeugnisse und Lebensmittel (DPA BlPMZ 1956, 320); *teutsch*, weil die geringfügige Änderung der alten Schreibweise unbeachtlich sei (KPA BlPMZ 1909, 34). Als *eintragungsfähig* beurteilt wurden *Kurrhein*, weil geographisch überholt (RPA MuW 1925/26, 188); *Kurpfalz* für Bier (RPA Mitt 1933, 228). 233

**bb) Eintragungsfähige geographische Herkunftsangaben.** Als *eintragungsfähig* wurden die folgenden geographischen Herkunftsangaben beurteilt: *Ica* für Photoapparate, weil Ica bei Abbazzia unbekannt sei (KPA MuW 1913, 422); *LAR* für chemische Erzeugnisse trotz klanglicher Übereinstimmung mit dem Ortsnamen Lahr (BPatGE 18, 73); *Roisdorfer Wasser* für Mineralwasser (KPA BlPMZ 1909, 142); *Bergquell* für Bier (RPA MuW 1930, 501); *Heilsystem Reinecke*, weil die Methode weder bekannt noch von verschiedenen Unternehmen gleichzeitig ausgeübt werde, anders aber für *Methode Kneipp* (RPA MuW 1932, 51); *CANA* für Lebensmittel, Getränke, Reinigungsmittel und pharmazeutische Erzeugnisse trotz Klangnähe zu dem Landesnamen Ghana, zu dem der Verkehr nicht ohne weiteres eine Verbindung herstelle (BPatGE 11, 139); *Lion* für Sekt, Cognac und Liköre, weil auch der sprachkundige Verkehr in der Regel nicht an die Stadt Lyon, sondern an das englische Wort lion (Löwe) denke und insoweit die phantasievolle Bedeutung der Bezeichnung überwiege, an der insoweit kein Freihaltebedürfnis bestehe (BPatG GRUR 1976, 593 – Lion); *Emscher-Brunnen* für Klärvorrichtungen (KPA BlPMZ 1909, 276); *Rhein und Ruhr* als Gesamtbezeichnung für Tabakfabrikate (KPA MuW 1913/14, 79), nicht aber *Rhein* oder *Ruhr* in jeweiliger Alleinstellung, weil der Verkehr insoweit an das Rheingebiet oder Ruhrgebiet denke (KPA BlPMZ 1901, 248); auch nicht *Mekong* für Seidengewebe (BlPMZ 1905, 12); *Staufen Gold* für Bier, weil erkennbar auf den Berg oder das Gebirge der Staufer Bezug genommen und insoweit ein Freihaltebedürfnis an dem Ortsnamen Staufen nicht berührt werde (BPatG Mitt 1984, 76); *Balfast* für Brillen und Brillenfassungen trotz der Nähe zur Ortsangabe Belfast (BPatG GRUR 1987, 236 – Balfast); *Merryland* für Tabakwaren, eintragungsunfähig aber *Maryland* (BPatG GRUR 1989, 8225 – MARILUND/Merryland); *West* für Zigaretten, weil das Zeichen auch für westliche (amerikanische) Tabake keine beschreibende Angabe darstelle und dem Zeichen *West*, an dem kein Freihaltebedürfnis bestehe, für Zigaretten Kennzeichnungsfunktion zukomme (LG Hamburg GRUR 1991, 677); *Santiago* für vorgefertigte mexikanische Nahrungsmittel in entwässerter Form, nämlich entwässertes Gemüse, aufgebackene Bohnen, Taco-Sauce, Enchilada-Sauce, Salsa-Sauce (BPatG Mitt 1991, 98). 234

### 13. Zeitangaben

Zeitangaben wie *Jahreszeiten, Monate* oder *Wochentage* über die Produktion der Ware oder die Erbringung der Dienstleistung wirken regelmäßig beschreibend, insoweit sie sich auf Produkteigenschaften oder die Dienstleistungsart beziehen. Das Freihaltebedürfnis ist konkret produktbezogen zu bestimmen. 235

*Eintragungsunfähig* sind *Maibier* oder *Märzen* für Bier; *Sonniger September* für Weine und Schaumweine (BPatGE 10, 120); *Herbst* für alle Waren wegen Herbstmessen und Herbstkatalogen (KPA BlPMZ 1907, 121; zu weitgehend); *New Century Caligraph* wegen Jahrhun- 236

**MarkenG § 8** 237, 238 Absolute Schutzhindernisse

dertbeginns (KPA BlPMZ 1900, 206; zu weitgehend); *Jubiläum* für Waren aller Art (KPA BlPMZ 1905, 127; zugleich Beschaffenheitsangabe). Den Zeitangaben *Wochenende* oder *Weekend* kann nicht generell die Eintragungsfähigkeit abgesprochen werden (so aber *Busse/Starck*, § 4 WZG, Rn 41). Als *eintragungsfähig* wurde beurteilt das Wort *Heute* für Lichtbild- und Druckerzeugnisse sowie Kunstgegenstände (DPA Mitt 1954/55, 25).

### 14. Sonstige Produktmerkmalsangaben

237   Die Aufzählung der beschreibenden Angaben in § 8 Abs. 2 Nr. 2 ist nicht abschließend. Das absolute Schutzhindernis besteht auch für *sonstige Produktmerkmalsangaben*. Jede der beschreibenden Angaben im Sinne des § 8 Abs. 2 Nr. 2 kann auch geeignet sein, zur Bezeichnung eines sonstigen Merkmals der Waren oder Dienstleistungen zu dienen. Eine Marke dient nur dann zur Bezeichnung sonstiger Merkmale der konkreten Waren oder Dienstleistungen, wenn sie als beschreibende Angabe einen auf das Merkmal des konkreten Produkts bezogenen Sinn enthält. Das italienische Zahlwort *quattro* erfüllt als Marke für Personenkraftwagen und besimmte konstruktionsgebundene Teile solcher Personenkraftwagen nicht die Voraussetzungen dieser Vorschrift, weil die Marke für sich genommen nicht geeignet ist, irgendein Merkmal dieser konkreten Produkte zu bezeichnen (BGH GRUR 1997, 366 – quattro II). Eine Bezeichnung, die während der Schutzdauer eines Patents oder eines sonstigen gewerblichen Schutzrechts oder Urheberrechts überwiegend in Bezug auf die Erfindung oder den sonstigen Gegenstand des Schutzrechts gebraucht wurde, kann ihren *beschreibenden Gehalt verlieren* und als produktidentifizierendes Unterscheidungszeichen im Verkehr verstanden werden. Das BPatG hat allerdings der Buchstabenmarke *VHS* in einfacher graphischer Ausgestaltung für Videogeräte und Videocassetten die Schutzfähigkeit abgesprochen, da der beschreibenden Angabe nicht allein deshalb, weil sie wegen eines patentrechtlichen Schutzrechts in der Vergangenheit überwiegend in Bezug auf eine Erfindung des Markenanmelders gebraucht wurde, ein herkunftskennzeichnender Charakter beigemessen und der beschreibende Gehalt als in den Hintergrund tretend angesehen werden könne, zumal für den angesprochenen Verkehr, insbesondere die Endverbraucher, solche Umstände regelmäßig verborgen blieben (BPatGE 37, 44 – VHS).

### 15. Fremdsprachige Angaben

238   **a) Grundsätze.** Fremdsprachige Ausdrücke, die im Verkehr weniger bekannt und üblich sind als die entsprechenden Wörter der deutschen Sprache, eignen sich besonders als Produktmerkmalsbezeichnungen, um den Verbraucher auf bestimmte Produkteigenschaften hinzuweisen. *Fremdsprachige Angaben* sind immer dann eintragungsunfähig, wenn sie im inländischen Verkehr als eine *ausschließlich beschreibende Angabe* verstanden werden; sie sind immer dann eintragungsfähig, wenn sie im inländischen Verkehr als Marke und damit als ein produktidentifizierendes Unterscheidungszeichen beurteilt werden. Für die Frage, ob es sich um eine Bezeichnung handelt, die zur Beschreibung der Waren oder Dienstleistungen dienen kann, ist das Verständnis des *inländischen Geschäftsverkehrs* maßgeblich (BGH GRUR 1999, 238 – Tour de culture; so schon zu § 4 Abs. 2 Nr. 1 WZG BGH GRUR 1989, 666, 667 – Sleepover). Im Hinblick auf die internationale Verflechtung der Wirtschaft und den weltweiten Tourismus sowie die grenzüberschreitende Kommunikationstechnologie sollte die Eintragungsfähigkeit fremdsprachiger Angaben, die in ihrer deutschen Übersetzung beschreibende Angaben darstellen, *restriktiv* gehandhabt werden, wenn an der deutschsprachigen Angabe ein aktuelles Freihaltebedürfnis für den konkreten Produktbereich besteht. Zwar wird die Eintragungsunfähigkeit einer fremdsprachigen Angabe nicht schon allein dadurch begründet, daß es sich bei der Fremdsprache um eine Welthandelssprache wie Englisch, Französisch, Italienisch oder Spanisch handelt (BPatGE 13, 128). Ein Freihaltebedürfnis an beschreibenden Angaben solcher weltweit verbreiteter Fremdsprachen wird aber regelmäßig vorliegen und sollte nur nach sorgfältiger Prüfung unter Berücksichtigung vor allem auch der Entwicklung der internationalen Wirtschaftsbeziehungen abgelehnt werden. Eintragungspraxis und Rechtsprechung der vergangenen Jahrzehnte erscheinen aus heutiger Sicht im Hinblick auf die Eintragung fremdsprachiger beschreibender Angaben als *zu großzügig*. Künftig sollten strengere Anforderungen an die Eintragungsfähigkeit beschreibender

Angaben der Weltsprachen gestellt werden. Eine im Inland durchweg unbekannte beschreibende Angabe in einer Fremdsprache, die keine Welthandelssprache ist, kann dann freihaltebedürftig sein, wenn die beschreibende Angabe als Fachausdruck der angemeldeten Dienstleistung als solche oder die Bestimmung der angemeldeten Waren für die Erbringung einer bestimmten Dienstleistung unmittelbar bezeichnet und ein entsprechender Waren- oder Dienstleistungsverkehr zwischen dem Ursprungsland der beschreibenden Angabe und der Bundesrepublik Deutschland feststellbar oder nach den Umständen naheliegend ist (so zutreffend wegen der erheblichen Zunahme und Intensivierung der Wirtschaftsbeziehungen Deutschlands mit Tschechien im Zuge der Öffnung der Grenzen BPatGE 37, 79 – VODNI STAVBY).

In der Regel wird ein *Freihaltebedürfnis* an einer fremdsprachigen beschreibenden Angabe für den konkreten Produktbereich immer dann anzunehmen sein, wenn es sich um einen *Fachausdruck* handelt, auch wenn das Wort nur in bestimmten Verkehrskreisen bekannt ist (aA BPatGE 4, 82 – Interfashion). Einigkeit besteht dahin, fremdsprachige Wörter deskriptiver Natur ebenso wie die ihnen entsprechenden deutschen Wörter nicht als eintragungsfähig zu beurteilen, wenn beachtliche deutsche Verkehrskreise ohne weiteres die beschreibende Bedeutung des fremdsprachigen Wortes verstehen und schon deshalb ein Freihaltebedürfnis besteht, um das fremdsprachige Wort zur allgemeinen Verwendung im Verkehr freizuhalten. Die Rechtsprechung beurteilte fremdsprachige Angaben deskriptiver Natur schon dann als eintragungsfähig, wenn die fremdsprachige Angabe im inländischen Verkehr nicht üblich und nicht allgemein bekannt war. Da es für die Bestimmung der Schutzfähigkeit entscheidend auf die Verkehrsauffassung in der Bundesrepublik Deutschland ankomme, seien eventuelle Bedürfnisse der ausländischen Werbesprache nicht als schutzhindernd zu berücksichtigen, sofern der jeweilige Begriff in einem anderen Land nicht bereits als Sachangabe Verwendung finde (BPatG Mitt 1996, 216 – MOD'elle; s. schon BPatG Mitt 1989, 35 – PAGO). Diese großzügige Rechtsprechung sollte überdacht werden. Vor allem für fremdsprachige Angaben deskriptiver Natur der Weltsprachen ist eine restriktive Eintragungspraxis geboten. Für die *Kosmetikbranche* wurde richtig angenommen, die in den letzten Jahren zunehmende Verwendung fremdsprachiger Bezeichnungen für Unternehmen und Produkte habe zu einer deutlichen Schwächung des mittelbaren Herkunftshinweises geführt, die mit derartigen fremdsprachigen Bezeichnungen grundsätzlich verbunden sei (so zu § 3 UWG OLG Karlsruhe NJW-RR 1996, 1452 – POURELLE). Im Bereich der *Computertechnologie* kennzeichnet die Rechtsprechung des BPatG nunmehr eine restriktivere Eintragungspraxis. Als *eintragungsunfähig* wurde beurteilt *DATA I/O* für Computerhardware und Computersoftware, bestehend aus den englischen Begriffen *Data* (Daten) und *I/O* (Abkürzung für Input/Output), da die zusammengesetzte Wortmarke einen leicht erfaßbaren Sinn aufweise, in der Fachliteratur verwendet werde und deshalb ein Freihaltebedürfnis bestehe (BPatG CR 1998, 198 – DATA I/O). Anders soll an der zusammengesetzten Wortmarke *NewsHighway* für Waren der Klasse 9 sowie Dienstleistungen der Klassen 42 und 38 ein Freihaltebedürfnis nicht bestehen, da entgegen dem ersten Anscheins der Gesamtbegriff keinen fest umrissenen Bedeutungsgehalt habe, obgleich das Wort *News* und der Begriff *Highway* den Verkehrskreisen trotz des fremdsprachigen Ursprungs geläufig seien, so daß an sich für die entsprechenden Waren oder Dienstleistungen ein Freihaltebedürfnis an den einzelnen Zeichenbestandteilen der zusammengesetzten Marke in Betracht komme (BPatG CR 1998, 264 – NewsHighway).

Als *eintragungsfähig* wurden beurteilt *Variocolor* für Fernrohre als im inländischen Verkehr nicht üblich und nicht allgemein bekannt (RPA GRUR 1941, 480); *Lona* für Lebensmittel als das spanische Wort für Segeltuch, das im inländischen Verkehr überhaupt nicht als Fremdwort aufgefaßt werde (BPatGE 5, 155); *AMORA* für sauer konserviertes Obst und Gemüse, weil der inländische Verkehr das Wort mangels Sprachkunde keiner bestimmten Fremdsprache zuordne und Zeichenbildungen mit einem ähnlichen fremdsprachigen Klangcharakter im Verkehrsleben üblich seien (BPatGE 13, 128).

Bei Beurteilung des Freihaltebedürfnisses sind auch *ausländische Eintragungen* zu berücksichtigen, denen eine indizielle Bedeutung zukommt (BGH GRUR 1988, 379, 380 – RIGIDITE I; 1989, 421, 422 – Conductor; 1990, 517 – SMARTWARE; 1991, 136, 137 – NEW MAN; 1993, 746 – Premiere; GRUR 1996, 771 – THE HOME DEPOT mit Anm. *Fammler, Engels,* WRP 1997, 21). Als *eintragungsfähig* beurteilt wurde *TAPA* für chemische

Verschluß- und Füllmassen zur Verwendung in Gießereiverfahren, da der Marke in Spanien, wo Gattungsbezeichnungen von der Eintragung ausgeschlossen sind, Schutz gewährt wurde (BPatG Mitt 1988, 113). Die Eintragung einer englischen Ortsbezeichnung *ENFIELD* in das britische Markenregister kann indiziell gegen ein Freihaltebedürfnis sprechen (BPatG GRUR 1993, 122 – ENFIELD). Die indizielle Bedeutung einer ausländischen Markeneintragung ist bei Beurteilung des Freihaltebedürfnisses dann nicht zu berücksichtigen, wenn das Wort als Fremdwort Eingang in die deutsche Sprache gefunden hat (BGH GRUR 1993, 746 – Premiere).

**242** Fremdsprachige Angaben deskriptiver Natur können dann eintragungsfähig sein, wenn es sich um *sprachwidrige Wortneubildungen* oder *phantasievolle Wortabwandlungen* handelt. Als *eintragungsfähig* wurden beurteilt *Unitype* für Kolben (RPA Mitt 1930, 254); *Miabella* für Nähmaschinen (DPA GRUR 1951, 89; für den konkreten Produktbereich wohl nicht freihaltebedürftig); *TECHNOLAW* als sprachregelwidrige Wortneubildung als Dienstleistungsmarke für Beratung und Vertretung eines Patentanwalts (BPatG Mitt 1983, 238 – TECHNOLAW; abzulehnen); *belair* für Luftverbesserungsmittel (BPatG Mitt 1988, 35 – belair); *MOD'elle* für Bekleidungen für Herren, Damen und Kinder sowie Schuhwaren (BPatG Mitt 1996, 216 – MOD'elle); *That's BIKE* als sprachregelwidrige Wortfolge (BPatG, Beschluß vom 15. November 1995, 28 W (pat) 100/95 – That's BIKE); *Quarter Turn Gate* für Flügelklappenventile (BPatG, Beschluß vom 21. November 1997, 33 W (pat) 108/97 – Quarter Turn Gate); *Blood Pressure Watch* für Blutdruckmesser (BPatG, Beschluß vom 22. Januar 1997, 28 W (pat) 194/96 – Blood Pressure Watch); *EASYCOAT* für selbstklebende Kunststoffolien (BPatG, Beschluß vom 26. Februar 1997, 28 W (pat) 185/96 – EASYCOAT); *SILENTWRITER SUPERSCRIPT* für mit Computern in Verbindung stehende elektronische Datenausgabegeräte und -apparate, Drucker (BPatG, Beschluß vom 29. September 1997, 30 W (pat) 124/95 – SILENT SUPERSCRIPT); *Rack-Wall* für Küchenmöbel (BPatG GRUR 1998, 399 – Rack-Wall); *NewsHighway* für Sammeln und Liefern von Nachrichten, Info/Kommunikationsdienste (BPatG CR 1998, 264 – NewsHighway). Wenn die fremdsprachige Wortneubildung aus weithin unbekannten oder mehrdeutigen Wortbestandteilen besteht, wird sie seltener im inländischen Verkehr von rechtlich erheblichen Verkehrskreisen als eine beschreibende Angabe aufgefaßt werden und ein Freihaltebedürfnis eher zu verneinen seien. Als *eintragungsfähig* wurden beurteilt *TELE-TRACER* für elektronische Personenrufapparate (BPatGE 3, 68 – TELE-TRACER); *Ladyline* für Bekleidungsstücke (BPatGE 5, 48 – Ladyline); *Playcraft* für Spielwaren, Spielzeug und Gesellschaftsspiele (BPatGE 7, 145 – Playcraft); *Stretchever* für Bekleidungsstücke (BPatGE 8, 80 – Stretchever); *FFF clipstick* für Spannleisten aus Kunststoff (BPatGE 17, 112 – FFF clipstick); *OXYDIVE* für Taucherausrüstung, Feuerlöschgeräte, Lebensrettungsgeräte (BPatG Mitt 1990, 175 – OXYDIVE). Als *eintragungsunfähig* wurden beurteilt *NETFAX* für elektrische und elektronische Apparate, da die Bezeichnung als sprachüblich gebildetes, ohne weiteres verständliches Synonym für den Begriff Netzwerk-Fax zu verstehen sei (BPatG, Beschluß vom 13. Mai 1997, 24 W (pat) 204/95 – NETFAX); *GASTRONet* für die Dienstleistungen, Werbung und Telekommunikation, eintragungsfähig aber für die Dienstleistungen, Geschäftsführung und Unternehmensverwaltung, da diese Dienstleistungen bei gastronomischen Betrieben nicht in erster Linie über das Netz erbracht würden (BPatG, Beschluß vom 29. September 1997, 33 W (pat) 22/97 – GASTRONet); *Paperfill* für schüttfähige Polstermaterialien (BPatG, Beschluß vom 29. September 1997, 33 W (pat) 185/96 – Paperfill); *MULTI-PILOT* für elektronische Steuereinheiten für Flurförderzeuge (BPatG, Beschluß vom 22. April 1997, 24 W (pat) 73/96 – MULTI-PILOT); *ART TEC* für Druckerzeugnisse (BPatG, Beschluß vom 18. Juni 1997, 29 W (pat) 121/95 – ART TEC); *GLOBAL SCAN* für internationale Marktforschung (BPatG, Beschluß vom 11. Juli 1997, 33 W (pat) 49/96 – GLOBAL SCAN); *THE OUTDOOR CHANNEL* für Dienstleistungen im Zusammenhang mit Fernsehsendungen und Programmen (BPatGE 39, 152 – THE OUTDOOR CHANNEL); *autosoft* für EDV-Programme (BPatG, Beschluß vom 30. September 1997, 24 W (pat) 210/96 – autosoft); *RATIONAL SOFTWARE CORPORATION* für Computersoftware und -hardware (BPatG, Beschluß vom 2. Februar 1998, 30 W (pat) 252/97 – RATIONAL SOFTWARE CORPORATIN); *MAPINFO* für Computerprogramme (BPatG, Beschluß vom 21. Juli 1997, 30 W (pat) 35/96 – MAPINFO); *HANDBOOK* für EDV-Geräte (BPatG, Beschluß vom 29. Juli 1997, 24 W (pat) 16/96 – HAND-

BOOK); *AUTOPARTNER* für Produkte mit unmittelbarem Bezug zu Automobilen (BPatG, Beschluß vom 7. März 1997, 33 W (pat) 87/96 – AUTOPARTNER).

In anderen Entscheidungen wurde ein Freihaltebedürfnis an fremdsprachigen Angaben dann anerkannt, wenn diese *im Ausland als beschreibend* galten, auch wenn sie im Inland unbekannt waren und dort für Phantasiewörter gehalten wurden. Als *eintragungsunfähig* wurden beurteilt *Bambino* für kindergeeignete Trinkgläser, Becher und Tassen (BPatGE 5, 41); *Instant* für Trockenextrakte zur Herstellung von Heiß- und Kaltgetränken wie Kaffee und Tee (DPA BlPMZ 1957, 184; ÖOGH GRUR Int 1957, 552); *CA-SCHEDULER* für Computersoftware und zugehörige Dokumentation (BPatG Mitt 1986, 175); *VODNI STAVBY*, in tschechisch Wasserbauten, für Dienstleistungen und Produkte für den Wasserbau als Fachausdruck der angemeldeten Dienstleistung als solche (BPatGE 37, 79 – VODNI STAVBY). Wenn eine fremdsprachige Angabe im Sprachraum der Fremdsprache nicht als beschreibend verstanden wird, dann besteht auch im inländischen Verkehr grundsätzlich kein Freihaltebedürfnis. Als *eintragungsfähig* wurden beurteilt *EGG McMUFFIN* für Fleisch- und Fisch-Sandwiches unter Verwendung von Muffins (Teegebäck) und Eiprodukten, weil das Zeichen als Phantasiewort wirke und ein Freihaltebedürfnis auch deshalb nicht bestehe, weil das Zeichen in englischsprachigen Ländern eingetragen sei (BPatG Mitt 1983, 238); *PRESTO* für Tongeräte (BPatGE 6, 93); *Content* für keramische Schutzschichten (BPatG Mitt 1969, 52); *PROLOCK* für Dichtungsmittel (BPatG Mitt 1983, 239); *BICAP* für hämostatische Elektroden (BPatG Mitt 1983, 239); *RIGIDITE* für Verbundwerkstoff (Halbfabrikat) als fremdsprachiger Begriff zur Beschreibung von Wareneigenschaften im Verkehr weithin ungeeignet, weil seine Bedeutung in den maßgebenden inländischen Verkehrskreisen nicht verstanden wird (BGH GRUR 1994, 370 – rigidite III; 1994, 366 – RIGIDITE II; 1988, 379 – RIGIDITE I).

Ein Freihaltebedürfnis an Wörtern *toter Sprachen* wie Latein besteht regelmäßig dann nicht, wenn Wörter lebender Sprachen als Produktmerkmalsbezeichnungen zur Verfügung stehen. Ein Freihaltebedürfnis an Wörtern toter Sprachen besteht aber immer dann, wenn die Wörter der toten Sprache in einem bestimmten Produktbereich als Fachsprache verwendet werden, und ferner dann, wenn das Wort in den allgemeinen deutschen Sprachschatz oder in den Fachwortschatz aufgenommen worden ist (BPatGE 16, 82 – ADJUTOR; BPatG Mitt 1983, 115 – LEGALITER; 1987, 76 – ARS ELECTRONICA; BPatGE 38, 145 – JURIS LIBRI). Als *eintragungsfähig* beurteilt wurde *Antisacch* für Arzneimittel (RPA Mitt 1941, 123); *Ultra-Chrom* für Kosmetika, da das Wort *Ultra* als solches nicht in die deutsche Verkehrssprache übergegangen und für kosmetische Waren noch kennzeichnungs- und unterscheidungskräftig sei und nicht freigehalten zu werden brauche, zumal *Ultra-Chrom* keine Farb- oder Beschaffenheitsangabe für Kosmetika, sondern hinreichend eigenartig und phantasievoll sei (DPA GRUR 1951, 467; abzulehnen, s. zur Bezeichnung *Ultra* Rn 249 f); *ADJUTOR* für zahnärztliche Apparate, Instrumente und Geräte, insbesondere zahnärztliche fahrbare Schrankgeräte, da das der lateinischen Sprache entstammende Wort zwar die Bedeutung von Helfer, Gehilfe habe, aber nicht in den deutschen Sprachschatz übergegangen sei (BPatGE 16, 82 – ADJUTOR); *LEGALITER* für die Dienstleistung Besorgung von Rechtsangelegenheiten, weil es sich bei dem Wort um einen in der lebenden Rechtssprache weitgehend ungebräuchlichen lateinischen Ausdruck handele (BPatG Mitt 1983, 115 – LEGALITER); *JURIS LIBRI* für die Veröffentlichung und Herstellung von Büchern, Zeitungen, Zeitschriften und Druckerzeugnissen, da die Wortfolge für die Mehrzahl der nicht an den Rechtswissenschaften interessierten Abnehmer als unverständliches Fantasiewort erscheine und somit die erforderliche betriebskennzeichnende Unterscheidungskraft entwickele (BPatG GRUR 1998, 58 – JURIS LIBRI). Als *eintragungsunfähig* beurteilt wurde *ARS ELECTRONICA* für Musikinstrumente, weil sich die Wörter einem gebildeten Betrachter spontan als fremdsprachige Eigenschaftsbeschreibung darstellten und deshalb nicht unterscheidungskräftig seien (BPatG Mitt 1987, 76 – ARS ELECTRONICA).

Zugunsten der am Import- und Exportverkehr beteiligten deutschen Mitbewerber wird bei fremdsprachigen Ausdrücken unterschieden zwischen unmittelbar warenbeschreibenden (Fach-)Angaben und solchen Aussagen, die in den Bereich allgemeiner Werbeaussagen fallen; es bestehe im allgemeinen kein ernsthaftes Interesse des Handelsverkehrs, sich in der inländischen Publikumswerbung zur Warenbeschreibung *allgemeiner Werbeaussagen* in fremder Sprache zu bedienen, deren Bedeutung die angesprochenen Verkehrskreise weit überwiegend nicht kennen. Als *eintragungsfähig* beurteilt wurde SNUGGLEDOWN (englisch: sich bequem machen, ins Bett kuscheln) für Möbel, Kopfkissen, Kissen (BPatGE 31, 188). Wenn der fremdsprachige Ausdruck keine unmittelbare Beschreibung der Ware ist, sondern nur mittelbar durch Verknüpfung einer gefühlsmäßig positiv besetzten, angenehmen Vorstellung den so gekennzeichneten Produkten zu deren werbemäßiger Herausstellung dienen kann, dann besteht jedenfalls dann kein Freihaltebedürfnis, wenn es sich nicht um gängige, den inländischen Abnehmern ohne weiteres verständliche Wörter handelt. Als *eintragungsfähig* beurteilt wurde LA AMISTAD (spanisch: die Freundschaft) für Tabakwaren und Raucherartikel (BPatGE 31, 138).

**246    b) Eintragungspraxis und Rechtsprechung. aa) Eintragungsunfähige fremdsprachige Angaben.** Als *eintragungsunfähige* fremdsprachige Angaben wurden beurteilt *Hermosa* (spanisch: schön) für Zigarren als im internationalen Warenverkehr freihaltebedürftig (KPA BlPMZ 1896, 185); *Surprise* für Lebensmittel als Anpreisung von Vorzügen des Produkts (BPatGE 6, 227, 229); *Sorpresa* (spanisch: Überraschung) für Seifen (KPA BlPMZ 1909, 18); *Piccolo* (italienisch: klein) für Ledercreme in kleinen Dosen (KPA BlPMZ 1909, 18; eintragungsunfähig auch für Sekt); *Exhibition* für Sprechmaschinen als eine im Weltwirtschaftsverkehr freizuhaltende Angabe (KPA BlPMZ 1909, 314); *Exquisita* für Gummi-Formabsätze (DPA GRUR 1955, 108); *Bambino* für Trinkgläser, Becher und Tassen, die für Kinder geeignet sind und den kindlichen Spieltrieb anregen, weil ein beachtlicher Teil des deutschen Verkehrskreise die Bestimmungsangabe verstehe und diese zudem für den internationalen Warenverkehr unentbehrlich sei (BPatGE 5, 41); *Swatt* für Brot, weil es sich um das plattdeutsche Wort schwarz handele (BPatG Mitt 1965, 27); *Eye shiner* für farbkosmetische Mittel zur Augenpflege aus englischsprachigen Ländern oder für den Export bestimmt, da es der Praxis der kosmetischen Industrie entspreche, das Freihaltebedürfnis in diesem konkreten Produktbereich enger auszulegen (BPatG Mitt 1970, 173, 174); *Sterilex* für chirurgische Gummiwaren, weil die Wortneubildung aus den beschreibenden Wortbestandteilen steril und ex eigenständig wirke und ein Freihaltebedürfnis nicht ins Gewicht falle (BPatGE 16, 68); *xpert* für Verpackungsmaschinen wegen klanglicher Anlehnung an die allgemein freihaltebedürftigen Worte expert (englisch) und Experte (BPatGE 17, 261); *RODIZIO* für Verpflegung von Gästen, Grillspieße mit verschiedenen Fleischarten (BPatG, Beschluß vom 31. Januar 1996, 29 W (pat) 101/93 – RODIZIO).

**247    bb) Eintragungsfähige fremdsprachige Angaben.** Als *eintragungsfähige* fremdsprachige Angaben wurden beurteilt *Leukos* (griechisch: weiß) für Rechenapparate, weil früher wegen des geringen Handelsverkehrs mit neugriechisch sprechenden Ländern ein Freihaltebedürfnis nicht bestanden haben soll (KPA MuW 1905, 71; heute eintragungsunfähig); *Vitello* (italienisch: Kalb) für Margarine (KPA BlPMZ 1903, 152); *Pronto* (italienisch: rasch) für photographische Verschlüsse, weil das Wort im inländischen Verkehr nicht als Beschaffenheitsangabe gelte und ein Freihaltebedürfnis nicht bestehe (RPA MuW 1932, 472; heute eintragungsunfähig); *Bellaflor* (spanisch: schöne Blume) für Parfümerien, weil die Bezeichnung nicht auf eine bestimmte Pflanze hinweise (RPA Mitt 1933, 31); *Splendor* (amerikanisch: Glanz), weil auch splendour (englisch: Glanz) kein Beschaffenheitshinweis sei (RPA MuW 1933, 96; heute bedenklich); *Playcraft* für Spielwaren, weil dieses aus zwei beschreibenden Wortbestandteilen zusammengesetzte Wort im amerikanischen und englischen Sprachgebrauch nicht vorkomme und daher auch für den innerdeutschen Verkehr ein Freihaltebedürfnis für die Gesamtmarke als eine beschreibende Angabe nicht bestehe (BPatG Mitt 1965, 133; abzulehnen); *Petitparis* für französische Weine und Spirituosen, weil nicht anzunehmen sei, daß der Verbraucher werde den fremdsprachigen Gesamtbegriff zergliedern und als zwei beschreibende Bestandteile werten (BPatGE 7, 187; abzulehnen); *Privileg* für Parfümerien und Seifen, weil für diese Produkte ein Freihaltebedürfnis nicht bestehe (BPatGE 6, 225); *Summit* für Desinfektionsmittel, da die Bezeichnung im Inland von beachtlichen Verkehrskreisen nicht als ein Qualitätshinweis aufgefaßt werde (BPatG Mitt 1970, 13); *Black Rage* für Haarfärbe- und Pflegemittel (BPatG Mitt 1971, 91); *Russet Rose* für Haarfärbe- und Pflegemittel (BPatG Mitt 1971, 92); *AMORA* (portugiesisch: Maulbeere, Brombeere) für sauer konserviertes Obst und Gemüse (BPatGE 13, 128); *Petter* für Verbrennungskraftmaschinen trotz Anlehnung an die englische Güteangabe better, weil im deutschen Verkehr die Anlehnung nicht ohne weiteres erkannt werde (BPatGE 16, 175; bedenklich); *SNUGGLEDOWN* (englisch: sich bequem machen, ins Bett kuscheln) für Möbel, Kopfkissen, Kissen (BPatGE 31, 188); *LA AMISTAD* für Tabakwaren und Raucherartikel (BPatGE 31, 138); *OXYDIVE* für Taucherausrüstung, Feuerlöschgeräte, Lebensrettungsgeräte (BPatG Mitt 1990, 175); *MOD'elle* für Bekleidungen für Herren, Damen und Kinder sowie Schuhwaren, auch wenn an den einzelnen Zeichenbestandteilen *MOD* und *elle* (französich: sie) ein Freihaltebedürfnis besteht (BPatG Mitt 1996, 216 – MOD'elle); *THE HOME DEPOT* für Farben, Kleineisenwaren, elektrisch angetriebene und handbetätigte Werkzeuge, insbesondere für Haus und Garten (BGH GRUR 1996, 771 – THE HOME DEPOT mit Anm. *Fammler; Engels,* WRP 1997, 21); *Discware* für die Entwicklung, Konzeption und Produktion von Information für optische Datenspeicher (BPatG CR 1996, 470 – Discware); *TOP-STEEL* für Autoreifen, da es bei Prüfung der Schutzfähigkeit von zusammengesetzten Marken nicht darauf ankomme, ob die einzelnen Markenwörter, sondern ob die schutzsuchende Kombination derselben zu warenbeschreibenden Verwendung oder als Fachausdruck von den Mitbewerbern tatsächlich benötigt werde (BPatG Mitt 1997, 96 – TOP-STEEL); *Rack-Wall* für Küchenmöbel und Beschläge, da auch ein falsches Verständnis fremdsprachiger Begriffe diese jedenfalls dann nicht freihaltebedürftig mache, wenn der deutsche Verbraucher einzelne Zeichenbestandteile des Markenwortes übersetzen und diese dann so verknüpfen müsse, daß sie einen beschreibenden Sinn ergeben (BPatG GRUR 1998, 399 – Rack-Wall).

Wörter, die in *altsprachigen* oder *fremden Schriftzeichen* geschrieben werden, werden häufig eintragungsfähig sein. Wenn die fremde Aussprache mit deutschen Lautzeichen wiedergegeben wird, dann kommt es darauf an, ob das Grundwort im Verkehr erkannt wird. Als eintragungsfähig beurteilt wurden *Looschen* (englisch: lotion) für Haarwasser (RPA MuW 1931, 229; heute eintragungsunfähig); *Chronostop* für Schaltvorrichtungen, da die Bezeichnung aus zwei verschiedenen Fremdsprachen gebildet sei und einen phantasievollen Einschlag aufweise (RPA JW 1936, 216; heute abzulehnen); *Dextro* als Vorsilbe eines Wortes sei zwar eine Beschaffenheitsangabe, aber im Verkehr, der das Wort als Phantasiebezeichnung auffasse, als solche unbekannt, weshalb Dextro in jeder Wortzusammensetzung eintragungsfähig sei, etwa *Dextropur* für Stärkungsmittel (RG GRUR 1943, 129); *Eterna* (eterno, italienisch/spanisch: ewig) für Schuhwaren als ungewöhnlicher Hinweis auf die Haltbarkeit praktischer Gebrauchsgegenstände (DPA GRUR 1952, 528; abzulehnen); *Gardol* für Mittel zur Körperpflege, da die Verbraucher weithin die Ware Cardol nicht kennen (DPA GRUR 1955, 60); *Torch* (englisch: Fackel) für Feuerzeuge und Feuerzeuggas (BPatGE 22, 300). An *chinesischen* Schriftzeichen, die keine zusammenhängende Bedeutung im Sinne von Wörtern haben, sondern lautlich bzw in der Transkription lediglich den Firmennamen des Anmelders wiedergeben, besteht kein Freihaltebedürfnis (BPatG GRUR 1997, 53 – Chinesische Schriftzeichen). In restriktiverer Eintragungspraxis soll eine Reihe von fünf verschiedenen chinesischen Schriftzeichen für Waren des täglichen Bedarfs wie Biere nicht unterscheidungskräftig sein, da chinesischen Schriftzeichen jedenfalls dann die erforderliche Merkfähigkeit fehle, wenn sie der durchschnittliche Konsument nicht anhand einfacher und einprägsamer Bestandteile wieder erkennen könne (BPatG GRUR 1997, 830 – St. Pauli Girl). Da als Marke angemeldete Kennzeichen, die ausschließlich aus fernöstlichen Schriftzeichen gebildet seien, von den deutschen Verkehrskreisen wegen fehlender Kenntnisse solcher Schriftzeichen und ihrer Bedeutung weitgehend nur aufgrund ihres bildlichen Gesamteindrucks unterschieden und erinnert würden, seien sie als Bildmarken und nicht als Wortmarken zu beurteilen.

**c) Die Bezeichnung Ultra.** Die Bezeichnung *Ultra* ist heute in der Bedeutung von äußerst oder über das Maß hinaus sowohl als Vorsilbe als auch in Alleinstellung Bestandteil des deutschen Sprachschatzes und wird als ein Hinweis auf eine besondere Beschaffenheit verstanden. Als *eintragungsunfähig* wurden beurteilt *non plus ultra* (KPA BlPMZ 1904, 347); *Ultrakraft* für Lautsprecher (RPA Mitt 1934, 295); *Ultra-Royal* für photographische Papiere (RPA Mitt 1936, 416); *Ultraschwefel* für Pilzbekämpfungsmittel (DPA BlPMZ 1953, 265); *Ultrafiel* für chirurgisches Nähmaterial (ÖPA BlPMZ 1956, 386). Im physikalischen, chemischen und pharmazeutischen Produktbereich ist die Bezeichnung *Ultra* zu einem allgemeinen Fachausdruck geworden. So sind Wörter wie *Ultraschall, Ultrawellen* oder *ultraviolett* eintragungsunfähig. Anfang der fünfziger Jahre ist die Eintragungspraxis noch davon ausgegangen, daß die Bezeichnung *Ultra* noch nicht allgemeiner Bestandteil des deutschen Sprachschatzes sei; es wurden verschiedentlich Marken mit dem Wortbestandteil *Ultra* eingetragen (DPA BlPMZ 1952, 406; GRUR 1951, 467). Die Bezeichnung Ultra dürfte heute wohl für alle Produktbereiche konkret freihaltebedürftig und damit absolut eintragungsunfähig sein (so schon *Storkebaum*, MA 1953, 45; aA *Schlüter*, MA 1962, 738).

250 Eintragungsfähig kann eine zusammengesetzte Marke sein, die aus der Bezeichnung *Ultra* sowie einem weiteren Wortbestandteil besteht, der weder ein Sachname noch ein Fachausdruck, sondern ein Phantasiewort ist, wenn der Verkehr die Marke für die konkreten Produkte nicht als deskriptiv versteht. Als *eintragungsfähig* wurden beurteilt *Ultra-Chrom-Teint* für Kosmetika, da die Bezeichnung hinreichend eigenartig und phantasievoll sei (DPA GRUR 1951, 467); *Ultrafix* für sofort haftende Kunststoffolien, weil die Bezeichnung eine originelle und phantasievolle Verbindung darstelle (DPA Mitt 1961, 194); *Ultra* für Schränke und Förderbandverbindehaken, weil in diesem Produktbereich die Bezeichnung nicht als höchste Steigerung spezifischer Produkteigenschaften verstanden werde, *eintragungsunfähig* aber für Dünge-, Pflanzen- und Tiervertilgungsmittel, da die Bezeichnung in diesem Produktbereich unmittelbar auf die Produkte bezogen sei (BPatGE 4, 45, 47; abzulehnen, da *Ultra* in Alleinstellung absolut eintragungsunfähig ist; s. Rn 249).

251 **d) Die Bezeichnung *Euro*.** Die Bezeichnung *Euro,* die durch den *Euro* als europäisches Zahlungsmittel schon als solche eine eintragungsunfähige Preisangabe darstellt (s. Rn 199), ist unabhängig davon fester Bestandteil des deutschen Wortschatzes. *Euro* wird auch als Kurzform der Wörter Europa oder europäisch verstanden (BPatGE 2, 217 – EUROMILK). Als Wortbestandteil einer Marke kommt der Bezeichnung *Euro* nur eine deskriptive Bedeutung zu. Die Bezeichnung *Euro* stellt einen Hinweis auf einen europäischen Bezug des Produkts dar, sei es auf die Herstellung oder den Vertrieb der Ware, die grenzüberschreitende Erbringung einer Dienstleistung oder etwa die Bestimmung des Produkts für den europäischen Binnenmarkt.

252 Die Entscheidungspraxis und Rechtsprechung ist *uneinheitlich* und weist verschiedene *Entwicklungsschritte* auf. In den fünfziger Jahre wurden vom DPA zahlreiche Euro-Marken ohne Beanstandung eingetragen, wenn die Marke außer der Wortsilbe *Euro* einen oder mehrere weitere schutzfähige Wortbestandteile enthielt. Anfang der sechziger Jahre änderte sich diese Eintragungspraxis aufgrund einer Reihe von Entscheidungen des BPatG (BPatGE 2, 217 – EUROMILK; 5, 192 – Euroyal; 8, 55 – Europhyt; 9, 104 – EUROVLIESELON). Seit dieser Zeit wurden Marken mit dem Wortbestandteil *Euro* im Hinblick auf die unterschiedlichen Vorstellungen der Verkehrskreise über die Bedeutung der Bezeichnung *Euro* als grundsätzlich täuschend angesehen. Diese Anforderungen an die Eintragungsfähigkeit von Euro-Marken wurden in der Folgezeit wiederum gelockert (BPatGE 10, 68 – EUROTHERM; BPatG Mitt 1970, 92 – Euro-Henkel/Eurosil; s. dazu *Miosga*, GRUR 1969, 379; *Miosga*, MA 1963, 237; *Miosga*, Mitt 1963, 121; *Völp*, WRP 1971, 2; *Droste*, GRUR 1972, 341). Seither wurde die Eintragung von Euro-Marken zum einen dann zugelassen, wenn die Marke neben dem Wortbestandteil *Euro* eine weithin bekannte Firma oder eine notorisch bekannte Marke enthielt. Die Eintragungsfähigkeit einer Euro-Marke wurde zum anderen dann angenommen, wenn bei der Feststellung, welchem Wortbestandteil der Marke der Verkehr die vorherrschende Bedeutung einräume und wie somit die Marke als Ganzes beurteilt werde, sich Zweifel in einem solchen Maße ergäben, daß eine Irreführung im Sinne des § 8 Abs. 2 Nr. 4 (§ 4 Abs. 2 Nr. 4 WZG) als nicht mehr ersichtlich erscheine (*Miosga*, GRUR 1969, 379, 381). Als *eintragungsfähig* beurteilt wurden *Euro-Henkel* und *Eurosil* für pharmazeutische und chemische Erzeugnisse, Metallwaren, Werkzeuge, Küchengeräte, Fußbodenbeläge, Raucherartikel (BPatG Mitt 1970, 92); *Eurowea* für Strumpfwaren, gewirkte und gestrickte Bekleidungsstücke, weil dem Anmelder der Marke, der europäische Niederlassungen errichtet habe, eine überdurchschnittliche Bedeutung auf dem europäischen Markt zukomme (BPatG WRP 1970, 222); *Eurobrandy* für Spirituosen (BPatGE 11, 125; BPatG GRUR 1970, 510); *EUROCONSULT* für Dienstleistungen, wie Ermittlung in Geschäftsangelegenheiten (BGH GRUR 1994, 120 – EUROCONSULT); aA für *EUROCONSULT* wegen Täuschungsgefahr (BPatG BlPMZ 1992, 196) sowie *EUROINVEST* (BPatG BlPMZ 1992, 112).

Bei Marken und geschäftlichen Bezeichnungen ist nach der allgemeinen Lebenserfahrung 253
davon auszugehen, daß ein nicht unbeachtlicher Teil der Verkehrskreise den Wortbestandteil *Euro* als einen Hinweis auf die Größe und Art des Unternehmens, den Umfang der Geschäftstätigkeit und ein den Erfordernissen des europäischen Binnenmarktes entsprechendes Angebot versteht. Euro-Kennzeichen enthalten einen Hinweis auf eine *europäische Dimension* des Unternehmens und seiner Produkte (zum Markenrecht s. BGH GRUR 1972, 357, 358 – euromarin; 1994, 120, 121 – EUROCONSULT; zum Firmenrecht s. BGHZ 53, 339, 343 – Euro-Spirituosen; BGH GRUR 1978, 251, 252 – Euro-Sport; zum Wettbewerbsrecht s. BGH GRUR 1997, 669 – Euromint).

e) **Die Bezeichnung** *Inter.* Die Bezeichnung *Inter* ist sowohl als Abkürzung für *internatio-* 254
*nal* als auch in der Bedeutung für *zwischen* heute fester Bestandteil des deutschen Wortschatzes und sowohl in Alleinstellung als auch als Wortbestandteil allgemein sprachgebräuchlich. Als *eintragungsunfähig* wurden beurteilt *Inter* für Möbel wegen der rein beschreibenden Bedeutung als schlagwortartiger Hinweis auf die Bezeichnung international (BPatGE 22, 84 – Inter); *INTERQUARTZ* für elektrotechnische und elektronische Geräte als beschreibender Hinweis auf Geräte mit Quarzteilen, die internationalen Ansprüchen genügen oder internationalen Normen gerecht werden (BPatG Mitt 1981, 197 – INTERQUARTZ). Als *eintragungsfähig* beurteilt wurde *Interfashion* für Strumpfwaren als eine zudem nicht täuschende Marke, da der Verkehr nicht in einem beachtlichen Umfange auf eine Herkunft der Waren aus dem Gebiet des englischen Sprachbereichs schließe (BPatGE 4, 82 – Interfashion); *Interglas* für Glasgewebe unter Hinweis auf eine Vielzahl von Marken mit dem Wortbestandteil *Inter,* da ein ernsthaftes Bedürfnis an der allgemeinen Freihaltung dieser Wortprägung nicht bestehe (BPatGE 18, 229 – Interglas; abzulehnen); *INTERSHOP* für Dienstleistungen der Klassen 35, 36 und 42 (BPatGE 37, 11 – INTERSHOP).

f) **Die Bezeichnung** *Tele.* Die Bezeichnung *Tele* ist heute als fester Besatndteil des 254a
deutschen Wortschatzes sowohl in Alleinstellung als auch als Wortbestandteil auf dem Gebiet der Telekommunikation allgemein sprachgebräuchlich. Das gilt für eine Vielzahl von Begriffen, wie etwa *Teledienste, Teleshopping, Telebanking, Teleconsulting, Teleservice* oder *Telearbeit.* Als eintragungsunfähig beurteilt wurde *TeleOrder* für Waren und Dienstleistungen der Klassen 35, 38, 42, 14 und 21 (als nicht unterscheidungskräftig nach § 8 Abs. 2 Nr. 1 BPatGE 40, 57 – TeleOrder). Das gilt auch für die Bezeichnung *Com*.

## 16. Abwandlungen von beschreibenden Angaben

Bei Abwandlungen von beschreibenden Angaben ist das Vorliegen eines konkreten Frei- 255
haltebedürfnisses besonders sorgfältig zu prüfen. Der *Polyestra*-Doktrin (s. dazu im einzelnen Rn 121), nach der solche mit beschreibenden Angaben *ohne weiteres verwechselbare* Bezeichnungen eintragungsunfähig waren, wurde seit Mitte der 80iger Jahre überwunden und kann im MarkenG keine Geltung beanspruchen. An Abwandlungen von beschreibenden Angaben besteht aber dann ein absolutes Schutzhindernis nach § 8 Abs. 2 Nr. 2, wenn an der Abwandlung der beschreibenden Angabe nicht anders als an der beschreibenden Angabe selbst ein *konkretes Freihaltebedürfnis* besteht. Die Eintragungspraxis nach Aufgabe der *Polyestra*-Doktrin kann auch auf die Rechtslage im MarkenG übertragen werden, vorbehaltlich einer richtlinienkonformen Auslegung im Sinne der MarkenRL.

Im Eintragungsverfahren sind nur solche mit der beschreibenden Angabe ähnliche Zei- 256
chen als eintragungsfähig zu beurteilen, die eine *schutzfähige Abwandlung* der beschreibenden Angabe darstellen, da nicht jede denkbare Möglichkeit einer Behinderung einer beschreibenden Angabe aufgrund möglicherweise verwechselbarer Zeichen zu berücksichtigen ist. So liegt selbst bei gleicher Aussprache eine schutzfähige Abwandlung einer beschreibenden Angabe vor, wenn das Schriftbild und der Sinngehalt des angemeldeten Zeichens von der beschreibenden Angabe wegführt und die Annäherung sich auf eine klangliche Ähnlichkeit beschränkt; als eintragungsfähig beurteilt wurde *snakers* trotz Ähnlichkeit mit *sneakers* für Schuhwaren (DPA Mitt 1989, 242). Von einer ohne weiteres Nachdenken erkennbaren Abwandlung kann nur dann gesprochen werden, wenn die beschreibende Angabe in ihrem Kern zumindest im wesentlichen erhalten geblieben ist; die Wortmarke *Combina* für Falttüren und Schieferwände ist sowohl in Klang und Schriftbild deutlich zu *combine* (englisch: verbinden) abgeändert (BPatG Mitt 1987, 157 – Combina). Bereits der Austausch oder das

Hinzufügen eines einzigen Buchstabens (auch eines Konsonanten) kann den Wortcharakter eines Zeichens so tiefgreifend verändern, daß nicht mehr von einer ohne weiteres erkennbaren, eng angelehnten Abwandlung einer freizuhaltenden Angabe gesprochen werden kann; *Swensor* ist für Druckmeßzellen (Sensoren) eintragungsfähig (BPatG Mitt 1987, 220 – Swensor). Bei bekannten Wörtern werden auch geringere Differenzierungen im Schrift- und Klangbild leichter erkannt; als eintragungsfähig beurteilt wurde *NATUA* für Wasch- und Bleichmittel unterscheidungskräftig, da der letzte Buchstabe des freihaltebedürftigen Wortes *NATUR* abgewandelt sei (BPatG Mitt 1991, 83 – NATUA). Als eintragungsfähig beurteilt wurde *Cenduggy* als phonetisch an eine beschreibende Angabe angelehnt; zukünftigen Behinderungen der Mitbewerber ist in späteren Verfahrensabschnitten wie durch eine sachgerechte Handhabung des Begriffs der Verwechslungsgefahr zu begegnen (BGH GRUR 1989, 349 – ROTH-HÄNDLE-KENTUCKY/Cenduggy). Die neugeschaffene Wortkombination *Flippothek*, die lediglich aus leicht abgewandelten, dem allgemeinen Sprachgebrauch angehörenden Begriffen besteht, wurde als nicht so originell beurteilt, als daß sie kennzeichnend wirken könne (OLG Celle WRP 1993, 245 – Flippothek). Auch wenn die Wortmarke EREINTZ als phonetisch einer schutzunfähigen, weil für Mitbewerber freizuhaltenden Buchstaben-Zahlen-Angabe angenähert sei, die beteiligten Verkehrskreise in ihr aber keine ohne weiteres erkennbare, eng angelehnte Abwandlung der Bezeichnung *R 1* erblickten, ist die Bezeichnung eintragungsfähig, der Schutzbereich solcher an freizuhaltende Angaben angelehnten Zeichen aber eng zu bemessen (BGH GRUR 1989, 264 – REYNOLDS R 1/EREINTZ in Anlehnung an BGH GRUR 1985, 1053, 1054 – ROAL; BGHZ 91, 262, 272 – Indorektal; s. auch Rn 115).

### III. Gattungsbezeichnungen (§ 8 Abs. 2 Nr. 3)

#### 1. Markenfähigkeit, konkrete Unterscheidungskraft und Gattungsbezeichnung

257 **a) Regelungszusammenhang.** *Gattungsbezeichnungen* genügen regelmäßig der abstrakten Unterscheidungseignung im Sinne der Markenfähigkeit nach § 3 Abs. 1. Sie sind aber schon dann von der Eintragung in das Markenregister ausgeschlossen, wenn ihnen jegliche Unterscheidungskraft für die konkreten Waren oder Dienstleistungen, für die die Eintragung beantragt wird, nach § 8 Abs. 2 Nr. 1 fehlt. Wenn eine Gattungsbezeichnung nicht konkret unterscheidungskräftig ist, ist sie eintragungsunfähig; dann kommt es nicht mehr nach § 8 Abs. 2 Nr. 3 darauf an, ob es sich um eine im allgemeinen Sprachgebrauch oder in den redlichen und ständigen Verkehrsgepflogenheiten üblich gewordene Bezeichnung und damit um eine Gattungsbezeichnung im Sinne dieser Vorschrift handelt. Gattungsbezeichnungen, die nach § 3 Abs. 1 markenfähig und nach § 8 Abs. 2 Nr. 1 konkret unterscheidungskräftig sind, sind aber dann nach § 8 Abs. 2 Nr. 3 von der Eintragung in das Markenregister ausgeschlossen, wenn die Marke als Gattungsbezeichnung im allgemeinen Sprachgebrauch oder in den redlichen und ständigen Verkehrsgepflogenheiten zur Bezeichnung der Waren oder Dienstleistungen üblich geworden ist. Zu berücksichtigen ist auch, daß § 23 Nr. 2 analog im Interesse der Allgemeinheit und namentlich der Wettbewerber die freie Benutzung der Marke als allgemein sprachgebräuchliche oder verkehrsübliche Bezeichnung als eine Schranke des Markenschutzes normiert (s. § 23, Rn 62). Das absolute Schutzhindernis der Gattungsbezeichnung kann nach § 8 Abs. 3 überwunden werden, wenn die Gattungsbezeichnung in den beteiligten Verkehrskreisen Verkehrsdurchsetzung als Marke erlangt.

258 **b) Rechtsentwicklung vom Freizeichen zur Gattungsbezeichnung.** Nach § 4 Abs. 1 WZG bestand für *Freizeichen* ein unbedingter Versagungsgrund. Nach dieser Vorschrift konnten Freizeichen nicht in die Warenzeichenrolle eingetragen werden. Das absolute Schutzhindernis der Gattungsbezeichnung nach § 8 Abs. 2 Nr. 3 entspricht sachlich dem unbedingten Versagungsgrund der Freizeichen nach § 4 Abs. 1 WZG, auch wenn das MarkenG den Begriff des Freizeichens nicht mehr verwendet. Entscheidungspraxis und Rechtsprechung zur Eintragungsunfähigkeit von Freizeichen können auf das absolute Schutzhindernis der Gattungsbezeichnung übertragen werden.

Absolute Schutzhindernisse      259–262   § 8 MarkenG

Das WZG definierte den Begriff des Freizeichens nicht, sondern setzte ihn als feststehend 259 voraus. Das *Gesetz über den Markenschutz* vom 30. November 1874 (RGBl. S. 143) hatte noch geregelt, daß niemand ein Recht an solchen Warenzeichen erwerben könne, welche bisher im freien Gebrauche aller oder gewisser Klassen von Gewerbetreibenden sich befunden haben. Die in der Vorschrift vorgenommene Unterscheidung zwischen Warenzeichen im freien Gebrauch aller und solchen im freien Gebrauch bestimmter Branchen von Gewerbetreibenden ist der Unterscheidung des § 8 Abs. 2 Nr. 3 zwischen im allgemeinen Sprachgebrauch und in den redlichen und ständigen Verkehrsgepflogenheiten üblich gewordenen Bezeichnungen vergleichbar.

Im Schrifttum zum WZG wurde bei der Begriffsbestimmung der Freizeichen der Unter- 260 schied zwischen *Unterscheidungskraft eines Zeichens* und *Freizeicheneigenschaft* entwickelt (*Baumbach/Hefermehl*, § 4 WZG, Rn 5). Als Freizeichen wurden Zeichen mit zwar ursprünglicher, aber gegenwärtig fehlender Unterscheidungskraft verstanden. Als Freizeichen wurden solche Zeichen beurteilt, die zunächst die Eignung besaßen, auf die Herkunft einer Ware aus einem bestimmten Betrieb hinzuweisen, diese Eignung jedoch dadurch einbüßten, daß sie von einer größeren Anzahl von Unternehmen, die in keinerlei rechtlicher oder wirtschaftlicher Beziehung zueinander standen, für bestimmte Waren oder Warengruppen allgemein gebraucht wurden. Die Freizeicheneigenschaft, auf der die Versagung des Warenzeichenschutzes gründete, beruhte auf dem tatsächlichen Zustand eines freien und allgemeinen Gebrauchs des Zeichens auf dem Markt. Nicht als ein Freizeichen wurde eine solche Bezeichnung verstanden, der von vornherein und von Hause aus keine Unterscheidungskraft zukam. Einer solchen Bezeichnung mangelte es schon an der nach § 1 WZG begrifflich erforderlichen Unterscheidungskraft eines Warenzeichens. Angesprochen war damit die *doppelte Aspektivität* der Unterscheidungskraft eines Zeichens, ohne allerdings im Schrifttum einer endgültigen Klärung zugeführt worden zu sein: zum einen *positive* Schutzvoraussetzung zu sein, die aus dem Begriff des Warenzeichens nach § 1 WZG folgte, zum anderen *negative* Schutzvoraussetzung zu sein, deren Fehlen einen unbedingten Versagungsgrund nach § 4 Abs. 2 Nr. 1 WZG darstellte.

Diese beiden Aspekte der Unterscheidungskraft haben im MarkenG nunmehr eine Re- 261 gelung erfahren. Die *abstrakte* Unterscheidungseignung ist ein allgemeines Merkmal der Markenfähigkeit nach § 3 Abs. 1 (s. § 3, Rn 203 ff.), die *konkrete* Unterscheidungskraft ist ein Kriterium der Eintragungsfähigkeit eines als Marke schutzfähigen Zeichens nach § 8 Abs. 2 Nr. 1, deren Fehlen ein absolutes Schutzhindernis darstellt. Voraussetzung einer Gattungsbezeichnung nach § 8 Abs. 2 Nr. 3, die einem Freizeichen nach § 4 Abs. 1 WZG vergleichbar ist, ist das Vorliegen der abstrakten Unterscheidungseignung nach § 3 Abs. 1, sowie der konkreten Unterscheidungskraft nach § 8 Abs. 2 Nr. 1 dieser Bezeichnung. Ein nicht abstrakt unterscheidungsgeeignetes Zeichen ist schon nicht markenfähig nach § 3 Abs. 1, ein nicht konkret unterscheidungskräftiges, als Marke schutzfähiges Zeichen ist schon nicht eintragungsfähig nach § 8 Abs. 2 Nr. 1, ohne daß es noch auf die Eigenschaft dieser Bezeichnung als einer Gattungsbezeichnung im Sinne des § 8 Abs. 2 Nr. 3 ankommt. Nach dem MarkenG ist unerheblich, ob ein als Marke schutzfähiges Zeichen mit konkreter Unterscheidungskraft aufgrund einer tatsächlichen Entwicklung im Verkehr die Eigenschaft als Gattungsbezeichnung erwirbt und damit seine Eintragungsfähigkeit als Zeichen verliert, oder der Bezeichnung die Eigenschaft als Gattungsbezeichnung schon von Hause aus und ursprünglich zukommt.

In der Rechtsprechung zum WZG wurden als Freizeichen nur solche an sich unterschei- 262 dungskräftige Zeichen verstanden, die sich für bestimmte Waren, für die sie der inländische Verkehr kannte, im Inland im freien Gebrauch einer größeren Anzahl nicht miteinander in Verbindung stehender Gewerbetreibender befanden, so daß sie nicht mehr als Kennzeichen eines bestimmten Gewerbebetriebs zu wirken vermochten (BGH GRUR 1955, 421 – Forellenbild). Auch wenn nach dem MarkenG zwischen dem Vorliegen der Markenfähigkeit, dem Bestehen konkreter Unterscheidungskraft sowie der Eigenschaft als Gattungsbezeichnung eines Zeichens zu unterscheiden ist, so wird doch häufig das Fehlen der konkreten Unterscheidungskraft eines Zeichens mit dessen Eigenschaft als Gattungsbezeichnung in einem bestimmten Produktbereich übereinstimmen. Insoweit verhält es sich nicht anders als bei der Bestimmung des Anwendungsbereichs des absoluten Schutzhindernisses der beschreibenden Angaben nach § 8 Abs. 2 Nr. 2 im Verhältnis zum Schutzhindernis der fehlenden Unterscheidungskraft nach § 8 Abs. 2 Nr. 1.

## 2. Begriff der Gattungsbezeichnung

**263** **a) Allgemein sprachgebräuchliche und verkehrsübliche Bezeichnungen.** Nach § 8 Abs. 2 Nr. 3 sind solche als Marke schutzfähigen Zeichen von der Eintragung in das Markenregister ausgeschlossen, die ausschließlich aus Zeichen oder Angaben bestehen, die im allgemeinen Sprachgebrauch oder in den redlichen oder ständigen Verkehrsgepflogenheiten zur Bezeichnung der Waren oder Dienstleistungen üblich geworden sind. Die Vorschrift verwendet weder den *Begriff des Freizeichens,* der den Tatbestand des unbedingten Versagungsgrundes nach § 4 Abs. 1 WZG bestimmte (s. Rn 258), noch den *Begriff der Gattungsbezeichnung,* der in der Begründung zum MarkenG verwendet wird (Begründung zum MarkenG, BT-Drucks. 12/6581 vom 14. Januar 1994, S. 70). § 8 Abs. 2 Nr. 3 unterscheidet zwischen *Bezeichnungen im allgemeinen Sprachgebrauch* und *verkehrsüblichen Bezeichnungen*. Nach der Gesetzesbegründung stellen nur die Bezeichnungen im allgemeinen Sprachgebrauch Gattungsbezeichnungen dar; die im Verkehr üblichen Bezeichnungen werden von der Eintragung ausgeschlossen, ohne als Gattungsbezeichnungen verstanden zu werden. Auf die Begriffsunterschiede kommt es nicht weiter an (zustimmend *Ingerl*, WRP 1998, 473, 475). Eine naheliegende Wortwahl ist es, von allgemein sprachgebräuchlichen Bezeichnungen als Gattungsbezeichnungen *im weiteren Sinne* und verkehrsüblichen Bezeichnungen als Gattungsbezeichnungen *im engeren Sinne* zu sprechen. In seinem Grundsatzbeschluß *BONUS* geht der BGH von der Wortwahl der allgemein sprachgebräuchlichen oder verkehrsüblichen Bezeichnungen aus (BGH GRUR 1998, 465 – BONUS). Gegenstand des absoluten Schutzhindernisses nach § 8 Abs. 2 Nr. 3 sind einerseits die an sich unterscheidungskräftigen *Freizeichen*, die von mehreren Unternehmen zur Bezeichnung bestimmter Waren verwendet werden und deshalb nicht mehr kennzeichnend, sondern nur noch beschreibend verstanden werden, und andererseits *Gattungsbezeichnungen*, die angesichts ihres beschreibenden Inhalts von der Eintragung als Marke ausgeschlossen sind.

**264** **b) Geographische Gattungsbezeichnungen (§ 126 Abs. 2).** Nach § 1 Nr. 3 wird geographischen Herkunftsangaben als sonstigen Kennzeichen markengesetzlicher Rechtsschutz zuerkannt. Der Kennzeichenschutz der geographischen Herkunftsangaben bestimmt sich nach den §§ 126 ff. Vom Kennzeichenschutz als geographische Herkunftsangaben sind nach § 126 Abs. 2 Gattungsbezeichnungen über die geographische Herkunft ausgeschlossen, wenn diese Bezeichnungen ihre ursprüngliche Bedeutung verloren haben und als Namen von Waren oder Dienstleistungen oder als Bezeichnungen oder Angaben der Art, der Beschaffenheit, der Sorte oder sonstiger Eigenschaften oder Merkmale von Waren oder Dienstleistungen dienen (zur Bezeichnung *MADEIRA* als Gattungsbezeichnung s. einerseits verneinend BPatG BlPMZ 1997, 208, 209 – MADEIRA, andererseits bejahend BGH GRUR 1996, 270 – MADEIRA).

**265** **c) Beispiele.** Als Bildmarke ist das *Flügelrad* nach § 3 Abs. 1 markenfähig, aber als Gattungsbezeichnung im Eisenbahnverkehr für Eisenbahnwagen eintragungsunfähig, wohl auch schon nicht konkret unterscheidungskräftig nach § 8 Abs. 2 Nr. 1, eintragungsfähig aber für Bekleidung, weil die Benutzung des Flügelrads an der Bekleidung von Eisenbahnern nicht markenmäßig erfolgt. Als eintragungsunfähige Freizeichen wurden beurteilt das Bild eines *Schwanes* für Federn sowie das Bild einer *Kornblume* für Kornbranntwein (RPA MuW 1941, 169; zur Entscheidungspraxis und Rechtsprechung s. Rn 288 ff.). Die auch nach der Aufhebung der BaumeisterVO gesetzlich geschützte Berufsbezeichnung *Baumeister* wird im Verkehr als berufliche Gattungsbezeichnung verstanden, die sprachüblich einen Meisterberuf des Bauwesens bezeichnet; als freihaltebedürftig und nicht unterscheidungskräftig wurde die Bezeichnung *BAUMEISTER-HAUS* für die Waren Fertighäuser, nämlich Ein- und Mehrfamilienhäuser, bebaute Grundstücke beurteilt (BPatGE 40, 81 – BAUMEISTER-HAUS).

## 3. Allgemeiner Sprachgebrauch und Verkehrsüblichkeit

**266** **a) Markenbezogener Allgemeingebrauch.** Eine allgemein sprachgebräuchliche oder verkehrsübliche Bezeichnung wird im Verkehr nicht als ein identifizierendes Unterscheidungszeichen verstanden. Voraussetzung einer solchen Verkehrsauffassung ist, daß der *allgemeine Sprachgebrauch* oder die *Verkehrsüblichkeit* (Allgemeingebrauch) sich auf eine *marken-*

Absolute Schutzhindernisse

*bezogene* Verwendung der Bezeichnung bezieht. Das Erfordernis des markenbezogenen Allgemeingebrauchs kommt in der Voraussetzung eines kokreten Produktbezugs der allgemein sprachgebräulichen und verkehrsüblichen Bezeichnungen zum Ausdruck (s. dazu zum Dissens zwischen BGH und BPatG Rn 270 ff., 272e; aA s. auch BPatG GRUR 1998, 1021, 1022 – Mona Lisa). Allgemeiner Sprachgebrauch oder Verkehrsüblichkeit einer Bezeichnung als Marke begründen deren Eigenschaft als eintragungsunfähiger Gattungsbezeichnung im engeren und weiteren Sinn.

**b) Regionaler Allgemeingebrauch.** Der die Eintragungsunfähigkeit einer Gattungsbezeichnung begründende allgemeine Sprachgebrauch oder die Verkehrsüblichkeit müssen nicht im gesamten Gebiet der Bundesrepublik Deutschland als dem Geltungsbereich des MarkenG bestehen. Eine Bezeichnung kann schon dann als allgemein sprachgebräuchlich oder verkehrsüblich zu beurteilen sein, wenn sie *regional* bei beachtlichen Verkehrskreisen im Allgemeingebrauch steht (zur Freizeicheneigenschaft BPatGE 18, 239, 243 – Apollo). Der regionale Allgemeingebrauch begründet die Eintragungsunfähigkeit einer Gattungsbezeichnung, da der durch Eintragung entstehende Markenschutz nach § 4 Nr. 1 sich notwendigerweise auf den Geltungsbereich des MarkenG erstreckt. Zwar kann der durch Benutzung und den Erwerb von Verkehrsgeltung als Marke nach § 4 Nr. 2 entstehende Markenschutz regional begrenzt sein, nicht aber kann eine Gattungsbezeichnung regional begrenzt als eintragungsunfähig beurteilt werden.

**c) Allgemeiner Sprachgebrauch und Verkehrsüblichkeit im Inland und Ausland.** Der allgemeine Sprachgebrauch oder die Verkehrsüblichkeit, die die Eintragungsunfähigkeit eines Zeichens als einer Gattungsbezeichnung nach § 8 Abs. 2 Nr. 3 begründen, muß grundsätzlich im Inland bestehen. Entscheidend ist, ob der *inländische Verkehr* die Bezeichnung als ein identifizierendes Unterscheidungszeichen oder als eine Gattungsbezeichnung versteht. Nach der Rechtslage im WZG wurden ausländische Freizeichen grundsätzlich als eintragungsfähig beurteilt. Wenn ein Zeichen ausschließlich im Ausland als ein Freizeichen angesehen werde, so begründe diese Verkehrsauffassung nicht auch die Freizeicheneigenschaft im Inland. Der Allgemeingebrauch der Bezeichnung im Ausland wurde allenfalls als ein Indiz für die Entwicklung der Bezeichnung zu einem inländischen Freizeichen angesehen (KPA BlPMZ 1904, 350). Eine ausländische Freizeicheneigenschaft konnte die Entwicklung zum Freizeichen im Inland fördern. Abbildungen in ausländischen Zeitschriften, die im Inland vertrieben werden, indizieren auch im Inland den Übergang der Bezeichnung in den freien Verkehr, wenn der inländische Gebrauch nicht nur vereinzelt stattfindet (BGH GRUR 1955, 421 – Forellenbild als Symbol für Angelgeräte).

In Anbetracht der Internationalisierung des Produktverkehrs sowie der grenzüberschreitenden Kommunikationstechnologie und des weltweiten Tourismus sollten bei der Feststellung allgemein sprachgebräuchlicher und verkehrsüblicher Bezeichnungen verstärkt der Sprachgebrauch und die *Verkehrsübung im Ausland* zumindest der wichtigen Handelsnationen sowie der Staaten mit Weltsprachen berücksichtigt werden. Das Bestehen von Markenschutz im Ausland, wie etwa an der Bezeichnung *Vaseline* in den USA, stellt grundsätzlich kein Hindernis dar, daß sich im Inland die Bezeichnung aufgrund des allgemeinen Gebrauchs durch eine größere Zahl organisatorisch und wirtschaftlich nicht verbundener Unternehmen zu einer Gattungsbezeichnung entwickelt (zur Freizeicheneigenschaft RGZ 73, 229 – Vaseline).

**4. Produktbezug der allgemein sprachgebräuchlichen und verkehrsüblichen Bezeichnungen**

**a) Grundsatz.** Eine Bezeichnung ist nach § 8 Abs. 2 Nr. 3 nur für die konkreten Waren oder Dienstleistungen eintragungsunfähig, für die sie allgemein sprachgebräuchlich oder verkehrsüblich ist. Anders als in Art. 3 Abs. 1 lit d MarkenRL wird in § 8 Abs. 2 Nr. 3 klarstellend auf die angemeldeten oder eingetragenen Waren oder Dienstleistungen Bezug genommen, da Bezeichnungen, die für bestimmte Waren oder Dienstleistungen Gattungsbezeichnungen sind, für andere Waren oder Dienstleistungen durchaus als Marke geeignet sein können (Begründung zum MarkenG, BT-Drucks. 12/6581 vom 14. Januar 1994, S. 70). Es gibt keine *absoluten* Gattungsbezeichnungen für sämtliche Produkte (so schon zum Freizeichen BGH GRUR 1955, 421 – Forellenbild). Gegenstand des absoluten Schutzhindernisses nach § 8 Abs. 2 Nr. 3 sind nur solche allgemein sprachgebräuchlichen oder verkehrsüblichen Bezeichnungen, deren beschreibender Inhalt sich auf die Waren oder Dienstleistungen, für die die Eintragung beantragt wird, bezieht (BGH GRUR 1998, 465 – BONUS mit Anm. *Jonas*). Der *unmittelbare Produktbezug* des beschreibenden Inhalts der Bezeichnung begründet das absolute Schutzhindernis (s. allgemein Rn 19). Aufgrund einer extensiven Auslegung den Anwendungsbereich des § 8 Abs. 2 Nr. 3 dahin zu bestimmen, daß auch Angaben, die keine unmittelbaren Produktaussagen enthalten, sondern nur im allgemeinen Sprachgebrauch oder in den geschäftlichen Gepflogenheiten üblich sind, ohne eine spezielle beschreibende Aussage wie etwa allgemeine Werbeelemente zu vermitteln, von der Eintragung ausgeschlossen sind (so *Althammer/Ströbele/Klaka*, § 8 MarkenG, Rn 116), folgt weder aus Art. 3 Abs. 1 lit. d MarkenRL, noch entspricht eine solche Auslegung dem Anwendungsbereich von Art. 7 Abs. 1 lit. d GMarkenV (so zutreffend BGH GRUR 1998, 465, 468 – BONUS).

**271**   **b) Produkte im Ähnlichkeitsbereich.** Die Eigenschaft eines Zeichens als eintragungsunfähige Gattungsbezeichnung besteht auch nicht für *Produkte im Ähnlichkeitsbereich* der Waren oder Dienstleistungen, für die das Zeichen allgemein sprachgebräuchlich oder verkehrsüblich ist. Der Verkehr überträgt den allgemeinen Sprachgebrauch oder die Verkehrsüblichkeit nicht auf ähnliche Produkte, für die dem Zeichen Unterscheidungskraft zukommt und für die es eintragungsfähig ist (BPatGE 18, 239, 250 – Apollo). Ein Zeichen ist nur dann als Gattungsbezeichnung eintragungsunfähig, wenn der allgemeine Sprachgebrauch oder die Verkehrsübung für das konkrete Produkt eindeutig feststeht. Der Produktbezug einer Gattungsbezeichnung ist nicht zu berücksichtigen, wenn der *Schutzbereich einer eingetragenen Marke* hinsichtlich der Waren oder Dienstleistungen im Ähnlichkeitsbereich zu bestimmen ist. Denn der Markenschutz bezieht sich auf den Ähnlichkeitsbereich der eingetragenen Waren oder Dienstleistungen einschließlich der Produkte, für die die eingetragene Marke eine Gattungsbezeichnung ist. Das folgt aus der rechtlichen Bedeutung des konkreten Freihaltebedürfnisses im Eintragungsverfahren. Eine Marke, die nur im Ähnlichkeitsbereich der angemeldeten Produkte eine freizuhaltende Angabe darstellt, ist dann nicht von der Eintragung ausgeschlossen, wenn für die angemeldeten Waren oder Dienstleistungen ein konkretes Freihaltebedürfnis nicht besteht. Der Markeninhaber einer eingetragenen Marke kann sich in einem Widerspruchsverfahren sowie in einem Verletzungsprozeß gegen die Anmeldung einer identischen oder ähnlichen Marke für ähnliche Waren oder Dienstleistungen auf sein Markenrecht berufen, auch wenn seine Marke für die Produkte der angemeldeten Marke eine freizuhaltende Angabe ist (BGH GRUR 1968, 414, 416 – Fe; 1977, 717, 718 – Cokies; aA OLG München GRUR 1970, 137 – Napoléon Le Petit Caporal). Anders entschied das RPA in der *Juno*-Entscheidung (RPA MuW 1931, 587). Das Zeichen *Juno*, das für Zigarren als ein Freizeichen zu beurteilen war, wurde als Warenzeichen für Zigaretten eingetragen. Der Markeninhaber konnte Löschung des verwechslungsfähigen Warenzeichens *Julo*, das für sämtliche Tabakwaren eingetragen war, nur für Zigaretten, nicht auch für Zigarren als gleichartige Waren verlangen (schon RGZ 102, 357; in RGZ 154, 1, 7 – Standard wird die Rechtsfrage einer Kollision von eingetragenem Warenzeichen und Freizeichen für gleichartige Waren offengelassen).

**272a**   **c) Wörter des allgemeinen Sprachgebrauchs ohne Produktbezug. aa) Rechtsprechung des BPatG.** Die restriktive Eintragungspraxis des DPMA, die auf einem extensiven Verständnis des absoluten Schutzhindernisses der Gattungsbezeichnung nach § 8 Abs. 2 Nr. 3 beruht, wird von der Rechtsprechung des BPatG gebilligt und in ausdrücklichem Widerspruch zur gegenteiligen Rechtsauffassung des BGH in seinem Grundsatzbeschluß *BONUS* (s. Rn 272d) aufrecht erhalten (s. Rn 272e). Nach dieser Rechtsauffassung gehören zu den Angaben, die im allgemeinen Sprachgebrauch zur Bezeichnung von Waren oder Dienstleistungen üblich geworden sind, auch *fremdsprachige Grußformeln*, die in den deutschen Sprachgebrauch Eingang gefunden haben und für die umworbenen Abnehmerkreise nur eine allgemeine Aufmerksamkeit beanspruchende Aussage darstellen. Nach diesen Grundsätzen wurde die Wortmarke *CIAO* für Tabakwaren als *eintragungsunfähig* beurteilt (BPatGE 36, 233 – CIAO). Zu den allgemein sprachgebräuchlichen oder verkehrsüblichen Bezeichnungen sollten auch *allgemeine Ausdrücke der Wirtschaftssprache* gehören, wenn sie aufgrund ihrer Eignung, schlagwortartig und werbemäßig auf wichtige Umstände im Zusammenhang mit Waren oder Dienstleistungen hinzuweisen, freihaltungsbedürftig seien. Ein unmittelbarer Produktbezug wurde zu Unrecht nicht als Voraussetzung des absoluten Schutzhindernisses verlangt (s. dazu allgemein Rn 19). Als *eintragungsunfähig* beurteilt wurde die Wortmarke *BONUS* für Waren, insbesondere aus dem Bereich des Pflanzen- und Vorratsschutzes (BPatGE 35, 109 – BONUS; s. dazu aber BGH GRUR 1998, 465 – BONUS). Zu den Angaben im allgemeinen Sprachgebrauch sollten auch Wörter gehören, die für die umworbenen Abnehmerkreise nur *allgemein anpreisende Aussagen* ohne eindeutig konkreten Bezug auf die Waren darstellten. Werde ein Wort bisher meist nur in Zusammensetzungen und nur vereinzelt in Alleinstellung verwendet, könne jedenfalls beim Vorliegen sprachlicher Parallelentwicklungen davon ausgegangen werden, daß ein solcher umgangssprachlicher Ausdruck auch für sich genommen zum allgemeinen, für Wettbewerber freizuhaltenden Sprachschatz gehöre. Wenn ein solcher Ausdruck der Umgangssprache allgemein nur als weithin *übliches Reklamewort* verstanden werde, dann fehle ihm auch die erforderliche Unterscheidungskraft.

Als *eintragungsunfähig* wurden weiter beurteilt *Compliment* für Schuhwaren (BPatG, Beschluß vom 13. Juni 1995, 27 W (pat) 291/93 – Compliment); *CIAO* für Tabakwaren (BPatGE 36, 233 – CIAO); *AVANTI* für Möbel (BPatG GRUR 1996, 411 – AVANTI; *CAPITO* für Bekleidung (BPatG, Beschluß vom 31. Oktober 1995, 27 W (pat) 172/94 – CAPITO); *Benvenuto* für Juwelier- und Schmuckwaren (BPatGE 36, 25 – Benvenuto); *TRIO* für Vorrichtungen und Geräte zur Herstellung chemischer Produkte (BPatG Mitt 1996, 250 – TRIO); *RESPECT* für Bekleidung (BPatG, Beschluß vom 28. November 1995, 27 W (pat) 73/94 – RESPECT; *EVOLUTION (*BPatG, Beschluß vom 29. November 1995, 28 W (pat) 94/95 – EVOLUTION); *ABSOLUT* für Wodka (BPatGE 37, 124 – ABSOLUT); *Unter Uns* für Waren der Klasse 41 (BPatGE 39, 6, 8 – Unter Uns). Als *eintragungsfähig* wurde beurteilt das Wort *Paradies* in Alleinstellung für Likör, da es kein anpreisender Begriff des allgemeinen Sprachgebrauchs sei (BPatGE 36, 171 – Paradies); *eintragungsunfähig* aber *MADE IN PARADISE* für Fahrzeuge (BPatG GRUR 1994, 217 – MADE IN PARADISE; s. Rn 96). Die Entscheidungen zu den absoluten Schutzhindernissen des § 8 Abs. 2 Nr. 1 bis 3 überschneiden sich teilweise (weitere Entscheidungen zu § 8 Abs. 2 Nr. 1 s. Rn 103 a ff., zu § 8 Abs. 2 Nr. 2 s. Rn 124 f.).

Die restriktive Eintragungspraxis des DPMA, die von der Rechtsprechung des BPatG aufgrund eines extensiven Verständnisses des absoluten Schutzhindernisses der Gattungsbezeichnung nach § 8 Abs. 2 Nr. 3 gebilligt wurde, ist nach dem Grundsatzbeschluß *BONUS* des BGH (BGH GRUR 1998, 465 – BONUS) nicht mehr aufrechtzuerhalten (s. Rn 272 d, e).

**bb) Rechtsprechung des BGH.** Nach dem Grundsatzbeschluß *BONUS* des BGH (BGH GRUR 1998, 465 – BONUS mit Anm. *Jonas;* s. auch Rn 128) sind auch *geläufige Ausdrücke der Wirtschafts- und Werbesprache, umgangsprachliche Anpreisungen* und *sloganartige Kaufaufforderungen,* die keinen unmittelbaren Produktbezug zu den konkreten Waren oder Dienstleistungen, für die die Eintragung beantragt wird, aufweisen, grundsätzlich eintragungsfähig. Zweck des § 8 Abs. 2 Nr. 3 ist es nicht, Gattungsbezeichnungen an sich gleichsam abstrakt von der Eintragung auszuschließen. Das Bestehen eines *unmittelbaren Produktbezugs* der Marke zu den konkreten Waren oder Dienstleistungen, für die die Eintragung beantragt wird (§ 32 Abs. 1 Nr. 3), ist ein allgemeines Merkmal der absoluten Schutzhindernisse der fehlenden Unterscheidungskraft (§ 8 Abs. 2 Nr. 1), der beschreibenden Angaben bei bestehendem Freihaltebedürfnis (§ 8 Abs. 2 Nr. 2) und der allgemein sprachgebräuchlichen oder verkehrsüblichen Bezeichnungen (§ 8 Abs. 2 Nr. 3). Der unmittelbare Produktbezug konstituiert die Eintragungsunfähigkeit im Sinne eines absoluten Schutzhindernisses des § 8 Abs. 2 Nr. 1 bis 3 (s. dazu Rn 19). Die Bedeutung des § 8 Abs. 2 Nr. 3 erschöpft sich darin, allgemein sprachgebräuchliche verkehrsübliche Bezeichnungen für die konkreten Waren oder Dienstleistungen von der Eintragung auszuschließen. Dabei handelt es sich zum einen um an sich unterscheidungskräftige *Freizeichen,* die von mehreren Unternehmen zur Bezeichnung bestimmter Waren verwendet werden und deshalb nicht mehr kennzeichnend, sondern nur noch beschreibend verstanden werden, zum anderen um *Gattungsbezeichnungen,* die angesichts ihres beschreibenden Inhalts von der Eintragung als Marke ausgeschlossen sind (so BGH GRUR 1998, 465, 467 – BONUS; zur begrifflichen und systematischen Unterscheidung s. Rn 263). Die extensive Auslegung des absoluten Schutzhindernisses des § 8 Abs. 2 Nr. 3 in der vom BPatG gebilligten Eintragungspraxis des DPMA (s. Rn 272a ff.) ist weder von Art. 3 Abs. 1 lit. d MarkenRL geboten (so unrichtig *Althammer/Ströbele/Klaka*, § 8 MarkenG, Rn 112 ff.), stellt vielmehr eine Rechtsverweigerung dar und ist mit einer richtlinienkonformen Auslegung der MarkenRL nicht vereinbar (richtig BGH GRUR 1998, 465, 468 – BONUS). Nach den Rechtsgrundsätzen der *BONUS*-Entscheidung ist die in der Rechtsprechung des BPatG gebilligte, restriktive Eintragungspraxis des DPMA (s. Rn 272b) nicht mehr aufrechtzuerhalten. In der Rechtsprechung des BGH wurden als *eintragungsfähig* beurteilt *BONUS* für Waren aus dem Bereich des Pflanzen- und Vorratsschutzes (BGH GRUR 1998, 465 – BONUS); *CHANGE* für Tabakerzeugnisse, Zigaretten und Zigerettenpapier (BGH GRUR 1998, 813 – CHANGE). Als *eintragungsunfähig* wurden beurteilt *Premiere* für Farben, Dispersionsfarben und Lacke, Flüssigkunststoffe für Anstreichzwecke und Rostschutzmittel (BGH GRUR 1993, 746 – Premiere); *MEGA* für Zigaretten (eintragungsunfähig nach § 8 Abs. 2 Nr. 2, offengelassen für § 8 Abs. 2 Nr. 1 und 3 BGH GRUR 1996, 770 – MEGA).

272e  cc) **Dissens zwischen BGH und BPatG.** Der 29. Senat des BPatG wendet sich in der *ADVANTAGE*-Entscheidung ausdrücklich gegen die Rechtsauffassung des BGH in dessen Grundsatzbeschluß *BONUS* zum Anwendungsbereich des absoluten Schutzhindernisses einer allgemein sprachgebräuchlichen oder verkehrsüblichen Bezeichnung im Sinne des § 8 Abs. 2 Nr. 3 (s. Rn 272d). Das BPatG beurteilt *Werbewörter*, die im allgemeinen Werbesprachgebrauch üblich sind, auch dann als nach § 8 Abs. 2 Nr. 3 eintragungsunfähig, wenn ihnen *kein spezifischer Bezug zu den beworbenen Waren und Dienstleistungen* innewohnt. Zwar werde ein Werbewort als reine Kaufaufforderung vom Wortlaut des § 8 Abs. 2 Nr. 3 nicht erfaßt, doch sei die Vorschrift nicht mit Art. 3 Abs. 1 lit. d MarkenRL vereinbar. Das BPatG instrumentalisiert sachwidrig die Methode einer richtlinienkonformen Auslegung (im Anschluß an *Althammer/Ströbele/Klaka*, § 8 MarkenG, Rn 112 ff.; richtig BGH GRUR 1998, 465, 468 – BONUS) und verkennt die Rechtsentwicklung vom Freizeichen zur Gattungsbezeichnung (s. Rn 258 ff.). Die *ADVANTAGE*-Entscheidung ist Symptom einer Rechtsprechung des BPatG, die sich nachhaltig an den herkömmlichen Verständnisweisen nach der Rechtslage im WZG orientiert und sich den Innovationen eines sich in Umsetzung der MarkenRL entwickelnden, internationalen Markenschutzes verweigert (zur allgemeinen Kritik s. Rn 19).

272f  d) **Gemeinfreie Zeichen.** Das BPatG beurteilt die weitgehend originalgetreue Wiedergabe des weltbekannten Gemäldes *Mona Lisa* von Leonardo da Vinci als übliches Zeichen im Sinne von § 8 Abs. 2 Nr. 3 von der Markeneintragung ausgeschlossen (BPatG GRUR 1998, 1021 – Mona Lisa; zur Kritik dieser restriktiven Eintragungspraxis s. Rn 117k f.).

### 5. Abwandlungen von Gattungsbezeichnungen

273  Eine Marke, die einer Gattungsbezeichnung nur verwechselbar ähnlich ist, ist eintragungsfähig, wenn sie konkrete Unterscheidungskraft besitzt. Schon geringe Abweichungen gegenüber einer Gattungsbezeichnung können die Eintragungsfähigkeit begründen, da bei allgemein sprachgebräuchlichen oder verkehrsüblichen Bezeichnungen dem Verkehr Abweichungen regelmäßig auffallen werden. Als *eintragungsunfähig* wurde beurteilt *Diamont* für Farbbänder und Farbkissen als zu geringe Abweichung von Diamant (KPA Mitt 1914, 132).

274  Die bildliche Wiedergabe einer Gattungsbezeichnung sowie die wörtliche Wiedergabe einer verkehrsüblichen Bildmarke sind regelmäßig eintragungsfähig (aA KPA BlPMZ 1900, 249 für die Wortmarke *Roter Strich* im Hinblick auf die verkehrsübliche Bezeichnung eines roten Diagonalstreifens auf hellem Grund).

275  Eine allgemein sprachgebräuchliche oder verkehrsübliche Bezeichnung ist in einer anderen Sprache dann eintragungsfähig, wenn das fremdsprachige Wort im inländischen Verkehr weithin unbekannt ist. Doch ist bei der Eintragung von *fremdsprachigen Bezeichnungen* Zurückhaltung geboten (s. Rn 268 f.). Als *eintragungsunfähig* wurde beurteilt *Kurfürstlicher Magenbitter* für Liköre und Spirituosen, als *eintragungsfähig* aber die polnische Bezeichnung *Elektorska* für Liköre und Spirituosen (KPA BlPMZ 1909, 19).

## 6. Gattungsbezeichnungen als Zeichenbestandteil

Eine Marke, die aus einer allgemein sprachgebräuchlichen oder verkehrsüblichen Bezeichnung sowie anderen Zeichenbestandteilen gebildet ist, ist dann eintragungsfähig, wenn die Bezeichnung im Verkehr trotz der Gattungsbezeichnung als Zeichenbestandteil als ein produktidentifizierendes Unterscheidungszeichen verstanden wird. Die Bildmarke *Axt und Beil in einem Strahlenkranz* wurde als *eintragungsfähig* beurteilt, obgleich Axt und Beil Freizeichen für Metallwaren darstellten und ein Strahlenkranz als solcher nicht unterscheidungskräftig sei (RGZ 97, 302, 307). Zusätze wie Name, Firma oder Ort machen eine allgemein sprachgebräuchliche oder verkehrsübliche Bezeichnung regelmäßig nicht eintragungsfähig (KPA BlPMZ 1896, 133). Als *eintragungsunfähig* beurteilt wurde *Stern von Dresden* für Tabakfabrikate (KPA MuW 1917, 87), da das Wort Stern ein Freizeichen sei. Als *eintragungsfähig* beurteilt wurden *Stern von Bethlehem, Nordstern, Abendstern, Glücksstern* (RPA Mitt 1918, 73). Auch *Verkleinerungsformen* von Gattungsbezeichnungen können, auch wenn sie bisher lexikalisch oder in der Werbung nicht nachweisbar sind, einem gewissen Freihaltebedürfnis unterliegen, wenn sie sprachüblich gebildet sind und in Verbindung mit der Ware, wie etwa aufgrund im Handel geläufiger Vertriebsmengen, sinnvoll erscheinen. Der Kombination eines fremdsprachigen Gattungsbegriffes mit der deutschen Verkleinerungssilbe *-chen* fehlt jedenfalls die hinreichende Unterscheidungskraft, wenn die so gebildete Bezeichnung sprachlich nicht ungewöhnlich wirkt und das korrekte Diminutiv der Fremdsprache den deutschen Verkehrskreisen nicht geläufig ist. Als *eintragungsunfähig* beurteilt wurde *Fernettchen* als im deutschen Sprachraum naheliegende Verkleinerungform von *Fernet* als Gattungsname eines italienischen Magenbitters bestimmter Rezeptur nach Dr. Fernet (BPatG GRUR 1996, 131 – Fernettchen).

## 7. Motiv als Gattungsbezeichnung

Ein Motiv als solches ist grundsätzlich schon nicht markenfähig nach § 3 Abs. 1 (s. § 3, Rn 291; zum Motivschutz s. § 14, Rn 248 ff.). Wenn sich allerdings das Motiv in einer konkreten Gestaltungsform niedergeschlagen hat, dann ist nicht ausgeschlossen, daß einer solchen Markenform die Markenfähigkeit zukommt. Ein solches Motiv kann als markenfähige Markenform eine allgemein sprachgebräuchliche oder verkehrsübliche Bezeichnung für bestimmte Produkte sein. Eintragungsfähig ist eine solche Motivmarke nur dann, wenn die konkrete Ausgestaltung des Zeichens mehr darstellt als den gedanklichen Inhalt des Motivs. Als *eintragungsunfähig* wurde beurteilt ein *Jäger mit Flinte und Hund* für Tabakwaren (OLG Hamm BlPMZ 1903, 105).

## 8. Entwicklung einer Marke zur Gattungsbezeichnung

**a) Grundsätze.** Eine Marke kann sich zu einer im Verkehr allgemein sprachgebräuchlichen oder verkehrsüblichen Bezeichnung entwickeln. Voraussetzung ist, daß der Verkehr die Marke nicht mehr als ein produktidentifizierendes Unterscheidungszeichen versteht. Der Markeninhaber verliert seinen Markenschutz, wenn sich die Marke zu einem Freizeichen im Allgemeingebrauch oder zu einem freien Warennamen entwickelt (zur althergebrachten, vom RG getroffenen, aber überflüssigen Unterscheidung zwischen Freizeichen und freiem Warennamen s. RGZ 97, 101; RG MuW 1925, 234 – Der Schuhhof; dazu *Baumbach/Hefermehl*, § 4 WZG, Rn 10). Nach der Rechtsprechung liegt eine Umwandlung einer Marke in ein Freizeichen oder einen freien Produktnamen dann vor, wenn die Marke der im Verkehr übliche Name für alle Waren oder Dienstleistungen einer bestimmten Art ohne Rücksicht auf ihre Herkunft nach dem allgemeinen Sprachgebrauch geworden ist (so schon RGZ 73, 229, 232 für die Entwicklung von *Vaseline* zum freien Warennamen). Eine solche Entwicklung wird vor allem dann eintreten, wenn der Markeninhaber sein Markenrecht nicht gegen die Benutzung durch Dritte und damit gegen Rechtsverletzungen verteidigt. Versäumt der Markeninhaber die Verteidigung seines Markenrechts gegenüber einer Vielzahl von Rechtsverletzungen und über einen längeren Zeitraum, dann kann die Bezeichnung ihre Eigenschaft als Marke verlieren, insoweit der Verkehr sich an den üblichen Gebrauch der Bezeichnung gewöhnt. Der Verlust des Markenrechts beruht weder auf Verwirkung noch auf Dereliktion, sondern auf dem objektiven Tatbestand der *Umwandlung der*

*Marke* in eine allgemein sprachgebräuchliche oder verkehrsübliche Bezeichnung aufgrund der Verkehrsauffassung. Die Widerrechtlichkeit der Benutzung der Marke durch Dritte hindert eine Veränderung der Verkehrsauffassung nicht.

279 Die Umwandlung einer Marke in eine allgemein sprachgebräuchliche oder verkehrsübliche Bezeichnung (Freizeichen oder freier Produktname) ist ein Vorgang, der zum *Verlust des Markenrechts* führt und auf einer *Änderung der Verkehrsauffassung* beruht, an deren Nachweis *strenge Anforderungen* zu stellen sind (RG GRUR 1935, 566 – Roquefort; RGZ 108, 11 – Saccharin; *Ulmer*, ZHR 114 (1951), S. 43, 54; *Möhring/Kroitzsch*, WRP 1965, 239, 240). Voraussetzung ist, daß *innerhalb aller Verkehrskreise* die Auffassung besteht, die Marke diene nicht mehr als ein produktidentifizierendes Unterscheidungszeichen. Solange noch ein rechtlich beachtlicher Teil des Verkehrs die Bezeichnung als Marke versteht, wird sie nicht zu einem Freizeichen, einem freien Produktnamen oder einer allgemein sprachgebräuchlichen oder verkehrsüblichen Gattungsbezeichnung (RGSt 57, 354 – Grammophon; RGZ 108, 8 – Saccharin; RG GRUR 1924, 48 – Galalith; RGZ 117, 408 – Lysol; RG GRUR 1935, 566 – Roquefort; 1939, 627 – Eloxal; 1939, 801 – Kaffee Hag; BGH GRUR 1964, 458 – Düssel). Die Wortmarke *GILSONITE* für Kohlenwasserstoff-Harz, die den Namen des Entdeckers *S. Gilson* der als Ware angemeldeten Asphaltsorte als Zeichenbestandteil enthält und bereits das schutzbegründende Element einer 1895 eingetragenen, bis heute bestandskräftigen Marke bildet, kann nur unter der strengen Voraussetzung als eintragungsunfähiger Gattungsname angesehen werden, daß nachweislich kein rechtlich beachtlicher Teil der angesprochenen Verkehrskreise mit der Bezeichnung noch betriebliche Herkunftsvorstellungen verbindet (BPatGE 39, 172 – GILSONITE). Die Verkehrsauffassung bestimmt sich nach den beteiligten Verkehrskreisen wie vor allem den *Herstellern* und *Händlern* gleicher oder ähnlicher Produkte (RGZ 167, 171 – Alpenmilch; RG GRUR 1939, 801 – Kaffee Hag; 1938, 715, 718 – Ly-Federn, Redis-Federn; BGH GRUR 1964, 82, 85 – Lesering; 1964, 458, 460 – Düssel), weniger nach der Auffassung der *letzten Verbraucher,* die leicht dazu neigen, bekannte Marken als Begriff für das Produkt zu verwenden. Bei bekannten Marken, wie etwa *Aspirin, Saccharin, Tempo* oder *Grammophon,* wird in Verbraucherkreisen häufig die Marke als allgemeiner Produktname verwendet. Eine solche Verkehrsübung oder Verkehrsvorstellung begründet nicht die Eigenschaft eines Freizeichens. Ein Verlust des Markenrechts ist immer dann ausgeschlossen, wenn der Markeninhaber seine Marke gegen Rechtsverletzungen verteidigt (BGH GRUR 1990, 274 – Klettverschluß; LG Düsseldorf GRUR 1990, 278 – INBUS).

280 Je weniger unterscheidungskräftig eine Marke ist, desto eher unterliegt sie der Entwicklung zu einem Freizeichen, einem freien Produktnamen oder einer allgemein sprachgebräuchlichen oder verkehrsüblichen Gattungsbezeichnung. Bei schwachen Marken muß der Markeninhaber um so mehr unternehmen, um eine solche Entwicklung seiner Marke in eine Gattungsbezeichnung zu verhindern.

281 Folge der Benutzung einer Marke durch *mehrere Unternehmen* ist nicht notwendigerweise die Umwandlung der Marke in ein Freizeichen. Das ist nur dann der Fall, wenn es sich nach der Auffassung des Verkehrs um voneinander unabhängige Unternehmen handelt, zwischen denen keinerlei Beziehungen bestehen. Wird eine Marke von mehreren Unternehmen benutzt, die dem Verkehr erkennbar organisatorisch oder in sonstiger Weise miteinander verbunden sind, dann wird die Marke nicht zum Freizeichen oder zum freien Produktnamen (BGH GRUR 1957, 350, 352 – Raiffeisensymbol; 1961, 347, 352 – Almglocke). Nach wie vor dient eine solche Marke als produktidentifizierendes Unterscheidungszeichen. Erst wenn die Marke von einer größeren Zahl von Unternehmen benutzt wird, die voneinander unabhängig sind und nicht zu den organisatorisch verbundenen Unternehmen gehören, kann eine Umwandlung der Marke stattfinden. Diese Gefahr wurde nach der Rechtslage im WZG auch bei *Markenlizenzen* angenommen, wenn der Lizenznehmer die Marke ohne Hinweis auf das Lizenzverhältnis oder den Namen des Markeninhabers verwendet (s. zur Wirkung einer Markenlizenz auf die Kennzeichnungskraft der Marke nach der Rechtslage im MarkenG aber § 30, Rn 41ff.).

282 Die Verwendung einer Marke ohne Hinweis auf ihre Eigenschaft als Marke im *nichtgeschäftlichen Verkehr,* wie etwa in *wissenschaftlichen Werken, Fachzeitschriften, Lehrbüchern, Lexika* oder im *Unterricht zu Lehrzwecken,* ist noch kein Beweis für eine Umwandlung der Marke in einen freien Produktnamen (RGZ 117, 408 – Lysol; RG GRUR 1939, 627 – Eloxal). Die

Wiedergabe der Bezeichnung als Gattungsname in deutschen Fachlexika des einschlägigen Warengebiets soll zwar ein *starkes Indiz* für die Entwicklung der Bezeichnung zu einem Gattungsnamen darstellen, kann jedoch für sich allein keine ausreichende Grundlage für die Feststellung bilden, ob die Bezeichnung im Verkehr noch betriebliche Herkunftsvorstellungen hervorrufe (BPatGE 39, 172 – GILSONITE). Ein solcher Gebrauch der Bezeichnung im nichtgeschäftlichen Verkehr beweist die Verkehrsgeltung der Marke, nicht das Fehlen von Kennzeichnungskraft. Die Kennzeichnungskraft einer Marke hängt ausschließlich von der Auffassung des geschäftlichen Verkehrs ab, die sich von der Auffassung des nichtgeschäftlichen Verkehrs unterscheiden kann. Der Sprachgebrauch im nichtgeschäftlichen Verkehr kann allerdings den Sprachgebrauch im geschäftlichen Verkehr beeinflussen. Zwar stehen dem Markeninhaber gegen die beschreibende Benutzung seiner Marke nach § 23 keine markenrechtlichen Ansprüche zu. Da aber die Kennzeichnungskraft einer Marke auch durch eine solche Benutzung nach Lage der Umstände gefährdet und beeinträchtigt werden kann, wie etwa durch den Gebrauch in wissenschaftlichen Publikationen oder Fachzeitschriften, die sich an geschäftliche Verkehrskreise richten (zur Wiedergabe einer eingetragenen Marke in Nachschlagewerken s. § 16), können dem Markeninhaber außermarkenrechtliche Abwehransprüche (§§ 1004, 823 Abs. 1 BGB) und bei Vorliegen von Verschulden auch Schadensersatzansprüche (§ 823 Abs. 1 BGB) zustehen (BGH GRUR 1964, 82, 85 – Lesering; *Bußmann*, GRUR 1952, 315; *Storkebaum/Kraft*, Warenzeichengesetz, § 15 WZG, Rn 13; aA *v. Gamm*, Warenzeichengesetz, Einf., Rn 85; *Storkebaum*, NJW 1952, 643; *Bobsin*, GRUR 1956, 16).

**b) Rechtsfolgen.** Rechtsfolge der Umwandlung einer Marke in ein Freizeichen, einen freien Produktnamen oder eine allgemein sprachgebräuchliche oder verkehrsübliche Gattungsbezeichnung ist der *Verlust des Markenrechts*. Der Markeninhaber kann sich auf die Eintragung der Marke in das Markenregister nicht mehr berufen. Die Geltendmachung von Ansprüchen aus dieser eingetragenen Marke ist rechtsmißbräuchlich. Im Interesse der Allgemeinheit kann jeder die Bezeichnung im geschäftlichen Verkehr frei gebrauchen. Von der Eintragung in das Markenregister ist die Marke wegen Bestehens des absoluten Schutzhindernisses der Gattungsbezeichnung nach § 8 Abs. 2 Nr. 3 ausgeschlossen. Die eingetragene Marke kann nicht auf Antrag wegen Nichtigkeit nach § 50 Abs. 1 Nr. 3 gelöscht werden, da die Marke im Zeitpunkt der Eintragung eintragungsfähig war. Nach § 49 Abs. 2 Nr. 1 kann die Marke aber auf Antrag eines Dritten gelöscht werden, wenn die Entwicklung der Marke zu einer Gattungsbezeichnung dem Markeninhaber objektiv zurechenbar ist (s. dazu im einzelnen § 49, Rn 25 ff.). Der Verfallsgrund der Entwicklung der Marke zu einer Gattungsbezeichnung nach § 49 Abs. 2 Nr. 1 stellt einen markenrechtlichen Löschungsgrund dar, der die Anwendung außermarkenrechtlicher Löschungsansprüche nicht ausschließt. Ein Anspruch auf Löschung der Marke kann Mitbewerbern nach § 1 UWG zustehen (RG GRUR 1932, 302, 305 – Rasierklingen; *Reimer*, Kap. 31, Rn 13; s. dazu § 50, Rn 42).

**c) Rückbildung zur Marke.** Ebenso wie eine eingetragene Marke sich aufgrund einer Veränderung der Verkehrsauffassung zu einer allgemein sprachgebräuchlichen oder verkehrsüblichen Bezeichnung, einem Freizeichen oder einem freien Produktnamen entwickeln kann, ist es umgekehrt möglich, daß eine solche allgemeingebräuchliche Bezeichnung ihre Freizeicheneigenschaft verliert und im Verkehr wieder oder auch erstmals als Marke verstanden wird. Die *Rückbildung einer allgemeingebräuchlichen Bezeichnung* zu einer Marke kann etwa dadurch eintreten, daß über einen längeren Zeitraum die allgemeingebräuchliche Bezeichnung im Verkehr nicht verwendet wird und dadurch in Vergessenheit gerät (RPA GRUR 1943, 135 – Liotardsche Schokoladenmädchen). Eine solche Rückbildung liegt vor, wenn das Zeichen oder die Angabe weder im allgemeinen Sprachgebrauch noch in den redlichen und ständigen Verkehrsgepflogenheiten zur Bezeichnung bestimmter Waren oder Dienstleistungen üblich ist.

Allerdings wird der Nachweis nicht zu verlangen sein, daß das Bewußtsein des allgemeinen Sprachgebrauchs oder der Verkehrsüblichkeit innerhalb der beteiligten Verkehrskreise so gut wie vollständig verloren gegangen ist (so aber KPA BlPMZ 1899, 221 – Boonekamp; hiergegen *Reimer*, Kap. 5, Rn 4). Zur Rückbildung eines Zeichens zur Marke nach der Rechtslage im WZG wurde als ausreichend angesehen, wenn sich das Zeichen nicht mehr für bestimmte Waren im Allgemeingebrauch einer größeren Anzahl von miteinander nicht in Verbindung stehender Unternehmen befindet und daher wieder als Marke eines bestimmten Unternehmens zu wirken geeignet ist (*Baumbach/Hefermehl*, § 4 WZG, Rn 14). Eine Rückbildung zur Marke setzt weder voraus, daß die allgemeingebräuchliche Bezeichnung im Verkehr als Marke allgemeine Anerkennung gefunden, noch nach § 8 Abs. 3 in den beteiligten Verkehrskreisen Verkehrsdurchsetzung erworben hat (so aber DPA BlPMZ 1954, 21 – Krambambuly; RPA GRUR 1943, 135 – Liotardsche Schokoladenmädchen). Es genügt, wenn die Bezeichnung über einen längeren Zeitraum nicht mehr von den Unternehmen benutzt worden und deshalb in den beteiligten Verkehrskreisen als allgemein sprachgebräuchliche oder verkehrsübliche Bezeichnung nicht mehr bewußt ist (BPatGE 18, 144, 150 – Lord; BPatG Mitt 1969, 93, 95 – Oskar).

286   Wenn die Feststellung eines allgemeinen Sprachgebrauchs oder einer Verkehrsübung lange Zeit zurückliegt, dann sind an die Rückbildung zur Marke geringere Anforderungen zu stellen. Es kommt nicht auf das Bewußtsein der beteiligten Verkehrskreise an, die Bezeichnung sei in früherer Zeit einmal allgemein sprachgebräuchlich oder verkehrsüblich gewesen. Entscheidend ist vielmehr, ob objektive Anhaltspunkte vorliegen, daß im gegenwärtigen Marktgeschehen keine rückläufige Entwicklung eingetreten ist (BPatGE 18, 144, 150 – Lord). Einer Rückbildung zur Marke steht nicht schon entgegen, daß auch ein Mitbewerber die Bezeichnung in einem geringen Umfange benutzt (RPA MuW 1934, 429 –Lord).

287   Mit der Veränderung der Verkehrsauffassung im Laufe der Zeit kann auch die Feststellung der Freizeicheneigenschaft oder der Markenfähigkeit früherer Entscheidungspraxis und Rechtsprechung hinfällig werden. So wurde zur Zeit der Jahrhundertwende die Bezeichnung *Singer-Nähmaschinen*, an der heute ein Markenrecht besteht, noch als freier Produktname für gewöhnliche Nähmaschinen beurteilt (RGZ 56, 160; KPA BlPMZ 1905, 13). Auch die Bezeichnung *Lord* ist heute längst keine allgemein sprachgebräuchliche oder verkehrsübliche Bezeichnung für Zigaretten, vielmehr eine bekannte Marke (BPatGE 18, 144, 151 – Lord).

### 9. Eintragungspraxis und Rechtsprechung

288   **a) Rechtslage im WZG.** Zum absoluten Versagungsgrund der *Freizeichen* nach § 4 Abs. 1 WZG liegen die folgende Rechtsprechung und Eintragungspraxis vor, die zwar grundsätzlich auf § 8 Abs. 2 Nr. 3 übertragen werden kann, aber im Lichte des Grundsatzbeschlusses *BONUS* des BGH (s. Rn. 272 d) zu bewerten ist.

289   **aa) Freizeichen.** Als Freizeichen nach § 4 Abs. 1 WZG wurden beurteilt eine *Gerstenähre* als Kennzeichen und Ausschmückung für Kaffee-Ersatzmittel, da eine Gerstenähre mit Umrahmung ein freies Motiv darstelle und deshalb nur eine eigenartig stilisierte Ähre schutzfähig sei (RGZ 101, 346); *Vaseline* als freier Warenname für Mineralfette (KPA MuW 1905, 33; RGZ 73, 230 – Vaseline; die Bezeichnung ist in den USA als Marke geschützt); *Apollo* für Zigarren (BPatGE 18, 239, 244 – Apollo); *Vineta* für Zigarren (BPatGE 18, 137, 143 – VINETA); *Corona* für Zigarren beziehungsweise deren Umhüllungen, nicht aber *La Corona* als Ausstattung einer Firma in Habana für Habanaimporte (HansOLG Hamburg GRUR 1939, 69); *Perle* für Schokolade und Kakaopulver (KPA BlPMZ 1901, 176); der *Äskulapstab* für medizinische und pharmazeutische Erzeugnisse (RG MuW 1936, 454); das Wort *Wappen* für Zigarren, nicht aber das Wort *Wappenschild* (OLG Hamm MuW 1936, 464).

290   Nach der Verordnung zur Durchführung und Ergänzung des Gesetzes zum Schutze des Wappens der Schweizerischen Eidgenossenschaft vom 29. Dezember 1936 (RGBl. I S. 1155) ist das aufrechte, gleicharmige, geradlinige *weiße Kreuz auf grünem Grund* gesetzliches Freizeichen für Drogeriewaren.

291   **bb) Keine Freizeichen.** Nicht als Freizeichen wurden beurteilt *Saccharin* für künstlichen Süßstoff, weil in den sachverständigen Verkehrskreisen über die Bedeutung der Bezeichnung Klarheit bestehe (RGZ 108, 11); *Galalith* für einen Ersatzstoff für Zelluloid und Hartgummi, weil der strengste Nachweis einer Umbildung erforderlich und nicht erbracht sei (RG MuW 1923, 183); *Tallquist* für Hämoglobin-Skalen (RGZ 110, 341); *Lysol* für Desinfektionsmittel, weil auch ein Aufsatz über Lysol in Meyers Konversationslexikon den Bestand der Marke nicht gefährde, auch wenn in dem Beitrag ein Hinweis auf den Markenschutz fehle (RGZ 117, 408); *Kaffee Hag* für koffeinfreien Kaffee (RG GRUR 1939, 801);

*Ichthyol* für Heilmittel (HansOLG Hamburg GRUR 1949, 92); *Liotardsche Schokoladenmädchen* für Schokolade und Kakao aufgrund einer Rückentwicklung zur Marke (RPA GRUR 1943, 135); *Krambambuly* für Spirituosen (DPA GRUR 1954, 77); *Pavo* für Zigarren als das spanische Wort für Pfau, selbst wenn Pfau als Freizeichen zu beurteilen ist (KPA BlPMZ 1908, 218); *Dionysos,* auch wenn *Bacchus* als Freizeichen zu beurteilen ist (KPA MuW 1912, 139); *Urquell* für Bier, auch wenn *Urbock* Beschaffenheitsangabe ist (RPA MuW 1933, 156); *Hag* für koffeinfreien Kaffee (RG GRUR 1939, 803); *Lord* für Zigarren einschließlich Zigarillos und Stumpen (BPatGE 18, 144); *Perlon* und *Nino-Flex* für Rohstoffe und Halbfabrikate (HansOLG Hamburg WRP 1957, 341); *Grammophon* für Schallplatten (RG MuW 1924/1925, 60); *Nescafé* für Kaffeetrockenextrakte; *Port du Salut* für vollfetten Schnittkäse (LG Mannheim GRUR 1961, 236); *Starmix* für elektrische Haushaltsgeräte; *Bac-Stift* für kosmetische Erzeugnisse; *Oskar* für Herrenkragen, Damenkragen und Manschetten (BPatG Mitt 1969, 93); das Bild einer *springenden Forelle* für Angelgeräte, auch wenn das Forellenmotiv für Angelgeräte häufig verwendet wird (BGH GRUR 1955, 421 – Forellenzeichen); das *Raiffeisensymbol,* weil die das Zeichen verwendenden Unternehmen der Raiffeisen-Gesamtorganisation in einer Beziehung zueinander stehen (BGH GRUR 1957, 350); *INBUS* für Inbusschrauben und Inbusschlüssel, da das Zeichen Inbus in Fachkreisen nicht als freier Warenname angesehen wird (LG Düsseldorf GRUR 1990, 278 – INBUS).

Kein Freizeichen nach § 4 Abs. 1 WZG beziehungsweise keine allgemein sprachgebräuchliche oder verkehrsübliche Bezeichnung nach § 8 Abs. 2 Nr. 3 liegt vor, wenn das Zeichen schon nach § 8 Abs. 2 Nr. 1 wegen Fehlens einer jeglichen Unterscheidungskraft oder nach § 8 Abs. 2 Nr. 2 als Produktmerkmalsbezeichnung von der Eintragung ausgeschlossen ist. So ist etwa *Standard* für Seife und Waschmittel als Beschaffenheitsangabe nur bei Vorliegen von Verkehrsdurchsetzung nach § 8 Abs. 3 eintragungsfähig (RG GRUR 1939, 545; RGZ 154, 5; 171, 159); ebenso die kombinierte Gattungsbezeichnung *Schwarzwald-Sprudel* (BGH GRUR 1994, 905 – Schwarzwald-Sprudel). *Luxus* für Seife ist nicht unterscheidungskräftig (BGH WRP 1955, 193).

**b) Rechtslage im MarkenG.** Die restriktive Eintragungspraxis des DPMA, die von der Rechtsprechung des BPatG aufgrund eines extensiven Verständnisses des absoluten Schutzhindernisses der Gattungsbezeichnung nach § 8 Abs. 2 Nr. 3 gebilligt wurde, ist nach dem Grundsatzbeschluß BONUS des BGH (BGH GRUR 1998, 465 – BONUS) nicht mehr aufrechtzuerhalten (s. Rn 272d). Eintragungspraxis und Rechtsprechung werden im Zusammenhang mit der Darstellung des Erfordernisses des Produktsbezugs der allgemein sprachgebräuchlichen und verkehrsüblichen Bezeichnungen berichtet (s. Rn 272a ff.).

### IV. Täuschende Marken (§ 8 Abs. 2 Nr. 4)

**Schrifttum zum WZG.** *Busse,* Weinbergslagen als Marken, BlPMZ 1952, 284; *Dornheim,* Der Doktortitel in Warenzeichen für Arzneimittel, MA 1956, 125; *Ebel,* Werbung mit Stadtwappen, MA 1950, 373; *Eyer,* Das Recht der geographischen Herkunftsbezeichnung in der Weinwirtschaft, Mitt 1974, 61; *v. Gamm,* Wein- und Bezeichnungsvorschriften des Gemeinschaftsrechts und nationales Recht gegen den unlauteren Wettbewerb, GRUR 1984, 165; *Hallgarten,* Die Zulässigkeit von Phantasiebezeichnungen als Marken für Wein, GRUR 1983, 407; *Hammann,* Über die Eintragungsfähigkeit geographischer Bezeichnungen, GRUR 1961, 7; *Haß,* Weinbezeichnungs- und Warenzeichenrecht, GRUR 1980, 87; *Heß,* Die Zulässigkeit von Phantasiebezeichnungen im Lichte der Rechtsprechung, Die Weinwirtschaft 1976, 889; *Heydt,* Mitt 1953, 96; *Heydt,* GRUR 1961, 184; *Hieronimi,* Das Verwechslungs- und Täuschungsverbot des gemeinschaftlichen Weinbezeichnungsrechts und die Regelung der Marken, Die Weinwirtschaft 1977, 1195; *Hill,* Rechtsfragen bei der Gestaltung von Angebotsanzeigen für Wein, Die Weinwirtschaft 1977, 1215; *Koch,* AWZ 1974, 173; *Koch,* Das neue Weingesetz, NJW 1994, 2880; *Koch,* Das Gesetz zur Reform des Weinrechts, ZLR 1994, 497; *Krebs,* Der Einfluß von EWG-Bestimmungen für die Bezeichnung und Aufmachung der Weine und Traubenmoste auf das deutsche Weinrecht und das Warenzeichenrecht, GRUR 1978, 83; *Krebs,* Die Wechselbeziehungen zwischen den weinrechtlichen Vorschriften und dem Warenzeichenrecht, GRUR 1976, 171; *Krebs,* Sind Weinberglagenamen dem warenzeichenrechtlichen Schutz zugänglich?, Die Weinwirtschaft 1976, 1308; *Miosga,* Fremdsprachige Bezeichnungen als Warenzeichen, GRUR 1969, 57; *Müller, H. J.,* Sind Lagebezeichnungen für Warenzeichen tabu?, GRUR 1978, 154; *Oppenhoff,* Geographische Bezeichnungen und Warenzeichen, GRUR Int 1977, 226; *Prüfer,* Zur Eintragbarkeit von Weinbergslagenamen als Warenzeichen, GRUR 1977, 242; *Rowedder,* Die Weinbezeichnungen im Wettbewerbs-

und Warenzeichenrecht, GRUR 1979, 460; *Specht,* Die Prüf- und Gewährzeichen, GRUR 1929, 880; *Tilmann,* Die weinrechtlichen Bezeichnungsvorschriften aus wettbewerbs- und warenzeichenrechtlicher Sicht, GRUR 1984, 169; *Zipfel/Künstler,* Die Bierbezeichnung in Recht und Wirtschaft, 1957.

**Schrifttum zum MarkenG.** *Bülow,* Aktuelle Probleme des Weinbezeichnungsrechts – Zugleich ein Beitrag zum Verhältnis von Marktwirtschaft und Weinwirtschaft, WRP 1996, 88.

## 1. Ausgangspunkt

294   a) **Regelungszusammenhang.** Nach § 8 Abs. 2 Nr. 4 sind *täuschende Marken* von der Eintragung in das Markenregister ausgeschlossen. Die Vorschrift entspricht Art. 7 Abs. 1 lit. g GMarkenV sowie Art. 3 Abs. 1 lit. g MarkenRL. Das absolute Schutzhindernis der täuschenden Marke entspricht sachlich dem unbedingten Versagungsgrund der irreführenden Zeichen nach § 4 Abs. 2 Nr. 4 2. Alt. WZG, nach dem mit einem anderen Wortlaut solche Zeichen als eintragungsunfähig erklärt werden, die Angaben enthalten, die den tatsächlichen Verhältnissen nicht entsprechen und die Gefahr einer Täuschung begründen. Rechtsprechung und Eintragungspraxis zu dieser Vorschrift können auf das geltende Recht übertragen werden. Der unbedingte Versagungsgrund der ärgerniserregenden Darstellung nach § 4 Abs. 2 Nr. 4 1. Alt. WZG wird nach dem MarkenG von dem absoluten Schutzhindernis eines Verstoßes gegen die öffentliche Ordnung oder gegen die guten Sitten nach § 8 Abs. 2 Nr. 5 erfaßt.

295   Die Anmeldung einer Marke zur Eintragung in das Markenregister wird aufgrund der Amtsprüfung im *Eintragungsverfahren* nach § 37 Abs. 3 nur dann zurückgewiesen, wenn die Eignung zur Täuschung *ersichtlich* ist. Das Erfordernis der Ersichtlichkeit war auch in § 4 Abs. 2 Nr. 4 2. Alt. WZG enthalten und wurde nicht als eine materielle Voraussetzung des Eintragungsverbotes verstanden. Im *Löschungsverfahren* vor dem DPMA wegen Bestehens eines absoluten Schutzhindernisses nach § 54 kann das absolute Schutzhindernis der täuschenden Marke unabhängig von der Ersichtlichkeit der Täuschungseignung geltend gemacht werden.

296   b) **Normzweck.** Das absolute Schutzhindernis des § 8 Abs. 2 Nr. 4 schützt die Allgemeinheit vor täuschenden Marken. Normzweck ist sowohl der Schutz der *Verbraucher* als auch der *Mitbewerber.* Das Abstellen auf das Publikum in § 8 Abs. 2 Nr. 4 erklärt sich aus der Umsetzung von Art. 3 Abs. 1 lit. g MarkenRL; die Wortwahl bezweckt keine Einschränkung des Schutzbereichs der Norm etwa auf den letzten Verbraucher.

297   c) **Verhältnis zum Wettbewerbsrecht.** Der Schutzzweck des absoluten Schutzhindernisses einer täuschenden Marke entspricht für das Gebiet des Markenrechts dem Schutzzweck des Verbots irreführender Werbung sowie der Strafbarkeit unwahrer Werbung nach den §§ 3 bis 5 UWG. Was die *wettbewerbsrechtlichen Werbeverbote* untersagen, kann im Markenrecht nicht erlaubt sein. Die Eintragungsunfähigkeit täuschender Marken soll vorbeugend eine Irreführung des Verkehrs verhindern (DPA BlPMZ 1953, 350 – Pilsener). Die Eintragungsunfähigkeit täuschender Marken veranschaulicht den Sachzusammenhang, der grundsätzlich zwischen Wettbewerbsrecht und Markenrecht als einer interdependenten Rechtseinheit besteht. Bei der Auslegung des § 8 Abs. 2 Nr. 4 sind bestimmte Grundsätze, die für die Auslegung der §§ 3 bis 5 UWG gelten, zu beachten. Die Eignung einer Marke zur Täuschung im Sinne des § 8 Abs. 2 Nr. 4 bestimmt sich nicht anders als der Aussagegehalt einer irreführenden Angabe im Sinne des § 3 UWG nach der *Verkehrsauffassung* (*Baumbach/Hefermehl,* Wettbewerbsrecht, § 3 UWG, Rn 23 ff.); nicht entscheidend ist die Auffassung des DPMA, noch des Anmelders selbst oder seiner Mitbewerber (so schon RPA BlPMZ 1936, 31). So kommt es etwa weder auf die objektive Wahrheit der Marke noch auf die Gutgläubigkeit des Anmelders an.

298   d) **Begriff.** Eine Marke ist nach § 8 Abs. 2 Nr. 4 von der Eintragung ausgeschlossen, wenn sie zu einer Täuschung des Publikums geeignet ist. Die *Täuschungseignung* kann sich auf die Art, die Beschaffenheit oder die geographische Herkunft der Waren oder Dienstleistungen beziehen. Die Aufzählung des § 8 Abs. 2 Nr. 4 ist nicht abschließend. Alle tatsächlichen Verhältnisse, die sich auf das Produkt oder das Unternehmen des Anmelders beziehen, können Gegenstand einer Täuschungseignung der Marke sein. Das Abstellen auf eine Täuschung und nicht auf eine Irreführung des Verkehrs bedeutet keinen sachlichen Unter-

Absolute Schutzhindernisse      299–303 § 8 MarkenG

schied. Schon zu § 4 Abs. 2 Nr. 4 WZG war anerkannt, daß das Vorliegen einer Täuschung nicht den subjektiven Tatbestand einer Absicht des Anmelders voraussetzt (*Baumbach/Hefermehl*, § 4 WZG, Rn 132). Die Eignung zur Täuschung des Publikums muß in Richtung auf den *Produktabsatz im Marktwettbewerb* bestehen (RPA MuW 1932, 317). Die Marke muß nach ihrem Inhalt geeignet sein, auf dem Markt als ein produktidentifizierendes Unterscheidungszeichen das Publikum in seiner wirtschaftlichen Entscheidungsfreiheit zu beeinflussen. Die Eignung einer Marke zur Täuschung des Publikums besteht nicht nur dann, wenn die Marke inhaltlich erkennbar unrichtige Angaben enthält, sondern schon dann, wenn der Aussagegehalt der Marke den Verkehr zu falschen Schlußfolgerungen zu verleiten geeignet ist. Als *eintragungsunfähig* wurden beurteilt *Duc de Courcelles* für deutschen Schaumwein, weil der Eindruck der Herstellung in Frankreich erweckt werde (KPA BlPMZ 1904, 349); *Dänia* für Margarine, weil der Eindruck eines dänischen Produkts erweckt werde (RPA MuW 1933, 154). Ein Zusatz über die tatsächliche Herkunft auf dem Produkt, wie etwa *deutsches Erzeugnis* oder *made in Germany*, beseitigt nicht die Täuschungseignung, zumal eine Marke im Verkehr mündlich und so zumeist ohne den Zusatz verwendet wird.

Die Marke als solche muß *ihrem Inhalt nach* zur Täuschung des Publikums geeignet sein. **299** Eine nicht täuschende Marke ist nicht deshalb eintragungsunfähig, weil der Markeninhaber die Marke auf eine irreführende Art und Weise auf dem Markt zu benutzen beabsichtigt. Die irreführende Verwendung einer an sich nicht täuschenden Marke ist nach den §§ 3 bis 5 UWG wettbewerbswidrig (s. Rn. 306 ff.).

Die *Kollision* der angemeldeten Marke mit einer ähnlichen Marke macht die angemeldete **300** Marke nicht inhaltlich täuschungsgeeignet im Sinne des § 8 Abs. 2 Nr. 4, sondern es besteht nur ein relatives Schutzhindernis nach § 9 Abs. 1 Nr. 2, wenn wegen der Ähnlichkeit der Marken für das Publikum die Gefahr von Verwechslungen besteht. Wenn allerdings der Verkehr mit der ähnlichen Kollisionsmarke eine besondere Gütevorstellung als solcher hinsichtlich bestimmter Produktqualitäten verbindet, dann kann die angemeldete Marke auch nach § 8 Abs. 2 Nr. 4 von der Eintragung ausgeschlossen sein.

## 2. Unrichtigkeit der Marke und Täuschungsgefahr

**a) Maßgeblichkeit der Verkehrsauffassung.** Eine Marke ist zur Täuschung des Publi- **301** kums im Sinne des § 8 Abs. 2 Nr. 4 geeignet, wenn sie eine Angabe enthält, die nach der Verkehrsauffassung eine den tatsächlichen Verhältnissen nicht entsprechende und damit *unrichtige Aussage* darstellt. Auch eine *objektiv richtige Angabe* einer Marke kann täuschungsgeeignet sein, wenn ein nicht unerheblicher Teil der beteiligten Verkehrskreise mit der objektiv richtigen Angabe eine *unrichtige Vorstellung* verbindet (so zu § 3 UWG BGHZ 13, 244, 253 – Cupresa-Kunstseide; BGH GRUR 1958, 39, 40 – Rosenheimer Gummimändel; 1961, 193, 196 – Medaillenwerbung; 1987, 171, 172 – Schlußverkaufswerbung; s. *Baumbach/Hefermehl*, Wettbewerbsrecht, § 3 UWG, Rn 25). Die Eignung der Marke zur Täuschung des Publikums (Unrichtigkeit der Marke) kann sich sowohl auf das *Produkt* als auch auf die *Person des Anmelders* beziehen. Die Unrichtigkeit der Marke kann etwa bestehen in Aussagen über die Art, die Beschaffenheit oder die geographische Herkunft der Waren oder Dienstleistungen wie auch über deren Bestimmung, Wert oder Wirkung und über die Person oder das Unternehmen des Anmelders wie insbesondere dessen geschäftliche Verhältnisse.

Ob die Marke zur Täuschung des Publikums geeignet ist (Täuschungsgefahr), bestimmt **302** sich nach der *Verkehrsauffassung*. Entsprechend der Beurteilung einer irreführenden Werbung nach § 3 UWG bestimmt die Rechtsprechung die Verkehrsauffassung nach dem Verständnis eines *flüchtigen Verbrauchers* innerhalb der beteiligten Verkehrskreise (RPA MuW 1932, 151). Es soll schon die Gefahr genügen, daß ein rechtlich nicht völlig unbeachtlicher Teil der Verbraucher irregeführt werden könne (s. zu § 3 UWG *Baumbach/Hefermehl*, Wettbewerbsrecht, § 3 UWG, Rn 23 ff.). Aus der Rechtsprechung ergibt sich keine quantitativ absolute Festlegung, wann ein rechtserheblicher, weil nicht völlig unbeachtlicher Teil der Verkehrskreise, und wann eine rechtlich unerhebliche, weil zu vernachlässigende Minderheit anzunehmen ist. Die Rechtsprechung entschied von Fall zu Fall nach den besonderen Umständen (BGH GRUR 1973, 361 – sanRemo; BPatG BlPMZ 1971, 189).

Ein solch extensives Verständnis der irreführenden Zeichen nach § 4 Abs. 2 Nr. 4 2. Alt. **303** WZG kann für das absolute Schutzhindernis der täuschenden Marken nach § 8 Abs. 2 Nr. 4

**MarkenG § 8** 304–307  Absolute Schutzhindernisse

nicht mehr aufrechterhalten werden. Zum einen verfolgt das MarkenG gegenüber dem WZG erkennbar eine *Liberalisierung der nationalen Eintragungspraxis* und geht eher von der Annahme der Eintragungsfähigkeit als der Eintragungsunfähigkeit einer Marke aus. Zum anderen besteht im Hinblick auf die *Europäisierung des gesamten Wettbewerbsrechts und Markenrechts* eine deutliche Tendenz, auf ein anderes Verbraucherbild als das des flüchtigen Durchschnittsverbrauchers abzustellen und das Verbot der irreführenden Werbung zu begrenzen. Ein solches Gebot einer restriktiveren Handhabung bei der Feststellung der Täuschungseignung nach der Verkehrsauffassung ist im Eintragungsverfahren erst recht zu beachten. Zur Feststellung der Verkehrsauffassung ist auf den *verständigen Verbraucher* abzustellen (s. dazu im einzelnen § 14, Rn 149 ff.).

304  Die inhaltliche Unrichtigkeit der Marke muß die Täuschungsgefahr kausal hervorrufen und beide Merkmale müssen kumulativ vorliegen. Eine Marke, die zwar inhaltlich unrichtig, aber nicht zur Täuschung geeignet ist, kann einen Verstoß gegen das absolute Schutzhindernis eines Verstoßes gegen die öffentliche Ordnung oder gegen die guten Sitten nach § 8 Abs. 2 Nr. 5 darstellen.

305  Nach der Eintragungspraxis zu § 4 Abs. 2 Nr. 4 2. Alt. WZG wurde es als genügend angesehen, wenn die Unrichtigkeit der Marke sowie die Täuschungsgefahr nur für den Gleichartigkeitsbereich der angemeldeten Waren bestand (RPA BlPMZ 1931, 35 begnügt sich sogar mit nahestehenden Waren). Eine solch extensive Handhabung des absoluten Schutzhindernisses der täuschenden Marken nach § 8 Abs. 2 Nr. 4 ist bedenklich. Es ist zu erwägen, ob nicht entsprechend der Feststellung eines Freihaltebedürfnisses nach § 8 Abs. 2 Nr. 2 ausschließlich auf die *konkret* angemeldeten Waren oder Dienstleistungen abzustellen ist (zum Produktbezug des konkreten Freihaltebedürfnisses s. Rn 122 ff.). Wenn die tatsächliche Verwendung der Marke für *Produkte im Ähnlichkeitsbereich* die Gefahr einer Irreführung des Verkehrs begründet, dann greifen die Werbeverbote nach den Vorschriften der §§ 3 bis 5 UWG ein. Zumindest sollte die Anwendung des absoluten Schutzhindernisses der täuschenden Marke nach § 8 Abs. 2 Nr. 4 im Falle der Unrichtigkeit der Marke und des Bestehens einer Täuschungsgefahr ausschließlich im Ähnlichkeitsbereich der angemeldeten Waren oder Dienstleistungen restriktiv gehandhabt und nur in eindeutigen Fallkonstellationen die Marke von der Eintragung ausgeschlossen werden.

306  **b) Inhaltliche Unrichtigkeit.** Die Marke als solche muß *ihrem Inhalt nach* unrichtig und zur Täuschung des Publikums geeignet sein. Eine an sich nicht täuschende Marke ist nicht deshalb von der Eintragung ausgeschlossen, weil die *Art und Weise der Benutzung* der Marke auf dem Markt die Gefahr einer Irreführung des Verkehrs begründen kann (BPatGE 2, 215 – unübertroffen; BPatG GRUR 1980, 923 – Cork Dry Gin). Die Bezeichnung *REEFER* ist als englischer umgangsprachlicher Ausdruck für Marihuana-Zigarette zwar für Tabakwaren nach § 8 Abs. 2 Nr. 9 als gesetzwidrige Marke nicht schutzfähig (s. Rn 402), eintragungsfähig aber für Raucherbedarfsartikel, da die Bezeichnung für diese Waren nicht ersichtlich täuschend ist, da Raucherbedarfsartikel kein Marihuana bzw Haschisch enthalten und eine Benutzung der Bezeichnung *REEFER* für Rauchbedarfsartikel nicht zwangsläufig eine unzulässige Werbung für Suchtmittel einschließt und eine andere Verwendung ohne weiteres denkbar ist, zumal die englische umgangsprachliche Bedeutung vielen Rauchern unbekannt sein dürfte (BPatGE 38, 127 – REEFER). Eine irreführende Benutzung der Marke im Verkehr ist nach den §§ 3 bis 5 UWG wettbewerbswidrig.

307  Eine Marke ist nicht schon dann inhaltlich unrichtig, wenn wegen ihrer *Ähnlichkeit mit einer eingetragenen Marke* für das Publikum die Gefahr von Verwechslungen besteht; dann besteht nur ein relatives Schutzhindernis nach § 9 Abs. 1 Nr. 2. Die inhaltliche Unrichtigkeit einer Marke kann sich auch aus ihrer *Ähnlichkeit mit einer Produktmerkmalsbezeichnung* oder einer *Gattungsbezeichnung* ergeben. So ist die Bezeichnung *Ponyac* aufgrund ihrer Verwechselbarkeit mit *Cognac* dann als eine täuschende Marke für Trinkbranntwein zu beurteilen, wenn dessen Alkohol nicht ausschließlich aus Wein gewonnen wird (KPA MuW 1910, 102). Die Verwendung eines *fremden Namens* in einer Marke kann täuschend sein, wenn die angesprochenen Verkehrskreise auf sachliche, die Eigenschaft der Produkte berührende Beziehungen zwischen dem Namensträger und den Produkten schließen. Die häufige Werbung mit Namen von Spitzensportlern für die unterschiedlichsten Produkte wird vom Publikum nur als finanzielle Verbindung zwischen Sponsor und Sportler aufgefaßt; *BORIS* als

Kurzform von *Boris Becker* ist auch für Sportgeräte und Sportsbekleidung ohne den Nachweis einer beratenden Mitwirkung des Namensträgers bei der Produktion eintragungsfähig (BPatGE 29, 89 – BORIS).

Eine täuschende Marke wird nicht durch die *Erklärung des Anmelders* eintragungsfähig, er werde die Marke auf dem Markt tatsächlich nur mit einem die Täuschungsgefahr ausschließenden Zusatz benutzen (BPatGE 1, 191, 193 – Ei-Nuß; 2, 125, 127 – Winzerdoktor). Die *Verwendung von Zusätzen* vermag allein einen Verstoß gegen das Verbot der irreführenden Werbung nach § 3 UWG im Falle einer tatsächlichen Benutzung des Zeichens als Marke im Verkehr auszuschließen, nicht aber die Eintragungsfähigkeit der täuschenden Marke als solche zu begründen. Die tatsächliche Benutzung einer täuschenden Marke im Verkehr kann auch dann keinen schutzwürdigen Besitzstand, der eine Eintragung der Marke rechtfertigte, begründen, wenn die Marke jahrzehntelang und unbeanstandet benutzt worden ist (*Baumbach/Hefermehl*, Wettbewerbsrecht, Einl UWG, Rn 431; § 3 UWG, Rn 107, 222, 242; aA DPA GRUR 1953, 495, das die Eintragungsfähigkeit von *König-Pilsener* mit einer solchen Begründung annahm, obwohl das Wort König als Familienname nicht entlokalisiert war; hiergegen *Heydt*, Mitt 1953, 96).

**c) Abstrakte Irreführungsverbote.** In anderen Rechtsgebieten wie etwa dem Lebensmittelrecht und Weinrecht bestehen Vorschriften, die näher bestimmen, unter welchen Voraussetzungen eine Bezeichnung als irreführend anzusehen ist. Anders als nach § 3 UWG und § 8 Abs. 2 Nr. 4 kommt es bei diesen abstrakten Irreführungsverboten nicht darauf an, ob aufgrund der Irreführungsgefahr die wirtschaftliche Entscheidungsfreiheit des Verbrauchers beeinflußt wird. Diese Vorschriften enthalten absolute Schutzhindernisse im Sinne des § 8 Abs. 2 Nr. 9; die entsprechenden Marken sind von der Eintragung ausgeschlossen (s. Rn 406 ff.).

### 3. Angaben über die geographische Herkunft

**a) Allgemeine Beurteilung.** Geographische Herkunftsangaben sind nicht dazu bestimmt, die Produkte eines Unternehmens zu identifizieren und sie von den Produkten anderer Unternehmen zu unterscheiden. Geographische Herkunftsangaben sind nach § 8 Abs. 2 Nr. 2 eintragungsunfähig. Eine geographische Herkunftsangabe ist nach § 8 Abs. 2 Nr. 4 als eine täuschende Marke eintragungsunfähig, wenn sie im Verkehr als geographische Herkunftsangabe verstanden wird und inhaltlich unrichtig ist. Die Marke ist dann inhaltlich unrichtig, wenn die inhaltliche Angabe der Marke über die geographische Herkunft des Produkts nicht mit den tatsächlichen Verhältnissen übereinstimmt. Erforderlich ist weiter, daß die Aussage der Marke über die geographische Herkunft des Produkts geeignet ist, einen nicht unerheblichen Teil der beteiligten Verkehrskreise in der wirtschaftlichen Entscheidungsfreiheit zu beeinflussen. Es ist nicht erforderlich, daß der Verkehr mit dem geographischen Ort (Stadt, Land, Region, Landschaft) eine besondere Gütevorstellung oder einen guten Ruf für das Produkt verbindet (*Schwarzwald* für Anzüge DPA BlPMZ 1957, 126; DPA Mitt 1961, 215 – Helvetia; kritisch *Reimer/Trüstedt*, Kap. 31, Rn 27). Wenn der Verkehr mit dem geographischen Ort einen besonderen Ruf verbindet, dann ist dieser Umstand insoweit rechtserheblich, als eine Beeinflussung der Verbraucherentscheidung um so näher liegt. Es ist ausreichend, wenn der Verkehr mit der Vorstellung über den geographischen Ort eine *allgemeine Wertschätzung* verbindet, die geeignet ist, das Interesse des Verbrauchers an dem Produkt positiv zu beeinflussen (BGHZ 44, 16, 20 – de Paris; BGH GRUR 1970, 517, 519 – Kölsch Bier; BPatG BlPMZ 1995, 197). Geographische Angaben als Wortbestandteil von Marken werden vom Verkehr regelmäßig nicht als eine Aussage über die betriebliche Herkunft des Produkts, sondern als eine örtliche Herkunftsangabe verstanden. Es besteht deshalb grundsätzlich kein schutzwürdiges Bedürfnis an einer markenmäßigen Benutzung einer geographischen Herkunftsangabe, so daß eine strenge Beurteilung von Marken mit geographischen Herkunftsangaben geboten ist (BGH GRUR 1970, 311, 313 – Samos; 1963, 469 – Nola; BPatGE 12, 225 – Campione; RG GRUR 1934, 59, 60 – Westfalenkoks).

Eine geographische Herkunftsangabe wird im Verkehr ausnahmsweise dann nicht als eine solche verstanden, wenn sie im Verkehr unbekannt und deshalb als eine Phantasiebezeichnung verstanden wird; eine solche Marke ist eintragungsfähig. Aber auch wenn die geographische Herkunftsangabe im Verkehr als eine solche verstanden wird, können *besondere Umstände* vorliegen, die es ausschließen, daß der Verkehr die geographische Herkunftsangabe auf die geographische Herkunft des Produkts bezieht. Das ist etwa dann der Fall, wenn die geographische Herkunftsangabe im Verkehr etwa ausschließlich eine allgemeine Vorstellung von Luxus und Exklusivität des Produkts hervorruft; eine solche Marke mit einer geographischen Herkunftsangabe ist ausnahmsweise eintragungsfähig (BGH GRUR 1970, 311, 313 – Samos; 1973, 361 – sanRemo; 1963, 482, 484 – Hollywood Duftschaumbad). Für die Feststellung, ob die geographische Herkunftsangabe zur Täuschung des Publikums geeignet ist, kommt es stets auf die besonderen Umstände des Einzelfalles an, wie etwa die Art des Produkts, die mit der geographischen Angabe verbundenen Vorstellungen im Verkehr, sowie etwa das Bestehen einer besonderen Irrtumsanfälligkeit der umworbenen Verkehrskreise (BGH GRUR 1973, 361, 363 – sanRemo). Ein fester Prozentsatz für eine rechtserhebliche Irreführungsquote läßt sich nicht angeben. Die Täuschungseignung einer geographischen Herkunftsangabe ist vielmehr produktabhängig. Bei Lebensmitteln und Medikamenten wird ein geringerer Prozentsatz der einer Täuschungsgefahr unterliegenden Verkehrskreise als schutzwürdig anzusehen sein als etwa bei Bekleidung oder Haushaltswaren.

**312** Eine geographische Herkunftsangabe ist auch dann eintragungsunfähig, wenn sie nur *mittelbar* auf die geographische Herkunft des Produkts hinweist. Die Verwendung eines ausländischen Symbols wird der Verkehr häufig als eine mittelbare Herkunftsangabe verstehen. Bezeichnungen von Schlössern, Burgen und Ruinen werden im Verkehr regelmäßig nur dann als eine geographische Herkunftsangabe verstanden, wenn in der Region des bezeichneten Gebäudes die Herstellung der Ware oder die Erbringung der Dienstleistung naheliegt oder wenn die Gebäudebezeichnung als Symbol für das Land oder die Landschaft verstanden wird. Als *eintragungsfähig* wurde beurteilt *Chambord* für Tabakerzeugnisse als Name eines französischen Königsschlosses an der Loire (BPatGE 4, 171). Fremdsprachigen Wörtern kommt als eine geographische Angabe über die Produktherkunft eine besondere Bedeutung zu (s. Rn 313).

**313** **b) Fremdsprachige Bezeichnungen.** Die Verwendung einer fremdsprachigen Bezeichnung kann im Verkehr die Vorstellung hervorrufen, es handele sich um ein Produkt aus dem Ausland. Voraussetzung einer Täuschung des Publikums ist nicht, daß der Verkehr mit der Vorstellung über die *ausländische Herkunft des Produkts* eine besondere Gütevorstellung verbindet. Beispiele sind *Good Luck* für Fleisch- und Wurstwaren (BPatGE 3, 79); *Heaven-Icecream* für Speiseeis (BPatGE 16, 256); *Lady Rose* für Nagellackerzeugnisse (BGH GRUR 1963, 589). In Anbetracht der zunehmenden Internationalisierung der Gesellschaft in Produktion, Handel, Dienstleistung und Kommunikation wird man heute nicht mehr regelmäßig davon ausgehen können, daß mit der Verwendung einer fremdsprachigen Bezeichnung im Verkehr die Vorstellung von einer ausländischen Produktherkunft hervorgerufen wird. Entscheidend kommt es auf die Art des Produktbereichs sowie die Gewöhnung des Verkehrs an bestimmte Produktbezeichnungen etwa durch Werbung und Marketing an. Selbst bei *fernöstlichen* Schriftzeichen wird angesichts der weltwirtschaftlichen Entwicklung und des ständigen Anwachsens der kulturellen und touristischen Beziehungen zu den fernöstlichen Ländern heute nicht mehr generell davon ausgegangen, daß der deutsche Verkehr bei der Wahrnehmung etwa chinesischer Schriftzeichen in Zusammenhang mit Produkten oder Dienstleistungen diese ausnahmslos mit der Vorstellung an eine geographische Herkunftsangabe verbindet (BPatG GRUR 1997, 53 – Chinesische Schriftzeichen). In restriktiverer Eintragungspraxis soll eine Reihe von fünf verschiedenen chinesischen Schriftzeichen für Waren des täglichen Bedarfs wie Biere nicht unterscheidungskräftig sein, da chinesischen Schriftzeichen jedenfalls dann die erforderliche Merkfähigkeit fehle, wenn sie der durchschnittliche Konsument nicht anhand einfacher und einprägsamer Bestandteile wieder erkennen könne (BPatG GRUR 1997, 830 – St. Pauli Girl). Da als Marke angemeldete Kennzeichen, die ausschließlich aus fernöstlichen Schriftzeichen gebildet seien, von den deutschen Verkehrskreisen wegen fehlender Kenntnisse solcher Schriftzeichen und ihrer Bedeutung weitgehend nur aufgrund ihres bildlichen Gesamteindrucks unterschieden und erinnert würden, seien sie als Bildmarken und nicht als Wortmarken zu beurteilen.

**314** Für den Verkehr mit *Lebensmitteln* besteht ein ausdrückliches Verbot zum Schutz vor einer Täuschung des Publikums. Nach § 17 Abs. 1 Nr. 5 b LMBG liegt eine Irreführung ins-

Absolute Schutzhindernisse   315–318   § 8 MarkenG

besondere dann vor, wenn zur Täuschung geeignete Bezeichnungen, Angaben, Aufmachungen, Darstellungen oder sonstige Aussagen über die Herkunft der Lebensmittel verwendet werden. Bei Lebensmitteln werden fremdsprachige Bezeichnungen im Verkehr regelmäßig die Vorstellung über eine ausländische Herkunft des Produkts hervorrufen.

In anderen Produktbereichen wird man heute nicht mehr davon ausgehen können, der 315 Verkehr ziehe allein aus der Verwendung einer fremdsprachigen Bezeichnung den Schluß auf die geographische Herkunft des Produkts im Ausland (BGH GRUR 1971, 29 – Deutscher Sekt; 1976, 587 – Happy); eher wird der Verkehr in der fremdsprachigen Bezeichnung eine Qualitätsangabe sehen. Zu berücksichtigen ist auch, daß eine fremdsprachige Bezeichnung ihre Eigenschaft als ein Fremdwort aufgrund ständiger Verwendung auf dem inländischen Markt verloren haben kann. So ist auf dem Gebiet der Mode die Verwendung englischer oder französischer Ausdrücke (etwa Style, Look oder no iron) üblich und weit verbreitet, ohne daß diese fremdsprachigen Bezeichnungen im Verkehr als eine geographische Herkunftsangabe verstanden werden. Die für Strumpfwaren angemeldete Bezeichnung *Interfashion* mit einem Wappen des Vogels Greif mit der Weltkugel in den Krallen wird im Verkehr nicht als eine geographische Angabe über die Produktherkunft aus einem Gebiet des englischen Sprachbereichs verstanden, da das Wort fashion als Fremdwort in den deutschen Sprachschatz eingegangen ist und durch die Vorsilbe inter die Eigenschaft als deutsches Fremdwort nicht verändert wird (BPatGE 4, 82; zur Bereicherung inter s. Rn 254). Auf dem *Bekleidungssektor* wurden als *eintragungsfähig* beurteilt *Festival* (BPatGE 5, 39); *Ladyline* (BPatGE 5, 48); *Stretchever* (BPatGE 8, 80). Auch auf dem Gebiet der *Kosmetika* ist der Verkehr an die Verwendung fremdsprachiger Bezeichnungen gewöhnt. Als *eintragungsfähig* wurden beurteilt *Empyrean* (BPatG Mitt 1972, 13); *Dreamwell/Dreamwave* (BPatGE 13, 245).

Eintragungsfähig sind auch solche Fremdwörter, die im inländischen Verkehr nicht als ei- 316 ne fremdsprachige Bezeichnung verstanden, sondern als ein *Phantasiewort* aufgefaßt werden. Als *eintragungsfähig* wurden beurteilt *Lona* (spanisch: Segeltuch) für Lebens- und Genußmittel (BPatGE 5, 155); *Molino* (spanisch, italienisch: Mühle) für Spirituosen, Liköre, Weine und Schaumweine (BPatGE 30, 169). Bei fremdsprachigen Bezeichnungen mit mehrfacher Bedeutung kann die geographische Angabe durch die andere Bedeutung des Wortes verdrängt werden. Als *eintragungsfähig* wurden beurteilt *Paola* für elektrische Geräte, weil das Wort nach seiner Hauptbedeutung einen italienischen Mädchennamen darstellt, hinter der die Nebenbedeutung des Wortes als einer kleinen Hafenstadt in Süditalien zurücktrete (BPatGE 8, 71); *Petitparis* für französische Weine und Spirituosen, weil der Verbraucher diese fremdsprachige Bezeichnung nicht in einzelne beschreibende Bestandteile zerlege und französischen Orten mit dem Namen Petit-Paris keine Bedeutung zukomme (BPatGE 7, 187); *Ernesto* für Parfümerien, Mittel zur Körper- und Schönheitspflege, Öle, Seifen, Wasch- und Bleichmittel, weil der Verkehr die Bezeichnung nicht als einen Hinweis auf ein romanisches Ursprungsland wie Italien verstehe (BPatG Mitt 1972, 213).

Bei *zusammengesetzten Marken* mit einem fremdsprachigen Wortbestandteil wie etwa big 317 wird der Verkehr regelmäßig allein in dem fremdsprachigen Wortbestandteil keine geographische Herkunftsangabe erkennen. Als *eintragungsfähig* wurde beurteilt *Sügro Big-Bär* für Süßwaren (BPatG Mitt 1969, 144). Bei zusammengesetzten Zeichen, die aus einem fremdsprachigen Wortbestandteil und einer deutschen *Unternehmensbezeichnung* oder einem deutschen Firmenbestandteil bestehen, wird regelmäßig eine Täuschungsgefahr entfallen. Als *eintragungsfähig* wurden beurteilt *Falke-Fleurs* für Strumpfwaren, gewirkte und gestrickte Bekleidungsstücke (BPatGE 11, 154); *Feist Belmont* für Sekt, da von einer inländischen Sektkellerei der Firmenname mit französischem Namensbestandteil als Marke benutzt werden dürfe, wenn der Firmenname rechtmäßig entstanden sei; es liege auf dem Getränkesektor noch im Rahmen einer firmenmäßigen Warenkennzeichnung, wenn von der Firma nur die Namensbestandteile (Feist Belmont) in dem für Sekt bestimmten Flaschenetikett schlagwortartig hervorgehoben würden, vorausgesetzt, das Etikett weise im übrigen keine die Täuschungsgefahr erhöhende Ausgestaltung auf (BPatGE 11, 254).

Bei Sprachen, die wie die französische und englische in einer Vielzahl von Ländern ge- 318 sprochen werden, wird die fremdsprachige Bezeichnung, wenn sie überhaupt als eine geographische Herkunftsangabe angesehen wird, im Verkehr regelmäßig nur als ein Hinweis auf die Produktherkunft aus dem betreffenden *Sprachraum* verstanden, es sei denn, daß die Marke einen konkreten Hinweis auf ein bestimmtes Land enthält. Als *eintragungsfähig* wurde beurteilt *Elevage* für nicht aus Frankreich stammende Kosmetika eines Unternehmens mit Sitz in Brüssel; eine mögliche Irreführung über das Herkunftsland sei in Kauf zu nehmen (BPatGE 23, 172, 175). Die Bezeichnung *REEFER* ist als englischer umgangssprachlicher Ausdruck für Marihuana-Zigarette zwar für Tabakwaren nach § 8 Abs. 2 Nr. 9 als gesetzwidrige Marke nicht schutzfähig (s. Rn 402), wohl aber für Raucherbedarfsartikel eintragungsfähig (BPatGE 38, 127 – REEFER).

**319**  **c) Exportmarken.** Die Verwendung einer fremdsprachigen Bezeichnung für Waren, die ausschließlich für den Export bestimmt sind (*Exportmarken*), kann notwendig und daher sachlich gerechtfertigt sein. Um Bedenken wegen des absoluten Schutzhindernisses einer über die geographische Herkunft der Produkte täuschenden Marke zu begegnen, wird vom Anmelder zumeist verlangt, in das Warenverzeichnis den Zusatz aufzunehmen, sämtliche Waren seien nur für den Export bestimmt. Die Anmeldung einer fremdsprachigen Bezeichnung für Exportwaren mit einem solchen *Exportvermerk* kann nicht wegen Bestehens einer mittelbaren Herkunftstäuschung zurückgewiesen werden. Es bedarf auch keiner näheren Darlegungen des Anmelders, er werde das Zeichen nur für Exportwaren verwenden (BPatGE 13, 136 – Freshys). Der Schutzbereich einer Exportmarke wird durch den Exportvermerk nicht gegenständlich beschränkt (BGHZ 34, 1 – Mon Chéri). Die entsprechenden Grundsätze gelten für *Importmarken* (BGH GRUR 1975, 258, 259 – Importvermerk; *Heydt,* GRUR 1961, 184). Die Eintragung eines fremdsprachigen Zeichens darf aber dann nicht von einem Import- oder Exportvermerk abhängig gemacht werden, wenn das Zeichen ohne Täuschungsangabe für Waren benutzt werden kann, die unter den angemeldeten Warenbegriff fallen (BPatGE 30, 169 – Molino).

**320**  **d) Rechtsprechung und Entscheidungspraxis. aa) Irreführende Herkunftsangaben.** Als *eintragungsunfähig* wurden beurteilt *Columbia* für deutsches Mehl (KPA BlPMZ 1895, 274); *Hie gut Württemberg allewege* für einen in Bayern wohnenden Sensenfabrikanten (KPA BlPMZ 1902, 27); *Kulm* für Waren jeder Art, weil auf die Herstellung Kulmbacher Biers hindeutend (KPA BlPMZ 1908, 248); *Hoefelmayrs Silber-Camembert* für deutschen Käse (RPA BlPMZ 1919, 11); *Trakehnen* als Wortbestandteil einer Bezeichnung für Schraubstollen, weil der Eindruck deutscher Herkunft erweckt wurde und deshalb für ein österreichisches Unternehmen nicht schutzfähig sei (OLG Königsberg MuW 1934, 303; abzulehnen); *Royal Bavarian Dresdner Art* bei Porzellan, weil auf eine ehemals königliche Fabrik und Dresdner Kunst hindeutend (RPA JW 1935, 78); *Visite à Paris* für deutsche Parfümerien (RPA Mitt 1938, 397); *Ein Duft aus Paris* für deutsche Parfümerien (LG Köln GRUR 1956, 570); *Saint Georges* für Weinbrand, Likör und Weine, da trotz des darunter in Kleindruck stehenden Hinweises *Prodotto Italiano* bei beachtlichen Teilen des Verkehrs der Eindruck erweckt werde, es handele sich um französische Getränke (BPatGE 10, 124 – SAINT GEORGES); *sanRemo* für Bekleidungsstücke, die zwar aus Italien, nicht aber aus dem italienischen Ort San Remo stammen (BPatGE BlPMZ 1971, 189); *Campione* für Süßwaren, weil auf eine italienische Exclave und einen Ort am Luganer See hinweisend (BPatGE 12, 225); *English Lavender* für im Inland hergestellte Seife (BGH GRUR 1956, 187); *Ascot Tweed* für nicht aus englischem Stoff hergestellte Bekleidungsstücke (DPA BlPMZ 1957, 367); *Holländer Ruhm* für Eier, Butter, Fette, wenn nicht aus Holland stammend (DPA BlPMZ 1953, 13); *Mönchenbräu* für nicht aus München stammendes Bier (DPA Mitt 1960, 52); *Good-Luck* für Lebens- und Genußmittel, wenn die Waren nicht aus einem Lande des englischen Sprachbereichs kommen (BPatGE 3, 79); *Avenue* für Schokolade, Back- und Konditorwaren, weil der Eindruck erweckt werde, die Waren stammten aus den USA (BPatGE 5, 207); *Broadway* für Kakao, Schokolade, Zuckerwaren, Back- und Konditoreiwaren (BPatGE 7, 53; anders BPatGE 13, 125 für *Lido* ohne den Zusatz eines Ortsnamens); *Rigi* für Weine, Spirituosen und Bier (BPatGE 6, 233); *Bambino* für kindergeeignete Trinkgläser, Becher und Tassen (BPatGE 5, 41); *Coup* für Weine, Schaumweine und Spirituosen (BPatG Mitt 1969, 50); *Grand Bal* für Strumpfwaren (BPatG Mitt 1969, 111); *Monamie* für Süßwaren (BPatG Mitt 1969, 112); die Bezeichnung *Original Klosterpforte* mit Abildung eines Mönchs mit Flasche und Probierglas in altem Gewölbe, da beachtliche Verkehrskreise darin einen in Wahrheit unzutreffenden Hinweis auf ein Erzeugnis sehen, das nach klösterlichen Rezepten und in einer klösterlichen Einrichtung hergestellt werde und deshalb besondere Wertschätzung verdiene (BPatG BlPMZ 1995, 197); als irreführend nach

§ 3 UWG die Bezeichnung *Klosterbrauerei* für eine in jüngster Zeit in Betrieb genommene Braustätte in zwei Kilometer Entfernung von einer Schloßruine, die vor Jahrhunderten ein Kloster beherbergt hat, sowie die Bezeichnung *Klosterbräu* für das dort gebraute Bier (HansOLG Hamburg WRP 1998, 76 – Klosterbrauerei).

**bb) Nicht irreführende Herkunftsangaben.** Als *eintragungsfähig* wurden beurteilt *Palatia* für Schaumweine, wenn von einem in der Pfalz ansässigen Unternehmen verwendet (DPA BlPMZ 1955, 92; bedenklich, da viele Verbraucher unter Palatia-Wein Pfälzer Wein verstehen); *Falke-Fleurs* für Strumpfwaren und gestrickte Bekleidungsstücke, da das Zeichen den deutschen Firmennamen enthalte (BPatGE 11, 154); *Scotch-Grip* für flüssigen Klebstoff zur allgemeinen Verwendung in der Industrie (BPatGE 12, 234); *RELAYS* für Süßwaren, weil der Verkehr bei diesen Waren nicht erwartet, daß sie aus Ländern des englischen Sprachbereichs stammen (BPatG Mitt 1985, 157); *Molino* (spanisch, italienisch: Mühle) für Spirituosen, Liköre, Weine und Schaumweine ohne einschränkenden Import- oder Exportvermerk im Warenverzeichnis (s. Rn 319), da das Zeichen nicht ersichtlich (§ 37 Abs. 3) täuschend sei (BPatGE 30, 169).

### 4. Lagenamen

Lagenamen sind als Marke eintragungsunfähig, wenn sie eine *irreführende Angabe über eine Weinbergslage* enthalten (zu irreführenden Lagenamen s. *Baumbach/Hefermehl*, Wettbewerbsrecht, § 3 UWG, Rn 259; *Busse*, BlPMZ 1952, 284). Als irreführend beurteilt wurde die Bezeichnung *Sonnenstück Gold* für Wein, der nicht aus der Weinbergslage Sonnenstück der Gemeinde Schliengen stammte (LG Mannheim, GRUR 1968, 380). Eintragungsunfähig sind auch Bezeichnungen, die im Verkehr als Lagenamen oder Gemarkungsnamen verstanden werden. Als *eintragungsunfähig* wurden beurteilt *Roterde* (DPA BlPMZ 1953, 58); *Binger Mäuseturm* (RPA MuW 1931, 228). Auch Wörter wie *Berg, Burg, Schloß, Chateau, Kastell, Castello, Haus, Tal, Domäne* oder *Stein* können einen Lagenamen vortäuschen; als *eintragungsunfähig* beurteilt wurde die Bezeichnung *Schloß*, weil zahlreiche Groß- und Einzellagen aus Schloßbezeichnungen bestehen (BPatG GRUR 1992, 170 – Schloß Caestrich). Unabhängig von dem Grundsatz, daß für Schaumweine eine *Schloß*-Bezeichnung in der angemeldeten Marke als Weinlage wirken und damit irreführend auf einen Lagensekt hinweisen kann, ist in jedem Einzelfall zu prüfen, ob besondere Umstände vorliegen, die eine *ersichtliche Täuschungsgefahr* ausschließen; wenn die beanstandete Bezeichnung seit mehreren Jahrzehnten unangefochten Markenschutz genießt (*Schloß Wachenheim* als Name einer traditionsreichen, umsatzstarken und daher unter den an Sekt interessierten Verbrauchern weitgehend bekannten Sektkellerei), dann fehlt es jedenfalls an der im kursorischen Registerverfahren für die Schutzversagung erforderlichen Ersichtlichkeit der Täuschungsgefahr (BPatG GRUR 1996, 885 – Schloß Wachenheim; zur Ersichtlichkeit der Täuschungseignung s. Rn 343). Auch die Namen von *Heiligen* und *Klöstern* sowie *Adelsnamen* können als Lagenamen verstanden werden (Haß, GRUR 1980, 87, 91). Als *eintragungsfähig* beurteilt wurden die französische Phantasiebezeichnung *Les Grottes*, weil kein Verbraucher in dieser Bezeichnung einen Lagenamen erkenne (DPA BlPMZ 1954, 282); *MONTE GAUDIO*, da diese Phantasiebezeichnung ohne Gemarkungsname an keinen besonders typischen oder besonders bekannten Lagenamen angelehnt sei (BPatGE 31, 262 – MONTE GAUDIO); *Villa Marzolini*, da das Wort *Villa* nicht als Bezeichnung für ein italienisches Weingut verstanden werde (BPatGE 40, 149 – Villa Marzolini).

Nach § 23 Abs. 1 WeinG sind zwar bei der Verwendung eines Lagenamens auch die *Gemeinde* und der *Ortsteil* anzugeben. Dennoch ist es nicht ausgeschlossen, daß Weine mit Phantasienamen ohne Angabe eines Gemarkungsnamens über eine Weinbergslage irreführen. Wenn auch Weinkenner wissen, daß Lagenamen nur zusammen mit Gemarkungsnamen angegeben werden, so ist durch die Vorschrift des § 23 Abs. 1 WeinG die allgemeine Verkehrsauffassung noch nicht entscheidend geprägt worden. § 25 Abs. 3 Nr. 1 WeinG enthält ein Irreführungsverbot für Aufmachungen, Darstellungen oder zutreffende Angaben, die geeignet sind, falsche Vorstellungen über die geographische Herkunft zu erwecken; dies gilt auch dann, wenn das Herstellungsland vorschriftsmäßig angegeben ist. Nach § 25 Abs. 3 Nr. 3 sind Phantasiebezeichnungen als irreführend anzusehen, die geeignet sind, fälschlich den Eindruck einer geographischen Herkunftsangabe zu erwecken (lit. a) oder die einen geographischen Hinweis enthalten, wenn die nach diesem Gesetz oder nach auf Grund dieses Gesetzes erlassenen Rechtsverordnungen erforderlichen Voraussetzungen für den Gebrauch der entsprechenden geographischen Bezeichnung nicht erfüllt sind (lit. b). Das Verbot irreführender Phantasiebezeichnungen soll verhindern, die für den Gebrauch geographischer Bezeichnungen geltenden Beschränkungen zu umgehen (BGH GRUR 1980, 172 – Fürstenthaler; 1982, 423 – Schloßdoktor/Klosterdoktor).

**324**   Wegen *Vortäuschens eines Lagenamens* wurden als *eintragungsunfähig* beurteilt *Lumpenstück* (BPatGE 16, 247); *Treppchen* (BPatG GRUR 1976, 194); *Fürstenthaler* (BGH GRUR 1980, 173, 174); offengelassen für *Laurentiuskapelle* (BGHSt 25, 158; dazu s. *Koch*, AWZ 1974, 173). Wegen Fehlens eines geographischen Bezugs wurden als nicht irreführend beurteilt *Adlerhorst* (BPatG Mitt 1975, 170); *Eulengeschrei* (BPatG Mitt 1975, 171; kritisch *Krebs*, GRUR 1976, 171, 173); *Aldeck* (BPatG GRUR 1979, 714). Wenn eine Bezeichnung den Eindruck eines Lagenamens erweckt, dann hat der Anmelder das Bestehen einer ihm allein gehörenden Weinbergslage dieses Namens nachzuweisen. Auch nach der Rechtslage im MarkenG werden *scheingeographische Angaben*, die in Deutschland als Bezeichnung einer in Wahrheit nicht existierenden Weinlage verstanden werden als ersichtlich täuschend vom Markenschutz ausgeschlossen, auch wenn diese Angaben in anderen, nicht deutschsprachigen Ländern Europas als Marke eingetragen sind; als eintragungsunfähig beurteilt wurde *ROSENFELDER* für Wein und Schaumwein, da der Verkehr die Angabe als objektivierte Ortsangabe verstehe (BPatG GRUR 1998, 717 – ROSENFELDER; im Anschluß an BGH GRUR 1980, 173 – Fürstenthaler; EuGH GRUR Int 1981, 318 – Klosterdoktor).

**325**   Der Grundsatz, daß Bezeichnungen, die den unzutreffenden Eindruck einer geographischen Herkunftsangabe erwecken, als irreführende Zeichen eintragungsunfähig sind, ist, wenn auch mit gewissen Einschränkungen wegen der abweichenden Verhältnisse beim Herstellen von Sekt und Schaumwein, auch auf die Kennzeichnung von *Sekt* und *Schaumwein* anzuwenden, weil das Publikum seine Vorstellungen über geographische Herkunftsangaben von Weinen auf die als Veredelungsprodukte angesehenen Schaumweine und Sekte überträgt (BPatGE 24, 246, 251 – Römertaler). Die nach Art. 13 Abs. 2 lit. b Verordnung (EWG) Nr. 2333/92, nach der es zulässig ist, eine von einem Mitgliedstaat geregelte Bezeichnung, durch die das Ansehen eines Qualitätsweins gehoben werden kann, auf dem Weinetikett anzubringen, zulässige Bezeichnung *Riesling-Hochgewächs* darf bei Stillweinen nur in Zusammenhang mit der Rebsorte Riesling und bei Erfüllung der Qualitätsanforderung des § 34 WeinV verwendet werden, da der deutsche Gesetzgeber nur bei der Rebsorte Riesling den Begriff *Hochgewächs* als gehobenes Qualitätsmerkmal für einen Wein in das Gesetz aufgenommen hat. Der BGH hatte dem EuGH die Frage zur Vorabentscheidung vorgelegt, ob für die Anwendung des Kennzeichnungsverbots der Verordnung (EWG) Nr. 2333/92 (s. 3. Teil des Kommentars, II 11) die Feststellung genügt, daß das Wort *Hochgewächs* der zur Bezeichnung eines Schaumweins verwendeten Marke *Kessler Hochgewächs* mit einem Teil der Bezeichnung des für die Bereitung der Cuvée des Schaumweins nicht verwendeten Weins Riesling-Hochgewächs verwechselt werden kann, auch wenn weder irrtümliche, den Kauf beeinflussende Vorstellungen beachtlicher Teile der Verbraucher über die Beschaffenheit der Cuvée noch eine Täuschungsabsicht des Inhabers der Marke festgestellt sind (BGH GRUR 1997, 756 – Kessler Hochgewächs). Nach Auffassung des EuGH gewährt das Gemeinschaftsrecht *keinen objektiven Bezeichnungsschutz* ohne Nachweis einer Verwechslungsgefahr. Zur Anwendung der Verbotsbestimmung genügt nicht die Feststellung, daß eine Marke, die ein Wort enthält, das in der Bezeichnung eines der in dieser Bestimmung genannten Erzeugnisse enthalten ist, als solche mit dieser Bezeichnung verwechselt werden kann; es ist der Nachweis erforderlich, daß die Verwendung der Marke tatsächlich geeignet ist, die angesprochenen Verbraucher irrezuführen und daher ihr wirtschaftliches Verhalten zu beeinflussen (EuGH, Rs. C-303/97, WRP 1999, 307 – Sektkellerei Kessler). Zur Feststellung der Irreführungsgefahr und der Verhaltensbeeinflussung ist darauf abzustellen, wie ein durchschnittlich informierter, aufmerksamer und verständiger Durchschnittsverbraucher eine solche Angabe wahrscheinlich auffassen wird (zum Verbraucherleitbild im Wettbewerbsrecht und Markenrecht s. § 14 Rn 116, 123 ff., 126).

**326**   Nach § 25 WeinG dürfen Erzeugnisse im Sinne des § 2 Nr. 1 WeinG (das sind die in den Rechtsakten der Europäischen Gemeinschaft genannten Erzeugnisse des Weinbaus, ohne Rücksicht auf ihren Ursprung sowie weinhaltige Getränke) nicht mit *irreführenden Bezeich-*

Absolute Schutzhindernisse    327–331  § 8 MarkenG

*nungen,* Hinweisen, sonstigen Angaben oder Aufmachungen in den Verkehr gebracht, eingeführt oder ausgeführt oder zum Gegenstand der Werbung gemacht werden.

Nach § 25 Abs. 2 WeinG sind Angaben irreführend, die nicht den weinrechtlichen Anforderungen entsprechen (Nr. 1) oder geeignet sind, fälschlich den Eindruck besonderer Qualität zu erwecken (Nr. 2). § 25 Abs. 3 WeinG enthält Irreführungsverbote zum Schutz der geographischen Herkunft der Erzeugnisse.  327

Auch nach Europäischem Unionsrecht sind *falsche oder irreführende Bezeichnungen und Aufmachungen* von Weinen verboten (zum Weinrecht der EG s. *Ring*, Grundzüge der Kennzeichnung deutscher Weine nach nationalem und europäischem Recht, DZWir 1997, 297). So ist es nach § 25 Abs. 2 Nr. 1 WeinG insbesondere als irreführend anzusehen, wenn Bezeichnungen, Hinweise, sonstige Angaben oder Aufmachungen gebraucht werden, ohne daß das Erzeugnis den in den Rechtsakten der Europäischen Gemeinschaft festgesetzten Anforderungen entspricht. Ein solcher Rechtsakt ist Art. 40 Verordnung (EWG) Nr. 2392/89 des Rates vom 24. Juli 1989 zur Aufstellung allgemeiner Regeln für die Bezeichnung und Aufmachung der Weine und der Traubenmoste (ABl. EG Nr. L 232 vom 9. August 1989, S. 13; zuletzt geändert durch Verordnung (EG) Nr. 1427/96 vom 26. Juni 1996, ABl. EG Nr. L 184 vom 24. Juli 1996, S. 3; s. 3. Teil des Kommentars, II 22), der als ein besonderer Irreführungstatbestand weitergehende Verbote falscher oder irreführender Bezeichnungen oder Aufmachungen weinrechtlicher Erzeugnisse unter Verwendung von Marken enthält und § 25 WeinG insoweit verdrängt. Werbeangaben aller Art außerhalb des Verwendungszusammenhangs einer Etikettierung unterliegen aber nur dem allgemeinen generalklauselartigen Irreführungsverbot des § 25 WeinG, da Werbung für dem Weinbezeichnungsrecht unterliegende Erzeugnisse kaum mehr möglich wäre, wenn eine vollständige Aufzählung aller Angaben erforderlich wäre (VG Braunschweig GRUR Int 1990, 319 mit Anm. *Zumbusch*). Mit der Verordnung (EWG) Nr. 3201/90 vom 16. Oktober 1990 (ABl. EG Nr. L 309 vom 8. November 1990, S. 1; zuletzt geändert durch Verordnung (EG) Nr. 2270/98 vom 21. Dezember 1998, ABl. EG Nr. L 346 vom 22. Dezember 1998, S. 25) wurden Durchführungsbestimmungen für die Bezeichnung und Aufmachung der Weine und der Traubenmoste geregelt (zur Auslegung s. EuGH EuZW 1995, 842; zur Kennzeichnung deutscher Weine nach nationalem und europäischem Recht s. *Ring*, DZWir 1997, 297).  328

Art. 40 Verordnung (EWG) Nr. 2392/89 gilt anstelle von Art. 43 Verordnung (EWG) Nr. 355/79 vom 5. Februar 1979 (ABl. EG Nr. L 54 vom 5. März 1979, S. 99), nach dem schon verwechselbare und irreführende Bezeichnungen und Aufmachungen von Weinen verboten waren. Diese Vorschrift trat, soweit es sich um die Zulässigkeit von Weinkennzeichnungen handelte, an die Stelle des Irreführungsverbots des § 46 WeinG 1982 (BGHSt 27, 181); sie schloß eine Anwendung des § 46 WeinG 1982 für die Bezeichnung von Traubenmost und Wein aus (*Hieronimi*, GRUR 1979, 79, 83). Da Art. 43 Verordnung (EWG) Nr. 355/79 an den Irreführungstatbestand keine strengeren Anforderungen als § 46 WeinG 1982 stellte, waren danach täuschende und daher als Marke eintragungsunfähige Bezeichnungen auch nach früherem Gemeinschaftsrecht zur Kennzeichnung von Weinen nicht zulässig (BGH GRUR 1980, 172 – Fürstenthaler; *Haß*, GRUR 1980, 87, 92).  329

### 5. Firmen, Namen, Adelsnamen und Personenbilder

Eine Marke mit einem Wortbestandteil eines *fremden Namens* oder einer *fremden Firma* kann dann zur Täuschung des Publikums geeignet sein, wenn zwischen dem Namensträger (Person oder Unternehmen) und den angemeldeten Waren oder Dienstleistungen keine *sachliche Beziehung* besteht (KPA BlPMZ 1901, 46 – Weber & Fields). Der Verwendung des fremden Namens oder der fremden Firma muß der Träger des Namens oder der Inhaber des Unternehmens nach § 12 BGB zustimmen. Das Vorliegen einer Zustimmung ist aber keine Eintragungsvoraussetzung, da sich die Vorstellung des Verkehrs gewöhnlich nur auf das Bestehen einer sachlichen Beziehung zwischen dem Namensträger und dem Anmelder, nicht aber auch auf das Vorliegen einer Zustimmung bezieht.  330

Als *eintragungsunfähig* beurteilt wurden DUC DE SANDRY für Champagner und Schaumweine französischer Herkunft, weil der Verkehr mit einem *Adelsnamen* die Vorstellung eines Weingutes verbinde, das eine allgemeine Wertschätzung besitze und auf sachliche  331

Beziehungen zwischen dem Namensträger und den unter dem Adelsnamen vertriebenen Erzeugnissen schließe (BPatGE 22, 235, 239); *Liebig* für Weine oder für Nahrungsmittel, weil der Verkehr auf eine nicht bestehende Beziehung der Waren zu dem berühmten Namensträger schließe (KPA BlPMZ 1897, 211); *Kubelik* als Name eines bekannten Violinvirtuosen für Violinsaiten (KPA BlPMZ 1904, 50); *Zeppelin* für Anodenbatterien (RPA MuW 1932, 315). Anders als für Weine und Schaumweine begründet ein *Adelsname* für Cidre, Likör, Spirituosen und andere alkoholischen Getränke auch ohne Bezug der Waren zu einem traditionellen Weingut sowie ohne Einfluß nehmende Beteiligung des Namensgebers an der Produktion keine Täuschungsgefahr (BPatGE 36, 190 – MARQUIS DE MONTESQUIOU in Abgrenzung zu BPatGE 22, 235 – DUC DE SANDRY).

**332**   Auch ein *erdachter Name* kann nach den besonderen Umständen des Falles zur Täuschung des Publikums geeignet sein. Als *eintragungsunfähig* wurden beurteilt *Igarbaty-cigaretten* wegen des Namens *Garbaty* (KPA BlPMZ 1898, 93); *Weber & Fields* für Mundharmonikas wegen Fehlens jeglicher Beziehung des Produkts des Anmelders zu dem Unternehmen dieses Namens (RPA BlPMZ 1901, 46 – Weber & Fields). In Abgrenzung zur *Weber & Fields*-Entscheidung des RPA beurteilt das BPatG eine Marke, die wie eine Firmenangabe wirkt, nicht allein deswegen als irreführend, weil eine derartige Firma nicht existiere oder zum Anmelder in keiner Beziehung stehe. Insbesondere werde durch die Anmeldung eines fremden Firmennamens auch auf dem Gebiet der Weine und Spirituosen nicht der unberechtigte Anschein erweckt, außer dem Anmelder übernehme zusätzlich noch ein weiteres und in Wahrheit nicht existierendes Unternehmen die Garantie- und Gewährfunktion für das Produkt. Das Gebot der Firmenwahrheit nach § 37 HGB könne im registerrechtlichen Eintragungsverfahren nicht die Eintragung eines fingierten Firmennamens verhindern, sofern nicht besondere Umstände einer Täuschungsgefahr hinzutreten würden. Als *eintragungsfähig* beurteilt wurde *BARTLES & JAMES* für weinhaltige Getränke (BPatGE 31, 115 – BARTLES & JAMES). Enthält eine Marke neben dem Firmennamen eine tatsächliche Angabe, die für die Werschätzung der gekennzeichneten Produkte von Bedeutung sein kann, wie etwa der Zusatz *SEIT 1895* als Hinweis auf das Gründungsjahr und die Tradition des Unternehmens, so ist die Marke im Zweifel als ersichtlich täuschend von der Eintragung ausgeschlossen, wenn der Anmelder nicht glaubhaft macht, daß diese Angabe zutrifft (BPatG GRUR 1995, 411 – SEIT 1895). Eintragungsfähig sind solche Namen, die der Verkehr lediglich als Schlagwörter versteht, ohne eine sachliche Beziehung zwischen dem Namen und dem Produkt herzustellen. Als *eintragungsfähig* wurden beurteilt *Bürgermeister Dr. Burchard Magnifizenz* für Zigarren und ohne Einwilligung des Namensträgers eingetragen (KPA MuW 1912, 550); *Leonti* (KPA MuW 1911, 272); *Sütterlin-Feder* für Schreibfedern (RG GRUR 1925, 246).

**333**   Nach den gleichen Grundsätzen sind Bildmarken mit der *Abbildung von Personen* zu beurteilen. Als *eintragungsunfähig* beurteilt wurde die *Abbildung des Pastors Felke* als eines bekannten Naturarztes mit dem Zusatz *geprüft und empfohlen von . . .*, obwohl jede persönliche Beziehung zwischen dem Naturarzt und den angemeldeten Waren fehlte (OLG Hamm MuW 1932, 259). Die Abbildung einer Person der Zeitgeschichte in einer Bildmarke ist auch nach § 23 KunstUrhG nicht gerechtfertigt; die Vorschrift ist keine Rechtsgrundlage für eine Verbreitung des Bildes einer Person der Zeitgeschichte in einer Marke zur Produktkennzeichnung, auch nicht für den Zeitraum, zu dem die Eigenschaft als Person der Zeitgeschichte besteht (s. auch RGZ 74, 308, 312).

### 6. Titel

**334**   Eine Marke mit dem *Doktortitel* (Doktor oder Dr.) als Wortbestandteil ohne Angabe der Fakultät (etwa jur. oder phil.) oder mit einem *Professorentitel* ist zur Täuschung des Publikums geeignet, wenn etwa bei medizinischen, pharmazeutischen oder hygienischen Produkten im Verkehr die Vorstellung von einem Doktorgrad einer bestimmten Fakultät wie Dr. med. oder Dr. med. dent. besteht, es sich aber um den Doktorgrad einer anderen Fakultät handelt (DPA Mitt 1955, 22). Als *eintragungsfähig* beurteilt wurde *Dr. Oetker* für Nahrungsmittel medizinischer Art, auch wenn der Anmelder nur Inhaber eines Doktorgrades Dr. phil. und nicht eines Dr. med. war, da das angemeldete Zeichen vom Durchschnittskäufer lediglich als ein Herkunftshinweis auf ein bekanntes Unternehmen gewertet werde (RPA MuW 1940, 179; bedenklich). Die Firma mit dem Wortbestandteil eines

Absolute Schutzhindernisse    335–337   § 8 MarkenG

Doktortitels ohne Angabe der Fakultät wurde bei einem Rundfunkeinzelhandelsgeschäft als nicht zur Täuschung des Publikums über die Verhältnisse des Geschäftsinhabers geeignet beurteilt (BGH GRUR 1959, 375 – Doktortitel). Nach der Rechtslage im MarkenG, das die Marke als ein produktidentifizierendes Unterscheidungszeichen schützt, das Produkte nach ihren Eigenschaften identifiziert und mit dem Verbraucher über die Produktqualitäten kommuniziert, ist eine solche großzügige Eintragungspraxis mit sachwidrigen Titeln nicht mehr haltbar. An die Verwendung von Titeln wie den eines Doktors oder Professors ohne Fakultätsangabe als Zeichenbestandteil einer Marke oder Firma sind *strengere Anforderungen* zu stellen. Als *nicht irreführend* beurteilt wurde die Verwendung der Bezeichnung *DR. SCHOCK'S* für Produkte wie Seifen, Parfümerien, ätherische Öle, Mittel zu Körper- und Schönheitspflege, pharmazeutische und veterinärmedizinische Erzeugnisse sowie Präparate, diätethische Erzeugnisse für medizinische Zwecke, Babykost, Mittel zur Vertilgung von schädlichen Tieren, Fungizide und Herbizide, da sich der Verkehr bei gesundheitsbezogenen Erzeugnissen darüber im klaren sei, daß die Produkte das Ergebnis von in der Regel langwährenden und kostspieligen Entwicklungen seien, bei denen industrielle Hochtechnologie zum Einsatz komme und ganze Teams von hochqualifizierten Akademikern verschiedener Fachrichtungen wie Chemie, Pharmazie, alle Fakultäten der Medizin und Biochemie beteiligt seien; der Verkehr werde bei diesen Waren zwar die Vorstellung haben, bei dem Träger des Doktortitels in einer Herkunftskennzeichnung der Waren handele es sich um einen Doktor einer dieser Fakultäten, er werde aber keine bestimmte davon als allein ursächlich für seine besondere Qualitätsvorstellung herausgreifen (BPatG Mitt 1990, 236). Ein solches Verständnis widerspricht zumindest der Rechtslage im MarkenG, das einen produktbezogenen Inhalt der Marke schützt.

### 7. Berühmungen

Bezeichnungen wie *gesetzlich geschützt, patentamtlich geschützt, patentiert* oder vergleichbare  335
Formulierungen sind als Wortbestandteil einer Marke *irreführende Schutzrechtsanmaßungen*, wenn ein entsprechender Sonderrechtsschutz für die angemeldeten Produkte nicht besteht (KPA BlPMZ 1900, 209; s. dazu *Baumbach/Hefermehl*, Wettbewerbsrecht, § 3 UWG, Rn 167 ff.). Ein Hinweis auf bestehenden Markenschutz durch Eintragung mit Bezeichnungen wie *eingetragene Marke, eingetragenes Warenzeichen, Schutzmarke, registered trademark* oder vergleichbare Formulierungen als Wortbestandteil einer Marke zulässig (s. schon RPA MuW 1924, 238 – Grammophon). Ersichtlich täuschend ist die Hinzufügung des Symbols ® (*R im Kreis*) als Schutzrechtshinweis, wenn bei mehreren Zeichenbestandteilen einer eingetragenen Kombinationsmarke das Symbol als nur auf einen einzelnen Zeichenbestandteil bezogen erscheint, der für sich allein in der Bundesrepublik Deutschland nicht als Marke geschützt ist (BPatG GRUR 1992, 704 – Royals®; zur Schutzrechtsberühmung als irreführender Wettbewerb nach § 3 UWG s. § 2, Rn 9).

Eine Alleinstellungsbehauptung als Wortbestandteil einer Marke ist eintragungsunfähig,   336
wenn sie nach ihrem Inhalt zur Täuschung des Publikums geeignet ist. Das Wort *unübertroffen* wurde als Wortbestandteil einer Marke für Kaffee und Tee nicht als irreführend beurteilt, weil die Formulierung gleichwertige Erzeugnisse nicht ausschließe (BPatGE 2, 215; kritisch *Heydt,* GRUR 1961, 184; s. dazu *Baumbach/Hefermehl*, Wettbewerbsrecht, § 3 UWG, Rn 68 ff.). Auch der Text einer *Spitzengruppenwerbung* als Wortbestandteil einer Marke kann zur Täuschung des Publikums geeignet sein. Eine Alleinstellungsbehauptung über die Größe des Unternehmens ist als Marke eintragungsfähig, wenn das Unternehmen in allen in Betracht kommenden Beziehungen mit offenbarem Abstand und mit Aussicht auf eine gewisse Stetigkeit die Unternehmen der Mitbewerber überragt (BGH GRUR 1981, 910, 911 – Der größte Biermarkt der Welt; zu irreführenden Behauptungen über das Unternehmen s. *Baumbach/Hefermehl*, Wettbewerbsrecht, § 3 UWG, Rn 367 ff.).

Die auf einem Etikett für Spirituosen (Dry Gin) in unauffälliger und untergeordneter   337
Weise angebrachte Bezeichnung *Finest* wurde nicht als eine Alleinstellungswerbung, sondern als eine qualitative Spitzengruppenwerbung beurteilt und nicht als täuschend angesehen, weil keine Anhaltspunkte dafür vorlagen, das Zeichen solle in wettbewerbswidriger Weise für Produkte einer minderen, weil aufgrund der inhaltlichen Aussage der Marke hervorgerufenen Verbrauchervorstellung nicht entsprechenden Qualität verwendet werden (BPatG GRUR 1980, 923 – Cork Dry Gin). Als *eintragungsfähig* beurteilt wurde die Wort-

marke *Sage und schreibe der beste Ballograph*, weil es sich um keinen ernsthaften Produktvergleich mit Kugelschreibern anderer Unternehmen handele (BPatGE 5, 146; bedenklich). Der Wortbestandteil *Euro* (s. dazu Rn 251 ff.) kann unter besonderen Umständen im Verkehr die Vorstellung hervorrufen, das Produkt sei von amtlichen Stellen der EU geprüft und deshalb empfehlenswert (BPatGE 2, 217 – Euromilk). Der Wortbestandteil *ohne Werbung* ist täuschend, weil gerade mit dem Hinweis ohne Werbung geworben wird und der Werbende sich auf diese Weise gleichsam als ein Vorkämpfer von Verbraucherinteressen von der Werbung distanziert (BPatG GRUR 1973, 528).

## 8. Beschaffenheitsangaben

338   Wortbestandteile einer Marke, die Angaben über die Beschaffenheit des Produkts enthalten, sind zur Täuschung des Publikums geeignet, wenn die Beschaffenheitsangabe bei einem nicht unbeachtlichen Teil der Verkehrskreise *unrichtige Vorstellungen über die Beschaffenheit des Produkts* hervorruft (s. zur Irreführung über die Beschaffenheit *Baumbach/Hefermehl*, Wettbewerbsrecht, § 3 UWG, Rn 124 ff.; s. zum Begriff der Beschaffenheitsangabe Rn 159 ff.). Als *eintragungsunfähig* beurteilt wurden das Bild einer *Biene* für Sirup, für den kein Naturhonig verwendet wurde (KPA BlPMZ 1894/1895, 311); *Kuhkopf mit dem Kleeblatt* für Margarine (KPA BlPMZ 1909, 315); *Tragiseta* für Kunstseide, weil die Bezeichnung auf Seide hinweise, und *Tramyl* für Kunstseide, weil der Wortbestandteil tram wegen der englischen Bezeichnung tram und der französischen Bezeichnung trame sowie des Wortes Tramaseide auf Seide hinweise (RPA MuW 1931, 406); *Treviseta* für Textilerzeugnisse, die keine Naturseide enthielten (BPatGE 11, 143); *Perlonseide* für synthetische monofile und multifile Fäden für die Wirkerei und Weberei (BPatG Mitt 1970, 191); *Sprudella* für künstliche Mineralwässer (DPA GRUR 1951, 466; s. zu irreführenden Beschaffenheitsangaben für Getränke *Baumbach/Hefermehl*, Wettbewerbsrecht, § 3 UWG, Rn 136); *Cafetino* für Kaffeesurrogate (DPA GRUR 1953, 398; s. zu irreführenden Beschaffenheitsangaben für Schokolade, Kaffee, Tee und Zucker *Baumbach/Hefermehl*, Wettbewerbsrecht, § 3 UWG, Rn 138); *Perlaine* für nicht wollene Garne, weil es genüge, wenn ein nicht unbeachtlicher Teil der sprachkundigen Verbraucher irregeführt werde (DPA GRUR 1953, 399; bedenklich); der Wortbestandteil *mit dem Qualitätssiegel* für Textilien, wenn die Marke kein Gütezeichen ist (DPA BlPMZ 1961, 268); *Ei-Nuß* für Margarine, Speiseöl und Speisefette, die nur einen Eizusatz von 10 g auf 1000 g enthielten, weil der Verkehr von einem Eizusatz ausgehe, der den Nährwert steigere und nicht nur den Geschmack verbessere (BPatGE 1, 191); *Oldenhof* für Nahrungsmittel, weil der Verkehr die Bezeichnung als Name eines bestimmten landwirtschaftlichen Gutshofes verstehe und davon ausgehe, die Produkte stammten unmittelbar von einem solchen Hof, diese Vorstellung aber den tatsächlichen Verhältnissen nicht entspreche (BPatGE 11, 151); *Opanka* und *Opanke* für Schuhe, Stiefel und Hausschuhe, da diese Bezeichnungen aus dem Serbischen stammende Fachbegriffe für eine bestimmte Schuhart darstellten (LG Düsseldorf Mitt 1994, 247 – OPANKA).

339   Als *eintragungsfähig* wurden beurteilt *Dotterblume* für Margarine, weil der unbefangene Durchschnittsverbraucher nicht an Eidotter denke (DPA BlPMZ 1958, 304); der Wortbestandteil *line*, wie etwa in der Marke *Markoline*, der nicht auf eine reinleinene Ware hinweise (RPA BlPMZ 1936, 31); *Seim* für Kakao, Schokolade, Backwaren und Konditoreiwaren (BPatG Mitt 1971, 109); *Devolac* für Isolierfirnisse und Isolierlacke, weil der Wortbestandteil *lac* für den deutschen Verkehr keinen eindeutigen Hinweis auf eine spezifische Art des Anstrichmittels gebe (BPatGE 11, 158). Phantasieworte mit dem Wortbestandteil *Glas* wie etwa *Plexiglas*, *Silikatglas* oder *Altuglas* sind eintragungsfähig, weil sie zumindest in Fachkreisen nicht als Bezeichnungen für anorganische Gläser verstanden werden (BPatG Mitt 1965, 94).

340   Mit dem Zeichenbestandteil *GÜTEZEICHENVERBAND* eines Verbandzeichens verbinden beachtliche der angesprochenen Verkehrskreise die Erwartung, die entsprechende Ware oder Dienstleistung sei auf die Erfüllung von Mindestanforderungen anhand objektiver Merkmale von einer neutralen, außerhalb des gewerblichen Gewinnstrebens stehenden zuständigen Stelle geprüft worden. In der Eintragungspraxis wird als eine solche neutrale Stelle der RAL Deutsches Institut für Gütesicherung und Kennzeichnung e. V. in Bonn oder ein vergleichbares Institut angesehen, das die Prüfung und Qualitätsüberwachung nach den RAL-Grundsätzen vergleichbaren Maßstäben durchführt. Die Überwachung der Ver-

Absolute Schutzhindernisse  341–344 § 8 MarkenG

bandsmitglieder lediglich durch den Markeninhaber selbst soll einer solchen Verkehrserwartung nicht gerecht werden. Nach dieser Rechtspraxis wird eine Marke mit dem Zeichenbestandteil GÜTEZEICHENVERBAND von der Eintragung ausgeschlossen, wenn der Anmelder weder eine Unbedenklichkeitsbescheinigung des RAL noch die einer sonstigen neutralen Stelle beibringt (BPatGE 28, 139 – YACHT CHARTER; s. dazu § 97, Rn 21 f.).

### 9. Bestimmungsangaben

Eine Bestimmungsangabe als Wortbestandteil einer Marke ist irreführend, wenn die Bestimmungsangabe bei einem nicht unbeachtlichen Teil der Verkehrskreise *unrichtige Vorstellungen über allgemeine oder besondere Bestimmungen des Produkts* wie den Verwendungszweck oder Produktwirkungen hervorruft (zum Begriff der Bestimmungsangabe s. Rn 189 ff.). Als *eintragungsunfähig* wurden beurteilt *Winzerdoktor* für Weine, weil dem Produkt eine besonders heilende oder stärkende Wirkung beigelegt werde (BPatGE 2, 125; kritisch *Feldhaus*, GRUR 1963, 25); *Flensburger Doktor* für Weine und Spirituosen (DPA GRUR 1954, 279). Vor dem 1. September 1932 wurden noch Marken mit dem Wortbestandteil *Doktor* für Weine eingetragen, wie etwa *Berncasteler Doctor* und *Kloster-Doctor* (RPA MuW 1932, 361). Marken mit dem Wortbestandteil *Herz* oder dem Bildbestandteil eines Herzens sind für alkoholische Getränke und Tabakwaren *eintragungsunfähig*, weil sie im Verkehr die Vorstellung einer gesundheitsfördernden Wirkung des Produkts hervorrufen. Im Bereich der Therapie von Herzkrankheiten begründet die besondere graphische Ausgestaltung eines *Herzsymbols* die Schutzfähigkeit als Marke (BGH GRUR 1989, 425 – Herzsymbol). Eine für Pflaster und Verbandsmaterial bestimmte Wortmarke KARDIAKON (griechisch: das Herz betreffend) ist *eintragungsunfähig*, da die beteiligten Verkehrskreise von einer therapeutischen, etwa transdermalen Wirkung bei Herzerkrankungen ausgingen, die den Produkten nicht zukomme (BPatG BlPMZ 1991, 249).

341

Als *eintragungsunfähig* wurde beurteilt *Red Heart Jamaika Rum* für Rum (DPA BlPMZ 1955, 59). Als *eintragungsfähig* wurde beurteilt *Light Heart* für Rum, weil ein leichtes Herz im Gegensatz zu einem roten Herzen nicht auf das Herz als Körperorgan hinweise (DPA BlPMZ 1955, 61; abzulehnen).

342

### 10. Ersichtlichkeit der Täuschungseignung

Die Anmeldung einer täuschenden Marke nach § 8 Abs. 2 Nr. 4 wird im *Eintragungsverfahren* nur dann zurückgewiesen, wenn die Eignung zur Täuschung *ersichtlich* ist (§ 37 Abs. 3). Die Ersichtlichkeit der Täuschungseignung ist keine materielle Voraussetzung des Eintragungsverbots. Im *Löschungsverfahren* ist die Eignung einer Marke zur Täuschung des Publikums umfassend zu prüfen. Anders stellt die Ersichtlichkeit des Benutzungsverbots bei dem absoluten Schutzhindernis der gesetzwidrigen Marken nach § 8 Abs. 2 Nr. 9 eine materielle Voraussetzung des Eintragungsverbots dar und ist deshalb die Ersichtlichkeit des Benutzungsverbots als Prüfungsmaßstab auch im Löschungsverfahren zu berücksichtigen. Die Ersichtlichkeit der Täuschungseignung wird näher im Eintragungsverfahren behandelt (§ 37, Rn 22 f.).

343

## V. Ordnungswidrige und sittenwidrige Marken (§ 8 Abs. 2 Nr. 5)

### 1. Regelungsübersicht

Nach § 8 Abs. 2 Nr. 5 sind Marken von der Eintragung in das Markenregister ausgeschlossen, die gegen die öffentliche Ordnung oder die guten Sitten verstoßen. Die absoluten Schutzhindernisse der *ordnungswidrigen* und *sittenwidrigen Marken* bestehen im öffentlichen Interesse. Die Vorschrift entspricht Art. 3 Abs. 1 lit. f MarkenRL und Art. 7 Abs. 1 lit. f GMarkenV. Auch nach Art. 6$^{quinquies}$ Abs. 2 B Nr. 3 PVÜ darf die Eintragung von Fabrik- oder Handelsmarken verweigert oder für ungültig erklärt werden, wenn die Marken gegen die guten Sitten oder gegen die öffentliche Ordnung verstoßen. Der unbedingte Versagungsgrund der ärgerniserregenden Darstellung nach § 4 Abs. 2 Nr. 4 1. Alt. WZG wird von dem absoluten Schutzhindernis des § 8 Abs. 2 Nr. 5 erfaßt (BPatGE 36, 19 – COSA NOSTRA).

344

## 2. Ordnungswidrige Marken

**345** **a) Begriff der öffentlichen Ordnung.** Nach § 8 Abs. 2 Nr. 5 1. Alt. sind Marken von der Eintragung ausgeschlossen, die gegen die öffentliche Ordnung verstoßen. Der Begriff der öffentlichen Ordnung im Markenrecht ist *eng auszulegen*. Das ergibt sich zum einen aus dem Verhältnis des absoluten Schutzhindernisses eines Verstoßes gegen die öffentliche Ordnung zum absoluten Schutzhindernis der gesetzwidrigen Marken nach § 8 Abs. 2 Nr. 9. Nach dieser Vorschrift sind Marken von der Eintragung ausgeschlossen, deren Benutzung nach bestimmten Vorschriften im öffentlichen Interesse untersagt werden kann. Marken, die gegen geltendes Recht verstoßen, sind nach § 8 Abs. 2 Nr. 9 dann eintragungsunfähig, wenn der Schutzzweck der außermarkengesetzlichen Vorschrift auf ein Eintragungsverbot gerichtet ist. Öffentliche Ordnung im Sinne des Markenrechts bedeutet nach § 8 Abs. 2 Nr. 5 1. Alt. nicht die Gesamtheit der Rechtsordnung. Auch der im Polizeirecht geltende weite Begriff der öffentlichen Ordnung (s. dazu *Götz*, Allgemeines Polizei- und Ordnungsrecht, Rn 93) ist im Markenrecht nicht anzuwenden. Ein Verstoß gegen die öffentliche Ordnung liegt auch dann nicht vor, wenn die Marke nur einer Vorschrift des Markenrechts nicht entspricht, es sei denn, daß diese Vorschrift selbst die öffentliche Ordnung betrifft. Markenschutz an urheberrechtlich gemeinfreien Werken oder Werkteilen (*Mona Lisa, Max und Moritz*) stellt grundsätzlich keinen Verstoß gegen die öffentliche Ordnung dar, da mit dem zeitlichen Ablauf des Sonderrechtsschutzes es eine Folge der eingetretenen Gemeinfreiheit ist, daß solche Bezeichnungen dem kennzeichenrechtlichen Rechtserwerb offen stehen (einschränkend *Osenberg*, GRUR 1996, 101). Für die Entstehung des Markenschutzes an gemeinfreien Werken gelten die allgemeinen Schutzvoraussetzungen und damit auch die absoluten Schutzhindernisse; es besteht allerdings grundsätzlich kein Freihaltebedürfnis im Allgemeininteresse an gemeinfreien Werken (so auch BPatG GRUR 1998, 1021, 1023, das allerdings vom Vorliegen der absoluten Schutzhindernisse des § 8 Abs. 2 Nr. 1 und 3 ausgeht; s. dazu Rn 117 k f.; 272 f).

**346** Unter *öffentlicher Ordnung* sind die den *Staat* und die *Gesellschaft konstituierenden Institutionen* und *Prinzipien* zu verstehen. Hierzu gehören etwa die Verfassungsorgane und Staatsorgane, die Parlamente und Gerichte, die grundlegenden Prinzipien der Verfassungen sowie die internationalen Konventionen. Wesentlicher Teil der öffentlichen Ordnung ist die *verfassungsmäßige Grundordnung* (auf die rechtliche und soziale Grundauffassungen eines Verbandsstaates zu Art. 6$^{quinquies}$ B Ziff. 3 PVÜ abstellend *Bodenhausen*, Art. 6$^{quinquies}$ B PVÜ, Anm. h; auf die Wertvorstellungen des Gesetzgebers über die innerstaatliche Sozialordnung sowie die allgemeinen Gerechtigkeitsvorstellungen hinsichtlich des Akzessorietätsprinzips abstellend BGH GRUR 1987, 525, 527 – LITAFLEX). Eine Marke verstößt etwa dann gegen die öffentliche Ordnung, wenn der Markeninhalt sich feindlich, verachtend oder verhöhnend gegen staatliche Institutionen oder verfassungsrechtliche Prinzipien richtet. Eintragungsunfähig sind etwa Marken, die einen Aufruf gegen die verfassungsmäßige Grundordnung enthalten, die aus Schlagwörtern oder Symbolen verbotener politischer Organisationen gebildet sind, die staatliche Institutionen verächtlich machen oder auch nur kommerzialisieren oder die Grundwerte der Gesellschaft verhöhnen. Der Begriff der öffentlichen Ordnung ist dem Wandel der Zeiten unterworfen und im Markenrecht von den demokratischen und freiheitlichen Strukturen der Gesellschaft einer Grundrechtsdemokratie bestimmt.

**347** **b) Diskriminierende Marken.** Einen Verstoß gegen die öffentliche Ordnung stellen auch diskriminierende Marken dar. *Diskriminierend* ist eine Marke, deren Inhalt einen Angriff auf die Gleichheit der Menschen darstellt, indem sie Personen oder Personengruppen wegen ihres Geschlechts, ihrer Abstammung, ihrer Rasse, ihrer Sprache, ihrer Heimat und Herkunft, ihres Glaubens, ihrer religiösen oder politischen Anschauungen im Sinne des Art. 3 GG diskriminiert. Eine diskriminierende Marke wird regelmäßig auch gegen die guten Sitten verstoßen. So sind etwa Marken mit ausländerfeindlichem Inhalt als diskriminierend eintragungsunfähig. Die vom Inhalt einer Marke hervorgerufene Diskriminierung kann sich auf bestimmte Produktbereiche beschränken. Als *eintragungsunfähig* wurden beurteilt die diskriminierende Bezeichnung *Schlüpferstürmer* für alkoholische Getränke als das Schamgefühl in hohem Maße verletzend (DPA Mitt 1985, 215, 216 – Schlüpferstürmer) und *Schenkelspreizer* für alkoholische Getränke als ärgerniserregend und sittenwidrig (BPatG, Beschluß vom 26. November 1997, 26 W (pat) 107/97 – Schenkelspreizer).

*Religiöse Begriffe* und *Bilder* können für Kirchengeräte und Devotionalien als unbedenklich 348 gelten, in anderen Produktsektoren verletzend wirken. Das gilt selbst für eingebürgerte Begriffe wie der Weinbezeichnung *Liebfrauenmilch*. Als *eintragungsunfähig* beurteilt wurde *Apostel Paulus* für Körper- und Schönheitspflegemittel (DPA GRUR 1954, 470); *Messias* für Bekleidungsstücke, Schuhwaren, Kopfbedeckungen, weil die Verwendung eines religiösen Begriffs als amtlich registrierte Marke zu Kennzeichnungs- und Werbezwecken für alltägliche Gebrauchsgegenstände von beachtlichen Verbraucherkreisen ungeachtet eines gewissen Wertewandels als grob geschmacklos empfunden werde (BPatG GRUR 1994, 377 – Messias; s. auch BPatGE 28, 41 – CORAN). Wertneutrale Darstellungen und Bezeichnungen katholischer *Geistlicher* für Weine und Spirituosen werden weithin zur Eintragung als Marke zugelassen. Als *eintragungsfähig* beurteilt wurde *Marie Celeste* für Sherryweine und Rum (BPatGE 15, 230 mit weiteren Beispielen).

**c) Eintragungspraxis und Rechtsprechung. aa) Rechtslage im WZG.** Der Eintra- 349a gungspraxis und Rechtsprechung aus anderen Epochen kommt weithin nur noch eine illustrierende Bedeutung zu. Als *eintragungsunfähig* beurteilt wurde *Anarchist* für Anstrichzerstörungspräparate und Fleckenreinigungsmittel (KPA MuW 1906, 46). Das Bild von Repräsentanten des Staates ist als die Würde des Amtes verletzend grundsätzlich nicht eintragungsfähig. Als *eintragungsunfähig* beurteilt wurden das Bild des *Präsidenten der USA* für Zigarren (BlPMZ 1909, 124); *Prince of Wales* mit einem Bild für Rasierklingen (RPA JW 1936, 2110). Als *eintragungsfähig* beurteilt wurde *Ky* als Name des ehemaligen südvietnamesischen Präsidenten für Klebstoffe, da sich aus dem Bekanntheitsgrad des südvietnamesischen Präsidenten für die unter seinem Namen zu vertreibenden Waren keine Persönlichkeitsverletzung aufdränge (BPatG Mitt 1969, 189; abzulehnen). Als *eintragungsfähig* beurteilt wurde auch *Sedan* für Militärwaffen (RPA JW 1936, 2677).

**bb) Rechtslage im MarkenG.** Die Bezeichnung *REEFER* ist als englischer um- 349b gangssprachlicher Ausdruck für Marihuana-Zigarette zwar für Tabakwaren nach § 8 Abs. 2 Nr. 9 als gesetzwidrige Marke nicht schutzfähig (s. Rn 402), ist aber eintragungsfähig für Raucherbedarfsartikel, da dem Markeninhaber nicht unterstellt werden könne, die Marke *REEFER* für Raucherbedarfsartikel nur in einer Weise zu verwenden, die eine Werbung für Cannabisprodukte darstelle oder sonst gegen die öffentliche Ordnung verstoße (BPatGE 38, 127 – REEFER).

**d) Schweizerisches Markenrecht.** Die *schweizerische Eintragungspraxis* zum absoluten 350 Ausschlußgrund eines Verstoßes gegen die öffentliche Ordnung nach Art. 2 lit. d 1. Alt. MSchG ist *streng*. Zurückgewiesen wurden die Anmeldungen der Abbildung einer Kuh mit eingezeichneter *Schweizerkarte* für Waren irgendwelcher Art (AGE SchMitt 1951, 157); *Deus* für Waren irgendwelcher Art (AGE SchMitt 1951, 157); *Un Suisse* für einen Bitter (AGE SchMitt 1951, 157); *Islam* (AGE SchMitt 1951, 157); *Mekka und Medina* für Waren irgendwelcher Art (AGE SchMitt 1951, 157); *Adholff* für WC-Papier (AGE SchMA 36/1974, 199); *Schwyzerli* für Spirituosen (AGE SchMitt 1951, 157); *Buddha* für Tee (AGE SchMA 36/1974, 199); *Golgatha* für Wein (AGE SchMA 36/1974, 199); *Grand Charles* für Wein (AGE SchMA 16/1974, 199); *Prinz of Wales* für deutsche Spirituosen (AGE MA 36/1974, 199).

**e) Österreichisches Markenrecht.** Als *ordnungswidrige Marken* nach § 4 Abs. 2 Nr. 4 351 ÖMSchG wurden *nicht eingetragen* das Zeichen *12 Apostoles* für alkoholische und nichtalkoholische Getränke (ÖBA ÖPBl. 1969, 22); *Kommerzialrat* (ÖAA ÖPBl. 1937, 38); *Opium* für Mittel zur Körper- und Schönheitspflege (ÖOPM ÖPBl. 1982, 151); *Jesus* (ÖBA ÖPBl. 1977, 164); *Bundesgruß* und *Bundesmeister* (ÖBMH ÖPBl. 1934, 177); *Cognac* für Spirituosen aller Art und Weinbrand (ÖBMH ÖPBl. 1924, 16). Die Marke *Römerquelle – der Champagner unter den Mineralwässern* für Mineralwasser aus Österreich war nicht wegen des Eintragungshindernisses nach § 4 Abs. 2 Ziff. 4 ÖMSchG für Zeichen, die gegen die öffentliche Ordnung verstoßen, sondern unmittelbar wegen Verstoßes gegen das österreichisch-französische Herkunftsabkommen zu löschen (ÖPA GRUR Int 1992, 788).

### 3. Sittenwidrige Marken

**a) Begriff der guten Sitten.** Nach § 8 Abs. 2 Nr. 5 2. Alt. sind Marken von der Ein- 352 tragung ausgeschlossen, die gegen die guten Sitten verstoßen. Der Begriff der guten Sitten, der auch in den §§ 138, 826 BGB sowie in § 1 UWG verwendet wird, ist als ein unbestimmter Rechtsbegriff nach dem Normzweck des absoluten Schutzhindernisses im Eintragungsverfahren auszulegen. Eine weite Auslegung des Begriffs der guten Sitten führt zu einer weitgehenden Überschneidung mit einem Verstoß gegen die öffentliche Ordnung, sowie auch mit dem absoluten Schutzhindernis der gesetzwidrigen Marken nach § 8 Abs. 2 Nr. 9. Der markenrechtliche Begriff der guten Sitten sollte *eng ausgelegt* werden. Bei der Anwendung des Schutzhindernisses ist Zurückhaltung geboten (BPatGE 36, 19 – COSA NOSTRA).

353   Eine Marke ist dann *sittenwidrig,* wenn der Markeninhalt das sittliche, moralische oder ethische Empfinden weiter Verkehrskreise erheblich verletzt. Eine Marke ist nicht schon dann sittenwidrig, wenn sie gegen ein gesetzliches Verbot verstößt, ein gesetzliches Gebot nicht einhält, eine Strafvorschrift verletzt oder gegen die öffentliche Ordnung verstößt (BGH GRUR 1964, 136 – Kraft's Lindenberger Schweizer). Das BPatG geht von einem eigenständigen, im Kern öffentlichrechtlichen Sittenwidrigkeitsbegriff mit wettbewerbsrechtlicher Ausrichtung aus (BPatGE 36, 19 – COSA NOSTRA). Zur Feststellung der Sittenwidrigkeit einer Marke sind die konkreten Waren oder Dienstleistungen zu berücksichtigen, für die die ·Eintragung beantragt wird. Mögliche sittenwidrige Umstände, die sich erst aus einer konkreten Verwendung der Marke im Verkehr ergeben oder ergeben können, haben außer Betracht zu bleiben (BPatGE 36, 19 – COSA NOSTRA). Sittenwidrig sind vor allem Marken, die Gewalt und Unzucht beschreiben oder darstellen. Die Beurteilung der Sittenwidrigkeit ist einem starken Wandel der Zeiten unterworfen.

354   **b) Eintragungspraxis und Rechtsprechung. aa) Rechtslage im WZG.** Der Eintragungspraxis und Rechtsprechung aus früherer Zeit kommt weithin nur noch eine illustrierende Bedeutung zu. Das gilt namentlich für das Gebiet der Sexualität und Empfängnisverhütung. Wenn früher Marken wie *Flirt* für Verhütungsmittel oder *Strip-Tease* und *Fille de Joie* für Kosmetika als unzüchtige Zeichen als sittenwidrig beurteilt wurden (s. *David,* Schweiz. Markenschutzgesetz, Art. 2 MSchG, Rn 74), dann wird dies heute kaum mehr gelten. Als *eintragungsunfähig* beurteilt wurde *Gefesselter Storch* für Empfängnisverhütungsmittel (DPA BlPMZ 1956, 151; schon zu damaliger Zeit bedenklich). Der Verwendungszweck des Produkts ist allein nicht geeignet, die Sittenwidrigkeit einer Marke zu bewirken (zu Marken für Präservative s. zeitgeschichtlich KPA MuW 1915/16, 247; RG MuW 1913, 250). Früher wurden auch Wortmarken mit dem Zeichenbestandteil des Namens berühmter Persönlichkeiten wie etwa *Mozart* und *Goethe,* denen die Menschheit Werke einmaliger Größe verdankt, als ein Mißbrauch von Kulturgütern als schutzunfähig beurteilt (*Baumbach/Hefermehl,* § 4 WZG, Rn 131; *Troller,* Immaterialgüterrecht, Bd. 1, S. 327). Die gegenwärtige Markenpraxis, die eine Vielzahl solcher Marken kennt, bestätigt diese Auffassung nicht (s. auch zum schweizerischen Markenrecht *David,* Schweiz. Markenschutzgesetz, Art. 2 MSchG, Rn 75).

355   **bb) Rechtslage im MarkenG.** Nach der Rechtslage im MarkenG wurde als *eintragungsfähig* beurteilt COSA NOSTRA für Waren der Klassen 3, 14 und 25 (BPatGE 36, 19 – COSA NOSTRA). Die Bezeichnung *REEFER* ist als englischer umgangsprachlicher Ausdruck für Marihuana-Zigarette zwar für Tabakwaren nach § 8 Abs. 2 Nr. 9 als eintragungsfähige Marke nicht schutzfähig (s. Rn 402), ist aber eintragungsfähig für Raucherbedarfsartikel, da dem Markeninhaber nicht unterstellt werden könne, die Marke REEFER für Raucherbedarfsartikel nur in einer Weise zu verwenden, die eine Werbung für Cannabisprodukte darstelle oder sonst gegen die guten Sitten verstoße (BPatGE 38, 127 – REEFER). Die Bezeichnung *Schenkelspreizer* für alkoholische Getränke wurde als ärgerniserregend und sittenwidrig beurteilt (BPatG, Beschluß vom 26. November 1997, 26 W (pat) 107/97 – Schenkelspreizer).

356   **c) Schweizerisches Markenrecht.** Die *schweizerische Eintragungspraxis* zum absoluten Ausschlußgrund eines Verstoßes gegen die guten Sitten nach Art. 2 lit. d 2. Alt. MSchG ist *streng.* Als *sittenwidrige Marken* wurden beurteilt *Guermondialis* für Spielzeug (AGE SchMitt 1944, 83); *Kidnapper* für Liqueur (AGE SchMitt 1944, 82); *SOS* für Uhren (BGE 70/1944 I 102); *Stawisky* für einen Aperitif (AGE SchMitt 1944, 82); *Stuka* für Spielzeug (AGE SchMitt 1944, 82); *Le Vin de la Victoire 1945* für schweizerische Weine (AGE SchMitt 1951,

157); *Week-End-Sex* für ein Sexmagazin (Schweiz. BG PMMBl. 11/1972 I 67); *Amato* für WC-Papier (AGE SchMA 36/1974, 199).

**d) Österreichisches Markenrecht.** Als *ärgerniserregende Marken* nach § 4 Abs. 1 Nr. 4 ÖMSchG wurden beurteilt *Elisabeth-Nachtlichter* für Nachtlichter (ÖHM ÖZGR 1899, 67); *Fatima* für Tabak und Tabakerzeugnisse (ÖAA ÖPBl. 1954, 110); *Japs* für Ungeziefervertilgungsmittel (ÖArbM ÖPBl. 1918, 24); *Kosa Odrodzenia* (ÖBMH ÖPBl. 1930, 146); *Pax* für Zigaretten (BMH GRUR 1932, 1122); *Pfaffenkreuz* für Weine und Spirituosen (ÖBA ÖPBl. 1979, 123). 357

Als *nicht ärgerniserregende Marken* nach § 4 Abs. 1 Nr. 4 ÖMschG wurden beurteilt *Domkapitel* für Wein (ÖBA ÖPBl. 1975, 95); *Gloria* für Klosettpapier (ÖBA ÖPBl. 1969, 176); *Bild des Pfarrers Kneipp* für Mieder (ÖHM ÖZBl. 1894, 241); *Plato* für Lebensmittel (ÖNA ÖPBl. 1963, 130); *Santaclara* für Lebensmittel (ÖBA ÖPBl. 1968, 163); *St. Katharin* für Spirituosen (ÖBA ÖPBl. 1971, 20). 358

## VI. Staatliche Hoheitszeichen und kommunale Wappen (§ 8 Abs. 2 Nr. 6)

**Schrifttum zum WZG.** *Ebel,* Werbung mit Stadtwappen, MA 1950, 373; *Bundesministerium des Innern,* Wappen und Flaggen der Bundesrepublik Deutschland und ihrer Länder, 4. Aufl., 1996.

### 1. Regelungszusammenhang

Nach § 8 Abs. 2 Nr. 6 sind solche Marken von der Eintragung in das Markenregister ausgeschlossen, die *Staatswappen, Staatsflaggen, andere staatliche Hoheitszeichen* oder bestimmte *inländische Wappen* enthalten. Das absolute Schutzhindernis der staatlichen Hoheitszeichen und kommunalen Wappen ist *eng auszulegen* und einer ausdehnenden Interpretation nicht zugänglich (zu § 4 Abs. 2 Nr. 2 WZG BGH GRUR 1993, 47, 48 – SHAMROCK). Die Regelung entspricht Art. 6$^{ter}$ Abs. 1 lit. a PVÜ, nach dem die Verbandsländer verpflichtet sind, die Eintragung der Wappen, Flaggen und anderen staatlichen Hoheitszeichen der Verbandsländer sowie jede Nachahmung im heraldischen Sinn als Fabrik- oder Handelsmarken oder als Bestandteile solcher zurückzuweisen oder für ungültig zu erklären, sowie den Gebrauch dieser Zeichen durch geeignete Maßnahmen zu verbieten, sofern die zuständigen Stellen den Gebrauch nicht erlaubt haben. Für die Anwendung dieser Bestimmung kommen die Verbandsländer überein, durch Vermittlung des Internationalen Büros ein *Verzeichnis der staatlichen Hoheitszeichen* auszutauschen, die sie unumschränkt oder in gewissen Grenzen unter den Schutz dieses Artikels zu stellen wünschen (Art. 6$^{ter}$ Abs. 3 lit. a S. 1 PVÜ). Jedes Verbandsland soll das notifizierte Verzeichnis rechtzeitig öffentlich zugänglich machen. Diese Notifikation ist für Staatsflaggen nicht erforderlich. Art. 3 Abs. 2 lit. c MarkenRL enthält eine Regelung über Wappen im öffentlichen Interesse. Nach dieser Vorschrift können die Mitgliedstaaten ein Schutzhindernis für solche nicht unter Art. 6$^{ter}$ PVÜ fallende Marken vorsehen, die Abzeichen, Embleme oder Wappen enthalten, denen ein öffentliches Interesse zukommt, es sei denn, daß die zuständigen Stellen nach den Rechtsvorschriften des Mitgliedstaats ihrer Eintragung zugestimmt haben. Eine entsprechende Vorschrift enthält Art. 7 Abs. 1 lit. i GMarkenV für die Gemeinschaftsmarke. Die Vorschrift des § 8 Abs. 2 Nr. 6 entspricht der Vorschrift des § 4 Abs. 2 Nr. 2 WZG. 359

### 2. Anwendungsbereich

**a) Staatliche Hoheitszeichen.** Das absolute Schutzhindernis der staatlichen Hoheitszeichen nach § 8 Abs. 2 Nr. 6 besteht im öffentlichen Interesse. Normzweck ist die Verhinderung eines kommerziellen Mißbrauchs staatlicher Hoheitszeichen. Unter *staatlichen Hoheitszeichen* werden sinnbildliche Darstellungen verstanden, die ein Staat als Hinweis auf die Staatsgewalt verwendet (Begründung des Gesetzes zur Ausführung der revidierten Pariser Übereinkunft zum Schutz des gewerblichen Eigentums vom 31. März 1913, BlPMZ 1913, 176, 178). Staatliche Hoheitszeichen sind solche der Bundesrepublik Deutschland sowie der Bundesländer. Das Eintragungsverbot ist auf *inländische* sowie auf *ausländische* staatliche Hoheitszeichen anzuwenden. Nach Art. 6$^{ter}$ Abs. 3 PVÜ tauschen die Verbandsländer durch 360

Vermittlung des Internationalen Büros ein *Verzeichnis der staatlichen Hoheitszeichen* aus, die sie unumschränkt oder in gewissen Grenzen unter den Schutz des Eintragungsverbots zu stellen wünschen. Jedes Verbandsland ist gehalten, die notifizierten Verzeichnisse rechtzeitig öffentlich zugänglich zu machen. Staatliche Hoheitszeichen sind etwa *Staatsflaggen* und *Dienstflaggen* (s. dazu Anordnung über die deutschen Flaggen vom 13. September 1996, BGBl. I S. 1729), *Staatswappen, Staatssiegel, Nationalhymnen, Orden, Ehrenzeichen, Briefmarken, Geldmünzen* und *Geldscheine.* Nationale Symbole sind keine staatlichen Hoheitszeichen. Wenn ein Verbandsland bestimmte Darstellungen eines staatlichen Hoheitszeichens hinterlegt, dann erstreckt sich der Schutz nicht ohne weiteres auf dessen Benennung (zu dem Wort *Shamrock* als spezifische Bezeichnung für das irische Nationalsymbol des dreiblättrigen Kleeblatts, von dem nur mehrere Darstellungen als Hoheitszeichen, nicht auch das Wort *Shamrock* selbst notifiziert sind BPatG GRUR 1993, 47 – SHAMROCK; das gilt etwa auch für die Wörter *Ahornblatt* für Kanada, *Adler* für die Bundesrepublik Deutschland oder *Zeder* für den Libanon). *Bezeichnungen in- und ausländischer Behörden* oder anderer staatlicher Stellen, die im Inland ohne weiteres als solche verstanden werden, soll jegliche Unterscheidungskraft nach § 8 Abs. 2 Nr. 1 fehlen, da derartige staatliche Stellen nach ihrer Struktur, ihrer Organisation und Aufgabenstellung sowie nach ihrem äußeren Erscheinungsbild keine Unternehmen, die mit privaten Konkurrenten in Wettbewerb treten, seien und ihnen die erwerbswirtschaftliche Betätigung fremd sei (*SWISS ARMY* als jedermann verständliche Bezeichnung der Streitkräfte der Schweizerischen Eidgenossenschaft für modische Armbanduhren Schweizer Ursprungs weder unterscheidungsgeeignet noch unterscheidungskräftig und freihaltebedürftig BPatG GRUR 1999, 58 – SWISS ARMY; s. auch das absolute Schutzhindernis des § 8 Abs. 2 Nr. 6).

361 Das *Posthorn* als nationales Symbol war durch Aufnahme in die Bundespostflagge zu einem Hoheitszeichen des Bundes geworden (BPatG Mitt 1981, 122 – Posthorn; aA *Busse/Starck*, § 4 WZG, Rn 79; offengelassen BPatGE 30, 159). Zumindest bestand gemäß § 3 Abs. 3 PostG (BGBl. I S. 1449) ein Verwendungsverbot. Durch die Umstrukturierung der Deutschen Bundespost (Postumwandlungsgesetz vom 14. September 1994, BGBl. I S. 2325, 2339) ist dieses Verwendungsverbot weggefallen. Der Vorbehalt des § 3 PostG gilt nunmehr nur für Postwertzeichen. Das Eintragungsverbot bezieht sich nicht nur auf die staatlichen Hoheitszeichen als ganzes, sondern auch auf solche *Bestandteile,* denen die Geltung als staatliches Hoheitszeichen zukommt. Eintragungsunfähig ist nicht nur das staatliche Hoheitszeichen in seiner identischen Form. Das Eintragungsverbot gilt nach § 8 Abs. 4 S. 1 auch dann, wenn die angemeldete Marke eine *Nachahmung* eines staatlichen Hoheitszeichens enthält (s. Rn 370f.).

362 Nach § 124 Abs. 1 Nr. 1 OWiG handelt ordnungswidrig, wer unbefugt das Wappen des Bundes oder eines Landes oder den Bundesadler oder den entsprechenden Teil eines Landeswappens benutzt. Das gleiche gilt nach § 124 Abs. 1 Nr. 2 OWiG für die Dienstflaggen des Bundes oder eines Landes. Den originalen Wappen, Wappenteilen und Flaggen stehen solche gleich, die ihnen zum Verwechseln ähnlich sind (§ 124 Abs. 2 OWiG).

363 **b) Kommunale Wappen (inländische Ortswappen, Gemeindeverbandswappen und Kommunalverbandswappen).** Nach § 8 Abs. 2 Nr. 6 sind solche Marken von der Eintragung in das Markenregister ausgeschlossen, die Wappen eines inländischen Ortes oder Wappen eines inländischen Gemeindeverbandes oder Wappen eines sonstigen Kommunalverbandes, die als solche keine Hoheitszeichen darstellen, enthalten. Das Eintragungsverbot bezieht sich nicht auf *ausländische* Wappen solcher Art, deren Eintragung aber nach § 8 Abs. 2 Nr. 4 als täuschende Marken ausgeschlossen sein kann. Weitere Kommunalverbände im Sinne dieser Vorschrift sind alle Kommunalkörperschaften, die auf einer Ebene über den Gemeinden angesiedelt sind. Eine Kommunalkörperschaft nimmt solche Aufgaben wahr, die die Leistungsfähigkeit einer Gemeinde übersteigt. Kommunalkörperschaften sind vor allem die Landkreise sowie die kommunalen Zweckverbände als ein Zusammenschluß von Gemeinden oder Landkreisen zur gemeinsamen Erfüllung einer Verwaltungsaufgabe. Kommunalkörperschaften können zwischen den Gemeinden und Landkreisen angesiedelt sein, wie etwa die Ämter in Schleswig-Holstein, Gesamtgemeinden in Niedersachsen oder die Verwaltungsgemeinschaften in Bayern, oder über den Landkreisen, wie etwa die Landschaftsverbände in Nordrhein-Westfalen, die Bezirksverbände in Bayern oder der Landeswohlfahrtsverband in Hessen.

Das Eintragungsverbot bezieht sich nicht nur auf die kommunalen Wappen als ganzes, 364
sondern auch auf solche *Bestandteile,* denen die Geltung als kommunales Wappen zukommt.
Zweck des Eintragungsverbots ist es, staatliche Hoheitszeichen in ihrer *heraldischen Gestalt*
von der Eintragung auszuschließen. Der Eindruck als Wappen kann aber dann entfallen,
wenn die Darstellung etwa ohne den Wappenschild oder ohne das Siegel erfolgt. So kann
auch die Darstellung einzelner Figuren eines Wappens als Marke eintragungsfähig sein. Als
*eintragungsfähig* wurden beurteilt die *Hamburger Wappentürme* für Zement (KPA MuW
1913/14, 123); der *Bremer Schlüssel* für Schokolade (RG MuW 1923/24, 125); das *Sachsenroß*
für Einlegesohlen (RPA BlPMZ 1933, 15; Mitt 1938, 30); das *Sachsenroß* für Senf (RG
MuW 1930, 58).

Eintragungsunfähig ist nicht nur das kommunale Wappen in seiner identischen Form. Das 365
Eintragungsverbot gilt nach § 8 Abs. 4 S. 1 auch dann, wenn die angemeldete Marke eine
*Nachahmung* des kommunalen Wappens enthält (s. Rn 370 f.). Eintragungsfähig ist aber das
Motiv eines inländischen Wappens einer Kommunalkörperschaft wie etwa das *Münchner
Kindl,* wenn die Darstellung nicht eine Nachahmung im Sinne des § 8 Abs. 4 S. 1 darstellt
(*Ebel,* MA 1950, 373). Als *eintragungsfähig* wurden beurteilt Motivdarstellungen des *Berliner
Bären* für Schuhe (RG MuW 1926, 175) und für Brot, Backwaren und Mehl (DPA Mitt
1956, 53); Motivdarstellungen der *Rostocker Türme* für Kaffee, Tee und Schokolade (RG
GRUR 1928, 491). Motivmarken von Kommunalwappen kommt nur ein geringer
Schutzumfang zu.

**c) Private Wappen (Familienwappen, Vereinswappen).** Wappen, deren Rechtsin- 366
haber ein privates Rechtssubjekt ist, wie Familienwappen und Vereinswappen sind eintragungsfähig. Dem Rechtsinhaber eines privaten Wappens, das ein Dritter ohne Zustimmung
des Rechtsinhabers zur Eintragung als Marke anmeldet, steht Rechtsschutz aus seinem privaten Recht wie etwa einem Namensrecht, Kennzeichenrecht oder einem sonstigen Recht
zu.

**d) Alte Hoheitszeichen.** Staatliche Hoheitszeichen, die der Staat als solche nicht mehr 367
offiziell verwendet, kann jeder frei benutzen, wenn nicht ihre Verwendung gesetzlich verboten ist. Die Verwendung eines alten Hoheitszeichens als Marke kann aber nach § 8 Abs. 2
Nr. 4 als täuschende Marke ausgeschlossen sein. Bei der Verwendung alter Hoheitszeichen
liegt die Gefahr einer Täuschung des Publikums etwa über die Tradition des Unternehmens,
die Güte des Produkts oder dessen geographische Herkunft nahe.

**e) Kreuzmarken.** Das *Genfer Kreuz* (rotes Kreuz auf weißem Grund) und das *Schweizer* 368
*Kreuz* (weißes Kreuz auf rotem Grund) sind eintragungsunfähig (zum Ordnungswidrigkeitenrecht s. Rn 397 f.). Das *weiße Kreuz auf grünem Grund* ist zu einer verkehrsüblichen Bezeichnung für Drogerien geworden (*Baumbach/Hefermehl,* § 4 WZG, Rn 121; zur Geschichte der Kreuzmarken s. *Busse/Starck,* § 4 WZG, Rn 77). An dem *Rot-Kreuz-Zeichen*
besteht keine Allgemeingeltung zur freien Verwendung durch Erste-Hilfe-Stationen ohne
Gestattung durch die Rot-Kreuz-Organisation (OLG Nürnberg GRUR 1999, 68 – Rot-Kreuz-Zeichen; s. § 15, Rn 50; zum Ordnungswidrigkeitenrecht s. Rn 397).

**f) Schweizer Wappen.** Nach § 125 Abs. 2 OWiG handelt ordnungswidrig, wer unbe- 369
fugt das Wappen der Schweizerischen Eidgenossenschaft benutzt. § 125 Abs. 3 OWiG erstreckt den Schutz des Wappens der Schweizerischen Eidgenossenschaft auch auf Wappen,
die ihnen zum Verwechseln ähnlich sind. Nach dieser Vorschrift ist das Wappen der
Schweizerischen Eidgenossenschaft ebenso geschützt wie das Wappen der Bundesrupublik
Deutschland oder eines Bundeslandes (zum Ordnungswidrigkeitenrecht hinsichtlich der
Kreuzmarken s. Rn 397 f.).

### 3. Nachahmung von staatlichen Hoheitszeichen und kommunalen Wappen

Nach § 8 Abs. 2 Nr. 6 ist eine Marke auch dann von der Eintragung in das Markenregi- 370
ster ausgeschlossen, wenn die Marke die *Nachahmung eines staatlichen Hoheitszeichens oder eines
kommunalen Wappens* enthält (§ 8 Abs. 4 S. 1). Das absolute Schutzhindernis der staatlichen
Hoheitszeichen und kommunalen Wappen besteht somit auch dann, wenn diese nicht in
identischer, sondern in nachgeahmter Form in einer Marke enthalten sind. Für das Nach-

**MarkenG § 8** 371–375

ahmungsverbot gelten nicht die Begriffe der Ähnlichkeit oder Verwechslungsgefahr. Diese das Markenkollisionsrecht bestimmenden Begriffe (§§ 9 Abs. 1 Nr. 2, 14 Abs. 2 Nr. 2) reichen über das engere Schutzbedürfnis der besonderen Zeichenkategorie der staatlichen Hoheitszeichen und kommunalen Wappen hinaus (Begründung zum MarkenG, BT-Drucks. 12/6581 vom 14. Januar 1994, S. 71).

371   Der Begriff der Nachahmung ist im Sinne des Art. 6$^{ter}$ Abs. 1 lit. a PVÜ auszulegen, der von einer *Nachahmung im heraldischen Sinn* ausgeht. Eine heraldische Nachahmung liegt dann vor, wenn trotz der Abwandlung des staatlichen Hoheitszeichens oder des kommunalen Wappens die Marke den Charakter einer Wappendarstellung aufweist und im Verkehr als ein staatliches Hoheitszeichen oder kommunales Wappen aufgefaßt wird. Der wappenartige Eindruck eines staatlichen Hoheitszeichens oder kommunalen Wappens als Marke (*Wappenstil*) entfällt regelmäßig schon dann, wenn etwa der Wappenschild oder das Siegel weggelassen wird. Das Motiv eines staatlichen Hoheitszeichen als solches ist frei verwendbar, doch darf die Ausgestaltung des Motivs keine Nachahmung des staatlichen Hoheitszeichens darstellen. (Beispiele zu kommunalen Wappen s. Rn 365) Die *Landesfarben* als solche stellen nicht die Staatsflagge dar und sind frei verwendbar, wenn nicht die konkrete Ausgestaltung der Landesfarben als eine Nachahmung der Staatsflagge erscheint. Die Wiedergabe der bundesdeutschen Landesfarben in Flaggenform im Zentrum einer Kreditkarte, deren Inhaber den Service und das Warenangebot von Tankstellen einer Mineralölgesellschaft bargeldlos wahrnehmen können, kennzeichnet das Kreditsystem als Dienstleistungsangebot des Kartenausgebers; die Kartenausgabe stellt eine Ordnungswidrigkeit nach § 145 Abs. 1 Nr. 1 dar (LG Hamburg GRUR 1990, 196 – BP CARD).

### 4. Befugnis zur Eintragung

372   Die staatlichen Hoheitszeichen und kommunalen Wappen im Sinne des § 8 Abs. 2 Nr. 6 sind dann nicht von der Eintragung in das Markenregister ausgeschlossen, wenn der Anmelder befugt ist, in der Marke das staatliche Hoheitszeichen oder das kommunale Wappen zu führen (§ 8 Abs. 4 S. 2). Diese Regelung des § 8 Abs. 4 S. 2 entspricht der Vorschrift des Art. 6$^{ter}$ Abs. 8 PVÜ, nach dem die Angehörigen eines jeden Landes, die zum Gebrauch der staatlichen Hoheitszeichen und sonstiger Zeichen ihres Landes ermächtigt sind, diese auch dann benutzen dürfen, wenn sie denen eines anderen Landes ähnlich sind.

373   Die Befugnis zur Eintragung steht dem *rechtsfähigen Verwaltungsträger* zu, dem als juristischer Person des öffentlichen Rechts das Recht an dem staatlichen Hoheitszeichen oder dem kommunalen Wappen rechtlich zugeordnet ist. Solche rechtsfähigen Verwaltungsträger sind der Bund, die Bundesländer, rechtsfähige Körperschaften wie die Landkreise und Gemeinden sowie Anstalten und Stiftungen des öffentlichen Rechts. Teilrechtsfähige Verwaltungseinheiten, wie etwa die Fakultäten der Universitäten, die im Gegensatz zur Universität selbst keine juristischen Personen des öffentlichen Rechts sind, sind Verwaltungsträger und Zuordnungssubjekte von Rechten, soweit ihre Rechtsfähigkeit reicht (BVerfGE 15, 256, 261; BVerwGE 45, 39, 42). *Normzweck* des § 8 Abs. 2 Nr. 6 ist es allein, den kommerziellen Mißbrauch von staatlichen Hoheitszeichen und kommunalen Wappen zu verhindern, nicht aber die Kommerzialisierung als solche auszuschließen.

374   Der Verwaltungsträger, dem die Befugnis zur Eintragung des staatlichen Hoheitszeichens oder des kommunalen Wappens zukommt, kann einen anderen ermächtigen, das staatliche Hoheitszeichen oder das kommunale Wappen in der Marke zu führen. Die Ermächtigung berechtigt zur Anmeldung des staatlichen Hoheitszeichens oder des kommunalen Wappens als Marke zur Eintragung in das Markenregister. Die Ermächtigung kann auch auf die Führung des staatlichen Hoheitszeichens oder des kommunalen Wappens beschränkt werden, ohne ein Recht zur Eintragung des staatlichen Hoheitszeichens oder des kommunalen Wappens als Marke in das Markenregister zu begründen. Die Ermächtigung wird regelmäßig Teil einer vertraglichen Vereinbarung sein, in der etwa auch das Entgelt für das eingeräumte Benutzungsrecht geregelt wird. Die Regeln des Lizenzvertragsrechts sind entsprechend anzuwenden (s. § 30, Rn 11 ff.; 37 ff.).

375   Es besteht keine generelle Ermächtigung für inländische Unternehmen, das *Bundeswappen* der Bundesrepublik Deutschland zu benutzen (Bekanntmachung vom 20. Januar 1950, betreffend das Bundeswappen und den Bundesadler, BGBl. I S. 26). Anders bestand für inlän-

dische Gewerbetreibende eine allgemeine Erlaubnis, den *Kaiserlichen Reichsadler* in bestimmter Form (nicht als Wappenschild) zur Warenbezeichnung zu benutzen (Erlaß vom 16. März 1872, betreffend den Gebrauch des Kaiserlichen Adlers zur Bezeichnung von Waren oder Etiketten, RGBl. S. 90, 93).

### 5. Verfahren

Im Eintragungsverfahren ist von Amts wegen zu ermitteln, ob die zur Eintragung in das Markenregister angemeldete Marke ein staatliches Hoheitszeichen oder ein kommunales Wappen darstellt. Die Ermittlungstätigkeit ist dem Prüfer nur insoweit zumutbar, als der Arbeitsaufwand und die entstehenden Kosten vertretbar erscheinen (BPatGE 7, 154). Wenn Art und Gestaltung der angemeldeten Marke die Annahme nahelegen, es handele sich möglicherweise um ein staatliches Hoheitszeichen oder ein kommunales Wappen, dann kann von dem Anmelder aufgrund seiner Mitwirkungspflicht eine Erklärung dahin verlangt werden, die angemeldete Marke stelle nach seinem Wissen kein staatliches Hoheitszeichen oder kommunales Wappen dar (BPatGE 18, 108, 112).

### 6. Ordnungswidrigkeitenrecht

Nach § 145 Abs. 1 Nr. 1 handelt ordnungswidrig, wer im geschäftlichen Verkehr widerrechtlich in identischer oder nachgeahmter Form ein Wappen, eine Flagge oder ein anderes staatliches Hoheitszeichen oder ein Wappen eines inländischen Ortes oder eines inländischen Gemeindeverbandes oder weiteren Kommunalverbandes im Sinne des § 8 Abs. 2 Nr. 6 zur Kennzeichnung von Waren oder Dienstleistungen benutzt (zum Begriff der Flagge und der Darstellung der Landesfarben in Flaggenform s. LG Hamburg GRUR 1990, 196 – BP CARD). Die Benutzung ist widerrechtlich, wenn keine Ermächtigung des zuständigen Verwaltungsträgers vorliegt, dem die Befugnis zur Eintragung des staatlichen Hoheitszeichens oder des kommunalen Wappens als Marke in das Markenregister zukommt. Die Ordnungswidrigkeit kann mit einer Geldbuße bis zu fünftausend Deutsche Mark geahndet werden. Der angehobene Bußgeldrahmen wird dem Umstand gerecht, daß es sich anders als bei dem allgemeinen Tatbestand des § 124 OWiG bei der Kennzeichnung von Waren oder Dienstleistungen um Taten im Wirtschaftsverkehr handelt.

## VII. Amtliche Prüf- oder Gewährzeichen (§ 8 Abs. 2 Nr. 7)

**Schrifttum zum WZG.** *v. Specht*, Die Prüf- und Gewährzeichen, GRUR 1929, 880.

### 1. Regelungszusammenhang

Nach § 8 Abs. 2 Nr. 7 sind solche Marken von der Eintragung in das Markenregister ausgeschlossen, die *amtliche Prüf- oder Gewährzeichen* enthalten. Die Regelung entspricht Art. 6$^{ter}$ Abs. 1 lit. a PVÜ, nach dem die Verbandsländer verpflichtet sind, die Eintragung der von ihnen eingeführten amtlichen Prüf- und Gewährzeichen und -stempel sowie jede Nachahmung im heraldischen Sinn als Fabrik- oder Handelsmarken oder als Bestandteile solcher zurückzuweisen oder für ungültig zu erklären sowie den Gebrauch dieser Zeichen durch geeignete Maßnahmen zu verbieten, sofern die zuständigen Stellen den Gebrauch nicht erlaubt haben. Nach Art. 6$^{ter}$ Abs. 2 PVÜ findet das Verbot der amtlichen Prüf- und Gewährzeichen und -stempel nur dann Anwendung, wenn die Marken mit diesen Zeichen für gleiche oder gleichartige Waren bestimmt sind. Für die Anwendung dieser Bestimmung kommen die Verbandsländer überein, durch Vermittlung des Internationalen Büros ein *Verzeichnis der amtlichen Prüf- und Gewährzeichen und -stempel* auszutauschen, die sie unumschränkt oder in gewissen Grenzen unter den Schutz dieses Artikels zu stellen wünschen (Art. 6$^{ter}$ Abs. 3 lit. a S. 1 PVÜ). Jedes Verbandsland soll die notifizierten Verzeichnisse rechtzeitig öffentlich zugänglich machen. Die Regelung des § 8 Abs. 2 Nr. 7 entspricht Art. 3 Abs. 1 lit. h MarkenRL. Die Vorschrift des § 8 Abs. 2 Nr. 7 entspricht der Vorschrift des § 4 Abs. 2 Nr. 3 WZG.

## 2. Anwendungsbereich

379  Amtliche Prüf- oder Gewährzeichen sind amtlich vorgeschriebene Zeichen zur Kennzeichnung der Prüfung eines Produkts auf die Erfüllung bestimmter Erfordernisse (v. Specht, GRUR 1929, 880). Das absolute Schutzhindernis des § 8 Abs. 2 Nr. 7 bezieht sich nur auf solche amtlichen Prüf- oder Gewährzeichen, die nach einer Bekanntmachung des Bundesministeriums der Justiz im Bundesgesetzblatt von der Eintragung als Marke ausgeschlossen sind. Das Eintragungsverbot bezieht sich auf *inländische* und *ausländische* amtliche Prüf- oder Gewährzeichen.

380  Amtliche Prüf- oder Gewährzeichen werden für bestimmte Waren oder Dienstleistungen eingeführt. Eine Marke ist nach § 8 Abs. 2 Nr. 7 nur dann von der Eintragung in das Markenregister ausgeschlossen, wenn die Waren oder Dienstleistungen, für die die Marke angemeldet worden ist, mit den Waren oder Dienstleistungen, für die das Prüf- oder Gewährzeichen eingeführt ist, entweder *identisch* oder *ähnlich* sind (§ 8 Abs. 4 S. 3). So können etwa die amtlichen *Feingehaltsstempel für Gold- oder Silberwaren* (die Abbildung einer Sonne oder einer Mondsichel) als Bildmarke oder als Bildbestandteil einer Marke für Waren eingetragen werden, die Gold- oder Silberwaren nicht ähnlich sind.

381  Der Eintragung amtlicher Prüf- oder Gewährzeichen können auch andere absolute Schutzhindernisse des § 8 Abs. 2 entgegenstehen. Einem amtlichen Prüf- oder Gewährzeichen kann die konkrete Unterscheidungskraft fehlen (§ 8 Abs. 2 Nr. 1), es kann zur Täuschung des Publikums etwa über die Produktbeschaffenheit geeignet sein (§ 8 Abs. 2 Nr. 4) und es kann wie namentlich bei ausländischen amtlichen Prüf- oder Gewährzeichen gegen die öffentliche Ordnung verstoßen (§ 8 Abs. 2 Nr. 5). Als *eintragungsunfähig* wurde ein Fabrikationszeichen beurteilt, dessen Bildbestandteil dem amtlichen schweizerischen *Kontrollstempel für silberne Uhrgehäuse* (Bild eines Rebhuhns) zum Verwechseln ähnlich war (KPA BlPMZ 1908, 210). Nach der Rechtslage im MarkenG stellt die Benutzung einer solchen Marke eine Ordnungswidrigkeit dar (§ 145 Abs. 1 Nr. 2).

## 3. Nachahmung eines amtlichen Prüf- oder Gewährzeichens

382  Nach § 8 Abs. 2 Nr. 7 ist eine Marke auch dann von der Eintragung in das Markenregister ausgeschlossen, wenn die Marke die *Nachahmung eines amtlichen Prüf- oder Gewährzeichens* enthält (§ 8 Abs. 4 S. 1). Das absolute Schutzhindernis der amtlichen Prüf- oder Gewährzeichen besteht somit auch dann, wenn diese nicht in identischer, sondern in nachgeahmter Form in einer Marke enthalten sind. Für das Nachahmungsverbot gelten nicht die Begriffe der Ähnlichkeit oder Verwechslungsgefahr. Diese das Markenkollisionsrecht bestimmenden Begriffe (§§ 9 Abs. 1 Nr. 2, 14 Abs. 2 Nr. 2) reichen über das engere Schutzbedürfnis der besonderen Zeichenkategorie der amtlichen Prüf- oder Gewährzeichen hinaus (Begründung zum MarkenG, BT-Drucks. 12/6581 vom 14. Januar 1994, S. 71). Der Begriff der Nachahmung ist im Sinne des Art. 6$^{\text{ter}}$ Abs. 1 lit. a PVÜ auszulegen, der von einer *Nachahmung im heraldischen Sinne* ausgeht (s. zur Nachahmung von staatlichen Hoheitszeichen und kommunalen Wappen Rn 371).

## 4. Befugnis zur Eintragung

383  Die amtlichen Prüf- oder Gewährzeichen im Sinne des § 8 Abs. 2 Nr. 7 sind dann nicht von der Eintragung in das Markenregister ausgeschlossen, wenn der Anmelder befugt ist, in der Marke das amtliche Prüf- oder Gewährzeichen zu führen (§ 8 Abs. 4 S. 2). Diese Regelung des § 8 Abs. 4 S. 2 entspricht der Vorschrift des Art. 6$^{\text{ter}}$ Abs. 8 PVÜ, nach dem die Angehörigen eines jeden Landes, die zum Gebrauch der Zeichen und Stempel ihres Landes ermächtigt sind, diese auch dann benutzen dürfen, wenn sie denen eines anderen Landes ähnlich sind.

384  Die Befugnis zur Eintragung steht dem *rechtsfähigen Verwaltungsträger* zu, dem als juristischer Person des öffentlichen Rechts das Recht zur Befugnis über das amtliche Prüf- oder Gewährzeichen rechtlich zugeordnet ist. Normzweck des § 8 Abs. 2 Nr. 7 ist es allein, den kommerziellen Mißbrauch von amtlichen Prüf- oder Gewährzeichen zu verhindern, nicht aber die Kommerzialisierung als solche auszuschließen.

Der Verwaltungsträger, dem die Befugnis zur Eintragung des amtlichen Prüf- oder Gewährzeichens zukommt, kann einen anderen ermächtigen, das amtliche Prüf- oder Gewährzeichen in der Marke zu führen. Die Ermächtigung berechtigt zur Anmeldung des amtlichen Prüf- oder Gewährzeichens zur Eintragung in das Markenregister. Die Ermächtigung kann auch auf die Führung des amtlichen Prüf- oder Gewährzeichens beschränkt werden, ohne ein Recht zur Eintragung des amtlichen Prüf- oder Gewährzeichens als Marke in das Markenregister zu begründen. Die Ermächtigung wird regelmäßig Teil einer vertraglichen Vereinbarung sein, in der etwa auch das Entgelt für das eingeräumte Benutzungsrecht geregelt wird. Die Regeln des Lizenzvertragsrechts sind entsprechend anzuwenden (s. § 30, Rn 11 ff.; 37 ff.).

### 5. Verfahren

Im Eintragungsverfahren ist von Amts wegen zu ermitteln, ob die zur Eintragung in das Markenregister angemeldete Marke ein amtliches Prüf- oder Gewährzeichen darstellt. Die Ermittlungstätigkeit ist dem Prüfer nur insoweit zumutbar, als der Arbeitsaufwand und die entstehenden Kosten vertretbar erscheinen (BPatGE 7, 154). Wenn Art und Gestaltung der angemeldeten Marke die Annahme nahelegen, es handele sich möglicherweise um ein amtliches Prüf- oder Gewährzeichen, dann kann von dem Anmelder aufgrund seiner Mitwirkungspflicht eine Erklärung dahin verlangt werden, die angemeldete Marke stelle nach seinem Wissen kein amtliches Prüf- oder Gewährzeichen dar (BPatGE 18, 108, 112).

### 6. Ordnungswidrigkeitenrecht

Nach § 145 Abs. 1 Nr. 2 handelt ordnungswidrig, wer im geschäftlichen Verkehr widerrechtlich in identischer oder nachgeahmter Form ein amtliches Prüf- oder Gewährzeichen im Sinne des § 8 Abs. 2 Nr. 7 zur Kennzeichnung von Waren oder Dienstleistungen benutzt. Die Benutzung ist widerrechtlich, wenn keine Ermächtigung des zuständigen Verwaltungsträgers vorliegt, dem die Befugnis zur Eintragung des amtlichen Prüf- oder Gewährzeichens als Marke in das Markenregister zukommt. Die Ordnungswidrigkeit kann mit einer Geldbuße bis zu fünftausend Deutsche Mark geahndet werden. Der angehobene Bußgeldrahmen wird dem Umstand gerecht, daß es sich anders als bei dem allgemeinen Tatbestand des § 124 OWiG bei der Kennzeichnung von Waren oder Dienstleistungen um Taten im Wirtschaftsverkehr handelt.

### 7. Bekanntmachungen der amtlichen Prüf- oder Gewährzeichen

1. Bekanntmachung zu § 3 des Gesetzes über den Feingehalt der Gold- und Silberwaren vom 16. Juli 1884 (RGBl. S. 120) über amtliche Stempelzeichen vom 7. Januar 1886 (RGBl. S. 1); Form der Stempelzeichen zur Angabe des Feingehalts auf goldenen und silbernen Geräten.
2. Bekanntmachung zum WZG über amtliche Prüf- und Gewährzeichen vom 15. September 1936 (RGBl. II S. 307), BlPMZ 1936, 199; Schweizer Prüf- und Gewährzeichen für Waren aus Platin, Gold, Silber und Edelmetallersatz; Jugoslawische Prüf- und Gewährzeichen für Waren aus Platin, Gold und Silber; Niederländische Prüf- und Gewährzeichen für Käse.
3. Bekanntmachung zum WZG über ein amtliches Prüfzeichen vom 3. Juni 1937 (RGBl. II S. 169), BlPMZ 1937, 133; Abnahmestempel der technischen Beratungsstelle beim Landesgewerbeamt Stuttgart für Azetylenentwickler.
4. Bekanntmachung zum WZG über ein amtliches Gewährzeichen vom 28. Juli 1939 (RGBl. II S. 949), BlPMZ 1939, 132; Gewährzeichen in der französischen Zone für Ausfuhrwaren von Marokko.
5. Bekanntmachung über amtliche Prüfzeichen vom 6. September 1940 (RGBl. I S. 1217); Prüfzeichen für zugelassene Schmälzmittel bei der Aufbereitung von Faserstoffen.
6. Bekanntmachung zu § 4 des WZG über amtliche Prüf- und Gewährzeichen vom 28. April 1958 (BGBl. I S. 340), BlPMZ 1958, 141; Dänische Prüf- und Gewährzeichen für Gold- und Silberbeiten, Schußwaffen, Molkereierzeugnisse, Fleisch und Fleischerzeugnisse, Fettemulsionen und Eier.
7. Bekanntmachung zu § 4 des WZG vom 30. Juni 1962 (BGBl. I S. 480), BlPMZ 1962, 259; Italienische Prüf- und Gewährzeichen für Edelmetalle, Platin-, Gold-, und Silberarbeiten.
8. Bekanntmachung zu § 4 des WZG vom 30. Oktober 1967 (BGBl. I S. 1122), BlPMZ 1968, 114; Ungarische Prüf- und Gewährzeichen für einheimische Erzeugnisse, Platin-, Gold-, Silberarbeiten.

## MarkenG § 8   388   Absolute Schutzhindernisse

9. Bekanntmachung zu § 4 des WZG vom 1. März 1968 (BGBl. I S. 212), BlPMZ 1968, 174; Reichsmünze Utrecht des Königreichs der Niederlande.
10. Bekanntmachung zu § 4 des WZG vom 8. März 1968 (BGBl. I S. 212), BlPMZ 1968, 174; Staatliche Qualitätsmarke der Union der Sozialistischen Sowjetrepubliken.
11. Bekanntmachung zu § 4 des WZG vom 14. August 1968 (BGBl. I S. 975), BlPMZ 1968, 334; Prüf- und Gewährzeichen in der Sozialistischen Föderativen Republik Jugoslawien für Zeichen, Gewichte, Stempel für Edelmetalle, Arbeiten ausländischer Herkunft.
12. Bekanntmachung zu § 4 des WZG vom 18. Dezember 1968 (BGBl. I S. 1416), BlPMZ 1969, 102; Amtlicher Stempel der Pariser Münze.
13. Bekanntmachung zu § 4 des WZG vom 1. Dezember 1970 (BGBl. I S. 1558), BlPMZ 1971, 120; Prüf- und Gewährzeichen der Tschechoslowakischen Sozialistischen Republik, tschechoslowakische Prägezeichen für Platin-, Gold- und Silberarbeiten.
14. Bekanntmachung zu § 4 des WZG vom 9. März 1972 (BGBl. I S. 455), BlPMZ 1972, 177; Spanisches Gewährzeichen für die Ausfuhrförderung.
15. Bekanntmachung zu § 4 des WZG vom 18. Mai 1972 (BGBl. I S. 1203), BlPMZ 1972, 326; Prüf- und Gewährzeichen für Käse im Königreich der Niederlande.
16. Bekanntmachung zu § 4 des WZG vom 1. August 1972 (BGBl. I S. 1389), BlPMZ 1972, 327; Amtliches Gewährzeichen der staatlichen Milchabsatzbehörde von Malta und Prüf- und Gewährzeichen für Gold- und Silberwaren in Malta.
17. Bekanntmachung zu § 4 des WZG vom 25. September 1972 (BGBl. I S. 1890), BlPMZ 1972, 328, 384; Gewährzeichen des maltesischen „Boards of Standards".
18. Bekanntmachung zu § 4 des WZG vom 18. Dezember 1972 (BGBl. 1973 I S. 3), BlPMZ 1973, 43; Gewährzeichen des Algerischen „Institut de la Vigne et du Vin" für Erzeugnisse des Weinbaus.
19. Bekanntmachung zu § 4 des WZG vom 7. Mai 1974 (BGBl. I S. 1066), BlPMZ 1974, 189; Gemeinsames Prüfzeichen nach dem Wiener Übereinkommen vom 15. November 1972 über die Prüfung und Kennzeichnung von Gegenständen aus Edelmetallen, eingeführt in Österreich, Finnland, Norwegen, Schweden und dem Vereinigten Königreich.
20. Bekanntmachung zu § 4 des WZG vom 21. November 1975 (BGBl. I S. 2911), BlPMZ 1976, 1; Prüf- und Gewährzeichen für Butter und Milchpulver im Königreich der Niederlande.
21. Bekanntmachung zu § 4 des WZG vom 20. Juli 1977 (BGBl. I S. 1345, I 1991 S. 1230); BlPMZ 1977, 282, 1991, 258; Amtliches Gewährzeichen der Milchabsatzbehörde von Malta.
22. Bekanntmachung zu § 4 des WZG vom 7. September 1981 (BGBl. I S. 940), BlPMZ 1981, 393; Niederländische Prüf- und Gewährzeichen für Eier von freilaufenden Hennen, Niederländische Prüf- und Gewährzeichen für Speck, Brasilianische Prüf- und Gewährzeichen für Edelmetalle.
23. Bekanntmachung zu § 4 des WZG vom 19. Januar 1983 (BGBl. I S. 47, I 1992 S. 224), BlPMZ 1983, 110, 1992, 178; Prüf- und Gewährzeichen des Königreichs Belgien für Münzzeichen für Erzeugnisse der Königlichen Münze und Prägestempel für Gegenstände aus Edelmetallen; Prüf- und Gewährzeichen der Tschechoslowakischen Sozialistischen Republik für Meßgeräte; Gewährzeichen der Föderativen Republik Brasilien für die Qualität und Herkunft von Kaffee; Prüf- und Gewährzeichen der Republik Korea; Prüf- und Gewährzeichen der Portugiesischen Republik für Stoffe, Spitzen, Stickereien.
24. Bekanntmachung zu § 4 des WZG vom 11. Juli 1983 (BGBl. I S. 936), BlPMZ 1983, 285; Prüf- und Gewährzeichen des Königreichs Spanien für gewerbliche Waren.
25. Bekanntmachung zu § 4 des WZG vom 24. April 1984 (BGBl. I S. 652), BlPMZ 1984, 185; Prüf- und Gewährzeichen der Vereinigten Mexikanischen Staaten.
26. Bekanntmachung zu § 4 des WZG vom 22. August 1984 (BGBl. I S. 1159), BlPMZ 1984, 305; Prüf- und Gewährzeichen der Tunesischen Republik für landwirtschaftliche Produkte.
27. Bekanntmachung zu § 4 des WZG vom 21. September 1984 (BGBl. I S. 1259), BlPMZ 1984, 369; Prüf- und Gewährzeichen der Republik Österreich für Wein.
28. Bekanntmachung zu § 4 des WZG vom 19. März 1985 (BGBl. I S. 598), BlPMZ 1985, 146; Amtliche Prüf- und Gewährzeichen des Königreichs Schweden für Edelmetalle, Molkereiprodukte, elektrische Geräte.
29. Bekanntmachung zu § 4 des WZG vom 21. Juli 1985 (BGBl. I S. 1265), BlPMZ 1985, 229; Prüf- und Gewährzeichen der Sozialistischen Republik Vietnam.
30. Bekanntmachung zu § 4 des WZG vom 2. Juni 1986 (BGBl. I S. 912), BlPMZ 1986, 236; Gemeinsames Prüfzeichen für Gegenstände aus Edelmetallen nach dem Wiener Übereinkommen vom 15. November 1972 auch in Irland und der Portugiesischen Republik eingeführt.
31. Bekanntmachung zu § 4 des WZG vom 20. November 1986 (BGBl. I S. 2095), BlPMZ 1987, 5; Amtliche Prüf- und Gewährzeichen in Kanada für ein Münzprogramm anläßlich der Olympischen Spiele 1988 in Calgary.

32. Bekanntmachung zu § 4 des WZG vom 3. April 1987 (BGBl. I S. 1158), BlPMZ 1987, 191; Prüf- und Gewährzeichen der Republik Zypern für frische zum Export bestimmte landwirtschaftliche Erzeugnisse.
33. Bekanntmachung zu § 4 des WZG vom 4. März 1988 (BGBl. I S. 232), BlPMZ 1988, 158; Nationales Gütezeichen der Republik Irak, Prüf- und Gewährzeichen der Republik Zypern für frische zum Export bestimmte landwirtschaftliche Erzeugnisse.
34. Bekanntmachung zu § 4 des WZG vom 30. Mai 1988 (BGBl. I S. 703), BlPMZ 1988, 203; Gemeinsames Prüfzeichen für Gegenstände aus Edelmetallen nach dem Wiener Übereinkommen vom 15. November 1972 auch in Königreich Dänemark eingeführt.
35. Bekanntmachung zu § 4 des WZG vom 23. Mai 1991 (BGBl. I S. 1230), BlPMZ 1991, 258; Gewährzeichen der staatlichen Milchabsatzbehörde von Malta gilt nicht mehr.
36. Bekanntmachung zu § 4 des WZG vom 14. Januar 1992 (BGBl. I S. 224), BlPMZ 1992, 178; Prüf- und Gewährzeichen der Tschechischen und Slowakischen Förderativen Republik ab 1991 für Meßgeräte; Nordisches Umweltzeichen als amtliches Prüf- und Gewährzeichen für Finnland.
37. Bekanntmachung zu § 4 des WZG vom 22. Mai 1992 (BGBl. I S. 1024), BlPMZ 1992, 321; Nationale Kennzeichen für die Konformität mit tunesischen Standards.
38. Bekanntmachung zu § 4 des WZG vom 5. April 1994 (BGBl. I S. 849), BlPMZ 1994, 189; Amtliche Feingehalts-Zeichen für Gold-, Silber- und Platinartikel der Tschechischen Republik.
39. Bekanntmachung zu § 4 des WZG vom 28. September 1994 (BGBl. I S. 3013), BlPMZ 1994, 431; Prüf- und Gewährzeichen für die Sicherheit elektrischer Geräte.
40. Bekanntmachung zu § 4 des WZG vom 13. Dezember 1994 (BGBl. I S. 3920), BlPMZ 1995, 57; Gemeinsames Prüfzeichen für Gegenstände aus Edelmetallen nach dem Wiener Übereinkommen vom 15. November 1972 auch für die Tschechische Republik eingeführt.
41. Bekanntmachung zu § 8 des Markengesetzes vom 21. November 1995 (BGBl. I S. 1587), BlPMZ 1996, 44; Estnische Kontrollzeichen für Gegenstände aus Edelmetall, estnisches Sicherheitszeichen für elektrische Geräte.
42. Bekanntmachung zu § 8 des Markengesetzes vom 13. Mai 1996 (BGBl. I S. 747), BlPMZ 1996, 327; Prüf- und Gewährzeichen der Republik Moldau für Gegenstände aus Edelmetall; Prüf- und Gewährzeichen der Republik Korea für Welt-Klasse-Produkte.
43. Bekanntmachung zu § 8 des Markengesetzes vom 27. August 1996 (BGBl. I S. 1358), BlPMZ 1996, 430; Prüf- und Gewährzeichen des Königreichs Norwegen für die Sicherheit elektrischer Geräte.
44. Bekanntmachung zu § 8 des Markengesetzes vom 20. Mai 1998 (BGBl. I S. 1216), BlPMZ 1998, 330; Konformitätsmarke für obligatorische und freiwillige Zertifikation von Waren und Dienstleistungen in dem nationalen Zertifikationssystem der Republik Kasachstan.
45. Bekanntmachung zu § 8 des Markengesetzes vom 10. Juli 1998 (BGBl. I S. 1870), BlPMZ 1998, 419; Konformitätsmarke der Republik Guinea.

## VIII. Bezeichnungen internationaler zwischenstaatlicher Organisationen (§ 8 Abs. 2 Nr. 8)

**Schrifttum zum WZG.** *Baeumer,* Der Vertrag von Nairobi über den Schutz des Olympischen Symbols, GRUR Int 1983, 466; *Ströbele,* Der Schutz von Kennzeichen internationaler zwischenstaatlicher Organisationen (§ 4 Abs. 2 Nr. 3a WZG), GRUR 1989, 84.

### 1. Regelungszusammenhang

Nach § 8 Abs. 2 Nr. 8 sind solche Marken von der Eintragung in das Markenregister ausgeschlossen, die *Wappen, Flaggen oder andere Kennzeichen, Siegel oder Bezeichnungen internationaler zwischenstaatlicher Organisationen* enthalten. Die Regelung entspricht Art. 6$^{ter}$ Abs. 1 lit. b PVÜ, nachdem die Verbandsländer verpflichtet sind, die Eintragung von Wappen, Flaggen und anderen Kennzeichen, Siegel oder Bezeichnungen der internationalen zwischenstaatlichen Organisationen, denen ein oder mehrere Verbandsländer angehören, sowie jede Nachahmung im heraldischen Sinn als Fabrik- oder Handelsmarken oder als Bestandteil solcher zurückzuweisen oder für ungültig zu erklären, sowie den Gebrauch dieser Zeichen durch geeignete Maßnahmen zu verbieten, sofern die zuständigen Stellen den Gebrauch nicht erlaubt haben; ausgenommen sind die Wappen, Flaggen und anderen Kennzeichen, Siegel oder Bezeichnungen, die bereits Gegenstand von in Kraft befindlichen internationalen Abkommen waren, die ihren Schutz gewährleisteten. Nach Art. 6^{ter} Abs. 1 c PVÜ ist kein Verbandsland gehalten, diese Bestimmung zum Nachteil der Inhaber von Rechten anzuwenden, die gutgläubig vor dem Inkrafttreten der Übereinkunft in diesem Land erworben worden sind. Nach dieser Vorschrift sind die Verbandsländer auch nicht gehalten, diese Bestimmung anzuwenden, falls die Benutzung oder Eintragung nicht geeignet ist, beim Publikum den Eindruck einer Verbindung zwischen der betreffenden Organisation und den Wappen, Flaggen, Kennzeichen, Siegeln oder Bezeichnungen hervorzurufen, oder falls die Benutzung oder Eintragung offenbar nicht geeignet ist, das Publikum über das Bestehen einer Verbindung zwischen dem Benutzer und der Organisation irrezuführen. Das absolute Schutzhindernis des § 8 Abs. 2 Nr. 8 ist nach der im WZG noch nicht enthaltenen Vorschrift des § 8 Abs. 4 S. 4 dann nicht anzuwenden, wenn die angemeldete Marke *nicht* geeignet ist, beim Publikum den *unzutreffenden Eindruck einer Verbindung* mit der internationalen zwischenstaatlichen Organisation hervorzurufen. Die Regelung des § 8 Abs. 2 Nr. 8 entspricht Art. 3 Abs. 1 lit. h MarkenRL. Abgesehen von der neuen Regelung des § 8 Abs. 4 S. 4, enthielt § 4 Abs. 2 Nr. 3a WZG eine vergleichbare Vorschrift.

## 2. Anwendungsbereich

**390** Eine Marke ist nach § 8 Abs. 2 Nr. 8 von der Eintragung in das Markenregister nur dann ausgeschlossen, wenn sie eine solche *Bezeichnung einer internationalen zwischenstaatlichen Organisation* enthält, die nach einer Bekanntmachung des Bundesministeriums der Justiz im Bundesgesetzblatt von der Eintragung als Marke ausgeschlossen ist. Das Eintragungsverbot des § 8 Abs. 2 Nr. 8 besteht nach § 8 Abs. 4 S. 4 dann nicht, wenn die angemeldete Marke *nicht* geeignet ist, beim Publikum den *unzutreffenden Eindruck einer Verbindung* mit der internationalen zwischenstaatlichen Organisation hervorzurufen. Zweck dieser Ausnahme vom Eintragungsverbot ist es, eine unbillige Beschränkung eintragungsfähiger Markenformen infolge des umfänglichen Bestandes an Kennzeichen internationaler zwischenstaatlicher Organisationen zu vermeiden. Schon zur Rechtslage nach dem WZG war vorgeschlagen worden, den Schutz der Bezeichnungen internationaler zwischenstaatlicher Organisationen vor einer kommerziellen Verwertung als Marke zu beschränken und das Eintragungsverbot für Bezeichnungen internationaler zwischenstaatlicher Organisationen nach § 4 Abs. 2 Nr. 3a WZG restriktiv auszulegen. Nach dieser Auffassung sollte eine Marke nur dann von der Eintragung ausgeschlossen werden, wenn die Eintragung oder Benutzung der Marke geeignet sei, den Eindruck von Verbindungen zwischen der Marke oder dem Anmelder und der internationalen zwischenstaatlichen Organisation hervorzurufen (*Ströbele*, GRUR 1989, 84). Als Voraussetzung einer Anwendung des unbedingten Versagungsgrundes nach § 4 Abs. 2 Nr. 3a WZG wurde verlangt, daß im Verkehr der Eindruck entstehe, es bestehe eine Beziehung zwischen der internationalen zwischenstaatlichen Organisation und dem Markeninhaber. Mit der Regelung des § 8 Abs. 4 S. 4 hat der Markengesetzgeber diesem Vorschlag entsprochen und von der Option des Art. 6^{ter} Abs. 1 c PVÜ Gebrauch gemacht, nach der die Verbandsländer nicht gehalten sind, ein Eintragungsverbot für Bezeichnungen internationaler zwischenstaatlicher Organisationen dann vorzusehen, wenn die Benutzung oder Eintragung der Bezeichnung der internationalen zwischenstaatlichen Organisation nicht geeignet ist, beim Publikum den Eindruck einer Verbindung zwischen der betreffenden Organisation und der als Marke angemeldeten Bezeichnung hervorzurufen, oder falls die Benutzung oder Eintragung offenbar nicht geeignet ist, das Publikum über das Bestehen einer Verbindung zwischen dem Benutzer und der Organisation irrezuführen. Vergleichbar enthält das absolute Schutzhindernis der amtlichen Prüf- oder Gewährzeichen nach § 8 Abs. 2 Nr. 7 eine Beschränkung des Anwendungsbereichs des Eintragungsverbotes auf den Ähnlichkeitsbereich der Waren oder Dienstleistungen, für die das Prüf- oder Gewährzeichen eingeführt ist (§ 8 Abs. 4 Nr. 3).

## 3. Nachahmung von Bezeichnungen internationaler zwischenstaatlicher Organisationen

**391** Nach § 8 Abs. 2 Nr. 8 ist eine Marke auch dann von der Eintragung in das Markenregister ausgeschlossen, wenn die Marke die *Nachahmung von Bezeichnungen internationaler zwi-*

*schenstaatlicher Organisationen* enthält (§ 8 Abs. 4 S. 1). Das absolute Schutzhindernis der Bezeichnungen internationaler zwischenstaatlicher Organisationen besteht somit auch dann, wenn diese nicht in identischer, sondern in nachgeahmter Form in einer Marke enthalten sind. Für das Nachahmungsverbot gelten nicht die Begriffe der Ähnlichkeit oder Verwechslungsgefahr. Diese das Markenkollisionsrecht bestimmenden Begriffe (§§ 9 Abs. 1 Nr. 2, 14 Abs. 2 Nr. 2) reichen über das engere Schutzbedürfnis der besonderen Zeichenkategorie der Bezeichnungen internationaler zwischenstaatlicher Organisationen hinaus (Begründung zum MarkenG, BT-Drucks. 12/6581 vom 14. Januar 1994, S. 71).

Der Begriff der Nachahmung ist im Sinne des Art. 6$^{\text{ter}}$ Abs. 1 lit. a PVÜ auszulegen, der **392** von einer *Nachahmung im heraldischen Sinn* ausgeht. Eine heraldische Nachahmung liegt dann vor, wenn trotz der Abwandlung der Bezeichnung der internationalen zwischenstaatlichen Organisation die Marke den Charakter einer Wappendarstellung aufweist und im Verkehr als die Bezeichnung einer internationalen zwischenstaatlichen Organisation aufgefaßt wird. Der wappenartige Eindruck von Bezeichnungen internationaler zwischenstaatlicher Organisationen als Marke (Wappenstil) entfällt regelmäßig schon dann, wenn etwa der Wappenschild oder das Siegel weggelassen wird.

## 4. Befugnis zur Eintragung

Die Bezeichnungen internationaler zwischenstaatlicher Organisationen im Sinne des § 8 **393** Abs. 2 Nr. 8 sind dann nicht von der Eintragung in das Markenregister ausgeschlossen, wenn der Anmelder befugt ist, in der Marke die Bezeichnung der internationalen zwischenstaatlichen Organisation zu führen (§ 8 Abs. 4 S. 2). Die Befugnis zur Eintragung steht der internationalen zwischenstaatlichen Organisation zu, um deren Bezeichnung es sich handelt. Normzweck des § 8 Abs. 2 Nr. 8 ist es allein, den kommerziellen Mißbrauch von Bezeichnungen internationaler zwischenstaatlicher Organisationen zu verhindern, nicht aber die Kommerzialisierung als solche auszuschließen.

Die internationale zwischenstaatliche Organisation, die Rechtsinhaber der Bezeichnung **394** ist, kann einen anderen ermächtigen, die Bezeichnung der internationalen zwischenstaatlichen Organisation in der Marke zu führen. Die Ermächtigung berechtigt den Anmelder der Bezeichnung der internationalen zwischenstaatlichen Organisation als Marke zur Eintragung in das Markenregister. Die Ermächtigung kann auch auf die Führung der Bezeichnung der internationalen zwischenstaatlichen Organisation beschränkt werden, ohne ein Recht zur Eintragung der Bezeichnung der internationalen zwischenstaatlichen Organisation als Marke in das Markenregister zu begründen. Die Ermächtigung wird regelmäßig Teil einer vertraglichen Vereinbarung sein, in der etwa auch das Entgelt für das eingeräumte Benutzungsrecht geregelt wird. Die Regeln des Lizenzvertragsrechts sind entsprechend anzuwenden (s. § 30 Rn 11 ff.; 37 ff.).

## 5. Verfahren

Im Eintragungsverfahren ist von Amts wegen zu ermitteln, ob die zur Eintragung in das **395** Markenregister angemeldete Marke die Bezeichnung einer internationalen zwischenstaatlichen Organisation darstellt. Die Ermittlungstätigkeit ist dem Prüfer nur insoweit zumutbar, als der Arbeitsaufwand und die entstehenden Kosten vertretbar erscheinen (BPatGE 7, 154). Wenn Art und Gestaltung der angemeldeten Marke die Annahme nahelegen, es handele sich möglicherweise um die Bezeichnung einer internationalen zwischenstaatlichen Organisation, dann kann von dem Anmelder aufgrund seiner Mitwirkungspflicht eine Erklärung dahin verlangt werden, die angemeldete Marke stelle nach seinem Wissen keine Bezeichnung einer internationalen zwischenstaatlichen Organisation dar (BPatGE 18, 108, 112).

## 6. Ordnungswidrigkeitenrecht

Nach § 145 Abs. 1 Nr. 3 handelt ordnungswidrig, wer im geschäftlichen Verkehr wider- **396** rechtlich in identischer oder nachgeahmter Form die Bezeichnung einer internationalen zwischenstaatlichen Organisation im Sinne des § 8 Abs. 2 Nr. 8 zur Kennzeichnung von Waren oder Dienstleistungen benutzt. Die Benutzung ist widerrechtlich, wenn keine Ermächtigung der internationalen zwischenstaatlichen Organisation vorliegt, der als Rechtsinhaberin die Befugnis zur Eintragung der Bezeichnung der internationalen zwischenstaatlichen Organisation als Marke in das Markenregister zukommt. Die Ordnungswidrigkeit kann mit einer Geldbuße bis zu fünftausend Deutsche Mark geahndet werden. Der angehobene Bußgeldrahmen wird dem Umstand gerecht, daß es sich anders als bei dem allgemeinen Tatbestand des § 124 OWiG bei der Kennzeichnung von Waren oder Dienstleistungen um Taten im Wirtschaftsverkehr handelt.

397 Nach § 125 Abs. 1 OWiG handelt ordnungswidrig, wer unbefugt das Wahrzeichen des *roten Kreuzes auf weißem Grund* oder die Bezeichnung *Rotes Kreuz* oder *Genfer Kreuz* benutzt (zum *Schweizer Wappen* s. Rn 369; zu den *Kreuzmarken* s. Rn 368).

398 Ordnungswidrig handelt auch, wer eine Marke benutzt, die dem Wahrzeichen des *roten Kreuzes auf weißem Grund* oder der Bezeichnung *Rotes Kreuz* oder *Genfer Kreuz* zum Verwechseln ähnlich ist (§ 125 Abs. 3 OWiG). Als *verwechslungsfähig* beurteilt wurde die *Rote Kreuzbandmarke* (KPA MuW 1911, 551). Als *nicht verwechslungsfähig* beurteilt wurden ein rotes Kreuz mit ausgespartem achtspitzigen weißen *Johanniterkreuz* (KPA BlPMZ 1905, 30); das *Balkenkreuz* in anderer als roter Farbe (RPA Mitt 1936, 243). Dem deutschen Rote Kreuz e. V. kommt für das Wahrzeichen des *roten Kreuzes* Rechtsschutz nach § 12 BGB zu (BGH NJW 1994, 2820, 2821; *Bokelmann*, LM Nr. 63 zu § 12 BGB,). Nach § 1 VO zur Durchführung und Ergänzung des Gesetzes zum Schutze des Wappens der Schweizerischen Eidgenossenschaft vom 29. Dezember 1936 (RGBl. I, S. 1155; BGBl. III 1131–1–1) gilt das *weiße Kreuz auf grünem Grund* nicht als Nachahmung des Schweizerischen Wappens (zum *weißen Kreuz auf grünem Grund* als verkehrsübliche Bezeichnung s. Rn 368).

### 7. Bekanntmachungen der Bezeichnungen internationaler zwischenstaatlicher Organisationen

399
1. Bekanntmachung zu § 4 des WZG vom 30. Juni 1962 (BGBl. I S. 478), BlPMZ 1962, 258; Bezeichnungen des Conseil Oléicole International.
2. Bekanntmachung zu § 4 des WZG vom 12. September 1963 (BGBl. I S. 781), BlPMZ 1964, 3; Bezeichnungen der Vereinten Nationen und ihrer nachgeordneten Stellen; Bezeichnungen der Sonderorganisationen der Vereinten Nationen; Bezeichnungen der Organisationen unter der Schirmherrschaft der Vereinten Nationen.
3. Bekanntmachung zu § 4 des WZG vom 1. April 1964 (BGBl. I S. 288), BlPMZ 1964, 198; Bezeichnungen der europäischen Atomgemeinschaft EURATOM.
4. Bekanntmachung zu § 4 des WZG vom 25. Juni 1964 (BGBl. I S. 485), BlPMZ 1964, 253; Bezeichnungen der Vereinigten Internationalen Büros für den Schutz des geistigen Eigentums BIRPI.
5. Bekanntmachung zu § 4 des WZG vom 16. Juni 1966 (BGBl. I S. 390), BlPMZ 1966, 242; Bezeichnungen der Nordatlantikvertrags-Organisation; Bezeichnungen der Europäischen Organisation für die Entwicklungen und den Bau von Raumfahrzeugträgern ELDO; Bezeichnungen der Bank für Internationalen Zahlungsausgleich; Bezeichnungen des Afrikanisch-Madagassischen Amts für gewerbliches Eigentum.
6. Bekanntmachung zu § 4 des WZG vom 17. Mai 1967 (BGBl. I S. 577), BlPMZ 1967, 302; Bezeichnungen der Lateinamerikanischen Freihandelszone; Bezeichnungen und Kennzeichen der Europäischen Organisation für Kernforschung.
7. Bekanntmachung zu § 4 des WZG vom 16. Mai 1968 (BGBl. I S. 478), BlPMZ 1968, 299; Bezeichnungen und Abkürzungen der Europäischen Freihandelsassoziation und der Assoziation zwischen den Mitgliedsstaaten der Europäischen Freihandelsassoziation und der Republik Finnland.
8. Bekanntmachung zu § 4 des WZG vom 19. September 1969 (BGBl. I S. 1736), BlPMZ 1969, 330; Bezeichnungen der Gemeinsamen Afrikanisch-Madagassischen Organisation O. C. A. M.
9. Bekanntmachung zu § 4 des WZG vom 5. Mai 1971 (BGBl. I S. 670), BlPMZ 1971, 173; Bezeichnungen und Kennzeichen der Europäischen Organisation zur Sicherung der Luftfahrt; Kennzeichen des Internationalen Ausstellungsbüros; Kennzeichen der Organisation der Erdöl ausführenden Staaten; Bezeichnungen und Kennzeichen der Weltorganisation für geistiges Eigentum; Neues Kennzeichen Nr. 1 der Europäischen Freihandelsassoziation und der Assoziation zwischen ihren Mitgliedsstaaten und der Republik Finnland; Bezeichnungen der Afrikanisch-Madagassischen Organisation.
10. Bekanntmachung zu § 4 des WZG vom 10. Februar 1972 (BGBl. I S. 185), BlPMZ 1972, 113; Abkürzung der französischen Bezeichnung des Internationalen Verbandes zum Schutz von Pflanzenzüchtungen (UPOV).
11. Bekanntmachung zu § 4 des WZG vom 18. April 1973 (BGBl. I S. 323), BlPMZ 1973, 178; Flagge des Weltpostvereins.

Absolute Schutzhindernisse  399  § 8 MarkenG

12. Bekanntmachung zu § 4 des WZG vom 25. Juli 1973 (BGBl. I S. 912), BlPMZ 1973, 265; Zeichen der Umwelt-Konferenz der Vereinten Nationen.
13. Bekanntmachung zu § 4 des WZG vom 27. März 1974 (BGBl. I S. 817), BlPMZ 1974, 154; Neues Kennzeichen Nr. 1 der Europäischen Freihandelsassoziation und der Assoziation zwischen ihren Mitgliedsstaaten und der Republik Finnland (EFTA).
14. Bekanntmachung zu § 4 des WZG vom 4. Februar 1975 (BGBl. I S. 474), BlPMZ 1975, 121; Bezeichnungen und Kennzeichen des Rates für Gegenseitige Wirtschaftshilfe; Bezeichnungen und Kennzeichen der Weltorganisation für geistiges Eigentum.
15. Bekanntmachung zu § 4 des WZG vom 17. März 1975 (BGBl. I S. 747), BlPMZ 1975, 149; (BGBl. I S. 2911), BlPMZ 1976, 1; Kennzeichen des Sekretariats des Commonwealth.
16. Bekanntmachung zu § 4 des WZG vom 14. April 1975 (BGBl. I S. 962), BlPMZ 1975, 178; Bezeichnungen und Kennzeichen der Internationalen Zivilluftfahrts-Organisation ICAO (Bekanntmachung ersetzt durch Bekanntmachung vom 20. Mai 1998 (BGBl. I S. 1216), s. Nr. 54).
17. Bekanntmachung zu § 4 des WZG vom 21. Juli 1975 (BGBl. I S. 1946), BlPMZ 1975, 261; Prüf- und Gewährzeichen des Königreichs Dänemark; Gemeinsames Prüfzeichen für Gegenstände aus Edelmetall nach dem Wiener Übereinkommen vom 15. November 1972 auch in der Schweiz eingeführt.
18. Bekanntmachung zu § 4 des WZG vom 20. Juli 1977, (BGBl. I S. 1345), BlPMZ 1977, 282; Bezeichnungen und Kennzeichen der Europäischen Weltraumbehörde; Kennzeichen der Europäischen Organisation für Kernforschung; Kennzeichen des Kinderhilfswerks der Vereinten Nationen.
19. Bekanntmachung zu § 4 des WZG vom 27. September 1977 (BGBl. I S. 1880), BlPMZ 1977, 318; Kennzeichen der Europäischen Konferenz der Verwaltungen für Post und Fernmeldewesen CEPT.
20. Bekanntmachung zu § 4 des WZG vom 5. Dezember 1978 (BGBl. I S. 1950), BlPMZ 1979, 74; Bezeichnungen, Abkürzungen, Kennzeichen und die Flagge der Organisation für Astronomische Forschung in der südlichen Hemisphäre ESO.
21. Bekanntmachung zu § 4 des WZG vom 26. März 1979 (BGBl. I S. 422), BlPMZ 1979, 198; Bezeichnungen, Abkürzungen und Kennzeichen der Internationalen Organisation für Ökonomische und Wissenschaftlich-Technische Zusammenarbeit auf dem Gebiet der Elektronischen Industrie INTERELEKTRO.
22. Bekanntmachung zu § 4 des WZG vom 29. Oktober 1979 (BGBl. I S. 1800), BlPMZ 1980, 1; Bezeichnung und das Kennzeichen des Europarats.
23. Bekanntmachung zu § 4 des WZG vom 22. November 1979 (BGBl. I S. 1999), BlPMZ 1980, 3; Bezeichnungen, Abkürzungen und das Kennzeichen der Europäischen Patentorganisation und des Europäischen Patentamts.
24. Bekanntmachung zu § 4 des WZG vom 11. Februar 1980 (BGBl. I S. 148), BlPMZ 1980, 126; Bezeichnungen, Abkürzungen und Kennzeichen des Rates für Gegenseitige Wirtschaftshilfe.
25. Bekanntmachung zu § 4 des WZG vom 16. April 1980 (BGBl. I S. 448), BlPMZ 1980, 189; Bezeichnungen und Abkürzungen der Europäischen Atomgemeinschaft; Bezeichnungen und Abkürzungen der Europäischen Wirtschaftsgemeinschaft; Bezeichnungen und Abkürzungen der Europäischen Gemeinschaft für Kohle und Stahl; Kennzeichen der Kommission der Europäischen Gemeinschaften.
26. Bekanntmachung zu § 4 des WZG vom 19. Mai 1980 (BGBl. I S. 586), BlPMZ 1980, 217; Abkürzung der Organisation für gewerbliches Eigentum für das englisch sprechende Afrika ESARIPO.
27. Bekanntmachung zu § 4 des WZG vom 1. August 1980 (BGBl. I S. 1152), BlPMZ 1980, 301; Bezeichnungen, Abkürzungen und das Kennzeichen des Internationalen Fonds für landwirtschaftliche Entwicklung IFAD.
28. Bekanntmachung zu § 4 des WZG vom 19. Dezember 1980 (BGBl. I S. 2352), BlPMZ 1981, 50; Bezeichnungen, Abkürzungen und Kennzeichen der Internationalen Bank für Wiederaufbau und Entwicklung; Bezeichnungen, Abkürzungen und Kennzeichen der Internationalen Entwicklungsorganisation; Bezeichnungen, Abkürzungen und Kennzeichen der Internationalen Finanz-Corporation.
29. Bekanntmachung zu § 4 des WZG vom 7. September 1981 (BGBl. I S. 940), BlPMZ 1981, 393; Bezeichnungen, Abkürzungen und Kennzeichen der Internationalen kriminalpolizeilichen Organisation; Bezeichnungen, Abkürzungen und Kennzeichen der Internationalen Seefunksatelliten-Organisation; Bezeichnungen, Abkürzungen und Kennzeichen der Weltorganisation für Tourismus; Abkürzung des Internationalen Fonds für landwirtschaftliche Entwicklung.
30. Bekanntmachung zu § 4 des WZG vom 19. Januar 1983 (BGBl. I S. 47), BlPMZ 1983, 110, berichtigt am 25. März 1983 (BGBl. I S. 433), BlPMZ 1983, 137; Bezeichnungen, Abkürzungen und Kennzeichen des Benelux-Markenamts; Bezeichnungen, Abkürzungen und Kennzeichen des Benelux-Amts für Muster und Modelle; Bezeichnungen, Abkürzungen und Flagge der Internationalen Seeschiffahrts-Organisation.

# MarkenG § 8   399                          Absolute Schutzhindernisse

31. Bekanntmachung zu § 4 des WZG vom 23. Juni 1983 (BGBl. I S. 833), BlPMZ 1983, 225; Bezeichnungen, Abkürzungen und das Kennzeichen der Internationalen Fermeldesatelliten-Organisation INTELSAT.
32. Bekanntmachung zu § 4 des WZG vom 9. August 1983 (BGBl. I S. 1126), BlPMZ 1983, 342; Bezeichnungen, Abkürzungen und Kennzeichen der Afrikanischen Organisation für geistiges Eigentum A. I. P. O.
33. Bekanntmachung zu § 4 des WZG vom 4. Oktober 1983 (BGBl. I S. 1252), BlPMZ 1983, 349; Kennzeichen des Nordischen Ministerrats.
34. Bekanntmachung zu § 4 des WZG vom 30. November 1983 (BGBl. I S. 1416), BlPMZ 1984, 37; Bezeichnungen, Abkürzungen und Kennzeichen der Arabischen Fernmeldesatellitenorganisation ARABSAT.
35. Bekanntmachung zu § 4 des WZG vom 19. März 1985 (BGBl. I S. 598), BlPMZ 1985, 146; Bezeichnungen, Abkürzungen und Kennzeichen des Internationalen Währungsfonds; Bezeichnungen, Abkürzungen und Kennzeichen der Internationalen Seeschiffahrts-Organisation.
36. Bekanntmachung zu § 4 des WZG vom 27. August 1985 (BGBl. I S. 1897), BlPMZ 1985, 313; Bezeichnungen, Abkürzungen und Kennzeichen des Internationalen Olivenölrats C. O. I./I. O. O.C.
37. Bekanntmachung zu § 4 des WZG vom 2. Januar 1986 (BGBl. I S. 87, 138), BlPMZ 1986, 51; Kennzeichen des Nordischen Ministerrats.
38. Bekanntmachung zu § 4 des WZG vom 13. März 1986 (BGBl. I S. 370), BlPMZ 1986, 166; Neues Kennzeichen Nr. 1 der Europäischen Freihandelsassoziation EFTA.
39. Bekanntmachung zu § 4 des WZG vom 20. November 1986 (BGBl. I S. 2095), BlPMZ 1987, 5; Bezeichnungen, Abkürzungen und Kennzeichen des Intergovernmental Bureau for Informatics (IBI).
40. Bekanntmachung zu § 4 des WZG vom 4. März 1988 (BGBl. I S. 232), BlPMZ 1988, 158; Kennzeichen der International Joint Commission.
41. Bekanntmachung zu § 4 des WZG vom 24. Oktober 1988 (BGBl. I S. 2107), BlPMZ 1989, 8; Name, Abkürzung und Kennzeichen des Internationalen Weinamts O. I. V.
42. Bekanntmachung zu § 4 des WZG vom 17. März 1989 (BGBl. I S. 657), BlPMZ 1989, 145; Bezeichnung, Abkürzung und Kennzeichen des Obersten Hauptquartiers der Alliierte Mächte, Europa SHAPE.
43. Bekanntmachung zu § 4 des WZG vom 22. Mai 1990 (BGBl. I S. 1006), BlPMZ 1990, 277; Bezeichnung, Kennzeichen und Flagge der Vereinigung afrikanischer Erdölproduzenten APPA.
44. Bekanntmachung zu § 4 des WZG vom 22. August 1991 (BGBl. I S. 1926), BlPMZ 1991, 370; Bezeichnungen, Kennzeichen und Flagge der Postunion für den amerikanischen Kontinent, Spanien und Portugal.
45. Bekanntmachung zu § 4 des WZG vom 22. Mai 1992 (BGBl. I S. 1024), BlPMZ 1992, 321; Namen und Kennzeichen der zwischenstaatlichen Organisation EUREKA; Namen und Kennzeichen der Europäischen Freihandelsassoziation EFTA; Namen und Kennzeichen der Weltorganisation für geistiges Eigentum in chinesischer Schreibweise.
46. Bekanntmachung zu § 4 des WZG vom 10. März 1993 (BGBl. I S. 398), BlPMZ 1993, 173; Bezeichnung, Abkürzung und Kennzeichen des Übereinkommens über Feuchtgebiete, insbesondere als Lebensraum für Wasser- und Wattvögel von internationaler Bedeutung RAMSAR 1971.
47. Bekanntmachung zu § 4 des WZG vom 25. Juni 1993 (BGBl. I S. 1155), BlPMZ 1993, 358; Kennzeichen, Namen und Abkürzungen der Auszeichnung der Queen für Verdienste auf dem Gebiet des Umweltschutzes; Kennzeichen, Namen und Abkürzungen des Benelux-Markenamts; Kennzeichen; Namen und Abkürzungen des gemeinsamen Fonds für Rohstoffe CFC; Kennzeichen, Namen und Abkürzungen der Umweltkonferenz der Vereinten Nationen UNEP.
48. Bekanntmachung zu § 4 des WZG vom 5. April 1994 (BGBl. I S. 849), BlPMZ 1994, 189; Kennzeichen der Fernmeldesatellitenorganisation INTELSAT; Flagge der Internationalen Zivilluftfahrt-Organisation.
49. Bekanntmachung zu § 8 des Markengesetzes vom 13. Mai 1996 (BGBl. I S. 747), BlPMZ 1996, 327; neues Emblem Nr. 1 der Europäischen Freihandelsassoziation EFTA; Bezeichnung, Abkürzung und Emblem des Übereinkommens über den internationalen Handel mit gefährdeten Arten freilebender Tiere und Pflanzen; Emblem und Abkürzung der Asia-Pacific Economic Cooperation.
50. Bekanntmachung zu § 8 des Markengesetzes vom 27. August 1996 (BGBl. I S. 1358), BlPMZ 1996, 430; neues Emblem der Europäischen Organisation für Flugsicherung und Name in verschiedenen Sprachen.
51. Bekanntmachung zu § 8 des Markengesetzes vom 10. März 1997 (BGBl. I S. 551), BlPMZ 1997, 178; Name, Abkürzung und Emblem der Internationalen Organisation für Auswanderung; Flagge, Name und Abkürzung der Internationalen Fernmeldeunion sowie Namen und Abkürzungen ihrer drei Bereiche; Emblem und Siegel der Multilateralen Investitions-Garantie-Agentur.

Absolute Schutzhindernisse 400–402 § 8 MarkenG

52. Bekanntmachung zu § 8 des Markengesetzes vom 23. September 1997 (BGBl. I S. 2462), BlPMZ 1997, 413; Emblem der Eurasischen Patentorganisation; Name, Abkürzung, Emblem und Flagge des Internationalen Tierseuchenamts; Name, Abkürzung und Emblem des Gemeinsamen Programms der Vereinten Nationen gegen Aids; Name, Abkürzung und Emblem der Europäischen Investitionsbank.
53. Bekanntmachung zu § 8 des Markengesetzes vom 23. März 1998 (BGBl. I S. 632), BlPMZ 1998, 212; neues Kennzeichen der Internationalen Finanz-Corporation.
54. Bekanntmachung zu § 8 des Markengesetzes vom 20. Mai 1998 (BGBl. I S. 1216), BlPMZ 1998, 330; Name, Abkürzung, Emblem und Siegel (in Englisch, Französisch, Spanisch, Russisch, Arabisch und Chinesisch) der Internationalen Zivilluftfahrt-Organisation; Name, Abkürzung und Siegel (in Englisch, Französisch und Spanisch) und Emblem (sowohl farbig als auch schwarz-weiß) der Welthandelsorganisation; Abkürzung (in Englisch und Französisch) und Emblem des Hohen Kommissars für Flüchtlinge; Name, Abkürzung und Emblem (in Spanisch und Portugiesisch) des Südlichen Gemeinsamen Marktes (MERCOSUR); Emblem (sowohl farbig als auch schwarz-weiß), Name und Abkürzung der Europäischen Agentur für die Bewertung Medizinischer Erzeugnisse (EMEA); Emblem und Name (in Arabisch, Chinesisch, Englisch, Französisch, Russisch und Spanisch) der Organisation für das Verbot chemischer Waffen; Abkürzung und Name (in Spanisch, Deutsch, Englisch, Französisch und Italienisch), Emblem (sowohl farbig als auch schwarz-weiß) des Harmonisierungsamtes für den Binnenmarkt (Marken, Muster und Modelle).
55. Bekanntmachung zu § 8 des Markengesetzes vom 10. Juli 1998 (BGBl. I S. 1870), BlPMZ 1998, 419; Name und Kennzeichen mit Abkürzung des Internationalen Zentrums für Wissenschaft und Technologie.
56. Bekanntmachung zu § 8 des Markengesetzes vom 23. September 1998 (BGBl. I S. 3156), BlPMZ 1998, 490; neues Kennzeichen der Andean Community.
57. Bekanntmachung zu § 8 des Markengesetzes vom 27. November 1998 (BGBl. I S. 3528), BlPMZ 1999, 2; Name, Abkürzung und Emblem der Internationalen Mobilfunksatelliten-Organisation INMARSAT.

## IX. Gesetzwidrige Marken (§ 8 Abs. 2 Nr. 9)

### 1. Regelungszusammenhang

Nach § 8 Abs. 2 Nr. 9 sind solche Marken von der Eintragung in das Markenregister ausgeschlossen, deren *Benutzung* ersichtlich hinsichtlich der Nr. 1 bis 8 *nach sonstigen Vorschriften im öffentlichen Interesse untersagt* werden kann. Es bestehen eine Vielzahl von Vorschriften außerhalb des MarkenG, namentlich öffentlichrechtliche Regelungen wie etwa im Lebensmittelrecht und Heilmittelwerberecht, nach denen die Benutzung bestimmter Marken für einen konkreten Produktsektor rechtlich unzulässig ist. Das absolute Schutzhindernis des § 8 Abs. 2 Nr. 9 entspricht Art. 3 Abs. 2 lit. a MarkenRL, der eine Ermächtigungsgrundlage für die Mitgliedstaaten enthält, die Eintragungsfähigkeit einer Marke auch dann abzulehnen, wenn und soweit die Benutzung dieser Marke nach anderen Rechtsvorschriften als des Markenrechts des jeweiligen Mitgliedstaates oder der Gemeinschaft untersagt werden kann.

Eine vergleichbare Vorschrift, die außermarkengesetzliche Benutzungsverbote als absolute Schutzhindernisse anerkannte, war im WZG nicht enthalten. Da aber § 4 WZG nicht als eine abschließende Regelung verstanden wurde, waren neben den absoluten Versagungsgründen des § 4 WZG weitere *außerzeichenrechtliche Versagungsgründe* von der Rechtsprechung entwickelt worden, die nunmehr unter § 8 Abs. 2 Nr. 9 zu subsumieren sind. Nach schweizerischem Markenrecht werden nach Art. 2 lit. d 3. Alt. MSchG solche Zeichen vom Markenschutz ausgeschlossen, die gegen geltendes Recht verstoßen. Vorgeschlagen wird bei dem absoluten Schutzhindernis des § 8 Abs. 2 Nr. 9 von *gesetzwidrigen Marken* zu sprechen.

### 2. Anwendungsbereich

*Gesetzwidrige Marken* sind solche Marken, deren Eintragung nach einer *außermarkengesetzlichen Vorschrift* unzulässig ist. Der Normzweck der außermarkengesetzlichen Vorschrift muß auf ein *Benutzungsverbot* des Zeichens als Marke *für bestimmte Produkte* gerichtet sein. Die Bezeichnung *REEFER* ist als englischer umgangssprachlicher Ausdruck für Marihuana-Zigarette zwar für Tabakwaren nicht schutzfähig, da § 30 BtMG den gewerbsmäßigen Handel mit Cannabisprodukten ebenso wie § 29 BtMG die unentgeltliche Abgabe und die Werbung für Cannabisprodukte verbietet, nicht aber für Raucherbedarfsartikel, da die Verwendung der Marke REEFER für Raucherbedarfsartikel nicht zwangsläufig eine unzulässige Werbung für Suchtmittel einschließt und nach dem Normzweck des Betäubungsmittelrechts nicht jede Benutzung der Marke untersagt werden kann (BPatGE 38, 127 – REEFER). Eine ein Benutzungsverbot enthaltene Vorschrift, die im öffentlichen Interesse die Benutzung einer Bezeichnung im geschäftlichen Verkehr verbietet, begründet zugleich ein absolutes Eintragungshindernis für das Zeichen als Marke in das Markenregister. Wenn das außermarkengesetzliche Benutzungsverbot die Benutzung des Kennzeichens zur Verhinderung einer Irreführungsgefahr verbietet, wie etwa im Lebensmittelrecht oder zum Schutz von geographischen Herkunftsangaben, dann handelt es sich regelmäßig um ein *abstraktes* Irreführungsverbot. Ein solches abstraktes Irreführungsverbot begründet ein absolutes Eintragungshindernis unabhängig vom Vorliegen einer tatsächlichen Irreführung nach den konkreten Umständen. Anders kommt es bei dem absoluten Schutzhindernis der täuschenden Marke nach § 8 Abs. 2 Nr. 4 und dem Verbot der irreführenden Werbung nach § 3 UWG darauf an, ob der Kaufentschluß der beworbenen Verkehrskreise tätsächlich beeinflußt wird. Bei dem absoluten Eintragungshindernis eines abstrakten Irreführungsverbots entfällt eine Prüfung der Irreführungsrelevanz für die Kaufentscheidung der Verbraucher (zu Art. 5 Abs. 1 Nr. 2 der VO zur Ausführung des WeinG BPatGE 2, 125, 129 – Winzerdoktor; zu § 6 Nr. 2 Kaffee-VO BPatGE 17, 271, 273 – Casa Domingo; zu § 46 WeinG 1971 BGH, Urteil vom 13. Oktober 1972, I ZR 57/71 – Napoléon Brandy; zu § 47 Abs. 1 WeinG 1971 BPatGE 20, 201 – Magenkraft). Das Bestehen eines absoluten Schutzhindernisses aufgrund eines abstrakten Irreführungsverbots schließt das Vorliegen einer täuschenden Marke nach § 8 Abs. 2 Nr. 4 nicht aus.

**403** Das außermarkengesetzliche Eintragungshindernis ist vom DPMA im Eintragungsverfahren *von Amts wegen* zu beachten. Ein Zeichen, das entgegen einem außermarkengesetzlichen Eintragungshindernis als gesetzwidrige Marke nach § 8 Abs. 2 Nr. 9 in das Markenregister eingetragen worden ist, ist unter den weiteren Voraussetzungen des § 50 Abs. 3 Nr. 1 bis 3 von Amts wegen zu löschen (zum Amtslöschungsverfahren nach § 10 Abs. 2 Nr. 2 WZG s. als gesetzwidrige Marke nach den §§ 4, 8 KäseVO BGH GRUR 1964, 136 – Schweizer; als gesetzwidrige Marke nach § 6 Nr. 2 KaffeeVO BPatGE 17, 271 – Casa Domingo).

**404** Nach der Begründung zum Markengesetz soll von dem Ausschlußgrund des § 8 Abs. 2 Nr. 9 nur *in seltenen Fällen* Gebrauch gemacht werden können, da in den meisten Fällen für die angemeldete oder eingetragene Marke eine Benutzung möglich sein werde, die nicht gegen ein solches Benutzungsverbot verstößt (Begründung zum MarkenG, BT-Drucks. 12/6581 vom 14. Januar 1994, S. 71). Auch wenn diese allgemeine Einschätzung zutreffend sein mag, so stellt sie doch keine Auslegungsregel für das absolute Schutzhindernis der gesetzwidrigen Marken dar. Entscheidend ist allein, ob das außermarkengesetzliche Benutzungsverbot sich nach dem *Schutzzweck der Norm* konkret auf die Marke und die Waren oder Dienstleistungen, für die die Eintragung beantragt wird, bezieht und damit ein außermarkengesetzliches Eintragungshindernis darstellt.

### 3. Ersichtlichkeit des Benutzungsverbots

**405** Das absolute Schutzhindernis der gesetzwidrigen Marken nach § 8 Abs. 2 Nr. 9 besteht nur dann, wenn das Benutzungsverbot *ersichtlich* ist. Die Ersichtlichkeit des Benutzungsverbots ist eine materielle Voraussetzung des *Eintragungsverbots* und gilt deshalb auch für das *Löschungsverfahren* (s. Begründung zum MarkenG, BT-Drucks. 12/6581 vom 14. Januar 1994, S. 91). Anders ist die Ersichtlichkeit der Täuschungseignung bei dem absoluten Schutzhindernis der täuschenden Marken nach § 8 Abs. 2 Nr. 4 keine materielle Voraussetzung des Eintragungsverbots, so daß im Löschungsverfahren die Eignung einer Marke zur Täuschung des Publikums umfassend zu prüfen ist (s. Rn 343). Der Prüfungsmaßstab der Ersichtlichkeit des Benutzungsverbots im Sinne des § 8 Abs. 2 Nr. 9 entspricht dem Maßstab der Ersichtlichkeit der Täuschungseignung nach § 37 Abs. 3 (s. dazu im einzelnen § 37, Rn 22 f.).

## 4. Außermarkengesetzliche Eintragungs- und Benutzungsverbote im einzelnen

### a) Geographische Herkunftsangaben

**Schrifttum zum WZG.** A. *Krieger,* Zur Auslegung der zweiseitigen Abkommen über den Schutz geographischer Bezeichnungen, GRUR Int 1964, 499.

**aa) Ausgangspunkt.** Geographische Herkunftsangaben, die durch *zweiseitige Herkunfts-* 406 *abkommen* (s. 2. Teil des Kommentars, 3. Abschnitt) geschützt sind, sind von der Eintragung als Marke in das Markenregister ausgeschlossen. Es kommt nicht darauf an, ob ein Freihaltebedürfnis an der geographischen Herkunftsangabe, die als solche eintragungsunfähig ist, besteht.

**bb) Einzelne geographische Herkunftsangaben.** Verschiedene besondere Gesetze 407 beschränken die Eintragbarkeit von geographischen Herkunftsangaben. So dürfen etwa Herkunftsbezeichnungen für *Hopfen* nur zur Kennzeichnung der örtlichen Herkunft des Hopfens verwendet werden (§ 1 des Gesetzes über die Herkunftsbezeichnung des Hopfens vom 9. Dezember 1929; RGBl. I S. 213 idF des Gesetzes vom 2. März 1974; BGBl. I S. 469). Bis zur Aufhebung durch das MRRG war die Benutzung des Namens *Solingen* durch das *Gesetz zum Schutze des Namens „Solingen"* vom 25. Juli 1938 (RGBl. I S. 953) beschränkt (s. § 137, Rn 5). Dieses Gesetz ist durch die *Solingen-V* vom 16. Dezember 1994 (BGBl. I S. 3833) ohne inhaltliche Verkürzung oder zeitliche Lücke des Schutzes ersetzt worden. Nach § 15 Abs. 1 Nr. 2 der Mineral- und TafelwasserV vom 1. August 1984 (BGBl. I S. 1036; geändert durch Art. 2 der Verordnung vom 5. Dezember 1990, BGBl. I 2600) dürfen *Quell- und Tafelwasser* nicht mit einem geographischen Herkunftshinweis versehen werden.

**b) Weinbezeichnungen.** Das *Gesetz zur Reform des Weinrechts* vom 8. Juli 1994 408 (BGBl. I S. 1467) regelt die Voraussetzungen der Bezeichnung eines Tafelweines als Landwein (§ 22 WeinG), der Verwendung von geographischen Bezeichnungen (§ 23 WeinG) und gesundheitsbezogenen Angaben (§ 24 WeinG), das Verbot von irreführenden Bezeichnungen (§ 25 WeinG), den Bezeichnungsschutz der weinrechtlichen Erzeugnisse (Wein, Kabinett, Spätlese, Auslese, Beerenauslese, Trockenbeerenauslese, Eiswein) und den Schutz vor Verwechslung weinrechtlicher Erzeugnisse (§ 26 WeinG). Ergänzend hierzu regelt die Verordnung zur Durchführung des WeinG vom 9. Mai 1995 (BGBl. I S. 630) die zulässigen Bezeichnungen und Aufmachung von Weinen in den §§ 29 ff. WeinV. Daneben regelt die EG-Verordnung Nr. 2392/89 des Rates vom 24. Juli 1989 (ABl. EG Nr. L 232 S. 13; s. 3. Teil des Kommentars, II 22) die Bezeichnung der Weine und Traubenmoste für Erzeugnisse aus der Gemeinschaft. Das Irreführungsverbot für Weinbezeichnungen ist nach Art. 40 der EG-Verordnung abschließend geregelt. Die Bezeichnung *MADEIRA* verstößt als Kollektivmarke (§ 97 Abs. 2) nicht gegen weinrechtliche Bestimmungen, wenn die gekennzeichneten Weine aus Madeira stammen (BPatG BlPMZ 1997, 208, 209 – MADEIRA).

Die EG-Verordnung unterscheidet die Bezeichnungen nach *vorgeschriebenen Angaben,* die 409 für die Identifizierung des Erzeugnisses erforderlich sind, und *wahlweise zu verwendenden Angaben,* die nur zur Kennzeichnung seiner besonderen Eigenschaften oder zu seiner gütemäßigen Einordnung dienen. Grundsätzlich hat aber das gemeinschaftsrechtliche Weinbezeichnungsrecht abschließenden Charakter vor den mitgliedstaatlichen Regelungen.

**c) Sorten- und Saatgutbezeichnungen.** Für Sorten- und Saatgutbezeichnungen be- 410 stehen besondere Kennzeichnungsvorschriften in Einzelgesetzen, die teilweise das MarkenG einschränken. Es sind etwa *Sorten- oder Saatgutbezeichnungen,* die ausschließlich aus Zahlen bestehen, unzulässig (§ 7 SortenschG vom 11. Dezember 1985, BGBl. I S. 2170, zuletzt geändert durch das Gesetz zur Änderung des Sortenschutzgesetzes vom 17. Juli 1997, BGBl. I S. 1854; § 35 Abs. 2 Nr. 3 des SaatgutverkehrsG vom 20. August 1985; BGBl. I S. 1633, zuletzt geändert durch Art. 39 des MRRG). Ähnliche Vorgaben bestehen für die Kennzeichnung von *Düngemitteln* (§§ 2 ff. DüngemittelV vom 9. Juli 1991; BGBl. I S. 1450).

**d) Fruchtsaftbezeichnungen.** Für die Bezeichnungen und sonstigen Angaben von 411 Fruchtsäften, Fruchtnektar und Fruchtsirup bestehen Vorgaben nach der FruchtsaftV vom 17. Februar 1982 (BGBl. I S. 193).

**MarkenG § 8** 412–414

**412** **e) Sonstige Lebensmittel.** Im Lebensmittelbereich bestehen nach besonderen Gesetzen eine Vielzahl von kennzeichenrechtlichen Vorschriften wie etwa für *Salze* (§ 1 SalzStDB vom 25. Januar 1960; BGBl. I S. 52); *Eiprodukte* (§ 1 Verordnung zum Schutze gegen Infektion durch Erreger der Salmonella-Gruppe in Eiprodukten vom 17. Dezember 1956; BGBl. I S. 944; §§ 1 ff., 11 EiprodukteV vom 19. Februar 1975; BGBl. I S. 537); *Enteneier* (§ 1 EnteneierV vom 25. August 1954; BGBl. I S. 265); *Teigwaren* (§§ 1 ff., 5 TeigwarenV vom 12. November 1934; RGBl. I S. 1181 in der Fassung der Verordnung vom 17. Dezember 1956; BGBl. I S. 50); *Margarine- und Mischfetterzeugnisse* (§ 1 MargMFV vom 31. August 1990; BGBl. I S. 1989; §§ 2, 9 Milch- und MargarineG vom 25. Juli 1990; BGBl. I S. 1471); *Butter* (§§ 7 f., 12 f. ButterV vom 16. Dezember 1988; BGBl. I S. 2286); *Käse* (§§ 1, 14 ff., 31 KäseV vom 14. April 1986; BGBl. I S. 412); *Konfitüren* (§§ 3, 5 KonfV vom 26. Oktober 1982; BGBl. I 1434); *Honig* (§ 5, 6 HonigV vom 13. Dezember 1976; BGBl. I S. 3391); *Zucker* (ZuckerG vom 5. Januar 1951; BGBl. I S. 47 idF vom 3. Oktober 1951; BGBl. I S. 852, zuletzt geändert durch Gesetz vom 14. Dezember 1976; BGBl. I S. 3341); *Kakao* (§§ 1 ff. KakaoV vom 30. Juni 1975; BGBl. I S. 1760, geändert durch Verordnung vom 21. Feburar 1983; BGBl. I S. 107); *Kaffee* (§§ 1, 3, 5 KaffeeV vom 12. Februar 1981; BGBl. I S. 225); *Fleischbrühwürfel* (§§ 1 ff. FleischbrühwürfelV vom 27. Dezember 1940; RGBl. I S. 1672); *Fleisch* und *Fleischerzeugnisse* (§ 3 FleischbeschauG vom 28. September 1981; BGBl. I S. 1045; FleischV vom 21. Januar 1982; BGBl. I S. 89; HackfleischV vom 10. Mai 1976; BGBl. I S. 1186); *Bier* (§§ 1 ff., 5 BierV vom 2. Juli 1990; BGBl. I S. 1332).

**413a** **f) Sonstige Produkte.** Zum Schutz des *Bernsteins* bestehen kennzeichenrechtliche Regelungen nach § 1 BernsteinSchG vom 3. Mai 1934 (RGBl. I S. 355). Entsprechende Vorschriften bestehen für die Kennzeichnung von *Bleikristall* und *Kristallglas* (§ 3 Kristallglas-KennzG vom 25. Juni 1971; BGBl. I S. 857). Kennzeichenrechtliche Beschränkungen bestehen ferner für *Tabake* (§ 2 TabStG 1980 vom 13. Dezember 1979; BGBl. I S. 2118); für *Nährmittel* (NährwertKennzV vom 25. August 1988; BGBl. I S. 1709).

**413b** **g) Verwendungs- und Werbeverbot nach dem Betäubungsmittelgesetz.** Die Bezeichnung *REEFER* ist als englischer umgangssprachlicher Ausdruck für Marihuana-Zigarette zwar für Tabakwaren nicht schutzfähig, da § 30 BtMG den gewerbsmäßigen Handel mit Cannabisprodukten ebenso wie § 29 BtMG die unentgeltliche Abgabe und die Werbung für Cannabisprodukte verbietet, nicht aber für Raucherbedarfsartikel, da die Verwendung der Marke *REEFER* für Raucherbedarfsartikel nicht zwangsläufig eine unzulässige Werbung für Suchtmittel einschließt und nach dem Normzweck des Betäubungsmittelrechts nicht jede Benutzung der Marke untersagt werden kann (BPatGE 38, 127 – REEFER).

**413c** **h) Verwendungsverbot aufgrund einer Verbotsverfügung nach § 9 VereinsG.** Die Bezeichnung *Hells Angels* stellt eine Kennzeichnung des mit Verfügung des Bundesministeriums des Innern vom 21. Oktober 1983 verbotenen *Hells Angels Motorclub e.V.* in Hamburg dar, deren öffentliche Verwendung aufgrund der Verbotsverfügung verboten und nach § 20 Abs. 1 Nr. 5 VereinsG unter Strafe gestellt und damit als gesetzwidrige Marke eintragungsunfähig ist (so BPatG, Beschluß vom 23. Juli 1997, 28 W (pat) 245/96, 250/96 und 251/96 – Hells Angels). Die Verbotsverfügung stellt aber nur ein Verwendungsverbot für den *Hells Angels Motorclub e.V.* dar, nicht aber ein allgemeines Verwendungs- und Werbeverbot für die Marke *Hells Angels* für Dritte und etwa für Waren wie Parfümerien.

## X. Bindung der Eintragungsentscheidung

**414** Über das Vorliegen absoluter Schutzhindernisse nach § 8 entscheidet grundsätzlich ausschließlich das DPMA im Eintragungsverfahren (§ 37) oder im Löschungsverfahren (§ 50). Nach der Eintragung der Marke in das Register sind die ordentlichen Gerichte sowohl im Verletzungsstreit als auch im Verfahren der Eintragungsbewilligungsklage an die Eintragung gebunden; ihnen fehlt jedes Nachprüfungsrecht. Eine Ausnahme besteht nur für die Eintragungsentscheidung des DPMA, in der das Vorliegen des absoluten Schutzhindernisses der täuschenden Marke nach § 8 Abs. 2 Nr. 4 aufgrund einer Prüfung nach § 37 verneint wor-

Absolute Schutzhindernisse  415, 416 § 8 MarkenG

den ist; an diese Entscheidung ist das ordentliche Gericht nicht gebunden. Das folgt aus dem Bestehen des Verfallsgrundes des § 49 Abs. 2 Nr. 2 und beruht darauf, daß das DPMA nach § 37 Abs. 3 die Anmeldung nur zurückweist, wenn die Eignung zur Täuschung ersichtlich ist. Bei allen sonstigen absoluten Schutzhindernissen besteht dagegen eine Bindung der ordentlichen Gerichte. Das gilt namentlich für ordnungswidrige oder sittenwidrige Marken (§ 8 Abs. 2 Nr. 5) und gesetzeswidrige Marken (§ 8 Abs. 2 Nr. 9). Der Entscheidung durch die ordentlichen Gerichte über das Vorliegen einer täuschenden Marke nach § 8 Abs. 2 Nr. 4 steht nicht entgegen, daß die täuschende Marke auch von Amts wegen nach § 50 Abs. 3 gelöscht werden kann. Was bei der Eintragung täuschend war, kann im Laufe der Zeit durch einen Wandel der Anschauung einwandfrei werden; dieser Umstand kann einer nachträglichen Löschung entgegenstehen (§ 50 Abs. 3 Nr. 2; s. auch RPA BlPMZ 1902, 252). Auch die umgekehrte Entwicklung ist möglich. Die nachträglich irreführend gewordene Marke kann aber nicht von Amts wegen gelöscht werden; zulässig ist nur die Löschungsklage nach den §§ 55, 49.

## F. Eintragung aufgrund von Verkehrsdurchsetzung (§ 8 Abs. 3)

**Schrifttum zum WZG.** *Eisenführ,* Voraussetzungen und Nachweis der Verkehrsdurchsetzung nach § 4 Abs. 3 WZG, GRUR 1987. 82; *Harmsen,* Der Besitzstand im Wettbewerbs- und Warenzeichenrecht in seinen verschiedenen Erscheinungsformen und Anforderungen an den Bekanntheitsgrad, GRUR 1968, 503; *Ströbele,* Voraussetzungen und Nachweis der Verkehrsdurchsetzung nach § 4 Abs. 3 WZG, GRUR 1987, 75; *Vierheilig,* Grenzen der Maßgeblichkeit der Verkehrsauffassung im Warenzeichenrecht, 1977.

## I. Regelungszusammenhang

### 1. Überwindung der absoluten Schutzhindernisse des § 8 Abs. 2 Nr. 1 bis 3

Die absoluten Schutzhindernisse der fehlenden Unterscheidungskraft (§ 8 Abs. 2 Nr. 1), 415 der beschreibenden Marke (§ 8 Abs. 2 Nr. 2) und der Gattungsbezeichnung (§ 8 Abs. 2 Nr. 3) sind nach § 8 Abs. 3 dann nicht anzuwenden, wenn das Zeichen als Marke Verkehrsdurchsetzung erworben hat. Diese drei Ausschlußgründe werden mit dem *Erwerb von Verkehrsdurchsetzung* überwunden und die Eintragungsfähigkeit des als Marke schutzfähigen Zeichens begründet. Die Vorschrift des § 8 Abs. 3 entspricht Art. 3 Abs. 3 MarkenRL. Der Erwerb von Verkehrsdurchsetzung setzt die Markenfähigkeit der Bezeichnung oder des sonstigen Merkmals (Zeichens) nach § 3 Abs. 1 voraus. Dem Zeichen, das Gegenstand der Verkehrsdurchsetzung ist, muß abstrakte Unterscheidungseignung zukommen (s. § 3, Rn 203ff.). Anders als das absolute Schutzhindernis des Fehlens einer konkreten Unterscheidungskraft für die angemeldeten Waren oder Dienstleistungen nach § 8 Abs. 2 Nr. 1, das durch den Erwerb von Verkehrsdurchsetzung nach § 8 Abs. 3 überwunden werden kann, kann das Fehlen der abstrakten Unterscheidungseignung als ein allgemeines Merkmal der Markenfähigkeit nach § 3 Abs. 1 nicht aufgrund des Erwerbs von Verkehrsdurchsetzung ersetzt werden (s. § 3, Rn 206). Die Eintragungsfähigkeit aufgrund von Verkehrsdurchsetzung nach § 8 Abs. 3 zu begründen, setzt voraus, daß das Zeichen die allgemeinen Kriterien der Markenfähigkeit (s. § 3, Rn 210 ff.) wie der Selbständigkeit, Einheitlichkeit und graphischen Darstellbarkeit der Marke nach § 3 Abs. 1 erfüllt (zur Einheitlichkeit als ein Merkmal der Zeichenfähigkeit nach der Rechtslage im WZG s. *Baumbach/Hefermehl,* § 4, Rn 108).

### 2. Verkehrsdurchsetzung als durch Benutzung erworbene Unterscheidungskraft

Nach Art. 3 Abs. 3 MarkenRL werden bestimmte Eintragungshindernisse und Ungültig- 416 keitsgründe durch den Erwerb von Unterscheidungskraft infolge der Benutzung der Marke überwunden. Im MarkenG wird nicht der in der MarkenRL enthaltene Begriff der durch Benutzung erworbenen Unterscheidungskraft verwendet, sondern auf den im Warenzeichenrecht entwickelten Begriff der Verkehrsdurchsetzung nach § 4 Abs. 3 WZG zurückgegriffen. Mit der verschiedenen Wortwahl sind keine inhaltlichen Unterschiede verbunden. Verkehrsdurchsetzung bedeutet die *durch Benutzung erworbene Unterscheidungskraft* im Sinne der MarkenRL und bedeutet zugleich nach dem MarkenG die Überwindung der absoluten Schutzhindernisse des Fehlens der konkreten Unterscheidungskraft (§ 8 Abs. 2 Nr. 1), des Freihaltebedürfnisses beschreibender Angaben (§ 8 Abs. 2 Nr. 2) und der allgemein sprachgebräuchlichen und verkehrsüblichen Bezeichnungen (§ 8 Abs. 2 Nr. 3). Die Wortwahl der MarkenRL darf nicht zu der unrichtigen Vorstellung verleiten, die Eintragungsfähigkeit eines Zeichens, dessen Eintragung die absoluten Schutzhindernisse des § 8 Abs. 2 Nr. 1 bis 3 entgegenstehen, werde schon dadurch begründet, daß diesem Zeichen als Marke Unterscheidungskraft nach Art. 3 Abs. 1 lit. b MarkenRL sowie nach § 8 Abs. 2 Nr. 1 zukommt (Begründung zum MarkenG, BT-Drucks. 12/6581 vom 14. Januar 1994, S. 71).

### 3. Abgrenzung zwischen Verkehrsdurchsetzung und Verkehrsgeltung

**417** Vom Begriff der Verkehrsdurchsetzung ist der Begriff der Verkehrsgeltung zu unterscheiden. Der Begriff der Verkehrsdurchsetzung nach § 8 Abs. 3 bezieht sich auf die Eintragungsfähigkeit eines Zeichens als Marke, der Begriff der Verkehrsgeltung ist rechtserheblich für die Entstehung des Markenschutzes durch Benutzung. Nach § 4 Nr. 2 entsteht Markenschutz durch die Benutzung eines Zeichens im geschäftlichen Verkehr, soweit das Zeichen innerhalb beteiligter Verkehrskreise als Marke Verkehrsgeltung erworben hat. Die Maßstäbe zur Bestimmung der Verkehrsdurchsetzung und der Verkehrsgeltung sind verschieden. An den Nachweis und die Höhe der Verkehrsdurchsetzung im Sinne des § 8 Abs. 3 sind je nach der Art des absoluten Schutzhindernisses mehr oder weniger strenge Anforderungen zu stellen (s. Rn 430 ff.). Die Entstehung des Markenschutzes durch Benutzung kann bei einem unterscheidungskräftigen Zeichen schon bei einer relativ niedrigen Verkehrsgeltung gerechtfertigt sein. Auch kann der Markenschutz durch Benutzung territorial auf den Erwerb regionaler oder lokaler Verkehrsgeltung beschränkt sein. Das Vorliegen von Verkehrsdurchsetzung ist in der Regel im gesamten Territorium der Bundesrepublik Deutschland als dem Geltungsbereich des MarkenG Voraussetzung, da die eingetragene Marke auch im gesamten Bundesgebiet Rechtsschutz genießt (Begründung zum MarkenG, BT-Drucks. 12/6581 vom 14. Januar 1994, S. 71).

### 4. Generelle Eintragungsfähigkeit und konkrete Verkehrsdurchsetzung

**418** Marken ohne konkrete Unterscheidungskraft (§ 8 Abs. 2 Nr. 1), beschreibende Marken (§ 8 Abs. 2 Nr. 2) und Gattungsbezeichnungen (§ 8 Abs. 2 Nr. 3) sind generell eintragungsunfähig; die Eintragungsunfähigkeit besteht für jede Person. Eine allgemeine Veränderung der tatsächlichen Verhältnisse wie der Verkehrsauffassung oder der Sprachgewohnheiten kann die Eintragungsfähigkeit von solchen Zeichen begründen, die ursprünglich wegen Bestehens eines absoluten Schutzhindernisses nach § 8 Abs. 2 Nr. 1 bis 3 eintragungsunfähig waren. Folge eines solchen allgemeinen *Beurteilungswandels,* der auf den unterschiedlichsten Gründen beruhen kann, ist der *Wegfall der absoluten Schutzhindernisse* des § 8 Abs. 2 Nr. 1 bis 3 und damit die generelle Eintragungsfähigkeit dieser Zeichen für jede Person; auf eine Verkehrsdurchsetzung des Zeichens als Marke infolge seiner Benutzung in den beteiligten Verkehrskreisen nach § 8 Abs. 3 kommt es nicht mehr an (so schon zum Freizeichen nach § 4 Abs. 1 WZG *Baumbach/Hefermehl,* § 4 WZG, Rn 108).

**419** Von dem Wandel eines ursprünglich eintragungsunfähigen Zeichens zur generellen Eintragungsfähigkeit ist der Erwerb der konkreten Verkehrsdurchsetzung des Zeichens als Marke nach § 8 Abs. 3 zu unterscheiden. Die Begründung der Eintragungsfähigkeit aufgrund des Erwerbs von Verkehrsdurchsetzung nach § 8 Abs. 3 beruht auf der Benutzung des Zeichens als Marke in den beteiligten Verkehrskreisen und damit auf seiner Verkehrsdurchsetzung als ein produktidentifizierendes Unterscheidungszeichen. Eine Marke mit Verkehrsdurchsetzung als Folge ihrer Benutzung in den beteiligten Verkehrskreisen begründet die Eintragungsfähigkeit nur für denjenigen, zu dessen Gunsten die Verkehrsdurchsetzung erworben wird. Die Eintragungsfähigkeit einer Marke mit konkreter Verkehrsdurchsetzung ist personenbezogen (s. Rn 423).

## 5. Erwerb von Verkehrsdurchsetzung und Priorität

Die absoluten Schutzhindernisse des § 8 Abs. 2 Nr. 1 bis 3 finden nicht nur dann keine Anwendung, wenn die Marke vor der Anmeldung zur Eintragung in das Markenregister Verkehrsdurchsetzung erworben hat, sondern nach § 8 Abs. 3 auch dann, wenn die Marke *vor dem Zeitpunkt der Entscheidung über die Eintragung* Verkehrsdurchsetzung erworben hat. Nach § 6 Abs. 2 bestimmt sich die Priorität einer angemeldeten oder eingetragenen Marke nach dem Anmeldetag (§ 33 Abs. 1). Wenn die Verkehrsdurchsetzung im Zeitpunkt der Anmeldung der Marke zur Eintragung noch fehlte, die Verkehrsdurchsetzung aber im Zeitpunkt der Entscheidung über die Eintragung der Marke in das Markenregister vorliegt, dann findet eine *Prioritätsverschiebung* statt. Wenn das am Anmeldetag vorliegende Schutzhindernis nach dem Anmeldetag weggefallen ist, dann bestimmt sich im Einverständnis mit dem Anmelder die Priorität nach dem Tag des Wegfalls des Schutzhindernisses (§ 37 Abs. 2; zur Prioritätsverschiebung s. § 37, Rn 18 ff.). 420

## II. Begriff der Verkehrsdurchsetzung

### 1. Verkehrsdurchsetzung der Marke als eines produktidentifizierenden Unterscheidungszeichens

Verkehrsdurchsetzung in den beteiligten Verkehrskreisen begründet die Eintragungsfähigkeit von an sich eintragungsunfähigen Marken ohne konkrete Unterscheidungskraft (§ 8 Abs. 2 Nr. 1), beschreibenden Marken (§ 8 Abs. 2 Nr. 2) und Gattungsbezeichnungen (§ 8 Abs. 2 Nr. 3). Das nach § 3 Abs. 1 markenfähige Zeichen muß infolge seiner Benutzung für die angemeldeten Produkte Verkehrsdurchsetzung als Marke erworben haben. Verkehrsdurchsetzung als Marke bedeutet, daß das als Marke schutzfähige Zeichen sich in den beteiligten Verkehrskreisen als *Unterscheidungszeichen* für die angemeldeten Waren oder Dienstleistungen des Unternehmens durchgesetzt hat. Die Verkehrsdurchsetzung der benutzten Marke muß als Unterscheidungszeichen zur Identifikation von Unternehmensprodukten im Marktwettbewerb erworben werden. Nach dem MarkenG, das die Herkunftsfunktion der Marke nur als eine unter anderen markenrechtlichen Funktionen schützt (s. Einl, Rn 39 ff.), kommt es für den Erwerb von Verkehrsdurchsetzung als Marke nicht auf die Durchsetzung des Zeichens als Herkunftshinweis an, auch wenn in der Regel die im Verkehr durchgesetzte Marke auf die Produktherkunft hinweisen und so die Herkunftsfunktion der Marke verwirklichen wird. Entscheidend kommt es aber allein auf die Identifizierungsfunktion der benutzten Marke zum Erwerb von Verkehrsdurchsetzung an (s. zum Produktbezug der Verkehrsdurchsetzung Rn 424 f.). Das ist vergleichbar dem Erwerb von Verkehrsgeltung bei der Entstehung des Markenschutzes durch Benutzung nach § 4 Nr. 2 (s. § 4, Rn 112 ff.). Die Rechtsprechung zum Erwerb von Verkehrsdurchsetzung nach § 4 Abs. 3 WZG gilt grundsätzlich auch für § 8 Abs. 3, wenngleich unter dem Vorbehalt, daß nach der Rechtslage im MarkenG Verkehrsdurchsetzung als produktidentifizierendes Unterscheidungszeichen ausreichend ist. 421

### 2. Verkehrsdurchsetzung infolge der Benutzung als Marke

Der Wandel eines nach § 3 Abs. 1 zwar markenfähigen, aber nach § 8 Abs. 2 Nr. 1 bis 3 eintragungsunfähigen Zeichens zum produktidentifizierenden Unterscheidungszeichen ist Folge der Benutzung des Zeichens für die angemeldeten Waren oder Dienstleistungen. Es handelt sich um eine Benutzung des Zeichens als Marke im Marktwettbewerb, bei der alle markenrechtlich erheblichen Funktionen der Marke verwirklicht werden können. Das Zeichen kann als Marke vornehmlich bei dem Produktabsatz als Unterscheidungszeichen sowie bei der Produktwerbung einschließlich der Imagewerbung des Unternehmens verwendet werden. Nach Art. 6$^{quinquies}$ C Abs. 1 PVÜ sind bei der Würdigung der Schutzfähigkeit einer Marke alle Tatumstände zu berücksichtigen, insbesondere die Dauer des Gebrauchs der Marke (s. dazu Art. 6$^{quinquies}$ PVÜ, Rn 14). Die Verkehrsdurchsetzung infolge der Benutzung des Zeichens als Marke verlangt einen intensiven Markengebrauch über einen längeren 422

Zeitraum (s. schon BGH GRUR 1959, 599, 600 – Teekanne; zum Grad der Verkehrsdurchsetzung s. Rn 430 ff.).

### 3. Personenbezug der Verkehrsdurchsetzung

423 Die Verkehrsdurchsetzung eines Zeichens als Marke in den beteiligten Verkehrskreisen begründet die Eintragungsfähigkeit nur für denjenigen, *zu dessen Gunsten die Verkehrsdurchsetzung erworben wird* (s. zur Rechtslage nach § 4 Abs. 3 WZG *Baumbach/Hefermehl*, § 4 WZG, Rn 113). Grund für die personenbezogene Verkehrsdurchsetzung des Zeichens als Marke ist es, daß die allgemeinen Schutzhindernisse nach § 8 Abs. 2 Nr. 1 bis 3 nicht aus generellen Ursachen wie einem Wandel der Verkehrsauffassung oder der Sprachgewohnheiten weggefallen sind (s. Rn 418), sondern die Eintragungsfähigkeit ausschließlich eine Folge der konkreten Benutzung des an sich eintragungsunfähigen Zeichens als Marke und dessen Verkehrsdurchsetzung in den beteiligten Verkehrskreisen ist. Der Personenbezug der Verkehrsdurchsetzung hat etwa zur Folge, daß im Falle des Erlöschens des aufgrund von Verkehrsdurchsetzung des Zeichens und dessen Eintragung entstandenen Markenrechts das Zeichen nicht für eine andere Person eintragungsfähig ist. Der von der konkreten Verkehrsdurchsetzung zu unterscheidenden generellen Eintragungsfähigkeit genügt nicht eine Verkehrsdurchsetzung infolge der Benutzung des Zeichens als Marke; die allgemeine Eintragungsfähigkeit aufgrund des Wegfalls eines absoluten Schutzhindernisses nach § 8 Abs. 2 Nr. 1 bis 3 verlangt einen allgemeinen Beurteilungswandel.

### 4. Produktbezug der Verkehrsdurchsetzung

424 Voraussetzung der Eintragungsfähigkeit eines Zeichens als Marke nach § 8 Abs. 3 ist es, daß die Verkehrsdurchsetzung für die Waren oder Dienstleistungen besteht, für die die Eintragung der Marke beantragt wird. Der Nachweis einer Verkehrsdurchsetzung für andere Waren oder Dienstleistungen im Ähnlichkeitsbereich genügt nicht (BPatGE 36, 126 – PREMIERE I; BPatG GRUR 1996, 494 – PREMIERE III). In der Regel wird sich die Marke für die Produkte des Unternehmens des Anmelders infolge dessen Benutzung der Marke im Verkehr durchsetzen. Nach der Rechtslage im MarkenG ist aber wegen der Nichtakzessorietät der Marke (s. § 3, Rn 66 ff.) ausreichend, daß dem Anmelder die Benutzung der Marke durch ein anderes Unternehmen aufgrund dessen Einverständnisses nach § 26 Abs. 2 zugerechnet werden kann. Der Zurechnung der Drittbenutzung nach § 26 Abs. 2 kommt Rechtswirkung schon im Eintragungsverfahren der Verkehrsdurchsetzung nach § 8 Abs. 3 zu.

425 In der Rechtsprechung zum WZG wurde der Produktbezug der Verkehrsdurchsetzung und damit der Bereich der anmeldefähigen Waren oder Dienstleistungen eng begrenzt. Die Bezeichnungen *Trockenwolle* und *Trockengarn* wurden dem Wortlaut entsprechend beschränkt auf wasserabstoßende Garne (RG GRUR 1935, 814 – Trockenwolle); *Textil-Zeitung* auf Zeitungen, nicht auch eintragungsfähig für Zeitschriften (RPA MuW 1931, 586; bedenklich). Der begrenzte Produktbezug der die konkrete Eintragungsfähigkeit begründenden Verkehrsdurchsetzung beschränkt im Grundsatz nicht den Schutzbereich der eingetragenen Marke (s. Rn 438). In der Rechtsprechung zum MarkenG anerkannte das BPatG die Verkehrsdurchsetzung des Werktitels *BGHZ* als gebräuchliche Abkürzung für den vollen beschreibenden Titel der Entscheidungssammlung „Entscheidungen des BGH in Zivilsachen, herausgegeben von den Mitgliedern des BGH und der Bundesanwaltschaft" oder kurz für die „Amtliche Sammlung" nicht als eine Verkehrsdurchsetzung einer Marke, da der Druckschriftentitel lediglich auf den Inhalt der Druckschrift und nicht auf einen bestimmten Verlag hinweise (BPatGE 38, 221 – BGHZ); die ausschließliche Berücksichtigung der Herkunftsfunktion vernachlässigt zum einen die produktidentifizierende Funktion der Marke bei dem Erwerb von Verkehrsdurchsetzung (s. Rn 421) und verkennt zudem die verlagskennzeichnende Funktion von Serientiteln.

### III. Umfang der Verkehrsdurchsetzung

#### 1. Beteiligte Verkehrskreise

426 **a) Unterschiedliche Wortwahl zu § 4 Nr. 2.** Nach § 8 Abs. 3 ist es erforderlich, daß sich die Marke *in den beteiligten Verkehrskreisen* durchgesetzt hat. Anders muß die nach § 4

Nr. 2 zur Entstehung des Markenschutzes durch die Benutzung eines Zeichens im geschäftlichen Verkehr erforderliche Verkehrsgeltung *innerhalb beteiligter Verkehrskreise* erworben werden. Die unterschiedliche Wortwahl zur Bestimmung der rechtserheblichen Verkehrskreise beruht auf einer Absicht des Gesetzgebers (zur Bedeutung der Fassung des Gesetzestextes in § 4 Nr. 2 s. § 4, Rn 120). Die zur Feststellung der Verkehrsgeltung im Sinne des § 4 Nr. 2 und der Verkehrsdurchsetzung im Sinne des § 8 Abs. 3 beteiligten Verkehrskreise sind nicht einheitlich, sondern nach den verschiedenen Normzwecken der jeweiligen Regelungen, einerseits der Entstehung des Markenschutzes, andererseits der Begründung der Eintragungsfähigkeit eines an sich schutzunfähigen Zeichens als Marke, zu bestimmen.

**b) Art der Verkehrskreise.** Die Art der beteiligten Verkehrskreise ist nach dem Normzweck des § 8 Abs. 3, die Eintragungsfähigkeit eines an sich eintragungsunfähigen Zeichens als Marke mit Verkehrsdurchsetzung zu begründen, zu bestimmen. Als beteiligte Verkehrskreise im Sinne des § 8 Abs. 3 sind die Kreise zu verstehen, in denen das Zeichen *Verwendung finden* soll oder *Auswirkungen zeitigen* wird (BGH GRUR 1986, 894, 895 – OCM; 1990, 360, 361 – Apropos Film II). In erster Linie gehören zu diesen Kreisen regelmäßig die *Endabnehmer der Ware oder Dienstleistung,* zu deren Kennzeichnung das angemeldete Zeichen dienen soll. Namentlich bei *Gegenständen des täglichen Bedarfs* sind in erster Linie die *Abnehmer des Produkts* zu den beteiligten Verkehrskreisen zu rechnen (BGHZ 30, 357, 369 – Nährbier). Es sind nicht nur die tatsächlichen Abnehmer zu berücksichtigen, sondern alle für ein solches Produkt als Abnehmer in Betracht kommenden Verbraucher. Bei Gemüse- und Fruchtkonserven sind so alle Verbraucher selbst dann zu den beteiligten Verkehrskreisen zu rechnen, wenn sie an den Verbrauch von Konserven nicht gewöhnt sind (BGH GRUR 1971, 305, 307 – Konservenzeichen II).

Zur Abgrenzung der beteiligten Verkehrskreise kommt es nicht entscheidend auf die Marktstrategie und Absatzpolitik des Anmelders der Marke an. Maßgebend sind vielmehr die *Üblichkeit der Vertriebswege* sowie die *bestimmungsgemäße Verwendung der Produkte.* Die Beschränkung einer Markeneintragung auf den Handel zur Begrenzung der beteiligten Verkehrskreise auf die *Handelsstufe* für solche Produkte, die auch dem Endverbraucher angeboten werden, ist mit dem MarkenG nicht vereinbar. Die tatsächlichen Auswirkungen der Verwendung einer solchen eingetragenen Marke mit Verkehrsdurchsetzung im Handel beschränken sich nicht auf die Handelsstufe, sondern erfassen auch den Vertrieb bis zum Endabnehmer, dem das gekennzeichnete Produkt angeboten wird, ohne daß das an sich eintragungsunfähige Zeichen Verkehrsdurchsetzung in den beteiligten Verkehrskreisen der Endverbraucher erworben hat. Für die Eintragung eines nicht unterscheidungskräftigen Zeichens für Teppiche, an dem ein Freihaltebedürfnis besteht, ist Verkehrsdurchsetzung nicht nur in Handelskreisen, sondern auch im Kreis der Endabnehmer selbst dann erforderlich, wenn die Marke für Teppiche ausschließlich beim Absatz an den Handel sowie zwischen diesem und nicht auch beim Absatz an Endabnehmer verwendet wird. Nach diesem Rechtssatz wurde nach der Rechtslage im WZG das aus einer reinen Buchstabenkombination ohne Wortcharakter bestehende Zeichen *OCM* mit ausschließlicher Verkehrsdurchsetzung im Handel für die Waren Orient-Teppiche, Orient-Läufer und Orient-Brücken als eintragungsunfähig beurteilt (BGH GRUR 1986, 894, 895 – OCM). Verkehrsdurchsetzung innerhalb der beteiligten Verkehrskreise wurde auch für das Buchstabenzeichen *HP* für Kunststoffmatten zur Schalldämpfung in Personenkraftwagen verneint, auch wenn diese Produkte ausschließlich an Automobilhersteller vertrieben werden, die allein als Abnehmer der Produkte das Zeichen kennen (BPatGE 23, 78, 80 – HP). Zum Nachweis der Verkehrsdurchsetzung eines für die Waren Gewürze und Gewürzpräparate zur Herstellung von Fleisch- und Wurstwaren für das fleischverarbeitende Handwerk einzutragenden Zeichens wurde die Verkehrsdurchsetzung des Zeichens bei den fleischverarbeitenden Handelskreisen als nicht ausreichend beurteilt (BPatGE 24, 67 – India). Mit der Produktion einer Fernsehsendung gelangt unabhängig von seiner Verkörperung auf einem Bild- und Tonträger als Vervielfältigungsexemplar ein Fernseh- oder Filmwerk zur Entstehung, das als immaterielles Rechtsgut nicht nur zur Abnahme in Fachkreisen und damit für Personen, Unternehmen und Anstalten bestimmt ist, die derartige Produktionen in Auftrag geben oder erwerben; es ist vielmehr Gegenstand und Grundlage der urheberrechtlich geschützten Verwertungsarten, die ihrerseits im Regelfall letztendlich auf den Fernsehzuschauer oder bei Videokassetten auf den Endabnehmer zielen. Auf diese Weise wird der Endverbraucher mittelbar zum Abnehmer der Dienstleistung Produktion einer Fernsehsendung, so daß auch ihm gegenüber das Zeichen dieser Produktion Verwendung findet oder Auswirkungen zeitigen soll. Voraussetzung der Eintragung der von Haus aus nicht unterscheidungskräftigen Bezeichnung *Apropos Film* als Marke für die Dienstleistung Produktion einer Fernsehsendung ist Verkehrsdurchsetzung nicht nur in den Fachkreisen der Produktion und des Vertriebs einer solchen Fernsehsendung, sondern in Kreisen der Endabnehmer, denen gegenüber die Produktion einer Fernsehsendung in Wettbewerb mit anderen Produzenten vergleichbarer Sendungen tritt (BGH GRUR 1990, 360, 361 – Apropos Film II)

429 **c) Zusätze im Waren- oder Dienstleistungsverzeichnis.** Eine Begrenzung der beteiligten Verkehrskreise zur Feststellung der Verkehrsdurchsetzung kann grundsätzlich nicht durch solche Zusätze im Waren- oder Dienstleistungsverzeichnis erfolgen, die allein auf eine willkürliche Einschränkung des rechtserheblichen Abnehmerkreises zielen. Etwas anderes kann nur für *produktbezogene* Zusätze gelten, die eine die Ware oder Dienstleistung betreffende und damit gegenständliche Beschränkung des Abnehmerkreises als der beteiligten Verkehrskreise enthalten (BPatGE 23, 78, 79 – HP; 24, 67, 73).

## 2. Grad der Verkehrsdurchsetzung

430 **a) Mehrheit der beteiligten Verkehrskreise.** Die Festlegung bestimmter Prozentsätze zur Feststellung des Grades der Verkehrsdurchsetzung innerhalb der beteiligten Verkehrskreise ist schon wegen der unterschiedlichen Markenformen des § 8 Abs. 2 Nr. 1 bis 3 sowie des verschiedenen Ausmaßes eines Freihaltebedürfnisses der Mitbewerber nicht möglich. In der Rechtsprechung des BGH wird stets davon abgesehen, den jeweils erforderlichen Durchsetzungsgrad abstrakt nach Prozentsätzen festzulegen (BGH GRUR 1970, 77 – Ovalumrandung; 1990, 360, 361 – Apropos Film II). Zudem können die besonderen Umstände des Einzelfalles ausnahmsweise auch eine abweichende Beurteilung gegenüber vergleichbaren Markenformen rechtfertigen.

431 Auszugehen ist von dem Grundsatz, daß die Eintragung eines an sich nicht schutzfähigen Zeichens im Regelfall nur dann nach § 8 Abs. 3 gerechtfertigt ist, wenn nach Abzug aller Unsicherheiten bei der Ermittlung der tatsächlichen Verkehrsauffassung mindestens die *Mehrheit der beteiligten Verkehrskreise* das benutzte Zeichen als ein identifizierendes Unterscheidungszeichen versteht (zur Verkehrsdurchsetzung des Zeichens als Herkunftshinweis nach der Rechtslage im WZG s. BGH GRUR 1990, 360, 361 – Apropos Film II). Die Annahme einer Verkehrsdurchsetzung setzt zumindest einen *Durchsetzungsgrad von 50%* in den beteiligten Verkehrskreisen voraus ( BGH GRUR 1990, 360, 361 – Apropos Film II; BPatGE 36, 119 – Hautactiv; 28, 44, 49 – Business Week; 17, 128, 130 – CFC; 14, 69 – Betonfilter; einen Bekanntheitsgrad von 47% als nicht ausreichend angenommen, wenn einer der bekanntesten und bedeutendsten Anbieter von Möbeln nicht in die Meinungsumfrage aufgenommen wurde OLG Hamm GRUR 1993, 50 – GARANT). Die Auslegung von Art. 3 Abs. 3 S. 1 MarkenRL, der den Erwerb von Unterscheidungskraft infolge der Benutzung einer Marke regelt, ist hinsichtlich des Art. 3 Abs. 1 lit. c MarkenRL, der das Eintragungshindernis der beschreibenden Angaben einschließlich der geographischen Herkunftsangaben regelt, Gegenstand von zwei Vorabentscheidungsersuchen des Landgerichts München I an den EuGH, die Marke *Windsurfing Chiemsee* betreffend, in denen es namentlich um die Beantwortung der Frage geht, ob mit der Vorschrift der MarkenRL die deutsche Rechtsprechung vereinbar ist, daß bei beschreibenden Bezeichnungen, an denen ein Freihaltebedürfnis besteht, eine Verkehrsdurchsetzung in mehr als 50% der beteiligten Verkehrskreise erforderlich und nachzuweisen ist (Rs. C-108/97 und C-109/97, ABl. EG Nr. C 166 vom 31. Mai 1997, S. 4; s. auch Rn 205, 211).

432 **b) Durchsetzungsgrad und Freihaltebedürfnis.** Der Durchsetzungsgrad zur Feststellung der Verkehrsdurchsetzung in den beteiligten Verkehrskreisen ist abhängig von der Stärke eines bestehenden Freihaltebedürfnisses. Nach der Rechtslage im MarkenG ist bei Anwendung des § 8 Abs. 3 zwischen den verschiedenen absoluten Schutzhindernissen des § 8 Abs. 2 Nr. 1 bis 3 zu unterscheiden. Das Schutzhindernis der fehlenden Unterscheidungskraft nach § 8 Abs. 2 Nr. 1 ist deutlich von dem Schutzhindernis eines bestehenden

Freihaltebedürfnisses an beschreibenden Angaben nach § 8 Abs. 2 Nr. 2 zu trennen (s. Rn 30 f.). Nichts anderes gilt auch für das Verhältnis des Schutzhindernisses der fehlenden Unterscheidungskraft nach § 8 Abs. 2 Nr. 1 zum Schutzhindernis der Gattungsbezeichnungen nach § 8 Abs. 2 Nr. 3. Bei Bestehen eines Freihaltebedürfnisses kann eine Steigerung des Durchsetzungsgrades gegenüber einer Mehrheit in den beteiligten Verkehrskreisen geboten sein. Das Vorliegen eines Freihaltebedürfnisses als solches rechtfertigt es aber noch nicht, allein aus diesem Grunde einen Grad der Verkehrsdurchsetzung zu fordern, der erheblich über 50% liegt (BGH GRUR 1990, 360, 361 – Apropos Film II; BPatG GRUR 1994, 627 – ERDINGER). Eine solch hohe Verkehrsdurchsetzung kann nur bei einem entsprechend *überdurchschnittlichen* Freihaltebedürfnis verlangt werden. Aus dieser zum WZG ergangenen Rechtsprechung folgt für die Rechtslage nach dem MarkenG, daß auch zur Überwindung der absoluten Schutzhindernisse einer beschreibenden Marke nach § 8 Abs. 2 Nr. 2 und einer Gattungsbezeichnung nach § 8 Abs. 2 Nr. 3 grundsätzlich als Durchsetzungsgrad eine Mehrheit in den beteiligten Verkehrskreisen zur Feststellung einer Verkehrsdurchsetzung genügt. Ausgehend von diesem *Mehrheitsgrundsatz* besteht allerdings eine *Relation zwischen Durchsetzungsgrad und Freihaltebedürfnis*. Das Maß eines nicht nur allgemeinen, sondern *erhöhten* Freihaltebedürfnisses bestimmt das Ausmaß einer Steigerung des erforderlichen Durchsetzungsgrades. Die Höhe des Freihaltebedürfnisses bestimmt sich namentlich nach den zumutbaren Möglichkeiten der Mitbewerber, auf die fragliche Bezeichnung zu verzichten und auf ein anderes Zeichen auszuweichen (BGH GRUR 1990, 360, 361 – Apropos Film II). Es ist geboten, im konkreten Einzelfall tatsächliche Feststellungen zu treffen, aus denen sich ein so starkes Freihaltebedürfnis ergibt, daß eine erhebliche Überschreitung des Durchsetzungsgrades von 50% erforderlich erscheint.

In der *früheren* Rechtsprechung zum Verhältnis zwischen erforderlichem Durchsetzungsgrad und erhöhtem Freihaltebedürfnis wurde in einer teils pauschalierenden Allgemeinheit bei Vorliegen eines Freihaltebedürfnisses eine *nahezu einhellige* Verkehrsdurchsetzung gefordert (BGHZ 42, 151, 156 – Rippenstreckmetall II; BGH GRUR 1968, 419, 423 – feuerfest I; 1970, 77, 78 – Ovalumrandung; BPatG GRUR 1972, 34, 36 – Tabac Original). Diese Rechtsprechung, die bei Vorliegen eines Freihaltebedürfnisses strenge Anforderungen an den Nachweis der Verkehrsdurchsetzung stellte, kann nur mit Vorsicht auf die Rechtslage im MarkenG übertragen werden und steht unter dem Vorbehalt, daß nur ein erhöhtes Freihaltebedürfnis es rechtfertigt, den Durchsetzungsgrad einer Mehrheit in den beteiligten Verkehrskreisen zur Feststellung der Verkehrsdurchsetzung nicht genügen zu lassen und eine Steigerung des normalerweise erforderlichen Durchsetzungsgrades zu verlangen. In der Rechtsprechung zur Rechtslage im WZG wurden wegen Vorliegens eines Freihaltebedürfnisses strenge Anforderungen an den Nachweis der Verkehrsdurchsetzung gestellt bei *landläufigen Verpackungselementen* (BGH GRUR 1969, 541 – Grüne Vierkantflasche), *beliebten Farbmustern* (BGH GRUR 1969, 345 – red white) und *gebräuchlichen Blickfangmitteln* (BGH GRUR 1968, 581, – Blunazit; 1969, 190, 193 – halazon). Bestand die Verkehrsgeltung unvermindert fort, so konnte im Hinblick auf den zur Überwindung eines bestehenden Freihaltebedürfnisses erforderlichen Grad der Verkehrsdurchsetzung nicht von einem Schutzumfang an der untersten Grenze ausgegangen werden, sondern es sei in solchen Fällen regelmäßig von mindestens normaler Kennzeichnungskraft auszugehen (BGH GRUR 1991, 609 – SL). Bei Bezeichnungen, an deren Freihaltung im Verkehr ein geringeres Bedürfnis bestand, wie etwa bei vielstelligen Zahlen oder bei Buchstabenverbindungen, sowie bei im Verkehr nicht allgemein als warenbeschreibend empfundenen Bezeichnungen wurden geringere Anforderungen an das Maß der Verkehrsdurchsetzung gestellt (*Baumbach/Hefermehl*, § 4 WZG, Rn 110). So wurde zur Begründung der Eintragungsfähigkeit nach § 4 Abs. 3 WZG als genügend angesehen, wenn sich die Bezeichnung in *weitesten* Kreisen des Verkehrs als Herkunftshinweis durchgesetzt habe (RPA GRUR 1928, 140 – Lavendel-Orangen).

**c) Verkehrsdurchsetzung von zusammengesetzten Marken und Kombinationsmarken.** Wenn sich eine zusammengesetzte Marke oder eine Kombinationsmarke als eine Einheit in den beteiligten Verkehrskreisen durchsetzt, dann werden die absoluten Schutzhindernisse des § 8 Abs. 2 Nr. 1 bis 3 nach § 8 Abs. 3 nicht anders als bei einer einfachen Wort- oder Bildmarke überwunden. Die Verkehrsdurchsetzung einer zusammengesetzten Marke oder einer Kombinationsmarke als Ganze ist aber nicht Voraussetzung einer

Anwendung des § 8 Abs. 3. Ausreichend ist die Verkehrsdurchsetzung eines oder mehrerer Zeichenbestandteile, wenn aufgrund der Verkehrsdurchsetzung die beteiligten Verkehrskreise die *zusammengesetzte Marke* oder die *Kombinationsmarke* als ein produktidentifizierendes Unterscheidungszeichen verstehen und dadurch die absoluten Schutzhindernisse des § 8 Abs. 2 Nr. 1 bis 3 überwunden werden (zu nicht unterscheidungskräftigen Zeichen nach § 4 Abs. 2 Nr. 1 WZG s. BGH GRUR 1983, 243, 245 – BEKA Robusta; zu schutzunfähigen Zeichenbestandteilen mit Verkehrsdurchsetzung bei Prüfung der Verwechslungsgefahr s. § 14, Rn 218 f.).

**435** Ein ursprünglich nach § 8 Abs. 2 Nr. 1 bis 3 eintragungsunfähiger Zeichenbestandteil wird auch als solcher aufgrund Verkehrsdurchsetzung eintragungsfähig, wenn die beteiligten Verkehrskreise diesen *Zeichenbestandteil als solchen* als charakteristisch für das Gesamtbild der Marke und deren beherrschendes Element ansehen (RG GRUR 1927, 481 – Uralt; 1929, 1047 – Qualität 18 812). Ein schutzunfähiger Zeichenbestandteil einer zusammengesetzten Marke oder einer Kombinationsmarke, der eine gewisse Selbständigkeit aufweist, kann sich in den beteiligten Verkehrskreisen als ein produktidentifizierendes Unterscheidungszeichen derart durchsetzen, daß der Zeichenbestandteil im Verkehr auch in Alleinstellung die Identifizierungsfunktion als Marke verwirklicht (zu einem Zeichenbestandteil als Herkunftshinweis s. BGH GRUR 1970, 75, 76 – Streifenmuster). Wenn der Zeichenbestandteil innerhalb der zusammengesetzten Marke oder der Kombinationsmarke nicht als selbständig erscheint, dann wird regelmäßig davon auszugehen sein, daß der unselbständige Zeichenbestandteil nicht in Alleinstellung als produktidentifizierendes Unterscheidungszeichen verwendet wird.

**436** Als *eintragungsunfähig* beurteilt wurde ein *rosaweißes Streifenmuster* auf der Verpackung von Damenstrümpfen, da eine solche farbige Verpackungsmusterung nur schmückendes Beiwerk der Marke sei, im Verkehr nur als ein übliches Gestaltungsmittel einer gefälligen Verpackungsaufmachung wirke und allein den Untergrund für die wörtlichen oder bildlichen Kennzeichnungen bilde (BGH GRUR 1970, 75, 76 – Streifenmuster). Als *eintragungsunfähig* beurteilt wurde auch der Zeichenbestandteil einer *schraffierten Ovalumrandung* als Rahmen für die Firma *C & A*, da die Ovalumrandung als eine Art Wechselrahmen nicht herkunftskennzeichnend wirke (BGH GRUR 1970, 77, 78 – Ovalumrandung mit Anm. *Hefermehl*; kritisch *Vierheilig*, Verkehrsauffassung, S. 36). Es ist eine Beweisfrage hinsichtlich der Verkehrsdurchsetzung in den beteiligten Verkehrskreisen, ob eine Ovalumrandung als Zeichenbestandteil einer Kombinationsmarke sich selbständig als ein produktidentifizierendes Unterscheidungszeichen im Verkehr durchsetzt. Das kann insbesondere dann der Fall sein, wenn ein solcher Zeichenrahmen einer Kombinationsmarke in identischer Form bei im übrigen wechselnder Gesamtaufmachung der Marke verwendet wird. Wenn die graphische Gestaltung einer Marke wie bei der Verwendung eines Dreiecks, Rechtecks, Kreises oder eines Ovals als üblich zu beurteilen ist, dann wird der Markenrahmen im Verkehr regelmäßig nicht als ein produktidentifizierendes Unterscheidungszeichen, sondern als eine schlichte Ausschmückung oder als Beiwerk dazu beurteilen werden, wenn die Firma einen Zeichenbestandteil darstellt (BGH GRUR 1971, 305, 308 – Konservenzeichen II). Allein aus dem Umstand, daß dem Verkehr die graphische Gestaltung der Marke gut bekannt ist, folgt noch nicht, daß der graphische Zeichenbestandteil in den beteiligten Verkehrskreisen als ein produktidentifizierendes Unterscheidungszeichen verstanden wird. Die Verkehrsdurchsetzung graphischer Zeichenbestandteile ist sorgfältig zu prüfen.

### 3. Analoge Anwendung des § 8 Abs. 3 auf § 4 Nr. 2

**437** Bei der Entstehung des Markenschutzes durch Benutzung nach § 4 Nr. 2 ist zwischen den absoluten Schutzhindernissen des § 8 Abs. 2 Nr. 1 bis 3, die durch den Erwerb von Verkehrsdurchsetzung nach § 8 Abs. 3 überwunden werden, und den absoluten Schutzhindernissen des § 8 Abs. 2 Nr. 4 bis 9, die nicht durch den Erwerb von Verkehrsdurchsetzung überwunden werden können, zu unterscheiden. Die durch den Erwerb von Verkehrsdurchsetzung nicht überwindbaren absoluten Schutzhindernisse des § 8 Abs. 2 Nr. 4 bis 9 stellen für den Markenschutz durch Benutzung *Verkehrsgeltungshindernisse* dar (s. § 4, Rn 98 ff.). Bei Vorliegen der absoluten Schutzhindernisse des § 8 Abs. 2 Nr. 1 bis 3, die für die Entstehung des Markenschutzes durch Benutzung keine Verkehrsgeltungshindernisse darstellen, ist § 8 Abs. 3 *analog* auf § 4 Nr. 2 anzuwenden und Verkehrsgeltung im Sinne des § 4 Nr. 2 als Verkehrsdurchsetzung im Sinne des § 8 Abs. 3 zu verstehen (s. § 4, Rn 100).

## IV. Schutzbereich einer aufgrund von Verkehrsdurchsetzung eingetragenen Marke

Bei einer Marke, die aufgrund des Erwerbs von Verkehrsdurchsetzung nach § 8 Abs. 3 in das Markenregister eingetragen worden ist, handelt es sich um die Entstehung des Markenschutzes durch Eintragung nach § 4 Nr. 1. Das MarkenG gewährt der im Verkehr durchgesetzten und eingetragenen Marke grundsätzlich den umfassenden Markenschutz eines Ausschließlichkeitsrechts nach § 14. Der Schutzbereich einer nach § 8 Abs. 3 eingetragenen Marke erstreckt sich nicht nur auf die Waren oder Dienstleistungen, für die sich die Marke in den beteiligten Verkehrskreisen durchgesetzt hat und eingetragen worden ist, sondern besteht grundsätzlich im Bereich der Verwechslungsgefahr für ähnliche Waren oder Dienstleistungen nach § 14 Abs. 2 Nr. 2 (für gleichartige Waren nach § 31 WZG s. RGZ 154, 1, 5 – Standard). Der Schutzbereich von nach § 8 Abs. 3 eingetragenen Marken ist grundsätzlich nicht beschränkt. Im Hinblick auf die Voraussetzung der Eintragungsfähigkeit einer solchen an sich nach § 8 Abs. 2 Nr. 1 bis 3 eintragungsunfähigen Marke, sich infolge ihrer Benutzung für bestimmte Waren oder Dienstleistungen in den beteiligten Verkehrskreisen durchgesetzt zu haben, ist es geboten, bei Prüfung der Verwechslungsgefahr nach § 14 Abs. 2 Nr. 2 einen *strengen Maßstab* anzulegen. Zwar handelt es sich bei einem nach § 8 Abs. 3 aufgrund von Verkehrsdurchsetzung eingetragenen Zeichen nicht um eine schwache Marke, doch können schon *geringfügigere Abweichungen als üblich* die Verwechslungsgefahr ausschließen, da der Verkehr bei solchen Marken mit Verkehrsdurchsetzung für bestimmte Produkte auch auf feinere Unterschiede in der Markengestaltung achten wird (zur häufigen Verwendung eines Symbols s. BGH GRUR 1968, 697 – SR). Auch der Bereich der Ähnlichkeit der Waren oder Dienstleistungen einer aufgrund von Verkehrsdurchsetzung eingetragenen Marke ist sorgfältig zu prüfen (zu gleichartigen Waren s. RGZ 154, 1, 5, 8 – Standard).

## V. Territorium der Verkehrsdurchsetzung

Zur *Überwindung der absoluten Schutzhindernisse* nach § 8 Abs. 2 Nr. 1 bis 3 ist in der Regel das Vorliegen von *Verkehrsdurchsetzung im gesamten Territorium der Bundesrepublik Deutschland* als dem Geltungsbereich des MarkenG Voraussetzung, da die eingetragene Marke im gesamten Bundesgebiet Rechtsschutz genießt (Begründung zum MarkenG, BT-Drucks. 12/6581 vom 14. Januar 1994, S. 71). Wenn sich eine an sich eintragungsunfähige Marke nur regional oder lokal in den beteiligten Verkehrskreisen als ein produktidentifizierendes Unterscheidungszeichen durchsetzt, dann ist es nicht gerechtfertigt, dem Benutzer des Zeichens und Anmelder der Marke ein Ausschließlichkeitsrecht zu Lasten seiner Wettbewerber zu gewähren und das Zeichen dem Allgemeingebrauch zu entziehen (so schon BGHZ 11, 214, 220 – KfA). Das Bundesgebiet ist das erforderliche Territorium der Verkehrsdurchsetzung nicht nur für Warenmarken, sondern auch für Dienstleistungsmarken, auch wenn die mit dem benutzten Zeichen markierte Dienstleistung nur regional oder lokal erbracht wird (BPatGE 24, 64 – Pfeffer & Salz).

Anderes gilt für die *Entstehung des Markenschutzes* durch Benutzung nach § 4 Nr. 2. Der durch Benutzung eines Zeichens entstehende Markenschutz, der unabhängig von der Eintragung des Zeichens als Marke begründet wird, gilt nur in dem Territorium, in dem das benutzte Zeichen im Verkehr als Marke gilt. Der Markenschutz durch Benutzung kann grundsätzlich territorial begrenzt sein. Der Erwerb *regionaler* oder *lokaler Verkehrsgeltung* begründet territorialen Markenschutz durch Benutzung nach § 4 Nr. 2. Da der Begriff der Verkehrsdurchsetzung nach § 8 Abs. 3, der sich auf die Eintragungsfähigkeit eines Zeichens als Marke bezieht, von dem Begriff der Verkehrsgeltung nach § 4 Nr. 2, der sich auf die Entstehung des Markenschutzes durch Benutzung bezieht, zu unterscheiden ist, kann ein benutztes Zeichen im Eintragungsverfahren vor dem DPMA mangels Verkehrsdurchsetzung

**MarkenG § 8** 441–444           Absolute Schutzhindernisse

als eintragungsunfähig zu beurteilen sein, auch wenn an dem benutzten Zeichen Markenschutz durch den Erwerb von Verkehrsgeltung nach § 4 Nr. 2 entstanden ist, der etwa in einem Verfahren wegen Markenrechtsverletzung vor den ordentlichen Gerichten anzuerkennen ist.

441    Der Erwerb von Verkehrsdurchsetzung, der die Eintragungsunfähigkeit des Zeichens nach § 8 Abs. 2 Nr. 1 bis 3 überwindet, muß im Territorium der Bundesrepublik Deutschland vorliegen, innerhalb deren der Markenschutz durch Eintragung entsteht. Eine *Verkehrsdurchsetzung im Ausland* begründet grundsätzlich nicht die Eintragungsfähigkeit des Zeichens (RPA Mitt 1931, 237 – Easy; für die Schweiz BGE 99/1973 Ib 10, 25 – Discotable; Schweiz. BG PMMBl. 18/1979 I 32 – Mixmaster). Auch aus Art. 5 des Übereinkommens zwischen dem Deutschen Reich und der Schweiz betreffend den gegenseitigen Patent-, Muster-, und Markenschutz vom 13. April 1892 kann nicht entnommen werden, daß eine im Bundesgebiet erforderliche Verkehrsdurchsetzung durch eine solche in der Schweiz ersetzt werden kann (OLG Stuttgart GRUR Int 1989, 783 – MSU). Die Verkehrsdurchsetzung einer ausländischen Marke im Ausland kann sich aber dahin auswirken, das Freihaltebedürfnis an der beschreibenden Marke im Inland zu verneinen (RPA Mitt 1926, 176 – The Coventry). Auch kann die Rechtsansicht eines ausländischen Markenamtes für die Rechtslage im Inland ein Indiz darstellen (für die Schweiz Schweiz. BG PMMBl. 20/1981 I 44 – Euromix). Auch wenn eine ausländische Verkehrsdurchsetzung als solche grundsätzlich nicht die Eintragungsfähigkeit eines Zeichens nach § 8 Abs. 3 zu begründen vermag, so sollten doch in Anbetracht der Internationalisierung des Produktverkehrs sowie der grenzüberschreitenden Kommunikationstechnologie und des weltweiten Tourismus bei der Feststellung einer inländischen Verkehrsdurchsetzung *ausländische Tatsachen* internationaler Sachverhalte verstärkt Berücksichtigung finden. Namentlich bei ausländischen Herkunftsangaben ist der Erwerb von Verkehrsdurchsetzung der Marke am Ort der Herkunftsangabe zu berücksichtigen (für die Schweiz BGE 55/1929 I 262, 272 – Tunbridge Wells; 100/1974 Ib 351 – Bière Haacht; 117/1991 II 327, 331 – Montparnasse).

### VI. Eintragungspraxis und Rechtsprechung

442    Die Eintragungspraxis und Rechtsprechung zur Rechtslage im WZG ist vorbehaltlich des gegenüber dem WZG erweiterten Begriffs der Markenfähigkeit nach § 3 Abs. 1 rechtserheblich, als sie sich auf die § 8 Abs. 2 vergleichbaren, absoluten Schutzhindernisse des § 4 Abs. 1, 2 WZG bezieht.

#### 1. Zahlenmarken und Buchstabenmarken mit Verkehrsdurchsetzung

443    *Verkehrsdurchsetzung* wurde *angenommen* für die Marken *4711* für Parfümerien (RPA BlPMZ 1922, 45); *I A-33* für Parfümerien (LG Hamburg GRUR 1956, 419); *8 x 4* für desodorierende Körperpflegemittel (DPA Mitt 1960, 198); *Qualität 18812* für Laubsägen (RPA BlPMZ 1929, 80); *AEG* für elektrotechnische Apparate (RG GRUR 1939, 806 – AEG/AAG); *BBC* für elektrische Maschinen und Meßinstrumente (BGH GRUR 1982, 420); *BMW, PKW, NSU* für Kraftfahrzeuge sowie *IG* für IG-Farben; *WKS Möbel* und *WK Möbel* für Küchenmöbel (BGH GRUR 1967, 482 – WKS Möbel II); *CFC* für Kettenförderer zum Transport schwerer Güter (BPatGE 17, 128); *GfK* für Aufstellung von Statistiken auf dem Gebiet der Wirtschaft, Marketing, Marktforschung und Marktanalyse (BPatG GRUR 1986, 671); *SL* für Sportwagen (BGH GRUR 1991, 609 – SL); *1* für die Sendung von Fernsehprogrammen (OLG München AfP 1995, 676 – ARD-1/Kabel-1). *Verkehrsdurchsetzung* wurde *abgelehnt* für *OCM* für Orient-Teppiche, Orient-Läufer und Orient-Brücken (BGH GRUR 1986, 894); für die Buchstabenfolge *MSU* (OLG Stuttgart GRUR Int 1989, 783 – MSU).

#### 2. Beschaffenheitsangaben

444    *Verkehrsdurchsetzung* wurde *angenommen* für die Marken *Trockenwolle* für wasserabstoßende Wollgarne (RPA MuW 1934, 87 – Flockenwolle; Löschung abgelehnt RPA Mitt 1937, 24); *Standard* für Vergaserlampen (RPA MuW 1929, 196); *Vakuum* für technische Öle und Fette (RPA MuW 1927/28, 354; MuW 1930, 169); *Meisterstück* für Füllfederhalter; *Rotsiegel*

Absolute Schutzhindernisse        445–448 § 8 MarkenG

für Krawatten (LG Hamburg BlPMZ 1953, 406); *Hör Zu* für Zeitschriften; *LILA* für Sekt (BGH GRUR 1979, 853, 854 – LILA); *Teekanne* für Tee (RG MuW 1931, 92; BGH GRUR 1959, 599); *Asbach Uralt* für Weinbrand (RG GRUR 1927, 480, 482; RG GRUR 1928, 931, 934); *Studio* für Zweiseiten-Rechenschieber, selbst bei nicht vollständiger Verkehrsdurchsetzung (BPatGE 6, 78); *Tabac-Original* für Feinseife (BPatG GRUR 1972, 34); *BEKA Robusta* für nicht elektrische Bratpfannen aufgrund Verkehrsdurchsetzung des Zeichenbestandteils BEKA (BPatGE 26, 96). *Verkehrsdurchsetzung* wurde *abgelehnt* für *GARANT* für Möbel (OLG Hamm GRUR 1993, 50 – GARANT; s. dazu hinsichtlich der Beurteilung als einer geschäftlichen Bezeichnung BGH GRUR 1995, 156 – Garant-Möbel).

### 3. Bestimmungsangaben

*Verkehrsdurchsetzung* wurde *angenommen* für die Marken *Mit Tiefenwirkung* für Hautcreme    445
(DPA MA 1959, 942); *Vorrasur – Nachrasur* für Rasierklingen (BGH GRUR 1959, 130); *formtreu* für Anzüge, Mäntel und Damenkostüme (BGH GRUR 1963, 263 – Formfit).

### 4. Herkunftsangaben

*Verkehrsdurchsetzung* wurde *angenommen* für die Marken *The Coventry* für Fahrradteile    446
(RPA MuW 1927/28, 233); *Deutz-Motor* für Verbrennungskraftmaschinen (RPA GRUR 1921, 124); *Berliner Illustrierte Zeitung* für die vor 1945 am stärksten verbreitete illustrierte Zeitschrift (BGH GRUR 1956, 376); zur Eintragungsfähigkeit von Ortsnamen für Mineralwässer aufgrund von Verkehrsdurchsetzung bei Eigentum oder Alleinpachtbesitz des Anmelders hinsichtlich sämtlicher im Ortsbezirk erschlossener und noch zu erschließender Quellen *Ems, Karlsbad, Pistyan* (RPA Mitt 1934, 328 – Pistyan); *Ingelheim* für Arzneimittel (DPA GRUR 1959, 364); *ERDINGER* für Weißbier (BPatG GRUR 1994, 627 – ERDINGER).

## VII. Ausländische Rechtspraxis

### 1. Schweizerisches Markenrecht

*Verkehrsdurchsetzung* wegen Bestehens eines zwingenden Freihaltebedürfnisses wurde *ab-*    447
*gelehnt* für die Zeichen *Beau, bel, belle* (BGE 100/1974 Ib 251); *Gold, Schuhe, Kleider, Wolle, Baumwolle* (BGE 64/1938 II 248); *Patent* (BGE 70/1944 I 197); *Suave* (Schweiz. BG PMMBl. 15/1976 I 24); *Alaska* für Mineralwasser, kohlensäurehaltige Wasser, Bier (Schweiz. BG GRUR Int 1995, 428 – Alaska). *Verkehrsdurchsetzung* wurde als *möglich* angesehen, aber zwar wegen zu kurzer Gebrauchsdauer abgelehnt bei den Zeichen *Desinfekta* für Desinfektionsmittel (BGE 70/1944 II 244); *Einfach-Reinigung* für Kiloreinigung (BGE 87/1961 II 352); *Grand amour* für Weine (Schweiz. BG SMI 1991, 91); *Maritim* für Badebekleidung und Badeutensilien (Schweiz. BG PMMBl. 15/1976 I 59); *Tilsitiner* für Käse (BGE 59/1933 II 82); *Trois plants* für Weine (BGE 84/1958 II 226). *Verkehrsdurchsetzung* wurde *angenommen* bei den geographischen Bezeichnungen *Bière Haacht* (BGE 100/1974 Ib 351); *Columbia* (BGE 89/1963 II 105); *Fuji* (HG Bern ZBJV 100/1964, 321); *Jena* (HG Zürich SchMitt 1961, 62); *Sihl* (BGE 77/1951 II 326); *Tavannes* (BGE 59/1933 II 212); *Tunbridge Wells* (BGE 55/1929 I 272); *Valser* (BGE 117/1991 II 326); *Weissenburger* (BGE 82/1956 II 356); auch bei der *rot-gelben Farbkombination* (TC VD SchMitt 1968, 61 – Shell).

### 2. Österreichisches Markenrecht

Der Erwerb von *Verkehrsdurchsetzung* wurde *angenommen* für das deskriptive Zeichen *Hi-*    448
*malaya-bewährt* (ÖOGH ÖBl. 1962, 75); für das Wort der Umgangssprache *Quelle* (ÖOGH ÖBl. 1972, 15); für das Zeichen *Laxan* (NA ÖBl. 1965, 11). Der Erwerb von *Verkehrsdurchsetzung* wurde *abgelehnt* für die Zeichen *Flugambulanz* (ÖOGH ÖBl. 1985, 11); *Technisches Kaufhaus* (ÖOGH ÖBl. 1960, 31); *Eutectic* (ÖOGH ÖPBl. 1960, 70); *Perlite* (ÖOGH ÖBl. 1980, 13).

**Angemeldete oder eingetragene Marken als relative Schutzhindernisse**

**9** (1) Die Eintragung einer Marke kann gelöscht werden,

1. wenn sie mit einer angemeldeten oder eingetragenen Marke mit älterem Zeitrang identisch ist und die Waren oder Dienstleistungen, für die sie eingetragen worden ist, mit den Waren oder Dienstleistungen identisch sind, für die die Marke mit älterem Zeitrang angemeldet oder eingetragen worden ist,
2. wenn wegen ihrer Identität oder Ähnlichkeit mit einer angemeldeten oder eingetragenen Marke mit älterem Zeitrang und der Identität oder der Ähnlichkeit der durch die beiden Marken erfaßten Waren oder Dienstleistungen für das Publikum die Gefahr von Verwechslungen besteht, einschließlich der Gefahr, daß die Marken gedanklich miteinander in Verbindung gebracht werden, oder
3. wenn sie mit einer angemeldeten oder eingetragenen Marke mit älterem Zeitrang identisch oder dieser ähnlich ist und für Waren oder Dienstleistungen eingetragen worden ist, die nicht denen ähnlich sind, für die die Marke mit älterem Zeitrang angemeldet oder eingetragen worden ist, falls es sich bei der Marke mit älterem Zeitrang um eine im Inland bekannte Marke handelt und die Benutzung der eingetragenen Marke die Unterscheidungskraft oder die Wertschätzung der bekannten Marke ohne rechtfertigenden Grund in unlauterer Weise ausnutzen oder beeinträchtigen würde.

(2) Anmeldungen von Marken stellen ein Eintragungshindernis im Sinne des Absatzes 1 nur dar, wenn sie eingetragen werden.

### Inhaltsübersicht

|  | Rn |
|---|---|
| A. Regelungsübersicht | 1 |
| B. Prioritätsältere Marke als relatives Schutzhindernis | 2–5 |
|    I. Die einzelnen Kollisionstatbestände des § 9 Abs. 1 Nr. 1 bis 3 | 2 |
|    II. Verhältnis zu § 14 Abs. 2 Nr. 1 bis 3 | 3 |
|    III. Anwendungsbereich der Kollisionstatbestände | 4 |
|    IV. Marke mit älterem Zeitrang | 5 |
| C. Eintragung der angemeldeten Marke (§ 9 Abs. 2) | 6–9 |
|    I. Markeneintragung als Voraussetzung des relativen Schutzhindernisses | 6, 7 |
|      1. Grundsatz | 6 |
|      2. Erweiterung des Schutzumfangs durch Verkehrsgeltung | 7 |
|    II. Verfahrensentscheidung | 8, 9 |
|      1. Widerspruchsverfahren | 8 |
|      2. Löschungsverfahren | 9 |

**Schrifttum zum WZG und MarkenG.** S. die Schrifttumsangaben zu § 14 (vor Rn 1).

### Entscheidungen zum MarkenG

S. die Entscheidungshinweise zu § 14.

1. **BPatG GRUR 1996, 893, 895 – NISSKOSHER**
Zum Anwendungsbereich der Kollisionstatbestände.
2. **BPatGE 35, 196 – Swing**
§ 9 Abs. 1 Nr. 1 als lex specialis zu Nr. 2.

## A. Regelungsübersicht

1   Im Unterschied zu den absoluten Schutzhindernissen, die sich aus der Natur einer Marke als solcher ergeben und Regelungsgegenstand des § 8 sind, ergeben sich die relativen Schutzhindernisse, die Regelungsgegenstand der §§ 9 bis 13 sind, aus Fallkonstellationen einer Kollision der angemeldeten oder eingetragenen Marke mit prioritätsälteren Kennzeichenrechten. Die Schutzhindernisse der §§ 9 bis 13 werden relativ genannt, weil sie sich aus dem *Bestehen eines prioritätsälteren Kennzeichenrechts* ergeben, auf das sich Dritte nicht berufen können, weil dessen Rechtswirkungen sich nur relativ zwischen den Parteien entfalten. Die

zentrale Vorschrift der relativen Schutzhindernisse stellt § 9 dar. Regelungsgegenstand des § 9 ist das relative Schutzhindernis des Bestehens einer *angemeldeten oder eingetragenen Marke mit älterem Zeitrang.* Die Vorschrift des § 9 regelt, unter welchen Voraussetzungen sich der Inhaber einer prioritätsälteren angemeldeten oder eingetragenen Marke gegenüber einer prioritätsjüngeren angemeldeten oder eingetragenen Marke durchsetzen kann. § 9 Abs. 1 Nr. 1 bis 3 normiert *drei Kollisionstatbestände,* bei deren Vorliegen die prioritätsältere Marke ein relatives Schutzhindernis für die prioritätsjüngere Marke darstellt. Die Vorschrift gewährt dem Inhaber der prioritätsälteren Marke *Identitätsschutz* (Nr. 1), *Verwechslungsschutz* (Nr. 2) und *Bekanntheitsschutz* (Nr. 3) seiner Marke. Die relativen Schutzhindernisse der drei Kollisionstatbestände des § 9 Abs. 1 Nr. 1 bis 3 sind materiellrechtlich als *Löschungsgründe* ausgestaltet. Die Geltendmachung der Löschungsansprüche des Inhabers der prioritätsälteren Marke erfolgt in dem Löschungsverfahren in Markenangelegenheiten. Nach § 51 Abs. 1 wird die Eintragung einer Marke auf Klage wegen Nichtigkeit gelöscht, wenn ein Markenrecht mit älterem Zeitrang nach § 9 entgegensteht. Diese Klage auf Löschung wegen des Bestehens eines prioritätsälteren Markenrechts ist nach § 55 vor den ordentlichen Gerichten zu erheben.

## B. Prioritätsältere Marke als relatives Schutzhindernis

### I. Die einzelnen Kollisionstatbestände des § 9 Abs. 1 Nr. 1 bis 3

§ 9 Abs. 1 Nr. 1 bis 3 normiert *drei Kollisionstatbestände* des Bestehens einer angemeldeten oder eingetragenen Marke mit älterem Zeitrang. Die Vorschrift gewährt der prioritätsälteren Marke *Identitätsschutz* (Nr. 1), *Verwechslungsschutz* (Nr. 2) und *Bekanntheitsschutz* (Nr. 3). Ein relatives Schutzhindernis nach § 9 Abs. 1 Nr. 1 liegt vor, wenn die prioritätsjüngere Marke mit der prioritätsälteren Marke identisch ist und die Waren oder Dienstleistungen der Marken identisch sind. Der Identitätsschutz der Marke besteht unabhängig vom Vorliegen einer Verwechslungsgefahr aufgrund der Markenkollision. Ein relatives Schutzhindernis nach § 9 Abs. 1 Nr. 2 liegt vor, wenn zwischen der prioritätsjüngeren Marke und der prioritätsälteren Marke für das Publikum die Gefahr von Verwechslungen besteht. Voraussetzung dieses relativen Schutzhindernisses ist das Vorliegen von Verwechslungsgefahr. Die Verwechslungsgefahr ist Folge einer Identität oder Ähnlichkeit der kollidierenden Marken und der Waren oder Dienstleistungen. Zur Verwechslungsgefahr gehört auch die Gefahr, daß die prioritätsjüngere Marke mit der prioritätsälteren Marke gedanklich in Verbindung gebracht wird. Ein relatives Schutzhindernis nach § 9 Abs. 1 Nr. 3 liegt vor, wenn die prioritätsjüngere Marke und die prioritätsältere Marke identisch oder ähnlich sind, die prioritätsjüngere Marke für nicht ähnliche Waren oder Dienstleistungen angemeldet oder eingetragen wird und es sich bei der prioritätsälteren Marke um eine im Inland bekannte Marke handelt, deren Unterscheidungskraft oder Wertschätzung aufgrund der Markenkollision ohne rechtfertigenden Grund in unlauterer Weise ausgenutzt oder beeinträchtigt wird. Voraussetzung dieses relativen Schutzhindernisses ist eine unlautere und nicht gerechtfertigte Markenausnutzung oder Markenbeeinträchtigung einer bekannten Marke mit älterem Zeitrang außerhalb ihres Produktähnlichkeitsbereichs.

### II. Verhältnis zu § 14 Abs. 2 Nr. 1 bis 3

Die Kollisionstatbestände des Bestehens einer angemeldeten oder eingetragenen Marke mit älterem Zeitrang, die in § 9 Abs. 1 Nr. 1 bis 3 als Löschungsgründe normiert sind, sind in identischer Umschreibung in § 14 Abs. 2 Nr. 1 bis 3 enthalten, der diese Kollisionstatbestände als Markenrechtsverletzungen zur Begründung von Unterlassungs- und Schadensersatzansprüchen des Markeninhabers normiert. Aus Gründen des verschiedenen Normzwecks ist Aufgreifkriterium zum einen in § 9 Abs. 1 und 2 die *Anmeldung* oder *Eintragung* einer prioritätsjüngeren Marke ohne Zustimmung des Inhabers der prioritätsälteren Marke, zum anderen in § 14 Abs. 2 die *Benutzung* einer Marke im geschäftlichen Verkehr durch einen Dritten ohne Zustimmung des Markeninhabers.

## III. Anwendungsbereich der Kollisionstatbestände

4   Die Reichweite des Anwendungsbereichs der Kollisionstatbestände des § 9 Abs. 1 Nr. 1 bis 3 bestimmt sich im wesentlichen nach den Tatbestandsmerkmalen einer *Markenidentität* und *Markenähnlichkeit*, einer *Produktidentität* und *Produktähnlichkeit* sowie dem Begriff der *Verwechslungsgefahr* einschließlich des *gedanklichen Inverbindungbringens*. Da die drei Kollisionstatbestände des relativen Schutzhindernisses einer prioritätsälteren Marke nach § 9 Abs. 1 Nr. 1 bis 3 ihrem materiellrechtlichen Inhalt nach mit den drei Kollisionstatbeständen einer Markenrechtsverletzung nach § 14 Abs. 2 Nr. 1 bis 3 einheitlich normiert sind, ist die Reichweite des Identitätsschutzes, des Verwechslungsschutzes und des Bekanntheitsschutzes einer Marke sowohl hinsichtlich des Bestehens eines relativen Schutzhindernisses als auch hinsichtlich des Vorliegens einer Markenrechtsverletzung nach den entsprechenden Rechtssätzen zu bestimmen (s. im einzelnen die Kommentierung zu § 14, Rn 13 ff.). Im markenrechtlichen Widerspruchsverfahren kann die Gefahr von Verwechslungen aber selbst bei identischen Marken, jedoch nur ähnlichen Produkten zu verneinen sein, wenn etwa die Kennzeichnungskraft und/oder der Grad der Ähnlichkeit der Produkte gering ist; zwingend soll ein Schutzhindernis nämlich nur dann bestehen, wenn sowohl die Marken als auch die Produkte identisch sind (so zu § 9 Abs. 1 Nr. 1 als lex specialis zu Nr. 2 BPatGE 35, 196 – Swing). Eine in wettbewerbsrechtlich bedenklicher Weise abgewandelte Benutzungsform der angegriffenen Marke, die sich der Widerspruchsmarke annähert und die Verwechslungsgefahr begründen könnte, ist im registerrechtlichen Verfahren nicht zu berücksichtigen (BPatG GRUR 1996, 893, 895 – NISSKOSHER; s. zu den unbeachtlichen Einreden des Inhabers der angegriffenen Marke im einzelnen § 42, Rn 42 ff.). Den im WZG verwendeten Begriffen der übereinstimmenden Zeichen (§ 5 Abs. 4 S. 1 iVm § 31 WZG) sowie der gleichartigen Waren oder Dienstleistungen (§§ 5 Abs. 4 S. 1; 11 Abs. 1 Nr. 1 WZG), aber auch dem Begriff der Verwechslungsgefahr (§ 31 WZG) kommt für die Auslegung des MarkenG nur eine innerhalb der Tradition der Markenrechtsentwicklung bestehende und namentlich im Hinblick auf die Umsetzung der MarkenRL eingeschränkte Bedeutung zu.

## IV. Marke mit älterem Zeitrang

5   Die Kollisionstatbestände des § 9 Abs. 1 Nr. 1 bis 3 begründen ein relatives Schutzhindernis für eine angemeldete oder eingetragene Marke mit älterem Zeitrang. Voraussetzung des relativen Schutzhindernisses einer prioritätsälteren Marke ist die nach § 6 zu bestimmende Priorität der Eintragung (§ 9 Abs. 1) oder der Anmeldung (§ 9 Abs. 2), wenn die Marke eingetragen wird, der prioritätsälteren Marke gegenüber der Eintragung der prioritätsjüngeren Marke. Innerhalb einer Frist von drei Monaten nach dem Tag der Veröffentlichung der Eintragung der prioritätsjüngeren Marke kann zudem von dem Inhaber der prioritätsälteren Marke nach § 42 Abs. 1 gegen die Eintragung der prioritätsjüngeren Marke *Widerspruch* erhoben werden. Der Widerspruch kann nach § 42 Abs. 2 Nr. 1 auf den Identitätsschutz der Marke nach § 9 Abs. 1 Nr. 1 und nach § 42 Abs. 2 Nr. 2 auf den Verwechslungsschutz der Marke nach § 9 Abs. 1 Nr. 2 gestützt werden.

## C. Eintragung der angemeldeten Marke (§ 9 Abs. 2)

### I. Markeneintragung als Voraussetzung des relativen Schutzhindernisses

#### 1. Grundsatz

6   Das relative Schutzhindernis der Marke mit älterem Zeitrang besteht nicht erst ab dem Zeitpunkt der Eintragung der Marke, sondern schon ab dem Zeitpunkt der Anmeldung der Marke. Die Priorität einer Marke als ihr Vorrang nach dem Zeitrang im Fall von Markenkollisionen bestimmt sich grundsätzlich nach § 6 Abs. 2 nach dem Anmeldetag des § 33 Abs. 1. Schon die Anmeldung einer Marke begründet Rechte des Anmelders als des späteren Inhabers der eingetragenen Marke. Die Anmeldung einer Marke mit älterem Zeitrang

stellt nach § 9 Abs. 2 allerdings nur dann ein relatives Eintragungshindernis im Sinne des § 9 Abs. 1 Nr. 1 bis 3 dar, wenn die angemeldete Marke in das Register eingetragen wird. Wenn die Eintragung der Marke nicht erfolgt, dann begründet die Anmeldung der Marke kein relatives Eintragungshindernis. Voraussetzung der Löschungsgründe des § 9 Abs. 1 Nr. 1 bis 3 ist aber die Eintragung der prioritätsjüngeren Marke. Die Löschungsgründe des § 9 Abs. 1 Nr. 1 und 2 stellen zudem nach § 42 Abs. 2 Nr. 1 Widerspruchsgründe gegen die Eintragung der prioritätsjüngeren Marke dar, die der Inhaber der prioritätsälteren Marke im Widerspruchsverfahren geltend machen kann.

### 2. Erweiterung des Schutzumfangs durch Verkehrsgeltung

Die Marktstärke einer Marke bestimmt deren Kennzeichnungskraft. Der Prioritätsgrundsatz gilt auch bei einer Erweiterung des Schutzumfangs einer Marke durch Verkehrsgeltung. Die zur Feststellung der Verwechslungsgefahr der kollidierenden Marken erforderliche Verkehrsgeltung der prioritätsälteren Marke muß bereits am Anmeldetag der prioritätsjüngeren Marke bestanden haben (BGH GRUR 1961, 347, 350 – Almglocke; s. näher § 14, Rn 401 ff.). 7

## II. Verfahrensentscheidung

### 1. Widerspruchsverfahren

Wenn im Widerspruchsverfahren der Widerspruch des Inhabers einer Marke mit älterem Zeitrang gegen die Eintragung einer Marke nach § 42 Abs. 2 Nr. 1 darauf gestützt wird, daß die eingetragene Marke wegen einer angemeldeten, aber noch nicht eingetragenen Marke mit älterem Zeitrang nach § 9 Abs. 1 Nr. 1 oder 2 gelöscht werden kann, dann kann das Widerspruchsverfahren, wenn der Widerspruch durchgreifen würde, bis zu der Eintragung der prioritätsälteren Marke *ausgesetzt* werden. Ausreichend ist die Eintragung der angemeldeten prioritätsälteren Marke im Zeitpunkt der Entscheidung über den Widerspruch (so schon zur Rechtslage nach dem WZG *Baumbach/Hefermehl*, § 5 WZG, Rn 143). Wenn der Widerspruch nicht durchgreift, weil die Eintragung der prioritätsjüngeren Marke nicht zu löschen ist, dann kann der auf eine angemeldete, aber noch nicht eingetragene Marke gestützte Widerspruch *zurückgewiesen* werden. 8

### 2. Löschungsverfahren

Wenn im Löschungsverfahren wegen Nichtigkeit der Eintragung einer prioritätsjüngeren Marke nach den §§ 51 Abs. 1, 55 Abs. 1, Abs. 2 Nr. 2 die Klage auf einen Löschungsgrund des Bestehens einer zwar angemeldeten, aber nicht eingetragenen Marke mit älterem Zeitrang nach § 9 Abs. 1 Nr. 1 bis 3 gestützt wird, dann ist das Löschungsverfahren, wenn der Löschungsklage stattzugeben ist, bis zu der Eintragung der angemeldeten Marke mit älterem Zeitrang *auszusetzen*. Die Eintragung der prioritätsälteren Marke stellt zwar eine Klagevoraussetzung dar, deren Vorliegen im Zeitpunkt der letzten mündlichen Verhandlung aber genügt (so schon zur Rechtslage nach dem WZG *Baumbach/Hefermehl*, § 11 WZG, Rn 12). Wenn der Löschungsklage nicht stattzugeben ist, dann kann auch eine auf eine angemeldete Marke gestützte Löschungsklage *abgewiesen* werden. Wenn im Löschungsverfahren der Löschungsgrund einer im Inland bekannten Marke mit älterem Zeitrang nach den §§ 51 Abs. 1 iVm 9 Abs. 1 Nr. 3 geltend gemacht wird, dann wirkt sich das Erfordernis der Eintragungsvoraussetzung der angemeldeten Marke nach § 9 Abs. 2 nicht aus, da an der im Inland bekannten Marke, die angemeldet oder auch eingetragen ist, Markenschutz nach § 4 Nr. 2 durch Benutzung des Zeichens und den Erwerb von Verkehrsgeltung entstanden ist. Die durch Eintragung und durch Benutzung entstehenden Markenrechte bestehen selbständig nebeneinander (s. § 4, Rn 21). Im Löschungsverfahren kann die Klage wegen Nichtigkeit der Eintragung nach § 51 Abs. 1 auch auf ein durch Benutzung erworbenes Markenrecht im Sinne des § 4 Nr. 2 mit älterem Zeitrang wegen des Bestehens eines Löschungsgrundes nach § 12 gestützt werden, ohne daß es auf eine Anmeldung oder Eintragung der im Inland bekannten Marke mit Verkehrsgeltung ankommt. Das Löschungsverfahren, in dem eine im Inland bekannte, zwar angemeldete, aber noch nicht eingetragene Marke geltend gemacht wird, ist deshalb nicht bis zur Eintragung der Marke auszusetzen, sondern es ist über die Löschungsklage zu entscheiden. 9

## Notorisch bekannte Marken

**10** (1) Von der Eintragung ausgeschlossen ist eine Marke, wenn sie mit einer im Inland im Sinne des Artikels 6$^{bis}$ der Pariser Verbandsübereinkunft notorisch bekannten Marke mit älterem Zeitrang identisch oder dieser ähnlich ist und die weiteren Voraussetzungen des § 9 Abs. 1 Nr. 1, 2 oder 3 gegeben sind.

(2) Absatz 1 findet keine Anwendung, wenn der Anmelder von dem Inhaber der notorisch bekannten Marke zur Anmeldung ermächtigt worden ist.

### Inhaltsübersicht

| | Rn |
|---|---|
| A. Regelungszusammenhang | 1–3 |
| B. Voraussetzungen des Eintragungshindernisses der Notorietät | 4–6 |
|    I. Allgemeine Voraussetzungen | 4 |
|    II. Kollisionsmarken außerhalb des Produktähnlichkeitsbereichs | 5 |
|    III. Verhältnis zu § 8 Abs. 2 Nr. 4 | 6 |
| C. Ermächtigung zur Anmeldung | 7 |
| D. Verfahrensrecht | 8, 9 |

**Schrifttum zum WZG, UWG und MarkenG.** S. die Schrifttumsangaben zu § 14 C V (vor Rn 410) und VI (vor Rn 441).

### A. Regelungszusammenhang

1 § 10 regelt das relative Schutzhindernis des *Bestehens einer notorisch bekannten Marke* mit älterem Zeitrang. Bei der notorisch bekannten Marke im Sinne des § 10 handelt es sich um eine der nach der Entstehung des Markenschutzes zu unterscheidenden drei Kategorien von Marken im Sinne des § 4 (Begründung zum MarkenG, BT-Drucks. 12/6581 vom 14. Januar 1994, S. 73). Nach § 4 Nr. 3 entsteht der Markenschutz durch die notorische Bekanntheit einer Marke im Sinne des Art. 6$^{bis}$ PVÜ (s. dazu im einzelnen § 4, Rn 223 ff.). Nach § 10 Abs. 1 ist eine Marke von der Eintragung ausgeschlossen, wenn die prioritätsjüngere Marke mit einer im Inland notorisch bekannten Marke mit älterem Zeitrang kollidiert. Eine Markenkollision zwischen der prioritätsjüngeren Marke und der prioritätsälteren Marke mit Notorietät liegt dann vor, wenn die Marken identisch oder ähnlich sind und die weiteren Voraussetzungen der relativen Schutzhindernisse des § 9 Abs. 1 Nr. 1, 2 oder 3 gegeben sind. Das relative Schutzhindernis der Notorietät besteht für Warenmarken und Dienstleistungsmarken, auch wenn Art. 6$^{bis}$ PVÜ sich nur auf Fabrik- oder Handelsmarken bezieht. Die Bezugnahme auf Art. 6$^{bis}$ PVÜ beschränkt sich auf die Begriffsbestimmung der notorischen Bekanntheit, ohne die übrigen Voraussetzungen des Art. 6$^{bis}$ PVÜ einzubeziehen (Begründung zum MarkenG, BT-Drucks. 12/6581 vom 14. Januar 1994, S. 66). Da die nach der Entstehung des Markenschutzes zu unterscheidenden drei Kategorien von Marken im Sinne des § 4 unabhängig voneinander und selbständig nebeneinander bestehen (s. § 4, Rn 10), besteht das relative Eintragungshindernis der Notorietät auch dann, wenn für die notorisch bekannte Marke zusätzlich Markenschutz durch Eintragung nach § 4 Nr. 1 oder Markenschutz durch den Erwerb von Verkehrsgeltung im Inland nach § 4 Nr. 2 besteht (s. Begründung zum MarkenG, BT-Drucks. 12/6581 vom 14. Januar 1994, S. 73). § 10 setzt Art. 4 Abs. 2 lit. d MarkenRL in das MarkenG um.

2 Da der Inhaber der notorisch bekannten Marke umfassenden Markenschutz genießt, bedurfte es im MarkenG keiner § 4 Abs. 2 Nr. 5 WZG vergleichbaren Regelung, nach der die notorische Bekanntheit einer Marke ein absolutes Eintragungshindernis darstellte. Nach § 10 stellt die notorisch bekannte Marke grundsätzlich ein relatives Eintragungshindernis dar, das aber dann nach § 37 Abs. 4 von Amts wegen zu berücksichtigen ist, wenn die Notorietät *amtsbekannt* ist.

3 Anders als die relativen Eintragungshindernisse nach den §§ 9, 11, 12 und 13, die von der Löschung der Eintragung der Marke ausgehen, für die das relative Schutzhindernis besteht, geht § 10 von dem Ausschluß der Eintragung der prioritätsjüngeren Marke aus. Gleichwohl handelt es sich bei dem Schutzhindernis der Notorietät um ein relatives Eintragungshinder-

nis. Der *abweichende Wortlaut* des § 10 erklärt sich daraus, daß bei der Anmeldung einer Marke, die mit einer notorisch bekannten Marke mit älterem Zeitrang identisch oder dieser ähnlich ist, das Eintragungshindernis des § 10, wenn die weiteren Voraussetzungen des § 9 Abs. 1 Nr. 1 oder 2 gegeben sind, dann von Amts wegen zu berücksichtigen und die Anmeldung zurückzuweisen ist, wenn die Notorietät der älteren Marke amtsbekannt ist (§ 37 Abs. 4); das gilt nicht bei Vorliegen der weiteren Voraussetzungen des Löschungsgrundes nach § 9 Abs. 1 Nr. 3.

## B. Voraussetzungen des Eintragungshindernisses der Notorietät

### I. Allgemeine Voraussetzungen

Voraussetzung des relativen Eintragungshindernisses der Notorietät ist zunächst das Vorliegen einer im Inland im Sinne des Art. 6$^{bis}$ PVÜ notorisch bekannten Marke. Entsprechend der Entstehung des Markenschutzes durch Notorietät nach § 4 Nr. 3 verlangt auch das Bestehen des relativen Schutzhindernisses der Notorietät nach § 10 nur das Vorliegen der *notorischen Bekanntheit im Inland,* nicht auch eine Benutzung der Marke im inländischen Geschäftsverkehr. Voraussetzung des Eintragungshindernisses ist weiter, daß es sich bei der notorisch bekannten Marke um eine Marke mit *älterem Zeitrang* gegenüber der von der Eintragung ausgeschlossenen, prioritätsjüngeren Marke handelt. Die Priorität der kollidierenden Marken bestimmt sich nach § 6. Voraussetzung des Eintragungshindernisses ist schließlich, daß zwischen der notorisch bekannten Marke und der von der Eintragung ausgeschlossenen Marke *Identität* oder *Ähnlichkeit* besteht und die *weiteren Voraussetzungen* der Löschungsgründe des § 9 Abs. 1 Nr. 1, 2 oder 3 gegeben sind. Wenn in § 10 die Identität oder Ähnlichkeit der kollidierenden Marken ausdrücklich als Voraussetzungen des Eintragungshindernisses genannt werden und nur im übrigen auf die weiteren Voraussetzungen des § 9 Abs. 1 Nr. 1 bis 3 verwiesen wird, ergibt sich aus dieser Gesetzestechnik keine Besonderheit, da sich die Voraussetzungen der Markenidentität oder Markenähnlichkeit auch aus den Löschungsgründen des § 9 Abs. 1 Nr. 1 bis 3 ergeben. Wenn die notorisch bekannte Marke und die von der Eintragung ausgeschlossene Marke identisch oder ähnlich sind, dann handelt es sich bei der weiteren Voraussetzung des Löschungsgrundes nach § 9 Abs. 1 Nr. 1 um die Identität der Waren oder Dienstleistungen; das Vorliegen von Verwechslungsgefahr ist nicht erforderlich. Wenn die kollidierenden Marken identisch oder ähnlich sind, dann handelt es sich bei den weiteren Voraussetzungen des Löschungsgrundes nach § 9 Abs. 1 Nr. 2 um die Identität oder Ähnlichkeit der Waren oder Dienstleistungen sowie um das Vorliegen von Verwechslungsgefahr. Wenn die kollidierenden Marken identisch oder ähnlich sind, dann müssen bei dem Löschungsgrund nach § 9 Abs. 1 Nr. 3 als weitere Voraussetzungen gegeben sein, daß es sich bei der notorisch bekannten Marke zugleich um eine im Inland bekannte Marke handelt und die Benutzung der von der Eintragung ausgeschlossenen Marke die Unterscheidungskraft oder die Wertschätzung der notorisch bekannten Marke ohne rechtfertigenden Grund in unlauterer Weise ausnutzen oder beeinträchtigen würde, auch wenn Produktähnlichkeit nicht gegeben ist.

### II. Kollisionsmarken außerhalb des Produktähnlichkeitsbereichs

Wenn es sich bei der notorisch bekannten Marke zugleich um eine im Inland bekannte Marke handelt und die weiteren Voraussetzungen des Löschungsgrundes nach § 9 Abs. 1 Nr. 3 gegeben sind, dann besteht für eine prioritätsjüngere Marke, die mit der notorisch bekannten Marke identisch oder ähnlich ist, das Eintragungshindernis der Notorietät auch außerhalb des Ähnlichkeitsbereichs der Waren und Dienstleistungen. Der Löschungsgrund des § 9 Abs. 1 Nr. 3 besteht außerhalb des Produktähnlichkeitsbereichs der Kollisionsmarken. Mit der Normierung des relativen Schutzhindernisses der sowohl notorisch bekannten als auch im Inland bekannten Marke nach § 10 Abs. 1 iVm § 9 Abs. 1 Nr. 3 hat sich die Rechtslage im MarkenG gegenüber dem WZG wesentlich verändert. Der unbedingte Versagungsgrund des § 4 Abs. 2 Nr. 5 WZG war auf den Bereich der Warengleichartigkeit begrenzt. Außerhalb des Warengleichartigkeitsbereichs war der Inhaber einer verkehrsbekannten Marke wie auch der Inhaber einer berühmten Marke auf den außerzeichenrechtlichen Schutz angewiesen. Nach der Rechtslage im WZG war deshalb für den Rechtsschutz verkehrsbekannter und berühmter Marken von erheblicher Bedeutung, ob und unter welchen Voraussetzungen die Anmeldung einer Marke, die mit einer verkehrsbekannten oder berühmten Marke verwechslungsfähig war, als ein Verstoß gegen das absolute Eintragungshindernis der irreführenden Zeichen nach § 4 Abs. 2 Nr. 4 WZG zu beurteilen war (s. Rn 6), da dieser Versagungsgrund nicht auf den Gleichartigkeitsbereich der Waren beschränkt war. Diese Problematik hat nach der Rechtslage im MarkenG an Bedeutung verloren, da im MarkenG der bekannten Marke Schutz auch außerhalb des Produktähnlichkeitsbereichs gewährt wird. Wenn bei identischen oder ähnlichen Kollisionsmarken die weiteren Voraussetzungen des § 9 Abs. 1 Nr. 3 nicht vorliegen, dann stellt sich allerdings auch nach der Rechtslage im MarkenG die Frage, ob und unter welchen Voraussetzungen bei einer Markenkollision mit einer notorisch bekannten Marke das absolute Schutzhindernis der täuschenden Marke nach § 8 Abs. 2 Nr. 4 besteht (s. Rn 6).

### III. Verhältnis zu § 8 Abs. 2 Nr. 4

6   Eine Marke ist nach § 8 Abs. 2 Nr. 4 von der Eintragung ausgeschlossen, wenn sie zu einer Täuschung des Publikums geeignet ist. Das absolute Schutzhindernis des § 8 Abs. 2 Nr. 4 schützt die Allgemeinheit vor täuschenden Marken und ist deshalb nicht auf den Bereich der Produktähnlichkeit beschränkt. Die Marke als solche muß *ihrem Inhalt nach* zur Täuschung des Publikums geeignet sein (s. § 8, Rn 306 ff.). Eine Marke ist nicht schon dann inhaltlich unrichtig, wenn wegen ihrer Ähnlichkeit mit einer eingetragenen Marke für das Publikum die Gefahr von Verwechslungen besteht, da in einem solchen Fall nur ein relatives Schutzhindernis nach § 9 Abs. 1 Nr. 2 besteht. Die Frage geht dahin, ob und unter welchen Voraussetzungen das absolute Schutzhindernis des § 8 Abs. 2 Nr. 4 eingreift, wenn außerhalb des Produktähnlichkeitsbereichs eine Marke, mit einer solchen Marke mit älterem Zeitrang identisch oder ähnlich ist, die zugleich eine notorisch bekannte Marke im Sinne des § 10 als auch eine im Inland bekannte Marke im Sinne des Löschungsgrundes des § 9 Abs. 1 Nr. 3 darstellt, wenn die weiteren Voraussetzungen des § 9 Abs. 1 Nr. 3 nicht gegeben sind und so das relative Eintragungshindernis des § 10 Abs. 1 nicht besteht. Auch wenn die Problematik nach der Rechtslage im MarkenG gegenüber der Rechtslage im WZG wegen des Schutzes der bekannten Marke außerhalb des Produktähnlichkeitsbereichs erheblich an Bedeutung verloren hat (s. Rn 5), so stellt sich doch das Problem vergleichbar. Es kann insoweit auf die Rechtsprechung zum Verhältnis der unbedingten Versagungsgründe des § 4 Abs. 2 Nr. 4 und 5 WZG zurückgegriffen werden. Eine Anwendung des unbedingten Versagungsgrundes der irreführenden Zeichen nach § 4 Abs. 2 Nr. 4 WZG auf notorisch bekannte oder berühmte Marken verlangte, daß die Voraussetzungen einer *qualifizierten Täuschung* vorlagen (RG GRUR 1939, 806, 807 – AEG/AAG; *Hefermehl*, GRUR Int 1973, 425, 428 ff.; *Baumbach/Hefermehl*, § 4 WZG, Rn 154; ausführlich *Fezer*, Der Benutzungszwang im Markenrecht, S. 180 ff.). Das Vorliegen einer qualifizierten Täuschung wurde unter drei Voraussetzungen angenommen. Erste Voraussetzung war die irrige Annahme des Verkehrs, die mit der kollidierenden Marke gekennzeichneten Waren stammten aus dem Unternehmen des Inhabers der verkehrsbekannten oder berühmten Marke oder aus einem mit diesem in wirtschaftlichen Beziehungen stehenden Unternehmen. Zweite Voraussetzung war die Eigenschaft der verkehrsbekannten oder berühmten Marke als einer Qualitätsmarke, bei der der Verkehr den unter dieser Marke vertriebenen Waren eine auf bestimmten Gütevorstellungen beruhende Wertschätzung entgegenbrachte. Dritte Voraussetzung war die Übertragung der Wertschätzung der verkehrsbekannten oder berühmten Marke auf die unter der kollidierenden Marke angebotenen Waren im Verkehr. Auch wenn man das absolute Schutzhindernis der täuschenden Marken nach § 8 Abs. 2 Nr. 4 auf notorisch bekannte und im Inland bekannte Marken im Sinne der §§ 10 Abs. 1, 9 Abs. 1 Nr. 3 anwendet und eine qualifizierte Täuschung als Anwendungsvoraussetzung verlangt, wird regelmäßig die dritte Voraussetzung einer Übertragung der Wertschätzung dann nicht vorliegen, wenn die weiteren Voraussetzungen des § 9 Abs. 1 Nr. 3 nicht gegeben sind. Im übrigen sprechen gerade wegen der Ausdehnung des Rechtsschutzes der bekannten Marke auf

den Bereich außerhalb der Produktähnlichkeit die besseren Gründe dafür, das relative Schutzhindernis der Notorietät nach § 10 als eine *Sonderregelung* anzusehen, die eine Anwendung des absoluten Schutzhindernisses der täuschenden Marken des § 8 Abs. 2 Nr. 4 auf die notorisch bekannte Marke ausschließt (ähnlich zum WZG *Kraft*, GRUR 1968, 123, 125). In der Praxis dürfte sich aus tatsächlichen Gründen die Frage, ob § 10 eine abschließende Regelung darstellt, kaum auswirken.

## C. Ermächtigung zur Anmeldung

Das Eintragungshindernis der notorisch bekannten Marke mit älterem Zeitrang besteht nach § 10 Abs. 2 dann nicht, wenn der Anmelder der prioritätsjüngeren Marke von dem Inhaber der notorisch bekannten Marke zur Anmeldung ermächtigt worden ist. Die Vorschrift entspricht § 4 Abs. 5 WZG, nach dem der unbedingte Versagungsgrund der Notorietät nach § 4 Abs. 2 Nr. 5 WZG im Falle einer Ermächtigung zur Anmeldung nicht anzuwenden war. Die Vorschrift des § 10 Abs. 2 bezweckt den Schutz des Inhabers der notorisch bekannten Marke. Der Anmelder hat dem DPMA die Ermächtigung zur Anmeldung einer mit der notorisch bekannten Marke identischen oder ähnlichen Marke nachzuweisen. Ausländische Unternehmen als Inhaber einer notorisch bekannten Marke ermächtigen häufig einen inländischen Vertreter zur Anmeldung. Einer Ermächtigung zur Anmeldung steht die nachträgliche Zustimmung des Markeninhabers gleich (§ 51 Abs. 2 S. 3).

## D. Verfahrensrecht

Im *Eintragungsverfahren* begründet die notorisch bekannte Marke mit älterem Zeitrang nach § 42 Abs. 2 Nr. 2 einen *Widerspruchsgrund*. Das Widerspruchsrecht besteht allerdings nur dann, wenn die Voraussetzungen der Identität der kollidierenden Marken und Waren oder Dienstleistungen des Löschungsgrundes nach § 9 Abs. 1 Nr. 1 vorliegen, oder wenn bei einer Identität oder Ähnlichkeit der Marken oder Produkte Verwechslungsgefahr als Voraussetzung des Löschungsgrundes nach § 9 Abs. 1 Nr. 2 besteht. Das relative Schutzhindernis der Notorietät in Verbindung mit dem Vorliegen des Löschungsgrundes nach § 9 Abs. 1 Nr. 3 ist im Widerspruchsverfahren nicht zu berücksichtigen. Auch wenn das Schutzhindernis der Notorietät grundsätzlich ein relatives Eintragungshindernis darstellt, ist eine notorisch bekannte Marke mit älterem Zeitrang, wenn die weiteren Voraussetzungen der Löschungsgründe des § 9 Abs. 1 Nr. 1 oder 2 gegeben sind, dann von Amts wegen als ein Eintragungshindernis nach § 37 Abs. 4 zu berücksichtigen, wenn die Notorietät *amtsbekannt* ist. Zweck dieser Berücksichtigung von Amts wegen eines an sich relativen Schutzhindernisses ist es, das DPMA in den Stand zu versetzen, offenkundigen Fällen der Markenpiraterie entgegenzutreten (so Begründung zum MarkenG, BT-Drucks. 12/6581 vom 14. Januar 1994, S. 73) und schon die Eintragung einer mit der notorisch bekannten Marke identischen oder ähnlichen prioritätsjüngeren Marke zu verhindern. Die Berücksichtigung der Notorietät von Amts wegen dient auch dem Interesse deutscher Unternehmen im Ausland, die von ausländischen Behörden immer wieder berechtigterweise verlangen, Markenanmeldungen zurückzuweisen, die mit notorisch bekannten Marken übereinstimmen.

Die Eintragung einer Marke, die mit einer notorisch bekannten Marke mit älterem Zeitrang identisch oder dieser ähnlich ist, ist nach § 51 Abs. 1 auf Klage wegen Nichtigkeit zu löschen. Dieser *Löschungsgrund* besteht, wenn neben der Identität oder Ähnlichkeit der kollidierenden Marken die weiteren Voraussetzungen der Löschungsgründe des § 9 Abs. 1 Nr. 1, 2 oder 3 gegeben sind. Die im Widerspruchsverfahren nach § 37 Abs. 4 geltende Beschränkung auf die Löschungsgründe des § 9 Abs. 1 Nr. 1 und 2 gilt im Löschungsverfahren nicht. Die notorisch bekannte Marke gewährt dem Inhaber der Marke ein ausschließliches Recht nach § 14 Abs. 1 und stellt damit die Grundlage für *Verletzungsansprüche* nach den §§ 14 ff. dar.

## Agentenmarken

**11** Die Eintragung einer Marke kann gelöscht werden, wenn die Marke ohne die Zustimmung des Inhabers der Marke für dessen Agenten oder Vertreter eingetragen worden ist.

### Inhaltsübersicht

| | Rn |
|---|---|
| A. Allgemeines | 1–7 |
|    I. Regelungsübersicht | 1 |
|    II. Rechtsänderungen | 2, 3 |
|    III. Europäisches Unionsrecht | 4, 5 |
|       1. Erste Markenrechtsrichtlinie | 4 |
|       2. Gemeinschaftsmarkenverordnung | 5 |
|    IV. Staatsvertragsrecht | 6, 7 |
|       1. Pariser Verbandsübereinkunft | 6 |
|       2. Madrider Markenabkommen und Protokoll zum MMA | 7 |
| B. Voraussetzungen des Eintragungshindernisses einer rechtswidrigen Agentenmarke | 8–13 |
|    I. Allgemeine Voraussetzungen und Normzweck | 8 |
|    II. Art des Agenten- oder Vertreterverhältnisses | 9, 10 |
|    III. Eintragung für den Agenten oder Vertreter | 11 |
|    IV. Fehlen oder Wegfall einer Zustimmung des Markeninhabers | 12 |
|    V. Ort des Markenschutzes | 13 |
| C. Verfahrensrecht | 14 |
| D. Rechtsfolgen | 15 |

**Schrifttum zum WZG.** *Bauer*, Die Agentenmarke (Art. 6$^{septies}$ PVÜ), GRUR Int 1971, 496; *Bauer*, Die Agentenmarke, 1972.

## A. Allgemeines

### I. Regelungsübersicht

**1** Wenn eine Marke ohne Zustimmung des Markeninhabers für dessen Agenten oder Vertreter eingetragen wird, dann besteht nach § 11 für diese Agentenmarke ein Löschungsgrund. Die Vorschrift des § 11 stellt ein relatives Schutzhindernis dar. Nach § 17 bestehen Ansprüche des Markeninhabers gegen den Agenten oder Vertreter auf *Übertragung* der eingetragenen Agentenmarke, auf *Unterlassung* der Benutzung der Agentenmarke sowie bei Verschulden auf *Schadensersatz*.

### II. Rechtsänderungen

**2** Im WZG waren zum Schutz gegen einen ungetreuen Agenten oder Vertreter die Regelung des § 5 Abs. 4 Nr. 2 WZG, die im Eintragungsverfahren das Widerspruchsrecht erweiterte, und die Regelung des § 11 Abs. 1 Nr. 1 lit. a WZG, die im Löschungsverfahren das Klagerecht erweiterte, enthalten. Nach diesen Vorschriften war widerspruchsberechtigt oder klageberechtigt, wer in einem anderen Staat aufgrund einer früheren Anmeldung oder Benutzung für gleiche oder gleichartige Waren Rechte an der Agentenmarke erworben hatte und nachwies, daß der Anmelder oder der als Inhaber des Zeichens Eingetragene aufgrund eines Arbeits- oder sonstigen Vertragsverhältnisses seine Interessen im geschäftlichen Verkehr wahrzunehmen und das Zeichen ohne seine Zustimmung während des Bestehens dieses Vertragsverhältnisses angemeldet hatte.

**3** Nach der Rechtslage im WZG wurden nur ausländische Sachverhalte bei Bestehen von Rechten an der Agentenmarke in einem anderen Staat erfaßt. Da § 11 eine entsprechende Einschränkung nicht enthält, kann er auch bei rein *inländischen* Sachverhalten Anwendung finden.

## III. Europäisches Unionsrecht

### 1. Erste Markenrechtsrichtlinie

Die *MarkenRL* enthält keine Regelung der Agentenmarke. Aus dem Erfordernis, daß die Vorschriften der MarkenRL sich mit den Regelungen der PVÜ in vollständiger Übereinstimmung befinden, ergibt sich, daß die Mitgliedstaaten Regelungen treffen können, mit denen sie ihren Verpflichtungen aus der PVÜ nachkommen (s. Begründung zum MarkenG, BT-Drucks. 12/6581 vom 14. Januar 1994, S. 73). Nach Art. 4 Abs. 4 lit. g MarkenRL können die Mitgliedstaaten vorsehen, eine Marke von der Eintragung auszuschließen oder die Eintragung für ungültig zu erklären, wenn die Marke mit einer Marke verwechselt werden kann, die zum Zeitpunkt der Einreichung der Anmeldung im Ausland benutzt wurde und weiterhin dort benutzt wird, wenn der Anmelder die Anmeldung bösgläubig eingereicht hat. Diese Bestimmung ermöglicht eine Regelung rechtswidriger Agentenmarken.

### 2. Gemeinschaftsmarkenverordnung

Nach Art. 8 Abs. 3 GMarkenV besteht hinsichtlich einer nicht gerechtfertigten Agentenmarke, die von der Eintragung ausgeschlossen ist, ein relatives Eintragungshindernis. Art. 11 GMarkenV regelt die Untersagung der Benutzung einer Agentenmarke. Die Übertragung einer Agentenmarke regelt Art. 18 GMarkenV. Nach Art. 52 Abs. 1 lit. b iVm Art. 8 Abs. 3 GMarkenV wird eine nicht gerechtfertigte Agentenmarke auf Antrag beim Amt oder auf Widerklage im Verletzungsverfahren für nichtig erklärt.

## IV. Staatsvertragsrecht

### 1. Pariser Verbandsübereinkunft

Nach Art. 6$^{septies}$ PVÜ, der den Schutz des Markeninhabers vor einem ungetreuen Agenten oder Vertreter bezweckt, kann der Inhaber der Marke in einem der Verbandsländer der Eintragung der Agentenmarke widersprechen, deren Löschung oder Übertragung verlangen und sich der Benutzung der Agentenmarke widersetzen. Die Vorschriften der §§ 11 und 17 entsprechen den Vorgaben von Art. 6$^{septies}$ PVÜ.

### 2. Madrider Markenabkommen und Protokoll zum MMA

Das *MMA* enthält keine Regelung der Agentenmarke. Nach Art. 4 Abs. 1 MMA gelten die Vorschriften des MarkenG über die Agentenmarke (§§ 11; 42 Abs. 2 Nr. 3; 51 Abs. 1), die sich innerhalb der von der PVÜ vorgegebenen Grenzen halten (§ 107). An die Stelle der Löschung der Eintragung (§ 43 Abs. 2) tritt nach § 114 Abs. 3 die Verweigerung des Schutzes. An die Stelle des Antrags oder der Klage auf Löschung tritt nach § 115 Abs. 1 der Antrag oder die Klage auf Schutzentziehung. Entsprechendes gilt für den Schutz von Marken nach dem *Protokoll zum MMA* (Art. 4 PMMA).

## B. Voraussetzungen des Eintragungshindernisses einer rechtswidrigen Agentenmarke

### I. Allgemeine Voraussetzungen und Normzweck

Nach § 11 besteht ein relatives Schutzhindernis für *rechtswidrige Agentenmarken*. Nach dieser Vorschrift kann die Eintragung einer Agentenmarke gelöscht werden, die ohne Zustimmung des Markeninhabers für dessen Agenten oder Vertreter eingetragen wird. Allgemeine Voraussetzungen des Löschungsgrundes einer rechtswidrigen Agentenmarke sind das Bestehen von Markenschutz für den Inhaber, die Eintragung der Marke für den Agenten oder Vertreter des Markeninhabers, das Fehlen einer Zustimmung des Inhabers der Marke und ein nicht gerechtfertigtes Handeln des Agenten oder Vertreters. Die Vorschrift bezweckt den Schutz des Markeninhabers vor ungetreuen Agenten oder Vertretern. In der Praxis ist der Markeninhaber häufig der Gefahr ausgesetzt, daß Personen, mit denen er in einem Vertragsverhältnis wie etwa in Lieferbeziehungen steht und die etwa als Händler die Marke ihres Lieferanten benutzen, sich die Marke etwa schon während des bestehenden Vertragsverhältnisses ohne Zustimmung des Markeninhabers selbst eintragen lassen oder nach Beendigung des Vertragsverhältnisses die Löschung oder Rückübertragung der mit Zustimmung des Markeninhabers eingetragenen Marke verweigern. Solche Fallkonstellationen namentlich des internationalen Handelsverkehrs werden mit dem Begriff der Agentenmarke umschrieben.

## II. Art des Agenten- oder Vertreterverhältnisses

9  § 11 spricht nur vom Inhaber der Marke und dessen Agenten oder Vertreter und regelt nicht ausdrücklich die Art der Beziehungen zwischen diesen Personen. Das *Agenten- oder Vertreterverhältnis* zum Inhaber der Marke wird regeläßig ein Vertragsverhältnis darstellen. In Betracht kommen Agenturverträge, Alleinimportverträge, Vertriebsverträge oder einfache Kauf- und Lieferverträge. Das Vertragsverhältnis kann ausdrücklich oder konkludent geschlossen werden. Ausreichend sind auch faktische Agenten- oder Vertreterbeziehungen. Eine Agentenmarke liegt nur dann vor, wenn Inhalt des Vertragsverhältnisses zwischen dem Markeninhaber und seinem Agenten oder Vertreter eine *Ermächtigung zur Benutzung* der Marke ist oder sich als eine Folge der Art der Agenten- oder Vertreterbeziehung ergibt. Ob die Ermächtigung zur Benutzung der Marke rechtswirksam ist, ist rechtlich nicht erheblich; ausreichend ist auch eine tatsächliche Ermächtigung des Markeninhabers.

10  Es kann auch eine Verpflichtung des Agenten oder Vertreters zur Benutzung der Marke bestehen. Das Vertragsverhältnis zwischen einem ausländischen Markeninhaber und seinem inländsichen Agenten oder Vertreter beurteilt sich nach dem *Vertragsstatut* (so auch *David*, Schweiz. Markenschutzgesetz, Art. 4 MSchG, Rn 3). Eine Ermächtigung zur Benutzung der Marke kann auch Folge der Erschöpfung des Markenrechts nach § 24 im Fall eines Imports der markierten Ware in den Geltungsbereich des MarkenG sein. Eine ausreichende Ermächtigung stellt auch die Verpflichtung des Agenten oder Vertreters dar, Maßnahmen der Absatzförderung wie Marketing und Produktwerbung in der Bundesrepublik Deutschland für die ausländischen Waren durchzuführen. Fallkonstellationen der *Markenpiraterie,* bei denen der Markeninhaber mit den Markenpiraten in keinerlei rechtlicher Beziehung steht, fallen nicht in den Anwendungsbereich der §§ 11 und 17; eine Agentenmarke liegt insoweit nicht vor. Ein Händler, der vor der Markenanmeldung Alleinhändler des Widersprechenden war, ist nicht schon aufgrund nachwirkender Vertragspflichten als Agent im Sinne § 11 anzusehen, wenn er nach der Kündigung des Exklusivvertrags nur noch in vertraglichen Beziehungen als bloßer Käufer zum Widersprechenden steht (BPatG BlPMZ 1992, 111).

## III. Eintragung für den Agenten oder Vertreter

11  Die Marke muß für den Agenten oder Vertreter des Markeninhabers eingetragen werden. Das ist die Partei des Vertragsverhältnisses zum Markeninhaber. An die *Identität der Vertragspartei* dürfen aber keine zu strengen Anforderungen gestellt werden, um nicht einer Umgehung der Schutzvorschriften vor rechtswidrigen Agentenmarken Tür und Tor zu öffnen (s. auch *David*, Schweiz. Markenschutzgesetz, Art. 4 MSchG, Rn 5). Ausreichend ist, wenn im Fall der Ermächtigung zur Benutzung an ein Unternehmen die Marke für ein Mitglied der Geschäftsführung, einen leitenden Angestellten, einen Gesellschafter oder eine diesen Personen nahestehende Person eingetragen wird.

## IV. Fehlen oder Wegfall einer Zustimmung des Markeninhabers

12  Der Löschungsgrund der rechtswidrigen Agentenmarke besteht, wenn eine Zustimmung des Inhabers der Marke zur Eintragung nicht vorliegt. Das Agenten- oder Vertreterverhältnis ermächtigt regelmäßig allein zur Benutzung der Marke, nicht auch zu deren Eintragung. Die Vorschriften der §§ 11 und 17 sind auch dann anzuwenden, wenn erst nach *Beendigung*

*des Vertragsverhältnisses* zum Markeninhaber die Marke für den Agenten oder Vertreter eingetragen wird, da die Anmeldung der Marke zur Eintragung durch den Vertreter oder Agenten regelmäßig als ein Verstoß gegen eine nachvertragliche Verpflichtung aus dem beendeten Agenten- oder Vertreterverhältnis zu beurteilen ist (s. Begründung zum MarkenG, BT-Drucks. 12/6581 vom 14. Januar 1994, S. 73). Die Eintragung ist auch dann ohne Zustimmung erfolgt, wenn der Markeninhaber den *Widerruf einer erteilten Zustimmung* erklärt. Wenn die Eintragung mit Zustimmung des Markeninhabers erfolgt, weil im Zeitpunkt der Eintragung aufgrund des Agenten- oder Vertreterverhältnisses nicht nur eine Ermächtigung zur Benutzung der Marke, sondern auch zu deren Eintragung besteht, dann sind die Vorschriften der §§ 11 und 17 dann anzuwenden, wenn mit der Beendigung des Vertragsverhältnisses die Zustimmung zur Eintragung wegfällt oder widerrufen wird und die Eintragung der Marke bestehen bleibt. Diese Auslegung der Vorschriften über die Agentenmarke ist zum Schutz des Markeninhabers vor rechtswidrigen Agentenmarken geboten, auch wenn weder § 11 noch Art. 4 Abs. 4 lit. g MarkenRL oder Art. 6$^{septies}$ PVÜ eine ausdrückliche Regelung über die Rechtslage nach Wegfall der Zustimmung enthalten (s. die ausdrückliche Regelung in Art. 4 Schweiz. MSchG). Anders als Art. 6$^{septies}$ PVÜ sieht § 11 auch nicht ausdrücklich vor, daß der Agent oder Vertreter sein Handeln rechtfertigen kann. Der Gesetzgeber hielt eine solche ausdrückliche Vorschrift für nicht erforderlich, weil bei einem *gerechtfertigten* Vorgehen des Agenten oder Vertreters Ansprüche des Markeninhabers gegen seinen Agenten oder Vertreter von vornherein nicht in Betracht kommen.

### V. Ort des Markenschutzes

Bei Fallkonstellationen der Agentenmarke handelt es sich regelmäßig um Sachverhalte des **13** internationalen Wirtschaftsverkehrs, bei denen ein ausländischer Markeninhaber einen inländischen Agenten oder Vertreter zur Benutzung seiner ausländischen Marke im Inland ermächtigt. Das Bestehen *ausländischen* Markenschutzes hinsichtlich der Eintragung im Inland als dem Geltungsbereich des MarkenG stellt aber keine Anwendungsvoraussetzung der §§ 11 und 17 dar. Zwar ist Voraussetzung des Art. 6$^{septies}$ PVÜ, daß der Markenschutz des Inhabers der Marke in einem anderen Verbandsland als demjenigen besteht, in dem der Agent oder der Vertreter die Eintragung der Marke beantragt. Regelungsgegenstand der PVÜ sind aber nur konventionsrechtliche Sachverhalte der Verbandsländer. Die Vorschriften der §§ 11 und 17 enthalten nach dem erklärten Willen des Gesetzgebers keine entsprechende Einschränkung (Begründung zum MarkenG, BT-Drucks. 12/6581 vom 14. Januar 1994, S. 73). Das relative Eintragungshindernis einer rechtswidrigen Agentenmarke nach § 11 ist deshalb auch bei rein *inländischen* Sachverhalten anzuwenden. Solche Fallkonstellationen kommen bei nicht eingetragenen Kennzeichenrechten wie etwa bei durch den Erwerb von Verkehrsgeltung entstehenden Markenrechten nach § 4 Nr. 2 in Betracht.

### C. Verfahrensrecht

Im *Eintragungsverfahren* stellt der Löschungsgrund einer rechtswidrigen Agentenmarke **14** nach § 11 einen Widerspruchsgrund nach § 42 Abs. 2 Nr. 3 und so ein relatives Eintragungshindernis dar. Die rechtswidrige Agentenmarke wird nach § 51 Abs. 1 auf Klage wegen Nichtigkeit gelöscht. Im *Löschungsverfahren* vor den ordentlichen Gerichten ist der Inhaber der Marke im Sinne des § 11 zur Erhebung der Klage nach § 55 Abs. 2 Nr. 2 befugt. Die ohne Zustimmung des Markeninhabers erfolgte Eintragung der Agentenmarke ist dann nicht zu löschen, wenn der Markeninhaber nachträglich der Eintragung der Marke zustimmt (§ 51 Abs. 2 S. 3).

### D. Rechtsfolgen

Es besteht nicht nur ein *Löschungsgrund* für die rechtswidrige Agentenmarke nach § 11. **15** Dem Markeninhaber stehen gegen den ungetreuen Agenten oder Vertreter Ansprüche auf *Übertragung* der angemeldeten oder eingetragenen Marke (§ 17 Abs. 1), auf *Unterlassung* der Benutzung der Agentenmarke (§ 17 Abs. 2 S. 1) und bei Verschulden auf *Schadensersatz* (§ 17 Abs. 2 S. 2) zu.

## Durch Benutzung erworbene Marken und geschäftliche Bezeichnungen mit älterem Zeitrang

**12** Die Eintragung einer Marke kann gelöscht werden, wenn ein anderer vor dem für den Zeitrang der eingetragenen Marke maßgeblichen Tag Rechte an einer Marke im Sinne des § 4 Nr. 2 oder an einer geschäftlichen Bezeichnung im Sinne des § 5 erworben hat und diese ihn berechtigen, die Benutzung der eingetragenen Marke im gesamten Gebiet der Bundesrepublik Deutschland zu untersagen.

### Inhaltsübersicht

| | Rn |
|---|---|
| A. Allgemeines | 1–4 |
|    I. Regelungsübersicht | 1 |
|    II. Rechtsänderungen | 2, 3 |
|    III. Erste Markenrechtsrichtlinie | 4 |
| B. Voraussetzungen des Schutzhindernisses einer prioritätsälteren Marke mit Verkehrsgeltung oder einer prioritätsälteren geschäftlichen Bezeichnung | 5, 6 |
|    I. Allgemeine Voraussetzungen | 5 |
|    II. Kennzeichenrechte mit territorialer Geltung | 6 |
| C. Verfahrensrecht | 7 |

## A. Allgemeines

### I. Regelungsübersicht

1 Regelungsgegenstand des § 12 sind Kennzeichenkollisionen zwischen einer durch Eintragung entstandenen Marke mit jüngerem Zeitrang und einer durch den Erwerb von Verkehrsgeltung entstandenen Marke mit älterem Zeitrang einerseits sowie einer geschäftlichen Bezeichnung mit älterem Zeitrang andererseits. Die *prioritätsälteren Marken mit Verkehrsgeltung* im Sinne des § 4 Nr. 2 sowie die *prioritätsälteren geschäftlichen Bezeichnungen* im Sinne des § 5 bilden relative Schutzhindernisse für die Eintragung einer prioritätsjüngeren Marke. Die gemeinsame Regelung dieser Kennzeichenkollisionen in § 12 erklärt sich aus dem Umstand, daß es sich sowohl bei den Marken kraft Verkehrsgeltung als auch bei den geschäftlichen Bezeichnungen um nicht eingetragene Kennzeichen handelt. Das Bestehen einer prioritätsälteren Marke mit Verkehrsgeltung oder einer prioritätsälteren geschäftlichen Bezeichnung bildet nach § 12 einen Löschungsgrund für eine prioritätsjüngere eingetragene Marke. Die Vorschrift ist Ausdruck der Gleichwertigkeit des formellen und materiellen Markenschutzes einerseits, des Markenschutzes und des Schutzes der geschäftlichen Bezeichnungen andererseits und damit der Gleichwertigkeit der Kennzeichenrechte untereinander (s. § 4, Rn 9 ff.). Der Regelungsinhalt des § 12 folgt aus dem Prioritätsprinzip als dem das gesamte Kennzeichenrecht beherrschenden Grundsatz zur Lösung einer Kennzeichenkollision nach dem älteren Zeitrang des Kennzeichens (s. § 6, Rn 6 f.). Verfahrensrechtlich sind die Schutzhindernisse der prioritätsälteren Marke mit Verkehrsgeltung sowie der prioritätsälteren geschäftlichen Bezeichnung als *Nichtigkeitsgründe* nach § 51 Abs. 1 ausgestaltet. Sie berechtigen nicht nach § 42 zum Widerspruch gegen die Eintragung der prioritätsjüngeren Marke.

### II. Rechtsänderungen

2 Im WZG waren das sachliche Zeichenrecht der Ausstattung nach § 25 WZG sowie die geschäftlichen Bezeichnungen im Sinne des § 16 UWG aF nicht ausdrücklich als Schutzhindernisse geregelt. Auch nach der Rechtslage im WZG waren diese nicht eingetragenen Kennzeichen im Falle einer Kennzeichenkollision mit einer eingetragenen Marke nach dem Prioritätsprinzip als Schutzhindernisse anerkannt. Nach ständiger Rechtsprechung standen das *förmliche Registerrecht* und das *sachliche Kennzeichenrecht* auf gleicher Stufe und waren insoweit gleichwertig (RGZ 141, 110 – The White Spot). Wenn das sachliche Zeichenrecht vor dem förmlichen Zeichenrecht entstanden war, dann mußte das förmliche Zeichenrecht dem sachlichen Zeichenrecht aufgrund des besseren Zeitrangs weichen (RGZ 141, 110, 119 – The

White Spot; RG MuW 1935, 26, 29), ohne daß es einer Anwendung des § 1 UWG bedurfte (so noch RGZ 120, 325 – Sonnengold). Die Entstehung des förmlichen Markenrechts wurde gegenüber einem prioritätsälteren sachlichen Markenrecht als von vornherein eingeschränkt verstanden (*Baumbach/Hefermehl*, Einl WZG, Rn 42). Voraussetzung war, daß die zur Entstehung des sachlichen Zeichenrechts erforderliche Verkehrsgeltung vor der Anmeldung der prioritätsjüngeren Marke erworben wurde (BGHZ 34, 299, 303 – Almglocke).

Auch die Kollision von *geschäftlichen Bezeichnungen* als nicht eingetragene Kennzeichen nach § 16 Abs. 1 UWG aF mit Warenzeichen war vor Inkrafttreten des MarkenG nach dem Prioritätsprinzip zu entscheiden (*Baumbach/Hefermehl*, Wettbewerbsrecht, 17. Aufl., vor § 16 UWG, Rn 18). Ein sachliches Firmen- oder Namensrecht nach den §§ 16 Abs. 1 UWG, 12 BGB setzte sich gegen ein in seinen Schutzbereich eingreifendes, prioritätsjüngeres Warenzeichen stets durch, und zwar auch gegenüber einer rein zeichenmäßigen Benutzung, jedenfalls dann, wenn Verkehrsgeltung im gesamten Geltungsbereich des WZG bestand (BGH GRUR 1964, 71, 73 – Personifizierte Kaffeekanne; s. § 15, Rn 117). Aus § 16 Abs. 1 UWG konnte nicht nur gegen eine firmenmäßige Benutzung von Warenzeichen vorgegangen werden. Die Berufung auf das formale Zeichenrecht wurde als rechtsmißbräuchlich nach § 242 BGB beurteilt (BGHZ 15, 107, 110 – Koma; 19, 23 – Magirus; BGH GRUR 1961, 294, 295 – ESDE; 1964, 71, 73 – Personifizierte Kaffeekanne). Der Inhaber der eingetragenen Marke mit jüngerem Zeitrang konnte sich nur dann durchsetzen, wenn ihm zugleich ein gegenüber dem sachlichen Kennzeichen des Dritten prioritätsälteres sachliches Recht wie etwa ein älteres Ausstattungsrecht nach § 25 WZG zustand. Wenn der Inhaber eines älteren Namens- oder Firmenrechts die zeichenmäßige Benutzung des prioritätsjüngeren Warenzeichens duldete, dann folgte daraus nicht, daß der Zeicheninhaber sein Zeichen auch firmenmäßig verwenden durfte (BGH GRUR 1956, 172 – Magirus). Umgekehrt setzte sich ein prioritätsälteres Warenzeichen gegenüber einem jüngeren Unternehmenskennzeichen nach den §§ 15, 24, 31 WZG durch, auch wenn nur die zeichenmäßige Benutzung untersagt werden konnte. Auch durfte der prioritätsältere Zeicheninhaber sein Warenzeichen nicht zur Kennzeichnung seines Unternehmens verwenden, wenn er dadurch in den Schutzbereich eines Firmeninhabers eingriff, dem gegenüber dem an sich prioritätsälteren Zeicheninhaber die bessere Priorität für den firmenmäßigen Gebrauch zustand.

### III. Erste Markenrechtsrichtlinie

Die Regelung des § 12 setzt die fakultative Vorschrift des Art. 4 Abs. 4 lit. b MarkenRL um. Nach dieser Vorschrift kann jeder Mitgliedstaat vorsehen, daß eine Marke von der Eintragung ausgeschlossen ist oder im Falle der Eintragung der Ungültigerklärung unterliegt, wenn und soweit Rechte an einer nicht eingetragenen Marke oder einem sonstigen im geschäftlichen Verkehr benutzten Kennzeichenrecht mit älterem Zeitrang bestehen und die nicht eingetragene Marke oder das sonstige Kennzeichenrecht dem Inhaber das Recht verleiht, die Benutzung der prioritätsjüngeren Marke zu untersagen.

## B. Voraussetzungen des Schutzhindernisses einer prioritätsälteren Marke mit Verkehrsgeltung oder einer prioritätsälteren geschäftlichen Bezeichnung

### I. Allgemeine Voraussetzungen

Ein Löschungsgrund nach § 12 besteht, wenn der Erwerb einer Marke mit Verkehrsgeltung im Sinne des § 4 Nr. 2 oder einer geschäftlichen Bezeichnung im Sinne des § 5 vorliegt, diesen nicht eingetragenen Kennzeichen der ältere Zeitrang gegenüber der eingetragenen prioritätsjüngeren Marke zukommt und wenn dem Inhaber des prioritätsälteren Kennzeichens nach dessen Schutzinhalt das Recht zusteht, die Benutzung der eingetragenen Marke im gesamten Gebiet der Bundesrepublik Deutschland zu untersagen (s. § 15, Rn 117). In der Vorschrift des § 12 werden Marken im Sinne des § 4 Nr. 2 und geschäftliche Bezeichnungen im Sinne des § 5 als Schutzhindernisse gemeinsam geregelt, weil es sich bei beiden Arten von Kennzeichen um *nicht eingetragene Kennzeichen* handelt. Dieses eher formale Kriterium einer Nichteintragung dieser Kennzeichen darf nicht verdecken, daß die Beurteilung von Kennzeichenkollisionen nach dem Schutzinhalt dieser Kennzeichen unterschiedlichen Regeln folgt. Namentlich im Hinblick auf die Regelungen der §§ 14 und 15 hätte nahegelegen, die Marken mit Verkehrsgeltung und die geschäftlichen Bezeichnungen als Schutzhindernisse in einer eigenen Vorschrift zu regeln. Bei den Marken im Sinne von § 4 Nr. 2 handelt es sich um solche Marken, die durch Benutzung eines Zeichens im geschäftlichen Verkehr und den Erwerb von Verkehrsgeltung als Marke innerhalb beteiligter Verkehrskreise entstehen (s. näher § 4, Rn 21 ff.). Es handelt sich um die Ausstattungsrechte im Sinne des § 25 WZG nach der Rechtslage im WZG. Bei den geschäftlichen Bezeichnungen im Sinne des § 5 handelt es sich nach § 5 Abs. 1 um Unternehmenskennzeichen und Werktitel. Unternehmenskennzeichen sind als Name, Firma oder besondere Bezeichnung eines Geschäftsbetriebs oder Unternehmens benutzte Zeichen nach § 5 Abs. 2 S. 1. Der besonderen Geschäfts- oder Unternehmensbezeichnung nach § 5 Abs. 2 S. 1 3. Alt. werden nach § 5 Abs. 2 S. 2 Geschäftsabzeichen und sonstige betriebliche Unterscheidungszeichen gleichgestellt, die innerhalb der beteiligten Verkehrskreise als Kennzeichen des Geschäftsbetriebs gelten. Als Werktitel werden nach § 5 Abs. 3 Namen und besondere Bezeichnungen von Druckschriften, Filmwerken, Tonwerken, Bühnenwerken oder sonstigen vergleichbaren Werken geschützt. Die Priorität der nicht eingetragenen Kennzeichen gegenüber der eingetragenen Marke bestimmt sich nach den Prioritätsregeln, die nach § 6 gelten. Ob die prioritätsälteren Kennzeichen deren Inhaber im Falle einer Kennzeichenkollision mit einer prioritätsjüngeren eingetragenen Marke einen Anspruch auf Untersagung der Benutzung gewähren, richtet sich nach dem Schutzinhalt der jeweiligen Kennzeichen. Der Schutzinhalt der Marken mit Verkehrsgeltung bestimmt sich nach den Voraussetzungen des § 14, der für alle nach der Entstehung des Markenschutzes zu unterscheidenden drei Kategorien von Marken gilt. Der Schutzinhalt der geschäftlichen Bezeichnungen bestimmt sich nach den Voraussetzungen des § 15, der für Unternehmenskennzeichen und Werktitel gilt.

## I. Kennzeichenrechte mit territorialer Geltung

6   Das Verbietungsrecht des Inhabers der nicht eingetragenen prioritätsälteren Kennzeichen muß für das gesamte *Gebiet der Bundesrepublik Deutschland* bestehen. Diese Voraussetzung in § 12 vorzusehen, war deshalb erforderlich, weil die nicht eingetragenen Kennzeichen auch in einem territorial begrenzten Gebiet bestehen können. Das gilt etwa im Falle einer lokalen oder regionalen Verkehrsgeltung. Solche *territorial begrenzten Kennzeichenrechte* genießen als Marken mit Verkehrsgeltung nach § 14 und als geschäftliche Bezeichnungen nach § 15 Rechtsschutz. Das Verbietungsrecht eines territorial begrenzten Kennzeichenrechts beschränkt sich nach den §§ 14 und 15 auf das lokale oder territoriale Gebiet der Geltung des Kennzeichenrechts. Solche territorial begrenzten Kennzeichenrechte bilden kein Schutzhindernis im Sinne des § 12. Nach dieser Vorschrift gewähren nur solche nicht eingetragenen Kennzeichenrechte einen Löschungsgrund gegenüber einer prioritätsjüngeren eingetragenen Marke, die im Territorium des Geltungsbereichs des MarkenG und damit im gesamten Gebiet der Bundesrepublik Deutschland gelten.

## C. Verfahrensrecht

7   Auch wenn der Löschungsgrund des Bestehens einer prioritätsälteren Marke mit Verkehrsgeltung oder einer prioritätsälteren geschäftlichen Bezeichnung als ein relatives Schutzhindernis im Sinne der §§ 9 bis 13 im Gegensatz zu den absoluten Schutzhindernissen des § 8 ausgestaltet ist, so berechtigen die prioritätsälteren nicht eingetragenen Kennzeichenrechte nicht zum Widerspruch nach § 42 im *Eintragungsverfahren*. Die Zuerkennung eines Widerspruchsrechts aufgrund eines nicht eingetragenen Kennzeichens hätte im Eintragungsverfahren vom DPMA verlangt, die Verkehrsgeltung als den Geltungsgrund dieser Art von Kennzeichenrechten und damit die Benutzungslage umfassend zu prüfen. Etwas anderes gilt nur dann, wenn es sich bei den nicht eingetragenen Kennzeichen zugleich um eine noto-

Sonstige ältere Rechte

risch bekannte Marke mit älterem Zeitrang nach § 10 iVm § 9 Abs. 1 Nr. 1 oder 2 handelt, auf die ein Widerspruch nach § 42 Abs. 2 Nr. 2 gestützt werden kann (s. § 10, Rn 8). Der Inhaber der prioritätsälteren Marke mit Verkehrsgeltung oder der prioritätsälteren geschäftlichen Bezeichnung kann *Nichtigkeitsklage* nach § 51 erheben. Die Eintragung der prioritätsjüngeren Marke wird wegen Nichtigkeit gelöscht, wenn ihr ein nicht eingetragenes Kennzeichen im Sinne des § 12 mit älterem Zeitrang entgegensteht. Ein Löschungsgrund besteht aber nach § 51 Abs. 2 S. 2 iVm S. 1 dann nicht, wenn der Inhaber des prioritätsälteren Kennzeichens die Benutzung der prioritätsjüngeren Marke während eines Zeitraums von fünf aufeinanderfolgenden Jahren in Kenntnis dieser Benutzung geduldet hat, es sei denn, daß die Anmeldung der Marke mit jüngerem Zeitrang bösgläubig vorgenommen worden ist. Die Vorschrift des § 51 Abs. 3 enthält eine Prioritätsregel hinsichtlich des Erwerbs von Bekanntheit einer Marke oder geschäftlichen Bezeichnung mit älterem Zeitrang. Der Löschungsanspruch besteht ferner nach § 51 Abs. 2 S. 3 dann nicht, wenn der Inhaber des prioritätsälteren Kennzeichens der Eintragung der Marke vor Stellung des Antrags auf Löschung zugestimmt hat.

**Sonstige ältere Rechte**

**13** (1) Die Eintragung einer Marke kann gelöscht werden, wenn ein anderer vor dem für den Zeitrang der eingetragenen Marke maßgeblichen Tag ein sonstiges, nicht in den §§ 9 bis 12 aufgeführtes Recht erworben hat und dieses ihn berechtigt, die Benutzung der eingetragenen Marke im gesamten Gebiet der Bundesrepublik Deutschland zu untersagen.

(2) Zu den sonstigen Rechten im Sinne des Absatzes 1 gehören insbesondere:
1. Namensrechte,
2. das Recht an der eigenen Abbildung,
3. Urheberrechte,
4. Sortenbezeichnungen,
5. geographische Herkunftsangaben,
6. sonstige gewerbliche Schutzrechte.

### Inhaltsübersicht

|   | Rn |
|---|---|
| A. Regelungsübersicht | 1 |
| B. Arten der sonstigen Rechte | 2 |
| C. Verfahrensrecht | 3, 4 |

### A. Regelungsübersicht

Die Vorschrift des § 13 regelt die Kollision einer eingetragenen Marke mit jüngerem Zeitrang mit einem *sonstigen Recht mit älterem Zeitrang*. Um ein sonstiges Recht handelt es sich dann, wenn das Recht nicht in den Anwendungsbereich der §§ 9 bis 12 fällt. Keine sonstigen Rechte im Sinne des § 13 sind deshalb angemeldete oder eingetragene Marken im Sinne des § 9, notorisch bekannte Marken im Sinne des § 10, Agentenmarken im Sinne des § 11 sowie Marken mit Verkehrsgeltung im Sinne des § 12 und geschäftliche Bezeichnungen im Sinne des § 12. Das sonstige Recht im Sinne des § 13 stellt ein relatives Eintragungshindernis für die Eintragung der prioritätsjüngeren Marke dar. § 13 normiert einen *Löschungsgrund* für die Eintragung der prioritätsjüngeren Marke. Voraussetzung des Löschungsgrundes ist es, daß der Inhaber des prioritätsälteren sonstigen Rechts nach dessen *Schutzinhalt* berechtigt ist, die Benutzung der eingetragenen Marke im gesamten Gebiet der Bundesrepublik Deutschland zu untersagen. Ob ein Verbietungsrecht des Inhabers des prioritätsälteren sonstigen Rechts besteht, richtet sich nach den jeweiligen Vorschriften über den Schutzinhalt des sonstigen Rechts. Die Vorschrift des § 13 ist Ausdruck des Prioritätsprinzips, das das gesamte Gebiet des Kennzeichenrechts beherrscht und der Lösung von Markenkollisionen auf dem Gebiet des gewerblichen Rechtsschutzes insgesamt dient (s. § 6,

**MarkenG § 13** 2 Sonstige ältere Rechte

Rn 6 f.). Der Löschungsanspruch besteht nur dann, wenn dem sonstigen Recht im Territorium des Geltungsbereichs des MarkenG und damit im gesamten Gebiet der Bundesrepublik Deutschland Geltung zukommt. *Territorial begrenzte sonstige Rechte,* denen etwa nur lokale oder regionale Verkehrsgeltung zukommt, gewähren deren Inhaber einen Untersagungsanspruch nur innerhalb der geographischen Grenzen des lokalen oder regionalen Territoriums.

### B. Arten der sonstigen Rechte

2 § 13 Abs. 2 enthält einen nicht abschließenden *Beispielskatalog* von Rechten, die als sonstige Rechte im Sinne des § 13 Abs. 1 in Betracht kommen. Nach § 13 Abs. 2 gehören zu den sonstigen Rechten das *Namensrecht* nach § 12 BGB (Nr. 1), das *Recht an der eigenen Abbildung* nach den §§ 22 KunstUrhG, 141 Nr. 5 UrhG (Nr. 2), *Urheberrechte* nach § 11 UrhG (Nr. 3), *Sortenbezeichnungen* nach §§ 7, 14 SortenschG (Nr. 4), *geographische Herkunftsangaben* nach § 126 (Nr. 5) und *sonstige gewerbliche Schutzrechte* (Nr. 6), wie insbesondere *Geschmacksmusterrechte* nach § 1 GeschmMG, die mit eingetragenen Marken kollidieren können (Begründung zum MarkenG, BT-Drucks. 12/6581 vom 14. Januar 1994, S. 74), aber auch *Gebrauchsmusterrechte* nach § 5 GebrMG und *Patentrechte* nach § 9 PatG. Bei der Aufzählung der sonstigen Rechte in § 13 Abs. 2 handelt es sich um absolute Rechte mit älterem Zeitrang. Schon nach der Rechtslage im WZG war im Falle einer Kollision dieser gewerblichen Schutzrechte mit einer prioritätsjüngeren eingetragenen Marke eine außerzeichenrechtliche Löschungsklage anerkannt (*Baumbach/Hefermehl,* § 11 WZG, Rn 7 ff.). Mit der außerzeichenrechtlichen Löschungsklage wurde die Löschung eines Zeichens aus anderen als zeichenrechtlichen Gründen verlangt. Eine solche außerzeichenrechtliche Löschungsklage wurde durch die Vorschrift des § 11 WZG, der nur die auf zeichenrechtlichen Gründen beruhenden Löschungsansprüche regelte, nicht ausgeschlossen. Das bloße Registerrecht an der eingetragenen Marke versagte gegenüber einer sachlichrechtlichen Löschungsklage (BGH GRUR 1955, 251 – Silberal). Die außerzeichenrechtliche Löschungsklage wurde als ein Ausfluß des Unterlassungs- oder Beseitigungsanspruchs nach den §§ 1 UWG, 1004 BGB verstanden. Als materiellrechtliche Löschungsgründe außerhalb des Warenzeichenrechts waren nicht nur die gewerblichen Schutzrechte als absolute Rechte anerkannt, sondern auch Löschungsgründe aus Wettbewerbsrecht und Deliktsrecht, die als Ergänzung des Zeichenrechts verstanden wurden (RGZ 120, 328 – Sonnengold; 147, 332 – Aeskulap). Auch diese *wettbewerbsrechtlichen* und *deliktsrechtlichen Löschungsgründe* sind als sonstige Rechte im Sinne des § 13 Abs. 2 anzuerkennen. Dies hat zur Folge, daß bei allen diesen Löschungsgründen der Inhaber des prioritätsälteren sonstigen Rechts Nichtigkeitsklage nach § 51 erheben kann und nicht mehr auf einen außermarkengesetzlichen Rechtsgrund verwiesen ist. Wenn man entgegen dieser Auffassung die Vorschrift des § 13 auf sonstige Rechte im Sinne von *absoluten Rechten* beschränkt, dann besteht nur ein außermarkengesetzlicher Rechtsgrund auf Löschung nach den §§ 1 UWG, 823, 1004 BGB als Ausfluß des Unterlassungs- oder Beseitigungsanspruchs. Bei Anwendung des § 13 auf wettbewerbsrechtliche und deliktsrechtliche Löschungsgründe besteht nach § 2 Anspruchskonkurrenz zwischen den markenrechtlichen und den außermarkengesetzlichen Anspruchsgrundlagen (s. § 2, Rn 2 ff.). Als wettbewerbsrechtliche und deliktsrechtliche Löschungsgründe kommen Ansprüche aus unlauterem Wettbewerb, wie etwa wegen irreführender Werbung nach § 3 UWG, oder aus ergänzendem wettbewerbsrechtlichen Leistungsschutz, wie etwa im Modeschutzrecht nach § 1 UWG, in Betracht, ferner aus unerlaubter Handlung, wie etwa wegen eines rechtswidrigen Eingriffs in ein fremdes Unternehmen nach § 823 Abs. 1 BGB oder einer vorsätzlichen sittenwidrigen Schädigung nach § 826 BGB. Sonstige Rechte im Sinne des § 13 Abs. 2 stellen auch *vertragliche Rechte* dar (so schon zur Rechtslage im WZG *Baumbach/Hefermehl,* § 11 WZG, Rn 8). Die vertragliche Verpflichtung eine Marke nicht eintragen oder eine eingetragene Marke löschen zu lassen, kann entweder ausdrücklich vereinbart werden oder sich konkludent aus dem Inhalt einer Vertragsbeziehung, wie etwa der einer treuhänderischen Benutzung einer Marke, ergeben.

## C. Verfahrensrecht

Auch wenn der Löschungsgrund des Bestehens eines prioritätsälteren sonstigen Rechts als **3** ein relatives Schutzhindernis im Sinne der §§ 9 bis 13 im Gegensatz zu den absoluten Schutzhindernissen des § 8 ausgestaltet ist, so berechtigen die prioritätsälteren sonstigen Rechte nicht zum Widerspruch nach § 42 im *Eintragungsverfahren*. Die Zuerkennung eines Widerspruchsrechts aufgrund eines sonstigen Rechts hätte im Eintragungsverfahren eine umfassende Prüfung der Schutzrechtslage durch das DPMA verlangt. Der Inhaber des prioritätsälteren sonstigen Rechts kann *Nichtigkeitsklage* nach § 51 erheben. Der Rechtsinhaber ist nach § 55 Abs. 2 Nr. 2 zur Erhebung der Löschungsklage vor den ordentlichen Gerichten befugt. Die Eintragung der prioritätsjüngeren Marke wird wegen Nichtigkeit gelöscht, wenn ihr ein sonstiges Recht im Sinne des § 13 mit älterem Zeitrang entgegensteht. Ein Löschungsgrund besteht aber nach § 51 Abs. 2 S. 2 iVm S. 1 dann nicht, wenn der Inhaber einer prioritätsälteren *Sortenbezeichnung* im Sinne des § 13 Abs. 2 Nr. 4 die Benutzung der prioritätsjüngeren Marke während eines Zeitraums von fünf aufeinanderfolgenden Jahren in Kenntnis dieser Benutzung geduldet hat, es sei denn, daß die Anmeldung der Marke mit jüngerem Zeitrang bösgläubig vorgenommen worden ist. Der Löschungsanspruch besteht ferner nach § 51 Abs. 2 S. 3 dann nicht, wenn der Inhaber des prioritätsälteren sonstigen Rechts der Eintragung der Marke vor Stellung des Antrags auf Löschung zugestimmt hat.

Der Inhaber darf sein Markenrecht nur innerhalb der Grenzen des lauteren Wettbewerbs **4** und der guten Sitten im geschäftlichen Verkehr ausüben. Wenn ein *Rechtsmißbrauch eines formalen Markenrechts* gegeben ist, dann bestehen nicht nur die Löschungsgründe aus sonstigen Rechten Dritter, sondern der Rechtsmißbrauch kann auch im Wege der *Einrede* geltend gemacht werden (so schon nach der Rechtslage im WZG RGZ 147, 332, 337 – Aeskulap; BGH GRUR 1954, 333 – Molkereizeitung; 1955, 487 – Alpha; 1965, 86, 90 – Schwarzer Kater). Wenn sich etwa schon nach der Rechtslage im WZG eine eingetragene Marke zum freien Warennamen entwickelt hatte, dann handelte der Inhaber der eingetragenen Marke wettbewerbswidrig, wenn er aufgrund seiner schutzunfähig gewordenen Marke die freie Benutzung des Zeichens als Warenname zu hindern versuchte. Schon nach der Rechtslage im WZG konnte der Inhaber der eingetragenen Marke dann nach § 1 UWG auf Unterlassung und, wenn ohne die Löschung der Marke weitere Störungen zu besorgen waren, auch auf Einwilligung in die Löschung verklagt werden (BGH GRUR 1964, 458 – Düssel). Nach der Rechtslage im MarkenG besteht nach § 49 Abs. 2 Nr. 1 ein *Verfallsgrund* wegen der Entwicklung der Marke zu einer *Gattungsbezeichnung* (s. § 49, Rn 25 ff.); die Marke kann auf Antrag wegen Verfalls gelöscht werden. Wenn man die wettbewerbsrechtlichen und deliktsrechtlichen Löschungsgründe unter § 13 Abs. 2 subsumiert (s. Rn 2), dann besteht nach der Rechtslage im MarkenG die Nichtigkeitsklage nach § 51. Bei einer *Defensivmarke* (zum Begriff s. § 3, Rn 23, 172 ff.) handelt es sich um eine wegen Fehlens eines Benutzungswillens nach § 3 Abs. 1 gesetzwidrige Marke, die nach § 50 Abs. 1 Nr. 1 auf Antrag wegen Nichtigkeit zu löschen ist. Nach der Rechtslage im WZG war eine zeichenrechtliche Löschungsklage aus § 11 Abs. 1 Nr. 2 oder 3 zur Beseitigung einer eingetragenen Defensivmarke nicht anerkannt (BGHZ 32, 133 – Dreitannen; anders noch BGHZ 10, 211, 214 – Nordona). Wenn jedoch in der Aufrechterhaltung eines schutzunwürdigen Zeichens eine sittenwidrige Behinderung der Mitbewerber lag, dann bestand nach den §§ 1 UWG, 826 BGB ein sachlichrechtlicher Löschungsgrund (RG GRUR 1934, 190 – Ruberoid/Lederoid).

## Abschnitt 3. Schutzinhalt; Rechtsverletzungen

**Ausschließliches Recht des Inhabers einer Marke; Unterlassungsanspruch; Schadensersatzanspruch**

**14** (1) Der Erwerb des Markenschutzes nach § 4 gewährt dem Inhaber der Marke ein ausschließliches Recht.

(2) Dritten ist es untersagt, ohne Zustimmung des Inhabers der Marke im geschäftlichen Verkehr
1. ein mit der Marke identisches Zeichen für Waren oder Dienstleistungen zu benutzen, die mit denjenigen identisch sind, für die sie Schutz genießt,
2. ein Zeichen zu benutzen, wenn wegen der Identität oder Ähnlichkeit des Zeichens mit der Marke und der Identität oder Ähnlichkeit der durch die Marke und das Zeichen erfaßten Waren oder Dienstleistungen für das Publikum die Gefahr von Verwechslungen besteht, einschließlich der Gefahr, daß das Zeichen mit der Marke gedanklich in Verbindung gebracht wird, oder
3. ein mit der Marke identisches Zeichen oder ein ähnliches Zeichen für Waren oder Dienstleistungen zu benutzen, die nicht denen ähnlich sind, für die die Marke Schutz genießt, wenn es sich bei der Marke um eine im Inland bekannte Marke handelt und die Benutzung des Zeichens die Unterscheidungskraft oder die Wertschätzung der bekannten Marke ohne rechtfertigenden Grund in unlauterer Weise ausnutzt oder beeinträchtigt.

(3) Sind die Voraussetzungen des Absatzes 2 erfüllt, so ist es insbesondere untersagt,
1. das Zeichen auf Waren oder ihrer Aufmachung oder Verpackung anzubringen,
2. unter dem Zeichen Waren anzubieten, in den Verkehr zu bringen oder zu den genannten Zwecken zu besitzen,
3. unter dem Zeichen Dienstleistungen anzubieten oder zu erbringen,
4. unter dem Zeichen Waren einzuführen oder auszuführen,
5. das Zeichen in Geschäftspapieren oder in der Werbung zu benutzen.

(4) Dritten ist es ferner untersagt, ohne Zustimmung des Inhabers der Marke im geschäftlichen Verkehr
1. ein mit der Marke identisches Zeichen oder ein ähnliches Zeichen auf Aufmachungen oder Verpackungen oder auf Kennzeichnungsmitteln wie Etiketten, Anhängern, Aufnähern oder dergleichen anzubringen,
2. Aufmachungen, Verpackungen oder Kennzeichnungsmittel, die mit einem mit der Marke identischen Zeichen oder einem ähnlichen Zeichen versehen sind, anzubieten, in den Verkehr zu bringen oder zu den genannten Zwecken zu besitzen oder
3. Aufmachungen, Verpackungen oder Kennzeichnungsmittel, die mit einem mit der Marke identischen Zeichen oder einem ähnlichen Zeichen versehen sind, einzuführen oder auszuführen,
wenn die Gefahr besteht, daß die Aufmachungen oder Verpackungen zur Aufmachung oder Verpackung oder die Kennzeichnungsmittel zur Kennzeichnung von Waren oder Dienstleistungen benutzt werden, hinsichtlich deren Dritten die Benutzung des Zeichens nach den Absätzen 2 und 3 untersagt wäre.

(5) Wer ein Zeichen entgegen den Absätzen 2 bis 4 benutzt, kann von dem Inhaber der Marke auf Unterlassung in Anspruch genommen werden.

(6) Wer die Verletzungshandlung vorsätzlich oder fahrlässig begeht, ist dem Inhaber der Marke zum Ersatz des durch die Verletzungshandlung entstandenen Schadens verpflichtet.

(7) Wird die Verletzungshandlung in einem geschäftlichen Betrieb von einem Angestellten oder Beauftragten begangen, so kann der Unterlassungsanspruch und, soweit der Angestellte oder Beauftragte vorsätzlich oder fahrlässig gehandelt hat, der Schadensersatzanspruch auch gegen den Inhaber des Betriebs geltend gemacht werden.

# § 14 MarkenG

**Inhaltsübersicht**

|  | Rn |
|---|---|
| A. Allgemeines | 1–7 |
|   I. Regelungsübersicht | 1 |
|   II. Rechtsänderungen | 2 |
|   III. Europäisches Unionsrecht | 3, 4 |
|     1. Erste Markenrechtsrichtlinie | 3 |
|     2. Gemeinschaftsmarkenverordnung | 4 |
|   IV. Staatsvertragsrecht | 5–7 |
|     1. Pariser Verbandsübereinkunft | 5 |
|     2. Madrider Markenabkommen und Protokoll zum MMA | 6 |
|     3. TRIPS-Abkommen | 7 |
| B. Das Markenrecht als subjektives Ausschließlichkeitsrecht (§ 14 Abs. 1) | 8–12 |
|   I. Die Kennzeichenrechte als Ausschließlichkeitsrechte | 8 |
|   II. Das Markenrecht als subjektives Recht | 9, 10 |
|   III. Die Marke als unternehmerische Leistung | 11 |
|   IV. Positives Benutzungsrecht und negatives Verbietungsrecht | 12 |
| C. Markenkollisionen als Markenrechtsverletzungen (§ 14 Abs. 2) | 13–458 |
|   I. Anwendungsbereiche der Kollisionstatbestände des § 14 Abs. 2 Nr. 1 bis 3 | 13–20 |
|     1. Die einzelnen Kollisionstatbestände | 13 |
|     2. Verhältnis zu § 9 Abs. 1 Nr. 1 bis 3 | 14 |
|     3. Markenkategorien des § 4 Nr. 1 bis 3 | 15 |
|     4. Territorium der Markenrechtsverletzung | 16–19 |
|       a) Unterscheidung zwischen förmlichem und sachlichem Markenschutz | 16–18 |
|       b) Exterritoriale Verletzungshandlungen mit Inlandsbezug | 19 |
|     5. Markenschutz durch Wettbewerbsrecht | 20 |
|   II. Rechtsverletzende Benutzung | 21–70 |
|     1. Der zeichenmäßige Gebrauch nach der Rechtslage im WZG | 21–28 |
|       a) Zeichenmäßiger Gebrauch als Ausdruck der Herkunftsfunktion | 21, 22 |
|       b) Kritik am zeichenmäßigen Gebrauch als Schutzvoraussetzung | 23–25 |
|       c) Begriff des zeichenmäßigen Gebrauchs | 26–28 |
|     2. Allgemeine Voraussetzungen einer Markenrechtsverletzung nach der Rechtslage im MarkenG | 29–47 |
|       a) Problemstellung | 29–30 d |
|         aa) Einheitliche Auslegung der Kollisionstatbestände | 29 |
|         bb) Schrifttum | 30 |
|         cc) Rechtsprechung | 30 a–30 c |
|           (1) BGH | 30 a |
|           (2) Instanzgerichte | 30 b |
|           (3) EuGH | 30 c |
|         dd) Richtlinienkonforme Benutzung als Marke | 30 d |
|       b) Auslegung des § 14 Abs. 2 | 31–38 |
|         aa) Richtlinienkonforme Auslegung | 31 |
|         bb) Wortlaut der Vorschrift | 32, 33 |
|         cc) Entstehungsgeschichte und Gesetzesbegründung | 34 |
|         dd) Systematik des Gesetzes | 35 |
|         ee) Normzweck des Markenschutzes nach dem MarkenG | 36, 37 |
|         ff) Normzweck des Art. 5 Abs. 5 MarkenRL | 38 |
|       c) Benutzung eines Zeichens als Handeln im geschäftlichen Verkehr | 39 |
|       d) Begriff des geschäftlichen Verkehrs | 40–45 |
|         aa) Grundsatz | 40–42 |
|         bb) Einzelne Benutzungshandlungen außerhalb des geschäftlichen Verkehrs | 43–45 |
|           (1) Benutzung zum eigenen Gebrauch | 43 |
|           (2) Benutzung zu wissenschaftlichen oder lexikalischen Zwecken | 44 |
|           (3) Benutzung in ärztlichen Verordnungen | 45 |
|       e) Ausschlußgründe nach § 3 Abs. 2 als Schutzrechtsschranken | 46, 47 |
|     3. Markenfunktionalität des Begriffs einer markenmäßigen Benutzung | 48, 49 |
|       a) Markenfunktionale Extension des Begriffsinhalts | 48 |

|   | Rn |
|---|---|
| b) Markenmäßige Benutzung der Marke als Unterscheidungsmittel und Werbemittel | 49 |
| 4. Arten des zeichenmäßigen Gebrauchs im WZG | 50–65 |
|    a) Ausgangspunkt | 50 |
|    b) Räumliche Beziehung zwischen Marke und Produkt | 51 |
|    c) Mittelbarer zeichenmäßiger Gebrauch als geschäftliche Bezeichnung | 52–56 |
|       aa) Firma | 52–54 |
|       bb) Andere Unternehmenskennzeichen | 55 |
|       cc) Werktitel | 56 |
|    d) Benutzung der Marke in Werbemitteln | 57 |
|    e) Mündliche Benutzung | 58, 59 |
|    f) Formen einer dreidimensionalen Benutzung der Marke | 60–65 |
|       aa) Ausgangspunkt | 60 |
|       bb) Entscheidungspraxis zum WZG | 61–65 |
| 5. Zweck des Produktabsatzes (Benutzung für Waren oder Dienstleistungen) | 66–68 |
|    a) Wortlautunterschied des § 3 Abs. 1 zur Markenfähigkeit und des § 14 Abs. 2 im Verletzungsrecht | 66, 67 |
|    b) Benutzung für Waren oder Dienstleistungen | 68 |
| 6. Benutzung als Marke | 69 |
| 7. Rechtserhaltende Benutzung | 70 |
| III. Identitätsschutz der Marke nach § 14 Abs. 2 Nr. 1 | 71–76 |
| 1. Absoluter Markenschutz | 71–75 |
| 2. Identitätsbereich der Markenkollision | 76 |
| IV. Verwechslungsschutz der Marke nach § 14 Abs. 2 Nr. 2 | 77–409 |
| 1. Relativer Markenschutz | 77, 78 |
| 2. Verwechslungsgefahr als zentraler Begriff des gesamten Kennzeichenrechts | 79–82 |
| 3. Verwechslungsgefahr als Rechtsbegriff des Europäischen Unionsrechts | 83–102 |
|    a) Verwechslungsgefahr als Rechtsbegriff | 83, 84 |
|    b) Verwechslungsgefahr als gemeinschaftsrechtlicher Begriff | 85–102 |
|       aa) Richtlinienkonforme Auslegung | 85–87 |
|       bb) Waren- und Dienstleistungsverkehrsrecht des EGV | 88–102 |
|          (1) Verhältnis der MarkenRL zum Warenverkehrsrecht | 88 |
|          (2) Der spezifische Gegenstand des Markenrechts als gemeinschaftsrechtliche Integration des nationalen Markenschutzes | 89–92 |
|          (3) Die warenverkehrsrechtlichen Beschränkungen des Schutzinhalts der nationalen Markenrechte | 93–97 |
|          (4) Die wettbewerbsrechtlichen Grenzen produktbezogener Vermarktungsregeln im nationalen Markenschutz | 98–102 |
| 4. Verwechslungsgefahr als normativer Rechtsbegriff eines beweglichen Systems | 103–107 |
|    a) Bewegliches System wechselseitiger Beurteilungskriterien | 103 |
|    b) Funktionalität der Verwechslungsgefahr | 104, 105 |
|    c) Eingeschränkte Fortgeltung und Erweiterung der Rechtsprechung zur Rechtslage im WZG | 106, 107 |
| 5. Verwechslungsgefahr als markenfunktionale Gefahr einer assoziativen Fehlzurechnung der Herkunftsidentität oder Produktidentität einschließlich eines gedanklichen Inverbindungbringens. | 108–116 |
|    a) Wandel im Begriffsinhalt der Verwechslungsgefahr | 108 |
|    b) Verwechslungsgefahr als Gefahr fehlsamer Verbraucherassoziationen | 109 |
|    c) Verwechslungsschutz vor Funktionsstörungen der Marke | 110–112 |
|       aa) Herkunftsidentität und Produktidentität | 110, 111 |
|       bb) Interessenkreise | 112 |
|    d) Begriff des gedanklichen Inverbindungbringens | 113–113 d |
|       aa) Entstehungsgeschichtliche Kompromißformel | 113 a–113 c |
|       bb) Gedankliches Inverbindungbringen als Tatbestand der Verwechslungsgefahr | 113 d |

| | Rn |
|---|---|
| e) Abgrenzung zum Bekanntheitsschutz der Marke | 114, 115 |
| aa) Relevanz der Rufausbeutung und Rufbeeinträchtigung | 114 |
| bb) Kumulative Anwendung | 115 |
| f) Markenrechtliche Verwechslungsgefahr und wettbewerbsrechtliches Irreführungsverbot | 116 |
| 6. Abstraktheit der Verwechslungsgefahr | 117 |
| 7. Relative Ähnlichkeit statt absoluter Gleichartigkeit der Produkte | 118–120 |
| a) Produktgleichartigkeit im WZG | 118 |
| b) Produktähnlichkeit im MarkenG | 119, 120 |
| 8. Kennzeichnungskraft der Marke (Marktstärke) | 121–127 |
| a) Relation zwischen Bekanntheitsgrad und Schutzumfang der Marke | 121, 122 |
| b) Normativität der Verbrauchererwartungen | 123–126 |
| c) Kennzeichnungskraft der Marke im Verhältnis zum Bekanntheitsschutz der Marke nach § 14 Abs. 2 Nr. 3 | 127 |
| 9. Fallkonstellationen der Verwechslungsgefahr | 128–145 |
| a) Einheitliche Rechtswertung | 128, 129 |
| b) Irrtum über die Produktverantwortung des Markeninhabers | 130, 131 |
| c) Arten der Verwechslungsgefahr im WZG im Vergleich zum MarkenG | 132–145 |
| aa) Irreführung über die Unternehmensidentität und über Unternehmenszusammenhänge | 132a–135 |
| (1) Irreführung über die Unternehmensidentität als Produktidentitätsirrtum | 132a–133 |
| (2) Reichweite einer Irreführung über Unternehmenszusammenhänge | 134, 135 |
| bb) Verwechslungsgefahr im engeren und im weiteren Sinne | 136, 137 |
| (1) Engere Verwechslungsgefahr | 136 |
| (2) Weitere Verwechslungsgefahr | 137 |
| cc) Unmittelbare und mittelbare Verwechslungsgefahr | 138–143 |
| (1) Ausgangspunkt | 138 |
| (2) Unmittelbare Verwechslungsgefahr | 139 |
| (3) Mittelbare Verwechslungsgefahr | 140–143 |
| dd) Entscheidungspraxis des BPatG zur assoziativen Verwechslungsgefahr | 144, 145 |
| (1) Entscheidungspraxis zur Ablehnung der Verwechslungsgefahr | 144 |
| (2) Entscheidungspraxis zur Annahme der Verwechslungsgefahr | 145 |
| 10. Markenähnlichkeit | 146–270 |
| a) Ausgangspunkt | 146, 147 |
| b) Allgemeine Beurteilungsgrundsätze | 148–178 |
| aa) Maßgeblichkeit des Gesamteindrucks | 148 |
| bb) Verkehrsauffassung des verständigen Verbrauchers | 149–156 |
| (1) Ausgangspunkt | 149, 150 |
| (2) Relevanz der Verkehrskreise | 151 |
| (3) Art der Verkehrskreise | 152–154 |
| (4) Arzneimittelmarken | 155, 156 |
| cc) Erinnerungsbild im Verkehr | 157 |
| dd) Erheblichkeit der herkunfts- und produktidentifizierenden Zeichenbestandteile | 158, 159 |
| ee) Klangliche, bildliche und begriffliche Markenähnlichkeit | 160–164 |
| ff) Markenform der Eintragung und abgewandelte Benutzungsformen | 165–167 |
| gg) Abwandlungen der kollidierenden Marke des Dritten | 168–173 |
| (1) Grundsatz | 168 |
| (2) Unternehmenskennzeichen als Zusatz | 169, 170 |
| (3) Sonstige Zusätze | 171 |
| (4) Anlehnende Zusätze | 172 |
| (5) Weglassen von Zeichenbestandteilen | 173 |
| hh) Objektive Verwechslungsgefahr | 174 |
| ii) Drittmarken | 175 |
| jj) Fortwirkung früherer Markenrechtsverletzungen | 176 |

|  | Rn |
|---|---|
| kk) Nachweis der Verwechslungsgefahr | 177 |
| ll) Zeitpunkt der Verwechslungsgefahr | 178 |
| c) Unmittelbare Verwechslungsgefahr bei einzelnen Markenformen | 179–219a |
| aa) Wortmarken | 179–191 |
| (1) Klangwirkung | 179–186 |
| (a) Grundsatz | 179–181 |
| (b) Vokalfolge | 182 |
| (c) Kurze Bezeichnungen | 183 |
| (d) Betonung | 184 |
| (e) Aussprache | 185 |
| (f) Pharmazeutische Produkte | 186 |
| (2) Schriftbildwirkung | 187 |
| (3) Sinnwirkung | 188 |
| (4) Ausschluß klanglicher oder bildlicher Markenähnlichkeit und Verwechslungsgefahr durch den Sinngehalt | 189–191 |
| bb) Bildmarken | 192, 193 |
| (1) Bildwirkung | 192 |
| (2) Sinnwirkung | 193 |
| cc) Kollision von Wort- und Bildmarken | 194–196 |
| dd) Kollision von Wort- und Bildmarken mit dreidimensionalen Marken | 197 |
| ee) Farbige und nichtfarbige Marken | 198–200 |
| ff) Zusammengesetzte Marken und Kombinationsmarken | 201–219 |
| (1) Grundsatz | 201 |
| (2) Wortbildmarken | 202–204 |
| (a) Produktidentifizierender Wortbestandteil | 202 |
| (b) Produktidentifizierender Bildbestandteil | 203 |
| (c) Produktidentifizierender Wort- sowie Bildbestandteil | 204 |
| (3) Mehrwortmarken | 205 |
| (4) Schutz der Marke als Einheit | 206 |
| (5) Schutz von Zeichenbestandteilen mit Verkehrsgeltung | 207 |
| (6) Schutz von prägnanten Zeichenbestandteilen ohne Verkehrsgeltung | 208, 209 |
| (7) Schutzunfähige Zeichenbestandteile | 210–212 |
| (a) Grundsatz | 210 |
| (b) Entscheidungspraxis | 211 |
| (c) Verfahrensrechtliche Prüfungszuständigkeit | 212 |
| (8) Bestimmung des Gesamteindrucks durch schutzunfähige Zeichenbestandteile | 213, 214 |
| (a) Grundsatz | 213 |
| (b) Entscheidungspraxis | 214 |
| (9) Abspaltung von Zeichenbestandteilen | 215, 216 |
| (10) Sinnverändernde Benutzung schutzunfähiger Zeichenbestandteile | 217 |
| (11) Verkehrsdurchsetzung schutzunfähiger Zeichenbestandteile | 218, 219 |
| gg) Dreidimensionale Marken | 219a |
| d) Mittelbare Verwechslungsgefahr | 220–243b |
| aa) Serienmarken | 220–237 |
| (1) Verwechslungsschutz von Markenfamilien | 220 |
| (2) Schutzvoraussetzungen | 221–224 |
| (a) Grundsatz | 221 |
| (b) Identischer Stammbestandteil | 222 |
| (c) Zeichenrechtlicher Identifikationshinweis des Stammbestandteils | 223 |
| (d) Verkehrsauffassung | 224 |
| (3) Entscheidungspraxis | 225–237 |
| (a) Mittelbare Verwechslungsgefahr | 225–227 |
| (b) Wesensgleichheit des Stammbestandteils | 228, 229 |
| (c) Kennzeichnende Wirkung des Stammbestandteils | 230, 231 |
| (d) Unternehmenskennzeichen als Stammbestandteil | 232 |

# § 14 MarkenG

|  | Rn |
|---|---|
| (e) Verhältnis des Stammbestandteils zu den übrigen Zeichenbestandteilen | 233 |
| (f) Schutzunfähige Zeichenbestandteile | 234–236 |
| (g) Schwächung der Kennzeichnungskraft durch Drittmarken | 237 |
| bb) Markenabwandlungen | 238–241 |
| (1) Grundsatz | 238 |
| (2) Markenmodernisierung | 239, 240 |
| (3) Markenverkleinerung | 241 |
| cc) Entscheidungspraxis zur mittelbaren Verwechslungsgefahr | 242-243 b |
| (1) Mittelbar verwechselbar | 242 |
| (2) Nicht mittelbar verwechselbar | 243 |
| (3) Mittelbare Verwechslungsgefahr bei Buchstabenmarken und Zahlenmarken | 243 a, 243 b |
| (a) Rechtslage im WZG | 243 a |
| (b) Rechtslage im MarkenG | 243 b |
| e) Verwechslungsgefahr im weiteren Sinne | 244–247 |
| aa) Begriff | 244 |
| bb) Art der assoziativen Fehlzurechnung | 245, 246 |
| cc) Entscheidungspraxis zur Verwechslungsgefahr im weiteren Sinne | 247 |
| f) Verwechslungsgefahr aufgrund begrifflicher Markenähnlichkeit von Motivmarken | 248–266 |
| aa) Problematik | 248 |
| bb) Rechtsentwicklung | 249–251 |
| cc) Verwechslungsschutz von Motivmarken | 252–262 |
| (1) Grundsatz | 252, 253 |
| (2) Verwechslungsgefahr im weiteren Sinne als gedankliches Inverbindungbringen | 254 |
| (3) Beschreibender Begriffsinhalt | 255–257 |
| (4) Farben als Begriffsinhalt | 258 |
| (5) Begriffsinhalt fremdsprachiger Marken | 259–262 |
| dd) Eintragungspraxis und Rechtsprechung | 263–266 |
| (1) Ausgangspunkt | 263 |
| (2) Verwechslungsschutz als Motivmarke bejaht | 264, 265 |
| (3) Verwechslungsschutz als Motivmarke verneint | 266 |
| g) Rechtsprechung und Entscheidungspraxis zur Verwechslungsgefahr | 267–270 |
| aa) Rechtslage im WZG | 267, 268 |
| (1) Verwechslungsfähige Marken | 267 |
| (2) Nicht verwechslungsfähige Marken | 268 |
| bb) Rechtslage im MarkenG | 269, 270 |
| (1) Verwechslungsfähige Marken | 269 |
| (2) Nicht verwechslungsfähige Marken | 270 |
| 11. Kennzeichnungskraft | 271–332 |
| a) Grundsätze | 271–281 |
| aa) Relation der Kennzeichnungskraft zum Schutzumfang der Marke | 271 |
| bb) Kennzeichnungskraft normaler, schwacher und starker Marken | 272–274 |
| cc) Produktbezug der Kennzeichnungskraft | 275–280 |
| dd) Verlust der Kennzeichnungskraft | 281 |
| b) Kennzeichnungskraft von Marken mit verschiedener Marktstärke | 282–300 |
| aa) Normale Marken | 282–285 |
| (1) Benutzte Marken | 282 |
| (2) Nicht benutzte Marken | 283–285 |
| bb) Starke Marken | 286–290 |
| (1) Markencharakteristik und Bekanntheitsgrad | 286 |
| (2) Reichweite des Verwechslungsschutzes | 287, 288 |
| (3) Unterschiedliche Kennzeichnungskraft für verschiedene Produktgruppen | 289 |
| (4) Entscheidungspraxis | 290 |

|  | Rn |
|---|---|
| cc) Schwache Marken | 291–297 |
| (1) Markencharakteristik und Drittmarken | 291 |
| (2) Reichweite des Verwechslungsschutzes | 292 |
| (3) Entscheidungspraxis | 293–297 |
| dd) Schwache Zeichenbestandteile | 298–300 |
| (1) Grundsätze | 298, 299 |
| (2) Arzneimittelmarken | 300 |
| c) Variabilität der Kennzeichnungskraft | 301–306 |
| aa) Grundsatz | 301 |
| bb) Steigerung der Kennzeichnungskraft | 302–305 |
| cc) Verminderung der Kennzeichnungskraft | 306 |
| d) Wirkung ähnlicher Drittmarken auf die Kennzeichnungskraft.. | 307–332 |
| aa) Entwicklung der Rechtsprechung | 307–308c |
| (1) Rechtsprechung des RG | 308a |
| (2) Rechtsprechung des BGH zum WZG | 308b |
| (3) Rechtsprechung des BGH zum MarkenG | 308c |
| bb) Abstandslehre | 309–311 |
| cc) Voraussetzungen und Reichweite der Abstandslehre nach der Rechtsprechung | 312–332 |
| (1) Voraussetzungen der Verkehrsgewöhnung | 313–323 |
| (2) Wirkung der Verkehrsgewöhnung | 324–332 |
| 12. Produktähnlichkeit | 333–400 |
| a) Ausgangspunkt | 333 |
| b) Begriff der Produktähnlichkeit | 334–338 |
| aa) Grundsatz | 334 |
| bb) Wechselwirkungstheorie | 335–336c |
| (1) Verwechslungsrelevante Produktähnlichkeitskriterien .. | 335 |
| (2) Vertikale und horizontale Wechselwirkung | 336a, 336b |
| (3) Absolute Produktähnlichkeit | 336c |
| cc) Maßgeblichkeit der Verkehrsauffassung | 337 |
| dd) Warenzeichenrechtliche und markenrechtliche Produktkriterien | 338 |
| c) Bedeutung der Produktähnlichkeit | 339–344 |
| aa) Rechtslage im WZG | 340, 341 |
| bb) Rechtslage im MarkenG | 341a–341d |
| (1) *Canon*-Formel des EuGH | 341a |
| (2) Produktkontrolle und Produktverantwortung des Markeninhabers | 341b |
| (3) Rechtsprechung des BGH | 341c |
| (4) Vom Produktionsort zur Produktorganisation | 341d |
| cc) Rechtserhebliche Produkte zur Abgrenzung des Produktbereichs | 342 |
| dd) Bedeutung eingetragener und ähnlicher Produkte für den Schutzumfang einer Marke | 343 |
| ee) Klasseneinteilung und Produktähnlichkeit | 344 |
| d) Beurteilungskriterien zur Produktähnlichkeit | 345–360 |
| aa) Art der Produktions- und Dienstleistungsunternehmen (Produktmanagement) | 346, 347 |
| bb) Stoffqualität der Produkte | 348 |
| cc) Distribution | 349–354 |
| dd) Verwendungszweck, Produkteigenschaften und Produktmarketing | 355, 356 |
| ee) Oberbegriff der Produktgattung | 357 |
| ff) Abnehmerkreise | 358, 359 |
| gg) Beurteilungszeitpunkt | 360 |
| e) Verschiedene Produktarten | 361–371 |
| aa) Produkteinheiten | 361–363 |
| bb) Zubehör | 364–366 |
| cc) Rohstoffe und Halbfabrikate | 367–369 |
| dd) Produktsubstitute | 370a, 370b |
| (1) Rechtslage im WZG | 370a |
| (2) Rechtslage im MarkenG | 370b |
| ee) Hilfsartikel | 371 |

|  | Rn |
|---|---|
| f) Begleitende Marken | 372–378 |
| aa) Ausgangspunkt | 372–374 |
| bb) Wettbewerbsrechtliche Ausdehnung des Gleichartigkeitsbereichs im WZG (mittelbare Gleichartigkeit) | 375–378 |
| g) Entscheidungspraxis zur Annahme von Gleichartigkeit zwischen Waren im WZG | 379–384 |
| aa) Arzneimittel | 379 |
| bb) Haushaltsprodukte | 380 |
| cc) Lebens- und Genußmittel | 381 |
| dd) Technische Produkte | 382 |
| ee) Textilien | 383 |
| ff) Andere Produkte | 384 |
| h) Entscheidungspraxis zur Annahme von Ähnlichkeit zwischen Waren im MarkenG | 385 |
| i) Entscheidungspraxis zur Ablehnung von Gleichartigkeit zwischen Waren im WZG | 386–391 |
| aa) Arzneimittel | 386 |
| bb) Haushaltsprodukte | 387 |
| cc) Lebens- und Genußmittel | 388 |
| dd) Technische Produkte | 389 |
| ee) Textilien | 390 |
| ff) Andere Produkte | 391 |
| j) Entscheidungspraxis zur Ablehnung von Ähnlichkeit zwischen Waren im MarkenG | 392 |
| k) Produktähnlichkeit bei Dienstleistungen | 393–400 |
| aa) Ähnlichkeit zwischen Dienstleistungen | 393–395 b |
| (1) Grundsatz | 393 |
| (2) Entscheidungspraxis zur Annahme von Gleichartigkeit zwischen Dienstleistungen im WZG | 394 a |
| (3) Entscheidungspraxis zur Annahme von Ähnlichkeit zwischen Dienstleistungen im MarkenG | 394 b |
| (4) Entscheidungspraxis zur Ablehnung von Gleichartigkeit zwischen Dienstleistungen im WZG | 395 a |
| (5) Entscheidungspraxis zur Ablehnung von Ähnlichkeit zwischen Dienstleistungen im MarkenG | 395 b |
| bb) Ähnlichkeit zwischen Dienstleistungen und Waren | 396–400 |
| (1) Grundsatz | 396 |
| (2) Entscheidungspraxis zur Annahme von Gleichartigkeit zwischen Dienstleistungen und Waren im WZG | 397 |
| (3) Entscheidungspraxis zur Annahme von Ähnlichkeit zwischen Dienstleistungen und Waren im MarkenG | 398 |
| (4) Entscheidungspraxis zur Ablehnung von Gleichartigkeit zwischen Dienstleistungen und Waren im WZG | 399 |
| (5) Entscheidungspraxis zur Ablehnung von Ähnlichkeit zwischen Dienstleistungen und Waren im MarkenG | 400 |
| 13. Verwechslungsgefahr und Priorität | 401–403 |
| a) Ausgangspunkt | 401 |
| b) Erstarken eines prioritätsälteren Markenrechts | 402 |
| c) Erstarken eines prioritätsjüngeren Markenrechts | 403 |
| 14. Ernsthafte Verwechslungsgefahr | 404–409 |
| a) Rechtslage im WZG | 404–407 |
| b) Rechtslage im MarkenG | 408, 409 |
| V. Bekanntheitsschutz der Marke nach § 14 Abs. 2 Nr. 3 | 410–442 |
| 1. Entwicklung und Rechtsgrundlagen des Rechtsschutzes bekannter Kennzeichen | 410–412 |
| a) Wettbewerbsrechtlicher und markengesetzlicher Bekanntheitsschutz | 410 |
| b) Konkurrenzverhältnis | 411, 411 a |
| c) Option der MarkenRL | 412 |
| 2. Relativer Markenschutz | 413, 414 |
| 3. Bekanntheit der Marke | 415–423 |
| a) Abgrenzungen | 415, 416 |

# MarkenG § 14    Schutzinhalt des Markenrechts

|  | Rn |
|---|---|
| b) Begriff der Bekanntheit | 417–419 |
|     aa) Rechtsbegriff | 417, 418 |
|     bb) Bewegliches System quantitativer und qualitativer Beurteilungskriterien | 419 |
| c) Quantitative Elemente | 420, 421 |
| d) Qualitative Elemente | 422 |
| e) Zeitpunkt der Bekanntheit | 423 |
| f) Entscheidungspraxis | 423 a, 423 b |
|     aa) Wettbewerbsrechtlicher Rufausbeutungsschutz | 423 a |
|     bb) Markenrechtlicher Rufausbeutungsschutz | 423 b |
| 4. Ausnutzung oder Beeinträchtigung der Unterscheidungskraft oder der Wertschätzung der Marke | 424–427 |
| a) Kollisionstatbestand | 424 |
| b) Markenausbeutung | 425, 426 |
| c) Markenverwässerung | 427 |
| 5. Unlauterkeit | 428 |
| 6. Ohne rechtfertigenden Grund | 429 |
| 7. Markenähnlichkeit | 430 |
| 8. Produktähnlichkeit | 431, 431 a |
| a) Abgrenzung des Kollisionstatbestandes | 431 |
| b) Kumulative Anwendung | 431a |
| 9. Inlandsbekanntheit | 432 |
| 10. Fallkonstellationen | 433–438 |
| a) *Dimple*-Konstellation | 433 |
| b) *Rolls Royce*-Konstellation | 434 |
| c) Bekanntheitsschutz im Produktähnlichkeitsbereich | 435 |
| d) *Mars/Nivea*-Konstellation | 436, 437 |
| e) *JPS*-Konstellation | 438 |
| 11. Entscheidungspraxis zum WZG und UWG | 439 |
| 12. Entscheidungspraxis zum MarkenG und UWG | 440 |
| VI. Berühmtheitsschutz der Marke nach § 823 Abs. 1 BGB | 441–452 |
| 1. Entwicklung des Verwässerungsschutzes berühmter Marken | 441, 442 |
| 2. Schutzvoraussetzungen | 443–447 |
| a) Überragende Verkehrsgeltung | 443, 444 |
| b) Alleinstellung (Einmaligkeit) | 445 |
| c) Eigenart | 446 |
| d) Wertschätzung | 447 |
| 3. Verwässerungsgefahr | 448, 449 |
| 4. Zeitrang | 450 |
| 5. Entscheidungspraxis | 451, 452 |
| VII. Abgrenzungsvereinbarungen | 453–458 |
| 1. Begriff und Anwendungsbereich | 453, 454 |
| 2. Rechtsfolgen von Abgrenzungsvereinbarungen | 455 |
| 3. Kartellrechtliche Grenzen von Abgrenzungsvereinbarungen | 456 |
| 4. Warenverkehrsrechtliche Grenzen von Abgrenzungsvereinbarungen | 457 |
| 5. Gemeinschaftsrechtlicher Schutzinhalt als Grundlage von Abgrenzungsvereinbarungen | 458 |
| D. Markenrechtsverletzende Benutzungshandlungen (§ 14 Abs. 3) | 459–498 |
| I. Beispielhafter Katalog rechtserheblicher Benutzungshandlungen | 459–461 |
| 1. Kennzeichnungsrecht, Erstvertriebsrecht und Ankündigungsrecht im WZG | 459, 460 |
| 2. Produktmarkierungsrecht, Vermarktungsrecht und Werberecht im MarkenG | 461 |
| II. Anbringen des Zeichens auf Waren oder ihrer Aufmachung oder Verpackung (§ 14 Abs. 3 Nr. 1) | 462–468 |
| 1. Grundsatz | 462 |
| 2. Anbringen | 463–465 |
| a) Körperliche oder räumliche Verbindung von Marke und Ware | 463, 464 |
| b) Unternehmensinternes Anbringen | 465 |
| 3. Aufmachung oder Verpackung | 466–468 |
| a) Ware und Verpackung als Produkteinheit | 466 |

| | Rn |
|---|---|
| b) Arten der Verpackung | 467 |
| c) Umpacken nach der Rechtsprechung des EuGH | 468 |
| III. Anbieten, Inverkehrbringen und Besitzen einer markierten Ware (§ 14 Abs. 3 Nr. 2) | 469–475 |
| 1. Anbieten einer markierten Ware (§ 14 Abs. 3 Nr. 2 1. Alt.) | 469 |
| 2. Inverkehrbringen einer markierten Ware (§ 14 Abs. 3 Nr. 2 2. Alt.) | 470–474 |
| a) Erstvertriebsrecht (Vermarktungsrecht) | 470 |
| b) Begriff des Inverkehrbringens | 471 |
| c) Ermächtigung zum Inverkehrbringen | 472 |
| d) Inländischer Konzernverkehr | 473 |
| e) Inverkehrbringen im Ausland | 474 |
| 3. Besitzen einer markierten Ware (§ 14 Abs. 3 Nr. 2 3. Alt.) | 475 |
| IV. Anbieten und Erbringen von markierten Dienstleistungen (§ 14 Abs. 3 Nr. 3) | 476, 477 |
| 1. Grundsatz | 476 |
| 2. Besitzen von Hilfswaren für Dienstleistungen | 477 |
| V. Benutzung der Marke im Import, Export und Transit (§ 14 Abs. 3 Nr. 4) | 478–483 |
| 1. Import und Export | 478, 479 |
| 2. Reimport | 480 |
| 3. Transit | 481–483 |
| a) Rechtslage im WZG | 481, 482 |
| aa) Verletzung eines inländischen Markenrechts | 481 |
| bb) Verletzung eines ausländischen Markenrechts | 482 |
| b) Rechtslage im MarkenG | 483 |
| VI. Benutzung der Marke in Geschäftspapieren und in der Werbung (§ 14 Abs. 3 Nr. 5) | 484–498 |
| 1. Grundsatz | 484, 485 |
| 2. Markierte Werbemittel | 486 |
| 3. Geschäftspapiere und Werbemittel | 487–489 |
| 4. Mündliche Werbung | 490 |
| 5. Händlerwerbung | 491–495 |
| a) Werbung für markierte Produkte | 491 |
| b) Werbung für nicht markierte Produkte | 492–495 |
| aa) Rechtslage im WZG | 492 |
| bb) Rechtslage im MarkenG | 493–495 |
| 6. Benutzung der Marke in vergleichender Werbung | 496 |
| 7. Benutzung der Marke als geschäftliche Bezeichnung | 497, 498 |
| E. Markenrechtsverletzende Vorbereitungshandlungen (§ 14 Abs. 4) | 499–502 |
| I. Grundsatz | 499–501 |
| II. Aufmachungen, Verpackungen und Kennzeichnungsmittel | 502 |
| F. Kennzeichenrechtliche Ansprüche (§ 14 Abs. 5 und 6) | 503–530 |
| I. Allgemeines | 503, 504 |
| 1. Regelungsübersicht | 503 |
| 2. Darstellung | 504 |
| II. Schutzvoraussetzungen | 505, 506 |
| III. Klageberechtigung | 507, 508 |
| 1. Aktivlegitimation | 507 |
| 2. Passivlegitimation | 508 |
| IV. Unterlassungsanspruch (§ 14 Abs. 5) | 509–512 |
| 1. Rechtsnatur | 509 |
| 2. Einzelnes | 510–512 |
| V. Schadensersatzanspruch (§ 14 Abs. 6) | 513–524 |
| 1. Rechtsnatur | 513 |
| 2. Einzelnes | 514–523 |
| a) Fahrlässigkeit | 514 |
| b) Markenrecherche | 515–517 |
| c) Haftungsumfang | 518–523 |
| aa) Grundsatz der dreifachen Schadensberechnung | 518–520 |
| bb) Ersatz des tatsächlich entstandenen Schadens | 521 |
| cc) Lizenzanalogie | 522 |
| dd) Herausgabe des Verletzergewinns | 523 |
| 3. Feststellungsklage | 524 |

|  | Rn |
|---|---|
| VI. Andere zivilrechtliche Ansprüche | 525–530 |
| 1. Auskunftsanspruch | 525–527 |
| 2. Rechnungslegungsanspruch | 528 |
| 3. Geschäftsführungsanspruch | 529 |
| 4. Bereicherungsanspruch | 530 |
| G. Haftung des Betriebsinhabers (§ 14 Abs. 7) | 531–538 |
| I. Regelungsübersicht | 531, 532 |
| II. Haftungsvoraussetzungen | 533–538 |
| 1. Markenrechtsverletzung | 533 |
| 2. Haftung innerhalb des Aufgabenbereichs des Angestellten oder Beauftragten | 534 |
| 3. Angestellter oder Beauftragter | 535–537 |
| 4. Betriebsinhaber | 538 |
| H. Unzulässige Rechtsausübung | 539–541 |
| I. Mißbrauch einer formalen Rechtsstellung | 539 |
| II. Widersprüchliches Verhalten | 540 |
| III. Vorsätzliche Schadenszufügung | 541 |
| I. Abmahnung und einstweiliger Rechtsschutz | 542–551 |
| I. Vorprozessuale Abmahnung | 542–547 |
| II. Einstweilige Verfügung | 548–551 |
| 1. Zulässigkeit einstweiliger Verfügungen in Kennzeichenstreitsachen und Gemeinschaftsmarkenstreitsachen | 548, 549 |
| 2. Dringlichkeitsvermutung (§ 25 UWG analog) | 550 |
| 3. Glaubhaftmachung des Verfügungsanspruchs | 551 |
| J. Rechtslage nach dem ErstrG | 552 |

**Schrifttum zum WZG.** *Allfeld,* Motivschutz bei Warenzeichen auch bei Verschiedenheiten der Ausgestaltung des Konkurrenzzeichens – Starke und schwache Zeichen, JW 1924, 700; *Baeumer,* Schutzfähigkeit und Schutzumfang der Marke im französischen Recht, Schriftenreihe zum Gewerblichen Rechtsschutz des Instituts für ausländisches und internationales Patent-, Urheber- und Markenrecht der Universität München, Band 7, 1964; *v. Bar,* RIW/AWD 1977, 712; *Bauer,* Originalitätsschwäche von Warenzeichen, Mitt 1969, 186; *Becher,* Der Schutz der berühmten Marke, GRUR 1951, 489; *Becher,* Verwechslungsgefahr nach dem Wortsinn der Warenzeichen, GRUR 1961, 120; *Beier,* Gedanken zur Verwechslungsgefahr und ihrer Feststellung im Prozeß, GRUR 1974, 514; *Beier,* Unterscheidende Zusätze als Mittel zur Lösung marken- und firmenrechtlicher Konflikte im Gemeinsamen Markt, RIW/AWD 1978, 213; *Benkard,* Starke und schwache Zeichen, GRUR 1952, 311; *Bierbach,* Die klangliche und schriftbildliche Verwechslungsgefahr, GRUR 1972, 278; *Blasendorff,* Kein Markenrecht durch Markenunrecht, GRUR 1952, 177; *Busch/Droste,* Zum Schutzumfang „sinninhaltlicher" Warenzeichen, GRUR 1976, 112; *Bork, R.*, Kennzeichenschutz im Wandel – Zum Verhältnis des bürgerlichrechtlichen zum wettbewerbsrechtlichen Schutz der berühmten Marke gegen Verwässerungsgefahr, GRUR 1989, 725; *Brandt/Linzmeyer,* Kollision von Dienstleistungsmarken und Warenzeichen, GRUR 1979, 214; *Bußmann,* Grenzen des Zeichenschutzes, GRUR 1952, 313; *Bußmann,* Die Verwechslungsgefahr von Warenzeichen mit nicht schutzfähigen Bestandteilen, MA 1965, 358; *Bußmann,* Die Bedeutung des warenzeichenmäßigen Gebrauchs, GRUR 1971, 392; *Daniels,* Warenzeichen-Verwechselbarkeit, 2. Aufl., 1960; *Dietze,* Zum Begriff der Verwechslungsgefahr (§ 31 WZG), GRUR 1949, 321; *Droste/Winter,* Zur Vermeidung von wirtschaftlich nicht notwendigen Warenzeichenkollisionen, GRUR 1979, 277; *Ebenroth/Hübschle,* Gewerbliche Schutzrechte und Marktaufteilung im Binnenmarkt der Europäischen Union, 1994; *Eisenführ,* Begriff und Schutzfähigkeit von Marke und Ausstattung, FS GRUR, Bd. II, 1991, S. 765; *Elsaesser,* Der Rechtsschutz berühmter Marken, 1959; *v. Falck,* GRUR 1977, 724; *v. Falck,* Zur Geltendmachung von Warenzeichen- und Ausstattungsrechten gegenüber Firmenkennzeichen, GRUR 1980, 608, 612; *Fezer,* GRUR 1977, 616; *Fezer,* Markenschutz durch Wettbewerbsrecht – Anmerkungen zum Schutzumfang des subjektiven Markenrechts, GRUR 1986, 485; *Fezer,* Der wettbewerbsrechtliche Schutz der unternehmerischen Leistung, FS GRUR, Bd. II, 1991, S. 939; *Fezer,* Die Ausstrahlungswirkung berühmter und bekannter Marken im Wettbewerbsrecht, FS für Nirk, 1992, S. 247; *Fezer,* Leistungsschutz im Wettbewerbsrecht, WRP 1993, 63; *Fiebig,* Gleichartigkeit von Waren (unter besonderer Berücksichtigung des Gebiets der Lebensmittel), Mitt 1964, 166; *Fricke,* Die Rechtsprechung des Gerichtshofes der Europäischen Gemeinschaften zur Koexistenz von identischen oder verwechslungsfähigen nicht ursprungsgleichen Warenzeichen innerhalb des Gemeinsamen Marktes, WRP 1977, 7; *Friedrich,* Verwechslung oder Verwässerung?, JR 1951, 314; *Friedrich,* Besonders bekannte Marken, MA 1953, 316; *v. Gamm,* Das Erfordernis der kennzeichnungsmäßigen Benutzung, GRUR 1974, 539; *v. Harder,* Zeichenschwäche auf Grund Verwässerung und Wahl des Zeichens, GRUR 1964, 299; *Harte,* Die kartellrechtliche Beurteilung von

Abgrenzungsvereinbarungen über Warenzeichen, GRUR 1978, 501; *Hefermehl/Fezer,* Der Schutz der Marke im Gemeinsamen Markt, in: Hefermehl/Ipsen/Schluep/Sieben, Nationaler Markenschutz und freier Warenverkehr in der Europäischen Gemeinschaft, 1979; *Heinzelmann,* Der Schutz der berühmten Marke, AJP/PJA 1993, 531; *Heydt,* MBl. 1956, 37; *Heydt,* GRUR 1963, 629; *Heydt,* Zum Begriff des „warenzeichenmäßigen Gebrauchs" im Sinne des § 16 WZG, Mitt 1969, 319; *Heydt,* Verwechslungsgefahr und Warennähe im Warenzeichenrecht, GRUR 1971, 435; *Johannes,* Anwendung der Prinzipien des Kaffee-Hag-Urteils auf nicht ursprungsgleiche Warenzeichen und auf Freizeichen, RIW/AWD 1976, 10; *Kirchner,* Der schutzunfähige Zeichenbestandteil im zeichenrechtlichen Widerspruchsverfahren und im Verletzungsprozeß, Mitt 1969, 6; *Knaak,* Die Begriffe des markenmäßigen und firmenmäßigen Gebrauchs im Zeichenrecht, GRUR 1982, 67; *Knaak,* Demoskopische Umfragen in der Praxis des Wettbewerbs- und Warenzeichenrechts, GRUR 1986, 84; *Kock,* Abschied von der Unterscheidung zwischen warenzeichenmäßigem und firmenmäßigem Gebrauch, GRUR 1992, 667; *Kockläuner,* Schwächung der Kennzeichnungskraft durch Bekanntheit ähnlicher Warenzeichen im Ausland?, GRUR 1971, 494; *Kohl,* Die „Verwässerung" berühmter Kennzeichen, 1975; *Kraft,* Annäherungen und Abweichungen zweier Zeichen und ihr Einfluß auf die Verwechslungsgefahr, GRUR 1959, 118; *Kraft,* Der Bekanntheitsgrad eines Zeichens und sein Einfluß auf die Verwechslungsgefahr, GRUR Int 1960, 5; *Kraft,* Wertungsfragen und Verkehrsanschauung im Markenrecht, JZ 1969, 408; *Kraft,* Die Bedeutung der Verkehrsbekanntheit eines Warenzeichens in der Spruchpraxis des Patentamts zur Verwechslungsgefahr, GRUR 1977, 417; *Kraft,* Warenzeichenrechtliche Abgrenzungsvereinbarungen und EG-Kartellrecht, MA 1984, 86; *Kroitzsch,* Die Verwechslungsgefahr im weiteren Sinne, GRUR 1968, 173; *Krüger-Nieland,* Neue Beurteilungsmaßstäbe für die Verwechslungsgefahr im Warenzeichenrecht?, GRUR 1980, 425; *Kunz-Hallstein,* Perspektiven der Angleichung des nationalen Markenrechts in der EWG, GRUR Int 1992, 81; *Leo,* Kritische Gedanken zur Abstandsrechtsprechung des BGH, GRUR 1963, 607; *Loewenheim,* Die berühmte Marke im europäischen Spannungsfeld, MA 1991, 238; *Mayer,* Marken von Rang, GRUR 1953, 277; *van Manen,* Assoziationsgefahr, „Raubkatzen"-Urteil des EuGH und Benelux-Markenrecht, GRUR Int 1998, 471; *Messing,* „No Names" Wie gewonnen so zerronnen?, MA 1982, 232; *Miosga,* Warenzeichenrechtliche Abgrenzungsabkommen im Lichte der Rechtsprechung des BGH, MA 1956, 227; *Miosga,* Wettbewerbsrechtliche Gesichtspunkte im patentamtlichen Widerspruchsverfahren, MA 1956, 392; *Miosga,* Die Verwechslungsgefahr in der neuesten Rechtsprechung des Deutschen Patentamts, Mitt 1958, 185; *Miosga,* Verwechslungsgefahr (alphabetisch geordnete Zusammenstellung aller wesentlichen Verwechslungs-Entscheidungen auf dem Gebiete des Kennzeichnungsrechts), 2. Aufl., 1965; *Miosga,* Merkmale der Zeichenkollisionsprüfung, Mitt 1965, 25; *Möhring,* Hausfarben und ihre rechtliche Beurteilung, MA 1950, 139; *Moll,* Die berühmte und bekannte Marke, GRUR 1993, 8; *Noelle-Neumann/Schramm,* Testen der Verwechslungsgefahr, GRUR 1976, 51; *Pander,* Die Verwechslungsgefahr als Tat- und Rechtsfrage, Mitarbeiterfestschrift für E. Ulmer, 1973, S. 247; *Paul,* „Inverkehrbringen" nach Patent- und Warenzeichenrecht, NJW 1963, 980; *Reimer,* Wichtige Interessensausgleichsfragen im Patent- und Warenzeichenrecht und ihre Behandlung durch die Rechtsprechung, GRUR 1931, 447, 458; *Reimer,* Motivzeichen und motivlose Zeichen – Starke und schwache Zeichen, MuW 1930, 344; *Rempe,* Der Schutz sogenannter schwacher und starker Zeichen, Diss. Mainz, 1977; *Roth,* Die Verwechslungsfähigkeit von Warenzeichen nach deutschem und europäischem Recht, RabelsZ 45 (1981), S. 333; *Rüffer,* Schwache Warenzeichen, GRUR 1961, 212; *Schlüter,* Zeichenrechtlicher Begriff und Gleichartigkeitsbereich von Baumaterialien, MA 1973, 452; *Schramm,* Der Schutzumfang, GRUR 1950, 397; *Schramm,* Verwechslungsgefahr bei Warenzeichen, MA 1953, 144; *Schramm,* GRUR 1968, 258; *Schütz,* Verwendung des Herstellerverzeichnis durch den Händler bei Ankündigung von Ware, GRUR 1976, 757; *v. Schultz,* Wohin geht das berühmte Kennzeichen?, GRUR 1994, 85; *Schulze zur Wiesche,* Die neue Rechtsprechung des BGH auf dem Gebiet des Warenzeichenrechts, NJW 1970, 1521; *Schwanhäusser,* Die Auswirkungen der Toltecs-Entscheidung des Europäischen Gerichtshofs auf Abgrenzungsvereinbarungen, GRUR Int 1985, 816; *Ströbele,* Die Berücksichtigung des Freihaltungsbedürfnisses im zeichenrechtlichen Eintragungsverfahren, GRUR 1981, 706; *Ströbele,* Verwechslungsgefahr und Schutzumfang, FS GRUR, 1991, Bd. II, S. 821; *Teplitzky,* Die Funktionen des Freihaltebedürfnisses in der Rechtsprechung des BGH, FS für v. Gamm, 1990, S. 303; *Tilmann,* Die Rechtsprechung des Europäischen Gerichtshofs und ihre Auswirkungen auf das künftige EWG-Markenrecht, GRUR 1977, 446; *Tilmann,* Zur Reichweite des Schutzes im deutschen und europäischen Markenrecht, GRUR 1980, 660; *Tilmann,* Die Verkehrsauffassung im Wettbewerbs- und Warenzeichenrecht, GRUR 1984, 716; *Trüstedt,* Der Schutzumfang starker Zeichen im Bereich der Warengleichartigkeit, GRUR 1966, 65; *Trüstedt,* Die Bedeutung der formellen Priorität im Zeichenrecht, MA 1966, 260; *Ullmann,* Schutz der Elemente – elementarer Schutz der immateriellen Güter?, GRUR 1993, 334; *Ulmer,* Die zeichenrechtlichen Grenzen der Händlerwerbung mit Herstellermarken zum Ankündigungsrecht des Zeicheninhabers, NJW 1969, 11; *Utescher,* Gedanken zur mittelbaren Verwechslungsgefahr, GRUR 1972, 526; *Verkade,* Angleichung des nationalen Markenrechts in der EWG: Benelux-Staaten, GRUR Int 1992, 92; *Vierheilig,* „Wipp" – Trauma und Therapie, GRUR 1975, 534; *Vierheilig,* Grenzen der Maßgeblichkeit der Verkehrsauffassung im Warenzeichenrecht, 1977; *Vierheilig,* „Ernsthafte" Verwechslungsgefahr? – Überlegungen zu europäischen Reformbestrebungen im Markenrecht, GRUR Int 1982, 506; *Völp,* Kritische Bemerkungen zur Verwechslungsgefahr, GRUR 1974,

754; *Völp,* Darf der Händler das Warenzeichen des Herstellers zur Ankündigung von Originalwaren verwenden, WRP 1977, 688; *Wegener,* Der Einfluß des Sinngehalts eines Warenzeichens auf den Schutzbereich, Diss. Hamburg, 1963; *Wilde,* Warenzeichen in der Rechtsprechung des Bundesgerichtshofes, MA 1952, 359; *Wilde,* Probleme der warenzeichenmäßigen Benutzung von Kennzeichnungen, GRUR 1968, 477; *Winter,* Modifizierte Kollisionslösungen im deutschen Warenzeichenrecht zur Vermeidung wirtschaftlich nicht erforderlicher Verbietungsrechte, GRUR 1977, 467.

**Schrifttum zum MarkenG.** *Anders/Hacker,* Aus der Rechtsprechung des Bundespatentgerichts im Jahre 1996, GRUR 1997, 487; *Annand,* Die EuGH-Entscheidung „Springende Raubkatze" aus britischer Sicht, GRUR Int 1998, 656; *Beier,* Objektive und subjektive Marktabschottung? – Ein Beitrag zur Auslegung des Art. 36 S. 2 EWGV, FS für Vieregge, 1995, S. 43; *Berlit,* Markenrechtliche und europarechtliche Grenzen des Markenschutzes, GRUR 1998, 423; *Beuthien/Wasmann,* Zur Herausgabe des Verletzergewinns bei Verstößen gegen das Markengesetz – Zugleich Kritik an der sogenannten dreifachen Schadensberechnung, GRUR 1997, 255; *Boës/Deutsch,* Die „Bekanntheit" nach dem neuen Markenrecht und ihre Ermittlung durch Meinungsumfragen, GRUR 1996, 168; *Brandi-Dohrn,* Die kommende Neuordnung des Kennzeichenrechts: Das Markenrechtsreformgesetz, BB 1994, Beilage 16; *van Bunnen,* Übereinstimmung, Verwechslungsgefahr und/oder Assoziation?, GRUR Int 1998, 942; *Busche,* Die springende Raubkatze, das Markenrecht und der Durchschnittsverbraucher – Überlegungen zum Schutz der Marke vor Verwechslungen, DZWir 1998, 363; *Deutsch,* Zur Markenverunglimpfung – Anmerkungen zu den BGH-Entscheidungen „Mars" und „Nivea", GRUR 1995, 319; *Deutsch,* Noch einmal: Das Verbraucherleitbild des EuGH und das „Nissan"-Urteil, GRUR 1997, 44; *Dreiss,* Das neue Markenrecht, Mitt 1995, 1; *Eichmann,* Der Schutz von bekannten Kennzeichen, GRUR Int 1998, 201; *Eisenführ,* Schutzfähigkeit und Schutzumfang nach dem neuen Markenrecht, FS 100 Jahre Marken-Amt, 1994, S. 69; *Eisenführ,* „Dos", „quattro", „UHQ" – ein Schwanengesang, GRUR 1994, 340; *Eisenführ,* „Hurricane" – Zuviel Wind, FS für Vieregge, 1995, S. 173; *Eisenführ,* Die gedankliche Verbindung, Mitt 1995, 22; *Eisenführ,* „Blendax Pep" und „Juwel von Klingel" – zwei Welten?, GRUR Int 1996, 547; *Eisenführ,* So ähnlich wie gleichartig, GRUR 1998, 214; *Esslinger/Wenning,* Die Prägung des Gesamteindrucks einer Marke – Tatfrage oder Rechtsfrage?, WRP 1997, 1019; *Fezer,* Das wettbewerbsrechtliche Irreführungsverbot als ein normatives Modell des verständigen Verbrauchers im Europäischen Unionsrecht, Zugleich eine Besprechung der Entscheidung „*Mars*" des EuGH vom 6. Juli 1995 – Rechtssache C 470/93, WRP 1995, 671; *Fezer,* Rechtsverletzende Benutzung einer Marke als Handeln im geschäftlichen Verkehr – Abschied von der markenmäßigen Benutzung im MarkenG, GRUR 1996, 566; *Fezer,* Erste Grundsätze des EuGH zur markenrechtlichen Verwechslungsgefahr – oder: "Wie weit springt die Raubkatze?", NJW 1998, 713; *Fezer,* Markenfunktionale Wechselwirkung zwischen Markenbekanntheit und Produktähnlichkeit, WRP 1998, 1123; *Fuchs-Wissemann,* Zur Verwechslungsgefahr von aus Wort und Bild zusammengesetzten Marken mit nur aus einem Wort oder einem Bild bestehenden Zeichen, GRUR 1995, 470; *Fuchs-Wissemann,* Verwechslung von Mehrwortzeichen, Abspaltung und mittelbare Verwechslungsgefahr in gedanklicher Verbindung, GRUR 1998, 522; *v. Gamm,* Schwerpunkte des neuen Markenrechts, GRUR 1994, 775; *v. Gamm,* Rufausnutzung und Beeinträchtigung bekannter Marken und geschäftlicher Bezeichnungen, FS für Piper, 1996, S. 537; *Gloy,* Zum Schutzumfang von Marken nach dem neuen Markengesetz, FS für Rowedder, 1994, S. 77; *Götting,* Der rechtliche Schutz wegen Markenparodie, JZ 1995, 206; *Großner,* Der Rechtsschutz bekannter Marken, Diss. Konstanz, 1998; *Hacker,* Allgemeine Grundsätze der Beurteilung der Verwechslungsgefahr bei Kombinationszeichen, GRUR 1996, 92; *Harris,* Wagamama – Confusion Still Reigns in the UK, Trademark World 1995, 12; *Harris,* UK Trade Mark Law: Are You Confused?, E.I.P.R. 1995, 601; *Harte-Bavendamm/v. Bomhard,* Abgrenzungsvereinbarungen und Gemeinschaftsmarken, GRUR 1998, 530; *Hebeis,* Verwechslungsgefahr bei Vergleichszeichen mit überwiegend übereinstimmenden Bestandteilen, GRUR 1994, 490; *Heil/Kunz-Hallstein,* Beurteilung der Verwechslungsgefahr im Markenrecht, GRUR Int 1995, 227; *Ingerl/Rohnke,* Die Umsetzung der Markenrechts-Richtlinie durch das deutsche Markengesetz, NJW 1994, 1247; *Kamperman Sanders,* The Wagamama Decision: Back to the Dark Ages of Trade Mark Law, E.I.P.R. 1996, 3; *Keller,* Die zeichenmäßige Benutzung im Markenrecht – Umfang und Grenzen der markenrechtlichen Abwehrbefugnis, GRUR 1996, 607; *Kiethe/Krauß,* Die Verwechslungsgefahr nach dem Markengesetz – Verstärkter Rechtsschutz durch legislative Begriffserweiterung, WRP 1996, 495; *Kliems,* Relativer Ähnlichkeitsbegriff bei Waren/Dienstleistungen im neuen Markenrecht?, GRUR 1995, 198; *Knies,* Der wettbewerbsrechtliche Leistungsschutz – eine unzulässige Rechtsfortbildung?, Diss. Hamburg, 1996; *Krings,* Haben §§ 14 Abs. 2 Nr. 3 und 15 Abs. 3 MarkenG den Schutz der berühmten Marke sowie des berühmten Unternehmenskennzeichens aus §§ 12, 823 Abs. 1, 1004 BGB ersetzt?, GRUR 1996, 624; *Krüger,* Zum gedanklichen Inverbindungbringen im Sinne der §§ 9 I 2, 14 II 2 Markengesetz, GRUR 1995, 527; *Kunz-Hallstein,* Ähnlichkeit und Verwechslungsgefahr – Überlegungen zur Auslegung des neuen Markengesetzes, GRUR 1996, 6; *Kur,* Die notorisch bekannte Marke im Sinne von 6$^{bis}$ PVÜ und die „bekannte Marke" im Sinne der Markenrechtsrichtlinie, GRUR 1994, 330; *Kur,* Entwicklung und gegenwärtiger Stand des internationalen Markenschutzes, MA 1994, 560; *Kur,* Die Verwechslungsgefahr im europäischen Markenrecht – Versuch einer Bestandsaufnahme, MarkenR 1999, 2; *Lehmann/Schönfeld,* Die neue europäische und deutsche Marke, Positive Handlungsrechte im Dienste der Informationsökonomie, GRUR 1994, 481; *Levin,* Der Schutz außerhalb des Gleichartigkeitsbereichs in der EU aus schwedischer Sicht, FS für Beier, GRUR Int 1996, 454; *von Linstow,* Verwechslungsgefahr und Skalenniveau, GRUR 1996, 99; *Litphor,* Auswirkungen der ersten Markenrechtsrichtlinie auf die Merkmale der Verwechslungsgefahr und der Erschöpfung im deutschen Markenrecht, 1997; *Mangini,* Die Marke: Niedergang der Herkunftsfunktion, FS für Beier, GRUR Int 1996, 462; *Mansani,* Die Gefahr einer gedanklichen Verbindung zwischen Zeichen im Markenrecht der Gemeinschaft, GRUR Int 1998, 830; *Meister,* Neues deutsches Zeichenrecht – eine Zwischenbilanz, MA 1990, 525; *Meister,* Die Verteidigung von Marken – Eine Skizze zum neuen Recht, WRP 1995, 366; *Meister,* Praktische Erfahrungen mit dem neuen Markengesetz, WRP 1995, 1005; *Meyer,* Das deutsche und französische Markenrecht nach der Umsetzung der Ersten Markenrichtlinie (RL 89/104/EWG), GRUR Int 1996, 592; *Montagnon,* "Strong" Marks Make More Goods "Similar", EIPR 1998, 401; *Mostert,* Famous and Well-Known Marks, An International Anlysis, 1997; *Nägele,* Die rechtsverletzende Benutzung im Markenrecht, 1999; *Osterloh,* Die zeichenrechtliche Verwechslungsgefahr als Rechtsfrage in der höchstrichterlichen Rechtsprechung, FS für Piper, 1996, S. 595; *Pabst,* Die Motivmarke, Diss. Konstanz, 1998; *Peifer,* Negativer Imagetransfer bei Markenvereinbarungen – "Tic Tac Toe", WRP 1997, 685; *Pfisterer,* Interdisziplinäre und rechtsvergleichende Untersuchung von Markenverletzungen und Produktpiraterie, GRUR Int 1996, 145; *Pickrahn,* Die Bekämpfung von Parallelimporten nach dem neuen Markengesetz, GRUR 1996, 383; *Piper,* Der Schutz der bekannten Marken, GRUR 1996, 429; *Piper,* Zu den Anforderungen an den Schutz der bekannten Gemeinschaftsmarke nach der Gemeinschaftsmarkenverordnung, GRUR 1996, 657; *Pösentrup/Keukenschrijver/Ströbele,* Aus der Rechtsprechung des Bundespatentgerichts im Jahre 1995, GRUR 1996, 303; *Preglau/Neuffer,* Die Kollisionsprüfung im Widerspruchsverfahren vor dem Harmonisierungsamt für den Binnenmarkt, MarkenR 1999, 41; *Raßmann,* Verwechslungsgefahr und Schutzumfang im neuen Markenrecht – ein völliger Neubeginn?, GRUR 1997, 580; *Rößler,* Die Ausnutzung der Wertschätzung bekannter Marken im neuen Markenrecht, GRUR 1994, 559; *Rößler,* Die Rufausbeutung als Unlauterkeitskriterium in der Rechtsprechung zu § 1 UWG, 1997; *Ruijsensaars,* Merchandising von Sportemblemen und Universitätslogos – Ein markenrechtliches Lösungsmodell für Europa?, GRUR Int 1998, 110; *Sack,* Sonderschutz bekannter Marken, GRUR 1995, 81; *Sack,* Export und Transit im Markenrecht, RIW 1995, 177; *Sack,* "Doppelidentität" und "gedankliches Inverbindungbringen" im neuen deutschen und europäischen Markenrecht, GRUR 1996, 663; *Sack,* Probleme des Markenschutzes im Ähnlichkeitsbereich, WRP 1998, 1127; *Sack,* Markenschutz gegen Verwechslungsgefahr und "gedankliches Inverbindungbringen" ohne Herkunftstäuschung, FS für Kraft, 1998, S. 551, *Sambuc,* Tatbestand und Bewertung der Rufausbeutung durch Produktnachahmung, GRUR 1996, 675; *Schmieder,* Neues deutsches Markenrecht nach europäischem Standard, NJW 1994, 1241; *Schneider,* Die notorische Marke: Entstehung eines neuen Markentyps im internationalen Recht und ihre Konsequenzen für das schweizerische Markenrecht, GRUR Int 1998, 461; *Schöne/Wüllrich,* Das Prioritätsprinzip im Markenrecht am Beispiel der Kollision von älterer Marke und jüngerer geschäftlicher Bezeichnung, WRP 1997, 514; *Schultze/Schwenn,* Zur künftigen Behandlung der Markenparodie, WRP 1997, 536; *Starck,* Rechtsprechung des Bundesgerichtshofes zum neuen Markenrecht, WRP 1996, 269; *Starck,* Die Auswirkungen des Markengesetzes auf das Gesetz gegen den unlauteren Wettbewerb, DZWir 1996, 313; *Starck,* Zur mittelbaren Verletzung von Kennzeichenrechten, FS für Piper, 1996, S. 627; *Starck,* Markenmäßiger Gebrauch – Besondere Voraussetzungen für die Annahme einer Markenverletzung?, GRUR 1996, 688; *Strauss,* Dienstleistungsmarken, MA 1995, 2; *Ströbele,* Gedanken zum neuen Zeichenrecht, MA 1993, 219; *Teplitzky,* Zur Auslegung des in § 9 Abs. 1 Nr. 2 und § 14 Abs. 2 Nr. 2 MarkenG enthaltenen (neuen) Tatbestandsmerkmals "...einschließlich der Gefahr, daß das Zeichen mit der Marke gedanklich in Verbindung gebracht wird", FS für Brandner, 1996, S. 497; *Teplitzky,* Verwechslungsgefahr und Warenähnlichkeit im neuen Markenrecht, GRUR 1996, 1; *Tilmann,* Verwechslungsgefahr bei zusammengesetzten Zeichen, GRUR 1996, 700; *Ullmann,* Die Verwendung von Marke, Geschäftsbezeichnung und Firma im geschäftlichen Verkehr, insbesondere des Franchising, NJW 1994, 1255; *Ullmann,* Prägend – was sonst, GRUR 1996, 712; *Weberndörfer,* Rechtsvergleich Deutschland – Vereinigtes Königreich: Auswirkungen der Umsetzung der EG-Markenrechtsrichtlinie auf den erweiterten Schutz "bekannter" Marken, 1997; *Zollner,* Der Schutz berühmter Marken gegen Verwässerungsgefahr im deutschen und US-amerikanischen Recht, 1996.

## Entscheidungen zum MarkenG

**1. BPatGE 35, 218 – Adalbert Prinz von Bayern**
Die Grundsätze der mittelbaren Verwechslungsgefahr dienen als Anknüpfungspunkt zur Annahme der assoziativen Verwechslungsgefahr.

**2. BGH GRUR 1995, 216 – Oxygenol II**
Begriff der Ähnlichkeit der Waren oder Dienstleistungen als neuer und eigenständiger Rechtsbegriff.

**3. BPatGE 35, 26 – APISOL**
Die Rechtsprechung zur Warengleichartigkeit ist als Ausgangspunkt zur Beurteilung der Warenähnlichkeit heranzuziehen.

## MarkenG § 14 — Schutzinhalt des Markenrechts

**4. BPatGE 35, 36 – Rebenstolz**
Beschreibende Markenteile haben keinen die Marke kennzeichnenden Charakter und werden vom Verkehr nicht als individueller Herkunftshinweis verstanden.

**5. BPatG, Beschluß vom 14. Februar 1995, 27 W (pat) 202/93 – gigi**
Die Rechtsprechung zur mittelbaren Verwechslungsgefahr dient als Ausgangspunkt zur Beurteilung der Gefahr des gedanklichen Inverbindungbringens.

**6. BPatGE 35, 40 – Jeannette**
*Annete* verwechslungsfähig mit *Jeannette*.

**7. BPatG, Beschluß vom 13. März 1995, 30 W (pat) 299/93 – Kamillogen**
Bei der Frage, ob der fragliche Markenbestandteil ein den Gesamteindruck nicht allein prägendes Firmenschlagwort darstellt, ist bei einer (noch) unbekannten Firmenbezeichnung die Kenntnis der Bezeichnung zu unterstellen.

**8. BPatGE 35, 58 – ADA GRIMALDI**
Zum Schutz beschreibender Bestandteile von Marken; Verkürzung von Vor- und Nachnamen im Textilsektor.

**9. BPatGE 35, 130 – Plak Guard**
Schutzumfang einer infolge Verkehrsdurchsetzung eingetragenen Marke.

**10. BPatGE 35, 67 – JACOMO**
Nicht jedes fernliegende gedankliche Inverbindungbringen stellt ein relatives Schutzhindernis dar.

**11. BPatG BlPMZ 1996, 189 – PATEK PHILIPPE NAUTILUS**
Wird die Marke durch eine Firmenbezeichnung ergänzt, so beurteilt sich die Verwechslungsgefahr nach der prägenden Bedeutung der Firmenbezeichnung.

**12. BPatG, Beschluß vom 30. März 1995, 25 W (pat) 55/93 – BONGO**
*Bronco* nicht verwechslungsfähig mit *BONGO*.

**13. BPatG, Beschluß vom 31. März 1995, 32 W (pat) 262/95 – Blendi**
Keine Warenähnlichkeit von Back-, Konditorwaren sowie Präparaten für die Herstellung von Getränken und Zahnpflegemittel.

**14. LG Düsseldorf Mitt 1996, 22 – Chiemsee**
Ansprüche nach § 14 setzen ein Handeln im geschäftlichen Verkehr voraus.

**15. BPatGE 35, 74 – KISS**
Zum Schutz von Wortbildbestandteilen.

**16. BPatG, Beschluß vom 24. April 1995, 30 W (pat) 9/94 – RANIFUG**
Die Rechtsprechung zur mittelbaren Verwechslungsgefahr dient als Ausgangspunkt zur Beurteilung der Gefahr des gedanklichen Inverbindungbringens.

**17. BPatG, Beschluß vom 27. April 1995, 25 W (pat) 95/93 – ARTHROSAN**
Bei der Frage, ob der fragliche Markenbestandteil ein den Gesamteindruck der Marke nicht allein prägendes Firmenschlagwort darstellt, ist bei einer (noch) unbekannten Firmenbezeichnung die Kenntnis der Bezeichnung zu unterstellen.

**18. BPatG, Beschluß vom 3. Mai 1995, 26 W (pat) 75/93 – Quickmix**
*Quickvit* und *Quickmix* für alkoholfreie Getränke nicht assoziativ verwechslungsfähig.

**19. BPatG Mitt 1996, 20 – Eisträumereien**
Die Rechtsprechung zur mittelbaren Verwechslungsgefahr dient als Ausgangspunkt zur Beurteilung der Gefahr des gedanklichen Inverbindungbringens.

**20. BGH GRUR 1995, 808 – P3-plastoclin**
Keine vorrangige Prüfung von Ansprüchen nach § 14 vor denen nach dem WZG.

**21. BPatG 35, 180 – quickslide (16. Mai 1995)**
Nicht verwechslungsfähig, da der Zeichenbestandteil *quick* der Vergleichsmarken nicht prägend ist.

**22. BPatG, Beschluß vom 17. Mai 1995, 26 W (pat) 245/93 – Klosterfrau**
Die Rechtsprechung zur mittelbaren Verwechslungsgefahr dient als Ausgangspunkt zur Beurteilung der Gefahr des gedanklichen Inverbindungbringens.

**23. BPatGE 35, 188 – BERGER**
Die Grundsätze zur Verwechslungsgefahr von Mehrwortmarken können auch auf mehrgliedrige Wortmarken angewandt werden.

**24. BPatGE 35, 106 – corton**
Bildung einer Mehrwortmarke durch Mehrfachwiedergabe eines von Haus aus kennzeichnungskräftigen Wortes.

Schutzinhalt des Markenrechts § 14 MarkenG

25. **BPatGE 35, 196 – Swing**
Eine nach der Rechtslage im WZG festgestellte Gleichartigkeit spricht in aller Regel auch für eine Annahme der Ähnlichkeit. Der Herkunftsfunktion kommt insoweit entscheidende Bedeutung zu.

26. **BPatGE 35, 223 – Comtesse Esther de Pommery**
Ein Adelstitel als Teil einer Kombinationsmarke kann selbständig kollisionsbegründend wirken.

27. **BGH GRUR 1996, 198 – Springende Raubkatze**
Vorlageentscheidung hinsichtlich des gedanklichen Inverbindungbringens als Tatbestandsmerkmal der Verwechslungsgefahr.

28. **BPatG, Beschluß vom 21. Juni 1995, 26 W (pat) 113/93 – FRUCTA**
Die Rechtsprechung zur mittelbaren Verwechslungsgefahr dient als Ausgangspunkt zur Beurteilung der Gefahr des gedanklichen Inverbindungbringens.

29. **BPatGE 35, 206 – Divan**
Wird die Marke durch eine Firmenbezeichnung ergänzt, so beurteilt sich die Verwechslungsgefahr nach der prägenden Bedeutung der Firmenbezeichnung.

30. **BPatG GRUR 1996, 927 – OTHÜNA Geraer Marina I und Parallelverfahren BPatGE 35, 228 – OTHÜNA Geraer Marina II**
In einer Kombinationsmarke, die neben einer schutzunfähigen geographischen Herkunftsangabe zwei kennzeichnungskräftige Wörter enthält, wirkt das kennzeichnungskräftige Wort selbständig kollisionsbegründend.

31. **BPatG BlPMZ 1996, 190 – OTHÜNA Geraer Sonja I und Parallelverfahren BlPMZ 1996, 189 – OTHÜNA Geraer Sonja II**
In einer Wort-Kombinationsmarke, die neben einer schutzunfähigen geographischen Herkunftsangabe zwei kennzeichnungskräftige Wörter enthält, wirkt das kennzeichnungskräftige Wort selbständig kollisionsbegründend.

32. **BPatGE 35, 235 – MEYLIP marina**
Bei einer einen Firmenkern beinhaltenden Kombinationsmarke kann der andere Bestandteil als Produktkennzeichnung selbständig kollisionsbegründend wirken.

33. **BPatG BlPMZ 1996, 191 – MEYLIP Sonja**
Bei einer einen Firmenkern beinhaltenden Kombinationsmarke kann der andere Bestandteil als Produktkennzeichnung selbständig kollisionsbegründend wirken.

34. **BPatG, Beschluß vom 12. Juli 1995, 26 W (pat) 235/93 – Rauschgold**
Nur geringe Warenähnlichkeit von Spirituosen und Glühwein.

35. **OLG FrankfurtAfP 1995, 676 – ARD-1/Kabel-1**
Verwechslungsfähigkeit von Zahlen.

36. **BPatG BlPMZ 1996, 190 – Campino**
Wird die Marke durch eine Firmenbezeichnung ergänzt, so beurteilt sich die Verwechslungsgefahr nach der prägenden Bedeutung der Firmenbezeichnung.

37. **BPatG BlPMZ 1996, 190 – Bisotherm-Stein**
Die Verwechslungsgefahr beurteilt sich bei markenergänzenden Firmenbezeichnungen nach der prägenden Bedeutung der Firmenbezeichnung.

38. **BPatG BlPMZ 1996, 190 – MEISTERBRAND**
Die Rechtsprechung zur mittelbaren Verwechslungsgefahr dient als Ausgangspunkt zur Beurteilung der assoziativen Verwechslungsgefahr.

39. **BPatG, Beschluß vom 1. August 1995, 27 W (pat) 62/94 – MAURO FERRINI**
Zur klanglichen Verwechslungsgefahr bei Waren der Bekleidungsindustrie.

40. **BPatGE 35, 212 – QUEEN'S CLUB**
Die Grundsätze der mittelbaren Verwechslungsgefahr dienen als Anknüpfungspunkt zur Annahme der assoziativen Verwechslungsgefahr.

41. **BPatG, Beschluß vom 3. August 1995, 25 W (pat) 252/93 – GRAN**
Die Rechtsprechung zur mittelbaren Verwechslungsgefahr dient als Ausgangspunkt zur Beurteilung der Gefahr des gedanklichen Inverbindungbringens.

42. **BPatG, Beschluß vom 8. August 1995, 24 W (pat) 190/94 – ELMED**
Eine nach der Rechtslage im WZG festgestellte Gleichartigkeit spricht in aller Regel auch für eine Annahme der Ähnlichkeit.

43. **BPatG, Beschluß vom 11. August 1995, 32 W (pat) 119/95 – WISA**
Die Grundsätze der mittelbaren Verwechslungsgefahr dienen als Anknüpfungspunkt zur Annahme der assoziativen Verwechslungsgefahr.

**44. BPatGE 36, 82 – PARK**
Kennzeichnungen, die aus Vor- und Familiennamen bestehen, werden regelmäßig nicht auf den Familiennamen verkürzt, wenn der Vorname prägend ist.

**45. BPatG GRUR 1996, 356 – JOHN LOBB**
Bekleidungsstücke und Schuhe sind bei identischer Vertriebsstätte als ähnlich zu qualifizieren.

**46. BPatG Mitt 1996, 171 – HORTIVER**
Zur Frage des gedanklichen In-Verbindungbringens bei identischen Zeichenbestandteilen.

**47. BPatG, Beschluß vom 14. September 1995, 30 W (pat) 141/94 – SERVA**
Die Grundsätze der mittelbaren Verwechslungsgefahr dienen als Anknüpfungspunkt zur Annahme der assoziativen Verwechslungsgefahr.

**48. BPatGE 35, 47 – SONETT**
Die Rechtsprechung zur Warengleichartigkeit dient als Ausgangspunkt zur Beurteilung der Warenähnlichkeit. Der Herkunftsfunktion kommt insoweit entscheidende Bedeutung zu.

**49. OLG München GRUR 1996, 63 – McDonald's**
Eine bekannte Marke genießt Schutz nach § 14 Abs. 2 Nr. 3.

**50. BPatGE 36, 68 – LIBERO**
Die Warenähnlichkeit und Kennzeichnungskraft der Marken ist lediglich im Rahmen der Gesamtwürdigung der Verwechslungsgefahr bedeutsam.

**51. BPatGE 36, 1 – CHARRIER**
Verwechslungsgefahr zwischen der IR-Marke *CHARRIER* und der nationalen Marke *Carrière*.

**52. BPatGE 36, 8 – OKLAHOMA SOUND**
Eine nach der Rechtslage im WZG festgestellte Gleichartigkeit spricht in aller Regel auch für eine Annahme der Ähnlichkeit.

**53. BPatGE 36, 59 – ROBOMAT**
Der Ähnlichkeitsbegriff ist eher weiter auszulegen als der Gleichartigkeitsbegriff nach dem WZG.

**54. BPatG, Beschluß vom 25. Oktober 1995, 29 W (pat) 172/92**
(Bespielte) Tonaufzeichnungsträger und Musikdarbietungen sind bei identischer Vertriebsstätte und parallelem Konsum durch den Verbraucher als ähnlich zu qualifizieren.

**55. BGHZ 131, 122 – Innovadiclophlont**
Die Marken Innovadiclophlont und Diclophlogont sind nicht unter dem Gesichtspunkt einer Serienmarke verwechselbar.

**56. BPatG, Beschluß vom 7. November 1995, 24 W (pat) 156/93 – DELIAL**
*DELAILISQUE* und *DELIAL* verwechslungsfähig.

**57. BPatG GRUR 1996, 287 – BRANDT ECCO**
Die Rechtsprechung zur mittelbaren Verwechslungsgefahr dient als Ausgangspunkt zur Beurteilung der Gefahr des gedanklichen Inverbindungbringens.

**58. BPatGE 36, 14 – Monsieur Michel**
Die Grundsätze der mittelbaren Verwechslungsgefahr dienen als Anknüpfungspunkt zur Annahme der Gefahr des gedanklichen Inverbindungbringens.

**59. BPatGE 38, 176 – Humana**
Ein in einer Marke enthaltener Begriffsanklang steht der Bejahung der Verwechslungsgefahr nicht grundsätzlich entgegen.

**60. BPatG, Beschluß vom 17. November 1995, 32 W (pat) 397/95 – Liner**
Die Grundsätze der mittelbaren Verwechslungsgefahr dienen als Anknüpfungspunkt zur Annahme der assoziativen Verwechslungsgefahr.

**61. BPatG GRUR 1996, 414 – DRAGON**
Für die Verwechslungsgefahr fremdsprachiger Markenwörter ist nicht nur auf den Verständnishorizont gebildeter Kreise abzustellen. Bei ausgefallenen Wörtern muß mit einer Aussprache nach den Regeln der deutschen Sprache gerechnet werden.

**62. OLG München GRUR 1996, 512 – Tour de Kultur**
Bejahung der Verwechslungsgefahr in Abhängigkeit von den gekennzeichneten Produkten.

**63. BPatG BlPMZ 1996, 466 – Sulla**
Die Verwechslungsgefahr ist bei geringer Warenähnlichkeit trotz beträchtlicher Markenähnlichkeit zu verneinen.

Schutzinhalt des Markenrechts § 14 MarkenG

**64. HansOLG Hamburg WRP 1996, 572 – Les-Paul-Gitarren**
Zeichenmäßiger Gebrauch als Schutzvoraussetzung.

**65. BPatG, Beschluß vom 13. Dezember 1995, 28 W (pat) 263/94 – NUTRISOL**
Futtermittel und veterinärmedizinisch wirksame Substanzen sind ähnliche Waren.

**66. BPatG GRUR 1997, 833 – ASTRA**
Zur klanglichen Verwechslungsgefahr bei hochwertigen Waren, die der Verbraucher in der Regel sorgfältig auswählt.

**67. OLG Köln WRP 1996, 351 – TOGAL-SELTZER**
Verwechselbarkeit der Marken *Togal-Seltzer* und *Alka-Seltzer* für Schmerzmittel.

**68. BPatG, Beschluß vom 18. Dezember 1995, 30 W (pat) 162/94 – TERRANOVA**
Die Grundsätze der mittelbaren Verwechslungsgefahr dienen als Anknüpfungspunkt zur Bejahung der assoziativen Verwechslungsgefahr.

**69. BPatGE 36, 37 – fontana Getränkemarkt**
Die Warenähnlichkeit und Kennzeichnungskraft der Marken ist lediglich im Rahmen der Gesamtwürdigung der Verwechslungsgefahr bedeutsam.

**70. BPatG, Beschluß vom 9. Januar 1996, 24 W (pat) 279/94 – HIGHSCREEN**
Druckereierzeugnisse sind ähnlich mit Datenträgern.

**71. BPatG GRUR 1996, 417 – König Stephan Wein**
Ein gedankliches Inverbindungbringen liegt nicht vor, wenn die Verbindung erst aufgrund mehrerer Gedankenschritte hergestellt wird.

**72. BPatGE 36, 100 – Stephanskreuz**
Ein gedankliches Inverbindungbringen liegt nicht vor, wenn die Verbindung erst aufgrund mehrerer Gedankenschritte hergestellt wird.

**73. BPatGE 36, 115 – TIFFANY**
Zigaretten und Raucherartikel sind bei identischer Vertriebsstätte und paralleler Verwendung durch den Verbraucher als ähnlich zu qualifizieren.

**74. BPatGE 36, 123 – BALUBA**
Auf dem Warensektor der Bekleidungsstücke kommt der schriftbildlichen Verwechslungsgefahr größere Bedeutung als der klanglichen zu.

**75. BPatG Mitt 1996, 397 – SCHÜRMANN SPEDITION**
Zur Feststellung des Gesamteindrucks einer Marke mit dem Zeichenbestandteil eines Familiennamens.

**76. BPatGE 36, 137 – Schlüssel-Bild**
Übernahme der wörtlichen Benennung einer Bildmarke als prägender Wortbestandteil einer Kombinationsmarke.

**77. BPatG, Beschluß vom 15. Februar 1996, 25 W (pat) 103/93 – FRUCTA**
Zur assoziativen Verwechslungsgefahr.

**78. BPatG GRUR 1996, 413 – ICPI**
Verwechslungsfähigkeit einer Wortmarke mit einer den Wortbestandteil hervorgehoben enthaltenden Kombinationsmarke.

**79. BPatG BlPMZ 1997, 230 – SIGMA**
Keine Verwechslungsgefahr nahezu identischer Namen bei extremer Warenferne.

**80. BGH, GRUR 1996, 406 – JUWEL**
Eine Regel, wonach einer Herstellerangabe als Bezeichnungsbestandteil stets eine (mit-)prägende Bedeutung für den Gesamteindruck abzusprechen sei, kann nicht aufgestellt werden; vielmehr ist die Beurteilung stets dem Einzelfall vorbehalten.

**81. BGH GRUR 1996, 404 – Blendax Pep**
Bei zusammengesetzten Zeichen kann in der Sicht des Verkehrs die Angabe des Herstellernamens in seiner Bedeutung als Produktbezeichnung nicht sonderlich ins Gewicht fallen, sonach dem anderen Zeichenbestandteil in dem Gesamteindruck der Marke prägende Kraft zukommen.

**82. BPatG, Beschluß vom 19. März 1996, 24 W (pat) 23/95 – DENTO FRESSHHH**
Zur Verwechslungsgefahr einer Wortmarke und Wortbildmarke, wobei der Bildbestandteil neben dem Wortbestanteil mitprägend sein kann.

**83. BPatG BlPMZ 1997, 231 – LION-DRIVER**
Die Marke *LION-DRIVER* für Druckereierzeugnisse und Bekleidungsstücke ist mit *LIONS* nicht verwechselbar.

## MarkenG § 14 — Schutzinhalt des Markenrechts

**84. BGH GRUR 1996, 774 – falke-run**
Verwechslungsgefahr zwischen Zeichen, die nur in einem von jeweils mehreren Bestandteilen übereinstimmen.

**85. BPatG BlPMZ 1997, 230 – POLYFLAM**
POLYFLAM und MONOFLAM nicht verwechslungsfähig.

**86. BPatGE 36, 214 – rote Kreisfläche**
Ein graphisches Element ist als farbiger Untergrund eines Wortzeichens für diese Marke nicht selbständig schutzbegründend.

**87. BPatGE 36, 220 – NISSKOSHER**
NISSKOSHER und Nissen auch für gleiche Waren nicht verwechselbar.

**88. BPatG Mitt 1997, 164 – LORA DI RECOARO**
Zum Bestimmung des Gesamteindrucks einer Marke.

**89. BGH GRUR 1996, 775 – Sali Toft**
Verwechslungsgefahr von Ein- und Mehrwortzeichen.

**90. BGH GRUR 1996, 777 – JOY**
Die Marken Foot-Joy und Joy für Bekleidungsstücke sind nicht verwechslungsfähig.

**91. LG Frankfurt MA 1996, 439 – E-Klasse**
Die Marken E-Klasse und Classe E für Kraftfahrzeuge sind nicht verwechslungsfähig.

**92. OLG Stuttgart PharmaR 1997, 16 – ratiopharm**
Zwischen den Marken ratiopharm und VP VarioPharm für Arzneimittel besteht Verwechslungsgefahr.

**93. BPatGE 37, 30 – INTECTA**
Die unwesentlich veränderte Marke INTECTA steht mit tecta gedanklich in Verbindung.

**94. BGH GRUR 1996, 977 – DRANO**
Schutzfähigkeit zusammengesetzter Marken bei prägendem Bestandteil.

**95. OLG Stuttgart PharmaR 1997, 30 – Cefallone**
Ausschluß der Verwechslungsgefahr bei Anlehnung an warenbeschreibende Angaben.

**96. OLG Frankfurt GRUR 1997, 52 – Die Blauen Seiten**
Die Marke Die Blauen Seiten für ein im Internet angebotenes Branchenverzeichnis ist mit der Marke Gelbe Seiten verwechslungsfähig.

**97. BPatGE 36, 262 – GOLDWELL-JET**
Welcher Zeichenbestandteil den Gesamteindruck einer Kombinationsmarke bestimmt, ist nach den konkreten Umständen des Einzelfalls zu bestimmen.

**98. BPatG, Beschluß vom 5. August 1996, 30 W (pat) 159/95 – GREYHOUND**
GREYLINE und GREYHOUND gedanklich nicht in Verbindung zu bringen, da komplexer gedanklicher Ablauf des Verkehrs erforderlich wäre.

**99. BPatGE 36, 279 – ELFI RAUCH**
ELFI RAUCH verwechselbar mit Rausch.

**100. BPatG, Beschluß vom 13. August 1996, 24 W (pat) 182/95 – ZEDA**
Zur Beurteilung der Verwechslungsgefahr nach dem Gesamteindruck einer Marke.

**101. KG GRUR 1997, 295 – Alles wird teurer**
Markenmäßige Benutzung als Schutzvoraussetzung.

**102. BPatGE 37, 62 – CHIN LEE**
Keine markenrechtliche Verwechslungsgefahr zwischen CHIN LEE und LEE für Tabakwaren mangels erhöhter Kennzeinungskraft.

**103. BPatGE 37, 1 – S. OLIVER**
Generelle Ähnlichkeit von Bekleidungsstücken und Schuhen trotz erheblicher Warenferne.

**104. BPatGE 37, 67 – GREEN POINT**
GREEN POINT nicht verwechselbar mit Kollektivmarke Der Grüne Punkt.

**105. BPatGE 37, 16 – Vorsicht Elch!**
Die für die Beurteilung der Verwechslungsgefahr zu berücksichtigende Wechselwirkung von Warenähnlichkeit, Markenähnlichkeit und Kennzeichnungskraft gilt auch für die assoziative Verwechslungsgefahr.

**106. HansOLG Hamburg WRP 1997, 106 – Gucci**
Markenmäßige Benutzung als Schutzvoraussetzung.

**107. OLG Stuttgart WRP 1997, 118 – Basics**
Die nur schwach kennzeichnungskräftigen Marken *Ultra-Basic* und *Basics* sind ohne starke Verkehrsdurchsetzung auch für sehr ähnliche Waren (Generika) nicht verwechslungsfähig.

**108. BPatG, Beschluß vom 8. Oktober 1996, 24 W (pat) 218/95 – Perle de Caviar**
Zur assoziativen Verwechslungsgefahr.

**109. BPatG, Beschluß vom 9. Oktober 1996, 28 W (pat) 233/95 – EUROHONKA**
Bei fremdsprachigen Zeichenbestandteilen (hier: finnisch) ist der inländische Verkehr bei der Beurteilung der Verwechslungsgefahr maßgebend.

**110. HansOLG Hamburg GRUR 1996, 982 – Für Kinder**
Kein kennzeichenrechtlicher Bekanntheitsschutz nach § 14 Abs. 2 Nr. 3 innerhalb des Produktähnlichkeitsbereichs.

**111. BPatG, Beschluß vom 23. Oktober 1996, 28 W (pat) 34/96 – FLEUR D'OR**
Keine Verwechslungsgefahr zwischen den Marken aufgrund erhöhter Anforderungen an die Verwechslungsgefahr bei fremdsprachigen Zeichenbestandteilen.

**112. BPatGE 36, 204 – LAILIQUE**
*LAILIQUE* und *LALIQUE* verwechslungsfähig.

**113. BPatGE 37, 179 – BARBEIDOS**
*BARBEIDOS* und *VITA MED badedas* nicht verwechslungsfähig.

**114. BPatG, Beschluß vom 27. November 1996, 29 W (pat) 60/95 – ALTA**
Verwechslungsgefahr aufgrund des prägenden gemeinsamen Zeichenbestandteils *ALTA*.

**115. BPatGE 37, 223 – Novuxol**
*novoSol-ratiopharm* und *Novuxol* für pharmazeutische Erzeugnisse nicht verwechslungsfähig.

**116. BPatG CR 1997, 417 – ELCOM**
Türsprechanlagen und elektronische Regel- und Kommunikationssysteme sind ähnlich.

**117. BGH GRUR 1997, 311 – Yellow Phone**
Zur Bedeutung der Produktähnlichkeit in § 14 Abs. 2 Nr. 3.

**118. BGH GRUR 1997, 221 – Canon**
Zur Auslegung des Begriffs der Produktähnlichkeit.

**119. BPatG BlPMZ 1997, 366 – White Lion**
Spirituosen und Beherbergung sowie Verpflegung von Gästen nur entfernt ähnlich.

**120. BPatG GRUR 1997, 649 – Microtec Research**
Zur Frage der Markenähnlichkeit der Kombinationsmarke *Microtec Research* und *Microtek*.

**121. BPatG, Beschluß vom 10. Dezember 1996, 27 W (pat) 111/95 – Thunderbird**
Liköre und Weine sind warenähnlich.

**122. HansOLG Hamburg GRUR 1997, 300 – Vertrieb durch Hersteller**
Kein stillschweigendes Vertriebsrecht in Vertrag zwischen Markeninhaber und Hersteller.

**123. HansOLG GRUR 1997, 375 – Crunchips**
Zur Verwechslungsgefahr aufgrund klangbildlicher Ähnlichkeit.

**124. BPatG, Beschluß vom 14. Januar 1997, 27 W (pat) 83/95 – Montana**
*BILL MONTANA* und *Montana* klanglich verwechslungsfähig.

**125. HansOLG Hamburg NJW-RR 1998, 554 – ARD-1/HH 1**
Verwechslungsfähigkeit graphisch gestalteter Zahlen.

**126. BPatGE 37, 246 – PUMA**
Raucherartikel und Tabakwaren sind ähnlich.

**127. HansOLG Hamburg 1997, 297 – WM '94**
Das als Marke eingetragene Symbol *World Cup '94* und das aus einem Fußball und der Angabe *WM '94* bestehende Symbol sind nicht verwechslungsfähig.

**128. BPatGE 37, 269 – Sigel**
*Sigel* und *SIGL* sind verwechslungsfähig für Bier.

**129. BPatG, Beschluß vom 29. Januar, 28 W (pat) 146/95 – FROSTIES**
*FROSY* und *FROSTIES* verwechslungsfähig.

**130. BPatG CR 1997, 417 – BETA**
Druckereierzeugnisse und EDV-Geräte sind einander nicht ähnlich, anders für EDV-Handbücher.

**131. BPatG GRUR 1997, 652 – IMMUNINE**
*IMMUNINE* und *IMUKIN* verwechslungsfähig.

**132. BPatGE 38, 50 – Coveri**
Zur Verwechslungsgefahr von aus Wort- und Bildelementen zusammengesetzten Marken.

**133. BPatG, Beschluß vom 5. Februar 1997, 29 W (pat) 131/95 – Rasputin**
Zur Ähnlichkeit von Waren und Dienstleistungen.

**134. BPatG CR 1997, 417 – STORM**
Zur Ähnlichkeit von Waren und Dienstleistungen.

**135. BPatGE 38, 62 – Apfelbauer**
Wortbildmarke *Apfelbauer* und *Fideler Apfel Bauer* zumindest assoziativ verwechselungsfähig.

**136. OLG München GRUR 1998, 63 – Ei des Columbus**
Das Ei-Symbol *Ei des Columbus* erfaßt nicht im Wege der gedanklichen Verbindung jede Darstellungsform eines Eies.

**137. BPatG, Beschluß vom 21. Februar 1997, 33 W (pat) 115/96 – KONTEXT**
Zur Ähnlichkeit von Dienstleistungen.

**138. BPatGE 38, 1 – Banesto**
Bekleidung und Fahrräder sind ähnlich.

**139. BPatGE 38, 83 – FOSTRAN**
Die Arzneimittelsicherheit gehört nicht zu den bei der Prüfung der Verwechslungsgefahr von Arzneimitteln zu berücksichtigenden Umständen.

**140. BPatG CR 1997, 402 – ELSA**
Die Dienstleistungen EDV-Beratung und Erstellen von Programmen und Entwicklung von EDV-Geräten sind ähnlich.

**141. BPatGE 38, 7 – Milan**
Die für die Beurteilung der Verwechslungsgefahr zu berücksichtigende Wechselwirkung von Warenähnlichkeit, Markenähnlichkeit und Kennzeichnungskraft gilt auch für die assoziative Verwechslungsgefahr.

**142. BPatGE 38, 97 – PEER EXPRESS**
*PEER EXPRESS* und *Expreß* sind nicht verwechslungsfähig.

**143. OLG Köln NJWE-WettbR 1997, 205 – Kabel 1/ARD-1**
Bildliche mittelbare Verwechslungsgefahr im weiteren Sinne.

**144. BPatGE 38, 105 – Lindora**
Nicht ähnlich sind solche Waren, die keine oder nur geringe wirtschaftliche Berührungspunkte aufweisen, so daß bei identischer Kennzeichnung ein herkunftsbezogener Irrtum auszuschließen ist.

**145. BPatG, Beschluß vom 30. April 1997, 28 W (pat) 121/96**
Zur Ähnlickeit von Milch und Milchprodukten und Speiseeis.

**146. BPatGE 38, 266 – SAINT MORIS**
Nicht verwechslungsfähig sind *SAINT MORIS* und *St. Moritz* für Damenbekleidungsstücke und Schuhwaren.

**147. HansOLG Hamburg GRUR 1997, 659 – KLAUS BREE**
Durch Hinzufügen des Vornamens keine Beseitigung der Verwechslungsgefahr.

**148. OLG Köln WRP 1997, 872 – Spring**
Bereits die Anmeldung einer Marke beim DPMA läßt ungeachtet der fehlenden Benutzung einen Unterlassungsanspruch wegen sogenannter Erstbegehungsgefahr entstehen.

**149. BPatG Mitt 1998, 75 – HEMERAN**
*Hoemoren* und *HEMERAN* für Waren im engen Ähnlichkeitsbereich liegend verwechslungsfähig.

**150. BPatGE 38, 161 – PAPPA GALLO**
Zur Verwechslungsgefahr einer farbigen Kombinationsmarke mit einer Wortmarke.

**151. BPatG, Beschluß vom 7. Juli 1997, 30 W (pat) 176/96 – Carl Link**
Der Familienname *Carl Link* kann als unmittelbar beschreibende Angabe für die beanspruchten Waren Computersoftware die Verwechslungsgefahr nicht begründen.

**152. BGH GRUR 1997, 897 – IONOFIL**
Zur Frage der Prägung des Gesamteindrucks einer aus Herstellerangabe und Produktkennzeichnung bestehnden Marke.

Schutzinhalt des Markenrechts § 14 MarkenG

**153. KG, Beschluß vom 15. Juli 1997, 5 W 5012/97 – 701-Die Show/702**
Verwechslungsfähigkeit einer Bildmarke und eines Titels.

**154. BPatGE 38, 168 – Abbildung eines Engelskopfes**
Zur assoziativen Verwechslungsgefahr infolge gedanklichen Inverbindungbringens zwischen einem reinen Bildzeichen und einer Kombinationsmarke.

**155. BPatG BlPMZ 1998, 318 – Bayer**
Zur Verwechslungsgefahr bei Serienzeichen.

**156. BPatG, Beschluß vom 5. August 1997, 24 W (pat) 99/96 – benetton**
Telekommunikationsgeräte und Apparate und Instumente für die Starkstrom- und Schwachstromtechnik sind ähnlich.

**157. BPatG, Beschluß vom 14. August 1997, 25 W (pat) 47/95 – IMODIUM**
Duramodium und IMODIUM sind nicht verwechslungsfähig.

**158. HansOLG Hamburg GRUR 1998, 470 – i-Box**
i-Box und d-box trotz Warenidentität nicht verwechslungsfähig.

**159. BPatG, Beschluß vom 26. August 1997, 30 W (pat) 303/96**
Telefon-Scheckkarten und EDV-Geräte sind ähnlich.

**160. HansOLG Hamburg GRUR 1998, 420 – Pack den Tiger in den Tank**
Zum deliktsrechtlichen Schutz des berühmten Werbeslogans *Pack den Tiger in den Tank* in der Wahlwerbung einer politischen Partei.

**161. BPatG, Beschluß vom 15. September 1997, 30 W (pat) 208/96 – Twist**
Datenverarbeitungsgeräte und Schreibgeräte sind nicht ähnlich.

**162. BPatGE 39, 48 – LZ**
Verwechslungsfähigkeit graphisch gestalteter Buchstaben.

**163. BPatGE 38, 254 – HIRO**
Geräte zur Aufzeichnung, Übertragung und Wiedergabe von Ton und Bild und Datenverarbeitungsgeräte sind ähnlich.

**164. BPatGE 39, 52 – EUKRATON**
Zur assoziativen Verwechslungsgefahr.

**165. OLG Stuttgart, Urteil vom 13. Oktober 1997, 2 U 107/97 – Fender Musical Instruments**
Rechtserhebliches Anbieten bei einem vom Inland aus gesteuerten Angebot von Waren im Internet.

**166. BPatGE 39, 273 – Tumarol**
*Tumarol* und *DURADOL* Mundipharma sind verwechslungsfähig.

**167. BPatGE 39, 95 – DPM**
Zur Ähnlichkeit von Dienstleistungen.

**168. BPatGE 39, 208 – Rebenfreund**
*Rebenfreund* und *Traubenfreund* sind verwechslungsfähig.

**169. EuGH, Rs. C-251/95, Slg. 1997, I-6191, GRUR 1998, 387 – Sabèl/Puma**
Der Begriff der Ähnlichkeit der Waren oder Dienstleistungen ist im MarkenG im Hinblick auf die Verwechslungsgefahr auszulegen und steht in einer Wechselbeziehung zur Markenähnlichkeit.

**170. BGH GRUR 1999, 158 – GARIBALDI**
Zur Frage der Ähnlichkeit von Waren bei identischen Marken.

**171. BPatGE 39, 105 – Plantapret**
Zur mittelbaren Ähnlichkeit zwischen Vor- und Endprodukten.

**172. HansOLG Hamburg WRP 1998, 326 – KELLOGG'S**
*KELLOGG'S* für Müsli und *KELLY* für Ednüsse verwechslungsfähig.

**173. OLG Köln NJWE-WettbR 1998, 59 – IBUTAD**
*IBUTAD* und *IBUTOB* für ibuprofenhaltige Antirheumatika verwechslungsfähig.

**174. BGH GRUR 1998, 934 – Wunderbaum**
Zur Prägung des Gesamteindrucks einer Kombinationsmarke bei gedanklichem Bezug zwischen Wort- und Bildbestandteil.

**175. HansOLG Hamburg NJWE-WettbR 1998, 203 – evian**
*Revian* für Wein und *evian* für Wasser nicht verwechslungsfähig.

# MarkenG § 14    Schutzinhalt des Markenrechts

**176. BGH GRUR 1998, 697 – VENUS MULTI**
Zum Anwendungsbereich des § 23 Nr. 2.

**177. BPatGE 39, 224 – VITACOMBEX**
Futtermittel für Heimtiere und pharmazeutische Präparate für veterinärmedizinische Zwecke sind ähnlich.

**178. BPatGE 40, 23 – BORIS BECKER**
Zur assoziativen Verwechslungsgefahr und Kollisionsbegründung bei Vor- und Familiennamen.

**179. BGH GRUR 1998, 696 – Rolex-Uhr mit Diamanten**
Veränderungen an einer nicht für den geschäftlichen Verkehr bestimmten Ware für den Eigenbedarf sind markenrechtlich irrelevant.

**180. BPatG K&R 1998, 213 – Soundboy**
Zur Warengleichartigkeit von Rundfunkempfangsgeräten und Datenspeichergeräten.

**181. BGH GRUR 1998, 924 – salvent**
Zum Gesamteindruck einer Marke bei gemeinsamem Zeichenbestandteil.

**182. BPatG, Beschluß vom 18. Februar 1998, 27 W (pat) 235/95 – WOOL-DURA**
WOOL-DURA und Dora sind nicht verwechslungsfähig.

**183. BGH GRUR 1998, 1034 – Makalu**
Makalu und Manaslu für Ski- und Wanderstöcke verwechslungsfähig.

**184. OLG München MarkenR 1999, 31 – Infobahn**
Zum Anwendungsbereich des § 23 Nr. 2.

**185. BGH GRUR 1998, 932 – MEISTERBRAND**
Zur Frage der Prägung des Gesamteindrucks einer Marke.

**186. BPatGE 40, 26 – KIMLADY**
KIMLADY und KIMBOY'S für Bekleidungsstücke verwechslungsfähig.

**187. BGH GRUR 1998, 925 – Bisotherm-Stein**
Sandwichelemente aus Metalldeckschichten sowie PUR-Hartschaumkerne für Wand- und Dachkonstruktionen und Mauersteine aus Bimsbeton sind warenähnlich.

**188. BPatGE 40, 45 – Chevy**
Zur assoziativen Verwechslungsgefahr.

**189. LG München WRP 1999, 368 – Aber Hallo**
Zum Kostenanspruch bei vorprozessualer Abmahnung durch einen Anwalt.

**190. BGH GRUR 1998, 927 – COMPO-SANA**
Zur Frage der Prägung des Gesamteindrucks einer Marke.

**191. BGH, GRUR 1999, 161 – MAC Dog**
Zum Verhältnis des markengesetzlichen zum wettbewerbsrechtlichen Rechtsschutzes bekannter Kennzeichen.

**192. BGH GRUR 1998, 938 – DRAGON**
Für die Verwechslungsgefahr fremdsprachiger Markenwörter ist nicht nur auf den Verständnishorizont gebildeter Kreise abzustellen. Bei ausgefallenen Wörtern muß mit einer Aussprache nach den Regeln der deutschen Sprache gerechnet werden.

**193. BGH GRUR 1998, 930 – Fläminger**
Zur Frage der Prägung des Gesamteindrucks einer Wortbildmarke.

**194. EuGH, Rs. C-53/96, WRP 1999, 86 – Hermès International**
Zur Zulässigkeit einstweiliger Verfügungen in Kennzeichenstreitsachen und Gemeinschaftsmarkensachen.

**195. BGH GRUR 1999, 238 – Tour de culture**
Zum Anwendungsbereich des § 23 Nr. 2.

**196. HansOLG Hamburg GRUR 1999, 172 – CABINET**
Zur höheren Kennzeichnungskraft des Wortbestandteils gegenüber dem Bildbestandteil einer Wortbildmarke.

**197. BGH GRUR 1998, 942 – ALKA-SELTZER**
Zur Frage der Verwechslungsgefahr von ALKA-SELTZER und TOGAL-SELTZER.

**198. OLG Köln GRUR 1999, 66 – DAN**
DAN und DANNE für Kaminöfen verwechselbar.

Schutzinhalt des Markenrechts         § 14 MarkenG

**199. BGH GRUR 1999, 240 – STEPHANSKRONE I**
Ein gedankliches Inverbindungbringen liegt nicht vor, wenn die Verbindung erst aufgrund mehrerer komplexer Gedankenschritte hergestellt wird.

**200. BGH GRUR 1999, 241 – STEPHANSKRONE II**
Bei erkennbarer bloßer Übersetzung eines Firmennamens aus anderer Sprache in die deutsche Sprache liegt für den Verkehr die Annahme fern, bei dem gemeinsamen Zeichenbestandteil handele es sich um den Stamm einer Serienmarke.

**201. BGH GRUR 1999, 52 – EKKO BLEIFREI**
Zur Prägung des Gesamteindrucks einer Marke bei mehreren Zeichenbestandteilen.

**202. BGH GRUR 1998, 1014 – ECCO II**
Zur Prägung des Gesamteindrucks einer Marke bei mehreren Zeichenbestandteilen, unter anderem eines Firmenkennzeichen auf dem Warengebiet der Bekleidungsindustrie.

**203. BGH GRUR 1999, 155 – DRIBECK's LIGHT**
Zur Verwechslungsgefahr unter dem Gesichtspunkt der Serienmarken.

**204. BGH GRUR 1999, 164 – JOHN LOBB**
Zur Frage der Warenähnlichkeit von Bekleidungsstücken und Schuhen.

**205. EuGH, Rs. C-210/96, Slg. 1998, I-4657, WRP 1998, 848 – Gut Springenheide**
Zur Zulässigkeit von Sachverständigengutachten oder Verbraucherbefragungen zur Feststellung der Verwechslungsgefahr oder Irreführungsgefahr.

**206. HansOLG Hamburg GRUR 1999, 76 – Tagesschau I; 1999, 80 – Tagesschau II**
Zur unlauteren Rufausbeutung des berühmten Sendetitels *Tagesschau* nach § 1 UWG.

**207. EuGH, Rs. C-39/97, GRUR 1998, 922 – Canon**
Der Begriff der Ähnlichkeit der Waren oder Dienstleistungen ist im MarkenG im Hinblick auf die Verwechslungsgefahr auszulegen und steht in einer Wechselbeziehung zur Markenähnlichkeit.

**208. BGH GRUR 1999, 241 – Lions**
Wortbildmarke *PATRIC LION* und Wortmarke *Lions* für Bekleidungsstücke nicht verwechslungsfähig.

**209. OLG Stuttgart MarkenR 1999, 95 – Herbula**
Die Wortbildmarken mit den Wortbestandteilen *Herbula* und *Herbuland* sind für Kosmetikartikel verwechslungsfähig.

**210. BGH GRUR 1999, 245 – LIBERO**
Die Waren Wein sowie Schaumwein und Boonekamp sind nicht als absolut unähnlich zu beurteilen.

**211. BVerfG GRUR 1999, 232 – Guldenburg**
Zur Verfassungskonformität einer produktbezogenen Begrenzung des Werktitelmerchandising aus Gründen der Rundfunkfreiheit.

**212. BGH MarkenR 1999, 93 – TIFFANY**
Zur Beurteilung der Warenähnlichkeit sind alle erheblichen Faktoren zu berücksichtigen, welche das Verhältnis zwischen den zu vergleichenden Waren kennzeichnen.

**213. OLG Frankfurt MarkenR 1999, 103 – Abschlußkappe**
Zur Verwechlung einer dreidimensionalen Marke als Teil einer Ware.

**214. OLG Düsseldorf MarkenR 1999, 105 – City Plus**
*City Plus* und *D2BestCityPlus* in der Branche der Telekommunikations-Dienstleistungen nicht verwechslungsfähig.

**215. OLG Zweibrücken WRP 1999, 364 – Getränkeflasche**
Zur Markenrechtsverletzung durch unbefugtes Befüllen und Vertreiben einer als dreidimensionale Marke geschützten Getränkeflasche.

**216. EuGH, Rs. C-303/97, WRP 1999, 307 – Sektkellerei Kessler**
Zum durchschnittlich informierten, aufmerksamen und verständigen Verbraucher bei Beurteilung der Verwechslungsgefahr im Sinne von Art. 13 Abs. 2 lit. b Verordnung (EWG) 2333/92.

**217. EuGH, Rs C-63/97, WRP 1999, 407 – BMW**
Zur Benutzung als Marke im Kollisionsrecht.

## A. Allgemeines

### I. Regelungsübersicht

**1** Die Vorschrift des § 14 stellt die *zentrale Norm des Markenrechts* dar. Regelungsgegenstand ist das Markenkollisionsrecht. Das Kollisionsrecht der geschäftlichen Bezeichnungen regelt § 15, das Kollisionsrecht der geographischen Herkunftsangaben enthalten die §§ 127, 128 sowie Art. 8, 13 der Verordnung (EWG) Nr. 2081/92 iVm § 135. Die Vorschrift des § 14 regelt die Arten der *Rechtsverletzungen einer Marke* für alle nach der Entstehung des Markenschutzes zu unterscheidenden drei Kategorien von Marken im Sinne des § 4 Nr. 1 bis 3. Das MarkenG vereinheitlicht das Markenkollisionsrecht für die angemeldete und eingetragene Marke (§ 4 Nr. 1), die Marke mit Verkehrsgeltung (§ 4 Nr. 2) und die Marke mit notorischer Bekanntheit (§ 4 Nr. 3). § 14 Abs. 1 stellt eine Fundamentalnorm des Markenrechts dar. Die Vorschrift normiert das Markenrecht als ein *subjektives Ausschließlichkeitsrecht*. Die Norm ist weniger rechtliche Regelung als ein theoretischer Dogmatiksatz zur subjektivrechtlichen Struktur des Immaterialgüterrechts. § 14 Abs. 2 regelt die Markenkollisionen als Markenrechtsverletzungen. Kollisionstatbestände sind der *Identitätsschutz* der Marke (Nr. 1), der *Verwechslungsschutz* der Marke (Nr. 2) und der *Bekanntheitsschutz* der Marke (Nr. 3). Die Verwechslungsgefahr ist der zentrale Rechtsbegriff des Markenrechts. § 14 Abs. 3 Nr. 1 bis 5 enthält einen beispielhaften Katalog markenrechtsverletzender *Benutzungshandlungen*. Markenrechtsverletzende *Vorbereitungshandlungen* im Vorfeld bestimmter Benutzungshandlungen werden nach § 14 Abs. 4 einbezogen. Regelungsgegenstand des § 14 Abs. 5 und 6 sind der *Unterlassungsanspruch* und der *Schadensersatzanspruch*. § 14 Abs. 7 regelt die *Haftung des Betriebsinhabers* für Angestellte und Beauftragte.

### II. Rechtsänderungen

**2** Die nach der Rechtslage im WZG verschiedenen Anspruchsgrundlagen einer Rechtsverletzung des eingetragenen Warenzeichens nach den §§ 24, 31 WZG als des förmlichen Zeichenschutzes und einer Rechtsverletzung der Ausstattung nach § 25 WZG als des sachlichen Zeichenschutzes regelt das MarkenG einheitlich unter Einbeziehung der Rechtsverletzung einer notorisch bekannten Marke. Der Anwendungsbereich des Markenkollisionsrechts im MarkenG erfährt namentlich drei wesentliche Rechtsänderungen gegenüber der Rechtslage im WZG. Zum einem normiert das MarkenG den *Begriff der Verwechslungsgefahr* als einen normativen Rechtsbegriff eines *beweglichen Systems* und überwindet damit die statischen Elemente, die der Verwechslungsgefahr nach der Rechtslage im WZG aufgrund des statischen Begriffs der Warengleichartigkeit anhafteten. Zum anderen gehört nach der Rechtslage im MarkenG zur Verwechslungsgefahr auch die Gefahr, daß die kollidierende Marke mit der geschützten Marke *gedanklich in Verbindung gebracht* wird. Dieser mit Art. 5 Abs. 1 lit b MarkenRL übereinstimmenden Formulierung kommt die rechtliche Bedeutung zu, daß in den nationalen Markenrechtsordnungen der Mitgliedstaaten der EU die Anerkennung eines von einer Herkunftstäuschung unabhängigen Verwechslungsschutzes der Marke gemeinschaftsrechtlich geboten ist. Das MarkenG gewährt schließlich *im Inland bekannten Marken* Kennzeichenschutz außerhalb des Produktähnlichkeitsbereichs nach § 14 Abs. 2 Nr. 3. Nach der Rechtslage im WZG bestand ein vergleichbarer Rechtsschutz nur als ein ergänzender wettbewerbsrechtlicher Rufausbeutungsschutz der Marke, gleichsam als ein Markenschutz durch Wettbewerbsrecht.

### III. Europäisches Unionsrecht

#### 1. Erste Markenrechtsrichtlinie

**3** Die Rechte aus der eingetragenen Marke regelt vergleichbar Art. 5 MarkenRL. Der Begriff des gedanklichen Inverbindungbringens im Sinne des Verwechslungsschutzes der Marke stellt einen gemeinschaftsrechtlichen Rechtsbegriff nach Art. 5 Abs. 1 lit. b MarkenRL dar, der in den Mitgliedstaaten der EU richtlinienkonform auszulegen und in der Rechtsprechung des EuGH zu bestimmen ist. Mit der Normierung eines Bekanntheitsschutzes der Marke nach § 14 Abs. 2 Nr. 3 nimmt das MarkenG die Option des Art. 5 Abs. 2 MarkenRL wahr.

### 2. Gemeinschaftsmarkenverordnung

Der Schutzinhalt des Markenrechts nach § 14 entspricht im wesentlichen dem Recht aus der Gemeinschaftsmarke nach Art. 9 GMarkenV. Die Vorschrift des § 14 ist der GMarkenV entnommen.

### IV. Staatsvertragsrecht

### 1. Pariser Verbandsübereinkunft

Die *PVÜ* enthält keine Regelungen über Markenrechtsverletzungen. Die Rechte aus der Marke bestimmen sich nach den jeweiligen nationalen Vorschriften.

### 2. Madrider Markenabkommen und Protokoll zum MMA

Das *MMA* enthält keine Regelungen über Markenrechtsverletzungen, denn der Schutz aus der IR-Marke bestimmt sich nach dem nationalen Recht des jeweiligen Mitgliedstaates, auf den der Schutz erstreckt worden ist (Art. 4 Abs. 1 MMA). Entsprechendes gilt für den Schutz von Marken nach dem *Protokoll zum MMA* (Art. 4 PMMA).

### 3. TRIPS-Abkommen

Das *TRIPS-Abkommen* enthält in Art. 16 Bestimmungen über Inhalt und Umfang der Rechte aus der Marke. Nach Art. 16 Abs. 1 TRIPS-Abkommen steht dem Inhaber einer eingetragenen Marke das ausschließliche Recht zu, Dritten zu verbieten, ohne seine Zustimmung ein identisches oder ähnliches Zeichen im geschäftlichen Verkehr für identische oder ähnliche Produkte zu benutzen, wenn daraus eine Verwechslungsgefahr entstehen würde. Die Verwechslungsgefahr wird vermutet, wenn ein identisches Zeichen für identische Produkte benutzt wird (Art. 16 Abs. 1 S. 2 TRIPS-Abkommen). Bestehende ältere Rechte bleiben unberührt (Art. 16 Abs. 1 S. 3 TRIPS-Abkommen). Nach Art. 16 Abs. 3 TRIPS-Abkommen sind eingetragene notorisch bekannte Marken auch außerhalb des Produktähnlichkeitsbereichs zu schützen, wenn die Benutzung der Marke auf eine Verbindung zwischen den Produkten und dem Inhaber der notorisch bekannten Marke hinweisen würde und dem Markeninhaber dadurch wahrscheinlich Schaden zugefügt würde.

## B. Das Markenrecht als subjektives Ausschließlichkeitsrecht (§ 14 Abs. 1)

**Schrifttum zum WZG.** *Fezer*, Teilhabe und Verantwortung – Die personale Funktionsweise des subjektiven Privatrechts, 1986; *Ipsen*, Inhalt und Grenzen gemeinschaftsrechtlicher Einwirkungen auf die Marke als Eigentum, in: Hefermehl/Ipsen/Schluep/Sieben, Nationaler Markenschutz und freier Warenverkehr in der Europäischen Gemeinschaft, 1979, S. 163; *Kraft*, Verbraucherschutz im Markenrecht, GRUR 1980, 416; *Krieger*, Das Warenzeichen als Eigentumsrecht im Sinne des Artikels 14 des Grundgesetzes, GRUR 1980, 335; *Schluep*, Das Markenrecht als subjektives Recht, 1964.

### I. Die Kennzeichenrechte als Ausschließlichkeitsrechte

Marken, geschäftliche Bezeichnungen und geographische Herkunftsangaben als die nach § 1 Nr. 1 bis 3 geschützten Kennzeichen des MarkenG sind *subjektive Rechte*. § 14 Abs. 1 regelt die Marken im Sinne des § 4 Nr. 1 bis 3 als Ausschließlichkeitsrechte. Die Vorschrift gewährt dem Inhaber einer Marke ein *ausschließliches Recht*, der durch die Eintragung eines Zeichens als Marke in das Markenregister (§ 4 Nr. 1), durch die Benutzung eines Zeichens bei Erwerb von Verkehrsgeltung als Marke (§ 4 Nr. 2) oder durch die notorische Bekanntheit einer Marke im Sinne von Art. 6^bis PVÜ (§ 4 Nr. 3) ein Markenrecht erwirbt. Die drei Erwerbstatbestände eines Markenrechts stehen gleichberechtigt nebeneinander und können kumulativ gegeben sein. § 15 Abs. 1 regelt die geschäftlichen Bezeichnungen im Sinne des § 5 als Ausschließlichkeitsrechte. Als geschäftliche Bezeichnungen werden nach § 5 Abs. 1 Unternehmenskennzeichen (§ 5 Abs. 2) und Werktitel (§ 5 Abs. 3) geschützt. Teil 6 des MarkenG (§§ 126 bis 139) regelt den Kennzeichenschutz der geographischen Herkunftsangaben. Das Recht der geographischen Herkunftsangaben des MarkenG enthält zwar keine den §§ 14 Abs. 1 und 15 Abs. 1 vergleichbare Regelung der Gewährung eines Ausschließlichkeitsrechts an den Inhaber der geographischen Herkunftsangabe. Folge des nach der Rechtslage im MarkenG an geographischen Herkunftsangaben bestehenden Kennzeichenschutzes ist es aber, daß geographische Herkunftsangaben als immaterialgüterrechtliche Vermögensrechte zu verstehen sind und ihrer Rechtsnatur nach subjektive Rechte darstellen (s. § 126, Rn 4). Die Besonderheit der geographischen Herkunftsangaben als subjektive Kennzeichenrechte besteht in ihrer eingeschränkten Ausschließlichkeitsfunktion.

## II. Das Markenrecht als subjektives Recht

9   Das MarkenG schützt Marken, geschäftliche Bezeichnungen und geographische Herkunftsangaben als subjektive Ausschließlichkeitsrechte (s. Rn 8). Alle Kennzeichenrechte im Sinne des MarkenG sind von subjektivrechtlicher Struktur. Die Aussagen zum Markenrecht als einem subjektiven Recht gelten grundsätzlich auch für die geschäftlichen Bezeichnungen und die geographischen Herkunftsangaben. Die Subjektivität eines Rechts ist Ausdruck der *personalen Freiheit* des Individuums und seiner subjektivrechtlichen Handlungsalternativen (s. dazu aus rechtstheoretischer Sicht *Fezer*, Teilhabe und Verantwortung, S. 363 ff.). Die Kennzeichenrechte sind subjektivrechtliche Instrumente zur Gewährleistung privater Planungsfreiheit auf dem Markt (s. dazu Einl, Rn 25 ff.).

10   Die Marke ist ein subjektives Recht (s. dazu *Schluep*, Das Markenrecht als subjektives Recht, 1964, S. 265 ff.). Mit der *Subjektivität des Markenrechts* sind verschiedene Aussagen verbunden. Dem Markeninhaber steht zum einen ein *Ausschließlichkeitsrecht* an der Marke zu. Der Schutzbereich der Marke gewährt dem Markeninhaber unternehmerische Freiräume der wirtschaftlichen Betätigung auf dem Markt. Der Markeninhaber kann jedem Dritten Eingriffe in sein Markenrecht verbieten. Aus der subjektivrechtlichen Struktur des Markenrechts folgt zum anderen auch die Qualität der Marke als *Verfassungseigentum* (s. dazu *Ipsen*, in: Hefermehl/Ipsen/Schluep/Sieben, Nationaler Markenschutz und freier Warenverkehr, 1979, S. 163 ff.). Die Marke ist als ein immaterielles Gut verfassungsrechtlicher Schutzgegenstand. Das internationale System des Immaterialgüterrechtsschutzes steht unter dem Eigentumsschutz der nationalen Verfassungen der Mitgliedstaaten sowie dem gemeinschaftsrechtlichen Verfassungsschutz der EU. Die wirtschaftliche und rechtliche Gleichwertigkeit der Marke im internationalen System der gewerblichen Schutzrechte (s. dazu Einführung in das Recht der internationalen Verträge, 2. Teil des Kommentars, 1. Abschnitt) harmoniert mit dem einheitlichen Grundrechtsschutz der Immaterialgüterrechte. Das BVerfG hat in seiner Entscheidung *Weinbergsrolle* den grundrechtlichen Schutz der Marke als Eigentum anerkannt und den hervorgehobenen subjektivrechtlichen Vermögensschutz der Marke vom schlichten objektivrechtlichen Interessenschutz des Wettbewerbsrechts abgegrenzt (BVerfGE 51, 193 – Weinbergsrolle: „Das schutzfähige Warenzeichen ist eine durch Art. 14 Abs. 1 S. 1 GG geschützte Rechtsposition."; s. auch BVerfGE 78, 58 – Esslinger Neckarhalde II; s. dazu *Krieger*, GRUR 1980, 335; *Kraft*, GRUR 1980, 416, 419; zur Anerkennung des Markenrechts als einer absoluten und ausschließlichen Rechtsposition gegen jeden Dritten nunmehr auch zum österreichischen Markenrecht s. ÖOGH GRUR Int 1999, 275, 277 – Silhouette II). Das Markenrecht ist schließlich wie alle Kennzeichenrechte Teil des gewerblichen und kommerziellen Eigentums im Sinne des Art. 36 S. 1 EGV. Das Markenrecht ist als Immaterialgüterrecht gleichwertiger Schutzgegenstand im europäischen Recht des geistigen Eigentums (s. Einl, Rn 18 ff.). Indem in der Grundrechtsdemokratie die verfassungsrechtlichen Rahmenbedingungen der marktwirtschaftlichen Wettbewerbsordnung die Immaterialgüterrechte als subjektive Rechte verbürgen, wird zudem die Einheit von *Immaterialgüterrechtsschutz* und *marktwirtschaftlicher Wettbewerbsordnung* hergestellt. Die Internationa-

lisierung des Systems der immateriellen Güter als Teil der verfassungsrechtlich verbürgten Ordnung eines marktwirtschaftlichen Wettbewerbs ist Teil einer Internationalisierung der Freiheitsrechte der Marktbürger zur Optimierung ihrer personalen Freiheit.

### III. Die Marke als unternehmerische Leistung

Marken im Markt sind unternehmerische Leistungen. Das MarkenG verstärkt den Schutz der Marke als eines *selbständigen Vermögensgegenstandes* eines Unternehmens. Die Rechtsnatur der Marke als eines subjektiven Rechts vereinigt vermögensrechtliche, unternehmensrechtliche und persönlichkeitsrechtliche Schutzinhalte (zur Rechtsnatur des subjektiven Rechts als Peronenrecht s. *Fezer*, Teilhabe und Verantwortung, S. 454 ff.; zum Streitstand um die Rechtsnatur des subjektiven Markenrechts s. *Baumbach/Hefermehl*, Einl WZG, Rn 27; zur Eigenwertigkeit der Marke als persönlichkeitsrechtliches Immaterialgut s. *Schluep*, Das Markenrecht als subjektives Recht, S. 363).

**11**

### IV. Positives Benutzungsrecht und negatives Verbietungsrecht

Das Markenrecht als subjektives Ausschließlichkeitsrecht gewährt dem Markeninhaber ein *positives Benutzungsrecht* und ein *negatives Verbietungsrecht* (zur Anerkennung eines positiven Benutzungsrechts s. *Starck*, FS 100 Jahre Markenamt, S. 291, 298; *Krieger*, FS für Rowedder, S. 292; *Lehmann*, FS für Beier, S. 280; zur früher herrschenden gegenteiligen Meinung s. *Baumbach/Hefermehl*, WZG, Einl, Rn 30; aA noch heute *Ingerl/Rohnke*, § 14, Rn 9). Das MarkenG monopolisiert die Marke zugunsten des Markeninhabers, der die Produktverantwortung für das Markenprodukt übernimmt. Die Marke als Produktkennzeichen identifiziert das Produkt, das sie von Produkten anderer Unternehmen auf dem Markt unterscheidet, und sie kommuniziert das Charakterbild des Produkts in der Öffentlichkeit (s. im einzelnen § 3, Rn 9 ff.). Zum Schutz des subjektiven Ausschließlichkeitsrechts gewährt § 14 dem Inhaber einer Marke Schutzansprüche zur Abwehr rechtswidriger Eingriffe in sein Markenrecht. Der Schutzumfang des subjektiven Markenrechts bestimmt sich nach der Marktgeltung der Marke (s. Rn 271 ff.). Die im MarkenG erfolgte Anerkennung des kennzeichenrechtlichen Schutzes bekannter Marken (zur Entwicklung des Markenschutzes durch Wettbewerbsrecht s. *Fezer*, GRUR 1986, 485) entspricht dem traditionellen Gedanken der Entwicklungsbegünstigung im Warenzeichenrecht (*Ulmer*, Warenzeichen und unlauterer Wettbewerb, 1929, S. 63).

**12**

## C. Markenkollisionen als Markenrechtsverletzungen (§ 14 Abs. 2)

### I. Anwendungsbereiche der Kollisionstatbestände des § 14 Abs. 2 Nr. 1 bis 3

#### 1. Die einzelnen Kollisionstatbestände

§ 14 Abs. 2 Nr. 1 bis 3 normiert drei Kollisionstatbestände einer Markenrechtsverletzung. Es werden die Voraussetzungen umschrieben, bei deren Vorliegen die Benutzung eines Zeichens als Marke durch einen Dritten die Verletzung eines bestehenden Markenrechts darstellt. Die Vorschrift gewährt dem Markeninhaber *Identitätsschutz, Verwechslungsschutz* und *Bekanntheitsschutz* seiner Marke. Eine Markenrechtsverletzung nach Nr. 1 liegt vor, wenn die kollidierende Marke mit der bestehenden Marke identisch ist und für identische Waren oder Dienstleistungen benutzt wird. Voraussetzungen dieser Markenrechtsverletzung sind *Markenidentität* und *Produktidentität*. Eine Markenrechtsverletzung nach Nr. 2 liegt vor, wenn zwischen der kollidierenden Marke und der benutzten Marke für das Publikum die Gefahr von Verwechslungen besteht. Voraussetzung dieser Markenrechtsverletzung ist die *Verwechslungsgefahr*. Die Verwechslungsgefahr ist Folge einer *Identität* oder *Ähnlichkeit* der kollidierenden Marken und der Waren oder Dienstleistungen. Zur Verwechslungsgefahr gehört auch die Gefahr, daß die kollidierende Marke mit der geschützten Marke gedanklich in Verbindung gebracht wird (*gedankliches Inverbindungbringen*). Eine Markenrechtsverletzung

**13**

nach Nr. 3 liegt vor, wenn die Marken identisch oder ähnlich sind, die kollidierende Marke für nicht ähnliche Waren oder Dienstleistungen benutzt wird und es sich bei der geschützten Marke um eine im Inland bekannte Marke handelt, deren Unterscheidungskraft oder Wertschätzung aufgrund der Markenkollision ohne rechtfertigenden Grund in unlauterer Weise ausgenutzt oder beeinträchtigt wird. Voraussetzung dieser Markenrechtsverletzung ist eine unlautere und nicht gerechtfertigte *Markenausnutzung* oder *Markenbeeinträchtigung einer bekannten Marke* außerhalb ihres Produktähnlichkeitsbereichs. Anders als nach der Rechtslage im WZG ist die markenmäßige Benutzung der kollidierenden Marke keine gemeinsame Voraussetzung der drei Kollisionstatbestände einer Markenrechtsverletzung nach § 14 Abs. 2 Nr. 1 bis 3 (str. s. Rn 21 ff., 29 ff.). Den im WZG verwendeten Begriffen der übereinstimmenden Zeichen (§ 5 Abs. 4 S. 1 iVm § 31 WZG), der gleichartigen Waren oder Dienstleistungen (§§ 5 Abs. 4 S. 1; 11 Abs. 1 Nr. 1 WZG), aber auch dem Begriff der Verwechslungsgefahr (§ 31 WZG) kommt für die Auslegung des MarkenG nur eine innerhalb der Tradition der Markenrechtsentwicklung bestehende und namentlich im Hinblick auf die Umsetzung der MarkenRL eingeschränkte Bedeutung zu.

### 2. Verhältnis zu § 9 Abs. 1 Nr. 1 bis 3

**14**   Die Kollisionstatbestände einer Markenrechtsverletzung, die in § 14 Abs. 2 Nr. 1 bis 3 zur Begründung von *Unterlassungs-* und *Schadensersatzansprüchen* des Markeninhabers normiert sind, sind in identischer Umschreibung in § 9 Abs. 1 Nr. 1 bis 3 enthalten, der diese Kollisionstatbestände als *relative Schutzhindernisse* bei der Kollision von angemeldeten oder eingetragenen Marken mit unterschiedlicher Priorität normiert. Aus Gründen des verschiedenen Normzwecks ist Aufgreifkriterium zum einen in § 14 Abs. 2 die *Benutzung* einer Marke im geschäftlichen Verkehr durch einen Dritten ohne Zustimmung des Markeninhabers, zum anderen in § 9 Abs. 1 und 2 die *Anmeldung* oder *Eintragung* einer prioritätsjüngeren Marke ohne Zustimmung des Inhabers der Marke mit älterem Zeitrang.

### 3. Markenkategorien des § 4 Nr. 1 bis 3

**15**   § 14 regelt das Markenrecht als ein subjektives Ausschließlichkeitsrecht sowie die Unterlassungs- und Schadensersatzansprüche des Markeninhabers im Falle einer Rechtsverletzung seiner Marke für alle nach der Entstehung des Markenschutzes zu unterscheidenden drei Kategorien von Marken des § 4 Nr. 1 bis 3. Das MarkenG vereinheitlicht die Anspruchsgrundlagen für den durch *Eintragung, Verkehrsgeltung* oder *Notorietät* entstehenden Markenschutz. Nach dem WZG bestanden für den förmlichen Zeichenschutz der eingetragenen Marke (§ 24 WZG) und den sachlichen Zeichenschutz der Ausstattung (§ 25 WZG) unterschiedliche Anspruchsgrundlagen; der Rechtsschutz der notorischen Marke war im WZG nicht umfassend geregelt. Die Regelungen des § 14 stehen mit Art. 5 MarkenRL, der sich nach Art. 1 MarkenRL allein auf eingetragene, angemeldete oder international registrierte Marken bezieht, in der Formulierung sowie im materiellrechtlichen Gehalt in Einklang. Die Geltung des § 14 für Marken, die durch den Erwerb von Verkehrsgeltung oder Notorietät entstehen, stimmt mit der MarkenRL überein, die den Mitgliedstaaten das Recht, durch Benutzung erworbene Marken zu schützen, einräumt. Der Kollisionstatbestand der Markenrechtsverletzung der im Inland bekannten Marke sowie das entsprechende relative Schutzhindernis (§§ 14 Abs. 2 Nr. 3; 9 Abs. 1 Nr. 3) stimmen mit Art. 5 Abs. 5 MarkenRL überein, dessen Wortlaut der Gesetzgeber des MarkenG übernommen hat. Der erweiterte, über den Ähnlichkeitsbereich der Waren oder Dienstleistungen hinausreichende Schutzumfang der bekannten Marke nach § 14 Abs. 2 Nr. 3 gilt gleichermaßen für die eingetragene sowie für die nicht eingetragene bekannte Marke, da das MarkenG von der grundsätzlichen Gleichwertigkeit des durch Eintragung und des durch den Erwerb von Verkehrsgeltung entstehenden Markenschutzes ausgeht. Gleiches gilt für die notorisch bekannte Marke.

### 4. Territorium der Markenrechtsverletzung

**16**   **a) Unterscheidung zwischen förmlichem und sachlichem Markenschutz.** Das nach § 4 Nr. 1 durch Eintragung entstandene Markenrecht gilt im gesamten Territorium der Bundesrepublik Deutschland als dem *Geltungsbereich des MarkenG*. Der räumliche Schutzbereich der eingetragenen Marke besteht ohne territoriale Beschränkung sowohl unabhängig davon, an welchem Ort die Marke benutzt wird, als auch unter den Bedingungen des Benutzungszwangs (s. §§ 25, 26) unabhängig davon, ob die Marke benutzt wird. Der förmliche Markenschutz durch Eintragung des Zeichens als Marke in das Markenregister besteht selbst dann, wenn am Ort der ohne Zustimmung des Markeninhabers von einem Dritten im geschäftlichen Verkehr benutzten Marke das Vorliegen von Verwechslungsgefahr nicht zu befürchten ist (BGH GRUR 1966, 493 – Lili).

Anders handelt es sich bei dem nach § 4 Nr. 2 und 3 entstehenden Markenschutz um einen auf das Territorium der erworbenen Verkehrsgeltung oder Notorietät begrenzten Markenschutz. So bestehen bei nur lokaler oder regionaler Verkehrsgeltung Rechte aus der Marke nur in dem *territorial begrenzten Geltungsbereich* des Markenschutzes. Der Schutzbereich territorial begrenzter Markenrechte bestimmt sich nach der höchstrichterlichen Rechtsprechung, die sich zum territorialen Schutzbereich der Ausstattung nach § 25 WZG entwickelt hat (s. § 4, Rn 128 ff.). Der Gesetzgeber des MarkenG hat im Hinblick auf die sehr stark einzelfallbezogene und von den konkreten Umständen abhängige Rechtsprechung zum sachlichen Markenschutz auf eine ausdrückliche gesetzliche Regelung zum territorialen Geltungsbereich der Marke mit Verkehrsgeltung oder Notorietät im MarkenG verzichtet. 17

Der Schutzbereich der geschäftlichen Bezeichnungen (§ 1 Nr. 2) und der geographischen Herkunftsangaben (§ 1 Nr. 3) als der neben den geschützten Marken (§ 1 Nr. 1) sonstigen Kennzeichen bestimmt sich nach deren *territorialer Kennzeichnungskraft* sowie den territorialen Beziehungen der an der Kennzeichenkollision Beteiligten (zum räumlichen Schutzbereich der geschäftlichen Bezeichnungen s. § 15, Rn 46 f., 128; zum räumlichen Schutzbereich der geographischen Herkunftsangaben s. § 126, Rn 1 ff.). 18

**b) Exterritoriale Verletzungshandlungen mit Inlandsbezug.** Der räumliche Geltungsbereich eines Markenrechts entspricht grundsätzlich dem Territorium der rechtserheblichen Markenrechtsverletzungen. Eine Markenrechtsverletzung ist rechtserheblich im territorialen Geltungsbereich des jeweiligen Markenschutzes (allgemein zum *Territorialitätsprinzip* s. Einl, Rn 158 ff.). Der territoriale Schutzbereich besteht im Grundsatz bei dem förmlichen Markenschutz im Geltungsbereich des MarkenG, bei dem sachlichen Markenschutz im Territorium der erworbenen Verkehrsgeltung oder Notorietät, bei den geschäftlichen Bezeichnungen und geographischen Herkunftsangaben im Territorium der Kennzeichnungskraft. Das rechtserhebliche Territorium einer Markenrechtsverletzung ist aber nicht zwingend identisch mit dem Territorium des Geltungsbereichs einer Marke. *Exterritoriale Benutzungshandlungen* können Markenrechtsverletzungen im territorialen Geltungsbereich des Markenschutzes darstellen, wenn nach dem internationalprivatrechtlichen *Auswirkungsprinzip* etwa die *Inlandsmarktwirkungen ausländischen Wettbewerbs* kollisionsrechtlich zu berücksichtigen sind (s Einl, Rn 179 ff.). So kann etwa die Beeinträchtigung der überragenden Kennzeichnungskraft und Wertschätzung einer Weltmarke als Folge einer internationalen Rufausbeutung und Rufbeeinträchtigung eine erhebliche Marktwirkung darstellen, die eine Heranziehung, sei es deutschen Markenrechts, sei es deutschen Wettbewerbsrechts gebietet. Aus Gründen des internationalen Waren- und Dienstleistungsverkehrs, der grenzüberschreitenden Kommunikationstechnologie sowie eines weltweiten Tourismus und Reiseverkehrs verlangt die Internationalisierung der Wirtschaft exterritoriale Sachverhalte bei der Prüfung territorialer Markenrechtsverletzungen verstärkt zu berücksichtigen. 19

### 5. Markenschutz durch Wettbewerbsrecht

Das MarkenG schließt nach § 2 die *Anwendung des Wettbewerbsrechts* zum Schutz der Marken und sonstigen Kennzeichen nicht aus (s. § 2, Rn 6 ff.). Wettbewerbsrechtlicher Schutz der Marke besteht zum einen nach § 3 UWG, wenn die Benutzung der Marke zugleich eine *irreführende Werbung* darstellt, zum anderen nach § 1 UWG, wenn die Benutzung der Marke als *sittenwidriger Wettbewerb* zu beurteilen ist. Die wettbewerbswidrige Rufausbeutung einer bekannten Marke, die schon vor Inkrafttreten des MarkenG als ein Tatbestand sittenwidrigen Wettbewerbs nach § 1 UWG anerkannt war (s. Baumbach/Hefermehl, § 1 UWG, Rn. 541 ff., 559 f.), ist im MarkenG als Markenrechtsverletzung nach § 14 Abs. 2 Nr. 3 normiert. Zwischen dem Wettbewerbsschutz der bekannten Marke nach § 1 UWG und dem Kennzeichenschutz der bekannten Marke nach § 14 Abs. 2 Nr. 3 besteht vollständige Anspruchskonkurrenz nach § 2 (str. s. § 2, Rn 2 ff.). 20

## II. Rechtsverletzende Benutzung

### 1. Der zeichenmäßige Gebrauch nach der Rechtslage im WZG

**21** **a) Zeichenmäßiger Gebrauch als Ausdruck der Herkunftsfunktion.** Nach § 15 Abs. 1 WZG hatte die Eintragung eines Warenzeichens die Wirkung, daß allein seinem Inhaber das Recht zustand, Waren der angemeldeten Art oder ihre Verpackung oder Umhüllung mit dem Warenzeichen zu versehen, die so bezeichneten Waren in Verkehr zu setzen sowie auf Ankündigungen, Preislisten, Geschäftsbriefen, Empfehlungen, Rechnungen oder dergleichen das Zeichen anzubringen. Die Vorschrift wurde nach ständiger Rechtsprechung (RGZ 117, 408, 410 – Lysol; BGH GRUR 1957, 433, 434 – Hubertus; 1975, 275 – Buddelei; 1977, 789, 790 – Tina-Spezialversand) und überwiegender Meinung im Schrifttum (*Baumbach/Hefermehl*, § 15 WZG, Rn 22 ff.; *Althammer*, § 16 WZG, Rn 7 ff.; *Wilde*, GRUR 1968, 477; *v. Gamm*, GRUR 1974, 539) dahin verstanden, das ausschließliche Recht des Zeicheninhabers richte sich nur gegen einen *zeichenmäßigen Gebrauch* des Zeichens durch einen Dritten. Die Grenzen des Zeichenschutzes bestimmte § 16 WZG. Nach dieser Vorschrift wurde durch die Eintragung eines Warenzeichens niemand gehindert, seinen Namen, seine Firma, seine Wohnung sowie Angaben über Art, Zeit und Ort der Herstellung, über die Beschaffenheit, über die Bestimmung, über Preis-, Mengen- oder Gewichtsverhältnisse von Waren, sei es auch in abgekürzter Gestalt, auf Waren, auf ihrer Verpackung oder ihrer Umhüllung anzubringen und derartige Angaben im Geschäftsverkehr zu gebrauchen, sofern der Gebrauch *nicht warenzeichenmäßig* erfolgt. Der die Schranken des Zeichenrechts klarstellende zweite Halbsatz der Vorschrift („sofern der Gebrauch nicht warenzeichenmäßig erfolgt") wurde erst im Jahre 1936 eingefügt, bedeutete keine sachliche Rechtsänderung gegenüber dem früheren Rechtszustand und stellte nur klar, daß sich das ausschließliche Recht des Zeicheninhabers nach § 15 Abs. 1 WZG nur auf den zeichenmäßigen Gebrauch erstreckte. § 16 WZG verdeutlichte die Freigabe des nicht zeichenmäßigen Gebrauchs. Die Schranken des subjektiven Zeichenrechts wurden so vom Verständnis des Begriffs des zeichenmäßigen Gebrauchs bestimmt (*Bußmann/Pietzcker/Kleine*, Gewerblicher Rechtsschutz und Urheberrecht, S. 132).

**22** Die Auslegung der §§ 15 und 16 WZG, der zeichenmäßige Gebrauch sei rechtliche Voraussetzung des Markenschutzes, wurde mit der Begrenzung des Anwendungsbereichs des WZG auf den *Rechtsschutz der Herkunftsfunktion* als der allein rechtlich geschützten Funktion eines Warenzeichens begründet. Allein der zeichenmäßige Gebrauch durch einen Dritten könne die Herkunftsfunktion der Marke beeinträchtigen. Die allgemeine Beschränkung des Schutzumfangs folge daraus, daß die Marke der Individualisierung einer Ware oder Dienstleistung diene, um diese Produkte im geschäftlichen Verkehr von gleichen oder gleichartigen Waren oder Dienstleistungen anderer zu unterscheiden. Zwar wurde anerkannt, daß eine Marke wirtschaftlich auch dazu diene, für die Produkte des Markeninhabers zu werben, sowie Waren oder Dienstleistungen des Zeicheninhabers von Produkten seines eigenen Sortiments zu unterscheiden. Die tatsächlichen Funktionen der Marke wie etwa die Werbefunktion oder die Sortenfunktion änderten aber nichts daran, daß diese wirtschaftlichen Funktionen der Marke nur mittels der rechtlich geschützten Grundfunktion der Marke, die Waren oder Dienstleistungen des Zeicheninhabers ihrer betrieblichen Herkunft nach zu unterscheiden, geschützt seien (s. statt aller *Baumbach/Hefermehl*, § 15 WZG, Rn 22). Der rechtliche Schutz der ökonomischen Funktionen der Marke im MarkenG stellt einen Paradigmenwechsel in den rechtlich geschützten Markenfunktionen dar (s. Einl, Rn 35), der eine Abkehr von dem zeichenmäßigen Gebrauch im herkömmlichen Sinne als eine rechtliche Voraussetzung des Markenschutzes verlangt (s. Rn 29 ff.).

**23** **b) Kritik am zeichenmäßigen Gebrauch als Schutzvoraussetzung.** Die überwiegende Auffassung, der zeichenmäßige Gebrauch einer Marke, verstanden als deren Benutzung zur Kennzeichnung einer Ware oder Dienstleistung ihrer Herkunft nach entsprechend der Auffassung des Verkehrs, sei rechtliche Voraussetzung einer jeden Markenrechtsverletzung nach § 15 WZG, stieß schon nach der Rechtslage im WZG auf nachhaltige, erstmals von *Heydt* vorgetragene Kritik (*Reimer/Heydt*, Kap. 42, Rn 2; *Heydt*, Mitt 1969, 319; *Heydt*, GRUR 1971, 435; zustimmend *Bußmann*, GRUR 1971, 392; *Fezer*, Der Benutzungszwang im Markenrecht, 1974, S. 72; *Fezer,* GRUR 1977, 616, 618; dagegen *Wilde,* GRUR 1968, 477; *v. Gamm,* GRUR 1974, 539). Nach dieser Gegenmeinung der Kritik konnte der Markeninhaber einem Dritten *jeden Markengebrauch im geschäftlichen Verkehr* markenrechtlich untersagen, wenn nicht eine der Verwendungsarten des nicht zeichenmäßigen Gebrauchs nach § 16 WZG vorlagen. Danach war der zeichenmäßige Gebrauch nicht ungeschriebenes Tatbestandsmerkmal des § 15 WZG und damit keine Bedingung zeichenrechtlicher Ansprüche schlechthin, sondern gehörte ausschließlich in § 16 WZG gleichsam als eine Rückausnahme für die dort im Interesse des Verkehrs und der Mitbewerber aufgeführten Schranken des Markenschutzes. Auch der nicht zeichenmäßige Gebrauch der Marke in anderen als den in § 16 WZG aufgezählten Fallkonstellationen blieb nach dieser Auffassung im geschäftlichen Verkehr allein dem Markeninhaber vorbehalten.

Die kritische Auffassung der Mindermeinung wurde zum einen mit der Entstehungsgeschichte sowie dem Verhältnis der §§ 15, 16 WZG zueinander, zum anderen mit einer Kritik an der Funktionenlehre im Markenrecht begründet. So lag es nahe, den Bedeutungsgehalt des Rechtsbegriffs eines warenzeichenmäßigen Gebrauchs anhand der Vorschrift des § 16 WZG zu bestimmen, in der der Begriff allein Verwendung gefunden hatte. Das WZG sprach nicht ohne Grund ausschließlich in § 16 WZG, nicht aber in § 15 WZG vom Erfordernis eines warenzeichenmäßigen Gebrauchs. § 16 WZG steckte die Grenzen des Markenschutzes ab und bezweckte, das Verbietungsrecht des Markeninhabers nach § 15 WZG einzuschränken. Eine solche Schutzbegrenzung auf bestimmte Fälle des nicht warenzeichenmäßigen Gebrauchs war in der Tat dann wenig einleuchtend und lief leer, wenn der Markenschutz schon seinen allgemeinen Voraussetzungen nach sich allein gegen den zeichenmäßigen Gebrauch richten sollte. Unter Rückgriff auf die Entstehungsgeschichte sowie anhand der reichsgerichtlichen Rechtsprechung konnte zudem aufgezeigt werden, daß die erst 1936 in § 16 WZG eingefügte Beschränkung des Anwendungsbereichs auf den nicht warenzeichenmäßigen Gebrauch dazu diente, einer zu dem § 16 WZG entsprechenden früheren § 13 WZG bereits erfolgten Rechtsentwicklung eine ausreichende Grundlage zu schaffen, wonach die Dritten eingeräumte Befugnis, in bestimmten Fällen die fremde Marke zu verwenden, nicht auf deren warenzeichenmäßigen Gebrauch erstreckt wurde. Das besagte schon die Amtliche Begründung (BlPMZ 1936, 103, 122), in der dort ausgeführt wurde, die Ergänzung des § 16 WZG diene nur der Klarstellung und bezwecke keine sachliche Änderung. Diese Entstehungsgeschichte zu den §§ 15, 16 WZG findet nach der Rechtslage im MarkenG ihre Fortsetzung in dem Verhältnis der §§ 14, 15, die den Schutzinhalt der Marke und geschäftlichen Bezeichnungen umschreiben, zu § 23, der die Arten einer zulässigen Benutzung der Marke oder geschäftlichen Bezeichnung durch Dritte normiert. Die Entstehungsgeschichte belegt zudem die Einschränkung zulässiger Benutzungsarten durch Dritte nach § 23 („sofern die Benutzung nicht gegen die guten Sitten verstößt"), die dem Verständnis des § 16 WZG entspricht, dessen Anwendungsbereich auf den redlichen Wettbewerb begrenzt wurde (*Fezer,* GRUR 1977, 616, 619; *Baumbach/Hefermehl,* § 16 WZG, Rn 5). Zwar durften die praktischen Auswirkungen der Auffassungsunterschiede schon nach der Rechtslage im WZG nicht überschätzt werden. Sie beschränkten sich weitgehend auf den Bereich der Verwendung identischer Zeichen, da im übrigen im Kollisionsfall die der Ablehnung eines zeichenmäßigen Gebrauchs zugrunde liegenden Wertungen in der Regel dazu führten, das Bestehen einer Verwechslungsgefahr zu verneinen. Das gilt nach der Rechtslage im MarkenG namentlich für den Markenschutz bei Vorliegen von Markenidentität.

Die Kritik an einer restriktiven Auslegung des § 15 WZG war zum anderen mit einer Kritik an der Funktionenlehre der herrschenden Auffassung verbunden. Anders als die überwiegende Auffassung, die ausschließlich die Herkunftsfunktion als die allein rechtlich geschützte Funktion einer Marke anerkannte, wurde von der Kritik die Forderung nach einem umfassenden Schutz der tatsächlichen Markenfunktionen erhoben. Herkunftsfunktion, Vertrauensfunktion und Werbefunktion wurden als rechtlich selbständige und damit unabhängig voneinander geschützte Funktionen anerkannt (*Heydt,* GRUR 1969, 450, 453 ff.; *Heydt,* FS für Hefermehl, 1971, S. 59, 73 ff.; *Fezer,* Der Benutzungszwang im Markenrecht, 1974, S. 75 ff.). Schon zu dieser Zeit wurde die Identifizierungsfunktion als die eigentliche Grundfunktion der Marke verstanden. Unter einem funktionalen Zeichengebrauch war jeder Gebrauch der Marke zu verstehen, der zur Kennzeichnung der Herkunft oder der besonderen Eigenart des unter dem eingetragenen Zeichen vertriebenen Produkts oder in der Werbung beworbenen Produkts diente (*Heydt*, FS für Hefermehl, 1971, S. 59, 76).

26 **c) Begriff des zeichenmäßigen Gebrauchs.** Die Ausrichtung des Begriffs des zeichenmäßigen Gebrauchs als der rechtlichen Voraussetzung einer jeden Markenrechtsverletzung an der allein rechtlich geschützten Herkunftsfunktion machte erforderlich, den Begriff des zeichenmäßigen Gebrauchs als ungeschriebenes Tatbestandsmerkmal des § 15 WZG *weit* zu verstehen, um im Interesse eines umfassenden Markenschutzes dem Verletzungsrecht einen weiten Anwendungsbereich einzuräumen. Nach ständiger Rechtsprechung lag ein *zeichenmäßiger Gebrauch* dann vor, wenn im geschäftlichen Verkehr eine wörtliche oder bildliche Bezeichnung zur Kennzeichnung einer Ware oder Dienstleistung sowie in Beziehung auf eine Ware oder Dienstleistung so gebraucht wurde, daß der unbefangene und flüchtige Durchschnittsabnehmer annahm oder annehmen konnte, das Zeichen diene zur Unterscheidung der so gekennzeichneten Ware oder Dienstleistung von gleichen oder gleichartigen Waren oder Dienstleistungen anderer Herkunft (RG MuW 1939, 357; BGHZ 8, 202 – Kabel-Kennzeichnung; BGH GRUR 1955, 484 – Luxor/Luxus; 1956, 179 – Ettaler-Klosterliqueur; 1960, 126 – Sternbild; 1961, 280, 281 – Tosca; 1962, 647 – Strumpf-Zentrale; 1968, 365 – praliné; 1968, 367, 369 – Corrida; 1971, 251, 252 – Oldtimer; 1969, 683 – Isolierte Hand; 1974, 84, 86 – Trumpf; 1981, 362, 364 – Aus der Kurfürst-Quelle; 1982, 229, 230 – Klix/Klick; LG Köln GRUR 1989, 515 – natura). Nach dieser Auffassung hatte das Vorliegen eines zeichenmäßigen Gebrauchs als rechtliche Voraussetzung einer Markenrechtsverletzung eine zweifache Bedeutung, wobei beide Probleme scharf zu trennen waren (*Wilde*, GRUR 1968, 477, 483). Es mußte zum einen eine Kennzeichnung von Waren oder Dienstleistungen vorliegen, und es mußte zum anderen die Art der Verwendung dieser Kennzeichnung nach Auffassung der beteiligten Verkehrskreise dazu bestimmt sein, die Ware oder Dienstleistung von gleichen oder gleichartigen Waren oder Dienstleistungen anderer ihrer Herkunft nach zu unterscheiden. Erst wenn der zeichenmäßige Gebrauch einer Bezeichnung anzunehmen war, kam es auf die weitere Prüfung an, ob bei Bestehen von Gleichartigkeit der Waren oder Dienstleistungen Verwechslungsgefahr im engeren oder weiteren Sinne mit der prioritätsälteren Marke bestand. Verwechslungsgefahr setzte zwingend das Vorliegen eines zeichenmäßigen Gebrauchs voraus. Wenn das Publikum in einer Marke keine Kennzeichnung der Ware oder Dienstleistung nach ihrer betrieblichen Herkunft erblickte, dann konnte Verwechslungsgefahr nicht bestehen. Wenn Gleichartigkeit der Waren oder Dienstleistungen und ein zeichenmäßiger Gebrauch vorlagen, dann folgte daraus noch nicht unbedingt das Bestehen von Verwechslungsgefahr. Verwechslungsgefahr war erst anzunehmen, wenn aufgrund des zeichenmäßigen Gebrauchs eines ähnlichen Zeichens für den Abnehmer der irrige Eindruck entstehen konnte, daß die so gekennzeichneten gleichartigen Waren oder Dienstleistungen aus demselben Betrieb stammten, oder doch die die Zeichen benutzenden Unternehmen miteinander in irgendwie gearteten organisatorischen oder wirtschaftlichen Beziehungen standen. Wenn man nach der Mindermeinung für das Bestehen zeichenrechtlicher Ansprüche keinen zeichenmäßigen Gebrauch verlangte, dann kam es allein auf die Beurteilung der Verwechslungsgefahr aufgrund der Kollisionszeichen an.

27 Das Vorliegen eines zeichenmäßigen Gebrauchs war danach zu entscheiden, ob der unbefangene und flüchtige Hörer oder Leser die Bezeichnung als ein Mittel zur Kennzeichnung der angebotenen Ware oder Dienstleistung nach ihrer Herkunft aus einem bestimmten Betrieb auffaßte. Der Begriff des zeichenmäßigen Gebrauchs wurde im Interesse eines umfassenden Markenschutzes weit gezogen. Schon wenn die objektiv nicht völlig fern liegende Möglichkeit bestand, daß ein nicht unerheblicher Teil der maßgebenden Verkehrskreise in der Bezeichnung ein Unterscheidungsmerkmal gegenüber gleichen oder gleichartigen Waren oder Dienstleistungen anderer Herkunft erblickte, war von einem zeichenmäßigen Gebrauch auszugehen (BGHZ 8, 202, 206 – Kabel-Kennzeichnung; BGH GRUR 1959, 130, 132 – Vorrasur/Nachrasur; 1962, 647 – Strumpf-Zentrale; 1969, 601, 602 – Candahar; 1974, 84, 86 – Trumpf; 1981, 592, 593 – Championne du Monde). Die Kenntnis des Dritten von dem Bestehen eines fremden Markenrechts war rechtlich unerheblich.

28 Die Fehlvorstellung des Verkehrs mußte als eine Folge der Produktkennzeichnung zeichenbedingt sein. Zur Annahme eines zeichenmäßigen Gebrauchs wurde als nicht ausreichend angesehen, wenn der Produktvertrieb ausschließlich rein tatsächlich falsche Vorstel-

lungen über die betriebliche Herkunft im Verkehr auslöste. Wenn etwa im Verkehr aufgrund eines jahrelangen Alleinvertriebs des Produkts durch ein Unternehmen im Falle eines Drittvertriebes eine irrige Vorstellung über die Produktherkunft entstehen konnte, dann lag ein zeichenrechtlich bedeutsamer Tatbestand nicht vor, da nicht aufgrund einer individuellen Kennzeichnung des Produkts, sondern allein aufgrund der Marktlage auf ihre Herkunft geschlossen wurde. Fehlvorstellungen im Verkehr konnte durch entsprechende Hinweise entgegengewirkt werden. Eine kennzeichenmäßige Benutzung des *Titels eines Comicheftes* lag nicht vor, wenn im Untertitel unübersehbar auf Parodien als Inhalt des Heftes hingewiesen wurde (BGH GRUR 1994, 191 – Asterix-Persiflagen).

### 2. Allgemeine Voraussetzungen einer Markenrechtsverletzung nach der Rechtslage im MarkenG

**a) Problemstellung. aa) Einheitliche Auslegung der Kollisionstatbestände.** Die 29 nach der Rechtslage im WZG zwar kontrovers diskutierte, aber nach der überwiegenden Auffassung im Schrifttum und in ständiger Rechtsprechung im Sinne einer *restriktiven* Auslegung des § 15 WZG entschiedene Problematik, ob der zeichenmäßige Gebrauch der kollidierenden Marke eine rechtliche Voraussetzung des Schutzes der prioritätsälteren Marke darstellt, besteht auch nach der Rechtslage im MarkenG. Im Wege der Auslegung ist zu entscheiden, ob die Anwendungsbereiche der Kollisionstatbestände des § 14 Abs. 2 Nr. 1 bis 3 eine *markenmäßige Benutzung* der kollidierenden Marke als Schutzvoraussetzung einer Markenrechtsverletzung verlangen. Es wird davon auszugehen sein, daß es allein sachgerecht ist, diese allgemeine Schutzvoraussetzung einer Markenrechtsverletzung für den Identitätsschutz der Marke (Nr. 1), den Verwechslungsschutz der Marke (Nr. 2) und den Bekanntheitsschutz der Marke (Nr. 3) *einheitlich* zu behandeln. Zwar ist nicht ausgeschlossen, zwischen den verschiedenen Kollisionstatbeständen des § 14 Abs. 2 Nr. 1 bis 3 zu differenzieren und etwa für den Bekanntheitsschutz der Marke (Nr. 3) eine markenmäßige Benutzung als Schutzvoraussetzung selbst dann nicht zu verlangen, wenn man die markenmäßige Benutzung zur Anwendung der Kollisionstatbestände des § 14 Abs. 2 Nr. 1 und 2 voraussetzt. Es widerstreitet aber einer solchen Aufspaltung der Kollisionstatbestände die Einheitlichkeit des Markenschutzes nach § 14 Abs. 2. Wegen der schwierigen Abgrenzung der Kollisionstatbestände untereinander, wie namentlich des Verwechslungsschutzes vom Bekanntheitsschutz der Marke und der damit verbundenen fließenden Übergänge der Anwendungsbereiche, käme zudem der markenmäßigen Benutzung als eine differierende Tatbestandsvoraussetzung eine unverhältnismäßig starke und zugleich Rechtsunsicherheit verursachende Bedeutung zu. Die Problematik stellt sich vergleichbar für die *kennzeichenmäßige Benutzung* einer geschäftlichen Bezeichnung nach § 15 Abs. 2 und 3.

**bb) Schrifttum.** Im *Schrifttum* wird die weithin nur kursorisch diskutierte Problematik 30 unterschiedlich dargestellt. Soweit eine markenmäßige Benutzung als Voraussetzung einer Markenrechtsverletzung verlangt wird, geschieht dies teils allgemein (*v. Gamm*, GRUR FS, Bd. II, S. 801, 804; *Loewenheim*, MA 1991, 238, 248; *Piper*, GRUR 1996, 429, 434; in Auslegung der MarkenRL auch *Keller*, Rufausbeutung, S. 75; *Keller*, GRUR 1996, 607), teils aufgrund eines bestimmten Verständnisses von Art. 5 Abs. 5 MarkenRL (*Kunz-Hallstein*, GRUR Int 1990, 747, 757; s. aber auch *Kunz-Hallstein*, GRUR Int 1992, 81, 89; allein aus diesem Grunde zustimmend *Sack*, GRUR 1995, 81, 93 ff.; wohl auch *Dreiss/Klaka*, Das neue Markengesetz, S. 80; *Ernst-Moll*, GRUR 1993, 8, 17), teils differenzierend nach den einzelnen Kollisionstatbeständen des § 14 Abs. 2 Nr. 1 einerseits und des § 14 Abs. 2 Nr. 2 und 3 andererseits (*v. Gamm*, WRP 1993, 793, 797). Andere lehnen eine markenmäßige Benutzung als Voraussetzung einer Markenrechtsverletzung ab (s. dazu *Fezer*, GRUR 1996, 566; zustimmend *Berlit*, GRUR 1998, 423, 426; *Nägele*, Die rechtsverletzende Benutzung im Markenrecht, 1999, S. 53 ff., rechtvergleichend S. 153 ff.), teils wegen des Funktionswandels im MarkenG (*Kraft*, GRUR 1991, 339, 342; ohne weitergehende Begründung auch *Schmieder*, NJW 1994, 1241, 1244; *Ingerl/Rohnke*, NJW 1994, 1247, 1251 f.; *Meister*, WRP 1995, 366, 369; *Meyer*, GRUR Int 1996, 592, 602; *Nordemann*, Wettbewerbs- und Markenrecht, Rn 430 g; für ein nicht nur herkunftorientiertes Verständnis *Krüger*, GRUR 1995, 527, 529; *v. Mühlendahl*, Deutsches Markenrecht, S. 13), teils unter Hinweis auf den Katalog der Benutzungshandlungen in § 14 Abs. 3 (*Starck*, GRUR

1996, 688, 691; *Starck*, DZWir 1996, 313, 316; auch *v. Gamm*, GRUR 1994, 775, 780), teils in Auslegung der MarkenRL (*Schweer*, Die erste Markenrechts-Richtlinie, S. 120; *Eichmann*, GRUR 1998, 201, 203), teils in Beschränkung auf den Veräußerungsverkehr (*Brandi-Dohrn*, BB 1994, Beil. 16, 11), teils wird die Frage offengelassen (*Rößler*, GRUR 1994, 559, 568) oder überhaupt nicht diskutiert (*Eisenmann*, Grundriß, S. 123, 136; *Berlit*, Das neue Markenrecht, S. 83 ff.).

30a **cc) Rechtsprechung. (1) BGH.** Der *BGH* hat diese Grundsatzfrage zum MarkenG noch nicht entschieden. In einer zu § 23 Nr. 2 ergangenen und eine Rechtsverletzung in Anwendung dieser Schranke des Markenschutzes ablehnenden Entscheidung konnte der BGH ungeachtet der Frage entscheiden, ob das MarkenG den Tatbestand relevanter markenrechtlicher Verletzungshandlungen allgemein von dem Erfordernis einer markenmäßigen Benutzung, das heißt von einer durch die Verwendung der Marke auf einen Hersteller, Dienstleistungsanbieter oder auf ein Vertriebsunternehmen hinweisenden Benutzungshandlung, gelöst hat und grundsätzlich auch die beschreibende Verwendung einer Marke erfaßt (BGH GRUR 1998, 697 – VENUS MULTI; s. auch BGH GRUR 1999, 238 – Tour de culture; s. § 23, Rn 55).

30b **(2) Instanzgerichte.** In der Rechtsprechung der *Instanzgerichte* wird weithin noch von einer markenmäßigen Benutzung als Schutzvoraussetzung ausgegangen (HansOLG Hamburg WRP 1996, 572, 576 – Les-Paul-Gitarren; GRUR 1996, 982, 983 – Für Kinder; OLG München Mitt 1996, 174 – FAT TIRE; KG GRUR 1997, 295 – Alles wird teurer; HansOLG Hamburg WRP 1997, 106, 108 – Gucci; offengelassen, weil die Benutzung als eine beschreibende Angabe im Sinne des § 23 Nr. 2 beurteilend OLG München MarkenR 1999, 31 – Infobahn).

30c **(3) EuGH.** In der *BMW*-Entscheidung (EuGH, Rs C-63/97, MarkenR 1999, 84 – BMW) bestimmt der EuGH den Anwendungsbereich des Art. 5 Abs. 1 und 2 MarkenRL, die den Kollisionstatbeständen des § 14 Abs. 2 Nr. 1 bis 3 entsprechen, in Abgrenzung zu Art. 5 Abs. 5 MarkenRL, der die Option der Mitgliedstaaten zu einem weitergehenden Markenschutz normiert. Abgrenzungskriterium ist der *Zweck der Markenbenutzung*. Der Anwendungsbereich der Kollisionstatbestände der MarkenRL hängt davon ab, ob die Marke zur Unterscheidung von Waren oder Dienstleistungen als solche eines bestimmten Unternehmens benutzt wird, oder ob die Benutzung zu anderen Zwecken erfolgt. Die Benutzung zum Zwecke der Unterscheidung von Waren oder Dienstleistungen bezeichnet der EuGH als eine *Benutzung als Marke*. Zu der Benutzung als Marke rechnet der EuGH auch die Benutzung in der Werbung. Die Benutzung als Marke bestimmt der EuGH näher dahin, die Marke werde benutzt, um die Herkunft der Waren zu bezeichnen. Die Bedeutung, die der EuGH dem Abgrenzungskriterium einer Benutzung als Marke zur Bestimmung des Anwendungsbereichs der richtlinienkonformen Kollisionstatbestände gibt, wird in der Beantwortung der konkreten Vorlagefrage zur Benutzung der Marke im Sinne des Art. 5 Abs. 1 lit. a MarkenRL deutlich. Die Benutzung einer Marke ohne Zustimmung des Inhabers zu dem Zweck, die Öffentlichkeit darauf hinzuweisen, daß ein Unternehmer Waren dieser Marke instandsetzt und wartet oder daß er Fachmann für solche Waren oder auf sie spezialisiert ist, stellt eine Benutzung der Marke im Sinne des Art. 5 Abs. 1 lit. a MarkenRL dar. Der *BMW*-Entscheidung des EuGH liegt ein *extensives Verständnis von der Markenrechtsverletzung* zugrunde. Die zulässigen Arten einer Benutzung der Marke durch Dritte bestimmt der EuGH nach den Schranken des Markenschutzes, wie namentlich nach der Erschöpfung des Rechts aus der Marke (Art. 7 MarkenRL) und den Dritten vorbehaltenen Arten der Benutzung der Marke im geschäftlichen Verkehr (Art. 6 MarkenRL).

30d **dd) Richtlinienkonforme Benutzung als Marke.** Der Anwendungsbereich des Markenschutzes aufgrund einer richtlinienkonformen Auslegung des MarkenG bestimmt sich nach den Anwendungsvoraussetzungen der Kollisionstatbestände des § 14 einerseits und den Schutzrechtschranken namentlich der §§ 23 und 24 andererseits. Nicht anders als bei der Inhaltsbestimmung dessen, was unter Herkunftsfunktion der Marke zu verstehen ist (s. dazu Einl, Rn 30 ff.), darf sich auch bei der Formulierung des Anwendungsbereichs der Kollisionstatbestände und der Schutzrechtsschranken die Diskussion nicht in einer Kontroverse um die in den Mitgliedstaaten historisch unterschiedlich gewachsene Begrifflichkeit der Sprachregelung verlieren. Das Rechtsverständnis des EuGH von der Reichweite des

Markenschutzes wird man dahin umschreiben können, daß der EuGH den Anwendungsbereich der Kollisionstatbestände *extensiv* bestimmt, um die Schutzrechtsschranken anhand einer sorgfältigen Analyse der konkreten Fallkonstellationen im einzelnen festzulegen. Dieses Vorgehen entspricht der jüngeren Judikatur des BGH, der sich weniger mit der Begrifflichkeit einer markenmäßigen Benutzung im traditionellen Sinne des WZG auseinandersetzt, als vielmehr die Reichweite der Schutzrechtsschranken nach § 23 konkretisiert (s. Rn 30 a; § 23, Rn 55). Die vom EuGH zum Kollisionsrecht formulierte Anwendungsvoraussetzung einer Benutzung als Marke ist nicht im Sinne des traditionellen Begriffs eines warenzeichenmäßigen Gebrauchs nach der Rechtslage im WZG zu verstehen. Ein Rückgriff auf die Rechtsprechung zu diesem warenzeichengesetzlichen Begriffsinhalt ist nach der *BMW*-Entscheidung des EuGH (EuGH, Rs C-63/97, MarkenR 1999, 84 – BMW) mit einer richtlinienkonformen Auslegung des MarkenG nicht mehr vereinbar. Es ist nur eine Frage der Sprachregelung, ob man die Anwendungsvoraussetzung der Benutzung als Marke mit dem Begriff einer markenmäßigen Benutzung umschreiben möchte. Eine Benutzung als Marke in diesem Sinne ist inhaltlich nach dem weiten Verständnis des EuGH von den Markenfunktionen her zu bestimmen (zur Markenfunktionalität des Begriffs einer markenmäßigen Benutzung s. Rn 48) und erfaßt die Benutzung der Marke sowohl als Unterscheidungsmittel als auch als Werbemittel (s. dazu Rn 50). Auch wenn man auf den Begriff der markenmäßigen Benutzung als Sprachregelung verzichtet, kommt es als eine Anwendungsvoraussetzung des Markenschutzes auf den *Zweck des Produktabsatzes* im Sinne einer Benutzung des Zeichens für Waren oder Dienstleistungen an. Diese Zweckbestimmung der Benutzung als Marke stellt das Inhaltskriterium zur Abgrenzung des Schutzbereichs der Marke dar (zu dieser seit der 1. Auflage des Kommentars vertretenen Auffassung s. Rn 66 ff.).

**b) Auslegung des § 14 Abs. 2. aa) Richtlinienkonforme Auslegung.** § 14 Abs. 2 **31** Nr. 1 bis 3 umschreibt die rechtlichen Voraussetzungen einer Markenrechtsverletzung anhand von drei Tatbeständen einer Markenkollision. Die Kollisionstatbestände der Vorschrift werden ergänzt von § 14 Abs. 3, der beispielhaft und nicht abschließend die Benutzungshandlungen aufführt, die Eingriffe in das Markenrecht darstellen, wenn die Tatbestandsvoraussetzungen der Anwendungsbereiche der Markenkollisionen nach § 14 Abs. 2 erfüllt sind. § 14 Abs. 2 und 3 entspricht Art. 5 Abs. 1 und 3 MarkenRL, ergänzt um den Bekanntheitsschutz der Marke nach § 14 Abs. 2 Nr. 3 auf der Grundlage von Art. 5 Abs. 2 MarkenRL; die Regelung des Schutzinhalts der Marke nach § 14 Abs. 2 und 3 stimmt im übrigen mit der Regelung des Rechts aus der Gemeinschaftsmarke nach Art. 9 Abs. 1 und 2 GMarkenV überein. Nach der bindenden Vorgabe der MarkenRL handelt es sich bei der Regelung des Schutzinhalts der Marke um einen gemeinschaftsrechtlich vorgegebenen Anwendungsbereich des Verletzungsrechts. Der Schutzinhalt der Marke nach § 14 ist *richtlinienkonform* zu bestimmen. Das verbietet einen unbesehenen Rückgriff auf die deutsche Rechtstradition des zeichenmäßigen Gebrauchs als eine zwingende Voraussetzung einer Markenrechtsverletzung. Der EuGH wird den Anwendungsbereich des Verletzungsrechts verbindlich zu bestimmen haben.

**bb) Wortlaut der Vorschrift.** Der Wortlaut des § 14 ist insoweit eindeutig, als eine **32** markenmäßige Benutzung weder ein Tatbestandsmerkmal der Kollisionstatbestände des § 14 Abs. 2 Nr. 1 bis 3 noch ein Merkmal der im Beispielskatalog des § 14 Abs. 3 aufgezählten Benutzungshandlungen darstellt. Allerdings enthielt auch der Wortlaut des § 15 WZG keinen ausdrücklichen Hinweis auf den zeichenmäßigen Gebrauch als Schutzvoraussetzung, vielmehr wurde das Tatbestandsmerkmal des zeichenmäßigen Gebrauchs im Wege der Interpretation der Vorschrift als Ausdruck der Herkunftsfunktion der Marke als eine ungeschriebene Schutzvoraussetzung verstanden. Allein § 16 WZG enthielt in der Rückausnahme den warenzeichenmäßigen Gebrauch als Tatbestandsmerkmal. Die § 16 WZG zwar nicht entsprechende, aber vergleichbare Vorschrift des § 23 stellt schon ihrem Wortlaut nach gerade nicht mehr auf eine kennzeichenmäßige Verwendung einer Marke oder einer geschäftlichen Bezeichnung ab. Nach dem eindeutigen Wortlaut des § 14 Abs. 2 und 3 ist jede Benutzung eines kollidierenden Zeichens im geschäftlichen Verkehr untersagt, ohne daß es darauf ankommt, ob diese Benutzungshandlung als eine markenmäßige Benutzung zu qualifizieren ist. Die Benutzung einer Marke, die ein Handeln im geschäftlichen Verkehr darstellt, ist ausreichende Schutzvoraussetzung einer Markenrechtsverletzung.

33 Aus dem Wortlaut von Art. 5 Abs. 1 lit. a und b MarkenRL, ein Zeichen zu benutzen, die Annahme abzuleiten, die MarkenRL gehe vom Erfordernis einer zeichenmäßigen Benutzung entsprechend dem deutschen Warenzeichenrecht aus und folge damit der Linie der Rechtsprechung des BGH (*v. Gamm*, GRUR FS, Bd. II, S. 801, 804f.; zustimmend *Keller*, Rufausbeutung, S. 75), wird ohne weitere Begründung vorgetragen. Die Gleichsetzung des Wortlauts der Richtlinie, ein Zeichen zu benutzen, mit dem rechtlichen Erfordernis einer zeichenmäßigen Benutzung findet in der MarkenRL keinen sachlichen Anknüpfungspunkt. Der Wortlaut der MarkenRL, der allein eine Benutzung im geschäftlichen Verkehr verlangt, spricht vielmehr gerade für die gegenteilige Auffassung, daß ein Handeln im geschäftlichen Verkehr, das die Benutzung des Zeichens darstellt, als Voraussetzung einer Markenrechtsverletzung gemeinschaftsrechtlich genügt.

34 **cc) Entstehungsgeschichte und Gesetzesbegründung.** Der Gesetzgeber des MarkenG, dem zum einen die zwar umstrittene, aber in ständiger Rechtsprechung erfolgte Auslegung des WZG bekannt war, den Schutzumfang des Warenzeichens auf den zeichenmäßigen Gebrauch zu beschränken, und der zum anderen die in den Mitgliedstaaten der EU weithin abweichende Rechtslage sowie die nicht eindeutigen Aussagen der MarkenRL kannte, hat in der Begründung zum MarkenG die Problematik nicht ausdrücklich aufgegriffen. Es hat den Eindruck, als habe der Gesetzgeber des MarkenG der gemeinschaftsrechtlichen Rechtsentwicklung auf der Grundlage einer Entscheidung des EuGH nicht vorgreifen wollen. Die wenigen Äußerungen in der Gesetzesbegründung sprechen aber eher für die Auffassung des Gesetzgebers, es komme nach der Rechtslage im MarkenG nicht auf das Erfordernis einer markenmäßigen Benutzung an. In der Gesetzesbegründung zu § 14 findet sich die lapidare Feststellung, nach den Absätzen 2 und 3 sei jede Benutzung eines kollidierenden Zeichens im geschäftlichen Verkehr untersagt (Begründung zum MarkenG, BT-Drucks. 12/6581 vom 14. Januar 1994, S. 75). Diese Aussage wird ergänzt durch den Hinweis, daß die in Abs. 3 aufgeführten Beispielsfälle nicht als abschließend zu verstehen seien. Diese Aussage kann dahin verstanden werden, daß auch nicht markenmäßige Benutzungshandlungen als Markenrechtsverletzungen in Betracht kommen. Auf die Aussage, es würden nur die in erster Linie in Betracht kommenden Benutzungshandlungen, die Eingriffe in das Markenrecht darstellten, in § 14 Abs. 3 aufgeführt, folgt im übrigen der Hinweis, daß sich damit die Vorschrift grundsätzlich von der Rechtslage im WZG unterscheide, das in § 15 WZG das Ausschlußrecht des Inhabers einer eingetragenen Marke auf das Recht zur Kennzeichnung, das Recht zum Erstinverkehrbringen und das Recht zur Benutzung in den Geschäftspapieren und in der Werbung beschränkt habe. In diesem Zusammenhang findet sich auch der Hinweis auf die Benutzungshandlung der Verwendung der Marke in der Werbung nach § 14 Abs. 3 Nr. 5, dessen Regelung sich gleichfalls von der Rechtslage im WZG unterscheidet. Auch der Hinweis, die Verwendung der Marke eines Konkurrenten in vergleichender Werbung stelle in aller Regel keine Markenverletzung dar, läßt nicht die Schlußfolgerung zu, der Gesetzgeber habe nicht jede Benutzung als eine rechtsverletzende Benutzungshandlung anerkannt. Die weiteren Ausführungen des Gesetzgebers, der Konkurrent, der in zulässiger Weise vergleichend werbe, benutze die fremde Marke nicht für die eigenen Waren oder Dienstleistungen, sondern als Bezugnahme auf die Produkte des konkurrierenden Markeninhabers, beweist vielmehr das Gegenteil, da gerade vermieden wird, darauf abzustellen, ein zulässiger Werbevergleich stelle keine markenmäßige Benutzung dar. Die Gesetzesbegründung zu § 23, der die Benutzung von Namen, die Benutzung von beschreibenden Angaben sowie die Benutzung im Ersatzteilgeschäft dann für zulässig erklärt, sofern die Benutzung nicht gegen die guten Sitten verstößt, bestätigt diese Auffassung. In der Begründung wird ausdrücklich darauf hingewiesen, daß die Vorschrift anders als § 16 WZG nicht darauf abstellte, daß die erlaubte Benutzung nicht warenzeichenmäßig erfolge (Begründung zum MarkenG, BT-Drucks. 12/6581 vom 14. Januar 1994, S. 80).

35 **dd) Systematik des Gesetzes.** Die Systematik der gesetzlichen Regelung der Kollisionstatbestände einer Markenrechtsverletzung ist ein gewichtiger Beleg für die Auffassung, das MarkenG beschränke den Schutzumfang der Marke nicht auf markenmäßige Verletzungshandlungen. Aufgreifkriterium der Kollisionstatbestände des § 14 Abs. 2 Nr. 1 bis 3 ist allein die Benutzung der Marke im geschäftlichen Verkehr ohne Zustimmung des Markeninhabers. Nach allgemeinem Verständnis ist ein Handeln im geschäftlichen Verkehr jedes

unternehmerische Marktverhalten, ausgenommen einer unternehmensinternen, privaten oder amtlichen Betätigung. Die als Rechtsverletzungen in Betracht kommenden Benutzungshandlungen werden erst in § 14 Abs. 3 beispielhaft und nicht abschließend aufgezählt, ohne daß Abs. 3 ein gegenüber Abs. 2 einschränkendes Tatbestandsmerkmal einer markenmäßigen Benutzung enthält, vielmehr den Kreis der rechtverletzenden Benutzungshandlungen gegenüber der Rechtslage im WZG nach § 15 WZG erheblich ausdehnt. Auch der systematische Zusammenhang zwischen der Regelung der Rechtsverletzungen nach § 14 und den Schranken des Markenschutzes nach § 23 belegt, daß das Erfordernis einer markenmäßigen Benutzung einen Fremdkörper in der Systematik der gesetzlichen Regelung nach der Rechtslage im MarkenG darstellt. Anders als nach § 16 WZG ist etwa nach § 23 Nr. 2 jede Benutzung einer Marke als beschreibende Angabe erlaubt, ohne daß es darauf ankäme, ob die Benutzung einen zeichenmäßigen Gebrauch darstellt. § 23 normiert allerdings eine Rückausnahme von der Zulässigkeit einer Benutzung der Marke als beschreibende Angabe dahin, daß die Benutzung nicht gegen die guten Sitten verstößt. Die Benutzung einer Marke als beschreibende Angabe ist nur innerhalb der Grenzen des redlichen Geschäftsverkehrs erlaubt (s. § 23, Rn 63 ff.). Der rechtliche Vorbehalt des redlichen Geschäftsverkehrs bewirkt, daß bei Vorliegen eines Verstoßes zugleich gegen die guten Sitten im Wettbewerb nicht nur die wettbewerbsrechtlichen Sanktionen des UWG eingreifen, sondern trotz der Benutzung der Marke als beschreibende Angabe die markenrechtlichen Ansprüche aus dem Ausschließlichkeitsrecht nach § 14 bestehen. Innerhalb dieser Regelungssystematik ist für das Erfordernis einer markenmäßigen Benutzung als Voraussetzung einer Markenrechtsverletzung kein Raum.

**ee) Normzweck des Markenschutzes nach dem MarkenG.** Das Inkrafttreten des MarkenG ist begleitet von einem Paradigmenwechsel im Verständnis der Markenfunktionen. Das MarkenG gewährt den ökonomischen Funktionen der Marke umfassenden markenrechtlichen Schutz (s. Einl, Rn 35). Die Marke ist ein Unterscheidungszeichen zur Identifizierung von Unternehmensprodukten auf dem Markt (produktidentifizierendes Unterscheidungszeichen). Unabhängig aber von einer Konkretisierung der Identifizierungsfunktion der Marke in einzelne Markenfunktionen sowie von der Gewichtung der verschiedenen Markenfunktionen untereinander, geht das MarkenG in Umsetzung der MarkenRL zweifelsfrei davon aus, daß anders als nach der Rechtslage im WZG die Herkunftsfunktion nicht mehr die allein rechtlich geschützte Markenfunktion darstellt. Da aber nach der Rechtslage im WZG das Erfordernis des zeichenmäßigen Gebrauchs als rechtliche Voraussetzung des Markenschutzes als ein Ausdruck der Herkunftsfunktion zu verstehen war, stellt die markenmäßige Benutzung keine legitime Schranke des Markenschutzes nach der Rechtslage im MarkenG dar. Markenschutz nach § 14 besteht vor jeder Benutzung einer Marke im geschäftlichen Verkehr ohne Zustimmung des Markeninhabers, die ein Handeln im geschäftlichen Verkehr darstellt, es sei denn, daß der Markenschutz nach den Vorschriften der §§ 20 bis 26 beschränkt ist und namentlich eine Schranke des Markenschutzes nach § 23 unter dem Vorbehalt des redlichen Geschäftsverkehrs besteht.

Auch der Normzweck der drei Kollisionstatbestände einer Markenrechtsverletzung nach § 14 Abs. 2 Nr. 1 bis 3 verlangt eine einheitliche Auslegung deren Anwendungsbereiche. Das Erfordernis eines markenmäßigen Gebrauchs als Voraussetzung einer Markenrechtsverletzung erwiese sich sowohl beim Identitätsschutz der Marke (Nr. 1) als auch beim Bekanntheitsschutz der Marke (Nr. 3) als sachwidrig und wäre allenfalls beim Verwechslungsschutz der Marke (Nr. 2) vertretbar. Beim Identitätsschutz der Marke kann es auf eine markenmäßige Benutzung als Voraussetzung des Markenschutzes nicht ankommen (richtig v. Gamm, WRP 1993, 793, 797). In der Gesetzesbegründung zum MarkenG wird deshalb zutreffend von einem absoluten Schutz der prioritätsälteren Marke gesprochen (Begründung zum MarkenG BT-Drucks. 12/6581 vom 14. Januar 1994, S. 71). Als besonders sachwidrig erwiese sich das Erfordernis einer markenmäßigen Benutzung vor allem beim Bekanntheitsschutz der Marke (Nr. 3). Der nach der Rechtslage im WZG notwendige Markenschutz durch Wettbewerbsrecht hatte zum einen die warenzeichenrechtliche Schranke der Gleichartigkeit sowie zum anderen die warenzeichenrechtliche Schranke des zeichenmäßigen Gebrauchs zu überwinden. Der Bekanntheitsschutz der Marke nach § 14 Abs. 2 Nr. 3 besteht ausdrücklich außerhalb des Bereichs der Produktähnlichkeit. Wenn man nunmehr im Wege der Auslegung die Schranke einer markenmäßigen Benutzung für den markenrechtlichen Bekanntheitsschutz errichtet, dann bleibt das MarkenG gleichsam auf halbem Wege stehen und spaltet den Schutz der bekannten Marke in einen wettbewerbsrechtlichen und markenrechtlichen Schutzbereich in sachwidriger Weise auf. Das Erfordernis einer markenmäßigen Benutzung ausschließlich als rechtliche Voraussetzung des Verwechslungsschutzes der Marke nach § 14 Abs. 2 Nr. 2 zu verlangen, verbietet sich nicht nur wegen der Einheitlichkeit des Markenschutzes nach § 14 Abs. 2 Nr. 1 bis 3, sondern vor allem wegen der Gefahr einer erheblichen Rechtsunsicherheit aufgrund der fließenden Übergänge zwischen dem Verwechslungsschutz und dem Bekanntheitsschutz der Marke.

**38** **ff) Normzweck des Art. 5 Abs. 5 MarkenRL.** Von manchen wird vorgetragen, aus Art. 5 Abs. 5 MarkenRL sei zu folgern, daß sowohl die MarkenRL als auch das MarkenG Markenschutz allein gegen markenmäßige Benutzungshandlungen gewähre (*Kunz-Hallstein*, GRUR Int 1990, 747, 757; *Sack*, GRUR 1995, 81, 94; *Keller*, GRUR 1996, 607, 609). Nach dieser Vorschrift berühren die Absätze 1 bis 4 des Art. 5 MarkenRL, der die Rechte aus der Marke regelt, nicht die in einem Mitgliedstaat geltenden Bestimmungen über den Schutz gegenüber der Verwendung eines Zeichens zu anderen Zwecken als der Unterscheidung von Waren oder Dienstleistungen, wenn die Benutzung dieses Zeichens die Unterscheidungskraft oder die Wertschätzung der Marke ohne rechtfertigenden Grund in unlauterer Weise ausnutzt oder beeinträchtigt. Da nach dieser Vorschrift nationale Vorschriften in den Mitgliedstaaten zum Schutz der Marke gegenüber der Verwendung eines Zeichens zu anderen Zwecken als der Unterscheidung von Produkten unberührt bleiben, soll diese Regelung bedeuten, daß nach den Vorstellungen der MarkenRL das Markenrecht grundsätzlich dann nicht berührt werde, wenn die Benutzung der Marke zu anderen Zwecken als der Unterscheidung von Waren oder Dienstleistungen verwendet werde und damit der markenrechtliche Schutz ausschließlich die Benutzung einer Marke zu Zwecken der Unterscheidung erfasse. Aufgrund des Vorbehalts einer mitgliedstaatlichen Regelungskompetenz nach Art. 5 Abs. 5 MarkenRL im Wege des Umkehrschlusses den Anwendungsbereich der MarkenRL sowie des MarkenG auf Markenrechtsverletzungen durch eine markenmäßige Benutzung zu beschränken, widerspricht sowohl dem Normzweck des Abs. 5 als auch dessen systematischem Verhältnis zu den Absätzen 1 bis 4 des Art. 5 MarkenRL. Nach dem eindeutigen Wortlaut der MarkenRL gewährt Art. 5 Abs. 1 MarkenRL dem Markeninhaber die Rechte aus der Marke gegen jede Benutzung der Marke im geschäftlichen Verkehr ohne seine Zustimmung. Der Kreis der verbotenen Benutzungshandlungen nach Art. 5 Abs. 3 MarkenRL enthält einen nicht abschließenden Beispielskatalog, der keinerlei Anzeichen für eine Einschränkung auf markenmäßige Benutzungshandlungen erkennen läßt. Art. 5 Abs. 2 MarkenRL ermächtigt die Mitgliedstaaten, einer bekannten Marke außerhalb des Produktähnlichkeitsbereichs markenrechtlichen Schutz zu gewähren. Den Anwendungsbereich des Markenschutzes nach Art. 5 Abs. 1 bis 3 MarkenRL, der eine nur als Handeln im geschäftlichen Verkehr zu qualifizierende Benutzung eines Zeichens voraussetzt, aufgrund des mitgliedstaatlichen Regelungsvorbehalts restriktiv auszulegen, ist rechtssystematisch bedenklich und verkennt den Regelungsgehalt von Abs. 5. Normzweck des Art. 5 Abs. 5 MarkenRL ist es, den Mitgliedstaaten eine Regelungskompetenz zu belassen, die Marke nicht allein als Ausschließlichkeitsrecht markenrechtlich zu schützen, sondern der Marke auch außermarkenrechtlichen Schutz zu gewähren. Es ist den Mitgliedstaaten unbenommen, die Marke auch aus Gründen des redlichen Wettbewerbs wettbewerbsrechtlich oder aus Gründen des Schutzes vor unerlaubten Handlungen deliktsrechtlich als Bestandteil des Unternehmens zu schützen. Der Wettbewerbsschutz sowie der Deliktsschutz der Marke ist an anderen als markenrechtlichen Normzwecken auszurichten und in Aktivlegitimation sowie Sanktionen verschieden. Diesen mitgliedstaatlichen Regelungsvorbehalt nimmt § 2 wahr, der zum Schutz von Marken neben dem MarkenG die Anwendung anderer Vorschriften nicht ausschließt. Art. 5 Abs. 5 MarkenRL belegt vielmehr eine Auslegung des § 2 dahin, daß zwischen dem markenrechtlichen Schutz der Marke als Ausschließlichkeitsrecht sowie dem wettbewerbsrechtlichen Schutz der Marke vor sittenwidrigem Wettbewerb echte Anspruchskonkurrenz besteht (s. § 2, Rn 2 ff.).

**39** **c) Benutzung eines Zeichens als Handeln im geschäftlichen Verkehr.** Nach der Rechtslage im MarkenG kann sich der Inhaber einer Marke gegen jede unbefugte Benutzung im geschäftlichen Verkehr zur Wehr setzen. Die Kollisionstatbestände einer Markenrechtsverletzung nach § 14 Abs. 2 Nr. 1 bis 3 haben nur die Benutzung eines Zeichens im geschäftlichen Verkehr ohne Zustimmung des Inhabers der Marke zur rechtlichen Voraussetzung. Anders als nach der Rechtslage im WZG ist das Vorliegen einer markenmäßigen Benutzung keine Voraussetzung des Markenschutzes. Das folgt namentlich aus dem Paradigmenwechsel der Funktionenlehre sowie dem systematischen Verhältnis von § 14 Abs. 2 zu Abs. 3, der nur eine beispielhafte und nicht abschließende Aufzählung rechtsverletzender Benutzungshandlungen enthält (s. Rn 29 ff.). Allgemeine Voraussetzung einer Markenrechtsverletzung nach § 14 Abs. 2 Nr. 1 bis 3 ist ein Handeln im geschäftlichen Verkehr.

**d) Begriff des geschäftlichen Verkehrs. aa) Grundsatz.** Voraussetzung einer Markenrechtsverletzung im Sinne des § 14 Abs. 2 ist ein Handeln im geschäftlichen Verkehr. Nichts anderes gilt für § 14 Abs. 4. Es ist eine allgemeine Voraussetzung des Anwendungsbereichs des MarkenG, daß der Dritte das Zeichen im geschäftlichen Verkehr benutzt. Wie im Wettbewerbsrecht wird auch im Markenrecht mit dem Erfordernis des Handelns im geschäftlichen Verkehr zum Ausdruck gebracht, daß das Wettbewerbs- und Markenrecht sich auf den wirtschaftlichen Wettbewerb beziehen und das Marktverhalten von Unternehmen regeln. Der Begriff des geschäftlichen Verkehrs im MarkenG entspricht der Verwendung des Begriffs im UWG sowie den wettbewerbsrechtlichen Nebengesetzen wie in § 1 RabattG und § 1 ZugabeVO. Seine Auslegung folgt einheitlichen Grundsätzen (zum Begriff des geschäftlichen Verkehrs im UWG s. ausführlich *Baumbach/Hefermehl*, Wettbewerbsrecht, Einl UWG, Rn 208 ff.).

Geschäftlicher Verkehr verlangt das Vorliegen einer Handlung, unter deren Vornahme ein jedes Marktverhalten zu verstehen ist, sei es ein positives Tun, sei es ein Unterlassen, wenn ein bestimmtes Handeln geboten ist. Ein *Handeln im geschäftlichen Verkehr* ist jede wirtschaftliche Tätigkeit auf dem Markt, die der Förderung eines eigenen oder fremden Geschäftszwecks zu dienen bestimmt ist. Der Geschäftszweck kann beliebiger Natur sein. Der Begriff des geschäftlichen Verkehrs ist *weit auszulegen*. Erfaßt wird eine jede selbständige, wirtschaftliche Zwecke verfolgende Tätigkeit, in der eine Teilnahme am Erwerbsleben zum Ausdruck kommt. Zum geschäftlichen Verkehr gehören geschäftliche Betätigungen im weitesten Sinne. Geschäftlicher Verkehr ist auch die Erwerbstätigkeit der freien Berufe wie Ärzte, Rechtsanwälte, Steuerberater, Wirtschaftsprüfer, Künstler und Wissenschaftler sowie die wirtschaftliche Tätigkeit der öffentlichen Hand (zum UWG BGH GRUR 1956, 227 – Reisebüro; BGHZ 19, 299 – Bad Ems; 36, 91 – Gummistrümpfe; BGH GRUR 1971, 591 – Sabotage; BGHZ 82, 375, 395 – Brillen-Selbstabgabestellen). Eine selbständige Teilnahme am wirtschaftlichen Verkehr setzt aber nicht voraus, daß der Handelnde selbst Inhaber eines Unternehmens ist. Der Begriff des geschäftlichen Verkehrs geht weiter als der Begriff des geschäftlichen Betriebs (s. dazu *Baumbach/Hefermehl*, Wettbewerbsrecht, Einl UWG, Rn 212). Die Absicht der Gewinnerzielung ist nicht erforderlich. Die erwerbswirtschaftliche Betätigung eines gemeinnützigen Unternehmens stellt geschäftlichen Verkehr dar (zum UWG BGH GRUR 1962, 254 – Fußball-Programmheft; BGHZ 66, 22 – Studentenversicherung; 67, 81 – Auto-Analyzer). Bei Kaufleuten besteht eine *Vermutung* für ein Handeln im geschäftlichen Verkehr (zum UWG BGH GRUR 1962, 34, 36 – Torsana; 1962, 45, 47 – Beton-Zusatzmittel; 1973, 371, 372 – Gesamtverband).

Der *Amtsverkehr*, der *Privatverkehr* sowie der *unternehmensinterne Verkehr* stellen keinen geschäftlichen Verkehr dar. So liegt kein Handeln im geschäftlichen Verkehr vor, wenn die Tätigkeit rein privater oder rein amtlicher Natur ist (BGH GRUR 1953, 293, 294 – Fleischbezug; BGHZ 19, 299 – Bad Ems; BGH GRUR 1960, 384, 386 – Mampe Halb und Halb; 1964, 208, 209 – Fernsehinterview; 1987, 438, 440 – Handtuchspender). Der geschäftliche Verkehr umfaßt grundsätzlich alle Bereiche, in denen außerhalb des Privatbereichs einer unbestimmten Vielzahl von Personen die Ware oder Dienstleistung unter der fraglichen Marke nicht notwendig gegen Entgelt angeboten wird (zum Nachfüllen von Handtuchspendern an Waschgelegenheiten in Betrieben und Behörden als geschäftlicher Verkehr s. BGH GRUR 1987, 438, 440 – Handtuchspender). Auch innerbetriebliche Vorgänge, die nicht über den internen Unternehmensbereich hinauswirken, sind dem Anwendungsbereich des MarkenG entzogen (s. aber zur rechtserhaltenden Benutzung § 26, Rn 14 ff.). Kommt es jedoch zu einer unmittelbaren Außenwirkung des unternehmerischen Verhaltens, dann liegt ein Handeln im wirtschaftlichen Wettbewerb und damit geschäftlicher Verkehr vor (zum UWG BGH GRUR 1971, 119f. – Branchenverzeichnis; 1974, 666, 667f. – Reparaturversicherung).

**43** **bb) Einzelne Benutzungshandlungen außerhalb des geschäftlichen Verkehrs. (1) Benutzung zum eigenen Gebrauch.** Es ist zulässig, eine fremde Marke an einer reparierten oder aufgearbeiteten Ware zu belassen oder wiederanzubringen, wenn die Ware dem eigenen Gebrauch des Bearbeiters oder seines Auftraggebers dient und nicht in den Verkehr gebracht werden soll (RGZ 161, 29, 40 – Elektrizitätszähler). Veränderungen an einer nicht zur Weiterveräußerung im geschäftlichen Verkehr bestimmten Ware, die der Abnehmer der Ware für den Eigenbedarf vornimmt oder vornehmen läßt, sind markenrechtlich irrelevant (BGH GRUR 1998, 696 – Rolex-Uhr mit Diamanten). Der Eigentümer einer Maschine, deren Weiterveräußerung nicht bezweckt ist, kann die Maschine unter Belassung oder Neuanbringung der Marke aufarbeiten und neu lackieren lassen, auch wenn dadurch die Eigenart der Maschine beeinträchtigt wird. Anders ist nur zu entscheiden, wenn die Absicht besteht, die Maschine wieder in den Verkehr zu bringen (s. § 24, Rn 48). Ob die *Absicht eines Inverkehrbringens* vorliegt, kann sich aus den konkreten Umständen des Einzelfalls ergeben. Bei einem Kaufmann ist eine entsprechende Absicht im Zweifel dann anzunehmen, wenn er die Ware nicht in eigene Benutzung nimmt. So handelt im geschäftlichen Verkehr, wer etwa im Hamburger Freihafen eine Ware mit einer Inlandsmarke versieht, weil es an einer Gewähr für die Art der Verwendung fehlt (RGZ 110, 176, 178). Die Einfuhr von zehn Sweatshirts und sechs Kapuzenjacken aus Fleecestoff, die als Falsifikate mit der Marke *Windsurfing Chiemsee* versehen waren, durch einen LKW-Fahrer aus Tschechien, wurde als Handeln zu privaten Zwecken und damit nicht als geschäftlicher Verkehr beurteilt (LG Düsseldorf Mitt 1996, 22, 23 – Chiemsee). Wenn eine Ware zwar nicht zur Weiterveräußerung bestimmt ist, sie jedoch von einem unbestimmten Personenkreis benutzt werden kann, dann wird die Ware Beziehungen außerhalb Unternehmens zugeführt und so die Marke im geschäftlichen Verkehr benutzt. Eine Benutzung der Marke im geschäftlichen Verkehr liegt vor, wenn ein Gastwirt an einem im Restaurant aufgestellten Automaten Reparaturen vornimmt, die die Eigenart des markierten Apparats beeinträchtigen. Dem Markeninhaber steht auch eine Kontrollbefugnis hinsichtlich der in Gaststätten, Kaufhäusern oder an anderen öffentlichen Orten aufgestellten Feuerlöschern zu, die von Zeit zu Zeit nachgefüllt werden müssen (offen gelassen BGH GRUR 1952, 521 – Minimax). Um geschäftlichen Verkehr handelt es sich auch, wenn eine Gemeinde mit echtem Stoff gefüllte Ampullen an gemeindeeigene Krankenhäuser abgibt (RG GRUR 1948, 117 – Merck). Ob geschäftlicher Verkehr vorliegt, ist sorgfältig anhand der konkreten Umstände des Einzelfalles zu beurteilen. Wenn ein Gärtner in seinen Gewächshäusern neben den von ihm nachgezüchteten Nelkensorten kleine Schilder mit den geschützten Sortennamen an den einzelnen Beeten anbringt, dann liegt kein geschäftlicher Verkehr vor, wenn davon ausgegangen werden kann, daß die Schilder wegen der unscheinbaren Beschriftung nur innerbetrieblichen Zwecken dienen, selbst wenn Kaufinteressenten freien Zutritt zu den Gewächshäusern haben (BGH GRUR 1959, 240 – Nelkenstecklinge). Kein geschäftlicher, sondern amtlicher Verkehr liegt vor, wenn eine Marke ausschließlich für Verwaltungshandlungen benutzt wird, um die Zugehörigkeit des Unternehmens zu einem verwalteten Sondervermögen zu bezeichnen (BGH GRUR 1960, 372 – Kodak).

**44** **(2) Benutzung zu wissenschaftlichen oder lexikalischen Zwecken.** Die Benutzung einer Marke in wissenschaftlichen Abhandlungen, Lehrbüchern, Kommentaren, Enzyklopädien, Lexika oder ähnlichen Nachschlagewerken stellt keinen geschäftlichen Verkehr im Sinne des MarkenG dar. Schon das RG beurteilte die Benutzung des Wortes *Lysol* als Stichwort in einem Konversationslexikon auch ohne Hinweis auf den Warenzeichencharakter nicht als eine Verletzung des Markenrechts (RGZ 117, 408 – Lysol). Der Gebrauch eines Kennzeichens für ein nicht für den geschäftlichen Verkehr bestimmtes Ergebnis universitärer Forschung (Präsentation eines Sprachvisualisierungsgeräts) zur Information der Öffentlichkeit stellt keine markenrechtlich relevante Benutzungshandlung dar (BGH GRUR 1991, 607 – VISPER). Außerhalb des geschäftlichen Verkehrs im markenrechtlichen Sinne kann die Benutzung einer Marke zu wissenschaftlichen oder lexikalischen Zwecken einen Eingriff in das Recht am Unternehmen nach § 823 Abs. 1 BGB darstellen, wenn die konkrete Art der Benutzungshandlung die Marke als Bestandteil des Unterneh-

Schutzinhalt des Markenrechts   45–48 § 14 MarkenG

mens und damit die in der Marke verkörperte Unternehmensleistung beeinträchtigt. Der Eingriff wird regelmäßig dann nicht widerrechtlich sein, wenn bei der Wiedergabe der Marke ein Hinweis im Sinne des § 16 Abs. 1 beigefügt wird, daß es sich um eine eingetragene Marke handelt (s. § 16, Rn 3 ff.). Die Benutzung einer Marke in Katalogen, Prospekten oder Preislisten stellt ein Handeln im geschäftlichen Verkehr dar.

**(3) Benutzung in ärztlichen Verordnungen.** Die Benutzung einer Marke (Arzneimittelmarke) in einer ärztlichen Verordnung (Rezept) stellt keinen geschäftlichen Verkehr im markenrechtlichen Sinne dar (s. schon RG GRUR 1913, 64). 45

**e) Ausschlußgründe nach § 3 Abs. 2 als Schutzrechtsschranken.** Nach § 3 Abs. 2 bestehen für dreidimensionale Markenformen die Ausschlußgründe der wesensbedingten (Nr. 1), technisch bedingten (Nr. 2) und wertbedingten (Nr. 3) Form. Diese Ausschlußgründe bilden auch Schranken des Markenschutzes im Verletzungsrecht (zust. *Ingerl/Rohnke* § 14 MarkenG, Rn 73; OLG Frankfurt MarkenR 1999, 103 f. – Abschlußkappe). Eine wesensbedingte, technisch bedingte oder wertbedingte Wiedergabe einer dreidimensionalen Marke stellt keine rechtserhebliche Benutzungshandlung zur Begründung einer Markenrechtsverletzung dar. In der Rechtsprechung zum WZG wurde vergleichbar die Annahme eines zeichenmäßigen Gebrauchs verneint, wenn die dreidimensionale Wiedergabe einer fremden Marke dem Wesen der Ware oder ihrer technischen Funktion entsprach (s. Rn 61 ff.). 46

Nach der Rechtslage im MarkenG kommt es für die dreidimensionale Wiedergabe einer Wortmarke oder Bildmarke sowie für die wörtliche oder bildliche Wiedergabe einer dreidimensionalen Marke nicht mehr auf die Festellung eines markenmäßigen Gebrauchs an (s. Rn 29 ff.), sondern auf das Vorliegen der Ausschlußgründe nach § 3 Abs. 2 Nr. 1 bis 3, die auch eine rechtverletzende Benutzungshandlung im Verletzungsrecht ausschließen. 47

### 3. Markenfunktionalität des Begriffs einer markenmäßigen Benutzung

**a) Markenfunktionale Extension des Begriffsinhalts.** Nach der Rechtslage im MarkenG kann jede Benutzung einer Marke im geschäftlichen Verkehr eine Markenrechtsverletzung darstellen, wenn die Voraussetzungen eines der Kollisionstatbestände des § 14 Abs. 2 Nr. 1 bis 3 erfüllt sind, und zwar unabhängig davon, ob die Benutzung der Marke als eine markenmäßige Benutzung zu verstehen ist (s. Rn 29 ff.). Wenn man entgegen dieser Auffassung die markenmäßige Benutzung als eine allgemeine Voraussetzung des Anwendungsbereichs des MarkenG versteht, sei es, daß die vorgetragenen Gründe zur Auslegung des § 14 Abs. 2 nicht überzeugen, sei es, daß die markenmäßige Benutzung als ein aus dem Wesen der Marke abgeleitetes Aufgreifkriterium im MarkenG verstanden wird, dann verbietet sich gleichwohl wegen des im MarkenG erfolgten Paradigmenwechsels in der Funktionenlehre (s. Einl, Rn 35), auf den Begriff des zeichenmäßigen Gebrauchs im Verständnis des WZG zurückzugreifen. Zwar wurde der Begriff des zeichenmäßigen Gebrauchs nach § 15 WZG im Sinne einer rechtsverletzenden Benutzung äußerst weit ausgelegt, um der Marke als einem Ausschließlichkeitsrecht einen weiten Schutzumfang zu gewähren (s. Rn 26). Das Begriffsverständnis blieb aber an der als allein rechtlich geschützt anerkannten Herkunftsfunktion ausgerichtet. Nach der Rechtslage im MarkenG, das den ökonomischen Funktionen der Marke markenrechtlichen Schutz gewährt, wird erforderlich, für den Begriff der markenmäßigen Benutzung, wenn man diese als rechtliche Voraussetzung einer jeden Markenrechtsverletzung verlangt, als rechtsverletzende Benutzung jede Benutzungshandlung anzuerkennen, die eine *Störung der Identifizierungsfunktion* und *Kommunikationsfunktion* der Marke und damit deren ökonomischer Funktionen im Wettbewerb darstellt. Nach dieser Auffassung liegt eine markenmäßige Benutzung als Voraussetzung einer Markenrechtsverletzung dann vor, wenn die Marke als Unterscheidungszeichen zur Identifizierung von Unternehmensprodukten auf dem Markt beeinträchtigt wird. Es ist nicht erforderlich, die Marke als Unterscheidungszeichen hinsichtlich der *Herkunftsidentität*, wie nach tradiertem Verständnis, zu benutzen, sondern ausreichend, die Marke als Unterscheidungszeichen hinsichtlich der *Produktidentität* zu benutzen. Eine rechtverletzende Benutzungshandlung im Sinne einer markenmäßigen Benutzung stellt sowohl die Benutzung einer Marke als Unterscheidungsmittel als auch als Werbemittel dar. 48

**49** **b) Markenmäßige Benutzung der Marke als Unterscheidungsmittel und Werbemittel.** Wenn man nach der Rechtslage im MarkenG eine markenmäßige Benutzung als rechtliche Voraussetzung einer Markenrechtsverletzung im Sinne des § 14 Abs. 2 Nr. 1 bis 3 verlangt, dann liegt eine markenmäßige Benutzung dann vor, wenn die Marke als Unterscheidungsmittel oder als Werbemittel zur Identifizierung von Unternehmensprodukten auf dem Markt verwendet wird (s. Rn 48). Aufgrund dieser markenfunktionalen Extension des Begriffs einer markenmäßigen Benutzung wird gegenüber dem tradierten Verständnis eines zeichenmäßigen Gebrauchs der Anwendungsbereich der Kollisionstatbestände des § 14 Abs. 2 Nr. 1 bis 3 ausgedehnt. Zum einen stellt die nicht herkunftsidentifizierende Benutzung einer Marke als Werbemittel eine Markenrechtsverletzung dar, sei es einer bekannten Marke außerhalb des Produktähnlichkeitsbereichs nach § 14 Abs. 2 Nr. 3, sei es einer nicht bekannten Marke innerhalb des Produktähnlichkeitsbereichs nach § 14 Abs. 2 Nr. 2. Die *Rolls-Royce*-Fallkonstellation (s. Rn 434) als Markenrechtsverletzung begründet markenrechtliche Ansprüche in Anspruchskonkurrenz zum Wettbewerbsschutz nach § 1 UWG. Zum anderen stellen die Tatbestände einer Markenverunglimpfung in der Produktwerbung oder zu geschäftlichen Zwecken eine Markenrechtsverletzung im Sinne des § 14 Abs. 2 dar. Die *Mars/Nivea*-Fallkonstellation (s. Rn 436) sowie die *Mordoro*-Fallkonstellation (s. Rn 437) begründen markenrechtliche Ansprüche in Anspruchskonkurrenz zum Wettbewerbsschutz oder Deliktsschutz der Marke. Wenn man die markenmäßige Benutzung dahin versteht, die Marke sei als Unterscheidungsmittel oder als Werbemittel zu benutzen, dann besteht bei einem solch extensiven Begriffsinhalt nur ein geringer Unterschied im Anwendungsbereich des § 14 Abs. 2 zu der Auffassung, nach der auf den Begriff der markenmäßigen Benutzung als rechtliche Voraussetzung einer Markenrechtsverletzung zu verzichten ist und jede Benutzung der Marke im geschäftlichen Verkehr als ausreichend anzuerkennen ist. So stellt etwa der beschreibende Gebrauch einer Marke auch im extensiven Sinne keine markenmäßige Benutzung dar. § 23 Nr. 2 veranschaulicht nun aber gerade, daß der beschreibende Gebrauch einer Marke nur dann keine markenrechtlichen Ansprüche wegen einer Markenverletzung nach § 14 Abs. 2 zu begründen vermag, wenn die Benutzung der Marke nicht gegen die guten Sitten verstößt, nicht schon dann, wenn eine markenmäßige Benutzung nicht vorliegt. Im MarkenG sollte deshalb auf das Erfordernis der markenmäßigen Benutzung als rechtliche Voraussetzung einer Markenrechtsverletzung auch in einem extensiven Verständnis verzichtet werden. Auch wenn jede Benutzung einer Marke im geschäftlichen Verkehr zur Begründung einer Markenrechtsverletzung als ausreichend angesehen wird, ist die *JPS*-Fallkonstellation (s. Rn 438) nicht unmittelbar unter den Anwendungsbereich des § 14 Abs. 2 zu subsumieren, da bei Vorliegen solcher Sachverhalte die Marke nicht für Waren oder Dienstleistungen, sondern als Produkt selbst benutzt wird. Da der Vertrieb der Marke als Produkt die Imagefunktion der Marke beeinträchtigt, ist auf eine solche Fallkonstellation § 14 Abs. 2 analog anzuwenden. Eine solche analoge Anwendung des § 14 Abs. 2 ist allerdings nur dann zu begründen, wenn man auf eine markenmäßige Benutzung als rechtliche Voraussetzung einer Markenrechtsverletzung verzichtet und jede Benutzung im geschäftlichen Verkehr als ausreichend erachtet.

#### 4. Arten des zeichenmäßigen Gebrauchs im WZG

**50** **a) Ausgangspunkt.** Nach der Rechtslage im MarkenG kann jede Benutzung einer Marke im geschäftlichen Verkehr eine Markenrechtsverletzung begründen (s. Rn 29 ff.). Auf das Vorliegen eines zeichenmäßigen Gebrauchs kommt es nicht an. Das gilt auch für eine markenmäßige Benutzung, deren Begriffsinhalt extensiv an den im MarkenG geschützten ökonomischen Funktionen der Marke und damit an der Benutzung einer Marke als Unterscheidungsmittel sowie als Werbemittel ausgerichtet ist (s. Rn 48 f.). Über die Reichweite des Markenschutzes und damit den Anwendungsbereich des § 14 wird der EuGH insoweit zu entscheiden haben, als der Schutzinhalt der Marke in Umsetzung der MarkenRL erfolgt ist. Das gilt zumindest für den Identitätsschutz der Marke (Nr. 1) und den Verwechslungsschutz der Marke (Nr. 2) und, wenn auch nicht unmittelbar für den Bekanntheitsschutz der Marke (Nr. 3). Bevor eine endgültige Klärung der Rechtslage durch den EuGH nicht erfolgt ist, ist es angebracht, die Rechtsprechung zum zeichenmäßigen Gebrauch im WZG noch darzustellen (s. Rn 51 ff.), bis über deren rechtliche Maßgeblichkeit endgültig entschieden ist.

**b) Räumliche Beziehung zwischen Marke und Produkt.** Der Begriff des zeichen- 51
mäßigen Gebrauchs als ungeschriebenes Tatbestandsmerkmal des § 15 WZG wurde *weit*
verstanden, um im Interesse eines umfassenden Markenschutzes dem Verletzungsrecht einen
weiten Anwendungsbereich einzuräumen (s. Rn 26). Die Arten zeichenmäßiger Benutzungshandlungen waren vielgestaltig (*Baumbach/Hefermehl*, § 15 WZG, Rn 26 ff.; *v. Gamm*,
§ 15 WZG, Rn 15 ff.; *Althammer*, § 16 WZG, Rn 10). Es wurde als nicht erforderlich angesehen, die Marke mit der Ware körperlich oder räumlich zu verbinden. Die Verbindung
mußte nur so nahe sein, daß zwischen der Marke und der Ware eine *gedankliche Beziehung*
hergestellt wurde, die von den beteiligten Verkehrskreisen als Kennzeichnung der Ware
nach ihrer Herkunft aufgefaßt werden konnte (RGZ 155, 374, 379 – Marke Kaffeemühle;
RG GRUR 1939, 798 – Dreiarmleuchter). Die Abbildung eines Kennzeichens an der Eingangstür einer Verkaufsstätte oder im Schaufenster wurde als Hinweis auf die Herkunft der
in dem Geschäft angebotenen Produkte und damit als zeichenmäßiger Gebrauch beurteilt
(BGH GRUR 1962, 647 – Strumpf-Zentrale). Anders als nach der Rechtslage im MarkenG, das in § 14 Abs. 3 einen nicht abschließenden Beispielskatalog von rechtserheblichen
Benutzungshandlungen enthält, waren in § 15 Abs. 1 WZG abschließend drei Benutzungsformen normiert. Nach der Rechtslage im WZG war so erforderlich, den zeichenmäßigen
Gebrauch einer der als rechtserheblich anerkannten Benutzungsform des § 15 Abs. 1 WZG
zuzuordnen. Wenn zwischen der Marke und der Ware nur eine lockere Verbindung bestand, aufgrund deren mangels einer erforderlichen räumlichen Beziehung nicht von einem
Versehen der Ware mit der Marke im Sinne des § 15 Abs. 1 1. Alt. WZG ausgegangen werden konnte, so konnte es sich nur um einem zeichenmäßigen Gebrauch im Sinne einer Ankündigung nach § 15 Abs. 1 3. Alt. WZG handeln. Ein zeichenmäßiger Gebrauch im Sinne
einer Ankündigung wurde angenommen, wenn an den Wänden eines Tankschranks neben
anderen Treibstoffen auch der Brennstoff *Stellin* angeboten wurde (RGZ 124, 273, 277 –
Stellin), oder wenn ein Spediteur auf neutralen Umkartons Verschiffungsmarkierungen anbrachte, die ein Kennzeichen des Herstellers der Ware enthielten und nach dem Ende des
Transports auf den Umkartons verblieben (HansOLG Hamburg GRUR 1989, 916 – Verschiffungsmarkierung). Wenn eine Wortmarke nur mündlich zur Kennzeichnung einer
Ware benutzt wurde, so lag wegen Fehlens einer räumlichen Verbindung der Marke mit der
Ware kein zeichenmäßiger Gebrauch vor (zur mündlichen Benutzung einer Marke s.
Rn 58 f.)

**c) Mittelbarer zeichenmäßiger Gebrauch als geschäftliche Bezeichnung.** 52
**aa) Firma.** Wenn der Markeninhaber seine eigene Marke als Firma verwendet oder die
Marke als Bestandteil in seine Firma aufnimmt, dann benutzt er das Unternehmenskennzeichen nicht als ein produktidentifizierendes Unternehmenszeichen, sondern als eine geschäftliche Bezeichnung kennzeichenmäßig (BGHZ 19, 23, 29 – Magirus). Wenn jedoch ein
Dritter eine fremde Marke oder einen kennzeichnenden Zeichenbestandteil als seine Firma
oder als Firmenbestandteil verwendet, dann liegt regelmäßig ein zeichenmäßiger Gebrauch
der fremden Marke vor. Nach der Rechtslage im WZG war im Verletzungsrecht anerkannt,
daß die Verwendung einer fremden *Marke als Firma oder als Firmenbestandteil* deshalb einen
zeichenmäßigen Gebrauch darstellt, weil die Firma zwar unmittelbar die Person des Kaufmanns in Bezug auf das von ihm betriebene Unternehmen kennzeichnet, *mittelbar* aber auch
die angebotenen und vertriebenen Waren ihrer Herkunft nach individualisiert (BGH
GRUR 1954, 123 – Auto-Fox; 1955, 415 – Arctuvan; 1955, 487 – Alpha; 1957, 228 –
Astrawolle; 1960, 33, 36 – Zamek I; 1962, 91 – Jenaer Glas; 1966, 495, 496 – UNIPLAST;
1973, 265, 267 – Charme & Chic; 1974, 84, 86 – Trumpf; 1975, 257 – Buddelei; 1977,
491, 493 – ALLSTAR; 1983, 764, 765 – Haller II; OLG Köln WRP 1983, 113; s. auch
*Knaak*, GRUR 1982, 67; *Kock*, GRUR 1992, 667). Nach der *Rechtslage im MarkenG*, nach
der jede Benutzung einer fremden Marke im geschäftlichen Verkehr eine Markenrechtsverletzung zu begründen vermag, ist die Benutzung einer fremden Marke als Firma oder als
Firmenbestandteil eine rechtserhebliche Benutzungshandlung im Sinne des Verletzungsrechts nach § 14 (s. Rn 497 f.).

Die Benutzung der Firmenbezeichnung *Tina Spezialversand* in Werbekatalogen für Messer 53
und Scheren, die eine eigene, von der Firma abweichende Marke nicht aufwiesen, wurde
trotz des Hinweises *Spezialversand* als warenzeichenmäßiger Gebrauch und als verwechselbar
mit dem für Messerschmiedewaren eingetragenen Warenzeichen *Tina* angesehen, weil ein

nicht unerheblicher Teil der Verkehrskreise annehme, die Bezeichnung *Tina* diene auch zur Kennzeichnung der im Betrieb angebotenen Waren (BGH GRUR 1977, 789, 790 – Tina Spezialversand I). Da nach der Rechtslage im WZG ein warenzeichenmäßiger Gebrauch schon dann angenommen wurde, wenn nach den Umständen des Einzelfalles die Möglichkeit bestand, daß der unbefangene Durchschnittsbetrachter in der konkreten Benutzungsform einen Hinweis auf die betriebliche Herkunft erblickte, wurde der Gebrauch einer Firma auch dann als zeichenmäßig beurteilt, wenn die Waren in der Werbung ein eigenes, von der Firma abweichendes Warenzeichen aufwiesen (BGH GRUR 1984, 354, 356 – Tina Spezialversand II). Ein warenzeichenmäßiger Gebrauch wurde nur dann abgelehnt, wenn zweifelsfrei nicht die Möglichkeit bestehe, daß der unbefangene Durchschnittsbetrachter in der Marke eine betriebliche Herkunftskennzeichnung sehe (BGH GRUR 1957, 433 – Hubertus).

54 Nach der Rechtslage im WZG war umstritten, ob die Art der Benutzungshandlung als firmenmäßiger oder warenzeichenmäßiger Gebrauch das Vorliegen von Verwechslungsgefahr zu beeinflussen und eine unterschiedliche Beurteilung zu rechtfertigen vermochte. In der Rechtsprechung wurde das Vorliegen von Verwechslungsgefahr zwischen der kollidierenden Marke *Alemite* und der prioritätsälteren Marke *Tecalemit* für Schmiergeräte unterschiedlich danach beurteilt, ob die prioritätsjüngere Marke *warenzeichenmäßig* oder *als Firmenbestandteil* der Firma *Stewart-Warner Alemite GmbH* benutzt wurde (BGH GRUR 1970, 138, 141 – Alemite). Im Schrifttum wurde eine rechtliche Gleichbehandlung des firmenmäßigen mit dem warenzeichenmäßigen Gebrauch im Verletzungsrecht verlangt (*v. Falck*, GRUR 1980, 608, 612). Die Verwechslungsgefahr sei nach der Intensität des Gebrauchs der Firma im Hinblick auf die vom Markeninhaber geschützten Waren zu beurteilen, so daß es zum einen auf die Benutzungsart, etwa ob die Marke sich an der Ware selbst befinde oder nur am Geschäftsgebäude angebracht werde, und zum anderen auf die Art des Geschäftsbetriebs, etwa ob nur solche dem prioritätsälteren Markeninhaber vorbehaltene Waren oder Waren verschiedener Art vertrieben würden, ankomme. Ein zeichenmäßiger und nicht nur firmenmäßiger Gebrauch wurde angenommen, wenn die fremde Marke *Triumph* auf einer Verpackung von Damenfeinstrumpfhosen mit der Bezeichnung *sloggi plus* herausgestellt wurde, weil der auf der Packung kleingedruckte Zusatz *Aus dem Hause ...* im Verkehr leicht übersehen werde (BGH GRUR 1974, 84, 86 – Triumpf).

55 **bb) Andere Unternehmenskennzeichen.** Ein mittelbarer zeichenmäßiger Gebrauch wurde angenommen, wenn die fremde *Marke als Unternehmenskennzeichen* oder als Bestandteil eines Unternehmenskennzeichens verwendet wurde (BGH GRUR 1957, 433 – Hubertus); wenn die fremde *Marke als Bestandteil eines Vereinsnamens* eines Idealvereins, der mit dem Vertrieb von Büchern am geschäftlichen Verkehr teilnahm, benutzt wurde (BGH GRUR 1955, 95 – Buchgemeinschaft I).

56 **cc) Werktitel.** Mittelbarer zeichenmäßiger Gebrauch wurde angenommen, wenn die fremde Marke *hobby als Titelbestandteil* des zusammengesetzten Zeitschriftentitels *Tonbandaufnahmen unser Hobby!* benutzt wurde (BGH GRUR 1961, 232 – Hobby).

57 **d) Benutzung der Marke in Werbemitteln.** Die Benutzung einer fremder Marke in Werbemitteln wie Anzeigen, Katalogen, Prospekten, Preislisten, Geschäftsbriefen, Rechnungen und sonstigen Drucksachen wurde nach der Rechtslage im WZG als zeichenmäßiger Gebrauch beurteilt (RG GRUR 1935, 175; BGH GRUR 1955, 490 – Heynemann). Bei gewerblichen Ankündigungen, die ausschließlich auf die Werbung zugeschnitten waren, wurde die Benutzung einer fremden Marke im Zweifel als zeichenmäßiger Gebrauch beurteilt (RG GRUR 1938, 348 – Wein – eingefangener Sonnenschein; BGH GRUR 1961, 280 – Tosca). Wenn ein Hersteller in einem Werbeprospekt darauf hinweist, daß seine Ware im Inland unter der einen Marke, im Ausland unter einer anderen Marke vertrieben wird, dann benutzt er auch die andere Marke in Inland zeichenmäßig; anders lag es nur dann, wenn ein Dritter über den zweigleisigen Vertrieb und die Parallelität der Marken informierte. Selbst wenn die mit einer fremden Marke versehenen Waren als Zugaben nur an einen mit den Verhältnissen vertrauten Kreis abgegeben werden sollten, jedoch Ausnahmen nicht vermeidbar waren, wurde ein zeichenmäßiger Verbrauch angenommen, weil eine jede Gewähr gegen einen Mißbrauch der fremden Marke fehlte (RG MuW 1932, 80 – Omega).

Auch die werbliche Beschriftung eines Geschäftswagens mit einer fremden Marke war dann als zeichenmäßiger Gebrauch zu beurteilen, wenn der Verkehr darin einen Hinweis auf einen bestimmten Betrieb erblickte (BGH GRUR 1960, 33, 36 – Zamek I). Die schlagwortartige Herausstellung einer fremden Marke wie etwa aufgrund einer Hervorhebung im Druck verstärkte im Verkehr die Annahme eines zeichenmäßigen Gebrauchs. So wurde ein zeichenmäßiger und nicht nur firmenmäßiger Gebrauch angenommen, wenn die fremde Marke *Triumph* auf einer Verpackung von Damenfeinstrumpfhosen mit der Bezeichnung *sloggi plus* herausgestellt wurde, weil der auf der Packung kleingedruckte Zusatz *Aus dem Hause...* im Verkehr leicht übersehen werde (BGH GRUR 1974, 84, 86 – Trumpf). Die Rechtsprechung ging allerdings davon aus, daß allein die Herausstellung einer fremden Marke als Blickfang als solche die Annahme eines zeichenmäßigen Gebrauchs noch nicht rechtfertige (BGH GRUR 1969, 683, 685 – Isolierte Hand). Nicht als zeichenmäßiger Gebrauch beurteilt wurde die Verwendung der Bezeichnung *Campione del mondo* auf einem Prospekt und auf einem Befestigungskarton innerhalb der Verpackung für eine aufwendige Rennfahrradbremse, wenn der Verkehr den Begriff in seiner deutschen Bedeutung als Weltmeister verstehe und die Angabe in Verbindung mit dem Firmenschlagwort des Herstellers erfolgt, dem sie optisch deutlich unter- oder nachgeordnet erscheine (BGH GRUR 1989, 508 – CAMPIONE del MONDO). Nach der *Rechtslage im MarkenG* werden nach § 14 Abs. 3 Nr. 5 alle Formen der Werbung als rechtserhebliche Benutzungshandlungen zur Begründung einer Markenrechtsverletzung anerkannt (s. Rn 484 ff.).

**e) Mündliche Benutzung.** Nach der Rechtslage im WZG wurde die mündliche Benutzung einer fremden Marke zur Bezeichnung einer Ware nicht als zeichenmäßiger Gebrauch beurteilt, da es an einer körperlichen Verbindung der Marke zu der Ware und damit an einem Versehen der Ware mit dem Warenzeichen im Sinne des § 15 Abs. 1 1. Alt. WZG fehlte (RG MuW 1931, 613, 614 – Shell; BGH GRUR 1958, 343 – Bohnergerät; 1959, 240, 241 – Nelkenstecklinge). Diese Rechtsansicht zum WZG wurde im Schrifttum weithin gebilligt (*Baumbach/Hefermehl*, § 15 WZG, Rn 41, *Reimer/Heydt*, Bd. 1, Kap. 43, Rn 14; *Reimer/Trüstedt*, Bd. 1, Kap. 27, Rn 15). Nach einer Mindermeinung wurde zeichenmäßiger Gebrauch deshalb angenommen, weil auch eine bloß mündliche Benennung das Ausschließlichkeitsrecht des Markeninhabers stören könne (*Bußmann*, GRUR 1952, 313; *Reimer*, 3. Aufl., Kap. 27, Rn 21). Auch nach dieser Gegenmeinung war aber dann keine Markenverletzung anzunehmen, wenn das echte Produkt mündlich mit der geschützten Marke benannt wurde (so der Sachverhalt in den Entscheidungen RG MuW 1931, 613, 614 – Shell; BGH GRUR 1958, 343 – Bohnergerät). Nach der überwiegenden Meinung wurde etwa der Vertrieb von Azetylsalizylsäure als *Aspirin* nicht als zeichenmäßiger Gebrauch beurteilt, da die Ware nicht mit der Marke *Aspirin* versehen worden sei, auch wenn das Verhalten wegen einer Irreführung des Verkehrs als wettbewerbswidrig zu beurteilen war (von einer Strafbarkeit nach § 15 UWG 1896 ausgehend RG JW 1926, 1980).

Die *Rechtslage im MarkenG* hat sich gegenüber dem WZG hinsichtlich der mündlichen Benutzung einer fremden Marke grundlegend geändert. Die Rechtsprechung ist insoweit nicht mehr aufrechtzuerhalten. Nach § 14 Abs. 3 Nr. 5 stellt die Benutzung eines Zeichens in der Werbung eine rechtserhebliche Benutzungshandlung im Sinne des Verletzungsrechts dar. Nach dieser Vorschrift werden alle Formen der Werbung erfaßt (s. Rn 490). Die mündliche Benutzung einer fremden Marke im geschäftlichen Verkehr stellt grundsätzlich eine rechtserhebliche Benutzungshandlung zur Begründung einer Markenrechtsverletzung im Sinne des § 14 Abs. 2 dar. Das gilt selbstverständlich nicht für die Benutzung der Marke zur Benennung des Produkts des Markeninhabers selbst, da die Marke insoweit nicht als Unterscheidungszeichen gegenüber den Waren oder Dienstleistungen des Markeninhabers, sondern zur Benennung dieser Produkte selbst verwendet wird.

**f) Formen einer dreidimensionalen Benutzung der Marke. aa) Ausgangspunkt.** Nach der Rechtslage im WZG waren dreidimensionale Marken nicht als markenfähig anerkannt; anders sind nach § 3 Abs. 1 in den Grenzen von § 3 Abs. 2 dreidimensionale Marken zulässige Markenformen. Im Verletzungsrecht stellte sich aber auch nach der Rechtslage im WZG das Problem, ob und inwieweit die körperliche Wiedergabe eines Warenzeichens als zeichenmäßiger Gebrauch und damit als eine Markenrechtsverletzung zu beurteilen war. Da das MarkenG dreidimensionalen Markenrechtsschutz gewährt, ist davon auszugehen, daß die dreidimensionale Benutzung einer fremden Marke eine Markenrechtsverletzung begründen kann, selbst wenn man auch nach der Rechtslage im MarkenG den zeichenmäßigen Gebrauch einer Marke als Schutzvoraussetzung verlangt (s. Rn 48f.). Die zum WZG ergangene Rechtsprechung zum zeichenmäßigen Gebrauch einer dreidimensionalen Wiedergabe einer fremden Marke kann im MarkenG als Anschauungsmaterial für Formen einer dreidimensionalen Markenbenutzung dienen.

**61**    **bb) Entscheidungspraxis zum WZG.** Die *körperliche Nachbildung* eines Warenzeichens, die dem Wesen der Ware, wie insbesondere deren natürlichen Eigenschaften entsprach oder nur einen technischen Arbeits- oder Gebrauchszweck der Ware förderte, wurde nicht als zeichenmäßiger Gebrauch beurteilt (RGZ 115, 235, 239 – Bandmaster; 149, 335, 346 – Kaffeekanne). Diese reichsgerichtliche Einschränkung des zeichenmäßigen Gebrauchs dreidimensionaler Markenformen entspricht den Ausschlußgründen von der Markenfähigkeit nach § 3 Abs. 2 Nr. 1 und 2 (s. § 3, Rn 222 ff.). Nach dieser Vorschrift sind wesensbedingte (Nr. 1) und technisch bedingte (Nr. 2) Markenformen dem Markenschutz nicht zugänglich. So stellt auch die *Verpackung von Kleiderbügeln* keinen zeichenmäßigen Gebrauch dar, wenn die fremde Bildmarke in der Abbildung der Verpackungsart besteht (RG MuW 1927/1928, 524). Die Herstellung von *Teigwaren in Glockenform* und ihre Bezeichnung als Glocken in der Werbung wurde nicht als zeichenmäßiger Gebrauch einer fremden Glockenbildmarke für Teigwaren beurteilt (RG GRUR 1933, 719 – Dreiglocken). Der *Vertrieb von Laternenflaschen*, die als Geschmacksmuster geschützt waren, wurde nicht als Verletzung einer Bildmarke, die eine *Windlaterne* darstellte, beurteilt, wenn die Laternenflaschen als Behältnisse ohne Füllung und nicht als Warenverpackungen, die als Herkunftshinweis für den verpackten Inhalt dienten, angeboten wurden (BGH GRUR 1966, 681, 685 – Laternenflasche). Auch wenn das äußere Erscheinungsbild einer Ware mit einer geschützten Bildmarke als verwechselbar zu beurteilen war, stellte der Produktvertrieb dann keinen zeichenmäßigen Gebrauch dar, wenn das Erscheinungsbild der Ware das Wesen der Ware selbst ausmachte (BGH GRUR 1977, 602, 604 – Trockenrasierer).

**62**    Die körperliche Nachbildung einer Marke wurde nur dann als zeichenmäßiger Gebrauch beurteilt, wenn die dreidimensionale Benutzungsform nach der Art ihrer Verwendung im Verkehr als Herkunftshinweis aufgefaßt werden konnte. Die Verwendung von *Dreiarmleuchtern als Beleuchtungskörper* im Geschäft eines Beerdigungsinstituts und gleichzeitiger Anbringung des *Bildes eines dreiteiligen Leuchters auf dem Ladenschild* wurde als ein zeichenmäßiger Gebrauch der Wortbildmarke beurteilt, die aus einem stilisierten, dreiarmigen Leuchter und dem Firmenname *Grieneisen 1830* bestand (RG GRUR 1939, 799).

**63**    Als zeichenmäßiger Gebrauch wurden ferner beurteilt die plastische Nachbildung einer besonderen *Gehäuseausgestaltung* und zwar einer als Bildmarke geschützten *Mundharmonikadecke* (RGZ 115, 235, 239 – Bandmaster); die dreidimensionale Nachbildung einer als Bildmarke geschützten *vermenschlichten Kaffeemühle* in einem Werbefilm sowie als Schaustück zur Werbung für Kaffee in einem Kaffeegeschäft (RGZ 149, 335, 346 – Kaffeekanne); die dreidimensionale Wiedergabe einer als Bildmarke geschützten *Flasche von bestimmter Form* (BGH GRUR 1956, 179 – Ettaler-Klosterliqueur).

**64**    Eine Markenrechtsverletzung aufgrund einer dreidimensionalen Benutzung der fremden Marke kann bei allen drei nach der Entstehung des Markenschutzes zu unterscheidenden Kategorien von Marken nach § 4 Nr. 1 bis 3 vorliegen. Nach der Rechtslage im WZG wurde in der Rechtsprechung hinsichtlich einer Feststellung des zeichenmäßigen Gebrauchs vergleichbar zum Ausstattungsschutz nach § 25 WZG entschieden. So wie eine dreidimensionale Wiedergabe eines bildlich dargestellten oder mit ihm verwechselbaren Gegenstandes als zeichenmäßiger Gebrauch einer eingetragenen Bildmarke beurteilt werden konnte, konnte auch die bildliche Darstellung einer dreidimensionalen Ausstattung als zeichenmäßiger Gebrauch beurteilt werden. So wurde die *Abbildung von Fußballstiefeln mit drei Zierriemen* als zeichenmäßiger Gebrauch einer Ausstattung an Fußballstiefeln mit drei Streifen beurteilt (BGH GRUR 1959, 423, 425 – Fußballstiefel). Nach der Rechtslage im WZG war entscheidend, ob der Verkehr die bildliche Darstellung der Ausstattung an einer dreidimensionalen Gestaltung als einen betrieblichen Herkunftshinweis auffaßte.

**65**    Nach der *Rechtslage im MarkenG* kommt es für die dreidimensionale Wiedergabe einer Wortmarke oder Bildmarke sowie für die wörtliche oder bildliche Wiedergabe einer dreidimensionalen Marke nicht mehr auf die Festellung eines zeichenmäßigen Gebrauchs an, sondern auf das Vorliegen der Ausschlußgründe nach § 3 Abs. 2 Nr. 1 bis 3, die auch eine rechtverletzende Benutzungshandlung im Verletzungrechts ausschließen (s. Rn 46 f.).

### 5. Zweck des Produktabsatzes (Benutzung für Waren oder Dienstleistungen)

**a) Wortlautunterschied des § 3 Abs. 1 zur Markenfähigkeit und des § 14 Abs. 2 im Verletzungsrecht.** Allgemeine Voraussetzung einer Markenrechtsverletzung ist zum einen ein Handeln im geschäftlichen Verkehr (s. Rn 39). Dieses Handeln im geschäftlichen Verkehr muß zum anderen in der Benutzung eines mit der Marke identischen oder ähnlichen Zeichens bestehen. Nach der Rechtslage im MarkenG ist nicht erforderlich, daß die Benutzung der fremden Marke als eine markenmäßige Benutzung im Sinne der Rechtsprechung zum zeichenmäßigen Gebrauch nach der Rechtslage im WZG zu qualifizieren ist. Nach der Rechtslage im MarkenG kann sich der Inhaber einer Marke vielmehr gegen jede unbefugte Benutzung seiner Marke im geschäftlichen Verkehr zur Wehr setzen. Zur Begründung einer Markenrechtsverletzung im Sinne des MarkenG ist aber weiter erforderlich, daß die Benutzung des Zeichens *für Waren oder Dienstleistungen* erfolgt. Bei dem Tatbestandsmerkmal für Waren oder Dienstleistungen handelt es sich um eine rechtliche Voraussetzung einer jeden Markenrechtsverletzung im Sinne des § 14 Abs. 2 Nr. 1 bis 3. Die Formulierung findet sich beim Identitätsschutz der Marke nach § 14 Abs. 2 Nr. 1 und beim Bekanntheitsschutz der Marke nach § 14 Abs. 2 Nr. 3, ist aber auch Schutzvoraussetzung des Verwechslungsschutzes nach § 14 Abs. 2 Nr. 2, auch wenn als Folge einer abweichenden sprachlichen Gestaltung der Nr. 2 die Formulierung sich im Wortlaut dieser Regelung nicht ausdrücklich findet.

Die Formulierung des § 14 Abs. 2, ein Zeichen für Waren oder Dienstleistungen zu benutzen, unterscheidet sich von der Formulierung in § 3 Abs. 1, der allgemein die Markenfähigkeit von Zeichen umschreibt. Nach dieser Vorschrift muß ein als Marke schutzfähiges Zeichen geeignet sein, Waren oder Dienstleistungen eines Unternehmens von denjenigen anderer Unternehmen zu unterscheiden. Der Begriff der Markenfähigkeit stellt auf die abstrakte Unterscheidungseignung eines Zeichens ab (s. § 3, Rn 203 ff.). Marken sind produktidentifizierende Unterscheidungszeichen. Die Identifizierungsfunktion konstituiert eine Marke. In dem unterschiedlichen Wortlaut des § 3 Abs. 1, Waren oder Dienstleistungen zu unterscheiden, von § 14 Abs. 2, das Zeichen für Waren oder Dienstleistungen zu benutzen, kommt zum Ausdruck, daß im Verletzungsrecht die Benutzung eines Zeichens als Unterscheidungszeichen und damit die Realisierung der Identifizierungsfunktion durch den Dritten keine rechtliche Voraussetzung einer Markenrechtsverletzung darstellt. Der Vergleich der Vorschriften belegt, daß die markenmäßige Benutzung selbst in einem markenfunktional extensiven Verständnis des Begriffsinhalts (s. Rn 48) keine Schutzvoraussetzung darstellt.

**b) Benutzung für Waren oder Dienstleistungen.** Eine Benutzung des Zeichens stellt nur dann eine rechtserhebliche Verletzungshandlung nach § 14 Abs. 2 Nr. 1 bis 3 dar, wenn das Zeichen für Waren oder Dienstleistungen benutzt wird. Diese Qualifizierung der Benutzungshandlung bedeutet nicht, daß eine markenmäßige Benutzung vorliegen muß. Im Verletzungsrecht ist nicht erforderlich, daß der Dritte die fremde Marke als produktidentifizierendes Unterscheidungszeichen und damit zur Produktidentifikation benutzt. Eine Benutzung des Zeichens für Waren oder Dienstleistungen liegt dann vor, wenn die Marke zum Zwecke des Absatzes von Waren oder der Erbringung von Dienstleistungen benutzt wird. Ausreichend ist der *Zweck des Produktabsatzes* im Marktwettbewerb. Dieser Zweck der Markenbenutzung ist objektiv und nicht nach der Verkehrsauffassung zu bestimmen. Entscheidend kommt es auf den Zusammenhang der Markenbenutzung mit der Herstellung und dem Vertrieb von Waren oder Dienstleistungen aufgrund einer verständigen Beurteilung an. Im schweizerischen Markenrecht wird der Anwendungsbereich des Verletzungsrechts noch weiter ausgedehnt. Als eine Verletzungshandlung wird jeder Gebrauch der Marke im geschäftlichen Verkehr selbst dann angesehen, wenn die Verwendung der Marke nicht im Zusammenhang mit Waren oder Dienstleistungen erfolgt. Als Beispiele werden die Eintragung in Branchenregister oder Adressenverzeichnisse genannt (s. *David*, Schweiz. Markenschutzgesetz, Art. 13 MSchG, Rn 22).

### 6. Benutzung als Marke

**69** Die Benutzung der Marke erfolgt etwa dann nicht zum Zwecke des Produktabsatzes, wenn der Dritte das Zeichen zu *lexikalischen* Zwecken verwendet, wenn man nicht schon ein Handeln im geschäftlichen Verkehr verneint (s. Rn 44), die Benutzung der Marke zu *journalistischen* Zwecken, wie etwa in einem redaktionellen Beitrag, oder zu *künstlerischen* Zwecken, wie etwa in einem Spielfilm, erfolgt, oder wenn die Marke zu *verbraucheraufklärenden* Zwecken verwendet wird, wie etwa in einem Produkttest der Stiftung Warentest oder in einem Produktbericht eines Verbraucherverbandes. Eine Benutzung zum Zwecke des Produktabsatzes liegt aber dann vor, wenn die Marke zu *ornamentalen* Zwecken verwendet wird, ein *firmenmäßiger* Gebrauch der Marke vorliegt oder die Marke in der *vergleichenden Werbung* eines Wettbewerbers benutzt wird. Eine solche Benutzung der Marke kann allerdings innerhalb der Schranken des Markenschutzes nach § 23 Nr. 1 bis 3 zulässig sein, wenn die Benutzung nicht gegen die guten Sitten im geschäftlichen Verkehr verstößt.

### 7. Rechtserhaltende Benutzung

**70** Von der *rechtsverletzenden* Benutzung im Sinne des § 14 ist die *rechtserhaltende* Benutzung im Sinne des § 26 (s. § 26, Rn 3 ff.) zu unterscheiden. Im Interesse eines effektiven Markenschutzes ist der Kreis der rechtsverletzenden Benutzungshandlungen weit zu ziehen; zur Beurteilung steht die Benutzung des Zeichens durch einen Dritten ohne Zustimmung des Markeninhabers. Im Rahmen des Benutzungszwangs kommt dem Begriff der Benutzung eine andere Aufgabe zu. Zur Beurteilung steht die Benutzung des Zeichens durch den Markeninhaber selbst im Interesse einer Aufrechterhaltung des Markenschutzes (zu dieser Unterscheidung zwischen rechtsverletzender und rechtserhaltender Benutzung schon nach der Rechtslage im WZG erstmals *Fezer*, Der Benutzungszwang im Markenrecht, S. 74; s. § 26, Rn 3).

## III. Identitätsschutz der Marke nach § 14 Abs. 2 Nr. 1

### 1. Absoluter Markenschutz

**71** Allgemeine Voraussetzung des Kollisionstatbestandes einer Markenrechtsverletzung nach § 14 Abs. 2 Nr. 1 ist es, nicht anders als bei den Kollisionstatbeständen des § 14 Abs. 2 Nr. 2 und 3, daß ein Dritter ohne Zustimmung des Markeninhabers im geschäftlichen Verkehr eine Marke benutzt, die mit der geschützten Marke des Markeninhabers kollidiert. Eine Markenkollision nach Abs. 2 Nr. 1 liegt dann vor, wenn die Marke des Dritten mit der bestehenden Marke des Markeninhabers identisch ist und für identische Waren oder Dienstleistungen benutzt wird. Voraussetzungen einer Markenrechtsverletzung nach Abs. 2 Nr. 1 sind *Markenidentität* und *Produktidentität*. Der Kollisionstatbestand des § 14 Abs. 2 Nr. 1 entspricht materiellrechtlich dem relativen Schutzhindernis des § 9 Abs. 1 Nr. 1 (zum Verhältnis der Vorschriften s. Rn 14). Nach der Rechtslage im MarkenG ist die markenmäßige Benutzung der kollidierenden Marke keine allgemeine Voraussetzung einer Markenrechtsverletzung (s. Rn 29 ff.).

**72** § 14 Abs. 2 Nr. 1 normiert einen *Identitätsschutz der Marke* als absoluten Markenschutz (s. Begründung zum MarkenG, BT-Drucks. 12/6581 vom 14. Januar 1994, S. 71; Erwägungsgründe der MarkenRL, ABl. EG Nr. L 40 vom 11. Februar 1989, S. 2). Nach Art. 16 Abs. 1 S. 2 TRIPS-Abkommen besteht eine *Vermutung der Verwechslungsgefahr,* wenn eine identische Marke für identische Waren oder Dienstleistungen benutzt wird. Nach der Rechtslage im MarkenG ist es sachgerechter, das Erfordernis der Verwechslungsgefahr nicht als eine rechtliche Voraussetzung des Identitätsschutzes der Marke zu verstehen (s. Rn 74 f.). Die Marke kann ihre Aufgabe, als Produktkennzeichen das Produkt des Markeninhabers als ein Wirtschaftsgut auf dem Markt zu identifizieren und auf diese Weise von Wirtschaftsgütern anderer Unternehmen zu differenzieren, nicht mehr unbeeinträchtigt erfüllen, wenn Dritte identische Produkte mit einem identischen Zeichen markieren. Es liegt die intensivste Fallkonstellation einer *Identifikationsstörung* vor. Bei abweichender Qualität des Produkts wird als Folge negativer Produkterfahrungen der Verbraucher zudem die *Kommunikationsfunktion* der Marke beeinträchtigt, wenn die mit der Marke verbundenen Qualitätsaussagen diskreditiert werden und das Markenimage beschädigt wird.

Die Kollision identischer Marken bei identischen Produkten wird sich vornehmlich dann 73 ereignen, wenn es sich bei der geschützten Marke um eine zwar eingetragene, aber noch nicht benutzte Marke innerhalb der fünfjährigen Benutzungsfrist oder um eine nur lokal oder regional benutzte, eingetragene Marke handelt, zumal dann, wenn der Dritte die kollidierende Marke ohne Durchführung einer zureichenden Markenrecherche in Benutzung nimmt. Markenkollisionen bei einer Identität von Marke und Produkt sind zwar nicht selten, sie stellen gleichwohl gegenüber dem Kollisionstatbestand des § 14 Abs. 2 Nr. 2 die in der Rechtspraxis weniger häufige Fallkonstellation dar.

Der *absolute* Identitätsschutz der Marke nach § 14 Abs. 2 Nr. 1 setzt anders als der Kollisionstatbestand des § 14 Abs. 2 Nr. 2 *nicht das Vorliegen von Verwechslungsgefahr* voraus (so auch *Sack*, GRUR 1996, 663, 664 (*Doppelidentität*). Schon nach der Rechtslage im WZG lag bei der unbefugten Benutzung eines identischen Warenzeichens eine Zeichenverletzung nach § 24 WZG vor, ohne daß es auf das Bestehen einer Verwechslungsgefahr im Sinne des § 31 WZG, der den aus § 24 WZG ergebenden Zeichenschutz erweiterte, ankam (*Baumbach/Hefermehl*, § 31 WZG, Rn 1a). Eine Markenkollision im Identitätsbereich von Marke und Produkt stellt zwar aus der Sicht des Verbrauchers gleichsam den Prototyp einer Verwechslung des markierten Produkts dar, denn es verwechselt, wer das eine für das andere hält. Insoweit dient der absolute Identitätsschutz der Marke nach § 14 Abs. 2 Nr. 1 insbesondere der Gewährleistung ihrer Herkunftsfunktion (so Erwägungsgründe der MarkenRL, ABl. EG Nr. L 40 vom 11. Februar 1989, S. 2).

Ein Identitätsirrtum des Verbrauchers ist aber nicht rechtliche Voraussetzung einer Markenkollision nach § 14 Abs. 2 Nr. 1. Der Identitätsschutz der Marke nach § 14 Abs. 2 Nr. 1 besteht als absoluter Markenschutz auch dann, wenn im Verkehr die unbefugte Benutzung einer identischen Marke für identische Produkte dem Verbraucher bekannt ist. Solche Fallkonstellationen ereignen sich etwa im Bereich der *Marken- und Produktpiraterie,* wenn Produktkopien mit identischer Markierung als Billigwaren in Kenntnis des Pirateriatbestands oder zumindest unter dessen Billigung durch den Verbraucher auf dem Markt angeboten werden. Auch wenn in solchen Fallkonstellationen wegen der Kenntnis der Verbraucher über die Verschiedenheit der Produkte keine Identifikationsstörung vorzuliegen braucht, so besteht gleichwohl absoluter Markenschutz, zumal das Markenimage beeinträchtigt wird.

## 2. Identitätsbereich der Markenkollision

Die kollidierenden Marken sind identisch, wenn der Dritte ein und dieselbe Marke wie 76 der Markeninhaber benutzt. Markenidentität der kollidierenden Marken liegt aber auch dann vor, wenn die kollidierende Marke aus einem *schutzfähigen Zeichenbestandteil* der geschützten Marke besteht und der Dritte den identischen Zeichenbestandteil in *Alleinstellung* als Marke benutzt. Das gleiche gilt auch dann, wenn der übernommene und in Alleinstellung benutzte Zeichenbestandteil das Wesen der geschützten Marke ausmacht, weil die übrigen Zeichenbestandteile nur unwesentliches Beiwerk darstellen. Wenn die kollidierende Marke nicht nur aus der identischen Marke des Markeninhabers oder einem identischen Zeichenbestandteil dieser Marke, sondern aus weiteren Zeichenbestandteilen als zusammengesetzte Marke oder Kombinationsmarke besteht, dann liegt kein Kollisionstatbestand nach § 14 Abs. 2 Nr. 1 vor. Bei einer solchen Fallkonstellation ist eine Markenrechtsverletzung nach § 14 Abs. 2 Nr. 2 nur dann gegeben, wenn die Gefahr von Verwechslungen zu besorgen ist (zu § 31 WZG BGH GRUR 1975, 257, 258 – Buddelei; 1968, 367, 370 – Corrida; 1966, 259, 260 – Napoléon I; 1961, 232 – Hobby; 1957, 275, 276 – Revue).

### IV. Verwechslungsschutz der Marke nach § 14 Abs. 2 Nr. 2

**Schrifttum zum WZG.** *v. Bar*, RIW/AWD 1977, 712; *Becher*, Verwechslungsgefahr nach dem Wortsinn der Warenzeichen, GRUR 1961, 120; *Beier*, Gedanken zur Verwechslungsgefahr und ihrer Feststellung im Prozeß, GRUR 1974, 514; *Bierbach*, Die klangliche und schriftbildliche Verwechslungsgefahr, GRUR 1972, 278; *Böhm*, Die Beweiswürdigung demoskopischer Gutachten im Rahmen von § 3 UWG, GRUR 1986, 290; *Bußmann*, Die Verwechslungsgefahr von Warenzeichen mit nicht schutzfähigen Bestandteilen, MA 1965, 358; *Daniels*, Warenzeichen-Verwechselbarkeit, 2. Aufl., 1960; *Dietze*, Zum Begriff der Verwechslungsgefahr (§ 31 WZG), GRUR 1949, 321; *v. Falck*, GRUR 1977, 724; *Fricke*, Die Rechtsprechung des Gerichtshofes der Europäischen Gemeinschaften zur Koexistenz von identischen oder verwechslungsfähigen nicht ursprungsgleichen Warenzeichen innerhalb des Gemeinsamen Marktes, WRP 1977, 7; *Friedrich,* Verwechslung oder Verwässerung?, JR 1951, 314; *Heydt,* GRUR 1963, 629; *Heydt,* Verwechslungsgefahr und Warennähe im Warenzeichenrecht, GRUR 1971, 435; *Knaak,* Demoskopische Umfragen in der Praxis des Wettbewerbs- und Warenzeichenrechts, GRUR 1986, 84; *Kraft,* Annäherungen und Abweichungen zweier Zeichen und ihr Einfluß auf die Verwechslungsgefahr, GRUR 1959, 118; *Kraft,* Der Bekanntheitsgrad eines Zeichens und sein Einfluß auf die Verwechslungsgefahr, GRUR Int 1960, 5; *Kraft,* Wertungsfragen und Verkehrsanschauung im Markenrecht, JZ 1969, 408; *Kraft,* Die Bedeutung der Verkehrsbekanntheit eines Warenzeichens in der Spruchpraxis des Patentamts zur Verwechslungsgefahr, GRUR 1977, 417; *Kroitzsch,* Die Verwechslungsgefahr im weiteren Sinne, GRUR 1968, 173; *Krüger-Nieland,* Neue Beurteilungsmaßstäbe für die Verwechslungsgefahr im Warenzeichenrecht?, GRUR 1980, 425; *Miosga,* Die Verwechslungsgefahr in der neuesten Rechtsprechung des Deutschen Patentamts, Mitt 1958, 185; *Miosga,* Verwechslungsgefahr (alphabetisch geordnete Zusammenstellung aller wesentlichen Verwechslungs-Entscheidungen auf dem Gebiete des Kennzeichnungsrechts), 1965; *Noelle-Neumann/Schramm,* Testen der Verwechslungsgefahr, GRUR 1976, 51; *Pander,* Die Verwechslungsgefahr als Tat- und Rechtsfrage, Mitarbeiterfestschrift für E. Ulmer, 1973, S. 247; *Roth, H.,* Die Verwechslungsfähigkeit von Warenzeichen nach deutschem und europäischem Recht, RabelsZ 45 (1981), S. 333; *Schramm,* Verwechslungsgefahr bei Warenzeichen, MA 1953, 144; *Ströbele,* Verwechslungsgefahr und Schutzumfang, FS GRUR, Bd. II, 1991, S. 821; *Tilmann,* Die Verkehrsauffassung im Wettbewerbs- und Warenzeichenrecht, GRUR 1984, 716; *Utescher,* Gedanken zur mittelbaren Verwechslungsgefahr, GRUR 1972, 526; *Vierheilig,* „Ernsthafte" Verwechslungsgefahr? – Überlegungen zu europäischen Reformbestrebungen im Markenrecht, GRUR Int 1982, 506; *Völp,* Kritische Bemerkungen zur Verwechslungsgefahr, GRUR 1974, 754.

**Schrifttum zum MarkenG.** *Fezer,* Erste Grundsätze des EuGH zur markenrechtlichen Verwechslungsgefahr – oder: "Wie weit springt die Raubkatze?; NJW 1998, 713; *Fezer,* Markenfunktionale Wechselwirkung zwischen Markenbekanntheit und Produktähnlichkeit, WRP 1998, 1123; *Fuchs-Wissemann,* Zur Verwechslungsgefahr von aus Wort und Bild zusammengesetzten Marken mit nur aus einem Wort oder einem Bild bestehenden Zeichen, GRUR 1995, 470; *Hacker,* Allgemeine Grundsätze der Beurteilung der Verwechslungsgefahr bei Kombinationszeichen, GRUR 1996, 92; *Hebeis,* Verwechslungsgefahr bei Vergleichszeichen mit überwiegend übereinstimmenden Bestandteilen, GRUR 1994, 490; *Heil/Kunz-Hallstein,* Beurteilung der Verwechslungsgefahr im Markenrecht, GRUR Int 1995, 227; *Kiethe/Krauß,* Die Verwechslungsgefahr nach dem Markengesetz – Verstärkter Rechtsschutz durch legislative Begriffserweiterung, WRP 1996, 495; *Kliems,* Relativer Ähnlichkeitsbegriff bei Waren/Dienstleistungen im neuen Markenecht, GRUR 1995, 198; *Krüger,* Zum gedanklichen Inverbindungbringen im Sinne der §§ 9 I 2, 14 II 2 Markengesetz, GRUR 1995, 527; *Kunz-Hallstein,* Ähnlichkeit und Verwechslungsgefahr – Überlegungen zur Auslegung des neuen Markengesetzes, GRUR 1996, 6; *Kur,* Die Verwechslungsgefahr im europäischen Markenrecht – Versuch einer Bestandsaufnahme, MarkenR 1999, 2; *v. Linstow,* Verwechslungsgefahr und Skalenniveau, GRUR 1996, 99; *Litpher,* Auswirkungen der ersten Markenrechtsrichtlinie auf die Merkmale der Verwechslungsgefahr und der Erschöpfung im deutschen Markenrecht, 1997; *Osterloh,* Die zeichenrechtliche Verwechslungsgefahr als Rechtsfrage in der höchstrichterlichen Rechtsprechung, FS für Piper, 1996, S. 595; *Piper,* Der Schutz der bekannten Marken, GRUR 1996, 429; *Pösentrup/Keukenschrijver/Ströbele,* Aus der Rechtsprechung des Bundespatentgerichts im Jahre 1995, GRUR 1996, 303; *Sack,* „Doppelidentität" und „gedankliches Inverbindungbringen" im neuen deutschen und europäischen Markenrecht, GRUR 1996, 663; *Sack,* Probleme des Markenschutzes im Ähnlichkeitsbereich, WRP 1998, 1127; *Sack,* Markenschutz gegen Verwechslungsgefahr und „gedankliches Inverbindungbringen" ohne Herkunftstäuschung, FS für Kraft, 1998, S. 551; *Starck,* Rechtsprechung des Bundesgerichtshofes zum neuen Markenrecht, WRP 1996, 269; *Teplitzky,* Verwechslungsgefahr und Warenähnlichkeit im neuen Markenrecht, GRUR 1996, 1; *Tilmann,* Verwechslungsgefahr bei zusammengesetzten Zeichen, GRUR 1996, 700.

## 1. Relativer Markenschutz

**77** Allgemeine Voraussetzung des Kollisionstatbestands einer Markenrechtsverletzung nach § 14 Abs. 2 Nr. 2 ist es, nicht anders als bei den Kollisionstatbeständen des § 14 Abs. 2 Nr. 1 und 3, daß ein Dritter ohne Zustimmung des Markeninhabers im geschäftlichen Verkehr eine Marke benutzt, die mit der geschützten Marke des Markeninhabers kollidiert. Eine Markenkollision nach Abs. 2 Nr. 2 liegt dann vor, wenn zwischen der kollidierenden Marke und der benutzten Marke für das Publikum die Gefahr von Verwechslungen besteht. Voraussetzung einer solchen Markenrechtsverletzung ist das *Vorliegen von Verwechslungsgefahr.* Die Verwechslungsgefahr ist Folge einer Identität oder Ähnlichkeit der kollidierenden Marken und Waren oder Dienstleistungen. Zur Verwechslungsgefahr gehört auch die Gefahr, daß die kollidierende Marke mit der geschützten Marke gedanklich in Verbindung gebracht wird (gedankliches Inverbindungbringen). Der Kollisionstatbestand des § 14 Abs. 2 Nr. 2

entspricht materiellrechtlich dem relativen Schutzhindernis des § 9 Abs. 1 Nr. 2 (zum Verhältnis der Vorschriften s. Rn 14). Nach der Rechtslage im MarkenG ist die markenmäßige Benutzung der kollidierenden Marke keine allgemeine Voraussetzung einer Markenrechtsverletzung (s. Rn 29 ff.).

§ 14 Abs. 2 Nr. 2 normiert einen *Verwechslungsschutz der Marke*. Anders als der Identitätsschutz der Marke nach § 14 Abs. 2 Nr. 1, der unabhängig vom Vorliegen einer Verwechslungsgefahr als absoluter Markenschutz besteht (s. Rn 74), handelt es sich bei dem Verwechslungsschutz der Marke nach § 14 Abs. 2 Nr. 2 um einen *relativen* Markenschutz, da die Beurteilung der Markenkollision als eine Markenrechtsverletzung von einer Vielzahl von Umständen sowie deren Verhältnis zueinander abhängig ist. Der Schutz der Marke vor einer Verwechslungsgefahr begründenden Markenkollision ist die wichtigste Fallkonstellation einer Markenrechtsverletzung. 78

### 2. Verwechslungsgefahr als zentraler Begriff des gesamten Kennzeichenrechts

Der Begriff der *Verwechslungsgefahr* stellt den *zentralen Rechtsbegriff* des gesamten Kennzeichenrechts dar. Im Verwechslungsschutz sowie im Bekanntheitsschutz der Marke kommt zudem ein Grundgedanke des gesamten Wettbewerbsrechts und damit zugleich die Einheit von Kennzeichenrecht und Wettbewerbsrecht zum Ausdruck. 79

Der Begriff der Verwechslungsgefahr nach § 14 Abs. 2 Nr. 2 gilt zunächst für die nach dem MarkenG geschützten Marken im Sinne des § 1 Nr. 1 und damit für alle drei nach der Entstehung des Markenschutzes zu unterscheidenden Kategorien von Marken nach § 4 Nr. 1 bis 3. Der markenrechtliche Begriff der Verwechslungsgefahr, der im Kollisionsrecht nach § 14 Abs. 2 Nr. 2 und im Eintragungsverfahren bei dem relativen Schutzhindernis des § 9 Abs. 1 Nr. 2 übereinstimmend geregelt ist, gilt *einheitlich* im materiellen Markenrecht sowie in den Verfahren in Markenangelegenheiten. 80

Der Begriff der Verwechslungsgefahr gilt nicht nur für Marken im Sinne des § 1 Nr. 1, sondern auch für geschäftliche Bezeichnungen im Sinne des § 1 Nr. 2 und damit für den Schutz von Unternehmenskennzeichen und Werktiteln im Sinne des § 5, die nach § 15 Kennzeichenschutz genießen und nach § 15 Abs. 2 vor Verwechslungsgefahr geschützt werden. Der Begriff der Verwechslungsgefahr ist ferner für den bürgerlichrechtlichen Namensschutz nach § 12 BGB rechtserheblich, um die Widerrechtlichkeit eines unbefugten Namensgebrauchs durch einen prioritätsjüngeren Dritten (RGZ 114, 90 – Neuerburg; 117, 215, 220 – Eskimo; 171, 147, 153 – Salamander) und damit die Verletzung eines schutzwürdigen Interesses des prioritätsälteren Namensträgers (BGHZ 15, 107, 110 – Koma; *Hefermehl*, FS für Hueck, 1959, S. 533) zu begründen. Schließlich kann es auch im Wettbewerbsrecht auf das Vorliegen von Verwechslungsgefahr etwa zur Begründung der Sittenwidrigkeit einer sklavischen Nachahmung ankommen (s. *Baumbach/Hefermehl*, Wettbewerbsrecht, § 1 UWG, Rn 448). 81

Die Rechtsprechung ging ursprünglich von einem einheitlichen Begriff der Verwechslungsgefahr im gewerblichen Rechtsschutz aus. Der Rechtsschutz gewerblicher Kennzeichen vor Verwechslungsgefahr sollte einheitlich und unabhängig davon zu beurteilen sein, ob er nach warenzeichenrechtlichen, namensrechtlichen oder wettbewerbsrechtlichen Rechtsgrundlagen zu bestimmen ist (BGHZ 21, 85, 90 – Der Spiegel; BGH GRUR 1955, 96 – Buchgemeinschaft I). Dem wurde entgegengehalten, im gewerblichen Rechtsschutz und Wettbewerbsrecht könnten die Rechtssätze zur Verwechslungsgefahr nur bedingt einheitlich und allenfalls für die Beurteilung der Verwechselbarkeit von Kennzeichen übereinstimmend gelten (*Ulmer/Reimer*, Unlauterer Wettbewerb, Rn 175; *Baumbach/Hefermehl*, § 31 WZG, Rn 5). Der Begriff der Verwechslungsgefahr ist *kein einheitlicher Rechtsbegriff* des gewerblichen Rechtsschutzes. Die Verwechslungsgefahr ist sowohl nach der Art und dem Gegenstand des Kollisionstatbestands als auch nach den verschiedenen Tatbestandsmerkmalen sowie dem jeweiligen Normzweck der anzuwendenden Vorschrift zu bestimmen. Es gelten etwa schon unterschiedliche Beurteilungsgrundsätze, wenn die Verwechslungsgefahr bei einer Kollision zwischen zwei Marken einerseits und einer Kollision von Marke und Firma andererseits zu bestimmen ist (BGH GRUR 1970, 138, 140 – Alemite). 82

## 3. Verwechslungsgefahr als Rechtsbegriff des Europäischen Unionsrechts
### a) Verwechslungsgefahr als Rechtsbegriff

**Schrifttum zum WZG.** *Beier*, Gedanken zur Verwechslungsgefahr, GRUR 1974, 514; *Böhm*, Die Beweiswürdigung demoskopischer Gutachten im Rahmen von § 3 UWG, GRUR 1986, 290; *Knaak*, Demoskopische Umfragen in der Praxis des Wettbewerbs- und Warenzeichenrechts, GRUR 1986, 84; *Krüger-Nieland*, Neue Beurteilungsmaßstäbe für die Verwechslungsgefahr im Warenzeichenrecht, GRUR 1980, 425; *Noelle-Neumann/Schramm*, Testen der Verwechslungsgefahr, GRUR 1976, 51; *Pander*, Die Verwechslungsgefahr als Tat- und Rechtsfrage, Mitarbeiterfestschrift für E. Ulmer, 1973, S. 247; *Tilmann*, Die Verkehrsauffassung im Wettbewerbs- und Warenzeichenrecht, GRUR 1984, 716; *Völp*, Kritische Bemerkungen zur Verwechslungsgefahr, GRUR 1974, 754.

**Schrifttum zum MarkenG.** *Esslinger/Wenning*, Die Prägung des Gesamteindrucks einer Marke – Tatfrage oder Rechtsfrage?, WRP 1997, 1019; *Litpher*, Auswirkungen der ersten Markenrechtsrichtlinie auf die Merkmale der Verwechslungsgefahr und der Erschöpfung im deutschen Markenrecht, 1997; *Osterloh*, Die zeichenrechtliche Verwechslungsgefahr als Rechtsfrage in der höchstrichterlichen Rechtsprechung, FS für Piper, 1996, S. 595.

**83** Die Verwechslungsgefahr ist ein *Rechtsbegriff* (RG GRUR 1940, 158, 161 – Kathreiner/Blonde Kathrein; 1941, 322, 324 – Rotbart Be-Be/Rivo ES-ES; BGH GRUR 1960, 130, 133 – Sunpearl II; 1968, 581, 584 – Blunazit; 1969, 686, 687 – Roth-Händle; 1990, 450, 452 – St. Petersquelle; 1992, 110, 111 – dipa/dib; 1993, 118, 119 – Corvaton/Corvasal; BGHZ 113, 115, 125 – SL). In der frühen Rechtsprechung des RG wurde noch davon ausgegangen, es handle sich bei der Verwechslungsgefahr um eine Tatfrage (RG MuW 1912, 194 – Salamander/Santander; GRUR 1929, 1204, 1206 – Grenzquell; auch *v. Gamm*, § 31 WZG, Rn 2; eine Entwicklung vom Rechtsbegriff zur Rechtsfrage beschreibt *Osterloh*, FS für Piper, S. 595). Zur Feststellung der Verwechslungsgefahr ist ein Sachverständigenbeweis unzulässig (so schon RG MuW 1932, 523, 526). Da die Verwechslungsgefahr keinen empirischen Tatsachenbegriff darstellt, kann das Vorliegen von Verwechslungsgefahr nicht mit demoskopischen Gutachten und Meinungsumfragen begründet werden, auch wenn diese bei der rechtlichen Beurteilung mitberücksichtigt werden können. Eine Beweiserhebung über das Vorkommen von Verwechslungen wird von der Rechtsprechung aber nicht grundsätzlich abgelehnt (BGH GRUR 1968, 581 , 584 – Blunazit). Zur Feststellung der Verwechslungsgefahr kommt dem empirischen *Nachweis tatsächlicher Verwechslungen* allerdings nur eine *Indizfunktion* zu (BGH GRUR 1960, 130, 131 – Sunpearl II). Bedenklich ist es allerdings, Fehlzurechnungsquoten in Höhe von drei bis fünf Prozent schon als rechtserheblich anzusehen (so aber HansOLG Hamburg GRUR 1972, 185 – Roter Punkt), da solche Verwechslungsquoten noch im Bereich unkontrollierbarer Zufallsergebnisse liegen können (BGH GRUR 1969, 686, 688 – Roth-Händle). Die *Verwertung demoskopischer Gutachten* zur Feststellung der Verwechslungsgefahr sollte *zurückhaltend* gehandhabt werden (so auch *Beier*, GRUR 1974, 514, 519; kritisch auch *Tilmann*, GRUR 1984, 716, 717; *Krüger-Nieland*, GRUR 1980, 425, 426; *Knaak*, GRUR 1986, 84, 91; s. auch *Sack*, WRP 1998, 1127, 1131). Die *Rechtsprechung des BGH* hält die Einholung demoskopischer Gutachten zur Beurteilung der Verwechslungsgefahr grundsätzlich für *entbehrlich* (BGH GRUR 1992, 48, 51 – frei öl; 1993, 118, 120 – Corvaton/Corvasal). In den *Mitgliedstaaten der EU* werden demoskopische Gutachten zur Beurteilung der Verwechslungsgefahr allgemein für *nicht erforderlich* gehalten. Nach der *Rechtsprechung des EuGH* ist es zur Beurteilung der wettbewerbsrechtlichen oder kennzeichenrechtlichen Irreführungsgefahr oder Verwechslungsgefahr in Ermangelung einschlägiger gemeinschaftsrechtlicher Bestimmungen Sache des nationalen Rechts zu entscheiden, ob die Ermittlung des Sachverhalts durch ein *Sachverständigengutachten* oder eine *Verbraucherbefragung* erfolgt (zu Art. 10 Abs. 2 lit. e Verordnung (EWG) Nr. 1907/90 EuGH, Rs. C-210/96, Slg. 1998, I-4657, WRP 1998, 848 – Gut Springenheide; zu Art. 13 Abs. 2 lit. b Verordnung (EWG) Nr. 2333/92 EuGH, Rs. C-303/97, WRP 1999, 307 – Sektkellerei Kessler, Rn 37). Auch wenn es sich bei der Verwechslungsgefahr um einen Rechtsbegriff handelt, bestehen *tatsächliche Grundlagen* einer die Verwechslungsgefahr begründenden Markenkollision. Die normative Beurteilung ist mit empirischen Feststellungen verbunden. So wird von der Rechtsprechung etwa die Frage, ob der Gesamteindruck der zu vergleichenden Kollisionsmarken von den übereinstimmenden oder den abweichenden Zeichenbestandteilen bestimmt wird, als weitgehend auf tatsächlichem Gebiet liegend angesehen (BGH GRUR 1998, 927 – COMPO-SANA; s. schon BGH GRUR 1964, 376, 380 – Eppeleinsprung; 1964, 140 – Odol-Flasche; 1958, 81, 82 – Thymopect). Das Vorliegen *realer Verwechslungsfälle* ist ein *wichtiges Indiz* für das Bestehen von Verwechslungsgefahr, auch wenn es noch keinen endgültigen Beweis darzustellen braucht.

Als Rechtsbegriff ist das Vorliegen von Verwechslungsgefahr *revisibel*. Das Revisionsgericht ist an die vom Tatrichter getroffenen tatsächlichen Feststellungen gebunden. Der Revisionsrichter prüft allein, ob der Tatrichter bei Würdigung der für die Beurteilung der Verwechslungsgefahr wesentlichen Tatumstände die zutreffenden rechtlichen Gesichtspunkte und Rechtsgrundsätze beachtet hat (BGH GRUR 1952, 35 – Ardia/Widia; RG MuW 1926, 85). Eine Verletzung der zur Ermittlung der Verwechslungsgefahr anerkannten Beurteilungsgrundsätze stellt einen Rechtsverstoß dar. Das Revisionsgericht kann die Auffassung des Tatrichters nachprüfen, zu der er aufgrund eigener Erfahrung gelangt ist (BGH GRUR 1952, 35 – Ardia/Widia; RGZ 128, 267). Der Revisionsrichter kann namentlich auch seine eigene Lebenserfahrung bei der Beurteilung der Verwechslungsgefahr zugrunde legen. Aufgrund dieser weiten Prüfungszuständigkeit des Revisionsgerichts erklärt es sich, daß in der Revisionsinstanz die in der Tatsacheninstanz verneinte Verwechslungsgefahr bejaht oder umgekehrt die in der Tatsacheninstanz bejahte Verwechslungsgefahr in der Revisionsinstanz verneint werden kann (BGHZ 10, 196 – Dun; BGH GRUR 1955, 579 – Sunpearl I). **84**

**b) Verwechslungsgefahr als gemeinschaftsrechtlicher Begriff. aa) Richtlinienkonforme Auslegung.** Der Kollisionstatbestand einer Markenrechtsverletzung wegen Verwechslungsgefahr nach § 14 Abs. 2 Nr. 2 entspricht Art. 5 Abs. 1 lit. b MarkenRL; das gleiche gilt für das relative Schutzhindernis nach § 9 Abs. 1 Nr. 2 hinsichtlich Art. 4 Abs. 1 lit. b MarkenRL. Der Begriff der Verwechslungsgefahr ist ein *gemeinschaftsrechtlicher* Begriff. Dem EuGH kommt die Aufgabe zu, die Auslegung des Begriffs der Verwechslungsgefahr und die Entwicklung von Beurteilungskriterien durch die nationalen Gerichte auf ihre Vereinbarkeit mit den verbindlichen Vorgaben der MarkenRL zu überprüfen (*Heil/Kunz-Hallstein*, GRUR Int 1995, 227, 228). Der EuGH ist zu einer einheitlichen Auslegung der Rechtsbegriffe der MarkenRL, wie der Ähnlichkeit und Verwechslungsgefahr in der EU, berufen (BGH GRUR 1996, 198 – Springende Raubkatze; EuGH, Rs. C-251/95, Slg. 1997, I-6191, GRUR 1998, 387 – Sabèl/Puma). Erklärte Zielsetzung der MarkenRL ist es, einen einheitlichen Schutz der eingetragenen Marken im Recht aller Mitgliedstaaten zu gewährleisten, der zur Erleichterung des freien Waren- und Dienstleistungsverkehrs von wesentlicher Bedeutung ist. **85**

In den Erwägungsgründen der MarkenRL wird der Markenschutz vor Verwechslungsgefahr näher umschrieben (s. 3. Teil des Kommentars, II 1). Der einer eingetragenen Marke gewährte Schutz erstrecke sich auf die Fälle der Ähnlichkeit von Zeichen und Marke und der jeweiligen Waren oder Dienstleistungen. Es sei unbedingt erforderlich, den *Begriff der Ähnlichkeit im Hinblick auf die Verwechslungsgefahr* auszulegen. Die Verwechslungsgefahr stelle die spezifische Voraussetzung für den Schutz dar; ob sie vorliege, hänge von einer Vielzahl von Umständen ab, insbesondere dem Bekanntheitsgrad der Marke im Markt, der gedanklichen Verbindung, die das benutzte oder eingetragene Zeichen zu ihr hervorrufen könne, sowie dem Grad der Ähnlichkeit zwischen der Marke und dem Zeichen und zwischen den damit gekennzeichneten Waren oder Dienstleistungen. Bei diesen *Beurteilungskriterien* zum Kollisionstatbestand einer Markenrechtsverletzung wegen Verwechslungsgefahr handelt es sich um *verbindliche Vorgaben* des Europäischen Unionsrechts zur Auslegung der nationalen Markenrechtsordnungen. Das materiellrechtliche Markenkollisionsrecht der Mitgliedstaaten ist *richtlinienkonform* auszulegen und damit gemeinschaftsrechtlich bedingt. **86**

Anders sind Bestimmungen über die *Art und Weise der Feststellung* der Verwechslungsgefahr, insbesondere über die Beweislast, Sache nationaler Verfahrensregeln, die von der MarkenRL nicht berührt werden (Erwägungsgründe MarkenRL, s. 3. Teil des Kommentars, II 1). Ob und in welchem Umfange etwa demoskopische Gutachten zur Feststellung der Verwechslungsgefahr in den Verfahren in Markenangelegenheiten von den nationalen Behörden und Gerichten zugelassen werden, ist allein Sache des nationalen Verfahrensrechts, zudem insoweit die MarkenRL keine verbindlichen Vorgaben enthält (zur Normativität des Begriffs der Verwechslungsgefahr s. Rn 83). **87**

**88** **bb) Waren- und Dienstleistungsverkehrsrecht des EGV. (1) Verhältnis der MarkenRL zum Warenverkehrsrecht.** In der Rechtsprechung des EuGH wurden noch keine gemeinschaftsrechtlichen Kriterien zur Beurteilung der Verwechslungsgefahr entwickelt (zu den Funktionen der Marke in der Rechtsprechung des EuGH s. Einl, Rn 36ff.). Folge des auch in den Erwägungsgründen der MarkenRL (zur Normativität des Begriffs der Verwechslungsgefahr s. Rn 83) hervorgehobenen Zusammenhangs zwischen der Freiheit des Waren- und Dienstleistungsverkehrs sowie der Einheit des Markenschutzes in den Mitgliedstaaten wird es sein, daß der EuGH bei der richtlinienkonformen Auslegung des normativen Rechtsbegriffs der Verwechslungsgefahr zur Bestimmung des Schutzumfangs des nationalen Markenschutzes auf die von ihm namentlich zum Warenverkehrsrecht der Art. 30 und 36 EGV entwickelten Grundsätze zurückgreifen wird. Die Rechtsbegriffe der MarkenRL sowie die auf den gemeinschaftsrechtlichen Vorgaben beruhenden Markenrechtsordnungen der Mitgliedstaaten sind auf der Grundlage der Bestimmungen des Waren- und Dienstleistungsverkehrsrechts des EGV zu verstehen, da die vom EuGH entwickelten Rechtsgrundsätze zum spezifischen Gegenstand der Immaterialgüterrechte als Lehre von der gemeinschaftsrechtlichen Erschöpfung auch innerhalb der richtlinienkonformen Auslegung des Markengesetzes gelten, da die MarkenRL wie das gesamte abgeleitete Recht *im Lichte der EG-Vertragsbestimmungen* über den freien Warenverkehr, wie insbesondere des Art. 36 EGV, *auszulegen* ist (EuGH, Rs. C-47/90, Slg. 1992, I-3669, RIW 1992, 768 – Delhaize, Rn 26; EuGH, Rs. C-315/92, Slg. 1994, I-317, GRUR 1994, 303 – Clinique, Rn 31; EuGH, Rs. C-427/93, C-429/93, C-436/93, Slg. 1996, I-3457 – Bristol-Myers Squibb/Paranova, Rn 25; s. im einzelnen § 24, Rn 59f.). In diese Richtung gingen schon Überlegungen in der bisherigen Rechtsprechung. Grundsätzlich werden bei der Prüfung der Verwechslungsgefahr zwar die Zeichen selbst gegenübergestellt und daraufhin beurteilt, ob sie übereinstimmen. Eine Ausnahme wird für den Fall der Ausdehnung des Geschäftsverkehrs eines Unternehmens in einem Mitgliedstaat der EU in den Bereich eines anderen gemacht. In einem solchen Fall ist auch zu berücksichtigen, ob aufgrund der Besonderheiten des Gemeinsamen Marktes eine Verwechslungsgefahr zwischen Kennzeichnungen von Unternehmen aus unterschiedlichen Mitgliedstaaten nicht bereits durch eindeutige, nicht übersehbare Zusätze über die Herkunft der Ware aus dem Unternehmen eines anderen Mitgliedstaates beseitigt werden kann (BGH GRUR 1985, 970 – Shamrock I).

**89** **(2) Der spezifische Gegenstand des Markenrechts als gemeinschaftsrechtliche Integration des nationalen Markenschutzes.** Die frühe Rechtsprechung des EuGH zur gemeinschaftsrechtlichen Stellung der nationalen Immaterialgüterrechte im Gemeinsamen Markt war beherrscht von der Unterscheidung zwischen dem *Bestand* und der *Ausübung* des Schutzrechts. Allein die Ausübung des Schutzrechts könne einer Beurteilung nach dem Gemeinschaftsrecht unterliegen, weil über den Bestand des Schutzrechts gegenwärtig noch die innerstaatliche Gesetzgebung entscheide. Zwar wurde die Formel vom Bestand und der Ausübung des Schutzrechts noch in der jüngeren Rechtsprechung des EuGH beibehalten, erfuhr gleichwohl im Laufe der Rechtsprechungsentwicklung einen Bedeutungswandel, der in einem untrennbaren Zusammenhang mit der Verlagerung der maßgebenden Rechtsgrundlage von den Wettbewerbsregeln auf die Vorschriften über den freien Warenverkehr steht (s. dazu *Hefermehl/Fezer*, in: Hefermehl/Ipsen/Schluep/Sieben, Nationaler Markenschutz, 1979, S. 65, 76).

**90** Erstmals umschrieb der EuGH in der Entscheidung *Deutsche Grammophon Gesellschaft* (EuGH, Rs. 78/70, Slg. 1971, 487, 497 = GRUR Int 1971, 450 – Deutsche Grammophon), die zum Schutz des gewerblichen und kommerziellen Eigentums nach Art. 36 EGV gerechtfertigten Verbote oder Beschränkungen des freien Warenverkehrs dahin, daß solche Beschränkungen der Freiheit des Handels nur erlaubt sind, soweit sie zur Wahrung der Rechte berechtigt sind, die den spezifischen Gegenstand dieses Eigentums ausmachen. Merkmal sämtlicher Entscheidungen des EuGH in der Folgezeit ist es, Teil- oder auch zunächst nur Mindestinhalte dessen aufzuzeigen, was unter gerechtfertigten, weil dem spezifischen Gegenstand des Schutzrechts dienenden Handelsschranken im freien Warenverkehr zu verstehen ist. In seiner grundlegenden Entscheidung *HAG II* (EuGH, Rs. C-10/89, Slg. 1990, I-3711 – HAG II) wird die Formel von Bestand und Ausübung des Schutzrechts nicht mehr verwendet. Es ist davon auszugehen, daß die Unterscheidung zwischen Bestand und Ausübung eines Immaterialgüterrechts damit endgültig aufgegeben und von der inhaltlichen Konkretisierung des spezifischen Gegenstands der Immaterialgüterrechte abgelöst worden ist.

Zur Präzisierung des spezifischen Gegenstands des nationalen Markenrechts ist nach wie vor grundlegend die Entscheidung *Terranova* (EuGH, Rs. 119/75, Slg. 1976, 1039 – Terranova/Terrapin) zur gemeinschaftsrechtlichen Erschöpfungslehre, auch wenn diese in der Entscheidung *HAG II* (EuGH, Rs. 10/89, Slg. 1990, I-3711 – HAG II) durch Abkehr von *HAG I* (EuGH, Rs. 192/73, Slg. 1974, 731 – HAG I) eine Einschränkung erfährt. Unter Rückgriff auf die Hauptfunktion der Marke, dem Verbraucher die Identität des Warenursprungs zu garantieren, rechtfertigt der EuGH den Vorrang der Warenverkehrsfreiheit dann, wenn der Markeninhaber die Einfuhr von Waren zu verhindern sucht, die auf dem Markt eines anderen Mitgliedstaates von ihm selbst oder mit seiner Zustimmung rechtmäßig in den Verkehr gebracht worden sind. Die Einzelheiten der Rechtsprechung zur gemeinschaftsrechtlichen Erschöpfung der nationalen Markenrechte sind an dieser Stelle nicht weiter auszuführen (s. § 24, Rn 73 ff.). Schon die Entscheidung *Terranova* (EuGH, Rs. 119/75, Slg. 1976, 1039, GRUR Int 1976, 402 – Terranova/Terrapin) machte deutlich, daß es dem EuGH allein darum geht, künstliche Marktabschottungen im Gemeinsamen Markt zu verhindern, nicht aber die zum Schutz der berechtigten Interessen der Markeninhaber mit dem nationalen Markenschutz verbundenen, wenngleich marktaufteilenden Ausschußwirkungen allgemein zu erfassen. In weiteren Urteilen wie den Entscheidungen *Hoffmann La Roche* (EuGH, Rs. 102/77, Slg. 1978, 1139, 1165 – Hoffmann-La Roche mit Anm. *Fezer*, GRUR 1978, 604), *Vibramyzin* (EuGH, Rs. 1/81, Slg. 1981, 2913 – Vibramyzin), *American Home Product* (EuGH, Rs. 3/78, Slg. 1978, 1823 – American Home Product, GRUR Int 1979, 99), *Clinique* (EuGH, Rs. C-315/92, Slg. 1994, I-317, 335 – Clinique), *MPA Pharma/Rhône-Poulenc Pharma* (EuGH, Rs. C-232/94, Slg. 1996, I-3671, GRUR Int 1996, 1151), *Eurim-Pharm/Beiersdorf* (EuGH, Rs. C-71/94, C-72/94, C-73/94, Slg. 1996, I-3603, GRUR Int 1996, 1150) und *Bristol-Myers Squibb/paranova* (EuGH, Rs. C-427/93, C-429/93, C-436/93, Slg. 1996, I-3514) konkretisierte der EuGH den spezifischen Gegenstand des Markenrechts, zu dem allgemein das dem Markeninhaber eingeräumte Recht gehöre, Dritten jede Benutzung seiner Marke zu untersagen, welche die Herkunftsgarantie der Marke, verstanden als Garantie der Ursprungsidentität und als Schutz der Verbraucher vor Herkunftstäuschungen, verfälschen könnte (s. zu den Funktionen der Marke in der Rechtsprechung des EuGH Einl, Rn 36 ff.).

Die getroffenen Konkretisierungen beschreiben spezifische Schutzrechtsinhalte, die nach Gemeinschaftsrecht gerechtfertigt sind, und damit Teilinhalte des nationalen Markenschutzes, dem insoweit Vorrang vor der Warenverkehrsfreiheit zukommt. Dieser Ausbildung des spezifischen Gegenstands des Markenrechts steht die Ausgrenzung der allein die Isolierung der nationalen Märkte vertiefenden Wirkungen der nationalen Markenrechte gegenüber. In Frage steht somit die gemeinschaftsrechtliche Abgrenzung zwischen dem Einsatz des Markenrechts als eines Instruments der Marktaufteilung zur Errichtung künstlicher Handelsschranken im Gemeinsamen Markt von den beim gegenwärtigen Stand des Gemeinschaftsrechts berechtigten Schutzinteressen des Markeninhabers an einer Marktabschottung. Allgemeiner wird man sagen können, daß zur Präzisierung des spezifischen Gegenstands der Immaterialgüterrechte auf die Rechtsgrundsätze der *Verhältnismäßigkeit* und *Erforderlichkeit* sowie des *Übermaßverbots* zurückgeführt werden kann. Der freie Warenverkehr darf nicht auf Kosten berechtigter Interessen der Markeninhaber, des Handels und der Verbraucher an einem redlichen und unverfälschten Wettbewerb durchgesetzt werden.

**(3) Die warenverkehrsrechtlichen Beschränkungen des Schutzinhalts der nationalen Markenrechte.** In bezug auf die Reichweite des nationalen Markenschutzes stellte sich für die Rechtsprechung des EuGH zum Warenverkehrsrecht unabhängig von den rechtsverbindlichen Vorgaben der MarkenRL für die nationalen Markenrechtsordnungen zunächst das Problem, ob der Schutzumfang des Markenrechts wie namentlich die Begriffe der Verwechslungsgefahr oder der Branchennähe im Firmenrecht ausschließlich nach den Rechtsordnungen der Mitgliedstaaten zu bestimmen sind, oder ob und inwieweit nicht Rechtsgrundsätze und Zielsetzungen des Gemeinschaftsrechts auch den Inhalt dieser für das Kennzeichenrecht zentralen Rechtsbegriffe beeinflussen sollten, auch wenn diese Begriffe grundsätzlich solche des nationalen Rechts und nicht des Gemeinschaftsrechts waren. In Frage standen damit die *gemeinschaftsrechtlichen Grenzen des Schutzumfangs* der nationalen Marken- und Firmenrechte.

94   Um Art und Grenzen gemeinschaftsrechtlicher Auswirkungen auf den Schutzumfang der nationalen Markenrechte nach Art. 36 S. 1 EGV zu bestimmen, war zunächst davon auszugehen, daß die Begriffe der Verwechslungsgefahr und Branchennähe neben anderen für den Schutzumfang der nationalen Markenrechte maßgebenden Grundsätze und Regeln *Begriffe der nationalen Markenrechtsverordnungen* waren. Die Mitgliedstaaten waren in erster Linie zuständig, Art und Umfang der Schutzgewährung im Bereich des gewerblichen kommerziellen Eigentums festzulegen. Dieser mitgliedstaatliche Regelungsvorbehalt unterlag aber einer *gemeinschaftsrechtlichen Legitimationskontrolle* nach Art. 36 S. 1 EGV, die dahin ging, den gemeinschaftskonformen Einsatz der gewerblichen Schutzrechte im Hinblick auf die Zielsetzung eines freien Warenverkehrs zu gewährleisten. Der nationale Markenschutz wird an seinen Auswirkungen auf den innergemeinschaftlichen Warenverkehr, die Ausübung der nationalen Markenrechte an dessen Erfordernissen gemessen. Die Präzisierung des spezifischen Gegenstands des Markenrechts bedeutet auch insoweit, Teilinhalte des Markenrechts hinsichtlich der Warenverkehrsfreiheit zu konkretisieren.

95   Bei diesem Vorgang einer rechtlichen Integration des nationalen Markenschutzes in das gemeinschaftsrechtliche Warenverkehrsrecht wird erheblich, wie das nationale Recht die Grenzen und Grundsätze festlegt, nach denen sich der Schutzumfang der Markenrechte bestimmt. Die nationalen Begriffsinhalte der Verwechslungsgefahr sowie der Branchennähe, aber auch Begriffe des Wettbewerbsrechts wie der Irreführungsgefahr werden in den gemeinschaftsrechtlichen Wertungsprozeß einbezogen. Im Rahmen der gebotenen Interessenabwägung ist die mitgliedstaatliche Regelungskompetenz ein festes und zu berücksichtigendes Datum, das rechtsinhaltliche Auswirkungen auf den nationalen Markenschutz zwar nicht ausschließt, aber in der Zielsetzung eindeutig begrenzt. Die Legitimationskontrolle über die Geltendmachung markenrechtlicher Befugnisse im innergemeinschaftlichen Warenverkehr kann sich rechtsinhaltlich auf den Schutzumfang der nationalen Markenrechte dahin auswirken, daß keine Grundsätze zur Beurteilung etwa der Verwechslungsgefahr und Warengleichartigkeit im nationalen Recht zur Anwendung kommen, die zu den nationaler Regelung vorbehaltenen Aufgaben und Funktionen des Markenschutzes keinen sachlichen Bezug aufweisen und sich als Beschränkung des freien Warenverkehrs auswirken. Dabei sind die Grundsätze der Erforderlichkeit und Verhältnismäßigkeit sowie das Übermaßverbot, die Grundlage einer inhaltlichen Konkretisierung des spezifischen Gegenstands der Immaterialgüterrechte sind, zu beachten. Solche *warenverkehrsspezifischen* Regeln verifizieren nicht den spezifischen Gegenstand des Markenrechts. Der Zuständigkeitsvorbehalt der Mitgliedstaaten zur souveränen Regelung des Markenschutzes sowie allgemein des Rechts des gewerblichen und kommerziellen Eigentums greift insofern nicht ein. Die Geltendmachung eines nationalen Markenrechts, dessen Schutzumfang von Grundsätzen warenverkehrsspezifischen Charakters mitbestimmt wird, trägt aber zur künstlichen Abschottung nationaler Teilmärkte im Gemeinsamen Markt bei und dient nicht dem notwendigen Schutz des Markenrechts.

96   So besteht in den nationalen Markenrechten der Mitgliedstaaten die Notwendigkeit, Überdehnungen des Markenschutzes, wie namentlich im Bereich der Verwechslungsgefahr, zurückzuführen. Nichts anderes gilt im Wettbewerbsrecht und dort vor allem für den Begriff der Irreführungsgefahr. Danach gilt: Die warenverkehrsspezifischen Grenzen der Verwechslungsgefahr als eines Begriffs des nationalen Markenrechts der Mitgliedstaaten, wenn man zum Verständnis der Rechtsprechung des EuGH zum Warenverkehrsrecht zunächst die verbindlichen Vorgaben der MarkenRL zum Markenschutz in den Mitgliedstaaten außer Betracht läßt, sind nach dem spezifischen Gegenstand des Markenrechts festzulegen. Allgemein bestimmt der *spezifische Gegenstand der Immaterialgüterrechte* die Reichweite der Immaterialgüterrechte im europäischen Binnenmarkt.

97   Grundlage der Rechtsprechung des EuGH zum Waren- und Dienstleistungsverkehrsrecht des EGV war die Nationalität des Markenschutzes. Mit der Verbindlichkeit der MarkenRL und der Notwendigkeit einer *richtlinienkonformen Auslegung* der nationalen Markenrechtsordnungen hat die Rechtsprechung des EuGH insoweit eine wesentliche Änderung erfahren. Die normativen Rechtsbegriffe der MarkenRL wie namentlich der Begriff der Verwechslungsgefahr stellen nicht länger nationale Rechtsbegriffe dar. Die Bestimmung des Schutz-

bereichs der nationalen Markenrechte ist *gemeinschaftsrechtlich* von den Vorgaben des Europäischen Unionsrechts bedingt. Die Rechtsprechung des EuGH zu den warenverkehrsrechtlichen Grenzen der nationalen Markenrechte als Teil des gewerblichen und kommerziellen Eigentums nach Art. 36 S. 1 EGV ist gleichwohl nach wie vor innerhalb der richtlinienkonformen Auslegung des nationalen Markenrechts von Bedeutung, da die MarkenRL im Lichte der Bestimmungen des Waren- und Dienstleistungsverkehrsrechts des EGV auszulegen ist (EuGH, Rs. C-47/90, Slg. 1992, I-3669, RIW 1992, 768 – Delhaize, Rn 26; EuGH, Rs. C-315/92, Slg. 1994, I-317, GRUR 1994, 303 – Clinique, Rn 31; EuGH, Rs. C-427/93, C-429/93, C-436/93, Slg. 1996, I-3457, GRUR Int 1996, 1144 – Bristol-Myers Squibb/Paranova, Rn 25; siehe im einzelnen § 24, Rn 59 f.). Die gemeinschaftsrechtlichen Schranken der Waren- und Dienstleistungsverkehrsfreiheit stellen wesentliche Beurteilungskriterien zur Bestimmung des Schutzumfangs der nationalen Markenrechte im Europäischen Unionsrecht dar. Angesprochen ist damit die weitere Frage, inwieweit die Rechtsprechung zu den gemeinschaftsrechtlichen Grenzen des nationalen Wettbewerbsrechts aus Gründen der Waren- und Dienstleistungsverkehrsfreiheit nunmehr auch für den nationalen Markenschutz von Bedeutung ist (s. Rn 98 ff.).

**(4) Die wettbewerbsrechtlichen Grenzen produktbezogener Vermarktungsregeln im nationalen Markenschutz.** In der Rechtsprechung des EuGH wurden die gemeinschaftsrechtlichen Grenzen der nationalen Markenrechte als Teil des gewerblichen und kommerziellen Eigentums ausschließlich nach Art. 36 S. 1 EGV bestimmt. Die gemeinschaftsrechtlichen Grenzen des nationalen Wettbewerbsrechts wurden demgegenüber ausschließlich nach dem Verbot der Maßnahmen gleicher Wirkung nach Art. 30 EGV beurteilt. Die strikte Trennung der gemeinschaftsrechtlichen Rechtsschranken nach Art. 30 und 36 EGV zur Bestimmung des nationalen Wettbewerbsrechts einerseits, der Immaterialgüterrechte andererseits wird im nationalen Markenschutz wegen der Rechtsverbindlichkeit der MarkenRL einer Auslegung der markenrechtlichen Begriffe als gemeinschaftsrechtliche Rechtsbegriffe nicht mehr gerecht. Namentlich die Rechtsprechung des EuGH zum wettbewerbsrechtlichen Irreführungsverbot muß inhaltlich auch für den Begriff der Verwechslungsgefahr und damit für den Schutzumfang der nationalen Markenrechte gelten (s. Rn 101). Das ist Ausdruck der Einheit des Wettbewerbs- und Markenrechts.

Der Kollisionstatbestand einer Markenrechtsverletzung wegen Verwechslungsgefahr nach § 14 Abs. 2 Nr. 2 darf sich nicht als eine verbotene Maßnahme gleicher Wirkung nach Art. 30 EGV darstellen. Nach der *Dassonville*-Formel des EuGH ist jede Handelsregelung der Mitgliedstaaten, die geeignet ist, den innergemeinschaftlichen Handel unmittelbar oder mittelbar, tatsächlich oder potentiell zu behindern, als eine Maßnahme gleicher Wirkung anzusehen (EuGH, Rs. 8/74, Slg. 1974, 837 ff. – Dassonville). Dieser extensiven Begriffsbestimmung liegt das Bestreben zugrunde, im Grundsatz umfassend alle Regelungen der Mitgliedstaaten zu erfassen, die sich im europäischen Binnenmarkt warenverkehrsbehindernd auswirken können. Der EuGH hat die Weite der *Dassonville*-Formel über seine *Cassis de Dijon*-Doktrin (EuGH, Rs. 120/78, Slg. 1979, 649 ff. – Cassis de Dijon) eingeschränkt, die dahin geht, daß es in Ermangelung einer gemeinschaftlichen Regelung der Herstellung und Vermarktung eines Erzeugnisses Sache der Mitgliedstaaten sei, alle die Herstellung und Vermarktung dieser Erzeugnisse betreffenden Vorschriften für ihr Hoheitsgebiet zu erlassen. Hemmnisse für den Binnenhandel der Gemeinschaft, die sich aus dem Unterschied der nationalen Regelungen über die Vermarktung dieser Erzeugnisse ergeben, müßten dann hingenommen werden, wenn diese Bestimmungen notwendig sind, um zwingenden Erfordernissen gerecht zu werden. Als solche zwingenden Erfordernisse anerkannte der EuGH beispielhaft die Erfordernisse einer wirksamen steuerlichen Kontrolle, des Schutzes der öffentlichen Gesundheit, der Lauterkeit des Handelsverkehrs und des Verbraucherschutzes sowie des Umweltschutzes.

Vergleichbare Erwägungen stellte der EuGH in seiner umfänglichen Rechtsprechung zum Rechtfertigungsgrund des gewerblichen und kommerziellen Eigentums nach Art. 36 S. 1 EGV auf (s. § 24, Rn 73 ff.). Seine Ausführungen zum spezifischen Gegenstand der Immaterialgüterrechte bedeuten nichts anderes als eine Spezifizierung der Rechtsgrundsätze der Verhältnismäßigkeit und Erforderlichkeit sowie des Übermaßverbots.

In seiner Entscheidung *Keck und Mithouard* (EuGH, Rs. C-267/91 und C-268/91, GRUR Int 1994, 56 f. – Keck und Mithouard) formuliert der EuGH eine weitere konkretisierende Restriktion der weiten *Dassonville*-Formel. Nach der *Keck*-Restriktion stellen nationale Vorschriften über *Verkaufsmodalitäten* dann keine Maßnahmen gleicher Wirkung dar, wenn zwei Bedingungen erfüllt sind. Zum einen muß die nationale Regelung der Verkaufsmodalität für alle betroffenen Wirtschaftsteilnehmer gelten, die ihre Tätigkeit im Inland ausüben. Zum anderen muß die Regelung der Verkaufsmodalitäten den Absatz der inländischen Erzeugnisse und Erzeugnisse aus anderen Mitgliedstaaten rechtlich wie tatsächlich in gleicher Weise berühren. Wenn diese beiden Voraussetzungen vorliegen, dann stellt die Regelung der Verkaufsmodalität keine verbotene Maßnahme gleicher Wirkung dar. Ist eine der beiden Voraussetzungen nicht gegeben, dann ist die Regelung der Verkaufsmodalität als eine Maßnahme gleicher Wirkung zu bewerten, die der Rechtfertigung im Sinne der *Cassis*-Doktrin bedarf. Die restriktive Anwendung der *Dassonville*-Formel durch die *Keck*-Restriktion gilt allerdings nicht für Vorschriften, die *Warenmodalitäten* regeln. Gegenstand solcher Vorschriften sind etwa die Bezeichnung, die Form, die Abmessung, das Gewicht, die Zusammensetzung, die Aufmachung, die Etikettierung und die Verpackung der Waren. Solche warenbezogenen Regelungen, die Warenmodalitäten betreffen, sind als solche Maßnahmen gleicher Wirkung im Sinne der *Dassonville*-Formel. Regelungen von Warenmodalitäten sind als Maßnahmen gleicher Wirkung nach Art. 30 EGV verboten, es sei denn, daß diese nationalen Bestimmungen notwendig sind, um zwingenden Erfordernissen gerecht zu werden.

**102** Regelungen über Markenkollisionen zum Schutz der Marke vor Verwechslungsgefahr betreffen die *Produktkennzeichnung* und sind als *Regelungen von Warenmodalitäten* zu beurteilen. Die nationalen Rechtssätze zur Verwechslungsgefahr sind gemeinschaftsrechtlich an dem Kriterium der zwingenden Erfordernisse im Sinne der *Cassis*-Doktrin zu messen. Eine richtlinienkonforme Auslegung des Begriffs der Verwechslungsgefahr in den nationalen Markenrechtsordnungen der Mitgliedstaaten gebietet, die Freiheit des Waren- und Dienstleistungsverkehrs des EGV als Vorgabe des nationalen Markenschutzes zu berücksichtigen und den Schutzumfang der nationalen Markenrechte an den gemeinschaftsrechtlichen Rechtsgrundsätzen der Verhältnismäßigkeit und Erforderlichkeit sowie des Übermaßverbots auszurichten. Auf diese Weise wird zudem eine einheitliche Rechtsanwendung der nationalen Markenrechtsordnungen in den Mitgliedstaaten mit dem Gemeinschaftsmarkenrecht erreicht.

### 4. Verwechslungsgefahr als normativer Rechtsbegriff eines beweglichen Systems

**103** **a) Bewegliches System wechselseitiger Beurteilungskriterien.** Die Verwechslungsgefahr ist ein *normativer* und nicht ein empirischer Rechtsbegriff in einem beweglichen System verschiedener Beurteilungskriterien. Als der zentrale Rechtsbegriff des gesamten Kennzeichenrechts (s. Rn 79 ff.) bestimmt er den Kernbereich des Schutzumfangs der Marken und sonstigen Kennzeichen. Nicht anders als das WZG enthält auch das MarkenG keine nähere Definition des Begriffs der Verwechslungsgefahr. Der Kollisionstatbestand des § 14 Abs. 2 Nr. 2 benennt allein die Identität oder Ähnlichkeit der Marken und Waren oder Dienstleistungen als die den Umfang der für das Publikum bestehenden Verwechslungsgefahr begrenzenden Merkmale. Nach der Rechtslage im WZG war die Ähnlichkeit der Marken dahin umschrieben, daß der Warenzeichenschutz weder durch die Verschiedenheit der Zeichenform der Bild- und Wortzeichen noch durch sonstige Abweichungen ausgeschlossen wurde, mit denen Zeichen, Wappen, Namen, Firmen und andere Kennzeichnungen von Waren wiedergegeben wurden, sofern trotz dieser Abweichungen die Gefahr einer Verwechslung im Verkehr vorlag (§ 31). Anders als das WZG, das die Gleichheit oder Gleichartigkeit der Waren oder Dienstleistungen (§ 5 Abs. 4 S. 1 WZG) als eine von der Verwechslungsgefahr unabhängige Voraussetzung des Warenzeichenschutzes verlangte, stellt das MarkenG auf die *Identität* oder *Ähnlichkeit* der Waren oder Dienstleistungen als auf die *Verwechslungsgefahr bezogene Schutzvoraussetzungen* ab (s. Rn 86). In Umsetzung der MarkenRL und abweichend vom WZG wird der Kollisionstatbestand der Verwechslungsgefahr in § 14 Abs. 2 Nr. 2 dahin näher konkretisiert, daß zur Gefahr von Verwechslungen auch die Gefahr gehört, daß das Kollisionszeichen mit der geschützten Marke *gedanklich in Verbindung gebracht* wird. Nach § 14 Abs. 2 Nr. 2 folgt die Gefahr von Verwechslungen für das

Publikum aus der Markenidentität oder Markenähnlichkeit und der Produktidentität oder Produktähnlichkeit einschließlich eines gedanklichen Inverbindungbringens der Kollisionsmarken. Die Identität oder Ähnlichkeit der Marken und Produkte bilden ein *bewegliches System sich wechselseitig bedingender Beurteilungskriterien,* aus dem der normative Rechtsbegriff der Verwechslungsgefahr abzuleiten ist (s. zur Verwechslungsgefahr im Recht der geschäftlichen Bezeichnungen nach § 15 Abs. 2 zur Wechselwirkung zwischen dem Grad der Ähnlichkeit der Bezeichnungen, ihrer Kennzeichnungskraft und dem Grad der Branchenverschiedenheit § 15, Rn 73). Der EuGH geht von der Rechtsauffassung aus, das Vorliegen einer Verwechslungsgefahr sei unter Berücksichtigung aller Umstände des Einzelfalls umfassend zu beurteilen (EuGH, Rs. C-251/95, Slg. 1997, I-6191, GRUR 1998, 387 – Sabèl/Puma; s. dazu *Fezer,* NJW 1998, 713). Er macht sich damit die Begründungserwägung des Richtlinienengebers zu eigen, das Vorliegen einer Verwechslungsgefahr hänge von einer Vielzahl von Umständen ab. Insbesondere seien zu berücksichtigen der *Bekanntheitsgrad* der Marke im Markt, die *gedankliche Verbindung,* die das benutzte oder eingetragene Zeichen zu ihr hervorrufen könne, sowie der *Grad der Ähnlichkeit* zwischen der Marke und dem Zeichen und zwischen den damit gekennzeichneten Waren oder Dienstleistungen.

b) **Funktionalität der Verwechslungsgefahr.** Nach dem gewöhnlichen Sprachge **104** brauch verwechselt, wer das eine für das andere hält. Im Falle einer Verwechslung liegt ein Irrtum über die Identität einer Person oder Sache vor. Zur Auslegung des Begriffs der Verwechslungsgefahr als eines Rechtsbegriffs kann nicht von diesem üblichen Wortsinn des Verwechselns ausgegangen werden. Zur Erfassung der rechtlichen Normativität der Verwechslungsgefahr kommt es auf den *Normzweck* einer *Ausdehnung des Markenschutzes* vom Identitätsschutz der Marke (§§ 9 Abs. 1 Nr. 1; 14 Abs. 2 Nr. 1) auf den Verwechslungsschutz der Marke (§§ 9 Abs. 1 Nr. 2; 14 Abs. 2 Nr. 2) an. Die Marke kann ihre Aufgabe, als produktidentifizierendes Unterscheidungszeichen Waren oder Dienstleistungen eines Unternehmens von denjenigen anderer Unternehmen zu unterscheiden, nicht sachgerecht erfüllen, wenn einem Dritten die Benutzung der Marke ohne Zustimmung des Markeninhabers nur im Identitätsbereich der Marke, nicht auch im Verwechslungsbereich der Marke untersagt wird. Die *rechtlichen Funktionen der Marke* sind die Bezugsgrößen einer am Normzweck orientierten Auslegung des Begriffs der Verwechslungsgefahr. Bei dem Begriff der Verwechslungsgefahr handelt es sich insoweit um einen *funktionalen Rechtsbegriff* (so schon *Baumbach/Hefermehl,* § 31 WZG, Rn 13, der Begriff der Verwechslungsgefahr sei von den rechtlich geschützten Funktionen und den tatsächlichen Wirkungen des Zeichens im Verkehr zu erfassen).

Folge des im MarkenG vollzogenen Paradigmenwechsels in den rechtserheblichen Mar **105** kenfunktionen (s. Einl, Rn 30 ff.) ist, daß die Verwechslungsgefahr als ein funktionaler Rechtsbegriff gegenüber der Rechtslage im WZG eine dem Funktionenwandel entsprechende Änderung erfährt. Anders als im WZG ist nach der Rechtslage im MarkenG die Marke nicht mehr nur herkunftshinweisendes, sondern nunmehr auch produktidentifizierendes Unterscheidungszeichen. Nach wie vor ist zwar auch im MarkenG die Herkunftsfunktion eine der wesentlichen der rechtlich geschützten und in der Regel von der Marke wahrgenommenen Funktionen. Das MarkenG gewährt der Marke aber einen über das WZG hinausgehenden Schutzumfang vor Verwechslungsgefahr, da das MarkenG nicht nur die Herkunftsfunktion als rechtserheblich anerkennt, sondern den Markenschutz auf alle ökonomischen Funktionen der nichtakzessorischen Marke ausdehnt, die der Marke als ein produktidentifizierendes Unterscheidungszeichen im Marktwettbewerb zukommen. Die Marke ist ein *Signalwort für ein Produkt* zur Kommunikation zwischen den Akteuren im Marktgeschehen. Die Marke *identifiziert* und *kommuniziert.* Der Verwechslungsschutz der Marke nach § 14 Abs. 2 Nr. 2 dient dem Schutz der Identifizierungsfunktion und Kommunikationsfunktion der Marke. Die Marke wird sowohl im Interesse des Markeninhabers als ein produktidentifizierendes Unterscheidungszeichen für Produkte als Unternehmensleistungen geschützt, als auch im Interesse der Verbraucher als ein Instrument der Kommunikation auf dem Markt. Die nichtakzessorische Marke ist nicht nur als Herkunftshinweis, sondern auch hinsichtlich ihres kommunikativen Aussagegehalts geschützt. Die Produktidentifikation nach dem MarkenG geht über die Produktherkunft hinaus, indem die Markenkommunikation Teil des Verwechslungsschutzes der Marke ist. Eine Markenrechtsver letzung nach § 14 Abs. 2 Nr. 2 ist eine *Störung der Produktidentifikation und Markenkommunikation* aufgrund einer Markenkollision im Identitätsbereich oder Ähnlichkeitsbereich der Marken und Waren oder Dienstleistungen. Das umschreibt die markenrechtliche Funktionalität der Verwechslungsgefahr. Verwechslungsschutz besteht hinsichtlich der *Herkunftsidentität* als auch hinsichtlich der *Produktidentität*.

106  c) **Eingeschränkte Fortgeltung und Erweiterung der Rechtsprechung zur Rechtslage im WZG.** In der höchstrichterlichen Rechtsprechung zur Rechtslage im WZG wurde der Begriff der Verwechslungsgefahr als ein ausfüllungsbedürftiger Maßstab verstanden. Aus dem Prinzip der Akzessorietät des Warenzeichens wurde ein auf den Schutz der Herkunftsfunktion der Marke begrenzter Markenschutz vor Verwechslungsgefahr abgeleitet. Die Aufgabe des Warenzeichens wurde allein dahin verstanden, es diene einem Unternehmen dazu, die von ihm auf dem Markt angebotene Ware als aus seinem Betrieb stammend zu individualisieren und ihm dadurch den Ertrag des Zeichens zuzuordnen, hinter dem seine Leistung stehe. Mit der verfassungsgerichtlichen Entscheidung, das Warenzeichen sei ein verfassungsrechtlich geschütztes Eigentumsrecht im Sinne des Art. 14 GG (BVerfGE 51, 193, 216 – Weinbergsrolle; s. Einl, Rn 22 ff.) und damit der Anerkennung des subjektiven Markenrechts als Verfassungseigentum verstärkte sich die Tendenz, über den Schutz der Herkunftsfunktion hinaus weitere ökonomische Funktionen der Marke in den Schutz vor Verwechslungsgefahr zu integrieren, ohne allerdings das Dogma von der Herkunftsfunktion als der allein rechtlich geschützten Markenfunktion aufzugeben (s. zu dieser Entwicklung *Baumbach/Hefermehl*, § 31 WZG, Rn 13). Unter Hinweis auf die verfassungsgerichtliche Erwägung, das Warenzeichen weise seinem Inhaber nicht nur die alleinige Verfügung über den Inhalt des Zeichens zu, sondern stelle auch ein wichtiges Instrument im Bereich einer wirtschaftlichen Betätigung und damit für den Bestand und die Erhaltung des betrieblichen Vermögens dar, wurde die Forderung eines entsprechenden Markenschutzes gegen Verwechslungsgefahr im Rahmen einer dem freien Wettbewerb dienenden Gesamtordnung erhoben. Der Schutz gegen Fehlzuordnung schließe den Schutz gegen eine Ausnutzung des Rufes und gegen eine Beeinträchtigung der Kennzeichnungs- und Werbekraft des Zeichens ein. Mit diesem Schutz des Zeicheninhabers korrespondiere der Schutz des Publikums. Zudem verlange die vermögensrechtliche Bedeutung des Warenzeichens für seinen Inhaber, daß bei der Feststellung des Schutzumfangs eines Zeichens nicht nur die tatsächliche Verwechselbarkeit der Zeichen, sondern auch die Schutzwürdigkeit des prioritätsälteren Zeichens zu berücksichtigen sei, die durch seine Kennzeichnungskraft, seinen Ruf und die Marktlage bestimmt werde.

107  Die dem System des WZG immanente Forderung nach einer Integration der ökonomischen Markenfunktionen in den Herkunftsschutz der Marke nach der Rechtslage im WZG wird im MarkenG gleichsam erfüllt. Der markenrechtliche Schutz der ökonomischen Funktionen der Marke im MarkenG ermöglicht, die Beurteilungskriterien zum Rechtsbegriff der Verwechslungsgefahr ohne deren künstliche Beschränkung auf einen weiten Herkunftsschutz offenzulegen. Die höchstrichterliche Rechtsprechung zum Begriff der Verwechslungsgefahr wird zum einen insoweit fortgelten, als sie der Marke als Herkunftskennzeichen Schutz gewährt, wenngleich die gemeinschaftsrechtlichen Grenzen der Waren- und Dienstleistungsverkehrsfreiheit des EGV sowie eine richtlinienkonforme Auslegung des MarkenG Schranken des nationalen Markenschutzes bilden und ausufernde Rechtssätze verbieten. Der Verwechslungsschutz der Marke nach § 14 Abs. 2 Nr. 2 bedarf zum anderen aber insoweit einer Erweiterung gegenüber der höchstrichterlichen Rechtsprechung nach der Rechtslage im WZG, als ein Verwechslungsschutz der Marke auf die allein rechtlich geschützte Herkunftsfunktion beschränkt wurde.

### 5. Verwechslungsgefahr als markenfunktionale Gefahr einer assoziativen Fehlzurechnung der Herkunftsidentität oder Produktidentität einschließlich eines gedanklichen Inverbindungbringens

108  a) **Wandel im Begriffsinhalt der Verwechslungsgefahr.** Im Kollisionstatbestand einer Markenrechtsverletzung wegen Verwechslungsgefahr nach § 14 Abs. 2 Nr. 2 kommt dem normativen Rechtsbegriff der Verwechslungsgefahr ein gegenüber der Rechtslage im WZG veränderter Inhalt zu. Die Gründe für den Wandel im Begriffsinhalt der Verwechs-

lungsgefahr sind namentlich ein Paradigmenwechsel in den rechtserheblichen Markenfunktionen, die Integration wettbewerbsrechtlicher Wertungen in den subjektivrechtlichen Markenschutz und die Rechtsverbindlichkeit des Europäischen Unionsrechts, wie insbesondere die Rechtsprechung des EuGH zum Waren- und Dienstleistungsverkehrsrecht des EGV, sowie das Gebot einer richtlinienkonformen Auslegung des nationalen Markenrechts. Im Vergleich zur Rechtslage im WZG wird der Verwechslungsschutz der Marke im MarkenG teils eine Erweiterung, teils eine Einschränkung erfahren (s. Rn 106 f.), auch wenn der Schutzumfang der Marke nach altem und neuem Recht im wesentlichen übereinstimmen wird, die Begründung des Verwechslungsschutzes allerdings der im MarkenG rechtserheblichen und vom WZG abweichenden Wertungen bedarf. Um ein Beispiel zu nennen: Die Kritik an den im WZG mit dem Begriff der Verwechslungsgefahr im weiteren Sinne umschriebenen Fallkonstellationen einer Irreführung des Verkehrs über Unternehmensverbindungen, es handle sich nicht um warenzeichenrechtliche, sondern um wettbewerbsrechtliche Tatbestände, trägt im MarkenG nicht mehr, das gerade die wettbewerbsrechtliche Komponente des Markenschutzes zu stärken bezweckt. Der Einbeziehung der Kollisionstatbestände einer Verwechslungsgefahr im weiteren Sinne in den Markenschutz genügt allerdings nicht mehr die schon nach der Rechtslage im WZG weithin gekünstelte Begründung auf der Basis eines überzogenen Schutzes der Herkunftsidentität. Der Markenschutz vor einer Irreführung über Unternehmensverbindungen bedarf einer Begründung aufgrund des Paradigmenwechsels der Markenfunktionen unter Einbeziehung gemeinschaftsrechtlicher Rechtsgrundsätze des Waren- und Dienstleistungsverkehrsrecht des EGV.

**b) Verwechslungsgefahr als Gefahr fehlsamer Verbraucherassoziationen.** Verwechslungsgefahr im Sinne des § 14 Abs. 2 Nr. 2 ist als die Gefahr einer fehlsamen Assoziation der Verbraucher als Folge der Markenkollision zu verstehen. Wer verwechselt, assoziiert falsch. Eine fehlsame Assoziation der Verbraucher ist markenrechtlich erheblich, wenn als deren Folge die Marke ihre Funktionen als produktidentifizierendes Unterscheidungszeichen auf dem Markt nicht sachgerecht erfüllen kann. Eine markenrechtliche Verwechslungsgefahr stellt aber nicht schon die reine Assoziationsgefahr der Verbraucher dar (s. dazu Rn 113 ff.). Funktionsstörungen der Marke sind das markenrechtliche Referenzmodell, an dem die *Verwechslungsgefahr als Gefahr fehlsamer Verbraucherassoziationen* aufgrund einer Markenkollision rechtlich zu bestimmen und zu beschreiben ist. Nach der Rechtslage im WZG wurde der Funktionsschutz der Marke auf den Rechtsschutz vor einer Störung der Herkunftsfunktion beschränkt. Die Begrenzung des Markenschutzes auf den Rechtsschutz vor einer Irreführung über die Unternehmensidentität im Sinne einer Verwechslungsgefahr im engeren Sinne wurde aber schon nach der Rechtslage im WZG dem Zweck der Marke, konfundierenden Wettbewerb durch die Benutzung ähnlicher Marken zu verhindern, nicht gerecht. Folge war eine Ausdehnung des Markenschutzes auf den Rechtsschutz vor einer Irreführung über Unternehmensverbindungen, der in der Sache zwar geboten war, aber in der Begründung über eine künstliche Ausdehnung des Schutzes der Herkunftsfunktion nicht zu überzeugen vermochte, da der wettberbliche Kontext dieser Fallkonstellationen argumentativ geradezu verdeckt wurde. Der im MarkenG vollzogene Paradigmenwechsel in den Markenfunktionen veranschaulicht die Einheit des Wettbewerbs- und Markenrechts, da der markenrechtliche Schutz der ökonomischen Funktionen der Marke den Wettbewerbsschutz der Marke im MarkenG verankert.

**c) Verwechslungsschutz vor Funktionsstörungen der Marke. aa) Herkunftsidentität und Produktidentität.** Funktionsstörungen der Marke als fehlsame Verbraucherassoziationen beziehen sich auf alle ökonomischen Funktionen der Marke, die im MarkenG geschützt werden (s. Einl, Rn 35). Grundlage des Verwechslungsschutzes der Marke ist die *Produktidentifikationsfunktion* der Marke. Diese kann sich sowohl auf die *Herkunftsidentität* als auch auf die *Produktidentität* beziehen. Markenrechtlich erheblich für den Verbraucher ist, daß der Markeninhaber durch die Verwendung der Marke die *Produktverantwortung* für das markierte Produkt übernimmt. Vor dem Hintergrund der traditionsreichen Geschichte des Markenrechts symbolisiert dieser Paradigmenwechsel den Weg von den Ursprüngen der Hausmarke als Herkunftskennzeichen zur modernen Produktmarke als Produktkennzeichen (s. zur Geschichte des Markenrechts Einl, Rn 1 ff.). Wenn in der Begründung zum MarkenG festgestellt wird, die Verwechslungsgefahr sei nicht auf die Herkunft der Waren- oder Dienstleistungen aus einem bestimmten Unternehmen bezogen, sie schließe vielmehr alle Fälle der Gefahr von Verwechslungen ein (Begründung zum MarkenG, BT-Drucks. 12/6581 vom 14. Januar 1994, S. 71), dann ist dem insoweit zuzustimmen, als eine fehlsame Verbraucherassoziation nicht eine Störung der Herkunftsfunktion der Marke voraussetzt, daß aber selbstverständlich eine Irreführung über die Unternehmensidentität eine der bedeutsamen Fallkonstellationen zur Begründung von Verwechslungsgefahr darstellt. Eine restriktive Auslegung des § 14 Abs. 2 Nr. 2 dahin, Voraussetzung des Verwechslungsschutzes sei eine in irgendeiner Weise bestehende Herkunftstäuschung (*Gloy*, FS für v. Gamm, S. 257; *Gloy*, FS für Rowedder, S. 77, 91), ist mit einem richtlinienkonformen Verständnis des Markenschutzes unvereinbar. Das MarkenG hat Kriterien einer nicht an das Vorliegen einer vermeidbaren Herkunftstäuschung gebundenen Funktionsstörung der Marke einschließlich auch einer Rufausbeutung und Rufbeeinträchtigung der Marke in den Verwechslungsschutz einbezogen.

111 Die Marke auf dem Markt kommuniziert mit dem Verbraucher. Die Marke erhält einen Kommunikationsgehalt, der sich sowohl auf das Produkt und die Produktmerkmale als dessen Eigenschaften als auch auf das Unternehmen des Markeninhabers beziehen kann. Markenkollisionen stören die Markenkommunikation. Der *Kommunikationsinhalt einer Marke* kommt in der Stärke der Marke als deren Kennzeichnungskraft zum Ausdruck. Der Verwechslungsschutz nach § 14 Abs. 2 Nr. 2 umfaßt auch den Schutz des Publikums vor einer *Fehlzurechnung von Produkteigenschaften*. Ausreichend ist eine Fehlvorstellung des Publikums aufgrund des Marken- und Produktimages dahin, die kollidierenden Marken identifizierten die verschiedenen Produkte als hinsichtlich der Produkteigenschaften zusammengehörend. Fehlvorstellungen des Publikums über die Zurechnung von Produkteigenschaften sind markenrechtlich erhebliche Verbraucherassoziationen, die einen Verwechslungsschutz der Marke rechtfertigen. Je kommunikativer eine Marke ist, desto mehr besteht die Gefahr produktbezogener Fehlzurechnungen des Publikums.

112 **bb) Interessenkreise.** Der Schutz der Marke als produktidentifizierendes Unterscheidungszeichen berührt namentlich drei Interessenkreise, die bei der Gesamtwürdigung einer Verwechslungsgefahr aufgrund einer Interessenabwägung zu berücksichtigen sind. Die Marke dient dem *Interesse des Markeninhabers,* seine Produkte auf dem Markt für das Publikum unterscheidbar zu machen. Der Markeninhaber legitimiert gleichsam seine Produkte, für die er die Produktverantwortung übernimmt; er kommuniziert durch die Marke mit dem Verbraucher über das Produkt. Die Marke dient dem *Interesse des Publikums,* das über die Marke das Produkt identifiziert und sich über den Kommunikationsgehalt der Marke informiert. Die Marke soll den Verbraucher informieren, nicht irreführen. Die Marke dient auch dem Interesse an der Funktionsfähigkeit eines *freien und unverfälschten Wettbewerbs* in einem Binnenmarkt mit Waren- und Dienstleistungsverkehrsfreiheit.

113 **d) Begriff des gedanklichen Inverbindungbringens.** Der Kollisionstatbestand einer Markenrechtsverletzung wegen Verwechslungsgefahr nach § 14 Abs. 2 Nr. 2 schließt die Gefahr ein, daß das Zeichen mit der Marke *gedanklich in Verbindung gebracht* wird.

113a **aa) Entstehungsgeschichtliche Kompromißformel.** Bei der Formulierung des gedanklichen Inverkehrbringens als Fallkonstellation bestehender Verwechslungsgefahr handelt es sich um eine Kompromißformel aus der Entstehungsgeschichte der MarkenRL (*Verkade*, GRUR Int 1992, 92, 96). Auf der einen Seite stand die Forderung, entsprechend dem Vorbild des Benelux-Warenzeichenrechts anstelle der Verwechslungsgefahr auf die Gefahr einer gedanklichen Verbindung unabhängig von einer Verwechslungsgefahr und damit auf eine bloße *Assoziationsgefahr* abzustellen. Auf der anderen Seite wurde die Forderung erhoben, an dem Begriff der Verwechslungsgefahr im traditionellen Sinne eines Schutzes vor einer *Irreführung über die Herkunftsidentität* festzuhalten. Aufgrund der unklaren Formulierung des Normtextes bestehen über die rechtliche Bedeutung des Begriffs eines gedanklichen Inverbindungbringens im internationalen Schrifttum unterschiedliche Auffassungen, die den Meinungsstreit in der Entstehungsgeschichte der MarkenRL widerspiegeln. Der Begriff des gedanklichen Inverbindungbringens wird teils als eine Erweiterung des Kollisionstatbestandes einer Verwechslungsgefahr verstanden, sei es in derem die Marke als ein betriebliches Herkunftskennzeichen definierenden, traditionellen Verständnis als Schutz vor einer Irreführung über die Herkunftsidentität, sei es als eigenständiger Kollisionstatbestand unabhängig vom

Bestehen einer Herkunftstäuschung; teils wird die Formulierung als eine Konkretisierung des Begriffs der Verwechslungsgefahr in einem multifunktionalen Sinne verstanden.

Die Ausdehnung des Markenschutzes vor Verwechslungsgefahr auf Kollisionstatbestände **113b** ohne Irreführung über die Herkunftsidentität im traditionellen Sinne ergibt sich schon aus einer an dem Funktionswandel der Marke im MarkenG ausgerichteten Auslegung des § 14 Abs. 2 Nr. 2. Der Formel von dem gedanklichen Inverbindungbringen kommt aus der Sicht des nationalen Markenrechts im Verständnis der Marke von einem betrieblichen Herkunftskennzeichen eine klarstellende Bedeutung dahin zu, daß das Vorliegen einer Herkunftstäuschung keine unabdingbare Voraussetzung des Verwechslungsschutzes der Marke darstellt. Aus der Sicht des Europäischen Unionsrechts kommt der Formulierung in der MarkenRL zwingend die sich aus deren Entstehungsgeschichte ergebende Bedeutung zu, daß in den nationalen Markenrechtsordnungen die *Anerkennung eines von einer Herkunftstäuschung unabhängigen Verwechslungsschutzes der Marke gemeinschaftsrechtlich geboten* ist.

Es ist deshalb auch nicht sachgerecht, den Verwechslungsschutz der Marke nach § 14 **113c** Abs. 2 Nr. 2 in die drei Kollisionstatbestände einer Verwechslungsgefahr im engeren Sinne, einer Verwechslungsgefahr im weiteren Sinne und einer assoziativen Verwechslungsgefahr zu untergliedern. Sowohl bei der Verwechslungsgefahr im engeren Sinne als auch bei der Verwechslungsgefahr im weiteren Sinne handelt es sich um die Gefahr einer assoziativen Fehlzurechnung durch das Publikum. *Verwechslungsgefahr ist Assoziationsgefahr,* deren Reichweite markenfunktional zu bestimmen ist. Verwechslungsgefahr im Sinne des § 14 Abs. 2 Nr. 2 ist die markenfunktionale Gefahr einer assoziativen Fehlzurechnung durch das Publikum. Verwechslungsgefahr ist daher nie eine fehlsamen Verbraucherassoziation.

**bb) Gedankliches Inverbindungbringen als Tatbestand der Verwechslungs- 113d gefahr.** Der Begriff der *Gefahr der gedanklichen Verbindung* stellt keine Alternative zum Begriff der Verwechslungsgefahr dar, sondern soll dessen Umfang genauer bestimmen (so in einer zutreffenden Wortlautauslegung des Art. 4 Abs. 1 lit b MarkenRL EuGH, Rs. C-251/95, Slg. 1997, I-6191, GRUR 1998, 387 – Sabèl/Puma; s. dazu *Fezer,* NJW 1998, 713; *Busche,* DZWir 1998, 363; *van Manen,* GRUR Int 1998, 471; *Annand,* GRUR Int 1998, 656; *Kur,* MarkenR 1999, 2; s. die Vorlageentscheidung BGH GRUR 1996, 198 – Springende Raubkatze; s. dazu auch High Court, Chancery Division GRUR Int 1996, 735 – WAGAMAMA, der in Auslegung des Sec. 10 (2) Trade Marks Act 1994 das Tatbestandsmerkmal der Gefahr einer gedanklichen Verbindung auf einen Irrtum über die Produktherkunft beschränkt und in kritischer Distanz zum Markenrecht als einem Monopolrecht und damit zur Ausschließlichkeitsfunktion des Markenrechts – ein neuer Mühlstein um den Hals der Handeltreibenden – den Markenschutz um die wettbewerbliche Dimension als den eigentlichen Fortschritt der Markenrechtsentwicklung der letzten Jahrzehnte in Europa verkürzt; s. dazu *Harris,* Trademark World 1995, 12; *Harris,* E.I.P.R. 1995, 601; *Albert,* GRUR Int 1996, 738; *Kamperman Sanders,* E.I.P.R. 1996, 3; s. zum Streitstand der vielfach differenzierten Stellungnahmen zum Tatbestandsmerkmal des gedanklichen Inverbindungbringens *Krüger,* GRUR 1995, 527; *Teplitzky,* GRUR 1996, 1; *Sack,* GRUR 1996, 663). Der Verwechslungsschutz ist daher nicht anwendbar, wenn für das Publikum keine Verwechslungsgefahr besteht. Dem Tatbestandsmerkmal eines gedanklichen Inverbindungbringens unterfällt damit nicht schon jegliche wie auch immer geartete gedankliche Assoziation (so schon BGH GRUR 1996, 200, 202 – Innovadiclophlont), da das Bestehen von Verwechslungsgefahr Tatbestandsvoraussetzung des Verwechslungsschutzes der Marke ist und diesen vom Bekanntheitsschutz der Marke nach § 14 Abs. 2 Nr. 3 abgrenzt (s. Rn 114f.). Indem der EuGH die Gefahr der gedanklichen Verbindung als eine Konkretisierung der Verwechslungsgefahr versteht und damit eine Abgrenzung zwischen dem Verwechslungsschutz und dem Bekanntheitsschutz der Marke vornimmt, entscheidet er noch nicht über die Reichweite des Verwechslungsschutzes als solchen. Da der EuGH nicht ausdrücklich über den funktionalen Bezug der Verwechslungsgefahr entschied, bleibt offen, ob der Verwechslungsschutz der Marke sich nur auf den Schutz der Herkunftsfunktion im traditionellen Sinne oder auch auf weitere Markenfunktionen, wie die Qualitätsfunktion zum Schutz der Produktidentität oder die Werbefunktion zum Schutz des Markenimages, bezieht. Entwicklungsgeschichte und Stand der Rechtsprechung des EuGH zum Markenschutz können als Beleg für ein Verständnis der Marke dienen, die Multifunktionalität des Verwechslungsschutzes der Marke anzuerkennen (s. dazu *Fezer,* NJW 1998, 713, 715f.; ähnlich

*Kur*, MarkenR 1999, 2, 8; s. dazu Einl Rn 39 ff.). Auf diese Weise wird ein Kompromiß in den unterschiedlichen Verständnisweisen vom Markenschutz in den Mitgliedstaaten der EU möglich, ohne daß eine funktionale Reduktion des Markenschutzes stattfindet.

114 **e) Abgrenzung zum Bekanntheitsschutz der Marke. aa) Relevanz der Rufausbeutung und Rufbeeinträchtigung.** In Abgrenzung zum Verwechslungsschutz der Marke nach § 14 Abs. 2 Nr. 2 besteht der Bekanntheitsschutz der Marke nach § 14 Abs. 2 Nr. 3 auch außerhalb des Bereichs ähnlicher Waren oder Dienstleistungen und zwar unabhängig vom Bestehen einer Verwechslungsgefahr. Fallkonstellationen der Rufausbeutung und Rufbeeinträchtigung bei bestehender Verwechslungsgefahr sind aber auch unter die Kollisionstatbestände des § 14 Abs. 2 Nr. 2 zu subsumieren, die nicht die Bekanntheit der Marke zur Voraussetzung haben. Die Abgrenzung ist an einem Beispiel zu erläutern: In der Entscheidung *Kräutermeister* gewährte der BGH der bekannten Marke *Jägermeister* für *Kräuterlikör* wettbewerbsrechtlichen Schutz nach § 1 UWG gegenüber der Kollisionsmarke *Kräutermeister* und verneinte das Vorliegen einer warenzeichenrechtlichen Verwechslungsgefahr im Sinne einer Herkunftstäuschung. Nach der Rechtslage im MarkenG ist die Fallkonstellation unter § 14 Abs. 2 Nr. 2 zu subsumieren, unabhängig davon, ob die geschützte Marke den nach § 14 Abs. 2 Nr. 3 erforderlichen Bekanntheitsgrad erreicht hat, weil die Markenkollision eine Störung der Produktidentifikation durch das Publikum verursacht. Bei der Benutzung der Kollisionsmarke *Kräutermeister* etwa für *Pflanzenschutzmittel* oder *Tierfutter* handelt es sich um eine Fallkonstellation des § 14 Abs. 2 Nr. 3, der außerhalb des Produktähnlichkeitsbereichs unabhängig vom Vorliegen von Verwechslungsgefahr einer bekannten Marke unter weiteren Voraussetzungen markenrechtlichen Schutz gewährt.

115 **bb) Kumulative Anwendung.** Die Tatbestände des Verwechslungsschutzes der Marke nach § 14 Abs. 2 Nr. 2 und des Bekanntheitsschutzes der Marke nach § 14 Abs. 2 Nr. 3 sind *kumulativ* nebeneinander anzuwenden (s. Rn 431 a). Diese Anspruchskonkurrenz ist eine Folge der Multifunktionalität der Marke (s. Einl Rn 39 ff.), des beweglichen Systems der Verwechslungsgefahr (s. Rn 103), der quantitativen und qualitativen Elemente einer bekannten Marke (s. Rn 419), sowie der vertikalen und horizontalen Wechselwirkung zwischen Markenbekanntheit und Produktähnlichkeit (s. Rn 333 ff.). Die Abgrenzung zwischen den Tatbeständen des Verwechslungsschutzes und des Bekanntheitsschutzes der Marke ist fließend. Die bekannte Marke ist innerhalb des Produktähnlichkeitsbereichs bei Vorliegen von Verwechslungsgefahr auch gegen Markenausbeutung und Markenverwässerung nach § 14 Abs. 2 Nr. 2 geschützt, ohne daß es auf das Vorliegen der weiteren Voraussetzungen des § 14 Abs. 2 Nr. 3 ankommen kann. Die bekannte Marke ist bei Vorliegen der weiteren Voraussetzungen des § 14 Abs. 2 Nr. 3 aber auch dann gegen Markenausbeutung und Markenverwässerung geschützt, wenn weder Verwechslungsgefahr noch Produktähnlichkeit bestehen. Der *Begriff der Produktähnlichkeit* stellt eine *Variable der Normzwecke* des Verwechslungsschutzes und des Bekanntheitsschutzes der Marke dar. Es besteht allerdings eine *absolute Grenze* der Ähnlichkeit von Waren und Dienstleistungen, bei deren Überschreiten nicht mehr vom Vorliegen von Produktähnlichkeit ausgegangen werden kann (s. dazu Rn 336 c; s. das Beispiel Rn 114).

116 **f) Markenrechtliche Verwechslungsgefahr und wettbewerbsrechtliches Irreführungsverbot.** Die Einheit von Wettbewerbs- und Markenrecht kommt auch in einem Vergleich des *wettbewerbsrechtlichen Irreführungsverbots* mit dem *Verwechslungsschutz der Marke* zum Ausdruck. Wettbewerbsrechtliche Irreführungsgefahr und markenrechtliche Verwechslungsgefahr sind normative Rechtsbegriffe, die rechtsmethodisch gleich zu behandeln sind. Die Richtlinie über irreführende Werbung sowie die Rechtsprechung des EuGH zur Anwendung des Warenverkehrsrechts auf Rechtssätze zur irreführenden Werbung verlangen, auch im nationalen Wettbewerbsrecht das wettbewerbsrechtliche Irreführungsverbot als ein normatives Modell des verständigen Verbrauchers im Europäischen Unionsrecht zu verstehen (s. zu dieser Entwicklung *Fezer*, WRP 1995, 671). Nicht anders als bei dem wettbewerbsrechtlichen Irreführungsverbot nicht mehr empirisch auf die tatsächliche Verkehrsauffassung, sondern normativ auf die berechtigten Erwartungen des Verbrauchers abzustellen ist, ist auch innerhalb der Interessenabwägung zur Feststellung des Vorliegens einer Verwechslungsgefahr normativ auf die *Verbrauchererwartungen eines verständigen Marktbürgers* abzustellen (s. Rn 123 ff., 126). Beim Verwechslungsschutz der Marke nach § 14 Abs. 2 Nr. 2

geht es um die berechtigten Erwartungen des Verbrauches in die Marke als einem produktidentifizierenden Unterscheidungszeichen (s. zur Normativität der Verbrauchererwartungen Rn 123 ff.).

### 6. Abstraktheit der Verwechslungsgefahr

Der Kollisionstatbestand einer Markenrechtsverletzung wegen Verwechslungsgefahr nach § 14 Abs. 2 Nr. 2 ist ein *abstrakter Gefährdungstatbestand*. Der Markenschutz ist nicht vom Vorliegen einer fehlsamen Verbraucherassoziation und damit einer tatsächlichen Irreführung des Publikums abhängig (so zur tatsächlichen Irreführung über die Produktherkunft BGH GRUR 1962, 647, 650 – Strumpf-Zentrale). Einer Feststellung, daß *tatsächliche Verwechslungen* im geschäftlichen Verkehr bereits eingetreten sind, bedarf es nicht. Es genügt das Vorliegen einer abstrakten Verwechslungsgefahr und damit die *Möglichkeit einer Irreführung* des Publikums (BGH GRUR 1958, 143, 146 – Schwardmann). Das Vorliegen realer Verwechslungsfälle ist zwar ein wichtiges *Indiz* für das Bestehen von Verwechslungsgefahr, auch wenn es noch keinen endgültigen Beweis darzustellen braucht (s. Rn 83). Eine nicht benutzte Marke ist während der fünfjährigen Benutzungsfrist im gesamten Geltungsbereich des MarkenG gegen Verwechslungsgefahr geschützt, obwohl für eine nicht benutzte Marke eine konkrete Gefahr der Verwechslung im geschäftlichen Verkehr nicht besteht.

### 7. Relative Ähnlichkeit statt absoluter Gleichartigkeit der Produkte

**a) Produktgleichartigkeit im WZG.** Nach der Rechtslage im WZG war das Vorliegen einer *absoluten* (abstrakten, statischen) *Gleichartigkeit* der Waren oder Dienstleistungen Voraussetzung der Verwechslungsgefahr. Produktgleichartigkeit und Verwechslungsgefahr waren die zwei Säulen, auf denen der Warenzeichenschutz beruhte (*Baumbach/Hefermehl*, Einl WZG, Rn 36). Die Gleichartigkeit der Waren oder Dienstleistungen wurde als die Grundvoraussetzung für das Bestehen einer zeichenrechtlich relevanten Verwechslungsgefahr und damit neben der Verwechslungsgefahr als eine statische Begrenzung des Schutzumfangs der Marke beurteilt (*Busse/Starck*, § 5 WZG, Rn 27). Es wurde als ein Gebot der Rechtssicherheit angesehen, die Produktgleichartigkeit nicht von dem Grad der Verwechslungsfähigkeit der Zeichen abhängig zu machen (BGHZ 19, 23, 26 – Magirus; BGH GRUR 1957, 125 – Troika; 1957, 287 – Plasticum-Männchen; 1958, 393 – Ankerzeichen; 1959, 25 – Triumph; 1963, 572 – Certo; 1968, 550 – Poropan). Ob bei einer Markenkollision Markenschutz bestand, war in zwei voneinander unabhängigen Schritten zu prüfen: Zum einen war die Produktgleichartigkeit zu untersuchen, und wenn deren Vorliegen zu bejahen war, war zum anderen das Bestehen von Verwechslungsgefahr festzustellen (BGH GRUR 1957, 287 – Plasticum-Männchen; 1969, 355 – Kim II). Erst wenn feststand, daß es sich bei den kollidierenden Produkten um gleiche oder gleichartige Waren oder Dienstleistungen handelte, bestand Raum für die Prüfung der Verwechslungsgefahr. Mit Inkrafttreten des MarkenG, das nicht mehr auf die Gleichartigkeit, sondern auf die Ähnlichkeit der Waren oder Dienstleistungen abstellt, hat sich diese Rechtslage des WZG grundlegend verändert.

**b) Produktähnlichkeit im MarkenG.** § 14 Abs. 2 Nr. 2 stellt wie § 9 Abs. 1 Nr. 2 in Übereinstimmung mit Art. 5 Abs. 1 lit. b sowie 4 Abs. 1 lit. b MarkenRL auf die *Ähnlichkeit* der Waren oder Dienstleistungen ab. Die Änderung des Gesetzeswortlauts von Gleichartigkeit zu Ähnlichkeit bedeutet nicht nur einen formalen Austausch der Begriffe, sondern eine *inhaltliche Rechtsänderung* des Verwechslungsschutzes der Marke, deren Folge eine Neubestimmung des Schutzbereichs der Marke ist (Begründung zum MarkenG, BT-Drucks. 12/6581 vom 14. Januar 1994, S. 72). Anders als bei der Produktgleichartigkeit des WZG handelt es sich bei der Produktähnlichkeit des MarkenG um einen *relativen* (dynamischen, konkreten) Rechtsbegriff. Der Begriff der Ähnlichkeit der Waren oder Dienstleistungen ist im MarkenG *im Hinblick auf die Verwechslungsgefahr auszulegen* (Erwägungsgründe MarkenRL, s. 3. Teil des Kommentars, II 1; Rn 86) und steht in einer *Wechselbeziehung zur Markenähnlichkeit* (BGH GRUR 1995, 216, 219 – Oxygenol II; 1999, 245 – LIBERO; MarkenR 1999, 93 – TIFFANY; EuGH, Rs. C-251/95, Slg. 1997, I-6191, GRUR 1998, 387 – Sabèl/Puma; EuGH, Rs. C-39/97, GRUR 1998, 922 – Canon). Die Auffassung des

BPatG, die Produktähnlichkeit sei nicht in Abhängigkeit vom Grad der Markenähnlichkeit verschieden und etwa bei Markenidentität besonders großzügig zu beurteilen, wird der Rechtslage im Markengesetz nicht gerecht, auch wenn das BPatG dem Markeninhalt Anhaltspunkte zur Bestimmung eines engeren oder weiteren Produktähnlichkeitsbereichs entnimmt (BPatGE 36, 37 – fontana Getränkemarkt). Der im MarkenG verwendete Begriff der Ähnlichkeit der Waren oder Dienstleistungen stellt gegenüber dem WZG einen neuen und *eigenständigen Rechtsbegriff* dar, der zugleich als ein gemeinschaftsrechtlicher Begriff des Europäischen Unionsrechts *richtlinienkonform* auszulegen ist.

**120** Die Rechtsänderung macht eine grundsätzliche und nicht nur formale oder oberflächliche Änderung der bisherigen Betrachtungsweise erforderlich (BGH GRUR 1995, 216, 219 – Oxygenol II). Zur Auslegung des Begriffs der Produktähnlichkeit kann grundsätzlich nicht auf den statischen Gleichartigkeitsbegriff des WZG zurückgegriffen werden (Begründung zum MarkenG, BT-Drucks. 12/6581 vom 14. Januar 1994, S. 72). Das wird indessen nicht ausschließen, für die Bestimmung des maßgeblichen Ähnlichkeitsgrads der Produkte teils auf vergleichbare Kriterien zurückzugreifen, wie sie bislang für die Bestimmung des Warengleichartigkeitsbereichs galten (BGH GRUR 1995, 216, 219 – Oxygenol II; 1997, 221, 222f. – Canon; 1999, 158 – GARIBALDI mit Anm. *v. Linstow*; 1998, 750, 751 – Bisotherm-Stein; 1999, 245 – LIBERO). Der Ähnlichkeitsbereich der Waren oder Dienstleistungen nach § 14 Abs. 2 Nr. 2 ist nur nach solchen *Produktkriterien* abzugrenzen, die *zur Begründung einer Verwechslungsgefahr rechtserheblich* sein können (ähnlich *Schweer*, Die erste Markenrechts-Richtlinie, S. 60). Der Bereich der Produktähnlichkeit ist anhand *verwechslungsrelevanter Ähnlichkeitskriterien* der Waren und Dienstleistungen richtlinienkonform zu bestimmen (BGH GRUR 1999, 158 – GARIBALDI; 1999, 245 – LIBERO; MarkenR 1999, 93 – TIFFANY; s. Rn 334a ff.). Dabei wird die bisherige Rechtsprechung zur Warengleichartigkeit im WZG als Ausgangs- und Anhaltspunkt herangezogen und verwertet werden können (so BPatGE 35, 47 – SONETT; 35, 26 – APISOL). Auch wenn die bisherige Rechtspraxis zum WZG im MarkenG in den ersten Jahren nach Inkrafttreten des MarkenG eine *Orientierungshilfe* darstellen und ihr eine *indizielle* Bedeutung zukommen wird, sind die Beurteilungskriterien im einzelnen am Normzweck des Verwechslungsschutzes der Marke nach dem MarkenG zu überprüfen (weitergehend BPatGE 35, 47 – SONETT; 35, 196 – Swing; 36, 8 – OKLAHOMA SOUND; 36, 37 – fontana Getränkemarkt; 36, 59 – ROBOMAT; BPatG BlPMZ 1997, 230 – SIGMA). Dies gilt vor allem im Hinblick auf den umfassenden Schutz der ökonomischen Funktionen der Marke im MarkenG. Der Gleichartigkeitsbegriff des WZG war maßgeblich aus der Herkunftsfunktion des Warenzeichens abgeleitet. Der Begriff der Produktähnlichkeit hat dem Paradigmenwechsel der Markenfunktionen im MarkenG Rechnung zu tragen (s. im einzelnen Rn 333 ff.).

### 8. Kennzeichnungskraft der Marke (Marktstärke)

**121** **a) Relation zwischen Bekanntheitsgrad und Schutzumfang der Marke.** Der gemeinschaftsrechtliche Begriff der Verwechslungsgefahr ist abhängig von dem Bekanntheitsgrad der Marke im Markt (Erwägungsgründe MarkenRL, s. 3. Teil des Kommentars, II 1). Der EuGH mißt deshalb zutreffend dem Bekanntheitsgrad der Marke im Markt eine entscheidende Bedeutung für die Beurteilung der Verwechslungsgefahr zu (EuGH, Rs. C-251/95, Slg. 1997, I-6191, GRUR 1998, 387 – Sabèl/Puma). Die Tradition des Kennzeichenrechts ist beherrscht von dem Grundsatz, es bestehe eine Relation zwischen der Kennzeichnungskraft eines Zeichens und der Reichweite des Kennzeichenschutzes vor Verwechslungsgefahr (s. Rn 271 ff.). Nach ständiger Rechtsprechung ist die Verwechslungsgefahr in weitem Umfange vom *Grad der Kennzeichnungskraft* des zu schützenden Zeichens abhängig (BGH GRUR 1952, 35, 36 – Widia/Ardia; 1965, 601, 604 – roter Punkt; 1989, 510, 513 – Teekanne II; BGHZ 113, 115, 125 – SL). So wie die Verwechslungsgefahr in wesentlichem Maße vom Schutzumfang des Kennzeichens, für das Schutz beansprucht wird, abhängig ist, so wird der Schutzumfang seinerseits maßgeblich durch die Kennzeichnungskraft des Kennzeichens bestimmt (BGH GRUR 1992, 110, 111 – dipa/dib).

**122** Der Schutzumfang einer Marke ist nicht allein von der konkreten Gestalt und Eigenart der Marke abhängig. Mit der Benutzung der Marke als eines produktidentifizierenden Unterscheidungszeichens auf dem Markt gewinnt die Marke an Stärke und Bekanntheit, die ihre Kennzeichnungskraft im Verkehr ausdrückt. Der Schutzumfang einer Marke verändert sich entsprechend der Benutzungslage im Verkehr. Die Kennzeichnungskraft einer Marke ist eine Variable ihres Bekanntheitsgrades. Die *Marktstärke einer Marke* ist Ausdruck der *Unternehmensleistung* des Markeninhabers. Die Kennzeichnungskraft einer Marke am Markt, die einen Kommunikationsinhalt, ein Produktimage und damit eine Werbeleistung verkörpert, stellt einen Barometer der unternehmerischen Leistung des Markeninhabers dar. Wenn der Bekanntheitsgrad der Marke im Markt steigt, dann erhöht sich ihre Kennzeichnungskraft und erweitert sich ihr Schutzumfang vor Verwechslungsgefahr.

**b) Normativität der Verbrauchererwartungen.** Die Historie des Begriffs der Verwechslungsgefahr im Markenrecht ist geprägt von einem Wandel in den Verständnisweisen, die ihren Ursprung bei der *Empirie der Verkehrsauffassung* nehmen und ihren Endpunkt bei der *Normativität einer Rechtswertung* im Europäischen Unionsrecht finden. Die Problematik spiegelt sich wider in der Fragestellung, ob es sich bei dem Begriff der Verwechslungsgefahr um eine Tatfrage oder um eine Rechtsfrage handelt (s. Rn 83 ff.). Wegmarken dieser Entwicklung sind die frühe reichsgerichtliche Rechtsprechung, in der die Verwechslungsgefahr als eine Tatfrage angesehen wurde, die jahrzehntelang herrschende Auffassung im Schrifttum zum WZG, in der die Verwechslungsgefahr überwiegend als ein Rechtsbegriff, durchsetzt mit tatsächlichen Elementen, verstanden wurde, sowie das Europäische Gemeinschaftsrecht, das von der Normativität der Verwechslungsgefahr als Rechtsbegriff ausgeht.

Vor diesem markenrechtsgeschichtlichen Hintergrund erklärt sich der Diskurs um die *Rechtserheblichkeit der Bekanntheit einer Marke* im Hinblick auf die Intensität einer Verwechslungsgefahr. Im Warenzeichenrecht bestand zwar im Ergebnis Einigkeit dahin, starke Marken verdienten einen weiterreichenden Schutz gegen Verwechslungsgefahr als schwache Marken, doch war die Begründung seit den Anfängen des Warenzeichenrechts umstritten (zur Unterscheidung zwischen normalen, schwachen und starken Marken s. im einzelnen Rn 282 ff.). *Hefermehl* prägte die Faustregel: Je stärker die Kennzeichnungskraft eines Zeichens wegen seiner Eigenart und Bekanntheit im Verkehr sei, desto größer, je schwächer seine Kennzeichnungskraft sei, desto kleiner sei sein Schutzbereich (*Baumbach/Hefermehl*, § 31 WZG, Rn 15; s. auch *Schramm*, GRUR 1950, 401; *Schluep*, Markenrecht, S. 17 ff.). Die Rechtsprechung ging davon aus, bei bekannten Marken von überdurchschnittlicher Kennzeichnungskraft achteten die Verbraucher weniger genau auf die Unterschiede zwischen den kollidierenden Zeichen, weshalb ein erhöhtes Verwechslungsrisiko bestehe (BGH GRUR 1952, 35 – Ardia/Widia; 1959, 182, 184 – Quick; 1982, 611 – Prodont; schon RG GRUR 1937, 461, 463 – Osram; 1940, 279 – Vitalis; 1940, 286, 288 – Müller/Lichtmüller; die österreichische Rechtsprechung macht es von den Umständen des Einzelfalls abhängig, ob ein höherer Bekanntheitsgrad die Verwechslunggefahr fördere oder verringere, s. ÖOGH ÖBl. 1983, 80, 82 – Bayer-Diskont). Die Bedenken gegen diesen Rechtssatz, mit der Bekanntheit einer Marke erhöhe sich auch die Verwechslungsgefahr, wurden mit dem schönen Beispiel aus der allgemeinen Lebenserfahrung belegt, ein Allerweltshut im Lokal werde leichter als ein eigentümlicher Hut verwechselt, und es wurde die Frage gestellt, weshalb dieser Rechtssatz nicht geradezu umgekehrt werden müsse (*Baumbach/Hefermehl*, § 31 WZG, Rn 15). Es wurde immer wieder als ein schwer bestreitbarer Erfahrungssatz bezeichnet, die Verwechslungsgefahr sei umso geringer, je bekannter eine Marke sei, da etwa durch langjährige Benutzung, umfänglichen Warenabsatz und intensive Markenwerbung eine Verfestigung des Erinnerungsbildes der Verbraucher eintrete und so das Publikum die bekannte Marke mit ähnlichen Zeichen schwerer verwechsle als eine weitgehend unbekannte Marke von geringerer Kennzeichnungskraft (OLG Düsseldorf MuW 1913, 259 – Palmona/Baumona; HansOLG Hamburg GRUR 1972, 185 – Roter Punkt). Aus der im Schrifttum vergleichbar vorgetragenen Kritik (s. schon frühzeitig *Reimer*, 3. Aufl., Kap. 14, Rn 24; *Reimer*, MuW 1930, 344, *Reimer*, GRUR 1931, 447, 458; *Köhler*, Verwechslungsgefahr, S. 153 ff.; *Köhler*, GRUR 1950, 117) an dem Rechtssatz, die Verwechslungsgefahr steige mit dem Bekanntheitsgrad der kollidierenden Marke, wurden auf unterschiedliche Weise rechtliche Folgerungen abgeleitet. Die einen hielten den Begriff der Verwechslungsgefahr zur Abgrenzung des Schutzumfangs einer Marke für ungeeignet und befürworteten statt dessen einen wettbewerbsrechtlichen Schutz bekannter Marken als eine Fallkonstellation der sittenwidrigen Anlehnung nach § 1 UWG (*Völp*, GRUR 1974, 754; *Tilmann*, GRUR 1977,

446, 454; *Tilmann,* GRUR 1980, 660, 664). Die anderen gaben dem Begriff der Verwechslungsgefahr einen von der Tradition des Warenzeichenrechts abweichenden, weniger empirischen, mehr normativen Rechtsinhalt unter Rückgriff auf den Schutzzweck des Warenzeichenrechts. Im Wege der Rechtsfortbildung sei der Markenschutz dahin zu verstehen, es handle sich nicht um einen Schutz der von der Verkehrsauffassung maßgeblich bestimmten Verwechslungsgefahr, sondern um einen Schutz der unternehmerischen Werbeleistung (*Kraft,* JZ 1969, 408; *Kraft,* Die Bedeutung der Verkehrsbekanntheit eines Warenzeichens in der Spruchpraxis des Patentamts zur Verwechslungsgefahr, 1977, 417; *Storkebaum/Kraft,* § 31 WZG, Rn 13 ff.; *Vierheilig,* Verkehrsauffassung, 1977, S. 84 ff.; 93 ff.; *Vierheilig,* GRUR Int 1982, 506, 509 f.). Es war zwar allgemein als widersinnig anerkannt, einer unbekannten und schwachen Marke einen weiteren Schutzumfang zu gewähren als einer bekannten und starken Marke. Gleichwohl wurde nach der Rechtslage im WZG eine Verlagerung der Problemlösung von einem Rückgriff auf die empirische Verkehrsauffassung auf die Normativität einer Rechtswertung als mit dem Rechtsbegriff der Verwechslungsgefahr für unvereinbar gehalten (*Baumbach/Hefermehl,* § 31 WZG, Rn 16). Der eigentliche Grund dieser restriktiven Auslegung des WZG gründete zum einen in den empirischen Wurzeln des traditionellen Begriffs der Verwechslungsgefahr, wie zum anderen in dem herkömmlich empirisch an der Verkehrsauffassung ausgerichteten Begriff der Irreführungsgefahr im Wettbewerbsrecht als Ausdruck der Einheit des Marken- und Wettbewerbsrechts.

**125** Im Europäischen Gemeinschaftsrecht ist der Disput um die Empirie oder Normativität der Irreführungsgefahr im Wettbewerbsrecht, sowie der Verwechslungsgefahr im Markenrecht überwunden. Die Verbindlichkeit sowohl der IrreführungsRL als auch der MarkenRL sowie der Rechtsprechung des EuGH zum Waren- und Dienstleistungsverkehrsrecht des EGV verlangen ein *normatives* Verständnis der Begriffe der Irreführungsgefahr im Wettbewerbsrecht sowie der Verwechslungsgefahr im Markenrecht (zum Zusammenhang zwischen wettbewerbsrechtlicher Irreführungsgefahr und markenrechtlicher Verwechslungsgefahr s. auch *Teplitzky,* GRUR 1996, 1, 5). Die Normativität der Verwechslungsgefahr als Rechtsbegriff kommt im MarkenG in der Formulierung des § 14 Abs. 2 Nr. 2 zum Ausdruck, die Verwechslungsgefahr schließe die Gefahr eines gedanklichen Inverbindungbringens der Marken ein (ähnlich *Eisenführ,* Mitt 1995, 22, 23; *Sack,* GRUR 1995, 81, 87). Wenn man die Verwechslungsgefahr als markenfunktionale Gefahr einer assoziativen Fehlzurechnung durch das Publikum versteht (s. Rn 108 ff.), dann erklärt sich, daß der Bekanntheitsgrad einer Marke im Markt die Assoziationsgefahr einer fehlsamen Markenzurechnung erhöht. Starke Marken sind einem höheren Risiko fehlsamer Verbraucherassoziationen ausgesetzt als schwache Marken. Starken Marken ist ein reicherer Kommunikationsgehalt eigen als schwachen Marken. In dieser normativen Erkenntnis liegt die Bedeutung des Tatbestandsmerkmals eines gedanklichen Inverkehrbringens im Verwechslungsschutz der Marke, der von einer Irreführung des Publikums über die Herkunftsidentität des Produkts unabhängig ist.

**126** Die Marke auf dem Markt ist ein Instrument der Kommunikation zwischen Markeninhaber und Verbraucher sowie ein Instrument der Information des Publikums. Nicht anders als beim wettbewerbsrechtlichen Irreführungsverbot handelt es sich bei dem markenrechtlichen Verwechslungsverbot nicht um einen empirischen Tatsachenbegriff, sondern um einen Begriff, der an der *Rolle des Verbrauchers im Marktwettbewerb* auszurichten ist (s. zum wettbewerbsrechtlichen Irreführungsverbot *Fezer,* WRP 1995, 671). Dem wettbewerbsrechtlichen Irreführungsverbot vergleichbar schützt der markenrechtliche Schutz vor Verwechslungsgefahr normativ die *berechtigten Erwartungen eines verständigen Verbrauchers* (so zum wettbewerbsrechtlichen Irreführungsverbot EuGH, Rs. C-470/93, Slg. 1995, I-1936, GRUR Int 1995, 804 f. – Mars) an der mit einer Marke verbundenen Kommunikation und Information über das Produkt (s. zum relevanten Verbraucherleitbild des Durchschnittsverbrauchers im Markenrecht *Fezer,* NJW 1998, 713, 715; aA *Kur,* MarkenR, 1998, 1, 5, die das relevante Verbraucherleitbild im Markenrecht mit dem Problem der Ernsthaftigkeit der Verwechslungsgefahr verbindet; s. zur *Ernsthaftigkeit* der Verwechslungsgefahr Rn 404 ff.). Nach der Rechtsansicht des EuGH kommt es für die umfassende Beurteilung der Verwechslungsgefahr entscheidend darauf an, wie die Marke auf den *Durchschnittsverbraucher* dieser Art von Waren oder Dienstleistungen wirkt (EuGH, Rs. C-251/95, Slg. 1997, I-6191, GRUR 1998, 387 – Sabèl/Puma, ohne zu entscheiden, ob es sich bei dem Durchschnittsverbraucher markenrechtlich um einen flüchtigen oder um einen verständigen Verbraucher handelt;

von den mutmaßlichen Erwartungen eines durchschnittlich informierten, aufmerksamen und verständigen Durchschnittsverbrauchers im Markenrecht geht auch Generalanwalt *Jacobs* aus, nach dem die Verwechslungsgefahr exakt begründet werden und echt sein muß, Schlußanträge in der Rechtssache Rs. C-342/97 vom 29. Oktober 1998 – Lloyd Schuhfabrik Meyer/Klijsen). In der zur Verwechslungsgefahr im Sinne von Art. 13 Abs. 2 lit. b Verordnung (EWG) Nr. 2333/92 ergangenen Entscheidung (s. § 8, Rn 325) stellt der EuGH zum einen darauf ab, ob die Verwendung der Marke tatsächlich geeignet ist, die angesprochenen Verbraucher irre zu führen und daher ihr wirtschaftliches Verhalten zu beeinflussen, und zum anderen wie ein durchschnittlich informierter, aufmerksamer und verständiger Durchschnittsverbraucher diese Angabe wahrscheinlich auffassen werde (EuGH, Rs. C-303/97, WRP 1999, 307 – Sektkellerei Kessler). In der *ALKA-SELTZER*-Entscheidung wendet sich der BGH bei der Beurteilung der Verwechslungsgefahr nach dem Gesamteindruck gegen das Leitbild des flüchtigen Verbrauchers, da der registerrechtliche Markenschutz nicht durch die Art der Verwendung des Zeichens durch den flüchtigen, d.h. durch den oberflächlichen und unaufmerksamen Verbraucher erweitert verstanden werden dürfe. Die für die Beurteilung der zeichenrechtlichen Verwechslungsgefahr maßgebende Sicht des Verkehrs beruhe nicht auf konkreten Gebrauchsgewohnheiten des flüchtigen Verkehrs im Einzelfall, sondern auf *Erfahrungssätzen,* welche Elemente aus einer Gesamtbezeichnung aufgrund der gesamten Gestaltung des Zeichens, des Schriftbildes oder auch der Sprachgewohnheiten hervortreten (BGH WRP 1998, 990, 992 – ALKA-SELTZER).

**c) Kennzeichnungskraft der Marke im Verhältnis zum Bekanntheitsschutz der Marke nach § 14 Abs. 2 Nr. 3.** Der Bekanntheitsschutz der Marke nach § 14 Abs. 2 Nr. 3 besteht nach dem Wortlaut der Vorschrift außerhalb des Produktähnlichkeitsbereichs (zum Anwendungsbereich innerhalb des Produktähnlichkeitsbereichs s. Rn 431ff.). Innerhalb des Verwechslungsschutzes der Marke nach § 14 Abs. 2 Nr. 2 ist die Rechtserheblichkeit der Kennzeichnungskraft einer Marke Ausdruck ihres Bekanntheitsgrades im Verkehr. Der Begriff der Verwechslungsgefahr einer Marke ist ein normativer Rechtsbegriff in einem beweglichen System wechselseitiger Beurteilungskriterien. Die Marktstärke einer Marke ist ein als Unternehmensleistung geschütztes Kriterium im Verwechslungsschutz der Marke. Folge ist die Unterscheidung zwischen normalen, schwachen und starken Marken mit einem dementsprechend normalen, geringen oder erweiterten Schutzumfang (s. Rn 282ff.). Der Übergang des Verwechslungsschutzes der Marke zum Bekanntheitsschutz der Marke ist *fließend* und bestimmt sich nach dem erforderlichen Bekanntheitsgrad einer im Inland bekannten Marke im Sinne des § 14 Abs. 2 Nr. 3. Die Bekanntheit einer Marke im Sinne des § 14 Abs. 2 Nr. 3 ersetzt das Kriterium der Produktähnlichkeit zur Beurteilung der Verwechslungsgefahr im Sinne des § 14 Abs. 2 Nr. 2.

### 9. Fallkonstellationen der Verwechslungsgefahr

**a) Einheitliche Rechtswertung.** Der Verwechslungsschutz der Marke nach § 14 Abs. 2 Nr. 2 besteht, wenn wegen der Identität oder Ähnlichkeit des Zeichens mit der Marke und der Identität oder Ähnlichkeit der durch die Marke und das Zeichen erfaßten Waren oder Dienstleistungen für das Publikum die Gefahr von Verwechslungen besteht. Die Vorschrift umschreibt *drei Fallkonstellationen,* wegen deren Verwechslungsgefahr bestehen kann: Identität des Zeichens mit der Marke und Ähnlichkeit der Waren oder Dienstleistungen (*Markenidentität* und *Produktähnlichkeit*), Ähnlichkeit des Zeichens mit der Marke und Identität der Waren oder Dienstleistungen (*Markenähnlichkeit* und *Produktidentität*) sowie Ähnlichkeit des Zeichens mit der Marke und Ähnlichkeit der Waren oder Dienstleistungen (*Markenähnlichkeit* und *Produktähnlichkeit*). Die Fallkonstellation einer Identität des Zeichens mit der Marke und der Identität der Waren oder Dienstleistungen (*Markenidentität* und *Produktidentität*) wird schon vom Identitätsschutz der Marke nach § 14 Abs. 2 Nr. 1 erfaßt, der das Vorliegen von Verwechslungsgefahr nicht voraussetzt (s. Rn 74).

Die Begriffe der Identität und Ähnlichkeit der Marken und Produkte sind in bezug auf die Begründung von Verwechslungsgefahr auszulegen. Zwischen den Begriffen besteht eine *Wechselwirkung* hinsichtlich des rechtserheblichen Ähnlichkeitsgrades. Die Kausalität zur Begründung von Verwechslungsgefahr beruht auf der *Gesamtwirkung* der identischen oder ähnlichen Marken und Produkte. Die Gesamtwirkung ist nicht empirisch nach der Verkehrsauffassung, sondern normativ nach den berechtigten Verbrauchererwartungen zu bestimmen (s. Rn 123 ff.). Anders als nach der Rechtslage im WZG, nach der die absolute Produktgleichartigkeit und die relative Verwechslungsgefahr in zwei voneinander unabhängigen Prüfungsschritten festzustellen war, bedarf es nach der Rechtslage im MarkenG einer *einheitlichen Rechtswertung* zur Feststellung der Verwechslungsgefahr.

**130** **b) Irrtum über die Produktverantwortung des Markeninhabers.** Verwechslungsgefahr besteht, wenn das Publikum der Gefahr einer assoziativen Fehlzurechnung des markierten Produkts an den Markeninhaber unterliegt. Da eine rechtserhebliche Verwechslungsgefahr nicht das Vorliegen einer Irreführung über die Herkunftsidentität des Produkts voraussetzt, sondern ein Irrtum über die Produktidentität ausreichend ist, kommt es allein auf die Assoziationsgefahr eines Irrtums über die Produktverantwortung des Markeninhabers an. Eine rechtserhebliche Störung der Identifizierungsfunktion einschließlich der Kommunikationsfunktion der Marke ist der rechtliche Auslöser des Markenschutzes vor Verwechslungsgefahr (s. Einl, Rn 39 ff., 41). Im Anschluß an die *Canon*-Entscheidung des EuGH (EuGH, Rs. C-36/97, GRUR 1998, 922 – Canon) geht der BGH seit der *TIFFANY*-Entscheidung zur inhaltlichen Konkretisierung der Produktähnlichkeit davon aus, für die Ähnlichkeit von Waren sei *nicht die Feststellung gleicher Herkunftsstätten entscheidend,* sondern die Erwartung des Verkehrs von einer *Verantwortlichkeit desselben Unternehmens für die Qualität der Waren* (BGH MarkenR 1999, 93 – TIFFANY).

**131** Anders war nach der Rechtslage im WZG die Verwechslungsgefahr auf eine Irreführung des Verkehrs über die betriebliche Herkunft des Produkts bezogen. Aus dieser Reduktion des Verwechslungsschutzes der Marke auf den Produktherkunftsschutz ergab sich die Unterscheidung zwischen einer Irreführung über die Unternehmensidentität zum einen, sowie einer Irreführung über Unternehmensverbindungen zum anderen. Aus dieser herkunftsfunktionalen Zweiteilung des Verwechslungsschutzes folgten bestimmte Arten der Verwechslungsgefahr im WZG (s. Rn 132 ff.). Die nach der Rechtslage im WZG zu unterscheidenden Arten der Verwechslungsgefahr können zwar unmittelbar und unbesehen auf den Verwechslungsschutz der Marke nach § 14 Abs. 2 Nr. 2 übertragen werden. Innerhalb der gemeinschaftsrechtlichen Grenzen des Europäischen Unionsrechts gelten diese Arten der Verwechslungsgefahr nach der Rechtslage im MarkenG aber insoweit, als sie den drei Fallkonstellationen der Verwechslungsgefahr nach § 14 Abs. 2 Nr. 2 (s. Rn 128) unterfallen.

**132** **c) Arten der Verwechslungsgefahr im WZG im Vergleich zum MarkenG.** Die Rechtsprechung des EuGH zur Verwechslungsgefahr (EuGH, Rs. C-251/95, Slg. 1997, I-6191, GRUR 1998, 387 – Sabèl/Puma; s. dazu *Fezer,* NJW 1998, 713; *Kur,* MarkenR 1999, 2; s. auch ; EuGH, Rs. C-39/97, GRUR 1998, 922 – Canon; s. dazu *Fezer,* WRP 1998, 1123) ist dahin zu verstehen, daß sowohl die Fallkonstellationen einer *unmittelbaren und mittelbaren Verwechslungsgefahr* als auch die Fallkonstellationen einer *Verwechslungsgefahr im engeren und weiteren Sinne* von Verwechslungsgefahr der Marke erfaßt werden. Der in der deutschen Rechtsprechung anerkannte Tatbestand einer *mittelbaren Verwechslungsgefahr im weiteren Sinne,* dessen Begründung hinsichtlich des Markenschutzes auf die Herkunftsfunktion teilweise als gekünstelt erscheinen mußte, erhält eine sachgerechte Begründung, wenn man der Marktgeltung einer Marke innerhalb des Verwechslungsschutzes Rechtserheblichkeit zuerkennt.

**132a** **aa) Irreführung über die Unternehmensidentität und über Unternehmenszusammenhänge. (1) Irreführung über die Unternehmensidentität als Produktidentitätsirrtum.** Nach der Rechtslage im WZG folgte aus dem herkunftsfunktionalen Verständnis der Verwechslungsgefahr die Zweiteilung der Verwechslungsgefahr der Marke in eine Irreführung über die *Unternehmensidentität* zum einen, sowie eine Irreführung über *Unternehmenszusammenhänge* zum anderen (*Baumbach/Hefermehl,* § 31 WZG, Rn 13 ff.). Der Warenzeichenschutz, dessen statische Grundvoraussetzung die Produktgleichartigkeit war, folgte aus einer Beurteilung der kollidierenden Zeichen hinsichtlich des Bestehens von Verwechslungsgefahr. Die Produktähnlichkeit als eine Voraussetzung der Verwechslungsgefahr im MarkenG wurde nach der Rechtslage im WZG zur Bestimmung der Verwechslungsgefahr zwar nicht grundsätzlich berücksichtigt, allerdings war auch schon in der Rechtsprechung zum WZG, wenn auch nur innerhalb der Grenzen der Produktgleichartigkeit (BGHZ 50, 77 – Poropan) eine bestimmte Wechselwirkung zwischen der Ähnlichkeit der Marken und Produkte anerkannt. Im Vordergrund der Prüfung, ob Verwechslungsgefahr gegeben war, stand im WZG aber allein die Beurteilung der Zeichenübereinstimmung. Die Reduktion des Warenzeichenschutzes auf den Schutz der Herkunftsidentität der Marke führte folgerichtig dazu, den Verwechslungsschutz der Marke an einer Irreführung über die Unternehmensidentität und über Unternehmenszusammenhänge auszurichten. Eine Irreführung über die Unternehmensidentität wurde nicht nur im Falle einer Zeichenverwechslung als scheinbarer Zeichenübereinstimmung angenommen. Ausreichend war eine Unternehmensverwechslung, wenn der Verbraucher die Zeichen als solche in Anbetracht ihrer Unterschiede zwar nicht miteinander verwechselte, jedoch aufgrund der Ähnlichkeit der Zeichen die Unternehmen in dem Sinne verwechselte, als er auf die Herkunftsidentität der Zeichen schloß. Schon nach der Rechtslage im WZG wurde allerdings richtig erkannt, daß Voraussetzung einer Verwechslung der Unternehmen entweder das Vorliegen eines Firmenzeichens oder die Kenntnis der Verbraucher von den konkreten Unternehmen war. Bei den überwiegend sich auf dem Markt befindlichen *Produktmarken* wurde der Irrtum über die Unternehmensidentität dahin verstanden, der Verbraucher nehme an, die ähnlich markierten Produkte verschiedener Unternehmen seien hinsichtlich ihrer betrieblichen Herkunft identisch. Aus Sinn und Zweck des Warenzeichens wurde abgeleitet, daß bei einer Irreführung des Verkehrs, die sich auf die Unternehmensidentität beziehe, Schutz gegen Verwechslungsgefahr der Marke bedeute: Schutz gegen eine Irreführung des Verkehrs über die betriebliche Herkunft der Ware durch Gebrauch eines Zeichens, das dem Zeichen eines prioritätsälteren Inhabers in gewisser Beziehung ähnle, ohne daß eine Zeichenverwechslung vorzuliegen brauche, und das für gleiche oder gleichartige Waren angemeldet, eingetragen oder benutzt werde wie das verletzte Zeichen.

Schon nach der Rechtslage im WZG handelte es sich weniger um eine Irreführung über **133** die Unternehmensidentität als vielmehr um eine Irreführung über die Produktidentität. Nach der Rechtslage im MarkenG wird wegen der Nichtakzessorietät der Marke die Rechtserheblichkeit des Irrtums über die Produktidentität im Verwechslungsschutz der Marke deutlicher erkennbar. In den Fallkonstellationen einer Irreführung über die Unternehmensidentität nach der Rechtslage im WZG handelt es sich nach der Rechtslage im MarkenG um einen Irrtum über die Produktidentität. Bei diesem Produktirrtum handelt es sich um eine *Fehlzurechnung des Produkts hinsichtlich der Produktverantwortung des Markeninhabers* durch das Publikum. Ein solches Verständnis des Produktirrtums als eine Fallgestaltung des Verwechslungsschutzes der Marke wird der Realität der ökonomischen Funktionen der Marke auf dem Markt gerechter als die Annahme einer Irreführung über die Unternehmensidentität. Die Rechtslage nach dem MarkenG erfährt gegenüber der Rechtslage nach dem WZG allerdings insoweit der Sache nach keine Änderung, als die Fallgestaltungen einer Irreführung über die Unternehmensidentität unter den Verwechslungsschutz der Marke nach § 14 Abs. 2 Nr. 2 als eine *Fallgestaltung des Irrtums über die Produktidentität* zu subsumieren sind. Der Verkehr irrt über die Produktverantwortung des Markeninhabers für das ihm fehlsam zugerechnete Produkt.

**(2) Reichweite einer Irreführung über Unternehmenszusammenhänge.** Auch **134** wenn eine unmittelbare Zeichenverwechslung oder eine Unternehmensverwechslung im Sinne einer Irreführung über die Unternehmensidentität nicht vorlag, wurde nach der Rechtslage im WZG Warenzeichenschutz vor Verwechslungsgefahr dann angenommen, wenn Folge der Markenkollision eine *Irreführung über Unternehmenszusammenhänge* war. Als eine Irreführung über solche Unternehmensverbindungen wurde die aus der Kollision der ähnlichen Zeichen abgeleitete Annahme des Verkehrs verstanden, zwischen den Unternehmen bestünden irgendwelche *geschäftlichen, wirtschaftlichen* oder *organisatorischen* Beziehungen (BGH GRUR 1957, 281, 283 – Karo-As; 1964, 71, 74 – Personifizierte Kaffeekanne). Der Verwechslungsschutz des Warenzeichens wurde von dem Irrtum über die Identität des Unternehmens des Markeninhabers erweitert auf den Irrtum über Unternehmensverbindungen des Markeninhabers mit dem Unternehmen des die kollidierende Marke benutzenden Dritten. Abgesehen von der Berechtigung und Reichweite eines solchen Verwechslungsschutzes wegen einer Irreführung über Unternehmensverbindungen war für die Rechtslage im WZG kennzeichnend, daß argumentativ die Notwendigkeit bestand, die Ausdehnung des Markenschutzes funktional aus dem Schutz der Herkunftsfunktion des Warenzeichens abzuleiten. In Verbindung mit der Beurteilung der Verwechslungsgefahr anhand der Verkehrsauffassung, für die schon ein nicht unerheblicher Teil der Verkehrskreise als maßgebend und rechtserheblich erachtet wurde, erschien eine Ausdehnung des Warenzeichenschutzes, auch wenn dieser der Sache nach in bestimmten Grenzen berechtigt war, im Begründungszusammenhang eines Irrtums über organisatorische Unternehmensverbindungen als wenig überzeugend. Es nimmt deshalb nicht wunder, daß schon frühzeitig (*Kirchberger*, JW 1932, 1902; *Schramm*, GRUR 1950, 397, 402) Kritik dahin erhoben wurde, es handele sich bei der Ausdehnung des Warenzeichenschutzes nicht um einen zeichenrechtlichen, sondern um einen wettbewerbsrechtlichen Tatbestand, der allenfalls Ansprüche aus einer Verletzung geschäftlicher Bezeichnungen nach § 16 UWG aF, sowie des ergänzenden Wettbewerbsschutzes nach § 1 UWG rechtfertige. Die Legitimität einer Ausdehnung des warenzeichenrechtlichen Verwechslungsschutzes über den Unternehmensidentitätsirrtum hinaus begründete *Hefermehl* demgegenüber richtig mit einem Hinweis auf den Grundsatz von der Einheit des Wettbewerbs- und Warenzeichenrechts, nach dem das Zeichenrecht nur ein Teilgebiet des allgemeinen Wettbewerbsrechts darstellt. Die Verhinderung einer Konfusionsgefahr für das Publikum und damit die Abwehr konfundierenden Wettbewerbs durch Markenkollisionen sei eine Aufgabe des Warenzeichenrechts, ohne daß unlauterer Wettbewerb im Sinne des § 1 UWG vorzuliegen brauche. Einschränkend wurde diese Ausdehnung des Verwechslungsschutzes der Marke allerdings im Grundsatz auf Firmenzeichen beschränkt (*Baumbach/Hefermehl*, § 31 WZG, Rn 14).

**135**  Die Verstärkung des Markenschutzes im MarkenG trägt dieser Entwicklungsgeschichte des Warenzeichenrechts Rechnung. Die Nichtakzessorietät der Marke, der Rechtsschutz der ökonomischen Markenfunktionen, die Integration des Wettbewerbsrechts in den Markenschutz sowie der Verwechslungsschutz vor einem gedanklichen Inverbindungbringen bei Markenkollisionen bedeutet im Grundsatz eine Normierung des Markenschutzes bei Fallkonstellationen einer Irreführung über Unternehmensverbindungen. Nach der Rechtslage im MarkenG ist aber zur Begründung des Verwechslungsschutzes der Marke nicht der Rückgriff auf einen Irrtum über organisatorische Unternehmensverbindungen rechtserheblich. Entscheidend ist vielmehr, ob aufgrund der Bekanntheit der Marke im Markt sowie der Produktähnlichkeit das Publikum der *Gefahr eines Produktidentitätsirrtums* unterliegt. Es kommt darauf an, ob der Verkehr als Folge der Markenkollision dem Markeninhaber die *Produktverantwortung für das markierte Produkt* zurechnet. Die Rechtsprechung zum Verwechslungsschutz eines Warenzeichens vor einer Irreführung über Unternehmenszusammenhänge nach dem WZG gilt nach der Rechtslage im MarkenG insoweit fort, als unter Beachtung der gemeinschaftsrechtlichen Grenzen des Markenschutzes (s. Rn 85 ff.) ein rechtserheblicher Produktidentitätsirrtum im Sinne eines Irrtums über die Produktverantwortung des Markeninhabers vorliegt.

**136**  **bb) Verwechslungsgefahr im engeren und im weiteren Sinne. (1) Engere Verwechslungsgefahr.** Nach der Rechtslage im WZG bestand *Verwechslungsgefahr im engeren Sinne*, wenn bei einer Markenkollision der Verkehr einer *Irreführung über die Unternehmensidentität* (s. Rn 132) unterlag. Die beteiligten Verkehrskreise würden aufgrund der Ähnlichkeit der Kollisionszeichen zu der irrigen Annahme verleitet, die markierten Produkte stammten aus ein und demselben Unternehmen. Verwechslungsschutz bestand, weil das Produkt einem falschen Unternehmen zugerechnet wurde. Bei den vom WZG erfaßten Fallkonstellationen einer Verwechslungsgefahr im engeren Sinne besteht Verwechslungsschutz der Marke nach § 14 Abs. 2 Nr. 2. Aufgrund einer assoziativen Fehlzurechnung des Publikums liegt ein *Irrtum über die Produktidentität* vor, der sich nach den berechtigten Erwartungen eines verständigen Verbrauchers als ein Irrtum über die Produktverantwortung des Markeninhabers darstellt.

**137**  **(2) Weitere Verwechslungsgefahr.** Bei der *Verwechslungsgefahr im weiteren Sinne* handelt es sich um eine *Irreführung über das Bestehen von Unternehmensverbindungen* zwischen den an der Markenkollision beteiligten Unternehmen. Nach der Rechtslage im WZG wurde Verwechslungsgefahr im weiteren Sinne dann angenommen, wenn der Verkehr zwar keiner Irreführung über die Unternehmensidentität unterliegt, weil er zwar erkennt, es handele sich um verschiedene Unternehmen, jedoch aufgrund der Zeichenähnlichkeit vom Bestehen besonderer wirtschaftlicher Beziehungen oder engerer organisatorischer Zusammenhänge zwischen den Unternehmen ausgehe (BGH GRUR 1952, 35, 37 – Widia/Ardia; 1957, 281 – Karo-As; 1977, 491, 493 – ALLSTAR; BGHZ 39, 266, 270 – Sunsweet; RG GRUR 1944, 36 – Fettchemie; MuW 1940, 145 – Müller/Lichtmüller; 1937, 143 – Lignose/Lignosa). Die Fallkonstellationen einer Verwechslungsgefahr im weiteren Sinne als einer Irreführung über Unternehmensverbindungen sind unter den Verwechslungsschutz der Marke nach § 14 Abs. 2 Nr. 2 insoweit zu subsumieren, als eine markenfunktionale Gefahr einer assoziativen Fehlzurechnung des Publikums im Sinne eines *Irrtums über die Produktidentität* besteht.

**cc) Unmittelbare und mittelbare Verwechslungsgefahr. (1) Ausgangspunkt.** **138** Nach der Rechtslage im WZG wurde namentlich innerhalb der Verwechslungsgefahr im engeren Sinne zwischen unmittelbarer Verwechslungsgefahr und mittelbarer Verwechslungsgefahr unterschieden. Die Fallkonstellationen einer unmittelbaren und mittelbaren Verwechslungsgefahr waren Sachverhalte einer Irreführung über die Unternehmensidentität, die nach der Rechtslage im MarkenG als Tatbestände einer Irreführung über die Produktidentität zum Verwechslungsschutz nach § 14 Abs. 2 Nr. 2 gehören. Die Unterscheidung zwischen unmittelbarer und mittelbarer Verwechslungsgefahr als Fallkonstellationen einer Irreführung über die Unternehmensidentität erfolgte danach, ob der Verkehr die Unterschiede zwischen den ähnlichen Zeichen der Markenkollision erkannte oder nicht erkannte (BGH GRUR 1959, 420, 422 – Opal/Ecopal; 1957, 339 – Venostasin/Topostasin). Als *unmittelbare Verwechslungsgefahr* wurde die reine *Zeichenverwechslung,* als *mittelbare Verwechslungsgefahr* die *Serienzeichenverwechslung* verstanden.

**(2) Unmittelbare Verwechslungsgefahr.** Nach der Rechtslage im WZG wurde unter **139** einer unmittelbaren Verwechslungsgefahr die reine *Zeichenverwechslung* verstanden. Unmittelbare Verwechslungsgefahr lag dann vor, wenn die Kollisionszeichen trotz der Zeichenunterschiede im Verkehr den Eindruck erweckten, es handele sich um ein und dasselbe Zeichen. Die Kollisionszeichen als solche werden miteinander verwechselt mit der Folge einer Irreführung des Verkehrs über die Unternehmensidentität. Die unmittelbare Verwechslungsgefahr im engeren Sinne ist eine Fallkonstellation des Verwechslungsschutzes der Marke nach § 14 Abs. 2 Nr. 2; es liegt zugleich ein *Irrtum über die Produktidentität* vor.

**(3) Mittelbare Verwechslungsgefahr.** Nach der Rechtslage im WZG wurde die mit- **140** telbare Verwechslungsgefahr als eine Fallkonstellation der Verwechslungsgefahr im engeren Sinne als einer Irreführung über die Unternehmensidentität verstanden, ohne daß der Verkehr einer reinen Zeichenverwechslung zu unterliegen brauchte. Das Vorliegen einer mittelbaren Verwechslungsgefahr wurde dann angenommen, wenn der Verkehr zwar nicht die kollidierenden Zeichen als solche verwechselte, aber aufgrund der Ähnlichkeit der Zeichen das Zeichen des Dritten als eine Abwandlung des Zeichens des Markeninhabers betrachtete und deshalb annahm, die markierten Produkte stammten aus demselben Unternehmen (BGHZ 34, 299, 302 – Almglocke/Almquell; 39, 266, 269 – Sunsweet; BPatGE 1, 201 – Phebrosonal/Phebrocon; 4, 93, 99 – Polymeral/Polymerin). Nach der Rechtslage im MarkenG wird die mittelbare Verwechslungsgefahr im engeren Sinne von den Fallkonstellationen der *Markenähnlichkeit,* sei es bei Produktidentität, sei es bei Produktähnlichkeit erfaßt. Die Rechtsprechung zur mittelbaren Verwechslungsgefahr gilt insoweit zur *Konkretisierung des Tatbestandsmerkmals der Markenähnlichkeit* innerhalb des Verwechslungsschutzes der Marke nach § 14 Abs. 2 Nr. 2 weiter. Wegen der Nichtakzessorietät der Marke ist nach dem MarkenG allerdings ausreichend, wenn der Verkehr statt eines Irrtums über die Unternehmensidentität einem Irrtum über die Produktidentität und damit über die Produktverantwortung des Markeninhabers unterliegt. Zwischen der Bezeichnung *Die Blauen Seiten* für ein im Computernetz Internet angebotenes Branchenverzeichnis und der für Branchenfernsprechverzeichnisse eingetragenen und im Verkehr durchgesetzten Marke *Gelbe Seiten* wurde mittelbare Verwechslungsgefahr als ein gedankliches Inverbindungbringen (s. Rn 113 f.) angenommen (OLG Frankfurt GRUR 1997, 52 – Die Blauen Seiten).

Der hauptsächliche Anwendungsfall der mittelbaren Verwechslungsgefahr ist der Irrtum **141** des Verkehrs über das Vorliegen von Serienmarken. Unter *Serienmarken* sind solche verschiedenen Marken zu verstehen, deren gemeinsamer Stammbestandteil im wesentlichen den markenrechtlichen Identifikationshinweis enthält und damit die Funktion der Marke als eines Unterscheidungszeichens erfüllt (s. § 3, Rn 28). Die Gemeinsamkeit des produktidentifizierenden Wortstammes begründet trotz der erkennbar unterschiedlichen Wortbestandteile der Kollisionsmarken die Verwechslungsgefahr aufgrund der Markenähnlichkeit. Das Vorliegen von Verwechslungsgefahr unter dem Aspekt der Serienmarke ist erst dann zu prüfen, wenn zwischen den Kollisionsmarken aufgrund ihres Gesamteindrucks keine Verwechslungsgefahr besteht (BGH GRUR 1989, 350, 352 – Abbo/Abo; BGHZ 131, 122 – Innovadiclophlont). Mittelbare Verwechslungsgefahr unter dem Aspekt der Serienmarke besteht nicht nur bei Produktidentität. Serienmarken werden regelmäßig für verschiedene Waren oder Dienstleistungen des Markeninhabers verwendet. Der mittelbare Verwechslungsschutz der Marke nach § 14 Abs. 2 Nr. 2 vor einer Irreführung über das Vorliegen einer Serienmarke besteht auch als Fallkonstellation der Markenähnlichkeit und Produktähnlichkeit. Der Verkehr irrt über die der *Kontrolle* und *Verantwortung des Markeninhabers zurechenbare Produktpalette* (zur mittelbaren Verwechslungsgefahr von Serienmarken s. im einzelnen Rn 220 ff.).

**142** Die reichsgerichtliche Rechtsprechung hatte unter Verwechslungsgefahr im engeren oder eigentlichen Sinne allein die Fälle der Zeichenverwechselbarkeit als solche und damit den Irrtum des Verkehrs über die Zeichenidentität verstanden (RG MuW 1940, 226 – Schuhcremedose Lodix/Murads; 1941, 175 – Rasierklingen Rotbart Be-Be/Rivo Es-Es). Auch im Schrifttum wurde teils davon ausgegangen, Gegenstand einer echten Verwechslung seien nur die Zeichen als solche, irrige Vorstellungen des Verkehrs über die Identität der Unternehmen rechneten zur Verwechslungsgefahr im weiteren oder uneigentlichen Sinne (*Dietze*, GRUR 1949, 321). Wenn der Verkehr über die Unternehmensidentität irre, lasse sich nur noch von einer Zeichenverwechselbarkeit in einem abgewandelten Sinne (*Köhler*, GRUR 1950, 117, 121) oder genauer von einer Warenverwechselbarkeit (*Schramm*, MA 1953, 144) sprechen. Diese restriktive Einteilung der Verwechslungsgefahr setzte sich nicht durch und wurde schon in der frühen Rechtsprechung des BGH abgelehnt (BGH GRUR 1957, 281 – Karo-As; 1957, 339 – Venostasin/Topostansin; 1957, 435 – Eucerin; 1959, 420, 422 – Opal/Ecopal; 1962, 241 – Lutin/Ludigran; zustimmend *Beier*, GRUR 1974, 514, 517). *Hefermehl* erkannte richtig, daß die Ausdehnung des Markenschutzes gegen Verwechslungsgefahr den Schutz der Kennzeichnungskraft der prioritätsälteren Marke und des mit dieser bekannten Marke verbundenen Goodwills gegen Anlehnung und Schwächung in das Markenrecht integrierte (*Baumbach/Hefermehl*, § 31 WZG, Rn 22).

**143** Im Schrifttum zum WZG wurde erwogen, unter den Verwechslungsschutz des Warenzeichens nach § 31 WZG auch die Fallkonstellation einer *mittelbaren Verwechslungsgefahr im weiteren Sinne* zu subsumieren (*Baumbach/Hefermehl*, § 31 WZG, Rn 23). Diese Fallkonstellation ist unter solchen Umständen denkbar, wenn aufgrund der Markenähnlichkeit, die auf dem gemeinsamen produktidentifizierenden Wortstamm beruht, der Verkehr nicht nur über die Unternehmensidentität, sondern über das Bestehen von Unternehmensverbindungen irrt. Von der Rechtsprechung wurde eine Fallgestaltung der mittelbaren Verwechslungsgefahr im weiteren Sinne unter dem Aspekt der Serienmarke bislang nicht entschieden. Nach der Rechtslage im MarkenG ist nicht grundsätzlich ausgeschlossen, daß der Verwechslungsschutz der Marke nach § 14 Abs. 2 Nr. 2 auch Fallkonstellationen der mittelbaren Verwechslungsgefahr im weiteren Sinne unter dem Aspekt der Serienmarke erfaßt. Voraussetzung einer solchen Fallkonstellation der Marken- und Produktähnlichkeit wird es sein, daß zum einen dem produktidentifizierenden Wortstamm einer Serienmarke mit hohem Bekanntheitsgrad auf dem Markt erhöhte Kennzeichnungskraft zukommt, und zum anderen der Verkehr trotz der erkennbaren Verschiedenheit der Unternehmen auf eine Kontrolle und Produktverantwortung des Markeninhabers für das mit der ähnlichen Marke versehene Produkt des Dritten aufgrund der tatsächlichen Umstände berechtigterweise schließt. Eine solche Ausdehnung des Verwechslungsschutzes der Marke nach § 14 Abs. 2 Nr. 2 steht unter dem gemeinschaftsrechtlichen Vorbehalt der Grundsätze der Verhältnismäßigkeit und Erforderlichkeit sowie des Übermaßverbotes (s. Rn 92). Bei solchen Fallkonstellationen wird es sich in der Regel um bekannte Marken im Sinne des § 14 Abs. 2 Nr. 3 handeln, die Markenschutz außerhalb des Produktähnlichkeitsbereichs unabhängig vom Bestehen einer Verwechslungsgefahr genießen. Mittelbarer Verwechslungsschutz im weiteren Sinne einer Serienmarke nach § 14 Abs. 2 Nr. 2 wird nur unter besonderen Umständen in seltenen Fallkonstellationen in Betracht kommen.

**dd) Entscheidungspraxis des BPatG zur assoziativen Verwechslungsgefahr.** 144
**(1) Entscheidungspraxis zur Ablehnung der Verwechslungsgefahr.** Assoziative Verwechslungsgefahr wurde abgelehnt zwischen *GIGINA* und *gigi* für Bekleidung (BPatG, Beschluß vom 14. Februar 1995, 27 W (pat) 202/93 – gigi); *Rebenstolz* und *Rebenstern*, *Rebenkrone* sowie *REBENDANK* für Weine (BPatG 35, 36 – Rebenstolz); *JACOMO* und *Jac* für Papier, Schreibwaren (BPatGE 35, 67 – JACOMO); *RANIFUG* und *RANIDIN* für pharmazeutische Produkte (BPatG, Beschluß vom 24. April 1995, 30 W (pat) 9/94 – RANIFUG); *Quickvit* und *Quickmix* für alkoholfreie Getränke (BPatG, Beschluß vom 3. Mai 1995, 26 W (pat) 75/93 – Quickmix); *Klosterberg* für alkoholische Getränke und *Klosterfrau* für Melissengeist (BPatG, Beschluß vom 17. Mai 1995, 26 W (pat) 245/93 – Klosterfrau); *Fructus* und *FRUCTA* für verschiedene Getränke (BPatG, Beschluß vom 21. Juni 1995, 26 W (pat) 113/93 – FRUCTA); *Granup* und *GRAN* für pharmazeutische Produkte (BPatG, Beschluß vom 3. August 1995, 25 W (pat) 252/93 – GRAN); *Eisträumereien* und *Träumerei* für Speiseeis (BPatG Mitt 1996, 20 – Eisträumereien); *fontana Getränkemarkt* für alkoholische und nichtalkoholische Getränke und *Fontana Stuttgart* für Beherbergung und Verpflegung von Gästen (BPatGE 36, 37 – fontana Getränkemarkt); *BRANDT ECCO* und *ECCO MILANO* für Bekleidung (BPatG GRUR 1996, 287 – BRANDT ECCO); *POLYFLAM* und *MONOFLAM* für pharmazeutische Produkte (BPatG, Beschluß vom 23. April 1996, 30 W (pat) 102/95 – POLYFLAM); *Stephanskreuz* und *STEPHANSKRONE* für Weine (BPatGE 36, 100 – Stephanskreuz); *König Stephan Wein* und *STEPHANSKRONE* für Weine (BPatG GRUR 1996, 417 – König Stephan Wein); *Meister H. L.* und *MEISTERBRAND* für Weine (BPatG BlPMZ 1996, 190 – MEISTERBRAND); *GREYLINE* und *GREYHOUND* unter anderem für Schuhe, da komplexer gedanklicher Ablauf des Inverbindungbringens vom Verkehr erforderlich wäre (BPatG, Beschluß vom 5. August 1996, 30 W (pat) 159/95 – GREYHOUND); *FLEUR D'OR* und *GOLDBLUME Leicht-Fit* sowie *GOLDBLUME Früchtetraum* für Waren der Klasse 29 (BPatG, Beschluß vom 23. Oktober 1996, 28 W (pat) 34/96 – FLEUR D'OR); *roter Punkt* mit Bildelement eines roten Kreises für Thermosbehälter und Wortbildmarke *emsa* in weißer Schrift auf kreisförmigen rotem Untergrund, da dieser nur kennzeichnungsschwach und ein erweiterter Schutzumfang der Widerspruchsmarke nicht zu gewähren sei (BPatGE 36, 214 – rote Kreisfläche); *Sala* für Spiele, Ausschneidebogen und *Sulla* für Tierfiguren (BPatG BlPMZ 1996, 466 – Sulla); *Vorsicht Elch!* für verschiedene Waren der Bekleidungs- und Textilindustrie und *Elch* für Oberhemden (BPatGE 37, 16 – Vorsicht Elch!); *CHIN LEE* und *LEE* für Tabakwaren (BPatGE 37, 62 – CHIN LEE); *GREEN POINT* für alkoholische Getränke ausgenommen Biere und *Der Grüne Punkt* für Biere und alkoholische Getränke (BPatGE 37, 67 – GREEN POINT); *BARBEIDOS* und *VITA MED badedas* für kosmetische Waren (BPatGE 37, 179 – BARBEIDOS); die Kombinationsmarke *MILAN*, bestehend aus einer vertikal gestellten Elipse mit einem sich im Inneren befindenden Kreis, halb ausgefüllt und halb mit Kreuz versehen, um welchen sich am unteren Rand der Zahlenbestandteil *1899* und am oberen Rand der Wortbestandteil *MILAN* der Kreisform nach befindet, und die Wortbildmarke *Milan*, bestehend aus dem Wortbestandteil *Milan* und der Abbildung eines der Schriftgröße entsprechenden vor diesen Wortbestandteil gestellten Raubvogels, für Waren der Klasse 16, nicht aber die Wortmarke *Milan* (BPatGE 38, 7 – Milan; s. Rn 145); *EUKRATON* und *Craton* für Humanarzneimittel (BPatGE 39, 52 – EUKRATON); *BeiChem* und *Bayer* für pharmazeutische Produkte (BPatG BlPMZ 1998, 318 – Bayer); *CHEVROLET* und *Chevy* für Bekleidungsstücke, Schuhwaren sowie Kopfbedeckungen, da die auf einem bestimmten Warensektor, hier Automobile, bestehende Bekanntheit zweier Marken eines Unternehmens, von denen eine, *Chevy*, die Kurzform der anderen, *CHEVROLET*, darstelle, noch nicht die Bejahung assoziativer Verwechslungsgefahr rechtfertige, wenn beide Bezeichnungen sich auf einem anderen Warengebiet, hier Bekleidungsstücke, Schuhwaren sowie Kopfbedeckungen, gegenüberstünden (BPatGE 40, 45 – Chevy).

**(2) Entscheidungspraxis zur Annahme der Verwechslungsgefahr.** Assoziative 145 Verwechslungsgefahr wurde angenommen zwischen *WISA-PEX* und *WISA* für Sanitär-, Installationsmaterial (BPatG, Beschluß vom 11. August 1995, 32 W (pat) 119/95 – WISA); *BAD KISSINGER THERESIENQUELLE KISS light GOLDLIMO KALORIENARME ORANGENLIMONADE* und *KISS* für Mineralwässer und kohlensäurehaltige Wasser und andere alkoholfreie Getränke (BPatGE 35, 74 – KISS); *SERVAMED* und *SERVA* für pharmazeutische Produkte (BPatG, Beschluß vom 14. September 1995, 30 W (pat) 141/94 – SERVA); *QUEEN'S CLUB* und *QUEEN'S GARDEN* für alkoholfreie Getränke, wobei auf die gleichförmige Wortbildung und das gemeinsame britische Flair abgestellt wurde (BPatGE 35, 212 – QUEEN'S CLUB); *POWERLINER* und *Liner* für landwirtschaftliche Geräte (BPatG, Beschluß vom 17. November 1995, 32 W (pat) 397/95 – Liner); *Adalbert Prinz von Bayern* und *Luitpold Prinz von Bayern* für Bier, wobei davon ausgegangen wurde, daß der Widersprechende eine Reihe von weiteren Marken benutze, die einen deutlichen Bezug zu demselben Adelshaus aufwiesen (BPatGE 35, 218 – Adalbert Prinz von Bayern); *SIKATERRA* und *TERRANOVA* für Baustoffe, wobei davon ausgegangen wurde, daß *TERRA* als Bestandteil von Serienzeichen des Widersprechenden verwendet werde (BPatG, Beschluß vom 18. Dezember 1995, 30 W (pat) 162/94 – TERRANOVA); *OKLAHOMA SOUND* und *MISSISSIPPI SOUND* für verschiedene Getränke (BPatGE 36, 8 – OKLAHOMA SOUND); *Monsieur Michel* und *Michelle* für Kosmetika unter dem Gesichtspunkt einer gemeinsamen Produktserie für Männer und Frauen (BPatGE 36, 14 – Monsieur Michel); *Fructadiät* für unter anderem Marmeladen zu diabetischen sowie medizinischen Zwecken und *Fructa* für unter anderem Fruchtsäfte (BPatG, Beschluß vom 15. Februar 1996, 25 W (pat) 103/93 – FRUCTA); *RACOON* und *DRAGON* für Tabakwaren und Raucherartikel (BPatG GRUR 1996, 414 – DRAGON); *Bild eines weißen Schlüssels auf rotem Wappenfeld* und schwarz-weißer Wortbildmarke *Original Schlüssel Obergärig* in heraldischer Wappendarstellung für Bier (BPatGE 36, 137 – Schlüssel-Bild); *CAVIAR* und *Perle de Caviar* für Waren des Kosmetikbereichs (BPatG, Beschluß vom 8. Oktober 1996, 24 W (pat) 218/95 – Perle de Caviar); *INTECTA* und *tecta* für Möbel (BPatGE 37, 30 – INTECTA); die Kombinationsmarke *MILAN*, bestehend aus einer vertikal gestellten Elipse mit einem sich im Inneren befindenden Kreis, halb ausgefüllt und halb mit Kreuz versehen, um welchen sich am unteren Rand der Zahlenbestandteil *1899* und am oberen Rand der Wortbestandteil *MILAN* der Kreisform nach befindet, und die Wortmarke *Milan* für Waren der Klasse 16 für gleiche und im engen Ähnlichkeitsbereich liegende Waren, nicht aber die Wortbildmarke *Milan* (BPatGE 38, 7 – Milan; s. Rn 144); *Apfelbauer* für Spirituosen, weinähnliche sowie weinhaltige Getränke, alle unter Verwendung von Äpfeln oder Apfelprodukten hergestellt, und *Fideler Apfel Bauer* für Fruchtsaftlikör, hergestellt aus Weizenbranntwein und Apfelauszügen (BPatGE 38, 62 – Apfelbauer); *Soundboy* für mit Programmen versehene, maschinenlesbare Datenträger, insbesondere Disketten, Kassetten, Festplattenspeicher sowie Nur-Lese-Speicher, einschließlich Compact-Disc-ROM und Steckmodule sowie mit integrierten Schaltkreisen versehene Leiterplatten und *Boy* für tragbare Rundfunkempfänger (BPatG K&R 1998, 213 – Soundboy); der *Abbildung eines Engelkopfes* als Bildzeichen und einer Kombinationsmarke, die in ihrem Gesamteindruck wesentlich durch das Bildelement geprägt wird, das *als Motiv einen Engelskopf* enthält (BPatGE 38, 168 – Abbildung eines Engelskopfes); *Rebenfreund* und *Traubenfreund* für Weine und Schaumweine (BPatGE 39, 208 – Rebenfreund); *Boris* und *BORIS BECKER* für unter anderem Mittel zur Körper- und Schönheitspflege, Seifen sowie Parfümerien, da der angesprochene Verkehrskreis beide Marken aufgrund der Identifizierung von *Boris Becker* durch den Vornamen *Boris* demselben Markeninhaber, nämlich *Boris Becker*, zuordnen würde (BPatGE 40, 23 – BORIS BECKER); *KIMLADY* und *KIMBOY'S* für Bekleidungsstücke (BPatGE 40, 26 – KIMLADY).

### 10. Markenähnlichkeit

**146** **a) Ausgangspunkt.** Das Bestehen von Markenähnlichkeit und Produktidentität, Markenidentität und Produktähnlichkeit sowie Markenähnlichkeit und Produktähnlichkeit sind die drei Fallkonstellationen des Verwechslungsschutzes der Marke nach § 14 Abs. 2 Nr. 2 (s. Rn 128). Verwechslungsgefahr als markenfunktionale Gefahr einer assoziativen Fehlzurechnung des Verkehrs (s. Rn 108 ff.) besteht kausal aufgrund dieser Fallkonstellationen. Zwischen Markenähnlichkeit und Produktidentität beziehungsweise Produktähnlichkeit besteht hinsichtlich der Begründung von Verwechslungsgefahr eine Wechselwirkung. Die Markenähnlichkeit begründet nicht als solche, sondern nur in Zusammenhang mit bestehender Produktidentität oder Produktähnlichkeit die Verwechslungsgefahr.

**147** Bei der Verwechslungsgefahr handelt es sich um einen normativen Rechtsbegriff eines beweglichen Systems (s. Rn 103). Insoweit nach der Rechtslage im WZG zur Feststellung der Ähnlichkeit der kollidierenden Marken auf die Verkehrsauffassung und damit auf einen nicht unerheblichen Teil der Verkehrskreise abzustellen war, ist nach der Rechtslage im MarkenG die Verkehrsauffassung nach dem verständigen Verbraucher und insoweit nach der Normativität der Verbrauchererwartungen sowie unter Beachtung der Rechtsgrundsätze des Europäischen Unionsrechts (s. Rn 123 ff.) zu bestimmen. Unter diesem Vorbehalt gelten die Beurteilungsgrundsätze der Rechtsprechung zur Ähnlichkeit von Warenzeichen nach der Rechtslage im WZG auch für die Markenähnlichkeit im MarkenG.

**b) Allgemeine Beurteilungsgrundsätze. aa) Maßgeblichkeit des Gesamteindrucks.** Die Markenähnlichkeit bestimmt sich nach dem *Gesamteindruck* der Kollisionszeichen (BGHZ 28, 320 – Quick; BGH GRUR 1962, 522 – Ribana; BGHZ 45, 246 – Merck; BGH GRUR 1996, 198, 199 – Springende Raubkatze; BGHZ 131, 122 – Innovadiclophlont; BGH GRUR 1996, 404, 405 – Blendax Pep; 1996, 406, 407 – JUWEL; 1996, 774 – falke-run; 1996, 777 – JOY; 1997, 879, 878 – IONOFIL; 1998, 927 – COMPOSANA; 1998, 932 – MEISTERBRAND; WRP 1998, 755, 757 – Nitrangin; 1998, 986 – EKKO BLEIFREI; BGH GRUR 1998, 1014 – ECCO II; 1999, 241 – Lions). Der EuGH anerkennt den Beurteilungsmaßstab des Gesamteindrucks für die Beurteilung der Markenähnlichkeit als einen Teil der umfassenden Beurteilung der Verwechslungsgefahr (EuGH, Rs. C-251/95, Slg. 1997, I-6191, GRUR 1998, 387 – Sabèl/Puma). Das gilt für alle nach der Entstehung des Markenschutzes zu unterscheidenden drei Kategorien von Marken nach § 4 Nr. 1 bis 3. Der Gesamteindruck der Kollisionszeichen ist auch maßgeblich für die Beurteilung der Verwechslungsgefahr kollidierender geschäftlicher Bezeichnungen im Sinne des § 15 Abs. 2 (s. § 15, Rn 17). Die Markenähnlichkeit ist einheitlich für die Fallkonstellationen der Markenähnlichkeit und Produktidentität sowie der Markenähnlichkeit und Produktähnlichkeit im Sinne des § 14 Abs. 2 Nr. 2 zu bestimmen (zu den verschiedenen Kollisionstatbeständen s. Rn 128). Auch wenn die Verwechslungsgefahr ein *Rechtsbegriff* ist (s. Rn 83 f.), liegt die Beurteilung der *Prägung des Gesamteindrucks* eines Kennzeichens im wesentlichen auf *tatrichterlichem* Gebiet (BGH GRUR 1998, 927 – COMPOSANA; 1999, 241 – Lions; s. schon BGH GRUR 1964, 376, 380 – Eppeleinsprung; 1964, 140 – Odol-Flasche; 1958, 81, 82 – Thymopect). Bei der Beurteilung des Gesamteindrucks wird in der Rechtsprechung von dem *Erfahrungssatz* ausgegangen, der Verkehr neige dazu, Bezeichnungen in einer die Merkbarkeit und Aussprechbarkeit erleichternden Weise zu verkürzen (zu § 9 Abs. 1 Nr. 2 s. BGH GRUR 1999, 241 – Lions; zu § 16 UWG aF s. BGH GRUR 1991, 475, 477 – Caren Pfleger m.w.Nachw.). Der Ähnlichkeitsgrad der Kollisionsmarken steht in einer *Wechselwirkung* zur Produktidentität oder Produktähnlichkeit und stellt insoweit eine relative Größe hinsichtlich der Begründung der Verwechslungsgefahr dar (s. dazu Rn 334 ff.). In diesem Verständnis der Verwechslungsgefahr als eines beweglichen Systems (s. Rn 103) besteht ein wesentlicher Unterschied zur Rechtslage im WZG, auch wenn innerhalb der Grenzen der Produktgleichartigkeit eine Wechselwirkung zwischen der Markenähnlichkeit und der Nähe der Waren oder Dienstleistungen anerkannt war (BGHZ 50, 77 – Poropan). Bei *Produktidentität* ist ein *strenger Maßstab* bei der Prüfung der Verwechslungsgefahr anzulegen (BGH GRUR 1999, 241 – Lions).

**bb) Verkehrsauffassung des verständigen Verbrauchers. (1) Ausgangspunkt.** Die Rechtsverbindlichkeit der MarkenRL, die Rechtsprechung des EuGH zur Warenverkehrsfreiheit in der EU sowie ein einheitliches Verständnis der wettbewerbsrechtlichen Irreführungsgefahr im UWG und der markenrechtlichen Verwechslungsgefahr im MarkenG sind die entscheidenden Gründe, den gemeinschaftsrechtlichen Begriff der Verwechslungsgefahr und damit auch die Beurteilungskriterien der Markenähnlichkeit sowie der Produktähnlichkeit normativ nach der Verkehrsauffassung des verständigen Verbrauchers zu bestimmen. Der Verwechslungsschutz der Marke bestimmt sich nach der Rolle des Verbrauchers im Marktwettbewerb und ist an den *berechtigten Erwartungen eines verständigen Verbrauchers* auszurichten (s. Rn 123 ff.). Nicht anders als im MarkenG war im WZG zur Beurteilung des Gesamteindrucks der Kollisionszeichen die Verkehrsauffassung maßgebend. Die Rechtsprechung bedarf allerdings insoweit der einschränkenden Korrektur, als nach der Rechtslage im WZG schon ein *nicht unerheblicher Teil der beteiligten Verkehrskreise* als rechtserheblich angesehen und die Beurteilung auch eines nur flüchtigen und gedankenlosen Betrachters als ausreichend beurteilt wurde. Allerdings hatte auch schon die Rechtsprechung zum WZG den völlig unaufmerksamen Verbraucher, dem die Warenbezeichnung gänzlich gleichgültig war, als nicht rechtserheblich beurteilt (RG MuW 1926, 138, 141 – Pschorr-Bräu), auch wenn diese Restriktion des Verwechslungsschutzes der Marke in der höchstrichterlichen Rechtsprechung nicht immer ernsthaft wahrgenommen wurde. In der *ALKA-SELTZER*-Entscheidung lehnt der BGH die Beurteilung der Verwechslungsgefahr nach dem *flüchtigen Verbraucher* ab. Der registerrechtliche Markenschutz dürfe nicht durch die Art der Verwendung des Zeichens durch den flüchtigen, d.h. durch den oberflächlichen und unaufmerksamen Verbraucher erweitert verstanden werden. Die für die Beurteilung der zeichenrechtlichen Verwechslungsgefahr maßgebende Sicht des Verkehrs beruhe nicht auf konkreten Gerbrauchsgewohnheiten des flüchtigen Verkehrs im Einzelfall, sondern auf *Erfahrungssätzen*, welche Elemente aus einer Gesamtbezeichnung aufgrund der gesamten Gestaltung des Zeichens, des Schriftbildes oder auch der Sprachgewohnheiten hervortreten (BGH WRP 1998, 990, 992 – ALKA-SELTZER).

**150** Die zur Beurteilung des Gesamteindrucks der Kollisionszeichen rechtserhebliche Verkehrsauffassung des verständigen Verbrauchers ist nach den angesprochenen Verkehrskreisen der Interessenten- oder Zielgruppen zu differenzieren und in Beziehung zur Produktart zu setzen. Die Verwechslungsgefahr ist *innerhalb der Verkehrskreise* zu bestimmen, die mit dem markierten Produkt in geschäftlichen Kontakt kommen. Das auf die markenrechtliche Verwechslungsgefahr bezogene Gesamturteil über den Gesamteindruck von Kollisionszeichen bedarf einer Berücksichtigung der *Kommunikationssituation der Marke:* beispielsweise den Konsumenten der Produkte des täglichen Bedarfs, den Fachhandel eines Industriezubehörs, den Jugendlichen im Modesektor, oder bei pharmazeutischen Produkten eine Unterscheidung zwischen den Abnehmerkreisen der Kliniken und Ärzte einerseits, den Allgemeinverbrauchern andererseits. Erfahrungsgemäß begegnen Fachkreise Marken aufmerksamer als das breite Publikum.

**151** **(2) Relevanz der Verkehrskreise.** Zur Feststellung der Verwechslungsgefahr stellt die Rechtsprechung darauf ab, ob ein nicht unerheblicher Teil der beteiligten Verkehrskreise der Gefahr einer Irreführung unterliegt (BGH GRUR 1992, 110, 111 – dipa/dib). Die Rechtsprechung entscheidet nach den besonderen Umständen der einzelnen Fallkonstellation, ohne einen festen Prozentsatz zur rechtserheblichen Größe des betroffenen Personenkreises anzugeben. Entscheidend kommt es für den normativen Begriff der Verwechslungsgefahr darauf an, welche Verbrauchererwartungen der Verkehr berechtigterweise mit einer Marke verbindet (s. Rn 123 ff.). Erheblich ist insoweit, an welchen Personenkreis sich das Produktangebot objektiv nach ökonomischen Gesichtspunkten richtet.

**152** **(3) Art der Verkehrskreise.** Die Feststellung der Markenähnlichkeit zur Begründung von Verwechslungsgefahr ist abhängig von den Verkehrskreisen, die mit dem markierten Produkt in Berührung kommen. Als maßgebliches Beurteilungskriterium für die Frage der Verwechslungsgefahr ist die Wirkung der Marke auf den Durchschnittsverbraucher der Art von Waren, für die Marke Schutz genießt, heranzuziehen (BGH GRUR 1999, 241 – Lions). Bei Produkten des täglichen oder allgemeinen Bedarfs ist auf die Allgemeinheit der Verbraucher und damit auf das breite Publikum als den rechtserheblichen Abnehmerkreis abzustellen (so schon für Taschenschirme RG GRUR 1939, 128, 129 – Knirps/Fips). Wenn als Abnehmer oder Verbraucher nur Fachleute oder Händler und Großabnehmer in Betracht kommen, dann bestimmt sich die Markenähnlichkeit nach der Beurteilung dieser Verkehrskreise (so für Wasserwellenwasser für Friseure RG GRUR 1940, 162, 164 – Wella-Wienna). Der Ähnlichkeitsgrad von Marken wird in Fachkreisen kritischer als von Laien gesehen (BGH GRUR 1993, 118, 119 – Corvaton/Corvasal). In Fachkreisen, die regelmäßig gewohnt sind, sorgfältiger zu prüfen, werden zumeist auch verhältnismäßig kleine Unterschiede bei der Markierung und Aufmachung des Produkts beachtet (BGH GRUR 1958, 143, 146 – Schwardmann; 1961, 535, 537 – arko; 1969, 357, 358 – Sihl).

**153** Die Produktart beeinflußt die Art der Verkehrskreise. Bei *Konsumartikeln des täglichen Massenbedarfs,* die zumeist flüchtig nach der Marke gekauft werden, wird die Markenähnlichkeit eher anzunehmen sein, weil auf Unterschiede in den Markenbestandteilen weniger geachtet wird, als bei *hochwertigen Produkten,* die in der Regel nach längerfristiger Überlegung und zumeist nach einer fachkundigen Beratung erworben werden (so schon zu elektrischen Uhranlagen RG GRUR 1936, 621, 625 – Elektrozeit; auch BPatG Mitt 1970, 232

– Elmetra/Eltro). Zudem achtet der Verkehr bei langlebigen und teuren Produkten wie etwa Fahrzeugen, Küchen oder Uhren auch auf die Angabe der Firma, die den Ähnlichkeitsgrad verringern und bei ähnlichen Marken zu deren Unterscheidung im Verkehr führen kann (RG GRUR 1938, 432, 435 – Wanderer/Wittler). Das Angebot von Ski-und Wanderstöcken wendet sich an den allgemeinen Verkehr, auf dessen Verkehrsauffassung abzustellen ist, so daß nicht das Verkehrsverständis erfahrener Bergsteiger maßgebend ist, die die kollidierenden Marken als Namen von Achttausendern (*Makalu* und *Manaslu*) erkennen (BGH GRUR 1998, 1034, 1036 – Makalu). Zu beachten ist vor allem, daß zwischen den die Verwechslungsgefahr bestimmenden Faktoren des Ähnlichkeitsgrades der Marken, deren Kennzeichnungskraft sowie der Produktähnlichkeit eine Wechselwirkung besteht. Der Ähnlichkeitsgrad kann umso geringer sein, je größer die Kennzeichnungskraft oder die Produktnähe ist, während umgekehrt ein höherer Ähnlichkeitsgrad erforderlich ist, wenn die Kennzeichnungskraft nur schwach oder der Produktabstand größer ist (BGH GRUR 1956, 172, 176 – Margirus; 1984, 471, 472 – Gabor/Caber; BGHZ 113, 115, 124 – SL; BGH GRUR 1993, 118, 119 – Corvaton/Corvasal). Bei einem hohen Ähnlichkeitsgrad der Marken kann etwa auch ein Fachmann der Verwechslungsgefahr unterliegen, insbesondere wenn es sich um identische Produkte handelt, die in nahezu gleicher Form vertrieben werden und die Marken in ihrer Klangwirkung stark angenähert sind (so schon für Dauerwellenflüssigkeiten BGH GRUR 1958, 604 – Wella-Perla/Perlékaltwelle; für Erzeugnisse der elektrotechnischen Industrie BGH GRUR 1982, 420, 422 – BBC/DDC). Eine Marke wendet sich auch dann an den allgemeinen Verkehr, wenn der Fachhandel den Endverbraucher etwa Preislisten mit der Marke zugänglich macht (zum Möbelhandel RG MuW 1937, 409, 411 – Fi. Ti. Wi./KITI). Verkehrskreise sind die Personen, die dem Produktangebot begegnen und den Erwerb des Produkts oder die Annahme der Dienstleistung mitbestimmen; nicht entscheidend ist, wer rechtlich Vertragspartei ist. Auch wenn im Geschäftsverkehr und Wirtschaftsleben grundsätzlich sich die berechtigten Erwartungen der Verbraucher nach dem *Urteil der Erwachsenen* bestimmen, werden die *Vorstellungen von Kindern* und namentlich von Jugendlichen dann rechtserheblich, wenn es sich um spezielle Produkte für diese Verbraucherkreise handelt, und etwa die Produktwerbung auf diese Zielgruppen abgestellt ist, aber auch dann, wenn sie den Produkterwerb der Erwachsenen regelmäßig mitbestimmen (bei dem Erwerb von Büchern noch auf das Urteil der Erwachsenen abstellend BGH GRUR 1958, 500 – Mecki-Igel). Bei Ausfuhrwaren und namentlich bei Exportmarken kommt es auf die *ausländischen Verkehrskreise* namentlich des Importlandes an; dabei ist zu beachten, daß fremdsprachige Wortmarken auch bildlich wirken und die Markenähnlichkeit begründen können (RG MuW 1930, 228, 229 – Hohner). Auch *lokale* und *regionale* Besonderheiten können den Ähnlichkeitsgrad der Marken mitbestimmen (RG MuW 1931, 393, 394 – Fehntjer Blatt). Beliefert ein inländischer Importeur ausschließlich ausländische NATO-Streitkräfte mit US-amerikanischen pharmazeutischen Erzeugnissen unter dem Verkehrsgeltung besitzenden Firmenbestandteil *IMS*, dann ist Verwechslungsgefahr mit einer gleichen inländischen Marke oder einer gleichen Firmenbezeichnung nicht ausgeschlossen, wenn sich die umworbenen ausländischen und inländischen Verkehrskreise überschneiden (OLG Frankfurt GRUR 1983, 442 – NATO-Pharmaka).

Die *Art des Markengebrauchs* bei bestimmten Produktarten kann die Markenähnlichkeit beeinflussen. Kleine oder nur schwer wahrnehmbare Marken, wie bei Gegenständen des Kunstgewerbes oder etwa Wasserzeichen bei Papier, bedürfen einer erhöhten Aufmerksamkeit des Verbrauchers bei der Wahrnehmung der Marke. Solche berechtigten Verbrauchererwartungen verringern die aufgrund der Markenähnlichkeit begründete Verwechslungsgefahr (RGZ 63, 241, 243 – Tafelgeräte und Bestecke; RG GRUR 1944, 85, 87 – Kienzle). Auch kann der *Produktgebrauch* die Wahrnehmung der Marke durch den Verbraucher erschweren und von diesem ein genaueres Hinsehen verlangen, wie etwa bei Mehlsäcken (RG MuW 1915, 163 – Thomasschlacke). Für die Prüfung der Markenähnlichkeit können auch branchenübliche *Verpackungsformen* und Kennzeichnungen bedeutsam sein. So erscheint bei runden Verpackungsformen wie Fässern, Dosen und Gläsern die Beschriftung auf den Etiketten zumeist nicht planeben, sondern rund, wodurch die Lesbarkeit des Wortbestandteils der Marke vermindert wird und so etwa dem Bildbestandteil der Marke ein größeres Gewicht zur Bestimmung des Ähnlichkeitsgrads beizumessen ist. Wenn bei bestimmten Erzeugnissen die Verpackungsformen der Hersteller von vornherein ähnliche Grundformen und Beschriftungen, wie etwa bei Konserven, Produktbilder oder bildliche Verwendungshinweise aufweisen, dann können auch Übereinstimmungen in frei wählbaren Kennzeichnungsmerkmalen die Markenähnlichkeit begründen, wenn diese für sich allein betrachtet oder in einem anderen Zusammenhang keine ausreichende Kennzeichnungskraft besitzen (BGH GRUR 1966, 30, 32 – Konservenzeichen I). Auch außerhalb der Markenformen als solcher liegende Umstände, wie etwa die Produktverpackungen, können den Ähnlichkeitsgrad der Marken und damit deren Gesamteindruck beeinflussen (RG MuW 1931, 371).

**155** **(4) Arzneimittelmarken.** Bei der Markenähnlichkeit von Arzneimittelmarken ist zwischen rezeptpflichtigen und nicht einer Rezeptpflicht unterliegenden Medikamenten zu unterscheiden (anders noch RGZ 124, 101, 103 – Soldigal/Pandigal). Für *nicht rezeptpflichtige* Medikamente und pharmazeutische Erzeugnisse vergleichbarer Art ist von den Verkehrskreisen der *Endverbraucher* als medizinischer Laien auszugehen. Bei *rezeptpflichtigen* Arzneimitteln kommt es zwar nicht ausschließlich, aber überwiegend auf die Markenähnlichkeit und das Bestehen von Verwechslungsgefahr in Kreisen der *Ärzte* und *Apotheker* an, bei denen die Entscheidung über die Auswahl und Abgabe des Medikaments liegt und von ihnen zu verantworten ist (BGH GRUR 1989, 425, 428 – Herzsymbol; 1990, 453, 455 – L-Thyroxin; 1993, 118, 119 – Corvaton/Corvasal). Ärzte und Apotheker sind als Fachkreise anders als Laien im Stande, die Ableitung einzelner Wortbestandteile der Marke von medizinischen Fachbegriffen und damit den Charakter solcher Zeichenbestandteile als Gattungshinweise zu erkennen. Die *neuere* Rechtsprechung geht davon aus, daß die Rezeptpflicht die Zahl der mündlichen Benennungen von Arzneimitteln deutlich vermindert habe, weil der Patient in der Regel in der Apotheke nur das Rezept lediglich überreicht, ohne dabei das Präparat zu benennen. In der *früheren* Rechtsprechung wurde bei der Beurteilung der Verwechslungsgefahr im Arzneimittelbereich dem Erfahrungssatz, daß nicht nur der verordnende Arzt und der Apotheker, sondern auch der Patient als Verbraucher der Bezeichnung des Medikaments besondere Aufmerksamkeit widme, noch mehr Gewicht beigemessen (BGHZ 50, 77, 80 – Poropan; BGH GRUR 1959, 134, 135 – Calciduran); auch der weniger kundige Patient wurde im Bereich rezeptpflichtiger Medikamente zu den angesprochenen Verkehrskreisen gerechnet (BGH GRUR 1955, 415, 416 – Arctuvan/Artesan; auch 1957, 339, 341 – Venostasin/Topostasin). In der *jüngeren* Rechtsprechung des BGH tritt demgegenüber die Berücksichtigung der Vorstellungen des Verbrauchers als Laien zur Beurteilung der Markenähnlichkeit und damit der Verwechslungsgefahr bei rezeptpflichtigen Medikamenten deutlich zurück. Auch wenn der Verbraucher etwa bei solchen Medikamenten, die unter Herzsymbolen vertrieben werden, Fehlvorstellungen über die Zuordnung der Arzneimittel unterliegt, ist nicht außer acht zu lassen, daß insbesondere wegen der Rezeptpflichtigkeit solcher Medikamente ein Patient sich nur nach ärztlicher Beratung zum Kauf eines Herz- oder Blutdruckmittels entschließt und deshalb im Ergebnis seiner Fehlvorstellung wenig rechtliche Relevanz beizumessen ist (BGH GRUR 1989, 425, 428 – Herzsymbol). Vorrangig ist auf das *Verständnis des verordnenden Arztes und des Apothekers* abzustellen; Fehlvorstellungen von Laien über den Bedeutungsgehalt einer Wirkstoffangabe kommen daneben grundsätzlich nicht zum Tragen, da der Mangel kennzeichnungsrechtlicher Unterscheidungskraft einer Beschaffenheitsangabe nicht dadurch aufgehoben werde, daß deren Bedeutung nicht von jedermann verstanden werde (BGH GRUR 1990, 453, 455 – L-Thyroxin). Wirkstoffangaben, an denen in Fachkreisen ein Freihaltebedürfnis besteht, wirken nicht prägend, gleichgültig welche Fehlvorstellungen Laien haben (BPatG GRUR 1992, 701 – Heparin Azuchemie). Da zur Begründung von Verwechslungsgefahr die Wechselwirkung zwischen Markenähnlichkeit und Produktähnlichkeit zu berücksichtigen ist, kann vor allem der *Produktabstand der Arzneimittel* die Verwechslungsgefahr vermindern oder entfallen lassen (so schon zur Rechtserheblichkeit des Warenabstands unter der Rechtslage im WZG BGHZ 50, 77, 81 – Poropan). Selbst eine etwa bestehende *Indikationsverschiedenheit* wurde als die Verwechslungsgefahr mindernd angesehen (BPatG Mitt 1988, 117 – Portasan/Tobasan). Auch für Ärzte und Apotheker als die angesprochenen Verkehrskreise liegt aber die Annahme fern, daß verschiedene Hersteller von Arzneimitten selbst solche Mittel in weithin ähnlicher Weise kennzeichnen könnten, deren Indikationsgebiete weithin übereinstimmen. Daher bedarf es auch bei Kennzeichen für apothekenpflichtige Arzneimittel zum Ausschluß der Verwechslungsgefahr einer deutlichen Unterscheidbarkeit der Zeichen, wenn ein Indikationsgebiet und die Wirkungsweise der bezeichneten Arzneimittel gleich sind und dem zu schützenden Zeichen eine beachtliche Kennzeichnungskraft beizumessen ist (BGH GRUR 1993, 118, 120 – Corvaton/Corvasal). In der Rechtsprechung war im übrigen schon immer anerkannt, daß auch das breite Publikum Arzneimittelmarken deshalb sorgfältiger beurteilt, weil es an die häufig vorkommenden Endsilben der Wortmarken gewöhnt ist (BGH GRUR 1957, 339, 341 – Venostasin/Topostasin; 1957, 435, 436 – Eucerin/Estasin). Als *nicht verwechselbar* beurteilt wurden *Tropon* mit *Magnetopon* (OLG Köln GRUR 1934, 743); *Lidaprim* mit *Sigaprin* (OLG Frankfurt GRUR 1978, 362, 363). Die nur schwach kennzeichnungskräftigen Marken *Ultra-Basic* und *Basics* sind ohne starke Verkehrsdurchsetzung selbst bei Verwendung für sehr ähnliche Waren wie Generika nicht verwechslungsfähig (OLG Stuttgart WRP 1997, 118, 121 – Basics). Im Arzneimittelbereich ist zudem die Neigung, Mehrwortmarken zu verkürzen, im allgemeinen verhältnismäßig gering (BPatG Mitt 1987, 116 – BENICIL-IBSA/MEXTIL; GRUR 1992, 701 – Herparin Azuchemie). Auch wurde in der Rechtsprechung von dem Grundsatz ausgegangen, daß der Käufer eines der Gesundheitspflege dienenden Erzeugnisses dessen Bezeichnung besondere Aufmerksamkeit schenke, um mit Sicherheit das Richtige zu erhalten (BGH GRUR 1958, 81, 83 – Thymopect).

Die differenzierende Beurteilung der Verwechslungsgefahr auf dem Gebiet der Marken **156** für pharmazeutische Erzeugnisse führt gegenüber anderen Produktarten zu einem vergleichsweise *engen Schutzbereich von Arzneimittelmarken*. Zwar ist richtig, daß eine solche Tendenz im Grunde auf der Tatsache beruht, daß die sehr große Anzahl der für Arzneimittel eingetragenen Marken zu einer verhältnismäßig engen Begrenzung ihres Schutzumfanges zwingt, um Neuanmeldungen den Markenerwerb für pharmazeutische Erzeugnisse zu ermöglichen (*Heil/Kunz-Hallstein*, GRUR 1995, 227, 231). Vor allem aber bringt die differenzierende Beurteilung der Verwechslungsgefahr begründenden Markenähnlichkeit die Normativität des Begriffs der Verwechslungsgefahr und damit das Abstellen auf die berechtigten Erwartungen eines verständigen Verbrauchers zum Ausdruck.

cc) **Erinnerungsbild im Verkehr.** Die Markenähnlichkeit der Kollisionszeichen ist **157** nach dem Erinnerungsbild im Verkehr zu bestimmen, das sich die Verbraucher, an die sich die Produktmarke richtet oder die mit dem Produkt in geschäftlichen Kontakt kommen, von der Produktmarke bilden. Die Rechtsprechung geht von dem Erfahrungssatz aus, daß der Verbraucher die ähnlichen Marken regelmäßig *nicht gleichzeitig nebeneinander wahrnimmt und miteinander vergleicht* (RG MuW 1931, 98; BGH GRUR 1951, 159 – Störche; 1974, 30, 31 – Erotex). Aus diesem empirischen Befund wird zur Beurteilung der Markenähnlichkeit der Rechtssatz abgeleitet, der Gesamteindruck der Kollisionszeichen sei weniger hinsichtlich deren Abweichungen als vielmehr auf deren *Übereinstimmungen* hin zu prüfen (RGZ 149, 336, 339 – Kaffeekanne; BGH GRUR 1961, 343, 346 – Meßmer-Tee; 1963, 423, 424 – coffeinfrei; 1964, 140, 142 – Odol-Flasche; 1982, 111, 113 – Original-Maraschino). Nach der Rechtsprechung sollen Markenunterschiede den Gesamteindruck der Kollisionszeichen im allgemeinen nur dann beeinflussen, wenn die Unterschiede gegenüber den Übereinstimmungen deutlich hervortreten und das Erinnerungsbild des Verkehrs prägen. Bei der im Verkehr regelmäßig nur undeutlichen Erinnerung an nicht unmittelbar nebeneinander vorliegende Zeichen *treten regelmäßig die übereinstimmenden Merkmale stärker hervor* als die Unterschiede (BGH GRUR 1974, 30, 31 – Erotex; 1990, 450, 452 – St. Petersquelle; 1992, 110, 111 – dipa/dib; 1993, 118, 120 – Corvaton/Corvasal). Das *Erinnerungsbild des Verbrauchers* bildet sich regelmäßig mehr aufgrund der übereinstimmenden als der unterschiedlichen Markenbestandteile. Wenn etwa eine Bildmarke aus der Verbindung zweier gleichartiger Figuren besteht, dann wird der Gesamteindruck nicht nur durch die Doppelfigur, sondern auch durch die Art der Einzelfiguren geprägt (so zum Zwillingszeichen BGH GRUR 1951, 159 – Störche; 1957, 287 – Plasticum-Männchen).

dd) **Erheblichkeit der herkunfts- und produktidentifizierenden Zeichenbe- 158 standteile.** Der Gesamteindruck bestimmt sich nach den Merkmalen der Marke, die ihren Gesamtcharakter prägen oder wesentlich mitbestimmen. Es kommt entscheidend auf die *herkunftsidentifizierenden* wie allgemein auf die *produktidentifizierenden Zeichenbestandteile* an (zu herkunftskennzeichnenden Zeichenbestandteilen s. BPatG GRUR 1979, 243 – Visuelles Gesamtbild; 1980, 59, 60 – Marc/Mars; BGH GRUR 1986, 72 – Tabacco d'Harar). In seiner Rechtsprechung zur Rechtslage im MarkenG geht nunmehr auch der BGH bei der

Feststellung der Prägung des Gesamteindrucks eines Kennzeichens durch dessen Zeichenbestandteile davon aus, ob sich der Verkehr an dem jeweiligen Zeichenbestandteil *betriebskennzeichnend* und *warenindividualisierend* orientiert (BGH GRUR 1998, 927 – COMPOSANA). Bei der Beurteilung des Gesamteindrucks können die einzelnen Zeichenbestandteile auch gesondert zu werten sein, wenn von ihnen die Gesamtwirkung der Marke abhängig ist (BGH GRUR 1952, 420 – Gumax/Gumasol; 1955, 481 – Hamburger Kinderstube; 1963, 423 – coffeinfrei). Die Zerlegung der Marke in ihre Zeichenbestandteile ist auf die Feststellung ihres Gesamteindrucks bezogen. Da es zur Feststellung der Markenähnlichkeit letztlich nur auf den Eindruck der Kollisionszeichen ankommt, darf sich die Beurteilung der einzelnen Zeichenbestandteile nicht in einer zergliedernden Betrachtung der Einzelheiten einer Marke verlieren (RG GRUR 1931, 402 – Terranova/Terrameyer; BGH GRUR 1962, 522 – Ribana). Wenn sich bei einer *Einwortmarke*, die als Zeichenbestandteil ein rein beschreibendes Wort enthält, ein Gesamtbegriff mit einem eigenständigen Bedeutungsgehalt ergibt, dann verbietet es sich, das Markenwort in seine Zeichenbestandteile zu zerlegen. Der Gesamteindruck einer derartigen Marke wird auch von dem beschreibenden Zeichenbestandteil mit beeinflußt. Da der Zeichenbestandteil *MEISTER* in der Einwortmarke *MEISTERBRAND* nicht als ein eigenständiger, selbständig kennzeichnender Zeichenbestandteil hervortritt, wurde die Verwechslungsgefahr mit der Wortmarke *Meister H.L.* verneint (BGH GRUR 1998, 932 – MEISTERBRAND).

**159** Nach diesen Grundsätzen ist auch der Gesamteindruck einer *zusammengesetzten Marke* oder *Kombinationsmarke* zu bestimmen (s. Rn 201 ff.). Auch bei solchen Marken entscheidet nicht der rein äußerliche Eindruck der Marke als Ganzes, sondern es bestimmen grundsätzlich die herkunftsidentifizierenden oder allgemein produktidentifizierenden Zeichenbestandteile den Gesamteindruck. Anerkannt ist der Grundsatz, daß einem Zeichenbestandteil für die Beurteilung der Verwechslungsgefahr nur dann maßgebliche Bedeutung zugebilligt werden kann, wenn dieser Bestandteil den Gesamteindruck der Marke prägt oder doch wesentlich mitbestimmt (BGH GRUR 1961, 343, 345 – Meßmer-Tee; 1976, 353, 354 – COLORBOY; 1986, 72, 73 – Tabacco d'Harar). Namentlich bei einer aus mehreren Wörtern zusammengesetzten Marke prägt sich ein großer Teil des Publikums nur den Zeichenbestandteil ein, der wegen seiner Kürze und seiner Stellung innerhalb der Marke besonders auffällt (BGH GRUR 1961, 628, 630 – Umberto Rosso). Dabei ist nicht ausgeschlossen, daß auch ein bestimmter Zeichenbestandteil, auf den der Verkehr vornehmlich sein Augenmerk richtet, den Gesamteindruck der Marke bestimmt. Die Analyse der Zeichenbestandteile bestimmt sich nach der dem Sprachgefühl entsprechenden natürlichen Silbengliederung und Vokalfolge der Marke (BGH GRUR 1955, 415 – Arctuvan/Artesan); einzelne Buchstaben oder Buchstabengruppen dürfen nicht willkürlich aus dem sprachlichen Zusammenhang herausgerissen werden. Zeichenbestandteile ohne herkunftsidentifizierende oder allgemein produktidentifizierende Eignung sind zur Beurteilung des Gesamteindrucks nur insoweit erheblich, als sie die aufgrund der produktidentifizierenden Zeichenbestandteile naheliegende, aber für sich allein noch nicht ausreichende Verwechslungsgefahr zu fördern geeignet sind. Wenn der Gesamteindruck einer zusammengesetzten Marke oder Kombinationsmarke durch *gleichgewichtige Zeichenbestandteile* bestimmt wird, dann ist kein Zeichenbestandteil allein geeignet, den Gesamteindruck der zusammengesetzten Marke oder der Kombinationsmarke zu prägen, weshalb bei einer Übereinstimmung oder Ähnlichkeit nur eines Zeichenbestandteils aus der Gesamtmarke mit der Kollisionsmarke eine Verwechslungsgefahr nach ständiger Rechtsprechung nicht angenommen werden kann (BGH GRUR 1996, 775 – Sali Toft; BGH GRUR 1996, 777 – JOY).

**160** **ee) Klangliche, bildliche und begriffliche Markenähnlichkeit.** Marken können in drei Richtungen wirken: durch den *Klang*, das *Bild* und die *Bedeutung* der Marke (so auch EuGH, Rs. C-251/95, Slg. 1997, I-6191, GRUR 1998, 387 – Sabèl/Puma; BGH GRUR 1999, 241 – Lions). Die Verwechslungsgefahr der Kollisionszeichen kann sich aus der *klanglichen* (phonetischen, akustischen), *bildlichen* (visuellen, optischen) einschließlich der schriftbildlichen und *begrifflichen* (sinnhaften, inhaltlichen, bedeutungsmäßigen) Markenähnlichkeit ergeben. Zur Annahme einer Verwechslungsgefahr ist es nach ständiger Rechtsprechung ausreichend, wenn die Markenähnlichkeit der Kollisionszeichen *in einer dieser drei Richtungen* besteht (zu § 9 Abs. 1 Nr. 2 s. BGH GRUR 1999, 241 – Lions; zur Rechtslage im WZG s. BGHZ 28, 320, 324 – Quick; BGH GRUR 1952, 36 – Widia/Ardia; 1961, 535, 536 –

arko; 1979, 853 – LILA; 1990, 367, 368 – alpi/Alba Moda; 1992, 110, 112 – dipa/dib; s. schon RGZ 104, 315 – Sinalco; RG GRUR 1939, 128 – Knirps/Fips; 1943, 343 – Fussol/Fussariol). Die *Klang-, Bild- und Sinnwirkung* einer Marke sind rechtlich gleichwertige Erscheinungsformen der Markenähnlichkeit. In der Mehrzahl der Zeichenkollisionen wird nur eine der drei Arten der Markenähnlichkeit die Verwechslungsgefahr begründen. Wenn Markenähnlichkeit in mehreren Richtungen besteht, verstärkt sich die Verwechslungsgefahr. Die Verwechslungsgefahr kann auch erst durch die Kumulation der klanglichen, bildlichen oder begrifflichen Markenähnlichkeit begründet werden (*komplexe* Verwechslungsgefahr), auch wenn nach dem Gesamteindruck der Kollisionszeichen die Ähnlichkeit in einer dieser Richtungen für sich allein nicht ausreichend ist. So kann etwa eine Annäherung des kollidierenden Zeichens an den Bedeutungsgehalt der Marke, die aufgrund der klanglichen oder bildlichen Markenähnlichkeit bestehende Verwechslungsgefahr vergrößern.

Die aufgrund der klanglichen oder bildlichen Markenähnlichkeit begründete Verwechslungsgefahr kann aufgrund von *Abweichungen im Sinngehalt* der Kollisionszeichen ausgeschlossen werden. Aufgrund der Sprech- und Hörgewohnheiten des Verkehrs geht die Rechtsprechung von dem Erfahrungssatz aus, daß bestehende Abweichungen der Kollisionszeichen in der begrifflichen Zeichenwirkung es dem Verkehr erleichtern, verbleibende klangliche Unterschiede wesentlich schneller zu erfassen (BGH GRUR 1992, 130, 132 – Bally/BALL). So ist anerkannt, daß die durch klangliche oder bildliche Markenähnlichkeit begründete Verwechslungsgefahr sowohl durch Abweichungen im Schriftbild als auch durch Unterschiede im Sinngehalt der Kollisionszeichen ausgeschaltet werden kann (BGHZ 28, 320, 324 – Quick; BGH GRUR 1956, 321, 322 – Synochem/Firmochem; 1958, 81, 82 – Thymopect; 1966, 38, 40 – Centra; 1981, 277 – Rosine Maja; 1992, 130, 132 – Bally/BALL). Bei Anwendung dieser allgemeinen Beurteilungsgrundsätze ist im einzelnen zwischen den verschiedenen Markenarten wie Wortmarken, Bildmarken oder Hörmarken sowie zusammengesetzten Marken oder Kombinationsmarken zu unterscheiden. **161**

Die Annahme einer ausschließlich aufgrund *begrifflicher Markenähnlichkeit* begründeten Verwechslungsgefahr ist zwar im Grundsatz nicht ausgeschlossen, wird aber nur in seltenen Fallkonstellationen vorkommen (zur Problematik des Motivschutzes und der typisierten Motivmarken s. Rn 248 ff.). Voraussetzung ist, daß der gemeinsame Begriffsinhalt der Kollisionszeichen herkunftsidentifizierend oder allgemein produktidentifizierend wirkt und damit von kennzeichnender Natur ist. Soweit sich die Rechtsprechung in der Vergangenheit mit der begrifflichen Verwechslungsgefahr befaßt hat, wurde diese zumeist abgelehnt (BGH GRUR 1963, 622 – Sunkist; 1975, 487 – WMF-Mondmännchen; 1976, 143 – Biovital; 1979, 853 – LILA). Auf die vom BGH dem EuGH zur Vorabentscheidung vorgelegte Frage, ob es zur Bejahung der Gefahr der Verwechslung eines aus Wort und Bild zusammengesetzten Zeichens mit einem für gleiche und ähnliche Waren lediglich als Bild eingetragenen Zeichen, das keine besondere Verkehrsbekanntheit genieße, genüge, daß die beiden Bilder in ihrem Sinngehalt (hier: springende Raubkatze) übereinstimten (BGH GRUR 1996, 198 – Springende Raubkatze), entschied der EuGH, daß die *rein assoziative gedankliche Verbindung*, die der Verkehr über die Übereinstimmung des Sinngehalts zweier Marken zwischen diesen herstellen könne, für sich genommen die Verwechslungsgefahr nicht begründe (EuGH, Rs. C-251/95, Slg. 1997, I-6191, GRUR 1998, 387 – Sabèl/Puma). Der EuGH hält es aber für möglich, daß bei zwei Bildmarken, die in ihrem Sinngehalt übereinstimmen, eine Verwechslungsgefahr dann besteht, wenn der älteren Marke entweder von Hause aus oder kraft Verkehrsgeltung eine *besondere Kennzeichnungskraft* zukomme. Die Möglichkeit einer ausschließlich aufgrund begrifflicher Markenähnlichkeit begründeten Verwechslungsgefahr wird vom EuGH im Grundsatz anerkannt (s. dazu *Fezer*, NJW 1998, 713, 714). **162**

Bei *Kombinationsmarken* geht die Rechtsprechung von dem Grundsatz aus, daß der Verkehr sich *eher am Wortbestandteil als am Bildbestandteil* zu orientieren pflegt (BGH GRUR 1966, 499, 500 – Merck; 1989, 425, 427 – Herzsymbol; 1992, 48, 50 – frei öl; 1996, 198 – Springende Raubkatze). Dieser Grundsatz findet seine Begründung darin, daß das Kennwort in der Regel im Verkehr die einfachste Form ist, um das Produkt zu bezeichnen. Diese Erfahrungstatsache verwehrt es indessen nicht, auch dem Bildbestandteil eine den Gesamteindruck prägende Bedeutung zuzubilligen, wenn der Bildbestandteil neben dem Wortbestandteil eine eigenständige produktidentifizierende Bedeutung für den Verkehr entfaltet **163** (zur herkunftshinweisenden Bedeutung des Bildbestandteils BGH GRUR 1996, 198 – Springende Raubkatze; zu einem Wortbestandteil in geringerer Schriftgröße, dem keine vollständige kollisionsbegründende Wirkung zukommt BPatG GRUR 1994, 124 – Billy the Kid; zur kennzeichnenden Bedeutung der farblichen Gestaltung einer Zigarettenpackung im Verhältnis zum Markennamen s. HansOLG Hamburg GRUR 1999, 172, 176 – CABINET).

164 Die Beurteilungsgrundsätze zur klanglichen, bildlichen und begrifflichen Markenähnlichkeit gelten in gleicher Weise für *benutzte* wie für *nicht benutzte* Marken. Bei einer nicht benutzten Marke kommt es darauf an, ob aufgrund der klanglichen, bildlichen oder begrifflichen Markenähnlichkeit im Verkehr eine Verwechslungsgefahr begründet werden kann, wenn die Marke als herkunftsidentifizierendes oder allgemein produktidentifizierendes Unterscheidungszeichen verwendet wird (BGH GRUR 1961, 231 – Hapol).

165 **ff) Markenform der Eintragung und abgewandelte Benutzungsformen.** Bei einer Markenkollision ist die Marke nach ständiger Rechtsprechung nur in der Form geschützt, in der sie in das Markenregister eingetragen ist (RGZ 115, 235 – Mundharmonika-Decke; RG GRUR 1937, 704 – Romi/Romeria; 1939, 849 – Wirkzeichen für Strumpfwaren). Eine der Anmeldung etwa beigefügte *Beschreibung der Marke* dient allein deren Erläuterung wie etwa einer Bildmarke (Darstellung einer Maschine von vorn rechts RGZ 115, 235). Die Markenbeschreibung ergänzt aber nicht den Markeninhalt und erweitert nicht den Schutzumfang der Marke. So darf etwa bei einer Bildmarke aus der Markenbeschreibung bei der Bestimmung des Schutzbereichs der Marke nicht berücksichtigt werden, was nicht aus dem Zeichenbild ersichtlich ist (zur Bedeutung von Farbangaben in der Markenbeschreibung s. § 32, Rn 44, 46). Der Markeninhaber ist rechtlich nicht gehalten, die Marke in der im Markenregister eingetragenen Form zu benutzen; er kann das Zeichen vielmehr in jeder von der Eintragung mehr oder weniger abweichenden Gestaltung verwenden (RG GRUR 1937, 1013 – Fi. Ti. Wi./KITI). Auch wenn der Schutzbereich der Marke grundsätzlich nach der Markenform der Eintragung in das Markenregister zu bestimmen ist, sind auch *abgewandelte Benutzungsformen* in den Grenzen des § 26 Abs. 3 bei der Beurteilung der Markenähnlichkeit nach dem Gesamteindruck der Kollisionszeichen zur Begründung der Verwechslungsgefahr zu berücksichtigen. Nach § 26 Abs. 3 S. 1 gilt als rechtserhaltende Benutzung einer eingetragenen Marke im Sinne des Benutzungszwangs auch die Benutzung einer Marke in einer Form, die von der Eintragung abweicht, soweit die Abweichungen den kennzeichnenden Charakter der Marke nicht verändern. In der Rechtsprechung zur Rechtslage im WZG wurden solche abgewandelten Benutzungsformen bei Prüfung der Verwechslungsgefahr herangezogen, die *bestimmungsgemäß*, *verkehrsüblich* oder durch die *praktische Verwendbarkeit* geboten waren (BGH GRUR 1967, 89, 91 – Rose; 1975, 135, 137 – KIM-Mohr; auch schon RG MuW 1935, 344, 346 – Wellenbänder). Verwechslungsgefahr wurde verneint zwischen dem Zeichen *jura-mont* und der eingetragenen Marke *JUNO*, die in der Schreibweise *juno* mit Kleinbuchstaben im Verkehr verwendet wurde, da es regelwidrig sei, ein Substantiv mit einem Kleinbuchstaben zu beginnen (BPatGE 1, 186; in der Begründung bedenklich).

166 Die höchstrichterliche Rechtsprechung zur Berücksichtigung abgewandelter Benutzungsformen bei der Bestimmung des Schutzumfangs einer Marke entsprach der Rechtsprechung zur rechtserhaltenden Benutzung im Sinne des Benutzungszwangs nach § 5 Abs. 7 S. 1 WZG. Nach der *Rechtslage im MarkenG* wurde der Kreis der abgewandelten Benutzungsformen, die als rechtserhaltende Benutzung nach § 26 Abs. 3 S. 1 zu berücksichtigen sind, gegenüber der Rechtslage im WZG erweitert. Folge ist, daß zwar bestimmungsgemäße, verkehrsübliche oder durch die praktische Verwendbarkeit gebotene Abwandlungsformen der Marke nach wie vor auch zur Bestimmung des Schutzbereichs der Marke zu berücksichtigen sind, daß aber nach der Rechtslage im MarkenG über diese als streng beurteilte Rechtsprechung zur rechtserhaltenden Benutzung nach der Rechtslage im WZG hinauszugehen ist. Der Kreis der abgewandelten Benutzungsformen einer Marke, die als rechtserhaltende Benutzung nach § 26 Abs. 3 S. 1 gelten, ist deckungsgleich mit den Formen der benutzten Marke, die zur Bestimmung des Schutzumfangs der Marke zu berücksichtigen sind. Nach diesem Grundsatz sind solche Abweichungen der benutzten Marke gegenüber der Markenform der Eintragung zu berücksichtigen, die den *kennzeichnenden Cha-*

*rakter der Marke* unverändert lassen (s. dazu im einzelnen § 26, Rn 89 ff.). Der Begriff des kennzeichnenden Charakters der Marke entspricht der Formulierung sowohl von Art. 10 Abs. 2 lit. a MarkenRL als auch Art. 5 C Abs. 2 PVÜ, die von der Benutzung der Marke in einer Form ausgehen, die von der Eintragung nur in Bestandteilen abweicht, ohne daß die Unterscheidungskraft der Marke beeinflußt wird (s. Begründung zum MarkenG, BT-Drucks. 12/6581 vom 14. Januar 1994, S. 83).

Bei der Bestimmung des Schutzbereichs einer Marke können nicht nur abgewandelte Benutzungsformen zu berücksichtigen sein, sondern auch solche *außerhalb der Marke liegenden Umstände,* die in einer gewissen Beziehung zu der Marke selbst stehen, wenn sie den Gesamteindruck der Marke beeinflussen (BGH GRUR 1958, 610, 611 – Zahnrad). Das gilt etwa für Ornamente und Verzierungen der Kennzeichnung, der Form und Farbe des Produkts selbst sowie dessen Verpackung oder Umhüllung (RG MuW 1930, 529 – ELEKTROLUX). Die Markenähnlichkeit bestimmt sich nur nach einem Vergleich der Kollisionsmarken, unabhängig davon, ob etwa Verwechslungsgefahr zwischen der Marke des Dritten mit einer gelöschten Marke des Markeninhabers besteht (RG MuW 1929, 13), oder ob der Markeninhaber noch andere Marken in abgewandelter Form benutzt (BGH GRUR 1959, 420 – Opal). Wenn die Übung besteht, bei dem Erwerb des Produkts der Marke bestimmte *Zusätze,* wie etwa die Abgabeform oder den Namen der Produktgattung, hinzuzufügen, dann können diese Zusätze den Gesamteindruck mitbestimmen und sind bei der Prüfung der Verwechslungsgefahr zu berücksichtigen (BPatG Mitt 1967, 10 – ACAFE/AKA; BPatG, Beschluß vom 4. Juli 1974, 25 W (pat) 18/74 – Metaflon/Teflon; aA noch BPatGE 11, 275, das *Goldbraun-Hähnchen* als nicht verwechselbar mit *Goldhähnchen* beurteilte). An einer abgewandelten Markenform, die außerhalb der Grenzen einer rechtserhaltenden Benutzung nach § 26 Abs. 3 S. 1 liegt und nicht bei der Bestimmung des Schutzumfangs einer Marke zu berücksichtigen ist, kann Markenschutz durch Benutzung des Zeichens und den Erwerb von Verkehrsgeltung als Marke nach § 4 Nr. 2 entstehen; auch kann der benutzten Marke wettbewerbsrechtlicher Schutz nach § 1 UWG zukommen.

**gg) Abwandlungen der kollidierenden Marke des Dritten. (1) Grundsatz.** Abwandlungen der kollidierenden Marke des Dritten können in dem *Hinzufügen von Zusätzen* oder dem *Weglassen von Zeichenbestandteilen* gegenüber der Marke des Markeninhabers bestehen. Solche Abwandlungen des Kollisionszeichens beseitigen die nach dem Gesamteindruck zu beurteilende Markenähnlichkeit der Kollisionsmarken und damit die Verwechslungsgefahr nur dann, wenn die Abwandlung das Kollisionszeichen derart prägt, daß dieses eine andere Eigenart als die Marke des Markeninhabers aufweist.

**(2) Unternehmenskennzeichen als Zusatz.** Wenn der Dritte die *fremde Marke als Ganzes* übernimmt und diesem Zeichen *als Zusatz* sein *Unternehmenskennzeichen* (Name, Firma, besondere Geschäftsbezeichnung oder Geschäftsabzeichen im Sinne des § 5 Abs. 2) hinzufügt, dann gewinnt das kollidierende Zeichen gegenüber der Markenwirkung des fremden Zeichens grundsätzlich keine die Markenähnlichkeit beseitigende Eigenart. Auch die Hinzufügung des Vornamens zu einer Namensmarke schließt die Verwechslungsgefahr nicht aus (HansOLG Hamburg GRUR 1997, 659 – KLAUS BREE; s. zu Namenszusätzen im einzelnen § 15, Rn 66). Das Markenrecht wäre als subjektives Ausschließlichkeitsrecht wertlos, wenn jedermann die fremde Marke mit einem eigenen Herkunftshinweis im geschäftlichen Verkehr gebrauchen könnte. Dies gilt uneingeschränkt für die *identische* Übernahme einer fremden Marke. Von diesem Grundsatz ist in der Regel auch bei der Verwendung einer *verwechslungsfähigen* Marke als Kollisionszeichen, das mit dem Zusatz des eigenen Unternehmenskennzeichens versehen wird, auszugehen. Der Zusatz eines fremden Unternehmenskennzeichens ist grundsätzlich nicht geeignet, im Verkehr einen Irrtum über die herkunftsidentifizierende oder allgemein produktidentifizierende Wirkung der Marke zuungunsten des Markeninhabers einschließlich eines Irrtums über Unternehmensverbindungen auszuschließen. Solche Zusätze können vielmehr geeignet sein, den Verkehr noch mehr zu verwirren (RG GRUR 1939, 632, 642 – Recresal/Recrephos; BGH GRUR 1955, 487, 489 – Alpha-Sterilisator/Alpha-Instrumente Sch. & Co.). Anders kann es ausnahmsweise liegen und die aufgrund der Markenähnlichkeit bestehende Verwechslungsgefahr ausgeschlossen sein, wenn der Zusatz des Unternehmenskennzeichens im Verkehr eine für jedermann erkennbare *Klarstellung der Herkunfts- oder Produktidentifikation* für verschiedene

Unternehmen bedeutet. Eine solche Zeichenwirkung kann zum einen bei *bekannten* Unternehmenskennzeichen als Zusätze eintreten, wie zum anderen vornehmlich dann, wenn es sich bei den kollidierenden Marken um *Firmenabkürzungen* handelt und der Dritte seiner Firmenabkürzung das vollständige Unternehmenskennzeichen hinzufügt. Der Verkehr ist an Abkürzungen von Firmen gewöhnt, und es darf insoweit eine erhöhte Aufmerksamkeit der Verbraucher erwartet werden. Die Verwechslungsgefahr wurde bejaht zwischen BBC und der Firmenabkürzung DDC, verneint aber zwischen BBC und der Gesamtkennzeichnung DDC David Datentechnik GmbH & Co, Computer KG (BGH GRUR 1982, 420, 423 – BBC/DDC). Kommt dem Firmenbestandteil für die Produktunterscheidung eine wesentliche Funktion und damit dem anderen Zeichenbestandteil keine den Gesamteindruck der Marke prägende Bedeutung zu, so kann der Firmenzusatz die Verwechslungsgefahr beseitigen. Die Verwechslungsgefahr wurde verneint zwischen *Ferrero Pampino* und *Campino* (BPatG BlPMZ 1996, 190 – Campino). Bejaht wurde hingegen die Verwechslungsgefahr, da die Herstellerangabe in den Hintergrund tritt, soweit der Rechtsverkehr seine Aufmerksamkeit mehr auf die sonstigen hervortretenden Merkmale markenmäßiger Art richtet, zwischen *Fischer ISOTHERM* und *Bisotherm-Stein* (BPatG BlPMZ 1996, 190 – Bisotherm-Stein; dazu BGH GRUR 1998, 925 – Bisotherm-Stein); zwischen *Nautilus* und *PATEK PHILIPPE NAUTILUS* (BPatG BlPMZ 1996, 189 – PATEK PHILIPPE NAUTILUS); zwischen *Divan* und *Tiffany Diva* (BPatGE 35, 206 – Divan). Gleichwohl kann keine Regel aufgestellt werden, wonach einer *Herstellerangabe als Bezeichnungsbestandteil* stets eine (mit-) prägende Bedeutung für den Gesamteindruck abzusprechen sei (BGH GRUR 1996, 406 – JUWEL; s. zur Abspaltung von Zeichenbestandteilen Rn 215f.).

**170** Inwieweit es entscheidungserheblich ist, ob die jeweilige Firmenbezeichnung den angesprochenen Verkehrskreisen bereits bekannt ist, ist in der Rechtsprechung umstritten. Während der BGH die *aktuelle Bekanntheit* der Firmenbezeichnung als entscheidungserheblich ansieht (BGH GRUR 1996, 198 – Springende Raubkatze), kommt es hierauf nach Auffassung des BPatG nicht entscheidend an. Es ist vielmehr auf die *unterstellte Kenntnis* der Firmenbezeichnung in den angesprochenen Verkehrskreisen abzustellen (BPatG, Beschluß vom 13. März 1995, 30 W (pat) 299/93 – Kamillogen; BPatG, Beschluß vom 27. April 1995, 25 W (pat) 95/93 – ARTHROSAN; BPatG GRUR 1996, 927 – OTHÜNA Geraer Marina I; BPatGE 35, 228 – OTHÜNA Geraer Marina II; 35, 235 – MEYLIP marina; BlPMZ 1996, 190 – OTHÜNA Geraer Sonja I; 1996, 189 – OTHÜNA Geraer Sonja II; 1996, 191 – MEYLIP Sonja). Da die Firmenbezeichnung regelmäßig in Verbindung mit der Ware erscheint, besteht grundsätzlich die Gefahr, daß der Verkehr auch eine ihm von Haus aus nicht geläufige Firmenbezeichnung als solche auffaßt. Ferner muß im Hinblick auf den zeitlich unbegrenzt möglichen Markenschutz die zukünftige Bekanntheit der fraglichen Firma berücksichtigt werden.

**171** **(3) Sonstige Zusätze.** Die Verwechslungsgefahr wird nicht schon regelmäßig dann ausgeschlossen, wenn einer Phantasiemarke mit normaler Kennzeichnungskraft eine Marke mit Verkehrsdurchsetzung als Zusatz hinzugefügt wird (RPA MuW 1938, 431 – Clarol Grünau/Clearol; BGH GRUR 1968, 367, 370 – Corrida; 1973, 314, 315 – Gentry). Da der Gesamteindruck der kollidierenden Marken *SüdTrans SPED. SCHÜRMANN* und *SCHÜRMANN SPEDITION* für identische Dienstleistungen durch den Firmennamen *SCHÜRMANN* bestimmt wird, wird die Verwechslungsgefahr nicht durch den Zusatz *SüdTrans* als Dienstleistungskennzeichnung beseitigt (BPatG Mitt 1996, 397 – SCHÜRMANN SPEDITION). Farblose, ornamentale oder rein beschreibende Zusätze beseitigen die Markenähnlichkeit nicht. Auch die Vervielfältigung der fremden Marke oder von deren Zeichenbestandteilen beseitigt nicht die aufgrund der Markenähnlichkeit begründete Verwechslungsgefahr: Verdreifachung eines Sternbilds mit dem Zusatz *Johann Faber's Three Stars* (RGZ 53, 92); die Wortbildmarke mit dem Bildbestandteil mehrer *Männchen* und die Bildmarke mit dem Bildbestandteil mehrer *Männchen* und dem Zusatz *Otto-Versand* (BPatG Mitt 1966, 212 – Männchen); die Wortbildmarke mit dem Bildbestandteil eines *Sterns im Kreis* und dem Wortbestandteil *CALTEX* und die Bildmarke mit dem Bildbestandteil eines *fünffachen Sterns*, da die einzelnen Sterne der Bildmarke mit den fünf Sternen dem Stern der Wortbildmarke fast völlig nachgeahmt worden seien (Schweiz. BG SchMitt 1966, 138). Die Verwendung einer fremden Marke als Teil eines Schlagwortes, Verses oder Satzes beseitigt grundsätzlich nicht die Verwechslungsgefahr, da die Marke ihre Eigenart im Zusammenhang weiterer Wörter regelmäßig nicht verliert; als verwechslungsfähig beurteilt wurden *Aufs Blatt* mit *Ein Schuß aufs Blatt im Abendrot* (RPA MuW 1941, 57).

**(4) Anlehnende Zusätze.** Wenn sich ein Dritter an eine fremde Marke mit Zusätzen wie *System wie* . . ., *Nach Art von* . . . oder *Als Ersatz für* . . . anlehnt, dann liegt in der Regel keine Verletzung des fremden Markenrechts vor, da sowohl die Gefahr einer Irreführung über die Identität der Unternehmen oder über Unternehmenszusammenhänge als auch ein sonstiger Irrtum über die Produktidentifikation zuungunsten des Markeninhabers ausgeschlossen ist. Bei bekannten Marken kann Markenschutz nach § 14 Abs. 2 Nr. 3 bestehen. Eine solche Anlehnung an eine fremde Marke kann zudem wettbewerbswidrig nach § 1 UWG sein (s. *Baumbach/Hefermehl*, § 1 UWG, Rn 480 f.).

**(5) Weglassen von Zeichenbestandteilen.** Die Übernahme eines charakteristischen, den Gesamteindruck der fremden Marke prägenden *Zeichenbestandteils* als Teil des kollidierenden Zeichens beseitigt regelmäßig nicht die Markenähnlichkeit und damit die Verwechslungsgefahr. Die Markenähnlichkeit entfällt erst dann, wenn der übernommene Bestandteil in der kollidierenden Gesamtmarke seine *Selbständigkeit* verliert und damit im Verkehr nicht mehr ein Erinnerungsbild an die fremde Marke hervorruft (*No 4711* für Stärkepräparate und *Rudo l Nr 333* für Klebstoffe, beide mit Schweifbogen RG MuW 1931, 517 – Rudol; BGH GRUR 1954, 123, 125 – Auto-Fox; 1955, 579, 583 – Sunpearl; 1956, 183 – Drei-Punkt-Urteil; 1958, 604 – Wella-Perla; 1966, 499 – Merck; 1973, 265, 266 – Charme & Chic; 1976, 353, 354 – COLORBOY; 1977, 218 – MERCOL; zur unzureichenden Hinzufügung des Firmenschlagworts BPatG 1993, 672 – BACTRIM/Azubactrin). Wenn es sich bei der fremden Marke, die als Zeichenbestandteil des Kollisionszeichens verwendet wird, um ein in zusammengesetzten Marken häufig verwendetes Wort und insoweit um eine Marke mit schwacher Kennzeichnungskraft handelt, dann kann die übernommene Marke in der zusammengesetzten Marke ihre selbständige Markenwirkung verlieren (so *Revue* in *Star-Revue* BGH GRUR 1957, 275 – Starrevue; RGZ 101, 109 – Echo). Das gilt nicht für die Übernahme einer Marke mit Verkehrsgeltung. Die Markenähnlichkeit war zu bejahen zwischen den Kollisionszeichen *Lichtmüller* oder *Radio-Müller* und *Müller*, weil dieser Name für Waren der Beleuchtungs- oder Radiobranche Verkehrsgeltung erlangt hatte (RG GRUR 40, 286 – Müller/Lichtmüller). Die selbständige Markenwirkung bleibt regelmäßig auch bei der Übernahme von Zeichenbestandteilen mit Verkehrsgeltung bestehen. Wenn ein *schwarzer Querbalken mit weißer Negativschrift* als graphische Ausgestaltung der Marke für *Bassermann*-Konserven selbständige Verkehrsgeltung erwirbt, dann wird die durch Markenähnlichkeit der Kollisionszeichen eintretende Verwechslungsgefahr nicht dadurch beseitigt, daß das kollidierende Zeichen nicht mit dem Namen *Bassermann*, sondern mit dem Namen *Ingelfinger* verwendet wird (BGH GRUR 1966, 30, 32 – Konservenzeichen I). Wenn Zeichenbestandteile einer Marke übernommen und entweder allein oder in abgewandelter Form verwendet werden, dann kann mittelbare Verwechslungsgefahr unter dem Gesichtspunkt der Serienmarke bestehen, wenn im Verkehr der Wortstamm erkannt und als die fremde Marke oder als eine Markenabwandlung verstanden wird (*Coffeospirin* und *Hegospirin* als Abwandlungen von *Aspirin* RG JW 1925, 1285; *Wagnella* als Abwandlung von *Wagner* für Margarine RG MuW 1926, 42 – Wagner/Wagnella; RG GRUR 1937, 704 – ROMI/ROMERIA; zur mittelbaren Verwechslungsgefahr bei Serienmarken s. Rn 220 ff.).

**hh) Objektive Verwechslungsgefahr.** Die aufgrund der Markenähnlichkeit und Produktähnlichkeit begründete Verwechslungsgefahr ist ausschließlich *objektiv* nach der Verkehrsauffassung des verständigen Verbrauchers zu beurteilen; die Rechtsprechung stellt auf den flüchtigen Durchschnittsverbraucher ab (s. Rn 149). Auf die Absicht des Dritten, Verwechslungen mit der fremden Marke herbeizuführen, kommt es nicht an (BGH GRUR 1952, 35, 36 – Widia/Ardia; so schon RG MuW 1934, 276, 281 – Flügelradmotiv). Subjektive Vorstellungen des Verletzers wie *Verletzungsvorsatz* oder *Täuschungsabsicht* begründen noch keine Verwechslungsgefahr. Die Absicht, sich einer fremden Marke zu nähern oder sich an diese anzulehnen, ist für den objektiven Rechtsbegriff der Verwechslungsgefahr grundsätzlich nicht rechtserheblich (RG GRUR 1944, 82 – Gurkendoktor/Gurkenretter; 1944, 85 – Kienzle/Kaiser). Der subjektive Tatbestand einer Markenrechtsverletzung, wie das Erkennen der Verwechslungsgefahr, ist für den Schadensersatzanspruch rechtserheblich

(s. Rn 513). Das Bestehen einer Täuschungsabsicht als Teil des Gesamtverhaltens des Verletzers kann aber für das Vorliegen objektiver Verwechslungsgefahr aufschlußreich sein (RG GRUR 1939, 849, 852 – Wirkzeichen für Strumpfwaren; 1954, 85 – Irus/Urus; 1957, 281 – karo-as; 1957, 488 – MHZ). Ein solches Verhalten des Dritten gibt Anlaß zu einer strengen Prüfung der Verwechslungsgefahr, da die Beteiligten selbst die Auffassung des Verkehrs in ihrem Wirtschaftsgebiet am besten kennen (RG GRUR 1944, 85). Der Nachweis der Verwechslungsabsicht stellt ein Indiz für eine bestehende Verwechslungsgefahr dar (BGH GRUR 1957, 488, 490 – MHZ; ähnlich schon RGZ 114, 90, 95 – Neuerburg, das subjektive Moment sei als ein Anhalt für die Verwechslungsgefahr zu beurteilen).

175 **ii) Drittmarken.** Im Verletzungsprozeß ist der Einwand des Verletzers, der Markeninhaber sei deshalb nicht aktivlegitimiert, weil zwischen seiner Marke und einer prioritätsälteren Marke eines Dritten Verwechslungsgefahr bestehe, nach ständiger Rechtsprechung unerheblich (RG MuW 1931, 86 – Saalegold). Es ist ausschließlich Sache des Dritten, sein besseres Markenrecht geltend zu machen. Im Verletzungsprozeß geht es darum, welcher der Prozeßparteien das bessere Recht zukommt. Drittmarken wirken sich auf den Bestand des Markenrechts im Verletzungsprozeß nicht aus. Nach der Abstandslehre wirken sich Drittmarken allerdings auf den Schutzumfang der Marke aus und sind insoweit im Verletzungsprozeß rechtserheblich (s. Rn 307, 309).

176 **jj) Fortwirkung früherer Markenrechtsverletzungen.** Für die Beurteilung der Markenähnlichkeit der Kollisionszeichen sind hinsichtlich des Bestehens von Verwechslungsgefahr *frühere Markenrechtsverletzungen* rechtserheblich. Die Erinnerung an Markenkollisionen in der Vergangenheit kann die Verkehrsauffassung der Verbraucher mitbestimmen. Wegen einer Fortwirkung früherer Markenrechtsverletzungen kann hinsichtlich der Beurteilung der Markenähnlichkeit von dem Benutzer des Kollisionszeichens eine eindeutige Abstandnahme von der Marke des Markeninhabers zu verlangen sein (BGH GRUR 1959, 360 – Elektrotechnik; 1961, 341, 346 – Meßmer-Tee I; zur Fortwirkungslehre im Wettbewerbsrecht s. zu § 3 UWG BGH GRUR 1957, 348 – Klasen Möbel; 1958, 68 – Ei/Fein; s. im einzelnen zur fortwirkenden Irreführung *Baumbach/Hefermehl*, Wettbewerbsrecht, § 3 UWG, Rn 55).

177 **kk) Nachweis der Verwechslungsgefahr.** Der Nachweis bestehender Verwechslungsgefahr setzt nach ständiger Rechtsprechung nicht voraus, daß aufgrund der Markenkollision *tatsächlich* Verwechslungen im Verkehr vorgekommen sind (RG GRUR 1940, 158, 161 – Kathreiner/Blonde Kathrein; BGHZ 10, 211, 214 – Nordona; BGH GRUR 1961, 535, 537 – arko; 1966, 495, 497 – UNIPLAST). Zur Beurteilung der Verwechslungsgefahr kommt es auch die Entwicklung in der Zukunft an, so daß zum Nachweis der Verwechslungsgefahr die *naheliegende Möglichkeit von Verwechslungen* im Verkehr genügt. Zu berücksichtigen ist auch die künftige Entwicklung der beteiligten Unternehmen. Es genügt, wenn jederzeit mit der Möglichkeit gerechnet werden kann, daß zwischen den an der Markenkollision Beteiligten wettbewerbliche Beziehungen entstehen werden (RGZ 108, 272 – Merx; BGHZ 21, 85 – Spiegel). Tatsächliche Verwechslungen sind zwar ein *Indiz,* aber noch kein Beweis für das Bestehen von Verwechslungsgefahr (RG GRUR 1931, 532 – Selitstahl/Elitestahl). Rechtserheblich für die indizielle Wirkung tatsächlicher Verwechslungen ist, innerhalb welcher Verkehrskreise, wie oft, und über welchen Zeitraum tatsächlich Verwechslungen vorgekommen sind (RG GRUR 1939, 128 – Knirps/Fips). Wenn eine staatliche Behörde oder eine öffentliche Institution, wie etwa die Post oder ein privater Zustellungsdienst, verwechselt, dann wird das breite Publikum erst recht verwechseln (RGZ 108, 272, 276). Die Verschiedenheit der Absatzgebiete ist für das Bestehen von Verwechslungsgefahr beim Markenschutz durch Eintragung (§ 4 Nr. 1) nicht rechtserheblich, da der Schutz der eingetragenen Marke im gesamten Territorium der Bundesrepublik Deutschland als dem Geltungsbereich des Markengesetzes besteht (BGH GRUR 1961, 535, 537 – arko; schon RG MuW 1925, 230, 232). Anders kann es beim Markenschutz durch Benutzung und dem Erwerb von Verkehrsgeltung (§ 4 Nr. 2) sowie beim Schutz geschäftlicher Bezeichnungen (§§ 5, 15) liegen, da diesen Kennzeichen ein territorial begrenzter Schutzbereich zukommen kann (s. §§ 4, Rn 129 ff.; 15, Rn 46 f., 128).

178 **ll) Zeitpunkt der Verwechslungsgefahr.** Maßgebender Zeitpunkt für die Entscheidung über das Bestehen von Verwechslungsgefahr ist im *Verletzungsprozeß* der Schluß der

letzten Tatsachenverhandlung. Im *Widerspruchsverfahren* ist es der Zeitpunkt der Entscheidung über den Widerspruch. Wenn sich der Inhaber einer prioritätsälteren Marke zur Begründung eines erweiterten Schutzumfangs auf eine gesteigerte Verkehrsgeltung beruft, dann muß diese bereits im Zeitpunkt der Anmeldung der prioritätsjüngeren Marke bestanden haben und im Zeitpunkt der Entscheidung noch fortbestehen (BGHZ 34, 299, 302 – Almglocke/Almquell; BGH GRUR 1960, 130, 134 – Sunpearl II; 1963, 622, 624 – Sunkist; 1963, 626; 628 – Sunsweet). Wenn umgekehrt eine Schwächung der Kennzeichnungskraft des prioritätsälteren Widerspruchszeichens geltend gemacht wird, dann ist wiederum auf den Zeitpunkt der Entscheidung über den Widerspruch abzustellen (BGH GRUR 1963, 626, 628 – Sunsweet). Diese Grundsätze zum Zeitpunkt der Verwechslungsgefahr gelten auch dann, wenn die Anmeldung der prioritätsjüngeren Marke noch nicht zur Eintragung geführt hat, da schon die Anmeldung ein Recht auf die Eintragung begründet. Wenn wegen des Widerspruchs der prioritätsälteren Marke ein Recht auf die Eintragung der prioritätsjüngeren Marke nicht besteht, dann muß die jüngere der älteren Marke unabhängig davon weichen, ob die Verwechslungsgefahr schon vor oder erst nach der Anmeldung eingetreten ist (s. im einzelnen Rn 401 ff.).

c) **Unmittelbare Verwechslungsgefahr bei einzelnen Markenformen. aa) Wortmarken. (1) Klangwirkung. (a) Grundsatz.** Zur Feststellung der Verwechslungsgefahr aufgrund der klanglichen, bildlichen und begrifflichen Markenähnlichkeit (s. Rn 160 ff.) kommt bei der Beurteilung des Gesamteindrucks der Kollisionszeichen der Klangwirkung der Marken eine wesentliche Bedeutung zu. Im Marktwettbewerb werden Marken zumeist mündlich verbreitet und selbst beim Lesen gehört, sei es unmittelbar in den Medien wie bei Fernsehen und Film, sei es gleichsam innerlich wie in den Printmedien. Die Markenähnlichkeit aufgrund der Klangwirkung kann ausreichend sein, die Verwechslungsgefahr der Kollisionszeichen zu begründen, selbst wenn eine die Verwechslungsgefahr begründende Markenähnlichkeit aufgrund der visuellen Markenwirkung ausscheidet (zur verwechselbaren Klangwirkung trotz optischer Verschiedenheit der Zeichen *arko* und *HARKOS* BGH GRUR 1961, 535 – arko). Der Rechtserheblichkeit der klanglichen Markenähnlichkeit eine geringere Bedeutung zuzuerkennen (*Albrecht*, GRUR 1996, 246, 250; *Schmieder*, NJW 1992, 1257, 1259; einschränkend auch *Ingerl/Rohnke*, § 14 MarkenG, Rn 331; zur Internationalisierung der Sprachgewohnheiten s. Rn 181), ist wegen der Dominanz der sprachlichen Kommunikation auch und gerade in den Medien nicht gerechtfertigt (BGH GRUR 1999, 241 – Lions; HansOLG Hamburg GRUR 1997, 375, 376 – Crunchips). Die *klangliche Markenähnlichkeit* kann sich ergeben aus der gleichen Folge von Vokalen und Konsonanten, einzelnen Silben oder Lauten wie vornehmlich am Anfang oder Ende der Wortmarke, dem hellen oder dunklen, deutlich oder schwer wahrnehmbaren Klang, der Anzahl und Gliederung der Silben und Buchstaben, der Betonung, dem Klangrhythmus, wie vor allem der im Verkehr üblichen Sprachweise (zur Analyse der Klangwirkung s. etwa BGH GRUR 1992, 130, 132 – Bally/BALL). Mundartliche Aussprache ist für die klangliche Verwechslungsgefahr im allgemeinen nicht zu berücksichtigen, sofern die Dialektfärbung nicht wegen des Wortcharakters naheliegt oder aus sonstigen Gründen im allgemeinen Sprachgebrauch gegenüber der lautlich korrekten Hochsprache beherrschend hervortritt (BPatG BlPMZ 1995, 326 – FOCUS/LOGOS).

Entscheidend ist die Relevanz der klanglichen Übereinstimmungen der Kollisionszeichen auf den Gesamteindruck; verfehlt ist es, übereinstimmende Zeichenbestandteile in einer zergliedernden Betrachtung isoliert zu bewerten.

Die Globalisierung der Wirtschaft, die Internationalisierung des Produktmarketings, der grenzüberschreitende Waren- und Dienstleistungsverkehr sowie der weltweite Tourismus sind Indikatoren einer *Internationalisierung der Sprachgewohnheiten* auch im Produktmerchandising. Der Verbraucher lernt den Klang fremdsprachiger Produktmarkierungen. Auch im europäischen Binnenmarkt kommt der klanglichen Markenwirkung zentrale Bedeutung zur Feststellung der Markenähnlichkeit hinsichtlich der Verwechslungsgefahr zu. Die Verschiedenheit der nationalen Sprachen in einem einheitlichen Produktmarkt bilden keinen hinreichenden Grund, die Rechtserheblichkeit der Klangwirkung einer Marke hinsichtlich des Schutzumfangs geringer anzusetzen (*Droste/Winter*, GRUR 1979, 277, 280; *Krüger-Nieland*, GRUR 1980, 425, 427; aA *Tilmann*, GRUR 1977, 446, 457).

**182** (b) **Vokalfolge.** Die Übereinstimmung der Kollisionszeichen in der Vokalfolge ist für deren Gesamteindruck der Marken wesentlicher als die Übereinstimmung in den Anfangsbuchstaben (BGH GRUR 1958, 81, 82 – Thymopect; 1962, 522 – Ribana). Verwechslungsgefahr wurde verneint zwischen *Castora* und *Valora*, weil trotz der gemeinsamen Lautfolge *a-ora* der Gesamtklang zum einen hart und markant, zum anderen weich und farblos sei (BPatG Mitt 1970, 233). Verwechslungsgefahr unter dem Gesichtspunkt der Silbenumstellung kommt jedenfalls dann nicht in Betracht, wenn die Vergleichswörter in keiner Silbe völlig übereinstimmen; als nicht verwechslungsfähig beurteilt wurde *AVEL* und *Vela* sowie *Wella*, auch weil das Klangbild der verschiedenen Silben nicht übereinstimme (BPatG Mitt 1992, 30 – AVEL/Vela und Wella). Verwechslungsgefahr wurde angenommen zwischen *Rakofix-Teppichkleber* und *Tachofix* wegen gleichsilbiger Vokalfolge sowie gleicher Endung *fix* (BPatGE 10, 74); *DOSOPAK/DOSTRO* für Packmaschinen (BPatG Mitt 1971, 71); *Amara* und *Alcantara* sowie *Max Mara* für Textilien (OLG München GRUR 1983, 322 – Alcantara); *Biovital* und *revital energen* (OLG Köln GRUR 1984, 874 – Biovital/Revital); *PARK* und *LARK* für Tabak und Raucherartikel, da bei einsilbigen Wortmarken, die sich lediglich in den Anfangskonsonanten unterscheiden, nur dann keine Verwechslungsgefahr bestehe, wenn dieser Unterschied in Klang und Schriftbild deutlich hervortrete (BPatGE 36, 82 – PARK); *ASTRA* und *ALTRA* für Automobile, auch wenn es sich bei Automobilen um solche Waren handele, die nicht unbesehen, sondern zum Teil nach sorgfältiger Prüfung und nicht im Vorübergehen erworben würden (BPatG GRUR 1997, 833 – ASTRA).

**183** (c) **Kurze Bezeichnungen.** Die Markenähnlichkeit kurzer Bezeichnungen kann schon bei einem abweichenden Konsonanten der Kollisionszeichen entfallen, wenn der Unterschied den Gesamteindruck für den Verkehr erkennbar bestimmt. So kann etwa bei kurzen Wortmarken ein zusätzlicher harter Konsonant die Klangwirkung wesentlich verändern. Als *nicht verwechselbar* beurteilt wurde *Epro* mit *Aero* für Backhilfsmittel (BPatGE 4, 178 – EPRO). Es ist aber nicht gerechtfertigt, bei kurzen Bezeichnungen an die Unterscheidbarkeit der Kollisionszeichen geringere Anforderungen als bei längeren Bezeichnungen zu stellen. Als verwechselbar beurteilt wurden *Wit* mit *Wipp* für Wasch- und Reinigungsmittel, weil das Klangbild durch die ersten beiden Laute entscheidend bestimmt werde und demgegenüber die abweichenden Endlaute *t* und *p* nicht ins Gewicht fielen (BGH GRUR 1957, 499, 502 – Wit/Wipp); *Lili* mit *Libbys* für Speiseeis wegen der gleichen Anfangssilbe *Li* (BGH GRUR 1966, 493 – Lili); *Rea* mit *Zea* für Zucker, da der phonetische Gesamteindruck von der Vokalfolge *ea* beherrscht werde (BPatG Mitt 1970, 193); *hipp* mit *BIP* für Bekleidung (BPatG Mitt 1978, 162); *evit* mit *ELIT* für Speiseöle und Speisefette, weil sich die Zeichen nur in den Konsonanten *v* und *L* in der Wortmitte unterschieden (BPatGE 23, 176); *ANGO* mit *ANG* für Futtermittel (Mitt 1976, 121).

**184** (d) **Betonung.** Die klangliche Markenähnlichkeit bestimmt sich nach der Betonung der Wortmarke. Aus Phantasiewörtern bestehende Wortmarken lassen sich zumeist auf unterschiedliche Weise betonen. Zur Beurteilung der Markenähnlichkeit kommt es auf die im Verkehr wahrscheinliche Betonung an. Als *nicht verwechslungsfähig* beurteilt wurden *Lutin* mit *Ludigran* für Pflanzenschutzmittel (BGH GRUR 1962, 241 – Lutin); *Boxin* für Kunststoff-Folien als Bastelmaterial für Kinder mit *Froxi* für Auslegewaren für Fußböden, zumal die Produkte sich nach ihrer Zweckbestimmung wesentlich unterschieden (BGH GRUR 1976, 356 – Boxin); *Monte Garda* mit *MONTELERA* (BPatG Mitt 1970, 131). Als *verwechselbar* beurteilt wurden *Himbuko* mit *Beruco*, da eine völlig sprachgebrauchswidrige Betonungsmöglichkeit unbeachtlich sei (DPA Mitt 1970, 15); *E ✶ 4* mit *8 x 4*, da die Wortbestandteile *mal 4* identisch seien und bei mündlicher Wiedergabe der Multiplikator meist stärker vorgehoben werde als der Multiplikant (BPatG Mitt 1970, 194, 195); *Sitracord* mit *Metracord*, da bei mangelnder fester Betonungsregelung der Gesamteindruck durch die Endung *cord* geprägt werde (BPatG Mitt 1971, 23, 24); *Animed* mit *Anämex*, da vor allem bei nachlässiger Aussprache keine markanten Unterschiede im Gesamtklangbild festzustellen seien (BPatG Mitt 1971, 24); *twenty* mit *Gentry* für Tabakwaren, da die tontragenden Silben beider Wörter in ihrem einprägsamen Element in der Lautfolge *en* gleich und die Endsilben praktisch gleich seien (BGH GRUR 1973, 314 – Gentry); *Erotex* mit *Protex* wegen der Betonung auf der zweiten Silbe und der Übereinstimmung in der Buchstabenzahl und Buchstabenfolge *rotex* (BGH GRUR 1974, 30, 31 – Erotex). Bei Wortmarken für medizinische und pharmazeutische Produkte kann bei zweisilbigen Phantasiezeichen eine Betonung auf der ersten Silbe in Betracht kommen. Als *verwechslungsfähig* beurteilt wurden *Crinin* und *Kreon* (BPatG Mitt 1971, 50). Als *nicht verwechselbar* beurteilt wurden *Castora* und *Valora*, da der Gesamtklang trotz der gemeinsamen Lautfolge *ora* zum einen hart und markant, zum anderen weich und farblos sei (BPatG Mitt 1970, 233).

**(e) Aussprache.** Zur Feststellung der klanglichen Markenähnlichkeit kommt es auf die Aussprache der Kollisionszeichen an. Zu beachten ist, daß namentlich bei Phantasiewörtern die Aussprache wechseln kann. Wissenschaftliche Bezeichnungen werden zwar von Fachkreisen selten, von Laien, die feinere Klangunterschiede zumeist nicht wahrnehmen, dagegen leicht verwechselt. Als *verwechslungsfähig* beurteilt wurden *Priamus* und *Primus* (RPA MuW 1930, 457 – Priamus/Primus). Bei aus fremdsprachigen Wörtern bestehenden Marken kommt es nicht nur auf die richtige Aussprache, sondern auch auf die in den beteiligten Verkehrskreisen übliche Aussprache an; beide Aussprachen können zu berücksichtigen sein. Als *verwechslungsfähig* beurteilt wurden *Hohner* und *Honos* (RG MuW 1923, 160); *Goldina* mit *Jordtina* wegen der mundartlichen Aussprache des *G* und *J* (RG MuW 1927/28, 174); *Honneur* mit *Hohner* (RPA Mitt 1936, 414). Mundartliche Aussprache ist für die klangliche Verwechslungsgefahr im allgemeinen nicht zu berücksichtigen, sofern die Dialektfärbung nicht wegen des Wortcharakters naheliegt oder aus sonstigen Gründen im allgemeinen Sprachgebrauch gegenüber der lautlich korrekten Hochsprache beherrschend hervortritt (BPatG BlPMZ 1995, 326 – FOCUS/LOGOS). Bei Wörtern, die als fremdsprachige Bezeichnungen erscheinen, besteht im Verkehr zumeist die Neigung, die Wortmarken nicht nach der Schreibweise, sondern fremdsprachig richtig auszusprechen.

**(f) Pharmazeutische Produkte.** Die Endsilben von Marken für medizinische und pharmazeutische Produkte haben zumeist wenig Aussagekraft (RG GRUR 1936, 613 – Oligoplex/Symtoplex; 1941, 161 – Calziophyll/Phosphyll). Im Verkehr wird deshalb der Wortanfang des Zeichens stärker beachtet (BGH GRUR 1969, 40 – Pentavenon). Bei Arzneimittelmarken gelten für die rechtserheblichen Verkehrskreise besondere Grundsätze (s. Rn 155 f.). Als *nicht verwechslungsfähig* beurteilt wurden *Venostasin* und *Topostasin*, weil die Anfangssilben nach Klang und Bild klar unterscheidbar seien (BGH GRUR 1957, 339, 341 – Venostasin/Topostasin); *Estarin* und *Eucerin*, weil der Verkehr bei pharmazeutischen Erzeugnissen weniger die Endung als den Anfang der Wortmarke beachte (BGH GRUR 1957, 435 – Estarin/Eucerin); *ratiopharm* und *Varipharm*, nicht aber *ratiopharm* und *VP Vario-Pharm* (OLG Stuttgart PharmaR 1997, 16 – ratiopharm); *TOGAL-SELTZER* und *ALKA-SELTZER* für ein nach Wirkstoff und Darreichungsform identisches Schmerzmittel (BGH GRUR 1998, 942 – ALKA-SELTZER; aA OLG Köln WRP 1996, 351 – TOGAL-SELTZER). Als *verwechslungsfähig* beurteilt wurden *Extraveral* mit *Verla*, da Wortbestandteile wie *extra*, *forte*, *liquid* und *oral* in Arzneimittelmarken den übrigen Wortteil als kennzeichnendes Merkmal besonders herausheben und dieser sich deshalb auch für sich allein von anderen Kennzeichnungen sinnfällig unterscheiden müsse (BPatGE 10, 93); *Rohaplantin* mit *Raupentin* (BGH GRUR 1971, 577 – Raupentin); Es kann aber nicht allgemein davon ausgegangen werden, daß den Endsilben von Arzneimittelmarken stets nur eine geringe Bedeutung zukommt. Auch aus der Bekanntheit einer Endsilbe wie *dent* läßt sich nicht ohne weiteres auf eine geringe Bedeutung einer ähnlichen Endsilbe wie *dont* schließen (BGH GRUR 1982, 611, 612 – Prodont). Als *verwechselbar* beurteilt wurden *VITA-MED* und *MEDI-VITAN* wegen der Inversa-Stellung der Zeichenbestandteile *VITA* und *MED* sowie nicht ins Gewicht fallender Abwandlungen (OLG München GRUR 1990, 685 – VITA-MED/MEDI-VITAN).

**(2) Schriftbildwirkung.** Die *bildliche Markenähnlichkeit* beruht bei Wortmarken auf deren Schriftbildwirkung. Wortmarken wirken vornehmlich durch den Klang und den Sinngehalt der Wörter. Der Schriftbildwirkung kommt bei Wortmarken natürlicherweise eine geringere Bedeutung zu als bei Bildmarken (BGH GRUR 1974, 30, 31 – Erotex; s. auch Rn 179, 181). Wortmarken werden weithin in einem bestimmten Schriftbild gestaltet; sie erhalten ein eigenes Design. Der Schrift solcher Wortmarken kommt eine bildliche Wirkung zu, die den Gesamteindruck der Marke prägen und die bildliche Markenähnlichkeit der Kollisionszeichen zur Begründung der Verwechslungsgefahr bestimmen kann. Das

Design einer Marke kann der Schriftgraphik entsprechend vielgestaltig sein. Die Marke kann in einer einprägsamen Form gestaltet werden, wie etwa in elliptisch angeordnetem Druck, in stilisierter Schrift (RG GRUR 1929, 1204 – Grenzquell), in faksimileartiger Schrift, in eigenartigen Schrifttypen (RG MuW 1935, 5), in großen oder kleinen Buchstaben wie im Wechsel verschiedener Buchstaben, in einer bestimmten Schriftlänge und Schrifthöhe, in einer besonderen Umrahmung wie etwa einem Dreieck oder einem Kreis (BGH GRUR 1952, 37 – Widia/Ardia). Bei Arzneimittelmarken mißt die Rechtspraxis dem Schriftbild besonderes Gewicht bei (BPatGE 17, 158 – Proctavenon/Pentavenon). Die bildliche Markenähnlichkeit ist hinsichtlich der Prüfung der Verwechslungsfähigkeit nicht auf die konkret eingetragene Form der Marke beschränkt, sondern erstreckt sich auf alle abgewandelten Gestaltungsformen, in denen die Marke im Verkehr üblicherweise gebraucht wird. Diese abgewandelten Benutzungsformen sind in den Grenzen der rechtserhaltenden Benutzung im Sinne des § 26 Abs. 3 bei der Prüfung der Verwechslungsgefahr zu berücksichtigen (RG GRUR 1935, 894 – Wellenreiter; BPatGE 1, 203 – Pei/Rei; s. Rn 165 ff.). So ist eine in normaler Schreibweise angemeldete Marke zur Feststellung der schriftbildlichen Markenähnlichkeit und Verwechslungsgefahr auch in Großbuchstaben oder Blockbuchstaben zu prüfen (BPatGE 1, 186). Als *verwechselbar* beurteilt wurden *Brisk* und *Brisa*, da die Oberlänge des Endbuchstabens *k* schon deshalb kein deutlich erkennbares Orientierungsmerkmal darstelle, weil sich bei einem schriftbildlichen Zeichenvergleich die Kollisionszeichen auch in Groß- und Blockbuchstaben gegenübertreten können (BPatG Mitt 1970, 132, 133); *Pei* und *Rei*, weil bei maschinenschriftlicher Wiedergabe der figürliche Abstrich des Buchstabens *R* gegenüber dem Buchstaben *P* nicht unterscheide (BPatGE 1, 203 – Pei; BGH GRUR 1974, 30, 31 – Erotex). Ein gegenüber den übrigen Buchstaben eines Wortes in seiner Größe herausgehobener und graphisch besonders gestalteter Anfangsbuchstabe stellt in der Regel noch keinen selbständigen Bildbestandteil der Marke dar, so daß eine aus einfachen graphischen Elementen bestehende Bildmarke mit der Wortmarke dann nicht verwechselbar ist, wenn die Bildmarke mit dem graphisch hervorgehobenen Wortanfang der Wortmarke Ähnlichkeiten aufweist (BPatGE 19, 77 – Contram; 23, 176, 178 – evit/Elit). Kleine schriftbildliche Abweichungen wie namentlich bei der Wortendung oder in der Rechtschreibung werden vor allem bei unbekannten oder in den beteiligten Verkehrskreisen wenig geläufigen Wörtern sowie insbesondere bei Phantasiebezeichnungen leicht übersehen; *ALPHA* schriftbildlich verwechselbar mit *alpil* (LG Düsseldorf Mitt 1987, 160). Bei aus kurzen Wörtern bestehenden Wortmarken kann aber schon ein abweichender Buchstabe die Markenähnlichkeit und Verwechslungsgefahr ausschließen, wenn die Abweichung auch bei einem flüchtigen Ansehen der Wortmarke auffällt (DPA BlPMZ 1956, 275). Als schriftbildlich *nicht verwechselbar* beurteilt wurde *ELECTROL* mit *Elektro-Puzzi* trotz der Übereinstimmung der Buchstabenfolge, weil der charakteristische Wortbestandteil nicht in einem schutzunfähigen Bestandteil liegen könne, der keine produktidentifizierende Unterscheidungskraft habe (zur Begründung einer Herkunftsvorstellung BGH GRUR 1964, 28, 30 – ELECTROL). Wörter in *fremden Schriftzeichen* wie griechisch, kyrillisch, hebräisch, japanisch oder chinesisch wirken auf den durchschnittlichen Verbraucher allein bildmäßig; anderes gilt bei Exportmarken im ausländischen Verkehr. Bei geschäftlichen Bezeichnungen wie Namen und Firmen ist die Aufmerksamkeit des Verkehrs im allgemeinen größer, weil der Verbraucher an die Vielzahl gleicher und ähnlicher Kennzeichen gewöhnt ist. Auf dem Warensektor der Bekleidungsstücke, auf dem sich das Publikum meist anhand der eingenähten Etiketten orientiere, wurde der klanglichen Wirkung nicht dieselbe Bedeutung wie der schriftbildlichen Wirkung einer Marke zugesprochen (zur Kritik s. Rn 179); als *nicht verwechselbar* wurden beurteilt die Wortmarke *babalu* und die Wortbildmarke *BALUBA* mit einem einen afrikanischen Eindruck der Marke unterstreichenden Bildbestandteil für Bekleidungsstücke (BPatGE 36, 123 – BALUBA); die Wortbildmarke *PATRIC LION* mit dem Bildbestandteil einer markanten Abbildung eines stilisierten Löwenkopfes und der Wortmarke *LIONS* für Bekleidungsstücke, da Bekleidungsstücke in der Regel auf Sicht gekauft würden und deshalb das Schriftbild entscheidend sei (BPatGE 36, 159 – PATRIC LION; im Ergebnis bestätigt, da die Wortmarke *Lions* und der Wortbestandteil *PATRIC LION* auch klanglich nicht verwechselbar seien BGH GRUR 1999, 241 – Lions); die Wortbildmarke *LION-DRIVER* mit dem Bildbestand der Abbildung eines stilisierten Löwenkopfes und die Wortmarke *LIONS* für Bekleidungsstücke (BPatG BlPMZ 1997, 231 – LION-DRIVER).

**(3) Sinnwirkung.** Eine Marke bedarf keiner inhaltlichen Bedeutung, keines gedanklichen Inhalts oder eines Sinns. Das gilt vor allem für solche im Verkehr als reine Phantasiebezeichnungen verstandenen Marken. Im Verkehr wird Marken oft in Anlehnung an bekannte Begriffe ein unzutreffender Sinn unterlegt, wie umgekehrt sinnhafte Marken oft für Phantasiewörter gehalten werden. *Begriffliche Markenähnlichkeit* begründet Verwechslungsgefahr nach der Sinnwirkung der Kollisionszeichen. Als nach dem Sinn *verwechslungsfähig* wurden beurteilt *Zeus* und *Jupiter, Gnom* und *Kobold* für Kellereimaschinen, Bierabfüllapparate, weil der bestehende begriffliche Unterschied dem Verkehr nicht geläufig sei (OLG Dresden MuW 1930, 322); *Capuzol* und *Haubetol* für Rostschutzmittel (OLG Düsseldorf MuW 1934, 302); *Lange Kerls* und *Pfundskerle* für Würstchen (OLG Düsseldorf GRUR 1983, 772, 773 – Lange Kerls). Wenn zwei Wortmarken durch einen gemeinsamen Begriffsinhalt verknüpft sind, dann folgt aus der begrifflichen Markenähnlichkeit die Verwechslungsgefahr, wenn im Verkehr die Annahme naheliegt, es handele sich um Marken desselben Markeninhabers. Aufgrund eines gemeinsamen Begriffsinhalts als *verwechselbar* beurteilt wurden *Picador* und *Torero* für Maschinen, Geräte, Werkzeuge wegen des gemeinsamen Begriffs *Stierkämpfer* (BPatG Mitt 1970, 196); *Botschafter* und *Ambassadeur* für Spitituosen, weil *Botschafter* die weithin bekannte Übersetzung von *Ambassadeur* sei (BPatG Mitt 1967, 233). Als aufgrund begrifflicher Markenähnlichkeit *nicht verwechslungsfähig* wurden beurteilt *Widia* und *Ardia* für Werkzeuge, weil diese Marken im Verkehr als reine Phantasiebezeichnungen aufgefaßt und nicht als Abkürzungen für die Worte *Arbeit* und *Diamant* erkannt würden (BGH GRUR 1952, 35 – Widia/Ardia); *Irus* und *Urus* für landwirtschaftliche Maschinen und Werkzeuge, weil *Urus* keine Gedankenverbindung mit *ur* im Sinne von *urkräftig* oder *urus* in der Bedeutung von *Auerochse* vermittle (BGH GRUR 1954, 457 – Irus-Urus); *Gemini* und *Zwilling* für Tabakerzeugnisse, Zigarettenpapier (BPatG Mitt 1971, 111); *Mon Cheri* mit *Cérisio* für Pralienen, da der Verkehr aufgrund der umfangreichen Werbung *Mon Cheri* mit *Mein Liebling* übersetze, dagegen bei *Cérisio* niemand an *Liebling* denke (BPatG GRUR 1972, 180, 181 – Cheri); *ELECTROL* mit *Elektro-Puzzi*, weil weder *Electrol* noch der Markenbestandteil *Puzzi* einen eindeutigen Sinn aufweise und der nicht unterscheidungskräftige Wortbestandteil *Electro* als Beschaffenheits- und Bestimmungshinweis seinem Sinne nach nicht zu einer falschen Herkunftsvorstellung führe (BGH GRUR 1964, 28, 30 – ELECTROL). Begriffliche Markenähnlichkeit liegt dann nicht vor, wenn sich ein gemeinsamer Sinngehalt erst aufgrund komplizierter gedanklicher Überlegungen ergibt. Als nach der Sinnwirkung *nicht verwechslungsfähig* wurden beurteilt *HOM* und *HOMBRE* für Textil-Oberbekleidungsstücke (BPatGE 21, 147). Ein gemeinsamer Sinngehalt der Kollisionszeichen ist dann rechtlich unerheblich, wenn er nur warenbeschreibender Art ist und markenrechtlich nicht zur Herkunftsidentifikation oder allgemein Produktidentifikation geeignet ist.

**(4) Ausschluß klanglicher oder bildlicher Markenähnlichkeit und Verwechslungsgefahr durch den Sinngehalt.** Wenn auch bei klanglicher oder schriftbildlicher Markennähe kollidierender Phantasiezeichen regelmäßig die Gefahr von Verwechslungen zu besorgen ist, so kann es doch anders liegen, wenn eine Wortmarke oder auch eine Bildmarke einen ausgeprägten Sinngehalt besitzt, der für den Gesamteindruck der Kollisionszeichen entscheidend ist. Wenn der Begriffsinhalt einer Marke auf der Hand liegt, dann wird der Sinngehalt der Marke eine Zeichenverwechslung infolge Verhörens oder Verlesens im Verkehr gewöhnlich ausschließen und die Verwechslungsgefahr entfallen (BGHZ 28, 320, 323 – Quick; BGH GRUR 1975, 441, 442 – Passion; 1982, 611, 613 – Prodont; 1986, 253, 256 – Zentis; 1992, 130, 132 – Bally/BALL). Maßgeblich ist, ob der Begriff wegen seines jedermann geläufigen Sinngehalts rasch erfaßt wird und als allgemein verständliches Wort mit einem anderen, der Umgangssprache nicht entlehnten Kennzeichen nicht verwechselt werden kann. So wurde als *nicht verwechselbar* beurteilt *Bally* mit *BALL*, da das Wort *Ball* einen für jedermann geläufigen Sinngehalt habe, so daß die Verwechslungsgefahr im kennzeichnungsrechtlichen Sinne mit der ähnlichen Kennzeichnung *Bally* von vornherein ausgeschaltet sei, auch wenn die Marke für Erzeugnisse wie Bekleidungsstücke, vornehmlich Hosen verwendet werde, die dem geläufigen Sinngehalt nicht entsprächen (BGH GRUR 1992, 130, 132 – Bally/BALL). Auch wenn das als *i* ausgesprochene *y* bei der nicht der Umgangssprache entlehnten Marke *Bally* für den klanglichen Gesamteindruck als von ganz untergeordneter Bedeutung angesehen werden konnte, kam dem für jedermann geläufigen Sinngehalt der Marke *BALL* für den Ausschluß der Verwechslungsgefahr entscheidende Bedeutung zu. Ein unterschiedlicher Sinngehalt klangähnlicher Wortmarken wird als die Verwechslungsgefahr nur dann verhindernd angesehen, wenn er verständlich bleibt, die klanglichen Unterschiede also wenigstens so groß sind, daß ein Verhören im gleichen Sinne ausscheidet; als verwechslungsfähig beurteilt wurden *PARK* und *LARK,* nicht aber *PARK* und *Jean Barth* für Tabak und Raucherartikel (BPatGE 36, 82 – PARK). Als *nicht verwechselbar* beurteilt wurden *Synochem* und *Firmochem* für chemisch-pharmazeutische Erzeugnisse, weil die Vorstellung eines abweichenden Schriftbildes vermittelt werde und es sich um im Verkehr geläufige Silben handele, so daß die klangliche Ähnlichkeit zurückgedrängt werde (BGH GRUR 1956, 321 – Synochem/Firmochem). Wegen unterschiedlicher Silbenzahl, deutlichen Abweichungen in den Wortbestandteilen *MAN* und *MEIER* wurde Verwechslungsgefahr von *SUPERMEIER* und *SUPERMAN* wegen unterschiedlichen Sinngehalts verneint (BPatG GRUR 1989, 266 – SUPER-MEIER; BPatGE 28, 57 – PLAYBOY/PLAYMEN). Auch wenn die gedankliche Verbindung mit einem verkehrsbekannten Begriff nur bei einem der zu vergleichenden Kollisionszeichen vorliegt, kann die Verwechslungsgefahr gemindert werden. So wurde als *nicht verwechselbar* beurteilt *Thymopect* und *Rigopect* für Hustensäfte, weil der Wortbestandteil *Thymo* an das Heilkraut *Thymian* anklinge (BGH GRUR 1958, 81 – Thymopect). Ein Wort kann in Alleinstellung einen völlig anderen Sinngehalt besitzen als im Zusammenhang mit anderen Wortbestandteilen oder Bildelementen. Die klangliche oder schriftbildliche Markenähnlichkeit aufgrund eines identischen Wortes in den Kollisionszeichen kann ausgeschlossen sein, wenn die kollidierende Marke solche weiteren Zeichenbestandteile enthält, die den Sinngehalt der Marke wesentlich verändern. Eine solche Veränderung des Begriffsinhalts der Marke ist dann anzunehmen, wenn das Wort einen ganz prägnanten Sinn verkörpert, so daß auch bei flüchtiger Betrachtung einer dieses Wort enthaltenden Bezeichnung die Erinnerung an das geschützte Wort im Verkehr ausscheidet (BGHZ 28, 320, 324 – Quick; BGH GRUR 1975, 441 – Passion). Die aufgrund klanglicher oder schriftbildlicher Markenähnlichkeit begründete Verwechslungsgefahr wird nur dann durch den Sinngehalt der Marke ausgeschlossen, wenn der Begriffsinhalt auch beim flüchtigen Hören oder Sehen der Marke sofort erfaßt wird und nicht noch einen vorausgehenden komplizierten Denkvorgang erfordert. Aus diesem Grunde wurde die klangliche Verwechselbarkeit der Marken *Centra* und *Renta* als nicht durch den unterschiedlichen Sinngehalt von *Zentrale* einerseits und *Rente* andererseits als ausgeschaltet beurteilt (BGH GRUR 1966, 38, 41 – Centra). Die aufgrund klanglicher Markenähnlichkeit bestehende Verwechslungsgefahr zwischen den Zeichen *Vitapulp* und *Vitapur* wird nicht durch den Wortbestandteil *pur* ausgeschlossen (BGH GRUR 1967, 246, 247 – Vitapur). Die klangliche und schriftbildliche Verwechselbarkeit von *Erotex* mit *Protex* begründet die Verwechslungsgefahr, weil die sich auf die Funktion der Produkte beziehenden Unterschiede im Sinngehalt der Kollisionszeichen wie *pro* einerseits und *erotisch* andererseits nicht so deutlich hervortreten, um die Verwechslungsgefahr auszuschalten (BGH GRUR 1974, 30, 31 – Erotex). Als *verwechslungsfähig* beurteilt wurden *Prodont* und *DuroDont* für Zahnpasta (BGH GRUR 1982, 611, 613 – Prodont). Die klangliche Markenähnlichkeit der Zeichen *Maja* und *Mayam* wird durch den Sinngehalt von *Maja* als der bekannten Biene Maja eines Kinderbuches nicht ausgeschlossen, wenn ein nicht unerheblicher Teil des Verkehrs diesen Sinngehalt nicht mit dem Wort *Maja* verbindet, das auf den Warenverpackungen mit dem Wort *Die Biene* und Bilddarstellungen aus einer bekannten Fernsehserie erscheint (BGH GRUR 1981, 277, 278 – Biene Maja). Trotz des in *Humana* für Mittel zur Körper- und Schönheitspflege, Präparate für die Gesundheitspflege und diätetische Erzeugnisse für Kinder und Kranke erkennbaren Begriffsanklangs wurde bei hohem Warenähnlichkeitsgrad die Gefahr von klanglichen und schriftbildlichen Verwechslungen mit *Hamano* bejaht (BPatGE 38, 176 – Humana). Bei *mehrdeutigem Sinngehalt* kommt es auf den naheliegenden Begriffsinhalt der Marke im Verkehr an. Die Verwechslungsgefahr der Kollisionszeichen ist nicht schon dann ausgeschlossen, wenn sich ein als klanglich oder schriftbildlich verwechslungsfähig erweisendes Zeichen auch in einem Sinn verstehen läßt, der die Verwechslungsgefahr ausschließt, wenn nur eine andere, die Verwechslungsgefahr begründende Auffassung nicht allzu fernliegt (RG GRUR 1940, 158, 160 – Kathreiner/Blonde Kathrein). Bei einer identischen Übernahme eines Kennzeichens in eine zusammengesetzte Bezeichnung wird nur ausnahmsweise die klangliche Markenähnlichkeit aufgrund eines unterschiedlichen Begriffsinhalts gemindert oder ausgeschlossen sein. Als *verwechselbar* beurteilt wurden die Titel *hobby das Magazin der Technik* mit *Tonbandaufnahmen unser Hobby*, weil das Wort *Hobby* nicht in beiden Titeln völlig verschieden aufgefaßt werde (BGH GRUR 1961, 232, 233 – Hobby). Bei Phantasiemarken, bei denen ein Begriffsinhalt fehlt, besteht grundsätzlich ein hoher Grad an Verwechslungsgefahr (RG MuW 1926, 6 – Beka-B-K; BGH GRUR 1954, 458 – Irus/Urus). Wenn klangliche und schriftbildliche Markenähnlichkeit zusammentreffen, dann wird zum Ausschluß der Verwechslungsgefahr aufgrund des unterschiedlichen Begriffsinhalts zu verlangen sein, daß im Verkehr dem Begriffsinhalt eindeutig die produktidentifizierende Wirkung der Marke zukommt. Aus diesem Grund wurden als *verwechslungsfähig* beurteilt *Mitropa* mit *Gastropa*, *Geska* mit *Nesca* für Tabakwaren (RG JW 1932, 1856). In der Entscheidung *Bally/BALL* wird die Problematik des Zusammentreffens von klanglicher und schriftbildlicher Verwechselbarkeit im Hinblick auf den Ausschluß der Verwechselbarkeit aufgrund des Begriffsinhalts der Marke zwar nicht ausdrücklich angesprochen, doch auf den jedermann geläufigen Sinngehalt des Wortes *Ball* abgestellt (BGH GRUR 1992, 130, 132 – Bally/BALL).

Als *nicht verwechselbar* beurteilt wurden *Biofix* und *Neofix*, weil den Anfangssilben eine erkennbar verschiedene begriffliche Bedeutung zukomme (BPatGE 3, 82; verwechselbar allerdings *Preodur* und *Friodur*, DPA Mitt 1961, 198); *Cardinal Skin Tonic* mit *Cordiale* (italienisch: herzlich, freundlich) für kosmetische Hautpflegemittel, weil sich die Kollisionszeichen als Begriffswörter erkennbar nach ihrem Sinngehalt unterschieden (BPatGE 4, 66); *Tropa* und *Porta* (Tür, Tor), da die verschiedenen begrifflichen Andeutungen geradezu dazu beitrügen, die verschiedenen Klangwerte der Kollisionszeichen noch besonders hervorzuheben und dadurch der Gefahr eines Verhörens begegnet werde (BPatGE 4, 100); *Passion* und *Face Fashion* für Kosmetika, weil sich die fremdsprachige Bezeichnung *Face Fashion* weder klanglich noch schriftbildlich dem Zeichen *Passion* so sehr nähere, daß eine Assoziation zum Sinngehalt von *Passion* zu befürchten sei (BGH GRUR 1975, 441 – Passion); *Mac Ogo* und *Mao*, weil der bekannte Personenname *Mao* den Verkehr veranlasse, die geringfügigen Unterschiede der Zeichen zu erkennen und so Verwechslungen vermieden würden (BPatGE 9, 252); *Tuo* und *Turpo* für Baumaschinen, da der deutliche Sinngehalt von *Turbo* es dem Verkehr erleichtere, die klanglichen und optischen Unterschiede der Kollisionszeichen hinreichend deutlich aufzufassen (BGH GRUR 1970, 416, 417 – Turpo); *Gold Dust* und *Goldax* für Goldstaub, da auch bei englischer Aussprache der ohne weiteres erkennbare Begriffsinhalt *Goldstaub* die klangliche Verschiedenheit der Kollisionszeichen begünstige (BPatG Mitt 1971, 51).

Als *verwechselbar* beurteilt wurden *Ulan* und *Elan* für Zigaretten, weil die unterschiedliche Bedeutung der Begriffe einem großen Teil der beteiligten Verkehrskreise nicht geläufig sei (BPatG Mitt 1966, 175); *Master Mix* und *Mastamin* für Mischfuttermittel, weil die begriffliche Bedeutung von *Master* und *Mix* bei mündlicher Zeichenwiedergabe nicht genügend deutlich hervortrete (BPatG Mitt 1966, 174); *Epigranul* und *Epigran* für Arzneimittel, weil die begriffliche Verschiedenheit auch für Fachkundige so geringfügig sei, daß sie die Verwechslungsgefahr infolge klanglicher Übereinstimmung nicht auszuschließen vermöge (BGH GRUR 1966, 432, 435 – Epigran); *Löscafé* und *Nescafé* für Pulverkaffee, da der Verkehr auch der ursprünglichen Phantasiebezeichnung *Nescafé* die Vorstellung eines Pulverkaffees verbinde und daher die Vergleichszeichen auch im Sinngehalt übereinstimmten (BGH GRUR 1970, 305, 307 – Löscafé); *Luxaflex* und *Duraflex* für Jalousien, weil der Begriffsinhalt, soweit erkennbar, sogar übereinstimme und der unterschiedliche Sinngehalt der Vorsilben sich einem Großteil des sprachunkundigen Verkehrs umso schwerer erschließe, weil die Vorsilben mit den Endsilben zu einer Einheit verbunden seien (BGH GRUR 1970, 308, 309 – Duraflex); *Durolloyd* und *Ruberoid* für Dachmaterial, da begriffliche Stützen die klangliche Verwechslungsgefahr dann nicht ausschlössen, wenn die Wörter insgesamt falsch verstanden würden (BPatGE 7, 185); das Firmenschlagwort *apetito* und *apitta*, weil ein eigener, jedermann geläufiger Sinngehalt die Verwechslungsgefahr dann nicht ausschließe, wenn die kollidierende Bezeichnung im Rahmen desselben Sinngehalts liege (BGH WRP 1993, 694 – apetito/apitta); *Humana* und *Hamano* trotz erkennbaren Begriffsanklangs der Marke *Humana* für Mittel zur Körper- und Schönheitspflege bei großer Warenähnlichkeit (BPatGE 38, 176 – Humana).

**bb) Bildmarken. (1) Bildwirkung.** Bei einer Bildmarke steht die *bildliche Markenähnlichkeit* im Vordergrund der Feststellung von Verwechslungsgefahr. Entscheidend ist allein die optische Wirkung der Bildmarke im Verkehr, nicht aber der technische Vorgang, aufgrund dessen die Bildwirkung erzielt wird (BGH GRUR 1953, 41 – Gold-Zack). Verzierungen oder Umrandungen der Bildmarke sind zur Feststellung der die Verwechslungsgefahr begründenden Markenähnlichkeit regelmäßig nicht rechtserheblich (RG GRUR 1935, 174 – Schüppen Aß; BGHZ 14, 15, 23 – Römer; BGH GRUR 1958, 610 – Zahnrad). Ornamente der Marke sind gewöhnlich Beiwerk, das die Aufmerksamkeit im Verkehr weniger vom Bildkern der Marke ablenkt, als vielmehr stärker auf die eigentliche Bildwirkung der Marke lenkt. Der Rechtsschutz der Bildmarke ist nicht auf die eingetragene Markengestaltung beschränkt, sondern erfaßt grundsätzlich jede Wiedergabeform der wesentlichen Bildbestandteile der Marke (s. § 32, Rn 19). Wenn einem Wahrzeichen die kennzeichnende Funktion innerhalb einer Bildmarke zukommt, dann reichen schon geringfügige Abweichungen des Kollisionszeichens aus, um eine bildliche Markenähnlichkeit und damit Verwechslungsgefahr auszuschließen (BPatGE 2, 139 – Westfalen-Roß). Ein untergeordnetes bildnerisches Element bei einer Wortbildmarke spielt keine erhebliche, die Verwechslungsgefahr beseitigende Rolle; zwischen den Zeichen *West* und *Mest* besteht deshalb Verwechslungsgefahr (LG Hamburg GRUR 1991, 677 – Mest/West). Weist eine Bildmarke eine modern-abstrakte Darstellung auf ohne unmittelbaren Bezug auf den dargestellten Gegenstand, besteht in der Regel keine Verwechslungsgefahr mit einer naturalistischen Darstellung (OLG München GRUR 1993, 915 – Verbandsmarke).

193 **(2) Sinnwirkung.** Die Markenähnlichkeit der Kollisionszeichen kann auf dem Begriffsinhalt der Bildmarke beruhen. In der Regel wird der *Begriffsinhalt* der Bildmarke (ein reitender Cowboy, ein fliehendes Tier, eine Sportdarstellung) die Verwechslungsgefahr aufgrund der Bildwirkung der Marke verstärken. Die Verwechslungsgefahr ausschließlich aufgrund einer begrifflichen Ähnlichkeit von Bildmarken anzunehmen wird nur in seltenen Fallkonstellationen in Betracht kommen, da Folge des Markenschutzes nicht eine Monopolisierung von Motivschutz sein darf (zu Motivmarken s. Rn 248 ff.). Der BGH hat dem EuGH die Frage zur Vorabentscheidung vorgelegt, ob es zur Bejahung der Gefahr der Verwechslung eines aus Wort und Bild zusammengesetzten Zeichens mit einem für gleiche und ähnliche Waren lediglich als Bild eingetragenen Zeichen, das keine besondere Verkehrsbekanntheit genieße, genüge, daß die beiden Bilder in ihrem Sinngehalt einer *springenden Raubkatze* übereinstimmten (BGH GRUR 1996, 198 – Springende Raubkatze). Eine Bildmarke in modern-abstrakter Darstellung begründet gegenüber einer naturalistischen Darstellung in der Regel dann keine Verwechslungsgefahr, wenn der Verkehr nicht nur die Assoziation des Sinngehalts (*Quadrat mit Baum und Wellenlinie*) in Erinnerung behält (OLG München GRUR 1993, 915 – Verbandsmarke). Die Reichweite des Markenschutzes vor Verwechslungsgefahr aufgrund begrifflicher Markenähnlichkeit in Abgrenzung zum Motivschutz ist markenrechtlich noch weithin ungeklärt. Die Problematik stellt sich namentlich bei neuen Markenformen wie der typisierten Bewegungsmarke (s. § 3, Rn 291) in besonderem Maße. Eine aufgrund begrifflicher Markenähnlichkeit von Bildmarken bestehende Verwechslungsgefahr ist umso eher zu verneinen, je allgemeiner der Sinngehalt des Begriffs zu fassen ist, um die Ähnlichkeit des Motivs der Kollisionszeichen zu begründen (BGH GRUR 1969, 686, 688 – Roth-Händle). In den dreißiger Jahren wurde einem *kreuzweise verschlungenen Doppel-S* eine zur Begründung der Verwechslungsgefahr rechtserhebliche Sinnwirkung zugesprochen (OLG Hamm MuW 1932, 392). Als nach der Sinnwirkung verwechslungsfähig beurteilt wurden selbst in der Ausführung verschiedenartige *Sonnenzeichen* (RG MuW 1933, 69).

194 **cc) Kollision von Wort- und Bildmarken.** Eine Verwechslungsgefahr begründende Markenähnlichkeit kann zwischen *verschiedenen Markenformen* wie etwa Wortmarken und Bildmarken bestehen. § 31 WZG hatte ausdrücklich normiert, daß die Verschiedenheit der Zeichenformen zwischen Bild- und Wortzeichen nicht die Anwendung des WZG ausschließe. Das gilt nach der Rechtslage im MarkenG für alle Markenformen einschließlich der dreidimensionalen Marken (s. Rn 197). Markenähnlichkeit zwischen einer Wortmarke und einer Bildmarke kann auf der Schriftbildwirkung der Wortmarke beruhen, auch wenn die Begründung der Verwechslungsgefahr in solchen Fallkonstellationen selten sein wird. In der Regel wird sich die Markenähnlichkeit einer Wortmarke und einer Bildmarke aus der gemeinsamen Sinnwirkung der Zeichen ergeben. Der Rechtsprechung zur Verwechselbar-

keit von Wort- und Bildmarken liegt der Erfahrungssatz zugrunde, wer seinem Gedächtnis einen Begriff aufgrund eines eigenartigen Bildes einpräge, werde häufig nicht mehr an das Bild denken, wenn er denselben Begriff durch naheliegende Wörter vollständig wiedergegeben erkenne. Nichts anderes gilt für die Markenähnlichkeit von Bildmarken zu Wortmarken nach dem MarkenG. Nach der Rechtsprechung des RG soll es nicht darauf ankommen, daß das Markenbild einen jedermann erkennbaren Wortbegriff wiedergebe, vielmehr solle genügen, daß ein nicht unerheblicher Teil der beteiligten Verkehrskreise den Wortbegriff im Bild wiederfinde und beim Anblick des Bildes an das Wort erinnert werde (zur Wortmarke *Salamander* und dem *Bild eines Salamanders* für Schuhe RG GRUR 1931, 274). Die weithin gegebene Möglichkeit, ein Bild und damit eine Bildmarke durch ein Wort und damit eine Wortmarke zu benennen und zu ersetzen, kann grundsätzlich nicht die Verwechslungsgefahr aufgrund begrifflicher Markenähnlichkeit begründen. Es wird allerdings als möglich erachtet, begriffliche Verwechslungsgefahr zwischen einer Wortmarke und einer Bildmarke auch dann anzunehmen, wenn die Sinnwirkung der Marken nur auf einem ähnlichen Begriffsinhalt beruht (*Reimer/Trüstedt*, Kap. 14, Rn 8; *Baumbach/Hefermehl*, § 31 WZG, Rn 57). Als *verwechslungsfähig* beurteilt wurde die Wortmarke *falter* mit der naturgetreuen *Schwarzweiß-Darstellung eines Schmetterlings* für Papierwaren (BPatG Mitt 1984, 35). Zwischen der Bildmarke eines *weißen Schlüssels auf rotem Wappenfeld* und der schwarzweißen Wortbildmarke mit dem Wortbestandteil *Original Schlüssel Obergärig* und dem Bildbestandteil einer heraldischen Wappendarstellung und weiteren Firmenangaben in ovaler Umrandung für Bier wurde Verwechslungsgefahr zumindest im Sinne einer gedanklichen Verbindung angenommen, weil die naheliegende und ungezwungene wörtliche Benennung der Bildmarke mit dem prägenden Wortbestandteil der Wortbildmarke übereinstimme und deren bildliche Ausgestaltung den Begriffsinhalt dieses Wortes nicht berühre (BPatGE 36, 137 – Schlüssel-Bild).

**195** Bei einer aufgrund des Erwerbs von Verkehrsgeltung entstandenen Wortmarke kann nicht jede bildliche Gestaltung, die vom Wortsinn zwanglos erfaßt wird, als Verletzung der Wortmarke angesehen werden, wenn die Verkehrsdurchsetzung des Wortes nur auf der Grundlage einer bestimmten bildlichen Darstellung erfolgt ist; es ist daher nicht ohne weiteres eine Verletzung der Wortmarke *Die Weltmarke mit den drei Streifen* durch die bildliche Darstellungsform von *drei Streifen an Schuhen und Sportbekleidung* anzunehmen und bedarf zusätzlicher Aufklärung, auf welcher Grundlage die Verkehrsdurchsetzung der Wörter *Die Weltmarke mit den drei Streifen* beruht (BGH GRUR 1986, 248 – Sporthosen).

**196** Die Rechtsprechung zur begrifflichen Markenähnlichkeit zwischen Wort- und Bildmarken betrifft weithin *fremdsprachige* Wörter. Der grenzüberschreitende Produktverkehr im europäischen Binnenmarkt, die Internationalisierung der Wirtschaft sowie der weltweite Tourismus und die zunehmende Fremdsprachenfähigkeit in der Bevölkerung verlangen eine Anpassung dieser Rechtsprechung an die gegenwärtigen Verhältnisse. So wird man nicht mehr ohne weiteres und vor allem nicht bei den Weltsprachen davon ausgehen können, daß fremdsprachige Wörter nicht ohne weiteres als die naheliegende, ungezwungene und erschöpfende Benennung eines Zeichenbildes beurteilt würden (so BPatGE 22, 180). Die Verwechslungsgefahr zwischen einem *Sonnenbild* und dem Schlagwort *Le Soleil* wurde verneint, weil Gemüsehändler als die beteiligten Verkehrskreise den Denkprozeß einer fremdsprachigen Übertragung nicht vornehmen würden (RG MuW 1933, 68, 70; heute abzulehnen). Demgegenüber wurde in den fünfziger Jahren die Verwechslungsfähigkeit der Worte *sun* und *Sonne* bejaht, weil die fremdsprachlichen Kenntnisse der Bevölkerung größer seien als früher (BGH GRUR 1955, 579, 584 – Sunpearl; s. auch BGH GRUR 1956, 187 – English Lavender/Englisch Lavendel). Die Zeitgeschichtlichkeit des Markenrechts illustrierend, wurde die Verwechselbarkeit der *Darstellung eines Negers* mit Ohrringen, Halskette, Lendenschurz und Speer mit der Wortmarke *Mohr* bejaht (BPatGE 5, 172; s. auch BPatGE 5, 176, 177; 6, 247). Als *verwechslungsfähig* beurteilt wurde die *Darstellung eines altertümlichen Autos* mit der Wortmarke *Oldtimer* (BGH GRUR 1971, 251 – Oldtimer). Als *nicht verwechselbar* beurteilt wurde *Espada* (spanisch: Schwert, Säbel, Degen) mit der Kombinationsmarke eines *Krummschwertes* und dem Wort *Sword* (englisch: Schwert), weil die Bedeutung des Wortes *Espada* im Gegensatz zu englischen oder französischen Wörtern überwiegend im Verkehr nicht bekannt sei (BPatGE 22, 180, 182). Kollidierende Wortbildmarken mit der Darstellung eines *Segelschiffes* sind dann nicht verwechselbar, wenn weitere Zeichenbestandteile (Bildbestandteil *Fischer*, Wortbestandteile *Fisherman's Friend* und *Loftshouse's Original*) den Gesamteindruck der Wortbildmarke prägen (OLG Frankfurt Mitt 1994, 166 – Fisherman's Friend). Das RG bejahte eine wettbewerbsrechtliche Verwechslungsgefahr zwischen dem Namen von *Fritz Reuter* als Wortmarke und dessen Bildnis (RGZ 106, 256 – Fritz-Reuter-Kaffee).

**197**  **dd) Kollision von Wort- und Bildmarken mit dreidimensionalen Marken.** Dreidimensionale Marken, die anders als nach der Rechtslage im WZG zulässige Markenformen nach § 3 Abs. 1 darstellen (s. § 3, Rn 263 f.), können nicht nur mit ähnlichen dreidimensionalen Marken kollidieren, sondern es kann auch Markenähnlichkeit zwischen einer dreidimensionalen Marke und einer Wortmarke oder Bildmarke bestehen. Die Bildwirkung einer Bildmarke kann die Markenähnlichkeit mit einer dreidimensionalen Marke begründen. Die Markenähnlichkeit einer dreidimensionalen Marke mit einer Wortmarke kann auf der begrifflichen Wirkung des Markenwortes beruhen, das den in der dreidimensionalen Marke verkörperten Sinngehalt wiedergibt. Von einer solchen auf den Sinngehalt der ähnlichen Marken beruhenden Verwechslungsgefahr wird nur in seltenen Fallkonstellationen namentlich dann auszugehen sein, wenn der verkörperte Begriffsinhalt besonders einprägsam und charakteristisch ist. Dabei ist zu beachten, daß über den Verwechslungsschutz der Marke ein allgemeiner Motivschutz markenrechtlich nicht begründet werden kann (s. Rn 248 ff.). Schon nach der Rechtslage im WZG war anerkannt, daß zwischen einer Bildmarke, die einen körperlichen Gegenstand wie eine Flasche in bestimmter Form, eine Kaffeemühle oder etwa ein Tier abbildet, und der Verwendung des dem Bild entsprechenden körperlichen Gegenstandes Verwechslungsgefahr im Verkehr bestehen kann, wenn die dreidimensionale Wiedergabe des körperlichen Gegenstandes kennzeichenmäßig erfolgt. Die dreidimensionale Gestaltung kann im Verkehr die Erinnerung an die Bildmarke hervorrufen und die Verwechslungsgefahr begründen (RGZ 115, 235 – Mundharmonikadecke; 155, 374 – Kaffeemühle; BGH GRUR 1956, 179 – Ettaler-Klosterliqueur). Der Verwechslungsschutz der prioritätsälteren Bildmarke besteht auch dann, wenn für die dreidimensionale Gestaltung als plastisches Erzeugnis Geschmacksmusterschutz besteht. Anders ist zu entscheiden, wenn der Gebrauch des Gegenstandes nicht der Produktidentifikation dient, sondern das plastische Erzeugnis selbst das handelbare Produkt darstellt (BGH GRUR 1966, 681 – Laternenflasche). Bei plastischer Verwendung einer Marke als die Ware selbst (*Häschenkopf als Schmuckstück*) soll der kennzeichnungsrechtliche Unterlassungsanspruch auf die identische Wiedergabe der Marke jedenfalls dann beschränkt sein, wenn die Marke wie etwa bei Tiermotiven einem Bereich entnommen ist, der für die schöpferische Gestaltung freizuhalten sei (OLG Karlsruhe GRUR 1986, 170 – Häschenkopf). Die Marke als Produkt ist eine eigene Problematik innerhalb des Bekanntheitsschutzes der Marke (s. dazu im einzelnen Rn 438). Mit der *Umrißzeichnung eines sphärischen Dreiecks* wird nicht ohne weiteres die Vorstellung im Verkehr von einer diesem Bild entsprechenden körperlichen Gestaltung hervorgerufen, zumal dann nicht, wenn die Form der Begrenzungsflächen der Bildmarke sich zwanglos aus der Form des Flaschenkörpers ergibt (BGH GRUR 1969, 601, 603 – Candahar).

**198**  **ee) Farbige und nichtfarbige Marken.** Der Markenschutz einer nicht farbig, sondern schwarz-weiß eingetragenen Marke besteht nach ständiger Rechtsprechung für alle Farben (RG MuW 1939, 25, 28 – Luhns Goldband; BGHZ 8, 202, 205 – Kabelkennstreifen; 24, 257, 260 – Tintenkuli; BGH GRUR 1956, 183 – Drei-Punkt-Urteil; 1963, 423 – coffeinfrei). Der umfassende Farbenschutz einer Marke gilt nur für den durch Eintragung entstehenden Markenschutz nach § 4 Nr. 1. Bei dem durch Benutzung eines Zeichens und den Erwerb von Verkehrsgeltung als Marke entstehenden Markenschutz nach § 4 Nr. 2 beschränkt sich der Verwechslungsschutz auf die konkrete Farbgebung der Marke, für die die Marke innerhalb beteiligter Verkehrskreise als Verkehrsgeltung als produktidentifizierendes Unterscheidungszeichen erworben hat (s. zum Ausstattungsschutz nach § 25 WZG RG MuW 1939, 28 – Luhns Goldband; 1944, 82 – Gurkendoktor/Gurkenretter; BGH GRUR 1953, 40 – Gold-Zack; zur Rechtserheblichkeit der Farbe beim sachlichen Markenschutz s. § 4, Rn 168 ff.). Die Darstellung einer Marke in verschiedenen Farben stellt grundsätzlich markenrechtlich keine Veränderung der Marke dar. Der Markeninhaber hat das ausschließliche Recht, die in schwarz-weiß eingetragene Marke in jeder beliebigen Farbe zu benutzen. Auch wenn der Markeninhaber die Marke nur in einer bestimmten Farbe verwendet, verletzt ein Dritter durch den Gebrauch der Marke in einer anderen Farbe das Markenrecht.

Auch die Veränderung des Unterschieds zwischen hell und dunkel im Markenbild ist grundsätzlich nicht rechtserheblich, da solche Abweichungen die Markenform regelmäßig nicht verändern. So besteht Markenähnlichkeit zwischen einem *weißen Punkt auf schwarzem Grund* und einem *schwarzen Punkt auf weißem Grund* (RGZ 141, 110, 113 – The White Spot). Der Verwechslungsschutz der Marke bezieht sich aber nicht auf eine solche Farbgebung, aufgrund deren nach dem Gesamteindruck ein von der eingetragenen Marke *abweichendes Zeichenbild* entsteht (RGZ 82, 243 – Rotes Dreieck; BGH GRUR 1956, 183 – Drei-Punkt-Urteil; 1957, 369 – Rosa-Weiß-Packung; 1963, 423 – coffeinfrei). Die Verwechslungsgefahr wurde verneint, wenn die kollidierende Marke gleichsam als *Negativform* mit einem schwarzen Innenfeld und weißer statt mit einem weißen Innenfeld und schwarzer Schrift verwendet wurde (BPatGE 10, 89 – Schwarz-Weiß-Druck). Ein abweichendes Zeichenbild entsteht auch dann, wenn aufgrund der Farbgebung weniger bedeutsame Zeichenbestandteile einer zusammengesetzten Marke als die charakteristischen Merkmale hervortreten und dadurch der optische Gesamteindruck der Marke verändert wird. Bei einem Zeichenbild, das einen *Mongolen mit einem Dreieckshut* darstellte, wurde aufgrund einer grellen Rotfärbung des Hutes eine rechtserhebliche Veränderung des Gesamteindrucks der Marke angenommen, da nicht mehr der *Mongole mit dem Dreieckshut,* sondern ein *rotes Dreieck* das Zeichenbild beherrschte (RGZ 82, 242 – Rotes Dreieck).

Die Eintragung einer Marke in einer bestimmten Farbe macht die Farbe zum Markenbestandteil. Der Markenschutz kann sich aufgrund der Farbeintragung erweitern, insoweit das durch die Farbe beeinflußte Zeichenbild Schutz genießt (RG GRUR 1937, 1097, 1100 – Druckknopfkarte). Mit der Eintragung einer farbigen Marke verzichtet der Markeninhaber nicht auf sein Recht, die Marke in jeder Farbe zu benutzen. Auch eine Beschränkung auf eine bestimmte Farbe in der Markenbeschreibung der Anmeldung begrenzt nicht den Schutzumfang der Marke (s. § 32, Rn 20 ff., 44 ff.); entscheidend ist, ob eine andere Farbgebung des Kollisionszeichens den Gesamteindruck verändert. 199

Wenn die aufgrund bildlicher Markenähnlichkeit begründete Verwechslungsgefahr auf der Benutzung der Marke in einer bestimmten Farbe beruht, dann gilt hinsichtlich des Farbenschutzes der Marke der Prioritätsgrundsatz (*Möhring,* MA 1950, 139; *Reimer/Trüstedt,* Kap. 14, Rn 15). Dem Recht aus der prioritätsälteren Marke kann nach Lage des Falles der Einwand der Verwirkung (s. § 21, Rn 6 ff., 21 ff.) entgegenstehen. Die bloße Möglichkeit, eine Marke in bestimmten Farben zu benutzen, begründet noch keine Verwechslungsgefahr. Es kann nach § 1 UWG *wettbewerbswidrig* sein, wenn ein Markeninhaber, der seine Marke seit Jahren nur in schwarz-weiß oder in einer bestimmten Farbe benutzt, sich gegenüber einem redlichen Dritten, der eine an sich nicht verwechslungsfähige Marke in einer bestimmten Farbe verwendet, auf sein Markenrecht mit der Begründung beruft, er beabsichtige als Markeninhaber, die Marke in Zukunft in dieser bestimmten Farbe zu benutzen (RGZ 82, 242, 246 – Rotes Dreieck). 200

**ff) Zusammengesetzte Marken und Kombinationsmarken. (1) Grundsatz.** Die 201
Markenähnlichkeit von zusammengesetzten Marken und Kombinationsmarken zur Feststellung der Verwechslungsgefahr ist nach dem *Gesamteindruck* der Marken im Verkehr zu beurteilen (BGH GRUR 1963, 423, 426 – coffeinfrei; 1996, 198, 199 – Springende Raubkatze; BGHZ 131, 122 – Innovadiclophlont; BGH GRUR 1996, 404, 405 – Blendax Pep; 1996, 406, 407 – JUWEL; 1996, 774 – falke-run; 1996, 777 – JOY; 1998, 927 – COMPOSANA). Wenn die Produktidentifikation der Marke auf der Marke als Ganzes und damit auf der Gesamtheit aller Zeichenbestandteile beruht, dann bestimmt sich die eine Verwechslungsgefahr begründende Markenähnlichkeit aufgrund eines Vergleichs der kollidierenden Marke mit der zusammengesetzten Marke oder der Kombinationsmarke in ihrer Gesamtheit. Wenn der Gesamteindruck einer zusammengesetzten Marke oder Kombinationsmarke durch *gleichgewichtige Zeichenbestandteile* bestimmt wird, dann ist kein Zeichenbestandteil allein geeignet, den Gesamteindruck der zusammengesetzten Marke oder Kombinationsmarke zu prägen, weshalb bei einer Übereinstimmung oder Ähnlichkeit nur eines Zeichenbestandteils aus der Gesamtmarke mit der kollidierenden Marke eine Verwechslungsgefahr nach ständiger Rechtsprechung nicht angenommen werden kann (BGH GRUR 1996, 775 – Sali Toft; 1996, 777 – JOY). Auch wenn eine Marke aus einem als solchen *nicht bekannten Firmennamen* und einem *kennzeichnungsschwachen Zeichenbestandteil* besteht, wird der Gesamteindruck durch die Gesamtheit des Zeichens und nicht durch einen einzelnen Zeichenbe-

standteil geprägt (BGH GRUR 1998, 927 – COMPO-SANA). Die nach dem Gesamteindruck zu beurteilende Markenähnlichkeit und Verwechslungsgefahr ist dann schwieriger festzustellen, wenn die Produktidentifikation der Marke auf einem einzelnen Zeichenbestandteil beruht. Der produktidentifizierende Zeichenbestandteil kann den Gesamteindruck der zusammengesetzten Marke oder Kombinationsmarke im Verkehr bestimmen. Diese Art der Feststellung der Verwechslungsgefahr widerspricht nicht dem *Verbot des Elementenschutzes* (s. dazu BGH GRUR 1991, 319 – HURRICANE; s. Rn 206). Als den Gesamteindruck beherrschend wurde beurteilt der Zeichebestandteil *Alpha* in der Marke *Alpha-Sterilisatoren* (BGH GRUR 1955, 487); der Zeichenbestandteil *Charme & Chic* in der Marke *Charme & Chic gegenüber dem Glockenspiel* (BGH GRUR 1973, 265, 266 – Charme & Chic; s. auch RG MuW 1937, 410 – Fi. Ti. Wi./KITI). Eine *bekannte Marke als Zeichenbestandteil* einer zusammengesetzten Marke oder einer Kombinationsmarke beherrscht in der Regel den Gesamteindruck der Marke, wenn die bekannte Marke in dem Gesamtzeichen selbständig neben einem weiteren Zeichenbestandteil, wie etwa getrennt durch einen Bindestrich, erscheint (BGH GRUR 1970, 552, 553 – Felina-Britta; 1975 487, 489 – WMF-Mondmännchen). Ein Zeichenbestandteil, der keine bekannte Marke darstellt, kann aufgrund besonderer Umstände wie der Marketingstrategie des Markeninhabers im Verkehrsbewußtsein der Verbraucher eine besondere Bedeutung einnehmen. Dann kommt es für die eine Verwechslungsgefahr begründende Markenähnlichkeit der Kollisionszeichen darauf an, ob der im Verkehr besonders bewußte Zeichenbestandteil innerhalb der im übrigen abweichenden Kollisionsmarke im Verkehr die Erinnerung an die zusammengesetzte Marke oder die Kombinationsmarke hervorruft oder in der Zeichenkombination der Kollisionsmarke untergeht (BGH GRUR 1954, 123, 125 – Auto-Fox; 1958, 604 – Wella-Perla; 1966, 499 – Merck; 1970, 552, 554 – Felina-Britta). Selbst wenn den abweichenden Zeichenbestandteilen eine eigene Kennzeichnungskraft zukommt, kann Verwechslungsgefahr im weiteren Sinne vorliegen. Welchem Zeichenbestandteil innerhalb einer zusammengesetzten Marke oder einer Kombinationsmarke die den Gesamteindruck beherrschende Zeichenwirkung zukommt, ist nach den besonderen Umständen des jeweiligen Einzelfalles zu beurteilen (BGH GRUR 1959, 599, 602 – Teekanne). In der Regel kommen den klanglich, bildlich oder begrifflich den Gesamteindruck der Marke beherrschenden Zeichenbestandteilen die herkunftsidentifizierende oder allgemein produktidentifizierende Wirkung und damit die Kennzeichnungskraft zu. Es kann aber nicht allgemein davon ausgegangen werden, daß etwa äußerlich hervorgehobene und insoweit den optischen Gesamteindruck der Marke beherrschende Zeichenbestandteile zugleich die Kennzeichnungswirkung der Marke und damit die Beurteilung der Verwechslungsgefahr bestimmen. Die produktidentifizierende Wirkung einer Marke muß nicht unbedingt von den formal im Blickfang stehenden Zeichenbestandteilen, sondern kann auch von anderen optisch weniger hervorgehobenen Zeichenbestandteilen ausgehen (BGH GRUR 1969, 348, 351 – Anker Export). Bei zusammengesetzten Marken und Kombinationsmarken kann auch jedem der Zeichenbestandteile eigene produktidentifizierende Wirkung zukommen. Für die Beurteilung der Verwechslungsgefahr aufgrund der Markenähnlichkeit von zusammengesetzten Marken oder Kombinationsmarken kommt es darauf an, ob der *Marke in ihrer Gesamtheit,* nur einem *einzelnen Zeichenbestandteil* oder *jedem der Zeichenbestandteile* als solcher produktidentifizierende Wirkung zukommt (s. im einzelnen Rn 202 ff.). Dabei ist davon auszugehen, daß nur *schutzfähige* Zeichenbestandteile produktidentifizierend wirken können. Zusammengesetzte Marken und Kombinationsmarken werden nach ihrem Gesamteindruck dann nicht die Gefahr von Verwechslungen begründen, wenn sie nur in einem *schutzunfähigen* Zeichenbestandteil übereinstimmen.

**202**   **(2) Wortbildmarken. (a) Produktidentifizierender Wortbestandteil.** Bei einer aus Wort und Bild bestehenden Kombinationsmarke ist für den Gesamteindruck in der Regel der *Wortbestandteil* maßgebend, weil sich der Verkehr in erster Linie an der Produktidentifikation eines Wortes als der einfachsten Kennzeichnungsart orientiert (RG GRUR 1938, 434 – Wanderer/Wittler; RPA MuW 1939, 149 – Taxograph; RG GRUR 1940, 106, 110 – Luxor/Luxus; BGH GRUR 1954, 274 – Goldwell; 1956, 183, 184 – Drei-Punkt-Urteil; 1959, 130, 131 – Vorrasur/Nachrasur; 1959, 361 – Elektrotechnik; 1961, 628, 630 – Umberto Rosso; 1963, 423 – coffeinfrei; 1966, 499 – Merck; BPatG Mitt 1971, 173 – Hubert Gröner; BGH GRUR 1973, 314, 315 – Gentry; 1973, 467, 468 – Praemix; 1989, 425, 427

– Herzsymbol; BPatGE 22, 93, 95 – Marc/Mars; 36, 214 – rote Kreisfläche; s. dazu *Fuchs-Wissemann*, GRUR 1995, 470). Der BGH geht auch nach der *Rechtslage im MarkenG* von dem *Erfahrungssatz* aus, bei kombinierten Wortbildmarken orientiere sich der Verkehr jedenfalls bei normaler Kennzeichnungskraft des Wortbestandteils *eher an dem Wortbestandteil als auch an dem Bildbestandteil*, weil das Kennwort in der Regel die einfachste Form sei, um die Ware zu bezeichnen (BGH GRUR 1996, 198, 199 – Springende Raubkatze). Dieser Grundsatz entfaltet seine Wirkung nur bei der Prüfung der *klanglichen* Verwechslungsgefahr, weil eine bildliche Gestaltung nicht die akustische, sondern allein die visuelle Wahrnehmung anspricht (BGH GRUR 1999, 241 – Lions). Bei der visuellen Wahrnehmung einer Wortbildmarke nimmt der Verkehr die Wortbestandteile und die Bildbestandteile gleichermaßen in sein Erinnerungsbild auf. Bei der *bildlichen* Markenähnlichkeit besteht kein Erfahrungssatz hinsichtlich eines Vorrangs der Wortbestandteile (zu einer dem Sinngehalt nach gleichsam symbiotischen Vereinigung der Wort- und Bildbestandteile bei der Prägung des visuellen Erinnerungsbildes s. BGH GRUR 1999, 241 – Lions). Wort- und Bildbestandteil können auch *gleichgewichtig* sein und den Gesamteindruck gleichwertig mitbestimmen. Eine Mitprägung durch den Bildbestandteil wurde dann angenommen, wenn Wort- und Bildbestandteil zwar nicht einen identischen Gedankeninhalt aufweisen, jedoch beide Zeichenbestandteile mit der nahezu *naturalistischen Darstellung eines Tannenbaums* in Kombination mit dem Wort *Wunderbaum* so aufeinander bezogen seien, daß wegen des gemeinsamen Zeichenkerns *Baum* und des Widerspruchs zwischen naturalistischer Baumdarstellung und dem nicht auf die Natur verweisenden begriff *Wunderbaum* ein besonderer, von beiden Zeichenbestandteilen geprägter Gesamteindruck entstehe (BGH GRUR 1998, 934 – Wunderbaum). Ein *gedanklicher Bezug zwischen Wort- und Bildbestandteil* kann eine gleichgewichtige Prägung des Gesamteindrucks der Kombinationsmarke begründen. Der Wortbestandteil kann auch ein *Unternehmenskennzeichen* wie eine Firma sein (BGH GRUR 1966, 499, 500 – Merck; 1967, 89, 91 – Rose). Voraussetzung der Markenähnlichkeit von Kollisionszeichen zur Begründung der Verwechslungsgefahr ist, daß der in die kollidierende Marke übernommene Wortbestandteil als produktidentifizierend schutzfähig ist und den Gesamteindruck der Kombinationsmarke wesentlich mitbestimmt. Das gilt auch, wenn der Wortbestandteil der Wortbildmarke aus einer Firma gebildet ist. Ausreichend ist normale Kennzeichnungskraft des Wortbestandteils. Entscheidend ist allein, ob der Wortbestandteil in dem Kollisionszeichen die Erinnerung an die prioritätsältere Wortbildmarke hervorruft. Als *verwechslungsfähig* beurteilt wurden *Gala-Vita-Malz* mit einer Wortbildmarke, die den beherrschenden Wortbestandteil *Vita-Malz* enthält, der trotz des Wortes *Gala* den Gesamteindruck maßgebend beeinflußt (BGH GRUR 1966, 436, 439 – Vita-Malz); die Firmenmarke *Merck* mit einer Wortbildmarke, die aus dem Großbuchstaben *M* besteht, dessen Seitenschenkel durch einen Unterbogen mit der Inschrift *Merckle* verbunden sind und ein ausgespartes Balkenkreuz umschließen (BGH GRUR 1966, 499 – Merck). Der Wortbestandteil einer Wortbildmarke ist nach den Grundsätzen einer Wortmarke zu beurteilen. Als *verwechselbar* beurteilt wurde die Marke Dr. *Oetker Frukina* mit der Wortbildmarke *Frutera* für Waren, die im Zusammenhang mit Früchten stehen, weil außer der klanglichen Annäherung das Schriftbild beider Wörter durch gleiche oder ähnliche Bildeindrücke geprägt werde (BPatGE 22, 227, 230 – Frukina/FRUTERA). Wenn zwischen den Wortbestandteilen zweier Wortbildmarken Markenähnlichkeit besteht, dann schließen solche bildlichen Zeichenbestandteile, denen keine eigenständige und vom Wortbegriff gedanklich fortführende Bedeutung zukommt, die Verwechslungsgefahr nicht aus (BPatGE 1, 198 – Putzhexe/Hexe). Auch eine schriftbildliche Verwechslungsgefahr wird nicht ohne weiteres schon dadurch ausgeschlossen, daß eines der Kollisionszeichen neben dem kollisionsbegründenden Wortbestandteil einen zusätzlichen Bildbestandteil enthält. Als schriftbildlich verwechselbar beurteilt wurde die Wortbildmarke *MARS* mit *MARC* (BPatGE 22, 93). Wenn das Kollisionszeichen mit dem produktidentifizierenden Wortbestandteil einer Wortbildmarke identisch ist und in Alleinstellung benutzt wird, dann handelt es sich um eine Fallkonstellation des Identitätsschutzes der Marke nach § 14 Abs. 2 Nr. 1, ohne daß es auf das Vorliegen von Verwechslungsgefahr ankommt (s. Rn 76; so schon zur Rechtslage im WZG *Baumbach/Hefermehl*, § 31 WZG, Rn 63).

**(b) Produktidentifizierender Bildbestandteil.** Im Verkehr wird regelmäßig eher dem Wortbestandteil als dem Bildbestandteil einer Wortbildmarke die produktidentifizierende

Kennzeichnungskraft zugesprochen (s. Rn 202). Es kann aber auch aufgrund des Markendesigns der Bildbestandteil einer Wortbildmarke kennzeichnungskräftiger als der Wortbestandteil sein. Größe, Form und Farbgebung sind nur einige Stilmittel, die eine bildliche Darstellung in einer Wortbildmarke derart hervortreten lassen können, daß der Verkehr den Wortbestandteil kaum mehr beachtet und er sich nur an der Bildwirkung orientiert (so zu dem Wortbildzeichen *Alba Gurkendoktor* mit dem Bild einer *vermenschlichten Gurke* (RG GRUR 1941, 105, 109). Vor allem die Firma oder der Name des Markeninhabers wird als Wortbestandteil einer Wortbildmarke gegenüber einem wirksam gestalteten Bildbestandteil den Gesamteindruck des Zeichens nicht wesentlich bestimmen (RG MuW 1931, 329; BGH GRUR 1956, 183, 184 – Drei-Punkt-Urteil; 1959, 599, 602 – Teekanne; 1967, 89, 91 – Rose). Anders wird bei im Verkehr bekannten Unternehmenskennzeichen zu entscheiden sein, die regelmäßig den Gesamteindruck der Marke maßgebend bestimmen. Verneint wurde die Verwechslungsgefahr zwischen dem bekannten *Bayer-Kreuz* und einer Wortbildmarke, die als Wortbestandteil aus einem in *Kreuzform* geschriebenen und von einem Kreis umgebenen Wort *Modern* bestand, weil die Wortbestandteile der Zeichen sich deutlich unterschieden und die Übereinstimmung im Bildbestandteil des *Buchstabenkreuzes* für die Verwechslungsgefahr allein nicht genüge (RGZ 170, 137, 143 – Bayer-Kreuz). Die Verwechslungsgefahr wurde wegen der Schreibweise in *Kreuzform* bejaht zwischen der Wortbildmarke des *Bayer-Kreuzes* und der kreuzförmig geschriebenen Marke *Rorer* innerhalb eines Quadrates (OLG Düsseldorf, GRUR 1976, 595 – Bayer/Rorer). Eine die Verwechslungsgefahr begründende Markenähnlichkeit der Bildbestandteile wird dann nicht durch abweichende Wortbestandteile ausgeschlossen, wenn der Wortbestandteil allein aus dem Namen des Produktherstellers besteht, es sei denn, daß der Herstellername oder die Firmenbezeichnung im Verkehr der Produktidentifikation dient (BGH GRUR 1956, 183, 184 – Drei-Punkt-Urteil). Wenn allerdings eine nach dem Gesamteindruck der Kollisionszeichen im übrigen bestehende Markenähnlichkeit allein aufgrund der Hinzufügung des Namens oder der Firma des Markeninhabers, die im Verkehr als produktidentifizierende Unterscheidungszeichen Verkehrsgeltung erworben haben, beseitigt werden sollte, dann schließt das nicht aus, daß Verwechslungsgefahr im weiteren Sinne besteht, wenn im Verkehr aufgrund der Benutzung der ähnlichen Wortbildmarken auf wirtschaftliche oder organisatorische Verbindungen der voneinander unabhängigen Unternehmen geschlossen wird (BGH GRUR 1968, 367, 370 – Corrida; 1973, 314, 315 – Gentry). Als *verwechslungsfähig* beurteilt wurde die Wortmarke *Gentry* mit einer Kombinationsmarke, die zum einen aus der verkehrsbekannten Firma, bestehend aus dem Wort und Bild eines *Weißen Raben*, sowie aus dem Wort *twenty* gebildet war, weil die beiden Worte *Gentry* einerseits und *twenty* andererseits wegen der gleichen Lautfolge *en*, der fast gleichen Endsilbe und des bei deutscher Aussprache leicht überhörbaren *r* in *Gentry* klanglich verwechselt werden könnten (BGH GRUR 1973, 314, 315 – Gentry; bedenklich). Ein *Kronenmotiv* ist als Bildbestandteil einer Wortbildmarke in der Regel kennzeichnungsschwach, weil es im Verkehr nicht der Produktidentifikation dient, sondern auf eine besondere Qualität des Produkts hinweist (BPatG GRUR 1984, 434 – Kronenbild). Bei einem Bildzeichen, das sich eng an einen beschreibenden Inhalt anlehnt, wie etwa im Bereich der Therapie von Herzkrankheiten die Verwendung eines *stilisierten Herzsymbols,* sind strenge Anforderungen an die Verwechslungsgefahr im kennzeichenrechtlich relevanten Sinne zu stellen, da erst die besondere graphische Gestaltung des Herzzeichens seine Schutzfähigkeit als Marke begründet (BGH GRUR 1989, 425, 427 – Herzsymbol).

**204**     **(c) Produktidentifizierender Wort- sowie Bildbestandteil.** Wenn der Wortbestandteil sowie der Bildbestandteil einer Wortbildmarke einen identischen Gedankeninhalt aufweisen, dann ist weder von der Regel auszugehen, der Wortbestandteil bestimme den Gesamteindruck der Wortbildmarke (s. Rn 202), noch liegt die ausnahmsweise Fallkonstellation vor, dem Bildbestandteil allein komme die produktidentifizierende Wirkung zu (s. Rn 203). Bei produktidentifizierenden Wort- sowie Bildbestandteilen einer Wortbildmarke verstärkt jeder der Zeichenbestandteile die Kennzeichnungskraft des anderen. Eine solche interdependente Produktidentifikation der Zeichenbestandteile besteht vor allem bei einer begrifflichen Identität von Wort und Bild einer Wortbildmarke. Ein prägnantes Beispiel bietet die aus dem Bildbestandteil eines *unsymmetrischen sechszackigen Sterns* sowie dem Wortbestandteil *Der Stern* bestehende Wortbildmarke der Illustrierten *Der Stern;* der auf der Übereinstimmung von Wort- und Bildbestandteil beruhende einheitliche gedankliche Inhalt der Marke wurde als in besonderem Maße geeignet beurteilt, deren Kennzeichnungskraft zu stärken (BGH GRUR 1960, 126, 128 – Sternbild; s. auch BGH GRUR 1955, 583 – Sunpearl). Der Verwechslungsschutz einer solchen Wortbildmarke besteht gegenüber der Verwendung eines jeden ihrer Zeichenbestandteile. Wenn zwischen dem produktidentifizierenden Wortbestandteil und dem produktidentifizierenden Bildbestandteil der Wortbildmarke weder begriffliche Identität noch begriffliche Ähnlichkeit nach dem Sinngehalt besteht, dann wird die jeweils bestehende Kennzeichnungskraft der Zeichenbestandteile regelmäßig nicht wechselseitig verstärkt. Für die eine Verwechslungsgefahr begründende Markenähnlichkeit einer Wortbildmarke, die aus dem Bildbestandteil einer *springenden Raubkatze* und aus dem französischen Wortbestandteil *sabèl* besteht, und der Bildmarke einer nicht identisch gestalteten *springenden Raubkatze* kommt es allein auf die begriffliche Ähnlichkeit der Bildbestandteile nach ihrem Sinngehalt an, wenn die Ähnlichkeit der Bildbestandteile nach ihrer Bildwirkung nicht besteht. Der BGH hat dem EuGH die Frage zur Vorabentscheidung vorgelegt, ob es zur Bejahung der Gefahr der Verwechslung eines aus Wort und Bild zusammengesetzten Zeichens mit einem für gleiche und ähnliche Waren lediglich als Bild eingetragenen Zeichen, das keine besondere Verkehrsbekanntheit genießt, genügt, daß die beiden Bilder in ihrem Sinngehalt (hier: springende Raubkatze) übereinstimmen (BGH GRUR 1996, 198 – Springende Raubkatze).

**(3) Mehrwortmarken.** Bei einer aus mehreren Wörtern zusammengesetzten Wortmarke (*Mehrwortmarke*) tritt regelmäßig ein Wort beherrschend hervor und bestimmt den Gesamteindruck. Das Erinnerungsbild im Verkehr wird häufig nicht von den zusammengesetzten Marke als Ganzes, sondern von bestimmten Zeichenbestandteilen geprägt, die etwa wegen ihrer Originalität, Prägnanz, Kürze, Stellung innerhalb der Mehrwortmarke oder aus sonstigen Gründen den Gesamteindruck namentlich längerer Mehrwortmarken bestimmen (BGH GRUR 1954, 123 – Auto-Fox; 1961, 628 – Umberto Rosso; BPatGE 2, 120 – Twen). Allgemeingültige Regeln darüber, unter welchen Voraussetzungen bei Mehrwortmarken ein Wort für sich allein die Gefahr von Verwechslungen begründen kann, sollen sich nicht aufstellen lassen, vielmehr sollen stets alle Umstände des Einzelfalls zu berücksichtigen sein (BPatGE 26, 172 – Asid Bonz/BONZO; BPatG GRUR 1992, 701 – Heparin Azuchemie). Entscheidend kommt es darauf an, ob bei einer Mehrwortmarke der Gesamteindruck durch die besondere, einem einzelnen Zeichenbestandteil in der Marke zukommende Bedeutung und Kennzeichnung so geprägt sein kann, daß die weiteren Zeichenbestandteile zurücktreten (BGH GRUR 1996, 404, 405 – Blendax Pep; 1996, 406, 407 – JUWEL; 1997, 897, 898 – IONOFIL). Die Beurteilung, ob einem Zeichenbestandteil eine die Gesamtmarke prägende Bedeutung zukommt, liegt im wesentlichen auf *tatrichterlichem* Gebiet, so daß im Rechtsbeschwerdeverfahren lediglich zu prüfen ist, ob der Tatrichter bei seiner Würdigung gegen Denkgesetze und Erfahrungssätze verstoßen hat (BGH GRUR 1996, 777 – JOY; 1998, 927 – COMPO-SANA; s. dazu Rn 83, 148). Zwischen der Wortbildmarke *Foot-Joy* und der Wortmarke *JOY* für Bekleidungsstücke und Lederwaren wurde keine Verwechslungsgefahr angenommen, weil der Wortbestandteil *Joy* in der aus annähernd gleichgewichtigen Wörtern zusammengesetzten Wortbildmarke keine prägende Stellung einnehme (BGH GRUR 1996, 777 – JOY). Den Gesamteindruck der Mehrwortmarke *Original F. von Lochows Petkuser Saatgut* beherrscht das Wort *Petkuser* (RG MuW 1932, 176). Zwar kann der Gesamteindruck einer Mehrwortmarke durch einen *Zusatz* verändert werden, doch genügt im allgemeinen nicht, den *Namen* oder die *Firma* des Markeninhabers als Zeichenbestandteil hinzuzufügen, um die Markenähnlichkeit zu beseitigen (s. dazu Rn 169 f.). Als nicht ausreichend zur Beseitigung der Verwechslungsgefahr bei *Petkuser Roggen* wurde der Zusatz *Original Breustedt's* beurteilt (RG MuW 1932, 176). Bei der Übernahme eines markanten Zeichenbestandteils einer fremden Marke kann die Eigenart der Verbindung und Vermischung der Zeichenbestandteile die Verwechslungsgefahr ausschließen (RG MuW 1927/1928, 308). Entscheidend kommt es darauf an, ob im Verkehr die Erinnerung an die fremde Marke hervorgerufen wird oder der übernommene Zeichenbestandteil in der Mehrwortmarke des Dritten als einheitlichem Unterscheidungszeichen zur Produktidentifikation aufgegangen ist. Wenn kollidierende Mehrwortmarken nur in einzelnen Zeichenbestandteilen ähnlich sind, dann kommt es für das Vorliegen von Verwechslungsgefahr darauf an, ob der übereinstimmende Teil der zusammengesetzten Marken in der kollidierenden Gesamtbezeichnung eine gewisse selbständig kennzeichnende Stellung hat und darin nicht derart untergegangen ist, daß er durch seine Einfügung in die Gesamtkombination aufgehört hat, für den Verkehr die Erinnerung an die zu schützende Kennzeichnung wachzurufen (BGH GRUR 1990, 367, 369 – Alpi/Alba Moda; BGHZ 113, 115, 125 – SL; BGH GRUR 1993, 118, 120 – Corvaton/Corvasal). Von einem solchen Verlust der kennzeichnenden Eigenständigkeit des übernommenen Zeichenbestandteils im Kollisionszeichen wurde bei der Entlehnung des *aufrechten stilisierten bayerischen Löwen* und des Wortes *Löwenbräu* für eine Werbetafel mit dem *Hofer Stadtwappen* und der Aufschrift *Löwenbräu Hof i. B.* ausgegangen (RG MuW 1932, 76, 77 – Löwenbräu; bedenklich). Damit der in den Kollisionszeichen *Corvaton* und *Corvasal* identisch übereinstimmende und deshalb ohne weiteres verwechslungsfähige Zeichenbestandteil *Corva* in der kollidierenden Bezeichnung *Corvasal* derart untergegangen ist, daß er keine Erinnerung mehr an die Bezeichnung *Corvaton* zu wecken vermag, ist erforderlich, daß allein der angefügten Endsilbe *sal* die entscheidende Wirkung einer Umprägung des Gesamteindrucks zukommt, was nach allgemeinen Erfahrungssätzen zweifelhaft erscheint (BGH GRUR 1993, 118, 120 – Corvaton/Corvasal). Als verwechselbar beurteilt wurde *Auto-Fox* mit *NSU-Fox*, weil der übernommene Zeichenbestandteil *Fox* eine einprägsame Eigenart besitze und in dem Kollisionszeichen *Auto-Fox* allein kennzeichne (BGH GRUR 1954, 123, 125; s. auch BGH GRUR 1958, 604 – Wella/Perla). Um eine Verwechslungsgefahr begründende Markenähnlichkeit anzunehmen, kann es ausreichen, wenn dem übernommenen Zeichenbestandteil eine normale Kennzeichnungskraft zukommt. Als verwechselbar beurteilt wurden *Napoléon Fer* und *Napoléon Le Petit Caporal* (BGH GRUR 1966, 259, 260 – Napoléon I). Wenn eine Mehrwortmarke als Ganzes Verkehrsgeltung erworben hat, dann kann schon einer markanten Wortsilbe der Marke eine solche Kennzeichnungskraft zukommen, daß bei einer Übernahme der Wortsilbe in ein Kollisionszeichen im Verkehr die abweichenden Silben der zusammengesetzten Marke nicht als kennzeichnend bewertet werden (zu Zeichenbestandteilen mit Verkehrsgeltung s. Rn 207). Bei einer Mehrwortmarke, die aus zwei Zeichenbestandteilen besteht, die durch einen *Bindestrich* verbunden sind, kann das Bestehen von Verwechslungsgefahr hinsichtlich eines jeden der Zeichenbestandteile zu prüfen sein (BPatGE 6, 125; 7, 189). Klangliche Verwechslungsgefahr wurde bejaht zwischen *REPAS-FALI* und *ALI* für Gemüsepräparate, Fleischextrakte, Obst- und Gemüsekonserven, Milch- und Speisefette (BPatGE 6, 104); *LUCKY WHIP* und *Schöller-Nucki* für Pulver zur Herstellung von Süßwaren und Eiskrem, zumal englische Wörter, die sich zwanglos deutsch aussprechen ließen, auch vom Verkehr häufig deutsch ausgesprochen würden (BPatGE 15, 101 – LUCKY WHIP/ Schöller-Nucki). Wenn eine mit Bindestrich verbundene Mehrwortmarke aus einem als solchen *nicht bekannten Firmennamen* und einem *kennzeichnungsschwachen Zeichenbestandteil* besteht, dann wird der Gesamteindruck der Mehrwortmarke durch die Gesamtheit der Marke und nicht durch einen einzelnen Zeichenbestandteil geprägt (BGH GRUR 1998, 927 – COMPO-SANA). Die Wortmarken *City Plus* und *D2BestCityPlus* in der Branche der Telekommunikations- Dienstleistungen wurden als nicht verwechslungsfähig beurteilt, da der vorangestellte Zusatz *D2* als Bezeichnung des Funknetzes das angegriffene Gesamtzeichen im Sinne einer zusätzlichen und für den angesprochenen Verkehr notwendigen Unterscheidungshilfe präge (OLG Düsseldorf MarkenR 1999, 105 – City Plus; bedenklich). Verwechslungsgefahr bei Mehrwortmarken deshalb anzunehmen, weil das Erinnerungsbild des Verkehrs sich auf einen Zeichenbestandteil gleichsam als der abgekürzten Form der Marke beschränkt, sollte nur dann angenommen werden, wenn der Zeichenbestandteil den Gesamteindruck der zusammengesetzten Marke eindeutig beherrscht. Im übrigen ist davon auszugehen, daß die Anzahl möglicher Verwechslungsfälle im Verkehr dann von vornherein nicht erheblich ist, wenn erfahrungsgemäß nur ein geringer Teil der Verkehrskreise sich die Marke in einer Abkürzung merken oder verwenden wird; als nicht verwechselbar beurteilt wurde *Cymbi-bronch* mit *RHINOPRONT* und *Gumbix* für Hustenmittel (BPatGE 17, 161 – RHINOPRONT). Es darf bei Mehrwortmarken nicht schematisch von den einzelnen Zeichenbestandteilen ausgegangen werden. Entscheidend kommt es darauf an, ob im Verkehr die zusammengesetzte Marke als Ganzes oder ob einzelne Zeichenbestandteile als herkunfts- und produktidentifizierendes Unterscheidungszeichen verstanden werden. Bei Prüfung der Verwechslungsgefahr zwischen den Mehrwortmarken *Felina-Britta* und *Britta Modelle* war die Markenähnlichkeit zwischen den Zeichen *Felina-Britta*, dessen Gesamteindruck von dem Zeichenbestandteil *Felina* beherrscht wird, und dem Zeichen *Britta Modelle*, bei der der Zeichenbestandteil *Britta* den Gesamteindruck beherrscht, auszugehen und insoweit das Vorliegen von Verwechslungsgefahr abzulehnen (BGH GRUR 1970, 552, 553 – Felina-Britta; s. auch BPatG GRUR 1975, 441 – Passion; BPatGE 35, 188 – BERGER; BPatG, Beschluß vom 13. Juli 1995, 25 W (pat) 3/94; BPatGE 36, 82 – PARK). Wenn eine Mehrwortmarke einen einheitlichen Begriff darstellt oder als eine Einheit wirkt, dann ist sie grundsätzlich in ihrem Gesamteindruck zu beurteilen. So wurden als nicht verwechslungsfähig beurteilt *Räuber-Kneißl* und *Maisel* für Bier (BPatG Mitt 1984, 153); *Biene Maja* und *Mayam, Majala* sowie *majala Traumcreme* für Dessertspeise (BPatG Mitt 1984, 154), es sei denn, das Wort *Maja* werde blickfangmäßig herausgestellt (BGH GRUR 1981, 277 – Biene Maja). Mittelbare Verwechslungsgefahr wurde bejaht zwischen den Mehrwortmarken *Black John* und *Lord John* was dann zutreffend ist, wenn im Verkehr dem Wort *John* als Stammbestandteil die produktidentifizierende Wirkung einer Serienmarke zuzusprechen ist (BPatG GRUR 1984, 655 – Black John/Lord John). Wenn eine Mehrwortmarke aus einem als solchen *nicht bekannten Firmennamen* und einem *kennzeichnungsschwachen Zeichenbestandteil* besteht, dann tritt der als Herstellerangabe erkennbare Zeichenbestandteil im allgemeinen weitgehend in den Hintergrund, wenn der Verkehr die Waren nicht nach dem Namen des Herstellers unterscheidet, sondern seine Aufmerksamkeit auf die sonstigen Merkmale zeichenmäßiger Kennzeichnung richtet; das soll auf den meisten Warengebieten, wenn auch etwa nicht im Warenbereich der Bekleidung, der Fall sein (BGH GRUR 1996, 404, 405 – Blendax Pep; 1996, 406, 407 – JUWEL; WRP 1997, 1186, 1187 – IONOFIL). Es bleibt jedoch der Beurteilung des Einzelfalls vorbehalten, ob im Verkehr die Herstellerangabe innerhalb der Mehrwortmarke in den Hintergrund tritt oder nicht. Die Bedeutung einer Herstellerangabe als Zeichenbestandteil einer Mehrwortmarke für deren Gesamteindruck ist auch davon abhängig, ob die Herstellerangabe als solche *dem Verkehr bekannt* ist, weil nur im Fall ihrer Bekanntheit oder wenn sich die Angabe aus sonstigen Gründen als Hinweis auf den Hersteller erkennen läßt, ihre Eignung als Produktkennzeichnung zurücktritt. Nach diesem Grundsatz wurde die aus dem als solchen nicht bekannten Firmennamen *COMPO* und dem kennzeichnungsschwachen Zeichenbestandteil *SANA* bestehende Mehrwortmarke *COMPO-SANA* auf dem Warengebiet Düngemittel als weder unmittelbar noch mittelbar verwechslungsfähig mit der Wortmarke *Tresana* beurteilt (BGH GRUR 1998, 927 – COMPO-SANA; zur Erheblichkeit der Bekanntheit von Unternehmenskennzeichen als Zusatz s. Rn 169).

**(4) Schutz der Marke als Einheit.** Bei zusammengesetzten Marken und Kombinationsmarken besteht wie bei jeder Markenform Markenschutz hinsichtlich der Marke als Einheit. Es besteht grundsätzlich kein selbständiger Markenschutz der einzelnen Zeichenbestandteile einer zusammengesetzten Marke oder Kombinationsmarke (BGH GRUR 1970, 552 – Felina-Britta; 1976, 353 – COLORBOY mit Anm. *Hefermehl*; BGH GRUR 1991, 319 – HURRICANE; zu § 9 Abs. 1 Nr. 2 BPatG GRUR 1996, 287 – BRANDT ECCO; s. dazu BGH GRUR 1998, 1014 – ECCO II; BPatG GRUR 1996, 413 – ICPI; BPatGE 38, 266 – SAINT MORIS). Die Marke ist in der eingetragenen Form geschützt; es besteht *kein Elementenschutz* der Zeichenbestandteile. Auch wenn ein Zeichenbestandteil aufgrund seiner Eigenart selbständige Kennzeichnungskraft als produktidentifizierendes Unterscheidungszeichen zukommt, ist ein selbständiger Markenschutz dieses Zeichenbestandteils nicht gerechtfertigt, denn die Eintragung von zusammengesetzten Marken und Kombinationsmarken begründet keinen mehrfachen Verwechslungsschutz der verschiedenen Zeichenbestandteile innerhalb deren Markenähnlichkeit. Es kann aber ein Zeichenbestandteil einer zusammengesetzten Marke oder Kombinationsmarke deren Gesamteindruck prägen oder doch derart wesentlich mitbestimmen, daß die Verwendung dieses Zeichenbestandteils als Kollisionszeichen eine unmittelbare oder mittelbare Verwechslungsgefahr begründende Markenähnlichkeit hervorruft (BGH GRUR 1976, 353, 354 – COLORBOY; 1977, 218 – MERCOL; 1991, 319 – HURRICANE; BPatG GRUR 1993, 672 – BACTRIM/Azubactrin; die Verwechslungsgefahr bei Mehrwortmarken ausschließlich als Fallkonstellation des gedanklichen Inverbindungbringens beurteilend *Fuchs-Wissemann*, GRUR 1998, 522). Ein den *Gesamteindruck bestimmender Zeichenbestandteil* genießt jedoch keinen selbständigen Markenschutz; die zusammengesetzte Marke oder Kombinationsmarke ist allein in der Form der Eintragung in das Markenregister geschützt. Wenn die Zeichenbestandteile einer zu-

**MarkenG § 14**    207                                Schutzinhalt des Markenrechts

sammengesetzten Marke oder einer Kombinationsmarke hinsichtlich der klanglichen, bildlichen und begrifflichen Markenähnlichkeit als gleichwertig zu beurteilen sind, dann ist allerdings in der Regel keiner der Zeichenbestandteile allein geeignet, den Gesamteindruck der Marke zu prägen oder wesentlich mitzubestimmen (BGH GRUR 1976, 353, 354 – COLORBOY; 1983, 768, 769 – Capri-Sonne; 1989, 264, 265 – REYNOLDS R1/EREINTZ; 1989, 425, 427 – Herzsymbol; 1991, 319 – HURRICANE). Die Übereinstimmung der Kollisionsmarken mit einem von zwei in ihrer Kennzeichnungskraft *gleichgewichtigen Zeichenbestandteilen* begründet noch keine Verwechslungsgefahr (BGH GRUR 1991, 319, 320 – HURRICANE). Die Ähnlichkeit einer prioritätsjüngeren Marke mit nur einem Zeichenbestandteil einer prioritätsälteren zusammengesetzten Marke oder einer prioritätsälteren Kombinationsmarke begründet deshalb in der Regel noch keine Verwechslungsgefahr. Anders ist zu entscheiden, wenn die prioritätsjüngere Marke eine Mehrwortmarke ist, die aus einer prioritätsälteren Marke und einem gleichwertigen Zeichenbestandteil besteht. Als *verwechslungsfähig* beurteilt wurden *Pinco Palino* und *Bimbo* für Weine und Schaumweine (BPatGE 20, 281); *Harry's Fashion* und *Hardy* für Bekleidungsstücke (BPatGE 23, 210); *Asid Bonz* und *BONZO* für Futtermittel (BPatG GRUR 1984, 819 – Asid Bonz/BONZO). Es handelt sich aber dann nicht um einen unberechtigten Elementenschutz eines Zeichenbestandteils, wenn ein seiner Natur nach unterscheidungskräftiger Zeichenbestandteil geeignet ist, als Schlagwort zur Produktidentifikation zu dienen und anzunehmen ist, der Verkehr werde sich dieses Zeichenbestandteils zur Kurzbezeichnung der zusammengesetzten Marke oder der Kombinationsmarke bedienen (s. Rn 208), sowie dann nicht, wenn Verwechslungsgefahr unter dem Gesichtspunkt der Serienmarke anzunehmen ist (s. Rn 220 ff.). Sowohl unmittelbare als auch mittelbare Verwechslungsgefahr wurde verneint zwischen *HURRICANE* und *Cliff Hurricane* (BGH GRUR 1991, 319, 320 – HURRICANE; s. im Anschluß daran zu § 9 Abs. 1 Nr. 2 BPatG GRUR 1996, 287 – BRANDT ECCO; dazu BGH GRUR 1998, 1014 – ECCO II). Einem Zeichenbestandteil einer zusammengesetzten Marke oder einer Kombinationsmarke kommt aber dann selbständiger Markenschutz zu, wenn der Zeichenbestandteil im geschäftlichen Verkehr als produktidentifizierendes Unterscheidungszeichen Verkehrsgeltung erworben hat (s. Rn 207). Die Voraussetzungen zum Erwerb selbständigen Markenschutzes eines Zeichenbestandteils entsprechen den Voraussetzungen zur Entstehung des Markenschutzes durch Benutzung und den Erwerb von Verkehrsgeltung als Marke nach § 4 Nr. 2. Die Priorität des selbständigen Markenschutzes eines Zeichenbestandteils richtet sich nicht nach dem Zeitpunkt der Anmeldung der zusammengesetzten Marke oder der Kombinationsmarke, sondern nach dem Zeitpunkt des Erwerbs von Verkehrsgeltung als Marke.

**207**    **(5) Schutz von Zeichenbestandteilen mit Verkehrsgeltung.** Der Zeichenbestandteil einer zusammengesetzten Marke oder Kombinationsmarke, der durch Benutzung im geschäftlichen Verkehr als produktidentifizierendes Unterscheidungszeichen *Verkehrsgeltung im Sinne des § 4 Nr. 2* erworben hat, genießt selbständigen Markenschutz (so zur Verkehrsdurchsetzung als Herkunftshinweis für bestimmte Waren BGH GRUR 1955, 421, 422 – Forellenzeichen; 1966, 495 – UNIPLAST; 1968, 371, 375 – Maggi; 1968, 581, 583 Blunazit). Verkehrsgeltung als Marke kann jede Art von Zeichenbestandteil einer zusammengesetzten Marke oder einer Kombinationsmarke erwerben. Das gilt entsprechend den herkömmlichen Markenformen des WZG für Wortbestandteile, Bildbestandteile sowie der Farbgebung oder Formgestaltung einer Marke, wie aber auch entsprechend den neuen im MarkenG anerkannten Markenformen nach § 3 Abs. 1 für den Klangbestandteil einer aus einer Hörmarke gebildeten Kombinationsmarke, dreidimensionalem Design einer Marke, wie auch für die entsprechenden Zeichenbestandteile einer aus einer Geruchs-, Geschmacks- oder Tastmarke gebildeten Kombinationsmarke. Zur Begründung des Markenschutzes von Zeichenbestandteilen kommt es allein darauf an, ob ein bestimmter Zeichenbestandteil oder ein oder mehrere Zeichenbestandteile der zusammengesetzten Marke oder der Kombinationsmarke im Verkehr Verkehrsgeltung im Sinne von § 4 Nr. 2 erworben haben. Der Zeichenbestandteil oder die mehreren Zeichenbestandteile mit Verkehrsgeltung genießen selbständigen Markenschutz gegen Verwechslungsgefahr aufgrund klanglicher, bildlicher und begrifflicher Markenähnlichkeit. Um eine berühmte Fallkonstellation handelt es sich bei der Wortbildmarke, die aus dem Wortbestandteil *Die Stimme seines Herrn* (his master's voice) und dem Bildbestandteil *eines vor dem Schalltrichter einer Sprechmaschine sitzenden* *und lauschenden Hundes* besteht (RGZ 109, 226). Ob ein Zeichenbestandteil die zum Erwerb von Verkehrsgeltung erforderliche Kennzeichnungskraft als ein produktidentifizierendes Unterscheidungszeichen erworben hat, entscheidet sich nach der innerhalb beteiligter Verkehrskreise bestehenden Verkehrsauffassung (s. § 4, Rn 120 ff.). Die Verkehrsauffassung braucht keine einheitliche zu sein. Es genügt, wenn ein rechtserheblicher Teil der Verkehrskreise zum einen den Wortbestandteil, ein anderer rechtserheblicher Teil der Verkehrskreise zum anderen den Bildbestandteil als ein produktidentifizierendes Unterscheidungszeichen versteht (auf einen nicht unbeachtlichen Teil des Verkehrs hinsichtlich der Beurteilung als Herkunftskennzeichen abstellend s. BGH GRUR 1966, 30, 32 – Konservenzeichen). Die im MarkenG wie in den Mitgliedstaaten der EU als zulässig anerkannten neuen Markenformen sind Basis einer Vielzahl von neuen Kombinationsmarken. Dem Markenschutz von Zeichenbestandteilen mit Verkehrsgeltung kommt im deutschen Markenrecht eine lange Tradition zu. Bei der Wortbildmarke für Fahrräder, die aus dem Wortbestandteil *Brennabor* und dem Bildbestandteil eines *ovalen Steuerrohrschildes* gebildet war, waren sowohl der Wortbestandteil wie der Bildbestandteil kraft Verkehrsgeltung selbständig geschützt (RG GRUR 1940, 102, 104 – Brandenburg). Ebenso lag es bei der berühmten Marke *Tosca* und der *blaugoldenen Verpackung* der Parfümerieerzeugnisse der Marke *4711* (BGH GRUR 1961, 280, 282 – Tosca). Im grenzüberschreitenden Waren- und Dienstleistungsverkehr im Binnenmarkt der EU entsteht eine markenrechtliche Problematik daraus, daß die Entstehung des Markenschutzes durch die Benutzung des Zeichens im geschäftlichen Verkehr und den Erwerb von Verkehrsgeltung als Marke im Sinne des § 4 Nr. 2 in den meisten Mitgliedstaaten nicht besteht, namentlich dann, wenn auch ein vergleichbarer wettbewerbsrechtlicher Schutz nicht anerkannt ist. Wenn eine zusammengesetzte Marke oder eine Kombinationsmarke als Ganzes starke Verkehrsgeltung erwirbt, dann kann selbst ein ursprünglich schwacher Zeichenbestandteil im Verkehr als produktidentifizierendes Unterscheidungszeichen verstanden werden und Kennzeichnungskraft erwerben. Dies gilt vor allem dann, wenn der Zeichenbestandteil der zusammengesetzten Marke oder Kombinationsmarke mit Verkehrsgeltung blickfangmäßig herausgestellt und in der Werbung gezielt hervorgehoben wird (BGH GRUR 1956, 179, 181 – Ettaler-Klosterliqueur; 1968, 581, 585 – Blunazit).

**(6) Schutz von prägnanten Zeichenbestandteilen ohne Verkehrsgeltung.** Ein Zeichenbestandteil einer zusammengesetzten Marke oder Kombinationsmarke, der seiner Natur nach unterscheidungskräftig und geeignet ist, als schlagwortartiger Hinweis das markierte Produkt zu identifizieren, kann auch ohne Verkehrsgeltung dann schutzfähig sein, wenn anzunehmen ist, daß im Verkehr der Zeichenbestandteil als prägnante *Kurzbezeichnung für die gesamte Marke* verwendet wird. Es gilt insoweit der gleiche Grundsatz wie für den indirekten Schutz selbständig kennzeichnender Namens- und Firmenbestandteile (BGHZ 11, 214, 216 – KfA; s. § 15, Rn 146 ff.). Wenn ein Adjektiv wie der Wortbestandteil *adrett* innerhalb einer zusammengesetzten Wortmarke wie *Ski-Adrett* nicht nur beschreibend wirkt, sondern so als ein Merk- und Kennwort des Produkts herausgestellt wird, so daß ein beachtlicher Teil des Verkehrs den Wortbestandteil *adrett* zur Kurzbezeichnung der zusammengesetzten Marke verwenden wird, dann ist zur Beurteilung der die Verwechslungsgefahr begründenden Markenähnlichkeit der Wortbestandteil isoliert zu berücksichtigen (BPatGE 3, 189 – Adrett). Der Verkehr neigt namentlich bei längeren Kennzeichen dazu, sich zur kurzen und prägnanten Benennung eines unterscheidungskräftigen Zeichenbestandteils gleichsam als Kennwort zu bedienen. Das gilt auch dann, wenn der Markeninhaber verschiedene Produktsorten mit einem zusammengesetzten Zeichen oder einer Kombinationsmarke kennzeichnet, deren einer Zeichenbestandteil als Kennwort der Produktsorte dient und die Verkehrsübung naheliegt, sich dieses Zeichenbestandteils zur Kurzbezeichnung des Produkts zu bedienen. Als verwechselbar beurteilt wurden *Indola-Perlé-Kaltwelle* und *Wella-Perla*, weil mit dem Zeichenbestandteil *Wella* eine Vielzahl von Produkten vertrieben wurden und die Verkehrsübung naheliege, sich zur Kurzbezeichnung des konkreten Produkts des seiner Natur nach unterscheidungskräftigen Zeichenbestandteils *Perla* zu bedienen (BGH GRUR 1958, 604 – Wella-Perla; s. auch 1960, 296, 297 – Reiherstieg).

Diese Grundsätze zum Markenschutz von prägnanten Zeichenbestandteilen ohne Verkehrsgeltung gelten gleichermaßen für alle drei Arten des nach der Entstehung zu unterscheidenden Markenschutzes nach § 4 Nr. 1 bis 3. Diese Grundsätze entsprechen zudem der

**MarkenG § 14** 210

Rechtsprechung zur Unrichtigkeit einer geschäftlichen Angabe nach § 3 UWG (BGH GRUR 1961, 425 – Möbelhaus des Handwerks; s. *Baumbach/Hefermehl*, § 3 UWG, Rn 121 ff.). In einer Kombinationsmarke, deren Wortbestandteile ein französischer Adelstitel und weitere Namensbestandteile sind *(Comtesse Esther de Pommery)*, ist der Adelstitel *Comtesse* selbständig kollisionsbegründend, wenn er zeilenmäßig von den weiteren Namensbestandteilen abgehoben im Markenmittelpunkt steht; die Wortmarke *Comtesse* ist mit der Wortbildmarke *Comtesse Esther de Pommery* verwechslungsfähig (BPatGE 35, 223 – Comtesse Esther de Pommery); als verwechselbar beurteilt wurde *Adalbert Prinz von Bayern* und *Luitpold Prinz von Bayern* für Bier (BPatGE 35, 218 – Adalbert Prinz von Bayern).

**210** **(7) Schutzunfähige Zeichenbestandteile. (a) Grundsatz.** Schutzunfähige Zeichenbestandteile, die als solche wegen Bestehens eines absoluten Schutzhindernisses nach § 8 von der Eintragung als Marke ausgeschlossen sind, sind grundsätzlich nicht geeignet, als kennzeichnend innerhalb einer zusammengesetzten Marke oder einer Kombinationsmarke zu wirken (zur Rechtslage im WZG s. *Fezer*, GRUR 1975, 371 ff.; *Kirchner*, Mitt 1969, 6, 9). Schutzunfähige Zeichenbestandteile dürfen nicht auf dem Umweg über eine zusammengesetzte Marke oder eine Kombinationsmarke markenrechtlichen Schutz genießen. Aus der Schutzunfähigkeit eines Zeichenbestandteils ergeben sich Folgen für die Prüfung der eine Verwechslungsgefahr begründenden Markenähnlichkeit von zusammengesetzten Marken und Kombinationsmarken. Bei der Prüfung der die Verwechslungsgefahr begründenden Markenähnlichkeit ist ein schutzunfähiger Zeichenbestandteil einer zusammengesetzten Marke oder Kombinationsmarke, der im Verkehr nicht als kennzeichnend und damit als produktidentifizierendes Unterscheidungszeichen aufgefaßt wird, grundsätzlich dann nicht zu berücksichtigen, wenn sich die Übereinstimmung der Kollisionszeichen auf den schutzunfähigen Zeichenbestandteil beschränkt (BGHZ 21, 182, 186 – Ihr Funkberater; BGH GRUR 1960, 83, 88 – Nährbier; 1965, 183, 185 – derma; 1965, 656, 666 – Liquiderma; 1966, 436, 438 – Vita-Malz; 1969, 349 – Anker-Export; BPatGE 11, 266, 267 – Gabelfisch; BPatG BlPMZ 1977, 371 – KABELRAP; BPatG GRUR 1979, 242 – Visuelles Gesamtbild; 1982, 611, 612 – Prodont; BGH GRUR 1983, 768, 769 – Capri-Sonne). Schutzunfähige Zeichenbestandteile sind nicht selbständig kollisionsbegründend. Wenn beide Kollisionszeichen schutzunfähige Zeichenbestandteile enthalten, sind strenge Anforderungen an die Markenähnlichkeit und Verwechslungsgefahr zu stellen. Bei einer solchen Fallkonstellation begründen schutzunfähige Zeichenbestandteile einer als solcher schutzfähigen Kombinationsmarke grundsätzlich keine Verwechslungsgefahr, selbst wenn ein noch erheblicher Teil der Verkehrskreise die schutzunfähigen Zeichenbestandteile mit der prioritätsjüngeren Marke verwechseln kann (BPatGE 11, 266, 267 – Gabelfisch). In einem solchen Fall reichen schon geringfügige Abweichungen in den übrigen Zeichenbestandteilen zur Vermeidung einer die Verwechslungsgefahr begründenden Markenähnlichkeit aus (BGH GRUR 1975, 372 – Pentavenon/Essavenon). Schutzunfähige Zeichenbestandteile können den Gesamteindruck einer Marke nur beeinflussen und sind zu berücksichtigen, wenn die Kollisionszeichen auch in den übrigen Zeichenbestandteilen Ähnlichkeiten aufweisen (BGH GRUR 1965, 670, 671 – Basoderm; 1966, 676, 678 – Shortening; 1967, 485, 486 – badedas). Nach diesem Grundsatz wurde die Verwechslungsgefahr etwa zwischen *Kaloderma* und *Babyderm* verneint, dagegen zwischen *Kaloderman* und *Basoderm* bejaht (BGH GRUR 1965, 670 – Basoderm). Als *verwechselbar* beurteilt werden *Gala-Vita-Malz* und *Vita-Malz* für ein Biererzeugnis (BGH GRUR 1966, 436, 439 – Vita-Malz); als *nicht verwechselbar* wurde beurteilt *Vitapur* und *Vitapulp* für Arzneimittel (BGH GRUR 1967, 246, 247). Wenn zwei zusammengesetzte Marken oder Kombinationsmarken allein aufgrund des gleichen Begriffsinhalts eines als beschreibend schutzunfähigen Zeichenbestandteils als markenähnlich zu beurteilen sind, dann liegt Verwechslungsgefahr nur dann vor, wenn diese auch aufgrund klanglicher oder schriftbildlicher Markenähnlichkeit begründet ist. So wurden als nicht verwechselbar beurteilt *FRESCO/Frisco GmbH* und *Frisch-Frischer-Frischa* (BPatGE 17, 167). Markenschutz wurde einem Werbeslogan für Wein gewährt, dessen charakteristischer Textteil in den Worten *Wein – eingefangener Sonnenschein* lag, vor der Verwendung dieses Slogans auf einer Weinkarte (RG GRUR 1938, 348 – Wein-eingefangener Sonnenschein). Den schutzunfähigen Zeichenbestandteilen *Vorrasur – Nachrasur* wurde Markenschutz selbst gegenüber einer verwechslungsfähigen Beschriftung *Vorrasur – Feinrasur* gewährt (BGH GRUR 1959, 130 – Vorrasur – Nachrasur; bedenklich). Die Verwendung der Bezeichnung *Die Weissen* zur

Kennzeichnung einer im übrigen markenlosen Produktgruppe verletzt weder das Markenrecht an der Wortbildmarke, die aus dem Wortbestandteil *Die Weissen* und einem Bildemblem besteht, noch die Wortmarke *Die Weissen von X*, da für den Zeichenbestandteil *Die Weissen* mangels Unterscheidungskraft und als Beschaffenheitsangabe ein selbständiger Markenschutz nicht besteht (KG WRP 1984, 207, 209; zu den No Names, Generics, Produits Libres oder den namenlosen Handelsprodukten s. *Messing*, MA 1982, 232 ff.). Die Schutzunfähigkeit eines Zeichenbestandteils wegen Bestehens eines absoluten Schutzhindernisses nach § 8 schließt nicht aus, daß dieser an sich schutzunfähige Zeichenbestandteil den Gesamteindruck der zusammengesetzten Marke oder der Kombinationsmarke mitbestimmt (s. Rn 213).

**(b) Entscheidungspraxis.** Als *nicht verwechslungsfähig* beurteilt wurden *Terrameyer* und *Terranova* für Baustoffe, da *Terra* eine schutzunfähige Beschaffenheitsangabe sei und *Meyer* und *Nova* sich deutlich unterschieden (RG GRUR 1931, 402 – Terranova/Terrameyer); *verwechslungsfähig* seien aber *Terranova* und *Terrapin*, weil die Marke als Ganzes unterscheidungskräftig sei (BGH GRUR 1977, 719, 721 – Terranova/Terrapin); als *nicht verwechslungsfähig* wurden ferner beurteilt *Acetylthionine* und *Dionin* für pharmazeutische Produkte, weil *Thionin* ein Farbpulver bezeichne und deshalb nach § 8 Abs. 2 Nr. 1 schutzunfähig sei (BPatGE 3, 85); *Eu-med* und *Remlomed* für pharmazeutische Präparate sowie *Kukident* und *Pigodent* für Reinigungsmittel für künstliche Gebisse, weil die Nachsilben *med* und *dent* Beschaffenheitsangaben seien (RG GRUR 1935, 510; 1943, 83); *Neocithin* und *Biocitin* für Nervenstärkungsmittel (RGZ 74, 303); *Neofix* und *Biofix* für Mittel zur Körper- und Schönheitspflege, weil die Schlußsilben nur beschreiben und der Sinngehalt von *Bio* und *Neo* klangliche Verwechslungen ausschließen (BPatGE 3, 82); *Elektrozeit* und *Elektrouhr* für elektrische Zeitmeßinstrumente (RG GRUR 1936, 621); *Elektro-Lux* und *Elektrostar* für elektrische Staubsauger (RG GRUR 1930, 1127); *Electrol* und *Elektro-Puzzi* für Herdputzmittel, weil das Wort *Elektro* als Bestimmungsangabe kein schutzfähiger Zeichenbestandteil sei (BGH GRUR 1964, 28, 30 – ELECTROL); *Leder-Schüler* und *Leder-Kaiser* für Lederwaren, weil auch die Verbindung von Gattungsbezeichnungen und Firmennamen nicht kennzeichne (RG MuW 1930, 555); *nOvafit* und *formfit* sowie *topfit* für Textilwaren, weil *fit* ein schutzunfähiger Zeichenbestandteil sei und nicht als Stammwort von Serienmarken wirken könne (BPatG Mitt 1966, 149 – nOvafit); *Babyderm* sowie *Liquiderma* und *Kaloderma* für Haut- und Haarpflegemittel, weil die Übereinstimmung sich nur auf den schutzunfähigen Bestandteil *derma* beschränke (BGH GRUR 1965, 183 – derma; 1965, 665 – Liquiderma); als *verwechslungsfähig* beurteilt wurden dagegen nach dem Gesamteindruck *Basoderm* und *Kaloderma* für kosmetische und dermatologische Präparate wegen der ähnlichen Vorsilben (BGH GRUR 1965, 670 – Basoderm); ferner wurden als *nicht verwechslungsfähig* beurteilt *geg Cocktail* und *Gesichtscocktail* sowie *Hautcocktail* für kosmetische Präparate, da sich die Marken durch ihre Anfangssilben eindeutig unterschieden (BPatG Mitt 1971, 72, 73); *Shamtu-fix* und *fit* für kosmetische Mittel (BPatG Mitt 1970, 111); eine Wortbildmarke, in der über der Innschrift *Ava Modell Extraleicht* der Wortbestandteil *Sommer Dress* augenfällig herausgestellt war, mit einer Wortbildmarke mit dem Wortbestandteil *Sommer Dress*, die warenbeschreibend sei für Textilwaren (BPatG Mitt 1971, 131, 132); *indo-jeans* und *Jeandigo* für Web- und Wirkstoffe, weil der Wortbestandteil *jeans* erkennbar warenbeschreibend sei (BPatGE 22, 68); *GUY* und *REAL DAY* für Tabakwaren, weil der schutzunfähige Bestandteil *DAY* einer schutzfähigen Mehrwortmarke die Verwechslungsgefahr nicht begründe (BPatG GRUR 1983, 509, 510 – GUY); *Medi-Sport* für Sportbekleidung und Dienstleistungen eines Instituts für Bewegungs- und Sporttherapie mit *medifit* für ein Sport- und Freizeitzentrum (OLG Koblenz, GRUR 1984, 124 – Medi-Sport-Medifit); *ADA GRIMALDI Le Camicie* und *Renata Gibaldi* für Textilien (BPatGE 35, 58 – ADA GRIMALDI). Nach der Rechtslage im WZG waren bei der Prüfung der Verwechslungsgefahr Zahlen und Buchstaben als solche als auch Kombinationen aus Zahlen und Buchstaben nicht zu berücksichtigen. So wurde die Verwechslungsgefahr zwischen *W 1-Aminohepan* und *W-5 Dr. BALLOWITZ & Co* für Arzneimittel, chemische und kosmetische Erzeugnisse verneint (DPA BlPMZ 1954, 147). Da nach der Rechtslage im MarkenG die Markenfähigkeit von Buchstaben und Zahlen sowie Kombinationen aus Buchstaben und Zahlen nach § 3 Abs. 1 besteht, sind solche Zeichenbestandteile bei Prüfung der die Verwechslungsgefahr begründenden Markenähnlichkeit grundsätzlich zu berücksichtigen. Voraussetzung ist allerdings, daß trotz der bestehenden abstrakten Unterscheidungseignung von Zahlen und Buchstaben nach § 3 Abs. 1 diesen auch eine konkrete Unterscheidungskraft nach § 8 Abs. 2 Nr. 1 für die angemeldeten Waren oder Dienstleistungen zukommt. Auch nach der Rechtslage im MarkenG wäre Verwechslungsgefahr zwischen *W 1-Aminohepan* und *W-5 Dr. BALLOWITZ & Co* grundsätzlich zu verneinen, es sei denn, daß aufgrund weiterer Umstände Verwechslungsgefahr unter dem Gesichtspunkt mittelbarer Verwechslungsgefahr als Serienmarke besteht (DPA BlPMZ 1954, 147).

212 **(c) Verfahrensrechtliche Prüfungszuständigkeit.** Wenn die eine Verwechslungsgefahr begründende Markenähnlichkeit auf einem identischen Zeichenbestandteil beruht, so ist im Verletzungsprozeß vom ordentlichen Gericht der Zeichenbestandteil auf seine Eintragungsfähigkeit zu prüfen (BGHZ 19, 367, 370 – W-5; 34, 299 – Almglocke/Almquell; BGH GRUR 1966, 436, 437 – VITA-MALZ). Das Gericht ist zur *Prüfung der Eintragungsfähigkeit des Zeichenbestandteils* berechtigt, da sich die verfahrensrechtliche Prüfungszuständigkeit des DPMA allein auf die Eintragungsfähigkeit des zusammengesetzten Zeichens oder der Kombinationsmarke als Ganzes bezieht (s. § 41, Rn 11). Wenn es sich um eine zusammengesetzte Marke oder eine Kombinationsmarke handelt, deren Kennzeichnungskraft allein auf einem bestimmten Zeichenbestandteil beruht, dann würde allerdings das ordentliche Gericht in die verfahrensrechtliche Prüfungszuständigkeit des DPMA eingreifen, wenn das Gericht diesen Zeichenbestandteil der eingetragenen Kombinationsmarke als schutzunfähig beurteilt (BGH GRUR 1966, 495, 497 – UNIPLAST; 1973, 467, 468 – Praemix; s. § 41, Rn 11).

213 **(8) Bestimmung des Gesamteindrucks durch schutzunfähige Zeichenbestandteile. (a) Grundsatz.** Auf dem schutzunfähigen Zeichenbestandteil einer zusammengesetzten Marke oder einer Kombinationsmarke kann wegen der fehlenden Kennzeichnungskraft des Zeichenbestandteils als eines produktidentifizierenden Unterscheidungszeichens nicht eine Verwechslungsgefahr begründende Markenfähigkeit beruhen (s. Rn 210). Solche schutzunfähigen Zeichenbestandteile können aber, wenn auch nicht allein, so doch in Verbindung mit anderen Zeichenbestandteilen den Gesamteindruck der zusammengesetzten Marke oder der Kombinationsmarke als Ganzes beeinflussen und möglicherweise sogar bestimmen (BGHZ 42, 307, 311 – derma; BGH GRUR 1963, 263 – Formfit; 1966, 436, 437 – Vita-Malz; 1966, 676, 678 – Shortening; 1967, 485, 486 – badedas; 1970, 552, 553 – Felina-Britta; 1977, 218, 219 – Mercol; BPatG GRUR 1983, 509, 510 – GUY; BGH GRUR 1986, 72 – Tabacco d'Harar; BPatG GRUR 1993, 672 – BACTRIM/Azubactrim). Es bietet sich, den Gesamteindruck einer Marke schematisch unter Abzug der schutzunfähigen Zeichenbestandteile festzustellen (s. zur Abspaltungslehre Rn 215 f.). Auch ein schutzunfähiger Zeichenbestandteil ist bei der Bestimmung des Gesamteindrucks einer zusammengesetzten Marke oder Kombinationsmarke mitzuberücksichtigen. Entscheidend kommt es auf den Eindruck der Marke als Ganzes im Verkehr an. Ähnlichkeiten der Kollisionszeichen unabhängig von den schutzfähigen Zeichenbestandteilen sind nicht nur bei der Beurteilung des Gesamteindrucks zu berücksichtigen, es sei denn, daß sie diesen nicht mitbestimmen. Das ist vor allem bei solchen Zeichenbestandteilen der Fall, die eine gängige Beschaffenheits- oder Bestimmungsangabe darstellen, die für entsprechende Waren oder Dienstleistungen naheliegt. So wurden als nicht verwechslungsfähig beurteilt *Badegold* und *badedas* für Schaumbadpräparate, da neben den schutzunfähigen Zeichenbestandteilen *Gold* und *das* die Verwendung des Wortbestandteils *bade* für einen Badezusatz naheliegend ist (BGH GRUR 1967, 485, 487 – badedas). Eine klangliche Ähnlichkeit der Vorsilben kann aufgrund der Verschmelzung mit einer übereinstimmenden, an sich schutzunfähigen Nachsilbe gesteigert werden (BGH GRUR 1970, 308, 309 – Duraflex). Wenn eine neue Wortkombination aufgrund intensiver Benutzung im geschäftlichen Verkehr bekannt geworden ist, dann können auch schutzunfähige Zeichenbestandteile an der Kennzeichnungskraft der zusammengesetzten Marke oder der Kombinationsmarke als Ganzes teilnehmen und beim Vergleich der Kollisionszeichen die von einer Ähnlichkeit der übrigen Zeichenbestandteile ausgehende Verwechslungsgefahr verstärken. Aus diesem Grunde wurden als verwechslungsfähig beurteilt *Jägermeister* und *Jägerfürst* für Halbbitterlikör (BGH Mitt 1968, 196; als nicht verwechslungsfähig beurteilt wurden *Heidejäger* und *Jägermeister* (OLG Celle Mitt 1988, 56).

Wenn die Wortbestandteile eines Unternehmenkennzeichens keine namensmäßige Unterscheidungskraft besitzen, dann kann gleichwohl die Wortverbindung als Ganzes unterscheidungskräftig sein, wenn sie nicht der Umgangssprache angehört und vom Verkehr trotz der Farblosigkeit ihrer einzelnen Bestandteile als eine eigenartige und phantasievolle Wortneubildung und damit als produktidentifizierendes Unterscheidungszeichen im Verkehr verstanden wird (zum Verkehrsverständnis eines Herkunftshinweises auf ein bestimmtes Unternehmen BGH GRUR 1957, 561, 562 – Rhein-Chemie/REI-Chemie; 1960, 296, 297 – Reiherstieg Holzlager; 1973, 265 – Charme & Chic). Unter diesem Gesichtspunkt wurde der Firmenbestandteil *Terranova* für ein Unternehmen, das Trockenmörtel herstellt, aufgrund seines Gesamteindrucks als hinreichend unterscheidungskräftig angesehen, obwohl die Einzelbestandteile *terra* und *nova* keine Unterscheidungskraft besaßen; wegen des Bekanntheitsgrades des 75 Jahre benutzten Firmenbestandteils *Terranova* wurde Verwechslungsgefahr im weiteren Sinne mit dem Unternehmenskennzeichen *Terrapin* aus firmenrechtlicher Sicht angenommen, weil der Verkehr vor allem auf die Anfangssilben achte und die Endsilbe *pin* im Zeichen *Terrapin* wenig unterscheide (BGH GRUR 1977, 719, 722 – Terranova/Terrapin). Eine *beschreibende Angabe* kann für ein bestimmtes Produkt als *verfremdende Phantasiebezeichnung* erscheinen und bei der Bestimmung des Gesamteindrucks zu berücksichtigen sein. Erscheint ein in einem Zeichen enthaltenes, eine Eigenschaft einer Vielzahl von Produkten unmittelbar beschreibendes Wort (hier: bleifrei) auf dem in Betracht zu ziehenden Warengebiet (hier: Bekleidungsstücke, Kopfbedeckungen) dem Verkehr als verfremdende Phantasiebezeichnung, kann es bei der Bestimmung des Gesamteindrucks des Zeichens nicht wegen seines beschreibenden Inhalts unberücksichtigt bleiben (BGH GRUR 1999, 52 – EKKO BLEIFREI).

**(b) Entscheidungspraxis.** Die *bildliche Gestaltung* des an sich schutzunfähigen Wortbestandteils *im Nu* kann als einprägsames Markendesign namentlich in Verbindung mit einem werbewirksamen Namen den Gesamteindruck der Marke bestimmen; als verwechslungsfähig beurteilt wurden *Hermes Nr. 5 Bronchial-Tee im Nu* und *Meßmer Tee im Nu* (BGH GRUR 1961, 343 – Meßmer Tee). Ein schutzunfähiger Zeichenbestandteil einer angemeldeten Marke kann den Schutzbereich einer prioritätsälteren Marke dann verletzen, wenn der schutzunfähige Zeichenbestandteil kennwortartig herausgestellt ist und im Verkehr nicht nur als eine beschreibende Angabe, sondern von einem nicht unerheblichen Teil der Verkehrskreise als ein Phantasiewort betrachtet wird; als verwechslungsfähig beurteilt wurden *Twen Club* und *Twin Works* für Bekleidungsstücke (BPatGE 2, 120 – Twen). Eine Bestimmungsangabe als schutzunfähiger Zeichenbestandteil wirkt aufgrund blickfangartiger Herausstellung nicht allein beschreibend, sondern selbständig kennzeichnend und kann im Verkehr als produktidentifizierendes Unterscheidungszeichen verstanden werden; als verwechslungsfähig beurteilt wurden *Praesent* und *Präzentra* für Bekleidungsstücke (als Schlagwort hinweisend auf die Herkunft der Waren aus einem bestimmten Geschäftsbetrieb BPatGE 3, 210). Ein rein beschreibender Zeichenbestandteil kann den Gesamteindruck einer Marke dann sogar stark mitbestimmen, wenn er etwa als Endung tontragend ist; als klanglich verwechselbar beurteilt wurden *Tixo-Therm* und *Tesatherm* für Klebepapier (BPatGE 2, 137). Als klanglich verwechselbar beurteilt wurden *GLEITEEN* für Arzneimittel und *Gleitgelen* für Hygieneprodukte (BPatGE 26, 252 – GLEITEEN). Als verwechslungsfähig beurteilt wurden *Calciduran* und *Carcinoral* für Heilmittel wegen der Zahl der Silben im Gesamtbild der Marken, obgleich die Zeichenbestandteile *Calci* und *Carci* Beschaffenheitsangaben sind und die Endsilben *duran* und *oral* nur schwach kennzeichnen (BGH GRUR 1959, 134 – Calciduran). Als begrifflich verwechselbar beurteilt wurden *Kornkater* und *Korn-Katze* für Spirituosen, weil die Marken nach ihrem Sinngehalt als *Katze im Kornfeld* verstanden würden (BPatGE 3, 86). Der Verwendung des Bildes eines Spielzeugs wie etwa einer Lokomotive als Marke für Spielwaren kommt keine produktidentifizierende Wirkung zu; eine Verwechslungsgefahr begründende Markenähnlichkeit kann auf der besonderen Ausgestaltung des Bildes (Markendesign) beruhen (BPatGE 2, 220). Als verwechslungsfähig beurteilt wurden *Ichthyol* und *Piscyol*, weil *Ichthy* und *Piscy* frei gewählte Silben seien und der Gesamteindruck aufgrund des lautlichen Gleichklangs ähnlich sei, obwohl *ol* eine Beschaffenheitsangabe darstelle (HansOLG Hamburg GRUR 1949, 92). Als nicht verwechslungsfähig beurteilt wurden *Lumoprint* und *Photoprint*, weil die Nachsilbe *print* allgemein gebräuchlich sei und an den gleichen Wortsinn der Vorsilben *Lumo* und *Photo* im deutschen Sprachgebrauch nicht gedacht werde (HansOLG Hamburg GRUR 1949, 295). Als verwechselbar beurteilt wurden *Hygenita* und *Hygetta* für Erzeugnisse der Frauenhygiene wegen des gemeinsamen sich eng an die Fachbezeichnung *Hygiene* anlehnenden Wortanfangs *Hyg* für Frauenhygiene (BPatG Mitt 1966, 214); *Löwen-Piccolo* und *Prikolo* für Bier und alkoholische Getränke, weil auch ein selbständig nicht schutzfähiges Wort, das zeichenmäßig benutzt werde, die Verwechslungsgefahr begründen könne (BPatGE 7, 180).

**215** **(9) Abspaltung von Zeichenbestandteilen.** Die Markenähnlichkeit zur Feststellung der Verwechslungsgefahr bestimmt sich aufgrund eines Vergleichs der Kollisionszeichen als Ganze in deren vollständiger Gestaltung. Dies ist geboten, weil sich die eine Verwechslungsgefahr begründende Markenähnlichkeit nach dem Gesamteindruck der Kollisionszeichen beurteilt. Bei dem Vergleich der Kollisionszeichen besteht grundsätzlich ein *Abspaltungsverbot* von Zeichenbestandteilen. Nur ausnahmsweise in seltenen Fallkonstellationen kann ein Zeichenbestandteil abgespalten und die Markenähnlichkeit zur Feststellung der Verwechslungsgefahr nach der restlichen Markenform bestimmt werden. Eine Abspaltung kommt nur bei solchen Zeichenbestandteilen in Betracht, denen im Verkehr für den konkreten Produktbereich keine kennzeichenrechtliche, sei es herkunftsidentifizierende oder allgemein produktidentifizierende Wirkung innerhalb der zusammengesetzten Marke oder der Kombinationsmarke zukommt (zur Abspaltung von Zeichenbestandteilen, die keinen betriebskennzeichnenden Teil des Gesamtzeichens darstellen BGH GRUR 1975, 258, 259 – Importvermerk). Auf dem Arzneimittelsektor wird für bestimmte Zeichenbestandteile von einer Verkehrsübung ausgegangen, solchen Wortsilben wie etwa *extra*, *forte* oder *Depot* keine kennzeichenrechtliche Wirkung zuzusprechen. So wurde Verwechslungsgefahr angenommen zwischen *Extraversal* und *Verla*, indem der Zeichenvergleich nach Abspaltung des Wortbestandteils *extra* zwischen *versal* und *Verla* vorgenommen wurde (BPatG 10, 93). Als verwechslungsfähig beurteilt wurden *NIMNASI* und *NAHSI* auf dem Schokoladenmarkt, weil im Verkehr die erste Wortsilbe *NIM* klanglich als *nimm* verstanden werde und nur der Wortbestandteil *NASI* kennzeichnend wirke (BGH, Urt vom 2. Juli 1969 – Az: I ZR 124/67). Die *Abspaltung eines Zeichenbestandteils* wurde nach der Rechtslage im WZG nur dann als sachgerecht beurteilt (s. zur Rechtslage im MarkenG Rn 216), wenn es sich zum einen bei dem Zeichenbestandteil um eine in den beteiligten Verkehrskreisen geläufige, glatt beschreibende Angabe handelt, die sich mit den übrigen Zeichenbestandteilen nicht zu einem Gesamtbegriff verbindet, und wenn zum anderen eine solche Abspaltung des Zeichenbestandteils im Verkehr tatsächlich ernsthaft zu befürchten und die Benutzung der Marke in der verkürzten Form verkehrsüblich ist (BPatGE 15, 248). Eine unmittelbare Verwechslungsgefahr wurde verneint, weil die Gefahr einer Abspaltung des Zeichenbestandteils nicht bestehe, zwischen *Slopper* und *Fixlooper(s)* für Schuhe (BGH GRUR 1975, 258 – Importvermerk); *airomatic* und *Airop* für Tabakerzeugnisse (BPatGE 15, 248 – airomatic/Airop); *Scherletricots* und *Jerlaine* für Leibwäsche und Schlafanzüge (BPatG GRUR 1978, 535 – Scherletricots/Jerlaine); *Toni's Hütten Glühwein* für Glühwein und *Pony* für Sekt (BPatG BlPMZ 1981, 388 – Toni's Hütten Glühwein); *Kräutermeister* und *MEISTER* für Spirituosen, weil nach Abspaltung des Wortbestandteils *Kräuter* die restliche Markenform *Meister* nur geringe Kennzeichnungskraft besitze und die Gesamtbezeichnung einen allgemein verständlichen personenbezogenen Begriff verkörpere (BPatGE 19, 204 – Meister).

**216** Die Abspaltung von Zeichenbestandteilen beim Vergleich der Kollisionszeichen zur Feststellung der die Verwechslungsgefahr begründenden Markenähnlichkeit ist deshalb bedenklich, weil dadurch die Annahme einer unmittelbaren Verwechslungsgefahr der Vergleichszeichen nach der Abspaltung ermöglicht wird, ohne daß eine mittelbare Verwechslungsgefahr der Kollisionszeichen vor der Abspaltung vorliegt. Folge einer Abspaltung von Zeichenbestandteilen ist eine Ausdehnung des Schutzumfangs der Marke über den Bereich ihrer eigentlichen Markenähnlichkeit hinaus. Die Abspaltung von Zeichenbestandteilen, die schon nach der Rechtslage im WZG kritisch beurteilt worden ist (*Baumbach/Hefermehl*, § 31 215, 216 WZG, Rn 75), ist nach der *Rechtslage im MarkenG* nicht mehr zulässig. Eine solche Restriktion des Verwechslungsschutzes der Marke verlangt auch das Verständnis der Verwechslungsgefahr als eines Rechtsbegriffs des Europäischen Unionsrechts (Rn 85 ff.) sowie die Maßgeblichkeit der Verkehrsauffassung eines verständigen Verbrauchers (Rn 123 ff.). Es ist zudem bedenklich, bei zusammengesetzten Marken und Kombinationsmarken bei der

Beurteilung der Verwechslungsgefahr glatt beschreibende Angaben als Zeichenbestandteile unberücksichtigt zu lassen, obgleich sich die Markenähnlichkeit der Kollisionszeichen nach dem Gesamteindruck bestimmt. Deshalb erscheint es auch bedenklich, selbst bei solchen Wörtern, die einer Marke als Zeichenbestandteil häufig hinzugefügt werden, um auf besondere Eigenschaften oder Verwendungsarten des Produkts hinzuweisen, eine Abspaltung dieses Zeichenbestandteils zuzulassen. So ist es nicht zulässig, bei dem Vergleich der Marken *Baural* und *Ral* für chemische Erzeugnisse und Baumaterialien den Wortbestandteil *BAU* abzuspalten, da Folge der Abspaltung eine Änderung des Wortsinns ist (BPatGE 23, 66, 68 – BAURAL/RAL). Die nach der Rechtslage im WZG entwickelte Lehre von der ausnahmsweise zulässigen Abspaltung glatt beschreibender Angaben als Zeichenbestandteile galt auch im WZG dann nicht, wenn es sich bei dem Wortbestandteil um eine *berühmte Marke* innerhalb einer zusammengesetzten Marke oder Kombinationsmarke handelte. Die Verwechselbarkeit der Marken *Mercol* und *Essomarcol* für Rohöle und Petroleumerzeugnisse war deshalb nicht aufgrund einer Abspaltung der berühmten Marke *Esso* als Wortbestandteil des Vergleichszeichens *Essomarcol* zu bejahen, sondern deshalb, weil die Berühmtheit der als Vorsilbe verwendeten Marke *Esso* in dem Vergleichszeichen *Essomarcol*, sowie die Übung, diese Marke mit bestimmten Produktbezeichnungen zu verbinden, bewirken, daß im Verkehr trotz der in einem Wort zusammengezogenen Schreibweise die Bezeichnung *Mercol* als eine besondere Produktbezeichnung des Markeninhabers von *Esso* beurteilt wird (BGH GRUR 1977, 218 – Mercol). Verwechslungsgefahr wurde bejaht zwischen *Blendax Pep* und *PEP* für pharmazeutische Erzeugnisse sowie Präparate für die Gesundheitspflege, weil bei zusammengesetzten Marken in Einzelfällen aus der Sicht des Verkehrs die Angabe des *Herstellernamens* in seiner Bedeutung als Produktbezeichnung nicht sonderlich ins Gewicht falle und sonach dem anderen Zeichenbestandteil eine den Gesamteindruck der Marke prägende Kraft zukommen könne (BGH GRUR 1996, 404, 405 – Blendax Pep). Diese Rechtsprechung darf allerdings nicht dahin verstanden werden, es sei von einem Regelsatz auszugehen, wonach einer *Herstellerangabe als Zeichenbestandteil* stets eine (mit-)prägende Bedeutung für den Gesamteindruck einer Marke abzusprechen sei. Nach der Rechtsprechung ist es vielmehr der Beurteilung des Einzelfalles vorbehalten, ob aus der Sicht des Verkehrs die Herstellerangabe in den Hintergrund tritt oder nicht (BGH GRUR 1996, 404, 405 – Blendax Pep; 1996, 406, 407 – JUWEL). Die Beurteilung, wie die Bedeutung einer Herstellerangabe in der Marke für deren Gesamteindruck zu bewerten ist, ist auch davon abhängig, ob die *Herstellerangabe als solche dem Verkehr bekannt* ist oder nicht, weil nur im Fall der Bekanntheit der Angabe, oder wenn sie sich aus *sonstigen Gründen als Herstellerangabe erkennen* läßt, deren Eignung zur Produktkennzeichnung zurücktritt (BGH GRUR 1997, 897, 898 f. – IONOFIL). Die Herstellerangabe *Sigel* in Zusammensetzung mit den rein beschreibenden Zeichenbestandteilen *Pilsner-*, *Kloster-* und *Weizen-Biere* tritt als Herstellerangabe nicht in den Hintergrund, da sich bei Bier der Verbraucher am Brauereinamen, dem als Herstellerangabe in Mehrwortmarken eine prägende Kraft zukomme, orientiere, und ist verwechselungsfähig mit *SIGL* für Bier (BPatGE 37, 265 – Sigel). In der Rechtsprechung wird maßgeblich darauf abgestellt, welche besonderen Gegebenheiten und Bezeichnungsgewohnheiten auf dem in Frage stehenden *Produktsektor* üblich sind (BGH GRUR 1996, 774 – falke-run). Nach diesen Grundsätzen wurde auch eine Verwechslungsgefahr zwischen *BACTRIM* und *Azubactrin* für pharmazeutische Produkte bejaht, da eine Übung bestand, dem Firmenschlagwort *Azu* produktbezogene Bezeichnungen hinzuzufügen (BPatG GRUR 1993, 672 – BACTRIM/Azubactrin). Zwar wurde das Vorliegen einer unmittelbaren Verwechselbarkeit der Kollisionszeichen *KABELRAP* und *TY-RAP* für elektrische Kabel verneint (BGH BlPMZ 1977, 371 – KABELCAP), weil es sich bei der Marke *TY-RAP* trotz des Bindestrichs um eine klangliche und schriftlich zusammengehörende Buchstabenfolge handele und daher kein Grund für die Annahme bestehe, der Verkehr spalte den Bestandteil *TY* ab; es wurde aber das Vorliegen einer mittelbaren Verwechslungsgefahr der Kollisionsmarken bejaht, weil die Vergleichszeichen wegen ihres übereinstimmenden Zeichenbestandteils *RAP* für zwei abgewandelte Marken desselben Unternehmens gehalten werden könnten (BGH BlPMZ 1977, 371 – KABELRAP). Selbst wenn man die Abspaltung eines Zeichenbestandteiles ausnahmsweise für zulässig hält, dann bleibt für die Beurteilung der Verwechslungsgefahr der Gesamteindruck der Marke entscheidend, sofern der Zeichenbestandteil an eine beschreibende Angabe lediglich angelehnt, in dieser Form der

Zusammensetzung unüblich und nur für einen begrenzten Teil der Verbraucher, der ähnlich wie Fachkreise die einschlägigen Bezeichnungen aufmerksam beachtet, von Bedeutung ist; nach diesen Grundsätzen wurden die kollidierenden Marken NISSKOSHER und Nissen trotz des gemeinsamen Zeichenbestandteils NISS/Niss als nicht verwechslungsfähig beurteilt (BPatGE 36, 220 – NISSKOSHER). Die Wortmarken City Plus und D2BestCityPlus in der Branche der Telekommunikations- Dienstleistungen wurden als nicht verwechslungsfähig beurteilt, da der vorangestellte Zusatz D2 als Bezeichnung des Funknetzes das angegriffene Gesamtzeichen im Sinne einer zusätzlichen und für den angesprochenen Verkehr notwendigen Unterscheidungshilfe präge (OLG Düsseldorf MarkenR 1999, 105 – City Plus; bedenklich).

**217** **(10) Sinnverändernde Benutzung schutzunfähiger Zeichenbestandteile.** Ein schutzunfähiger Zeichenbestandteil einer zusammengesetzten Marke oder Kombinationsmarke kann als Teil dieser Marke auf eine konkrete Art und Weise benutzt werden, die vom üblichen Gebrauch abweicht und dem an sich schutzunfähigen Zeichenbestandteil einen vom ursprünglichen Sinn veränderten, neuen Begriffsinhalt gibt. Das gilt namentlich für eine sinnverändernde Benutzung des Zeichenbestandteils für bestimmte Arten von Produkten. Darin kommt die Wechselwirkung zwischen Marke und Produkt zur Begründung von Verwechslungsgefahr im Verkehr zum Ausdruck. Dem Verkehr prägt sich der sinnverändernde Gebrauch selbst eines Wortes der Umgangssprache ein. Die Verwendung des Wortes Kinderstube, das gewöhnlich im Sinne einer guten oder schlechten Kindererziehung verstanden wird, als geschäftliche Bezeichnung eines Kinderkleidergeschäfts verändert den Begriffsinhalt des Wortes. So wurde als verwechselbar beurteilt Hamburger Kinderstube und Hanstein Kinderstube für ein Bekleidungsgeschäft für Kindermode (BGH GRUR 1955, 481 – Hamburger Kinderstube). Als verwechselbar beurteilt wurden Kosaken-Kaffee und Kosaken-Wodka für Spirituosen, weil im Verkehr die Marke Kosaken-Kaffee als eine Phantasiebezeichnung und nicht als Gattungs-, Herkunfts- oder Beschaffenheitsangabe verstanden werde (BGH GRUR 1960, 183 – Kosaken-Kaffee).

**218** **(11) Verkehrsdurchsetzung schutzunfähiger Zeichenbestandteile.** Jeder Zeichenbestandteil einer zusammengesetzten Marke oder Kombinationsmarke, der durch Benutzung im geschäftlichen Verkehr Verkehrsgeltung im Sinne des § 4 Nr. 2 erworben hat, genießt selbständigen Markenschutz (s. Rn 207). Das galt schon nach der Rechtslage im WZG auch für schutzunfähige Zeichenbestandteile. Wenn sich ein von Natur aus schutzunfähiger Zeichenbestandteil im Verkehr als Herkunftskennzeichen durchgesetzt hatte, dann wurde ihm selbständiger Markenschutz zuerkannt (BGHZ 21, 182 – Ihr Funkberater; 24, 257 – Tintenkuli; 34, 299, 305 – Almglocke/Almquell). Auch nach der Rechtslage im MarkenG kann ein schutzunfähiger Zeichenbestandteil einer zusammengesetzten Marke oder Kombinationsmarke Verkehrsgeltung erwerben und selbständigen Markenschutz nach § 4 Nr. 2 genießen. Voraussetzung ist zum einen, daß es sich bei dem absoluten Schutzhindernis, das die Schutzunfähigkeit des Zeichenbestandteils begründet, nicht um ein Verkehrsgeltungshindernis nach § 8 Abs. 2 Nr. 4 bis 9 handelt, das nicht durch den Erwerb von Verkehrsdurchsetzung nach § 8 Abs. 3 überwunden werden kann (s. § 4, Rn 98 ff.). Wenn es sich um ein absolutes Schutzhindernis nach § 8 Abs. 2 Nr. 1 bis 3 handelt, das durch den Erwerb von Verkehrsdurchsetzung nach § 8 Abs. 3 überwunden werden kann, dann setzt der Erwerb von Verkehrsgeltung nach § 4 Nr. 2 zum anderen Verkehrsdurchsetzung im Sinne des § 8 Abs. 3 voraus (zur analogen Anwendung des § 8 Abs. 3 auf § 4 Nr. 2 zur Überwindung der absoluten Schutzhindernisse nach § 8 Abs. 2 Nr. 1 bis 3 bei der Entstehung des Markenschutzes durch Benutzung s. § 4, Rn 134 ff.). Der Schutzumfang der Marke bestimmt sich nach der Verkehrsdurchsetzung (BPatGE 35, 130 – Plak Guard).

**219** Der nunmehr schutzfähige Zeichenbestandteil bestimmt den Gesamteindruck der zusammengesetzten Marke oder Kombinationsmarke und ist zur Feststellung der eine Verwechslungsgefahr begründenden Markenähnlichkeit entscheidend (zur Verkehrsdurchsetzung von zusammengesetzten Marken und Kombinationsmarken sowie deren Zeichenbestandteile bei Prüfung der Eintragungsfähigkeit s. § 8, Rn 434 ff.). Wenn sich eine zusammengesetzte Marke oder eine Kombinationsmarke als eine Einheit in den beteiligten Verkehrskreisen durchsetzt, dann werden die absoluten Schutzhindernisse des § 8 Abs. 2 Nr. 1 bis 3 nach § 8 Abs. 3 nicht anders als bei einer einfachen Wort- oder Bildmarke überwunden. Die Verkehrsdurchsetzung einer zusammengesetzten Marke oder einer Kombinationsmarke als Ganze ist aber nicht Voraussetzung einer Anwendung des § 8 Abs. 3. Ausreichend ist die Verkehrsdurchsetzung eines oder mehrerer Zeichenbestandteile, wenn aufgrund der Verkehrsdurchsetzung die beteiligten Verkehrskreise die zusammengesetzte Marke oder die Kombinationsmarke als ein produktidentifizierendes Unterscheidungszeichen verstehen und dadurch der absoluten Schutzhindernisse des § 8 Abs. 2 Nr. 1 bis 3 überwunden werden. Art und Umfang der Verkehrsdurchsetzung bestimmt sich im einzelnen nach § 8 Abs. 3 (s. § 8, Rn 421 ff., 426 ff.). Der Durchsetzungsgrad zur Feststellung der Verkehrsdurchsetzung in den beteiligten Verkehrskreisen ist abhängig von der Stärke eines bestehenden Freihaltebedürfnisses. Je höher das Freihaltebedürfnis der Mitbewerber zu bewerten ist, desto höhere Anforderungen sind an die Breite und Stärke der Durchsetzung im Verkehr zu stellen. Das gilt namentlich für reine Beschaffenheits- und Bestimmungsangaben wie etwa *Nährbier* für Malzbier (BGHZ 30, 35, 36); *Alm* für Steril-Milch (BGHZ 34, 299 – Almglocke/Almquell); *Buntstreifensatin* für Textilmuster (BGHZ 35, 341 – Bundstreifensatin). In der früheren Rechtsprechung zum Verhältnis zwischen erforderlichem Durchsetzungsgrad und erhöhtem Freihaltebedürfnis wurde in einer teils pauschalierenden Allgemeinheit bei Vorliegen eines Freihaltebedürfnisses eine nahezu einhellige Verkehrsdurchsetzung gefordert (BGHZ 42, 151, 156 – Rippenstreckmetall II; GRUR 1968, 419, 423 – feuerfest I; 1970, 77, 78 – Ovalumrandung; BPatG GRUR 1972, 34, 36 – Tabac Original; s. zur Überwindung der absoluten Schutzhindernisse des § 8 Abs. 2 Nr. 1 bis 3 nach § 8 Abs. 3 näher § 8, Rn 432 f.). Diese Rechtsprechung, die bei Vorliegen eines Freihaltebedürfnisses strenge Anforderungen an den Nachweis der Verkehrsdurchsetzung stellte, kann nur mit Vorsicht auf die Rechtslage im MarkenG übertragen werden und steht unter dem Vorbehalt, daß nur ein erhöhtes Freihaltebedürfnis es rechtfertigt, den Durchsetzungsgrad einer Mehrheit in den beteiligten Verkehrskreisen zur Feststellung der Verkehrsdurchsetzung nicht genügen zu lassen und eine Steigerung des normalerweise erforderlichen Durchsetzungsgrades zu verlangen. Wenn eine kollidierende Marke erst nach ihrer Anmeldung zur Eintragung in den Verwechslungsbereich einer prioritätsälteren und aufgrund von Verkehrsdurchsetzung erstarkten Marke gelangt, dann braucht die kollidierende Marke der prioritätsälteren Marke mit Verkehrsdurchsetzung nicht zu weichen (BGHZ 34, 299, 302 – Almglocke/Almquell; GRUR 1957, 339, 341 – Venostasin/Topostasin; s. Rn 401 ff.). Wenn ein schutzunfähiger Zeichenbestandteil noch keine Verkehrsgeltung erlangt hat, die einen selbständigen Markenschutz rechtfertigt, so kann im Rahmen des Schutzes der zusammengesetzten Marke oder der Kombinationsmarke als Ganze erheblich sein, daß sich der Verkehr zur kurzen Kennzeichnung eines Zeichenbestandteils der Marke bedient (BGH GRUR 1958, 604 – Wella/Perla; s. Rn 208). Ein Zeichenbestandteil, der für eine Produktart einen vorwiegend deskriptiven, auf die Beschaffenheit oder die Bestimmung des Produkts hinweisenden Sinn vermittelt, wird nicht deshalb schon vom Verkehr als herkunftsidentifizierend oder allgemein produktidentifizierend aufgefaßt, weil sich die Marke als Ganze weitgehend im Verkehr durchgesetzt und einen hohen Bekanntheitsgrad erreicht hat. Nicht alle Marken, die mit diesem Zeichenbestandteil gebildet werden, werden im Verkehr als produktidentifizierende Unterscheidungszeichen desselben Markeninhabers verstanden. Als nicht verwechselbar beurteilt wurden daher *Badegold* mit der bekannten Marke *badedas* für Badezusätze (BGH GRUR 1967, 485, 487 – badedas). Beispiele an sich schutzunfähiger Zeichenbestandteile mit Verkehrsgeltung sind der Wortbestandteil *derma* in der Marke *Kaloderma* für Haut- und Körperpflegemittel (BGH GRUR 1965, 665, 666 – Liquiderma); der Zeichenbestandteil *Uralt* in der Marke *Asbach-Uralt* für Weinbrand (RG MuW 1926, 107, 334 – Asbach-Uralt; RG GRUR 1928, 931 – Uralt; LG Berlin, Urt vom 23. Mai 1930 – Az: 33. 0. 501/28); der Zeichenbestandteil *Urbrand* in der Marke *Asbach & Co Urbrand* (LG Hamburg, Urt vom 24. Mai 1951 – Az: 27. 0. 10/51). Der Markeninhaber ist für das Vorliegen von Verkehrsgeltung der an sich schutzunfähigen Zeichenbestandteils beweispflichtig (RG MuW 1926, 175 – Bärenstiefel).

**gg) Dreidimensionale Marken.** Die nach § 3 Abs. 2 Nr. 1 bis 3 für dreidimensionale Marken bestehenden Ausschlußgründe bilden auch im Verletzungsrecht Schranken des Markenschutzes (s. Rn 46 f.). Bei einer dreidimensionalen Marke als Produktteil kommt es bei der Beurteilung der Verwechslungsgefahr nach dem Gesamteindruck der kollidierenden Marken zunächst darauf an, ob der Formmarke als Teil der Ware produktidentifizierende Unterscheidungskraft als Kennzeichnungsmittel zukommt, oder ob die dreidimensionale

Gestaltung innerhalb der Gesamtgestaltung des Produkts untergeht und nicht als Marke wirkt (ähnlich OLG Frankfurt MarkenR 1999, 103 – Abschlußkappe).

**220**   **d) Mittelbare Verwechslungsgefahr. aa) Serienmarken. (1) Verwechslungsschutz von Markenfamilien.** Bei dem *Verwechslungsschutz von Markenfamilien* handelt es sich um eine Fallkonstellation der mittelbaren Verwechslungsgefahr unter dem Gesichtspunkt der Serienmarken. Unter *Serienmarken* sind solche verschiedenen Marken eines Markeninhabers zu verstehen, deren gemeinsamer Stammbestandteil im wesentlichen den markenrechtlichen Identifikationshinweis enthält und damit die Funktion der Marke als eines Unterscheidungszeichens erfüllt (s. § 3, Rn 28). Unternehmen verwenden Serienmarken gleichsam als Markenfamilien für bestimmte Produktpaletten. Die Serienmarken einer Markenfamilie charakterisiert ein *gemeinsamer Stammbestandteil* als Wortstamm, Bildstamm oder auch als Hörstamm der Serienmarken (Stammzeichen). Serienmarken werden durch das Verändern bestimmter Zeichenbestandteile gebildet, wie das Voranstellen, Anhängen oder Weglassen von Wortsilben sowie der Modifikation von Bildbestandteilen. Markenserien eines Markeninhabers genießen Markenschutz vor mittelbarer Verwechslungsgefahr nach § 14 Abs. 2 Nr. 2. Anders als bei der unmittelbaren Verwechslungsgefahr (s. Rn 139), bei der eine reine Zeichenverwechslung vorliegt, weil der Verkehr die eine Marke für die andere hält, handelt es sich bei der mittelbaren Verwechslungsgefahr (s. Rn 140 ff.) um eine assoziative Fehlzurechnung des Verkehrs dahin, aufgrund der gemeinsamen Stammbestandteile der Kollisionszeichen seien die Produkte dem Markeninhaber der Markenfamilie zuzurechnen. Der gemeinsame Stammbestandteil enthält im wesentlichen den markenrechtlichen Identifikationshinweis, sei es herkunftsidentifizierend, weil der Verkehr annimmt, die markierten Produkte stammten aus demselben Unternehmen (BGHZ 34, 299, 302 – Almglocke/Almquell; 39, 266, 269 – Sunsweet), sei es produktidentifizierend, weil die Waren oder Dienstleistungen der Produktverantwortung des Markeninhabers zugerechnet werden. Bei der mittelbaren Verwechslungsgefahr kann es sich um eine solche im engeren sowie im weiteren Sinne handeln. Bei der Verwechslungsgefahr im engeren Sinne irrt der Verkehr über die Unternehmensidentität (s. Rn 136), bei der Verwechslungsgefahr im weiteren Sinne irrt der Verkehr über Unternehmenszusammenhänge (s. Rn 137). Zwar handelt es sich bei der mittelbaren Verwechslungsgefahr im weiteren Sinne unter dem Gesichtspunkt der Serienmarken um eine Fallkonstellation des Verwechslungsschutzes nach § 14 Abs. 2 Nr. 2, doch steht eine solche Ausdehnung des Verwechslungsschutzes der Marke unter dem gemeinschaftsrechtlichen Vorbehalt der Grundsätze der Verhältnismäßigkeit und Erforderlichkeit sowie des Übermaßverbotes namentlich dann, wenn nicht Produktidentität, sondern nur Produktähnlichkeit gegeben ist. Eine *restriktive* Handhabung des Verwechslungsschutzes von Markenfamilien ist auch deshalb geboten, weil dieser *Markenschutz außerhalb der Verwechselbarkeit der Marken nach ihrem Gesamteindruck* besteht. Markenschutz der Serienmarken besteht für den kennzeichnenden Stammbestandteil als markenrechtlicher Identifikationshinweis. Nach ständiger Rechtsprechung ist bei der Annahme eines Verwechslungsschutzes von Serienmarken Zurückhaltung und eine strenge Beurteilung geboten (BGH GRUR 1969, 40, 41 – Pentavenon; 1972, 549, 550 – Messinetta; 1974, 93, 94 – Räuber; 1989, 350, 352 – Abbo/Abo; 1991, 319, 320 – HURRICANE). Serienmarkenschutz darf nicht ausufern zu einem allgemeinen *Elementenschutz* von Marken, sondern ist Rechtsschutz der Markenfamilie eines Markeninhabers. Ein Markeninhaber, der eine Markenfamilie für eine Produktpalette im Verkehr durchsetzt, genießt Markenschutz als Rechtsschutz für eine unternehmerische Leistung auf dem Markt.

**221**   **(2) Schutzvoraussetzungen. (a) Grundsatz.** Der mittelbare Verwechslungsschutz von Serienmarken nach § 14 Abs. 2 Nr. 2 besteht unter *zwei* Voraussetzungen (BGHZ 34, 299, 302 – Almglocke; BGH GRUR 1957, 488, 490 – MHZ; 1962, 522 – Ribana; 1966, 35, 37 – multikord; 1967, 660, 661 – Sirax; 1969, 40, 41 – Pentavenon; 1969, 538, 539 – Rheumalind; 1969, 681, 682 – Kochendwassergerät; 1970, 85, 86 – Herba; 1972, 549, 550 – Messinetta; 1974, 93 – Räuber; 1975, 312 – BiBA; 1981, 142, 143 – Kräutermeister; 1989, 350, 351 – Abbo/Abo; 1991, 319, 320 – HURRICANE; BGHZ 131, 122 – Innovadiclophlont; BGH GRUR 1996, 267 – AQUA; 1998, 927 – COMPO-SANA; 1999, 240 – STEPHANSKRONE I; GRUR 1999, 155, 156 – DRIBECK's LIGHT). Gemeinsames Merkmal der Serienmarken des Markeninhabers ist zum einen ein identischer oder im wesentlichen identischer *Stammbestandteil* (Wort-, Bild- oder Hörstamm). Der gemeinsame Stammbestandteil stellt zum anderen den *kennzeichenrechtlichen Identifikationshinweis* der Markenfamilie dar; ihm kommt die herkunftsidentifizierende oder allgemein produktidentifizierende Wirkung der einzelnen Serienmarke zu. Diese beiden Voraussetzungen rechtfertigen den Verwechslungsschutz der Markenfamilie des Markeninhabers, auch wenn nach dem Gesamteindruck der Kollisionszeichen keine unmittelbare Verwechslungsgefahr besteht, der Verkehr aber die Markenabwandlungen demselben Markeninhaber und damit die markierten Produkte dessen Kontrolle und Verwantwortung zurechnet. Die Eignung eines Zeichenbestandteils als Stammbestandteil zu dienen, setzt grundsätzlich voraus, daß bereits dieser Zeichenbestandteil vom Verkehr als ein Hinweis auf die betriebliche Herkunft und deshalb als Stamm einer Markenserie verstanden wird (BGH GRUR 1999, 240 – STEPHANSKRONE I). Es ist aber nicht grundsätzlich ausgeschlossen, auch in einem *erstmalig* verwendeten Zeichen ein Stammzeichen zu sehen, wenn konkrete Anhaltspunkte dafür vorliegen, daß sich dieses Zeichen als Stammzeichen entwickelt (BGHZ 131, 122, 127 – Innovadiclophlont; offen gelassen BGH GRUR 1999, 155, 156 – DRIBECK's LIGHT; s. schon BGH GRUR 1975, 312, 313 – BiBA; s. dazu *Ullmann*, GRUR 1993, 334, 337).

**(b) Identischer Stammbestandteil.** Der Stammbestandteil der Serienmarken der Markenfamilie des Markeninhabers und der Stammbestandteil der kollidierenden Marke des Dritten müssen grundsätzlich identisch oder im wesentlichen identisch sein. Nach ständiger Rechtsprechung ist *Wesensgleichheit der Stammbestandteile* Voraussetzung des Serienmarkenschutzes (BGH GRUR 1962, 241 – Lutin; 1972, 549, 550 – Messinetta; 1989, 350, 352 – Abbo/Abo; BGHZ 131, 122 – Innovadiclophlont). Eine bloße Ähnlichkeit der Stammbestandteile der Kollisionszeichen genügt nicht. Nur solche Abweichungen der Stammbestandteile, die so unerheblich sind, daß sie den Stammbestandteil in seinem Wesen nicht verändern, rechtfertigen den Serienmarkenschutz. Es kommt darauf an, ob in den jeweiligen Verkehrskreisen erwartet werden kann, daß auch unter Berücksichtigung von verkehrsüblichen Wahrnehmungsfehlern die Zeichenunterschiede auffallen und zur Kenntnis genommen werden (BGH GRUR 1972, 549, 550 – Messinetta; 1989, 350, 352 – Abbo/Abo; 1991, 319, 320 – HURRICANE; BGHZ 131, 122 – Innovadiclophlont). Im übrigen besteht zwischen den beiden Schutzvoraussetzungen der Wesensgleichheit und des Identitätshinweises des Stammbestandteils der Markenfamilie eine Wechselwirkung.

**(c) Zeichenrechtlicher Identifikationshinweis des Stammbestandteils.** Der Stammbestandteil als der gemeinsame Wort-, Bild- oder Hörstamm der Serienmarken als Markenfamilie stellt den kennzeichenrechtlichen Identifikationshinweis der Marke dar. Der gemeinsame Stammbestandteil wirkt im Verkehr *herkunftsidentifizierend* oder allgemein *produktidentifizierend* (BGHZ 34, 299, 301 – Almglocke; BGH GRUR 1957, 339, 342 – Venostasin/Topostasin; 1959, 420, 422 – Opal; 1966, 35, 37 – multikord; 1969, 40, 41 – Pentavenon; 1969, 538, 540 – Rheumalind; 1970, 85, 86 – Herba; 1974, 93 – Räuber; 1989, 350, 352 – Abbo/Abo). Die Identifikationsfunktion des Stammbestandteils erfordert nicht, daß der Gesamtcharakter der Serienmarken von dem übereinstimmenden Zeichenstamm ausschließlich bestimmt wird. Denn wenn der übereinstimmende Stammbestandteil den Gesamteindruck der Serienmarken bestimmt, dann liegt Verwechslungsgefahr nach § 14 Abs. 2 Nr. 2 unabhängig davon vor, ob der Markeninhaber eine Markenfamilie von Serienmarken als eine Unternehmensleistung auf dem Markt aufgebaut hat. Die Annahme von Verwechslungsgefahr unter dem Gesichtspunkt einer Markenserie hat grundsätzlich weder eine bestimmte noch eine jedenfalls größere Anzahl von eingetragenen Marken mit dem gemeinsamen Stammbestandteil zur Voraussetzung; abzustellen ist vielmehr auf den Hinweischarakter des Stammbestandteils, der nicht lediglich infolge der Verwendung mehrerer Marken mit demselben Stammbestandteil in Betracht kommt, sondern ausnahmsweise auch dann angenommen werden kann, wenn der Zeichenbestandteil aus anderen Gründen als betrieblicher Herkunftshinweis oder als Firmenhinweis Verkehrsgeltung errreicht hat und deshalb vom Verkehr als Stamm einer Zeichenserie verstanden wird (BGHZ 131, 122, 126 f. – Innovadiclophlont; BGH GRUR 1996, 267, 269 – AQUA; 1998, 927 – COMPOSANA). *Schutzunfähige Zeichenbestandteile* sind nicht geeignet, den Stammbestandteil einer Serienmarke zu bilden (zur Entscheidungspraxis s. Rn 234 ff.). Ein im Verkehr in *beschreibendem* Sinne verstandener Zeichenbestandteil ist von vornherein nicht als betriebskennzeichnender Stammbestandteil einer Markenserie geeignet (BGH GRUR 1998, 927 – COMPO-SANA). Wenn ein schutzunfähiger Zeichenbestandteil innerhalb beteiligter Verkehrskreise als Marke Verkehrsgeltung erwirbt, dann kommt diesem Zeichenbestandteil Verwechslungsschutz nach § 14 Abs. 2 Nr. 2 als Marke zu, dessen Schutzumfang sich nach dem Gesamteindruck der Kollisionsmarken bestimmt. Ein schutzunfähiger Zeichenbestandteil mit Verkehrsgeltung als Stammbestandteil einer Serienmarke würde den Verwechslungsschutz der Marke entgegen den Entstehungsvoraussetzungen des Markenschutzes nach § 4 unabhängig vom Gesamteindruck der Kollisionsmarken gewähren.

**224** (d) **Verkehrsauffassung.** Ob ein übereinstimmender Zeichenbestandteil der Markenfamilie einen kennzeichnenden Stammbestandteil von Serienmarken darstellt, bestimmt sich nach der *Verkehrsauffassung*, die ihrerseits durch die Eigenart dieses Zeichenbestandteils selbst und durch seine Eigenständigkeit gegenüber dem übrigen Zeicheninhalt beeinflußt wird; nicht erforderlich ist, daß der Zeichenbestandteil den Gesamteindruck der Marke allein bestimmt (BGH GRUR 1966, 35, 37 – multikord; 1969, 538, 539 – Rheumalind; 1974, 93 – Räuber). Als *rechtserhebliche Umstände* zur Feststellung der Verwechslungsgefahr werden in der Rechtsprechung angesehen, ob der Verkehr aufgrund der Verwendung von Serienmarken durch den Markeninhaber an den gemeinsamen Stammbestandteil bereits *gewöhnt* ist, ob der gemeinsame Stammbestandteil besonders *charakteristisch* hervortritt oder sich *im Verkehr durchgesetzt* hat, oder ob es sich bei dem übereinstimmenden Stammbestandteil um einen als *Firmenabkürzung* verwendeten Bestandteil eines Kennzeichens handelt (BGH GRUR 1962, 241, 242 – Lutin; 1969, 40, 41 – Pentavenon; 1974, 93 – Räuber; 1989, 350, 351 – Abbo/Abo; BPatGE 32, 75 – Probiox/Biox). Die Annahme, bei einem gemeinsamen Zeichenbestandteil handele es sich um den Stammbestandteil einer Markenserie, liegt für den Verkehr dann fern, wenn es sich bei der weiteren Marke erkennbar um eine bloße *Übersetzung* einer anderen Marke in die englischen Sprache handelt (*STEPHANSKRONE* und St. Stephan's Crown BGH GRUR 1999, 241 – STEPHANSKRONE II). Entsprechend den in der Rechtsprechung zur Angabe des Herstellernamens in einer Marke entwickelten Grundsätzen (s. zu Unternehmenskennzeichen als Zusatz einer Marke Rn 169 f.; zur Abspaltung von Zeichenbestandteilen Rn 215 f.), kann aus der Sicht des Verkehrs der Stammbestandteil als Produktbezeichnung weniger bedeutsam sein, so daß der Gesamteindruck der Serienmarke von dem verbleibenden Bestandteil geprägt wird (BGH GRUR 1996, 977 – DRANO).

**225** (3) **Entscheidungspraxis.** (a) **Mittelbare Verwechslungsgefahr.** Die Rechtsprechung stellt *strenge Anforderungen* an die Annahme einer mittelbaren Verwechslungsgefahr unter dem Gesichtspunkt der Serienmarken. Die Annahme eines gemeinsamen Wortstammes ist nicht schon dann gerechtfertigt, wenn die Marken in irgendwelchen Lautfolgen oder Silben übereinstimmen. Mittelbare Verwechslungsgefahr zwischen den Marken *Sirax* und *Sir* für Scheuerpulver und Handseife wurde abgelehnt, da die Marke *Sirax* nicht geeignet sei, im Verkehr als eine Serienmarke mit dem Wortstamm *Sir* aufgefaßt zu werden (BGH GRUR 1967, 660 – Sirax). Als nicht verwechselbar wurden beurteilt *Ribana* und *Ariba* für Bekleidung, weil die Buchstabenfolge *rib* und *riba* keinen Vorstellungsinhalt in der deutschen Sprache vermittele und somit nicht als abgewandelter Stammbestandteil aufgefaßt werde (BGH GRUR 1962, 522, 523 – Ribana). Als nicht verwechselbar beurteilt wurden *Dolmyxin* und *Yxin* für Arzneimittel, weil es schon an der Eigenständigkeit der Lautfolge *Yxin* innerhalb der Marke *Dolmyxin* fehle (BPatGE 23, 199, 202). In der Rechtsprechung des RG wurden als Abwandlungen von Stammzeichen beurteilt *ROMERIA* als Abwandlung von *ROMI* für Messerschmiedewaren und Rasierklingen (RG GRUR 1937, 704 – ROMI/ROMERIA); *Coffeospirin* und *Hegospirin* als Abwandlungen von *Aspirin* (RG JW 1925, 1285); *Wagnella* als Abwandlung von *Wagner* für Margarine (RG MuW 1926, 42). Selbst wenn die prioritätsältere Marke in dem Kollisionszeichen vollständig enthalten ist, besteht dann keine mittelbare Verwechslungsgefahr, wenn die Kennzeichnungskraft der prioritätsälteren Marke derart gering ist, daß dieser Marke innerhalb einer zusammengesetzten Marke der kennzeichnende Charakter fehlt (BPatGE 8, 236 – Scopol; 10, 285 – Redurcorton/Cortone). Selbst wenn ein Zeichenbestandteil in einer Marke als Wortstamm aufgefaßt wird, liegt mittelbare Verwechslungsgefahr dann nicht vor, wenn dieser Zeichenbestandteil in dem Kollisionszeichen seine Selbständigkeit verliert. Bei einer berühmten Marke wurde mittelbare Verwechslungsgefahr ausnahmsweise schon dann angenommen, wenn die Marke, ohne wesensgleich zu sein, ihrem Wortskelett nach in dem Kollisionszeichen, das mit einer Abwandlungssilbe gebildet ist, derart enthalten ist, daß sich bei einem erheblichen Teil der angesprochenen Verkehrskreise unwillkürlich eine Gedankenverbindung zwischen der berühmten Marke und dem Kollisionszeichen einstellt (BPatGE 10, 280 – ASPARICOR/Aspirin). Zur Annahme einer mittelbaren Verwechslungsgefahr zwischen einer Wortmarke und einer Wortbildmarke kommt es nicht nur auf die Ähnlichkeit der Kenn- und Merkworte an, sondern auch auf die inhaltliche Ähnlichkeit der Bildbestandteile der Kollisionszeichen (BPatGE 22, 214, 216 – Beerenhexe). Mittelbare Verwechslungsgefahr kann selbst dann vorliegen, wenn die Kollisionszeichen zwar keinen übereinstimmenden Stammbestandteil mit kennzeichnendem Charakter aufweisen, insgesamt aber nach Wortaufbau, Klang und Begriff der Zeichencharakter sehr ähnlich ist; so wurden als verwechselbar beurteilt *Denticovision* und *MEDICOVISION* für Bild- und Tonträger (BPatGE 23, 74, 77 – Denticovision/MEDICOVISION). Als *Zielgruppenmarken* eines Unternehmens mit dem Stammbestandteil *KIM* wurden die Bezeichnungen *KIMLADY* und *KIMBOY'S* für Bekleidungsstücke beurteilt, da die Kombination einer Stammarke mit Zielgruppenbestimmungen (etwa *Baby Dior*, *Dior Junior*) zahlreich belegt sei (BPatGE 40, 26, 31 – KIMLADY).

Mittelbare Verwechslungsgefahr wurde verneint zwischen den Marken *Spessarträuber* und *Seeräuber*, da zwar ein gemeinsamer Wortstamm *Räuber* vorliege, aufgrund der völligen Verschiedenheit der in den Marken anklingenden Gestalten und örtlichen Gegebenheiten jedoch die Gefahr des Verbrauchers, beide Marken zu verwechseln, nicht bestehe (BGH GRUR 1974, 93 – Räuber). Mittelbare Verwechslungsgefahr wurde bejaht zwischen den Serienmarken mit dem Stammbestandteil *Abbo* (Abbojict, Abboven, Abbogent, Abbonutril, Abboderm, Abbott, Abbocath, Abbovit und Abbokinase) für pharmazeutische Präparate, diätetische Produkte, Diagnostika und medizinische Geräte, insbesondere für den klinischen Bedarf und einer Serie prioritätsjüngerer Marken mit dem Wortanfang *Abo* (Abofungin, Abohex, Aboquat, Abodor und Abofix) für Desinfektionsmittel, für Flaschen und Gegenstände zum Vertrieb an Krankenhäusern und Kliniken, da die Wortbestandteile *Abbo* und *Abo* den beteiligten Verkehrskreisen in kennzeichnungskräftiger Weise, eigenständig, einprägsam und markant entgegentreten, ohne daß dabei aus der Unterschiedlichkeit der Schreibweise, der Verwendung eines einfachen oder doppelten Konsonanten, der Schluß auf das Vorliegen von Zeichen verschiedener Unternehmen gezogen werde. Im Hinblick auf die weitgehende Übereinstimmung der Wortbestandteile *Abbo* und *Abo* und die damit zusammenhängende phonetisch gleiche Aussprache dieser Bestandteile der beiden Wortmarken, die beide für Waren des Medizinalbedarfssektors bestimmt seien, sei es nicht erfahrungswidrig anzunehmen, daß die genannte Unterschiedlichkeit der Schreibweise, soweit sie den Verkehrsbeteiligten überhaupt auffalle, wenn nicht für einen Schreib- oder Druckfehler, so doch für sprachlich und damit auch sachlich nicht unterschiedlich und bedeutungsvoll im Hinblick auf die Warenherkunft gehalten werde (BGH GRUR 1989, 350, 352 – Abbo/Abo). Wegen Fehlens entsprechender Feststellungen zur Eignung eines Zeichenbestandteiles als Stammzeichen wurde mittelbare Verwechslungsgefahr verneint zwischen *HURRICANE* und *Cliff Hurricane* (BGH GRUR 1991, 319, 320f. – HURRICANE). Verwechslungsgefahr unter dem Gesichtspunkt der Serienmarken wurde verneint zwischen *STEPHANSKRONE* und *König Stephan Wein* (BGH GRUR 1999, 240 – STEPHANSKRONE I) und *STEPHANSKRONE* und *Stephanskreuz* (BGH GRUR 1999, 241 – STEPHANSKRONE II). Da der Verkehr die Marken *BECK's* und *Riebeck* als verschiedene Familiennamen verstehe, sei die Vorstellung eher fernliegend, es handele sich bei *Riebeck* um eines von mehreren Serienzeichen mit dem Stammbestandteil *BECK* (BGH GRUR 1999, 155, 156 – DRIBECK's LIGHT; s. dazu auch HABM, Entscheidung der Widerspruchsabteilung MaBl. HABM 1998, 1100 – BECK's/ISENBECK).

Auch wenn der gemeinsame Stammbestandteil von Hause aus kennzeichnungsschwach ist, ist die Annahme von mittelbarer Verwechslungsgefahr unter dem Gesichtspunkt der Serienmarken dann nicht ausgeschlossen, wenn die abweichenden Zeichenbestandteile sich in der Art ihrer Bildung entsprechen, der Wortaufbau gleich ist und bereits in gleicher Art gebildete, prioritätsältere Serienmarken im Verkehr sind. Als verwechselbar beurteilt wurden *Neurohorm* und *Heparhorm* für Hormonpräparate im Hinblick auf andere *Horm*-Arzneimittel wie *Thyreohorm*, *Paranthorm* und *Depot-Insulin Horm* (BPatGE 19, 187 – NEUROHORM/Heparhorm).

**228** **(b) Wesensgleichheit des Stammbestandteils.** Die Stammbestandteile der Kollisionszeichen müssen identisch oder nahezu identisch (wesensgleich) sein (s. Rn 222). Die Wesensgleichheit der Stammbestandteile wurde *bejaht* zwischen *ROCHUSAN* und *ROCHE* für Arzneimittel (DPA Mitt 1958, 199); *Hobynil* und *Hobby* für Tierheilmittel und Tierarzneimittel (DPA Mitt 1959, 56); *Gurcosan* und *Curco* für Mittel zum Frischhalten von Lebensmitteln (DPA Mitt 1958, 116); *Diego* und *Digocyclin* für Arzneimittel (BPatGE 9, 248 – Diego/Digocyclin); *Vita Selzer* und *Selzerbrunnen* für pharmazeutische Präparate (BPatGE 9, 231 – Vita Seltzer/Selzerbrunnen); *Clinicult* und *Clinitest* sowie *Clinistix* für Erzeugnisse der Veterinärmedizin sowie der Gesundheitspflege (BPatGE 15, 244 – CLINICULT/CLINITEST/CLINISTIX); *Abbo* und *Abo* für Waren des Medizinalbedarfssektors (BGH GRUR 1989, 350 – Abbo/Abo).

**229** Die Wesensgleichheit der Stammbestandteile wurde *verneint* zwischen *Lutin* und *Ludigran* für Pflanzenschutzmittel (BGH GRUR 1962, 241 – Lutin); *Zorro* und *Cozuro* für Bekleidungsstücke (BPatGE 2, 225 – Zorro); *Rhemolub* und *Rhenoline* für Schmierfette (BPatGE 6, 248 – Rhemolub); *Biobest* und *Bio* sowie *Test* für Milch- und Molkereierzeugnisse (BPatG Mitt 1969, 193 – Biobest/Bio, Test); *Armogloss* und *Arno* für Putz- und Poliermittel sowie Seifen (BPatG Mitt 1971, 25 – teleren); *Metocal* und *Togal* für Arzneimittel und chemische Erzeugnisse für Lichtbildzwecke, weil sie außerhalb des pharmazeutischen Warenbereichs nicht als Serienmarken derselben Firma wirkten (BPatGE 10, 269 – METOCAL/Togal); *Minu* und *Milupa* für Nahrungsmittel (BPatGE 19, 220 – Minu/Milupa); *phlogont* für Arzneimittel für Menschen und Tiere und *phlont* für chemische Erzeugnisse für Heilzwecke und Gesundheitspflege, weil die sich gegenüberstehenden Zeichenbestandteile schon wegen der deutlich unterscheidenden Zeichensilbe -*go* nicht verwechslungsfähig seien und eine dem Verkehr naheliegende Verkürzung des ohnehin kurzen Stammes *phlogont* auf *phlont* als ausgeschlossen zu erachten sei (BGHZ 131, 122 – Innovadiclophlont).

**230** **(c) Kennzeichnende Wirkung des Stammbestandteils.** Dem gemeinsamen Stammbestandteil der Serienmarken muß kennzeichnende Wirkung zukommen. Der gemeinsame Wort-, Bild- und Hörstamm der Markenfamilie muß einen herkunftsidentifizierenden oder allgemein produktidentifizierenden Hinweis enthalten.

**231** Der Hinweischarakter des gemeinsamen Stammbestandteils kann darauf beruhen, daß der Verkehr sich an mehrere Marken mit dem gleichen Wort-, Bild- oder Hörstamm gewöhnt hat (BGH GRUR 1969, 538, 540 – Rheumalind; 1969, 681 – Aquatherm; 1974, 93, 94 – Räuber; BPatGE 15, 244 – Clinicult). Es ist aber die Kenntnis im Verkehr von der Übung des Markeninhabers neben einer Stammarke Abwandlungen von dieser als Serienmarken zu verwenden, keine zwingende Voraussetzung, um eine mittelbare Verwechslungsgefahr unter dem Gesichtspunkt der Serienmarken anzunehmen. Die prioritätsältere Marke braucht noch nicht als Serienmarke im Verkehr benutzt worden zu sein. Es ist nicht grundsätzlich ausgeschlossen, auch in einem erstmalig verwendeten Zeichen ein Stammzeichen zu sehen (BGH GRUR 1975, 312, 313 – BiBA; BGHZ 131, 122 – Innovadiclophlont; *Ullmann*, GRUR 1993, 334, 337). Auch wenn der Markeninhaber bisher nur eine einzige Marke benutzt, kann im Verkehr der Eindruck von Serienmarken entstehen, wenn ein Dritter eine Marke mit einem übereinstimmenden Stammbestandteil verwendet. Doch bedarf es konkreter Anhaltspunkte, daß sich das Zeichen als Stammzeichen entwickelt. Es werden zudem besonders strenge Anforderungen an die Wesensgleichheit dieses Zeichens mit der angegriffenen Marke gestellt (BGHZ 131, 122 – Innovadiclophlont). Der Hinweischarakter des Stammbestandteils kann sich daraus ergeben, daß der gemeinsame Wort-, Bild- oder Hörstamm besonders charakteristisch hervortritt oder sich im Verkehr bereits als Identifikationshinweis durchgesetzt hat, oder es sich um einen als Firmenabkürzung verwendeten Bestandteil eines Einzelzeichens handelt (BGH GRUR 1959, 420, 422 – Opal/Ekopal; 1969, 538, 540 – Rheumalind; 1974, 93, 94 – Räuber). Aber auch sonstige Umstände können den Eindruck von Serienmarken im Verkehr begründen wie etwa die Art der abweichenden Zeichenbestandteile (BGH GRUR 1966, 35, 37 – multikord/Normakord; 1969, 681 – Kochendwassergerät). Wenn sich allerdings der Verkehr noch nicht an mehrere Marken mit einem gemeinsamen Stammbestandteil gewöhnt hat, dann sind umso strengere Anforderungen an das

Vorliegen einer mittelbaren Verwechslungsgefahr unter dem Gesichtspunkt von Serienmarken zu stellen (BGH GRUR 1972, 549, 550 – Messinetta; 1974, 93, 94 – Räuber; BGHZ 131, 122 – Innovadiclophlont). Wenn eine Marke wie *Diclophlogont* aus zwei Zeichenbestandteilen zusammengesetzt ist, die jeweils für sich genommen als Zeichenstamm geeignet sein können, dann liegt es dem Verkehr fern, bei der erstmaligen Verwendung des Zeichens *Diclophlogont* darin einen Stamm für eine Zeichenserie zu sehen. Aber auch wenn der Verkehr *Diclophlogont* als Zeichenstamm für eine künftige Zeichenserie betrachtet, schließt er eine Fortsetzung der Zeichenserie durch den abgewandelten Zeichenstamm *-diclophlogont* als nicht wesensgleich aus. Die Marken *Innovadiclophlont* und *Diclophlogont* für Arzneimittel sind deshalb auch nicht unter dem Gesichtspunkt einer Serienmarke untereinander verwechselbar (BGHZ 131, 122 – Innovadiclophlont). Bei unterschiedlichen Schriftbildern von Zeichenbestandteilen ist eine mittelbare Verwechslungsgefahr nur bei Vorliegen besonderer Umstände anzunehmen, etwa wenn sich beim bloßen Hören ohne weiteres die Eigenständigkeit des vermeintlich gleichen Stammbestandteils und damit dessen starker Hinweischarakter aufdrängt; als nicht verwechselbar beurteilt wurden *Rhinisat* und *Ysat* für Arzneimittel (BPatGE 22, 193, 198 – RHINISAT/Ysat). Als Wortstamm geeignet ist *Wolff* für Arzneimittel als ein Schlagwort der Betriebsstätte des Markeninhabers; mittelbare Verwechslungsgefahr wurde angenommen zwischen *Wolff* und *-nolf* (OLG München GRUR 1989, 598 – Wolff/nolf).

**(d) Unternehmenskennzeichen als Stammbestandteil.** Ein Firmenschlagwort kann 232 im Verkehr als gemeinsamer Stammbestandteil von Serienmarken wirken, auch wenn es zuvor nicht zur Produktkennzeichnung unter Beifügung weiterer Zeichenbestandteile verwendet worden ist (BGH GRUR 1969, 40, 42 – Pentavenon). Wenn erstmals einem Firmenschlagwort weitere Wortsilben als Zeichenbestandteile beigefügt werden, dann kann sich eine mittelbare Verwechslungsgefahr daraus ergeben, daß dem bekannten Firmenschlagwort die Wortsilbe in sprachlicher Weise derart beigefügt wird, daß der Verkehr die Gesamtbezeichnung als Hinweis auf ein bestimmtes Erzeugnis des Unternehmens versteht, auch wenn der Inhaber des Unternehmenskennzeichens bisher Marken in ähnlicher Form nicht verwendet hat. Mittelbare Verwechslungsgefahr wurde angenommen zwischen dem Firmenschlagwort *Sihl* und der Marke *Silbond*, dessen Zeichenbestandteil *bond* ein Beschaffenheitshinweis für eine Papierqualität darstellt (BGH GRUR 1969, 357, 359 – Sihl). Wenn für eine von Haus aus nichtssagende Wortsilbe einer mehrsilbigen Geschäftsbezeichnung Markenschutz aufgrund von Verkehrsgeltung besteht, dann ist eine mittelbare Verwechslungsgefahr unter dem Gesichtspunkt der Serienmarken in der Regel nur dann anzunehmen, wenn der Inhaber des prioritätsälteren Marke diese Wortsilbe schon in mehreren zusammengesetzten Marken verwendet und dadurch den Verkehr daran gewöhnt hat, diese Wortsilbe als Stammzeichen seines Unternehmens anzusehen (BGH GRUR 1975, 312, 313 – BiBA). Als nicht verwechselbar beurteilt wurden der Zeichenbestandteil *Bi* der Geschäftsbezeichnung *Bi Gerhard Bahner Wirkerei und Stickerei* und *BiBA*, da die Buchstabenfolge *Bi* ihre auf der Alleinstellung beruhende Eigenart in der Buchstabenfolge *BiBA* verliere, da für den Verkehr trotz des kleingeschriebenen *i* kein Anlaß bestehe, die Kennzeichnung in zwei farblose Silben aufzuteilen und die erste Silbe losgelöst vom klanglichen und bildlichen Gesamteindruck zu werten (BGH GRUR 1975, 312, 314 – BiBA).

**(e) Verhältnis des Stammbestandteils zu den übrigen Zeichenbestandteilen.** Die 233 Verkehrsauffassung, es handele sich um einen gemeinsamen Stammbestandteil von Serienmarken, wird dadurch begünstigt, daß die übrigen Zeichenbestandteile warenbeschreibend oder völlig farblos sind oder eine typische Abwandlungsform darstellen. Mittelbare Verwechslungsgefahr wurde bejaht zwischen *multikord* und *Normakord* wegen der Art der abweichenden Zeichenbestandteile, weil die Silbe *kord* bei Falttüren Hinweischarakter besitze, nicht aber die Wortbestandteile *Norma* und *multi*, so daß *Normakord* im Verkehr als eine serienmäßig hergestellte Falttür der *kord*-Reihe, *multikord* hingegen als vielfältig verwendbare Falttür angesehen werde (BGH GRUR 1966, 35, 37 – multikord). Als verwechselbar beurteilt wurden *Aqua* und *Aquatherm*, da *Aqua* als Stammwort einer Serie, die *Aquatherm* umfasse, wegen des farblosen Bestandteils *therm* der kennzeichnungskräftigere Bestandteil sei und die unter dieser Marke vertriebenen Kochendwassergeräte sich nur durch ihre Heizquelle unterschieden (BGH GRUR 1969, 681, 683 – Kochendwassergerät). Auch wenn

Zeichenbestandteile, die sich an einen Sachhinweis anlehnen, in der Regel nicht geeignet sind, als gemeinsamer Stammbestandteil von Serienmarken im Verkehr zu wirken (s. Rn 234 ff.), kann einem Zeichenbestandteil mit einem begriffsandeutenden Gehalt dann der Hinweischarakter eines gemeinsamen Stammbestandteils von Serienmarken zukommen, wenn die übrigen Zeichenbestandteile warenbeschreibend sind oder typische Vor- oder Endsilben darstellen. Als *verwechselbar* beurteilt wurden *Clinicult* und *Clinitest* sowie *Clinistix* für chemische Nachweispräparate für medizinische Laboranalysen (BPatGE 15, 244); *Minimeto* und *Ermeto* für Flüssigkeits-, Dampf- und Druckluftarmaturen, weil sich aufgrund der neuen Marke *Minimeto* die Aufteilung der bekannten Marke *Ermeto* in die Bestandteile *Mini-Meto* anbiete und die Abwandlungsfähigkeit des Zeichenstamms *meto* dadurch gefördert werde, daß die jüngere Marke diesen Zeichenbestandteil mit einem typischen Abwandlungszusatz *Mini* benutze (BPatGE 16, 262 – Minimeto/Ermeto); *VitaSeltzer* und *Selzerbrunnen* für pharmazeutische Präparate, Mineralwässer, Brunnen- und Badesalze (BPatGE 9, 231 – VitaSeltzer/Selzerbrunnen). Als *nicht verwechslungsfähig* beurteilt wurden *Spessartträuber* und *Seeräuber* für Spirituosen und Weine, weil das Alltagswort *Räuber*, dem für Spirituosen eine gewisse Originalität zukomme, nicht die für die Annahme eines Stammzeichens des Unternehmens erforderliche Hinweiskraft besitze und zudem die Art der abweichenden Zeichenbestandteile *Spessart* und *See* mit ihren unterschiedlichen Anklängen an legendäre Gestalten und Örtlichkeiten im Verkehr nicht den Eindruck von Serienmarken erweckten (BGH GRUR 1974, 93, 94 – Räuber); *Sonnenquell* für Weine und *Capri-Sonne* für alkoholfreie Getränke, weil *Quell* keine glatt beschreibende Angabe sei und eine aus zwei wenig kennzeichnenden Zeichenbestandteilen zusammengesetzte Wortmarke in der Regel als ein einheitliches Kennzeichen im Verkehr gewertet und nicht aufgespalten werde (BPatG Mitt 1979, 91 – Sonnenquell/Capri-Sonne); *Ratiopharm* und *Ratiotest* für medizinische Präparate und Verbandsmaterial, chemische Erzeugnisse für gewerbliche und wissenschaftliche Zwecke, weil der gemeinsame Wortbestandteil *Ratio* kennzeichnungsschwach sei und der prioritätsältere Markeninhaber den Verkehr nicht an Serienmarken mit diesem Wortbestandteil gewöhnt habe, so daß die abweichenden, nur beschreibenden Zeichenbestandteile *Pharm* und *Test* für die Annahme einer mittelbaren Verwechslungsgefahr nicht genügten (BPatGE 21, 132 – ratiopharm/RATIOTEST). Entsprechend den in der Rechtsprechung zur Angabe des Herstellernamens in einer Marke entwickelten Grundsätzen (s. zu Unternehmenskennzeichen als Zusatz einer Marke Rn 169 f.; zur Abspaltung von Zeichenbestandteilen Rn 215 f.), kann aus der Sicht des Verkehrs der Stammbestandteil als Produktbezeichnung weniger bedeutsam sein, so daß der Gesamteindruck der Serienmarke von dem verbleibenden Bestandteil geprägt wird (BGH GRUR 1996, 977 – DRANO).

234    **(f) Schutzunfähige Zeichenbestandteile.** Ein *schutzunfähiger* Zeichenbestandteil ist nicht geeignet, den kennzeichnenden Stammbestandteil von Serienmarken darzustellen und Verwechslungsgefahr unter dem Gesichtspunkt der Zeichenabwandlung zu begründen (s. Rn 223). Als nicht verwechselbar beurteilt wurden *Polymeral* und *Polymerin* für Kunststoffe, weil der gemeinsame Zeichenbestandteil *Polymer* ein beschreibender Fachausdruck sei (BPatGE 4, 93, 99 – Polymeral/Polymerin); *Maxitroi* und *Maxi-Max* für Regelgeräte, weil der Wortanfang *Maxi* für Waren, bei denen *maximal* ein üblicher Fachausdruck sei, nicht die für einen Stammbestandteil einer Serienmarke erforderliche Hinweiskraft besitze (BPatGE 11, 160 – MAXITROI/Maxi-Max); *badedas* und *Badegold*, da es sich bei *bade* um eine Bestimmungsangabe für ein Badezusatzmittel handele (BGR GRUR 1967, 485 – badedas); *Herbapon* und *Herba*, weil das Wort *Herba* einen warenbeschreibenden Sinn für Arznei- und Körperpflegemittel habe, und zwar selbst dann nicht, wenn das Wort *Herba* aufgrund von Verkehrsdurchsetzung nach § 8 Abs. 3 eingetragen worden sei, da aus der Überwindung eines absoluten Schutzhindernisses aufgrund von Verkehrsdurchsetzung noch nicht folge, daß der Verkehr in dem Wort *Herba* den Stammbestandteil einer Serienmarke erblicke (BGH GRUR 1970, 85, 86 – Herba).

235    Zeichenbestandteile, die sich an einen *Sachhinweis* anlehnen, sind in der Regel nicht geeignet, als Stammbestandteil einer Serienmarke die mittelbare Verwechslungsgefahr mit einer anderen Marke zu begründen. Als *nicht verwechselbar* beurteilt wurden *Essavenon* und *Pentavenon* für Arzneimittel, weil der Fachkundige erkenne, daß es sich bei der Endsilbe *venon* (lateinisch: Vene) nur um einen zur Herkunftskennzeichnung abgewandelten Sachhinweis

handele, nicht aber um den Stammbestandteil einer Serienmarke (BGH GRUR 1969, 40 – Pentavenon); *Sirax* und *Sir* für Firnisse, Lacke, Beizen, Harze, Klebstoffe, Seifen, Wasch- und Bleichmittel, Putz- und Poliermittel, Rostschutzmittel, Kragenglätte und Parfümerien, weil das Zeichen *Sirax* nicht geeignet sei, vom Verkehr als eine Serienmarke mit dem Wortstamm *Sir* aufgefaßt zu werden (BGH GRUR 1967, 660, 662 – Sirax); *Ox* und *Oxit* für Dauermagnetwerkstoffe, weil *Oxit* für Fachleute so stark an die Beschaffenheitsangabe *Oxyd* anklinge, daß innerhalb der beteiligten Verkehrskreis *Oxit* nicht als eine Abwandlung einer aus dem Wortbestandteil *Ox* gebildeten Serienmarke verstanden werde (BPatGE 3, 205 – Oxit); *COMPO-SANA* und *Tresana* für Düngemittel, weil der Zeichenbestandteil *SANA*, der einen warenbeschreibenden Anklang habe, wegen dieser Kennzeichnungsschwäche nicht als Stammbestandteil einer Markenserie geeignet sei, zumal der Zeichenbestandteil nicht infolge Benutzung und Erlangung von Verkehrsgeltung als Stammbestandteil Hinweischarakter gewonnen habe (BGH GRUR 1998, 927 – COMPO-SANA).

Solchen Zeichenbestandteilen, die im Verkehr auf einem bestimmten Produktsektor üblicherweise als *Anfangs- oder Endsilbe* von Wortmarken verwendet werden, kommt grundsätzlich nicht die Wirkung als Identifikationshinweis eines Stammbestandteils zu. Als *nicht verwechslungsfähig* beurteilt wurden *Venostasin* und *Topostasin* für pharmazeutische Erzeugnisse, weil auf diesem Produktsektor die Wortendung *stasin* wegen des häufigen Gebrauchs von *asin* keinen charakteristischen Zeichenbestandteil darstelle (BGH GRUR 1957, 339 – Venostasin/Topostasin). Die Schwäche der Hinweiswirkung eines Wortstamms kann aufgrund der Art und des Umfangs der Benutzung des Kennzeichens im Verkehr überwunden werden. Mittelbare Verwechslungsgefahr unter dem Gesichtspunkt der Serienmarken wurde angenommen zwischen *Rheumalind* und *Frencolind*, da aufgrund umfangreicher Werbung für die Marke *Rheumalind* starke Verkehrsgeltung erlangt habe, die auch die Kennzeichnungskraft des nicht beschreibenden Bestandteils *lind* gestärkt habe (BGH GRUR 1969, 538, 540 – Rheumalind). 236

**(g) Schwächung der Kennzeichnungskraft durch Drittmarken.** Bei der Prüfung des Hinweischarakters eines Wort-, Bild- oder Hörstamms als Stammbestandteil von Serienmarken sind die für die Annahme einer Schwächung der Kennzeichnungskraft eines Gesamtzeichens durch Drittmarken geltenden Grundsätze (s. Rn 307 ff.) heranzuziehen (BGH GRUR 1967, 660, 661 – Sirax; 1970, 85 – Herba). Die Verkehrsauffassung wird vor allem von solchen Drittmarken beeinflußt, die im Verkehr auf dem gleichen oder benachbarten Produktsektor tatsächlich benutzt werden. Die Benutzung von Drittmarken hat aber nicht zwingend eine Schwächung der Kennzeichnungskraft des Stammbestandteils von Serienmarken zur Folge, wie namentlich nicht bei verkehrsbekannten Marken. 237

**bb) Markenabwandlungen. (1) Grundsatz.** Mittelbare Verwechslungsgefahr liegt vor, wenn im Verkehr aufgrund der Markenähnlichkeit das Kollisionszeichen des Dritten als eine Abwandlung der prioritätsälteren Marke beurteilt wird (s. Rn 140 ff.). Bei dem Verwechslungsschutz von Serienmarken (s. Rn 220 ff.) handelt es sich um die wichtigste Fallkonstellation der mittelbaren Verwechslungsgefahr von Markenabwandlungen. Das Vorliegen mittelbarer Verwechslungsgefahr aufgrund von *Markenabwandlungen* besteht aber nicht nur hinsichtlich des Serienmarkenschutzes. Mittelbare Verwechslungsgefahr aufgrund von Markenabwandlungen setzt nicht voraus, daß der charakteristische Stammbestandteil der prioritätsälteren Marke in das Kollisionszeichen übernommen wird. Mittelbare Verwechslungsgefahr kann auch bei sonstigen Markenabwandlungen wie etwa einer Modernisierung der Marke (s. Rn 239 f.) oder einer Verkleinerung der Marke (s. Rn 241) bestehen. 238

**(2) Markenmodernisierung.** Mittelbare Verwechslungsgefahr aufgrund einer Markenabwandlung kann Folge einer *Markenmodernisierung* sein. Wenn im Verkehr die prioritätsjüngere Marke als eine dem Zeitgeschmack entsprechende, modernisierende Abwandlung der prioritätsälteren Marke aufgefaßt wird, dann kann mittelbare Verwechslungsgefahr vorliegen (BGH GRUR 1964, 140, 143 – Odol Flasche; 1970, 302, 303 – Hoffmann's Katze). Modernisierung des Markendesigns, wie etwa Silbenkürzungen bei Wortmarken oder graphische Stiländerungen bei Bildmarken, sind vielgestaltig. Je stärker die Kennzeichnungskraft einer Marke ist, um so größer ist die Gefahr einer mittelbaren Verwechslung aufgrund der Annahme einer Markenmodernisierung, wenn ein Dritter eine Markenabwandlung im Verkehr verwendet. 239

**240** Als *verwechslungsfähig* wurden beurteilt *Albiose* und *Aletobiose* für diätetische Nährmittel, weil wegen der klanglichen und schriftbildlichen Nähe der Kollisionszeichen die Gefahr bestehe, der Verkehr werde in der prioritätsjüngeren Marke eine Straffung der prioritätsälteren Marke sehen (BPatGE 5, 185 – Albiose); *Sletten* und *Salzletten* für Back- und Konditorwaren, weil *letten* zwar keinen charakteristischen Wortstamm bilde, der die Annahme einer Serienmarke begründen könne, *Sletten* aber seinem Gesamteindruck nach als eine durch Straffung der Marke *Salzletten* bewirkte Modernisierung erscheine (BPatGE 6, 127 – Sletten); *UFAC* und *ULTRA FAC* für Futtermittel, weil der Verkehr in dem Kollisionszeichen *UFAC* eine Kurzform der prioritätsälteren Marke *ULTRA FAC* sehe (BPatGE 22, 173, 176 – UFAC/ULTRAFAC).

**241** (3) **Markenverkleinerung.** Mittelbare Verwechslungsgefahr aufgrund einer Markenabwandlung kann Folge einer *Markenverkleinerung* sein. Als *verwechselbar* beurteilt wurden *Marinella* und *Marina* für Wermutweine, weil die Verkleinerung des italienischen Wortes *Marina* eine übliche Abwandlungsform sei (BPatGE 2, 135 – Marinella); *Rossi* und *Rossini* für italienische Weine, weil Verkleinerungen der Marke auf dem Getränkesektor üblich seien und eine mittelbare Verwechslungsgefahr nicht dadurch entfalle, daß *Rossini* der Name eines Opernkomponisten sei (BPatG Mitt 1971, 22, 23 – Rossi/Rossini). Als *nicht verwechselbar* beurteilt wurden *Messinetta* und *Messina-Perle* für Grundstoffe zur Herstellung von Zitronen-Fruchtsaftgetränken, weil es schon an einem gemeinsamen Stammbestandteil fehle und eine bloße Ähnlichkeit nicht genüge (BGH GRUR 1972, 549, 550 – Messinetta); mittelbare Verwechslungsgefahr kommt aber nicht nur unter dem Gesichtspunkt des Serienmarkenschutzes, sondern auch bei sonstigen Markenabwandlungen in Betracht (s. Rn 238).

**242** cc) **Entscheidungspraxis zur mittelbaren Verwechslungsgefahr.** (1) **Mittelbar verwechselbar.** Als *mittelbar verwechslungsfähig* wurden beurteilt *Putzhexe* und *Hexe* für Putz- und Poliertücher (BPatGE 1, 198 – Putzhexe); *Phebrosonal* und *Phebrocon* für Pharmazeutika trotz Benutzung der phonetisch identischen Anfangssilbe *Febro* durch andere Mitbewerber wegen der besonderen Schreibweise des Zeichenbestandteils *Phebro* (BPatGE 1, 201 – Phebrosonal); *MA* und *KO & MA* für Margarine und Speisefette, weil *MA* einen charakteristischen Einzelbestandteil der Firmenkurzform *KO & MA* darstelle (BPatGE 1, 205, 209 – KO & MA); *Glockenblume* und *Glockengasse* für Parfümerien wegen der Bekanntheit der Marke *Glockengasse* (BPatGE 2, 223 – Glockenblume); *Konrkater* und *Kornkatze*, da gesamtbegrifflich als *Katze im Kornfeld* deutbar und die Abwandlung von Katze zu Kater naheliege (BPatGE 3, 86 – Kornkater); *Plasto* und *Plastoband*, weil die Stammbestandteile, auch wenn sie nur schwach kennzeichneten, übereinstimmten und der Zusatz *band* nur beschreibe (BPatGE 3, 203 – Plasto); *Salitrisal* und *Itridal* für Pharmazeutika, weil die prioritätsältere Marke *Itridal* stark kennzeichne, die Vorsilbe *Sal* (spanisch: Salz) als abgewandelter Markenzusatz aufgefaßt werde und der abweichende Konsonant *s* statt *d* nicht ins Gewicht falle (BPatGE 3, 208 – Salitrisal); die Bildmarke *Geschmacksanzeiger* und die Bildmarke *Jahrgangs-Sonne* für Weine, weil die prioritätsjüngere Marke als eine Abwandlung der Idee, mittels des Zeigers einer Sonnenuhr auf die dem Wein eigene Geschmacksrichtung hinzuweisen, im Verkehr verstanden werde (BPatGE 5, 56 – Geschmacksanzeiger); *Rustiphoska* und *Nitrophoska* für Düngemittel (BPatG Mitt 1966, 191 – Rustiphoska); *Zar* und *Zarrotto* für Zigaretten (BPatG Mitt 1966, 176 – Zar); *multikord* und *Normakord* für Falttüren (BGH GRUR 1966, 35 – multikord); *Cratiserp* und *Cratimon* für Arzneimittel (BPatGE 7, 184 – Cratiserp); *Vita Seltzer* und *Selzerbrunnen* für Arzneimittel, weil beide Marken das vom Verkehr für den Stammbestandteil gehaltene Wort *Sel(t)zer* enthielten (BPatGE 9, 231 – Vita Seltzer/Selzerbrunnen); *Digocyclin* und *Diego* für Arzneimittel (BPatGE 9, 248 – Diego/Digocyclin); *Sihl* und *Silbond* für Firmenbezeichnungen, da ein nicht unerheblicher Teil der Fachkreise in der Wortsilbe *bond* die Angabe einer bestimmten Papierqualität sehe und daher *Silbond* als Marke für ein *bond*-Papier des das Firmenkennzeichen *Sihl* führenden Unternehmens ansehe (BGH GRUR 1969, 357, 359 – Sihl); *Colloduron* und *Duron* für Harze und Klebstoffe (BPatG Mitt 1969, 72 – Colloduron/Duron); *Extraveral* und *Verla* für Arzneimittel (BPatGE 10, 93), weil Zeichenbestandteile wie *extra*, *forte*, *liquid* und *oral* in Arzneimittelmarken den übrigen Wortteil als herkunftskennzeichnend besonders herausstellten, dieser sich daher für sich allein von anderen Marken sinnfällig unterscheiden müsse (BPatGE 10, 93 – Extraveral); *Innovaaktiv* und *Eunova* für chemische, pharmazeutische und hygienische Erzeugnisse (BPatG GRUR 1993, 829 – Innovaaktiv); *BIONAPLUS* und *BICONA* für pharmazeutische Erzeugnisse (BPatG GRUR 1994, 122 – BIONAPLUS); *Dinacor* und das Verbandszeichen *DIN* für Pappe (BPatGE 10, 273 – DINACOR/DIN); *Asparicor* und *Aspirin* für Arzneimittel (BPatGE 10, 280 – ASPARICOR/Aspirin); *Metrawatt* und *Symetra* für elektrische Meßgeräte (OLG München GRUR 1970, 605 – Metrawatt/Symetra); *Herrenwitz* und *Winzerwitz* für Weine (BPatG Mitt 1971, 110 – Herrenwitz/Winzerwitz); *Hepatomed* und *Tomed* für Arzneimittel (BPatG Mitt 1972, 165 – Hepatomed/Tomed); *Clinicult* und *Clinitest* sowie *Clinistix* für pharmazeutische Erzeugnisse (BPatGE 15, 244 – CLINICULT/CLINITEST/CLINISTIX); *KABELRAP* und *TY-RAP* für elektrotechnische Kabel, weil der Zeichenbestandteil *RAP* für sich allein zu kennzeichnen geeignet sei (BGH BlPMZ 1977, 371 – KABELRAP); *CASTELLONIC* und *CASTEL* für elektronische Taschenrechner, weil die Wortendung *-ONIC* warenbeschreibend sei (BPatG Mitt 1979, 11 – CASTELLONIC/CASTELL); die Wortmarke *Beerenhexe* für Beerenweine und eine Wortbildmarke für Heidelbeerwein, die aus dem Wortbestandteil *Waldhexe* und dem Bildbestandteil einer *Hexe mit Heidelbeeren enthaltendem Korb* besteht, weil die prioritätsjüngere Marke als neuer Ausdruck des der prioritätsälteren Marke zugrundeliegenden Sinngehalts aufgefaßt werde (BPatGE 22, 214, 220 – BEERENHEXE); *Denticovision* und *Mediocovision* für Bild- und Tonträger mit medizinischen Themen wegen des vom Wortaufbau, Klang und Begriff her sehr ähnlichen Zeichenbestandteils *covision* (BPatGE 23, 74, 77 – Denticovision/MEDICOVISION); *Lord John* und *Black John* für Spirituosen, weil beide Marken die auf dem Weinmarkt seltene und englischsprachige Namensangabe *John* enthielten (BPatG GRUR 1984, 655 – Black John/Lord John); *Abboject* sowie andere Marken mit dem Wortbestandteil *Abbo* und *Abofungin* sowie andere Marken mit dem Wortbestandteil *Abo* für Erzeugnisse des Medizinalbedarfssektors, weil die Unterschiedlichkeit der Schreibweise, soweit sie den Verkehrsbeteiligten überhaupt auffalle, für sprachlich und damit auch sachlich nicht unterschiedlich und bedeutungsvoll im Hinblick auf die Produktherkunft gehalten werde (BGH GRUR 1989, 350, 352 – Abbo/Abo).

**(2) Nicht mittelbar verwechselbar.** Als *nicht mittelbar verwechslungsfähig* wurden beurteilt *Schlafmond* und *Schlafwohl* für Bettwäsche, da der gemeinsame Zeichenbestandteil *Schlaf* nicht kennzeichne (BPatGE 2, 228 – SCHLAFMOND); *jura-mont* und *JUNO* für Parfümerien, weil *JUNO* mit *jura* wegen willkürlich gewählter Schriftart nicht verwechselbar sei (BPatGE 1, 186 – jura-mont); *Acethylthionine* und *Dionin* für Pharmazeutika, weil *Thionine* und *Dionin* wegen unterschiedlichen Schriftbildes nicht wesensgleich seien (BPatGE 3, 85 – Dionin); *HOT RED* und *Hot-Club* für Schminke, weil diese Marken einen geschlossenen Begriff beinhalteten, der die Vorstellung von einem Club zur Pflege des *Hot* auslöse (BPatGE 3, 70 – Hot-Club); *Tesacell* und *Acella* für Arznei- und Verbandsmittel, Klebstoffe, ärztliche Instrumente, weil *acell* kein selbständiger eine Zeichenkollision begründender Wortstamm sei (BPatG 5, 60 – Tesacell); *Euroyal* und *Euro-Marke* für Bekleidung, weil *Euro* als Angabe europäischer Herkunft nach § 8 Abs. 2 Nr. 1 nicht schutzfähig sei (BPatGE 5, 192 – Euro); *Aphen* und *Casaphen* für Lacke, Firnisse und Farben, weil die Wortendung *aphen* auch in Drittzeichen vorkomme und *Cas* als selbständiges Abwandlungswort ungewöhnlich sei (BPatGE 5, 198 – Aphen/Casaphen); *SOLAZUR* und *NINOSOLA* für Bekleidungsstücke, weil *SOLA* keine Herkunftsfunktion besitze (BPatGE 6, 122 – SOLAZUR); *Rhemoclub* und *RHENOLINE* für Schmierfette, weil es sich nicht um wesensgleiche Zeichenbestandteile handle (BPatGE 6, 248 – Rhemoclub); die *Lacalut-Mundwasser-Flasche* und die *Odol-Flasche*, weil die Formgebung der ersteren nicht im Rahmen der natürlichen Entwicklungslinie der letzteren liege (BGH GRUR 1964, 140 – Odol-Flasche); *Benadretten* und *Pena* für Arzneimittel zur Behandlung von Infektionen des Mundes, des Rachens und der oberen Luftwege, weil *Bena* mit *Pena* nicht wesensgleich sei und in einer Reihe einschlägiger Drittmarken als Wortanfang verwendet werde (BPatG Mitt 1966, 215 – Benadretten/Pena); *Badegold* und *badedas* für Badezusätze, weil der Stammbestandteil *bade* als Bestimmungsangabe und nicht als betrieblicher Herkunftshinweis wirke (BGH GRUR 1967, 485, 488 – badedas); *SYMETRA* und *Metraphot* für Meßgeräte, da es für die Annahme einer Serienmarke noch nicht genüge, daß die Kollisionszeichen grammatikalisch mehrere Silben gemeinsam hätten (BPatGE 9, 245 – SYMETRA/Metraphot); *Pan* und *PANACHE*, weil der Stammbestandteil *Pan* bei natürlicher Silbentrennung nicht klar hervortrete (BPatGE 9, 116 – Pan/Panache); *Opticortenol* und *Optocor* für Arzneimittel, weil die Silbenfolge *Opticor*

**MarkenG § 14** 243a

in der in Anlehnung an *optimum* und *cortex* gebildeten Marke nicht eigenständig hervortrete und zudem nicht wesensgleich mit dem Kollisionszeichen *Opticor* sei (BPatGE 10, 83 – OPTICORTENOL/Optocor); *Minirol* und *Mini* für physikalische und elektrotechnische Geräte, weil *Mini* zumindest in Zusammensetzungen nicht mehr als ausschließliches und abwandlungsfähiges Kennzeichnungsmerkmal eines bestimmten Geschäftsbetriebs zu werten sei, da es zu einem allgemein bekannten Bestandteil der deutschen Werbe- und Journalistensprache geworden sei (BPatGE 10, 91 – Minirol/Mini); *Lyocod* und *Aneucod* für Arzneimittel, da der Bestandteil *cod* nur ein bekannter Indikationshinweis sei (BPatG Mitt 1969, 146 – Lyocod/Aneucod); *Satival-Zyma* und *Sati* für pharmazeutische Erzeugnisse (BPatG Mitt 1969, 191 – Satival-Zyma/Sati); *Biobest* und *Bio* sowie *Test* für Milch und Molkereierzeugnisse (BPatG Mitt 1969, 193 – Biobest/Bio/Test); *Skyliner* und *Ski* für chemische und pharmazeutische Erzeugnisse (BPatG Mitt 1971, 27 – Skyliner/Ski); *Jean Barthet* und *Jeanette Modell* sowie *Jeanine* für IR-Marke, da der Verkehr die Marke als eine Namenseinheit verstehe und nicht den Vornamen von dem Zunamen trenne (BPatG Mitt 1971, 132 – JEAN BARTHET/Jeanette MODELL); *Milchquelle* für Milchviehfutter und *Quelle* für Futtermittel, da der Verkehr das Wort *Milchquelle* für einen originellen Gesamtbegriff halte und die Marke nicht in ihre Zeichenbestandteile zerlege (BPatG Mitt 1972, 234 – Milchquelle/Quelle); *Polinova* und *Polli* für Poliermittel für Autos (BPatG Mitt 1972, 53 – Polinova/Polli); *Decotal* für Käse und *Deko* für Kondensmilch, da die Zeichen Phantasiewörter seien, die vom Verkehr nur ausnahmsweise in ihre Zeichenbestandteile zerlegt würden (BPatG Mitt 1972, 194 – Decotal/Deko); *Zaubergarten* und *Garten* für Schokoladewaren, da der zeichenrechtlich in den Hintergrund tretende, bläßliche Zeichenbestandteil *-garten* innerhalb eines Zeichengesamtbegriffs, der nur ausnahmsweise in seine Zeichenbestandteile aufgeteilt werde, nicht als betriebskennzeichnender Zeichenstamm aufgefaßt werde (BPatG Mitt 1972, 194 – Zaubergarten/Garten); *ARMOGLOSS* und *Arno* für Wasch- und Putzmittel, kosmetische Präparate, da dem Bestandteil *Arno* innerhalb der Marke *Armogloss* kein Hinweischarakter für das Unternehmen des Inhabers der Marke *Arno* zukomme (BPatG GRUR 1972, 185 – ARMOGLOSS/ARNO); *Club-Pilsener aus der Dortmunder Union-Brauerei* und *Pilsener Urquell* für Bier (BPatG GRUR 1972, 654, 655 – Club-Pilsener); *Messinetta* und *Messina-Perle* für Zitronen- und Fruchtsaftgetränke, da als Stammbestandteil nicht schon der Begriff anzusehen sei, aus dessen Abwandlung durch Wahl der Verkleinerungsform die prioritätsältere Marke gebildet worden sei (BGH GRUR 1972, 549, 550 – Messinetta); *Bi* und *Biha* für Strumpfwaren, weil *Bi* für sich selbst nicht die erforderliche Eigenständigkeit habe und durch Hinzufügen einer weiteren Silbe in dem neu gebildeten Wort untergehe (OLG Frankfurt WRP 1972, 531 – Biha); *HOMBRE* und *HôM* für Kleidungsstücke, weil beide Bezeichnungen nur beschreibend seien (BPatGE 21, 147 – HOMBRE/HOM); die Wortbildmarke *Wasserquelle* für Wasservorratsbehälter als Vogelkäfigzubehör und die Wortmarke *Quelle* für Kleineisenwaren und Blechwaren, weil wegen des sachbezogenen Gesamtbegriffs *Wasserquelle* und der verschiedenen Bedeutung des Wortbestandteils *Quelle* eine Aufteilung des Gesamtbegriffs in *Wasser* und *Quelle* nicht zu befürchten sei und daher *Quelle* nicht als betriebskennzeichnender Stammbestandteil angesehen werde (BPatGE 20, 276 – Friskis Wasserquelle/Quelle); die Wortbildmarke *BAURAL* und das Verbandszeichen *RAL*, weil die Lautfolge *RAL* wie bei *Autoral* oder *Shamporal* als wohlklingende Endung, nicht aber als betrieblicher Herkunftshinweis wirke (BPatGE 23, 66, 70 – BAURAL/RAL); *Traum* für Spirituosen und *Traumfeuer* für Rum und Rumverschnitt, weil der Zeichenbestandteil *Traum* in dem einheitlichen Gesamtbegriff *Traumfeuer* keine selbständige Hinweisfunktion besitze (BPatGE 21, 192, 196 – TRAUM/Traumfeuer); *Kräutermeister* und *Jägermeister* für Spirituosen, weil der Wortstamm *-meister* in den Kollisionszeichen nicht kennzeichnend wirke (BGH GRUR 1981, 142 – Kräutermeister); *KINGINKA* für Wasch- und Bleichmittel, Putz-, Polier-, Fettentfernungs- und Schleifmittel, Seifen, Parfümerien und *Inka* für Parfümerien, Mittel zur Körper- und Schönheitspflege (BPatG Mitt 1987, 162 – KINGINKA); *MEISTERBRAND* für Spirituosen und *Meister H.L.* für Weine (BGH GRUR 1998, 932 – MEISTERBRAND); *COMPO-SANA* und *Tresana* für Düngemittel (BGH GRUR 1998, 927 – COMPO-SANA).

243a **(3) Mittelbare Verwechslungsgefahr bei Buchstabenmarken und Zahlenmarken.**
**(a) Rechtslage im WZG.** Zur Beurteilung der mittelbaren Verwechslungsgefahr von Buchstabenmarken und Zahlenmarken galten nach der Rechtslage im WZG die allge-

meinen Grundsätze zur Verwechslungsgefahr (s. die Übersicht zur Entscheidungspraxis Rn 267 f.; zur Rechtslage im MarkenG s. Rn 243b; allgemein zu Buchstabenmarken und Zahlenmarken s. § 3, Rn 243 f.; § 8, Rn 113 ff.).

**(b) Rechtslage im MarkenG.** Als *mittelbar verwechslungsfähig* wurden beurteilt *ARD-1* **243b** und das Logo von *Kabel 1* für audiovisuelle Dienstleistungen wegen einer weitgehenden Übereinstimmung in den prägenden Gestaltungselementen (OLG Köln NJWE-WettbR 1997, 205 – Kabel 1/ARD-1). Als *nicht mittelbar verwechslungsfähig* wurden beurteilt *REEMSMA R6* und *f6* für Zigaretten wegen ihres unterschiedlichen Erscheinungsbildes und wegen des deutlichen klanglichen Unterschieds (BGH WRP 1995, 809 – f6/R6); *ARD-1* und das Logo von *Kabel 1* für audiovisuelle Dienstleistungen wegen einer abweichenden graphischen Gestaltung der Ziffer 1 (OLG Frankfurt AfP 1995, 676 – ARD-1/Kabel-1); *Hamburg 1* oder *HH 1* und *ARD-1* für audiovisuelle Dienstleistungen wegen eines Unterschieds in den charakteristischen Einzelheiten der graphischen Form (HansOLG Hamburg NJW-RR 1998, 554 – ARD-1/HH 1); die Bildmarke *702* und der Titel *701-Die Show* für Produkte aus dem Medienbereich (KG, Beschluß vom 15. Juli 1997, 5 W 5012/97 – 701-Die Show/702); die Buchstabenkombination *LZ* in einer graphischen Gestaltung mit unauffällig abweichender Typographie für Waren, die einen Bezug zu Ausstellungsstücken eines technischen Museums darstellen, und die Buchstabenkombination *LZ* in ihrer originellen graphischen Ausgestaltung (Einschreibung des *Z* in den Winkel des *L*) für Luftschiff Zeppelin (BPatGE 39, 48 – LZ).

**e) Verwechslungsgefahr im weiteren Sinne. aa) Begriff.** Bei der Verwechslungs- **244** gefahr im weiteren Sinne handelt es sich um eine Irreführung des Verkehrs über das Bestehen von Unternehmensverbindungen zwischen den an der Markenkollision beteiligten Unternehmen (s. Rn 137). Der Verkehr erkennt, daß es sich um zwei verschiedene Unternehmen handelt, und rechnet so das mit dem Kollisionszeichen markierte Produkt des Dritten nicht dem Markeninhaber zu. Aufgrund der Markenähnlichkeit wird im Verkehr aber von der Annahme ausgegangen, zwischen den beiden Unternehmen bestünden Beziehungen *geschäftlicher, wirtschaftlicher* oder *organisatorischer* Art (BGH GRUR 1957, 281, 283 – Karo-As; 1964, 71, 74 – Personifizierte Kaffeekanne). Der Begriff der Verwechslungsgefahr im weiteren Sinne wurde zunächst für den *Schutz von Unternehmenskennzeichen* nach den §§ 12 BGB, 16 UWG a. F. entwickelt (RGZ 115, 401 – Salamander; 170, 265 – Roßhaarstoffe; 171, 30 – Am Rauchfang) und sodann nach der Rechtslage im WZG auf den Schutz von Warenzeichen und Ausstattungen innerhalb des Warengleichartigkeitsbereichs übertragen (RG GRUR 1935, 962, 964 – Lignose-Lignoza; 1937, 635, 638 – Lignose/Lignoza; 1940, 564, 566 – Mirad's Lodix; BGHZ 39, 266, 269 – Sunsweet; BGH GRUR 1964, 376 – Eppeleinsprung). Die Verwechslungsgefahr im weiteren Sinne als eine Fallkonstellation der *Irreführung über Unternehmensverbindungen* ist nach der Rechtslage im MarkenG unter den Verwechslungsschutz der Marke nach § 14 Abs. 2 Nr. 2 zu subsumieren.

**bb) Art der assoziativen Fehlzurechnung.** Nach der Rechtslage im WZG wurden **245** die im Verkehr vermuteten Unternehmensverbindungen geschäftlicher, wirtschaftlicher oder organisatorischer Art dahin verstanden, der Markeninhaber nehme auf die Herstellung oder den Vertrieb der Produkte des anderen Unternehmens Einfluß und lasse es aus diesem Grunde zu, daß die fremden Produkte mit einem seiner Marke ähnlichen Kennzeichen versehen und in den Verkehr gebracht werden. Die zeichenrechtlich erhebliche Art der Unternehmenszusammenhänge wurde *herkunftsfunktional* verstanden. Eine Verwechslungsgefahr im weiteren Sinne wurde dann nicht angenommen, wenn aufgrund gewisser Ähnlichkeitsmerkmale allein Gedankenverbindungen anderer Art, wie etwa Vorstellungen über die Güte oder bestimmter Eigenschaften des Produkts, beim Publikum ausgelöst werden (*Baumbach/Hefermehl*, § 31 WZG, Rn 100). Nach der *Rechtslage im MarkenG* ist die Verwechslungsgefahr nicht auf die Herkunft der Waren oder Dienstleistungen aus einem bestimmten Unternehmen bezogen; sie schließt vielmehr alle Fälle der Gefahr von Verwechslungen ein (Begründung zum MarkenG, BT-Drucks. 12/6581 vom 14. Januar 1994, S. 71). Nach § 14 Abs. 2 Nr. 2 wird ausdrücklich eine solche Gefahr in den Verwechslungsschutz der Marke miteinbezogen, die darin besteht, daß die kollidierenden Marken miteinander *gedanklich in Verbindung gebracht* werden. Die Nichtakzessorietät der Marke, der Rechtsschutz der ökonomischen Markenfunktionen, die Integration des Wettbewerbsrechts in den Markenschutz sowie der Verwechslungsschutz vor einem gedanklichen Inverbindungbringen bei Markenkollisionen sind Umstände, die eine Verstärkung des Markenschutzes im MarkenG dahin bewirken, daß zwar die Fallkonstellationen einer Irreführung über Unternehmensverbindungen unter den Verwechslungsschutz der Marke nach § 14 Abs. 2 Nr. 2 zu subsumieren sind, daß aber zur Begründung des Verwechslungsschutzes der Marke ein Rückgriff auf einen Irrtum über organisatorische Unternehmensverbindungen nicht ausschließlich rechtserheblich ist. Nach der Rechtslage im MarkenG kommt es allein darauf an, ob der Verkehr als Folge der Markenkollision dem Markeninhaber die *Produktverantwortung für das markierte Produkt* zurechnet und somit ein rechtserheblicher *Produktidentitätsirrtum* vorliegt (s. Rn 108 ff.).

**246** Ein *gedankliches Inverbindungbringen* der kollidierenden Marken wird zwar häufig in einer Herkunftstäuschung über den Produktursprung bestehen. Ausreichend ist aber schon ein gedankliches Inverbindungbringen dahin, daß das Publikum auf das Bestehen von geschäftlichen, wirtschaftlichen oder organisatorischen Zusammenhängen der miteinander nicht verbundenen Unternehmen (mittelbare Verwechslungsgefahr) schließt. § 14 Abs. 2 Nr. 2 erfaßt aber nicht nur solche Fallkonstellationen der Verwechslungsgefahr im Hinblick auf die Produktherkunft. Der Verwechslungsschutz der Marke umfaßt auch den Schutz des Publikums vor einer *Fehlzurechnung der Produkteigenschaften*. Ausreichend ist eine Fehlvorstellung des Publikums aufgrund des Marken- und Produktimages dahin, die kollidierenden Marken identifizierten die verschiedenen Produkte hinsichtlich der Produkteigenschaften als zusammengehörend. Je bekannter eine Marke ist, desto weiter ist der Ähnlichkeitsbereich zu bestimmen, wenn es um Fehlvorstellungen des Publikums über die Zurechnung von Produkteigenschaften geht. Markenrechtlich unerheblich sind nur solche assoziative Fehlzurechnungen des Publikums, die für die wirtschaftliche Betätigung der Unternehmen auf dem Markt ohne Bedeutung sind (so schon zu bloßen verwandtschaftlichen Beziehungen RGZ 170, 265, 272 – Roßhaarstoffe).

**247** **cc) Entscheidungspraxis zur Verwechslungsgefahr im weiteren Sinne.** Die Rechtsprechung zur Verwechslungsgefahr im weiteren Sinne war nach der Rechtslage im WZG am Schutz der Herkunftsfunktion der Marke ausgerichtet. Soweit vom Vorliegen einer Verwechslungsgefahr im weiteren Sinne ausgegangen worden ist, gelten grundsätzlich die in der Rechtsprechung entwickelten Rechtssätze auch für § 14 Abs. 2 Nr. 2. Soweit allerdings die Rechtsprechung den Verwechslungsschutz der Marke im weiteren Sinne unter Rückgriff auf die Herkunftsfunktion beschränkte, bedarf die Rechtsprechung einer Überprüfung dahin, ob nicht eine assoziative Fehlzurechnung des Publikums im Sinne eines gedanklichen Inverbindungbringens vorliegt, da der Verwechslungsschutz einen Irrtum über die Herkunftsidentität nicht verlangt, vielmehr ein Irrtum über die Produktidentität ausreichend ist (s. Rn 110). Markenrechtserheblich ist die Annahme des Verkehrs, bei den Unternehmen der Markenkollision handele es sich um konzernverbundene Unternehmen oder um Partner einer Lizenzvereinbarung. Von einer solchen Vorstellung des Verkehrs ist die Rechtsprechung bei einer Kollision ähnlicher *Unternehmenskennzeichen* ausgegangen (BGHZ 15, 107, 110 – Koma; BGH GRUR 1957, 283, 287 – Karo-as). Bei einer Kollision von *Warenzeichen* wurde in der Rechtsprechung nur bei *Vorliegen besonderer Umstände* von einer Verwechslungsgefahr im weiteren Sinne ausgegangen. Bei einer Markenkollision genügte es zur Begründung einer Verwechslungsgefahr im weiteren Sinne nicht, allein auf die Ähnlichkeit der Zeichen und auf die Nähe der Waren abzustellen, wenn der Verkehr die Zeichen trotz der Warennähe auseinanderhalte (BGH GRUR 1977, 491 – ALLSTAR; 1978, 170 – Fan). Wenn die maßgeblichen Abnehmerkreise wüßten, daß die ähnlich gekennzeichneten Waren aus verschiedenen Betrieben stammten, so sei nicht ersichtlich, aus welchen Gründen sie auf wirtschaftliche Beziehungen oder auf organisatorische Zusammenhänge zwischen den Unternehmen schließen sollten. Für eine solche Annahme wurde das Vorliegen besonderer Umstände verlangt. Der Verkehr werde regelmäßig nur dann auf Unternehmenszusammenhänge geschäftlicher, wirtschaftlicher oder organisatorischer Art schließen, wenn es sich bei den *Kollisionszeichen zugleich um Unternehmenskennzeichen* handele, oder wenn die *Kollisionszeichen Bestandteile von Unternehmenskennzeichen* wie etwa ein Firmenschlagwort enthielten, oder wenn das prioritätsältere Zeichen *verkehrsbekannt* sei und eine starke Kennzeichnungskraft besitze (BGH GRUR 1952, 35 – Widia/Ardia; 1977, 491, 493 – ALLSTAR; 1978, 170, 172 – Fan). Verwechslungsgefahr im weiteren Sinne wurde bejaht zwischen der Marke *ALLSTAR* und der zum Firmenschlagwort entwickelten Marke *ELECTROSTAR* für Staubsaugerdüsen und Staubsauger (BGH GRUR 1977, 491, 493 – ALLSTAR); ebenso zwischen *Farinissima* und dem Wort *Farina*, das mehrere in Köln ansässige Firmen als Firmenkern führten (BPatG GRUR 1978, 50 – Farina/Farinissima). Auch bei Vorliegen einer nur mittelbaren Verwechslungsgefahr können im Verkehr irrige Vorstellungen über wirtschaftliche oder organisatorische Zusammenhänge zwischen den Unternehmen der Kollisionszeichen entstehen (BGH GRUR 1961, 232 – Hobby; 1962, 241, 242 – Lutin/Ludigran; 1968, 371, 375 – Maggi; 1968, 697 – SR; 1977, 719, 722 – Terranova-Terrapin; OLG Köln NJWE-WettbR 1997, 205, 206 – Kabel 1/ARD-1). Branchenverschiedenheit der Produkte schließt die Annahme von Verwechslungsgefahr im weiteren Sinne nicht aus. Bei Geschäftsbereichen, die sich trotz der *Branchenverschiedenheit der Produkte* sachlich nahestehen, hat die Rechtsprechung Verwechslungsgefahr im weiteren Sinne dann bejaht, wenn der Verkehr aufgrund der Markenähnlichkeit annehmen könne, die verschiedenen Produkte stammten aus Unternehmen, die sich auf beiden Wirtschaftsgebieten betätigten (BGH GRUR 1959, 484, 486 – Condux; 1974, 162, 163 – etirex); *SUPERMAN*, eine bekannte heroische Comicfigur und *SUPER-MEIER*, eine Witzfigur, die nur vorgibt ein Kraftmensch zu sein (BPatG GRUR 1989, 266 – SUPER-MEIER).

**f) Verwechslungsgefahr aufgrund begrifflicher Markenähnlichkeit von Motivmarken. aa) Problematik.** Es besteht Einigkeit dahin, daß der Verwechslungsschutz der Marke nach § 14 Abs. 2 Nr. 2 einen *allgemeinen Motivschutz* markenrechtlich nicht zu begründen vermag. Ideen und Motive als solche sind nicht Schutzinhalt des ausschließlichen Markenrechts und einer Monopolisierung zugunsten des Markeninhabers nicht zugänglich. Die Problematik eines *markenrechtlichen Motivschutzes* begleitet die Geschichte des Kennzeichenrechts seit alters her. In der Rechtsprechung des RG wurde ein selbständiger Motivschutz als Inhalt des Warenzeichenrechts anerkannt, in der Rechtsprechung des BGH wurde nach anfänglichem Zögern und einer zunächst restriktiven Handhabung des warenzeichenrechtlichen Motivschutzes schließlich schon nach der Rechtslage im WZG wegen der Wandlungen des Begriffs der Verwechslungsgefahr der Begriff eines allgemeinen Motivschutzes aufgegeben (zur Rechtsentwicklung s. Rn 249 ff.). Bei der Problematik eines markenrechtlichen Motivschutzes handelt es sich um nichts anderes als um die Bestimmung der Reichweite des *Verwechslungsschutzes der Marke nach ihrem Sinngehalt* (s. dazu *Baumbach/Hefermehl*, § 31 WZG, Rn 103 f.). Die nach der Rechtslage im WZG schon vorgenommene Ausdehnung des Verwechslungsschutzes der Marke, sei es hinsichtlich der mittelbaren Verwechslungsgefahr, sei es hinsichtlich der Verwechslungsgefahr im weiteren Sinn führte zu einer markenrechtlichen Integration des Motivschutzes als Schutz vor begrifflicher Verwechslungsgefahr. Auch wenn ein allgemeiner Motivschutz markenrechtlich nicht zu begründen ist, so besteht doch der Verwechslungsschutz hinsichtlich des im Sinngehalt der Marke verkörperten Motivs. Das gilt namentlich nach der Rechtslage im MarkenG, das den Verwechslungsschutz der Marke nachhaltig verstärkt, wie auch und gerade in dem Tatbestandsmerkmal eines *gedanklichen Inverbindungbringens* als Teil des Verwechslungsschutzes nach § 14 Abs. 2 Nr. 2 zum Ausdruck kommt. Eine Typisierung des Begriffsinhalts einer Marke begründet den Verwechslungsschutz von Motivmarken (s. Rn 252 ff.).

**bb) Rechtsentwicklung.** In seiner *Grundsatzentscheidung aus dem Jahre 1923* gewährte das RG Bildmarken umfassenden Motivschutz (RGZ 108, 1 – Motivschutz; s. schon RG BlPMZ 1915, 138). Das RG gewährte einer für Maschinenschmiermittel eingetragenen Bildmarke, die das Motiv eines lachenden Gesichts in Gegenüberstellung mit einem weinenden Gesicht, bezogen auf das Funktionieren einer Maschine aufgrund ihrer Schmierung, abbildete, Verwechslungsschutz gegenüber einer für identische Produkte eingetragenen Wortbildmarke, die auch das *Motiv des weinenden und lachenden Gesichts,* wenngleich in der bildlichen Darstellung der Form nach unterschieden, verwendete. Der Motivschutz bestehe für die eigenartige Gegenüberstellung eines lachenden Gesichts, das die Freude über das gute Laufen einer Maschine infolge eines guten Schmiermittels versinnbildliche, und eines weinenden Gesichts, das die geringere Güte anderer Schmiermittel zum Ausdruck bringe. Ein jedes Zeichen, das dieses Motiv bildlich darstelle, könne selbst dann zur Verwechslung führen, wenn die bildliche Darstellung in der Form verschieden sei, sofern nur das Motiv rein zur Darstellung gebracht werde. Das RG gewährte Motivschutz für eine Reihe von

Warenzeichen für Schnupftabak, die sämtliche innerhalb eines Kreisrahmens das Brustbild eines Mannes in oberbayrischer Bauern- oder Fuhrmannstracht mit Hut, in Weste und offener Jacke darstellten, der in der einen Hand eine sogenannte Schmalzlerflasche trug und eine aus ihr auf den Rücken der anderen Hand geschüttete Brise zur Nase führte. Gegenstand des Motivschutzes sei das *Bild eines aus der Schmalzlerflasche und vom Handrücken schnupfenden Bauern,* nicht aber allgemein das Brustbild eines schnupfenden Mannes (weitergehend *Rosenthal,* MuW 1922, 145). Im Ergebnis lehnte das RG im konkreten Fall einen Motivschutz mit der Begründung ab, der begriffliche Inhalt der kollidierenden Marken sei nur eine Darstellung eines Mannes, von dessen kräftigem, rechten Unterarm der Ärmel des stark ins Auge fallenden, weißen Hemdes zurückgestreift sei, und der eine Schmalzlerflasche mit dem mit der Firma versehen Flaschenbild anpreise und dem Beschauer vorzeige (RG GRUR 1929, 925 – Schmalzler-Franzl; Abdruck des Bildbestandteils der Marke MuW 1929, 240; s. schon RG MuW 1922, 40). Anerkannt war zudem, den Motivschutz zum Gegenstand eines Lizenzvertrages zu machen (RG GRUR 1943, 41 – Strickende Hände).

**250** Auch in der *instanzgerichtlichen* Rechtsprechung fand der Motivschutz zumindest in diesem beschränkten Umfang einer Konkretisierung des Begriffsinhalts allgemein Anerkennung. In der Rechtsprechung des KG war ein allgemeiner Motivschutz des Warenzeichens anerkannt. In seiner *Pistyan's*-Entscheidung ging das KG von einem Motivschutz für Bildmarken aus, die, wenn auch in Einzelheiten verschieden gestaltet, im wesentlichen einen nackten, nur mit einem Schurz bekleideten Mann darstellten, der unter dem linken Knie eine *Achselkrücke zerbricht,* und die für Schlamm, Mineralwässer, Bäder und Badepräparate eines Bade- und Brunnenunternehmens eingetragen waren, gegenüber einer Bildmarke für identische Produkte, die einen an einem Sprudel stehenden, nackten Mann, der über seinem Kopf eine *Achselkrücke wegschleudert,* abbildete. Motivschutz wurde gewährt für den in den Zeichen dargestellten Gedanken eines *Krückenbrechers,* der sich im Verkehr einpräge und in der Erinnerung wiederkehre (KG GRUR 1931, 865 – Pistyan's, mit einem Abdruck der Kollisionszeichen; s. auch zur Werbung für Steinhäger mit dem *Stilleben eines westfälischen Frühstücks* HansOLG Hamburg, WRP 1957, 51).

**251** In der *Rechtsprechung des BGH* wurde der allgemeine Motivschutz eines Warenzeichens zunächst eingeschränkt. Der Begriff des Motivschutzes sei nur dann zu verwenden, wenn ein Zeichen einen besonderen, über die eigentliche Bildwirkung hinausgehenden Gedanken versinnbildliche und gegen jegliche Wiedergabe dieses Gedankens geschützt werden solle. Im Grunde bedeute Motivschutz eines Zeichens nichts anderes, als daß das Zeichen gegen die Gefahr von Verwechslungen mit solchen Zeichen geschützt werde, die ihrem gedanklichen Inhalt nach mit ihm verwechslungsfähig seien. So könne die warenzeichenmäßige Benutzung des Abbildes eines bekannten historischen Bauwerkes, das weithin als Warenzeichen eines Landes oder einer Stadt gelte und für die ortsansässigen Unternehmer die Bedeutung einer Herkunftsbezeichnung habe, nicht für ein Unternehmen monopolisiert werden (BGHZ 14, 15 – Frankfurter Römer; s. dazu Wilde MA 1954, 597). Ein Motivschutz bestehe dann nicht, wenn es sich nur um den gedanklichen Inhalt der Bildwirkung als solcher handele wie bei der *Abbildung eines historischen Bauwerkes.* In seiner Rechtsprechung der sechziger Jahre gab dann der BGH den Begriff des Motivschutzes der Marke ganz auf und erklärte einen allgemeinen Motivschutz im Hinblick auf die Wandlungen des Begriffs der Verwechslungsgefahr für überflüssig (BGH GRUR 1964, 71, 74 – Personifizierte Kaffeekanne; 1964, 140 – Odol-Flasche; 1964, 376, 378 – Eppeleinsprung; 1967, 355 – Rabe; 1968, 256, 257 – Zwillingskaffee; 1969, 686, 688 – Roth-Händle). Mit der Ablehnung eines allgemeinen Motivschutzes ist aber allein verbunden, pauschalierend dem Gedankeninhalt einer Marke Verwechslungsschutz zu gewähren. Der Schutz des Begriffsinhalts einer Marke wird in den Verwechslungsschutz der Marke, sei es den Schutz vor mittelbarer Verwechslungsgefahr, sei es den Schutz vor Verwechslungsgefahr im weiteren Sinne, integriert. Auf die vom BGH dem EuGH zur Vorabentscheidung vorgelegte Frage, ob es zur Bejahung der Gefahr der Verwechslung eines aus Wort und Bild zusammengesetzten Zeichens mit einem für gleiche und ähnliche Waren lediglich als Bild eingetragenen Zeichen, das keine besondere Verkehrsbekanntheit genieße, genüge, daß die beiden Bilder in ihrem Sinngehalt (hier: springende Raubkatze) übereinstimte (BGH GRUR 1996, 198 – Springende Raubkatze), entschied der EuGH, daß die *rein assoziative gedankliche Verbindung,* die der Verkehr über die Übereinstimmung des Sinngehalts zweier Marken zwischen diesen herstellen könne, für sich genommen die Verwechslungsgefahr nicht begründe (EuGH, Rs. C-251/95, Slg. 1997, I-6191, GRUR 1998, 387 – Sabèl/Puma). Der EuGH hält es aber für möglich, daß bei zwei Bildmarken, die in ihrem Sinngehalt übereinstimmen, eine Verwechslungsgefahr dann besteht, wenn der älteren Marke entweder von Hause aus oder kraft Verkehrsgeltung eine *besondere Kennzeichnungskraft* zukomme. Die Möglichkeit einer ausschließlich aufgrund begrifflicher Markenähnlichkeit begründeten Verwechslungsgefahr wird vom EuGH im Grundsatz anerkannt (s. dazu *Fezer*, NJW 1998, 713, 714).

cc) **Verwechslungsschutz von Motivmarken. (1) Grundsatz.** Verwechslungsgefahr 252 besteht aufgrund von klanglicher, bildlicher und begrifflicher Markenähnlichkeit (s. Rn 160 ff.). Das in einer Marke verkörperte Motiv ist als deren Sinngehalt vor Verwechslungsgefahr geschützt. Es ist allein zu prüfen, ob aufgrund der klanglichen, bildlichen oder begrifflichen Markenähnlichkeit Verwechslungsgefahr besteht. Die drei Arten der Markenähnlichkeit beeinflussen sich gegenseitig. Die Verwechslungsgefahr kann etwa erst durch die Kumulation der klanglichen, bildlichen und begrifflichen Markenähnlichkeit begründet werden (komplexe Verwechslungsgefahr), auch wenn nach dem Gesamteindruck der Kollisionszeichen die Ähnlichkeit in einer dieser Richtungen für sich allein nicht ausreichend ist. Die Annahme einer ausschließlich *aufgrund begrifflicher Markenähnlichkeit* begründeten Verwechslungsgefahr ist im Grundsatz nicht ausgeschlossen, wird aber nur in seltenen Fallkonstellationen anzunehmen sein. Voraussetzung ist, daß der gemeinsame Begriffsinhalt der Kollisionszeichen produktidentifizierend wirkt und damit von kennzeichnender Natur ist. In solchen Fallgestaltungen einer kennzeichenrechtlichen *Konkretisierung* oder *Typisierung des Sinngehalts* einer Marke kann man vom *Verwechslungsschutz einer Motivmarke* sprechen. Motivmarke kann jede Markenform wie etwa Wortmarke, Bildmarke, Hörmarke, dreidimensionale Marke oder Bewegungsmarke sein. Eine nach ihrem Begriffsinhalt geschützte Motivmarke einer bestimmten Markenform ist auch vor Verwechslungsgefahr einer anderen Markenform geschützt. So kann zwischen einer Bildmarke und einer Wortmarke Verwechslungsgefahr bestehen, wenn der Verkehr den Wortbegriff im Bild erkennt und beim Anblick des Bildes an das Wort erinnert wird, vorausgesetzt, daß der übereinstimmende Sinngehalt der Kollisionszeichen nach der Verkehrsauffassung herkunftsidentifizierend oder allgemein produktidentifizierend wirkt (BGH GRUR 1967, 355, 358 – Rabe; s. schon RG MuW 1911, 212 – Darstellung des Vogels Phönix; RG GRUR 1943, 41 – Strickende Hände). Das gleiche gilt für die Verwechslungsgefahr zwischen einer Wortmarke und einer Farbgestaltung (BGH GRUR 1979, 853, 855 – LILA).

Nach der Rechtslage im MarkenG wird der Verwechslungsschutz von Motivmarken da- 253 durch verstärkt, daß in den Verwechslungsschutz nach § 14 Abs. 2 Nr. 2 ausdrücklich die Gefahr miteinbezogen wird, daß das Zeichen mit der Marke gedanklich in Verbindung gebracht wird (s. zum Begriff des gedanklichen Inverbindungbringens Rn 113). Bei dem Verwechslungsschutz einer Motivmarke handelt es sich nicht um einen selbständigen Motivschutz. Eine Marke, in der die Typisierung eines Motivs verkörpert ist, genießt Schutz vor der Verwendung dieses Motivs in einem Kollisionszeichen nur dann, wenn zumindest Verwechslungsgefahr nach dem Sinngehalt der Marke im Sinne eines gedanklichen Inverbindungbringens der Kollisionszeichen gegeben ist. Der BGH hat dem EuGH die Frage zur Vorabentscheidung vorgelegt, ob es zur Bejahung der Gefahr der Verwechslung eines aus Wort und Bild zusammengesetzten Zeichens mit einem für gleiche und ähnliche Waren lediglich als Bild eingetragenen Zeichens, das keine besondere Verkehrsbekanntheit genieße, genüge, daß die beiden Bilder in ihrem Sinngehalt, wie konkret einer *springenden Raubkatze*, übereinstimmten (BGH GRUR 1996, 198 – Springende Raubkatze).

**(2) Verwechslungsgefahr im weiteren Sinne als gedankliches Inverbindungbrin-** 254 **gen.** Motivmarken sind vor unmittelbarer oder mittelbarer Verwechslungsgefahr im engeren oder weiteren Sinne geschützt (zu den verschiedenen Arten der Verwechslungsgefahr s. Rn 136 ff., 138 ff.). Mittelbare Verwechslungsgefahr kann namentlich unter dem Gesichtspunkt einer Modernisierung oder sonstigen Abwandlung der Marke (s. Rn 238 ff.) bestehen. Verwechslungsgefahr wurde verneint zwischen der *Bildmarke einer personifizierten Kaffeekanne* für Nahrungs- und Genußmittel und bei personifizierten Kannen in einem Werbeprospekt für Haushaltswaren (BGH GRUR 1964, 71, 74 – Personifizierte Kaffeekanne); für Bildmarken mit einer unterschiedlichen *Darstellung des Eppeleinsprungs* für Lebkuchen (BGH

GRUR 1964, 376 – Eppeleinsprung). Bei einem Vergleich der kollidierenden Motivmarken ist sprachlich der Oberbegriff zu finden, der die kennzeichnende Typisierung präzise wiedergibt. Die wahre Schwierigkeit der Aufgabe, den gedanklichen Inhalt einer Marke zu erfassen, liegt in diesem Hinabsteigen bis zur zeichenmäßig genügenden Kennzeichnungskraft und damit im Vermeiden des Zuviel und Zuwenig (*Baumbach/Hefermehl*, § 31 WZG, Rn 104). Je allgemeiner der Begriffsinhalt einer Marke gefaßt werden muß, um die Übereinstimmung des Motivs als des gedanklichen Inhalts der Kollisionszeichen zu begründen, umso eher wird eine die Verwechslungsgefahr begründende begriffliche Markenähnlichkeit zu verneinen sein (BGH GRUR 1964, 385, 387 – Kaffeetafelrunde; 1969, 683, 684 – Isolierte Hand; 1969, 686, 688 – Roth-Händle; 1974, 467, 468 – Sieben-Schwaben-Motiv; 1974, 487, 489 – WMF-Mondmännchen; BPatGE 14, 157 – Reklamehand). Der Begriffsinhalt einer Motivmarke wird bei Abweichungen der Kollisionszeichen im Verkehr eher bei *Marken mit starker Verkehrsgeltung*, weniger bei schwachen oder nicht benutzten Marken als produktidentifizierend verstanden. Bei schwachen Marken besteht im Verkehr gewöhnlich kein Anlaß, sich den Sinngehalt der Marke zur Herkunftsidentifikation oder allgemein zur Produktidentifikation zu merken. Bei einer Schwäche der begrifflichen Markenähnlichkeit wird der Verkehr nur selten die Kollisionszeichen im kennzeichenrechtlichen Sinne und damit als produktidentifizierende Unterscheidungszeichen gedanklich miteinander in Verbindung bringen. Bei einem schwachen Sinngehalt wird im Verkehr die Übereinstimmung der Kollisionszeichen kaum auffallen; zumindest wird der Verkehr in der Regel nicht die zur Annahme einer mittelbaren Verwechslungsgefahr im weiteren Sinne erforderlichen Schlußfolgerungen kennzeichenrechtlicher Art ziehen. Je allgemeiner der Begriffsinhalt einer Motivmarke ist, je weniger wirkt der begriffliche Sinngehalt als vielmehr die Eigenart der Darstellung produktidentifizierend. Wenn ein an sich für das Produkt originelles Motiv in einer eigenartigen, produktbezogenen Darstellung verwendet wird, dann wird der Verkehr sich gewöhnlich nur diese besondere produktbezogene Darstellung als kennzeichnend einprägen, jedoch das dahinterstehende, allgemeine Motiv als für die Herkunftsidentifikation oder Produktidentifikation als unerheblich ansehen (BGH GRUR 1974, 467, 468 – Sieben-Schwaben-Motiv). Auch bei Marken, die ihrem Sinngehalt nach auf ein bekanntes Symbol, ein historisches oder legendäres Ereignis Bezug nehmen, wird eine Verwechslungsgefahr meist deshalb zu verneinen sein, weil eine solche Bezugnahme im Verkehr regelmäßig nicht produktidentifizierend verstanden wird (der Verkehr erblicke keinen Hinweis auf eine bestimmte Herkunftsstätte BGH GRUR 1963, 622, 625 – Sunkist; 1964, 376, 378 – Eppeleinsprung). In solchen Fallkonstellationen kann eine die Verwechslungsgefahr begründende Markenähnlichkeit in der besonderen Art der bildlichen Darstellung (Markendesign) liegen.

**255** **(3) Beschreibender Begriffsinhalt.** Eine Motivmarke mit herkunftsidentifizierendem oder allgemein produktidentifizierendem Begriffsinhalt wird regelmäßig dann nicht vorliegen, wenn der Sinngehalt der Marke *beschreibend* oder *allgemein produktbezogen* ist, wie etwa das Bild einer Sonne für Obst und Gemüse. Ein solcher beschreibender Begriffsinhalt wurde angenommen bei der *Darstellung einer isolierten Hand* für Tabakwaren (BGH GRUR 1969, 686, 688 – Roth-Händle). Selbst wenn ein beschreibender Begriffsinhalt im Verkehr als kennzeichnend verstanden wird, werden bei einem produktbezogenen und für das Produkt naheliegenden Sinngehalt *unterscheidende Zusätze* eher als sonst eine Verwechslungsgefahr ausschließen (BGH GRUR 1963, 357, 360 – Sunkist; s. schon RG GRUR 1944, 82, 84 – Gurkendoktor).

**256** Als *nicht verwechselbar* wurden beurteilt *BIOAKTIVINE* und *Biovital*, weil *lebenskräftig* als der übereinstimmende Sinngehalt der Kollisionszeichen im Verkehr nicht herkunftskennzeichnend wirke und Klangwirkung und Schriftbild Verwechslungen nicht zu befürchten seien (BGH GRUR 1976, 143, 144 – Biovital; s. dazu *Droste/Busch*, GRUR 1976, 112); *UNICLIP* und *mono-clip* für Verschlußmaschinen (BPatG Mitt 1969, 191 – UNICLIP); *kalkfrei* und *KALK-EX* für Wasseraufbereitungs- und Wasserhärtungsmittel (BPatGE 6, 118, 120 – kalkfrei); *FRESCO/Frisco GmbH* und *Frisch-Frischer-Frischa* für Getränke (BPatGE 17, 167 – FRESCO); *OPTItherm* und *SUPERTHERM* für Dämmstoffe und Isoliermaterial (BPatGE 22, 231 – SUPERTHERM). Die Verkehrsbekanntheit einer Marke als solche bezieht sich nur auf ihre konkrete Erscheinung und Ausgestaltung und rechtfertigt für sich allein noch nicht den Schluß, dem Begriffsinhalt der Marke komme eine Identifizierungsfunktion zu (zum Sinngehalt als Herkunftshinweis BGH GRUR 1963, 662,

625 – Sunkist; 1976, 143, 144 – Biovital). Um eine Umgehung des absoluten Schutzhindernisses der beschreibenden Marken nach § 8 Abs. 2 Nr. 2 zu verhindern, ist auch einem beschreibenden Begriffsinhalt einer Marke grundsätzlich kein Einfluß auf die Begründung der Verwechslungsgefahr beizumessen (BPatG Mitt 1969, 191 – UNICLIP).

Nicht anders als bei beschreibenden Wortbestandteilen einer zusammengesetzten Marke oder einer Kombinationsmarke (s. Rn 213 f.) kann aber nicht ausgeschlossen werden, daß auch ein beschreibender Begriffsinhalt einer Marke aufgrund der eigenartigen Wortbildung oder des sprachlichen Ausdrucks für das Gesamtzeichen charakteristisch wirken kann (BGH GRUR 1976, 143, 144 – Biovital). Als *verwechselbar* beurteilt wurden MULTISTRONG und *FOX MULTIDOR* für Schweißelektroden (BPatGE 7, 189 – MULTISTRONG); *Millipneu* und *Pneumy* für Meßgeräte (OLG Düsseldorf GRUR 1966, 563 – Millipneu).

**(4) Farben als Begriffsinhalt.** Zwischen einer Wortmarke, die eine Farbe oder Farbzusammenstellung, wie die Wörter rot oder blaugelb, ausdrückt, sowie einer Bildmarke, die diese Farbe oder Farbzusammenstellung wiedergibt, kann eine Verwechslungsgefahr begründende, begriffliche Markenähnlichkeit bestehen. Nach der Rechtslage im MarkenG sind Farben und Farbzusammenstellungen als Marke schutzfähige Zeichen nach § 3 Abs. 1. Von der abstrakten Unterscheidungseignung einer Farbe oder Farbzusammenstellung ist die konkrete Unterscheidungskraft der Farbe oder Farbzusammenstellung für die angemeldeten Waren oder Dienstleistungen nach § 8 Abs. 2 Nr. 1 zu unterscheiden (zum Farbenschutz s. §§ 3, Rn 265 ff.; 4, Rn 168 ff.; 8, Rn 89 ff.). Innerhalb der Markenfähigkeit (§ 3 Abs. 1) und Eintragungsfähigkeit (§ 8 Abs. 2 Nr. 1 und 2) von Farben und Farbzusammenstellungen besteht auch ein Verwechslungsschutz solcher Farbmarken nach § 14 Abs. 2 Nr. 2 aufgrund begrifflicher Markenähnlichkeit. Bei Farbmarken ist der Verwechslungsschutz als Motivmarke aufgrund begrifflicher Markenähnlichkeit besonders sorgfältig zu prüfen, da im Verkehr einer Farbe oder Farbzusammenstellung nicht ohne weiteres eine herkunftsidentifizierende oder allgemein produktidentifizierende Wirkung beigemessen wird. Nach der Rechtslage im WZG waren Farben und Farbzusammenstellungen grundsätzlich keine als Marke schutzfähigen Zeichen. An Farben und Farbzusammenstellungen konnte sachlicher Markenschutz aufgrund des Ausstattungsschutzes nach § 25 WZG entstehen. Die Rechtsprechung zum Verwechslungsschutz von Farbmarken nach der Rechtslage im WZG kann im MarkenG insoweit weitergelten, als das Bestehen von Ausstattungsschutz einer Farbmarke deren Fehlen von Markenfähigkeit überwunden hat. Schon nach der Rechtslage im WZG waren nach Auffassung des BGH die allgemein für die Beurteilung der Verwechslungsgefahr nach dem Sinngehalt anerkannten Grundsätze auch dann anzuwenden, wenn bei der *Kollision einer Wortmarke und einer Farbgestaltung* die Verwechslungsgefahr allein daraus hergeleitet wird, daß die Wortmarke die naheliegende und erschöpfende Bezeichnung der als Verletzung der Wortmarke beanstandeten Farbgestaltung darstellt. Einer Wortmarke, die lediglich eine Farbe bezeichnet, sei der Schutz für diese Farbe aber nur dann zuzusprechen, wenn die übereinstimmende Bedeutung von Wort und Farbe vom Verkehr als Herkunftshinweis angesehen wurde. Verwechslungsgefahr wurde verneint zwischen der Wortmarke LILA, für die für den Sekt *Deinhard LILA* Ausstattungsschutz bestand, und der Ausstattung von Beeren-, Honig- und Schaumwein in Flaschen auf Halsschleifen und Etiketten mit *lila Aufdrucken,* weil eine zeichenrechtlich relevante Verwechslungsgefahr allein aus dem übereinstimmenden Bedeutungs- und Sinngehalt von Wort und Farbe nur dann hergeleitet werden könne, wenn dieser nach der Verkehrsauffassung für die Warenherkunft kennzeichnend sei; allein aus der Wortmarke LILA sei ein Farbenschutz für die lila Farbe nicht herzuleiten, weil die übereinstimmende Bedeutung von Wort und Farbe und damit der bloßen Unifarbe lila vom Verkehr nicht als Herkunftshinweis für das Produkt angesehen werde (BGH GRUR 1979, 853, 855 – LILA). Auch nach der Rechtslage im MarkenG begründet allein das Vorliegen eines *produktidentifizierenden* Begriffsinhalts einer Farbmarke den Verwechslungsschutz als Motivmarke. Anders als nach der Rechtslage im WZG, nach der ein *abstrakter Farbenschutz,* abgeleitet aus dem Sinngehalt einer Wortmarke, nahezu einhellig abgelehnt wurde (BGH GRUR 1968, 371, 374 – Maggi II; 1969, 345, 346 – red white; 1970, 75 – Streifenmuster; 1979, 853, 855 – LILA), ist nach der Rechtslage im MarkenG ein *konturloser Farbenschutz* unabhängig von einer formalen Begrenzung zweidimensionaler oder dreidimensionaler Art möglich, ohne daß damit die Anerkennung eines abstrakten Farbenschutzes verbunden ist (s. § 3, Rn 267 a ff.).

259 **(5) Begriffsinhalt fremdsprachiger Marken.** Zwischen fremdsprachigen und deutschsprachigen Zeichen kann nicht nur klangliche oder bildliche, sondern auch begriffliche Markenähnlichkeit bestehen. Verwechslungsgefahr begründende Markenähnlichkeit nach dem Sinngehalt eines fremdsprachigen Zeichens hat zur Voraussetzung, daß in den beteiligten Verkehrskreisen der Begriffsinhalt der fremdsprachigen Marke verstanden und als produktidentifizierend gewertet wird. Im Kennzeichenrecht ist dem grenzüberschreitenden Produktverkehr, der Internationalität der Vermarktungsstrategien, der Zunahme der Sprachkenntnisse in der Bevölkerung namentlich im Hinblick auf Werbung und Marketing Rechnung zu tragen. Die Annahme einer begrifflichen Verwechslungsgefahr zwischen fremdsprachigen und deutschsprachigen Kollisionszeichen bedarf allerdings der sorgfältigen Beurteilung der Verkehrsauffassung in den beteiligten Verkehrskreisen. Die höchstrichterliche Rechtsprechung ist insoweit dem ständigen Wandel der Sprachgewohnheiten in der Bevölkerung anzupassen.

260 Als *nicht verwechselbar* beurteilt wurden *Stern* und *Astra* für Kamm- und Streichgarne wegen der geringen Verbreitung lateinischer Sprachkenntnisse selbst bei großem Schutzumfang der Marke (BGH GRUR 1957, 228, 230 – Astrowolle); *King Size* und *König* sowie *King* für Whisky (BGH GRUR 1966, 615 – King Size); *Sunkist* mit einem Bildzeichen der Sonne für Obst und Gemüsekonserven, und zwar auch nicht mittelbar, weil ein beschreibender Zeichenbestandteil kein Stammbestandteil einer Serienmarke sein könne (BGH GRUR 1963, 622 – Sunkist; s. auch BGH GRUR 1960, 130 – Sunpearl II); *gold cats* und *CHATONDOR* für Süßwaren und Schokolade, zumal es sich um Wörter verschiedener Fremdsprachen handele und eine sprachliche Zergliederung in *Chaton d'or* nötig sei (BPatG Mitt 1974, 238 – CHATONDOR); *FLUTE* für Schokoladenwaren und *Zauberflöte* für Pralinen (BPatGE 19, 192 – FLUTE). Bei fremdsprachigen Marken kommt für die Beurteilung der Verwechslungsgefahr der Produktähnlichkeit eine besondere Bedeutung zu. Namentlich die englische Sprache hat sich für bestimmte Produktbereiche wie etwa der Computertechnologie bei der inländischen Bevölkerung durchgesetzt.

261 Als *verwechslungsfähig* beurteilt wurden *Sun* und *Sonne* für Obst- und Gemüsekonserven (BGH GRUR 1955, 579 – Sunpearl I; anders noch RG MuW 1933, 68, 70 – Le Solei); *Lion* mit dem Bild eines Löwen und *Loewe* für Lautsprecher (OLG Dresden MuW 1929, 194, 195); *Rancher* und *Farmer* für Fahrzeugluftreifen, obgleich weder klanglich noch schriftbildlich, wohl aber als Bezeichnungen für einen landwirtschaftlichen Betrieb begrifflich verwechselbar (BPatG Mitt 1984, 56 – Rancher); die Wortbildmarke mit dem Wortbestandteil *Herbula* und die Wortbildmarke mit dem Wortbestandteil *Herbuland* für die identischen Waren Kosmetikartikel auf Kräuterbasis sowohl nach dem Klang als auch nach dem Sinngehalt, da das lateinische Wort *herbula* selbst für Kosmetikprodukte auf Kräuterbasis ausreichend phantasievoll und deshalb kennzeichnungskräftig sei (OLG Stuttgart MarkenR 1999, 95 – Herbula).

262 Der unterschiedliche Sinngehalt einer Marke kann zwar eine Verwechslungsgefahr begründende klangliche oder bildliche Markenähnlichkeit ausschließen. Das gilt allerdings dann nicht, wenn bei einer fremdsprachigen Bezeichnung die mehrfache Bedeutung des Zeichens den beteiligten Verkehrskreisen im inländischen Verkehr regelmäßig nicht bekannt ist. Als nach Wortklang und Wortbild *verwechslungsfähig* im Sinne von § 15 Abs. 2 MarkenG beurteilt wurden der Firmenbestandteil *TORRES* eines spanischen Weinbau- und Weinhandelunternehmens als gebräuchlicher spanischer Familienname einerseits und die Weinbezeichnung *TORRES de QUART* als Plural des spanischen Wortes *torre* in der Bedeutung von *Turm* andererseits, da den maßgebenden Verkehrskreisen die unterschiedliche Bedeutung der fremdsprachigen Kennzeichen in der Regel nicht bekannt sei (BGHZ 130, 276, 280 – Torres m. Anm. *Fezer*, GRUR 1995, 829). Die Wortmarke *Joy* weist als Begriff des Grundwortschatzes der englischen Sprache den für einen Großteil der inländischen Verbraucher ohne weiteres erkennbaren Sinngehalt Freude auf; ungeachtet der Frage, ob die Zeichenbestandteile *Foot* und *Joy* als Wörter der englischen Sprache in ihrer Kennzeichnungskraft geschwächt sind, kann bei der Mehrwortmarke *Foot-Joy* allenfalls von einer gleichgewichtigen Stellung des Zeichenbestandteiles *Joy* ausgegangen werden; es sind die beiden Marken *Joy* und *Foot-Joy* nicht als verwechslungsfähig zu beurteilen (BGH GRUR 1996, 777 – JOY).

**dd) Eintragungspraxis und Rechtsprechung. (1) Ausgangspunkt.** Bei Würdigung 263
der Entscheidungspraxis ist zu berücksichtigen, daß in der Rechtsprechung des RG von einem allgemeinen Motivschutz, wenn auch nur in einem beschränkten Umfange ausgegangen worden ist, die Rechtsprechung des BGH einen allgemeinen Motivschutz zwar abgelehnt, aber über eine Ausdehnung des Verwechslungsschutzes aufgrund begrifflicher Verwechslungsgefahr der Marke den Motivschutz in den Markenschutz integriert hat. Nach der Rechtslage imMarkenG ist von einem *Verwechslungsschutz einer Motivmarke* auszugehen, deren Begriffsinhalt *typisiert* und im Verkehr als *produktidentifizierend* verstanden wird. Der Verwechslungsschutz einer Motivmarke stellt eine Fallkonstellation des *gedanklichen Inverbindungbringens* der Kollisionszeichen im Sinne des § 14 Abs. 2 Nr. 2 dar.

**(2) Verwechslungsschutz als Motivmarke bejaht.** Prototyp einer Motivmarke ist die 264
seit dem Jahre 1900 in der deutschen Warenzeichenrolle eingetragene und als Weltmarke bekannte Wortbildmarke der Deutschen Grammophon-Aktiengesellschaft, die aus dem Wortbestandteil *Die Stimme seines Herrn* (His Masters Voice) und dem Bildbestandteil eines vor einem Sprechapparat sitzenden und auf dessen Töne *lauschenden Hundes* besteht. Eine Sammlung der Entscheidungen zur Eintragungspraxis des RPA zu einer Vielzahl von Kollisionszeichen mit dem Bildbestandteil eines lauschenden Löwen, eines tanzenden Bären, eines aufmerksamen Fuchses, eines Geige spielenden Hasen oder eines hörenden Papageien illustrieren die zeitlose Problematik des Motivschutzes (s. MuW 1924/25, 53). Das RG anerkannte einen starken Motivschutz dieser Weltmarke (RG MuW 1934, 56 – Die Stimme seines Herrn). Motivschutz erwogen wurde selbst für die Darstellung eines Foxhundes in Verbindung mit einem photographischen Apparat, in Verbindung mit einem Fernrohr, die Darstellung eines am Meeresstrande sitzenden und anscheinend nach seinem Herrn ausschauenden Foxhundes, die Darstellung eines Foxhundes, der an einer auf einem Aschenbecher liegenden brennenden Zigarre sitzt und deren Rauch einsaugt, schließlich der Darstellung eines an einem Grabe trauernden Foxhundes. Trotz dieser Reichweite eines angeblichen Motivschutzes ist zu bedenken, daß das RG zum einen den Schutzumfang dieser Weltmarke aufgrund deren besonderer Kennzeichnungskraft bestimmte, zum anderen einen allgemeinen Motivschutz der Hundefigur als solcher selbst in Verbindung mit einer Sprechmaschine ablehnte. Schon zu Anfang des Jahrhunderts ist bei der Ausseinandersetzung um die Reichweite des Verwechslungsschutzes einer Motivmarke die Wechselwirkung zwischen Markenähnlichkeit, Produktähnlichkeit und Kennzeichnungskraft zu erkennen.

Als Motivmarke anerkannt und als *verwechselbar* beurteilt wurden die Wortmarken *Schwar-* 265
*ze Locken* sowie *Blonde Locken* für Rauchtabake und *Weserlocken* (RG MuW 1923/24, 164 – Locken); die Bildmarken eines auf einem Tisch oder einer Fläche mit gekreuzten Beinen sitzenden und ein Tuch *nähenden Schneiders* für Bekleidungsstücke (RG MuW 1925/26, 201); die Wortmarken *Herzlein* und *Meiereiherzchen* für Magarine, Kunst- und Pflanzenbutter, wenn auch für das Wort *Herz* ein Motivschutz für Magarine abzulehnen sei (RPA MuW 1932, 403, 404); die Bildmarke des *Henkelschen Illings* und *Zwillings*, einer aufrecht stehenden stilisierten Männerfigur mit gespreizten Beinen und abgewinkelten Armen, deren Füße nach auswärts gekehrt sind, mit einer Wortbildmarke, bestehend aus dem Bildbestandteil einer Männchenfigur und dem Wortbestandteil *Hobeljunge* für Werkzeuge, auch wenn der Motivschutz ein Monopol auf sämtliche aus geometrischen Figuren gebildeten Männchenzeichen nicht begründe (RPA MuW 1933, 151 – Illing; zur Männchenfigur s. auch RPA MuW 1934, 255); die Bildmarke einer *Kaffeekanne*, ausgestaltet zu einem menschlichen Kopf für Kaiser's Kaffee-Geschäft mit einer entsprechenden Filmdarstellung (RG JW 1936, 872 – s. dazu BGH GRUR 1964, 71 – Personifizierte Kaffeekanne); ein nach rechts gewandter einheimischer *Raubvogel* als Hauptbestandteil der Kollisionszeichen für Papierwaren (RPA MuW 1941, 100); die Wortbildmarke für kondensierte Milch, bestehend aus dem Wortbestandteil *Marke Milchmädchen* sowie dem Bildbestandteil der *Darstellung eines Milchmädchens* und der kollidierenden Wortbildmarke einer anderen Milchmädchendarstellung mit dem Wortbestandteil *PERRETTE*, obgleich die Bildbestandteile der Kollisionszeichen nicht unbeachtliche Abweichungen aufwiesen (BPatGE 3, 194 – Milchmädchen).

**(3) Verwechslungsschutz als Motivmarke verneint.** Als Motivmarke nicht aner- 266
kannt und als *nicht verwechselbar* beurteilt wurden die Bildmarke eines *Segelschiffes* als Verlags-

signet des Inselverlages und ein Segelschiffbild auf dem Umschlag der Monatszeitschrift Deutsches Volkstum (HansOLG Hamburg MuW 1919/20, 92, 93, anders LG Hamburg MuW 1919/20, 93, 94); ein *Bandmotiv* sei es in einfachen, sei es in mehreren senkrechten Streifen dicht oder weniger dicht nebeneinander, die in manchen Zeichen wieder von einem oder mehreren waagerechten Streifen geschnitten werden, für Seifen, Waschmittel und Parfümerien und der *plastischen Wiedergabe der Streifen* durch ein Seidenband, das um einzelne Seifenstücke wie um die Deckel des Verpackungskartons gelegt ist (RG MuW 1927/28, 526 – Luhn-Streifen; auch RG GRUR 1938, 607 – Luhns Goldband; 1939, 841 – Mauxion/ Waldbaur); einer Bildmarke von Arm in Arm fröhlich dahinschreitenden *Knaben mit Schulranzen* auf dem Schulweg, da sich das Zeichen, dem das Instanzgericht ein *Schulwegmotiv* entnommen hatte, nicht durch Neuheit und Eigenart des zum Ausdruck gebrachten Gedankens besonders auszeichne (RG MuW 1929, 541); die Wortbildmarke mit dem Bildbestandteil eines *jungen Mädchens in Hauskleidung* für Magarine (RG MuW 1930, 172); die Bildmarke einer *chinesischen Teekanne*, da sich das Kannenmotiv weder durch Neuheit noch Eigenart auszeichne (RG MuW 1931, 92); Darstellungen des *Rundturmes der alten Nürnberger Stadtbefestigung*, der ein weitbekanntes Wahrzeichen Nürnbergs darstelle und eine auffällige Verschiedenheit in der zeichnerischen Motivgestaltung eine Zeichenübereinstimmung ausschließe (RPA MuW 1937, 430); die Wortbildmarke mit dem Bildbestandteil eines *Reiters* sowie dem Wortbestandteil *Alter Reiterlikör* und die Wortmarke *Münchener Postillion* (RPA Muw 1937, 431); Bildmarken mit der Darstellung eines *Adventskranzes* und eines *Strahlensterns* für Weihnachtsartikel (RG GRUR 1938, 986); Marken mit dem Bildbestandteil einer natürlichen oder stilisierten Abbildung des *Lübecker Holstentores* (RG GRUR 1939, 919 – Holstentor; s. auch BGHZ 14, 15 – Frankfurter Römer); Bildmarken mit der Darstellung eines *Stampfhammermännchens* für Kunststeine (RPA MuW 1941, 75); Bildmarken mit der vermenschlichten Darstellung einer Gurke für Konserven, weil die Ausgestaltung einer Ware mit menschlichen Gesichtszügen gerade bei Konservierungsmitteln für Gurken gebräuchlich sei (RG GRUR 1944, 82 – Gurkendoktor); Bildmarken mit der Darstellung einer *altmodischen Kutsche*, da es sich um einen zu allgemeinen Begriff handele (RG GRUR 1949, 197); Bildmarken mit der Darstellung einer *isolierten Hand* für Tabakwaren (BGH GRUR 1969, 686 – Roth-Händle; s. auch zu einer einen *Kaufgegenstand haltenden Hand* BPatGE 14, 158 – Reklamehand); Bildmarken mit einer Darstellung des Motivs der *Sieben Schwaben*, da die produktbezogene Darstellung eines *Märchenmotivs* in einer Bildmarke nur in dieser Darstellungsform und nicht allgemein das Märchenmotiv kennzeichne (BGH GRUR 1974, 467 – Sieben-Schwaben-Motiv; s. auch BGH GRUR 1975, 487, 489 – WMF-Mondmännchen); die Wortmarken *Marigold* und *Madonna* für Weine und Spirituosen (BPatG Mitt 84, 18). Eine Verwechslungsgefahr nach dem Sinngehalt wurde abgelehnt zwischen den Marken STEPHANSKRONE für Weine und *König Stephan Wein* für Weine, Schaumweine und weinhaltige Getränke, weil die Annahme, Krone gehöre zu König, den Umfang des Markenrechts verkenne (BGH GRUR 1999, 240 – STEPHANSKRONE I; s. auch BGH GRUR 1999, 241 – STEPHANSKRONE II).

**267 g) Rechtsprechung und Entscheidungspraxis zur Verwechslungsgefahr. aa) Rechtslage im WZG. (1) Verwechslungsfähige Marken.** Als *verwechslungsfähig* beurteilt wurden *Bénédictine* und *Benedeck* (RG MuW 1905/1906, 46); *Queen* und *Queen Victoria* für Zigaretten (RG MuW 1912, 475); *Paradies* und *Alpenparadies* (RG MuW 1913/1914, 203); *X-Haken* und *Nixofixhaken* für Wandhaken (RG MuW 1914/1915, 303); *Edler von Lorch* und *Edle von Neuerburg* für Zigaretten (RG MuW 1925/1926, 113); *Der Schuhhof* und *Schuhhof Steindamm GmbH* für Schuhgeschäfte (RG MuW 1925/1926, 234); *Ichthyol* und *Ichtotumol* für chemisch-pharmazeutische Präparate (KG MuW 1927/1928, 579 – Ichtyol); *Ballenheil* und *Ballentrost*, *Ballenfreund* sowie *Ballensegen* für Schuhe (RG MuW 1929, 11); *Bénédictine* und *Bénedictol* für Liköre und Essenzen (HansOLG Hamburg MuW 1930, 30); *Epa* und *Eka* für Einheitsaktiengesellschaft (HansOLG Hamburg MuW 1931, 575); *Vollob* und *Vollruhm* für Margarine (RG MuW 1931, 618); *Nautilus* und *Nautik* klanglich verwechselbar (RPA MuW 1932, 102 – Nautilus); *Neska* und *Geska* für Zigaretten (RG MuW 1932, 131); *Siemens Hydor Regenkanone* und *Kleine Kanone* für Bewegungsapparate (RPA MuW 1932, 475); *Mannesmann-Röhrenwerke* und *Mannesmann Industrie- und Handels-AG* für Handelsunternehmen (RG MuW 1932, 539); *Funkdienst* und *Funkhörerdienst* für

Zeitschriften (RG MuW 1933, 131); *Koma* und *Kowa* für Handelsunternehmen, wobei unerheblich sei, daß die Wortmarke *Koma* aus den Wörtern *Koch* und *Mann* zusammengesetzt sei und nur in Verbindung mit der Firma benutzt werde (OLG Hamm MuW 1933, 473); *EPA* und *EPE* für Einheitsgeschäfte (RG MuW 1933, 562); *Offensive* und *Angriff* (RPA MuW 1934, 38); *Arctic* und *Arcturus* für Autoöle (HansOLG Hamburg MuW 1934, 131); *Antimott* und *Mott-Nie* für Polstermöbel und Betten (RG MuW 1934, 271); *Cito* und *Presto* begrifflich verwechselbar für Papierwaren (RG MuW 1934, 278); *Hageda* und *Hagera* für Tabakfabrikate (RG MuW 1935, 334); *Kadewe-Tauentzien* und *Tauentzien* (RPA Mitt 1935, 203); *Tusom-Creme* und *Creme Mouson* für Hautcremes (RG GRUR 1935, 51); *Schaffgeist* und *Fachgeist* für Tabak (RPA JW 1936, 1712); *Ultraderma* und *Duroderma* für Dauerschablonen (RPA MuW 1936, 468); *Opel* und *PEL* für Fahrzeugteile (RPA GRUR 1937, 146); *Difram* und *Osram* für Lampen (RG JW 1937, 991); *Afega* und *HTG* klanglich verwechselbar (OLG Hamm MuW 1937, 148); *Rimatti* und *Muratti* für Zigaretten (RG MuW 1938, 137); *AEG* und *AAG* für elektronische Geräte (RG GRUR 1939, 806 – AEG/AAG); *Minivisor* und *Philivisor* für Fernseher (RPA MuW 1939, 385); *Kathreiner* und *Blonde Kathrein* für Nahrungs- und Genußmittel (RG MuW 1940 24); *Hageda* und *Hathea* für Arzneimittel (RG AWR 1940, 14); *Malzkindl* sowie *Apfelkindl* und *Berliner Kindl* für Getränke (RG MuW 1940, 51); *Anusol* und *Vanosol* für pharmazeutische Präparate (RG GRUR 1940, 568); *Vineta* und *Nivea* für kosmetische Erzeugnisse (RG GRUR 1942, 266); zusammengesetzte Wortmarken mit dem Wortbestandteil *Dextro* wie *Dextropur* sowie *Dextro-Energen* mit jeder Wortmarke, die mit dem Wortbestandteil *Dextro* gebildet ist, wie *Dextro-Lecithin* (RG GRUR 1943, 129 – Dextro); *Hico, Hicodilit* sowie *Hicorhin* und *Hicoton* für pharmazeutische Präparae (RG GRUR 1944, 143); *Robuso* und *Robur* sowie *Robur-Luxus* für Rasierklingen (RG GRUR 1944, 145); *Sunex* und *Lunex* für Waschmittel und Seifen (HansOLG Hamburg GRUR 1949, 378); *Visipan* und *Vicapan* für Arzneimittel (OLG Stuttgart GRUR 1950, 242); Bildmarken *zweier Störche* natürlichen Aussehens mit einem *storchähnlichen Vogel* für Schneidwaren (BGH GRUR 1951, 159); *Combi-Cola* sowie *Novo-Cola* und *Coca-Cola* für Erfrischungsgetränke (BGH vom 4. Dezember 1951, I ZR 14/51); *Ardia* und *Widia* für Werkzeuge (BGH GRUR 1952, 35); *Auto-Fox* und *NSU-Fox* für Kraftwagen und Motorräder (BGH GRUR 1954, 123 – NSU-Fox/Auto-Fox); *Urus* und *Irus* für landwirtschaftliche Maschinen (BGH GRUR 1954, 457); *Luxus-Seife* und *Luxor* für Seife (BGH GRUR 1955, 484); *Sun* und *Sonnenkonserven, Sonnengurken* sowie andere *Sonnenzeichen* für Obst- und Gemüsekonserven (BGH GRUR 1955, 579 – Sunpearl I); *Dreika* und *Troika* für Augenpflege- und sonstige Körperpflegemittel (BGH GRUR 1957, 125); *Z* und *MHZ* für Vorhangschienen aus Holz (BGH GRUR 1957, 488); *Wipp* und *Wit* für Wasch- und Reinigungsmittel (BGH GRUR 1957, 499 – Wit/Wipp); *Perlékaltwelle* und *Wella-Perla* für Dauerwellflüssigkeiten (BGH GRUR 1958, 604); *Kronenhut* für Herrenhüte und *Kronenmarke* für Krawatten (BGH GRUR 1958, 606); *Calciduran* als Kalkpräparat und *Cardinal* als Herzmittel, weil diese Zeichen für die meisten als Phantasiezeichen wirkten (BGH GRUR 1959, 134); *Ekopal* und *Opal* für Schönheitspflegemittel (BGH GRUR 1959, 420); die Bildmarke *Negerkind mit Kraushaaren* und *Mohrenkopf-Darstellung* von *Sarotti* für Biskuits und Schokolade (BPatGE 5, 167); *Hellaplast* und *Acellaplast* für Kunststoffe klanglich verwechselbar (BPatG Mitt 1966, 150); *WKS Möbel* und *TKS* für Küchenmöbel (BGH GRUR 1967, 482 – WKS Möbel II); *SR* und *LR* für Zahnersatz klanglich verwechselbar (BGH GRUR 1968, 697 – SR); *Tencafe* und *Nescafé* für Kaffee und Kaffee-Extrakt (BPatG Mitt 1969, 114); *taxa* und *Dexa* klanglich verwechselbar (BPatGE 11, 273); *Ecafe* und *Nescafé* für Kaffeewaren klanglich verwechselbar (BPatG Mitt 1970, 94); *E ★ 4* für Waschmittel und Einweichmittel für Wäsche mit *8 x 4* für desodorierende Seifen (BPatG Mitt 1970, 194 – E ★ 4/8 x 4); *Löscafé* und *Nescafé* für Kaffee-Extrakt (BGH GRUR 1970, 305, 307); *Luxaflex* und *Duraflex* für Jalousien klanglich verwechselbar (BGH GRUR 1970, 308); *Safa* und *Saka* für Gartenbaubedarf (BPatG GRUR 1970, 556); *Jobadrit* und *Jabralit* (BPatG BlPMZ 1971, 190); *Tetra-Citro* und *Cito* für Kosmetika und Arzneimittel (BPatG BlPMZ 1972, 287); *Unser Favorit* und *Favorit* für Dienstleistungen (BPatG Mitt 1972, 54); *Erotex* und *Protex* für Webstoffe und Garne (BGH GRUR 1973, 30); *OKAY* für alkoholische Getränke, Gemüse und Obstkonserven, Obst und Fruchsäfte und *OKA* für Marmeladen, Fruchtkonserven, frische und getrocknete Früchte (BPatG Mitt 1973, 160 – OKAY/OKA); *hipp hipp* und *BIP* für Textilwaren (BPatG Mitt 1978, 162); *Montaband* für

657

Klebebänder und Klebestreifen aus Papier und *Multiband* für Bänder aus Papier (BPatG Mitt 1979, 118); *BBC* und *DDC* für Erzeugnisse der elektro-technischen Industrie (BGH GRUR 1982, 420 – BBC/DDC); *Oramix* für Spirituosen und Liköre und *Orangix* für alkoholfreie Getränke, Fruchtsäfte und Sirupe (BPatGE 27, 118); *LINN-Vac* für unedle und edle Metalle und *VAC* für rohe und teilweise bearbeitete Unedelmetalle (BPatGE 27, 127 – LINN-Vac/Vac); *MAGTOXIN* für Schädlingsbekämpfungsmittel und *Macocyn* für Arzneimittel (BPatGE 27, 137 – MAGTOXIN/Macocyn); *fotoperpost* für Filmentwicklung und Vervielfältigung von Photographien und *Der Photo Porst* für Photoapparate und Zubehörteile (BPatGE 27, 241 – fotoperpost/Der Photo Porst); *Indorektal* und *Indohexal* für ein Antirheumatikum (BGHZ 91, 262 – Indorektal I); *Playboy* und *Playman* für Druckschriften (BPatGE 28, 57 – PLAYBOY/PLAYMEN); *VICTOR* für Turn- und Sportartikel und *VECTOR* für Sportartikel und Sportbekleidung (HansOLG Hamburg GRUR 1986, 466 – VICTOR); *FRITEX* für fritierte, geröstete Fleischpräparate, fritierte und/oder geröstete Kartoffelchips und *Friedel* für Kakao, Schokolade und Zuckerwaren (BPatG Mitt 1987, 95); *ALPHA* und *alpi* für gewebte und gewirkte Krawatten, Schals, Hausmäntel (LG Düsseldorf Mitt 1987, 160); *Elegance* für Parfüm und *Elegan* für Mittel zur Reinigung, Pflege und Verschönerung der Haare (BPatGE 29, 181); *GASTROPIRENZ* für pharmazeutische Erzeugnisse, Präparate für die Gesundheitspflege, Pflaster, Verbandmaterial und *Pirenzgast* für pharmazeutische Erzeugnisse (BPatG Mitt 1988, 154); *Hellysport* für Leder, Lederimitationen sowie Umhängeriemen, Riemen für Geschirre und *Helly-Hansen* für Rettungsgeräte, Schwimm- und Rettungswesten, Schutzanzüge, Rettungsjacken, Leib- und Rettungsgurte (BPatG Mitt 1988, 155 – Hellysport/Helly-Hansen); *HORTOPAPER* und *Horten* (BPatG BlPMZ 1988, 142); *Radio-Bayern* als Firmenbezeichnung einer Programmanbietergesellschaft für Hörfunkvollprogramme und *Bayerischer Rundfunk* (LG München I AfP 1988, 275); *PPC* und *BBC* für Erzeugnisse der elektro-technischen Industrie klanglich und bildlich verwechselbar (BGH GRUR 1988, 776 – PPC); *MÖVENNEST* für die Verwaltung von Ferienwohnungen, Vermittlung von Mietverträgen für Feriengäste und *Mövenpick* für die Beherbergung und Verpflegung von Gästen (BPatGE 30, 112); *Abbo* für Arzneimittel, Punktionsbestecke, Katheter und *Abo* für Desinfektionsmittel (BGH GRUR 1989, 350 – Abbo/Abo); *Wolff* und *nolf* für pharmazeutische Erzeugnisse (OLG München GRUR 1989, 568 – Wolff/nolf); *Schlittenfahrt* für Weine, insbesondere Glühweine, Spirituosen, Liköre und *Petersburger Schlittenfahrt* für Wein, Schaumwein, weinhaltige Getränke (BPatGE 31, 31 – Petersburger Schlittenfahrt); *Arran* für Veterinärtherapeutika, nämlich Wurmmittel und *Ajan* für Arzneimittel (BPatG GRUR 1991, 212 – Arran); *Mest* und *West* für Zigaretten (LG Hamburg GRUR 1991, 677 – Mest/West); *Probiox* für pharmazeutische Erzeugnisse und *Biox* für Arzneimittel (BPatGE 32, 75 – Probiox/Biox); *CALYPSOL BIOLUBE* und *BIOLUBE* für technische Öle und Fette (BPatGE 33, 106); *GIKOM* für Computer und Computerprogramme und *DICON* für elektronische Diebstahl- und Feueralarmgeräte (DPA CR 1992, 596); *McChinese* und *McDonald's* für Fleischextrakte, Speiseeis, Franchising von gastronomischen Betrieben (OLG Karlsruhe GRUR 1992, 460 – McChinese); *Riopan* für Magen- und Darmpräparate und *BioPAN* für Stutenmilch-Selenkapseln (OLG Köln Arztrecht 1993, 167); *Azubactrin* und *BACTRIM* für pharmazeutische Erzeugnisse (BPatG GRUR 1993, 672 – BACTRIM/Azubactrin); *TRICON* für Registrierkassen, Rechenmaschinen, Datenverarbeitungsgeräte und *TRICOM* für mit Programmen versehene Datenträger wie Disketten, Kassetten und Festplattenspeicher (KG Berlin CR 1993, 358 – TRICOM); *Rainbow Arts Software* und *Rainbow Data* (LG München I CR 1993, 358); *Flippothek die moderne Spielhalle* und *Flippothek* für den Betrieb von Automaten-Spielhallen (OLG Celle WRP 1993, 245 – Flippothek); *Südwestfunk* für Rundfunk und *Südwestbild* für ein Bildarchiv, Photographenpräsentanz, Illustration, Graphik und Werbung (OLG Karlsruhe WRP 1993, 409 – Südwestbild); *Flash* für Textilwaren und *SMASH* für T-Shirts (OLG Karlsruhe GRUR 1993, 674 – Flash/SMASH); *Innovaaktiv* für chemische Erzeugnisse für Heilzwecke und Gesundheitspflege und *Eunova* für chemisch-pharmazeutische und hygienische Präparate (BPatG GRUR 1993, 829 – Innovaaktiv); *Sana* für Schonkaffee und *Schosana* für Kaffee, Kaffee-Ersatzmittel, Kaffee-Extrakte, alkoholfreie Kaffeegetränke einschließlich Instantgetränke (BGH GRUR 1993, 972 – Sana/Schosana); *Wer ist Wer? Das Deutsche Who's Who?* und *Wer ist Wer in Sachsen* sowie *Wer ist Wer Regional* für Nachschlagewerke (OLG Hamm GRUR 1993, 978 – Wer ist Wer?); *Basica* für pharmazeutische Drogen und Präparate sowie diätetische Lebensmittel und *BRASSICA GOLD* für Weißkohl-Kautabletten (OLG München ZLR 1994, 318); *BIONAPLUS* für pharmazeutische Erzeugnisse und *Bicona* für pharmazeutische Präparate (BPatG GRUR 1994, 122 – BIONAPLUS); *Calimbo* für Fruchtnektare aus exotischen Früchten und *CALYPSO* für Fruchtpulver und alkoholfreie Fruchtpräparate für die Zubereitung von alkoholfreien Getränken (BPatG GRUR 1994, 291 – Calimbo/CALYPSO); das übereinstimmende Zeichen *Rialto* für eine Eisdiele und Eiswaren (OLG München Mitt 1994, 273 – Rialto); *Basica* für pharmazeutische Drogen und Präparate sowie diätetische Lebensmittel und *BRASSICA extra* für Weißkohl-Kautabletten (OLG München Mitt 1995, 73 – Basica); *Teleport FUBA* und *Teleport* (BPatG BlPMZ 1995, 373).

**(2) Nicht verwechslungsfähige Marken.** Als *nicht verwechslungsfähig* beurteilt wurden **268** *Ata* für Reinigungsmittel und *Axa* für Arzneimittel, weil schon der eine Buchstabe *x* das Klang- und Wortbild beider Zeichen wesentlich beeinflusse (RGZ 114, 276); *Artifinesse* und *Artiseda* für kunstseidene Stoffe und Unterwäsche (OLG Dresden MuW 1932, 398); *Chabeso* und *Makose* für Mineralwasser und alkoholfreie Getränke (RG MuW 1933, 6); *Mercedes-Favorit* und *Adler-Favorit* für Schreibmaschinen (RPA MuW 1933, 96); *Aludur* und *Alundum* für Aluminium, verwechselbar aber *Aladur* und *Alu* (RPA MuW 1933, 97); *Afrodit* und *Venus* für Trikotagen (RPA MuW 1933, 214); *Germanenstolz* und *Deutschlands Stolz* (RPA MuW 1933, 427); *Hag* und *HAC* in einer die beiden Buchstaben im Dreieck angeordneten Schreibweise, weil die beteiligten Verkehrskreise am Sitz des Markeninhabers, wie eine Beweisaufnahme ergab, die Wortmarke in Einzelbuchstaben H-A-C aussprächen (RG MuW 1934, 195; bedenklich, zumal die Buchstaben *C* und *G* sich ähneln); Bildmarke eines *Hummers* und die Bildmarke eines *Krebses* für Hummermayonnaise oder Rohmaterial zu einer Hummermayonnaise (RG MuW 1934, 233); *Eduard Goldacker* und *Egona* für Backwaren (RG MuW 1934, 239); *Lucifer* und *mephisto* (RPA Mitt 1935, 201); *Melosuper* und *Meloskop* für Sprechapparate (RPA JW 1935, 3252); *Elektrozeit* und *Elektrouhr* für elektrische Uhren (RG GRUR 1936, 621); *Oplex* und *Homoplex* für homöopathische Arzneimittel (RG GRUR 1937, 48); *Hegab* und *Talisman* für Stahlwaren, weil die im Arabischen gleiche Bedeutung der Wörter im Inland unbekannt sei (RPA MuW 1937, 355); *Milchwunder* und *Idealmilch* für kondensierte Milch (RG GRUR 1937, 1018); *Fips* und *Knirps* für Taschenschirme (RG GRUR 1939, 128); *Wella* und *Wienna* für Wasserwellenwasser für Friseure (RG GRUR 1940, 162); *Pigodent* und *Kukident* für Zahnpflegemittel, weil die Nachsilbe *dent* eine allgemein bekannte Beschaffenheitsangabe darstelle und nicht kennzeichne (RG GRUR 1943, 83); *Bayerkreuz* und *Modern* in Kreuz und Kreis, weil die Kennzeichnungskraft des *Bayer-Kreuzes* maßgebend auf dem Namen *Bayer* beruhe (RG GRUR 1943, 85); *Fussol* und *Fussariol* für Sauerstoff-Fußbäder (RG GRUR 1943, 343); *Gurkendoktor* und *Gurkenretter* für Gurkenerhaltungsmittel, da beide Ausdrücke im wesentlichen nur beschreibend seien (RG GRUR 1944, 82); *Lumoprint* und *Photoprint* für Photokopiergeräte, weil die Abnehmer nicht an einem gemeinsamen Wortsinn der nach Klang und Schrift verschiedenen Vorsilben *Lumo* und *Photo* dächten, die Nachsilbe *print* aber allgemeingebräuchlich sei und nicht kennzeichne (HansOLG Hamburg GRUR 1949, 295); *Gumax* und *Gumasol*, weil die Silben der Zahl nach verschieden seien und abweichend betont würden (BGH GRUR 1952, 419); eine Wortbildmarke, bestehend aus dem Wortbestandteil *Goldzack* und dem Bildbestandteil einer *Zickzacklinie*, und ein durch Einweben blauer Fäden in eine Gummilitze entstandenes, schuppenartiges *Muster*, weil das Muster nicht die optische Wirkung einer Zickzacklinie habe (BGH GRUR 1953, 40 – Gold-Zack); *Coraphyll* und *Coramine* sowie *Coramin*, weil der Stammbestandteil *Cora* als Ableitung von *cor* (lateinisch: Herz) beschreibend wirken könne und auch von anderen Unternehmen so benutzt werde (DPA GRUR 1955, 155); *Arctuvan* und *Artesan* für Arzneimittel, weil sich die Wortmarken im Klangbild deutlich unterschieden (BGH GRUR 1955, 415); *W-5* und *W* im Zusammenhang mit einer einstelligen Zahl und einer Wortbezeichnung für pharmazeutische Waren (BGHZ 19, 367 – W-5); *Stern* und *Astra* (lateinisch: Sterne, Himmel) für Strickgarn, da der Durchschnittsverbraucher nicht der lateinischen Sprache kundig sei (BGH GRUR 1957, 228 – Astrawolle); *Topostasin* und *Venostasin* für ein aus Rinderplasma gewonnenes Thrombinpräparat (BGH GRUR 1957, 339); *Rigopekt* und *Thymopect* für Hustensäfte, weil es sich um geläufige Silben mit einem verschiedenen Sinngehalt handele (BGH GRUR 1958, 81); *Edeka-Schloß-Export* und *Feldschlößchen Schloß-Export* für Bier, weil die Bezeichnung Schloß-

*Export* sich nicht als Herkunftshinweis im Braunschweiger Gebiet durchgesetzt habe (BGH GRUR 1967, 100, 102 – Edeka-Schloß-Export); *Solu-Paraxin* und *Solu-Purgat*, da der Zeichenteil *Solu* in Verbindung mit einer Spezialitätenbezeichnung als Beschaffenheitsangabe *solutio* (lateinisch: Lösung) nicht schutzfähig sei (BPatGE 10, 97); *Pitocin* und *Piton* für Geburtstagshilfsmittel (BPatG Mitt 1969, 55); *Oui ou non* und *Ja*, weil der Verbraucher aus der Mehrwortmarke nicht das Wort *Oui* herauslöse, wodurch der Sinngehalt der Marke zerstört würde (BPatG Mitt 1969, 95); *Mister Baby* und *Sir*, da eine mehr oder weniger bewußte Gedankenverbindung zwischen zwei zumal fremdsprachigen Zeichen deren Verwechselbarkeit nicht ohne weiteres befürchten lasse (BPatG Mitt 1969, 117); *Alpenflora* und *Alpenblüte* für Körper- und Schönheitspflegemittel (BPatG Mitt 1969, 171); *Uniclip* und *Monoclip* für Verpackungsmaschinen, weil die Wortsilbe *clip* nur beschreibend wirke (BPatG Mitt 1969, 191); *Apache* und *Winnetou* für Schuhwaren (BPatG Mitt 1970, 74); *Elmetra* und *Eltro* für physikalische, optische und elektronische Geräte (BPatG Mitt 1970, 232); *Ballneria* und *Ballerina* für Damenstrümpfe, weil diese Bezeichnung einen für jedermann eindeutigen Begriffsinhalt aufweise, während jene eine reine Phantasiebezeichnung sei (OLG Stuttgart GRUR 1970, 92, 93); *Felina-Britta* und *Britta-Modelle* wegen geringer Warennähe von Miederwaren und Wäsche einerseits und Damenmänteln, Kostümen und Röcken andererseits (BGH GRUR 1970, 552, 554 – Felina Britta); *Alca-ce* und *Alco* für Arzneimittel, da die Käufer eines der Gesundheitspflege dienenden Erzeugnisses die Bezeichnungen auseinanderhielten (BPatG Mitt 1971, 49, 50); *Gemini* und *Zwilling* (BPatG BlPMZ 1971, 190); *Elor* für Nylonstrümpfe und Unterbekleidungsstücke und *Ela-Kleidung* für Mäntel, Kostüme und Anzüge (BPatG Mitt 1971, 155); *Melusinpharma* und *Belusina*, *Minitusin* sowie *Milvulit*, da die Endung *pharma* fast die Hälfte der Lautbestandteile ausmache und am betonten Wortende auch im Gesamteindruck nachhaltig zur Geltung komme (BPatG Mitt 1971, 190, 191); *Monasirup* für Hustensirup und *Mola* für Damenbinden (BPatG Mitt 1972, 113); *Landsana* und *Sana*, da *Sana* nur gering kennzeichne (BPatG Mitt 1972, 232 – Landsana/Sana); *Mon Cheri* und *Cérisio* für Schokolade und Schokoladenwaren, da der Verkehr *Mon-Cheri* als Zeicheneinheit auffasse (BGH GRUR 1972, 180, 181 – Cheri); *Vita* und *Vita-Micoren*, da *Vita* rein beschreibend sei (BPatG GRUR 1973, 367 – Vita/Vita-Micoren); *DOBBELMANN GT* und *BRUNS Ge Te* für Tabakerzeugnisse (BPatG 15, 237 – GT/GeTe); *Club-Pilsener aus der Dortmunder Union-Brauerei* und *Ur-Pilsener* oder *Pilsener-Urquell*, weil *Pilsener* von inländischen Verkehr als Biersortenbezeichnung und nicht als betrieblicher Herkunftshinweis aufgefaßt werde, wenn er einem als Betriebskennzeichen wirkenden Wort nachgestellt werde oder die Marke aus anderen Gründen auf eine deutsche Brauerei hinweise (BPatG GRUR 1974, 220); *Dextrolan* und *Hexoral* wegen der Warenferne zwischen diätetischen Erzeugnissen und Mundantiseptikum (GRUR 1979, 54 – Mundantiseptikum); *RBB* und *RBT* für Leitern, da die Buchstabenzusammenstellung *RBT* in gewöhnlicher Schrift und nicht in der besonderen graphischen Gestaltung verwendet wurde (BGHZ 74, 1 – RBB/RBT); *Praximed* und *PRAXITEN* wegen der Warenferne zwischen medizinischen und pharmazeutischen Präparaten und desinfizierenden Reinigungssprays (BPatG Mitt 1984, 16); *COLOURS by ALEXANDER JULIAN* und *Alexander* für Herren-, Damen- und Kinderbekleidungsstücke (BPatGE 28, 175); *ALPHA* für Bekleidungsstücke und *alpi* für Krawatten Schals und Hausmäntel (BPatG Mitt 1987, 97); *BENICIL-IBSA* und *MEXTIL* für pharmazeutische Erzeugnisse (BPatG Mitt 1987, 116); *Perlingon* für Arzneimittel zur Behandlung von Herz- und Kreislauferkrankungen und *SULFA-PERLONGIT* für Arzneimittel, nämlich Sulfonamid-Präparate (BPatG Mitt 1987, 117); *Micropat* für Tisch- und Taschenrechner, elektronische Spielgeräte, Bildschirmspielgeräte und *Microstat* für Erstellen von Programmen für die Datenverarbeitung (BPatG Mitt 1987, 159); *KINGINKA* für Wasch- und Bleichmittel, Putz-, Polier-, Fettentfernungs- und Schleifmittel und *INKA* für Parfümerien, Mittel für Körper- und Schönheitspflege, Seifen, Wasch- und Bleichmittel (BPatG Mitt 1987, 162 – KINGINKA); *Oui Designer Collection* und *De Signer's Finesse* für Bekleidungsstücke (BPatG Mitt 1988, 79); *Portasan* für Hustenmittel und *Tobasan* für Flechtenmittel (BPatG Mitt 1988, 117); *Starlight* für Videofilme und *Starlight-Express* als Musicaltitel (HansOLG Hamburg GRUR 1988, 927 – Starlight); *MARILUND* für Rohtabake und Tabakfabrikate und *Maryland* für Tabakerzeugnisse (BPatGE 30, 229); *Idril* und *etil* für Arzneimittel, weil die Bezeichnungen nur ähnlich und die Warennähe der beiderseitigen Mittel gering sei (OLG München Mitt 1989, 55); *REYNOLD'S R 1* und *EREINTZ* für Tabakerzeugnisse,

Zigarettenpapier (BGH GRUR 1989, 264 – REYNOLD'S R 1/EREINTZ); *SUPER-MEYER* und *SUPERMAN* für Zeitschriften (BPatG GRUR 1989, 266 SUPER- MEIER); *Peter Meyer* für Weine, Schaumweine, weinhaltige Getränke und *MEYER* für Wein, Spirituosen, Schaumwein, Liköre, Wermutwein (BPatG GRUR 1989, 268 – Meyer); *ROTH-HÄNDLE-KENTUCKY* und *CENDUGGY* für Tabakerzeugnisse, Zigarettenpapier, Feuerzeuge (BGH GRUR 1989, 349 – ROTH-HÄNDLE-KENTUCKY/CENDUGGY); *MARILUND* und *Merryland* für Tabakwaren (BGH GRUR 1989, 825 – MARILUND/Merryland); *FEERIE* für Wein und *FEE* für Milchmischgetränke (BPatGE 32, 1); *H. J. Müller-Collection* für Textilbekleidungsstücke und *müller* für Web-, Wirk- und Frottierstoffe (BPatGE 32, 65); *Siegsdorfer Petrus-Quelle* für Mineralwasser und *VALSER St. Petersquelle* für alkoholfreie Getränke, Tafelwasser, insbesondere Mineralwasser (BGH GRUR 1990, 450 – St. Petersquelle); *L-Thyroxin 25 Henning* und *L-Thyroxin 50 enos* für Schilddrüsen-Hormonpräparate (BGH GRUR 1990, 453 – L-Thyroxin); *Schwarzer Krauser* und *Schwarzer Krasa* für Tabakwaren (BGH GRUR 1990, 681 – Schwarzer Krauser); *Cliff Hurrican* und *HURRICANE* für Parfümerien, Mittel zur Körper- und Schönheitspflege (BGH GRUR 1991, 319 – HURRICANE ); *paracet von ct* für pharmazeutische Erzeugnisse und *PARA-CET Woelm* für Humanarzneimittel (BPatGE 32, 208); *ELTA* für Stereoanlagen, Hifianlagen, Auto- und Stereo-Gerätekombinationen und *ETA* für elektrische Schaltgeräte, Überstromschalter, Hochstromschalter und Überspannungsschalter (BPatG GRUR 1991, 537 – ELTA/ETA); *JENNIFER* für Puppen zu Spielzwecken und *JENNY* für Spielpuppen und Plüschfiguren (BGH GRUR 1991, 760 – Jenny/Jennifer); *AVEL* und *Vela* sowie *Wella* für Wasch- und Bleichmittel, Putz-, Polier-, Fettentfernungs- und Schleifmittel beziehungsweise chemische Erzeugnisse für Kosmetik, Mittel zur Behandlung von Haaren, Haarfärbemittel (BPatG Mitt 1992, 30 – AVEL/Vela und Wella); *frei öl* und *Haut öl* für Mittel zur Körper- und Schönheitspflege, nämlich Hautpflegeöle (BGH GRUR 1992, 48 – frei öl); *terfen-basan* und *MERFEN* für Arzneimittel (BPatG GRUR 1992, 103 – terfen-basan/MERFEN); *Bally* für Schuhe, Lederwaren, Bekleidungsstücke und *BALL* für Bekleidungsstücke (BGH GRUR 1992, 130 – Bally/BALL); *ASTRO* als alleiniger Wortbestandteil einer Wortbildmarke und *SATASTRA, ORBITASTRA, ASTRASAT, ASTRATECH, TECHASTRA, ASTRAVISION, ASTRAPLUS, ASTRALEP, EUTRASTRA* (BPatG BlPMZ 1992, 111); der übereinstimmende Zeichenbestandteil *Roter mit Genever* in einer Etikettengestaltung aus mehreren Zeichenbestandteilen für Fruchtsaftliköre mit Geneverzusatz (BGH Mitt 1992, 276 – Roter mit Genever); *Das Örtliche* für Telefonbücher und *Ihr örtliches Branchenbuch* für ein Branchenverzeichnis (OLG Frankfurt NJW 1992, 1519); *Heparin Azuchemie* für heparinhaltige Arzneimittel und *Cedrapin* für Arzneimittel, nämlich transcutane Salbenzubereitung und Nasentropfen (BPatGE 33, 47); *Billy the kid* für Back- und Konditorwaren und *Billy* für Brot und feine Backwaren (BPatGE 34, 69); *VAN HOLDEN* und *Horten* für Tabakerzeugnisse (BPatGE 34, 137); *SANFTE FEE* für Rohtabak und Tabakfabrikate und *SANTAFU* für Tabak und Tabakerzeugnisse (BPatGE 34, 254); *Südwestfunk* und *Wir im Südwesten* für Hörfunkprogramme (OLG Karlsruhe AfP 1993, 572); *Industrie Hansa* sowie *Wirtschaftshansa* für Organisations-, Betriebs- und/oder Personalberatung und *Personalhansa* (OLG München GRUR 1993, 491 – Personalhansa); *Mainzer Weinbörse* für eine Erzeugergemeinschaft für Weine und *Die internationale Weinbörse* für Vermittlung von Absatz-, Kooperations- und Beteiligungskontakten für Wein-, Sekt- und Spirituosenfirmen (OLG Koblenz GRUR 1993, 989 – Mainzer Weinbörse); *Tunap* und *tune up* für Rostschutzmittel (OLG Schleswig NJW-RR 1994, 503); *SALOME* und *Slalom* für Parfümerien, ätherische Öle, Mittel zur Körper- und Schönheitspflege (OLG München Mitt 1994, 305 – Salome); *Appel* für die Erzeugung, die Ver- und Bearbeitung, den Handel und Vertrieb von Nahrungs- und Genußmitteln und *Big Apple* für Fruchtgummibonbons mit Apfelgeschmack (HansOLG Hamburg GRUR 1994, 71 – Appel); *Foot-Joy* und *Joy* (BPatG BlPMZ 1995, 223); *FOCUS* und *LOGOS* für Tabakerzeugnisse (BPatG BlPMZ 1995, 326); *BOSS* für ein an den deutschen Börsen eingeführtes elektronisches Börsen-Order-Service-System und *BOSS* für Herrenoberbekleidung (OLG Frankfurt GRUR 1995, 154 – Börsen-Order-Service-System).

**bb) Rechtslage im MarkenG. (1) Verwechslungsfähige Marken.** Als *verwechslungsfähig* beurteilt wurden *APISOL* für Bienenwachs, Blütenpollen, Bienengift und *Aspisol* für Arzneimittel, pharmazeutische Drogen und Präparate (BPatGE 35, 26 – APISOL); *Annete*

**MarkenG § 14** 269  Schutzinhalt des Markenrechts

für Parfümerien, ätherische Öle, Mittel zur Körper- und Schönheitspflege und *Jeannette* für Wasch- und Bleichmittel, Putz- und Poliermittel (BPatGE 35, 40 – Jeannette); SONETT für Mittel zur Vertilgung von schädlichen Tieren, Pestizide, Fungizide, Herbizide und *Sonett* für Seifen, insbesondere Kernseife, Gallseife (BPatGE 35, 47 – SONETT); KAMMILLO-MED MAG.KOTTAS für préparations pharmaceutiques und *Kamillogen* für Arzneimittel (BPatG, Beschluß vom 13. März 1995, 30 W (pat) 299/93 – Kamillogen); BAD KISSINGER THERESIENQUELLE KISS light GOLDLIMO KALORIENARME ORANGENLIMONADE und *KISS* für Mineralwässer und kohlensäurehaltige Wasser und andere alkoholfreie Getränke (BPatGE 35, 74 – KISS); ALHO-ARTHROSAN für Arzneimittel und ARTHROSAN für Futtermittel, Aufbaunahrung sowie diätische Erzeugnisse für Tiere sowie Tierarzneimittel (BPatG, Beschluß vom 27. April 1995, 25 W (pat) 95/93 – ARTHROSAN); *corton* und *Horten* für Kleinwaren aus unedlen Metallen (BPatGE 35, 106 – corton); *Staurodorm* und *Stadadorm* für Arzneimittel (OLG Köln GRUR 1995, 584 – Staurodorm); FERRIONI und MAURO FERRINI für Bekleidungsstücke, da eine Reduzierung auf den Zeichenbestandteil FERRINI der Widerspruchsmarke und mithin eine klangliche Verwechslungsgefahr beider Marken zu befürchten sei (BPatG, Beschluß vom 1. August 1995, 27 W (pat) 62/94 – MAURO FERRINI); WISA-PEX und WISA für Sanitär-Installationsmaterial (BPatG, Beschluß vom 11. August 1995, 32 W (pat) 119/95 – WISA); BERGER für elektronische und elektrotechnische Bauteile und Geräte und BERGERLAHR für elektrische Meßgeräte (BPatGE 35, 188 – BERGER); *Swing* für Damenbinden und SWING für produits pour les soins et le traitment des cheveux (BPatGE 35, 196 – Swing); *Tiffany Diva* und *Divan* für Milcherzeugnisse (BPatGE 35, 206 – Divan); QUEEN'S CLUB für Mineral-, Quell-, Tafelwässer sowie andere alkoholfreie Getränke und QUEEN'S GARDEN für alkoholfreie Getränke (BPatGE 35, 212 – QUEEN'S CLUB); SERVAMED und SERVA für pharmazeutische Produkte (BPatG, Beschluß vom 14. September 1995, 30 W (pat) 141/94 – SERVA); *Adalbert Prinz von Bayern* und *Luitpold Prinz von Bayern* für Bier (BPatGE 35, 218 – Adalbert Prinz von Bayern); *Comtesse Esther de Pommery* für feine Lederwaren und COMTESSE für Sattler-, Riemerwaren, ausgenommen Gürtel, Täschner- und Lederwaren (BPatGE 35, 223 – Comtesse Esther de Pommery); OTHÜNA Geraer Marina für Magarine, Speisefette und -öle und *Marina* für Magarine, Speisefette und -öle, Butter und Käse (OLG GRUR 1996, 927 – OTHÜNA Geraer Marina I; BPatGE 35, 228 – OTHÜNA Geraer Marina II); MEYLIP *marina* für Magarine, Speisefette und -öle und *Marina* für Magarine, Speisefette, -öle, Butter und Käse, ausgenommen Frischkäse und Speisequark (BPatGE 35, 235 – MEYLIP marina); DELAILISQUE und DELIAL (BPatG, Beschluß vom 7. November 1995, 24 W (pat) 156/93 – DELIAL); POWERLINER und *Liner* für landwirtschaftliche Geräte (BPatG, Beschluß vom 17. November 1995, 32 W (pat) 397/95 – Liner); ALTA*fix* sowie ALTA*pak* für Verpakkungsfüllkörper und ALTA für auf deren Entsorgung und Recycling gerichtete Dienstleistungen (BPatG, Beschluß vom 27. November 1996, 29 W (pat) 60/95 – ALTA); SIKA-TERRA und TERRANOVA für Baustoffe, wobei davon ausgegangen wurde, daß TERRA als Bestandteil von Serienzeichen des Widersprechenden verwendet werde (BPatG, Beschluß vom 18. Dezember 1995, 30 W (pat) 162/94 – TERRANOVA); CHARRIER und *Carrière* für Parfümerien (BPatGE 36, 1, 5 – CHARRIER); OKLAHOMA SOUND für alkoholfreie Getränke, Fruchtgetränke, Fruchtsäfte und MISSISSIPPI SOUND für alkoholische Getränke (BPatGE 36, 8 – OKLAHOMA SOUND); *Monsieur Michel* und *Michelle* für kosmetische Artikel (BPatGE 36, 14 – Monsieur Michel); *iScreen* für Druckereierzeugnisse und HIGHSCREEN für Datenträger in Form von Magnetbändern, Magnetscheiben und Magnetplatten (BPatG, Beschluß vom 9. Januar 1996, 24 W (pat) 279/94 – HIGHSCREEN); *Fructadiät* unter anderem für Marmeladen zu diabetischen sowie medizinischen Zwecken und *Fructa* unter anderem für Fruchtsäfte (BPatG, Beschluß vom 15. Februar 1996, 25 W (pat) 103/93 – FRUCTA); ROBOMAT für computergesteuerte Abfüll- und Verschleißmaschinen und ROBOMAT für Druckmaschinen sowie Bauteile davon und Hilfseinrichtungen, nämlich Geräte zum Wechseln von Formatzylindern (BPatGE 36, 59 – ROBOMAT); PARK und LARK für Tabake (BPatGE 36, 82 – PARK); *Blendax Pep* und PEP für pharmazeutische Erzeugnisse sowie Präparate für die Gesundheitspflege (BGH GRUR 1996, 404 – Blendax Pep); *Bild eines weißen Schlüssels auf rotem Wappenfeld* und schwarz-weißer Wortbildmarke *Original Schlüssel Obergärig* in heraldischer Wappendarstellung für Bier (BPatGE 36, 137 – Schlüssel-Bild); *Tour de Kultur, Studienreisen mit dem Rad, Internationale Studienreisen* . . . sowie *Tour de Kultur, Studienreisen mit dem Rad* einerseits und *Tour de culture* andererseits, wenn hierunter Radreisen angeboten werden, die bei kulturellen Sehenswürdigkeiten vorbeiführen (OLG München GRUR 1996, 512 – Tour de Kultur); *PATEK PHILIPPE NAUTILUS* und *Nautilus* (BPatG BlPMZ 1996, 189 – PATEK PHILIPPE NAUTILUS); *OTHÜNA Geraer Sonja* für Magarine, Speisefette und -öle und *Sonja* unter anderem für dieselben Waren (BPatG BlPMZ 1996, 190 – OTHÜNA Geraer Sonja I; 1996, 189 – OTHÜNA Geraer Sonja II); *MEYLIP Sonja* für Magarine, Speisefette, -öle und *Sonja* für Magarine, Speisefette, -öle, Butter und Käse (BPatG BlPMZ 1996, 191 – MEYLIP Sonja); die Wortbildmarke *CESA* mit dem Wortbestandteil *CESA* und dem Bildbestandteil zweier ineinandergestellter Köpfe im Profil mit quadratischer Umrahmung für unter anderem Dienstleistungen einer Datenbank und *ZEDA* für das Erstellen von Programmen für die Datenverarbeitung, da der Zeichenbestandteil *CESA* den Gesamteindruck der Anmeldermarke wesentlich präge und mithin eine klangliche Verwechslungsgefahr begründe (BPatG, Beschluß vom 13. August 1996, 24 W (pat) 182/95 – ZEDA); *CAVIAR* und *Perle de Caviar* für unter anderem Waren des Kosmetikbereichs (BPatG, Beschluß vom 8. Oktober 1996, 24 W (pat) 218/95 – Perle de Caviar); *EUROHONKA* für Baumaterialien nicht aus Metall sowie vorgefertigte, transportable Holzhäuser und *HONKA* für aus Holz hergestellte Fertighäuser, da der inländische Verkehr bei der Beurteilung des fremdsprachigen Zeichenbestandteils *HONKA*, in finnisch eine hochwertige Holzart bezeichnend, maßgebend sei (BPatG, Beschluß vom 9. Oktober 1996, 28 W (pat) 233/95 – EUROHONKA); *LAILIQUE* und *LALIQUE* für Waren des Kosmetikbereichs (BPatG 36, 204 – LAILIQUE); *GOLDWELL-JET* und *Jet* für Mittel zur Körper- und Schönheitspflege und *Jet* für Seifen, Parfümerien, ätherische Öle sowie Mittel zur Körper- und Schönheitspflege (BPatGE 36, 262 – GOLDWELL-JET); *ELFI RAUCH* für Seifen, Parfümerien, Mittel zur Körper- und Schönheitspflege und *Rausch* für Shampoonings (BPatGE 36, 279 – ELFI RAUCH); *SüdTrans SPED. SCHÜRMANN* und *SCHÜRMANN SPEDITION* für identische Dienstleistungen wie Güterbeförderungen (BPatG Mitt 1996, 397 – SCHÜRMANN SPEDITION); *DRANO* und *P3-drano* für chemische Erzeugnisse für gewerbliche Zwecke (BGH GRUR 1996, 977 – DRANO); die Anordnung des Schriftzuges *Für Kinder* auf der Verpackung einer Milchcreme-Schnitte mit der Marke *Kinder* (HansOLG Hamburg GRUR 1996, 982 – Für Kinder); *THUNDERBIRDS* für Liköre und *Thunderbird* für Weine (BPatG, Beschluß vom 20. Dezember 1996, 27 W (pat) 111/95 – Thunderbird); *S. OLIVER* für Damen- und Herrenbekleidungsstücke und *Oliver* für Juwelierwaren, Schmuckwaren einschließlich Modeschmuck, Waren aus Leder und Lederimitationen sowie Sportartikel (BPatGE 37, 1 – S. OLIVER); *ratiopharm* und *VP VarioPharm* für Arzneimittel (OLG Stuttgart PharmaR 1997, 16 – ratiopharm); *BILL MONTANA* für Westernstiefel für Damen und Herren und *Montana* für Schuhe, da eine generelle Reduzierung auf den Zeichenbestandteil *MONTANA* (Familienname) der Anmeldermarke möglich sei (BPatG, Beschluß vom 14. Januar 1997, 27 W (pat) 83/95 – Montana); *FROSY* für bestimmte Milchprodukte und *FROSTIES* für zubereite Getreidekörner oder -flocken für Nahrungszwecke (BPatG, Beschluß vom 29. Januar 1997, 28 W (pat) 146/95 – FROSTIES); *Die Blauen Seiten* für ein im Computernetz Internet angebotenes Branchenverzeichnis und der für Branchenfernsprechverzeichnisse eingetragenen und im Verkehr durchgesetzten Marke *Gelbe Seiten* (OLG Frankfurt GRUR 1997, 52 – Die Blauen Seiten); *INTECTA* und *tecta* für Möbel (BPatGE 37, 30 – INTECTA); *RASPUTINE* für die Dienstleistungen Führung und Verwaltung von Hotels, Restaurants, Bars, Nightclubs sowie die Behernergung von Gästen und *Rasputin* für Spirituosen (BPatG, Beschluß vom 5. Februar 1997, 29 W (pat) 131/95 – Rasputin); *CONTEXT* für Unternehmensverwaltung sowie Wirtschaftsprüfung und *KONTEXT* für unter anderem Unternehmensberatung (BPatG, Beschluß vom 21. Februar 1997, 33 W (pat) 115/96 – KONTEXT); comtes und *ComTel* (HansOLG Bremen WRP 1997, 331 – comtes); *Crunchips* und *ran chips* für Kartoffelchipsprodukte, da auch der hohe Bekanntheitsgrad der Sendung *ran*, der zugleich Zeichenbestandteil der Anmeldermarke ist, des Senders Sat 1 nicht eine Verwechslungsgefahr der hier kollidierenden Marken auszuschließen vermöge (HansOLG Hamburg GRUR 1997, 375 – Crunchips); *ARD-1* und *Kabel 1* für audiovisuelle Dienstleistungen (OLG Köln NJWE-WettbR 1997, 205 – Kabel 1/ARD-1); *ULSa* für die Dienstleistung EDV-Beratung und *ELSA* für das Erstellen von Programmen und die Entwicklung von EDV-Geräten (BPatG CR 1997, 402 – ELSA); *BETAplan* und *BETA* für Waren des EDV-Sektors (BPatG CR 1997, 417 – BETA); *ELCOM* für Türsprechanlagen und *ELCOM* für elektronische Regel- und Kommunikationssysteme (BPatG CR 1997, 417 – ELCOM); *BENEFON* für Telekommunikationsgeräte und *benetton* für Apparate und Instrumente für die Starkstrom- und Schwachstromtechnik (BPatG, Beschluß vom 5. August 1997, 24 W (pat) 99/96 – benetton); *Microtec Research* für Computerprogramme und *Microtek* für unter anderem Datenverarbeitungsprogramme, da der Zeichenbestandteil *Microtec* der Anmeldermarke den Gesamteindruck dieser präge und mithin eine klangliche Verwechslungsgefahr von *Microtec* und *Microtek* bestehe (BPatG GRUR 1997, 649 – Microtec Research); *IMMUNINE* für pharmazeutische Erzeugnisse und *IMUKIN* für pharmazeutische Erzeugnisse, Pflaster sowie Verbandsmaterial (BPatG GRUR 1997, 652 – IMMUNINE); *KLAUS BREE* und *Bree* für Lederwaren, da die Hinzufügung des Vornamens *Klaus* die Verwechslungsgefahr nicht ausräume (HansOLG Hamburg GRUR 1997, 659 – KLAUS BREE); *ASTRA* und *ALTRA* für Automobile (BPatG GRUR 1997, 833 – ASTRA); *Spring* und *Swing* für Strümpfe (OLG Köln WRP 1997, 872 – Spring); *VOCO Ionofil* für Material für Zahnzement für Füllungen und *IONOFIL* für zahnprothetisches und zahnchirurgisches Material als Zemente (BGH GRUR 1997, 897 – IONOFIL); Wortmarke *PUMA* für Tabakwaren und Wortbildmarke *PUMA mit bildlicher Darstellung einer Raubkatze* für Raucherartikel (BPatGE 37, 246 – PUMA); *Sigel* und *SIGL* für Bier (BPatGE 37, 265 – Sigel); Wortmarke *Banesto* für Fahrräder und Wortbildmarke *Banesto* für Bekleidungsstücke, da bei gegebener Warenähnlichkeit und überdurchschnittlicher Kennzeichnungskraft der Widerspruchsmarke der erforderliche kennzeichnungsrechtliche Abstand beider Marken nicht gegeben sei (BPatGE 38, 1 – Banesto); die Kombinationsmarke *MILAN*, bestehend aus einer vertikal gestellten Ellipse mit einem sich im Inneren befindenden Kreis, halb ausgefüllt und halb mit Kreuz versehen, um welchen sich am unteren Rand der Zahlenbestandteil *1899* und am oberen Rand der Wortbestandteil *MILAN* der Kreisform nach befindet, und die Wortmarke *Milan* für Waren der Klasse 16 für gleiche und im engen Ähnlichkeitsbereich liegenden Waren, nicht aber die Wortbildmarke *Milan* (BPatGE 38, 7 – Milan; s. Rn 270); *Bea Coveri* mit Darstellung eines Clowngesichts und *COVERI* sowie *ENRICO COVERI* für Mittel zur Körper und Schönheitspflege (BPatGE 38, 50 – Coveri); *IBUTAD* und *IBUTOB* für ibuprofenhaltige Antirheumatika (OLG Köln NJWE-WettbR 1998, 59 – IBUTAD); *Apfelbauer* für Spirituosen, weinähnliche sowie weinhaltige Getränke, alle unter Verwendung von Äpfeln oder Apfelprodukten hergestellt, und *Fideler Apfel Bauer* für Fruchtsaftlikör, hergestellt aus Weizenbranntwein und Apfelauszügen (BPatGE 38, 62 – Apfelbauer); *Hoemoren* für pharmazeutische Erzeugnisse sowie Präparate für die Gesundheitspflege und *HEMERAN* für Antiphlogistika, da Eingangssilben und Ausgangssilben beider Zeichen verwirrend ähnlich klängen und mithin bei dem engen Ähnlichkeitsbereich der für die hier gegenüberstehenden Marken maßgebenden Waren eine Verwechslungsgefahr nicht auszuschließen sei (BPatG Mitt 1998, 75 – HEMERAN); *Lindora* für unter anderem Waren der Klasse 3 und *Linola* für unter anderem Dermatika (BPatGE 38, 105 – Lindora); die Kombinationsmarke mit den untereinander in unterschiedlichen Farben angeordneten Wörtern *PAPPA* (türkis), *GALLO* (signalrot) und *BISTRORANT* (schwarz) und einem daneben angeordneten Papageienbild (in den drei genannten Farben) für die Dienstleistung Beherbergung und Verpflegung von Gästen und der Wortmarke *GALLO* für Weine (BPatGE 38, 161 – PAPPA GALLO); der *Abbildung eines Engelkopfes* als Bildzeichen und einer Kombinationsmarke, die in ihrem Gesamteindruck wesentlich durch das Bildelement geprägt wird, das *als Motiv einen Engelkopf* enthält (BPatGE 38, 168 – Abbildung eines Engelkopfes); *HIRO* und *miro* für Produkte auf dem EDV-Sektor (BPatGE 38, 254 – HIRO); *Fischer ISOTHERM* für Sandwichelemente aus Metalldeckschichten sowie PUR-Hartschaumkern für Wand- und Dachkonstruktionen und *Bisotherm-Stein* für Mauersteine aus Bimsbeton (BGH GRUR 1998, 925 – Bisotherm-Stein); die Wortbildmarke *Fläminger* für alkoholische Getränke ausgenommen Biere und *Fälinger* für Weine, Schaumweine, Spirituosen sowie alkoholfreie Getränke, da der Zeichenbestandteil *Fläminger* den Gesamteindruck der Anmeldermarke allein präge (BGH GRUR 1998, 930 – Fläminger); die Buchstabenkombination *LZ* in einer graphischen Gestaltung mit unauffällig abweichender Typographie für Waren, die einen Bezug zu Ausstellungsstücken eines technischen Museums darstellen, und die Buchstabenkombination *LZ* in ihrer originellen graphischen Ausgestaltung (Einschreibung des Z in den Winkel des L) für Luftschiff Zeppelin (BPatGE 39, 48 – LZ); *Plantapret* für Seifen, Mittel zur Körper- und Schönheitspflege und *Plantaren* für chemische Erzeugnisse für gewerbliche Zwecke, nämlich ein Grundprodukt in Form eines Tensids als Zusatz für Haar- und Körperwaschmittel (BPatGE 39, 105 – Plantapret); *Soundboy* für mit Programmen versehene, maschinenlesbare Datenträger, insbesondere Disketten, Kassetten, Festplattenspeicher sowie Nur-Lese-Speicher, einschließlich Compact-Disc-ROM und Steckmodule sowie mit integrierten Schaltkreisen versehene Leiterplatten und *Boy* für tragbare Rundfunkempfänger (BPatG K&R 1998, 213 – Soundboy); *Salventerol* und *salvent* für pharmazeutische Erzeugnisse, d a bei identischen Waren die Widerspruchsmarke *salvent* in der Anmeldermarke *Salventerol* vollständig enthalten sei und dieser Zeichenbestandteil den Gesamteindruck dieser wesentlich präge, sowie die Zeichenendung *erol* auch die klangliche Ähnlichkeit beider hier kollidierenden Marken nicht auszuräumen vermöge (BGH GRUR 1998, 924 – salvent); *Rebenfreund* und *Traubenfreund* für Weine und Schaumweine (BPatGE 39, 208 – Rebenfreund); *Vita-Combex* für Futtermittel für Heimtiere und *VITACOMBEX* für pharmazeutische Präparate für veterinärmedizinische Zwecke (BPatGE 39, 224 – VITACOMBEX); *RACOON* und *DRAGON* für Tabakwaren und Raucherartikel (BGH GRUR 1998, 938 – DRAGON); *Tumarol* und *DURADOL Mundipharma* für rezeptfreie Arzneimittel (BPatGE 39, 273 – Tumarol); *Makalu* und *Manaslu* für Ski- und Wanderstöcke wegen der Warenidentität und der klanglichen Nähe der Bezeichnungen, da sich das Angebot an den allgemeinen Verkehr wende und nicht allein das Verkehrsverständnis des erfahrenen Bergsteiger maßgebend sei, denen die Namen der Achttausender bekannt sei (BGH GRUR 1998, 1034 – Makalu); die Wortmarken *Boris* und *BORIS BECKER* für unter anderem Mittel zur Körper- und Schönheitspflege, Seifen sowie Parfümerien, da eine Ausnahme von dem Grundsatz, daß bei der aus einem Vor- und Familiennamen zusammengesetzten Marke ein gemeinsamer Vorname regelmäßig keine selbständige kollisionsbegründende Wirkung zukomme, zu machen sei, wenn wie hier der Vorname *Boris* häufig zur Identifizierung des Markeninhabers *Boris Becker* benutzt werde (BPatGE 40, 23 – BORIS BECKER); *KIMLADY* und *KIMBOY'S* für Bekleidungsstücke (BPatGE 40, 26 – KIMLADY); *DAN* und *DANNE* für Kaminöfen, da die Kennzeichen jedenfalls vom Klang her fast identisch seien (OLG Köln GRUR 1999, 66 – DAN); die Wortbildmarke mit dem Wortbestandteil *Herbula* und die Wortbildmarke mit dem Wortbestandteil *Herbuland* für die identischen Waren Kosmetikartikel auf Kräuterbasis sowohl nach dem Klang als auch nach dem Sinngehalt (OLG Stuttgart MarkenR 1999, 95 – Herbula); *Windsurfing Chiemsee* und *Chiemsee Sailing* für Textilien, wobei der Zusatz *Sailing* die positive Wirkung der entfremdet verwendeten Bezeichnung *Chiemsee* verstärke (OLG München Mitt 1999, 25 – CHIEMSEE); *TIFFANY* für Filterzigaretten und *TIFFANY & CO.* für Raucherartikel (BGH MarkenR 1999, 93 – TIFFANY; s. dazu BPatGE 36, 115 – TIFFANY).

**(2) Nicht verwechslungsfähige Marken.** Als *nicht verwechslungsfähig* beurteilt wurden *Rebenstolz* und *Rebenstern, Rebenkrone* sowie *REBENDANK* für unter anderem Weine (BPatGE 35, 36 – Rebenstolz); *REEMTSMA R6* und *F6* für Zigaretten (BGH WRP 1995, 115 – f6/R6); *GIGINA* und *gigi* für Bekleidung (BPatG, Beschluß vom 14. Februar 1995, 27 W (pat) 202/93 – gigi); *JACOMO* für Waren der Klasse 16 und *Jac* für unter anderem selbstklebende Produkte aus Papier, Kunststoff sowie Metall (BPatGE 35, 67 – JACOMO); *Bronco* und *BONGO* (BPatG, Beschluß vom 30. März 1995, 25 W (pat) 55/93 – BONGO); *WENDY* für Backwaren, Konditorwaren sowie Präparaten für die Zubereitung von Getränken und *Blendi* für Zahnpflegemittel (BPatG, Beschluß vom 31. März 1995, 32 W (pat) 262/95 – Blendi); *RANIFUG* und *RANIDIN* für pharmazeutische Produkte (BPatG, Beschluß vom 24. April 1995, 30 W (pat) 9/94 – RANIFUG); *Quickvit* und *Quickmix* für alkoholfreie Getränke (BPatG, Beschluß vom 3. Mai 1995, 26 W (pat) 75/93 – Quickmix); *Ferrero Pampino* und *Campino* für Waren der Klasse 30 (BPatG BlPMZ 1996, 190 – Campino); *Klosterberg* für alkoholische Getränke und *Klosterfrau* für Melissengeist (BPatG, Beschluß vom 17. Mai 1995, 26 W (pat) 245/93 – Klosterfrau); *Plak Guard* für Zahnreinigungsmittel und -pflegemittel und *GARD* für Mittel für die Körper- und Schönheitspflege (BPatGE 35, 130 – Plak Guard); *Fructus* und *FRUCTA* für verschiedene Getränke (BPatG, Beschluß vom 21. Juni 1995, 26 W (pat) 113/93 – FRUCTA); *Rauchgold* für Spirituosen und *Rauschgold-Engel Glühwein* für Glühwein, da bei nur geringer Warenähnlichkeit eine Ähnlichkeit der angemeldeten Marke mit nur einem von drei Wortbestandteilen der Widerspruchsmarke nicht zu einer markenrechtlich erheblichen Verwechslungsgefahr führe (BPatG, Beschluß vom 12. Juli 1995, 26 W (pat) 235/93 – Rauschgold); *Granup* und *GRAN* für pharmazeutische Produkte (BPatG, Beschluß vom 3. August 1995, 25 W (pat) 252/93 – GRAN); *quickslide* für Diapositivrahmen sowie Rahmungsgeräte für Diapositive und *quickpoint* für ausschließlich für den Export bestimmte Dia-Rähmchen, da der Zeichenbestandteil *quick* nicht prägend sei (BPatGE 35, 180 – quickslide); *ELMED SYSTEM* für Software und *ELMED* für elektromedizinische Geräte (BPatG, Beschluß vom 8. August 1995, 24 W (pat) 190/94 – ELMED); *ARD-1* und *Kabel-1* für audiovisuelle Dienstleistungen (OLG Frankfurt AfP 1995, 676 – ARD-1/Kabel-1); *NUTRISOL* für Futtermittel und *LUTRIZOL* für veterinärmedizinische wirksame Substanzen zur Weiterverarbeitung sowie veterinärmedizinische Erzeugnisse (Beschluß des BPatG vom 13. Dezember 1995, 28 W (pat) 263/94 – NUTRISOL); *Einträumereien* und *Träumerei* für Speiseeis (BPatG Mitt 1996, 20 – Einträumereien); *fontana Getränkemarkt* für alkoholische sowie nicht alkoholische Getränke und *Fontana Stuttgart* für Beherbergung sowie Verpflegung von Gästen (BPatGE 36, 37 – fontana Getränkemarkt); Wortbildmarke *LIBERO* für Wein, Schaumwein sowie entalkoholisierte Weine und Schaumweine und Wortmarke *Libero* für Weine, Schaumweine, Spirituosen sowie Liköre (BPatGE 36, 68 – LIBERO); Wortmarke *DENTO FRESSHHH* für Dentifrices und Wortbildmarke *DENTO* mit dem Bildelement eines Zahnes mit menschlichem Gesicht, Armen sowie Beinen für medizinische und nichtmedizinische Zahncremes, da dem Zeichenbestandteil *DENTO* der Anmeldermarke keine den Gesamteindruck dieser wesentlich prägende Stellung zukomme (BPatG, Beschluß vom 19. März 1996, 24 W (pat) 23/95 – DENTO FRESSHHH); *PARK* und *Jean Barth* für Tabakwaren (BPatGE 36 82 – PARK); *Innovadiclophlont* für chemische Erzeugnisse für Heilzwecke und Gesundheitspflege und *Diglophlogont* für Arzneimittel für Menschen und Tiere, da es für die Annahme einer mittelbaren Verwechslungsgefahr unter dem Aspekt einer Serienmarke an der gebotenen Wesensgleichheit des Zeichenstammes *phlogont* mit dem entsprechenden Zeichenbestandteil des angemeldeten Zeichens *phlont* fehle (BGHZ 131, 122 – Innovadiclophlont); *POLYFLAM* und *MONOFLAM* für pharmazeutische Produkte (BPatG, Beschluß vom 23. April 1996, 30 W (pat) 102/95 – POLYFLAM); die Wortbildmarke *JUWEL* mit dem zusätzlichen Zeichenbestandteil *von KLiNGEL* für Bekleidungsstücke und andere Waren und *JUWEL* für Strumpfwaren, da der Zeichenbestandteil *von KLiNGEL* der Anmeldermarke vom Verkehr als Herkunftshinweis erachtet werde und deshalb der Zeichenbestandteil *JUWEL* nicht wesentlich prägend für den Gesamteindruck der Anmeldermarke sei (BGH GRUR 1996, 406 – JUWEL); die Wortmarke *ICPI* und eine Kombinationsmarke mit dem hervorgehobenen Buchstabenbestandteil *ICP* für Waren der Klasse 9 (BPatG GRUR 1996, 413 – ICPI); *babalu* für Bekleidungsstücke und *BALUBA* für Bekleidungsstücke sowie Schmuckwaren, da die Widerspruchsmarke *BALUBA* den Gesamteindruck mitprägendes Bildelement enthalte, welches den insgesamt afrikanischen Eindruck dieser Marke verstärke (BPatGE 36, 123 – BALUBA); *HORTIVER* und *HORTIPLUS* für Glas (BPatG Mitt 1996, 171 – HORTIVER); *ART/FILTER* und *Jean Barth* für Tabakwaren (BPatG BlPMZ 1996, 277 – Jean Barth); *GREYLINE* und *GREYHOUND* unter anderem für Schuhe (BPatG, Beschluß vom 5. August 1996, 30 W (pat) 159/95 – GREYHOUND); *E-Klasse* und *Classe E* für Kraftfahrzeuge (LG Frankfurt MA 1996, 439 – E-Klasse; s. dazu OLG Frankfurt GRUR 1998, 704); *falke-run* und *LE RUN* für Bekleidungsstücke (BGH GRUR 1996, 774 – falke-run); *Sali Toft* und *SALMI* für Zuckerwaren, da der Zeichenbestandteil *Sali* der Anmeldermarke kein den Gesamteindruck prägendes Element dieser und lediglich mitprägend sei (BGH GRUR 1996, 775 – Sali Toft); *Foot-Joy* und *JOY* für Bekleidungsstücke, Lederwaren (BGH GRUR 1996, 777 – JOY); *FLEUR D'OR* und die Kombinationsmarke *GOLDBLUME Leicht-Fit* sowie *GOLDBLUME Früchtetraum* trotz des jeweils prägenden Wortbestandteiles *GOLDBLUME* für Waren der Klasse 29, da bei fremdsprachigen Zeichenbestandteilen erhöhte Anforderungen an die Verwechslungsgefahr zu stellen seien (BPatG, Beschluß vom 23. Oktober 1996, 28 W (pat) 34/96 – FLEUR D'OR); die Bildmarke *roter Kreis* mit dem graphischem Element einer roten Kreisfläche für Thermosbehälter und die Wortbildmarke *emsa* in weißer Schrift auf rotem kreisförmigen Untergrund für unter anderem tragbare Behälter und Geschirre für Haushalt sowie Isoliergefäße für Haushalt sowie Gastronomie, da das Bildelement rote Kreisfläche der Widerspruchsmarke *emsa* nicht selbständig kollisionsbegründend wirke, der Verkehr sich im wesentlichen am Wortelement *emsa* orientiere (BPatGE 36, 214 – rote Kreisfläche); *NISSKOSHER* und *Nissen* für Spirituosen (BPatGE 36, 220 – NISSKOSHER); *Sala* für Spiele, Ausschneidebogen, Modellbausätze aus Karton und *Sulla* für Tierfiguren (BPatG BlPMZ 1996, 466 – Sulla); *ratiopharm* und *Varipharm* für Arzneimittel (OLG Stuttgart PharmaR 1997, 16 – ratiopharm); *Vorsicht Elch!* für verschiedene Waren der Bekleidungs- und Textilindustrie und *Elch* für Oberhemden (BPatGE 37, 16 – Vorsicht Elch!); *Ultra-Basic* und *Basics* für Generika (OLG Stuttgart WRP 1997, 118 – Basics); *Cefallone* und *Cefavora* sowie *Cefavale* für Arzneimittel (OLG Stuttgart PharmaR 1997, 30 – Cefallone); *CHIN LEE* und *LEE* für Tabakwaren (BPatGE 37, 62 – CHIN LEE); *GREEN POINT* für alkoholische Getränke ausgenommen Biere und *Der Grüne Punkt* für Biere und alkoholische Getränke (BPatGE 37, 67 – GREEN POINT); LORA DI RECOARO und *FLORA* für nichtalkoholische Getränke, da dem Zeichenbestandteil *LORA* der Anmeldermarke keine den Gesamteindruck prägende Wirkung beigemessen werden könne (BPatG Mitt 1997, 164 – LORA DI RECOARO); das als Marke eingetragenes Symbol *World Cup '94* und das aus einem Fußball und der Angabe *WM '94* bestehende zeichenartige Symbol (HansOLG Hamburg GRUR 1997, 297 – WM '94); *SIGMA* für Fertighäuser und *SIGMA* für Farben sowie Lacke (BPatG BlPMZ 1997, 230 – SIGMA); die Wortbildmarke *LION-DRIVER* mit dem Bildbestand der Abbildung eines stilisierten Löwenkopfes und die Wortmarke *LIONS* für Waren der Klasse 16 sowie 25 (BPatG BlPMZ 1997, 231 – LION-DRIVER); *BARBEIDOS* und *VITAMED badedas* für Bademittel und Kosmetika (BPatG GRUR 1997, 647 – BARBEIDOS); *LINX* und *Carl Link* für Computersoftware (BPatG, Beschluß vom 7. Juli 1997, 30 W (pat) 176/96 – Carl Link); *duramodium* und *IMODIUM* für Arzneimittel (BPatG, Beschluß vom 14. August 1997, 25 W (pat) 47/95 – IMODIUM); *novoSol-ratiopharm* und *Novuxol* für pharmazeutische Erzeugnisse (BPatGE 37, 223 – Novuxol); *TWISTman* für Datenverarbeitungsgeräte und *Twist* für Schreibgeräte, selbst wenn es sich dabei um Dateneingabestifte handelt (BPatG, Beschluß vom 15. September 1997, 30 W (pat) 208/96 – Twist); *White Lion* für Spirituosen und *LIONS* für Beherbergung und Verpflegung von Gästen sowie *Lion's Best* für Spirituosen (BPatG BlPMZ 1997, 366 – White Lion); *STORM* für Datenverarbeitungsgeräte und *STORM* für die Dienstleistung Sammeln und Liefern von Datenbeständen zur Verkehrsplanung und Information (BPatG CR 1997, 417 – STORM); die Kombinationsmarke *MILAN*, bestehend aus einer vertikal gestellten Ellipse mit einem sich im Inneren befindenden Kreis, halb ausgefüllt und halb mit Kreuz versehen, um welchen sich am unteren Rand der Zahlenbestandteil *1899* und am oberen Rand der Wortbestandteil *MILAN* der Kreisform nach befindet; und die Wortbildmarke *Milan*, bestehend aus dem Wortbestandteil Milan und der Abbildung eines der Schriftgröße entsprechenden vor diesen Wortbestandteil gestellten Raubvogels, für Waren der Klasse 16, nicht aber die Wortmarke *Milan* (BPatGE 38, 7 – Milan; s. Rn 269); *FOSTRAN* und *ZOFRAN* für pharmazeutische Produkte (BPatGE 38, 83 – FOSTRAN); *PRESS* für Zigaretten und *Expreß* (BPatGE 38, 97 – PEER EXPRESS); die Bildmarke eines *aufrechtstehenden und beschädigten Eies* und das Geschäftsemblem eines *schwebenden und unbeschädigten Eies* für Werbeagenturen, da das Ei-Symbol allgemein als *Ei des Columbus* bekannt sei und nicht im Wege der gedanklichen Verbindung jede Darstellungsform eine Eies erfasse und monopolisiere (OLG München, GRUR 1998, 63 – Ei des Columbus); *WOOL-DURA* und *Dora* für Kleidung (BPatG, Beschluß vom 18. Februar 1998, 27 W (pat) 235/95 – WOOL-DURA); *SAINT MORIS* für Damenbekleidungsstücke und Schuhwaren und eine Wortbildmarke mit den Wortbestandteilen *St. Moritz* und *TOP OF THE WORLD* sowie dem Bildbestandteil einer Sonne als international registrierte Kollektivmarke für eine Vielzahl von Waren (BPatGE 38, 266 – SAINT MORIS, bedenklich; s. auch § 97, Rn 5); *KELLOGG'S* für Cerealien sowie Frühstücksmüsli und *KELLY* für Erdnüsse, da zwar Warenähnlichkeit bestehen möge, was aber bei einer Gesamtabwägung in klanglicher und schriftbildlicher Hinsicht nicht für eine Verwechslungsgefahr ausreiche (HansOLG Hamburg WRP 1998, 326 – KELLOGG'S); *BeiChem* und *Bayer* für pharmazeutische Produkte (BPatG BlPMZ 1998, 318 – Bayer); *d-box* für ein multimediales Zusatzgerät für digitales Fernsehen und *i-Box* für eine Set-Top-Box unter anderem mit elektronischer Programmzeitschrift (HansOLG Hamburg GRUR 1998, 470 – i-Box); *DPM* für die Dienstleistung Personalberatung, nämlich Personalentwicklungsberatung und *DPM* für Dienstleistungen einer Datenbank, nämlich Liefern von Daten auf dem Gebiet der Arzneimittel (BPatGE 39, 95 – DPM); *Plantapret* für ätherische Öle, Haarwasser sowie Zahnputzmittel und *Plantaren* für chemische Erzeugnisse für gewerbliche Zwecke, nämlich ein Grundprodukt in Form eines Tensids als Zusatz für Haar- und Körperwaschmittel, da der Warenabstand aufgrund der eigenständigen Warengruppen so deutlich sei, daß trotz Ähnlichkeit der hier gegenüberstehenden Zeichen dies nicht zu einer Verwechslungsgefahr führe (BPatGE 39, 105 – Plantapret); *HH 1* und *ARD-1* für audiovisuelle Dienstleistungen (HansOLG Hamburg NJW-RR 1998, 554 – ARD-1/HH 1); *König Stephan Wein* und *STEPHANSKRONE* für Weine (BGH GRUR 1999, 240 – STEPHANSKRONE I); *Stephanskreuz* und *STEPHANSKRONE* für Weine (BGH GRUR 1999, 241 – STEPHANSKRONE II ); *GARIBALDI* für Weine, Schaumweine, Spirituosen sowie Liköre, sämtliche Waren italienischer Herkunft, und *GARIBALDI* für Teigwaren sowie dazugehörende Soßen, insbesondere italienischer Herkunft, da Teigwaren sowie dazugehörige Soßen einerseits und Weine oder Spirituosen andererseits aus unterschiedlichen Betrieben mit völlig verschiedenen Produktionsweisen stammten und aus auch vom Aggregatzustand her verschiedenen Stoffen bestünden (BGH GRUR 1999, 158 – GARIBALDI; kritisch *Fezer*, WRP 1998, 1123, 1125); *EUKRATON* und *Craton* für Humanarzneimittel (BPatGE 39, 52 – EUKRATON); *MEISTERBRAND* für Spirituosen und *Meister H.L.* für Weine, da sich bei der Ein-Wort-Marke *MEISTERBRAND*, die als Zeichenbestandteil das rein beschreibende Wort *BRAND* enthalte, ein Gesamtbegriff mit eigenem Bedeutungsgehalt ergebe, mithin es sich verbiete das Markenwort *MEISTERBRAND* in seine Bestandteile zu zerlegen, vielmehr der Zeichenbestandteil *BRAND* gleichermaßen mitprägend sei (BGH GRUR 1998, 932 – MEISTERBRAND); *COMPO-SANA* und *Tresana* für Düngemittel (BGH GRUR 1998, 927 – COMPO-SANA); die Wortbildmarke *Revian* mit dem Bildbestandteil eines farbigen Etiketts mit Trauben und Rheinlandschaft sowie dem Wortbestandteil *Revian* für Wein und *evian* für Wasser, wegen der deutlichen Verschiedenheit der Waren, trotz klanglicher Ähnlichkeit beider Marken (HansOLG Hamburg NJWE-WettbR 1998, 203 – evian); die Wortbildmarken *EKKO BLEIFREI* und *ECCO MILANO*, jeweils mit zwei Wortbestandteilen und einem Bildelement, für Bekleidungsstücke, da zwar der Zeichenbestandteil *ECCO* der Widerspruchsmarke diese maßgeblich präge, jedoch der Zeichenbestandteil *EKKO* der Anmeldermarke den Gesamteindruck dieser nicht wesentlich präge, vielmehr *BLEIFREI* als verfremdende Phantasiebezeichnung gleichermaßen mitprägend sei, mithin *EKKO* und *ECCO* für den maßgebenden Verkehr keinesfalls eigenständig kollidierend gegenüberstünden (BGH GRUR 1999, 52 – EKKO BLEIFREI); *BRANDT ECCO* und *ECCO MILANO* für Bekleidungsstücke sowie Schuhwaren, da der bei beiden Marken identische Zeichenbestandteil *ECCO* bei der Anmeldermarke nicht selbständig kollisionsbegründend und nicht wesentlich mitprägend sei, weil gerade im hier vorliegenden Warensektor der Bekleidungsindustrie die Herkunftsbezeichnung *BRANDT* für den Verkehr erheblich und damit für den Gesamteindruck der Anmeldermarke mitprägend sei (BGH GRUR 1998, 1014 – ECCO II); *Togal-Seltzer* und *Alka-Seltzer* für ein nach Wirkstoff und Darreichungsform identisches Schmerzmittel, da der Zeichenbestandteil *ALKA* der Klägermarke neben deren Zeichenbestandteil *SELTZER* gleichfalls ein den Gesamteindruck dieser mitprägendes Zeichenelement sei, mithin beide Marken verkürzt auf den Zeichenbestandteil *SELTZER* sich nicht gegenüberstünden und ansonsten auch ein selbständiger Zeichenschutz von *SELTZER* nach dem MarkenG bei Marken mit mehreren Wortelementen nicht gegeben sei (BGH GRUR 1998, 942 – ALKA-SELTZER; aA OLG Köln WRP 1996, 351 – TOGAL-SELTZER); die Wortmarken sowie Wortbildmarken *Beck's* sowie *BECK's BIER* und die Wortmarke *Riebeck* für Bier, da Verwechslungsgefahr unter dem Gesichtspunkt der Serienmarken deshalb nicht bestehe, weil der Verkehr sowohl *BECK* als auch *Riebeck* als verschiedene Familiennamen verstehe (BGH GRUR 1999, 156, 157 – DRIBECK's LIGHT; s. auch HABM, Entscheidung der Widerspruchsabteilung MaBl. HABM 1998, 1100 – BECK's/ISENBECK); *JOHN LOBB* für Herrenschuhe und *JOHN LORD* für Bekleidungsstücke für Damen, Herren und Kinder, da entgegen der Auffassung des BPatG die Annahme markenrechtlicher Warenähnlichkeit von Schuhen und Bekleidungsstücken abzulehnen sei, da diese nicht allein daraus hergeleitet werden könne, daß das Angebot dieser Waren vereinzelt, vor allem bei Anbietern hochpreisiger Erzeugnisse, im Verkaufsgeschäft in engem räumlichen Zusammenhang erfolge, vielmehr komme es darauf an, daß im übrigen insbesondere hinsichtlich der Herstellungsstätten, der Stoffbeschaffenheit, der Zweckbestimmung und Verwendungsweise sowie der Vertriebswege der Waren erhebliche, die Verkehrsauffassung im Sinn einer Unähnlichkeit der Waren maßgeblich beeinflussende Unterschiede gegeben seien (BGH GRUR 1999, 164 – JOHN LOBB; s. im Ergebnis auch BPatG GRUR 1996, 356 – JOHN LOBB; s. dazu kritisch *Fezer*, WRP 1998, 1123, 1125); *CHEVROLET* und *Chevy* für Bekleidungsstücke, Schuhwaren sowie Kopfbedeckungen (BPatGE 40, 45 – Chevy); die Wortbildmarke *PATRIC LION* mit dem Bildbestandteil einer markanten Abbildung eines stilisierten Löwenkopfes und die Wortmarke *LIONS* für Bekleidungsstücke, da weder eine schriftbildliche noch eine klangliche Verwechslungsgefahr der Marken *Patric Lion* und *Lions* anzunehmen sei, da die aus Vor- und Familiennamen bestehenden Zeichen vom Verkehr so benutzt würden, wie sie ihm entgegenträten, mithin keine Verkürzung von *Patric Lion* zu *Lion* in Frage kommen könne (BGH GRUR 1999, 241 – Lions, s. dazu BPatGE 36, 159 – PATRIC LION); die Wortbildmarke mit dem Wortbestandteil *Marlboro* und dem Bildbestandteil eines rot-weißen *Marlboro*-Daches auf der Zigarettenpackung und der Wortmarke *CABINET* auf der rot-weißen Packungsgestaltung (HansOLG Hamburg GRUR 1999, 172 – CABINET); *City Plus* und *D2BestCityPlus* in der Branche der Telekommunikationsdienstleistungen, da der vorangestellte Zusatz *D2* das angegriffene Gesamtzeichen im Sinne einer zusätzlichen und für den angesprochenen Verkehr notwendigen Unterscheidungshilfe präge (OLG Düsseldorf MarkenR 1999, 105 – City Plus; bedenklich).

## 11. Kennzeichnungskraft

**a) Grundsätze. aa) Relation der Kennzeichnungskraft zum Schutzumfang der Marke.** Der für die Beurteilung der Verwechslungsgefahr maßgebliche Schutzumfang einer Marke hängt von deren *Kennzeichnungskraft im Verkehr* ab (s. allgemein Rn 121 ff.). Die Kennzeichnungskraft einer Marke beruht auf der Unterscheidungskraft des als Marke schutzfähigen Zeichens, als Unterscheidungszeichen zur Identifizierung von Unternehmensprodukten auf dem Markt zu dienen (s. § 3, Rn 9 ff.). Die Unterscheidungskraft ist gleichsam die originäre Kennzeichnungskraft eines Zeichens aufgrund seiner Charakteristik wie Eigenart und Einprägsamkeit. Die Kennzeichnungskraft ist aber nicht mit der Unterscheidungskraft einer Marke gleichzusetzen. Die Kennzeichnungskraft einer Marke ist keine Konstante der Zeichencharakteristik, sondern eine Variable ihres Bekanntheitsgrades im Markt. Entsprechend der Benutzungslage im Verkehr wächst oder mindert sich die Kennzeichnungskraft der Marke und verändert sich so ständig. Die *Marktstärke einer Marke* wird gleichsam zum Ausdruck der *Unternehmensleistung* des Markeninhabers. Bei der Feststellung der Kennzeichnungskraft einer Marke handelt es sich um einen wettbewerblichen Sachverhalt, der die Einheit des Wettbewerbs- und Markenrechts zum Ausdruck bringt. Die Kennzeichnungskraft einer benutzten Marke bestimmt sich nicht nach ihrer ursprünglichen Unterscheidungskraft, sondern nach dem Umfang und der Stärke ihrer Verkehrsdurchsetzung als Marke (BGH GRUR 1954, 192, 193 – Dreikern/Dreiring; 1957, 228, 230 – Astrawolle; 1960, 130, 133 – Sunpearl II). Der Schutzumfang einer Marke variiert mit deren Kennzeichnungskraft. Je größer die Kennzeichnungskraft ist, desto weiter reicht der Schutzumfang der Marke. Als variable Größe hängt die Kennzeichnungskraft einer Marke zum einen von der von Haus aus bestehenden Kennzeichnungskraft sowie zum anderen von der Intensität der Benutzung im Verkehr ab. Wenn der Bekanntheitsgrad der Marke im Markt steigt, dann erhöht sich ihre Kennzeichnungskraft und erweitert sich ihr Schutzumfang vor Verwechslungsgefahr. Es ist nicht möglich, den Bekanntheitsgrad einer Marke, die Intensität ihrer Kennzeichnungskraft sowie den davon abhängigen Schutzumfang der Marke abstrakt und generell für alle denkbaren Markenkollisionen zu bestimmen. Zur Feststellung einer Markenrechtsverletzung ist deshalb der Schutzumfang der Marke nur insoweit zu bestimmen, als dies zur Beurteilung der Verwechslungsgefahr aufgrund der konkreten Markenkollision rechtserheblich ist (BGH GRUR 1964, 140, 142 – Odolflasche; 1968, 371, 374 – Maggi II; 1968, 581, 583 – Blunazit).

**bb) Kennzeichnungskraft normaler, schwacher und starker Marken.** Nach der Kennzeichnungskraft einer Marke ist zwischen *normalen, schwachen* und *starken Marken* zu unterscheiden. Normale Marken besitzen eine durchschnittliche Kennzeichnungskraft, die weder verstärkt noch gemindert ist. Einer schwachen Marke kommt eine nur geringere als die durchschnittliche Kennzeichnungskraft zu. Starke Marken besitzen eine gesteigerte Kennzeichnungskraft, die höher als die gewöhnliche Kennzeichnungskraft ist. Der Schutzumfang einer normalen, schwachen oder starken Marke ist entsprechend dem Grad ihrer Kennzeichnungskraft normal, gering oder erweitert. Innerhalb des Verwechslungsschutzes der Marke nach § 14 Abs. 2 Nr. 2 ist die Rechtserheblichkeit der Kennzeichnungskraft einer Marke und damit die Variabilität ihres Schutzumfangs Ausdruck ihres Bekanntheitsgrades im Verkehr. Die Marktstärke einer Marke ist ein als Unternehmensleistung geschütztes Beurteilungskriterium innerhalb des Verwechslungsschutzes der Marke. Einen hinsichtlich der Kennzeichnungskraft variablen Schutzumfang besitzen den Marken entsprechend auch die Unternehmenskennzeichen (BGH GRUR 1952, 35, 36 – Widia/Ardia; BGHZ 21, 85, 92 – Der Spiegel; BGH GRUR 1957, 281 – karo-as; 1959, 182, 184 – Quick/Glück).

**273** Aus der Differenzierung des Schutzumfangs einer Marke entsprechend ihrer Kennzeichnungskraft im Verkehr wird in ständiger Rechtsprechung der Rechtssatz abgeleitet, daß bei schwachen Marken schon *geringe Abweichungen* genügen, um die Verwechslungsgefahr zwischen den Kollisionszeichen zu mindern oder auszuschließen (s. schon RG GRUR 1940, 279 – Vitalis; 1940, 286 – Müller/Lichtmüller). Auch wenn der gesetzliche Markenschutz für alle eingetragenen Marken seiner Art nach gleich ist, ist es sachgerecht, den Schutzumfang des konkreten Markenrechts nach der unterschiedlichen Kennzeichnungskraft im Verkehr zu bestimmen. Die Relativierung des Markenschutzes nach der Kennzeichnungskraft im Verkehr mindert nicht den gesetzlichen Schutzumfang einer Marke (BGH GRUR 1952, 419 – Gumax/Gumasol; *Benkard,* GRUR 1952, 311; *Wilde,* MA 1952, 359). Welche Abweichungen zwischen den Kollisionszeichen erforderlich und ausreichend sind, bestimmt sich bei einer Markenkollision nach der Kennzeichnungskraft der prioritätsälteren Marke. Die im Warenzeichenrecht frühzeitig geübte Kritik an einer Differenzierung des Schutzumfangs der Marken nach ihrer Kennzeichnungskraft (*Reimer,* Kap. 14, Rn 24; *Reimer,* MuW 1930, 344, 345; *Reimer,* GRUR 1931, 447, 458; auch *Köhler,* Verwechslungsgefahr, S. 153 ff.) ist nicht berechtigt. Die Kritik ist Ausdruck eines empirischen Verständnisses von der Verwechslungsgefahr (s. dazu näher Rn 124), die von dem Erfahrungssatz ausging, das Publikum verwechsele eine bekannte Marke mit einem ähnlichen Zeichen schwerer als eine weitgehend unbekannte Marke. Es besteht heute aber Einigkeit dahin, daß Marken mit starker Kennzeichnungskraft einen erweiterten Schutzumfang genießen. Dieses normative Verständnis von der Verwechslungsgefahr als eines markenfunktionalen Rechtsbegriffs kommt im MarkenG in der Formulierung des § 14 Abs. 2 Nr. 2 zum Ausdruck, die Verwechslungsgefahr schließe die Gefahr eines gedanklichen Inverkehrbringens der Marken ein (s. dazu näher Rn 108, 113).

**274** Von der Differenzierung des Schutzumfangs normaler, schwacher und starker Marken innerhalb des Verwechslungsschutzes der Marke nach § 14 Abs. 2 Nr. 2 ist zum einen der Bekanntheitsschutz der im Inland bekannten Marke nach § 14 Abs. 2 Nr. 3 (s. Rn 410 ff.), sowie zum anderen der Verwässerungsschutz der berühmten Marke nach § 823 Abs. 1 BGB (s. Rn 441 ff.) zu unterscheiden. Der Übergang des Verwechslungsschutzes der Marke zum Bekanntheitsschutz der Marke, der außerhalb des Produktähnlichkeitsbereichs besteht, ist fließend.

**275** **cc) Produktbezug der Kennzeichnungskraft.** Die Kennzeichnungskraft einer Marke besteht nicht einheitlich für alle Waren oder Dienstleistungen, für die die Marke im Register eingetragen ist. Der Grad der Kennzeichnungskraft ist für jedes Produkt des Verzeichnisses eigenständig und bei einer Markenkollision für das *konkrete Produkt* zu bestimmen (BGH GRUR 1962, 195, 196 – Palettenbildzeichen). Aus dem Produktbezug der Kennzeichnungskraft folgt, daß einer Marke unabhängig von ihrer Benutzung im Verkehr schon von Haus aus eine unterschiedliche Kennzeichnungskraft für die eingetragenen Produkte zukommen kann. Die Marke kann für bestimmte Waren oder Dienstleistungen einer beschreibenden Angabe wie etwa einer Artangabe, Beschaffenheitsangabe oder Bestimmungsangabe näher kommen und damit von schwächerer Kennzeichnungskraft als bei anderen Produkten sein. Eine Marke kann für eine bestimmte Produktgattung eine symbolhafte Bedeutung besitzen, für eine andere Produktgattung nicht.

**276** Wenn eine Marke aufgrund ihrer Benutzung im Verkehr ihren Bekanntheitsgrad erhöht und ihre Kennzeichnungskraft steigert, dann kommt der *erweiterte* Schutzumfang der Marke allein den Waren oder Dienstleistungen zugute, für die die Marke auf dem Markt als produktidentifizierendes Unterscheidungszeichen verwendet worden ist. Andere Produkte des Waren- oder Dienstleistungsverzeichnisses nehmen an dem erweiterten Schutzumfang der eingetragenen Marke nicht teil. So bestand etwa die starke Kennzeichnungskraft des *Zwillingszeichens* für Schneidewaren nicht auch für völlig andere Produkte wie Kaffee oder Tee (BGH GRUR 1968, 256, 257 – Zwillingskaffee).

Der Produktbezug der Kennzeichnungskraft wirkt sich auch innerhalb des Produktähnlichkeitsbereichs einer Markenkollision aus. Wenn einer Marke für bestimmte Waren oder Dienstleistungen aufgrund der Benutzung der Marke im Verkehr eine gesteigerte Kennzeichnungskraft zukommt, dann besteht diese starke Kennzeichnungskraft nicht auch für alle Produkte innerhalb des Bereichs ähnlicher Waren oder Dienstleistungen im Sinne des § 14 Abs. 2 Nr. 2. Schon nach der Rechtslage im WZG war trotz des statischen Begriffs der Warengleichartigkeit (s. Rn 334 ff.) anerkannt, daß zwischen dem wirtschaftlichen Abstand der Waren und dem für den Schutzumfang eines Warenzeichens maßgebenden Grad der Kennzeichnungskraft auch innerhalb des Gleichartigkeitsbereichs eine *Wechselwirkung* bestand und bei der Beurteilung der Verwechslungsgefahr zu berücksichtigen war (BGH GRUR 1970, 302, 304 – Hoffmann's Katze; 1974, 84, 87 – Trumpf; 1978, 170, 171 – FAN; *Heydt*, GRUR 1971, 435; *Winter*, GRUR 1977, 467, 472; *Krüger-Nieland*, GRUR 1980, 425, 428). Hinsichtlich der den Schutzumfang bestimmenden Kennzeichnungskraft einer Marke war auch im WZG anerkannt, daß die Verwechslungsgefahr sich nicht nur nach dem Ähnlichkeitsgrad der Kollisionszeichen, sondern auch nach der Art der Waren innerhalb des Gleichartigkeitsbereichs bestimmt. Wenn ein ähnliches Kollisionszeichen für Produkte benutzt wurde, die mit den für die prioritätsältere Marke eingetragenen Produkten gleichartig war, dann war bei der Beurteilung der Verwechslungsgefahr die starke Kennzeichnungskraft der Marke für bestimmte Produkte nicht auch für solche gleichartigen Waren oder Dienstleistungen maßgebend, für die die Marke nicht oder nur schwach benutzt worden war. Dieser Rechtssatz gilt erst recht für das bewegliche System der Verwechslungsgefahr nach der Rechtslage im MarkenG.

Als *nicht verwechslungsfähig* beurteilt wurden FANTA für Limonade und FAN für Schaumweine, da zwischen den Produkten Limonade und Schaumwein ein so erheblicher Warenabstand bestehe, daß sich die für Limonade aufgrund Verkehrsgeltung der Marke bestehende, starke Kennzeichnungskraft der Marke FANTA nicht für Schaumweine auswirke (BGH GRUR 1978, 170, 171 – FAN); *Capri-Sonne* für alkoholfreie Getränke und *Sonnenquell* für Weine, da auch eine für Fruchtsaftgetränke erworbene Verkehrsgeltung wegen des Produktabstands nicht für Wein wirke (BPatG Mitt 1979, 91 – Sonnenquell/Caprisonne); *Racke* für Whisky und *Rocket* für Limonade, weil sich die beiden Getränkearten gruppenmäßig deutlich voneinander abhöben und insoweit Verwechslungsgefahr regelmäßig nur bei identischen oder stark angenäherten Marken zu befürchten sei (BPatG Mitt 1983, 217 – ROCKET/RACKE); *TOLKAN* für Herbizide sowie Weizen und *Togal* für Arzneimittel wegen der Warenferne (BPatGE 20, 267 – TOLKAN/Togal).

Ob die starke Kennzeichnungskraft einer Marke für bestimmte Waren oder Dienstleistungen auch für *branchenferne* Produkte innerhalb des Ähnlichkeitsbereichs oder gar außerhalb des Ähnlichkeitsbereichs der Waren oder Dienstleistungen ausnahmsweise dann wirken kann, wenn innerhalb der beteiligten Verkehrskreise eine solche Verkehrsauffassung zur Ausdehnung der produktbezogenen Kennzeichnungskraft bestehen sollte, wurde nach der Rechtslage im WZG erwogen (*Schramm*, GRUR 1968, 258; *Baumbach/Hefermehl*, § 31 WZG, Rn 124 a). Nach der Rechtslage im MarkenG könnte eine solche Fallkonstellation ausnahmsweise als ein gedankliches Inverbindungbringen im Sinne des § 14 Abs. 2 Nr. 2 verstanden werden.

Die Problematik des Produktbezugs der Kennzeichnungskraft besteht allein bei dem durch Eintragung entstehenden Markenschutz nach § 4 Nr. 1, nicht auch bei dem durch Benutzung entstehenden Markenschutz nach § 4 Nr. 2. Der sachliche Markenschutz, der aufgrund des Erwerbs von Verkehrsgeltung innerhalb beteiligter Verkehrskreise entsteht, bezieht sich nur auf die Waren oder Dienstleistungen, für die das Zeichen als Marke benutzt worden ist (BGH GRUR 1962, 195, 196 – Palettenbildzeichen).

**dd) Verlust der Kennzeichnungskraft.** Wenn sich die starke Kennzeichnungskraft einer Marke vermindert, dann bestimmt sich der Schutzumfang der Marke nach der *geringeren*

**MarkenG § 14**   282–284                                        Schutzinhalt des Markenrechts

Kennzeichnungskraft. Wenn die Kennzeichnungskraft einer Marke aufgrund des Aufkommens ähnlicher Marken im Verkehr gemindert wird, dann kann der Schutzumfang der Marke nach den Rechtssätzen zur Wirkung ähnlicher Konkurrenzmarken auf dem Markt (s. Rn 307 ff.) eingeschränkt werden. Wenn eine Marke ihre Kennzeichnungskraft vollständig verliert, weil sich die Marke etwa in eine beschreibende Angabe wie eine Artangabe, Beschaffenheitsangabe oder Bestimmungsangabe sowie einen freien Produktnamen entwickelt, dann tritt ein Verlust des materiellen Markenrechts ein. Die Marke kann von einem jeden Dritten im Verkehr frei benutzt werden (BGH GRUR 1964, 458, 460 – Düssel). Das Eingetragensein der Marke hindert den Verlust des Markenrechts nicht (zur Löschung der Marke s. § 52, Rn 1 ff.).

**282**   **b) Kennzeichnungskraft von Marken mit verschiedener Marktstärke. aa) Normale Marken. (1) Benutzte Marken.** Eine eingetragene Marke, die von Hause aus von durchschnittlicher Unterscheidungskraft ist und als produktidentifizierendes Unterscheidungszeichen auf dem Markt benutzt wird, besitzt *normale Kennzeichnungskraft* und einen entsprechenden Schutzumfang, es sei denn, der Marke kommt aufgrund des Erwerbs von Marktstärke ein höherer Bekanntheitsgrad und damit gesteigerte Kennzeichnungskraft zu, oder sei es, der Marke kommt aufgrund einer Entwicklung zur beschreibenden Angabe oder aufgrund des Aufkommens von ähnlichen Drittmarken im Verkehr nur noch eine geringere Kennzeichnungskraft und ein entsprechender Schutzumfang zu. Die benutzte Marke mit normaler Kennzeichnungskraft und einem entsprechenden Schutzumfang stellt die häufigste Fallkonstellation einer Markenkollision dar und ist der *Regelfall* in der Markenrechtspraxis namentlich im Widerspruchsverfahren.

**283**   **(2) Nicht benutzte Marken.** Wenn eine Marke im Verkehr nicht benutzt wird, kann eine *konkrete* Verwechslungsgefahr nicht bestehen. Wenn man den Verwechslungsschutz einer Marke nach § 14 Abs. 2 Nr. 2 vom Vorliegen einer konkreten Gefahr der Verwechslung von Kollisionszeichen im Verkehr abhängig machte, dann bestünde für nicht benutzte Marken nur ein Identitätsschutz der Marke nach § 14 Abs. 2 Nr. 1, der das Vorliegen von Verwechslungsgefahr nicht voraussetzt. Einer solchen Beschränkung des Verwechslungsschutzes der Marke widerspricht schon, daß in dem staatlichen Eintragungsverfahren das als Marke schutzfähige Zeichen als markenfähig anerkannt und durch die Eintragung in das Register ein subjektives Markenrecht konstitutiv entstanden ist (s. § 4, Rn 13). Aus der Ausgestaltung des Benutzungszwangs nach § 26 folgt zudem, daß innerhalb einer fünfjährigen Benutzungsfrist die Benutzung der Marke weder von vornherein von dem Zeitpunkt ihrer Eintragung in das Register an noch nachträglich von dem Zeitpunkt der Aufgabe ihrer Benutzung an Voraussetzung des Markenschutzes ist. Innerhalb der fünfjährigen Benutzungsfrist ist eine nicht benutzte Marke in gleicher Weise wie eine benutzte Marke gegen Verwechslungsgefahr nach § 14 Abs. 2 Nr. 2 geschützt. Bei einer Markenkollision mit einer nicht benutzten, eingetragenen Marke kommt es für die Beurteilung der Verwechslungsgefahr darauf an, ob im Falle einer Benutzung der nicht benutzten Marke Verwechslungsgefahr bestünde (BGHZ 45, 173, 176 – Epigran I; BGH GRUR 1961, 231 – Hapol; 1965, 672 – Agyn; 1967, 246, 248 – Vitapur; 1968, 367, 370 – Corrida). Der Schutzumfang einer nicht benutzten Marke entspricht grundsätzlich dem normalen Schutzumfang einer benutzten Marke. Hinsichtlich der hypothetischen Benutzungslage der nicht benutzten Marke ist im Falle einer Markenkollision von einer *normalen Kennzeichnungskraft* der nicht benutzten Marke auszugehen. Hinsichtlich der von Hause aus bestehenden Unterscheidungskraft der nicht benutzten Marke ist die konkrete Kennzeichnungskraft aufgrund der Zeichencharakteristik der nicht benutzten Marke zu berücksichtigen.

**284**   Nach Ablauf der fünfjährigen Benutzungsfrist greifen die Schranken des Markenschutzes nach den Regeln über den Benutzungszwang nach den §§ 25, 26 ein. Wenn eine nicht benutzte eingetragene Marke eine gesetzwidrige Defensivmarke darstellt, dann handelt der Markeninhaber rechtsmißbräuchlich, wenn er sein ausschließliches Recht an der Marke gegenüber Dritten geltend macht (s. § 3, Rn 173). Wenn es sich bei der nicht benutzten eingetragenen Marke um eine Vorratsmarke handelt, dann besteht uneingeschränkter Markenschutz nach dem MarkenG (s. § 3, Rn 184). Für gesetzwidrige Defensivprodukte besteht kein Markenschutz (s. § 3, Rn 156). Vorratsprodukte sind innerhalb des Zeitraums der fünfjährigen Benutzungsfrist rechtsbeständig (s. § 3, Rn 158).

Anders als bei Marken besteht der Verwechslungsschutz von Unternehmenskennzeichen nach § 15 Abs. 2 nur dann, wenn die Unternehmenskennzeichen im Verkehr benutzt werden (s. § 5, Rn 3f.).

**bb) Starke Marken. (1) Markencharakteristik und Bekanntheitsgrad.** Starke Marken besitzen eine *überdurchschnittliche Kennzeichnungskraft* und dementsprechend einen gesteigerten Schutzumfang. Das überdurchschnittliche Maß an Kennzeichnungskraft wird regelmäßig sowohl auf der besonderen Eigenart und Einprägsamkeit der Zeichencharakteristik als auch auf einem aufgrund intensiver Benutzung der Marke auf dem Markt erworbenen Bekanntheitsgrad beruhen. Vor ihrer Benutzung auf dem Markt besitzt auch eine besonders charakteristische Marke noch keine überdurchschnittliche Kennzeichnungskraft. Einer nicht benutzten eingetragenen Marke kommt allein die Entwicklungschance zu, sich im Verkehr durchzusetzen und Marktstärke zu erringen. Als einer nicht benutzten Marke wird der eingetragenen Marke grundsätzlich durchschnittliche Kennzeichnungskraft zuerkannt (s. Rn 283). Der Schutzumfang einer nicht benutzten, eingetragenen Marke entspricht grundsätzlich dem Schutzumfang eines durch den Erwerb von Verkehrsgeltung als Marke innerhalb beteiligter Verkehrskreise nach § 4 Nr. 2 entstandenen Markenrechts. Aus diesem Vergleich des durch Eintragung und durch Benutzung entstehenden Markenschutzes folgt, daß bei einer benutzten, eingetragenen Marke der Erwerb von Verkehrsgeltung als Marke innerhalb beteiligter Verkehrskreise im Sinne des § 4 Nr. 2 nicht ausreichend ist, eine überdurchschnittliche Kennzeichnungskraft und damit einen erweiterten Schutzumfang zu begründen (zum Ausstattungsschutz nach § 25 WZG s. BGH GRUR 1960, 130, 132 – Sunpearl II). Nach dem Erwerb von Verkehrsgeltung einer eingetragenen Marke besteht Markenschutz sowohl nach § 4 Nr. 1 als auch nach § 4 Nr. 2 mit einem normalen Schutzumfang. Eine starke Marke besteht erst dann, wenn die Marke ein die Verkehrsgeltung im Sinne des § 4 Nr. 2 übersteigendes Maß an Verkehrsdurchsetzung erworben hat. Überdurchschnittliche Kennzeichnungskraft setzt einen Grad an Bekanntheit und Marktstärke der Marke voraus, der die gesetzlichen Anforderungen an die Entstehung des Markenschutzes übersteigt. Der erweiterte Schutzumfang einer starken Marke verlangt aber nicht, daß die Kennzeichnungskraft der Marke den Bekanntheitsgrad erreicht, der den Bekanntheitsschutz der Marke außerhalb des Produktähnlichkeitsbereichs nach § 14 Abs. 2 Nr. 3 oder den Verwässerungsschutz einer berühmten Marke nach § 823 Abs. 1 BGB begründet (so zur berühmten Marke nach der Rechtslage im WZG s. BGHZ 21, 85, 92 – Der Spiegel; BGH GRUR 1959, 182, 184 – Quick/Glück). Eine schwächere Zeichencharakteristik der eingetragenen Markenform kann aufgrund intensiver Benutzung der Marke auf dem Markt ausgeglichen werden.

**(2) Reichweite des Verwechslungsschutzes.** Die Gefahr einer Verwechslung der starken Marke mit einer prioritätsjüngeren ähnlichen Marke ist umso größer, je bekannter und schlagkräftiger die prioritätsältere Marke ist (BGH GRUR 1952, 36 – Widia/Ardia; 1956, 172, 176 – Magirus; 1959, 182, 184 – Quick/Glück; 1965, 601, 602 – roter Punkt). Die kollidierenden Marken werden im Verkehr, der eine Marke zumeist nur flüchtig sieht oder hört und die Kollisionszeichen regelmäßig nicht nebeneinander wahrnimmt, aufgrund des Erinnerungsbildes von der starken Marke assoziiert, wenn den beteiligten Verkehrskreisen das ähnliche Kollisionszeichen auf dem Markt begegnet. Folge kann eine *unmittelbare Markenverwechslung* sein, weil im Verkehr das prioritätsjüngere ähnliche Kollisionszeichen für die prioritätsältere starke Marke gehalten wird. Auch wenn die Kollisionszeichen erhebliche Unterschiede in der Gestaltung der Markenform aufweisen, ist nicht ausgeschlossen, daß bei einer starken Marke mit erweitertem Schutzumfeld das ähnliche Kollisionszeichen noch im Verwechslungsfeld der prioritätsälteren Marke liegt. Wenn allerdings wegen der besonderen Einprägsamkeit und großen Bekanntheit der starken Marke diese in ihren Einzelheiten in der Erinnerung der Verkehrsteilnehmer haftet, dann wird grundsätzlich die Gefahr einer unmittelbaren Markenverwechslung ausscheiden (BGH GRUR 1965, 601, 602 – roter Punkt; kritisch *Völp* GRUR 1974, 754, 758; *Vierheilig,* Verwechslungsgefahr, S. 84, 90ff.). Bei einer solchen Fallkonstellation kann aber *mittelbare Verwechslungsgefahr* unter dem Gesichtspunkt der *Serienmarke* vorliegen (s. Rn 220ff.), wenn das prioritätsjüngere ähnliche Kollisionszeichen als Abwandlung der prioritätsälteren starken Marke angesehen wird, oder es kann *Verwechslungsgefahr im weiteren Sinne* vorliegen (s. Rn 244ff.), wenn der Verkehr irriger Weise Beziehungen geschäftlicher, wirtschaftlicher oder organisatorischer Art zwischen den beiden Unternehmen vermutet (BGH GRUR 1968, 697 – SR).

**288** Der erweiterte Schutzumfang reicht nur soweit, wie die Kennzeichnungskraft der starken Marke das normale Maß übersteigt (BGH GRUR 1957, 281, 282 – karo-as; 1962, 522, 524 – Ribana). Wenn die überdurchschnittliche Kennzeichnungskraft einer starken Wortmarke auf dem gesamten Wort als solchem beruht, dann erstreckt sich der erweiterte Schutzumfang nicht ohne weiteres auch auf einzelne Wortbestandteile oder Buchstabengruppen. Als nicht verwechslungsfähig beurteilt wurden die starke Marke *Ribana* für gestrickte und gewirkte Ober- und Unterkleider und das Kollisionszeichen *Ariba* für Sportbekleidung und Kinderstrickwaren, weil der Markeninhaber den Wortbestandteil *Riba* der starken Marke nur gelegentlich als Kennzeichen benutzt hat (BGH GRUR 1962, 522, 524 – Ribana).

**289** **(3) Unterschiedliche Kennzeichnungskraft für verschiedene Produktgruppen.** Wenn eine Marke für mehrere Gattungen von Waren oder Dienstleistungen eingetragen ist, dann kann ihre Kennzeichnungskraft für die eine Produktgruppe stark und für eine andere Produktgruppe nur normal oder gar schwach sein. Eine solche Marke besitzt einen je nach Produktgruppe zu unterscheidenden erweiterten, normalen oder geringen Schutzumfang. So kann Verwechslungsgefahr bestehen, wenn ein ähnliches Kollisionszeichen für solche Produkte benutzt wird, für die die prioritätsältere Marke starke Kennzeichnungskraft besitzt, und Verwechslungsgefahr abzulehnen sein, wenn das ähnliche Kollisionszeichen für solche Produkte benutzt wird, für die die prioritätsältere Marke nur eine geringe Kennzeichnungskraft besitzt. Der erweiterte Schutzumfang einer starken Marke für bestimmte Produktgruppen erstreckt sich nicht auf andere Produktgruppen, für die die Marke eingetragen ist, ohne für diese Produktgruppen eine überdurchschnittliche Kennzeichnungskraft zu besitzen (BGH GRUR 1968, 256 – Zwillingskaffee; 1974, 84, 87 – Trumpf; 1978, 170, 171 – FAN). Die starke Kennzeichnungskraft einer starken Marke für Wäschestärke erstreckt sich ohne einen besonderen Nachweis nicht auf Stärke-Nahrungsmittel oder Stärke-Futtermittel (BGH GRUR 1970, 302, 304 – Hoffmann's Katze). Eine starke Marke für eine bestimmte Produktgruppe wird sich allerdings in der Regel leichter für eine andere Produktgruppe im Verkehr durchsetzen.

**290** **(4) Entscheidungspraxis.** Als *verwechslungsfähig* beurteilt wurden die starke Wortmarke *Lux* und *Télégice-Superlux* für optische Waren (RPA MuW 1933, 45); die starke Bildmarke einer *Teekanne* für Tee und Ersatztee und die Bildmarke einer *Teetasse* für Ersatztee, da der erweiterte Schutzbereich einer starken Bildmarke nicht nur den Bildgegenstand als solchen (Teekanne), sondern auch deren Zubehör (Teetasse) erfasse (LG Berlin GRUR 1943, 94); die starke Wortmarke *Penaten* für Körperpflegemittel und medizinische Öle und die Wortmarke *TEMANA* für Haushalts- und Kosmetikprodukte wegen der Produktnähe der Erzeugnisse (BPatGE 23, 180, 183). Als *nicht verwechslungsfähig* beurteilt wurden die starke Bildmarke eines *Mohren* von *Sarotti* für Kakao, Schokolade und Zuckerwaren und der Bildmarke eines *Mohren* von *Meinl* für Weine, Spirituosen, Tee und Kaffee (BPatGE 5, 177).

**291** **cc) Schwache Marken. (1) Markencharakteristik und Drittmarken.** Schwache Marken besitzen eine *unterdurchschnittliche Kennzeichnungskraft* und dementsprechend einen nur geringen Schutzumfang. Die Fähigkeit einer schwachen Marke, im Verkehr als produktidentifizierendes Unterscheidungszeichen zu wirken, ist bedeutend geringer als bei Marken mit durchschnittlicher Kennzeichnungskraft. Die geringe Kennzeichnungskraft einer schwachen Marke kann zum einen auf der Markencharakteristik beruhen, wenn die Zeichenbildung nur eine geringe Originalität aufweist und so die Marke klanglich, bildlich und begrifflich nur gering kennzeichnet (RGZ 53, 96 – Star Pencils; 97, 302 – Strahlenkranz; RG GRUR 1939, 795 – Hammer/Hammerschmied); sie kann zum anderen auf der Benutzungslage im Verkehr beruhen, wenn ähnliche Drittmarken auf dem Markt die Kennzeichnungskraft der Marke schwächen (s. Rn 307 ff.). Die Schwäche der Marke kann von vornherein bestehen, wenn das Zeichen an eine beschreibende Angabe wie etwa eine Beschaffenheitsangabe, Bestimmungsangabe oder geographische Herkunftsangabe angelehnt oder von einer solchen Angabe abgewandelt ist, oder wenn es sich um naheliegende Symbole und Motive für die konkrete Produktgruppe handelt, seien es Wortmarken (Wunder, Zauber, Ruhm) oder Bildmarken (Sonne, Mond und Sterne; Krone, Herbst, Baum), seien es Kombinationsmarken (Sonne als Wort und Bild). Bei solchen schwachen Marken tritt im

Verkehr die Vorstellung, es handele sich um ein produktidentifizierendes Unterscheidungszeichen, stark zurück. Eine Marke kann ihre ursprünglich vorhandene normale Kennzeichnungskraft nachträglich verlieren. Eine nachträgliche Schwächung der Kennzeichnungskraft kann sich ergeben, wenn ähnliche Drittmarken im Verkehr auftreten, seien es deskriptive Marken, deren Benutzung der Markeninhaber nicht verhindern kann, seien es Konkurrenzmarken für gleiche, ähnliche oder andere Produkte.

(2) **Reichweite des Verwechslungsschutzes.** Der Schutzumfang einer schwachen 292 Marke ist gering, denn je geringer die Fähigkeit einer Marke ist, als Unterscheidungszeichen zur Identifizierung von Unternehmensprodukten auf dem Markt zu dienen, desto geringer ist im allgemeinen die Gefahr einer fehlsamen Assoziation der Verbraucher als Folge der Markenkollision. Bei schwachen Marken genügen bereits *geringfügige Unterschiede* in der Zeichenbildung, um eine die Verwechslungsgefahr begründende Markenähnlichkeit auszuschließen (BGH GRUR 1952, 419, 420 – Gumax/Gumasol; 1955, 579, 582 – Sunpearl I; BGHZ 19, 367, 378 – W-5; BGH GRUR 1957, 561 – REI-Chemie; 1964, 28, 30 – ELECTROL; BGH BlPMZ 1978, 326 – STAR/SPAR; BPatGE 2, 228, 229 – SCHLAFMOND; BPatG GRUR 1971, 173 – Hubert Gröner). Aber auch bei einem geringen Schutzumfang einer schwachen Marke genügt nicht schon eine jede Abweichung in der Zeichenbildung, um die Verwechslungsgefahr auszuschließen. Die Abweichung in der Zeichenbildung der Kollisionsmarke muß geeignet sein, herkunftsidentifizierend oder allgemein produktidentifizierend zu wirken, so daß die Kollisionsmarke als ein Unterscheidungszeichen zur Identifizierung von Unternehmensprodukten dem Inhaber der Kollisionsmarke im Verkehr dienen kann. Als verwechslungsfähig beurteilt wurden die schwache Marke *Müller* und die Marken *Lichtmüller* sowie *Radiomüller* für Röntgenröhren, Elektroröhren, Lampen, da die Zeichenbestandteile *Radio* und *Licht* als reine Beschaffenheitsangaben nichts über die Herkunft der Ware aussagten (RG GRUR 1940, 286 – Müller/Lichtmüller). Die Schwäche der Kennzeichnungskraft einer Marke ist für die jeweilige Gattung der Waren oder Dienstleistungen festzustellen (zum Produktbezug der Kennzeichnungskraft s. Rn 275 ff.). Eine Marke kann für eine bestimmte Produktgruppe schwach, für eine andere Produktgruppe normal oder stark kennzeichnen. Auch wenn einer Marke aufgrund ihrer häufigen Benutzung in zahlreichen Produktbereichen keine kennzeichnende Wirkung zukommt, so ist nicht ausgeschlossen, daß die Marke für ein besonderes Produkt, für das sie bislang nicht benutzt worden ist, Kennzeichnungskraft besitzt. Es ist bedenklich, allein mit der Begründung eine Verwechslungsgefahr abzulehnen, der Verkehr habe sich bei schwachen Marken, weil er dazu genötigt sei, daran gewöhnt, auf die Unterschiede der Kollisionsmarken zu achten (so aber RGZ 98, 225, 231 – Kronenmarke; kritisch *Allfeld*, JW 1924, 700; *Vierheilig*, Verkehrsauffassung, S. 93).

(3) **Entscheidungspraxis.** Eine schwache Kennzeichnungskraft besitzen Marken, die in 293 der Zeichenbildung nur eine *geringe Originalität* aufweisen, weil sie für die jeweilige Produktgruppe naheliegende Motive, Symbole oder Wörter darstellen. Beispiele von Natur aus schwacher Marken sind ein *Stern* (RG MuW 1912, 108, 110; BGH GRUR 1960, 124 – Füllhalterclip); ein *Anker* (BGH GRUR 1958, 393, 394 – Ankerzeichen; 1969, 349, 351 – Anker Export); ein *Adler* für chemische und pharmazeutische Erzeugnisse (RPA MuW 1932, 403 – Adler); eine *Sonne* für Weine und alkoholfreie Getränke (BPatG Mitt 1979, 91 – Sonne); eine *Biene* als Wort und Bild für Wachs, technische Öle, Fette und Schmiermittel (RG GRUR 1936, 961 – Biene); das Bild einer *Speiseplatte mit einem Glas Bier* (KG GRUR 1938, 996, 998 – Bierhappen); ein *Hammer* für Brandwein (RG GRUR 1939, 796 – Hammer/Hammerschmied); ein *blaues Band* für Schokolade (RG GRUR 1939, 841 – Mauxion/Waldbaur); *Wahrzeichen* von Städten und Ländern (RG GRUR 1939, 919 – Holstentor); ein *Kopf mit Haupthaar* für Haarpflegemittel (RG GRUR 1940, 213 – Schwarzkopf/Wella); ein einfacher *Pfeil* (BGH GRUR 1960, 124 – Füllhalterclip); eine *Pallette mit drei durch das Griffloch gesteckten Pinseln* wegen der für den Malbedarf symbolhaften Bedeutung (BGH GRUR 1962, 195 – Pallettenbildzeichen); die Darstellung des *Eppeleinsprungs* (BGH GRUR 1964, 376 – Eppeleinsprung); *Punkte, Kreise* oder kreisförmige *Scheiben*, die vorwiegend als Blickfang zur Hervorhebung von Angaben dienen (BGH GRUR 1965, 601, 603 – roter Punkt; 1968, 581, 582 – Blunazit; HansOLG Hamburg GRUR 1972, 185 – Roter Punkt; die Darstellung einer *Flamme* auf dem Gebiet der Bestand- oder Zubehörteile für mit Öl oder Gas betriebene Brenner (BPatG Mitt 1971, 173 – Hubert/Gröner).

**294** Eine schwache Kennzeichnungskraft besitzen Marken, die sich an beschreibende Angaben anlehnen oder diese abwandeln. Bei solchen *deskriptiven Marken,* deren beschreibender Charakter innerhalb der beteiligten Verkehrskreise erkannt wird, genügen schon verhältnismäßig geringfügige Abweichungen zwischen den Kollisionsmarken, um die Verwechslungsgefahr auszuschließen (BGHZ 45, 131, 134 – Shortening). Beispiele solcher deskriptiver Marken sind *ELEKTROL*, weil das Wort *Electro* auf einen Zusammenhang mit Elektrizität hinweise, der Verkehr somit allein aus dem Buchstaben *l* einen Herkunftshinweis entnehmen könne und deshalb Verwechslungsgefahr mit *Elektro-Puzzi* für Herdputzmittel nicht bestehe (BGH GRUR 1964, 28 – ELECTROL); das *Sonnenzeichen* für Obst und Gemüse, weil der Sinngehalt der Marke auf die Eigenschaft der Produkte bezogen sei und zudem solche Zeichen für landwirtschaftliche und gärtnerische Erzeugnisse von vielen benutzt würden (BGH GRUR 1963, 622 – Sunkist); *Safta* für Fruchtsäfte, weil die Marke durch das Anfügen des Vokals *a* an die naheliegende Beschaffenheitsangabe *Saft* gebildet worden sei; es ist weder verwechselbar *Softi* mit *Safto* für Fruchtsäfte, weil der Markeninhaber die Ähnlichkeit der Wortstämme *Saft* und *Soft* in Kauf zu nehmen habe, weil er sie selbst durch die Anlehnung an eine beschreibende Angabe bewirkt habe, noch *Softi* mit *Safta*, selbst wenn die Marke ihre anfängliche Schwäche überwunden und für Apfelsinen erhebliche Verkehrsgeltung erlangt habe, da selbst bei Ausstrahlung dieser Verkehrsgeltung auf die Marke *Safta* für Fruchtsäfte dieser Marke insoweit höchstens eine normale Kennzeichnungskraft beizumessen sei (BPatGE 3, 197, 201 – Safta/Softi); *Ultra-Basic* und *Basics* für Generika (OLG Stuttgart WRP 1997, 118 – Basics). Eine Schwächung der Kennzeichnungskraft tritt bei Marken, die vom Publikum nicht als ein Hinweis auf den individuellen Herstellungsbetrieb, sondern als ein Hinweis auf den Ort der Milchgewinnung, wie bei Marken mit der Vorsilbe *Alm* für Milch und Milchprodukte, angesehen werden, deshalb nicht ein, weil eine Verminderung der ohnehin fehlenden individuellen Kennzeichnungskraft nicht eintreten kann, wenn die Marke nur als Ursprungsangabe verwendet wird (BGH GRUR 1961, 347, 350 – Almglokke). Eine Schwächung der Kennzeichnungskraft aufgrund einer Anlehnung der Marke an deskriptive Angaben setzt voraus, daß die Bezeichnung innerhalb der beteiligten Verkehrskreise als beschreibend verstanden wird. Ob ein solches Verständnis im Verkehr besteht, ist namentlich bei fremdsprachigen Gattungsbezeichnungen besonders zu prüfen. Als verwechslungsfähig beurteilt wurden die Zeichenbestandteile *Rossi* und *Umberto Rosso*, weil die *Rossi*-Marken solange keine schwachen Marken darstellten, bis das Wort *Rosso* im Verkehr allgemein als Gattungsbezeichnung für roten Wermutwein verstanden werde (BGH GRUR 1961, 628, 629 – Umberto Rosso).

**295** Eine schwache Kennzeichnungskraft besitzen Marken, die trotz Bestehens absoluter Schutzhindernisse entgegen § 8 in das Register eingetragen worden sind. Beispiele solcher an sich *eintragungsunfähiger Marken* sind ein einfacher schmaler *Streifen* für Seife und Waschmittel (RG MuW 1927/28, 526 – Streifen durch Seidenband); ein bandartiger *Streifen* für Schokoladenpackungen (RG MuW 1932, 125, 130 – Mauxion/Venetia); farbige *Webkanten* und *Webstreifen* (RPA MuW 1931, 174, 175 – Webkanten/Webstreifen). Ein als solcher schutzunfähiger Streifen kann nur in der Art der Verwendung, der besonderen Darstellung oder in Verbindung mit anderen Elementen geschützt sein; er muß entweder nach Form, Anordnung und Farbe so eigenartig sein, daß er im Verkehr in der Erinnerung haftet, oder er muß sich im Verkehr als Kennzeichen durchgesetzt haben (RG GRUR 1938, 607, 611 – Luhns Goldband).

**296** Eine schwache Kennzeichnungskraft besitzen Marken, die erst aufgrund von Verkehrsdurchsetzung in den beteiligten Verkehrskreisen nach § 8 Abs. 3 das Bestehen eines absoluten Schutzhindernisses überwunden haben und so eintragungsfähig geworden sind. Beispiele solcher aufgrund von *Verkehrsdurchsetzung* eintragungsfähiger, wenngleich schwacher Marken sind *Trockenwolle* und *Trockengarn*, die als nicht verwechslungsfähig mit *Flockenwolle* und *Trocklin* beurteilt wurden (RG GRUR 1935, 814 – Trockenwolle); *Herzgold* nicht verwechslungsfähig mit *Goldige Herztropfen* (RG MuW 1936, 135 – Goldige Herztropfen).

**297** Eine schwache Kennzeichnungskraft besitzen Marken, wenn für das gleiche oder einen benachbarten Produktbereich *ähnliche Marken* in das Register eingetragen sind und auf dem Markt benutzt werden. Ein Registerstand mit ähnlichen Drittmarken (zur Wirkung ähnlicher Drittmarken auf die Kennzeichnungskraft s. im einzelnen Rn 307 ff.) kann ein Indiz für eine Schwächung der Kennzeichnungskraft darstellen (BGH GRUR 1967, 246, 248 – Vitapur; 1967, 253 – CONNY; 1971, 577, 578 – Raupentin). Es ist zu unterscheiden zwischen benutzten und nicht benutzten eingetragenen Drittmarken. Eine Gewöhnung des Verkehrs folgt noch nicht aus dem Registerstand ähnlicher Drittmarken, sondern erst aus der Benutzung ähnlicher Drittmarken. Bei einer größeren Zahl ähnlicher Marken auf dem Markt sind die Verkehrsbeteiligten gezwungen, sorgfältiger auf die jeweiligen Unterschiede der ähnlichen Marken zu achten, um Verwechslungen auszuschließen.

**dd) Schwache Zeichenbestandteile. (1) Grundsätze.** Der Zeichenbestandteil einer zusammengesetzten Marke oder Kombinationsmarke besitzt eine schwache Kennzeichnungskraft, wenn der Zeichenbestandteil als solcher etwa an eine beschreibende Angabe wie eine Beschaffenheitsangabe, Bestimmungsangabe oder geographische Herkunftsangabe angelehnt oder von dieser abgewandelt ist (zu schutzunfähigen Zeichenbestandteilen s. Rn 210 ff., 213 ff.). Die Schwäche der Kennzeichnungskraft des Zeichenbestandteils bleibt in jeder Art von Zeichenbildung einer zusammengesetzten Marke oder Kombinationsmarke zu berücksichtigen. Der Grad an Kennzeichnungskraft als einer schwachen, normalen oder starken Marke aufgrund einer Benutzung der Marke im Verkehr kommt allein der zusammengesetzten Marke oder der Kombinationsmarke in ihrer Gesamtheit zu. Nicht anders als die Kennzeichnungskraft einer Marke ist die Kennzeichnungskraft eines Zeichenbestandteils nach seinem Produktbezug zu bestimmen (s. Rn 275 ff.). Die Kennzeichnungsschwäche eines Zeichenbestandteils besteht nicht schon deshalb, weil dieser Zeichenbestandteil häufig zur Kennzeichnung irgendwelcher Produkte verwendet wird. Rechtserheblich ist allein, ob der Zeichenbestandteil gerade zur Kennzeichnung einer solchen Gattung von Waren oder Dienstleistungen auf dem Markt gebräuchlich ist, für die der Verwechslungsschutz der zusammengesetzten Marke oder Kombinationsmarke begehrt wird (zur Berücksichtigung des betreffenden und benachbarten Warengebiets in Abgrenzung zum entfernteren Warengebiet s. BGH GRUR 1955, 579 – Sunpearl I; s. schon RG MuW 1926, 253 – Zahnrad; 1933, 68). Die Zeichenbestandteile *Vita* und *Vital*, die etwa für die Produktbereiche Ernährung, Fitness und Kosmetika gegenwärtig als kennzeichnungsschwach zu gelten haben, wurden Ende der dreißiger Jahre für Kosmetik als nicht allgemein gebräuchlich beurteilt (RG MuW 1940, 26 – Vitaline/Vitalis-Creme).

Die Markenähnlichkeit von Kollisionszeichen mit kennzeichnungsschwachen Zeichenbestandteilen richtet sich wie allgemein nach dem *Gesamteindruck* der klanglich, bildlich und begrifflich zu vergleichenden Marken (s. Rn 160 ff.). Die kennzeichnungsschwachen Zeichenbestandteile sind bei Feststellung des Gesamteindrucks zu berücksichtigen. Es ist unzulässig, eine die Verwechslungsgefahr begründende Markenähnlichkeit unter Abzug der übereinstimmenden schwachen Zeichenbestandteile der Kollisionszeichen zu bestimmen und nur die übrigen Zeichenbestandteile zu vergleichen. Bei den Kollisionsmarken *Gumax* für Materialien zur Behandlung von Leder und Lederartikeln und *Gumasol* für einen selbstvulkanisierenden Gummischnellkleber waren nicht nur die Endsilben *ax* und *asol*, weil *Gum* eine Beschaffenheitsangabe darstelle, zu vergleichen, sondern die Ähnlichkeit der gesamten Marken zu bestimmen, deren Verwechslungsfähigkeit abgelehnt worden ist (BGH GRUR 1952, 419 – Gumax/Gumasol). Die Kennzeichnungsschwäche eines Zeichenbestandteils wird sich zumeist auf den Gesamteindruck der Marke übertragen und die Kennzeichnungsschwäche der Marke als solche begründen. Bei zusammengesetzten Marken und Kombinationsmarken mit schwachen Zeichenbestandteilen genügen deshalb regelmäßig *geringe Abweichungen* in der Zeichenbildung der Kollisionszeichen, um eine Verwechslungsgefahr auszuschließen. So wurden als nicht verwechslungsfähig beurteilt *Rheinblümchen* und *Streublümchen* für Seifen (RG MuW 1931, 369); *Pentavenon* und *Essavanon* für Arzneimittel (BGH GRUR 1969, 40 – Pentavenon). Wenn der Gesamteindruck einer Marke nur von kennzeichnungsschwachen Zeichenbestandteilen geprägt wird und die Verbindung der kennzeichnungsschwachen Zeichenbestandteile keinen selbständigen, besonders eigentümlichen Gesamteindruck ergibt, dann sind geringe Abweichungen zwischen den Kollisionszeichen ausreichend, um eine Verwechslungsgefahr begründende Markenähnlichkeit auszuschließen. Als nicht verwechslungsfähig beurteilt wurden die Wortbildmarke *Wisch Wunder* für Reinigungstücher, deren Bildbestandteil eine größenmäßig hervorgehobene, farbige Umrahmung darstellte, und die kollidierende Wortbildmarke *wisch frisch*, deren Bildbestandteil ebenfalls eine größenmäßig hervorgehobene, farbige Umrahmung darstellte (BPatGE 20, 271 – wisch frisch/Wischwunder). Auch wenn eine Marke aus schwachen

Zeichenbestandteilen besteht, wird der Gesamteindruck der Marke dann nicht als schwach zu bewerten sein, wenn er entweder in einer anderen Beziehung eigenartig wirkt oder sich die Marke aufgrund ihrer Benutzung im Verkehr durchsetzt. Als verwechselbar beurteilt wurden *Elektro-Muck* für Staubsauger, weil der Zeichenbestandteil *Elektro* den Gesamteindruck der Marke *Elektro-Lux* beeinflusse und die Marke ausschließlich in ihrer Gesamtheit im Verkehr benutzt werde (DPA BlPMZ 1953, 265 – ELEKTRO-MUCK/ELEKTRO-LUX). Als nicht verwechselbar beurteilt wurden die Wortbildmarke des *Magirus-Symbols*, verbunden mit dem weiteren Wortbestandteil *electronic*, und die Marke *Millitron* für elektronische Geräte, weil zum einen solche Produkte erst nach gründlicher Überlegung gekauft würden und zum anderen regelmäßig nur Fachleute als Abnehmer in Betracht kämen, die die Marken mit dem gemeinsamen schwachen Zeichenbestandteil *tron* auseinanderhalten könnten (BPatG Mitt 1971, 155 – -tron). Wenn eine Wortmarke nur aus kennzeichnungsschwachen Zeichenbestandteilen besteht, dann kann gleichwohl ein solcher Zeichenbestandteil durch seine Betonung und Herausstellung in der Wortfolge, im Wortsinn oder in der Gesamtzeichengestaltung charakteristisch für die Gesamtmarke werden. Dieser Rechtssatz wurde auf die Kollisionsmarken *Protefix* und *Protesan* angewandt, die zum einen aus dem gemeinsamen Zeichenbestandteil *Prote* bestehen, der als eine, wenn auch ungebräuchliche Abkürzung für *Prothese* den Verwendungszweck der Waren verdeutliche und dem deshalb nicht jede Kennzeichnungskraft abzusprechen war, und zum anderen aus den gleichfalls infolge ihrer Wareneigenschaften beschreibenden Bedeutung zumindest als schwach zu wertenden Wortendungen *fix* und *san* (BGH GRUR 1975, 370 – Protesan mit Anmerkung *Fezer*). Die Kennzeichnungsschwäche eines Zeichenbestandteils kann dadurch überwunden werden, daß dem schwachen Zeichenbestandteil eine berühmte Marke als weiterer Zeichenbestandteil der zusammengesetzten Marke vorangestellt wird. Als verwechselbar beurteilt wurden MERCOL und ESSOMARCOL für Öle und Schmierstoffe, weil die Berühmtheit der vorangestellten Marke *Esso* und die Übung, die berühmte Marke mit bestimmten Produktbezeichnungen zu verbinden, bewirke, daß der Verkehr auch bei einer in einem Wort zusammengezogenen Schreibweise die Bezeichnung MERCOL als eine besondere Produkt- oder Sortenbezeichnung der Firma ESSO werte; wegen der Produktnähe halte der Verkehr die Kollisionszeichen nicht allein wegen der unterschiedlichen Vokale *A* und *E* auseinander (BGH GRUR 1977, 218 – MERCOL).

**300** **(2) Arzneimittelmarken.** Wenn Zeichenbestandteile auf einem Produktgebiet häufig verwendet werden, dann haben sie regelmäßig nur eine geringe Kennzeichnungskraft. Namentlich bei Arzneimittelmarken ist das Publikum an übereinstimmende Zeichenbestandteile gewöhnt und unterliegt nicht leichthin einer mittelbaren Verwechslungsgefahr oder einer Verwechslungsgefahr im weiteren Sinne (BPatGE 10, 83 – OPTICORTENOL/ Optocor). Das gilt auch für solche Wortsilben, die der Laie nicht ohne weiteres versteht. Bei Arzneimittelmarken wird das breite Publikum selbst solchen ohne weiteres nicht verständlichen Wortsilben keine markenmäßige Kennzeichnungskraft zusprechen (BGH GRUR 1957, 339, 341 – Venostasin/Topostasin; 1957, 435, 436 – Eucerin/Estarin; 1968, 550, 552 – Poropan). Fachkreise wie Ärzte und Apotheker, die an eine produktidentifizierende Wirkung von Zeichenbestandteilen der Arzneimittelmarken gewöhnt sind, unterliegen eher einer Verwechslungsgefahr begründenden assoziativen Fehlzurechnung (zum Herkunftshinweis von Zeichenbestandteilen der Arzneimittelmarken BPatGE 10, 83, 85 – OPTICORTENOL/Optocor).

**301** **c) Variabilität der Kennzeichnungskraft. aa) Grundsatz.** Die Kennzeichnungskraft ist eine Variable der Markenbenutzung auf dem Markt (s. Rn 271). Marken steigern ihre Kennzeichnungskraft, wenn sie an Marktstärke gewinnen (s. Rn 302 ff.), sie vermindern ihre Kennzeichnungskraft, wenn sie an Marktstärke verlieren (s. Rn 306). Die Veränderungen der Kennzeichnungskraft bestimmen den Schutzumfang der normalen, starken und schwachen Marken und sind nach ständiger Rechtsprechung bei der Beurteilung der Verwechslungsgefahr zu berücksichtigen (BGH GRUR 1952, 419 – Gumax/Gumasol).

**302** **bb) Steigerung der Kennzeichnungskraft.** Marken, die von Haus aus schwach sind, können ihre ursprüngliche Kennzeichnungsschwäche überwinden und aufgrund ihrer Benutzung im Verkehr zu normalen oder sogar starken Marken werden. Eine Steigerung der Kennzeichnungskraft schwacher Marken ist nicht erst dann anzunehmen, wenn die Marke

Verkehrsgeltung im Sinne des § 4 Nr. 2 erwirbt. Auch eine gewisse Verkehrsdurchsetzung, die sich auf die Kennzeichnungskraft der Marke auswirkt, ist ausreichend und zu berücksichtigen. Auch der Bestand an ähnlichen Drittmarken auf dem Markt hindert selbst bei identischen Produkten nicht die Überwindung der Kennzeichnungsschwäche. Benutzungsintensität, Absatzmenge, Produktmarketing und Werbeaufwand sind Faktoren zur Überwindung der Kennzeichnungsschwäche einer Marke.

Ein kennzeichnungsschwaches Wort als *Zeichenbestandteil* kann innerhalb einer zusammengesetzten Marke oder einer Kombinationsmarke in Verbindung mit einer bekannten Marke oder einem bekannten Unternehmenskennzeichen aufgrund deren Ausstrahlungswirkung die Kennzeichnungsschwäche überwinden. Das wurde angenommen bei dem schwachen Zeichenbestandteil *Perla* der Mehrwortmarke *Wella-Perla* für Dauerwellflüssigkeiten (BGH GRUR 1958, 604 – Wella-Perla). Für einen nicht nur kennzeichnungsschwachen, sondern schutzunfähigen Zeichenbestandteil, der als solcher wegen Bestehens eines absoluten Schutzhindernisses nach § 8 von der Eintragung als Marke ausgeschlossen ist (s. Rn 295), gilt dies nicht, weil das Fehlen einer jeglichen Kennzeichnungskraft wegen Bestehens eines absoluten Schutzhindernisses nicht aufgrund der Ausstrahlungswirkung eines bekannten Kennzeichens überwunden werden kann. Eine abweichende Beurteilung ist geboten, wenn dem von Hause aus schutzunfähigen Wortbestandteil aufgrund seiner besonderen bildlichen Ausgestaltung eine kennzeichnende Wirkung zukommt (BGH GRUR 1961, 343, 346 – Meßmer-Tee). Der Schutzumfang einer schwachen Marke darf ohne zwingende Gründe nicht zum Nachteil der Mitbewerber ausgedehnt werden. Selbst wenn eine Marke Verkehrsgeltung erwirbt, folgt daraus nicht zwingend, daß die aufgrund der Natur der Marke bedingte, schwache Kennzeichnungskraft wesentlich steigt. Auch eine Marke mit Verkehrsgeltung kann nach wie vor schwach sein, etwa weil sie nicht originell und nur in den Fachkreisen bekannt ist (BGH, Urt vom 12. Juni 1956 – I ZR 130/54 – Kreiszeichen). Da Folge eines Bestands an ähnlichen Drittmarken die Schwächung der Kennzeichnungskraft einer Marke sein kann (s. Rn 307 ff.), kann sich die Kennzeichnungskraft einer Marke steigern, wenn sich der Bestand an ähnlichen Drittmarken verringert. Die Löschung ähnlicher Drittmarken wirkt zum einen aber erst nach einiger Zeit zugunsten der Kennzeichnungskraft der schwachen Marke und zum anderen nur dann, wenn die gelöschten Marken nicht weiterhin als produktidentifizierende Unterscheidungszeichen auf dem Markt benutzt werden (RG MuW 1934, 280).

Eine ursprünglich schwache Marke kann aufgrund der die Kennzeichnungsschwäche überwindenden Faktoren eine intensive Verkehrsdurchsetzung erreichen und zu einer starken Marke mit erweitertem Schutzumfang werden. Die Annahme einer erhöhten Kennzeichnungskraft einer ursprünglich schwachen Marke verlangt einen Grad an Verkehrsgeltung, der über das zur Entstehung des Markenschutzes durch Benutzung nach § 4 Nr. 2 erforderliche Maß an Verkehrsgeltung hinausgeht (zum Ausstattungsschutz s. BGH GRUR 1960, 130, 133 – Sunpearl II). Denn der Erwerb von Verkehrsgeltung im Sinne des § 4 Nr. 2 begründet allein die Art der Kennzeichnungskraft, die einer Marke aufgrund der Entstehung des Markenschutzes durch Eintragung nach § 4 Nr. 1 zukommt, sei die Marke schwach, normal oder stark kennzeichnend. Eine von Hause aus schwache Marke kann sich nicht nur zu einer starken Marke, sondern auch zu einer im Inland bekannten Marke, einer notorisch bekannten Marke und selbst zu einer berühmten Marke entwickeln. Beispiele einer solchen Steigerung der Kennzeichnungskraft bieten der *Mercedes-Stern* und das *Bayer-Kreuz*.

Der Markeninhaber trägt die *Beweislast* für die Überwindung der ursprünglichen Kennzeichnungsschwäche seiner Marke. Zum Beweis der Steigerung der Kennzeichnungskraft seiner ursprünglich schwachen Marke kann er sich auf die Feststellung einer Verkehrsgeltung in einem Vorprozeß berufen (BGH GRUR 1959, 360 – Elektrotechnik).

cc) **Verminderung der Kennzeichnungskraft.** Normale und starke Marken können im Laufe der Zeit an Kennzeichnungskraft verlieren. Eine Verminderung der Kennzeichnungskraft ist Folge der tatsächlichen Verhältnisse innerhalb der beteiligten Verkehrskreise wie namentlich von Veränderungen in der Benutzungslage auf dem Markt oder von Wandlungen der Verkehrsgewohnheiten und tritt unabhängig von dem Willen, der Kenntnis oder einem Handeln des Markeninhabers ein. Eine Marke wird vor allem dann an Kennzeichnungskraft verlieren, wenn im Laufe der Zeit ähnliche Marken auf dem gleichen oder auch einem benachbarten Produktbereich im Markt benutzt werden (RG MuW 1930, 560, 561 – Gargoyle; BGH GRUR 1951, 159 – Störche; 1952, 419 – Gumax/Gumasol; 1955, 415 – Arctuvan/Artesan; 1955, 579 – Sunpearl I; zur Wirkung von ähnlichen Drittmarken auf die Kennzeichnungskraft s. Rn 307 ff.). Die Marktstärke einer Marke ist grundsätzlich produktbezogen (s. Rn 275 ff.). Wenn ein Markeninhaber seine Marke nicht mehr für das Produkt verwendet, für das seine Marke starke Kennzeichnungskraft erworben hat, sondern die Marke nunmehr für ein anderes Produkt verwendet, dann kann als Folge dieser Markenpolitik der Kreis der Abnehmer des Produkts sich derart verändern, daß eine Verminderung der Kennzeichnungskraft der Marke innerhalb der beteiligten Verkehrskreise eintritt (s. dazu RG MuW 1930, 560, 561 – Gargoyle). Für die Beurteilung des Gesamteindrucks der Kollisionsmarken kann es Folge einer Verminderung der Kennzeichnungskraft sein, daß deren Unterschiede gegenüber den Übereinstimmungen überwiegen und so eine die Verwechslungsgefahr begründende Markenähnlichkeit nicht mehr gegeben ist. Wenn Zeichenbestandteile einer zusammengesetzten Marke oder einer Kombinationsmarke an Kennzeichnungskraft verlieren, dann tritt zwar die Bedeutung des Zeichenbestandteils bei der Beurteilung des Gesamteindruck der Marke zurück, doch folgt aus dieser Verminderung der Kennzeichnungskraft des Zeichenbestandteils nicht zwingend, daß eine die Verwechslungsgefahr begründende Markenähnlichkeit schon durch geringfügige Unterschiede der Kollisionsmarken ausgeschlossen wird (BGH GRUR 1957, 339, 341 – Venostasin/Topostasin; 1958, 81, 82 – Thymopect). Bei starken Marken mit einem hohen Bekanntheitsgrad im Markt wird man im allgemeinen nicht ohne weiteres von einer Verminderung ihrer Kennzeichnungskraft ausgehen können, wenn ähnliche Drittmarken im Verkehr erscheinen (zur Marke *Coca-Cola* s. BGH, Urt vom 4. Dezember 1951 – I ZR 14/15; BGH GRUR 1955, 484, 486 – Luxor/Luxus) oder der Markeninhaber einen Produktwechsel für die Marke vornimmt. Eine Phantasiemarke braucht an Kennzeichnungskraft nicht dadurch verlieren, daß sie von einem Teil des Verkehrs in einem mundartlichen Sinne als eine Beschaffenheitsangabe aufgefaßt werden kann (so für die Marke *Wit* als mundartlich für *weiß* (BGH GRUR 1957, 499 – Wit/Wipp).

**307**    **d) Wirkung ähnlicher Drittmarken auf die Kennzeichnungskraft. aa) Entwicklung der Rechtsprechung.** Welche Wirkung der Existenz von ähnlichen Drittmarken auf die Kennzeichnungskraft einer Marke zukommt, begleitet die Geschichte des Kennzeichenrechts seit alters her und wird kontrovers diskutiert. Ähnliche Drittmarken können *von vornherein* neben der Marke bestehen, wenn der Markeninhaber eine Marke wählt, die nur einen geringen Abstand zu vorhandenen Konkurrenzmarken einhält. Ähnliche Drittmarken können *nachträglich* entstehen, wenn der Markeninhaber das Aufkommen ähnlicher Marken innerhalb des Schutzbereichs seiner Marke duldet.

**308a**   **(1) Rechtsprechung des RG.** Schon das RG ging in ständiger Rechtsprechung davon aus, die Kennzeichnungskraft einer Marke könne aufgrund der Benutzung ähnlicher Drittmarken auf einem gleichen, gleichartigen oder nahen Warengebiet geschwächt werden (RG MuW 1922, 109 – Stern; 1926, 253, 254 – Zahnrad; 1930, 171 – Sternteppich; 1931, 375 – Pferdemotiv; RG GRUR 1933, 145 – Sonne; 1936, 961, 965 – Biene). Die *Schwächung der Kennzeichnungskraft* einer Marke aufgrund ähnlicher Drittmarken wird damit begründet, wenn längere Zeit ähnliche Marken auf einem bestimmten Produktgebiet nebeneinander bestünden, dann werde der Verkehr genötigt und habe sich daran gewöhnt, auch auf geringe Unterschiede der konkurrierenden Marken zu achten. Aus diesem Grunde werde die Verwechslungsgefahr schon durch geringfügige Unterschiede der ähnlichen Marken ausgeschlossen. Der Einwand einer Schwächung der Kennzeichnungskraft infolge *Verkehrsgewöhnung* an die Existenz ähnlicher Marken unterscheidet sich vom Einwand der Verwirkung (zur Verwirkung im Markenrecht s. § 21, Rn 6 ff., 21 ff.) dadurch, daß nicht die Geltendmachung eines bestehenden Schutzanspruchs wegen Verwirkung als unzulässig zu beurteilen ist, sondern daß ein entsprechender Schutzanspruch wegen des eingeschränkten Schutzumfangs der Marke materiellrechtlich überhaupt nicht besteht. Gegen die tatsächliche Annahme, die Existenz ähnlicher Marken für identische oder ähnliche Produkte auf dem Markt gewöhne den Verkehr daran, die Marken genauer wahrzunehmen und differenzierter zu unterscheiden, bestehen erhebliche *Bedenken* (Schluep, Markenrecht, S. 21 f.; *Vierheilig*, Verkehrsauffassung, S. 90 ff.). Ein solches Verkehrsverhalten wird zwar in bestimmten Fallkonstellationen gegeben sein. Die Existenz ähnlicher Marken auf dem Markt rechtfertigt es aber nicht, eine solche Verkehrsgewöhnung als eine berechtigte Verbrauchererwartung zu unterstellen und daraus rechtlich abzuleiten, an das Bestehen einer Verwechslungsgefahr seien insoweit geringere Anforderungen zu stellen. Aber auch die Annahme, ähnliche Drittmarken hinderten zwar nicht die Verwechselbarkeit der Kollisionszeichen, doch schließe der Verkehr aus der Markenähnlichkeit auf einem bestimmten Produktsektor noch nicht auf die gleiche Produktherkunft, wird weder dem Markenschutz vor einer mittelbaren Verwechslungsgefahr noch vor einer Verwechslungsgefahr im weiteren Sinne gerecht (so aber *Leo,* GRUR 1963, 607; *v. Harder,* GRUR 1964, 299).

**(2) Rechtsprechung des BGH zum WZG.** In der Rechtsprechung des BGH zum WZG wurde an dem Grundsatz des RG festgehalten, die Kennzeichnungskraft einer Marke erleide aufgrund ähnlicher Marken, die auf dem gleichen oder einem nicht klar abgehobenen, benachbarten Warengebiet benutzt würden, eine Schwächung, so daß schon geringfügige Abweichungen genügen könnten, eine Verwechslungsgefahr auszuschließen (BGH GRUR 1951, 159, 161 – Störche; 1955, 415, 417 – Arctuvan/Artesan; 1955, 484, 486 – Luxor/Luxus; 1955, 579, 581 – Sunpearl I; 1957, 499, 501 – Wit/Wipp; BGHZ 46, 152, 156 – Vitapur; BGH GRUR 1969, 690, 692 – Faber; 1971, 577, 578 – Raupentin; 1990, 367, 368 – alpi/Alba/Moda). Der aus der Wirkung ähnlicher Drittmarken abgeleitete Rechtssatz zur Verwechslungsgefahr wurde in der Rechtsprechung des BGH allerdings teils als ein *Ausnahmetatbestand* verstanden und zurückhaltender als in der Rechtsprechung des RG angewandt (BGH GRUR 1955, 579, 581 – Sunpearl I; 1956, 179 – Ettaler-Klosterliqueur). Um eine Verwechslungsgefahr auszuschließen, komme es darauf an, ob der Verkehr im Falle ähnlicher Marken auf dem Markt tatsächlich auf geringfügige Unterschiede zwischen den Kollisionszeichen zu achten pflege. Auf dem Gebiet der pharmazeutischen Erzeugnisse etwa achte der Verkehr beim Produkterwerb auf feinere Unterschiede zwischen den Kollisionszeichen (BGH GRUR 1958, 81, 82 – Thymopect), eine Annahme, deren Richtigkeit der BGH noch eine kurze Zeit zuvor dahingestellt sein ließ (BGH GRUR 1957, 339 – Venostasin/Topostasin). Namentlich die *Abstandslehre* (s. Rn 309 ff.) hat hinsichtlich einer Verminderung der Kennzeichnungskraft einer Marke aufgrund der Existenz ähnlicher Drittmarken zu fehlsamen Folgerungen bei der Beurteilung der Verwechslungsgefahr geführt.

**(3) Rechtsprechung des BGH zum MarkenG.** Der BGH hat den Grundsatz der *Vitapur*-Entscheidung (BGHZ 46, 152 – Vitapur; s. Rn 308 b), nach dem Drittzeichen, die nur in die Zeichenrolle eingetragen sind, aber nicht benutzt werden, bei der Prüfung bedeutsam sein können, welche Kennzeichnungskraft einem Zeichen von Hause aus zukommt, auch für die Prüfung der Kennzeichnungskraft einer Marke nach dem MarkenG angewandt (so zu § 9 Abs. 1 Nr. 2 BGH GRUR 1999, 241 – Lions). Die Heranziehung des Rollenstandes vermittle wertvolle Aufschlüsse über die einem prioritätsälteren Widerspruchszeichen von Hause aus zukommende Kennzeichnungskraft. Wenn in das Markenregister für *gleiche* oder *benachbarte Warengebiete* eine Reihe *ähnlicher Zeichen* gelangt sei, ohne daß deren Inhaber gegen weitere Anmeldungen eingeschritten seien, dann könne dies ein wichtiger Fingerzeig dafür sein, daß es sich um naheliegende, verbrauchte Wortbildungen von geringer Originalität handele. Bei dieser Prüfung der ursprünglichen Kennzeichnungskraft einer Marke, die unabhängig von ihrer möglichen weiteren Stärkung oder Schwächung durch die Benutzungslage vorzunehmen ist und die sich mit dem Zeichen in seiner eingetragenen Gestalt befaßt, können nicht nur prioritätsältere eingetragene Drittzeichen, sondern auch prioritätsjüngere Eintragungen Bedeutung erlangen, soweit sie Rückschlüsse auf die einem Zeichen von Hause aus zukommende Kennzeichnungskraft zulassen. In der *Lions*-Entscheidung entnahm der BGH dem ermittelten Rollenstand keinen Hinweis auf eine ursprüngliche Kennzeichnungsschwäche der Widerspruchsmarke; von den neun ermittelten Marken mit dem einzigen oder beherrschenden Wortbestandteil *Lion* oder *Lions,* von denen vier Marken der Widersprechenden zustanden und deshalb nicht als schwächend angesehen werden konnten und einer IR-Marke der Schutz in Deutschland für die rechtserhebliche Warenklasse versagt worden war, verblieben nur vier Marken, die wegen ihrer *geringen Anzahl* die Annahme einer Schwächung der Kennzeichnungskraft der Widerspruchsmarke nicht zu tragen vermochten. Die *Lions*-Rechtsprechung deutet eine *zurückhaltende Anwendung* und eine *strenge Prü-*

*fung* des Grundsatzes der Schwächung der Kennzeichnungskraft einer Widerspruchsmarke aufgrund von unbenutzten Drittmarken im Markenregister an.

**309** **bb) Abstandslehre.** Nach der *Abstandslehre* reicht der Schutzbereich einer Marke gegenüber einem Kollisionszeichen nicht über den Abstand hinaus, den die Marke selbst von Drittmarken gewählt und gewahrt hat (BGH GRUR 1952, 419, 420 – Gumax/Gumasol; 1955, 415, 417 – Arctuvan/Artesan; 1955, 484, 486 – Luxor/Luxus; 1959, 420 – Opal). Die Begründung geht dahin, es widerspreche dem Wesen des Markenschutzes als einer Abgrenzung konkurrierender Individualrechte sowohl hinsichtlich der Markeninhaber als auch gegenüber der Allgemeinheit, wenn man dem Markeninhaber der prioritätsälteren Marke einen Anspruch auf einen weitergehenden Abstand der Konkurrenzmarken von seiner Marke zugestehen wollte, als er ihn selbst mit seiner Marke von anderen Konkurrenzmarken gewahrt oder gewählt habe. Diese Formulierung legt es nahe, in der Abstandslehre ein materielles Rechtsprinzip zu sehen, das unabhängig davon Geltung beansprucht, ob tatsächlich Verwechslungsgefahr besteht (s. dazu *Schluep*, Markenrecht, S. 23). Bei einem solchen Verständnis der Abstandslehre würde der Abstand, den die prioritätsjüngere ähnliche Marke von der prioritätsälteren Marke einhält, die Grenzen des Schutzbereichs der prioritätsälteren Marke gegenüber allen ähnlichen Kollisionsmarken gleichsam mit mathematischer Präzision allgemein festlegen, so daß eine Marke erst dann in das Verwechslungsfeld der prioritätsälteren Marke gerät, wenn sie einen geringeren Abstand als die übrigen ähnlichen Kollisionsmarken zu der prioritätsälteren Marke wahrt. Die Rechtsprechung wandte sich selbst gegen eine solche generalisierende Anwendung der Abstandslehre und stellte klar, die Abstandslehre dürfe nicht als eine formale Zirkeltheorie gehandhabt werden (BGH GRUR 1967, 246, 248 – Vitapur; 1969, 690, 692 – Faber). Die Abstandslehre diene allein der Erhärtung des anerkannten Grundsatzes, daß es Marken mit abgeschwächter Kennzeichnungskraft gebe, denen nur ein geringerer Schutzumfang zustehe.

**310** Die Abstandslehre beruht auf einer *Tatsachenannahme zur Verkehrsauffassung* hinsichtlich des Vorliegens von Verwechslungsgefahr. Nach der *Gumax/Gumasol*-Entscheidung und der nachfolgenden Rechtsprechung zur Abstandslehre beruht die Schwächung der Kennzeichnungskraft einer Marke darauf, daß der Verkehr durch das Nebeneinanderbestehen ähnlicher Marken genötigt werden könne, auch auf geringfügige Unterschiede zu achten, und daß unter dieser Voraussetzung schon geringe Unterschiede zum Ausschluß der Verwechslungsgefahr ausreichen könnten, oder der Verkehr, dem auf einem Warengebiet eine Reihe ähnlicher Marken begegneten, aus der Ähnlichkeit noch nicht auf die Herkunft aus dem gleichen Betrieb schließe, also keiner Gefahr im Sinne eines Herkunftsirrtums unterliege (BGHZ 19, 367, 378 – W-5; BGH GRUR 1955, 415, 417 – Arctuvan/Artesan; 1955, 484, 486 – Luxor/Luxus; 1955, 579 – Sunpearl I; 1956, 179 – Ettaler Klosterliqueur; 1967, 246, 248 – Vitapur; 1969, 690, 692 – Faber). Keinesfalls müsse jedoch aus der Benutzung ähnlicher Marken auf angrenzenden Warengebieten auf eine Schwächung der Kennzeichnungskraft geschlossen werden. Es handele sich vielmehr nur um eine durch die Erfahrung nahegelegte Möglichkeit, der im Einzelfall je nach den Umständen eine größere oder geringere Bedeutung zukommen könne (BGH GRUR 1966, 259, 261 – Napoléon; 1968, 371, 374 – Maggi II). Wegen dieser Tatsachengrundlage der Abstandslehre wird es erforderlich, die wirkliche Auffassung des Verkehrs unter Umständen aufgrund unmittelbar auf die Feststellung der Verkehrsauffassung gerichteter Beweismittel wie demoskopischer Meinungsumfragen zu ermitteln.

**311** Die herkömmliche *Kritik an der Abstandslehre* geht vornehmlich dahin, der Schwächungseinwand gegenüber der Kennzeichnungskraft einer Marke berge die Gefahr einer nicht gerechtfertigten Schutzversagung. Der Schwächungseinwand könne leicht dazu instrumentalisiert werden, einem Markeninhaber den ihm bei bestehender Verwechslungsgefahr zustehenden, gesetzlichen Schutz nach § 14 Abs. 2 aus gleichsam übergeordneten Gründen zu nehmen. Wenn Markenschutz nach § 4 entstanden ist, dann steht dem Markeninhaber ein ausschließliches Recht zu, sich gegen jede Art der Benutzung einer prioritätsjüngeren Marke im Verkehr zu wehren, deren Benutzung als ein produktidentifizierendes Unterscheidungszeichen auf dem Markt Verwechslungsgefahr als markenfunktionale Gefahr einer assoziativen Fehlzurechnung begründet. Allein aufgrund des Einwandes, der Markeninhaber habe zu einer prioritätsälteren Marke keinen größeren Abstand eingehalten, als ein Abstand zu der prioritätsjüngeren Kollisionsmarke bestehe, rechtfertigt keine generelle und gleichsam vom Vorliegen einer Verwechslungsgefahr unabhängig zu beurteilende Beschränkung des Schutzumfangs einer Marke. Der Verwechslungsschutz der Marke hängt sowohl im Widerspruchsverfahren nach § 9 Abs. 1 Nr. 2 als auch im Verletzungsprozeß nach § 14 Abs. 2 Nr. 2 ausschließlich vom Vorliegen einer Verwechslungsgefahr ab. Für das Vorliegen der Verwechslungsgefahr kommt es nicht auf den Zeitpunkt der Anmeldung der prioritätsjüngeren Kollisionsmarke an, sondern auf den Zeitpunkt der Entstehung des Markenschutzes nach § 4 (zur Rechtslage im WZG s. BGH GRUR 1969, 355, 356 – Kim II). Die Anwendung der Abstandslehre als gleichsam formale Zirkeltheorie führt zudem zu einem unzulässigen Einwand aus dem Recht eines Dritten (BGHZ 46, 152, 162 – Vitapur; BGH GRUR 1969, 690, 692 – Faber). Kritik an der Abstandslehre folgt auch aus dem neueren Verständnis der Verwechslungsgefahr als eines normativen Rechtsbegriffs eines beweglichen Systems wechselseitiger Beurteilungskriterien (s. Rn 103 ff.), sowie aus der gemeinschaftsrechtlichen Vorgabe, den Begriff der Verwechslungsgefahr als einen Ausdruck des allgemeinen wettbewerbsrechtlichen Irreführungsverbots an den berechtigten Verbrauchererwartungen zu orientieren (s. Rn 123 ff.). Zumindest sollte die Abstandslehre mit äußerster Vorsicht gehandhabt werden. Die Berücksichtigung ähnlicher Drittmarken auf dem Markt bedeutet nichts anderes als deren Integration in das bewegliche System wechselseitiger Beurteilungskriterien zur normativen Feststellung der Verwechslungsgefahr anhand der berechtigten Verbrauchererwartungen.

cc) **Voraussetzungen und Reichweite der Abstandslehre nach der Rechtsprechung.** Ungeachtet der vorgetragenen Kritik an der Abstandslehre hinsichtlich der Wirkungen ähnlicher Drittmarken auf dem Markt (s. Rn 311), werden im folgenden die Voraussetzungen für die Annahme einer Verkehrsgewöhnung sowie deren Auswirkungen auf den Schutzumfang einer Marke, wie sie in der Rechtsprechung entwickelt worden sind, im einzelnen dargestellt.

(1) **Voraussetzungen der Verkehrsgewöhnung.** Die der prioritätsälteren Marke ähnlichen Drittmarken müssen in einem für den Verkehr beachtlichen Maße markenmäßig benutzt werden (BGH GRUR 1952, 419, 420 – Gumax/Gumasol; 1955, 484 – Luxor/Luxus; 1955, 579, 581 – Sunpearl I; 1967, 246, 248 – Vitapur; 1973, 314, 315 – Gentry; BPatGE 3, 194 – Milchmädchen). Zu unterscheiden ist zwischen benutzten und nicht benutzten Drittmarken, da nur *benutzte* Marken eine Gewöhnung des Verkehrs an ähnliche Drittmarken herbeiführen können. Die Eintragungen von einer Marke ähnlichen Drittmarken als solche können den Schutzbereich der prioritätsälteren Marke nicht schmälern (BGH GRUR 1969, 355, 356 – Kim II; 1973, 314, 315 – Gentry). Der Verkehr ist nicht gehalten, die nicht benutzten, eingetragenen Marken von anderen Marken zu unterscheiden, weil diese Marken ihm nicht auf dem Markt begegnen und er sie nicht kennt. Defensivmarken, die zudem gesetzwidrig sind (s. § 3, Rn 172 f.), und Vorratsmarken (s. § 3, Rn 184 f.) sind deshalb bei der Feststellung des Abstands der prioritätsälteren Marke zu den ähnlichen Drittmarken nicht zu berücksichtigen, auch wenn solche Vorratsmarken innerhalb der fünfjährigen Benutzungsfrist nach den Vorschriften über den Benutzungszwang gegenüber prioritätsjüngeren Marken Verwechslungsschutz genießen (BGH GRUR 1961, 231 – Hapol). Voraussetzung einer Verkehrsgewöhnung ist weiter, daß die ähnlichen Drittmarken aufgrund ihrer Benutzung im Verkehr eine gewisse Bedeutung und Marktstärke erlangt haben, insoweit es nach der Abstandslehre auf eine *vermutete Verkehrsauffassung* ankommt (BGH GRUR 1955, 484, 486 – Luxor/Luxus; 1955, 579, 581 – Sunpearl I; 1967, 246, 248 – Vitapur). Die Benutzung lediglich einer ähnlichen Drittmarke wird den Verkehr im allgemeinen noch nicht veranlassen, den Unterschieden in der Zeichenbildung eine genauere Beachtung zu schenken (BGH GRUR 1967, 253, 254 – CONNY; 1967, 294, 296 – Triosorbin; 1973, 314, 315 – Gentry). Eine Verkehrsgewöhnung wird man im allgemeinen erst dann annehmen können, wenn die ähnlichen Drittmarken eine gewisse Zeit lang im Verkehr gebraucht worden sind. Der Zeitraum der Benutzung kann nicht allgemein bestimmt werden, da die Verkehrsgewöhnung auch von der Intensität der Benutzung und der Art der Werbung sowie der gesamten Marketingstrategie abhängig ist. Der Einwand der Verwirkung gegenüber einem Unterlassungsanspruch des Inhabers der prioritätsälteren Marke begründet als solcher nicht auch den Einwand der Schwächung der Kennzeichnungskraft der prioritätsälteren Marke, da die Voraussetzungen einer Verkehrsgewöhnung andere sind, als die Voraussetzungen einer Verwirkung (s. dazu § 21, Rn 6 ff., 21 ff.).

**314** Zur Prüfung einer mittelbaren Verwechslungsgefahr unter dem Gesichtspunkt einer *Serienmarke* sind zur Feststellung des gemeinsamen Stammbestandteils ebenfalls nur benutzte Drittmarken zu berücksichtigen (BPatG Mitt 1966, 191 – Rustiphoska; BGH GRUR 1969, 538, 540 – Rheumalind).

**315** Allein die Tatsache eines Nebeneinanderbestehens der ähnlichen Drittmarken mit der prioritätsälteren Marke genügt nicht für die Annahme einer Schwächung der Kennzeichnungskraft der prioritätsälteren Marke. Erforderlich ist vielmehr die zusätzliche Feststellung, daß der Verkehr sich tatsächlich genötigt sieht, auf die geringfügigen Unterschiede der ähnlichen Drittmarken zur prioritätsälteren Marke zu achten (BGH GRUR 1955, 579, 581 – Sunpearl I; zu Freizeichen BGH GRUR 1966, 259, 261 – Napoléon). An diesem Erfordernis der Verkehrsgewöhnung zeigt sich die empirische Grundlage der Abstandslehre gegenüber einem normativen Verständnis der Verwechslungsgefahr (s. Rn 123 ff.).

**316** Die Kennzeichnungskraft einer Marke wird im allgemeinen aufgrund der Benutzung ähnlicher Drittmarken im *Inland* geschwächt werden. Die Benutzung ähnlicher Drittmarken im Ausland kann nach der Abstandslehre eine Schwächung der Kennzeichnungskraft im Inland dann bewirken, wenn die Drittmarken im Ausland für Produkte verwendet werden, die im Inland von fachkundigen Abnehmern, denen die ausländischen Marken bekannt sind, bezogen werden (s. dazu *Kockläuner*, GRUR 1971, 494).

**317** Voraussetzung einer Verkehrsgewöhnung ist die Benutzung der ähnlichen Drittmarken auf dem *Gebiet der wirtschaftlichen Betätigung* des Markeninhabers. Dem Bereich der identischen Produkte des Markeninhabers wird ein nach der Verkehrsauffassung nicht klar abgrenzbarer, benachbarter oder näher verwandter Produktbereich zugerechnet. Nach der Rechtslage im WZG wurde die Benutzung ähnlicher Drittmarken im Gleichartigkeitsbereich der Produkte des Markeninhabers zur Feststellung einer Verkehrsgewöhnung und Schwächung der Kennzeichnungskraft der prioritätsälteren Marke als nicht rechtserheblich beurteilt (*Baumbach/Hefermehl*, § 31 WZG, Rn 149). Wenn man die Abstandslehre auf die Rechtslage im MarkenG anwendet (zur Kritik s. Rn 311), dann ist zur Annahme einer Verkehrsgewöhnung nicht ausreichend, wenn die ähnlichen Drittmarken nur innerhalb des Bereichs der Produktähnlichkeit, nicht aber im Bereich der Produktidentität, wenn auch der Verkehrsauffassung entsprechend erweitert auf die wirtschaftliche Betätigung des Markeninhabers als solche, benutzt werden.

**318** Zur Feststellung einer Verkehrsgewöhnung sind zunächst alle Drittmarken zu berücksichtigen, die im Ähnlichkeitsbereich der prioritätsälteren Marke zur prioritätsjüngeren Kollisionsmarke liegen. Voraussetzung ist allerdings, daß alle zu berücksichtigenden Drittmarken tatsächlich in einem solchen Umfange auf einem identischen oder identitätsnahen Produktgebiet benutzt werden, der die Annahme einer Verkehrsgewöhnung mit der Folge einer Beachtung von geringfügigen Unterschieden der Kollisionsmarken zur prioritätsälteren Marke rechtfertigt (BGH GRUR 1952, 419 – Gumax/Gumasol). Die Verwechslungsgefahr wurde verneint zwischen der für Arzneimittel eingetragenen Klagezeichen *Arctuvan* und der für Heilsalben eingetragenen Marke *Artesan*, weil im Ähnlichkeitsbereich der Marke *Arctuvan* die Marken *Atphan* und *Adjuvan* bestanden und so der Abstand des Klagezeichens *Arctuvan* zu den ähnlichen Drittmarken *Atphan* und *Adjuvan* nicht größer war als der Abstand zu der angegriffenen Marke *Artesan* (BGH GRUR 1955, 415, 417 – Arcutan/Artesan; 1973, 314, 315 – Gentry). Ähnliche Drittmarken, die nur im Ähnlichkeitsbereich des Klagezeichens, nicht aber im Ähnlichkeitsbereich der angegriffenen Marke liegen, sind dann zu berücksichtigen, wenn der von der Schwächung betroffene Zeichenbestandteil des Klagezeichens für die Verwechslungsgefahr mit der angemeldeten Marke eine Rolle spielt (BGH GRUR 1955, 415, 417 – Arcutan/Artesan; 1971, 577, 578 – Raupentin). Eine ähnliche Drittmarke, die den gleichen oder größeren Abstand vom Klagezeichen als die angegriffene Marke hat, kann eine Schwächung der Kennzeichnungskraft des Klagezeichens nicht verursachen (BGH GRUR 1966, 432, 435 – Epigran I; 1971, 577, 578 – Raupentin). Drittmarken, die nur im Ähnlichkeitsbereich der angegriffenen Kollisionsmarke liegen, sind für die Beurteilung einer Schwächung der Kennzeichnungskraft des Klagezeichens nicht rechtserheblich.

**319** Auch wenn das Klagezeichen innerhalb der fünfjährigen Benutzungsfrist nicht nach den Regeln über den Benutzungszwang benutzt wird, sind hinsichtlich der Schwächung seiner Kennzeichnungskraft nur die benutzten ähnlichen Drittmarken zu berücksichtigen (BGH

GRUR 1967, 246, 250 – Vitapur; BPatG Mitt 1965, 71 – LILI/Libby's; 1965, 110 – Vitapulp; aA BPatE 7, 155 – Adex/Ardex; s. dazu *Miosga*, MA 1956, 392; *Miosga*, Mitt 1958, 185, 186). Denn zur Feststellung der Verwechslungsgefahr mit einem nicht benutzten Klagezeichen ist innerhalb der fünfjährigen Benutzungsfrist zu unterstellen und davon auszugehen, daß das Klagezeichen benutzt wird, weshalb sich eine Verkehrsgewöhnung ausschließlich nach den tatsächlich benutzten, ähnlichen Drittmarken bestimmt. Eine nicht benutzte Marke verliert nicht an Kennzeichnungskraft aufgrund der Eintragung ähnlicher Drittmarken, die nicht benutzt werden, auch wenn deren Benutzung eine Kennzeichnungsschwäche verursachen könnte. Indessen ist völlig ungewiß, ob solche Auswirkungen auf die Verkehrsgewöhnung eintreten oder nicht, zumal auch eine Anwendung der Abstandslehre nicht von einer Automatik des Eintritts einer Kennzeichnungsschwäche aufgrund der Benutzung ähnlicher Drittmarken ausgeht.

In der frühen Rechtsprechung zur Rechtslage im WZG wurde eine *Ähnlichkeit der Drittmarken* zur prioritätsälteren Marke als nicht ausreichend angesehen. Es wurde davon ausgegangen, daß sich die prioritätsjüngeren Drittmarken von der prioritätsälteren Marke nicht oder nur wenig unterscheiden dürften (BGH GRUR 1952, 419 – Gumax/Gumasol; 1954, 192 – Dreikern/Dreiring; 1955, 415 – Arctuvan/Artesan). Die Ähnlichkeit der Kollisionsmarken genüge zur Annahme einer Verkehrsgewöhnung nicht. Selbst wenn man nach der Rechtslage im MarkenG die Abstandslehre innerhalb der Feststellung einer Verwechslungsgefahr anwendet (s. zur Kritik Rn 311), wird man den zu berücksichtigenden Kreis ähnlicher Drittmarken nicht ohne weiteres als deckungsgleich mit dem Begriff der Markenähnlichkeit im Sinne des Verwechslungsschutzes nach § 14 Abs. 2 Nr. 2 ansehen können. In der Eintragungspraxis wurde angenommen, daß Verwechslungsgefahr auch aufgrund eines Zeichenbestandteils bestehen könne, der auf dem einschlägigen Warengebiet phonetisch identisch oder in ähnlicher Schreibweise in Drittmarken mehrfach vorkommt. Insoweit wurde trotz des häufig vorkommenden Wortanfangs *Crati* Verwechslungsgefahr zwischen *Cratiserp* und *Cratimon* für Arzneimittel angenommen (BPatGE 7, 184 – Crati). **320**

Voraussetzung einer Verkehrsgewöhnung an die Beachtung geringfügiger Unterschiede der Kollisionsmarken ist grundsätzlich die Existenz einer *Mehrheit benutzter Drittmarken* auf dem Markt. Das Vorliegen mehrerer Drittmarken ist allerdings keine zwingende Voraussetzung der Verkehrsgewöhnung, die auch aufgrund anderer Umstände wie Werbeintensität und Produktmarketing eintreten kann. Nach der Rechtsprechung soll schon eine einzige ähnliche Drittmarke nach den konkreten Umständen des Einzelfalles zu einer Schwächung der Kennzeichnungskraft einer prioritätsälteren Marke führen können (BGH GRUR 1955, 415, 417 – Arctuvan/Artesan; 1955, 579, 581 – Sunpearl I; für das Erfordernis von drei Drittmarken *Rüffer*, GRUR 1961, 212). Nach der Abstandslehre der Rechtsprechung kann die Existenz einer einzigen Drittmarke für eine Verkehrsgewöhnung ausreichend sein, wenn dem Publikum beide Marken bekannt sind, die geringfügigen Unterschiede der Kollisionsmarken erkannt und die Kollisionsmarken im Verkehr voneinander unterschieden werden. Wenn diese Voraussetzungen erfüllt sind, dann benötigt der Inhaber einer prioritätsälteren Marke nach der Abstandslehre keinen weitergehenden Markenschutz. Im allgemeinen ist aber auch nach der Abstandslehre von dem Grundsatz auszugehen, daß die Kennzeichnungskraft einer prioritätsälteren Marke nicht aufgrund einer einzigen prioritätsjüngeren Drittmarke rechtserheblich beeinträchtigt werden kann (BGH GRUR 1967, 294, 296 – Triosorbin; 1967, 253, 254 – CONNY; 1971, 577, 579 – Raupentin; 1973, 314, 315 – Gentry; BPatGE 23, 203, 207 – Tireur/Tourneur). Von diesem Grundsatz ist namentlich dann auszugehen, wenn sich die prioritätsältere Marke stark im Verkehr durchgesetzt hat und einer Schwächung ihrer Kennzeichnungskraft stärkeren Widerstand entgegensetzt (BGH GRUR 1968, 371, 376 – Maggi II; 1969, 690, 692 – Faber). Als verwechslungsfähig beurteilt wurden *Securo* und *SEKURIT* für Treppen, Treppenteile, Möbel, Baustoffe, da außer der Marke *Sekuritas* keine weiteren Drittmarken existierten (BPatGE 7, 174 – Sekurit). **321**

Nicht benutzte Drittmarken bewirken keine Schwächung der Kennzeichnungskraft einer Marke (BGH GRUR 1967, 246, 248 – Vitapur). Dieser Grundsatz schließt aber eine Berücksichtigung des *Registerstandes* nicht aus. Der ursprüngliche Bestand an ähnlichen Drittmarken im Register kann ein *Indiz* dafür sein, welche Kennzeichnungskraft einer Marke von Haus aus zukommt (BGH GRUR 1967, 246, 248 – Vitapur; 1967, 253 – CONNY; 1971, 577, 579 – Raupentin; BPatGE 17, 288 – HAEMOCALM). Wenn in das Register **322** mehrere ähnliche Drittmarken für identische oder benachbarte Produktbereiche eingetragen und deren Inhaber gegen weitere Anmeldungen nicht eingeschritten sind, dann kann diese Tatsache indizieren, daß es sich um Marken von schwacher Originalität handelt und sich die Anmelder der ursprünglichen Schwäche ihrer Marken bewußt waren. Die ursprüngliche Kennzeichnungskraft einer Marke ist unabhängig von der Benutzungslage festzustellen, die sowohl zu einer Stärkung wie zu einer Schwächung der Marke geführt haben kann. Einer benutzten Marke kommt die Kennzeichnungskraft zu, die sie aufgrund der Intensität ihrer Benutzung, des Produktmarketings sowie der Werbung erlangt hat. Es besteht deshalb in der Regel kein Anlaß, die bei der Beurteilung der Kennzeichnungskraft einer Marke berücksichtigten, benutzten Drittmarken nochmals unter dem Gesichtspunkt ihres Registerstandes zu berücksichtigen, da dadurch die festgestellte Kennzeichnungskraft nicht mehr beeinflußt werden wird (BGH GRUR 1971, 577, 579 – Raupentin). Auch im Verletzungsprozeß kann der bei Anmeldung des Klagezeichens bestehende Registerstand ein Anzeichen dafür sein, daß es sich bei dem Klagezeichen um eine Marke mit ursprünglicher Kennzeichnungsschwäche handelt (BGH GRUR 1969, 355, 356 – Kim II). Bei der Feststellung der Kennzeichnungskraft einer Marke aufgrund des Registerstandes wird regelmäßig davon auszugehen sein, daß eine ursprüngliche Kennzeichnungsschwäche zumeist nur bei solchen Marken gegeben sein wird, die an eine beschreibende Angabe angelehnt, von einer solchen abgewandelt oder als eine in sich geschlossene und selbständige Wortbildung innerhalb der beteiligten Verkehrskreise bekannt und geläufig sind (BGH GRUR 1967, 253 – CONNY; 1971, 577, 579 – Raupentin; aA BPatGE 10, 74 – Rakofix; 11, 273 – Dexa, da eine nur formale Ähnlichkeit von Drittmarken mit der Widerspruchsmarke zur Annahme einer Originalitätsschwäche nicht ausreiche). Nach dem Registerstand sind solche ähnlichen Drittmarken zu berücksichtigen, bei denen die kollisionsbegründende Kombination von Merkmalen gleich oder gleichwertig wiederkehrt oder die der Widerspruchsmarke besonders nahe kommen und dieser eindeutig ähnlicher sind als die prioritätsjüngere, angemeldete Marke, selbst wenn sie nicht genau die kollisionsbegründende Kombination von Merkmalen aufweisen wie die Kollisionsmarken (BPatG GRUR 1971, 577, 578 – Raupentin). Auch wenn die nur formal ähnlichen Drittmarken nach dem Rollenstand zur Feststellung der Kennzeichnungskraft einer Marke zu berücksichtigen sind, so wird sich doch die Prüfung in der Regel auf Marken im engsten Ähnlichkeitsbereich beschränken. Im allgemeinen rechtfertigt auch nur eine größere Anzahl ähnlicher Drittmarken nach dem Rollenstand auf eine geringere Kennzeichnungskraft der Widerspruchsmarke zu schließen. An beschreibende Angaben angelehnte Marken indizieren eher eine geringe Kennzeichnungskraft als andere Marken (BGH GRUR 1971, 577, 579 – Raupentin). Die starke Kennzeichnungskraft einer aufgrund intensiver Benutzung besonders bekannten Widerspruchsmarke mit Marktstärke wird nicht schon dadurch gemindert, daß im Ähnlichkeitsbereich der Marke mehrere andere Marken bestehen. Als verwechselbar beurteilt wurden die bekannte Marke *Nescafé* und *Tencafé* für Genußmittel (BPatG Mitt 1969, 114 – Kaffee und Kaffee-Extrakt).

**323** In den Verfahren vor dem DPMA und BPatG bedarf es keiner Auseinandersetzung mit allen ähnlichen Drittmarken im einzelnen; vielmehr genügt eine pauschale Prüfung und Begründung. Einer näheren Begründung bedarf es zumal nur dann, wenn aus dem Registerstand Rückschlüsse auf die Kennzeichnungsschwäche der Widerspruchsmarke gezogen werden können (BGH GRUR 1971, 577, 579 – Raupentin).

**324** **(2) Wirkung der Verkehrsgewöhnung.** Wenn sich der Verkehr an das Nebeneinanderbestehen ähnlicher Drittmarken auf dem identischen oder einem benachbarten Produktbereich gewöhnt, dann kann die Verkehrsgewöhnung eine Schwächung der Kennzeichnungskraft dieser Marken auf dem Markt bewirken. Bei einer Schwächung der Kennzeichnungskraft der Marken aufgrund einer Verkehrsgewöhnung besteht dann trotz der Markenähnlichkeit nicht mehr die Gefahr, daß der Verkehr einer assoziativen Fehlzurechnung der ähnlich markierten Produkte, sei es hinsichtlich deren Herkunftsidentität, sei es hinsichtlich deren Produktidentität, unterliegt. Dies beruht zum einen darauf, daß der Verkehr wegen des Nebeneinanderbestehens ähnlicher Marken veranlaßt werden kann, auch auf *geringfügige Unterschiede* zwischen den Marken aufmerksamer zu achten und so das Vorliegen einer Verwechslungsgefahr weniger wahrscheinlich ist. Zum anderen ist es möglich, daß der Verkehr nicht schon aufgrund der Markenähnlichkeit eine Identifizierung der Produkte, sei es nach ihrer Herkunft, sei es nach ihren Eigenschaften vornimmt. Die Schwächung der Kennzeichnungskraft einer Marke als produktidentifizierendes Unterscheidungszeichen bewirkt aber nicht notwendigerweise eine Beeinträchtigung ihrer Marktstärke und damit des Bekanntheitsgrades und des guten Rufes der Marke auf dem Markt. Es läßt sich kein allgemeiner Erfahrungssatz des Inhalts aufstellen, aus der Benutzung ähnlicher Drittmarken auf einem bestimmten Produktsektor sei mit Notwendigkeit auf eine Schwächung der Kennzeichnungskraft und damit auf eine entsprechende Begrenzung des Schutzumfangs der ähnlichen Marken zu schließen (*Storkebaum/Kraft*, § 31 WZG, Rn 66; *Vierheilig*, Verkehrsauffassung, S. 90 ff.). Verkehrsgewöhnung und Kennzeichnungsschwäche sind nur mögliche Wirkungen der Existenz ähnlicher Marken auf dem Markt, deren Feststellung es bedarf, und denen zur Ermittlung der Verkehrsauffassung nach Lage der besonderen Umstände des konkreten Einzelfalles mehr oder weniger Gewicht zukommen kann (s. zur Kritik der Abstandslehre Rn 311). Wenn etwa eine Endsilbe als Zeichenbestandteil in einer Vielzahl von Wortmarken auf einem identischen oder benachbarten Produktsektor benutzt wird, dann folgt daraus noch keine Schwächung der Kennzeichnungskraft der jeweiligen Marken als Ganze (BGH GRUR 1969, 538 – Rheumalind).

Bedenklich ist vor allem die Annahme, der Verkehr achte auch bei ähnlichen Drittmarken, die *neu auf dem Markt* erscheinen, von vornherein auf die Zeichenunterschiede. Es ist deshalb nicht gerechtfertigt, den Schutzumfang einer prioritätsälteren Marke gegenüber neuen ähnlichen Drittmarken aufgrund einer angeblichen Verkehrsgewöhnung zu beschränken. Selbst wenn sich der Verkehr daran gewöhnt haben sollte, einige Konkurrenzmarken aufgrund ihrer Zeichenunterschiede auseinanderzuhalten, so folgt daraus noch nicht, daß auf dem Mark vorhandene Marken von neu erscheinenden, ähnlichen Drittmarken im Verkehr in gleicher Weise aufmerksam unterschieden werden. Es ist im Gegenteil vielmehr anzunehmen, daß es für das Publikum um so schwieriger wird, zwischen Kollisionsmarken zu unterscheiden, wenn sich die Anzahl ähnlicher Drittmarken auf einem Produktsektor vergrößert, so daß sich die Verwechslungsgefahr eher erhöhen wird.

Bei der Bewertung der Benutzungslage im Hinblick auf den Schwächungseinwand kommt es auf eine Vielzahl von Beurteilungskriterien an, wie etwa die Anzahl, Ähnlichkeit und Benutzungsintensität der Kollisionsmarken, die Produktnähe sowie die Art der beteiligten Verkehrskreise. Das gilt namentlich für die Annahme einer Kennzeichnungsschwäche von Marken, die nur auf einem angrenzenden Produktsektor benutzt werden (BGH GRUR 1966, 259, 261 – Napoléon; 1968, 371, 373 – Maggi II). Aber auch bei einer Benutzung für identische Produkte darf eine Schwächung der Kennzeichnungskraft nicht einfach unterstellt werden. Zur Feststellung der Kennzeichnungsschwäche einer Marke aufgrund ähnlicher Drittmarken sowohl auf dem gleichen wie auf einem benachbarten Produktsektor hält es die Rechtsprechung deshalb für geboten, die *tatsächliche Auffassung des Verkehrs* zu ermitteln (BGH GRUR 1959, 599, 601 – Teekanne; 1966, 259, 261 – Napoléon; 1969, 538, 540 – Rheumalind). Wenn sich der Schwächungseinwand bei Marken an das breite Publikum nicht schon aus der Existenz ähnlicher Drittmarken auf dem Markt ergibt, dann ist eine sorgfältige Abwägung erst recht dann geboten, wenn es bei den Abnehmern der markierten Produkte um Fachleute handelt (BGH GRUR 1969, 357 – Sihl).

Für die Auffassung des Verkehrs ist allein die *tatsächliche Benutzungslage* maßgebend (BGH GRUR 1966, 493, 494 – Lili). Die Kennzeichnungskraft einer prioritätsälteren Marke kann auch aufgrund einer rechtswidrigen Benutzung ähnlicher Drittmarken geschwächt werden. Allein das Bestehen der rechtlichen Möglichkeit, Unterlassung der unrechtmäßigen Benutzung von Drittmarken verlangen zu können, verhindert nicht den Eintritt der Kennzeichnungsschwäche (BGH GRUR 1963, 626, 628 – Sunsweet). Das gilt namentlich bei einer Benutzung der Drittmarke über eine längere Zeit. Nur kurze Zeit rechtswidrig benutzte Drittmarken nicht als Kennzeichnungsschwäche zu berücksichtigen, kommt in Betracht, wenn in absehbarer Zeit mit der Beseitigung der Drittmarken vom Markt zu rechnen ist. Bei Beurteilung der Benutzungslage kommt es deshalb nicht nur auf die Existenz ähnlicher Drittmarken, sondern möglicherweise auch auf die Rechtmäßigkeit ihrer Benutzung an (*Heydt*, GRUR 1963, 629). Wird über die Rechtmäßigkeit der Benutzung einer Drittmarke ein Rechtsstreit geführt, dann kann bis zu dessen rechtskräftiger Entscheidung eine Aussetzung des Verfahrens nach § 148 ZPO geboten sein.

Je höher der *Bekanntheitsgrad einer Marke* auf dem Markt ist, desto weniger ist sie der Gefahr einer Schwächung ihrer Kennzeichnungskraft aufgrund ähnlicher Drittmarken ausgesetzt (BGH GRUR 1955, 579 – Sunpearl I; 1956, 179, 182 – Ettaler Klosterliqueur). So wurde eine Schwächung der starken Marke *Luxor* für Seifen aufgrund der allgemeinen Gebräuchlichkeit des Wortes *Luxus* verneint (BGH GRUR 1955, 484 – Luxor-Luxus). Eine sehr bekannte oder gar berühmte Marke wird trotz des Nebeneinanderbestehnes ähnlicher Drittmarken ihre starke Kennzeichnungskraft behalten. Als verwechselbar beurteilt wurden *Coca-Cola* und *Nora-Cola* sowie *Combi-Cola* für alkoholfreie Getränke trotz der ähnlichen Drittmarken *Pepsi-Cola*, *Heni-Cola* und *Afri-Cola* auf dem Markt; selbst wenn der Verkehr aufgrund der Zeichenunterschiede zwischen den verschiedenen *Cola*-Marken unterscheidet, stehen die Kollisionszeichen *Nora-Cola* und *Combi-Cola* dem Klagezeichen *Coca-Cola* näher als die ähnlichen Drittmarken *Pepsi-Cola*, *Heni-Cola* und *Afri-Cola* (BGH, Urteil vom 4. Dezember 1951, I ZR 14/51; s. auch DPA BlPMZ 1955, 94). Folge selbst einer intensiven Benutzung ähnlicher Drittmarken ist nicht zwingend eine Schwächung der Kennzeichnungskraft. Denn nach der Abstandslehre ist Voraussetzung einer Schwächung der Kennzeichnungskraft, daß der Verkehr aufgrund der Existenz ähnlicher Drittmarken tatsächlich genötigt ist, auf geringfügige Zeichenunterschiede zu achten. Selbst bei einer solchen Verkehrsgewöhnung ist die Annahme einer Schwächung der Kennzeichnungskraft nur dann gerechtfertigt, wenn nicht die tatsächliche Auffassung des Verkehrs zu einer anderen rechtlichen Beurteilung hinsichtlich der eine Verwechslungsgefahr begründenden Markenähnlichkeit zwingt. Wenn nämlich eine Marke von mehreren rechtlich selbständigen Unternehmen benutzt wird, die dem Publikum nicht als selbständige und miteinander in Wettbewerb stehende Unternehmen, sondern als solche erscheinen, die aufgrund von Vereinbarungen miteinander verbunden sind, dann tritt keine Schwächung der Kennzeichnungskraft ein.

**329** Die Schwächung der Kennzeichnungskraft einer Marke aufgrund ähnlicher Drittmarken kann in einem *lokal* oder *territorial begrenzten Territorium* eintreten (BGH GRUR 1954, 192 – Dreikern/Dreiring; 1956, 179, 182 – Ettaler Klosterliqueur). Die Kennzeichnungsschwäche beschränkt sich auf das Gebiet, in dem das Publikum tatsächlich daran gewöhnt ist, auf die Zeichenunterschiede der Kollisionsmarken zu achten. Diese Betrachtungsweise ist allerdings nur dann gerechtfertigt, wenn die tatsächliche Auffassung des Verkehrs nicht zu einer anderen Beurteilung zwingt.

**330** Die Kennzeichnungskraft einer Marke kann nicht nur aufgrund ähnlicher Kennzeichen als Ausschließlichkeitsrechte, sondern auch aufgrund solcher Bezeichnungen geschwächt werden, die auf einem benachbarten Produktsektor *beschreibende Angaben* wie Beschaffenheitsangaben oder Bestimmungsangaben sowie geographische Herkunftsangaben darstellen (so *Napoléon* für bestimmte französische Spirituosen s. BGH GRUR 1966, 259 – Napoléon). In solchen Fallkonstellationen gelten die Regeln der Abstandslehre entsprechend.

**331** Im *Eintragungsverfahren,* das einer raschen Erledigung der Anmeldungen bedarf, ist die Prüfung der Benutzungslage dahin, ob sich ein ursprünglich schutzunfähiger Zeichenbestandteil einer Widerspruchsmarke im Verkehr als Kennzeichen durchgesetzt hat, oder ob die Kennzeichnungskraft einer Widerspruchsmarke aufgrund von benutzten ähnlichen Drittmarken geschwächt worden ist, nur in einem begrenzten Umfange möglich. Die Benutzungslage ist nur zu berücksichtigen, wenn sie unstreitig ist oder amtsbekannt ist, oder wenn als erwiesen unterstellt werden kann, daß dem Prüfer eine abschließende und erschöpfende Beurteilung der Kennzeichnungskraft und der Verwechslungsgefahr möglich ist (BGH GRUR 1967, 246, 248 – Vitapur; 1967, 660 – Sirax; 1970, 85, 86 – Herba). Das gilt selbst dann, wenn die Parteien zur Benutzungslage ausführliche Angaben gemacht haben. Entscheidend für die Berücksichtigung der Benutzungslage im Eintragungsverfahren ist allein ihre Liquidität (s. im einzelnen § 42, Rn 57; zur Berücksichtigung des Registerstandes s. Rn 322).

**332** Die *Beweislast* für eine streitige Schwächung der Kennzeichnungskraft einer Marke (Klagezeichen, Widerspruchsmarke) aufgrund ähnlicher Drittmarken trägt im Verletzungsprozeß der Beklagte und im Widerspruchsverfahren der Anmelder (BGH GRUR 1955, 579 – Sunpearl I; 1956, 179 – Ettaler Klosterliquer; 1957, 125 – Troika/Dreika; 1957, 287 – Plasticummännchen; 1958, 81, 82 – Thymopect).

## 12. Produktähnlichkeit

**Schrifttum zum WZG.** *Bußmann,* Die Festlegung der Warengleichartigkeitsgrenzen, GRUR 1968, 498; *Endemann/Storkebaum,* Die begleitende Marke, Mitt 1964, 6; *Eyer,* Die Problematik der Rechtsprechung zur Warengleichartigkeit, BB 1970, 1283; *Fiebig*, Gleichartigkeit von Waren – Unter besonderer Berücksichtigung des Gebiets der Lebensmittel, Mitt 1964, 166; *Frank,* Die sogenannte „begleitende Marke" und § 5 Abs. 7 Satz 2 des Warenzeichengesetzes neuer Fassung, BB 1969, 459; *Heil/Ströbele,* Die Einführung der Dienstleistungsmarke, GRUR 1979, 127; *Kraft,* Die begleitende Marke – Probleme des Geschäftsbetriebs und des Warenverzeichnisses, GRUR 1970, 218; *Kroitzsch,* Zum Merkmal der Warengleichartigkeit, GRUR 1983, 525; *Krüger-Nieland,* Gleichartigkeitsbereich von Kunststoffmarken unter Berücksichtigung der sogenannten begleitenden Marke, GRUR 1971, 335; *Miosga,* Die Werkstoffmarke an der Fertigware (Begleitende Marke), Mitt 1964, 1, 41; *Mitscherlich,* Koexistenz und Kollision von Warenzeichen und Dienstleistungsmarken, MA 1984, 147; *Mitscherlich,* Zum Schutz von Dienstleistungsmarken, MA 1979, 93; *Müller,* Die begleitende Marke nach der DOLAN-Entscheidung, Mitt 1970, 224; *Munzinger,* Die subjektive Grundlage des Gleichartigkeitsbegriffs, GRUR 1964, 186; *Röttger,* Die begleitende Marke, GRUR Int 1963, 421; *Röttger,* GRUR 1970, 83; *Schawel,* Aus der täglichen Praxis eines Warenzeichensenats, MA 1981, 83; *Schlüter,* Aktuelle Fragen der Warengleichartigkeit, MA 1962, 581; *Schlüter,* Warengleichartigkeit bei Sachgesamtheiten, Teilen und Zubehör, MA 1964, 141; *Schwaiger,* Der Zusammenhang der Warengleichartigkeit mit „Oberbegriff" und „Sachgesamtheit", GRUR 1970, 65; *Schweikert,* Die Gleichartigkeit und deren Wandelbarkeit, Mitt 1990, 209; *Völp,* Begleitende Marken, Konsequenzen aus der Dolan-Entscheidung des BGH, WRP 1970, 85; *Woesler,* Warengleichartigkeit. Wandlungen – Leitlinien – Aspekte der warenzeichenrechtlichen Spruchübung, GRUR 1971, 287; *Wolff,* Warengleichartigkeitsfragen bei „begleitenden" Marken, MA 1959, 848.

**Schrifttum zum MarkenG.** *Fezer,* Erste Grundsätze des EuGH zur markenrechtlichen Verwechslungsgefahr – oder: "Wie weit springt die Raubkatze?", NJW 1998, 713; *Fezer,* Markenfunktionale Wechselwirkung zwischen Markenbekanntheit und Produktähnlichkeit, WRP 1998, 1123; *Kur,* Die Verwechslungsgefahr im europäischen Markenrecht – Versuch einer Bestandsaufnahme, MarkenR 1999, 1.

**a) Ausgangspunkt.** Der Schutz einer Marke gegen Verwechslungsgefahr beschränkt 333 sich auf einen bestimmten Waren- oder Dienstleistungsbereich. Ausgangspunkt zur Bestimmung des geschützten Produktbereichs sind bei der Entstehung des Markenschutzes durch Eintragung (§ 4 Nr. 1) die entsprechend der Anmeldung nach § 32 Abs. 2 Nr. 3 in das Register eingetragenen Waren oder Dienstleistungen, bei der Entstehung des Markenschutzes durch Benutzung (§ 4 Nr. 2) die Waren oder Dienstleistungen, für die das als Marke benutzte Zeichen Verkehrsgeltung erworben hat, und bei der Entstehung des Markenschutzes durch Notorietät (§ 4 Nr. 3) die Waren oder Dienstleistungen, für die Notorietät der Marke besteht. Das *positive Benutzungsrecht* des Markeninhabers (s. Rn 12), das ihm sein Ausschließlichkeitsrecht an der Marke nach § 14 Abs. 1 gewährt, bezieht sich auf die konkreten Waren oder Dienstleistungen des Registers, der Verkehrsgeltung oder Notorietät. Das *negative Verbietungsrecht* des Markeninhabers (s. Rn 12), das ihm der Verwechslungsschutz der Marke nach § 14 Abs. 2 Nr. 2 gewährt, reicht über den Produktbereich des Benutzungsrechts hinaus und erfaßt alle Waren oder Dienstleistungen, die mit den Waren oder Dienstleistungen des Registers, der Verkehrsgeltung oder der Notorietät ähnlich sind (zum Rechtsschutz der im Inland bekannten Marke außerhalb des Produktähnlichkeitsbereichs s. Rn 431). Der Verwechslungsschutz der Marke nach § 14 Abs. 2 Nr. 2 besteht sowohl bei Produktidentität als auch bei Produktähnlichkeit. Das Bestehen entweder von Markenähnlichkeit und Produktidentität oder von Markenidentität und Produktähnlichkeit sowie von Markenähnlichkeit und Produktähnlichkeit sind die drei Fallkonstellationen des Verwechslungsschutzes der Marke nach § 14 Abs. 2 Nr. 2 (s. Rn 128). Bei der Fallkonstellation einer Markenidentität und Produktidentität (Doppelidentität) besteht der Markenschutz unabhängig vom Vorliegen einer Verwechslungsgefahr nach § 14 Abs. 2 Nr. 1 (zum Identitätsschutz der Marke s. Rn 71 ff.). Außerhalb des Bereichs der Produktähnlichkeit besteht Markenschutz für im Inland bekannte Marken nach § 14 Abs. 2 Nr. 3 (zum Bekanntheitsschutz der Marke s. Rn 410 ff.). Für eine als geschäftliche Bezeichnung geschützte Marke besteht zusätzlich Verwechslungsschutz nach § 15 Abs. 2 und Bekanntheitsschutz nach § 15 Abs. 3. Wenn es sich um eine berühmte Marke handelt, dann besteht Deliktsschutz nach § 823 Abs. 1 BGB (s. Rn 441 ff.), sowie bei berühmten Unternehmenskennzeichen Namensschutz nach § 12 BGB (s. Rn 442).

**b) Begriff der Produktähnlichkeit. aa) Grundsatz.** Der Begriff der *Ähnlichkeit der* 334 *Waren oder Dienstleistungen* (Produktähnlichkeit) im MarkenG ist im *Hinblick auf die Verwechslungsgefahr auszulegen* (Erwägungsgründe MarkenRL, s. 3. Teil des Kommentars, II 1).

Auch wenn die Verwechslungsgefahr ein *Rechtsbegriff* ist (s. Rn 83f.), liegt die Beurteilung der *Produktähnlichkeit* im wesentlichen auf *tatrichterlichem* Gebiet (BGH GRUR 1999, 245 – LIBERO). Der Ähnlichkeitsgrad der Waren oder Dienstleistungen steht in einer *Wechselwirkung* zur Markenidentität oder Markenähnlichkeit (s. Rn 336a ff.) und stellt insoweit eine relative Größe hinsichtlich der Begründung der Verwechslungsgefahr dar (s. Rn 119f.). In diesem Verständnis der Verwechslungsgefahr als eines beweglichen Systems (s. Rn 103) besteht ein wesentlicher Unterschied zur Rechtslage im WZG, auch wenn innerhalb der Grenzen der Produktgleichartigkeit eine Wechselwirkung zwischen der Markenähnlichkeit und der Nähe der Waren oder Dienstleistungen anerkannt war (BGHZ 50, 77 – Poropan).

335 **bb) Wechselwirkungstheorie. (1) Verwechslungsrelevante Produktähnlichkeitskriterien.** Der Begriff der Produktähnlichkeit steht in einer *Wechselbeziehung* zur Markenähnlichkeit (BGH GRUR 1995, 216, 219 – Oxygenol II; 1999, 245 – LIBERO; MarkenR 1999, 93 – TIFFANY; EuGH, Rs. C-251/95, Slg. 1997, I-6191, GRUR 1998, 387 – Sabèl/Puma; EuGH, Rs. C-39/97, GRUR 1998, 922 – Canon). Der *Ähnlichkeitsbereich* der Waren oder Dienstleistungen nach § 14 Abs. 2 Nr. 2 ist nach solchen *Produktkriterien* zu bestimmen, die zur *Begründung einer Verwechslungsgefahr rechtserheblich* sein können (ähnlich *Schweer,* Die erste Markenrechts-Richtlinie, S. 60). Der Bereich der Produktähnlichkeit ist anhand *verwechslungsrelevanter Ähnlichkeitskriterien* der Waren und Dienstleistungen richtlinienkonform abzugrenzen (BGH GRUR 1999, 158 – GARIBALDI mit Anm. *v. Linstow*; 1999, 245 – LIBERO; s. Rn 119f.). Ob die Waren oder Dienstleistungen ähnlich sind, ist *anhand objektiver, auf die Waren selbst bezogener Kriterien* zu beurteilen (so zu § 9 Abs. 1 Nr. 2 BGH MarkenR 1999, 93 – TIFFANY). Folge der Wechselbeziehung zwischen der Ähnlichkeit der Marken und der Ähnlichkeit der markierten Produkte sowie der Kennzeichnungskraft der Marke ist es, daß ein geringer Grad der Ähnlichkeit der Waren oder Dienstleistungen durch einen höheren Grad der Ähnlichkeit der Marken ausgeglichen werden kann und umgekehrt. Der Begriff der Produktähnlichkeit stellt somit eine *variable Größe* des Normzwecks des Verwechslungsschutzes der Marke dar. Es besteht allerdings eine *absolute Grenze* der Ähnlichkeit von Waren und Dienstleistungen, bei deren Überschreiten nicht mehr vom Vorliegen von Produktähnlichkeit ausgegangen werden kann (s. Rn 336c; zur Abgrenzung vom Bekanntheitsschutz der Marke s. Rn 114f.).

336a **(2) Vertikale und horizontale Wechselwirkung.** Der Verwechslungsschutz der Marke besteht sowohl bei Produktidentität als auch bei Produktähnlichkeit, nicht aber außerhalb des Produktähnlichkeitsbereichs. *Vertikale Wechselwirkung* bedeutet, daß die Begriffe der Markenähnlichkeit und Produktähnlichkeit im Hinblick auf die Verwechslungsgefahr auszulegen und nach verwechslungsrelevanten Marken- und Produktkriterien zu bestimmen sind, die zur Begründung einer Verwechslungsgefahr rechtserheblich sein können. *Horizontale Wechselwirkung* bedeutet, daß die Kennzeichnungskraft einer Marke als Variable ihres Bekanntheitsgrades auf dem Markt die Abgrenzung des Produktähnlichkeitsbereichs im konkreten Kollisionsfall mitbestimmt (s. dazu *Fezer,* WRP 1998, 1123). Wenn der Bekanntheitsgrad einer Marke im Markt steigt, dann erhöht sich ihre Kennzeichnungskraft und erweitert sich ihr Schutzumfang vor Verwechslungsgefahr auch im Hinblick auf eine Ausdehnung des relevanten Produktähnlichkeitsbereichs. In der *Canon*-Entscheidung (EuGH, Rs. C-39/97, GRUR 1998, 922 – Canon) stellt der EuGH unter Rückgriff auf die *Sabèl/Puma*-Entscheidung (EuGH, Rs. C-251/95, Slg. 1997, I-6191, GRUR 1998, 387 – Sabèl/Puma) ausdrücklich fest, die umfassende Beurteilung der Verwechslungsgefahr impliziere eine gewisse Wechselbeziehung zwischen den in Betracht kommenden Faktoren, insbesondere der Ähnlichkeit der Marken und der Ähnlichkeit der damit gekennzeichneten Waren oder Dienstleistungen. So könne ein geringer Grad der Ähnlichkeit der gekennzeichneten Waren oder Dienstleistungen durch einen höheren Grad der Ähnlichkeit der Marken ausgeglichen werden und umgekehrt (so nunmehr auch BGH GRUR 1999, 245 – LIBERO; MarkenR 1999, 93 – TIFFANY). Daraus folge, daß die Eintragung einer Marke trotz eines sehr geringen Grades der Ähnlichkeit zwischen den damit gekennzeichneten Waren oder Dienstleistungen ausgeschlossen sein könne, wenn die Ähnlichkeit zwischen den Marken groß und die Kennzeichnungskraft der älteren Marke, insbesondere ihr Bekanntheitsgrad hoch sei. Die Kennzeichnungskraft der prioritätsälteren Marke, insbesondere ihre Bekanntheit, sei bei der Beurteilung zu berücksichtigen, ob die Ähnlichkeit zwischen den durch die beiden Marken erfaßten Waren oder Dienstleistungen ausreiche, um eine Verwechslungsgefahr herbeizuführen. Damit hat der EuGH eine horizontale Wechselbeziehung zwischen der Produktähnlichkeit und der Markenidentität oder Markenähnlichkeit ausdrücklich anerkannt (zust. *Fezer,* WRP 1998, 1123, 1126; *Kur,* MarkenR, 1999, 2, 8; aA vor der *Canon*-Entscheidung des EuGH *Kliems,* GRUR 1995, 198, 210; *Teplitzky,* GRUR 1996, 1, 3; *Althammer/Ströbele/Klaka,* § 9 MarkenG, Rn 31; unentschieden *Ingerl/Rohnke,* § 14 MarkenG, Rn 251; nach der *Canon*-Entscheidung des EuGH s. zum Gemeinschaftsmarkenrecht unrichtig *Preglau/Neuffer,* MarkenR 1999, 41, 45). Die Maßgeblichkeit *objektiver Produktkriterien* sowie das Bestehen einer *absoluten Grenze des Produktähnlichkeitsbereichs* (s. Rn 336) schließen gerade nicht aus, daß hinsichtlich der Markenidentität, Markenähnlichkeit und Kennzeichnungskraft der Marke der *verwechslungsrelevante Produktbereich variabel* ist.

Die höchstrichterliche Rechtsprechung zum Begriff der Produktähnlichkeit nach der Rechtslage im MarkenG vollzog zunächst einen vorsichtigen Wechsel von dem *statischen* Warengleichartigkeitsbegriff des WZG zu einem *dynamischen* Produktähnlichkeitsbegriff des MarkenG (s. dazu Rn 118 ff.). In der *Oxygenol II*-Entscheidung (BGH GRUR 1995, 216 – Oxygenol II) verlangt der BGH eine grundsätzliche Änderung der bisherigen Beurteilung des Begriffs der Warengleichartigkeit und versteht den Begriff der Produktähnlichkeit als einen neuen und eigenständigen Rechtsgegriff (s. dazu einerseits *Piper,* GRUR 1996, 429, 431 f.; *Teplitzky,* GRUR 1996, 1, 3; andererseits *Kliems,* GRUR 1995, 198, 199). In der *GARIBALDI*-Entscheidung (BGH GRUR 1999, 158 – GARIBALDI, mit Anm. *v. Linstow*) wird zunächst eine noch zögerliche Haltung des BGH gegenüber der Reichweite einer Wechselwirkung von Markenähnlichkeit und Produktähnlichkeit erkennbar. Der BGH billigt die Entscheidung des BPatG (BPatG GRUR 1997, 739), das wegen der mangelnden Ähnlichkeit der Waren einerseits Weine, Schaumweine, Spirituosen und Liköre, sämtliche Waren italienischer Herkunft, und andererseits Teigwaren sowie dazugehörende Soßen, insbesondere italienischer Herkunft, die Verwechslungsgefahr verneint hatte. Der BGH anerkennt zwar eine vertikale Wechselwirkung und stellt zu Recht fest, der Bereich der Warenähnlichkeit sei anhand verwechslungsrelevanter Ähnlichkeitskriterien der Waren zu bestimmen. Die Problematik einer horizontalen Wechselwirkung zwischen Markenähnlichkeit und Produktähnlichkeit wird dagegen nicht näher angesprochen und die restriktiv an den ausschließlichen Schutz der Herkunftsfunktion ausgerichtete Rechtsprechung des BPatG gebilligt, das die Produktähnlichkeit verneint hatte, da Teigwaren sowie dazugehörige Soßen einerseits und Weine oder Spirituosen andererseits aus unterschiedlichen Betrieben mit völlig verschiedenen Produktionsweisen stammten und aus auch vom Aggregatzustand her verschiedenen Stoffen bestünden. In der *JOHN LOBB*-Entscheidung (BGH GRUR 1999, 164 – JOHN LOBB) versucht der BGH die Produktähnlichkeit anhand *objektiver Gegebenheiten* und damit zunächst unabhängig und losgelöst von dem Grad der Kennzeichnungskraft der Marke und damit der Markenbekanntheit zu bestimmen. Entgegen der Auffassung des BPatG (BPatG GRUR 1996, 356 – JOHN LOBB) lehnt der BGH die Annahme markenrechtlicher Warenähnlichkeit von Schuhen und Bekleidungsstücken ab, die nicht allein daraus hergeleitet werden könne, daß das Angebot dieser Waren vereinzelt, vor allem bei Anbietern hochpreisiger Erzeugnisse, im Verkaufsgeschäft in engem räumlichen Zusammenhang erfolge. Vielmehr komme es maßgebend darauf an, daß im übrigen insbesondere hinsichtlich der Herstellungsstätten, der Stoffbeschaffenheit, der Zweckbestimmung und Verwendungsweise sowie der Vertriebswege der Waren erhebliche, die Verkehrsauffassung im Sinne einer Unähnlichkeit der Waren maßgeblich beeinflussende Unterschiede gegeben seien. In der zu § 9 Abs. 1 Nr. 2 ergangenen *LIBERO*-Entscheidung (BGH GRUR 1999, 245 – LIBERO) anerkennt der BGH nunmehr auch die horizontale Wechselwirkung zwischen Markenbekanntheit und Produktähnlichkeit. Die Beurteilung der Verwechslungsgefahr impliziere eine *gewisse Wechselbeziehung* insbesondere zwischen der Ähnlichkeit der Marken und der Ähnlichkeit der damit gekennzeichneten Waren sowie der Kennzeichnungskraft der Widerspruchsmarke, so daß ein geringer Grad der Ähnlichkeit der Waren durch einen höheren Grad der Ähnlichkeit der Marken ausgeglichen werden könne und umgekehrt. Eine Verwechslungsgefahr kann deshalb auch bei einer nur geringen Warenähnlichkeit in Betracht kommen. In der zu § 9 Abs. 1 Nr. 2 ergangenen *TIFFANY*-Entscheidung des BGH wird festgestellt, ob die Waren oder Dienstleistungen einander ähnlich seien, sei anhand *objektiver, auf die Waren selbstbezogener Kriterien* zu beurteilen (BGH MarkenR 1999, 93 – TIFFANY). Konstitutiv für das Vorliegen der Verwechslungsgefahr ist es aber, daß zwischen den Produkten keine *absolute Unähnlichkeit* besteht (s. zu einer absoluten Grenze der Produktähnlichkeit Rn 336c). In der *LIBERO*-Entscheidung beurteilte der BGH die Waren *Wein* und *Schaumwein* einerseits und *Boonekamp* andererseits als nicht absolut unähnlich. In der *TIFFANY*-Entscheidung wird von einer, wenn auch nur geringen Warenähnlichkeit zwischen *Zigaretten* und *Raucherartikeln* als einander ergänzende Waren ausgegangen (BGH MarkenR 1999, 93 – TIFFANY).

336c **(3) Absolute Produktähnlichkeit.** Auch wenn der Begriff der Produktähnlichkeit eine Variable des Normzwecks des Verwechslungsschutzes der Marke darstellt und eine horizontale Wechselwirkung zwischen Markenbekanntheit und Produktähnlichkeit anzuerkennen ist, so besteht doch eine *absolute Grenze* der Ähnlichkeit von Waren und Dienstleistungen, bei deren Überschreiten nicht mehr vom Vorliegen von Produktähnlichkeit ausgegangen werden kann. In der jüngsten Rechtsprechung des BGH zur Produktähnlichkeit wird eine solche *absolute Produktunähnlichkeit* als Grenze des Verwechslungsschutzes der Marke anerkannt (BGH GRUR 1999, 245 – LIBERO). Für die Anerkennung einer absoluten Grenze der Produktähnlichkeit spricht die Üblichkeit des Sprachgebrauchs hinsichtlich der Ähnlichkeit von Waren und Dienstleistungen. Bei Feststellung einer absoluten Grenze der Produktähnlichkeit kommt es auf die Marktverhältnisse in diesem Produktbereich sowie auf die Verkehrsauffassung an. In Stoffqualität, Produktionsprozess und Distribution so verschiedene Produkte wie Designermode einerseits und Kosmetika andererseits können der Produktkontrolle des Markeninhabers unterliegen und die Annahme von Verwechslungsgefahr rechtfertigen (s. *Kur,* MarkenR 1999, 2, 9). So wird etwa der Produktbereich einer Sportmarke eines bekannten Tennisstars nicht nur Sportartikel wie Schläger, Kleider und Schuhe, sondern auch Sonnenbrillen oder Parfums als ähnlich erfassen (*Fezer,* WRP 1998, 1123, 1125; zu einem Beispiel zur Bestimmung der absoluten Grenze der Produktähnlichkeit s. Rn 114; für einen engen Bereich absoluter Produktähnlichkeit *Kur,* MarkenR 1999, 2, 9). Die Maßgeblichkeit objektiver Produktkriterien zur Bestimmung des Produktähnlichkeitsbereichs schließt die Variabilität des verwechslungsrelevanten Produktähnlichkeitsbereichs nicht aus (s. Rn 335).

337 **cc) Maßgeblichkeit der Verkehrsauffassung.** Die Ähnlichkeit von Waren oder Dienstleistungen ist aufgrund der *Marktverhältnisse* in diesen Produktbereichen nach der *Verkehrsauffassung* zu bestimmen (zur Relevanz des Verkehrs s. EuGH Rs. C-39/97, GRUR 1998, 922 – Canon). Nach der Rechtslage im WZG wurde auf die Vorstellungen der Durchschnittsverbraucher abgestellt. Selbst irrtümliche Auffassungen des Publikums wurden für die Abgrenzung des Gleichartigkeitsbereichs als beachtlich angesehen (BGH GRUR 1958, 393 – Ankerzeichen; 1961, 231 – Hapol). Zur Ermittlung der Verkehrsauffassung über die Warengleichartigkeit orientierte sich die Rechtsprechung gleichwohl weitgehend an den *tatsächlichen und objektiven Verhältnissen* auf dem betreffenden Produktsektor (BGH GRUR 1958, 437, 441 – Tricoline; 1963, 572, 573 – Certo; 1968, 550 – Poropan). Diese Tendenz wird eine im MarkenG gebotene *Normativierung der Verbrauchererwartungen* (s. dazu Rn 116, 123ff.) verstärken und zu einer Begrenzung des Produktähnlichkeitsbereichs gegenüber dem Warengleichartigkeitsbereich des WZG führen. Da nach der Rechtslage im WZG die Warengleichartigkeit gleichsam der Schlüssel war, das Tor zum Warenzeichenschutz zu öffnen, war eine Überdehnung der vermuteten Verkehrsvorstellungen über die Warengleichartigkeit naheliegend und verständlich.

338 **dd) Warenzeichenrechtliche und markenrechtliche Produktkriterien.** Trotz der Eigenständigkeit des Begriffs der Produktähnlichkeit im MarkenG gegenüber dem Begriff der Warengleichartigkeit im WZG werden in der folgenden Kommentierung die *objektiven Produktkriterien* nach der Rechtslage im WZG als *Ausgangspunkt* verwendet, auch wenn die Beurteilung einer die Verwechslungsgefahr begründenden Produktähnlichkeit einer eigenständigen Bewertung der konkreten Markenkollision bedarf. Wie schon bei der Bestimmung der Verwechslungsgefahr geschäftlicher Bezeichnungen nach § 16 UWG aF, der insoweit der Sache nach als § 15 unverändert fortgilt, die Branchennähe, ist auch die Produktähnlichkeit nach §§ 9 Abs. 1 Nr. 2, 14 Abs. 2 Nr. 2 lediglich eines von mehreren zueinander in Wechselwirkung tretenden und deshalb von Fall zu Fall auch unterschiedlich zu

gewichtenden Kriterien für die Beurteilung der Rechtsfrage, ob eine Verwechslungsgefahr besteht (so auch BGH GRUR 1995, 216, 219 – Oxygenol II).

**c) Bedeutung der Produktähnlichkeit.** Die im folgenden einerseits vorgenommene 339 Übertragung der tatsächlichen Umstände zur Feststellung der Warengleichartigkeit nach der Rechtslage im WZG und andererseits der Ausbildung neuer Produktkriterien nach der Rechtslage im MarkenG auf die Produktähnlichkeit steht unter dem Vorbehalt einer eigenständigen Beurteilung der konkreten Markenkollision.

**aa) Rechtslage im WZG.** Waren oder Dienstleistungen sind *ähnlich*, wenn sie nach 340 ihrer *wirtschaftlichen Bedeutung* und *Verwendungsweise*, nach ihrer *Beschaffenheit* und *Herstellung*, insbesondere auch hinsichtlich ihrer *regelmäßigen Herstellungs-* oder *Verkaufsstätten* so enge Berührungspunkte miteinander haben, daß der Verkehr einer assoziativen Fehlzurechnung der Produkte, sei es hinsichtlich der Herkunftsidentität, sei es hinsichtlich der Produktidentität unterliegt (zur nach der Auffassung der beteiligten Verkehrskreise naheliegenden Schlußfolgerung, die Produkte stammten aus demselben Geschäftsbetrieb s. als ständige Rechtsprechung zum WZG BGH GRUR 1954, 123 – Auto-Fox; 1955, 487, 489 – Alpha; BGHZ 19, 23, 25 – Magirus; BGH GRUR 1957, 125 – Troika; 1957, 228 – Astra-Wolle; 1957, 287 – Plasticummännchen; 1958, 393 – Ankerzeichen; 1959, 25 – Triumph; 1961, 231 – Hapol; 1963, 572 – Certo; 1968, 550 – Poropan; BGHZ 52, 337, 339 – Dolan; BGH GRUR 1970, 302, 303 – Hoffmann's Katze; 1973, 316 – Smarty; 1976, 698 – MAHAG; 1982, 419 – Noris; BPatG GRUR 1993, 975 – CHEVY). Diese Formel, die schon nach der Rechtslage im WZG nicht als eine starre Begriffsbestimmung aufzufassen war (*Baumbach/Hefermehl*, § 5 WZG, Rn 100), erfordert eine umfassende Berücksichtigung der maßgebenden wirtschaftlichen Zusammenhänge (BGHZ 52, 337, 348 f. – Dolan). Die Produktkriterien der Formel gelten für *typische Fallkonstellationen* (BGH GRUR 1958, 437, 441 – Tricoline; 1961, 343 f. – Meßmer-Tee; 1963, 524 f. – Digesta; 1964, 26 f. – Miluburan; 1970, 141, 142 – Europharma; BPatG Mitt 1978, 74, 75). Es ist nicht erforderlich, daß die verschiedenen Produktähnlichkeitskriterien kumulativ vorliegen, vielmehr kann schon ein einziges Kriterium entsprechend den wirtschaftlichen Verhältnissen, namentlich der jeweiligen Branche (BGHZ 52, 337, 349 – Dolan; BGH GRUR 1976, 698, 699 – MAHAG), die Produktähnlichkeit begründen.

Die Formel der Rechtsprechung zur Warengleichartigkeit im WZG ging von der Prä- 341 misse *identischer* Kollisionsmarken von normaler Kennzeichnungskraft aus (BGH GRUR 1955, 487, 489 – Alpha; 1957, 287 – Plasticummännchen; 1958, 393 – Tricoline; 1963, 542 f. Certo; 1968, 550 – Poropan), weil die Warengleichartigkeit unabhängig von der Verwechslungsgefahr zu prüfen war. Folge war eine *weite Auslegung* des Gleichartigkeitsbegriffs, um den Warenzeichenschutz nicht zu beschneiden, da Markenkollisionen identischer Zeichen seltener als Markenkollisionen verwechselbarer Zeichen vorkommen. Die Gleichartigkeit war deshalb schon dann zu bejahen, wenn im Verkehr bei identischen Zeichen von einer Irreführung über die Herkunftsidentität der Waren auszugehen war. Nach der Rechtslage im MarkenG gilt die Grundsatzformel gleichermaßen für identische wie ähnliche Marken. Auch aus diesem Grunde ist der Gleichartigkeitsbegriff des WZG nicht unbesehen zur Bestimmung der Produktähnlichkeit nach dem MarkenG zu übernehmen.

**bb) Rechtslage im MarkenG. (1) *Canon*-Formel des EuGH.** Nach der *Canon*- 341a Entscheidung (EuGH, Rs. C-39/97, GRUR 1998, 922 – Canon; s. dazu *Fezer*, WRP 1998, 1123; *Kur*, MarkenR, 1999, 2) des EuGH sind bei der Beurteilung der Ähnlichkeit der Waren oder Dienstleistungen *alle erheblichen Faktoren* zu berücksichtigen, die das Verhältnis zwischen den Waren oder Dienstleistungen kennzeichnen. Zu diesen Faktoren gehören insbesondere deren *Art, Verwendungszweck* und *Nutzung* sowie ihre *Eigenart* als miteinander *konkurrierende* oder einander *ergänzende* Waren oder Dienstleistungen. Bei dieser Aufzählung der relevanten Faktoren durch den EuGH fehlt die in der deutschen Rechtsprechung nach der Rechtslage im WZG in erster Linie herangezogene Beurteilung nach den *regelmäßigen Herstellungs-* oder *Verkaufsstätten*. Die *Canon*-Entscheidung des EuGH kann zwar nicht dahin verstanden werden, Produktion und Distribution stellten keine rechtserheblichen Produktkriterien zur Beurteilung der Ähnlichkeit der Waren oder Dienstleistungen dar, doch relativiert die *Canon*-Entscheidung das nach der Rechtslage im WZG als besonders bedeutsam gewichtete Produktkriterium der regelmäßigen Herstellungs- oder Verkaufsstätten. Nach der *Canon*-Entscheidung kann eine Verwechslungsgefahr auch dann bestehen, wenn der Verkehr die betreffenden Waren oder Dienstleistungen unterschiedlichen Herkunftsstätten zuordnet. Zur Verneinung der Verwechslungsgefahr genügt es nicht, lediglich nachzuweisen, daß für das Publikum keine Verwechslungsgefahr in Bezug auf den Ort besteht, an dem die betreffenden Waren oder Dienstleistungen hergestellt oder erbracht werden. Das Bestehen einer Verwechslungsgefahr ist erst dann ausgeschlossen, wenn sich nicht ergibt, daß das Publikum glauben kann, daß die betreffenden Waren oder Dienstleistungen aus demselben Unternehmen oder gegebenenfalls aus wirtschaftlich miteinander verbundenen Unternehmen stammen (s. zu den Fallkonstellationen der Verwechslungsgefahr Rn 128 ff., 132 ff.). In der *TIFFANY*-Entscheidung stellt der BGH ausdrücklich fest, für die Ähnlichkeit von Waren *sei nicht die Feststellung gleicher Herkunftsstätten entscheidend*, sondern die Erwartung des Verkehrs von einer *Verantwortlichkeit desselben Unternehmens für die Qualität der Waren* (BGH MarkenR 1999, 93 – TIFFANY).

341b  **(2) Produktkontrolle und Produktverantwortung des Markeninhabers.** Der EuGH greift in der *Canon*-Entscheidung zur Bestimmung der Produktähnlichkeit auf die nach seiner ständigen Rechtsprechung bestehende Hauptfunktion der Marke zurück, dem Verbraucher oder Endabnehmer die *Ursprungsidentität* der gekennzeichneten Ware oder Dienstleistung zu garantieren, in dem sie ihm ermögliche, diese Ware oder Dienstleistung ohne Verwechslungsgefahr von Waren oder Dienstleistungen anderer Herkunft zu unterscheiden (s. zu den Funktionen der Marke in der Rechtsprechung des EuGH im einzelnen Einl, Rn 36 ff.). Die vom EuGH genannten Merkmale der Produktähnlichkeit sind auf die Ursprungsidentität der markierten Ware oder Dienstleistung bezogen, deren Schutz die Marke dient. Es ist nachdrücklich zu betonen, daß der EuGH die Herkunftsfunktion als Hauptfunktion der Marke nicht im traditionellen Verständnis der Rechtsprechung zum WZG versteht, der Marke komme in erster Linie die Funktion eines *betrieblichen Herkunftshinweises* zu, einer Auffassung, die auch nach der Rechtslage im MarkenG zu Unrecht der restriktiven Eintragungspraxis des DPMA sowie der sie billigenden Rechtsprechung des BPatG zugrunde liegt. Der EuGH versteht die Herkunftsfunktion vielmehr dahin, die Marke müsse die Gewähr bieten, daß alle Waren oder Dienstleistungen, die mit ihr versehen sind, unter der *Kontrolle eines einzigen Unternehmens* hergestellt oder erbracht würden, das *für seine Qualität verantwortlich* gemacht werden könne. Diese seit der *HAG II*-Entscheidung (EuGH, Rs. C-10/89, Slg. 1990, I-3711, GRUR Int 1990, 960 – HAG II) vertretene Rechtsansicht kann man mit dem Begriff der *Identifizierungsfunktion* der Marke bezeichnen, die die *Produktverantwortung des Markeninhabers* (Markensouveränität) zum Ausdruck bringt (s. Einl, Rn 30, 39). In der *TIFFANY*-Entscheidung des BGH kommt dieses Rechtsverständnis deutlich zum Ausdruck, wenn ausgeführt wird, für die Ähnlichkeit von Waren sei nicht die Feststellung gleicher Herkunftsstätten entscheidend, sondern die Erwartung des Verkehrs von einer *Verantwortlichkeit desselben Unternehmens* für die Qualität der Waren (BGH MarkenR 1999, 93 – TIFFANY). Der EuGH bestimmt die äußerste Grenze der Verwechslungsgefahr nach der *mittelbaren Verwechslungsgefahr im weiteren Sinne* (EuGH, Rs. C-251/95, Slg. 1997, I-6191, GRUR 1998, 387 – Sabèl/Puma; EuGH, Rs. C-39/97, GRUR 1998, 922 – Canon). Das Verständnis des EuGH von der Herkunftsfunktion der Marke zur Garantie der Ursprungsidentität der gekennzeichneten Ware oder Dienstleistung ist aber nicht auf die Herkunftsidentität im Sinne eines betrieblichen Herkunftshinweises, sondern auf die Produktidentität im Sinne einer kontrollierten und von dem Markeninhaber verantworteten Ursprungsidentität bezogen. *Produktkontrolle* und *Produktverantwortung* des Markeninhabers stellen das *Referenzmodell der Verwechslungsgefahr* dar und bestimmen so die Produktkriterien zur Beurteilung des Produktähnlichkeitsbereichs.

341c  **(3) Rechtprechung des BGH.** Der BGH geht seit der *LIBERO*-Entscheidung von der in der *Canon*-Entscheidung des EuGH verwendeten Formel (s. Rn 341a) aus, bei Beurteilung der Warenähnlichkeit seien *alle erheblichen Faktoren* zu berücksichtigen, die das Verhältnis zwischen den Waren kennzeichneten; hierzu gehörten insbesondere die *Art* der Waren, ihr *Verwendungszweck* und ihre *Nutzung* sowie ihre *Eigenart* als miteinander *konkurrierende* oder einander *ergänzende* Waren (BGH GRUR 1999, 245 – LIBERO). In Anwendung dieser Formel hält es der BGH bei Beurteilung der Produktähnlichkeit für sachgerecht zu

Schutzinhalt des Markenrechts            341d   § 14 MarkenG

prüfen, ob – wenn auch unter bestimmten Einschränkungen – die Waren *regelmäßig von demselben Unternehmen hergestellt* werden, ob sie in ihrer *stofflichen Beschaffenheit Übereinstimmungen aufweisen*, dem *gleichen Verwendungszweck dienen* und ob sie *beim Vertrieb Berührungspunkte aufweisen*, weil sie etwa *in denselben Verkaufsstätten angeboten* werden. Auch ein nur gelegentliches Aufeinandertreffen der Waren im Vertriebsweg sei zu beachten. Die *Ergänzung der Waren untereinander* bei der Verwendung (Produktsubstitution) sei ein nicht völlig zu vernachlässigender Gesichtspunkt. In der *TIFFANY*-Entscheidung relativiert der BGH das Produktkriterium der gleichen Herkunftsstätten und betont das Produktkriterium Warenergänzung (BGH MarkenR 1999, 93 – TIFFANY). Für die Ähnlichkeit von Waren sei *nicht die Feststellung gleicher Herkunftsstätten entscheidend*, sondern die Erwartung des Verkehrs von einer *Verantwortlichkeit desselben Unternehmens für die Qualität der Waren*. Zu den erheblichen Faktoren, die das Verhältnis zwischen den Waren kennzeichneten, gehöre insbesondere auch die Eigenart der Waren als miteinander konkurrierende oder einander ergänzende Waren. *Produktkonkurrenz* und *Produktergänzung* werden als rechtserhebliche Produktkriterien anerkannt. Die frühere Rechtsprechung, die *Zuordnung der beiderseitigen Waren zu einem gemeinsamen sprachlichen Oberbegriff* sei kein taugliches Kriterium für die Bestimmung der Warengleichartigkeit (so zum Begriff der alkoholfreien Getränke BGH GRUR 1990, 361, 363 – Kronenthaler), relativiert der BGH dahin, von diesem Grundsatz könne nur bei besonders hohem Abstraktionsgrad der Gattungsbezeichnung, wie er etwa bei dem Begriff der *alkoholfreien Getränke* (BGH GRUR 1990, 361, 363 – Kronenthaler) oder etwa bei *Nahrungsmitteln* (BGH GRUR 1999, 158 – GARIBALDI) gegeben sei, ausgegangen werden; handele es sich dagegen, wie bei *alkoholischen Getränken* um ein überschaubares Warengebiet mit einem hervortretenden Charakteristikum, wie es der, wenn auch unterschiedlich hohe Alkoholgehalt der Getränke sei, dann müsse dieses Charakteristikum bei der Beurteilung der Warenähnlichkeit auch hinreichende Beachtung finden (BGH GRUR 1999, 245 – LIBERO). Imagebildende *Werbestrategien* oder *Marketingkonzeptionen* sollen nicht in die Ähnlichkeitsprüfung einbezogen werden können, da sie jederzeit geändert werden könnten, etwa das Erwecken von Assoziationen zu gehobener Lebensart oder eine konkrete Hochpreispolitik (s. BGH GRUR 1999, 164, 166 – JOHN LOBB). Dabei ist zu berücksichtigen, daß die *LIBERO*-Entscheidung zu § 9 Abs. 1 Nr. 2 und damit zum Widerspruchsverfahren ergangen ist, in dem nur eine begrenzte Prüfungskompetenz besteht (s. § 42, Rn 52 ff.). Im Kollisionsrecht des § 14, der den Schutzumfang der Marke nach deren Kennzeichnungskraft bestimmt und zudem für alle Markenkategorien des § 4 Nr. 1 bis 3 gilt, ist es sachlich geboten, bei der Beurteilung der Produktähnlichkeit das *Produktmarketing* und damit die *Markenkommunikation im Markt* zu berücksichtigen (s. dazu Rn 356; widersprüchlich *Ingerl/Rohnke*, § 14 MarkenG, Rn 284f., die einerseits die Berücksichtigung von Marketingstrategien ablehnen, andererseits marketingbedingte Herstellerüberschneidungen berücksichtigen wollen).

**(4) Vom Produktionsort zur Produktorganisation.** Nach der *Rechtslage im WZG*  **341d** wurde für die Bildung der Verkehrsauffassung bei der Bestimmung der Beurteilungskriterien zur Produktähnlichkeit vor allem als wesentlich angesehen, in welcher Art von Unternehmen die zu vergleichenden Waren regelmäßig hergestellt und die zu vergleichenden Dienstleistungen regelmäßig erbracht würden. Der Durchschnittsverbraucher werde zumeist solche Produkte als gleichartig beurteilen, die üblicherweise von demselben Unternehmen angeboten würden. Die starke Betonung der Betriebsstätte als ein wesentliches Kriterium zur Beurteilung der Warengleichartigkeit war nach der Rechtslage im WZG eine notwendige Folge der als ausschließlich rechtserheblich beurteilten Herkunftsfunktion des Warenzeichens. Nach der *Rechtslage im MarkenG* ist weniger der Ort als die Art der *Organisation einer Unternehmensleistung* entscheidend. Das Angebot von Produkten am Markt zu organisieren, ist mehr einem Management als einer Produktionsstätte zugeordnet. Wesentlich für die Produktähnlichkeit ist deshalb, wem nach den berechtigten Erwartungen der Verbraucher die *Produktkontrolle* und *Produktverantwortung zugerechnet* wird (Markensouveränität). Die Nichtakzessorietät der Marke verstärkt zudem die Tendenz, die im Verkehr erwartete Produktkontrolle und Produktverantwortung des Markeninhabers von Ort und Unternehmen der Produktion als solche zu lösen und auf das Produktmanagement zu verlagern. *Produktmanagement*, *Produkteigenschaften* und *Produktmarketing* stellen die rechtserheblichen Beurteilungskriterien zur Bestimmung der Produktähnlichkeit dar (s. Rn 345 ff.).

**342** **cc) Rechtserhebliche Produkte zur Abgrenzung des Produktbereichs.** Beim sachlichen Markenschutz nach § 4 Nr. 2 sind zur Abgrenzung des Produktbereichs die Produkte zu berücksichtigen, für die das Zeichen als Marke Verkehrsgeltung erworben hat. Beim förmlichen Markenschutz nach § 4 Nr. 1 sind zur Abgrenzung des Produktbereichs im Grundsatz zwar alle im Register eingetragenen Waren oder Dienstleistungen zu berücksichtigen (zur Rechtslage im WZG BPatGE 1, 211 – Reo-Diät), doch ist im einzelnen näher zu unterscheiden. *Defensivprodukte,* deren Eintragung wegen Fehlens eines Benutzungswillens unzulässig ist (s. § 3, Rn 155 ff.), sind nicht zu berücksichtigen. Das gilt nicht nur im Verletzungsprozeß, sondern auch im Eintragungsverfahren dann, wenn die Defensiveigenschaft der Produkte unstreitig oder amtsbekannt ist, was allerdings selten der Fall sein wird. *Vorratsprodukte,* deren Eintragung zulässig ist, und bei denen die Absicht zur Produktkennzeichnung vermutet wird (s. § 3, Rn 160 ff.), sind sowohl im Eintragungsverfahren, als auch im Verletzungsprozeß während der Dauer der fünfjährigen Benutzungsfrist zu berücksichtigen. Insoweit hat sich die Rechtslage im MarkenG geändert. Nach der Rechtslage im WZG war zwar im Widerspruchsverfahren die Prüfung ausgeschlossen, ob die eingetragenen Waren im Geschäftsbetrieb des Markeninhabers geführt werden (BGH GRUR 1965, 672 – Agyn), im Verletzungsprozeß wurden nach der Rechtsprechung Vorratswaren selbst innerhalb der fünfjährigen Benutzungsfrist nur dann berücksichtigt, wenn eine in angemessener Zeit erfolgende Ausdehnung des Geschäftsbetriebs auf diese Produkte dargetan wurde (BGH GRUR 1954, 457 – Iras/Urus; 1956, 172, 174 – Magirus; 1957, 287 – Plasticummännchen; 1959, 25 – Triumph; 1965, 86, 89 – Schwarzer Kater; 1968, 550 – Poropan; 1969, 604, 606 – Slip). Wegen der Nichtakzessorietät der Marke im MarkenG ist diese an der Art des Geschäftsbetriebs sowie der Art der Vorratsprodukte orientierte Rechtsprechung überholt. Innerhalb der fünfjährigen Benutzungsfrist sind *Vorratsprodukte* bei nicht widerlegter Vermutung der Absicht des Markeninhabers zur Produktkennzeichnung rechtsbeständig (s. § 3, Rn 163 f.) und zur Abgrenzung des Produktbereichs zu berücksichtigen. Nach *Ablauf der fünfjährigen Benutzungsfrist* sind zur Abgrenzung des Produktbereichs sowohl im Eintragungsverfahren als auch im Verletzungsprozeß nur noch die eingetragenen Waren oder Dienstleistungen zu berücksichtigen, für die die Marke nach § 26 rechtserhaltend benutzt worden ist. Nur mit diesen *rechtserhaltend benutzten Produkten* können ähnliche Produkte kollisionsbegründend wirken.

**343** **dd) Bedeutung eingetragener und ähnlicher Produkte für den Schutzumfang einer Marke.** Folge des statischen Gleichartigkeitsbegriffs im WZG war es, daß den gleichartigen Produkten grundsätzlich eine gleiche Bedeutung für den Schutzumfang einer Marke zugesprochen wurde wie den eingetragenen Produkten (*Baumbach/Hefermehl,* § 5 WZG, Rn 104). Allerdings wurde ein strengerer Maßstab an das Vorliegen von Verwechslungsgefahr gestellt, wenn der Markeninhaber die gleichartigen Produkte in seinem Unternehmen nicht führte, weil so die Gefahr von Verwechslungen im Verkehr als geringer anzusehen war. Nach der Rechtslage im MarkenG kann dieser Grundsatz nicht mehr gelten. In dem beweglichen System des Verwechslungsschutzes (s. Rn 103) bestimmt der *Grad der Produktähnlichkeit* die Intensität der kollisionsbegründenden Wirkung. Auch nach dem MarkenG entfällt allerdings der Verwechslungsschutz nicht schon dann, wenn die ähnlichen Produkte des Kollisionszeichens zu einer Produktgattung gehören, für die die prioritätsältere Marke nicht eingetragen ist (RG GRUR 1943, 135 – Liotard'sche Schokoladenmädchen). Wenn allerdings bei der Eintragung bestimmte Produkte vom Markenschutz ausgenommen werden, dann können diese Produkte nicht bei der Bestimmung der Produktähnlichkeit als kollisionsbegründend berücksichtigt werden (zur Warengleichartigkeit aA RPA BlPMZ 1902, 197). Aus der Ähnlichkeit der kollidierenden Produkte mit einem anderen Produkt folgt nicht zwingend die Ähnlichkeit der kollidierenden Produkte untereinander (DPA GRUR 1954, 359).

**344** **ee) Klasseneinteilung und Produktähnlichkeit.** Die *Klassifizierung* der Waren und Dienstleistungen entsprechend der Klasseneinteilung nach § 15 MarkenV wird nach ständiger Rechtsprechung zur Warengleichartigkeit für die Beurteilung der Produktähnlichkeit nicht als rechtsverbindlich angesehen (RG GRUR 1940, 280 – Vitalis-Creme; BPatG GRUR 1974, 95 – avitron; Mitt 1983, 198 – Vitaletten). Es stellt aber die sich aus dem Zusammenhang der Klasseneinteilung ergebende Zuordnung der Produkte ein wichtiges

*Auslegungsmittel* zur Abgrenzung der Waren und Dienstleistungen bei der Bestimmung des Produktähnlichkeitsbereichs dar (BPatG GRUR 1974, 95 – avitron; *Schawel*, MA 1981, 83; *v. Gamm*, § 2 WZG, Rn 13). Auszugehen ist davon, daß weder alle Waren oder Dienstleistungen derselben Klasse ähnlich, noch Waren oder Dienstleistungen verschiedener Klassen stets unähnlich sind. Selbst Produkte, die unter einen Oberbegriff der Klasseneinteilung fallen, sind nicht zwingend ähnlich. Wenn sich bei der Anmeldung das Verzeichnis der Waren oder Dienstleistungen nach § 32 Abs. 2 Nr. 3, wie weithin üblich, bei der Benennung der Produkte an die in der Klasseneinteilung enthaltenen Oberbegriffe hält, dann ist bei der Bestimmung der Produktähnlichkeit nicht mehr lediglich der allgemeine Sprachgebrauch maßgebend. Wenn sich der Sprachgebrauch der Klasseneinteilung ändert, dann sind Verzeichnisse der Waren oder Dienstleistungen von Marken, die vor diesem Zeitpunkt eingetragen worden sind, nach dem Sprachgebrauch der früheren Warenklasseneinteilung zu beurteilen (BPatGE 24, 78, 81). Ein nach einer früheren Klasseneinteilung gewährter Schutzbereich für eine bestimmte Ware oder Dienstleistung wird durch eine unzureichende Umklassifizierung nicht eingeschränkt (BPatGE 17, 284, 286).

**d) Beurteilungskriterien zur Produktähnlichkeit.** Die verwechslungsrelevanten Beurteilungskriterien zur Produktähnlichkeit bestimmen sich nach der *Canon*-Formel des EuGH (s. Rn 341a), die der BGH in der *LIBERO*-Entscheidung übernommen und in der *TIFFANY*-Entscheidung fortgeführt hat (s. Rn 341c). Es sind *alle erheblichen Faktoren* zu berücksichtigen, die das *Verhältnis zwischen den Waren oder Dienstleistungen* kennzeichnen. Zu diesen Faktoren gehören insbesondere die *Art*, der *Verwendungszweck* und die *Nutzung* der Waren oder Dienstleistungen sowie deren *Eigenart* als miteinander *konkurrierende* (Produktkonkurrenz) oder einander *ergänzende* (Produktergänzung) Waren oder Dienstleistungen. Als *Orientierungshilfe* kann auch der zur Rechtslage im WZG entwickelte Grundsatz gelten (s. zum Verhältnis der warenzeichenrechtlichen und markenrechtlichen Produktkriterien Rn 338), daß Waren oder Dienstleistungen dann ähnlich sind, wenn die Produkte nach ihrer *wirtschaftlichen Bedeutung* und *Verwendungsweise,* nach ihrer *Beschaffenheit* und *Herstellung,* insbesondere auch hinsichtlich ihrer *regelmäßigen Herstellungs-* oder *Verkaufsstätten* so enge Berührungspunkte miteinander haben, daß nach der Auffassung der beteiligten Verkehrskreise der Schluß naheliegt, die Waren oder Dienstleistungen seien demselben Markeninhaber zuzurechnen. Der *Feststellung gleicher Herkunftsstätten* kommt allerdings nach der Rechtslage im MarkenG *keine entscheidende Bedeutung* mehr zu (EuGH, Rs. C-39/97, GRUR 1998, 922 – Canon; BGH MarkenR 1999, 93 – TIFFANY).

**aa) Art der Produktions- und Dienstleistungsunternehmen (Produktmanagement).** Nach der Rechtslage im WZG wurde für die Bildung der Verkehrsauffassung als vor allem wesentlich angesehen, in welcher *Art von Unternehmen* die zu vergleichenden *Waren* regelmäßig *hergestellt* oder die zu vergleichenden *Dienstleistungen* regelmäßig *erbracht* werden. Der Durschnittsverbraucher werde zumeist solche Produkte als gleichartig beurteilen, die üblicherweise von demselben Unternehmen angeboten würden. Die starke Betonung der Betriebsstätte als ein wesentliches Kriterium zur Beurteilung der Warengleichartigkeit war nach der Rechtslage im WZG eine notwendige Folge der als ausschließlich rechtserheblich beurteilten Herkunftsfunktion des Warenzeichens. Auch wenn nach der Rechtslage im MarkenG die Herkunftsfunktion im Sinne der Produktverantwortung des Markeninhabers (s. Rn 130f.) nach wie vor eine der wesentlichen Markenfunktionen darstellt, so hat sich doch auch der Blickwinkel hinsichtlich der Produktähnlichkeit aus der Sicht berechtigter Verbrauchererwartungen (s. Rn 123ff.) gewandelt. Entscheidend ist weniger der Ort als die Art der *Organisation einer Unternehmensleistung* (s. Rn 341d). Das Angebot von Produkten am Markt zu organisieren, ist mehr einem Management als einer Produktionsstätte zugeordnet. Wesentlich für die Produktähnlichkeit ist deshalb, wem nach den *berechtigten Erwartungen der Verbraucher* die *Produktverantwortung zugerechnet* wird (Markensouveränität). Das wird bei der Automobilproduktion eher und bei der Kosmetikproduktion weniger eine Produktionsstätte sein. Die Produktart bestimmt nach der Verkehrsauffassung die Produktionsart. Die Nichtakzessorietät der Marke verstärkt zudem die Tendenz, die im Verkehr erwartete Produktverantwortung des Markeninhabers von der Produktion als solcher zu lösen und auf das *Produktmanagement* zu verlagern. Nach der *TIFFANY*-Entscheidung des BGH ist für die Ähnlichkeit von Waren *nicht die Feststellung gleicher Herkunftsstätten entscheidend,* sondern die

Erwartung des Verkehrs von einer *Verantwortlichkeit desselben Unternehmens für die Qualität der Waren* (BGH MarkenR 1999, 93 – TIFFANY).

**347**  Auch wenn bei der Verkehrsauffassung zur Bestimmung der Produktähnlichkeit hinsichtlich des Produktmanagements auf die *beteiligten Verkehrskreise* als die ernstlich in Betracht kommenden Abnehmer der Produkte abzustellen ist (s. Rn 358 f.), seien es kundige Fachkreise, sei es das breite Konsumpublikum, so erscheint es doch bedenklich, zur Beurteilung der Produktähnlichkeit *falsche Verbrauchervorstellungen* deshalb als maßgeblich zu berücksichtigen, weil dem Durchschnittsabnehmer das Herstellungsprogramm großer Unternehmen nicht näher bekannt sei (BGH GRUR 1959, 25 – Triumph; 1970, 552 – Felina-Britta). In der Öffentlichkeit ist die Produktorganisation als arbeitsteilig und internationalisiert weithin bekannt oder muß zumindest aus der Sicht einer *objektivierten* Verbrauchererwartung (s. Rn 123 ff.) als rechtserheblich angenommen werden. So wurde schon nach der Rechtslage im WZG angenommen, daß bei fachkundigen Abnehmern wie etwa Reparaturwerkstätten bei Produkten wie etwa *VW-Originalersatzteilen* nebst *Zubehör* und *Bremsenprüfständen*, die nach ihrer Bestimmung und Verwendung Unterschiede aufwiesen, auf dieselbe Herkunftsstätte zu folgern, ausgeschlossen sein könne, so daß die Annahme von Warengleichartigkeit selbst dann nicht gerechtfertigt sei, wenn sowohl die gleichen Bezieherkreise wie die Zugehörigkeit der beiderseitigen Produkte zu Personenkraftwagen eine solche Annahme rechtfertigten (BGH GRUR 1976, 698 – MAHAG). Im Begriff der Produktähnlichkeit spiegelt sich der reale Produktionswandel. So können *Bücher* und *elektronische Medien* als Buchsubstitute trotz der Verschiedenheit der Produktionsstätte im Verkehr als *Verlagserzeugnisse* einem Produktmanagement und dessen Produktverantwortung zugerechnet werden und die Annahme von Produktähnlichkeit sachgerecht sein (aus kartellrechtlicher Sicht s. dazu *Fezer*, WRP 1994, S. 669 ff.). In Anwendung der *Canon*-Formel des EuGH (s. Rn 341 b), nach der die Eigenart der Waren oder Dienstleistungen als miteinander konkurrierend (*Konkurrenzprodukte*) oder einander ergänzend (*Ergänzung-* oder *Substitutionsprodukte*) bei Beurteilung der Produktähnlichkeit zu berücksichtigen ist, beurteilt der BGH das *Ergänzen der Waren untereinander bei der Verwendung* als ein verwechslungsrelevantes Produktkriterium (zur Produktähnlichkeit von *Wein* und *Schaumwein* einerseits und *Boonekamp* andererseits, da erfahrungsgemäß ein Boonekamp gelegentlich etwa während oder zum Abschluß eines größeren Essens, bei dem auch Wein und/oder Schaumwein genossen werde, getrunken werde (BGH GRUR 1999, 245 – LIBERO. In der *TIFFANY*-Entscheidung wird eine, wenn auch nur geringe Warenähnlichkeit zwischen *Zigaretten* und *Raucherartikeln* angenommen, da Hersteller von Tabakwaren oder auch Hersteller von Luxusgütern sowohl Zigaretten als auch Feuerzeuge anböten (BGH MarkenR 1999, 93 – TIFFANY).

**348**  **bb) Stoffqualität der Produkte.** Die Stoffähnlichkeit der Produkte ist kein geeignetes Kriterium zur Beurteilung der Produktähnlichkeit (zur Warengleichartigkeit, weil der Verkehr nicht annehme, die Produkte stammten aus demselben Betrieb s. BGH GRUR 1958, 437, 439 – Tricoline; 1961, 343 f. – Meßmer Tee). Das gilt zumindest uneingeschränkt in allen Fallkonstellationen einer Variabilität und Austauschbarkeit der Rohstoffe eines Produkts. Anders kann zu entscheiden sein, wenn gerade die Stoffqualität des Produkts, wie etwa bei wertvollen oder seltenen Materialien, der Produktverantwortung des Markeninhabers zugerechnet wird. Die Marke als ein produktidentifizierendes Unterscheidungszeichen kann Verwechslungsgefahr auch hinsichtlich der Produkteigenschaften begründen. In der *GARIBALDI*-Entscheidung stellt der BGH auch auf den *Aggregatzustand* der Waren ab; die Produktähnlichkeit zwischen einerseits *Weinen, Schaumweinen, Spirituosen* und *Likören*, sämtliche Waren italienischer Herkunft, und andererseits *Teigwaren* sowie dazugehörende *Soßen*, insbesondere italienischer Herkunft, wurde verneint, da Teigwaren sowie dazugehörige *Soßen* einerseits und *Weine* oder *Spirituosen* andererseits aus unterschiedlichen Betrieben mit völlig verschiedenen Produktionsweisen stammten und aus auch vom Aggregatzustand her verschiedenen Stoffen bestünden (BGH GRUR 1999, 158 – GARIBALDI, mit Anm. *v. Linstow*).

**349**  **cc) Distribution.** Schon nach der Rechtslage im WZG wurde der auf die Herkunftsfunktion ausgerichtete Begriff der Warengleichartigkeit dahin verstanden, daß die *Gleichheit der regelmäßigen Vertriebsstätten* es gewöhnlich noch nicht rechtfertige, auf dieselbe Herkunftsstätte zu schließen. Schon das RG hielt es nicht für entscheidend, ob die Waren regelmäßig in Geschäften gleicher oder ähnlicher Art feilgehalten und von denselben Bevölkerungsschichten gekauft würden (s. zu *Kohlenanzündern* in Drogerien RG GRUR 1930, 613; RGZ 118, 201 – Stollwerck Goldkrone). Nicht anders, eher noch mehr als die Produktion (s. Rn 346 f.), ist die *Distribution* ein zur Beurteilung der Produktähnlichkeit grundsätzlich ungeeignetes Kriterium. Das gilt namentlich nach der Rechtslage im MarkenG, das von der Nichtakzessorietät der Marke und einem stärkeren Schutz der ökonomischen Funktionen der Marke ausgeht. Dazu bedarf es keiner näheren Schilderung der Wandlungen im Handel vom *Tante Emma Laden* und den Verkaufsstätten des Handwerks wie *Bäckereien* und *Metzgereien* über *Kolonialwarengeschäfte, Apotheken* und *Drogerien* zu den *Kaufhäusern* und *Supermärkten* oder neueren Entwicklungen wie der *amerikanischen Malls* mit Spezialgeschäften oder den kleinen *Allesverkäufern* in Tankstellen-Shops, schließlich dem *electronic commerce* im Internet. So entschied schon das RG, daß allein die Befriedigung hauswirtschaftlicher Bedürfnisse, da der Rahmen dieses Bedarfs viel zu weit reiche, Waren nicht gleichartig mache (RG GRUR 1939, 545 – Standard). Nach der *Rechtslage im MarkenG* wurde die markenrechtliche Warenähnlichkeit von *Schuhen* und *Bekleidungsstücken* abgelehnt, die nicht allein daraus hergeleitet werden könne, daß das Angebot dieser Waren vereinzelt, vor allem bei Anbietern hochpreisiger Erzeugnisse, im Verkaufsgeschäft im engen räumlichen Zusammenhang erfolge (BGH GRUR 1999, 164 – JOHN LOBB). Als ähnlich beurteilt wurden *Zigaretten* und *Raucherartikel*, da diese Waren regelmäßig in Spezialgeschäften und in der Verwendung beim Endverbraucher zusammentreffen (BPatGE 36, 115 – TIFFANY; im Ergebnis zustimmend BGH MarkenR 1999, 93 – TIFFANY, allerdings in Anwendung der *Canon*-Formel [s. Rn 341a], die der BGH hinsichtlich der Distribution durch den Umstand ergänzte, Hersteller von Tabakwaren oder Hersteller von Luxusgütern böten sowohl Zigaretten als auch Feuerzeuge an).

Aus der grundsätzlichen Ungeeignetheit des Beurteilungskriteriums der *Distribution* zur Bestimmung der Produktähnlichkeit kann aber nach der Rechtslage im MarkenG selbst bei Herstellermarken nicht umgekehrt der Schluß gezogen werden, es komme für die Verbrauchervorstellungen in der Regel auf die *Produktion* und damit darauf an, ob es für derartige Produkte gleiche Herstellungsbetriebe gebe, oder ob der Durchschnittsabnehmer, auch wenn dies tatsächlich nicht zutreffe, dies aufgrund besonderer Umstände annehme (so zur Warengleichartigkeit im WZG DPA GRUR 1958, 238 – Tropa; BGH GRUR 1959, 25 – Triumph). 350

Die Art der Distribution stellt aber dann ein zur Bestimmung der Produktähnlichkeit geeignetes Kriterium dar, wenn es sich um solche *Vertriebsmethoden* handelt, die als *Teil eines Produktmarketings* auf das Produkt ausstrahlen und dieses prägen (s. Rn 341c, 355 f.). Das kann etwa bei Franchisesystemen und spezialisierten Anbietern der Fall sein. Zu denken ist etwa auch an den Vertrieb elektronischer Verlagserzeugnisse im herkömmlichen Sortimentsbuchhandel (s. dazu *Fezer*, WRP 1994, S. 669 ff.). Auch die Rechtsprechung ist von einer solchen Annahme bei typischen Spezialgeschäften mit einem begrenzten Produktbereich ausgegangen (BGH GRUR 1968, 550, 551 – Poropan). 351

Als *gleichartig* beurteilt wurden *Rundfunkgeräte* und *Schallplatten*, weil sie regelmäßig in den gleichen Geschäften angeboten würden (DPA BlPMZ 1956, 65 – Venus; kritisch *Heydt*, MBl 1956, 37; *Baumbach/Hefermehl*, § 5 WZG, Rn 111, weil weitgehend bekannt sei, daß manche Unternehmen beide Produkte herstellten); *Krawatten* und *Herrenhüte*, weil das Publikum aus dem Verkauf in Herrenausstattungsgeschäften auf denselben Herstellungsbetrieb schließe, wobei nach der Rechtslage im MarkenG die Spezialisierung (s. Rn 351) eines Herrenausstatters als ein geeignetes Kriterium der Produktähnlichkeit angesehen werden kann (BGH GRUR 1958, 606 – Kronenmarke); *Miederwaren* und *Wäsche* sowie *Damenmäntel, Kostüme* und *Röcke*, da die beteiligten Verkehrskreise damit vertraut seien, daß Miederwaren- und Damenwäschehersteller sich nicht immer auf dieses Sortiment beschränkten, sondern ihren Geschäftsbereich auf andere Gebiete der Damenoberbekleidung ausgeweitet hätten (BGH GRUR 1970, 552, 553 – Felina-Britta). 352

Als *ungleichartig* beurteilt wurden *Teppiche* und *Polstermöbel*, die zwar in Möbelgeschäften regelmäßig nebeneinander angeboten würden, der Verkehr aber keinen gemeinsamen Hersteller annehme (BGH GRUR 1958, 393 – Ankerzeichen). Schon nach der Rechtslage im WZG war anerkannt, daß die Beurteilungskriterien nicht schematisch zu handhaben seien. Das gilt nach der Rechtslage im MarkenG umso mehr, als die Produktähnlichkeit zum ei- 353 nen wechselseitig auf die Markenähnlichkeit bezogen, sowie zum anderen im Hinblick auf die Verwechslungsgefahr zu bestimmen ist. Aus diesem Grunde ist verstärkt das *Produktmarketing* und die *Produktwerbung* in die Beurteilung miteinzubeziehen (s. Rn 341c, 355f.).

354 Schon nach der Rechtslage im WZG wurde die *Art der Werbung* als rechtserheblich angesehen. So wurde Gleichartigkeit bejaht zwischen *schwarzem Tee* und *Kräutertee*, für den wie für ein gesundheitsförderndes Genußmittel geworben wurde, da diese Art der Werbung für die Verkehrsauffassung bestimmend sei, selbst wenn an der Gleichartigkeit von *schwarzem Tee* und *Bronchialtee* als reinem Heilmittel Zweifel bestünden (BGH GRUR 1961, 343 – Meßmer-Tee). Bei Handelsmarken wurde als ein die Warengleichartigkeit begründender Umstand angesehen, wenn Produkte mit demselben Verwendungszweck, wie etwa *Tee* und *Kakao*, sowohl in Geschäften mit einem allgemeinen Lebensmittelangebot als auch in Spezialgeschäften des Süßwaren-, Tee- und Kaffee-Einzelhandels vertrieben würden (BPatG GRUR 1972, 602, 603 – Filigran).

355 **dd) Verwendungszweck, Produkteigenschaften und Produktmarketing.** Schon nach der Rechtslage im WZG wurde die Ähnlichkeit des *Verwendungszwecks* der Produkte als ein die Gleichartigkeit beeinflussendes Kriterium angesehen. Die ausschließliche Ausrichtung des Gleichartigkeitsbegriffs an der Herkunftsfunktion führte allerdings dazu, daß vornehmlich einer Identität der Herkunftsstätten eine grundlegende Bedeutung beigemessen wurde. So wurde auch ein vergleichbarer Verwendungszweck der Produkte nur dann als die Gleichartigkeit bestimmend beurteilt, wenn diese Tatsache im Verkehr die Schlußfolgerung rechtfertigte, die Produkte stammten aus demselben Unternehmen. Die Verschiedenheit der Verwendungszwecke wurde als ein Anzeichen für das Vorliegen von Warenungleichartigkeit angesehen. Aufgrund einer Ähnlichkeit der Verwendungszwecke wurden Produkte der *Körper- und Gesundheitspflege* wie *Binden* und *Produkte für Heilzwecke* wie *Arzneimittel* als gleichartig beurteilt, weil der Verkehr die Produkte demselben Produktionsunternehmen zuschreibe (BGH GRUR 1963, 572, 573 – Certo), nicht aber *Pflasterbinden*, die kein *Arzneimittel* seien, und ein *Hustenmittel* (BGH GRUR 1968, 550, 551 – Poropan).

356 Das Verständnis der Marke als eines produktidentifizierenden Unterscheidungszeichens, der stärkere Schutz der ökonomischen Markenfunktionen, die Rechtserheblichkeit des Kommunikationsgehalts einer Marke aufgrund des Produktmarketings sowie der Werbestrategie, wie auch das Verständnis der Identifizierungsfunktion der Marke als eine Zurechnung des Kommunikationsgehalts der Marke an die Produktverantwortung des Markeninhabers sind Wandlungen des Markenverständnisses im MarkenG, die die Reichweite des Verwechslungsschutzes aufgrund des Merkmals der Produktähnlichkeit beeinflussen. Zur Bestimmung der Produktähnlichkeit sind in verstärktem Maße der *Verwendungszweck*, sowie die *Anwendungsweise* der Produkte, deren stoffliche Beschaffenheit, Material und Rohstoffe, sowie allgemein die *Produkteigenschaften* stärker zu berücksichtigen. Der Wandel der Marke von der Hausmarke zur Produktmarke verändert die Blickrichtung des Verkehrs von der Herkunftsidentität zur Produktidentität. Vor allem die *Marketingkonzeption* und *Werbestrategie* prägen die Produktgestalt im Verkehr und bilden einen Kommunikationsgehalt der Marke, an dem sich der Verbraucher orientiert (s. zur Berücksichtigung der Werbung schon Rn 354; zur jüngsten Rechtsprechung Rn 341c). Der *Markeninhalt* bestimmt nicht nur die eine Verwechslungsgefahr begründende Markenähnlichkeit, sondern zugleich die Produktähnlichkeit nach den berechtigten Verbrauchererwartungen. Die Kriterien des *Verwendungszwecks* und der *Anwendungsweise* eines Produkts, der *Produkteigenschaften* sowie des *Produktmarketings* sind nach der Rechtslage im MarkenG vorrangige Kriterien zur Beurteilung der Produktähnlichkeit. Die Produktähnlichkeit ist stärker an der *Produktgestalt* und dem *Kommunikationsinhalt der Marke* auszurichten.

357 **ee) Oberbegriff der Produktgattung.** Der sprachliche Oberbegriff einer Produktgattung ist grundsätzlich kein geeignetes Kriterium zur Bestimmung der Produktähnlichkeit. Die Ähnlichkeit von Waren oder Dienstleistungen ist grundsätzlich nicht von einem bestimmten Oberbegriff der Produktgattungen aus zu beurteilen (so schon DPA Mitt 1958, 73). Nach der Rechtslage im WZG wurden als gleichartig beurteilt *Vitaminbonbons* als *Zuckerwaren* und *Arzneimittel*, da die Ungleichartigkeit von *Zuckerwaren* und *Arzneimitteln* nicht die Gleichartigkeit von Waren ausschließe, die jeweils unter einen dieser beiden Oberbegriffe fielen (BPatGE 5, 68 – Cbon). Umgekehrt erstreckt sich der Ähnlichkeitsbereich einer

sprachlich nach einem Oberbegriff bezeichneten Produktgattung nicht auf alle Waren oder Dienstleistungen, die mit einem diesem Oberbegriff zuzuordnenden Produkt ähnlich sind. Zum Gleichartigkeitsbegriff des WZG wurde auf den wesentlichen und typischen Teil der von einem gattungsmäßigen Oberbegriff umfaßten Warengattung abgestellt. So wurde Gleichartigkeit zwar angenommen zwischen *Joghurt-Käse*, weil das Produkt ein spezielles Erzeugnis von nur geringer Bedeutung innerhalb der Produktgattung *Käse* darstelle, und *diätetischen Nährmitteln*, nicht aber zwischen *diätetischen Nährmitteln* und *typischen Käseerzeugnissen* (BPatGE 1, 205, 207). In der *LIBERO*-Entscheidung relativiert der BGH den zum WZG entwickelten Rechtssatz, die *Zuordnung der beiderseitigen Waren zu einem gemeinsamen sprachlichen Oberbegriff* sei an sich kein taugliches Kriterium für die Bestimmung der Warengleichartigkeit (BGH GRUR 1999, 245 – LIBERO). Von diesem Grundsatz könne nur bei besonders hohem Abstraktionsgrad der Gattungsbezeichnung, wie er bei dem Begriff *alkoholfreie Getränke* (BGH GRUR 1990, 361, 363 – Kronenthaler) oder bei *Nahrungsmitteln* (BGH GRUR 1999, 158 – GARIBALDI) gegeben sei, ausgegangen werden; handele es sich dagegen, wie bei *alkoholischen Getränken* um ein überschaubares Warengebiet mit einem hervortretenden Charakteristikum, wie es der, wenn auch unterschiedlich hohe Alkoholgehalt der Getränke sei, müsse dieses Charakteristikum bei der Beurteilung der Warenähnlichkeit auch hinreichende Beachtung finden, wie bei der anzunehmenden Produktähnlichkeit zwischen *Wein* und *Schaumwein* einerseits und *Boonekamp* andererseits.

**ff) Abnehmerkreise.** Die *Gleichheit der Abnehmerkreise* als solche bewirkt noch keine 358 Produktähnlichkeit, da gleiche Verbraucher einen ganz verschiedenen Produktbedarf haben (hinsichtlich der Warengleichartigkeit bezogen auf Waren verschiedener Herkunft und Verwendung BGH GRUR 1956, 172, 174 – Magirus). Verbraucher orientieren sich hinsichtlich der Produktähnlichkeit eher an dem Verwendungszweck sowie den Eigenschaften eines Produkts (s. Rn 355 f.). *Arzneimittel* und *Fachzeitschriften für Pharmazeutika* sind keine ähnlichen Produkte. Auch wenn der Titel einer *Fachzeitschrift* mit einer bekannten *Arzneimittelmarke* übereinstimme und dadurch im Verkehr der Anschein einer gleichen betrieblichen Herkunft erweckt werde, sei nach der Rechtslage im WZG die Warengleichartigkeit zu verneinen, weil die Zeitschriften keine Waren seien, mit denen das Unternehmen zu anderen Unternehmen in Wettbewerb trete, sondern nur Hilfsmittel zum Vertrieb ihrer Natur nach völlig verschiedener Waren (BGH GRUR 1970, 141, 143 – Europharma).

Die Produktähnlichkeit anhand der beschriebenen Beurteilungskriterien bestimmt sich 359 nach der Verkehrsauffassung (s. Rn 337). Je weiter der Abstand ist zwischen den Abnehmern der kollidierenden Produkte, desto weniger ist die Annahme einer eine Verwechslungsgefahr begründenden Produktähnlichkeit gerechtfertigt. Wenn Fachleute den Abnehmerkreis der Produkte bilden, dann kann die Produktähnlichkeit nicht aufgrund von Fehlvorstellungen anderer Verkehrskreise begründet werden. Nach der Rechtslage im WZG wurden als ungleichartig beurteilt *Lastkraftwagen* und für diese bestimmte *Kühlanlagen*, da die als Abnehmer allein in Betracht kommenden Fachleute die Verschiedenartigkeit der Herkunft und des Verwendungszwecks kennen würden (BGH GRUR 1956, 172, 174 – Magirus). Als ungleichartig wurden auch *Kraftfahrzeuge* mit *Bekleidungsstücken, Schuhwaren, Kopfbedeckungen* beurteilt, da die Berühmtheit oder Bekanntheit der Marke *Chevy* die Produktähnlichkeit nicht beeinflusse (BPatG GRUR 1993, 975 – CHEVY). Die Verkehrsauffassung von Fachleuten als berechtigte Verbrauchererwartungen sind auch dann zur Beurteilung der Produktähnlichkeit maßgeblich, wenn die kollidierenden Produkte teils nur von Fachleuten, teils von Fachleuten und Laien abgenommen werden. So wurden als nicht gleichartig beurteilt *Arzneimittel gegen Magen- und Verdauungsstörungen* und eine *Abdruckmasse für zahnärztliche Zwecke* (BGH GRUR 1963, 524 – Digesta); *Bier* und *Mineralwasser* (BGH GRUR 1990, 361 – Kronenthaler). Nach der Rechtslage im WZG als gleichartig beurteilt wurden *Kontrollseren für klinische Chemiebestimmungen* zur ausschließlichen Lieferung an medizinische Laboratorien und *Arzneimittel*, da den fachkundigen Abnehmern bekannt sei, daß die Produkte regelmäßig in den gleichen Unternehmen hergestellt würden, auch wenn die Produkte ihrer wirtschaftlichen Bedeutung, Verwendungsweise und Beschaffenheit nach nur entferntere Berührungspunkte aufweisen würden (BPatG Mitt 1978, 74).

**gg) Beurteilungszeitpunkt.** Die Beurteilung der Produktähnlichkeit bestimmt sich 360 nicht nach dem Zeitpunkt der Anmeldung der Marke, sondern maßgebend sind die tatsächlichen Umstände im Zeitpunkt der Entscheidung über den Widerspruch (BGH GRUR 1973, 316, 318 – Smarty).

361 **e) Verschiedene Produktarten. aa) Produkteinheiten.** Zwischen einem Produkt und solchen Produktteilen, aus denen das Produkt zusammengesetzt ist (Reifen, Zündkerzen oder Batterie beim Auto), besteht nicht schon deshalb Produktähnlichkeit, weil aufgrund der funktionellen Zusammengehörigkeit der Produkteinheit das Endprodukt als ein einheitliches Angebot auf dem Markt erscheint. Dem Verbraucher ist die moderne Produktionstechnologie zumindest umrißhaft vertraut. Er rechnet die Produkteinheit der Produktverantwortung des Markeninhabers zu, ohne diesen als den Hersteller aller Produktteile anzusehen. Nach der Rechtslage im WZG wurden als nicht gleichartig beurteilt *optische und physikalische Geräte* und *Großbaumaschinen*, auch wenn solche Großbaumaschinen optische und physikalische Bestandteile enthielten (BGH GRUR 1958, 339 – Technika); *Farbstifte* und ein *Arbeitskasten Bauernmalerei mit Motivstempeln*, wenn der Arbeitskasten wegen der in ihm enthaltenen Stempel und aufgrund seines Gesamtcharakters als Kinderspielzeug zu beurteilen sei, in dem die Stifte und Farben nur jederzeit anderweitig ersetzbare Hilfsmittel darstellten (BGH GRUR 1982, 419 – Noris).

362 Nach der Rechtslage im WZG wurde erwogen, dann anders zu entscheiden und von einer Gleichartigkeit des Endprodukts mit den Produktteilen auszugehen, wenn die Einzelteile für das Wesen des Gesamterzeugnisses bestimmend seien. Zwar sei nicht wie bei § 93 BGB entscheidend, ob die Einzelteile auch nach ihrer Trennung wirtschaftlich verwertbar seien, vielmehr müsse aufgrund der Trennung das Gesamterzeugnis sein Wesen einbüßen. Diese Voraussetzung sei zwar noch nicht dann gegeben, wenn ein Einzelteil für das Gesamtprodukt technisch oder wirtschaftlich wichtig sei. *Wesensbestimmend* sei ein Produktteil erst dann, wenn ohne diesen das Gesamtprodukt seine wirtschaftliche Zweckbestimmung nach der Auffassung des Verkehrs nicht erfüllen könne (*Baumbach/Hefermehl*, § 5 WZG, Rn 116; ähnlich auf den Verwendungszweck abstellend *Schlüter*, MA 1964, 141, 143). Sachgesamtheiten seien dann mit in diese eingebauten Einzelteilen gleichartig, wenn diese einzelnen Bauteile nach der Verkehrsauffassung bestimmt für das Wesen der Sachgesamtheit seien und deshalb vom Verkehr als selbständige Waren des Herstellers der Sachgesamtheit gewertet würden (BPatG GRUR 1994, 377 – LITRONIC im Anschluß an BGH GRUR 1958, 339 – Technika).

363 Da nach der Rechtslage im MarkenG die Produktähnlichkeit mehr nach den Produkteigenschaften und Produktzwecken zu bestimmen ist, ist bei *funktionellen Produkteinheiten* dann nicht ausgeschlossen, von einer Produktähnlichkeit zwischen Gesamtprodukt und Produktteil auszugehen, wenn namentlich auch aufgrund des Produktmarketings eine solche Integration zwischen Gesamtprodukt und Produktteil, wie etwa zwischen Stoffen und Kleidung, stattfindet, daß der Verbraucher die markenrechtliche Produktverantwortung des Markeninhabers auf das Gesamtprodukt einschließlich dieser Produktteile bezieht.

364 **bb) Zubehör.** Nach der Rechtslage im WZG wurde zur Beurteilung der Gleichartigkeit zwischen einem Hauptprodukt und Zubehörprodukten auf den Rechtsbegriff des Zubehörs nach § 97 BGB zurückgegriffen. Nach dieser Vorschrift sind Zubehör bewegliche Sachen, die, ohne Bestandteile der Hauptsache zu sein, dem wirtschaftlichen Zwecke der Hauptsache zu dienen bestimmt sind und zu ihr in einem dieser Bestimmung entsprechenden, räumlichen Verhältnis stehen (§ 97 Abs. 1 S. 1 BGB). Eine Sache stellt aber dann kein Zubehör dar, wenn sie im Verkehr nicht als Zubehör angesehen wird (§ 97 Abs. 1 S. 2 BGB). Auch nach der Rechtslage im MarkenG kann zur Bestimmung der Produktähnlichkeit von diesem *Rechtsbegriff des Zubehörs* auf der Grundlage berechtigter Verbrauchererwartungen ausgegangen werden, auch wenn deutlicher die Produkteigenschaften und Produktzwecke hinsichtlich der Begründung einer Verwechslungsgefahr zu berücksichtigen sind.

365 Nach der Rechtslage im WZG ging die Eintragungspraxis dahin, die Zubehörsache mit der Hauptsache dann als gleichartig zu beurteilen, wenn es sich um solches Zubehör handelte, das *ausschließlich für die Hauptsache bestimmt* war und zu ihr notwendig gehörte. Warengleichartigkeit wurde verneint zwischen *Kohlepapier* und *Zubehör von Schreibmaschinen* (RPA MuW 1931, 112); zwischen *Nähmaschinennadeln* und *Nähmaschinen* (RPA MuW 1933, 43). Warengleichartigkeit wurde bejaht zwischen *Fahrradzubehörteilen* und *Fahrrädern* (RPA BlPMZ 1905, 206); zwischen *Zigarettenpapier* und *Zigaretten* sowie *Zigarren* (RG

BlPMZ 1921, 229; aA *Zigarettenpapier* mit anderen *Tabakfabrikaten,* RPA MuW 1931, 587).

Die Zubehöreigenschaft eines Produkts als solche begründet die Produktähnlichkeit noch nicht (zur Gleichartigkeit *Schlüter,* MA 1964, 141, 148; *Baumbach/Hefermehl,* § 5 WZG, Rn 117). Entscheidend ist, ob aufgrund der Produktart der Verbraucher Hauptprodukt und Zubehörprodukt einer gemeinsamen Produktverantwortung des Markeninhabers zuschreibt.

**cc) Rohstoffe und Halbfabrikate.** Nach der Rechtslage im WZG wurden *Rohstoffe* und *Halbfabrikate* in der Regel als mit *Fertigfabrikaten* nicht gleichartig beurteilt. Maßgebend sei, daß die Produkte in verschiedenen Unternehmen hergestellt würden, einem unterschiedlichen Gebrauchszweck dienten, sich an verschiedene Abnehmerkreise wendeten und in verschiedenen Geschäften vertrieben würden. Von diesem Grundsatz ist auch nach der Rechtslage im MarkenG zur Beurteilung der Produktähnlichkeit auszugehen. Als nicht warengleichartig wurden beurteilt *Fleckenwasser* sowie *Benzin* für den Betrieb von Verbrennungsmaschinen (RPA BlPMZ 1931, 14); *Rasierklingen* sowie *Rasierapparate aus Stahl* und *Stahl in Stäben* für Fertigerzeugnisse und Halbfabrikate (DPA GRUR 1954, 128); *Polsterwaren* wie *Polstermatten* und *Fassonpolster* als Halbfabrikate und *Möbel* sowie *Polstermöbel* (BPatG Mitt 1972, 192 – trigg/Tirag). Der Grundsatz einer Produktunähnlichkeit zwischen Rohstoffen sowie Halbfabrikaten mit Fertigfabrikaten gilt nicht uneingeschränkt. Namentlich das Produktmarketing kann solche besonderen Umstände darstellen, die beim Verbraucher den Eindruck einer gemeinsamen Produktverantwortung des Markeninhabers berechtigterweise erwecken. Zur Rechtslage im WZG wurde Warengleichartigkeit ausnahmsweise dann angenommen, wenn die Rohstoffe und Halbfabrikate einerseits und die Fertigprodukte andererseits vom Verbraucher als aus demselben Geschäftsbetrieb stammend beurteilt wurden (BGH GRUR 1958, 437, 440 – Tricoline; 1966, 432, 434 – Epigran I; 1970, 80 – Dolan; 1973, 316 – Smarty).

Wenn das *Material* die Produktgestalt wie namentlich die Produkteigenschaften sowie die Produktzwecke des Fertigprodukts ganz überwiegend bestimmt, dann kann von Produktähnlichkeit auszugehen sein. Nach der Rechtslage im WZG wurden als gleichartig beurteilt *Rohtabak* und *Tabakfabrikate* (RPA BlPMZ 1910, 239; RPA MuW 1937, 188); *kunstseidene Gewebe* und *kunstseidene Fertigwaren* (RPA MuW 1930, 144 – Celanese); *Wollgarn* und daraus hergestellte *Bekleidungsstücke* (HansOLG Hamburg, GRUR 1958, 139 – Sternwolle); *Strick-* sowie *Stickwolle* und *gestickte Bekleidungsstücke* (BGH GRUR 1973, 316 – Smarty). Die Beschaffenheit eines Rohstoffs oder eines Halbfabrikats kann für die Qualität eines Fertigprodukts derart bestimmend sein, daß der Rohstoff oder das Halbfabrikat das Fertigprodukt qualifiziert und die Produkte als ähnlich zu beurteilen sind. Im WZG ist deshalb zu Recht die Gleichartigkeit von *Stoffen zu gewirkten und gestrickten Ober- und Unterkleidern* und *gewirkte und gestrickte Kleidungsstücke* bejaht worden, weil das Fertigprodukt bei solchen Textilien, deren Bearbeitung sich in der Anpassung eines Halbfabrikats an die menschlichen Körperformen erschöpfe, durch die Beschaffenheit des Halbfabrikats bestimmt werde (BGH GRUR 1962, 522 – Ribana). Produktähnlichkeit ist auch anzunehmen zwischen *Fruchtgelees* und solchen *Süßigkeiten* wie *Kakao* und *Schokolade,* zu deren Füllung die Fruchtgelees verwendet werden (s. dazu *Fiebig,* Mitt 1964, 166, 168). Ob Produktähnlichkeit zwischen Fertigprodukt und Halbfabrikat eher anzunehmen ist, wenn die Marke des Halbfabrikats üblicherweise auf dem Fertigprodukt verwendet wird, namentlich wenn die Hersteller solcher Fertigprodukte zumeist die Halbfabrikate produzieren, und der Verbraucher so die einzelnen Fertigungsstufen nicht deutlich unterscheidet (so BGH GRUR 1966, 432, 435 – Epigran I), erscheint zweifelhaft; entscheidend kommt es auf die Art der Benutzung der Marke für das Halbfabrikat sowie das gesamte Marketing für das Fertigprodukt an (zur begleitenden Marke s. Rn 372 ff.).

Wenn Halbfabrikate oder Werkstoffe hinsichtlich ihrer Fertigungsstufe einem Fertigprodukt nahekommen und nur einer geringfügigen Veränderung bedürfen, um als Fertigprodukte auf dem Markt angeboten werden zu können, dann wird eher vom Vorliegen einer Produktähnlichkeit auszugehen sein. Nach der Rechtslage im WZG wurden als gleichartig beurteilt *aus thermo- und duroplastischen Kunststoffen gespritzte und gepreßte Formteile* als Halbfabrikate für technische Zwecke und *Bau- und Möbelbeschläge* (BPatGE 4, 176 – Petra); *Kunststoffe als Halbfertigerzeugnisse in Form von Stangen, Profilen sowie Folien* und *Produkte aus*

*Gummi- und Gummiersatzstoffen* für technische Zwecke, weil es zu deren Produktion keiner komplizierten Bearbeitung mehr bedürfe (BPatGE 2, 141 – Enigen).

**370a** **dd) Produktsubstitute. (1) Rechtslage im WZG.** Wenn zwischen Produkten ein Substitutionsverhältnis besteht, dann kann die *substituierende Produktbestimmung* die Produktähnlichkeit begründen. Schon nach der Rechtslage im WZG wurde zur Beurteilung der Warengleichartigkeit darauf abgestellt, ob zwischen den Waren ein Austauschverhältnis dahin besteht, daß diese ganz allgemein dazu bestimmt oder geeignet seien, jene zu ersetzen. Entscheidend sei die nahe Verwandtschaft der Waren nach ihrer Zweckbestimmung (*Baumbach/Hefermehl*, § 5 WZG, Rn 119). Als gleichartig beurteilt wurden *Butter* und *Margarine* (RPA MuW 1933, 425); *Kaffee* und *Holzextrakt* (GRUR 1958, 238); *Bier* und *Limonade* (RPA MuW 1941, 167); *Bier* und *Mineralwasser* (BGH GRUR 1990, 361 – Kronenthaler); *alkoholfreie Fruchtsaftgetränke* und *Whisky* (BPatG Mitt 1972, 214). Gleichartigkeit wurde verneint zwischen *Kakaobutter* und *Margarine* sowie *Speisefett* (RPA MuW 1927/1928, 415); *Rahmeis* und *Backhilfsmittel* für *Speisefette* (BPatGE 1, 205). Von den besonderen Umständen des konkreten Einzelfalles ist es abhängig, ob zwischen *Kunststoffprodukten* und *Originalprodukten* Produktähnlichkeit besteht. Als gleichartig beurteilt wurden *halbfertige Kunststoffe* und Produkte aus *Gummiersatzstoffen* für technische Zwecke (BPatGE 2, 141 – Enigen); *Kunststoffolien* als Halb- sowie Fertigfabrikate und *Web-* und *Wirkstoffe* (BPatG Mitt 1970, 14); *Verpackungsmittel aus Papier* und *Metallfolien* (BPatG GRUR 1966, 562); *Leder* und *Kunstleder* (BGH GRUR 1968, 367, 371 – Corrida).

**370b** **(2) Rechtslage im MarkenG.** Nach der Formel der *Canon*-Entscheidung des EuGH (s. Rn 341a) stellt die *Eigenart der Waren oder Dienstleistungen als miteinander konkurrierend oder einander ergänzend* (Konkurrenzprodukte und Ergänzungs- oder Substitutionsprodukte) einen rechtserheblichen Faktor zur Beurteilung der Produktähnlichkeit dar. Der BGH anerkennt das Ergänzen der Waren untereinander bei der Verwendung als ein verwechslungsrelevantes Beurteilungskriterium an; die Waren *Wein* und *Schaumwein* einerseits und *Boonekamp* andererseits wurden nicht als absolut unähnlich beurteilt, da erfahrungsgemäß ein *Boonekamp* gelegentlich etwa während oder zum Abschluß eines größeren Essens, bei dem auch *Wein* und/oder *Schaumwein* genossen werde, getrunken werde (BGH GRUR 1999, 245 – LIBERO). Zwischen *Zigaretten* und *Raucherartikeln* wurde eine, wenn auch nur geringe Warenähnlichkeit angenommen, da es sich der Eigenart nach um sich ergänzende Waren handele (BGH MarkenR 1999, 93 – TIFFANY).

**371** **ee) Hilfsartikel.** Zwischen *Hilfsartikeln* wie Kisten, Kartons, Fässer, Flaschen oder Etuis, die zur Verpackung oder Umhüllung eines anderen Produkts dienen, und dem Hauptprodukt besteht keine Produktähnlichkeit. Hilfsartikel können aber als Hauptprodukt untereinander ähnlich sein.

**372** **f) Begleitende Marken. aa) Ausgangspunkt.** Unter einer *begleitenden Marke* (s. § 3, Rn 26) wird herkömmlich die Marke eines Herstellers eines Werkstoffs, eines Vor- und Zwischenprodukts oder Behandlungsmittels bezeichnet, das ursprünglich und zunächst der Kennzeichnung allein dieses Erzeugnisses dient, dieses jedoch auf dem Weg zum Fertigprodukt begleitet und auf diesem neben der Marke des Herstellers des Fertigprodukts erscheint. Die begleitende Marke dient gleichermaßen der Information des Verbrauchers über die im Fertigprodukt etwa verwendeten Werkstoffe, wie dem Hersteller eines Werkstoffs auch zur Gewährleistung und Kontrolle einer richtigen Verarbeitung des Werkstoffs im Fertigprodukt. Da die begleitende Marke zumeist nur für den Werkstoff, das Vor- und Zwischenprodukt oder das Behandlungsmittel, nicht für das Fertigprodukt in das Markenregister eingetragen ist, besteht die rechtliche Problematik der begleitenden Marke vor allem darin, den Markenschutz innerhalb des Ähnlichkeitsbereichs der eingetragenen Produkte zu bestimmen. Nach der *Rechtslage im WZG* bestand wegen der Akzessorietät der Marke regelmäßig nicht die Möglichkeit, die begleitende Marke auch für das Fertigprodukt in das Markenregister einzutragen, da der Markeninhaber der begleitenden Marke als Hersteller des Werkstoffs keinen eigenen Geschäftsbetrieb zur Herstellung des Fertigprodukts hatte. Der Schutz seiner begleitenden Marke beschränkte sich auf den Gleichartigkeitsbereich des Werkstoffs, des Vor- und Zwischenprodukts oder Behandlungsmittels als der eingetragenen Waren. Die

Verwendung der begleitenden Marke durch Dritte wie den Hersteller des Fertigprodukts bedurfte deshalb grundsätzlich nur dann der Zustimmung des Inhabers der begleitenden Marke, wenn zwischen dem Werkstoff sowie den Halbfabrikaten und dem Fertigprodukt ausnahmsweise Warengleichartigkeit anzunehmen war. Grundsätzlich ist aber davon auszugehen, daß Werkstoffe sowie Halbfabrikate mit Fertigprodukten nicht gleichartig beziehungsweise ähnlich sind (s. Rn 375 ff.).

Nach der *Rechtslage im MarkenG* ist es dem Inhaber einer begleitenden Marke unabhängig vom Vorliegen eines entsprechenden Geschäftsbetriebs möglich, die Marke auch für Fertigprodukte in das Markenregister eintragen zu lassen. Insoweit hat sich die Rechtslage grundsätzlich geändert. Innerhalb der Benutzungsfrist besteht hinsichtlich der Fertigprodukte Markenschutz unabhängig davon, ob der Markeninhaber die begleitende Marke für Fertigprodukte selbst oder durch Dritte benutzt. Der Markeninhaber kann die begleitende Marke zur Benutzung für Fertigprodukte an Dritte lizenzieren, deren Benutzung ihm nach § 26 Abs. 2 zugerechnet wird. In der Praxis kommt eine Eintragung der begleitenden Marke für Fertigprodukte für den Markeninhaber aber nur dann in Betracht, wenn aufgrund der Art seines Werkstoffs oder Halbfabrikats dieses nur für bestimmte Fertigprodukte verwendet wird. Bei Rohstoffen oder Halbfabrikaten, die für eine Vielzahl unterschiedlicher Fertigprodukte in Betracht kommen, wird der Inhaber der begleitenden Marke diese nicht für eine Vielzahl von Fertigprodukten in das Markenregister eintragen lassen. In solchen Fallkonstellationen kommt es auch nach der Rechtslage im MarkenG darauf an, ob Verwechslungsschutz der begleitenden Marke innerhalb des Produktähnlichkeitsbereichs besteht. Wenn es sich bei der begleitenden Marke um eine bekannte Marke handelt, dann kommt auch der Bekanntheitsschutz der begleitenden Marke außerhalb des Produktähnlichkeitsbereichs nach § 14 Abs. 2 Nr. 3 in Betracht. Nach der Rechtslage im WZG war es grundsätzlich zulässig, an einem Fertigprodukt außer der Marke des Herstellers auch die Marke des Herstellers eines Werkstoffs, eines Vor- und Zwischenprodukts oder Behandlungsmittels markenmäßig anzubringen (*Baumbach/Hefermehl*, § 5 WZG, Rn 123). Die Benutzung der begleitenden Marke durch den Hersteller des Fertigprodukts als Hinweis auf die Verwendung bestimmter Vorprodukte wurde nicht als ein markenmäßiger Gebrauch beurteilt. Wenn man auch nach der Rechtslage im MarkenG das Vorliegen eines markenmäßigen Gebrauchs als eine allgemeine Voraussetzung einer Markenrechtsverletzung nach § 14 Abs. 2 verlangt, dann hat sich die Rechtslage insoweit nicht geändert. Wenn man allerdings den markenmäßigen Gebrauch nicht als eine Voraussetzung des Markenschutzes nach § 14 Abs. 2 versteht, Markenschutz vor Markenrechtsverletzung vielmehr gegenüber einer jeden Benutzung der Marke besteht (s. Rn 29 ff.), dann ist die Verwendung der begleitenden Marke durch den Hersteller eines Fertigprodukts dann zulässig, wenn es sich um einen der Tatbestände des § 23 und damit namentlich um einen beschreibenden Gebrauch der Marke nach § 23 Nr. 2 handelt. Trotz dieser dogmatischen Unterschiede hat sich für die Praxis die Rechtslage insoweit wohl nicht geändert. Die Benutzung einer begleitenden Marke durch den Hersteller eines Fertigprodukts ist grundsätzlich zulässig.

Die Verwendung einer begleitenden Marke durch den Hersteller eines Fertigprodukts kann unter dem Gesichtspunkt einer Irreführung des Verkehrs nach den §§ 1 und 3 UWG *wettbewerbswidrig* sein (RG MuW 1935, 326 – Tricklin; BGH GRUR 1958, 437, 442 – Tricoline). Eine Irreführung über die betriebliche Herkunft wird wettbewerbsrechtlich als noch nicht gegeben beurteilt, wenn nicht zumindest eine der kollidierenden Marken eine gewisse Bekanntheit erworben hat und der Verkehr mit der Marke bestimmte Gütevorstellungen verbindet, die über die einer Marke allgemein anhaftende Vertrauensfunktion hinausgehen (*Baumbach/Hefermehl*, Wettbewerbsrecht, § 3 UWG, Rn 261 ff.). In solchen Fallkonstellationen ist zur Vermeidung einer Verkehrsverwirrung bei Anbringung der begleitenden Marke auf dem Fertigprodukt deutlich zu machen, daß die Marke allein den Werkstoff, das Vor- und Zwischenprodukt oder das Behandlungsmittel kennzeichnet, es sei denn, daß ein solcher Hinweis wegen der Verkehrsbekanntheit im Verkehr als überflüssig erscheint. Wegen der strengeren Voraussetzungen des wettbewerbsrechtlichen Schutzes der begleitenden Marke wird auch nach der Rechtslage im MarkenG der markenrechtliche Schutz der begleitenden Marke sowohl innerhalb des Produktähnlichkeitsbereichs (§ 14 Abs. 2 Nr. 2) als auch außerhalb des Produktähnlichkeitsbereichs (§ 14 Abs. 2 Nr. 3) von Bedeutung sein.

**375** bb) **Wettbewerbsrechtliche Ausdehnung des Gleichartigkeitsbereichs im WZG (mittelbare Gleichartigkeit).** In der Rechtsprechung zum WZG zeigte sich die Tendenz, den Gleichartigkeitsbereich als Voraussetzung des Warenzeichenschutzes einer begleitenden Marke auszudehnen, um das Publikum vor Täuschungen zu schützen. Diese gleichsam *wettbewerbsrechtliche Korrektur des statischen Gleichartigkeitsbegriffs* im WZG wird auch nach der Rechtslage im MarkenG Geltung beanspruchen können, insoweit sowohl der Verwechslungsschutz als auch der Bekanntheitsschutz der Marke sich als ein flexibles System wechselseitiger Beurteilungskriterien darstellt. Der Markenschutz der begleitenden Marke nach der Rechtslage im MarkenG ist umso mehr gerechtfertigt, als der Verwechslungsschutz der Marke nicht mehr ausschließlich auf die Herkunftsfunktion bezogen und namentlich der Schutz der Marke als ein Hinweis auf die Produktidentifikation für die begleitende Marke erheblich ist.

**376** Die Rechtsprechung zur Ausdehnung des Gleichartigkeitsbereichs zum verstärkten Warenzeichenschutz der begleitenden Marke entwickelte die folgenden Grundsätze. Auch wenn *imprägnierte Stoffe* und *Imprägnierungsmittel* grundsätzlich nicht als gleichartig zu beurteilen waren, wurde das *Imprägnierungsmittel Trocklin* für Wollstoffe und sonstige Webstoffe als gleichartig mit den *imprägnierten Textilfertigprodukten* angesehen, weil etwa durch ein mitgeliefertes Einhängeschild auf die Behandlung des Produkts mit dem Imprägnierungsmittel *Trocklin* hingewiesen worden war und dadurch beim Publikum der Eindruck hervorgerufen wurde, die Produkte stammten aus demselben Geschäftsbetrieb (RG GRUR 1935, 326 – Tocklin). Die Gleichartigkeit zwischen *Hemdenstoffen* und *Oberhemden* wurde angenommen, weil die Marke des *Halbfabrikats Tricoline* nach der Geschäftsgepflogenheit seines Inhabers und der Übung der ganzen Branche an dem Fertigprodukt erschien, die Käufer des Fertigprodukts die ihnen sichtbar werdenden Marken jedoch nicht nach ihrer Bedeutung für die verschiedenen Fertigungsstufen auseinanderhielten und gleiche oder verwechselbare Marken verschiedener Herstellungsstufen am Fertigprodukt als ein Hinweis auf die Herkunft der Produkte aus demselben Geschäftsbetrieb auffassen konnten (BGH GRUR 1958, 437, 443 – Tricoline). Die Kritik an der *Tricoline*-Entscheidung ging dahin, daß sie den Warenzeichenschutz der begleitenden Marke nur unter zu engen Voraussetzungen gewähre. Dem Inhaber einer begleitenden Marke dürfe der Markenschutz auch dann nicht versagt werden, wenn der Verkehr erkenne, daß es sich bei der begleitenden Marke um eine Marke für einen Werkstoff, ein Vor- oder Zwischenprodukt oder ein Behandlungsmittel handle und der Verbraucher deshalb auch von verschiedenen Herkunftsstätten ausgehe und auch keine wirtschaftlichen oder organisatorischen Beziehungen zwischen den Unternehmen annehme (*Miosga*, Mitt 1964, 41, 45). In seinem Grundsatzurteil *Dolan* erweiterte der BGH den Warenzeichenschutz der begleitenden Marke und brachte für die *Textilbranche* eine grundsätzliche Klärung des Rechtsproblems. Hinsichtlich der Verwendung von Kunststoffmarken als begleitende Marken ging der BGH von einer von der herkömmlichen Auffassung abweichenden Verkehrsauffassung aus und anerkannte die Gleichartigkeit von Roh- und Halbfabrikaten mit den aus ihnen hergestellten Fertigfabrikaten (BGHZ 52, 337, 348 – Dolan; s. dazu *Kraft*, GRUR 1970, 218, 224; *Müller*, Mitt 1970, 224; *Krüger-Nieland*, GRUR 1971, 335). Bei dieser Rechtsprechung kommt es entscheidend darauf an, daß das Vorprodukt nach der Verkehrsauffassung Eigenschaften und Wertschätzung des Fertigprodukts bestimmt, und es in der Branche in beachtlichem Umfang üblich geworden ist, die begleitende Marke des Vorprodukts auch für das Fertigprodukt zu verwenden und in der Werbung für das Fertigprodukt gegenüber dem Verbraucher bekannt zu machen. Der Rechtslage im WZG entsprechend wurde diese Ausdehnung des Verwechslungsschutzes der begleitenden Marke mit dem Vorliegen verschiedener Herkunftsirrtümer im zeichenrechtlichen Sinne begründet (BGHZ 52, 337, 345 – Dolan; OLG München GRUR 1983, 322, 326 – Alcantara; BGH GRUR 1993, 912 – BINA). Nach der Rechtslage im MarkenG ist der wettbewerbsrechtliche Gehalt des Verwechslungsschutzes einer begleitenden Marke umso mehr sachgerecht.

**377** Aus der Rechtsprechung zum Warenzeichenschutz der begleitenden Marke wurde der Begriff der *mittelbaren Gleichartigkeit* entwickelt (*Baumbach/Hefermehl*, § 5 WZG, Rn 125). Der Begriff der Warengleichartigkeit liege nicht schematisch fest, sondern sei dem Zweck des Markenschutzes, das Publikum vor einer Täuschung über die Warenherkunft durch die Verwendung übereinstimmender oder verwechselbarer Zeichen zu schützen, anzupassen. Es sei deshalb sachlich gerechtfertigt, die Warengleichartigkeit zwischen einem Vorprodukt wie einem Werkstoff, einem Halbfabrikat oder einem Behandlungsmittel und dem Fertigprodukt dann zu bejahen, wenn das Publikum bei der Benutzung einer Marke für ein Fertigprodukt, die mit einer begleitenden Marke eines Vorprodukts übereinstimme, den unrichtigen Schluß ziehen könne, daß zwar nicht das Fertigprodukt, wohl aber das zu seiner Herstellung verwendete Vorprodukt aus demselben Betrieb stamme wie das Vorprodukt, für das die begleitende Marke geschützt sei, oder zumindest zwischen den Unternehmen besondere wirtschaftliche oder organisatorische Beziehungen bestünden. Das Publikum werde einmal über bestimmte Eigenschaften des Fertigprodukts, zum anderen aber auch über die betriebliche Herkunft der verwendeten Vorprodukte getäuscht. Es bedürfe deshalb sowohl die Anbringung der begleitenden Marke auf dem Fertigprodukt als auch die Werbung mit der begleitenden Marke für das Fertigprodukt der Zustimmung des Inhabers der begleitenden Marke. Die Warengleichartigkeit zwischen *synthetischen Fasern* und der daraus hergestellten *Fertigkleidung* war deshalb zu bejahen, weil nach der Verkehrsauffassung die Eigenschaften und Wertschätzung von Bekleidungsstücken maßgeblich durch das Vorprodukt bestimmt würden, und es in der Textilbranche üblich geworden sei, die begleitende Marke für die synthetische Faser auch auf der Fertigkleidung anzubringen und die Fasermarke auch in der Werbung für die Fertigkleidung dem Verbraucher bekannt zu machen (BGHZ 52, 337, 345 ff. – Dolan; BGH GRUR 1973, 316, 317 – Smarty). Die bei übereinstimmenden Marken für Fasern und Fertigkleidung bestehende, wettbewerbsrechtlich erhebliche Irreführungsgefahr in Bezug auf die stoffliche Produktbeschaffenheit wurde als eine zeichenrechtlich erhebliche Irreführungsgefahr verstanden, die auch nach der Rechtslage im WZG notwendig auf die betriebliche Herkunft bezogen (*Baumbach/Hefermehl*, § 5 WZG, Rn 125 mit umfassenden Nachweisen zum damaligen Streitstand). Das Bestehen einer Branchenüblichkeit dahin, an Fertigprodukten Kunststoffmarken als begleitende Marken anzubringen, wurde nicht verlangt, vielmehr wurde als ausreichend für die Annahme einer Irreführungsgefahr hinsichtlich der Materialbeschaffenheit eines Fertigprodukts angesehen, daß die begleitende Marke des Vorprodukts in der Werbung gegenüber dem Verbraucher in einem beachtlichen Ausmaße verwendet werde und den Markt mitbestimme. So wurden auch *Garne aus synthetischen Fasern* oder deren Mischungen und *natürliche Fasern* sowie daraus hergestellte *Bekleidungsstücke* als gleichartig beurteilt, obwohl die Branchenüblichkeit von Fasermarken für die Verwendung von Garnmarken nicht festgestellt werden konnte (BGH GRUR 1973, 316 – Smarty). Als maßgebend wurde namentlich angesehen, daß aufgrund eines beachtlichen Ausmaßes an Werbung gegenüber dem Verbraucher die Verkehrsauffassung über die wirtschaftliche Produktnähe beeinflußt worden sei. Namentlich nach der Rechtslage im MarkenG wird verstärkt auf die Produktgestalt aufgrund der Marketingkonzeption einschließlich des Marktauftritts der Marke sowie die Wechselwirkung zwischen Markenähnlichkeit und Produktähnlichkeit abzustellen sein (s. Rn 356).

Nach der Rechtslage im MarkenG ist die Rechtsprechung zur begleitenden Marke, die gleichsam ein erstes wettbewerbsrechtliches Verständnis des Gleichartigkeitsbegriffs signalisierte, nicht auf die Textilbranche zu beschränken, da auch in anderen Produktbereichen sich eine Verkehrsauffassung dahin bilden kann, daß zwischen Werkstoffen, Vor- und Zwischenprodukten oder Behandlungsmitteln und Fertigprodukten Produktähnlichkeit besteht (so etwa für den Plastiksektor *Röttger*, GRUR 1970, 83, 85). Mittelbare Gleichartigkeit nach der Rechtslage im WZG entspricht ansatzweise einer wettbewerbsrechtlich ausgerichteten Produktähnlichkeit nach der Rechtslage im MarkenG. Mittelbare Gleichartigkeit wurde angenommen, wenn die Art des Vorprodukts nach der Verkehrsauffassung die Eigenschaften und Wertschätzung des Fertigprodukts maßgeblich bestimmte. Gleichartigkeit wurde angenommen zwischen *synthetischem Kautschuk* als Rohstoff und *Stangen, Drähten, Schienen, Rohren* sowie *Profilen* zur Abdeckung von Bauwerks- und Straßenfugen (BPatGE 23, 217 – Difex). Gleichartigkeit wurde abgelehnt zwischen einem *Kunststoff* und *elektrischen Haushaltsgeräten* wie Handrührgeräten, Toaster sowie Trockenhauben, da bei diesen Produkten der Verbraucher allein auf die Funktionstüchtigkeit des Haushaltsgerätes, nicht aber besonders auf die für das Gehäuse verwendete Kunststoffart achte (BPatGE 20, 208, 214 – HAKU).

**g) Entscheidungspraxis zur Annahme von Gleichartigkeit zwischen Waren im WZG. aa) Arzneimittel.** Nach der Rechtslage im WZG wurden als *gleichartig* beurteilt *Brandbinden* und *Gichtwatte* (RPA MuW 1912, 532); *pharmazeutische Teesorten* und *Arznei-*

*mittel* (RPA MuW 1933, 380); *Hämorrhoidalmittel* und *Arzneimittel* (RG GRUR 1940, 568); *Augenpflegemittel* und *Parfüm* sowie *Seife* (BGH GRUR 1957, 125 – Troika); *Vitaminbonbons* und *Arzneimittel* (BPatGE 5, 68 – Cbon); *Seifen* sowie *medizinische Seifen* und *Arzneimittel* (BPatGE 9, 259 – Seifen; s. schon RPA Mitt 1932, 288); *Monatsbinden* und *Arzneimittel* (BGH GRUR 1963, 572 – Certo); *Pflanzenschutzmittel* und *Arzneimittel*, weil beide Erzeugnisse gemeinsam in Apotheken und Drogerien angeboten würden, und der Verbraucher, dem bekannt sei, daß es sich um Erzeugnisse der chemischen oder pharmazeutischen Industrie handele, auf eine Herstellung in gleichen Fabrikationsstätten schließe, wenn die Produkte übereinstimmende oder verwechselbare Kennzeichen aufwiesen (BGH GRUR 1964, 26 – Milburan); *Körperpflegemittel* sowie *Hautcreme* und *dermatologische Spezialerzeugnisse* wegen der weitgehend gleichen Beschaffenheit und Verwendungsweise (BGH GRUR 1965, 670 – Basoderm; OLG Köln Arztrecht 1993, 167); *diätetische Nährmittel* und *Arzneimittel* gegen paralytischen Kreislaufkollaps (BPatG Mitt 1969, 190); *Zahnfüllmittel* und *Arzneimittel* (BPatGE 27, 214); *Stärkungs-* und *Aufbaumittel* mit *proyphylaktischem* und *Rekonvaleszenz-Charakter* und *Revitalisierungspräparate* (OLG Köln GRUR 1984, 874); *ätherische Öle, Mittel zur Körper- und Schönheitspflege, Haarwasser, Zahnputzmittel, Seife* und *Coronartherapeutika* (BPatG Mitt 1988, 56); *Teststoffe zum Nachweis von Substanzen in Flüssigkeiten* und *Arzneimittel* (BPatG GRUR 1972, 425 – Uraton); *Futtermittel* für Heimtiere und *Lebertrankapseln* sowie *Hefetabletten* zur Vitaminreicherung bei Tieren (BPatG Mitt 1983, 198); *Biozide* als Halbfabrikate zur industriellen Anwendung und *Dermatika* zur äußerlichen Anwendung (BPatG Mitt 1989, 95); *Punktionsbestecke, Katheter* sowie *Arzneimittel* und *Desinfektionsmittel* (BGH GRUR 1989, 350 – Abbo/Abo).

**380**  **bb) Haushaltsprodukte.** Nach der Rechtslage im WZG wurden als *gleichartig* beurteilt *Äxte* sowie *Messer* und *Gewehrläufe*, weil in Kleinstädten diese Produkte in demselben Geschäft angeboten würden (RG MuW 1930, 55; abzulehnen); *Porzellan* und *Glas* (OLG Dresden MuW 1930, 136); *Seife* und *Tier-* und *Pflanzenvertilgungsmittel, Parfümerien, ätherische Öle, Putz-* und *Poliermittel* (RPA MuW 1933, 426); *parfümierte Feinseifen* sowie *parfümierte Wasch-* und *Rasierseifen* und *Desinfektionsmittel* (RPA MuW 1936, 468); *Seife* sowie *Waschmittel* und *Bohnermasse* wegen des ähnlichen Verwendungszwecks (RG GRUR 1939, 545); *Seifen* sowie *Waschmittel* und *Lederputzmittel* sowie *Bohnermasse* (DPA BlPMZ 1955, 151); *Fußbodenpflegemittel* sowie *Bodenwachse* und *Reinigungsmittel* für WC-Becken, ausgenommen Seifen (BPatGE 3, 72 – Toff); *Bohnermasse* und *Firnisse* sowie *Lacke* (BGH GRUR 1961, 231 – Hapol); *Putzmittel* für Metall und Glas für Haushaltszwecke, ausgenommen solche mit desinfizierender Wirkung und *Desinfektionsmittel* (BPatGE 4, 63 – Sidon); *Putzmittel* sowie *Poliermittel* und *Lacke* (BPatGE 10, 289 – Venturon); *Geschirrspülmittel* und *Haarpflegemittel* (DPA Mitt 1972, 193).

**381**  **cc) Lebens- und Genußmittel.** Nach der Rechtslage im WZG wurden als *gleichartig* beurteilt *Margarine* und *kondensierte Milch* (RPA MuW 1933, 425); *Käse* und *Margarine* (RPA MuW 1940, 59); *Schokolade* sowie *Kakao* und *Tee* (RGZ 118, 201; BPatG GRUR 1972, 602 – Filigran; aA RPA MuW 1940, 79); auch *Kaffee* und *Tee*; *Bier* und *Apfelbrause* (RG MuW 1940, 49); *Bier* und *Limonaden* sowie *alkoholfreie Getränke* (BPatGE 7, 56; RPA MuW 1941, 167; RG MuW 1940, 49); *Fleischextrakt* und zeitbedingter Ersatz wie *Vitamin-Hefeextrakt* (RG GRUR 1942, 432); *Biskuits* sowie *kleine Waffeln* und *Schokolade* (BPatGE 5, 167, 171 – Mohrenkopf); *Kakao-Fettglasuren* und *Kakao* sowie *Schokolade*, und zwar auch dann, wenn die Kakao-Fettglasuren nur für gewerbliche Abnehmerkreise bestimmt seien (BPatGE 5, 172 – Mohr); *Gewürze* sowie *Gewürzzubereitungen* und *Pökelsalze* für Fleisch- und Fischwaren (DPA Mitt 1970, 33); *Gemüse-* sowie *Blumensamen, Feldsalate, Blumenzwiebeln* sowie *Pflanzen* und *Saatgutkartoffeln* (BPatG GRUR 1970, 556 – Safa); *alkoholfreie Getränke* einschließlich der *Milchmischgetränke* und *kakaohaltige Pulver* zur Herstellung eines alkoholfreien Getränks, da beide Erzeugnisse Kakao als Ausgangsstoff zur Grundlage hätten und der Verkehr daher nicht auf unterschiedliche Produktionsstätten schließe (BPatG Mitt 1970, 150, 151); zur Teigauflockerung dienende pulverförmige *Backhilfsmittel* aus einem Gemisch von Fett, Hefe sowie Zucker und *Margarine*, da Margarinewerke in beachtlichem Umfange Backhilfsmittel in Creme- und Pulverform herstellten (BPatGE 13, 147 – Toasta); *Honig* und *Marmeladenkonfitüre* (BPatG Mitt 1972, 215); *alkoholfreie Fruchtsaftgetränke* und *Whisky*, da Fruchtsaftgetränke Ersatzwaren für Whisky darstellten (BPatG Mitt 1972, 214 –

Royal Stuart); *Limonaden* und *Spirituosen* wie Whisky (BPatG Mitt 1983, 217 – Rocket); *Fruchtsäfte* und *Weine* sowie *Spirituosen* (BPatG Mitt 1977, 92); *Senf, Pfeffer, Soßen* sowie *Mayonnaise* und *Oliven* in haltbar gemachtem Zustand, *Gewürze* und *Vanillinzucker* (BPatG Mitt 1978, 161); *Likörweine* sowie *weinhaltige Getränke* und *Spirituosen* (BPatG BlPMZ 1984, 297 – Cantoris); *Molken* sowie *Milch in Pulverform* und *Futtermittel*, da es sich bei Molke und Milch in Pulverform nicht nur um Lebensmittel handele (BPatG Mitt 1984, 177); *geröstete Nüsse* sowie *Kerne* und *Zuckerwaren* (BPatG Mitt 1987, 95; BPatG Mitt 1994, 271 – FRITEX); *Likörwein, weinhaltige Aperitifs* und *Spirituosen, einschließlich Liköre* (BPatGE 26, 167 – Cantoris); *Wein* und *Weinbrand* (BPatGE 31, 118); *Bier* und *Mineralwasser* (BGH GRUR 1990, 361 – Kronenthaler); *fritierte und/oder geröstete Kartoffelchips, -stäbchen und -gebäcke* und *Backwaren* (BPatG Mitt 1994, 271 – FRITEX); *Fruchtpulver* sowie *alkoholfreie Fruchtpräparate für die Zubereitung von alkoholfreien Getränken* und *Fruchtnektare aus exotischen Früchten* (BPatG GRUR 1994, 291 – Calimbo/CALYPSO).

**dd) Technische Produkte.** Nach der Rechtslage im WZG wurden als gleichartig beurteilt *Sprechmaschinen* und *Schallplatten* (KPA MuW 1909, 282); *Kraftwagen* und *Luftfahrtzeuge* (RG GRUR 1928, 591); *Kondensatoren für Fernsprechwesen* und *Starkstrommaschinen* (RPA MuW 1933, 263); *Radioapparate, Sprechmaschinen* und *Fernsprech-, Telegraphen-, Rundfunk- und Fernsehapparate* (RPA JW 1935, 3252); *photographische Kameras* mit *unbelichteten Filmen* und *Trockenplatten, Negativ- und anderen lichtempfindlichen Produkten* für photographische Zwecke (RPA Mitt 1935, 390); *Nähmaschinen* und *Nähmaschinenteile* (RPA MuW 1936, 195); *Automobil-* sowie *Fahrradzubehör* und *Werkzeuge* (RG GRUR 1937, 1090, 1094); *Dieselmotoren* und *landwirtschaftliche Spezialmaschinen* (BGH GRUR 1954, 457 – Irus/Urus); *Rechenmaschinen* sowie *Zahlketten* und *Vervielfältigungsmaschinen* (DPA BlPMZ 1956, 64); *Rundfunk-* sowie *Fernsehempfangsgeräte* und *Schallplatten* (DPA BlPMZ 1956, 65); *Maschinen* und *Maschinenguß* (DPA BlPMZ 1957, 43); *Überwachungs-, Kontroll-, Meß-* sowie *Regelgeräte* untereinander, wenn sich die Geräte in ihren Anwendungsbereichen eng berühren wie etwa *Elektronenröhren* und *thermostatische Regler* (BPatGE 4, 61 – Ultron); *Haartrockenhauben* und *elektrisch angetriebene Ventilatoren* (BGH GRUR 1963, 533 – Windboy); *elektrische Massageapparate* sowie deren Teile und *Geräte für Körper- und Schönheitspflege* (BPatGE 6, 134); *Schiebelehren* und *elektrische Meßinstrumente* (OLG München GRUR 1970, 605); *Heimsonnen* sowie *Solarien für den privaten, gewerblichen und ärztlichen Bedarf* und *elektromedizinische Geräte* (BPatG Mitt 1978, 54); offenlassend für *VW-Originalersatzteile* und *VW-Zubehör* für VW, nämlich *Werkzeugen* einerseits und *Bremsprüfständen* andererseits (BGH GRUR 1976, 698 – MAHAG); *Material für Gurte*, bestehend aus *thermoplastischen Strangpreßprofilen, in die parallele Fadengarne eingebettet sind, zur Verarbeitung als Schneezäune, Windbrecher, als Bewehrungs- und Stützmaterial* und *Vliesstoffe, mehrschichtigen Vliesstoffen, Vliesstoffen mit Gewebeeinlage* (BPatG Mitt 1987, 34); *Innensechskantschrauben* und *Winkelschraubendreher für Innensechskantschrauben* (LG Düsseldorf GRUR 1990, 278 – INBUS); *elektronische Diebstahl- und Feueralarmgeräte und daraus zusammengesetzte Systeme* und *Computer, Computerprogramme* (DPA CR 1992, 596); *mit Programmen versehene Datenträger, insbesondere Disketten, Cassetten, Festplattenspeicher und Nur-Lese-Speicher (ROM) einschließlich Compact-Disk-ROM* und *Registrierkassen, Rechenmaschinen, Datenverarbeitungsgeräte, Computer* (KG Berlin CR 1993, 358 – TRICOM).

**ee) Textilien.** Nach der Rechtslage im WZG wurden als *gleichartig* beurteilt *Gardinen zur Wohnungsausstattung aus Kunstseide* sowie *Baumwolle* und *Frottierstoffe* (DPA BlPMZ 1956, 377); *Kammgarne* und *Streichgarne* (BGH GRUR 1957, 228 – Astrawolle); *Hemdenstoffe* und *Oberhemden* (BGH GRUR 1958, 437 – Tricoline); *Krawatten* und *Herrenhüte* (BGH GRUR 1958, 606 – Kronenmarke); *Gespinstfasern* sowie *Vorhänge* und *Polsterwaren* (BPatGE 1, 213); *Miederwaren* wie *Korsetts* und *Büstenhalter* und *Damenbinden*, weil ein nicht unerheblicher Teil des Publikums an gleiche Produktionsstätten glaube (DPA BlPMZ 1960, 152 – Mira); *gestrickte und gewirkte Oberbekleidungsstücke* und *Damenstrümpfe* (BGH GRUR 1969, 355 – Kim II); *Strümpfe* und *Miederwaren* (BPatGE 11, 164); *synthetische Fasern* und *Fertigkleidung* (BGH GRUR 1970, 80, 83 – Dolan); *Miederwaren* sowie *Wäsche* und *Damenmäntel, Kostüme* sowie *Röcke* (BGH GRUR 1970, 552 – Felina-Britta); *Garne* und *Webstoffe aus einem Gemisch von Polyesterseide und feiner Kammgarnwolle* (BPatGE 14, 76 – Elcodur); *dehnbare, schnell auswechselbare, pflegeleichte Schonbezüge für Polstermöbel, Möbel* und Bauteile wie Türen und *Tisch-* und *Bettwäsche, Web-* und *Wirkstoffe* (BPatG WRP 1972, 433 – WELASTIC); *Strümpfe* und *Garne* (BPatGE 13, 255 – Hygolan; anders DPA GRUR 1955, 58); *Webstoffe* und *Bekleidungsstücke* wie gewebte Kleider und Sportbekleidung (BPatG Mitt 1972, 110); *Strick-* sowie *Stickwolle* und gestrickte *Bekleidungsstücke*, auch *Garne* aus synthetischen Fasern oder deren Mischungen mit natürlichen Fasern und daraus hergestellte *Bekleidungsstücke* (BGH GRUR 1973, 316 – Smarty); *Damenfeinstrumpfhosen* und *Strumpfwaren* (BGH GRUR 1974, 84, 86 – Trumpf); *Sportschuhe* und *Sporthosen* (BGH GRUR 1986, 248 – Sporthosen); *Waren aus Leder- und Lederimitationen, Sattlerwaren* und *Leib-, Rettungsgurte* (BPatG Mitt 1988, 155).

384 **ff) Andere Produkte.** Nach der Rechtslage im WZG wurden als *gleichartig* beurteilt *Gefrierschutzmittel* und *Benzin* (RPA MuW 1933, 421); technische *Öle* sowie *Fette* und *Rostschutzmittel* (RPA MuW 1933, 426); *Seilerwaren* und *Gurte* (BPatGE 1, 213 – Phritex; ergänzend BPatGE 3, 220 – Phritex-Waren); *Tennisschläger* und *Badmintonschläger* (HansOLG Hamburg GRUR 1985, 466 – VICTOR); *Filz, Posamente, Bänder* sowie *Besatzwaren* und *Zubehör für Tapezierarbeiten* (BPatGE 1, 213 – Phritex); *Leuchtstoffe* und *Schmieröle* (BPatGE 3, 218 – Tritan); aus Kunststoffolien gefertigte *Planen* und *Zelte*, auch *Autositzverkleidungen* aus Kunstleder oder lederähnlichen Kunststoffolien und *Wärmeschutzmittel, Teppiche, Decken* sowie *Vorhänge* (BPatGE 4, 174 – Phrilon); chemische *Erzeugnisse für photographische Zwecke* und chemische *Erzeugnisse für Lichtbildzwecke* wie Emulsionen, Platten, Häutchen, Filme für Tonaufnahmen sowie Lichtpauspapier, jedoch nicht gleichartig mit *belichteten Filmen*, da diese schon durch Verarbeitung zu Fertigprodukten geworden seien (BPatGE 5, 65); *Verpackungsmaterial aus Metallfolien* und *Verpackungsmaterial aus Papier und Pappe*, da die Erzeugnisse dem gleichen Zweck dienten und in denselben Geschäften an die gleichen Abnehmer veräußert würden (BPatG Mitt 1965, 194); *Gesichtstücher* aus Papier sowie Zellstoff und *Toilettengeräte* wegen der Gemeinsamkeit des Verwendungszwecks und der Vertriebsstätten (BPatGE 9, 257); *Waren aus Zellstoff* als Ersatz für Textilien und *Papier* (BPatGE 10, 105); *Papier* sowie Papiererzeugnisse und *Spezialpapiere* wie Durchschreib- oder Kopierpapier (BPatGE 10, 107); *Papierwaren*, nämlich *Papiertücher* und *Vliese* für kosmetische Zwecke und *Durchschlagpapier* (BPatG Mitt 1988, 56); *Zahnbürsten* und *Zahnpflegemittel* für Kinder (BPatG Mitt 1969, 53); bedruckte *Weihnachtskarten* und *Briefumschläge* (BPatG GRUR 1972, 37 – Weihnachtskarten); *Glückwunschkarten* und *Papierwaren* (BPatG Mitt 1971, 154); *Haarfestiger* und *Parfums* (BPatGE 29, 181).

385 **h) Entscheidungspraxis zur Annahme von Ähnlichkeit zwischen Waren im MarkenG.** Nach der Rechtslage im MarkenG wurden als *ähnlich* beurteilt *Analgetika* sowie *Antirheumatika* und *Bienenwachs, Blütenpollen, Bienengift* sowie *diätetische Lebensmittel*, alle für *medizinische Zwecke*, ebenso *Analgetika* sowie *Antirheumatika* und *Babykost* sowie *Desinfektionsmittel* (BPatGE 35, 26 – APISOL); *Mittel zur Vertilgung von schädlichen Tieren, Pestizide, Fungizide, Herbizide* und *Seifen*, insbesondere *Kernseife, Gallseife, Pflanzenseifenflocken, Pflanzenseifengranulate, ätherische Öle* (BPatGE 35, 47 – SONETT); *préparations pharmaceutiques* und *Arzneimittel* (BPatG, Beschluß vom 13. März 1995, 30 W (pat) 299/93 – Kamillogen); *Säfte* und *Instantpulver*, ohne aufgrund der gegebenen Unterschiede im Klang- und Schriftbild der Kennzeichen zu einer Verwechslungsgefahr zu führen (BPatG, Beschluß vom 3. Mai 1995, 26 W (pat) 75/93 – Quickmix); *Spirituosen* und *Glühwein* in nur sehr beschränktem Umfang (BPatG, Beschluß vom 12. Juli 1995, 26 W (pat) 235/93 – Rauschgold); *Damenbinden* und *Haarpflegemittel* (BPatGE 35, 196, 199 f. – Swing); *Mineralwasser* und *alkoholfreie Getränke* (BPatGE 35, 212 – QUEEN'S CLUB); *feine Lederwaren* und *Sattler-, Riemer-* (ausgenommen Gürtel), *Täschner-* sowie *Lederwaren* (BPatGE 35, 223 – Comtesse Esther de Pommery); *Futtermittel* und *veterinärmedizinisch wirksame Substanzen* (Beschluß des BPatG vom 13. Dezember 1995, 28 W (pat) 263/94 – NUTRISOL); *alkoholfreie Getränke, Fruchtgetränke, Fruchtsäfte* und *alkoholische Getränke* (BPatGE 36, 8 – OKLAHOMA SOUND); *Druckereierzeugnisse* und *Datenträger in Form von Magnetbändern, Magnetscheiben* und *Magnetplatten* (BPatG, Beschluß vom 9. Januar 1996, 24 W (pat) 279/94 – HIGHSCREEN); *computergesteuerte Abfüllmaschinen* sowie *Verschleißmaschinen* und *Druckmaschinen, Bauteile* davon sowie *Hilfseinrichtungen* (BPatGE 36, 59 – ROBOMAT); *Bekleidungsstücke* und *Schuhe*, da die beiden Waren häufig mit denselben Marken gekennzeichnet und in denselben Verkaufsstätten vertrieben werden (BPatG GRUR 1996, 356 – JOHN LOBB,

aA BGH GRUR 1999, 164 – JOHN LOBB, s. Rn 392); *pharmazeutische Erzeugnisse* sowie *Präparate für die Gesundheitspflege* und *Seife* (BGH GRUR 1996, 404, 405 – Blendax Pep); *Liköre* und *Weine* (BPatG, Beschluß vom 20. Dezember 1996, 27 W (pat) 111/95 – Thunderbird); *Bekleidungsstücke* und *Schuhe* generell ähnlich trotz erheblicher Warenferne (BPatGE 37, 1 – S. OLIVER; s. aber BGH GRUR 1999, 164 – JOHN LOBB); *bestimmte Milchprodukte* und *zubereite Getreidekörner* oder *-flocken für Nahrungszwecke* (BPatG, Beschluß vom 29. Januar 1997, 28 W (pat) 146/95 – FROSTIES); *Milch, Milchprodukte*, insbesondere *Butter* sowie *Käse* und *Speiseeis* (BPatG, Beschluß vom 30. April 1997, 28 W (pat) 121/96); *Fertighäuser* und *Farben* sowie *Lacke*, jedoch nur entfernt ähnlich (BPatG BlPMZ 1997, 230 – SIGMA); *Computerprogramme* und *Datenverarbeitungsprogramme*, da lediglich andere deutschsprachige Bezeichnungen für dieselbe Ware (BPatG GRUR 1997, 649 – Microtec Research); die *pharmazeutischen Erzeugnisse Faktor-IX-Konzentrat für Prophylaxe und Behandlung von Blutgerinnungsstörungen* (Hämophilie B) und *pharmazeutische Erzeugnisse, Pflaster* sowie *Verbandmaterial* (BPatG GRUR 1997, 652 – IMMUNINE); *Telekommunikationsgeräte* und *Apparate sowie Instrumente für die Starkstrom- und Schwachstromtechnik* (BPatG, Beschluß vom 5. August 1997, 24 W (pat) 99/96 – benetton); *Telefon-Scheckkarten* und *EDV-Geräte* (BPatG, Beschluß vom 26. August 1997, 30 W (pat) 303/96); *Türsprechanlagen* und *elektronische Regel- und Kommunikationssysteme* (BPatG CR 1997, 417 – ELCOM); *EDV-Handbücher* und *EDV-Geräte* (BPatG CR 1997, 417 – BETA); *Raucherartikel* und *Tabakwaren*, wenn die ältere Marke für die bisher nicht als gleichartig angesehenen Waren keine erhöhte Kennzeichnungskraft besitze (BPatGE 37, 246 – PUMA); *Bekleidung* und *Fahrräder*, weil sie als Oberbegriffe auch die entsprechenden freizeit- und sportgerechten Ausführungsformen mitumfassen können (BPatGE 38, 1 – Banesto); *verschreibungspflichtige cardiovasculäre pharmazeutische Präparate*, nämlich *ACE-Inhibitoren* und *verschreibungspflichtige pharmazeutische Erzeugnisse bei Krebserkrankungen*, jedoch nur als im mittleren Ähnlichkeitsbereich liegend, da bei rezeptpflichtigen Arzneimitteln vorwiegend auf das Verständnis von Fachkreisen, insbesondere Ärzte und Apotheker, abzustellen sei (BPatGE 38, 83 – FOSTRAN); *Mittel zur Schönheits-, Körperpflege, Seifen* sowie *ätherische Öle* und *Dermatika* (BPatGE 38, 105 – Lindora); *Pharmazeutische Erzeugnisse* sowie *Präparate für die Gesundheitspflege* und *Antiphlogistika*, Hauptgruppe 23 der Roten Liste (BPatG Mitt 1998, 75 – HEMERAN); *Cerealien* sowie *Frühstücksmüsli* und *Erdnüsse* (HansOLG Hamburg WRP 1998, 326 – KELLOGG'S); *Chemische Erzeugnisse für gewerbliche Zwecke*, nämlich ein Grundprodukt in Form eines *Tensids als Zusatz für Haar- und Körperwaschmittel* sowie *Seifen, Mittel zur Körper- und Schönheitspflege* und *ätherische Öle, Haarwasser* sowie *Zahnputzmittel*, diese allerdings bestenfalls im entfernten Ähnlichkeitsbereich liegend anzusehen (BPatGE 39, 105 – Plantapret); *mit Programmen versehene maschinenlesbare Datenträger*, insbesondere *Disketten, Kassetten, Festplattenspeicher* sowie *Nur-Lese-Speicher*, einschließlich *Compact-Disc-ROM* und *Steckmodule* sowie *mit integrierten Schaltkreisen versehene, Leiterplatten* und *tragbare Rundfunkempfänger*, da die Unterhaltungselektronik und der Computerbereich aufgrund des heutigen Stands der Technik und wirtschaftlichen Entwicklung immer enger zusammenwachsen würden (BPatG K&R 1998, 213 – Soundboy); *Geräte zur Aufzeichnung, Übertragung und Wiedergabe von Ton und Bild* sowie *Magnetaufzeichnungsträger* und *Datenverarbeitungsgeräte* (BPatGE 38, 254 – HIRO); *Sandwichelemente aus Metalldeckschichten* sowie *PUR-Hartschaumkern für Wand- und Dachkonstruktionen* und *Mauerstein aus Bimsbeton* (BGH GRUR 1998, 925 – Bisotherm-Stein); *Weine* und *Weinbrand*, wobei ein gattungsmäßiger Unterschied bestehe (BGH GRUR 1998, 932 – MEISTERBRAND; s. dazu auch BPatG BlPMZ 1996, 190 – MEISTERBRAND); *Futtermittel für Heimtiere* und *pharmazeutische Präparate für veterinärmedizinische Zwecke* (BPatGE 39, 224 – VITACOMBEX); *Wein* sowie *Schaumwein* und *Boonekamp*, jedenfalls nicht als absolut unähnlich zu beurteilen (BGH GRUR 1999, 245 – LIBERO; aA BPatGE 36, 68 – LIBERO, s. Rn 392); *Zigaretten* und *Raucherartikel* als nach der Eigenart sich ergänzende Waren (so in Anwendung der *Canon*-Formel unter Hinweis darauf, daß Hersteller von Tabakwaren oder Hersteller von Luxusgütern sowohl Zigaretten als auch Feuerzeuge anböten BGH MarkenR 1999, 93 – TIFFANY; im Ergebnis schon BPatGE 36, 115 – TIFFANY, da *Zigaretten* und *Raucherartikel* regelmäßig in Spezialgeschäften und in der Verwendung beim Endverbraucher zusammenträfen).

**i) Entscheidungspraxis zur Ablehnung von Gleichartigkeit zwischen Waren im WZG. aa) Arzneimittel.** Nach der Rechtslage im WZG wurden als *nicht gleichartig* beurteilt *natürliches Mineralwasser als Tafelwasser* und *Arzneimittel*, chemische Erzeugnisse für Heilzwecke und Gesundheitspflege, pharmazeutische Drogen und Mittel zur Körper- und Schönheitspflege, da die Herstellerbetriebe deutlich verschieden seien und dies dem Verkehr bekannt sei (BPatGE 7, 63); *Eiweißmischfutter* für Schweine, Hühner und Milchvieh und *Arzneimittel, chemische Produkte* für medizinische und hygienische Zwecke, sowie *pharmazeutische Drogen* und *Präparate*, weil die Erzeugnisse nach ihrer Beschaffenheit, ihrem Verwendungszweck und den regelmäßigen Fabrikations- und Vertriebsstätten so verschieden seien, daß der Letztverbraucher die beiden Produktarten nicht demselben Hersteller zuschreibe (BPatGE 4, 54 – Ovolan); *Arzneimittel* und *Fachzeitschriften für Pharmazeutika* (BGH GRUR 1970, 141 – Europharma); *pharmazeutische Präparate, Milchpräparate* sowie *Milchzucker* und *Arzneimittel* (BPatGE 20, 286 – Eknalin); *Schnupfenmittel* und *Pflanzenschutzmittel* (DPA GRUR 1971, 250 – ELOCRIL); *Zahnfüllmittel* und *Abführmittel* (BPatGE 27, 214); *Hustenmittel* und *Flechtenmittel* (BPatG Mitt 1988, 117); *pharmazeutische und veterinärmedizinische Erzeugnisse sowie Präparate für die Gesundheitspflege* und *Desinfektionsmittel* (BPatGE 31, 245); *Windeln, Windeleinlagen, Höschenwindeln, Saugvorlagen*, bestehend aus Papier, Zellstoff, *Fixierhöschen* und *Arzneimittel* (BPatG BlPMZ 1992, 194); *Flüssig-Düngemittel für den professionellen Gartenbau* und *chemotherapeutische Mittel für Tiere mit die Futterkraft verstärkender Wirkung* (BPatG Mitt 1996, 57).

387 **bb) Haushaltsprodukte.** Nach der Rechtslage im WZG wurden als *nicht gleichartig* beurteilt *Kohlenanzünder* und *Seifen* sowie *Parfümerien* (RG GRUR 1930, 613); *Saatgutbeizmittel* und *Badesalze* (RG GRUR 1943, 343); *Kesselsteinlösungsmittel* sowie *Kesselvorbeugungsmittel* und *technische Öle* sowie *Fette* (DPA GRUR 1954, 166); *Poliermittel* in Form von Kunstharzemulsionen für Kunststoffußböden, ausgenommen solche mit desinfizierender Wirkung, und *Holzschutz-, Entkeimungs-* und *Entwesungsmittel* (Desinfektionsmittel) sowie *Pflanzenschutz-* sowie *Schädlingsbekämpfungsmittel* (BPatGE 10, 298 – Quixil); *Elektrohaushaltsgeräte* (Handrührgeräte, Toaster, Trockenhauben) und *Zellulosederivate*, plastische Massen, synthetische Harze, Preßpulver, thermoplastische Massen sowie daraus hergestellte Erzeugnisse für technische, industrielle, elektrotechnische Zwecke sowie für Haushalts- und Toilettenzwecke, weil der Verbraucher sich in der Regel nicht für den für das Gehäuse verwendeten Kunststoff, sondern für die Funktionstüchtigkeit des Geräts interessiere, und damit die Voraussetzungen für eine Warengleichartigkeit mit Kunststoffen und daraus hergestellten Teilen unter dem Aspekt der begleitenden Marke nicht vorlägen (BPatGE 20, 208 – HAKU).

388 **cc) Lebens- und Genußmittel.** Nach der Rechtslage im WZG wurden als *nicht gleichartig* beurteilt *Kaffee* sowie *Kaffee-Ersatz* und *likörgefüllte Pralinen* (BGH GRUR 1965, 86 – Schwarzer Kater); *Weine* und *Spirituosen*, weil der Verkehr diese Erzeugnisse zu sondern gewohnt sei (RPA MuW 1941, 140); *Obstkonserven* und *Süßmoste* (RG GRUR 1943, 345); *Bitter-Spirituosen* und *alkoholfreie Milchmischgetränke*, weil der Verbraucher nicht daran gewöhnt war, daß Molkereibetriebe auch alkoholische Getränke herstellten (BPatG Mitt 1983, 218); *Fruchtsäfte* und *Tafel-* sowie *Mineralwasser* (RPA Mitt 1935, 365); *Liköre* und *Spirituosen* (RG MuW 1914, 44; BPatGE 3, 212); *Hefe für Backzwecke* und *diätetische Nährmittel* (BPatGE 5, 185 – Albiose); *diätetische Nährmittel, Säuglings-* und *Kleinkindernahrung* und *Mittel zur Körper- und Schönheitspflege* (BPatG Mitt 1972, 231); *Speiseeise* und *Hühner in tiefgekühltem Zustand* (BPatG GRUR 1991, 761 – PINGO); *fritierte, geröstete und/oder getrocknete Fleischpräparate* und *Kakao, Schokolade, Zuckerwaren* (BPatG Mitt 1994, 271 – FRITEX).

389 **dd) Technische Produkte.** Nach der Rechtslage im WZG wurden als *nicht gleichartig* beurteilt *Nähmaschinen* und *Fahrräder* (RPA MuW 1936, 195); *Nähmaschinen* und *Nähmaschinennadeln* sowie *Maschinen* (RPA MuW 1933, 43); *Nähmaschinen* und *Hausgeräte* sowie *Fahrräder* (RPA MuW 1936, 195); *Leucht-* sowie *Werbeschilder* und *Scheinwerfer, Leuchter* sowie *Lampenarmaturen* (RPA MuW 1932, 102); *Rundfunkgeräte* und sonstige *elektrotechnische Produkte* (RPA MuW 1940, 139); *Fahrradpumpen* und *Pumpen*, da sowohl die Betriebsstätten wie auch die Abnehmerkreise völlig verschieden seien (DPA GRUR 1954, 212); *Rechenmaschinen* und *Lehrmittel* (DPA GRUR 1954, 410); *Rettungs-* und *Feuerlöschgeräte, Gartengeräte* sowie *landwirtschaftliche Geräte* und *Gummischläuche* (DPA GRUR 1955, 255); *Motorlastwagen* sowie *Omnibusse* und *Kältemaschinen* (BGHZ 19, 23 – Magirus); *Fernsehempfangsgeräte* und *Bildwerfer* (DPA BlPMZ 1957, 21 – Optikus); *Fernsehbrillen* und *Fernsehgeräte* trotz der gleichen Vertriebsstätten (DPA BlPMZ 1959, 117); *gesundheitliche* sowie *orthopädische* und

*gymnastische Geräte* und *Geräte für Körper- und Schönheitspflege* (BPatGE 6, 134); *Reibradgetriebe* und *elektrische Drehzahlsteuerung* eines Motors (OLG Karlsruhe GRUR 1979, 319 – Varimot); *Kraftfahrzeuge, deren Zubehör* und *Bekleidungsstücke, Schuhwaren, Kopfbedeckungen* (BPatG GRUR 1993, 975 – CHEVY); *Hydraulikbagger, Seilbagger, Planier-* und *Laderaupen* und *Meß-, Fühl-, Steuer-, Regel-, Kontrollgeräte*, da die Einzelteile als Bauteile nach der Verkehrsauffassung nicht bestimmt für das Wesen der Sachgesamtheit sind und nicht als selbständige Waren des Herstellers gewertet werden (BPatG GRUR 1994, 377 – LITRONIC).

**ee) Textilien.** Nach der Rechtslage im WZG wurden als *nicht gleichartig* beurteilt 390 *Schweißblätter* und *Trikotagen* sowie *Bekleidungsstücke* (RPA MuW 1932, 49); *Teppiche* und *Krawatten*, auch wenn der Stoff der Erzeugnisse gleich ist (RPA JW 1936, 1712); *Web-* und *Wirkstoffe* sowie *Bekleidungsstücke* (DPA GRUR 1955, 256); *Teppiche* und *Polstermöbel* (BGH GRUR 1958, 393 – Ankerzeichen); *Miederwaren* sowie Erzeugnisse aus Frottiergeweben und *Lederbekleidung* (BGH GRUR 1959, 25 – Triumph); *Teppiche, Matten, Decken, Linoleum, Wachstuch, Fahnen, Säcke, Segel* sowie *Zelte* und *Gurte* sowie *Polsterware* (BPatG 1, 213); dehnbare, schnell auswechselbare, pflegeleichte *Schonbezüge für Autositze* und *Tisch-* sowie *Bettwäsche* wie auch *Web-* sowie *Wirkstoffe* (BPatG WRP 1972, 433); *Bekleidungsstücke* und *Schuhe* sowie *Schuhwaren* (BPatGE 15, 85 – avitron).

**ff) Andere Produkte.** Nach der Rechtslage im WZG wurden als *nicht gleichartig* beur- 391 teilt *Schläuche* und *Feuerlöschgeräte* (RPA MuW 1933, 424); *Feuerlöschmittel* und *Feuerlöschapparate* (RPA MuW 1940, 139); *Rohleder* sowie *Kunstleder* und *Fertigwaren* (RPA MuW 1939, 279); *Tinte* und *Papier* (RGZ 72, 146, 148; bedenklich für Schreibpapier); gummielastische *Litzen* und *Sattler-, Täschner-* sowie *Lederwaren* (DPA GRUR 1955, 256); *Tabakumblätterpapier* und *Papier* (DPA BlPMZ 1955, 93); *belichtete Filme* und *unbelichtete Filme*, weil es sich zum einen um ein Fertigerzeugnis und zum anderen um einen Rohstoff handele (BPatGE 5, 65 – Filme); chemische *Erzeugnisse für photographische Zwecke* und *Bildwiedergabeapparate* (BPatGE 5, 65, 67 – Filme); *Wandfarben* und *Tapeten*, weil die Erzeugnisse in verschiedenen Fabrikationsstätten hergestellt, sowie nicht in den gleichen Geschäften verkauft würden, und zudem die Verwendungsweise verschieden sei, wenn auch die Erzeugnisse in ihrer äußeren Erscheinungsform als Wandverschönerung ähnlich seien (BPatGE 5, 204); *Garne* und *Gurte* sowie *Zubehör für Tapezierarbeiten* (BPatGE 1, 213); *Abschminktücher* aus Papier oder Zellulose und *Mittel für Schönheitspflege, kosmetischen Mittel* sowie *Salben* (BPatG Mitt 1972, 162); *Kunststoffolien* sowie *kunstharzhaltige Papierfolien*, insbesondere bedruckt mit Holz- oder Fantasiedekors für die Möbelherstellung und *Klebefolien für Dekorationszwecke* (BPatGE 22, 75, 79 – Letrosin).

**j) Entscheidungspraxis zur Ablehnung von Ähnlichkeit zwischen Waren im** 392 **MarkenG.** Nach der Rechtslage im MarkenG wurden als *nicht ähnlich* beurteilt *feine Backware, Konditorwaren* sowie *Präparate für die Zubereitung von Getränken* und *Zahnpflegemittel* (BPatG, Beschluß vom 31. März 1995, 32 W (pat) 262/95 – Blendi); *EDV-Programme* für Ärzte für betriebswirtschaftliche Zwecke und *elektromedizinische Geräte* (BPatG, Beschluß vom 8. August 1995, 24 W (pat) 190/94 – ELMED); *Wein, Schaumwein*, auch entalkoholisiert und *Spirituosen*, nämlich *Boonekamp, Magenbitter* (BPatGE 36, 68 – LIBERO; aA BGH GRUR 1999, 245 – LIBERO, s. Rn 385); verschiedene *Waren der Bekleidungs- und Textilindustrie* und *Oberhemden* (BPatGE 37, 16 – Vorsicht Elch!); *Datenverarbeitungsgeräte* und *Schreibgeräte*, selbst wenn es sich dabei um *Dateneingabestifte* handelt (BPatG, Beschluß vom 15. September 1997, 30 W (pat) 208/96 – Twist); *Druckereierzeugnisse* und *EDV-Geräte* (BPatG CR 1997, 417 – BETA); *Wein* sowie *andere alkoholische Getränke* und *Teigwaren* samt dazugehöriger *Soßen*, auch wenn die Waren aus demselben Land, Italien, importiert werden, da der maßgebende Verkehr zwischen Essen und Trinken trenne (BGH GRUR 1999, 158 – GARIBALDI); *Bekleidungsstücke* und *Schuhe*, da eine markenrechtliche Ähnlichkeit nicht allein daraus hergeleitet werden könne, daß das Angebot dieser Waren vereinzelt im Verkaufsgeschäft gemeinsam und in engem räumlichen Zusammenhang erfolge, wobei die Rechtsprechung des BGH zur Warenähnlichkeit von Sportschuhen und Sportbekleidung sich gerade hierin unterscheide (BGH GRUR 1999, 164 – JOHN LOBB; aA BPatG GRUR 1996, 356 – JOHN LOBB, s. Rn 385).

**k) Produktähnlichkeit bei Dienstleistungen. aa) Ähnlichkeit zwischen Dienst-** 393 **leistungen. (1) Grundsatz.** Für die Beurteilung der *Ähnlichkeit zwischen verschiedenen*

*Dienstleistungen* gelten die gleichen Grundsätze wie zur Beurteilung der Ähnlichkeit zwischen Waren (s. Rn 345 ff.). Die nach der Rechtslage im WZG entwickelten Beurteilungskriterien zur Produktähnlichkeit sind nach der Rechtslage im MarkenG weniger an der Herkunft der Dienstleistung als vielmehr an der *Art* und dem *Zweck der Dienstleistung* sowie dem *Marketing* und dem *Markenauftritt der Dienstleistung* auszurichten. Entscheidend ist die Verkehrsauffassung aufgrund der berechtigten Verbrauchererwartungen. Die Ähnlichkeit von Dienstleistungen ist im Hinblick auf die Begründung von Verwechslungsgefahr sowie in Wechselbeziehung zur Ähnlichkeit der kollidierenden Dienstleistungsmarken zu beurteilen.

**394a** **(2) Entscheidungspraxis zur Annahme von Gleichartigkeit zwischen Dienstleistungen im WZG.** Nach der Rechtslage im WZG wurden als *gleichartig* beurteilt *Unternehmensberatung*, nämlich *Personalberatung* und *Marketing, Marktforschung, Marktanalyse* (BPatG Mitt 1993, 26).

**394b** **(3) Entscheidungspraxis zur Annahme von Ähnlichkeit zwischen Dienstleistungen im MarkenG.** Nach der Rechtslage im MarkenG wurden als *ähnlich* beurteilt *Unternehmensverwaltung* sowie *Wirtschaftsprüfung* und *Unternehmensberatung* (BPatG, Beschluß vom 21. Februar 1997, 33 W (pat) 115/96 – KONTEXT); die Dienstleistung *EDV-Beratung* und das *Erstellen von Programmen* sowie die *Entwicklung von EDV-Geräten* (BPatG CR 1997, 402 – ELSA).

**395a** **(4) Entscheidungspraxis zur Ablehnung von Gleichartigkeit zwischen Dienstleistungen im WZG.** Nach der Rechtslage im WZG wurden als *nicht gleichartig* beurteilt *Werbung* und *Filmvermietung, Filmvorführung* (BPatGE 28, 131 – Lupe); *Leasing* und *Kraftfahrzeugvermietung* (LG München WM 1986, 340).

**395b** **(5) Entscheidungspraxis zur Ablehnung von Ähnlichkeit zwischen Dienstleistungen im MarkenG.** Nach der Rechtslage im MarkenG wurden als *nicht ähnlich* beurteilt die Dienstleistung *Personalberatung*, nämlich *Personalentwicklungsberatung* und die Dienstleisungen einer Datenbank, nämlich *Liefern von Daten auf dem Gebiet der Arzneimittel* (BPatGE 39, 95 – DPM).

**396** **bb) Ähnlichkeit zwischen Dienstleistungen und Waren. (1) Grundsatz.** Der Schutzbereich einer Dienstleistungsmarke erstreckt sich nicht nur auf ähnliche Dienstleistungen, sondern auch auf ähnliche Waren. Das gilt nicht anders für eine Warenmarke, deren Schutzbereich sich nicht nur auf ähnliche Waren, sondern auch auf ähnliche Dienstleistungen erstreckt. Die Beurteilungskriterien zur Produktähnlichkeit gelten zwar auch zur Bestimmung der Ähnlichkeit zwischen Dienstleistungen und Waren, sind aber wegen der Unterschiedlichkeit von Dienstleistung und Ware diesen Besonderheiten anzugleichen. Entscheidend ist, ob der Verkehr aufgrund der Kollision der Dienstleistung mit einer Ware zwischen den Produkten eine solche Verbindung herstellt, die hinsichtlich der Produktidentität die Gefahr einer Verwechslung begründet, weil der Verkehr die kollidierenden Produkte der Produktverantwortung des Markeninhabers zurechnet (s. dazu BGH GRUR 1989, 347 – MICROTRONIC; 1991, 317 – MEDICE). Nach der Rechtsprechung zur Rechtslage im WZG setzte die Feststellung der Gleichartigkeit von Dienstleistung und Ware voraus, daß der Verkehr zu der Vorstellung gelangen konnte, das Dienstleistungsunternehmen unterhalte auch für die Ware oder der Warenhersteller oder Warenhändler unterhalte auch für die Dienstleistung einen selbständigen Geschäftsbetrieb (BGH GRUR 1989, 347 – MICROTRONIC). Nach dieser Rechtsprechung fielen Ware und Dienstleistung dann in den Gleichartigkeitsbereich, wenn nach den Vorstellungen des Verkehrs beide in ihrer wirtschaftlichen Bedeutung und Verwendungsweise, insbesondere hinsichtlich ihrer regelmäßigen Herkunfts- und/oder Vertriebsstätte so enge Berührungspunkte aufwiesen, daß bei unterstellter Verwendung übereinstimmender Bezeichnungen im Verkehr die Meinung aufkommen konnte, Dienstleistung und Ware stammten aus demselben Geschäftsbetrieb (BGH GRUR 1986, 380, 381 – RE-WA-MAT; 1991, 317, 318 – MEDICE). Als nicht ausreichend wurde die Vorstellung des Verkehrs angesehen, die Dienstleistung werde im Zusammenhang mit der Herstellung oder dem Vertrieb der Ware lediglich als Nebenleistung erbracht. Vielmehr war eine Gleichartigkeit von Waren und Dienstleistunng sowohl im patentamtlichen Verfahren als auch im Verletzungsrechtsstreit nur dann anzunehmen, wenn bei den angesprochenen Verkehrskreisen die Vorstellung aufkommen konnte, Ware und Dienstleistung stammten aus selbständigen Geschäftsbereichen desselben Unternehmens, sei es, daß das Dienstleistungsunternehmen sich selbst auch mit der Herstellung der Ware befaßte, sei es, daß der Hersteller der Ware sich auch auf dem Bereich der Dienstleistung betätigte (BGH GRUR 1989, 347 – MICROTRONIC; 1991, 317, 318 – MEDICE). Nur wenn der beteiligte Verkehr die Vorstellunng gewann, die die Ware begleitende Dienstleistung beruhe auf selbständiger gewerblicher Tätigkeit, konnte er einer fehlsamen Vorstellung über die betriebliche Zuordnung von Ware und Dienstleistung erliegen. Produktähnlichkeit zwischen Dienstleistung und Ware kann auch bei *Hilfsprodukten* (s. § 3, Rn 148 ff.) eintreten. Dienstleistungen können auf eine Ware bezogen sein (Hilfsdienstleistungen), und Waren können auf eine Dienstleistung bezogen sein (Hilfswaren). Der Hilfscharakter eines Produkts als solcher begründet aber noch nicht die Produktähnlichkeit. So begründet die bei dem Warenvertrieb üblicherweise erbrachte Hilfsdienstleistung wie die Kundenberatung für sich allein noch keine Ähnlichkeit zwischen den vertriebenen Waren und entsprechenden selbständigen Dienstleistungen (BPatGE 24, 254 – RUB). Bei der Feststellung der Produktähnlichkeit ist nicht nur auf solche Geschäftsbetriebe abzustellen, die sowohl Waren herstellen als auch Dienstleistungen erbringen, sondern auch auf solche Unternehmen, die ausschließlich Waren herstellen oder ausschließlich Dienstleistungen erbringen.

(2) **Entscheidungspraxis zur Annahme von Gleichartigkeit zwischen Dienstleistungen und Waren im WZG.** Nach der Rechtslage im WZG wurden als *gleichartig* beurteilt *Fahrzeuge* und die *Reparatur* oder *Wartung von Fahrzeugen* sowie *Landfahrzeuge* und *Personen- und Güterbeförderung* oder *EDV-Anlagen* und *Computerprogramme* (so *Betten*, BB 1979, 19, 22); *Transportfahrzeuge* und der *Transport von Waren*; *verchromte Metallwaren* und das *Verchromen von Metall*; *Bücher* und der *Bücherverleih*; *Fertigkost* und die *Dienstleistungen von Restaurants*; *Gartenbauerzeugnisse* und die *Anlage von Gärten* (Beispiele nach *Heil/Ströbele*, GRUR 1979, 127, 138); *Plakate* sowie *Prospekte* und *Werbeleistungen von Werbeagenturen* (*Baumbach/Hefermehl*, § 5 WZG, Rn 140); *Spirituosen* und *Verpflegung von Gästen*, weil einige bekannte Hersteller von Spirituosen auch Gastwirtschaften betrieben (BPatG GRUR 1983, 117, 119 – Schnick-Schnack); *Baumaterialien* und die *Errichtung von Bauten* sowie *Fenster, Türen* sowie *Bauteile für die Bauwirtschaft* und die *Montage solcher Bauteile*, weil Lieferung und Montage zumeist gemeinsam angeboten würden (BPatG Mitt 1984, 77 – Knipping); *Tee, Speiseeis* und *Verpflegung von Gästen*, weil bekannte Hersteller von Speiseeis insbesondere Gaststättenketten (Mövenpick, Mac Donald's) betrieben (BPatGE 28, 161 – kik); *Wasch- sowie Reinigungsmittel* und *Waschen von Wäsche*, da zur Absatzförderung von Waschmitteln eine Tätigkeit auf dem Gebiet des gewerblichen Waschens sinnvoll sein könne (BGH GRUR 1986, 380 – RE-WA-MAT II; aA BPatG GRUR 1985, 54 – RE-WA-MAT I); *Verpflegung von Gästen, Dienstleistungen eines Erholungsheimes* und *Pommes frites, Vor- und Nachspeisen, nämlich Frucht-, Milch-, Obst-, Quark- und Sahnegelees, Kaltschalen* (BPatGE 28, 169 – Lukull); *Arzneimittelherstellung* und *Verwertung wissenschaftlicher Erkenntnisse aus Medizin und Pharmazie* (BGH GRUR 1991, 317 – MEDICE); *Wein, Sekt, Spirituosen* und *Verpflegung von Gästen* (BPatG GRUR 1992, 392 – Parkhotel Landenberg).

(3) **Entscheidungspraxis zur Annahme von Ähnlichkeit zwischen Dienstleistungen und Waren im MarkenG.** Nach der Rechtslage im MarkenG als *ähnlich* wurden beurteilt *bespielte Tonaufzeichnungsträger* und *Musikdarbietungen* (Beschluß des BPatG vom 25. Oktober 1995, 29 W (pat) 172/92); *Verpackungsfüllkörper* und *auf deren Entsorgung sowie Recycling gerichteten Dienstleistungen* (BPatG, Beschluß vom 27. November 1996, 29 W (pat) 60/95 – ALTA); *Führung und Verwaltung von Hotels, Restaurants, Bars, Nightclubs* sowie die *Beherbergung von Gästen* und *Spirituosen* (BPatG, Beschluß vom 5. Februar 1997, 29 W (pat) 131/95 – Rasputin); *Datenverarbeitungsgeräte* und die Dienstleistung *Sammeln und Liefern von Datenbeständen zur Verkehrsplanung und Information* (BPatG CR 1997, 417 – STORM); *Spirituosen* und *Beherbergung* sowie *Verpflegung von Gästen*, jedoch nur im entfernten Ähnlichkeitsbereich liegend (BPatG BlPMZ 1997, 366 – White Lion); die Dienstleistung *Beherbergung und Verpflegung von Gästen* und *Weine* (BPatGE 38, 161 – PAPPA GALLO); die Dienstleistung *Betrieb eines technischen Museums* und alle *Waren, die einen Bezug zu den Ausstellungsstücken eines solchen Museums* aufweisen, da das vielfältige Sortiment an Erinnerungsstücken und Sammlergegenständen, wie es heutzutage Museumsläden anböten, eine allgemeine Entwicklungsrichtung zeige, die bei der Beurteilung der Warenähnlichkeit zu berücksichtigen sei (BPatGE 39, 48, 50 – LZ).

**399** **(4) Entscheidungspraxis zur Ablehnung von Gleichartigkeit zwischen Dienstleistungen und Waren im WZG.** Nach der Rechtslage im WZG als *nicht gleichartig* wurden beurteilt *Ketten* sowie daraus hergestellte *Förderanlagen und Hebevorrichtungen* und *Ingenieurberatungen*, weil es sich bei den Beratungsleistungen nur um Hilfsdienstleistungen für den Warenabsatz handele (BPatG GRUR 1982, 731 – RUB); *Lebens-* und *Genußmittel* und die *Kreditberatung* sowie *Kreditvermittlung* als auch die Vermittlung von *Rechtsberatung* durch Rechtsanwälte (BPatG BlPMZ 1983, 127 – Diversa); *Wasch-* sowie *Reinigungsmittel* und *Waschen von Wäsche*, da Wäschereien grundsätzlich keine Wasch- sowie Reinigungsmittel herstellten (BPatG GRUR 1985, 54 – RE-WA-MAT I; aA BGH GRUR 1986, 380 RE-WA-MAT II); *Tabakwaren* und *Gästebewirtung* (BPatG GRUR 1985, 52 – BLITZCARD); *Maschinen* und *Güterbeförderung* (BPatG GRUR 1985, 49 – DEUS); *Installation, Montage und Instandhaltung von Warmwasser-Heizungsanlagen* und *Stangen, Stäbe, Leisten, Schienen, Rohre, Drähte* und *Profile zur Abdeckung von Bauwerks- und Straßenfugen* (BPatG Mitt 1988, 76 – DEFLEX); *Dienstleistungen von Ärzten* sowie *Krankenhäusern* und *Arzneimittel* (*Baumbach/ Hefermehl*, § 5 WZG, Rn 141); *Veröffentlichung* und *Herausgabe* von *Fachbüchern, Fachzeitungen* und *Fachzeitschriften* auf *medizinischem Gebiet* und *Logarithmenpapiere, Millimeterpapiere, Filtrierpapiere, Zeichenpapiere* (BPatGE 27, 246); *Herstellung von elektrischen und elektronischen Waren* und die *Veranstaltung von Messen und Ausstellungen für diese Erzeugnisse* (BGH GRUR 1989, 347 – MICROTRONIC).

**400** **(5) Entscheidungspraxis zur Ablehnung von Ähnlichkeit zwischen Dienstleistungen und Waren im MarkenG.** Nach der Rechtslage im MarkenG als *nicht ähnlich* wurden beurteilt *alkoholische* sowie *nicht alkoholische Getränke* und *Beherbung* sowie *Verpflegung von Gästen* (BPatGE 36, 37 – fontana Getränkemarkt); *Schnellrestaurants* und *preisgünstige Mode* (OLG München GRUR 1996, 63 – McDonald's).

### 13. Verwechslungsgefahr und Priorität

**401** **a) Ausgangspunkt.** Eine Markenkollision beurteilt sich nach dem Grundsatz der Priorität (s. dazu im einzelnen § 6, Rn 6). Da der Schutzumfang einer Marke von der Kennzeichnungskraft im Verkehr abhängt (s. Rn 271), ist es möglich, daß eine prioritätsjüngere Marke, die ursprünglich nicht in den Verwechslungsbereich einer prioritätsälteren Marke fiel, zu einem späteren Zeitpunkt dadurch in den Verwechslungsbereich der prioritätsälteren Marke gerät, daß die prioritätsältere Marke, der zunächst nur eine schwache oder normale Kennzeichnungskraft zukam, im Verkehr eine starke Kennzeichnungskraft erwirbt (s. Rn 402). Der Eintritt der Verwechslungsgefahr kann auch umgekehrt darauf beruhen, daß sich die Kennzeichnungskraft der prioritätsjüngeren Marke erhöht (s. Rn 403).

**402** **b) Erstarken eines prioritätsälteren Markenrechts.** Wenn die für die Feststellung der Verwechslungsgefahr maßgebliche Kennzeichnungskraft erst nach dem Anmeldetag der prioritätsjüngere Marke die Verwechslungsgefahr begründend erstarkt, dann braucht die prioritätsjüngere Marke der prioritätsälteren nicht zu weichen (BGH GRUR 1961, 347, 350 – Almglocke; 1963, 622, 623 – Sunkist). Der Rechtsbestand der prioritätsjüngeren Marke wird nicht dadurch beeinträchtigt, daß *nachträglich* durch die stärkere Verkehrsdurchsetzung einer prioritätsälteren Marke Verwechslungsgefahr entsteht. Dieser Grundsatz gilt gleichermaßen für Marken (§ 14) wie für geschäftliche Bezeichnungen (§ 15). Die nachträglich erhöhte Kennzeichnungskraft der prioritätsälteren Marke ist gegenüber einer zur Zeit des Eintritts der Verwechslungsgefahr bereits bestehenden prioritätsjüngeren Marke, deren Inhaber eine rechtlich geschützte Position zukommt, nicht zu berücksichtigen. Eine prioritätsjüngere Marke muß aber der prioritätsälteren Marke dann weichen, wenn die Verwechslungsgefahr schon im Zeitpunkt des Anmeldetages der prioritätsjüngeren Marke vorliegt (BGHZ 34, 299, 303 – Almglocke; BGH GRUR 1963, 622, 623 – Sunkist; 1963, 626, 628 – Sunsweet). Wenn die Verwechslungsgefahr auf der Übereinstimmung mit einem Zeichenbestandteil beruht, der von Haus aus schutzunfähig ist, jedoch nachträglich Verkehrsgeltung als produktidentifizierendes Unterscheidungszeichen erlangt, dann muß die eine Verwechslungsgefahr begründende Kennzeichnungskraft für den Inhaber der prioritätsälteren Marke schon im Zeitpunkt der Anmeldung der prioritätsjüngeren Marke bestehen (BGH GRUR 1965, 665, 666 – Liquiderma). Dieser Grundsatz gilt dann nicht, wenn die Marke außer dem schutzunfähigen Zeichenbestandteil keinen anderen schutzfähigen Bestandteil enthält, da ansonsten die Marke als solche als schutzunfähig zu beurteilen wäre (BGH GRUR 1967, 482, 484 – WKS-Möbel II; 1966, 495, 497 – Uniplast). Wenn es sich bei der prioritätsjüngeren Marke um eine IR-Marke handelt, dann kommt es darauf an, ob die Verwechslungsgefahr mit einer prioritätsälteren deutschen Marke schon im Zeitpunkt der internationalen Registrierung besteht (BGH GRUR 1957, 339, 341 – Venostasin; 1960, 130, 131 – Sunpearl II).

c) **Erstarken eines prioritätsjüngeren Markenrechts.** Wenn die Verwechslungsgefahr dadurch begründet wird, daß eine prioritätsjüngere Marke im Verkehr eine erhöhte Kennzeichnungskraft erlangt, dann schließt diese Entwicklung nach dem Prioritätsgrundsatz grundsätzlich nicht aus, daß die prioritätsjüngere Marke einer prioritätsälteren Marke weichen muß. Dem Inhaber einer 1951 angemeldeten prioritätsjüngeren Marke *Wit* war aber ein Unterlassungs- und Löschungsanspruch gegen den Inhaber der 1934 eingetragenen prioritätsälteren Marke *Wipp* zuzusprechen, da der Inhaber der prioritätsälteren Marke seine Marke erst 1955 in Benutzung genommen und durch intensive Werbung innerhalb kurzer Frist Verkehrsgeltung erlangt hat (BGH GRUR 1957, 499, 502 – Wit/Wipp). Ein wertvoller Besitzstand kann nur unter dem Gesichtspunkt der Verwirkung beachtlich sein (*Trüstedt*, MA 1966, 260, 266). Die Anwendung des Prioritätsgrundsatzes ist deshalb nicht gerechtfertigt, weil die kollidierenden Marken zunächst nicht verwechselbar waren, und es dem Inhaber der prioritätsjüngeren Marke nicht verwehrt ist, seine rechtmäßig entstandene Marke im Verkehr durchzusetzen (*Ulmer*, Warenzeichen und unlauterer Wettbewerb, 1929, S. 79, 92; *Vierheilig*, GRUR 1975, 534).

**14. Ernsthafte Verwechslungsgefahr**

a) **Rechtslage im WZG.** Den Schutzinhalt der nationalen Markenrechte, wie namentlich die Begriffe der Verwechslungsgefahr und der Produktähnlichkeit, zu bestimmen, hatte nach der Rechtslage im WZG das Problem aufgeworfen, ob die entsprechenden Rechtssätze nach dem nationalen Recht des Mitgliedstaates oder nach dem Gemeinschaftsrecht des EGV zu bestimmen waren. Die ganz überwiegende Auffassung ging dahin, die Vorschriften über den freien Warenverkehr (Art. 30, 36 EGV) bildeten keine Rechtsgrundlage, einen *gemeinschaftsrechtlichen Markenbegriff* zu entwickeln (s. dazu ausführlich *Hefermehl/Fezer*, in: Hefermehl/Ipsen/Schluep/Sieben, Nationaler Markenschutz, S. 144ff. mit umfassenden Nachweisen; *Baumbach/Hefermehl*, § 31 WZG, Rn 168). Der Schutzinhalt des Markenrechts wurde nicht als ein Begriff des Gemeinschaftsrechts verstanden. Die Diskussion um die gemeinschaftsrechtlichen Grenzen des Schutzumfangs der nationalen Markenrechte sowie der Firmenrechte wurde vor allem im Zusammenhang mit dem Verfahren *Terranova* und der Analyse der zu dieser Rechtssache ergangenen Entscheidungen des EuGH und des BGH geführt. Ernste Vorbehalte gegenüber der Auffassung, die Grundsätze zur Bestimmung der Verwechslungsgefahr und Warengleichartigkeit im Markenrecht sowie der Branchennähe im Firmenrecht richteten sich ausschließlich nach dem nationalen Recht der Mitgliedstaaten, wurden von der EG-Kommission in ihrer Stellungnahme im Verfahren *Terranova* vorgetragen (EuGH, Rs. 119/75, Slg. 1976, 1039, 1056ff., GRUR Int 1976, 402, 408 – Terranova/Terrapin). Die Kommission ging davon aus, die innerstaatlichen Grundsätze zur Bestimmung des Schutzumfangs der nationalen Markenrechte seien insoweit einer Beurteilung durch das Gemeinschaftsrecht zugänglich, als sie den Warenverkehr innerhalb der Gemeinschaft berührten. Nach Auffassung der Kommission kam ein vorbehaltloser Rückgriff auf die nationalen Markenrechte einem Verzicht auf die Gewährleistung der Schutzrechte nach Maßgabe der Zielsetzungen und Rechtsgrundsätze des Gemeinsamen Marktes gleich. Deshalb sollte die Festlegung und Beurteilung dieser Grundsätze nicht zur Disposition des Gesetzgebers, der Gerichte oder Behörden eines jeden Mitgliedstaates stehen, sondern anhand der Maßstäbe des Gemeinschaftsrechts vom EuGH im Rahmen der Auslegung des Art. 36 EGV zu bestimmen sein. Unter Berufung auf die neue Dimension, die Begriffe der Verwechslungsfähigkeit und Warengleichartigkeit auf der Ebene der Gemeinschaft gewönnen, leitete die Kommission schließlich die Forderung ab, die Grundsätze für die Verwechslungsfähigkeit seien auf das *strikte Minimum* zurückzuführen, das zur Gewährleistung des Schutzes der nationalen Markenrechte notwendig sei. Diese Rechtsauffassung der Kommission wurde im Verfahren *Terranova* außer von den beteiligen Mitgliedstaaten vor allem in den Schlußanträgen des Generalanwalts abgelehnt, von dem der gegenteilige Standpunkt mit im einzelnen ausführlicher Begründung vorgetragen wurde (Generalanwalt *Mayras* EuGH, Slg. 1976, 1064, 1071 ff.). Dort wird ausgeführt, eine Vereinheitlichung des Markenrechts auf der Grundlage der Vorschriften über den freien Warenverkehr sei auch nicht unter Rückgriff auf die in den Mitgliedstaaten gemeinsamen allgemeinen Rechtsgrundsätze möglich. Die Kriterien zur Feststellung der Verwechslungsgefahr seien nicht der Gemeinschaftsordnung zu entnehmen. Beim gegenwärtigen Rechtszustand und Entwicklungsstand der Gemeinschaft greife eine andere Auslegung der Warenverkehrsvorschriften nicht nur den Arbeiten zu einem europäischen Markenrecht vor, sondern widerspreche vor allem der *Zuständigkeitsverteilung* zwischen den mitgliedstaatlichen Gerichten und dem Gerichtshof, der nicht höchstes Gericht in Markenrechtsprozessen sein könne. Nach dieser Auffassung entschieden die innerstaatlichen Gerichte souverän über die Auslegung des Begriffs der Verwechslungsgefahr, selbst wenn nach Art. 36 EGV von einem gemeinschaftsrechtlichen Inhalt des Schutzes des kommerziellen Eigentums auszugehen sei.

**405** In der Entscheidung *Terravona* nahm der EuGH zu der generellen Frage, ob Grundsätze des Gemeinschaftsrechts den Inhalt des Markenrechts beeinflußten und dessen Schutzumfang begrenzten, nicht Stellung (EuGH, Rs. 119/75, Slg. 1976, 1039, 1056 ff., GRUR Int 1976, 402, 408 – Terranova/Terrapin). Zwar wurde im Verlauf des Verfahrens vor dem EuGH die vom BGH gebilligte instanzgerichtliche Beurteilung der Warengleichartigkeit und Verwechslungsgefahr angegriffen, doch konnte der Gerichtshof darüber schon deshalb nicht befinden, weil ihm dazu keine Fragen nach Art. 177 EGV vorgelegt worden waren. Der EuGH hob indessen ausdrücklich hervor, daß seine Antwort auf die vom BGH vorgelegte Frage nicht der Entscheidung der Frage vorgreife, ob die Berufung eines Unternehmens auf die Gleichartigkeit von Waren aus verschiedenen Mitgliedstaaten und auf die Gefahr einer Verwechslung von in diesen Staaten gesetzlich geschützten Warenzeichen oder Handelsnamen gegebenenfalls, insbesondere im Hinblick auf Art. 36 S. 2, die Anwendung von Gemeinschaftsrecht ins Spiel bringen könnte. Zur Erläuterung dieser vom EuGH offengehaltenen Frage führte der Gerichtshof weiter aus, das innerstaatliche Gericht habe, wenn es die Gleichartigkeit der Waren und die Verwechslungsgefahr bejahe, im Rahmen der genannten Bestimmung weiter zu prüfen, ob die Ausübung der gewerblichen und kommerziellen Eigentumsrechte nicht ein Mittel zur willkürlichen Diskriminierung oder eine verschleierte Beschränkung des Handels zwischen den Mitgliedstaaten darstelle. Das innerstaatliche Gericht müsse in diesem Zusammenhang insbesondere untersuchen, ob die umstrittenen Rechte vom Inhaber ohne Ansehen der nationalen Zugehörigkeit eines etwaigen Verletzers mit der gleichen Strenge ausgeübt würden.

**406** Der BGH verstand in der Entscheidung *Terranova* (BGH GRUR 1977, 719, 723 – Terranova/Terrapin; s. dazu *v. Falck*, GRUR 1977, 724; *v. Bar*, RIW/AWD 1977, 712 ff.; *Fricke*, WRP 1977, 7 ff.) die Ausführungen des EuGH dahin, der Gerichtshof habe sich nicht der weitergehenden Auffassung der EG-Kommission zur gemeinschaftsrechtlichen Begrenzung der nationalen Markenrechte angeschlossen und lehnte die von der Kommission vertretene Rechtsansicht gleichfalls ab. Zur Begründung führte der BGH aus, zum spezifischen Gegenstand der Kennzeichnungsrechte gehörten deren Wesen als Ausschlußrechte von einem zumindest eigentumsähnlichen Charakter mit einem sachlichen und räumlichen Schutzumfang. Eine Einschränkung des von den nationalen Rechtsordnungen zugebilligten Schutzumfangs der Kennzeichnungsrechte betreffe deren Inhalt, damit den vom EGV hingenommenen Bestand und nicht allein ihre Ausübung. Auch nach Auffassung des EuGH habe das innerstaatliche Gericht, wenn es Warengleichartigkeit und Verwechslungsgefahr bejaht habe, nur zu prüfen, ob die Ausübung der gewerblichen und kommerziellen Eigentumsrechte nicht ein Mittel zur willkürlichen Diskriminierung oder eine verschleierte Beschränkung des Handels zwischen den Mitgliedstaaten darstelle. Nach dieser Rechtslage war davon auszugehen, daß das Warenverkehrsrecht keine Rechtsgrundlage zur Ausbildung eines gemeinschaftsrechtlichen Schutzinhalts der nationalen Markenrechte bot. Ein anderes Problem war, keine Grundsätze zur Beurteilung der Verwechslungsgefahr und Warengleichartigkeit im nationalen Recht anzuwenden, die zu den nationaler Regelung vorbehaltenen Aufgaben und Funktion des Markenschutzes keinen Bezug aufwiesen und sich ausschließlich als eine Beschränkung des freien Warenverkehrs auswirkten. Solche *warenverkehrsspezifischen* Regeln verifizierten nicht den spezifischen Gegenstand des Markenrechts.

Der Zuständigkeitsvorbehalt der Mitgliedstaaten zur souveränen Regelungen des Markenschutzes griff insoweit nicht ein. Denn die Geltendmachung eines nationalen Markenrechts, dessen Schutzumfang von Grundsätzen warenverkehrsspezifischen Charakters bestimmt war, trug zur künstlichen Abschottung nationaler Teilmärkte im Gemeinsamen Markt bei und diente nicht dem spezifischen Schutz des Markenrechts *(Hefermehl/Fezer*, in: Hefermehl/Ipsen/Schluep/Sieben, Nationaler Markenschutz, S. 152).

In dem Verfahren *Toltecs/Dorcet* ging die EG-Kommission zur Beurteilung der kartellrechtlichen Zulässigkeit einer Abgrenzungsvereinbarung über nicht ursprungsgleiche Marken davon aus, daß Beschränkungen der Benutzung einer prioritätsälteren Marke nur dann keine Wettbewerbsbeschränkungen im Sinne von Art. 85 Abs. 1 EGV darstellten, wenn Warengleichartigkeit und eine *ernsthafte* Verwechslungsgefahr bestehe, der Inhaber der prioritätsälteren Marke daher mit großer Wahrscheinlichkeit die Eintragung und Benutzung der prioritätsjüngeren Marke verhindern könne. Je größer jedoch der Warenabstand oder je geringer die Verwechslungsgefahr sei, desto mehr müßten die Vereinbarungen dem vorrangigen Ziel der Einheit des Gemeinsamen Marktes entsprechen. Für solche Fälle hielt sich die EG-Kommission für befugt, die Verwechslungsgefahr – vorbehaltlich eines gewissen Beurteilungsspielraums des jeweiligen nationalen Rechts und auch der Beteiligten – selbständig zu prüfen, weil je mehr die nationale Beurteilung den Schutzbereich einer Marke erweitere, desto mehr der Import beschränkt werde (Entscheidung der Kommission vom 16. Dezember 1982, GRUR Int 1983, 294, 298 – Toltecs/Dorcet). Der EuGH brauchte über die Kriterien der Verwechslungsgefahr deshalb nicht zu entscheiden, da es sich bei dem Klagzeichen *Dorcet* um eine nicht benutzte Vorratsmarke handelte, die auf Antrag eines Dritten gelöscht werden konnte (EuGH, Rs. 35/83, Slg. 1985, 363, GRUR Int 1985, 399 ff. – Toltecs/Dorcet). Die EG-Kommission hatte auch im Zusammenhang der Vorlage einer Denkschrift über die Schaffung einer EWG-Marke (GRUR Int 1976, 481 ff.), im Entwurf einer Richtlinie zur Angleichung des Markenrechts (GRUR Int 1980, 31 ff.) sowie in der Verordnung des Rates über die Gemeinschaftsmarke (GRUR Int 1981, 100 ff.) mehrfach vorgeschlagen und auch selbst praktiziert (Entscheidung der Kommission vom 16. Dezember 1982, GRUR Int 1983, 294, 298 – Toltecs/Dorcet), das Vorliegen einer *ernsthaften* Verwechslungsgefahr zur Voraussetzung einer Markenrechtsverletzung zu machen (s. dazu *Kraft*, MA 1984, 86, 91). Die Forderung nach einer Beschränkung des Markenschutzes auf das Vorliegen einer ernsthaften Verwechslungsgefahr konnte sich weder in der MarkenRL noch in der GMarkenV durchsetzen.

**b) Rechtslage im MarkenG.** Die Problemblematik, ob es sich bei dem Begriff der Verwechslungsgefahr um einen Rechtsbegriff der nationalen Markenrechtsordnungen in den Mitgliedstaaten handelt, oder ob das Gemeinschaftsrecht den Schutzinhalt der nationalen Markenrechte bestimmt, hat nach der Rechtslage im MarkenG einen grundlegenden Wandel erfahren. Folge der Rechtsangleichung des Markenrechts in Europa aufgrund der MarkenRL ist es, daß es sich bei dem *Begriff der Verwechslungsgefahr* um einen *gemeinschaftsrechtlichen Begriff* des Europäischen Unionsrechts handelt, der in den nationalen Rechtsordnungen der Mitgliedstaaten *richtlinienkonform* auszulegen ist und über dessen Inhalt letztlich der EuGH entscheidet (s. Rn 85 ff.). Grundlage der Auffassung nach der Rechtslage im WZG, die Mitgliedstaaten seien in erster Linie zuständig, Art und Umfang des schutzgewährenden Bereichs des gewerblichen und kommerziellen Eigentums festzulegen, war es gerade, daß als Folge der fehlenden Rechtsangleichung ein mitgliedstaatlicher Regelungsvorbehalt bestand. Das Verständnis der Verwechslungsgefahr als eines Rechtsbegriffs des Gemeinschaftsrechts bedeutet nun aber auch, daß die Forderung nach einer Einschränkung der Verwechslungsgefahr über das *Erfordernis einer Ernsthaftigkeit* als *überwunden* gelten kann. Die Umsetzung der MarkenRL hat im Gegenteil dazu geführt, daß der Markenschutz eine Verstärkung erfahren hat. Die Rechtsprechung des EuGH zum Verhältnis des nationalen Markenschutzes zur Warenverkehrsfreiheit nach den Art. 30, 36 EGV spielt aber bei der richtlinienkonformen Auslegung des Begriffs der Verwechslungsgefahr eine entscheidende Rolle. Die zum spezifischen Gegenstand des Markenrechts entwickelten gemeinschaftsrechtlichen Rechtssätze bilden den *Kern des Schutzinhalts* der nationalen Markenrechte. Die warenverkehrsrechtliche Rechtsprechung des EuGH ist bei der Auslegung der MarkenRL und damit der richtlinienkonform zu bestimmenden Rechtsbegriffe des nationalen Markenrechts zu berücksichtigen (s. Rn 88 ff.). Nach der Rechtslage im MarkenG ist davon auszugehen, daß warenverkehrsspezifische Regeln nicht den spezifischen Gegenstand des Markenrechts verifizieren (Art. 36 Abs. 1 EGV) und das Markenrecht nicht als ein Instrument zur willkürlichen Diskriminierung oder verschleierten Handelsbeschränkung eingesetzt werden darf (Art. 36 S. 2 EGV). Um ein anderes Problem handelt es sich bei der Maßgeblichkeit des relevanten *Verbraucherleitbildes* im Markenrecht (s. dazu Rn 126). Die Forderung, die Verwechslungsgefahr müsse *exakt* begründet werden und müsse *echt* sein, sie dürfe nicht nur hypothetisch und vage sein (so Generalanwalt *Jacobs* in den Schlußanträgen zur Rechtssache Rs. C-342/97 vom 29. Oktober 1998 – Lloyd Schuhfabrik Meyer/Klijsen), ist in richtlinienkonformer Auslegung des MarkenG insoweit berechtigt, da sie sich auf das Verbraucherleitbild des durchschnittlich informierten, aufmerksamen und verständigen Durchschnittsverbrauchers begründet.

**409** Das Gebot einer richtlinienkonformen Auslegung gilt grundsätzlich nur für den Identitätsschutz (§ 14 Abs. 2 Nr. 1) und den Verwechslungsschutz (§ 14 Abs. 2 Nr. 2) der eingetragenen Marke, da nur insoweit die MarkenRL umgesetzt worden ist. Es gilt grundsätzlich nicht für den Bekanntheitsschutz der Marke (§ 14 Abs. 2 Nr. 3), sowie den Schutz der geschäftlichen Bezeichnungen (§§ 5, 15). Im Sinne der im MarkenG angestrebten *Einheitlichkeit des Kennzeichenschutzes* sollte aber von einem einheitlichen Verständnis des Schutzinhalts der Kennzeichenrechte im Hinblick auf die gemeinschaftsrechtlichen Anforderungen ausgegangen werden (*Fezer*, GRUR 1995, 829; zustimmend *Keller*, GRUR 1996, 607, 608), auch wenn die Unterschiede in der Art der einzelnen Kennzeichenrechte zu berücksichtigen sind. So sollte etwa auch der Begriff der *Branchennähe im Firmenrecht* richtlinienkonform nach gemeinschaftsrechtlichen Grundsätzen verstanden werden.

## V. Bekanntheitsschutz der Marke nach § 14 Abs. 2 Nr. 3

**Schrifttum zum WZG und UWG.** *Beater,* Nachahmen im Wettbewerb, 1995; *Bollack/Friehe,* GRUR 1986, 762; *Bonn,* WRP 1994, 501; *Bürglen,* Die Verfremdung bekannter Marken zu Scherzartikeln, FS für Gaedertz, 1992, S. 71; *Burmann,* Das Ausbeuten des Rufs fremder Waren – Anlehnen an fremde Waren und Warengestaltungen, WRP 1971, 6; *Busch,* Der Schutz im Ausland bekannter Marken gegen Aneignung im Inland, GRUR Int 1971, 293; *Deutsch,* Der Schutz von Marken und Firmen außerhalb des Wettbewerbsbereichs, FS für Gaedertz, 1992, S. 99; *Fezer,* Markenschutz durch Wettbewerbsrecht – Anmerkungen zum Schutzumfang des subjektiven Markenrechts, GRUR 1986, 485; *Fezer,* Der wettbewerbsrechtliche Schutz der unternehmerischen Leistung, FS GRUR Bd. II, 1991, S. 939; *Fezer,* Ausstrahlungswirkung berühmter und bekannter Marken im Wettbewerbsrecht, FS für Nirk, 1992, S. 247; *Fezer,* Leistungsschutz im Wettbewerbsrecht, WRP 1993, 63; *Grünberger,* Schutz geschäftlicher Kennzeichen gegen Parodie im deutschen und amerikanischen Recht, Diss. Mannheim, 1991; *Grünberger,* Rechtliche Probleme der Markenparodie unter Einbeziehung amerikanischen Fallmaterials, GRUR 1994, 247; *Grunewald,* Der Schutz bekannter Marken vor dem Vertrieb branchenfremder Waren unter Benutzung übereinstimmender Zeichen, NJW 1987, 105; *Helm,* Der „unechte" Reklamegegenstand, GRUR 1981, 630; *Hösch,* Der Schutz von „Image" als unternehmerische Leistung im UWG und seine Grenzen durch Art. 30 EGV und den freien Wettbewerb, WRP 1994, 796; *Jackermeier,* Zur Verwendung fremder Warenzeichen zu Werbezwecken, FS für Klaka, 1987, S. 160; *Keller,* Der Schutz eingetragener Marken gegen Rufausnutzung, Diss., 1994; *Klippel,* Grundfragen des Schutzes gewerblicher Kennzeichen gegen Verwässerungsgefahr, GRUR 1986, 697; *Kouker,* Reicht der Schutzzweck vor Warenzeichen nur bis zur Kaufentscheidung?, WRP 1994, 444; *Kraft,* Der Bekanntheitsgrad eines Zeichens und sein Einfluß auf die Verwechslungsgefahr, GRUR Int 1960, 5; *Kraft,* Notwendigkeit und Chancen eines verstärkten Schutzes bekannter Marken im WZG, GRUR 1991, 339; *Kroitzsch,* Rufausbeutung und § 1 UWG-Lizenz, GRUR 1986, 579; *Kur,* Der wettbewerbsrechtliche Leistungsschutz – Gedanken zum wettbewerbsrechtlichen Schutz von Formgebungen, bekannten Marken und „Charakters", GRUR 1990, 1; *Kur,* Nicht eingetragener, aber notorisch bekannter Marken (Art. 6bis PVÜ) und Schutz berühmter Marken, GRUR Int 1990, 605; *Kur,* Die notorisch bekannte Marke im Sinne von 6bis PVÜ und die „bekannte Marke" im Sinne der Markenrechtsrichtlinie, GRUR 1994, 330; *Lehmann,* Die wettbewerbswidrige Ausnutzung und Beeinträchtigung des guten Rufs bekannter Marken, Namen und Herkunftsangaben, GRUR Int 1986, 6; *Marinos,* Die „sittenwidrige Annäherung" an fremde Kennzeichen, 1983; *Mayrhofer,* Rufausbeutung im Recht des unlauteren Wettbewerbs, 1995; *Meister,* Nachforschungspflicht des Einzelhandels in Bezug auf Nachahmungen, MA 1992, 429; *Mergel,* Die Rufausnutzung als Unlauterkeitstatbestand in der neueren Rechtsprechung des BGH – der wettbewerbsrechtlich verankerte Schutz „bekannter" und „exklusiver" Marken ein gangbarer Weg?, GRUR 1986, 646; *Mettang,* Unlautere Rufausnutzung durch Konkurrenten und Branchenfremde – der BGH auf Abwegen?, GRUR 1987, 149; *Moll,* Die berühmte und bekannte Marke, GRUR 1993, 8; *Rempe,* Der Schutz sogenannter schwacher und starker Zeichen, Diss. Mainz, 1977; *Rohnke,* Wie weit reicht „Dimple"?, GRUR 1991, 284; *Ruijsenaars,* Die Verwertung des Werbewertes bekannter Marken durch den Markeninhaber, Teil 1, Ein Vergleich zwischen Deutschland und den Niederlanden, GRUR Int 1988, 385; Teil 2, Die Rechtslage in den Vereinigten Staaten von Amerika, GRUR Int 1989, 280; *Sack,* Sonderschutz bekannter Marken de lege ferenda, BB 1993, 869; *Sambuc,* Rufausbeutung bei fehlender Warengleichartigkeit?, GRUR 1983, 533; *Schaeffer,* Ausnutzung von bekannten Kennzeichen durch Branchenfremde, GRUR 1988, 509; *Schroeter,* Zur unlauteren Annäherung an fremde Kennzeichnungen, WRP 1968, 125; *Schwendemann,* Führt die Rolex-Entscheidung des Bundesgerichtshofs in eine neue Richtung?, GRUR 1986, 713; *Thomasberger,* Rufausbeutung im Wettbewerbsrecht, Diss. Frankfurt a. M., 1993; *Ulmer,* Wettbewerbsrechtliche Schranken für die Händlerwerbung mit bekannten Herstellermarken? – Zur Rufausbeutung von Markenartikeln und zur Minderung ihres Werbewerts durch Lockvogelstrategien von Handelsunternehmen, WRP 1987, 299; *Vierheilig,* Sittenwidrige Annäherung an fremde Kennzeichen, GRUR 1977, 704; *Vinck,* DZWir 1993, 169; *Völp,* Vermarktung bekannter Marken durch Lizenzen, GRUR 1985, 843; *Waibel,* Zulässigkeit anlehnender Werbung bei hinreichendem Anlaß? GRUR 1976, 402; *Waldmann, B.,* Der wettbewerbsrechtliche Schutz von Kennzeichenrechten, insbesondere das Warenzeichen, Diss. Konstanz, 1990.

**Schrifttum zum MarkenG.** *Boës/Deutsch,* Die „Bekanntheit" nach dem neuen Markenrecht und ihre Ermittlung durch Meinungsumfragen, GRUR 1996, 168; *Bonn,* Zur Mars-Entscheidung, WRP 1994, 501; *Deutsch,* Zur Markenverunglimpfung – Anm. zu den BGH-Entscheidungen „Mars" und „Nivea", GRUR 1995, 319; *Eichmann,* Der Schutz von bekannnten Kennzeichen, GRUR 1998, 201; *v. Gamm,* Rufausnutzung und Beeinträchtigung bekannter Marken und geschäftlicher Bezeichnungen, FS für Piper, 1996, S. 537; *Gloy,* Zum Schutzumfang von Marken nach dem neuen Markengesetz, FS für Rowedder, 1994, S. 77; *Gloyer,* Der Schutz bekannter Marken in Taiwan und in der Volksrepublik China, GRUR Int 1998, 104; *Götting,* Der rechtliche Schutz wegen Markenparodie, JZ 1995, 206; *Großner,* Der Rechtsschutz bekannter Marken, Diss. Konstanz, 1998; *Guo,* Der Schutz der bekannten Marke in der VR China, GRUR Int 1997, 25; *Kouker,* WRP 1994, 444; *Krings,* Haben §§ 14 Abs. 2 Nr. 3 und 15 Abs. 3 MarkenG den Schutz der berühmten Marke sowie des berühmten Unternehmenskennzeichens aus §§ 12, 823 Abs. 1, 1004 BGB ersetzt, GRUR 1996, 624; *Kur,* Entwicklung und gegenwärtiger Stand des internationalen Markenschutzes, MA 1994, 560; *Mostert,* Famous and Well-Known Marks, An International Anlysis, 1997; *Piper,* Der Schutz der bekannten Marken, GRUR 1996, 429; *Piper,* Zu den Anforderungen an den Schutz der bekannten Gemeinschaftsmarke nach der Gemeinschaftsmarkenverordnung, GRUR 1996, 657; *Qiao,* Der Schutz der bekannten Marke in der VR China, GRUR Int 1996, 909; *Rößler,* Die Ausnutzung der Wertschätzung bekannter Marken im neuen Markengesetz, GRUR 1994, 559; *Rößler,* Die Rufausbeutung als Unlauterkeitskriterium in der Rechtsprechung zu § 1 UWG, 1997; *Sack,* Sonderschutz bekannter Marken, GRUR 1995, 81; *Sack,* WRP 1995, 887; *Sambuc,* Tatbestand und Bewertung der Rufausbeutung durch Produktnachahmung, GRUR 1996, 675; *Schneider,* Die notorische Marke: Entstehung eines neuen Markentyps im internationalen Recht und ihre Konsequenzen für das schweizerische Markenrecht, GRUR Int 1998, 461; *Weberndörfer,* Rechtsvergleich Deutschland – Vereinigtes Königreich: Auswirkungen der Umsetzung der EG-Markenrechtsrichtlinie auf den erweiterten Schutz „bekannter" Marken, 1997.

S. auch die Schrifttumsangaben zu VI (vor Rn 441).

### 1. Entwicklung und Rechtsgrundlagen des Rechtsschutzes bekannter Kennzeichen

**a) Wettbewerbsrechtlicher und markengesetzlicher Bekanntheitsschutz.** Als Teil des *wettbewerbsrechtlichen Leistungsschutzes* entwickelte die Rechtsprechung (BGHZ 86, 90 – Rolls-Royce; 91, 465 – Salomon; 91, 609 – SL; 93, 96 – Dimple; BGH GRUR 1987, 711 – Camel Tours; OLG München GRUR 1996, 63 – McDonald's; OLG Stuttgart WRP 1991, 751 – Wella; OLG München GRUR 1987, 299 – Optimum; OLG Frankfurt NJW 1985, 1649 – BMW; OLG Karlsruhe GRUR 1981, 142 – Kräutermeister) den UWG-Tatbestand der wettbewerbswidrigen *Rufausbeutung einer Marke* (zur Anlehnung an fremde Kennzeichen zur Empfehlung der eigenen Ware nach § 1 UWG s. im einzelnen *Baumbach/Hefermehl,* Wettbewerbsrecht, § 1 UWG, Rn 559 aff.; zu den *Entwicklungslinien* in der höchstrichterlichen Rechtsprechung s. *Fezer,* FS GRUR, Bd. II, S. 939; zum *Markenschutz durch Wettbewerbsrecht* s. *Fezer,* GRUR 1986, 485) und gewährte der Marke einen wettbewerbsrechtlichen Schutz gegen Rufausbeutung und Behinderung (zu einem *deliktsrechtlichen* Schutzansatz s. *Deutsch,* FS für Gaedertz, S. 99). Die Notwendigkeit eines wettbewerbsrechtlichen Rufausbeutungsschutzes bekannter Marken fand nach der Rechtslage im WZG

410

seine Ursachen vornehmlich in zwei Anwendungsschranken des deutschen Warenzeichenrechts. Zum einen war der warenzeichengesetzliche Markenschutz auf den *Gleichartigkeitsbereich* der angemeldeten und eingetragenen Waren oder Dienstleistungen beschränkt. Außerhalb des Produktgleichartigkeitsbereichs der eingetragenen Marke konnten Dritte die Marke als Herkunftskennzeichen frei verwenden, es sei denn, das Wettbewerbsrecht schützte die Marke über den Produktgleichartigkeitsbereich des WZG hinaus. Zum anderen war Voraussetzung einer Markenrechtsverletzung im Sinne des WZG das Erfordernis des *warenzeichenmäßigen Gebrauchs* der Marke. Außerhalb des Bereichs der Herkunftskennzeichnung bestand eine freie Verwertbarkeit der Marke in der Werbung, es sei denn, das Wettbewerbsrecht schützte die Marke über den Herkunftskennzeichenschutz des Warenzeichenrechts hinaus. Da nach der Rechtslage im MarkenG der Verwechslungsschutz der Marke nach § 14 Abs. 2 Nr. 2 nur innerhalb des Produktähnlichkeitsbereichs besteht, bestünde ohne den Bekanntheitsschutz der Marke nach § 14 Abs. 2 Nr. 3 diese Anwendungsschranke des MarkenG, dem WZG vergleichbar. Die Anwendungsschranke des warenzeichenmäßigen Gebrauchs im WZG besteht nach der Rechtslage im MarkenG dann nicht mehr, wenn man die markenmäßige Benutzung der kollidierenden Marke nicht als eine allgemeine Voraussetzung einer Markenrechtsverletzung versteht (s. dazu Rn 29 ff.). Vor Inkrafttreten des MarkenG am 1. Januar 1995 schützte das WZG die Marke ausschließlich als ein Herkunftskennzeichen, das Wettbewerbsrecht schützte den Werbewert der Marke als eine unternehmerische Leistung. Der Gesetzgeber des MarkenG griff diese Entwicklung des wettbewerbsrechtlich orientierten Schutzes bekannter Marken, der im Ergebnis den in der bekannten Marke verkörperten Goodwill schütze, ohne daß es auf eine Beeinträchtigung der Herkunftsfunktion der Marke ankomme, auf (so Begründung zum MarkenG, BT-Drucks. 12/6581 vom 14. Januar 1994, S. 72) und verankerte den Rechtsschutz bekannter Kennzeichen im MarkenG. Der kennzeichenrechtliche Bekanntheitsschutz besteht nach § 14 Abs. 2 Nr. 3 für *Marken* und nach § 15 Abs. 3 für *geschäftliche Bezeichnungen*. Den Schutzkriterien der §§ 14 Abs. 2 Nr. 3 und 15 Abs. 3 vergleichbar, besteht ein Schutztatbestand der *geographischen Herkunftsangabe* mit einem besonderen Ruf nach § 127 Abs. 3.

**411** **b) Konkurrenzverhältnis.** Der BGH bestimmt das *Konkurrenzverhältnis* zwischen dem wettbewerbsrechtlichen und bürgerlichrechtlichen zum kennzeichenrechtlichen Schutz bekannter Marken und Unternehmenskennzeichen nach dem *Grundsatz der Spezialität* (s. zur Kritik § 2, Rn 4). Die Regelung zum Schutz bekannter Marken und Unternehmenskennzeichen sei an die Stelle des bisherigen von der Rechtsprechung entwickelten Schutzes getreten und lasse in ihrem Anwendungsbereich für eine gleichzeitige Anwendung des § 1 UWG oder des § 823 Abs. 1 BGB grundsätzlich keinen Raum (BGH GRUR 1999, 161, 162 – MAC Dog; so schon *Sack*, GRUR 1995, 81, 93; *Piper*, GRUR 1996, 429, 435; *Ingerl/Rohnke*, § 14 MarkenG, Rn 523 ff.; aA wie hier *Althammer/Ströbele/Klaka*, MarkenG, § 14, Rn 4; s. zur zutreffenden Anwendung des § 1 UWG zur unlauteren Rufausbeutung des Titels einer Fernsehsendung HansOLG Hamburg GRUR 1999, 76 – Tagesschau I; 1999, 80 – Tagesschau II). Der BGH versteht den Schutz der bekannten Marke im MarkenG als eine umfassende *spezialgesetzliche Regelung*, mit der der bislang in der Rechtsprechung entwickelte Schutz fixiert und ausgebaut werden sollte. Mit dieser Auffassung wendet sich der BGH gegen den Grundsatz der *vollständigen Anspruchskonkurrenz* mit der Folge einer *parallelen* Anwendung der Gesetze (MarkenG, UWG, BGB), deren Anwendungsbereich sich nach dem gegenteiligen Rechtsverständnis *autonom* nach den normspezifischen Schutzzwecken bestimmt. Der BGH hält gleichwohl einen *ergänzenden Wettbewerbsschutz* der Kennzeichen nach § 1 UWG dann für gerechtfertigt, wenn der Schutz nach dem MarkenG versage. Nach dieser Auffassung bedarf es für jede Fallkonstellation des Rechtsschutzes bekannter Kennzeichen einer in der praktischen Rechtsanwendung mit Rechtsunsicherheit verbundenen, eingehenden Prüfung, ob das MarkenG insoweit eine abschließende Regelung enthält. Da die Anwendung eines Gesetzes außerhalb der *abschließenden Regelung* eines anderen Gesetzes eine Selbstverständlichkeit darstellt, wird die Konkurrenzklausel des § 2 MarkenG ihrer Funktion beraubt, die Schwierigkeiten, die mit der Anwendung des Spezialitätengrundsatzes verbunden sind, zu vermeiden. Der Gesetzgeber des MarkenG hat sich mit der Vorschrift des § 2 der Konkurrenzlehre von der *autonomen Anwendung der Gesetze* angeschlossen, da die Regel *lex specialis derogat legi generali* allgemein zur Bestimmung des

Verhältnisses von gewerblichem Rechtsschutz zum Lauterkeitsrecht als überholt gilt (s. § 2, Rn 4). In der Marken- und Wettbewerbspraxis wird die restriktive Auslegung des § 2 zwar den Begründungsaufwand zur Anwendung des Wettbewerbsrechts erschweren, sich bei den relevanten Fallkonstellationen aber zumindest dann kaum auswirken, wenn von dem ergänzenden Wettbewerbsschutz der Kennzeichen nicht enghezig Gebrauch gemacht wird.

Nach der in diesem Kommentar vertretenen Auffassung besteht zwischen dem *kennzeichenrechtlichen Bekanntheitsschutz* im MarkenG und dem *wettbewerbsrechtlichen Rufausbeutungsschutz* im UWG nach § 2 *vollständige Anspruchskonkurrenz* (str. § 2, Rn 2ff.). Die Normzwecke des Wettbewerbsschutzes und des Kennzeichenschutzes sind verschieden. Das UWG dient der *Abwehr von Behinderungswettbewerb zum Schutz des Leistungswettbewerbs*, das MarkenG dient dem *Schutz der subjektiven Kennzeichenrechte* als Teil des gewerblichen und kommerziellen Eigentums. Verfehlt ist die rechtssystematische Auffassung, es handele sich bei dem markengesetzlichen Schutz bekannter Kennzeichen um einen im MarkenG geregelten UWG-Tatbestand. Das MarkenG enthält zum einen *keine abschließende Regelung* des Rechtsschutzes bekannter Kennzeichen. Der wettbewerbsrechtliche Leistungsschutz nach dem UWG greift schon immer dann ergänzend ein, wenn ein UWG-Tatbestand erfüllt ist, der nicht in den Anwendungsbereich des MarkenG fällt (so wohl auch BGH GRUR 1999, 161 – MAC Dog). Dem wettbewerbsrechtlichen Leistungsschutz kommt aber nicht nur eine ergänzende Funktion im Verhältnis zum gewerblichen Rechtsschutz zu. *Vollständige Anspruchskonkurrenz* zwischen dem wettbewerbsrechtlichen und kennzeichenrechtlichen Bekanntheitsschutz der Marken und geschäftlichen Bezeichnungen bedeutet wegen der Verschiedenheit der Normzwecke, daß ein Sachverhalt, der sowohl unter § 1 UWG als auch unter die §§ 14 Abs. 2 Nr. 3 und 15 Abs. 3 zu subsumieren ist, zugleich die wettbewerbsrechtlichen und die kennzeichenrechtlichen Sanktionen auslöst (aA BGH GRUR 1999, 161 – MAC Dog). Der kennzeichenrechtliche Bekanntheitsschutz der Marke nach § 14 Abs. 2 Nr. 3 und der geschäftlichen Bezeichnung nach § 15 Abs. 3 besteht auch im Ähnlichkeitsbereich der Kollisionszeichen und geht damit über den Stand der Rechtsprechung zum wettbewerbsrechtlichen Rufausbeutungsschutz nach § 1 UWG hinaus. Anspruchskonkurrenz besteht auch zum *bürgerlichrechtlichen Verwässerungsschutz der berühmten Marke* nach § 823 Abs. 1 BGB (aA wohl BGH GRUR 1999, 161 – MAC Dog). Auch wenn der Deliktsschutz der berühmten Marke gegen eine ungerechtfertige Beeinträchtigung ihrer Alleinstellung (s. dazu im einzelnen Rn 441ff.) in der Praxis an Bedeutung verlieren wird (so Begründung zum MarkenG, BT-Drucks. 12/6581 vom 14. Januar 1994, S. 72), ergibt sich die Anspruchskonkurrenz aus der Regelung des § 2.

**c) Option der MarkenRL.** Der Kennzeichenschutz der bekannten Marke war von der MarkenRL nicht verbindlich vorgegeben. Nach Art. 4 Abs. 4 lit. a MarkenRL kann jeder Mitgliedstaat ein Eintragungshindernis oder einen Ungültigkeitsgrund für eine Marke vorsehen, wenn und soweit die Marke mit einer älteren nationalen Marke identisch oder dieser ähnlich ist und für Waren oder Dienstleistungen eingetragen werden soll oder eingetragen worden ist, die nicht denen ähnlich sind, für die die ältere Marke eingetragen ist, falls diese ältere Marke in dem Mitgliedstaat bekannt ist und die Benutzung der jüngeren Marke die Unterscheidungskraft oder die Wertschätzung der älteren Marke ohne rechtfertigenden Grund in unlauterer Weise ausnutzen oder beeinträchtigen würde. Von dieser *Option* hat der Gesetzgeber des MarkenG Gebrauch gemacht und sich in den Schutzvoraussetzungen an die MarkenRL angelehnt.

## 2. Relativer Markenschutz

Allgemeine Voraussetzung des Kollisionstatbestands einer Markenrechtsverletzung nach § 14 Abs. 2 Nr. 3 ist es, nicht anders als bei den Kollisionstatbeständen des § 14 Abs. 2 Nr. 1 und 2, daß ein Dritter ohne Zustimmung des Markeninhabers im geschäftlichen Verkehr eine Marke benutzt, die mit der geschützten Marke des Markeninhabers kollidiert. Eine Markenkollision nach Abs. 2 Nr. 3 liegt dann vor, wenn die Marken identisch oder ähnlich sind, die kollidierende Marke für nicht ähnliche Waren oder Dienstleistungen benutzt wird und es sich bei der geschützten Marke um eine im Inland bekannte Marke handelt, deren Unterscheidungskraft oder Wertschätzung aufgrund der Markenkollision ohne rechtfertigenden Grund in unlauterer Weise ausgenutzt oder beeinträchtigt wird. Voraussetzung einer

Markenrechtsverletzung nach Abs. 2 Nr. 3 ist eine *unlautere* und *nicht gerechtfertigte Markenausnutzung* oder *Markenbeeinträchtigung* einer bekannten Marke außerhalb ihres Produktähnlichkeitsbereichs. Der Kollisionstatbestand des § 14 Abs. 2 Nr. 3 entspricht materiellrechtlich dem relativen Schutzhindernis des § 9 Abs. 1 Nr. 3 (zum Verhältnis der Vorschriften s. Rn 14). Nach der Rechtslage im MarkenG ist die markenmäßige Benutzung der kollidierenden Marke keine allgemeine Voraussetzung einer Markenrechtsverletzung (s. Rn 29 ff.).

**414** § 14 Abs. 2 Nr. 3 normiert einen Bekanntheitsschutz der Marke. Zwar setzt der Bekanntheitsschutz der Marke nach § 14 Abs. 2 Nr. 3 wie auch der Identitätsschutz der Marke nach § 14 Abs. 2 Nr. 1 nicht das Vorliegen einer Verwechslungsgefahr voraus. Es handelt sich aber nicht um einen absoluten Markenschutz (s. dazu Rn 71 ff.), sondern um einen relativen Markenschutz wie bei dem Verwechslungsschutz der Marke nach § 14 Abs. 2 Nr. 2 (Rn 77 f.). Bei dem relativen Markenschutz ist die Beurteilung der Markenkollision als eine Markenrechtsverletzung von einer Vielzahl von Umständen sowie deren Verhältnis zueinander abhängig.

### 3. Bekanntheit der Marke

**415** **a) Abgrenzungen.** Der *Begriff der Bekanntheit* einer Marke ist im Kennzeichenrecht *eigenständig* zu entwickeln (s. Rn 417 ff.). Eine bekannte Marke liegt nicht schon dann vor, wenn ein Zeichen durch die Benutzung im geschäftlichen Verkehr innerhalb beteiligter Verkehrskreise als Marke *Verkehrsgeltung* erworben hat. Als ein Entstehungsgrund des sachlichen Markenschutzes nach § 4 Nr. 2 ist der Erwerb von Verkehrsgeltung nicht mit dem Erwerb von Verkehrsbekanntheit im Sinne einer bekannten Marke gleichzusetzen (*Boës/Deutsch*, GRUR 1996, 168). Das schließt nicht aus, daß schon aufgrund des Erwerbs von Verkehrsgeltung eine bekannte Marke entsteht. Die bekannte Marke ist auch nicht mit der berühmten Marke gleichzusetzen (so auch *Kur*, GRUR 1994, 330, 333). Der Bekanntheitsschutz der Marke nach § 14 Abs. 2 Nr. 3 besteht nicht nur bei überragender Verkehrsgeltung, Einmaligkeit, Eigenart und Wertschätzung der Marke als den Schutzvoraussetzungen einer *berühmten* Marke (s. dazu im einzelnen Rn 443 ff.). Die bekannte Marke ist aber nicht nur als ein Minus gegenüber der berühmten Marke zu verstehen, der ein geringerer Bekanntheitsgrad genügt. Der Normzweck des deliktsrechtlichen Verwässerungsschutzes der berühmten Marke ist ein anderer als der Bekanntheitsschutz einer Marke, der die *kommerzielle Verwertbarkeit der Marke* als eine unternehmerische Leistung schützt.

**416** Der Begriff der *bekannten* Marke nach § 14 Abs. 2 Nr. 3 ist auch nicht mit dem Begriff der *notorisch bekannten* Marke im Sinne des Art. 6$^{bis}$ PVÜ gleichzusetzen. Nach § 4 Nr. 3 entsteht der Markenschutz durch die notorische Bekanntheit einer Marke im Sinne des Art. 6$^{bis}$ PVÜ; nach § 10 Abs. 1 ist eine Marke von der Eintragung ausgeschlossen, wenn die prioritätsjüngere Marke mit einer im Inland notorisch bekannten Marke mit älterem Zeitrang kollidiert. Der *Begriff der Notorietät* setzt nach deutschem Verständnis allgemeine Kenntnis der Marke innerhalb der beteiligten Verkehrskreise voraus (s. Art. 6$^{bis}$ PVÜ, Rn 4). Es bestehen allerdings erhebliche Auslegungsunterschiede in den verschiedenen Verbandstaaten. Die internationale Diskussion geht dahin, eine an vornehmlich quantitativen Kriterien ausgerichtete Definition durch eine an einer variablen Vielzahl von Kriterien ausgerichteten Begriffsbestimmung abzulösen, ohne daß derzeit eine Einigung auf eine verbindliche Konkretisierung des Inhalts der Notorietät in Sicht ist (s. dazu Art. 6$^{bis}$ PVÜ, Rn 3). Bei der Begriffsbestimmung der Bekanntheit einer Marke werden aber vergleichbare Beurteilungskriterien zu berücksichtigen sein. Wenn eine Marke mit Notorietät zugleich eine bekannte Marke darstellt, dann besteht auch ein Bekanntheitsschutz der notorisch bekannten Marke außerhalb des Produktähnlichkeitsbereichs. Die internationale Entwicklung im Schutz des geistigen Eigentums geht allgemein dahin, Marken mit besonderer Marktstärke auch außerhalb des Produktähnlichkeitsbereichs Kennzeichenschutz zu gewähren (s. Art. 16 Nr. 3 TRIPS-Abkommen; *Kur*, GRUR 1994, 330, 335). Diese Entwicklungen werden auch den nationalen Bekanntheitsschutz der Marke beeinflussen, ohne daß eine Übertragung der verschiedenen Schutzkriterien ohne weiteres in Betracht kommt. Die in der Rechtsprechung zum *wettbewerbsrechtlichen Rufausbeutungsschutz* entwickelten Beurteilungskriterien sind am ehesten geeignet, auf die Auslegung des Begriffs der Bekanntheit im Sinne des § 14 Abs. 2 Nr. 3 übertragen zu werden. Sie können als Anhaltspunkte bei der Entwicklung eines eigenständigen kennzeichenrechtlichen Begriffs der Bekanntheit im Sinne des MarkenG dienen. Im übrigen wird der EuGH über diesen Rechtsbegriff im Rahmen der Auslegung der MarkenRL entscheiden, auch wenn es sich bei dem Bekanntheitsschutz der Marke um keine verbindliche Vorgabe der MarkenRL handelt.

**b) Begriff der Bekanntheit. aa) Rechtsbegriff.** Bei der Bekanntheit einer Marke handelt es sich um einen *Rechtsbegriff* (s. zur Verwechslungsgefahr als Rechtsbegriff Rn 83 ff.). Die kennzeichenrechtliche Bekanntheit bildet sich aus quantitativen und qualitativen Kriterien (s. Rn 419). Auch wenn es sich bei der Bekanntheit einer Marke um einen Rechtsbegriff handelt, so bestehen doch tatsächliche Grundlagen der Rufausbeutung oder Rufbeeinträchtigung einer bekannten Marke als Markenkollision. Die normative Beurteilung ist mit empirischen Feststellungen verbunden, auch wenn es sich bei der Bekanntheit einer Marke nicht um einen empirischen Tatsachenbegriff handelt. Die Bekanntheit einer Marke kann nicht allein aufgrund demoskopischer Gutachten zur Verkehrsbekanntheit der Marke belegt werden. Der aufgrund einer Verkehrsbefragung ermittelte Grad an Verkehrsbekanntheit einer Marke kann aber als ein quantitatives Element ein Indiz für das Bestehen einer bekannten Marke darstellen. Auch Umfragen bei Industrie- und Handelskammern sowie Wirtschafts- und Verbraucherverbänden können Berücksichtigung finden (zurückhaltender *Boës/Deutsch*, GRUR 1996, 168). Ergebnisse der Demoskopie sowie sonstige Umfragen und Auskünfte stellen aber als solche noch keinen endgültigen Beweis der kennzeichenrechtlichen Bekanntheit einer Marke dar.

Der Begriff der Bekanntheit ist zudem ein *gemeinschaftsrechtlicher Begriff,* der einer richtlinienkonformen Auslegung bedarf (s. dazu näher zur Verwechslungsgefahr Rn 85 ff.). Auch wenn es sich bei dem Bekanntheitsschutz der Marke nicht um eine verbindliche Vorgabe der MarkenRL handelt, kommt dem EuGH die Aufgabe zu, die Auslegung des Begriffs der Bekanntheit und die Entwicklung der Beurteilungskriterien durch die nationalen Gerichte auf ihre Vereinbarkeit mit der MarkenRL zu überprüfen (s. Begründung zum MarkenG, BT-Drucks. 12/6581 vom 14. Januar 1994, S. 72). Bei der richtlinienkonformen Auslegung des Rechtsbegriffs der kennzeichenrechtlichen Bekanntheit einer Marke sind zudem die in der Rechtsprechung des EuGH entwickelten Rechtssätze zum spezifischen Gegenstand des Markenrechts (s. Rn 93 ff.), sowie die wettbewerbsrechtlichen Grenzen produktbezogener Vermarktungsregeln (s. dazu Rn 98 ff.) zu berücksichtigen, auch wenn diese gemeinschaftsrechtlichen Rechtssätze nicht ausdrücklich zum Bekanntheitsschutz der Marke entwickelt worden sind.

**bb) Bewegliches System quantitativer und qualitativer Beurteilungskriterien.** Der Rechtsbegriff der bekannten Marke stellt ein *bewegliches System quantitativer und qualitativer Beurteilungskriterien* dar (s. Begründung zum MarkenG, BT-Drucks. 12/6581 vom 14. Januar 1994, S. 72). Im Bekanntheitsschutz der Marke kommt noch anschaulicher als im Verwechslungsschutz der Marke die Ausdehnung des Markenschutzes auf alle ökonomischen Funktionen der Marke auf dem Markt und damit die Funktionalität des Kennzeichenschutzes zum Ausdruck (zur Funktionalität s. Einl, Rn 30 ff.). Gerade die bekannte Marke wird sowohl im Interesse des Markeninhabers als ein produktidentifizierendes Unterscheidungszeichen für Produkte als Unternehmensleistungen geschützt, als auch im Interesse der Verbraucher als ein Instrument der Kommunikation auf dem Markt. Die quantitativen und qualitativen Beurteilungskriterien bestimmen sich nach dem *Normzweck* des kennzeichenrechtlichen Bekanntheitsschutzes. Die marktstarke Marke ist Ausdruck einer unternehmerischen Leistung im Marktwettbewerb. Der kennzeichenrechtliche Bekanntheitsschutz stellt eine Verstärkung des Kennzeichenschutzes im Interesse der Marktstärke des Kennzeichens dar. Die Schutzausdehnung auf den Produktbereich außerhalb der ähnlichen Waren und Dienstleistungen ist eine Folge des Marktauftritts der Marke und ihrer gesteigerten Marktgeltung sowie ihres gewachsenen Markenwerts. Der Bekanntheitsschutz dient der Markenpersönlichkeit. Normzweck des Bekanntheitsschutzes ist ein intensiver Schutz der *kommerziellen Verwertbarkeit der Marke* als einer unternehmerischen Leistung auf dem Markt. An dieser Schutzrichtung sind die quantitativen und qualitativen Beurteilungskriterien der Bekanntheit in ihrer Wechselwirkung zu bestimmen. Art. 16 Abs. 3 TRIPS-Abkommen stellt zum Schutz der bekannten Marken außerhalb des Produktähnlichkeitsbereichs auf die Wahrscheinlichkeit ab, daß eine solche Benutzung den Interessen des Inhabers der bekannten Marke Schaden zufügen würde.

**420** **c) Quantitative Elemente.** Die Markenbekanntheit als ein funktionaler Rechtsbegriff ist nicht allein aufgrund der *empirischen Verkehrsbekanntheit* der Marke auf dem Markt festzustellen. Die Relevanz empirischer Marktstärke stellt aber einen *Indikator* der kennzeichenrechtlichen Bekanntheit einer Marke dar. Allgemeingültige *Prozentsätze* an Verkehrsbekanntheit bestehen nicht. Die relevante Verkehrsbekanntheit variiert hinsichtlich der relevanten Verkehrskreise. Bezogen auf die Gesamtbevölkerung *(absoluter Bekanntheitsgrad)*, kann ein Mindestgrad von 30% an Verkehrsbekanntheit ausreichend sein (BGHZ 93, 96 – Dimple). Bei sachlich begrenzten Verkehrskreisen *(relativer Bekanntheitsgrad)* kann ein Bekanntheitsgrad von einem Drittel als unzureichend zu beurteilen sein (zum Kundenkreis der Sportler und Verbraucher in Bayern und Baden-Württemberg s. BGH GRUR 1991, 465 – Salomon). Auch die *Produktart* bestimmt die Relevanz der konkret anzusprechenden Kundenkreise und somit den Grad an Verkehrsbekanntheit einer Marke (BGHZ 113, 115 – SL; BGH GRUR 1994, 732 – McLaren). Die empirische Verkehrsbekanntheit einer Marke ist selbst keine statische, sondern eine dynamische Größe, bezogen auf bestimmte Marktsegmente. Die quantitative Bekanntheit einer Marke ist bezogen sowohl auf die relevanten *Verkehrskreise* als auch auf die *Produkte* am Markt. Bei aller Unbestimmtheit eines Mindestgrades an empirischer Verkehrsbekanntheit wird als Erfahrungssatz die *Faustregel* gelten können, daß jedenfalls eine Verkehrsbekanntheit von 50% die kennzeichenrechtliche Markenbekanntheit, unbeschadet der qualitativen Elemente der Markenbekanntheit (s. Rn 422), indiziert. Die unterste Schwelle bereits bei einem Bekanntheitsgrad ab 20% anzusiedeln (so *Ingerl/Rohnke*, § 14 MarkenG, Rn 478; so schon *Rohnke*, GRUR 1991, 284, 290, nach dem erst bei einem Zuordnungsgrad deutlich unter 25% der gute Ruf einer Marke als Vermögenswert erlischt), verkennt den Verwechslungsschutz als das Kernstück des Kennzeichenrechts, zumal dann, wenn qualitative Anforderungen an die Bekanntheit der Marke nicht verlangt werden (s. dazu Rn 422).

**421** Bestimmte Beurteilungskriterien der Bekanntheit einer Marke stellen zwar in erster Linie quantitative Elemente dar, die aber zugleich einen qualitativen Gehalt aufweisen. Der quantitative Anteil der Markenbekanntheit kann nicht nur mit empirischen Ergebnissen der Demoskopie belegt, sondern auch aufgrund solcher *komplexer* Beurteilungskriterien begründet werden. Zu den Beurteilungskriterien mit quantitativen Elementen gehören etwa das Alter der Marke, der Zeitraum ihrer Benutzung, die Intensität der Werbung, Marktanteil und Produktumsatz, Verbreitungsgebiet und Distributionssystem, die Existenz identischer oder ähnlicher Marken auf dem Markt sowie die allgemeine Kommunikation über die Marke und das Produkt in der Bevölkerung.

**422** **d) Qualitative Elemente.** Die kennzeichenrechtliche Bekanntheit einer Marke als ein funktionaler Rechtsbegriff besteht nach ganz überwiegender Auffassung nicht nur aus *quantitativen*, sondern auch aus *qualitativen* Elementen (Begründung zum MarkenG, BT-Drucks. 12/6581 vom 14. Januar 1994, S. 72, *Rößler*, GRUR 1994, 559, 562; *Sack*, GRUR 1995, 81, 86; *Schweer*, Die erste Markenrechts-Richtlinie, S. 115; *Kraft*, GRUR 1991, 339, 342; aA nur *Ingerl/Rohnke*, § 14, Rn 479; s. zur internationalen Diskussion Rn 416). Die *Marktgeltung* einer bekannten Marke muß von einer solchen Qualität sein, die im Interesse einer *kommerziellen Verwertung* der Marke als einer unternehmerischen Leistung die *Ausdehnung des Markenschutzes* auf den Produktbereich außerhalb der ähnlichen Waren oder Dienstleistungen rechtfertigt. Im Wortlaut der §§ 14 Abs. 2 Nr. 3 und 15 Abs. 3 kommt dieses Qualitätskriterium in dem Begriff der Wertschätzung der bekannten Marke zum Ausdruck. Die Formulierung entspricht Art. 4 Abs. 4 lit. a MarkenRL. Anders spricht § 127 Abs. 3 von dem besonderen Ruf einer geographischen Herkunftsangabe. Synonyme Ausdrücke, die teils bestimmte Aspekte des Phänomens umschreiben, sind der gute Ruf, das Image, das Renommee, der Werbewert oder die Anmutungsqualität der Marke. Markenpersönlichkeit und Marktgeltung einer Marke sind weitere Umschreibungen des guten Rufs einer Marke, der eine Wertschätzung im Verkehr im Sinne des kennzeichenrechtlichen Bekanntheitsschutzes zukommt. In den beteiligten Verkehrskreisen eines sachlich und räumlich begrenzten Marktes kann einer Marke eine solche rechtserhebliche Wertschätzung zukommen, auch wenn quantitativ nur ein geringer Grad an Verkehrsbekanntheit erreicht ist. Qualitative Elemente der Beurteilung sind die Unterscheidungskraft und Kennzeichnungskraft sowie das Markendesign des Kennzeichens. Zu berücksichtigen ist auch der qualitative

Gehalt der quantitativen Beurteilungskriterien (s. zu den komplexen Beurteilungskriterien Rn 421). Art. 16 Abs. 3 TRIPS-Abkommen stellt darauf ab, ob die Benutzung der Kollisionsmarke im Zusammenhang mit den Produkten außerhalb des Produktähnlichkeitsbereichs auf eine Verbindung zwischen diesen Waren oder Dienstleistungen und dem Inhaber der bekannten Marke hinweisen würde.

**e) Zeitpunkt der Bekanntheit.** Der Zeitrang des Bekanntheitsschutzes der Marke bestimmt sich nach dem Zeitpunkt des Erwerbs der Bekanntheit (so zum wettbewerbsrechtlichen Bekanntheitsschutz der Marke nach § 1 UWG BGH GRUR 1999, 161, 163 – MAC Dog, offengelassen allerdings für § 14 Abs. 2 Nr. 3; sowohl auch OLG München GRUR 1996, 63, 65 – Mac Fash). Die Rechtslage ist vergleichbar dem Zeitrang des Verwässerungsschutzes der berühmten Marke (s. dazu im einzelnen Rn 450). 423

**f) Entscheidungspraxis. aa) Wettbewerbsrechtlicher Rufausbeutungsschutz.** Innerhalb des *wettbewerbsrechtlichen Rufausbeutungsschutzes* der bekannten Marke wurden in der Rechtsprechung als *bekannte Marken* etwa anerkannt *Rolls-Royce* (BGHZ 86, 90 – Rolls-Royce); *Rolex* (BGH GRUR 1985, 876 – Rolex); *Salomon* (BGHZ 91, 465 – Salomon); *SL* (BGHZ 91, 609 – SL); *Dimple* (BGHZ 93, 96 – Dimple); *Quattro* (HansOLG Hamburg WRP 1986, 221 – Quattro); *Camel* (BGH GRUR 1987, 711 – Camel Tours); *Wella* (OLG Stuttgart WRP 1991, 751 – Wella); *Ferrari* (OLG Frankfurt, WRP 1992, 718 – Ferrari); *Mercedes* (GRUR 1992, 445 – Wiederholungszeichen); *Avon* (BGH GRUR 1992, 863 – Avon); *BAILEY'S* (OLG Köln GRUR 1993, 688 – BAILEY'S); *McLaren* (BGH GRUR 1994, 732 – McLaren); *BOSS* (OLG Frankfurt GRUR 1995, 154 – Börsen-Order-Service-System); *McDonald's* (OLG München GRUR 1996, 63 – McDonald's); *Cartier* (BGH GRUR 1996, 508 – Cartier); *BOSS* (OLG Köln MD 1997, 1014 – BOSS); *Focus* (LG Köln WRP 1998, 917 – Focus). 423a

**bb) Markenrechtlicher Rufausbeutungsschutz.** Innerhalb des *markenrechtlichen Rufausbeutungsschutzes* wurden als bekannte oder berühmte Marken etwa anerkannt *Adidas* (OLG München, Mitt 1982, 198); *Rosenthal* (OLG Düsseldorf GRUR 1983, 389 – Rosenthal); *Mercedes* (OLG Frankfurt, GRUR 1992, 445 – Wiederholungszeichen); *Ferrari* (OLG Frankfurt, WRP 1992, 718 – Ferrari); *McDonald's* (OLG München GRUR 1996, 63 – McDonald's); *Zwilling* (OLG Karlsruhe WRP 1998, 900 – zwilling.de; LG Mannheim WRP 1998, 920 – zwilling.de); *Pack den Tiger in den Tank* (HansOLG Hamburg GRUR 1998, 420 – Pack den Tiger in den Tank). 423b

### 4. Ausnutzung oder Beeinträchtigung der Unterscheidungskraft oder der Wertschätzung der Marke

**a) Kollisionstatbestand.** § 14 Abs. 2 Nr. 3 umschreibt den Kollisionstatbestand in Anlehnung an den Wortlaut des Art. 4 Abs. 4 lit. a MarkenRL. Gegenstände der Kollision sind die *Unterscheidungskraft* und die *Wertschätzung* der Marke. Als Verletzungshandlungen werden die *Ausnutzung* und die *Beeinträchtigung* der bekannten Marke genannt. Eine systematische Kombination der Verletzungsobjekte mit den Verletzungshandlungen würde *vier Kollisionstatbestände* ergeben: die *Ausnutzung der Wertschätzung*, die *Beeinträchtigung der Wertschätzung*, die *Beeinträchtigung der Unterscheidungskraft* und die *Ausnutzung der Unterscheidungskraft* der bekannten Marke. Man kann die Ausnutzung der Wertschätzung als den Kollisionstatbestand der *Rufausbeutung* und die Beeinträchtigung der Wertschätzung als den Kollisionstatbestand der *Rufgefährdung* bezeichnen. Im Unterschied dazu stellt die Beeinträchtigung der Unterscheidungskraft den Kollisionstatbestand der *Verwässerung* der bekannten Marke dar. Die Ausnutzung der Unterscheidungskraft einer Marke stellt keinen sachgerechten Kollisionstatbestand dar und kann vernachlässigt werden. Der Ausnutzung der Unterscheidungskraft als *Aufmerksamkeitsausbeutung* einen eigenständigen Anwendungsbereich innerhalb des Bekanntheitsschutzes der Marke zuzuerkennen und etwa die Erlangung eines Kommunikationsvorsprungs als konstitutiv für die Markenrechtsverletzung anzuerkennen (so *Ingerl/Rohnke*, § 14 MarkenG, Rn 520), verwischt die kennzeichenrechtlichen Grenzen des Kollisionstatbestands, da es sich bei einer Erleichterung werblicher Kommunikation zur Erreichung der Aufmerksamkeit des Publikums um ein wettbewerbsimmanentes Marktverhalten handelt, das für eine Kennzeichenrechtsverletzung nicht unrechtsbegründend zu wirken 424 vermag. Wenn man bedenkt, daß sich die Rufausbeutung (Ausnutzung der Wertschätzung) und die Rufgefährdung (Beeinträchtigung der Wertschätzung) nur in der zeitlichen Dimension des Kollisionstatbestandes unterscheiden, erscheint es angemessen, den Kollisionstatbestand einheitlich als den Schutztatbestand der Rufausbeutung einer bekannten Marke zu behandeln. Da weder das MarkenG noch die MarkenRL den Begriff des Rufs der Marke verwenden, wird vorgeschlagen, diesen Kollisionstatbestand als *Markenausbeutung* und den Kollisionstatbestand der Beeinträchtigung der Unterscheidungskraft als *Markenverwässerung* zu bezeichnen. Aus der Sicht des nationalen Kennzeichenschutzes vor Inkrafttreten des MarkenG ist der Kollisionstatbestand der Markenausbeutung dem wettbewerbsrechtlichen Rufausbeutungsschutz der bekannten Marke nach § 1 UWG und der Kollisionstatbestand der Markenverwässerung dem deliktsrechtlichen Schutz der berühmten Marke nach § 823 Abs. 1 BGB vergleichbar.

**425**   **b) Markenausbeutung.** Unter *Markenausbeutung* wird zusammenfassend die Ausnutzung der Wertschätzung (Rufausbeutung) und die Beeinträchtigung der Wertschätzung (Rufgefährdung) einer bekannten Marke verstanden (s. Rn 424). Die Markenausbeutung erfolgt durch eine *kommerzielle Verwertung des guten Rufs* einer bekannten Marke zum eigenen Nutzen. Erforderlich ist, daß die bekannte Marke eine Wertschätzung im Verkehr im Sinne eines überragenden Rufs besitzt, der einer wirtschaftlichen Verwertung zugänglich ist (BGHZ 93, 96 – Dimple; 91, 465, 466 – Salomon; 91, 609, 612 – SL). Die Wertschätzung der Marke besteht in einem bestimmten *Vorstellungsbild des Verkehrs* über besondere Eigenschaften oder die besondere Qualität des Produkts, das aufgrund des Images der Marke dem Verbraucher vermittelt wird. Die *Markenpersönlichkeit* bestimmt die Attribute des Produkts. Zumeist wird es sich um Attribute eines bestimmten Lebensstils wie Prestige und Exklusivität, Luxus und Eleganz, Sportlichkeit und Fitneß, Natur und Ökologie, High-Tech-Technologie oder andere Qualitätsstandards handeln. Die besonderen Gütevorstellungen im Verkehr eignen sich zu einer wirtschaftlichen Verwertbarkeit der Marke, wie namentlich im Wege der Lizenzierung. Auf einen realen Marktvorsprung des Produkts gegenüber Konkurrenzprodukten kommt es nicht an. Die Wertschätzung der bekannten Marke kann in der gesamten Bevölkerung oder nur innerhalb bestimmter Kundenkreise als Interessenten des konkreten Produkts bestehen (zum Kundenkreis für hochwertige Sportfahrzeuge s. BGHZ 113, 115 – SL; BGH GRUR 1994, 732 – MacLaren).

**426**   Die Markenausbeutung erfolgt in der Regel durch einen *Imagetransfer* (Rufübertragung). Im Verkehr werden die aufgrund der bekannten Marke vermittelten Gütevorstellungen über das Produkt auf das andere Produkt übertragen, für das ein mit der bekannten Marke identisches oder ähnliches Zeichen benutzt wird. Die Art der Rufübertragung hängt von den Vorstellungsinhalten der Wertschätzung im Verkehr ab. In der Rechtsprechung zur wettbewerbsrechtlichen Rufausbeutung bekannter Marken wurde teils zwischen unmittelbarem und mittelbarem Imagetransfer unterschieden (zur Entscheidungspraxis s. Rn 439).

**427**   **c) Markenverwässerung.** Unter *Markenverwässerung* wird die Beeinträchtigung der Unterscheidungskraft einer bekannten Marke verstanden (s. Rn 424). Dieser Tatbestand ist der Verwässerung einer berühmten Marke vergleichbar (s. Rn 441 ff.). Die Beeinträchtigung der Unterscheidungskraft einer bekannten Marke setzt keine Rufübertragung (s. Rn 426) voraus. Der Verletzer macht sich nicht die der bekannten Marke im Verkehr entgegengebrachte Wertschätzung für seine Produkte zu eigen, sondern verwertet die Bekanntheit der Marke als solcher, indem er die Anziehungskraft der Marke gleichsam als *Aufmerksamkeitswerbung* verwendet. Die *Attraktionskraft* und der *Werbewert* der bekannten Marke werden unabhängig von besonderen Eigenschaften oder einer besonderen Qualität des Produkts *kommerzialisiert*. Folge ist eine Beeinträchtigung der Unterscheidungskraft der bekannten Marke. Eine rufschädigende Wirkung kann in dem *Hervorrufen negativer Assoziationen* zu den mit der bekannten Marke gekennzeichneten Produkten bestehen. So hält es der BGH für naheliegend, daß bei den Verbrauchern durch die Verwendung der Bezeichnungen *MAC Dog* und *MAC Cat* für Hunde- und Katzenfutter auf Fleischbasis eine negative Assoziation zu den Produkten der *McDonald's*-Restaurants, deren Produktserie mit bekannten Bezeichnungen einer Kombination der Zeichenbestandteile *Mc* oder *Mac* mit Gattungsbegriffen gekennzeichnet werden, geweckt werden (BGH GRUR 1999, 161, 164 – MAC Dog). Eine solche Markenverwässerung liegt namentlich in den Fallkonstellationen der *Markenverunglimp-*

*fung* vor (BGH GRUR 1994, 495 – Markenverunglimpfung I; 1995, 57 – Markenverunglimpfung II; s. Rn 436). Auch den Entscheidungen *Lusthansa*, *BMW* und *Mordoro* liegen vergleichbare Sachverhalte einer *Markenparodie* zugrunde (OLG Frankfurt GRUR 1982, 319 – Lusthansa; BGHZ 98, 94 – BMW; 91, 117 – Mordoro; s. Rn 437). In solchen Fallkonstellationen liegt regelmäßig auch ein unzulässiger *Behinderungswettbewerb* nach § 1 UWG vor (zum Konkurrenzverhältnis zwischen MarkenG und UWG s. Rn 411 ff.).

### 5. Unlauterkeit

Die Markenausbeutung oder Markenverwässerung muß in *unlauterer Weise* erfolgen. Bei dieser Voraussetzung des Bekanntheitsschutzes handelt es sich um ein Art. 4 Abs. 4 lit. a MarkenRL entnommenes Tatbestandsmerkmal, das als ein Begriff des Gemeinschaftsrechts richtlinienkonform auszulegen ist. Der Schutzvoraussetzung der Unlauterkeit wird gegenüber den Tatbeständen der Markenausbeutung und der Markenverwässerung kaum eine eigenständige Bedeutung zukommen, da das Vorliegen dieser Tatbestände namentlich im Hinblick auf die Entwicklung des Rechtsschutzes bekannter Kennzeichen im deutschen Wettbewerbsrecht eine Beurteilung als unlauteren Wettbewerb regelmäßig voraussetzt. Das Tatbestandsmerkmal signalisiert die wettbewerbsrechtliche Ausrichtung des Rechtsschutzes bekannter Marken. Es ist gleichsam Ausdruck der Einheit des Markenrechts mit dem Wettbewerbsrecht. Die kennzeichenrechtlichen Tatbestände der Markenausbeutung und der Markenverwässerung haben zwar nicht zur Voraussetzung, daß der Kennzeichenschutz, wenn ein Mitgliedstaat von der Option des Art. 4 Abs. 4 lit. a MarkenRL Gebrauch macht, mit den Voraussetzungen des nationalen Wettbewerbsschutzes übereinstimmt. Das Tatbestandsmerkmal der Unlauterkeit verlangt aber eine *wettbewerbsrechtliche Wertung des Kennzeichentatbestandes* dahin, daß die Anerkennung eines kennzeichenrechtlichen Schutzes bekannter Marken und namentlich die Reichweite des Anwendungsbereichs eines solchen Kennzeichenschutzes nicht selbst dem Leistungswettbewerb und damit die Ausdehnung der Monopolisierung eines bekannten Kennzeichens der Institution eines freien Wettbewerbs widerspricht. Das Tatbestandsmerkmal der Unlauterkeit verlangt so eine wettbewerbliche Gesamtbeurteilung der kennzeichenrechtlichen Tatbestände einer Markenausbeutung und Markenverwässerung.

### 6. Ohne rechtfertigenden Grund

Die Markenausbeutung oder Markenverwässerung der bekannten Marke muß *ohne rechtfertigenden Grund* erfolgen. Bei diesem negativen Tatbestandsmerkmal handelt es sich um einen Begriff des Art. 4 Abs. 4 lit. a MarkenRL, der insoweit richtlinienkonform auszulegen ist. Diesem Tatbestandsmerkmal wird im Kennzeichenschutz der bekannten Marke nur eine geringe Bedeutung zukommen. Es ist davon auszugehen, daß eine unlautere Markenausbeutung oder Markenverwässerung regelmäßig ohne rechtfertigenden Grund erfolgt. Einen Rechtfertigungsgrund für ein unlauteres Marktverhalten gibt es nicht. So wie das Tatbestandsmerkmal der Unlauterkeit eine wettbewerbliche Gesamtbeurteilung der kennzeichenrechtlichen Tatbestände einer Markenausbeutung und Markenverwässerung verlangt (s. Rn 428), so verlangt das Tatbestandsmerkmal der Markenbenutzung ohne rechtfertigenden Grund eine allgemeine *Gesamtbeurteilung des Marktverhaltens* dahin, ob nicht aus *übergeordneten Gründen der Rechtsordnung* das Vorliegen eines Rechtfertigungsgrundes anzunehmen ist. Aus Gründen des *Verfassungsrechts*, wie etwa des Schutzes der *Meinungsfreiheit* oder der *Kunstfreiheit*, sowie aus Gründen des *Gemeinschaftsrechts*, wie etwa der *Freiheit des Waren- und Dienstleistungsverkehrs* im Europäischen Binnenmarkt, kann ausnahmsweise eine Schutzbegrenzung bekannter Kennzeichen geboten sein. So können etwa auch *medienpolitische* Aspekte der Programmgestaltung zur Begrenzung von Monopolstellungen in die Interessenabwägung einzubeziehen sein (s. dazu BGHZ 120, 228, 230 – Guldenburg; *Rößler*, GRUR 1994, 559, 567; zur Verfassungskonformität einer produktbezogenen Begrenzung des Werktitelmerchandisings aus Gründen der *Rundfunkfreiheit* im Sinne des Art. 5 Abs. 1 S. 2 GG s. BVerfG GRUR 1999, 232 – Guldenburg; s. dazu § 15, Rn 171).

### 7. Markenähnlichkeit

Der kennzeichenrechtliche Bekanntheitsschutz besteht sowohl gegenüber mit der bekannten Marke *identischen* Zeichen als auch *ähnlichen* Zeichen. Damit geht der Anwen-

**MarkenG § 14** 431 Schutzinhalt des Markenrechts

dungsbereich des Kennzeichenschutzes über den vor Inkrafttreten des MarkenG bestehenden Stand des Wettbewerbsschutzes bekannter Kennzeichen nach § 1 UWG hinaus, auch wenn die Zeichenidentität keine ausdrückliche Voraussetzung des wettbewerbsrechtlichen Schutzes darstellte. Die Ausdehnung des Kennzeichenschutzes auf den Ähnlichkeitsbereich der Marken ist schon aus Gründen der internationalen *Produktpiraterie* geboten, bei der bekannte Kennzeichen häufig in Abweichungen verwendet werden. Auch in den Fallkonstellationen einer *Markenverunglimpfung* werden häufig Abwandlungen von bekannten Kennzeichen benutzt. Zum Begriff der Markenähnlichkeit kann zwar grundsätzlich auf die Rechtssätze zur Markenähnlichkeit im Verwechslungsschutz der Marke nach § 14 Abs. 2 Nr. 2 zurückgegriffen werden (s. Rn 146 ff.). Da es sich aber sowohl beim Verwechslungsschutz als auch beim Bekanntheitsschutz der Marke um ein bewegliches System wechselseitiger Beurteilungskriterien handelt, ist geboten, den Ähnlichkeitsbereich der Marken am Normzweck des Schutztatbestandes auszurichten. Der Schutzzweck einer Verhinderung der kommerziellen Verwertung einer bekannten Marke als einer unternehmerischen Leistung des Rechtsinhabers durch Dritte bestimmt die Reichweite des Ähnlichkeitsbereichs des Kollisionszeichens. Der *Markenähnlichkeitsbereich* steht in Relation zur *Marktgeltung* der Marke. Je höher der Bekanntheitsgrad einer Marke ist, desto weiter wird der Ähnlichkeitsbereich zu ziehen sein. Das bedeutet nicht, daß der Ähnlichkeitsbereich im Sinne des § 14 Abs. 2 Nr. 3 grundsätzlich enger zu ziehen ist, als der Ähnlichkeitsbereich der Zeichen im Sinne des § 14 Abs. 2 Nr. 2 (so aber OLG München GRUR 1996, 63, 65 – McDonald's). Der Ähnlichkeitsbereich der Konkurrenzzeichen kann bei einem sehr hohen Bekanntheitsgrad weiter und bei einem niedrigen Bekanntheitsgrad enger als im Verwechslungsschutz zu ziehen sein. Entscheidend wird es dabei zum einen auf die Existenz von identischen oder ähnlichen *Drittmarken* ankommen. Zum anderen ist aber auch die *Produktnähe* zu berücksichtigen, auch wenn der Bekanntheitsschutz der Marke auch außerhalb des Produktähnlichkeitsbereichs besteht, da die Art der Produkte namentlich für den Tatbestand der Markenausbeutung rechtserheblich ist. Insoweit bestehen *fließende Übergänge* zwischen dem Verwechslungsschutz der Marke nach § 14 Abs. 2 Nr. 2 und dem Bekanntheitsschutz der Marke nach § 14 Abs. 2 Nr. 3. So kann etwa die Produktähnlichkeit dahingestellt bleiben, wenn zumindest der erforderliche Bekanntheitsgrad erreicht ist, oder es kann der Bekanntheitsgrad dahingestellt bleiben, wenn wegen der Kennzeichnungskraft der Marke noch von einem Produktähnlichkeitsbereich auszugehen ist (s. zum Verhältnis von Markenähnlichkeit und Produktähnlichkeit im Verwechslungsschutz der Marke § 14, Rn 103, 114 f.).

### 8. Produktähnlichkeit

**431** **a) Abgrenzung des Kollistionstatbestandes.** Der kennzeichenrechtliche Bekanntheitsschutz der Marke nach § 14 Abs. 2 Nr. 3 besteht nach dem Wortlaut der Vorschrift *außerhalb des Produktähnlichkeitsbereichs,* der den Anwendungsbereich des Verwechslungsschutzes der Marke nach § 14 Abs. 2 Nr. 2 begrenzt. In der Entwicklung des Rechtsschutzes bekannter Marken war die Anwendungsschranke der Warengleichartigkeit nach der Rechtslage im WZG eine der Ursachen für die Entwicklung des wettbewerbsrechtlichen Rufausbeutungsschutzes (s. dazu die Fallkonstellation BGHZ 93, 96 – Dimple; s. Rn 410). Der Bekanntheitsschutz der Marke nach § 14 Abs. 2 Nr. 3 besteht aber auch dann, wenn zwischen den Produkten der bekannten Marke und den Produkten des Kollisionszeichens Ähnlichkeit besteht (aA HansOLG Hamburg GRUR 1996, 982, 983 – Für Kinder; 1999, 172, 176 – CABINET; offen gelassen BGH GRUR 1997, 311, 312 – Yellow Phone; 1999, 155, 156 – DRIBECK's LIGHT; zum Schrifttum siehe einerseits *Piper*, GRUR 1996, 429, 436 f., andererseits zugleich zum schweizerische Markenrecht *Schneider*, GRUR Int 1998, 461, 465; s. dazu *Eichmann*, GRUR 1998, 201, 206 ff.). Die Formulierung in § 14 Abs. 2 Nr. 3 („die nicht denen ähnlich sind") stellt *kein eigenständiges negatives Tatbestandsmerkmal* in dem Sinne dar, daß das Nichtvorliegen von Produktähnlichkeit eine positive Anwendungsvoraussetzung des Kollisionstatbestandes darstellte. Die Vorschrift ist vielmehr dahin auszulegen, daß der Bekanntheitsschutz der Marke das Vorliegen von Verwechslungsgefahr nicht voraussetzt. Der Rekurs auf die Produktähnlichkeit als tatbestandliche Voraussetzung der Verwechslungsgefahr stellt nur eine gesetzgeberische Rechtstechnik dar, um den Bekanntheitsschutz der Marke vom Kollisionstatbestand der Verwechslungsgefahr zu unterscheiden.

Schutzinhalt des Markenrechts 431a § 14 MarkenG

Insoweit ist weder von einer *Schutzlücke* im kennzeichenrechtlichen Bekanntheitsschutz hinsichtlich des Schutzes bekannter Marken im Produktähnlichkeitsbereich auszugehen (so aber *Keller,* Der Schutz eingetragener Marken gegen Rufausnutzung, S. 119), noch bedarf es zum Schutz bekannter Marken im Produktähnlichkeitsbereich einer *analogen Anwendung* des § 14 Abs. 2 Nr. 3 (so *Krüger,* GRUR 1995, 527, 529). Eine Anwendung des § 14 Abs. 2 Nr. 3 *innerhalb des Produktähnlichkeitsbereichs* kommt namentlich dann in Betracht, wenn, wie in Fallkonstellationen einer Markenverwässerung, eine Verwechslungsgefahr im Sinne des § 14 Abs. 2 Nr. 2 nicht besteht. Im übrigen sind die Übergänge zwischen dem Verwechslungsschutz der Marke nach § 14 Abs. 2 Nr. 2 und dem Bekanntheitsschutz der Marke nach § 14 Abs. 2 Nr. 3 fließend (s. zur Relevanz der Rufausbeutung und Rufbeeinträchtigung innerhalb des Verwechslungsschutzes der Marke Rn 114f.). Den Anwendungsbereich des § 14 Abs. 2 Nr. 3 *extensiv* zu bestimmen, ist auch im Interesse einer *Einheitlichkeit des Kennzeichenschutzes* der Marken und der geschäftlichen Bezeichnungen (s. § 15, Rn 3) geboten, zumal der Bekanntheitsschutz der geschäftlichen Bezeichnungen schon dem Wortlaut des § 15 Abs. 2 nach unabhängig davon besteht, ob die kollidierende geschäftliche Bezeichnung für branchenähnliche oder branchenfremde Produkte benutzt wird und damit der Bekanntheitsschutz der geschäftlichen Bezeichnungen innerhalb und außerhalb ihres Branchenähnlichkeitsbereichs besteht (s. § 15, Rn 19).

**b) Kumulative Anwendung.** Die Tatbestände des Verwechslungsschutzes der Marke 431a nach § 14 Abs. 2 Nr. 2 und des Bekanntheitsschutzes der Marke nach § 14 Abs. 2 Nr. 3 sind *kumulativ* nebeneinander anzuwenden (s. Rn 115). Zwischen den Kollisionstatbeständen des § 14 Abs. 2 Nr. 1 bis 3 besteht *keine gesetzliche Exklusivität.* Das Konkurrenzverhältnis der Kollisionstatbestände des § 14 Abs. 2 zwischen Nr. 1 und 2 einerseits und Nr. 2 und 3 andererseits ist vergleichbar zu bestimmen. Die kumulative Anwendung zwischen dem *Identitätsschutz* der Marke nach § 14 Abs. 2 Nr. 1 und dem *Verwechslungsschutz* der Marke nach § 14 Abs. 2 Nr. 2 ergibt sich ohne weiteres aus dem Gesetzeswortlaut und ist unstreitig. Der Identitätsschutz der Marke nach § 14 Abs. 2 Nr. 1 besteht ohne das Vorliegen von Verwechslungsgefahr. Die identische Marke ist nach § 14 Abs. 2 Nr. 2, wie der Wortlaut unzweifelhaft ergibt, auch dann geschützt, wenn Verwechslungsgefahr vorliegt. Bei Vorliegen von Doppelidentität besteht der Markenschutz schon dann, wenn keine Verwechslungsgefahr gegeben ist, aber auch dann, wenn Verwechslungsgefahr besteht. Die rechtliche Konsequenz dieser Auffassung besteht darin, daß immer dann, wenn ohne weiteres vom Bestehen von Verwechslungsgefahr auszugehen ist, es dahingestellt bleiben kann, ob die Marken identisch sind. Das wird dann eine Rolle spielen, wenn der Identitätsbereich zweifelhaft ist (s. zum Identitätsbereich Rn 76). Insofern sind die Grenzen zwischen dem Identitätsschutz und dem Verwechslungsschutz der Marke fließend. Es bedarf einer Bestimmung des Identitätsbereichs der Marke nur dann, wenn ohne das Vorliegen von Verwechslungsgefahr Markenschutz gewährt werden soll. Das Konkurrenzverhältnis bestimmt sich nicht anders zwischen den beiden Tatbeständen des *Verwechslungsschutzes* der Marke nach § 14 Abs. 2 Nr. 2 und des *Bekanntheitsschutzes* der Marke nach § 14 Abs. 2 Nr. 3. Eine bekannte Marke ist sowohl nach § 14 Abs. 2 Nr. 2 als auch nach § 14 Abs. 2 Nr. 3 geschützt. Wenn Verwechslungsgefahr besteht, dann genießt eine bekannte Marke unabhängig vom Vorliegen der weiteren Voraussetzungen des § 14 Abs. 2 Nr. 3 (Markenausbeutung oder Markenverwässerung, unredlicher Geschäftsverkehr) wegen ihrer Marktstärke einen erweiterten Verwechslungsschutz, innerhalb dessen die Rufausbeutung oder Rufbeeinträchtigung rechtserheblich sind. Eine bekannte Marke ist auch gegen Rufausbeutung und Rufbeeinträchtigung geschützt, wenn Verwechslungsgefahr vorliegt (s. Rn 114). Aufgrund der horizontalen und vertikalen Wechselwirkung zwischen Verwechslungsgefahr, Markenähnlichkeit und Produktähnlichkeit (s. Rn 336 a ff.) besteht bei einer bekannten Marke ein weiterer Produktähnlichkeitsbereich als bei einer nicht bekannten Marke. Wenn aufgrund der Marktstärke der Marke und des erweiterten Produktähnlichkeitsbereichs der Kollisionstatbestand der Verwechslungsgefahr vorliegt, dann kann dahingestellt bleiben, ob es sich um eine bekannte Marke im Rechtssinne des § 14 Abs. 2 Nr. 3 handelt; es kommt dann namentlich nicht darauf an, ob die weiteren Voraussetzungen des § 14 Abs. 2 Nr. 3 MarkenG vorliegen. Wenn dagegen die weiteren Voraussetzungen des § 14 Abs. 2 Nr. 3 vorliegen und es sich um eine bekannte Marke im Sinne dieser Vorschrift handelt, dann kommt es auf den Produktähnlichkeitsbereich nicht an. Die bekannte Marke im Rechtssinne ist dann nach § 14 Abs. 2 Nr. 3 sowohl innerhalb als auch außerhalb des Produktähnlichkeitsbereichs, der im Sinne dieser Vorschrift nicht zu bestimmen ist, geschützt. Wenn der bekannten Marke außerhalb des Anwendungsbereichs des Verwechslungsschutzes nach § 14 Abs. 2 Nr. 3 Bekanntheitsschutz gewährt wird, dann kann dahingestellt bleiben, ob aufgrund der Marktstärke der Marke der Produktähnlichkeitsbereich so weit zu ziehen ist, daß aufgrund der Wechselwirkung vom Vorliegen von Verwechslungsgefahr auszugehen ist. Diese Auffassung von der kumulativen Anwendung der Kollisionstatbestände nach § 14 Abs. 2 Nr. 1 bis 3 vermeidet, daß der Produktähnlichkeitsbereich, der allein im Anwendungsbereich des Verwechslungsschutzes der Marke ein Tatbestandsmerkmal darstellt, im Sinne des § 14 Abs. 2 Nr. 2 und Nr. 3 jeweils unterschiedlich zu bestimmen ist (ein Ausschlußverhältnis zwischen § 14 Abs. 2 Nr. 2 und 3 verneinend auch *Kur*, MarkenR 1999, 2, 9f.).

### 9. Inlandsbekanntheit

**432** Anwendungsvoraussetzung des § 14 Abs. 2 Nr. 3 ist es, daß es sich um eine *im Inland bekannte* Marke handelt. Danach reicht eine nur im Ausland bestehende Bekanntheit einer Marke für den Inlandsschutz nach § 14 Abs. 2 Nr. 3 nicht aus. Im übrigen ist der Gesetzeswortlaut nicht eindeutig. Die Vorschrift kann sachgerecht auch dahin ausgelegt werden, daß zwar eine Auslandsbekanntheit als solche nicht genügt, daß aber der Bekanntheitsschutz der Marke schon dann eingreift, wenn Folge der Auslandsbekanntheit auch eine Inlandsbekanntheit ist, selbst wenn die Marke im Inland nicht benutzt wird. Nach dem Normzweck des Bekanntheitsschutzes kommt es auf die *Marktrealität der Markenbekanntheit*, nicht auf das *Territorium des Bekanntheitserwerbs* an (zustimmend *Ingerl/Rohnke*, § 14 MarkenG, Rn 481; enger *Schweer*, Die erste Markenrechts-Richtlinie, S. 115; aA *Meister*, WRP 1995, 366, 370f.; zur internationalen Bekanntheit im TRIPS-Abkommen s. *Kur*, GRUR Int 1994, 987, 994). Eine solche Auslegung der Vorschrift ist namentlich dann geboten, wenn es sich um eine *notorisch bekannte Marke* im Sinne des § 4 Nr. 3 handelt, da nach Art. 6$^{bis}$ PVÜ eine inländische Kenntnis der ausländischen Notorietät genügt (s. Art. 6$^{bis}$ PVÜ, Rn 3). Wenn anders § 14 Abs. 2 Nr. 3 dahin ausgelegt wird, daß bei eingetragenen Marken im Sinne des § 4 Nr. 1 und bei Marken mit Verkehrsgeltung im Sinne des § 4 Nr. 2 die Bekanntheit der Marke *durch die Benutzung der Marke im Inland erworben* sein muß, dann kommt es auf das Territorium an, in dem die inländische Bekanntheit erworben wird. Inlandsbekanntheit bedeutet nicht, daß die Bekanntheit der Marke im gesamten Gebiet der Bundesrepublik Deutschland als dem Geltungsbereich des MarkenG und damit in der gesamten Bevölkerung bestehen muß. Der Bekanntheitsschutz einer eingetragenen Marke besteht auch bei einer *territorial begrenzten Bekanntheit* der Marke. Im übrigen steht die Anwendungsvoraussetzung einer Inlandsbekanntheit nicht der *Berücksichtigung von Auslandssachverhalten* entgegen.

### 10. Fallkonstellationen

**433** a) *Dimple*-**Konstellation.** Der Kennzeichenschutz einer bekannten Marke nach § 14 Abs. 2 Nr. 3 besteht dann, wenn das mit der bekannten Marke identische Zeichen oder ähnliche Zeichen außerhalb des Ähnlichkeitsbereichs der Waren oder Dienstleistungen benutzt wird. Der Bekanntheitsschutz *außerhalb des Produktähnlichkeitsbereichs* (Dimple-Konstellation) besteht unstreitig (s. dazu BGHZ 93, 96 – Dimple).

**434** b) *Rolls Royce*-**Konstellation.** Unter *Rolls Royce*-Konstellation ist die Fallgestaltung zu verstehen, bei der das mit der bekannten Marke identische oder ähnliche Zeichen auf eine solche Art und Weise benutzt wird, die *keine markenmäßige Benutzung* darstellt (BGHZ 86, 90 – Rolls-Royce). Wenn man wie nach der Rechtslage im WZG auch nach der Rechtslage im MarkenG die markenmäßige Benutzung als eine Voraussetzung des Markenschutzes versteht, dann ist § 14 Abs. 2 Nr. 3 auf die *Rolls-Royce*-Konstellation nicht anzuwenden; es kommt dann nur ein wettbewerbsrechtlicher Schutz der bekannten Marke nach § 1 UWG in Betracht. Nach der in diesem Kommentar vertretenen Auffassung stellt aber nach der Rechtslage im MarkenG die markenmäßige Benutzung der kollidierenden Marke keine allgemeine Voraussetzung einer Markenrechtsverletzung dar (s. Rn 29 ff.). Das Markenkollisionsrecht schützt vor einer Benutzung der Marke sowohl als *Unterscheidungsmittel* als auch als *Werbemittel*. Die *Rolls Royce*-Konstellation ist unter den kennzeichenrechtlichen Bekanntheitsschutz nach § 14 Abs. 2 Nr. 3 zu subsumieren.

**c) Bekanntheitsschutz im Produktähnlichkeitsbereich.** § 14 Abs. 2 Nr. 3 ist dahin **435** auszulegen, daß der Kennzeichenschutz einer bekannten Marke auch bei einer Benutzung eines mit der bekannten Marke identischen oder ähnlichen Zeichens *innerhalb des Produktähnlichkeitsbereichs* der bekannten Marke besteht (s. Rn 431 f.). Dazu ist keine analoge Anwendung der Vorschrift geboten. Der kennzeichenrechtliche Bekanntheitsschutz innerhalb des Produktähnlichkeitsbereichs ist namentlich dann geboten, wenn der Verwechslungsschutz nach § 14 Abs. 2 Nr. 2 deshalb nicht besteht, weil, wie etwa in den Fallkonstellationen einer Markenverwässerung, Verwechslungsgefahr nicht gegeben ist. Der Bekanntheitsschutz innerhalb des Produktähnlichkeitsbereichs ist zumindest bei einer nicht markenmäßigen Benutzung des Kollisionszeichens geboten, selbst wenn man die markenmäßige Benutzung als eine allgemeine Voraussetzung einer Markenrechtsverletzung im Sinne des § 14 Abs. 2 Nr. 1 und 2 versteht (s. dazu im einzelnen Rn 29). Der Wettbewerbsschutz der bekannten Marke nach § 1 UWG besteht in Anspruchskonkurrenz (s. Rn 411).

**d) *Mars/Nivea*-Konstellation.** Unter der *Mars/Nivea*-Konstellation sind die Fallgestal- **436** tungen einer *Markenverunglimpfung* (Markenparodie) zu verstehen (BGH GRUR 1994, 808 – Markenverunglimpfung I; zum Grundrechtsschutz dieser Wirtschaftswerbung BVerfG NJW 1994, 3342; BGH GRUR 1995, 57 – Markenverunglimpfung II; s. dazu *Schultze/ Schwenn*, WRP 1997, 536). Wenn man nach der Rechtslage im MarkenG die markenmäßige Benutzung der kollidierenden Marke nicht als eine allgemeine Voraussetzung einer Markenrechtsverletzung versteht (s. dazu Rn 29 ff.), dann greift bei einer Markenverunglimpfung, wie etwa einer satirischen Verwendung der bekannten Marke, der Bekanntheitsschutz nach § 14 Abs. 2 Nr. 3 ohne weiteres ein. Das gilt auch dann, wenn man zwar eine markenmäßige Benutzung als Voraussetzung verlangt, als eine markenmäßige Benutzung aber über den Anwendungsbereich des WZG hinaus nach der Rechtslage im MarkenG auch die Benutzung einer Marke als Werbemittel genügen läßt (s. zur markenfunktionalen Extension des Begriffs der markenmäßigen Benutzung Rn 48 f.). Markenparodien können aus Gründen des verfassungsrechtlichen Grundrechtsschutzes gerechtfertigt sein (s. Rn. 429).

Eine vergleichbare Fallkonstellation stellt die Verballhornung berühmter Unternehmens- **437** kennzeichen dar: das Unternehmenskennnzeichen *Lufthansa* durch die Bezeichnung *Lusthansa* auf Aufklebern (OLG Frankfurt GRUR 1982, 319 – Lusthansa); das Unternehmenskennzeichen *BMW* mit dem Spruch *Bums Mal Wieder* (BGHZ 98, 94 – BMW). Eine Verunglimpfung der berühmten Marke *Marlboro* stellte durch die Bezeichnung *Mordoro* in einem Nichtraucherkalender dar (BGHZ 91, 117 – Mordoro). Auch im Werktitelrecht ist die pornographische Travestierung von Liedtiteln im Unterschied zur Parodie bekannt (KG UFITA 76 (1978), S. 348 – Ich hab mein Hos' in Heidelberg verloren).

**e) *JPS*-Konstellation.** Unter der *JPS*-Konstellation (*John Player Special*) sind solche Fall- **438** gestaltungen zu versehen, in denen die bekannte Marke weder als Unterscheidungsmittel noch als Werbemittel für Waren oder Dienstleistungen verwendet, sondern die bekannte Marke selbst als Produkt verwertet wird (s. dazu *Baumbach/Hefermehl*, Wettbewerbsrecht, § 1 UWG, Rn 487; *Helm*, GRUR 1981, 630; *Völp*, GRUR 1985, 843, 850). Die Verwertung der *Marke als Produkt* fällt nur dann unter das Markenkollisionsrecht des § 14 Abs. 2, wenn das Tatbestandsmerkmal einer Benutzung *für* Waren oder Dienstleistungen weit auslegt und dahin verstanden wird, daß eine Benutzung *im Zusammenhang* mit Waren oder Dienstleistungen genügt. Sachverhalte sind etwa die Benutzung einer bekannten Marke als *Aufdruck auf einem T-Shirt* (OLG München GRUR Int 1981, 180 – John Player; Schweiz. BG GRUR Int 1984, 541 – John Player Special; ÖOGH GRUR Int 1985, 132 – John Player; Corte d'Appello di Milano GRUR Int 1985, 337 – John Player Special II; s. auch zur Ausnutzung des guten Rufs einer *Cartier*-Uhr durch eine Stickerei-Applikation einer *Santos*-Uhr auf einem T-Shirt BGH GRUR 1996, 508 – Uhren-Applikation), der Vertrieb von *Spielzeugautos* unter der bekannten Marke (s. dazu den Sachverhalt ohne Namensnennung BGH GRUR 1994, 732 – McLaren) oder der Vertrieb der Marke als ein eigenes Produkt (*Lacoste*-Krokodil als Stofftier, *Mercedes*-Stern als Schlüsselanhänger). Solche Fallgestaltungen sind innerhalb eines Wettbewerbsverhältnisses nach § 1 UWG und außerhalb eines Wettbewerbsverhältnisses nach § 823 Abs. 1 BGB zu beurteilen. Folge einer restriktiven Anwendung des § 14 Abs. 2, der wegen des Tatbestandsmerkmals einer Benutzung des Kollisionszeichens für Waren oder Dienstleistungen und nicht nur im Zusammenhang mit Waren oder Dienstleistungen nicht unmittelbar eingreift, ist es, daß für eine wesentliche Fallkonstellation einer kommerziellen Verwertung einer bekannten Marke Kennzeichenschutz nicht besteht. Bei der Verwendung einer bekannten Marke als Produkt ist deshalb eine *analoge Anwendung* des § 14 Abs. 2 Nr. 3 geboten, um bei solchen schwerwiegenden Eingriffen in das subjektive Kennzeichenrecht Rechtsschutz nach dem MarkenG in Anspruchskonkurrenz zum UWG zu gewähren.

## 11. Entscheidungspraxis zum WZG und UWG

**439** Auf einer Werbeanzeige für den amerikanischen Whisky *Jim Beam* war im Rahmen einer gestellten Szene die Vorderansicht eines *Rolls Royce*-Automobils, dessen Kühlerpartie drei als deutsche Warenzeichen geschützte Merkmale (die Kühlerfigur *Flying Lady*, das Emblem *RR* und einen charakteristischen *Kühlergrill*) zeigte, zur bildlichen Empfehlung abgebildet. Zeichen- und firmenrechtliche Ansprüche schieden aus, da die geschützten Merkmale der Kühlerpartie nicht im Sinne des § 15 WZG warenzeichenmäßig benutzt wurden. Eine Herkunftstäuschung lag nicht vor, da die bildliche Darstellung im Verkehr nicht als ein Hinweis auf die Herstellung des Whiskys durch die Firma *Rolls Royce* aufgefaßt wurde. Die Verwendung der identischen Abbildung des wegen seiner Qualität und Exklusivität besonders geschätzten *Rolls Royce* als Werbemittel für eine blickfangmäßig herausgestellte Whisky-Marke wurde als wettbewerbswidrige Rufausbeutung nach § 1 UWG beurteilt (BGHZ 86, 90 – Rolls-Royce). Als wettbewerbswidrig beurteilt wurde die fast identische Nachahmung eines *Rolex*-Uhrenmodells (BGH GRUR 1985, 877 – Tchibo/Rolex). Als wettbewerbswidrig beurteilt wurde die Verwendung des für Sportautomobile eingetragenen Warenzeichens *QUATTRO* als Warenzeichen für einen Ski, da Autos und Skier Fortbewegungsmittel seien, und der Verkehr die mit der Marke *QUATTRO* verbundene Gütevorstellungen auf Skier in bezug auf Schnelligkeit, Sportlichkeit, Sicherheit und technische Funktion übertrage (HansOLG Hamburg WRP 1986, 221 – QUATTRO). Wenn die Unternehmensbezeichnung *Camel Tours*, die ein Tochterunternehmen eines türkischen Reiseunternehmens in Deutschland zur Werbung für Reisen in die Türkei verwendet, von den angesprochenen Verkehrskreisen in erster Linie als ein symbolischer Hinweis auf den Orient oder auch als ein Hinweis auf die Veranstaltung von Kamel-Reisen verstanden werde, dann erfülle die eher beiläufige Assoziation zu der Zigarettenmarke *Camel* nicht die Voraussetzungen für die Annahme einer wettbewerbswidrigen Rufausbeutung nach § 1 UWG (BGH GRUR 1987, 711, 713 – Camel Tours). Wenn in einem Verkaufsgespräch beim Vergleich oder der Beschreibung der Duftnote eines Parfüms von einer Nachahmung des angesehenen Produkts *Opium* die Rede ist, so verbindet der Verkehr mit dem Begriff der Nachahmung nicht die Vorstellung, daß die Eigenschaften des nachgeahmten Duftwassers *Optimum* in gleicher oder vergleichbarer Güte erreicht seien, die Bezugnahme unter diesen besonderen Gegebenheiten stellte keine Unlauterkeit dar (OLG Stuttgart NJW-RR 1987, 1123). Wenn in einem Werbeprospekt für Autoreisen der Slogan *Wetten, daß . . .* verwendet und dadurch gezielt der gute Ruf des bekannten Fernsehtitels *Wetten, daß . . .* für eigene Wettbewerbszwecke ausgenutzt werde, liege eine die wettbewerbswidrige Rufausbeutung begründende reale Beeinträchtigung der Bezeichnung vor (LG München GRUR 1989, 60 – Wetten, daß ...). Die identische Übernahme des fremden Kennzeichens *SL* kann auch innerhalb des Produktähnlichkeitsbereichs wettbewerbswidrig sein, wenn mangels eines markenmäßigen Gebrauchs eine Verwechslungsgefahr nicht hervorgerufen wird, aber die Benutzung der Marke erfolgt, um Gütevorstellungen, die der Verkehr mit dem unter der Marke vertriebenen Erzeugnis verbindet, in unlauterer Weise auszunutzen, oder die Kennzeichnungskraft und der Wert der Marke erheblich beeinträchtigt wird (BGH GRUR 1991, 609, 612 – SL). Wenn der gute Ruf der international registrierten Marke *Cartier* für Uhren und Schmuck durch den Vertrieb von Pullovern verletzt wird, die auf der Vorderseite neben der Darstellung von zwei Uhren die Bezeichnung *Cartier* tragen, dann ist eine Textilhandelsgesellschaft nicht verpflichtet, über die Bezugsquelle der rufschädigenden Ware und deren Vertriebsweg Auskunft zu geben, wenn die Preisgabe dieser Geschäftsgeheimnisse in Anbetracht des Ausmaßes der wettbewerbsrechtlichen Störung als unverhältnismäßig erscheint (BGH GRUR 1994, 635 – Pulloverbeschriftung). Der Fernsehtitel *Das Erbe der Guldenburgs* ist über den nach § 16 UWG aF geschützten Verwechslungsbereich hinaus nicht gegen Rufausbeutung geschützt, wenn einer über den Verwechslungsbereich hinausgehenden wirtschaftlichen Titelverwertung die medienrechtlichen Gebote der Neutralität im Wettbewerb, der Bewahrung der Unabhängigkeit der Programmgestaltung und der Abwehr sachfremder Einflüsse Dritter auf diese sowie das grundsätzliche Verbot nicht ausdrücklich zugelassener Werbeformen im öffentlich-rechtlichen Fernsehen entgegenstehen (BGHZ 120, 228, 230 – Guldenburg; s. dazu BVerfG GRUR 1999, 232 – Guldenburg; s. dazu Rn 429 § 15, Rn 171). Wer die weithin bekannten Marken eines Süßwarenherstellers markenmäßig auf von ihm vertriebenen Scherzpäckchen mit einem Kondom als Inhalt und dem verballhornten Werbespruch des Süßwarenherstellers *Mars macht mobil bei Sex, Sport und Spiel* anbringt, nutzt den Ruf und das Ansehen dieser Marke aus und handelt wettbewerbswidrig, wenn nur die Möglichkeit besteht, daß nicht ganz unerhebliche Teile des Verkehrs die darin von ihnen gesehene Geschmacklosigkeit für eine unpassende Werbung des Süßwarenherstellers halten und dadurch der Werbewert der Marke beeinträchtigt wird (BGH GRUR 1994, 808 – Markenverunglimpfung I). Wenn die sehr bekannte oder berühmte Marke *Nivea* eines Kosmetikunternehmens von einem Dritten auf sogenannten Scherzartikeln (einem Kondom in Klarsichtpackung) in einer Weise angebracht wird, die als eine zeichenmäßige Verwendung zu beurteilen ist, dann genügt die Erkennbarkeit der als Scherz gemeinten Verfremdung der Marke (Einfügung der schlagwortartig hervorgehobenen Marke in ein im übrigen kleiner gestaltetes Wortspiel mit obszönem Sinn) nicht, um die den Werbewert der Marke beeinträchtigende und zu einer wettbewerbswidrigen Behinderung des Inhabers führende Annahme zumindest eines Teils des Verkehrs auszuschließen, hier handele es sich um einen im Blick auf die Besonderheit der bezeichneten Ware vom Markeninhaber selbst gewählten, geschmacklosen Werbegag (BGH GRUR 1995, 57, 60 – Markenverunglimpfung II). Wenn für ein elektronisches Börsen-Order-System einer Bank die Abkürzung *BOSS* verwendet wird, dann soll dadurch keine wettbewerbswidrige Rufschädigung für den Herrenausstatter *BOSS* begründet sein. Nach dieser Rechtsprechung wurden die für die Qualität und den Ruf konfektionierter Bekleidung charakteristischen Eigenschaften und Herstellungsweisen als unmittelbar auf eine durch ganz andere Eigenschaften und Herstellungsweisen geprägte technische Dienstleistung, wie etwa ein EDV-System, übertragbar angesehen; eine solche mittelbare Übertragung ganz allgemeiner Gütevorstellungen solle bei einem von der Herrenkonfektion weit entfernten Dienstleistungssystem ausnahmsweise aber dann in Betracht kommen, wenn der Kennzeichnung nicht nur ein guter Ruf, sondern ein außergewöhnlicher, auf besonderer Qualität und insbesondere auch exklusiven Preisen und einer entsprechenden Zielrichtung der Werbung beruhender Prestigewert zukomme, der eine wirtschaftliche Verwertung als Marke auch weit außerhalb des eigenen Geschäftsbereichs möglich erscheinen lasse (OLG Frankfurt GRUR 1995, 154 – Börsen-Order-Service-System).

## 12. Entscheidungspraxis zum MarkenG und UWG

Die Verwendung der Marke *Mac Fash* für Bekleidungsstücke stelle keine unlautere Ausnutzung der Wertschätzung der für Fast-Food-Restaurants verwendeten Marke *McDonald's* nach § 14 Abs. 2 Nr. 3 dar, weil zum einen das durch die bekannte Marke *McDonald's* repräsentierte Image der Preisgünstigkeit, Schnelligkeit des Service, Einheitlichkeit der Produkte und eines überzeugenden Preis-Leistungsverhältnisses ein Image darstelle, um das sich auch eine große Anzahl von Herstellern für ihre Produkte bemühe, und weil zum anderen sowohl eine Beeinträchtigung der Unterscheidungskraft als auch der Wertschätzung der bekannten Marke angesichts der außerordentlich hohen Zahl registrierter und benutzter Drittmarken ausgeschlossen erscheine (OLG München GRUR 1996, 63, 65 – McDonald's). Die Annahme, bei den Verbrauchern werde durch die Verwendung der Bezeichnungen *MAC DOG* und *MAC CAT* für Hunde- und Katzenfutter auf Fleischbasis eine negative Assoziation zu den Bezeichnungen einer Produktserie, gebildet durch die Kombination der Zeichenbestandteile *Mc* oder *Mac* mit Gattungsbegriffen, der *McDonald's*-Restaurants geweckt, wird als naheliegend beurteilt (BGH GRUR 1999, 161, 164 – MAC Dog); die in *Yellow Phone* als Kennzeichen eines Unternehmens, das Auskünfte über Gewerbetreibende anbietet, dem Verkehr erkennbare Bezugnahme auf die Branchen-Fernsprechbücher *Gelbe Seiten* ist nicht als eine unlautere Ausbeutung eines fremden guten Rufs nach § 1 UWG zu beurteilen (BGH GRUR 1997, 311 – Yellow Phone). Die Verwendung der Sendetitel *Tagesbild*, *Pro 7-Tagesbild* und *Pro 7-Tagesbilder* für eine TV-Nachrichtensendung wurde als unlautere Rufausbeutung des berühmten Sendetitels *Tagesschau* nach § 1 UWG beurteilt (HansOLG Hamburg GRUR 1999, 76 – Tagesschau I; zu den Titeln *Tagesreport* mit oder ohne dem Zusatz *SAT.1-News* HansOLG Hamburg GRUR 1999, 80 – Tagesschau II; zur Kennzeichenausbeutung bekannter Werktitel s. § 15, Rn 19).

## VI. Berühmtheitsschutz der Marke nach § 823 Abs. 1 BGB

**Schrifttum zum WZG und UWG.** *Becher,* Der Schutz der berühmten Marke, GRUR 1951, 489; *Bork,* Kennzeichenschutz im Wandel – Zum Verhältnis des bürgerlichrechtlichen zum wettbewerbsrechtlichen Schutz der berühmten Marke gegen Verwässerungsgefahr, GRUR 1989, 725; *Deutsch,* Der Schutz von Marken und Firmen außerhalb des Wettbewerbsbereichs, FS für Gaedertz, 1992, S. 99; *Elsaesser,* Der Rechtsschutz berühmter Marken, 1959; *Fezer,* Die Ausstrahlungswirkung berühmter und bekannter Marken im Wettbewerbsrecht, FS für Nirk, 1992, S. 247; *Friedrich,* Verwechslung oder Verwässerung, JR 1951, 314; *Friedrich,* Besonders bekannte Marken, MA 1953, 316; *v. Gamm,* Der Verwässerungsschutz der berühmten Marke, WRP 1957, 249; *Hefermehl,* Schutz der berühmten Marke gegen Neuanmeldung gleicher oder verwechslungsfähiger Zeichen im Eintragungsverfahren, GRUR Int 1973, 425; *Heiseke,* Berühmte Marke und Benutzungszwang, MA 1973, 66; *Heinzelmann,* Der Schutz der berühmten Marke, AJP/PJA 1993, 531; *Heydt,* Zum Begriff der Weltmarke, GRUR 1952, 321; *Klippel,* Grundfragen des Schutzes gewerblicher Kennzeichen gegen Verwässerungsgefahr, GRUR 1986, 697; *Kohl,* Die Verwässerung berühmter Kennzeichen, 1975; *Klaka,* EWiR 1995, 193; *Kur,* Schutz nicht eingetragener, aber notorisch bekannter Marken (Art. 6$^{bis}$ PVÜ) und Schutz berühmter Marken, GRUR Int 1990, 605; *Loewenheim,* Die berühmte Marke im europäischen Spannungsfeld, MA 1991, 238; *Mayer,* Marken von Rang, GRUR 1953, 277; *Mergel,* Die Rufausnutzung als Unlauterkeitstatbestand in der neueren Rechtsprechung des BGH – der wettbewerbsrechtlich verankerte Schutz „bekannter" und „exclusiver" Marken ein gangbarer Weg?, GRUR 1986, 646; *Moll,* Die berühmte und bekannte Marke, GRUR 1993, 8; *Nowakowski,* Die berühmte Marke in Österreich, GRUR Int 1984, 274; *Olesch,* Ist die berühmte Marke tot?, WRP 1988, 347; *Rohnke,* GRUR 1991, 467; *Sack,* Die „Verwässerung" bekannter Marken und Unternehmenskennzeichen, WRP 1985, 459; *Sambuc,* Rufausbeutung bei fehlender Warengleichartigkeit?, GRUR 1983, 533; *Schricker,* EWiR 1991, 667; *v. Schultz,* Wohin geht das berühmte Kennzeichen?, GRUR 1994, 85; *Ulmer,* Verkehrsgeltung und Besitzstand im Wettbewerbs- und Warenzeichenrecht, ZHR 114 (1951), S. 143.

**Schrifttum zum MarkenG.** *Krings,* Haben §§ 14 Abs. 2 Nr. 3 und 15 Abs. 3 MarkenG den Schutz der berühmten Marke sowie des berühmten Unternehmenskennzeichens aus §§ 12, 823 Abs. 1, 1004 BGB ersetzt?, GRUR 1996, 624; *Mostert,* Famous and Well-Known Marks, An International Anlysis, 1997; *Qiao,* Der Schutz der bekannten Marke in der VR China, GRUR Int 1996, 909; *Zollner,* Der Schutz berühmter Marken gegen Verwässerungsgefahr im deutschen und US-amerikanischen Recht, 1996.

S. auch die Schrifttumsangaben zu V (vor Rn 410).

### 1. Entwicklung des Verwässerungsschutzes berühmter Marken

**441** Der bürgerlichrechtliche *Deliktsschutz der berühmten Marke* nach § 823 Abs. 1 BGB entwickelte sich in einer jahrzehntelangen Rechtsprechung außerhalb des Schutzes der Warenzeichen nach dem WZG und des Schutzes der geschäftlichen Bezeichnungen nach den §§ 16 UWG aF und 12 BGB (zur Rechtsentwicklung s. *Baumbach/Hefermehl,* § 31 WZG, Rn 190 ff.). Neben dem Kennzeichenschutz der bekannten Marke nach § 14 Abs. 2 Nr. 3 und der bekannten geschäftlichen Bezeichnung nach § 15 Abs. 3 wird der Deliktsschutz der berühmten Marke zwar in der Praxis an Bedeutung verlieren, doch besteht nach § 2 vollständige Anspruchskonkurrenz zwischen dem markengesetzlichen und dem bürgerlichrechtlichen Rechtsschutz, wenn die jeweiligen Schutzvoraussetzungen vorliegen (Begründung zum MarkenG, BT-Drucks. 12/6581 vom 14. Januar 1994, S. 72; str. s. § 2, Rn 2 ff.). Der Deliktsschutz der berühmten Marke besteht gegen die Gefahr einer *Verwässerung* ihrer Kennzeichnungskraft und Werbewirkung (RGZ 170, 137, 153 – Bayer Kreuz; RG GRUR 1951, 332 – Koh-i-noor; BGHZ 19, 23 – Magirus; 28, 320, 327 – Quick; BGH GRUR

1960, 550 – Promonta; 1961, 280 – Tosca; 1966, 623 – Kupferberg; 1978, 170 – FAN; 1990, 711 – Telefon-Nr. 4711; 1991, 863 – Avon; OLG Stuttgart WRP 1991, 751 – Wella; s. zur Verwässerung eines berühmten Unternehmenskennzeichens KG Berlin WRP 1982, 550 – Alliance). Der Deliktsschutz der berühmten Marke bezieht sich nicht auf das Kennzeichen als ein Instrument der Identifizierung eines Produkts oder eines Unternehmens, sondern auf den *unternehmensrechtlichen* Eigenwert aufgrund der überragenden Verkehrsbekanntheit und Einmaligkeit seiner Marktgeltung. Schutzgegenstand ist nicht das Kennzeichen als Name des Produkts oder des Unternehmens, sondern als vermögensrechtlicher Bestandteil des Unternehmens. Zweck des Verwässerungsschutzes der berühmten Marke ist es, den *Werbewert der berühmten Marke* als einen vermögenswerten Besitzstand vor einer Beeinträchtigung Dritter zu schützen. Die Berühmtheit der Marke muß deshalb auf den schutzwürdigen Produktbereich ausstrahlen, für den Deliktsschutz begehrt wird (zur Ausstrahlungswirkung berühmter Marken s. *Fezer*, FS für Nirk, S. 247).

In der Rechtsprechung wurde der Schutz der berühmten Marke gegen Verwässerungsgefahr zunächst aus § 1 UWG hergeleitet (BGH GRUR 1959, 25, 29 – Triumph). Die Anwendung der wettbewerbsrechtlichen Generalklausel des § 1 UWG setzt jedoch das Bestehen eines Wettbewerbsverhältnisses voraus, an dessen Vorliegen es zwischen dem Inhaber der berühmten Marke und dem Dritten zumeist fehlen wird. Die Rechtsprechung ging sodann dazu über, die berühmte Marke als einen wertvollen Bestandteil des Unternehmens gegen Verwässerungsgefahr nach § 823 Abs. 1 BGB unter dem Titel eines rechtswidrigen Eingriffs in das Recht am Unternehmen zu schützen (BGHZ 28, 320, 328 – Quick; BGH GRUR 1966, 623 – Kupferberg). Bei Unternehmensbezeichnungen mit Namensfunktion wird der Schutz der berühmten Marke gegen Verwässerungsgefahr vornehmlich aus § 12 BGB abgeleitet (BGH GRUR 1960, 550, 553 – Promonta; 1966, 623 – Kupferberg).

**2. Schutzvoraussetzungen**

**a) Überragende Verkehrsgeltung.** Die berühmte Marke muß eine *überragende Verkehrsgeltung* besitzen. Weder ist der Erwerb von Verkehrsgeltung im Sinne des § 4 Nr. 2 noch eine gesteigerte Verkehrsgeltung im Sinne einer starken Kennzeichnungskraft der Marke ausreichend (BGHZ 15, 107 – Koma). Der Marke muß ein *höchstmöglicher Grad an Kennzeichnungskraft* und der auf dieser beruhenden Verkehrsgeltung zukommen. Selbst eine nachhaltige Verkehrsdurchsetzung innerhalb der beteiligten Verkehrskreise genügt nicht, vielmehr ist über den Kundenkreis hinaus eine allgemeine Verkehrsbekanntheit als Kennzeichen des Unternehmens und seiner Produkte erforderlich (BGHZ 19, 23, 27 – Magirus; BGH GRUR 1957, 435 – Eucerin/Estarin). In der Rechtsprechung des RG wurde der Schutz gegen Verwässerungsgefahr nur Marken mit Weltruf (*Weltmarken*) zuerkannt (RGZ 170, 153 – Bayer Kreuz; s. dazu *Becher*, GRUR 1951, 489, 490). Der inländische Schutz einer berühmten Marke setzt aber nicht das Vorliegen einer Weltmarke voraus (*Ulmer*, ZHR 114 (1951), S. 49). Ausreichend ist die Berühmtheit der Marke im Inland.

In seiner *Avon*-Entscheidung konkretisierte der BGH die Anforderungen an die Feststellung der überragenden Verkehrsgeltung einer berühmten Marke (BGH GRUR 1991, 863 – Avon). Aufgrund der neueren Markt- und Medienentwicklungen sowie der neueren Erkenntnisse der Markt- und Meinungsforschung sollen bei der Beurteilung der für den Schutz einer berühmten Kennzeichnung erforderlichen überragenden Verkehrsgeltung die noch in der früheren Rechtsprechung als ausreichend angesehenen Bekanntheitsgrade von 65% bis unter 80% regelmäßig nicht mehr genügen. Es wird festgestellt, in vielen Fällen könne die Grenze zur Berühmtheit erst bei *Bekanntheitsgraden von deutlich über 80%* erreicht werden. Die Aussage des BGH ist allerdings nicht verallgemeinerungsfähig. Der BGH stellt selbst fest, daß die Frage der Berühmtheit letztlich eine Frage des jeweiligen Einzelfalles bleiben müsse. Wesentlich ist vor allem, daß der BGH zur Feststellung der überragenden Verkehrsgeltung einer Marke nicht nur auf den Bekanntheitsgrad der Marke innerhalb des Gesamtverkehrs abstellt, sondern den Bekanntheitsgrad innerhalb des Käuferkreises des mit der berühmten Marke gekennzeichneten Produkts berücksichtigt. Dies gilt jedenfalls dann, wenn der Bekanntheitsgrad innerhalb des Gesamtverkehrs über 81% liegt. So wurde etwa die Berühmtheit der Marke *BOSS* bei einem Bekanntheitsgrad von 75,4% bezweifelt (OLG Frankfurt GRUR 1995, 154 – Börsen-Order-System).

**445** **b) Alleinstellung (Einmaligkeit).** Das Vorliegen einer überragenden Verkehrsgeltung allein rechtfertigt nicht den Schutz der berühmten Marke gegen Verwässerungsgefahr. Schutzvoraussetzung ist die *Alleinstellung der Marke* mit überragender Verkehrsgeltung auf dem Markt. Es darf nicht schon eine Verwässerung der Marke aufgrund der Existenz identischer oder ähnlicher, weil in typischen Merkmalen übereinstimmender Zeichen eingetreten sein. Wenn sich die überragende Verkehrsgeltung der Marke auf bestimmte Produktbereiche beschränkt, dann wird in der Regel eine Verwässerungsgefahr nicht bestehen, wenn identische oder ähnliche Marken auch in anderen Branchen benutzt werden. Die Beeinträchtigung der Werbekraft und damit eine Verwässerungsgefahr wurde abgelehnt für das für Teppiche berühmte *Ankerzeichen*, das auch für Polsterwaren verwendet wurde (BGH GRUR 1958, 393 – Ankerzeichen), sowie für die für Miederwaren berühmte Marke *Triumph*, die auch für Lederbekleidungsstücke verwendet wurde (BGH GRUR 1959, 25 – Triumph). Das Erfordernis der Alleinstellung sollte allerdings nicht überspannt werden (so *Heydt*, GRUR 1959, 29, 30; *Baumbach/Hefermehl*, § 31 WZG, Rn 194). Es ist nicht zu verlangen, daß auf dem inländischen Markt kein Unternehmen für irgendeinen und sei es auch noch so speziellen Produktbereich ein identisches oder ähnliches Kennzeichen verwendet. Es kommt vielmehr darauf an, ob nach der Vorstellung des Publikums die Marke in einem höchstmöglichen Grad bekannt ist und vom Verkehr einem bestimmten Unternehmen und seinen Produkte zugeordnet wird. Die Alleinstellung (Einmaligkeit) des Namens *Kupferberg* für das bekannte Sektherstellerunternehmen wird deshalb nicht dadurch ausgeschlossen, daß einem sehr engen Kreis die ähnliche Marke *Florian Kupferberg Verlag* bekannt geworden ist, die in einem entfernt liegenden Produktbereich verwendet wird (BGH GRUR 1966, 623 – Kupferberg). Entscheidend kommt es darauf an, daß der Berühmtheit der Marke eine *Ausstrahlungswirkung* auf den schutzwürdigen Produktbereich zukommt (s. dazu im einzelnen *Fezer*, FS für Nirk, S. 247).

**446** **c) Eigenart.** Schutzvoraussetzung gegen Verwässerungsgefahr ist eine den erweiterten Deliktsschutz rechtfertigende bestimmte *Eigenart der Marke*. Eine solche Eigenart fehlt trotz Vorliegens einer Alleinstellung, wenn es sich um eine Bezeichnung handelt, die keine Originalität besitzt und zur Kennzeichnung im geschäftlichen Verkehr naheliegt. Der Markeninhaber muß eine Verwässerung, die ihre Ursache im wesentlichen in der Natur des gewählten Kennzeichens findet, hinnehmen. Einem Spirituosenhersteller, der sein Unternehmen mit der Bezeichnung *Meisterbrand* kennzeichnet, kommt kein Schutz gegen Verwässerungsgefahr gegen einen die identische Bezeichnung verwendenden Herdfabrikanten zu (BGH GRUR 1957, 87 – Meisterbrand).

**447** **d) Wertschätzung.** Schutzvoraussetzung einer berühmten Marke ist der Erwerb einer besonderen *Wertschätzung* im Verkehr. Die Wertschätzung besteht in der Vorstellung des Publikums. Es ist nicht erforderlich, daß die Wertschätzung objektiv aufgrund der hervorragenden Qualität des Produkts auch tatsächlich gerechtfertigt ist (zu einer Illustrierten BGH GRUR 1959, 182, 184 – Quick). Die Rechtsprechung verlangt auch nicht, daß sich die Wertschätzung der berühmten Marke auf konkrete Vorstellungen über die Güte des Produkts bezieht (BGH GRUR 1966, 623, 624 – Kupferberg; *Ulmer*, ZHR 114 (1951), S. 43, 49). Eine allgemeine Wertschätzung in der Vorstellung der Verbraucher genügt, die sich etwa auch auf den Rang und das Alter, die technische Leistungsfähigkeit und die Größe und Tradition des Unternehmens beziehen kann. Zwischen den Schutzvoraussetzungen der überragenden Verkehrsgeltung, der Alleinstellung, der Eigenart sowie der Wertschätzung besteht eine Wechselwirkung, die im konkreten Einzelfall graduelle Abstufungen zuläßt. Eine Wertschätzung aufgrund besonders hoher und konkreter Gütevorstellungen über das Produkt kann eine nicht vollkommene Alleinstellung der berühmten Marke ausgleichen.

### 3. Verwässerungsgefahr

**448** Die Verwässerungsgefahr setzt eine Identität oder Ähnlichkeit der Kollisionszeichen voraus, ohne die eine Beeinträchtigung der überragenden Kennzeichnungs- und Werbekraft der berühmten Marke nicht eintreten kann. Auf die Gefahr einer Irreführung des Verkehrs kommt es aber nicht an (BGHZ 28, 320, 327 – Quick). Die Rechtsprechung zieht den Ähnlichkeitsbereich der Marke als den Schutzbereich gegen Verwässerungsgefahr enger als den Ähnlichkeitsbereich bei der Beurteilung der Verwechslungsgefahr (BGHZ 19, 23, 31 – Magirus; BGH GRUR 1957, 435, 438 – Eucerin/Estarin; 1968, 256, 258 – Zwillingskaffee; 1972, 180, 182 – Cheri; aA noch BGH GRUR 1953, 40 – Gold-Zack).

In der Rechtsprechung wurde ein Deliktsschutz der berühmten Marke gegen Verwässerungsgefahr nur dann angenommen, wenn die Voraussetzungen eines zeichenrechtlichen Schutzes nicht vorlagen. Der Grund liegt in der Annahme der Rechtsprechung, der deliktische Schutz des Rechts am Unternehmen nach § 823 Abs. 1 BGB sei *subsidiär* gegenüber anderen Rechtsgrundlagen und greife nur dann ein, wenn eine Gesetzeslücke bestehe (BGHZ 36, 252, 257; 38, 200, 204; 45, 296, 307). Verwässerungsschutz wurde etwa angenommen, wenn zwischen den Produkten Branchenverschiedenheit bestand, oder wenn eine nicht kennzeichenmäßige Benutzung des Kollisionszeichens vorlag (BGHZ 28, 320, 330 – Quick; BGH GRUR 1981, 142, 144 – Kräutermeister).

### 4. Zeitrang

Der Zeitrang des Verwässerungsschutzes der berühmten Marke bestimmt sich nach dem Zeitpunkt des *Erwerbs der Berühmtheit*. Weder findet eine Rückwirkung der Priorität statt, noch besteht ein Anwartschaftsrecht auf den Verwässerungsschutz (BGHZ 19, 23, 27 – Magirus; BGH GRUR 1959, 25 – Triumph). Der Inhaber einer berühmten Marke kann deshalb nicht die Benutzung einer ähnlichen Marke mit jüngerem Zeitrang verbieten, wenn die Benutzung der kollidierenden Marke für Produkte außerhalb des Ähnlichkeitsbereichs zu einem Zeitpunkt rechtmäßig erfolgte, zu dem die berühmte Marke noch nicht ihre Berühmtheit erlangt hat (BGHZ 19, 23, 28 – Magirus; BGH GRUR 1958, 339, 341 – Technika; 1970, 27, 29 – Ein-Tannen-Zeichen). Es besteht eine *Koexistenz* der kollidierenden Marken. Die Entwicklung eines Kennzeichens zu einer berühmten Marke kann nach der Rechtsprechung eine sittenwidrige oder rechtsmißbräuchliche Beeinträchtigung eines prioritätsälteren Markenrechts darstellen (BGH GRUR 1958, 233 – mit dem feinen Whipp). Im Falle einer Beeinträchtigung des Inhabers der berühmten Marke in seiner wirtschaftlichen Existenz soll ein *Ausgleichsanspruch* nach § 906 BGB analog bestehen (BGH GRUR 1958, 437 – Tricoline). Ein solcher Rechtssatz ist nur dann gerechtfertigt, wenn die Entwicklung zur berühmten Marke aufgrund unlauterer Praktiken erfolgt und aufgrund besonderer Umstände einen unlauteren Wettbewerb oder einen allgemeinen Rechtsmißbrauch darstellt. Eine allgemeine Entwicklung zur Berühmtheit einer Marke ist wettbewerbseigen und stellt als solche keine Rechtsverletzung prioritätsälterer Kennzeichen dar.

### 5. Entscheidungspraxis

Eine *berühmte Marke* wurde *angenommen* für das *Bayer-Kreuz-Zeichen* gegen die Benutzung für Sämereien (RGZ 170, 137 – Bayer-Kreuz); für das *Zwillingszeichen* gegen die Benutzung für Arbeitskleidung (OLG Düsseldorf GRUR 1957, 438 – Zwillingszeichen); für die Bezeichnung *Quick* gegen die Benutzung für eine Wochenzeitung (BGHZ 28, 320 – Quick); für die Bezeichnung *Tosca* gegen die Benutzung einer Kleidbeschreibung (BGH GRUR 1961, 280 – Tosca); für die Bezeichnung *Kupferberg* gegen die Benutzung für Maschinen und Werkzeuge (BGH GRUR 1966, 623 – Kupferberg); für die Bezeichnung *NESCAFE* gegen die Benutzung der Bezeichnung *Tencafe* für Kaffee und Kaffee-Extrakt (BPatG Mitt 1969, 114); für die Bezeichnung *Asbach* gegen die Benutzung für Landbrot (HansOLG Hamburg GRUR 1973, 94 – Asbacher Landbrot); für die Bezeichnung *Caro* gegen die Benutzung der Bezeichnung *Hoepfner-Carolator* für Bier (OLG Karlsruhe WRP 1977, 204); für die Bezeichnung *FANTA* gegen die Benutzung der Bezeichnung *FAN* für Schaumweine (BGH GRUR 1978, 170 – FAN); für die Bezeichnung *Lufthansa* gegen die Benutzung eines Aufklebers mit der Bezeichnung *Lusthansa* (OLG Frankfurt GRUR 1982, 319 – Lusthansa); für die Bezeichnung *Rosenthal* gegen die Benutzung der Bezeichnung *Gut Rosental* für Fisch und Spirituosen (OLG Düsseldorf GRUR 1983, 389 – Rosenthal); für die Bezeichnung *Marlboro* gegen die Benutzung *Mordoro* in einem Nichtraucherkalender (BGHZ 91, 117 – Mordoro); für die Bezeichnung *Underberg* für Spirituosen, Liköre gegen die Benutzung für Billighemden (HansOLG Hamburg WRP 1986, 407); für die Bezeichnung *BMW* gegen die Benutzung eines Aufklebers *Bums Mal Wieder* (BGHZ 98, 94 –

BMW); für die Bezeichnung *4711* gegen die Benutzung als Telefonnummer (BGH GRUR 1990, 711 – Telefonnummer 4711); für die Bezeichnung *Wella* gegen die Benutzung für Maschinen (OLG Stuttgart WRP 1991, 751 – Wella); für die Bezeichnung *AVON* gegen die Benutzung für Tonträger (BGH GRUR 1991, 863 – Avon); für die Bezeichnung *Enrico Ferrari* gegen die Benutzung für Kosmetika (OLG Frankfurt WRP 1992, 718); für die Bezeichnung *Shell* gegen die Benutzung der Bezeichnung *MICROSHELL* für Schutzhelme (LG München WRP 1995, 883 – Microshell); für den als Marke geschützen Werbeslogan *Pack den Tiger in den Tank* gegen die Verwendung des Werbeslogans in der abgewandelten Form *Pack den Tiger in die Bürgerschaft* durch eine politische Partei in der Wahlwerbung (HansOLG Hamburg GRUR 1998, 420 – Pack den Tiger in den Tank).

**452** Eine *berühmte Marke* wurde *abgelehnt* für die Motivmarke *westfälisches Steinhäger-Erzeugnis* (BGH GRUR 1957, 128, 131 – Steinhäger II); für die Bezeichnung *Koh-i-noor* gegen die Benutzung für Druckknöpfe (RG GRUR 1951, 332 – Koh-i-noor); für die Bezeichnung *Magirus* gegen die Benutzung für Kältemaschinen und Kühlanlagen (BGHZ 19, 23 – Magirus); für die Bezeichnung *Eucerin* wegen des gleichen Warengebiets (BGH GRUR 1957, 435 – Eucerin/Estarin); für das *Anker-Bildzeichen* für Teppiche, weil das Ankersymbol auf anderen Warengebieten häufig verwendet werde (BGH GRUR 1958, 393 – Ankerzeichen); für die Bildmarke des *Mecki-Igels* als blickfangartiger Bestandteil eines Buchumschlags, weil es sich um eine frei benutzte Darstellung handele (BGH GRUR 1958, 500 – Mecki-Igel); für die Bezeichnung *Triumph*, weil das Wort für viele Erzeugnisse verwendet werde (BGH GRUR 1959, 25 – Triumph); für die Marke *Promonta* wegen Fehlens einer überragenden Verkehrsgeltung (BGH GRUR 1960, 550 – Promonta); für die Bezeichnung *Opal* für Strümpfe gegen die Benutzung für Fruchtbonbons (HansOLG Hamburg WRP 1968, 155); für die Bezeichnung *BOSS* für modische Herrenoberbekleidung gegen die Benutzung der Abkürzung *BOSS* für ein elektronisches Börsen-Order-Service-System einer Bank (OLG Frankfurt GRUR 1995, 154 – Börsen-Order-Service-System).

### VII. Abgrenzungsvereinbarungen

**Schrifttum zum WZG.** *Bökel,* Abgrenzungsvereinbarungen und Benutzungszwang, GRUR 1972, 28; *Harte,* Die kartellrechtliche Beurteilung von Abgrenzungsvereinbarungen über Warenzeichen, GRUR 1978, 501; *Heil,* Die Ware und der Benutzungszwang im Zeichenrecht, GRUR 1975, 155; *Janoscheck,* Abgrenzungsvereinbarungen über Warenzeichen, 1975; *Jauernig,* Wirksame Wettbewerbsbeschränkung durch Vergleich (§ 779)?, ZHR 141 (1977), S. 224; *Knaak,* Zur Wirksamkeit und Kündbarkeit von zeichenrechtlichen Abgrenzungsvereinbarungen, GRUR 1981, 386; *Kraft,* Sind Vorrechtsvereinbarungen über Warenzeichen kartellrechtlich relevant?, GRUR 1977, 760; *Kraft,* Warenzeichenrechtliche Abgrenzungsvereinbarungen und EG-Kartellrecht, MA 1984, 86; *Kraft,* Kartellrechtliche Fragen zu Abgrenzungsvereinbarungen und Vorrechtserklärungen im Kennzeichnungsrecht, Mitt 1986, 21; *Kroitzsch,* Berichterstattung zum kartellrechtlichen Kolloquium vom 28. Mai 1976, GRUR 1976, 696; *Krieger,* Die gemeinschaftliche Benutzung von Warenzeichen durch mehrere Unternehmen nach deutschem Recht, in: Beier/Deutsch/Fikentscher, Die Warenzeichenlizenz, FS für Ulmer, 1966, S. 3, 73; *Loewenheim,* Warenzeichen und Gemeinschaftsrecht, GRUR 1977, 428; *Miosga,* Benutzungszwang und Abgrenzungsvereinbarungen, MA 1969, 385; *Neubauer,* Markenrechtliche Abgrenzungsvereinbarungen aus rechtsvergleichender Sicht, 1983; *Oppenhoff,* Vorrechtserklärungen – problemlos?, GRUR 1968, 508; *Schluep,* Kartellrechtliche Grenzen von warenzeichenrechtlichen Abgrenzungsvereinbarungen besonders nach Art. 85 EWGV, GRUR Int 1985, 534; *Schmidt, K.,* Der Vergleichsvertrag unter Konkurrenten: ein Kartell?, JuS 1978, 736; *Scholz,* Auswirkungen der Irreführungsgefahr bei Abgrenzungsvereinbarungen im pharmazeutischen Bereich, GRUR 1994, 688; *Schwanhäusser,* Die Auswirkungen der Toltecs-Entscheidung des Europäischen Gerichtshofs auf Abgrenzungsvereinbarungen, GRUR Int 1985, 816; *Storkebaum,* „Die Vorrechtserklärung", GRUR 1976, 121; *Storkebaum,* Vereinbarungen über Zeichenrechte, MA 1976, 106; *Sünner,* Abgrenzungshilfe im Warenzeicheneintragungsverfahren, MA 1955, 60; *Winter,* Modifizierte Kollisionslösungen im deutschen Warenzeichenrecht zur Vermeidung wirtschaftlich nicht erforderlicher Verbietungsrechte, GRUR 1977, 467.

**Schrifttum zum MarkenG.** *Harte-Bavendamm/v. Bomhard,* Abgrenzungsvereinbarungen und Gemeinschaftsmarken, GRUR 1998, 530; *Peifer,* Negativer Imagetransfer bei Markenvereinbarungen – „Tic Tac Toe", WRP 1997, 685; *Sack,* Zur Vereinbarkeit von vertraglichen und gesetzlichen Nichtangriffspflichten im gewerblichen Rechtsschutz mit Art. 85 und Art. 30, 36 EG-Vertrag, FS für Fikentscher, 1998, S. 741.

## 1. Begriff und Anwendungsbereich

Gegenstand einer *Abgrenzungsvereinbarung* ist die rechtsgeschäftliche Regelung der Benutzung von kollidierenden Markenrechten oder Markenanwartschaften zwischen voneinander unabhängigen Markeninhabern oder Markenanmeldern. In Abgrenzungsvereinbarungen werden die *Schutzbereiche ähnlicher Kollisionsmarken* gegeneinander abgegrenzt, um für die Zukunft Markenkollisionen weitmöglichst auszuschließen. In der Markenrechtspraxis kommt Abgrenzungsvereinbarungen eine erhebliche Bedeutung zu (*Miosga*, MA 1969, 385; *Heil*, GRUR 1975, 155, 161; *Winter*, GRUR 1977, 467; *Harte*, GRUR 1978, 501; zum Gemeinschaftsmarkenrecht s. *Harte-Bavendamm/v. Bomhard*, GRUR 1998, 530). Die Formen von Abgrenzungsvereinbarungen in der Praxis der Vertragsgestaltung sind vielfältig (*Storkebaum*, GRUR 1976, 121; *Neubauer*, Markenrechtliche Abgrenzungsvereinbarungen, S. 17 ff.). *Vorrechtserklärungen* und *Nichtangriffsabreden* (s. dazu § 55, Rn 20 ff.) stellen bestimmte Arten von Abgrenzungsvereinbarungen dar und bilden zumeist Teilinhalte von Abgrenzungsvereinbarungen. Abgrenzungsvereinbarungen dienen der privatautonomen Regelung von Markenkollisionen zur Vermeidung eines Rechtsstreits oder zur Beendigung eines Verletzungsprozesses oder eines sonstigen Verfahrens in Markenangelegenheiten. Wenn eine Abgrenzungsvereinbarung nicht nur einseitige Verpflichtungen eines Markeninhabers enthält, sondern allen Markeninhabern als den Vertragsparteien zweiseitige oder mehrseitige Verpflichtungen auferlegt, dann kommt der Abgrenzungsvereinbarung regelmäßig *Vergleichscharakter* nach § 779 BGB zu. Abgrenzungsvereinbarungen stellen weder rechtsgeschäftliche Übertragungen der Markenrechte nach § 27 Abs. 1, auch nicht Teilrechtsübertragungen im Sinne des § 27 Abs. 4 dar, noch handelt es sich um Markenlizenzverträge im Sinne des § 30, und zwar weder um dingliche Markenlizenzen, noch um schuldrechtliche Gebrauchsüberlassungen an einer Marke (s. § 30, Rn 6 f.). Anders als eine rechtsgeschäftliche *Rechtsübertragung*, bei der es sich um einen derivativen Rechtserwerb der Marke durch den Rechtsnachfolger handelt, setzt eine Abgrenzungsvereinbarung das Bestehen originärer Markenrechte oder Markenanwartschaften verschiedener Markeninhaber oder Markenanmelder als den Parteien der Abgrenzungsvereinbarung voraus. Anders als bei einem *Markenlizenzvertrag*, bei dem der Lizenzgeber entweder dem Lizenznehmer ein dingliches Lizenzrecht einräumt oder ein schuldrechtliches Benutzungsrecht an der Marke des Lizenzgebers gewährt, geht es bei einer Abgrenzungsvereinbarung nicht um die Erteilung eines Benutzungsrechts an einer fremden Marke, sondern um die Abgrenzung der Schutzbereiche voneinander unabhängiger Markenrechte bei Bestehen einer Markenkollision. Die Grenzen zwischen einer Abgrenzungsvereinbarung, einer Teilrechtsübertragung oder einer Markenlizenz können namentlich bei identischen Marken fließend sein. Der Inhalt der Vereinbarung ist im Wege der Auslegung zu ermitteln, ohne daß der Wortwahl im Vertragstext als einer Abgrenzungsvereinbarung entscheidende Bedeutung zukommt.

Typische *Vertragsinhalte* einer Abgrenzungsvereinbarung sind Regelungen über die Art der Benutzung der kollidierenden Marken, eine Abgrenzung der Waren und Dienstleistungen im Register sowie Regelungen über die Geltendmachung und den Verzicht von Ansprüchen aus dem Markenrecht. Regelungen über die Benutzung einer Marke können sich etwa auf die Schriftart, die Farbgebung sowie allgemein auf das Markendesign und auf die Verwendung von unterscheidenden Zusätzen beziehen. Bei Regelungen über die Waren und Dienstleistungen, für die die jeweilige Marke benutzt werden darf, hat eine Änderung der jeweiligen Waren- und Dienstleistungsverzeichnisse zu erfolgen. Abgrenzungsvereinbarungen, die zu einem Zeitpunkt getroffen werden, zu dem es im Verkehr noch nicht zu einer Markenkollision, wie etwa im Widerspruchsverfahren, gekommen ist, ermöglichen dem Anmelder erst die endgültige Eintragung der Marke oder dem prioritätsälteren Markeninhaber eine Erweiterung des Schutzbereichs seiner Marke (s. dazu *Oppenhoff*, GRUR 1968, 508). Der prioritätsältere Markeninhaber wird sich etwa verpflichten, keinen Widerspruch zu erheben, einen bereits eingelegten Widerspruch zurückzunehmen, nicht auf Unterlassung der Benutzung der Marke zu klagen oder seine Marke nur für bestimmte Waren oder Dienstleistungen zu benutzen. Der prioritätsjüngere Markeninhaber wird sich etwa verpflichten, seine Marke nur für bestimmte Waren oder Dienstleistungen eingetragen zu lassen und zu benutzen und aus der Eintragung und Benutzung seiner Marke keine Rechte gegen den prioritätsälteren Markeninhaber, wie etwa selbst bei einem Verfall der prioritätsälteren Marke, geltend zu machen. Innerhalb der kartellrechtlichen Grenzen (s. Rn 456) sind auch Vereinbarungen zulässig, die sich auf den Vertrieb der Produkte an bestimmte Abnehmerkreise oder in bestimmten Absatzgebieten beziehen. Soweit diese Vereinbarungen den Schutzinhalt der Markenrechte abgrenzen und sich innerhalb des bei der Erteilung einer dinglichen Markenlizenz zulässigen Regelungsinhalts des § 30 Abs. 2 halten, können sie wirksam vereinbart werden. Um eine *Vorrechtserklärung* innerhalb einer Abgrenzungsvereinbarung handelt es sich, wenn sich der prioritätsjüngere Markenanmelder verpflichtet, aus der Eintragung seiner prioritätsjüngeren Marke keine Rechte gegen den Inhaber der prioritätsälteren Marke geltend zu machen, auch wenn dieser die Schutzdauer seines Markenrechts verlängert (§ 46) oder die Marke in bestimmten Markenabweichungen erneut zur Eintragung anmeldet. Die Vereinbarung einer *Nichtangriffsabrede* dient dazu, ein Vorgehen des jeweiligen Vertragspartners der Abgrenzungsvereinbarung gegen den Markenbestand des anderen Vertragspartners abzuwehren (s. dazu im einzelnen § 55, Rn 20 ff.). Auch ohne ausdrückliche Vereinbarung wird die Auslegung einer Abgrenzungsvereinbarung regelmäßig einen Verzicht auf die Klage auf Löschung wegen Verfalls (§§ 49, 55) oder wegen des Bestehens ältere Rechte (§§ 51, 55) ergeben (s. die dieser Auffassung nicht entgegenstehende Entscheidung BGH GRUR 1997, 747 – Cirkulin; Anm. *Fezer*, LM Nr. 45 zu § 11 WZG). In einer Abgrenzungsvereinbarung können nur solche Regelungsgegenstände wirksam vereinbart werden, die der Verfügung der Vertragsparteien unterliegen. Unwirksam wäre etwa der Verzicht auf die Stellung des Antrags auf Löschung wegen absoluter Schutzhindernisse (§ 50), da die gesetzlichen Voraussetzungen einer Entstehung des Markenschutzes durch Eintragung nicht der privatautonomen Regelung der Markeninhaber unterliegen. Das gilt auch für die wettbewerbsrechtlichen Grenzen der Benutzung von Marken nach § 3 UWG. Der Bestand an ähnlichen Konkurrenzmarken auf dem Markt kann sich nach der Abstandslehre (s. dazu § 14, Rn 309 ff.) auf den Schutzumfang der kollidierenden Markenrechte auswirken.

## 2. Rechtsfolgen von Abgrenzungsvereinbarungen

**455** Da eine Abgrenzungsvereinbarung nur *schuldrechtliche Pflichten* zwischen den Vertragsparteien begründet, wird der Rechtsbestand der kollidierenden Markenrechte nicht berührt. Im Falle eines gesetzlichen oder rechtsgeschäftlichen Rechtsübergangs des Markenrechts nach § 27 gehen die obligatorischen Verpflichtungen aus der Abgrenzungsvereinbarung nicht ohne weiteres auf den Rechtsnachfolger über (BGH GRUR 1981, 591, 592 – Gigi-Modelle). Ein Rechtsübergang der Abgrenzungsvereinbarung auf den Rechtsnachfolger kann sich aus den §§ 419 BGB, 25, 27, 28 HGB ergeben. Im übrigen bedarf der Rechtsübergang der obligatorischen Verpflichtungen aus einer Abgrenzungsvereinbarung eines zusätzlichen Rechtsgeschäfts, wie etwa eines Schuldbeitritts, einer Schuldübernahme oder eines Vertrages zugunsten Dritter. Es empfiehlt sich, bei Abschluß einer Abgrenzungsvereinbarung, wie namentlich einer Nichtangriffsabrede, das Problem zu regeln, ob und inwieweit die Rechte und Pflichten aus der Vereinbarung auf einen Rechtsnachfolger des Vertragspartners übergehen sollen. Verbreitet ist die Vereinbarung, jede der Vertragsparteien sei verpflichtet, die Verpflichtungen aus der Abgrenzungsvereinbarung ihrem etwaigen Rechtsnachfolger aufzuerlegen. Ohne eine vertragliche Regelung kann zudem § 399 BGB einem Rechtsübergang entgegenstehen, wenn sich aufgrund des Rechtsübergangs der Leistungsinhalt der Abgrenzungsvereinbarung verändert (s. dazu *Krieger*, FS für Ulmer, S. 3, 78). Eine Grenze des Rechtsübergangs einer Abgrenzungsvereinbarung kann sich für den Schuldner unter dem Gesichtspunkt der Unzumutbarkeit nach § 242 BGB ergeben. Das ist etwa dann der Fall, wenn es sich um eine Abtretung an ein marktstarkes Konkurrenzunternehmen handelt (BGH, Urteil vom 29. Mai 1968 – I ZR 59/61). Als ein Dauerschuldverhältnis kann eine Abgrenzungsvereinbarung, wenn eine entsprechende vertragliche Regelung fehlt, bei *Vorliegen eines wichtigen Grundes außerordentlich gekündigt* werden (OLG Hamm GRUR 1991, 699 – Grohe; *Knaak*, GRUR 1981, 386, 394 ff.; *Neubauer*, Markenrechtliche Abgrenzungsvereinbarungen, S. 201 ff.; zum Gemeinschaftsmarkenrecht *Harte-Bavendamm/v. Bomhard*, GRUR 1998, 530, 541). Ein wichtiger Grund, der unter Berücksichtigung aller Umstände des konkreten Einzelfalles und unter Abwägung der beiderseitigen Interessen der Vertragsparteien festzustellen ist und dessen Vorliegen ein Festhalten an der Abgrenzungsvereinba-

## 3. Kartellrechtliche Grenzen von Abgrenzungsvereinbarungen

Abgrenzungsvereinbarungen, deren Regelungen den Schutzinhalt der kollidierenden **456** Markenrechte zwischen den voneinander unabhängigen Markeninhabern bestimmen, stellen keinen Verstoß gegen das Kartellverbot (§ 1 GWB, Art. 85 EGV) oder das Verbot aufeinander abgestimmter Verhaltensweisen (§ 25 GWB, Art. 85 EGV) dar (s. zur Rechtsprechung des EuGH zur kartellrechtlichen Zulässigkeit von Abgrenzungsvereinbarungen § 24, Rn 102 ff). Die kartellrechtliche Beurteilung des zulässigen Inhalts von Abgrenzungsvereinbarungen ist der Rechtslage bei der Erteilung von dinglichen Markenlizenzen oder der Vereinbarung einer schuldrechtlichen Gebrauchsüberlassung einer Marke vergleichbar (s. § 30, Rn 54). Eine Abgrenzungsvereinbarung ist dann *kartellrechtlich zulässig,* wenn ihr Regelungsinhalt nur den bestehenden Unterlassungsanspruch des jeweiligen Markeninhabers oder Markenanmelders, konform dem Schutzinhalt der Markenrechte, konkretisiert und allein die bestehende Rechtslage zur Verhinderung markenrechtlicher Kollisionen klärt und festlegt (*Neubauer,* Markenrechtliche Abgrenzungsvereinbarungen, S. 154). Das gilt auch dann, wenn eine Abgrenzungsvereinbarung Regelungen über die Produkte und das Territorium der Markenbenutzung enthält. Entscheidend ist allein, daß ein markenrechtlicher Unterlassungsanspruch besteht, der sich auf das in der Abgrenzungsvereinbarung geregelte Marktverhalten der Unternehmen erstreckt. Wenn die Abgrenzungsvereinbarung den Schutzinhalt des Markenrechts konkretisiert, dann beruht die Regelung des unternehmerischen Marktverhaltens nicht auf der privatautonomen Abgrenzungsvereinbarung als solcher, sondern auf dem Schutzinhalt des Markenrechts (*Kroitzsch,* GRUR 1976, 696; *Kraft,* GRUR 1977, 760, 761; *Harte,* GRUR 1978, 50 f.; *Neubauer,* Markenrechtliche Abgrenzungsvereinbarungen, S. 149; *Baumbach/Hefermehl,* § 31 WZG, Rn 179; *v. Gamm,* § 8 WZG, Rn 22). Eine Abgrenzungsvereinbarung ist aber kartellrechtlich auch dann zulässig, wenn ein ernsthafter, objektiv begründeter Anlaß zu der Annahme besteht, dem begünstigten Vertragspartner der Abgrenzungsvereinbarung stehe ein entsprechender Unterlassungsanspruch aus dem Markenrecht zu, so daß bei Durchführung eines Rechtsstreits ernstlich damit zu rechnen ist, daß das umstrittene und in der Abgrenzungsvereinbarung geregelte Marktverhalten gerichtlich untersagt wird (BGHZ 65, 147, 151 – Thermalquelle; *Jauernig,* ZHR 141 (1977), S. 224; *Harte,* GRUR 1978, 501 f.; *K. Schmidt,* JuS 1978, 736, 739 f.; *Neubauer,* Markenrechtliche Abgrenzungsvereinbarungen, S. 157). In solchen *streitschlichtenden* Fallkonstellationen muß sich die Abgrenzungsvereinbarung innerhalb der Grenzen desjenigen halten, was bei objektiver Beurteilung ernstlich zweifelhaft sein kann (BGHZ 65, 147 – Thermalquelle). Benutzungsregelungen in Abgrenzungsvereinbarungen, die nicht markenrechtlich gedeckt sind, weil sie sich nicht innerhalb des gesetzlichen Schutzinhalts des Markenrechts halten, die vielmehr die markenrechtliche Kollisionsgefahr nur als einen Vorwand für eine Marktaufteilung verwenden, stellen verbotene Kartellabsprachen nach § 1 GWB, Art. 85 EGV dar. Die Beteiligten solcher Vereinbarungen verfolgen gleichgerichtete Interessen und damit einen gemeinsamen Kartellzweck (BGHZ 68, 6 – Fertigbeton I; *Harte,* GRUR 1978, 501, 503; *Neubauer,* Markenrechtliche Abgrenzungsvereinbarungen, S. 157; aA *Kraft,* GRUR 1977, 760, 763); sie sind geeignet, die Marktverhältnisse durch eine Beschränkung des Wettbewerbs zwischen den Vertragsparteien spürbar zu beeinflussen. Abgrenzungsvereinbarungen wurden auch bei ursprungsgleichen Marken als zulässig beurteilt, um eine Täuschung der Verbraucher über die Unterschiedlichkeit der Waren zu verhindern, vorausgesetzt, daß die Waren in der gesamten Gemeinschaft frei zirkulieren konnten und nicht ein Vertragspartner von der Benutzung der Marke für bestimmte Waren ausgeschlossen war. Ein Beispiel bietet die Vereinbarung zwischen *Henkel* und *Unilever,* nach der diese die Marke *Persil* in *grüner* und jene die Marke *Persil* in *roter* Farbe verwendete. Die EG-Kommission hat in einer solchen Absprache über die optische Gestaltung von Marken zur Vermeidung einer Täuschung der Verbraucher keinen Verstoß gegen Art. 85 Abs. 1 EGV angenommen, weil die Absprache der Sicherung des Bestandes der Marken zuzurechnen sei (GRUR Int 1978, 208 f. – Persil).

### 4. Warenverkehrsrechtliche Grenzen von Abgrenzungsvereinbarungen

**457** Die Zulässigkeit von Abgrenzungsvereinbarungen über nationale Markenrechte in verschiedenen Mitgliedstaaten der EU, denen grenzüberschreitende Wirkung im Gemeinsamen Markt zukommt, bestimmt sich nach den Grundsätzen der Rechtsprechung des EuGH zum Verhältnis des Markenschutzes zum Warenverkehrsrecht nach den Art. 30, 36 EGV (s. dazu näher § 14, Rn 88 ff.; § 24, Rn 59 ff.). Grenzüberschreitende Abgrenzungsvereinbarungen sind *warenverkehrsrechtlich zulässig*, wenn nach dem Schutzinhalt des nationalen Markenrechts ein Unterlassungsanspruch gegen den Import der markierten Produkte ernsthaft (s. Rn 456) besteht, und so die Abgrenzungsvereinbarung den an sich bestehenden Rechtszustand vertraglich festlegt und etwa einen drohenden Rechtsstreit über eine Markenkollision vermeidet. Insoweit harmoniert die kartellrechtliche mit der warenverkehrsrechtlichen Rechtslage (s. dazu auch *Loewenheim*, GRUR 1977, 428, 433; *Kraft*, GRUR 1977, 760, 765; *Harte*, GRUR 1978, 501, 505 ff.; *Neubauer*, Markenrechtliche Abgrenzungsvereinbarungen, S. 174 ff.). Solche Abgrenzungsvereinbarungen werden auch von der EG-Kommission als grundsätzlich wirksam beurteilt (Entscheidung der Kommission vom 5. März 1975 GRUR Int 1975, 320 – Sidar/Phildar; 1978, 208 f. – Persil; 1979, 466 f. – Bayer/Tanabe; zu einer Schlichtungsvereinbarung s. Entscheidung der Kommission vom 23. Dezember 1977 GRUR Int 1978, 375 – Penneys). Der nach dem Warenverkehrsrecht zulässige Schutzinhalt des nationalen Markenrechts bestimmt sich nach den Grundsätzen zum *spezifischen Gegenstand* des nationalen Markenrechts nach der Rechtsprechung des EuGH zu Art. 36 S. 1 EGV (s. § 14, Rn 89 ff.; § 24, Rn 73 ff.). Eine grenzüberschreitende Abgrenzungsvereinbarung ist nach Art. 36 S. 2 EGV dann warenverkehrsrechtlich unzulässig, wenn die Geltendmachung des nationalen Markenrechts ein Mittel zu *willkürlichen Diskriminierung* oder eine *verschleierte Beschränkung des Handels* zwischen den Mitgliedstaaten darstellt (s. § 14, Rn 93 ff.; § 24, Rn 96 f.). Grenzüberschreitende Abgrenzungsvereinbarungen dürfen kein Instrument einer regionalen Marktaufteilung durch Errichtung künstlicher Handelsschranken im Gemeinsamen Markt darstellen. Abgrenzungsvereinbarungen, die Marktaufteilungen oder andere Wettbewerbsbeschränkungen bezwecken, stellen zudem einen Kartellverstoß nach Art. 85 EGV dar (EuGH, Rs. 35/83, Slg. 1985, 363, GRUR Int 1985, 399 ff. – Toltecs/ Dorcet). Der Auffassung der EG-Kommission, eine Marktaufteilung zwischen den Mitgliedstaaten der EU als Folge einer Vereinbarung über nationale Markenrechte sei auch dann gemeinschaftswidrig, wenn die kollidierenden Marken verwechslungsfähig sind (Presseerklärung der Kommission vom Februar 1978 GRUR Int 1978, 208 f. – Persil), ist zu widersprechen. Wenn nach dem Schutzinhalt des nationalen Markenrechts ein Verbietungsanspruch zum Schutz vor Verwechslungsgefahr besteht, dann liegt weder eine willkürliche Diskriminierung noch eine verschleierte Handelsbeschränkung und damit keine künstliche Marktaufteilung vor (*Loewenheim*, GRUR 1977, 428, 433; *Kraft*, GRUR 1977, 760, 765; *Harte*, GRUR 1978, 501, 507; *Kraft*, MA 1984, 86 f.; *Neubauer*, Markenrechtliche Abgrenzungsvereinbarung, S. 160; aA *Johannes*, RIW/AWD 1976, 10, 16; *Ebenroth/Hübschle*, Gewerbliche Schutzrechte und Marktaufteilung im Binnenmarkt der Europäischen Union, 1994, S. 106 ff.). Das gilt nicht anders für den Bekanntheitsschutz der Marke nach § 14 Abs. 2 Nr. 3.

### 5. Gemeinschaftsrechtlicher Schutzinhalt als Grundlage von Abgrenzungsvereinbarungen

**458** Nach der Rechtslage im MarkenG handelt es sich bei dem Schutzinhalt des nationalen Markenrechts und namentlich bei dem Begriff der Verwechslungsgefahr um einen Begriff des Gemeinschaftsrechts, der *richtlinienkonform* auszulegen ist (s. § 14, Rn 85 ff.). Die gemeinschaftsrechtliche Vorgabe an den Schutzinhalt des nationalen Markenrechts bedeutet aber nicht, daß nur das Vorliegen einer ernsthaften Verwechslungsgefahr als gemeinschaftsrechtlicher Schutzinhalt eine mit dem Gemeinschaftsrecht zu vereinbarende Grundlage von Abgrenzungsvereinbarungen darstellt (zur ernsthaften Verwechslungsgefahr s. § 14, Rn 404 ff.). Der *spezifische Gegenstand des Markenrechts* nach der Rechtsprechung des EuGH (s. dazu § 14, Rn 89 ff.; § 24, Rn 73 ff.) bildet zugleich den richtlinienkonformen Schutzinhalt zur Bestimmung der kartellrechtlichen und warenverkehrsrechtlichen Grenzen von grenzüberschreitenden Abgrenzungsvereinbarungen.

## D. Markenrechtsverletzende Benutzungshandlungen (§ 14 Abs. 3)

### I. Beispielhafter Katalog rechtserheblicher Benutzungshandlungen

#### 1. Kennzeichnungsrecht, Erstvertriebsrecht und Ankündigungsrecht im WZG

Das Markenrecht als subjektives Ausschließlichkeitsrecht hatte nach der *Rechtslage im WZG* einen zwingend umschriebenen Schutzumfang (*Baumbach/Hefermehl*, § 15 WZG, Rn 1). Nach § 15 Abs. 1 WZG hatte der Markeninhaber das ausschließliche Recht, seine Produkte mit der Marke zu versehen, die markierten Produkte in Verkehr zu setzen und die Marke auf Ankündigungen und vergleichbaren Papieren anzubringen. *Kennzeichnungsrecht, Erstvertriebsrecht* und *Ankündigungsrecht* umschrieben abschließend das Verbietungsrecht des Markeninhabers. Die Rechtsprechung zum Anwendungsbereich des § 15 Abs. 1 WZG war vornehmlich davon geprägt, rechtsverletzende Benutzungshandlungen Dritter in Abgrenzung dieser drei als selbständig verstandenen Rechte des Markeninhabers unter das Verbietungsrecht zu subsumieren.

Die *Rechtslage im MarkenG* hat sich gegenüber dem WZG grundlegend geändert. § 14 Abs. 3 zählt beispielhaft einen *Katalog rechtsverletzender Benutzungshandlungen* auf, die § 14 Abs. 4 unter weiteren Voraussetzungen um *rechtsverletzende Vorbereitungshandlungen* ergänzt (s. Rn 499ff.). Da § 14 Abs. 3 und 4 das Verbietungsrecht des Markeninhabers nicht abschließend umschreibt, kommt als rechtserhebliche Benutzungshandlung zur Begründung einer Markenrechtsverletzung jede Benutzung im geschäftlichen Verkehr in Betracht (zur markenmäßigen Benutzung s. Rn 29ff.). Die Reichweite des Markenschutzes begrenzen die Vorschriften der §§ 20 bis 26 über die Schranken des Markenschutzes, wie vornehmlich die Regelung einer Benutzung von Namen und beschreibenden Angaben sowie einer Benutzung im Zubehör- und Ersatzteilgeschäft nach § 23. Die Rechtsprechung zum Verbietungsrecht nach § 15 Abs. 1 WZG kann zwar wegen des abschließenden Charakters dieser Vorschrift nicht ohne weiteres auf den offenen Tatbestand des § 14 Abs. 3 übertragen werden. Doch ergeben sich aus der umfänglichen Rechtsprechung zum Kennzeichnungsrecht, Erstvertriebsrecht und Ankündigungsrecht des Markeninhabers Anhaltspunkte zur Auslegung der in § 14 Abs. 3 teilweise vergleichbar benannten Benutzungshandlungen, insbesondere in Abgrenzung zum Anwendungsbereich des § 23 und namentlich zur Benutzung beschreibender Angaben nach § 23 Nr. 2. Auf die Rechtsprechung zur Konkretisierung des Verbietungsrechts nach § 15 Abs. 1 WZG kann allerdings nur insoweit zurückgegriffen werden, als anders als nach der Rechtslage im WZG, nach der eine Verletzung des Kennzeichnungsrechts des Markeninhabers einen zeichenmäßigen Gebrauch eines Dritten voraussetzte, eine markenmäßige Benutzung keine rechtliche Voraussetzung zur Begründung einer Markenrechtsverletzung im MarkenG darstellt (s. Rn 39).

#### 2. Produktmarkierungsrecht, Vermarktungsrecht und Werberecht im MarkenG

Nach § 14 Abs. 3 sind rechtserhebliche Benutzungshandlungen zur Begründung einer Markenrechtsverletzung im Sinne der Kollisionstatbestände des § 14 Abs. 2 Nr. 1 bis 3 das Anbringen des Zeichens auf Waren oder ihrer Aufmachung oder Verpackung (Nr. 1), das Anbieten, Inverkehrbringen oder zu diesen Zwecken der Besitz von Waren unter dem Zeichen (Nr. 2), das Angebot oder das Erbringen von Dienstleistungen unter dem Zeichen (Nr. 3), die Einfuhr oder Ausfuhr von Waren unter dem Zeichen (Nr. 4) und die Benutzung des Zeichens in Geschäftspapieren oder in der Werbung (Nr. 5). Das Markieren, Vermarkten und Werben sind die wesentlichen Inhalte des subjektiven Markenrechts als eines Ausschließlichkeitsrechts. Das *Produktmarkierungsrecht*, das sich auf Waren (Nr. 1) und Dienstleistungen (Nr. 3) bezieht, das *Vermarktungsrecht* (Nr. 2 und 4) sowie das *Werberecht* (Nr. 5) entsprechen im wesentlichen dem Kennzeichnungsrecht, dem Recht des ersten Inverkehrsetzens sowie dem Ankündigungsrecht als den drei in § 15 Abs. 1 WZG normierten Rechten des Markeninhabers. Der Anwendungsbereich des Abs. 3 geht aber zum einen aufgrund ausdrücklicher Regelung in verschiedener Hinsicht über den Anwendungsbereich des § 15 Abs. 1 WZG hinaus und ist zum anderen als Beispielskatalog für weitere Arten von Verletzungshandlungen offen.

## II. Anbringen des Zeichens auf Waren oder ihrer Aufmachung oder Verpackung (§ 14 Abs. 3 Nr. 1)

### 1. Grundsatz

**462** Nach § 14 Abs. 3 Nr. 1 stellt das *Anbringen* des Zeichens auf Waren oder ihrer Aufmachung oder Verpackung eine rechtserhebliche Benutzungshandlung zur Begründung einer Markenrechtsverletzung im Sinne des § 14 Abs. 2 dar (Markieren). Vergleichbar regelt § 14 Abs. 3 Nr. 3 das Angebot oder Erbringen von Dienstleistungen unter dem Zeichen. Anders als § 15 Abs. 1 WZG, der ein Kennzeichnungsrecht des Markeninhabers normierte, umschreiben § 14 Abs. 3 Nr. 1 und 3 die tatsächliche Produktmarkierung als rechtsverletzende Benutzungshandlung eines Dritten. Anders als eine Verletzung des Kennzeichnungsrechts nach § 15 Abs. 1 WZG, das einen zeichenmäßigen Gebrauch des Dritten voraussetzte, verlangt die *Produktmarkierung* als rechtsverletzende Benutzungshandlung nicht das Vorliegen einer markenmäßigen Benutzung (s. Rn 39). Diese Rechtsänderung gegenüber der Rechtslage im WZG kommt auch in der gesetzlichen Formulierung der Produktmarkierung als einer tatsächlichen Benutzungshandlung zum Ausdruck.

### 2. Anbringen

**463** **a) Körperliche oder räumliche Verbindung von Marke und Ware.** Das *Anbringen* des Zeichens auf der Ware oder ihrer Aufmachung oder Verpackung stellt eine körperliche Verbindung zwischen der Ware und der Marke dar (Markierung). Auf die Art der Markierung wie etwa Aufdrucken, Aufkleben, Annähen oder Anhängen kommt es nicht an. Auch ist rechtlich unerheblich, welche Intensität einer körperlichen oder räumlichen Verbindung der Marke zur Ware zu verlangen ist, um von einem Anbringen ausgehen zu können. Zum einen stellt das Anbringen nur eine der rechtserheblichen Benutzungshandlungen aus dem nicht abschließenden Katalog des § 14 Abs. 3 dar, der zum anderen nicht allgemein die körperliche Verbindung der Marke zur Ware als ein konstitutives Merkmal einer rechtsverletzenden Benutzungshandlung verlangt, vielmehr jede Benutzung der Marke im geschäftlichen Verkehr, wie selbst die mündliche Benutzung der Marke (Nr. 5), genügen läßt. Es kommt insoweit auf die das Kennzeichnungsrecht des Markeninhabers nach § 15 Abs. 1 1. Alt. WZG konkretisierende Rechtsprechung zum zeichenmäßigen Gebrauch (s. Rn 51) nicht mehr an. § 14 Abs. 3 Nr. 1 und 3 beschreiben gleichsam den Prototyp einer Produktmarkierung. Die Benutzung einer fremden Marke als *Firma* oder *Firmenbestandteil* stellt zwar keine Produktmarkierung dar, ist aber grundsätzlich als rechtserhebliche Benutzungshandlung zur Begründung einer Markenrechtsverletzung zu beurteilen (s. Rn 52 ff.), wenn nicht aus Gründen des Rechts zur Namensführung die Schranke des Markenschutzes nach § 23 Nr. 1 eingreift.

**464** Die Abgrenzung der Produktmarkierung als der körperlichen oder räumlichen Verbindung der Marke mit der Ware zur Benutzung der Marke in der Werbung (Nr. 5) kann zwar schwierig sein, doch kommt es schon wegen der beispielhaften Aufzählung der rechtserheblichen Benutzungshandlungen im § 14 Abs. 3 auf eine klare Abgrenzung nicht an. Nach der Rechtslage im WZG bestanden vergleichbare Schwierigkeiten bei der Abgrenzung zwischen dem Kennzeichnungsrecht als dem Versehen der Ware mit der Marke und dem Ankündigungsrecht als dem Anbringen des Zeichens auf Ankündigungen. Für das Kennzeichnungsrecht wurde zwar nicht eine unmittelbare körperliche Verbindung von Marke und Ware verlangt, sondern war ein enger räumlicher Kontakt ausreichend, während bei dem Anbringen des Zeichens auf Ankündigungen der Zusammenhang zwischen dem Zeichen und der Ware erst durch einen Denkvorgang des Verbrauchers hergestellt wurde. So wurde etwa das Anbringen einer Marke auf offenen Flaschenkästen für Bier nicht als ein Versehen der Flaschen mit der Marke (Kennzeichnung), sondern als Ankündigung von Flaschenbier unter der Marke beurteilt. Nach der Rechtslage im MarkenG sollte die *Markierung von Behältnissen* als eine Fallkonstellation von Abs. 3 Nr. 1 beurteilt werden.

**b) Unternehmensinternes Anbringen.** Unternehmesinterne Vorgänge stellen grund- 465 sätzlich keinen geschäftlichen Verkehr dar, so daß es schon an der allgemeinen Voraussetzung einer Markenrechtsverletzung fehlt (s. Rn 40 ff.). Das gilt grundsätzlich auch für das Anbringen des Zeichens auf Waren oder ihrer Aufmachung oder Verpackung als solcher, das als ein unternehmensinterner Vorgang keine rechtserhebliche Benutzungshandlung im Sinne des § 14 Abs. 3 Nr. 1 zur Begründung einer Markenrechtsverletzung darstellt. Diese Rechtsauffassung bestätigt auch ein Umkehrschluß aus den Regelungen des § 14 Abs. 3 Nr. 2 3. Alt. und Abs. 4 Nr. 1 bis 3. Nach § 14 Abs. 3 Nr. 2 3. Alt. ist der Besitz einer markierten Ware zum Zwecke des Angebots oder des Inverkehrbringens eine rechtserhebliche Benutzungshandlung, auch wenn die markierte Ware noch nicht auf den Markt in den wirtschaftlichen Wettbewerb gelangt ist (s. Rn 475). Nach § 14 Abs. 4 werden unter weiteren Voraussetzungen bestimmte Vorbereitungshandlungen der Produktmarkierung als rechtserhebliche Benutzungshandlung zur Begründung einer Markenrechtsverletzung anerkannt.

### 3. Aufmachung oder Verpackung

**a) Ware und Verpackung als Produkteinheit.** Eine rechtsverletzende Benutzungs- 466 handlung liegt nicht nur dann vor, wenn das Zeichen auf der Ware selbst, sondern auch dann, wenn es auf ihrer Aufmachung oder Verpackung angebracht wird. Die Vorschrift ergänzt den Richtlinientext, der neben der Ware nur deren Aufmachung aufführt (Art. 5 Abs. 3 lit. a MarkenRL), ausdrücklich um die Verpackung der Ware. Diese Reichweite des Schutzumfangs des Markenrechts entspricht dem Grundsatz von der rechtlich geschützten Einheit von Ware und Verpackung vor Einwirkungen Dritter (*Hefermehl/Fezer*, in: Hefermehl/Ipsen/Schluep/Sieben, Nationaler Markenschutz, S. 133; *Fezer*, GRUR 1978, 604, 605; zust. *Stuckel*, Die Integrität von Marke, Ware und Verpackung, S. 160, 161; *Beier*, FS für Vieregge, S. 43, 48). Diese Ausdehnung des Markenschutzes gegenüber dem Wortlaut der MarkenRL ist innerhalb der Grenzen der Rechtsprechung des EuGH zum Umpacken von Originalware (s. § 24, Rn 73 ff.) richtlinienkonform, da auch der Katalog der rechtsverletzenden Benutzungshandlungen nach Art. 5 Abs. 3 MarkenRL nur beispielhaft und nicht abschließend ist. Ware und Verpackung bilden eine markenrechtlich geschützte Produkteinheit.

**b) Arten der Verpackung.** Alle Arten von Verpackungen nehmen am Markenschutz 467 der Produktmarkierung teil. Aufmachungen oder Verpackungen können Umhüllungen, Einkleidungen, Einschweißungen oder sonstige Techniken sein. Unerheblich ist der Zweck der Verpackung, der dem Schutz der Ware oder ihrer werblichen Aufmachung dienen kann. Als Gegenstände kommen Behälter wie etwa Flaschen, Gläser, Kisten, Kartons, Fässer oder Container sowie Verpackungsmaterialien wie etwa Papier, Wellpappe, Karton oder Tücher in Betracht.

**c) Umpacken nach der Rechtsprechung des EuGH.** Nach der Rechtsprechung des 468 EuGH zum Grundsatz des freien Warenverkehrs nach den Art. 30, 36 EGV stellt das Umpacken einer gekennzeichneten Ware grundsätzlich eine Markenrechtsverletzung dar (s. dazu im einzelnen § 24, Rn 73 ff.).

### III. Anbieten, Inverkehrbringen und Besitzen einer markierten Ware (§ 14 Abs. 3 Nr. 2)

#### 1. Anbieten einer markierten Ware (§ 14 Abs. 3 Nr. 2 1. Alt.)

Unter *Anbieten* ist das Angebot zu verstehen, die markierte Ware an einen Dritten abzu- 469 geben. Das Anbieten kann gegenüber einer einzelnen Person oder mehreren bestimmten Personen sowie ad incertas personas erfolgen. Das Angebot kann ohne Aufforderung, bei Bedarf oder auf Verlangen ergehen. Unter Anbieten ist schon jede invitatio ad offerendum, wie etwa die Auslage der markierten Ware im Schaufenster, nicht erst das rechtlich bindende Angebot zum Abschluß eines Vertrages im Sinne des § 145 BGB zu verstehen. Das Angebot bezieht sich auf die Abgabe der markierten Ware, unabhängig von der rechtlichen

Gestaltung wie etwa Kauf, Miete, Pacht, Leasing, Leihe oder Schenkung. Ein Anbieten liegt auch dann vor, wenn der Anbietende die Ware nicht vorrätig hält, die Ware dem Anbietenden noch geliefert oder die Ware selbst erst hergestellt werden muß (*Baumbach/Hefermehl*, § 15 WZG, Rn 59; *Storckebaum/Kraft*, § 15 WZG, Rn 13; *v. Gamm*, § 15 WZG, Rn 22). Das Anbieten der markierten Ware setzt nicht die Bereitschaft zur Selbstlieferung voraus (zum Feilhalten BGH GRUR 1955, 490, 492 – Heynemann). Das Anbieten einer Ware entspricht dem wettbewerbsrechtlichen Feilhalten einer Markenware und stellt letztlich eine Form des Inverkehrbringens dar (*Baumbach/Hefermehl*, Wettbewerbsrecht, Einl. UWG, Rn 206). Ein *Auslandsangebot* stellt auch dann eine rechtsverletzende Benutzungshandlung im Inland dar, wenn das Angebot zwar für im Ausland liegende Waren erfolgt und im Ausland ergeht, aber vom Inland aus gesteuert wird, da eine Markenrechtsverletzung keine markenmäßige Benutzung voraussetzt, sondern jede Benutzung der fremden Marke im geschäftlichen Verkehr ausreichend ist (s. *David*, Schweiz. Markenschutzgesetz, Art. 13 MSchG, Rn 14); solche Fallkonstellationen können etwa im Inland organisierte Kaffeefahrten ins Ausland oder ausländische Anlagemodelle darstellen (zum Territorium der rechtsverletzenden Benutzungshandlung s. Rn 16 ff.). Ein rechtserhebliches Anbieten liegt auch bei einem vom Inland aus gesteuerten, weltweiten Angebot von Waren über das Internet vor (OLG Stuttgart, Urteil vom 13. Oktober 1997, 2 U 107/97 – Fender Muscial Instruments). Anders als das Anbieten verlangt die Benutzung der Marke in der Werbung (Nr. 5) nicht die Absicht oder die Bereitschaft des Werbenden selbst zum Warenabsatz.

### 2. Inverkehrbringen einer markierten Ware (§ 14 Abs. 3 Nr. 2 2. Alt.)

**470** **a) Erstvertriebsrecht (Vermarktungsrecht).** Es ist das ausschließliche Recht des Markeninhabers, die markierte Ware in den Verkehr zu bringen (§ 14 Abs. 3 Nr. 2 2. Alt.). Zwischen *Inverkehrbringen* als der Wortwahl des MarkenG und Inverkehrsetzen als der Wortwahl des WZG besteht kein sachlicher Unterschied (auch international ist der Sprachgebrauch verschieden s. *Baumbach/Hefermehl*, Wettbewerbsrecht, Einl. UWG, Rn 206). Dem Markeninhaber steht das Erstvertriebsrecht (Vermarktungsrecht) zu. Wenn der Markeninhaber die markierte Ware selbst oder mit seiner Zustimmung in den Verkehr bringt, dann tritt grundsätzlich Erschöpfung des Markenrechts nach § 24 Abs. 1 ein (s. § 24, Rn 17ff.). Der Weitervertrieb der markierten Ware durch Dritte stellt grundsätzlich keine rechtsverletzende Benutzungshandlung dar. Das Vermarktungsrecht steht dem Markeninhaber als ein selbständiges Recht und unabhängig von dem Markierungsrecht nach Abs. 3 Nr. 1 zu. Auch nachdem der Markeninhaber das Zeichen auf der Ware, ihrer Aufmachung oder Verpackung angebracht hat, steht allein dem Markeninhaber die Entscheidung zu, ob und unter welchen Bedingungen sowie zu welchem Zeitpunkt er die markierte Ware in den Verkehr bringen will. Das Inverkehrbringen der markierten Ware durch einen Dritten ohne Zustimmung des Markeninhabers stellt auch dann eine rechtsverletzende Benutzungshandlung dar, wenn die Markierung der Ware rechtmäßig erfolgt ist. Nur dann kann die Marke ihre Identifizierungsfunktion sowie die daraus ableitbaren ökonomischen Funktionen erfüllen, und nur dann ist es gerechtfertigt, wenn der Verkehr dem Markeninhaber die Produktverantwortung zurechnet. Der nach der Rechtslage im WZG aufgrund des Wortlauts von § 24 Abs. 1 WZG, der auf die Widerrechtlichkeit des Versehens der Ware mit dem Zeichen abstellte, entstandene Meinungsstreit, ob der Unterlassungsanspruch gegen ein Inverkehrbringen der Ware nur dann gegeben ist, wenn die Produktmarkierung selbst als widerrechtlich zu beurteilen ist (s. dazu mit umfassenden Nachw. *Baumbach/Hefermehl*, § 15 WZG, Rn 43), ist nach der Rechtslage im MarkenG obsolet.

**471** **b) Begriff des Inverkehrbringens.** *Inverkehrbringen* ist jede Handlung, die die markierte Ware dem wirtschaftlichen Verkehr zuführt (BGH GRUR 1969, 479, 480 – Colle de Cologne; zum Begriff des Inverkehrbringens als Voraussetzung des Eintritts der Erschöpfungswirkung s. § 24, Rn 7d). Der Zweck des Inverkehrbringens ist der Absatz der markierten Ware auf dem Markt. Auf die Rechtsform des Warenabsatzes wie Kauf, Pacht, Miete, Leasing, Leihe oder Schenkung sowie auf die Entgeltlichkeit oder Unentgeltlichkeit kommt es nicht an (zum Streitstand nach der Rechtslage im WZG s. *Baumbach/Hefermehl*, § 15 WZG, Rn 44 m. w. Nachw.). Das Inverkehrbringen verlangt, daß die markierte Ware den internen Unternehmensbereich verläßt und Marktbeziehungen außerhalb des Unternehmens begründet werden (zum Konzernverkehr s. Rn 473). Wenn der Ort einer markierten Ware innerhalb des Unternehmens verändert wird, die Ware etwa von der Produktion als dem Ort der Herstellung in ein Sammellager als dem Ort des Vertriebs transportiert wird, liegt noch kein geschäftlicher Verkehr vor (s. Rn 40 ff.), da es sich um einen unternehmensinternen Verkehr handelt. Das Inverkehrbringen muß auf den Warenabsatz gerichtet sein. Ausreichend ist die Ausstellung einer Ware auf einer internationalen Messe im Inland, auch wenn der Vertrieb der Ware im Inland nicht vorgesehen ist (BGH GRUR 1990, 361 – Kronenthaler). Wenn die markierte Ware unternehmensextern in der Öffentlichkeit wie etwa auf einer Messe vorgestellt wird, dann liegt ein Inverkehrbringen aber nur dann vor, wenn die Ware auch erworben werden kann (*Baumbach/Hefermehl*, § 15 WZG, Rn 44); wenn das markierte Produkt nur als nicht erwerbbares Entwicklungsobjekt oder als ein Prototyp vorgestellt wird, dann liegt zwar kein Inverkehrbringen, aber eine Benutzung des Zeichens in der Werbung nach Abs. 3 Nr. 5 vor. Das Inverkehrbringen setzt nicht die Übergabe der markierten Ware an Dritte voraus. Ein Verkehrbringen liegt schon dann vor, wenn die Ware den unternehmensinternen Geschäftsverkehr etwa mit Beginn der Auslieferung verläßt.

**c) Ermächtigung zum Inverkehrbringen.** Der Markeninhaber kann einen Dritten ermächtigen, die markierte Ware in Verkehr zu bringen. Wenn der ermächtigte Dritte die mit dem Markeninhaber getroffenen Vereinbarungen hinsichtlich des Inverkehrbringens wie etwa begleitende Werbemaßnahmen nicht einhält, dann liegt grundsätzlich keine Markenrechtsverletzung vor. Dem Markeninhaber stehen nur schuldrechtliche Ansprüche aus einer Vertragsverletzung, nicht aber markenrechtliche Ansprüche aus dem Ausschließlichkeitsrecht an der Marke zu (*Baumbach/Hefermehl*, § 15 WZG, Rn 44). Der Markeninhaber kann die Rechte aus der Marke aber dann geltend machen, wenn die Vereinbarung einen Lizenzvertrag im Sinne einer dinglichen Markenlizenz darstellt und der Lizenznehmer gegen lizenzvertragliche Bestimmungen im Sinne des § 30 Abs. 2 verstößt (s. § 30, Rn 26 ff.). Der Vertrag zwischen einem Markeninhaber und einem Hersteller enthält in der Regel keine stillschweigende Zustimmung zu einem anderweitigen Vertrieb der gekennzeichneten Waren; Erschöpfungswirkung tritt nicht ein (so zumindest bei vorsätzlichem Handeln HansOLG Hamburg GRUR 1997, 300 – Vertrieb durch Hersteller; Abgrenzung zu BGH GRUR 1984, 545 – Schamotte-Einsätze; auch im Falle der Vorleistungspflicht des Herstellers besteht kein Vertriebsrecht bei einem Streit mit dem Markeninhaber über die Vertragsabwicklung HansOLG Hamburg GRUR 1997, 300 – Vertrieb durch Hersteller; Abgrenzung zu OLG Düsseldorf GRUR 1991, 220 – ESPRIT).

**d) Inländischer Konzernverkehr.** Wenn ein Dritter die fremde Marke auf einer Ware, deren Aufmachung oder Verpackung unternehmensintern anbringt, dann liegt zwar noch keine rechtserhebliche Benutzungshandlung im Sinne des § 14 Abs. 3 Nr. 1 zur Begründung einer Markenrechtsverletzung vor, wohl aber nach § 14 Abs. 3 Nr. 2 3. Alt. ein rechtsverletzender Besitz der markierten Ware zum Zweck des Angebots oder des Inverkehrbringens (s. Rn 465). Wenn die vom Markeninhaber selbst markierte Ware innerhalb des Konzerns, dem der Markeninhaber zugehört, an ein anderes Konzernunternehmen geliefert wird, dann liegt entweder eine unternehmensinterne Benutzungshandlung und damit kein geschäftlicher Verkehr vor, wenn die Lieferung an das Konzernunternehmen nicht in Wettbewerb mit konzernfremden Anbietern erfolgt (zum Wettbewerbsrecht s. BGH GRUR 1958, 544 – Colonia), oder die Lieferung innerhalb von Wettbewerbsbeziehungen stellt ein Inverkehrbringen der markierten Ware dar, das aber innerhalb des Konzerns dem Markeninhaber zugerechnet wird. Bei einem Konzernvertrieb innerhalb von Wettbewerbsbeziehungen, der keine konzerninterne Warenbewegung und damit einen geschäftlichen Verkehr darstellt, tritt mit diesem ersten Inverkehrbringen grundsätzlich eine Erschöpfung des Markenrechts ein (s. § 24, Rn 19). Anders als bei inländischen Konzernen stellt sich bei internationalen Konzernen das Problem der Rechtserheblichkeit von Auslandssachverhalten hinsichtlich der Beurteilung des Inverkehrbringens als einer inländischen Markenrechtsverletzung (s. Rn 474).

**e) Inverkehrbringen im Ausland.** Ein Inverkehrbringen der markierten Ware im Ausland kann durch den Markeninhaber selbst, durch Dritte mit Zustimmung des Markeninhabers wie etwa durch Zulieferer oder Alleinvertriebsberechtigte, durch Lizenznehmer oder innerhalb eines internationalen Konzerns erfolgen. Ob ein ausländisches Inverkehrbringen eine rechtserhebliche Benutzungshandlung zur Begründung einer inländischen Markenrechtsverletzung darstellt, beurteilt sich auf der Grundlage des Territorialitätsprinzips nach der Reichweite einer Erschöpfung des Markenrechts nach § 24 (s. dazu im einzelnen § 24, Rn 17 ff.).

### 3. Besitzen einer markierten Ware (§ 14 Abs. 3 Nr. 2 3. Alt.)

475 Der *Besitz* einer markierten Ware zu dem Zwecke des Anbietens oder des Inverkehrbringens stellt unter den Voraussetzungen des § 14 Abs. 2 Nr. 1 bis 3 eine rechtsverletzende Benutzungshandlung nach Abs. 3 Nr. 2 3. Alt. dar. In Umsetzung von Art. 5 Abs. 3 lit. b MarkenRL erweitert die Vorschrift insoweit den Markenschutz gegenüber der Rechtslage im WZG. Nicht der Besitz einer markierten Ware als solcher, sondern nur der auf die Benutzungshandlungen des Anbietens oder des Inverkehrbringens *zweckgerichtete* Besitz stellt eine rechtserhebliche Benutzungshandlung dar. Der Abwehranspruch des Markeninhabers richtet sich schon deshalb nicht gegen den Letztverbraucher, der eine markierte Ware erwirbt, da der Letztverbraucher das Produkt nicht zum Zwecke des Anbietens oder Inverkehrbringens erwirbt und besitzt. Der Konsument ist nicht Akteur des Warenumsatzes auf dem Markt und insoweit nicht Adressat der markenrechtlichen Verbietungsansprüche wie allgemein des gewerblichen Rechtsschutzes. *Besitzer* im Sinne dieser Vorschrift sind zum einen diejenigen Personen, die die markierte Ware besitzen, um sie selbst anzubieten oder in den Verkehr zu bringen. Dazu gehören etwa die Groß-, Zwischen- und Einzelhändler sowie sonstige an der Distribution beteiligte Personen in den Handelsstufen. Besitzer im Sinne der Vorschrift sind zum anderen aber auch diejenigen Personen, die als Teilnehmer am Warenumsatz beteiligt sind. Dazu gehören etwa Kommissionäre, Spediteure, Lagerhalter, Frachtführer und sonstige mit der Beförderung von Gütern beschäftigte Personen. Der Markenschutz besteht nicht nur gegenüber dem Eigentümer einer unzulässig markierten Ware, sondern die Abwehrrechte des Markeninhabers richten sich solange auch gegen den Besitzer der markierten Ware, als der Warenumsatz andauert und so der Zweck des Anbietens oder Inverkehrbringens fortbesteht (so auch *David*, Schweiz. Markenschutzgesetz, Art. 13 MSchG, Rn 13). Der Besitz zum Zwecke des Exports, Imports oder Transits einer markierten Ware ist in Abs. 3 Nr. 4 besonders geregelt (s. Rn 478 ff.).

## IV. Anbieten und Erbringen von markierten Dienstleistungen (§ 14 Abs. 3 Nr. 3)

### 1. Grundsatz

476 Dem Inhaber einer Dienstleistungsmarke steht nach § 14 Abs. 3 Nr. 3 das ausschließliche Recht zu, die Dienstleistungen unter dem Zeichen anzubieten oder zu erbringen. Das *Anbieten* einer Dienstleistung entspricht dem Anbieten einer Ware (s. Rn 469), das *Erbringen* einer Dienstleistung entspricht dem Inverkehrbringen einer Ware (s. Rn 470 ff.). Die mit der Distribution auf dem Markt verbundenen Rechtsprobleme stellen sich bei einer Dienstleistungsmarke vergleichbar einer Warenmarke. Vor allem ist die markenmäßige Benutzung keine rechtliche Voraussetzung einer Markenrechtsverletzung an der Dienstleistungsmarke, vielmehr besteht auch der Dienstleistungsmarkenschutz gegen jede Benutzung im geschäftlichen Verkehr (s. Rn 39). Auch hinsichtlich des Territoriums der Benutzung (s. Rn 16 ff.) gelten die Rechtsgrundsätze zur Warenmarke vergleichbar.

### 2. Besitzen von Hilfswaren für Dienstleistungen

477 Das Gesetz regelt das *Besitzen* von unzulässig markierten Waren zum Zwecke des Warenabsatzes nur für die Warenmarke (Nr. 2), nicht auch für die Dienstleistungsmarke (Nr. 3), weil im Gegensatz zu einer Ware, die ein materielles Wirtschaftsgut, eine Dienstleistung ein immaterielles Wirtschaftsgut darstellt (zum Begriff der Dienstleistung s. § 3, Rn 123 ff.). Der Abwehranspruch des Markeninhabers einer Dienstleistungsmarke bezieht sich aber nicht nur

auf die Benutzung der Marke bei dem Anbieten oder Erbringen der Dienstleistung, sondern erstreckt sich auch auf unzulässig markierte *Hilfswaren* (zum Begriff der Hilfsprodukte s. § 3, Rn 148 ff.), die zum Anbieten oder zur Erbringung von Dienstleistungen verwendet werden. Das gilt auch für den Besitz solcher Hilfswaren, die dem Anbieten oder Erbringen einer Dienstleistung zu dienen bestimmt sind.

## V. Benutzung der Marke im Import, Export und Transit (§ 14 Abs. 3 Nr. 4)

### 1. Import und Export

Dem Markeninhaber steht nach § 14 Abs. 3 Nr. 4 das ausschließliche Recht zu, Waren unter dem Zeichen *einzuführen* oder *auszuführen*. Die Vorschrift entspricht dem Verständnis des Territorialitätsprinzips als einer umfassenden Kollisionsnorm des internationalen Privatrechts (s. Rn 16 ff.). Die in Umsetzung von Art. 5 Abs. 3 lit. c MarkenRL erfolgte, ausdrückliche Regelung stellt eine wichtige Klarstellung gegenüber der abweichenden Rechtslage nach dem WZG dar (s. *Baumbach/Hefermehl*, § 15 WZG, Rn 45; s. Rn 481 f.), auch wenn Export, Import und Transit zugleich Tatbestände des Besitzes zum Zwecke des Warenumsatzes nach Abs. 3 Nr. 2 darstellen. Die Vorschrift regelt ausdrücklich nur die Einfuhr und Ausfuhr, nicht auch die Durchfuhr (s. Rn 481 ff.). Auch wenn Regelungsgegenstand der Vorschrift nur die Warenmarke ist, ist die Vorschrift entsprechend auf die Dienstleistungsmarke anzuwenden, wenn im internationalen Dienstleistungsverkehr dem Export, Import und Transit vergleichbare Fallkonstellationen einschließlich des Vertriebs markierter Hilfswaren für Dienstleistungen (s. § 3, Rn 148 ff.) auftreten.

Die Einfuhr oder Ausfuhr einer markierten Ware stellt eine rechtserhebliche Benutzungshandlung zur Begründung einer Markenrechtsverletzung dar, ohne daß es darauf ankommt, daß die Ware in den *inländischen Verkehr* gelangt. Es kommt weder darauf an, ob der Markeninhaber selbst exportiert oder importiert, noch ob dem Markeninhaber in dem ausländischen Staat, in den importiert oder von dem exportiert wird, ein entsprechendes Markenrecht zusteht. Eine Markenrechtsverletzung liegt selbst dann vor, wenn dem Exporteur zwar nicht im Inland, wohl aber in dem ausländischen Staat ein Markenrecht zusteht, obwohl die Markenkollision nicht zu einer konkreten Verwechslung und Irreführung des Verkehrs führen kann, da sich die Konkurrenzwaren nicht tatsächlich auf dem Markt begegnen (so zum MSchG der Schweiz BGE 109/1983 IV 146 – Rolex-Krönchen; 115/1989 II 388 – Atrexa). Die Abwehrrechte des Markeninhabers gegenüber einem Import oder Export stehen unter dem Vorbehalt einer Erschöpfung seines Markenrechts, wenn die markierte Ware vom Markeninhaber selbst oder mit seiner Zustimmung im Sinne des § 24 in den Verkehr gebracht worden ist. Schon nach der Rechtslage im WZG wurde das Versehen der Ware mit der Marke im Inland zum Zwecke des Exports als eine Verletzungshandlung beurteilt (RGZ 110, 176).

### 2. Reimport

Der Markeninhaber kann den Reimport dann nicht verhindern, wenn sein Markenrecht nach § 24 erschöpft ist, da die Ware von ihm selbst oder mit seiner Zustimmung exportiert und auf den Markt gebracht worden ist (s. § 24, Rn 17 ff.). Der Markeninhaber kann aber dann den Reimport als eine Verletzungshandlung abwehren, wenn die Markierung der Ware durch ihn oder mit seiner Zustimmung im Inland für den Export außerhalb der Mitgliedstaaten der EU und den Vertragsstaaten des Europäischen Wirtschaftsraums erfolgt ist, weil insoweit eine Erschöpfung des Markenrechts nicht eingetreten ist (s. § 24, Rn 15 f.).

### 3. Transit

**a) Rechtslage im WZG. aa) Verletzung eines inländischen Markenrechts.** Nach dem herkömmlichen Verständnis des Territorialitätsprinzips beschränkte sich das Markenrecht als Ausschließlichkeitsrecht auf das Hoheitsgebiet des das Recht verleihenden Staates. Aus diesem Grundsatz wurde die Folgerung abgeleitet, daß markenrechtliche Ansprüche nur dann bestehen, wenn die gekennzeichnete Ware im Inland in den Verkehr gebracht worden ist. Die bloße *Durchfuhr* einer ausländischen Ware mit Kraftfahrzeug, Bahn, Schiff oder Flugzeug (Transit) wurde nach überwiegender Meinung nicht als ein Inverkehrbringen im Inland und damit nicht als eine Verletzungshandlung beurteilt (BGHZ 23, 100, 104 – Taeschner/Pertussin I; BGH GRUR 1957, 352 f. – Taeschner/Pertussin II; 1958, 189, 197 – Zeiß; *Baumbach/Hefermehl*, § 15 WZG, Rn 45; *Reimer/Trüstedt*, Kap. 27, Rn 11; aA *Hagens*, Warenzeichenrecht, § 12, Rn 7). Das galt selbst dann, wenn im Inland ein neuer Beförderungsvertrag geschlossen wurde. Die Begründung ging im wesentlichen dahin, der reine Transitverkehr begründe nicht die Gefahr einer Irreführung des inländischen Verkehrs über die Herkunft der Ware. Ein Inverkehrbringen im Inland wurde nicht angenommen, wenn eine in der DDR mit einer in der Bundesrepublik Deutschland geschützten Marke versehene Ware, die über das Gebiet der Bundesrepublik nach Ceylon exportiert werden sollte, zunächst auf dem Landwege in den Freihafen Hamburg befördert und dort durch einen Spediteur nach Abschluß eines Seefrachtvertrages auf ein Schiff verfrachtet worden war (BGHZ 23, 100, 104 – Pertussin I). Der Transit wurde aber dann als ein inländisches Inverkehrbringen beurteilt, wenn bei der Durchfuhr ein Veräußerungsgeschäft über die Ware abgeschlossen wurde. Wenn etwa ein inländischer Händler Waren für den Export ins Ausland zunächst importiert, dann wurde angenommen, die Waren würden im Inland in den Verkehr gebracht. Das galt selbst dann, wenn die von einem Inländer im Ausland erworbene und weiter ins Ausland veräußerte Ware lediglich in einem inländischen Freihafen in ein Lager genommen wurde (RGSt 21, 205 f.). Auch bei einem Transit wurde eine Verletzungshandlung aber dann angenommen, wenn die Ware während des Transits erst im Inland mit der Marke versehen wurde (RGZ 110, 176).

**482** **bb) Verletzung eines ausländischen Markenrechts.** Der Transit von Exporten kann Teil einer Benutzungshandlung sein, die sich als eine Verletzung eines ausländischen Markenrechts im Ausland darstellt. Dem verletzten Markeninhaber können Ansprüche sowohl gegen den Transitlieferanten als auch gegen den Inlandsspediteur zustehen, die sich jedoch nicht aus inländischem Deliktsrecht ergeben (s. aber Taeschner/Pertussin II), sondern sich grundsätzlich nach ausländischen Recht richten (*Baumbach/Hefermehl*, § 15 WZG, Rn 45). Als ein das ausländische Markenrecht verletzender Teilakt begründet der Transitverkehr die internationale Zuständigkeit im Inland (s. ausführlich *Baumbach/Hefermehl*, Wettbewerbsrecht, Einl UWG, Rn 191, 193 a f.). Auf die nach der Rechtslage im WZG im Falle der Verletzung eines inländischen Markenrechts nach § 15 Abs. 1 WZG erhebliche Frage, ob die Ware bei der Durchfuhr Gegenstand eines Umsatzgeschäftes geworden und damit ein Inverkehrbringen im Inland anzunehmen war, kam es im Falle einer Verletzung eines ausländischen Markenrechts deshalb nicht an, weil die Markenrechtsverletzung aufgrund des Transitverkehrs als Teilakt im Inland begangen worden war.

**483** **b) Rechtslage im MarkenG.** Der Gesetzgeber hat bewußt darauf verzichtet, den Transit ausdrücklich als eine Verletzungshandlung zu normieren. Auch in der MarkenRL ist der Transit nicht ausdrücklich geregelt. In der Gesetzesbegründung wird betont, die Nichtaufnahme der Durchfuhr in die Regelung des Abs. 3 Nr. 4 beruhe nicht darauf, daß in der Durchfuhr keine Markenrechtsverletzung gesehen werden könne (Begründung zum MarkenG, BT-Drucks. 12/6581 vom 14. Januar 1994, S. 75). Nach der Rechtslage im MarkenG ist vielmehr davon auszugehen, daß die Durchfuhr einer markierten Ware ohne Zustimmung des Markeninhabers eine Verletzung seines inländischen Markenrechts darstellt. Die zur Rechtslage im WZG ergangene, einschränkende Rechtsprechung (s. Rn 481 f.) kann schon deshalb nicht mehr aufrechterhalten werden, da das MarkenG kein Inverkehrbringen im Inland als Verletzungshandlung verlangt, sondern nicht nur die Einfuhr und Ausfuhr (Nr. 4), sondern auch den Besitz zum Zwecke des Warenabsatzes (Nr. 2) als Verletzungshandlung genügen läßt. Allerdings zwingt die Regelung des Besitzes zum Zwecke des Warenumsatzes nach Abs. 3 Nr. 2 nicht dazu, den Transit ausnahmslos als eine rechtserhebliche Benutzungshandlung zur Begründung einer Markenrechtsverletzung zu beurteilen, da beim Transit der Zweck nicht auf einen *inländischen,* sondern auf einen *ausländischen* Warenumsatz gerichtet ist. Je nach den konkreten Umständen wird bei Durchfuhrtatbeständen vielfach schon der *Einfuhr-* und *Ausfuhrtatbestand* erfüllt und damit der Transit unter Abs. 3 Nr. 4 zu subsumieren sein. Im übrigen stellt der Transit wegen der nur beispielhaften und nicht abschließenden Aufzählung der Verletzungstatbestände in Abs. 3 grundsätzlich eine *eigene Verletzungshandlung* dar (so im Ergebnis auch *Sack,* RIW 1995, 177,

181 ff.; *Sack*, GRUR 1996, 657, 664). Der Import von über das Internet angebotenen Waren aus den USA nach Deutschland zum Zwecke des Vertriebs in Länder außerhalb des Geltungsbereichs des MarkenG stellt eine rechtsverletzende Benutzungshandlung nach § 14 Abs. 3 Nr. 4 dar (OLG Stuttgart, Urteil vom 13. Oktober 1997, 2 U 107/97 – Fender Musical Instruments). Nach der Gesetzesbegründung soll es der Rechtsprechung überlassen bleiben, ob in bestimmten Fallkonstellationen des Transits eine rechtserhebliche Benutzungshandlung zur Begründung einer Markenrechtsverletzung abzulehnen ist. Als Beispiel eines rechtmäßigen Transits wird die Fallkonstellation erwogen, daß dem Markeninhaber, mit dessen Marke die Transitware gekennzeichnet ist, sowohl im Ausfuhrland wie auch im Bestimmungsland Markenschutz zusteht. Ob das Bestehen ausreichenden Auslandsschutzes die Versagung inländischen Markenschutzes rechtfertigt, erscheint bedenklich. Der Transit unzulässig markierter Ware stellt eine latente Gefährdung des Markenrechts dar und birgt den Mißbrauch in sich.

## VI. Benutzung der Marke in Geschäftspapieren und in der Werbung (§ 14 Abs. 3 Nr. 5)

### 1. Grundsatz

Dem Markeninhaber steht nach § 14 Abs. 3 Nr. 5 das ausschließliche Recht zu, das Zeichen in *Geschäftspapieren* oder in der *Werbung* zu benutzen. Der Anwendungsbereich der Vorschrift umfaßt zum einen das in § 15 Abs. 1 3. Alt. WZG geregelte Ankündigungsrecht des Markeninhabers, das Zeichen auf Ankündigungen, Preislisten, Geschäftsbriefen, Empfehlungen, Rechnungen oder dergleichen anzubringen, geht aber zum anderen über die Rechtslage im WZG hinaus, da alle Formen der Werbung erfaßt werden und damit auch die mündliche Werbung eine Verletzungshandlung darstellt. Schon nach der Rechtslage im WZG wurde vorgeschlagen, statt von einem Ankündigungsrecht von einem Werbehinweisrecht zu sprechen (*v. Gamm*, § 15 WZG, Rn 25; zust. *Baumbach/Hefermehl*, § 15 WZG, Rn 60), auch wenn das Anbringen des Zeichens auf Ankündigungen nicht stets und unmittelbar der Werbung zu dienen brauche. Es wird vorgeschlagen, den Anwendungsbereich von Abs. 3 Nr. 5 kurz als *Werberecht* zu benennen (s. Rn 461).

Die werbliche Benutzung einer Marke kann *urkundlich* oder auch *mündlich* erfolgen. Eine markenmäßige Benutzung ist nicht Voraussetzung zur Begründung einer Markenrechtsverletzung, vielmehr ist jede Benutzung im geschäftlichen Verkehr zum Produktabsatz ausreichend (s. Rn 39). Schon nach der Rechtslage im WZG war anerkannt, daß das Fehlen einer körperlichen oder räumlichen Verbindung von Marke und Ware bei Ankündigungen im Verkehr durch einen logischen Schluß ersetzt werde (BGH GRUR 1958, 610 f. – Zahnrad), indem eine gedankliche Verbindung zwischen Marke und Produkt hergestellt werde. Auf den Meinungsstreit, ob das Ankündigungsrecht ein zeichenrechtliches (so *Baumbach/Hefermehl*, § 15 WZG, Rn 57; *Storkebaum/Kraft*, § 15 WZG, Rn 15; *Reimer/Trüstedt*, Kap. 27, Rn 12; *v. Gamm*, § 15 WZG, Rn 26; *Bungeroth*, Das Ankündigungsrecht des Zeicheninhabers, S. 51) oder nur ein wettbewerbsrechtliches (so *Hagens*, Warenzeichenrecht, § 12, Anm. 24; RGZ 124, 274, 276 – Stellin) Institut, das der Verhinderung unlauteren Wettbewerbs dient, ist, kommt es im MarkenG nicht mehr an.

### 2. Markierte Werbemittel

Nach § 14 Abs. 3 Nr. 5 stellt nur die Benutzung des Zeichens in Geschäftspapieren oder in der Werbung eine Verletzungshandlung dar, nicht schon das Anbringen des Zeichens auf Geschäftspapieren oder auf Werbemitteln wie Prospekten oder sonstigen Werbeträgern. Anders als der Besitz markierter Produkte nach Abs. 3 Nr. 1 ist der Besitz markierter Werbemittel als solcher nicht untersagt. Der Anwendungsbereich von Abs. 4 ist auf solche Vorbereitungshandlungen beschränkt, die eine Markierung von Aufmachungen, Packungen oder Kennzeichnungsmitteln zum Gegenstand haben. Anders als Abs. 3 Nr. 5 stellte das Ankündigungsrecht nach § 15 Abs. 1 WZG auf das Anbringen des Zeichens auf Ankündigungen ab, doch wurde die Vorschrift dahin ausgelegt, daß die Anbringung des Zeichens als solche markenrechtlich unerheblich sei und erst der Gebrauch im geschäftlichen Verkehr eine Verletzungshandlung darstelle (*Baumbach/Hefermehl*, § 15 WZG, Rn 58 m. w. Nachw.). Eine vergleichbar restriktive Auslegung des Abs. 3 Nr. 5 wird dem Schutz des Werberechts des Markeninhabers nicht gerecht. Das *Markieren von Werbemitteln* begründet die *Vermutung* der Benutzung im geschäftlichen Verkehr. Es erscheint deshalb sachgerecht, die Vorschrift des Abs. 3 Nr. 5 extensiv auszulegen und schon den *Besitz markierter Werbemittel* als rechtserhebliche Benutzungshandlung zur Begründung einer Markenrechtsverletzung zu beurteilen. Das Verbot greift allerdings erst dann ein, wenn die markierten Werbemittel den unternehmensinternen Bereich verlassen und in den geschäftlichen Verkehr (s. Rn 40 ff.) gelangen.

### 3. Geschäftspapiere und Werbemittel

**487**  *Geschäftspapiere* sind Schriftstücke eines Unternehmens, die nicht nur zum unternehmensinternen Gebrauch, sondern zur Benutzung im geschäftlichen Verkehr bestimmt sind. Es ist nicht erforderlich, daß sich die Geschäftspapiere an einen größeren Personenkreis richten (so zur Ankündigung nach der Rechtslage im WZG *Baumbach/Hefermehl*, § 15 WZG, Rn 60), auch wenn dies regelmäßig der Fall sein wird. Geschäftspapiere sind etwa Briefe, Postkarten, Telegramme, Fernschreiben und Faxe sowie Kataloge, Prospekte, Preislisten, Speise- und Weinkarten (OLG Frankfurt GRUR 1938, 348 – Wein – eingefangener Sonnenschein), Rechnungen, Bestellungen und Empfehlungen.

**488**  Ob und inwieweit Werbemittel als Geschäftspapiere zu verstehen oder unter das Tatbestandsmerkmal einer Benutzung in der Werbung zu subsumieren sind, ist rechtlich unerheblich. *Werbemittel* sind etwa Anzeigen in Zeitungen und Zeitschriften (RGZ 49, 101 – Brennaborräder; RGSt 40, 270 – Autochromie), auch Werbefilme (RGZ 149, 335, 340 – Kaffeekanne) und Videos in Fernsehen und Film, ferner Disketten, Lichtreklame, selbst Himmelsschreiber oder sonstige elektronische Medien zum Einsatz werblicher Kommunikation sowie Werbeplakate, Werbetafeln, Werbeständer, Werbewagen, selbst Sandwichmänner. Werbemittel sind auch markierte Werbegeschenke oder sonstige Zugabewaren.

**489**  Eine Benutzung der Marke in der Werbung stellt auch das Anbringen der Marke am Geschäftsgebäude, im Schaufenster, an Fahrzeugen wie Geschäftswagen oder sonstigen Verkehrsmitteln (BGH GRUR 1960, 33, 36 – Zamek I), an Litfaßsäulen oder sonstigen öffentlichen Werbeträgern und in Sportstätten wie der Stadionwerbung dar.

### 4. Mündliche Werbung

**490**  Nach der Rechtslage im WZG wurde das Ankündigungsrecht des § 15 Abs. 1 3. Alt. WZG nach überwiegender Auffassung dahin verstanden, daß nur ein irgendwie sichtbar in Erscheinung tretender, gleichsam urkundlicher Zeichengebrauch eine Verletzungshandlung darstelle, sich das Ankündigungsrecht aber nicht auf die mündliche Ankündigung von Waren oder Dienstleistungen unter dem Zeichen erstrecke (BGH GRUR 1958, 343 – Bohnergerät; 1959, 240, 241 – Nelkenstecklinge; *Baumbach/Hefermehl*, § 15 WZG, Rn 66; *v. Gamm*, § 15 WZG, Rn 18; *Busse/Starck*, § 15 WZG, Rn 22; aA schon zum WZG *Storkebaum/Kraft*, § 15 WZG, Rn 17; *Reimer/Trüstedt*, Kap. 27, Rn 15; *Tilmann*, GRUR 1968, 619, 623). Nach der Rechtslage im MarkenG werden nach Abs. 3 Nr. 5 alle Formen der Werbung erfaßt. Die *mündliche Werbung* stellt eine Verletzungshandlung dar. Arten mündlicher Werbung sind etwa die Radiowerbung, Telefonwerbung, Werbung in Verkaufsveranstaltungen wie Kaffeefahrten sowie Verkaufsgespräche.

### 5. Händlerwerbung

**491**  **a) Werbung für markierte Produkte.** Die Werbung ist Teil der wirtschaftlichen Betätigungsfreiheit im Handel. Der Markeninhaber kann einem Händler nicht verbieten, die Marke für das vom Markeninhaber selbst oder mit seiner Zustimmung markierte Produkt in der Werbung zu benutzen (so zum Ankündigungsrecht des § 15 Abs. 1 WZG *Baumbach/Hefermehl*, § 15 WZG, Rn 68; *v. Gamm*, § 15 WZG, Rn 26; *Bußmann*, Gewerblicher Rechtsschutz, S. 135). Der Handel ist in der Werbegestaltung für die originale Markenware markenrechtlich frei, es sei denn, er ist vertraglich zu einer bestimmten Werbekonzeption verpflichtet. Das Werberecht des Markeninhabers bleibt zwar nach dem Inverkehrbringen der markierten Ware bestehen, hat aber keine Ausschlußfunktion gegenüber der Händlerwerbung für das markierte Originalprodukt. Der Grund liegt darin, daß die Händlerwerbung für das Originalprodukt die Identifizierungsfunktion und die daraus ableitbaren ökonomischen Funktionen der Marke nicht beeinträchtigt. Zur Begründung bedarf es nicht der Annahme einer konkludent erteilten Lizenz (so *Bußmann*, GRUR 1952, 315; *v. Gamm*, § 15 WZG, Rn 26). Der Markeninhaber soll die Händlerwerbung für markierte Originalprodukte selbst dann nicht untersagen können, wenn der Erwerb der Originalprodukte nicht rechtmäßig, wie etwa aufgrund einer Mißachtung eines lückenlosen Vertriebsbindungssystems, erworben worden ist (so zum Ankündigungsrecht nach § 15 Abs. 1 WZG *Ulmer*, NJW 1969, 11, 16). Das ist zumindest dann nicht unbedenklich, wenn man sowohl den Schutz einer bekannten Marke als auch den Schutz funktionsfähiger Vertriebsbindungssysteme als eine Unternehmensleistung versteht, da der Marke eine konstitutive Bedeutung für vertragliche Vertriebsbindungssysteme als vertikale Kooperationsstrategien zwischen Industrie und Handel im Interesse einer ökonomisch effizienten Distribution von Markenwaren zukommt (s. dazu *Fezer*, GRUR 1990, 551).

**b) Werbung für nicht markierte Produkte. aa) Rechtslage im WZG.** Nach der Rechtslage im WZG war umstritten, ob der Markeninhaber einem Händler die Benutzung der Marke in der Werbung dann untersagen kann, wenn es sich bei der Ware zwar um ein Originalprodukt des Markeninhabers handelt, das der Markeninhaber aber nicht mit seiner Marke versehen und als nicht markiertes Produkt in den Verkehr gebracht hat. Der Hinweis des Händlers auf die Marke des Herstellers stellte nicht nur einen Beschaffenheitshinweis dar, der als beschreibende Angabe zulässig ist (so aber RGZ 49, 101, 103 – Brennaborräder), da der Markenhinweis als warenzeichenmäßiger Gebrauch im Sinne des § 16 WZG zu beurteilen war (*Baumbach/Hefermehl*, § 15 WZG, Rn 69). Zwar war dem Händler nach allgemeiner Auffassung nicht erlaubt, die nicht markierte Originalware des Herstellers mit dessen Marke zu versehen, gleichwohl wurde nach der Rechtsprechung und einem Teil des Schrifttums dem Händler das Recht eingeräumt, das nicht markierte Originalprodukt des Herstellers unter dessen Marke anzukündigen (RGZ 124, 274, 276 – Stellin; RG MuW 1931, 613, 614 – Shell; LG Düsseldorf GRUR 1983, 327, 329 – Ankündigungsrecht; *Pinzger*, Warenzeichenrecht, § 15 WZG, Anm. 12). Die Zulässigkeit der Händlerwerbung mit der Herstellermarke für nicht markierte Produkte wurde damit begründet, daß der Zweck des Ankündigungsrechts allein darin liege, eine Irreführung des Publikums über die Herkunft der Ware aus einem bestimmten Unternehmen auszuschließen, die Ware aber von dem Markeninhaber als Hersteller stamme. Nach überwiegender Auffassung im Schrifttum widersprach diese Rechtsansicht der zeichenrechtlichen Funktion des Ankündigungsrechts (*Baumbach/Hefermehl*, § 15 WZG, Rn 69). Die Herkunftsfunktion werde deshalb dann beeinträchtigt, weil die Ware vom Markeninhaber nicht als markierte Markenware in den Verkehr gebracht werde (*Hagens*, Warenzeichenrecht, § 12, Rn 24; *Riehle*, Markenrecht und Parallelimport, S. 100; *Tilmann*, GRUR 1968, 619, 622; *Bungeroth*, Das Ankündigungsrecht des Zeicheninhabers, S. 113). Zur Begründung wurde namentlich darauf hingewiesen, der Markeninhaber habe sich, auch wenn die Ware aus seinem Unternehmen stamme, markenrechtlich nicht zu ihr bekannt. Solange das nicht geschehen sei, dürfe auch ein Dritter die Marke in einer Ankündigung nicht zeichenmäßig benutzen (*Baumbach/Hefermehl*, § 15 WZG, Rn 69; *v. Gamm*, § 15 WZG, Rn 26; *Bußmann*, Gewerblicher Rechtsschutz, S. 135; *Ulmer*, NJW 1969, 11, 17; *Schütz*, DB 1976, 757; *Völp*, WRP 1977, 688).

**bb) Rechtslage im MarkenG.** Nach der Rechtslage im MarkenG kann der Markeninhaber einem Händler die Benutzung seiner Marke für solche Produkte untersagen, die der Markeninhaber als Hersteller zwar selbst oder ein Dritter mit seiner Zustimmung in den Verkehr gebracht, aber nicht mit seiner Marke versehen hat. Die Benutzung der Marke für nicht markierte Originalprodukte des Markeninhabers in der Händlerwerbung stellt eine rechtsverletzende Benutzungshandlung im Sinne des § 14 Abs. 3 Nr. 5 dar. Das Werberecht des Markeninhabers als Teil seines Ausschließlichkeitsrechts an der Marke steht nicht unter dem Vorbehalt einer Irreführung des Verkehrs über die Produktherkunft. Der Markeninhaber übernimmt für ein nicht markiertes Produkt keine markenrechtliche Produktverantwortung. Nach dem MarkenG besteht der Markenschutz zudem nicht allein hinsichtlich der Herkunftsfunktion, sondern bezieht sich auf alle sich aus der Identifizierungsfunktion der Marke ergebenden ökonomischen Funktionen.

**494** Nichts anderes gilt im Falle des *zweigleisigen Vertriebs,* wenn der Markeninhaber einen Teil der Waren mit seiner Marke versieht und als Markenware in den Verkehr bringt, einen anderen Teil der Waren nicht markiert und als anonyme Waren vermarktet. Selbst wenn der Markeninhaber den zweigleisigen Vertrieb offenlegt, sei es, daß er einen Teil der Waren unter einer Zweitmarke vertreibt, sei es, daß er diesen Teil der Waren mit seiner Firma kennzeichnet und so auf die Produktherkunft hinweist, oder sei es, daß er hinsichtlich des Teils der nicht mit einem Kennzeichen versehenen Waren in Zusammenhang mit dem Vertrieb auf die Herkunft der Waren aus seinem Unternehmen hinweist, dann übernimmt er für diese Waren nicht die markenrechtliche Produktverantwortung und kann dem Handel die Benutzung der Marke in der Werbung für diese Waren untersagen (anders hinsichtlich der Ankündigung nicht markierter Waren in Geschäftsbriefen nach der Rechtslage im WZG *Baumbach/Hefermehl,* § 15 WZG, Rn 69).

**495** Auch wenn der Markeninhaber das markierte Originalprodukt selbst in den Verkehr gebracht hat, kann die Produktwerbung mit der Marke im Handel *wettbewerbsrechtlichen* Schranken unterliegen. Wenn etwa die Markenwaren ausschließlich von Vertragshändlern vertrieben werden, dann darf die Benutzung der Marke in der Werbung durch einen nicht autorisierten Parallelimporteur im Verkehr nicht den Eindruck erwecken, Markenware werde innerhalb des vom Markeninhaber organisierten Vertriebssystems angeboten. Aus diesen Gründen kann die Benutzung der Marke in ihren Schriftzügen, der Bildgestaltung und der Art des Logos wettbewerbsrechtlichen Schranken unterliegen (s. zum schweizerischen Recht BGE 104/1978 II, S. 60 – Singer-Nähmaschinen; s. dazu *David,* Schweiz. Markenschutzgesetz, Art. 13 MSchG, Rn 24).

### 6. Benutzung der Marke in vergleichender Werbung

**496** Die Benutzung einer fremden Marke in einer vergleichenden Werbung eines konkurrierenden Herstellers oder im Handel stellt eine rechtserhebliche Benutzungshandlung nach Abs. 3 Nr. 5 zur Begründung einer Markenrechtsverletzung im Sinne des § 14 Abs. 2 dar. Die Verwendung einer fremden Marke in einer vergleichenden Werbung stellt eine Benutzung der Marke im geschäftlichen Verkehr zum Zwecke des Produktabsatzes dar. Eine Markenrechtsverletzung verlangt nicht das Vorliegen einer markenmäßigen Benutzung (s. Rn 39). Nach der Gesetzesbegründung soll die Verwendung der Marke eines Konkurrenten in vergleichender Werbung in aller Regel keine Markenverletzung darstellen, weil üblicherweise die Marke nicht für die eigenen Waren oder Dienstleistungen des Werbenden, sondern als Bezugnahme auf die Waren oder Dienstleistungen des Konkurrenten, der Inhaber der Marke ist, benutzt werde (Begründung zum MarkenG, BT-Drucks. 12/6581 vom 14. Januar 1994, S. 75). Das soll zumindest insoweit gelten, als die vergleichende Werbung wettbewerbsrechtlich zulässig ist. Nach dieser Auffassung wird der markenrechtliche Schutz vor einer Benutzung der Marke in einer unzulässigen vergleichenden Werbung unangemessen verkürzt. In einer vergleichenden Werbung wird die fremde Marke zwar auch hinsichtlich des Konkurrenzproduktes verwendet, aber die Markenbenutzung im Vergleich erfolgt zugleich für die eigenen Waren oder Dienstleistungen des Werbenden und damit zum Zwecke seines Produktabsatzes. Es ist deshalb sachgerecht, *jede Art der vergleichenden Werbung,* sei sie wettbewerbsrechtlich zulässig oder wettbewerbswidrig, als eine rechtsverletzende Benutzungshandlung zur Begründung einer Markenrechtsverletzung anzusehen. Allerdings kann der Markeninhaber die Benutzung der Marke in vergleichender Werbung einem Dritten nach § 23 Nr. 2 nicht untersagen, da der *Produktvergleich* als eine *Angabe über Merkmale oder Eigenschaften des Produkts* zu beurteilen ist. Das Verbietungsrecht des Markeninhabers nach § 14 besteht aber dann, wenn die Benutzung der Marke in vergleichender Werbung nach § 23 gegen die guten Sitten verstößt. Wenn man die Benutzung der Marke in vergleichender Werbung nicht schon als eine rechtserhebliche Benutzungshandlung im Sinne des § 14 Abs. 3 versteht, dann bestehen bei einer gegen die guten Sitten verstoßenden, vergleichenden Werbung keine markenrechtlichen, sondern allein wettbewerbsrechtliche Ansprüche. Es ist aber sachgerecht, gegenüber einer unzulässigen Vergleichswerbung von Markenwaren Markenschutz und Wettbewerbsschutz zugleich zu gewähren und von einer Anspruchskonkurrenz markenrechtlicher und wettbewerbsrechtlicher Ansprüche auszugehen (zur Anspruchskonkurrenz s. § 2, Rn 2 ff.; § 23, Rn 18).

### 7. Benutzung der Marke als geschäftliche Bezeichnung

Die Benutzung einer fremden Marke als *Firma* oder als *Firmenbestandteil* stellt eine rechtserhebliche Benutzungshandlung nach Abs. 3 Nr. 5 zur Begründung einer Markenrechtsverletzung im Sinne des § 14 Abs. 2 dar. Unerheblich ist, ob die firmenmäßige Benutzung einer Marke unter das Werberecht des Abs. 3 Nr. 5 subsumiert oder im Hinblick auf die nicht abschließende Aufzählung der Benutzungshandlungen in Abs. 3 als eine sonstige rechtsverletzende Benutzungshandlung beurteilt wird. Das gilt nicht nur für die Benutzung einer fremden Marke als Firma, sondern hinsichtlich jeder geschäftlichen Bezeichnung wie den Unternehmenskennzeichen oder Werktiteln. Nach der Rechtslage im WZG wurde die Benutzung einer fremden Marke als geschäftliche Bezeichnung oder als Bestandteil einer geschäftlichen Bezeichnung in der Regel als ein mittelbarer zeichenmäßiger Gebrauch beurteilt (s. Rn 52 ff.). Diese Rechtsprechung gilt dem rechtlichen Ergebnis nach auch nach der Rechtslage im MarkenG, ohne daß es auf das Vorliegen einer markenmäßigen Benutzung ankommt.

Der Markeninhaber kann nach § 23 Nr. 1 einem Dritten aber nicht untersagen, im geschäftlichen Verkehr dessen Namen zu benutzen (s. § 23, Rn 19 ff.). Wenn eine geschäftliche Bezeichnung aus dem Familiennamen des Inhabers des Unternehmens besteht oder diesen als Bestandteil enthält, oder wenn eine Nachfolge in der Person des Unternehmensinhabers eingetreten ist und der neue Inhaber rechtmäßig das alte Unternehmenskennzeichen mit dem Namen des ursprünglichen Unternehmensinhabers fortführt, dann besteht eine Schranke des Markenschutzes. Der Markenschutz verdrängt nicht die Befugnis zur geschäftlichen Namensführung. Die markenrechtlichen Ansprüche nach § 14 Abs. 2 bestehen aber dann, wenn die Benutzung der geschäftlichen Bezeichnung, die aus der fremden Marke besteht oder diese als Bestandteil enthält, nach § 23 gegen die guten Sitten verstößt (so schon nach der Rechtslage im WZG *Baumbach/Hefermehl*, § 15 WZG, Rn 70).

## E. Markenrechtsverletzende Vorbereitungshandlungen (§ 14 Abs. 4)

### I. Grundsatz

Der Markenschutz erfaßt nach § 14 Abs. 4 auch markenrechtsverletzende Vorbereitungshandlungen im Vorfeld bestimmter Benutzungshandlungen nach Abs. 3. Nach dieser Vorschrift ist es Dritten untersagt, ohne Zustimmung des Markeninhabers im geschäftlichen Verkehr Aufmachungen, Verpackungen oder Kennzeichnungsmittel mit einem identischen oder ähnlichen Zeichen zu versehen (Nr. 1), mit einem identischen oder ähnlichen Zeichen versehene Aufmachungen, Verpackungen oder Kennzeichnungsmittel anzubieten, in den Verkehr zu bringen oder zu den genannten Zwecken zu besitzen (Nr. 2) oder solche markierten Aufmachungen, Verpackungen oder Kennzeichnungsmittel einzuführen oder auszuführen. Das Ausschlußrecht des Markeninhabers gegenüber solchen Vorbereitungshandlungen besteht aber unter der weiteren Voraussetzung nur dann, wenn die Gefahr besteht, daß die Aufmachungen, Verpackungen oder Kennzeichnungsmittel für solche Waren oder Dienstleistungen benutzt werden, auf die sich der Markenschutz nach Abs. 2 und 3 erstreckt.

Vergleichbare Verletzungstatbestände zum Schutz des Markeninhabers vor markenrechtsverletzenden Vorbereitungshandlungen waren im WZG nicht ausdrücklich enthalten. Schon nach der Rechtslage im WZG wurde aber das Recht des Inverkehrbringens dahin ausgelegt, daß Vorbereitungshandlungen als *mittelbare* Markenrechtsverletzungen erfaßt werden (*Baumbach/Hefermehl*, § 15 WZG, Rn 44). Das Banderolieren von Zigaretten für einen dritten Auftraggeber wurde als Vorbereitung des Inverkehrsetzens und die Herausgabe der banderolierten Zigaretten an den Dritten zum Zwecke der Veräußerung als Beihilfe zu einer Markenrechtsverletzung beurteilt (RGZ 104, 376, 380 – Ballet; RG GRUR 1929, 104 – Kytiazi Frètes).

Die in Abs. 4 geregelten Benutzungshandlungen des *Anbringens* (Nr. 1), des *Anbietens, Inverkehrbringens* und zum Zwecke des Anbietens und Inverkehrbringens *Besitzens* (Nr. 2), sowie der *Einfuhr* und *Ausfuhr* einschließlich der *Durchfuhr* (Nr. 3) entsprechen den Benutzungshandlungen im Sinne von Abs. 3. Die Vorschrift des Abs. 4 ist entsprechend auf Aufmachungen, Verpackungen oder Kennzeichnungsmittel für *Hilfsprodukte* von Dienstleistungen (s. § 3, Rn 148 ff.) anzuwenden. Die Vorschrift des Abs. 4 regelt nicht das Anbringen des Zeichens auf Geschäftspapieren oder Werbemitteln als eine rechtsverletzende Vorbereitungshandlung. Eine entsprechende Anwendung von Abs. 4 auf *markierte Geschäftspapiere* und *Werbemittel* erübrigt sich, wenn man das Anbringen einer fremden Marke auf Geschäftspapieren und Werbemitteln und nicht erst deren Benutzung als eine rechtsverletzende Benutzungshandlung nach Abs. 3 Nr. 5 beurteilt (s. Rn 486).

## II. Aufmachungen, Verpackungen und Kennzeichnungsmittel

**502** Gegenstand der Regelung des Abs. 4 sind Aufmachungen, Verpackungen oder Kennzeichnungsmittel für Waren oder Dienstleistungen. Das Ausschlußrecht des Markeninhabers greift schon dann ein, wenn die Verbindung der Produkte mit dem Kennzeichnungsmittel, der Verpackung oder Aufmachung noch nicht stattgefunden hat. Die Begriffe der *Aufmachung* oder *Verpackung* im Sinne von Abs. 4 entsprechen Abs. 3 Nr. 1 (s. Rn 466 ff.). Als *Kennzeichnungsmittel* zählt Abs. 4 Nr. 1 beispielhaft Etiketten, Anhänger und Aufnäher auf. Vom Anwendungsbereich der Vorschrift werden die *Gegenstände zur Markierung*, wie etwa Etikettiermaschinen oder Stempel, nicht erfaßt; die vergleichbare Gefährdung des Markenrechts rechtfertigt aber eine *analoge* Anwendung der Vorschrift.

## F. Kennzeichenrechtliche Ansprüche (§ 14 Abs. 5 und 6)

**Schrifttum zum WZG und UWG.** *Bauer,* Ist die Anmeldung eines verwechslungsfähigen Warenzeichens eine zum Schadensersatz verpflichtende Handlung?, GRUR 1965, 350; *Borck,* Abschied von der „Aufbrauchsfrist"?, WRP 1967, 7; *Borck,* Die Erstbegehungsgefahr im Unterlassungsprozeß, WRP 1984, 583; *Bruns,* Ausgleichsansprüche im gewerblichen Rechtsschutz, Diss. Hamburg, 1969; *Däubler,* Anspruch auf Lizenzgebühr und Herausgabe des Verletzergewinns – atypische Formen des Schadensersatzes, JuS 1969, 49; *Fezer,* Schadensersatz und subjektives Recht im Wettbewerbsrecht, WRP 1993, 565; *Fischer,* Schadensberechnung und Gewinnabschöpfung bei Verletzung von gewerblichen Schutzrechten, 1961; *Fritze,* Unterlassungs- und Schadensersatzansprüche aus mittelbarer Warenzeichenverletzung, GRUR 1956, 195; *Giefers,* Zur Technik der Warenzeichenüberwachung im Ausland, MA 1969, 24; *Gruber,* Die tatsächliche Vermutung der Wiederholungsgefahr als Beweiserleichterung, WRP 1991, 368; *Klaka,* Probleme bei Unterlassungsklagen in Patent- und Warenzeichenprozessen, Mitt 1969, 41; *Köhler,* Die Haftung des Betriebsinhabers für Wettbewerbsverstöße seiner Angestellten und Beauftragten (§ 13 IV UWG), GRUR 1991, 344; *Köhler,* Der Schadenersatz-, Bereicherungs- und Auskunftsanspruch im Wettbewerbsrecht, NJW 1992, 1477; *Köhler,* „Natürliche Handlungseinheit" und „Fortsetzungszusammenhang" bei Verstößen gegen Unterlassungstitel und strafbewehrte Unterlassungserklärungen, WRP 1993, 666; *Körner,* Die Aufwertung der Schadensberechnung nach der Lizenzanalogie bei Verletzung gewerblicher Schutzrechte durch die Rechtsprechung zum „Verletzervorteil" und zu den „aufgelaufenen Zinsen", GRUR 1983, 611; *Kosel,* Die Muschi-Blix-Entscheidung und die Praxis, GRUR 1973, 69; *Kraft/Hönn,* Herstellung und Vertrieb von Kennzeichnungsmaterial als Warenzeichenverletzung, GRUR 1974, 191; *Krieger, U.,* Zur Verjährung von Unterlassungsansprüchen auf dem Gebiet des gewerblichen Rechtsschutzes, GRUR 1972, 696; *Lehmann,* Juristisch-ökonomische Kriterien zur Berechnung des Verletzergewinns bzw. des entgangenen Gewinns, BB 1988, 1680; *Lindacher,* Unterlassungs- und Beseitigungsanspruch, GRUR 1985, 423; *Marbach,* Möglichkeiten und Grenzen von Markenrecherchen, GRUR Int 1984, 672; *Mestmäcker,* Eingriffserwerb und Rechtsverletzung in der ungerechtfertigten Bereicherung, JZ 1958, 525; *Schmidt-Salzer,* Zur Technik der topischen Rechtsbildung: Angemessene Lizenzgebühr und Verletzergewinn als Grundlagen der Schadensberechnung, JR 1969, 81; *Schramm,* Der Marktverwirrungsschaden, GRUR 1974, 617; *Steindorff,* Abstrakte und konkrete Schadensberechnung, AcP 158 (1959), S. 431; *Storch,* Schadensersatz bei Warenzeichenverletzungen, GRUR 1963, 9; *Teplitzky,* Die Durchsetzung des Schadensersatzzahlungsanspruchs im Wettbewerbsrecht, GRUR 1987, 215; *Tetzner,* Aufbrauchsfristen in Unterlassungsurteilen, NJW 1966, 1545; *Völp,* Änderung der Rechts- oder Sachlage bei Unterlassungstiteln, GRUR 1984, 486; *Zeller,* Fahrlässige Warenzeichenanmeldung, GRUR 1959, 115.

**Schrifttum zum MarkenG.** *Berlit,* Aufbrauchsfrist im gewerblichen Rechtsschutz und Urheberrecht, 1997; *Berlit,* Zur Frage der Einräumung einer Aufbrauchsfrist im Wettbewerbsrecht, Markenrecht und Urheberrecht, WRP 1998, 250; *Löwenheim,* Bereicherungsansprüche im Wettbewerbsrecht, WRP 1997, 913; *Meister,* Die Verteidigung von Marken – Eine Skizze zum neuen Recht, WRP 1995, 366;

*Pickrahn,* Die Bekämpfung von Parallelimporten nach dem neuen Markengesetz, GRUR 1996, 383; *Walchner,* Der Beseitigungsanspruch im gewerblichen Rechtsschutz und Urheberrecht, 1998; *Wiegand,* Die Passivlegitimation bei wettbewerbsrechtlichen Abwehransprüchen, 1997.

## I. Allgemeines

### 1. Regelungsübersicht

Nach § 14 Abs. 5 besteht bei Vorliegen einer Markenrechtsverletzung im Sinne der Absätze 2 bis 4 ein *Unterlassungsanspruch* des Markeninhabers gegen die rechtsverletzende Benutzung seiner Marke. Wenn die Markenrechtsverletzung vorsätzlich oder fahrlässig begangen wird, dann besteht nach § 14 Abs. 6 ein *Schadensersatzanspruch* des Markeninhabers gegen den Rechtsverletzer. Die Regelung des Unterlassungsanspruchs entspricht den §§ 24 Abs. 1 und 25 Abs. 1 WZG, die Regelung des Schadensersatzanspruchs entspricht den §§ 24 Abs. 2 und 25 Abs. 2 WZG. Der Unterlassungs- und Schadensersatzanspruch bei einer Kennzeichenrechtsverletzung einer geschäftlichen Bezeichnung im Sinne des § 15 Abs. 2 und 3 ist vergleichbar in § 15 Abs. 4 und 5 geregelt. Der Unterlassungs- und Schadensersatzanspruch bei einer Kennzeichenrechtsverletzung einer geographischen Herkunftsangabe im Sinne der §§ 126, 127 ist vergleichbar in § 128 Abs. 1 und 2 geregelt. Der Unterlassungs- und Schadensersatzanspruch bei einer Kennzeichenrechtsverletzung einer geographischen Angabe oder Ursprungsbezeichnung im Sinne des Art. 8 oder 13 der Verordnung (EWG) Nr. 2081/92 ist vergleichbar in § 135 Abs. 1 und 2 geregelt. Nach § 14 Abs. 7 besteht eine *Haftung des Betriebsinhabers* für von Beauftragten oder Angestellten begangene Verletzungshandlungen als eine von einem eigenen Verschulden des Betriebsinhabers unabhängige Erfolgshaftung. Eine Verweisungsvorschrift auf eine solche Haftung des Betriebsinhabers enthält § 15 Abs. 6 für die geschäftlichen Bezeichnungen. Eine gleiche Haftungsvorschrift des Betriebsinhabers enthält § 128 Abs. 3 für geographische Herkunftsangaben. Eine Verweisungsvorschrift auf diese Haftung des Betriebsinhabers enthält § 135 Abs. 2 für geographische Angaben und Ursprungsbezeichnungen gemäß der Verordnung (EWG) Nr. 2081/92. § 17 Abs. 2 S. 2 regelt einen Schadensersatzanspruch des Markeninhabers gegen einen Agenten oder Vertreter bei einer rechtswidrigen Agentenmarke im Sinne des § 17 Abs. 1. § 17 Abs. 2 S. 3 enthält eine Verweisungsnorm auf die Haftung des Betriebsinhabers nach § 14 Abs. 7. Nach § 19 Abs. 1 besteht ein selbständiger und verschuldensunabhängiger *Auskunftsanspruch* im Kennzeichenrecht. Der Auskunftsanspruch steht dem Inhaber einer Marke oder einer geschäftlichen Bezeichnung im Falle einer Kennzeichenrechtsverletzung nach den §§ 14, 15 und 17 gegen den Verletzer zu. Weitergehende Auskunftsansprüche bleiben nach § 19 Abs. 5 unberührt.

### 2. Darstellung

Für die kennzeichenrechtlichen Ansprüche gelten grundsätzlich die allgemeinen Rechtssätze des zivilrechtlichen Haftungsrechts. Die Kommentierung beschränkt sich auf die Grundzüge und die kennzeichenrechtlichen Besonderheiten. Eine grundlegende Darstellung des *Rechtsschutzes im Wettbewerbs- und Markenrecht* enthält der Kommentar zum Wettbewerbsrecht (*Baumbach/Hefermehl,* Wettbewerbsrecht, Einl UWG, Rn 251 a ff.). *Hefermehl* behandelt die Rechtsgrundlagen des Rechtsschutzes (Rn 251 a bis 255), den Unterlassungsanspruch (Rn 256 bis 306), den Beseitigungs- und Widerrufsanspruch (Rn 307 bis 321), die Sachlegitimation und das Prozeßführungsrecht (Rn 322 bis 330), die Haftung der Presse (Rn 331 bis 338), den Schadensersatzanspruch (Rn 339 bis 397), die Ansprüche auf Auskunft und Rechnungslegung (Rn 398 bis 413) und den Herausgabeanspruch (Rn 414 bis 422). Der Kommentar zum Wettbewerbsrecht enthält zudem eine eingehende Darstellung des *Rechtsmißbrauchs im gewerblichen Rechtsschutz* (*Baumbach/Hefermehl,* Wettbewerbsrecht, Einl UWG, Rn 423 bis 451a) sowie eine Darstellung des *Erkenntnisverfahrens* (Rn 452 bis 524) und der *Zwangsvollstreckung* (Rn 574 bis 605). Auf diese klassische Kommentierung von *Hefermehl* zum Rechtsschutz im gewerblichen Rechtsschutz wird in diesem Kommentar verwiesen.

## II. Schutzvoraussetzungen

**505** Die einzelnen Schutzvoraussetzungen der im MarkenG geregelten *kennzeichenrechtlichen Unterlassungs- und Schadensersatzansprüche* ergeben sich aus den jeweiligen Tatbeständen einer Kennzeichenrechtsverletzung. Im übrigen gelten für die kennzeichenrechtlichen Ansprüche die *allgemeinen Regeln des zivilrechtlichen Haftungsrechts*. Voraussetzung der kennzeichenrechtlichen Ansprüche ist nicht die Löschung eines durch Eintragung entstandenen Markenrechts im Register (RGZ 118, 76, 78 – Springendes Pferd; aA RGZ 64, 273, 275).

**506** Allgemeine Voraussetzung der kennzeichenrechtlichen Kollisionstatbestände ist ein *Handeln im geschäftlichen Verkehr* durch den Verletzer des Kennzeichenrechts (s. dazu Rn 40 ff.). Nach der Rechtslage im WZG war Voraussetzung sowohl des Unterlassungsanspruchs als auch des Schadensersatzanspruchs ein zeichenmäßiger Gebrauch des kollidierenden Kennzeichens (s. dazu *Baumbach/Hefermehl*, § 24 WZG, Rn 7). Die Voraussetzung eines zeichenmäßigen Gebrauchs galt auch für das Haftungsrecht der geschäftlichen Bezeichnungen nach § 16 UWG aF (BGHZ 8, 202, 206 – Kabelkennfäden; BGH GRUR 1957, 84 – Einbrandflaschen; s. dazu im einzelnen *Baumbach/Hefermehl*, Wettbewerbsrecht, 17. Aufl., § 16 UWG, Rn 99, 114). Bei einem nicht zeichenmäßigen Gebrauch einer kollidierenden Bezeichnung kam entweder ein wettbewerbsrechtlicher Schutz nach § 1 UWG (BGH GRUR 1964, 82, 85 – Lesering) oder außerhalb des Wettbewerbs eine deliktische Haftung wegen eines Eingriffs in das Recht am Unternehmen nach § 823 Abs. 1 BGB (RGZ 117, 408 – Lysol) in Betracht. Nach der Rechtslage im MarkenG ist die *markenmäßige Benutzung* der kollidierenden Marke keine allgemeine Voraussetzung einer Markenrechtsverletzung (s. Rn 39). Die markenmäßige Benutzung des Kollisionszeichens stellt deshalb auch keine Schutzvoraussetzung eines kennzeichenrechtlichen Unterlassungs- oder Schadensersatzanspruchs dar.

## III. Klageberechtigung

### 1. Aktivlegitimation

**507** *Klageberechtigt* ist der Inhaber der eingetragenen, benutzten oder notorisch bekannten Marke im Sinne des § 4 Nr. 1 bis 3 oder im Falle des Rechtsübergangs des Markenrechts der Rechtsnachfolger im Sinne des § 27. Nach § 28 Abs. 1 wird die Rechtsinhaberschaft des im Register als Inhaber Eingetragenen vermutet (s. § 28, Rn 5 ff.; s. zur ähnlichen Rechtslage im WZG *Baumbach/Hefermehl*, § 24 WZG, Rn 8). Nach § 30 Abs. 3 kann ein Lizenznehmer Klage wegen Verletzung der Marke nur mit Zustimmung des Markeninhabers erheben (s. § 30, Rn 31); der Lizenznehmer kann nach § 30 Abs. 4 der von dem Markeninhaber erhobenen Markenverletzungsklage beitreten, um den Ersatz seines Schadens geltend zu machen (s. § 30, Rn 32 f.). Der Inhaber eines dinglichen Rechts an einem Markenrecht im Sinne des § 29 Abs. 1 ist klageberechtigt (so schon für den Nießbrauch an einem Warenzeichen nach der Rechtslage im WZG *Baumbach/Hefermehl*, § 24 WZG, Rn 8). Eine Erweiterung der Aktivlegitimation hinsichtlich des Unterlassungsanspruchs auf die nach § 13 Abs. 2 UWG Klageberechtigten enthält § 128 Abs. 1 bei der geographischen Herkunftsangabe und § 135 Abs. 1 bei der geographischen Angabe und Ursprungsbezeichnung gemäß der Verordnung (EWG) Nr. 2081/92.

### 2. Passivlegitimation

**508** Die Unterlassungs- oder Schadensersatzklage richtet sich gegen den Verletzer des Markenrechts. *Verletzer* ist der Täter, Mittäter, Anstifter oder Gehilfe, die als Gesamtschuldner haften (§§ 830, 840 BGB). Verletzer ist auch ein Exporteur, der einen zu der Markenverletzung führenden Auftrag eines ausländischen Kunden an einen inländischen Produzenten weitergibt (HansOLG Hamburg MuW 1934, 128, 129). Passivlegitimiert ist auch der nach § 14 Abs. 7 haftende Betriebsinhaber für die von Beauftragten oder Angestellten begangenen Verletzungshandlungen.

## IV. Unterlassungsanspruch (§ 14 Abs. 5)

### 1. Rechtsnatur

Der kennzeichenrechtliche Unterlassungsanspruch ist wie der wettbewerbsrechtliche Unterlassungsanspruch dem bürgerlichrechtlichen Abwehranspruch des § 1004 BGB vergleichbar. Über die Rechtsnatur des Unterlassungsanspruchs, ob er einen materiellrechtlichen Anspruch im Sinne des § 241 BGB oder einen prozessualen Rechtsbehelf darstellt, herrscht Streit (s. *Baumbach/Hefermehl*, Wettbewerbsrecht, Einl UWG, Rn 257). Der kennzeichenrechtliche Unterlassungsanspruch gründet auf der Verletzung eines Markenrechts als eines subjektiven Kennzeichenrechts mit älterem Zeitvorrang. Anders als nach der Rechtslage im WZG ist die markenmäßige Benutzung der kollidierenden Marke keine allgemeine Voraussetzung einer Markenrechtsverletzung und damit des Unterlassungsanspruchs (s. Rn 39). Der Unterlassungsanspruch dient der *Abwehr künftiger Markenrechtsverletzungen*. Die Entstehung des Unterlassungsanspruchs setzt eine drohende Gefahr einer Kennzeichenrechtsverletzung voraus. Die *Begehungsgefahr* ist eine materielle Anspruchsvoraussetzung (BGH GRUR 1973, 208, 209 – Neues aus der Medizin; 1980, 241, 242 – Rechtsschutzbedürfnis; 1983, 186 – Wiederholte Unterwerfung; OLG Stuttgart MarkenR 1999, 95, 97 – Herbula). Der Unterlassungsanspruch besteht *verschuldensunabhängig* und nur gegen denjenigen, der im geschäftlichen Verkehr handelt (LG Düsseldorf Mitt 1996, 22 – Chiemsee).

### 2. Einzelnes

Als Markenrechtsverletzung genügt die *Behauptung*, eine Marke sei zum Freizeichen geworden (RG MuW 1933, 68, 72 – Le Soleil; RG GRUR 1938, 715 – Ly-Federn). Wenn eine Wortmarke als Firmenbestandteil verwendet wird, genügt es, daß die Firma im Handelsregister eingetragen ist, weil damit die Besorgnis einer jederzeitigen Geschäftsaufnahme begründet ist (RG MuW 1927/1928, 10, 11 – Union). Da der Beginn der rechtsverletzenden Handlung genügt, besteht der Unterlassungsanspruch gegen den Gehilfen des Rechtsverletzers, auch wenn die Rechtsverletzung noch nicht vollendet ist (RG JW 1923, 180, 182 – Ballet). Schon die Anmeldung einer rechtsverletzenden Marke zur Eintragung stellt eine den Unterlassungsanspruch begründende Markenrechtsverletzung dar, nach anderer Auffassung begründet sie die Erstbegehungsgefahr für eine zukünftige Markenrechtsverletzung (s. OLG Stuttgart MarkenR 1999, 95, 97 zur Eintragung einer Gemeinschaftsmarke beim HABM; s. zum Streitstand nach der Rechtslage im WZG *Baumbach/Hefermehl*, § 24 WZG, Rn 10). Die Anmeldung als Geschmacksmuster ist ausreichend. Eine den Unterlassungsanspruch begründende Rechtsverletzung wurde in der Verteilung eines Merkblatts durch Ortskrankenkassen an Apotheker gesehen, in dem die Ortskrankenkassen erklärten, für bestimmte markenrechtlich geschützte Arzneimittel nicht zu zahlen, um so die Verordnung billigerer Arzneiersatzmittel durch die Ärzte zu erzwingen (RG MuW 1929, 378, 379 – Aspirin). Da sich der Unterlassungsanspruch nach der Rechtslage im WZG gegen einen warenzeichenmäßigen Gebrauch richten mußte, kam es bei der Verwendung eines Ausdrucks mit warenbeschreibendem Inhalt, um ein Rechtsschutzbedürfnis anzuerkennen, darauf an, daß sich die drohende Verletzungshandlung so konkret abzeichnete, daß sich zuverlässig beurteilen ließ, ob ein zeichenmäßiger Gebrauch vorlag (BGH GRUR 1970, 305, 306 – Löscafé mit Anm. *Heydt*). Da nach der Rechtslage im MarkenG die markenmäßige Benutzung der kollidierenden Marke keine allgemeine Voraussetzung einer Markenrechtsverletzung darstellt, kommt es insoweit darauf an, ob die Verwendung einer beschreibenden Angabe als Marke im Sinne des § 23 erfolgt (s. § 23, Rn 9ff.).

Klageantrag und Urteil haben die *konkrete Markenrechtsverletzung* zu umschreiben (s. dazu *Klaka*, Mitt 1969, 41, 46). Die Konkretisierung der Kennzeichenrechtsverletzung soll ein zu weitgehendes Unterlassungsbegehren vermeiden. Das galt nach der Rechtslage im WZG für den zeichenmäßigen Gebrauch des kollidierenden Warenzeichens (BGH GRUR 1974, 84, 88 – Trumpf; 1981, 277, 278 – Biene Maja) und gilt nach der Rechtslage im MarkenG für die Benutzung nach Art einer Marke im Sinne des § 23 (s. § 23, Rn 9ff.). Klageantrag und Urteil sind an den einzelnen markenrechtsverletzenden Benutzungshandlungen im Sinne des § 14 Abs. 3 Nr. 1 bis 5 sowie an den markenrechtsverletzenden Vorbereitungshandlungen nach § 14 Abs. 4 Nr. 1 bis 3 auszurichten. Die Löschung der eingetragenen Marke im Register räumt die Wiederholungsgefahr und das Rechtsschutzbedürfnis nicht ohne weiteres aus, wenn der Rechtsverletzer ein Recht zur Benutzung der Marke behauptet (RGZ 118, 76, 78 – Springendes Pferd).

**512** Die Zuerkennung einer *Aufbrauchs- oder Umstellungsfrist* hat zur Voraussetzung, daß ein unbefristetes Verbot unverhältnismäßige Nachteile des Verletzers begründet und der Markeninhaber durch eine befristete Weiterbenutzung der rechtsverletzenden Bezeichnung nicht unzumutbar beeinträchtigt wird (zur substantiierten Darlegungslast des Verletzers s. BGH GRUR 1961, 283, 284 – Mon Chéri II; zur Rechtsgrundlage des § 242 BGB s. BGH GRUR 1966, 495, 498 – UNIPLAST; 1969, 690, 693 – Faber; s. dazu im einzelnen *Baumbach/Hefermehl*, Wettbewerbsrecht, Einl UWG, Rn 487; eine Aufbrauchsfrist ablehnend *v. Gamm*, § 24 WZG, Rn 54).

### V. Schadensersatzanspruch (§ 14 Abs. 6)

#### 1. Rechtsnatur

**513** Wenn die Markenrechtsverletzung vorsätzlich oder fahrlässig begangen wird, dann ist nach § 14 Abs. 6 der Rechtsverletzer dem Markeninhaber zum Ersatz des durch die Markenrechtsverletzung entstandenen Schadens verpflichtet. Der *kennzeichenrechtliche Schadensersatzanspruch* kann mit wettbewerbsrechtlichen und bürgerlichrechtlichen Ersatzansprüchen konkurrieren (s. im einzelnen zum Schadensersatzanspruch und den konkurrierenden Rechtsgrundlagen *Baumbach/Hefermehl*, Wettbewerbsrecht, Einl UWG, Rn 339 ff.). Die Eintragung der rechtsverletzenden Marke schließt den Schadensersatzanspruch nicht aus (RG MuW 1931, 17 – Granulit; RGZ 118, 76, 78 – Springendes Pferd; aA RGZ 64, 273, 275; 92, 383, 386). Die Verletzung des subjektiven Markenrechts indiziert die Rechtswidrigkeit. Auch wenn man das Verschulden auf die Widerrechtlichkeit bezieht (s. ausführlich zur Rechtswidrigkeit *Baumbach/Hefermehl*, Wettbewerbsrecht, Einl UWG, Rn 348 ff.; *Fezer*, Teilhabe und Verantwortung, S. 491 ff., 524 ff.), schließt nur die nicht schuldhafte Überzeugung des Rechtsverletzers vom Bestehen eines eigenen Benutzungsrechts an dem Kollisionszeichen den Schadensersatzanspruch aus (RG MuW 1931, 264, 266 – Weltkrepp). Der Verletzer handelt *vorsätzlich*, wenn er das kollidierende Markenrecht kennt und weiß, daß die Benutzung seines Kennzeichens den Schutzumfang des fremden Markenrechts verletzt. Der Verletzer handelt *fahrlässig,* wenn er das fremde Markenrecht infolge Nichtbeachtung der im Verkehr erforderlichen Sorgfalt (§ 276 BGB) nicht kennt, und wenn er die Rechtswidrigkeit der Benutzung seines Kennzeichens im Falle der Kenntnis des kollidierenden Markenrechts hätte erkennen können. Wenn der Verletzer des kollidierenden Markenrechts zwar anfänglich gutgläubig war, er aber nachträglich die Rechtswidrigkeit erkannte oder sie hätte erkennen können, etwa weil der Markeninhaber des verletzten Markenrechts Widerspruch eingelegt hat, dann besteht im Falle der Fortsetzung der Markenrechtsverletzung ab diesem Zeitpunkt ein Schadensersatzanspruch (RG MuW 1931, 17 – Granulit; BGH GRUR 1961, 535, 538 – arko).

#### 2. Einzelnes

**514** **a) Fahrlässigkeit.** Die Rechtsprechung stellt an die Fahrlässigkeit im Markenrecht keine hohen Anforderungen. Fahrlässigkeit liegt etwa vor, wenn der Verletzer auf das kollidierende Markenrecht hingewiesen wird und das DPMA die Eintragung des verletzenden Zeichens ablehnt (RG MuW 1923/1924, 224). Das Verschulden entfällt aber nicht schon dann, wenn das verletzende Zeichen selbst in das Register eingetragen wird (BGH GRUR 1959, 599, 602 – Teekanne). Im Eintragungsverfahren findet keine amtliche Neuheitsprüfung der angemeldeten Marke statt. Im übrigen kann im Rechtsmittelverfahren oder im Löschungsverfahren anders entschieden werden. Der Verletzer eines Markenrechts darf sich nicht auf eine ihm günstige Entscheidung im Eintragungsverfahren verlassen (RG GRUR 1941, 475, 476 – Lindbergh-Lindberg).

**515** **b) Markenrecherche.** Wer ein Kennzeichen im Marktwettbewerb zu benutzen beabsichtigt, hat sich über den Rechtsbestand an Kennzeichenrechten auf dem Markt zu vergewissern. Dem kennzeichenrechtlichen Newcomer obliegt es, eine professionelle *Markenrecherche* über den Rechtsbestand an Kennzeichenrechten am Markt anzustellen. Nach ständiger Rechtsprechung besteht die Verpflichtung, vor der Aufnahme der Benutzung eines Kennzeichens im Markt sich sorgfältig zu vergewissern, daß die Benutzung des Kennzeichens nicht in den geschützten Rechtskreis fremder Kennzeichen eindringt (BGH GRUR 1957, 222 – Sultan; 1960, 186, 188 – Arctos; 1961, 535, 538 – arko; 1971, 251, 253 – Oldtimer). Wenn der Rechtsverletzer bei der Wahl seines Zeichens eine Markenrecherche unterläßt, handelt er in jedem Fall fahrlässig (BGH GRUR 1970, 87, 89 – Muschi-Blix). Die Anforderungen an eine Markenrecherche hängen von den tatsächlichen Umständen des konkreten Produktgebiets ab. Entsprechende Erkundigungs- und Nachforschungspflichten bestehen nicht nur dort, wo sie geschäftsüblich sind (RG GRUR 1941, 372, 375 – Schottenmuster). Eine sorgfältige Markenrecherche muß alle zumutbaren Informationsquellen der Markenrechtspraxis unter sachkundiger Beratung eines Rechtsanwalts oder Patentanwalts auswerten (RG GRUR 1941, 372, 376 – Schottenmuster; BGH GRUR 1957, 430 – Havana; 1960, 186, 188 – Arctos; s. dazu *Giefers*, MA 1969, 24). In bestimmten Produktbereichen wie etwa auf dem Gebiet der pharmazeutischen Erzeugnisse stehen zwar zuverlässige Nachschlagewerke zur Verfügung (s. BGH GRUR 1960, 186, 188 – Arctos; RG GRUR 1937, 48, 54), doch kann die Nachforschungspflicht weiterreichen und Brancheninformationen können einzubeziehen sein, zumal die durch den Erwerb von Verkehrsgeltung entstehenden Markenrechte im Sinne des § 4 Nr. 2 nur schwer erfaßbar sind (BGH GRUR 1960, 186, 189 – Arctos; 1970, 87, 89 – Muschi-Blix). Eine Auskunft des DPMA, eine Marke sei zu früherer Zeit ein Freizeichen gewesen, ist unzureichend, da das DPMA die weitere Entwicklung auf dem Markt nicht zu berücksichtigen vermag (BGH GRUR 1957, 222 – Sultan). Ein Rechtsanwalt oder Patentanwalt, der mit der Anmeldung zur Eintragung einer Marke beauftragt worden ist, hat eine entsprechende Markenrecherche durchzuführen (zur Erstattungsfähigkeit der Recherchekosten OLG Frankfurt GRUR 1996, 967 – Recherche-Kosten; s. § 140 Rn 17); ihn entlastet nicht, wenn ihm völlig freie Hand gegeben ist, vor allem dann nicht, wenn der Auftraggeber nicht sachkundig ist, es sei denn, daß dieser ausdrücklich auf eine entsprechende Nachforschung verzichtet (BGH GRUR 1970, 87, 89 – Muschi-Blix; s. dazu *Kosel*, GRUR 1973, 69). Wer etwa zu einer Zeit, zu der Nachforschungen nach älteren entgegenstehenden Schutzrechten nicht möglich waren, wie etwa in der patentamtlosen Zeit in den Jahren von 1945 bis 1949 (s. dazu Einl, Rn 7), eine Marke in Benutzung nahm, blieb verpflichtet, die Nachforschungen später nachzuholen, sobald dies möglich war, und zwar auch dann, wenn er inzwischen einen wertvollen Besitzstand an dem Kennzeichen erworben hatte (BGH GRUR 1960, 183 – Kosaken-Kaffee).

Die strengen Anforderungen an die Sorgfaltspflicht zur Durchführung einer Markenrecherche auf dem Markt gehen nicht so weit, daß auch im Falle einer sorgfältig recherchierten Aufnahme der Benutzung einer Marke nach dieser Vorbenutzung ständig zu überprüfen ist, ob nachträglich verwechslungsfähige Kennzeichen angemeldet werden und aufgrund deren Eintragung in das Register die Vorbenutzung sich als eine Verletzungshandlung darstellt (so BGH GRUR 1971, 251, 253 – Oldtimer). Wenn besondere Umstände vorliegen, die auch einen gewissenhaften und sorgfältigen Kaufmann nicht veranlassen, eine Nachfrage beim DPMA zu stellen, dann soll die grundsätzlich bestehende Erkundigungspflicht entfallen können, wenn etwa der Verletzer aufgrund eines eigenen Verhaltens des Verletzten und einer in der Branche beginnenden Übung davon ausgehen konnte, die von ihm benutzte Bezeichnung sei nur die Umschreibung eines technischen Prinzips, nicht aber eine Marke (OLG Köln WRP 1982, 598, 599 – KAL). Die Internationalisierung der Markenrechtspraxis im Europäischen Binnenmarkt wird die Anforderungen an eine Markenrecherche verschärfen.

Die Anmeldung einer rechtsverletzenden Marke begründet den Unterlassungsanspruch (s. Rn 509), ohne daß die Anmeldung eine schuldhafte Verletzungshandlung darzustellen braucht. Aber auch die Anmeldung zur Eintragung einer rechtsverletzenden Marke kann als fahrlässig zu beurteilen sein und einen Schadensersatzanspruch begründen (zu einschränkend *Zeller*, GRUR 1959, 115). Entscheidend kommt es auf die besonderen Umstände des konkreten Einzelfalles an (*Bauer*, GRUR 1965, 350, 352). Einem Schadensersatzanspruch steht aber nicht schon entgegen, daß das DPMA von einer Kostenentscheidung nach § 63 Abs. 1 abgesehen hat (s. § 63, Rn 3ff.). In diesem Fall bleibt die Frage der Kostenerstattung durch das DPMA unbeantwortet. Einer Geltendmachung im ordentlichen Verfahren steht die Entscheidung insoweit nicht entgegen (LG Hamburg Mitt 1958, 182).

### c) Haftungsumfang

**Schrifttum zum WZG und UWG.** *Assmann*, Schadenersatz in mehrfacher Höhe des Schadens, BB 1985, 15; *Bruns*, Ausgleichsansprüche im gewerblichen Rechtsschutz, Diss. Hamburg, 1969; *Däubler*, Anspruch auf Lizenzgebühr und Herausgabe des Verletzergewinns – atypische Formen des Schadensersatzes, JuS 1969, 49; *Delahaye*, Kernprobleme der Schadensberechnungsarten bei Schutzrechtsverletzungen, GRUR 1986, 217; *Fezer*, Schadensersatz und subjektives Recht im Wettbewerbsrecht, WRP 1993, 565; *Heil/Roos*, Zur dreifachen Schadensberechnung bei Übernahme sonderrechtlich nicht geschützter Leistungen, GRUR 1994, 26; *Körner*, Der Verbrauch gewerblicher Schutzrechte durch Schadensersatzzahlungen nach begangener Verletzung, insbesondere im Hinblick auf parallele ausländische Schutzrechte, GRUR 1980, 204; *Lehmann*, Juristisch-ökonomische Kriterien zur Berechnung des Verletzergewinns beziehungsweise des entgangenen Gewinns, BB 1988, 1680; *Leisse*, Die Fiktion im Schadensersatzrecht, GRUR 1988, 88; *Leisse/Traub*, Schadensschätzung im unlauteren Wettbewerb, GRUR 1980, 1; *Loewenheim*, Möglichkeiten der dreifachen Berechnung des Schadens im Recht gegen den unlauteren Wettbewerb, ZHR 135 (1971), S. 97; *Melullis*, Zur Schadensberechnung im Wege der Lizenzanalogie bei zusammengesetzten Vorrichtungen, FS für Traub, 1994, S. 87; *Pietzcker*, Schadensersatz durch Lizenzberechnung, GRUR 1975, 55; *Rogge*, Schadensersatz nach Lizenzanalogie bei Verletzung von Patenten, Urheberrechten und anderen Schutzrechten, FS für Gaedertz, 1992, S. 929; *Sack*, Die Lizenzanalogie im System des Immaterialgüterrechts, FS für Hubmann, 1985, S. 373; *Schmidt-Salzer*, Angemessene Lizenzgebühr und Verletzergewinn als Grundlagen der Schadensberechnung, JR 1969, 81; *Schwanhäusser*, Schadensersatz im Wettbewerbsrecht, GRUR 1979, 834; *Steindorff*, Abstrakte und konkrete Schadensberechnung, AcP 158 (1959), S. 431; *Teplitzky*, Die Durchsetzung des Schadensersatzzahlungsanspruchs, GRUR 1987, 215; *Teplitzky*, Grenzen des Verbots der Verquickung unterschiedlicher Schadensberechnungsmethoden, FS für Traub, 1994, S. 401.

**Schrifttum zum MarkenG.** *Beuthien/Wasmann*, Zur Herausgabe des Verletzergewinns bei Verstößen gegen das Markengesetz – Zugleich Kritik an der sogenannten dreifachen Schadensberechnung, GRUR 1997, 255.

**518**   **aa) Grundsatz der dreifachen Schadensberechnung.** *Schaden* ist der vom Schadensereignis verursachte Nachteil an den Rechten und Rechtsgütern einer Person. Nach der Differenzhypothese ist der entstandene Schaden durch einen Vergleich der Vermögenslagen des Geschädigten vor und nach dem Schadensereignis zu bestimmen; zu ersetzen ist der *Differenzschaden*. Im Wege des Schadensersatzes ist nach § 249 S. 1 BGB grundsätzlich der Zustand herzustellen, der bestehen würde, wenn der zum Ersatze verpflichtende Umstand nicht eingetreten wäre (*Naturalrestitution*). Ausgehend von den allgemeinen Lehren des Schadensersatzrechts ist im gewerblichen Rechtsschutz in ständiger Rechtsprechung eine *andere Art der Schadensberechnung* anerkannt (BGH GRUR 1960, 193 – Frachtenrückvergütung; 1973, 375 – Miss Petite). Die leichte Verletzbarkeit von Immaterialgüterrechten, der schwierige Nachweis konkreter Schadensfolgen, sowie die Präventivfunktion des Schadensersatzes vor Eingriffen in gewerbliche Schutzrechte sind die wesentlichen Gründe eines erhöhten Schutzbedürfnisses der Rechtsinhaber von immateriellen Gütern.

**519**   Im Recht der gewerblichen und geistigen Schutzrechte gilt die *Methode der dreifachen Schadensberechnung* nach Wahl des Geschädigten (s. dazu im einzelnen *Baumbach/Hefermehl*, Wettbewerbsrecht, Einl UWG, Rn 381 ff.; *Großkomm/Köhler*, Vor § 13 UWG, Rn 321 ff.; kritisch *Beuthien/Wasmann*, GRUR 1997, 255). Der Geschädigte kann erstens Ersatz des ihm *tatsächlich entstandenen Differenzschadens* einschließlich des *entgangenen Gewinns* nach den allgemeinen Lehren des Schadensersatzes (§§ 249, 252 BGB) verlangen (s. Rn 521). Der Ersatz entgangenen Gewinns setzt allerdings den Nachweis voraus, daß zwischen dem Eingriff in das Immaterialgüterrecht und dem Gewinnentgang Kausalität besteht. In der Regel wird dem Inhaber eines Immaterialgüterrechts der Nachweis konkreter Umsatzeinbußen als Folge der Rechtsverletzung nur mit Schwierigkeiten gelingen. Diese *konkrete (subjektive) Schadensberechnung* scheitert im gewerblichen Rechtsschutz meist; die Kennzeichenrechtsverletzung bleibt so schadensersatzrechtlich sanktionslos. Deshalb wird dem Geschädigten eine *abstrakte (objektive) Schadensberechnung* zugebilligt. Der Geschädigte kann für den Eingriff in das Immaterialgüterrecht vom Schädiger zweitens *Zahlung einer angemessenen Lizenzgebühr* verlangen (s. Rn 522). Der Grundsatz der Schadensberechnung im Wege der Lizenzanalogie beruht auf der Erwägung, daß der Verletzer fremder Ausschließlichkeitsrechte nicht besser stehen solle, als er im Falle einer vertraglich erteilten Erlaubnis durch den Rechtsinhaber stünde. Die Rechtsverletzung darf sich nicht lohnen; schadensersatzrechtliche Sanktion ist der Sache nach die Fiktion eines Lizenzvertrages der im Verkehr üblichen Art. Die angemessene Lizenzgebühr ist normativ (objektiv) zu berechnen. Der Inhaber des verletzten Kennzeichenrechts kann drittens *Herausgabe des vom Verletzer erzielten Gewinns* verlangen (s. Rn 523). Diese gewohnheitsrechtlich anerkannte Art der Schadensberechnung einer Herausgabe des Verletzergewinns bedarf keiner Analogie zu den Vorschriften der unechten Geschäftsführung ohne Auftrag (§§ 687 Abs. 2, 667 BGB). Die Methode der dreifachen Schadensberechnung ist nichts anderes als schadensersatzrechtliche Folge des Schutzzwecks der Immaterialgüterrechte.

Zwischen den drei Methoden der Schadensberechnung besteht kein Wahlschuldverhältnis (BGH GRUR 1966, 375, 379 – Meßmer-Tee II). Der Verletzte kann einen Hilfsantrag stellen und auch noch im Laufe des Rechtsstreits vom Anspruch auf Herausgabe des Verletzergewinns zum Anspruch auf Zahlung einer angemessenen Lizenzgebühr übergehen. **520**

**bb) Ersatz des tatsächlich entstandenen Schadens.** Der Markeninhaber kann als Geschädigter Ersatz des ihm *tatsächlich entstandenen Differenzschadens* einschließlich des *entgangenen Gewinns* verlangen (§§ 249, 252 BGB). Der Ersatz des entgangenen Gewinns setzt den Nachweis der Kausalität zwischen der Kennzeichenrechtsverletzung und dem Gewinnentgang voraus. Der Nachweis konkreter Umsatzeinbußen ist in der Praxis schwierig. Zum Differenzschaden gehört nicht nur der Umsatzverlust, sondern auch der sogenannte *Marktverwirrungsschaden* (RG GRUR 1935, 175; BGH GRUR 1954, 457 – Irus/Urus; 1957, 222 – Sultan; 1961, 535, 538 – arko; 1968, 367 – Corrida; GRUR 1988, 776 – PPC; OLG München GRUR 1985, 548 – Vier-Streifen-Schuh). Marktverwirrung tritt dann ein, wenn sich identische oder ähnliche Marken verschiedener Inhaber auf identischen oder ähnlichen Produktgebieten begegnen und so im Verkehr die Identifizierung der Unternehmensprodukte auf dem Markt beeinträchtigt wird. Im Falle der Markenrechtsverletzung einer benutzten Marke besteht eine tatsächliche *Vermutung* für die Entstehung eines Marktverwirrungsschadens (BGH GRUR 1954, 457, 459 – Irus/Urus; 1957, 222 – Sultan; 1974, 84, 88 – Trumpf). Ein durch Marktverwirrung entstandener Schaden wird aber nicht dadurch ausgeschlossen, daß das verletzte Markenrecht noch nicht benutzt worden ist (BGH GRUR 1957, 222, 223 – Sultan; 1968, 367 – Corrida; 1972, 180, 183 – Cheri); es bedarf der näheren Darlegung der Schadensmöglichkeit. Ersatzfähig sind auch die zur Beseitigung einer Marktverwirrung erforderlichen Aufwendungen wie etwa Werbungskosten. § 287 ZPO gewährt eine weitgehende Erleichterung für den zu erbringenden Beweis. Engherzigkeit ist bei der Schadensberechnung im Kennzeichenrecht verfehlt. Nach den besonderen Umständen des konkreten Falles kann ein Schaden dann entfallen, wenn es sich nur um eine Markenrechtsverletzung von kurzer Dauer und geringer Wirkung handelt; dabei fällt vor allem ins Gewicht, ob es sich bei der verletzten Marke um ein noch nicht benutztes Kennzeichen handelt (BGH GRUR 1972, 180, 183 – Cheri). **521**

**cc) Lizenzanalogie.** Nach dem Grundsatz der Schadensberechnung im Wege der Lizenzanalogie kann der Inhaber des verletzten Markenrechts seinen Schaden entsprechend einer bei Abschluß eines Markenlizenzvertrages *angemessenen Lizenzgebühr* berechnen (BGHZ 44, 372, 380 – Meßmer-Tee II; OLG Karlsruhe GRUR 1971, 221, 222 – Pudelzeichen II; zum wettbewerbsrechtlichen Leistungsschutz s. BGH GRUR 1972, 189 – Wandsteckdose II; 1990, 1008, 1009 – Lizenzanalogie; 1991, 914, 916 – Kastanienmuster; 1993, 757 – Kollektion Holiday). Der Verletzer eines Kennzeichenrechts darf nicht besser stehen, als er im Falle einer vertraglich eingeräumten Markenlizenz durch den Markeninhaber stünde. Bei der Lizenzanalogie handelt es sich nicht um einen selbständigen Schadensgrund, sondern um eine der drei möglichen Arten der Schadensberechnung für einen tatsächlich entstandenen Schaden (*Kroitzsch*, FS für Hefermehl, 1971, S. 123, 130 ff.; *Fezer*, WRP 1993, 565). Die angemessene Lizenzgebühr ist objektiv danach zu berechnen, was bei vertraglicher Einräumung ein vernünftiger Lizenzgeber verlangt und ein vernünftiger Lizenznehmer gewährt hätte, wenn beide die im Zeitpunkt der Entscheidung gegebene Sachlage gekannt hätten (BGH GRUR 1962, 401, 404 – Kreuzbodenventilsäcke III; BGHZ 44, 372, – Meßmer Tee II; BGH GRUR 1990, 1008, 1009 – Lizenzanalogie; 1991, 914, 916 – Kastanienmuster). Für die Schadensberechnung in Höhe der angemessenen Lizenzgebühr ist es nicht erforderlich, daß bei rechtmäßigem Verhalten des Verletzers ein Markenlizenzvertrag **522**

auch tatsächlich zustandegekommen wäre. Die Schadensberechnung nach der angemessenen Lizenzgebühr geht über den schadensrechtlichen Ausgleichsgedanken hinaus und bestimmt den Schaden unter dem Gesichtspunkt der Prävention und Sanktion normativ (objektiv). Die Lizenzgebühr erstreckt sich nicht nur auf die Benutzung der Marke, sondern auch auf einen mit der Marke verbundenen besonderen Ruf der Produkte. Kriterien zur *Berechnung der Lizenzgebühr* sind der Bekanntheitsgrad und der gute Ruf der Marke sowie das Ausmaß der Verwechslungsgefahr einschließlich der Ähnlichkeit der Produkte. Nach der Rechtsprechung soll die angemessene Lizenzgebühr bei einer Kennzeichenrechtsverletzung im allgemeinen *niedriger* zu bemessen sein als bei einem Eingriff in ein Patent- oder Urheberrecht (BGH GRUR 1966, 375, 378). Das widerspricht der Gleichwertigkeit der Immaterialgüterrechte als Verfassungseigentum (s. Einl, Rn 22 ff.) und sollte namentlich im Hinblick auf die Verstärkung des Markenschutzes als eines selbständigen Vermögensgegenstandes eines Unternehmens nach der Rechtslage im MarkenG überdacht werden. Als zulässig wird es angesehen, die Lizenzgebühr nach einem Hundertsatz der Verkaufserlöse (Stücklizenz) zu berechnen (OLG Karlsruhe GRUR 1971, 221, 222 – Pudelzeichen II), etwa in Höhe eines Drittel Prozents des unter der rechtsverletzenden Kennzeichnung erzielten Umsatzes als unterste Grenze zum Ausgleich der Markenrechtsverletzung. Wenn der Verletzer die Marke für Produkte minderer Qualität benutzt und dadurch den guten Ruf der Produkte des Markeninhabers etwa auch unter Verstoß gegen § 3 UWG besonders beeinträchtigt, dann kann Ersatz dieses Schadens über die übliche Lizenzgebühr hinaus verlangt werden (§ 251 BGB). Ein vergleichbarer Schadensersatzanspruch würde sich aus positiver Vertragsverletzung ergeben, wenn bestehen eines Markenlizenzvertrages der Lizenznehmer aufgrund einer nicht verkehrsüblichen Markenbenutzung einen besonderen *Rufschaden* hervorruft. Soweit durch eine Irreführung des Verkehrs ein konkreter *Marktverwirrungsschaden* entstanden ist, kann auch für diesen Marktverwirrungsschaden neben der entgangenen Lizenzgebühr oder dem Verletzergewinn (Rn 523) Ersatz verlangt werden (BGHZ 44, 372, 378 – Meßmer-Tee II; BGH GRUR 1973, 375, 378 – Miss Petite; 1975, 85, 87 – Clarissa; *Teplitzky*, Wettbewerbsrechtliche Ansprüche, Kap. 34, Rn 22; *Baumbach/Hefermehl*, Wettbewerbsrecht, Einl UWG, Rn 383). Dieser zusätzliche Schadensausgleich setzt aber voraus, daß der Marktverwirrungsschaden nicht schon bei der Bemessung der fiktiven Lizenzgebühr angemessen berücksichtigt worden ist (BGH GRUR 1993, 55, 57 – Tchibo/Rolex II; *Teplitzky*, FS für Traub, S. 401, 409).

**523**  **dd) Herausgabe des Verletzergewinns.** Der Inhaber des verletzten Markenrechts kann *Herausgabe des vom Verletzer erzielten Gewinns* verlangen (RGZ 70, 249; 130, 108, 110; 156, 65, 67 – Scheidenspiegel; BGH GRUR 1962, 401 – Kreuzbodenventilsäcke III; 1962, 509 – Dia-Rähmchen II; abl. *Beuthien/Wasmann*, GRUR 1997, 255). Ob der Markeninhaber selbst in der Lage gewesen wäre, den Gewinn zu erzielen, ist unerheblich; der Verletzte muß den Entgang eines eigenen Gewinns nach § 252 BGB nicht nachweisen (BGHZ 34, 320 – Vitasulfal; 44, 372, 374 – Meßmer-Tee II; aA RG GRUR 1938, 348 – Sonnenschein). Es kann nur der Gewinn verlangt werden, den der Verletzer gerade aufgrund der widerrechtlichen Kennzeichnung erlangt.

### 3. Feststellungsklage

**524**  Die Zulässigkeit der Feststellungsklage setzt voraus, daß der Kläger ein *rechtliches Interesse* an der alsbaldigen Feststellung positiv darlegt. Dieses Erfordernis ist die besondere Ausgestaltung des bei jeder Rechtsverfolgung erforderlichen Rechtsschutzinteresses (BGHZ 18, 98, 106). Es liegt gewöhnlich vor, wenn eine *tatsächliche Unsicherheit* das behauptete Rechtsverhältnis gefährdet. Von der prozessualen Zulässigkeit der Feststellungsklage ist die sachliche Begründetheit zu unterscheiden. Für die Klagebegründung genügt es, daß die *Wahrscheinlichkeit eines Schadenseintritts* dargetan wird (BGH GRUR 1954, 457 – Irus/Urus; 1961, 535, 538 – arko; 1972, 180, 183 – Cheri). Eine nur ungewisse Möglichkeit reicht für die Wahrscheinlichkeit eines Schadenseintritts nicht aus (RG GRUR 1932, 466, 468 – Naftalan). Nicht erforderlich ist, daß der Schaden für die Gegenwart oder die Zukunft endgültig feststeht. Ausreichend ist, wenn der Eintritt des Schadens nach den Erfahrungen des Lebens in der Zukunft mit einiger Sicherheit zu erwarten ist (BGH GRUR 1954, 457, 459 – Irus/Urus; 1972, 180, 183 – Cheri). Bei Markenrechtsverletzungen über einen längeren

Zeitraum und bei Unternehmen mit erheblichen Umsätzen kann von der Wahrscheinlichkeit eines Schadenseintritts, wie insbesondere eines Marktverwirrungsschadens (s. dazu *Baumbach/Hefermehl*, Wettbewerbsrecht, Einl UWG, Rn 391), regelmäßig ausgegangen werden. Bei der Verletzung einer nicht benutzten Marke kann die Wahrscheinlichkeit eines Schadenseintritts darin liegen, daß die Markenverwertung aufgrund einer Markenlizenz erschwert wird (BGH GRUR 1972, 180, 183 – Cheri). Bei einer zeitlich und sachlich nur geringfügigen Markenrechtsverletzung ist zur Wahrscheinlichkeit einer Schadensentstehung darzulegen, daß die bisher nicht benutzte Marke in absehbarer Zeit tatsächlich in Benutzung genommen wird (BGH GRUR 1972, 180, 183 – Cheri; offengelassen OLG Karlsruhe GRUR 1971, 221, 222 – Pudelzeichen II).

## VI. Andere zivilrechtliche Ansprüche

### 1. Auskunftsanspruch

Nach § 19 Abs. 1 besteht ein selbständiger und verschuldensunabhängiger kennzeichenrechtlicher *Anspruch auf Drittauskunft* (s. § 19, Rn 5 ff.). Weitergehende Auskunftsansprüche bleiben nach § 19 Abs. 5 unberührt. *Sonstige Auskunftsansprüche* können sich vor allem aus Vertrag oder nach den allgemeinen zivilrechtlichen Grundsätzen ergeben, wie namentlich der Auskunftsanspruch nach § 242 BGB (OLG München GRUR 1985, 548 – Vier-Streifen-Schuh). Auch wenn im deutschen Zivilrecht eine allgemeine Auskunftspflicht nicht besteht (RGZ 102, 235, 236), wurde rechtsfortbildend auf der Grundlage des Grundsatzes von Treu und Glauben (§ 242 BGB) ein unter bestimmten Voraussetzungen bestehender Anspruch auf Auskunft entwickelt, der heute gewohnheitsrechtlich anerkannt ist (BGH GRUR 1980, 227, 232 – Monumenta Germaniae Historica) und insbesondere bei Kennzeichenrechtsverletzungen und Wettbewerbsverstößen gegeben ist (s. dazu im einzelnen *Baumbach/Hefermehl*, Wettbewerbsrecht, Einl UWG, Rn 398 ff.). In Fällen, in denen ein Recht auf Auskunft gegenüber dem Verpflichteten die Rechtsverfolgung in hohem Maße erleichtert, oft überhaupt erst möglich macht, hat der Berechtigte nach Treu und Glauben einen Anspruch auf Auskunft bei Rechtsverhältnissen, die ihrem Wesen nach den Berechtigten über Bestehen und Umfang seines Rechts entschuldbar im Ungewissen lassen, bei denen der Verpflichtete aber unschwer, das heißt ohne unbillig belastet zu sein, Auskunft erteilen kann (RGZ 108, 1, 7; 158, 277, 279; BGHZ 10, 385; 81, 21, 24; 95, 274, 278 – GEMA-Vermutung I). Dieser Auskunftsanspruch besteht zur *Durchsetzung eines Hauptanspruchs* gegen den Auskunftspflichtigen. Auskunftstatbestände sind die Vorbereitung eines *Schadensersatzanspruchs* (s. dazu im einzelnen *Baumbach/Hefermehl*, Wettbewerbsrecht, Einl UWG, Rn 400) die Vorbereitung eines *Beseitigungsanspruchs* (s. dazu im einzelnen *Baumbach/Hefermehl*, Wettbewerbsrecht, Einl UWG, Rn 401) und die Vorbereitung eines *Bereicherungsanspruchs* (s. im dazu im einzelnen *Baumbach/Hefermehl*, Wettbewerbsrecht, Einl UWG, Rn 402). Zur Vorbereitung eines Hauptanspruchs gegen einen Dritten, der sich nicht gegen den auf Auskunftserteilung in Anspruch genommenen Verpflichteten richtet, besteht der kennzeichenrechtliche Anspruch auf Drittauskunft nach § 19 Abs. 1 (s. § 19, Rn 5 ff.). Wenn eine Verpflichtung zur Leistung von Schadensersatz besteht, dann kann sich die Auskunftspflicht auch aus § 249 BGB als eine unmittelbare Folge der Verpflichtung des Verletzers zur Wiedergutmachung des Schadens ergeben (BGH GRUR 1964, 320, 323 – Maggi; 1974, 351 – Frisiersalon; 1976, 367 – Ausschreibungsunterlagen). Eine Auskunftspflicht setzt stets eine *besondere rechtliche Beziehung* zwischen dem Auskunftsberechtigten und dem Auskunftsverpflichteten voraus.

Wenn ein Schadensersatzanspruch *dem Grunde nach* besteht, dann dient der Auskunftsanspruch bei einer Markenrechtsverletzung dazu, dem Inhaber des verletzten Markenrechts eine *Berechnung seines Schadens* zu ermöglichen (BGH GRUR 1964, 320, 323 – Maggi I; 1974, 351 – Frisiersalon; 1977, 491 – ALLSTAR). Es ist regelmäßig Auskunft zu erteilen, über die Art, den Zeitpunkt und den Umfang der Rechtsverletzungen (BGH GRUR 1961, 288, 293 – Zahnbürsten; 1973, 375, 377 – Miss Petite; 1977, 491, 493 – ALLSTAR; 1981, 286, 288 – Goldene Karte I; 1982, 420, 423 BBC/DDC). Ein Schaden braucht noch nicht nachgewiesen zu sein; es genügt darzulegen, daß der Eintritt eines Schadens wahrscheinlich ist (BGH GRUR 1954, 457, 459 – Irus/Urus; 1978, 52 – Fernschreibverzeichnisse). Zwar bezieht sich der Auskunftsanspruch grundsätzlich nur auf die Art, den Zeitpunkt und den Umfang der Verletzungshandlung, zu dem auch die Zahl der Verstöße rechnet, nicht aber auf den vom Verletzer erzielten Umsatz einschließlich der Lieferdaten, Lieferpreise und Abnehmer (BGH GRUR 1956, 276, 279 – Desinfektionsapparat; 1961, 288 – Zahnbürsten; 1962, 382 – Konstruktionsbüro; 1965, 313, 315 – Umsatzauskunft; 1981, 286, 288 – Goldene Karte I). Der *Verletzerumsatz* bietet aber eine Grundlage für die bei Kennzeichenrechtsverletzungen zulässige Berechnung des Schadens unter dem Titel einer entgangenen Lizenzgebühr (s. Rn 522) oder des Verletzergewinns (s. Rn 523), so daß in solchen Fallkonstellationen anders als im Patent- und Urheberrecht Auskunft über den in der Verletzungszeit erzielten Umsatz verlangt werden kann (BGH GRUR 1965, 313, 314 – Umsatzauskunft; 1973, 375, 377 – Miss Petite; 1977, 491, 494 – ALLSTAR; 1982, 420, 423 – BBC/DDC; *Baumbach/Hefermehl*, Wettbewerbsrecht, Einl UWG, Rn 405).

527  Als lediglich vorbereitender Anspruch unterliegt der Auskunftsanspruch keiner eigenen Verjährung. Die *Verjährung* richtet sich nach der Verjährung des Anspruchs, den der Auskunftsanspruch vorbereiten soll (RG GRUR 1939, 642 – Schlayand-Buchhaltung; BGH GRUR 1972, 558, 560 – Teerspritzmaschinen).

## 2. Rechnungslegungsanspruch

528  Die Pflicht zur Rechnungslegung richtet sich nach allgemeinem bürgerlichen Recht und folgt nicht schon aus einer Auskunftspflicht (s. dazu im einzelnen *Baumbach/Hefermehl*, Wettbewerbsrecht, Einl UWG, Rn 408 ff.). Da auch bei Markenrechtsverletzungen dem Verletzten ein Anspruch auf Herausgabe des Verletzergewinns zusteht (s. Rn 523), wird ihm neben dem Auskunftsanspruch auch der *Rechnungslegungsanspruch* zugebilligt; gleiches gilt für eine Verletzung geschäftlicher Bezeichnungen nach § 15 (BGH GRUR 1973, 375, 378 – Miss Petite). Wenn der verletzte Markeninhaber nur den Ersatz seines konkreten Schadens verlangt, dann erfordert die Schadensberechnung keine Rechnungslegung. Anders liegt es nur, wenn der Markeninhaber unter dem Titel des Schadensersatzes eine angemessene Lizenzgebühr oder Gewinnherausgabe verlangt (zu Umfang und Art von Auskunft und Rechnungslegung s. im einzelnen *Baumbach/Hefermehl*, Wettbewerbsrecht, Einl UWG, Rn 410 f.).

## 3. Geschäftsführungsanspruch

529  Nach den §§ 687 Abs. 2, 681 S. 2, 667 BGB besteht aus unechter Geschäftsführung ohne Auftrag (Geschäftsanmaßung) ein Anspruch auf Herausgabe der durch die Markenrechtsverletzung erlangten Vorteile (*Gewinnherausgabe*), wenn der Gewinn aufgrund der Benutzung der fremden Marke und der Ausnutzung ihrer Werbekraft erzielt worden ist (BGHZ 34, 320 – Vitasulfal; aA noch RGZ 58, 321; 325; 108, 1, 5). Der Geschäftsführungsanspruch auf Gewinnherausgabe ist nur dann gerechtfertigt, wenn der Verletzer die fremde Marke *wissentlich* benutzt (*Baumbach/Hefermehl*, Wettbewerbsrecht, Einl UWG, Rn 415). Die Rechtsprechung gewährt im Rahmen der Schadensberechnung analog § 687 Abs. 2 BGB einen Anspruch auf Herausgabe des durch die Benutzung einer fremden Marke erzielten Gewinns schon bei einer *fahrlässigen* Markenrechtsverletzung (BGHZ 34, 320 – Vitasulfal). Bei einer fahrlässigen Kennzeichenrechtsverletzung geht der Anspruch unter dem Titel des Schadensersatzes (s. Rn 521) demnach ebenso weit, wie der Gewinnherausgabeanspruch bei unechter Geschäftsführung (BGHZ 34, 320 – Vitasulfal; 44, 372 – Meßmer-Tee II; LG Düsseldorf Mitt 1989, 221; zum Namens- und Firmenrecht BGH GRUR 1973, 375, 377 – Miss Petite). Der Inhaber des verletzten Markenrechts kann jedoch den aus der Markenrechtsverletzung entstandene Schaden nur dann abstrakt nach der entgangenen Lizenzgebühr (s. Rn 522) oder nach dem Verletzergewinn (s. Rn 523) berechnen, wenn eine solche Methode der Schadensberechnung nach den konkreten Umständen tatsächlich auch möglich ist. Daran fehlt es, wenn ein Umsatz unter der Marke nicht stattgefunden hat und sich die allein behauptete Marktverwirrung einer Berechnung nach der Lizenzanalogie oder nach dem Verletzergewinn von vornherein entzieht (BGH GRUR 1987, 364 – Vier-Streifen-Schuh).

## 4. Bereicherungsanspruch

**Schrifttum zum WZG und UWG.** *Brandner,* Die Herausgabe von Verletzervorteilen im Patentrecht und im Recht gegen den unlauteren Wettbewerb, GRUR 1980, 359; *v. Caemmerer,* Bereicherung und unerlaubte Handlung, FS für Rabel, 1954, S. 333; *Delahaye,* Die Bereicherungshaftung bei Schutzrechtsverletzungen, GRUR 1985, 856; *Falk,* Zu Art und Umfang des Bereicherungsanspruchs bei Verletzung eines fremden Patents, GRUR 1983, 488; *Haines,* Bereicherungsansprüche bei Warenzeichenverletzungen und unlauterem Wettbewerb, 1970; *Jakobs,* Eingriffserwerb und Vermögensverschiebung in der Lehre von der ungerechtfertigten Bereicherung, 1964; *Joerges,* Bereicherungsrecht als Wirtschaftsrecht, AG 1976, 281, 315; *Kaiser,* Die Eingriffskondiktion bei Immaterialgüterrechts-, insbesondere Warenzeichenverletzungen, GRUR 1988, 501; *Kaßner,* Die Herausgabe des Verletzergewinns bei mißbräuchlicher Benutzung fremder Warenzeichen, Diss. Münster, 1959; *Kellmann,* Bereicherungsausgleich bei Nutzung fremder Rechtsgüter, NJW 1971, 862; *Kleinheyer,* Eingriffsbereicherung durch unbefugte Benutzung und Wertersatz, JZ 1961, 473; *Kleinheyer,* Rechtsgutsverwendung und Bereicherungsausgleich, JZ 1970, 471; *Kraßer,* Schadensersatz für Verletzungen von gewerblichen Schutzrechten und Urheberrechten nach deutschem Recht, GRUR Int 1980, 259; *Mestmäcker,* Eingriffserwerb und Rechtsverletzung in der ungerechtfertigten Bereicherung, JZ 1958, 521; *Pietzcker,* Schadensersatz durch Lizenzberechnung, GRUR 1975, 55; *Sack,* Die Lizenzanalogie im System des Immaterialgüterrechts, FS für Hubmann, 1985, S. 373; *Schlechtriem,* Bereicherung aus fremdem Persönlichkeitsrecht, FS für Hefermehl, 1976, S. 445; *Schricker,* EWiR 1987, 723; *Schulz,* System der Rechte auf den Eingriffserwerb, AcP 105 (1909), S. 63; *Storch,* Schadensersatz bei Warenzeichenverletzungen, GRUR 1963, 9; *Ullmann,* Die Verschuldenshaftung und die Bereicherungshaftung des Verletzers im gewerblichen Rechtsschutz und Urheberrecht, GRUR 1978, 615; *Wilburg,* Die Lehre von der ungerechtfertigten Bereiche-rung nach österreichischem und deutschem Recht, Graz, 1934; *Wilhelm,* Rechtsverletzung und Vermögensentscheidung als Grundlagen und Grenzen des Anspruchs aus ungerechtfertigter Bereicherung, 1973.

Nach § 812 Abs. 1 BGB besteht ein verschuldensunabhängiger Anspruch auf Herausgabe der durch eine Kennzeichenrechtsverletzung erlangten Vorteile aus ungerechtfertigter Bereicherung. Die Rechtsprechung anerkennt einen *markenrechtlichen Bereicherungsanspruch* des Inhabers des verletzten Markenrechts gegen den Verletzer bei einer unberechtigten und schuldlosen Nutzung der fremden Marke (s. dazu mit einer ausführlichen Darstellung des Streitstandes BGHZ 99, 244 – Chanel No. 5). Nach Auffassung des BGH richtet sich der markenrechtliche Bereicherungsanspruch aber nicht auf die Herausgabe des Verletzergewinns, sondern ist auf die Zahlung einer *angemessenen Lizenzgebühr* begrenzt. Die Begründung des BGH geht dahin, daß das aus einer Markenrechtsverletzung Erlangte im Sinne des § 812 Abs. 1 S. 1 BGB der Gebrauch der Marke darstelle. Da der Gebrauch einer Marke vom Verletzer nicht herausgegeben werden könne, sei nach § 818 Abs. 2 BGB Wertersatz zu leisten. Zur Bestimmung des Wertersatzes sei der objektive Wert des Erlangten maßgeblich. Dieser objektive Wert bestehe in der für den Gebrauch des Markenrechts angemessenen und üblichen Lizenzgebühr. Ein Anspruch auf Herausgabe des Verletzergewinns bestehe aus dem markenrechtlichen Bereicherungsanspruch nicht. Diese schon nach der Rechtslage im WZG bedenkliche Reduktion des Markenschutzes im Vergleich zu den anderen Immaterialgüterrechten ist nach der Rechtslage im MarkenG nicht mehr gerechtfertigt (ablehnend schon zum WZG MünchKomm/*Lieb,* § 812 BGB, Rn 212; aA *Mestmäcker,* JZ 1958, 521, 525; *Raiser,* JZ 1961, 465; zur Kritik am schadensersatzrechtlichen Ansatz des BGH s. auch *Haines,* Bereicherungsansprüche, S. 4 ff.). Das MarkenG hat das Markenrecht als einen selbständigen Vermögensgegenstand eines Unternehmens anerkannt (§§ 27 ff.) und das Verwertungsrecht an der Marke, wie etwa durch die freie Übertragbarkeit der Marke (s. § 3, Rn 66 ff.) und die Dinglichkeit der Markenlizenz (s. § 30, Rn 6 ff.), verstärkt und rechtlich anerkannt. Nach der Rechtslage im MarkenG ist von einem bereicherungsrechtlichen *Zuweisungsgehalt des Markenrechts* wie auch der anderen Kennzeichenrechte auszugehen. Es ist deshalb gerechtfertigt, einen vom Verschulden des Verletzers unabhängigen kennzeichenrechtlichen Bereicherungsanspruch aus § 812 Abs. 1 S. 1 BGB (Eingriffskondiktion) des Inhabers des verletzten Kennzeichenrechts gegen den Verletzer anzuerkennen, der sich die Kennzeichnungskraft, die Vertrauensfunktion, den Werbewert und das Image des Kennzeichens zunutze macht (so schon *Baumbach/Hefermehl,* Wettbewerbsrecht, Einl UWG, Rn 419; s. auch OLG Karlsruhe GRUR 1979, 473 – MOKLI).

## G. Haftung des Betriebsinhabers (§ 14 Abs. 7)

**Schrifttum zum WZG und UWG.** *Bülow*, Haftung der Werbeagentur gegenüber Dritten bei Verstößen gegen das Gesetz gegen den unlauteren Wettbewerb, BB 1975, 538; *Fritze*, Grenzen der Haftung des Warenherstellers für Wettbewerbsverstöße selbständiger Händler, GRUR 1973, 352; *Henning-Bodewig*, Die wettbewerbsrechtliche Haftung von Werbeagenturen und Massenmedien nach deutschem und amerikanischem Recht, 1981; *Köhler*, Die Haftung des Betriebsinhabers für Wettbewerbsverstöße seiner Angestellten und Beauftragten, GRUR 1991, 344; *Maier*, Wettbewerbsrechtliche Haftung geschäftsführender Organe, 1988; *Ottofülling*, Die wettbewerbsrechtliche und immaterialgüterrechtliche Störerhaftung des Geschäftsführers der GmbH, 1990; *Pastor*, Der Unterlassungsanspruch gegen den Betriebsinhaber nach § 13 Abs. 3 UWG, NJW 1964, 896; *Schönherr*, Die Unterlassungsklage gegen die Vertreterorgane juristischer Personen bei Wettbewerbsverstößen oder Verletzungen von Immaterialgüterrechten, ÖBl. 1979, 33.

### I. Regelungsübersicht

**531** Nach § 14 Abs. 7 haftet der Betriebsinhaber für die in seinem geschäftlichen Betrieb begangene Kennzeichenrechtsverletzung eines Angestellten oder Beauftragten. Diese *Haftung des Betriebsinhabers* besteht ohne die Möglichkeit eines Entlastungsbeweises, wie er für die Haftung des Geschäftsherrn für Verrichtungsgehilfen nach § 831 BGB besteht, und unabhängig von einem eigenen Verschulden des Geschäftsherrn als eine Erfolgshaftung. Der Betriebsinhaber selbst ist der Verletzer des Kennzeichenrechts, den nichts entlasten kann. Er haftet für Kennzeichenrechtsverletzungen, auch wenn diese ohne sein Wissen und gegen seinen Willen von einem Angestellten oder Beauftragten begangen werden. Markenrechtsverletzungen, die von einem Unternehmen ausgehen, werden dem Unternehmensinhaber zugerechnet. Die Haftungsregelung soll verhindern, daß sich der Inhaber eines Betriebs bei Markenrechtsverletzungen, die ihm zugute kommen, hinter den von ihm abhängigen Dritten verschanzt (so zu § 13 Abs. 4 UWG RGZ 151, 287, 292 – Alpina-Uhren; RG GRUR 1943, 304, 305 – Schalldämpfer; BGH GRUR 1955, 411, 414 – Zahl 55; 1957, 606 – Heiltee; 1963, 434 – Reiseverkäufer; 1963, 438 – Fotorabatt).

**532** Regelungsgegenstand des § 14 Abs. 7 ist nicht nur der *Unterlassungsanspruch* wie bei § 13 Abs. 4 UWG (s. dazu *Köhler*, GRUR 1991, 344), sondern bei einem schuldhaften Handeln des Beauftragten oder Angestellten auch der *Schadensersatzanspruch* gegen den Betriebsinhaber. Abwehr- und Schadensersatzanspruch umfassen auch einen vorbereitenden *Auskunftsanspruch* (so zu § 13 Abs. 4 UWG BGH WRP 1995, 493 – Schwarze Liste). Die Markenrechtsverletzung muß im Rahmen der Tätigkeiten des Angestellten oder Beauftragten in dem Geschäftsbetrieb begangen werden. Erforderlich ist, daß entsprechend der Regelung des § 278 BGB die Verletzungshandlung in einem *unmittelbaren inneren Zusammenhang* mit den Aufgaben stehen muß, die der Beauftragte oder Angestellte wahrzunehmen hat (s. Begründung zum MarkenG, BT-Drucks. 12/6581 vom 14. Januar 1994, S. 76). Von der Haftung des Betriebsinhabers bleibt eine *Haftung des Beauftragten* oder *Angestellten* selbst unberührt.

### II. Haftungsvoraussetzungen

#### 1. Markenrechtsverletzung

**533** Die Verletzungshandlung muß eine *Markenrechtsverletzung* im Sinne des § 14 Abs. 2 bis 4 darstellen. § 15 Abs. 6 enthält eine Verweisungsvorschrift für die Verletzung geschäftlicher Bezeichnungen im Sinne des § 15 Abs. 2 und 3. § 17 Abs. 2 S. 3 enthält eine Verweisungsvorschrift für die Haftung des Agenten oder Vertreters einer rechtswidrigen Agentenmarke. Eine gleiche Haftungsregelung enthält § 128 Abs. 3 für die Verletzung einer geographischen Herkunftsangabe im Sinne der §§ 126, 127. Eine entsprechende Verweisungsvorschrift enthält § 135 Abs. 2 für die Verletzung einer geographischen Angabe und Ursprungsbezeichnung gemäß der Verordnung (EWG) Nr. 2081/92 im Sinne des § 130.

## 2. Haftung innerhalb des Aufgabenbereichs des Angestellten oder Beauftragten

Die Verletzungshandlung muß in dem geschäftlichen Betrieb begangen werden. Dieses 534
Tatbestandsmerkmal ist nicht räumlich in dem Sinne zu verstehen, daß die Kennzeichenrechtsverletzung innerhalb des Geschäftsgebäudes des Betriebsinhabers erfolgen müsse. Abzustellen ist vielmehr auf den *Sachzusammenhang des betrieblichen Aufgabenbereichs* des Angestellten oder Beauftragten. Der Angestellte oder Beauftragte muß die Markenrechtsverletzung im Rahmen der ihm obliegenden Aufgaben begehen; es muß ein unmittelbarer innerer Zusammenhang mit den betrieblichen Aufgaben des Angestellten oder Beauftragten bestehen (Begründung zum MarkenG, BT-Drucks. 12/6581 vom 14. Januar 1994, S. 76). Geschäftsbetrieb ist der gesamte Unternehmensorganismus einschließlich der Vertriebsorganisation (s. zu § 13 Abs. 4 UWG RGZ 151, 287, 292 – Alpina-Uhren; BGH GRUR 1959, 38 – Buchgemeinschaft II; 1963, 438 – Fotorabatt). Im geschäftlichen Betrieb des Unternehmers liegt die Verletzungshandlung eines Angestellten oder Beauftragten immer dann, wenn sie im Rahmen der von dem Unternehmer ausgeübten gewerblichen Betätigung liegt und diesem deshalb zugute kommt (BGH GRUR 1963, 438, 439 – Fotorabatt). Im Gegensatz zu einer solchen betriebszugehörigen Tätigkeit steht eine rein private Tätigkeit, die zwar räumlich im geschäftlichen Betrieb vorgenommen wird, jedoch nicht dem Betriebsinhaber, sondern allein dem handelnden Angestellten oder Beauftragten zugute kommt. Zu einer Tätigkeit im geschäftlichen Betrieb wird das Handeln eines Angestellten oder Beauftragten nicht schon dadurch, daß er sich im Zusammenhang mit der begangenen Verletzungshandlung der Geschäftseinrichtungen des Betriebsinhabers bedient, ohne daß ein sachlicher Zusammenhang mit dem Aufgabenbereich des Angestellten oder Beauftragten besteht. Eine Geschäftsanmaßung des Angestellten oder Beauftragten ist dem Betriebsinhaber nicht ohne weiteres zuzurechnen (s. auch zu § 13 Abs. 4 UWG OLG Frankfurt WRP 1984, 330; zum Handeln im eigenen Nutzen s. BGH GRUR 1963, 434 – Reiseverkäufer; zur Werbung unter einer Kollektivmarke s. OLG Köln WRP 1984, 166).

## 3. Angestellter oder Beauftragter

Die Markenrechtsverletzung muß von einem Angestellten oder Beauftragten des Betriebsinhabers begangen werden. Die Begriffe des Angestellten oder des Beauftragten sind *weit auszulegen,* da sich ein Betriebsinhaber nicht hinter den von ihm abhängigen Dritten soll verstecken können (s. zu § 13 Abs. 4 UWG RGZ 151, 287, 291 – Alpina-Uhren; RG GRUR 1943, 304 – Schalldämpfer; BGH GRUR 1959, 38, 44 – Buchgemeinschaft II; 1963, 434 – Reiseverkäufer; 1963, 438 – Fotorabatt; 1964, 88 – Verona-Gerät; 1964, 263, 266 – Unterkunde; 1973, 208, 209 – Neues aus der Medizin; 1990, 1039 – Anzeigenauftrag; 1991, 843 – Testfotos). 535

*Angestellter* ist, wer aufgrund eines Vertrages in einem entgeltlichen oder unentgeltlichen 536
Dienstverhältnis steht. Er muß vertraglich verpflichtet sein, in dem Geschäftsbetrieb eines anderen Dienste zu leisten, sei es aus Dienst- oder Werkvertrag oder auch aus Auftrag oder Geschäftsbesorgungsvertrag (s. *Baumbach/Hefermehl,* Wettbewerbsrecht, § 13 UWG, Rn 65). Der Dienst braucht noch nicht angetreten zu sein (RGSt 50, 131). Trotz des abweichenden Wortlauts fallen auch Arbeiter und Auszubildende in den Anwendungsbereich der Vorschrift.

*Beauftragter* ist, wer, ohne Angestellter zu sein (s. Rn 536), ausdrücklich oder stillschweigend aufgrund eines Vertragsverhältnisses in dem Geschäftsbetrieb, wenn auch nur gelegentlich, tätig ist (RGZ 83, 424 – Dünger). Um ein Auftragsverhältnis im Sinne des § 662 BGB braucht es sich nicht zu handeln. Als Beauftragter ist eine Person anzusehen, deren Arbeitsergebnis dem Unternehmen zugute kommt und die aufgrund der Beauftragung bestimmenden Einfluß auf den Betrieb auszuüben vermag (s. zu § 13 Abs. 4 UWG RGZ 151, 287, 291 – Alpina-Uhren; RG GRUR 1939, 553, 556 – Grabdenkmäler; 1939, 557, 560 Hohlscheren; BGH GRUR 1959, 38, 44 – Buchgemeinschaft II; 1963, 438 – Fotorabatt; 1964, 263, 267 – Unterkunde). Beauftragter kann auch ein selbständiges Unternehmen wie etwa eine Werbeagentur sein (BGH GRUR 1973, 208, 209 – Neues aus der Medizin; 1991, 772, 774 – Anzeigenrubrik I). Beauftragtenverhältnisse können auch innerhalb von 537

### 4. Betriebsinhaber

**538** *Inhaber des Betriebs* ist die Person, in deren Namen der Betrieb geführt wird und die im Rechtsverkehr die Verantwortung für das Unternehmen übernommen hat (zu § 13 Abs. 4 UWG RG MuW 1914/1915, 18). Das ist der Eigentümer, Besitzer, Nießbraucher oder Pächter des Unternehmens. Bei einer Kapitalgesellschaft ist Betriebsinhaber die juristische Person (zu § 12 Abs. 2 RabattG aF BGH GRUR 1964, 88 – Verona-Gerät; HansOLG Hamburg WRP 1962, 330). Betriebsinhaber einer OHG und KG sind die Personenhandelsgesellschaften selbst (OLG Nürnberg WRP 1971, 282); daneben kann eine Verantwortlichkeit der persönlich haftenden Gesellschafter bestehen (*Baumbach/Hefermehl*, Wettbewerbsrecht, § 13 UWG, Rn 70). Der Inhaber des Betriebs ist nicht mit dem *Leiter des Betriebs*, der den Betrieb tatsächlich führt, wie etwa der Leiter einer auswärtigen Filiale, gleichzusetzen.

## H. Unzulässige Rechtsausübung

### I. Mißbrauch einer formalen Rechtsstellung

**539** Der allgemeine Rechtsgrundsatz der *unzulässigen Rechtsausübung* gilt auch im Markenrecht (s. zur unzulässigen Rechtsausübung im Wettbewerbsrecht im einzelnen *Baumbach/Hefermehl*, Wettbewerbsrecht, Einl UWG, Rn 423 ff.; s. zum Rechtsmißbrauchseinwand im Markenrecht *Jordan*, FS für Piper, 563 ff.). Jeder *Mißbrauch der formalen Rechtsstellung* als Inhaber eines Kennzeichenrechts ist unzulässig (BGHZ 15, 107, 110 – Koma; BGH GRUR 1967, 490, 492 – Pudelzeichen; 1970, 138 – Alemite; zum Einwand unzulässiger Rechtsausübung wegen Unzulänglichkeiten in den Kreisläufen für Pfandflaschen innerhalb eines bundesweiten Mehrwegsystems s. OLG Zweibrücken WRP 1999, 364, 366 – Getränkeflasche). Auszugehen ist von der Gleichwertigkeit der nach der Entstehung des Markenschutzes zu unterscheidenden drei Kategorien von Markenrechten im Sinne des § 4 Nr. 1 bis 3, sowie allgemein der nach § 1 Nr. 1 bis 3 geschützten Kennzeichen (Marken, geschäftliche Bezeichnungen, geographische Herkunftsangaben). Das MarkenG geht von der Gleichwertigkeit des registerrechtlichen (förmlichen) und des durch Benutzung entstehenden (sachlichen) Kennzeichenschutzes aus. Schon nach der Rechtslage im WZG gab es keinen Rechtssatz, das förmliche Recht müsse dem sachlichen Recht weichen (BGH GRUR 1958, 544 – Colonia). Die unzulässige Rechtsausübung setzt das Vorliegen eines *Rechtsmißbrauchs* voraus. Eine Kennzeichenkollision bedarf eines Interessenausgleichs, wenn besondere Umstände die Ausübung eines Registerrechts als eines bloßen Hohlrechts gegenüber einem sachlichen Kennzeichenrecht als rechtsmißbräuchlich erscheinen lassen (BGHZ 15, 107, 110 – Koma). Der Erwerb eines Kennzeichenrechts kann eine sittenwidrige Wettbewerbshandlung nach § 1 UWG darstellen (BGH GRUR 1967, 490, 492 – Pudelzeichen; zum Nichtigkeitsgrund einer bösgläubigen Anmeldung nach § 50 Abs. 1 Nr. 4 s. im einzelnen § 50, Rn 21 ff.). Der mit dem unbedingten oder bedingten Vorsatz einer Irreführung des Verkehrs handelnde Erwerber eines Markenrechts handelt rechtsmißbräuchlich (RGZ 106, 250, 254 – Fritz-Reuter-Kaffee; RG MuW 1926, 41, 42 – Wagner/Wagnella). Die Geltendmachung eines Markenrechts gegenüber einem Vorbenutzer des Zeichens stellt dann eine unzulässige Rechtsausübung dar, wenn die Marke in Kenntnis der Vorbenutzung zur Eintragung angemeldet wird und beabsichtigt ist, die Weiterbenutzung der vorbenutzten Marke zu verhindern (RG GRUR 1927, 304 – Typobar; BGH GRUR 1961, 244, 246 – „natürlich in Revue"; 1962, 522, 524 – Ribana; 1967, 490, 492 – Pudelzeichen). Das gilt namentlich auch für eine Anmeldung im Hinblick auf die Verhinderung der Benutzung einer ausländischen Marke im Inland (BGH GRUR 1967, 298, 301 – Modess; 1967, 304 – Siroset). Der Inhaber einer inländischen Marke, die rechtmäßig begründet und benutzt wird, handelt grundsätzlich nicht rechtsmißbräuchlich, wenn er sein Markenrecht gegen eine prioritätsjüngere Anmeldung eines Zeichens verteidigt, selbst wenn sich diese im Inland prioritätsjüngere Marke im Ausland bereits weltweit im Verkehr durchgesetzt hat (BGH

GRUR 1970, 138, 139 – Alemite). Der Einwand der unzulässigen Rechtsausübung besteht auch bei Vorliegen weiterer Umstände, wie etwa bei einem widersprüchlichen Verhalten (s. Rn 540), einer vorsätzlichen Schadenszufügung (s. Rn 541) oder der Verwirkung (s. § 21, Rn 21 ff.).

## II. Widersprüchliches Verhalten

Rechtsmißbräuchlich ist die Geltendmachung eines Markenrechts nach § 242 BGB, mit **540** der sich der Markeninhaber zu seinem *eigenen früheren Verhalten in Widerspruch* setzt (venire contra factum proprium). Wer etwa durch eine rechtswidrige Benutzung eines Kennzeichens die Verkehrsgeltung einer fremden Marke schwächt oder zerstört, kann sich dem Verletzten gegenüber nicht auf einen Wegfall der Verkehrsgeltung berufen (BGHZ 21, 66 – Hausbücherei; BGH GRUR 1957, 428 – Bücherdienst). Wenn ein früheres Verhalten ein berechtigtes Vertrauen in eine bestimmte Rechtslage begründet, dann kann die Geltendmachung eines Markenrechts rechtsmißbräuchlich sein, wenn nach Treu und Glauben mit einer Rechtsverfolgung nicht mehr gerechnet werden muß. Die Änderung einer Rechtsauffassung genügt aber nicht, um einen Rechtsmißbrauch zu begründen (RG JW 1906, 16). Die Annahme muß gerechtfertigt sein, der Rechtsstandpunkt werde unabhängig von der Verfahrenslage auch künftig aufrechterhalten. Es stellt keinen Rechtsmißbrauch dar, im Widerspruchsverfahren nach § 42 die Verwechslungsgefahr zu bestreiten und im Verfahren der Eintragungsbewilligungsklage nach § 44 die Verwechslungsgefahr zu bejahen (BGH GRUR 1957, 499, 503 – Wit/Wipp). Ein widersprüchliches Verhalten liegt vor, wenn eine zur Irreführung geeignete, aber wegen der geringeren Relevanz der Irreführung noch befugterweise benutzte geographische Herkunftsangabe mit einem auf den tatsächlichen Herkunftsort hinweisenden Zusatz, wie etwa *aus Bonn* oder *aus Hersel*, versehen wird und dadurch die Herkunftsfunktion geschwächt und die Entwicklung zu einer Gattungsbezeichnung beeinflußt wird (OLG Köln WRP 1981, 160, 165 – Kölsch).

## III. Vorsätzliche Schadenszufügung

Die Geltendmachung eines Markenrechts, das nur dazu dient, dem Benutzer eines iden- **541** tischen oder ähnlichen Kennzeichens Schaden zuzufügen, stellt eine unzulässige Rechtsausübung dar. Unzulässig kann es sein, durch den Mißbrauch einer formalen Rechtsstellung einen anderen dadurch zu schädigen, daß eine örtlich verschiedene Rechtslage gegenüber dem durch strengere Vorschriften gebundenen Mitbewerber zu dessen Schaden ausgenutzt wird. Wer etwa außerhalb Bayerns erlaubterweise hergestelltes *Süßbier* in Bayern vertreibt, handelt gegenüber einheimischen Brauereien nicht wettbewerbswidrig, die *Süßbier* wegen des Reinheitsgebotes nicht unter der Bezeichnung *Bier* in Bayern vertreiben dürfen (BGH GRUR 1960, 240 – Süßbier).

## I. Abmahnung und einstweiliger Rechtsschutz

### I. Vorprozessuale Abmahnung

Die *Abmahnung* ist die *Aufforderung* an den Rechtsverletzer, innerhalb einer angemessenen **542** Frist eine strafbewehrte Unterlassungserklärung abzugeben unter gleichzeitiger Androhung gerichtlichen Vorgehens für den Fall der unterbleibenden Abgabe der Unterlassungserklärung innerhalb der gesetzten Frist (zum Abmahnungsrecht im einzelnen s. *Baumbach/Hefermehl*, Wettbewerbsrecht, Einl UWG, Rn 530). Sie dient vornehmlich der *Vermeidung der Kostenfolge des § 93 ZPO* und stellt damit eine *Obliegenheit* des Verletzten dar.

Erfordernis für eine einen Kostenerstattungsanspruch auslösende Abmahnung im Bereich **543** des Markenrechts ist die hinreichend deutliche Beanstandung eines markenrechtlich relevanten Verhaltens, das den Abgemahnten als *Störer* in entsprechender Anwendung des § 1004 BGB erscheinen läßt, insbesondere die unberechtigte Benutzung einer fremden Marke. Als rechtserhebliches Störverhalten kommen sämtliche markenrechtlichen Verletzungshandlungen in Betracht. Keine hinreichende Verletzungshandlung liegt in der *Fortdauer der Eintragung* einer nach § 49 Abs. 1 S. 1 MarkenG *wegen Nichtbenutzung löschungsreifen*

*Marke*, weil der Eintritt der Löschungsreife nur dazu führt, daß die Marke ihre materiellrechtlichen Wirkungen verliert (s. § 49, Rn 3), nicht aber dazu, daß die Fortdauer der Eintragung einen rechtswidrigen Störzustand darstellt (BGH GRUR 1980, 1074 – Aufwendungsersatz; OLG Stuttgart Mitt 1980, 178, 179 – Kostenerstattung I). Das muß auch für den Verfallsgrund der *Täuschungsgefahr* nach § 49 Abs. 2 Nr. 2 gelten, weil auch insoweit die bloße Löschungsreife die Fortdauer der Eintragung nicht rechtswidrig macht; es kann aber eine *Verletzung des § 1 UWG* gegeben sein, die zu einem *außermarkenrechtlichen* Löschungsanspruch führen kann (s. § 49, Rn 37). In diesem Fall erscheint es denkbar, daß im Rahmen einer einen Kostenerstattungsanspruch auslösenden Abmahnung die Erhebung einer Löschungsklage angedroht werden kann (so auch *Ingerl/Rohnke*, § 55 MarkenG, Rn 15). Entsprechendes gilt für den Löschungsgrund nach § 49 Abs. 2 Nr. 1, der ebenfalls einen außermarkenrechtlichen Löschungsanspruch wegen Verletzung des § 1 UWG nicht ausschließt (s. § 49, Rn 28 m.w.Nachw.).

**544** Soweit eine Klage wegen rechtswidriger Verletzung einer markenrechtlichen Rechtsposition in Betracht kommt, gilt hinsichtlich der Frage einer *Veranlassung zur Klage oder zur Erwirkung einer einstweiligen Verfügung* ohne vorherige Abmahnung dasselbe wie zur entsprechenden Frage im Recht des unlauteren Wettbewerbs. Danach besteht regelmäßig keine Klageveranlassung ohne vorprozessuale Abmahnung, es sei denn, der Verletzte hat bei vernünftiger Abwägung aller in Betracht kommenden Umstände Grund zu der Annahme, der Verletzer werde sein markenrechtswidriges Verhalten auch ohne gerichtliche Hilfe sofort einstellen und eine strafbewehrte Unterlassungsverpflichtungserklärung abgeben (s. *Baumbach/Hefermehl*, Wettbewerbsrecht, Einl UWG, Rn 542). Eine andere Beurteilung besteht hinsichtlich der *Löschungsklage nach § 55* und des *Löschungsantrages beim DPMA wegen Verfalls nach § 53*. Dies ergibt sich aus dem Charakter der Löschungsklage als *Popularklage* (s. § 55, Rn 4), die nicht im Interesse eines unmittelbar betroffenen Klägers, sondern im Interesse der Allgemeinheit erhoben wird. Es kann insoweit folglich nicht zwingend verlangt werden, daß ein Löschungsantrag beim DPMA oder eine Löschungsklage erst erhoben wird, wenn dies von dem Kläger beziehungsweise Antragsteller vorprozessual angedroht wurde. Erklärt der Abgemahnte, in der Zukunft eine andere, mit der ursprünglich verwendeten Bezeichnung verwechslungsfähige Bezeichnung verwenden zu wollen, so begründet diese Erklärung die Erstbegehungsgefahr für eine vorbeugende Unterlassungsklage, insbesondere nach einem Antrag auf Eintragung dieser Bezeichnung (OLG Stuttgart MarkenR 1999, 95, 97 – Herbula).

**545** Die Obliegenheit der Abmahnung entfällt regelmäßig, soweit ein *Sequestrations-* bzw *Verwahrungsantrag zur Sicherung eines Vernichtungsanspruchs* nach § 18 gestellt wird, weil die Abmahnung in diesem Fall regelmäßig eine *Vereitelungsgefahr* begründet und damit unzumutbar ist (s. § 18, Rn 34 m.w.Nachw.). Da eine Vereitelungsgefahr nur ausnahmsweise zu verneinen ist, sind keine hohen Anforderungen an die *Glaubhaftmachung* der Vereitelungsgefahr zu stellen. Eine vorherige Abmahnung ist nicht entbehrlich, soweit die Sequestrationsantrag lediglich *rechtsmißbräuchlich* zur Umgehung der Abmahnungsobliegenheit gestellt wird (*Ingerl/Rohnke,* § 18 MarkenG, Rn 30).

**546** Für die *Kosten einer vorprozessualen Abmahnung* gilt § 140 Abs. 5. Solche Kosten sind ohne Nachweis der Notwendigkeit einer Mitwirkung des Patentanwalts zu erstatten, soweit dem Grunde nach ein *materiellrechtlicher Kostenerstattungsanspruch* gegeben ist (zu § 32 Abs. 5 WZG s. OLG München Mitt 1994, 24 – Kostenerstattung V; 1982, 218, 219 – Kostenerstattung III; 1982, 199 – Kostenerstattung II; *Ingerl/Rohnke*, § 140 MarkenG, Rn 60). Allgemein stellen die Kosten einer vorprozessualen Abmahnung *Vorbereitungskosten der Kennzeichenstreitsache* dar und fallen gemäß § 91 ZPO der unterliegenden Partei zur Last. Unterbleibt eine Abmahnung und erkennt der Beklagte den klägerischen Anspruch sofort an, so trägt der Kläger nach § 93 ZPO die Prozeßkosten; eine Kostentragungspflicht des Beklagten hinsichtlich *hypothetischer Abmahnkosten* entfällt (s. *Baumbach/Hefermehl*, Wettbewerbsrecht, Einl UWG, Rn 552 m.w.Nachw.).

**547** Ein *Kostenanspruch* bei *außergerichtlicher Erledigung* der Markenstreitsache nach einer vorprozessualen Abmahnung besteht regelmäßig nach den Vorschriften der *Geschäftsführung ohne Auftrag* (§§ 683 S. 1, 677, 670 BGB), soweit die Abmahnung für den Störer objektiv nützlich war und seinem wirklichen oder mutmaßlichen Willen entsprach (BGH GRUR 1980, 1074 – Aufwendungsersatz; LG Düsseldorf Mitt 1989, 221, 222 – Kostenerstattung IV). Der

Anspruch besteht insbesondere nicht bei einer vorprozessualen Abmahnung, mit der die Löschung einer Marke bei Löschungsreife wegen Nichtbenutzung bezweckt wird, weil insoweit kein rechtswidriger Störungszustand gegeben ist (s. Rn 543; s. dort aber auch zu den §§ 49 Abs. 2 Nr. 1 und 2; s. § 49, Rn 19). Bei *Verschulden des Rechtsverletzers* kommt weiterhin eine Kostenerstattung nach *Schadensersatzrecht* in Betracht (s. dazu *Baumbach/ Hefermehl*, Wettbewerbsrecht, Einl UWG, Rn 553). Erstattungsfähig sind die Anwaltskosten für eine Abmahnung bei Schaltung einer *Titelschutzanzeige*. Gegen einen Anwalt, der für einen Mandanten, den er verschweigt, eine Titelschutzanzeige schaltet, können mangels eigenen Interesses und mutmaßlichen Willens des Anwaltes an der Abmahnung keine Abmahnkosten geltend gemacht werden; anderes soll gelten, wenn der Mandant in der Folgezeit nicht bekannt wird (LG München WRP 1999, 368 – Aber Hallo). Die *Verjährung* der Ansprüche auf Ersatz von Abmahnkosten bestimmt sich dem Normzweck des § 20 entsprechend nach den kennzeichenrechtlichen Verjährungsfristen (s. § 20, Rn 5, 37 m.w.Nachw.). Bei einer *wettbewerbsrechtlichen und zugleich kennzeichenrechtlichen Abmahnung* bestimmt sich die Abmahnverjährung nach § 20 und nicht nach § 21 UWG (§ 20, Rn 5, 10, 37).

## II. Einstweilige Verfügung

### 1. Zulässigkeit einstweiliger Verfügungen in Kennzeichenstreitsachen und Gemeinschaftsmarkenstreitsachen

In *Kennzeichenstreitsachen* im Sinne des § 140 (Klagen, durch die ein Anspruch aus einem der im MarkenG geregelten Rechtsverhältnisse geltend gemacht wird; s. § 140, Rn 1) und in *Gemeinschaftsmarkenstreitsachen* im Sinne des § 125e (Klagen, für die nach der GMarkenV die Gemeinschaftsmarkengerichte im Sinne von Art. 91 Abs. 1 GMarkenV zuständig sind; s. § 125e, Rn 1) ist *vorläufiger Rechtsschutz durch einstweilige Verfügung* nach den §§ 935, 940 ZPO iVm 25 UWG sowie nach Art. 99 GMarkenV und Art. 50 TRIPS-Abkommen zulässig. Einstweiliger Rechtsschutz kommt in erster Linie zur Sicherung des *Unterlassungsanspruchs*, auch den vorbeugenden, in Betracht, sowie auch zur Sicherung des *Vernichtungsanspruchs* (§ 18; s. § 18, Rn 34), des *Übertragungsanspruchs* gegen Agenten oder Vertreter durch Erlaß eines Verfügungsverbotes (§ 17) und des *Auskunftsanspruchs* nach § 19 (s. § 19, Rn 17 ff.). Einstweiliger Rechtsschutz zur Durchsetzung des *Auskunftshilfsanspruchs* nach § 242 BGB (s. Rn 515 f.) ist nicht gegeben (KG GRUR 1988, 403 – Auskunftserteilung). Das *Besitzverbot* nach § 14 Abs 3 Nr 4 darf wegen Vorwegnahme der Hauptsache nicht im einstweiligen Verfügungsverfahren angeordnet werden, weil der damit verbundene Zwang des Verletzers zur Aufgabe bereits bestehenden Besitzes irreversibel wirkt (HansOLG Hamburg WRP 1997, 106, 112 – Gucci). Einzige für das einstweilige Verfahren zur Verfügung stehende Sanktion ist insoweit die Sequestration (aA *Ingerl/Rohnke*, Vor §§ 14-19, Rn 118, die ein Verbot der zukünftigen Verschaffung des verbotenen Besitzes im Wege der einstweiligen Verfügung für möglich halten). Die *Dringlichkeitsfrist* beginnt bei kleineren und mittleren Unternehmen regelmäßig erst mit Kenntniserlangung durch die Geschäftsleitung und nicht schon mit Kenntniserlangung durch Außendienstmitarbeiter oder Vertragshändler (LG München WRP 1997, 123, 126 – Maglite). Maßgeblich ist die Kenntnis einer Person, die ermächtigt ist, für den Verletzten eine Entscheidung über die Frage der Verfolgung der Verletzung zu treffen (LG München WRP 1997, 123, 126 – Maglite; *Ingerl/Rohnke*, Vor §§ 14-19, Rn 50). Maßgeblich für den Fristbeginn ist die ausreichend detaillierte und verläßliche Kenntnis von der tatsächlich für den Markt bestimmten Ausstattung (OLG Köln GRUR 1995, 520). Regelmäßig wird erst der Erhalt eines Musters oder von Abbildungen genügen. Die Dringlichkeit entfällt nicht, wenn der Verletzte zwar entsprechende Kenntnis erlangt, aber noch nicht über die für den Verfügungsantrag erforderlichen Glaubhaftmachungsmittel verfügt (OLG München ZUM 1994, 651, 652 – Die da). Für die Geltendmachung einer *vorbeugenden Unterlassungsklage* beginnt die Dringlichkeitsfrist mit Erlangung der Kenntnis von der Markenanmeldung (OLG Köln WRP 1997, 872 – Spring), soweit man hierin nicht schon eine Markenrechtsverletzung und nicht erst einen die Erstbegehungsgefahr begründenden Umstand sieht (zur Erstbegehungsgefahr im Zusammenhang mit der Anmeldung einer Gemeinschaftsmarke beim HABM OLG Stuttgart MarkenR 1999, 95, 97

– Herbula; s. Rn 510). Durch die nachfolgende Kenntniserlangung einer später erfolgenden Benutzung der Marke wird grundsätzlich keine neue Dringlichkeitsfrist in Lauf gesetzt (aA *Ingerl/Rohnke*, Vor §§ 14-19, Rn 53). Das gilt auch nach Einlegung eines Widerspruchs oder einer Klage durch den Verletzten nach Kenntniserlangung von der Anmeldung, weil der Verletzer damit rechnen muß, daß sich der Verletzer hierdurch nicht davon abhalten lassen wird, die zuvor eingetragene Marke zu benutzen (OLG Köln WRP 1997, 872 – Spring). Eine *Intensivierung der Verletzungshandlung* durch Ausdehnung der Benutzung auf weitere Produktarten oder durch eine Veränderung des verletzenden Kennzeichens im Sinne einer wesentlichen Annäherung an das geschützte Kennzeichen kann aber eine neue Dringlichkeitsfrist in Gang setzen (s. auch OLG Frankfurt WRP 1992, 117, 118 – Hessen-Report). Bei Aussetzung des Hauptprozesses soll die Dringlichkeit wiederaufleben (OLG Köln GRUR 1977, 221 – Charlie; aA *Ingerl/Rohnke*, Vor §§ 14–19, Rn 53).

**549**   Art. 50 TRIPS-Abkommen regelt die Zulässigkeit schneller und wirksamer einstweiliger Maßnahmen aufgrund gerichtlicher Anordnung zur Verhinderung der Verletzung von Rechten des geistigen Eigentums. Der EuGH hat die Frage, ob Art. 50 TRIPS-Abkommen *unmittelbare Wirkung* zukommt, offen gelassen, zugleich aber über die Auslegung der Vorschrift entschieden (zur tripskonformen Auslegung s. Einl, Rn 240 ff.). Der EuGH konkretisiert die Voraussetzungen, die an ein Verfahren zu stellen sind, in dessen Rahmen eine Maßnahme, die bezweckt, angebliche Verletzungen eines Markenrechts abzustellen, erlassen wird. Das *Verfahren einer sofortigen einstweiligen Maßnahme* muß die folgenden Merkmale aufweisen: (1) Die Maßnahme wird im innerstaatlichen Recht als *sofortige einstweilige Maßnahme* bezeichnet; ihr Erlaß muß *aus Gründen der Dringlichkeit* erforderlich sein. (2) Die gegnerische Partei wird geladen, und, wenn sie erscheint, gehört. (3) Der Richter des vorläufigen Rechtsschutzes erläßt nach Sachprüfung eine schriftliche, mit Gründen versehene Entscheidung. (4) Diese Entscheidung kann mit der Berufung angefochten werden. (5) Obwohl die Parteien die Möglichkeit haben, anschließend ein Verfahren zur Hauptsache einzuleiten, behandeln sie diese Entscheidung im allgemeinen als endgültig (EuGH, Rs. C-53/96, WRP 1999, 86 – Hermès International).

### 2. Dringlichkeitsvermutung (§ 25 UWG analog)

**550**   Nach überwiegender Ansicht ist in Kennzeichenstreitsachen und in Gemeinschaftsmarkenstreitsachen die widerlegbare *Dringlichkeitsvermutung* des § 25 UWG im Verfahren der einstweiligen Verfügung auf *Unterlassungsansprüche* entsprechend anzuwenden (OLG München ZUM 1994, 651, 652 – Die da; MD 1996, 1027, 1029 – T.Golf; OLG Stuttgart WRP 1997, 118, 119 – Basics; HansOLG Hamburg MD 1997, 602, 603 – Brinckmann; WRP 1997, 106, 112 – Gucci; LG München WRP 1997, 123, 126 – Maglite; offengelassen von OLG Köln WRP 1997, 872 – Spring; zum WZG s. HansOLG Hamburg WRP 1976, 483, 484 – Medley; WRP 1992, 493 – Eurock; OLG Frankfurt WRP 1992, 117, 118 – Hessen-Report; *Baumbach/Hefermehl*, Wettbewerbsrecht, § 25 UWG, Rn 5; *Ingerl/Rohnke*, Vor §§ 14–19, Rn 49; *Althammer/Ströbele/Klaka*, § 19, Rn 36 Fn 36). Auch wenn der Gesetzgeber die Dringlichkeitsvermutung anläßlich der Übernahme des § 16 UWG aF in das Markenrecht nicht auf das Markenrecht ausdehnte und so eine Regelungslücke an sich nicht vorliegt (OLG Düsseldorf, Urteil vom 27. Mai 1997, 20 U 38/97; aA *Peters*, Mitt 1999, 48, 51) sprechen keine sachlichen Gründe gegen eine Übertragbarkeit; bei einem markenrechtlichen Unterlassungsanspruch besteht eine vergleichbare Dringlichkeit wie bei einem wettbewerblichen Unterlassungsanspruch. Eine Anwendung der Dringlichkeitsvermutung auf *Auskunftsansprüche* kommt wegen der gebotenen Begrenzung der Durchsetzbarkeit des Auskunftsanspruchs auf das unbedingt erforderliche Maß nicht in Betracht (s. die Amtliche Begründung zum PrPG (BT-Drucks. 11/4792 vom 15. Juli 1989, S. 32; OLG Köln NJWE-WettbR 1998, 205 – Duftwasserimport aus Mittel-/Fernost). Die Frage spielt im Rahmen des § 19 Abs. 3 wegen des Erfordernisses einer offensichtlichen Rechtsverletzung kaum eine Rolle (s. § 19, Rn 18). Die Dringlichkeitsvermutung ist *widerlegt*, wenn der Verletzte das verletzende Verhalten in Kenntnis der maßgeblichen Umstände längere Zeit hinnimmt (HansOLG Hamburg WRP 1976, 483, 485 – Medley; OLG Stuttgart WRP 1997, 118, 120 – Basics; zur unterschiedlichen Praxis der Oberlandesgerichte hinsichtlich der Zeitspanne zwischen Kenntniserlangung und Einreichung des Verfügungsantrags *Baumbach/Hefermehl*, Wettbewerbsrecht, § 25 UWG, Rn 15).

## 3. Glaubhaftmachung des Verfügungsanspruchs

Der Antragsteller hat nach den §§ 920 Abs 2, 936, 294 ZPO das Vorliegen sämtlicher 551
Voraussetzungen eines kennzeichenrechtlichen Anspruchs im Sinne der Vermittlung eines
gegenüber dem Beweis *geringeren Wahrscheinlichkeitsgrades* glaubhaft zu machen. Das gilt für
die Voraussetzungen der Enstehung des Kennzeichenschutzes, insbesondere der Eintragung,
einer in Anspruch genommenen Priorität und der Verlängerung des Markenrechts, bei nicht
eingetragenen Kennzeichen für die Voraussetzungen der Aufnahme der Benutzung, gegebenenfalls der fortdauernden Benutzung und der Verkehrsgeltung. Uneinheitlich wird die
Frage nach der *Glaubhaftmachungslast* im einstweiligen Verfügungsverfahren beantwortet. In
der instanzgerichtlichen Rechtsprechung wird teils von der Anwendung der allgemeinen
*Beweislastverteilungsgrundsätze* ausgegangen (KG WRP 1978, 819, 821 – f..), teils wird dem
Antragsteller im Hinblick auf die Vorläufigkeit des Eilverfahrens die *uneingeschränkte Glaubhaftmachungslast* auferlegt (OLG Düsseldorf GRUR 1959, 550 – Rippenstreckmetall II;
FamRZ 1980, 157, 158; OLG Celle WRP 1974, 277, 278; *Hirtz*, NJW 1986, 110, 112).
Eine uneingeschränkte Glaubhaftmachungslast ist im *Beschlußverfahren* geboten, wenn der
Antragsgegner keine Gelegenheit zur schriftlichen Stellungnahme hat (s. OLG Karlsruhe
WRP 1983, 170, 171; GRUR 1987, 845, 847 – Schutzrechtsverwarnung; *Baumbach/
Hefermehl*, Wettbewerbsrecht, § 25 UWG, Rn 8). In diesem Fall muß der Antragsteller daher *sämtliche Voraussetzungen* darlegen und glaubhaft machen. Die Glaubhaftmachungslast
erstreckt sich dann insbesondere auch auf das Nichtbestehen von nach dem Vortrag möglichen *Einwendungen* oder *Einreden*. Der Antragsteller hat insoweit auch das Vorliegen einer
*rechtserhaltenden Benutzung* nach Ablauf der Benutzungsfrist glaubhaft zu machen auch soweit
die Nichtbenutzungseinrede nach § 43 Abs 1 S. 1 (s. § 43, Rn 7 ff.) noch nicht erhoben ist
(ungenau *Ingerl/Rohnke*, Vor §§ 14-19, Rn 54).

## J. Rechtslage nach dem ErstrG

Durch das ErstrG vom 23. April 1992 (BGBl. I S. 938) wurden die in der Bundesrepublik 552
Deutschland und in der DDR vor dem 3. Oktober 1990, dem Tag des Beitritts der DDR
zur Bundesrepublik Deutschland, begründeten Markenrechte unter Wahrung ihres ursprünglichen Zeitrangs auf das jeweils andere Schutzgebiet erstreckt (§§ 1, 4 ErstrG). Nach
dem Einigungsvertrag kam lediglich den nach dem 3. Oktober 1990 neu begründeten
Schutzrechten die Bedeutung gesamtdeutscher Rechte mit Geltung im gesamten Bundesgebiet zu, während die Altrechte mit auf ihr bisheriges Schutzgebiet beschränkter territorialer
Wirkung aufrechterhalten wurden und auch weiterhin dem bei ihrer Entstehung geltenden
Recht unterlagen (§§ 2 und 3 Anlage I Kapitel III Sachgebiet E Abschnitt II Nr. 1 EinigV).
Die §§ 30 bis 32 ErstrG enthalten Regelungen zur Lösung von Kollisionen, die dadurch
entstehen, daß infolge der Erstreckung sachlich ganz oder teilweise übereinstimmende
Schutzrechte aufeinandertreffen (s. zur Rechtslage nach dem ErstrG im einzelnen Einl,
Rn 44 ff.).

---

**Ausschließliches Recht des Inhabers einer geschäftlichen Bezeichnung; Unterlassungsanspruch; Schadensersatzanspruch**

**15** (1) Der Erwerb des Schutzes einer geschäftlichen Bezeichnung gewährt ihrem Inhaber ein ausschließliches Recht.

(2) Dritten ist es untersagt, die geschäftliche Bezeichnung oder ein ähnliches Zeichen im geschäftlichen Verkehr unbefugt in einer Weise zu benutzen, die geeignet ist, Verwechslungen mit der geschützten Bezeichnung hervorzurufen.

(3) Handelt es sich bei der geschäftlichen Bezeichnung um eine im Inland bekannte geschäftliche Bezeichnung, so ist es Dritten ferner untersagt, die geschäftliche Bezeichnung oder ein ähnliches Zeichen im geschäftlichen Verkehr zu benutzen, wenn keine Gefahr von Verwechslungen im Sinne des Absatzes 2 besteht, soweit die Benutzung des Zeichens die Unterscheidungskraft oder die Wertschätzung der geschäftlichen Bezeichnung ohne rechtfertigenden Grund in unlauterer Weise ausnutzt oder beeinträchtigt.

**MarkenG § 15**                  Schutzinhalt der geschäftlichen Bezeichnungen

(4) **Wer eine geschäftliche Bezeichnung oder ein ähnliches Zeichen entgegen Absatz 2 oder 3 benutzt, kann von dem Inhaber der geschäftlichen Bezeichnung auf Unterlassung in Anspruch genommen werden.**

(5) **Wer die Verletzungshandlung vorsätzlich oder fahrlässig begeht, ist dem Inhaber der geschäftlichen Bezeichnung zum Ersatz des daraus entstandenen Schadens verpflichtet.**

(6) **§ 14 Abs. 7 ist entsprechend anzuwenden.**

### Inhaltsübersicht

| | Rn |
|---|---|
| A. Allgemeines | 1–8 |
|    I. Regelungsübersicht | 1 |
|    II. Rechtsänderungen | 2, 3 |
|    III. Europäisches Unionsrecht | 4, 5 |
|       1. Erste Markenrechtsrichtlinie | 4 |
|       2. Gemeinschaftsmarkenverordnung | 5 |
|    IV. Staatsvertragsrecht | 6–8 |
|       1. Pariser Verbandsübereinkunft | 6 |
|       2. Madrider Markenabkommen und Protokoll zum MMA | 7 |
|       3. TRIPS-Abkommen | 8 |
| B. Die geschäftliche Bezeichnung als subjektives Ausschließlichkeitsrecht (§ 15 Abs. 1) | 9 |
| C. Die Kollisionstatbestände | 10–20 |
|    I. Regelungszusammenhang des Schutzes der geschäftlichen Bezeichnungen (§ 15 MarkenG) zum Namensrecht (§ 12 BGB) und zum Firmenrecht (§ 37 HGB) | 10–15 |
|       1. Ausgangspunkt | 10 |
|       2. Handeln im geschäftlichen Verkehr | 11 |
|       3. Konkurrenzen | 12–15 |
|    II. Identitätsschutz der geschäftlichen Bezeichnungen (§§ 15 Abs. 2 MarkenG, 12 BGB, 37 Abs. 2 HGB) | 16 |
|    III. Verwechslungsschutz (§§ 15 Abs. 2 MarkenG, 12 BGB, 37 Abs. 2 HGB) und Interessenschutz (§ 12 BGB) der geschäftlichen Bezeichnungen | 17, 18 |
|    IV. Bekanntheitsschutz (§§ 15 Abs. 3 MarkenG, 12 BGB) und Verwässerungsschutz (§§ 12, 823 Abs. 1 BGB) der geschäftlichen Bezeichnungen | 19 |
|    V. Kennzeichenrechtsverletzende Benutzungshandlungen | 20 |
| D. Namensschutz (§ 12 BGB) | 21–105 |
|    I. Schutzfähigkeit des Namens | 21–45 |
|       1. Wesen des Namens | 21, 22 |
|       2. Zwangsnamen und Wahlnamen | 23 |
|       3. Rechtsnatur des Namens | 24 |
|       4. Einzelne Bezeichnungen mit Namensschutz | 24–39 |
|          a) Bürgerlicher Name | 25 |
|          b) Pseudonym | 26 |
|          c) Firma des Einzelkaufmanns und der Einzelkauffrau | 27 |
|          d) Firma einer Personenhandelsgesellschaft | 28 |
|          e) Name der GbR | 29 |
|          f) Firma einer Kapitalgesellschaft | 30 |
|          g) Firma einer Vorgesellschaft | 31 |
|          h) Namen juristischer Personen | 32 |
|          i) Name eines nichtrechtsfähigen Vereins | 33 |
|          j) Wappen, Siegel und Embleme | 34 |
|          k) Besondere Unternehmensbezeichnungen | 35 |
|          l) Marken | 36 |
|          m) Gebäudebezeichnungen | 37 |
|          n) Bezeichnung einer nichtrechtsfähigen Organisationseinheit | 38 |
|          o) Abkürzungen und Schlagworte | 39 |
|       5. Unterscheidungskraft als Schutzvoraussetzung | 40–43 |
|          a) Grundsatz | 40 |
|          b) Bezeichnungen ohne Unterscheidungskraft | 41, 42 |
|          c) Verlust der Unterscheidungskraft | 43 |

| | Rn |
|---|---|
| 6. Namen mit Verkehrsgeltung | 44, 45 |
|    a) Erwerb von Verkehrsgeltung | 44 |
|    b) Verlust von Verkehrsgeltung | 45 |
| II. Anwendungsbereich des Namensschutzes | 46–50 |
|   1. Räumlicher Geltungsbereich | 46, 47 |
|   2. Territoriale Schutzwirkung von Firmenaltrechten nach der Herstellung der Einheit Deutschlands | 48 |
|   3. Persönlicher Geltungsbereich | 49 |
|   4. Freihaltebedürfnis und Allgemeingeltung | 50 |
| III. Entstehung des Namensschutzes | 51, 52 |
| IV. Schutztatbestände | 53–105 |
|   1. Regelungsübersicht | 53 |
|   2. Namensleugnung | 54 |
|   3. Namensanmaßung | 55–105 |
|     a) Begriff | 55 |
|     b) Gebrauch des gleichen Namens | 56–66 |
|       aa) Namensgebrauch | 56 |
|       bb) Bezeichnung der eigenen Person | 57 |
|       cc) Bezeichnung eines Unternehmens oder eines Produkts | 58 |
|       dd) Bezeichnung einer fremden Person | 59 |
|       ee) Bezeichnung des Namensträgers | 60 |
|       ff) Identische und ähnliche Namen | 61–66 |
|         (1) Grundsatz | 61, 62 |
|         (2) Entscheidungspraxis | 63 |
|         (3) Abkürzungen von Namen | 64, 65 |
|         (4) Namenszusätze | 66 |
|     c) Verletzung eines schutzwürdigen Interesses | 67–80 |
|       aa) Interesse des Berechtigten | 67 |
|       bb) Schutzwürdigkeit | 68, 69 |
|       cc) Namensmäßiger Gebrauch | 70, 71 |
|       dd) Verwechslungsgefahr | 72–77 |
|         (1) Begriff | 72 |
|         (2) Branchennähe | 73–75 |
|         (3) Entscheidungspraxis | 76, 77 |
|       ee) Verwässerungsgefahr | 78 |
|       ff) Sonstige Interessenverletzungen | 79 |
|       gg) Geschäftliche Bezeichnung eines lebenden Unternehmens | 80 |
|     d) Unbefugter Gebrauch des Namens | 81–91 |
|       aa) Relativ bessere Berechtigung | 81–83 |
|       bb) Akzessorietät des Namens | 84 |
|       cc) Schuldrechtliche Gebrauchsgestattung | 85–89 |
|         (1) Zulässigkeit | 85 |
|         (2) Namenslizenzrechtliche Vertragsinhalte | 86 |
|         (3) Schranken | 87, 88 |
|         (4) Rechtsstellung gegenüber Dritten | 89 |
|       dd) Abgrenzungsvereinbarungen | 90 |
|       ee) Wettbewerbsverbote | 91 |
|     e) Gleichnamigkeitsrecht | 92–105 |
|       aa) Ausgangspunkt | 92 |
|       bb) Unlauterer Namensgebrauch | 93–95 |
|       cc) Namenskollision | 96, 97 |
|       dd) Einfluß firmenrechtlicher Vorschriften | 98–100 |
|         (1) Unterscheidung zwischen notwendiger und willkürlicher Firmenbildung (RG) | 98 |
|         (2) Wettbewerbsrechtliche Beurteilung | 99 |
|         (3) Entscheidungspraxis | 100 |
|       ee) Nebeneinander bestehende Firmen mit Verkehrsgeltung | 101–105 |
|         (1) Gleichberechtigung | 101 |
|         (2) Verhaltensregeln | 102–105 |
| E. Firmenschutz | 106–119 |
|   I. Wesen der Firma | 106–110 |
|     1. Rechtsnatur der Firma als Handelsname | 106–106 c |
|       a) Doppelnatur der Firma | 106 |

|  | Rn |
|---|---|
| b) Die Firma als Immaterialgüterrecht | 106 a |
| c) Namensfunktion der Firma | 106 b |
| d) Akzessorietät der Firma | 106 c |
| 2. Abgrenzung von der besonderen Geschäftsbezeichnung | 107 |
| 3. Firmeneinheit | 108 |
| 4. Zwangsvollstreckung | 109 |
| 5. Insolvenz | 110 |
| II. Firmenmißbrauch | 111–113 |
| 1. Firmenmißbrauchsverfahren (§ 37 Abs. 1 HGB) | 112 |
| 2. Klagerecht des Verletzten (§ 37 Abs. 2 HGB) | 113 |
| III. Materieller Firmenschutz | 114–116 |
| 1. Rechtsgrundlage | 114 |
| 2. Verhältnis zum Firmenregisterrecht | 115 |
| 3. Befugter Gebrauch | 116 |
| IV. Schutzbereich | 117–119 |
| 1. Firmenmäßiger Gebrauch | 117 |
| 2. Verwechslungsgefahr und Unterscheidbarkeit | 118 |
| 3. Klageantrag | 119 |
| F. Schutz von besonderen Geschäfts- oder Unternehmensbezeichnungen | 120–135 |
| I. Begriff | 120, 120 a |
| 1. Abgrenzung zur Firma | 120 |
| 2. Anwendungsbereich | 120 a |
| II. Rechtsnatur | 121 |
| III. Schutzfähigkeit | 122–127 |
| 1. Kennzeichenfähigkeit von besonderen Geschäfts- oder Unternehmensbezeichnungen | 122–122 c |
| a) Namensmäßige Unterscheidungskraft | 122 |
| b) Kennzeichenrechtliche Unterscheidungseignung | 122 a |
| c) Maßgeblichkeit der Verkehrsauffassung | 122 b |
| d) Mehrere Unternehmenszeichen eines Rechtsinhabers | 122 c |
| 2. Formen von besonderen Geschäfts- oder Unternehmensbezeichnungen | 123–125 |
| a) Beschreibende Angaben und Gattungsbezeichnungen | 123 |
| b) Buchstabenzeichen und Zahlenzeichen | 124 |
| c) Bildzeichen | 125 |
| 3. Verkehrsgeltung | 126 |
| 4. Lebendes Unternehmen | 127 |
| IV. Grenzen des Bezeichnungsschutzes | 128–130 |
| 1. Räumlicher Geltungsbereich | 128 |
| 2. Persönlicher Geltungsbereich | 129 |
| 3. Sachlicher Geltungsbereich | 130 |
| V. Entstehung des Bezeichnungsschutzes | 131 |
| VI. Erlöschen des Bezeichnungsschutzes | 132 |
| VII. Schutzumfang | 133–135 |
| 1. Verwechslungsschutz | 133, 134 |
| 2. Bekanntheitsschutz | 135 |
| G. Schutz von Geschäftsabzeichen und sonstigen betrieblichen Unterscheidungszeichen | 136–145 |
| I. Begriff | 136, 137 |
| II. Abgrenzungen | 138, 139 |
| 1. Marken | 138 |
| 2. Besondere Geschäftsbezeichnungen | 139 |
| III. Verkehrsgeltung | 140 |
| IV. Entscheidungspraxis | 141–145 |
| 1. Zeichen ohne Namensfunktion | 141 |
| 2. Werbesprüche, Schlagworte und Schlagzeilen | 142 |
| 3. Bilder, Figuren und Farben | 143 |
| 4. Fernsprechnummern | 144 |
| 5. Telegrammadressen | 145 |
| H. Schutz von Abkürzungen und Schlagworten | 146–153 |
| I. Ausgangspunkt | 146 |
| II. Schutz als besondere Geschäftsbezeichnung | 147, 147 a |
| III. Selbständiger Schutz als Firma | 148 |

| | Rn |
|---|---|
| IV. Indirekter Schutz von Abkürzungen und Schlagworten als Firmenbestandteile und Namensbestandteile | 149, 150 |
| V. Schutz der vollständigen Firma | 151 |
| VI. Entscheidungspraxis | 152, 153 |
|   1. Firmen- und Namensbestandteile | 152 |
|   2. Schlagworte | 153 |

| | |
|---|---|
| I. Werktitelschutz | 154–179 |
|   I. Titelschutz als Kennzeichenschutz | 154 |
|   II. Werke als Kennzeichnungsobjekte | 154a–154m |
|     1. Begriff des Werkes | 154a–154e |
|       a) Kennzeichenrechtlicher Werkbegriff | 154a |
|       b) Begriffsmerkmale eines Werkes | 154b–154e |
|         aa) Eigenständigkeit des kennzeichenrechtlichen Werkbegriffs in Abgrenzung zur Ware und Dienstleistung | 154b |
|         bb) Geistiges Produkt | 154c |
|         cc) Verkehrsfähigkeit | 154d |
|         dd) Bezeichnungsfähigkeit | 154e |
|     2. Werkarten | 154f–154m |
|       a) Druckschriften | 154f |
|       b) Filmwerke, Tonwerke und Bühnenwerke | 154g |
|       c) Einzelne vergleichbare Werke | 154h–154m |
|         aa) Ausgangspunkt | 154h |
|         bb) Spiele | 154i |
|         cc) Computerprogramme | 154j |
|         dd) Veranstaltungen | 154k |
|         ee) Fiktive Figuren | 154l |
|         ff) Sonstige vergleichbare Werke | 154m |
|   III. Schutzfähigkeit eines Werktitels | 155–166b |
|     1. Name und besondere Bezeichnung als titelfähige Zeichen | 155–156b |
|       a) Werktitelfähigkeit | 155 |
|       b) Neue Werktitelformen | 156a |
|       c) Untertitel | 156b |
|     2. Unterscheidungskraft und Kennzeichnungskraft des Werktitels | 157–159 |
|       a) Titelmäßige Unterscheidungskraft | 157 |
|       b) Grad der Kennzeichnungskraft | 158 |
|       c) Ursprüngliche und erworbene Unterscheidungskraft | 159 |
|     3. Bekannte und gemeinfreie Bezeichnungen als Titel | 160 |
|     4. Werktitel als Herkunftshinweis | 161 |
|     5. Zurechnung erworbener Unterscheidungskraft an den Werkschöpfer | 162 |
|     6. Titelschutzunfähige Bezeichnungen | 163–166b |
|       a) Reine Gattungsbezeichnungen | 163–165 |
|       b) Abkürzungen | 166a |
|       c) Bildtitel | 166b |
|   IV. Akzessorietät des Werktitels | 167 |
|   V. Entstehung des Werktitelrechts | 167a–167k |
|     1. Werkschöpfer als Titelinhaber | 167a |
|     2. Existenz des Werkes | 167b, 167c |
|       a) Endgültige Markteinführung | 167b |
|       b) Werkkonzeption und Vorbereitungshandlung zur Markteinführung | 167c |
|     3. Priorität des Werktitels | 167d, 167e |
|       a) Originär unterscheidungskräftige und nicht originär unterscheidungskräftige Werktitel | 167d |
|       b) Unterscheidungskraft aufgrund des Erwerbs von Verkehrsdurchsetzung | 167e |
|     4. Werktitelankündigung | 167f–167k |
|       a) Vorverlegung des Werktitelschutzes | 167f |
|       b) Öffentliche und branchenübliche Ankündigung | 167g, 167h |
|       c) Angemessener Zeitraum | 167i |
|       d) Sammeltitelschutzanzeige | 167j |
|       e) Abmahnkosten bei Schaltung einer Titelschutzanzeige | 167k |

|  | Rn |
|---|---|
| VI. Übertragung des Werktitelrechts | 168a–168d |
|   1. Rechtsübertragung | 168a, 168c |
|     a) Akzessorische Zession | 168a |
|     b) Freie Übertragbarkeit des Werktitelrechts | 168b, 168c |
|   2. Teilübertragung | 168d |
| VII. Gebrauchsüberlassung und Lizenz des Werktitelrechts | 168e–168h |
|   1. Schuldrechtliche Gebrauchsüberlassung | 168e, 168f |
|   2. Dingliche Werktitellizenz | 168g, 168h |
|     a) Grundsatz | 168g |
|     b) Anwendbares Recht | 168h |
| VIII. Beendigung des Werktitelrechts | 169, 170 |
|   1. Nichtbenutzung im geschäftlichen Verkehr | 169, 170 |
|     a) Erlöschungsgründe der endgültigen Benutzungsaufgabe von Werk oder Titel | 169 |
|     b) Werkunabhängiger Bestandsschutz bekannter Werktitel | 170 |
| IX. Schutzbereich eines Werktitels | 171–178c |
|   1. Verwechslungsschutz eines Werktitels (§ 15 Abs. 2) | 171 |
|   2. Entscheidungspraxis | 172–177c |
|     a) Verwechslungsfähige Werktitel | 172–174 |
|     b) Nicht verwechslungsfähige Werktitel | 175, 176 |
|     c) Zeitungs-, Zeitschriften- und Buchtitel | 177a–177c |
|       aa) Grundsatz | 177a |
|       bb) Nicht verwechslungsfähige Titel | 177b |
|       cc) Verwechslungsfähige Titel | 177c |
|   3. Bekanntheitsschutz eines Werktitels (§ 15 Abs. 3) | 178a–178c |
|     a) Grundsatz | 178a |
|     b) Werkähnlichkeit | 178b |
|     c) Entscheidungspraxis | 178c |
| X. Urheberrechtlicher Titelschutz | 179 |
| J. Kennzeichenrechtliche Ansprüche | 180–194 |
|   I. Allgemeines | 180–183 |
|     1. Regelungsübersicht | 180, 181 |
|     2. Darstellung | 182, 183 |
|   II. Unterlassungsanspruch (§ 15 Abs. 4) | 184–190 |
|     1. Abwehranspruch | 184 |
|     2. Einzelnes | 185–190 |
|   III. Schadensersatzanspruch (§ 15 Abs. 5) | 191, 192 |
|     1. Grundsatz | 191 |
|     2. Einzelnes | 192 |
|   IV. Andere zivilrechtliche Ansprüche | 193 |
|   V. Haftung des Betriebsinhabers für Angestellte und Beauftragte (§§ 15 Abs. 6 iVm 14 Abs. 7) | 194 |
| K. Rechtslage nach dem ErstrG | 195, 196 |

**Schrifttum zum UWG.** *Arquint,* Der Schutz des Slogans, 1958; *Assmann,* EWiR 1985, 107; *Bokelmann,* Das Recht der Firmen- und Geschäftsbezeichnungen, 1986; *Borck,* Frühjahrsmode 1966: Hausfarben, WRP 1966, 231; *Borck,* Kennzeichenschutz im Wandel – Zum Verhältnis des bürgerlichrechtlichen zum wettbewerbsrechtlichen Schutz der berühmten Marke gegen Verwässerungsgefahr, GRUR 1989, 725; *Bosten/Prinz,* Titel durch vom Anwalt geschaltete Sammel-Titelschutzanzeige, AfP 1989, 664; *Brandi-Dohrn,* Die beschreibende Firma, BB 1991, 1950; *Bußmann,* Name, Firma, Marke, 1937; *Canaris,* Kollisionen der §§ 16 und 3 UWG mit dem Prinzip der Firmenbeständigkeit gemäß §§ 22, 24 HGB, GRUR 1989, 711; *David,* Das Akronym im Firmen- und Markenrecht, SMI 1991, 329; *Demharter,* EWiR 1993, 119; *Deutsch,* Der Schutz von Marken und Firmen außerhalb des Wettbewerbsbereichs, FS für Gaedertz, 1992, S. 99; *Deutsch,* Quo vadis, BGH, beim Titelschutz?, GRUR 1994, 673; *Dietze,* Bedeutung und Rechtsschutz der Geschäftsabzeichen, MA 1957, 322; *Droste,* Grundsätzliches zur Geschäftsbezeichnung, DB 1967, 539; *Fabricius,* Extensive Anwendung des § 12 BGB?, JR 1972, 15; *Fingerhut/Witzmann,* Deutsch-deutsches Firmenrecht von Gleichnamigen in Enteignungsfällen, BB 1993, 1382; *Forkel,* Die Übertragbarkeit der Firma, FS für Paulick, 1973, S. 101; *Forkel,* Zur Zulässigkeit beschränkter Übertragungen des Namensrechtes, NJW 1993, 3181; *Frey,* Verwendung einer schutzfähigen Geschäftsbezeichnung als unberechtigter Firmenmißbrauch?, DB 1993, 2169; *Fritze,* Namensfunktion nicht aussprechbarer Buchstabenfolgen als besondere Geschäftsbezeichnungen nach § 16 UWG, GRUR 1993, 538; *v. Gamm,* Entwicklungen und neuere Rechtsprechung im Kennzeichnungsrecht, WM 1985, 849; *v. Gamm,* Die Unterlassungsklage gegen Firmenmißbrauch nach

§ 37, Abs. 2 HGB, FS für Stimpel, 1985, S. 1007; *Gast, D.,* Schutz des Firmenschlagwortes und gleichartiger Firmenbezeichnungen nach §§ 12 BGB und 16 UWG, Diss. Hamburg, 1958; *Gast, W.,* Der Schutz der besonderen Geschäftsbezeichnung und des Geschäftsabzeichens, Diss. Erlangen-Nürnberg, 1968; *Hefermehl,* Der namensrechtliche Schutz geschäftlicher Kennzeichen, FS für Hueck, 1959, S. 519; *Hofmann,* Der Grundsatz der Firmenwahrheit, JuS 1972, 233; *Hörstel,* Kollision von Familiennamen im geschäftlichen Verkehr, GRUR 1965, 408; *Klaka,* Kollision von Warenzeichen und Firma, Mitt 1981, 158; *Klippel,* Der zivilrechtliche Schutz des Namens, 1985; *Klippel,* Grundfragen des Schutzes gewerblicher Kennzeichen gegen Verwässerungsgefahr, GRUR 1986, 697; *Knaak,* Das Recht der Gleichnamigen, 1979; *Knaak,* Firma und Firmenschutz, 1986; *Knaak,* Der Schutz von Name, Firma und Geschäftsbezeichnungen, FS GRUR, Bd. II, 1991, S. 971; *Knaak,* Kennzeichenrechte in der deutschen Einigung, GRUR 1993, 18; *Körner,* Zur Kollision von Firmen- und Warenzeichenrecht, insbesondere bei Firmen mit örtlich begrenztem Wirkungskreis, WRP 1975, 706; *Kraßer,* Der Schutz des Handelsnamens und der freie Warenverkehr, GRUR 1971, 490; *Krüger-Nieland,* Anwendungsbereich und Rechtsnatur des Namensrechts, FS für R. Fischer, 1979, S. 339; *Kunze,* Schutz des Handelsnamens und das künftige EG-Markenrecht, GRUR 1981, 634; *Lehmann,* Der wettbewerbsrechtliche Titelschutz für Computerprogramme, CR 1986, 373; *Lindenmaier,* Namens- und Firmenschutz im Geschäftsverkehr, BB 1953, 629; *Lorenz-Wolf,* Der Schutz des Handelsnamens und der freie Warenverkehr, GRUR 1981, 644; *Lukes,* Namens- und Kennzeichenschutz für Technische Überwachungsvereine, 1972; *Malzer,* Zum Schadensersatzanspruch aus § 16 Abs. 2 UWG, GRUR 1974, 697; *Martinek* EWiR 1987, 193; *Müller-Graff,* Unterlassungshaftung bei Fremdkennzeichenbezugnahme in Fernsprechbüchern, GRUR 1987, 493, 611; *Nastelski,* Die Rechtsprechung des Bundesgerichtshofs zum Firmenschutz, WuW 1956, 188; *Nietzold,* Prioritätsstreit zwischen Warenzeichen und nicht registrierten Rechten, GRUR 1925, 1; *Pappermann,* Bahnhofsbezeichnung und gemeindliches Namensrecht – BVerwGE 44, 351 ff., JuS 1976, 305; *Patt,* Die Stellung der Gleichnamigen im Wettbewerbsrecht, Diss. Köln, 1960; *Pietzner,* Auskunft, Rechnungslegung und Schadensersatz bei wettbewerbswidrigen Eingriffen in fremde Firmenrechte, GRUR 1972, 151; *Riehle,* Zur Kollision von Firma und Warenzeichen, ZHR 128 (1965/66), S. 1; *Sack,* Der wettbewerbsrechtliche Schutz gegen den Gebrauch des Namens verstorbener Persönlichkeiten zu Wettbewerbszwecken, WRP 1982, 615; *Sack,* Die „Verwässerung" bekannter Marken und Unternehmenskennzeichen, WRP 1985, 459; *Schmid,* Zur rechtlichen Problematik von Sammeltitelschutzanzeigen, AfP 1985, 196; *Schlüter,* Namensschutz politischer Parteien im Wahlkampf – OLG Karlsruhe NJW 1972, 1810, JuS 1975, 558; *v. Schultz,* Eigenname contra prioritätsältere Phantasiebezeichnung, GRUR 1992, 487; *Seydel,* Der örtliche Schutzbereich der Firma und Geschäftsbezeichnung, NJW 1952, 1197; *Siebert,* Das Namensrecht im Verhältnis zum Firmen-, Warenzeichen- und Wettbewerbsrecht, BB 1959, 641; *Spengler,* Gesetzesüberschneidungen im gewerblichen Rechtsschutz, GRUR 1950, 545; *Steindorff,* Wettbewerbliche Schranken der Firmenführungsrechts, WuW 1954, 198; *Strohm,* Die Gestattung der Firmenfortführung, Mitarbeiterfestschrift für E. Ulmer, 1973, S. 333; *Tetzner,* Das Recht der Gleichnamigen im allgemeinen Zeichenrecht, Mitt 1994, 210; *Tilmann,* Grundlage und Reichweite des Handelsnamensrechts, GRUR 1981, 621; *Tilmann,* GRUR 1985, 391; *Traub,* Die Eintragungsfähigkeit von Etablissementsbezeichnungen als Dienstleistungsmarke, GRUR 1993, 327; *Tönjes,* Der Rechtsschutz des Zeitungs- und Zeitschriftentitels nach geltendem Recht, 1969; *Troller, P.,* Kollisionen zwischen Firmen, Handelsnamen und Marken. Studien zum Immaterialgüterrecht, 1980; *Weber,* Das Prinzip der Firmenwahrheit und die Bekämpfung irreführender Firmen nach dem UWG, 1984; *Wiltschek,* Wettbewerbs- und Markenrecht in Österreich – Eine Übersicht über die im Jahr 1991 veröffentlichen Entscheidungen, WRP 1992, 434.

**Schrifttum zum MarkenG.** *Ahrens,* Die Notwendigkeit eines Geschäftsbetriebserfordernisses für Geschäftsbezeichnungen nach dem neuen Markengesetz, GRUR 1995, 635; *Bär-Bouyssiere,* WiB 1995, 1014; *Bär-Bouyssiere,* „Altenburger Spielkarten" – Deutsch-deutscher Firmenrechtsschutz, DtZ 1996, 69; *Bayreuther,* Gewerblicher und bürgerlicher Rechtsschutz des Vereinssymbols, WRP 1997, 820; *Betten,* Titelschutz von Computerprogrammen, GRUR 1995, 5; *Betten,* Titelschutz von Computerprogrammen?, CR 1995, 383; *Bokelmann,* Das Recht der Firmen und Geschäftsbezeichnungen, 1997; *Cerdá Albero,* Beziehungen und Kollisionen von Gesellschafts- und Handelsnamen in Spanien, GRUR Int 1996, 612; *Deutsch,* Der Werktitel als Gegenstand des Rechtsverkehrs, WRP 1998, 14; *Eichmann,* Der Schutz von bekannten Kennzeichen, GRUR 1998, 201; *Fezer,* Markenrechtliche Produktabgrenzung zwischen Ware und Dienstleistung – Zur markenrechtlichen Produkteigenschaft von Leasing, Computersoftware und Franchising, GRUR Int 1996, 445; *Fezer,* Liberalisierung und Europäisierung des Firmenrechts – Vom handelsrechtlichen Firmenregisterschutz zum kennzeichenrechtlichen Immaterialgüterrechtsschutz, ZHR 161 (1997), S. 52; *Fezer,* Kennzeichenschutz an Namen fiktiver Figuren – Werktitelrechte und Markenrecht an Namen von Comics und Characters als Werke und Produkte, WRP 1997, 887; *Fingerhut,* Deutsch-deutsches Firmenrecht von geographischen Gleichnamigen in Enteignungsfällen, BB 1996, 283; *Gabel,* Internet: Die Domain-Namen, NJW-CoR 1996, 322; *v. Gamm,* Rufausnutzung und Beeinträchtigung bekannter Marken und geschäftlicher Bezeichnungen, FS für Piper, 1996, S. 537; *Goldmann/Rau,* Der Schutz von Buchstabenkombinationen als Unternehmenskennzeichen, GRUR 1999, 216; *Honig,* Ortsnamen in Warenbezeichnungen, WRP 1996, 399; *Ingerl,* Allgemeiner Namensschutz für geistige Produkte, WRP 1997, 1127; *Jacobs,* Werktitelschutz für Computerspiele und Computerprogramme, GRUR 1996, 601; *Keller,* Die zeichenmäßige Benutzung im Markenrecht – Umfang und Grenzen der markenrechtlichen Abwehrbefugnis, GRUR 1996, 607; *Köhler,* Namensrecht und Firmenrecht, FS für Fikentscher, 1998, S. 495; *Krings,* Haben §§ 14 Abs. 2 Nr. 3 und 15 Abs. 3 MarkenG den Schutz der berühmten Marke sowie des berühmten Unternehmenskennzeichens aus §§ 12, 823 Abs. 1, 1004 BGB ersetzt?, GRUR 1996, 614; *Krings,* Der Schutz von Buchstabenkennzeichen, WRP 1999, 50; *Lehmann,* Neuer Titelschutz von Software im Markengesetz, CR 1995, 129; *Lehmann,* Titelschutz von Computerprogrammen, GRUR 1995, 250; *Lehmann,* Der Schutz der geschäftlichen Bezeichnungen im neuen Markengesetz, FS für Beier, 1996, S. 279; *Loewenheim,* Kollision geschäftlicher Bezeichnungen nach Herstellung der deutschen Einheit – „BZ/Berliner Zeitung", EWiR 1997, 761; *Loschelder,* Der Titelschutz als besonderes Kennzeichnungsrecht, FS für Vieregge, 1995, S. 585; *Meyer,* § 5 MarkenG; eine kurze Betrachtung anhand eines Fallbeispiels, WRP 1995, 799; *Michalski,* DZWir 1996, 29; *Oelschlägel,* Der Titelschutz von Büchern, Bühnenwerken, Zeitungen und Zeitschriften, 1997; *v. Olenhusen,* „Das Institut" im Wettbewerbs-, Firmen-, Standes-, Namens- und Markenrecht, WRP 1996, 1079; *Rupprecht,* Achtung Falle! – Titelschutz für Softwaremarken, WRP 1996, 385; *Schmieder,* Name – Firma – Titel – Marke – Grundzüge des Rechts an der Bezeichnung, JuS 1995, 119; *Schöne/Wüllrich,* Das Prioritätsprinzip im Markenrecht am Beispiel der Kollision von älterer Marke und jüngerer geschäftlicher Bezeichnung, WRP 1997, 514; *Scholz,* Die Änderung der Gleichgewichtslage zwischen namensgleichen Unternehmen und das Recht auf die Namensmarke, GRUR 1996, 679; *Schricker,* Der Schutz des Werktitels im neuen Kennzeichenrecht, FS für Vieregge, 1995, S. 774; *Schricker,* Zum Schutz bildlicher Unternehmenskennzeichen, GRUR 1998, 310; *Schricker,* Zum Schutz bildlicher Unternehmenskennzeichen, GRUR 1998, 310; *Starck,* Zur Vereinheitlichung des Rechts der Kennzeichen im geschäftlichen Verkehr durch das neue Markengesetz, FS 100 Jahre Marken-Amt, 1994, S. 291; *Starck,* Rechtsprechung des Bundesgerichtshofes zum neuen Markenrecht, WRP 1996, 269; *Starck,* Die Auswirkungen des Markengesetzes auf das Gesetz gegen den unlauteren Wettbewerb, DZWir 1996, 313; *Stratmann,* Titelschutz für Software nach dem neuen deutschen Markengesetz, Mitt 1995, 366; *Ullmann,* Die Verwendung von Marke, Geschäftsbezeichnung und Firma im geschäftlichen Verkehr, insbesondere Franchising, NJW 1994, 1255; *v. Wahlert,* Markenartikel und Kennzeichenschutz, MA 1994, 568; *Zahrnt,* Titelschutz für Software-Produkte – ein Irrtum?!, BB 1996, 1570.

**Schrifttum zum Werktitelschutz.** S. die Schrifttumsangaben zu § 15 I (vor Rn 154).

**Schrifttum zum Kennzeichenschutz im Internet.** S. die Schrifttumsangaben zu § 3 J (vor Rn 296).

## Entscheidungen zum MarkenG

**1. OLG München CR 1995, 394 – Multimedia**
Der Titel *Multimedia* für eine Fachzeitschrift ist hinreichend unterscheidungs- und kennzeichnungskräftig.

**2. BGH GRUR 1995, 615 – City-Hotel**
Der Verkehr neigt nicht dazu, eine prägnante Unternehmensbezeichnung auf einen den Geschäftsbetrieb nicht näher kennzeichnenden Begriff abzukürzen.

**3. LG Düsseldorf WRP 1996, 156 – Paracelsus-Messe**
Zur Werktitelschutzfähigkeit von Veranstaltungen.

**4. Brandenburgisches OLG WRP 1996, 308 – Business-Radio**
Der als Bestandteil der Geschäftsbezeichnung *AKK-Business-Radio* verwendete Begriff *Business-Radio* ist als bloße Sachbezeichnung nicht unterscheidungskräftig und nicht schutzfähig.

**5. BGHZ 130, 276 – TORRES**
Zur Verwechslungsfähigkeit nach Wortklang und Wortbild des Firmenbestandteils *TORRES* und der Weinbezeichnung *TORRES de QUART.*

**6. BGH GRUR 1996, 68 – COTTON LINE**
Die Bezeichnung *COTTON LINE* ist für ein Unternehmen der Textilbranche nicht unterscheidungskräftig.

**7. HansOLG Hamburg WRP 1996, 322 – Titelschutzanzeige**
Die durch eine Titelschutzanzeige begründete vorläufige Priorität wird nicht dadurch gewahrt, daß an Stelle eines zunächst konkret vorbereiteten Werks ein anderes Werk veröffentlicht wird, bei dessen Veröffentlichung die angemessene Frist seit dem Erscheinen der Titelschutzanzeige überschritten ist.

**8. OLG Nürnberg WRP 1996, 242 – Am Stadtpark**
Die angesprochenen Verkehrskreise gehen bei einem Hotel-Namen *Am Stadtpark* nicht davon aus, daß sich das damit bezeichnete Hotel in einer ruhigen Lage befinden müsse.

**9. OLG München WRP 1996, 238 – Paris Tours**
Der Schutz eines Firmenkennzeichens setzt Unterscheidungskraft oder Verkehrsgeltung voraus.

Schutzinhalt der geschäftlichen Bezeichnungen § 15 MarkenG

**10. OLG Celle WRP 1996, 109 – Grand Hotel**
Eine Etablissementsbezeichnung genießt nur Schutz als besondere Geschäftsbezeichnung, wenn sie unterscheidungskräftig und nach der Verkehrsauffasung ihrer Natur nach geeignet ist, wie ein Name zu wirken.

**11. OLG Köln GRUR 1997, 63 – PC-Welt**
Wird der Titel einer Druckschrift nach mehr als vier Jahren Nichtbenutzung erneut für ein anderes Druckerzeugnis gleichen Genres verwendet, so stellt dies eine Neuaufnahme, keine Wiederaufnahme eines Titels dar.

**12. BGH GRUR 1996, 541 – J. C. Winter**
Wer eine Marke mit einem Namen als Bestandteil erwirbt, erhält – ohne die Einräumung einer weitergehenden Befugnis – nicht das Recht zur Namensführung.

**13. LG Mannheim NJW 1996, 2736 – heidelberg.de**
Verwendung des Namens einer Stadt als Internet-Adresse.

**14. HansOLG Hamburg NJW-RR 1996, 1004 – Max**
Umfang des Titelschutzes.

**15. LG Düsseldorf EWiR 1996, 523 – IPRax**
Der Schutzumfang eines Werktitels bestimmt sich nach dem Grad der Unterscheidungskraft.

**16. OLG München WRP 1996, 787 – Frankenberg**
Kennzeichnungskraft eines Namens.

**17. OLG Stuttgart PharmaR 1997, 16 – ratiopharm**
Verwechslungsgefahr bei Branchenidentität.

**18. OLG Frankfurt NJWE-WettbR 1997, 20 – German Watch Center**
Die Buchstabenkombination *GWC* (German Watch Center) ist nicht verwechslungsfähig mit der bekannten Uhrenmarke *IWC*.

**19. HansOLG Hamburg AfP 1997, 815 – ERGO**
Zum Zeitraum der Sperrwirkung einer Titelschutzanzeige.

**20. HansOLG Hamburg NJW-RR 1997, 357 – Szene**
Der Zeitschriftentiel *Szene Hamburg* ist verwechslungfähig mit dem Rubrikentitel *Szene Inside* einer Tageszeitung.

**21. OLG Stuttgart, Urteil vom 28. Juni 1996, 2 U 4/96 – MICROBOSS/MicroProse**
Der Firmenbestandteil *Micro* kann bei Unternehmen, die sich mit Soft- und Hardware befassen, die Verwechslungsgefahr nicht begründen.

**22. BGHZ 130, 134 – Altenburger Spielkartenfabrik**
Zur Kollision von geschäftlichen Bezeichnungen im Erstreckungsrecht.

**23. OLG Stuttgart, Urteil vom 5. Juli 1996, 2 U 21/96 – SG Bank AG/SGZ Bank**
Verwechslungsgefahr bei Buchstabenkombinationen.

**24. OLG Stuttgart NJWE-WettbR 1997, 18 – Solidbau**
*Solidbau* als Bestandteil der Firma eines Bauträgers kommt von Hause aus nur eine geringe Kennzeichnungskraft zu.

**25. LG Frankfurt, Beschluß vom 7. Januar 1997 – 2/6 O 711/96 – citroën.de**
Zur Benutzung einer Internet-Adresse als Firmen- und Markenrechtsverletzung.

**26. HansOLG Hamburg GRUR 1997, 297 – WM '94**
*Weltmeisterschaft*, *WM* oder *Fußball-WM* sind als Begriffe in aller Munde nicht schutzfähig.

**27. BGH GRUR 1997, 903 – GARONOR**
Zum regelmäßigen Umfang einer Gestattung zur Namensführung.

**28. LG Köln Afp 1997, 655 – Karriere**
Zur Werktitelschutzfähigkeit von Untertiteln von Druckwerken.

**29. OLG Köln GRUR 1997, 663 – FAMILY**
Der Zeitschriftentitel *FAMILY* und die redaktionelle Titelbezeichnung *for family* sind verwechselbar.

**30. BGH GRUR 1997, 661 – B.Z./Berliner Zeitung**
*Berliner Zeitung* ist werktitelschutzfähig.

**31. BGHZ 135, 278 – PowerPoint**
Der Titel eines Computerprogramms ist dem Werktitelschutz zugänglich.

**32. BGH GRUR 1997, 902 – FTOS**
Der Titel eines Computerprogramms ist dem Werktitelschutz zugänglich.

**33. BPatGE 38, 138 – Klassentreffen**
Zur Schutzfähigkeit der Titel von periodisch ausgestrahlten Fernsehsendungen.

34. **LG Mannheim MMR 1998, 148 – Südwest-Online**
*Südwest-Online* für einen Online-Dienst ist verwechslungsfähig mit dem Unternehmenskennzeichen *Südwestfunk*.
35. **OLG Dresden GRUR 1997, 846 – Bauland**
Die Bezeichnung *Bauland* für ein Unternehmen aus dem Immobilienbereich ist nicht unterscheidungskräftig.
36. **BGH GRUR 1998, 165 – RBB**
Zur Schutzfähigkeit einer Firmenbezeichnung aus einer Buchstabenzusammenstellung.
37. **BGH GRUR 1997, 845 – Immo-Data**
Der Firmenbestandteil *Immo-Data* ist ursprünglich unterscheidungskräftig.
38. **OLG Saarbrücken NJWE-WettbR 1998, 62 – Bierstraße**
Bierstraße als Etablissementsbezeichnung für einen Getränkeverlag schutzfähig.
39. **BGH GRUR 1998, 1010 – WINCAD**
Zur Werktitelankündigung von Computerprogrammen.
40. **LG München WRP 1999, 368 – Aber Hallo**
Zur Erstattungsfähigkeit der Anwaltskosten für eine Abmahnung bei Schaltung einer Titelschutzanzeige für einen Mandanten.
41. **LG Hamburg K&R 1998, 509 – emergency.de**
Zur Titelschutzanzeige für ein Computerspiel.
42. **OLG Nürnberg GRUR 1999, 68 – Rot-Kreuz-Zeichen**
Die Benutzung des Rot-Kreuz-Zeichens durch Erste-Hilfe-Stationen bedarf der Gestattung durch die Rot-Kreuz-Organisation.
43. **HansOLG Hamburg GRUR 1999, 76 – Tagesschau I; 1999, 80 – Tagesschau II**
Zur unlauteren Rufausbeutung des berühmten Sendetitels *Tagesschau* nach § 1 UWG.
44. **OLG Köln NJWE-WettbR 1999, 12 – CompuNet**
Zur Verwechselbarkeit der Firmenbestandteile *ComNet* und *CompuNet*.
45. **BGH GRUR 1999, 235 – Wheels Magazine**
Zur Verwechslungsfähigkeit der Zeitschriftentitel *Wheels Magazine* und *Wheels Nationals* als Serientitel.
46. **HansOLG Bremen WRP 1999, 215 – KLA-FLÜ**
Zur Namensfunktion der Unternehmensbezeichnung *KLA-FLÜ* als Abkürzung der Firma *Kla-Flü- Klavier- und Flügeltransporte*.
47. **HansOLG Hamburg MarkenR 1999, 99 – Blitz-Magazin**
Bei Werktitelidentität und Branchennähe kommt es zur Beurteilung der Verwechslungsgefahr nicht auf den weiteren Werkinhalt an.

## A. Allgemeines

### I. Regelungsübersicht

1   Die Vorschrift des § 15 stellt die *zentrale Norm des Kennzeichenrechts der geschäftlichen Bezeichnungen* im MarkenG dar. Regelungsgegenstand ist das Kollisionsrecht der geschäftlichen Bezeichnungen. Das Kollisionsrecht der Marken regelt § 14, das Kollisionsrecht der geographischen Herkunftsangaben enthalten die §§ 127, 128, sowie die Art. 8, 13 der Verordnung (EWG) Nr. 2081/92 iVm § 135. Die Vorschrift des § 15 regelt die Arten der *Rechtsverletzungen einer geschäftlichen Bezeichnung* für alle Arten von geschäftlichen Bezeichnungen im Sinne des § 5. Nach dieser Vorschrift werden als geschäftliche Bezeichnungen *Unternehmenskennzeichen* und *Werktitel* geschützt (§ 5 Abs. 1). Als Unternehmenskennzeichen werden nach § 5 Abs. 2 S. 1 der *Name*, die *Firma* und die *besondere Geschäfts-* oder *Unternehmensbezeichnung* geschützt. Nach § 5 Abs. 2 S. 2 werden *Geschäftsabzeichen* und *sonstige betriebliche Unterscheidungszeichen*, die innerhalb der beteiligten Verkehrskreise als Kennzeichen des Geschäftsbetriebs gelten, gleichgestellt. Nach § 5 Abs. 3 sind die *Werktitel* von Druckschriften, Filmwerken, Tonwerken, Bühnenwerken oder sonstigen vergleichbaren Werken geschützt. § 15 Abs. 1 stellt eine Fundamentalnorm des Kennzeichenrechts der geschäftlichen Bezeichnungen dar. Die Vorschrift normiert das Kennzeichenrecht an einer geschäftlichen Bezeichnung als ein *subjektives Ausschließlichkeitsrecht* (Abs. 1). Die Vorschrift ist weniger rechtliche Regelung als ein theoretischer Dogmatiksatz zur subjektivrechtlichen Struktur dieser Im-

materialgüterrechte. § 15 Abs. 2 und 3 regelt die Kollisionen von geschäftlichen Bezeichnungen als Kennzeichenrechtsverletzungen. Kollisionstatbestände sind der *Identitätsschutz* und der *Verwechslungsschutz* der geschäftlichen Bezeichnung (Abs. 2), sowie der *Bekanntheitsschutz* der geschäftlichen Bezeichnung (Abs. 3). Regelungsgegenstand des § 15 Abs. 4 und 5 sind der *Unterlassungsanspruch* und der *Schadensersatzanspruch*. Die Verweisungsnorm des § 15 Abs. 6 regelt die *Haftung des Betriebsinhabers* für Angestellte und Beauftragte. Der Kennzeichenschutz der geschäftlichen Bezeichnungen nach § 15 steht nach § 2 in *Anspruchskonkurrenz zum Namensschutz* nach § 12 BGB, der in einer jahrzehntelangen Rechtsprechung zu einer Grundsatznorm des Schutzes geschäftlicher Bezeichnungen ausgebaut worden ist (s. § 2, Rn 2 ff.). Anspruchskonkurrenz besteht auch zum handelsrechtlichen *Firmenschutz* nach § 37 HGB.

## II. Rechtsänderungen

Nach der Rechtslage vor Inkrafttreten des MarkenG wurden geschäftliche Bezeichnungen namentlich nach § 16 UWG aF geschützt. In Anspruchskonkurrenz bestand der Namensschutz geschäftlicher Bezeichnungen nach § 12 BGB und der handelsrechtliche Firmenschutz nach § 37 HGB. Als Folge der Vereinheitlichung des Kennzeichenschutzes der Marken (§ 1 Nr. 1), der geschäftlichen Bezeichnungen (§ 1 Nr. 2) und der geographischen Herkunftsangaben (§ 1 Nr. 3) im MarkenG wurde die Vorschrift des § 16 UWG aF außer Kraft gesetzt und durch die §§ 5, 15 ersetzt. Zwischen dem Kennzeichenschutz der geschäftlichen Bezeichnungen nach § 15 und dem Namensschutz nach § 12 BGB sowie dem Firmenschutz nach § 37 HGB besteht nach § 2 Anspruchskonkurrenz. Die Ablösung des wettbewerbsrechtlichen durch den kennzeichenrechtlichen Schutz der geschäftlichen Bezeichnungen bedeutet grundsätzlich keine Änderung der materiellen Rechtslage. Die gesetzestechnische Vereinheitlichung des Kennzeichenrechts sollte nach Auffassung des Gesetzgebers ausdrücklich unter Wahrung der von der Rechtsprechung für den Schutz dieser Kennzeichen entwickelten Grundsätze geschehen, deren Änderung nicht beabsichtigt war (Begründung zum MarkenG, BT-Drucks. 12/6581 vom 14. Januar 1994, S. 67). Der Kennzeichenschutz des MarkenG stellt aber eine Verstärkung des Rechtsschutzes der geschäftlichen Bezeichnungen dar. Vor allem wird der schon nach der Rechtslage vor Inkrafttreten des MarkenG bestehende Identitätsschutz und Verwechslungsschutz der geschäftlichen Bezeichnungen um den Bekanntheitsschutz der geschäftlichen Bezeichnungen erweitert. Nach § 15 Abs. 3 werden im Inland bekannte geschäftliche Bezeichnungen unabhängig vom Vorliegen einer Verwechslungsgefahr gegen eine unlautere Ausnutzung oder Beeinträchtigung ihrer Unterscheidungskraft oder Wertschätzung geschützt. Geschäftliche Bezeichnungen stellen nach § 12 relative Schutzhindernisse im Verhältnis zu prioritätsjüngeren angemeldeten oder eingetragenen Marken dar. Geschäftliche Bezeichnungen sind in das Verfahren der Grenzbeschlagnahme nach den §§ 146 ff. einbezogen. Die Ausgestaltung des Strafrechtsschutzes entspricht den allgemeinen Tatbeständen strafbarer Kennzeichenrechtsverletzungen (§ 143).

Anders als die Regelung des Markenschutzes im MarkenG stellt die Regelung des Kennzeichenschutzes der geschäftlichen Bezeichnungen keine verbindliche Umsetzung der Ersten Richtlinie des Rates vom 21. Dezember 1988 zur Angleichung der Rechtsvorschriften der Mitgliedstaaten über die Marken (89/104/EWG, ABl. EG Nr. L 40 vom 11. Februar 1989 S. 1) dar, da sich die MarkenRL nach Wortlaut und Zielsetzung auf die Vereinheitlichung des Markenrechts beschränkt und nicht auch für Unternehmenskennzeichen (BGH GRUR 1994, 652, 653 – Virion; 1995, 54, 57 – Nicoline; BGHZ 130, 276, 280 – Torres mit Anm. *Fezer*, GRUR 1995, 829) und Werktitel (BGHZ 130, 134, 137 – Altenburger Spielkartenfabrik; 135, 278, 280 – PowerPoint; 136, 11 – L'Orange; BGH GRUR 1999, 235 – Wheels Magazine) gilt. Das Recht der geschäftlichen Bezeichnungen hat insoweit grundsätzlich keine sachliche Änderung erfahren. Das bedeutet, daß anders als im Markenrecht im Recht der geschäftlichen Bezeichnungen grundsätzlich eine richtlinienkonforme Auslegung der Rechtsbegriffe des MarkenG nicht geboten ist. Im Interesse einer *Einheitlichkeit des Kennzeichenschutzes* erscheint es aber als sachgerecht und dringend zu empfehlen, nicht den Weg einer zweispurigen Begriffsbildung innerhalb des MarkenG zu gehen (*Fezer*, GRUR 1995, 827; zustimmend *Keller*, GRUR 1996, 607, 608). Das gilt namentlich für den zentralen Rechtsbegriff der *Verwechslungsgefahr*, aber auch für die *Schutzfähigkeit* von geschäftlichen Bezeichnungen (zur abstrakten kennzeichenrechtlichen Unterscheidungskraft von aus einer nicht als Wort aussprechbaren und nicht aus sich heraus verständlichen Buchstabenfolge einer Firmenabkürzung noch offengelassen BGH GRUR 1998, 165 – RBB). Eine aus der Sicht des Gemeinschaftsrechts einheitliche Auslegung des Markenschutzes nach § 14 einerseits und des Schutzes der geschäftlichen Bezeichnungen nach § 15 andererseits schließt nicht die Anwendung nach der Art der Kennzeichenrechte zu differenzierender Beurteilungskriterien zur Konkretisierung der Verwechslungsgefahr aus. Die richtlinienkonforme Einheit des Kennzeichenschutzes, die allgemeine Verstärkung des Rechtsschutzes der geschäftlichen Bezeichnungen (s. Rn 2), sowie die Ausdehnung des Werktitelschutzes aufgrund des erweiterten Werkbegriffs (s. Rn 155 ff.) geben zudem starke Impulse für eine allfällige *Rechtsfortbildung* des Rechts der geschäftlichen Bezeichnungen (s. dazu treffend *Schrikker*, GRUR 1998, 310, 311), auch wenn der Gesetzgeber von einer grundlegenden Reform dieses wesentlichen Teilgebiets des Kennzeichenrechts abgesehen hat.

## III. Europäisches Unionsrecht

### 1. Erste Markenrechtsrichtlinie

4   Nach Wortlaut und Zielsetzung beschränkt sich die *MarkenRL* auf die Vereinheitlichung des Markenrechts und gilt nicht für Unternehmenskennzeichen. Nach Art. 4 Abs. 4 lit. b. MarkenRL stellen nicht nur Rechte an einer nicht eingetragenen Marke, sondern auch Rechte an einem *sonstigen im geschäftlichen Verkehr benutzten Kennzeichen* mit älterem Zeitrang ein Eintragungshindernis oder einen Ungültigkeitsgrund für eine kollidierende Marke mit jüngerem Zeitrang dar (zu den prioritätsälteren geschäftlichen Bezeichnungen als relative Schutzhindernisse für die Eintragung einer prioritätsjüngeren Marke s. § 12).

### 2. Gemeinschaftsmarkenverordnung

5   Die *GMarkenV* regelt nur das Recht der Gemeinschaftsmarke und nicht das Kennzeichenrecht der geschäftlichen Bezeichnungen. Nicht nur eine nicht eingetragene Marke, sondern auch ein *sonstiges im geschäftlichen Verkehr benutztes Kennzeichen* von mehr als lediglich örtlicher Bedeutung mit älterem Zeitrang stellen nach Art. 8 Abs. 4 GMarkenV ein relatives Eintragungshindernis und nach Art. 52 Abs. 1 lit. c GMarkenV einen relativen Nichtigkeitsgrund für eine kollidierende Gemeinschaftsmarke mit jüngeren Zeitrang dar. Nach Art. 7 GMarkenV stellt eine *geschäftliche Bezeichnung von nur örtlicher Bedeutung* mit älterem Zeitrang für die Benutzung einer Gemeinschaftsmarke in dem Gebiet des örtlichen Kennzeichenschutzes ein Benutzungshindernis dar.

## IV. Staatsvertragsrecht

### 1. Pariser Verbandsübereinkunft

6   Nach Art. 8 PVÜ müssen die Verbandsstaaten *ausländische Handelsnamen* schützen, und zwar unabhängig von einer Hinterlegung oder Eintragung oder einer völligen oder teilweisen Aufnahme in eine Marke (s. im einzelnen Art. 8 PVÜ, Rn 1).

### 2. Madrider Markenabkommen und Protokoll zum MMA

7   Das *MMA* und das *PMMA* regeln nur die internationale Registrierung von Marken und gelten nicht für geschäftliche Bezeichnungen.

### 3. TRIPS-Abkommen

8   Das *TRIPS-Abkommen* enthält keine Regelung über den Schutz von geschäftlichen Bezeichnungen.

## B. Die geschäftliche Bezeichnung als subjektives Ausschließlichkeitsrecht (§ 15 Abs. 1)

*Marken, geschäftliche Bezeichnungen* und *geographische Herkunftsangaben* als die nach § 1 Nr. 1 bis 3 geschützten Kennzeichen des MarkenG sind *subjektive Rechte*. § 15 Abs. 1 regelt die geschäftlichen Bezeichnungen im Sinne des § 5 als subjektive Ausschließlichkeitsrechte. Alle Kennzeichenrechte im Sinne des MarkenG sind von subjektivrechtlicher Struktur, auch wenn die Besonderheit der geographischen Herkunftsangaben als subjektive Kennzeichenrechte in ihrer eingeschränkten Ausschließlichkeitsfunktion besteht (str. s. § 126, Rn 4). Die Aussagen zum Markenrecht als einem subjektiven Recht gelten vergleichbar auch für die geschäftlichen Bezeichnungen (s. dazu im einzelnen § 14, Rn 8 ff.). Auch die geschäftlichen Bezeichnungen sind als Kennzeichenrechte subjektivrechtliche *Instrumente zur Gewährleistung privater Planungsfreiheit* auf dem Markt (s. dazu Einl, Rn 25 ff.). Die geschäftlichen Bezeichnungen sind als Immaterialgüterrechte *Verfassungseigentum* im Sinne des Art. 14 GG (s. dazu Einl, Rn 22 ff.), sowie Teil des *gewerblichen und kommerziellen Eigentums* im Sinne des Art. 36 S. 1 EGV (s. dazu Einl, Rn 18 ff.).

9

## C. Die Kollisionstatbestände

### I. Regelungszusammenhang des Schutzes der geschäftlichen Bezeichnungen (§ 15 MarkenG) zum Namensrecht (§ 12 BGB) und zum Firmenrecht (§ 37 HGB)

#### 1. Ausgangspunkt

Rechtsgrundlagen des Rechtsschutzes der geschäftlichen Bezeichnungen sind der *Kennzeichenschutz* der geschäftlichen Bezeichnungen im Sinne des § 5 nach § 15, der *Namensschutz* nach § 12 BGB und der *Firmenschutz* nach § 37 HGB. Die verschiedenen Kollisionstatbestände normieren einen *Identitätsschutz* der geschäftlichen Bezeichnungen (§§ 15 Abs. 2 MarkenG, 12 BGB, 37 Abs. 2 HBG), einen *Verwechslungsschutz* (§§ 15 Abs. 2 MarkenG, 12 BGB, 37 Abs. 2 HGB) und einen *Interessensschutz* (§ 12 BGB) der geschäftlichen Bezeichnungen, sowie einen *Bekanntheitsschutz* (§ 15 Abs. 3 MarkenG) und einen *Verwässerungsschutz* (§ 12 BGB) der geschäftlichen Bezeichnungen (s. dazu im einzelnen Rn 16 ff.). Zwischen den kennzeichenrechtlichen, namensrechtlichen und firmenrechtlichen Schutztatbeständen besteht *Anspruchskonkurrenz* (§ 2). In der *Darstellung der Kennzeichenkollisionen* folgt der Kommentar einer Systematisierung nach den verschiedenen *Schutzgegenständen* der geschäftlichen Bezeichnungen (Namensschutz Rn 21 ff., Firmenschutz Rn 106 ff., Schutz von besonderen Geschäfts- und Unternehmensbezeichnungen Rn 120 ff., Geschäftsabzeichen und sonstige betriebliche Unterscheidungszeichen Rn 136 ff., Abkürzungen und Schlagworte Rn 146 ff., Werktitel Rn 154 ff.), um den sachlichen Zusammenhang der verschiedenen Schutznormen deutlich zu machen. Dieser Darstellung geht eine Beschreibung der verschiedenen *Schutztatbestände* anhand deren Schutzvoraussetzungen voraus (s. Rn 16 ff.).

10

#### 2. Handeln im geschäftlichen Verkehr

Voraussetzung einer Rechtsverletzung einer geschäftlichen Bezeichnung im Sinne des § 15 Abs. 2 (Verwechslungsschutz) und Abs. 3 (Bekanntheitsschutz) ist ein *Handeln im geschäftlichen Verkehr*. Es ist eine allgemeine Voraussetzung des Anwendungsbereichs des MarkenG, daß der Dritte das Zeichen im geschäftlichen Verkehr benutzt. Wie im Wettbewerbsrecht wird auch im Kennzeichenrecht mit dem Erfordernis des Handelns im geschäftlichen Verkehr zum Ausdruck gebracht, daß das Wettbewerbsrecht und das Kennzeichenrecht sich auf den wirtschaftlichen Wettbewerb bezieht und das Marktverhalten von Unternehmen regelt. Der *Begriff des geschäftlichen Verkehrs* im MarkenG entspricht der Verwendung

11

des Begriffs im UWG. Seine Auslegung folgt einheitlichen Grundsätzen (zum Begriff des geschäftlichen Verkehrs im UWG s. ausführlich *Baumbach/Hefermehl*, Wettbewerbsrecht, Einl UWG, Rn 208 ff.). Im Kollisionsrecht der geschäftlichen Bezeichnungen bestimmt sich der Begriff des geschäftlichen Verkehrs nach den gleichen Grundsätzen wie im Markenkollisionsrecht (s. dazu im einzelnen § 14, Rn 40 ff.; zur Namensnennung im Interesse fremder Erwerbstätigkeit s. BGH GRUR 1965, 547, 548 – Zonenbericht; zum Namen eines nichtrechtsfähigen Vereins, der ideelle, wie etwa politische Interessen verfolgt s. BGH GRUR 1976, 379 – KSB).

## 3. Konkurrenzen

12  Bei einer *Namensverletzung* trifft § 15 regelmäßig mit § 12 BGB zusammen (RGZ 171, 147, 155 – Salamander; BGH GRUR 1952, 418 – GUZ-DUZ; 1953, 446 – Verein der Steuerberater). Der auf den bürgerlichen Namen natürlicher Personen zugeschnittene § 12 BGB hat in ständiger Rechtsprechung unter weitgehender Billigung der Lehre (kritisch *Klippel*, Der zivilrechtliche Schutz des Namens, 1985) eine Ausdehnung erfahren, die die Vorschrift zur *sedes materiae des gesamten Bezeichnungsrechts* gemacht hat. Es wird der Name einer natürlichen oder juristischen Person nicht nur im außergeschäftlichen, sondern auch im geschäftlichen Verkehr geschützt, und damit jedes Kennzeichen, das zur Individualisierung des geschäftlichen Tätigkeitsbereichs einer Person dient (kritisch *Tilmann,* GRUR 1981, 621 ff.). Namensträger können nicht nur natürliche Personen, sondern auch Personenvereinigungen mit oder ohne Rechtsfähigkeit sein (RGZ 114, 90 – OHG; 74, 114; BGH GRUR 1953, 446 – Verein der Steuerberater; 1976, 379 – KSB).

13  Bei einer *Firmenverletzung* trifft § 15 ebenfalls mit § 12 BGB zusammen, der auf den Schutz einer jeden Firma anzuwenden ist (BGHZ 11, 214 – KfA; 14, 155 – Farina II). Zudem kann § 37 HGB eingreifen, der aber nur eine nach den §§ 18 ff. HGB registerrechtlich unzulässige Firmenführung verhindert, sei es aufgrund eines Ordnungsgeldverfahrens oder eines Löschungsverfahrens (§ 37 Abs. 1 HGB, §§ 132 ff., 140, 142 FGG), sei es durch ein Klagerecht des in seinen Rechten Verletzten (§ 37 Abs. 2 HGB). Der dadurch sekundär erreichte materielle Schutz der Firma ist gering, denn er ist *sachlich* (§§ 18 ff. HGB) und *räumlich* (§ 30 HGB) beschränkt. Seit Inkrafttreten des Handelsrechtsreformgesetzes am 1. Juli 1998 wurde der handelsrechtliche Firmenregisterschutz gegenüber dem kennzeichenrechtrechlichen Immaterialgüterrechtsschutz der Firma auch *inhaltlich* eingeschränkt. Nach § 18 Abs. 2 S. 2 HGB wird im Verfahren vor dem Registergericht die *Eignung einer Firma zur Irreführung* nur dann berücksichtigt, wenn sie *ersichtlich* ist (s. zu diesem Vorschlag einer Änderung des HGB innerhalb der Handelsrechtsreform, die Eintragung einer im Handelsrechtsverkehr irreführenden Firma nur im Falle der *Ersichtlichkeit der Täuschungseignung* zurückzuweisen, erstmals *Fezer*, ZHR 161 [1997], S. 52, 63). Nach dieser Vorschrift ist die Prüfungskompetenz im ordnungsrechtlichen Registerverfahren des HGB auf ein Eintragungsverbot *inhaltlich täuschender Firmen* beschränkt und verfahrensrechtlich die Kollisionsprüfung auf die *Ersichtlichkeit der Irreführungsgefahr* begrenzt. Den umfassenden namensrechtlichen und kennzeichenrechtlichen Firmenschutz gewähren die §§ 15 MarkenG, 12 BGB.

14  Bei der *Verletzung einer besonderen Geschäfts- oder Unternehmensbezeichnung* im Sinne des § 5 Abs. 2 S. 1 greifen § 15 und § 12 BGB zusammen ein, vorausgesetzt, daß der geschäftlichen Bezeichnung *Namensfunktion* zukommt (BGHZ 4, 167 – DUZ; 8, 387 – Fernsprechnummer; 11, 214 – KfA; BGH GRUR 1957, 550 – tabu II; s. dazu Rn 122). Gleiches gilt für *Abkürzungen und Schlagworte,* die nicht als besondere Bezeichnung des Geschäfts herausgestellt sind, wenn sie sich im Verkehr durchgesetzt haben und daher als Name gelten (s. Rn 146 ff.). Es besteht eine weitgehende *Kongruenz der Anwendungsbereiche* des § 15 und des § 12 BGB. Der Namensschutz nach § 12 BGB geht insoweit über den Kennzeichenschutz nach § 15 hinaus, als die Verletzung eines *schutzwürdigen Interesses* genügt (Interessenschutz) und die *Gefahr einer Unternehmensverwechslung* (Verwechslungsschutz) nicht vorausgesetzt wird (s. Rn 67 ff.).

15  Die geschäftlichen Bezeichnungen sind als subjektive Ausschließlichkeitsrechte sonstige Rechte im Sinne des § 823 Abs. 1 BGB und zugleich als Erscheinungsformen der wirtschaftlichen Betätigungsfreiheit eines Gewerbetreibenden Teil des *Rechts am Unternehmen* (s.

dazu im einzelnen *Baumbach/Hefermehl,* Wettbewerbsrecht, Allg, Rn 121). Der *deliktsrechtliche* Schutz einer geschäftlichen Bezeichnung gewährt einen Abwehranspruch (Unterlassungsanspruch und Beseitigungsanspruch) nach § 1004 BGB analog und bei Vorliegen von Verschulden einen Schadensersatzanspruch. Nach ständiger Rechtsprechung und überwiegender Auffassung besteht der Schadensersatzanspruch wegen eines rechtswidrigen Eingriffs in das Recht am Unternehmen nur *subsidiär* in Bezug auf den deliktsrechtlichen Unternehmensschutz (BGHZ 8, 387 – Fernsprechnummer; *Baumbach/Hefermehl,* Wettbewerbsrecht, Allg, Rn 125).

## II. Identitätsschutz der geschäftlichen Bezeichnungen (§§ 15 Abs. 2 MarkenG, 12 BGB, 37 Abs. 2 HGB)

Rechtsgrundlage des *Identitätsschutzes der geschäftlichen Bezeichnungen* sind die kennzeichenrechtliche Vorschrift des § 15 Abs. 2, die namensrechtliche Vorschrift des § 12 BGB und die firmenrechtliche Vorschrift des § 37 Abs. 2 HGB (zur kursorischen Prüfungskompetenz im handelsrechtlichen Firmenregisterschutz, der nach § 18 Abs. 2 S. 2 HGB auf die *Ersichtlichkeit der Eignung zur Irreführung* begrenzt ist, s. Rn 13). Allgemeine Voraussetzung dieses Kollisionstatbestandes einer Identitätsverletzung der geschäftlichen Bezeichnung ist es, daß ein Dritter ohne Zustimmung des Inhabers der geschäftlichen Bezeichnung im geschäftlichen Verkehr eine geschäftliche Bezeichnung benutzt, die mit der geschützten geschäftlichen Bezeichnung des Rechtsinhabers kollidiert. Eine Kennzeichenkollision im Sinne einer dieser Vorschriften liegt dann vor, wenn das Zeichen des Dritten mit der geschäftlichen Bezeichnung des Rechtsinhabers identisch ist. Zum Identitätsbereich der Kennzeichenkollision gelten die Grundsätze zum Identitätsbereich einer Markenkollision entsprechend (s. § 14, Rn 76). Im einzelnen ist zwischen dem Kennzeichenschutz des *Namens* (s. Rn 21 ff.), der *Firma* (s. Rn 106 ff.), der *besonderen Geschäfts- oder Unternehmensbezeichnung* (s. Rn 120 ff.), der *Geschäftsabzeichen und sonstigen betrieblichen Unterscheidungszeichen* (s. Rn 136 ff.) und der *Werktitel* (s. Rn 154 ff.) zu unterscheiden.

## III. Verwechslungsschutz (§§ 15 Abs. 2 MarkenG, 12 BGB, 37 Abs. 2 HGB) und Interessenschutz (§ 12 BGB) der geschäftlichen Bezeichnungen

Rechtsgrundlage des *Verwechslungsschutzes der geschäftlichen Bezeichnungen* sind die kennzeichenrechtliche Vorschrift des § 15 Abs. 2, die namensrechtliche Vorschrift des § 12 BGB und die firmenrechtliche Vorschrift des § 37 Abs. 2 HGB (zur kursorischen Prüfungskompetenz im handelsrechtlichen Firmenregisterschutz, der nach § 18 Abs. 2 S. 2 HGB auf die *Ersichtlichkeit der Eignung zur Irreführung* begrenzt ist, s. Rn 13). Der Verwechslungsschutz der geschäftlichen Bezeichnungen ist im Grundsatz nach den vergleichbaren Rechtssätzen zum Verwechslungsschutz der Marke nach § 14 Abs. 2 Nr. 2 zu bestimmen (s. § 14, Rn 77 ff.). Die relative Verwechslungsgefahr bestimmt sich bezogen auf die *Branchennähe* bei den Unternehmenskennzeichen und auf die *Werkkategorie* bei den Werktiteln (s. Begründung zum MarkenG, BT-Drucks. 12/6581 vom 14. Januar 1994, S. 76). Die Berücksichtigung der Branchennähe innerhalb des Rechtsschutzes der Unternehmenskennzeichen schon nach der Rechtslage vor Inkrafttreten des MarkenG harmoniert mit dem Verständnis der markenrechtlichen Verwechslungsgefahr nach § 14 Abs. 2 Nr. 2 als eines normativen Rechtsbegriffs innerhalb eines beweglichen Systems wechselseitiger Beurteilungskriterien (s. dazu im einzelnen § 14, Rn 103 ff.). Die Relativität der Firmenrechte nach § 16 Abs. 1 UWG aF war gleichsam Vorreiter einer Überwindung statischer Rechtsbegriffe im WZG. Ein wesentlicher Unterschied in der Bestimmung des Anwendungsbereichs des Verwechslungsschutzes im Markenkollisionsrecht und im Kollisionsrecht der geschäftlichen Bezeichnungen besteht im *Gegenstand der kennzeichenrechtlichen Individualisierung.* Marken identifizieren Waren und Dienstleistungen, Unternehmenskennzeichen identifizieren Geschäftsbetriebe und Unternehmen, Titel identifizieren Werke. *Der Anwendungsbereich des kennzeichenrechtlichen Verwechslungsschutzes* bestimmt sich nach dem *unterschiedlichen Referenzmodell des Kennzeichenschutzes* der Marken, der Unternehmenskennzeichen und der Werktitel.

**18** Der *Begriff der Verwechslungsgefahr* ist zwar nur innerhalb des Markenschutzes ein *gemeinschaftsrechtlicher Rechtsbegriff*, da nur insoweit eine Umsetzung der verbindlichen Vorgaben der MarkenRL erfolgt und eine richtlinienkonforme Auslegung geboten ist. Die Rechtsprechung sollte aber unabhängig von der Reichweite einer Umsetzung der MarkenRL nicht den Weg eines zweispurigen Begriffs der Verwechslungsgefahr im Markenschutz einerseits und im Schutz der geschäftlichen Bezeichnungen andererseits gehen (*Fezer*, GRUR 1995, 829; zustimmend *Keller*, GRUR 1996, 607, 608; zur notwendigen Orientierung des registerrechtlichen Irreführungsschutzes vor täuschenden Firmen an marktbezogenen Kollisionsregeln s. *Fezer*, ZHR 161 [1997], S. 52, 65). Die *Einheit des Kennzeichenschutzes* nach dem MarkenG verlangt nach einem den internationalrechtlichen und gemeinschaftsrechtlichen Vorgaben entsprechendem Verständnis des Kennzeichenschutzes

### IV. Bekanntheitsschutz (§§ 15 Abs. 3 MarkenG, 12 BGB) und Verwässerungsschutz (§§ 12, 823 Abs. 1 BGB) der geschäftlichen Bezeichnungen

**Schrifttum zum WZG, UWG und MarkenG.** S. die Schrifttumsangaben zu § 14 C V (vor Rn 410) und VI (vor Rn 441).

**19** Nach § 15 Abs. 3 kommt einer *im Inland bekannten geschäftlichen Bezeichnung* ein gegenüber dem Verwechslungsschutz der geschäftlichen Bezeichnung nach § 15 Abs. 2 erweiterter Schutzbereich zu, der unabhängig von dem Vorliegen von Verwechslungsgefahr besteht. Die Regelung normiert einen Gleichklang zwischen dem Bekanntheitsschutz der Marke nach § 14 Abs. 2 Nr. 3 und dem Rechtsschutz der Unternehmenskennzeichen und Werktitel. Dieser *kennzeichenrechtliche Bekanntheitsschutz* kommt namentlich solchen geschäftlichen Bezeichnungen zugute, die zwar als Unternehmenskennzeichen oder Werktitel im Inland bekannt sind, denen aber als eingetragene Marken oder als Marken mit Verkehrsgeltung eine inländische Bekanntheit nicht zukommt. Im einzelnen ist zwischen dem Bekanntheitsschutz des Namens, der Firma, der besonderen Geschäfts- oder Unternehmensbezeichnung, den Geschäftsabzeichen sowie den sonstigen betrieblichen Unterscheidungszeichen und den Werktiteln zu unterscheiden. Allgemeine Voraussetzung des Kollisionstatbestandes einer Kennzeichenrechtsverletzung nach § 15 Abs. 3 ist es, daß ein Dritter ohne Zustimmung des Rechtsinhabers der geschäftlichen Bezeichnung im geschäftlichen Verkehr eine geschäftliche Bezeichnung benutzt, die mit der geschützten geschäftlichen Bezeichnung des Rechtsinhabers kollidiert. Eine Kennzeichenkollision im Sinne des § 15 Abs. 3 liegt dann vor, wenn die geschäftlichen Bezeichnungen identisch oder ähnlich sind, und es sich bei der geschützten geschäftlichen Bezeichnung um eine im Inland bekannte geschäftliche Bezeichnung handelt, deren Unterscheidungskraft oder Wertschätzung aufgrund der Kennzeichenkollision ohne rechtfertigenden Grund in unlauterer Weise ausgenutzt oder beeinträchtigt wird. Voraussetzung einer Kennzeichenrechtsverletzung nach § 15 Abs. 3 ist eine *unlautere* und *nicht gerechtfertigte Kennzeichenausnutzung* oder *Kennzeichenbeeinträchtigung* einer bekannten geschäftlichen Bezeichnung. Anders als die Regelung des Bekanntheitsschutzes der Marke nach § 14 Abs. 2 Nr. 3, die dem Wortlaut nach hinsichtlich ihres Anwendungsbereichs auf Waren oder Dienstleistungen, die nicht denen ähnlich sind, für die die Marke Schutz genießt, abstellt, besteht der Bekanntheitsschutz der geschäftlichen Bezeichnungen schon dem Wortlaut des § 15 Abs. 2 nach unabhängig davon, ob die kollidierende geschäftliche Bezeichnung für branchenähnliche oder nicht branchenähnliche Produkte benutzt wird. Der Bekanntheitsschutz der geschäftlichen Bezeichnungen besteht innerhalb und außerhalb ihres Branchenähnlichkeitsbereichs (zum Streitstand hinsichtlich des Bekanntheitsschutzes der Marke innerhalb des Produktähnlichkeitsbereichs s. § 14, Rn 431 f., 435). Der Kollisionstatbestand der Rechtsverletzung einer im Inland bekannten geschäftlichen Bezeichnung nach § 15 Abs. 3 entspricht dem Kollisionstatbestand der Markenrechtsverletzung einer im Inland bekannten Marke nach § 14 Abs. 2 Nr. 3. Die Beurteilungskriterien zum Bekanntheitsschutz der geschäftlichen Bezeichnungen nach § 15 Abs. 2 entsprechen den Beurteilungskriterien zum Bekanntheitsschutz der Marken nach § 14 Abs. 2 Nr. 3 (s. Begründung zum MarkenG, BT-Drucks. 12/6581 vom 14. Januar 1994, S. 76). Unter Berücksichtigung des unterschiedlichen Schutzgegenstandes der verschiedenen Kennzeichenrechte ist die *Bekanntheit* einer geschäftlichen Bezeichnung (s. zur Markenbekanntheit § 14, Rn 415 ff.), die *Kennzeichenausbeutung* (s. § 14, Rn 425 f.) und die *Kennzeichenverwässerung* (s. § 14, Rn 427) nach den vergleichbaren Kriterien des Bekanntheitsschutzes der Marke zu beurteilen. Die Beurteilungskriterien zum Berühmtheitsschutz der Marke nach § 823 Abs. 1 BGB (s. § 14, Rn 441 ff.) entsprechen den Beurteilungskriterien zum *Verwässerungsschutz der geschäftlichen Bezeichnung* nach § 12 BGB.

### V. Kennzeichenrechtsverletzende Benutzungshandlungen

Der Kennzeichenschutz geschäftlicher Bezeichnungen nach § 15 Abs. 2 und 3 entspricht  20 hinsichtlich der *kennzeichenrechtsverletzenden Benutzungshandlungen* dem Markenschutz nach § 14 Abs. 3 und 4. Nach der Formulierung der Kollisionstatbestände des § 15 Abs. 2 und 3 wird allgemein die unbefugte Benutzung einer kollidierenden geschäftlichen Bezeichnung durch Dritte im geschäftlichen Verkehr erfaßt. Der Anwendungsbereich des *Handelns im geschäftlichen Verkehr* im Sinne des § 15 ist im Sinne der Verletzungshandlungen des § 14 Abs. 3 und 4 zu bestimmen (s. dazu im einzelnen § 14, Rn 459 ff., 499 ff.). Zu den kennzeichenrechtsverletzenden Benutzungshandlungen einer geschäftlichen Bezeichnung gehören zum einen nach § 14 Abs. 3 das Anbringen der geschäftlichen Bezeichnung auf Waren oder ihrer Aufmachung oder Verpackung (Nr. 1), das Anbieten, Inverkehrbringen und Besitzen einer mit der geschäftlichen Bezeichnung gekennzeichneten Ware (Nr. 2), das Anbieten und Erbringen von mit der geschäftlichen Bezeichnung gekennzeichneten Dienstleistungen (Nr. 3), die Benutzung der geschäftlichen Bezeichnung im Import, Export und Transit (Nr. 4), die Benutzung der geschäftlichen Bezeichnung auf Geschäftspapieren und in der Werbung (Nr. 5), sowie zum anderen die rechtsverletzenden Vorbereitungshandlungen der Anbringung einer geschäftlichen Bezeichnung auf Aufmachungen, Verpackungen und Kennzeichnungsmitteln (§ 14 Abs. 4).

## D. Namensschutz (§ 12 BGB)

**Schrifttum zum UWG und MarkenG.** S. die Schrifttumsangaben zu E (vor Rn 106).

### I. Schutzfähigkeit des Namens

#### 1. Wesen des Namens

Der *Name* ist eine *wörtliche Bezeichnung,* die der Individualisierung einer Person oder eines  21 Gegenstandes durch die Sprache dient. Als Kennwort muß der Name *aussprechbar* sein und durch die klangliche Wirkung eine bestimmte Vorstellung von dem Objekt der Benennung hervorrufen. *Bildzeichen* oder *unaussprechbare Buchstabenzusammenstellungen* sind als nicht wörtliche und nicht aussprechbare Bezeichnungen keine Namen (BGHZ 11, 214, 218 – KfA; 14, 155 – Farina II; BGH GRUR 1965, 377, 379 – GdP; 1968, 259 – NZ). Geht man vom Wortlaut des § 12 BGB aus, so scheint der Name als Identitätsbezeichnung nur dazu bestimmt zu sein, eine *natürliche Person* ständig und gleichmäßig von anderen Personen zu unterscheiden. Ein solcher *bürgerlicher Name,* wie der Familienname und auch der Vorname, haftet jedem Rechtsträger notwendig an. Der bürgerliche Name ist eine der Person zuerkannte Bezeichnung, die sie in allen ihren Lebensbereichen kennzeichnet. Der Name wird nicht um seiner selbst willen, sondern als Sinnbild der hinter dem Namen stehenden Persönlichkeit geschützt, mit der er aufs engste verbunden ist. Der Rechtsschutz der Person in namensmäßiger Hinsicht ist *Normzweck* des § 12 BGB. Dieser Schutzzweck rechtfertigt ein *extensives* Verständnis des Namensschutzes und eine Ausdehnung des Anwendungsbereichs des § 12 BGB auf alle Kennzeichen, die, über die reine Identifizierung der Persönlichkeit hinaus, irgendeine persönliche Beziehung zwischen der Person und einer bestimmten Tätigkeit oder Leistung andeuten. Der Name kann eine Person in einem bestimmten Wirkungsbereich kennzeichnen, wie etwa als Inhaber eines Handelsgeschäfts. So ist die *Firma* der Handelsname eines Kaufmanns, unter dem dieser sein Geschäft betreibt und seine Unterschrift abgibt (§ 17 HGB). Die Firma braucht sich nicht mit dem bürgerlichen Zwangsnamen (s. dazu Rn 23) zu decken. Wer *Karl Müller* heißt und unter der abgeleiteten Firma *Heinz Meier* ein Handelsgeschäft betreibt (§ 22 HGB), genießt Namensschutz für beide Namen. Der Name kann auch dazu dienen, ausschließlich das von einer Person betriebene Unternehmen zu kennzeichnen. Bei solchen Handelsnamen handelt es sich vornehmlich um *Unternehmenskennzeichen*. Eine Verbindung des Unternehmenskennzeichens als Name zur Person liegt darin, daß das Unternehmen als Rechtsobjekt einem bestimmten Rechtsträger zugeordnet ist. Der mittelbare Hinweis auf die Person rechtfertigt es, § 12 BGB *analog* auf *Unternehmensbezeichnungen* anzuwenden, sofern sie als wörtliche und aussprechbare Bezeichnungen wie ein Name wirken. § 12 BGB gilt analog für *Personenvereinigungen* mit oder ohne Rechtsfähigkeit (RGZ 114, 90 – Neuerburg; BGH GRUR 1953, 446 – Verein der Steuerberater; 1965, 377 – GdP); die Vorschrift enthält keine abschließende Regelung, die den Namensschutz auf den bürgerlichen Namen einer natürlichen Person beschränkte (Protokoll der Kommission für die zweite Lesung des Entwurfs des Bürgerlichen Gesetzbuchs, Bd. V, 1899, S. 115f.) Eine Gleichbehandlung von *juristischer* und *natürlicher Person* ist insoweit geboten, als es nicht um die natürlichen Eigenschaften des Menschen, wie etwa Geschlecht, Alter oder Verwandtschaft, geht. Namensschutz nach § 12 BGB muß jeder Person oder Personenvereinigung zustehen.

**22** Die Einbeziehung des Rechtsschutzes der Unternehmenskennzeichen in den auf den Schutz des Familiennamens bezogenen Namensschutz des § 12 BGB legt die Frage nahe, ob der Kennzeichenschutz nicht besser hätte aus § 16 UWG aF entwickelt werden sollen. Da aber das Namensrecht der natürlichen Person als ein *Persönlichkeitsrecht* zu beurteilen ist (st. Rspr. BGHZ 32, 103, 111 – Vogeler), ist es sachgerecht, die Erwerbstätigkeit, die einen wesentlichen Teil der menschlichen Tätigkeit einnimmt, in den Namensschutz einzubeziehen. § 12 BGB ist zur *Generalklausel des gesamten Bezeichnungsrechts* geworden. Es kommt hinzu, daß § 15 für den Bezeichnungsschutz Verwechslungsgefahr voraussetzt, § 12 BGB hingegen die Verletzung eines jeden Interesses und so für den Geschäftsverkehr eines jeden geschäftlichen Interesses genügen läßt (RG GRUR 1940, 202; BGHZ 15, 107 – Koma). Eine extensive Anwendung des § 12 BGB hätte sich nur dann erübrigt, wenn man von vornherein von einem allgemeinen Persönlichkeitsrecht ausgegangen wäre (so etwa Art. 28 Schweiz. ZGB) und ein Kennzeichnungsrecht der Persönlichkeit anerkannt hätte. Es bedarf in jeder Fallkonstellation einer sorgfältigen, am Normzweck des § 12 BGB ausgerichteten Prüfung, in welchen Grenzen es gerechtfertigt ist, auch im *außergeschäftlichen* Bereich, Kennzeichnungsrechte für Tätigkeiten und Gegenstände anzuerkennen, ohne die Handlungsfreiheit anderer zu stark zu begrenzen *(Krüger-Nieland*, FS für R. Fischer, S. 339, 350; zu einem System des Bezeichnungsrechts, in dem der Namensschutz des § 12 BGB auf seinen ursprünglichen Anwendungsbereich, den Schutz des Familiennamens, zurückgeführt und der Schutz gegen Verwechslungsgefahr im geschäftlichen Verkehr ausschließlich nach § 15 (§ 16 UWG aF) gewährt wird s. *Klippel*, Der zivilrechtliche Schutz des Namens, S. 411ff., 436ff.). Da der Gesetzgeber des MarkenG mit der Einbeziehung des Kennzeichenschutzes der geschäftlichen Bezeichnungen in das MarkenG die Rechtslage nicht verändern wollte (s. Begründung zum MarkenG, BT-Drucks. 12/6581 vom 14. Januar 1994, S. 67) und nach § 2 zudem Anspruchskonkurrenz besteht, bleibt der *extensive Anwendungsbereich* des *§ 12 BGB* nach der Rechtslage im MarkenG unberührt.

### 2. Zwangsnamen und Wahlnamen

**23** Der Zwangsname und der Wahlname sind die beiden zu unterscheidenden Namensarten. Der *Zwangsname* ist der Name, der dem Namensinhaber kraft Gesetzes zugehört. Das ist der bürgerliche Name der natürlichen Person und einige wenige Namen der juristischen Personen. Der *Wahlname* ist der willkürlich wählbare und wieder ablegbare Name. Das Recht, sich eines Wahlnamens im Verkehr zu bedienen, ist Ausfluß der allgemeinen Handlungsfreiheit. Wahlnamen sind fast sämtliche Namen der juristischen Personen. Sie werden frei aus dem Vorrat an Wörtern und Buchstaben gebildet, sofern die Wahl des Namens nicht gesetzlich eingeschränkt ist. Wahlnamen sind etwa die Firma als der Handelsname, die Unternehmensbezeichnung mit Namensfunktion und das Pseudonym als der für einen bestimmten Zweck angenommene Name. Für die Firma enthält das Firmenrecht der §§ 17ff. HGB besondere Vorschriften für die Firmenbildung und die Firmenfortführung. Alle

Zwangsnamen und Wahlnamen sind Namen im Sinne sowohl des § 12 BGB als auch des § 15. Keine Namen sind die bloßen Berufsbezeichnungen wie etwa Apotheker, Dentist oder Kosmetikerin (BGH GRUR 1959, 84 – Dentist).

### 3. Rechtsnatur des Namens

An dem Namen als einem Rechtsobjekt steht dem Namensträger ein *subjektives Recht* zu, dessen Rechtsnatur im einzelnen nicht endgültig geklärt ist. Die Auffassung, das subjektive Recht am Namen sei ein *Persönlichkeitsrecht* (so schon v. *Gierke*, Handels- und Wirtschaftsrecht, Bd. 1, § 13 IV 2, S. 187) ist zwar für den bürgerlichen Namen sachgerecht, erklärt aber nur unzureichend den Namen als eine geschäftliche Bezeichnung. Der Name als geschäftliche Bezeichnung stellt einen bedeutenden *Vermögenswert* dar, der nicht nur die Person des Unternehmensinhabers, sondern auch das Unternehmen als solches und die unternehmerischen Leistungen individualisiert. In der Sicherung dieser wirtschaftlichen Werte liegt die vermögensrechtliche Bedeutung. Das Recht am bürgerlichen Namen ist unübertragbar. Eine Gebrauchsüberlassung ist nur schuldrechtlicher Natur. Der Namensinhaber verzichtet auf die Geltendmachung des Namensrechts. Das Recht zum Gebrauch einer Firma kann einem Dritten gleichzeitig mit der Übertragung des Handelsgeschäfts eingeräumt werden (§ 23 HGB; RGZ 107, 31). Das gleiche gilt für eine Unternehmensbezeichnung, die keine Firma ist, aber Namensfunktion besitzt. Klageansprüche aus einer Namensverletzung sind im geschäftlichen Wettbewerb ebenso wie Ansprüche aus UWG vermögensrechtlicher Natur (RG MuW 1931, 497). Der Name ist aber auch im geschäftlichen Bereich nicht als reines Vermögensrecht zu beurteilen. Soweit der Name auf die Person hinweist, namentlich wenn die Bezeichnung den bürgerlichen Namen des Gewerbetreibenden enthält, sind neben dem *vermögensrechtlichen* Kern auch die *persönlichkeitsrechtlichen* Elemente zu berücksichtigen. Mit diesem Vorbehalt kann man von einem *Immaterialgüterrecht* sprechen (*Krüger-Nieland*, FS für R. Fischer, 1979, S. 339, 345; *Klippel*, Der zivilrechtliche Schutz des Namens, S. 232 ff., S. 592). Auch die besondere Geschäftsbezeichnung, die mittelbar auf die Person des Inhabers hinweist, ist als Vermögenswert ein Immaterialgut. Bei der Verpachtung eines Unternehmens verbleiben dem Verpächter während der Pachtzeit die Rechte an der Bezeichnung; er ist mittelbarer Rechtsinhaber (BGH GRUR 1959, 87 – Fischl; s. auch BGH GRUR 1963, 430, 432 – Erdener Treppchen; *Baumbach/Hefermehl*, Wettbewerbsrecht, Einl UWG, Rn 200).

### 4. Einzelne Bezeichnungen mit Namensschutz

**a) Bürgerlicher Name.** Der Namensschutz des bürgerlichen Namens einer natürlichen Person (*Familienname* und *Vorname*) stellt den ureigenen Anwendungsbereich des § 12 BGB dar. Der Familienname ist Abstammungsname oder Ehename. Die Ehegatten sollen nach § 1355 Abs. 1 S. 1 BGB einen gemeinsamen Familiennamen (Ehenamen) bestimmen. Diesen von ihnen bestimmten Ehenamen führen die Ehegatten nach § 1355 Abs. 1 S. 2 BGB. Zum Ehenamen können die Ehegatten nach § 1355 Abs. 2 BGB durch Erklärung gegenüber dem Standesbeamten den Geburtsnamen des Mannes oder den Geburtsnamen der Frau bestimmen. Die Erklärung über die Bestimmung des Ehenamens erfolgt bei der Eheschließung (§ 1355 Abs. 3 S. 1 BGB). Bestimmen die Ehegatten keinen Ehenamen, so führen sie ihren zur Zeit der Eheschließung geführten Namen auch nach der Eheschließung (§ 1355 Abs. 1 S. 2 BGB). Nach einer Verwitwung oder Scheidung wird der Ehename grundsätzlich beibehalten (§ 1355 Abs. 5 S. 1 BGB). Der verwitwete oder geschiedene Ehegatte kann durch Erklärung gegenüber dem Standesbeamten seinen Geburtsnamen oder den Namen wieder annehmen, den er bis zur Bestimmung des Ehenamens geführt hat, oder seinen Geburtsnamen dem Ehenamen voranstellen oder anfügen (§ 1355 Abs. 5 S. 2 BGB). Das frühere *Adelsprädikat* ist Teil des Namens (Art. 109 Abs. 2 S. 2 WRV).

**b) Pseudonym.** Die Wahl eines *Pseudonyms* (Deckname, Künstlername) beruht namentlich im Bereich der Kunst auf einer alten und verbreiteten Sitte. Viele Künstler und Schriftsteller kennt die Öffentlichkeit nur unter ihrem Künstlernamen. Das Pseudonym wirkt wie ein bürgerlicher Name und genießt insoweit vergleichbaren Namensschutz nach § 12 BGB (RGZ 101, 226, 228 – Üssems Meisterakrobaten; aA *Fabricius*, JR 1972, 15, 16). Gleiches gilt für den Vornamen als Teil eines Künstlernamens, wenn schon sein Gebrauch auf den

Träger des Pseudonym eindeutig hinweist (OLG München GRUR 1960, 394 – Romy). Eine geschiedene Frau, die unter ihrem Ehenamen als Schriftstellerin bekannt geworden ist, kann diesen Namen nach Scheidung der Ehe und auch nach einer Wiederverheiratung als Schriftstellernamen weiterführen (OLG München GRUR 1961, 46 – Schriftstellername; zum Schutz des Pseudonyms s. *Klippel*, Der zivilrechtliche Schutz des Namens, S. 461 ff.).

**27** **c) Firma des Einzelkaufmanns und der Einzelkauffrau.** Der registerrechtlich zulässige Inhalt der Bezeichnung einer Firma eines *Einzelkaufmanns* oder einer *Einzelkauffrau* bestimmt sich nach § 19 Abs. 1 Nr. 1 HGB. In früherer Zeit wurde verlangt, die Firma des Einzelkaufmanns, und zwar die ursprüngliche sowie abgeleitete Firma (RGZ 59, 285), müsse den *bürgerlichen Namen des Geschäftsinhabers* enthalten. Dagegen sprach schon immer, daß dann der Inhaber einer abgeleiteten Firma entrechtet wäre (so schon *Rosenthal*, Wettbewerbsgesetz, § 16 UWG, Rn 54). Die Firma ist stets Name, auch wenn sie als abgeleitete nicht den bürgerlichen Namen des Inhabers enthält (BGHZ 14, 155 – Farina II; KG JW 1928, 367 – Pan-Europa; *Lindenmaier*, BB 1953, 629; aA *Fabricius*, JR 1972, 15, 16; *Klippel*, Der zivilrechtliche Schutz des Namens, S. 475 f.).

**28** **d) Firma einer Personenhandelsgesellschaft.** Der registerrechtliche zulässige Inhalt der Bezeichnung einer Firma einer *Personenhandelsgesellschaft* bestimmt sich nach § 19 Abs. 1 Nr. 2 und 3, Abs. 2 HGB. In früherer Zeit wurde der Namensschutz auf eine solche Firma beschränkt, die den *Familiennamen wenigstens eines der Gesellschafter* enthielt (so RG MuW 1929, 220; aA RGZ 114, 90, 93 – Neuerburg). Die Firma einer OHG oder KG, die der Name der Personenhandelsgesellschaft ist, unter dem die Gesamtheit der Gesellschafter im Verkehr als Einheit erscheint, ist aber stets der Name, wie sich aus § 17 HGB ergibt (s. BGHZ 14, 155 – Farina II). Seit Inkrafttreten des Handelsrechtsreformgesetzes am 1. Juli 1998 sind neben den *Personenfirmen* auch *Sachfirmen* bei Personengesellschaften zulässig (§§ 18, 19 HGB).

**29** **e) Name der GbR.** Firmenrechtsfähigkeit kommt der *GbR* nicht zu (§ 6 Abs. 1 HGB). Die GbR kann keine Firma im handelsrechtlichen Sinne nach den §§ 17 ff. HGB haben, selbst wenn sie ein Unternehmen betreibt. Wenn die Gesellschafter einer GbR im Verkehr einen *Gesamtnamen* für die Personengesellschaft verwenden, der im Verkehr als Kennzeichen der GbR verstanden wird, dann kommt der Bezeichnung der GbR Namensschutz nach § 12 BGB zu.

**30** **f) Firma einer Kapitalgesellschaft.** Als juristische Person bedarf eine *Kapitalgesellschaft* (AG, GmbH, eG) einer Firma als Name, ohne den sie im Rechtsverkehr nicht handeln könnte. Die Firma einer Kapitalgesellschaft kann *Sachfirma* oder *Personenfirma* sein (BGH GRUR 1954, 331 – Altpa-Alpha; 1960, 550 – Promonta); an dieser Rechtslage hat sich nach Inkrafttreten des Handelsrechtsreformgesetzes am 1. Juli 1998 nichts geändert (zur Firma einer Personenhandelsgesellschaft s. Rn 28). Die Benutzung der Internet-Adresse *citroën.de* durch einen Adressenhändler verletzt das Firmen- und Markenrecht der *Citroën-Deutschland AG* (LG Frankfurt, Beschluß vom 7. Januar 1997, 2-6 O 711/96 – citroën.de). Der Namensschutz der Firma besteht grundsätzlich bis zum Erlöschen der Kapitalgesellschaft als Rechtsperson. Wenn die Kapitalgesellschaft den Betrieb des Unternehmens aufgibt, dann stehen ihr allerdings keine kennzeichenrechtliche Ansprüche wegen Benutzung ihres Namens durch Dritte zu (BGH GRUR 1961, 420 – Cuypers; zum Namen einer juristischen Person s. Rn 32).

**31** **g) Firma einer Vorgesellschaft.** Vor der Eintragung einer AG oder GmbH in das Handelsregister besteht eine *Vorgesellschaft*, die zwar noch keine juristische Person darstellt, aber als eine *Gesellschaft sui generis* rechtsfähig ist (BGHZ 21, 242; 80, 129). Als eine Organisation eigenen Rechts besitzt die Vorgesellschaft Firmenschutz nach § 15 und Namensschutz nach § 12 BGB. Die Priorität des Kennzeichenschutzes der Vorgesellschaft kommt nach der Eintragung in das Handelsregister der AG oder GmbH als juristischer Person zu, wenn der Name der Vorgesellschaft auch in der Firma der AG oder GmbH verwendet wird (BGHZ 120, 103 – Columbus). Die Firmierung einer noch nicht in das Handelsregister eingetragenen Vorgesellschaft bedarf im Verkehr eines Firmenzusatzes der Gesellschaftsgründung wie etwa i. Gr. (in Gründung); eine Firmierung mit GmbH oder AG ohne Gründungszusatz ist irreführend nach § 3 UWG (OLG Karlsruhe WRP 1993, 42 – GmbH/Firmierung).

**h) Namen juristischer Personen.** Namen juristischer Personen des *privaten* oder *öffentlichen* Rechts (RGZ 74, 114 – Verein für deutsche Schäferhunde; BGH GRUR 1953, 446 – Verein der Steuerberater; 1965, 377 – GdP; 1991, 157 – Johanniter-Bier; 1994, 844 – Rotes Kreuz; aA *Fabricius*, JR 1972, 15, 17) sind in analoger Anwendung des § 12 BGB kennzeichenrechtlich geschützt, um eine Benachteiligung juristischer Personen gegenüber natürlichen Personen im Geschäftsverkehr auszuschließen. Die Firma einer juristischen Person des Handelsrechts wird nach § 12 BGB und § 15 geschützt (s. Rn 30). Juristische Personen des öffentlichen Rechts wie öffentlichrechtliche Körperschaften und Anstalten sind gegen eine unbefugte Benutzung ihres Namens im privatrechtlichen Verkehr nach § 12 BGB geschützt; das gilt auch gegenüber solchen Bezeichnungen, die nur mittelbar auf die juristische Person des öffentlichen Rechts hinweisen (BGH GRUR 1964, 38 – „Dortmund grüßt..."). Die Verwendung der Internet-Adresse *heidelberg.de* stellt eine unzulässige Verwendung des Namens der Stadt Heidelberg dar (LG Mannheim NJW 1996, 2736 – heidelberg.de mit Anm. *Hoeren*, CR 1996, 355). Die Bezeichnung *Stadt* kann für sich allein ohne Angabe des vollen Namens nach § 12 BGB geschützt sein. So enthält *Stadttheater* den Namen der Stadt, in der sich das Theater befindet; die Bezeichnung wird nicht nur örtlich verstanden, sondern bedeutet das Theater einer bestimmten Stadt (RGZ 101, 169, 171); es werden zumindest Beziehungen irgendwelcher Art angenommen, wie etwa in dem Sinne, es handle sich um ein von der Stadt gefördertes Theater (s. auch *Soergel/Heinrich*, BGB § 12, Rn 135). Ähnlich lag es zumindest früher bei der Bezeichnung *Stadtapotheke* (RG JW 1927, 117). Öffentlichrechtlichen Namensschutz analog § 12 BGB genießt eine Gemeinde im Verwaltungsrechtsweg gegen die unbefugte Benutzung ihres Namens durch einen öffentlichen Rechtsträger im Rahmen seines öffentlichrechtlichen Wirkungsbereichs, wie etwa gegen eine von der Bundesbahn benutzte falsche Bahnhofsbezeichnung (BVerwG 44, 351, 353; dazu *Pappermann*, JuS 1976, 305 ff.).

**i) Name eines nichtrechtsfähigen Vereins.** Auch ein *nichtrechtsfähiger Verein* bedarf eines Namens, den das Gesetz voraussetzt (RGZ 78, 101, 102 – Gesangverein Germania). Das gilt auch für den Namen oder kraft Verkehrsgeltung für die Namensabkürzung einer *Gewerkschaft* (BGH GRUR 1965, 377 – GdP) oder Partei (OLG Frankfurt NJW 1952, 794 – SPD; OLG Karlsruhe NJW 1972, 1810 – CDU; dazu *Schlüter*, JuS 1975, 558 unter Hinweis auf § 4 Abs. 1 ParteienG).

**j) Wappen, Siegel und Embleme.** Wenn *Wappen*, *Siegel* oder *Embleme* aufgrund ihrer individualisierenden Unterscheidungskraft geeignet sind, auf den Namensträger hinzuweisen und damit Namensfunktion besitzen, dann genießen sie Namensschutz. *Stadtwappen* sind als Namen geschützt, wenn sie auf den Wappenträger hinweisen (RGZ 71, 262 – Aachener Stadtwappen; RG MuW 1924, 43 – Wappen der Stadt Neisse). So weist der *Berliner Bär* auf die Stadt Berlin hin. *Vereinsembleme* sind ohne Verkehrsgeltung als Name nur dann geschützt, wenn sie individuelle Unterscheidungskraft besitzen und für den Vereinsnamen stehen, wie etwa das *Kyffhäuser Denkmal* für den *Kyffhäuserbund* (BGH GRUR 1976, 644, 646 – Kyffhäuser mit Anm. *Fezer*; s. *Bayreuther*, WRP 1997, 820; BGHZ 119, 237 – Universitätsemblem). Auch *Wappen* und *Siegel einer Universität* weisen individualisierende Unterscheidungskraft auf und sind zur namensmäßigen Kennzeichnung geeignet (BGHZ 119, 237 – Universitätsemblem).

**k) Besondere Unternehmensbezeichnungen.** Besondere Unternehmensbezeichnungen, die unabhängig vom Namen oder der Firma geführt werden (s. § 5, Rn 3) und unterscheidungskräftig und nach der Verkehrsauffassung geeignet sind, wie ein Name zu wirken, genießen Namensschutz (§ 12 BGB) und Kennzeichenschutz (§ 15). Schutzfähig sind *Meisterbrand* als Bezeichnung des Unternehmens eines Spirituosenherstellers (BGH GRUR 1957, 87 – Meisterbrand); *Hotelbezeichnungen* als Phantasiebezeichnungen oder verbunden mit einem Personennamen, wie etwa *Hotel Vier-Jahreszeiten*, Hotels mit Tiernamen, wie etwa *Zum Hirschen*, auch *Gaststättenbezeichnungen*, wie etwa *tabu* (BGHZ 24, 238 – tabu I; BGH GRUR 1963, 430, 431 – Zum Erdener Treppchen; 1970, 479 – Treppchen). Solche Unternehmensbezeichnungen individualisieren unmittelbar das Geschäft und mittelbar den Inhaber. Diese Personenbezogenheit rechtfertigt ihren Schutz entsprechend § 12 BGB. Unternehmensbezeichnungen, die nur die gattungsmäßige Zugehörigkeit des Unternehmens angeben, sind nicht als Namen schutzfähig (BGHZ 11, 214, 217 – KfA; BGH GRUR

1957, 25 – Hausbücherei). Unternehmensbezeichnungen, die sich aus beschreibenden Angaben zusammensetzen, können dann von Haus aus schutzfähig sein, wenn dem Verkehr auf Grund allgemeiner Übung bekannt ist, daß es in dem betreffenden Geschäftszweig innerhalb eines umgrenzten örtlichen Bereichs regelmäßig nur ein Unternehmen mit dieser Bezeichnung gibt (so für die Hotelbezeichnung *Parkhotel* BGH GRUR 1977, 165, 166 – Parkhotel; ferner BGH, Urt. vom 17. November 1961 (I ZR 57/60) für *Bahnhofsapotheke* und *Bahnhofshotel*; BGH, Urt. vom 12. Juni 1970 (I ZR 98/68) für *Bayerischer Hof*; BGH WRP 1995, 615, 616 für *City-Hotel*). In solchen Fallkonstellationen gewinnt der Gattungsbegriff aufgrund äußerer Umstände, wie etwa der Kenntnis des Verkehrs, des örtlich begrenzten Bereichs oder der Lage der Gebäude, die erforderliche namensmäßige Unterscheidungskraft zur Kennzeichnung der geschäftlichen Tätigkeit des Unternehmensinhabers. Die Schutzfähigkeit des Unternehmensbereichs liegt dann auch im allgemeinen Interesse. Als beschreibende Angaben (*Park-Hotel, Schloß-Hotel, Dom-Hotel, Golf-Hotel*) dürfen sie nicht irreführend sein; sonst verstößt ihr Gebrauch gegen § 3. Auch der Titel einer Druckschrift, der sich im Verkehr als namensmäßige Bezeichnung eines Unternehmens durchgesetzt hat, ist als Name nach § 12 BGB geschützt (BGH GRUR 1979, 564, 565 – Metall-Zeitung mit Anm. *Fezer*).

**36**   **l) Marken.** Wenn eine *Marke* im Verkehr als der Name des Unternehmensinhabers oder als die Bezeichnung seines Unternehmens verstanden wird, dann besteht Namensschutz nach § 12 BGB und bei einer Unternehmensbezeichnung Kennzeichenschutz nach § 15. Der Verkehr versteht und bewertet eine solche Marke als den Namen eines bestimmten Unternehmens (BGH GRUR 1957, 87 – Meisterbrand; 1958, 339 – Technika). Namensfunktion kann einer Marke namentlich dann zukommen, wenn die Abkürzung einer Firma als Marke verwendet wird. Wenn aus den beiden Namen der Firma *Pincus & Otto* als Abkürzung die Marke *Pioto* gebildet wird und das Unternehmen im Verkehr unter diesem Namen bekannt ist, dann stellt eine Verletzung des Markenrechts zugleich eine Namensverletzung dar (RG MuW 1924, 156; BGHZ 15, 107, 109 – Koma). Wenn der Verkehr den Namen nicht allein aus der Marke ableitet, dann stellt allerdings, wie regelmäßig, die Markenverletzung nicht zugleich eine Namensverletzung dar. Wenn eine Marke zur Unternehmensbezeichnung geworden ist, und ihr selbst Namensfunktion zukommt, dann greift neben dem Markenschutz nach § 14 der Namensschutz nach § 12 BGB und der Kennzeichenschutz nach § 15 ein. Wird eine Marke, die einen Namen als Bestandteil beinhaltet, übertragen, so erwirbt der Erwerber nicht ohne Einräumung einer gesonderten Befugnis das Recht zur Namensführung (BGH GRUR 1996, 541 – J. C. Winter).

**37**   **m) Gebäudebezeichnungen.** Einer *Gebäudebezeichnung* kommt Kennzeichenschutz nach § 15 zu, wenn sie zugleich das Unternehmen oder einen Teil des Geschäftsbetriebs bezeichnet. Wenn das nicht der Fall ist, dann kann ein *Hausname* nach § 12 BGB geschützt sein, wenn der Hausname Namensfunktion besitzt und ein schutzwürdiges Interesse, das kein wirtschaftliches zu sein braucht, besteht (BGH GRUR 1976, 311, 312 – Sternhaus mit kritischer Anm. *Fezer*). Zumeist wird es sich um den Namen einer Person handeln, zu der das Haus eine gewisse Beziehung hat, sei es als Geburtshaus oder Wohnhaus einer bekannten Persönlichkeit, oder weil der Name den Bauherrn oder Architekten kennzeichnet. Auch eine reine Phantasiebezeichnung soll als Hausname nach § 12 BGB dann schutzfähig sein, wenn die Bewohner oder Nutzer des Hauses oder die Allgemeinheit an einem einprägsamen Kurznamen ein Interesse haben; wem in solchen Fallkonstellationen der Anspruch aus § 12 BGB zusteht, soll nach den besonderen Umständen des konkreten Einzelfalles zu beantworten sein (so, wenn auch unter Ablehnung einer Verwechslungsgefahr zwischen *Sternhaus* und *Rheinsternhaus* BGH GRUR 1976, 311, 312 – Sternhaus mit kritischer Anm. *Fezer*).

**38**   **n) Bezeichnung einer nichtrechtsfähigen Organisationseinheit.** Namensschutz nach § 12 BGB genießt die Bezeichnung einer *nichtrechtsfähigen Organisationseinheit*, die einen dauerhaft verselbständigten, geschäftlichen Wirkungsbereich mit einem besonderen Gegenstand und einer bestimmten Zwecksetzung darstellt (so für die von einem Fachverband der Haftpflicht-, Unfall-, Auto- und Rechtsschutzversicherung gegründete und vom Geschäftsbereich des Verbandes abgegrenzte *Christopherus-Stiftung* BGH GRUR 1988, 560, 561 – Christopherus-Stiftung).

**o) Abkürzungen und Schlagworte.** Als Unternehmensbezeichnungen können auch **39** *Abkürzungen* und *Schlagworte* nicht nur Kennzeichenschutz nach § 15, sondern auch Namensschutz nach § 12 BGB genießen (s. dazu im einzelnen Rn 146 ff.).

### 5. Unterscheidungskraft als Schutzvoraussetzung

**a) Grundsatz.** Der Name bedarf zur Individualisierung der *namensmäßigen Unterschei-* **40** *dungskraft.* Seiner Art nach muß der Name geeignet sein, Personen oder Gegenstände von anderen zu unterscheiden. Allerweltsnamen wie *Müller* oder *Meyer* besagen nichts über den Namensträger (HansOLG Hamburg WRP 1955, 183). Anders kann es liegen, wenn eine oder mehrere Vornamen hinzugefügt werden, namentlich wenn der Name in einer Wortverbindung erscheint. Die übliche Unterscheidungskraft eines Namens wird nicht zwangsläufig dadurch verstärkt, daß der Name auf ein Adelsgeschlecht hinweist; ein solcher Umstand steigert die Unterscheidungskraft nur dann, wenn er bei den beteiligten Verkehrskreisen einen erhöhten Bekanntheitsgrad erreichen kann, wie etwa die Namen bekannter bundesdeutscher Fürstenfamilien (OLG München WRP 1996, 787 – Frankenberg). Erforderlich ist, daß der Verkehr einen eindeutigen Hinweis auf den Namensträger in dem Namen erkennt. Unterscheidungskraft wurde angenommen für ein aus dem Familiennamen *Billich* gebildetes Firmenschlagwort zur Bezeichnung einer Lebensmittelfilialkette und ihrer einzelnen Geschäfte, weil weite Verkehrskreise die Bezeichnung nicht als Schreibweise des Adjektivs *billig,* sondern als Eigennamen auffaßten, auch wenn die Bezeichnung wegen der klanglichen und schriftbildlichen Nähe zu einer beschreibenden Angabe nur schwache Kennzeichnungskraft besitze (BGH GRUR 79, 642 – *Billich*). Bezeichnungen, denen die für einen Namen wesentliche Unterscheidungskraft zukommt, sind ohne Vorliegen von *Verkehrsgeltung* nach § 12 BGB und § 15 geschützt. Ohne Unterscheidungskraft wird die Schutzfähigkeit erst durch den Erwerb von Verkehrsgeltung erreicht (s. Rn 41 f.).

**b) Bezeichnungen ohne Unterscheidungskraft.** *Beschreibenden Angaben, Gattungsbe-* **41** *zeichnungen, geographischen Angaben* oder *Wörtern der Umgangssprache* fehlt die namensmäßige Unterscheidungskraft. Solche Bezeichnungen können nicht als Namen monopolisiert werden. Das MarkenG begegnet dieser Gefahr durch Normierung der absoluten Schutzhindernisse nach § 8 Abs. 2; das Namensrecht versagt die Schutzfähigkeit. Die namensmäßige Schutzfähigkeit wegen fehlender Unterscheidungskraft wurde *verneint* für die der Fachsprache entnommenen Begriffe *Fettchemie* (RGZ 172, 130 – Fettchemie), *Warenkredit* (HansOLG Hamburg GRUR 1955, 48 – Warenkredit), *Uniplast* (BGH GRUR 1966, 495, 497 – Uniplast), *Chemotechnik* (OLG Hamm GRUR 1979, 67 – Chemotechnik), *Flocktechnik* (1979, 862 – Flocktechnik), *Intercity* (KG WRP 1980, 409 – Intercity); *VIDEO-RENT* für einen Geschäftsbetrieb der Unterhaltungselektronik einschließlich Videogeräte und Videokassetten (BGH GRUR 1988, 319, 320 – VIDEO-RENT). Das gilt nicht nur für einzelne Wörter, sondern auch für zusammengesetzte Wörter. Wird aber ein Wort der Umgangssprache in einer dem üblichen Sprachgebrauch nicht entsprechenden Weise verwendet, so kann es Unterscheidungskraft besitzen (BGHZ 24, 238 – tabu I; 21, 85 – Spiegel; 21, 66 – Hausbücherei; BGH GRUR 1977, 226 – Wach- und Schließ; OLG Hamm WRP 1990, 706 – petite fleur). Verbindungen von für sich allein nicht unterscheidungskräftigen Wörtern können unterscheidungskräftig sein, wenn die Wortverbindung nicht der Umgangssprache angehört, sondern vom Verkehr als eine eigenartige, phantasievolle Wortneubildung und daher als individueller Herkunftshinweis aufgefaßt wird (BGH GRUR 1957, 561 – *REI-Chemie*; 1960, 296 – Reiherstieg; 1960, 550 – Promonta; 1973, 265 – Charme & Chic; 1976, 643 – Interglas; OLG Köln WRP 1977, 733 – Transcommerce). Als unterscheidungskräftig wurden beurteilt *Video Land* als besondere Bezeichnung eines Geschäfts, das Video-Kassetten vermietet (OLG Oldenburg WRP 1986, 508); *Blitz Blank* für ein Unternehmen der Gebäudereinigung (HansOLG Hamburg GRUR 1986, 475 – Blitz-Blank); *Multicolor* (Vielfarbigkeit) im Druckgewerbe (OLG Frankfurt WRP 1982, 420 – Multicolor). Die Wortverbindung ist ohne Vorliegen von Verkehrsgeltung geschützt. Nicht geschützt sind sprachübliche Zusammensetzungen rein beschreibenden Charakters wie *Uniplast* für elektronische Geräte (BGH GRUR 1966, 495, 497 – Uniplast); *Sicherheit und Technik* für ein Unternehmen, das Sicherheitsanlagen vertreibt (HansOLG Hamburg GRUR 1987, 184 – Sicherheitstechnik); *Volksbank* für ein als Genossenschaft betriebenes Kreditinstitut, auch wenn es über Jahrzehnte hinweg als einzige *Volksbank* am Ort ansässig war (BGH GRUR 1992, 865 – Volksbank). Namensmäßige Unterscheidungskraft wurde angenommen bei dem Firmenbestandteil *Germania*, da es sich nicht um eine Sachbezeichnung oder geographische Bezeichnung und auch nicht um ein Wort der allgemein üblichen und gebräuchlichen Sprache handle (BGH GRUR 1991, 472 – Germania).

42  Keine Unterscheidungskraft haben *Sachfirmen* oder *Sachbezeichnungen* als Firmenbestandteile wie etwa *Deutsche Asbestwerke* (RG MuW 1929, 343); *Bauhütte* (RG MuW 1931, 391, 392 – Artbezeichnung); *Kaufstätten für Alle* für Warenhäuser (BGHZ 11, 214, 217 – KfA); *Getränke Industrie* für Getränke-Hersteller (BGH GRUR 1957, 426 – Getränke Industrie); *Bücherdienst* für Betriebe des Buchhandels (BGH GRUR 1957, 428 – Bücherdienst); *alta moda* für italienische Modeprodukte und *Haute Couture* für französische hochwertige Modeprodukte (OLG Frankfurt WRP 1986, 339); *MedConsult* für ein Ärzte-Beratungsunternehmen (OLG Hamm GRUR 1988, 849 – MedConsult); *Studio* für Filmtheater (LG Essen WRP 1955, 184 – Studio); *Discount-Haus* für Geschäfte (HansOLG Hamburg BB 63, 1233); *Fundgrube* für Verkaufsraum (OLG Hamm BB 1972, 589); *Management-Seminare* für Weiterbildungskurse (BGH GRUR 1976, 254 – Management-Seminare); *Leasing-Partner* als Firmenbezeichnung (BGH GRUR 1991, 556 – Leasing-Partner); *Mitwohnzentrale* für Maklerbetriebe (OLG Frankfurt GRUR 1991, 251 – Mitwohnzentrale); *Schwarzwald-Sprudel* für Mineralwasser (BGH GRUR 1994, 905 – Schwarzwald-Sprudel). Je deutlicher der Verkehr ein Bedürfnis für die allgemeine Freihaltung eines Begriffs erkennt, desto weniger wird er ihm namensmäßige Unterscheidungskraft beimessen. Nur bei Verwendung solcher Angaben in einem ungebräuchlichen Sinne kann ohne Verkehrsgeltung von Haus aus namensmäßige Unterscheidungskraft bestehen (BGH GRUR 1959, 541 – Nußknacker; 1977, 165 – Parkhotel; 1977, 226 – Wach- und Schließ). Eine Gattungsbezeichnung kann dann örtliche Unterscheidungskraft besitzen, wenn der Verkehr nur mit einem so gekennzeichneten Unternehmen am selben Ort rechnet. Beschreibende Marken sind nach § 8 Abs. 2 Nr. 2, auch wenn sie unterscheidungskräftig sind, nicht eintragungsfähig.

43  **c) Verlust der Unterscheidungskraft.** Die namensmäßige Unterscheidungskraft kann nachträglich verlorengehen, wenn kein rechtlich beachtlicher Teil der Verkehrskreise die Bezeichnung mehr als einen Namenshinweis versteht. Der *Verlust der Unterscheidungskraft* wurde angenommen für *Liberty* als ursprünglicher Bestandteil der Firma *A. H. Liberty* in London (RGZ 100, 182 – Gervais). Für die Umwandlung von Namen in Beschaffenheitsangaben gelten ähnliche Grundsätze wie für die Umwandlung von Herkunftsbezeichnungen (s. § 126, Rn 13 f.). Solange noch ein rechtlich beachtlicher Teil der Verkehrskreise an der Bedeutung der Bezeichnung als Herkunftshinweis festhält, ist eine Umwandlung nicht anzunehmen. Verneint wurde daher eine Umwandlung des Firmenbestandteils *Wach- und Schließgesellschaft* zu einem Gattungsbegriff (BGH GRUR 1977, 226, 227 – Wach- und Schließ). Der Gebrauch dieser Bezeichnung in zahlreichen Städten nimmt ihr noch nicht die Namensfunktion, da der Verkehr ähnlich wie bei einer Hotelbezeichnung (s. Rn 35) davon ausgeht, es gebe in einem begrenzten örtlichen Bereich nur ein Unternehmen mit einer solchen Bezeichnung (BGH GRUR 1977, 226, 228 – Wach- und Schließ). Soweit ein Begriff als eine Gattungsbezeichnung in Beschreibungen freigeworden ist, wie etwa in Nachschlagewerken, rechtfertigt das noch nicht ein Freiwerden als Herkunftshinweis. Die Bezeichnung *Buchgemeinschaft* ist ein Gattungsbegriff für eine bestimmte Art des Büchervertriebs geworden (BGH GRUR 1959, 38 – Buchgemeinschaft II; RG MuW 1932, 143). *Die Deutsche Buchgemeinschaft GmbH Berlin* konnte die Benutzung des Wortes *Buchgemeinschaft* zur Kennzeichnung einer besonderen Vertriebsart in Prospekten auf Grund ihres Namensrechts nicht verbieten; aufgrund der Marke *Buchgemeinschaft* war nur der Gebrauch des Wortes als Warenbezeichnung verboten (RG MuW 1932, 143). Wenn an dem Firmenbestandteil *Buchgemeinschaft* Verkehrsgeltung als Bezeichnung eines bestimmten Unternehmens erworben wird, dann kann nach § 12 BGB und § 15 nur die Benutzung als *Namensbezeichnung* untersagt werden (BGH GRUR 1955, 95 – Buchgemeinschaft; 1959, 38 – Buchgemeinschaft II).

### 6. Namen mit Verkehrsgeltung

44  **a) Erwerb von Verkehrsgeltung.** Eine Bezeichnung ohne Unterscheidungskraft wird als Name schutzfähig, wenn *namensmäßige Verkehrsgeltung* erworben wird. Die Verkehrsgel-

tung einer Bezeichnung schließt ihre individualisierende Unterscheidungskraft ein. Da der allgemeine Sprachgebrauch beschränkt wird, sind wegen des Freihaltebedürfnisses der Allgemeinheit an den Nachweis der Verkehrsgeltung *strenge Anforderungen* zu stellen (ÖOGH ÖBl. 1974, 139 – Wiener Emailmanufaktur; 1970, 151 – Teppichhaus Iran). Es genügt nicht, daß das Unternehmen unter der Bezeichnung weit und breit bekannt geworden ist; deshalb braucht eine Bezeichnung noch kein bestimmtes Unternehmen als Ganzes zu kennzeichnen. Zu verlangen ist, daß das Wort von einem beachtlichen Teil des Verkehrs als Kennzeichen eines bestimmten Unternehmens angesehen wird, so daß, wenn die Bezeichnung für ein anderes Unternehmen verwendet wird, sie dem bekannten Unternehmen zugeschrieben wird. Welche Zeit nötig ist, um die zum Schutz nötige Verkehrsgeltung zu erreichen, bestimmt sich nach den besonderen Umständen des konkreten Einzelfalls; schon eine kurze Zeit kann ausreichend sein (BGH GRUR 1957, 426 – Getränke Industrie). Das Wort muß die Kennzeichnungskraft für sich allein und ohne Zusatz erlangt haben. Der Firmenbestandteil *Fettchemie* wurde nicht als schutzfähig bezeichnet, da er nur in Verbindung mit dem Familiennamen kennzeichne (RGZ 172, 129, 130 – Fettchemie). § 12 BGB verlangt, daß ein beachtlicher Teil der beteiligten Verkehrskreise in dem Wort einen namensmäßigen Hinweis auf den Namensträger erblickt. Bei dem Firmenbestandteil *Markenschutzverband* der Firma *Verband der Fabrikanten von Markenartikeln (Markenschutzverband eV)* wurde der Nachweis des Erwerbs von Verkehrsgeltung als erbracht angesehen (RG GRUR 1932, 1052 – Markenschutzverband). Die Bezeichnung *Markenschutzverband* war allerdings schon nach § 41 Abs. 2 MilchG vom 31. Juli 1930 (RGBl. I S. 421) in die Gesetzessprache eingeführt und insoweit als Gattungsbezeichnung freigeworden; so bleibt ihr Gebrauch als Firmenbestandteil unzulässig (RG GRUR 1932, 1052, 1054 – Markenschutzverband; bedenklich RG MuW 1930, 126). Als schutzfähig beurteilt wurde *Braunschweigische Lebensversicherung* (RG MuW 1929, 344); *Hansa* als Schlagwort der Firma *Hansamühle* (RG MuW 1937, 420). Selbst wenn das Wort, das einen von Haus aus schwachen Firmenbestandteil darstellt, nicht zur Abkürzung der Firma benutzt wird, verstärkt seine Verkehrsgeltung den Namensschutz der Firma. Als schutzfähig wurden auch beurteilt *Hydraulik* für B-Werke in dem Ort B (RGZ 163, 233, 234); *Rohrbogenwerk* als Firmenname (BGH GRUR 1954, 70 – Rohrbogen); *Buchgemeinschaft* als Firmenname (BGH GRUR 1955, 95 – Buchgemeinschaft). Die Verkehrsgeltung kann unmittelbar oder aufgrund einer Verwendung als Zeichenbestandteil einer Marke erlangt werden (RG GRUR 1940, 111, 112). Die Bezeichnung *Milchhof* hatte schon vor dem Inkrafttreten des MilchG vereinzelt Verkehrsgeltung für ein Unternehmen erlangt, dem es als Kennzeichen zustand, auch wenn es als Gattungsbegriff in Beschreibungen verwendet werden konnte (RG MuW 1933, 299, 301 – Milchhof). An der Bezeichnung *Südwestfunk* wurde als Name und Unternehmenskennzeichen für den Südwestfunk und seine Sendungen Verkehrsgeltung als Hinweis auf den Südwestfunk erworben (OLG Karlsruhe GRUR 1988, 390 – Südwestfunk; 1993, 406 – Südwestbild).

**b) Verlust von Verkehrsgeltung.** Beruht die namensmäßige Unterscheidungskraft einer Bezeichnung allein auf der Verkehrsgeltung, so gehen mit dem *Verlust der Verkehrsgeltung* auch die Unterscheidungskraft und Namensfunktion wieder verloren. Allerdings wird eine einmal erlangte Verkehrsgeltung nicht schon durch eine vorübergehende Nichtbenutzung der Bezeichnung aufgehoben (BGHZ 21, 66 – Hausbücherei; BGH GRUR 1957, 428 – Bücherdienst). Dies wurde etwa für in der Nachkriegszeit beschlagnahmte oder zwangsweise stillgelegte Betriebe erheblich. Meist ist zu vermuten, daß die Hinweiskraft in der Erinnerung der Bevölkerung zunächst fortlebt, und zwar um so länger, je stärker die Verkehrsgeltung war. Die Beweislast für den Fortfall der Verkehrsgeltung trifft den Verletzer. Macht der Verletzte seine Ansprüche geltend, so kann sich der Verletzer auf eine durch sein rechtswidriges Verhalten bewirkte Zerstörung der Verkehrsgeltung nicht berufen (BGHZ 21, 66 – Hausbücherei; BGH GRUR 1957, 428 – Bücherdienst); das bedeutete eine mißbräuchliche Rechtsausübung (s. § 14, Rn 539; *Baumbach/Hefermehl*, Wettbewerbsrecht, Einl UWG, Rn 423 ff.).

## II. Anwendungsbereich des Namensschutzes

### 1. Räumlicher Geltungsbereich

**46** Anders als der handelsrechtliche Firmenschutz nach § 37 Abs. 2 HGB ist der Anwendungsbereich des Namensschutzes nach § 12 BGB und des Kennzeichenschutzes nach § 15 nach der Rechtsnatur des Namensschutzes grundsätzlich weder lokal noch territorial beschränkt. Der Namensschutz kann sich zwar grundsätzlich ohne *territoriale Begrenzung* auf das Gesamtgebiet der Bundesrepublik Deutschland erstrecken (BGH GRUR 1955, 299, 300 – Koma; 1961, 535 – Arko; 1970, 479 – Treppchen). Es wirkt sich aber die Kennzeichnungskraft eines Namens im Verkehr auf den räumlichen Geltungsbereich des Namensschutzes aus. Die Schutzvoraussetzungen eines schutzwürdigen Interesses nach § 12 BGB und des Vorliegens von Verwechslungsgefahr nach § 15 Abs. 2 bestimmen die *territoriale Schutzwirkung* des Namens- und Firmenschutzes. Der Begriff der Verwechslungsgefahr im Sinne des Kennzeichenschutzes geschäftlicher Bezeichnung nach § 15 Abs. 2 deckt sich wegen dieser territorialen Schutzschranke nicht mit dem Begriff der Verwechslungsgefahr im Sinne des Markenschutzes nach § 14 Abs. 2 Nr. 2. Der Markenschutz besteht im Gesamtgebiet der Bundesrepublik Deutschland als dem Geltungsbereich des MarkenG, sowohl unabhängig vom Territorium der Benutzung der Marke als auch innerhalb der Benutzungsfrist unabhängig von einer tatsächlichen Benutzung der Marke. Der Kennzeichenschutz einer *geschäftlichen Bezeichnung mit Namenscharakter* verlangt die Ingebrauchnahme der Bezeichnung im geschäftlichen Verkehr (s. § 5, Rn 3). Dieser Schutzvoraussetzung einer tatsächlichen Benutzung der geschäftlichen Bezeichnung genügt eine räumlich begrenzte tatsächliche Benutzung, von deren Territorium das Vorliegen einer Verwechslungsgefahr abhängig ist, da es auf die räumliche Beziehung der an der Kennzeichenkollision Beteiligten ankommt. Anders als der handelsrechtliche Firmenschutz nach § 37 Abs. 2 HGB ist der namensrechtliche (§ 12 BGB) und der kennzeichenrechtliche (§ 15) Firmenschutz zwar nicht auf den Ort der Niederlassung beschränkt, an dem der Inhaber seine Firma benutzt, wohl aber auf das Territorium des Wirtschaftsraumes, auf den die gewerbliche Tätigkeit des Firmeninhabers ausstrahlt. So kann etwa eine Firma wie *Friedrich Müller Holzhandlung* im Territorium eines nördlichen Bundeslandes kennzeichnen, im Süden aber unbekannt und als nichtssagend zu beurteilen sein. Der Bezeichnung *Milchhof* etwa wurde nur Kennzeichnungskraft in einem lokalen Territorium zuerkannt (RG MuW 1933, 299, 300 – Milchhof). Wenn zum einen die Kennzeichnungskraft der Firma eines Handelsunternehmens regelmäßig nicht territorial begrenzt sein wird, es sei denn, es handele sich um einen lokal oder territorial tätigen Händler, so wird die Bezeichnung eines Restaurants oder eines Hotels regelmäßig nur ortsgebunden kennzeichnen, weil dem Verkehr bekannt ist, daß zumeist eine gleiche Hotel- oder Gaststättenbezeichnung an verschiedenen Orten verwendet wird und deshalb nicht auf eine Identität oder einen organisatorischen Zusammenhang der identisch oder ähnlich bezeichneten Unternehmen geschlossen wird, es sei denn, es handele sich um eine überregional oder gar international tätige Hotel- oder Gaststättenkette. Anders können bestimmte Familiennamen, wie etwa *Kranzler* oder *Horcher*, stark individualisieren und von überregionaler Kennzeichnungskraft sein. Hotel- und Gaststättenbezeichnungen kommt regelmäßig nur eine territorial begrenzte Kennzeichnungskraft zu, wie etwa *Hospiz Baseler Hof* (RG MuW 1912, 507, 508) oder *Rheinische Winzerstuben* (RG JW 1937, 313). So kann der Inhaber einer Düsseldorfer Gaststätte, der als Zeichenbestandteil die Bezeichnung *Am Rauchfang* führt, dem Inhaber einer Braunschweiger Gaststätte die Verwendung des Schlagwortes *Am Rauchfang* nicht untersagen, weil im Verkehr nicht auf einen wirtschaftlichen Zusammenhang der beiden Gaststätten geschlossen wird (RGZ 171, 30, 32 – Am Rauchfang). Die Firma eines Gastronomieunternehmens, dessen wirtschaftliche Betätigung überregional angelegt ist (Hotel- und Restaurantketten), ist im Territorium der Bundesrepublik Deutschland geschützt (s. zur *Tabu Wirtschaftsbetriebe GmbH* BGHZ 24, 238, 244 – tabu I).

**47** Bei der Bestimmung des territorialen Geltungsbereichs des Namen- und Firmenschutzes ist die *potentielle Ausdehnung der wirtschaftlichen Betätigung* eines Unternehmens sowohl in *räumlicher* als auch in *sachlicher* Hinsicht zu berücksichtigen (BGHZ 8, 387, 392 – Fernsprechnummer; 11, 214, 219 – KfA; 24, 238, 244 – tabu I; BGH GRUR 1957, 426 – Getränke Industrie; 1961, 535, 537 – Arko; 1985, 72 – Consilia; Schweiz. BG GRUR Int

1985, 484, 486 – Computerland; zur Interessenabwägung zwischen dem Schutzbedürfnis des Kennzeicheninhabers und des Kennzeichenverletzers hinsichtlich einer bundesweiten Unterlassungsverpflichtung s. HansOLG Bremen WRP 1999, 215 – KLA-FLÜ). Der Firma eines Gaststättenbetriebsunternehmens wurde überörtlicher Firmenschutz nur dann zuerkannt, wenn das Unternehmen bereits im Zeitpunkt des Aufeinandertreffens der Kollisionsbezeichnungen sichtbar die Absicht verwirklicht hatte, überörtlich tätig zu werden, wie etwa durch Öffnung mittlerer Betriebe in verstreut liegenden Orten des Bundesgebietes (BGHZ 24, 238 – tabu I; BGH GRUR 1993, 923 – Pic Nic mit Anm. *Fammler;* Anm. *Ulrich,* LM, § 16 UWG, Nr. 145; Anm. *Klaka,* EWiR 1993, 813). Das *Ausdehnungsinteresse* von geschäftlichen Bezeichnungen mit Namenscharakter genügt dem Namensschutz als ein schutzwürdiges Interesse. Es kommt nicht darauf an, ob im Verkehr tatsächlich Verwechslungen vorgekommen sind, da die Möglichkeit von Verwechslungen dem Namensschutz genügt (BGHZ 10, 214 – Nordona; BGH GRUR 1958, 143, 146 – Schwandmann). Wenn die Schutzfähigkeit einer Bezeichnung, wie etwa bei Gattungsbezeichnungen oder schlagwortartigen Abkürzungen (s. dazu Rn 41 f.), den Erwerb von Verkehrsgeltung voraussetzt, dann begrenzt die *erworbene Verkehrsgeltung den territorialen Geltungsbereich* der schutzfähigen Bezeichnung (BGHZ 11, 214, 219 – KfA). Ein territoriales Ausdehnungsrecht ist deshalb nicht anzuerkennen, weil die Bezeichnung mit territorialer Verkehrsgeltung außerhalb des Territoriums der Verkehrsgeltung im Allgemeingebrauch steht.

**2. Territoriale Schutzwirkung von Firmenaltrechten nach der Herstellung der Einheit Deutschlands**

Die im Einigungsvertrag (Anlage I Kapitel III Sachgebiet E Abschnitt II Nr. 1 § 3 Abs. 1 EinigV) ausgesprochene vorläufige Beschränkung der Altrechte auf ihr bisheriges Schutzrechtsterritorium galt nicht für Handelsnamen. Im Einigungsvertrag wurde bewußt davon abgesehen, den firmenrechtlichen Schutz einer Regelung im Erstreckungsgesetz (s. zur Rechtslage nach dem ErstrG Einl, Rn 44 ff., 77 f.) vorzubehalten (BGHZ 127, 262, 264 – NEUTREX; 130, 134 – Altenburger Spielkartenfabrik; s. dazu *v. Mühlendahl,* GRUR 1990, 719, 736 f.). Wegen dieser vorbehaltlosen Freigabe des Handelsnamens von einer gesetzlichen Erstreckungsregelung verbietet sich eine analoge Anwendung der für eingetragene Marken vorgesehenen Kollisionsregeln der §§ 30, 31 ErstrG (BGHZ 130, 134 – Altenburger Spielkartenfabrik; s. dazu im einzelnen Einl, Rn 77 f.; *Knaak,* GRUR 1991, 891, 893 ff.). Ein am 3. Oktober 1990 bestehendes Unternehmenskennzeichen ist von diesem Zeitpunkt an hinsichtlich seiner räumlichen Schutzwirkung so anzusehen, als habe niemals eine Trennung Deutschlands bestanden. Der räumliche Schutzbereich eines Kennzeichens von *originärer Unterscheidungskraft* für ein Unternehmen, dessen Geschäftsbetrieb seiner Art nach keinen örtlichen oder regionalen Beschränkungen unterliegt, erweiterte sich mit der Herstellung der Einheit Deutschlands von Rechts wegen auf das gesamte neue Bundesgebiet. Ein Unternehmenskennzeichen, dem aufgrund des *Erwerbs von Verkehrsgeltung* firmenrechtliche Kennzeichnungskraft zukommt, ist in seinen Erstreckungswirkungen einem Unternehmenskennzeichen mit originärer Kennzeichnungskraft grundsätzlich gleichzustellen (dieser Auffassung zuneigend BGHZ 130, 134 – Altenburger Spielkartenfabrik). Von diesem Grundsatz können unter besonderen Umständen Ausnahmen gerechtfertigt sein. Eine Begrenzung der territorialen Schutzwirkung von Firmenaltrechten kommt etwa dann in Betracht, wenn unabhängig von der Teilung Deutschlands eine Ausdehnung der Geschäftstätigkeit des Unternehmens nicht zu erwarten war oder nach dem gegenwärtigen Stand der wirtschaftlichen Aktivität des Unternehmens mit einer weiteren Expansion und Verkehrsbekanntheit nicht zu rechnen ist; eine differenzierte Beurteilung kann angebracht sein, wenn nach den besonderen Umständen des konkreten Einzelfalles die Verwechslungsgefahr von dem Grad der Kennzeichnungskraft aufgrund von Verkehrsgeltung abhängig ist (s. dazu BGHZ 130, 134 – Altenburger Spielkartenfabrik). Die Kollision der erstreckten Unternehmenskennzeichen beurteilt sich nach den zum Recht der Gleichnamigen entwickelten Grundsätze (s. Rn 92 ff.; Einl, Rn 78).

**3. Persönlicher Geltungsbereich**

Der Namensschutz nach § 12 BGB steht nicht nur Inländern, sondern unabhängig von der Zugehörigkeit zur PVÜ Angehörigen aller Staaten zu, und zwar natürlichen und juristischen Personen, unabhängig davon, ob sie ihren Wohnsitz oder ihre Niederlassung im Inland haben und die Gegenseitigkeit verbürgt ist (RGZ 117, 215 – Eskimo Pie; BGHZ 8, 318 – Pazifist; BGH GRUR 1971, 517, 518 – SWOPS). Der ausländische Handelsname ist nicht nur als vollständige Firmenbezeichnung, sondern auch als Firmenschlagwort, Firmenbestandteil, Firmenabkürzung oder als besondere Geschäftsbezeichnung geschützt (BGH GRUR 1973, 661, 662 – Metrix). Die Benutzung des Namens muß grundsätzlich im Inland aufgenommen werden (BGH GRUR 1966, 267, 269 – White Horse; 1967, 199, 201 – Napoléon II; 1969, 357, 359 – Sihl; 1973, 661, 662 – Metrix). Ob einem Ausländer überhaupt ein Namensrecht zusteht, bestimmt sich nach dem *Personalstatut* des Namensträgers. Der Umfang des Namensschutzes bestimmt sich nach inländischem Recht, sofern eine Inbenutzungnahme im Inland vorliegt. Da es auf die Schutzvoraussetzungen nach inländischem Recht ankommt, kann der Inlandsschutz den Ausländer besser stellen als sein Heimatschutz (KG LZ 1915, 1327); § 12 BGB normiert einen Höchstschutz gegenüber einem ausländischen Recht (RGZ 100, 185 – Gervais). Anders lag es nach dem wettbewerbsrechtlichen Bezeichnungsschutz nach § 16 UWG aF. Dieser war auf Ausländer nur anwendbar, wenn sie Verbandsangehörige waren (Art. 2 PVÜ), schutzbegründende Staatsverträge bestanden oder die Gegenseitigkeit nach § 28 UWG verbürgt war (s. *Baumbach/Hefermehl*, Wettbewerbsrecht, 17. Aufl., § 16 UWG, Rn 38). § 28 UWG ist durch Art. 25 Nr. 2 MRRG aufgehoben worden (s. dazu § 7, Rn 47).

#### 4. Freihaltebedürfnis und Allgemeingeltung

50   Bei der Prüfung, ob eine Bezeichnung namensmäßige Unterscheidungskraft für ein bestimmtes Unternehmen besitzt oder sich im Verkehr als individueller Herkunftshinweis durchgesetzt hat, kommt dem *Freihaltebedürfnis* rechtliche Bedeutung zu. Je notwendiger der Verkehr auf eine Bezeichnung angewiesen ist, um so höhere Anforderungen sind an die Stärke ihrer Durchsetzung im Verkehr zu stellen (BGHZ 30, 357, 361 – Nährbier; 34, 299, 305 – Almglocke; BGH GRUR 1994, 905 – Schwarzwald-Sprudel). Wenn einer Bezeichnung Unterscheidungskraft zukommt, dann ist sie auch schutzfähig. Früher wurde zwar angenommen, besondere Gründe könnten eine absolute Freihaltung der Bezeichnung rechtfertigen, wenn etwa der Verkehr auch unter Berücksichtigung der künftigen Entwicklung auf die Bezeichnung unbedingt angewiesen sei (BGHZ 8, 387, 389 – Fernsprechnummer; 24, 238, 242 – tabu I; BGH GRUR 1963, 430, 432 – Erdener Treppchen; zu einer unbekannten geographischen Bezeichnung im Hinblick auf die künftige wirtschaftliche Entwicklung BGH GRUR 1963, 469 – Nola). Von einer solchen erneuten Einschaltung des Freihaltebedürfnisses zur Verneinung der Schutzfähigkeit einer unterscheidungskräftigen Bezeichnung ist der BGH abgerückt (BGHZ 30, 357, 370 – Nährbier; BGH GRUR 1964, 381, 383 – WKS; BGHZ 74, 1, 7 – RBB/RBT; 1982, 420, 422 – BBC/DDC; 1990, 681 – Schwarzer Krauser; 1992, 48, 50 – frei öl; *v. Gamm*, Wettbewerbsrecht, Kap. 56, Rn 32; *Teplitzky*, FS für v. Gamm, S. 303, 313; Großkomm/*Teplitzky*, § 16 UWG, Rn 219). Der Schutzumfang einer an sich schutzfähigen Kennzeichnung kann wegen eines Freihaltebedürfnisses für eine allgemein beschreibende Verwendung eingeschränkt werden (BGH GRUR 1985, 461 – Gefa/Gewa; 1989, 449, 450 – Maritim). Das *Rot-Kreuz-Zeichen* hat außerhalb des von der Deutschen Rot-Kreuz-Organisation genehmigten Gebrauchs keine Allgemeingeltung in dem Sinne erlangt, daß es unabhängig von deren Betreiben für Erste-Hilfe-Stationen verwendet werden darf; seine Benutzung setzt die Gestattung durch die Rot-Kreuz-Organisation voraus (OLG Nürnberg GRUR 1999, 68 – Rot-Kreuz-Zeichen; zur *Eintragungsfähigkeit von Kreuzmarken* s. § 8, Rn 368; zum Ordnungswidrigkeitenrecht s. § 8, Rn 397).

### III. Entstehung des Namensschutzes

51   Während das bürgerliche Namensrecht natürlicher Personen kraft Gesetzes etwa durch Geburt, Heirat oder Adoption entsteht, setzt das Namensrecht an einer geschäftlichen Bezeichnung die *Benutzung der geschäftlichen Bezeichnung im Inland* voraus. Zur Entstehung des Namensschutzes genügt eine *Ingebrauchnahme* im geschäftlichen Verkehr bei Namen, Firmen, besonderen Geschäfts- oder Unternehmensbezeichnungen und bei Werktiteln im Sin-

ne des § 5 Abs. 2 S. 1, Abs. 3. Auch Unternehmenskennzeichen ausländischer Unternehmen sind regelmäßig erst dann geschützt, wenn sie im Inland in einer Weise in Gebrauch genommen werden, die auf den Beginn einer dauernden, wirtschaftlichen Betätigung im Inland schließen läßt (BGH GRUR 1966, 267, 269 – White Horse; 1967, 199, 202 – Napoléon II; 1969, 357, 359 – Sihl; 1970, 315, 317 – Napoléon III; 1980, 114, 115 – Concordia; ÖOGH GRUR Int 1986, 735, 737 – Hotel Sacher; *Graf,* WRP 1969, 209, 211). Der inländischen Ingebrauchnahme einer ausländischen Firma genügt jede Benutzungsform, die den nahe bevorstehenden Beginn einer Ausdehnung des ausländischen Unternehmens zum Ausdruck bringt, wie etwa bei einem Import von Waren die Verwendung der Firma in der Geschäftskorrespondenz (BGH GRUR 1971, 517, 519 – SWOPS), nicht jedoch schon die bloße Anmeldung zur Eintragung als Marke. Für die Gewährung inländischen Firmenschutzes wurde als genügend angesehen, wenn ein ausländisches Versandhandelsunternehmen durch Wareneinkäufe entsprechenden Umfangs unter seiner Firma eine auf Dauer angelegte Geschäftstätigkeit im Inland aufgenommen hatte, auch wenn der Warenverkauf auf das Ausland beschränkt war (BGH GRUR 1980, 114, 116 – Concordia; aA OLG Köln WRP 1978, 226, 228); die Firma genießt umfassenden und nicht nur auf den Einkaufsbereich beschränkten Namensschutz. Die inländische Benutzung kann nicht nur vom Rechtsinhaber selbst, sondern auch von einem abhängigen Vertriebsunternehmen oder auch einem selbständigen Eigenhändler erfolgen, vorausgesetzt, daß die Benutzung vom Verkehr als betrieblicher Herkunftshinweis für das Unternehmen des ausländischen Rechtsinhabers aufgefaßt wird (BGH GRUR 1971, 517, 519 – SWOPS; 1973, 661, 662 – Metrix; OLG Karlsruhe GRUR 1992, 460 – Mc Chinese). Nicht nötig ist es, daß die ausländische Bezeichnung über die inländische Ingebrauchnahme hinaus schon eine gewisse Verkehrsanerkennung als Hinweis auf das ausländische Unternehmen gefunden hat (BGH GRUR 1966, 267, 269 – White Horse; 1967, 199, 202 – Napoléon II). Sie braucht auch nicht gegenüber dem künftigen Kundenkreis bereits in Erscheinung getreten zu sein (BGH GRUR 1970, 315, 316 – Napoléon III; 1971, 517, 519 – SWOPS; 1980, 114, 116 – Concordia unter Aufgabe der gegenteiligen Auffassung des RG RGZ 132, 374, 379 – Manon; 141, 110, 120 – The White Spot; 170, 302, 306 – De vergulde Hand). Der Zeitrang der ausländischen Bezeichnung bestimmt sich nach dem Zeitpunkt der inländischen Ingebrauchnahme. Wenn der Schutz einer Bezeichnung im Inland Verkehrsgeltung voraussetzt (s. Rn 41 f.; § 5, Rn 3 f.), dann ist der Schutz einer ausländischen Bezeichnung im Inland von dem Erwerb von Verkehrsgeltung abhängig (OLG München GRUR Int 1964, 321 – Teenform). Da der Schutz gegen Verwechslungsgefahr, den § 15 Abs. 2 und unter dem Aspekt der Verletzung eines schutzwürdigen Interesses § 12 BGB dem Kennzeicheninhaber gewähren, auch das Publikum vor einer Irreführung bewahren soll, kann der Schutz einer ausländischen Bezeichnung im Inland auch dann geboten sein, wenn sie zwar im Inland noch nicht gebraucht wird, jedoch aufgrund ihrer Verkehrsanerkennung im Ausland bereits im Inland, sei es bei Fachleuten oder allgemein, einen hohen Bekanntheitsgrad besitzt, so daß Verwechslungsgefahr besteht. Damit ist aber auch ohne inländische Ingebrauchnahme ein kennzeichenrechtlicher Schutz nach § 15 Abs. 2 und § 12 BGB im Inland begründet (s. Art. 8 PVÜ). Auch der BGH hat die Möglichkeit eines solchen Schutzes in der *Sihl*-Entscheidung angedeutet (BGH GRUR 1969, 357, 359 – Sihl; 1970, 528 – Migrol; zum Schutz von Unternehmensbezeichnungen der früheren DDR s. BGH GRUR 1961, 294 – ESDE mit Anm. *Hefermehl*).

Wenn die geschäftliche Bezeichnung von Natur aus keine namensmäßige Unterscheidungskraft besitzt (s. Rn 41), dann ist der *Erwerb von Vekehrsgeltung* Voraussetzung für die Entstehung des Namensschutzes. Das gilt auch für den Schutz von geschäftlichen Bezeichnungen ausländischer Unternehmen. Geschäftsabzeichen und sonstige betriebliche Unterscheidungszeichen im Sinne des § 5 Abs. 2 S. 2 sind den besonderen Geschäftsbezeichnungen nur dann gleichgestellt, wenn sie innerhalb der beteiligten Verkehrskreise als Kennzeichen des Geschäftsbetriebs gelten (s. § 5, Rn 4). Bei einer Kollision entscheidet im gesamten Bezeichnungsrecht grundsätzlich die Priorität (so schon RGZ 108, 272 – Merx; BGHZ 15, 107, 110 – Koma; s. § 6, Rn 6). Maßgebend ist der Zeitvorrang im Inland (RG GRUR 1937, 148, 149 – Kronprinz).

## IV. Schutztatbestände

### 1. Regelungsübersicht

**53** § 12 BGB schützt den Namensträger gegen *Namensleugnung* und *Namensanmaßung*. Die Namensverletzung durch Namensanmaßung ist im Wirtschaftsleben von erheblicher Bedeutung. Der *Abwehranspruch* (Unterlassungs- und Beseitigungsanspruch) des Namensinhabers verlangt kein Verschulden des Verletzers (§§ 823 Abs. 1, 826 iVm 1004 Abs. 1 analog BGB; zum kennzeichenrechtlichen Abwehranspruch nach § 15 Abs. 4 s. Rn 184 ff.). Der *Schadensersatzanspruch* setzt Verschulden voraus (§§ 823 Abs. 1, 826 BGB; zum kennzeichenrechtlichen Schadensersatzanspruch nach § 15 Abs. 5 s. Rn 191 f.).

### 2. Namensleugnung

**54** *Namensleugnung* (Namensbestreitung) liegt vor, wenn jemand dem Namensträger das Recht zum Gebrauch des Namens bestreitet und damit den Rechtsbestand des Namens in Frage stellt. Es bedarf dazu keines dauernden oder gar öffentlichen Widerspruchs. Die bloße Behauptung bedroht nicht nur, sondern verletzt. Eine Titelschutzanzeige (s. Rn 168) stellt keine Namensleugnung dar, da der Inhaber eines Werktitels im Sinne des § 5 Abs. 3 dem Namensträger nicht sein Recht zur Führung des Namens bestreitet (unter Hinweis auf § 23 Nr. 1 OLG München WRP 1996, 787, 788 – Frankenberg). Man kann ausdrücklich durch Worte oder durch schlüssiges Verhalten bestreiten, wie etwa durch absichtliche Beilegung des fremden Namens. Bestreiten gegenüber Dritten genügt. Kränkende Absicht ist unnötig. Im Gegensatz zur Namensanmaßung erübrigt es sich zu prüfen, ob ein besonderes Interesse des Namensträgers verletzt ist. Die Namensleugnung als solche verletzt schon das Namensrecht.

### 3. Namensanmaßung

**55** **a) Begriff.** *Namensanmaßung* liegt vor, wenn ein anderer unbefugt den gleichen Namen gebraucht und dadurch ein schutzwürdiges Interesse des Namensträgers verletzt. Im Bereich des geschäftlichen Verkehrs kann die Namensanmaßung auch eine Fallkonstellation der §§ 14, 15 darstellen; § 12 BGB reicht weiter (s. Rn 22). Der Name ist nach § 12 BGB nur unter bestimmten Voraussetzungen geschützt. Es kommt darauf an, ob ein *gleicher Name gebraucht* wird (s. Rn 56 ff.), ein *schutzwürdiges Interesse des Berechtigten verletzt* ist (s. Rn 67 ff.) und der *Gebrauch unbefugt* ist (s. Rn 81 ff.). Bei Vorliegen dieser Schutzvoraussetzungen ist das subjektive Namensrecht des Namensträgers verletzt.

**56** **b) Gebrauch des gleichen Namens. aa) Namensgebrauch.** Der Namensschutz nach § 12 BGB erstreckt sich zwar auf jede beliebige Art der Verwendung des Namens einer Person, und zwar im Privatleben wie im Geschäftsverkehr. Voraussetzung des kennzeichenrechtlichen Namensschutzes nach § 15 ist ein Handeln im geschäftlichen Verkehr. Der bürgerlichrechtliche Namensschutz nach § 12 BGB verlangt nicht das Vorliegen einer kennzeichenmäßigen Benutzung, sondern schützt gegen den unbefugten Gebrauch (*Sack*, WRP 1982, 615, 616; zum Verbot der Benutzung des Namensbestandteils *Markenschutzverband* in einem wissenschaftlichen Werk s. RG GRUR 1932, 1052). Der Name wird aber nicht um seiner selbst willen geschützt, sondern im Interesse der Persönlichkeit des Namensträgers. Namensgebrauch liegt deshalb nur in einer solchen Verwendung des Namens, die nach der Auffassung eines rechtlich beachtlichen Teils des Verkehrs auf irgendeine persönliche Beziehung des Namensträgers zu der mit seinem Namen bezeichneten Person, Sache oder Leistung schließen läßt. Nach der Rechtsprechung stellt nicht jede Form der Verwendung eines fremden Namens einen Gebrauch des Namens im Sinne des § 12 BGB dar, sondern nur solche Namensanmaßungen, die geeignet sind, eine *namensmäßige Zuordnungsverwirrung* (Identitätsverwirrung) hervorzurufen (BGHZ 30, 7, 10 – Caterina Valente; 81, 75, 78 – Carrera/Rennsportgemeinschaft; 91, 117, 120 – Mordoro; 119, 237, 245 – Universitätsemblem), da die Vorschrift nur den Schutz des Namens in seiner Funktion als Identitätsbezeichnung der Person seines Trägers zum Ziele hat (BGH GRUR 1960, 550, 553 – Promonta; BGHZ 119, 237, 245 – Universitätsemblem; kritisch *Sack*, WRP 1984, 521, 531).

Eine Zuordnungsverwirrung setzt aber keinen namensmäßigen oder kennzeichenmäßigen Gebrauch des Namens durch den Dritten voraus; ausreichend sind vielmehr auch solche Verwendungsweisen, durch die der Namensträger zu bestimmten Einrichtungen, Gütern oder Erzeugnissen in Beziehung gesetzt wird, mit denen er nichts zu tun hat (BGHZ 30, 7, 10 – Catarina Valente; BGH GRUR 1964, 38, 40 – „Dortmund grüßt...""). Es genügt auch, daß im Verkehr der Eindruck entsteht, der Namensträger habe dem Benutzer ein Recht zu einer entsprechenden Verwendung des Namens erteilt (RGZ 74, 308, 310 – Graf Zeppelin; BGH GRUR 1983, 262, 264 – Uwe; BGHZ 119, 237, 245 – Universitätsemblem). Nicht nur ein unmittelbarer Gebrauch des Namens, sondern auch ein deutlicher mittelbarer Hinweis auf den Namensträger kann ausreichen, wenn eine Identitätsverwirrung möglich ist (BGHZ 30, 7, 10 – Caterina Valente; 91, 117, 120 – Mordoro; BGH GRUR 1994, 732 – McLaren). Gegen solche Verwendungen des Namens schützt das Namensrecht den Namensträger unter den weiteren Voraussetzungen, daß der Name unbefugt gebraucht (s. Rn 81 ff.) und dadurch ein schutzwürdiges Interesse des Namensträgers verletzt wird (s. Rn 67 ff.; zur Verletzung des Persönlichkeitsrechts s. *Baumbach/Hefermehl*, Wettbewerbsrecht, Allg, Rn 157a).

**bb) Bezeichnung der eigenen Person.** Die Anmaßung eines fremden Namens zur Bezeichnung der eigenen Person kann allgemein oder für einen bestimmten Bereich wie einen geschäftlichen Tätigkeitsbereich erfolgen. Bei der OHG und KG genügt im Hinblick auf § 123 HGB schon die Anmeldung einer *Firma* zum Handelsregister, da die Firmenanmeldung den Willen bekundet, ein Geschäft unter dieser Firma zu begründen (RGZ 80, 437). Das gleiche gilt für eine Anmeldung zum Fernsprechverzeichnis (KG JW 1926, 2930). Bei der AG und GmbH genügt die bloße Anmeldung zum Handelsregister nicht; da nach den §§ 41 AktG, 11 GmbHG eine Eintragung erforderlich ist (BGH GRUR 1957, 426 – Getränke Industrie). Im Gebrauch des *Familien- und Vornamens* eines Verstorbenen liegt auch der Gebrauch des Namens der Witwe; der volle Name kennzeichnet eine Person als Individuum und als Familienmitglied (BGHZ 8, 318 – Pazifist). Für *Familienwappen* ist jeder Familienangehörige geschützt. Auch dem Träger einer Tradition kommt Namensschutz nach § 12 BGB zu (HansOLG Hamburg GRUR 1941, 131 – Carl Hagenbeck). Eine *Gewerkschaft* genießt Namensschutz für eine kraft Verkehrsgeltung geschützte Namensabkürzung gegen Verwendung durch eine politische Partei, wenn sie dadurch zu der Partei in Beziehung gebracht wird (BGH GRUR 1965, 377 – GdP).

**cc) Bezeichnung eines Unternehmens oder eines Produkts.** Die Anmaßung eines fremden Namens kann zur Bezeichnung eines Unternehmens, eines Produkts (Ware oder Dienstleistung) oder einer bestimmten Einrichtung, mit denen der Namensträger nichts zu tun hat, erfolgen (RGZ 74, 308 – Zeppelin; 117, 215, 219 – Eskimo Pie; BGHZ 30, 7, 9 – Caterina Valente; BGH GRUR 1958, 302 – Lego; 1964, 38 – „Dortmund grüßt...""; 1991, 157 – Johanniter-Bier; BGHZ 119, 237, 245 – Universitätsemblem; OLG Köln GRUR 1967, 319, 320 – Killer; s. auch BGH GRUR 1979, 564, 565 – Metall-Zeitung mit Anm. *Fezer*). Der fremde Name soll so einen Bereich decken, der nicht der des Namensträgers ist. Diesem Fall kommt im geschäftlichen Verkehr besondere Bedeutung zu. Es genügt, wenn im Verkehr der Eindruck entsteht, der Namensträger habe dem Benutzer ein Recht zur entsprechenden Verwendung des Namens erteilt (RGZ 74, 308, 310 – Graf Zeppelin; BGH GRUR 1983, 262, 264 – Uwe; BGHZ 119, 237, 245 – Universitätsemblem). Der fremde Name braucht nicht einmal ausdrücklich benutzt zu sein. Es genügt jede Benutzung, durch die im Verkehr eine erkennbare Beziehung zu einem bestimmten Namensträger hergestellt wird. Das Wort *Stadttheater* enthält den Gebrauch des Namens der Stadt, in der es liegt, denn es kann ohne Zusatz nur auf ihn bezogen werden (RGZ 101, 171 – Stadttheater). Die Verwendung des Siegels einer Universität als T-Shirt-Aufdruck stellt ohne Zustimmung der Universität einen Namensmißbrauch und eine Verletzung des Persönlichkeitsrechts dar (OLG Karlsruhe GRUR 1986, 479 – Universitätssiegel; BGHZ 119, 237, 245 – Universitätsemblem; *Baumbach/Hefermehl*, Wettbewerbsrecht, Allg, Rn 157a). Ob durch den Werbespruch *Dortmund grüßt mit Hansa-Bier* das Namensrecht der Stadt Dortmund verletzt wird, hängt davon ab, ob ein rechtlich beachtlicher Teil der angesprochenen Verkehrskreise hierin einen namensmäßigen Hinweis auf die Stadt erblickt. Während bei § 3 UWG schon die Auffassung eines nicht völlig unbeachtlichen Teils der umworbenen Verkehrskreise schutzfähig sein soll (*Baumbach/Hefermehl*, Wettbewerbsrecht, § 3 UWG, Rn 27), läßt sich für die Verletzung des Namensrechts ein bestimmter Maßstab nicht aufstellen. Vielmehr kommt es im Einzelfall auf die Schwere der Beeinträchtigung an (BGH GRUR 1964, 38, 41 – „Dortmund grüßt ..."). Je nachdem ist ein geringerer oder größerer Anteil derjenigen zu verlangen, die den Werbespruch auf die Person des Namensträgers beziehen (zum Maßstab der Normativität berechtigter Verbrauchererwartungen im Kennzeichenrecht s. § 14, Rn 123 ff.; s. auch Rn 70). Auch durch *Verwendung als Marke* kann das Namensrecht verletzt werden. Der Verkehr kann in der Marke die Wiedergabe des Namens oder seines Unternehmens finden. Dann liegt in der Verletzung des Markenrechts auch eine Verletzung des Namensrechts. Dasselbe gilt auch, wenn der Name zwar gekürzt, aber als verständlicher Hinweis in die Marke aufgenommen wird, wie etwa *Shell* als Hinweis auf die *Rhenania Ossag Mineralwerke AG* (RG MuW 1931, 613, 615). Häufig wird das zutreffen, wenn eine Firma gekürzt als Zeichen verwendet wird. Wenn ein Unternehmen mit der Firma *Pincus & Otto* aus den beiden Namen die Marke *Pioto* bildet und im Verkehr die Firma unter diesem Namen bekannt ist, dann enthält die Markenrechtsverletzung zugleich eine Namensverletzung (RG MuW 1923/1924, 156; BGHZ 15, 109 – Koma). Zumeist wird dem Verkehr der Name nicht aus der Marke allein ersichtlich sein, so daß die Markenrechtsverletzung keine Namensverletzung umfaßt. Die Firma *Lego-Kleidung, E. Kodeß & L. Lewinski* enthält mit dem aus den Anfangsbuchstaben des Gesellschafters *Lewinski* und des ausgeschiedenen Gesellschafters *Goldstein* gebildeten Bestandteil *Lego* einen namensmäßigen Hinweis auf den am gleichen Ort wohnenden Handelsvertreter namens *Lego* (BGH GRUR 1958, 302 – Lego). Anders liegt es jedoch, wenn das fragliche Wort als eine reine Phantasiebildung aufgefaßt wird, so daß eine Verbindung mit dem Namen einer bestimmten Person nicht besteht. Wer etwa Wörter wie *Löwe* oder *Adler* gebraucht, kann zwar einen Träger dieses Namens meinen, doch ist dies bei Produktbezeichnungen wie etwa einer Zigarettenmarke eher unwahrscheinlich. Als zulässig beurteilt wurden die Bezeichnung *Krongold* als Phantasiebezeichnung für Zigaretten der *Waldorf-Astoria-Zigarettenfabrik*, da ein Hinweis auf einen Reisenden *Krongold* nicht gegeben sei (HansOLG Hamburg MuW 1914/1915, 368 – Krongold); die Bezeichnung *Montebello* für Zigaretten wegen fehlenden Hinweises auf die Familie *Montebello* oder einzelne bestimmte Familienmitglieder (KG MuW 1914/1915, 341 – Montebello); die Bezeichnung *Korall* für ein Waschmittel, das zufällig mit dem Familiennamen einer Privatperson übereinstimmte (OLG Braunschweig GRUR 1966, 272 – Korall). Wird eine Marke angemeldet, die ein fremdes Namensrecht verletzt, so kann Rücknahme der Markenanmeldung verlangt werden (OLG Düsseldorf WRP 1982, 331).

**59**   **dd) Bezeichnung einer fremden Person.** Die Anmaßung eines fremden Namens kann zur Bezeichnung einer fremden Person erfolgen (*Staudinger/Weick/Habermann*, § 12 BGB, Rn 262; *Soergel/Heinrich*, § 12 BGB, Rn 175; aA RGZ 108, 230, 233; offengelassen von BGH GRUR 1965, 547, 550 – Zonenbericht). § 12 BGB schützt das Interesse des Namensträgers daran, daß seinem Namen der Charakter eines Kennzeichens seiner eigenen Person erhalten bleibt und nicht durch einen Namensmißbrauch Verwechslungen zwischen ihm und anderen Personen herbeigeführt werden. Das *Identitätsinteresse* wird nicht nur verletzt, wenn jemand sich selbst den Namen des Berechtigten beilegt, sondern auch, wenn er einen Dritten mit diesem Namen bezeichnet. Auch die Verwendung eines nicht frei erfundenen Namens zur Bezeichnung einer Phantasiegestalt in einem Roman, Bühnenwerk oder Film ist eine Verletzung des Namensrechts, wenn hierin eine Anspielung auf den wirklichen Namensträger oder eine Beziehung zu ihm erblickt werden kann (RG JW 1939, 153; ÖOGH ÖBl. 1958, 64). Bei typischen Namen, wie etwa *Biedermann* trifft dies nicht zu (RG DJZ 1906, 543 – Professor Biedermann). Auch darf die Namenswahl für den Urheber nicht ungebührlich beengt werden; dieser Gesichtspunkt kann bei der Feststellung des schutzwürdigen Interesses des Namensträgers erheblich werden (Rn 67 ff.).

**60**   **ee) Bezeichnung des Namensträgers.** Eine Verletzung des Namensrechts liegt nicht vor, wenn die richtige Person mit ihrem richtigen Namen genannt wird (RGZ 91, 350, 352 – Weberlied; *Nipperdey*, DRZ 1948, 177; *Ulmer*, § 40 UrhG, Anm. II). Ein Namensmißbrauch kann auch in einem Kennzeichnungsmißbrauch liegen. Die namentliche Aufführung einer Person unter ihrem Namen in einer schwarzen Liste ist keine Namensrechtsverletzung. Auch die Erwähnung des Namens eines bekannten Künstlers in einer Werbeanzeige stellt als solche keine Namensrechtsverletzung dar (BGHZ 30, 7, 9 – Caterina Valente; RG DJZ 1906, 543 – Professor Biedermann); die Verwendung eines fremden Namens zu Werbezwecken verletzt aber das allgemeine Persönlichkeitsrecht des Namensträgers (*Baumbach/Hefermehl*, Wettbewerbsrecht, Allg, Rn 142 ff.). Das wurde auch für die Veröffentlichung von Einzelheiten über das Privatleben und die Berufstätigkeit eines Frauenarztes angenommen (OLG München GRUR 1960, 42 – Frauenarzt Dr. R.). Im Hinblick auf Art. 5 Abs. 1 GG verneinte der BGH die Unbefugtheit des Namensgebrauchs, wenn auf der Innenseite einer Zeitschrift das namensmäßig geschützte Titelemblem eines anderen Presseorgans (der *Bildzeitung*) als Kopfzeile für einen redaktionellen Artikel verwendet wurde, der sich mit dem anderen Presseorgan auseinandersetzte (BGH GRUR 1979, 564 – Metall-Zeitung mit Anm. *Fezer*). Namensschutz nach § 12 BGB kam deshalb nicht in Betracht, weil das Presseorgan mit seinem richtigen Namen bezeichnet wurde.

**ff) Identische und ähnliche Namen. (1) Grundsatz.** § 12 BGB untersagt den Gebrauch des *gleichen Namens*. Auf einen wörtlichen oder buchstabengetreuen Gebrauch kommt es nicht an. Ein unbefugter Namensgebrauch liegt auch vor, wenn nicht der ganze Name, sondern nur einzelne *Namensteile* benutzt werden, sofern es sich um wesentliche Bestandteile handelt (BGHZ 8, 318, 320 – Pazifist; BGH GRUR 1971, 517, 518 – SWOPS; ÖOGH GRUR Int 1986, 735, 738 – Hotel Sacher). Im *geschäftlichen Verkehr* bedarf es eines weiteren Schutzbereichs des Namens. § 15 Abs. 2 untersagt, daß jemand unbefugt irgendeine geschäftliche Bezeichnung in einer Weise benutzt, die geeignet ist, Verwechslungen mit der geschützten Bezeichnung hervorzurufen. Dabei kommt es entscheidend darauf an, ob die Unternehmen und nicht etwa nur die Bezeichnungen als solche verwechselt werden können. Eine solche *Verwechslungsgefahr* kann schon dadurch eintreten, daß die im Vergleich stehenden Bezeichnungen einander ähnlich sind, das heißt gewisse übereinstimmende Merkmale aufweisen. Daß verwechselbare und ähnliche Bezeichnungen gleichen Bezeichnungen gleichstehen, folgt zwingend aus dem das Kennzeichenrecht und Wettbewerbsrecht beherrschenden Bestreben, die Öffentlichkeit vor Irreführungen zu bewahren (so auch RGZ 117, 215 – Eskimo Pie; 171, 147, 155 – Salamander). Dasselbe gilt für § 12 BGB, dessen Schutzbereich auch im Rahmen des geschäftlichen Verkehrs über den des § 15 hinausgeht. § 15 stellt nur auf die Eignung zur Verwechslung ab, § 12 BGB dagegen auf die Verletzung eines geschäftlichen oder sonstigen Interesses (s. Rn 67 ff.).

Ob ein gleicher, ähnlicher oder verwechselbarer Name gebraucht wird, ist nach der Verkehrsauffassung zu beurteilen. Es wird mit einem flüchtigen Erinnerungsbild und geringer Aufmerksamkeit im Verkehr gerechnet, wenn auch nicht in dem gleichen Maß wie bei der Benutzung von Marken oder in der Werbung (zum Maßstab der Normativität berechtigter Verbrauchererwartungen im Kennzeichenrecht s. § 14, Rn 123 ff.; s. auch Rn 70). Kleinere Abweichungen sind meist bedeutungslos; als unschädliche Abweichung wurde *Pro-Monta* gegenüber *Promonta* beurteilt (BGH GRUR 1960, 550, 552 – Promonta). Trotz Verwechslungsfähigkeit oder gar Gleichheit der Bezeichnungen greift jedoch der Schutz nach § 12 BGB und nach § 15 dann nicht ein, wenn eine Verwechslung der Unternehmen nicht zu befürchten ist, wie etwa bei völliger Branchenverschiedenheit oder Trennung der Absatzbereiche (s. Rn 72 ff.).

**(2) Entscheidungspraxis.** Als Namensrechtsverletzung wurden beurteilt *Haxa* gegenüber *Axa* (RG MuW 1929, 166, 168); *Fravina* gegenüber *Farina* (RG MuW 1933, 342); *Elbelit* gegenüber *Elbel*, auch wenn kein Zusammenhang mit dem Namen besteht (KG MuW 1934, 125); *Becro* gegenüber *Berko* (RG GRUR 1937, 1090, 1092); *Santo* gegenüber *Santos*, weil der Verkehr beide für Phantasiewörter halte und die Stadt *Santos* nicht kenne (RG MuW 1925, 167); *Rhein-Chemie GmbH* gegenüber *REI-Chemie GmbH* (BGH GRUR 1957, 561 – REI-Chemie). Zusätze über die Rechtsform eines Verbands wie etwa *e. V., AG, GmbH, OHG, KG* pflegen vom Verkehr nicht sonderlich beachtet zu werden und schließen deshalb eine Verletzung des Namensrechts nicht aus (OLG Düsseldorf GRUR 1967, 314 – Schmidt & Sohn).

**(3) Abkürzungen von Namen.** Nicht nur die vollständigen Namen müssen sich unterscheiden, sondern auch die im Verkehr gebrauchten Abkürzungen (RG JW 31, 1921, 1922). Eigenart und Unterscheidungskraft des Namens müssen unbedingt bestehen bleiben (RG MuW 1926/1927, 114 – Salvator). Eine Namensverletzung stellt deshalb auch der Gebrauch in anderer Schreibweise dar. Auch der Gebrauch eines Bildes kann als ein unbefugter Namensgebrauch zu beurteilen sein; die Benutzung des Bildes eines *Salamanders* ist als Gebrauch des Namens *Salamander* zu beurteilen (RGZ 171, 147, 155 – Salamander; RG MuW 1931, 100, 103). Bei der Beurteilung der Verwechslungsgefahr fällt ins Gewicht, daß der Verkehr vor allem bei längeren Namen zu Abkürzungen neigt. Es kann deshalb die Verwechslungsgefahr schon dadurch herbeigeführt werden, daß zwei Firmenbezeichnungen in Teilen übereinstimmen, deren Verwendung zur Abkürzung der vollständigen Firma im Verkehr naheliegt.

**65** Als *verwechslungsfähig* beurteilt wurden *Reiherstieg-Lagerhaus* und *Reiherstieg Holzlager AG* (BGH GRUR 1960, 296 – Reiherstieg); der Kochbuchtitel *Pasta & Pizza* mit den Untertitelzeilen *Gekonnt zubereitet* oder *Grandioso* und *Pizza & Pasta* (BGH GRUR 1991, 153, 155 – Pizza & Pasta); die Buchstabenfolge *DBB* einer Steuerberatungsgesellschaft und die in der Satzung vorgesehene Abkürzung *DBB* des *Deutschen Beamtenbundes*, weil trotz der Branchenferne im Verkehr angenommen werden könne, die Steuerberatungsgesellschaft sei eine Unterorganisation des *Deutschen Beamtenbundes* (OLG Frankfurt GRUR 1988, 850 – Steuerberatungsgesellschaft).

**66** **(4) Namenszusätze.** Die Beifügung von Zusätzen kann die Unterscheidungsfähigkeit der kollidierenden Bezeichnungen begründen und nach Lage des Falles eine Namensverletzung ausschließen. Ein beigefügter *Vorname* unterscheidet regelmäßig nicht gegenüber dem reinen, normal kennzeichnungskräftigen Zunamen ohne jede anderweitigen kennzeichnungskräftigen Bestandteile (BGH GRUR 1961, 628, 630 – Umberto Rosso; 1985, 389, 390 – Familienname; 1987, 182, 184 – Stoll; 1991, 393 – Ott International; 1991, 475, 477 – Caren Pfleger). Bei einem sehr häufig vorkommenden und daher kennzeichnungsschwachen Familiennamen wird im allgemeinen die Hinzufügung eines ausgeschriebenen Vornamens genügen, um die Verwechslungsgefahr auszuschließen; das gilt jedenfalls dann, wenn der Verkehr wie bei alkoholischen Getränken nicht dazu neigt, vollständige Namensbezeichnungen auf den Nachnamen abzukürzen (BPatG GRUR 1989, 268 – Meyer). Die Gefahr der Verwechslung wird auch dann entfallen, wenn die Verbindung des Namens mit dem Vornamen einen sehr hohen Grad allgemeiner Bekanntheit und einen besonders hohen Grad namensmäßiger Kennzeichnungskraft mit Bezug auf eine bestimmte, in der Allgemeinheit unter ihm nahezu berühmt gewordene Person gewinnt und insoweit denkbar ist, daß der Verkehr allgemein gerade an die spezifische Namensverbindung, wie beispielsweise bei Namen wie *Bert Brecht* oder *Boris Becker* gewöhnt ist (einen solchen erforderlichen Bekanntheitsgrad des Namens *Caren Pfleger* ablehnend BGH GRUR 1991, 475, 477 – Caren Pfleger). Beseitigt die Beifügung eines zweiten Vornamens die Verwechslungsgefahr nicht, so muß unter Umständen der verwechslungsbegründende Vorname wegbleiben (RG MuW 1934, 372, 373 – Carl Wilhelm Model). Eine Ortsangabe, die nicht Firmenbestandteil ist, wird grundsätzlich nicht unterscheiden. Zusätze, die einen redlichen Geschäftsmann in unerschöpflicher Fülle zur Verfügung stehen, können etwa der Lage *(Gegenüber dem Jülichplatz)*, dem Geschäftszweig *(Brennstoffgeschäft)*, einer Schlagzeile *(Alle Tage anders)* entnommen werden. Zusätze können Hinweise enthalten *(nicht zu verwechseln mit . . .)*. Verschiedenartiger Druck, Unterstreichung eines Vornamens und andere graphische Gestaltungen können nach Lage des Falles genügen. Von Bedeutung ist der Unterschied zwischen Zwangsnamen und Wahlnamen. Der Einzelkaufmann, der unter seinem Familiennamen mit mindestens einem ausgeschriebenen Vornamen firmieren muß (§ 18 HGB), vermeidet Verwechslungen schwerer, als derjenige, der seinen Namen frei wählen kann. Bei Zwangsnamen können deshalb geringere Abweichungen genügen als bei Wahlnamen (zum Problem der Namensgleichheit s. Rn 92 ff.).

**67** **c) Verletzung eines schutzwürdigen Interesses. aa) Interesse des Berechtigten.** Die Namensanmaßung muß das Interesse des Berechtigten verletzen. Die *Interessensverletzung* stellt den Eingriff in das Namensrecht des Berechtigten dar. Eine interessensverletzende Namensanmaßung ist unbefugt, es sei denn, besondere Gründe schließen die Widerrechtlichkeit der Benutzung aus (s. Rn 81 ff.). Der Begriff des Interesses ist *weit* auszulegen. Es braucht kein wirtschaftliches oder geschäftliches Interesse zu sein. § 12 BGB setzt keinen Gewerbebetrieb oder ein unternehmerisches Verhalten voraus. Bei einem Personennamen kann ein familienrechtliches, ein ideelles, selbst ein Affektionsinteresse genügen (BGH

GRUR 1958, 302 – Lego). Niemand braucht sich den Gebrauch seines Familiennamens in einer Geschäftsreklame oder Produktbezeichnung gefallen zu lassen (RGZ 74, 310 – Graf Zeppelin). Gleiches gilt für die Veröffentlichung des Bildes eines Künstlers zu Reklamezwecken, wie etwa eines bekannten Schauspielers auf einem Motorroller (BGHZ 20, 345 – Dahlke) oder zur Werbung für Fernsehgeräte (BGH LM Nr. 4 zu § 23 KunstUrhG; *Baumbach/Hefermehl*, Wettbewerbsrecht, Allg, Rn 155). Tote haben kein Namensrecht; doch kann ein mißbräuchlicher Gebrauch des Namens eines Toten die nahen Angehörigen in ihren Interessen verletzen, unter Umständen sogar eine unerlaubte Handlung darstellen. Das gilt namentlich bei einem Mißbrauch des Namens verstorbener bekannter Persönlichkeiten (Name des Malers *Sütterlin* für das Warenzeichen *Sütterlin Feder* RG GRUR 1925, 222; RG JW 1939, 154). Es ist ein Gebot des Anstands, die Zustimmung nächster Angehöriger einzuholen, wenn ein politischer Verein zu seinem Namen den Namen eines Verstorbenen wählt (BGHZ 8, 318 – Pazifist). Der Gebrauch einer kraft Verkehrsgeltung geschützten Namensabkürzung einer Gewerkschaft seitens einer politischen Partei verletzt das Namensrecht der Gewerkschaft, wenn sie dadurch zu der Partei in Beziehung gebracht wird (BGH GRUR 1965, 377 – GdP). Aufgrund des Namensrechts eines verstorbenen Malers kann vom Eigentümer eines unechten Bildes nicht die Zustimmung zur Vernichtung oder Kennzeichnung als Fälschung verlangt werden (BGHZ 107, 384 – Emil Nolde).

**bb) Schutzwürdigkeit.** Das Interesse der Berechtigten muß schutzwürdig sein. Das ist **68** ein sachliches Erfordernis und deshalb vom prozessualen Erfordernis des Rechtsschutzbedürfnisses zu unterscheiden. Bei der Prüfung der Schutzwürdigkeit des Interesses sind die widerstreitenden Interessen zu berücksichtigen. Bei der gebotenen *Interessenabwägung* kommt es darauf an, welchem Interesse der Vorrang gebührt (BGH GRUR 1958, 302 – Lego; RG JW 1939, 153). Dies bestimmt sich bei kollidierenden geschäftlichen Bezeichnungen grundsätzlich nach der Priorität. Das gilt allerdings nicht ausnahmslos, wenn etwa der Verletzer einen wertvollen Besitzstand erworben hat. Kennzeichnet der Name eine Person in allen ihren Lebensbereichen, wie der Zwangsname und unter Umständen auch das Pseudonym, so ist das schutzwürdige Interesse des Namensträgers ein umfassendes (RGZ 74, 308, 310 – Graf Zeppelin). Kennzeichnet der Name dagegen nur einen bestimmten Bereich, so ist das schutzwürdige Interesse auf diesen Bereich begrenzt (BGH GRUR 1991, 157 – Johanniter-Bier). Bei Namen, die im geschäftlichen Verkehr verwendet werden, wie etwa die Firma oder die besondere Geschäftsbezeichnung ist die Verletzung eines geschäftlichen Interesses des Namensträgers erforderlich (BGH GRUR 1976, 379, 381 – KSB; *Soergel/Heinrich*, § 12 BGB, Rn 187). Ein geschäftliches Interesse kann vor allem verletzt sein, wenn Verwechslungsgefahr im engeren oder weiteren Sinne besteht (RGZ 117, 215, 220 – Eskimo Pie; 171, 147, 153 – Salamander; BGH GRUR 1951, 332 – Koh-i-noor; 1957, 561 – REI-Chemie; s. Rn 72 ff.), aber auch dann, wenn durch eine Schwächung der Kennzeichnungskraft oder der Werbekraft eines berühmten Namens Verwässerungsgefahr zu besorgen ist (s. Rn 78). Der Anwendungsbereich des § 12 BGB reicht über den des § 15 Abs. 2 hinaus, denn er den besser berechtigten Benutzer nur gegen Verwechslungsgefahr schützt (s. Rn 17 f.; zum Bekanntheitsschutz der geschäftlichen Bezeichnung nach § 15 Abs. 3 s. Rn 19). Der namensrechtliche Schutz geschäftlicher Kennzeichen nach § 12 BGB darf aber nicht zum Nachteil freier gewerblicher Betätigung überspannt werden. Bei der Prüfung, ob ein geschäftliches Interesse schutzwürdig ist, ist zu berücksichtigen, daß der Namensschutz seiner Entstehung nach vornehmlich dazu bestimmt war, den Namen als Identitätsbezeichnung einer bestimmten Person zu schützen. Soweit ein weitergehender Schutz gewährt wird, der weniger *persönlichkeitsrechtlichen* als *vermögensrechtlichen* Interessen des Namensträgers dient, ist es sachgerecht, an die Schutzwürdigkeit des Interesses besondere Anforderungen zu stellen. Dies gilt namentlich für den Schutz gegen Verwässerungsgefahr (BGH GRUR 1960, 550 – Promonta) oder Rufbeeinträchtigung (s. Rn 78 f.).

Im Gegensatz zu einem Personennamen, bei dem auch ein rein persönliches oder ideelles **69** Interesse des Namensträgers nach § 12 BGB geschützt ist, ist der *Name einer juristischen Person* oder eine *Firma,* die keinen Hinweis auf eine natürliche Person enthält, nur insoweit in ideellen Belangen geschützt, als diese sich auch auf das geschäftliche Interesse auswirken. Das ist nicht der Fall, wenn ein politisch tätiger kommunistischer Studentenbund zur Abkürzung seines Vereinsnamens eine lautlich nicht ausgeschriebene Buchstabenfolge benutzt, die mit einem von einem Wirtschaftsunternehmen als besondere Geschäftsbezeichnung verwendeten und im Verkehr durchgesetzten Firmenbestandteil identisch ist (BGH GRUR 1976, 379, 381 – KSB); das persönliche Interesse, daß der Studentenbund nicht unter dieser Bezeichnung auftritt, rechtfertigt nicht einen über den Funktionsbereich des Unternehmens hinausgehenden Schutz nach § 12 BGB (zum Schutz des Namens juristischer Personen und anderer Personenmehrheiten als Immaterialgüterrechte s. auch *Klippel,* Der zivilrechtliche Schutz des Namens, S. 564 ff.).

**70**  cc) **Namensmäßiger Gebrauch.** Ob ein schutzwürdiges ideelles oder wirtschaftliches Interesse des Namensträgers verletzt ist, das einen Abwehranspruch aus § 12 BGB rechtfertigt, hängt auch davon ab, in welchem Umfang die betroffenen Verkehrskreise den Gebrauch eines fremden Namens als Hinweis auf einen bestimmten Namensträger verstehen. Diese Frage läßt sich nicht wie bei der Feststellung der Unrichtigkeit einer Werbung (§ 3 UWG) für den Regelfall dahin schematisieren, daß es genügt, wenn ein nicht völlig unbeachtlicher Teil des Verkehrs irregeführt wird. Der namensrechtliche Schutz stellt gerade auf die individuelle Beeinträchtigung des einzelnen Namensträgers ab, der durch eine Namensanmaßung mehr oder weniger stark betroffen sein kann. Aus diesem Grund steht die Frage, ob ein berechtigtes Abwehrinteresse des Namensträgers besteht, im Zusammenhang mit der Frage, in welchem Ausmaß die betroffenen Verkehrskreise von falschen Vorstellungen ausgehen (BGH GRUR 1964, 38 – „Dortmund grüßt...“). Je empfindlicher eine Namensanmaßung schutzwürdige Interessen des Namensträgers beeinträchtigt, desto geringere Anforderungen werden an die Größe der Verkehrskreise zu stellen sein, die den Namen als Hinweis auf den Namensträger auffassen. Umgekehrt kann bei einer geringfügigen Beeinträchtigung ein schutzwürdiges Abwehrinteresse zu verneinen sein, wenn kein größerer Teil der angesprochenen Verkehrskreise den Namen auf einen bestimmten Namensträger bezieht.

**71**  Wird ein fremder Name ohne jede Beziehung auf eine bestimmte Person verwendet, so ist niemand Bestimmtes beeinträchtigt; ist das Interesse keines Berechtigten verletzt, kann der Verkehr keinen Berechtigten oder dessen Namen verwechseln. Das gilt bei Wahlnamen ebenso wie bei Zwangsnamen. Wenn jemand unter dem Namen *Heinz Meyer* Schwindelgeschäfte betreibt, dann werden nicht sämtliche Personen mit dem Namen *Heinz Meyer* verletzt; bezieht der Verkehr den Namensmißbrauch nicht auf einen bestimmten *Heinz Meyer,* so bleibt ungewiß, wer verletzt ist, und niemand ist klageberechtigt. Nicht der abstrakte Name wird verletzt, sondern der konkrete Namensträger, so wie auch nicht das abstrakte Eigentum, sondern nur der Träger dieses Eigentums verletzt wird. Möglicherweise fehlt es nicht nur an einem schutzwürdigen Interesse, sondern es liegt schon mangels Unterscheidungskraft kein schutzfähiger Name vor. Sind Namen derart in den allgemeinen Sprachgebrauch übergegangen, daß sie das Produkt als solches bezeichnen, so wird kein Interesse des Namensträgers verletzt. Das gilt auch dann, wenn eine bestimmte Bezeichnung durch die Natur der Ware oder Leistung bedingt ist. So kann, wer zuerst die Worte *Auto-Licht* in seiner Firma benutzt, einem anderen nicht den Gebrauch des Begriffs in Geschäftsanzeigen verbieten (RG JW 1933, 2897). Wer eine *Fachschule für Europa-Sekretärinnen* betreibt, kann nur die *namensmäßige* Verwendung des Begriffs *Europa-Sekretärin* verbieten (§ 23), nicht aber die gattungsmäßige Verwendung ohne Beziehung auf einen bestimmten Namensträger (OLG Karlsruhe WRP 1982, 538 – Europa-Sekretärin). Hat eine Gattungsbezeichnung Verkehrsgeltung als Hinweis auf ein bestimmtes Unternehmen erlangt, so kann zwar die namensmäßige Verwendung verboten werden, nicht aber die Verwendung im Sinne des allgemeinen Sprachgebrauchs (s. § 23, Rn 62). Besitzt der Firmenbestandteil *Buchgemeinschaft* Verkehrsgeltung als Bezeichnung eines bestimmten Unternehmens, so kann der Berechtigte zwar die Benutzung des Wortes als Namensbezeichnung verhindern, nicht aber die Verwendung für eine bestimmte Art des Büchervertriebs (BGH GRUR 1955, 95 – Buchgemeinschaft I; 1959, 38 – Buchgemeinschaft II).

**72**  dd) **Verwechslungsgefahr. (1) Begriff.** Der Begriff der Verwechslungsgefahr bestimmt den Schutzumfang von Marken (§ 14 Abs. 2 Nr. 2) und geschäftlichen Bezeichnungen (§ 15 Abs. 2). Teils wird davon ausgegangen, der Begriff sei für alle Kennzeichnungsmittel gleich zu bestimmen (BGH GRUR 1955, 95, 96 – Buchgemeinschaft I). Das mag für die Beurteilung der Verwechslungsfähigkeit der Bezeichnungen als solche zutreffen, gilt aber im übrigen nicht (s. auch Rn 18). Der Begriff der Verwechslungsgefahr ist nach dem

Schutzzweck der jeweiligen Vorschrift normspezifisch auszulegen. Für den Namensschutz nach § 12 BGB und § 15 kommt es darauf an, ob eine *Verwechslungsgefahr in bezug auf die Unternehmen* vorliegt. Bloße Verwechslungsfähigkeit oder gar Gleichheit der Bezeichnungen ist unerheblich, wenn dadurch keine irrigen Vorstellungen über die bezeichneten Unternehmen hervorgerufen werden. Es ist zwischen Verwechslungsgefahr im engeren und weiteren Sinne zu unterscheiden (BGH GRUR 1957, 281, 283 – karo-as; RG GRUR 1937, 148, 150 – Kronprinz). Verwechslungsgefahr *im engeren Sinne* setzt einen Irrtum der beteiligten Verkehrskreise über die Identität des Unternehmens voraus, Verwechslungsgefahr *im weiteren Sinne* verlangt einen Irrtum über einen wirtschaftlichen oder organisatorischen Zusammenhang der Unternehmen. Für eine Verwechslungsgefahr im engeren Sinne genügt es, wenn etwa die Post bei der Zustellung verwechseln kann (RGZ 108, 272, 274 – Merx; BGH GRUR 1957, 426 – Getränke Industrie). Für die Verwechslungsgefahr im weiteren Sinne genügt es, wenn aufgrund einer gewissen Ähnlichkeit der Bezeichnungen der Unternehmen im Hinblick auf die Branchengleichheit oder Branchennähe anzunehmen ist, daß innerhalb nicht ganz unbeachtlicher Verkehrskreise irrigerweise auf Beziehungen geschäftlicher, wirtschaftlicher oder organisatorischer Art zwischen dem prioritätsälteren und dem prioritätsjüngeren Benutzer einer Unternehmensbezeichnung geschlossen wird (zum Maßstab der Normativität berechtigter Verbrauchererwartungen im Kennzeichenrecht s. § 14, Rn 123 ff.; s. auch Rn 70). Maßgebend ist, welchen Verkehrskreisen gegenüber von der Bezeichnung Gebrauch gemacht wird. Sind es lediglich Fachleute, so wird gewöhnlich angenommen werden können, daß sie weniger leicht einer Verwechslungsgefahr unterliegen als durchschnittliche Letztverbraucher (BGH GRUR 1963, 478, 480 – Bleiarbeiter; 1958, 604, 606 – Wella-Perla). Der im Firmenrecht entwickelte Begriff der Verwechslungsgefahr im weiteren Sinne ist im Markenrecht nur anwendbar, wenn außer der Ähnlichkeit der Marken und der Produktnähe weitere besondere Umstände vorliegen, die dem Verkehr die Annahme wirtschaftlicher oder organisatorischer Beziehungen nahelegen, etwa wenn die Marke sich zum Firmenschlagwort entwickelt hat (BGH GRUR 1977, 491, 493 – ALLSTAR mit Anm. *v. Falck*; s. § 14, Rn 244 ff.). Je stärker die Unterscheidungskraft der Bezeichnung ist, um so weiter reicht der Verwechslungsbereich. Ebenso wie bei Marken ist zwischen Namen von normaler, minderer oder starker Kennzeichnungskraft zu unterscheiden (s. § 14, Rn 272 ff.). Je stärker sich ein Name im Verkehr durchgesetzt hat, desto weiter reicht der Schutz gegen Verwechslungsgefahr. Wird ein Phantasiezeichen mit normaler Kennzeichnungskraft identisch übernommen, so entfällt die Verwechslungsgefahr nicht dadurch, daß das übernommene Wort nur in Verbindung mit beschreibenden, auf den Unternehmensgegenstand sich beziehenden Angaben benutzt wird; die Vermutung betrieblicher Zusammenhänge wird dadurch eher noch gefördert (BGH GRUR 1954, 457, 458 – Irus/Urus; 1960, 296, 297 – Reiherstieg; 1973, 539 – product-contact; 1973, 541 – contact + graphic; 1974, 162, 163 – etirex; 1975, 606 – IFA). Das Interesse eines Unternehmens, auf die Zugehörigkeit zu seiner ausländischen Muttergesellschaft, die ihren Sitz nicht in einem der EU-Staaten hat, bereits in seiner Firma hinzuweisen, reicht für sich allein nicht aus, daß eine besser berechtigte inländische Firma in gewissem Umfang eine Verwechslungsgefahr und damit eine Entwertung ihrer Kennzeichnungsrechte in Kauf nehmen müßte (BGH GRUR 1968, 212, 214 – Hellige; 1981, 66, 67 – MAN/G-man mit Anm. *Klaka*).

**(2) Branchennähe.** Der Schutz einer geschäftlichen Bezeichnung nach § 12 BGB und **73** § 15 setzt ein konkretes Wettbewerbsverhältnis nicht voraus. Es genügt eine gewisse *Produktnähe* oder *Branchennähe,* die eine Verwechslungsgefahr begründet. Die Waren oder Dienstleistungen dürfen nicht so weit voneinander entfernt sein, daß die Gefahr von Verwechslungen nicht mehr besteht. Das aber ist der Fall, wenn kein Grund zu der Annahme besteht, es werde aufgrund der Ähnlichkeit der Bezeichnungen von einem nicht unerheblichen Teil der beteiligten Verkehrskreise auf die Herkunft der Waren aus demselben Betrieb oder zumindest auf das Vorhandensein von irgendwelchen geschäftlichen Zusammenhängen geschlossen. Bei der Prüfung, ob Verwechslungsgefahr im engeren oder weiteren Sinne vorliegt, wird außer der Kennzeichnungskraft der Bezeichnung erheblich, welche Arbeitsgebiete für die Unternehmen typisch sind, insbesondere bei welchen Waren oder Dienstleistungen der Schwerpunkt liegt (BGHZ 19, 23 – Magirus; BGH GRUR 1958, 339, 341 – Technika; 1959, 484, 486 – Condux). Sind die Beeinträchtigungsgebiete der Unternehmen branchenmäßig weit voneinander entfernt und sind insbesondere die im Vergleich stehenden Waren nicht ähnlich, so wird auch bei ähnlichen Bezeichnungen die Gefahr der Verwechslung der Unternehmen regelmäßig ausgeschlossen sein. Der Begriff Verwechslungsgefahr hat wettbewerbsrechtlichen Gehalt. Es besteht eine *Wechselwirkung* zwischen dem Grad der Ähnlichkeit der Bezeichnungen, ihrer Kennzeichnungskraft und dem Grad der Branchenverschiedenheit (s. zur markenrechtlichen Verwechslungsgefahr als eines beweglichen Systems wechselseitiger Beurteilungskriterien § 14, Rn 103). Der Ähnlichkeitsgrad kann um so geringer sein, je größer die Kennzeichnungskraft und/oder die Produktnähe ist; umgekehrt ist ein höherer Ähnlichkeitsgrad erforderlich, wenn die Kennzeichnungskraft nur schwach und/oder der Produktabstand größer ist (BGHZ 113, 115, 124 – SL; BGH WRP 1993, 694 – apetito/apitta; ÖOGH ÖBl. 1992, 147, 155 – AVL). Weichen die Bezeichnungen nur geringfügig voneinander ab, so kann die Verwechslungsgefahr auch bei Waren zu bejahen sein, die sich wirtschaftlich entfernter stehen (BGH GRUR 1959, 484, 485 – Condux; 1965, 540, 542 – Hudson; 1966, 267, 269 – White Horse; 1975, 606, 609 – IFA; 1984, 471, 472 – Gabor/Caber; 1986, 253, 255 – Zentis; 1988, 635, 636 – Grundcommerz; 1989, 449, 451 – Maritim; 1989, 510, 511 – Teekanne II; 1990, 1042, 1046 – Datacolor; 1991, 475 – Caren Pfleger; 1991, 863, 866 – Avon; 1992, 329 – AjS-Schriftenreihe; BGHZ 120, 103 – Columbus).

**74** Bei der Prüfung der Verwechslungsgefahr ist zu beachten, daß die Auffassung des Verkehrs, auf die es bei der Beurteilung entscheidend ankommt, sich wandeln kann. Dem Verkehr ist heute bekannt, daß mittlere und größere Unternehmen sich nicht nur auf ihrem ureigenen Gebiet, sondern auch auf anderen Gebieten betätigen, insbesondere zu einer Ausweitung ihres Sortiments und zur wirtschaftlichen Verflechtung tendieren. Angesichts dieser Entwicklung können bei der Feststellung der Branchennähe die Verschiedenheit der Herstellungsart und Warenart sowie der Vertriebsstätten zurücktreten. Bejaht wurde die Branchennähe von *Konfitüre* und *Marmelade* zu *Fruchtjoghurt* (BGH GRUR 1986, 253, 256 – Zentis). Auch werden fremde Unternehmenskennzeichen und Marken häufig als Werbeaufdruck auf branchenfremden Waren verwendet. Wird der Handelsname eines Unternehmens der Zigarettenindustrie als Werbeaufdruck für Textilien verwendet, so ist die Verwechslungsgefahr zu bejahen, weil der Verkehr weiß, daß Tabakwarenhersteller seit längerer Zeit nicht nur *Tabakwaren*, sondern auch andere Artikel wie etwa *Bekleidung* (hier: T-Shirt) auch entgeltlich vertreiben (OLG München GRUR Int 1981, 180, 182 – John Player; *Helm*, GRUR 1981, 630, 632; s. dazu den einzelnen § 14, Rn 438). Bei einem nicht unerheblichen Teil der angesprochenen Verkehrskreise entsteht der Eindruck, es handle sich um eine Werbung des Zigarettenherstellers oder jedenfalls um eine Werbung, die mit dessen Zustimmung oder auf dessen Veranlassung erfolgt, gleichviel, ob für Zigaretten oder Textilien geworben wird. Hat der Zigarettenhersteller der Werbung nicht zugestimmt und bestehen zwischen beiden Unternehmen auch keine geschäftlichen Zusammenhänge, so liegt gleichwohl Verwechslungsgefahr vor (ÖOGH GRUR Int 1985, 132, 134 – John Player). Aufgrund einer langjährigen Entwicklung des Sortiments bekannter europäischer Modehäuser bringen bekannte Damenoberbekleidungshersteller erfahrungsgemäß auch modische Zusatzartikel (Schmuck, Taschen, Schuhe, Parfümeriewaren) auf den Markt oder lassen sie durch Lizenznehmer auf den Markt bringen. Schreibt der Verkehr solche Waren trotz der Branchenverschiedenheit dem Namensträger zu, so folgt daraus nicht ohne weiteres, daß sich eine solche Vorstellung auch auf Erzeugnisse eines Unternehmens erstreckt, das noch keinen weltbekannten Namen hat (BGH GRUR 1986, 402, 403 – Fürstenberg). Ebenso wie bei Produktkennzeichen wird die Verwechslungsgefahr durch *Zusätze* nur beseitigt, wenn sie dem Unternehmenskennzeichen eine ganz andere Eigenart geben (ÖOGH ÖBl. 1974, 139 – Wiener Emailmanufaktur; s. im einzelnen § 14, Rn 168 ff.). Das ist bei der bloßen Hinzufügung des Namens, des Wohnorts oder der Gesellschaftsform gewöhnlich nicht der Fall. Umgekehrt kann Verwechslungsgefahr auch vorliegen, wenn zwar die Bezeichnungen stärker voneinander abweichen, die Warengebiete aber um so verwandter sind. Daher muß bei Prüfung der Verwechslungsgefahr ein strengerer Maßstab angelegt werden, wenn es sich um Firmen gleicher oder gleichartiger Branchen handelt (BGH GRUR 1954, 457 – Irus/Urus; 1955, 299 – Koma; 1960, 296 – Reiherstieg; zur relevanten Warennähe zwischen *Verpackungsmitteln* und *Preisauszeichnungsgeräten* s. BGH GRUR 1974, 162 – etirex). Bei spezialisierten Anbietern innerhalb der EDV-Branche, die höherwertige Lösungen Fachleuten anbieten, ist davon auszugehen, daß diese nicht nur auf kleine, sondern auf kleinste Unterschiede in den Firmennamen achten; die EDV-Branche kann hinsichtlich der Frage der Verwechslungsgefahr deshalb nicht als Einheit aufgefaßt werden (LG München BB 1990, 15).

Bei der Prüfung des Interesses des Berechtigten ist nicht allein auf den gerade vorhandenen Geschäftsbetrieb abzustellen. Es muß auch die mögliche Entwicklung eines lebenden Unternehmens in Rechnung gestellt werden. Zu berücksichtigen ist insbesondere eine künftige sachliche oder räumliche Ausweitung, die nicht lediglich theoretisch möglich ist, sondern nach Lage des Falles nicht gänzlich fernliegt (BGHZ 8, 387 – Fernsprechnummer; 11, 214 – KfA; 24, 238 – tabu I; BGH GRUR 1954, 331, 332 – Altpa-Alpah; 1957, 561 – REI-Chemie; 1973, 539, 541 – product-contact; OLG Köln WRP 1975, 373 – Möbel-Franz; BGH GRUR 1984, 471, 473 – Gabor/Caber; 1986, 253, 255 – Zentis; 1986, 402, 403 – Fürstenberg; 1991, 475 – Caren Pfleger). Doch gilt dies nur bei Bezeichnungen, die von Haus aus namensmäßige Unterscheidungskraft haben. Gewinnen sie diese erst durch Verkehrsgeltung, so ist der Schutz auf das Gebiet begrenzt, in dem sich die Bezeichnung durchgesetzt hat. Bei völliger Branchenverschiedenheit wird Verwechslungsgefahr höchstens bei Bezeichnungen mit gesteigerter Verkehrsgeltung bestehen können, ist aber auch in solchen Fallkonstellationen nicht einfach zu unterstellen (BGHZ 15, 107 – Koma; BGH GRUR 1958, 341 – Technika; 1959, 484; ÖOGH ÖBl. 1977, 124, 126 – Koreska). Auch wenn Branchennähe besteht, ist nicht ohne weiteres auf eine Sortimentsausweitung zu schließen, wenn ein Unternehmen, wie im Verkehr bekannt, langjährig auf Waren sehr spezifischer Art einseitig ausgerichtet ist (BGH GRUR 1984, 471, 473 – Gabor/Caber; 1991, 863, 866 – Avon). Kann der mißbräuchlich benutzte Name in denkbarer Weise gar nicht auf den berechtigten Namensträger hinweisen, so liegt Verwechslungsgefahr nicht vor. Wer etwa unter dem Namen *Farina* ein *Mehlgeschäft* betreibt, der ist kaum mit der bekannten Firma *Johann Maria Farina* für *Kölnisch Wasser* zu verwechseln, denn auch irgendwie geartete Beziehungen werden zwischen den Unternehmen schwerlich angenommen werden können. Damit entfällt wegen Fehlens einer Verwechslungsgefahr ein kennzeichenrechtlicher Namensschutz nach § 15 Abs. 2, nicht aber notwendig auch der bürgerlichrechtliche Namensschutz nach § 12 BGB, der weitergeht und auf die Verletzung eines schutzwürdigen Interesses abstellt. Es genügt für § 12 BGB jedes im geschäftlichen Verkehr anzuerkennende schutzwürdige Interesse des Namensträgers, das durch eine gewisse Übereinstimmung oder Ähnlichkeit der kollidierenden Bezeichnungen verletzt wird. Wird ein Name in eine Marke aufgenommen, so ist der Wirkungsgrad unberechenbar; ein Interesse besteht auch dann, wenn die Marke noch nicht im Verkehr benutzt wird. Dasselbe gilt für eine eingetragene Firma, nicht aber schon für eine nicht eingetragene und nach außen nicht in Erscheinung getretene Firma.

**(3) Entscheidungspraxis.** *Verwechslungsgefahr* bzw die *Verletzung eines schutzwürdigen Interesses* wurden *bejaht* bei *Eskimo*, Zeichen einer deutschen Firma für Konditorwaren, als möglicher Hinweis auf die amerikanische Speiseeisfirma *Eskimo Pie Corporation* (RGZ 117, 215, 219 – Eskimo Pie); *Kronprinz*, Zeichen einer österreichische Firma für Gaskocher, als Hinweis auf die Metallwarenfirma *Kronprinz AG* für Metallerzeugnisse (RG GRUR 1937, 148 – Kronprinz); *Becro*, Zeichen für Werkzeuge als Hinweis auf die *Berko-Werke* für Fahr- und Motorradbeleuchtungsanlagen und Scheibenwischer (RG GRUR 1937, 1092); Bild einer *Eidechse* als Hinweis auf die Firma *Salamander* (RGZ 171, 155 – Salamander; s. auch RGZ 171, 74 – Fuggerbräu); *Rondo* als Firmenbestandteil und Zeichen für Radiogeräte als Hinweis auf die *Rondo-Werke B & Co* für Elektro-Kühlschränke und Zentrifugen (LG Düsseldorf GRUR 1950, 336, 337 – Rondo); *Urus* als Firmenbestandteil und Zeichen für Dieselschlepper als Hinweis auf die *Irus-Werke Dußlingen* für landwirtschaftliche Maschinen (BGH GRUR 1954, 457 – Irus/Urus); *cabaret tabu* verwechselbar mit der Firma *TABU-Wirtschaftsbetriebe GmbH*, weil allein das Wort *tabu* unterscheide (BGHZ 24, 238 – tabu I); *Hudson* oder *Hudsen* für kosmetische Erzeugnisse, insbesondere Lippenstifte mit dem im Verkehr für Damenstrümpfe sehr bekannten Firmennamen *Hudson* (BGH GRUR 1965, 540 – Hudson); *Conwerk* mit dem Firmenschlagwort *Vorwerk* wegen starker Verkehrsdurchsetzung dieses Wortes (LG Düsseldorf GRUR 1967, 147 – Vorwerk); der Firmenbestandteil *Charme & Chic* für elegante Damenoberbekleidung mit der Firma *Charme & Chic München Marienplatz* (Wortbestandteil) und *Münchner Rathaus am Marienplatz* (Bildbestandteil), weil *Charme & Chic* den Gesamteindruck der Firma beherrsche und den übrigen

**MarkenG § 15** 77 Schutzinhalt der geschäftlichen Bezeichnungen

Wort- und Bildbestandteilen als rein örtlichen Hinweisen keine ins Gewicht fallende Kennzeichnungskraft im Rahmen des Gesamteindrucks zukomme (BGH GRUR 1973, 265, 266 – Charme & Chic); der Firma *petite mademoiselle* für modische Damenoberbekleidung und der schlagwortartigen Firmenabkürzung *Miss Petite* wegen begrifflicher Übereinstimmung (BGH GRUR 1973, 375 – Miss Petite); der Firmenbezeichnung *product-contact Gesellschaft für Marktförderung mbH* sowie *contact + graphic Werbegesellschaft Bofinger & Reinhardt OHG* und dem Firmenschlagwort *Contact* einer Werbeagentur (BGH GRUR 1973, 539 – productcontact; 1973, 541 – contact + graphic); der Firmenabkürzung *LKB* der *LKB Kredit-Vermittlungsbüro D. & Co* und dem Firmenbestandteil *KKB* der *KKB Kundenkreditbank KGaA* (BGH GRUR 1974, 349 – KKB); dem Firmenbestandteil *Chemin* der Firma *Chemin Mineralöl-Handelsgesellschaft mbH* und dem Firmenbestandteil *Chepromin* der Firma *Chepromin Mineralöl-Handelsgesellschaft mbH & Co KG* in klanglicher Hinsicht, weil trotz Anklangs in Sachbezeichnungen (Chemie und Mineralöl) die Bezeichnung als willkürlich gebildete Phantasiebezeichnung wirke (BGH GRUR 1975, 269 – Chepromin); der Kennzeichnung *Terrapin* für aus vorfabrizierten Einzelteilen zusammengesetzte Fertiggebäude mit dem Firmenbestandteil *Terranova* für ein Unternehmen, das Trockenmörtel herstellt (BGH GRUR 1977, 719 – Terranova-Terrapin mit krit. Anm. *v. Falck*); der für eine Discount-Ladenkette und deren Filialkette benutzten Bezeichnung *Billi* und dem aus dem Familiennamen *Billich* gebildeten Firmenschlagwort für eine Lebensmittelkette und ihre einzelnen Geschäfte wegen völliger Branchengleichheit (BGH GRUR 1979, 642 – Billich); *Zentis*, dem Namen eines Herstellers von Konfitüre und anderen Fruchterzeugnissen, wie etwa Fruchtjoghurt, und *Säntis*, dem Namen eines Herstellers von Molkereierzeugnissen wegen Branchennähe (BGH GRUR 1986, 253, 255 – Zentis); *VECTOR* hinsichtlich des Firmenrechts an der Bezeichnung *VICTOR* (HansOLG Hamburg GRUR 1986, 466 – VICTOR); der Firma *Grundcommerz Vermögensverwaltungsgesellschaft mbH* und der starke Verkehrsgeltung besitzenden Firma *Commerzbank AG* sowie dem Firmenbestandteil *Commerz* (BGH GRUR 1988, 635 – Grundcommerz); Firmenbestandteile wie *Bank* oder *Bau* können wegen ihrer ohne weiteres erkennbaren begrifflichen Unterschiedlichkeit eine Verwechslungsgefahr zwischen den Firmen *Commerzbau GmbH & Co. Bauträger KG* sowie *Commerzbau GmbH* und dem Firmenschlagwort *Commerzbank* sowie dem Firmenbestandteil *Commerz* ausschließen, zumindest mindern (BGH GRUR 1989, 856 – Commerzbau; zur Verkehrsgeltung der Firma *Commerzbank AG* s. OLG Frankfurt WRP 1990, 705 – Commerzbank; HansOLG Hamburg GRUR 1990, 696 – Boden-Commerz); *Germania R. Inc.* oder *Germania R. E. I.S. Inc.* verwechselbar mit der prioritätsälteren Firma *Germania V. V. GmbH* wegen des beiderseits prägenden Firmenbestandteils *Germania* (BGH GRUR 1991, 472 – Germania); *McChinese* und *McDonald's* für Fast-Food-Restaurants (OLG Karlsruhe GRUR 1992, 460, 462 – McChinese); die branchenübergreifende Verkehrsgeltung der Firmenbestandteile *Commerzbank* und/oder *Commerz* erstreckte sich im Jahre 1976 noch nicht auch auf die Baubranche (OLG München WM 1993, 38); den Firmen *Rainbow Arts Software* und *Rainbow Data* (LG München CR 1993, 358); *medi-con* für Unternehmen der Pharmaindustrie verwechselbar mit *Medicon* und *Medico* sowie *M. E. D.I.Co* (HansOLG Hamburg WRP 1993, 772, 775 – medi-con).

77     *Verwechslungsgefahr* bzw die *Verletzung eines schutzwürdigen Interesses* wurden *verneint* zwischen der Bezeichnung *IFA* für Hotels und der Bezeichnung *IFA* als Hinweis auf die Herkunft einer freiwilligen Handelskette und die Zugehörigkeit der Einzelunternehmen wegen der großen Branchenverschiedenheit (BGH GRUR 1975, 606 – IFA); zwischen den klanglich und schriftbildlich ähnlichen Bezeichnungen *Gabor* für modische Damenschuhe und *Caber* für Ski-Bekleidungsstücke, da zwar zwischen Sportschuhen und Sportbekleidung Branchennähe bestehe, nicht aber ohne weiteres eine Sortimentsausweitung bei einem Hersteller angenommen werden könne, der bisher auf modische Damenschuhe spezialisiert sei (BGH GRUR 1984, 471, 472 – Gabor/Caber); zwischen *Mitropa* und *Miorka*, da keine Branchennähe zwischen Großgastronomie/Schlaf- und Speisewagenbewirtschaftung und der Herstellung von Molkereiprodukten gegeben sei (OLG Celle GRUR 1986, 826 – Mitropa/Miorka); zwischen dem Musical-Titel *Starlight Express* und einem Unternehmen der Videobranche mit dem Firmenbestandteil *Starlight* (HansOLG Hamburg GRUR 1988, 927 – Starlight);7777zwischen *PETER MEYER* und *MEYER* für alkoholische Getränke, da bei häufig vorkommenden und daher kennzeichnungsschwachen Familiennamen im allge-

meinen die Hinzufügung eines ausgeschriebenen Vornamens genügt, um die Verwechslungsgefahr auszuschließen; das gilt jedenfalls dann, wenn der Verkehr wie bei alkoholischen Getränken nicht dazu neigt, vollständige Namensbezeichnungen auf den Nachnamen abzukürzen (BPatG GRUR 1989, 268 – Meyer); zwischen *Oldtimer Magazin* und *Oldtimer Praxis* wegen des Freibehaltebedürfnisses an dem Begriff *Oldtimer* (OLG Frankfurt WRP 1992, 185 – Oldtimer); zwischen *Ball* und *Bally* für Bekleidungsstücke, weil das Wort *Ball* wegen seines jedermann geläufigen Sinngehalts rasch erfaßt werde und als allgemein verständliches Wort mit einem anderen, der Umgangssprache nicht entlehnten Kennzeichen nicht verwechselt werden könne (BGH GRUR 1992, 130 – Bally/BALL; aA HansOLG Hamburg WRP 1989, 737, 739); zwischen *Columbus International GmbH* für Kraftfahrzeughandel und *Columbus Capital Vermögensanlagen GmbH* für Kapitalanlagegeschäfte trotz hoher Ähnlichkeit wegen des starken Branchenabstands und weil keine besonderen Umstände vorlagen, die eine Verwechslungsgefahr im weiteren Sinne und damit wirtschaftliche Zusammenhänge zwischen den Unternehmen wegen der Annahme einer Expansion in einen anderen Geschäftsbereich begründen könnten (BGHZ 120, 103 – Columbus); zwischen der Bezeichnung *südwestbild* und der Kennzeichnung *Südwestfunk*, weil der prägende Zeichenbestandteil *Südwest* zumindest auf unternehmerische Zusammenhänge schließen lasse (OLG Karlsruhe WRP 1993, 409, 410 – Südwestbild); zwischen der kraft Verkehrsdurchsetzung kennzeichnungskräftigen Bezeichnung *Bayerisches Fernsehen* und der Firmenbezeichnung *Privatfernsehen Bayern GmbH & Co KG* (OLG München WRP 1993, 427 – Bayerisches Fernsehen); zwischen der Abkürzung *BOSS* für das an deutschen Börsen eingeführte elektronische *Börsen-Order-Service-System* und der von dem *Herrenausstatter Hugo Boss* verwendeten Kennzeichnung *BOSS* (OLG Frankfurt WM 1994, 1259 – BOSS).

**ee) Verwässerungsgefahr.** Der bürgerlichrechtliche Namensschutz aus § 12 BGB verlangt die Verletzung eines schutzwürdigen Interesses (s. Rn 67 ff.). Das kann jedes im geschäftlichen Verkehr anzuerkennende Interesse des Namensträgers sein, das durch eine gewisse Übereinstimmung der kollidierenden Bezeichnungen verletzt wird. Bekannte und berühmte Unternehmenskennzeichen können nach § 12 BGB gegen die Beeinträchtigungen ihrer einmaligen Schlag- und Werbekraft durch Verwendung einer identischen oder nahezu identischen Bezeichnung geschützt sein. Dieser *Namensschutz gegen Verwässerungsgefahr* kommt auch Marken zu, die sich im Verkehr zu Unternehmenskennzeichen entwickelt haben. Der Schutz gegen Verwässerungsgefahr wird nur in Ausnahmefällen gewährt (BGHZ 15, 107 – Koma; 19, 23 – Magirus; BGH GRUR 1951, 332, 333 – Koh-i-noor; 1987, 711, 713 – Camel Tours; 1990, 711, 713 – Telefonnummer 4711). Es muß sich um Kennzeichnungen handeln, die kraft langen Gebrauchs und umfassender Werbung eine weit überragende Verkehrsgeltung und Alleinstellung sowie eine besondere Wertschätzung des gekennzeichneten Unternehmens erlangt haben und auf diese Weise berühmt geworden sind (BGHZ 19, 23, 27 – Magirus; BGH GRUR 1959, 182, 186 – Quick; 1991, 863, 866 – Avon). Es gelten insoweit für berühmte Marken und berühmte Unternehmenskennzeichen die gleichen Grundsätze, auch wenn sich der Schutz der Unternehmenskennzeichen gegen Verwässerungsgefahr nach § 12 BGB und der Schutz der berühmten Marken nach § 823 Abs. 1 BGB (s. dazu im einzelnen § 14, Rn 441 ff.) bestimmt (BGH GRUR 1960, 550, 553 – Promonta). Ein höchstmöglicher Grad der Verkehrsgeltung braucht nicht vorzuliegen, da es sich bei dem Verwässerungsschutz um einen absolut, nicht relativ gesehen, überragenden, außerordentlichen und daher schutzwürdigen kennzeichnungsrechtlichen Besitzstand handelt (klarstellend BGH GRUR 1991, 863, 866 – Avon; *v. Gamm*, Wettbewerbsrecht, Kap. 21, Rn 69). Auch aus § 1 UWG läßt sich ein Schutz gegen Verwässerungsgefahr unter dem Gesichtspunkt einer wettbewerbswidrigen Behinderung ableiten, jedoch nur, wenn ein Handeln zu Zwecken des Wettbewerbs vorliegt (*Baumbach/Hefermehl*, Wettbewerbsrecht, Einl UWG, Rn 214 ff.). Die Rechtsprechung zieht es deshalb vor, für Unternehmenskennzeichen den Schutz gegen Verwässerungsgefahr auf § 12 BGB zu gründen (BGHZ 19, 23 – Magirus; 21, 85 – Spiegel; GRUR 1957, 87 – Meisterbrand; 1959, 182, 186 – Quick; 1966, 623 – Kupferberg; HansOLG Hamburg GRUR 1973, 94 – Asbacher Landbrot; OLG Düsseldorf GRUR 1983, 389 – Rosenthal; HansOLG Hamburg GRUR 1986, 84 – Underberg; aA *Klippel*, GRUR 1986, 697, der entgegen der hM § 16 UWG aF und nicht § 12 BGB als Anspruchsgrundlage für den Schutz berühmter Unternehmensbezeichnungen gegen Verwässerungsgefahr anwendet). Da der BGH unter dem Gesichtspunkt der Rufausbeutung geringere Anforderungen an das Bestehen eines konkreten Wettbewerbsverhältnisses stellt (BGH GRUR 1983, 247, 249 – Rolls-Royce; BGHZ 93, 96 – Dimple; *Baumbach/Hefermehl*, Wettbewerbsrecht, § 1 UWG, Rn 230), läßt sich der Schutz eines berühmten Unternehmenskennzeichens gegen Verwässerungsgefahr unter dem Gesichtspunkt der Behinderung grundsätzlich auch aus § 1 UWG ableiten, wenn die Kennzeichnungskraft und der Werbewert des Kennzeichens beeinträchtigt werden *(Baumbach/Hefermehl*, Wettbewerbsrecht, Allg, Rn 138; § 1 UWG, Rn 230; R. *Bork*, GRUR 1989, 725, 734 ff.; *Fezer*, FS für Nirk, S. 247). Geschäftliche Kennzeichen, die die strengen Voraussetzungen für das Vorliegen einer berühmten Marke nicht erfüllen, wurden vor Inkrafttreten des MarkenG gegen eine Benutzung durch Dritte auf entfernten Warengebieten durch § 12 BGB nicht in weiterem Umfang geschützt als durch § 16 UWG aF (BGH GRUR 1959, 25, 28 – Triumph; 1959, 484, 485 – Condux; 1960, 550, 551 – Promonta). Wenn ein bekannter Name nicht zur Kennzeichnung der eigenen Person oder einer eigenen wissenschaftlichen oder künstlerischen Tätigkeit verwendet, sondern einem Dritten beigelegt wird, dann ist eine Anwendung des § 12 BGB fragwürdig. In diesem Fall kann die Namensnennung unter dem Gesichtspunkt der Verwässerungsgefahr das Recht am Unternehmen (§ 823 Abs. 1 BGB) verletzen *(Baumbach/Hefermehl*, Wettbewerbsrecht, Allg, Rn 138). Nach der Rechtslage im MarkenG werden bekannte geschäftliche Bezeichnungen kennzeichenrechtlich nach § 15 Abs. 3 geschützt, wenn die Benutzung des Zeichens die Unterscheidungskraft oder die Wertschätzung der geschäftlichen Bezeichnung ohne rechtfertigenden Grund in unlauterer Weise ausnutzt oder beeinträchtigt (s. Rn 19). Erfolgt eine Namensnennung außerhalb des geschäftlichen Verkehrs und ohne jede wettbewerbsrechtliche Relevanz, so wird, wenn nicht besondere Umstände vorliegen, das Interesse des Namensträgers bei der Abwägung der widerstreitenden Interessen nicht schutzwürdig sein. Verneint wurde daher die Widerrechtlichkeit des Eingriffs bei einem Pressebericht des Nachrichten-Magazins *Der Spiegel*, in dem der bekannte Name *VEB Zeiss-Jena* zur Bezeichnung des volkseigenen Betriebs in der DDR verwendet wurde (BGH GRUR 1965, 547, 549 – Zonenbericht).

**79** **ff) Sonstige Interessenverletzungen.** Der bürgerlichrechtliche Namensschutz nach § 12 BGB setzt nicht ein Handeln im geschäftlichen Verkehr voraus. Bei einem Namensgebrauch für nicht geschäftliche Zwecke genügt dem Schutz des Namensträgers nach § 12 BGB die Beeinträchtigung irgendeines schutzwürdigen Interesses. Ausreichend ist eine Beeinträchtigung des guten Rufs des Namens. Der Bekanntheitsschutz geschäftlicher Bezeichnungen nach § 15 Abs. 3 stellt keine abschließende Regelung des Kennzeichenschutzes geschäftlicher Bezeichnungen vor einer Rufausbeutung oder Rufbeeinträchtigung dar (s. Rn 19). Die Verwendung von Limonadenflaschen mit eingebrannter Firma für eigenes Mineralwasser kann eine sonstige Interessensverletzung des Namensinhabers darstellen (BGH GRUR 1957, 84 – Einbrandflaschen). Es wurde als eine Verletzung des Identitätsinteresses einer politischen Partei beurteilt, wenn Wahlplakate mit dem Parteinamen oder der üblichen Kurzbezeichnung der Partei von einem Dritten versehen werden und dadurch die Partei fälschlich als Urheber programmatischer Erklärungen ausgegeben wird (OLG Karlsruhe NJW 1972, 1810; *Schlüter*, JuS 1975, 558, 561).

**80** **gg) Geschäftliche Bezeichnung eines lebenden Unternehmens.** Schutzfähig sind nur der Name, die Firma oder die besondere Geschäftsbezeichnung eines *lebenden* Unternehmens. Der Kennzeichenschutz der geschäftlichen Bezeichnung erlischt, wenn das Unternehmen seine geschäftliche Tätigkeit, für welche es die geschäftliche Bezeichnung verwendet, einstellt, es sei denn, es handelt sich dabei nur um eine vorübergehende Unterbrechung des Geschäftsbetriebs (BGHZ 21, 66, 69 – Hausbücherei; BGH GRUR 1960, 137, 139 – Astra; 1961, 420, 422 – Cuypers; 1990, 37, 38 – Quelle; BGHZ 136, 11, 21 – L'Orange). Die Voraussetzungen einer nur *vorübergehenden Unterbrechung des Geschäftsbetriebs* bestimmen sich nach den Umständen des Einzelfalls. Neben der *Dauer der Unterbrechung* ist wesentlich, ob ein *Fortsetzungswille* sich entweder in entsprechenden Handlungen manifestiert oder aufgrund besonderer Umstände für den Verkehr naheliegt (BGHZ 136, 11, 21 – L'Orange). Der *Wille des Geschäftsinhabers*, den Betrieb fortzusetzen, genügt allein nicht; es bedarf vielmehr der *tatsächlichen Möglichkeit*, die Fortsetzungsabsicht so rechtzeitig zu verwirklichen, daß in der Sicht des Verkehrs die Betriebs- oder Benutzungsunterbrechung nur als vorübergehend angesehen werden kann (BGH GRUR 1959, 541, 542 – Nußknacker;

BGHZ 136, 11, 21 – L'Orange; verneint für *Wien-Berlin,* da das Unternehmen zwölf Jahre geschlossen und die praktische Möglichkeit der Wiedereröffnung ganz gering war RG GRUR 1943, 349). Bei der Aufnahme des Betriebs muß es sich auch wirklich um die Wiederbelebung eines nur zeitweilig stillgelegten Unternehmens handeln. Die denkgesetzliche Möglichkeit einer Betriebseröffnung kann niemals genügen, wenn eine praktisch greifbare Möglichkeit dafür nicht besteht. Wie lange eine Stillegung dauern darf, um noch als vorübergehende Unterbrechung angesehen zu werden, läßt sich nicht generell sagen. Das hängt stets von den gesamten Umständen des konkreten Einzelfalls ab. Von Bedeutung ist namentlich wie lange, in welchem Umfang und unter welchen Verhältnissen die Bezeichnung vorher benutzt worden ist und wie stark sie sich im Verkehr durchgesetzt hat (BGH GRUR 1959, 541, 543 – Nußknacker). Bei ausländischen Unternehmen kommt es für die Beurteilung, ob eine nur vorübergehende oder endgültige Einstellung vorliegt, auf die geschäftliche Betätigung im Inland an (BGH GRUR 1967, 199, 202 – Napoléon II). Außergewöhnliche Verhältnisse, wie sie sich durch den Krieg und seine Folgen ergeben haben, verdienen besondere Berücksichtigung. Sie können nach Lage des Einzelfalls vor allem bei wertvollen Bezeichnungen bewirken, daß auch eine längere Betriebseinstellung noch als vorübergehende Unterbrechung zu beurteilen ist. In der Nachkriegszeit wurde in stark zerstörten Städten den betroffenen Unternehmen eine lange Anlaufzeit zum Wiederaufbau zugebilligt (OLG Köln GRUR 1950, 238 – Filmtheater Capitol). Ein inländisches Firmenrecht, das ein ausländisches Unternehmen durch geschäftliche Betätigung im Inland erwirbt, erlischt durch Einstellung der Betätigung im Inland auch bei einer vergleichsweise längeren Zeitspanne noch nicht, wenn das Unternehmen anschließend seine Waren fortgesetzt durch einen Dritten auf den inländischen Markt bringt (HansOLG Hamburg GRUR 1990, 694, 695 – Conrad Johnson). Von großer Bedeutung war die Frage, unter welchen Voraussetzungen der Kennzeichenschutz eines in der DDR enteigneten Unternehmens erhalten blieb (BGHZ 21, 66, 69 – Hausbücherei; BGH GRUR 1957, 428, 429 – Bücherdienst; 1958, 78, 79 – Stolper Jungchen; 1959, 541, 542 – Nußknacker; 1960, 137, 139 – Astra; 1961, 420 – Cuypers; s. dazu Einl, Rn 12 f.). Es mußten die ernste Absicht und die Möglichkeit bestehen, den Betrieb in der Bundesrepublik Deutschland innerhalb eines Zeitraums fortzusetzen, der die Stillegung noch als eine vorübergehende Unterbrechung erscheinen ließ. Dies beurteilt sich nicht allein nach Art und Umfang der bis zur Wiedereröffnung aufgewendeten Bemühungen, sondern vor allem nach der Auffassung des Verkehrs in dem Zeitpunkt, zu dem das Unternehmen wieder am geschäftlichen Verkehr teilnimmt (BGH GRUR 1960, 137, 140 – Astra). Der Verkehr muß den stillgelegten und wiederaufgenommenen Betrieb als identisch ansehen. Hatte das in der DDR enteignete Unternehmen für seine Erzeugnisse einen besonderen Ruf erlangt, so werden sich gewöhnlich die beteiligten Verkehrskreise an dieses Unternehmen und seine geschäftlichen Bezeichnungen noch lange erinnern. Sie werden weiter gerade bei zwangsweisen und rechtswidrigen Eingriffen annehmen, daß der Inhaber dort, wo der Wirkungsbereich der Enteignung versagt, versuchen wird, seinen Betrieb wiederaufzunehmen, und auch die besonderen Schwierigkeiten in zeitlicher Hinsicht in Rechnung stellen, die dieses Vorhaben verzögern können (BGH GRUR 1961, 420 – Cuypers). So konnte bei einem in der DDR enteigneten Unternehmen noch nach einer Zeitspanne von zehn und mehr Jahren die Wiederaufnahme der Produktion im Bundesgebiet als Fortsetzung der früheren Geschäftstätigkeit aufgefaßt werden, weil die Erinnerung an den alten Betrieb und seine Kennzeichen durch noch im Gebrauch befindliche Erzeugnisse des Unternehmens in den beteiligten Verkehrskreisen wachgehalten wurde (BGH GRUR 1960, 140 – Astra). Der Kennzeichenschutz bleibt unter solchen Umständen erhalten. Bei einer freiwillig vom Betriebsinhaber vorgenommenen Stillegung wird dagegen der Verkehr eher annehmen, daß die Aufgabe endgültig erfolgt ist (BGH GRUR 1962, 419, 422 – Leona; OLG Frankfurt WRP 1992, 386). Untätiges Verhalten während eines bestimmten Zeitraums, insbesondere der Umstand, daß die Wiedereröffnung des Betriebs ohne besondere Schwierigkeiten möglich war, sprechen gegen die ernstliche Absicht, das Unternehmen fortzusetzen und gegen die Annahme einer nur vorübergehenden Unterbrechung. Für den Fortbestand des Namensschutzes werden bei freiwilliger Geschäftsaufgabe zumindest nach zwei Jahren sichtbar Maßnahmen zur Vorbereitung der Wiedereröffnung verlangt (OLG Frankfurt WRP 1972, 386); bei einem Hotel wurden die Renovierung des Mobiliars und die Auffrischung des Bestandes an Wäsche, Porzellan und Bestecken als nicht ausreichend beurteilt. Wird eine Bezeichnung für ein neu errichtetes Unternehmen verwendet, das nach Auffassung des Verkehrs nicht mehr als Fortführung des alten Unternehmens anzusehen ist, so ist das alte Schutzrecht erloschen. Es entsteht, namensmäßige Kennzeichnungskraft vorausgesetzt, ein neues Namensrecht für das neue Unternehmen mit der Priorität der Ingebrauchnahme (RGZ 170, 265, 273 – Roßhaarstoffe; BGH GRUR 1957, 550 – tabu II). Wird eine Firma unter wesentlicher Abwandlung ihrer Eigenart geändert, so liegt darin die Aufgabe der bisherigen und die Aufnahme einer neuen Firma; diese besitzt nicht die Priorität der alten Firma (für die Vokalauswechslung von *Matrix* in *Metrix* BGH GRUR 1973, 661, 662 – Metrix). Die hoheitliche Zwangsauflösung eines Idealvereins, verbunden mit der Einziehung seines Vermögens, führt nicht zum Verlust der Rechtsfähigkeit und der Priorität seines Namensrechts, wenn die Mitglieder verbunden bleiben und sich zu einem erheblichen Teil nach Beseitigung des politischen Drucks wieder zusammenfinden, um den Verein unverändert unter seinem satzungsmäßigen Zweck fortzusetzen (BGHZ 19, 52, 65 – Zu den drei Weltkugeln; BGH GRUR 1976, 644, 646 – Kyffhäuser mit Anm. *Fezer*). Durch den Wandel der Rechtsform wird der Zeitrang einer Firma oder besonderen Geschäftsbezeichnung grundsätzlich nicht berührt, wenn die Kontinuität des Unternehmens gewahrt ist. Gleiches gilt, wenn bei der Umwandlung einer GmbH in eine KG aufgrund des Umwandlungsgesetzes vom 12. November 1956 idF der Bekanntmachung vom 6. November 1969 (BGBl. I S. 2081 ff.) sogleich eine GmbH als persönlich haftende Gesellschafterin aufgenommen wird (BGH GRUR 1983, 182 – Concordia-Uhren); die Kontinuität ist zu bejahen, wenn das Unternehmen unter demselben prägenden Firmenbestandteil *Concordia-Uhren-Handelsgesellschaft* fortgeführt wird, die Gesellschafter dieselben bleiben und sich sämtliche an den Umwandlungsmaßnahmen beteiligen. Wird der Geschäftsbetrieb einer Gesellschaft mit den Firmenrechten im Wege der Verschmelzung übertragen und von der übernehmenden Gesellschaft fortgesetzt, so steht der Zulässigkeit und Wirksamkeit der Übertragung auch der Firmenrechte und damit der Erhaltung des Zeitrangs dieser Rechte nicht entgegen, daß die übertragende Gesellschaft mit Wirksamwerden der Verschmelzung erlischt (BGH GRUR 1990, 1042, 1044 – Datacolor). Eine Betriebsunterbrechung oder Aufgabe des Geschäftsbetriebs tritt nicht dadurch ein, daß der Inhaber eines Restaurants mit seinem Lokal innerhalb desselben Ortes umzieht; auch geht die Priorität des Restaurantnamens unter Einbeziehung der Zeit vor dem Umzug dadurch nicht verloren. Die Restitution eines enteigneten Unternehmens nach dem VermG beseitigt nicht rückwirkend den Verlust eines infolge Nichtbenutzung untergegangenen Unternehmenskennzeichens (BGHZ 136, 11, 26 – L'Orange; s. Einl, Rn 79). Wenn der Name des Unternehmens aufgrund seiner Geltung oder Berühmtheit dem Verkehr in Erinnerung geblieben ist und dem wiederbelebten Unternehmen zugeordnet wird, dann kann nicht von vornherein ausgeschlossen werden, daß der infolge staatlicher Zwangsmaßnahmen eingetretene Verlust der Priorität eines Unternehmenskennzeichens bei Wiederaufnahme einer erloschenen Firma überbrückt werden oder die Verwendung dieses Namens durch Dritte als wettbewerbswidrig beurteilt werden kann (s. BGH GRUR 1959, 45, 48 – Deutsche Illustrierte; BGHZ 136, 11, 26 – L'Orange).

**81 d) Unbefugter Gebrauch des Namens. aa) Relativ bessere Berechtigung.** § 12 BGB setzt nicht anders als § 15 Abs. 2 voraus, daß der Kläger den Namen gegenüber dem Beklagten befugt, der Beklagte den Namen gegenüber dem Kläger unbefugt gebraucht. Über die *Befugnis zum Namensgebrauch* entscheidet stets ein objektiver Maßstab. Der Zweck des Gebrauchs ist rechtlich unerheblich; auch guter Glaube entschuldigt nicht. Der Gebrauch einer Bezeichnung ist immer dann unbefugt, wenn er gegen eine gesetzliche Vorschrift verstößt. Ein *Gesetzesverstoß* macht den Namensgebrauch allgemein und nicht nur gegenüber dem Namensträger rechtswidrig. Bei einem Verstoß gegen die §§ 3, 1 UWG kann etwa ein Namensrecht weder entstehen noch fortbestehen (BGHZ 10, 196, 201 – DUN-Europa; BGH GRUR 1968, 702, 703 – Hamburger Volksbank). Gleiches gilt für eine gegen die §§ 18 ff. HGB verstoßende Firmenbezeichnung. Von der allgemeinen Gesetzeswidrigkeit des Namensgebrauchs abgesehen, kann der Gebrauch eines fremden Namens nur dann unbefugt sein, wenn der Namensgebrauch das Namensrecht des Namensträgers verletzt. § 12 BGB schützt den Namen einer Person nicht schlechthin. Das subjektive Recht am Namen wird verletzt, wenn ein schutzwürdiges Interesse des Namensträgers verletzt wird (s. Rn 67ff.). Ohne die *Verletzung eines schutzwürdigen Interesses* des Namensträgers scheidet die Annahme einer unbefugten Namensanmaßung von vornherein aus (BGH GRUR 1960, 550, 552 – Promonta). Beiden Benutzern des Namens steht ein subjektives Recht zum Gebrauch der gleichen Bezeichnung zu. Wird dagegen ein schutzwürdiges Interesse verletzt, so ist die Namensanmaßung grundsätzlich auch unbefugt, es sei denn, daß dem Benutzer ein besonderer Rechtfertigungsgrund wie etwa eine Namensgestattung (s. Rn 85ff.) zusteht. Im Bereich des geschäftlichen Verkehrs ist nach ständiger Rechtsprechung schon der verwechslungsfähige Gebrauch eines fremden Namens grundsätzlich unbefugt (RGZ 171, 30 – Am Rauchfang; 117, 215 – Eskimo Pie; 114, 90, 94 – Neuerburg). Die Unerlaubtheit des Namensgebrauchs wird von manchen aus § 15 abgeleitet (so zu § 16 UWG aF *Knaak*, Das Recht der Gleichnamigen, S. 28). Im Bereich des geschäftlichen Verkehrs decken sich die Kollisionstatbestände des § 15 Abs. 2 und 3 mit § 12 BGB; es besteht *Anspruchskonkurrenz* zwischen dem Verwechslungsschutz und dem Bekanntheitsschutz der geschäftlichen Bezeichnung nach dem MarkenG mit dem bürgerlichrechtlichen Namensschutz (str. s. § 2, Rn 2ff.). Schutzvoraussetzung des Namensschutzes nach § 12 BGB ist aber die Verletzung eines schutzwürdigen Interesses, die aus dieser Vorschrift selbst zu entwickeln ist.

Im Namensrecht gilt wie allgemein im Kennzeichenrecht als Bewertungsmaßstab zur Lösung von Interessenkollisionen das *Prioritätsprinzip*. Das folgt zwar nicht ausdrücklich aus dem Gesetz, ergibt sich aber aus der Natur der Sache und kommt im Firmenregisterrecht in dem Erfordernis der Unterscheidbarkeit der Firmen am demselben Ort (§ 30 Abs. 1, 2 HGB) zum Ausdruck *(Canaris*, GRUR 1989, 711, 717). Im übrigen bedarf es zur Feststellung einer Verletzung des Namensrechts zumeist einer Abwägung der Interessen beider Namensbenutzer unter Berücksichtigung des Interesses des Verkehrs, Täuschungen des Publikums zu verhindern. **82**

Nach dem Prioritätsprinzip kommt es zwischen den Benutzern gleicher, verwechselbarer oder ähnlicher Bezeichnungen nur auf die *relativ bessere Berechtigung* an (BGHZ 10, 196 – DUN-Europa; 21, 85 – Spiegel; *Nastelski*, WuW 1956, 188, 190). Die bessere Berechtigung kommt dem Benutzer des Namens mit dem Zeitvorrang (Priorität) zu. Gemeint ist die Priorität des früheren Rechtserwerbs, der nicht notwendig mit dem Zeitpunkt der ersten Benutzung zusammenzufallen braucht, wie etwa dann, wenn die Bezeichnung erst kraft Verkehrsgeltung als Name schutzfähig wird (s. Rn 52). Wenn sich etwa die geschäftlichen Wirkungsbereiche zweier Unternehmen bisher nicht berührt haben, dann gibt der zeitliche Vorrang einer Firma nicht das Recht, ohne weiteres in den redlich erworbenen Besitzstand der anderen Firma einzubrechen (RGZ 171, 321 – CHEMPHAR; BGHZ 21, 85 – Spiegel). Auf die Priorität des Firmennamens konnte sich ein aus der DDR in die Bundesrepublik Deutschlnad verlagerter Betrieb nicht berufen, wenn die Gesellschafter des verlagerten Unternehmens inzwischen ein neues Unternehmen unter gleichem Firmennamen im Bundesgebiet gegründet und an ihm einen redlichen Besitzstand erworben hatten (BGH GRUR 1958, 90 – Hähnel). Auf die Priorität kann sich in der Regel derjenige nicht berufen, der die Interessenkollision durch Veränderung seines geschäftlichen Wirkungskreises selbst hervorruft. Erwirbt jemand ein bestehendes Unternehmen und verwendet er dessen Bezeichnung weiter, so kommt ihm die Priorität des Rechtsvorgängers zugute, vorausgesetzt, daß dieser ihm die Verwendung gestattet (s. zur Firma §§ 22, 24 HGB). Wer dem Veräußerer den Namensgebrauch nicht verbieten konnte, kann ihn auch dem Erwerber nicht untersagen (BGH, Urt. vom 3. Mai 1974, I ZR 34, 73 – Freiherr von Schorlemer). Der Erwerb des Unternehmens und seine Fortführung bewirken eine accessio temporis. Der Zeitvorrang des Rechtsvorgängers kommt dem Rechtsnachfolger zugute (BGHZ 21, 67 – Hausbücherei). Dieser Grundsatz fand auch auf Kennzeichenrechte der mehrfach umorganisierten, volkseigenen Betriebe in der DDR Anwendung (BGH GRUR 1961, 294, 299 – ESDE). Für den wirksamen Erwerb eines abgeleiteten Namensrechts ist der Rechtsnachfolger beweispflichtig. Die registerrechtlichen Vorschriften des HGB (etwa §§ 18, 30 HGB) versagen gegenüber einem sachlichen Namensrecht. Wer eine registerrechtlich einwandfreie Firma erwirbt, handelt zwar nach förmlichem Firmenrecht korrekt, hat jedoch keine Gewähr für ihre Zulässigkeit im Namens-, Kennzeichen- und Wettbewerbsrecht. Die Stellungnahme des Registerrichters bindet den Prozeßrichter nicht (RG MuW 1936, 29). **83**

84 **bb) Akzessorietät des Namens.** Eine selbständige Übertragung des Namensrechts ist ausgeschlossen. Die *Akzessorietät des Namens* bleibt von der Nichtakzessorietät der Marke (s. § 3, Rn 52 ff.) unberührt. Um eine Irreführung des Verkehrs zu verhindern, kann ein Firmenname nach § 23 HGB nur mit einer im zeitlichen und wirtschaftlichen Zusammenhang stehenden Übertragung des zugehörigen Geschäftsbetriebs wirksam übertragen werden (BGH GRUR 1993, 151 – Universitätsemblem). Die übernommenen Werte müssen objektiv eine Fortsetzung des Betriebs unter der mit dem Zeichen verbundenen Geschäftstradition ermöglichen. Bei einer Betriebsveräußerung im Konkurs oder in der Liquidation dürfen keine zu strengen Forderungen gestellt werden (BGH GRUR 1967, 89, 92 – Rose; 1973, 363, 364 – Baader; 1991, 393, 394 – Ott International). Unschädlich ist etwa die Einstellung der Produktion (RGZ 170, 265, 274 – Roßhaarstoffe) oder die Aufgabe der gemieteten Fabrikationsstätte und der Einrichtungen (RG MuW 1927/1928 532 – Webers Feigenkaffee; 1931, 430 – Kriesel), wenn nur der Kern des Unternehmens wie Firmenname, Marken, Rezepte, Kunden und Lieferantenbeziehungen und damit der im Betrieb verkörperte good will noch vorhanden sind (BGH GRUR 1954, 274 – Goldwell). Wird nur ein Teil eines Geschäftsbetriebes mit dessen Firmenbezeichnung übertragen, so darf dies nicht zu einer Aufspaltung oder Vervielfältigung der Bezeichnung führen, da sonst Irreführungen zu befürchten sind (BGH GRUR 1989, 422, 424 – FLASH). Dem steht nicht entgegen, wenn dem veräußernden Unternehmen aufgrund einer schuldrechtlichen und nur zwischen den Parteien wirksamen Abrede die Erlaubnis erteilt wird, den Namen vorübergehend und in einem begrenzten Umfange zu benutzen (BGH GRUR 1970, 528, 531 – Migrol; 1985, 567, 568 – Hydair; 1989, 422, 424 – FLASH; 1991, 393, 394 – Ott International). Kein Erfordernis der Betriebsübertragung ist die tatsächliche Geschäftsfortführung. Daher kommt es auch nicht darauf an, ob der Erwerber die künftige Fortführung beabsichtigt, sofern nur die Übertragung und der Erwerb des Betriebs ernstlich gewollt sind und kein Scheingeschäft (§ 117 BGB) darstellen (RGZ 147, 332, 339 – Aeskulap; BGH GRUR 1967, 89 – Rose; 1973, 363, 365 – Baader mit Anm. *Heydt*). § 22 HGB gilt entsprechend für nicht firmenrechtliche Unternehmensbezeichnungen wie etwa Namen von Weingütern (BGH, Urt. vom 3. Mai 1974, I ZR 34, 73 – Freiherr von Schorlemer).

85 **cc) Schuldrechtliche Gebrauchsgestattung. (1) Zulässigkeit.** Anders als das Markenrecht, das nach der Rechtslage im MarkenG nicht akzessorisch ist (s. § 3, Rn 52 ff.), besteht eine Akzessorietät des Namens als einer geschäftlichen Bezeichnung sowie der Firma zu einem bestimmten Unternehmen des Berechtigten. Firmenrechte bestehen nicht abstrakt, sondern regelmäßig nur in Verbindung mit einem bestimmten Geschäftsbereich, dem sie zuzuordnen sind, und nur in Verbindung mit diesem übertragen werden können (BGH GRUR 1984, 325, 328 – Peters). Der Berechtigte kann auch seinen Namen nicht ohne Übertragung des Geschäftsbetriebs übertragen; er kann aber einem anderen den Gebrauch seines Namens zu bestimmten Zwecken gestatten, etwa zur Kennzeichnung von Waren (klassisches Beispiel: *Liebigs Fleischextrakt*), zur Bildung einer Firma, zur Benennung eines Gasthofs, zur Verzierung einer Ware. Mit der Gestattung entfällt die Rechtswidrigkeit der Benutzungshandlung. Die *Rechtswirkungen eines Gestattungsvertrages* sind schuldrechtlicher Art (RGZ 44, 71 – Viktoria; 87, 147 – Lanolin; 100, 3 – Antiformin; RG MuW 1922, 19, 21 – Torgament; 1940, 34; BGH GRUR 1940, 560, 561 – Strickende Hände; BGHZ 1, 241 – Piek-fein; BGH GRUR 1967, 89, 92 – Rose; 1970, 528, 531 – Migrol; 1973, 375 – Miss Petite; 1985, 567, 568 – Hydair; 1988, 483, 485 – AGIAV; 1989, 422, 424 – FLASH; 1991, 393, 394 – Ott International; 1991, 780, 782 – TRANSATLANTISCHE; BGHZ 119, 237, 240 – Universitätsemblem; s. dazu *Berger*, JZ 1993, 1169; BGH GRUR 1993, 574, 576 – Decker; *Bußmann*, Name, Firma, Marke, S. 112 ff.). Es handelt sich nicht um eine Namensüberlassung. Der Vertrag enthält lediglich einen Verzicht auf die Geltendmachung von Unterlassungsansprüchen gegenüber dem Gestattungsempfänger. Der Berechtigte verzichtet auf die Durchsetzung seines Namensrechts und nicht auf dessen Bestand. Auch wenn die Namensgestattung als Lizenzvertrag bezeichnet wird, handelt es sich nicht um eine dingliche Lizenz im Sinne des § 30 (zur Unterscheidung zwischen dinglicher Markenlizenz und schuldrechtlicher Gebrauchsüberlassung s. § 30, Rn 6 f.), sondern um einen schuldrechtlichen Erlaubnisvertrag. Namensrechte sowie namensähnliche Rechte sind selbständig nicht mit dinglicher Wirkung übertragbar (BGHZ 119, 237, 240 – Universitätsemblem). Hat der Berechtigte einem anderen gestattet, eine verwechslungsfähige Firmenkennzeichnung zu

benutzen, so ist der Gestattungsempfänger nicht berechtigt, einer Änderung der Firmenkennzeichnung des Gestattenden zu widersprechen, wenn diese sich auf eine Änderung der den Geschäftsgegenstand angebenden Sachbezeichnung beschränkt (zur Änderung der Firma TRANSATLANTISCHE Rückversicherungs-AG in TRANSATLANTISCHE Beteiligungs-AG BGH GRUR 1991, 780, 781 – TRANSATLANTISCHE). Die Wirkung des Gestattungsvertrages beschränkt sich auf den Verzicht auf die Geltendmachung der Ansprüche aus dem Ausschließlichkeitsrecht (v. Gamm, Wettbewerbsrecht, Kap. 56, Rn 65).

**(2) Namensrechtliche Vertragsinhalte.** Die Gestattung kann an bestimmte Voraussetzungen geknüpft werden; sie kann namentlich *zeitlich* oder *räumlich beschränkt* erteilt werden (RGZ 76, 265; RG JW 1936, 924 – Iduna). Beruht eine Gestattung darauf, daß zwischen den Parteien bestimmte Beziehungen bestanden, so gilt sie im Zweifel nur für die Dauer dieser Beziehungen (RG JW 1936, 923 – Iduna; BGHZ 10, 196 – DUN-Europa). Ist der Gebrauch eines Namens einem anderen ohne zeitliche Begrenzung gestattet worden, so kann die Gestattung nicht jederzeit frei widerrufen werden; wohl aber kann, wie bei jedem Dauerschuldverhältnis, eine Kündigung aus wichtigem Grunde zulässig sein (s. dazu BGH GRUR 1970, 528, 532 – Migrol). Ob der Gebrauchsnehmer seinerseits befugt ist, die Benutzung des Namens einem Dritten zu gestatten, bestimmt sich nach dem Inhalt des Überlassungsvertrages; im Zweifel wird dies zu verneinen sein (aA *Baumbach/Hefermehl,* Wettbewerbsrecht, 17. Aufl., § 16 UWG, Rn 67; s. zur markenrechtlichen Unterlizenz § 30, Rn 22). Durch die Verpachtung eines Erwerbsgeschäfts mit einer Etablissementsbezeichnung verliert der Verpächter nicht seine Rechte aus § 12 BGB und § 15 an der Bezeichnung, die er auch gegenüber dem Pächter durchsetzen kann (BGH GRUR 1959, 87 – Fischl). Das setzt jedoch voraus, daß sich der Verpächter der Bezeichnung nach wie vor selbst befugterweise bedient und sie nicht aufgegeben hat (BGH GRUR 1959, 87 – Fischl; OLG Celle WRP 1983, 623, 625). Bei der Verpachtung eines Gastwirtschaftsbetriebs mit Etablissementsbezeichnung ist der Pächter nicht befugt, diese Bezeichnung ohne Erlaubnis des Verpächters als des mittelbaren Rechtsinhabers in seine Firma aufzunehmen. Auch wenn der Pächter eigene Verkehrsgeltung für die Bezeichnung erlangt hat, muß er dem prioritätsälteren Recht des Verpächters weichen (BGH GRUR 1959, 87 – Fischl). Die Verkehrsgeltung kommt nach Beendigung der Gebrauchsüberlassung dem Verpächter zugute, da der Pächter nur vorübergehend zur Benutzung berechtigt ist. Auch wenn eine neu eröffnete Gaststätte von Anfang an unter einer kennzeichnungskräftigen Bezeichnung geführt wird, steht das Schutzrecht grundsätzlich nach wie vor dem Verpächter zu, wenn dieser die Bezeichnung selbst gewählt hat und sie auch künftig nutzen will (enger OLG Hamm WRP 1982, 534 – Eulenspiegel). Anders liegt es, wenn sich die Gebrauchsüberlassung nur auf das Grundstück, nicht aber die Gastwirtschaft bezieht; die Etablissementsbezeichnung ist nicht Zubehör des Grundstücks (BGH GRUR 1963, 430, 432 – Erdener Treppchen). Wer aufgrund einer Namenslizenz einen bestimmten Namen für ein von ihm betriebenes Zirkusunternehmen jahrelang gebraucht, erlangt kraft Verkehrsgeltung originär ein eigenes nach § 12 BGB geschütztes Namensrecht; wird ihm vom Lizenzgeber die Namenslizenz entzogen, so wird dadurch das auf Verkehrsgeltung beruhende eigene Namensrecht des Lizenznehmers nicht beseitigt. Das ist erst der Fall, wenn der Lizenznehmer den Namensgebrauch unterläßt und die von ihm begründete Verkehrsgeltung verblaßt (OLG Zweibrücken GRUR 1978, 546 – Zirkusname S.). Eigene originäre Kennzeichenrechte eines schuldrechtlich zur Kennzeichenbenutzung Berechtigten entstehen nur dann, wenn dieser seinerseits die hierfür erforderliche Benutzung im geschäftlichen Verkehr aufnimmt (BGHZ 10, 196, 204 – DUN-Europa; 119, 237, 240 – Universitätsemblem; zur Rechtsstellung gegenüber Dritten s. Rn 89).

**(3) Schranken.** Die vertragliche Gestattung des Namensgebrauchs ist nichtig, wenn sie eine *Irreführung der Allgemeinheit* im Sinne des § 3 UWG zur Folge hat (§§ 134, 138 I BGB). Dafür genügt nicht die bloße Herkunftstäuschung (RG GRUR 1935, 753 – NSU; 1935, 962 – Lignose; aA RGZ 100, 22, wonach schon eine Irreführung der Abnehmer über die Herkunft der Ware den Vertrag ungültig macht), da ansonsten eine Namensüberlassung bei bekannten Bezeichnungen regelmäßig ausgeschlossen wäre. Das Vorliegen einer rechtserheblichen Irreführung erfordert, daß der Verkehr mit dem Namen über die eigentliche Herkunftsfunktion hinaus eine bestimmte *Gütevorstellung* verbindet (RGZ 171, 147 – Salamander; BGHZ 1, 241 – Piek-fein; BGH GRUR 1967, 89, 91 – Rose). Ob eine Irreführung im Sinne des § 3 UWG hervorgerufen wird, bestimmt sich nach der Verkehrsauffassung. Es kommt darauf an, daß der Verkehr die Gütevorstellung des einen Produkts auf das andere Produkt überträgt. Der Verkehr wird das Produkt des Gebrauchsnehmers regelmäßig dann auf dieselbe Quelle wie das Produkt des Gestattenden zurückführen, wenn die Produkte identisch sind. Bei ähnlichen oder selbst unähnlichen Produkten wird dies zumeist nicht der Fall sein. Entscheidend kommt es auf die Verkehrsauffassung an. Bei der Beurteilung, ob ein Vertrag wegen Verstoßes gegen § 3 UWG unwirksam ist, ist nicht allein auf die Lage beim Vertragsschluß abzustellen. Der Vertrag kann, wenn die Täuschung erst infolge einer Veränderung der tatsächlichen Verhältnisse eintritt, auch nachträglich unwirksam werden (RG GRUR 1935, 962 – Lignose; 1936, 659, 663 – Iduna; BGHZ 10, 196 – DUN-Europa). Eine Gestattung kann nicht für den Fall wirksam erteilt werden, daß sich die tatsächlichen Verhältnisse gegenüber der Lage beim Vertragsschluß ändern und dadurch eine Täuschungsgefahr eintritt (RG GRUR 1935, 753, 756 – NSU).

**88**  Die Veräußerung eines Firmenrechts ist nach § 23 HGB nur zulässig, wenn zugleich auch das Handelsgeschäft übertragen wird. Ein *Handel mit Firmen* als solchen ist verboten. Gegen § 23 HGB verstößt es auch, wenn der Firmeninhaber einem anderen die Benutzung seiner Firma erlaubt, ohne sich dabei seines Rechts an der Firma selbst zu begeben (*Strohm*, Mitarbeiterfestschrift für E. Ulmer, 1973, S. 333, 343). Es gibt keine dingliche Firmenlizenz, die einem anderen ein Benutzungs- und Verbietungsrecht gegenüber Dritten gewährt. Wohl aber ist eine schuldrechtlich wirkende Gebrauchsgestattung zulässig (BGH GRUR 1970, 528, 531 – Migrol; 1973, 375, 377 – Miss Petite; *Schricker*, FS für v. Gamm, 1990, S. 289, 299 f.; s. Rn 85). Eine wegen Verstoßes gegen § 23 HGB nichtige Firmenübertragung kann daher als bloße Gebrauchsgestattung wirksam sein (§ 140 BGB). Auch kann ein Schutzanspruch des Firmeninhabers aus dem Gesichtspunkt der Verwirkung ausgeschlossen sein (s. § 21, Rn 6 ff., 21 ff.).

**89**  **(4) Rechtsstellung gegenüber Dritten.** Benutzt der Gestattungsempfänger den Namen des Rechtsinhabers aufgrund dessen schuldrechtlicher Gestattung als Name, Firma oder besondere Geschäftsbezeichnung, so erwirbt er durch die Benutzung als Identitätshinweis oder Herkunftshinweis ein *eigenes Recht an der Bezeichnung* mit entsprechend jüngerer Priorität. Das Recht entsteht originär durch Annahme und Gebrauch (so für die Firma BGHZ 10, 196 – DUN-Europa; BGH GRUR 1993, 151 – Universitätsemblem). Auch wenn er den Namen ohne vertragliche Erlaubnis benutzt, erwirbt er ein Recht gegenüber Dritten, nicht aber gegenüber dem prioritätsälteren Namensträger (BGHZ 10, 196 – DUN-Europa; BGH GRUR 1976, 644, 646 – Kyffhäuser mit Anm. *Fezer*). Ist ihm die Benutzung von einem dem Dritten gegenüber besser berechtigten Vorbenutzer gestattet worden, so kann er sich entsprechend § 986 Abs. 1 BGB auch gegenüber Dritten auf diese Priorität berufen (BGH GRUR 1957, 34, 35 – Hadef; 1985, 567, 568 – Hydair; 1993, 574, 576 – Decker; ÖOGH ÖBl. 1993, 245, 248 – COS; s. dazu *Klaka*, EWiR § 16 UWG 2/1993, 609; aA Großkomm/*Teplitzky*, § 16 UWG, Rn 265, wenn jede obligatorische Beziehung zwischen dem Benutzer aufgrund der Gestattung eines Dritten und demjenigen, der die Unterlassung verlangt, fehlt). Dazu bedarf es nicht der Annahme einer dinglichen Lizenz, die von der Vorstellung ausgeht, daß durch die Gestattung zugleich dem Gebrauchsnehmer ein Teilinhalt des absoluten Rechts, nämlich eine bestimmte Art des Gebrauchs, mit dinglicher Wirkung übertragen wird, die ihn zur Klage dem Dritten gegenüber im eigenen Namen berechtigt. Der Berechtigte kann ferner den Gestattungsempfänger zur Klage im eigenen Namen als *Prozeßstandschafter* ermächtigen, wenn dieser ein eigenes wirtschaftliches Interesse, auch nur ein wirtschaftliches Interesse an der Rechtsverfolgung, hat (*Baumbach/Hefermehl*, Wettbewerbsrecht, Einl UWG, Rn 323; aA MünchKomm/*Schwerdtner*, § 12, Rn 78). Es ist stets zu unterscheiden zwischen dem eigenen Namensrecht, das der Gestattungsempfänger durch seinen Gebrauch erlangt, und dem fremden Namensrecht, dessen Gebrauch ihm mit schuldrechtlicher Wirkung gestattet ist. Es handelt sich nicht um eine Überlassung des Namens, sondern nur um einen Verzicht auf die Geltendmachung von Unterlassungsansprüchen gegenüber dem Vertragspartner, der sich gegenüber dennoch erhobenen Ansprüchen auf den Vertrag berufen kann. Für die Geltendmachung von abgeleiteten Rechten hinsichtlich der Bezeichnung einer Fernsehsendung ist eine umfassende Übertragung der Titelschutzrechte erforderlich; allein die Übertragung der zum Verlagsrecht an einem Musikstück gehörenden Titelrechte oder derjenigen zum Leistungsschutzrecht an dem Tonträger dieses

Musikstücks gehörenden Titelrechte reicht dafür nicht aus (OLG München NJW-RR 1994, 556 – Die da). Hat ein Verein einer rechtlich selbständigen Unterorganisation (Ortsverein) gestattet, einen ihm geschützten Namensbestandteil in ihren Namen aufzunehmen, so ist die Gestattung in der Regel auf die Dauer der Zugehörigkeit zum übergeordneten Verein beschränkt; erlischt diese Beziehung, so kann sie sich ihm gegenüber nicht auf ihr Namensrecht berufen, das sie gegenüber Dritten erlangt hat (BGH GRUR 1976, 644, 646 – Kyffhäuser mit Anm. *Fezer*). Darf sich der Gebrauchsnehmer den fremden Namen als Marke eintragen lassen, so erwirbt er ebenfalls eine eigene, von dem des Lizenzgebers verschiedene Marke mit der Priorität der Anmeldung (§ 6 Abs. 2). Der Verzicht des prioritätsälteren Namensträgers bezieht sich auf die ihm sonst für die Dauer der Lizenz zustehenden Unterlassungsansprüche. Wer vom Inhaber einer prioritätsälteren Kennzeichnung auf Unterlassung einer mit dieser verwechslungsfähigen Bezeichnung in Anspruch genommen wird, die er selbst nur als *Repräsentant* für einen Dritten benutzt, kann sich gegenüber dem Antragsteller analog § 986 Abs. 1 BGB auch auf einen Rechtsmißbrauch berufen, der nicht ihm selbst, sondern lediglich dem Inhaber des von ihm repräsentierten Unternehmens gegenüber dem Anspruchsteller erwachsen ist (BGH GRUR 1994, 652 – Virion). Eine Geltendmachung des dem Lizenznehmer entstandenen Schadens durch den Lizenzgeber kommt unter dem Gesichtspunkt der Drittschadensliquidation in Betracht (BGH GRUR 1974, 335 – Abstandshalterstopfen für Patentverletzung).

**dd) Abgrenzungsvereinbarungen.** Wie im Markenrecht sind auch im Namens- und Firmenrecht sowie allgemein im Recht der geschäftlichen Bezeichnungen Abgrenzungsvereinbarungen grundsätzlich zulässig (s. zu Begriff, Rechtsfolgen und Schranken von Abgrenzungsvereinbarungen im einzelnen § 14, Rn 453 ff.). Eine vertragliche Vereinbarung, nach der keiner der Vertragspartner das alleinige Recht an einer bestimmten Firmenkennzeichnung hat, dieses vielmehr allen Partnern zur gesamten Hand zustehen soll, schließt die Geltendmachung von Unterlassungsansprüchen nach § 15 im Verhältnis der Parteien zueinander jedenfalls mit schuldrechtlicher Wirkung aus (BGH GRUR 1986, 325 – Peters).

**ee) Wettbewerbsverbote.** Wer ein Handelsgeschäft mit einer aus seinem Vornamen und Familiennamen bestehenden Firma veräußert oder bei Gründung einer GmbH die Verwendung seines Namens bei der Firmenbildung gestattet, ist zwar nicht gehindert, sich auf demselben Gebiet wieder gewerblich unter seinem Namen zu betätigen. Er muß sich aber bei der Bildung einer Einzelfirma durch deutlich unterscheidende Zusätze von der älteren, seinen Namen führenden Firma fernhalten (RG GRUR 1944, 38 – W. C. & Co. GmbH; *Dove*, JW 1926, 1326). Diese Pflicht beruht bei einer Geschäftsübernahme auf dem Veräußerungsvertrag. Sie braucht nicht ausdrücklich vereinbart zu sein, sondern folgt schon aus § 242 BGB. Sie geht über § 30 HGB hinaus, der die Verwendung des eigenen Namens ohne einen unterscheidenden Zusatz nur räumlich (Firmenbezirk) begrenzt. Auch wenn der Erwerber eines Handelsgeschäfts die Firma mit Nachfolgezusatz weiterführt, darf der Veräußerer ein neues Geschäft unter dem alten Namen ohne unterscheidenden Zusatz nicht eröffnen, da ansonsten der Eindruck entstehen kann, das neue Unternehmen sei mit dem alten Unternehmen identisch und das mit Nachfolgezusatz geführte Unternehmen sei ein Tochterunternehmen; auch der Erwerber darf den Nachfolgezusatz nicht streichen, wenn dadurch die Verwechslungsgefahr wieder auflebt (RG GRUR 1944, 38 – W. C. & Co. GmbH).

### e) Gleichnamigkeitsrecht

**Schrifttum zum UWG.** *Assmann*, EWiR 1985, 107; *Fingerhut/Witzmann*, Deutsch-deutsches Firmenrecht von Gleichnamigen in Enteignungsfällen, BB 1993, 1382; *Knaak*, Das Recht der Gleichnamigen, Eine rechtsvergleichende Untersuchung zu Inhalt und Grenzen eines kennzeichenrechtlichen Sondertatbestandes, 1979; *Martinek*, EWiR 1987, 193; *Tilmann*, GRUR 1985, 391.

**Schrifttum zum MarkenG.** *Fingerhut*, Deutsch-deutsches Firmenrecht von geographisch Gleichnamigen in Enteignungsfällen, BB 1996, 238; *Scholz*, Die Änderungen der Gleichgewichtslage zwischen namensgleichen Unternehmen und das Recht auf die Namensmarke – Zwei Fragen aus dem Recht der Gleichnamigen, GRUR 1996, 679.

**aa) Ausgangspunkt.** Jeder hat das Recht, sich unter seinem Namen als selbständiger Gewerbetreibender im Geschäftsverkehr zu betätigen (RGZ 170, 265, 268 – Hä/Orange; BGHZ 4, 96 – Urköl'sch; BGH GRUR 1951, 410 – Luppy; 1957, 342 – Underberg; 1958,

185, 187 – Wyeth; 1960, 33 – Zamek; 1966, 623, 625 – Kupferberg). Das folgt aus der allgemeinen Freiheit, sich wirtschaftlich zu betätigen; ein Hinweis auf die §§ 18 ff. HGB erübrigt sich. Aber dieses Recht, bei wirtschaftlicher Betätigung den eigenen Namen zu verwenden, ist nicht schrankenlos. Es besteht nur im Rahmen des lauteren Wettbewerbs und darf nicht mißbräuchlich ausgeübt werden. Gerade der Gebrauch des eigenen Namens kann im Geschäftsleben zu erheblichen Unredlichkeiten führen. Wenn ein Kaufmann unter seinem Namen ein erfolgreiches Unternehmen aufbaut, dann treten häufig die Schmarotzer auf den Plan, die sich den fremden Namen auf irgendeine Weise unter Täuschung der Allgemeinheit nutzbar zu machen und als Vorspann für die eigene Werbung zu verwenden versuchen. Daß ein unlauterer Gebrauch des eigenen Namens verhindert werden kann, steht außer Streit. Schwieriger liegen die Fallkonstellationen zwischen Gleichnamigen, die sich bei Begründung ihrer Unternehmen nicht unlauter verhalten. Das Recht eines prioritätsälteren Firmeninhabers findet seine natürliche Grenze an dem *Recht jedes Gleichnamigen,* seinen bürgerlichen Namen zu verwenden. Mit dem Prioritätsgrundsatz allein läßt sich der Konflikt einer solchen Namenskollision nicht mehr lösen, da beide Namensträger ein schutzwürdiges Interesse an dem Gebrauch ihres Namens haben. Es bedarf eines *Ausgleichs der beiderseitigen Interessen,* um die Verwechslungsgefahr im Interesse der Berechtigten und der Allgemeinheit möglichst einzudämmen.

**93** **bb) Unlauterer Namensgebrauch.** Eine unlautere Verwendung des eigenen Namens schließt die Berufung auf das Recht, den eigenen Namen zu gebrauchen, aus. Eine Fallkonstellation des unlauteren Namensgebrauchs stellt die *Strohmanngründung* dar. Ein Strohmann überläßt einen Namen einem anderen zur Bildung einer verwechslungsfähigen Firma (s. etwa HansOLG Hamburg MuW 1929, 350). Unerheblich ist, ob der Strohmann selbst an dem Unternehmen beteiligt ist oder nur seinen Namen zum Gebrauch überläßt. Wer einen Strohmann vorschiebt, maßt sich in Wahrheit diesen Namen an. Die Berufung auf ein eigenes Namensrecht ist ausgeschlossen, da es an einem schutzwürdigen Interesse fehlt. Der Name soll nicht der Individualisierung, sondern der Täuschung dienen (s. BGHZ 4, 96, 101 – Urköl'sch; BGH GRUR 1958, 185, 187 – Wyeth; BGH, Urt. vom 9. Juni 1972, I ZR 4/71 – Fürst zu Schwarzburg Weinhandelsgesellschaft mbH; auch ÖOGH GRUR 1929, 1213). Die Verwendung des Namens ist nach § 1 UWG *wettbewerbswidrig* und je nach den besonderen Umständen auch nach § 3 UWG *irreführend;* es kommt auch ein Schadensersatzanspruch nach § 826 BGB in Betracht. Auf die Rechtsform des Unternehmens kommt es nicht an. Der Rechtsmißbrauch entfällt nicht dadurch, daß der Strohmann zunächst eine Einzelfirma mit seinem Familiennamen gründet und dann den Namen der Einzelfirma durch Umwandlung in eine mit anderen gegründete GmbH in diese einbringt (LG Köln GRUR 1950, 570 – Urköl'sch). Eine solche Firma kann auch nicht von Dritten gutgläubig erworben werden (RGZ 82, 164).

**94** Eine Fallkonstellation des unlauteren Namensgebrauchs stellt auch die Bildung einer Firma in *Verwechslungsabsicht* dar. Wer eine Firma bildet, um durch Anlehnung an eine gleichnamige Firma Verwechslungen oder sonstige Irrtümer im Verkehr herbeizuführen, handelt nach den §§ 1, 3 UWG *wettbewerbswidrig,* auch wenn die Firma handelsrechtlich nach den §§ 18 ff. HGB zulässig ist (BGH GRUR 1951, 410 – Luppy; BGHZ 4, 96, 101 – Urköl'sch). Nur die redliche Benutzung des eigenen Namens ist schutzwürdig. Wem es von vornherein darauf ankommt, im Verkehr Verwechslungen herbeizuführen, an fremder Leistung und fremdem Ruf zu schmarotzen, der kann sich nicht auf sein Recht zur Verwendung des eigenen Namens berufen; er handelt rechtsmißbräuchlich. Die Verwerflichkeit entfällt auch nicht schon durch den Gebrauch eines anderen Vornamens, wenn der Vorname hinter dem Familiennamen, dem die Kennzeichnungskraft und Werbekraft anhaftet, im wesentlichen zurücktritt.

**95** Die Fallkonstellationen einer Strohmannfirma und einer Firmenbildung in Verwechslungsabsicht stellen keine namensrechtlichen Kollisionstatbestände dar, die eines Interessensausgleichs bedürfen. Nach den §§ 1, 3 UWG besteht ein Anspruch auf Unterlassung des wettbewerbswidrigen Firmengebrauchs sowie ein Anspruch auf Löschung der mißbräuchlich gewählten Firma (RGZ 171, 147 – Salamander; RG GRUR 1940, 358, 363; BGHZ 4, 96, 101 – Urköl'sch; BGH GRUR 1954, 457 – Irus/Urus; 1954, 331 – Altpa/Alpah; BGH, Urt. vom 9. Juni 1972, I ZR 4/71 – Fürst zu Schwarzburg Weinhandelsgesellschaft mbH; *Soergel/Heinrich,* § 12 BGB, Rn 201). Ein über das Verbot der konkreten Benutzungsart hinausgehendes generelles Verbot zur Führung des eigenen Namens gründet sich auf das Verhalten des wettbewerbswidrig Handelnden; nur unter diesen Voraussetzungen ist ein generelles Verbot der Namensführung gerechtfertigt. Im übrigen kann die konkrete Benutzungsform als wettbewerbswidrig oder irreführend untersagt werden.

**cc) Namenskollision.** Die Benutzung des eigenen Namens zur Firmenbildung ist **96** grundsätzlich dann zulässig, wenn weder eine wettbewerbswidrige Strohmannfirma (s. Rn 93), noch eine wettbewerbswidrige Firmenbildung in Verwechslungsabsicht (s. Rn 94) vorliegt. Folge der Existenz einer Vielzahl von identischen und ähnlichen Namen sind Namenskollisionen. Die handelsrechtlichen Vorschriften über die Firmenbildung verlangen bei der Firma des Einzelkaufmanns (§ 18 HGB) und bei der Firma einer OHG oder KG (§ 19 HGB) die Verwendung des bürgerlichen Namens. Niemand darf am ehrlichen Gebrauch seines Namens im Wirtschaftsleben gehindert werden. Ein ehrlicher Namensgebrauch verlangt aber, daß der Namensträger alles Erforderliche und Zumutbare tut, um eine Verwechslungsgefahr im Verkehr möglichst auszuschließen. Wer dies nicht tut, mißbraucht sein Namensrecht; er hat kein schutzwürdiges Interesse an der Benutzung seines Namens (s. dazu BGHZ 4, 96, 101 – Urköl'sch; BGH GRUR 1951, 410 – Luppy; 1953, 252 – Hochbau-Tiefbau; 1957, 342 – Underberg; 1966, 623, 625 – Kupferberg; 1985, 389 – Familienname; 1987, 182 – Stoll; 1993, 579, 580 – Römer GmbH). Die Koexistenz gleichnamiger Firmen zwingt beide Namensträger zum *Interessenausgleich,* insbesondere zu einer gesteigerten Rücksichtnahme aufeinander und zu einer möglichst weitgehenden Abgrenzung voneinander durch die Verwendung unterscheidungskräftiger Zusätze (OLG Köln WRP 1975, 375, 376). Der Prioritätsgrundsatz kann zur Lösung der Namenskollision nicht allein maßgebend sein. Auch die Interessen der Allgemeinheit sind zu berücksichtigen. Im geschäftlichen Verkehr wird die namensrechtliche durch die wettbewerbsrechtliche Betrachtung modifiziert (s. dazu *Tilmann,* GRUR 1981, 621, 625). Die Grundsätze zur Gleichnamigkeit gelten auch für Namenskollisionen als einer Folge der Herstellung der Einheit Deutschlands (s. Rn 196; Einl, Rn 77f.). Hat ein Unternehmen in der DDR ein bestandskräftiges Firmenrecht erlangt, dann muß dieses Firmenrecht nach der Vereinigung Deutschlands einem in der alten Bundesrepublik Deutschland geschützten kollidierenden älteren Firmenrecht nicht weichen; die Auseinandersetzung hat vielmehr nach den Grundsätzen des Rechts der Gleichnamigen zu erfolgen (BGHZ 130, 134 – Altenburger Spielkartenfabrik, Stichtag 3. Oktober 1990; zu den übereinstimmenden Firmenbestandteilen *Hanse* und *Immobilien* s. HansOLG Hamburg NJW-RR 1993, 687, offengelassen, ob der 3. Oktober 1990 oder schon der 1. Juli 1990 als Stichtag anzusehen ist).

Der prioritätsältere Firmeninhaber kann trotz des zeitlichen Vorrangs dem prioritätsjün- **97** geren Firmeninhaber den Gebrauch seines Namens nicht untersagen. Das Recht des Prioritätsälteren findet seine natürliche Grenze am *Recht jedes Gleichnamigen,* seinen bürgerlichen Namen in ehrlicher Weise zu verwenden. Ein Anspruch auf Löschung oder Verbot der Namensführung schlechthin ist daher grundsätzlich ausgeschlossen (RGZ 170, 265, 270 – Hä/Orange). Dies gilt selbst dann, wenn das frühere Verhalten des jüngeren Firmeninhabers den Verdacht künftiger Unlauterkeit nahelegt (BGHZ 14, 155 – Farina II; *Lindenmaier,* BB 1953, 631). Der Gebrauch des gleichen Namens braucht im übrigen nicht stets Verwechslungsgefahr hervorzurufen, da es zahlreiche Möglichkeiten für unterscheidungskräftige Gestaltungen gibt, die geeignet sind, eine Täuschung des Publikums weitgehend auszuschließen (BGHZ 4, 96, 101 – Urköl'sch; BGH GRUR 1954, 70 – Rohrbogen); die Verurteilung darf sich grundsätzlich nur gegen die konkret benutzte Firma richten (BGH GRUR 1954, 123 – Auto-Fox). Selbst wenn der prioritätsälteren Firma Verkehrsgeltung zukommt, kann der Gebrauch des eigenen Namens nicht schlechthin untersagt werden, vorausgesetzt, daß der Namensgebrauch in redlicher Absicht erfolgt (s. Rn 94). Wohl aber besteht die Pflicht, alles Erforderliche und Zumutbare zu tun, um die durch Gleichnamigkeit hervorgerufene Verwechslungsgefahr möglichst einzudämmen. Diese Pflicht besteht nicht nur bei Neubildung von Firmen, mag auch der Konflikt hier am ehesten auftauchen, sondern besteht auch bei der Fortführung von Firmen nach den §§ 22, 24 HGB (*Canaris,* GRUR 1989, 711, 717). Zu beanstanden ist namentlich eine schlagwortartige Herausstellung, denn sie erhöht regelmäßig die Verwechslungsgefahr.

**dd) Einfluß firmenrechtlicher Vorschriften. (1) Unterscheidung zwischen not- 98 wendiger und willkürlicher Firmenbildung (RG).** Die Rechtsprechung des RG ging davon aus, der Gebrauch des eigenen Namens in der Firma sei nur dann erlaubt, wenn nach Firmenrecht die Führung des Namens rechtlich geboten sei (§§ 18, 19 HGB). Wer *Stollwerck* hieß, als Teilhaber der Schokoladenfabrik Gebr. *Stollwerck AG* gearbeitet hatte und nach Ausscheiden aus der Firma eine eigene Schokoladenfabrik als Einzelfirma gründete, durfte unter Verwendung seines Namens die Firma *Paul H. Stollwerck* führen (RGZ 116, 210 – Stollwerk). Unzulässig wäre die Firma *Paul H. Stollwerck GmbH* gewesen. Die vom RG getroffene Unterscheidung zwischen *notwendiger* und *willkürlicher Firmenbildung* führt nicht zu sachgerechten Konfliktlösungen im Recht der Gleichnamigen, wie eine Reihe von Entscheidungen veranschaulicht. Aus einer 1875 gegründeten Zigarettenfabrik *J. Malzmann* war *Adolf Malzmann*, ein Sohn des Gründers, ausgetreten und hatte 1921 am selben Ort ein gleiches Unternehmen in Form einer GmbH gegründet unter der Firma *Tabak- und Zigarettenfabrik Lamata A. Malzmann & Co. GmbH*; zu Unrecht verbot das RG die Führung des Namens *Malzmann*, da der Zusatz *Lamata*, der entgegen der Auffassung des RG genügend unterschied, nichts nütze (RGZ 110, 234 – Malzmann); nach dieser Rechtsprechung wäre eine einzelkaufmännische Firma aus dem Vornamen und dem Nachnamen *Malzmann* zulässig gewesen. Abzulehnen ist auch die *Arnheim*-Entscheidung (RGZ 111, 69 – Arnheim). Ein *Hermann Arnheim* hatte sein unter der Firma *Hermann Arnheim, Kunstschlosserei & Geldschrankfabrik gegründet 1870* betriebenes Geschäft erst ohne Firmenänderung in eine OHG, dann unter der Firma *AG Hermann Arnheim* in eine AG umgewandelt; auf Klage der 1883 gegründeten *Geldschrankfabrik S. J. Arnheim* verurteilte das RG zur Firmenlöschung. Das Urteil ist um so verfehlter, als zudem der Einwand der Verwirkung entgegenstand; zu verlangen war allenfalls eine bessere Unterscheidung, nicht aber Unterlassung des Namensgebrauchs schlechthin. Bedenklich ist auch die *Wagner*-Entscheidung (RG MuW 1926, 42). Ein *Hans R. Wagner*, der unter diesem Namen unangefochten ein Pflanzenbuttergeschäft betrieb, hatte dieses Geschäft in eine Neugründung mit der Firma *Hans Wagner & Co GmbH* eingebracht. Auf Klage der *Holsteinischen Pflanzenbutterfabrik Wagner & Co* verurteilte das RG zur Löschung und vernichtete so zum unberechtigten Vorteil des Mitbewerbers einen großen und rechtlich erlangten Vermögenswert. Zur Begründung genügte dem RG, daß Verwechslungsgefahr objektiv bestand und nach § 4 GmbHG eine Aufnahme des Familiennamens in die Firma redlich nicht geboten war. So durfte auch, wer *Carl Friedrich Ern* hieß, nicht neben einer schon bestehenden *Rasiermesserfabrik C. Friedrich Ern* eine Firma *Carl Friedrich Ern II GmbH* gründen, denn nichts zwang zur Aufnahme seines Namens in die Firma der GmbH (RG MuW 1927/1928, 182); niemand sei gezwungen, einen Gesellschafter aufzunehmen und dessen Namen zu verwenden. In der *Jacoby*-Entscheidung (RG MuW 1931, 395, 396) korrigierte das RG seine Rechtsprechung. Es billigte, daß ein aus dem Vorstand der Firma *Emil Jacoby GmbH* ausgeschiedener *Arthur Jacoby* die Neugründung einer Firma unter diesem Namen und die Umgründung in eine *Arthur Jacoby GmbH* vornahm. Begründet wurde das Urteil mit dem Vorliegen eines wertvollen Besitzstandes, der zu schützen sei. Nach wie vor hielt jedoch das RG daran fest, daß der Gebrauch des eigenen Namens in einer entsprechend den §§ 18, 19 HGB gebildeten Firma nicht verboten werden könne, sofern die Firma nicht in unlauterer Absicht angenommen sei (s. auch RG MuW 1941, 47, 49 – Knipping; RG GRUR 1940, 358 – R.). Der prioritätsjüngere Benutzer einer nach den §§ 18, 19 HGB notwendigen Firma war jedoch verpflichtet, seine Firma so zu gestalten, daß dadurch Verwechslungen nach Möglichkeit ausgeschlossen werden (RGZ 170, 265, 270 – Hä/Orange; RG MuW 1931, 395). Dem ist im Ergebnis zuzustimmen.

**99** **(2) Wettbewerbsrechtliche Beurteilung.** Die Unterscheidung zwischen notwendiger und willkürlicher Firmenbildung (s. Rn 98) ist für die wettbewerbsrechtliche Beurteilung nicht entscheidend (BGH GRUR 1966, 623, 625 – Kupferberg; aA RGZ 110, 234 – Malzmann; 116, 209 – Stollwerck). In der *Underberg*-Entscheidung hatte der BGH die Frage noch offengelassen (BGH GRUR 1957, 342, 346 – Underberg). Wer sich persönlich an einem Unternehmen beteiligt, muß grundsätzlich auch in der Lage sein, seinen Namen zur Firmierung zur Verfügung zu stellen (so auch *Ulmer*, JW 1930, 1664). Die mißbräuchliche Art einer Verwendung des eigenen Namens läßt sich deshalb nicht allein daraus herleiten, daß auch andere Möglichkeiten zur Firmenbildung bestehen. Zudem wirkt sich der firmenrechtliche Zwang zur Bildung einer bestimmten Firma nicht dahin aus, daß die Annahme mißbräuchlichen oder unlauteren Verhaltens ausscheidet. Auch auf die Rechtsform, in der die gewerbliche Betätigung erfolgt, kommt es nicht an. Es ist von einem gleichnamigen Mitbewerber nicht zu verlangen, für sein Unternehmen eine Rechtsform zu wählen, bei der sich der Gebrauch des eigenen Namens vermeiden läßt. Ein schutzwürdiges Interesse kann zur Aufnahme des eigenen Namens in die Firma auch dann bestehen, wenn dazu kein firmenrechtlicher Zwang nach den §§ 18, 19 HGB besteht und die Firma dem Gegenstand des Unternehmens entnommen werden kann (BGH GRUR 1966, 623, 625 – Kupferberg). Ausweichmöglichkeiten in firmenrechtlicher Hinsicht schließen grundsätzlich die Verwendung des eigenen Namens nicht aus, vorausgesetzt, daß diese nicht in unlauterer, insbesondere nicht in Täuschungsabsicht, erfolgt (s. Rn 94). Im Kollisionsfall ist eine *Interessenabwägung* unter Würdigung der besonderen Umstände des konkreten Einzelfalles erforderlich. Bei der Neubildung einer Firma, der noch kein schutzwürdiger Besitzstand zukommt und ein registerrechtlicher Zwang, einen bestimmten Namen in die Firma aufzunehmen, nicht besteht, wird es im allgemeinen dem prioritätsälteren Benutzer desselben Namens nicht zuzumuten sein, in einem ähnlich Produktbereich einen jüngeren Wettbewerber nur deshalb zu dulden, weil sich trotz aller Bemühungen ein Rest von Verwechslungsgefahr nicht vermeiden läßt. Auch wenn der prioritätsjüngere Wettbewerber ein Interesse hat, auf die wirtschaftliche Zugehörigkeit zu einer ausländischen Muttergesellschaft hinzuweisen, reicht dies noch nicht aus, um dem prioritätsälteren Benutzer die Duldung eines Restes von Verwechslungsgefahr zuzumuten (BGH GRUR 1968, 212, 214 – Hellige; 1993, 579, 580 – Römer GmbH). Ausländische Unternehmen sind bei der Gründung von Tochtergesellschaften in der Bundesrepublik Deutschland nicht günstiger zu stellen als Inländer bei Neugründungen. Nur unter besonderen Umständen kann die Interessenabwägung dazu führen, daß der prioritätsältere Benutzer einen Rest von Verwechslungsgefahr hinnehmen muß und daher nur verlangen kann, daß der prioritätsjüngere seine Firma durch Beifügung *unterscheidungskräftiger Zusätze* oder auf andere Weise so gestaltet, daß eine Verwechslungsgefahr möglichst eingedämmt wird. Diese Pflicht trifft grundsätzlich den prioritätsjüngeren Benutzer des fraglichen Namens (OLG Köln GRUR 1983, 787 – Tina Farina; BGH GRUR 1991, 393, 394 – Ott International). Nur in seltenen Fällen, wie etwa bei einem geringfügigen zeitlichen Vorsprung, wird aufgrund der Interessenabwägung auch dem prioritätsälteren Namensträger zuzumuten sein, seinerseits zur Eindämmung der Verwechslungsgefahr beizutragen (weitergehend *Reimer*, Kap. 19, Rn 8 bis 10, wonach aufgrund Interessenausgleichs jeweils festzustellen ist, welche Änderungen beiden Parteien zuzumuten seien; zurückhaltender *Reimer/v. Gamm*, Kap. 11, Rn 3, wonach beide Namensträger, jedoch in erster Linie der prioritätsjüngere, zur gegenseitigen Rücksichtnahme und dazu verpflichtet seien, alles zu unterlassen, was die nicht völlig ausgeräumte Verwechslungsgefahr erhöhen könne). Bei Wiederbelebung eines nur zeitweilig stillgelegten Unternehmens ist eine Preisgabe oder Änderung der früheren Firma nicht zumutbar (RGZ 170, 265 – Hä/Orange). Anderes gilt nur, wenn wirtschaftlich etwas völlig Neues geschaffen wird; dann muß bei der Gestaltung der Firma auf entgegenstehende Belange Dritter Rücksicht genommen werden (RG 170, 265, 274 – Hä/Orange). Wird ein bürgerlicher Name (*Rothschild*) in der Öffentlichkeit nur einer bestimmten Familie zugeordnet, so brauchen es deren Mitglieder nicht hinzunehmen, daß ein namensgleiches Nichtmitglied der Familie seinen Familiennamen bei seinen wirtschaftlichen Aktivitäten ohne unterscheidende Zusätze groß herausstellt und dadurch Zuordnungsverwirrungen auslöst (OLG Köln GRUR 1987, 935 – Rothschild). Die für gleichnamige Unternehmen geltenden Pflichten zur Ausschaltung oder Verminderung der Verwechslungsgefahr gelten für die Vermeidung einer Verwässerungsgefahr entsprechend (BGH GRUR 1966, 623, 625 – Kupferberg).

**(3) Entscheidungspraxis.** Über die Art und Weise, wie zu verfahren ist, um die Verwechslungsgefahr auszuräumen, lassen sich keine allgemeingültigen Regeln aufstellen. Maßgebend sind die besonderen Umstände des konkreten Einzelfalles. Im Recht der Gleichnamigen kommt es auf einen gerechten Interessenausgleich zur Konfliktlösung der Namenskollision an. Zu empfehlen ist ein Hilfsantrag, dem Beklagten den Gebrauch ohne einen unterscheidenden Zusatz zu verbieten. Auch wenn der Namensgleiche alles Erforderliche und Zumutbare getan hat, um die Verwechslungsgefahr möglichst auszuschließen und den Mitbewerber zu schonen, wird häufig ein unvermeidlicher Rest von Verwechslungsgefahr bestehen bleiben, der hinzunehmen ist (RGZ 170, 265, 270 – Hä/Orange; BGHZ 4, 96, 105 – Urköl'sch; BGH GRUR 1960, 36 – Zamek; 1968, 212, 213 – Hellige). Wer ein *Kölnisch-Wasser-Geschäft* begründen will und *Farina* heißt, der darf nicht die Vornamen Johann Maria benutzen, mögen sie ihm auch zustehen (RG MuW 1931, 389, 390); die Benutzung seines Familiennamens kann ihm dann nicht untersagt werden, wenn eine unlautere Absicht nicht vorliegt. Auch der Einzelkaufmann ist gehalten, durch deutlich unterscheidende Zusätze die mit der Führung des gleichen Familiennamens unvermeidlich verbundene Verwechslungsgefahr zu verringern. Die Zusätze sind so zu wählen, daß sie auffallen. Ungenügend sind etwa *Johann Maria Farina zum Dom der Stadt Mailand* (RG MuW 1931, 389) oder *Johann Maria Farina zum St. Marcus von Venedig* (RG MuW 1933, 294), weil bei dem Weltruf der Firma *Johann Maria Farina gegenüber dem Jülichplatz* Name und Vornamen alles andere in den Hintergrund treten lassen. Als unzureichend wurde auch der Vorname *Tina* als Zusatz beurteilt (OLG Köln GRUR 1983, 787 – Tina Farina; zum Vornamen s. Rn 66). Es sind notfalls besondere Unterscheidungsmerkmale zu wählen, wie etwa Unterstreichung des Vornamens, eine verschiedenartige Druckanordnung, die Beifügung von Phantasiewörtern oder Zusätze wie *nicht zu verwechseln mit* (s. dazu MuW 1927/1928, 362 – Lindt). Auf Klage der *Hermann Schinke GmbH* wurde ein Einzelkaufmann zur Löschung der Firma *Hermann Alexander Schinke* verurteilt, weil kein Zwang zur Verwendung des Rufnamens in der Firma vorgelegen habe (RG MuW 1930, 123); sachgerecht wäre ein unterscheidender Zusatz gewesen. Ein bildlicher Zusatz, der keine Namensfunktion besitzt, ist zur Unterscheidung von Namen grundsätzlich ungeeignet, mag er sich auch im Verkehr als Kennzeichen des Unternehmens durchgesetzt haben (BGH GRUR 1952, 239 – Farina I; BGHZ 14, 155 – Farina II); das beruht darauf, daß im mündlichen Verkehr nur aussprechbare Wörter geeignet sind, ein Unternehmen zu individualisieren, weshalb die *rote Lotosblume* für die schriftliche Werbung ungeeignet war, da die Farbe bei Schwarzweiß-Druck in Zeitungen nicht wiedergabefähig ist. Einer Personenhandelsgesellschaft ist es grundsätzlich nicht verwehrt, den Namen ihres persönlich haftenden Gesellschafters in der Firma zu verwenden, aber sie muß durch Zusätze, wie etwa die Beifügung des ausgeschriebenen Vornamens, die Verwechslungsgefahr weitgehend ausräumen; als unzulässig beurteilt wurde die Firma *Schmidt & Sohn* gegenüber der prioritätsälteren Firma *J. A. Schmidt & Söhne*, beide Hersteller von Bestecken in Solingen (OLG Düsseldorf GRUR 1967, 314 – Schmidt & Sohn).

**101     ee) Nebeneinander bestehende Firmen mit Verkehrsgeltung. (1) Gleichberechtigung.** Haben verwechslungsfähige Firmen jahrelang unbeanstandet nebeneinander bestanden, so kann der prioritätsältere Firmeninhaber nicht mehr unter Berufung auf seinen zeitlichen Vorrang in den redlich erworbenen Besitzstand der jüngeren Firma einbrechen (RG JW 1929, 3075 – Leykauf; 1931, 2965 – Jacoby; RGZ 171, 321, 326 – Chemphar/Chemopharm; BGH GRUR 1953, 252 – Hochbau-Tiefbau; 1984, 378 – Hotel Krone). Vielfach wird angenommen, die Verwechslungsgefahr trete zurück, wenn beide Teile einen unanfechtbaren Besitzstand am gleichen Namen erworben haben (RG GRUR 1937, 153 – Rüggeberg mit dem Pferd). Zwei gleichnamige Firmen können dann unangefochten nebeneinander geführt werden (*Koexistenz*); allerdings darf nicht eine Firma den Namen schlagwortartig benutzen. Die Annahme, Verwechslungsgefahr bestehe nicht mehr, weil der Verkehr sich daran gewöhnt habe, die Firmen trotz gleichen Firmenkerns zu unterscheiden, ist aber zumeist ein Trugschluß. So bestehen etwa in Köln zahlreiche *Kölnisch-Wasser*-Geschäfte, die sich alle *Johann Maria Farina* nennen und sich allein durch Zusätze wie *gegenüber dem Jülichplatz, gegenüber dem Neumarkt, zum Dom der Stadt Mailand* oder *zur Stadt Rom* unterscheiden. Mancher Abnehmer dürfte noch heute annehmen, es gäbe nur eine *Johann Maria Farina*-Firma. Entscheidend ist ein anderer rechtlicher Aspekt: Wenn mehrere Firmen lange Zeit unangefochten nebeneinander bestanden und gleichmäßige Verkehrsgeltung erlangt haben, so haben sie ein Recht auf die Benutzung erlangt, das ihnen, solange die Verkehrsgeltung anhält, nicht wieder aus dem Gesichtspunkt des Zeitvorrangs genommen werden kann. Der wertvolle Besitzstand kann das sonst für die Interessenabwägung im Kennzeichenrecht maßgebende Prioritätsprinzip zurückdrängen. Es greifen die Grundsätze der Verwirkung ein (*Baumbach/Hefermehl*, Wettbewerbsrecht, Einl UWG, Rn 428 ff.; s. § 21, Rn 6 ff., 21 ff.). Die gleichnamigen Firmen sind im Wettbewerb einander gleichrangig. Es besteht eine wettbewerbliche Gleichgewichtslage (HansOLG Hamburg WRP 1959, 60 – Der Stern). Eine Gleichberechtigung gleichnamiger Firmen kann sich auch aufgrund einer zwischen den Firmeninhabern getroffenen Abgrenzungsvereinbarung ergeben (BGH GRUR 1986, 325 – Peters; s. Rn 90).

**(2) Verhaltensregeln.** Sind mehrere Unternehmen berechtigt, den gleichen Namen als **102** Firma zu führen, so haben sie sich so zu verhalten, daß nicht die vorhandene und in Kauf zu nehmende Verwechslungsgefahr gesteigert wird. Sie dürfen die zwischen ihnen bestehende *Gleichgewichtslage* nicht verändern. Diese Pflicht obliegt beiden Firmen, nicht etwa nur der prioritätsjüngeren. Es stehen sich *gleichberechtigte Firmen* gegenüber, so daß eine Berufung auf die Priorität ausscheidet. Keines der gleichnamigen Unternehmen darf sich durch die Wahl neuer verwechslungsfähiger Bezeichnungen, die Benutzung der bisherigen Bezeichnungen für neue Produkte oder durch den Übergang von der firmenmäßigen zur markenmäßigen Benutzung weiter als bisher dem anderen Unternehmen annähern und es dadurch stören (BGHZ 45, 246, 249 – Merck). Die zum Recht der Gleichnamigen im Firmenrecht entwickelten Grundsätze gelten nicht, wenn der prioritätsjüngere Träger des gleichen oder verwechslungsfähigen Namens diesen nicht namensmäßig, sondern markenmäßig verwendet, und zwar unabhängig davon, ob das Kennzeichen als Marke eingetragen ist oder nicht (BGHZ 45, 246, 249 – Merck; BGH GRUR 1986, 402, 403 – Fürstenberg; 1991, 475, 478 – Caren Pfleger; Großkomm/*Teplitzky*, § 16 UWG, Rn 388; *Knaak*, Das Recht der Gleichnamigen, S. 119). Auf diese Grundsätze kann sich daher nicht der Inhaber einer prioritätsjüngeren Marke, die den Namen eines Mitgesellschafters enthält, bei Verwechslungsfähigkeit gegenüber einer Firma berufen, die den Namen eines Mitgesellschafters enthält (BGH GRUR 1986, 402, 403 – Fürstenberg). Für die Eintragung des Namens auch als Marke besteht gewöhnlich ein weit geringeres Bedürfnis als für die Führung des eigenen Namens als Firma. Wer eine ähnliche Firma als Marke benutzen darf, ist nicht befugt, sie auch zum Bestandteil der Firma einer neu einzutragenden Gesellschaft zu machen (BGH GRUR 1981, 66, 68 – MAN/G-man mit Anm. *Klaka*). So berechtigt die befugte Benutzung des Personennamens *Rawe* in der Firma nicht dazu, eine dem Sinngehalt des Namens entsprechende bildliche Darstellung eines *Raben* zur Produktkennzeichnung oder als Firmensymbol zu verwenden, wenn dadurch die Verwechslungsgefahr mit einer rechtmäßig begründeten Marke, das aus dem Wort *Rabe* und dem *Bild eines Raben* besteht, begründet oder erhöht wird (BGH GRUR 1967, 355, 357 – Rabe). Der Inhaber der 1949 für Sekt eingetragenen und benutzten Marke *Napoléon* konnte sich dagegen wehren, daß die französische Firma *Grand Empereur Napoléon*, die diese Firma 1948 im Saarland für Cognac und Weinbrand benutzt hatte, nach Erstreckung der beiderseitigen Rechte durch die Saareingliederung von der firmenmäßigen zur markenmäßigen Benutzung neuer verwechslungsfähiger Zeichen für Sekt im gesamten Bundesgebiet überging (BGH GRUR 1970, 315, 317 – Napoléon III). Nur wenn besondere Gründe für eine dem Gleichnamigkeitsrecht entsprechende Interessenabwägung vorliegen, kommt eine solche Ausdehnung ausnahmsweise auch bei einer Kollision mit einer aus einem Eigennamen gebildeten Marke in Betracht. Das kann der Fall sein, wenn ein Namensträger besondere persönliche schöpferische Leistungen mit so engem Bezug zu bestimmten Waren erbracht hat, daß der Verkehr die Produkte wie etwa die Modelle sehr bekannter Modeschöpfer selbst schon mit dem Namen dieses Herstellers identifiziert (BGH GRUR 1991, 475 – Caren Pfleger). Dann kann es gerechtfertigt sein, daß der Hersteller seinen durch besondere Leistungen auf einem bestimmten Produktsektor sehr bekannt gewordenen Namen auch zur Kennzeichnung nur dieser von ihm auf dem speziellen Gebiet geschaffenen Produkte verwendet. Führen mehrere Firmen befugt den gleichen Namen als Firma, jedoch mit unterschiedlichen wörtlichen Zusätzen, so darf keine Firma die infolge der Namensübereinstimmung vorhandene Verwechslungsfähigkeit durch eigenmächtige Änderung oder gar Aufgabe bisheriger Zusätze erhöhen, zumal wenn diese Zusätze Verkehrsgeltung besitzen (BGHZ 14, 155 – Farina II). Keine Firma darf den einmal gewählten Unterscheidungszusatz willkürlich weglassen oder versuchen, den gemeinsamen Namen in Alleinstellung zu benutzen oder als Firmenschlagwort herauszustellen. Die Firma *Johann Maria Farina gegenüber dem Jülichplatz* war dazu übergegangen, den wörtlichen Zusatz fortzulassen und den Namen *Farina* nur in Verbindung mit ihrer Marke, einer stilisierten *Lotosblume* in roter oder schwarzer Farbe, zu verwenden. Dadurch war die Gleichgewichtslage zum Nachteil der übrigen *Farina*-Firmen beeinflußt; diese erschienen als minderberechtigte Namensträger oder gar wirtschaftlich untergeordnete Unternehmen. Das Bildelement der *Roten Blume* genügte nicht zur namensmäßigen Unterscheidung (BGHZ 14, 155 – Farina II; s. Rn 100). Bestehen seit Jahrzehnten die verwechselbaren Bezeichnungen *Hotel Krone* und *Gasthof Krone* nebeneinander, so müssen deren Inhaber die Bezeichnungen gegenseitig hinnehmen; sie dürfen aufgrund ihres Besitzstandes die eigene Bezeichnung aus sachlich zwingendem Anlaß ändern, jedoch darf der Grad der Verwechslungsfähigkeit nicht gesteigert werden, was bei der Umbenennung von *Gasthof Krone* in *Hotel alte Krone Lustnau* der Fall wäre (BGH GRUR 1984, 378 – Hotel Krone). Anders liegt es, wenn die prägenden Bestandteile zweier Bezeichnungen (TRANSATLANTISCHE) unverändert bleiben und lediglich die den Geschäftsgegenstand angebende Sachbezeichnung geändert wird, wodurch eine Steigerung der Verwechslungsgefahr nicht eintritt (BGH GRUR 1991, 780, 781 – TRANSATLANTISCHE).

**103** Haben die Träger des gleichen Familiennamens nach Aufteilung des ererbten Familienbetriebs ihre jeweiligen Unternehmen jahrzehntelang unter ihrem Familiennamen und Vornamen und einer von ihnen mit einem Sachzusatz geführt, so kann, auch wenn zur Führung des Zusatzes keine rechtliche Pflicht bestand, in dem ersatzlosen Fortfall dieses Zusatzes eine treuwidrige Veränderung der Gleichgewichtslage liegen (BGH GRUR 1987, 182 – Stoll). Führen zwei Unternehmen denselben Namen mit nur geringfügig unterscheidenden Zusätzen, haben sie in derselben Stadt ihren Sitz und vertreiben sie dieselben Erzeugnisse (Schreibgeräte), so handelt eines der Unternehmen wettbewerbswidrig, wenn es schlagwortartig den gemeinsamen Herkunftsort zugunsten seiner Erzeugnisse herausstellt, wodurch bei den umworbenen Verkehrskreisen der irrige Eindruck entsteht, alle Erzeugnisse dieser Art stammten aus diesem Unternehmen; das andere Unternehmen kann unter dem Gesichtspunkt der Abwehr durch Betonung auch seiner Herkunft aus demselben Ort in der eigenen Werbung die Werbung des Konkurrenten entschärfen, und zwar unter Umständen mit Mitteln, die sonst nicht mehr zulässig sind (OLG Köln GRUR 1975, 375, 377 – Kaufausweis II). Führen zwei Wettbewerber in ihrer rechtmäßigen Firma den gemeinsamen Familiennamen *Grohe*, so liegt ein Verstoß gegen die Abgrenzungspflicht vor, wenn einer neben der vollen Firma *Friedrich Grohe Armaturenfabrik* den Namen *Grohe* in Alleinstellung verwendet (BGH GRUR 1985, 389, 390 – Familienname mit Anm. *Tilmann*; dem Verwirkungseinwand stand entgegen, daß an dem Familiennamen in Alleinstellung kein schutzwürdiger Besitzstand erlangt werden konnte, wenn der Name für den gemeinsamen Vertrieb von beiden Namensinhabern verwendet wurde).

**104** Wird durch eine sachliche oder räumliche *Ausdehnung des Geschäftsbereichs* die schon bestehende Verwechslungsgefahr erhöht, so muß in erster Linie die Firma durch unterscheidende Zusätze oder sonstige Merkmale für die Beseitigung der gesteigerten Verwechslungsgefahr sorgen, deren Verhalten die Steigerung heraufbeschworen hat (BGH GRUR 1953, 252 – Hochbau-Tiefbau; 1958, 90 – Hähnel; 1960, 33 – Zamek). Das schließt indessen nicht aus, daß nach Lage des Falles auch der anderen Firma Änderungen zugemutet werden können. Vornehmlich obliegt aber diese Pflicht der Firma, die durch eine Veränderung ihres Wirkungsbereichs die Erhöhung der Verwechslungsgefahr hervorgerufen und die Gleichgewichtslage verändert hat. Haben sich die geschäftlichen Wirkungsbereiche zweier Firmen zunächst nicht berührt, so gibt der zeitliche Vorrang dem älteren Firmeninhaber nicht das Recht, ohne weiteres in den redlichen Besitzstand der anderen Firma einzubrechen. Ergibt sich etwa erst durch den Zuzug an einen anderen Ort die Verwechslungsgefahr mit einer dort bereits ansässigen Firma, so ist der Zuziehende verpflichtet, seine Firma so zu gestalten, daß sie sich von der Firma des ansässigen Unternehmens deutlich unterscheidet (RGZ 171, 321 – Chemphar/Chemopharm; BGH GRUR 1953, 252 – Hochbau-Tiefbau; OLG Frankfurt WRP 1970, 150, 152 – Aufina/Allfina). Die frühere Eintragung am Ort (§ 30 HGB) hat den Vorrang vor dem früheren Firmengebrauch (für einen aus der DDR in die Bundesrepublik Deutschland verlagerten Betrieb s. BGH GRUR 1958, 90 – Hähnel).

**105** Unabhängig von der aus dem Wettbewerbsrecht folgenden Pflicht, alles zu unterlassen, was die infolge der Gleichnamigkeit bestehende Verwechslungsgefahr erhöhen könnte, kann sich eine solche Pflicht auch nach § 242 BGB aus besonderen zwischen den Parteien bestehenden Beziehungen ergeben (BGH GRUR 1958, 143 – Schwardmann). Wenn von zwei Firmen mit gleichen Familiennamen, jedoch verschiedenen Vornamen eines der Unternehmen damit beginnt, den Familiennamen besonders herauszustellen oder den Vornamen wegzulassen und dadurch die Verwechslungsgefahr vergrößert wird, kann dieses Verhalten treuwidrig sein.

## E. Firmenschutz

**Schrifttum zum UWG.** *Assmann,* EWiR 1985, 107; *Bokelmann,* Das Recht der Firmen- und Geschäftsbezeichnungen, 1986; *Brandi-Dohrn,* Die beschreibende Firma, BB 1991, 1950; *Canaris,* Kollisionen der §§ 16 und 3 UWG mit dem Prinzip der Firmenbeständigkeit gemäß §§ 22, 24 HGB, GRUR 1989, 711; *Demharter,* EWiR 1993, 119; *Deutsch,* Der Schutz von Marken und Firmen außerhalb des Wettbewerbsbereichs, FS für Gaedertz, 1992, S. 99; *Fingerhut/Witzmann,* Deutsch-deutsches Firmenrecht von Gleichnamigen in Enteignungsfällen, BB 1993, 1382; *Frey,* Verwendung einer schutzfähigen Geschäftsbezeichnung als unberechtigter Firmenmißbrauch?, DB 1993, 2169; *v. Gamm,* Die Unterlassungsklage gegen Firmenmißbrauch nach § 37 Abs. 2 HGB, FS für Stimpel, 1985, S. 1007; *Gast, D.,* Schutz des Firmenschlagwortes und gleichartiger Firmenbezeichnungen nach §§ 12 BGB und 16 UWG, Diss. Hamburg, 1958; *Knaak,* Das Recht der Gleichnamigen, Eine rechtsvergleichende Untersuchung zu Inhalt und Grenzen eines kennzeichenrechtlichen Sondertatbestandes, 1979; *Knaak,* Firma und Firmenschutz, 1986; *Knaak,* Kennzeichenrechte in der deutschen Einigung, GRUR 1993, 18; *Kögel,* Der Grundsatz der Firmenwahrheit – noch zeitgemäß?, BB 1993, 1741; *Körner,* Zur Kollision von Firmen- und Warenzeichenrecht, insbesondere bei Firmen mit örtlich begrenztem Wirkungskreis, WRP 1975, 706; *Küppers,* Der Firmenwert in Handels- und Steuerbilanz nach Inkrafttreten des Bilanzrichtlinien-Gesetzes, Rechtsnatur und bilanzpolitische Spielräume, DB 1986, 1633; *Martinek,* EWiR 1987, 193; *Nietzold,* Prioritätsstreit zwischen Warenzeichen und nicht registrierten Rechten, GRUR 1925, 1; *Schricker,* Rechtsfragen der Firmenlizenz, FS für v. Gamm, 1990, S. 289; *Steindorff,* Wettbewerbliche Schranken des Firmenführungsrechts, WuW 1954, 198; *Tilmann,* GRUR 1985, 391; *Ulmer, E.,* Warenzeichen und Firma zwischen Ost und West, GRUR 1949, 63; *Ulmer, P.,* Die Kompetenz zur Bildung einer Ersatzfirma bei Firmenveräußerung im Konkurs der GmbH, NJW 1983, 1697; *Weber,* Das Prinzip der Firmenwahrheit und die Bekämpfung irreführender Firmen nach dem UWG, 1984.

**Schrifttum zum MarkenG.** *Ahrens,* Die Notwendigkeit eines Geschäftsbetriebserfordernisses für Geschäftsbezeichnungen nach dem neuen Markengesetz, GRUR 1995, 635; *Bär-Bouyssiere,* WiB 1995, 1014; *Bär-Bouyssiere,* „Altenburger Spielkarten" – Deutsch-deutscher Firmenrechtsschutz, DtZ 1996, 69; *Bokelmann,* Das Recht der Firmen und Geschäftsbezeichnungen, 1997; *Fezer,* Liberalisierung und Europäisierung des Firmenrechts – Vom handelsrechtlichen Firmenregisterschutz zum kennzeichenrechtlichen Immaterialgüterrechtsschutz, ZHR 161 [1997], S. 52; *Fingerhut,* Deutsch-deutsches Firmenrecht von geographisch Gleichnamigen in Enteignungsfällen, BB 1996, 283; *Fingerhut/Witzmann,* Deutsch-deutsches Firmenrecht von Gleichnamigen in Enteignungsfällen, BB 1993, 1382; *Honig,* Ortsnamen in Warenbezeichnungen, WRP 1996, 399; *Michalski,* DZWir 1996, 29; *v. Olenhusen,* Das „Institut" im Wettbewerbs-, Firmen-, Standes-, Namens- und Markenrecht, WRP 1996, 1079; *Schmieder,* Name – Firma – Titel – Marke – Grundzüge des Rechts an der Bezeichnung, JuS 1995, 119; *Scholz,* Die Änderungen der Gleichgewichtslage zwischen namensgleichen Unternehmen und das Recht auf die Namensmarke, GRUR 1996, 679; *Starck,* Zur Vereinheitlichung des Rechts der Kennzeichen im geschäftlichen Verkehr durch das neue Markengesetz, FS 100 Jahre Marken-Amt, 1994, S. 291; *Starck,* Rechtsprechung des Bundesgerichtshofes zum neuen Markenrecht, WRP 1996, 269; *Ullmann,* Die Verwendung von Marke, Geschäftsbezeichnung und Firma im geschäftlichen Verkehr, insbesondere Franchising, NJW 1994, 1255.

### I. Wesen der Firma

#### 1. Rechtsnatur der Firma als Handelsname

**a) Doppelnatur der Firma.** Die Firma ist nach § 17 Abs. 1 HGB der *Name des Kaufmanns* (Handelsname), unter dem er seine Geschäfte betreibt und die Unterschrift abgibt. Die Firma ist der Name eines Rechtssubjekts, nicht selbst Rechtssubjekt. Die Firma ist nicht selbst das Handelsgeschäft oder Unternehmen, wie im Alltagssprachgebrauch üblich, sondern identifiziert das Unternehmen des Kaufmanns namensmäßig. Träger der Rechte und Pflichten ist nicht die Firma, auch nicht das unter ihr betriebene Unternehmen, sondern der Kaufmann als Unternehmensinhaber. Firmeninhaber kann eine natürliche Person (Einzelkaufmann) oder ein Personenverband sein, und zwar ein rechtsfähiger (AG, KAG, GmbH, e. V.) oder ein nichtrechtsfähiger (OHG, KG). Das Verständnis von der *Rechtsnatur der Firma* beschreibt den Weg vom handelsrechtlichen Firmenregisterschutz zum kennzeichenrechtlichen Immaterialgüterrechtsschutz (s. dazu *Fezer,* ZHR 161 [1997], S. 52). Aufgrund der Akzessorität und Namensnatur der Firma wurde die Firma ursprünglich als reines *Persönlichkeitsrecht* verstanden (RGZ 58, 169; 158, 230). Die persönlichkeitsrechtliche Theorie der Firma ist mit der Zulässigkeit der Übertragung des Firmenrechts nicht vereinbar.

Rechtsfolge der nach § 22 Abs. 1 HGB zur Fortführung einer Firma erforderlichen ausdrücklichen Einwilligung des bisherigen Inhabers der Firma wäre nicht die Rechtsübertragung der Firma, sondern allein das dem Erwerber des Handelsgeschäfts eingeräumte Recht zum Gebrauch der Firma unter Verzicht auf die Weiterbenutzung der Firma durch den bisherigen Firmeninhaber (so RGZ 107, 31; Großkomm/*Würdinger*, 3. Aufl., § 22 HGB, Anm. 33; aA Großkomm/*Hüffer*, § 22 HGB, Rn 23f., *Forkel*, FS für Paulick, 1973, S. 101ff.). Gegen ein ausschließlich persönlichkeitsrechtliches Verständnis der Firma spricht, daß der Firma *vermögensrechtliche* und *wettbewerbsrechtliche* Funktionen zukommen. Nach der Vorschrift des § 23 HGB, der die *Leerübertragung* der Firma verbietet, kann die Firma zusammen mit dem Handelsgeschäft veräußert werden; auch ist die Firma bilanzfähig (§§ 255 Abs. 4; 266 Abs. 2 A I 2 HGB; *Küppers*, DB 1986, 1633, 1634f.). Das Firmenrecht ist kein reines Persönlichkeitsrecht, aber trotz seiner Übertragbarkeit auch kein reines Vermögensrecht. Die Firma wird überwiegend als ein *Mischrecht* verstanden (Großkomm/*Hüffer*, § 17 HGB, Rn 5ff.). Die Funktionen der Firma werden darin gesehen, daß sie dem Rechtsinhaber sowohl die wirtschaftliche und wettbewerbliche Auswertung gestattet, zugleich aber auch seine persönlichen Interessen sichert, indem zur Fortführung der Firma die ausdrückliche Einwilligung des bisherigen Firmeninhabers erforderlich ist. Eine Personenhandelsgesellschaft darf zudem bei einem teilweisen Inhaberwechsel den Namen eines Gesellschafters nach dessen Ausscheiden nur mit seiner ausdrücklichen Einwilligung beibehalten (§ 24 Abs. 2 HGB; BGHZ 58, 322). Die *persönlichkeitsrechtliche* Natur der Firma ist mit der *vermögensrechtlichen* eng verwoben, mag auch bei Firmen, die den Namen des Veräußerers nicht enthalten, der Akzent auf dem vermögensrechtlichen Element liegen. Die Übertragbarkeit des Firmenrechts ist allein an die Übertragung des Handelsgeschäfts geknüpft (§ 23 HGB). Bildung und Fortführung der Firma unterliegen den ordnungsrechtlichen Vorschriften des Firmenrechts (§§ 18ff. HGB).

**106a** **b) Die Firma als Immaterialgüterrecht.** Der gegenwärtige Meinungsstand zur Rechtsnatur des Firmenrechts (s. etwa *Schmidt*, Handelsrecht, S. 352ff.; *Canaris*, Handelsrecht, S. 156ff.; GroßKomm/*Hüffer*, § 17 HGB, Rn 5ff.; *Baumbach/Hefermehl*, Wettbewerbsrecht, § 16 UWG, Rn 88) ist nach wie vor geprägt von der Kontroverse um einen individualrechtlichen oder persönlichkeitsrechtlichen Theorieansatz einerseits und einen vermögensrechtlichen, unternehmensrechtlichen oder immaterialgüterrechtlichen Theorieansatz andererseits (s. zur historischen Entwicklung des Firmenrechts auf dem Weg zu einer *Liberalisierung* und *Europäisierung* des Firmenrechts *Fezer*, ZHR 161 [1997], S. 52). Die herrschende Lehre von der Doppelnatur der Firma, die als Mischrecht verstanden wird (s. Rn 106), tradiert die historische Kontroverse. So wie der Namensbezug der Firma für ihren persönlichkeitsrechtlichen Kern ficht, so streitet die Übertragbarkeit der Firma für ihren vermögensrechtlichen Gehalt. Eine Theorie der Immaterialgüterrechte, die deren personale Rechtsstruktur als Verfassungseigentum im Sinne des Art. 14 GG und als gewerbliches und kommerzielles Eigentum im Sinne des Art. 36 EGV anerkennt, vermag die Historie zu überwinden. Das *Firmenrecht* ist ein *Immaterialgüterrecht*, das den anderen Immaterialgüterrechten vergleichbar, die Person als Wirtschaftssubjekt einen Freiheitsbereich zur wirtschaftlichen Betätigung zuordnet. Eine einheitliche *Lehre vom Personenrecht* (s. dazu *Fezer*, Teilhabe und Verantwortung – Die personale Funktionsweise des subjektiven Privatrechts, 1986, S. 465ff.) vermag Unternehmensrecht und Persönlichkeitsrecht als geistiges Eigentum (s. zur Renaissance des Begriffs vom geistigen Eigentum *Wadle*, Geistiges Eigentum, Bausteine zur Rechtsgeschichte, 1996, S. 3ff.) zu vereinen. Die Akzessorietät der Firma steht ihrer Rechtsnatur als subjektives Immaterialgüterrecht innerhalb der Kennzeichenrechte nicht entgegen.

**106b** **c) Namensfunktion der Firma.** Der Firma kommt als Handelsname des Kaufmanns *Namensfunktion* zu. Als Name muß die Firma in ihrem Kern und in ihren Zusätzen (§ 18 Abs. 2 HGB) ein *wörtliches* und *aussprechbares* Kennzeichen sein (BGHZ 14, 155 – Farina II; KG JW 1930, 1742). Ein reiner *Gattungsbegriff*, dem keine Namensfunktion zukommt, kann keine Firma im Sinne des § 17 HGB und daher auch keine Sachfirma sein.

**106c** **d) Akzessorietät der Firma.** Im Firmenrecht gilt der *Grundsatz der Akzessorität*, der unabhängig von der Rechtsnatur der Firma als Persönlichkeitsrecht oder Vermögensrecht, als Mischrecht oder im kennzeichenrechtlichen Sinne als subjektives Immaterialgüterrecht besteht (s. Rn 106 f.). Das Firmenrecht erlischt mit der *endgültigen Einstellung* des Geschäftsbetriebs. Ein nur *zeitweiliges* Einstellen der geschäftlichen Betätigung vernichtet das Firmenrecht nicht, solange das Unternehmen in seinen wesentlichen Werten und Beziehungen erhalten bleibt und die Absicht sowie die Möglichkeit der Fortsetzung besteht (RGZ 170, 265; BGHZ 21, 66 – Hausbücherei). Eine Kapitalgesellschaft verliert nicht dadurch das Recht an ihrer Firmenbezeichnung, daß sie aufgrund eines nichtigen Liquidationsbeschlusses bis zum Erfolg der dagegen erhobenen Anfechtungsklage ihren Geschäftsbetrieb einstellt (s. zur GmbH BGH GRUR 1985, 567 – Hydair). Auch ohne Fortsetzung durch den Rechtsträger kann eine Firmenbezeichnung fortbestehen, wenn ein Dritter als Repräsentant des Kennzeicheninhabers dessen Firma für diesen erkennbar als Herkunftshinweis auf dessen Unternehmen weiter benutzt (BGH GRUR 1994, 652 – Virion). Enteignungsfähig ist eine Firma nicht (BGHZ 17, 209 – Heynemann; 18, 1 – Hückel). Der Inhaber eines Firmenrechts kann im Wege einer vertraglichen *Gebrauchsüberlassung* der Firma einem Dritten als Vertragspartner ein Benutzungsrecht an der Firma überlassen (zur Zulässigkeit einer Vereinbarung über die Benutzung einer Firma durch einen Dritten s. BGH GRUR 1970, 528, 531 – Migrol; BGHZ 60, 206, 208 ff. – Miss Petite; BGH GRUR 1985, 567, 568 – Hydair; zum Umfang einer Gestattung, wenn der Gestattende an dem Unternehmen des Gestattungsempfängers als Gesellschafter beteiligt ist und vorzeitig ausscheidet s. BGH GRUR 1997, 903 – GARONOR). Die schuldrechtliche Gebrauchsüberlassung darf nicht gegen das *Verbot der Leerübertragung* nach § 23 HGB verstoßen, das ein Auseinanderfallen von Firma und Unternehmen zu verhindern bezweckt, um eine Irreführung des Verkehrs über die betriebliche Herkunft der Waren oder Dienstleistungen auszuschließen. Eine Irreführung liegt etwa dann nicht vor, wenn der Dritte den Teil des Unternehmens erwirbt, der die unter der Kennzeichnung der Firma vertriebenen Erzeugnisse betrifft (BGH GRUR 1985, 567, 568 – Hydair). Der Benutzungsberechtigte kann sich nach dem allgemeinen Rechtsgedanken der §§ 1004 Abs. 2, 986 Abs. 1 BGB (BGH GRUR 1957, 34, 35 – Hadef) zumindest dann auf die Priorität des Inhabers des Firmenrechts berufen, wenn er die Firma als Marke für Waren aus dem übernommenen Teil des Unternehmens zu benutzen berechtigt ist (BGH GRUR 1985, 567, 568 – Hydair).

### 2. Abgrenzung von der besonderen Geschäftsbezeichnung

Keine Firma ist die *besondere Geschäfts- und Unternehmensbezeichnung* (Etablissementsbezeichnung). Sie ist nicht der Name einer Person, sondern eine zur Unterscheidung von anderen Geschäften geführte, nicht in die Firma aufgenommene Bezeichnung des Geschäfts (zum Firmenzusatz s. Rn 120). Beispiele sind etwa *Hotel zum weißen Roß, Am Rauchfang, Abteilung A. K. zur Firma AG Dresdener Gasmotorenfabrik,* weil lediglich einen gesonderten Teil des Betriebs kennzeichnend (RGZ 88, 424). Die besonderen Geschäfts- und Unternehmensbezeichnungen sind kennzeichenrechtlich nach § 5 Abs. 2 S. 1 3. Alt. geschützt (s. Rn 120 ff.). *Abkürzungen von Firmen* sind keine Firmen im Rechtssinne, können jedoch als Unternehmenskennzeichen schutzfähig sein (s. Rn 146 ff.). Wird eine besondere Geschäftsbezeichnung unzulässigerweise wie eine Firma im Verkehr benutzt, so kann das Registergericht nach § 37 Abs. 1 HGB einschreiten (OLG Frankfurt DB 1974, 2100; s. Rn 112).

### 3. Firmeneinheit

Die Firma individualisiert die Person des Kaufmanns im Hinblick auf ein bestimmtes Unternehmen. Ein Kaufmann darf für ein und dasselbe Unternehmen nur eine Firma führen. Bei Handelsgesellschaften folgt dies schon daraus, daß sie überhaupt nur für ein bestimmtes Unternehmen selbständig im Rechtsverkehr auftreten können (RGZ 99, 158; 113, 213, 216; OLG Schleswig NJW 1963, 1062 – OHG; OLG Celle BB 1964, 1196 – KG). Anders liegt es beim Einzelkaufmann, der außer der Firma seinen bürgerlichen Namen hat. Er kann mehrere Unternehmen unter verschiedenen Firmen führen, ein und dasselbe Unternehmen aber ebenfalls nur unter einer Firma (s. zur Ordnungsfunktion der Firma im einzelnen *Knopp,* ZHR 125 [1963], S. 161 ff.). Auch wenn ein Einzelkaufmann ein zweites Handelsgeschäft erwirbt und mit seinem Geschäft vereinigt, kann er nicht zwei Firmen nebeneinander führen (RG JW 1926, 1156; *J. v. Gierke,* ZHR 122 [1959], S. 189; *Knopp,* ZHR 125 [1963], S. 161; *Baumbach/Hopt,* § 17 HGB, Rn 5; aA OLG Düsseldorf NJW

1954, 151; *Nipperdey*, FS für Hueck, 1959, 195; *Kraft*, Führung mehrerer Firmen, 1966, S. 47; *Schlichting*, ZHR 134 [1970], S. 322). Wohl aber kann der Einzelkaufmann im Gegensatz zu einer Handelsgesellschaft das neu erworbene Unternehmen mit Zustimmung des bisherigen Firmeninhabers selbständig mit der abgeleiteten Firma weiterführen. Handelsgesellschaften können das hinzuerworbene Unternehmen als Zweigniederlassung unter Verwendung der bisherigen Firma als Filialfirma fortführen. Auch ist es zulässig, beide Firmen zu einer Einheitsfirma (*Doppelfirma*) zu vereinigen (RGZ 152, 365 – K. Fr. Hütte und C. E. R. & Co AG). Wird später das hinzuerworbene Geschäft wieder veräußert, so kann jedoch die frühere Firma nicht mitübertragen werden (RGZ 152, 365 – K. Fr. Hütte und C. E. R. & Co AG). Die Einheitsfirma ist eine neue Firma, die alten Firmen sind erloschen (RGZ 159, 220); die Anwendung der §§ 22, 25 HGB wird dadurch ausgeschlossen (RGZ 159, 220; aA Großkomm/*Hüffer*, § 22 HGB, Rn 51 f.).

### 4. Zwangsvollstreckung

**109** Da die Firma zum Unternehmen akzessorisch ist (s. Rn 106c), ist sie allenfalls zusammen mit dem Handelsgewerbe pfändbar (§ 23 HGB). Eine Pfändung des Unternehmens im ganzen nach § 857 ZPO ist aber undurchführbar, weil dadurch die tragenden Einzelwerte (Grundstücke, Sachen, Rechte) nicht erfaßt werden (RGZ 70, 228; 95, 236). Damit scheidet eine Pfändbarkeit der Firma aus. Werden sämtliche Einzelwerte, die den materiellen Kern des Unternehmens ausmachen, gepfändet und einheitlich verwertet, so kann der bisherige Inhaber darin einwilligen, daß der Ersteher die Firma fortführt (*Hubmann*, ZHR 117 [1955], S. 41, 71).

### 5. Insolvenz

**110** Wenn auch das Unternehmen (Handelsgewerbe) nicht der Einzelzwangsvollstreckung unterliegt, so gehört es doch zur Insolvenzmasse, wie § 160 Abs. 2 Nr. 1 InsO zeigt. Mit dem Unternehmen fällt aber auch die ihm zugehörige Firma in die Masse. Veräußert der Insolvenzverwalter das Unternehmen, so ist streitig, ob er dem Erwerber ohne *Zustimmung des Schuldners* das Recht zum Gebrauch der Firma einräumen kann. Dies wird teils verneint, weil die Firma ein dem Namensrecht gleichzusetzendes Persönlichkeitsrecht sei (RGZ 9, 104; 58, 166, 169; 158, 231), teils bejaht, weil die Firma ein Vermögensrecht (*Kohler*, Warenzeichenrecht, § 29 III, S. 120) oder doch ein mit dem Unternehmen verbundenes und daher veräußerliches Persönlichkeitsrecht sei (*Schlegelberger*, § 17 HGB, Rn 13; *Kilger/Boehle-Stamschräder*, § 1 KO, Anm. 2 D c) bb)). Mit dem Gegensatz zwischen Persönlichkeitsrecht und Vermögensrecht wird man dem Wesen der Firma nicht gerecht (s. Rn 106 ff.). Gegenüber den Interessen der Insolvenzmasse ist ein schutzwürdiges persönliches Interesse des Schuldners nur anzuerkennen, wenn der *Familienname* des Schuldners in der Firma eines Einzelkaufmanns vorhanden ist (BGHZ 32, 103 – Vogeler; Großkomm/*Hüffer*, § 22 HGB, Rn 36; *v. Gierke*, Handelsrecht und Wirtschaftsrecht, 8. Aufl., 1958, S. 100; *Ulmer*, SJZ 1948, 674, 682; *Ulmer*, GRUR 1949, 69). Bei einer *ursprünglichen Personenfirma*, die den Familiennamen des Inhabers oder eines Teilhabers enthält, ist zur Fortführung der Firma durch den Erwerber des Handelsgeschäfts die Einwilligung des Schuldners nötig. Auch wenn der Schuldner an dem Unternehmen als Gesellschafter beteiligt ist (§ 24 HGB), muß er im Insolvenzverfahren zur Fortführung der Firma durch den Erwerber des Geschäfts einwilligen, wenn die Firma seinen Namen enthält. Anders liegt es bei der *abgeleiteten* Firma eines Unternehmens, das der Schuldner erworben hat. Bei ihr überwiegt der vermögensrechtliche Gehalt, so daß der Insolvenzverwalter das Unternehmen mit der Firma allein verwerten kann (KG JW 1937, 2977). War der Schuldner als Träger einer abgeleiteten Firma gegenüber seinem Vormann nicht berechtigt, die Firma fortzuführen, so kann sie auch der Insolvenzverwalter nicht verwerten. Der BGH lehnt eine *differenzierende Einzelabwägung* der konkreten Verhältnisse ab und stellt allein darauf ab, ob der *Familienname des Gemeinschuldners in der Firma enthalten* ist (BGHZ 32, 103 – Vogeler). Trifft dies zu, so bedarf es einer Einwilligung zur Fortführung der Firma, ohne daß es darauf ankommt, ob es sich um eine ursprüngliche oder abgeleitete Firma handelt. Die *Firma einer juristischen Person* (AG, GmbH; auch GmbH & Co KG) stellt für diese nur einen Vermögenswert dar. Im Insolvenzverfahren über ihr Vermögen kann der Insolvenzverwalter die Einwilligung zur Fortführung der Firma dem Erwerber des Geschäfts grundsätzlich auch dann rechtswirksam erteilen, wenn sich in der Firma ein Familienname eines Gesellschafters oder Geschäftsführers befindet (KG GRUR 1962, 104 – Weinbrennerei Hch. Raetsch GmbH; OLG Düsseldorf GRUR 1978, 716 – Eichhörnchen mit Schwert; OLG Hamm NJW 1982, 586, 587; BGHZ 85, 221, 224 – Wilhelm Sch. GmbH; BGH GRUR 1990, 601 – Benner; Großkomm/*Teplitzky*, § 16 UWG, Rn 164; *P. Ulmer*, NJW 1983, 1697; *Jaeger/Henckel/Weber*, § 1 KO, Rn 15; §§ 207, 208 KO, Rn 33; *Kuhn/Uhlenbruck/Menkel*, § 1 KO, Rn 80; *Kilger/Schmidt*, § 1 KO, Anm. 2 D c) bb); Großkomm/*Hüffer*, § 22 HGB, Rn 36 f., § 24 Rn 15; *Jauernig*, Zwangsvollstreckung und Konkursrecht, §§ 47 II, 77 II; zur Behandlung von Geheimverfahren im Konkurs s. BGHZ 16, 175). Der Gesellschafter oder Geschäftsführer kann als Dritter die Fortführung der Firma nach § 12 BGB nur dann untersagen, wenn er die Aufnahme seines Namens in die Firma der Gesellschaft für den Fall einer Veräußerung des Unternehmens nicht gebilligt hat.

## II. Firmenmißbrauch

Verstößt eine Firma gegen die ordnungsrechtlichen Vorschriften der §§ 18 ff. HGB, so bestehen nach § 37 HGB zwei Möglichkeiten, einen solchen Mißbrauch zu verhindern: zum einen nach § 37 Abs. 1 HGB das *Firmenmißbrauchsverfahren* (s. Rn 112), zum anderen nach § 37 Abs. 2 HGB das *Klagerecht des Verletzten* (s. Rn 113). 111

### 1. Firmenmißbrauchsverfahren (§ 37 Abs. 1 HGB)

Durch das Ordnungsgeldverfahren (§§ 140, 132 bis 139 FGG) kann das Registergericht gegen den Gebrauch einer nach den §§ 18 ff. HGB unzulässigen Firma einschreiten. Untersagt werden kann jedoch nur die Firma im ganzen; eine bestimmte Änderung oder ein bestimmtes Firmieren kann das Registergericht nicht erzwingen (RGZ 132, 312; KG JFG 5, 213, 216). Handelt es sich um eine eingetragene Firma, die von Anfang an unzulässig war oder nachträglich unzulässig wurde, so kann sie auch nach den §§ 142, 143 FGG von Amts wegen gelöscht werden (RGZ 169, 150; KG JFG 10, 91). Es kommt nur eine Löschung der ganzen Firma in Betracht, auch wenn nur ein Firmenzusatz, nicht aber der Firmenkern unzulässig ist. Ist zu befürchten, daß trotz der Löschung der Gebrauch der Firma fortgesetzt wird, so bleibt noch Raum für ein Ordnungsgeldverfahren nach den §§ 37 Abs. 1 HGB, 140 FGG. Das Ordnungsgeldverfahren dient, ebenso wie das Amtslöschungsverfahren, dem öffentlichen Interesse an der Verhinderung des Firmenmißbrauchs. Ob ein öffentliches Interesse vorliegt, entscheidet der Registerrichter nach pflichtgemäßem Ermessen. Wenn eine unzulässige Firma jahrelang unangefochten benutzt wird, ohne daß sich Unzuträglichkeiten ergeben, dann kann es im Hinblick auf den erworbenen Besitzstand und die Bedeutung der Firma geboten sein, von einem Einschreiten abzusehen (KG HRR 1935, 241; LG Göttingen BB 1959, 899 – Ledag GmbH; s. aber auch BGHZ 22, 89 – INDROHAG). Eine Verpflichtung des Kaufmanns, sich seiner Firma nur in der eingetragenen Form zu bedienen, besteht nicht; sie folgt auch nicht aus § 29 HGB. Anderes gilt bei Formalakten, die den Gebrauch der vollständigen Firma verlangen. 112

### 2. Klagerecht des Verletzten (§ 37 Abs. 2 HGB)

Wer durch den Gebrauch einer nach den §§ 18 ff. HGB unzulässigen Firma in seinen Rechten verletzt wird, kann auf Unterlassung des Gebrauchs klagen. Zu diesen Rechten gehört auch das *Namens-* und *Firmenrecht*, das jedoch durch § 12 BGB und § 15 Abs. 2 weitergehend geschützt ist, so daß § 37 Abs. 2 HGB für den materiellen Rechtsschutz einer Firma keine besondere Bedeutung zukommt (s. Rn 115). Unter den Rechten im Sinne des § 37 Abs. 2 HGB sind jedoch nicht nur *absolute Rechte*, sondern auch *rechtliche Interessen wirtschaftlicher Art* zu verstehen (BGHZ 53, 65, 70 – Doktor-Firma; HansOLG Hamburg BB 1973, 1456; HansOLG Hamburg WRP 1977, 496, 497; aA RGZ 114, 90, 94 – Neuenburg; 132, 311, 316; Großkomm/*Hüffer*, § 37 HGB, Rn 38); sonst hätte das Klagerecht nach § 37 Abs. 2 HGB kaum eine praktische Bedeutung. Der Zweck des § 37 Abs. 2 HGB 113 ist auf die Verhinderung des Firmenmißbrauchs nach den §§ 18 ff. HGB gerichtet. Auch § 37 Abs. 2 HGB richtet sich nur gegen die unzulässige Firmenführung im ganzen; mit § 12 BGB ließe sich auch die Unterlassung des Gebrauchs eines Firmenzusatzes erreichen (RGZ 88, 421; zum Antrag auf Löschung der vollständigen Firma oder eines Firmenbestandteils s. BGH GRUR 1974, 162, 164 – etirex). Wenn der Kennzeichenschutz einer im Ausland benutzten Firma im Inland zur Voraussetzung hat, daß die Verletzungshandlung wenigstens teilweise im Inland begangen wird (so *Baumbach/Hefermehl,* Wettbewerbsrecht, Einl UWG, Rn 174; OLG Karlsruhe WRP 1985, 104, 105; aA RG 18, 28, 32 nach der früheren Lehre von der Universalität; auch Großkomm/*Hüffer,* § 37 HGB, Rn 11), dann bedeutet dies wegen der Internationalisierung der Wirtschaft eine zu starke Begrenzung des Firmenschutzes.

### III. Materieller Firmenschutz

#### 1. Rechtsgrundlage

**114**  § 12 BGB bildet mit § 15 Abs. 2 den *Kern des materiellen Firmenschutzes.* Als Name ist die Firma nach § 12 BGB *namensrechtlich* und nach § 15 Abs. 2 *kennzeichenrechtlich* geschützt. Der kennzeichenrechtliche Firmenschutz eines Handelsunternehmens beginnt mit der Ingebrauchnahme der Firma im geschäftlichen Verkehr (BGHZ 10, 196, 204 – DUN-Europa) und setzt die Eintragung des Unternehmens in das Handelsregister nicht voraus (zur Begründung des Firmenschutzes durch eine Vorgesellschaft zu Gunsten des nachfolgenden Trägers des Unternehmens s. BGHZ 120, 103, 106 f. – Columbus). Geschützt ist nur der befugte Gebrauch einer Firma (s. Rn 116). Dem Schutz der Firma nach § 14 kommt keine praktische Bedeutung zu, da die firmenmäßige Benutzung einer fremden Marke gegen die §§ 12 BGB und 15 Abs. 2 verstößt. § 37 Abs. 2 HGB dient nicht dem materiellen Schutz der Firma an sich, sondern der Verhinderung einer nach den §§ 18 ff. HGB unzulässigen Firmenführung. Wie das Namensrecht ist auch das Firmenrecht ein sonstiges Recht im Sinne des § 823 Abs. 1 BGB.

#### 2. Verhältnis zum Firmenregisterrecht

**115**  Die Vorschriften der §§ 18 ff. HGB über die Bildung, Anmeldung und Führung einer Firma stehen mit dem sachlichen Firmenrecht nur in einem lockeren Zusammenhang. Eine Firma kann registerrechtlich zulässig, jedoch namensrechtlich, kennzeichenrechtlich oder wettbewerbsrechtlich unzulässig sein. Ein auf das Firmenrecht gestützter Abwehranspruch nach § 12 BGB und § 15 Abs. 2 kann daran scheitern, daß ihm ein wettbewerbsrechtlicher Anspruch aus den §§ 1, 3 UWG entgegensteht. Eine registerrechtlich zulässige Firma muß einem besseren Recht aus § 12 BGB und § 15 Abs. 2 weichen. Ob dies der Fall ist, bestimmt sich im Kollisionsfall nach dem zeitlichen Vorrang. Die örtliche Begrenzung nach § 30 HGB gilt nicht für den materiellen Schutz der Firma nach § 12 BGB und § 15 Abs. 2. Der materielle Firmenschutz kann sich auf das ganze Inland erstrecken (s. Rn 46 f.). Deshalb wird der Schutz einer Firma nicht örtlich dadurch ausgeschlossen, daß der Verletzte keine Niederlassung in der Stadt hat, in der eine neue verwechselbare Firma errichtet wird. Maßgebend ist nicht die örtliche Priorität, sondern die des Stammunternehmens (RG MuW 1932, 459 – Nordsee). Haben sich allerdings die geschäftlichen Wirkungsbereiche zweier Firmen zunächst nicht berührt, so gibt der zeitliche Vorrang dem älteren Firmeninhaber nicht das Recht, ohne weiteres in den redlich erworbenen Besitzstand einer anderen Firma einzudringen. Ergibt sich etwa erst durch den Zuzug an einen anderen Ort die Verwechslungsgefahr mit einer dort bereits ansässigen Firma, so ist der Zuziehende verpflichtet, seine Firma so zu gestalten, daß sie sich von der Firma des ansässigen Unternehmens deutlich unterscheidet (RGZ 171, 321 – Chemphar/Chemopharm; BGH GRUR 1953, 252 – Hochbau-Tiefbau; OLG Frankfurt WRP 1970, 150, 152 – Aufina; s. Rn 104). Der frühere Gebrauch einer eingetragenen Firma am Ort hat dann den Vorrang vor dem allgemeinen Gebrauch einer Firma im Inland. Zwangsnamen (s. Rn 23) sind regelmäßig untereinander ranggleich. Nicht anders sind Wahlnamen (s. Rn 24), insbesondere Firmen, dort als ranggleich zu behandeln, wo sie lange Jahre hindurch unangefochten nebeneinander bestanden haben (RG GRUR 1937, 153 – Rüggeberg mit dem Pferd; s. Rn 98 ff.). Auch kann der Zeitvorrang, den eine Firma genießt, durch Verwirkung eingebüßt werden.

### 3. Befugter Gebrauch

Die Firma muß befugt gebraucht werden. Eine registerrechtlich unzulässige Firma genießt keinen materiellen Rechtsschutz. Sie kann dann etwa auch nicht als besondere Geschäftsbezeichnung geschützt sein, denn eine solche setzt voraus, daß keine Firmenbezeichnung vorliegt (s. Rn 107). Wohl aber kann ein Firmenbestandteil, der von einem Gewerbetreibenden in Alleinstellung als besondere Geschäftsbezeichnung benutzt wird, nach § 15 Abs. 2 materiell geschützt sein. Dieser Schutz wird nicht dadurch ausgeschlossen, daß es sich um den Bestandteil einer nach den §§ 18 ff. HGB unzulässigen Firma handelt (BGH GRUR 1960, 93 – Martinsberg). Eine Firma, die gegen die §§ 1, 3 UWG oder gegen § 18 Abs. 2 HGB verstößt, genießt keinen Rechtsschutz (BGH GRUR 1968, 702 – Hamburger Volksbank). Auch wenn eine Firma infolge einer Änderung der geschäftlichen Verhältnisse nachträglich irreführend wird, kann jeder Wettbewerber ohne Rücksicht darauf, ob er ein eigenes Firmenrecht hat, nach den §§ 3, 13 Abs. 2 UWG Unterlassung des Gebrauchs der Firma verlangen (BGHZ 10, 196 – DUN-Europa; BGH GRUR 1958, 90 – Hähnel). Wegen eines Verstoßes gegen § 18 Abs. 2 HGB kann ein Mitbewerber zwar nicht aus § 13 Abs. 2 UWG, sondern nur aus § 37 Abs. 2 HGB oder aus § 12 BGB und § 15 Abs. 2 klagen, wohl aber dann, wenn die Führung des täuschenden Zusatzes auch gegen § 3 UWG verstößt. Diese Vorschrift ist auch auf irreführende Firmen anzuwenden (BGHZ 44, 16, 19 – de Paris). Wer eine gegen § 18 Abs. 2 HGB oder gegen § 3 UWG verstoßende Firma führt, genießt keinen materiellen Firmenschutz. Eine registerrechtlich zulässige Firma kann auch gegen § 1 UWG verstoßen, etwa wegen gefühlsbetonter Werbung (BGH GRUR 1965, 485, 487 – Versehrtenbetrieb; 1968, 44, 47 – Schwerbeschädigtenbetrieb; *Baumbach/Hefermehl*, Wettbewerbsrecht, § 1 UWG, Rn 185 ff.; zur Täuschung über die Art und den Umfang des Geschäfts gemäß § 18 Abs. 2 HGB durch Verwendung des Firmenzusatzes Europa s. OLG Köln GRUR 1973, 326 – Europa-Vermessungsgeräte; *Baumbach/Hefermehl*, Wettbewerbsrecht, § 3 UWG, Rn 413). Wenn eine einen Doktortitel enthaltende Firma (*Doktorfirma*) von einem nicht promovierten Kaufmann fortgeführt wird, dann liegt ein befugter Gebrauch der Firma vor, wenn eine Irreführung des Verkehrs durch einen Nachfolgezusatz beseitigt wird (zu einem erst nach Jahren und nach mehreren Nachfolgen beigefügten Nachfolgezusatz s. BGH GRUR 1998, 391 – Dr. St... Nachf.).

### IV. Schutzbereich

### 1. Firmenmäßiger Gebrauch

Der prioritätsältere Firmeninhaber ist gegen einen firmenmäßigen Gebrauch seiner Firma durch einen prioritätsjüngeren Benutzer geschützt. Firmenmäßiger Gebrauch liegt vor, wenn der fremde Firmenname als Firma, Teil der Firma oder als Zusatz zu dieser im Verkehr verwendet wird (RG MuW 1940, 70 – Hageda-Hateha). Aber auch die Benutzung einer fremden Marke kann als ein firmenmäßiger Gebrauch zu beurteilen sein. Die Berufung auf eine jüngere Marke ist gegenüber dem sachlichen Firmenrecht rechtsmißbräuchlich (BGHZ 15, 107, 110 – Koma; BGH GRUR 1956, 172 – Magirus; 1964, 71, 73 – Personifizierte Kaffeekanne; 1991, 155, 156 – Rialto). Ein weitergehender Firmenschutz gegen die Eintragung oder Benutzung einer Marke besteht nach § 12 dann, wenn die Firma im gesamten Geltungsbereich des MarkenG geschützt ist (so schon zum WZG BGH GRUR 1964, 71, 73 – Personifizierte Kaffeekanne). Gegen die Benutzung einer fremden Marke als Firma kann sich der Firmeninhaber nur dann nicht durchsetzen, wenn sein Firmenrecht gegenüber dem Markenrecht das prioritätsjüngere Recht ist. Steht ihm die Priorität zu, so kann er jedem Markeninhaber die firmenmäßige Benutzung der Marke verbieten. Eine Marke darf auch nicht als Firmenschlagwort verwendet werden, wenn dies zu einer Verwechslungsgefahr mit einer älteren Firma führt, auch nicht, wenn die Marke als solches zulässig ist. Verwendet nur der Verkehr, nicht der Gewerbetreibende selbst für ein Unternehmen eine Abkürzung, so begründet dies noch keinen firmenmäßigen Gebrauch. Ebenso wird grundsätzlich nicht der allgemeine werbemäßige Gebrauch von Wörtern ausgeschlossen, die in eine Firma aufgenommen worden sind (BGHZ 24, 238, 242 – tabu I; BGH GRUR 1973, 265, 266 – Charme & Chic). In der verkehrsüblichen Benutzung einer Fernsprechnummer liegt keine Verletzung des eine Zahl enthaltenden Firmennamens, denn Fernsprechnummern üben grundsätzlich keine Namensfunktion aus (s. Rn 144). Doch kann ein werbemäßiger Gebrauch in Inseraten und Anschlägen unter Umständen gegen § 1 UWG verstoßen. Mit Recht wurde einem Gewerbetreibenden, der sich mit der Entleerung von Jauchegruben befaßte, verboten, die ihm vom Fernsprechamt zugeteilte Rufnummer 4711 zur Werbung für seinen Abfuhrbetrieb in Zeitungen und auf seinem Jauchewagen zu verwenden (BGH, Urt. vom 8. Juli 1958, I ZR 68/57).

## 2. Verwechslungsgefahr und Unterscheidbarkeit

**118** Der registerrechtliche Begriff deutlicher Unterscheidbarkeit (§ 30 Abs. 2 HGB) deckt sich nicht mit dem kennzeichenrechtlichen Begriff der Verwechslungsgefahr (§ 15 Abs. 2). Gemeinsam ist beiden Begriffen, daß es für ihre Feststellung nicht nur auf die Auffassung des kaufmännischen Verkehrs, sondern auch als beteiligte Verkehrskreise und damit auf die Verkehrsauffassung ankommt. Weiter setzt § 30 Abs. 2 HGB wie auch § 15 kein Wettbewerbsverhältnis voraus; er gilt auch für Firmen, die in verschiedenen Geschäftszweigen geführt werden. Es besteht aber ein Unterschied im Gegenstand der Zulässigkeitsprüfung. Bei § 30 Abs. 2 HGB sind die Firmen so zu vergleichen, wie sie im Handelsregister eingetragen sind, nicht aber, wie sie tatsächlich gebraucht werden (RGZ 171, 321). Daher können die strengen Maßstäbe, die von der Rechtsprechung zur Beurteilung der Verwechslungsgefahr im Kennzeichenrecht angelegt werden, nicht in jedem Fall auch bei § 30 Abs. 2 HGB Anwendung finden. Für Firmen, die miteinander nicht in Wettbewerb stehen, können schon geringfügige Abweichungen genügen, um die Unterscheidbarkeit herzustellen (RGZ 75, 372; *Reimer/v.Gamm*, Kap. 14, Rn 3; aA KG JW 1931, 3135). Ein strenger Maßstab ist anzulegen, wenn die Firmen in identischen oder ähnlichen Geschäftszweigen geführt werden; insoweit werden die Beurteilungsmaßstäbe für die Unterscheidbarkeit und die Verwechselbarkeit im wesentlichen die gleichen sein. Besondere Grundsätze gelten bei übereinstimmenden Familiennamen im Hinblick auf das Recht der Gleichnamigen (s. Rn 92 ff.). Wie § 30 Abs. 2 HGB zeigt, reicht es bei Firmenbezeichnungen, die aus Vornamen und Familiennamen gebildet sind, in der Regel zur Unterscheidung aus, daß lediglich einer der jeweiligen Namensteile nicht übereinstimmt (BGH GRUR 1993, 574, 576 – Decker). Zu bejahen war daher die Unterscheidbarkeit der jüngeren Firma *Karl Decker Säge- und Hobelwerk, Holzhandlung* mit der Firma *Eugen Decker Holzindustrie*, ohne daß die durch die verschiedenen Vornamen begründete Unterscheidbarkeit beider Firmenbezeichnungen durch die beschreibenden Zusätze *Säge- und Hobelwerk, Holzhandlung* einerseits, *Holzindustrie* andererseits beseitigt wird (BGH GRUR 1993, 574, 576 – Decker). An die Entscheidung des Registerrichters ist der Prozeßrichter nicht gebunden.

## 3. Klageantrag

**119** Wird Unterlassung verlangt, so richtet sich der Antrag grundsätzlich gegen die Führung des angegriffenen Firmennamens in seiner vollständigen Gestalt, auch wenn die Verwechslungsgefahr nur durch einen Bestandteil der Firma hervorgerufen wird (BGH GRUR 1968, 212, 213 – Hellige; 1981, 60, 64 – Sitex; 1991, 331, 332 – Ärztliche Allgemeine; BGHZ 130, 276, 280 – Torres mit Anm. *Fezer*, GRUR 1995, 829). Es ist in der Regel nicht auszuschließen, daß der angegriffene Bestandteil in Verbindung mit anderen Bestandteilen die Gefahr von Verwechslungen nicht begründet. Wird dagegen allein die Löschung eines Firmenbestandteils verlangt, so kann nur die Löschung dieses Bestandteils in der konkret eingetragenen Firma verlangt werden (BGH GRUR 1974, 162, 164 – etirex; 1981, 60, 64 – Sitex). Die Verurteilung darf nicht weiter gehen, als dies zur Beseitigung der Beeinträchtigung erforderlich ist (BGH GRUR 1966, 35, 38 – multikord). Anders liegt es insoweit im Markenrecht. Während die Marke von ihrer Anmeldung an eine unveränderliche Einheit bildet (s. § 39, Rn 9), gilt das nicht für eine Firma, deren Eintragung im Register jederzeit geändert werden kann.

## F. Schutz von besonderen Geschäfts- oder Unternehmensbezeichnungen

### I. Begriff

#### 1. Abgrenzung zur Firma

Eine *besondere Geschäfts- oder Unternehmensbezeichnung* im Sinne des § 5 Abs. 2 S. 1 3. Alt. **120** ist ein Kennzeichen, das bestimmt und geeignet ist, ein Geschäft von anderen Geschäften zu unterscheiden und auf das Geschäft des Benutzers hinzuweisen (Etablissementsbezeichnung). Nur wenn eine solche Geschäfts- oder Unternehmensbezeichnung unabhängig vom Firmennamen verwendet wird, liegt eine besondere Bezeichnung eines Geschäftsbetriebs oder eines Unternehmens vor. Die Firma ist Personenname, die Geschäfts- oder Unternehmensbezeichnung ist Geschäfts- oder Unternehmensname; der Unterschied liegt im Gegenstand der Individualisierung. Auch die Sachfirma einer Kapitalgesellschaft (AG, GmbH), die äußerlich als Geschäftsbezeichnung erscheint, ist Name der juristischen Person und erfüllt insoweit die gleiche Funktion wie der bürgerliche Name für die natürliche Person. Sie unterscheidet die Kapitalgesellschaft als Rechtssubjekt auf dem Gebiet des privaten und öffentlichen Rechts von anderen Rechtssubjekten; sie ist daher Personenname und keine besondere Geschäfts- oder Unternehmensbezeichnung. Macht ein Kaufmann eine Geschäftsbezeichnung zum Firmenzusatz (§ 18 Abs. 2 HGB), so wird sie Teil der Firma und wie diese behandelt. Mit dem vollständigen Firmennamen kann eine besondere Geschäftsbezeichnung nicht identisch sein. Die Unabhängigkeit der besonderen Geschäftsbezeichnung von der Firma schließt nicht aus, daß *Firmenbestandteile in Alleinstellung* als besondere Geschäfts- oder Unternehmensbezeichnungen verwendet und als solche geschützt werden (BGHZ 11, 214, 216 – KfA; BGH GRUR 1960, 93 – Martinsberg; 1961, 294, 296 – ESDE; 1970, 479, 480 – Treppchen). Das gilt nicht für Firmenbestandteile einer Firma, bei der ausschließlich ein Personenname den individualisierenden Kern bildet (aA OLG Frankfurt GRUR 1984, 891, 893 – Rothschild). Eine besondere Geschäftsbezeichnung muß sich auf das ganze Geschäft oder zumindest einen abgrenzbaren Teil, wie etwa einen Geschäftszweig oder eine besondere Abteilung, beziehen (RGZ 88, 421, 424; OLG München GRUR 1980, 1003 – Arena).

#### 2. Anwendungsbereich

Besondere Geschäfts- oder Unternehmensbezeichnungen werden etwa verwendet zur **120a** Bezeichnung von *Hotels* (OLG Nürnberg WRP 1996, 242 – Am Stadtpark; OLG Celle WRP 1996, 109 – Grand Hotel), *Restaurants* (RGZ 171, 30, 32 – Am Rauchfang; BGH GRUR 1970, 479 – Treppchen; Brandenburgisches OLG WRP 1996, 308 – Business Radio; OLG München WRP 1996, 238 – Paris Tours; OLG Celle WRP 1996, 109 – Grand Hotel), *Apotheken* und *Drogerien* (Adler-Apotheke), *Warenhäusern, Industriebetrieben, Theatern* (Schillertheater), Konzertunternehmen (RG MuW 1909, 224 – Philharmonisches Konzert), *Kabaretts, Detektiv-Büros* (OLG Bamberg GRUR 1974, 229 – INTERDEKT). Ob eine Bezeichnung als besondere Geschäftsbezeichnung oder als Firma zu beurteilen ist, entscheidet sich nicht nur *nach dem Willen des Kaufmanns*, sondern auch *nach der Verkehrsauffassung*. So gibt es Bezeichnungen, die der Verkehr schon nach ihrer äußeren Gestaltung stets als Firma versteht, wie etwa *Müller & Co*. Eine Bezeichnung, die so verwendet wird, als wäre sie eine Firma, ist keine besondere Geschäftsbezeichnung (KG JW 1934, 3072). Auch Dienstleistungskennzeichen sind nach § 15 Abs. 2 nicht geschützt, so etwa nicht die von der Deutschen Bundesbahn für den Städteschnellverkehr benutzte Bezeichnung *Intercity* (KG WRP 1980, 409, 412 – Intercity).

### II. Rechtsnatur

Das Recht, sich eine besondere Geschäfts- oder Unternehmensbezeichnung zur Kenn- **121** zeichnung des Geschäfts oder Unternehmens zu wählen, ist Ausfluß des allgemeinen Rechts auf freie wirtschaftliche Betätigung. Das *subjektive Recht* an der Bezeichnung ist, da es auf den geschäftlichen Verkehr bezogen ist, ein *Immaterialgüterrecht*. Schutzvoraussetzung einer geschäftlichen Bezeichnung ist die Ausübung eines Gewerbebetriebs. Der Schutz richtet sich sowohl gegen die *firmenmäßige* als auch gegen die *markenmäßige* Benutzung einer jüngeren verwechselbaren Bezeichnung (BGH GRUR 1956, 172 – Magirus; s. Rn 20). Nach dem *Grundsatz der Akzessorität* ist die Übertragung einer Geschäfts- oder Unternehmensbezeichnung nicht anders als die Übertragung einer Firma nur zusammen mit der Übertragung des Geschäfts oder Unternehmens auf den Erwerber zulässig und wirksam (s. Rn 106 c). Die *Leerübertragung* einer nicht mehr auf ein lebendes Unternehmen hinweisenden Geschäftsbezeichnung ist gegenstandslos (BGHZ 21, 66 – Hausbücherei). Die für die Handelsfirma geltende Vorschrift des § 22 HGB, die die Firmenfortführung bei dem Erwerb eines Handelsgeschäfts unter Lebenden oder von Todes wegen regelt, gilt für die Geschäfts- oder Unternehmensbezeichnung entsprechend (BGH, Urt. vom 3. Mai 1974, I ZR 34/73 – Freiherr von Schorlemer). Anders ist das Markenrecht nach der Rechtslage im MarkenG nicht akzessorisch (s. § 3, Rn 52 ff.).

## III. Schutzfähigkeit

### 1. Kennzeichenfähigkeit von besonderen Geschäfts- oder Unternehmensbezeichnungen

122   **a) Namensmäßige Unterscheidungskraft.** Die besondere Geschäfts- oder Unternehmensbezeichnung individualisiert nicht nur das Geschäft oder Unternehmen, sondern der Geschäfts- oder Unternehmensbezeichnung muß die Eignung zukommen, das Geschäft oder Unternehmen gleichsam wie ein Name oder eine Firma zu benennen (BGHZ 8, 387, 389 – Fernsprechnummer; 11, 214, 217 – KfA; 21, 66, 69 – Hausbücherei; BGH GRUR 1959, 87, 88 – Fischl; 1963, 430, 431 – Erdener Treppchen). Der besonderen Geschäfts- oder Unternehmensbezeichnung muß eine *namensmäßige Unterscheidungskraft* zukommen. Das Erfordernis der Namensfunktion einer besonderen Geschäfts- oder Unternehmensbezeichnung ist eine Folge der Gleichwertigkeit des Kennzeichenschutzes zum Namen und zur Firma unabhängig vom Vorliegen von Verkehrsgeltung (§§ 5 Abs. 2 S. 1 iVm 15 Abs. 2). Geschäftsabzeichen und sonstige betriebliche Unterscheidungszeichen im Sinne des § 5 Abs. 2 S. 2 werden den besonderen Geschäfts- und Unternehmensbezeichnungen im Sinne des § 5 Abs. 2 S. 1 3. Alt. nur unter der Voraussetzung gleichgestellt, wenn diese innerhalb beteiligter Verkehrskreise als Kennzeichen des Geschäftsbetriebs gelten (s. Rn 136). Das herkömmliche Verständnis von der Namensfunktion geht dahin, die namensmäßige Unterscheidungskraft im Sinne des Namens als *Kennzeichen einer Person*, der Firma vergleichbar (s. Rn 120), zu verstehen. Mit der begrifflichen und funktionalen Orientierung der besonderen Geschäfts- oder Unternehmensbezeichnung an der Firma, die ursprünglich als Persönlichkeitsrecht verstanden wurde und gegenwärtig eine Entwicklung zum Immaterialgüterrecht durchläuft (zur These vom handelsrechtlichen Firmenregisterschutz zum kennzeichenrechtlichen Immaterialgüterrechtsschutz s. *Fezer*, ZHR 161 [1997], S. 52; s. Rn 106 ff.), ist die tradierte Vorstellung verbunden, die besondere Geschäfts- oder Unternehmensbezeichnung müsse das Geschäft oder Unternehmen gleichsam wie mit einem Namen und damit *sprachlich benennbar* identifizieren. Dem traditionellen Verständnis des Rechts der Etablissementbezeichnung entspricht es, Bezeichnungen von Geschäften oder Unternehmen aussprechen und benennen zu können. Ein solch *restriktiver Zeichenbegriff der besonderen Geschäfts- oder Unternehmensbezeichnung* folgt aus deren Parallelisierung zum Firmenrecht und aus dessen Rechtsnatur als Mischrecht mit persönlichkeitsrechtlichem und vermögensrechtlichem Inhalt (zur vergleichbaren Entwicklung im Werktitelrecht s. Rn 155 ff.). Im Kennzeichenrecht des MarkenG ist es geboten, die Zeichenfähigkeit von besonderen Geschäfts- oder Unternehmensbezeichnungen nicht nach der *namensmäßigen Aussprechbarkeit* der Zeichen, sondern nach der *sprachlichen Benennbarkeit* zu bestimmen (s. Rn 122a).

122a   **b) Kennzeichenrechtliche Unterscheidungseignung.** In Abkehr von der Rechtslage im WZG sollte nach der Rechtslage im MarkenG die *Kennzeichenfähigkeit von besonderen Geschäfts- oder Unternehmensbezeichnungen* nicht an der namensmäßigen Unterscheidungskraft des Zeichens im Sinne der Aussprechbarkeit, sondern an der *kennzeichenrechtlichen Unterscheidungseignung* im Sinne einer *Identifizierung des Geschäfts- oder Unternehmens* bestimmt werden.

Die Kennzeichenfähigkeit von besonderen Geschäfts- oder Unternehmensbezeichnungen ist im Wege der Rechtsfortbildung auf weitere Zeichenformen auszudehnen. Auch wenn man nicht ohne weiteres alle als Marke schutzfähigen Zeichen im Sinne des § 3 Abs. 1 als zeichenfähige Geschäfts- oder Unternehmensbezeichnungen wird anerkennen können, so ist doch zu erwägen, ob nicht bestimmte neue Unternehmenszeichenformen als schutzfähig anzuerkennen sind. Das traditionelle Verständnis des Unternehmenszeichenrechts verband mit der Namensfunktion der Etablissementbezeichnung deren Aussprechbarkeit (s. Rn 122). Die kennzeichenrechtliche Unterscheidungseignung einer Geschäfts- oder Unternehmensbezeichnung im Sinne einer Identifizierung des Geschäfts- oder Unternehmens liegt bei Wortzeichen nicht nur dann vor, wenn das Zeichen aussprechbar ist, sondern schon dann, wenn das Zeichen geeignet ist, das Geschäft oder Unternehmen *sprachlich benennbar* zu identifizieren (s. zur Kennzeichenfähigkeit von *Buchstaben* und *Buchstabenzusammenstellungen* Rn 124). Es erscheint weiter gerechtfertigt, die kennzeichenrechtliche Unterscheidungseignung zur Identifikation eines Geschäfts oder Unternehmens auch *bildlichen Kennzeichen* zuzuerkennen, auch wenn diesen keine Namensfunktion im Sinne der Aussprechbarkeit des Zeichen zukommt (s. zur Schutzfähigkeit von bildlichen Unternehmensbezeichnungen Rn 125). Die eine solche Rechtsfortbildung rechtfertigenden Gründe sind namentlich die *Erweiterung der Markenformen* auf Buchstabenmarken nach § 3 Abs. 1, die gebotene *Einheitlichkeit des Kennzeichenschutzes* der Marken und geschäftlichen Bezeichnungen (s. Rn 3), die *Entwicklung des Firmenrechts* vom handelsrechtlichen Firmenregisterschutz der Firma als Persönlichkeitsrecht zum kennzeichenrechtlichen Immaterialgüterrechtsschutz der Firma als Vermögensgegenstand des Unternehmens (s. Rn 106) sowie eine *veränderte Verkehrsauffassung* hinsichtlich von Zeichenformen wie Buchstabenzeichen und Bildzeichen als unternehmensidentifizierende Kennzeichen.

**c) Maßgeblichkeit der Verkehrsauffassung.** Ob ein Zeichen seiner Natur nach geeignet ist, als Geschäfts- oder Unternehmensbezeichnung wie ein Name zu wirken, ist *nach der Verkehrsauffassung* zu bestimmen. Das gilt, auch wenn man das Recht der Geschäfts- und Unternehmensbezeichnungen von der Namensfunktion im Sinne sprachlicher Aussprechbarkeit zur kennzeichenrechtlichen Unterscheidungseignung im Sinne der Unternehmensidentifikation rechtsfortbildend erweitert (s. Rn 122a). Die Bezeichnung *Festival Europäischer Musik im ICC Berlin* als Beschreibung der Veranstaltung, jedoch ohne namensmäßige Hinweisfunktion auf das veranstaltende Unternehmen, wurde nicht als besondere Geschäftsbezeichnung geschützt (BGH GRUR 1989, 626 – Festival Europäischer Musik); die Ausdehnung des titelschutzfähigen Werkbegriffs nach der Rechtslage im MarkenG rechtfertigt aber die Zuerkennung eines Werktitelschutzes für Veranstaltungen von Konzerten (s. Rn 154k).

**d) Mehrere Unternehmenszeichen eines Rechtsinhabers.** Ein und dasselbe Unternehmen kann zwar nur eine Firma (s. Rn 108), jedoch mehrere besondere Geschäfts- oder Unternehmensbezeichnungen haben. Von der besonderen Geschäfts- oder Unternehmensbezeichnung sind die Geschäftsabzeichen und sonstigen betrieblichen Unterscheidungszeichen ohne Namensfunktion im Sinne des § 5 Abs. 2 S. 2 zu unterscheiden (s. Rn 136 ff.).

## 2. Formen von besonderen Geschäfts- oder Unternehmensbezeichnungen

**a) Beschreibende Angaben und Gattungsbezeichnungen.** Von Haus aus nicht schutzfähig sind reine Gattungsbezeichnungen, die kein bestimmtes Geschäft oder Unternehmen individualisieren (BGHZ 11, 214, 216 – KfA). So ist etwa *Silo* ein nicht schutzfähiger Gattungsbegriff, *Silo des Kreises X* aber kennzeichnend und schutzfähig. *Schutzunfähig* sind auch bloße Beschreibungen des geschäftlichen Wirkungskreises, wie etwa *Industriebau*, *Chemnitzer Pianohaus* (aA OLG Dresden MuW 1922, 157), *Fundgrube* für einen Verkaufsraum für Textilien, den ein Kaufhaus gegenüber dem Hauptgeschäft unterhält und der auch nicht in ungebräuchlichem Sinn verwendet wird (OLG Hamm BB 1972, 589 – Fundgrube), *Management-Seminare,* da nur aus einer gängigen Tätigkeitsangabe und einer auf den Geschäftssitz hindeutenden Ortsbezeichnung bestehend (BGH GRUR 1976, 254 – Management-Seminare mit Anm. *U. Krieger*), die Bezeichnung *Bauland* für ein Unternehmen aus dem Immobilienbereich (OLG Dresden GRUR 1997, 846 – Bauland), *Solidbau* als Bestandteil der Firma eines Bauträgers (OLG Stuttgart NJWE-WettbR 1997, 18 – Solidbau) oder *Weltmeisterschaft, WM* oder *Fußball-WM* als Begriffe in aller Munde (HansOLG Hamburg GRUR 1997, 297, 298 – WM '94). Wird eine Gattungsbezeichnung nicht in ihrem üblichen beschreibenden, sondern in einem ungebräuchlichen Sinne gleichsam wie eine Phantasiebezeichnung verwendet, so kann sie auch ohne Verkehrsgeltung namensmäßige Unterscheidungskraft besitzen, wie etwa *Der Spiegel* als Titel einer Zeitschrift (BGHZ 21, 85 – Spiegel; BGH GRUR 1958, 141 – Spiegel der Woche); das Wort *tabu* für eine Gaststätte (BGHZ 24, 238 – tabu I); die Spielkarte *karo-as* für eine Fahrschule (BGH GRUR 1957, 281 – karo-as); *Splenterkotten* für eine mundartlich geprägte Gaststättenbezeichnung (OLG Hamm GRUR 1979, 784 – Splenterkotten); *Bierstraße* für einen Getränkeverlag (OLG Saarbrücken NJWE-WettbR 1998, 62 – Bierstraße); *Immo-Data* für ein Immobilienunternehmen (BGH GRUR 1997, 845 – Immo-Data). Die namensmäßige Unterscheidungskraft einer an sich beschreibenden Angabe kann auf der Kenntnis des Verkehrs beruhen, daß es in einem bestimmten Geschäftszweig oder Tätigkeitsbereich gewöhnlich nur ein Unternehmen mit dieser Bezeichnung am selben Ort gibt (BGH GRUR 1977, 165 – Parkhotel). Handelt es sich um eine aus dem Rahmen des Üblichen fallende eigenartige Kennzeichnung eines Unternehmens, so braucht die Kennzeichnungskraft keinesfalls unbedingt schwach, sondern kann normal oder sogar stark sein. Die Bezeichnung *COTTON LINE* als Kennzeichens eines Unternehmens der Textilbranche wurde als nicht unterscheidungskräftig beurteilt, da das Wort *COTTON* als eine beschreibende Angabe für Baumwolle und das Wort *LINE* als eine beschreibende Angabe für Linie im Modebereich verstanden werde (BGH GRUR 1996, 68, 69 – COTTON LINE; zum absoluten Schutzhindernis der beschreibenden Angabe nach § 8 Abs. 2 Nr. 2 s. BGH GRUR 1998, 384 – Active Line).

**124 b) Buchstabenzeichen und Zahlenzeichen.** Lautlich nicht ausgeschriebene *Buchstaben* oder *Buchstabenzusammenstellungen* (Akronyme), wie etwa *KfA* (BGHZ 11, 214, 216 – KfA) oder *KSB* (BGH GRUR 1976, 379, 380 – KSB), wurden nach der Rechtslage im WZG *ohne Bestehen von Verkehrsgeltung als nicht schutzfähig* beurteilt, da den Buchstabenfolgen als nicht aussprechbar die Namensfunktion fehle. Dieses restriktive Verständnis der Namensfunktion ist nach der Rechtslage im MarkenG (s. Rn 3) aufzugeben (s. Rn 122a). Nach der *Rechtslage im UWG* wurde die *Aussprechbarkeit* von Buchstabenfolgen als Voraussetzung der Namensfunktion verstanden. Dieses restriktive Verständnis der Namensfunktion folgte aus der fehlenden Eintragungsfähigkeit von Buchstaben (s. zur Rechtsentwicklung § 8, Rn 113 ff.). Nach der *Rechtslage im MarkenG* sind Buchstaben nach § 3 Abs. 1 markenfähig (s. § 3 Rn 243). Im Interesse einer Einheitlichkeit des Kennzeichenschutzes erscheint es deshalb sachgerecht, Buchstaben und Buchstabenfolgen sowie auch Zahlen und Zahlenfolgen als Geschäfts- oder Unternehmensbezeichnungen von Hause aus die abstrakte kennzeichenrechtliche Unterscheidungseignung zuzusprechen und damit der Namensfunktion unabhängig vom Bestehen von Verkehrsgeltung zu bejahen (so auch *Goldmann/Rau*, GRUR 1999, 216; *Krings*, WRP 1999, 50; zur Rechtslage im WZG weitergehend schon *Greuner*, GRUR 1979, 470, 472; *Fritze*, GRUR 1993, 538; *Schultz-Süchting*, in: Gloy (Hrsg.), Handbuch des Wettbewerbsrechts, 1. Aufl. 1986, § 57, Rn 28 ff.) In der noch zu § 16 UWG aF ergangenen *RBB*-Entscheidung konnte der BGH noch offen lassen, ob einer nicht als Wort aussprechbaren Buchstabenfolge als Unternehmenskennzeichen von Hause aus die abstrakte Unterscheidungseignung zuzusprechen ist (zur Schutzfähigkeit der Firmenabkürzung *RBB*, die aus einer nicht als Wort aussprechbaren und nicht aus sich heraus verständlichen Buchstabenfolge besteht BGH GRUR 1998, 165 – RBB). In der *RBB*-Entscheidung wiederholt der BGH die Bedenken gegen die Schutzfähigkeit von Buchstabenkombinationen als Geschäfts- oder Unternehmensbezeichnungen und betont hinsichtlich eines firmenrechtlichen Schutzes ein anzuerkennendes Freihaltebedürfnis der Allgemeinheit. Die Rechtsprechung sollte künftig die kennzeichenrechtliche Unterscheidungseignung von Buchstabenzeichen als Geschäfts- oder Unternehmensbezeichnungen anerkennen. Nichts anderes kann für *Zahlen* und *Zahlenfolgen* gelten. Schon nach der Rechslage im UWG wurde das aus dem Wort Altpapier gebildete und *aussprechbare* Phantasiewort *Altpa* sowie auch *Buchstabenzahlenkombination* als schutzfähig beurteilt (BGH GRUR 1954, 331, 332 – Altpa-Alpah; *Nastelski*, WuW 1956, 188; zum Schutz von Abkürzungen s. im einzelnen Rn 146 ff.).

**c) Bildzeichen.** Nach der Rechtslage zu § 16 UWG aF wurden Bildern, Figuren und Farben (bildliche Kennzeichen) die Schutzfähigkeit als Unternehmenskennzeichen abgesprochen, da diesen Zeichen *keine Namensfunktion* zukomme und die Schutzfähigkeit nur durch den *Erwerb von Verkehrsgeltung* erlangt werden könne (s. Rn 143). Wenn man im Wege der Rechtsfortbildung zur Kennzeichenfähigkeit von besonderen Geschäfts- oder Unternehmensbezeichnungen das Erfordernis der namensmäßigen Unterscheidungskraft fortschreibt und eine *abstrakte kennzeichenrechtliche Unterscheidungseignung* zur Schutzfähigkeit genügen läßt (s. Rn 122 f.), dann erscheint es gerechtfertigt, nicht anders als bei Buchstabenzeichen und Zahlenzeichen (s. Rn 124) auch *Bildzeichen* und *Farbzeichen* die Kennzeichenfähigkeit als besondere Geschäfts- oder Unternehmensbezeichnung zuzusprechen (s. zum Schutz bildlicher Unternehmenskennzeichen aufgrund unternehmenskennzeichnender Ingebrauchnahme *Schricker*, GRUR 1998, 310). 125

## 3. Verkehrsgeltung

Bezeichnungen, die ihrer Natur nach *keine individualisierende Unterscheidungskraft* wie ein Name besitzen, sind erst dann schutzfähig, wenn sie *Verkehrsgeltung* erlangen (s. Rn 41 f.). Die Verkehrsgeltung ist zwar keine Voraussetzung des Schutzes einer besonderen Geschäfts- oder Unternehmensbezeichnung, ermöglicht aber ihren Schutz, wenn sie ihrer Natur nach keine individualisierende Namensfunktion besitzt. Das ist namentlich für solche dem Gegenstand des Betriebs oder Unternehmens entnommene Geschäftsbezeichnungen zu beachten. Sieht ein beträchtlicher Teil des Verkehrs sie als Hinweis auf einen bestimmten Geschäftsbetrieb an, so sind sie schutzfähig, mag auch die Bezeichnung sachlich unrichtig sein (RG MuW 1937, 140 – Rheinische Winzerstuben). Auch die Bezeichnung einer bloßen Unternehmensabteilung wird zum Unternehmenskennzeichen, wenn sie nach Auffassung eines beachtlichen Teils des Verkehrs das ganze Unternehmen kennzeichnet. Ob der Gewerbetreibende selbst das Wort zur Kennzeichnung seines Unternehmens verwendet, ist gleichgültig. Auch ohne sein Zutun kann ein Wort in den beteiligten Verkehrskreisen die Bedeutung eines namensmäßigen Hinweises auf sein Unternehmen erlangen (RGZ 172, 129, 131 – Fettchemie). Dann ist es als besondere Geschäftsbezeichnung geschützt. Vom Grad der Kennzeichnungskraft hängt der Schutz nach § 15 Abs. 2 nicht ab; die Kennzeichnungskraft ist nur für den Umfang des Schutzes und damit das Vorliegen von Verwechslungsgefahr erheblich. Auch von Haus aus nicht schutzfähige Buchstabenzusammenstellungen, die weder lautlich ausgeschrieben noch aussprechbar sind, können kraft Verkehrsgeltung als besondere Geschäfts- oder Unternehmensbezeichnungen geschützt sein (BGHZ 11, 214, 218 – KfA; BGH GRUR 1976, 379, 380 – KSB). Zu Namen werden sie auch durch den Erwerb von Verkehrsgeltung nicht; aber dies hindert nicht den Schutz aus § 15 Abs. 2, der außer Namen und Firmen eben auch besondere Geschäfts- oder Unternehmensbezeichnungen schützt, wenn sie gleichsam wie ein Name das Unternehmen als Ganzes kennzeichnen. Auch eine bildliche Darstellung kann zum Unternehmenskennzeichen werden, wenn ein nicht unbeträchtlicher Teil des Verkehrs in ihr die Bezeichnung eines bestimmten Unternehmens sieht (BGHZ 19, 23 – Magirus). Eine *Karo-As-Karte* als bildliches Kennzeichen einer mit dem Schlagwort *Karo-As* bezeichneten Autofahrschule ist nach § 15 Abs. 2 geschützt (BGH GRUR 1957, 281 – karo-as). Das im Markenrecht für Angaben des § 8 Abs. 2 anerkannte *Freihaltebedürfnis* bekundet einen wettbewerblichen Gedanken, der auch bei Unternehmensbezeichnungen zu beachten ist. Bei der Prüfung der Verkehrsgeltung sind deshalb an den Bekanntheitsgrad freizuhaltender Bezeichnungen strenge Anforderungen zu stellen (BGHZ 74, 1, 4 f. – RBB/RBT mit Anm. *Greuner*). Die Anforderungen richten sich nach der Art der Bezeichnung. Das Freihaltebedürfnis für reine Beschaffenheits-, Bestimmungs- oder Herkunftsangaben wird gewöhnlich höher zu veranschlagen sein als für einfache Buchstabenzusammenstellungen. Hat eine grundsätzlich im Interesse der Allgemeinheit freizuhaltende Bezeichnung als betriebliches Herkunftskennzeichen Verkehrsgeltung erlangt, so ist dieser tatsächliche Zustand auch rechtlich geschützt, ohne daß ein Freihaltebedürfnis diesen Schutz wieder einschränken oder gar beseitigen kann (BGHZ 30, 357, 370 – Nährbier; BGH GRUR 1964, 381, 383 – WKS-Möbel; 1982, 420, 422 – BBC/ DDC); festzustellen ist im einzelnen, in welchem räumlichen Gebiet die Bezeichnung geschützt ist (s. Rn 128). 126

### 4. Lebendes Unternehmen

**127** Schutzfähig ist nur die besondere Bezeichnung eines lebenden Unternehmens (s. zur Akzessorität der Firma Rn 16c). Doch ist eine nur vorübergehende Stillegung des Unternehmens unschädlich (BGHZ 21, 66 – Hausbücherei; s. im einzelnen Rn 80, 132).

## IV. Grenzen des Bezeichnungsschutzes

### 1. Räumlicher Geltungsbereich

**128** Auch bei besonderen Geschäfts- oder Unternehmensbezeichnungen, die schon ihrer Natur nach wie ein Name kennzeichnen, kann der Schutz räumlich begrenzt sein, wenn sie aufgrund ihres Wirkungsbereichs nur in Verbindung mit einem bestimmten Ort im Verkehr bekannt sind oder in den Verkehr dringen. Die Rechtsprechung gewährt etwa Gaststättenbezeichnungen grundsätzlich nur einen Schutz für einen bestimmten Ort oder ein damit verbundenes Wirtschaftsgebiet (RG MuW 1913, 507, 508 – Hospiz Baseler Hof; JW 1937, 313 – Rheinische Winzerstuben; RGZ 171, 30, 32 – Am Rauchfang; BGHZ 24, 238, 243 – tabu I; BGH GRUR 1957, 550, 552 – tabu II; 1970, 479, 480 – Treppchen; OLG Hamm GRUR 1990, 634 – Zur feurigen Bratwurst). Innerhalb eines Ortes erstreckt sich die Kennzeichnungskraft einer Geschäftsbezeichnung gewöhnlich auf das ganze Ortsgebiet (BGH GRUR 1970, 479, 480 – Treppchen; BGH, Urt. vom 15. Juni 1967, I b ZR 74/65 – Kajüte). Bei geläufigen Bezeichnungen kann die Verwechslungsgefahr, wenn der Verkehr auf die örtliche Lage und geringfügige Abweichungen achtet, durch einen Zusatz ausgeschlossen sein (Beispiel: Kölner Weinlokal *Zum Treppchen* am Dom und *Riehler Treppchen*). Ausnahmsweise kann die Firma eines Gaststättenunternehmens unbegrenzt sein, wenn das Unternehmen etwa darauf angelegt ist, nach Art eines Filialbetriebs Gaststätten unter derselben Bezeichnung an verschiedenen Orten zu betreiben (BGHZ 24, 238, 243 – tabu I; s. auch Rn 46). Hersteller- und Handelsunternehmen sind meist nicht an einen bestimmten Ort gebunden. Ist ihr Tätigkeitsbereich jedoch örtlich beschränkt, so kann eine Schutzbegrenzung geboten sein, wie etwa für Warenhäuser, die vorwiegend Platzgeschäfte betreiben (offengelassen BGHZ 11, 214, 221 – KfA). Soweit der Schutz einer Unternehmensbezeichnung Verkehrsgeltung erfordert (s. Rn 126), beschränkt er sich räumlich auf das einheitliche Wirtschaftsgebiet, in dem die Verkehrsgeltung besteht. Das entspricht dem Markenschutz nach § 4 Nr. 2. Die Anerkennung eines räumlich oder örtlich begrenzten Schutzbereichs setzt eine Abwägung voraus, ob dieser nach Umfang und wirtschaftlicher Bedeutung einen Schutz gegen verwechslungsfähige Bezeichnungen rechtfertigt (BGHZ 74, 1, 7 – RBB/RBT). Dabei kommt es im Einzelfall auf die konkrete Ware, ihre übliche Vertriebsform, ihr Absatzgebiet und auch auf die Betriebsstruktur an. Ist ein Unternehmen zwar im ganzen Bundesgebiet tätig, kommt aber dem rein örtlichen Vertrieb am Sitz des Unternehmens eine untergeordnete Bedeutung zu und beruht daher die räumlich beschränkte Verkehrsgeltung letztlich nur darauf, daß das Unternehmen dort seinen Sitz hat, so ist dieser enge räumliche Bereich noch kein ausreichender einheitlicher Wirtschaftsraum, der einen Bezeichnungsschutz kraft Verkehrsgeltung rechtfertigte (BGHZ 74, 1, 7f. – RBB/RBT). Besteht eine räumliche Begrenzung in einem einheitlichen Wirtschaftsraum, so kann einem Mitbewerber die Benutzung einer verwechslungsfähigen Bezeichnung in diesem räumlichen Bereich untersagt werden. Vertreibt der Mitbewerber jedoch seine Waren im ganzen Bundesgebiet, so kommt es auf eine Abwägung der kollidierenden Interessen an. Es kommt bei der Abwägung der beiderseitigen Interessen eines überregional tätigen Unternehmens und eines im regionalen Raum ansässigen Unternehmens insbesondere darauf an, inwieweit sich deren Tätigkeitsbereiche überschneiden, wieweit dadurch die Gefahr von Verwechslungen hervorgerufen wird und welche Auswirkungen ein räumlich beschränktes Verbot auf den Geschäftsbetrieb des überregional tätigen Unternehmens haben kann (BGH GRUR 1991, 155, 156 – Rialto). Betätigt sich der Inhaber der nur räumlich begrenzt geschützten Bezeichnung auch im gesamten Bundesgebiet, so wird sein Interesse an einer räumlich beschränkten Untersagung gewöhnlich geringer zu bewerten sein, als wenn seine Geschäftstätigkeit auf den räumlichen Schutzbereich beschränkt wäre. Weiter fällt ins Gewicht, inwieweit sich die Tätigkeitsbereiche überschneiden und welche Auswirkungen ein räumlich beschränktes Verbot auf die Geschäftstätigkeit des Mitbewerbers haben würde.

## 2. Persönlicher Geltungsbereich

Der persönliche Geltungsbereich einer Geschäfts- oder Unternehmensbezeichnung bestimmt sich vergleichbar nach den für den Namensschutz geltenden Grundsätzen (s. Rn 49).

## 3. Sachlicher Geltungsbereich

Bezeichnungen, die dem Allgemeingebrauch schlechthin vorbehalten und deshalb dem privaten Verkehr zur Verwendung als Kennzeichnungsmittel entzogen sind, können grundsätzlich keine subjektiven Ausschließlichkeitsrechte begründen. Im übrigen beschränkt sich der Schutz einer besonderen Geschäfts- oder Unternehmensbezeichnung auf den Gebrauch als Geschäftsbezeichnung; der allgemeine werbemäßige Gebrauch von Wörtern, die zum Bestandteil einer Geschäftsbezeichnung gemacht worden sind, wird dadurch nicht ausgeschlossen (§ 23).

## V. Entstehung des Bezeichungsschutzes

Der Schutz beginnt mit der *Ingebrauchnahme* im geschäftlichen Verkehr (RG JW 1933, 1724 – Jungborn; s. § 5, Rn 3). Verkehrsgeltung ist nicht erforderlich. Die Bezeichnung einer Gaststätte etwa ist geschützt, sobald sie in Gebrauch genommen wird, auch wenn sie noch nicht in den Verkehr eingedrungen ist. Handelt es sich um eine Bezeichnung, die ihrer Natur nach nicht namensmäßig kennzeichnet, so beginnt der Schutz erst mit dem Erwerb von Verkehrsgeltung (s. Rn 126). Der Schutz aus § 15 Abs. 2 setzt ebenso wie der Schutz aus § 12 BGB nicht voraus, daß die Bezeichnung zu Zwecken des Wettbewerbs benutzt wird. Der Schutz einer besonderen Geschäftsbezeichnung nach § 12 BGB verlangt auch nicht, daß die Bezeichnung in der Firma enthalten ist (BGH GRUR 1957, 87 – Meisterbrand). Als Name ist nach § 12 BGB und nach § 15 Abs. 2 jedes Kennzeichen geschützt, das ein bestimmtes Unternehmen individualisiert und Namensfunktion besitzt. Geschäfts- oder Unternehmensbezeichnungen, die keine Phantasiebezeichnungen sind, erlangen regelmäßig erst durch den Erwerb von Verkehrsgeltung die Eignung, wie ein Name zu wirken.

## VI. Erlöschen des Bezeichnungsschutzes

Wer seine Geschäfts- oder Unternehmensbezeichnung nicht mehr gebraucht, ist nach § 15 Abs. 2 nicht mehr geschützt. Vorübergehender Nichtgebrauch beseitigt den Schutz noch nicht, wohl aber eine *endgültige Aufgabe* (s. Rn 80). Doch kann dann noch Namensschutz nach § 12 BGB wegen Verletzung eines schutzwürdigen Interesses bestehen, wie etwa wegen Ausnutzung des guten Rufs (RGZ 226, 101, 230; BGH GRUR 1956, 172 – Magirus; s. Rn 68). Wer sein Recht nicht ausübt, läuft zudem Gefahr, seine Ansprüche zu verwirken (§ 21).

## VII. Schutzumfang

### 1. Verwechslungsschutz

§ 15 Abs. 2 schützt die Geschäftsbezeichnung gegen fremden unbefugten Gebrauch, sofern dieser geeignet ist, *Verwechslungen in bezug auf die Unternehmen* hervorzurufen (s. Rn 17). § 15 Abs. 2 verlangt ein *Handeln im geschäftlichen Verkehr*, das bedeutet, daß es sich um eine dem Geschäftszweck dienende Tätigkeit im Gegensatz zu einem *rein privaten Gebrauch* handeln muß (RGZ 108, 272, 274 – Merx; 114, 90, 96 – Neuenburg; *Baumbach/Hefermehl*, Wettbewerbsrecht, Einl UWG, Rn 208; s. dazu im einzelnen § 14, Rn 40 ff.). Ob wirklich die Unternehmen verwechselt werden, ist nicht entscheidend. Maßgebend ist die Verkehrsauffassung. Weshalb und wie sich die Bezeichnung im Verkehr durchgesetzt hat, bleibt gleich; die Tatsache genügt. Ist eine Bezeichnung allgemein bekannt, so kann diese Tatsache die Verwechslungsgefahr je nach den Umständen fördern oder verringern (bedenklich RG

JW 1924, 1513). Feste Regeln lassen sich nicht aufstellen. Die Gründe des Verletzens oder Einschreitens sind gleichgültig; allein die Tatsache der Benutzung einer verwechslungsfähigen Geschäftsbezeichnung enthält nicht nur einen Eingriff in das Recht des besser berechtigten Vorbenutzers, sondern verletzt auch die Interessen der Allgemeinheit (RGZ 108, 272 – Merx). Die Vorschrift dient dem Schutz beider Interessen. Der Bezeichnungsschutz setzt wettbewerbliche Beziehungen nicht voraus (RGZ 114, 90, 96 – Neuenburg; BGHZ 15, 107, 110 – Koma). Auch kommt es auf eine Verwendung für identische oder ähnliche Produkte nicht unbedingt an. Kann aber die mißbräuchlich geführte Bezeichnung denkbarerweise gar nicht auf den Berechtigten hindeuten, so liegt keine Verwechslungsgefahr vor. Das wird vielfach zutreffen, wenn keine wettbewerblichen Beziehungen zwischen den Parteien bestehen und auch mit der Möglichkeit ihres Eintritts nicht zu rechnen ist (BGHZ 8, 387, 392 – Fernsprechnummer; 15, 107, 110 – Koma). Wegen der überragenden Kennzeichnungskraft des Unternehmenskennzeichens *Südwestfunk* wurde Verwechslungsgefahr mit der Bezeichnung *Südwest-Online* für einen Online-Dienst angenommen (LG Mannheim MMR 1998, 148 – Südwest-Online).

**134** § 15 Abs. 2 findet ebenso wie § 12 BGB auch bei *Verwechslungsgefahr im weiteren Sinne* Anwendung. Sie liegt vor, wenn durch die Ähnlichkeit der Bezeichnungen der irrige Eindruck erweckt wird, als ob besondere wirtschaftliche oder organisatorische Zusammenhänge zwischen den Unternehmen bestehen (s. im einzelnen Rn 72). So kann die Verwendung einander ähnlicher Spielkarten für zwei Fahrschulen (*Karo-As* und *Pik-Sieben*) beim Publikum die Gedankenverbindung auslösen, daß es sich, wenn nicht um Betriebe des gleichen Unternehmens, so doch um zwei irgendwie miteinander in Zusammenhang stehende Fahrschulunternehmen handelt (BGH GRUR 1957, 281 – karo-as). Je näher sich die Geschäftsbereiche wirtschaftlich stehen, desto eher ist die Verwechslungsgefahr zu bejahen. Umgekehrt kann eine starke Ähnlichkeit der Bezeichnungen dazu führen, daß Verwechslungsgefahr zu bejahen ist, obwohl sich die Geschäftsbereiche ferner stehen, so für *Condux* für Zerkleinerungsmaschinen und *Kondex* für wärmetechnische Apparate (BGH GRUR 1959, 484 – Condux; s. aber auch BGH GRUR 1958, 339 – Technika). Trotz Branchennähe braucht Verwechslungsgefahr nicht zu bestehen, so etwa nicht zwischen *IHZ-Italia Hotel Zentrale* und *IHRZ Italienische Hotel Reservierungs-Zentrale* (HansOLG Hamburg WRP 1989, 734); ferner nicht zwischen den Hotelbezeichnungen *City-Hilton* und *City-Hotel in München*, weil der Verkehr nicht dazu neigt, eine prägnante Unternehmensbezeichnung wie *City-Hotel* auf den nicht näher kennzeichnenden Begriff *City* abzukürzen, so daß eine Verwechslungsgefahr mit einer anderen Hotelbezeichnung, die ebenfalls diesen Begriff enthält, nicht gegeben ist (BGH GRUR 1995, 507 – City-Hotel; anders bei zusammengesetzten *Zeitungs- und Zeitschriftentiteln*, bei denen die Neigung des Verkehrs besteht, einen Teil des zusammengesetzten Titels als Abkürzung in Alleinstellung zu verwenden, s. Rn 177a). Als nicht verwechslungsfähig wurden beurteilt der Firmenbestandteil *MicroProse* und die Geschäftsbezeichnung *MICROBOSS* trotz identischer Branche, da dem Präfix *Micro* in der Computer- und Softwarebranche angesichts der häufigen Verwendung nur geringe Bedeutung zukomme und zwischen den Wortbestandteilen *Prose* und *BOSS* sowohl hinsichtlich des Klangs und Bildes als auch hinsichtlich des Sinngehalts ein hinreichender Abstand bestehe (OLG Stuttgart, Urteil vom 28. Juni 1996, 2 U 4/96 – MICROBOSS/MicroProse). Die Benutzung der Buchstabenzusammenstellung *RBB* in gewöhnlicher Schrift begründet keine Verwechslungsgefahr mit der allein durch ihre graphische Ausgestaltung geprägten Unternehmensbezeichnung *RBB* (BGH GRUR 1998, 165 – RBB; s. schon BGH GRUR 1979, 470, 471 – RBB/RBT; zum Schutz von Abkürzungen s. Rn 146 ff.). Der Zeichenbestandteil *ComNet* in der Firma eines Unternehmens der elektronischen Kommunikationstechnik ist verwechselbar mit dem Zeichenbestandteil *CompuNet* in der Firma eines Unternehmens, das sich auf demselben Gebiet betätigt (OLG Köln NJWE-WettbR 1999, 12 – CompuNet).

## 2. Bekanntheitsschutz

**135** Ein vom Vorliegen von Verwechslungsgefahr unabhängiger Kennzeichenschutz kommt *bekannten geschäftlichen Bezeichnungen* nach § 15 Abs. 3 vor einer unlauteren Ausnutzung oder Beeinträchtigung ihrer Unterscheidungskraft oder ihrer Wertschätzung (s. Rn 19), sowie als Namen nach § 12 BGB vor einer Interessenverletzung (s. Rn 78, 79) zu. Gegen eine unlautere Anlehnung an die Firma oder eine Rufausbeutung besteht auch wettbewerbsrechtlicher Schutz nach § 1 UWG (*Baumbach/Hefermehl*, Wettbewerbsrecht, § 1 UWG, Rn 547 ff.; s. zur Anspruchskonkurrenz § 2, Rn 2 ff.).

## G. Schutz von Geschäftsabzeichen und sonstigen betrieblichen Unterscheidungszeichen

### I. Begriff

**136** Den besonderen Geschäfts- und Unternehmensbezeichnungen im Sinne des § 5 Abs. 2 S. 1 3. Alt. werden *Geschäftsabzeichen und sonstige betriebliche Unterscheidungszeichen* im Sinne des § 5 Abs. 2 S. 2 gleichgestellt, wenn diese innerhalb beteiligter Verkehrskreise als Kennzeichen des Geschäftsbetriebs gelten. Vor Inkrafttreten des MarkenG wurden diese betrieblichen Unterscheidungszeichen als zur Unterscheidung des Geschäfts von anderen Geschäften bestimmte Einrichtungen bezeichnet (§ 16 Abs. 3 S. 1 UWG aF). Die Wahl des neuen Begriffs stellt nur eine Anpassung an den Oberbegriff der Kennzeichen und den heutigen Sprachgebrauch dar, bedeutet aber keine materielle Abweichung und damit keine Änderung gegenüber der Rechtslage nach § 16 UWG aF (Begründung zum MarkenG, BT-Drucks. 12/6581 vom 14. Januar 1994, S. 67), so daß an die bisherige Rechtslage und Rechtsprechung ohne weiteres angeknüpft werden kann.

**137** Betriebliche Unterscheidungszeichen im Sinne des § 5 Abs. 2 S. 2 (Einrichtungen im Sinne des § 16 Abs. 3 S. 1 UWG aF) sind zur *Unterscheidung des Geschäftsbetriebs* von anderen Geschäftsbetrieben bestimmt. Ein betriebliches Unterscheidungszeichen ist nicht als Name, Firma oder besondere Geschäfts- oder Unternehmensbezeichnung zu beurteilen. Betriebliche Unterscheidungszeichen kommt *Verwechslungsschutz* nach § 15 Abs. 2 zu, wenn sie innerhalb beteiligter Verkehrskreise als Kennzeichen des Geschäftsbetriebs gelten, und *Bekanntheitsschutz* nach § 15 Abs. 3, wenn es sich um eine im Inland bekannte geschäftliche Bezeichnung handelt. Betriebliches Unterscheidungszeichen kann jede äußere Erscheinungsform eines *Betriebsmittels* oder *Arbeitsmittels* eines Unternehmens, nicht aber das Betriebsmittel oder Arbeitsmittel als solches sein. Zu denken ist etwa an die besondere Aufmachung von Geschäftswagen in Farbe und Form, die Aufmachung von Schaufenstern, Geschäftskatalogen und Werbematerial (s. zu Kunstdrucken KG GRUR 1940, 579) oder an einheitlich gestaltete Arbeitskleidung der Mitarbeiter des Unternehmens. Geschäftsabzeichen sind visuell wirkende betriebliche Unterscheidungszeichen, mit denen Betriebsmittel oder Arbeitsmittel versehen werden, wie insbesondere Symbole (Stern, Muschel, Dreieck, Quadrat), Ornamente, Kennbilder, Embleme, Schilder oder Hausfarben. Betriebliche Unterscheidungszeichen sind somit alle Zeichen, die in ihrer Erscheinungsform auf den Zusammenhang mit einem bestimmten Geschäft hinweisen und es individualisieren. Wenn dem Zeichen keine betriebliche Hinweisfunktion zukommt, dann kann es kein betriebliches Unterscheidungszeichen sein. So wurde die Zahl *695* auf *Ly-Federn* nicht als ein betriebliches Unterscheidungszeichen (Einrichtung) beurteilt, da die Zahl als eine Katalognummer nur für eine einzige Ware von vielen Waren galt (RG MuW 1930, 240 – Ly-Federn); bei Erwerb von Verkehrsgeltung kann ein Markenrecht durch Benutzung nach § 4 Nr. 2 entstehen. Auch ein allgemeingebräuchliches Abzeichen, wie etwa das häufig als Ladenschild verwendete *Messingbecken für Friseure,* genießt keinen Schutz als betriebliches Unterscheidungszeichen, da es nicht ein bestimmtes Geschäft individualisiert. Der von der *Deutschen Bundesbahn* für den Städteschnellverkehr benutzten Bezeichnung *Intercity* wurde der Schutz als Geschäftsabzeichen nicht zuerkannt, da die Bezeichnung nicht einen Unternehmensteil, sondern eine Dienstleistung als solche kennzeichne (KG WRP 1980, 409, 412 – Intercity).

### II. Abgrenzungen

#### 1. Marken

**138** Von den drei nach der Entstehung des Markenschutzes zu unterscheidenden Kategorien von Marken im Sinne des § 4 Nr. 1 bis 3 unterscheidet sich ein Geschäftsabzeichen oder ein sonstiges betriebliches Unterscheidungszeichen dadurch, daß es sich bei Marken um Unterscheidungszeichen zur Identifizierung von Unternehmensprodukten auf dem Markt handelt, betriebliche Unterscheidungszeichen demgegenüber das Geschäft oder das Unternehmen als solches kennzeichnen. Ob ein Zeichen als *unternehmensidentifizierendes* Unterscheidungszeichen (als Geschäftsabzeichen) oder als ein *produktidentifizierendes* Unterscheidungszeichen (als Marke) im Verkehr verwendet wird, bestimmt sich nach der Auffassung der beteiligten Verkehrskreise. Es kommt darauf an, ob der Verkehr bei Wahrnehmung des Kennzeichens an das Unternehmen, den Inhaber oder Geschäftsleiter oder an die Produkte denkt, die unter dem Kennzeichen in den Verkehr gebracht werden. Unerheblich ist, ob das Geschäftsabzeichen zusammen mit der vollständigen Firma oder einem Firmenteil erscheint (*Dietze*, MA 1957, 322). § 16 Abs. 3 S. 2 UWG aF enthielt klarstellend die Regelung, daß Warenzeichen und Ausstattungen nur nach den Vorschriften des WZG geschützt waren. Ein Kennzeichen kann aber Geschäftsabzeichen oder sonstiges betriebliches Unterscheidungszeichen und zugleich aufgrund des Erwerbs von Verkehrsgeltung eine Marke nach § 4 Nr. 2 sein; dann ist das Kennzeichen als Marke nach § 14 und als geschäftliche Bezeichnung nach § 15 geschützt. Die beiden Arten des Kennzeichenschutzes sind zu unterscheiden. Zwar erfordert der Schutz beider Kennzeichen den *Erwerb von Verkehrsgeltung;* aber die Verkehrsgeltung im Sinne des § 4 Nr. 2 deckt sich nicht mit der Verkehrsgeltung im Sinne des § 5 Abs. 2 S. 2. Die Verkehrsgeltung einer Marke ist auf die Produktidentifikation, die Verkehrsgeltung einer geschäftlichen Bezeichnung auf die Unternehmensidentifikation bezogen. Nach dem Entstehungszeitpunkt der Kennzeichenrechte richtet sich auch deren Priorität, die insoweit verschieden sein kann (BGH GRUR 1962, 647, 650 – Strumpf-Zentrale).

## 2. Besondere Geschäftsbezeichnungen

**139**   Die Abgrenzung des Geschäftsabzeichens oder sonstigen betrieblichen Unterscheidungszeichens im Sinne des § 5 Abs. 2 S. 2 von der besonderen Geschäftsbezeichnung im Sinne des § 5 Abs. 2 S. 1 3. Alt. ist schwierig. Betriebsmittel und Arbeitsmittel eines Unternehmens können ebensogut Träger einer besonderen Geschäftsbezeichnung wie eines Geschäftsabzeichens sein; beide Kennzeichen dienen der Identifizierung des Unternehmens. Eine klare Unterscheidung ist schon deshalb erforderlich, weil der Kennzeichenschutz einer besonderen Geschäftsbezeichnung mit deren *Ingebrauchnahme* entsteht, der Kennzeichenschutz eines Geschäftsabzeichens erst mit dem *Erwerb von Verkehrsgeltung*. Namen wie insbesondere Firmen sind im Geschäftsverkehr geschützt, wenn sie gebraucht werden. Kommt ihnen Unterscheidungskraft zu, so müssen sie bereits mit der Ingebrauchnahme geschützt sein. Denn der Name identifiziert seinen Träger, ermöglicht die Kontaktaufnahme und schützt den Tätigkeitsbereich vor Verwechslungen. Der Schutz ab Ingebrauchnahme dient nicht nur dem Schutz des Namensträgers, sondern auch dem Schutz des Verkehrs. Wenn § 15 Abs. 2 in gleicher Weise besondere Geschäftsbezeichnungen schützt, dann ist dies nur dann gerechtfertigt, wenn der besonderen Geschäftsbezeichnung nicht anders als Name und Firma eine *Namensfunktion* zukommt, kraft deren sie das Geschäft als ganzes benennt. Geschäftsabzeichen aber, die nicht wie Namen oder Firmen wirken, weil sie keinen namens- oder firmenartigen Hinweis enthalten, kennzeichnen erst, wenn sie in den Verkehr eingedrungen sind und Verkehrsgeltung erlangt haben. Die Kennzeichnungsmittel des § 5 Abs. 2 S. 2, die *keinen Namenshinweis* enthalten, sind Unterscheidungszeichen, die neben Name, Firma oder besonderer Geschäftsbezeichnung ein *zusätzliches* Unterscheidungsmerkmal darstellen. Das *Abgrenzungsmerkmal* zwischen ihnen bildet die *Namensfunktion*. Diese Art der Abgrenzung liegt auch der Rechtsprechung zugrunde (BGHZ 4, 167 – DUZ; 8, 387 – Fernsprechnummer; 11, 214 – KfA; BGH GRUR 1954, 70 – Rohrbogen; 1959, 45 – Deutsche Illustrierte). Bezeichnungen, die sich im Verkehr als Name eines Unternehmens durchgesetzt haben, fallen unter § 5 Abs. 2 S. 1. Bezeichnungen, die neben Name, Firma oder Geschäftsbezeichnung als zusätzliche Unterscheidungsmerkmale gebraucht werden, sind nach § 5 Abs. 2 S. 2 als Geschäftsabzeichen oder sonstiges betriebliches Unterscheidungszeichen geschützt, wenn sie innerhalb der beteiligten Verkehrskreise als Kennzeichen des Geschäftsbetriebs gelten (BGHZ 8, 387 – Fernsprechnummer). Trotz des Kriteriums der Namensfunktion kann die Abgrenzung im Einzelfall fließend sein (zur Entscheidungspraxis s. Rn 141 ff.). In Grenzfällen wird eine wertende Prüfung unter dem Aspekt, ob schon der einmalige Gebrauch oder erst die Verkehrsgeltung den Schutz *rechtfertigt*, unerläßlich sein. Ist Verkehrsgeltung zu fordern, so bleibt es im Ergebnis gleich, ob § 5 Abs. 2 S. 1 oder S. 2 anzuwenden ist (BGH GRUR 1957, 281 – karo-as).

### III. Verkehrsgeltung

Voraussetzung des nach § 15 Abs. 2 bestehenden Kennzeichenschutzes eines sonstigen betrieblichen Unterscheidungszeichens im Sinne des § 5 Abs. 2 S. 2 ist der *Erwerb von Verkehrsgeltung*. Das Zeichen muß innerhalb der beteiligten Verkehrskreise als Kennzeichen des Geschäftsbetriebs gelten. Im Gegensatz zur Marke aufgrund Verkehrsgeltung muß das Geschäft als solches (Unternehmenskennzeichen), nicht nur das Produkt nach seiner oder seinen Eigenschaften (Produktkennzeichen) identifiziert werden. Bezeichnungen, die Allgemeingut des Verkehrs geworden oder aus öffentlichrechtlichen Gründen freizuhalten sind, können nicht als geschäftliche Kennzeichen eines einzelnen Gewerbetreibenden geschützt werden (BGHZ 8, 387 – Fernsprechnummer). Im übrigen greifen auch für die Kennzeichnungsmittel des § 5 Abs. 2 S. 2 die Grundsätze ein, die für die besonderen Geschäftsbezeichnungen des § 5 Abs. 2 S. 1 gelten. Das gilt namentlich für den Schutzbereich, der räumlich und sachlich aufgrund der Verwechslungsgefahr zu bestimmen ist (s. Rn 133 f.). Ein Geschäftsabzeichen im Sinne des § 5 Abs. 2 S. 2 wird ebenso wie eine besondere Geschäftsbezeichnung im Sinne des § 5 Abs. 2 S. 1 nicht nur gegen firmenmäßigen, sondern auch gegen markenmäßigen Gebrauch geschützt (s. ÖOGH ÖBl. 82, 101; *Frotz*, ÖBl. 82, 89 ff.).

### IV. Entscheidungspraxis

#### 1. Zeichen ohne Namensfunktion

Firmenabkürzungen fallen, wenn sie namensmäßig kennzeichnen, unter § 5 Abs. 2 S. 1. Bei Alleinstellung als besondere Geschäftsbezeichnung ist keine Verkehrsgeltung erforderlich (s. Rn 147). Als *Geschäftsabzeichen* wurde beurteilt die Wortkombination *Champi-Krone*, die den Geschäftsbetrieb eines Herstellers von aus Bier und Sekt bestehenden Getränken zusätzlich kennzeichnete (BGH GRUR 1969, 615, 616 – Champi-Krone).

#### 2. Werbesprüche, Schlagworte und Schlagzeilen

Die Schlagzeile *Wie spät ist es* ist, wenn überhaupt nach § 5 Abs. 2 S. 2 und nicht nach § 5 Abs. 2 S. 1 zu schützen (zu Unrecht anders, weil auf den Reklameaufwand abstellend und selbst die Anwartschaft schützend HansOLG Hamburg MuW 1930, 28; so auch *Rosenthal/Leffmann*, § 16 UWG, Rn 173). Als schutzfähig beurteilt wurde der Werbespruch *Graue Haare nicht färben*, obgleich ein solcher Rat in Befehlsform im Verkehr kaum als Kennzeichen eines Erwerbsgeschäfts verstanden wird (RG NuW 1932, 389). Gibt der Inhalt des Werbespruchs nur die Beschaffenheit wieder, so entfällt eine unterscheidungskräftige Kennzeichnung und damit die Schutzfähigkeit. Als schutzfähig beurteilt wurde der Slogan *Glatt wie aus einem Stück* für *Schlittschuhe* (RG JW 1932, 1896). Der Kennzeichenschutz von Werbesprüchen und Schlagworten nach § 5 Abs. 2 S. 2 setzt voraus, daß diese stark in den Verkehr eingedrungen sind, da sie ansonsten keine Kennzeichnungskraft für ein bestimmtes Unternehmen besitzen. Dem Werbespruch *Blumen in alle Welt*, der nicht von Natur aus individualisierend wirkt, kommt eine solche Kennzeichnungskraft aufgrund des Erwerbs von Verkehrsgeltung zu; er benennt jedoch nicht das Unternehmen, zumal er nur in Verbindung mit dem Schlagwort *Fleurop* verwendet wird, das als Name wirkt, weshalb er nicht als besondere Geschäftsbezeichnung im Sinne des § 5 Abs. 2 S. 1, sondern als zusätzliches Unterscheidungsmittel im Sinne des § 5 Abs. 2 S. 2 vor Verwechslungsgefahr nach § 15 Abs. 2 gegen den Werbespruch *Süße Grüße in alle Welt* geschützt ist (HansOLG Hamburg WRP 1958, 340 – Blumen in alle Welt). Der Werbespruch *Fernsehkummer? Jägernummer* für einen Fernseh-Reparaturdienst wurde als schutzfähig und mit dem Werbespruch *Umzug-Kummer, Jäger-Nr.* für ein Transportunternehmen als verwechslungsfähig beurteilt (KG WRP 1980, 623).

### 3. Bilder, Figuren und Farben

**143** Bildliche, figürliche, farbige Merkmale werden in der modernen Werbung häufig als Kennzeichnungsmittel verwendet. Gewöhnlich sind es zusätzliche Unterscheidungsmerkmale im Sine des § 5 Abs. 2 S. 2. Bildliche oder figürliche Darstellungen besitzen nach herkömmlicher Auffassung grundsätzlich keine Namensfunktion (zu einer Rechtsfortbildung s. Rn 125); sie wirken rein visuell (BGHZ 14, 155 – Farina II; BGH GRUR 1964, 71, 72 – Personifizierte Kaffeekanne; *Dietze*, MA 1957, 322). Doch gilt dies nicht ausnahmslos. Auch ein bildliches Merkmal kann erkennbar auf den Namen oder die Firma hinweisen und namensmäßig oder firmenmäßig verwendet werden (Namens- oder Firmensymbole). Dies trifft etwa zu für die bildliche Wiedergabe der schlagwortartigen, eine bestimmte Autofahrschule kennzeichnenden Bezeichnung *Karo-As* durch eine *Karo-As-Spielkarte* (BGH GRUR 1957, 281 – karo-as). Da in diesem Fall auch ein Schutz als besondere Geschäftsbezeichnung im Sinne des § 5 Abs. 2 S. 1 Verkehrsgeltung voraussetzt, kommt der Abgrenzung zum Geschäftsabzeichen im Sinne des § 5 Abs. 2 S. 2 keine besondere praktische Bedeutung zu; zumindest ist § 5 Abs. 2 S. 2 gegeben. Zusätzliche Unterscheidungsmerkmale ohne Namensfunktion (§ 5 Abs. 2 S. 2) sind die Hausfarben von Unternehmen, wie etwa der Mineralölgesellschaften, wenn die *Hausfarben* die Unternehmen als solche und nicht nur deren Produkte kennzeichnen. Geschützt ist eine Farbe oder Farbkombination als Geschäftsabzeichen grundsätzlich nur in ihrer konkreten Erscheinungsform, wenn sie sich innerhalb der beteiligten Verkehrskreise als Kennzeichen für das Unternehmen durchgesetzt hat (BGH GRUR 1968, 371, 374 – Maggi; ÖOGH GRUR Int 1975, 60 – Aral II; 1977, 103 – Kelly-Chips; zur farblichen Gestaltung der Fassade eines Betriebsgebäudes ÖOGH ÖBl. 1982, 101 – Bosch-Kundendienst; zum markenrechtlichen Farbenschutz s. §§ 3, Rn 265 ff.; 4, Rn 168 ff.; 8, Rn 89 ff.).

### 4. Fernsprechnummern

**144** *Fernsprechnummern* und *Fernschreibkennungen* dienen nicht wie ein Name zur Benennung des Unternehmens, sondern sollen das Unternehmen nur für einen bestimmten Bereich wie den Fernsprechverkehr und Fernschreibverkehr kennzeichnen, um dem Nachsuchenden eine Verbindung zu ermöglichen. Es handelt sich somit um *zusätzliche Kennzeichnungsmittel*, die das Unternehmen grundsätzlich nicht namensmäßig individualisieren. Fernsprechnummern stellen deshalb keine besonderen Geschäftsbezeichnungen im Sinne des § 5 Abs. 2 S. 1 dar, da sie keine Namensfunktion ausüben. Das schließt nicht aus, daß eine Fernsprechnummer geeignet ist, für einen Geschäftsbetrieb, der sich der Fernsprechnummer bedient, die Bedeutung eines betrieblichen Unterscheidungszeichens im Sinne des § 5 Abs. 2 S. 2 zu gewinnen. Bei Fernsprechnummern fällt auch nicht ins Gewicht, daß nicht als geschäftliches Kennzeichen gewählt werden darf, was Allgemeingut des Verkehrs oder doch des betreffenden Verkehrszweiges ist oder was aus öffentlichrechtlichen Gründen dem privaten Verkehr für die Verwendung als Kennzeichnungsmittel entzogen bleiben muß, da dieser Gesichtspunkt für eine Fernsprechnummer deshalb nicht zutrifft, da diese vom Augenblick der Zuteilung ab allein dem Unternehmen zusteht, dem sie zugeteilt worden ist. Als verwechselbar beurteilt wurde die *Taxi-Rufnummer 30001* als Geschäftsabzeichen mit der *Sammelrufnummer 30031* wegen Bestehens einer Erinnerungstäuschung (BGHZ 8, 387 – Fernsprechnummer; BGH Urt. vom 8. Juli 1958, I ZR 68/57). Wenn der Verletzer eine andere Rufnummer von der Telekom nicht erhalten kann, dann kann ihm zwar die Benutzung nicht untersagt werden; er ist aber verpflichtet, die Verwechslungsgefahr auf anderem Wege möglichst zu mindern (BGHZ 8, 387 – Fernsprechnummer; *Wilde*, MA 1953, 598). Wenn eine Zahl nicht nur im Fernsprechverkehr, sondern schlechthin zur Benennung des Geschäftsbetriebs benutzt wird, dann handelt es sich, wenn die Zahl Verkehrsgeltung besitzt, um eine besondere Geschäftsbezeichnung im Sinne des § 5 Abs. 2 S. 1 (wie etwa bei dem Firmenteil *4711*). Fernschreibkennungen sind Buchstabenverbindungen, die zusammen mit den Fernschreibnummern verwendet werden. Sie werden zumeist an die Unternehmensbezeichnung angelehnt und dienen dann als Kurzbezeichnung des Unternehmens (BGH GRUR 1986, 475 – Fernschreibkennung). Vergleichbare Grundsätze haben für *Fax-Nummern* zu gelten.

## 5. Telegrammadressen

Ob der Kennzeichenschutz von *Telegrammadressen* als besondere Geschäftsbezeichnungen im Sinne des § 5 Abs. 2 S. 1 mit deren Ingebrauchnahme oder als Geschäftsabzeichen im Sinne des § 5 Abs. 2 S. 2 erst mit dem Erwerb von Verkehrsgeltung beginnt, wurde in der Rechtsprechung des RG uneinheitlich entschieden (im ersteren Sinne für *Eka-Werk* RGZ 102, 90; im letzteren Sinne für *Pioto* RG MuW 1924/1925, 156; s. dazu Osterrieth, GRUR 1923, 47; Nietzold, GRUR 1925, 4). Nach Auffassung des BGH ist jedenfalls für den Schutz einer Telegrammadresse gegen deren Verwendung als Name oder Firma der Erwerb von Verkehrsgeltung im Sinne des § 5 Abs. 2 S. 2 erforderlich (so zu § 16 Abs. 3 S. 1 UWG aF BGH GRUR 1955, 481, 484 – Hamburger Kinderstube; 1957, 87 – Meisterbrand; schon OLG Düsseldorf GRUR 1953, 527 – Dimas). Telegrammadressen kommt Kennzeichenschutz *nur aufgrund des Erwerbs von Verkehrsgeltung* im Sinne des § 5 Abs. 2 S. 2 zu, da die Vereinbarung einer Telegrammkurzanschrift mit der Telekom, deren Druck auf geschäftlichen Briefbogen und deren einmaliger oder auch mehrmaliger Gebrauch nicht den Schutz als eine geschäftliche Bezeichnung zu rechtfertigen vermag. Die Telegrammadresse tritt nur für den Telegrammverkehr an die Stelle der Firma ohne allgemein den Geschäftsbetrieb zu identifizieren. Zudem würde der Kennzeichenschutz völlig unbekannter Telegrammadressen (s. nur *Stamico* RG MuW 1923/1924, 221 oder *Rohrleitung* RG JW 1924, 1371) zu einer unerträglichen Belastung des Geschäftsverkehrs führen (BGH GRUR 1955, 481, 483 – Hamburger Kinderstube). Das gilt namentlich, wenn es sich um Buchstabenzusammenstellungen an sich unverständlicher Abkürzungen handelt. Wenn allerdings die Telegrammadresse mit der *Firma* oder einem unterscheidungskräftigen *Firmenbestandteil* übereinstimmt, der als solcher schon geeignet ist, wie ein Name zu wirken, dann ist die Telegrammadresse auch ohne den Erwerb von Verkehrsgeltung als besondere Geschäftsbezeichnung im Sinne des § 5 Abs. 2 S. 1 geschützt (s. auch BGHZ 11, 214 – KfA). Wenn ein Kennzeichen nur als Telegrammadresse, nicht aber allgemein in der Werbung verwendet wird, dann ist es auch nur gegen identische oder ähnliche Telegrammadressen geschützt, die zu Verwechslungen im Telegrammverkehr führen können (BGH GRUR 1957, 87 – Meisterbrand). Eine Telegrammadresse kann auch ohne den Erwerb von Verkehrsgeltung gegen die Verwendung als Telegrammadresse geschützt sein, wenn die Telegrammadresse in den beteiligten Verkehrskreisen wie ein Name wirkt (offengelassen BGH GRUR 1955, 481 – Hamburger Kinderstube).

## H. Schutz von Abkürzungen und Schlagworten

### I. Ausgangspunkt

Im Geschäftsverkehr werden zur einprägsamen Kennzeichnung häufig *Abkürzungen* und *Schlagworte* verwendet. Meist sind es Bestandteile der Firma oder des Namens, wie etwa *Fettchemie* der *B Fettchemie GmbH* (RGZ 172, 129 – Fettchemie); *Am Rauchfang* der *Am Rauchfang Apollo Gaststätten GmbH* (RGZ 171, 30, 32); *Rohrbogen* der *Rohrbogenwerk B & Co* (BGH GRUR 1954, 70); *Weserklause* der *Gesellschaft zur Weserklause* (BGH GRUR 1970, 481 – Weserklause); *GEFA* der *GEFA Gesellschaft für Absatzfinanzierung mbH* (BGH GRUR 1985, 461 – Gefa/Gewa); *Kores* der *Kores Nordic Deutschland AG* (BGH GRUR 1986, 475 – Fernschreibkennung); *RBB* der *RBB Rationelle Betriebseinrichtungen Bremen, Klaus B* (BGH GRUR 1998, 165 – RBB; s. schon BGH GRUR 1979, 470 – RBB/RBT) Es kann sich ferner um Abkürzungen handeln, die aus einer längeren Firmenbezeichnung oder einem Namen durch Zusammenstellung von Buchstaben und Silben gewonnen werden, wie etwa *Ufa* der *Universum Film AG;* *Hageda* der *Handelsgesellschaft deutscher Apotheker* (RG MuW 1935, 334 – Hageda); *DUZ* der *Deutsche Universitätszeitung* (BGHZ 4, 167 – Duz); *NZ* der *Nürnberger Zeitung* (BGH GRUR 1968, 259 – NZ); *KfA* der *Kaufstätten für Alle* (BGHZ 11, 214 – KfA); *Koma* gebildet aus *Koch und Mann* (BGHZ 15, 107, 109 – Koma); *tabu* der *TABU Wirtschaftsbetriebe GmbH* (BGHZ 24, 238 – tabu); *RBB* der *RBB Rationelle Betriebseinrichtungen Bremen, Klaus B.* (BGHZ 74, 1 – RBB/RBT); *BBC* der *Brown, Boveri & Cie.* (BGH GRUR 1982, 420 – BBC/DDC); die Zahl *4711* der *Eau de cologne & Parfüme-*

riefabrik Glockengasse Nr. 4711, gegenüber der Pferdepost von Ferd. Mülhens (OLG Hamm GRUR 1973, 598 – KKB). In der Werbung braucht ein Kaufmann nicht seine vollständige Firma zu verwenden, etwa nicht den Rechtsformzusatz (OLG Stuttgart BB 1991, 993). Namens- und Firmenteile, Abkürzungen und Schlagworte können namensrechtlichen Schutz nach § 12 BGB und kennzeichenrechtlichen Schutz nach § 15 Abs. 2 erlangen. Diese Vorschriften verlangen *keine Verkehrsgeltung*, setzen aber für die Schutzfähigkeit vollständiger Namen, Firmen oder Geschäftsbezeichnungen die *namensmäßige Unterscheidungskraft* (s. Rn 40ff.) voraus. Der Abkürzung oder dem Schlagwort als Kennzeichenbestandteil kommt die Priorität der Gesamtbezeichnung zu (BGH GRUR 1996, 68, 69 – Cotton line). Auch eine vollständige Firma ist nur schutzfähig, wenn sie unterscheidungskräftig ist (RGZ 163, 233 – Hydraulik GmbH). Fehlt ihr diese Eignung, so kann die Schutzfähigkeit nachträglich durch den Erwerb von Verkehrsgeltung begründet werden. Eine analoge Anwendung der dem Schutz vollständiger Namen, Firmen und Geschäftsbezeichnungen dienenden § 12 BGB und § 15 Abs. 2 auf Namensteile, Abkürzungen und Schlagworte ist daher gerechtfertigt, wenn sie als Unternehmensnamen im Verkehr wirken, was grundsätzlich voraussetzt, daß es sich um ein aussprechbares Wort handelt (zur Namensfunktion der Unternehmensbezeichnung *KLA-FLÜ* als Abkürzung der Firma *Kla-Flü-Klavier- und Flügeltransporte* s. HansOLG Bremen WRP 1999, 215 – KLA-FLÜ). Nicht nötig ist, daß sie stets Verkehrsgeltung besitzen. Wird eine Abkürzung in *Alleinstellung als besondere Geschäftsbezeichnung* herausgestellt, so ist sie auch ohne besondere Verkehrsgeltung vom Zeitpunkt der Ingebrauchnahme an geschützt (BGHZ 11, 214, 216 – KfA; BGH GRUR 1970, 479, 480 – Treppchen). Ferner kann sich der Schutz des vollständigen Firmennamens auf einen zur kurzen Kennzeichnung eines Unternehmens verwendeten Firmenbestandteil erstrecken (BGHZ 11, 214, 216 – KfA). Gleiches gilt für Namensteile (BGH GRUR 1960, 434, 435 – Volks-Feuerbestattung; 1964, 38 – „Dortmund grüßt ..."). Mitunter ist nur die abgekürzte, nicht die registrierte Firma gebräuchlich, etwa H. A. P.A.G für die *Hamburg-Amerikanische Paketfahrt-AG*. Beim Schutz von Firmenabkürzungen oder Firmenschlagworten ist zu unterscheiden, ob sie als besondere Geschäftsbezeichnung im Sinne des § 15 Abs. 2 herausgestellt sind (s. Rn 147) oder nicht (s. Rn 148).

## II. Schutz als besondere Geschäftsbezeichnung

**147** In der Praxis werden häufig ein Firmenbestandteil als Abkürzung der Firma oder ein Schlagwort für das Unternehmen in Alleinstellung als eine besondere Bezeichnung des Geschäfts verwendet. Solchen *Firmenabkürzungen* und *Firmenschlagwörtern* kommt vom Zeitpunkt der Ingebrauchnahme an ohne Verkehrsgeltung Namensschutz nach § 12 BGB und Kennzeichenschutz als besondere Geschäfts- oder Unternehmensbezeichnung nach § 15 Abs. 2 bei Vorliegen von *ursprünglich namensmäßiger Kennzeichnungskraft* zu (BGH GRUR 1998, 165, 166 – RBB; 1985, 461, 462 – Gefa/Gewa; BGHZ 74, 1, 2 f. – RBB/RBT; 11, 214, 217 – KfA; s. schon RG GRUR 1933, 160; s. auch ÖOGH ÖBl. 1972, 68 – Metro II; 1973, 41, 42 – Tabac-Cosmetic; 1974, 85 – Exotique; 1974, 139 – Wiener Emailmanufaktur). Voraussetzung des verkehrsgeltungsunabhängigen Namens- und Kennzeichenschutzes ist es, daß die Abkürzung der Firma oder das Schlagwort des Unternehmens von Hause aus unterscheidungskräftig und der Art nach geeignet sind, im Verkehr als Name oder besondere Geschäfts- oder Unternehmensbezeichnung zu wirken. In Alleinstellung gebrauchte Phantasiewörter sind zumeist ohne Verkehrsgeltung schutzfähig (BGH GRUR 1954, 331, 332 – Altpa-Alpah; 1957, 281 – karo-as). Ein schlagwortartig herausgestellter Firmenbestandteil ist auch dann als besondere Geschäftsbezeichnung nach § 12 BGB und § 15 Abs. 2 geschützt, wenn die vollständige Firma nach den §§ 18ff. HGB registerrechtlich unzulässig ist (BGH GRUR 1960, 93, 94 – Martinsberg; s. Rn 115). Gattungsbegriffe bedürfen schon zur Erlangung der nötigen Unterscheidungskraft der Verkehrsgeltung (BGHZ 11, 214, 217 – KfA; BGH GRUR 1954, 70 – Rohrbogen; 1955, 95 – Buchgemeinschaft; 1957, 426 – Getränke Industrie). Bei reinen *Buchstabenzusammenstellungen*, die nicht lautlich ausgeschrieben sind und deren Bedeutung ohne Kenntnis der vollständigen Bezeichnung unverständlich bleibt, ist zwar nicht ausgeschlossen, daß sie unterscheidungskräftig sind und unter Umständen nach der Verkehrsauffassung auch namensmäßige Kennzeichnung besitzen (s. dazu

*Fritze*, GRUR 1993, 538). Eine nicht als Wort aussprechbare und nicht aus sich heraus verständliche Buchstabenfolge wirkt regelmäßig nicht ohne weiteres als ein Unternehmensname und bedurfte daher nach der Rechtsprechung zu § 16 UWG aF zur Erlangung des Firmenschutzes der Verkehrsdurchsetzung (BGHZ 4, 167 – DUZ; 11, 214, 217 – KfA; BGH GRUR 1975, 606 – IFA; 1982, 420 – BBC/DDC; 1985, 461, 462 – Gefa/Gewa; 1998, 165, 166 – RBB; *SPAR* als Hinweis auf die Herkunft einer freiwilligen Handelskette und die Zugehörigkeit der Einzelunternehmen HansOLG Hamburg WRP 1978, 304 – SPAR). Räumlich ist der Schutz auf das *Gebiet der Verkehrsgeltung* beschränkt (s. Rn 128).

Unabhängig vom Bestehen des Namensschutzes nach § 12 BGB, stellt sich nach der Rechtslage im MarkenG unter dem Gesichtspunkt der Einheit des Kennzeichenrechts die Frage, ob entsprechend der Markenfähigkeit nach § 3 Abs. 1 auch nichtaussprechbare Buchstabenzusammenstellungen der Schutz als besonderer Geschäfts- oder Unternehmensbezeichnung zuzuerkennen ist. **147a**

### III. Selbständiger Schutz als Firma

Firmenschlagworte, die weder Firmenbestandteile sind noch als besondere Geschäftsbezeichnung herausgestellt werden, sind selbständig kraft *Verkehrsgeltung* geschützt, wenn ein nicht unbeträchtlicher Teil des Verkehrs sie als Hinweis auf ein bestimmtes Unternehmen wie einen Namen oder eine Firma versteht. Handelt es sich um einen Gattungsbegriff, so kann dieser ohnehin erst durch Verkehrsgeltung unterscheidungskräftig und damit schutzfähig werden (s. Rn 41 f.). Aber auch von Haus aus unterscheidungskräftige Firmenabkürzungen und Firmenschlagworte erlangen namensmäßige Kennzeichnungskraft erst dadurch, daß sie im Verkehr als Bezeichnung des Unternehmens anerkannt sind (RGZ 117, 219 – Eskimo Pie; BGHZ 4, 167 – DUZ; 11, 214 – KfA; BGH GRUR 1954, 70 – Rohrbogen; 1976, 379, 380 – KSB). Die Abkürzung braucht nicht in Alleinstellung benutzt zu sein; es genügt, daß sie Verkehrsgeltung als Name eines bestimmten Unternehmens errungen hat, um sie gegen eine Verwendung als Namens- oder Firmenbezeichnung zu schützen (BGH GRUR 1955, 95 – Buchgemeinschaft). So kann das Firmenschlagwort *AS*, das weder in Alleinstellung noch neben dem ausgeschriebenen Gesellschafternamen *Alpmann und Schmidt* verwendet wird, Verkehrsgeltung gewinnen, wenn nur die Buchstabenkombination den beteiligten Verkehrskreisen in hinreichendem Maße als Hinweis auf das die Bezeichnung verwendende Unternehmen erscheint (BGH GRUR 1992, 329 – AjS-Schriftenreihe). Kennzeichnungsschwach ist der Firmenbestandteil *VIP* (LG Münchhen WM 1986, 30). Wird ein selbständig geschützter Namensteil in ein anderes Kennzeichen übernommen, so entfällt die Verwechslungsgefahr erst, wenn er dort seine Selbständigkeit derart verliert, daß er die Erinnerung an die ältere Kennzeichnung nicht mehr wachruft (BGHZ 21, 66, 77 – Hausbücherei; BGH GRUR 1954, 123, 125 – NSU-Fox/Auto-Fox). **148**

### IV. Indirekter Schutz von Abkürzungen und Schlagworten als Firmenbestandteile und Namensbestandteile

Abkürzungen und Schlagworte, die Firmenbestandteile sind oder sich aus dem vollständigen Firmennamen ableiten, kommt selbständiger Namensschutz zu (s. Rn 148), wenn sie sich in den beteiligten Verkehrskreisen als namensmäßiger Hinweis auf den Firmeninhaber durchgesetzt haben. Ohne Verkehrsgeltung werden sie im Rahmen des Schutzes des vollständigen Firmennamens gegen Verwechslungsgefahr indirekt geschützt. Bei diesem Schutz handelt es sich um einen von dem Schutz des vollständigen Firmennamens *abgeleiteten Schutz eines Firmenteils* gegen Verwechslungsgefahr. Der vollständige Firmenname muß daher befugterweise benutzt werden, insbesondere registerrechtlich zulässig sein (s. Rn 115). Der indirekte Schutz eines Firmenteils unterscheidet sich von dem selbständigen Schutz als besondere Geschäftsbezeichnung (s. Rn 147) oder aufgrund von Verkehrsgeltung (s. Rn 148). Entsprechendes gilt für den *Schutz von Namensteilen* oder aus dem vollständigen Namen abgeleiteten Abkürzungen. **149**

Der Firmenteil muß unterscheidungskräftig und seiner Art nach geeignet sein, im Verkehr ohne weiteres als *namensmäßiger* Hinweis auf ein bestimmtes Unternehmen zu wirken **150**

(s. schon RG GRUR 1933, 782 – Feuersozietät; grundlegend BGHZ 11, 214, 216 – KfA; BGH GRUR 1977, 503, 505 – Datenzentrale). Aufgrund zahlreicher Entscheidungen wurde dieser *Schutz des Firmen- oder Namensteils* zu einer *ständigen Rechtsprechung* gefestigt (BGHZ 14, 159 – Farina II; 24, 238 – tabu I; BGH GRUR 1954, 332 – Altpa-Alpah; 1954, 457 – Irus/Urus; 1957, 125 – Troika-Dreika; 1957, 428 – Bücherdienst; 1959, 484 – Condux; 1960, 434 – Volks-Feuerbestattung; 1961, 294, 296 – ESDE; 1961, 535, 537 – arko; 1970, 481 – Weserklause; 1973, 539, 549 – product-contact; 1976, 643 – Interglas; 1985, 461, 462 – Gefa/Gewa; 1986, 402, 403 – Fürstenberg; 1988, 635, 636 – Grundcommerz; 1991, 556 – Leasing Partner; 1991, 475 – Caren Pfleger; 1992, 550 – ac-pharma; 1995, 503, 507 – APISERUM; 1996, 68 – COTTON LINE). Da es im Verkehr üblich ist, schlagkräftige Bestandteile einer längeren Firmenbezeichnung oder eines Namens zur kurzen und einprägsamen Bezeichnung des Unternehmens zu verwenden, erstreckt sich der Schutz der ungekürzten Firma oder des ungekürzten Namens auch auf den Firmenteil oder Namensteil. Auch wenn durch eine prioritätsjüngere Bezeichnung keine Verwechslungsgefahr mit der Gesamtfirma hervorgerufen wird, kann die Benutzung der prioritätsjüngeren Bezeichnung untersagt werden, wenn sie mit einem Firmenbestandteil der prioritätsälteren Gesamtfirma verwechslungsfähig ist. Der indirekte Rechtsschutz des Firmenteils oder Namensteils erfordert keine Verkehrsgeltung, und zwar weder für die vollständige Firma noch für den Firmenteil. Es muß sich jedoch um einen Bestandteil handeln, der im Vergleich zu den übrigen Teilen der Firma oder des Namens als der eigentlich kennzeichnende Teil anzusehen ist. Eine Eignung zur Entwicklung zum Firmenschlagwort liegt etwa nahe, wenn der Firmenteil zugleich als Warenbezeichnung verwendet wird. Aber auch aus anderen Umständen kann sich ergeben, daß ein Firmenteil oder Namensteil seiner Natur nach für sich allein geeignet ist, *Namensfunktion* auszuüben. Gleichgültig ist, ob es sich um ein Phantasiewort im Sinne eines Schlagworts oder um eine aussprechbare Abkürzung handelt (BGH GRUR 1985, 461, 462 – Gefa/Gewa). Ein langjährig benutztes Firmenschlagwort bleibt mit seiner bisherigen Priorität auch bei einer wesentlichen Veränderung der zugrunde liegenden Gesamtkennzeichnung bestehen, wenn das Firmenschlagwort auch in der neuen Gesamtkennzeichnung unverändert enthalten ist und weiterhin als solches benutzt wird (BGH GRUR 1995, 505, 507 – APISERUM). Da es um den Schutz eines Firmenbestandteils geht, der aus dem vollen Firmennamen abgeleitet ist und der am Schutz der vollen Firmenbezeichnung teilnimmt, kommt es für dessen Schutz nur auf den *Zeitpunkt* der Ingebrauchnahme des vollen Firmennamens, nicht aber darauf an, ob überhaupt und gegebenenfalls wann der Firmenbestandteil in Alleinstellung oder in besonderer Herausstellung als Firmenschlagwort oder Firmenabkürzung tatsächlich benutzt worden ist (BGH GRUR 1988, 625, 636 – Grundkommerz; 1991, 474, 475 – Caren Pfleger; *v. Gamm*, Wettbewerbsrecht, Kap. 56, Rn 7). Ein frei gewählter Firmenbestandteil kann als Schlagwort nach § 12 BGB und § 15 Abs. 2 schon geschützt sein, wenn der volle Firmenname nur bei Formalakten verwendet wird, bei denen sich der Kaufmann der Firma bedienen muß (BGH GRUR 1960, 93, 94 – Martinsberg). Unter Umständen kann schon ein bloßer Vorname genügen. Die Eignung, innerhalb der vollständigen Firma als Name zu wirken, muß im Zeitpunkt der letzten mündlichen Verhandlung noch gegeben sein; eine früher bestandene Verkehrsgeltung kann nicht genügen. Ist der Firmenteil nicht geschützt, so darf er von anderen frei benutzt werden. Erlangt der Benutzer an ihm ein Markenrecht aufgrund des Erwerbs von Verkehrsgeltung nach § 4 Nr. 2, so kann er dem älteren Firmeninhaber nicht die Verwendung des betreffenden Wortes in der Firma verbieten; dieser hat insoweit die Priorität. Auch *Namensbestandteile* sind ohne Verkehrsgeltung wie der vollständige Name geschützt, wenn sie geeignet sind, sich im Verkehr als schlagkräftiger Hinweis auf den Namensträger durchzusetzen. Der Name eines geselligen Vereins *Gesellschaft zur Weserklause* kann daher nach § 12 BGB dagegen geschützt sein, daß sein allein unterscheidungskräftiger Bestandteil *Weserklause* zur Bezeichnung einer Gaststätte am selben Ort verwendet wird (BGH GRUR 1970, 481 – Weserklause). Firmenabkürzungen, die nicht zugleich Teil des ungekürzten Firmennamens sind, wie etwa *Koma*, das, gebildet aus der Firma *Koch & Mann*, nicht selbst Firmenbestandteil ist, sind nur dann geschützt, wenn ein nicht unbeträchtlicher Teil des Verkehrs sie als Hinweis auf ein bestimmtes Unternehmen ansieht (BGHZ 15, 107 – Koma). Ein indirekter Schutz ohne Verkehrsgeltung setzt voraus, daß die Abkürzung auch Bestandteil der Firma oder des Namens ist.

## V. Schutz der vollständigen Firma

Die Ähnlichkeit einer prioritätsjüngerne Bezeichnung mit dem Firmenteil einer prioritätsälteren Firma kann eine Verwechslungsgefahr mit der prioritätsälteren Gesamtfirma hervorrufen. In diesem Fall handelt es sich nicht um den abgeleiteten Schutz eines Firmenbestandteils, sondern um den Schutz der vollständigen Firma gegen Verwechslungsgefahr, der mit der Ingebrauchnahme beginnt und keine Verkehrsgeltung erfordert. Entsprechendes gilt für den Schutz vollständiger Namen. Doch kann nach Lage des Falles schon die Verwechslungsfähigkeit der prioritätsjüngeren Bezeichnung mit dem Firmenteil oder Namensteil genügen (s. Rn 149 f.).

## VI. Entscheidungspraxis

### 1. Firmen- und Namensbestandteile

*Mittelland* ist Hinweis auf die *Mittelland-Gummiwerke AG*, auch eine geographische Bezeichnung kann insoweit schutzfähig sein (RG JW 1926, 1434); so auch *Mitteleuropäischer* im Vereinsnamen *Mitteleuropäischer Motorwagen-Verein e. V.* (RG JW 1930, 1733). *Salamander* ist Hinweis auf die *Salamander-Schuhgesellschaft mbH* (RGZ 115, 401, 407 – Salamander). *Farina* weist allein auf *Johann Maria Farina gegenüber dem Jülichplatz* hin trotz Bestehens von acht weiteren Kölner Farinafirmen (RG MuW 1933, 324 – Farina; für die am Namen *Farina* gleichberechtigten Firmen s. BGHZ 14, 155 – Farina II). *Benediktiner-Flasche* verletzt das Namensrecht der *Benediktiner-Likörfabrik* (HansOLG Hamburg MuW 1934, 253 – Benediktiner-Flasche). *Kindl* in Groß-Berlin weist auf *Berliner Kindl-Brauerei AG* hin (RG MuW 1940, 50). *Buchgemeinschaft* als Firmenbezeichnung weist auf *Deutsche Buchgemeinschaft* hin, ist aber im übrigen als Gattungsbegriff frei (BGH GRUR 1955, 95 – Buchgemeinschaft). Auch wenn man *Dortmund* nur als einen Teil des Namens *Stadt Dortmund* beurteilt, dann besteht für diesen Teil im Rahmen des Gesamtnamens Schutz, weil er für sich allein geeignet ist, auf die Stadtgemeinde *Dortmund* hinzuweisen (BGH GRUR 1964, 38 – „Dortmund grüßt ..."). Nicht schutzfähig sind die Firmenbestandteile *Bau und Boden* in der Firma *Deutsche Bau- und Bodenbank AG*; mit dieser ist daher die Firma *Buerer Bau- und Boden-Gesellschaft mbH* nicht verwechslungsfähig (LG Frankfurt GRUR 1966, 621 – Bau und Boden). Bildlich und klanglich verwechslungsfähig sind die Firmenabkürzungen *BBC* und *DDC*, nicht aber *BBC* mit der Gesamtkennzeichnung *DDC David Datentechnik GmbH Co., Computer KG* (BGH GRUR 1982, 420, 422 – BBC/DDC). Als bildlich und klanglich nicht verwechslungsfähig beurteilt wurden die Bezeichnungen *SG Bank AG* und *SGZ-Bank,* da der Verkehr wegen des häufigen Vorkommens solcher Buchstabenkombinationen bei Bankbezeichnungen sehr aufmerksam auf die Buchstabenkombination achte (OLG Stuttgart, Urteil vom 5. Juli 1996, 2 U 21/96 – SG Bank AG/SGZ-Bank)

### 2. Schlagworte

*Ufa* ist Hinweis auf *Universum-Film AG; Mitropa* ist Hinweis auf *Mitteleuropäische Schlafwagen- und Speisewagen AG; Gegenüber* ist Hinweis auf *Johann Maria Farina gegenüber dem Jülichplatz* (RG MuW 1932, 240 – Farina); das gewöhnliche schlagwortartige Kennzeichen für diese Firma ist *Johann Maria Farina* (RG MuW 1933, 295). Das Schlagwort kann auch hinweisen auf ein Unternehmen, das den Namensteil eines anderen Unternehmens übernommen hat; so ist *Pax* Schlagwort für *Pax, Verein katholischer Priester Deutschlands* und dessen Gründung, die *Pax-Korrespondenz* (RG MuW 1933, 296, 297). *Teppich-Bursch* ist bei Verkehrsgeltung schutzfähig gegenüber der prioritätsjüngeren identischen Marke (OLG Köln GRUR 1935, 53). *Hageda* ist Hinweis auf *Handelsgesellschaft deutscher Apotheker* (RG MuW 1935, 334 – Hageda); *Urkölsch* zusammen mit dem Namen *Farina* (BGHZ 4, 96 ff. – Urköl'sch); der schlagwortartig benutzte Firmenbestandteil *White Horse* eines englischen Whisky-Herstellers (BGH GRUR 1966, 267, 268 – White Horse). Verwechselbar ist der kennzeichenmäßige Gebrauch der Fernschreibkennung *kor d* mit dem aus der Firma *Kores Nordic Deutschland AG* gebildeten Firmenschlagwort *Kores* (BGH GRUR 1986, 475 – Fernschreibkennung); auch das Schlagwort *VUBI* für *Verband unabhängig beratender Ingenieurfirmen* mit der Buchstabenfolge *UDI* für *Union Deutscher Ingenieurbüros* (OLG Köln GRUR 1993, 584 – VUBI). Auch bei geringer Kennzeichnungskraft des Firmenschlagworts *ac-pharma* ist bei Branchenidentität die Verwechslungsgefahr mit *A. C. A.-Pharman* in klanglicher Hinsicht zu bejahen (BGH GRUR 1992, 550 – ac-pharma). Als nicht verwechslungsfähig beurteilt wurde die Buchstabenkombination *GWC* (German Watch Center) mit der bekannten Uhrenmarke *IWC* (LG Frankfurt NJWE-WettbR 1997, 20 – German Watch Center).

## I. Werktitelschutz

**Schrifttum zum UWG.** *Arras*, Die wettbewerbsrechtliche Bedeutung der Titelschutzanzeige, GRUR 1988, 356; *Bappert*, Der Titelschutz, GRUR 1949, 189; *Berthold/v. Hartlieb*, Filmrecht, 1957, 167; *Bork*, Titelschutz für Rundfunksendungen, UFITA 110 (1989), 35; *Bosten/Prinz*, Titel durch vom Anwalt geschaltete Sammel-Titelschutzanzeige, AfP 1989, 664; *Bosten/Prinz*, Wettbewerbsrechtlicher Titelschutz durch Titelschutzanzeige, AfP 1991, 361; *Deutsch*, Der urheberrechtliche Titelschutz, GRUR 1958, 330; *Deutsch*, Quo vadis, BGH, beim Titelschutz, GRUR 1994, 673; *Gerstenberg*, Der Titelschutz von Hörfunk- und Fernsehsendungen, ZUM 1985, 346; *v. Hartlieb*, Schutz der Filmtitel, 1955; *Hoeppfner*, Der Schutz von Zeitschriftentiteln aus wettbewerbsrechtlicher Sicht, GRUR Int 1983, 513; *Junker*, Die Entwicklung des Computerrechts in den Jahren 1992 und 1993, NJW 1994, 897; *Kikker*, Wettbewerbsrechtlicher Titelschutz – grenzenlos?, FS für Gaedertz, 1992, S. 273; *Krause*, Der Schutz der Fernsehsendung und ihres Titels, GRUR 1959, 346; *Lehmann*, Der wettbewerbsrechtliche Titelschutz für Computerprogramme, CR 1986, 373; *Lehmann*, Der wettbewerbsrechtliche Titelschutz von Computerprogrammen, in: Lehmann (Hrsg.), Rechtsschutz und Verwertung von Computerprogrammen, 2. Aufl., 1993, X; *Leinveber*, Zur neuesten Rechtsprechung in der Frage des Titelschutzes, insbesondere bei Zeitungen und Zeitschriften, GRUR 1963, 464; *Lüttmann*, JA 1993, 248; *Müller, G.*, Titel und Werk, UFITA 7 (1934), 121; *Ochs*, Die Titelschutzanzeige – Voraussetzungen des vorgezogenen Titelschutzes, WRP 1987, 651; *Ossing*, Der kennzeichensrechtliche Schutz der Bezeichnung einer Druckschrift und sonstiger Werke, GRUR 1992, 85; *Paefgen*, EWiR 1993, 405; *Rehbinder*, Zum Urheberrechtsschutz für fiktive Figuren, insbesondere für die Träger von Film- und Fernsehserien, in: Rehbinder (Hrsg.), Beiträge zum Film- und Medienrecht, FS für Schwarz, 1988; *Remmerbach*, EWiR 1995, 301; *Röder*, Schutz des Werktitels, 1970; *Ruijsenaars*, Zur Vermarktung der Titel von Fernsehprogrammen, ZUM 1993, 353; *Schmid*, Zur rechtlichen Problematik von Sammeltitelschutzanzeigen, AfP 1985, 196; *Schricker*, EWiR 1989, 927; *Sieg/Sandrock*, Der urheber- und wettbewerbsrechtliche Schutz von Titeln und Buchreihen im französischen Recht, ZVglRWiss 1994, 443; *Teplitzky*, Zu Fragen des Werktitelschutzes vor Erscheinen des Werks, GRUR 1993, 645; *Walter*, Urheberrechtlicher Schutz von Sammelwerken, MuR 1994, 119.

**Schrifttum zum MarkenG.** *Betten*, Titelschutz von Computerprogrammen, GRUR 1995, 5; *Betten*, Titelschutz von Computerprogrammen?, CR 1995, 383; *Betten*, GRUR 1998, 157; *Deutsch*, Der Werktitel als Gegenstand des Rechtsverkehrs, WRP 1998, 14; *Deutsch/Mittas*, Titelschutz – Der Werktitelschutz nach Markenrecht, 1999; *Fezer*, Markenrechtliche Produktabgrenzung zwischen Ware und Dienstleistung – Zur markenrechtlichen Produkteigenschaft von Leasing, Computersoftware und Franchising, GRUR Int 1996, 445; *Fezer*, Kennzeichenschutz an Namen fiktiver Figuren – Werktitelrechte und Markenrecht an Namen von Comics und Characters als Werke und Produkte, WRP 1997, 887; *Hoeren*, MMR 1998, 52; *Ingerl*, Allgemeiner Namensschutz für geistige Produkte – Zu den Softwaretitel-Entscheidungen „FTOS" und „PowerPoint", WRP 1997, 1127; *Jacobs*, Werktitelschutz für Computerspiele und Computerprogramme, GRUR 1996, 601; *Lehmann*, Neuer Titelschutz von Software im Markengesetz, CR 1995, 129; *Lehmann*, Titelschutz von Computerprogrammen, GRUR 1995, 250; *Lehmann*, Der Schutz der geschäftlichen Bezeichnungen im neuen Markengesetz, FS für Beier, 1996, S. 279; *Lehmann*, LM Nr. 11 zu § 5 MarkenG; *Lehmann*, Titelschutz für Software, CR 1998, 2; *Loschelder*, Der Titelschutz als besonderes Kennzeichnungsrecht, FS für Vieregge, 1995, S. 585; *Marly*, LM Nr. 12 zu § 5 MarkenG; *Meyer*, § 5 MarkenG; eine kurze Betrachtung anhand eines Fallbeispiels, WRP 1995, 799; *Oelschlägel*, Der Titelschutz von Büchern, Bühnenwerken, Zeitungen und Zeitschriften, 1997; *Oelschlägel*, Zur Entstehung des Werktitelschutzes, WRP 1998, 469; *Ruijsenaars*, Comic-Figuren und Parodien, GRUR Int 1993, 811; *Ruijsenaars*, Character Merchandising, Eine rechtsvergleichende Untersuchung zum Schutz der Vermarktung fiktiver Figuren, 1997; *Rupprecht*, Achtung Falle! Titelschutz für Softwaremarken, WRP 1996, 385; *Schertz*, Merchandising, Rechtsgrundlagen und Rechtspraxis, 1997; *Schmieder*, Name-Firma-Titel-Marke, Grundzüge des Rechts an der Bezeichnung, JuS 1995, 119; *Schricker*, Der Schutz des Werktitels im neuen Kennzeichenrecht, FS für Vieregge, 1995, S. 774; *Schricker*, EWiR 1996, 523; *Stratmann*, Titelschutz für Software nach dem neuen deutschen Markengesetz, Mitt 1995, 366; *Teplitzky*, Aktuelle Fragen beim Titelschutz, AfP 1997, 450; *Zahrnt*, Titelschutz für Software-Produkte – ein Irrtum?!, BB 1996, 1570; *Willi*, Schutz fiktiver Figuren – ausgewählte Aspekte zum Rechtsschutz fiktiver Figuren im Hinblick auf ihre Vermarktung, Diss. Zürich, 1996; *Willi*, Fiktive Figuren als Rechtsgut, AJP/PJA 1997, 156; *Zahrnt*, EDV-Rechtsprechung, BB 1998, Beilage 4 zu Heft 16.

## I. Titelschutz als Kennzeichenschutz

Geschäftliche Bezeichnungen im Sinne des MarkenG sind Unternehmenskennzeichen und Werktitel (§ 5 Abs. 1). *Werktitel* sind die Namen oder besonderen Bezeichnungen von *Druckschriften, Filmwerken, Tonwerken, Bühnenwerken* oder *sonstigen vergleichbaren Werken* (§ 5 Abs. 3). Werktitel genießen Kennzeichenschutz nach § 15 Abs. 2 als *Verwechslungsschutz* und nach § 15 Abs. 3 als *Bekanntheitsschutz*. Der kennzeichenrechtliche Werktitelschutz ist unabhängig von einem *urheberrechtlichen* Titelschutz, der dem Titel als Werktitel zukommen kann, wenn er als Sprachwerk eine persönliche, geistige Schöpfung darstellt (s. Rn 179). Ein *namensrechtlicher* Schutz des Werktitels nach § 12 BGB kommt grundsätzlich nicht in Betracht, es sei denn, daß ausnahmsweise ein Werktitel im Verkehr als der Name eines Unternehmens Verkehrsdurchsetzung erlangt. Ein Titel im kennzeichenrechtlichen Sinne ist der *Name* oder die *besondere Bezeichnung* eines Werkes im Sinne des § 5 Abs. 3. Name als Werkbezeichnung ist nicht im namensrechtlichen Sinne des Namensschutzes nach § 12 BGB (s. dazu Rn 21 ff.) zu verstehen (zur titelmäßigen Unterscheidungskraft eines Werktitels s. Rn 155). Der Kennzeichenschutz des Werktitels beruht auf seiner das Werk individualisierenden Funktion (*werkidentifizierendes Unterscheidungszeichen*). Ein Werktitel kann auch ein Produkt als Marke kennzeichnen und wie namentlich bei Zeitschriften Markenschutz genießen (s. dazu im einzelnen §§ 3, Rn 251 ff.; 4, Rn 211 ff.; 5, Rn 7; 8, Rn 220).

## II. Werke als Kennzeichnungsobjekte

### 1. Begriff des Werkes

**a) Kennzeichenrechtlicher Werkbegriff.** Im MarkenG gilt ein *kennzeichenrechtlicher Werkbegriff*, der sich von dem urheberrechtlichen Werkbegriff unterscheidet (s. Begründung zum MarkenG, BT-Drucks. 12/6581 vom 14. Januar 1994, S. 67). Als *Arten des Werktitelschutzes* kommt neben dem urheberrechtlichen und kennzeichenrechtlichen Titelschutz auch ein markenrechtlicher, wettbewerbsrechtlicher sowie bürgerlich-rechtlicher und namensrechtlicher Titelschutz in Betracht (s. *Fezer*, WRP 1997, 887, 888 ff.). Der wettbewerbsrechtliche Titelschutz nach § 16 UWG aF war auf den Schutz der besonderen Bezeichnung einer *Druckschrift* beschränkt. Im MarkenG gewinnt der Werkbegriff zentrale Bedeutung für die Reichweite des Werktitelschutzes. Auch wenn schon nach der Rechtslage vor Inkrafttreten des MarkenG der § 16 Abs. 1 UWG aF auf den Titelschutz von Druckschriften begrenzte Wettbewerbsschutz in *analoger* Anwendung auf den Druckschriften vergleichbare Werke ausgedehnt wurde (s. Rn 154 f ff.), und der Gesetzgeber des MarkenG nur eine gesetzestechnische Vereinheitlichung des Kennzeichenrechts unter Wahrung der von der Rechtsprechung für den Schutz dieser Kennzeichen entwickelten Grundsätze beabsichtigte (s. Rn 2), ohne eine Reform des Rechts der geschäftlichen Bezeichnungen, sowie namentlich ohne eine dringend erforderliche, eigenständige gesetzliche Regelung des Werktitelschutzes anzustreben, so stellt gleichwohl die markengesetzliche Neuregelung eine *Verstärkung des Werktitelschutzes* dar und bietet die Zentralstellung des kennzeichenrechtlichen Werkbegriffs eine Grundlage für eine weitreichende *Rechtsfortbildung* gegenüber der Rechtslage im WZG. Eine werkbezogene Analogie im Hinblick auf den warenzeichengesetzlich vorgegebenen Begriff der Druckschriften stellte schon methodisch eine Begrenzung des Titelschutzes dar. Nach § 5 Abs. 3 konstituiert nunmehr ein kennzeichenrechtlicher Werkbegriff die Reichweite des Werktitelschutzes. Die *beispielhafte Aufzählung* von Druckschriften, Filmwerken, Tonwerken und Bühnenwerken erklärt sich gesetzeshistorisch aus der Absicht des Gesetzgebers des MarkenG, die Rechtsprechung zum Recht der geschäftlichen Bezeichnungen und damit auch des Titelschutzes nach § 16 UWG aF zu wahren. Die Formulierung des § 5 Abs. 3, der den Werkbegriff nicht definiert, sondern auf zu den beispielhaft genannten Werken vergleichbare Werke abstellt, darf nicht im engen methodischen Verständnis einer Analogie im Sinne der Rechtsprechung zum WZG verstanden werden. Die *Vergleichbarkeit eines titelfähigen Werkes* mit Druckschriften, Filmwerken, Tonwerken und Bühnenwerken im Sinne des § 5 Abs. 3 erfordert eine Auslegung der Vorschrift dahin, einen kennzeichenrechtlichen Werkbegriff in *Abgrenzung zum Begriff der Ware und der Dienstleistung* als Gegenstände des Markenschutzes im Wege der Auslegung eigenständig zu entwickeln. Die Analogie-Rechtsprechung zum Begriff der Druckschrift im WZG stellt kein methodisches Hindernis zur Entwicklung eines weitergehenden, kennzeichenrechtlichen Werkbegriffs dar. Als Unterscheidungszeichen identifiziert ein Titel ein Werk nicht anders als eine Marke eine Ware oder eine Dienstleistung.

**154b** **b) Begriffsmerkmale eines Werkes. aa) Eigenständigkeit des kennzeichenrechtlichen Werkbegriffs in Abgrenzung zur Ware und Dienstleistung.** Der kennzeichenrechtliche Werkbegriff ist zum einen an einer *Vergleichbarkeit* zu Druckschriften, Filmwerken, Tonwerken und Bühnenwerken und zum anderen an einer *Abgrenzung* zu den Begriffen der Ware und Dienstleistung zu orientieren (s. Rn 154a). Eine Vergleichbarkeit eines titelfähigen Werkes mit Druckschriften, Filmwerken, Tonwerken und Bühnenwerken liegt dann vor, wenn es sich bei dem Werk als Kennzeichnungsobjekt eines Titels um ein *geistiges Produkt* handelt, das eine *gedankliche Leistung mit kommunikativem Gehalt* darstellt. In Abgrenzung zur Ware als einem materiellen Wirtschaftsgut und zur Dienstleistung als einem immateriellen Wirtschaftsgut (zum Begriff der Ware s. § 3, Rn 111 ff.; zum Begriff der Dienstleistung s. § 3, Rn 123 ff.; zur Abgrenzung zwischen Ware und Dienstleistung s. § 3, Rn 129 ff.) stellt ein titelfähiges Werk die *Verkörperung eines immateriellen Arbeitsergebnisses* dar, das auf der Realisierung der gedanklichen Leistung mit kommunikativem Gehalt beruht. Ein kennzeichenrechtliches Werk ist ein *geistiges* (s. Rn 154e), *verkehrsfähiges* (s. Rn 154d) und *bezeichnungsfähiges* (s. Rn 154e) Produkt. Eine solche Begriffsbestimmung ermöglicht eine kennzeichenrechtliche Abgrenzung zwischen Ware, Dienstleistung und Werk als Kennzeichnungsobjekte eines Unterscheidungszeichens mit Identifizierungsfunktion. Da in der Realität der Waren, Dienste und Werke vielfältige Überschneidungen und fließende Übergänge gegeben sind, ist zur Abgrenzung auf den *Schwerpunkt der in dem Produkt verkörperten, unternehmerischen Leistung* und damit auf den das Produkt prägenden Charakter abzustellen.

**154c** **bb) Geistiges Produkt.** Ein kennzeichenrechtliches Werk verkörpert als ein *geistiges Produkt* eine gedankliche Leistung mit kommunikativem Inhalt (s. Rn 154b). Der Kommunikationsgehalt des Werkes (s. dazu *Schricker*, FS für Vieregge, S. 775, 786; mißverständlich, weil auf einen aktualisierten Kommunikationsprozeß mit dem Werkbenutzer abstellend *Ingerl*, WRP 1997, 1127, 1128) ist Ausdruck eines *immateriellen Arbeitsergebnisses*, das auf der Realisierung einer gedanklichen Leistung beruht (so auch *Deutsch/Mittas*, Titelschutz, Rn 23). An ein geistiges Produkt als kennzeichenrechtliches Werk ist nicht die urheberrechtliche Meßlatte der Werke der Literatur, Wissenschaft und Kunst anzulegen, auch wenn das Gebiet der urheberrechtlich geschützten Werke einen wesentlichen Gegenstand des kennzeichenrechtlichen Titelschutzes darstellt. In der zur analogen Anwendung des § 16 Abs. 1 UWG aF ergangenen *Zappel-Fisch*-Entscheidung, deren Gegenstand die Titelfähigkeit eines Spieles war, stellt der BGH als entscheidendes Kriterium für die Werkqualität auf den *immateriellen, geistigen Gehalt* des zu bezeichnenden Produktes ab (BGH GRUR 1993, 767 – Zappel-Fisch). Dem Werkbezeichnungsschutz liege der Gedanke zugrunde, daß im Interesse eines umfassenden Immaterialgüterrechtsschutzes auch geistige Leistungen einer Kennzeichnung im Rechtsverkehr zugänglich sein müssen, durch die sie von anderen Leistungen geistiger Art unterscheidbar werden. Ein Schutz der Bezeichnung von immateriellen Gütern (geistigen Leistungen) bei bestehendem Schutzbedürfnis sei nicht weniger gerechtfertigt, als eine Ausweitung der Kennzeichnungsmöglichkeit bei existenten Subjekten oder Objekten. In der zum Werktitelschutz von Computerprogrammen ergangenen Entscheidungen *PowerPoint* (BGHZ 135, 278 – PowerPoint) und *FTOS* (BGH GRUR 1997, 902 – FTOS) entwickelt der BGH den Werkbegriff zum kennzeichenrechtlichen Werktitelschutz nach dem MarkenG weiter. Als ein dem Titelschutz zugängliches Werk bezeichnet der BGH ein *immaterielles Arbeitsergebnis*, das als geistiges Produkt einen eigenen Bezeichnungsschutz benötige. Diese Fortbildung des Werktitelschutzes bedeutet nicht, daß das als Werk bezeichnungsfähige geistige Produkt keinen immaterialgüterrechtlichen Kommunikationsgehalt aufweisen müsse, der allerdings nicht als ein aktueller Umsetzungsprozeß mit dem Werkbenutzer verstanden werden darf (so aber *Ingerl*, WRP 1997, 1127). Als geistige Produkte, die dem Werktitelschutz zugänglich sind, kommen nicht nur Werke aus dem Kernbereich der urheberrechtlich geschützten Literatur, Wissenschaft und Kunst in Betracht, sondern auch solche immateriellen Arbeitsergebnisse, wie kaufmännische und technische Steuerungs-, Kontroll- und Überwachungssysteme, Organisations-, Marketing- und Beratungskonzeptionen, Computerprogramme, Software und Datensammlungen, Unterhalts-, Vergnügungs-, Urlaubs- und Freizeitkonzeptionen (s. Rn 154h ff.).

**cc) Verkehrsfähigkeit.** Die Werktitelfähigkeit eines immateriellen Arbeitsergebnisses als geistigem Produkt setzt dessen *Verkehrsfähigkeit* voraus. Wie eine Ware als ein materielles Wirtschaftsgut und eine Dienstleistung als ein immaterielles Wirtschaftsgut bedarf auch das Werk als ein geistiges Produkt einer marktfähigen Verkörperung als Grundlage der Verkehrsfähigkeit des Werkes auf dem Markt. Das Werk ist ein Gegenstand des Wirtschaftsverkehrs (zur Bezeichnungsfähigkeit als Gegenstand des Rechts- bzw Geschäftsverkehrs s. BGH GRUR 1993, 767, 768 – Zappel-Fisch). Bei der Abgrenzung zwischen Waren-, Dienstleistungs- und Werkcharakter eines verkehrsfähigen Produkts kommt es auf den *Schwerpunkt der unternehmerischen Leistung* im Angebot des konkreten Produkts auf dem Markt an. In der *Zappel-Fisch*-Entscheidung lehnte der BGH bei einem Magnetangelspiel, bei dem das Schwergewicht auf den angebotenen, zur Verwirklichung des einfach und ohne besondere geistige Leistung manuell nachzuvollziehenden Spielgedankens unerläßlichen Gegenständen im Spielkasten lag, die Annahme eines dem Werktitelschutz zugänglichen, geistigen Werkes ab, und beurteilte das Spiel als eine dem Titelschutz nicht zugängliche Ware. Die Verkörperung eines immateriellen Arbeitsergebnisses in einen Gegenstand verhindert als solche aber nicht die Annahme des Werkcharakters, wenn nur der Warencharakter nicht vorherrscht. Die *Integration eines Werkes in eine Ware oder Dienstleistung* beurteilt sich danach, ob das immaterielle Arbeitsergebnis als Werk dem Verkehr auf dem Markt als ein eigenständiges Produkt erscheint (zu Produkteinheiten und Produktteilen s. BGH GRUR 1995, 583 – MONTANA; s. § 26, Rn 62; zu Dienstleistungen mit Warenbezug s. § 3, Rn 127). Der Werktitel kann auch ein *begleitendes Kennzeichen* einer Produkteinheit sein (zur begleitenden Marke s. § 3, Rn 26 f.).

**dd) Bezeichnungsfähigkeit.** Die Titelfähigkeit eines Werkes setzt dessen *Bezeichnungsfähigkeit* voraus. Es kommt darauf an, daß das immaterielle Arbeitsergebnis im Verkehr mit einem Namen oder einer besonderen Bezeichnung zu kennzeichnen gepflegt wird (zur Bezeichnungsfähigkeit im Verkehr s. als Gegenstand des Rechtsverkehrs bezeichnungsfähig BGHZ 135, 278 – PowerPoint; soweit geistige Leistungen nach der Verkehrsanschauung bezeichnungsfähig erscheinen BGH GRUR 1993, 767, 768 – Zappel-Fisch; vom Verkehr nicht als ein besonders bezeichnungsfähiges Werk angesehen BGH GRUR 1989, 626, 627 – Festival Europäischer Musik). Wie eine Marke der Produktname einer Ware ist der Titel der Produktname eines Werkes im Marktwettbewerb.

## 2. Werkarten

**a) Druckschriften.** Druckschriften sind alle Erzeugnisse der *Printmedien,* wie etwa Bücher, Zeitungen, Zeitschriften, Illustrierten, Journale, Magazine und vergleichbare Werke des Druckgewerbes, ohne daß es auf den Begriff des Druckwerkes im Sinne des Presserechts (§§ 6, 7 LPG) ankommt. Neben den eigentlichen Erzeugnissen der Druckerpresse rechnen dazu auch alle anderen durch mechanische oder chemische Mittel bewirkten und zur Verbreitung bestimmten Vervielfältigungen von Schriften und bildlichen Darstellungen. Druckschriften können mit und ohne Schrift ausgestattet sein; dazu rechnen auch *Kalender* (OLG München GRUR 1992, 327 – Osterkalender) oder *Musikalien,* wie etwa die Partitur eines Schlagers (OLG Frankfurt WRP 1978, 892 – Das bißchen Haushalt), mit oder ohne Text und Erläuterungen (enger noch OLG Dresden JW 1932, 898, 890 – Glockenstürmers Töchterlein). Der Werktitel kann der Titel einer einzelnen Druckschrift oder der *Reihentitel* einer Druckschriftenreihe sein, wie etwa einer Serie von Gedichtbänden (BGH GRUR 1990, 218 – Verschenktexte I). Für die Annahme einer *Druckschriftenreihe* ist nicht der zeitliche Abstand des Erscheinens der einzelnen Werke, sondern entscheidend, ob die angesprochenen Verkehrskreise die Werke in ihrer Gesamtheit als eine zusammenhängende, verlegerische Veranstaltung verstehen (BGHZ 68, 132, 137 – Der 7. Sinn; BGH GRUR 1980, 227, 232 – Monumenta Germaniae Historica; 1982, 431, 432 – POINT). Kennzeichenschutz genießt nicht nur der *Haupttitel* eines Werkes, sondern auch ein *Untertitel* oder ein *Nebentitel* und damit auch eine zweite oder eine dritte Bezeichnung des gesamten Werkes. Titelfähig sind auch Beilagen oder Supplements von Zeitschriften, Kundenzeitschriften und Informations- oder Werbebroschüren (s. zu Zeitungs-, Zeitschriften- und Buchtiteln § 3, Rn 254 ff.).

**154g** **b) Filmwerke, Tonwerke und Bühnenwerke.** Schon nach der Rechtslage vor Inkrafttreten des MarkenG wurde der seinem Wortlaut nach auf die Bezeichnungen von Druckschriften begrenzte Anwendungsbereich des § 16 Abs. 1 UWG aF analog auf die Titel anderer Werke wie *Bühnenwerke* oder *Filmwerke* ausgedehnt. Gegenstand von Entscheidungen zum Titelschutz waren etwa *Filmwerke* (BGHZ 26, 52, 60 – Sherlock Holmes); eine *informative Fernsehserie* (BGH GRUR 1977, 543, 545 – Der 7. Sinn); eine *periodisch ausgestrahlte Fernsehsendung* (BGH GRUR 1988, 377 – Apropos Film; s. auch BPatGE 38, 138 – Klassentreffen); eine *unterhaltende Fernsehfilmserie* (BGHZ 120, 228, 231, 232 – Guldenburg; s. schon Bork, UFITA 110 (1989), 35, 41); eine *Hörfunksendung,* die in willkürlich erscheinender Reihenfolge Musik- und Textbeiträge für einen bestimmten Hörerkreis (etwa Jugendliche) sendet (BGH GRUR 1982, 431, 432 – POINT; s. dazu Berthold/Hartlieb, Filmrecht, S. 180 ff.); eine zu bestimmten Sendezeiten ausgestrahlte *Folge von Radiosendungen in Magazinform* für einen bestimmten Interessentenkreis, der sich aus den dem lokalen und regionalen Geschehen eng verbundenen Einwohnern des Sendegebiets zusammensetzt, deren Bedürfnisse jeweils durch die inhaltliche Gestaltung der Sendefolge Rechnung getragen werde, und die Sendungen vom angesprochenen Publikum als zusammengehöriges Werk verstanden würden (BGH GRUR 1993, 769, 770 – Radio Stuttgart). Bei einem Film wird als Titel nur die *Bezeichnung des ganzen Films* und nicht auch der sogenannte Untertitel angesehen (anders für die Untertitel von Druckschriftentiteln BGH GRUR 1990, 218 – Verschenktexte I; s. Rn 154 f.), der aber urheberrechtlichen Schutz genießen kann; ein Filmtitelschutz für Untertitel und Nebentitel sollte nach der Verstärkung des kennzeichenrechtlichen Titelschutzes im MarkenG nicht mehr ausgeschlossen werden. Die Benutzung einer bestimmten Bezeichnung für eine Folge von einzelnen Rundfunksendungen kann auch dann ein Titelschutzrecht an der Bezeichnung begründen, wenn die einzelnen Folgen keinen direkten inhaltlichen Zusammenhang aufweisen, vom Verkehr jedoch im Hinblick auf gleichbleibende Sendezeiten, auf die Adressierung an denselben Interessentenkreis und auf Gemeinsamkeiten der inhaltlichen Gestaltung mit überwiegend regionalen Bezügen als ein bestimmter, *einheitlicher Programmteil* angesehen wird, der eine eigene Kennzeichnung sinnvoll und naheliegend erscheinen läßt; als geschützter Werktitel eines solchen einheitlichen Programmteils wurde die Bezeichnung *Radio Stuttgart* beurteilt, der ungeachtet ihres für eine Sendeanstalt oder für deren Rundfunkprogramm glatt beschreibenden Charakters Kennzeichnungskraft von Haus aus dann zukomme, wenn sie für eine als einheitliches Werk anzusehende Folge von Sendungen und damit in einer ihren eigentlichen Wortsinn verfremdenden, originellen Weise verwendet werde (BGH GRUR 1993, 769, 770 – Radio Stuttgart). Die Bezeichnung *Festival Europäischer Musik* für die Veranstaltung von Konzerten, deren einzige programmatische Besonderheit es war, daß sie sich auf europäische Musik bezogen, wurde nicht als titelfähig angesehen, da aufgrund der allgemeinen Lebenserfahrung davon auszugehen sei, daß eine solche Veranstaltung vom Verkehr nicht als ein besonders bezeichnungsfähiges Werk angesehen werde (BGH GRUR 1989, 626 – Festival Europäischer Musik). Diese Entscheidung wird nicht dahin zu verstehen sein, daß nach der Rechtslage im MarkenG der Titelschutz von *periodischen Veranstaltungen* allgemein ausgeschlossen sei. Werktitelfähig sind auch *Festspiele* und *Festivals* sowie andere Veranstaltungsreihen jeder Art, wenn das Veranstaltungskonzept als ein immaterielles Arbeitsergebnis kennzeichenrechtlich ein titelfähiges geistiges Produkt darstellt (s. Rn 154k).

**154h** **c) Einzelne vergleichbare Werke. aa) Ausgangspunkt.** Kennzeichenschutz als Werktitel kommt auch den Namen oder besonderen Bezeichnungen von *vergleichbaren Werken* im Sinne des § 5 Abs. 3 zu. Vergleichbare Werke im Sinne des § 5 Abs. 3 sind solche Werke, die als geistiges Produkt eine Verkörperung eines immateriellen Arbeitsergebnisses mit kommunikativem Gehalt darstellen, denen als geistiges Produkt Verkehrsfähigkeit auf dem Markt zukommt und die der Verkehr mit einem Namen oder einer besonderen Bezeichnung zu kennzeichnen pflegt (zum Begriff des vergleichbaren Werkes s. Rn 154 a ff.).

**bb) Spiele.** Schon innerhalb des Anwendungsbereichs des § 16 Abs. 1 UWG aF, der nach seinem Wortlaut nur Druckwerken Titelschutz gewährte, wurde in der Rechtsprechung der Titelschutz auf *Spiele* zumindest dann ausgedehnt, wenn das Spiel einen umsetzungsfähigen, geistigen Inhalt aufweist, der für den Verkehr das Wesen des Spiels ausmacht und den wahren Charakter der konkreten Verkörperung der Spielidee in den Hintergrund treten läßt (BGH GRUR 1993, 767, 768 – Zappel-Fisch; kritisch *Deutsch*, GRUR 1994, 673; kritisch zur Ausdehnung des Titelschutzes hinsichtlich der Anforderungen an die Kennzeichnungskraft sowie zum Schutzumfang des aus beschreibenden Angaben gebildeten Sachbuchtitels *Pizza & Pasta* in BGH GRUR 1991, 153 – Pizza & Pasta s. *Kicker*, FS für Gaedertz, S. 273). Nach dieser Rechtsprechung war dem Titelschutz ein Spiel dann nicht zugänglich, wenn bei dem Spiel das Schwergewicht auf den angebotenen, zur Verwirklichung des einfach und ohne besondere geistige Leistung manuell nachzuvollziehenden Spielgedankens unerläßlichen Gegenständen im Spielkasten liegt, weil dieses kein geistiges Werk im Sinne des § 16 Abs. 1 UWG aF darstelle. Die Ausdehnung des Titelschutzes vom Druckschriftentitel im UWG allgemein auf den Werktitel im MarkenG bestätigt zum einen diese Rechtsprechung, verlangt zum anderen aber auch, daß die nicht nur analoge, sondern direkte Anwendung des Titelschutzrechts des MarkenG eine großzügigere Beurteilung des Werkbegriffs zuläßt.

**cc) Computerprogramme.** In seinen Entscheidungen *PowerPoint* (BGHZ 135, 278 – PowerPoint) und *FTOS* (BGH GRUR 1997, 902 – FTOS) hat der BGH die Bezeichnung eines *Computerprogramms* als dem Werkttitelschutz zugänglich beurteilt (s. dazu *Hoeren*, MMR 1998, 52; *Lehmann*, LM Nr. 11 zu § 5 MarkenG; *Marly*, LM Nr. 12 zu § 5 MarkenG; *Betten*, GRUR 1998, 157; *Zahrnt*, BB 1998, Beilage 4 zu Heft 16; *Ingerl*, WRP 1997, 1127). Das gilt auch für die *Werktitelankündigung* für ein Computerprogramm (BGH GRUR 1998, 1010 – WINCAD; LG Hamburg K&R 1998, 509 – emergency.de; s. Rn 167g). In der instanzgerichtlichen Rechtsprechung war der Titelschutz von Computerprogrammen schon anerkannt (LG Hamburg CR 1994, 159 – PAURPOINT; HansOLG Hamburg CR 1995, 335 – PAURPOINT; LG München I CR 1995, 344 – FTOS). Im Schrifttum war die Anerkennung des markengesetzlichen Titelschutzes umstritten (bejahend *Lehmann*, CR 1995, 129, 130; *Lehmann*, GRUR 1995, 250; *Stratmann*, Mitt 1995, 366; *Fezer*, GRUR Int 1996, 445, 447; *Jacobs*, GRUR 1996, 601, 605; *Nordemann*, Wettbewerbs- und Markenrecht, S. 262; *Ingerl/Rohnke*, § 5 MarkenG, Rn 47; so wohl auch *Schricker*, FS für Vieregge, S. 775, 784; *Althammer/Ströbele/Klaka*, § 5 MarkenG, Rn 17; so schon *Baumbach/Hefermehl*, Wettbewerbsrecht, 17. Aufl., § 16 UWG, Rn 117; ablehnend *Betten*, GRUR 1995, 5; *Betten*, CR 1995, 383; *Zahrnt*, BB 1996, 1570; *Rupprecht*, WRP 1996, 385). Zur Annahme der Werktitelfähigkeit eines Computerprogramms bedurfte es weder eines Rückgriffs auf die Definition eines Computerprogramms nach § 69 a Abs. 1 UrhG, noch auf die urheberrechtlichen Schutzvoraussetzungen eines Computerprogramms nach § 69 a Abs. 3 UrhG. Der kennzeichenrechtliche Werkbegriff besteht unabhängig von der urheberrechtlichen Definition (s. § 5, Rn 5). Da der BGH die Anforderungen an ein Computerprogramm als ein vergleichbares Werk im Sinne des Kennzeichenrechts nicht näher konkretisierte, wird man davon ausgehen können, daß *Computerprogramme in jeder Gestalt* und damit Computersoftware allgemein werktitelfähig ist. Erforderlich ist aber, daß die konkrete Software die einzelnen Begriffsmerkmale des Werkes als eines geistigen, verkehrsfähigen und bezeichnungsfähigen Produkts erfüllt (s. Rn 154 a ff.).

**dd) Veranstaltungen.** Die Veranstaltung von Konzerten, deren einzige programmatische Besonderheit war, daß sie sich auf europäische Musik bezogen, wurde von der Rechtsprechung nicht als ein den Titelschutz rechtfertigendes vergleichbares Werk beurteilt, da aufgrund der allgemeinen Lebenserfahrung davon auszugehen sei, daß eine solche Veranstaltung vom Verkehr nicht als ein besonders bezeichnungsfähiges Werk angesehen werde; insoweit wurde der Titelschutz für die Bezeichnung *Festival Europäischer Musik* abgelehnt (BGH GRUR 1989, 626 – Festival Europäischer Musik). Die Anforderungen an den *titelschutzfähigen Werkbegriff* sollten allerdings nach der Rechtslage im MarkenG, das allgemein den Begriff des Werktitels verwendet, nicht in einem gleichsam urheberrechtlichen Sinne verstanden und zu hoch angesetzt werden. Das Kennzeichenrecht schützt nicht die schöpferische Leistung eines Urhebers, sondern die in einem immateriellen Arbeitsergebnis liegende unternehmerische Leistung sowie das Marketing aufgrund eines Werktitels. Wenn die allgemeinen Begriffsmerkmale eines kennzeichenrechtlichen Werkes vorliegen, kann auch *Festspielen, Festivals, Ausstellungsreihen und Messen* (LG Düsseldorf WRP 1996, 156 – Paracelsus-Messe) und *sonstigen periodischen Veranstaltungen* oder *Events* der kennzeichenrechtliche Titelschutz nicht versagt werden (*Ingerl/Rohnke*, § 5 MarkenG, Rn 46; aA *Deutsch/Mittas*, Titelschutz, Rn 33). Der Titelschutz einer Bezeichnung an einem Werk schließt den Markenschutz der Bezeichnung nicht aus. So sind etwa Titel von periodisch ausgestrahlten Fernsehsendungen als Dienstleistungsmarken eintragungsfähig (BGHZ 102, 88 – Apropos Film; BPatGE 38, 138 – Klassentreffen; zu den in der Rechtsprechung verlangten *erhöhten* Anforderungen an die Unterscheidungskraft als Marke gegenüber denen als Titel s. § 3, Rn 251 ff.).

154l     ee) **Fiktive Figuren.** *Fiktive Figuren* sind entweder *bildhafte*, zweidimensionale Gestaltungen, wie etwa Zeichentrickfiguren (Comics), oder *formenhafte*, dreidimensionale Gestaltungen, wie etwa Puppen, aber auch *sprachliche* Gestaltungen, wie etwa literarische Personen (Characters). Das Bestehen eines kennzeichenrechtlichen Werktitelschutzes an den Namen fiktiver Figuren wurde bislang weder im Schrifttum noch in der Rechtsprechung im einzelnen untersucht (s. *Fezer*, WRP 1997, 887 ff.). Die Diskussion beschränkt sich zumeist auf die urheberrechtliche Problemstellung und untersucht den Werktitelschutz fiktiver Figuren entweder als einen akzessorischen Teil des Urheberrechtsschutzes oder beschränkt den Werktitelschutz auf den Titelschutz des urheberrechtlich geschützten Werkes, wie des Films oder Romans, in dem die fiktive Figur eine handelnde Rolle spielt (allgemein zum Rechtschutz fiktiver Figuren s. *Rehbinder*, FS für Schwarz, S. 163 ff. ; *Schertz*, Merchandising, Rn 56 ff., 162 ff., 239; *Willi*, Schutz fiktiver Figuren, S. 61 ff.; *Willi*, AJP/PJA 1997, 156; *Ruijsenaars*, GRUR Int 1993, 811; *Ruijsenaars*, Character Merchandising, S. 90 ff., 391 ff.). Die Rechtsfrage nach einem kennzeichenrechtlichen Werktitelschutz an dem Namen einer fiktiven Figur ist von der Frage nach dem Titelschutz für das urheberrechtlich geschützte Film-, Bühnen- oder Romanwerk, in dem die fiktive Figur als handelnde Rolle erscheint, zu unterscheiden. Eine *fiktive Figur* eines Film-, Bühnen- oder Romanswerks, die als Comic oder Character einer vielfältigen *Kommerzialisierung zugänglich* ist, stellt als solche ein *titelfähiges Werk* im kennzeichenrechtlichen Sinne dar (*Fezer*, WRP 1997, 887, 890; zustimmend *Ingerl*, WRP 1997, 1127, 1132; aA *Deutsch/Mittas*, Titelschutz, Rn 34). Die Bezeichnungsfähigkeit einer fiktiven Figur als Werk ist besonders anschaulich, da im Verkehr etwa eine Comicfigur regelmäßig mit dem ihr zukommenden Namen identifiziert wird. Für die Anerkennung eines originären kennzeichenrechtlichen Werktitelschutzes ist rechtlich unerheblich, daß eine fiktive Figur wie ein Comic oder ein Character als Werk selbst einen Teil eines Film-, Bühnen- oder Romanwerkes als eines weitergehenden Werkes darstellen kann. Auch *Werkteile* sind titelschutzfähig (Großkomm/*Teplitzky*, § 16 UWG, Rn 69). Ausreichend für die Begründung eines originären Werktitelschutzes eines Werkteiles nach Kennzeichenrecht ist eine *gewisse Selbständigkeit* des Werkteils. Diese Selbständigkeit ist bei einer fiktiven Figur wie einem Comic oder einem Character als Werk namentlich dann gegeben, wenn der fiktiven Figur in Verbindung mit ihrem Namen als einer Einheit eine über ihre Eigenschaft als Werkteil eines Film-, Bühnen- oder Romanwerks eine *eigenständige Kommerzialisierung als Charakter* zukommt.

154m     ff) **Sonstige vergleichbare Werke.** Neben den periodischen Veranstaltungen künstlerischer, kultureller und wirtschaftlicher Art (s. Rn 154k) können auch sonstige *Veranstaltungen, Konzeptionen* und *Programme* als vergleichbare Werke dem Titelschutz zugänglich sein. In Betracht kommen Lern-, Schulungs- und Traineeprogramme sowie Heil-, Diät-, Gesundheits- und Fitnessprogramme; Event-Konzeptionen für Konzert-, Kunst-, Unterhaltungs- und sonstige Freizeitveranstaltungen, sowie deren Programme; wirtschaftliche Veranstaltungen, wie Ausstellungen und Messen (LG Düsseldorf WRP 1996, 156 – Paracelsus-Messe).

## III. Schutzfähigkeit eines Werktitels

### 1. Name und besondere Bezeichnung als titelfähige Zeichen

**a) Werktitelfähigkeit.** Ein Werktitel ist der *Name* oder die *besondere Bezeichnung* eines 155 kennzeichenrechtlichen Werkes. Titel und Marke identifizieren gleichermaßen unternehmerische Leistungen, die Marke eine Ware oder Dienstleistung, der Titel ein Werk. Der Titel stellt ein *werkidentifizierendes Unterscheidungszeichen* (Werkkennzeichen) dar. § 5 Abs. 3 bezeichnet Werktitel als *Namen* oder *besondere Bezeichnungen* von Werken, ohne die *Werktitelfähigkeit* eines Namens oder einer besonderen Bezeichnung im einzelnen zu regeln. Eine § 3 Abs. 1 vergleichbare Vorschrift, die, der Markenfähigkeit vergleichbar, die Werktitelfähigkeit regelt und einen dem Beispielskatalog von als Marke schutzfähigen Zeichen vergleichbaren Beispielskatalog titelfähiger Zeichen enthält, besteht für die als Titel schutzfähigen Zeichen nicht. Ein *restriktives* Verständnis des Werktitelrechts geht dahin, die Titelfähigkeit eines Zeichens an den Begriffen *Namen* und *besondere Bezeichnung* auszurichten und eine *namensmäßige Unterscheidungskraft* des Zeichens als Titel zu verlangen. Dabei ist *Namensfunktion* nicht im Sinne des Namens als Kennzeichen einer Person zu verstehen (die Namensfunktion als Schutzvoraussetzung des Titels abl. *Schricker*, FS für Vieregge, S. 775, 783), sondern umschreibt nur die Funktion eines Titels, das betitelte Werk gleichsam wie mit einem Namen und damit *sprachlich benennbar* zu identifizieren. Dem traditionellen Verständnis des Titelrechts entspricht es, Titel von Werken auszusprechen und benennen zu können. Ein solch *restriktiver Titelbegriff* erklärt sich schon allein aus dem Ursprung des Titelrechts im Druckschriftentitel (zu neuen Titelformen s. Rn 156a).

**b) Neue Werktitelformen.** Unter dem Aspekt der Einheit des Kennzeichenschutzes 156a wird erwogen, das Titelrecht nicht nur hinsichtlich des *Werkbegriffs* (s. Rn 154a ff.), sondern auch hinsichtlich des *Werktitelbegriffs* im Wege der Rechtsfortbildung auszudehnen. Auch wenn man nicht ohne weiteres alle als Marke schutzfähigen Zeichen im Sinne des § 3 Abs. 1 als werktitelfähige Zeichen wird anerkennen können, so ist doch zu erwägen, ob nicht bestimmte *neue Werktitelformen als schutzfähig anzuerkennen* sind. Das traditionelle Verständnis des Titelrechts verband mit der Namensfunktion des Titels dessen sprachliche Benennbarkeit (s. Rn 155). Ein extensives Verständnis der *Werktitelfähigkeit* eines Namens oder einer besonderen Bezeichnung im Sinne des § 5 Abs. 3, vergleichbar der Markenfähigkeit eines Zeichens nach § 3 Abs. 1, qualifiziert die Unterscheidungskraft eines Werktitels nicht als namensmäßig und versteht die Namensfunktion nicht als eine Schutzvoraussetzung des Titelrechts. Das gilt etwa für *Hörtitel* (Jingles) von Rundfunk- und Fernsehsendungen. Wenn man Hörzeichen dem Werktitelschutz zugänglich macht, dann entsteht der Titelschutz an dem Hörzeichen im Zeitpunkt der Inbenutzungnahme, ohne daß es auf den Erwerb von Verkehrsdurchsetzung ankommt, wenn dem Hörzeichen Unterscheidungskraft als Titel zukommt. Der kennzeichenrechtliche Werktitelschutz eines Hörzeichens besteht zudem unabhängig von einer Registereintragung als Hörmarke. Die markengesetzliche Regelung des Werktitelrechts steht einer extensiven Öffnung des Werktitelschutzes für neue Werktitelformen nicht entgegen, auch wenn eine solche Rechtsfortbildung unter sorgsamer Berücksichtigung der Verkehrsinteressen zu erfolgen hat. Ein Werktitel kann aus solchen Zeichenbestandteilen bestehen, die nach § 3 Abs. 1 einem als Marke schutzfähigen Zeichen zugänglich sind (zur Werktitelfähigkeit s. Rn 155), wie nicht nur aus *Wörtern,* einschließlich der *Zahlen* und *Buchstaben,* sondern auch aus *Bildern,* (s. zu Bildtiteln Rn 166b), schließlich aus *Ton-* und *Bildfolgen* oder aus *Kombinationstiteln,* vergleichbar den Hörmarken (s. § 3, Rn 268 ff.) und den Bewegungsmarken (s. § 3, Rn 289 ff.).

**c) Untertitel.** Als Druckschriftentitel sind auch *Untertitel* von Druckschriftenreihen ge- 156b schützt, wie etwa der Untertitel *Verschenktexte* einer Reihe von Gedichtbänden (BGH GRUR 1990, 218 – Verschenktexte I). Untertitel von *Beilagen, Rubriken, Kolumnen* oder auch die *Spalten einer Zeitschrift* sind dann geschützt, wenn sie einigermaßen selbständige Werkteile bezeichnen und unterscheidungskräftig sind (HansOLG Hamburg WRP 1977, 649; s. dazu BGH GRUR 1979, 566 – Metall-Zeitung mit Anm. *Fezer*; zu dem Kolumnentitel *Amadeus geht durchs Land* s. HansOLG Hamburg OLGZ 85, 1; zu den geringen

Anforderungen an die Selbständigkeit einer Zeitungsbeilage als Druckwerk s. LG Köln AfP 1997, 655 – Karriere), wie etwa die Spalten *Kunstseiden-Kurier* der *Textilzeitung* (RGZ 133, 189, 190 – Kunstseiden-Kurier) und *europharm* der Fachzeitschrift *Die pharmazeutische Industrie* (BGH GRUR 1970, 141 – Europharma mit Anm. *Heydt*).

## 2. Unterscheidungskraft und Kennzeichnungskraft des Werktitels

**157**   **a) Titelmäßige Unterscheidungskraft.** Ein Titel muß als Name oder besondere Bezeichnung ein Werk von anderen Werken unterscheiden. Diese Voraussetzung ist dann gegeben, wenn dem Titel *Unterscheidungskraft für das Werk* zukommt (*titelmäßige Unterscheidungskraft*). Der Titel ist ein werkidentifizierendes Unterscheidungszeichen (Werkkennzeichen). Der Titel beschreibt nicht nur den Inhalt des Werkes, sondern identifiziert das Werk, in dem er das Werk von anderen Werken unterscheidet (s. schon RGZ 104, 88, 89; BGH GRUR 1959, 45 – Deutsche Illustrierte; 1963, 378 – Deutsche Zeitung; OLG Hamm WRP 1979, 881 – Ärztliches Journal; München CR 1995, 394 – Multimedia). Die *Namensfunktion* stellt kein Kriterium der Titelfähigkeit eines Namens oder einer besonderen Bezeichnung und damit keine Schutzvoraussetzung im Werktitelrecht dar (so auch *Schricker*, FS für Vieregge, S. 775, 785; s. Rn 155).

**158**   **b) Grad der Kennzeichnungskraft.** Die Zuerkennung des Titelschutzes ist schon bei Vorliegen einer *geringen Unterscheidungskraft* gerechtfertigt. Namentlich bei *Zeitungs- oder Zeitschriftentiteln* sind an die Unterscheidungskraft nur geringe Anforderungen zu stellen, weil auf dem Zeitungs- und Zeitschriftenmarkt seit jeher Zeitungen und Zeitschriften unter mehr oder weniger farblosen Gattungsbezeichnungen (s. Rn 163 ff.) angeboten werden (BGH GRUR 1991, 331, 332 – Ärztliche Allgemeine; 1992, 547, 548 – Morgenpost; 1997, 661, 662 – B.Z./Berliner Zeitung; 1999, 235 – Wheels Magazine). Der Schutzumfang des Titelschutzes bestimmt sich nach dem *Grad der Kennzeichnungskraft* und dem Bestehen von Verwechslungsgefahr, der einem Titel von Natur aus oder aufgrund des Erwerbs von Verkehrsgeltung zukommt. Je origineller ein Titel ist, desto stärker wird im allgemeinen seine Kennzeichnungskraft sein (s. etwa die *historischen* Titel *Zum Paradies der Damen* KG MuW 1922/1923, 97; *Der Struwwelpeter* OLG Dresden MuW 1926/1927, 56; *Krach um Jolante* KG UFITA 10 (1937), 182; s. etwa die *gegenwärtigen* Titel *Der 7. Sinn* BGH GRUR 1977, 543; *POINT* BGH GRUR 1982, 431; *Zappel-Fisch* BGH GRUR 1993, 767; *SPORTS Life* OLG Köln NJW-RR 1995, 1003; der Vorname *Max* als Titel für eine Lifestyle-Zeitschrift HansOLG Hamburg NJW-RR 1996, 1004 – Max; die Titelabkürzung *IPRax* der juristischen Zeitschrift *IPRax – Praxis des Internationalen Privat- und Verfahrensrechts* LG Düsseldorf EWiR 1996, 523 – IPRax mit Anm. *Schricker*; *Wheels Magazine* für eine sich mit amerikanischen Automobilen, insbesondere Oldtimern befassende Zeitschrift BGH GRUR 1999, 235 – Wheels Magazine).

**159**   **c) Ursprüngliche und erworbene Unterscheidungskraft.** Im Gegensatz zur besonderen Geschäftsbezeichnung (s. Rn 122) setzt der kennzeichenrechtliche Titelschutz nicht voraus, daß die Bezeichnung geeignet ist, auch die *Herkunft des Werkes* aus einem bestimmten Unternehmen (Verlag bei Druckschriften) zu kennzeichnen (BGHZ 26, 52 – Sherlock Holmes; BGH GRUR 1988, 211, 212 – Wie hammas denn?; 1993, 488 – Verschenktexte II; BGHZ 120, 228, 230, 231 – Guldenburg; 1994, 908 – WIR IM SÜDWESTEN). Es ist ausreichend, wenn der Verkehr in dem Werktitel den Namen oder die besondere Bezeichnung eines Werkes erkennt, der bestimmt und geeignet ist, das Werk von anderen Werken zu unterscheiden (Werkkennzeichen). Wenn einem Titel von Haus aus Unterscheidungskraft (*ursprüngliche* oder *originäre Unterscheidungskraft*) zukommt, dann beginnt der Titelschutz im *Zeitpunkt der endgültigen Marktführung* des mit dem Titel gekennzeichneten Werkes (s. Rn 167b) oder *externer Vorbereitungshandlungen* (s. Rn 167c) und damit mit der *Benutzungsaufnahme des Werktitels*. Wenn ein Werktitel nicht originär unterscheidungskräftig ist, dann beginnt der Titelschutz im *Zeitpunkt des Erwerbs der titelmäßigen Unterscheidungskraft* im Verkehr (Verkehrsgeltung oder Verkehrsdurchsetzung; s. Rn 167e), weil die beteiligten Verkehrskreise den Namen oder die besondere Bezeichnung als Titel eines bestimmten Werkes ansehen (BGHZ 4, 167, 169 – DUZ; zum Titel einer Buchserie *Abenteuer heute* OLG Karlsruhe GRUR 1986, 554). Der Titel *Pizza & Pasta* für ein Bildkochbuch mit Rezepten für alle Arten italienischer Teigwaren besitzt titelmäßige Unterscheidungskraft, da er trotz seines inhaltsbeschreibenden Hinweises wie eine Phantasiebezeichnung aus zwei sprachlich verwandten italienischen Wörtern wirkt (BGH GRUR 1991, 153, 154 – Pizza & Pasta; OLG Frankfurt GRUR 1987, 457; kritisch *Kicker*, FS für Gaedertz, S. 273, 280). Auch wenn die Bezeichnung *Radio Stuttgart* für eine Sendeanstalt oder für deren Rundfunkprogramm an sich glatt beschreibend ist, ist sie jedoch dann von Haus aus unterscheidungskräftig, wenn sie für eine als einheitliches Werk anzusehende Folge von Sendungen entgegen ihrem Wortsinn verwendet wird (BGH GRUR 1993, 769 – Radio Stuttgart). Als unterscheidungs- und kennzeichnungskräftig wurde auch der Titel *Multimedia* für eine Informationsschrift, in welcher Hardwareprodukte und Softwarewerkzeuge dargestellt wurden, beurteilt (OLG München CR 1995, 394 – Multimedia).

### 3. Bekannte und gemeinfreie Bezeichnungen als Titel

Der Titel muß unterscheidungskräftig (s. Rn 157 ff.), braucht jedoch nicht neu zu sein. Auch bekannte Bezeichnungen, Umschreibungen und Formulierungen können aufgrund einer *besonderen Verwendung* als Titel eines Buchs oder Films originelle Bedeutung erlangen, wie etwa der Buchtitel *Der Untergang des Abendlandes* oder der Filmtitel *Unter den Dächern von Paris*. Bei späteren Auflagen desselben Werkes unter dem früheren Titel liegt das Besondere in der Auflage und allenfalls im Inhalt, nicht dagegen im Titel (RGZ 112, 2, 3, 4 – Brehms Tierleben). Einen gedanklichen Inhalt setzt der kennzeichenrechtliche Titelschutz nicht voraus, kann vielmehr der Zuerkennung von Werktitelschutz entgegenstehen. So ist ein dem Inhalt des Werkes selbst entnommener Titel nicht geschützt, wenn er nur den in dem Werk behandelten Stoff kennzeichnet, nicht aber das Werk selbst benennt, um es von anderen Werken zu unterscheiden (*Ulmer*, Urheber- und Verlagsrecht, § 31 UrhG, Anm. IV 3). Sonst wäre es möglich, auf dem Umweg über den kennzeichenrechtlichen Titelschutz den gemeinfreien Stoff und Inhalt eines Werkes zu monopolisieren. Aber auch bekannte Bezeichnungen, wie die *Titel gemeinfrei gewordener Werke*, können kraft ihrer besonderen Verwendung, etwa als Titel eines Films, unterscheidungskräftige Bedeutung erlangen (OLG München GRUR 1955, 436 – An der schönen blauen Donau). Reine Phantasietitel sind daher eher einem kennzeichenrechtlichen Titelschutz zugänglich, wie etwa der Titel des expressionistischen Films *Das Cabinett des Dr. Caligari* (LG Berlin UFITA 6 (1933), 72) oder der Schlagertitel *Sonny Boy* (LG Berlin UFITA 3 (1930), 442).

### 4. Werktitel als Herkunftshinweis

Als Werkkennzeichen mit titelmäßiger Unterscheidungskraft (s. Rn 157) kommt einem Werktitel im allgemeinen nicht die Funktion zu, auf den Hersteller oder Inhaber des Werkes und damit auf eine bestimmte betriebliche Herkunft des Werkes hinzuweisen (BGHZ 26, 52, 60 – Sherlock Holmes; 83, 52, 54 – Point; 102, 88, 91 – Apropos Film; 120, 228, 230, 231 – Guldenburg; BGH GRUR 1999, 235 – Wheels Magazine). Die Rechtsprechung gewährt Werktiteln deshalb in der Regel nur gegen das Vorliegen einer *unmittelbaren Verwechslungsgefahr im engeren Sinne* Kennzeichenschutz. Ein Werktitel kann im Verkehr aber nicht nur als Werkbezeichnung, sondern zugleich als ein Hinweis auf ein bestimmtes Unternehmen oder dessen Produkte verstanden werden. Ein *unternehmens- oder produktidentifizierender Werktitel* fällt zugleich in den Schutzbereich eines Unternehmens- oder Produktkennzeichens. Im Verkehr kann namentlich mit *bekannten Titeln* regelmäßig erscheinender periodischer Zeitschriften oder sonstiger Druckschriften sowie vergleichbarer Werke gleichzeitig auch die Vorstellung einer bestimmten betrieblichen Herkunft verbunden werden (BGH GRUR 1970, 141 – Europharma; 1974, 661, 662 – St. Pauli Nachrichten; 1988, 377, 379 – Apropos Film; BGHZ 120, 228, 230, 231 – Guldenburg; BGH GRUR 1999, 235 – Wheels Magazine; nicht aber für den Titel einer Sendefolge *WIR IM SÜDWESTEN* BGH GRUR 1994, 908 – WIR IM SÜDWESTEN).

### 5. Zurechnung erworbener Unterscheidungskraft an den Werkschöpfer

Das *Recht am Titel* steht grundsätzlich dem *Werkschöpfer*, wie etwa dem Autor eines Romans oder dem Verfasser eines Computerprogramms, zu (zur Entstehung des Titelschutzes s. Rn 167a ff.). Das soll nicht nur für einen von Haus aus unterscheidungskräftigen, sondern auch für einen Titel gelten, der erst durch die *verlegerische Leistung* Unterscheidungskraft erlangt und damit schutzfähig wird (BGH GRUR 1990, 218 – Verschenktexte I; s. Rn 167 a).

### 6. Titelschutzunfähige Bezeichnungen

**163**  **a) Reine Gattungsbezeichnungen.** *Titelschutzunfähig* sind reine Gattungsbezeichnungen, wie etwa *Zeitung, Anzeiger, Tageblatt, Blatt* oder *Sonntagsblatt* (OLG Oldenburg GRUR 1987, 127 – Sonntagsblatt); auch *Bahn* oder *Post*. Schutzunfähig sind auch inhaltsbedingte Titel, die sich durch den behandelten Stoff zwangsläufig ergeben und deshalb im Allgemeininteresse freizuhalten sind, wie in teils — in restriktiver Rechtsprechung etwa *Illustrierte Zeitung* (RGZ 90, 183); *Motor + Sport* für eine Motorsportzeitschrift (LG Köln MuW 1929, 388); *Gesundes Leben* für eine Reformzeitschrift (LG Berlin GRUR 1938, 143); *Das Auto* als Zeitschriftentitel (OLG Stuttgart GRUR 1951, 38 – Das Auto); *Taschenlexikon für den Zeitungsleser* für eine alphabetisch geordnete Anleitung für die Zeitungslektüre (OLG Wien UFITA 21, 371; aA ÖOGH ÖBl. 1956, 11); *La Chatte* (französich: Die Katze) für ein Spionagebuch (OLG Celle GRUR 1961, 141 – La Chatte); *Who's who* (KG GRUR 1988, 158 – Who's who); *Verschenktexte* für den Untertitel eines Geschenkbandes (BGH GRUR 1993, 488 – Verschenktexte II); *Fernsehwoche* als Titel einer Fernseh-Wochen-Programmzeitschrift (ÖOGH ÖBl. 1992, 160 – Fernsehwoche). Titelschutzfähig können jedoch auch ohne Verkehrsdurchsetzung zusammengesetzte Bezeichnungen sein, auch wenn sie aus sprachüblichen oder beschreibenden Angaben bestehen, wenn tatsächlich festgestellt wird, daß sich das Publikum an gattungs- oder inhaltsbeschreibende Angaben gewöhnt hat. Als *schutzfähig* wurden beurteilt *Frankfurter Oderzeitung* (RG JW 1927, 1098); *Deutsche Funk-Illustrierte* (RG JW 1933, 2648); *Deutsche Zeitung* (BGH GRUR 1963, 378 – Deutsche Zeitung); *Rheinische Post* (OLG Düsseldorf GRUR 1983, 794 – Rheinische Post); *Ärztliche Allgemeine* (BGH GRUR 1991, 331 – Ärztliche Allgemeine); *Berliner Morgenpost* (BGH GRUR 1992, 547 – Morgenpost); *TV Spielfilm* für eine Programmzeitschrift (HansOLG Hamburg WRP 1993, 115 – Spielfilm); *Berliner Zeitung* (BGH GRUR 1997, 661 – B.Z./Berliner Zeitung); *Wheels Magazine* (BGH GRUR 1999, 235 – Wheels Magazine). Die Annahme einer solchen Gewöhnung des Publikums kann auch bei Sachbüchern gerechtfertigt sein, etwa bei *Kochbüchern* (BGH GRUR 1991, 153, 154 – Pizza & Pasta).

**164**  Eine häufig gebrauchte Bezeichnung stellt nicht schon eine titelschutzunfähige Gattungsbezeichnung dar. Wörter, deren Verwendung als Titel einer Zeitschrift ungewöhnlich ist oder metaphorisch geschieht, können von Natur aus unterscheidungskräftig sein, wie etwa *Echo* (RGZ 101, 108, 109); *Der Spiegel* (BGHZ 21, 85, 88 – Spiegel; *Effecten-Spiegel* (BGH GRUR 1975, 604 – Effecten-Spiegel); *Shopping in Wien, Vienna, Vienne* für einen vorwiegend für Ausländer bestimmten Einkaufsführer durch Wien (ÖOGH ÖBl. 1977, 41 – Shopping in Wien); *Hobby* für ein Magazin der Technik (BGH GRUR 1961, 232 – Hobby); *Im Garten zu Hause* für ein Gartenbuch (OLG München GRUR 1980, 320 – Garten im Hause); *High-Tech* für einen Zeitschriftentitel (LG Köln GRUR 1989, 68 – High-Tech); ebenso *LOOK* für eine Zeitschrift (HansOLG Hamburg WRP 1991, 327 – LOOK); *links* als Zeitschriftentitel (LG München I Urt. vom 5. Juni 1989 21 O 21161/88). Diese Titel sind schon vom Zeitpunkt ihrer ersten Ingebrauchnahme an als geschäftliche Bezeichnungen geschützt.

**165**  Von Haus aus nicht schutzfähige Gattungsbezeichnungen können aufgrund des Erwerbs von *Verkehrsgeltung* Unterscheidungskraft als Werktitel erlangen, wie etwa *Revue* als Zeitschriftentitel (BGH GRUR 1957, 275 – Star-Name); *Deutsche Illustrierte* für eine Wochenzeitschrift (BGH GRUR 1959, 45 – Deutsche Illustrierte); *Elektrotechnik* für eine Zeitschrift mit fachwissenschaftlichen Abhandlungen über elektrotechnische Fragen (BGH GRUR 1959, 360 – Elektrotechnik); das Titelemblem der *Bild-Zeitung*, bestehend aus einem roten aufrecht stehenden Rechteck mit weißer Schrift und dem Wort *Bild* (HansOLG Hamburg GRUR 1975, 72 – Bild-Zeitung). Bei einem gattungsbezogenen Titelbestandteil, wie etwa *Morgenpost*, sind besondere Anforderungen an die Bekanntheit zu stellen, um Verkehrsgeltung bejahen zu können (BGH NJW-RR 1992, 1128 – Morgenpost).

**166a**  **b) Abkürzungen.** Der *Titelschutz von Abkürzungen*, die für sich allein nicht verständlich sind und daher von Haus aus keine Unterscheidungskraft besitzen, verlangt den Erwerb von Verkehrsgeltung. Die Abkürzungen müssen nach der Auffassung der beteiligten Verkehrskreise als Titel verstanden werden. Beispiele sind etwa *FAZ* für *Frankfurter Allgemeine Zeitung;* *DUZ* für *Deutsche Universitätszeitung* (BGHZ 4, 167, 169 – DUZ); *NZ* für *Nürnberger Zeitung* (BGH GRUR 1968, 259 – NZ). Ein Filmtitel, der allein aus einem weiblichen Vornamen bestand, wurde erst aufgrund der Filmaufführung als schutzfähig angesehen (OLG München GRUR 1960, 301 – Patricia). Teile eines Titels, die als solche individualisieren und unterscheidungsfähig sind, sind auch ohne Verkehrsgeltung geschützt.

**c) Bildtitel.** Nach dem restiktiven Verständnis der Titelfähigkeit, nach der die Namensfunktion im Sinne einer sprachlichen Benennbarkeit als Voraussetzung des Werktitelschutzes verstanden wird (s. Rn 155), kommt einem Bild von Hause aus keine namensmäßige Unterscheidungskraft zu und können Bildtitel nur aufgrund des Erwerbs von Verkehrsgeltung Werktitelschutz erlangen (s. zur Rechtslage nach § 16 UWG aF *Baumbach/Hefermehl,* Wettbewerbsrecht, 17. Aufl., § 16 UWG, Rn 122, 144). Nach einem an der Markenfähigkeit nach § 3 Abs. 1 orientierten, extensiven Verständnis der Titelfähigkeit, die nicht durch das Kriterium der Namensfunktion qualifiziert wird (s. Rn 156a), kann auch Bildern als Werktitel originäre Unterscheidungskraft zukommen.

**166b**

## IV. Akzessorietät des Werktitels

Unter *Akzessorietät des Werktitels* ist die rechtliche Beziehung des Werktitels zu einem titelfähigen Werk des Werkschöpfers zu verstehen. Nach dem herkömmlichen Verständnis des Werktitelrechts besteht die Akzessorietät bei der *Entstehung, Übertragung* und *Beendigung* des Werktitelrechts. Im Kennzeichenrecht ist ein *abstrakter Werktitelschutz ohne konkreten Werkbezug* nicht anerkannt. Das Werktitelrecht ist auf ein konkretes titelfähiges Werk bezogen. Das Prinzip der strengen Akzessorietät im Werktitelrecht ist Ursache für Konfliktlagen bei der wirtschaftlichen Verwertung von Werktiteln. Die Entstehung des Werktitelrechts ist an die Existenz des zu kennzeichnenden Werkes gebunden, ohne daß, unbeschadet einer Titelschutzanzeige zur Prioritätswahrung (s. Rn 167f f.), eine zureichende *Vorlaufzeit für den Zeitraum der Werkschöpfung* besteht. Bei der Übertragung des Werktitelrechts erschwert die Bindung des Werktitels an das Werk die *wirtschaftliche Verwertung* des Werktitelrechts als eines immateriellen Wirtschaftsgutes und selbständigen Vermögenswerts. Wenn das Werk nicht mehr auf dem Markt vertrieben wird, bewirkt die Akzessorietät eine Beendigung des Werktitelrechts, ohne daß zureichender Kennzeichenschutz für den immaterialgüterrechtlichen Wert eines *im Verkehr bekannten Werktitels* besteht. Der Gesetzgeber des MarkenG versäumte eine notwendige Reform des Werktitelrechts. Im Markenrecht wurde die Rechtsentwicklung von der akzessorischen zur nichtakzessorischen Marke vollzogen (s. § 3, Rn 52ff.). Die Nichtakzessorietät der Marke und das Prinzip der freien Übertragbarkeit konstituieren die Marke als einen selbständigen Vermögenswert des Unternehmens. Der Gesetzgeber hat kein vergleichbares eigenständiges Werktitelrecht geschaffen, das auch einer Abstimmung der verschiedenen Arten des Werktitelschutzes bedarf. Die mit der markengesetzlichen Regelung des Werktitelrechts verbundene Verstärkung des Werktitelschutzes, sowie der Grundsatz der Einheit des Kennzeichenrechts erlauben, namentlich unter Berücksichtigung verschiedener Entwicklungen im Schrifttum und in der Rechtsprechung, eine *Rechtsfortbildung des Werktitelrechts* dahin, das *Prinzip der strengen Akzessorietät* zumindest in einem bestimmten Umfange *zu lockern,* um eine angemessene wirtschaftliche Verwertung des Werktitels als eines immaterialgüterrechtlichen Wirtschaftsgutes zu gewährleisten.

**167**

## V. Entstehung des Werktitelrechts

### 1. Werkschöpfer als Titelinhaber

Das Recht an einem Werktitel steht grundsätzlich dem Schöpfer des titelfähigen Werkes zu. Im *Werkschöpfer als Titelinhaber* kommt die Akzessorietät des Werktitels zum Ausdruck. Die Entstehung eines Werktitelrechts ist zwingend auf ein zu kennzeichnendes Werk bezogen (*Schricker,* FS für Vieregge, S. 775, 787). Im Kennzeichenrecht ist ein abstrakter Werktitelschutz ohne konkreten Werkbezug nicht anerkannt. Ein von einem bestimmten Werk unabhängigen Werktitel kommt auch nicht für einen bestimmten Zeitraum als Vorratstitel

**167a**

Kennzeichenschutz zu (zur Prioriätswahrung einer werkbezogenen Titelschutzanzeige s. Rn 167 f f.). Das Erfordernis eines konkreten Werkbezuges gilt bei der Entstehung des Werktitelrechts auch für originär unterscheidungskräftige Werktitel. Die Werkakzessorietät eines nicht originär unterscheidungskräftigen Titels ist kennzeichenrechtlich unabdingbar, da die Entstehung des Werktitelschutzes davon abhängig ist, daß der Werktitel Unterscheidungskraft für ein konkretes Werk aufgrund des Erwerbs von Verkehrsdurchsetzung erlangt. Inhaber eines Zeitschriftentitels ist in der Regel der Herausgeber, der als Herr des Unternehmens die Veranstaltung und Herausgabe der Zeitschrift verkörpert (LG Düsseldorf EWiR 1996, 523 – IPRax mit Anm. *Schricker*). Wenn ein von Hause aus nicht unterscheidungskräftiger Werktitel erst durch eine *verlegerische Leistung* Unterscheidungskraft im Verkehr erlangt und damit schutzfähig wird, soll das Werktitelrecht gleichwohl dem Werkschöpfer zustehen (BGH GRUR 1990, 218 – Verschenktexte I). Wenn man über die herkömmliche Rechtsauffassung hinaus bereit ist, das Prinzip einer strengen Akzessorietät des Werktitels zum Werk zu lockern (s. Rn 167), dann erscheint sachlich angemessen, bei der rechtlichen Zuordnung des entstehenden Werktitelrechts an die *unternehmerische Leistung* die aufgrund von Verkehrsduchsetzung erworbenen Unterscheidungskraft anzuknüpfen. Bei der Entstehung des Werktitelrechts durch Benutzung und den Erwerb von Verkehrsdurchsetzung steht dann das konkrete Werktitelrecht demjenigen zu, zu dessen Gunsten die Verkehrsdurchsetzung erworben wird (zur entsprechenden Rechtslage bei der Zuordnung eines konkreten Markenrechts an einer Benutzungsmarke s. § 7, Rn 8).

### 2. Existenz des Werkes

**a) Endgültige Markteinführung.** Der Werktitelschutz entsteht grundsätzlich mit der tatsächlichen *Aufnahme der Benutzung des Werktitels* im Verkehr (BGH GRUR 1998, 1010 – WINCAD; zur Vorverlegung des Werktitelschutzes aufgrund einer öffentlichen Werktitelankündigung s. Rn 167 f f.). Das Werktitelrecht entsteht aufgrund einer werktitelschutzbegründenden Ingebrauchnahme des Werktitels. Folge des Prinzips der strengen Akzessorietät bei der Entstehung des Werktitelrechts (s. Rn 167) ist es, daß das Werktitelrecht grundsätzlich erst zu diesem Zeitpunkt entsteht, zu dem das zu kennzeichnende Werk existiert. Für die Priorität des Werktitelrechts kommt es auf die rechtlichen Anforderungen an, die an eine *Werkexistenz im Sinne der Akzessorietät des Werktitels* zu stellen sind. Die Ausdehnung des Werktitelschutzes auf vergleichbare Werke nach der Rechtslage im MarkenG (s. Rn 154 a ff.) macht erforderlich, bei den rechtlichen Anforderungen an die Werkexistenz die *Verschiedenartigkeit der Werke* bei der Herstellung, dem Angebot und dem Vertrieb zu berücksichtigen. Die zu den Druckschriften ergangene Rechtsprechung bedarf insoweit einer werkbezogenen Rechtsfortbildung. Bei Druckschriften erfolgt die *Aufnahme der Benutzung des Titels* regelmäßig mit dem *Erscheinen des Werkes* auf dem Markt (BGHZ 108, 89 – Titelschutzanzeige; BGH GRUR 1991, 331 – Ärztliche Allgemeine; zur Vorverlegung des Titelschutzes aufgrund einer Titelschutzanzeige s. Rn 167 f f.). Das Erscheinen des Werkes wird teilweise restriktiv dahin verstanden, Vervielfältigungsstücke des Druckwerkes müßten in genügender Anzahl der Öffentlichkeit angeboten oder in den Verkehr gebracht worden sein, Bücher im Buchhandel erhältlich, im Verlage bestellbar oder aus Bibliotheken ausleihbar sein (*Oelschlägel*, WRP 1998, 469, 470). Teils wird auf das Erscheinen des Erstexemplars oder der Erstnummer (zur Benutzung des Titels *Ärztliche Allgemeine – Leserforum für individuelle Leserwünsche* mit dem Erscheinen der Erstnummer einer Zeitschriftenbeilage zu der *Ärzte-Zeitung* s. BGHZ 108, 89, 92 – Ärztliche Allgemeine; *Metzger*, Der Titelschutz von Film-, Hörfunk- und Buchreihen, S. 85), teils weitergehend auf das Erscheinen einer Nullnummer (Großkomm/*Teplitzky*, § 16 UWG, Rn 95; *Löffler*, Presserecht, BT Titelschutz, Rn 44; abl. *Ochs*, in: Amann/Lambsdorff (Hrsg.), RWW, Kap. 56, Rn 133) abgestellt, oder auch eine für die maßgebliche Kenntniserlangung des Verkehrs hinreichend auffällige Werbung für das in der Herstellung begriffene Werk genügen lassen (Großkomm/*Teplitzky*, § 16 UWG, Rn 95; großzügig hinsichtlich von Vorbereitungshandlungen HansOLG Hamburg GRUR 1986, 555 – St. Pauli Zeitung; s. Rn 167c), sofern das Werk in angemessener Zeit auf dem Markt vertrieben wird. In der zum Werktitelschutz von Computerprogrammen ergangenen *FTOS*-Entscheidung stellt der BGH für die Entstehung des Werktitelschutzes hinsichtlich des Erfordernisses der Werkexistenz auf den Zeitpunkt der *endgültigen Markteinführung* ab

Schutzinhalt der geschäftlichen Bezeichnungen 167c § 15 MarkenG

(ungeachtet der im Streitfall nicht genutzten Prioritätswahrung aufgrund einer Titelschutzanzeige BGH GRUR 1997, 902, 903 – FTOS). Unter endgültiger Markteinführung wird der Vertrieb des fertigen Produkts oder eine der Auslieferung des fertigen Produkts unmittelbar vorausgehende, werbende Ankündigung verstanden. Es werden *intern bleibende Vorbereitungs- und Herstellungsmaßnahmen* als nicht ausreichend beurteilt (so auch Großkomm/*Teplitzky*, § 16 UWG, Rn 96). Gegen eine Vorverlagerung des Entstehungszeitpunktes des Werktitelschutzes wendet der BGH den Gesichtspunkt der Rechtssicherheit, sowie der Möglichkeit einer Prioritätswahrung aufgrund einer Titelschutzanzeige (s. Rn 167f f.) ein. In der *WINCAD*-Entscheidung verlangt der BGH zur Entstehung des Werktitelschutzes an einem Computerprogramm die Ingebrauchnahme des Werktitels durch Aufnahme des Vertriebs des fertigen Programms oder eine der Auslieferung des fertigen Produkts unmittelbar vorausgehende werbende Ankündigung; ein solcher werktitelschutzbegründender Vertrieb liegt noch nicht in der mit dem Vertrieb einer mit einem anderen Werktitel versehenen, englischsprachigen Version des Computerprogramms verbundenen Ankündigung der alsbald folgenden Auslieferung der deutschen Version unter dem beabsichtigten Werktitel (BGH GRUR 1998, 1010 – WINCAD).

**b) Werkkonzeption und Vorbereitungshandlungen zur Markteinführung.** Zur 167c Entstehung des Werktitelschutzes versteht der BGH unter Werkexistenz die endgültige Markteinführung des mit dem Titel gekennzeichneten Werkes (s. Rn 167b). Intern bleibende *Vorbereitungs- und Herstellungsmaßnahmen,* sowie auch ein ausgiebiger *Praxistest vor der Markteinführung* sollen nicht ausreichend sein (BGH GRUR 1997, 902, 903 – FTOS). Die Zurückhaltung des BGH gegenüber der Anerkennung von Vorbereitungshandlungen zur Markteinführung des Werkes beruht auf deren *internem* Charakter, wie namentlich die Argumente der Rechtssicherheit und der Möglichkeit einer Titelschutzanzeige verdeutlichen. In der instanzgerichtlichen Rechtsprechung werden *Vorbereitungshandlungen mit Außenwirkung,* die auf den Beginn einer dauernden, wirtschaftlichen Betätigung schließen lassen, als eine Inbenutzungnahme zur Entstehung des Werktitelrechts anerkannt (Werbeschreiben nebst Zeitschriftencover, in denen mehrfach der Titel *St. Pauli Zeitung* aufgeführt wird, trotz des Hinweises Titeländerung vorbehalten HansOLG Hamburg GRUR 1986, 555 – St. Pauli Zeitung; als zu großzügig beurteilend Großkomm/*Teplitzky*, § 16 UWG, Rn 96, Fn 118; das Recht an einem Serientitel einer Fernsehsendung nicht erst durch die Ausstrahlung der ersten Folge, sondern schon durch die Präsentation des Inhalts und des Titels der Serie gegenüber der allgemeinen Presse und deren Presseberichterstattung anerkennend HansOLG Hamburg WRP 1991, 177, 184 – Guldenburg; Werbung für die Zeitschrift *OPTIONSSCHEIN MAGAZIN* in den Media-Informationen, sowie einem kostenlosen Einführungsangebot HansOLG Hamburg NJW-RR 1994, 1131 – OPTIONSSCHEIN MAGAZIN; restriktiv HansOLG Hamburg AfP 1997, 815 – ERGO, wonach das Erscheinen des Werkes hinausschiebende Marketingüberlegungen für sich allein den fiktiven Titelschutz nicht über längere Zeit begründen können und Vorbereitungshandlungen auch kostenintensiver Art das Erscheinen des Werkes nicht ersetzen). Externe Vorbereitungshandlungen zur Markteinführung sollten allgemein dem Erfordernis der Werkexistenz als Voraussetzung zur Entstehung des Werktitelschutzes genügen. Ein Werk, das aufgrund seines Herstellungsstandes als ein schon bestehendes und titelfähiges Werk zu beurteilen ist (s. dazu *Teplitzky*, GRUR 1993, 645, 647), ist einem bereits erschienenen Werk gleichzustellen. Titelschutz kann aber auch schon für eine *Werkkonzeption* bestehen, wenn die Planung des Werkes hinreichend konkretisiert ist. Der Lyrikband eines Autors bedarf werktitelrechtlich einer anderen Beurteilung als ein internationales Filmprojekt oder ein wissenschaftliches Lexikon oder Kommentarwerk mit einer Vielzahl von Autoren. Die *ernsthafte Projektion eines Werkes,* die etwa mit dem Erwerb von Immaterialgüterrechten, dem Abschluß von Autoren-, Künstler- und Verlagsverträgen, sowie der zeitlichen Projektierung der Produktion verbunden ist, ist als eine der Entstehung des Werktitelschutzes genügende Werkexistenz anzuerkennen. Es handelt sich nicht nur um interne Vorbereitungshandlungen, sondern um externe Vorbereitungsmaßnahmen im Projektions- und Produktionsumfeld eines Unternehmens, ohne daß eine öffentliche Ankündigung im Sinne einer prioritätswahrenden Titelschutzanzeige, die den Unternehmensinteressen widersprechen kann, geboten ist. Eine *konkretisierte Werkkonzeption* genügt der Akzessorietät des Werktitels. Eine Lockerung des

Akzessorietätsprinzips schon bei der Entstehung des Werktitelrechts ist in der instanzgerichtlichen Rechtsprechung (HansOLG Hamburg NJW-RR 1994, 1131 – OPTIONSSCHEIN MAGAZIN; WRP 1991, 177, 184 – Guldenburg; GRUR 1986, 555 – St. Pauli Zeitung) und im Schrifttum (Vertragsabschlüsse und Beschaffungsmaßnahmen für ein ernstlich in der Entstehung begriffenes Werk *Deutsch*, GRUR 1994, 677, 678; zu Demoversionen und Pilotkunden s. *Ingerl*, WRP 1997, 1127, 1130; zu restriktiv, weil als Schutzgegenstand des Werktitelschutzes nicht den Titel selbst, sondern das Werk verstehend, und damit den Kennzeichenschutz des Werktitels verkennend *Oelschlägel*, WRP 1998, 469, 470; im herkömmlichen Sinne auch *Ossing*, GRUR 1992, 85, 88) zu beobachten. Zur Entstehung eines *Filmtitels* soll die tatsächliche Benutzung des Titels genügen, ohne daß der Film bereits zur Vorführung gelangt zu sein braucht; die Bereithaltung des Films soll zwar erforderlich sein, aber auch genügen (OLG Düsseldorf WRP 1985, 638 – Mädchen hinter Gittern). Auch im *Filmtitelrecht* ist weitergehend zur Rechtsentstehung die der *Öffentlichkeit bekannt gegebene Werkkonzeption* als ausreichend zu beurteilen.

### 3. Priorität des Werktitels

**167d**   **a) Originär unterscheidungskräftige und nicht originär unterscheidungskräftige Werktitel.** Nach § 6 Abs. 3 bestimmt sich die *Priorität eines Werktitels* nach dem Tag des Erwerbs des Werktitelrechts (s. § 6, Rn 12). Prioritätstag ist der Erwerbstag. Bei den Erwerbstatbeständen ist zwischen Werktiteln mit originärer Unterscheidungskraft, an denen ein Werktitelrecht mit *Benutzungsaufnahme* des Werktitels entsteht, und Werktiteln ohne originäre Unterscheidungskraft, an denen ein Werktitelrecht erst mit dem Erwerb von Unterscheidungskraft aufgrund von Verkehrsdurchsetzung des Titels entsteht, zu unterscheiden. Die Priorität eines originär unterscheidungskräftigen Werktitels, die sich nach der Benutzungsaufnahme des Werktitels bestimmt, richtet sich nach den Anforderungen, die an die Existenz des titelfähigen Werkes zu stellen sind (s. Rn 167b f.). Spätester Prioritätstag ist der Tag der endgültigen Markteinführung. Ein früherer Zeitrang eines originär unterscheidungskräftigen Titels bestimmt sich danach, ob und welcher Stand von *Werkkonzeptionen* und welche Art von *externen Vorbereitungshandlungen* entsprechend den unterschiedlichen Werkkategorien als prioritätsbegründend anzuerkennen sind (s. Rn 167c). Die Priorität eines nicht originär unterscheidungskräftigen Werktitels bestimmt sich nach dem Zeitpunkt des Erwerbs von titelmäßiger Unterscheidungskraft aufgrund von Verkehrsdurchsetzung (zur rechtstatsächlichen Schwierigkeit der Datierung des Erwerbstages bei Abhängigkeit der Entstehung des Kennzeichenschutzes von der tatsächlichen Benutzungslage s. § 6, Rn 12).

**167e**   **b) Unterscheidungskraft aufgrund des Erwerbs von Verkehrsdurchsetzung.** Im Markenschutz wird zwischen dem *Erwerb von Verkehrsgeltung*, die Voraussetzung des Entstehens einer Benutzungsmarke nach § 4 Nr. 2 ist, und dem *Erwerb von Verkehrsdurchsetzung*, die Voraussetzung der Überwindung der absoluten Schutzhindernisse nach § 8 Abs. 2 Nr. 1 bis 3 ist, unterschieden (s. §§ 4, Rn 103 f.; 8, Rn 417). Der Erwerb von Unterscheidungskraft eines nicht originär unterscheidungskräftigen Werktitels entspricht eher den rechtlichen Voraussetzungen an den Erwerb von Verkehrsdurchsetzung im Sinne des § 8 Abs. 3 als von Verkehrsgeltung im Sinne des § 4 Nr. 2.

### 4. Werktitelankündigung

**167f**   **a) Vorverlegung des Werktitelschutzes.** Die Entstehung des Werktitelschutzes bestimmt sich grundsätzlich nach dem Zeitpunkt der *Benutzungsaufnahme* des Werktitels zur endgültigen Markteinführung des titelfähigen Werkes (s. Rn 167b) oder nach dem Zeitpunkt von *Vorbereitungshandlungen* zur Markteinführung oder auch einer der Öffentlichkeit bekanntgebenen *Werkkonzeption* (s. Rn 167c). Im Werktitelrecht ist gewohnheitsrechtlich anerkannt, daß eine *Titelschutzanzeige* unter bestimmten Voraussetzungen geeignet ist (s. Rn 167g), die Entstehung des Werktitelschutzes prioritätswahrend zu begründen, unabhängig davon, ob eine endgültige Markteinführung des Werkes oder entsprechende externe Vorbereitungshandlungen zur Markteinführung (s. Rn 167b f.) vorliegen. Eine Titelschutzanzeige stellt eine öffentliche Ankündigung eines Werkes unter dem Titel in branchenüblicher Weise dar. Es ist im Grundsatz allgemein anerkannt, daß eine öffentliche Ankündigung

Schutzinhalt der geschäftlichen Bezeichnungen  167g  § 15 MarkenG

des Werkes unter dem Werktitel der tatsächlichen Benutzungsaufnahme des Werktitels zur endgültigen Markteinführung des titelfähigen Werkes gleichsteht, wenn die öffentliche Ankündigung in branchenüblicher Weise erfolgt (s. Rn 167g).

**b) Öffentliche und branchenübliche Ankündigung.** Die *öffentliche Ankündigung* eines 167g
Werkes mit dem Werktitel in branchenüblicher Weise wird der tatsächlichen Benutzungsaufnahme durch das Erscheinen des Werkes gleichgestellt und genügt der Entstehung des Werktitelrechts (Vorverlegung des Titelschutzes), wenn das Werk in angemessenem zeitlichen Abstand unter diesem Werktitel in den Verkehr gebracht wird (BGHZ 108, 89 – Titelschutzanzeige; BGH GRUR 1998, 1010 – WINCAD; OLG München NJW-RR 1994, 556 – Die da; HansOLG Hamburg WRP 1996, 322 – Titelschutzanzeige; *Ochs*, WRP 1987, 651; *Arras*, GRUR 1988, 356; Großkomm/*Teplitzky*, § 16 UWG, Rn 98 ff.; *Löffler*, Presserecht, BT Titelschutz, Rn 44 ff.; *Seibt*, in: Gloy (Hrsg.) Handbuch des Wettbewerbsrechts, 1. Aufl., § 61; zur Fortgeltung der Rechtslage zur Titelschutzanzeige s. Begründung zum MarkenG, BT-Drucks. 12/6581 vom 14. Januar 1994, S. 68). Die Art und Weise der öffentlichen und branchenüblichen Werktitelankündigng zur Prioritätswahrung bestimmt sich nach den tatsächlichen Verhältnissen in der Praxis der entsprechenden Werkkategorie. Die öffentliche Ankündigung eines Werktitels vor der endgültigen Markteinführung des zu kennzeichnenden Werkes erfolgt auf dem Gebiet der *Druckschriften* durch die Veröffentlichung einer Titelschutzanzeige auf branchenübliche Weise in einer entsprechenden Fachzeitschrift (*formalisierte Titelschutzanzeige*; s. Merkblatt für Titelschutzfragen des Börsenvereins des deutschen Buchhandels; s. dazu HansOLG Hamburg WRP 1981, 30, 32 – WOCHE aktuell; LG Stuttgart GRUR 1985, 230 – CHIP; *Schricker/Loewenheim*, § 2 UrhG, Rn 45). Die öffentliche Ankündigung der Werktitel von *Kinofilmen* erfolgt regelmäßig durch Eintragung in das Titelregister bei der *Spitzenorganisation der Filmwirtschaft e.V. (SPIO)*, Rechts- und Verwaltungsträgerin der Freiwilligen Selbstkontrolle der Filmwirtschaft e.V. (FSK), und der anschließenden Bekanntmachung in der Fachzeitschrift *Blickpunkt: Film*, früher in einer Beilage der Zeitschrift *Film und Recht* (s. dazu OLG München GRUR 1955, 436 – An der schönen blauen Donau; HansOLG Hamburg GRUR 1956, 475 – Roman einer Siebzehnjährigen; LG München UFITA 50 (1967) 277 – Der kupferne Götze; KG Berlin UFITA 76 (1978) 348 – Ich hab mein Herz in Heidelberg verloren; *Schricker/Loewenheim*, § 2 UrhG, Rn 45; *v. Hartlieb*, Handbuch des Film-, Fernseh- und Videorechts, 81. Kap., Rn 1 ff.). Auf dem Gebiet der *Computerprogramme* und *Computerspiele* bestehen für die öffentliche Ankündigung des Werktitels die Publikation *DER SOFTWARETITEL*, eine monatlich als Zusatz erscheinende Erweiterung der bestehenden Publikation *Titelschutz Anzeiger* (s. dazu *Jacobs*, GRUR 1996, 601, 605; LG Hamburg K&R 1998, 509, 510 – emergency.de). Die öffentliche Ankündigung eines Werktitels vor der endgültigen Markteinführung des Werkes zur Prioritätswahrung erfolgt branchenüblich nach der konkreten Werkkategorie. Die Ausdehnung des Werktitelschutzes auf neue Formen vergleichbarer Werke (s. Rn 154 h ff.) macht erforderlich, die rechtlichen Anforderungen an die Art und Weise der öffentlichen Ankündigung des Werktitels dem Produktbereich der Werkkategorie (Computerprogramme, Festivals, fiktive Figuren) anzupassen (zur Anerkennung von öffentlichen Werktitelankündigungen für andere Werkkategorien als Druckschriften in fachspezifischen Anzeigenorganen s. *Teplitzky*, GRUR 1993, 645, 646; *Meyer*, WRP 1995, 799, 800). In der *WINCAD*-Entscheidung hat der BGH noch offengelassen, ob entsprechend der formalisierten Titelschutzanzeige im Bereich der Druckschriften im Falle einer noch nicht bestehenden Titelschutzanzeigenpraxis bei anderen Werkkategorien eine ausreichende, öffentliche Ankündigung in einem für den beteiligten Verkehr leicht kontrollierbaren Anzeigenorgan als zulässig zu beurteilen ist, weil eine einheitliche Praxis gerade bei neu entstehenden Produkten nicht von vornherein verlangt werden kann (BGH GRUR 1998, 1010 – WINCAD). In der Rechtsprechung werden an die öffentliche Werktitelankündigung *strenge Anforderungen* gestellt und nicht jede irgendwie öffentlich zugängliche Ankündigung für ausreiched erachtet (BGHZ 108, 89, 97 f. – Titelschutzanzeige). Aufgrund der öffentlichen Werktitelankündigung muß mit der Möglichkeit einer breiten Kenntnisnahme durch die interessierten Konkurrenten gerechnet werden und diese auf einfache Weise von der Werktitelankündigung Kenntnis erlangen können, ohne gezwungen zu sein, in der allgemeinen Presse oder in anderen Medien nach entsprechenden Werktitelankündigungen zu recherchieren. Im Bereich

der Druckschriften werden *redaktionelle Beiträge* nicht als öffentliche Ankündigung anerkannt (BGHZ 108, 89, 96 ff. – Titelschutzanzeige). Im Bereich der Computerprogramme wurde die Benutzung des Werktitels in Preislisten, einer Broschüre, sowie in Einladungen zu einem Einführungstraining nicht als öffentliche Werktitelankündigung anerkannt, da es sich nur um Werbe- und Vorbereitungshandlungen, mit denen das Programm zum Zwecke des Verkaufs bekannt gemacht werden sollte, handelte (BGH GRUR 1998, 1010 – WINCAD). Die zu Recht strenge und restriktive Handhabung einer formalisierten Werktitelankündigung sollte aber nicht hindern, ernsthafte Werkkonzeptionen und Vorbereitungshandlungen zur Markteinführung schon als Benutzungsaufnahme des Werktitels anzuerkennen (s. Rn 167c).

**167h**  Die bei Druckschriften üblichen Titelschutzanzeigen erfolgen *branchenüblich* etwa im Börsenblatt des Börsenvereins des Deutschen Buchhandels mit dem Text „Unter Hinweis auf die §§ 5, 15 MarkenG nehmen wir (für einen Mandanten) Titelschutz in Anspruch für den (die) folgenden Titel . . ." und der Anschrift des Verlages oder eines die Titelschutzanzeige publizierenden Rechtsanwalts. Titelschutzanzeigen enthalten häufig, wenn zumeist auch überflüssige *Abwandlungen eines Titels* (Der Neue Kataloge-Katalog, der kataloge-Katalog, Ein Kataloge-Katalog, Der Katalog der Kataloge, Ein Katalog der kataloge), *Serientitel* (TEC-News, TEC-Bits), sowie Hinweise auf den beanspruchten Schutzumfang (als Einzel- und/oder Reihentitel für alle Schreibweisen, Titelkombinationen und mit allen Zusätzen, sowie auch Abkürzungen für alle Formen der Printmedien und elektronischen Publikationen). Der Eintrag im SPIO-Filmtitelregister (s. 167g) enthält die Titelregisternummer, das Eintragungsdatum, den Titel sowie die Produktionsgesellschaft. Dem Titelschutz steht nicht entgegen, daß die Titelschutzanzeige unter dem Namen eines Rechtsanwalts für einen noch unbekannt bleibenden Rechtsinhaber erfolgt (BGHZ 108, 89 – Titelschutzanzeige). Die Schaltung von Titelschutzanzeigen für anonym bleibende Dritte in den dafür üblichen Veröffentlichungsblättern stellt nicht die Besorgung fremder Rechtsangelegenheiten im Sinne des Art. 1 § 1 Abs. 1 RBeratG dar (BGH GRUR 98, 956 – Titelschutzanzeigen für Dritte).

**167i**  c) **Angemessener Zeitraum.** Die Vorverlegung des Titelschutzes auf den Zeitpunkt der öffentlichen Ankündigung ohne tatsächliche Benutzungsaufnahme entspricht einem dringenden Verkehrsbedürfnis, da sowohl ein Verleger wie auch jeder andere Werkschöpfer, als auch die Mitbewerber in hohem Maße wirtschaftlich interessiert sind, über ein geplantes Verlagsobjekt oder ein sonstiges Werk zu informieren und informiert zu werden. Die Vorverlegung des Werktitelschutzes aufgrund einer öffentlichen und branchenüblichen Werktitelankündigung darf nicht zu einer *unzumutbaren Sperrwirkung* für die Mitbewerber bei deren Wahl eines eigenen Werktitels führen. Das kann der Fall sein, wenn ein Werktitel nicht *innerhalb angemessener Zeit* nach der ersten in branchenüblicher Weise erfolgten Werktitelankündigung benutzt wird (s. auch *Bosten/Prinz*, AfP 1989, 664; zur konkreten Interessenabwägung bei einem als unangemessen beurteilten Zeitraum von zehn Monaten bei einer Titelschutzanzeige für ein Nachrichtenmagazin s. HansOLG Hamburg AfP 1997, 815 – ERGO; zum nicht prioritätswahrenden Erscheinen eines anderen als der zunächst konkret vorbereiteten Werkes nach Fristablauf s. HansOLG Hamburg WRP 1996, 322 – Titelschutzanzeige). Das *Hamstern von Vorratstiteln* soll selbst dann die Entstehung des Titelrechts hindern, wenn der konkrete Titel tatsächlich in angemessener Frist benutzt wird (OLG Frankfurt GRUR 1987, 563 – Vorratstitel). Der angemessene Zeitabstand zum Inverkehrbringen des Werkes unter dem angezeigten Werktitel richtet sich nach der konkreten Art des Werkes, sowie der Werkkategorie und den üblichen Produktionszeiten. Die in der Praxis genannte *Zeitspanne von sechs Monaten* (s. Merkblatt für Titelschutzfragen des Börsenvereins des Deutschen Buchhandels, S. 4) ist nur ein erster Anhaltspunkt im Bereich der Druckschriften. Der Verlag eines mehrbändigen juristischen Kommentars mit einer Vielzahl von Autoren bedarf von der Konzeption über die Produktion bis zum Erscheinen auf dem Markt eines weit größeren Zeitraums als der Verlag eines Unterhaltungsromans als Taschenbuch. Im Filmrecht wird die Angemessenheit nach der normalerweise zur Herstellung eines Films benötigten Zeit bestimmt (OLG München GRUR 1955, 436 – An der schönen blauen Donau.

**167j**  d) **Sammeltitelschutzanzeige.** Eine Vorverlegung des Titelschutzes ist auch im Rahmen einer *Sammel-Titelschutzanzeige* grundsätzlich wirksam (BGHZ 108, 89 – Titelschutzanzeige; *v. Gamm*, Wettbewerbsrecht, Kap. 56, Rn 20; *Schmid*, AfP 1985, 196; *Ossing*, GRUR 1992, 85, 89). Die mit einer Sammeltitelschutzanzeige verbundene Sperrwirkung darf nicht zu einer unzumutbaren Behinderung der Mitbewerber in der Wahl eines eigenen Titels führen.

**e) Abmahnkosten bei Schaltung einer Titelschutzanzeige.** Die *Anwaltskosten für eine Abmahnung* bei Schaltung einer Titelschutzanzeige sind erstattungsfähig. Ein Anwalt, der für einen Mandanten, den er verschweigt, eine Titelschutzanzeige schaltet, kann nicht selbst auf die Abmahnkosten in Anspruch genommen werden, weil die Abmahnung nicht dem Interesse und dem mutmaßlichen Willen des Anwalts entspricht. Anderes soll dann gelten, wenn der Auftraggeber in der Folgezeit nicht bekannt wird (LG München WRP 1999, 368 – Aber Hallo). 167k

## VI. Übertragung des Werktitelrechts

### 1. Rechtsübertragung

**a) Akzessorische Zession.** Nach herkömmlicher Auffassung gilt das Prinzip der strengen Akzessorietät des Werktitels (s. Rn 167) auch für die rechtsgeschäftliche Übertragung des Werktitelrechts. Folge dieser Akzessorietät des Titels zum Werk ist es, daß, vergleichbar der Firma, die nur mit dem Handelsgeschäft übertragen werden kann (s. Rn 106), eine wirksame Übertragung des Werktitelrechts grundsätzlich nur gemeinsam mit dem dazu gehörenden Werk erfolgen kann. Die *akzessorische Rechtsübertragung* hält den Grundsatz *kein Werktitel ohne Werk* (*Teplitzky*, AfP 1997, 450, 452) auch im Zessionrecht aufrecht. Die Anerkennung des Werktitelrechts als eines immateriellen Wirtschaftsgutes verlangt und rechtfertigt eine *Rechtsfortbildung des Werktitelrechts* zur freien Übertragbarkeit des Werktitels (s. Rn 168 b). 168a

**b) Freie Übertragbarkeit des Werktitelrechts.** Der Gesetzgeber des MarkenG hat bewußt von einer Regelung der Übertragung der geschäftlichen Bezeichnungen (Unternehmenskennzeichen und Werktitel im Sinne des § 5 Abs. 1) abgesehen und den Regelungsgegenstand des § 27 auf den Rechtsübergang der nichtakzessorischen Marke beschränkt (Begründung zum MarkenG, BT-Drucks. 12/6581 vom 14. Januar 1994, S. 84). In § 148 Abs. 2 des Diskussionsentwurfs zur Änderung des WZG vom 23. Februar 1993 war noch geregelt, daß das Werktitelrecht unabhängig von der Übertragung oder dem Übergang des Geschäftsbetriebs oder des Teils des Geschäftsbetriebs, zu dem das Kennzeichen gehört, auf andere übertragen werden oder übergehen könne. Nach der Absicht des Gesetzgebers des MarkenG bestimmt sich der Rechtsübergang der geschäftlichen Bezeichnungen einschließlich der Werktitel nach dem vor Inkrafttreten des MarkenG geltenden Rechts. Nach dieser Rechtslage verbleibt es bei der akzessorischen Zession des Werktitelrechts (s. Rn 168 a). 168b

Es ist im Wege der Rechtsfortbildung sachlich geboten, im Zessionsrecht die strenge Akzessorietät aufzugeben und die *freie Übertragbarkeit des Werktitelrechts* zuzulassen (so auch *Schricker*, FS für Vieregge, S. 775, 786 ff.; *Lehmann*, FS für Beier, S. 279, 285). In der *Verschenktexte I*- Entscheidung geht der BGH zwar von der Übertragbarkeit des Werktitels aus, hatte aber über die Zulässigkeit einer vom konkreten Werk isolierten Übertragung des Werktitels nicht zu entscheiden, da der Werktitel gemeinsam mit dem Verlagsrecht übertragen worden war (BGH GRUR 1990, 218 – Verschenktexte I). In der zu § 16 UWG aF ergangenen Entscheidung betont der BGH allerdings die *enge Verbindung von Titel und Werk*, um die Reichweite der Übertragung der Titelrechte zu bestimmen. Schon vor Inkrafttreten des MarkenG wurde zur Rechtslage nach § 16 UWG aF die freie Übertragbarkeit des Titelrechts verlangt (*Bappert/Maunz/Schricker*, §§ 13, 39 UrhG, Rn 28; *Hubmann*, Urheber- und Verlagsrecht, S. 274; anders nunmehr *Rehbinder*, Urheberrecht, Rn 401; aA auch Großkomm/*Teplitzky*, § 16 UWG, Rn 144; *v. Gamm*, Urheberrechtsgesetz, Einf, Rn 63). Der Werktitel stellt ein immaterielles Wirtschaftsgut mit Verfassungsrang und damit einen vom Werk unabhängigen, selbständigen Vermögenswert des Inhabers des Werktitels dar. Werktitel und Marke kennzeichnen vergleichbar Produkte (Werk, Ware, Dienstleistung). 168c

Der Werktitel steht der Marke näher als den Unternehmenskennzeichen. Eine einheitliche Geltung des Prinzips der strengen Akzessorietät ist deshalb im Recht der geschäftlichen Bezeichnungen weder geboten noch gerechtfertigt. Die strenge Akzessorietät im Firmenrecht beruht auf der handelsgesetzlichen Bindung der Firma an das Unternehmen nach den §§ 22, 23 HGB. Folge einer Anerkennung des nicht akzessorischen Werktitels ist es, daß sich der Werktitel von dem konkreten Werk, auf das der Werktitel im Zeitpunkt der Rechtsentstehung bezogen ist, lösen und auf ein anderes Werk oder selbst eine andere Werkkategorie beziehen kann. Eine solche Fungibilität des Werktitels als eines immateriellen Wirtschaftsgutes und selbständigen Vermögensgegenstands optimiert die wirtschaftliche Verwertung namentlich bekannter Werktitel. Die Rechtslage des nichtakzessorischen Werktitels ist der Benutzungsmarke vergleichbar. Die Art des Rechtsübergangs eines Werktitels, wie namentlich die Übertragung des Werktitels durch Vertrag, sowie der Rechtsübergang kraft Gesetzes, bestimmt sich in *analoger Anwendung* der Regelungen des § 27 MarkenG. Das *Verbot der Irreführung* nach § 3 UWG stellt ein *Korrektiv der freien Übertragbarkeit* des Werktitels dar, gleichsam als Ausdruck der Einheit des Kennzeichenrechts und Wettbewerbsrechts.

## 2. Teilübertragung

**168d** Ein Werktitel kann sich auf verschiedene Werke und selbst verschiedene Werkkategorien beziehen. Ein Werktitel kann für alle Werke und Werkkategorien (*Vollübertragung* oder *Gesamtübertragung*) oder nur für einen Teil der Werke oder Werkkategorien (*Teilübertragung*) übertragen werden (s. zum Teilübergang § 27, Rn 22 ff.). Ob eine Gesamtübertragung oder eine Teilübertragung des Werktitelrechts gegeben ist, bestimmt sich nach dem Inhalt des Zessionsvertrages. Wenn lediglich eine Übertragung der zum Verlagsrecht an einem Musikstück gehörenden Werktitelrechte oder derjenigen zum Leistungsschutzrecht an dem Tonträger dieses Musikstücks gehörenden Werktitelrechte erfolgt, dann reicht eine solche Rechtsübertragung nicht zur Geltendmachung eines abgeleiteten Werktitelrechts hinsichtlich der Bezeichnung einer Fernsehsendung aus (OLG München NJW-RR 1994, 556 – Die da).

## VII. Gebrauchsüberlassung und Lizenz des Werktitelrechts

### 1. Schuldrechtliche Gebrauchsüberlassung

**168e** Der Inhaber des Werktitelrechts kann im Wege einer vertraglichen Gebrauchsüberlassung des Werktitels einem Dritten als Vertragspartner ein *Benutzungsrecht an dem Werktitel* überlassen. Gegenstand der *schuldrechtlichen Gebrauchsüberlassung* können alle Werke, ein Teil der Werke oder bestimmte Werkkategorien sein. Der schuldrechtlichen Gebrauchsüberlassung kommt keine dingliche Wirkung zu (s. zur Unterscheidung zwischen schuldrechtlicher Gebrauchsüberlassung und dinglicher Lizenz im einzelnen § 30, Rn 6 ff.). Inhalt und Reichweite einer schuldrechtlichen Gebrauchsüberlassung bestimmen sich nach den allgemein im gewerblichen Rechtsschutz geltenden Grundsätzen (zu den Rechtswirkungen s. § 30, Rn 9; zu Lizenzvertragsverletzungen s. § 30, Rn 29 f.; zu den Lizenzvertragspflichten s. § 30, Rn 37 ff.).

**168f** Die schuldvertragliche Überlassung eines Werktitels kann eine *einfache* oder eine *ausschließliche* Gebrauchsüberlassung sein. Bei Einräumung eines ausschließlichen Nutzungsrechts an dem Werk wird wegen der engen Verbindung von Werktitel und Werk in der Regel auch von einem Nutzungsrecht an dem Werktitel auszugehen sein (BGH GRUR 1990, 218 – Verschenktexte I; *v. Gamm*, Urheberrechtsgesetz, Einf, Rn 63). Es kommt entscheidend auf die konkrete Vertragsgestaltung an. Wenn der Produzent einer Fernsehsendereihe an die Rundfunkanstalten das ausschließliche, zeitlich unbeschränkte Recht, die Filme für alle Zwecke des Rundfunks in der Bundesrepublik Deutschland zu nutzen, überträgt und außerdem vereinbart, daß für eine darüber hinausgehende Verwertung allein der Produzent zuständig und berechtigt sei, dann darf der Produzent ohne Zustimmung der Rundfunkanstalten den Titel der Sendereihe als Buchtitel benutzen, da der Übertragende für andere Nutzungsmöglichkeiten außerhalb des Ausschnitts Rundfunk berechtigt bleibt (OLG München ZUM 1990, 192 – Nachtgedanken).

## 2. Dingliche Werktitellizenz

**a) Grundsatz.** Vor Inkrafttreten des MarkenG wurden im gesamten Kennzeichenrecht nur schuldrechtliche Gebrauchsüberlassungsverträge für zulässig gehalten. Die dingliche Rechtsnatur der Markenlizenz nach der Rechtslage im MarkenG stellt einen erheblichen Fortschritt im Kennzeichenlizenzenrecht dar (zur Rechtsnatur der dinglichen Markenlizenz in Abgrenzung zur schuldrechtlichen Gebrauchsüberlassung s. § 30, Rn 6 ff.). Der Gesetzgeber des MarkenG hat ausdrücklich von einer Einbeziehung der Lizenzen an geschäftlichen Bezeichnungen in die Regelung des § 30 abgesehen, weil die Rechtslage einer Lizenzierung von geschäftlichen Bezeichnungen von der Markenlizenz teilweise abweiche (Begründung zum MarkenG, BT-Drucks. 12/6581 vom 14. Januar 1994, S. 86). In § 150 Abs. 2 des Diskussionsentwurfs zur Änderung des WZG vom 23. Februar 1993 war noch eine der dinglichen Markenlizenz vergleichbare Werktitellizenz geregelt. Die Bedenken gegen eine dingliche Kennzeichenlizenz von geschäftlichen Bezeichnungen bestehen bei den Unternehmenskennzeichen namentlich im Firmenrecht wegen der Bindung der Firma an das Unternehmen nach den §§ 22, 23 HGB. Aufgrund vergleichbarer Erwägungen, die eine Rechtsfortbildung zur freien Übertragbarkeit des Werktitelrechts rechtfertigen (s. Rn 168b), sollte namentlich wegen der Verstärkung des Werktitelschutzes im MarkenG, sowie der vermögensrechtlichen Verselbständigung des Werktitels als eines immateriellen Wirtschaftsgutes eine dingliche Werktitellizenz anerkannt werden (richtig *Schricker*, FS für Vieregge, S. 775, 789).

**b) Anwendbares Recht.** Dingliche Lizenzen an Markenrechten, Patentrechten und Urheberrechten folgen zwar vergleichbaren Regelungen, die sich aber teilweise unterscheiden. Als Kennzeichenlizenz sind auf eine dingliche Werktitellizenz die Regelungen über die dingliche Markenlizenz nach § 30 analog anzuwenden (zu Lizenzvertragsverletzungen als Werktitelrechtsverletzungen s. § 30, Rn 25 ff.; zum Sukzessionsschutz des Lizenznehmers s. § 30, Rn 34 ff.). Eine analoge Anwendung des § 30 schließt indessen eine Differenzierung nach dem konkreten Werk oder der Werkkategorie als Gegenstand der Werktitellizenz nicht aus. So kann geboten sein, vom MarkenG abweichende Regelungen des Patentrechts und Urheberrechts auf die Werktitellizenz anzuwenden. Ein Verleger als Inhaber eines Verlagsrechts und einer Werktitellizenz wird entgegen § 30 Abs. 3, der Urheberrechtslizenz vergleichbar, wegen einer Verletzung des Werktitels im eigenen Namen ohne Zustimmung des Inhabers des Werktitelrechts Klage erheben können (so *Schricker*, FS für Vieregge, S. 775, 789).

## VIII. Beendigung des Werktitelrechts

### 1. Nichtbenutzung im geschäftlichen Verkehr

**a) Erlöschensgründe der endgültigen Benutzungsaufgabe von Werk oder Titel.** Die *endgültige Aufgabe des Werkes* und die *Benutzungsaufgabe des Werktitels* für das konkrete Werk stellen *Erlöschungsgründe für das Werktitelrecht* dar. Der Untergang des Werktitelrechts ist eine Rechtsfolge der Nichtbenutzung im geschäftlichen Verkehr (Großkomm/*Teplitzky*, § 16, Rn 132 ff.). Eine *Nichtbenutzung im geschäftlichen Verkehr* liegt vor, wenn entweder das *Werk in seiner Existenz untergeht* (zur endgültigen Einstellung einer Sendereihe s. BGH GRUR 1993, 769 – Radio Stuttgart) oder der *Werktitel für das weiter existierende Werk nicht mehr benutzt* wird (Verwendung eines neuen Titels für das alte Werk). Der Zeitablauf eines Urheberrechts an dem gekennzeichneten Werk stellt keinen Erlöschensgrund für das Werktitelrecht dar. Der Aufgabewille des Inhabers des Werktitels, das Werk endgültig aufzugeben, kann sich konkludent aus dem Verhalten des Titelinhabers im geschäftlichen Verkehr ergeben. Für die Erkennbarkeit eines solchen Aufgabewillens kommt es auch auf den Grad der Unterscheidungskraft und der Bekanntheit des Werktitels zu diesem Zeitpunkt an (BGH GRUR 1959, 45 – Deutsche Illustrierte; 1993, 769 – Radio Stuttgart). Ob eine nur *vorübergehende Nichtbenutzung* des Werktitels gegeben ist, ist aufgrund des konkreten Sachverhalts nach der Verkehrsauffassung zu bestimmen (BGH GRUR 1959, 541 – Nußknacker; OLG Köln GRUR 1997, 63 – PC-Welt). Die Nichtbenutzung eines Werktitels über einen längeren Zeitraum stellt dann keinen Erlöschensgrund für das Werktitelrecht dar, wenn nach wie vor die ernsthafte Absicht des Titelinhabers zur erneuten Verwendung des Werktitels im geschäftlichen Verkehr besteht und die Verwirklichung dieser Absicht möglich ist. Beruht die Nichtbenutzung eines Werktitels auf einem nur einstweiligen gerichtlichen Verbot im Eilverfahren, so ist nicht anzunehmen, der Berechtigte habe den Titel auf Dauer nicht mehr benutzen wollen (BGH GRUR 1959, 541, 543 – Nußknacker; 1991, 331, 332 – Ärztliche Allgemeine). Wenn der Werktitel einer *periodischen Druckschrift* im geschäftlichen Verkehr nicht mehr benötigt wird, dann besteht die Vermutung, daß der Werktitel im geschäftlichen Verkehr nicht mehr verwendet werden soll, es sei denn, daß besondere Umstände für eine nur vorübergehende Nichtbenutzung sprechen. Bei einem *Buchtitel* stellt der Umstand, daß die Auflage des Buches vergriffen ist, noch keinen Erlöschensgrund für das Werktitelrecht dar (BGH GRUR 1960, 346 – Naher Osten). Etwas anders kann gelten, wenn es um ein gegenständlich und inhaltlich völlig überholtes Werk handelt, das nicht mehr benutzt wird (KG GRUR 1988, 158 – Who's who). Auch wenn ein Werktitelschutz nicht mehr besteht, kann die Verwendung des Titels für ein anderes Werk wegen einer Irreführung des Verkehrs gegen die §§ 1, 3 UWG verstoßen, wenn etwa der irrige Eindruck entsteht, es handele sich um eine Fortsetzung des alten Werkes.

**170**  b) **Werkunabhängiger Bestandsschutz bekannter Werktitel.** Die Erlöschensgründe der endgültigen Aufgabe des Werkes und der Benutzungsaufgabe des Werktitels für das konkrete Werk (s. Rn 169) können zum Verlust erheblicher Vermögenswerte führen, die ein Werktitel als ein immaterielles Wirtschaftsgut darstellt. Wenn man im Wege der Rechtsfortbildung den Grundsatz der strengen Akzessorietät im Werktitelrecht lockert (s. Rn 167), dann erscheint es nicht mehr gerechtfertigt, namentlich bei bekannten Werktiteln, deren Rechtsschutz nach § 15 Abs. 3 im MarkenG verstärkt worden ist, an den bisherigen Erlöschensgründen festzuhalten. Die Erlöschensgründe erklären sich entwicklungsgeschichtlich zum einen aus der strengen Bindung des Titels an das Werk, zum anderen aufgrund des Ursprungs des Titelrechts im Bereich der Druckschriften. Ein bekannter Werktitel kann als ein immaterielles Wirtschaftsgut mit Verfassungsrang auch dann noch einen kennzeichenrechtlich schützenswerten Vermögensgegenstand darstellen, wenn entweder das Werk nicht mehr auf dem Markt vertrieben oder der Werktitel nicht mehr für das konkrete Werk verwendet wird. Der Kennzeichenschutz an einem bekannten Werktitel sollte auch dann noch bestehen, wenn dem Werktitel die nach § 15 Abs. 3 erforderliche *Bekanntheit im Verkehr* zukommt. Die Bekanntheit eines Werktitels im Verkehr ist eine immaterialgüterrechtliche Rechtslage zur Rechtfertigung des Bestandsschutzes des bekannten Werktitels unabhängig von der Werkexistenz. So können etwa Film- und Buchtitel über Jahrzehnte selbst international im Bewußtsein der beteiligten Verkehrskreise weithin bekannt sein (Kulttitel). Eine solche Bekanntheit des Werktitels im Verkehr rechtfertigt den Rechtsbestand des Kennzeichenschutzes an dem Werktitel und hindert das Erlöschen des Werktitelrechts. Ein solcher Werktitel kann sowohl für ein neues Werk der gleichen Werkkategorie, als auch für ein neues Werk einer anderen Werkkategorie unter *Wahrung der ursprünglichen Priorität* verwendet werden (so wohl auch *Schricker*, FS für Vieregge, S. 775, 786 ff.; schon *Schricker*, FS für v. Gamm*,* S. 289 ff.; aA *Teplitzky,* AfP 1997, 450, 453).

## IX. Schutzbereich eines Werktitels

### 1. Verwechslungsschutz eines Werktitels (§ 15 Abs. 2)

**171**  Nach § 15 Abs. 2 sind Werktitel als geschäftliche Bezeichnungen gegen Verwechslungsgefahr geschützt (s. Rn 154). Zur Feststellung der *Verwechslungsgefahr* kommt es allein auf die Titel der zu vergleichenden Werke, nicht auf deren Inhalt oder Charakter an; die Werkinhalte werden dem Publikum häufig unbekannt sein, wenn es den Titeln begegnet (BGH GRUR 1959, 182, 184 – Quick; 1959, 360 – Elektrotechnik; 1961, 232 – Hobby). Wenn *Werktitelidentität* besteht, dann kommt es *innerhalb der Branchennähe* nicht auf weitere Unterschiede im Werkinhalt an. Der Zeitschriftentitel *Blitz* für ein nach Art einer Illustrierten aufgemachtes, kostenlos verteiltes Stadtmagazin, das mit einem überregionalen Magazinteil und unterschiedlichen Lokalteilen monatlich in vier Großstädten erscheint, wurde mit dem identischen Zeitschriftentitel *Blitz* für ein Boulevard-Magazin eines bundesweit tätigen Fernsehsenders als verwechslungsfähig beurteilt (HansOLG Hamburg MarkenR 1999, 99 – Blitz-Magazin). Wenn es auch nur auf die Verwechslungsfähigkeit der kollidierenden Titel ankommt, so folgt daraus nicht, daß Titelschutz nur gegen die Verwendung eines übereinstimmenden Zeitschriftentitels als Titel und nicht auch gegen eine *titelmäßige Verwendung* im redaktionellen Teil einer Zeitschrift besteht (BGH GRUR 1968, 259 – NZ mit Anm. *Harmsen*; 1979, 564, 565 – Metall-Zeitung mit Anm. *Fezer*). Denn auch auf diese Weise kann sich ein Titel als übliche Bezeichnung für eine andere Zeitung im Verkehr durchsetzen. Der Umfang des Titelschutzes gegen Verwechslungsgefahr ist abhängig von der *Kennzeichnungskraft* des Titels. Da ein Werktitel als werkidentifizierendes Unterscheidungszeichen im allgemeinen nur der Unterscheidung eines Werkes von einem anderen Werk dient und keinen Hinweis auf den Hersteller oder Inhaber des Werkes und damit auf eine bestimmte betriebliche Herkunft enthält (BGHZ 26, 52, 60 – Sherlock Holmes; 83, 52, 84 – POINT; 102, 88, 91 – Apropos Film; s. Rn 161), besteht nach der Rechtsprechung der Werktitelschutz in der Regel nur gegen eine *unmittelbare Verwechslungsgefahr im engeren Sinne* (BGH GRUR 1999, 235 – Wheels Magazine; so auch *Ingerl/Rohnke*, § 15 MarkenG, Rn 81). In der Rechtsprechung ist aber anerkannt, daß der Verkehr unter bestimmten Voraussetzungen, wie etwa bei bekannten Werktiteln regelmäßig erscheinender periodischer Zeitschriften oder sonstiger Druckschriften sowie vergleichbarer Werke, mit einem Werktitel gleichzeitig auch die Vorstellung einer bestimmten betrieblichen Herkunft verbinden kann (s. Rn 161). Unter diesen Voraussetzungen kann ein Zeitschriftentitel auch gegenüber der Gefahr geschützt werden, daß ein anderer *nicht unmittelbar verwechslungsfähiger Titel* (hier: *Wheels Nationals* im Verhältnis zu *Wheels Magazine*) vom Verkehr demselben Unternehmen im Sinne eines *Serientitels* zugerechnet wird (BGH GRUR 1999, 235 – Wheels Magazine). Auch zwischen einzelnen übereinstimmenden *Zeichenbestandteilen* kennzeichnungsfähiger Titel kann Verwechslungsgefahr bestehen (BGH GRUR 1959, 45, 47 – Deutsche Illustrierte). Nicht anders als Marken und Firmen sind auch Titel gegen eine solche Verwechslungsgefahr geschützt, die darauf beruht, daß der Verkehr sich zur kürzeren Bezeichnung einer Druckschrift einer naheliegenden *Abkürzung* durch Weglassen eines Teiles des geschützten Titels bedient (BGH GRUR 1960, 296 – Reihersteig; 1988, 638 – Hauer's Auto-Zeitung mit Anm. *Ahrens*; 1991, 153, 155 – Pizza & Pasta; 1991, 331, 332 – Ärztliche Allgemeine; 1999, 235 – Wheels Magazine). In der Rechtsprechung werden zur Beurteilung der Verwechslungsgefahr von kollidierenden Bezeichnungen von *Rundfunkveranstaltern* andere Grundsätze als zur Beurteilung der Verwechslungsgefahr von kollidierenden *Zeitungs- und Zeitschriftentiteln* angewandt. Das breite Hörfunk- und Fernsehpublikum habe sich aufgrund einer langen Tradition daran gewöhnt, daß Rundfunk- und Fernsehanstalten und ihre Programme sich durch geographische Bezeichnungen kennzeichneten und sich durch diese voneinander unterschieden (OLG Karlsruhe NJW-RR 1989, 167 – Südwestfunk). Verwechslungsgefahr zwischen *Produktkennzeichen* und *Titeln von Fernsehsendungen* oder *Rundfunksendungen* setzt einen gewissen sachlichen Zusammenhang zwischen den bezeichneten Produkten und der betreffenden Sendung voraus (BGHZ 68, 132, 138 – Der 7. Sinn; BGH GRUR 1982, 431, 432 – POINT). Bei der Verwendung eines Titelschlagworts einer Fernsehsendung *Das Erbe der Guldenburgs* als Bezeichnung für bestimmte Waren setzt die Gefahr einer Verwechslung im weiteren Sinne, eine über die normale Werktitelfunktion hinausgehende Kennzeichnungskraft des Titels als *Hinweis auch auf den Hersteller des Werks* (s. Rn 161) voraus; sie erfordert außerdem einen *konkreten Sachzusammenhang* zwischen den bezeichneten Waren und dem Inhalt der Sendung (BGHZ 120, 228, 230, 231 – Guldenburg). Diese *produktbezogene Begrenzung des Verwechslungsschutzes* des Werktitelrechts auf dem Gebiet des Rundfunks und Fernsehens ist verfassungsgemäß. Nach der *Guldenburg*-Entscheidung des BVerfG begegnet es keinen verfassungsrechtlichen Bedenken, das *Titelmerchandising* für gänzlich rundfunkferne Produkte wie Lebens- und Genußmittel sowie Schmuck nicht mehr als von der Rundfunkfreiheit im Sinne des Art. 5 Abs. 1 S. 2 GG gesichert anzusehen (BVerfG GRUR 1999, 232 – Guldenburg). Bei der Verwendung eines Rundfunk-, Fernseh- oder Zeitschriftentitels durch einen *branchenfremden* Benutzer kommt eine Verwechslungsfähigkeit im weiteren Sinne dann in Betracht, wenn im Verkehr die Fehlvorstellung ausgelöst wird, zwischen der Rundfunk- und Fernsehanstalt oder dem Zeitschriftenverlag und dem Verletzer bestünden geschäftliche Beziehungen nach Art von

Lizenz- oder Kooperationsvereinbarungen. Für die Annahme einer solchen Fehlvorstellung wurde noch nicht allein der Umstand als genügend angesehen, daß bestimmte Produkte wie *modische Schuhe* unter der Bezeichnung *Max* vertrieben werden, auch wenn in einer *Lifestyle-Zeitschrift* mit dem Titel *Max* regelmäßig auch über aktuelle modische Trends berichtet wird; für das Entstehen einer solchen Fehlvorstellung bedarf es einer besonderen gedanklichen Brücke, die darin liegen könne, daß die Kennzeichnung von Schuhen mit der Bezeichnung *Max* in der für den Zeitschriftentitel gebräuchlichen charakteristischen Schreibweise erfolge (HansOLG Hamburg NJW-RR 1996, 1004, 1005 – Max; s. auch OLG München WRP 1996, 787 – Frankenberg).

### 2. Entscheidungspraxis

172 **a) Verwechslungsfähige Werktitel.** Als *verwechslungsfähig* Werktitel wurden beurteilt die Zeitschriftentitel *Echo* und *Welt-Echo*, da *Echo* zwar nur schwach kennzeichne, aber keine Gattungsbezeichnung sei, und der Zusatz *Welt* zu wenig unterscheide, um die Verwechslungsgefahr auszuschließen (RGZ 101, 108, 109 – Welt-Echo); *Hamburger Wohnungsanzeiger* und *Hamburg-Altonaer Wohnungstauschanzeiger*, wobei gleicher Druck die Verwechslungsgefahr erhöhe (HansOLG Hamburg MuW 1926/1927, 58); der Spaltentitel *Kunstseiden-Kurier* der Textilzeitung mit dem Zeitschriftentitel *Deutscher Kunstseidekurier* (RGZ 133, 189 – Kunstseiden-Kurier); die Filmtitel *Das Cabinett des Dr. Caligari* und *Das letzte Experiment des Dr. Caligari*, da der Phantasiename *Caligari* stark kennzeichne (LG Berlin UFITA 6 (1933), 72); die Zeitschriftentitel *Neue Berliner Illustrierte* und *Berliner Illustrierte Zeitung* (BGH GRUR 1956, 376 – Berliner Illustrierte); die Zeitschriftentitel *Freies Volk – Spiegel der Woche* und *Der Spiegel*, weil bei der Ingebrauchnahme des kollidierenden Titels der prioritätsältere Titel schon eine starke Verkehrsgeltung besaß (BGH GRUR 1958, 141 – Spiegel der Woche); *Elektro-Technik* und *Deutsche Elektrotechnik* (BGH GRUR 1959, 360 – Elektrotechnik); die im Stadt- und Landbereich aufgrund von Verkehrsgeltung geschützte Abkürzung *NZ* (Nürnberger Zeitung) und die Verwendung dieser Abkürzung für eine andere Zeitung (Deutsche National- und Soldatenzeitung) auch dann, wenn die Abkürzung nicht als Titel, sondern nur im redaktionellen Teil verwendet werde, da auch diese Verwendung zur Kennzeichnung der Zeitung diene und zu Verwechslungen der Druckschriften führen könne (BGH GRUR 1968, 259, 260 – NZ mit Anm. *Harmsen*); das *Bildzeichenemblem einer Zeitung* und dessen Benutzung als *Titel einer Rubrik* oder Beilage einer anderen Zeitschrift (HansOLG Hamburg GRUR 1975, 72 – Bild-Zeitung); *Ärzte Journal* und *Ärztliches Journal* (OLG Hamm WRP 1979, 881 – Ärztliches Journal); der Zeitschriftentitel *Szene Hamburg* mit dem Rubrikentitel *Szene* bzw *Szene Inside* für eine Szene-Seite einer großen Hamburger Tageszeitung (HansOLG Hamburg NJW-RR 1997, 357 – Szene); *FAMILY* als Titel einer vierteljährlich erscheinenden Zeitschrift und die im redaktionellen Teil eines konkurrierenden Blattes des gleichen Genres titelmäßig verwendete Bezeichnung *for family* (OLG Köln GRUR 1997, 663 – FAMILY).

173 Bei übereinstimmenden Filmtiteln wird die Verwechslungsgefahr nicht dadurch ausgeschlossen, daß es sich um *verschiedene Filmarten*, wie etwa Lehr- und Spielfilme, handelt (LG Berlin UFITA 2 (1929), 470 – Menschenleben in Gefahr). Aber auch *Buch- und Filmtitel* können verwechslungsfähig sein. Zwar kann der Film *Liebesleben in der Natur* nicht mit einem Buch gleichen Titels verwechselt werden, aber es genügt, daß der Verkehr, weil er den Film nicht kennt, nach dessen Ankündigung irrig glauben kann, der Film sei nach dem Buch des Autors bearbeitet (RGZ 112, 117, 118). Eine Verwechslungsgefahr kann schon durch die Übernahme eines starken *Titelbestandteils* entstehen, sofern dadurch der irrige Eindruck erweckt wird, es handele sich bei der Verfilmung um die Bearbeitung eines fremden Werkes, wie bei dem Filmtitel *Sherlock Holmes* und diesen Namen enthaltende Buchtitel von Werken *Conan Doyles* (BGHZ 26, 52 – Sherlock Holmes). Bejaht wurde die Verwechslungsgefahr der Bezeichnung *Der 7. Sinn* für ein Verkehrs-Würfelspiel mit dem gleichlautenden Titel einer Fernsehfilmserie, die der Verkehrserziehung und der Aufklärung über richtiges Verhalten im Straßenverkehr diente (BGH GRUR 1977, 543, 545 – Der 7. Sinn). Bei Titelanlehnungen für *Parodien* oder *Persiflagen* wird der Eindruck, es handele sich um eine Bearbeitung des parodierten Werkes oder eine sonstige Bezeichnung, in der Regel ausscheiden. Aus dem gleichen Grunde können dagegen *Roman- und Bühnenwerktitel* verwechslungsfähig sein (*Ulmer*, Urheber- und Verlagsrecht, § 31 UrhG, Anm. IV 4, S. 177).

Als *verwechslungsfähige* Werktitel wurden beurteilt *Tonbandaufnahmen unser Hobby!* und *hobby – das Magazin der Technik* (BGH GRUR 1961, 232 – Hobby); die Zeitschriftentitel *pop* und *popster* (LG München I GRUR 1974, 228 – pop); der Anzeigenblatt-Titel *SPORT EXPRESS* und der Zeitungstitel *EXPRESS* (OLG München GRUR 1987, 925 – EXPRESS); *Hauer's Auto-Zeitung* und der aufgrund von Verkehrsgeltung geschützte Titel *Auto-Zeitung* wegen der Neigung des Verkehrs, einen Titel ebenso wie eine Firma oder eine Marke abgekürzt zu verwenden (BGH GRUR 1988, 638 – Hauer's Auto-Zeitung mit kritischer Anm. *Ahrens*); *Südwestfunk* und *Studio Südwest, Privatradio Südwest,* sowie *RPR Privat-Radio Südwest,* weil das breite Hörfunk- und Fernsehpublikum seine Aufmerksamkeit zur Identifizierung und Unterscheidung der einzelnen Rundfunkanstalten und ihrer Programme auf den geographischen Namen lenke und die üblichen, in diesem Zusammenhang als Gattungsbegriffe ihre beschreibende Funktion behaltenden Zusätze wie *-funk* oder *-radio* vernachlässige (OLG Karlsruhe NJW-RR 1989, 167 – Südwestfunk); die Kochbuchtitel *Pasta & Pizza* und *Pizza & Pasta,* weil trotz der inhaltsbeschreibenden Angaben die den Gesamteindruck prägenden Merkmale übereinstimmten (BGH GRUR 1991, 153, 155 – Pizza & Pasta; zustimmend *Loschelder,* FS für Vieregge, S. 585, 598 f.; kritisch *Kicker,* FS für Gaedertz, S. 273); die Firmenbezeichnung *Ärztliche Allgemeine Verlagsgesellschaft* und der Titel *Ärztliche Allgemeine,* weil der Firmenbestandteil *Verlagsgesellschaft* für den Verkehr die Annahme nahelege, die Firma sei die Verlegerin der Zeitschrift (BGH GRUR 1991, 331, 332 – Ärztliche Allgemeine); die Titel *Die Geschäftsidee* für eine wirtschaftsorientierte Zeitung und *impulse-Geschäftsidee* für eine Zeitschrift vergleichbaren Genres (OLG Köln GRUR 1994, 386 – Die Geschäftsidee).

**b) Nicht verwechslungsfähige Werktitel.** Als *nicht verwechslungsfähige* Werktitel wurden beurteilt *Trotzkopfs Brautzeit* und *Trotzkopfs Erlebnisse im Weltkrieg,* nachdem *Trotzkopf* als Titel des ersten Werkes *Der Trotzkopf* gemeinfrei geworden war (RGZ 104, 89 – Trotzkopf); *Oderzeitung* und *Frankfurter Oderzeitung* (RG JW 1927, 1098); der Schlagertitel *Sonny Boy* und die gleichnamige Bezeichnung einer Schokoladenfabrik (LG Berlin UFITA 3 (1930), 442); der Bühnenwerktitel *Der Brand im Opernhaus* von Georg Kaiser und der Filmtitel *Brand in der Oper,* weil *Opernbrand* nur schwach kennzeichne (RGZ 135, 209, 216 – Opernbrand); der Bühnenwerktitel *Krach um Jolanthe* von Hinrichs und die gleichnamige Bezeichnung eines *Würfelspiels,* weil es nicht Werke gleicher Art seien (KG UFITA 10 (1937), 182); *Guldenburg* als Titelschlagwort einer Fernsehsendung zur Bezeichnung bestimmter Waren und der Sendetitel *Das Erbe der Guldenburgs* wegen fehlenden Sachzusammenhangs zwischen dem Inhalt der Sendung und den bezeichneten Waren (BGHZ 120, 228, 230, 231 – Guldenburg; s. dazu BVerfG GRUR 1999, 232 – Guldenburg; s. Rn 171).

Die Verwechslungsgefahr begründet den kennzeichenrechtlichen Titelschutz nur dann, wenn Folge der Verwechslungsgefahr eine *Behinderung der geschäftlichen Tätigkeit* des Titelinhabers ist. Daran kann es fehlen, wenn der Titel einer Operette, deren Musik bereits allgemeinfrei ist, für einen Spielfilm verwendet wird (so für die Operette *Leichte Kavallerie,* bei der die von Franz von Suppé stammende Musik gemeinfrei, das Textbuch aber noch geschützt war (RG GRUR 1937, 953).

**c) Zeitungs-, Zeitschriften- und Buchtitel. aa) Grundsatz.** Bei Titeln von *Tages-* oder *Wochenzeitungen* und *Zeitschriften* können schon *geringfügige Abweichungen* die Gefahr von Verwechslungen ausschließen (s. Rn 158). Dies beruht darauf, daß auf dem Zeitungsmarkt ähnliche Zeitungstitel jahrzehntelang nebeneinander bestehen und sich deshalb das Publikum daran gewöhnt hat, auf Unterschiede in der Titelfassung genau zu achten. Dies gilt insbesondere bei *Zeitungstiteln,* die sich aus sprachüblichen Gattungsbezeichnungen zusammensetzen, unter Umständen auch bei *Sachbuchtiteln.* Bei Beurteilung der Verwechslungsgefahr von *zusammengesetzten Zeitschriftentiteln* ist die Neigung des Verkehrs zu berücksichtigen, einen Teil des zusammengesetzten Titels als *Abkürzung in Alleinstellung* zu verwenden (BGH GRUR 1988, 638, 639 – Hauer's Auto-Zeitung; 1999, 235 – Wheels Magazine; anders hinsichtlich einer prägnanten *Unternehmensbezeichnung eines Hotels* BGH GRUR 1995, 507, 508 – City-Hotel). Die leichten Anforderungen, die an die Schutzfähigkeit solcher Titel einerseits gestellt werden, begründen andererseits einen sehr engen Schutzbereich. Gleiche Grundsätze gelten für die Verwechselbarkeit von *Verbandsnamen* (OLG Frankfurt GRUR 1980, 1002 – Saunabau).

**177b** **bb) Nicht verwechslungsfähige Titel.** Als *nicht verwechslungsfähige* Werktitel wurden beurteilt *Illustrierte Zeitung*, weil nicht unterscheidend, und *Neue Leipziger Illustrierte Zeitung* (RGZ 90, 183); *verwechslungsfähig* aber *Neue Berliner Illustrierte* und *Berliner Illustrierte Zeitung* (BGH GRUR 1956, 376 – Berliner Illustrierte); als *nicht verwechslungsfähig* beurteilt wurden *Drogistenzeitung* und *Allgemeine Drogistenzeitung* (RG MuW 1917/1918, 154); *Frankfurter Illustrierte* und *Münchener* oder *Berliner Illustrierte*, weil sie unterschiedliche Ortsbezeichnungen enthielten; *Oderzeitung* und *Frankfurter Oderzeitung* (RG JW 1927, 1098); *Fehntjer Blatt* und *Neues Fehntjer Blatt*, weil es sich um einen örtlichen Leserkreis handele, und die Leser die Zeitung ihres Heimatorts von Anfang bis Ende durchzulesen pflegten (RG MuW 1931, 393); *Molkerei-Zeitung* und *Deutsche Molkerei-Zeitung,* Kempten im Allgäu, früher *Süddeutsche Molkerei-Zeitung* (RG MuW 1936, 26); *Star-Revue* und *Revue* wegen der geringen Kennzeichnungskraft aufgrund der häufigen Verwendung dieses Wortes als Titelteil in Zusammensetzung mit spezialisierenden Hauptbestandteilen, etwa *Film-Revue, Motor-Revue, Ford-Revue* (BGH GRUR 1957, 275 – Star-Revue); *Deutsche Allgemeine Zeitung* und *Deutsche Zeitung*, da das Wort *Allgemeine* zur Abhebung genüge (BGH GRUR 1963, 378 – Deutsche Zeitung); *Effecten-Spiegel,* einem Journal für den Aktionär, der über das wirtschaftliche und speziell das Börsengeschehen berichtet, und dem politischen Nachrichtenmagazin *Der Spiegel*, weil bei Zeitschriftentiteln der größere oder geringere Unterschied zwischen Gegenstand, Aufmachung, Vertriebsform und Leserkreis ins Gewicht falle (BGH GRUR 1975, 604 – Effecten-Spiegel; s. auch BGHZ 21, 85 – Der Spiegel/Telegraf Wochen-Spiegel; HansOLG Hamburg WRP 1992, 490 – DER SPIEGEL); wenn sich ein Zeitschriftentitel aus einem auf den Gegenstand der Zeitschrift bezogenen Sachhinweis und der Bezeichnung *Spiegel* zusammensetze, so wirke diese in einem solchen zusammengesetzten Titel nur noch als Hinweis auf den Charakter, nicht aber als individueller Herkunftshinweis (BGH GRUR 1958, 141 – Spiegel der Woche); der Zeitschriftentitel *petra look* und *look*, wenn der Bestandteil *look* gegenüber *petra* optisch nicht besonders hervortrete (HansOLG Hamburg WRP 1991, 327 – LOOK).

**177c** **cc) Verwechslungsfähige Titel.** Als *verwechslungsfähige* Werktitel wurden beurteilt der Buchtitel *Pizza & Pasta* für ein Bildkochbuch mit Rezepten für alle Arten italienischer Teigwaren und dem Buchtitel *Pasta & Pizza* mit dem auf dem Einband befindlichen Untertitel *Gekonnt zubereitet* oder *Grandioso* für ein Bildkochbuch mit Rezepten für Pasta, Pizzas und andere Gerichte, da es auf den Gesamteindruck der beiden Bezeichnungen ankomme, der Verkehr die Titel regelmäßig nicht nebeneinander, sondern in zeitlichem Abstand und mit undeutlicher Erinnerung an den zunächst gesehenen Titel wahrnehme, zudem in der Erinnerung die übereinstimmenden Merkmale stärker seien als die Unterschiede (BGH GRUR 1991, 153 – Pizza & Pasta; s. zustimmend *Loschelder,* FS für Vieregge, 585, 598 f; kritisch zur Ausdehnung des Titelschutzes hinsichtlich der Anforderungen an die Kennzeichnungskraft, sowie zum Schutzumfang des aus beschreibenden Angaben gebildeten Sachbuchtitels *Kicker,* FS für Gaedertz, S. 273); die Zeitschriftentitel *IMPULSE* und *IMPULSE-Geschäftsideen* bzw *IMPULSE-Geschäftsidee* für Wirtschaftsmagazine (OLG Köln GRUR 1994, 346 – IMPULSE); der Buchtitel *Hören und Spielen* für ein zehn Jahre zuvor im Selbstverlag in einer Auflage von 60 Exemplaren im Selbstverlag herausgegebenes und auf den Vertrieb im Raum Göttingen beschränktes Musikbuch, das eine Methode im Musikunterricht beschreibt, und der Buchtitel *Hören+Spielen* für ein von einem großen Musikverlag herausgegebenes Buch, das eine Methode zum Erlernen des absoluten Gehörs beschreibt (OLG Köln, berichtet von *Loschelder,* FS für Vieregge, S. 585, 600f.); die Titelabkürzung *IPRax* der juristischen Zeitschrift *IPRax – Praxis des Internationalen Privat- und Verfahrensrechts* und die Titelabkürzung *WPrax* der Zeitschrift *Wirtschaftsrecht und Praxis – Beratungsreport für Anwälte und Unternehmer* (LG Düsseldorf EWiR 1996, 523 – IPRax mit Anm. *Schricker*); *Wheels Magazine* und *Wheels Nationals,* da der Verkehr, auch wenn er die beiden Werktitel nicht unmittelbar verwechselt, die Zeitschriften demselben Unternehmen als Teil einer Serie zuordnet (BGH GRUR 1999, 235 – Wheels Magazine).

### 3. Bekanntheitschutz eines Werktitels (§ 15 Abs. 3)

**178a** **a) Grundsatz.** Nach § 15 Abs. 3 kommt einem im Inland bekannten Werktitel ein gegenüber dem Verwechslungsschutz des Werktitels nach § 15 Abs. 2 erweiterter Schutzbereich zu, der unabhängig von dem Vorliegen von Verwechslungsgefahr besteht (s. dazu im einzelnen Rn 19). Unter Berücksichtigung des gegenüber der Marke unterschiedlichen Schutzgegenstandes eines Werktitels sind etwa die *Bekanntheit eines Werktitels* (s. zur Markenbekanntheit § 14, Rn 415 ff.), die *Werktitelausbeutung* (s. § 14, Rn 425 f.) und die *Werktitelverwässerung* (s. § 14, Rn 427) nach den vergleichbaren Kriterien des Bekanntheitsschutzes der Marke zu beurteilen (*Eichmann*, GRUR 1998, 201, 213).

**b) Werkähnlichkeit.** Der Bekanntheitsschutz der Marke nach § 15 Abs. 3 enthält keine dem Bekanntheitsschutz der Marke nach § 14 Abs. 2 Nr. 3 vergleichbare Regelung, die auf die Waren oder Dienstleistungen abstellt, die denen, für die die Marke Schutz genießt, nicht ähnlich sind. Im Markenrecht ist umstritten, ob der Bekanntheitsschutz der Marke nach § 14 Abs. 2 Nr. 3 auch innerhalb des Produktähnlichkeitsbereichs besteht, oder ob für die bekannte Marke innerhalb des Produktähnlichkeitsbereichs nur ein wettbewerbsrechtlicher Schutz nach § 1 UWG in Betracht kommt (s. dazu § 14, Rn 431, 435). Der kennzeichenrechtliche Bekanntheitsschutz eines Werktitels nach § 15 Abs. 3 besteht deshalb auch dann, wenn Ähnlichkeit zwischen den mit den Titeln gekennzeichneten Werken besteht (*Werkähnlichkeit*) und die Geschäftsbereiche und Tätigkeitsgebiete der Unternehmen als Inhaber der Werktitel ähnlich (*Branchenähnlichkeit*) sind (so auch Eichmann, GRUR 1998, 201, 213).

**178b**

**c) Entscheidungspraxis.** Entscheidungspraxis zum Bekanntheitsschutz eines Werktitels nach § 15 Abs. 3 liegt bislang nicht vor. Die Verwendung der Sendetitel *Tagesbild, Pro 7-Tagesbild* und *Pro 7-Tagesbilder* für eine TV-Nachrichtensendung wurde als unlautere Rufausbeutung des berühmten Sendetitels *Tagesschau* nach § 1 UWG beurteilt (HansOLG Hamburg GRUR 1999, 76 – Tagesschau I; zu den Titeln *Tagesreport* mit oder ohne den Zusatz *SAT.1-News* HansOLG Hamburg GRUR 1999, 80 – Tagesschau II).

**178c**

## X. Urheberrechtlicher Titelschutz

Der *urheberrechtliche* Schutz von Werk und Titel ist von dem *kennzeichenrechtlichen* Werktitelschutz zu unterscheiden. Urheberrechtsschutz kann nur in Betracht kommen, wenn der Titel für sich allein eine persönliche *geistige Schöpfung als Sprachwerk* darstellt. Das wird nur selten der Fall sein, denn gewöhnlich sucht der Titel nur den Inhalt des Werkes zu kennzeichnen, nicht aber einen selbständigen Gedanken auszudrücken. Das RG hat zunächst nur den wettbewerbsrechtlichen Schutz des Titels als Kennzeichen nach § 16 UWG aF gewährt (RGZ 112, 3, 4 – Brehms Tierleben; 112, 117 – Das Liebesleben in der Natur) und erst später einen urheberrechtlichen Schutz des Titels als Teil des Werkes anerkannt (RGZ 135, 209 – Der Brand im Opernhaus; *Möhring/Nicolini*, § 2 UrhG, Anm. 10 e; *Schricker/Loewenheim*, § 2 UrhG, Rn 35; *Voigtländer/Elster/Kleine*, Urheberrecht, § 1 K; *Runge*, Urheber- und Verlagsrecht, § 27 I; *G. Müller*, UFITA 7 (1934), 121; *Bappert*, GRUR 1949, 190; *Berthold/Hartlieb*, Filmrecht, S. 167, 174 ff.; aA *Ulmer*, Urheber- und Verlagsrecht, § 31 UrhG, Anm. III 2; *Deutsch*, GRUR 1958, 330 ff; *Allfeld*, Urheberrecht, S. 40; *Marwitz/Möhring*, § 1 UrhG, Anm. 36; s. auch OLG München UFITA 22 (1956) 235, 236 – Der Herrscher; HansOLG Hamburg GRUR 1956, 475, 476 – Bericht einer Siebzehnjährigen; OLG Celle GRUR 1961, 141 – La Chatte; OLG Köln UFITA 95 (1983) S. 344, 355 – Film als Film). Für sich allein betrachtet, wird ein Titel zumeist nicht die Erfordernisse eines schutzfähigen Werkes erfüllen können; die schöpferische Eigenart wird in der Regel fehlen oder jedenfalls nicht stark genug sein, um einen Urheberrechtsschutz zu begründen. Der Titel ist in erster Linie Kennzeichen eines Werkes. Ein selbständiger Titelschutz wurde abgelehnt für den Titel einer Schriftenreihe *Die Brücke zum Jenseits* (RGZ 123, 120); für den Bühnenwerktitel *Krach um Jolanthe* (KG UFITA 10 (1937), 182); für den Buchtitel *Der Nahe Osten rückt näher* (BGH GRUR 1960, 346 – Naher Osten); den Titel einer Fernsehfilmserie *Der 7. Sinn* (BGH GRUR 1977, 543 – Der 7. Sinn); den Buchtitel *Das verwaltete Elend unserer Städte: Obdachlosigkeit* (LG Köln AfP 1973, 489). Nur als Teil eines geschützten Werkes wird die Möglichkeit eines urheberrechtlichen Titelschutzes grundsätzlich bejaht (wenn auch für den entschiedenen Fall verneint RG GRUR 1937, 953 – Leichte Kavallerie). Der BGH hat die Frage bisher offengelassen (BGHZ 26, 52, 60 – Sherlock Holmes). Bejaht wurde ein urhe-

**179**

berrechtlicher Schutz für den Titel *Der Mensch lebt nicht vom Lohn allein* (OLG Köln GRUR 1962, 534 – Der Mensch lebt nicht vom Lohn allein). Verneint wurde ein urheberrechtlicher Schutz für die Titel *Der Herrscher* (OLG München UFITA 22 (1954), 235); *Die Stunde der Vergeltung* (OLG Frankfurt UFITA 26 (1958), 105); *Die Gentlemen bitten zur Kasse* (HansOLG Hamburg, *Schulze* OLGZ Nr. 83, S. 7). Sind Werk und Titel gemeinfrei geworden, so wird grundsätzlich auch der kennzeichenrechtliche Titelschutz entfallen, es sei denn, daß die Kennzeichenfunktion des Titels im Verkehr erhalten bleibt. Auch kann aus anderen Gründen der Gebrauch des Titels wettbewerbswidrig sein, insbesondere wenn irreführende Zusätze dem Titel hinzugefügt werden. Wettbewerbswidrig ist die Ankündigung des gemeinfrei gewordenen *Struwwelpeter* durch einen neuen Verleger unter dem Namen *Der alte Struwwelpeter*, was auf einen Neudruck durch den alten Verlag hinweist (OLG Dresden JW 1926, 1242; *Baumbach/Hefermehl*, Wettbewerbsrecht, § 1 UWG, Rn 575 ff.). Wird die Übersetzung eines Werkes frei, so wird dadurch, wenn das Urheberrecht am übersetzten Originalwerk noch besteht, der Titel in der Übersetzung nicht frei.

### J. Kennzeichenrechtliche Ansprüche

**Schrifttum zum WZG, UWG und MarkenG.** S. die Schrifttumsangaben zu § 14 F (vor Rn 503).

#### I. Allgemeines

##### 1. Regelungsübersicht

180 Nach § 15 Abs. 4 besteht bei Vorliegen einer Rechtsverletzung einer geschäftlichen Bezeichnung im Sinne der Absätze 2 oder 3 ein *Unterlassungsanspruch* des Inhabers der geschäftlichen Bezeichnung gegen die rechtsverletzende Benutzung seiner geschäftlichen Bezeichnung. Wenn die Rechtsverletzung der geschäftlichen Bezeichnung vorsätzlich oder fahrlässig begangen wird, dann besteht nach § 15 Abs. 5 ein *Schadensersatzanspruch* des Inhabers der geschäftlichen Bezeichnung gegen den Rechtsverletzer. Der Unterlassungs- und Schadensersatzanspruch bei einer Markenrechtsverletzung im Sinne des § 14 Abs. 2 bis 4 ist vergleichbar in § 14 Abs. 5 und 6 geregelt. Der Unterlassungs- und Schadensersatzanspruch bei einer Kennzeichenrechtsverletzung einer geographischen Angabe oder Ursprungsbezeichnung im Sinne des Art. 8 oder 13 der Verordnung (EWG) Nr. 2081/92 ist vergleichbar in § 135 Abs. 1 und 2 geregelt. Nach der Verweisungsnorm des § 15 Abs. 6 besteht eine *Haftung des Betriebsinhabers* für von Beauftragten oder Angestellten begangene Verletzungshandlungen als eine von einem eigenen Verschulden des Betriebsinhabers unabhängige Erfolgshaftung.

181 In Anspruchskonkurrenz (§ 2) zu den kennzeichenrechtlichen Ansprüchen nach § 15 Abs. 4 und 5 besteht ein *Abwehranspruch* (Unterlassungsanspruch und Beseitigungsanspruch) hinsichtlich der Tatbestände einer *Namensleugnung* und *Namensanmaßung* nach § 12 BGB. Da das Recht am Namen, der Firma oder der besonderen Geschäftsbezeichnung ein sonstiges Recht im Sinne des § 823 Abs. 1 BGB darstellt, besteht bei schuldhafter Verletzung dieses Rechts ein *Schadensersatzanspruch aus Delikt* (so schon RG JW 1930, 1699). Die Verletzung eines Kennzeichenrechts stellt zugleich einen Eingriff in das Recht am Unternehmen nach § 823 Abs. 1 BGB dar (*Baumbach/Hefermehl*, Wettbewerbsrecht, Allg, Rn 115 ff.). Nach dem Grundsatz der *Subsidiarität* des deliktsrechtlichen Unternehmensschutzes besteht insoweit allerdings nicht Anspruchskonkurrenz (§ 2), sondern kommt dem Kennzeichenrechtsschutz Vorrang vor dem allgemeinen Schutz des Rechts am Unternehmen zu (so zumindest zu § 16 Abs. 3 UWG BGHZ 8, 387 – Fernsprechnummer; s. auch *Baumbach/Hefermehl*, Wettbewerbsrecht, Allg, Rn 125). Anders wird das Konkurrenzverhältnis bei einer widerrechtlichen *Verwarnung* des Benutzers einer Bezeichnung entschieden (zur Firma s. BGHZ 14, 286 – Farina III; s. dazu *Baumbach/Hefermehl*, Wettbewerbsrecht, § 14 UWG).

##### 2. Darstellung

182 Für die kennzeichenrechtlichen Ansprüche gelten grundsätzlich die allgemeinen Rechtssätze des zivilrechtlichen Haftungsrechts. Die Kommentierung beschränkt sich auf die

Grundzüge und die kennzeichenrechtlichen Besonderheiten. Eine grundlegende Darstellung des *Rechtsschutzes im Wettbewerbs- und Markenrecht* enthält der Kommentar zum Wettbewerbsrecht (*Baumbach/Hefermehl*, Wettbewerbsrecht, Einl UWG, Rn 251 a ff.). *Hefermehl* behandelt die Rechtsgrundlagen des Rechtsschutzes (Rn 251 a bis 255), den Unterlassungsanspruch (Rn 256 bis 306), den Beseitigungs- und Widerrufsanspruch (Rn 307 bis 321), die Sachlegitimation und das Prozeßführungsrecht (Rn 322 bis 330), die Haftung der Presse (Rn 331 bis 338), den Schadensersatzanspruch (Rn 339 bis 397), die Ansprüche auf Auskunft und Rechnungslegung (Rn 398 bis 413) und den Herausgabeanspruch (Rn 414 bis 422). Der Kommentar zum Wettbewerbsrecht enthält zudem eine eingehende Darstellung des *Rechtsmißbrauchs im gewerblichen Rechtsschutz* (*Baumbach/Hefermehl*, Wettbewerbsrecht, Einl UWG, Rn 423 bis 451a) sowie eine Darstellung des *Erkenntnisverfahrens* (Rn 452 bis 524) und der *Zwangsvollstreckung* (Rn 574 bis 605). Auf diese klassische Kommentierung von *Hefermehl* zum Rechtsschutz im gewerblichen Rechtsschutz wird in diesem Kommentar verwiesen.

Die Regelungen des § 15 über den Unterlassungsanspruch (Abs. 4), den Schadensersatzanspruch (Abs. 5) und die Haftung des Betriebsinhabers für Angestellte und Beauftragte (Abs. 6) entsprechen den Regelungen des Markenschutzes nach § 14 Abs. 5 bis 7. Die Kommentierung zum Markenschutz gilt entsprechend für den Kennzeichenschutz geschäftlicher Bezeichnungen (s. § 14, Rn 503 ff.). Die folgenden Ausführungen enthalten ergänzende Anmerkungen zum Kennzeichenschutz geschäftlicher Bezeichnungen. **183**

## II. Unterlassungsanspruch (§ 15 Abs. 4)

### 1. Abwehranspruch

Auch wenn § 15 Abs. 4 ausdrücklich nur den Unterlassungsanspruch regelt, wird vom Anwendungsbereich der Vorschrift auch der Beseitigungsanspruch erfaßt. Die Regelung bezieht sich somit allgemein auf die Geltendmachung von *Abwehransprüchen* (zum Unterlassungsanspruch s. im einzelnen § 14, Rn 509 ff.). **184**

### 2. Einzelnes

Dem Kläger muß gegenüber dem Beklagten *ein besseres Recht* zur Benutzung der geschäftlichen Bezeichnung zustehen (s. zum erforderlichen Umfang einer Kennzeichenrecherche im einzelnen § 14, Rn 515 ff.). Wenn der Kläger selbst eine irreführende und deshalb nach den §§ 1, 3 UWG nicht schutzwürdige geschäftliche Bezeichnung benutzt, dann kann er nicht Unterlassung der Benutzung einer verwechslungsfähigen geschäftlichen Bezeichnung verlangen (RG MuW 1930, 316). Dies gilt auch dann, wenn es sich um eine rechtmäßig erworbene Firma handelt, die nachträglich infolge Veränderung der geschäftlichen Verhältnisse des Firmenträgers irreführend geworden ist. Wem selbst kein Recht zur Benutzung einer geschäftlichen Bezeichnung zukommt, der kann folglich die Benutzung einer geschäftlichen Bezeichnung einem anderen Wettbewerber nur dann verbieten, wenn die Benutzung der geschäftlichen Bezeichnung durch den Wettbewerber nach den §§ 1, 3 UWG wettbewerbswidrig ist. Wer rechtskräftig zur Löschung einer gleichlautenden Wortmarke oder eines gleichlautenden Firmenbestandteils gegenüber dem Beklagten verurteilt worden ist, der kann nicht aus einem Namensrecht oder Firmenrecht klagen (RG MuW 1936, 371). Bei geschäftlichen Bezeichnungen mit territorialer Verkehrsgeltung entscheidet der örtliche Geltungsbereich des Kennzeichenrechts. Der Unterlassungsanspruch verlangt kein Handeln in Wettbewerbsabsicht durch den Verletzer, wenn nicht die Wettbewerbswidrigkeit nach § 1 UWG geltend gemacht wird. **185**

Zulässige *Einwendungen* gegen den Abwehranspruch sind die mangelnde Unterscheidungskraft (s. Rn 158 f.), die Gebrauchsgestattung oder Lizenz (s. Rn 170), die Preisgabe (s. Rn 187), die Verjährung (§ 20) und die Verwirkung (§ 21), die Erschöpfung der geschäftlichen Bezeichnung (§ 24) sowie der Zeitvorrang des Kennzeichens des Verletzers (§ 6). **186**

Unter *Preisgabe* ist namentlich bei Wahlnamen die dauernde Aufgabe der Benutzung der geschäftlichen Bezeichnung zu verstehen (RGZ 101, 230). Wenn eine preisgegebene Firma zu einem späteren Zeitpunkt wieder aufgenommen wird, dann liegt darin eine Neubegrün- **187** dung des Kennzeichenrechts mit neuer Priorität (RG GRUR 1930, 193); anders ist zu entscheiden, wenn es sich nur um die Wiederbelebung eines zeitweilig stillgelegten Unternehmens handelt (RGZ 170, 274). Wenn der Betrieb eines Unternehmens deshalb ruht, weil das Unternehmen im Krieg zerstört worden ist, dann verliert dadurch die geschäftliche Bezeichnung, unter der das Unternehmen in der Vorstellung des Verkehrs weiterlebt, nicht den kennzeichenrechtlichen Schutz, sofern nur die Wiederaufnahme beabsichtigt und durchführbar ist (OLG Köln GRUR 1950, 239).

**188** Der *Eintritt der Erschöpfung* einer geschäftlichen Bezeichnung beurteilt sich nach § 24 (zur markenrechtlichen Erschöpfung s. § 24, Rn 7 ff., 59 ff.). Ein Firmeninhaber kann einem Dritten den Weitervertrieb seiner Produkte dann nicht untersagen, wenn diese von einem gemeinsamen Vorlieferanten mit Erlaubnis des Firmeninhabers mit dessen Firma gekennzeichnet, aber ohne dessen Erlaubnis versehentlich vom Vorlieferanten an den Dritten geliefert worden sind (BGH GRUR 1984, 545, 547 – Schamotte-Einsätze m. Anm. *Tilmann*). Der Firmeninhaber muß sich in diesem Fall rechtlich so behandeln lassen, als ob er selbst infolge eines innerbetrieblichen Organisationsfehlers die Ware in den Verkehr gebracht hätte.

**189** Unzulässig ist ein *Einwand aus fremden Recht*. Der Beklagte kann nicht einwenden, der Kläger führe die geschäftliche Bezeichnung einem Dritten gegenüber unbefugt (BGHZ 10, 196 – DUN-Europa; 24, 238 – tabu I; ÖOGH ÖBl. 1973, 41 – Tabac-Cosmetic). Das Gericht hat grundsätzlich nur zu prüfen, ob der Beklagte gegenüber dem Kläger befugt ist, die geschäftliche Bezeichnung zu benutzen. § 15 als auch § 12 BGB regeln allein die Befugnis zur Führung einer geschäftlichen Bezeichnung zwischen den Kollisionsparteien aufgrund der zwischen ihnen bestehenden Beziehungen. Einwände aus dem absoluten oder relativen Recht eines Dritten bleiben unberücksichtigt, wie etwa der Einwand, dem Kläger sei die Befugnis zur Führung der Firma nicht wirksam übertragen worden. Anderes gilt nur dann, wenn der Beklagte sich etwa darauf berufen kann, ihm sei von dem Inhaber der geschäftlichen Bezeichnung ein besseres Recht zur Mitbenutzung des Kennzeichens übertragen worden, als es dem Kläger zustehe. Stets kann der Beklagte allerdings einwenden, die Benutzung der geschäftlichen Bezeichnung stelle eine *Irreführung des Verkehrs* dar und sei im öffentlichen Interesse zu beseitigen; das gilt auch für eine nach Registerrecht (§§ 18 ff. HGB) unzulässige Firma. In diesen Fallkonstellationen handelt es sich nicht um den Einwand aus dem Recht eines Dritten, da die Benutzung einer geschäftlichen Bezeichnung, die gesetzwidrig oder wettbewerbswidrig ist, keinen Kennzeichenschutz gewährt.

**190** Der *Tenor des Unterlassungsurteils* ist so zu fassen, daß das Urteilsverbot die Beendigung der Rechtsverletzung verbürgt. Soweit sich Erlaubtes nicht vom Unerlaubten sondern läßt, ist auch das Erlaubte zu verbieten (BGH GRUR 1968, 212 – Hellige). Der Gebrauch einer Firma ist ganz zu untersagen, wenn der verbleibende Rest registerwidrig wäre (RG GRUR 1927, 64, 66). Einem Verwalter, der nach dem Zweck der Verwaltung zur Benutzung des Namens nur für Verwaltungshandlungen befugt ist, ist eine firmenmäßige Benutzung schlechthin zu verbieten (BGH GRUR 1960, 372 – Kodak). Im übrigen darf das Verbot nicht weiter gehen als nötig. Häufig genügt ein *unterscheidender Zusatz*, um Verwechslungen auszuschließen. Daher darf grundsätzlich nur die konkrete Benutzungsart, die dem Kläger gegenüber unbefugt ist, als die *konkrete Verletzungsform* verboten werden (BGH GRUR 1954, 70 – Rohrbogen; 1956, 183 – Drei-Punkt-Urteil; 1958, 189 – Zeiß; 1960, 384 – Mampe Halb und Halb; 1968, 212, 213 – Hellige). Das Gericht braucht nicht unterscheidungskräftige Zusätze zu suchen und sie den Parteien vorzuschlagen (BGH GRUR 1957, 561, 564 – REI-Chemie). Es muß dem Verletzer überlassen bleiben, ob und gegebenenfalls in welcher Form er durch Zusätze unter Beibehaltung des beanstandeten Namens oder Namensteils die Verwechslungsgefahr auszuräumen vermag (BGHZ 130, 276, 280 – Torres mit Anm. *Fezer*, GRUR 1995, 829; s. § 14, Rn 262). Das gilt auch für Firmen mit Weltgeltung, bei denen sich eine Verwechslungsgefahr durch Zusätze nur schwer ausschließen läßt (BGH GRUR 1958, 189, 196 – Zeiß). Bei unklarer Rechtslage trifft den Verletzer grundsätzlich das Fahrlässigkeitsrisiko. Von dem Grundsatz, eine Verurteilung sei nur auf die konkrete Verletzungsform auszusprechen, gibt es eine wichtige Ausnahme. Wenn sich aus der Einstellung oder dem Verhalten des Verletzers ergibt, daß von ihm auch künftig eine rechtmäßige Benutzung der Bezeichnung nicht zu erwarten ist, dann kann ein vollständiges Verbot der Benutzung der beanstandeten Bezeichnung ausgesprochen werden. Ein *allgemei-*

*nes Benutzungsverbot* ist etwa dann gerechtfertigt, wenn der Verletzer den fremden Namen in der Absicht gewählt hat, im Verkehr Verwechslungen herbeizuführen oder an fremdem Ruf zu schmarotzen oder sich an ihn anzulehnen (BGHZ 4, 96 – Urköl'sch; BGH GRUR 1955, 95 – Buchgemeinschaft I; 1960, 372 – Kodak; 1962, 91 – Jenaer Glas; 1968, 212, 213 – Hellige; OLG Frankfurt WRP 82, 420 – Multicolor). In solchen Fällen kann nur ein Verbot der Benutzung der Bezeichnung schlechthin die Interessen des Berechtigten wirksam schützen. Die Verurteilung gilt dann auch für den Fall, daß klarstellende Zusätze beigefügt werden. Ist die beanstandete Bezeichnung im Register eingetragen worden, so sichert nur die *Löschung* die Unterlassung der Rechtsverletzung; sie ist daher auf Antrag anzuordnen (RG GRUR 1937, 1090, 1093). Das gilt selbst dann, wenn die Eintragung rechtsbegründend wirkte, wie etwa bei einer *AG* oder *GmbH*; das Unternehmen muß eine andere Firma annehmen (RG MuW 1915, 86). Keinesfalls darf das Gericht einen Zwangsnamen zugunsten des Verletzten enteignen, indem es dem Träger jeglichen geschäftlichen Gebrauch untersagt. Beseitigung ist möglichste Wiederherstellung des früheren Zustands auf Kosten des Verletzers. Bei Namensleugnung gehören dazu stets ein Widerruf und eine Anerkennung des Namensrechts. War das Bestreiten öffentlich oder ist es in die Öffentlichkeit gedrungen, so ist *ein öffentlicher Widerruf* geboten. Unzulässig ist es, dem Verletzer zu verbieten, eine ähnliche verwechslungsfähige Bezeichnung zu verwenden; dadurch würde die im Erkenntnisverfahren zu treffende Entscheidung darüber, was erlaubt ist, in die Vollstreckungsinstanz verschoben (BGH GRUR 1958, 346, 350 – Spitzenmuster; 1963, 430, 431 – Erdener Treppchen; *Baumbach/Hefermehl*, Wettbewerbsrecht, Einl UWG, Rn 481).

## III. Schadensersatzanspruch (§ 15 Abs. 5)

### 1. Grundsatz

Nach § 15 Abs. 5 besteht ein *Schadensersatzanspruch,* wenn die kennzeichenrechtliche Verletzung der geschäftlichen Bezeichnung im Sinne des § 15 Abs. 2 oder 3 *vorsätzlich* oder *fahrlässig* begangen wird. Der Verletzer ist zum Ersatz des durch die Verletzung der geschäftlichen Bezeichnung entstandenen Schadens verpflichtet (zum Schadensersatz s. im einzelnen § 14, Rn 513 ff.).

### 2. Einzelnes

Auch wenn der Maßstab der Fahrlässigkeit als der im Verkehr erforderlichen Sorgfalt objektiv zu bestimmen ist, so ist doch stets die Lage nach den besonderen Umständen des konkreten Einzelfalles zu berücksichtigen. Der *objektive Fahrlässigkeitsmaßstab* ist auf die typischen Fallkonstellationen abzustellen. Großunternehmen mit Markenabteilungen sind über die Marktverhältnisse und die Rechtslage regelmäßig besser unterrichtet als etwa ein Minderkaufmann. Je krasser die objektive Rechtsverletzung erscheint, um so stärker besteht eine tatsächliche Vermutung für ein Verschulden. Vor der Ingebrauchnahme einer geschäftlichen Bezeichnung ist eine gewissenhafte *Kennzeichenrecherche* dahin erforderlich, daß ein besseres Recht eines anderen nicht verletzt wird. Die erforderlichen Recherchen richten sich nach dem objektiv Möglichen und Zumutbaren (BGH GRUR 1960, 186 – Arctos; 1971, 251 – Oldtimer; s. zum erforderlichen Umfang einer Markenrecherche im einzelnen § 14, Rn 515 ff.). Die Markenblätter des DPMA bieten Informationen nicht nur über Produktkennzeichen (RG GRUR 1941, 372, 376 – Schottenmuster). Die Inanspruchnahme einer Kennzeichenrecherche durch private Institute kann erforderlich sein (BGH GRUR 1957, 222 – Sultan; 1960, 186, 189 – Arctos). Der Umfang der Nachforschungspflichten richtet sich nach der Unternehmensgröße und der Branchenzugehörigkeit, nicht aber nach dem bisherigen Unternehmenszuschnitt (zum Vertrieb von No-name-Produkten OLG Köln WRP 1978, 226, 228). Eine Umfrage bei sämtlichen Handelsregistern ist unzumutbar, in der Regel auch eine Nachforschung im Bundesanzeiger (BGH GRUR 1974, 735, 737 – Pharmamedan; s. auch *Malzer*, GRUR 1974, 697).

## IV. Andere zivilrechtliche Ansprüche

**193** Die Kennzeichenrechtsverletzung einer geschäftlichen Bezeichnung kann neben dem in § 15 Abs. 4 und 5 geregelten Ansprüchen auf Unterlassung und Schadensersatz weitere zivilrechtliche Ansprüche begründen. In Betracht kommt ein *Auskunftsanspruch* (s. § 14, Rn 525 ff.), ein *Rechnungslegungsanspruch* (s. § 14, Rn 528), ein *Geschäftsführungsanspruch* (s. § 14, Rn 529) und ein *Bereicherungsanspruch* (s. § 14, Rn 530).

## V. Haftung des Betriebsinhabers für Angestellte und Beauftragte (§§ 15 Abs. 6 iVm 14 Abs. 7)

**194** Nach der Verweisungsnorm des § 15 Abs. 6 besteht nach § 14 Abs. 7 eine *Haftung des Betriebsinhabers* für Verletzungshandlungen, die von Angestellten oder Beauftragten begangen werden. Nach dieser Vorschrift besteht eine von einem eigenen Verschulden des Geschäftsherrn unabhängige Erfolgshaftung bei schuldhaftem Handeln des Beauftragten oder Angestellten; eine etwa daneben bestehende Haftung des Beauftragten oder Angestellten selbst bleibt unberührt (s. zur Haftung des Betriebsinhabers im einzelnen § 14, Rn 531 ff.).

## K. Rechtslage nach dem ErstrG

**195** Das ErstrG enthält keine Regelungen zur *Erstreckung geschäftlicher Bezeichnungen* und zur Lösung von *Kollisionen geschäftlicher Bezeichnungen* untereinander. Die Rechtslage bei geschäftlichen Bezeichnungen, die vor dem Beitritt der DDR zur Bundesrepublik Deutschland durch Benutzung erworben worden sind, ist dadurch gekennzeichnet, daß mit dem Inkrafttreten der entsprechenden Rechtsvorschriften des Bundesrechts im Gebiet der ehemaligen DDR eine einheitliche Rechtsgrundlage für den Schutz solcher Rechte gemäß § 16 UWG aF und § 12 BGB geschaffen wurde. Die Territorialität der durch Benutzung erworbenen Kennzeichenrechte wurde bereits mit der Herstellung der Wirtschafts- und Währungsunion zum 1. Juli 1990 überwunden. Mit der Schaffung eines einheitlichen gesamtdeutschen Wirtschaftsraums und der Eröffnung eines ungehinderten Waren- und Dienstleistungsverkehrs wurde bereits die Möglichkeit zur Erlangung eines übergreifenden Schutzes eröffnet (s. dazu *v. Mühlendahl*, GRUR 1990, 719, 736). Im Gegensatz zu den eingetragenen Markenrechten wurden die durch Benutzung erworbenen geschäftlichen Bezeichnungen durch den Einigungsvertrag auch nicht in ihrer territorialen Wirkung auf ihr bisheriges Schutzgebiet beschränkt (BGHZ 127, 262, 274 – NEUTREX). Ihr *Schutzbereich* erstreckt sich vielmehr auf das *gesamte Bundesgebiet*. Eine automatische Erstreckung des bisher beschränkten räumlichen Schutzbereichs auf das Gesamtgebiet ist nicht nur bei Kennzeichenrechten mit *originärer Unterscheidungskraft* anzuerkennen, sondern auch bei kraft *Verkehrsgeltung* geschützten Rechten (tendenziell BGHZ 130, 134, 142 – Altenburger Spielkartenfabrik; BGH GRUR 1997, 661, 662 – B.Z/Berliner Zeitung; OLG Stuttgart WRP 1993, 269, 277; BezG Dresden GRUR 1992, 338 – Gelbe Seiten; *v. Mühlendahl*, GRUR 1990, 719, 736; *Knaak*, GRUR 1991, 891, 894 ff.). Die dogmatische Grundlage für eine automatische Schutzrechtserstreckung bei Kennzeichen mit originärer Unterscheidungskraft läßt sich in den Grundsätzen des Ausdehnungsschutzes finden (so *v. Mühlendahl*, GRUR 1990, 719, 736; *Knaak*, GRUR 1991, 891, 895; s. dazu auch *Stögmüller*, GRUR Int 1993, 32, 45 f.). Ob die Erstreckung des räumlichen Schutzbereichs bei kraft Verkehrsgeltung geschützten Rechten als Ausdehnungsschutz oder als Zubilligung eines vorübergehenden gesamtdeutschen Verkehrsschutzes auf niedrigerem Durchsetzungsniveau begründet werden kann, ist eine dogmatische Frage (*Knaak*, GRUR 1991, 891, 895 f.). Die Annahme einer automatischen Erstreckung soll jedoch dann ausgeschlossen sein, wenn der räumliche Schutzbereich eines Unternehmenskennzeichens seiner Natur nach beschränkt ist, namentlich weil der Geschäftsbetrieb seiner Natur nach orts- oder regionengebunden ist, oder weil die Kennzeichnung des Unternehmens nur auf einer auf einen bestimmten Wirtschaftsraum beschränkten Verkehrsgeltung beruht (BGHZ 130, 134, 141 f. – Altenburger Spielkartenfabrik).

*Kollisionen von geschäftlichen Bezeichnungen,* die dadurch entstehen, daß infolge der Erstreckung vor dem 3. Oktober 1990 in den beiden deutschen Teilstaaten erworbene Kennzeichenrechte aufeinandertreffen, sind nach der Rechtsprechung des BGH nach den zum *Recht der Gleichnamigen* entwickelten Grundsätzen (s. Rn 92 ff.) zu behandeln (BGHZ 130, 134, 143 – Altenburger Spielkartenfabrik; BGH GRUR 1997, 661, 662 – B.Z./Berliner Zeitung; so auch HansOLG Hamburg NJW-RR 1993, 687, 688; aA OLG Stuttgart WRP 1993, 269, 277 mit Anm. *Berg*; kritisch auch *Bär-Bouyssière,* DtZ 1996, 69, 71). Ausgangspunkt der vom BGH herangezogenen Kollisionsregelung ist der Grundsatz der *Koexistenz.* Die bestehende Verwechslungsgefahr ist durch eine unterschiedliche Gestaltung der geschäftlichen Bezeichnung weitgehend auszuräumen, wie namentlich durch die *Verwendung unterscheidungskräftiger Zusätze.* Im Wege der *Interessenabwägung* ist zu bestimmen, welcher der beiden Schutzrechtsinhaber zur Beseitigung oder Verminderung der Verwechslungsgefahr durch geeignete Maßnahmen beizutragen hat (BGHZ 130, 134, 147 ff. – Altenburger Spielkartenfabrik; BGH GRUR 1997, 661, 662 – B.Z./Berliner Zeitung). Die Lösung von Kollisionen durch die Verwendung unterscheidungskräftiger Zusätze wurde für eingetragene Marken im Hinblick auf einen wirksamen Markenschutz abgelehnt und zugunsten einer Ausschließlichkeitslösung entschieden (s. dazu Begründung zum ErstrG, BT-Drucks. 12/1399 vom 30. Oktober 1991, S. 24). Im Schrifttum wird vorgeschlagen, die Kollisionen geschäftlicher Bezeichnungen nach den gleichen Grundsätzen zu behandeln wie sie für Kollisionen eingetragener Marken gelten (*Knaak,* GRUR 1991, 891, 898 f.; *Berg,* FS 100 Jahre Marken-Amt, S. 43, 44 Fn 3; zur Rechtslage nach dem ErstrG im einzelnen s. Einl, Rn 44 ff.).

**Wiedergabe einer eingetragenen Marke in Nachschlagewerken**

**16** **(1) Erweckt die Wiedergabe einer eingetragenen Marke in einem Wörterbuch, einem Lexikon oder einem ähnlichen Nachschlagewerk den Eindruck, daß es sich bei der Marke um eine Gattungsbezeichnung für die Waren oder Dienstleistungen handelt, für die die Marke eingetragen ist, kann der Inhaber der Marke vom Verleger des Werkes verlangen, daß der Wiedergabe der Marke ein Hinweis beigefügt wird, daß es sich um eine eingetragene Marke handelt.**

**(2) Ist das Werk bereits erschienen, so beschränkt sich der Anspruch darauf, daß der Hinweis nach Absatz 1 bei einer neuen Auflage des Werkes aufgenommen wird.**

**(3) Die Absätze 1 und 2 sind entsprechend anzuwenden, wenn das Nachschlagewerk in der Form einer elektronischen Datenbank vertrieben wird oder wenn zu einer elektronischen Datenbank, die ein Nachschlagewerk enthält, Zugang gewährt wird.**

Inhaltsübersicht

|  | Rn |
|---|---|
| A. Allgemeines | 1 |
| B. Regelungsübersicht und Normzweck | 2 |
| C. Voraussetzungen einer Verpflichtung zum Markenhinweis | 3–9 |
|    I. Art der Nachschlagewerke | 3, 4 |
|    II. Anschein einer Gattungsbezeichnung | 5, 6 |
|       1. Produktbezug | 5 |
|       2. Verständiger Nutzer | 6 |
|    III. Art der Marke | 7 |
|    IV. Art des Markenhinweises | 8 |
|    V. Werkauflagen | 9 |
| D. Anspruchsinhalt und Anspruchsgegner | 10, 11 |
|    I. Anspruchsinhalt | 10 |
|    II. Anspruchsgegner | 11 |

**Schrifttum zum WZG.** *Bußmann,* Die Grenzen des Zeichenschutzes, GRUR 1952, 313; *Storkebaum,* Schutzminderung des eingetragenen Warenzeichens durch wissenschaftlichen Gebrauch, NJW 1952, 643; *Storkebaum,* Benutzung von Warenzeichen in wissenschaftlichen Veröffentlichungen, MA 1955, 624.

**Schrifttum zum MarkenG.** *Ingerl,* Der Schutz eingetragener Marken vor Wiedergabe als Gattungsbezeichnung in Nachschlagewerken, WRP 1997, 817.

## A. Allgemeines

**1** Die Vorschrift des § 16 regelt das Erfordernis eines Hinweises als eingetragene Marke bei der Wiedergabe einer eingetragenen Marke in Nachschlagewerken, wenn dadurch der Eindruck einer Gattungsbezeichnung entstehen kann. Das WZG enthielt keine entsprechende Regelung. Es handelt sich bei dieser Vorschrift auch nicht um eine Umsetzung der MarkenRL, die aber einer solchen den Markenschutz verstärkenden Vorschrift nicht entgegensteht.

## B. Regelungsübersicht und Normzweck

**2** Regelungsgegenstand der Vorschrift ist die *Wiedergabe einer eingetragenen Marke in Nachschlagewerken*. Nach § 16 Abs. 1 hat der Inhaber der eingetragenen Marke gegen den Verleger des Nachschlagewerkes einen Anspruch dahin, daß der Wiedergabe der Marke in dem Nachschlagewerk dann der Hinweis beigefügt wird, es handele sich um eine eingetragene Marke, wenn die Wiedergabe der Marke den Eindruck erweckt, bei der Marke handele es sich um eine Gattungsbezeichnung für die Waren oder Dienstleistungen. Es ist *Normzweck* der Vorschrift, im Interesse des Markeninhabers der *Entwicklung von Marken zu Gattungsbezeichnungen entgegenzuwirken*. Die Vorschrift verstärkt das Ausschließlichkeitsrecht des Markeninhabers über den Anwendungsbereich des § 14 hinaus. Zwar stellt die markenmäßige Benutzung keine rechtliche Voraussetzung einer Markenrechtsverletzung im Sinne des § 14 Abs. 2 dar und kann sich der Markeninhaber gegen jede unbefugte Benutzung seiner Marke im geschäftlichen Verkehr zur Wehr setzen (s. § 14, Rn 39). Die Kollisionstatbestände einer Markenrechtsverletzung des § 14 Abs. 2 Nr. 1 bis 3 haben aber die Benutzung des Zeichens im geschäftlichen Verkehr ohne Zustimmung des Markeninhabers zur rechtlichen Voraussetzung. Die Benutzung einer Marke in Nachschlagewerken stellt kein Handeln im geschäftlichen Verkehr im Sinne des MarkenG dar (s. § 14, Rn 44). Ohne den in § 16 Abs. 1 dem Markeninhaber gewährten Anspruch stünden diesem keine markenrechtlichen Ansprüche gegen den Verleger eines Nachschlagewerkes zu. Schon nach der Rechtslage im WZG wurde vorgeschlagen, bei der Benutzung einer Marke in wissenschaftlichen Abhandlungen, Lehrbüchern, Kommentaren, Enzyklopädien, Lexika oder ähnlichen Nachschlagewerken dem Markeninhaber einen außerwarenzeichenrechtlichen Anspruch dahin zu gewähren, daß die Veröffentlichung nicht ohne Hinweis auf die Eigenschaft des Zeichens als Marke erfolgen dürfe (*Bußmann*, GRUR 1952, 315; *Storkebaum*, NJW 1952, 643; *Storkebaum*, MA 1955, 624, 628; *Baumbach/Hefermehl*, § 15 WZG, Rn 35; *Storkebaum/Kraft*, § 15 WZG, Rn 23). Ein entsprechender Anspruch wurde für die Aufnahme in Patentschriften angenommen. Rechtsgrundlage eines solchen außerwarenzeichenrechtlichen Anspruchs war eine widerrechtliche Verletzung des Rechts am eingerichteten und ausgeübten Gewerbebetrieb nach § 823 Abs. 1 BGB, wenn als Folge der Benutzung des Warenzeichens in dem veröffentlichten Werk eine Beeinträchtigung der Kennzeichnungskraft der Marke zu besorgen war.

## C. Voraussetzungen einer Verpflichtung zum Markenhinweis

### I. Art der Nachschlagewerke

**3** Die Wiedergabe der Marke muß in einem Wörterbuch, einem Lexikon oder einem ähnlichen Nachschlagewerk erfolgen. Einem *Nachschlagewerk ähnliche Werke* sind solche Veröffentlichungen, die lexikalischen Zwecken dienen. Man wird die Vorschrift aber auch auf wissenschaftliche Werke wie Enzyklopädien, Lehrbücher und Kommentare anwenden können. Eine restriktive Auslegung der Vorschrift hinsichtlich der Art der Nachschlagewerke ist dann nicht geboten, wenn man das Tatbestandsmerkmal, den Eindruck einer Gattungsbezeichnung zu erwecken, nicht leichthin als erfüllt ansieht (s. Rn 5 f.).

**4** Die Verpflichtung zur Beifügung eines Markenhinweises besteht nach § 16 Abs. 3 auch dann, wenn das Nachschlagewerk in der Form einer *elektronischen Datenbank* vertrieben wird. Das gleiche gilt, wenn zu einer elektronischen Datenbank, die ein Nachschlagewerk enthält, Zugang gewährt wird.

## II. Anschein einer Gattungsbezeichnung

### 1. Produktbezug

Die Wiedergabe der eingetragenen Marke in dem Nachschlagewerk muß den Eindruck erwecken, es handele sich bei der Marke um eine Gattungsbezeichnung für die Waren oder Dienstleistungen, für die die Ware in das Markenregister eingetragen worden ist. Der Anschein einer Gattungsbezeichnung muß konkret für die eingetragenen Produkte hervorgehoben werden. Eine Bezeichnung, die für bestimmte Produkte eine Gattungsbezeichnung darstellt, wie etwa *apple* für Obst, kann für andere Produkte eine Phantasiebezeichnung sein, wie etwa *Apple* für Computer. Entscheidend ist der Produktbezug der Gattungsbezeichnung.

### 2. Verständiger Nutzer

Ob die Wiedergabe der Marke in dem Nachschlagewerk den Eindruck erweckt, es handele sich bei der Marke um eine Gattungsbezeichnung, ist aus der Sicht eines verständigen Nutzer des Nachschlagewerks zu beurteilen. Weder ist auf die Vorstellungen eines mit entsprechenden Nachschlagewerken nicht vertrauten oder gar eines flüchtigen Nutzers abzustellen, noch ist eine entsprechende Fehlvorstellung eines nur geringen Teils des Nutzerkreises ausreichend. Die Gefahr einer Entwicklung der Marke zu einer Gattungsbezeichnung besteht nicht allein aufgrund der Tatsache der Wiedergabe der Marke in einem Nachschlagewerk, sie ist vielmehr aufgrund weiterer Umstände festzustellen. Es ist vor allem zu berücksichtigen, in welchem Kontext der Veröffentlichung die Marke in dem Nachschlagewerk benutzt wird. Maßgebend ist dabei der Inhalt des Textes sowie die Art der Darstellung. So ist die Erwähnung der Marke *Tempo* als Beispiel einer bekannten Marke in einem Kommentar zum MarkenG anders zu beurteilen als die Erläuterung des Begriffs *Tempo* als ein Papiertaschentuch in einem enzyklopädischen Lexikon.

## III. Art der Marke

Die Vorschrift ist zum einen nur auf Marken, nicht auch auf die sonstigen Kennzeichen des MarkenG wie die geschäftlichen Bezeichnungen und geographischen Herkunftsangaben anzuwenden. Ihr Anwendungsbereich ist zum anderen auf *eingetragene Marken* beschränkt und nicht auf die anderen nach der Entstehung des Markenschutzes zu unterscheidenden Kategorien von Marken des § 4 Nr. 2 und 3 auszudehen. Zwar besteht der Normzweck, der Entwicklung von Marken zu Gattungsbezeichnungen entgegenzuwirken, auch bei Marken mit Verkehrsgeltung oder Notorietät. Es ist aber schon aus Gründen der Rechtssicherheit zum einen geboten, von einem Verleger einen Markenhinweis nur hinsichtlich solcher aus dem Markenregister ersichtlicher Marken zu verlangen, wie zum anderen dem Markeninhaber einer benutzten oder notorisch bekannten Marke die Eintragung der Marke in das Markenregister zuzumuten. Als eingetragene Marken kommen alle Arten von Marken wie etwa Wortmarken, Bildmarken oder Hörmarken in Betracht.

## IV. Art des Markenhinweises

Das Gesetz schreibt nicht vor, in welcher Form ein Hinweis, es handele sich um eine eingetragene Marke, der Wiedergabe der Marke in dem Nachschlagewerk beizufügen ist. Es ist Sache des Verlegers, wie er dieser Verpflichtung aus § 16 Abs. 1 nachkommt. Entscheidend ist allein, daß der Eindruck, es handele sich bei der Marke um eine Gattungsbezeichnung für die eingetragenen Produkte, beseitigt wird. So kann der Anschein einer Gattungsbezeichnung schon aufgrund der Art des Begleittextes vermieden oder aufgrund bestimmter Erläuterungen beseitigt werden. Ausreichend ist einer der verkehrsüblichen Markenhinweise, die zum Ausdruck bringen, daß es sich um eine aufgrund Eintragung in das Markenregister geschützte Marke handelt. Solche aufklärenden Markenhinweise sind etwa die Ausdrücke Schutzmarke, Produktmarke, Warenmarke, Dienstleistungsmarke, Warenzeichen, geschützte Marke, eingetragene Marke, registered trademark oder entsprechende Abkürzungen wie Wz oder der Buchstabe R in kleiner oder großer Schreibweise mit oder ohne einem Kreis umrandet.

## V. Werkauflagen

**9** Wenn die Voraussetzungen zur Verpflichtung eines Markenhinweises vorliegen, dann ist der Hinweis schon in der ersten Auflage des Nachschlagewerkes der Wiedergabe der eingetragenen Marke beizufügen. Diese Verpflichtung besteht auch für die weiteren Auflagen des Werkes. Wenn das Nachschlagewerk ohne den erforderlichen Markenhinweis bereits erschienen ist, dann beschränkt sich nach § 16 Abs. 2 der Anspruch darauf, den Markenhinweis bei einer neuen Auflage des Werkes aufzunehmen. Die Verpflichtung etwa durch Beilage eines Blattes mit einem aufklärenden Markenhinweis nachzuholen, wird als ein unverhältnismäßiger Eingriff in das bereits erschienene Werk zu beurteilen sein (so Begründung zum MarkenG, BT-Drucks. 12/6581 vom 14. Januar 1994, S. 77).

## D. Anspruchsinhalt und Anspruchsgegner

### I. Anspruchsinhalt

**10** Der Inhalt des Anspruchs aus § 16 Abs. 1 geht ausschließlich auf die Beifügung eines aufklärenden Hinweises bei der Wiedergabe der Marke in dem Nachschlagewerk. Da wegen des lexikalischen Zweckes der Benutzung der Marke ein Handeln im geschäftlichen Verkehr im Sinne des MarkenG nicht gegeben ist, liegt eine Markenverletzung im Sinne des § 14 Abs. 2 nicht vor, so daß weder ein markenrechtlicher Unterlassungsanspruch noch ein markenrechtlicher Schadensersatzanspruch besteht. Schon nach der Rechtslage im WZG war aber anerkannt, daß die lexikalische Benutzung einer Marke ohne Hinweis auf die Zeicheneigenschaft bei Vorliegen besonderer Umstände einen Eingriff in das Recht am Unternehmen nach § 823 Abs. 1 BGB darstellen kann. Die Regelung des § 16 schließt die Anwendung deliktsrechtlicher Vorschriften nach § 2 nicht aus. Im Fall einer Wiedergabe einer eingetragenen Marke in einem Nachschlagewerk ohne einen entsprechenden Markenhinweis kommt insoweit ein *Unterlassungsanspruch*, etwa als vorbeugender Unterlassungsanspruch vor Erscheinen der Erstauflage nach den §§ 823 Abs. 1, 1004 BGB, als auch bei Vorliegen von Verschulden ein *Schadensersatzanspruch* nach § 823 Abs. 1 BGB in Betracht. Die Einschränkung des § 16 Abs. 2 gilt auch für die deliktischen Ansprüche. Da die Verpflichtung aus § 16 zur Beifügung eines aufklärenden Markenhinweises im Interesse des Markeninhabers am Rechtsbestand seines Ausschließlichkeitsrechts besteht, stellt die Vorschrift ein Schutzgesetz im Sinne des § 823 Abs. 2 BGB dar, so daß sich die entsprechenden Unterlassungs- und Schadensersatzansprüche auch unter dem Gesichtspunkt eines Schutzgesetzverstoßes ergeben.

### II. Anspruchsgegner

**11** In den Fallkonstellationen des § 16 Abs. 1 und 2 richtet sich der Anspruch auf Beifügung eines Markenhinweises gegen den *Verleger des Nachschlagewerkes*. Der Verleger des Werkes ist in § 16 Abs. 1 ausdrücklich als Anspruchsgegner genannt. Bei der Fallkonstellation einer Speicherung der Marke in einer elektronischen Datenbank wird in § 16 Abs. 3 nicht ausdrücklich geregelt, wer Anspruchsgegner ist, dies ist vielmehr der Rechtsprechung überlassen (Begründung zum MarkenG, BT-Drucks. 12/6581 vom 14. Januar 1994, S. 77). Anspruchsgegner ist derjenige, der die *Verfügungsgewalt* über den die Marken enthaltenden Text oder das Bild sowie über die elektronische Datenbank innehat. Wenn das Nachschlagewerk in der Form einer elektronischen Datenbank vertrieben wird, ist Anspruchsgegner regelmäßig derjenige, der die Datenbank vertreibt. Wenn zu einer elektronischen Datenbank, die ein Nachschlagewerk enthält, Zugang gewährt wird, dann ist Anspruchsgegner regelmäßig derjenige, der den Zugang zur Datenbank regelt. Wenn einem Dritten die Verfügungsgewalt über die elektronische Datenbank zukommt, dann kann auch der Dritte Anspruchsgegner sein.

### Ansprüche gegen Agenten oder Vertreter

**17** (1) Ist eine Marke entgegen § 11 für den Agenten oder Vertreter des Inhabers der Marke ohne dessen Zustimmung angemeldet oder eingetragen worden, so ist der Inhaber der Marke berechtigt, von dem Agenten oder Vertreter die Übertragung des durch die Anmeldung oder Eintragung der Marke begründeten Rechts zu verlangen.

(2) ¹Ist eine Marke entgegen § 11 für einen Agenten oder Vertreter des Inhabers der Marke eingetragen worden, so kann der Inhaber die Benutzung der Marke im Sinne des § 14 durch den Agenten oder Vertreter untersagen, wenn er der Benutzung nicht zugestimmt hat. ²Handelt der Agent oder Vertreter vorsätzlich oder fahrlässig, so ist er dem Inhaber der Marke zum Ersatz des durch die Verletzungshandlung entstandenen Schadens verpflichtet. ³§ 14 Abs. 7 ist entsprechend anzuwenden.

#### Inhaltsübersicht

| | Rn |
|---|---|
| A. Regelungszusammenhang | 1 |
| B. Übertragungsanspruch (§ 17 Abs. 1) | 2–5 |
|    I. Rechtswidrige Agentenmarke als Rechtsgrund des Übertragungsanspruchs | 2 |
|    II. Anspruchsinhalt | 3 |
|    III. Verschuldensunabhängiger Anspruch | 4 |
|    IV. Anspruchsgegner | 5 |
| C. Unterlassungsanspruch (§ 17 Abs. 2 S. 1) | 6, 7 |
|    I. Anspruchsinhalt | 6 |
|    II. Anspruchsgegner | 7 |
| D. Schadensersatzanspruch (§ 17 Abs. 2 S. 2) | 8 |
| E. Haftung des Betriebsinhabers | 9 |
| F. Haftung Dritter bei Weitervertrieb | 10 |

**Schrifttum zum WZG.** *Bauer*, Die Agentenmarke (Art. 6[septies] PVÜ), GRUR Int 1971, 496; *Bauer*, Die Agentenmarke, 1972.

**Schrifttum zum MarkenG.** *Ingerl*, Die Neuregelung der Agentenmarke im Markengesetz, GRUR 1998, 1.

## A. Regelungszusammenhang

Wenn eine Marke ohne Zustimmung des Markeninhabers für dessen Agenten oder Vertreter eingetragen wird, dann besteht nach § 11 für diese Agentenmarke ein Löschungsgrund. Die Vorschrift des § 11 beschränkt sich darauf, die rechtswidrige Agentenmarke als ein relatives Schutzhindernis zu normieren. Dem Markeninhaber steht ein Widerspruchsgrund nach § 42 Abs. 2 Nr. 3 und die Löschungsklage wegen Nichtigkeit der Agentenmarke nach § 51 Abs. 1 zu. Den Interessen des Markeninhabers wird aber die *Nichtigerklärung der Agentenmarke* nicht ausreichend gerecht. Dem Markeninhaber wird es vielmehr darauf ankommen, selbst das Markenrecht zu erwerben, um namentlich die mit der Eintragung der Agentenmarke verbundenen Prioritätsrechte zu wahren. Aus diesem Grunde gewährt § 17 Abs. 1 dem Markeninhaber gegen den ungetreuen Agenten oder Vertreter einen *Anspruch auf Übertragung* der angemeldeten oder eingetragenen Marke. Die Übertragungsklage entspricht Art. 6[septies] Abs. 1 PVÜ, nach dem der Markeninhaber die Übertragung der rechtswidrigen Eintragung der Agentenmarke zu seinen Gunsten verlangen kann, wenn die Gesetzgebung des Verbandsstaates es zuläßt. Nach § 17 Abs. 2 S. 1 steht dem Markeninhaber gegen den ungetreuen Agenten oder Vertreter ferner ein *Anspruch auf Unterlassung* der Benutzung der Agentenmarke zu, wenn er der Benutzung nicht zugestimmt hat. Die Vorschrift entspricht Art. 6[septies] Abs. 2 PVÜ, nach dem der Inhaber der Marke berechtigt ist, sich dem Gebrauch seiner Marke durch seinen Agenten oder Vertreter zu widersetzen, wenn er diesen Gebrauch nicht gestattet hat. Nach § 17 Abs. 2 S. 2 steht dem Markeninhaber gegen den ungetreuen Agenten oder Vertreter, wenn dieser vorsätzlich oder fahrlässig gehandelt hat, ein *Schadensersatzanspruch* zu. Nach den §§ 17 Abs. 2 S. 3 iVm mit 14 Abs. 7 besteht der Unterlassungsanspruch und Schadensersatzanspruch auch gegen den *Inhaber eines geschäftlichen Betriebes*, dessen Angestellter oder Beauftragter die Marke ohne Zustimmung des Inhabers zur Eintragung in das Register angemeldet haben.

## B. Übertragungsanspruch (§ 17 Abs. 1)

### I. Rechtswidrige Agentenmarke als Rechtsgrund des Übertragungsanspruchs

2   Voraussetzung des Übertragungsanspruchs ist das Bestehen eines relativen Schutzhindernisses im Sinne des § 11. Der *Löschungsgrund der rechtswidrigen Agentenmarke* nach § 11 stellt den *Übertragungsgrund* im Sinne des § 17 dar. Der Übertragungsanspruch besteht nur dann, wenn die zu übertragende Marke ohne Zustimmung des Inhabers der Marke für dessen Agenten oder Vertreter eingetragen worden ist. § 17 erweitert den Übertragungsanspruch auf die angemeldete Marke; der Übertragungsanspruch besteht nicht erst ab dem Zeitpunkt der Eintragung der Marke in das Register. Der Rechtsgrund des Übertragungsanspruchs beruht auf der *Verletzung des Agenten- oder Vertreterverhältnisses* durch die Anmeldung der Marke zur Eintragung. Der Anwendungsbereich des § 17 ist auf die *rechtswidrige* Agentenmarke im Sinne des § 11 beschränkt. Ein Übertragungsanspruch besteht deshalb nicht in Fallkonstellationen der Markenpiraterie, bei denen zwischen dem Markeninhaber und dem Anmelder der Marke kein Agenten- oder Vertreterverhältnis besteht und es sich bei dem Anmelder um einen beliebigen Dritten handelt. Die Beschränkung des Übertragungsanspruchs auf die rechtswidrige Agentenmarke verhindert, den Übertragungsanspruch allgemein als Instrument zur wirksamen Bekämpfung der Produktpiraterie einzusetzen. Es wäre sachgerecht, nicht an die rechtswidrige Agentenmarke, sondern etwa an eine allgemeine *Markenanmaßung* als Rechtsgrund des Übertragungsanspruchs anzuknüpfen (so etwa die Übertragungsklage im schweizerischen Markenrecht nach Art. 53 Abs. 1 MSchG). Eine analoge Anwendung des § 17 auf den vorsätzlich handelnden, bösgläubigen Markenpiraten erscheint methodisch kaum vertretbar. Einen Übertragungsanspruch bei vorsätzlicher Markenanmaßung wird sich aus dem allgemeinen Schadensersatzanspruch des Inhabers der Marke ergeben. Ein *deliktischer Übertragungsanspruch* als Folge eines Schadensersatzanspruchs kommt selbst bei einer fahrlässigen Markenrechtsverletzung in Betracht.

### II. Anspruchsinhalt

3   Gegenstand des Übertragungsanspruchs ist das durch die Anmeldung der Marke begründete *Markenanwartschaftsrecht* oder das durch die Eintragung der Marke begründete *Markenrecht*. Schon das durch die Anmeldung einer Marke begründete Recht ist nach § 31 ein Gegenstand des Vermögens des Anmelders im Sinne der §§ 27 bis 30. Das durch die Anmeldung begründete Recht erschöpft sich nicht in dem durch die Anmeldung der Marke begründeten Anspruch auf Eintragung nach § 33 Abs. 2 S. 1. Das durch die Eintragung begründete Recht ist das entstandene Markenrecht im Sinne des § 4 Nr. 1. Die Übertragung des durch die Anmeldung oder Eintragung der Marke begründeten Rechts erfolgt nach den allgemeinen Regeln des Rechtsübergangs einer Marke nach § 27 (s. § 27, Rn 7 ff.).

### III. Verschuldensunabhängiger Anspruch

4   Der Übertragungsanspruch verlangt *kein Verschulden* des Agenten oder Vertreters (zum deliktischen Übertragungsanspruch s. Rn 2). Das ergibt sich schon aus dem Wortlaut des § 17 Abs. 1 im Vergleich zu der Regelung des Schadensersatzanspruchs nach § 17 Abs. 2 S. 2. Es kommt deshalb nicht darauf an, ob der Agent oder Vertreter die Marke etwa guten Glaubens im Interesse des Markeninhabers aus Gründen einer Verstärkung des Markenschutzes oder gar aufgrund einer Ermächtigung des Markeninhabers, die etwa später widerrufen oder nach Beendigung des Vertragsverhältnisses weggefallen ist, angemeldet hat (s. dazu näher § 11, Rn 12).

### IV. Anspruchsgegner

5   Der Übertragungsanspruch richtet sich gegen den *Agenten* oder *Vertreter* als den Inhaber des durch die Anmeldung oder Eintragung der Marke begründeten Rechts. Agent oder

Vertreter ist die Partei des Vertragsverhältnisses zum Markeninhaber. Um eine *Umgehung* der Schutzvorschriften vor rechtswidrigen Agentenmarken zu verhindern, ist es ausreichend, wenn im Falle der Ermächtigung zur Benutzung an ein Unternehmen die Marke für ein Mitglied der Geschäftsführung, einen leitenden Angestellten, einen Gesellschafter oder eine diesen Personen nahestehende Person angemeldet oder eingetragen worden ist (s. dazu § 11, Rn 11). In einem solchen Fall richtet sich der Übertragungsanspruch gegen die dem Agenten oder Vertreter *nahestehende Person*.

## C. Unterlassungsanspruch (§ 17 Abs. 2 S. 1)
### I. Anspruchsinhalt

Nach § 17 Abs. 2 S. 1 besteht ein Unterlassungsanspruch des Markeninhabers gegen den **6** ungetreuen Agenten oder Vertreter. Nicht anders als bei dem Übertragungsanspruch nach Abs. 1 (s. Rn 2 ff.) ist Voraussetzung des Unterlassungsanspruchs das Vorliegen einer *rechtswidrigen Agentenmarke* im Sinne des § 11 (s. § 11, Rn 8). Entgegen dem Wortlaut von Abs. 2 S. 1, der die Eintragung der Marke verlangt, besteht der Unterlassungsanspruch entsprechend der Regelung des Übertragungsanspruchs nach Abs. 1 schon ab dem Zeitpunkt der Anmeldung der Marke. § 17 Abs. 2 S. 1 ist insoweit korrigierend auszulegen, da schon durch die Anmeldung der Marke ein Recht begründet wird (Markenanwartschaft), das einen selbständigen Vermögensgegenstand darstellt (s. § 31). Der Unterlassungsanspruch des Markeninhabers richtet sich gegen die *Benutzung der Marke* durch den Agenten oder Vertreter. Wie die Bezugnahme des § 17 Abs. 2 S. 1 auf § 14 klarstellt, kommen als Benutzung der Marke alle *Benutzungshandlungen* im Sinne des § 14 Abs. 2 bis 4 in Betracht. Das sind namentlich die eigentlichen markenrechtsverletzenden Benutzungshandlungen des § 14 Abs. 3 wie auch die markenrechtsverletzenden Vorbereitungshandlungen des § 14 Abs. 4. Wenn es sich bei der rechtswidrigen Agentenmarke um eine im Inland bekannte Marke im Sinne des § 14 Abs. 2 Nr. 3 handelt, dann besteht der Anspruch auf Unterlassung der Benutzung auch außerhalb des Produktähnlichkeitsbereichs der Waren oder Dienstleistungen, für die die bekannte Marke des Inhabers Schutz genießt (s. dazu ausdrücklich Begründung zum MarkenG, BT-Drucks. 12/6581 vom 14. Januar 1994, S. 77). Der Unterlassungsanspruch besteht nicht, wenn der Inhaber der Marke der Benutzung durch den Agenten oder Vertreter zugestimmt hat.

### II. Anspruchsgegner

Anspruchsgegner des Unterlassungsanspruchs nach § 17 Abs. 2 S. 1 sind der Agent oder **7** Vertreter sowie diesen nahestehende Personen (s. Rn 5). Wenn der Agent oder Vertreter einen Dritten zur Benutzung der Marke ermächtigt, dann besteht nicht nur ein Anspruch gegen den Agenten oder Vertreter, die Überlassung der Benutzung der Marke an einen Dritten zu unterlassen, sondern der markenrechtliche Unterlassungsanspruch richtet sich unmittelbar gegen den *Dritten* auf Unterlassung der Benutzung. Wenn der Inhaber des durch die Anmeldung oder Eintragung der Marke begründeten Rechts und der zur Benutzung Ermächtigte nicht identisch sind, dann richten sich der Übertragungsanspruch und der Unterlassungsanspruch gegen verschiedene Personen. Der Inhaber der Marke kann die beiden Ansprüche im Wege der subjektiven Klagenhäufung (Streitgenossenschaft) nach § 59 ZPO klageweise geltend machen.

## D. Schadensersatzanspruch (§ 17 Abs. 2 S. 2)

Nach § 17 Abs. 2 S. 2 besteht ein Schadensersatzanspruch des Inhabers der Marke gegen **8** den Agenten oder Vertreter, wenn diese vorsätzlich oder fahrlässig handeln. Der Schadensersatzanspruch folgt den gleichen Regeln wie der Schadensersatzanspruch wegen einer Markenrechtsverletzung nach § 14 Abs. 6 (s. § 14, Rn 513 ff.). Die den Schadensersatzanspruch begründenden Verletzungshandlungen stellen die Anmeldung oder Eintragung sowie die Benutzung der Marke dar. Dem Inhaber der Marke ist der Schaden zu ersetzen, der ihm durch die Anmeldung oder Eintragung sowie durch die Benutzung seiner Marke entstanden ist.

**MarkenG § 18**

### E. Haftung des Betriebsinhabers

9   Nach § 17 Abs. 2 S. 3 ist die Vorschrift des § 14 Abs. 7 auf den Unterlassungsanspruch und den Schadensersatzanspruch des Markeninhabers gegen den Agenten oder Vertreter entsprechend anzuwenden. Nach dieser Vorschrift ist *Anspruchsgegner der Betriebsinhaber*, wenn die Verletzungshandlung in einem geschäftlichen Betrieb von einem Angestellten oder Beauftragten begangen wird. Der Unterlassungsanspruch besteht verschuldensunabhängig, der Schadensersatzanspruch verlangt ein vorsätzliches oder fahrlässiges Handeln des Angestellten oder Beauftragten. Wenn die Anmeldung oder Eintragung sowie die Benutzung der Marke als die rechtserheblichen Verletzungshandlungen nicht von dem Agenten oder Vertreter selbst, sondern von einem Angestellten oder Beauftragten im geschäftlichen Betrieb des Agenten oder Vertreters begangen werden, dann bestehen der Unterlassungsanspruch und der Schadensersatzanspruch gegen den Betriebsinhaber selbst. Die Haftung des Betriebsinhabers besteht unabhängig von der Rechtsnatur des Geschäftsbetriebs (juristische Person, Personengesellschaft, natürliche Person) des Agenten oder Vertreters (s. Begründung zum MarkenG, BT-Drucks. 12/6581 vom 14. Januar 1994, S. 77).

### F. Haftung Dritter bei Weitervertrieb

10   Wenn der ungetreue Agent oder Vertreter die mit der Agentenmarke gekennzeichneten Produkte in den Verkehr bringt, dann stehen dem Geschäftsherrn gegen Dritte, die die rechtswidrig in den Verkehr gebrachten Produkte weitervertreiben, Ansprüche wegen einer Markenrechtsverletzung nach § 14 dann zu, wenn der Geschäftsherr selbst Inhaber eines eigenen Markenrechts im Sinne des § 4 Nr. 1 bis 3 ist, oder wenn er nach Durchsetzung seines Übertragungsanspruchs nach § 17 Abs. 1 Inhaber eines Markenrechts geworden ist.

**Vernichtungsanspruch**

**18** (1) **Der Inhaber einer Marke oder einer geschäftlichen Bezeichnung kann in den Fällen der §§ 14, 15 und 17 verlangen, daß die im Besitz oder Eigentum des Verletzers befindlichen widerrechtlich gekennzeichneten Gegenstände vernichtet werden, es sei denn, daß der durch die Rechtsverletzung verursachte Zustand der Gegenstände auf andere Weise beseitigt werden kann und die Vernichtung für den Verletzer oder den Eigentümer im Einzelfall unverhältnismäßig ist.**

(2) **Absatz 1 ist entsprechend auf die im Eigentum des Verletzers stehenden, ausschließlich oder nahezu ausschließlich zur widerrechtlichen Kennzeichnung benutzten oder bestimmten Vorrichtungen anzuwenden.**

(3) **Weitergehende Ansprüche auf Beseitigung bleiben unberührt.**

#### Inhaltsübersicht

|  | Rn |
|---|---|
| A. Allgemeines | 1–8 |
|   I. Regelungsübersicht | 1 |
|   II. Rechtsänderungen | 2–4 |
|   III. Europäisches Unionsrecht | 5–7 |
|     1. Erste Markenrechtsrichtlinie | 5 |
|     2. Gemeinschaftsmarkenverordnung | 6 |
|     3. EG-Verordnungen (EWG) Nr. 3842/86 und Nr. 3295/94 | 7 |
|   IV. TRIPS-Abkommen | 8 |
| B. Regelungszusammenhang | 9–11 |
|   I. Normzweck | 9 |
|   II. Rechtsnatur des Vernichtungsanspruchs | 10, 11 |
| C. Anspruchsvoraussetzungen | 12–26 |
|   I. Kennzeichenrechtsverletzung | 12 |
|   II. Gegenstände des Vernichtungsanspruchs | 13–21 |
|     1. Widerrechtlich gekennzeichnete Gegenstände (§ 18 Abs. 1) | 13, 14 |

|  | Rn |
|---|---|
| 2. Zur widerrechtlichen Kennzeichnung benutzte oder bestimmte Vorrichtungen (§ 18 Abs. 2) | 15–21 |
| III. Besitz oder Eigentum an den zu vernichtenden Gegenständen | 22–25 |
|     1. Begriff | 22–24 |
|     2. Zeitpunkt | 25 |
| IV. Aktivlegitimation und Passivlegitimation | 26 |
| D. Anspruchsinhalt | 27–34 |
|     I. Recht auf Vernichtung | 27–29 |
|     II. Begriff der Vernichtung | 30 |
|     III. Urteilstenor | 31 |
|     IV. Kosten der Vernichtung | 32, 33 |
|     V. Sicherung des Vernichtungsanspruchs | 34 |
| E. Schranken des Vernichtungsanspruchs | 35–44 |
|     I. Ausnahmeregelung des § 18 Abs. 1 2. HS | 35–40 |
|         1. Ausgangspunkt | 35 |
|         2. Anderweitige Beseitigung des rechtsverletzenden Zustands | 36–38 |
|         3. Unverhältnismäßigkeit der Vernichtung | 39, 40 |
|     II. Abwendungsbefugnis | 41, 42 |
|     III. Aufbrauchsfrist und Umstellungsfrist | 43 |
|     IV. Gemeinnützige Verwertung | 44 |
| F. Weitergehende Ansprüche auf Beseitigung (§ 18 Abs. 3) | 45–48 |

**Schrifttum zum WZG und PrPG.** *Bruchhausen*, Gedanken zur Rechtsangleichung auf dem Gebiet des Sanktionensystems bei immateriellen Güterrechten in Europa, GRUR 1980, 515; *Cremer*, Die Bekämpfung der Produktpiraterie in der Praxis, Mitt 1992, 153; *Diekmann*, Der Vernichtungsanspruch, Diss. Tübingen, 1993; *v. Gravenreuth*, Entwurf eines Gesetzes zur Bekämpfung der Produktpiraterie, BB 1988, 1614; *Knaak*, Bericht über die zweite Sitzung des WIPO-Expertenkomitees zum Schutz gegen Nachahmung (counterfeiting), GRUR Int 1987, 693; *Knaak*, Die nationalen und internationalen Arbeiten gegen Markenpiraterie, GRUR Int 1988, 1; *Lührs*, Verfolgungsmöglichkeiten im Fall der „Produktpiraterie" unter besonderer Betrachtung der Einziehungs- und Gewinnabschöpfungsmöglichkeiten (bei Ton-, Bild- und Computerprogrammträgern), GRUR 1994, 264; *Meister*, Leistungsschutz und Produktpiraterie, 1990; *Meister*, Praxis und Dogmatik im Kampf gegen Produktpiraterie, MA 1988, 447; *Meister*, Das Phänomen der Produktpiraterie, WRP 1989, 559; *Meister*, Aspekte der Produktpiraterie, WRP 1991, 137; *Mühlens*, Neue Waffe gegen Produktpiraterie, Das Gesetz zur Stärkung des Schutzes des geistigen Eigentums und zur Bekämpfung der Produktpiraterie, CR 1990, 433; *Tilmann*, Der Schutz gegen Produktpiraterie nach dem Gesetz von 1990, BB 1990, 1565; *Wölfel*, Rechtsfolgen von Markenverletzungen und Maßnahmen zur Bekämpfung der Markenpiraterie, 1990.

**Schrifttum zum MarkenG.** *Meister*, Die Verteidigung von Marken – Eine Skizze zum neuen Recht, WRP 1995, 366; *Pickrahn*, Die Bekämpfung von Parallelimporten nach dem neuen Markengesetz, GRUR 1996, 383; *Retzer*, Einige Überlegungen zum Vernichtungsanspruch bei der Nachahmung von Waren oder Leistungen, FS für Piper, 1996, S. 421; *Schmieder*, LM Nr. 1 zu § 18 MarkenG; *Thun*, Der immaterialgüterrechtliche Vernichtungsanspruch, 1998; *Walchner*, Der Beseitigungsanspruch im gewerblichen Rechtsschutz und Urheberrecht, 1998.

## Entscheidungen zum MarkenG

**1. LG Düsseldorf Mitt 1996, 22 – Chiemsee**
Ein Vernichtungsanspruch nach § 18 besteht nur gegen denjenigen, der das Zeichen im geschäftlichen Verkehr benutzt.

**2. LG Düsseldorf GRUR 1996, 66 – adidas-Import**
Bei einem rechtswidrigen Import von Originalware kommt als milderes Mittel gegenüber der Vernichtung ein Einfuhrverbot als Verfügungsbeschränkung im Sinne des § 147 Abs. 3 S. 2 in Betracht.

**3. HansOLG Hamburg WRP 1997, 106 – Gucci**
Zur Anordnung der Vernichtung im einstweiligen Verfügungsverfahren.

**4. BGH GRUR 1997, 899 – Vernichtungsanspruch**
Der Vernichtungsanspruch nach § 18 kann im Einzelfall auch auf Herausgabe an den Markeninhaber zum Zwecke der Vernichtung gerichtet sein.

## A. Allgemeines

### I. Regelungsübersicht

1   Die Vorschrift des § 18 regelt den *zivilrechtlichen Vernichtungsanspruch* des Inhabers einer Marke (§ 1 Nr. 1) oder einer geschäftlichen Bezeichnung (§ 1 Nr. 2). Voraussetzung des Vernichtungsanspruchs sind Rechtsverletzungen in den Fällen der §§ 14 (Markenrechtsverletzung), 15 (Verletzung einer geschäftlichen Bezeichnung) und 17 (rechtswidrige Agentenmarke). Der Vernichtung unterliegen widerrechtlich *gekennzeichnete Gegenstände* (Abs. 1), die sich im Besitz oder Eigentum des Verletzers befinden, und *zur widerrechtlichen Kennzeichnung benutzte oder bestimmte Vorrichtungen* (Abs. 2), die im Eigentum des Verletzers stehen. Der Vernichtungsanspruch ist ausgeschlossen, wenn die anderweitige Beseitigung des rechtsverletzenden Zustands möglich und die Vernichtung der kennzeichenrechtsverletzenden Gegenstände unverhältnismäßig ist.

### II. Rechtsänderungen

2   Vor dem 1. Juli 1990, dem Tag des Inkrafttretens des Gesetzes zur Stärkung des Schutzes des geistigen Eigentums und zur Bekämpfung der Produktpiraterie vom 7. März 1990 (BGBl. I S. 422) enthielt das WZG keine Regelung eines eigenständigen Vernichtungsanspruchs. Nach § 30 Abs. 1 WZG aF bestand grundsätzlich nur ein Anspruch auf Beseitigung einer widerrechtlichen Kennzeichnung. Der Beseitigungsanspruch bildete den gesetzlichen Regelfall. Nur in solchen Fallkonstellationen, in denen eine Beseitigung der widerrechtlichen Kennzeichnung nicht möglich war, bestand ausnahmsweise ein Anspruch auf die Unbrauchbarmachung der widerrechtlich gekennzeichneten Gegenstände. Die Entfernung des widerrechtlich angebrachten Kennzeichens bildete in der Rechtspraxis die Regel. So bestand für den Verletzten die Gefahr, daß der Verletzer die ihm zurückzugebenden oder ihm zu belassenden Gegenstände erneut widerrechtlich kennzeichnete und in Verkehr brachte. Der Verletzte war daher häufig gezwungen, wiederholt gegen den Verletzer gerichtlich vorzugehen (s. Regierungsbegründung zum PrPG, BT-Drucks. 11/4792 vom 15. Juni 1989, S. 27). Nach der Rechtslage vor Inkrafttreten des PrPG setzte die Anordnung einer Beseitigung der widerrechtlichen Kennzeichnung oder einer Unbrauchbarmachung der widerrechtlich gekennzeichneten Gegenstände eine Verurteilung aufgrund der §§ 24 bis 27 WZG aF wegen einer Kennzeichenverletzung in einem Zivilverfahren oder einem Strafverfahren voraus. Eine selbständige Geltendmachung des Anspruchs auf Beseitigung oder Unbrauchbarmachung war ausgeschlossen (KG WRP 1984, 325, 326).

3   Die Vorschrift des § 25a WZG, die mit Wirkung vom 1. Juli 1990 durch das PrPG in das WZG eingefügt worden war und bis zum Inkrafttreten des MarkenG am 1. Januar 1995 galt, kehrte das bisher bestehende Regel-Ausnahme-Verhältnis hinsichtlich der Maßnahmen zur Folgebeseitigung in Fällen einer Schutzrechtsverletzung um. Nach § 25a WZG bestand grundsätzlich ein zivilrechtlicher Anspruch des Verletzten auf Vernichtung der widerrechtlich gekennzeichneten Gegenstände. Voraussetzung des Vernichtungsanspruchs war eine objektive und rechtswidrige Rechtsverletzung eines Kennzeichens nach § 24 WZG oder einer Ausstattung nach § 25 WZG; ein Verschulden des Verletzers war grundsätzlich nicht erforderlich (Regierungsbegründung zum PrPG, BT-Drucks. 11/4792 vom 15. Juni 1989, S. 39). Der Vernichtungsanspruch nach § 25a Abs. 1 WZG wurde ausnahmsweise zugunsten weniger einschneidender Maßnahmen dann nicht gewährt, wenn der durch die Rechtsverletzung verursachte Zustand der Gegenstände auf andere Weise beseitigt werden konnte und die Vernichtung für den Verletzer oder Eigentümer im Einzelfall unverhältnismäßig war. Nach § 25a Abs. 2 WZG wurde der Vernichtungsanspruch auf die zur widerrechtlichen Kennzeichnung benutzten oder bestimmten Vorrichtungen erstreckt. Das PrPG hatte den eigenständigen und verschuldensunabhängigen, zivilrechtlichen Anspruch auf Vernichtung schutzrechtsverletzender Produkte einheitlich für alle gewerblichen Schutzrechte und das Urheberrecht normiert. Das PrPG ging auf die Verordnung (EWG) Nr. 3842/86 des Rates vom 1. Dezember 1986 über Maßnahmen zum Verbot der Über-

führung nachgeahmter Waren in den zollrechtlich freien Verkehr (ABl. EG Nr. L 357 vom 18. Dezember 1986, S. 1; abgedruckt in GRUR Int 1987, 98) zurück und trägt Art. 7 Abs. 1 lit. a VO Nr. 3842/86 Rechnung, nach dem ohne jedwede Entschädigung die als nachgeahmte Waren erkannten Waren in der Regel zu vernichten oder aus dem Marktkreislauf zu nehmen sind.

Die Vorschrift des § 18 übernimmt bei einigen Änderungen im wesentlichen die Regelung des § 25a WZG. Der Vernichtungsanspruch besteht in den Fällen einer Verletzung von Marken im Sinne des § 4 sowie einer Verletzung von geschäftlichen Bezeichnungen im Sinne des § 5. Der Anwendungsbereich des § 25a WZG war auf Namen, Firmen, Warenzeichen und Ausstattungen beschränkt. Ein Ausschluß der von § 25a WZG nicht erfaßten Kennzeichenrechte im Sinne des § 16 UWG aF vom Vernichtungsanspruch des § 18 erschien dem Gesetzgeber zu Recht als nicht gerechtfertigt (Begründung zum MarkenG, BT-Drucks. 12/6581 vom 14. Januar 1994, S. 77). Eine vollständige Einbeziehung der geschäftlichen Bezeichnungen im Sinne des § 16 UWG aF in das PrPG war 1990 im wesentlichen aus systematischen Bedenken nur deshalb unterblieben, weil damit solche Ansprüche auch in das UWG hätten eingeführt werden müssen. Eine Erweiterung des Anwendungsbereichs des Vernichtungsanspruchs nach § 18 gegenüber § 25a WZG ergibt sich auch aus der Einbeziehung von markenrechtsverletzenden Vorbereitungshandlungen im Sinne des § 14 Abs. 4. Auch aus dem markenrechtlichen Schutz der bekannten Marke nach § 14 Abs. 2 Nr. 3 sowie der bekannten geschäftlichen Bezeichnung nach § 15 Abs. 3 folgt eine Erweiterung des Anwendungsbereichs des Vernichtungsanspruchs nach § 18 (zur Kritik an der bisherigen Rechtslage s. *Cremer*, Mitt 1992, 153, 155).

### III. Europäisches Unionsrecht

#### 1. Erste Markenrechtsrichtlinie

Die *MarkenRL* enthält keine § 18 MarkenG unmittelbar betreffende Regelung.

#### 2. Gemeinschaftsmarkenverordnung

In der *GMarkenV* findet sich keine Regelung eines zivilrechtlichen Vernichtungsanspruchs. Nach Art. 14 Abs. 1 und 2 iVm 98 Abs. 2 GMarkenV findet jedoch das Recht des Mitgliedstaates Anwendung, in dem die Verletzungshandlung begangen worden ist oder begangen zu werden droht, so daß insoweit als Rechtsfolge der Verletzung einer Gemeinschaftsmarke auch ein Vernichtungsanspruch in Betracht kommt.

#### 3. EG-Verordnungen (EWG) Nr. 3842/86 und Nr. 3295/94

Die Verordnung (EWG) Nr. 3842/86 des Rates vom 1. Dezember 1986 über Maßnahmen zum Verbot der Überführung nachgeahmter Waren in den zollrechtlich freien Verkehr (ABl. EG Nr. L 357 vom 18. Dezember 1986, S. 1; abgedruckt in GRUR Int 1987, 98) beschränkte sich auf den Bereich von Markenrechtsverletzungen und betraf lediglich die Überführung aus Drittländern in den zollrechtlich freien Verkehr der EG. Die Verordnung sah in ihrem Kern vor, daß widerrechtlich gekennzeichnete Waren bei ihrer Einfuhr in den Gemeinsamen Markt auf Antrag des Markenrechtsinhabers von den Zollbehörden festgehalten und ohne Entschädigung gemäß den betreffenden einzelstaatlichen Rechtsvorschriften in der Regel vernichtet oder nach eigenem Ermessen aus dem Marktkreislauf genommen werden konnten, wenn die Waren als nachgeahmte Waren erkannt waren. Die Verordnung (EWG) Nr. 3842/86 wurde durch die Verordnung (EG) Nr. 3295/94 des Rates vom 22. Dezember 1994 über Maßnahmen zum Verbot nachgeahmter Waren und unerlaubt hergestellter Vervielfältigungsstücke oder Nachbildungen in den zollrechtlich freien Verkehr oder in ein Nichterhebungsverfahren sowie zum Verbot ihrer Ausfuhr und Wiederausfuhr (ABl. EG Nr. L 341 vom 30. Dezember 1994, S. 8) ersetzt. Die EG-Verordnung Nr. 3295/94 erweiterte den Tätigkeitsbereich der Zollbehörden auf gemeinschaftsrechtlicher Ebene über den bisherigen Bereich der Markenrechtsverletzungen hinaus auf Verletzungen im Bereich des Urheberrechts und verwandter Schutzrechte sowie auf Geschmacksmusterrechtsverletzungen . Die EG-Verordnung Nr. 3295/94 wurde durch die Verordnung (EG) Nr. 241/1999 des Rates vom 25. Januar 199 (ABl. EG Nr. L 27 vom 2. Februar 1999, S. 1) geändert. Mit dieser Änderung wurde der Geltungsbereich der Verordnung auf Patente sowie auf ergänzende Schutzzertifikate für Arzneimittel und Pflanzenschutzmittel erstreckt und der Handlungsspielraum der Zollbehörden auf Freizonen und Freilager erstreckt. Die Verordnung regelt die Voraussetzungen für ein Tätigwerden der Zollbehörden hinsichtlich der Waren, bei denen der Verdacht besteht, daß es sich um Waren handelt, die ein Recht am geistigen Eigentum verletzen (Art. 1 Abs. 1 lit. a), und die von den zuständigen Stellen zu treffenden Maßnahmen, wenn festgestellt ist, daß die betreffenden Waren tatsächlich Waren sind, die ein Recht am geistigen Eigentum verletzen (Art. 1 Abs. 1 lit. b). Nach Art. 1 Abs. 2 lit. a sind nachgeahmte Waren die Waren einschließlich ihrer Verpackungen, auf denen ohne Zustimmung Marken oder Zeichen angebracht sind, die mit Marken oder Zeichen identisch sind, die für derartige Waren rechtsgültig eingetragen sind, oder die in ihren wesentlichen Merkmalen nicht von solchen Marken oder Zeichen zu unterscheiden sind, und damit nach den Rechtsvorschriften der Gemeinschaft und denjenigen des Mitgliedstaates, bei dem der Antrag auf Tätigwerden der Zollbehörden gestellt wird, die Rechte des Inhabers der betreffenden Marken verletzen, sowie auch alle, gegebenenfalls auch gesondert gestellten Kennzeichnungsmittel (wie Embleme, Anhänger, Aufkleber, Prospekte, Bedienungs- oder Gebrauchsanweisungen, Garantiedokumente), auf die die vorgenannten Umstände zutreffen, sowie schließlich die mit Marken oder Zeichen nachgeahmter Waren versehenen Verpackungen, die gesondert gestellt werden und auf die die vorgenannten Umstände zutreffen. Mit der EG-Verordnung Nr. 3295/94 stimmt die Reichweite des Vernichtungsanspruchs nach den §§ 18 Abs. 1 iVm 14 Abs. 3 und 4 überein, die den Vernichtungsanspruch auf widerrechtlich gekennzeichnete Waren oder deren Aufmachung oder Verpackung (Abs. 3 Nr. 1), auf Geschäftspapiere oder Werbemittel (Abs. 3 Nr. 5) sowie auf Aufmachungen oder Verpackungen oder Kennzeichnungsmittel wie Etiketten, Anhänger, Aufnäher oder dergleichen Vorbereitungshandlungen (§ 14 Abs. 4 Nr. 1) erstrecken. Nach Art. 1 Abs. 3 EG-Verordnung Nr. 3295/94 werden nachgeahmten Waren Formen oder Matrizen gleichgestellt, die speziell zur Herstellung einer nachgeahmten Marke oder einer Ware, die eine derartige Marke trägt, bestimmt oder im Hinblick darauf angepaßt worden sind, sofern die Verwendung dieser Formen oder Matrizen nach den Rechtsvorschriften der Gemeinschaft oder denjenigen des Mitgliedstaates, bei dem der Antrag auf Tätigwerden der Zollbehörde gestellt wird, das Markenrecht des Inhabers verletzt. Auch wenn die Regelungen der EG-Verordnung Nr. 3295/94 den zivilrechtlichen Vernichtungsanspruch des § 18 nicht unmittelbar inhaltlich bestimmen, da die Anwendungsbereiche der EG-Verordnung und des MarkenG sich nicht decken, so ist das EG-Recht aber bei der Auslegung des § 18 zu berücksichtigen.

### IV. TRIPS-Abkommen

**8** Das Abkommen über handelsbezogene Aspekte der Rechte des geistigen Eigentums (TRIPS-Abkommen) vom 15. April 1994, das einer weltweiten Verstärkung und Harmonisierung des Schutzes des geistigen Eigentums dient, bestimmt in Art. 46 S. 1, daß als Maßnahme zur Bekämpfung von Verletzungen von Rechten an geistigem Eigentum die Justizbehörden anordnen können müssen, daß über Waren, die ein Recht an geistigem Eigentum verletzen, ohne Entschädigung außerhalb der Handelswege verfügt wird, oder daß sie vernichtet oder zerstört werden, sofern dies nicht den verfassungsrechtlichen Erfordernissen zuwiderläuft. In Art. 46 S. 2 wird weiter bestimmt, daß über Material und Werkzeuge, die vorwiegend zur Herstellung rechtsverletzender Waren verwendet werden, ohne Entschädigung außerhalb der Handelswege verfügt wird. Die Regelungen des TRIPS-Abkommens sind bei der Auslegung des § 18 zu berücksichtigen (zur TRIPS-Kompetenz s. das Gutachten des EuGH vom 15. November 1994 GRUR Int 1995, 239), dessen Anwendungsbereich und Sanktionsanordnungen über die Vorgaben des TRIPS-Abkommens hinausreicht.

## B. Regelungszusammenhang

### I. Normzweck

Der kennzeichenrechtliche Vernichtungsanspruch des § 25a WZG, der die Vorläuferregelung des § 18 darstellte, wurde durch das PrPG vom 7. März 1990 (BGBl. I S. 422) gemeinsam mit den im wesentlichen gleichlautenden Vorschriften der §§ 98, 99 UrhG, 140a PatG, 24a GebrMG, 14a Abs. 3 GeschmMG, 9 HalblschG und 37a SortenschG in das Warenzeichenrecht eingefügt. Die Einführung des Vernichtungsanspruchs im gewerblichen Rechtsschutz und Urheberrecht diente allgemein einer Verstärkung des Schutzes des gewerblichen und kommerziellen Eigentums vor Schutzrechtsverletzungen, und zwar sowohl im Interesse der Unternehmen als Schutzrechtsinhaber als auch der gesamten Volkswirtschaft (zum Zweck der Vorschrift s. amtliche Begründung der Regierungsvorlage zum PrPG, BT-Drucks. 11/4792 vom 15. Juni 1989, S. 16). Der Vernichtungsanspruch soll sicherstellen, daß nicht nur die schutzrechtsverletzende Maßnahme durch eine Veränderung der Ware beseitigt und die Ware bei Gefahr der Wiederherstellung des ursprünglichen, schutzrechtsverletzenden Zustandes auf anderen Wege erneut in den Verkehr gebracht wird, sondern daß die schutzrechtsverletzenden Waren endgültig aus dem Marktkreislauf genommen werden. Die *Vernichtung* der kennzeichenrechtsverletzenden Produkte ist der *Regelfall*. Dem Vernichtungsanspruch kommt in erster Linie eine *Sicherungsfunktion* im Interesse des Kennzeicheninhabers zu, um das Inverkehrbringen der kennzeichenrechtsverletzenden Produkte endgültig zu verhindern. Die *Präventivfunktion* des Vernichtungsanspruchs geht dahin, durch die Androhung der Vernichtung der kennzeichenrechtsverletzenden Produkte und der damit für den Verletzer drohenden Schäden allgemein vor einer Kennzeichenrechtsverletzung abzuschrecken. Dem Vernichtungsanspruch kommt auch eine gewisse *Sanktionsfunktion* zu, da die Vernichtung der kennzeichenrechtsverletzenden Produkte zugleich eine Sanktion für das in der Kennzeichenrechtsverletzung liegende Unrecht darstellt.

### II. Rechtsnatur des Vernichtungsanspruchs

Seiner Rechtsnatur nach handelt es sich bei dem kennzeichenrechtlichen Vernichtungsanspruch um einen *Störungsbeseitigungsanspruch* (so schon zu § 30 WZG aF *v. Gamm*, § 30 WZG, Rn 2; *Althammer*, § 30 WZG, Rn 1; zu den §§ 98, 99 UrhG s. LG München I ZUM 1993, 432, 436). Der kennzeichenrechtliche Vernichtungsanspruch ist zwar grundsätzlich von dem bürgerlichrechtlichen Beseitigungsanspruch nach § 1004 BGB zu unterscheiden, der der Abwehr einer eingetretenen Beeinträchtigung dient und die Rechtspflicht des Störers zur Beseitigung der Beeinträchtigung normiert (zum bürgerlichrechtlichen Beseitigungsanspruch im WZG s. schon BGH GRUR 1955, 487, 488 – Alpha; allgemein zum Beseitigungsanspruch im Wettbewerbsrecht s. *Baumbach/Hefermehl*, Wettbewerbsrecht, Einl UWG, Rn 307ff.). Der Vernichtungsanspruch wird als ein *Gefahrenbeseitigungsanspruch* zu qualifizieren sein. Im neueren Schrifttum wird der immaterialgüterrechtliche Vernichtungsanspruch als ein Anspruch eigener Art (*Anspruch sui generis*) verstanden (zur Differenzierung zwischen der Vernichtung der Verletzungsgegenstände und der Vernichtung der Gefährdungsgegenstände s. *Thun*, Der immaterialgüterrechtliche Vernichtungsanspruch, S. 140 ff.). Zum Vernichtungsanspruch als einem Gefahrenbeseitigungsanspruch und damit als einem Unterfall des allgemeinen Beseitigungsanspruchs besteht parallel zum vorbeugender Unterlassungsanspruch, weil bei Nichtvornahme der Vernichtung eine Verletzungshandlung droht. Wer ein Kennzeichen nicht benutzen darf, ist zur Beseitigung des Kennzeichens auf den widerrechtlich gekennzeichneten Produkten verpflichtet.

Der kennzeichenrechtliche Vernichtungsanspruch ist ein zivilrechtlicher Anspruch, der eigenständig und unabhängig vom Vorliegen eines Unterlassungsanspruchs oder gar eines Schadenersatzanspruchs besteht. Der Vernichtungsanspruch ist *nicht akzessorisch* zum kennzeichenrechtlichen Unterlassungsanspruch (aA *Diekmann*, Der Vernichtungsanspruch, S. 21, 43f., 50). Die Bezugnahme des § 18 auf die Regelung der Unterlassungs- und Schadensersatzansprüche der §§ 14, 15 und 17 ist nicht dahin zu verstehen, daß eine Akzessorietät des

Vernichtungsanspruchs zu diesen Ansprüchen besteht. Das ist für den Schadensersatzanspruch evident, da der Vernichtungsanspruch ein Verschulden des Verletzers nicht voraussetzt (Regierungsbegründung zum PrPG, BT-Drucks. 11/4792 vom 15. Juni 1989, S. 29, 39). Es besteht aber auch keine Akzessorietät zwischen Vernichtungsanspruch und Unterlassungsanspruch. Die Ausführungen in der Regierungsbegründung, der Vernichtungsanspruch setze voraus, daß dem Anspruchsteller zumindest ein Unterlassungsanspruch zustehe, sind insoweit mißverständlich. Sie erklären sich aus den Ausführungen zur Gewährung einer Aufbrauchsfrist, die eine Einschränkung des Unterlassungsanspruchs darstellt und innerhalb ihrer Reichweite insoweit einer Durchsetzung des Vernichtungsanspruchs entgegensteht. Die Nichtakzessorietät des Vernichtungsanspruchs zum Unterlassungsanspruch zeigt sich vor allem daran, daß die *Abgabe einer strafbewehrten Unterlassungserklärung* zwar die Vermutung für das Vorliegen einer Wiederholungsgefahr als einer Voraussetzung des Unterlassungsanspruchs beseitigt, nicht aber dem Vernichtungsanspruch die rechtliche Grundlage entzieht (so auch *Eichmann/v. Falckenstein*, § 14 a GeschmMG, Rn 18; aA ausdrücklich *Diekmann*, Der Vernichtungsanspruch, S. 49, 50). Das Tatbestandsmerkmal des § 18 Abs. 1 „in den Fällen der §§ 14, 15 und 17" bedeutet allein, daß das Vorliegen einer *objektiven Kennzeichenrechtsverletzung* im Sinne dieser Vorschriften eine Voraussetzung des kennzeichenrechtlichen Vernichtungsanspruchs darstellt (s. Rn 12).

## C. Anspruchsvoraussetzungen

### I. Kennzeichenrechtsverletzung

**12**  Grundlegende Voraussetzung des kennzeichenrechtlichen Vernichtungsanspruchs nach § 18 Abs. 1 ist das *Vorliegen einer Kennzeichenrechtsverletzung* im Sinne der §§ 14, 15 und 17. Ausreichend ist die *objektive Rechtswidrigkeit* der Kennzeichenrechtsverletzung (so schon zu § 30 WZG aF *Baumbach/Hefermehl*, § 30 WZG, Rn 2). Der Vernichtungsanspruch verlangt kein Verschulden des Verletzers (s. Regierungsbegründung zum PrPG, BT-Drucks. 11/4792 vom 15. Juni 1989, S. 29, 39). Markenrechtsverletzungen im Sinne des § 14 sind die Kollisionstatbestände des § 14 Abs. 2 Nr. 1 bis 3. Als Verletzungshandlungen kommen nicht nur die markenrechtsverletzenden Benutzungshandlungen im Sinne des § 14 Abs. 3, sondern auch die markenrechtsverletzenden Vorbereitungshandlungen im Sinne des § 14 Abs. 4 in Betracht (Begründung zum MarkenG, BT-Drucks. 12/6581 vom 14. Januar 1994, S. 78). Kennzeichenrechtsverletzungen einer geschäftlichen Bezeichnung im Sinne des § 15 stellen die Kollisionstatbestände des § 15 Abs. 2 und 3 dar. Der Vernichtungsanspruch besteht auch im Falle der Kennzeichenrechtsverletzung einer rechtswidrigen Agentenmarke im Sinne des § 17.

### II. Gegenstände des Vernichtungsanspruchs

#### 1. Widerrechtlich gekennzeichnete Gegenstände (§ 18 Abs. 1)

**13**  Dem Vernichtungsanspruch unterliegen die *widerrechtlich gekennzeichneten Gegenstände*. Dazu gehören zunächst die *Ware* selbst oder ihre *Aufmachung* oder *Verpackung*, auf denen das Zeichen angebracht ist (§ 14 Abs. 3 Nr. 1) oder die unter dem Zeichen eingeführt oder ausgeführt werden (§ 14 Abs. 3 Nr. 4; zum Vernichtungsanspruch bei einem rechtswidrigen Import von Originalware s. LG Düsseldorf GRUR 1996, 66 – adidas-Import; *Pickrahn*, GRUR 1996, 383, 387), *Hilfsprodukte* von Dienstleistungen (zum Begriff s. § 3, Rn 148 ff.), die mit dem Zeichen versehen sind (§ 14 Abs. 3 Nr. 3), sowie *Geschäftspapiere* und *Werbemittel*, auf denen das Zeichen benutzt wird (§ 14 Abs. 3 Nr. 5). Zu vernichtende Gegenstände stellen auch die *Aufmachungen*, *Verpackungen* oder *Kennzeichnungsmittel* wie Etiketten, Anhänger, Aufnäher oder dergleichen im Sinne des § 14 Abs. 4 dar, die mit dem Zeichen versehen sind. Die EG-Verordnung Nr. 3295/94 (s. Rn 7) zählt als Kennzeichnungsmittel Embleme, Anhänger, Aufkleber, Prospekte, Bedienungs- oder Gebrauchsanweisungen und Garantiedokumente auf. Der Vernichtungsanspruch des § 18 ist grundsätzlich auf die Vernichtung des markierten Produkts, nicht nur auf die Beseitigung der widerrechtlichen Kennzeichnung gerichtet. Eine Vernichtung der widerrechtlich gekennzeichneten Gegenstände kommt ausnahmsweise nur dann nicht in Betracht, wenn der durch die Rechtsverletzung verursachte Zustand der Gegenstände auf andere Weise beseitigt werden kann und die Vernichtung der widerrechtlich gekennzeichneten Gegenstände unverhältnismäßig ist (s. Rn 39f.). Das gleiche gilt für widerrechtlich mit einer geschäftlichen Bezeichnung im Sinne des § 15 oder einer rechtswidrigen Agentenmarke im Sinne des § 17 gekennzeichnete Gegenstände.

Zu vernichten ist der widerrechtlich gekennzeichnete Gegenstand. Objekt der Vernichtung ist das *markierte Produkt* selbst, das *Kennzeichnungsmittel* oder das *Werbemittel*, das mit dem Kennzeichen versehen ist. Es ist eine Erfahrung der internationalen Produktpiraterie, daß Kennzeichenpiraten versuchen, die Anonymität des Produkts möglichst lange vor dem Inverkehrbringen zu wahren und eine körperliche Verbindung des Kennzeichens mit dem Produkt erst kurz vor dem Inverkehrbringen des widerrechtlich gekennzeichneten Produkts vorzunehmen. Solange das Produkt nicht mit dem Kennzeichen im Sinne des Markierungsrechts des Kennzeicheninhabers (s. zum Markierungsrecht § 14, Rn 462ff.) verbunden ist, unterliegt dem Vernichtungsanspruch noch nicht das zur Markierung vorgesehene Produkt, sondern allein das mit dem Zeichen versehene Kennzeichnungsmittel. Wenn das Kennzeichen auf der Ware oder ihrer Aufmachung oder Verpackung angebracht und damit das Markierungsrecht des Kennzeicheninhabers im Sinne des § 14 Abs. 2 Nr. 1 verletzt wird, dann unterliegt dem Vernichtungsanspruch das mit dem Kennzeichen versehene Produkt als Ganzes, es sei denn, daß das nicht markierte Produkt noch nicht mit der markierten Verpackung versehen ist. Wenn das Produkt noch nicht mit der Verpackung oder dem Kennzeichnungsmittel verbunden ist, dann bezieht sich der Vernichtungsanspruch allein auf die markierte Verpackung oder das Kennzeichnungsmittel. Wenn allerdings das Produkt mit der markierten Verpackung umhüllt oder mit dem Kennzeichnungsmittel körperlich verbunden ist, dann bezieht sich der Vernichtungsanspruch auf das markierte Produkt als solches. Ware und Verpackung bilden eine kennzeichenrechtliche Einheit (s. § 24, Rn 40). Es widerspricht den Funktionen des Vernichtungsanspruchs (s. Rn 9), diesen von vornherein nur auf die Verpackung oder Umhüllung der Ware zu beschränken (s. *Diekmann*, Der Vernichtungsanspruch, S. 192f.). Dem Vernichtungsanspruch unterliegen etwa Tafeln Schokolade einschließlich deren Verpackungen und nicht nur die Verpackungen als solche, unabhängig davon, ob die Schokolade selbst mit dem Kennzeichen versehen ist. Nichts anderes gilt für Kleidung, die mit einem markierten Etikett versehen ist, auch wenn die Marke selbst nicht in das Kleidungsstück eingewebt und das Etikett leicht von dem Kleidungsstück ablösbar ist. Eine andere Frage ist, ob nicht die Ausnahmeregelung des § 18 Abs. 1 2. HS eingreift, daß der durch die Rechtsverletzung verursachte Zustand der Gegenstände auf andere Weise beseitigt werden kann, deren Eingreifen allerdings voraussetzt, daß die Vernichtung der widerrechtlich gekennzeichneten Gegenstände unverhältnismäßig ist (s. Rn 39f.). Das PrPG hat den Vernichtungsanspruch im Recht des gewerblichen und kommerziellen Eigentums gerade dahin verschärft, daß nicht nur die Beseitigung der Schutzrechtsverletzung, sondern in der Regel die Vernichtung des schutzrechtsverletzenden Produkts verlangt werden kann. Das Pirateriprodukt soll mit abschreckender Wirkung dem Marktkreislauf endgültig entzogen werden.

## 2. Zur widerrechtlichen Kennzeichnung benutzte oder bestimmte Vorrichtungen (§ 18 Abs. 2)

Nach § 18 Abs. 2 unterliegen der Vernichtung auch solche *Vorrichtungen*, die ausschließlich oder nahezu ausschließlich *zur widerrechtlichen Kennzeichnung benutzt* werden oder *bestimmt* sind und die im *Eigentum des Verletzers* (s. Rn 22ff.) stehen. Anders als § 30 WZG aF enthielt schon der durch das PrPG eingeführte § 25a Abs. 2 WZG eine entsprechende Regelung. Der Erstreckung des Vernichtungsanspruchs auf Produktionsmittel zur widerrechtlichen Kennzeichnung von Produkten kommt neben einer sichernden auch eine generalpräventive Wirkung (s. Rn 9) zu.

Als Kennzeichnungsvorrichtungen können die *instrumenta sceleris* verstanden werden, die nach § 74 StGB der strafrechtlichen Einziehung unterliegen. Der Vernichtung als Kenn-

**MarkenG § 18** 17–20 Vernichtungsanspruch

zeichnungsvorrichtungen unterliegen etwa Siegel, Platten, Steine, Stempel, Druckstöcke, Drucksiebe (so zu § 25a WZG LG Köln MA 1993, 15, 16 – Vulkollan), Formen und Matrizen (so Art. 1 Abs. 3 VO EG Nr. 3295/94).

**17** Kennzeichnungsvorrichtungen unterliegen dem Vernichtungsanspruch nur dann, wenn sie ausschließlich oder nahezu ausschließlich zur widerrechtlichen Kennzeichnung benutzt werden oder bestimmt sind. Diese *Zweckbestimmung zur widerrechtlichen Kennzeichnung* als eine den Vernichtungsanspruch begründende Eigenschaft der Kennzeichnungsvorrichtung kann sich aufgrund der tatsächlichen Benutzungslage in der Vergangenheit sowie aus der Zweckbestimmung für die Zukunft ergeben. Wenn die Kennzeichnungsvorrichtung in der Vergangenheit ausschließlich oder nahezu ausschließlich tatsächlich für die widerrechtliche Kennzeichnung benutzt worden ist, dann kommt es für das Bestehen des Vernichtungsanspruchs auf eine mögliche anderweitige Zweckbestimmung für die Zukunft nicht mehr an. So können Druckmaschinen einer Produktpirateriewerkstatt, die ausschließlich der Produktmarkierung dienen, dem Vernichtungsanspruch unterliegen. Die Begrenzung des Vernichtungsanspruchs auf solche Markierungsgeräte, die ausschließlich oder nahezu ausschließlich der widerrechtlichen Kennzeichnung dienen, ist aufgrund der Eigentumsgarantie des Art. 14 GG geboten, der eine extensive Ausdehnung des Vernichtungsanspruchs auf Produktionsmittel verbietet. Eine nach der widerrechtlichen Kennzeichnung erfolgende Nutzungsänderung der Kennzeichnungsvorrichtung ist nur insoweit rechtserheblich, als die Unverhältnismäßigkeit der Vernichtung im Falle einer möglichen Beseitigung der Rechtsverletzung auf andere Weise zu prüfen ist.

**18** *Neutrale* Kennzeichnungsvorrichtungen wie etwa Etikettiermaschinen oder Kopiergeräte können aufgrund ihrer objektiven Zweckbestimmung zur widerrechtlichen Kennzeichnung dem Vernichtungsanspruch unterliegen, wenn ihnen nach den konkreten Umständen die Zweckbestimmung einer ausschließlichen widerrechtlichen Kennzeichnung zukommt. Die zum Vernichtungsanspruch auf dem Gebiet des Urheberrechts und des Geschmacksmusterrechts vor Inkrafttreten des PrPG geltende Rechtslage, wonach der Vernichtungsanspruch eine ausschließliche Bestimmung zur rechtswidrigen Herstellung von Vervielfältigungsstücken erforderte, ist aufgegeben. Nach Inkrafttreten des PrPG bezieht sich der Vernichtungsanspruch im gewerblichen Rechtsschutz und Urheberrecht allgemein auch auf auswechselbare und für andere Zwecke als der rechtswidrigen Produktpiraterie verwendbare Vorrichtungen und Geräte (anders für Videorekorder im Hinblick auf die rechtswidrige Herstellung von Vervielfältigungsstücken zur Rechtslage nach § 98 Abs. 2 UrhG aF BGH GRUR 1988, 301 – Videorekorder-Vernichtung). Folge dieser Rechtslage ist eine *Beweiserleichterung* gegenüber der früheren Rechtslage. Der Begriff der *nahezu ausschließlichen Benutzung* oder Zweckbestimmung ist unter Berücksichtigung der Verfassungsgarantie des Eigentums nach Art. 14 GG im Sinne des Art. 46 des TRIPS-Abkommens zu verstehen, der auf den Begriff des *überwiegenden Gebrauchs* abstellt. Das Tatbestandsmerkmal der nahezu ausschließlichen Benutzung oder Bestimmung entzieht bei neutralen Kennzeichnungsvorrichtungen dem Einwand anderweitiger Verwendungsmöglichkeiten mit einer Alibifunktion den Boden. Rein *theoretische* Verwendungsmöglichkeiten ohne eine *aktuelle* praktische Bedeutung sind nicht zu berücksichtigen (so zu den §§ 140a Abs. 2 PatG, 24a Abs. 2 GebrMG BGHZ 128, 220, 226 – Kleiderbügel).

**19** Bei *nicht neutralen* Kennzeichnungsvorrichtungen, die *speziell* zu der widerrechtlichen Kennzeichnung angefertigt und auf diese abgestellt worden sind und nur ausnahmsweise anderweitig verwendet werden können, besteht eine *tatsächliche Vermutung*, daß sie ausschließlich oder nahezu ausschließlich zur widerrechtlichen Kennzeichnung benutzt werden oder bestimmt sind.

**20** Neutrale Kennzeichnungsvorrichtungen wie etwa Kopiergeräte, die lediglich aufgrund ihrer tatsächlichen Benutzung oder konkreten Zweckbestimmung als zu vernichtende Kennzeichnungsvorrichtungen zu qualifizieren sind, unterfallen dem Vernichtungsanspruch dann nicht, wenn sie *eindeutig* nicht mehr zur widerrechtlichen Kennzeichnung benutzt werden und eine entsprechende Zweckbestimmung *endgültig* aufgehoben ist. Die Vernichtung neutraler Kennzeichnungsvorrichtungen ist wegen der Eigentumsgarantie des Art. 14 GG nur unter Beachtung des Grundsatzes der Verhältnismäßigkeit verfassungsmäßig. Die Vernichtung von Produktionsanlagen als solche wird grundsätzlich nicht als verhältnismäßig und damit als verfassungswidrig zu beurteilen sein, wenn eine Vernichtung von Teilen der

Produktionsanlage wie einzelner Werkzeuge als ausreichend erscheint. § 18 Abs. 2 bedarf insoweit einer *restriktiven* Interpretation aus Gründen des verfassungsrechtlichen Eigentumsschutzes.

Kennzeichnungsvorrichtungen im Sinne des § 18 Abs. 2 unterliegen nur dann der Vernichtung, wenn sie im *Eigentum des Verletzers* stehen. Die Einschränkung gegenüber den widerrechtlich gekennzeichneten Gegenständen im Sinne des § 18 Abs. 1, bei denen der Besitz des Verletzers als Voraussetzung der Vernichtung genügt, erfolgte zum Schutz unbeteiligter Eigentümer von solchen Vorrichtungen, die zur widerrechtlichen Kennzeichnung benutzt werden oder bestimmt sind (Regierungsbegründung zum PrPG, BT-Drucks. 11/4792 vom 15. Juni 1989, S. 39).

### III. Besitz oder Eigentum an den zu vernichtenden Gegenständen

#### 1. Begriff

Der Vernichtung unterliegen alle widerrechtlich gekennzeichneten Gegenstände, die sich im Besitz oder Eigentum des Verletzers befinden. Besitz ist sowohl der *unmittelbare Besitz* als die tatsächliche Gewalt über die Sache im Sinne des § 854 Abs. 1 BGB als auch der *mittelbare Besitz* als die vermittelte Sachherrschaft über die Sache im Sinne des § 868 BGB (Regierungsbegründung zum PrPG, BT-Drucks. 11/4792 vom 15. Juni 1989, S. 39; zum patentrechtlichen Vernichtungsanspruch s. *Benkard/Rogge*, § 140a PatG, Rn 3; aA zu § 30 WZG aF RGSt 37, 131; *Baumbach/Hefermehl*, § 30 WZG, Rn 3). Wenn sich der zu vernichtende Gegenstand im Besitz des Verletzers befindet, kommt es auf das Eigentum an dem Gegenstand nicht an. Auch die Ausübung der tatsächlichen Gewalt über den widerrechtlich gekennzeichneten Gegenstand des *Besitzdieners* für den Besitzherrn im Sinne des § 855 BGB, die keinen Besitz im Sinne des § 854 Abs. 1 BGB begründet, ist als Besitz im Sinne des § 18 ausreichend (so schon zu § 30 WZG aF *Baumbach/Hefermehl*, § 30 WZG, Rn 3). Die Beschlagnahme oder Sicherstellung der dem Vernichtungsanspruch unterliegenden Gegenstände etwa durch Zollbehörden oder durch Strafverfolgungsbehörden sowie aufgrund von Zwangsvollstreckungsmaßnahmen des Gerichtsvollziehers im Rahmen etwa einer durch einstweilige Verfügung angeordneten Sequestration oder Verwahrung steht dem Vernichtungsanspruch gegen den Verletzer als Besitzer nicht entgegen. Unabhängig davon, ob man in solchen Fallkonstellationen von einem Besitzmittlungsverhältnis im Sinne des § 868 BGB oder einem dem Besitzmittlungsverhältnis rechtsähnlichen Besitzverhältnis ausgeht (s. *Wölfel*, Rechtsfolgen von Markenverletzungen, S. 48, 168), ist als Besitzer im Sinne des § 18 derjenige anzusehen, dessen Ware zwar *beschlagnahmt, sichergestellt, sequestriert* oder *verwahrt* ist, diesem aber noch nicht endgültig entzogen oder vernichtet ist (so auch zu § 25a WZG *Neumann*, § 25a WZG, S. 94f.; so zu § 140a PatG *Benkard/Rogge*, § 140a PatG, Rn 3; zu §§ 98, 99 UrhG *Fromm/Nordemann*, §§ 98, 99 UrhG, Rn 5; s. auch *v.Gravenreuth*, BB 1988, 1614, 1615); zumindest ist § 18 in solchen Fallkonstellationen analog anzuwenden.

Anders als noch § 30 WZG aF unterlagen schon nach § 25a WZG solche widerrechtlich gekennzeichneten Gegenstände dem Vernichtungsanspruch, die zwar nicht im Besitz des Verletzers, aber in dessen Eigentum standen. Auch nach § 18 genügt das *Eigentum des Verletzers*, selbst wenn ein anderer im Besitz der widerrechtlich gekennzeichneten Gegenstände ist. Eigentum sind *alle Arten des Eigentums* im Sinne des § 903 BGB. Unerheblich ist, ob es sich um Alleineigentum, Miteigentum oder Gesamthandseigentum handelt. Eigentum im Sinne des § 18 ist auch das Treuhandeigentum, Vorbehaltseigentum oder Sicherungseigentum.

Zweck der Anknüpfung des Vernichtungsanspruchs an den Besitz oder das Eigentum des Verletzers an den widerrechtlich gekennzeichneten Gegenständen ist es, daß solche Gegenstände nicht mehr der Vernichtung unterliegen, die dem Besitz oder Eigentum des Verletzers endgültig entzogen sind, etwa weil sie sich im Besitz und Eigentum des *Verbrauchers* befinden, durch den eine Verletzung des Kennzeichenrechts nicht zu befürchten ist. Der Eigentümer als Verletzer soll, wenn ein unbeteiligter Dritter besitzt, in gleicher Weise dem Vernichtungsanspruch ausgesetzt sein, wie ein Besitzer als Verletzer, wenn die widerrechtlich gekennzeichneten Gegenstände im Eigentum eines unbeteiligten Dritten stehen. Zweck der Alternativität von Eigentum und Besitz als Anspruchsvoraussetzung ist es, den Vernichtungsanspruch auf die kennzeichenrechtsverletzenden Gegenstände in allen *Handelsstufen* mit den verschiedenen Formen der Besitz- und Eigentumsverhältnisse zu erstrecken.

## 2. Zeitpunkt

25   Der Besitz oder das Eigentum an den widerrechtlich gekennzeichneten Gegenständen im Sinne des § 18 Abs. 1 oder das Eigentum an den Kennzeichnungsvorrichtungen im Sinne des § 18 Abs. 2 stellen an sich tatbestandliche Voraussetzungen des Vernichtungsanspruchs dar, deren Vorliegen dem Nachweis des verletzten Rechtsinhabers obliegt. Der Besitz oder das Eigentum des Verletzers sind als Anspruchsvoraussetzungen im Erkenntnisverfahren zu prüfen und müssen im *Zeitpunkt der letzten mündlichen Verhandlung* vorliegen (so wohl zu § 25a WZG LG München I CR 1993, 698, 702; auch *Diekmann*, Der Vernichtungsanspruch, S. 121 f.). Anders wurde zur Rechtslage im WZG zum Beseitigungsanspruch nach § 30 WZG aF einhellig die Auffassung vertreten, hinsichtlich des Besitzes des Verletzers komme es nicht auf den Zeitpunkt der letzten mündlichen Verhandlung, sondern auf den *Zeitpunkt der Vollstreckung* an (RG MuW 1923/1924, 222, 223; HansOLG Hamburg GRUR 1955, 253, 254; *Pinzger*, § 30 WZG, Anm. 2; *Baumbach/Hefermehl*, § 30 WZG, Rn 3). Nach der Rechtslage im WZG wurde eine Tenorierung des dem Vernichtungsanspruch stattgebenden Urteils mit der Einschränkung, soweit sich die Gegenstände im Besitz (Eigentum) des Verurteilten befinden, für zulässig gehalten, und eine Überprüfung dieser Voraussetzung dem Vollstreckungsverfahren vorbehalten. Diese Auffassung zum WZG wird dem Normzweck des Vernichtungsanspruchs auch nach der Rechtslage im MarkenG eher gerecht, zumal das PrPG aufgrund einer Verschärfung des Vernichtungsanspruchs den Schutz des Kennzeicheninhabers vor einer Produktpiraterie zu verstärken suchte. Die Eigenschaft der Tatbestandsmerkmale des Besitzes oder Eigentums des Verletzers an den zu vernichtenden Gegenständen als Anspruchsvoraussetzungen steht nicht auf den *Zeitpunkt des Vollstreckungsverfahrens* nicht entgegen. So ist auch bei einer Herausgabeklage anerkannt, daß der Gläubiger ohne Beweisaufnahme über das Vorhandensein der Sache beim Schuldner einen Herausgabetitel auch dann erwirken kann, wenn der Schuldner zwischenzeitlichen Besitzverlust behauptet, sofern der Schuldner einen solchen Besitzverlust zu vertreten hätte (*Palandt/Heinrichs*, § 275 BGB, Rn 25; *MünchKomm/Emmerich*, § 275 BGB, Rn 106). Der Gläubiger des Herausgabeanspruchs soll sich im Wege der Zwangsvollstreckung über den Verbleib seiner Sache vergewissern können. Nichts anderes kann für den Vernichtungsanspruch nach § 18 gelten. Die Herausgabeklage der widerrechtlich gekennzeichneten Gegenstände oder der zur widerrechtlichen Kennzeichnung benutzten oder bestimmten Vorrichtungen ist auch dann zulässig und begründet, wenn der Verletzer sich nicht mehr im Besitz dieser Gegenstände befindet, der Verletzte aber davon keine Kenntnis haben kann (so zu § 98 UrhG OLG Hamm GRUR 1989, 502, 503 – Bildflicken). Wenn allerdings im Erkenntnisverfahren der Nachweis erfolgt, daß der Verletzer weder Besitzer noch Eigentümer der zu vernichtenden Gegenstände ist, dann bedarf es keiner Vergewisserung der Besitz- oder Eigentumsverhältnisse im Vollstreckungsverfahren; der Vernichtungsanspruch ist unbegründet und die Klage abzuweisen.

## IV. Aktivlegitimation und Passivlegitimation

26   Der Vernichtungsanspruch steht dem Inhaber der Marke oder der geschäftlichen Bezeichnung zu. Passivlegitimiert ist der Verletzer als Besitzer oder Eigentümer der widerrechtlich gekennzeichneten Gegenstände (§ 18 Abs. 1) oder der Verletzer als Eigentümer der Kennzeichnungsvorrichtungen (§ 18 Abs. 2). Verletzer ist derjenige, der eine Verletzungshandlung im Sinne der §§ 14, 15 oder 17 begeht oder der Beteiligte an einer solchen Verletzungshandlung. Verletzer ist nur der Handelnde im geschäftlichen Verkehr, nicht auch der private Endabnehmer, gegen den ein Vernichtungsanspruch nicht in Betracht kommt (s. dazu LG Düsseldorf Mitt 1996, 22, 23 – Chiemsee). Die Passivlegitimation wird auch begründet durch die Verletzungshandlungen des § 14 Abs. 3 Nr. 2 bis 4. Danach richtet sich der Vernichtungsanspruch auch gegen denjenigen, der die widerrechtlich gekennzeichneten Waren anbietet, in den Verkehr bringt oder zu diesen Zwecken besitzt

(§ 14 Abs. 3 Nr. 2), widerrechtlich gekennzeichnete Hilfsprodukte (zum Begriff s. § 3, Rn 148 ff.) im Zusammenhang mit Dienstleistungen anbietet oder erbringt (§ 14 Abs. 3 Nr. 3) oder widerrechtlich gekennzeichnete Waren einführt oder ausführt (§ 14 Abs. 3 Nr. 4).

## D. Anspruchsinhalt

### I. Recht auf Vernichtung

Der Anspruch nach § 18 geht auf Vernichtung der widerrechtlich gekennzeichneten Gegenstände (Abs. 1) und der zur widerrechtlichen Kennzeichnung benutzten oder bestimmten Vorrichtungen (Abs. 2). Der Vernichtungsanspruch geht nicht nur auf *Vernichtung* der schutzrechtsverletzenden Gegenstände, sondern auch auf *Herausgabe* dieser Gegenstände an den Verletzten, wenn sich diese Gegenstände nicht in seinem Besitz befinden (s. Rn 28). Hierin unterscheidet sich der Vernichtungsanspruch vom Beseitigungsanspruch, bei dem die Maßnahmen der Beseitigung der Schutzrechtsverletzung vom Verletzer vorzunehmen waren, in dessen Händen sich die schutzrechtsverletzenden Produkte befanden. Wenn der Verletzer die Waren nicht in Händen hatte, waren diese an ihn zurückzugeben. Die Verstärkung des Rechtsschutzes des Verletzten durch die Zuerkennung eines Vernichtungsanspruchs dient gerade dazu, wie in der Gesetzesbegründung zum PrPG festgestellt wird (Begründung zum PrPG, BT-Drucks. 11/4792 vom 15. Juni 1989, S. 27), zu verhindern, daß die nach altem Rechtszustand an den Piraten zurückzugebenden Waren kurze Zeit später, erneut rechtswidrig mit dem Kennzeichen versehen, wieder im Verkehr auftauchen. Allein durch die Vernichtung der genannten Gegenstände wird sichergestellt, daß diese nicht wiederholt in den Verkehr gebracht werden. Es bestehen insoweit keine schutzwürdigen Interessen des Verletzers, die Vernichtung der Waren selbst vorzunehmen. Insoweit ist zu berücksichtigen, daß sich ein Kostenerstattungsanspruch des Verletzten gegen den Verletzer auch nur auf die zur Vernichtung erforderlichen Kosten bezieht (zu den Kosten der Vernichtung s. Rn 32 f.).

Eine nähere Beschreibung des Anspruchsinhalts wie namentlich über die *Art und Weise der Vernichtung* sowie über den *Nachweis der Durchführung* der Vernichtung hat der Gesetzgeber bewußt offen gelassen (so zum Vernichtungsanspruch nach § 98 UrhG s. Begründung zum UrhG, BT-Drucks. IV/270 vom 23. März 1962, S. 104; dies habe in der Praxis bisher nicht zu Unzuträglichkeiten geführt, so der Bericht der Bundesregierung, BT-Drucks. 12/4427 vom 25. Februar 1993, S. 9). Über den Inhalt und die Art und Weise der Vernichtung besteht eine *offene Regelungslücke*, die im Wege der Auslegung zu schließen ist. Im Interesse eines effektiven Kennzeichenschutzes vor Produktpiraterie ist § 18 zugunsten des Verletzten auszulegen. Normzweck ist die endgültige Vernichtung der widerrechtlich gekennzeichneten Gegenstände und Kennzeichnungsvorrichtungen. Die Vorschrift des § 18 gewährt dem Verletzten ein *Recht auf Vernichtung*. Es besteht ein *Wahlrecht* des Verletzten über die Art und Weise der Vernichtung. Einigkeit besteht dahin, daß dem Verletzten ein *Anspruch auf Vornahme der Vernichtung* zusteht und der Verletzer somit zur *Durchführung der Vernichtung verpflichtet* ist. Da die Klage auf Verurteilung zur Vernichtung der widerrechtlich gekennzeichneten Gegenstände gerichtet ist, muß das Urteil auf *Leistung* und zwar auf Vernichtung, nicht nur auf Duldung der Vernichtung lauten (*Baumbach/Hefermehl*, Wettbewerbsrecht, Einl UWG, Rn 600; *Benkard/Rogge*, § 140a PatG, Rn 8; zu § 25a WZG LG Köln MA 1993, 15, 17 – Vulkollan; zu den §§ 140a Abs. 2 PatG, 24a Abs. 2 GebrMG wohl auch BGHZ 128, 220, 225 – Kleiderbügel). Da die Vernichtung regelmäßig eine *vertretbare Handlung* darstellt, ist das Urteil grundsätzlich nach § 887 ZPO zu vollstrecken. Bei einer Vernichtung als unvertretbarer Handlung ist ausnahmsweise nach § 888 ZPO zu vollstrecken. Über einen Streit bei der Ausführung der Vernichtung entscheidet das Vollstreckungsgericht. Der Verletzte ist aber nicht darauf beschränkt, Leistungsklage gegen den Verletzer auf Vornahme der Vernichtung zu erheben. Dem Verletzten ist auch ein Anspruch gegen den Verletzer auf Herausgabe der widerrechtlich gekennzeichneten Waren oder Kennzeichnungsvorrichtungen an einen *Gerichtsvollzieher* zum Zwecke der Vernichtung zuzusprechen (so zu §§ 98, 99 UrhG *Fromm/Nordemann*, §§ 98, 99 UrhG, Rn 9; so wohl auch *Cremer*,

Mitt 1992, 153, 163; zu §§ 98, 99 UrhG LG München I ZUM 1993, 432, 433, 435; zu § 25a WZG LG München I CR 1993, 698, 699, 701; s. auch zu § 98 UrhG KG GRUR 1992, 168, 169 – Dia-Kopien; zu § 30 WZG aF OLG Hamm GRUR 1972, 185, 186 – Roter Punkt; zum Wettbewerbsrecht BGH GRUR 1954, 163, 165; aA *Diekmann*, Der Vernichtungsanspruch, S. 143, da für die Einschaltung eines Gerichtsvollziehers jeder Anhaltspunkt im Wortlaut fehle; *Retzer*, FS für Piper, 1996, S. 421, 431 ff.). Die Art und Weise der *Durchführung der Vernichtung* ist dann ausschließlich eine Frage der *Zwangsvollstreckung*. Die *Vollstreckung des Herausgabeurteils* erfolgt nach § 883 ZPO analog. Wenn die widerrechtlich gekennzeichneten Waren oder Kennzeichnungsvorrichtungen sichergestellt oder beschlagnahmt worden sind, dann richtet sich der Anspruch des Verletzten gegen den Verletzer auf *Erteilung der Zustimmung* oder *Einwilligung* in die Vernichtung der sichergestellten oder beschlagnahmten Gegenstände (s. BGHZ 131, 308 – Gefärbte Jeans und die vorinstanzliche Verurteilung zur Zustimmung oder Einwilligung in die Vernichtung von durch die Staatsanwaltschaft sichergestellten Gegenständen in BGH GRUR 1988, 301 – Videorekorder-Vernichtung; 1990, 353 – Raubkopien; so zu sequestrierten Gegenständen auch *Diekmann*, Der Vernichtungsanspruch, S. 146, 147). Umstritten ist, ob dem Verletzten ein Anspruch gegen den Verletzer auf *Herausgabe an sich selbst* zum Zwecke der Vernichtung zu gewähren ist (bejahend *Meister*, Leistungsschutz und Produktpiraterie, S. 105, 107; *Meister*, WRP 1991, 137, 142; *Meister*, WRP 1995, 366, 375; *Cremer*, Mitt 1992, 153, 163; *Althammer/Ströbele/Klaka*, § 18 MarkenG, Rn 3; LG Köln MA 1993, 15, 16 f. – Vulkollan; verneinend *Benkard/Rogge*, § 140a PatG, Rn 8; *Diekmann*, Der Vernichtungsanspruch, S. 145 f.; *Retzer*, FS für Piper, S. 421, 436; *Ingerl/Rohnke*, § 18 MarkenG, Rn 25; zu den §§ 140a Abs. 2 PatG, 24a Abs. 2 GebrMG OLG Düsseldorf als Vorinstanz zu BGHZ 128, 220, 225 – Kleiderbügel). Der Verletzte kann die Herausgabe der widerrechtlich gekennzeichneten Gegenstände zum Zwecke der Vernichtung jedenfalls dann verlangen, wenn sich die zu vernichtenden Gegenstände im Gewahrsam eines Dritten befinden und die Rückgabe der Gegenstände an den Verletzer für den Verletzten unzumutbar ist (BGH GRUR 1997, 899, 902 – Vernichtungsanspruch). Die Entscheidung darüber, ob dem Vernichtungsanspruch ein Herausgabeanspruch generell immanent ist, wurde vom BGH offengelassen. Ein Anspruch auf Herausgabe an den Verletzten ist immer dann anzuerkennen, wenn die *Vernichtung* der widerrechtlich gekennzeichneten Waren *sichergestellt* und deren *Verwertung durch den Verletzten ausgeschlossen* ist. Versteht man den Herausgabeanspruch als dem Vernichtungsanspruch immanent (so *Thun*, Der immaterialgüterrechtliche Vernichtungsanspruch, S. 158), dann bestehen keine einschränkenden Voraussetzungen für die Herausgabe an den Verletzten.

**29** Die Vornahme der *Vernichtung durch einen Gerichtsvollzieher* ist wohl der Weg, der eine ordnungsgemäße Durchführung der Vernichtung am besten gewährleistet. Sie widerspricht auch nicht den Aufgaben, die einem Gerichtsvollzieher üblicherweise obliegen. Eine Vernichtung durch den Verletzer birgt die Gefahr, daß die Waren erneut in den Verkehr gelangen. Eine Vernichtung durch den Verletzten birgt die Gefahr, daß die Waren verwertet werden. Wenn zur Vernichtung durch den Verletzer oder den Verletzten verurteilt wird, dann besteht eine Pflicht zum *Nachweis* der Durchführung der Vernichtung, die entweder als eine vollstreckungsrechtliche Pflicht oder als eine schuldrechtliche Nebenpflicht nach § 242 BGB zu verstehen ist. Wenn an der Vernichtung auch ein Interesse der Allgemeinheit besteht, weil etwa bei der Vernichtung *Auflagen* hinsichtlich einer Umweltgefährdung zu beachten sind, dann sollten die zu vernichtenden Waren an einen Gerichtsvollzieher zur Vernichtung herausgegeben werden, um mißbräuchliche Formen der Vernichtung zu verhindern.

## II. Begriff der Vernichtung

**30** Vernichtung ist die *Zerstörung* einer Sache in ihrer Substanz (*Pohlmann/Jabel*, § 63 StVollstrO, Rn 11; *Fromm/Nordemann*, §§ 98, 99 UrhG, Rn 4; *Schricker/Wild*, § 98 UrhG, Rn 9). Sie ist von der *Unbrauchbarmachung* zu unterscheiden. Unbrauchbarmachung ist eine Entkleidung der gefährdenden Form oder eine Unschädlichmachung, bei der der Materialwert erhalten bleibt (s. § 63 Abs. 3 StVollstrO; *Schricker/Wild*, § 98 UrhG, Rn 9). Maßnahmen der Vernichtung sind etwa bei Gegenständen aus brennbarem Material das Verbrennen, bei Werkzeugen, Maschinen und Formen das Einschmelzen oder Verschrotten, bei Büchern und Druckschriften das Einstampfen oder Zerreißen. Die Art und Weise der Vernichtung richtet sich nach der Beschaffenheit der widerrechtlich gekennzeichneten Gegenstände oder Kennzeichnungsvorrichtungen, die der Vernichtung unterliegen.

### III. Urteilstenor

Wenn das Urteil auf Herausgabe der zu vernichtenden Gegenstände an den Gerichtsvollzieher zum Zwecke der Vernichtung lautet, dann sind die konkreten Vernichtungsmaßnahmen nicht schon im Urteil anzuordnen, das nur *allgemein auf Vernichtung* lautet. Es ist Sache des Gerichtsvollziehers über die konkrete Art und Weise der Vernichtung zu entscheiden (s. zum urheberrechtlichen Vernichtungsanspruch *Möhring/Nicolini*, § 98 UrhG, Anm. 5; *Fromm/Nordemann*, §§ 98, 99 UrhG, Rn 9; *Schricker/Wild*, § 98 UrhG, Rn 12). Nichts anderes hat zu gelten, wenn sich die zu vernichtenden Gegenstände schon aufgrund einer Sequestration oder Verwahrung im Gewahrsam des Gerichtsvollziehers befinden. Auch wenn dem Verletzer die Vernichtung überlassen bleibt, bedarf es keiner Anordnung einer konkreten Vernichtungsmaßnahme im Urteil. Wenn allerdings wegen der Beschaffenheit der Sache die Vernichtung nur auf eine bestimmte Art und Weise wie etwa aus Gründen des Umweltschutzes erfolgen soll, dann kann eine Verurteilung zu dieser konkreten Vernichtungsmaßnahme in Betracht kommen. Im übrigen erfolgt die *Konkretisierung der Vernichtung* erst im *Vollstreckungsverfahren* (s. insoweit zum allgemeinen Beseitigungsanspruch *Erman/Hefermehl*, § 1004 BGB, Rn 23; RGZ 60, 120, 121; 67, 252, 253, 254; OLG Hamm JMBl. NRW 1957, 198, 199; OLG Zweibrücken MDR 1974, 409, 410,; 1983, 500; aA OLG Hamm MDR 1983, 850; 1984, 591; OLG München MDR 1987, 945). Wenn dem Verletzten die Vernichtung der Gegenstände übertragen wird, dann sollte zumindest auf *Antrag* zu einer konkreten Art und Weise der Vernichtung verurteilt werden, um die Kostenlast für den Verletzer vorhersehbar zu machen und etwa öffentlichkeits- oder medienwirksame Vernichtungsmethoden zu unterbinden. Wenn man davon ausgeht, daß dem Verletzten die Befugnis zusteht, die Vernichtung auf Rechnung des Verletzers vorzunehmen (s. zur Kostentragung Rn 32f.), dann besteht kein schutzwürdiges Interesse des Verletzten, die konkrete Art und Weise der Vernichtung selbst zu bestimmen.

### IV. Kosten der Vernichtung

Der *Verletzer* hat die *Kosten der Vernichtung* zu tragen (BGH GRUR 1997, 899, 902 – Vernichtungsanspruch; *Meister*, Leistungsschutz und Produktpiraterie, S. 107; *Meister*, WRP 1991, 137, 142; *Diekmann*, Der Vernichtungsanspruch, S. 146; zu § 30 WZG aF s. *v. Gamm*, § 24 WZG, Rn 34). Der Kostenerstattungsanspruch bezieht sich nur auf die zur Vernichtung *erforderlichen* Kosten. Die Kostenlast des Verletzers ergibt sich aus der ihm obliegenden Pflicht zur Vernichtung der widerrechtlich gekennzeichneten Gegenstände oder Kennzeichnungsvorrichtungen. Auch wenn man dem Verletzten ein Recht zur Selbstvornahme der Vernichtung einräumt, besteht eine Befugnis des Verletzten, die Vernichtung auf Rechnung des Verletzers durchzuführen oder durch einen Dritten ausführen zu lassen. Die Einräumung einer Befugnis zur Vornahme der Vernichtung kann nicht im Sinne einer Vorverlagerung der Ermächtigung zur Ersatzvornahme nach § 887 ZPO in das Erkenntnisverfahren verstanden werden, da die Ermächtigung zur Ersatzvornahme nach allgemeiner Auffassung nicht bereits im Urteil erteilt werden kann (*Baur/Stürner*, Zwangsvollstreckungs-, Konkurs- und Vergleichsrecht, Rn 673; *Stein/Jonas/Münzberg*, § 887 ZPO, Rn 36; in diese Richtung geht wohl aber die Argumentation des LG Köln MA 1993, 15, 17 – Vulkollan). Wenn man dem Verletzten einen Anspruch auf Herausgabe der zu vernichtenden Gegenstände an den Gerichtsvollzieher zum Zwecke der Vernichtung gewährt (s. Rn 29), dann handelt es sich bei den Kosten der Vernichtung um *Vollstreckungskosten* im Sinne des § 788 ZPO, da die Vernichtung einen Teil der Vollstreckung darstellt. Der Verletzte hat allgemein nur die notwendigen Kosten der Vernichtung zu tragen. Bei einer Vernichtung durch den Gerichtsvollzieher ergibt sich dies aus den §§ 788 iVm mit 91 ZPO. Für die Kosten der Ersatzvornahme folgt der Grundsatz der notwendigen Kostentragung aus den §§ 887 iVm 788 ZPO. Im übrigen folgt eine solche Kostenbeschränkung aus dem Gebot der Rücksichtnahme nach § 242 BGB (BGHZ 66, 182, 193 – Der Fall Bittenbinder).

**33** Da der Gesetzgeber zwar keine ausdrückliche Regelung der Kostenerstattung getroffen hat, Einigkeit aber dahin besteht, daß der Verletzer die Kosten der Vernichtung zu tragen und dem Verletzten zu erstatten hat, wenn die Vernichtung durch den Verletzten erfolgt, erscheint es sachgerecht, die *Anspruchsgrundlage für die Kostenerstattung* unmittelbar aus § 18 zu entnehmen. Eine zweckentsprechende Auslegung der Vorschrift ergibt, daß die vom Verletzer durchzuführende Vernichtung der kennzeichenrechtsverletzenden Waren auf Kosten des Verletzers zu erfolgen hat (BGH GRUR 1997, 899, 902 – Vernichtungsanspruch). Eines Rückgriffs auf eine anderweitige Anspruchsgrundlage zum Aufwendungsersatz wie etwa nach § 670 BGB bedarf es dann nicht mehr.

## V. Sicherung des Vernichtungsanspruchs

**34** Zur Sicherung der Durchsetzung des Vernichtungsanspruchs kann sowohl eine *Sequestration* als auch eine *Verwahrung* im Wege der einstweiligen Verfügung angeordnet werden. Unter Sequestration ist die Verwahrung und Verwaltung von Gegenständen oder Sachgesamtheiten durch eine Vertrauensperson zu verstehen, bei der die Verwaltungstätigkeit im Vordergrund steht (OLG Karlsruhe Die Justiz 1989, 190, 191; KG JurBüro 1987, 125, 126). Von der Sequestration ist die schlichte Verwahrung zu unterscheiden. Die kostengünstigere Verwahrung ist dann anzuordnen, wenn eine treuhänderische Verwaltung nicht erforderlich ist. Die Verwahrungskosten einer angeordneten amtlichen Verwahrung sind Vollstreckungskosten im Sinne der §§ 788, 103 ZPO; dies wird für die Kosten einer Sequestration überwiegend abgelehnt (OLG Braunschweig JurBüro 1969, 1094; OLG München Rpfleger 1973, 30, 31; KG JurBüro 1987, 125, 126, 127; OLG Koblenz Rpfleger 1981, 319; DGVZ 1982, 27, 28; teilweise aA OLG Karlsruhe Die Justiz 1981, 47), auch wenn die Unterschiede zwischen Sequestration und schlichter Verwahrung eine solche Differenzierung nicht rechtfertigen (OLG Karlsruhe Die Justiz 1981, 47, das nicht zwischen Sequestration und Verwahrung, sondern zwischen einfachen Verwahrungskosten und Wirtschaftsführungskosten unterscheidet, und so die einfachen Verwahrungskosten den Vollstreckungskosten zuordnet). Dem Sequester steht eine besondere Sequestervergütung zu. Die *Durchführung der Vernichtung* kann nicht im Wege der einstweiligen Verfügung angeordnet werden, da dies zu einer endgültigen und irreversiblen Erfüllung führen würde (HansOLG Hamburg WRP 1997, 106 – Gucci). Bei einer einstweiligen Verfügung zur Sicherstellung von Produktpiraterieewaren im Wege der Sequestration oder der schlichten Verwahrung ist eine vorherige *Abmahnung* nach überwiegender Auffassung *entbehrlich* (HansOLG Hamburg WRP 1978, 146, 147; OLG Nürnberg WRP 1981, 342, 343; OLG Frankfurt GRUR 1983, 753, 756, 757 – Pengo; HansOLG Hamburg GRUR 1984, 758; KG WRP 1984, 325, 326; OLG Nürnberg WRP 1995, 427; OLG Düsseldorf WRP 1997, 471 – Ohrstecker; aA OLG Köln WRP 1983, 453).

## E. Schranken des Vernichtungsanspruchs

### I. Ausnahmeregelung des § 18 Abs. 1 2. HS

#### 1. Ausgangspunkt

**35** § 18 Abs. 1 2. HS enthält eine Ausnahmeregelung zu dem als Regelmaßnahme bestehenden Anspruch auf Vernichtung widerrechtlich gekennzeichneter Gegenstände. Nach dieser Ausnahmeregelung besteht der Vernichtungsanspruch des § 18 Abs. 1 dann nicht, wenn der durch die Rechtsverletzung verursachte Zustand der Gegenstände auf andere Weise beseitigt werden kann, und die Vernichtung für den Verletzer oder Eigentümer im Einzelfall unverhältnismäßig ist. Diese Ausnahmeregelung gilt entsprechend für den Anspruch auf Vernichtung von Kennzeichnungsvorrichtungen im Sinne des § 18 Abs. 2. Die Schranke des Vernichtungsanspruchs steht unter der *doppelten* Voraussetzung, daß zum einen der durch die Rechtsverletzung verursachte Zustand der Gegenstände (Abs. 1) oder die Eignung der Vorrichtungen zur widerrechtlichen Kennzeichnung (Abs. 2) *auf andere Weise als durch Vernich-*

*tung beseitigt* werden können. Voraussetzung ist zum anderen, daß die Vernichtung für den Verletzer oder für den durch die Vernichtung betroffenen Eigentümer im Einzelfall eine *unverhältnismäßige Härte* darstellt. Beide Voraussetzungen der Ausnahmeregelung müssen *kumulativ* vorliegen. Als Ausnahmeregel ist die Vorschrift eng auszulegen (BGH GRUR 1997, 899, 901 – Vernichtungsanspruch; s. schon zu § 25a WZG LG München I CR 1993, 698, 701; *Mestmäcker/Schulze*, §§ 98, 99 UrhG, Anm. 4); die praktische Bedeutung einer solchen Auslegungsregel ist allerdings beschränkt (s. dazu *Larenz*, Methodenlehre der Rechtswissenschaft, S. 355; die Auslegungsregel bedeutet namentlich, daß bei Vorliegen eines Regel-Ausnahme-Verhältnisses bei Anwendung der Ausnahmevorschrift der Regelungsgrund des Grundtatbestandes zu berücksichtigen und nicht im Wege einer großzügigen Anwendung der Ausnahmevorschrift in sein Gegenteil verkehrt werden darf). Bei Anwendung der Ausnahmeregelung ist davon auszugehen, daß es sich bei der Vernichtung der kennzeichenrechtsverletzenden Waren um eine *Regelmaßnahme* handelt (s. zum Zweck des Vernichtungsanspruchs Begründung des Regierungsentwurfs zum PrPG, BT-Drucks. 11/4792 vom 15. Juni 1989, S. 27 ff.). Die seit dem 1. Juli 1990 geltende Vorschrift des § 25a Abs. 1 WZG bezweckte, den Schutz des Verletzten gegenüber der früheren Rechtslage nach § 30 WZG aF nachhaltig zu verstärken. Schon nach früherem Rechtszustand konnte der Verletzte die Beseitigung der Schutzrechtsverletzung im Wege des Folgenbeseitigungsanspruchs nach § 1004 BGB verlangen. Diesen allgemeinen Beseitigungsanspruch, der nur die zur Beseitigung der Beeinträchtigung erforderlichen Maßnahmen ermöglichte, hatte § 30 WZG aF dahin konkretisiert, daß im Regelfall nur die Entfernung der widerrechtlich angebrachten Kennzeichen anzuordnen war. Mit der Vorschrift des § 25a Abs. 1 WZG sowie nunmehr des § 18 hat sich der Gesetzgeber bewußt für eine einschneidendere Maßnahme entschieden, die in vielen Fällen mehr als das lediglich zur unmittelbaren Folgenbeseitigung Nötige zuläßt. Dies erschien dem Gesetzgeber notwendig, um den Interessen des Schutzrechtsinhabers Genüge zu tun und den zunehmenden Schutzrechtsverletzungen wirksam zu begegnen. Der Umstand allein, daß eine Beseitigung der schutzrechtsverletzenden Kennzeichen möglich ist, reicht deshalb für sich genommen nicht aus, von einer Vernichtung als Regelmaßnahme abzusehen (so auch BGH GRUR 1997, 899, 901 – Vernichtungsanspruch). Dem entspricht auch, daß der Anordnung der Vernichtung, soweit sie über die bloße Folgenbeseitigung hinausreicht, eine Art Sanktionscharakter zukommt. Dieser generalpräventive Effekt entspricht internationalen Überlegungen zur wirksamen Bekämpfung der Produktpiraterie, wie in der Gesetzesbegründung ausdrücklich hervorgehoben wird.

## 2. Anderweitige Beseitigung des rechtsverletzenden Zustands

Erste Voraussetzung einer Anwendung der Ausnahmeregelung ist die *Möglichkeit einer anderweitigen Beseitigung* des rechtsverletzenden Zustandes. Der Umstand allein, daß eine Beseitigung der schutzrechtsverletzenden Kennzeichen möglich ist, reicht aber für sich genommen noch nicht aus, von einer Vernichtung als Regelmaßnahme abzusehen (s. Rn 35). Zweite Voraussetzung des Eingreifens der Ausnahmeregelung ist die Unverhältnismäßigkeit der Vernichtung (s. Rn 39 f.).

Eine Beseitigung des durch die Rechtsverletzung verursachten Zustandes der Gegenstände auf andere Weise ist nur dann ausreichend, wenn der *rechtsverletzende Zustand der Gegenstände vollständig beseitigt* werden kann. Das kann etwa dann der Fall sein, wenn ein Etikett, das in ein Kleidungsstück eingenäht ist, ohne weiteres entfernt werden kann. Unzureichend ist etwa das Überkleben eines widerrechtlich angebrachten Kennzeichens auf einem Gegenstand, da die Überklebung wieder entfernt werden kann, und so die Kennzeichenrechtsverletzung nicht vollständig beseitigt ist. Aber auch eine vollständige Beseitigung der widerrechtlich angebrachten Kennzeichen, wie etwa durch Schwärzen oder Abschleifen, wird dann nicht als ausreichend anzusehen sein, wenn es sich im übrigen um nachgeahmte Produktpirateriewaren handelt, die mit den Originalprodukten identisch oder diesen ähnlich sind, und so die nachgeahmten Produkte ohne die widerrechtliche Kennzeichnung etwa als Produkte zweiter Wahl des Originalprodukts im Verkehr beurteilt werden können. Eine Beseitigung des rechtsverletzenden Zustands kommt nur dann in Betracht, wenn nach der Kennzeichenentfernung noch ein verwertbares Produkt übrigbleibt (zu § 98 UrhG s. OLG Düsseldorf ZUM 1997, 486, 490 – Beuys-Fotografien).

**38** Das Gericht hat die Möglichkeit, dem Verletzer eine *Frist für einen Beseitigungsversuch* einzuräumen und das Ergebnis der Beseitigung der widerrechtlich angebrachten Kennzeichen an einzelnen Produkten in der mündlichen Verhandlung etwa auch unter Zuhilfenahme eines Sachverständigengutachtens zu beurteilen.

### 3. Unverhältnismäßigkeit der Vernichtung

**39** Der Vernichtungsanspruch besteht dann nicht, wenn im Fall der Möglichkeit einer anderweitigen Beseitigung des durch die Rechtsverletzung verursachten Zustandes die Vernichtung der kennzeichenrechtsverletzenden Gegenstände für den Verletzer oder den Eigentümer im Einzelfall unverhältnismäßig ist. Dabei ist davon auszugehen, daß es sich bei der Vernichtung der kennzeichenrechtsverletzenden Waren um eine Regelmaßnahme handelt (s. Rn 35). Die Tatsache allein, daß eine mildere Maßnahme zur Störungsbeseitigung zur Verfügung steht, vermag die Unverhältnismäßigkeit der Vernichtung nicht zu begründen (BGH GRUR 1997, 899, 901 – Vernichtungsanspruch; s. dazu auch *Köhler*, GRUR 1996, 82, 87; *Retzer*, FS für Piper, S. 421, 423); dem schonenderen Mitteleinsatz (Übermaßverbot) kommt kein Vorrang zu. Unverhältnismäßigkeit der Vernichtung bedeutet nicht, daß der Vernichtungsanspruch unter dem Vorbehalt der Verhältnismäßigkeit im Sinne von Geeignetheit, Erforderlichkeit und Verhältnismäßigkeit im engeren Sinne steht, sondern ist eine Ausprägung der allgemeinen Grenze des Rechtsmißbrauchs. Der Anspruch auf Vernichtung ist nur dann ausgeschlossen, wenn die Vernichtung im konkreten Fall eine besondere Härte darstellt (für eine begriffliche Differenzierung daher *Thun*, Der immaterialgüterrechtliche Vernichtungsanspruch, S. 163 ff.). Das schließt nicht aus, daß bei einem rechtwidrigen Import von Originalware die Vernichtung rechtswidrig markierter Waren unverhältnismäßig sein und als ein milderes Mittel ein Einfuhrverbot als Verfügungsbeschränkung im Sinne des § 147 Abs. 3 S. 2 in Betracht kommen kann (LG Düsseldorf GRUR 1996, 66, 68 – adidas-Import). Der Gesetzgeber hat bewußt darauf verzichtet, Beispiele für die Unverhältnismäßigkeit der Vernichtung zu nennen. Nach der Gesetzesbegründung sind bei der Prüfung der Unverhältnismäßigkeit etwa die Schuldlosigkeit oder der *Grad der Schuld* des Verletzers, die *Schwere des Eingriffs* oder der Umfang des bei Vernichtung für den Verletzer entstehenden *Schadens* im Vergleich zu dem durch die Verletzung eingetretenen wirtschaftlichen Schaden des Rechtsinhabers zu berücksichtigen. Als Kriterien zur Prüfung der Unverhältnismäßigkeit kommen weiter in Betracht die Bedeutung der zu vernichtenden Gegenstände, namentlich deren ökonomischer und wohl auch deren sozialer oder gesellschaftlicher *Wert* (zum wirtschaftlichen Wert *Lührs*, GRUR 1994, 264, 268; *Cremer*, Mitt 1992, 153, 163; *Tilmann*, BB 1990, 1565, 1566), der Umfang der bereits eingetretenen Kennzeichenrechtsverletzungen hinsichtlich eines möglichen *Marktverwirrungsschadens* (s. dazu *Tilmann*, BB 1990, 1565, 1566), sowie die Verletzung anderer gewerblicher Schutzrechte oder des Urheberrechts des Inhabers des Kennzeichenrechts durch die Produktpiratewareware wie auch durch die Gefährdung solcher anderer Schutzrechte (*Benkard/Rogge*, § 140a PatG, Rn 5). Erforderlich ist eine umfassende *Interessen- und Güterabwägung* unter Berücksichtigung der besonderen Umstände des konkreten Einzelfalles. Die Entscheidung über die Unverhältnismäßigkeit ist im Lichte der *verfassungsrechtlichen* Wertungen (Art. 12, 14 GG) zu treffen und neben den Interessen des Schutzrechtsinhabers an dem Rechtsbestand seines gewerblichen und kommerziellen Eigentums auch die Eigentumsinteressen des Verletzers sowohl an den kennzeichenrechtsverletzenden Gegenständen als auch an dem Bestand seines Unternehmens, namentlich dann, wenn ein unverhältnismäßig hoher Schaden für das Unternehmen wie etwa eines Händlers droht, zu berücksichtigen (zu einem den Bestand des Unternehmens gefährdenden Schaden durch die Vernichtung s. OLG Stuttgart, Urteil vom 25. Februar 1994, 2 U 153/93). Es erscheint auch nicht ausgeschlossen, die *Allgemeininteressen* in die Rechtswertung über die Unverhältnismäßigkeit einzubeziehen, namentlich dann, wenn sich die Vernichtung der Produkte als volkswirtschaftlich und sozial unerträglich darstellt und eine anderweitige Verwertung der Produkte als naheliegend und angemessen erscheint. Auf der einen Seite gilt, daß die Schuldlosigkeit des Verletzers oder Eigentümers bei der Prüfung der Unverhältnismäßigkeit zu berücksichtigen ist (Regierungsbegründung zum PrPG, BT-Drucks. 11/4792 vom 15. Juni 1989, S. 29). Auf der anderen Seite gilt aber auch, daß eine Anwendung der Ausnahmeregelung dann ausgeschlossen ist, wenn sich der Vernichtungsanspruch gegen solche Produktpiratewaren richtet, die eine Gefährdung öffentlicher Interessen, fundamentaler Rechtsgüter der Allgemeinheit wie etwa der Volksgesundheit im Arzneimittelsektor oder gravierender Belange des Verbraucherschutzes oder des Umweltschutzes darstellen. In Fallkonstellationen, in denen die Schutzrechtsverletzung das Produkt als solches betrifft oder von dem schutzrechtsverletzenden Produkt eine erhebliche Gefahr für die Allgemeinheit ausgeht, wird die Vernichtung der schutzrechtsverletzenden Produkte nur in seltenen Fällen öffentlichen Interesses unverhältnismäßig sein (s. zu diesem Aspekt auch den Bericht von *Knaak* zur zweiten Sitzung des WIPO-Expertenkomitees, GRUR Int 1987, 693, 695). Eine allgemeine Rechtswertung dahin, die Vernichtung sei generell verhältnismäßig, wenn den Verletzer ein Verschulden treffe, und die Anwendung der Ausnahmeregel sei allgemein bereits bei Vorliegen eines fahrlässigen Verhaltens ausgeschlossen (so LG München I CR 1993, 698, 701, 702), ist abzulehnen. Die Anwendung der Unverhältnismäßigkeitsregel ist auch bei einem Verschulden des Verletzers oder auch des Eigentümers nicht grundsätzlich ausgeschlossen.

Bei der Prüfung der Unverhältnismäßigkeit der Vernichtung kommt dem Umstand ein **40** wesentliches Gewicht zu, ob es sich um eine *gravierende Kennzeichenrechtsverletzung* handelt, oder ob die Kennzeichenrechtsverletzung nur eine Fallkonstellation im Randbereich des Kennzeichenschutzes darstellt (OLG Stuttgart, Urteil vom 11. November 1994, 2 U 76/94). Die Schwere der Schutzrechtsverletzung kann sich auch daraus ergeben, daß der zu vernichtende Gegenstand zugleich *mehrere gewerbliche Schutzrechte* oder ein *Urheberrecht* des Kennzeicheninhabers verletzt. Auch der *Bekanntheitsgrad* und die *Marktstärke* des Kennzeichens erschweren den Vorwurf der Schutzrechtsverletzung. Gegenstand des Vernichtungsanspruchs ist der *Prototyp der Produktpiraterie*, auch wenn der Vernichtungsanspruch nicht auf Pirateriprodukte, die keinen Rechtsbegriff darstellen, beschränkt ist. Bei äußerlich nahezu identischen Markenpiraterieprodukten wird die Vernichtung der schutzrechtsverletzenden Gegenstände grundsätzlich verhältnismäßig sein. Dies gilt jedenfalls dann, wenn sich der Vernichtungsanspruch gegen den Hersteller der Produktpirateriewaren richtet. Richtet sich der Vernichtungsanspruch hingegen nicht gegen den Hersteller, sondern gegen denjenigen, der mit Produktpirateriewaren handelt, so läßt sich ein solcher Grundsatz nach Auffassung des BGH nicht aufstellen (BGH GRUR 1997, 899, 901 – Vernichtungsanspruch). Wenn eine Kennzeichenrechtsverletzung zwar anzunehmen, deren Vorliegen aber nicht offenkundig oder eindeutig ist, dann wird im allgemeinen nur bei Vorliegen weiterer Umstände die Verhältnismäßigkeit der Vernichtung der kennzeichenrechtsverletzenden Gegenstände zu rechtfertigen sein. Die *Leichtfertigkeit im Handel* mit Markenpiraterieprodukten kann ein Umstand sein, der die Verhältnismäßigkeit der Vernichtung rechtfertigt; das gilt etwa dann, wenn am Vertrieb von Markenwaren Ausschließlichkeitsrechte bestehen, und der Erwerb der Pirateriprodukte im grauen Markt aufgrund einer *Rückfrage* bei dem Rechtsinhaber leichthin hätte erkannt werden können. Die Unverhältnismäßigkeit der Vernichtung kann sich nicht allein aus dem Schaden ergeben, der dem Verletzer oder dem Eigentümer durch die Vernichtung der kennzeichenrechtsverletzenden Gegenstände entsteht. Die *Höhe des entstehenden Schadens* kann schon deshalb nicht den maßgebenden Ausschlag für die Beurteilung der Unverhältnismäßigkeit geben, weil ansonsten gerade der schutzrechtsverletzende Warenumfang und damit die Intensität der Kennzeichenrechtsverletzung die Unverhältnismäßigkeit der Vernichtung begründen würde. Der dem Verletzer entstehende Schaden ist allein in Relation zu dem dem Verletzten drohenden Schaden zu berücksichtigen. Bei der Prüfung der Unverhältnismäßigkeit einer Vernichtung von Kennzeichnungsvorrichtungen im Sinne des § 18 Abs. 2 ist namentlich bei neutralen Vorrichtungen wie etwa bei größeren *Produktionsanlagen* der Vernichtungsanspruch nur mit Vorsicht zuzuerkennen. Für das Vorliegen der Voraussetzungen der Ausnahmeregelung trägt der Verletzer die Darlegungs- und Beweislast.

## II. Abwendungsbefugnis

Es stellt sich die Frage, ob der Vernichtungsanspruch nach § 18 neben der Ausnahmeregelung einer anderweitigen Beseitigung des rechtsverletzenden Zustandes sowie der Unverhältnismäßigkeit der Vernichtung (s. Rn 36 ff.) noch weiteren Einschränkungen unterliegt. In Betracht kommt die Zubilligung einer *Abwendungsbefugnis* des schuldlosen Verletzers, vergleichbar der Rechtslage im Urheberrecht. § 101 UrhG gewährt dem schuldlosen Verletzer ein materielles Gegenrecht zur Abwendung von an sich bestehenden Ansprüchen des Rechtsinhabers auf Beseitigung, Unterlassung und Vernichtung. Voraussetzung ist, daß dem Verletzer weder Vorsatz noch Fahrlässigkeit zur Last fällt, durch die Erfüllung des Anspruchs dem Verletzer ein unverhältnismäßig großer Schaden entstehen würde und eine Abwendung in Geld dem Verletzten zuzumuten ist. Bei Vorliegen dieser strengen Voraussetzungen kann der Verletzer die Durchsetzung eines Vernichtungsanspruchs durch Zahlung einer Entschädigung in Geld abwenden. Als Abfindung ist der Betrag zu zahlen, der im Falle einer vertraglichen Einräumung des Rechts als Vergütung angemessen wäre. Mit der Zahlung der Abfindung in Geld wird die Einwilligung des Rechtsinhabers in die Verwertung des Urheberrechts in einem üblichen Umfange fingiert und so ein Rechtszustand geschaffen, der bestünde, wenn dem Verletzer vertraglich die Verwertung des Schutzrechts eingeräumt worden wäre (s. zur Abwendungsbefugnis im Urheberrecht *Möhring/Nicolini*, § 101 UrhG; *Schricker-Wild*, § 101 UrhG; *v. Gamm*, § 101 UrhG, *Fromm/Nordemann*, § 101 UrhG). Eine vergleichbare Abwendungsbefugnis wird auch dem Störer im Falle eines Beseitigungsanspruchs nach § 1004 BGB auf der Grundlage einer entsprechenden Anwendung des § 251 Abs. 2 BGB oder in Anwendung des Rechtsmißbrauchsgedankens nach 242 BGB gewährt (zum Meinungsstand s. *Picker*, FS für Lange, 1992, S. 625 ff.; s. auch BGB-RGRK/*Pikart*, § 1004 BGB, Rn 93, 102; *Palandt/Bassenge*, § 1004 BGB, Rn 38; *Erman/Hefermehl*, § 1004 BGB, Rn 24).

**42** Es ist sachgerecht und mit dem Normzweck des kennzeichenrechtlichen Vernichtungsanspruchs vereinbar, unter den strengen Voraussetzungen des § 101 UrhG auf der Grundlage des § 242 BGB im Wege der *Rechtsanalogie* dem Verletzer auch bei dem Vernichtungsanspruch nach § 18 eine Abwendungsbefugnis zuzusprechen (so auch *Thun*, Der immaterialgüterrechtliche Vernichtungsanspruch, S. 177 ff.; ähnlich *Bruchhausen*, GRUR 1980, 515, 519; *Benkard/Rogge*, § 140a PatG, Rn 4; aA *Diekmann*, Der Vernichtungsanspruch, S. 274 ff.). Das gilt nicht nur im Falle einer Konkurrenz verschiedener Vernichtungsansprüche bei Verletzung mehrerer Schutzrechte, bei der die Einschränkungen des einen Vernichtungsanspruchs auch im Hinblick auf das Bestehen des anderen Vernichtungsanspruchs gelten. Im Lichte der verfassungsrechtlichen Wertung der Eigentumsgarantie nach Art. 14 GG ist die Zuerkennung einer solchen Abwendungsbefugnis auch bei einer reinen Kennzeichenrechtsverletzung und dem Bestehen eines Vernichtungsanspruchs nach § 18 anzuerkennen. Die Anerkennung einer *Abwendungsbefugnis als Schranke des Vernichtungsanspruchs* im Kennzeichenrecht widerspricht auch nicht dem Willen des Gesetzgebers des PrPG und des MarkenG. Zwar hat der Gesetzgeber davon abgesehen, die Abwendungsbefugnis als eine allgemeine Schranke des Vernichtungsanspruchs im Immaterialgüterrecht zu normieren. Die Abwendungsbefugnis als Schranke des Vernichtungsanspruchs, wie er in den §§ 101 UrhG, 251 Abs. 2 BGB eine Rechtsgrundlage findet, kann jedoch als Ausprägung des Grundsatzes von Treu und Glauben nach § 242 BGB sowie als ein *Gebot grundgesetzlicher Rechtswertung* innerhalb eines verfassungsgestalteten Privatrechts verstanden werden. Wenn die Abwendungsbefugnis allein dem schuldlosen Verletzer zuerkannt wird, dann besteht auch nicht die Gefahr, daß Produktpiraten die Kennzeichenrechtsverletzung unter Inkaufnahme einer Nachzahlung wagen. Zudem erscheint nicht ausgeschlossen, die zur Abwendung des Vernichtungsanspruchs erforderliche Zahlung einer Entschädigung in Geld nicht nur am Schadensersatzanspruch einer angemessenen Lizenzgebühr im Kennzeichenrecht (s. § 14, Rn 522) zu messen, sondern unter Berücksichtigung des aus der Kennzeichenrechtsverletzung dem Verletzten drohenden Schadens und des aus der Kennzeichenrechtsverletzung für den Verletzer zu erwartenden Gewinns festzusetzen. Eine Abwendungsbefugnis des schuldlosen Verletzers kommt nur dann in Betracht, wenn die Voraussetzungen eines Vernichtungsanspruchs nach § 18 vorliegen und die Ausnahmeregelung der anderweitigen Beseitigung des rechtsverletzenden Zustandes sowie der Unverhältnismäßigkeit der Vernichtung (s. Rn 36 ff.) nicht eingreift.

### III. Aufbrauchsfrist und Umstellungsfrist

**43** Im gewerblichen Rechtsschutz ist die Zuerkennung einer *Aufbrauchsfrist* aufgrund einer Billigkeitsentscheidung des Gerichts, die eine sorgfältige Abwägung der Interessen des Verletzers und des Verletzten erfordert, weithin anerkannt. Die Gewährung einer Aufbrauchsfrist wird teils als eine materiellrechtliche Anspruchsbeschränkung verstanden, die ihre Rechtsgrundlage in § 242 BGB findet, teils als eine prozeßrechtliche Maßnahme angesehen (umfassend zur Aufbrauchsfrist s. *Baumbach/Hefermehl*, Wettbewerbsrecht, Einl UWG, Rn 487; *Berlit*, Aufbrauchsfrist, S. 6 ff.; zu den Voraussetzungen der Gewährung einer Aufbrauchsfrist s. OLG Köln GRUR 1984, 874, 875, 876 – Biovital/Revital). Der Gesetzgeber des PrPG hat die Gewährung einer Aufbrauchsfrist als eine Einschränkung des Unterlassungsanspruchs verstanden und hinsichtlich des kennzeichenrechtlichen Vernichtungsanspruchs nach § 18 ausdrücklich anerkannt (Regierungsbegründung zum PrPG, BT-Drucks. 11/4792 vom 15. Juni 1989, S. 29). Der Vernichtungsanspruch schließt die gerichtliche Gewährung einer Aufbrauchsfrist nicht aus. Die Gewährung einer Aufbrauchsfrist im Hinblick auf den Unterlassungsanspruch begrenzt zugleich den Vernichtungsanspruch innerhalb der Aufbrauchsfrist. Eine Aufbrauchsfrist kann auch im Eilverfahren gewährt werden (OLG Stuttgart WRP 1989, 832). Anstelle einer Aufbrauchsfrist kann auch eine *Umstellungsfrist* in Betracht kommen.

## IV. Gemeinnützige Verwertung

Statt der Vernichtung der kennzeichenrechtsverletzenden Gegenstände kann das Gericht deren *Überlassung an eine gemeinnützige Einrichtung* anordnen (aA *Ingerl/Rohnke*, § 18 MarkenG, Rn 23; *Thun*, Der immaterialgüterrechtliche Vernichtungsanspruch, S. 188 f.; zur Diskussion s. *Meister*, MA 1988, 447, 453; *Meister*, WRP 1989, 559, 566, 567; Beschlußempfehlung und Bericht des Rechtsausschusses zu dem von der Bundesregierung eingebrachten Entwurf eines Gesetzes zur Bekämpfung der Produktpiraterie BlPMZ 1990, 196, 197; *Mühlens*, CR 1990, 433, 436; Vorschlag der Deutschen Vereinigung für gewerblichen Rechtsschutz und Urheberrecht für eine Neuregelung des § 30 WZG GRUR 1985, 867, 869; zur Diskussion auf internationaler Ebene s. den Bericht von *Knaak* über die zweite Sitzung des WIPO-Expertenkomitees zum Schutz gegen Nachahmungen GRUR Int 1987, 693, 695; *Knaak*, GRUR Int 1988, 1, 9). Die Entscheidung liegt *im billigen Ermessen des Gerichts* und kann im öffentlichen Interesse naheliegen. Eine vergleichbare Vorschrift stellt § 67a StVollstrO dar, nach der Gegenstände, die im Strafverfahren wegen der Verletzung eines Gesetzes zum Schutz des geistigen Eigentums eingezogen worden sind, an *karitative* oder *humanitäre Verbände* oder *Einrichtungen* abgegeben werden können, sofern dies ohne unverhältnismäßigen Aufwand möglich ist. Im Zivilverfahren steht es selbstverständlich den Parteien im Rahmen der Vertragsfreiheit grundsätzlich frei, sich auf eine entsprechende Verwendung der schutzrechtsverletzenden Gegenstände zu einigen (so auch *Rehbinder*, Urheberrecht, Rn 462; Beschlußempfehlung und Bericht des Rechtsausschusses BlPMZ 1990, 196, 197). Unabhängig von dem Willen der Parteien kann aber auch das Gericht im Zivilverfahren eine entsprechende Anordnung unter dem Vorbehalt des nicht unverhältnismäßigen Aufwands treffen. Auch wenn nach eingehender Diskussion der Rechtsausschuß des Bundestages es nicht für erforderlich gehalten hat, die Möglichkeit der Verwendung schutzrechtsverletzender Produkte für karitative oder humanitäre Zwecke generell anstelle der Vernichtung vorzusehen, ist das Gericht nicht an den Antrag des Verletzten auf Vernichtung der schutzrechtsverletzenden Gegenstände gebunden. Im Falle einer Anordnung der gemeinnützigen Verwertung der schutzrechtsverletzenden Produkte hat das Gericht aber zu berücksichtigen, daß die Überlassung der Produkte an karitative oder humanitäre Verbände oder Einrichtungen die *Absatzinteressen* des Verletzten nicht wesentlich beeinträchtigen darf. Die Kosten der gemeinnützigen Verwertung der schutzrechtsverletzenden Produkte hat der Verletzer entsprechend den Kosten der Vernichtung zu tragen (s. Rn 32 f.).

## F. Weitergehende Ansprüche auf Beseitigung (§ 18 Abs. 3)

Nach § 18 Abs. 3 bleiben *weitergehende Ansprüche auf Beseitigung* nach anderen Vorschriften unberührt. Auch wenn § 25a WZG eine vergleichbare Regelung nicht enthielt, bedeutet die Vorschrift keine sachliche Änderung, sondern nur eine Klarstellung. Eine entsprechende Regelung enthält § 19 Abs. 5 zum Auskunftsanspruch wie schon § 25b Abs. 5 WZG. Daß die Regelung des Vernichtungsanspruchs in § 18 keine abschließende Sonderregelung dar-

**46** Neben dem Vernichtungsanspruch kommt als ein anderweitiger Anspruch der *allgemeine Beseitigungsanspruch* zur Abwehr einer eingetretenen Beeinträchtigung nach § 1004 Abs. 1 BGB in Betracht (zum Beseitigungsanspruch s. ausführlich *Baumbach/Hefermehl*, Wettbewerbsrecht, Einl UWG, Rn 307 ff.). Anspruchsvoraussetzungen des allgemeinen Beseitigungsanspruchs sind zum einen das Vorliegen eines bereits eingetretenen und fortdauernden Störungszustandes sowie zum anderen das Nichtbestehen einer Duldungspflicht. Gegenstand des Beseitigungsanspruchs kann etwa die Beseitigung von Kennzeichen am Geschäftslokal, an Fahrzeugen oder an öffentlichen Werbeflächen sein. Der Beseitigungsanspruch kann auch auf Rückruf widerrechtlich gekennzeichneter Produkte oder Werbemittel gehen, die schon in den Verkehr gelangt sind. Von dem negatorischen Beseitigungsanspruch nach § 1004 Abs. 1 BGB ist der deliktische Schadensersatzanspruch zu unterscheiden, der das Vorliegen einer unerlaubten Handlung nach den §§ 823 ff. BGB voraussetzt. Auch dieser verschuldensabhängige Schadensersatzanspruch kann als *Wiederherstellungsanspruch* auf die Beseitigung der in einem Störungszustand bestehenden Folgen einer Rechtsverletzung gerichtet sein. Dies gilt auch für einen Schadensersatzanspruch aus einer Kennzeichenrechtsverletzung nach den §§ 14 Abs. 6, 15 Abs. 5.

**47** Als weitergehender Anspruch neben dem Vernichtungsanspruch kommt auch der Anspruch auf *Urteilsveröffentlichung* in Betracht, der nach § 1004 BGB oder aus dem Gesichtspunkt des Schadensersatzes nach § 249 BGB begründet sein kann, wenn sich nur auf diese Weise die Nachwirkungen einer Kennzeichenrechtsverletzung beseitigen lassen, sofern nicht die Abwägung der Interessen ergibt, daß die dem Verletzer daraus erwachsenden Nachteile in einem Mißverhältnis zu den Vorteilen stehen, die von der Urteilsveröffentlichung zu erwarten sind (zum Wettbewerbsrecht s. BGH GRUR 1966, 92, 95 – Bleistiftabsätze; s. dazu näher *Baumbach/Hefermehl*, Wettbewerbsrecht, Einl UWG, Rn 312).

**48** Die widerrechtlich gekennzeichneten Waren können nach § 143 Abs. 5 eingezogen werden (s. § 143, Rn 30 ff.). Die Vorschrift entspricht § 25 d Abs. 5 WZG aF, der durch das PrPG in das WZG eingeführt wurde. Der Gesetzgeber des PrPG wollte die Einziehungsmöglichkeiten nach den §§ 74 ff. StGB um die *Einziehung* der sogenannten *Beziehungsgegenstände* der Straftat erweitern (s. dazu die Regierungsbegründung zum PrPG, BT-Drucks. 11/4792 vom 15. Juni 1989, S. 29).

### Auskunftsanspruch

**19** (1) **Der Inhaber einer Marke oder einer geschäftlichen Bezeichnung kann den Verletzer in den Fällen der §§ 14, 15 und 17 auf unverzügliche Auskunft über die Herkunft und den Vertriebsweg von widerrechtlich gekennzeichneten Gegenständen in Anspruch nehmen, es sei denn, daß dies im Einzelfall unverhältnismäßig ist.**

(2) **Der nach Absatz 1 zur Auskunft Verpflichtete hat Angaben zu machen über Namen und Anschrift des Herstellers, des Lieferanten und anderer Vorbesitzer, des gewerblichen Abnehmers oder des Auftraggebers sowie über die Menge der hergestellten, ausgelieferten, erhaltenen oder bestellten Gegenstände.**

(3) **In Fällen offensichtlicher Rechtsverletzung kann die Verpflichtung zur Erteilung der Auskunft im Wege der einstweiligen Verfügung nach den Vorschriften der Zivilprozeßordnung angeordnet werden.**

(4) **Die Auskunft darf in einem Strafverfahren oder in einem Verfahren nach dem Gesetz über Ordnungswidrigkeiten wegen einer vor der Erteilung der Auskunft begangenen Tat gegen den zur Auskunft Verpflichteten oder gegen einen in § 52 Abs. 1 der Strafprozeßordnung bezeichneten Angehörigen nur mit Zustimmung des zur Auskunft Verpflichteten verwertet werden.**

(5) **Weitergehende Ansprüche auf Auskunft bleiben unberührt.**

#### Inhaltsübersicht

|  | Rn |
|---|---|
| A. Allgemeines | 1–4 |
|    I. Regelungszusammenhang und Normzweck | 1–3 |
|    II. Regelungsübersicht | 4 |

Auskunftsanspruch  1  § 19 MarkenG

|   | Rn |
|---|---|
| B. Anwendungsbereich des Anspruchs auf Drittauskunft (§ 19 Abs. 1 und 2).. | 5–14 |
|    I. Auskunftsberechtigter | 5 |
|    II. Auskunftsverpflichteter | 6 |
|    III. Kennzeichenrechtsverletzung | 7 |
|    IV. Gegenstand des Auskunftsanspruchs | 8–10 |
|    V. Zeitraum der auskunftspflichtigen Vorgänge | 11, 12 |
|    VI. Unverzüglichkeit der Auskunft | 13 |
|    VII. Unverhältnismäßigkeit der Auskunft | 14 |
| C. Durchsetzung des Auskunftsanspruchs | 15–19 |
|    I. Außergerichtliche und gerichtliche Geltendmachung | 15, 16 |
|    II. Einstweiliger Rechtsschutz (§ 19 Abs. 3) | 17–19 |
| D. Verwertungsverbot (§ 19 Abs. 4) | 20 |
| E. Sonstige Auskunftsansprüche (§ 19 Abs. 5) | 21 |

**Schrifttum zum WZG, UWG, PatG und PrPG.** *Ahrens/Spätgens,* Einstweiliger Rechtsschutz und Vollstreckung in UWG-Sachen, 1988; *Asendorf,* Auskunftsansprüche nach dem Produktpirateriegesetz und ihre analoge Anwendung auf Wettbewerbsverstöße, FS für Traub, 1994, S. 21; *Banzhaf,* Der Auskunftsanspruch im gewerblichen Rechtsschutz und Urheberrecht, Diss. Heidelberg, 1989; *Cremer,* Die Bekämpfung der Produktpiraterie in der Praxis, Mitt 1992, 153; *Eichmann,* Die Durchsetzung des Anspruchs auf Drittauskunft, GRUR 1990, 575; *Ensthaler,* Produktpirateriegesetz, GRUR 1992, 273; *Jacobs,* GRUR 1994, 634; *Jestaedt,* Auskunfts- und Rechnungslegungsanspruch bei Sortenschutzverletzung, GRUR 1993, 219; *Klaka,* Die einstweilige Verfügung in der Praxis, GRUR 1979, 593; *Krieger,* Zum Anspruch auf Auskunftserteilung wegen Warenzeichenverletzung, GRUR 1989, 802; *Marshall,* Die einstweilige Verfügung in Patentstreitsachen, FS für Klaka, 1987, S. 99; *Oppermann,* Der Auskunftsanspruch im gewerblichen Rechtsschutz und Urheberrecht, dargestellt unter besonderer Berücksichtigung der Produktpiraterie, 1997; *Schultz-Süchting,* Einstweilige Verfügungen in Patent- und Gebrauchsmustersachen, GRUR 1988, 571; *Stürner,* Die Aufklärungspflicht der Parteien des Zivilprozesses, 1976; *Tilmann,* Zum Anspruch auf Auskunftserteilung wegen Warenzeichenverletzung II, GRUR 1990, 160; *Ulrich,* ZIP 1994, 979; *v. Ungern-Sternberg,* Auskunftsanspruch bei Verwendbarkeit der Auskunft zur Begründung von Vertragsansprüchen oder Anträgen auf Verhängung von Ordnungsmitteln?, WRP 1984, 55.

**Schrifttum zum MarkenG.** *Ahrens,* GRUR 1994, 637; *Meister,* Die Verteidigung von Marken - eine Skizze zum neuen Recht, WRP 1995, 366; *Oppermann,* Der Auskunftsanspruch im gewerblichen Rechtsschutz und Urheberrecht, dargestellt unter besonderer Berücksichtigung der Produktpiraterie, 1997; *Pickrahn,* Die Bekämpfung von Parallelimporten nach dem neuen Markengesetz, GRUR 1996, 383.

### Entscheidung zum MarkenG

**LG Düsseldorf Mitt 1996, 22 – Chiemsee**

Ein Auskunftsanspruch nach § 19 besteht nur gegen denjenigen, der das Zeichen im geschäftlichen Verkehr benutzt.

## A. Allgemeines

### I. Regelungszusammenhang und Normzweck

Im Zivilrecht besteht *kein allgemeiner Auskunftsanspruch* und keine allgemeine Auskunftsklage (so schon RGZ 102, 236). Ein Auskunftsanspruch eines Berechtigten gegenüber einem vertraglich oder gesetzlich Verpflichteten besteht nicht schon deshalb, weil ein Interesse des Berechtigten an der Information durch den Verpflichteten besteht. Eine allgemeine Auskunftspflicht bei begründetem Verdacht liefe auf eine Ausforschung hinaus (zum Konkursrecht BGHZ 74, 379, 382f.; BGH NJW 1980, 2463f.; BAG NJW 1990, 3293; s. auch *Stürner,* Die Aufklärungspflicht der Parteien des Zivilprozesses, 1976, S. 325). Die *Ausforschungsgefahr* begrenzt das Auskunftsinteresse. Eine Auskunftspflicht kann sich zum einen aus *Vertrag* ergeben; dann besteht ein selbständiger Nebenanspruch auf Auskunft und zumeist auf Rechenschaftslegung, der in der Regel nur zusammen mit dem Hauptanspruch abtretbar ist (BGHZ 107, 104, 110), dessen Abtretung sich im Zweifel auch auf den Auskunftsanspruch erstreckt. Eine Auskunftspflicht kann sich zum anderen aus *Gesetz* ergeben (s. die Übersicht über gesetzliche Auskunftspflichten *Jauernig/Vollkommer,* § 261 BGB, Anm. 2). 1

Die etwa in § 260 BGB vorgesehene Auskunft über den Bestand eines Inbegriffs von Gegenständen genügt zumeist nicht, um einen Ersatzanspruch vorzubereiten. Gleiches gilt für das Auskunftsrecht bei der Geschäftsführung ohne Auftrag nach den §§ 681, 667 BGB. In Ergänzung dieser Rechtslage wurde in der reichsgerichtlichen Rechtsprechung auf der *Grundlage des § 242* BGB rechtsfortbildend ein *Auskunftsanspruch* entwickelt (grundlegend RGZ 108, 1, 7; 158, 377, 379). Nach § 242 BGB besteht eine Verpflichtung zur Auskunftserteilung dann, wenn der Berechtigte in entschuldbarer Weise nicht nur über den Umfang, sondern auch über das Bestehen seines Rechts im Ungewissen ist, er sich die zur Vorbereitung und Durchführung seines Ersatzanspruchs notwendigen Auskünfte nicht auf zumutbare Weise selbst beschaffen kann und der Verpflichtete sie unschwer, das heißt, ohne unbillig belastet zu sein, zu geben vermag (BGHZ 10, 385, 387 – Kalkstein; 81, 21, 24; 95, 274, 278f.). Voraussetzung dieses Auskunftsanspruchs ist allerdings, daß zwischen dem Berechtigten und dem Verpflichteten eine besondere rechtliche Beziehung besteht, wobei ein gesetzliches Schuldverhältnis wie etwa aus einer unerlaubten Handlung genügt (BGH NJW 1978, 1002; BGHZ 95, 274, 279). Dieser *Auskunftsanspruch zur Durchsetzung eines Hauptanspruchs* des Berechtigten gegen den Auskunftspflichtigen ist heute gewohnheitsrechtlich anerkannt und besteht nicht nur bei Schadensersatzansprüchen, sondern auch zur Vorbereitung anderer Ansprüche wie etwa eines Beseitigungsanspruchs oder eines Bereicherungsanspruchs (s. dazu ausführlich *Baumbach/Hefermehl*, Wettbewerbsrecht, Einl UWG, Rn 398 ff.; s. Rn 21).

**2** Die Zunahme der internationalen Produktpiraterie in den achtziger Jahren hat Schutzrechtslücken im Auskunftsrecht offen zutagetreten lassen. Das galt namentlich hinsichtlich der Produktionsstätten, Vertriebswege und Abnehmerkreise der schutzrechtsverletzenden Pirateriprodukte. Das Gesetz zur Stärkung des Schutzes des geistigen Eigentums und zur Bekämpfung der Produktpiraterie vom 7. März 1990 (BGBl. I S. 422) verfolgte als eines seiner wesentlichen Ziele, durch die Schaffung eines besonderen zivilrechtlichen Auskunftsanspruchs die Aufdeckung der Quellen und der Vertriebswege schutzrechtsverletzender Erzeugnisse zu ermöglichen (Begründung zum Regierungsentwurf, BT-Drucks. 11/4792 vom 15. Juni 1989, S. 15, 30). In die Gesetze des gewerblichen Rechtsschutzes und des Urheberrechts wurden inhaltlich übereinstimmende Vorschriften aufgenommen, die bei der Verletzung eines Immaterialgüterrechts einen *Anspruch auf Drittauskunft* gewähren. Mit dem am 7. März 1990 in Kraft getretenen PrPG wurde der zivilrechtliche Auskunftsanspruch nach § 25b WZG, den das MarkenG in § 19 übernommen hat, in das WZG eingefügt. Inhaltsgleiche Ansprüche auf Drittauskunft bestehen im Patentrecht nach § 140b PatG, im Gebrauchsmusterrecht nach § 24b GebrMG, im Geschmacksmusterrecht nach § 14a Abs. 3 GeschmMG iVm § 101a UrhG, im Halbleiterschutzrecht nach § 9 Abs. 2 HalbleitschG iVm mit § 24b GebrMG, im Sortenschutzrecht nach § 37b SortenschG und im Urheberrecht nach § 101a UrhG. Zweck dieser Erweiterung des Auskunftsrechts im Immaterialgüterrecht ist es, die *Quellen und Vertriebswege schutzrechtsverletzender Produkte aufzudecken* und Informationen über die Herkunft und den Vertriebsweg wie insbesondere Angaben über Namen und Anschriften der Hersteller und anderer Vorbesitzer der schutzrechtsverletzenden Produkte sowie der gewerblichen Abnehmer und Auftraggeber zu erhalten.

**3** Eine solche Drittauskunftspflicht besteht aber nicht nur im Falle einer Verletzung immaterieller Schutzrechte. Schon nach der früheren Rechtslage war unter bestimmten Umständen anerkannt, daß eine *Drittauskunft* über die Nennung der Lieferanten oder Abnehmer schon *nach § 249 BGB* als Teil eines Anspruchs auf Wiederherstellung eines störungsfreien Zustandes oder zumindest auf der Grundlage von Treu und Glauben nach § 242 BGB zur Durchsetzung eines Anspruchs auf Beseitigung, Schadensersatz und Bereicherung verlangt werden konnte. Der BGH dehnte den Anspruch auf Drittauskunft über den Bereich der Immaterialgüterrechtsverletzung auf Eingriffe in wettbewerblich geschützte Leistungspositionen aus ergänzendem wettbewerbsrechtlichen Leistungsschutz aus (BGH GRUR 1994, 630, 632 – Cartier-Armreif mit Anm. *Jacobs*; *Ulrich*, ZIP 1994, 979; BGH GRUR 1994, 635, 637 – Pulloverbeschriftung mit Anm. *Ahrens*). Nach dieser Rechtsprechung besteht ein Auskunftsanspruch nach den §§ 1 UWG, 242 BGB in den Fällen des ergänzenden wettbewerbsrechtlichen Leistungsschutzes dann, wenn es sich um die Zuerkennung eines Schadensersatzanspruches oder um die Beseitigung eines Schadens oder Störungszustandes handelt. Der Rechtsinhaber kann von dem Verletzer Auskunft über solche Tatsachen verlangen, über deren Bestehen er in entschuldbarer Weise im Ungewissen ist, deren Kenntnis aber im Wissensbereich des Verletzers liegt und von diesem mitgeteilt werden kann (BGH GRUR 1994, 630, 632 – Cartier-Armreif). Dieser aus Treu und Glauben abgeleitete Anspruch auf Auskunft dient dazu, einen gegen den Auskunftspflichtigen selbst gerichteten Hauptanspruch vorzubereiten. Er ist deshalb als Hilfsanspruch zum Schadensersatzanspruch der klassische Auskunftsfall des Wettbewerbsrechts und hat gewohnheitsrechtlichen Rang (BGH GRUR 1980, 227, 232 – Monumenta Germaniae Historica). Im ergänzenden wettbewerbsrechtlichen Leistungsschutz folgt die Verpflichtung zur Auskunft über Dritte nach der Rechtsprechung des BGH nicht bereits aus einer Analogie zu den Sondervorschriften des PrPG, sondern setzt nach § 242 BGB eine Interessenabwägung im Einzelfall voraus, um dem Gebot der Verhältnismäßigkeit gerecht zu werden (BGH GRUR 1994, 630, 633 – Cartier-Armreif). Eine Analogie zur Drittauskunft im Immaterialgüterrecht (s. auch kritisch zur Rechtsprechung *Jacobs*, GRUR 1994, 634, 635; *Asendorf*, FS für Traub, 1994, S. 21, 24) rechtfertigt sich aber schon wegen der subjektivrechtlichen Strukturen des unternehmerischen Leistungsschutzes im Wettbewerbsrecht (s. *Fezer*, Der wettbewerbsrechtliche Schutz der unternehmerischen Leistung, GRUR FS, Bd. II, S. 939, 951; *Fezer*, WRP 1993, 63). Der immaterialgüterrechtliche Anspruch auf Drittauskunft stellt nicht nur einen Hilfsanspruch zur Vorbereitung eines Hauptanspruchs wie eines Schadensersatzanspruchs oder eines Beseitigungsanspruchs dar, sondern dient der Informationsbeschaffung zur Vorbereitung eines Hauptanspruchs wegen einer Immaterialgüterrechtsverletzung, der sich nicht gegen den auf Auskunftserteilung in Anspruch genommenen Verpflichteten richtet, sondern gegen einen noch nicht bekannten Dritten geltend gemacht werden soll.

## II. Regelungsübersicht

Nach § 19 Abs. 1 besteht ein *selbständiger* und *verschuldensunabhängiger Auskunftsanspruch* im Kennzeichenrecht. Der Anspruch steht dem Inhaber einer Marke oder einer geschäftlichen Bezeichnung im Falle einer Kennzeichenrechtsverletzung nach den §§ 14, 15 und 17 gegen den Verletzer zu. Anspruchsgegenstand ist die unverzügliche Auskunft über die Herkunft und den Vertriebsweg von widerrechtlich gekennzeichneten Gegenständen. Der kennzeichenrechtliche *Anspruch auf Drittauskunft* nach § 19 Abs. 1 ist ausgeschlossen, wenn die Verpflichtung zur Auskunftserteilung im Einzelfall unverhältnismäßig ist. Der Umfang des Auskunftanspruchs wird in § 19 Abs. 2 näher umschrieben. Bei offensichtlichen Rechtsverletzungen kann der Auskunftsanspruch im Wege der einstweiligen Verfügung durchgesetzt werden (§ 19 Abs. 3). § 19 Abs. 4 regelt die Verwertbarkeit einer zivilrechtlichen Auskunft in einem Strafverfahren. Neben dem kennzeichenrechtlichen Auskunftsanspruch auf Drittauskunft nach § 19 bleibt der *Auskunftsanspruch nach allgemeinen zivilrechtlichen Grundsätzen* auf der Grundlage des Gebots von Treu und Glauben nach § 242 BGB, der in der Rechtsprechung entwickelt und gewohnheitsrechtlich anerkannt ist (s. § 14, Rn 525 ff.), nach § 19 Abs. 5 unberührt (s. Rn 21). Diese Rechtsfolge ergibt sich schon aus § 2, so daß der Vorschrift des § 19 Abs. 5, den Regelungen der §§ 18 Abs. 3 und 21 Abs. 4 vergleichbar, nur eine klarstellende Bedeutung zukommt.

## B. Anwendungsbereich des Anspruchs auf Drittauskunft (§ 19 Abs. 1 und 2)

### I. Auskunftsberechtigter

Berechtigter des Anspruchs auf Drittauskunft ist grundsätzlich der *Verletzte*. Voraussetzung ist das Vorliegen einer Kennzeichenrechtsverletzung im Sinne der §§ 14, 15 und 17. Der Verletzte kann Inhaber einer Marke im Sinne des § 4 Nr. 1 bis 3 sowie einer geschäftlichen Bezeichnung im Sinne des § 5 sein. Auskunftsberechtigter ist auch der *Rechtsnachfolger* des Verletzten. Aktivlegitimation für den kennzeichenrechtlichen Auskunftsanspruch besteht auch für den *Lizenznehmer*, wenn der Markeninhaber zur Erhebung der Verletzungsklage seine Zustimmung erteilt hat (§ 30 Abs. 3). Der Markeninhaber kann die Zustimmung zur Klageerhebung auf den Auskunftsanspruch beschränken, da es sich um einen selbständigen kennzeichenrechtlichen Anspruch aus einer Markenrechtsverletzung handelt. Der Markeninhaber kann auch jeden *Dritten* zur Geltendmachung des Auskunftsanspruchs ermächtigen, wenn dieser ein eigenes rechtliches Interesse an der Rechtsverfolgung hat (s. dazu allgemein RG GRUR 1936, 42, 45 – Reißverschluß II; BGH GRUR 1983, 370, 372 – Mausfigur; 1986, 742, 743 – Videofilmvorführung). Das Interesse der an einem Vertriebssystem Beteiligten, eine Ausweitung der Verbreitung kennzeichenrechtsverletzender Produkte zu verhindern, kann ein rechtliches Interesse an der Rechtsverfolgung darstellen.

## II. Auskunftsverpflichteter

6   Auskunftsverpflichtet ist der *Verletzer* einer Marke im Sinne des § 14, der Verletzer einer geschäftlichen Bezeichnung im Sinne des § 15 und der ungetreue Agent oder Vertreter im Sinne des § 17. Der Anspruch auf Drittauskunft besteht gegenüber kennzeichenrechtsverletzenden Unternehmen auf den verschiedenen Wirtschaftsstufen (*Eichmann*, GRUR 1990, 575). Jede dem Verletzer zurechenbare Person kann die tatsächliche Auskunft erteilen. Die Auskunft kann etwa durch Prokuristen, Handlungsbevollmächtigte oder Prozeßbevollmächtigte (BGH GRUR 1960, 247, 248 – Krankenwagen) erteilt werden. Der Auskunftsanspruch richtet sich nicht gegen den privaten Letztverbraucher (Regierungsbegründung zum PrPG, BT-Drucks. 11/4792 vom 15. Juni 1989, S. 31, 32; LG Düsseldorf Mitt 1996, 22, 23 – Chiemsee).

## III. Kennzeichenrechtsverletzung

7   Voraussetzung des Auskunftsanspruchs ist eine Kennzeichenrechtsverletzung im Sinne der §§ 14, 15 und 17. Als eine unerlaubte Handlung indiziert der objektive Tatbestand einer Kennzeichenrechtsverletzung die Rechtswidrigkeit. Ausreichend ist eine rechtswidrige Kennzeichenrechtsverletzung, auf ein Verschulden des auskunftspflichtigen Verletzers kommt es nicht an (Regierungsbegründung zum PrPG, BT-Drucks. 11/4792 vom 15. Juni 1989, S. 31). Die Kenntnis des Verletzers von dem Rechtsbestand des Kennzeichenrechts ist nicht erforderlich. Tatbestände einer anspruchsbegründenden Rechtsverletzung sind die Verletzung einer Marke im Sinne des § 4 Nr. 1 bis 3 nach § 14, die Verletzung einer geschäftlichen Bezeichnung im Sinne des § 5 nach § 15 und die rechtswidrige Agentenmarke nach § 17. Der Auskunftsanspruch ist nicht auf die Fallkonstellationen der Produktpiraterie beschränkt, sondern erfaßt alle Kennzeichenrechtsverletzungen, wie namentlich auch Fallkonstellationen des Parallelimports und Reimports von Originalwaren, wenn die Erschöpfung des Markenrechts nach § 24 nicht eingetreten ist (OLG Stuttgart, Urteil vom 13. Oktober 1997, 2 U 107/97 – Fender Musicals Instruments).

## IV. Gegenstand des Auskunftsanspruchs

8   Der Gegenstand des Auskunftsanspruchs ist in Abs. 1 im Grundsatz geregelt und in Abs. 2 näher konkretisiert. Es ist Auskunft zu erteilen über die *Herkunft* und den *Vertriebsweg* von widerrechtlich gekennzeichneten Gegenständen (Abs. 1). Anders als § 25b WZG, dessen Anwendungsbereich sich auf Waren beschränkte, stellt § 19 wie auch § 18 auf *Gegenstände* ab. Der Auskunftsanspruch bezieht sich insoweit zum einen auf die Gegenstände des § 14 Abs. 3; das sind die widerrechtlich gekennzeichneten Waren oder Hilfsprodukte von Dienstleistungen, deren Aufmachung oder Verpackung, Geschäftspapiere wie Preislisten, Rechnungen, Geschäftsbriefe und Empfehlungen sowie Werbemittel wie Anzeigen, Prospekte, Plakate oder Flugblätter. Der Auskunftsanspruch bezieht sich zum anderen auf die Kennzeichnungsmittel des § 14 Abs. 4 wie Etiketten, Anhänger, Aufnäher und dergleichen.

9   Gegenstand des Auskunftsanspruchs nach Abs. 2 sind Angaben über Namen und Anschrift des Herstellers, des Lieferanten und anderer Vorbesitzer, des gewerblichen Abnehmers oder des Auftraggebers sowie über die Menge der hergestellten, ausgelieferten, erhaltenen oder bestellten Gegenstände (s. dazu näher *Eichmann,* GRUR 1990, 575, 576 ff.; *Ensthaler,* GRUR 1992, 273, 278). Die Aufzählung der auskunftspflichtigen Tatsachen und Daten im einzelnen in § 19 Abs. 2 dient dem Schutz des Auskunftsverpflichteten vor einer Ausforschung durch einen Wettbewerber. Ziel des Anspruchs auf Drittauskunft ist es, dem Verletzten die Aufdeckung sowohl der Quelle als auch der Vertriebswege der kennzeichenrechtsverletzenden Produkte zu ermöglichen. Bei arbeitsteiliger Produktion können meh-

rere Hersteller sein. Beteiligte an Produktion und Distribution sind auch solche, die nicht im rechtlichen Sinne an der Kennzeichenrechtsverletzung teilnehmen. Die Auskunftsverpflichtung ist auf *gewerbliche* Abnehmer beschränkt. Über private Abnehmer ist keine Auskunft zu erteilen, da bei ihnen weitere Verbreitungshandlungen nicht zu erwarten sind. Die Auskunft über die Abnehmer und Auftraggeber erfaßt nicht nur die erste nachfolgende Handelsstufe (so wegen des im Singular gefaßten Gesetzestextes im Patentrecht *Benkard/ Rogge*, § 140b PatG, Rn 6). Auftraggeber ist auch der Besteller, der die Produkte noch nicht erhalten hat. Der Begriff gewerblich, der nicht eindeutig ist, soll die Produktverwendung im privaten Bereich ausklammern, da eine Intensivierung der Kennzeichenrechtsverletzung insoweit nicht droht. Nicht erforderlich ist das Bestehen eines Gewerbebetriebs. Die Drittauskunft kann sich daher auch auf die freien Berufe, Unternehmen der Urproduktion oder Institutionen der Daseinsfürsorge beziehen (*Benkard/Rogge*, § 140b PatG, Rn 6; aA *Eichmann*, GRUR 1990, 575, 577, Fn 50). Auftraggeber sind nicht auf solche im Rechtssinne beschränkt. Auftraggeber kann auch der Initiator einer Produktpiraterie sein. Die Auskunft bezieht sich auf den Namen und die Anschrift der zu nennenden Personen. Die Angaben über die Menge der hergestellten, ausgelieferten, erhaltenen oder bestellten Gegenstände ist den einzelnen Herstellern, Lieferanten, Vorbesitzern, Abnehmern und Auftraggebern zuzuordnen, auch wenn sich dies nicht eindeutig dem Wortlaut des § 19 Abs. 2 entnehmen läßt (so auch *Benkard/Rogge*, § 140b PatG, Rn 7). Die Auskunft bezieht sich nicht auf die Preise, Kosten und sonstigen Herstellungs- und Lieferdaten. Ob der Auskunftsanspruch die Vorlage von Belegen einschließt, ist umstritten (ablehnend *Benkard/Rogge* § 140b PatG, Rn 7; *Eichmann*, GRUR 1990, 575, 576; bejahend *Cremer*, Mitt 1992, 153, 156). Belege gehören insoweit nicht zur Auskunftserteilung, als sie keine weitergehenden, nicht der Auskunft unterliegenden Daten enthalten und insoweit zur Ausforschung von internen Unternehmensdaten mißbraucht werden können.

Das Gesetz schreibt keine bestimmte Form der Auskunft vor. Die Auskunft ist eine Wissenserklärung und bedarf grundsätzlich der *Schriftform* (*Teplitzky*, Wettbewerbsrechtliche Ansprüche, Kap. 38, Rn 36; MünchKomm/*Keller*, § 260 BGB, Rn 25). Das Schriftformerfordernis ergibt sich zumindest in aller Regel aus der Verkehrssitte. **10**

## V. Zeitraum der auskunftspflichtigen Vorgänge

In § 19 ist nicht geregelt, über welchen Zeitraum Auskunft zu erteilen ist. Bei der akzessorischen Auskunftsverpflichtung auf der Grundlage des Grundsatzes von Treu und Glauben nach § 242 BGB (s. § 14, Rn 525 ff.) geht der BGH davon aus, daß ein Auskunftsanspruch als Hilfsanspruch zum Schadensersatzanspruch, der aus einer Kennzeichenrechtsverletzung hergeleitet wird, frühestens mit deren Begehung entstehen kann; der *Zeitpunkt der Verletzungshandlung* ist der Beginn des Zeitraums, über den Auskunft zu erteilen ist (BGH GRUR 1988, 307, 308 – Gaby; aA LG Düsseldorf GRUR 1990, 117, 119 – Strickwarenhandel II; *Krieger*, GRUR 1989, 802; *Tilmann*, GRUR 1990, 160). Anders entscheidet der 10. Zivilsenat des BGH im Patentrecht (BGH GRUR 1992, 612, 616 – Nicola). Die Begründung dieser Auffassung geht dahin, sowohl die Feststellung der Schadensersatzpflicht als auch die Beurteilung zur Rechnungslegung entbehre jeder zeitlichen Beziehung. In beiden Fällen werde allein auf die Verletzungshandlungen abgestellt, ohne daß dabei der Zeitpunkt, zu dem sie vorgenommen worden seien, eine Rolle spiele. Der 10. Zivilsenat des BGH hält an diesen Grundsätzen angesichts der *Gaby*-Entscheidung des 1. Zivilsenats, wonach ein Rechnungslegungsanspruch als Hilfsantrag zum Schadensersatzanspruch aus einer Kennzeichenrechtsverletzung frühestens mit deren Begehung entstehen könne, ausdrücklich fest. **11**

Eine *zeitliche Begrenzung* des Anspruchs auf Drittauskunft nach § 19 dahin, Auskunft könne frühestens von dem Zeitpunkt der Kennzeichenrechtsverletzung an verlangt werden, ist *abzulehnen*. Das folgt schon aus der eigenständigen Rechtsnatur des Auskunftsanspruchs nach § 19 (*Eichmann*, GRUR 1990, 575, 578). Der Anspruch auf Drittauskunft würde zudem entwertet, wenn die Auskunftsverpflichtung erst ab dem Zeitpunkt der Verletzungshandlung bestehen würde. Die zeitliche Begrenzung des Auskunftsanspruchs nach § 242 BGB sollte allgemein aufgegeben werden, da sie bei Kennzeichenrechtsverletzungen von dem zeitlich unbegrenzten Auskunftsanspruch nach § 19 überholt wird und eine unterschiedliche Behandlung von reinen Wettbewerbsverstößen sachlich nicht gerechtfertigt ist. **12**

## VI. Unverzüglichkeit der Auskunft

13   Die Auskunft ist *unverzüglich* zu erteilen. Unverzüglich bedeutet ohne schuldhaftes Zögern (§ 121 Abs. 1 BGB) und meint damit nicht sofort im Sinne von so schnell wie nach objektiven Maßstäben möglich (s. zur sofortigen Besitzkehr nach § 859 Abs. 3 BGB LG Frankfurt NJW 1984, 183). Das Erfordernis der Unverzüglichkeit soll die Stellung des Verletzten zusätzlich stärken und die Geltendmachung von Ersatzansprüchen erleichtern (Beschlußempfehlung und Bericht des Rechtsausschusses zu dem Gesetzentwurf von der Bundesregierung zum Produktpiraterigesetz, BlPMZ 1990, 195, 197). Die Eilbedürftigkeit unverzüglicher Auskunft berechtigt den Verletzten, bei der Geltendmachung des Anspruchs auf Drittauskunft das Auskunftsverlangen mit der Setzung einer kurzen *Frist* zur Auskunftserteilung zu verbinden. Wenn die Auskunft nicht fristgerecht oder unverzüglich erfolgt, können die insoweit erforderlich werdenden, eigenen Recherchen des Verletzten zur Herkunft und dem Vertriebsweg der widerrechtlich gekennzeichneten Gegenstände einen *Verzugsschaden* darstellen.

## VII. Unverhältnismäßigkeit der Auskunft

14   Eine Schranke des Anspruchs auf Drittauskunft bildet der *Grundsatz der Verhältnismäßigkeit*. Die Auskunftsverpflichtung besteht nach § 19 Abs. 1 a. E. dann nicht, wenn die Auskunftserteilung im Einzelfall unverhältnismäßig ist. Die Auskunftsverpflichtung entfällt nur insoweit, als sie unverhältnismäßig ist. Der kennzeichenrechtliche Auskunftsanspruch wird durch das Verbot der Unverhältnismäßigkeit als einer allgemeinen Grenze des Rechtsmißbrauchs beschränkt, eine Prüfung der Geeignetheit, der Erforderlichkeit und der Verhältnismäßigkeit im engeren Sinne findet nicht statt. Der Verletzer trägt die Darlegungs- und Beweislast für die Unverhältnismäßigkeit des Auskunftsverlangens. Erforderlich ist eine umfassende *Interessenabwägung*, bei der nach den besonderen Umständen des konkreten Einzelfalles das *Informationsinteresse* des Verletzten einerseits und das *Geheimhaltungsinteresse* des Verletzers andererseits gegeneinander abzuwägen sind. Der Verletzte hat ein Interesse an der Ermittlung weiterer Verletzer und der Verfolgung weiterer Kennzeichenrechtsverletzungen. Der Verletzer hat ein Interesse an der Geheimhaltung seiner Bezugs- und Absatzwege und bedarf des Schutzes vor einer Ausforschung seiner internen Unternehmensdaten durch Wettbewerber. Bei der Interessenabwägung ist von dem grundsätzlichen Vorrang auszugehen, den der Gesetzgeber dem Interesse an einer Aufdeckung und Verfolgung der Produktpiraterie eingeräumt hat. Die rechtserheblichen Wertungen und deren Gewichtung bei der erforderlichen Interessenabwägung nach § 19 zur Feststellung der Unverhältnismäßigkeit stimmen nicht vollständig mit denen einer Interessenabwägung nach § 18 zur Feststellung eines Vernichtungsanspruchs überein. Bei dem Auskunftsanspruch kommt dem Verschulden des Verletzers bei der Interessenabwägung nur ein geringes Gewicht zu. Von einer Unverhältnismäßigkeit der Auskunft ist etwa dann auszugehen, wenn der Auskunftsberechtigte kein oder nur ein äußerst geringes Interesse daran haben kann, die Lieferanten oder gewerblichen Abnehmer zu erfahren; das kann etwa dann der Fall sein, wenn es sich um einen Einzelfall einer Kennzeichenrechtsverletzung handelt, oder wenn Kennzeichenrechtsverletzungen nicht mehr zu befürchten und Ersatzansprüche bereits ausgeglichen sind (Regierungsbegründung zum PrPG, BT-Drucks. 11/4792 vom 15. Juni 1989, S. 31 f.).

## C. Durchsetzung des Auskunftsanspruchs

### I. Außergerichtliche und gerichtliche Geltendmachung

15   Der Auskunftsanspruch ist im Wege der Auskunftsklage einklagbar und im Wege der Zwangsvollstreckung nach den §§ 887, 888 ZPO erzwingbar. Regelmäßig handelt es sich bei der Auskunftserteilung um eine *unvertretbare* Handlung, weil nur der Auskunftsverpflichtete selbst die dazu erforderlichen Kenntnisse hat (so auch *Eichmann*, GRUR 1990, 575, 580ff; zum patentrechtlichen Auskunftsanspruch s. *Benkard/Rogge*, § 140b PatG, Rn 9). Zur Vornahme einer unvertretbaren Handlung wird der Schuldner dadurch angehalten, daß sein Wille durch Zwangsgeld oder Zwangshaft gebeugt wird (§ 888 Abs. 1 S. 1

ZPO). Im Einzelfall kann die Auskunftserteilung auch eine *vertretbare* Handlung darstellen (nach der Regierungsbegründung zum PrPG soll die Auskunftspflicht im Regelfall eine vertretbare Handlung darstellen, BT-Drucks. 11/4792 vom 15. Juni 1989, S. 34). Bei einer vertretbaren Handlung kann der Auskunftsberechtigte dazu ermächtigt werden, die Auskunft durch einen Dritten erteilen zu lassen (§ 887 Abs. 1 ZPO). Die *Abgrenzung* zwischen vertretbarer und unvertretbarer Handlung kann bei der Drittauskunft schwierig sein. Nach der Gesetzesbegründung soll eine vertretbare Handlung dann vorliegen, wenn die Auskunft in Form eines Auszugs aus Karteien oder sonstigen Buchführungsunterlagen durch einen Dritten wie insbesondere einen Sachverständigen erteilt werden kann. Eine Vollstreckung nach § 888 ZPO durch Beugemaßnahmen soll demnach nur dann in Betracht kommen, wenn für die Auskunft das Gedächtnis des Verpflichteten in Anspruch genommen werden müsse, weil etwa keine schriftlichen Unterlagen zur Verfügung stünden (Regierungsbegründung zum PrPG, BT-Drucks. 11/4792 vom 15. Juni 1989, S. 32 ff.). Die Anordnung der Durchsicht von Unterlagen der Buchführung durch einen Buchsachverständigen auf die auskunftspflichtigen Tatsachen muß aber auf den Ausnahmefall beschränkt bleiben (s. dazu näher *Eichmann*, GRUR 1990, 575, 580 ff.).

Bei einer *unvollständigen Auskunft* kann Ergänzung verlangt werden. Wenn der Berech- **16** tigte die Auskunft für unvollständig oder unrichtig hält, dann kann er keine andere Auskunft fordern. Wenn Grund zu der Annahme besteht, daß die Auskunft nicht mit der erforderlichen Sorgfalt erteilt worden ist, dann kann der Berechtigte eine *eidesstattliche Versicherung* über die Vollständigkeit und Richtigkeit der Auskunft analog den §§ 259 Abs. 2, 260 Abs. 2 BGB verlangen (*Benkard/Rogge*, § 140 b PatG, Rn 8; s. dazu ausführlich *Eichmann*, GRUR 1990, 575, 582 ff.). Aus der Streichung der im Regierungsentwurf zunächst vorgesehenen ausdrücklichen Regelung eines Anspruchs auf eidesstattliche Versicherung (Beschlußempfehlung und Bericht des Rechtsausschusses zu dem Gesetzentwurf von der Bundesregierung zum Produktpirateriegesetz, BT-Drucks. 11/5744 vom 21. November 1989, S. 16) folgt nicht, daß ein Anspruch auf eidesstattliche Versicherung nicht bestehen soll.

## II. Einstweiliger Rechtsschutz (§ 19 Abs. 3)

Die Verpflichtung zur Erteilung der Auskunft kann im Wege der *einstweiligen Verfügung* **17** nach den Vorschriften der §§ 935 ff. ZPO angeordnet werden (§ 19 Abs. 3). Der einstweilige Rechtsschutz ist namentlich bei einem massenhaften Auftreten von Kennzeichenrechtsverletzungen geboten und stellt eine wichtige Handhabe für eine rasche Bekämpfung der Produktpiraterie dar. Auskunftsansprüche können zwar grundsätzlich nicht im Wege des einstweiligen Rechtsschutzes durchgesetzt werden, da die Auskunftserteilung keine die Durchsetzung eines Anspruchs sichernde Maßnahme, sondern bereits eine endgültige Anspruchserfüllung darstellt (*Baumbach/Lauterbach/Albers/Hartmann* § 940 ZPO, Rn 17; *Ahrens/Spätgens*, Einstweiliger Rechtsschutz und Vollstreckung in UWG-Sachen, 1988, S. 16). Die im Immaterialgüterrecht für den Anspruch auf Drittauskunft allgemein geschaffene Regelung über die Anordnung einstweiligen Rechtsschutzes wird deshalb nur in den Fällen einer *offensichtlichen Rechtsverletzung* gewährt. Zweck dieser den einstweiligen Rechtsschutz einschränkenden Voraussetzung ist es, Fallkonstellationen einer Aufhebung der einstweiligen Rechtsschutz anordnenden Entscheidung möglichst gering zu halten (Regierungsbegründung zum PrPG, BT-Drucks. 11/4792 vom 15. Juni 1989, S. 32).

Die Anordnung der Auskunftserteilung im Wege der einstweiligen Verfügung verlangt **18** das Vorliegen der allgemeinen Voraussetzungen des einstweiligen Rechtsschutzes nach den §§ 935 ff. ZPO. Deshalb ist grundsätzlich die *Glaubhaftmachung* der rechtserheblichen Umstände nach § 920 Abs. 2 ZPO geboten (so im Patentrecht *Benkard/Rogge*, § 140 b PatG, Rn 10). Das allgemeine Problem, ob bei einer Immaterialgüterrechtsverletzung und so auch bei einer Kennzeichenrechtsverletzung, die zugleich einen Wettbewerbsverstoß darstellt, eine Glaubhaftmachung der *Eilbedürftigkeit* entfällt, und § 25 UWG bei der Prüfung der Dringlichkeit einer einstweiligen Verfügung wegen einer Kennzeichenrechtsverletzung heranzuziehen ist, wird dahin entschieden, daß die Glaubhaftmachung der Eilbedürftigkeit geboten ist (*Klaka*, GRUR 1979, 593, 596; *Marshall*, FS für Klaka, 1987, S. 99; *Schultz-Süchting*, GRUR 1988, 571, 572). Demgegenüber wird im Rahmen des Unterlassungsanspruchs weithin von einer Anwendbarkeit des § 25 UWG ausgegangen (s. § 14, Rn 550).

Wegen des Erfordernisses einer offensichtlichen Rechtsverletzung (s. Rn 17, 19) kommt dieser Rechtsfrage für die Anwendung des § 19 Abs. 3 wohl kaum eine praktische Bedeutung zu (ähnlich *Eichmann*, GRUR 1990, 575, 586; aA *Ingerl/Rohnke*, § 19 MarkenG, Rn 36). Im Gesetzgebungsverfahren zum PrPG war erwogen worden, die Anordnung einer einstweiligen Verfügung von der Besorgnis weiterer Rechtsverletzungen durch Dritte abhängig zu machen. Von der Normierung dieser Voraussetzung wurde abgesehen, weil unabhängig von der Besorgnis weiterer Rechtsverletzungen die Besorgnis der Eilbedürftigkeit bestehen könne (s. Gegenäußerung der Bundesregierung zur Stellungnahme des Bundesrates BT-Drucks. 11/4792 vom 15. Juni 1989, Anlage 2 und 3, S. 48, 49). Die Anordnung der Auskunftserteilung im Wege der einstweiligen Verfügung verlangt nach den §§ 935, 936, 920 Abs. 2 ZPO die Glaubhaftmachung des Verfügungsgrundes und des Verfügungsanspruches. Daraus folgt, daß die Drittauskunft auch nur dann im Wege des einstweiligen Rechtsschutzes angeordnet werden kann, wenn die Kennzeichenrechtsverletzung offensichtlich ist und die dafür maßgeblichen Umstände glaubhaft gemacht werden (zu den Einzelheiten des Verfahrens s. *Eichmann*, GRUR 1990, 575, 587f.).

**19**  Das Erfordernis der *Offensichtlichkeit der Kennzeichenrechtsverletzung* ist im Hinblick auf den Zweck dieser besonderen Voraussetzung im Sinne des § 19 Abs. 3 des einstweiligen Rechtsschutzes im Immaterialgüterrecht, Fehlentscheidungen im Vorfeld weithin auszuschließen, auszulegen. Es ist zwar nicht zu verlangen, daß das Gericht die Kennzeichenrechtsverletzung mit Sicherheit feststellt, aber es ist ein *hoher Grad an Wahrscheinlichkeit* geboten. Die Offensichtlichkeit einer Rechtsverletzung soll selbst bei einem unstreitigen Sachverhalt nur dann zu bejahen sein, wenn das entscheidende Gericht praktisch ausschließen könne, daß eine übergeordnete Instanz unter rechtlichen Gesichtspunkten zu einem anderen Ergebnis gelange; bei zweifelhafter Rechtslage und schwieriger Abgrenzungsfragen scheide eine solche Möglichkeit aus (HansOLG Hamburg WRP 1997, 103, 104f. – Cotto). Offensichtlichkeit der Rechtsverletzung wird namentlich in Fallkonstellationen einer Kennzeichenrechtsverletzung im Kern des Kennzeichenschutzes vorliegen. Die Auskunft ist auf das unbedingt notwendige Maß zu begrenzen (Regierungsbegründung zum PrPG, BT-Drucks. 11/4792 vom 15. Juni 1989, S. 30ff.). Namentlich in Fallkonstellationen der internationalen Produktpiraterie wird die Erforderlichkeit der Nennung von Angaben im Sinne des § 19 Abs. 2 an den Erfordernissen der raschen internationalen Rechtsverfolgung zu orientieren sein. Die *Anordnung einer Sicherheitsleistung* nach den §§ 936, 921 Abs. 2 S. 2 ZPO zum Schutz des Anspruchsverpflichteten kann geboten sein.

### D. Verwertungsverbot (§ 19 Abs. 4)

**20**  Die Vorschrift des § 19 Abs. 4 normiert ein *strafrechtliches* und *ordnungswidrigkeitsrechtliches Verwertungsverbot* der erteilten Auskunft. Die Auskunft darf weder in einem Strafverfahren noch in einem Ordnungwidrigkeitsverfahren wegen einer vor der Auskunftserteilung begangenen Tat weder gegen den Auskunftsverpflichteten noch gegen einen Angehörigen (§ 52 Abs. 1 StPO) verwertet werden, es sei denn, daß der Auskunftsverpflichtete der Verwertung zustimmt. Das Verwertungsverbot ist aus verfassungsrechtlichen Gründen geboten, da niemand zu Angaben gezwungen werden darf, die strafrechtlich gegen ihn verwertet werden können (BVerfGE 56, 37, 41ff.). Im Interesse einer wirksamen Verfolgung der Produktpiraterie entschied sich der Gesetzgeber nicht zu einer Beschränkung der Auskunftspflicht von vornherein, sondern zu einem nachträglichen Verwertungsverbot der erteilten Auskunft. Das Verwertungsverbot ist auf solche Taten begrenzt, die *vor* der Auskunftserteilung begangen wurden. Taten, die durch die Auskunftserteilung oder nach der Auskunftserteilung begangen wurden, werden nicht erfaßt. Der eindeutige Wortlaut des § 19 Abs. 4 verbietet es, das Verwertungsverbot auf die Festsetzung von Ordnungsmitteln in der Zwangsvollstreckung oder den Verfall von Vertragsstrafen anzuwenden, wenn der Auskunftsverpflichtete, mit diesen Sanktionen bewehrt, zur Unterlassung verpflichtet war (so *Eichmann*, GRUR 1990, 575, 579 m.w.Nachw.; zustimmend *Benkard/Rogge*, § 140b PatG, Rn 12; aA *v. Ungern-Sternberg*, WRP 1984, 55, 56). Das Verwertungsverbot erfaßt auch solche Tatsachen und Beweismittel, die zwar nicht unmittelbar Gegenstand der Auskunftserteilung sind, zu denen aber die Auskunft unmittelbar den Weg gewiesen hat (Regierungsbegründung zum PrPG, BT-Drucks. 11/4792 vom 15. Juni 1989, S. 39, 40).

### E. Sonstige Auskunftsansprüche (§ 19 Abs. 5)

Weitergehende Auskunftsansprüche bleiben nach Abs. 5 unberührt. Die Vorschrift hat nur **21** klarstellende Bedeutung; ihre Rechtsfolge ergibt sich schon aus § 2. Sonstige Auskunftsansprüche können sich vor allem aus *Vertrag* oder nach den *allgemeinen zivilrechtlichen Grundsätzen* ergeben, wie namentlich der *Auskunftsanspruch nach § 242 BGB* (s. § 14, Rn 525 ff.).

## Abschnitt 4. Schranken des Schutzes

## Vorbemerkung zu den §§ 20 bis 26

### Inhaltsübersicht

|  | Rn |
|---|---|
| A. Regelungsübersicht | 1–3 |
| B. Europäisches Unionsrecht | 4 |

## A. Regelungsübersicht

Abschnitt 4 (§§ 20 bis 26) regelt zusammenfassend die *Schranken des Kennzeichenschutzes*. **1** Diese Schutzschranken bestehen gegenüber den in Abschnitt 3 (§§ 14 bis 19) normierten kennzeichenrechtlichen Ansprüchen. Im WZG waren die Schutzschranken nur für die eingetragenen Marken geregelt. Das MarkenG regelt die Schutzschranken nicht nur für die eingetragenen Marken (§ 4 Nr. 1), sondern auch für die durch Benutzung erworbenen Marken (§ 4 Nr. 2 und 3) sowie für die geschäftlichen Bezeichnungen (§ 5), soweit die Schutzschranken ihrer Natur nach für diese Kennzeichen in Betracht kommen. Die einheitliche Regelung der Schutzschranken soll zu dem im MarkenG angestrebten Gleichklang der Regelungen zum Schutz von Kennzeichenrechten beitragen (so Begründung zum MarkenG, BT-Drucks. 12/6581 vom 14. Januar 1994, S. 78).

Im WZG waren die Schutzschranken zudem nur teilweise geregelt. Von seinen Anfängen **2** an war im Warenzeichenrecht die nicht markenmäßige Benutzung von Namen, Firmen und beschreibenden Angaben erlaubt (§ 16 WZG). Vorschriften über den Benutzungszwang enthielt das WZG in den §§ 5 und 11 WZG seit 1967. Die Verjährung (§ 25c WZG) war seit 1990 Bestandteil des WZG. Die Verwirkung und die Erschöpfung als Schutzschranken waren nicht Gegenstand einer Regelung im WZG; sie wurden von der Rechtsprechung entwickelt. Die im WZG für die eingetragenen Marken geregelten Schutzschranken wurden von der Rechtsprechung auf das Ausstattungsrecht des § 25 WZG und auf die geschäftlichen Bezeichnungen im Sinne des § 16 UWG aF entsprechend übertragen.

Als Schutzschranken regelt das MarkenG die *Verjährung* (§ 20), die *Verwirkung* (§ 21), den **3** Ausschluß kennzeichenrechtlicher Ansprüche bei bestehender *Bestandskraft* (§ 22), die Benutzung von *Namen* und *beschreibenden Angaben* sowie *Bestimmungshinweisen im Zubehör- und Ersatzteilgeschäft* (§ 23), die *Erschöpfung* (§ 24) und den Ausschluß von Ansprüchen bei *mangelnder Benutzung* (§§ 25, 26). Das MarkenG enthält keine ausdrückliche Regelung dahin, daß Verbietungsansprüche nicht gegen die Inhaber prioritätsälterer Kennzeichenrechte bestehen. Einer solchen Regelung bedurfte es deshalb nicht, weil dies sich unmittelbar aus dem Prioritätsprinzip des § 6 ergibt (s. Begründung zum MarkenG, BT-Drucks. 12/6581 vom 14. Januar 1994, S. 78). Die Schutzschranken der §§ 20 bis 26 stellen keine abschließende Regelung dar. Neben den gesetzlichen Schutzschranken können *vertragliche Schutzschranken* aufgrund von Vereinbarungen zwischen den Parteien bestehen. Nach § 21 Abs. 4 bleibt die Anwendung der allgemeinen Grundsätze über die Verwirkung von Ansprüchen von der gesetzlichen Regelung der Verwirkung des § 21 Abs. 1 bis 3 unberührt, so daß weitere Verwirkungstatbestände über die in § 21 Abs. 1 und 2 ausdrücklich aufgeführten Fallkonstellationen der markengesetzlichen Verwirkung hinaus anzuerkennen sind.

## B. Europäisches Unionsrecht

**4** Die *MarkenRL* enthält bindende Vorgaben für die Schutzschranken der eingetragenen Marke. Es handelt sich um die Vorschriften über die lautere Benutzung von Namen, beschreibenden Angaben und Bestimmungshinweisen im Zubehör- und Ersatzteilgeschäft (Art. 6 MarkenRL), über die Erschöpfung des Rechts aus der Marke (Art. 7 MarkenRL), über die Verwirkung durch Duldung (Art. 9 MarkenRL) sowie über die Benutzung der Marke (Art. 10 ff. MarkenRL). Es bleibt den Mitgliedstaaten überlassen, ob sie die mangelnde Benutzung nur im Löschungsverfahren als Löschungsgrund im Sinne der obligatorischen Art. 11 Abs. 1 und 12 Abs. 1 MarkenRL oder auch als Schutzhindernisse im Eintragungsverfahren und im Verletzungsprozeß ausgestalten (Art. 11 Abs. 2 und 3 MarkenRL). Die Vorgabe der Verwirkungsregelung in Art. 9 MarkenRL stellt nur eine Mindestschranke des Markenschutzes dar. Die Anwendung der allgemeinen Grundsätze über die Verwirkung von Ansprüchen nach § 21 Abs. 4 sowie die Regelung der Verjährung nach § 20 sind mit der MarkenRL vereinbar.

## Verjährung

**20** (1) **Die in den §§ 14 bis 19 genannten Ansprüche verjähren in drei Jahren von dem Zeitpunkt an, in dem der Berechtigte von der Verletzung seines Rechts und der Person des Verpflichteten Kenntnis erlangt, ohne Rücksicht auf diese Kenntnis in 30 Jahren von der Verletzung an.**

(2) § 852 Abs. 2 des Bürgerlichen Gesetzbuchs ist entsprechend anzuwenden.

(3) **Hat der Verpflichtete durch die Verletzung auf Kosten des Berechtigten etwas erlangt, so ist er auch nach Vollendung der Verjährung zur Herausgabe nach den Vorschriften über die Herausgabe einer ungerechtfertigten Bereicherung verpflichtet.**

### Inhaltsübersicht

| | Rn |
|---|---|
| A. Allgemeines | 1–3 |
|   I. Regelungsübersicht | 1 |
|   II. Rechtsänderungen | 2, 3 |
| B. Anwendungsbereich | 4–18 |
|   I. Art der kennzeichenrechtlichen Ansprüche | 4–8 |
|   II. Mehrere Haftungsgründe (Anspruchskonkurrenzen) | 9, 10 |
|     1. Grundsatz | 9 |
|     2. Konkurrierende Verjährungsfristen | 10 |
|   III. Anwendbarkeit des Verjährungsrechts des BGB | 11–18 |
|     1. Verjährungseinrede | 11, 12 |
|     2. Hemmung der Verjährung | 13, 14 |
|     3. Unterbrechung der Verjährung | 15, 16 |
|     4. Einstweilige Verfügung | 17 |
|     5. Unzulässige Rechtsausübung | 18 |
| C. Voraussetzungen der Verjährung (§ 20 Abs. 1) | 19–37 |
|   I. Verjährung des Unterlassungsanspruchs | 19–29 |
|     1. Beginn der dreijährigen Verjährungsfrist | 20–28 |
|       a) Grundsatz | 20 |
|       b) Rechtsverletzung | 21–24 |
|         aa) Grundsatz | 21 |
|         bb) Einzelhandlung | 22 |
|         cc) Dauerhandlung | 23 |
|         dd) Wiederholte Handlung | 24 |
|       c) Kenntnis des Berechtigten | 25–28 |
|     2. Beginn der dreißigjährigen Verjährungsfrist | 29 |
|   II. Verjährung des Schadensersatzanspruchs | 30, 31 |
|     1. Schadensentstehung als Verjährungsvoraussetzung | 30 |
|     2. Schadenseinheit | 31 |
|   III. Verjährung sonstiger Ansprüche | 32–37 |
|     1. Auskunftsanspruch und Rechnungslegungsanspruch | 32 |
|     2. Vernichtungsanspruch und Beseitigungsanspruch | 33 |

| | Rn |
|---|---|
| 3. Übertragungsanspruch (§ 17 Abs. 1) | 34 |
| 4. Anspruch auf einen Markenhinweis (§ 16) | 35 |
| 5. Anspruch wegen Verletzung eines Lizenzrechts | 36 |
| 6. Anspruch auf Ersatz der Abmahnkosten | 37 |
| D. Hemmung der Verjährung bei schwebenden Verhandlungen (§ 20 Abs. 2) | 38–40 |
| E. Herausgabe des auf Kosten des Berechtigten Erlangten trotz Vollendung der Verjährung (§ 20 Abs. 3) | 41 |
| F. Beweislast | 42 |

**Schrifttum zum WZG, UWG und PatG.** *Borck*, Vom Spiel mit der Verjährung, WRP 1979, 347; *Dittmar*, Die Verjährungsunterbrechung wettbewerblicher Unterlassungsansprüche durch Urteil und einstweilige Verfügung, GRUR 1979, 288; *Foth*, Fortgesetzte Handlung und Verjährung, FS für Nirk, 1992, S. 293; *Hillinger*, Nochmals zur Verjährung von rechtskräftig festgestellten Unterlassungsansprüchen, WRP 1973, 320; *Krieger*, Zur Verjährung von Unterlassungsansprüchen auf dem Gebiet des gewerblichen Rechtsschutzes, GRUR 1972, 696; *Neu*, Die Verjährung der gesetzlichen Unterlassungs-, Beseitigungs- und Schadensersatzansprüche des Wettbewerbs- und Warenzeichenrechts, GRUR 1985, 335; *Rogge*, Zur Frage der Verjährung von Unterlassungsansprüchen, GRUR 1963, 345; *Teplitzky*, Zur Unterbrechung und Hemmung der Verjährung wettbewerbsrechtlicher Ansprüche, GRUR 1984, 307; *Tetzner*, Verjährung zivilrechtlicher Ansprüche wegen Patentverletzung, Mitt 1982, 61.

**Schrifttum zum MarkenG.** *Köhler,* Zur Verjährung des vertraglichen Unterlassungs- und Schadensersatzanspruchs, GRUR 1996, 231.

## A. Allgemeines

### I. Regelungsübersicht

Die Vorschrift des § 20 regelt die zivilrechtliche Verjährung kennzeichenrechtlicher Vorschriften. Nach § 20 Abs. 1 beträgt die *Verjährungsfrist drei Jahre* vom Zeitpunkt der Kenntniserlangung des Berechtigten von der Verletzung seines Kennzeichenrechts und der Person des Verletzers an. Ohne Rücksicht auf diese Kenntnis beträgt die *Verjährungsfrist dreißig Jahre* von der Verletzung des Kennzeichenrechts an. Nach § 20 Abs. 2 ist die Vorschrift des § 852 Abs. 2 BGB über die *Hemmung der Verjährung bei schwebenden Verhandlungen* zwischen dem Berechtigten und dem Verpflichteten entsprechend anzuwenden. § 20 Abs. 3 enthält eine § 852 Abs. 3 BGB entsprechende Rechtsfolgenverweisung auf das Bereicherungsrecht und läßt insoweit den *kennzeichenrechtlichen Ersatzanspruch* trotz Vollendung der Verjährung bestehen. 1

### II. Rechtsänderungen

Vor Inkrafttreten des PrPG am 1. Juli 1990 (BGBl. 1990 I S. 422) enthielt das WZG keine eigenständige Vorschrift über die Verjährung zeichenrechtlicher Ansprüche. Da die Verletzung eines Zeichenrechts eine unerlaubte Handlung im weiteren Sinne (BGH GRUR 1955, 351 – GEMA) darstellt, wurde auf den Ersatzanspruch nach ganz überwiegender Auffassung die deliktische Verjährungsvorschrift des § 852 BGB angewandt (BGH GRUR 1968, 367, 370 – Corrida; 1984, 820, 823 – Intermarkt II). Nach dieser Vorschrift verjährte der Schadensersatzanspruch in drei Jahren von dem Zeitpunkt der Kenntnis an, ohne Rücksicht auf diese Kenntnis in dreißig Jahren von der Begehung der Handlung an. Die wettbewerbsrechtliche Sondervorschrift des § 21 UWG, nach der Wettbewerbsverstöße in sechs Monaten von dem Zeitpunkt der Kenntnis an, ohne Rücksicht auf diese Kenntnis in drei Jahren von der Begehung der Handlung an verjähren, wurde trotz der Einheit von Wettbewerbs- und Markenrecht von der herrschenden Meinung nicht auf den zeichenrechtlichen Schadensersatzanspruch angewandt, weil zum einen nicht jede schuldhafte Zeichenverletzung zugleich einen Wettbewerbsverstoß darstelle und zum anderen die Verletzung eines Zeichenrechts als eines subjektiven Ausschließlichkeitsrechts der deliktischen Verjährung näher stehe als der objektive Interessenkonflikt des Wettbewerbsrechts (s. zur Rechtslage nach dem WZG *Baumbach/Hefermehl,* § 24 WZG, Rn 34). Mit Inkrafttreten des PrPG wurde § 25c WZG als eine eigenständige Verjährungsvorschrift in das WZG einge- 2 fügt. Die Vorschrift übernahm die deliktischen Verjährungsfristen von drei Jahren ab Kenntnis und dreißig Jahren unabhängig von der Kenntnis und schrieb diese Fristen nunmehr für alle Ansprüche wegen Verletzung eines nach dem WZG geschützten Rechts fest.

**3** Die Rechtslage im MarkenG bestimmt sich nach § 20, der die in § 25c WZG enthaltene Vorschrift über die Verjährung der Verletzungsansprüche im wesentlichen übernimmt. Der sachliche Anwendungsbereich des § 20 ist aber weiter als der Anwendungsbereich der auf die Ansprüche nach dem WZG beschränkten Verjährungsregelung des § 25c WZG, weil vor Inkrafttreten des MarkenG am 1. Januar 1995 die Vorschrift des § 25c WZG nicht die zu diesem Zeitpunkt noch im UWG geregelten Ansprüche aus den geschäftlichen Bezeichnungen nach § 16 UWG aF erfaßte, die nunmehr im MarkenG in den §§ 5, 15 geregelt sind und von der Verjährungsvorschrift des § 20 erfaßt werden. Mit der Einbeziehung der Kennzeichenrechte in das MarkenG ist aber im Hinblick auf die Verjährungsfristen keine Rechtsänderung verbunden, da schon vor Inkrafttreten des MarkenG ein Schadensersatzanspruch wegen Verletzung von Namens- und Firmenrechten nach den §§ 16 UWG aF und 12, 823 Abs. 1 BGB nach § 852 Abs. 1 BGB in drei Jahren verjährte, weil die Gründe, die zur Einführung der kurzen Verjährung für Wettbewerbsansprüche nach § 21 UWG als maßgebend angesehen wurden, im Falle einer Namens- und Firmenverletzung kaum zutreffen, so daß keine hinreichenden Gründe für eine Ausschließung der in § 852 BGB getroffenen Regelung durch § 21 UWG zu erkennen waren (BGH GRUR 1968, 367, 370 – Corrida; 1984, 820, 823 – Intermarkt II). Ausgehend von der Auffassung, daß § 12 BGB den konkurrierenden Anspruch aus § 16 Abs. 1 UWG aF umfaßt, wurde allerdings erwogen, statt der kurzen Verjährungsfrist des § 21 UWG die dreißigjährige Verjährungsfrist des § 195 BGB anzuwenden (s. dazu *Klippel*, Der zivilrechtliche Schutz des Namens, S. 434 f.; *Baumbach/Hefermehl*, Wettbewerbsrecht, 17. Aufl., § 21 UWG, Rn 9).

## B. Anwendungsbereich

### I. Art der kennzeichenrechtlichen Ansprüche

**4** Gegenstand der Verjährung nach § 20 Abs. 1 sind die kennzeichenrechtlichen Ansprüche der §§ 14 bis 19. Das MarkenG normiert eine *einheitliche Verjährung* für alle Kennzeichen. Ansprüche aus einer Markenrechtsverletzung nach § 14 beziehen sich auf die drei nach der Entstehung des Markenschutzes zu unterscheidenden Kategorien von Marken im Sinne des § 4 Nr. 1 bis 3. Ansprüche aus einer Verletzung einer geschäftlichen Bezeichnung nach § 15 beziehen sich auf Unternehmenskennzeichen und Werktitel im Sinne des § 5. Ansprüche aus einer Verletzung einer geographischen Herkunftsangabe nach § 128 beziehen sich auf als geographische Herkunftsangaben geschützte Namen, Angaben oder Zeichen nach § 126 und verjähren nach § 129 gemäß § 20. Ansprüche aus einer gegen Art. 8 oder 13 der Verordnung (EWG) Nr. 2081/92 verstoßenden Verletzung von geographischen Angaben und Ursprungsbezeichnungen nach den §§ 135, 130 verjähren nach § 136 gemäß § 20. Ansprüche aus einer Kennzeichenrechtsverletzung im Sinne des MarkenG (§ 1 Nr. 1 bis 3) verjähren einheitlich nach § 20 Abs. 1 auch dann, wenn zugleich ein *Verstoß gegen das UWG* vorliegt (*Baumbach/Hefermehl*, Wettbewerbsrecht, § 21 UWG, Rn 9; so schon zur Rechtslage nach dem WZG im Hinblick auf die Anwendung der deliktischen Verjährung nach § 852 BGB BGH GRUR 1968, 367, 370 – Corrida; 1984, 820, 823 – Intermarkt II). Auch Ansprüche aus einer Verletzung einer geschäftlichen Bezeichnung nach § 15 verjähren selbst dann, wenn konkurrierende *Ansprüche aus § 12 BGB* bestehen, in drei Jahren nach § 20 und nicht in dreißig Jahren nach § 195 BGB (anders zur Rechtslage nach § 16 UWG aF *Klippel*, Der zivilrechtliche Schutz des Namens, S. 434 f.).

**5** § 20 bezieht sich nicht nur auf den *Unterlassungsanspruch* und *Schadensersatzanspruch*, sondern auch auf den *Beseitigungsanspruch* einschließlich eines *Widerrufsanspruchs* (zu § 21 UWG BGH GRUR 1974, 99, 100 – Brünova), sowie auf den *Vernichtungsanspruch* nach § 18 und den *Auskunftsanspruch* nach § 19 einschließlich eines *Auskunfts- und Rechnungslegungsanspruchs* nach § 242 BGB zur Vorbereitung der Schadensersatzklage. Die Klage auf Auskunft oder Rechnungslegung unterbricht die Verjährung des Ersatzanspruchs nicht (RG MuW 1931, 38; *Baumbach/Hefermehl*, Wettbewerbsrecht, § 21 UWG, Rn 18; *Reimer/Pastor*, Bd. 3,

37. Kap., S. 295; aA *Reimer*, 3. Aufl., Kap. 115, Rn 14). Ansprüche auf Ersatz von *Abmahnkosten* stützen sich zwar auf die §§ 683, 670, 678 BGB (s. dazu *Baumbach/Hefermehl*, Wettbewerbsrecht, Einl UWG, Rn 554 ff.), verjähren aber nicht nach dreißig Jahren, sondern nach dem Normzweck der kennzeichenrechtlichen Verjährung des § 20 nach den kennzeichenrechtlichen Verjährungsfristen (so zur Abmahnung im Wettbewerbsrecht zu § 21 AG Wiesloch BB 1983, 2071; OLG Karlsruhe WRP 1984, 100, 102; KG NJW-RR 1991, 1520; BGHZ 115, 210 – Abmahnkostenverjährung; GRUR 1992, 552, 554 – Stundung ohne Aufpreis); bei einer wettbewerbsrechtlichen und zugleich kennzeichenrechtlichen Abmahnung bestimmt sich die Abmahnkostenverjährung nach § 20 und nicht nach § 21 UWG.

Nach § 20 verjährt auch der *Anspruch auf einen Markenhinweis* bei der Wiedergabe einer eingetragenen Marke in einem Nachschlagewerk nach § 16. Auch der *Übertragungsanspruch* gegen den ungetreuen Agenten oder Vertreter nach § 17 Abs. 1 sowie der Anspruch auf *Unterlassung der Benutzung* nach § 17 Abs. 2 S. 1 und der *Schadensersatzanspruch* nach § 17 Abs. 2 S. 2 verjähren nach § 20.  **6**

Der *vorbeugende Unterlassungsanspruch* unterliegt grundsätzlich nicht der Verjährung (BGH GRUR 1966, 623, 626 – Kupferberg; 1979, 121, 122 – Verjährungsunterbrechung). Der vorbeugende Unterlassungsanspruch entsteht bei Vorliegen von Erstbegehungsgefahr fortwährend neu. Anders ist zu entscheiden, wenn sich die Erstbegehungsgefahr auf eine einmalige und abgeschlossene Handlung gründet (OLG Stuttgart WRP 1993, 351, 353).  **7**

Der Anspruch auf *Zahlung einer Vertragsstrafe* verjährt nach der regelmäßigen Verjährungsfrist des § 195 BGB in dreißig Jahren und nicht nach § 20, auch wenn sich die Vertragsstrafe aus der Verletzung einer kennzeichenrechtlichen Vereinbarung ergibt (so zu § 21 UWG OLG Hamm GRUR 1989, 67 – Verjährung des Vertragsstrafenanspruchs).  **8**

## II. Mehrere Haftungsgründe (Anspruchskonkurrenzen)

### 1. Grundsatz

Ansprüche aus der Verletzung von Immaterialgüterrechten untereinander sowie konkurrierende Ansprüche des Wettbewerbsrechts und Deliktsrechts verjähren grundsätzlich selbständig nach den für sie geltenden Verjährungsfristen. Das gilt uneingeschränkt für alle spezialgesetzlichen Verjährungsregelungen (§§ 20, 129, 136 MarkenG; 141 PatG; 24c GebrMG; 102 UrhG; 14a GeschmMG; § 37c SortenschG; § 9 Abs. 1 HalblschG iVm § 24c GebrMG; 21 UWG). Etwas anderes gilt nur dann, wenn eine bestimmte Verjährungsregelung nach ihrer ratio legis als erschöpfend und damit abschließend zu beurteilen ist. Die Problematik der Verjährung von Ansprüchen aus mehreren Haftungsgründen bei bestehender *Anspruchskonkurrenz* stellt im Wettbewerbsrecht wegen der kurzen Verjährung des § 21 UWG eine brisante Problematik dar (s. dazu näher *Baumbach/Hefermehl*, Wettbewerbsrecht, § 21 UWG, Rn 3 ff.). Im Markenrecht spielt der Vorrang konkurrierender Verjährungsfristen deshalb nur eine geringere Rolle, weil die Verjährung kennzeichenrechtlicher Vorschriften nach § 20 vergleichbar wie auf dem Gebiet des Immaterialgüterrechts der deliktsrechtlichen Verjährung des § 852 BGB entsprechend geregelt ist. Die Problematik der Anspruchskonkurrenz im Kennzeichenrecht bedarf deshalb hinsichtlich der Verjährung keiner grundsätzlichen Diskussion, da über den Vorrang konkurrierender Verjährungsregelungen nur in wenigen Fallkonstellationen zu entscheiden ist (s. Rn 10).  **9**

### 2. Konkurrierende Verjährungsfristen

Wenn die Verletzung einer Marke, einer geschäftlichen Bezeichnung oder einer geographischen Herkunftsangabe im Sinne des § 1 Nr. 1 bis 3 zugleich einen *Verstoß gegen das UWG* darstellt, dann verjähren die kennzeichenrechtlichen Ansprüche nach den §§ 20 Abs. 1, 129, 136 in drei Jahren und nicht nach § 21 Abs. 1 UWG in sechs Monaten. Die gegenüber der wettbewerbsrechtlichen längere kennzeichenrechtliche Verjährungsfrist hat vor allem für solche Fallkonstellationen Bedeutung, die wie etwa der Rechtsschutz der bekannten Marke und der Rechtsschutz der geographischen Herkunftsangaben vor Inkrafttreten des MarkenG im wesentlichen als UWG-Tatbestände verstanden wurden und nunmehr als Kennzeichenschutz normiert sind. Schon vor Inkrafttreten des MarkenG unterlagen An-  **10** sprüche wegen Verletzung von Namens- und Firmenrechten nicht der kurzen wettbewerbsrechtlichen, sondern der dreijährigen deliktischen Verjährungsfrist. Die Vereinheitlichung des Kennzeichenrechts im MarkenG verlangt, auf Ansprüche wegen Verletzung einer geschäftlichen Bezeichnung grundsätzlich auch dann die dreijährige Verjährungsfrist des § 20 anzuwenden, wenn zugleich konkurrierende *Ansprüche aus § 12 BGB* bestehen, die an sich der dreißigjährigen Verjährung nach § 195 BGB unterliegen (aA zur Rechtslage nach dem WZG Klippel, Der zivilrechtliche Schutz des Namens, S. 434 f.). Der Anspruch auf Ersatz der *Abmahnkosten* nach den §§ 683, 677, 670 BGB unterliegt auch dann nicht der kurzen Verjährung des § 21 UWG, sondern der Verjährung nach § 20, wenn Gegenstand der Abmahnung zugleich eine Kennzeichenrechtsverletzung und ein Wettbewerbsverstoß ist (s. Rn 5). Der Anspruch auf *Zahlung einer Vertragsstrafe* verjährt auch dann in dreißig Jahren nach § 195 BGB, wenn er aus einer kennzeichenrechtlichen Vereinbarung erfolgt (s. zu § 21 UWG OLG Hamm GRUR 1989, 67 – Verjährung des Vertragsstrafenanspruchs). Ansprüche aus *ungerechtfertiger Bereicherung* nach den §§ 812 ff. BGB, Ansprüche aus *Geschäftsführung ohne Auftrag* nach den §§ 683, 677, 670 BGB, wenn diese nicht Schadensersatzansprüche aus einem Abmahnverhältnis betreffen (s. dazu Rn 5), und Ansprüche aus einer *Geschäftsanmaßung* nach § 687 Abs. 2 BGB unterliegen grundsätzlich auch dann der dreißigjährigen Verjährung des § 195 BGB, wenn ihnen die Verletzung eines Kennzeichenrechts zugrunde liegt.

### III. Anwendbarkeit des Verjährungsrechts des BGB

#### 1. Verjährungseinrede

11  Auf die Verjährung kennzeichenrechtlicher Ansprüche ist das *Verjährungsrecht des BGB* anzuwenden, soweit sich nicht aus der Vorschrift des § 20 etwas anderes ergibt. Im Kennzeichenrecht nicht anzuwenden sind die Vorschriften über die *Dauer der Verjährung* (§§ 195 bis 197 BGB). Anzuwenden sind nach Maßgabe des § 20 die Vorschriften über den *Beginn der Verjährung* (§§ 198 bis 201 BGB), über die *Hemmung der Verjährung* (§§ 202 bis 205 BGB), die *Ablaufhemmung* (§§ 206, 207 BGB), die *Unterbrechung der Verjährung* (§§ 208 bis 217 BGB) sowie über die *Folgen und Wirkung der Verjährung* (§§ 218 bis 225 BGB).

12  Ein nach § 20 verjährter Anspruch aus einer Kennzeichenrechtsverletzung erlischt nicht, sondern es entsteht nach § 222 Abs. 1 BGB ein dauerhaftes Leistungsverweigerungsrecht des Schuldners (*Verjährungseinrede*). Der Anspruch bleibt erfüllbar. Der Schuldner muß die Verjährung als Einrede geltend machen. Im Zivilprozeß ist die Verjährung nicht von Amts wegen zu beachten. Aus diesem Grund kann mit einem verjährten Anspruch noch aufgerechnet werden (§§ 390, 209 Abs. 1 BGB).

#### 2. Hemmung der Verjährung

13  Nach § 205 BGB bedeutet *Hemmung der Verjährung* ein Ruhen der Verjährung. Der entsprechende Zeitraum wird nicht in die Verjährungsfrist eingerechnet. Nach Beseitigung des Hemmungsgrundes läuft die Frist weiter; die bis zur Hemmung abgelaufene Frist wird mitgerechnet. Die allgemeinen *Hemmungsgründe* sind in den §§ 202 bis 204 BGB aufgeführt. *Stundung* im Sinne von § 202 Abs. 1 BGB bedeutet, daß nachträglich die Fälligkeit des Anspruchs hinausgeschoben wird. Der Hauptanwendungsfall in der Praxis ist das ebenfalls unter § 202 Abs. 1 BGB fallende pactum de non petendo (*Stillhalteabkommen*), in dem Gläubiger und Schuldner vereinbaren, daß der Anspruch einstweilen nicht geltend gemacht werden soll. Nach § 20 Abs. 2 gilt der Hemmungsgrund der *schwebenden Verhandlungen* nach § 852 Abs. 2 BGB im Kennzeichenrecht entsprechend (s. Rn 38 ff.).

14  Von der Hemmung der Verjährung ist die *Ablaufhemmung* nach den §§ 206 und 207 BGB zu unterscheiden. Folge der Ablaufhemmung, die das Fristende hinausschiebt, ist, daß nach Wegfall des Hindernisses eine sechsmonatige Verjährung neu beginnt. Wenn die gehemmte Verjährungsfrist kürzer ist als sechs Monate, so tritt gemäß § 206 Abs. 1 S. 2 BGB diese kürzere Frist an die Stelle der nach Ende der Ablaufhemmung beginnenden sechs Monate. Die §§ 206 und 207 BGB regeln die Ablaufhemmung bei geschäftsunfähigen und beschränkt geschäftsfähigen Personen sowie bei Nachlaßsachen. Der Ablauf der Verjährung wird etwa

gehemmt, wenn ein Minderjähriger ohne gesetzliche Vertretung ist. Die Sechsmonatsfrist beginnt dann ab Volljährigkeit. Ohne gesetzliche Vertretung ist ein Minderjähriger auch dann, wenn beim Handeln des Vertreters ein Insichgeschäft gemäß § 181 BGB vorliegt.

### 3. Unterbrechung der Verjährung

Im Gegensatz zur Hemmung bewirkt die *Unterbrechung der Verjährung* nach § 217 BGB, daß die bis zur Unterbrechung verstrichene Zeit nicht in Betracht kommt. Nach Beendigung der Unterbrechung beginnt die Verjährungsfrist neu zu laufen. Die *Unterbrechungsgründe* sind in den §§ 208 bis 216 BGB geregelt. Zu den wichtigsten gehören § 209 Abs. 1 BGB (Klageerhebung durch *Zustellung der Klageschrift* nach den §§ 253, 496, 498 ZPO) und § 209 Abs. 2 Nr. 1 BGB (*Zustellung eines Mahnbescheides* nach § 693 ZPO). Die Verjährung wird nach § 209 Abs. 1 BGB unterbrochen, wenn der Berechtigte vor Ablauf der Frist durch Zustellung eines Schriftsatzes Klage erhebt (§ 253 Abs. 1 ZPO). Die Verjährung wird nach § 270 Abs. 3 ZPO auch dann unterbrochen, wenn die Klage vor Ablauf der Verjährungsfrist eingereicht worden ist und *demnächst* die Zustellung erfolgt, das heißt in angemessener Frist unter Vermeidung nicht nur von Verzögerungen, sondern auch mit dem Bemühen größtmöglicher Beschleunigung (BGHZ 69, 361, 363 – Verjährungsunterbrechung). Demnach genügt es, daß die Klage am letzten Tag des Laufs der Verjährungsfrist eingereicht wird, wenn die Zustellung demnächst erfolgt. Eine vier Tage nach Ablauf der Verjährungsfrist zugestellte Klage ist mit der die Verjährung unterbrechenden Wirkung demnächst zugestellt, wenn der Kostenvorschuß für die mehrere Monate zuvor eingereichte Klage zwei Wochen vor Ablauf der Verjährungsfrist bei Gericht eingezahlt worden ist (BGH NJW 1993, 2320). Verzögerungen, die sich um zwei Wochen bewegen oder geringfügig darüber liegen, sollen hinnehmbar sein (BGH NJW 1986, 1347 f. – Wettbewerbsverein I); anders soll eine allein durch das Verhalten des Klägers bedingte Verzögerung der Klagezustellung um 15 Tage seit dem Eintritt der Verjährung es ausschließen, die Zustellung noch als demnächst im Sinne von § 270 Abs. 3 ZPO zu beurteilen (OLG Düsseldorf GRUR 1988, 65, 66 – Zustellungsverzögerung). Eine *Teilklage* unterbricht die Verjährung nur für den eingeklagten Teil (BGHZ 66, 142, 147). Eine *Feststellungsklage* unterbricht die Verjährung für den gesamten Anspruch, soweit er Streitgegenstand ist (BGHZ 103, 298, 301). Eine die Hauptsacheklage nur vorbereitende *Klage auf Rechnungslegung* unterbricht für sich allein die Verjährung des Hauptanspruchs auf Schadensersatz nicht (RG MuW 1925/1926, 281, 282; JW 1937, 2101, Nr. 6). Die *Stufenklage* nach § 254 ZPO unterbricht die Verjährung für den gesamten Schadensersatzanspruch (KG GRUR 1924, 137; s. auch BGH GRUR 1958, 149, 150 – Bleicherde).

Eine besondere Regelung zur Unterbrechung der Verjährung enthält § 44 ErstrG. Nach § 44 S. 1 ErstrG wird die Verjährung durch die *Anrufung der Einigungsstelle* im Einigungsverfahren nach den §§ 39 ff. ErstrG in gleicher Weise wie durch Klageerhebung unterbrochen. Die Unterbrechung dauert bis zur Beendigung des Verfahrens vor der Einigungsstelle fort (§ 44 S. 2 ErstrG). Wird die Anrufung der Einigungsstelle zurückgenommen, so gilt die Unterbrechung der Verjährung als nicht erfolgt (§ 44 S. 4 ErstrG).

### 4. Einstweilige Verfügung

Der Antrag auf Erlaß einer einstweiligen Verfügung sowie das anschließende Verfahren unterbricht die Verjährung nicht, erst die *Vornahme einer Vollstreckungshandlung* nach § 209 Abs. 2 Nr. 5 BGB. Die vom Gläubiger gegen den Schuldner bewirkte Zustellung einer einstweiligen Verfügung, in der zugleich ein Ordnungsmittel angedroht wird, ist lediglich eine Vollziehung der Verfügung im Sinne des § 929 Abs. 2 ZPO und noch kein Vollstreckungsakt (BGH NJW 1979, 217; 1981, 1955; OLG Düsseldorf WRP 1973, 481; aA OLG Hamm WRP 1978, 394). Die Unterbrechung tritt nur durch Klageerhebung ein. Um eine die Verjährung unterbrechende Vollstreckungshandlung handelt es sich auch dann, wenn ihr eine Entscheidung in einem vorläufigen Verfahren zugrunde liegt (OLG Düsseldorf Mitt 1996, 355, 358 – pasofast). Um einen Vollstreckungsakt handelt es sich auch dann, wenn nachträglich vom Prozeßgericht durch einen besonderen Beschluß ein Ordnungsmittel nach § 890 Abs. 2 ZPO angedroht wird (BGH GRUR 1979, 121).

## 5. Unzulässige Rechtsausübung

**18** Die Geltendmachung der Verjährungseinrede ist ausgeschlossen, wenn sie eine *unzulässige Rechtsausübung* nach § 242 BGB darstellt. Dies ist dann der Fall, wenn der Beklagte den Kläger arglistig von einer rechtzeitigen Klageerhebung abgehalten hat (§ 826 BGB; RGZ 87, 281, 283). Ausreichend ist, wenn der Kläger aufgrund des Verhaltens des Beklagten nach verständigem Ermessen damit rechnen durfte, dieser werde sich nicht auf die Verjährung berufen. In einem solchen Falle steht der Grundsatz von Treu und Glauben der Erhebung der Verjährungseinrede entgegen (RGZ 144, 378; 153, 101; *Erman/Hefermehl*, § 222 BGB, Rn 11). Der Schuldner verliert die Verjährungseinrede nicht schon dann, wenn er den Gläubiger nicht zur Erhebung der Hauptsacheklage gezwungen hat (§ 926 ZPO).

### C. Voraussetzungen der Verjährung (§ 20 Abs. 1)

#### I. Verjährung des Unterlassungsanspruchs

**19** Der Beginn der dreijährigen und der dreißigjährigen Verjährungsfrist nach § 20 Abs. 1 ist unterschiedlich geregelt.

##### 1. Beginn der dreijährigen Verjährungsfrist

**20** **a) Grundsatz.** Die *dreijährige Verjährungsfrist* des Unterlassungsanspruchs beginnt mit dem Zeitpunkt, in dem der Berechtigte von der Verletzung seines Rechts (s. Rn 21 ff.) und der Person des Verpflichteten (s. Rn 28) Kenntnis erlangt. *Kenntnis des Berechtigten* von der *Verletzungshandlung* und der *Person des Verpflichteten* sind die beiden Voraussetzungen des Verjährungsbeginns beim Unterlassungsanspruch. Diese Regelung entspricht dem Wesen des Unterlassungsanspruchs, der sich, solange noch keine Zuwiderhandlung erfolgt ist oder eine Begehungsgefahr besteht, sich gleichsam im Zustand der Erfüllung befindet (s. § 198 S. 2 BGB). Der alte Streit um die Verjährbarkeit von Unterlassungsansprüchen ist heute überholt (s. dazu *Teplitzky*, Wettbewerbsrechtliche Ansprüche, 16. Kap., Rn 1). Da die Verjährung das Bestehen eines nicht erfüllten Anspruchs begriffsnotwendig voraussetzt, verlangt der Fristbeginn das Vorliegen einer Verletzungshandlung des Verpflichteten. Es bedarf nicht der künstlichen Aufspaltung des einheitlichen, auf ein künftig verbotenes Verhalten gerichteten Anspruchs auf Unterlassung in unzählig viele dauernd entstehende und wieder erlöschende Unterlassungsansprüche (so richtig *Baumbach/Hefermehl*, Wettbewerbsrecht, § 21 UWG, Rn 10).

**21** **b) Rechtsverletzung. aa) Grundsatz.** Eine Rechtsverletzung im Sinne des § 20 Abs. 1 liegt dann vor, wenn der Verpflichtete eine Handlung begeht, die eine *Kennzeichenrechtsverletzung im Sinne der §§ 14 bis 19* verursacht. Wenn eine Verletzungshandlung vorliegt, dann erfüllt der Verpflichtete seine kennzeichenrechtliche Unterlassungspflicht nicht. Auch wenn wegen der subjektivrechtlichen Natur der Kennzeichenrechte § 20 auf die Rechtsverletzung und nicht wie § 21 Abs. 1 UWG auf die Wettbewerbshandlung abstellt, handelt es sich bei der Feststellung der Kenntnis des Berechtigten von der Rechtsverletzung vergleichbar um die Kenntnis von der Verletzungshandlung des Verpflichteten. Insoweit gelten die in langjähriger Rechtsprechung im Wettbewerbsrecht zur Verletzungshandlung entwickelten Grundsätze vergleichbar zur Feststellung der Kenntnis von der Rechtsverletzung im MarkenG. Eine Rechtsverletzung liegt vor, wenn der Verpflichtete eine Verletzungshandlung begangen hat. Eine Verletzungshandlung im Sinne des Verjährungsrechts ist die beendete Handlung. Der Verjährungsbeginn setzt das Vorliegen aller eine Kennzeichenrechtsverletzung begründenden Tatbestandsmerkmale voraus. Es ist nicht auf den Beginn, sondern auf den Abschluß der tatbestandsmäßigen Verletzungshandlung abzustellen. Zu unterscheiden ist zwischen einer *Einzelhandlung* (Rn 22), einer *Dauerhandlung* (Rn 23) und einer *fortgesetzten Handlung* (Rn 24).

**22** **bb) Einzelhandlung.** Kennzeichenrechte als subjektive Ausschließlichkeitsrechte begründen dauernde Unterlassungspflichten. Bei Vorliegen einer Kennzeichenrechtsverletzung aufgrund einer *einzelnen Verletzungshandlung* steht dem Berechtigten ein Abwehranspruch zu, der sich auf die Beseitigung der durch die Verletzungshandlung eingetretenen Rechtsverletzung sowie bei Bestehen von Wiederholungsgefahr auf die Unterlassung zukünftiger Verletzungshandlungen richtet. Die *Wiederholungsgefahr* wird *vermutet* (s. § 14, Rn 509). Der Verjährung nach § 20 Abs. 1 unterliegt der Abwehranspruch als Folge einer konkreten Verletzungshandlung (BGH GRUR 1969, 236, 238 – Ostflüchtlinge; OLG Hamm WRP 1977, 345). Die Unterlassung als solche ist nicht Gegenstand der Verjährung. Die Verjährung des Abwehranspruchs als Folge einer Rechtsverletzung aufgrund einer konkreten Verletzungshandlung als Einzelhandlung schließt aber nicht aus, daß eine weitere Verletzungshandlung eine eigene Rechtsverletzung mit neuer Verjährung verursacht. *Jede Kennzeichenrechtsverletzung* begründet eine *eigene Verjährungsfrist* ab dem Zeitpunkt der Kenntnis von der Verletzungshandlung (s. zur Wettbewerbshandlung schon RGZ 49, 20; 80, 436; OLG Düsseldorf WRP 1978, 727; zur Berücksichtigung von Umständen aus rechtsverjährter Zeit zur Feststellung einer erneuten Verletzungshandlung s. *Rogge,* GRUR 1963, 345). Wenn erstmals eine Kennzeichenrechtsverletzung droht, kann ein *vorbeugender Unterlassungsanspruch* gegeben sein (s. § 14, Rn 509). Die aufgrund einer Kennzeichenrechtsverletzung begründete Vermutung der Wiederholungsgefahr ist für die Annahme einer neuen Begehungsgefahr nicht ausreichend, da ansonsten die Verjährungsfrist des § 20 Abs. 1 unterlaufen würde (s. zu § 21 UWG OLG Frankfurt WRP 1979, 469, 471; HansOLG Hamburg WRP 1981, 469; OLG Frankfurt WRP 1985, 81; OLG Koblenz WRP 1986, 114; BGH GRUR 1987, 125 – Berühmung). Eine zukünftig drohende Kennzeichenrechtsverletzung bedarf des Vorliegens neuer tatsächlicher Umstände, die die Annahme einer *zukünftigen* Verletzungshandlung rechtfertigen. Solche Umstände können sich aus dem Verhalten des Verpflichteten in einem Rechtsstreit über die vergangene Kennzeichenrechtsverletzung ergeben (zum Wettbewerbsrecht s. BGH GRUR 1955, 97 – Constanze II; 1988, 313 – Auto F. GmbH). Der vorbeugende Unterlassungsanspruch gegen eine drohende Kennzeichenrechtsverletzung bei bestehender Erstbegehungsgefahr verjährt nicht; die Verjährungsfrist beginnt erst mit der Verletzungshandlung, bei der die Wiederholungsgefahr vermutet wird (s. *Baumbach/Hefermehl,* Wettbewerbsrecht, § 21 UWG, Rn 11). Wenn für den Verpflichteten ausnahmsweise etwa aufgrund vertraglicher Beziehungen nur eine *einmalige* Unterlassungspflicht besteht, dann wird nach erfolgter Verletzungshandlung dem Verpflichteten die Erfüllung der Unterlassungspflicht unmöglich, so daß für den Berechtigten nur ein Schadensersatzanspruch in Betracht kommt.

**cc) Dauerhandlung.** Eine *Dauerhandlung* stellt eine besondere Art sich wiederholender Verletzungshandlungen dar (RGZ 134, 335, 341 – Vacuum Oil; BGH GRUR 1974, 99, 100 – Brünova). Dauerhandlungen sind Handlungen, die ununterbrochen verletzen, solange der durch sie hervorgerufene Zustand andauert (zum Begriff s. *Baumbach/Hefermehl,* Wettbewerbsrecht, Einl UWG, Rn 376). Aufgrund einer einmaligen Verletzung wird ein Zustand hervorgerufen, der verletzt, solange er anhält, wie etwa bei dem Gebrauch eines verwechslungsfähigen Unternehmenskennzeichens. Eine Dauerhandlung endet erst dann, wenn der ununterbrochen verletzende Zustand endet. Erst mit dem *Ende der Dauerhandlung* beginnt die Verjährungsfrist. Folge ist, daß ein vorbeugender Unterlassungsanspruch gegenüber einer Handlung, die ununterbrochen verletzt, nicht verjähren kann, solange der Störungszustand fortbesteht (BGH GRUR 1966, 623, 626 – Kupferberg; 1972, 558, 560 – Teerspritzmaschinen). So verjährt etwa bei der Eintragung eines Unternehmenskennzeichens in das Handelsregister als einer typischen Dauerhandlung der Löschungsanspruch nicht (*Baumbach/Hefermehl,* Wettbewerbsrecht, § 21 UWG, Rn 12). 23

**dd) Wiederholte Handlung.** Von der Dauerhandlung ist die *wiederholte* oder *fortgesetzte Handlung* zu unterscheiden. Bei der wiederholten Handlung beginnt die Verjährungsfrist mit der *Beendigung jeder einzelnen Verletzungshandlung,* auch wenn weitere gleichartige Handlungen mit dem gleichen Erfolg nachfolgen (BGH GRUR 1974, 99, 100 – Brünova; 1984, 820, 822 – Intermarkt II). Zur Abgrenzung zwischen einer Dauerhandlung (s. Rn 23) und einer wiederholten Handlung stellt die Rechtsprechung darauf ab, ob objektiv durch einzelne wiederholte, auch gleichartige Handlungen jeweils gesonderte, schädigende Nachteile entstehen können, wie etwa Kundenentziehung, Absatzminderung, Erschwerung des loyalen Wettbewerbs und ähnliches (s. schon RG MuW 1919, 227; BGH GRUR 1984, 820, 822 – Intermarkt II). Wenn Fortsetzungszusammenhang anzunehmen ist, dann beginnt *für* 24 *jeden Teilakt eine eigene Verjährungsfrist* zu laufen, auch wenn die einzelnen Handlungsakte von einem einheitlichen Verletzerwillen getragen sind. Während bei einer Dauerhandlung die Verjährungsfrist nicht beginnt, solange die Rechtsverletzung andauert, läuft bei einer wiederholten Handlung für jeden der Handlungsakte eine besondere Verjährungsfrist. Die Anerkennung eines *Fortsetzungszusammenhangs* ist bei der wettbewerbsrechtlichen Verjährung heftig umstritten (s. zum Streitstand *Baumbach/Hefermehl*, Wettbewerbsrecht, Einl UWG, Rn 375; § 21 UWG, Rn 13). Für den vorbeugenden Unterlassungsanspruch kommt dem Begriff der fortgesetzten Handlung eine praktische Bedeutung nicht zu, weil auch bei Annahme selbständiger Einzelhandlungen die Verjährung eines früheren Unterlassungsanspruchs die Geltendmachung eines neuen Anspruchs nicht ausschließt (BGH GRUR 1966, 623, 626 – Kupferberg; 1974, 99, 100 – Brünova; s. Rn 7).

25  **c) Kenntnis des Berechtigten.** Der Beginn der Verjährungsfrist setzt die Kenntnis des Berechtigten von der Verletzung seines Rechts und der Person des Verpflichteten voraus. Kenntnis bedeutet *positives Wissen*. Ein Kennenkönnen oder Kennenmüssen als verschuldete, sei es fahrlässige, sei es grobfahrlässige Unkenntnis ersetzt die vom Gesetz geforderte positive Kenntnis nicht. In der Rechtsprechung wird die erforderliche Kenntnis aber schon dann angenommen, wenn der Verletzte diese Kenntnis zwar tatsächlich noch nicht besitzt, sie sich aber *in zumutbarer Weise* ohne nennenswerte Mühe beschaffen kann. In diesem Fall gilt die Person des Ersatzpflichtigen in dem Augenblick als bekannt, in dem der Verletzte auf die entsprechende Erkundigung hin die Kenntnis erhalten hätte (BGH VersR 1962, 86, 87; NJW 1973, 1496; VersR 1976, 166, 167; 1976, 859, 860). Der Verletzte darf es nicht in der Hand haben, einseitig die Verjährungsfrist dadurch zu verlängern, daß er die Augen vor einer sich ihm aufdrängenden Kenntnis verschließt. Dieser Rechtsprechung liegt der Rechtsgedanke des § 162 BGB zugrunde. Auch nach dieser Rechtsprechung genügt aber grobfahrlässig verschuldete Unkenntnis nicht. Nur die *mißbräuchliche Nichtkenntnis* der Person des Verletzers steht für den Beginn der Verjährungsfrist der verlangten positiven Kenntnis gleich. Ein solcher Anwendungsfall liegt erst dann vor, wenn der Verletzte eine sich ihm ohne weiteres anbietende, gleichsam auf der Hand liegende Erkenntnismöglichkeit, die weder besondere Kosten noch nennenswerte Mühe verursacht, nicht wahrnimmt (BGH NJW 1985, 1023). Das trifft etwa schon dann nicht mehr zu, wenn lange und zeitraubende Telefonate oder umfangreicher Schriftwechsel erforderlich werden; etwas anders kann für eine Anfrage gelten (BGH NJW 1955, 706; VersR 1973, 841, 842). Rechtsunkenntnis hindert den Verjährungsbeginn grundsätzlich nicht, es sei denn, daß es sich um eine verwickelte und zweifelhafte Rechtslage handelt (RGZ 157, 14, 20; BGHZ 6, 195, 202).

26  Dem Umfang nach ist eine lückenlose Kenntnis des Sachverhalts in objektiver und subjektiver Hinsicht nicht zu verlangen. Kenntnis von der Kennzeichenrechtsverletzung liegt dann vor, wenn der Berechtigte die Tatsachen kennt, deren Vorliegen die Tatbestandsmerkmale der konkreten Verletzungshandlung bilden. Die Kenntnis muß sich auf sämtliche wesentliche Tatumstände der Verletzungshandlung erstrecken. Innere Tatumstände können aus den äußeren Tatumständen hergeleitet werden (BGH GRUR 1964, 218, 220 – Düngekalkhandel). Die Kenntnis der Tatsachen muß einen einigermaßen sicheren Klageerfolg versprechen (BGH GRUR 1988, 832, 834 – Benzinwerbung).

27  Der Berechtigte muß sich unabhängig von einem Vertretungsverhältnis das Wissen eines anderen als seines *Wissensvertreters* nach § 166 Abs. 1 BGB analog zurechnen lassen, wenn er diesen mit der Erledigung bestimmter Angelegenheiten in eigener Verantwortung betraut (BGHZ 83, 293). Bei juristischen Personen ist die Kenntnis des Organs maßgebend, dem die Vertretung im Prozeß obliegt. Die Kenntnis des Beschäftigten einer juristischen Person, der mit der Vorbereitung von Ansprüchen befaßt ist, setzt die Verjährungsfrist auch dann in Lauf, wenn für die Geltendmachung der Ansprüche eine andere Abteilung der juristischen Person zuständig ist (BGH NJW 1994, 1150).

28  Die *Person des Verpflichteten*, von der der Berechtigte Kenntnis erlangt haben muß, ist der Verletzer. Wenn mehrere Personen berechtigt oder verpflichtet sind, dann läuft die Frist für jeden Berechtigten oder Verpflichteten gesondert. Kenntnis ist bereits dann anzunehmen, wenn dem Verletzten zwar der Name und die Adresse des Verletzers unbekannt sind, er aber in der Lage ist, sich diese ohne besondere Mühe und nennenswerten Kostenaufwand zu verschaffen (BGH NJW 1955, 706; 1973, 1496; 1984, 182). Wenn Name und Anschrift

des Verpflichteten zu ermitteln sind, dann gilt die Person des Verpflichteten dem Berechtigten als in dem Zeitpunkt bekannt, in dem er auf die entsprechenden Erkundigungen hin diese Kenntnis erhalten hätte (BGH NJW 1973, 1496).

## 2. Beginn der dreißigjährigen Verjährungsfrist

Abweichend von § 198 BGB beginnt die Verjährungsfrist für die *dreißigjährige Verjährung* nach § 20 Abs. 1 ohne Rücksicht auf die Kenntnis des Berechtigten von der Verletzung seines Rechts und der Person des Verpflichteten von der Rechtsverletzung. Bei dem Unterlassungsanspruch ist der Zeitpunkt der Entstehung des Anspruchs mit dem Zeitpunkt der Rechtsverletzung identisch. Aber auch beim Schadensersatzanspruch beginnt die dreißigjährige Verjährungsfrist im Zeitpunkt der Rechtsverletzung und nicht erst im Zeitpunkt des Schadenseintritts (s. Rn 30; zum Streitstand s. MünchKomm/*Mertens*, § 852 BGB, Rn 61). **29**

## II. Verjährung des Schadensersatzanspruchs

### 1. Schadensentstehung als Verjährungsvoraussetzung

Der Beginn der *dreijährigen* Verjährung des Schadensersatzanspruchs verlangt die Kenntnis des Berechtigten von der Kennzeichenrechtsverletzung, von der Person des Verpflichteten und vom Schadenseintritt. Die *Schadensentstehung* ist eine zusätzliche Verjährungsvoraussetzung beim Schadensersatzanspruch. Wenn objektiv kein Schaden entstanden ist, dann beginnt die Verjährung selbst dann nicht, wenn die Rechtsverletzung und die Person des Verpflichteten dem Berechtigten bekannt sind. Ausreichend ist, daß überhaupt ein Schaden entstanden ist, auch wenn die Schadensentwicklung im einzelnen noch nicht abgeschlossen ist. Anders beginnt die *dreißigjährige* Verjährung schon mit der *Kennzeichenrechtsverletzung*, nicht erst mit dem Schadenseintritt (str.; s. Rn 29). **30**

### 2. Schadenseinheit

Im Verjährungsrecht gilt der *Grundsatz der Schadenseinheit* (BGH GRUR 1984, 820; 822; *Baumbach/Hefermehl*, Wettbewerbsrecht, § 21 UWG, Rn 16 a). Der gesamte aus einer Kennzeichenrechtsverletzung entstehende Schaden ist grundsätzlich als eine Einheit anzusehen. Die Ungewißheit über den Umfang und die Höhe des Schadens hindern den Beginn der Verjährung nicht (BGH GRUR 1974, 99, 100 – Brünova; BGHZ 107, 117 – Forschungskosten). Nach ständiger Rechtsprechung kommt es nicht auf die einzelne Schadensfolge an, sondern auf die Übersehbarkeit eines Schadens überhaupt, auch wenn dieser erst durch das Fortwirken der schadensverursachenden Verletzungshandlung entsteht. Der Eintritt irgendeines Nachteils für das Vermögen des Verletzten genügt. Die Verjährung des Schadensersatzanspruchs beginnt dann, wenn der Verletzte aufgrund des ihm bekannten Sachverhalts eine Schadensersatzklage, wenn auch nur eine Klage auf Feststellung der Ersatzpflicht für einen künftigen Schaden mit einigermaßen sicherer Aussicht auf Erfolg erheben kann (BGH NJW 1960, 380, 381). Dem Verjährungsbeginn steht nicht entgegen, daß der Eingriff einer abgeschlossenen Verletzungshandlung noch fortwirkt. Allerdings werden nicht voraussehbare Schadensfolgen von der dem Verletzten zuzurechnenden Kenntnis des Gesamtschadens nicht erfaßt; für sie beginnt die Verjährung erst mit dem Zeitpunkt ihrer Kenntnis. Zur Kenntnis der Person gehört auch die Kenntnis ihres Verschuldens (s. dazu näher *Baumbach/Hefermehl*, Wettbewerbsrecht, § 21 UWG, Rn 16 a). Das Risiko einer Klage hindert den Beginn der Verjährung nicht. Es besteht auch keine Überlegungsfrist (RGZ GRUR 1942, 180). Wiederholte Handlungen (zum Begriff s. Rn 24) verursachen einen neuen Schaden und begründen einen neuen Schadensersatzanspruch, für den eine eigene Verjährungsfrist läuft (BGHZ 71, 86, 94 – Fahrradgepäckträger II). Die Verjährungsfrist beginnt im Zeitpunkt jeder einzelnen der wiederholten Handlungen. Beseitigt der Verletzer nicht die Fortdauer eines schädlichen Zustands, zu dessen Beseitigung er verpflichtet ist, wie etwa der Benutzung eines Kennzeichens, dann entstehen aus dem dauernden Unterlassen jeweils neue Schäden, die neue Schadensersatzansprüche mit eigenen Verjährungsfristen begründen (RGZ 106, 283, 286; BGH GRUR 1981, 517, 520 – Rollhocker; BGHZ 71, 86, 94 – Fahrradgepäckträger II). Die Verjährung beginnt dann jeweils zu dem Zeitpunkt, in dem der Geschädigte von den neuen Schäden Kenntnis erlangt. **31**

### III. Verjährung sonstiger Ansprüche

#### 1. Auskunftsanspruch und Rechnungslegungsanspruch

**32** Der Auskunftsanspruch nach § 19 stellt einen eigenständigen markenrechtlichen Anspruch aus einer Kennzeichenrechtsverletzung dar (s. § 19, Rn 4), für den eine eigene Verjährungsfrist nach § 20 läuft. Der Auskunftsanspruch und Rechnungslegungsanspruch zur Vorbereitung einer Schadensersatzklage (s. § 14, Rn 525) unterliegen der Verjährung des Schadensersatzanspruchs; der Beginn der dreijährigen Verjährungsfrist verlangt insoweit Kenntnis des Berechtigten von der Schadensentstehung (s. Rn 30). Durch Klage auf Auskunft oder Rechnungslegung wird die Verjährung des Schadensersatzanspruchs nicht unterbrochen (RG MuW 1931, 38; *Baumbach/Hefermehl*, Wettbewerbsrecht, § 21 UWG, Rn 18).

#### 2. Vernichtungsanspruch und Beseitigungsanspruch

**33** Die Verjährung des Vernichtungsanspruchs nach § 18 beginnt mit erlangter Kenntnis des Berechtigten von der Kennzeichenrechtsverletzung, der Person des Verpflichteten und vom Vorhandensein widerrechtlich gekennzeichneter Gegenstände. Ausreichend ist, wenn der Berechtigte von der Existenz widerrechtlich gekennzeichneter Gegenstände ausgeht, ohne den Umfang der Kennzeichenrechtsverletzungen im einzelnen zu kennen. Vergleichbar beginnt die Verjährung des Beseitigungsanspruchs mit erlangter Kenntnis des Berechtigten von der Verletzungshandlung, dem Verletzer und dem fortdauernden Störungszustand. Es genügt, daß die fortdauernde Beeinträchtigung vorauszusehen ist und zum Gegenstand einer Beseitigungsklage gemacht werden kann (BGH GRUR 1969, 236, 238 – Ostflüchtlinge; 1974, 99, 100 – Brünova). Eine besondere Verjährungsfrist läuft sowohl für den Vernichtungsanspruch als auch für den Beseitigungsanspruch dann, wenn das Vorhandensein widerrechtlich gekennzeichneter Gegenstände oder ein fortdauernder Störungszustand sich als nicht vorauszusehende Auswirkungen der Kennzeichenrechtsverletzung erweisen.

#### 3. Übertragungsanspruch (§ 17 Abs. 1)

**34** Die Verjährung des Übertragungsanspruchs des Geschäftsherrn gegen den ungetreuen Agenten oder Vertreter nach § 17 Abs. 1 auf Übertragung des durch die Anmeldung oder Eintragung der Marke begründeten Rechts beginnt mit erlangter Kenntnis des Berechtigten von der Eintragung der rechtswidrigen Agentenmarke ohne Zustimmung des Inhabers der Marke für dessen Agenten oder Vertreter im Sinne des § 11.

#### 4. Anspruch auf einen Markenhinweis (§ 16)

**35** Die Verjährung des Anspruchs nach § 16 auf Beifügung eines aufklärenden Hinweises bei der Wiedergabe der Marke in einem Nachschlagewerk beginnt mit erlangter Kenntnis von der bevorstehenden Wiedergabe der eingetragenen Marke in dem Nachschlagewerk. Wenn der Anspruch auf Wiedergabe eines Markenhinweises in der Erstauflage verjährt ist, dann besteht der Anspruch nach § 16 Abs. 2 hinsichtlich einer neuen Auflage des Werkes grundsätzlich nicht mehr, es sei denn, daß eine Neuauflage des Werkes nicht vorhersehbar war. Wenn der Anspruch nach § 16 Abs. 1 etwa wegen mangelnder Kenntnis von der bevorstehenden Wiedergabe der eingetragenen Marke in dem Nachschlagewerk nicht verjährt war, dann besteht der Anspruch nach § 16 Abs. 2 und verjährt ab der erlangten Kenntnis von dem Erscheinen des Werkes.

#### 5. Anspruch wegen Verletzung eines Lizenzrechts

**36** Bei den Ansprüchen des Lizenznehmers einer dinglichen Markenlizenz wegen Verletzung der Marke nach § 30 Abs. 3 handelt es sich um kennzeichenrechtliche Ansprüche im Sinne der §§ 14 bis 19, die nach § 20 verjähren. Auch bei den Ansprüchen des Markeninhabers als des Lizenzgebers gegen den Lizenznehmer wegen eines Verstoßes gegen eine Bestimmung des Lizenzvertrages im Sinne des § 30 Abs. 2 handelt es sich um Ansprüche wegen einer Verletzung des Rechts aus der Marke im Sinne der §§ 14 bis 19, die nach § 20 verjähren. Das MarkenG gewährleistet eine einheitliche Verjährung der kennzeichenrechtlichen Ansprüche. Anders verjähren die vertraglichen Ansprüche des Markeninhabers als des Lizenzgebers gegen den Lizenznehmer aus einer Verletzung schuldrechtlicher Bestimmungen des Lizenzvertrages nach den allgemeinen Vorschriften.

### 6. Anspruch auf Ersatz der Abmahnkosten

Der Anspruch auf Ersatz der Abmahnkosten nach den §§ 683, 670, 678 BGB (s. dazu *Baumbach/Hefermehl*, Wettbewerbsrecht, Einl UWG, Rn 554ff.) verjährt nach dem Normzweck der kennzeichenrechtlichen Verjährung nach § 20 (so zur Abmahnung im Wettbewerbsrecht zu § 21 UWG AG Wiesloch BB 1983, 2071; OLG Karlsruhe WRP 1984, 100, 102; KG NJW-RR 1991, 1520; BGHZ 115, 210 – Abmahnkostenverjährung; BGH GRUR 1992, 552, 554 – Stundung ohne Aufpreis; s. Rn 5). Die kennzeichenrechtliche Verjährung des § 20 verdrängt als die spezielle Vorschrift die allgemeinen Verjährungsvorschriften. Dies gilt auch dann, wenn die Abmahnung zugleich wettbewerbsrechtlichen wie auch kennzeichenrechtlichen Zwecken dient; in diesem Fall bemißt sich die Verjährung nach § 20 und nicht nach § 21 UWG. 37

### D. Hemmung der Verjährung bei schwebenden Verhandlungen (§ 20 Abs. 2)

Aufgrund der Verweisungsnorm des § 20 Abs. 2, der § 25 c S. 2 WZG entspricht, besteht nach § 852 Abs. 2 BGB für die Verjährung der Hemmungsgrund der schwebenden Verhandlungen. Nach dieser Vorschrift ist die Verjährung, wenn zwischen dem Ersatzpflichtigen und dem Ersatzberechtigten Verhandlungen über den zu leistenden Schadensersatz schweben, gehemmt, bis der eine oder der andere Teil die Fortsetzung der Verhandlungen verweigert. Die *Verjährungshemmung der schwebenden Verhandlungen* gilt nicht nur für den ausdrücklich geregelten Schadensersatzanspruch, sondern einheitlich für alle sich aus einer Kennzeichenrechtsverletzung ergebenden Ansprüche (s. zur vergleichbaren Vorschrift des § 141 S. 2 PatG *Benkard/Rogge*, § 141 PatG, Rn 5; s. auch MünchKomm/*Mertens*, § 852, Rn 64). Dieser Hemmungsgrund stellt eine Ausprägung des allgemeinen Rechtsgedankens dar, der Verpflichtete dürfe nicht dadurch einen Vorteil erlangen, daß der Berechtigte sich auf Verhandlungen eingelassen hat (BGHZ 93, 64, 69). Unter *Verhandlungen* im Sinne dieser Vorschrift ist jeder *Meinungsaustausch über die Kennzeichenrechtsverletzung* zwischen dem Berechtigten und dem Verpflichteten zu verstehen, wenn nicht sofort erkennbar die Verhandlungen über die Verpflichtungen aus der Kennzeichenrechtsverletzung abgelehnt werden (BGHZ 93, 64, 66 f.). Vergleichsbereitschaft ist keine Voraussetzung schwebender Verhandlungen. Wenn sich die Verhandlungen deutlich auf einen bestimmten Anspruch oder einen abgetrennten Teil des Anspruchs beschränken, dann wirkt die Hemmung nur für diesen bestimmten Anspruch oder den abgetrennten Teil eines Anspruchs. Eine schlichte Bestätigung des Eingangs eines Schreibens des Berechtigten, in dem dieser seine Ansprüche aus einer Kennzeichenrechtsverletzung gegenüber dem Verpflichteten anmeldet, stellt regelmäßig noch nicht den Beginn von Verhandlungen dar (OLG Stuttgart VersR 1971, 1178). 38

Die Wirkung der Verjährungshemmung regelt § 205 BGB. Nach dieser Vorschrift bedeutet Hemmung der Verjährung ein Ruhen der Verjährung. Der entsprechende Zeitraum wird nicht in die Verjährungsfrist eingerechnet. Nach Beseitigung des Hemmungsgrundes läuft die Frist weiter; die bis zur Hemmung abgelaufene Frist wird mitgerechnet. Die Verjährungshemmung endet mit der Verweigerung des Berechtigten oder des Verpflichteten, die Verhandlungen fortzusetzen. Wenn die Verhandlungen verschleppt werden oder einschlafen, dann endet die Hemmung in dem Zeitpunkt, in dem nach Treu und Glauben aus der Sicht des Berechtigten eine Antwort auf die letzte Äußerung des Berechtigten spätestens zu erwarten war. Bei der Aufnahme abgebrochener Verhandlungen kann eine erneute Verjährungshemmung hinsichtlich der noch nicht abgelaufenen Verjährungsfrist eintreten. 39

Neben der Verjährungshemmung bleiben die Grundsätze über die unzulässige Rechtsausübung nach § 242 BGB anwendbar (BGHZ 93, 64, 69). Der Einwand der unzulässigen Rechtsausübung kann für den Berechtigten namentlich dann günstiger sein als die Regelung der Verjährungshemmung, wenn die Verhandlungen zwischen dem Berechtigten und dem Verpflichteten erst zum Ende der Verjährungsfrist begonnen haben. 40

## E. Herausgabe des auf Kosten des Berechtigten Erlangten trotz Vollendung der Verjährung (§ 20 Abs. 3)

**Schrifttum zum WZG und PatG.** *Greuner*, Welche Bedeutung hat § 48 Satz 2 des Patentgesetzes?, GRUR 1961, 108; *Möller*, Der Umfang des Schadensersatzes nach § 47 Abs. 2 PG, GRUR 1938, 221; *Sterner*, Zum Bereicherungsbegriff des neuen Patentgesetzes (§ 48 Satz 2 PG), GRUR 1937, 339.

**41** Wenn der Verpflichtete durch die Kennzeichenrechtsverletzung etwas auf Kosten des Berechtigten erlangt hat, dann ist er nach § 20 Abs. 3 auch nach Vollendung der Verjährung zur Herausgabe des Erlangten nach den Vorschriften über die Herausgabe einer ungerechtfertigten Bereicherung verpflichtet. Zweck der § 852 Abs. 3 BGB entsprechenden Vorschrift ist es, einen etwaigen Vermögensvorteil des Verletzers aufgrund der Kennzeichenrechtsverletzung diesem nicht zu belassen. Die Vorschrift stellt eine *Rechtsfolgenverweisung* auf das Bereicherungsrecht und nicht etwa einen selbständigen Bereicherungsanspruch im Sinne der §§ 812 ff. BGB dar. Die Anspruchsvoraussetzungen bestimmen sich nach den kennzeichenrechtlichen Anspruchsgrundlagen der §§ 14 bis 19. Der Anspruch nach § 20 Abs. 3 behält die Rechtsnatur als Anspruch aus einer Kennzeichenrechtsverletzung (zur Dogmatik des Anspruchs s. ausführlich BGHZ 71, 86, 98 ff. – Fahrradgepäckträger II; zu § 21 UWG s. *Baumbach/Hefermehl*, Wettbewerbsrecht, § 21 UWG, Rn 2 m. w. Nachw.). Der Anspruch hat den Charakter einer Rechtsverteidigung gegenüber der Einrede der Verjährung. Der Umfang des Anspruchs bestimmt sich nach den §§ 818, 819, 822 BGB. Trotz des Wortlauts „auf Kosten des Berechtigten" ist rechtlich unerheblich, ob der Vermögensvorteil des Verletzers unmittelbar vom Verletzten erlangt oder von einem Dritten wie etwa Lizenzgebühren durch einen Lizenznehmer vermittelt wird (BGHZ 71, 86, 98 ff. – Fahrradgepäckträger II). Der Übergang von einem Schadensersatzanspruch nach den §§ 14 Abs. 6; 15 Abs. 5; 17 Abs. 2 S. 2 auf den Anspruch aus § 20 Abs. 3 stellt eine Beschränkung des Klageantrags im Sinne des § 264 Nr. 2 ZPO und keine Klageänderung dar.

## F. Beweislast

**42** Beiweispflichtig für die tatsächlichen Voraussetzungen der Verjährung einschließlich der Darlegung des Zeitpunkts, in dem der Berechtigte von der Verletzung seines Rechts und der Person des Verpflichteten Kenntnis erlangt hat, ist der Anspruchsgegner als der Verpflichtete. Beweispflichtig für die tatsächlichen Voraussetzungen der Hemmung sowie der Unterbrechung der Verjährung, auch des Verzichts auf die Verjährungseinrede und des Einwands der unzulässigen Rechtsausübung ist der Anspruchsteller als der Berechtigte.

**Verwirkung von Ansprüchen**

**21** (1) **Der Inhaber einer Marke oder einer geschäftlichen Bezeichnung hat nicht das Recht, die Benutzung einer eingetragenen Marke mit jüngerem Zeitrang für die Waren oder Dienstleistungen, für die sie eingetragen ist, zu untersagen, soweit er die Benutzung der Marke während eines Zeitraums von fünf aufeinanderfolgenden Jahren in Kenntnis dieser Benutzung geduldet hat, es sei denn, daß die Anmeldung der Marke mit jüngerem Zeitrang bösgläubig vorgenommen worden ist.**

(2) **Der Inhaber einer Marke oder einer geschäftlichen Bezeichnung hat nicht das Recht, die Benutzung einer Marke im Sinne des § 4 Nr. 2 oder 3, einer geschäftlichen Bezeichnung oder eines sonstigen Rechts im Sinne des § 13 mit jüngerem Zeitrang zu untersagen, soweit er die Benutzung dieses Rechts während eines Zeitraums von fünf aufeinanderfolgenden Jahren in Kenntnis dieser Benutzung geduldet hat, es sei denn, daß der Inhaber dieses Rechts im Zeitpunkt des Rechtserwerbs bösgläubig war.**

(3) **In den Fällen der Absätze 1 und 2 kann der Inhaber des Rechts mit jüngerem Zeitrang die Benutzung des Rechts mit älterem Zeitrang nicht untersagen.**

(4) **Die Absätze 1 bis 3 lassen die Anwendung allgemeiner Grundsätze über die Verwirkung von Ansprüchen unberührt.**

## Inhaltsübersicht

|  | Rn |
|---|---|
| A. Allgemeines | 1–5 |
|   I. Regelungsübersicht und Rechtsänderungen | 1 |
|   II. Europäisches Unionsrecht | 2, 3 |
|     1. Erste Markenrechtsrichtlinie | 2 |
|     2. Gemeinschaftsmarkenverordnung | 3 |
|   III. Staatsvertragsrecht | 4, 5 |
|     1. Pariser Verbandsübereinkunft | 4 |
|     2. Madrider Markenabkommen und Protokoll zum MMA | 5 |
| B. Die markengesetzliche Verwirkung von kennzeichenrechtlichen Ansprüchen nach § 21 | 6–20 |
|   I. Voraussetzungen der Verwirkung | 6–17 |
|     1. Kennzeichenrechtliche Ansprüche als Gegenstand der Verwirkung | 6 |
|     2. Prioritätsjüngeres Recht | 7 |
|     3. Produktbezug der Verwirkung nach § 21 Abs. 1 | 8 |
|     4. Mindestzeitraum von fünf Jahren | 9, 10 |
|     5. Ununterbrochene Benutzung | 11, 12 |
|     6. Kenntnis | 13 |
|     7. Duldung | 14 |
|     8. Bösgläubige Anmeldung (§ 21 Abs. 1) und bösgläubiger Rechtserwerb (§ 21 Abs. 2) | 15–17 |
|   II. Koexistenz der Rechte (§ 21 Abs. 3) | 18 |
|   III. Verhältnis der Verwirkung (§ 21) zur Verjährung (§ 20) | 19 |
|   IV. Verwirkung nach allgemeinen Grundsätzen (§ 21 Abs. 4) | 20 |
| C. Die allgemeinen zivilrechtlichen Rechtssätze zur Verwirkung im Markenrecht | 21–55 |
|   I. Regelungszusammenhang | 21 |
|   II. Rechtsentwicklung | 22 |
|   III. Abgrenzung zur unzulässigen Rechtsausübung nach den §§ 226, 826 BGB, 1 UWG | 23 |
|   IV. Voraussetzungen der Verwirkung | 24–42 |
|     1. Grundsatz | 24 |
|     2. Schutzwürdiger Besitzstand | 25–32 |
|       a) Besitzstand und Ausschließlichkeitsrecht | 25–28 |
|       b) Kriterien der Schutzwürdigkeit des Besitzstandes | 29, 30 |
|       c) Zeitdauer des Erwerbs eines Besitzstandes | 31 |
|       d) Berücksichtigung der Gesamtumstände | 32 |
|     3. Verspätete Rechtsverfolgung | 33–37 |
|       a) Zeitraum der Untätigkeit | 33 |
|       b) Verschulden, Kenntnis und Zurechenbarkeit | 34–36 |
|       c) Zurechnung ohne Verschulden | 37 |
|     4. Duldung der Rechtsverletzung | 38–42 |
|       a) Vertrauenstatbestand eines Duldungsanscheins | 38, 39 |
|       b) Redlichkeit des Verletzers | 40 |
|       c) Bona fides superveniens | 41 |
|       d) Interessenabwägung | 42 |
|   V. Schranken der Verwirkung | 43 |
|   VI. Rechtsfolgen der Verwirkung | 44–53 |
|     1. Verwirkung als Einwand | 44 |
|     2. Verwirkung eines konkreten Anspruchs | 45 |
|     3. Verwirkungseinwand ohne Ausdehnungsrecht | 46–49 |
|       a) Örtliche und sachliche Begrenzung des Besitzstandes | 46, 47 |
|       b) Keine Entstehung eines Kennzeichenrechts als konstitutive Wirkung der Verwirkung | 48 |
|       c) Keine Übertragbarkeit des schutzwürdigen Besitzstandes | 49 |
|     4. Arten der verwirkten Ansprüche | 50–53 |
|       a) Unterlassungsanspruch | 50 |
|       b) Löschungsanspruch | 51, 52 |
|       c) Schadensersatzanspruch und Bereicherungsanspruch | 53 |
|   VII. Das Kennzeichenrecht als Geltungsbereich der Verwirkung | 54, 55 |
|     1. Anwendungsbereich der Verwirkung | 54 |
|     2. Verwirkung geschäftlicher Bezeichnungen | 55 |

**Schrifttum zum WZG und UWG.** *Ahrens,* EWiR 1992, 327; *Baumbach,* Die Verwirkung im Wettbewerbsrecht, GRUR 1930, 251; *Baumbach,* Wen schützt das Wettbewerbsrecht, MuW 1931, 5; *Braunert,* Der Fortsetzungszusammenhang im Recht des unlauteren Wettbewerbs nach dem Beschluß des Großen Strafsenats, KTS 1994, 441; *Droste,* Die Verwirkung von Unterlassungsansprüchen im Warenzeichenrecht, GRUR 1950, 560; *Furler,* Besitz, Verkehrsgeltung, Verwirkung im Wettbewerbsrecht, 1932; *v. Gamm,* Verwirkung und Urheberrecht, NJW 1956, 1780; *Harmsen,* Der Besitzstand im Wettbewerbs- und Warenzeichenrecht in seinen verschiedenen Erscheinungsformen und Anforderungen an den Bekanntheitsgrad, GRUR 1968, 503; *Heydt,* Grenzen der Verwirkung im gewerblichen Rechtsschutz und Urheberrecht, GRUR 1951, 182; *Hueck,* Der Treuegedanke im modernen Privatrecht, 1947; *Karanantas,* Verwirkung, 1938; *Kisch,* Besitzstand und Verwirkung, 1941; *Klaka,* Zur Verwirkung im gewerblichen Rechtsschutz, GRUR 1970, 265; *Kleine,* Zum Einwand der Verwirkung, insbesondere im Wettbewerbs- und im Urheberrecht, JZ 1951, 9; *Lehmann,* Zur Lehre von der Verwirkung, JW 1936, 2193; *Lobe,* Untergang und Verhinderung der Geltendmachung von Unterlassungsansprüchen, MuW 1932, 440; *Meyer,* Verwirkung als Interessenausgleich oder Entrechtung des Zeicheninhabers, MA 1951, 53; *Neu,* Die neuere Rechtsprechung zur Verwirkung im Wettbewerbs- und Warenzeichenrecht, 1984; *Neu,* Die Verwirkung im Wettbewerbs- und Warenzeichenrecht, GRUR 1987, 681; *Oppenheimer,* Der Ersitzungsgedanke in der Verwirkungsrechtsprechung des RG zum Warenzeichen- und Wettbewerbsrecht, MuW 1932, 440; *Presser,* Verwirkung und Ersitzung im Warenzeichenrecht, JW 1937, 1862; *Reimer,* Normenaufstellung auf Grund der Verwirkungsrechtsprechung des RG im Warenzeichen- und Wettbewerbsrecht, MuW 1932, 277; *Rieble,* Das Ende des Fortsetzungszusammenhangs im Recht der Vertragsstrafe, WM 1995, 828; *Rudolff/Blochwitz,* Das Recht des Wettbewerbs, 1938; *Schramm,* Grundlagenforschung, 1954, S. 322; *Schricker,* EWiR 1993, 1021; *Schumann,* Zusammenbruch der Verwirkungslehre, GRUR 1938, 81; *Schütz,* Zur Verwirkung von Unterlassungsansprüchen aus § 3 UWG, GRUR 1982, 526; *Schwamberger,* Die Grenzen des Verwirkungseinwandes und der Einrede aus Vertrag im Wettbewerbsrecht, NJW 1958, 1469; *Siebert,* Verwirkung und Unzulässigkeit der Rechtsausübung, Ein rechtsvergleichender Beitrag zur Lehre von den Schranken der privaten Rechte und zur exceptio doli (§§ 226, 242, 826 BGB), unter besonderer Berücksichtigung des gewerblichen Rechtsschutzes (§ 1 UWG), 1934; *Spengler,* Das Benutzungsrecht bei Warenkennzeichen, GRUR 1953, 160; *Tegtmeyer,* Der Geltungsbereich des Verwirkungsgedankens, AcP 142 (1936), S. 203; *Teplitzky,* Die jüngste Rechtsprechung des Bundesgerichtshofs zum wettbewerblichen Anspruchs- und Verfahrensrecht, GRUR 1989, 461; 1990, 393; 1991, 709; 1992, 821; 1993, 857; 1994, 765; 1995, 627; *Tetzner,* Die neuere Rechtsprechung auf dem Gebiete des gewerblichen Rechtsschutzes, NJW 1950, 445; *Ulmer,* Aus dem Wettbewerbs- und Warenzeichenrecht, Rechtsfragen der Nachkriegszeit, GRUR 1951, 355; *Ulmer,* Verkehrsgeltung und Besitzstand im Wettbewerbs- und Warenzeichenrecht, ZHR 114 (1951), S. 43.

**Schrifttum zum MarkenG.** *Fernández-Nóvoa,* Die Verwirkung und Duldung im System der Gemeinschaftsmarke, FS für Beier, GRUR Int 1996, 442; *Jordan,* Zum Rechtsmißbrauchseinwand im Markenrecht, FS für Piper, 1996, S. 563; *Klaka,* Erschöpfung und Verwirkung im Licht des Markenrechtsreformgesetzes, GRUR 1994, 321; *Ring,* Das Rechtsinstitut der Verwirkung nach dem Markengesetz sowie nach allgemeinem Recht, DZWir 1995, 494.

## A. Allgemeines

### I. Regelungsübersicht und Rechtsänderungen

1   Die Verwirkung von Ansprüchen war im WZG nicht geregelt. In einer traditionsreichen Entwicklung hat die höchstrichterliche Rechtsprechung unter nahezu einhelliger Billigung des Schrifttums *Rechtssätze zur Verwirkung* sowohl im Markenrecht als auch im Wettbewerbsrecht auf der Grundlage des Gebots von *Treu und Glauben nach § 242 BGB* entwickelt (s. dazu mit umfassenden Nachweisen *Baumbach/Hefermehl,* § 24 WZG, Rn 41 ff.; *Baumbach/Hefermehl,* Wettbewerbsrecht, Einl UWG, Rn 428 ff.). Die Verwirkung stellt einen der wichtigsten Grundbegriffe des Wettbewerbs- und Markenrechts dar. Kern der Verwirkungsrechtsprechung ist die Feststellung eines schutzwürdigen Besitzstandes als eines wettbewerblichen Zustandes, den der Verletzer innerhalb eines Zeitraums einer vom Rechtsinhaber eines prioritätsälteren Kennzeichens ungestörten Zeichenbenutzung im Verkehr erworben hat. Im MarkenG wird erstmals die Verwirkung in Umsetzung von Art. 9 MarkenRL über die Verwirkung durch Duldung ausdrücklich geregelt. Die Anwendung der allgemeinen Grundsätze über die Verwirkung von Ansprüchen bleibt nach § 21 Abs. 4 unberührt. Die *markengesetzliche Verwirkung nach § 21* unterscheidet sich namentlich in zwei tatbestandlichen Voraussetzungen von der allgemeinen zivilrechtlichen Verwirkung im

Markenrecht auf der Grundlage des § 242 BGB. Die markengesetzliche Verwirkung steht zum einen nur dem Inhaber eines prioritätsjüngeren Kennzeichenrechts oder sonstigen Immaterialgüterrechts zu. Voraussetzung der allgemeinen zivilrechtlichen Verwirkung ist nur das Vorliegen eines wertvollen Besitzstandes als eines wettbewerblichen Zustandes, der nicht die Rechtsinhaberschaft an einem subjektiven Ausschließlichkeitsrecht verlangt. Anknüpfungspunkt der markengesetzlichen Verwirkung ist zum anderen der Ablauf eines festen Zeitraums von fünf Jahren einer Duldung der Benutzung. Innerhalb der allgemeinen zivilrechtlichen Verwirkung im Markenrecht ist der Zeitraum zur Erlangung eines wertvollen Besitzstandes eine von den besonderen Umständen des konkreten Einzelfalles abhängige variable Größe. Als ausreichend kann ein Zeitraum von unter einem Jahr (RGZ 114, 360, 364), als nicht ausreichend ein Zeitraum von über elf Jahren (RG GRUR 1942, 266, 269) zu beurteilen sein, oder gar ein Zeitraum von wenigen Tagen genügen (BGH GRUR 1957, 499 – Wit/Wipp). Regelungsgegenstand des § 21 ist die Verwirkung im gesamten Kennzeichenrecht. Die Vorschrift regelt die Verwirkung von Ansprüchen des Inhabers einer Marke im Sinne des § 4 Nr. 1 bis 3 sowie des Inhabers einer geschäftlichen Bezeichnung im Sinne des § 5. Die Einrede der Verwirkung steht nur dem Inhaber eines subjektiven Ausschließlichkeitsrechts auf dem Gebiet des Immaterialgüterrechts zu. § 21 Abs. 1 regelt die Verwirkung zugunsten des Inhabers einer eingetragenen Marke mit jüngerem Zeitrang im Sinne des § 4 Nr. 1. § 21 Abs. 2 regelt die Verwirkung zugunsten des Inhabers einer Marke mit Verkehrsgeltung (§ 4 Nr. 2) oder Notorietät (§ 4 Nr. 3) sowie einer geschäftlichen Bezeichnung im Sinne des § 5 oder eines sonstigen Rechts im Sinne des § 13 mit jüngerem Zeitrang. Voraussetzung der markengesetzlichen Verwirkung ist stets das Bestehen eines prioritätsjüngeren Immaterialgüterrechts. Fallkonstellationen sonstiger Zeichenkollisionen, in denen sich der Benutzer eines Zeichens nicht auf ein eigenes subjektives Ausschließlichkeitsrecht, sondern nur auf eine bestehende Benutzungslage berufen kann, sind in § 21 nicht geregelt und nach den allgemeinen Grundsätzen über die Verwirkung von Ansprüchen im Markenrecht zu beurteilen (s. Begründung zum MarkenG, BT-Drucks. 12/6581 vom 14. Januar 1994, S. 79). *Voraussetzungen der Verwirkung* nach § 21 Abs. 1 und 2 sind die Benutzung des prioritätsjüngeren Kennzeichens während eines Zeitraums von fünf aufeinanderfolgenden Jahren, die Duldung der Benutzung durch den Inhaber des prioritätsälteren Kennzeichens und die Gutgläubigkeit des Inhabers des prioritätsjüngeren Kennzeichens im Zeitpunkt des Rechtserwerbs. Wenn die Verwirkung eingreift, dann kann der Inhaber des prioritätsjüngeren Kennzeichens die Benutzung des prioritätsälteren Kennzeichens nach § 21 Abs. 3 nicht untersagen. Es besteht eine *Koexistenz* zwischen dem prioritätsjüngeren und dem prioritätsälteren Kennzeichen als Rechtsfolge der Verwirkung. Nach § 21 Abs. 4 bleibt die Anwendung der allgemeinen Grundsätze über die Verwirkung von Ansprüchen unberührt.

## II. Europäisches Unionsrecht

### 1. Erste Markenrechtsrichtlinie

Die markengesetzliche Verwirkung von kennzeichenrechtlichen Ansprüchen nach § 21 setzt Art. 9 MarkenRL um. Art. 9 Abs. 1 MarkenRL regelt zwingend die Verwirkung durch Duldung für eingetragene Marken, Art. 9 Abs. 2 MarkenRL erlaubt den Mitgliedstaaten eine entsprechende Regelung für durch Benutzung erworbene Marken und geschäftliche Bezeichnungen. Die Koexistenz des prioritätsälteren mit dem prioritätsjüngeren Kennzeichenrecht regelt Art. 9 Abs. 3 MarkenRL. Die Vorgabe des Art. 9 hindert nicht die Anwendung der allgemeinen zivilrechtlichen Rechtssätze zur Verwirkung von Ansprüchen, wie es § 21 Abs. 4 zuläßt.

### 2. Gemeinschaftsmarkenverordnung

Die *GMarkenV* enthält in den Art. 53 und 106 Abs. 1 S. 2 GMarkenV Regelungen zur Verwirkung durch Duldung. Art. 53 Abs. 1 GMarkenV regelt die Verwirkung im Verhältnis zwischen zwei Gemeinschaftsmarken. Die Art. 53 Abs. 2 und 106 Abs. 1 S. 2 GMarkenV regeln die Verwirkung im Verhältnis zwischen einem prioritätsälteren nationalen Kennzeichenrecht und einer prioritätsjüngeren Gemeinschaftsmarke.

## III. Staatsvertragsrecht

### 1. Pariser Verbandsübereinkunft

4   Die *PVÜ* enthält keine allgemeine Vorschrift über die Verwirkung von kennzeichenrechtlichen Ansprüchen. Hinsichtlich der Ansprüche des Inhabers einer notorisch bekannten Marke im Sinne des Art. 6$^{bis}$ PVÜ ist für den Löschungsanspruch nach Art. 6$^{bis}$ Abs. 2 PVÜ eine Frist von mindestens fünf Jahren vorgeschrieben, während für den Unterlassungsanspruch eine solche Mindestfrist nicht gilt. Nach 6$^{bis}$ Abs. 3 PVÜ müssen dem Inhaber einer notorisch bekannten Marke Ansprüche ohne zeitliche Beschränkung zustehen, wenn es sich bei der von ihm angegriffenen Marke um eine bösgläubig erwirkte Eintragung handelt.

### 2. Madrider Markenabkommen und Protokoll zum MMA

5   Das *MMA* und das *PMMA* enthalten keine Regelungen über die Verwirkung von kennzeichenrechtlichen Ansprüchen.

## B. Die markengesetzliche Verwirkung von kennzeichenrechtlichen Ansprüchen nach § 21

### I. Voraussetzungen der Verwirkung

#### 1. Kennzeichenrechtliche Ansprüche als Gegenstand der Verwirkung

6   Gegenstand der Verwirkung nach § 21 Abs. 1 und 2 sind kennzeichenrechtliche Ansprüche des Inhabers einer Marke im Sinne des § 4 oder einer geschäftlichen Bezeichnung im Sinne des § 5 auf Unterlassung der Benutzung eines prioritätsjüngeren Kennzeichens. Anders als die Vorschrift des § 20 Abs. 1, die als Gegenstand der Verjährung die in den §§ 14 bis 19 genannten Ansprüche regelt, verwirkt nach § 21 Abs. 1 und 2 der Anspruch, die Benutzung des prioritätsjüngeren Kennzeichens untersagen zu können. Nach dieser Gesetzestechnik unterliegen die kennzeichenrechtlichen Unterlassungsansprüche nach den §§ 14 Abs. 5 und 15 Abs. 4 der Verwirkung. Aus der Verwirkung der kennzeichenrechtlichen Unterlassungsansprüche folgt aber zwingend, daß dem Inhaber der Marke oder der geschäftlichen Bezeichnung auch keine anderen Ansprüche aus der Kennzeichenrechtsverletzung, wie etwa ein Schadensersatzanspruch nach den §§ 14 Abs. 6 und 15 Abs. 5 oder ein Vernichtungsanspruch nach § 18, sowie ein Auskunftsanspruch nach § 19, zustehen. Gegenstand der Verwirkung sind *sämtliche kennzeichenrechtlichen Ansprüche* aus einer Kennzeichenrechtsverletzung. Die Verwirkung des Löschungsanspruchs aufgrund eines prioritätsälteren Kennzeichenrechts gegenüber der Eintragung einer prioritätsjüngeren Marke nach § 51 Abs. 2 S. 1 und 2 ist als eine Schranke des relativen Nichtigkeitsgrundes nach § 51 Abs. 1 geregelt.

#### 2. Prioritätsjüngeres Recht

7   Die markengesetzliche Verwirkung nach § 21 setzt stets das Bestehen eines prioritätsjüngeren Rechts voraus. Der Kollisionstatbestand besteht zwischen einer prioritätsälteren Marke oder geschäftlichen Bezeichnung und einem prioritätsjüngeren Recht. Prioritätsjüngere Rechte sind nach § 21 Abs. 1 eingetragene Marken im Sinne des § 4 Nr. 1 und nach § 21 Abs. 2 durch Benutzung erworbene Marken im Sinne des § 4 Nr. 2, notorisch bekannte Marken im Sinne des § 4 Nr. 3, geschäftliche Bezeichnungen im Sinne des § 5 und die sonstigen Rechte im Sinne des § 13. Das prioritätsjüngere Recht stellt seiner Rechtsnatur nach ein subjektives Ausschließlichkeitsrecht dar. Folge dieser Beschränkung des Anwendungsbereichs der markengesetzlichen Verwirkung nach § 21 auf die *Kollision von subjektiven Ausschließlichkeitsrechten* ist es, daß die Verwirkung nach § 21 dann nicht eingreift, wenn sich der Benutzer des prioritätsjüngeren Zeichens nicht auf ein eigenes Recht, sondern nur auf eine *bestehende Benutzungslage* berufen kann (s. Begründung zum MarkenG, BT-Drucks. 12/6581 vom 14. Januar 1994, S. 79). In den Fallkonstellationen einer Berufung auf eine

bestehende Benutzungslage kann Verwirkung nach den allgemeinen zivilrechtlichen Grundsätzen eintreten (s. Rn 21, 25 ff.), deren Anwendung nach § 21 Abs. 4 von der Regelung der Verwirkung nach § 21 unberührt bleibt.

### 3. Produktbezug der Verwirkung nach § 21 Abs. 1

Die Verwirkung nach Abs. 1 gegenüber der Benutzung einer eingetragenen Marke mit jüngerem Zeitrang greift nur dann ein, wenn die prioritätsjüngere Marke für Waren oder Dienstleistungen, für die sie eingetragen ist, benutzt wird. Die Benutzung der prioritätsjüngeren Marke für andere als die eingetragenen Waren oder Dienstleistungen reicht zur Verwirkung des Unterlassungsanspruchs des Inhabers der prioritätsälteren Marke oder geschäftlichen Bezeichnung nicht aus. Die Verwirkungsregel des Absatzes 1 greift auch dann nicht ein, wenn die prioritätsjüngere Marke für Waren oder Dienstleistungen im Ähnlichkeitsbereich der eingetragenen Waren oder Dienstleistungen benutzt wird. Die Verwirkung tritt zudem nur hinsichtlich solcher Waren oder Dienstleistungen ein, für die die prioritätsjüngere Marke tatsächlich benutzt wird. Diese Beschränkung der Verwirkung findet auch im Wortlaut des Gesetzes („soweit") ihren Ausdruck. Eine Ausdehnung des Benutzungsrechts der prioritätsjüngeren Marke auf andere als die eingetragenen und tatsächlich benutzten Waren oder Dienstleistungen ist mit der Verwirkung nicht verbunden (Begründung zum MarkenG, BT-Drucks. 12/6581 vom 14. Januar 1994, S. 79). Auch nach den allgemeinen zivilrechtlichen Grundsätzen zur Verwirkung begründet der Verwirkungseinwand kein Ausdehnungsrecht gegenüber dem Schutzbereich des prioritätsälteren Kennzeichenrechts (s. Rn 46 ff.).

### 4. Mindeszeitraum von fünf Jahren

In Umsetzung von Art. 9 Abs. 1 MarkenRL wird der Eintritt der Verwirkung an einen Zeitraum von fünf aufeinanderfolgenden Jahren geknüpft. In der Festlegung eines *Mindestzeitraums* liegt ein wesentlicher Unterschied der markengesetzlichen Verwirkung von der Verwirkung nach den allgemeinen zivilrechtlichen Grundsätzen, bei der die Zeitdauer bis zum Eintritt der Verwirkung variabel ist und von den besonderen Umständen des konkreten Einzelfalles abhängt (s. Rn 33). Die Verwirkung nach den allgemeinen zivilrechtlichen Grundsätzen wird neben § 21 namentlich deshalb von erheblicher Bedeutung bleiben, weil der zum Erwerb eines schutzwürdigen Besitzstandes erforderliche Zeitraum erheblich unter dem zum Eintritt der markengesetzlichen Verwirkung nach § 21 erforderlichen Mindestzeitraum von fünf Jahren liegen kann.

Die Vorschriften des MarkenG finden nach § 152 grundsätzlich auch auf Marken, die vor dem 1. Januar 1995 eingetragen oder durch Benutzung erworben worden sind, Anwendung. Nach § 153 Abs. 2 ist die Vorschrift des § 21 auf Ansprüche des Inhabers einer vor dem 1. Januar 1995 eingetragenen oder durch Benutzung oder notorische Bekanntheit erworbenen Marke oder einer geschäftlichen Bezeichnung mit der Maßgabe anzuwenden, daß die in § 21 Abs. 1 und 2 vorgesehene Frist von fünf Jahren mit dem 1. Januar 1995 zu laufen beginnt. Damit kann der Verwirkungseinwand frühestens fünf Jahre nach dem Inkrafttreten des MarkenG auf die Bestimmung des § 21 Abs. 1 und 2 gestützt werden.

### 5. Ununterbrochene Benutzung

Die prioritätsjüngere Marke muß während des Zeitraums von fünf Jahren ununterbrochen als Unterscheidungszeichen zur Identifizierung von Unternehmensprodukten auf dem Markt benutzt worden sein. § 21 Abs. 1 und 2 umschreibt nicht näher, welche Anforderungen an die Benutzung der prioritätsjüngeren Marke zu stellen sind. Es ist nicht erforderlich, daß Folge der Benutzung der Erwerb eines wertvollen Besitzstandes ist, wie es eine Voraussetzung des Eintritts der Verwirkung nach den allgemeinen zivilrechtlichen Grundsätzen ist. An eine rechtserhebliche Benutzung, die den Eintritt der Rechtsfolgen der Verwirkung rechtfertigt, werden zumindest die *Anforderungen* zu stellen sein, die an das Vorliegen einer rechtserhaltenden Benutzung im Sinne des Benutzungszwangs nach § 26 Abs. 1 gestellt werden (s. § 26, Rn 3 ff.). Die Verwirkung einer Kennzeichenrechtsverletzung mit der Folge der Koexistenz der prioritätsälteren und der prioritätsjüngeren Marke ist ein erheblicher

Eingriff in das subjektive Ausschließlichkeitsrecht des Inhabers der prioritätsälteren Marke oder geschäftlichen Bezeichnung, der es rechtfertigt, zumindest eine Benutzung, vergleichbar der rechtserhaltenden Benutzung zur Aufrechterhaltung des Markenrechts im Sinne des Benutzungszwangs, zu verlangen. Das gilt für die prioritätsjüngere eingetragene Marke im Sinne des § 21 Abs. 1 schon aus Gründen des Benutzungszwangs, ist aber auch hinsichtlich der prioritätsjüngeren Kennzeichenrechte und sonstigen Rechte im Sinne des § 21 Abs. 2 zu verlangen.

12 Erforderlich ist, daß die Benutzung während des Zeitraums von fünf Jahren *ununterbrochen* war. Nicht ausreichend ist es, einzelne Zeitabschnitte der Benutzung, die sich über einen längeren Zeitraum als Folge von Unterbrechungen der Benutzung ergeben, zu einem Zeitraum von fünf Jahren zu addieren.

### 6. Kenntnis

13 Voraussetzung der Verwirkung nach § 21 Abs. 1 und 2 ist die Kenntnis des Inhabers der prioritätsälteren Marke oder geschäftlichen Bezeichnung von der Benutzung des prioritätsjüngeren Kennzeichenrechts oder sonstigen Rechts während eines ununterbrochenen Zeitraums von fünf Jahren. Kenntnis bedeutet *positives Wissen*. Fahrlässig oder auch grob fahrlässig verschuldete Unkenntnis genügt nicht. Die mißbräuchliche Nichtkenntnis steht der Kenntnis gleich (zu § 852 BGB BGH NJW 1985, 2022, 2023). Der Begriff der Kenntnis sowie der Umfang der Kenntnis bestimmt sich nach den zur Kenntnis im Verjährungsrecht nach § 20 Abs. 1 geltenden Grundsätzen (s. dazu näher § 20, Rn 25 ff.). Die Verwirkungsfrist von fünf Jahren beginnt erst mit der Kenntnis der tatsächlichen Benutzung der Marke als eines produktidentifizierenden Unterscheidungszeichens auf dem Markt zu laufen, nicht schon mit der Kenntnis von der Eintragung der prioritätsjüngeren Marke, ohne daß diese schon ernsthaft im Verkehr benutzt wird (so auch *David*, Schweiz. Markenschutzgesetz, Vorbem. zum 3. Titel, Rn 43).

### 7. Duldung

14 Voraussetzung der Verwirkung ist die *Duldung der Benutzung* des prioritätsjüngeren Kennzeichens oder eines sonstigen Rechts während eines Zeitraums von fünf aufeinanderfolgenden Jahren durch den Inhaber der prioritätsälteren Marke oder geschäftlichen Bezeichnung. Die Verwirkung durch Duldung ist ein Rechtsinstitut der MarkenRL und daher der Inhalt des Begriffs der Duldung richtlinienkonform auszulegen. Von Bedeutung ist dabei der Unterschied, der zwischen der Verwirkung nach den allgemeinen zivilrechtlichen Grundsätzen und der in § 21 umgesetzten Verwirkung durch Duldung als Rechtsinstitut nach Art. 9 MarkenRL besteht. Die Verwirkung nach der MarkenRL gründet im wesentlichen auf dem Tatbestand der Duldung durch den Inhaber des prioritätsälteren Kennzeichens. Die Verwirkung nach den allgemeinen zivilrechtlichen Grundsätzen rechtfertigt sich vor allem aus dem Erwerb eines schutzwürdigen Besitzstandes durch den Benutzer eines kollidierenden Kennzeichens oder sonstigen Rechts. Die Duldung ist ein tatsächliches Verhalten. Erforderlich ist nicht, daß das Verhalten des Inhabers des prioritätsälteren Kennzeichens ein konkludentes rechtsgeschäftliches Verhalten wie etwa eine Einwilligung in die Kennzeichenrechtsverletzung darstellt. Eine Duldung der Kennzeichenrechtsverletzung liegt dann vor, wenn der Inhaber der prioritätsälteren Marke in Kenntnis der Rechtsverletzung *keine Maßnahmen ergreift*, die Kennzeichenrechtsverletzung zu verhindern. Er bleibt untätig und nimmt die Verletzung seines Kennzeichens hin. Eine Duldung liegt schon dann nicht mehr vor, wenn der Inhaber des prioritätsälteren Kennzeichens Unterlassung der Benutzung des prioritätsjüngeren Kennzeichens oder des sonstigen Rechts ernsthaft verlangt. Duldung liegt dann vor, wenn sich aus dem Gesamtverhalten des Inhabers des prioritätsälteren Kennzeichens unzweideutig ergibt, daß er gegen die Benutzung des prioritätsjüngeren Kennzeichens oder sonstigen Rechts nicht einschreiten werde. Wegen des untrennbaren Zusammenhangs zwischen der Kenntnis des Berechtigten und dessen Duldung der Rechtsverletzung ist das Vorliegen einer Duldung vom *Standpunkt des Berechtigten* aus zu beurteilen, auch wenn ein objektiver Maßstab bei verständiger Würdigung der Rechtsverletzung anzulegen ist (zur Beurteilung vom *Standpunkt des Verletzers* aus bei der allgemeinen zivilrechtlichen Verwirkung s. Rn 38).

## 8. Bösgläubige Anmeldung (§ 21 Abs. 1) und bösgläubiger Rechtserwerb (§ 21 Abs. 2)

Die Verwirkung nach Abs. 1 tritt dann nicht ein, wenn die Anmeldung der Marke mit jüngerem Zeitrang bösgläubig vorgenommen worden ist. Die Verwirkung nach Abs. 2 tritt dann nicht ein, wenn der Inhaber des prioritätsjüngeren Kennzeichens oder des sonstigen Rechts im Zeitpunkt des Rechtserwerbs bösgläubig war. *Bösgläubige Anmeldung* (Abs. 1) und *bösgläubiger Rechtserwerb* (Abs. 2) sind Ausschlußgründe der Verwirkung. Der Inhaber der prioritätsälteren Marke oder geschäftlichen Bezeichnung kann die Benutzung des kollidierenden Rechts untersagen, auch wenn er die Benutzung während eines Zeitraums von fünf aufeinanderfolgenden Jahren in Kenntnis dieser Benutzung geduldet hat. Der maßgebende Zeitpunkt für die Bösgläubigkeit ist nach Abs. 1 die Anmeldung der prioritätsjüngeren Marke, da es sich in Abs. 1 um eine Kollision mit einer eingetragenen Marke mit jüngerem Zeitrang handelt. Der maßgebende Zeitpunkt für die Bösgläubigkeit in Abs. 2 ist der Rechtserwerb, da es sich in Abs. 2 um eine Kollision mit einer durch Benutzung erworbenen Marke im Sinne des § 4 Nr. 2, einer notorisch bekannten Marke im Sinne des § 4 Nr. 3, einer geschäftlichen Bezeichnung im Sinne des § 5 oder eines sonstigen Rechts im Sinne des § 13 mit jüngerem Zeitrang handelt, bei denen die Entstehung des Kennzeichenschutzes eine Anmeldung nicht erfordert.

Der Begriff der *Bösgläubigkeit* ist ein *eigenständiger Begriff* des Kennzeichenrechts, der Art. 9 Abs. 1 MarkenRL entnommen ist und einer richtlinienkonformen Auslegung bedarf (zur inhaltsgleichen Verwendung des Begriffs der Bösgläubigkeit bei dem Nichtigkeitsgrund einer bösgläubigen Anmeldung nach § 50 Abs. 1 Nr. 4 in Umsetzung der Option des Art. 3 Abs. 2 lit. d MarkenRL s. § 50, Rn 29f.). Im Kennzeichenrecht kommt dem Begriff der Bösgläubigkeit eine andere Bedeutung zu als in der Zivilrechtsordnung im übrigen, wie namentlich beim gutgläubigen Rechtserwerb. Der kennzeichenrechtliche Begriff der Bösgläubigkeit wird auch bei der Regelung der Nichtigkeit wegen absoluter Schutzhindernisse verwendet. Nach § 50 Abs. 1 Nr. 4 wird die Eintragung einer Marke wegen Nichtigkeit gelöscht, wenn der Anmelder bei der Anmeldung bösgläubig war. Der Löschungstatbestand des § 50 Abs. 1 Nr. 4 bedeutet im Ergebnis, daß der Inhaber einer Marke, die wegen der Bösgläubigkeit des Anmelders bei der Anmeldung der Löschung unterliegt, sich nicht auf den Eintritt der Verwirkung nach § 21 Abs. 1 berufen kann (s. Begründung zum MarkenG, BT-Drucks. 12/6581 vom 14. Januar 1994, S. 79).

Der Begriff der Bösgläubigkeit hat in § 21 Abs. 1 und 2 denselben Inhalt wie in § 50 Abs. 1 Nr. 4. Bösgläubigkeit der Anmeldung (Abs. 1) oder des Rechtserwerbs (Abs. 2) liegt dann vor, wenn der *Erwerb des Markenrechts* der *Behinderung des Wettbewerbs* eines Unternehmens auf dem Markt bei der Benutzung eines Kennzeichens im Sinne des § 1 Nr. 1 bis 3 dient. Die bösgläubige Anmeldung einer Marke zur Eintragung stellt eine Behinderung im Kennzeichenwettbewerb dar. Es handelt sich um eine Fallkonstellation, bei der in der Regel ein sittenwidriger Behinderungswettbewerb nach § 1 UWG gegeben ist (zum Begriff der Bösgläubigkeit und den einzelnen Fallkonstellationen s. § 50, Rn 23 ff.).

## II. Koexistenz der Rechte (§ 21 Abs. 3)

Rechtsfolge der Verwirkung ist zunächst nach § 21 Abs. 1 und 2, daß der Inhaber der prioritätsälteren Marke oder geschäftlichen Bezeichnung das Recht verliert, Unterlassung der Benutzung des prioritätsjüngeren Kennzeichens oder des sonstigen Rechts zu verlangen. Da die Kennzeichenrechtsverletzung als solche der Verwirkung unterliegt, werden alle kennzeichenrechtlichen Ansprüche aus der Kennzeichenrechtsverletzung verwirkt (s. Rn 6). Die Rechtsfolgen der Verwirkung gehen aber nicht so weit, daß gleichsam umgekehrt nunmehr dem Inhaber des prioritätsjüngeren Rechts ein Anspruch auf Unterlassung der Benutzung oder ein sonstiger kennzeichenrechtlicher Anspruch gegen den Inhaber des prioritätsälteren Kennzeichenrechts zustünde. Nach § 21 Abs. 3 kann der Inhaber des Rechts mit dem jüngeren Zeitrang die Benutzung des Rechts mit dem älteren Zeitrang nicht untersagen. Es besteht eine *Koexistenz* des prioritätsälteren und des prioritätsjüngeren Rechts. Die Regelung des § 21 Abs. 3 entspricht Art. 9 Abs. 3 MarkenRL. Die Koexistenz der Rechte als Rechtsfolge der Verwirkung ergibt sich schon aus den allgemeinen Grundsätzen der Verwirkung. Die Verwirkung als solche gewährt dem Rechtsverletzer kein subjektives Recht. Der Verwirkungseinwand dient allein der Abwehr eines Anspruchs gegen den Inhaber des prioritätsjüngeren Rechts, das an sich dem prioritätsälteren Recht als dem geschützten subjektiven Recht weichen müßte (s. dazu näher Rn 46 ff.).

### III. Verhältnis der Verwirkung (§ 21) zur Verjährung (§ 20)

19   Verwirkung und Verjährung sind Rechtsinstitute, die unabhängig voneinander und nebeneinander bestehen. Anders als die Verwirkung nach den allgemeinen zivilrechtlichen Grundsätzen (s. Rn 21 ff.), die sich im wesentlichen auf den Erwerb eines wertvollen Besitzstandes des Verletzers gründet, die Kenntnis des Verletzten von der Kennzeichenrechtsverletzung nicht verlangt und nicht an den Ablauf eines bestimmten Zeitraums gebunden ist, setzt die markengesetzliche Verwirkung nach § 21 nur die Benutzung des kollidierenden Rechts, die Kenntnis von dieser Benutzung sowie den Ablauf eines Zeitraums von fünf aufeinanderfolgenden Jahren voraus. Als Folge dieser rechtlichen Voraussetzungen steht die markengesetzliche Verwirkung nach § 21 ihrer Rechtsnatur nach der Verjährung nach § 20 näher als der Verwirkung nach den allgemeinen zivilrechtlichen Vorschriften. Der Anwendungsbereich der Verwirkung nach § 21 überschneidet sich so weithin mit dem Anwendungsbereich der Verjährung nach § 20. Wenn der Berechtigte Kenntnis von der Verletzung seines Rechts und der Person des Verpflichteten hat, dann greift die dreijährige Verjährung nach § 20 Abs. 1 ein, so daß es eines Rückgriffs auf die Verwirkung, die Kenntnis von der Benutzung des Rechts verlangt, nach Ablauf eines Zeitraums von fünf Jahren nicht mehr ankommt.

### IV. Verwirkung nach allgemeinen Grundsätzen (§ 21 Abs. 4)

20   Die in Umsetzung von Art. 9 MarkenRL erfolgte Normierung der markengesetzlichen Verwirkung nach § 21 Abs. 1 bis 3 läßt nach § 21 Abs. 4 die Anwendung allgemeiner Grundsätze über die Verwirkung von Ansprüchen unberührt. Die allgemeinen zivilrechtlichen Rechtssätze zur Verwirkung (s. Rn 21 ff.), die namentlich im Wettbewerbsrecht und im Markenrecht eine lange Tradition aufweisen und von erheblicher Bedeutung sind, bleiben neben § 21 anwendbar. Diesen allgemeinen Verwirkungsgrundsätzen wird auch nach der Rechtslage im MarkenG eine entscheidende Bedeutung zukommen, da sich diese Rechtssätze in ihren rechtlichen Voraussetzungen wesentlich von der markengesetzlichen Verwirkung nach § 21 unterscheiden.

## C. Die allgemeinen zivilrechtlichen Rechtssätze zur Verwirkung im Markenrecht

### I. Regelungszusammenhang

21   Die markengesetzliche Verwirkung nach § 21 und die Verwirkung nach den allgemeinen zivilrechtlichen Grundsätzen im Markenrecht bestehen selbständig nebeneinander (§ 21 Abs. 4). Zwischen beiden Rechtsinstituten bestehen wesentliche Unterschiede, aufgrund deren trotz der Regelung des § 21 der allgemeinen zivilrechtlichen Verwirkung in der Rechtspraxis eine erhebliche Bedeutung zukommt, zumal der markengesetzlichen Verwirkung nach § 21 wegen des Mindestzeitraums von fünf Jahren neben der Verjährung nach § 20 nur ein geringer Anwendungsbereich verbleibt. Es sind im wesentlichen *drei Unterschiede* zwischen den beiden Rechtsinstituten, aufgrund deren die allgemeine zivilrechtliche Verwirkung in der Rechtspraxis als flexibler handhabbarer erscheint. Die zivilrechtliche Verwirkung verlangt zum einen nicht das Vorliegen eines eigenen subjektiven Ausschließlichkeitsrechts dessen, der sich auf die Verwirkung beruft, sondern läßt einen schutzwürdigen Besitzstand und damit die Berufung auf die bestehende Benutzungslage genügen (s. Rn 25 ff.). Die markengesetzliche Verwirkung nach § 21 verlangt zwar nicht das Vorliegen eines solchen schutzwürdigen Besitzstandes, gewährt die Berufung auf die Verwirkung aber

nur dem Inhaber eines Kennzeichenrechts oder eines sonstigen Rechts im Sinne des § 13. Zum anderen bildet der Mindestzeitraum von fünf aufeinanderfolgenden Jahren eine starre Grenze der Verwirkung nach § 21. Die Zeitdauer, deren es zur Erlangung eines schutzwürdigen Besitzstandes nach den Grundsätzen der zivilrechtlichen Verwirkung bedarf, hängt von den besonderen Umständen des konkreten Einzelfalles ab (s. Rn 33). Schließlich verlangt die markengesetzliche Verwirkung nach § 21 die Kenntnis von der Benutzung des kollidierenden Rechts und deren Duldung. Die zivilrechtliche Verwirkung kann auch unabhängig von einem Verschulden des Verletzten und damit von einer Kenntnis von der Verletzung eintreten (s. Rn 34 ff., 37).

## II. Rechtsentwicklung

In einer traditionsreichen Entwicklung hat die höchstrichterliche Rechtsprechung unter nahezu einhelliger Billigung des Schrifttums *Rechtssätze zur Verwirkung* im Marken- und Wettbewerbsrecht auf der Grundlage des Gebots von Treu und Glauben nach § 242 BGB entwickelt (zur Rechtsentwicklung s. die Darstellung bei *Baumbach/Hefermehl,* Wettbewerbsrecht, Einl UWG, Rn 428 ff.; *Baumbach/Hefermehl,* § 24 WZG, Rn 41 ff.). Die Lehre von der Verwirkung gründet auf der Rechtsprechung zur Aufwertung (RGZ 124, 44). Sie wurde auf das Arbeitsrecht und das Wettbewerbsrecht übertragen und gewann in diesen Rechtsgebieten immer mehr an Boden. Die Dogmatik der Verwirkung wechselte im Laufe der Rechtsentwicklung. In ihren Anfängen wurde die Verwirkung im Markenrecht auf die Vorschriften der §§ 826 BGB, 1 UWG gestützt, die beide auf Seiten des Verletzers einen Sittenverstoß und § 826 BGB zudem eine vorsätzliche Schädigung voraussetzen. Es wurde als sittenwidrig beurteilt, wenn ein Markeninhaber sich in Kenntnis der Benutzung einer kollidierenden Marke durch einen Dritten längere Zeit untätig verhält, um plötzlich wie eine Spinne aus dem Hinterhalt hervorzustürzen und unter Berufung auf sein förmliches Zeichenrecht den Verletzer in die Lage zu versetzen, entweder die nicht ohne eine erhebliche Leistung errungene Verkehrsgeltung preiszugeben und alles Geschaffene niederzureißen oder dem Verletzen das Recht abzukaufen (so zunächst die Rechtsprechung zu den Vorrats- und Defensivmarken RGZ 111, 192 – Goldina; 114, 360 – Grammofox). Die dogmatische Begründung der Verwirkung auf der Grundlage der §§ 826 BGB, 1 UWG wurde überwunden. Gegenwärtig besteht Einigkeit dahin, daß der *Einwand der Verwirkung* einen Sonderfall der *unzulässigen Rechtsausübung* auf der gesetzlichen Grundlage des § 242 BGB darstellt. Eine verspätete Rechtsverfolgung kann auch ohne Vorliegen von Verjährung oder ohne Bestehen eines Sittenverstoßes dann unzulässig sein, wenn sie gegen den *Grundsatz von Treu und Glauben* verstößt. Entscheidend kommt es darauf an, ob der Verletzer aufgrund der Untätigkeit des Verletzten von einem Dulden der Verletzung ausgehen durfte und sich auf diesen Zustand eingerichtet hat. Erforderlich ist dazu eine sorgfältige Abwägung der beiderseitigen Interessen des Verletzten und des Verletzers. Es kommt zum einen auf die *Redlichkeit des Verletzers* an, der aufgrund des Verhaltens des Verletzten von einem Dulden der Verletzung ausgehen durfte. Es kommt zum anderen auf die während der Untätigkeit des Verletzten entstandene *wettbewerbliche Stellung des Verletzers* an, die zu beseitigen dem Verletzer bei Würdigung der besonderen Umstände des konkreten Einzelfalles nicht mehr zuzumuten ist, da ihm dadurch ein Schaden entstünde, der bei rechtzeitiger Geltendmachung der Rechtsverletzung nicht entstanden wäre. Die Flexibilität des § 242 BGB erlaubt eine an der konkreten Fallkonstellation und der Art der Kennzeichenkollision orientierte Entscheidung über die Verwirkung. Die Lehre von der Verwirkung gilt im gesamten Privatrecht (RGZ 155, 148, 152; 159, 99, 104; *Larenz,* Allgemeiner Teil, 7. Aufl., 1989, S. 235 ff.). Im Markenrecht sowie im Wettbewerbsrecht hat die Verwirkung eine besondere Ausprägung erfahren, weil auf diesen Rechtsgebieten die Entscheidung über den Eintritt der Verwirkung weniger in die Vergangenheit als in die Zukunft gerichtet ist (so *Neu,* Die neuere Rechtsprechung zur Verwirkung im Wettbewerbs- und Warenzeichenrecht, 1984, S. 17 ff.). Es geht darum, ob ein durch längere rechtswidrige Benutzung eines fremden Kennzeichens eingetretener wettbewerblicher Zustand aufgrund einer Würdigung und Abwägung der gegensätzlichen Interessen und unter Berücksichtigung der besonderen Umstände des konkreten Einzelfalles rechtlich sanktioniert werden kann. Es haben sich daher auf diesem Gebiet eigene Rechtssätze zur Verwirkung herausgebildet, die durch das Erfordernis eines *schutzwürdigen Besitzstandes* auf seiten des Verletzers gekennzeichnet sind, ohne den eine Berufung auf die Verwirkung nicht denkbar ist. Die Verwirkung ist von dem rechtsgeschäftlichen *Verzicht* zu unterscheiden (*Schramm*, Grundlagenforschung, S. 329). Der Verzicht enthält eine Willenserklärung und bewirkt das Erlöschen des Anspruchs. Nur in seltenen Fallkonstellationen wird das Schweigen des Verletzten objektiv als Ausdruck eines Verzichtwillens zu deuten und von einem konkludenten Verzicht auszugehen sein (s. schon *Siebert*, Verwirkung und Unzulässigkeit der Rechtsausübung, 1934, S. 187). Die Annahme eines konkludenten Verzichtwillens verlangt zudem das Bewußtsein des Verletzten über die Bedeutung seines Schweigens als eines Verzichts, woran es gerade in den für die Verwirkung typischen Fallkonstellationen fehlen wird. Im revidierten Schweizerischen Markenschutzgesetz wurde die Verwirkungsregel des Art. 9 MarkenRL nicht übernommen. Im Schweizerischen Privatrecht gilt das allgemeine Rechtsinstitut der Verwirkung auf der Grundlage des Art. 2 ZGB, das auch im Markenrecht anzuwenden ist (*David*, Schweiz. Markenschutzgesetz, Vorbem. zum 3. Titel, Rn 42 f.) Im österreichischen Wettbewerbs- und Markenrecht wird nach ständiger Rechtsprechung das Rechtsinstitut der Verwirkung abgelehnt (ÖOGH ÖBl. 1977/78, 33, 35 – Fernschulrat).

### III. Abgrenzung zur unzulässigen Rechtsausübung nach den §§ 226, 826 BGB, 1 UWG

23 Die Verwirkung ist abzugrenzen von dem allgemeinen Einwand der unzulässigen Rechtsausübung (s. dazu *Baumbach/Hefermehl*, Wettbewerbsrecht, Einl UWG, Rn 423 ff.), der nach ständiger Rechtsprechung gegenüber dem Inhaber eines prioritätsälteren Kennzeichens auch nach den §§ 226, 826 BGB, 1 UWG bestehen kann (RG GRUR 1939, 806 – AEG/AAG; BGH GRUR 1957, 499, 503 – Wipp). Ein *Rechtsmißbrauch* liegt vor, wenn die Rechtsausübung bezweckt, einen anderen zu schädigen oder zumindest eine bewußte oder sittenwidrige Schädigung enthält, aber auch wenn sie mit den Grundsätzen des lauteren Wettbewerbs nicht vereinbar ist, etwa weil eine Irreführung des Verkehrs vorliegt. Der allgemeine Einwand des Rechtsmißbrauchs und der Einwand der Verwirkung sind zu unterscheiden. Während das Vorliegen des typischen Verwirkungstatbestands auf der Grundlage des § 242 BGB in erster Linie vom *Standpunkt des Verletzers* aus zu beurteilen ist, liegt bei dem allgemeinen Einwand des Rechtsmißbrauchs das Gewicht auf dem Verhalten des prioritätsälteren Markeninhabers, der durch die Berufung auf sein formales Kennzeichenrecht wettbewerbswidrig handelt. Unterschiedlich sind auch die *Rechtsfolgen*. Während § 242 BGB nur eine Schranke der Rechtsausübung bildet, gewährt § 1 UWG darüber hinaus einen Unterlassungsanspruch, mit dem je nach den Umständen auch die Löschung des prioritätsälteren formalen Kennzeichenrechts verlangt werden kann (s. schon RG GRUR 1929, 932 – Uhu).

### IV. Voraussetzungen der Verwirkung

#### 1. Grundsatz

24 Die kennzeichenrechtlichen Ansprüche des Inhabers eines prioritätsälteren Kennzeichens gegen den Verletzer seines Kennzeichens sind verwirkt und dem Verletzer steht der *Einwand der Verwirkung nach § 242 BGB* zu, wenn die Rechtsverfolgung so spät einsetzt, daß der Verletzer, der inzwischen einen wertvollen Besitzstand an der angegriffenen Bezeichnung erlangt hat, aufgrund des Verhaltens des Berechtigten annehmen durfte, dieser erlaube oder dulde die Benutzung der Bezeichnung, und wenn deshalb auch unter Würdigung aller sonstigen Umstände des konkreten Einzelfalles die verspätete Rechtsverfolgung gegen Treu und Glauben verstößt (RGZ 134, 38 – Hunyadi Janos; RG GRUR 1939, 385 – Pivaco/Pavyco; 1939, 418 – Fi.Ti.Wi./FiTiWi-KITIFA; 1940, 207 – Crescent/Cresto; 1944, 145 – Robuso/Robur; 1944, 147 – Blendor/Blondor; BGHZ 21, 66, – Hausbücherei; BGH GRUR 1960, 183 – Kosaken-Kaffee; 1961, 420, 424 – Cuypers; 1963, 478 – Bleiarbeiter; 1966, 427, 428, 429 – Prince Albert; 1969, 694, 697 – Brilliant; 1985, 389, 390 – Familienname; 1988, 776, 778 – PPC; 1989, 449, 451 – Maritim). Der Verstoß gegen Treu und Glauben liegt nicht schon in der verspäteten Rechtsverfolgung. Erst der damit verbundene Eingriff in

die schutzwürdigen Belange des Verletzers verleiht der verspäteten Rechtsverfolgung den Charakter einer unzulässigen Rechtsausübung (BGHZ 5, 195 – Zwilling). Der reine Zeitablauf muß durch die Verschiebung der Interessenlage zugunsten des redlichen Verletzers, der sich mit Mühe und Kosten einen wertvollen Besitzstand geschaffen hat, gekennzeichnet sein. Es bedarf einer sorgfältigen Abwägung der beiderseitigen Interessen des Verletzers und des Verletzten unter Würdigung der besonderen Umstände des konkreten Einzelfalles (BGH GRUR 1975, 434, 437 – Bouchet). Es kommt darauf an, ob dem Zeichenverletzer, der sich durch längere redliche und unangefochtene Benutzung des Kennzeichens einen wertvollen Besitzstand geschaffen hat, dieser Besitzstand nach Treu und Glauben erhalten bleiben muß, oder ob das Interesse des Verletzten an der ungestörten Benutzung seines prioritätsälteren Kennzeichens oder auch an der Aufrechterhaltung seines unbenutzten Kennzeichens (BGH GRUR 1966, 427, 429 – Prince Albert) den Vorrang verdient. Die einzelnen Anforderungen an den Verwirkungstatbestand stehen in einer Wechselbeziehung zueinander (BGH GRUR 1963, 478, 481 – Bleiarbeiter; 1992, 45, 48 – Cranpool; 1993, 151 – Universitätsemblem). Je schutzwürdiger das Vertrauen des Verletzers in seine Berechtigung ist, um so geringere Anforderungen sind an den Umfang und die Bedeutung des Besitzstandes zu stellen (BGH GRUR 1992, 45, 48 – Cranpool). Bei dieser Abwägung sind auch die Interessen des Verkehrs zu berücksichtigen, der verwirrt und beunruhigt werden kann, wenn geschäftliche Werte vernichtet werden, die den Anschein eines Rechts gewonnen haben.

## 2. Schutzwürdiger Besitzstand

**a) Besitzstand und Ausschließlichkeitsrecht.** Kern der Verwirkungsrechtsprechung ist die Feststellung eines schutzwürdigen Besitzstandes, den der Verletzer innerhalb eines Zeitraums der vom Rechtsinhaber des prioritätsälteren Kennzeichens ungestörten Benutzung erworben hat. Verwirkung nach den allgemeinen zivilrechtlichen Grundsätzen kann nur dann eintreten, wenn der Verletzer an der benutzten Bezeichnung einen schutzwürdigen Besitzstand erlangt hat. Anders ist Voraussetzung der markengesetzlichen Verwirkung nach § 21 allein die Benutzung des Kennzeichens oder des sonstigen Rechts während eines Zeitraums von fünf aufeinanderfolgenden Jahren, unabhängig davon, ob die Benutzung zu einem schutzwürdigen Besitzstand im Sinne des Verwirkungsrechts auf der Grundlage des § 242 BGB geführt hat (s. dazu Rn 7). Unter einem *schutzwürdigen Besitzstand* ist ein wettbewerblicher Zustand zu verstehen, der sich aufgrund eines unangefochtenen Zeichengebrauchs für den Verletzer im Verkehr ergibt und ihm eine schutzwürdige Stellung verschafft. Der schutzwürdige Besitzstand stellt einen dem sachenrechtlichen Besitz ähnlichen, tatsächlichen Zustand von wettbewerblicher Natur dar, an den sich die Rechtswirkungen der Verwirkung knüpfen. Der Erwerb eines schutzwürdigen Besitzstandes verlangt die tatsächliche Benutzung des Kennzeichens oder des sonstigen Rechts dessen rechtlicher Funktion entsprechend auf dem Markt. Die Eintragung einer Marke in das Register begründet als solche keinen den Verwirkungseinwand begründenden Besitzstand, wenn nicht die Marke als ein Unterscheidungszeichen zur Identifizierung von Unternehmensprodukten auf dem Markt tatsächlich benutzt wird. Voraussetzung des Erwerbs eines schutzwürdigen Besitzstandes ist nicht das Entstehen eines subjektiven Ausschließlichkeitsrechts an der im Verkehr tatsächlich benutzten Bezeichnung. Der Verletzer kann sich auf die schutzwürdige Benutzungslage berufen, auch wenn ihm kein eigenes Recht an der benutzten Bezeichnung zusteht. Darin liegt einer der wesentlichen Unterschiede der Verwirkung nach den allgemeinen zivilrechtlichen Grundsätzen zu dem markengesetzlichen Verwirkungseinwand nach § 21, der nur dem Inhaber eines prioritätsjüngeren Kennzeichens oder eines sonstigen Rechts im Sinne des § 13 zusteht.

Die *Entwicklung der Rechtsprechung* kennzeichnet verschiedene Phasen, innerhalb deren die Anforderungen an das Vorliegen eines wertvollen Besitzstandes unterschiedlich beurteilt wurden. In seiner frühen Rechtsprechung ging das *RG* davon aus, daß der Erwerb von Verkehrsgeltung im Sinne des Ausstattungsrechts nach § 25 WZG mit dem Erwerb eines schutzwürdigen Besitzstandes als einer unentbehrlichen objektiven Voraussetzung der Verwirkung übereinstimme (RG JW 1936, 186 – Hageda/Hadege; RG GRUR 1938, 356 Muratti/Rimatti; 1939, 385; 1940, 207). Nach dieser Auffassung ist die Entstehung eines subjektiven Markenrechts nach § 4 Nr. 2 aufgrund des Erwerbs von Verkehrsgeltung des benutzten Zeichens als Marke Voraussetzung eines schutzwürdigen Besitzstandes und damit des Verwirkungseinwands. In dieser Phase der Rechtsprechungsentwicklung war erforderlich, daß sich das Zeichen innerhalb der beteiligten Verkehrskreise als ein Herkunftshinweis für die Waren des Verletzers durchgesetzt hatte. Von dieser Auffassung ist das RG in seiner späteren Rechtsprechung zunächst für kollidierende eingetragene Warenzeichen (RG DR 1942, 1705 – Polar/Rennforth Polar; RG GRUR 1943, 39 – Fissan/3/4Fis; 1943, 341 – Standard/Alupost) und dann auch für Fallkonstellationen, in denen dem Verletzer kein subjektives Zeichenrecht zustand (RG GRUR 1943, 345 – Goldsonne; 1944, 147 – Blendor/Blondor), abgewichen. Nach dieser Rechtsprechung genügte es, wenn der Verletzer durch eine länger dauernde, redliche und ungestörte Zeichenbenutzung eine wettbewerbliche Stellung erlangt hatte, die für ihn einen beträchtlichen Wert darstellte und ihm nicht ohne fühlbare Einbuße sollte entzogen werden können. Das Entstehen eines subjektiven Ausschließlichkeitsrechts an einer Bezeichnung war nicht länger Voraussetzung des Erwerbs eines schutzwürdigen Besitzstandes des Verletzers und damit des Verwirkungseinwands. Diese Rechtsprechung des RG wurde als eine Abwertung des Besitzstandes kritisiert (*Droste*, GRUR 1950, 562; *Heydt*, GRUR 1951, 184; *Spengler*, GRUR 1953, 160, 164; zu Recht aA *Ulmer*, ZHR 114 (1951), S. 43; *Ulmer*, GRUR 1951, 355). Im *Schrifttum* wurde bis Mitte der achtziger Jahre eine *restriktive* Anwendung des Verwirkungseinwandes als geboten erachtet (s. dazu *Baumbach/Hefermehl,* § 24 WZG, Rn 44). Da die verspätete Rechtsverfolgung erst dann unzulässig werde, wenn sie in schutzwürdige Belange eingreife, sei die wettbewerbliche Stellung des Verletzers gegenüber dem Berechtigten erst dann schutzwürdig, wenn sie auch als ein absolutes Recht zu beurteilen sei. Wenn sich der Verletzer nicht gegen einen Dritten durchsetzen könne, da ihm kein eigenes Ausschließlichkeitsrecht zustehe, sei es auch nicht gerechtfertigt, daß der Inhaber des prioritätsälteren Kennzeichenrechts weichen müsse. Erst wenn der Verletzer zumindest eine räumliche Verkehrsgeltung erlangt habe, sei eine Durchbrechung des Prioritätsprinzips gerechtfertigt. Auch wenn das verletzende Zeichen als Marke eingetragen sei, sei zumindest eine örtliche Verkehrsgeltung erforderlich, da sich der Verletzer gegenüber dem Berechtigten nicht auf die Entstehung des Markenrechts aufgrund der formellen Eintragung berufen könne. Ein solches restriktives Verständnis der allgemeinen zivilrechtlichen Verwirkung ist nach der Normierung der markengesetzlichen Verwirkung nach § 21 nicht mehr gerechtfertigt. Die Vorschrift des § 21 setzt gerade das Bestehen eines prioritätsjüngeren Rechts voraus und erfaßt nicht die Kollisionsfälle, in denen sich der Benutzer nicht auf ein eigenes Ausschließlichkeitsrecht, sondern nur auf eine bestehende Benutzungslage berufen kann, und die nach den allgemeinen zivilrechtlichen Grundsätzen zur Verwirkung zu beurteilen sind (s. Begründung zum MarkenG, BT-Drucks. 12/6581 vom 14. Januar 1994, S. 79).

**27** In der Rechtsprechung des *BGH* wurde die Frage, ob der Verwirkungseinwand das Entstehen eines subjektiven Ausschließlichkeitsrechts voraussetze, zunächst offengelassen (BGHZ 1, 31 – Störche; 16, 82 – Wickelsterne). Im Jahre 1956 schloß sich der BGH in ausführlicher Auseinandersetzung mit dem Schrifttum der Auffassung in der späteren Rechtsprechung des RG an (BGHZ 21, 66, 78 ff. – Hausbücherei). In dieser Entscheidung wird für die Erhebung des Verwirkungseinwandes im Grundsatz nicht mehr verlangt, daß dem Verletzer ein absolutes Recht zur Seite stehe, vielmehr genüge es, daß durch eine länger andauernde, redliche und ungestörte Benutzung einer Bezeichnung ein Zustand geschaffen werde, der für den Benutzer einen beachtlichen Wert habe, ihm nach Treu und Glauben erhalten bleiben müsse und den auch der Verletzte ihm nicht streitig machen könne, wenn er durch sein Verhalten diesen Zustand erst ermöglicht habe (BGHZ 21, 66, 79 f. – Hausbücherei; BGH GRUR 1958, 143 – Schwardmann; 1958, 606 – Kronenmarke; 1960, 137, 141 – Astra; 1993, 913, 914 – KOWOG; 1998, 1034, 1037 – Makalu). Auf die Erlangung eines Ausschließlichkeitsrechts gegenüber Dritten könne bei der Entscheidung über den Verwirkungseinwand nicht abgestellt werden. Der Billigkeit könne es vielmehr durchaus entsprechen, dem Verletzer selbst dann seine Verteidigung gegenüber einem achtlosen Rechtsinhaber nicht zu beschränken, wenn ihm seinerseits keine Möglichkeit eines Vorgehens gegen Dritte aufgrund eines eigenen Ausschließlichkeitsrechts zustehe. Der BGH weist ausdrücklich darauf hin, seine Rechtsprechung beabsichtige keine Erleichterung einer erfolgreichen Erhebung des Verwirkungseinwandes.

Die Verwirkung gilt grundsätzlich nicht nur für den Unterlassungsanspruch, sondern auch 28 für den Schadensersatzanspruch. Anders als die Verwirkung des kennzeichenrechtlichen oder auch des wettbewerbsrechtlichen Unterlassungsanspruchs setzt die *Verwirkung des Schadensersatzanspruchs* einen wertvollen Besitzstand des Verletzers nicht voraus. Die Verwirkung des Schadensersatzanspruchs tritt schon dann ein, wenn der Verletzer aufgrund eines hinreichend lange dauernden Duldungsverhaltens des Verletzten darauf vertrauen durfte, der Verletzte werde nicht mehr mit Schadensersatzansprüchen wegen solcher Handlungen an den Verletzer herantreten, die der Verletzer aufgrund des geweckten Duldungsanscheins vorgenommen hatte (BGH GRUR 1988, 776, 778 – PPC). Es komme darauf an, ob der Verletzer aufgrund einer längeren Duldung der Kennzeichenrechtsverletzungen durch den Verletzten bei verständiger Würdigung der Gesamtumstände nach Treu und Glauben darauf schließen durfte, der Verletzte sei mit seinem Vorgehen einverstanden und werde daraus keine Ersatzansprüche herleiten (so schon BGHZ 26, 52, 64 f. – Sherlock Holmes).

**b) Kriterien der Schutzwürdigkeit des Besitzstandes.** Die *Schutzwürdigkeit des Besitzstandes* und damit der objektive Wert des Besitzstandes für den Verletzer hängt entscheidend von der *Marktstärke* des Kennzeichens und damit von dem Grad der *Bekanntheit* ab, den das Zeichen aufgrund der tatsächlichen Benutzung im Verkehr erworben hat. In den beteiligten Verkehrskreisen des Handels und der Verbraucher muß sich eine feste und dauerhafte Vorstellung von dem Kennzeichen und von den unter dem Zeichen vertriebenen Produkten gebildet haben. Ausreichend ist es nicht, wenn ein Zeichen in Preislisten und auf Ausstellungen zur Bezeichnung eines von mehreren Erzeugnissen desselben Herstellers benutzt wird, selbst wenn sich diese Art der Zeichenbenutzung über viele Jahre erstreckt (BGH GRUR 1975, 69, 71 – Marbon). Das mit dem Zeichen markierte Produkt kann im gesamten Sortiment eine nur unbedeutende Rolle gespielt haben, mag es auch über eine längere Zeit geführt worden und der Hersteller ein weithin bekanntes Unternehmen sein. In solchen Fallkonstellationen ist der Bekanntheitsgrad des Zeichens und der Wert des Besitzstandes nur aus dem Umsatz, der durch die Benutzung des Zeichens erzielt wird, sowie aus dem Werbeaufwand zu schließen, was ansonsten nicht stets erforderlich ist (BGH GRUR 1963, 478, 481 – Bleiarbeiter; 1975, 69, 71 – Marbon; 1988, 776, 778 – PPC; 1989, 449, 451 – Maritim). Entscheidend ist nicht allein die absolute Höhe der Umsatzzahlen, sondern auch das Verhältnis des Umsatzes zur Größe und zum Zuschnitt des Unternehmens (BGH GRUR 1989, 449, 452 – Maritim).

Ein Besitzstand kann auch dann schutzwürdig sein, wenn ein Zeichen im wesentlichen 30 nur bei gewerblichen Abnehmern bekannt geworden ist, sofern sich der Verletzer als Lieferant von Roh- oder Halbfabrikaten fast ausschließlich an gewerbliche Abnehmer wendet (zu Spezialartikeln für die chemische Industrie BGH GRUR 1963, 478 – Bleiarbeiter). Auch wenn es sich um Produkte handelt, die für das allgemeine Publikum bestimmt sind, kann sich ein Besitzstand bei gewerblichen Abnehmern und beim Zwischenhandel bilden, obwohl die Waren von den einzelnen Endabnehmern nur gelegentlich erworben werden (BGH GRUR 1981, 60, 62 – Sitex). Ein solch eingeschränkter Besitzstand wird unter Berücksichtigung der Besonderheiten des Produkts sowie der Vertriebsart nur bei einem erheblich verstärkten Bekanntheitsgrad der Kennzeichnung bei den gewerblichen Abnehmern und im Zwischenhandel anzunehmen sein, da diesen Fachkreisen ihre Lieferanten ohnehin weitgehend bekannt sind (BGH GRUR 1981, 60, 62 – Sitex). Der wettbewerbliche Besitzstand richtet sich regelmäßig nach den Verkehrskreisen, an die sich das Produkt, das Kennzeichen und die Werbung richten. Es ist für die Schutzwürdigkeit des wettbewerblichen Besitzstandes, den der Verletzer an einem fremden Kennzeichen erlangt, rechtlich unerheblich, ob dem Verletzer an dem Zeichen Kennzeichenschutz zusteht oder nicht (BGH GRUR 1962, 522, 525 – Ribana).

**c) Zeitdauer des Erwerbs eines Besitzstandes.** Die zur Erlangung eines schutzwürdigen Besitzstandes erforderliche *Zeitdauer der Zeichenbenutzung* hängt von den besonderen Umständen des konkreten Einzelfalles ab und ist aufgrund einer sorgfältigen Abwägung der beiderseitigen Interessen des Verletzten und des Verletzers zu bestimmen. Die Schutzwürdigkeit eines wettbewerblichen Besitzstandes kann schon nach kürzester Zeit anzunehmen sein, sowie selbst nach einem langdauernden Zeitraum abzulehnen sein. Anders stellt die markengesetzliche Verwirkung nach § 21 auf die starre Grenze eines Mindestzeitraums von fünf aufeinanderfolgenden Jahren ab. Als *ausreichender Zeitraum* wurden beurteilt wenige Tage für das Zeichen *Wipp* für Waschmittel (BGH GRUR 1957, 499 – Wipp); acht Monate für das Zeichen *Vox* für ein Schallplatten- und Sprechgeräteunternehmen gegenüber dem Abwehrzeichen *Grammofox* (RGZ 114, 366 – Grammofox); dreieinhalb Jahre für das Zeichen *Lichtmüller* für Beleuchtungs-, Heizungs-, Koch- sowie Kühl- und Ventilationsapparate gegenüber *Müller* für photographische Apparate, elektrische Kontrollapparate, Dynamomaschinen, Lampen (GRUR 1940, 286 – Müller/Lichtmüller). Als *nicht ausreichender Zeitraum* wurden beurteilt elf Jahre für *Vineta* gegenüber *Nivea* für Hautpflegemittel (RG GRUR 1942, 266). Eine Entwicklung, die erst während des Rechtsstreits oder nach einer diesem unmittelbar vorangehenden Abmahnung eingetreten ist, ist bei der Prüfung, ob ein schutzwürdiger Besitzstand vorliegt, grundsätzlich nicht zu berücksichtigen (BGH GRUR 1963, 478, 480 – Bleiarbeiter). Es läßt sich aber aus einer solchen Steigerung des Besitzstandes ein Rückschluß auf den Wert des Besitzstandes ziehen, den der Verletzer zur Zeit der Klageerhebung oder der Abmahnung bereits erlangt hat (BGH GRUR 1966, 427, 430 – Prince Albert). Für die Schutzwürdigkeit eines im Inland erlangten Besitzstandes ist auch rechtserheblich, daß es sich um eine im Ausland seit langem weit verbreitete und bedeutende Marke handelt (BGH GRUR 1966, 427, 431 – Prince Albert).

32  **d) Berücksichtigung der Gesamtumstände.** Der Erwerb eines schutzwürdigen Besitzstandes des Verletzers rechtfertigt als solcher den Verwirkungseinwand nicht. Das gilt selbst dann, wenn durch die Benutzung des fremden Zeichens Markenschutz aufgrund des Erwerbs von Verkehrsgeltung für den Verletzer nach § 4 Nr. 2 entstanden ist, da auch die Entstehung eines subjektiven Kennzeichenrechts als solches die kennzeichenrechtlichen Ansprüche des Inhabers eines prioritätsälteren Kennzeichens aus der Kennzeichenrechtsverletzung nicht zu vernichten vermag. Es müssen weitere Umstände hinzutreten, wenn der Verletzer trotz seines Rechtsbruchs nach Treu und Glauben berechtigt sein soll, vom Verletzten zu verlangen, daß dieser mit seinen Ansprüchen zurücktritt. Das bedeutet nicht, daß die Verwirkung schon dann entfällt, wenn ein überwiegendes Interesse des Verletzten festzustellen ist. Unerheblich ist auch, ob der Besitzstand des Verletzers wertvoller ist, als der des Verletzers. Das würde zu dem unhaltbaren Ergebnis führen, daß der Inhaber eines kleineren Unternehmens stets hinter dem Inhaber eines größeren Unternehmens zurücktreten müßte. Zu verlangen ist aber, daß der *Besitzstand als schutzwürdig* zu beurteilen und dem Verletzer nach Treu und Glauben zu erhalten ist. Die Prüfung der Schutzwürdigkeit des wettbewerblichen Besitzstandes hat vom *Standpunkt des Verletzers* aus zu erfolgen (RG MuW 1939, 94; RG GRUR 1943, 39 – Fissan/3/4Fis; BGHZ 1, 31 – Störche; aA vom Rechtsinhaber ausgehend OLG Düsseldorf GRUR 1953, 530). Auch wenn bei der Prüfung der Schutzwürdigkeit des wettbewerblichen Besitzstandes grundsätzlich vom Standpunkt des Verletzers auszugehen ist, bedeutet dies jedoch nicht, daß es allein auf die Feststellung ankommt, ob der Verletzer einen schutzwürdigen Besitzstand erlangt hat. Der Bestand des subjektiven Ausschließlichkeitsrechts des Verletzten darf nicht leichthin mißachtet und dem Rechtsbrecher über das notwendige Maß hinaus Kennzeichenschutz zuteil werden (zu einer bedenklich einseitigen Berücksichtigung der Belange des Verletzers s. RG GRUR 1948, 290 – Eibumin/Eipu). Aufgrund einer sorgfältigen Abwägung der beiderseitigen Interessen des Verletzten und des Verletzers ist unter Berücksichtigung der besonderen Umtände des konkreten Einzelfalles zu entscheiden, ob nach Treu und Glauben der wettbewerbliche Besitzstand des Verletzers als schutzwürdig zu beurteilen und zu erhalten ist, oder ob das Interesse des Verletzten an einem ungestörten Gebrauch seines Kennzeichenrechts den Vorrang verdient (BGH GRUR 1967, 490, 494 – Pudelzeichen; 1981, 60, 63 – Sitex).

### 3. Verspätete Rechtsverfolgung

33  **a) Zeitraum der Untätigkeit.** Der Verletzte muß über einen längeren Zeitraum hin untätig gewesen sein, so daß sein eigenes Verhalten die Entstehung des schutzwürdigen Besitzstandes zugunsten des Verletzers erst ermöglicht hat. Ein solches Verhalten des Verletzten wird der Verletzer nach Treu und Glauben regelmäßig zwar nicht als Einverständnis (zum Rechtsverzicht s. Rn 22), aber als Duldung verstehen können. Folge einer solchen verspäteten Rechtsverfolgung ist, daß der Verletzte den schutzwürdigen Besitzstand des Verletzers nicht mehr vernichten kann. Der *Zeitraum der Untätigkeit des Verletzten* kann nicht allgemein

bestimmt werden, sondern hängt von den besonderen Umständen des konkreten Einzelfalles ab (RG JW 1937, 990, 992; BGH GRUR 1957, 561 – REI-Chemie). Dagegen setzt die markengesetzliche Verwirkung nach § 21 einen festen Mindestzeitraum von fünf Jahren der Kenntnis und Duldung der Benutzung voraus. Die Anforderungen an den Zeitraum der Untätigkeit des Verletzten sind nicht zu niedrig anzusetzen, da die Entscheidung des Verletzten, gegen die Kennzeichenrechtsverletzung unverzüglich einzuschreiten und die Rechtsverfolgung einzuleiten, auf unterschiedlichsten Erwägungen und berechtigten Gründen beruhen kann (zu den Verhältnissen der Kriegs- und Nachkriegszeit s. BGHZ 1, 31 – Störche; 14, 155 – Farina II; OLG Stuttgart NJW 1949, 470 – Diaderma/Diaterra; OLG Düsseldorf GRUR 1953, 527, 530 – Damas/Dimas; zur Berücksichtigung bestehender Schwierigkeiten für Flüchtlingsbetriebe aus dem Osten s. BGH GRUR 1960, 183 – Kosaken-Kaffee). Dem Verletzten ist nicht schon jedes Zögern anzurechnen (BGH GRUR 1958, 143 – Schwardmann).

**b) Verschulden, Kenntnis und Zurechenbarkeit.** Es ist weithin ungeklärt, welche Anforderungen an die Zurechenbarkeit der verspäteten Rechtsverfolgung zu stellen sind. Umstritten ist, ob ein *Verschulden des Verletzten* hinsichtlich der verspäteten Rechtsverfolgung, die Kenntnis von der Kennzeichenrechtsverletzung oder andere Kriterien der Zurechenbarkeit erforderlich sind. Voraussetzung der markengesetzlichen Verwirkung nach § 21 ist die Kenntnis des Verletzten von der rechtsverletzenden Benutzung während eines Zeitraums von fünf aufeinanderfolgenden Jahren. Im *älteren Schrifttum* wurde von dem Erfordernis des Verschuldens der verspäteten Rechtsverfolgung als Voraussetzung des Verwirkungseinwands ausgegangen (*Baumbach/Hefermehl*, 5. Aufl., § 1 UWG, A 20 C, D; *Rudloff/Blochwitz*, Das Recht des Wettbewerbs, S. 112). Der Verletzte, der gegen die Kennzeichenrechtsverletzung schuldlos nicht eingeschritten sei, könne nach Treu und Glauben nicht genötigt werden, dem Verletzer allein aufgrund des Erwerbs eines wettbewerblichen Besitzstandes sein gutes Recht zu überlassen. Die Verwirkung verlange Kenntnis der Kennzeichenrechtsverletzung oder zumindest grobe Fahrlässigkeit. Demgegenüber wurde schon frühzeitig eingewandt, der Grundsatz von Treu und Glauben, nach dem die Verwirkung zu beurteilen sei, sei nicht an eine solch starre Voraussetzung gebunden. Verschulden sei deshalb keine Voraussetzung des Verwirkungseinwands, weil der Verstoß gegen Treu und Glauben ein Verschulden nicht voraussetze (*Siebert*, Verwirkung und Unzulässigkeit der Rechtsausübung, 1934, S. 202). Das *RG* leugnete die Rechtserheblichkeit des Verschuldens für die Verwirkung in ständiger Rechtsprechung (RGZ 134, 38, 40). Das RG maß dem Umstand, daß der Verletzte von der unbefugten Benutzung seines Zeichens Kenntnis gehabt habe oder bei Anwendung der im Verkehr erforderlichen Sorgfalt Kenntnis hätte haben müssen, keine selbständige rechtliche Bedeutung bei (RG GRUR 1932, 872). Ein Verschulden des Verletzten sei nur insoweit erheblich, als es darauf schließen lasse, ob der Verletzer mit einer Duldung seines Verhaltens durch den Verletzten rechnen könne (RG MuW 1939, 94, 95 – Fi.Ti.Wi./FiTiWi-KITIFA). Diese ausschließliche Beurteilung aus der Sicht des Verletzers begünstigt zu einseitig den Besitzstand des Verletzers unter Mißachtung des subjektiven Ausschließlichkeitsrechts des Kennzeicheninhabers.

Voraussetzung der Verwirkung ist die *Zurechenbarkeit der verspäteten Rechtsverfolgung* durch den Verletzten. Die Feststellung der Zurechenbarkeit verlangt eine umfassende Abwägung der beiderseitigen Interessen des Verletzten und des Verletzers unter Berücksichtigung der besonderen Umstände des konkreten Einzelfalles. Verschulden der verspäteten Rechtsverfolgung, Kenntnis von der Zeichenrechtsverletzung und der Person des Rechtsverletzers, sowie die tatsächlichen Umstände einer Duldung der Rechtsverletzung sind bei der Feststellung der Zurechenbarkeit der verspäteten Rechtsverfolgung zu berücksichtigende Umstände, ohne als solche Schutzvoraussetzungen des Verwirkungseinwandes zu sein. Dabei ist zunächst zu beachten, daß ein Verschulden des Verletzten nicht im rechtstechnischen Sinne zu verstehen ist. Der Verletzte verstößt dann gegen Treu und Glauben, wenn sein gegenwärtiges Verhalten in Widerspruch zu seinem früheren Verhalten steht. Eine zurechenbare Unachtsamkeit in eigenen Angelegenheiten genügt. Wenn der Verletzte trotz Kenntnis oder fahrlässiger Unkenntnis nicht gegen die Kennzeichenrechtsverletzung einschreitet, so ist ihm dieses Verhalten nach Treu und Glauben zuzurechnen, wenn keine berechtigten Gründe für die verspätete Rechtsverfolgung vorliegen, so daß der Verletzte seine kennzeichenrechtlichen Ansprüche gegen den Verletzer nicht mehr durchsetzen kann. Von Kennzeicheninhabern als Unternehmer ist auf dem Gebiet des Kennzeichenschutzes eine aufmerksame *Marktbeobachtung* zu verlangen (st. Rspr. RGZ 127, 326). Wer als Kennzeicheninhaber den Markt im Kennzeichenwesen nicht beobachtet, handelt fahrlässig (zur groben Fahrlässigkeit RG MuW 1932, 383). Seine Untätigkeit ist dem Rechtsinhaber zuzurechnen, wenn er aus einer ihm zugegangenen Preisliste die Kennzeichenrechtsverletzung hätte entnehmen können.

36  Nicht jedes Zuwarten mit der Rechtsverfolgung durch den Verletzten im Falle der Kenntnis von der Kennzeichenrechtsverletzung hat die Verwirkung der kennzeichenrechtlichen Ansprüche zur Folge. Die Rechtsverfolgung muß der Rechtsverletzung auch im Falle der Kenntnis des Verletzten nicht zeitlich unmittelbar nachfolgen. Der Verletzte darf eine mäßige Zeit abwarten, bevor er agiert, um den Markt zu beobachten, ob der Verletzer etwa von der Benutzung des Zeichens wieder Abstand nimmt, und welche tatsächlichen Probleme und Unzuträglichkeiten dem Verletzten aus der Kennzeichenrechtsverletzung erwachsen (RG MuW 1932, 383). Wenn der Verletzer ein kleiner Krämer ist, dessen Zeichenbenutzung dem Verletzten als belanglos erscheint, so mag er zunächst abwarten (RGZ 171, 74 – Fuggerbräu). Eine Säumnis des Verletzten ist auch dann nicht zurechenbar, wenn der Verletzte die Kennzeichenrechtsverletzung nur unter dem Zwang der Verhältnisse geduldet, aber zugleich sichtlich mißbilligt hat (RG MuW 1932, 178). Ein untätiges Zuwarten liegt auch dann nicht vor, wenn die Zeichenbenutzung auf vertraglicher Grundlage erfolgte (RG GRUR 1944, 43, 45). Dem Verletzten steht aber nicht unter allen Umständen ein Recht des Zuwartens solange zu, bis Unzuträglichkeiten eintreten (RG MuW 1932, 383). Sofortige Klageerhebung ist namentlich dann nicht geboten, wenn der Verletzer weiß, daß der Verletzte die Benutzung nicht duldet (RG MuW 1933, 295). Schon aus diesem Grunde ist stets eine *Abmahnung* ratsam. Eine Abmahnung schließt allerdings die Zurechenbarkeit dann nicht aus, wenn der Verletzte nicht reagiert, sich als gleichgültig zeigt oder der Abmahnung widerspricht (RG JW 1933, 1396). Wenn der Verletzte trotz Zurückweisung seiner Abmahnung längere Zeit nichts unternommen hat, dann ist nicht ausgeschlossen, daß der Verletzer einen schutzwürdigen Besitzstand erwirbt (OLG Stuttgart NJW 1950, 472; *Tetzner*, NJW 1950, 445).

37  **c) Zurechnung ohne Verschulden.** Die Folgen seines säumigen Verhaltens und damit der verspäteten Rechtsverfolgung sind dem Verletzten unter besonderen Umständen ausnahmsweise (s. zur restriktiven Anwendung der Verwirkung bei fehlender Kenntnis OLG Köln NJWE-WettbR 1999, 12, 14 – CompuNet) auch dann zuzurechnen, wenn er die Kennzeichenrechtsverletzung weder kennt noch fahrlässig nicht kennt. Das ist namentlich dann der Fall, wenn der Inhaber sein Kennzeichen nicht auf dem Markt benutzt. Dann wird allein die verspätete Rechtsverfolgung auf seiten des Verletzten ohne ein weiteres Zurechnungskriterium zur Begründung des Verwirkungseinwands genügen. Gleich zu beurteilen ist die Fallkonstellation, bei der der Verletzte zwar sein Kennzeichen benutzt, aber die Benutzung an dem Ort oder in der Region erfolgt, in dem der Verletzer einen schutzwürdigen Besitzstand erworben hat (Verkehrsgeltung im Sinne des § 4 Nr. 2 verlangt *Baumbach/Hefermehl*, Wettbewerbsrecht, Einl UWG, Rn 436; zur Ersitzung von Verkehrsgeltung s. *Reimer*, 3. Aufl., Kap. 116, Rn 14; zur Kritik des Ersitzungsbegriffs im Wettbewerbs- und Markenrecht s. *Baumbach*, GRUR 1930, 251).

### 4. Duldung der Rechtsverletzung

38  **a) Vertrauenstatbestand eines Duldungsanscheins.** Aufgrund des Gesamtverhaltens des Verletzten muß der Verletzer darauf vertrauen können, der Berechtigte dulde die Benutzung seines Zeichens. Ausreichend ist der *Anschein der Duldung* durch den Berechtigten. Es handelt sich um ein subjektives Erfordernis auf Seiten des Verletzers. Nur wenn der Anschein einer Duldung besteht, ist es dem Verletzer nach Treu und Glauben nicht mehr zuzumuten, auf die geschaffenen wirtschaftlichen Werte zu verzichten, so daß die verspätete Geltendmachung von Ansprüchen aus der Kennzeichenrechtsverletzung eine unzulässige Rechtsausübung darstellt (BGH GRUR 1963, 478, 480 – Bleiarbeiter; 1967, 490, 494 – Pudelzeichen; 1969, 694, 696 – Brillant). Der Anschein einer Duldung ist vom *Standpunkt des Verletzers* aus zu beurteilen, auch wenn ein objektiver Maßstab anzulegen ist (BGH

GRUR 1960, 183 – Kosaken-Kaffee). Es kommt nicht darauf an, wie der Verletzer die Lage tatsächlich gesehen hat, sondern darauf, wie er sie bei verständiger Würdigung hätte ansehen müssen. Auch die Stellungnahme der Gerichte in ähnlichen Verfahren ist zu berücksichtigen (RGZ 139, 385 – Pilner Bier; BGH GRUR 1960, 183 – Kosaken-Kaffee). Im Rahmen ständiger Geschäftsbeziehungen kann von einem Vertragspartner nach Treu und Glauben eher und schneller erwartet werden, daß er eine Verletzung seines Kennzeichens beanstandet, als von einem beliebigen Dritten (BGH GRUR 1988, 776, 778 – PPC). Außergewöhnliche Umstände, Art und Umfang der Werbung des Verletzers sowie die Verbreitung des Kennzeichens sind besonders zu berücksichtigen (BGHZ 1, 31 – Störche). Es ist nicht erforderlich, daß die Kennzeichenrechtsverletzung schwerwiegende Folgen nach sich zieht, ausreichend vielmehr, wenn sie dem Verletzten nicht als ganz belanglos erscheinen mußte und er deshalb hätte eingreifen müssen (RG MuW 1932, 384 – Mitin/Litin). Wenn einer der zwei Inhaber des gemeinsamen Familiennamens *GROHE* diesen Namen in Alleinstellung im geschäftlichen Verkehr verwendet, dann wird für ihn kein alleiniger schutzwürdiger Besitzstand an dem Familiennamen in Alleinstellung begründet, wenn die Namensverwendung für den gemeinsamen Vertrieb für beide Namensinhaber erfolgte (BGH GRUR 1985, 389, 390 – Familienname). Der Verkehr wird in einem solchen Falle die Bezeichnung nicht als einen Hinweis nur auf den einen Inhaber verstehen, so daß dieser nicht annehmen kann, der andere Namensinhaber dulde die Verwendung des Familiennamens in Alleinstellung.

Bei der markengesetzlichen Verwirkung nach § 21 ist Voraussetzung die Duldung der Rechtsverletzung in Kenntnis der Benutzung. Da nach dieser Vorschrift ein untrennbarer Zusammenhang zwischen der Kenntnis des Berechtigten und dessen Duldung der Rechtsverletzung besteht, ist das Vorliegen einer Duldung im Sinne dieser Vorschrift vom *Standpunkt des Berechtigten* aus zu beurteilen, auch wenn ein objektivierter Maßstab bei verständiger Würdigung der Rechtsverletzung anzulegen ist (s. Rn 14).

**b) Redlichkeit des Verletzers.** Der Verletzer handelt *gutgläubig*, wenn er ein fremdes Kennzeichen in Benutzung nimmt, ohne das prioritätsältere Recht zu kennen und es fahrlässig nicht zu kennen. In solchen Fallkonstellationen vorliegender Redlichkeit des Verletzers kann dieser davon ausgehen, daß Ansprüche aus einer Kennzeichenrechtsverletzung, die gegen ihn möglicherweise noch bestehen, rechtzeitig geltend gemacht werden. Die Initiative zum Eingreifen zur Beseitigung der Kennzeichenrechtsverletzung besteht nicht einseitig bei dem Berechtigten. Jeder Unternehmer ist verpflichtet, vor der Benutzung eines neuen Kennzeichens gewissenhaft mit der im Verkehr erforderlichen Sorgfalt zu überprüfen, ob prioritätsältere Kennzeichenrechte bestehen (BGH GRUR 1960, 183, 185 – Kosaken-Kaffee; 1967, 490, 494 – Pudelzeichen). Wenn der Verletzer eine sorgfältige Kennzeichenrecherche am Markt versäumt hat, dann kann er sich auf seine Unkenntnis allein nicht berufen, da sonst besser stünde, wer ins Blaue hinein handelt, als derjenige, der pflichtgemäß prüft, ob er ein fremdes Kennzeichen verletzt (RG GRUR 1939, 385 – Pavyco/Pivako). Das Ausmaß der Erkundigungspflicht, ob etwa Nachforschungen aufgrund des Registers beim DPMA oder eine Überprüfung in geeigneten Nachschlagewerken genügt, oder die Durchführung eine *Markenrecherche* auf dem Markt durch ein spezialisiertes Unternehmen geboten ist, hängt von den besonderen Umständen des konkreten Einzelfalles ab (BGH GRUR 1960, 186 – Arctos). Auf eine Entscheidung der Prüfungsstelle des DPMA, die Kennzeichen seien nicht verwechslungsfähig, darf sich der Verletzer nicht verlassen (BGH GRUR 1956, 123 – Gesangbuch). Die Anforderungen an den Eintritt der Verwirkung sind um so strenger, je weniger der Verletzer seiner Nachforschungspflicht nachgekommen ist (BGH GRUR 1975, 434, 437 – Bouchet). Ein Verletzer, der bei der Aufnahme der Benutzung des Kennzeichens sachgerechte Nachforschungen nicht vornehmen konnte, handelt auf eigene Gefahr. Der Verletzer ist auch nachträglich zur Nachforschung nach kollidierenden prioritätsälteren Kennzeichen verpflichtet, und zwar sogar dann, wenn er inzwischen einen wertvollen Besitzstand erlangt hat. Wenn ein Verletzer von vornherein sowie auch nachträglich keinerlei Markenrecherche auf dem Markt anstellt, dann ist er von Anfang an als ein bösgläubiger Benutzer zu behandeln (zur Ingebrauchnahme eines Zeichens während der patentamtslosen Zeit s. BGH GRUR 1960, 183 – Kosaken-Kaffee). Ein fahrlässiger Verletzer kann sich nur dann auf die Verwirkung berufen, wenn der Verletzte die Geltendmachung der Ansprüche aus der Kennzeichenrechtsverletzung derartig verzögert, daß dem Verletzer trotz seines Verschuldens die Einstellung der Zeichenbenutzung nach Treu und Glauben nicht mehr zuzumuten ist (BGH GRUR 1960, 183, 186 – Kosaken-Kaffee; 1967, 490, 494 – Pudelzeichen); aber das werden Ausnahmefälle sein. Eine redliche Benutzung liegt etwa dann nicht vor, wenn die Benutzung einer Marke bewußt in Bezugnahme auf eine bekannte Marke aufgenommen wird (s. zur Benutzung der Bezeichnungen *MAC Dog* und *MAC Cat* für Hunde- und Katzenfutter auf Fleischbasis hinsichtlich der bekannten Bezeichnungen einer Produktserie der *McDonald's*-Restaurants, gebildet durch die Kombination der Zeichenbestandteile *Mc* oder *Mac* mit Gattungsbegriffen BGH GRUR 1999, 161 – MAC Dog).

**41** **c) Bona fides superveniens.** Verwirkung ist grundsätzlich auch dann nicht ausgeschlossen, wenn der Verletzer nicht von vornherein gutgläubig gehandelt hat (RGZ 167, 190 – Alpenmilch; BGHZ 21, 66, 82 – Hausbücherei; BGH GRUR 1989, 449 – Maritim). Die *Redlichkeit einer späteren Benutzung* wird durch eine *anfängliche Bösgläubigkeit* als Folge eines Verschuldens nicht ausgeschlossen. Allerdings verschärft ein schuldhaftes Verhalten des Verletzers bei der Wahl einer Bezeichnung die Anforderungen daran, ob und von wann ab der Verletzer darauf vertrauen darf, daß gegen die Verwendung der Bezeichnung irgendwelche Einwände nicht bestehen oder nicht geltend gemacht werden (BGH GRUR 1993, 913, 914 – KOWOG). Wer anfänglich bösgläubig oder gar sittenwidrig in ein fremdes Kennzeichenrecht eingreift, kann nach Lage der Umstände das säumige Verhalten des Verletzten als eine Billigung oder mindestens als Gleichgültigkeit gegen die Kennzeichenrechtsverletzung auffassen. Bona fides superveniens macht den Besitzstand schutzwürdig. Es kommt darauf an, ob der Verletzer nach den vorliegenden Umständen annehmen durfte, der Berechtigte sei mit dem Gebrauch der Bezeichnung einverstanden und habe sich damit abgefunden, daß für den Verletzer ein wertvoller Besitzstand an der Bezeichnung entstehe oder schon entstanden sei (RGZ 134, 41 – Hunyadi-Janos; 171, 147 – Salamander; 171, 67 – Fuggerbräu; RG GRUR 1944, 143 – Hico/Hicoton; 1944, 147 – Blendor/Blondor). Zwar ergibt sich aus dem Zeitablauf allein nicht die Verwirkung, doch kommt dem Zeitablauf für die Duldungsschein und damit für die Begründung eines Vertrauenstatbestand unter bestimmten Umständen eine entscheidende Bedeutung zu (BGH GRUR 1993, 151, 153 – Universitätsemblem; 1993, 913, 914 – KOWOG). Die verspätete Rechtsverfolgung kann auch deshalb treuwidrig sein, weil die längere Untätigkeit des Verletzten zwar auf seiner Unkenntnis beruht, er bei einer zur Wahrung eigener Interessen gebotenen, zumutbaren Beobachtung des Marktes oder des Umfeldes seiner Bezeichnung diese Verletzungen hätte erkennen müssen (BGH GRUR 1985, 72, 73 – Consilia; 1989, 450, 452 – Maritim; 1993, 151, 153 – Universitätsemblem; 1993, 913, 915 – KOWOG). Je stärker dem Verletzer der Eingriff in das fremde Kennzeichenrecht vorzuwerfen ist, um so strenger werden im allgemeinen die Anforderungen an die Verwirkung wie insbesondere die Dauer des verstrichenen Zeitraums sein. Wenn der Verletzer die Kollision mit dem fremden Kennzeichen kennt, dann wird er weniger leicht annehmen können, der Verletzte dulde die Benutzung. Man wird deshalb für den Übergang von einem bewußt rechtswidrigen zu einem schutzwürdigen Besitzstand eine längere Benutzungsdauer verlangen müssen, als bei einem vorn vornherein gutgläubig erworbenen Besitzstand (RG GRUR 1940, 207, 212 – Crescent; BGHZ 21, 66, 83 – Hausbücherei; BGH GRUR 1959, 45, 49 – Deutsche Illustrierte; 1977, 503, 506 – Datenzentrale). Wenn der Verletzer ein fremdes Kennzeichen nicht offen benutzt, dann kann er schwerlich damit rechnen, der Berechtigte dulde die Benutzung (BGH GRUR 1963, 430, 433 – Erdener Treppchen). Wer sich etwa in Kenntnis eines kollidierenden Kennzeichens mit älterem Zeitrang heimlich in einer Ecke Deutschlands einen örtlich begrenzten Besitzstand schafft, wird sich, weil sein Besitzstand nicht schutzwürdig ist, nicht auf Verwirkung berufen können (*Heydt*, GRUR 1951, 182, 184). Wenn es für den Verletzten ratsam ist, den Verletzer abzumahnen, dann ist dem Verletzer eine Rückfrage bei dem Verletzten zuzumuten. Wenn sich der Verletzer der Widerrechtlichkeit seines Handelns und des Fehlens einer Bereitschaft des Verletzten, den Rechtsbruch zu dulden, bewußt ist, dann kann Verwirkung grundsätzlich nicht eingreifen (RG GRUR 1939, 418 – Fi.Ti.Wi./FiTiWi-KITIFA). Wenn der Verletzer gewarnt wird, dann handelt er bewußt auf eigene Gefahr, so daß der Erwerb eines schutzwürdigen Besitzstandes gegenüber dem Berechtigten grundsätzlich ausscheidet (RG GRUR 1939, 385, 387). In einer solchen Fallkonstellation kann sich der Verletzer nur auf den vor der Warnung liegenden Zeitraum berufen (LG Berlin GRUR 1952, 252). Wenn sich aber der Verletzte nach der Warnung des Verletzers gleichgültig verhält, dann können seine Ansprüche aus der Kennzeichenrechtsverletzung verwirkt werden, wie etwa bei einem bloßen Vorbehalt sonstiger Rechte (BGH GRUR 1963, 478, 480 – Bleiarbeiter). Wenn der Berechtigte einem anderen die Benutzung eines Kennzeichens erlaubt, dann weiß der Benutzer, daß sein Benutzungsrecht nur auf vertraglicher Grundlage beruht; der Benutzer kann nicht glauben, der Berechtigte werde nicht mehr einschreiten (RG GRUR 1944, 45). Auch wenn der Verletzer bei Ingebrauchnahme eines fremden Kennzeichens nur fahrlässig gehandelt hat, können sich die Anforderungen an die Verwirkung nach Lage des Falles verschärfen. Gegenüber einem in der DDR enteigneten Unternehmer, dem es erst nach Jahren gelang, seinen Geschäftsbetrieb in der Bundesrepublik Deutschland wieder aufzunehmen, konnte der Benutzer seinen Besitzstand nicht mit der Begründung rechtfertigen, er habe wegen der Zerschlagung der gesellschaftsrechtlichen Organisation nicht mehr mit einer Wiederaufnahme gerechnet (BGH GRUR 1960, 137, 141 – Astra; s. auch BGH GRUR 1960, 183, 186 – Kosaken-Kaffee). Von einem Geschäftspartner kann nach Treu und Glauben eher und schneller erwartet werden, daß er die Verletzung seines Kennzeichens beanstandet, als es von einem beliebigen Dritten verlangt werden kann (BGH GRUR 1970, 308, 310 – Duraflex; 1988, 776, 778 – PPC). An die Verwirkung werden nicht deshalb strengere Anforderungen gestellt, weil der Verletzer in den Schutzbereich eines berühmten Kennzeichens eingreift (BGH GRUR 1963, 478, 480 – Bleiarbeiter).

**d) Interessenabwägung.** Die Entscheidung über die Verwirkung kennzeichenrechtlicher Ansprüche verlangt eine sorgfältige Abwägung der beiderseitigen Interessen des Verletzten und des Verletzers unter Berücksichtigung der besonderen Umstände des konkreten Einzelfalles. Aufgrund einer solchen Interessenabwägung ist zu entscheiden, ob der Schutz des verletzten Kennzeichens oder die Erhaltung des vom Verletzer erworbenen Besitzstandes nach Treu und Glauben den Vorrang verdient (BGH GRUR 1967, 490, 494 – Pudelzeichen; 1975, 434, 437 – Bouchet). Bei der Interessenabwägung kommt der Bedeutung, dem Umfang und dem Wert des vom Verletzer erlangten Besitzstandes besonderes Gewicht zu. Ein nur in Kreisen gewerblicher Abnehmer bestehender Besitzstand kann bewirken, daß das Interesse des Inhabers des verletzten Kennzeichens vorrangig ist (BGH GRUR 1981, 60, 63 – Sitex). Ein Verletzer, der selbst treulos handelt, wie etwa ein Versprechen bricht, ein fremdes Kennzeichen nicht mehr zu benutzen, kann sich nicht auf Verwirkung berufen (RG GRUR 1940, 41). Dem Nutznießer einer Enteignung in der DDR wurde der Verwirkungseinwand gegenüber einem Unterlassungsanspruch des früheren Unternehmensinhabers, der in der Bundesrepublik Deutschland sein Unternehmen mit den alten Kennzeichenrechten fortführte, nicht zugesprochen (BGH GRUR 1961, 420 – Cuypers; 1962, 91 – Jenaer Glas).

### V. Schranken der Verwirkung

Der Verwirkungseinwand ist ausgeschlossen, wenn die Zeichenbenutzung wesentliche Interessen der Allgemeinheit verletzt. Das gilt insbesondere bei einer Irreführung des Verkehrs aufgrund der Kennzeichenkollision. Bei einem *Vorrang der Allgemeininteressen* ist der erworbene Besitzstand des Verletzers nicht schutzwürdig, so daß das Individualinteresse an der Erhaltung des erworbenen Besitzstandes hinter das Allgemeininteresse zurückzutreten hat (RG GRUR 1939, 806 – AEG/AAG; 1942, 432 – Liebig; BGHZ 5, 189, 196 – Zwilling; 16, 82 – Wickelsterne; BGH GRUR 1966, 267, 271 – White Horse; 1971, 365, 368 – Wörterbuch; 1973, 532, 533 – Millionen trinken ...; 1975, 659, 660 – Sonnenhof; 1981, 666, 668 – Ungarische Salami; 1985, 140, 141 – Größtes Teppichhaus der Welt; 1985, 930, 931 – JUS-Steuerberatungsgesellschaft; 1994, 844, 846 – Rotes Kreuz). Für den Einwand der Verwirkung ist dann kein Raum, wenn das benutzte Kennzeichen zugleich eine nach § 3 UWG verbotene *irreführende Angabe* enthält. Ausreichend ist es aber nicht, wenn infolge der Verwechselbarkeit der Bezeichnungen nur falsche Vorstellungen über die Produktherkunft erweckt werden. Rechtsfolge der Verwirkung ist es gerade, daß der Verletzte die Gefahr einer Verwechslung hinnehmen muß, ohne sich wehren zu können (RG GRUR

1943, 345 – Goldsonne, 1944, 143 – Hico; BGHZ 5, 189, 196 – Zwilling). Solange die Belange der Allgemeinheit nur durch die Verwechslungsfähigkeit der Kennzeichen berührt werden, die Gefahr einer sonstigen Irreführung des Verkehrs aber nicht vorliegt, dann ist eine Verwirkung nicht ausgeschlossen (RG GRUR 1942, 361 – Hateha). Anders liegt es, wenn der Verkehr mit einem Kennzeichen eine besondere, über die Herkunftsfunktion hinausgehende *Gütevorstellung* verbindet (BGH GRUR 1958, 143 – Schwardmann). Dann kann eine Irreführung des Verkehrs vorliegen, wenn er den guten Ruf und die Güte eines ihm unter einem bestimmten Kennzeichen bekannten Produkts auf das verwechselbar gekennzeichnete Produkt überträgt (eine Gütefunktion des *Standardzeichens*, das wegen nachgewiesener Durchsetzung im Verkehr für Seifen und Waschmittel eingetragen war, wurde abgelehnt, da *Standard* gewöhnlich nur eine Beschaffenheitsangabe sei RG GRUR 1943, 341 – Standard/Alupost). Wer mit einem *unrichtigen Gründungsjahr* wirbt, das für die Güte der angebotenen Produkte spricht, kann kein schutzwürdiges Interesse an der Aufrechterhaltung der Werbebehauptung haben, wenn die angesprochenen Verkehrskreise irregeführt werden (BGH GRUR 1960, 563, 566 – Sektwerbung). Der Ausschluß des Verwirkungseinwandes ist nur dann gerechtfertigt, wenn die Belange der Allgemeinheit ernstlich gefährdet sind (BGHZ 5, 189, 197 – Zwilling). An einer ernstlichen Gefährdung der Allgemeininteressen kann es fehlen, wenn sich der Verkehr aufgrund eines langjährigen Nebeneinanderbestehens der kollidierenden Kennzeichen überwiegend daran gewöhnt hat, zwischen den Herkunftsstätten der Produkte zu unterscheiden und nur ein verhältnismäßig kleiner Teil der Abnehmer der Gefahr einer Irreführung unterliegt (BGHZ 5, 189, 197 – Zwilling). Wenn sich der Verkehr allerdings noch nicht an das Nebeneinanderbestehen der kollidierenden Kennzeichen gewöhnt hat, dann kommt dem Allgemeininteresse der Vorrang zu (so für das Firmenschlagwort *White Horse* eines englischen Whisky-Herstellers, das als Marke für kosmetische Erzeugnisse benutzt wurde BGH GRUR 1966, 267, 271 – White Horse). Das Individualinteresse an der Beseitigung der angegriffenen Bezeichnung ist infolge der Verwirkung nicht zu beachten, so daß auch ein individualrechtlicher Schutzanspruch verwirkt ist. Nur das öffentliche Interesse an einem Schutz vor Irreführungen des Verkehrs ist zu berücksichtigen und schließt die Verwirkung des kennzeichenrechtlichen Abwehranspruchs aus. Das gilt namentlich im Wettbewerbsrecht. Da eine wettbewerbswidrige gesundheitsbezogene Werbung die Belange der Allgemeinheit nachhaltig verletzt, ist ein Unterlassungsanspruch regelmäßig auch dann nicht verwirkt, wenn sich der Anspruch nicht nach § 3 UWG, sondern nach § 1 UWG ergibt (BGH GRUR 1980, 797 – Topfit Boonekamp). Allerdings kann das öffentliche Interesse an der Beseitigung einer unrichtigen Bezeichnung aufgrund einer Abwägung der Interessen des Verletzten und der Allgemeinheit an Gewicht verlieren, wenn die Irreführungsgefahr nur gering ist (BGH GRUR 1966, 267, 271 – White Horse; 1973, 532, 533 – Millionen trinken ...). Das gilt auch dann, wenn es sich im Grunde nur um Individualinteressen klagender Mitbewerber handelt, während auf der anderen Seite die Vernichtung eines wertvollen Besitzstandes an einer seit langem unangefochtenen Individualbezeichnung in Frage steht (BGH GRUR 1957, 285, 287 – Erstes Kulmbacher; 1958, 444 – Emaillelack; 1977, 159, 161 – Ostfriesische Tee Gesellschaft; s. dazu *Baumbach/Hefermehl*, Wettbewerbsrecht, § 3 UWG, Rn 107). In solchen Ausnahmefällen muß die Irreführungsgefahr hingenommen werden. Der Verwirkungseinwand scheitert daher auch nicht von vornherein bei einem Gütezeichen. Eine Schranke der Verwirkung, die auf dem Grundsatz von Treu und Glauben beruht, besteht dann, wenn die Aufrechterhaltung des wettbewerblichen Besitzstandes in Widerspruch zur Rechtsordnung steht. Ein volkseigener Betrieb der DDR, der einen enteigneten Betrieb übernommen und dessen Firma oder Warenzeichen gebraucht hatte, konnte sich daher gegenüber dem Unterlassungsanspruch des rechtmäßigen Inhabers des Unternehmens nicht auf Verwirkung berufen, da ansonsten die Folgen der Enteignung über den Bereich der DDR hinaus anerkannt worden wären (BGH GRUR 1961, 420 – Cuypers; 1962, 91 – Jenaer Glas).

## VI. Rechtsfolgen der Verwirkung

### 1. Verwirkung als Einwand

**44** Die Rechtsfolgen der Verwirkung sind von den Rechtsfolgen der Verjährung verschieden (zur Verjährung s. § 20, Rn 11 ff.). Die Verjährung gibt dem Schuldner ein dauerhaftes

Leistungsverweigerungsrecht nach § 222 Abs. 1 BGB, das nur auf Einrede hin zu beachten ist (*Verjährungseinrede*). Die Verwirkung gibt dem Schuldner einen echten und von Amts wegen zu beachtenden Einwand (*Verwirkungseinwand*; BGH GRUR 1966, 623, 625 – Kupferberg). Da die Verwirkung die Rechtsausübung des Verletzten unzulässig macht, darf ein Gericht diesen Rechtsmißbrauch nicht unbeachtet lassen. Das Gericht braucht freilich nicht von Amts wegen nachzuforschen, ob der Anspruch etwa verwirkt ist. Wenn sich aber aufgrund des vorgetragenen Sachverhalts genügend Anhaltspunkte für das Vorliegen einer Verwirkung ergeben, dann muß das Gericht den Eintritt der Verwirkung beachten und die Verletzungsklage abweisen, auch ohne daß der Verletzer sich ausdrücklich auf die Verwirkung beruft. Der schutzwürdige Besitzstand des Verletzers muß noch im Zeitpunkt der letzten mündlichen Verhandlung bestehen, ansonsten entfällt der Verwirkungseinwand (RG GRUR 1935, 577 – Venezia).

### 2. Verwirkung eines konkreten Anspruchs

Die Verwirkung bezieht sich auf einen bestimmten Anspruch, dessen Rechtsverfolgung **45** sie ausschließt. Die Verwirkung bedeutet die Ablehnung einer verspäteten Rechtsverfolgung als einen Verstoß gegen Treu und Glauben nach § 242 BGB (BGHZ 1, 31 – Störche). Die Verwirkung durchbricht den Prioritätsgrundsatz. Der Verletzte als Inhaber eines prioritätsälteren Kennzeichenrechts kann sein Recht gegenüber demjenigen nicht mehr geltend machen, der einen schutzwürdigen Besitzstand an dem Kennzeichen erlangt hat. Die Verwirkung stellt eine Fallkonstellation der unzulässigen Rechtsausübung dar. Ebenso wie in anderen Fallkonstellationen einer unzulässigen Rechtsausübung erlischt das verwirkte Kennzeichenrecht nicht. Das verwirkte Kennzeichenrecht kann nur nicht mehr geltend gemacht werden, da die verspätete Rechtsverfolgung im Hinblick auf den bestehenden schutzwürdigen Besitzstand einen Rechtsmißbrauch darstellt (BGHZ 67, 56, 58 – GEMA; *v. Gamm*, NJW 1956, 1780). Auch wenn die Verwirkung nur die Geltendmachung der kennzeichenrechtlichen Ansprüchs ausschließt, so bedeutet dies der Sache nach, daß sich der Verletzte so behandeln lassen muß, als habe er auf den Anspruch verzichtet (zum Unterschied zwischen Verzicht und Verwirkung s. Rn 22). Der Verletzer kann dem Verletzten aber die Benutzung des Kennzeichens auf der Grundlage des § 242 BGB nicht verbieten. Der Verletzte kann sein Kennzeichen trotz der Verwirkung hinsichtlich der Kennzeichenrechtsverletzung unbeschränkt benutzen (RG MuW 1939, 94 – Fi.Ti.Wi./FiTiWi-KITIFA). Es besteht eine *Koexistenz* zwischen dem prioritätsälteren und dem prioritätsjüngeren Kennzeichen. Diese Rechtslage entspricht der markengesetzlichen Verwirkung nach § 21 Abs. 3 (s. zur Koexistenz Rn 18). Da sich die Verwirkung immer auf einen bestimmten Anspruch bezieht, wird die Geltendmachung anderer, nicht verwirkter Ansprüche gegen den Verletzer nicht ausgeschlossen. Die Verwirkung stellt keine Ersitzung eines fremden Kennzeichenrechts dar. Wenn der Verletzer den schutzwürdigen Besitzstand wieder verliert, ohne die Benutzung des Kennzeichens aufgegeben zu haben, dann kann der Inhaber des prioritätsälteren Kennzeichens grundsätzlich seine Verbietungsrechte gegen den Verletzer wieder geltend machen. Die Rechtsverfolgung stellt keinen Rechtsmißbrauch mehr dar. Dem Verletzer können gegen den Inhaber des prioritätsälteren Kennzeichens über den Verwirkungseinwand hinaus weitergehende Rechte, wie etwa nach § 1 UWG zustehen. Wenn das prioritätsältere Kennzeichen überhaupt nicht benutzt wird, dann kann der Verletzer gegebenenfalls Löschung des Zeichens verlangen (RG GRUR 1929, 932 – Uhu).

### 3. Verwirkungseinwand ohne Ausdehnungsrecht

**a) Örtliche und sachliche Begrenzung des Besitzstandes.** Die Verwirkung begründet **46** *kein Ausdehnungsrecht des Verletzers* gegenüber dem Schutzbereich des prioritätsälteren Kennzeichenrechts. Die Rechtsfolgen der Verwirkung beschränken sich auf den Geltungsbereich des schutzwürdigen Besitzstandes, der die Reichweite des Verwirkungseinwandes sowohl in örtlicher als auch in sachlicher Hinsicht begrenzt. Der Verletzer hat nicht als Folge der Verwirkung der kennzeichenrechtlichen Ansprüche des Rechtsinhabers das Recht zur Ausdehnung seines Kennzeichens. Der Verletzer muß die Benutzung des Kennzeichens auf den Bereich des örtlich und sachlich erlangten Besitzstandes als eines wettbewerblichen Zustandes begrenzen. Der Erwerb eines *lokalen Besitzstandes* rechtfertigt nicht die Benutzung des Kennzeichens an einem anderen Ort oder in der Region. Der Erwerb eines *sachlichen Besitzstandes* für ein bestimmtes Produkt rechtfertigt nicht die Benutzung des Kennzeichens für andere Produkte, auch wenn diese im Produktähnlichkeitsbereich liegen (BGH GRUR 1970, 315, 319 – Napoléon III). Die als Folge erneuter Kennzeichenrechtsverletzung entstehenden kennzeichenrechtlichen Ansprüche verjähren ihrerseits, wenn die Voraussetzungen der Verwirkung für den jeweiligen Anspruch vorliegen. Wer die Benutzung seiner Firma für Produkte duldet, die mit den eigenen Produkten nicht in Wettbewerb stehen, verwirkt nicht die kennzeichenrechtlichen Ansprüche aus der Kennzeichenrechtsverletzung einer Verwendung seiner Firma für Konkurrenzprodukte (BGH GRUR 1960, 33 – Zamek). Der Verwirkungseinwand gewährt auch bei Vorliegen zwingender wirtschaftlicher Gründe kein Ausdehnungsrecht des Verletzers *(Baumbach/Hefermehl,* Wettbewerbsrecht, Einl UWG, Rn 445; *Heydt,* GRUR 1951, 182, 185; wohl auch BGHZ 16, 82 – Wickelsterne; aA *Reimer,* 3. Aufl., Kap. 116, Rn 20).

**47** Die Verwirkung des Unterlassungsanspruchs gibt dem Verletzer auch nicht das Recht, sich durch *Eintragung einer Marke,* die diese Bezeichnung enthält, weitergehende Rechte zu verschaffen, als ihm aufgrund des Erwerbs seines örtlich und sachlich begrenzten Besitzstandes nach Treu und Glauben zustehen (RG GRUR 1943, 345, 348 – Goldsonne; 1944, 145, 145 – Robuso/Robur; BGH GRUR 1969, 694, 697 – Brillant; 1992, 45, 47 – Cranpool). Der Verletzte hat einen Anspruch auf Löschung der eingetragenen Marke. Eine bloße Verstärkung des erworbenen Besitzstandes, die weder mit einer örtlichen noch sachlichen Ausdehnung verbunden ist, wird in der Rechtsprechung zugelassen, wenn etwa der Verletzer das bisher nur in Katalogen benutzte Kennzeichen nunmehr zur Markierung seiner Produkte verwendet (BGH GRUR 1958, 610 – Zahnrad). Der Inhaber einer Firma, der aufgrund von Verwirkung die markenmäßige Benutzung einer ähnlichen Firma dulden muß, kann die Verwendung der Marke als Bestandteil der Firma einer neu einzutragenden Gesellschaft untersagen (BGH GRUR 1981, 67, 68 – MAN/G-man). Auch im *Firmenrecht* gilt der Grundsatz, daß der Benutzer einer verwechslungsfähigen prioritätsjüngeren Firmenbezeichnung auch nach Verwirkung des Anspruchs auf Unterlassung der Benutzung nicht berechtigt ist, die Bezeichnung nunmehr in das Handelsregister eintragen zu lassen und sich dadurch eine zusätzliche Rechtsposition zu verschaffen (BGH GRUR 1993, 576, 578 – Datatel).

**48** **b) Keine Entstehung eines Kennzeichenrechts als konstitutive Wirkung der Verwirkung.** Die Verwirkung einer Kennzeichenrechtsverletzung beruht auf dem Erwerb eines schutzwürdigen Besitzstandes als eines wettbewerblichen Zustandes, aufgrund dessen sich die verspätete Rechtsverfolgung als ein Verstoß gegen Treu und Glauben darstellt. Die Verwirkung einer Kennzeichenrechtsverletzung begründet kein Ausdehnungsrecht gegenüber dem Schutzbereich des prioritätsälteren Kennzeichenrechts (s. Rn 46). Von diesem Grundsatz, nach dem sich der Verwirkungseinwand auf den durch Benutzung des kollidierenden Zeichens tatsächlich erworbenen Besitzstand beschränkt, geht auch die höchstrichterliche Rechtsprechung aus. Es wurde mehrfach entschieden, daß die Verwirkung des Unterlassungsanspruchs dem Verletzer eines prioritätsälteren Kennzeichenrechts nicht das Recht einräumt, sich durch Eintragung einer Marke noch weitergehende Rechte zu verschaffen, als ihm aufgrund seines örtlich oder sachlich begrenzten Besitzstandes nach Treu und Glauben zustehen (RG GRUR 1943, 345, 348 – Goldsonne; 1944, 145, 146 – Robuso/Robur; BGH GRUR 1969, 694, 697 – Brillant; s. Rn 47). Noch weithin ungeklärt ist das Problem, ob als eine Rechtsfolge der auf dem Erwerb eines schutzwürdigen Besitzstandes beruhenden Verwirkung ein eigenes Kennzeichenrecht des Verletzers im Sinne eines subjektiven Ausschließlichkeitsrechts entsteht. In der Rechtsprechung wurde über die Entstehung eines Kennzeichenrechts als konstitutive Rechtsfolge der Verwirkung und damit über die Reichweite des Verwirkungseinwands des Verletzers, der einen schutzwürdigen Besitzstand erworben hat, noch nicht ausdrücklich entschieden. Die zum WZG ergangene, den Grundsatz von Treu und Glauben nach § 242 BGB verwirklichende und auf das Gebot einer umfassenden Interessenabwägung gestützte Rechtsprechung zur Verwirkung beruht aber erkennbar auf dem Rechtsgedanken, der Inhaber eines prioritätsälteren Kennzeichenrechts habe einen Rechtsverlust nur insoweit hinzunehmen, als die tatsächliche Benutzungslage des prioritätsjüngeren Kennzeichens reicht. Zur Rechtsfolge der Verwirkung ist von dem Grundsatz auszugehen, die Verwirkung *verwirkt ein Recht*, aber die Verwirkung *bewirkt kein Recht*. Der Verwirkung kommt keine konstitutive Wirkung hinsichtlich der Entstehung eines Kennzeichenrechts zu. Der Verwirkungseinwand gibt dem Verletzer, der einen schutzwürdigen Besitzstand erworben hat, weder bei einem durch Benutzung des Zeichens und den Erwerb von Verkehrsgeltung als Marke nach § 4 Nr. 2, noch bei einem durch die Eintragung des Zeichens als Marke in das Register nach § 4 Nr. 1 entstehenden Markenrechts ein Ausdehnungsrecht. Vor allem die Ausführungen in der *Prince Albert*-Entscheidung (BGH GRUR 1966, 427 – Prince Albert) machen anschaulich, daß der Verwirkungseinwand sich zum einen nach dem tatsächlichen Besitzstand des prioritätsjüngeren Markenrechts bestimmt, sowie zum anderen nach der Schutzwürdigkeit des prioritätsälteren Markenrechts. Die Verwirkung reicht nicht weiter als der tatsächlich schutzwürdige Besitzstand; die Verwirkung macht Halt vor der Schutzwürdigkeit des prioritätsälteren Markenrechts. Namentlich aus der *MAN/G-mann*-Entscheidung (BGH GRUR 1981, 67 – MAN/G-man) ergibt sich, daß die Zuerkennung des Verwirkungseinwands auch keine Rechtfertigung für eine Veränderung des bestehenden tatsächlichen Zustandes bedeutet, vor allem dann nicht, wenn aus einer Veränderung des tatsächlichen Zustandes ein Eingriff in die Rechte Dritter folgt. Dieser Rechtssatz beruht darauf, daß die Verwirkung als solche dem Rechtsverletzer *kein subjektives Ausschließlichkeitsrecht* gewährt, sondern mit dem Verwirkungseinwand nur ein Anspruch gegen den Inhaber des prioritätsjüngeren Markenrechts, das an sich dem prioritätsälteren Markenrecht als dem geschützten subjektiven Recht weichen müßte, abgewehrt werden kann (so richtig *Klaka*, GRUR 1970, 265, 271; *Klaka*, GRUR 1981, 68, 69). Die Verwirkung begründet kein Recht des Verletzers, sie beschränkt nur das Recht des Verletzten. Die Verwirkung ist Verteidigung, nicht Angriff. Wenn der Verletzer Inhaber eines eingetragenen prioritätsjüngeren Markenrechts ist, das nach dem Prioritätsprinzip dem prioritätsälteren Markenrecht an sich weichen müßte, dann bestimmt sich die Reichweite des Verwirkungseinwands nicht nach dem registerrechtlichen Rollenstand der Eintragung des prioritätsjüngeren Markenrechts (Geltungsbereich des MarkenG), sondern nach dem durch Benutzung der Marke tatsächlich erworbenen, schutzwürdigen Besitzstand (lokale oder regionale und sachliche Verkehrsgeltung) im Hinblick auf die Schutzwürdigkeit des prioritätsälteren Markenrechts. Die Verwirkung begründet so auch *gegenüber Dritten* kein subjektives Kennzeichenrecht des Verletzers. Die Verteidigung des Schutzbereichs der kollidierenden Kennzeichenrechte ist Sache des verletzten Inhabers des prioritätsälteren Kennzeichenrechts. Auch die *markengesetzliche Verwirkung nach § 21* sollte in ihren Rechtswirkungen auf den Schutz des erworbenen Besitzstandes des Verletzers beschränkt werden.

**c) Keine Übertragbarkeit des schutzwürdigen Besitzstandes.** Der den Verwirkungseinwand begründende schutzwürdige *Besitzstand* ist *unübertragbar*. Der schutzwürdige Besitzstand gewährt dem Inhaber des prioritätsjüngeren Markenrechts keine einem Ausschließlichkeitsrecht vergleichbare subjektive Rechtsposition, sondern ist allein eine rechtliche Voraussetzung für die Zuerkennung des Verwirkungseinwandes gegenüber den Ansprüchen des Inhabers des prioritätsälteren Markenrechts aus der Kennzeichenrechtsverletzung. Insoweit ist es dem Inhaber des prioritätsjüngeren Markenrechts rechtlich nicht möglich, den schutzwürdigen Besitzstand an einen Dritten zu übertragen oder einem Dritten etwa im Wege einer Lizenz ein Recht an dem schutzwürdigen Besitzstand einzuräumen (so *Klaka*, GRUR 1970, 265, 271). Wenn der Markeninhaber sein prioritätsjüngeres Recht an einen anderen überträgt, dann erwirbt der andere allein ein formales Registerrecht, nicht auch den schutzwürdigen Besitzstand als eine rechtliche Voraussetzung des Verwirkungseinwandes. Mit der Übertragung des prioritätsjüngeren Markenrechts geht der Verwirkungseinwand verloren. Die Zuerkennung des Verwirkungseinwandes an den Inhaber des prioritätsjüngeren Markenrechts rechtfertigt keine Änderung des tatsächlichen Zustandes, der den Eingriff in das Recht eines anderen wie des Inhabers des prioritätsälteren Markenrechts vertiefen würde (s. dazu BGH GRUR 1981, 67 – MAN/G-man). Gegenüber einem prioritätsälteren Markenrecht entsteht auch kein Markenrecht durch Benutzung und den Erwerb von Verkehrsgeltung als Marke nach § 4 Nr. 2. Es ist davon auszugehen, daß wegen des Bestands des prioritätsälteren Markenrechts überhaupt kein lokales oder regionales Markenrecht durch Benutzung und den Erwerb von Verkehrsgeltung als Marke nach § 4 Nr. 2 entsteht, sondern daß der Erwerb eines schutzwürdigen Besitzstandes allein den Verwirkungseinwand gegen den Unterlassungsanspruch aus dem prioritätsälteren Markenrecht begründet. Auch diese sich aus der Verwirkung ergebende Rechtsposition des Verletzers ist unübertragbar. Diese Rechtsansicht zur begrenzten Reichweite des Verwirkungseinwandes wird auch von der Regelung der markengesetzlichen Verwirkung nach § 21 bestätigt. In § 21 kommt die Begrenzung des Verwirkungseinwands auf den aufgrund der Benutzungslage tatsächlich erworbenen Besitzstand durch die Wortwahl „soweit" zum Ausdruck. Der Inhaber der prioritätsälteren Marke kann seine markenrechtlichen Ansprüche gegenüber der prioritätsjüngeren Marke nur insoweit nicht durchsetzen, als er die Benutzung des Zeichens als Marke geduldet hat.

### 4. Arten der verwirkten Ansprüche

50 **a) Unterlassungsanspruch.** Der kennzeichenrechtliche *Unterlassungsanspruch*, der dem Schutz der Kennzeichenrechte als subjektive Ausschließlichkeitsrechte dient, unterliegt der Verwirkung (zum Unterlassungsanspruch im Wettbewerbsrecht s. näher *Baumbach/Hefermehl*, Wettbewerbsrecht, Einl UWG, Rn 443). Das Allgemeininteresse kann der Verwirkung eines Unterlassungsanspruchs entgegenstehen (s. Rn 43).

51 **b) Löschungsanspruch.** Der *Löschungsanspruch* nach § 51 Abs. 1 unterliegt der *markengesetzlichen Verwirkung* nach § 51 Abs. 2 S. 1 und 2 (s. § 51, Rn 9 f.). Nach Abs. 2 S. 1 ist die Löschung aufgrund einer eingetragenen Marke mit älterem Zeitrang ausgeschlossen, wenn der Inhaber der älteren Marke die Benutzung der jüngeren Marke fünf Jahre lang geduldet hat. Der Tatbestand markengesetzlichen Verwirkung ist nach den für § 21 geltenden Grundsätzen zu bestimmen (s. Rn 6 ff.). Nach Abs. 2 S. 2 gilt diese markengesetzliche Verwirkung entsprechend für Inhaber von durch Benutzung erworbenen Marken in Sinne des § 4 Nr. 2, von notorisch bekannten Marken im Sinne des § 4 Nr. 3, von geschäftlichen Bezeichnungen im Sinne des § 5 oder von Sortenbezeichnungen im Sinne des § 13 Abs. 2 Nr. 4, die einen älteren Zeitrang als die angegriffene Marke haben. Die Einbeziehung dieser Kennzeichen ist erforderlich, weil sich sonst ergeben könnte, daß eine Marke aus einem sonstigen älteren Recht gelöscht werden kann, obwohl sie im Verhältnis zu einer damit übereinstimmenden eingetragenen Marke wegen der langjährigen Duldung unanfechtbar geworden ist. Auch dieser Tatbestand der markengesetzlichen Verwirkung bestimmt sich nach den für § 21 geltenden Grundsätzen (s. Rn 6 ff.).

52 Unabhängig vom Bestehen dieser Tatbestände einer markengesetzlichen Verwirkung im Sinne des § 21 gelten die allgemeinen *zivilrechtlichen Rechtssätze zur Verwirkung* des Löschungsanspruchs. Die Verwirkung des kennzeichenrechtlichen Unterlassungsanspruchs (s. Rn 50) begründet als solche noch nicht die Verwirkung des Löschungsanspruchs. Es kommt vielmehr darauf an, ob der Inhaber des prioritätsälteren Kennzeichens seit der Eintragung des kollidierenden Zeichens mit der Erhebung des Anspruchs ungebührlich lange zugewartet und bei dem Verletzer einen Duldungsanschein hervorgerufen und die Auffassung des Verletzers gestärkt hat, ein Löschungsanspruch werde nicht mehr erhoben (RG GRUR 1937, 708, 710 – R-Zeichen; 1940, 286, 289 – Müller/Lichtmüller; 1943, 345, 348 – Goldsonne; BGH GRUR 1966, 427, 432 – Prince Albert; 1970, 315, 319 – Napoléon III; aA *Neu*, Die neuere Rechtsprechung zur Verwirkung im Wettbewerbs- und Warenzeichenrecht, S. 191 f.). Nach der erforderlichen Interessenabwägung besteht der Verwirkungseinwand nur dann, wenn der Verletzer an der Aufrechterhaltung der förmlichen Registereintragung und damit an dem Bestehen des formalen Markenschutzes ein schutzwürdiges Interesse hat. Das schutzwürdige Interesse ist vom Verletzer darzulegen, wenn gegen die Inbenutzungnahme des eingetragenen Kennzeichens ein nicht verwirkter Unterlassungsanspruch besteht; ansonsten braucht der Inhaber des prioritätsälteren Kennzeichens als der besser Berechtigte die mit der Aufrechterhaltung der Eintragung verbundenen Nachteile nicht hinzunehmen (BGH GRUR 1969, 615, 616 – Champi-Krone; 1970, 315, 319 – Napoléon III). Die Verwirkung des Löschungsanspruchs setzt nicht voraus, daß der Verletzer einen schutzwürdigen Besitzstand erlangt hat (RG GRUR 1940, 286, 289 – Lichtmüller; BGH GRUR 1952, 577, 581 – Zwilling; 1956, 559, 562 – Regensburger Karmelitengeist; 1958, 354, 358 – Sherlock Holmes). Der Verletzer kann sich gegenüber dem nicht verwirkten Löschungsanspruch nicht auf ein durch Benutzung erworbenes Markenrecht nach

§ 4 Nr. 2 an dem zu löschenden Kennzeichen berufen (so schon RG GRUR 1937, 708 – R-Zeichen; BGH GRUR 1952, 562). Aus der Verwirkung des Unterlassungsanspruchs folgt kein Ausdehnungsrecht des Verletzers (s. Rn 46). Der Verwirkungseinwand versagt gegenüber einer Popularklage wie gegenüber dem Löschungsanspruch nach § 49 (s. schon BGH GRUR 1952, 577, 582 – Zwilling).

**c) Schadensersatzanspruch und Bereicherungsanspruch.** Die Verwirkung eines kennzeichenrechtlichen *Schadensersatzanspruchs* setzt anders als die Verwirkung eines kennzeichenrechtlichen Unterlassungsanspruchs keinen schutzwürdigen Besitzstand des Verletzers voraus (s. Rn 28). Das gilt auch für den einen Schadensersatzanspruch vorbereitenden *Auskunftsanspruch*. Es ist ausreichend, wenn der Verletzer aufgrund eines hinreichend lange dauernden Duldungsverhaltens des Verletzten bei verständiger Würdigung aller Umstände nach Treu und Glauben darauf vertrauen durfte, nicht mehr Schadensersatzansprüchen wegen der Kennzeichenrechtsverletzungen ausgesetzt zu sein, die er während des Zeitraums des Duldungsanscheins begangen hat (BGHZ 26, 52, 66 ff.- Sherlock Holmes; BGH GRUR 1988, 776, 778 – PPC). Der Verletzte, der sich, obwohl er die Kennzeichenrechtsverletzung kannte oder kennen mußte, längere Zeit untätig verhalten hat, setzt sich mit seinem eigenen früheren Verhalten in Widerspruch, wenn er später aus diesen Kennzeichenrechtsverletzungen Schadensersatzansprüche herzuleiten sucht (s. Rn 38). Wenn ein Unterlassungsanspruch infolge bona fides superveniens verwirkt ist (s. Rn 41), dann kann auch nicht im Wege des Schadensersatzes Beseitigung verlangt werden. Der Verwirkungseinwand enthält zugleich die Verjährungseinrede (RG GRUR 1939, 308).

### VII. Das Kennzeichenrecht als Geltungsbereich der Verwirkung

### 1. Anwendungsbereich der Verwirkung

Die allgemeinen zivilrechtlichen Rechtssätze zur Verwirkung gelten nicht nur im Markenrecht, sondern ihr Geltungsbereich erstreckt sich auf das *gesamte Kennzeichenrecht*, auch wenn die Verwirkung im Markenrecht ihre typische Ausprägung erfahren und ihre besondere Bedeutung erlangt hat. Schon vor dem Inkrafttreten des MarkenG war die Verwirkung kennzeichenrechtlicher Ansprüche aus der Verletzung eines *Namensrechts, Firmenrechts* oder *Titelrechts* in ständiger Rechtsprechung anerkannt (RG MuW 1941, 154; BGHZ 21, 67, 78 – Hausbücherei; 26, 52 – Sherlock Holmes; BGH GRUR 1966, 427, 428 – Prince Albert; 1981, 60 f. – Sitex; 1981, 67, 67 – MAN/G-man; 1985, 72, 73 – Consilia; 1985, 389, 390 – Familienname; 1988, 776, 778 – PPC). Die Rechtfertigung einer Geltung des Verwirkungseinwands im gesamten Kennzeichenrecht folgt schon daraus, daß der sich auf § 242 BGB gründende Verwirkungsgedanke für alle Rechtsgebiete des Zivilrechts Geltung beansprucht. Auch der Gesetzgeber des MarkenG hat die markengesetzliche Verwirkung nach § 21 nicht nur auf die eingetragene Marke begrenzt, sondern auf alle Marken im Sinne des § 4 Nr. 1 bis 3, auf die geschäftlichen Bezeichnungen im Sinne des § 5, sowie sogar auf die sonstigen Rechte im Sinne des § 13 ausgedehnt. Der Anwendungsbereich der Verwirkung ist zudem *nicht auf das Kennzeichenrecht begrenzt*. Der Verwirkung unterliegen gleichermaßen Ansprüche aus einer Kennzeichenrechtsverletzung, die eine unlautere Wettbewerbshandlung nach den §§ 1, 3 UWG darstellt, sowie Ansprüche aus unerlaubter Handlung nach den §§ 823 ff. BGB, sowie Abwehransprüche und Beseitigungsansprüche nach § 1004 BGB, wie auch Unterlassungsansprüche und Löschungsansprüche wegen einer Namensverletzung oder einer Firmenverletzung nach § 12 BGB (RG MuW 1932, 298 – Terranova; 1941, 154; BGH GRUR 1957, 44). Auch bei einem berühmten Kennzeichen kann die verspätete Rechtsverfolgung verwirkt sein, wenn der Zeicheninhaber nach rechtskräftiger Zurückweisung eines gegen eine Zeicheneintragung erhobenen Widerspruchs sich seine sonstigen Rechte aus den § 12 BGB, 5 MarkenG vorbehalten und sodann mehrere Jahre nichts gegen die Benutzung des kollidierenden Kennzeichens unternommen hat (BGH GRUR 1963, 478 – Bleiarbeiter). Wenn der Verletzte aufgrund des Eintritts der Verwirkung seine Ansprüche aus der Kennzeichenrechtsverletzung nicht mehr geltend machen kann, dann gilt dies auch für die nach § 13 Abs. 2 UWG zur Geltendmachung von Unterlassungsansprüchen Berechtigten, wenn zwischen den kennzeichenrechtlichen und den wettbewerbsrechtlichen Ansprüchen Anspruchskonkurrenz (s. dazu § 2, Rn 2 ff.) besteht (*Reimer/Pastor*, Bd. 3, Kap. 51,

S. 400 f.; *Baumbach,* MuW 1931, 5; *Neu,* Die neuere Rechtsprechung zur Verwirkung im Wettbewerbs- und Warenzeichenrecht, S. 206 ff.; nach RGZ 127, 323, 327 liegt schon kein Verstoß gegen die guten Sitten im geschäftlichen Verkehr vor, wenn dem Verletzten in Folge des Eintritts der Verwirkung kein Unterlassungsanspruch mehr zusteht). Eine Ausnahme gilt dann, wenn die Belange der Allgemeinheit betroffen sind, wie etwa bei einer Irreführung des Verkehrs (s. Rn 43).

### 2. Verwirkung geschäftlicher Bezeichnungen

**55**  Die im Markenrecht entwickelten allgemeinen zivilrechtlichen Rechtssätze zur Verwirkung gelten entsprechend für die Verwirkung aller Kennzeichenrechte (s. Rn 54). Auch die Unterlassungsansprüche und Löschungsansprüche aus einem prioritätsälteren *Firmenrecht* verwirken nicht allein aufgrund des Ablaufs eines bestimmten Zeitraums und der Untätigkeit hinsichtlich der Rechtsverfolgung aus einer Kennzeichenrechtsverletzung. Anders stellt die markengesetzliche Verwirkung nach § 21, die für das gesamte Kennzeichenrecht im Sinne des MarkenG gilt, auf einen Mindestzeitraum von fünf aufeinanderfolgenden Jahren ab. Nach den Grundsätzen der allgemeinen zivilrechtlichen Verwirkung muß sich der Verletzer durch eine länger andauernde, redliche und ungestörte Benutzung eines Kennzeichens einen wettbewerblichen Besitzstand geschaffen haben, der für ihn einen beachtlichen Wert bedeutet, ihm nach Treu und Glauben erhalten bleiben soll und den auch der Verletzte ihm nicht streitig machen kann, wenn er aufgrund seines Verhaltens diesen tatsächlichen Zustand erst ermöglicht hat. Das ist dann der Fall, wenn der Verletzer aufgrund des säumigen Verhaltens des Berechtigten annehmen kann, der Verletzte werde die Benutzung dulden und daher unter Berücksichtigung aller sonstigen Umstände eine verspätete Geltendmachung der Ansprüche aus der Kennzeichenrechtsverletzung als eine unzulässige Rechtsausübung zu beurteilen ist (BGHZ 21, 66, 78 ff. – Hausbücherei; BGH GRUR 1975, 69 f. – Marbon; 1981, 60, 61 – Sitex; 1988, 776, 778 – PPC; 1989, 449, 451 – Maritim). Auch wenn allein aus dem Zeitablauf die Verwirkung nicht zu begründen ist, kommt dem Zeitablauf für die Annahme eines Duldungsanscheins als Vertrauenstatbestand erhebliche Bedeutung zu (BGH GRUR 1993, 151, 153 – Universitätsemblem). Unzulässig kann die Geltendmachung eines Unterlassungsanspruchs dann sein, wenn die längere Untätigkeit des Verletzten zwar auf seiner Unkenntnis beruht, er jedoch bei einer zur Wahrung eigener Interessen gebotenen und zumutbaren Beobachtung des Marktes oder des Umfeldes seines Kennzeichens die Rechtsverletzung hätte erkennen müssen (BGH GRUR 1989, 449, 452 – Maritim; 1993, 913 – KOWOG). Wenn sich der Unterlassungsanspruch gegen die Verwendung eines *Zeichenbestandteils einer Firma* richtet, dann muß der schutzwürdige Besitzstand an dem Zeichenbestandteil der Firma bestehen, für dessen Vorliegen der Verletzer darlegungs- und beweispflichtig ist (BGH GRUR 1988, 776, 778 – PPC). An einer reinen *Herkunftsbezeichnung* kann ein schutzwürdiger Besitzstand solange nicht begründet werden, als die Herkunftsbezeichnung ihre Eigenschaft als solche behält (RGZ 143, 175, 190 – Whisky).

**Ausschluß von Ansprüchen bei Bestandskraft der Eintragung einer Marke mit jüngerem Zeitrang**

**22** (1) Der Inhaber einer Marke oder einer geschäftlichen Bezeichnung hat nicht das Recht, die Benutzung einer eingetragenen Marke mit jüngerem Zeitrang für die Waren oder Dienstleistungen, für die sie eingetragen ist, zu untersagen, wenn ein Antrag auf Löschung der Eintragung der Marke mit jüngerem Zeitrang zurückgewiesen worden ist oder zurückzuweisen wäre,

1. weil die Marke oder geschäftliche Bezeichnung mit älterem Zeitrang an dem für den Zeitrang der Eintragung der Marke mit jüngerem Zeitrang maßgeblichen Tag noch nicht im Sinne des § 9 Abs. 1 Nr. 3, des § 14 Abs. 2 Nr. 3 oder des § 15 Abs. 3 bekannt war (§ 51 Abs. 3),
2. weil die Eintragung der Marke mit älterem Zeitrang am Tag der Veröffentlichung der Eintragung der Marke mit jüngerem Zeitrang wegen Verfalls oder wegen absoluter Schutzhindernisse hätte gelöscht werden können (§ 51 Abs. 4).

(2) In den Fällen des Absatzes 1 kann der Inhaber der eingetragenen Marke mit jüngerem Zeitrang die Benutzung der Marke oder der geschäftlichen Bezeichnung mit älterem Zeitrang nicht untersagen.

## Inhaltsübersicht

|  | Rn |
|---|---|
| A. Bestandskraft prioritätsjüngerer Marken | 1 |
| B. Gründe der Bestandskraft (§ 22 Abs. 1) | 2, 3 |
|    I. Rechtszuwachs eines bekannten Kennzeichens (§ 51 Abs. 3) | 2 |
|    II. Verfall der Marke und Bestehen absoluter Schutzhindernisse (§ 51 Abs. 4) | 3 |
| C. Koexistenz der prioritätsälteren und der prioritätsjüngeren Kennzeichen (§ 22 Abs. 2) | 4 |

## A. Bestandskraft prioritätsjüngerer Marken

Kennzeichenkollisionen sind grundsätzlich nach dem Prioritätsprinzip zu beurteilen. Der **1** Vorrang der Kennzeichenrechte bestimmt sich nach ihrem Zeitrang (§ 6). § 22 regelt die Bestandskraft der Eintragung einer Marke mit jüngerem Zeitrang. Bestandskräftige Marken durchbrechen den Prioritätsgrundsatz. Die *Bestandskraft einer prioritätsjüngeren Marke* bildet so eine Schranke des Rechtsschutzes einer prioritätsälteren Marke oder einer prioritätsälteren geschäftlichen Bezeichnung. Bestandskräftig ist eine prioritätsjüngere eingetragene Marke gegenüber einer prioritätsälteren Marke oder einer prioritätsälteren geschäftlichen Bezeichnung, wenn ein Antrag auf Löschung der Eintragung der prioritätsjüngeren Marke zurückgewiesen worden ist oder zurückzuweisen wäre (§ 22 Abs. 1). Rechtsfolge der Bestandskraft einer prioritätsjüngeren eingetragenen Marke ist es, daß der Inhaber der prioritätsälteren Marke oder geschäftlichen Bezeichnung nicht das Recht hat, die Benutzung der prioritätsjüngeren Marke zu untersagen (§ 22 Abs. 1). Dem Inhaber der prioritätsälteren Kennzeichens stehen gegenüber einer bestandskräftigen Marke keine kennzeichenrechtlichen Ansprüche aus einer Kennzeichenrechtsverletzung zu. Dem Inhaber der bestandskräftigen Marke steht ebenfalls nicht das Recht zu, die Benutzung der prioritätsälteren Marke oder der prioritätsälteren geschäftlichen Bezeichnung zu untersagen (§ 22 Abs. 2). Es besteht eine *Koexistenz* zwischen der prioritätsälteren Marke oder geschäftlichen Bezeichnung und der prioritätsjüngeren eingetragenen Marke mit Bestandskraft.

## B. Gründe der Bestandskraft (§ 22 Abs. 1)

### I. Rechtszuwachs eines bekannten Kennzeichens (§ 51 Abs. 3)

Die Priorität einer eingetragenen Marke bestimmt sich nach § 6 Abs. 2 grundsätzlich nach **2** dem Anmeldetag (§ 33 Abs. 1). Wenn die eingetragene Marke aufgrund ihrer Benutzung im Verkehr zu einer im Inland bekannten Marke im Sinne der §§ 9 Abs. 1 Nr. 3, 14 Abs. 2 Nr. 3 wird, dann besteht gegenüber dem normalen Schutzumfang der eingetragenen Marke, ein erweiterter Schutzumfang der bekannten Marke, der zudem auch außerhalb des Produktähnlichkeitsbereichs als Bekanntheitsschutz gewährt wird. Die Erweiterung des Schutzumfangs durch den *entstandenen Rechtszuwachs* soll sich nicht zum Nachteil einer eingetragenen Marke auswirken, die zwar gegenüber der Priorität der Eintragung der bekannten Marke prioritätsjünger ist, deren Markenschutz durch Eintragung aber vor dem Erwerb der Bekanntheit der prioritätsälteren Marke entstanden ist. Der Bekanntheitsschutz der eingetragenen Marke besteht nicht gegenüber Zwischenrechten. Aus diesem Grund wird das Löschungsrecht der prioritätsälteren Marke gegenüber solchen Zwischenrechten eingeschränkt. Nach § 51 Abs. 3 ist die Löschung einer prioritätsjüngeren eingetragenen Marke als nichtig wegen des Bestehens der prioritätsälteren Marke dann ausgeschlossen, wenn die prioritätsältere Marke an dem für den Zeitrang der Eintragung der Marke mit jüngerem Zeitrang maßgeblichen Tag (Prioritätstag) noch nicht im Sinne der §§ 9 Abs. 1 Nr. 3, 14 Abs. 2 Nr. 3 bekannt war. Die Rechtsfolge des § 51 Abs. 3 ergibt sich schon aus dem Prioritätsgrundsatz, ohne daß es einer ausdrücklichen gesetzlichen Regelung bedurft hätte. Dem Gesetzgeber erschien die Regelung dieser Fallkonstellation zur Vermeidung unnötiger Prozesse zweckmäßig (s. Begründung zum MarkenG, BT-Drucks. 12/6581 vom 14. Januar 1994, S. 97). § 51 Abs. 3 normiert nur einen Löschungsausschlußgrund. § 22 Abs. 1 Nr. 1

normiert für diese Fallkonstellation die Bestandskraft der prioritätsjüngeren eingetragenen Marke und schließt die Geltendmachung von Ansprüchen aus einer Verletzung der prioritätsälteren eingetragenen Marke aus. Auch der Regelung des § 22 Abs. 1 Nr. 1 kommt nur eine klarstellende Bedeutung zu, da sich der Ausschluß von Verletzungsansprüchen als Rechtsfolge schon aus dem Prioritätsgrundsatz und einer entsprechenden Auslegung der §§ 9 Abs. 1 Nr. 3, 14 Abs. 2 Nr. 3 ergibt. Die Vorschriften der §§ 22 Abs. 1 Nr. 1, 51 Abs. 3 sind entgegen ihrem zu weiten Wortlaut nach ihrem Normzweck *restriktiv* auszulegen. Die Bestandskraft der Marke tritt nach § 22 Abs. 1 Nr. 1 nur dann ein und der Löschungsausschlußgrund des § 51 Abs. 3 besteht nur dann, wenn die Kennzeichenrechtsverletzung gerade eine *Folge des Rechtszuwachses* des bekannten Kennzeichens ist. Wenn die Kennzeichenrechtsverletzung unabhängig von dem Rechtszuwachs des bekannten Kennzeichens besteht, weil ein Kollisionstatbestand nach den §§ 9 Abs. 1 Nr. 1 und 2 vorliegt, dann bestehen die Ansprüche des Inhabers des prioritätsälteren Kennzeichens aus der Kennzeichenrechtsverletzung. Die Regelung des § 22 Abs. 1 Nr. 1 gilt auch hinsichtlich des Bekanntheitsschutzes einer prioritätsälteren geschäftlichen Bezeichnung nach § 15 Abs. 3.

## II. Verfall der Marke und Bestehen absoluter Schutzhindernisse (§ 51 Abs. 4)

3   Die Bestandskraft einer prioritätsjüngeren eingetragenen Marke tritt nach § 22 Abs. 1 Nr. 2 auch dann ein, wenn am Tag der Veröffentlichung der Eintragung der prioritätsjüngeren Marke die Eintragung der prioritätsälteren Marke wegen Verfalls (§ 49) oder wegen absoluter Schutzhindernisse (§ 50) hätte gelöscht werden können. Nach § 51 Abs. 4 bestehen in beiden Fallkonstellationen Löschungsausschlußgründe. § 22 Abs. 1 Nr. 2 ergänzt diese Regelung durch den Ausschluß von Ansprüchen aus einer Verletzung des prioritätsälteren Kennzeichens. Eine prioritätsjüngere Marke ist namentlich gegenüber einer am Veröffentlichungstag wegen mangelnder Benutzung löschungsreifen prioritätsälteren Marke bestandskräftig.

## C. Koexistenz der prioritätsälteren und der prioritätsjüngeren Kennzeichen (§ 22 Abs. 2)

4   Wenn die prioritätsjüngere Marke nach § 22 Abs. 1 Nr. 1 und 2 bestandskräftig ist, dann stehen dem Inhaber des prioritätsälteren Kennzeichens nach dieser Vorschrift keine Ansprüche aus einer Verletzung seines prioritätsälteren Kennzeichens zu (s. Rn 1). Nach § 22 Abs. 2 kann auch der Inhaber der prioritätsjüngeren eingetragenen Marke mit Bestandskraft die Benutzung des prioritätsälteren Kennzeichens nicht untersagen. Es besteht die *Koexistenz* zwischen dem prioritätsälteren und dem prioritätsjüngeren Kennzeichen. Die Regelung des § 22 Abs. 2 entspricht der Regelung des § 21 Abs. 3, der im Falle der Verwirkung von Ansprüchen des Inhabers eines prioritätsälteren Kennzeichens die Koexistenz der Kennzeichen vorsieht (s. § 21, Rn 18).

**Benutzung von Namen und beschreibenden Angaben; Ersatzteilgeschäft**

**23** Der Inhaber einer Marke oder einer geschäftlichen Bezeichnung hat nicht das Recht, einem Dritten zu untersagen, im geschäftlichen Verkehr

1. dessen Namen oder Anschrift zu benutzen,

2. ein mit der Marke oder der geschäftlichen Bezeichnung identisches Zeichen oder ein ähnliches Zeichen als Angabe über Merkmale oder Eigenschaften von Waren oder Dienstleistungen, wie insbesondere ihre Art, ihre Beschaffenheit, ihre Bestimmung, ihren Wert, ihre geographische Herkunft oder die Zeit ihrer Herstellung oder ihrer Erbringung, zu benutzen, oder

3. die Marke oder die geschäftliche Bezeichnung als Hinweis auf die Bestimmung einer Ware, insbesondere als Zubehör oder Ersatzteil, oder einer Dienstleistung zu benutzen, soweit die Benutzung dafür notwendig ist,

sofern die Benutzung nicht gegen die guten Sitten verstößt.

Benutzung von Namen und beschreibenden Angaben  § 23 MarkenG

**Inhaltsübersicht**

| | Rn |
|---|---|
| A. Allgemeines | 1–4 |
|   I. Regelungsübersicht | 1 |
|   II. Rechtsänderungen | 2 |
|   III. Europäisches Unionsrecht | 3, 4 |
|     1. Erste Markenrechtsrichtlinie | 3 |
|     2. Gemeinschaftsmarkenverordnung | 4 |
| B. Die allgemeinen Anwendungsvoraussetzungen des § 23 | 5–18 |
|   I. Grundsatz einer rechtlichen Schranke des Kennzeichenschutzes | 5, 6 |
|     1. Grundregelung | 5 |
|     2. Rechtsnatur | 6 |
|   II. Marken und geschäftliche Bezeichnungen | 7 |
|   III. Benutzung im geschäftlichen Verkehr | 8 |
|   IV. Benutzung als beschreibende Angabe oder als Marke | 9–12 |
|     1. Verhältnis der Kollisionstatbestände des § 14 Abs. 2 Nr. 1 bis 3 zur Schutzschranke des § 23 | 9 |
|     2. Benutzung nach Art einer Marke | 10, 11 |
|     3. Rechtsprechung des BGH | 12 |
|   V. Redlicher Geschäftsverkehr | 13–18 |
|     1. Rechtslage im WZG | 13 |
|     2. Rechtslage im MarkenG | 14–18 |
|       a) Verstoß gegen die guten Sitten | 14–17 |
|       b) Rechtsfolgen | 18 |
| C. Die einzelnen Tatbestände der Schutzrechtsschranken des § 23 Nr. 1 bis 3 | 19–62 |
|   I. Name und Anschrift (§ 23 Nr. 1) | 19–28 |
|     1. Prioritätsjüngere Namenszeichen | 19 |
|     2. Begriff des Namens | 20 |
|     3. Firma | 21–23 |
|       a) Rechtslage im WZG | 21 |
|       b) Rechtslage im MarkenG | 22, 23 |
|         aa) Namensfirmen | 22 |
|         bb) Namensmäßige Benutzung als Firma | 23 |
|     4. Sonstige geschäftliche Bezeichnungen | 24 |
|     5. Private Wappen | 25 |
|     6. Anschrift | 26 |
|     7. Prioritätsältere Namenszeichen | 27, 28 |
|       a) Prioritätsprinzip | 27 |
|       b) Kennzeichenkollisionen prioritätsälterer Namensfirmen mit prioritätsjüngeren Marken | 28 |
|   II. Beschreibende Angaben (§ 23 Nr. 2) | 29–55 a |
|     1. Regelungszusammenhang | 29–31 |
|     2. Entscheidungspraxis zur Benutzung als beschreibende Angabe in Abgrenzung zur Benutzung als Marke | 32–55 a |
|       a) Zur Rechtsprechung zum WZG | 32, 33 |
|       b) Benutzung deskriptiver Angaben als Marke | 34–54 |
|         aa) Grundsatz | 34, 35 |
|         bb) Fallkonstellationen | 36, 37 |
|         cc) Sortenbezeichnungen | 38, 39 |
|         dd) Sortimentsbezeichnungen wie Bestellzeichen, Typenzeichen und Dessinbezeichnungen | 40, 41 |
|         ee) Geographische Herkunftsangaben | 42, 43 |
|         ff) Beschreibende Bildangaben | 44 |
|         gg) Beschreibende Verpackungsangaben | 45 |
|         hh) Beschreibende Systemangaben | 46 |
|         ii) Ornamentale Benutzung | 47 |
|         jj) Redaktionelle Werbung | 48 |
|         kk) Vergleichende Werbung | 49 |
|         ll) Beschreibende Angaben als Zeichenbestandteil | 50–53 |
|         mm) Abkürzungen von beschreibenden Angaben | 54 |
|       c) Rechtsprechung zum MarkenG | 55, 55 a |
|         aa) Grundsatzentscheidungen des BGH | 55 |
|         bb) Instanzgerichtliche Rechtsprechung | 55 a |

|  | Rn |
|---|---|
| III. Bestimmungshinweise (§ 23 Nr. 3) | 56–61a |
| 1. Grundsatz | 56 |
| 2. Zubehör- und Ersatzteilgeschäft | 57–61 |
| a) Benutzung als Bestimmungshinweis | 57–59 |
| b) Notwendigkeit der Benutzung | 60 |
| c) Redliche Benutzung | 61 |
| 3. Werberecht | 61a |
| IV. Gattungsbezeichnungen (§ 23 Nr. 2 analog) | 62 |
| D. Vorbehalt des redlichen Geschäftsverkehrs | 63–68 |
| I. Grundsatz | 63 |
| II. Kein Erfordernis sachlicher Rechtfertigung | 64 |
| III. Verstoß gegen die guten Sitten im geschäftlichen Verkehr | 65–68 |
| 1. Anlehnende Werbung und Behinderungswettbewerb | 65, 66 |
| 2. Benutzung als Gattungsbezeichnung | 67, 68 |

**Schrifttum zum WZG.** *Bußmann*, Warenzeichen, Originalersatzteile und Ausschließlichkeitsverträge, WuW 1953, 131; *Bußmann*, Freihaltebedürfnis, Schutzfähigkeit und Schutzumfang des Warenzeichens, Mitt 1959, 269; *Bußmann*, Die Bedeutung des warenzeichenmäßigen Gebrauchs, GRUR 1971, 392; *v. Falck*, GRUR 1968, 370; *Fritze*, Zum Widerstreit zwischen älterem Firmenrecht und jüngerem Warenzeichenrecht, insbesondere zur Benutzung des § 16 WZG, NJW 1955, 979; *v. Gamm*, Das Erfordernis der kennzeichenmäßigen Benutzung, GRUR 1974, 539; *v. Gamm*, Markenbenutzung und Benutzungszwang, FS GRUR, Bd. II, 1991, S. 801; *Heydt*, GRUR 1966, 679; *Heydt*, Zum Begriff des „warenzeichenmäßigen Gebrauchs" im Sinne des § 16 WZG, Mitt 1969, 319; *Heydt*, GRUR 1971, 253; *Heydt*, Benutzung und Benutzungszwang nach dem Vorabgesetz, FS für Hefermehl, 1971, S. 59; *Kunze*, Zeichenmäßiger Gebrauch von warenbeschreibenden Angaben, Mitt 1970, 81; *Oppenhoff*, Wandel der Markenrechtskonzeption?, GRUR Int 1973, 433; *Wilde*, Probleme der warenzeichenmäßigen Benutzung von Kennzeichnungen, GRUR 1968, 477; *Zeller*, Was ist warenzeichenmäßiger Gebrauch (Bestellzeichen), GRUR 1954, 152.

**Schrifttum zum MarkenG.** *Berlit*, Markenrechtliche und europarechtliche Grenzen des Markenschutzes, GRUR 1998, 423; *Fezer*, Rechtsverletzende Benutzung einer Marke als Handeln im geschäftlichen Verkehr – Abschied von der markenmäßigen Benutzung im MarkenG, GRUR 1996, 566; *Fezer*, Anwendungsbereich des § 23 MarkenG, WRP 1996, 973; *Keller*, Die zeichenmäßige Benutzung im Markenrecht – Umfang und Grenzen der markenrechtlichen Abwehrbefugnis, GRUR 1996, 607; *v. Schultz*, Zu den Privilegierungstatbeständen des § 23 MarkenG, GRUR 1997, 408; *Starck*, Markenmäßiger Gebrauch – Besondere Voraussetzung für die Annahme einer Markenverletzung?, GRUR 1996, 688. S. auch die Schrifttumsangaben zu § 14 (vor Rn 1).

### Entscheidungen zum MarkenG

**1. OLG Nürnberg GRUR 1996, 206 – Leitungsrohre**
Zum Anwendungsbereich des § 23 Nr. 2.

**2. BPatG GRUR 1996, 284 – Fläminger**
Die Annäherung persönlicher und sachlicher beschreibender Angaben an fremde Kennzeichen wie etwa in Schriftbild, Farbgebung oder Bildgestaltung sowie einer Bezugnahme in einem begleitenden Werbetext kann die Sittenwidrigkeit begründen.

**3. OLG München Mitt 1996, 174 – FAT TIRE**
Benutzung der Bezeichnung *FAT TIRE* in einem Fließtext ohne graphische Hervorhebung und unter Benutzung einer anderweitigen Dienstleistungsmarke.

**4. OLG Stuttgart WRP 1996, 634 – Baggerparty**
Die markenmäßige Benutzung der Bezeichnung *Baggerparty* ist keine beschreibende Angabe im Sinne von § 23 Nr. 2 und verstößt gegen die guten Sitten.

**5. OLG München WRP 1996, 1052 – BIG PACK**
Benutzung einer fremdsprachigen beschreibenden Angabe.

**6. HansOLG Hamburg WRP 1997, 103 – Cotto**
Zum Anwendungsbereich des § 23 Nr. 2.

**7. HansOLG Hamburg WRP 1997, 106 – Gucci**
Der Hinweis *Styled by Guccio Gucci* ist eine beschreibende Angabe über Merkmale und Eigenschaften einer Ware.

**8. HansOLG Hamburg GRUR 1996, 982 – Für Kinder**
Zum Anwendungsbereich des § 23 Nr. 2.

**9. BGH GRUR 1997, 627 – à la Carte**
Zur Bestimmung des Anwendungsbereichs des § 23 Nr. 2.

**10. BGH GRUR 1997, 634 – Turbo II**
Zur Bestimmung des Anwendungsbereichs des § 23 Nr. 2.

**11. HansOLG Hamburg GRUR 1997, 659 – KLAUS BREE**
Der Namensinhaber hat gegenüber einem Markenrecht nicht das Recht zur Kennzeichnung von Produkten mit seinem Namen.

**12. EuGH, Rs. C-337/95, Slg. 1997, I-6013, GRUR Int 1998, 140 – Dior/Evora**
Zum Werberecht des Wiederverkäufers.

**13. BGH GRUR 1998, 697 – VENUS MULTI**
Zur Zulässigkeit einer Zeichenbenutzung von bloß informativem Charakter.

**14. OLG München MarkenR 1999, 31 – Infobahn**
Zur beschreibenden Verwendung im Sinne von § 23 Nr. 2. des Wortes *Infobahn* in der Werbung.

**15. BGH WRP 1998, 752 – Fläminger**
Zur Bestimmung des Anwendungsbereichs des § 23 Nr. 2.

**16. BGH GRUR 1999, 238 – Tour de culture**
Zur beschreibenden Verwendung eines Zeichens als Angabe über die Beschaffenheit einer angebotenen Reiseleistung.

**17. OLG Köln GRUR 1999, 66 – DAN**
Zur Abgrenzung der namensmäßigen oder beschreibenden Art der Verwendung von der Verwendung der fremden Kennzeichnung nach Art einer Marke.

**18. EuGH, Rs C-63/97, WRP) 1999, 407 – BMW**
Zur Werbung mit der Instandsetzung und Wartung von Kraftfahrzeugen als Bestimmungshinweise.

## A. Allgemeines

### I. Regelungsübersicht

Die Vorschrift des § 23 normiert Schranken des Markenschutzes im Interesse einer freien Benutzung bestimmter Bezeichnungen sowie der Benutzung zu bestimmten Zwecken. Regelungsgegenstand ist die lautere Benutzung von *Namen* oder *Anschriften* (Nr. 1), *beschreibenden Angaben* (Nr. 2) und die Benutzung im *Zubehör-* und *Ersatzteilgeschäft* (Nr. 3). Als deskriptive Angaben über Merkmale oder Eigenschaften von Waren oder Dienstleistungen im Sinne von Nr. 2 werden beispielhaft aufgezählt: Artangaben, Beschaffenheitsangaben, Bestimmungsangaben, Wertangaben, geographische Herkunftsangaben sowie Zeitangaben. Der Beispielskatalog ist entsprechend den beschreibenden Marken iS § 8 Abs. 2 Nr. 2, etwa hinsichtlich von Mengenangaben sowie sonstigen Produktmerkmalsangaben, zu ergänzen (Redaktionsversehen). In Nr. 3 wird der Hinweis auf die Bestimmung einer Ware als Zubehör oder Ersatzteil sowie auf die Bestimmung einer Dienstleistung als Bestimmungsangabe ausdrücklich geregelt, soweit die Benutzung dafür notwendig ist. Die Schutzschranke des § 23 steht unter dem Vorbehalt, daß die Benutzung nicht gegen die guten Sitten verstößt. Wenn ein Verstoß gegen die guten Sitten nach § 1 UWG vorliegt, dann bestehen nicht nur die wettbewerbsrechtlichen Ansprüche und Sanktionen nach dem UWG, sondern es bestehen auch die kennzeichenrechtlichen Ansprüche nach den §§ 14, 15. Die Vorschrift erfaßt die nach der Entstehung des Markenschutzes zu unterscheidenden drei Katagorien von Marken im Sinne des § 4 Nr. 1 bis 3 sowie die Unternehmenskennzeichen und Werktitel als geschäftliche Bezeichnungen im Sinne des § 5.

### II. Rechtsänderungen

Im WZG normierte § 16 WZG die Grenzen des Zeichenschutzes für Namen, Firmen und beschreibende Angaben. Die Schutzschranke des § 16 WZG stand unter dem Vorbehalt, daß der Gebrauch nicht warenzeichenmäßig erfolgte. Nach § 23 kommt es nicht mehr auf die kennzeichenmäßige oder nicht kennzeichenmäßige Benutzung des Kennzeichens an. Entscheidend ist allein, ob nach einer Gesamtwürdigung aller Umstände des Einzelfalles die Benutzung gegen die guten Sitten verstößt oder im Einklang mit den Grundsätzen des lauteren Wettbewerbs steht. Anders als § 16 WZG schränkt § 23 den Markenschutz nicht allgemein hinsichtlich der Verwendung einer Firma durch Dritte ein. § 23 Nr. 1 priviligiert nur noch eine solche Firma, die den Nachnamen des Unternehmensinhabers enthält. Zwar bezog sich § 16 WZG nur auf das eingetragene Warenzeichen, doch wurden die Grenzen des Zeichenschutzes nach § 16 WZG auf das Ausstattungsrecht nach § 25 WZG sinngemäß übertragen.

### III. Europäisches Unionsrecht

#### 1. Erste Markenrechtsrichtlinie

3   Die Vorschrift des § 23 entspricht weitgehend wörtlich Art. 6 Abs. 1 MarkenRL. Art. 6 Abs. 1 lit. b MarkenRL zählt ausdrücklich auch die Mengenangaben auf, die § 23 Nr. 2 wohl aufgrund eines Redaktionsversehens nicht enthält, die aber bei richtlinienkonformer Auslegung als sonstige Produktmerkmalsbezeichnungen den Beispielskatalog des § 23 Nr. 2 ergänzen. § 23 stellt dem deutschen Sprachgebrauch im Wettbewerbsrecht entsprechend auf einen Verstoß gegen die guten Sitten ab, während Art. 6 Abs. 1 MarkenRL voraussetzt, daß die Benutzung den anständigen Gepflogenheiten in Gewerbe oder Handel entspricht. Die unterschiedliche Wortwahl bedeutet zwar im Grundsatz keinen sachlichen Unterschied. Es handelt sich aber bei dem Begriff der guten Sitten im Sinne des § 23 um einen Begriff des Gemeinschaftsrechts, der entsprechend den anständigen Gepflogenheiten in Gewerbe oder Handel richtlinienkonform auszulegen ist.

#### 2. Gemeinschaftsmarkenverordnung

4   Die Vorschrift des § 23 entspricht weitgehend wörtlich Art. 12 GMarkenV, der mit Art. 6 Abs. 1 MarkenRL identisch ist (s. zu den Abweichungen im Wortlaut Rn 3).

## B. Die allgemeinen Anwendungsvoraussetzungen des § 23

### I. Grundsatz einer rechtlichen Schranke des Kennzeichenschutzes

#### 1. Grundregelung

5   Nach § 23 wird der Schutz der Marke nach § 14 und der geschäftlichen Bezeichnung nach § 15 dahin eingeschränkt, daß der Kennzeicheninhaber einem Dritten nicht untersagen kann, im geschäftlichen Verkehr seinen *Namen* oder seine *Anschrift* (Nr. 1), ein mit der Marke oder der geschäftlichen Bezeichnung identisches oder ähnliches Zeichen *als beschreibende Angabe* (Nr. 2) oder die Marke oder geschäftliche Bezeichnung *als notwendigen Bestimmungshinweis im Zubehör- und Ersatzteilgeschäftsverkehr* (Nr. 3) zu benutzen. Die Benutzungsfreiheit des Dritten steht unter dem Vorbehalt des redlichen Geschäftsverkehrs. Normzweck des § 23 ist es, den Kennzeichenschutz nach den §§ 14 und 15 sowohl im Interesse der einzelnen Mitbewerber als auch im Allgemeininteresse eines freien Waren- und Dienstleistungsverkehrs zu beschränken. Die Tatbestände der Nr. 1 bis 3 beruhen auf verschiedenen Gedanken. Einem Wettbewerber ist es erlaubt, persönliche Angaben wie seinen Namen und seine Anschrift zum einen (Nr. 1), sachliche Angaben wie deskriptive Produktmerkmalsbeschreibungen zum anderen (Nr. 2) auf dem Produkt, seiner Aufmachung oder Verpackung anzubringen, diese Produkte auf dem Markt anzubieten und die Angaben in der Werbung zu benutzen. Der Bestimmungshinweis auf eine Ware als Zubehör oder Ersatzteil nach Nr. 3 stellt eine besondere Fallkonstellation einer deskriptiven Angabe nach Nr. 2 dar; die klarstellende Bedeutung von Nr. 3 zeigt sich insbesondere bei dem Bestimmungshinweis für eine Dienstleistung, der schon unter die Bestimmungsangaben nach Nr. 2 zu subsumieren ist.

#### 2. Rechtsnatur

6   Nach der Rechtslage im WZG wurden die in § 16 WZG normierten Grenzen des Zeichenschutzes dahin verstanden, die Vorschrift gewähre dem Dritten kein echtes Benutzungsrecht (*Baumbach/Hefermehl*, § 16 WZG, Rn 5). Die Vorschrift hindere den Dritten nur

nicht, die persönlichen und sachlichen Angaben im geschäftlichen Verkehr zu verwenden (RG JW 1921, 1539) und diene so allein der Verteidigung, nicht aber dem Angriff des Dritten (RGZ 55, 243; *Pinzger*, Warenzeichenrecht, § 16 WZG, Anm. 2). Der Grund wurde darin gesehen, daß § 16 WZG ausdrücklich nur den nicht zeichenmäßigen Gebrauch dem Dritten gestatte und so dem Verbietungsrecht des Zeicheninhabers entziehe. Nach § 23 kommt es aber auf die kennzeichenmäßige oder nicht kennzeichenmäßige Benutzung nicht an. Nach § 23 ist einem Dritten die Verwendung einer beschreibenden Angabe innerhalb des redlichen Wettbewerbs selbst dann gestattet, wenn die Benutzung der beschreibenden Angabe einen zeichenmäßigen Gebrauch im herkömmlichen Sinne des WZG darstellt (so Begründung zum MarkenG, BT-Drucks. 12/6581 vom 14. Januar 1994, S. 80). Nichts anderes gilt für die Benutzung einer den Namen enthaltenden Firma eines Dritten, selbst wenn nach der Rechtslage im WZG die Benutzung der Firma als zeichenmäßiger Gebrauch zu beurteilen war. Nach der Rechtslage im MarkenG ist davon auszugehen, daß jedem Wettbewerber ein Recht zur Benutzung der persönlichen und sachlichen Angaben im Sinne des § 23 innerhalb des redlichen Geschäftsverkehrs zusteht.

## II. Marken und geschäftliche Bezeichnungen

Die Schutzrechtsschranke des § 23 besteht für Marken und geschäftliche Bezeichnungen. **7** Unter *Marken* sind alle nach der Entstehung des Markenschutzes zu unterscheidenden drei Kategorien von Marken des § 4 Nr. 1 bis 3 zu verstehen; das sind die eingetragene Marke, die benutzte Marke mit Verkehrsgeltung und die notorisch bekannte Marke. Schon nach der Rechtslage im WZG wurde § 16 WZG, der sich auf den Schutz des Warenzeichens bezog, entsprechend auf den Schutz der Ausstattung nach § 25 WZG angewandt (RG GRUR 1940, 358, 362 – „R"; RG MuW 1940, 182 – Rauner; *Baumbach/Hefermehl*, §§ 16 WZG, Rn 6; 25 WZG, Rn 50, 98). Die Schutzrechtsschranke des § 23 gilt für alle Arten von Marken (s. die Übersicht § 3, Rn 9 ff.), wie Warenmarken und Dienstleistungsmarken (so schon zur Dienstleistungsmarke nach § 1 Abs. 2 WZG s. BGH GRUR 1985, 41 – REHAB), Individualmarken und Kollektivmarken, Herstellermarken und Handelsmarken sowie Konzernmarken und Holdingmarken. *Geschäftliche Bezeichnungen* sind Unternehmenskennzeichen und Werktitel nach § 5 Abs. 1. Unternehmenskennzeichen sind Namen, Firmen, besondere Geschäfts- oder Unternehmensbezeichnungen sowie sonstige betriebliche Unterscheidungszeichen nach § 5 Abs. 2. Werktitel sind Namen oder besondere Bezeichnungen von Druckschriften, Filmwerken, Tonwerken, Bühnenwerken oder sonstigen vergleichbaren Werken nach § 5 Abs. 3. Die Identität oder Ähnlichkeit des kollidierenden Zeichens mit der Marke bestimmt sich nach den Grundsätzen des § 14 Abs. 2 (s. § 14, Rn 76, 146 ff.), die Identität oder Ähnlichkeit mit der geschäftlichen Bezeichnung nach § 15 Abs. 2 (s. § 15, Rn 16, 17 f.).

## III. Benutzung im geschäftlichen Verkehr

Die Schutzrechtsschranke des § 23 besteht dann, wenn der Dritte die persönliche oder **8** beschreibende Angabe im geschäftlichen Verkehr (zum Begriff s. § 14, Rn 40 ff.) benutzt. Wenn der Dritte die persönliche oder sachliche Angabe nicht im geschäftlichen, sondern etwa im privaten oder unternehmensinternen Verkehr benutzt, dann liegt schon keine Kennzeichenrechtsverletzung nach den §§ 14 oder 15 vor, die eine Benutzung des Zeichens im geschäftlichen Verkehr voraussetzen. Ob die Benutzung im geschäftlichen Verkehr einen kennzeichenmäßigen oder nicht kennzeichenmäßigen Gebrauch darstellt, ist für den Anwendungsbereich des § 23 rechtlich unerheblich (s. Rn 9 ff.). Anders war nach § 16 WZG der warenzeichenmäßige Gebrauch persönlicher oder sachlicher Angaben verboten.

## IV. Benutzung als beschreibende Angabe oder als Marke

### 1. Verhältnis der Kollisionstatbestände des § 14 Abs. 2 Nr. 1 bis 3 zur Schutzschranke des § 23

Nach § 14 ist *jede Benutzung eines Zeichens im geschäftlichen Verkehr* zum Zwecke des Pro- **9** duktabsatzes eine rechtserhebliche Benutzungshandlung zur Begründung einer Markenrechtsverletzung. Anders als nach der Rechtslage im WZG haben die Kollisionstatbestände des § 14 Abs. 2 eine *markenmäßige Benutzung* nicht zur rechtlichen Voraussetzung einer Verletzungshandlung (s. § 14, Rn 39). Nach der Rechtsprechung und überwiegenden Auffassung im Schrifttum war demgegenüber der zeichenmäßige Gebrauch eine grundlegende Voraussetzung des Warenzeichenschutzes. Anders als § 16 WZG, der die Grenzen des Zeichenschutzes regelte und die erlaubte Drittbenutzung davon abhängig machte, daß der Zeichengebrauch nicht warenzeichenmäßig erfolgte, stellt die Schutzrechtsschranke des § 23 nicht auf eine markenmäßige Benutzung ab. Es kommt für alle drei Fallgruppen des § 23 Nr. 1 bis 3 nicht mehr darauf an, ob eine *kennzeichenmäßige* oder *nicht kennzeichenmäßige* Verwendung vorliegt (Begründung zum MarkenG, BT-Drucks. 12/6581 vom 14. Januar 1994, S. 80). Die Benutzung einer beschreibenden Angabe im Sinne des § 23 Nr. 2 ist einem Dritten selbst dann erlaubt, wenn die beschreibende Angabe *im herkömmlichen Sinne des Verletzungsrechts* markenmäßig benutzt wird. Der Begriff der markenmäßigen Benutzung im herkömmlichen Verständnis wurde als ein ungeschriebenes Tatbestandsmerkmal zu § 15 WZG entwickelt und im Interesse eines umfassenden Zeichenschutzes als ein Tatbestandsmerkmal des Verletzungsrechts *extensiv* ausgelegt und nach der Verkehrsauffassung beurteilt. Diesem weiten Begriff der markenmäßigen Benutzung kommt für die Schutzrechtsschranke des § 23 keine rechtliche Bedeutung zu. Ein solch weites Verständnis der markenmäßigen Benutzung würde die im Interesse des Verkehrs und der Mitbewerber bestehende Schutzrechtsschranke des § 23 untergraben. Das Verhältnis der Kollisionstatbestände des § 14 Abs. 2 Nr. 1 bis 3 zu den Schranken des Markenschutzes nach § 23 bestimmt den Anwendungsbereich des Verletzungsrechts nach der Rechtslage im MarkenG. Die beiden Vorschriften der §§ 14 und 23 begründen als Einheit das Kollisionsrecht der Marke. Der Verzicht auf das Erfordernis einer markenmäßigen Benutzung als Anwendungsvoraussetzung des § 14 Abs. 2 (s. § 14, Rn 39), verlagert die Abgrenzung des Schutzbereichs einer Marke insoweit sachgerecht auf eine Auslegung des § 23, dessen Anwendung eine Konkretisierung der beschreibenden Verwendung eines Zeichens als Schutzschranke des Markenschutzes verlangt.

### 2. Benutzung nach Art einer Marke

**10**  Nach § 23 kann nicht jede Benutzung von Namen, beschreibenden Angaben und die Zeichenbenutzung im Zubehör- oder Ersatzteilgeschäft erlaubt sein, da ansonsten umgekehrt der Kennzeichenschutz nach §§ 14 und 15 ausgehöhlt würde. Die rechtlichen Anforderungen an die erlaubte Art der Benutzung wird nach dem Wortlaut des § 23 dadurch zum Ausdruck gebracht, daß das Zeichen *als beschreibende Angabe* oder *als Bestimmungshinweis* benutzt werden muß. Der Anwendungsbereich des § 23 kann aber nicht nach der Rechtsprechung zum warenzeichenmäßigen Gebrauch im Sinne des § 15 WZG in Abgrenzung zum beschreibenden Gebrauch eines Zeichens nach der Verkehrsauffassung bestimmt werden. Nach § 23 ist zwar die Benutzung als beschreibende Angabe, aber auch nur die Benutzung als beschreibende Angabe und nicht auch die Benutzung *nach Art einer Marke* oder kurz *als Marke* erlaubt (*Fezer*, WRP 1996, 973, 974; zust. *Althammer/Ströbele/Klaka*, § 23 MarkenG, Rn 5; widersprüchlich *Ingerl/Rohnke*, § 23 MarkenG, Rn 35 f., die nicht hinreichend zwischen dem extentiven und restriktiven Verständnis einer markenmäßigen Benutzung unterscheiden und zwar zustimmend auf einen Rückgriff auf den im Verletzungsrecht entwickelten weiten Begriff des kennzeichenmäßigen Gebrauchs verzichten, gleichwohl die Anwendungsschranke der Benutzung nach Art einer Marke leugnen). Der Begriff einer *Benutzung als Marke im Sinne des § 23* entspricht dem *restriktiven Verständnis einer markenmäßigen Benutzung im Sinne des § 16 WZG*, wie er schon nach der Rechtslage im WZG von denjenigen vorgeschlagen worden ist, die den zeichenmäßigen Gebrauch einer Marke nicht als eine rechtliche Voraussetzung einer Markenrechtsverletzung nach § 15 WZG verstanden haben (*Reimer/Heydt*, Kap. 42, Rn 2; *Heydt*, Mitt 1969, 319; *Heydt*, GRUR 1971, 253; zust. *Bußmann*, GRUR 1971, 392; *Fezer*, Der Benutzungszwang im Markenrecht, S. 72; *Fezer*, GRUR 1977, 616, 618; dagegen *Wilde*, GRUR 1968, 477; *v. Gamm*, GRUR 1974, 539). Der BGH hat die im Schrifttum und in der instanzgerichtlichen Rechtsprechung hinsichtlich eines extensiven oder restriktiven Verständnisses des warenzeichenmäßigen Gebrauchs im Verhältnis der Vorschriften der §§ 15 und 16 WZG teils widersprüchlich geführten Diskussion der Streitfrage, ob Anwendungsvoraussetzung des § 23 Nr. 2 eine markenmäßige Benutzung ist, zwar ausdrücklich nicht entschieden (BGH

GRUR 1999, 238 – Tour de culture), gleichwohl aber zwischen einer *beschreibenden Verwendung,* die zulässig, und einer *Verwendung als Herkunftskennzeichen,* die unzulässig ist, unterschieden. Die vom BGH vorgenommene Unterscheidung zwischen einer beschreibenden Verwendung und einer Verwendung als Herkunftskennzeichen entspricht der Sache nach einer Abgrenzung des Anwendungsbereichs des § 23 Nr. 2 nach dem Kriterium der Benutzung nach Art einer Marke oder als Marke. Die Benutzung eines Zeichens nach Art einer Marke bestimmt sich nach der *objektiven Art der Verwendung* des Zeichens als eines Unterscheidungszeichens im Sinne des § 3 Abs. 1. Ob das Zeichen nach Art einer Marke verwendet wird, bestimmt sich nicht allein nach der Verkehrsauffassung, sondern objektiv danach, ob das Zeichen gleichsam als ein Signalwort für das Produkt und damit als ein Unterscheidungszeichen zur Identifizierung von Unternehmensprodukten auf dem Markt benutzt wird (zur Verwendung eines Zeichens als unabhängiges Schlagwort s. schon BGH GRUR 1955, 484 – Luxor; s. dazu *Heydt,* Mitt 1969, 319, 326). Der BGH stellt zutreffend darauf ab, ob nach den konkreten Umständen des Einzelfalles der *Eindruck einer beschreibenden Verwendung* besteht, der die *Verwendung als Herkunftskennzeichen* ausschließt (BGH GRUR 1999, 238 – Tour de culture; ähnlich BPatG GRUR 1996, 284, 285 f. – Fläminger; die namensmäßige oder beschreibende Art der Verwendung von der Verwendung der fremden Kennzeichnung nach Art einer Marke abgrenzend auch OLG Köln GRUR 1999, 66, 68 – DAN; zur unzulässigen Benutzung des Namens zur Kennzeichnung von Produkten s. HansOLG Hamburg GRUR 1997, 659 – KLAUS BREE). Der Regelungszusammenhang ist an einem Beispiel zu illustrieren. Wenn an dem Zeichen *fit* Markenschutz etwa aufgrund erworbener Verkehrsgeltung für ein Sportgerät besteht, dann ist einem Dritten die Benutzung des Wortes *fit* als beschreibende Angabe auch für ein Sportgerät etwa in dem Werbespruch *Unsere Sportgeräte halten Sie fit* nach § 23 Nr. 2 erlaubt, selbst das Anbringen eines entsprechenden Aufklebers mit dem Werbespruch auf einem Produkt oder dessen Verpackung, nicht aber die Benutzung des Wortes *fit* als ein produktidentifizierendes Unterscheidungszeichen für ein Sportgerät und damit als dessen Produktname. Die beschreibende Benutzung des Wortes *fit* etwa in einem Werbespruch, der als Aufkleber an die Verpackung eines Produkts angebracht ist, ist selbst dann erlaubt, wenn nach dem extensiven Verständnis von einem zeichenmäßigen Gebrauch im Sinne des § 15 WZG von einer markenmäßigen Benutzung auszugehen wäre. Die Benutzung des Zeichens *fit* als beschreibende Angabe ist aber dann nach § 23 nicht erlaubt, wenn die konkrete Benutzung gegen die guten Sitten verstößt, etwa wie die konkrete Gestaltung des Wortes *fit* in Schriftbild oder Farbgebung sich an die fremde Marke anlehnt; dann bestehen die markenrechtlichen Ansprüche nach § 14 und regelmäßig wettbewerbsrechtliche Ansprüche nach § 1 UWG in Anspruchskonkurrenz (s. Rn 65 f.).

Die Rechtsprechung zu § 16 WZG legte den Begriff des zeichenmäßigen Gebrauchs im Interesse des Zeichenschutzes extensiv aus (s. etwa BGH GRUR 1959, 130 – Vorrasur/Nachrasur). Folge war, daß § 16 WZG nur eine geringe Bedeutung zukam (s. dazu *Baumbach/Hefermehl,* § 16 WZG, Rn 4). So wurde etwa als zeichenmäßiger Gebrauch beurteilt, wenn der Name oder die Firma auf der Ware selbst angebracht oder die Ware in Angeboten, auf Rechnungen und Preislisten mit dem Namen oder der Firma bezeichnet wurde, weil der Verkehr diese Art der Verwendung nicht mehr als eine bloße Namens- oder Firmenangabe, sondern als ein Hinweis zur Unterscheidung dieser Waren von Waren anderer Herkunft auffasse (BGH GRUR 1969, 690, 691 – Faber). § 23 verlangt demgegenüber eine *restriktive* und mehr differenzierende Beurteilung einer Zeichenbenutzung. Der Markeninhaber trägt die *Beweislast* für die Benutzung eines Zeichens nach Art einer Marke.

### 3. Rechtsprechung des BGH

In der Rechtsprechung des BGH kommt dem Anwendungsbereich des § 23 zur Abgrenzung der Schutzumfangs einer Marke eine verstärkte Bedeutung zu (BGH GRUR 1998, 697 – VENUS MULTI; 1999, 238 – Tour de culture; s. zur Rechtsprechung näher Rn 55). Diese Verlagerung der Abgrenzung des Schutzumfangs einer Marke auf die Konkretisierung der Schutzschranken des Markenrechts ist sachgerecht und beruht darauf, daß der BGH die Frage, ob die markenmäßige Benutzung eine Anwendungsvoraussetzung der Kollisionstatbestände des § 14 Abs. 2 Nr. 1 bis 3 darstellt (s. dazu § 14, Rn 39), nicht zu entscheiden brauchte. Eine sachgerecht Konkretisierung des Anwendungsbereichs des § 23 macht die markenmäßige Benutzung als Anwendungsvoraussetzung des § 14 überflüssig. Zur Abgrenzung des Anwendungsbereichs der beschreibenden Angaben nach § 23 Nr. 2 unterscheidet der BGH zwischen einer zulässigen Verwendung des Zeichens, die den *Eindruck einer beschreibenden Verwendung* hervorruft, und einer unzulässigen *Verwendung als Herkunftskennzeichen* (BGH GRUR 1999, 238 – Tour de culture). Der Sache nach entspricht die Abgrenzung des Anwendungsbereichs des Markenschutzes der vom EuGH in der *BMW*-Entscheidung (EuGH, Rs C-63/97, WRP 1999, 407 – BMW) zum Kollisionsrecht vorgeschlagenen Formulierung einer Benutzung als Marke (s. dazu § 14, Rn 30 c).

## V. Redlicher Geschäftsverkehr

### 1. Rechtslage im WZG

13 Schon nach der Rechtslage im WZG machte allein das Bestehen von Markenschutz den nicht zeichenmäßigen Gebrauch einer persönlichen oder sachlichen Angabe nach § 16 WZG nicht wettbewerbswidrig (BGH GRUR 1970, 31, 33 – Heinzelmännchen). Der Anwendungsbereich des § 16 WZG stand aber unter dem Vorbehalt eines Handelns innerhalb des lauteren Wettbewerbs (RG GRUR 1940, 358, 362 – „R"; *Baumbach/Hefermehl*, § 16 WZG, Rn 2, 5, 9). Nach der Rechtslage im WZG konnte auch der nicht zeichenmäßige Gebrauch einer beschreibenden Angabe bei Vorliegen besonderer, die Sittenwidrigkeit begründender Umstände wettbewerbswidrig sein und die Anwendung des § 16 WZG ausschließen, etwa im Falle einer sittenwidrigen Nachahmung von Plastikfiguren und einer Annäherung an die für diese Figuren verwendete Bezeichnung (BGH GRUR 1970, 31 – Heinzelmännchen).

### 2. Rechtslage im MarkenG

14 **a) Verstoß gegen die guten Sitten.** Gemeinsame Voraussetzung des Anwendungsbereichs der drei Fallgruppen des § 23 Nr. 1 bis 3 ist es, daß die Benutzung nicht gegen die guten Sitten verstößt. Die Benutzung der persönlichen oder sachlichen beschreibenden Angaben muß im Einklang mit den Grundsätzen des lauteren Wettbewerbs stehen (so die Begründung zum MarkenG, BT-Drucks. 12/6581 vom 14. Januar 1994, S. 80). Dieser Vorbehalt des *redlichen Wettbewerbs* entspricht im Grundsatz der Einschränkung aus Art. 6 Abs. 1 MarkenRL, der auf eine den *anständigen Gepflogenheiten in Gewerbe oder Handel* entsprechende Benutzung abstellt. Ein Verstoß gegen die guten Sitten im Sinne des § 23 liegt immer dann vor, wenn die Benutzung des kollidierenden Kennzeichens einen Tatbestand sittenwidrigen Wettbewerbs nach § 1 UWG erfüllt (so schon zur Rechtslage im WZG zur sittenwidrigen Annäherung einer Firma an eine fremde Marke RGZ 99, 90, 92 – Gilette). Bei dem Vorbehalt des redlichen Geschäftsverkehrs in § 23 handelt es sich um eine in Umsetzung der MarkenRL erfolgte Vorgabe des Gemeinschaftsrechts. Auch wenn im Grundsatz auf die Rechtssätze zu § 1 UWG zurückgegriffen werden kann, ist der Begriff eines Verstoßes gegen die guten Sitten richtlinienkonform auszulegen. Zu berücksichtigen sind die in der Rechtsprechung des EuGH entwickelten Grundsätze zu den gemeinschaftsrechtlichen Grenzen der nationalen Wettbewerbsrechte, die als eine Anwendung der Grundsätze der Erforderlichkeit und Verhältnismäßigkeit sowie des Übermaßverbotes zu verstehen sind (s. § 14, Rn 92).

15 Anders als § 1 UWG verlangt der Verstoß gegen die guten Sitten nach § 23 kein Handeln zu Zwecken des Wettbewerbs (zum Erfordernis einer Wettbewerbshandlung nach § 1 UWG s. *Baumbach/Hefermehl*, Wettbewerbsrecht, Einl UWG Rn 214 ff.). Soweit sich aus dem Wettbewerbsbezug der Sittenwidrigkeit nach § 1 UWG Schranken einer Kennzeichenverwendung ergeben, gelten diese nicht für den Vorbehalt redlichen Wettbewerbs nach § 23. Ausreichend ist das Vorliegen eines Verstoßes gegen die guten Sitten im geschäftlichen Verkehr. Es ist insoweit ungenau, von einer Vereinbarkeit mit den Grundsätzen des lauteren Wettbewerbs (so die Begründung zum MarkenG, BT-Drucks. 12/6581 vom 14. Januar 1994, S. 80), richtiger von einem *Vorbehalt des redlichen Geschäftsverkehrs* zu sprechen (s. dazu im einzelnen Rn 63 ff.).

16 Bei der Feststellung, ob ein Verstoß gegen die guten Sitten im geschäftlichen Verkehr gegeben ist, kommt es auf eine Gesamtwürdigung aller Umstände des konkreten Einzelfalles an (so Begründung zum MarkenG, BT-Drucks. 12/6581 vom 14. Januar 1994, S. 80). Der

Begriff der guten Sitten ist richtlinienkonform im Sinne der anständigen Gepflogenheiten in Gewerbe und Handel (Art. 6 Abs. 1 MarkenRL) auszulegen. Das Interesse des Kennzeicheninhabers an seinem Ausschließlichkeitsrecht, die Interessen der Wettbewerber an einer Benutzung persönlicher und sachlicher beschreibender Angaben sowie das Allgemeininteresse an einem freien Wirtschaftsverkehr sind aufgrund einer umfassenden *Güter- und Interessenabwägung* in Einklang zu bringen. Ob die Benutzung der persönlichen oder sachlichen beschreibenden Angabe kennzeichenmäßig oder nicht kennzeichenmäßig erfolgt, ist rechtlich unerheblich. Selbst das Vorliegen einer Verwechslungsgefahr soll für sich allein nicht ausreichend sein, um die Benutzung als unlauter erscheinen zu lassen (so Begründung zum MarkenG, BT-Drucks. 12/6581 vom 14. Januar 1994, S. 80). Hauptanwendungsfälle eines Verstoßes gegen die guten Sitten im Sinne des § 23 werden *Fallkonstellationen des Behinderungswettbewerbs* (s. Rn 65 f.) sein. Die Annäherung persönlicher und sachlicher beschreibender Angaben an fremde Kennzeichen, wie etwa in Schriftbild, Farbgebung oder Bildgestaltung, sowie einer Bezugnahme in einem begleitenden Werbetext, kann die Sittenwidrigkeit begründen. Wenn etwa an den Wörtern *mobil* oder *Genießer* Markenschutz besteht, dann ist die Benutzung dieser beschreibenden Angaben in einem Werbespruch wie *Stets mobil mit forbil* für Arzneimittel oder *Genießer trinken DOORNKAAT* für ein alkoholisches Getränk nach § 23 Nr. 2 grundsätzlich zulässig, es sei denn, daß die konkrete Art der Benutzung gegen die guten Sitten verstößt, weil etwa die Wörter *mobil* oder *Genießer* sich konkret in Schrift, Farbe oder Gestaltung an das Erscheinungsbild der fremden Marke anlehnen (allein zum nicht warenzeichenmäßigen Gebrauch s. BPatGE 9, 240 – Stets mobil mit forbil; BPatGE 5, 188 – Genießer).

Ein Beispiel einer sittenwidrigen Benutzung eines Bildmotivs als beschreibende Angabe **17** bietet die Anlehnung an das im Verkehrs bekannte *westfälische Schinkenfrühstück,* das gruppiert um eine Steinhägerflasche nebst Glas, einen angeschnittenen rohen Schinken sowie ein Pumpernickelbrot und einen Teller mit roten Radieschen und grünem Kraut zeigt; die Werbung für einen Wacholder mit einem verwechselbaren Frühstücksbild, das anstelle des Schinkens rohes Hackfleisch und ein Spiegelei zeigte, wurde als Markenrechtsverletzung beurteilt, da eine Notwendigkeit, für Branntwein mit einem solchen gedanklich ausgeprägten Stilleben zu werben, nicht bestehe (HansOLG Hamburg WRP 1957, 51 – Westfälisches Schinkenfrühstück).

**b) Rechtsfolgen.** Wenn die Benutzung der persönlichen oder sachlichen beschreiben- **18** den Angabe gegen die guten Sitten verstößt, dann stehen dem Inhaber der Marke oder geschäftlichen Bezeichnung die kennzeichenrechtlichen Ansprüche nach den §§ 14 oder 15 zu. Wenn der Verstoß gegen die guten Sitten zugleich den Tatbestand des § 1 UWG erfüllt, was regelmäßig der Fall sein wird, dann bestehen die wettbewerbsrechtlichen Ansprüche in Anspruchskonkurrenz (s. § 2, Rn 2 ff.).

## C. Die einzelnen Tatbestände der Schutzrechtsschranken des § 23 Nr. 1 bis 3

### I. Name und Anschrift (§ 23 Nr. 1)

#### 1. Prioritätsjüngere Namenszeichen

Jeder Dritte hat nach § 23 Nr. 1 das Recht, seinen *Namen* und seine *Anschrift* im geschäft- **19** lichen Verkehr zu benutzen. Das gilt auch dann, wenn diese persönlichen Angaben des Dritten mit einer prioritätsälteren Marke oder geschäftlichen Bezeichnung übereinstimmen. Nach § 12 BGB besteht an dem Namen einer Person absoluter Rechtsschutz. Das Namensrecht ist ein subjektives Recht und konkretisiert als ein besonderes Persönlichkeitsrecht das allgemeine Persönlichkeitsrecht des Menschen (BVerfGE 78, 38, 49; BGH NJW-RR 1991, 439, 442; s. Rn 24). Auch die Verwendung des Namens und der Anschrift steht unter dem Vorbehalt der Benutzung nach Art einer Marke (s. Rn 10 ff.) und des redlichen Geschäftsverkehrs (s. Rn 13 ff.). Dem Namensinhaber steht gegenüber einem Markenrecht nicht das Recht zur Kennzeichnung von ähnlichen Waren oder Dienstleistungen mit seinem Namen zu (HansOLG Hamburg GRUR 1997, 659 – KLAUS BREE, selbst bei Hinzufügung des Vornamens *KLAUS* zu dem als Marke eines Dritten geschützten Zeichenbestandteil *BREE*).

## 2. Begriff des Namens

**20** Der Begriff des Namens ist nicht im Sinne des Namensrechts nach § 12 BGB zu verstehen, dessen Anwendungsbereich aufgrund einer extensiven Auslegung eine Vielzahl von Bezeichnungen mit Namensfunktion erfaßt (s. § 15, Rn 24 ff.). Name im Sinne des § 23 Nr. 1 ist der *bürgerliche Name* eines Menschen (s. dazu auch Begründung zum MarkenG, BT-Drucks. 12/6581 vom 14. Januar 1994, S. 80). Der bürgerliche Name ist der *Geburtsname*, der *Ehename* oder der *Familienname* (Nachname) einer Person. Der Name einer juristischen Person wie auch die Firma als der Handelsname eines Kaufmanns nach § 17 Abs. 1 HGB fallen als solche nicht unter den Anwendungsbereich des § 23 Nr. 1 (zur Firma s. Rn 21 ff.).

## 3. Firma

**21** **a) Rechtslage im WZG.** In § 16 WZG war neben dem Namen und der Wohnung ausdrücklich die Firma aufgezählt. Da nach dem Prioritätsgrundsatz ein jüngeres Firmenrecht einem älteren Warenzeichenrecht grundsätzlich weichen mußte, war es Zweck des § 16 WZG, dem Firmeninhaber die Benutzung seiner Firma im Geschäftsverkehr zu ermöglichen. Der nach § 16 WZG erlaubte Firmengebrauch stand allerdings unter dem Vorbehalt, daß die Benutzung nicht warenzeichenmäßig erfolgte. Wenn jedoch die Firma zur Bezeichnung eines Produkts benutzt wurde, dann war nach der als maßgeblich angesehenen Auffassung des Durchschnittsverbrauchers die Firmenverwendung als ein Hinweis auf die Herkunft der Ware und damit als ein zeichenmäßiger Gebrauch im Sinne eines extensiven Begriffsverständnisses zu beurteilen. Da nun nicht zweifelhaft sein konnte, daß § 16 WZG nicht mit der einen Hand Rechte gab und diese mit der anderen Hand wieder nahm, war erforderlich, § 16 WZG korrigierend auszulegen. Im Rahmen des lauteren Wettbewerbs wurde auch der zeichenmäßige Gebrauch einer Firma gegenüber einem prioritätsälteren Warenzeichen erlaubt. § 16 WZG rechtfertigte allerdings dann nicht die Benutzung eines fremden Warenzeichens, wenn die Wahl des Zeichens willkürlich und nicht notwendig war (BGH GRUR 1954, 123 – Auto-Fox).

**22** **b) Rechtslage im MarkenG. aa) Namensfirmen.** Da die Aufzählung der Firma in § 16 WZG als eine verfehlte Regelung, die eine korrigierende Auslegung der Vorschrift verlangte, angesehen wurde (s. Rn 21), wurde die Firma als Handelsname nicht mehr ausdrücklich in den Anwendungsbereich des § 23 Nr. 1 einbezogen. Die Firma ist aber dann unter den Begriff des Namens nach § 23 Nr. 1 zu subsumieren, wenn die Firma den *Namen* (zum Begriff des Namens s. Rn 20) des *Inhabers der Firma* darstellt oder diesen als *Firmenbestandteil* enthält. Das Namensprivileg des § 23 Nr. 1 gilt zunächst für die *ursprüngliche Firma*, die der Kaufmann nach den handelsrechtlichen Vorschriften der §§ 17 ff. HGB gebildet hat. Da die Vorschrift des § 23 Nr. 1 Ausdruck des allgemeinen Grundsatzes ist, niemand dürfe an der Führung seines Namens innerhalb des redlichen Geschäftsverkehrs gehindert werden, gilt das Namensprivileg grundsätzlich auch für die *abgeleitete Firma*, wenn in der Person des Firmeninhabers eine Nachfolge eingetreten ist und der neue Firmeninhaber die alte Firma mit dem Namen des ursprünglichen Firmeninhabers rechtmäßig nach den handelsrechtlichen Vorschriften fortführt. Der Gesetzgeber hat von einer ausdrücklichen Regelung der Benutzung einer abgeleiteten Firma vor allem deswegen abgesehen, als sich insoweit kaum allgemein geltende Regeln aufstellen lassen (s. Begründung zum MarkenG, BT-Drucks. 12/6581 vom 14. Januar 1994, S. 80). Diese Fallkonstellation ist nach der insoweit fortgeltenden Rechtsprechung zur Befugnis der Namensführung zu beurteilen (s. § 15, Rn 116).

**23** **bb) Namensmäßige Benutzung als Firma.** Der Inhaber der seinen Namen enthaltenden Firma darf die mit einer fremden Marke kollidierende Firma nur *namensmäßig* und damit *als Firma* benutzen. § 23 Nr. 2 und 3 bestimmen ausdrücklich, daß die Benutzung der Marke oder geschäftlichen Bezeichnung nur als beschreibende Angabe oder als Bestimmungshinweis und damit nicht nach Art einer Marke benutzt werden darf. Auch wenn § 23 Nr. 1 nicht ausdrücklich eine entsprechende Begrenzung des Rechts zur Namensführung enthält, gilt dieser Rechtsgedanke entsprechend. Schon nach der Rechtslage im WZG wurde diese Begrenzung des Firmengebrauchs aus dem Vorbehalt redlichen Wettbewerbs abgeleitet. Bei Kennzeichen, die einen bürgerlichen Namen enthalten, besteht in einem besondern Maße die Gefahr einer Irreführung des Verkehrs (so schon RG GRUR 1940, 358, 363 – Rauner). Der Namensträger des Namens *Lindberg* darf zwar seinen Namen im Geschäftsverkehr auch als Firma oder Firmenbestandteil namensmäßig benutzen, nicht aber im Falle einer Kollision mit einer prioritätsälteren Marke mit dem bekannten Flieger *Lindbergh* schlagwortartig nach Art einer Marke (RG GRUR 1941, 475 – Lindbergh/Lindberg; s. auch RGZ 110, 234, 236 – Malzmann; RG MuW 1927/28, 15 – Dominikus).

### 4. Sonstige geschäftliche Bezeichnungen

Wenn eine sonstige geschäftliche Bezeichnung im Sinne der §§ 5, 15 aus einem *Namen* 24 besteht oder einen *Namen als Zeichenbestandteil* enthält, dann gelten die für Firmen entwickelten Grundsätze entsprechend (s. Rn 22 f.). Die mit der prioritätsälteren Marke *Carborundum* kollidierende geschäftliche Bezeichnung *Carborundum-Werke* der K. K. privilegierten österreichischen Länderbank wurde als zulässig beurteilt, wenn nicht die Art der Benutzung im Verkehr die Gefahr einer Irreführung dahin hervorrief, es handle sich um das unter der Marke *Carborundum* vertriebene Erzeugnis (RGZ 77, 73, 76).

### 5. Private Wappen

Der Gesetzgeber hat das Namensprivileg des § 23 Nr. 1 bewußt auf den bürgerlichen 25 Namen beschränkt. Namensschutz nach § 12 BGB analog genießen auch private Wappen wie Familienwappen (s. § 15, Rn 34). Das Namensprivileg des § 23 Nr. 1 auf *private Wappen* auszudehnen, verbietet sich aber schon deshalb, weil eine Verwendung des Familienwappens im geschäftlichen Verkehr nicht in gleicher Weise wie die Führung des bürgerlichen Namens geboten ist. Ein Namensprivileg für private Wappen begründet zudem die ständige Gefahr einer Annäherung an Bildmarken aufgrund einer willkürlichen Wappenwahl.

### 6. Anschrift

Jeder darf im geschäftlichen Verkehr seine *Anschrift* wie Staatsgebiet, Bundesland, Wohn- 26 ort, Straße und Hausnummer sowie die Nummern von Telefon und Fax benutzen. Das Anschriftenprivileg des § 23 Nr. 1 bezieht sich nicht auf willkürliche Zusätze zu der amtlichen Anschrift. Im übrigen sind *Anschriftenzusätze* erlaubt, wenn sie nicht zu einer Irreführung des Verkehrs geeignet sind. Als irreführend beurteilt wurde *Johann Maria Farina zum Dom der Stadt Mailand* im Hinblick auf *Johann Maria Farina gegenüber dem Jülichsplatz* (RG GRUR 1931, 982).

### 7. Prioritätsältere Namenszeichen

**a) Prioritätsprinzip.** Nach dem Prioritätsprinzip des § 6 Abs. 1 bestimmt grundsätzlich 27 der Zeitrang über den Vorrang kollidierender Kennzeichenrechte. Das *prioritätsältere* Kennzeichenrecht hat Vorrang gegenüber dem *prioritätsjüngeren* Kennzeichenrecht. Dem Inhaber einer prioritätsälteren Firma, die aus einem Namen besteht oder einen Namensbestandteil im Sinne des § 23 Nr. 1 enthält, stehen gegen den Inhaber eines prioritätsjüngeren Markenrechts die kennzeichenrechtlichen Ansprüche nach § 15 zu. Der Inhaber kann die prioritätsältere Namensfirma kennzeichenrechtlich und damit auch als Marke benutzen und einem Dritten jede Benutzung im Ähnlichkeitsbereich des Zeichens verbieten (zum zeichenmäßigen Gebrauch im WZG s. BGHZ 15, 107, 110 – Koma; BGH GRUR 1958, 544, 547 – Colonia; 1983, 764, 765 – Haller II; *Fritze*, NJW 1955, 979; s. § 15, Rn 114, 117). § 23 beschränkt nicht die Benutzung prioritätsälterer Namensfirmen. Die Vorschrift ist nur für prioritätsjüngere Namensfirmen erheblich, die ohne die Schutzrechtsschranke des § 23 Nr. 1 einem prioritätsälteren Markenrecht grundsätzlich weichen müßten.

**b) Kennzeichenkollisionen prioritätsälterer Namensfirmen mit prioritätsjünge-** 28 **ren Marken.** Dem Inhaber eines prioritätsälteren Namensfirmenrechts stehen gegen ein prioritätsjüngeres Markenrecht die Abwehrrechte des § 15 zu. Die Kennzeichenrechte sind untereinander gleichwertig und deshalb ein Markenrecht nicht stärker als ein Namens- oder Firmenrecht. Eine prioritätsältere Firma darf deshalb auch grundsätzlich für Produkte verwendet werden, deren Herstellung und Vertrieb der Firmeninhaber erst nach der Entstehung der prioritätsjüngeren Marke aufgenommen hat (RGZ 90, 88, 90 – Köhler). Zwar kann der prioritätsjüngere Markeninhaber im Falle einer solchen Kennzeichenkollision nicht die Benutzung der Namensfirma verbieten. Die Benutzung der prioritätsälteren Firma kann aber einen Rechtsmißbrauch darstellen, wenn der Firmengebrauch die Gefahr einer Irreführung des Verkehrs über die Produktidentität begründet. Es kann geboten sein, daß der Inhaber der prioritätsälteren Firma den bisherigen Firmengebrauch etwa durch Aufnahme unterscheidungskräftiger Zusätze ändert, um eine Irreführung des Verkehrs auszuschließen (so für die Namensfirma *Meyer* für Kaffee hinsichtlich der Marken *Meyers* und *Marke Meyer* (RG MuW 1929, 438). Der Prioritätsgrundsatz steht unter dem Vorbehalt eines redlichen Wettbewerbs. Auch wenn der Inhaber der prioritätsälteren Namensfirma durch die Verwendung von unterscheidenden Zusätzen das Bestehen einer Verwechslungsgefahr nicht vollständig auszuschließen vermag, so ist er doch verpflichtet, zumutbare Änderungen seiner Namensfirma vorzunehmen, um nicht nach § 1 UWG wettbewerbswidrig zu handeln. Die *Einschränkung des Prioritätsgrundsatzes* ist bei Kennzeichenkollisionen zwischen verwechslungsfähigen Firmen dann seit alters her anerkannt, wenn neue Kollisionstatbestände auftreten (BGH GRUR 1953, 252 – Hochbau-Tiefbau; 1957, 342 – Underberg; 1970, 315, 317 – Napoléon III). Bei solchen Firmenkollisionen gelten die zum Recht der Gleichnamigen und dem Bestehen einer Gleichgewichtslage entwickelten Grundsätze (s. § 15, Rn 92 ff.). Die konkreten Umstände der Kennzeichenkollision können gebieten, die Grundsätze zum Gleichnamigenrecht auch auf eine Kollision zwischen einer prioritätsälteren Namensfirma und einer prioritätsjüngeren Marke entsprechend anzuwenden (BGH GRUR 1971, 309, 311 – Zamek II). Die Fallkonstellation der *Zamek II*-Entscheidung macht anschaulich, wie die besonderen Umstände des konkreten Einzelfalles sorgfältig zu berücksichtigen sind. Der Inhaber der prioritätsjüngeren Marke *Zamek* hatte die Benutzung seiner Marke auf bisher von ihm nicht vertriebene Fleisch- und Gemüsekonserven erstreckt, die der Inhaber der prioritätsälteren Namensfirma *Zamek* schon seit längerer Zeit vertrieben und auf diesem Warengebiet einen beachtlichen Besitzstand erlangt hatte. Wegen der besonderen Fallkonstellation der Kennzeichenkollision mußte der Inhaber der prioritätsälteren Firma die Veränderung der bislang bestehenden Gleichgewichtslage dulden, obgleich diese vom Inhaber der prioritätsjüngeren Marke verursacht worden war. Die besonderen Umstände lagen darin, daß der Markeninhaber schon vor dem Firmeninhaber die *Firma Bernhard Zamek* geführt hatte und zugleich Inhaber der Marke *Zamek* mit starker Verkehrsdurchsetzung für Suppen- und Soßenkonserven war, aufgrund deren er dem Firmeninhaber die Benutzung der Marke *Maxi Zamek* für Fleisch- und Gemüsekonserven hätte verbieten können, wenn hinsichtlich dieser Abwehrrechte nicht Verwirkung eingetreten wäre. Aus diesem Grunde war dem Markeninhaber trotz der von ihm verursachten Erhöhung der Verwechslungsgefahr nicht zuzumuten, auf die Benutzung seiner im Verkehr bekannten Marke *Zamek* mit einem wertvollen Besitzstand für Fleisch- und Gemüsekonserven zu verzichten. In der Regel ist aber davon auszugehen, daß dem Inhaber einer prioritätsälteren Namensfirma gegenüber einer von dem Markeninhaber eines prioritätsjüngeren Kennzeichens bewirkten Erhöhung der Verwechslungsgefahr Kennzeichenschutz zusteht.

## II. Beschreibende Angaben (§ 23 Nr. 2)

### 1. Regelungszusammenhang

**29** Deskriptive Marken sind nach § 8 Abs. 2 Nr. 2 wegen Bestehens eines absoluten Schutzhindernisses von der Eintragung in das Markenregister ausgeschlossen. Das absolute Schutzhindernis des § 8 Abs. 2 Nr. 2 kann aufgrund des Erwerbs von Verkehrsdurchsetzung nach § 8 Abs. 3 überwunden und die Eintragungsfähigkeit der deskriptiven Marke begründet werden. Deskriptive Marken können auch zu Unrecht in das Markenregister eingetragen worden oder Zeichenbestandteil einer zusammengesetzten Marke oder Kombinationsmarke sein. Die Regelung der Eintragungsfähigkeit im MarkenG verfolgt zudem die Tendenz, das Markenregister auch für solche als Marke schutzfähigen Zeichen zu öffnen, die nach der Rechtslage im WZG grundsätzlich nicht oder nur aufgrund von Verkehrsdurchsetzung eintragungsfähig waren. Das gilt namentlich für solche als Marke schutzfähigen Zeichen, die an beschreibende Angaben angelehnt oder mit beschreibenden Angaben zwar nicht identisch, aber wesensgleich sind. § 23 Nr. 2 ergänzt insoweit auch diese Öffnung des Markenregisters dahin, daß die Eintragung einer solchen deskriptiven Marke in der Regel dem Markeninhaber nicht das Recht gewährt, die Benutzung der beschreibenden Angabe selbst zu untersagen, und zwar auch dann nicht, wenn die beschreibende Angabe nach dem extensiven Verständnis des WZG vom zeichenmäßigen Gebrauch und damit im herkömmlichen Sinne markenmäßig benutzt wird (s. dazu Begründung zum MarkenG, BT-Drucks. 12/6581 vom 14. Januar 1994, S. 80). Der BGH bestimmt den Anwendungsbereich des § 23 Nr. 2 nach den Grundsätzen, die für den *Schutzumfang einer Marke* gelten, die sich *an eine freizuhaltende Bezeichnung anlehnt*. Auf diese Weise wird einer Ausdehnung des markenrechtlichen Schutzes gegenüber einer freizuhaltenden Angabe im Verletzungsrecht sowohl durch eine sachgerechte Handhabung des Erfordernisses der Verwechslungsgefahr nach § 14 Abs. 2 Nr. 2 als auch vor allem durch eine Bestimmung des Anwendungsbereichs der beschreibenden Angaben nach § 23 Nr. 2 begegnet, und es dem Markeninhaber verwehrt, mit Hilfe des Markenschutzes gegen beschreibende Angaben einzuschreiten (BGH GRUR 1999, 238 – Tour de culture; s. auch BGH GRUR 1997, 627, 628 – à la Carte; 1997, 634, 636 – Turbo II; WRP 1998, 752, 754 – Fläminger; s. zum WZG BGH GRUR 1985, 41, 43 – REHAB; 1985, 1053, 1054 – ROAL; 1989, 264, 265 – REYNOLDS R 1/EREINTZ; 1989, 349, 350 – ROTH-HÄNDLE-KENTUCKY/Cenduggy; 1994, 908, 911 – WIR IM SÜDWESTEN).

Nach § 23 Nr. 2 ist die Benutzung eines Zeichens, das mit einer Marke oder einer geschäftlichen Bezeichnung identisch oder ähnlich ist, dann zulässig, wenn das Zeichen als eine beschreibende Angabe benutzt wird. Die beschreibende Angabe darf nicht als Marke benutzt werden (s. Rn 9 ff.). Die Benutzung der beschreibenden Angabe steht zudem unter dem Vorbehalt des redlichen Geschäftsverkehrs (s. Rn 13 ff.). Die Abgrenzung der *beschreibenden* Benutzung von der Benutzung *nach Art einer Marke* erfolgt nach der objektiven Art der Verwendung des Zeichens. Das schließt nicht aus, die Verkehrsauffassung zur Beurteilung der Art und Weise der Zeichenbenutzung heranzuziehen. Da aber der Kennzeichenschutz nach dem MarkenG anders als nach der Rechtslage im WZG eine kennzeichenmäßige Benutzung nicht zur Voraussetzung hat (s. § 14, Rn 39), ist die Benutzung nach Art einer Marke *restriktiv* zu verstehen. Zwar stellt § 23 Nr. 2 keinen Freibrief zur Eintragung von nach § 8 Abs. 2 Nr. 2 eintragungsunfähigen Zeichen in das Markenregister dar, doch ist nach der Rechtslage im MarkenG eine gegenüber dem WZG großzügigere Eintragungspraxis deskriptiver Marken gerechtfertigt (zurückhaltender hinsichtlich der Rechtslage im WZG *Baumbach/Hefermehl*, § 16 WZG, Rn 12). 30

Die nicht abschließende Aufzählung der beschreibenden Angaben in § 23 Nr. 2 entspricht § 8 Abs. 2 Nr. 2; das Fehlen der Angabe über die Menge der Waren oder Dienstleistungen erscheint als Redaktionsversehen (s. Rn 1). Nach § 23 Nr. 2 zulässig ist die *beschreibende* Benutzung von *Artangaben* (zum Begriff s. § 8, Rn 151 ff.), *Beschaffenheitsangaben* (s. § 8, Rn 157 ff.), *Mengenangaben* (s. § 8, Rn 181 ff.), *Bestimmungsangaben* (s. § 8, Rn 188 ff.), *Wertangaben* (s. § 8, Rn 194 ff.), *geographischen Herkunftsangaben* (s. § 8, Rn 202 ff.), *Zeitangaben* (s. § 8, Rn 235 f.) und *sonstigen Produktmerkmalsangaben* (s. § 8, Rn 237). 31

### 2. Entscheidungspraxis zur Benutzung als beschreibende Angabe in Abgrenzung zur Benutzung als Marke

**a) Zur Rechtsprechung zum WZG.** Die Rechtsprechung zum WZG kann nur noch mit Vorbehalt zur Auslegung des § 23 Nr. 2 herangezogen werden. Nach der Rechtsprechung und der überwiegenden Meinung im Schrifttum zur Abgrenzung des Schutzinhalts des Zeichenrechts nach § 15 Abs. 1 WZG von den Schutzgrenzen des Zeichenrechts nach § 16 WZG war der warenzeichenmäßige Gebrauch in einer extensiven Auslegung Anwendungsvoraussetzung des Verletzungsrechts. Anders stellt nach § 14 Abs. 2 und 3 jede Benutzung im geschäftlichen Verkehr zum Zwecke des Produktabsatzes eine Verletzungshandlung dar (s. § 14, Rn 39), und stellt § 23 Nr. 2 innerhalb des redlichen Geschäftsverkehrs die Benutzung des Zeichens als beschreibende Angabe in Abgrenzung zur Benutzung als Marke in einer restriktiven Auslegung jedem Dritten frei. Die Rechtsprechung zum WZG kann gleichwohl zur Anschauung von Fallkonstellationen einer freien Zeichenbenutzung dienen, zumal sich die Verstärkung des Markenschutzes nur bei bestimmten Fallkonstellationen auswirken wird. 32

Der Begriff des *warenzeichenmäßigen Gebrauchs* wurde nach herkömmlichem Verständnis als Anwendungsvoraussetzung des Verletzungsrechts im Sinne eines effektiven Zeichen- 33 schutzes extensiv ausgelegt (s. § 14, Rn 50 ff.). Der zeichenmäßige Gebrauch wurde nach der Auffassung des Verkehrs bestimmt. Es genügte schon die bloße Möglichkeit, daß der Verkehr die Benutzung des Zeichens als Herkunftskennzeichen verstehen konnte. Dieses weite Verständnis vom zeichenmäßigen Gebrauch führte zu einem Widerspruch zum Freihalteinteresse der Mitbewerber an der Benutzung beschreibender Angaben. Das machte eine korrigierende Auslegung des § 16 WZG erforderlich, um namentlich in der Werbung die Benutzung beschreibender Angaben, an denen Zeichenschutz eines Dritten bestand, zu ermöglichen (s. dazu näher *Baumbach/Hefermehl*, § 16 WZG, Rn 22 ff.). So galt etwa bei glatten warenbeschreibenden Angaben, die im Verkehr überlicherweise verwendet werden, die Regel, ein warenzeichenmäßiger Gebrauch liege gewöhnlich nicht vor. Bei nicht glatten Beschaffenheits- oder Bestimmungsangaben war die Abgrenzung jeweils von den Umständen der konkreten Benutzung wie insbesondere der Natur der Angabe, der Art der Benutzung, der Form der Ankündigung sowie dem wettbewerblichen Zusammenhang abhängig. Eine sachgerechte Auslegung des § 16 WZG verlangte auch von der Rechtsprechung, nicht allein auf die Verkehrsauffassung abzustellen, um dem Freihalteinteresse der Mitbewerber Geltung zu verschaffen (BGH GRUR 1964, 381 – WKS-Möbel). Im Anschluß an die *Luxor*-Entscheidung wurde zwar in der Rechtsprechung zur Auslegung des § 16 WZG die einschränkende Formel von der Benutzung des Zeichens nach Art einer Marke verwendet. Nach diesem Rechtssatz lag die Annahme, eine Beschaffenheits- oder Bestimmungsangabe werde warenzeichenmäßig gebraucht, dann nahe, wenn die Angabe nach Art einer Marke auf der Ware, ihrer Verpackung oder Umhüllung in der Weise herausgestellt und die Aufmerksamkeit des Verkehrs vornehmlich auf sie gerichtet wurde, so daß der Eindruck entstand, sie solle *als unabhängiges Schlagwort* die Herkunft der Ware aus einem bestimmten Betrieb kennzeichnen (BGH GRUR 1955, 484, 485 – Luxor). In späteren Entscheidungen wurde dieser Rechtssatz auf die Formel gebracht, daß ein warenzeichenmäßige Benutzung liege bei der Verwendung von Beschaffenheitsangaben dann vor, wenn sie *nach Art einer Marke* verwendet werde (BGH GRUR 1969, 274, 275 – Mokka-Express; 1970, 31, 32 – Heinzelmännchen). Die Formel von der Benutzung nach Art einer Marke wurde nur als ein Erfahrungssatz verstanden, dessen Anwendung nach den besonderen Umständen des konkreten Einzelfalles unter Berücksichtigung der tatsächlichen Auffassung der beteiligten Verkehrskreise ausgeschlossen sein konnte. Die *Benutzung als beschreibende Angabe* in Abgrenzung zur *Benutzung als Marke* im Sinne des § 23 Nr. 2 ist im Gegensatz zum herkömmlichen Verständnis eines zeichenmäßigen Gebrauchs aufgrund einer *restriktiven* Auslegung *objektiv* nach der Art der Verwendung des Kennzeichens zu bestimmen. Die Benutzung als beschreibende Angabe steht allerdings unter dem Vorbehalt des redlichen Geschäftsverkehrs. Manche der Fallkonstellationen, in denen die Rechtsprechung zum WZG aufgrund der besonderen Umstände der Verwendung der beschreibenden Angabe einen warenzeichenmäßigen Gebrauch angenommen hat, werden sich aufgrund der konkreten Umstände, wie etwa einer Annäherung oder Anlehnung an die als Marke geschützte beschreibende Angabe, als ein Verstoß gegen die guten Sitten darstellen.

**34** **b) Benutzung deskriptiver Angaben als Marke. aa) Grundsatz.** Die Benutzung einer deskriptiven Angabe im Sinne des § 23 Nr. 2 ist innerhalb des redlichen Geschäftsverkehrs frei. Schon nach der Rechtslage im WZG galt, daß nach der Lebenserfahrung glatte Beschaffenheits- oder Bestimmungsangaben gewöhnlich als solche und nicht als ein betrieblicher Herkunftshinweis aufgefaßt würden. Dieser Erfahrungssatz wurde selbst dann angewandt, wenn es nicht üblich war, die konkrete beschreibende Angabe für die betreffende Warenart zu verwenden. Selbst im Falle einer besonderen Hervorhebung einer warenbeschreibenden Angabe wie etwa aufgrund des Drucks oder der Alleinstellung war stets sorgfältig zu prüfen, ob der Verkehr die Hervorhebung als Ausdruck eines warenzeichenmäßigen Gebrauchs oder nur als einen deskriptiven Hinweis auffaßte (BGH GRUR 1964, 71, 73 – Personifizierte Kaffeekanne; 1964, 385, 386 – Kaffeetafelrunde; 1968, 365, 366 – Praliné; 1968, 367, 369 – Corrida; 1969, 274, 275 – Mokka-Expreß; 1969, 348, 351 – Anker-Export; 1969, 683, 685 – Isolierte Hand; 1970, 31, 32 – Heinzelmännchen; 1970, 305, 306 – Löscafé; 1970, 416, 417 – Turpa; 1971, 251, 252 – Oldtimer). Es wurde davon ausgegangen, daß die bloße Hervorhebung einer warenbeschreibenden Angabe, für deren Allgemeingebrauch ein Freihalteinteresse bestand, deren deskriptive Bedeutung selbst dann nicht zu verändern brauchte, wenn sie innerhalb einer zusammengesetzten Marke oder einer Kombinationsmarke besonders herausgestellt wurde (BGH GRUR 1968, 365, 366 – Praliné; 1970, 305, 306 – Löscafé). Abzustellen war auf die Art der Ware, ihre angekündigte Beschaffenheit sowie darauf, ob der Verkehr die Hervorhebung bestimmter Eigenschaften der Ware wie Sorte, Qualität und Geschmacksrichtung erwarte und daher die Hervorhebung nicht als einen zeichenmäßigen Gebrauch, sondern nur als einen auf das Angebot bezogenen Sachhinweis auffasse (BGH GRUR 1968, 365, 366 – Praliné; 1969, 274, 275 – Mokka-Expreß; 1969, 348, 351 – Anker-Export). Im Hinblick auf den wettbewerbsrechtlichen Charakter des § 16 WZG war auch zu prüfen, ob die konkrete Art der Verwendung einer Beschaffenheits- oder Bestimmungsangabe die geschützte Marke in unnötiger und vermeidbarer Weise schwäche (BGH GRUR 1969, 274 – Mokka-Expreß). Diese Grundsätze gelten vergleichbar zur Beurteilung der Benutzung eines Zeichens als beschreibende Angabe in Abgrenzung zur Benutzung nach Art einer Marke. Die deutsche Marke *Cotto* für Baumaterialien verleiht nicht das Recht, diese Bezeichnung für Ziegelböden aus der Toscana, die dort *Cotto* genannt werden, in Deutschland verbieten zu lassen, sofern nicht Besonderheiten im konkreten Gebrauch den Schluß erlauben, die Ware solle auf diese Weise ihrer betrieblichen Herkunft nach gekennzeichnet werden (HansOLG Hamburg WRP 1997, 103 – Cotto). Die gestalterische oder drucktechnische Hervorhebung der beschreibenden Angabe nimmt dieser noch nicht ihren deskriptiven Gehalt. Nach der Rechtslage im MarkenG wurde die Bezeichnung BIG PACK, die im Handel mit Zigaretten zu einer gebräuchlichen und allgemein verständlichen Angabe über die Größe von Zigarettenpackungen (Anzahl der in der Packung enthaltenen Zigaretten) geworden ist, in der Werbung für Zigaretten neben der berühmten Marke Marlboro auch dann als beschreibende Benutzung beurteilt, wenn die Bezeichnung BIG PACK in der Werbung als Blickfang herausgestellt wurde (OLG München WRP 1996, 1052 – BIG PACK). Allerdings kann die Annäherung oder Anlehnung der deskriptiven Angabe an die werbliche Gestaltung der fremden Marke einen Verstoß gegen die guten Sitten darstellen. Der Hinweis *Styled by Guccio Gucci* für Wäsche wurde als beschreibende Angabe über Merkmale und Eigenschaften des Produkts beurteilt (HansOLG Hamburg WRP 1997, 106, 110 – Gucci).

In der *Rechtsprechung zum WZG* wurde von einer *Vermutung zeichenmäßigen Gebrauchs* **35** dann ausgegangen, wenn das Zeichen entweder unmittelbar auf der Etikettierung der Waren angebracht wurde (BGH GRUR 1971, 251, 252 – Oldtimer) oder als eine wörtliche oder bildliche Darstellung in Werbeanzeigen verwendet wurde (BGH GRUR 1961, 280 – Tosca). Von einer solchen Vermutung kann nach der *Rechtslage im MarkenG* nicht mehr ausgegangen werden. Die Verwendung deskriptiver Angaben ist nach § 23 Nr. 2 grundsätzlich freigestellt. Auch die blickfangartige Hervorhebung einer beschreibenden Angabe verändert nicht den deskriptiven Gehalt des Zeichens, wenn etwa eine alltägliche oder typische Art der Verwendung des angebotenen Produkts dargestellt wird (so schon *Baumbach/Hefermehl*, § 16 WZG, Rn 27). Die Verwendung der deskriptiven Angabe in einer räumlichen Beziehung zu dem angebotenen Produkt rechtfertigt nicht die Annahme einer Benutzung als Marke und begründet *keine entsprechende Rechtsvermutung*. In der instanzgerichtlichen *Rechtsprechung zum MarkenG* wurde die Bezeichnung *FAT TIRE* als ein einer beschreibenden Angabe für die bestimmte Art von Festival (Radsport) angenähertes Zeichen beurteilt, bei dem es für den Verkehr fernliege, dann ein Unterscheidungsmerkmal gegenüber identischen oder ähnlichen Dienstleistungen eines anderen Veranstalters zu sehen, wenn die Bezeichnung in einem mehrseitigen Veranstaltungsprogramm im Fließtext ohne graphische Hervorhebung und unter Benutzung einer anderweitigen Dienstleistungsmarke verwendet wird (OLG München Mitt 1996, 174, 175 – FAT TIRE).

**bb) Fallkonstellationen.** Die Darstellung einer *Kaffeetafelrunde,* die auf naturalistisch **36** bildliche Weise den Verwendungszweck von Kaffee veranschaulichte, wurde als ein Hinweis auf die Bestimmung der Ware verstanden, und zwar insbesondere dann, wenn der Darstellung der *Kaffeetafelrunde* wechselte und die Hinzufügung der Marke *Vox* den Eindruck einer Herkunftskennzeichnung ausschloß (BGH GRUR 1964, 385, 386 – Kaffeetafelrunde). Die naturalistische Darstellung *isolierter, Rauchwaren haltender Hände* auf Werbeaufstellern wurde als beschreibende Benutzung beurteilt, da die menschliche Hand in der Werbung für eine Vielzahl von Produkten so häufig verwendet werde, daß der Verkehr bei einer derartigen Darstellungsweise nicht auf den Gedanken komme, in der in eine naheliegende Darstellung der Produktverwendung einbezogenen Mitverwendung von Händen ein betriebliches Herkunftszeichen zu sehen (BGH GRUR 1969, 683, 685 – Isolierte Hand). Die Verwendung von nicht erkennbar *asymmetrischen Sternbildern* auf einem Weihnachtsplakat, das die Kaiserin Soraya zeigte, in der Werbung für die Festnummer einer Illustrierten wurde nicht als Verletzung der für eine Illustrierte geschützten Wortbildmarke beurteilt, die aus dem Bildbestandteil eines *asymmetrischen, sechszackigen Sterns* und dem Wortbestandteil *Der Stern, die große Illustrierte* bestand, da die Sternbilder in dem Werbeplakat für die Festnummer eine gedankliche Verbindung zu der abgebildeten Person darstellten und nicht als Herkunftskennzeichen wirkten (BGH GRUR 1960, 126, 128 – Sternbild). Das schließt nicht aus, daß eine willkürliche Annäherung oder Anlehnung des Sternmotivs an die geschützte Bildmarke nach den konkreten Umständen einen Verstoß gegen die guten Sitten im Sinne des § 23 Nr. 2 darstellen kann. Die Verwendung des Zeichens *Hubertus* als Bestandteil einer Gaststättenbezeichnung in der Geschäftsbezeichnung *Hubertus, Hotel und Gaststätte* wurde nicht als eine Verletzung der Marke *St. Hubertus Bier*, sondern als eine beschreibende Angabe beurteilt, weil der Verkehr nicht aufgrund der Verwendung des Wortes *Hubertus* in der Geschäftsbezeichnung annehme, in der Gaststätte gelange Bier der Marke *St. Hubertus* zum Ausschank oder die Gaststätte stehe zum Markeninhaber in geschäftlichen oder organisatorischen Beziehungen, die Verwendung des Wortes *Hubertus* vielmehr nur beschreibend an den Schutzpatron der Jagd und nicht an die Brauerei des Markeninhabers erinnere (BGH GRUR 1957, 433 – Hubertus). Für die Abgrenzung zwischen der Benutzung als beschreibende Angabe oder als Marke kommt es auch auf den Grad der Kennzeichnungskraft der fremden Marke an. Bei einer Marke mit hohem Bekanntheitsgrad auf dem Markt kann im Hinblick auf die Fallkonstellation der *St. Hubertus*-Entscheidung etwa bei den Biermarken *Salvator* oder *Augustiner* in Bezug auf eine Münchener Gaststättenbezeichnung anders zu entscheiden sein (s. *Baumbach/Hefermehl*, § 15 WZG, Rn 37). Wenn in einem Katalog chirurgischer Instrumente die Arztnamen der geistigen Urheber angegeben werden, dann handelt es sich um eine Benutzung als beschreibende Angaben, die auf die Beschaffenheit und den Verwendungszweck der Instrumente, nicht aber auf deren Herkunft hinweisen; somit liegt keine Verletzung eines als Marke geschützten *Arztnamens* vor (RG GRUR 1940, 366, 368 – Sauerbruch). Die Darstellung von Tiermotiven auf der Verpackung von Tierfutter wie etwa eine *Katzendarstellung* stellen beschreibende Angaben dar (BGH GRUR 1970, 302 – Hoffmann's Katze). Nach der Rechtslage im WZG sollte anderes dann gelten, wenn der bildlich dargestellte Gegenstand sich wegen seiner Form oder seines Sinngehalts als Unterscheidungsmerkmal für Waren einer bestimmten Herkunft im Verkehr durchgesetzt hatte, da sich unter diesen Umständen ein Sach- oder Verwendungshinweis nicht mehr annehmen lasse (RGZ 155, 374, 379 – Kaffeemühle; BGH GRUR 1959, 599, 601 – Teekanne). Nach der Rechtslage im MarkenG ist dieser Umstand allerdings rechtlich nicht erheblich, da es objektiv auf die Art der Verwendung des Zeichens als einer beschreibenden Angabe ankommt. Eine andere Frage ist es, ob die Annäherung des Bildmotivs an die Bildmarke einen Verstoß gegen die guten Sitten im Sinne des § 23 Nr. 2 darstellt. Ein Beispiel einer sittenwidrigen Benutzung eines Bildmotivs als beschreibende Angabe bietet die Anlehnung an das im Verkehr bekannte *westfälische Schinkenfrühstück*, das gruppiert um eine Steinhägerflasche nebst Glas einen angeschnittenen, rohen Schinken sowie ein Pumpernickelbrot und einen Teller mit roten Radieschen und grünem Kraut zeigte; die Werbung für einen Wacholder mit einem verwechselbaren Frühstücksbild, das anstelle des Schinkens rohes Hackfleisch und ein Spiegelei zeigte, wurde als Markenrechtsverletzung beurteilt, da eine Notwendigkeit, für Branntwein mit einem solchen gedanklich ausgeprägten Stilleben zu werben, nicht bestehe (HansOLG Hamburg WRP 1957, 51 – Westfälisches Schinkenfrühstück).

**37** Die Bezeichnung *Luxus-Seife* wurde als eine Verletzung der verkehrsbekannten Marke *Luxor* beurteilt, da die ursprünglich für eine Seife verwendete Bezeichnung *Luhns-Luxus-Seife* dahin geändert worden war, daß nunmehr auf den Seifenpackungen die Bezeichnung *Luxus-Seife* in großer, verschnörkelter Schrift neben den Namen *Luhns* im Kleindruck angebracht worden war (BGH GRUR 1955, 484 – Luxor-Luxus). Nach § 23 Nr. 2 ist der Aufdruck *Luxus-Seife* auf der Produktverpackung für eine Seife zwar als beschreibende Angabe zu beurteilen, deren konkrete Art der Verwendung aber einen Verstoß gegen die guten Sitten im Sinne dieser Vorschrift darstellen kann. Das Wort *Maja* als Zeichenbestandteil der

Bezeichnung *Die Biene Maja* wurde nicht mehr als eine beschreibende Angabe, sondern als ein zeichenmäßiger Gebrauch beurteilt, da die Bezeichnung blickfangmäßig aufgrund der besonderen Farbgebung, Buchstabengestaltung sowie der Größe der Buchstaben stark hervortrete (BGH GRUR 1981, 277, 278 – Biene Maja). Die Verwendung der Bezeichnung *Campione del Mondo 1973–74* auf Fahrrädern als Teil eines Emblems, in dem besonders die eigentliche Herstellermarke *Bianchi* und die Jahreszahlen hervortraten, wurde als ein werbender Hinweis auf die Qualität des Produkts und den Produktionsbetrieb und damit als beschreibende Angabe beurteilt, nicht dagegen die Verwendung der Bezeichnung *Championne du Monde*, die nach Art einer Marke alleinstehend und durch zwei allein nicht kennzeichnende Farbstreifen auffällig betont auf dem Produkt angebracht worden war und so als ein betrieblicher Herkunftshinweis beurteilt wurde (BGH GRUR 1981, 592, 594 – Championne du Monde). Der Werbehinweis *Tchibo – Die gute Idee* wurde als eine Verletzung der Marke *Idee Kaffee* beurteilt (BGH Mitt 1983, 96 – Idee Kaffee).

**cc) Sortenbezeichnungen.** Schon nach der Rechtslage im WZG wurde bei *Sortenbezeichnungen*, die etwa auf der Produktverpackung oder in der Werbung der Beschreibung einzelner Produktsorten dienen, regelmäßig ein beschreibender und nicht zeichenmäßiger Gebrauch selbst dann angenommen, wenn die Sortenbezeichnung drucktechnisch, schlagwortartig oder als Blickfang hervorgehoben wurde. Der an sich extensiv verstandene Begriff des zeichenmäßigen Gebrauchs wurde bei solchen Fallkonstellationen korrigierend dahin ausgelegt, für die Annahme eines warenzeichenmäßigen Gebrauchs genüge bei warenbeschreibenden Angaben nicht schon die bloße Möglichkeit, daß der Verkehr auf die Herkunft der Ware aus einem bestimmten Geschäftsbetrieb schließe (*Baumbach/Hefermehl*, § 16 WZG, Rn 28). Die Gefahr, daß sich der Verkehr aufgrund eines drucktechnisch hervorgehobenen Beschaffenheitshinweises an ein bekanntes ähnliches Warenzeichen erinnere, beruhe darauf, daß ein solches an eine Beschaffenheitsangabe angelehntes Zeichen von Hause aus schwach sei und reiche nicht aus, um die Hervorhebung als wettbewerbswidrig anzusehen, wenn mit ihr die Kennzeichnung einer besonderen Sorte der Ware bezweckt werde und nicht beabsichtigt sei, eine Verwechslungsgefahr herbeizuführen (BGH GRUR 1969, 274, 275 – Mokka-Expreß). Auch nach § 23 Nr. 2 steht die Benutzung von Sortenbezeichnungen als beschreibende Angaben unter dem Vorbehalt des redlichen Geschäftsverkehrs.

Die Verwendung der Wörter *Mokka-Expreß* in der Bezeichnung *May's Mokka-Expreß-Kaffee* für die Sorte eines Kaffee-Extrakts wurde als beschreibende Angabe beurteilt, die keine Verletzung der Wortmarke *Mokka-Expreß* darstelle (BGH GRUR 1969, 274, 275 – Mokka-Expreß). Als beschreibende Angabe wurde die Bezeichnung *Export* für eine Biersorte beurteilt (BGH GRUR 1969, 348 – Anker Export). Auch der Zeichenbestandteil *Pilsener* stellt als eine Biersortenbezeichnung eine beschreibende Angabe dar, die als Zeichenbestandteil der Bezeichnung *Club Pilsener aus der Dortmunder Union-Brauerei* die Marken *Ur-Pilsener* und *Pilsener Urquell* nicht verletzt, auch wenn in diesen Marken der übereinstimmende Zeichenbestandteil *Pilsener* als ein betrieblicher Herkunftshinweis verwendet wird (BGH GRUR 1974, 220 – Club-Pilsener).

**dd) Sortimentsbezeichnungen wie Bestellzeichen, Typenzeichen und Dessinbezeichnungen.** *Sortimentsbezeichnungen* und vergleichbare Zeichen wie *Bestellzeichen* oder *Typenzeichen* (zum Begriff s. § 8, Rn 92 f.), die nicht als produktidentifizierende Unterscheidungszeichen im Marktwettbewerb verwendet werden, sondern *anderen Zwecken* dienen, fehlt schon die Unterscheidungskraft als Marke. Anders liegt es, wenn solche Zeichen auf dem Markt als Produktnamen zur Unterscheidung der Produkte des Markeninhabers von den Produkten anderer Unternehmen etwa in Katalogen, Preislisten und in der Werbung verwendet werden. Ob bei Bestellzeichen und Typenzeichen die Benutzung als beschreibende Angabe oder als Marke erfolgt, richtet sich nach den konkreten Umständen des Zeichengebrauchs. Bei einer Benutzung der Zeichen in Katalogen und Preislisten, die sich nur an Wiederverkäufer, nicht auch an Letztverbraucher richten, wird regelmäßig eine Benutzung als beschreibende Angabe vorliegen (*Baumbach/Hefermehl*, § 15 WZG, Rn 39). Die Verwendung der Bezeichnung *Jeanette* neben anderen Mädchennamen und Phantasiewörtern zur Kennzeichnung der angebotenen Kleider in einem Werbeprospekt eines Versandgeschäfts wurde nicht als eine Verletzung der Marke *Jeanette-Modell* beurteilt, obgleich eine Benutzung nach Art einer Marke gegeben war (OLG Stuttgart GRUR 1953, 537 – Jeanette-Modell; abzulehnen, kritisch *Zeller,* GRUR 1954, 152). Bezeichnungen für Produkte in Verkaufskatalogen von Versandhäusern stellen eine Benutzung als Marke in der Werbung dar. Der BGH hat deshalb zu Recht in der Benutzung des Wortes *Tosca* als Kennwort für ein Damenkleid, das in einem Katalog eines Versandhauses angeboten wurde, keine beschreibende Angabe gesehen und eine Verletzung der für Bekleidungsstücke eingetragenen Marke *Tosca* angenommen, da nicht nur eine Verwendung als reines Bestellzeichen gegeben war (BGH GRUR 1961, 280 – Tosca).

**41** In manchen Branchen dienen als Bestellzeichen auch Dessinbezeichnungen, die zur Unterscheidung mehrerer Produktsorten (Dessins) desselben Unternehmens dienen. Solche Dessinbezeichnungen, die häufig Vornamen oder geographische Begriffe sind, können auch nach Art einer Marke verwendet werden und nach der Auffassung des Verkehrs als Herkunftshinweis dienen (BGH GRUR 1970, 552, 553 – Felina/Britta). Eine Verwendung als reines Bestellzeichen liegt namentlich dann nicht vor, wenn die Dessinbezeichnung in Verbindung mit einer bekannten Marke verwendet wird (BGH GRUR 1961, 280 – Tosca; 1968, 367, 369 – Corrida). In einer solchen Fallkonstellation wird im Verkehr regelmäßig von einem einheitlichen Unterscheidungszeichen zur Identifikation unternehmerischer Produkte ausgegangen. Wenn allerdings in einer bestimmten Branche die Verwendung von reinen Bestellzeichen üblich ist, dann kann der Verkehr auch einer typischen Dessinbezeichnung, die einem als Produktmarke verstandenen Zeichen beigefügt wird, die Bedeutung eines reinen Bestellzeichens beimessen (BGH GRUR 1968, 367, 369 – Corrida). Da der markenmäßige Gebrauch keine Voraussetzung einer Markenrechtsverletzung nach § 14 darstellt (s. § 14, Rn 39), liegt in der Benutzung einer fremden Marke als Dessinbezeichnung grundsätzlich eine Markenrechtsverletzung, es sei denn, daß die Benutzung der fremden Marke als Dessinbezeichnung nicht nach Art einer Marke im Sinne des § 23 erfolgt (so schon zur Rechtslage nach dem WZG *Heydt,* Mitt 1969, 319, 325; *v. Falck,* GRUR 1968, 370).

**42** ee) Geographische Herkunftsangaben. *Geographische Herkunftsangaben* (zum Begriff s. § 8, Rn 205) können als beschreibende Angaben auf den Ort der Herstellung des Produkts hinweisen. Als deskriptiv zu beurteilen sind etwa der *Berliner Bär* als Hinweis auf die Herstellung in Berlin, das *Sachsenroß* als das Wappentier der früher welfischen Länder als Hinweis auf die Herstellung in Niedersachsen (RG MuW 1930, 59), das *Westfalenroß* als Wappentier des Landes Nordrhein-Westfalen als Hinweis auf die Herstellung in diesem Bundesland (BPatGE 2, 139). Wenn der Verwendung der geographischen Herkunftsangabe nicht als beschreibende Angabe, sondern nach Art einer Marke erfolgt, weil sie etwa als Marke schlagwortartig verwendet wird, dann kann die konkrete Art der Verwendung die Verletzung eines entsprechenden Markenrechts darstellen (RG MuW 1934, 321 – Attika/Atikah; zum zeichenmäßigen Gebrauch des *Holstentores* s. RG GRUR 1939, 919). Die Bezeichnung *Birresborner Sprudel* wurde wegen der Art der Anbringung auf dem Etikett als eine Verletzung der Marke *Birresborner Mineralbrunnen* beurteilt, weil dem Dritten auch der Gebrauch der zulässigen Bezeichnung *Phönix Quelle in Birresborn* möglich gewesen wäre (RGZ 95, 292, 295 – Birresborner Mineralbrunnen). Die Bezeichnung *Benediktinerwasser* wurde nicht als Verletzung der Marke *Bénédictine* beurteilt (RG GRUR 1933, 578 – Bénédictine).

**43** Es ist branchenüblich und nach § 7 Abs. 2 TafelwässerVO rechtlich geboten, den Namen der Mineralwasserquelle, aus der das Mineralwasser stammt, anzugeben. Der *Quellenname* stellt als eine beschreibende Angabe einen Hinweis auf die örtliche Herkunft und die Beschaffenheit des Mineralwassers dar. Die Verwendung der Bezeichnung *Aus der Kurfürst-Quelle* auf dem Etikett einer Mineralwasserflasche wurde als beschreibende Benutzung beurteilt, zumal die Etikettierung zusätzlich eine vom Quellennamen abweichende, eindeutig betriebliche Herkunftskennzeichnung aufwies (BGH GRUR 1981, 362, 364 – Aus der Kurfürst-Quelle). § 23 beschränkt den Schutz einer eingetragenen Marke und legitimiert – im Ergebnis ähnlich wie die frühere Regelung des § 16 WZG – im wesentlichen nur die nicht markenmäßig herausgestellte, jedenfalls guten kaufmännischen Sitten nicht zuwiderlaufende Verwendung von Namen und beschreibenden Angaben gegenüber dem Ausschließlichkeitsanspruch des Markeninhabers. Wird in einer aus Bild- und Wortbestandteilen zusammengesetzten Markenanmeldung eine beachtlichen Verkehrskreisen unbekannte geographische Herkunftsbezeichnung blickfangartig derart herausgestellt, daß sie den Gesamteindruck prägt und sich allein zur Benennung der Marke anbietet, so kann sich der Anmelder gegenüber einer damit verwechselbar ähnlichen Widerspruchsmarke auch nicht analog auf seine Bezeichnung nach § 23 Nr. 2 berufen, diese Bezeichnung in jedem Fall als Angabe über die geographische Herkunft seiner Waren benutzen zu dürfen (BPatG GRUR 1996, 284 – Fläminger).

**ff) Beschreibende Bildangaben.** *Bildzeichen* können beschreibende Angaben im Sinne des § 23 Nr. 2 darstellen. Nach der Rechtslage im WZG wurde von der Rechtsprechung verlangt, daß die Abbildung eine sinnbildliche Wiedergabe der Beschaffenheit des Produkts darstelle (BGH GRUR 1959, 423 – Fußballstiefel). Dieser Auffassung wurde im Schrifttum widersprochen (*Reimer/Heydt*, Kap. 42, Rn 6; *Baumbach/Hefermehl*, § 16 WZG, Rn 17). Verlangt wurde allerdings, daß die Abbildung die Beschaffenheit des Produkts unmittelbar angebe und nicht nur mittelbar die Beschaffenheit des Produkts unter Zuhilfenahme der Phantasie versinnbildliche. So wurde das *Bild einer Kaffeekanne* nicht als beschreibende Angabe in Bezug auf Kaffee unter § 16 WZG subsumiert (RGZ 149, 335, 346). Eine *Gerstenähre* wurde als Sinnbild für Kaffee-Ersatz als beschreibende Angabe beurteilt (RGZ 101, 344, 346 – Gerstenähre). Nach § 23 Nr. 2 können sowohl unmittelbare als auch mittelbare beschreibende Angaben ihre deskriptive Wirkung entfalten, ohne gleichsam als ein Sinnbild der Produkteigenschaft verstanden werden zu müssen.

**gg) Beschreibende Verpackungsangaben.** Beschreibende Angaben können auch *Eigenschaften der Produktverpackung* beschreiben. Die Verwendung der Bezeichnung *Tula* auf Zigarettenpackungen wurde als eine Verletzung der für Zigaretten eingetragenen Marke *Tuma* beurteilt, da die Verpackungsbezeichnung nicht auf die Beschaffenheit der nach Art des Tula-Silbers gemusterten Packung hindeute, sondern nach der Auffassung des Verkehrs als ein Herkunftshinweis für die Zigaretten verstanden werde (RG MuW 1926/27, 246 – Tula). Zwar ist nach § 23 Nr. 2 der Begründung, beschreibende Verpackungsangaben dürften allein die Verpackung und nicht auch das Produkt betreffen, nicht zu folgen, der Entscheidung im Ergebnis allerdings dann zuzustimmen, wenn die Art der Verwendung der Verpackungsangabe eine sittenwidrige Annäherung an die fremde Marke darstellte. Wenn die Merkmale der kollidierenden Kennzeichnung auf der Gestaltung der Umhüllung wie einer Flasche oder Verpackung der Ware beruhen, so liegt es nahe, in der Gestaltung nur eine ästhetisch ansprechende Formgebung zu sehen (so für eine Schraubflasche, deren Grundriß der Form eines sphärischen Dreiecks entspricht BGH GRUR 1969, 601, 602 – Candahar); das gilt insbesondere dann, wenn gleiche oder ähnliche Formgebungen für Umhüllungen oder Verpackungen auf demselben oder benachbarten Produktgebiet naheliegend sind. Beschreibende Verpackungsangaben können auch in englischer Sprache erfolgen; angesichts der weiten Verbreitung von Grundkenntnissen der englischen Sprache, der Werbung mit englischen Begriffen sowie des Eindringens der englischen Sprache in zahlreiche Lebensbereiche wurde die Bezeichnung *BIG PACK* im Handel mit Zigaretten als eine gebräuchliche und allgemein verständliche Angabe über die Größe von Zigarettenpackungen (Anzahl der in der Packung enthaltenen Zigaretten) beurteilt (OLG München WRP 1996, 1052 – BIG PACK).

**hh) Beschreibende Systemangaben.** *Systemangaben* und vergleichbare Hinweise wie *nach Art von* stellen zwar auch dann beschreibende Angaben dar, wenn auf eine fremde Marke Bezug genommen wird, sind aber zumeist wettbewerbsrechtlich bedenklich. Bei beschreibenden Systemangaben mit Bezug auf eine fremde Marke kann die Gefahr einer Irreführung des Verkehrs über die Produkte entstehen oder eine sittenwidrige Anlehnung an die Wertschätzung des fremden Produkts vorliegen, so daß ein Verstoß gegen die guten Sitten im Sinne des § 23 Nr. 2 gegeben ist. Eine nicht hinreichende Unterscheidung zwischen den eigenen und den fremden Produkten kann die Gefahr einer Irreführung hervorrufen (RGZ 110, 339, 343 – nach Tallquist).

**ii) Ornamentale Benutzung.** Nach der Rechtslage im WZG wurde die Benutzung eines Zeichens als *Ornament* oder *Schmuck* des Produkts oder dessen Verpackung nicht als zeichenmäßiger Gebrauch beurteilt. Die Verwendung von *Sternbildern* zur symbolhaften unauffälligen Ausschmückung der Weihnachtsnummer einer illustrierten Zeitung sowie auf einem Werbeplakat wurde nicht als eine Verletzung der Wortbildmarke *Der Stern* einer Illustrierten beurteilt (BGH GRUR 1960, 126, 128 – Sternbild; aA *Heydt*, Mitt 1969, 319, 324, der zwar Markenschutz gegen jede Benutzung gewährt, vorliegend aber das Bestehen von

Verwechslungsgefahr verneint). Auch in der *ornamentalen Gestaltung einer Gebäudefassade* unter Verwendung eines als Bildmarke geschützten, vierblättrigen, stilisierten, weißen Blütenbildes wurde keine Verletzungshandlung gesehen (BGH GRUR 1977, 614 mit abl. Anm. *Fezer*). Nach der Rechtslage im MarkenG besteht der Markenschutz gegen jede Benutzung im geschäftlichen Verkehr zum Zwecke des Produktabsatzes (s. § 14, Rn 39). Bei der ornamentalen Benutzung einer Marke ist zu differenzieren. Es ist grundsätzlich weder sachgerecht noch gerechtfertigt, eine fremde Marke als Ornament oder Schmuck zum Zwecke des Produktabsatzes zu verwenden. Die Grenzen des Markenschutzes werden von § 23 abgesteckt. Die ornamentale Benutzung einer Marke stellt aber keine das Produkt beschreibende Angabe dar. Etwas anderes kann nur dann gelten, wenn zwischen der ornamentalen Benutzung des Zeichens und dem Produktabsatz keine Verbindung besteht und so das Zeichen nicht für Waren oder Dienstleistungen verwendet wird.

**48** **jj) Redaktionelle Werbung.** Die Verwendung des *Titelemblems* eines anderen Presseorgans als Kopfzeile der Seite oder einer Rubrik für einen redaktionellen Artikel auf der Innenseite einer Zeitschrift wurde nicht als eine markenmäßige Benutzung beurteilt (BGH GRUR 1979, 564 mit kritischer Anm. *Fezer*). Das fremde Zeitschriftenemblem illustrierte als Kopfleiste einen redaktionellen Beitrag, wies auf die in dem Artikel behandelte Zeitung hin und kennzeichnete nicht die Zeitung ihrer Herkunft nach, in der es als Blickfang für einen Bericht abgedruckt, nicht aber als Marke verwendet wurde. Ob nach der Rechtslage im MarkenG, nach der jede Benutzung einer fremden Marke im geschäftlichen Verkehr zum Zwecke des Produktabsatzes eine Markenrechtsverletzung darstellt (s. § 14, Rn 39), die redaktionelle Benutzung eines als Marke geschützten Bildzeichenemblems einer Zeitschrift vom Markeninhaber untersagt werden kann, hängt von der Reichweite des Anwendungsbereichs des § 23 ab. Die Entscheidung hängt davon ab, ob solche Formen der Benutzung, soweit sie ausschließlich Hinweischarakter auf den Markeninhaber haben und ihn gleichsam bildlich benennen, den freien Verwendungsarten des § 23 gleichzustellen sind. Die bildliche Wiedergabe eines fremden Titelemblems in einem redaktionellen Artikel ist jedenfalls zur inhaltlichen Auseinandersetzung und zum öffentlichen Diskurs der Meinungen (Art. 5 GG) nicht erforderlich.

**49** **kk) Vergleichende Werbung.** Die Verwendung fremder Marken in einem vergleichenden Warentest durch einen *Testveranstalter* stellt dann keine Markenrechtsverletzung dar, wenn die Veröffentlichung des vergleichenden Produkttests keinen rechtswidrigen Eingriff in das Recht am Unternehmen der Hersteller der Waren und Anbieter der Dienstleistungen darstellt und sich in den deliktsrechtlichen Grenzen des § 823 Abs. 1 BGB hält (zur deliktsrechtlichen Zulässigkeit vergleichender Produkttests s. *Baumbach/Hefermehl*, Wettbewerbsrecht, § 1 UWG, Rn 403ff.). Die Benutzung einer fremden Marke durch einen *Wettbewerber*, der den zulässigen Produkttest in seiner Werbung verwendet, stellt innerhalb der Grenzen einer wettbewerbsrechtlich zulässigen Testwerbung keine Markenrechtsverletzung dar (zur Testwerbung s. *Baumbach/Hefermehl*, Wettbewerbsrecht, § 1 UWG, Rn 420ff.; *Fezer*, Testwerbung, GRUR 1976, 472). Allgemein stellt die Benutzung einer fremden Marke innerhalb einer zulässigen vergleichenden Werbung einschließlich der Werbung mit Preisvergleichen keine Markenrechtsverletzung dar (allgemein zum Werberecht als Bestimmungshinweis s. Rn 61a). Das gilt namentlich für Werbevergleiche, die nach der EG-Richtlinie zur vergleichenden Werbung zulässig sind (Richtlinie 97/95/EG des Europäischen Parlaments und des Rates vom 6. Oktober 1997 zur Änderung der Richtlinie 84/450/EWG über irreführende Werbung zwecks Einbeziehung der vergleichenden Werbung [Abl. Nr. L 290 vom 23. Oktober 1997, S. 18]; s. dazu BGH NJW 1999, 948 – Vergleichen Sie).

**50** **ll) Beschreibende Angaben als Zeichenbestandteil.** Beschreibende Angaben als Zeichenbestandteil einer zusammengesetzten Marke oder Kombinationsmarke nehmen zwar am Markenschutz teil, doch stellt ihre Benutzung als beschreibende Angabe keine Verletzungshandlung dar. Die Bezeichnung *Tengelmann's extra zart* wurde nicht als Verletzung der Marke *Stollwercks extra zart* beurteilt, da die Wörter *extra zart* eine Beschaffenheitsangabe darstellten (RGZ 77, 265 – extra zart; s. auch RG GRUR 1927, 480; 1928, 931 – Uralt; 1929, 1046 – Qualität 18812).

**51** Eine beschreibende Angabe kann ihren deskriptiven Charakter als Zeichenbestandteil einer zusammengesetzten Marke oder Kombinationsmarke aufgrund der konkreten Markengestalt verlieren. Die Verwendung des nicht sprachüblichen und für den Verbraucher der einschlägigen Produkte nicht gebräuchlichen Wortes *Zwilling* als nicht ganz untergeordneter Zeichenbestandteil der zusammengesetzten Wortmarke *Grandos-Zwillingsfrischbeutel* wurde nicht als eine beschreibende Angabe und damit als eine Verletzung der Wortmarke *Zwilling* beurteilt (BGH GRUR 1968, 148, 149 – Zwillingsfrischbeutel); gleiches gilt für die Bezeichnung *Zwillingspackung*, wenn diese nur in Verbindung mit einem weiteren Zeichenbestandteil verwendet wird (BGH GRUR 1967, 292 – Zwillingspackung). Die Verwendung einer Angabe als beschreibend setzt voraus, daß der beschreibende Charakter innerhalb der zusammengesetzten Marke oder Kombinationsmarke erhalten bleibt und erkennbar ist. Die Verwendung der Bezeichnung *Löscafé* als ein Wortbestandteil einer Wortbildmarke wurde nicht als beschreibende Angabe und damit als Verletzung der besonders starken Marke *Nescafé* beurteilt, weil der Zeichenbestandteil *Löscafé* wegen seiner Größe, Anordnung und Ausführung die Wortbildmarke absolut beherrsche, es sich bei der Bezeichnung *Löscafé* um eine nicht allgemein übliche Wortschöpfung mit ungewöhnlicher Schreibweise des zweiten Wortbestandteils *Kaffee* handele, sonstige die betriebliche Herkunft kennzeichnende Wortbestandteile fehlten, der Bildbestandteil der Kombinationsmarke nur schwach einprägsam sei, der Verkehr keinen Anlaß habe, den Blickfang *Löscafé* als warenbeschreibend aufzufassen, weil ein solcher Hinweis ohnehin in der Marke enthalten sei und der Verkehr aufgrund des unmittelbar unter dem Zeichenbestandteil *Löscafé* angeordneten Zusatzes *Marke geschützt* sogar ausdrücklich angehalten werde, in dem Ausdruck einen Herkunftshinweis zu sehen (BGH GRUR 1970, 305 – Löscafé mit zust. Anm. *Heydt*; kritisch *Kunze*, Mitt 1970, 81, 84, 91). Die Verwendung der Bezeichnung *Camper* für ein motorisiertes Wohnmobil wurde nicht als eine beschreibende Angabe und damit als eine Verletzung der für nicht motorisierte Wohnwagen eingetragenen Wortmarke CAMPER beurteilt, weil unter *Camper* nur jemand zu verstehen sei, der campiere, es sich daher nicht um eine glatte beschreibende Angabe handele (OLG Stuttgart GRUR 1984, 126, 127 – Camper). Der isolierte Gebrauch eines beschreibenden Zeichenbestandteils, sei es eines Wortbestandteils, sei es eines Bildbestandteils, wird regelmäßig als beschreibend zu beurteilen sein, wenn nicht besondere Umstände vorliegen, die eine Benutzung als beschreibende Angabe ausschließen. Als beschreibende Angaben wurden beurteilt das Wort *frischatmen* in einem Werbefilm für Pfefferminztabletten bei bestehendem Ausstattungsschutz an den Wörtern *frischatmen* oder *frischgeatmet* (OLG Düsseldorf GRUR 1952, 95); der Werbevers für Waschmittel *Mein Tip: nimm Wipp* bei bestehendem Markenschutz für *Tip* (LG Mannheim, WRP 1955, 78). Auch die Wörter *Vorrasur* und *Feinrasur* auf doppelt geschliffenen Rasierklingen sind als beschreibende Angaben zu beurteilen (so gegen BGH GRUR 1959, 130 – Vorrasur mit abl. Anm. *Hefermehl*; auch *Bußmann*, Mitt 1959, 269, 275; *Heydt*, Mitt 1969, 319, 326).

Eine beschreibende Angabe als Firmenbestandteil erhält ihren deskriptiven Charakter **52** immer dann, wenn es sich um einen naheliegenden Hinweis auf die Produkteigenschaft handelt und die deskriptive Bezeichnung weniger stark hervorgehoben ist als das Firmenschlagwort (BGH GRUR 1969, 274, 275 – Mokka-Expreß); anderes kann bei einem nicht sprachüblichen Beschaffenheitshinweis wie etwa *Kapitän* in der Automobilindustrie gelten. Die Darstellung eines altertümlichen Autos auf Produktverpackungen und Etiketten wurde nicht als eine beschreibende Bildangabe beurteilt, weil wegen der Herausstellung des Firmenschlagwortes in Verbindung mit der Bilddarstellung die Herkunftsfunktion der Firma auf die Autodarstellung erstreckt werde (BGH GRUR 1971, 251, 252 – Old-timer).

Bei der Bezeichnung *Klick Automatik* für einen Schirm handelt es sich bei dem Zeichen- **53** bestandteil *Automatik* um eine Beschaffenheitsangabe, die auf die selbsttätige Öffnung des Schirms auf Knopfdruck hinweise, nicht aber bei dem Zeichenbestandteil *Klick*, denn das beim Öffnen und Schließen eines Schirms und insbesondere eines Automatik-Schirms auftretende Geräusch sei so alltäglich, daß es in der Regel nicht wahrgenommen werde, der Zeichenbestandteil *Klick* somit als Herkunftshinweis verstanden werde (BGH GRUR 1982, 229, 230 – Klix/Klick).

**mm) Abkürzungen von beschreibenden Angaben.** Wenn die Benutzung einer **54** Marke als beschreibende Angabe nach § 23 Nr. 2 erlaubt ist, dann kann grundsätzlich auch die *verkehrsübliche Abkürzung* des Zeichens als beschreibende Angabe verwendet werden. Voraussetzung ist, daß die Abkürzung des Zeichens verkehrsüblich und die Abkürzung der beschreibenden Angabe vom Verkehr als solche erkannt und in ihrem Sinn verstanden wird

(BGH GRUR 1985, 41, 43 – REHAB). Die Verwendung der Bezeichnung REHAB als Abkürzung des Begriffs Rehabilitation in Katalogen, Pressemitteilungen und Geschäftsschreiben als Hinweis auf eine Messe und Fachausstellung auf dem Gebiet der technischen Rehabilitationshilfen wurde als Abkürzung einer den Gegenstand einer Messe beschreibenden Angabe beurteilt (BGH GRUR 1985, 41, 43 – REHAB). Bei schlagwortartigen Abkürzungen von *Namen* und *Firmen* entscheidet die Priorität des Zeichens oder der Abkürzung. Dabei ist zu beachten, daß eine Abkürzung, die nicht in Alleinstellung als besondere Geschäftsbezeichnung verwendet wird, kennzeichenrechtlichen Schutz nach § 15 erst mit dem Erwerb von Verkehrsgeltung erlangt (s. § 15, Rn 146 ff.). Für die Firma *Hermann Köhler* durfte wegen Bestehens der fremden Marke *Köhler* die Abkürzung *Köhler* nur dann verwendet werden, wenn sich die Abkürzung vor der Entstehung des Markenschutzes an der Marke *Köhler* im Verkehr durchgesetzt hatte (RGZ 90, 88 – Köhler). Bei willkürlichen Abkürzungen wird ein strengerer Maßstab anzulegen sein als bei schlichten Namenskürzungen wie etwa dem Weglassen des Vornamens.

**55**     **c) Rechtsprechung zum MarkenG. aa) Grundsatzentscheidungen des BGH.** In einer ersten Entscheidung zu den Schranken des Markenschutzes nach § 23 Nr. 2 beurteilt der BGH eine Markenbenutzung von *bloß informativem Charakter* nicht als eine Rechtsverletzung. Wer einen nicht mehr als Geldspielgerät zugelassenen Spielautomaten zu einem Punktespielgerät unter Beibehaltung des Spiel- und Gewinnplans umbaue, dürfe unter Nennung der Marke *VENUS MULTI* und des Namens des Vertreibers der Originalware auf sich und die neue Bezeichnung des Geräts *Fruit Point* hinweisen (BGH GRUR 1998, 697 – VENUS MULTI). Indem der ursprünglichen Bezeichnung *VENUS MULTI* die für das umgebaute Gerät benutzte Marke *Fruit Point* gegenübergestellt werde, werde dem Verkehr deutlich gemacht, daß die Bezeichnung *VENUS MULTI* eine fremde Kennzeichnung sei, nämlich die Bezeichnung des Geräts in seinem Ursprungszustand. Aufgrund der Gegenüberstellung der eigenen Kennzeichnung als die neue Marke des umgebauten Geräts sei es nach der Lebenserfahrung ausgeschlossen, daß der Verkehr die ursprüngliche Marke als Mittel der Kennzeichnung des nunmehr in Verkehr gebrachten als Punktespielgerät umgebauten Produkts ansehe. Der Hinweis auf die ursprüngliche Marke habe einen bloß informativen Charakter über den ursprünglichen und nicht mehr tauglichen Zustand des Geldspielgeräts. In der *Tour de culture*-Entscheidung bestimmt der BGH den Anwendungsbereich des § 23 Nr. 2, indem er zwischen einer zulässigen Verwendung des Zeichens, die den *Eindruck einer beschreibenden Verwendung* hervorruft, und einer unzulässigen *Verwendung als Herkunftskennzeichen* unterscheidet (BGH GRUR 1999, 238 – Tour de culture); die Verwendung der Bezeichnung *Tour de culture* für eine Kulturreise mit dem Fahrrad beschreibe die Beschaffenheit der angebotenen Reiseleistung und greife nicht in den Schutzumfang der durch Anlehnung an die freihaltebedürftige Angabe *Tour de Kultur* gebildeten Wortbildmarke ein.

**55a**     **bb) Instanzgerichtliche Rechtsprechung.** In der instanzgerichtlichen Rechtsprechung wird das Verhältnis der Kollisionstatbestände des § 14 Abs. 2 Nr. 1 bis 3 zum Anwendungsbereich des § 23 Nr. 2, sowie die Rechtserheblichkeit einer markenmäßigen Benutzung unterschiedlich beurteilt (OLG Nürnberg GRUR 1996, 206 – Leitungsrohre; OLG Stuttgart WRP 1996, 634 – Baggerparty; HansOLG Hamburg WRP 1997, 103 – Cotto; WRP 1997, 106 – Gucci; GRUR 1996, 982 – Für Kinder; s. § 14, Rn 30). Nach den Grundsatzentscheidungen des BGH zum Anwendungsbereich des § 23 Nr. 2 erübrigt sich ein näherer Bericht der instanzgerichtlichen Rechtsprechung. Das OLG München beurteilt die Verwendung des Wortes *Infobahn* bzw *Infobahnen* im Text von Anzeigen und Werbematerialien zutreffend als beschreibende Angabe im Sinne von § 23 Nr. 2 und nicht als eine Rechtsverletzung der eingetragenen Wortmarke *Infobahn* für die Waren und Dienstleistungen *Telekommunikation, Programme für Datenverarbeitung, Erstellung von Programmen für die Datenverarbeitung*, da der Verkehr der Verwendung der Angabe keinen über die Warenbeschreibung hinausgehenden, kennzeichnenden Gehalt, insbesondere in Bezug auf Herkunft und Qualität der Ware, entnehme, sich vielmehr ausschließlich an der durchgehend in der Werbung verwendeten, geschäftlichen Bezeichnung *Telekom* orientiere (OLG München MarkenR 1999, 31, 32 – Infobahn).

## III. Bestimmungshinweise (§ 23 Nr. 3)

### 1. Grundsatz

Nach § 23 Nr. 3 ist die Verwendung einer Marke oder geschäftlichen Bezeichnung als *Hinweis auf die Bestimmung einer Ware oder Dienstleistung* insoweit zulässig, als die Nennung der Marke oder geschäftlichen Bezeichnung *notwendig* ist. Notwendige Bestimmungshinweise auf Markenwaren finden sich vor allem im *Zubehör- und Ersatzteilgeschäft*. Die Nennung von Dienstleistungsmarken als Bestimmungshinweis kann bei Dienstleistungen mit Warenbezug (zum Begriff s. § 3, Rn 127) notwendig sein. Warenbezogene Dienstleistungen sind etwa die Verarbeitung, Bearbeitung, Beförderung und Aufbewahrung von Waren; sie werden etwa von Reparaturbetrieben, Transportunternehmen, Lagerhäusern, Reinigungsunternehmen und Autowaschanlagen erbracht.

### 2. Zubehör- und Ersatzteilgeschäft

**a) Benutzung als Bestimmungshinweis.** Notwendige Bestimmungshinweise finden sich namentlich im Zubehör- und Ersatzteilgeschäft vor allem bei Warenmarken, aber auch bei Dienstleistungsmarken (s. Rn 56). Die Herstellung und der Vertrieb von Zubehör und Ersatzteilen ist Teil der wirtschaftlichen Betätigungsfreiheit. Innerhalb der wettbewerbsrechtlichen Grenzen kann jeder Gewerbetreibende Zubehör und Ersatzteile für fremde Originalprodukte herstellen und vertreiben, ohne daß er der Zustimmung des Herstellers des Originalprodukts bedarf (zur wettbewerbsrechtlichen Beurteilung unter dem Gesichtspunkt der Nachahmung einer fremden Leistung s. *Baumbach/Hefermehl*, Wettbewerbsrecht, § 1 UWG, Rn 490 ff.). Insoweit die Herstellung und der Vertrieb von Zubehör und Ersatzteilen *wettbewerbsrechtlich zulässig* ist, muß es dem Hersteller oder Händler des Zubehörs oder der Ersatzteile auch erlaubt sein, auf den Verwendungszweck des Zubehörs oder der Ersatzteile hinzuweisen, um dem Verkehr die Werbung für das Zubehör oder die Ersatzteile verständlich zu machen (BGH GRUR 1968, 49, 53 – Zentralschloßanlagen). Aus der Zulässigkeit der Herstellung und des Vertriebs folgt allerdings noch nicht, daß jede Form der Werbung für das Zubehör und die Ersatzteile wettbewerbsrechtlich erlaubt ist (s. dazu *Baumbach/Hefermehl*, Wettbewerbsrecht, § 1 UWG, Rn 494, 552 ff.). Schon nach der Rechtslage im WZG war anerkannt, daß der Hersteller eines Zubehörs oder Ersatzteils sich auch der Bezeichnung der Originalware bedienen darf, da ansonsten der Vertrieb des Zubehörs und der Ersatzteile unangemessen erschwert oder gar unmöglich wäre. Der Bestimmungshinweis auf den Verwendungszweck des Produkts als eines Zubehörs oder Ersatzteils für ein Originalprodukt etwa in der Form „Ersatzteil für ..." unter Nennung der Marke des Originalprodukts stellte schon nach der Rechtslage im WZG als solche keinen zeichenmäßigen Gebrauch dar (s. dazu im einzelnen *Baumbach/Hefermehl*, Wettbewerbsrecht, § 15 WZG, Rn 18 f.). Die *Bezugnahme auf die Marke des Originalprodukts* darf aber im Verkehr nicht den Eindruck erwecken, es handele sich um Zubehör oder Ersatzteile des Originalherstellers. Eine Bezugnahme ist markenrechtlich nur dann zulässig, wenn die fremde Marke nicht als ein produktidentifizierendes Unterscheidungszeichen verwendet wird und das Zubehör oder Ersatzteil nicht der Produktverantwortung des Herstellers des Originalprodukts zugerechnet wird. Nur in solchen Fallkonstellationen liegt eine *Bestimmungsangabe* vor (BGH GRUR 1958, 343 – Bohnergerät; 1962, 537, 539 – Radkappe).

Nach § 23 Nr. 3 darf die Benutzung der fremden Marke oder der geschäftlichen Bezeichnung nur *als Bestimmungshinweis* und damit nicht nach Art einer Marke verwendet werden. Es ist eine allgemeine Anwendungsvoraussetzung des § 23 Nr. 1 bis 3, daß der Name (Nr. 1), die beschreibende Angabe (Nr. 2) und der Bestimmungshinweis (Nr. 3) nicht *als Marke* verwendet werden dürfen. Der Hinweis des Herstellers oder Händlers, das Zubehör oder das Ersatzteil lasse sich ohne Verwendung der fremden Marke oder der geschäftlichen Bezeichnung nicht am Markt absetzen, rechtfertigt zwar den Bestimmungshinweis, nicht aber die Benutzung nach Art einer Marke und damit eine Kennzeichenverletzung (so schon BGH GRUR 1962, 537, 540 – Radkappe; *Bußmann*, WuW 1953, 131).

Zu weitgehend wurde der Hinweis *Gummiringe geeignet für Rexflaschen* zugelassen (RG MuW 1923/1924, 123 – Rexflaschen). Unter Aufgabe dieser zu weitgehenden Rechtsprechung wurde als *zulässiger* Hinweis beurteilt *Ersatzteile eigenen Fabrikats passend für Alfa-Lavalseparatoren* (RG MuW 1927/1928, 311 – Globe-Separator). Der erläuternde Hinweis muß geeignet sein, jede Irreführung im Verkehr, auch eine solche über organisatorische oder wirtschaftliche Verbindungen zwischen den Unternehmen, auszuschließen. Als *unzulässig* beurteilt wurden die Hinweise *Geprüfte Nadeln von Leo Lammertz zur Pfaff-Nähmaschine*, weil der Verkehr auf Beziehungen zwischen den Unternehmen schließen könne (RGZ 95, 209 – Pfaff-Nähmaschine); *Fräser, passend für Jupiter-Maschinen* (RG MuW 1929, 113 – HILTI TE 17); *Hammerbohrer mit Mitnehmer-Nuten passend für HILTI TE 17,* weil im Verkehr namentlich bei Wiederverkäufern der Eindruck erweckt werde, die Hammerbohrer seien im Unternehmen des Inhabers der Marke *HILTI TE 17* hergestellt worden (OLG Karlsruhe GRUR 1978, 111 – Hammerbohrer). Als *zulässig* beurteilt wurde die Bezugnahme in einer *Preisliste,* in der Türschließersatzfedern mehrerer Systeme angeboten wurden, weil sie nur an Fachleute abgegeben wurden, die wußten, daß es sich um Ersatzfedern des Anbieters handele (RG MuW 1934, 406 – Yale). Wenn der Hersteller von Gummiringen für Konservengläser auch die eigene Marke *Globus* führt und sie in der Werbung deutlich hervorhebt, dann soll dadurch der irrige Eindruck, er stelle auch die Konservengläser der Marken *Weck* und *Rex* her, ausgeschlossen werden (HansOLG Hamburg GRUR 1955, 46). Wenn ein Ersatzteilgroßhändler Radzierkappen für DKW- oder Auto-Union-Fahrzeuge, die nicht vom Kraftfahrzeughersteller, sondern von anderen Unternehmen nachgebaut wurden, mit der Herstellermarke *DKW* oder der Bildmarke der *Vier-Ringe* versieht, dann liegt eine Markenrechtsverletzung vor, da der Verkehr eine Marke, die das ganze Erzeugnis kennzeichnet, zugleich auch als einen Hinweis auf einen Teil des Erzeugnisses versteht, zumal dann, wenn ein augenfälliger Teil des Gesamterzeugnisses mit der Marke versehen ist (BGH GRUR 1962, 537,539 – Radkappe).

**60** **b) Notwendigkeit der Benutzung.** Auch wenn die fremde Marke oder geschäftliche Bezeichnung nicht nach Art einer Marke, sondern als Bestimmungshinweis des Zubehörs oder Ersatzteils verwendet wird, ist nach § 23 Nr. 3 nur eine solche die fremde Marke oder geschäftliche Bezeichnung benennende Benutzung erlaubt, die zum Zwecke der Bestimmung des Produkts als Zubehör oder Ersatzteil einer Originalware notwendig ist. Eine solche *Notwendigkeit der Benutzung* besteht dann, wenn die Benennung der fremden Marke oder geschäftlichen Bezeichnung zu einer Aufklärung des Verkehrs über den Verwendungszweck des Zubehörs oder Ersatzteils für ein fremdes Originalprodukt sachlich geboten ist und insoweit eine *sachliche Rechtfertigung* für die Benutzung der fremden Marke oder geschäftlichen Bezeichnung besteht (so schon nach der Rechtslage im WZG aus wettbewerbsrechtlicher Sicht nach § 1 UWG BGH GRUR 1958, 343 – Bohnergeräte; 1962, 537, 540 – Radkappe; 1968, 698, 700 – Rekordspritzen). Zur Beurteilung, ob die Benutzung der fremden Marke oder geschäftlichen Bezeichnung in Verbindung mit dem Bestimmungshinweis notwendig ist, sind das Interesse des Kennzeicheninhabers an seinem Ausschließlichkeitsrecht, das Interesse des Dritten an der Freiheit seiner wirtschaftlichen Betätigung und das Interesse der Verbraucher an zutreffender Produktinformation abwägend zu berücksichtigen.

**61** **c) Redliche Benutzung.** Die notwendige Benutzung als sachlich gebotener Bestimmungshinweis steht unter dem *Vorbehalt des redlichen Geschäftsverkehrs* nach § 23. Wenn die Benutzung nach dieser Vorschrift gegen die guten Sitten im Geschäftsverkehr verstößt, dann ist die Benutzung der fremden Marke oder geschäftlichen Bezeichnung nicht nach § 23 Nr. 3 erlaubt und stehen dem Kennzeicheninhaber die Abwehrrechte aus den §§ 14, 15 zu. Wenn die Benutzung zugleich einen Verstoß gegen die guten Sitten im Wettbewerb, was regelmäßig der Fall sein wird, darstellt, dann bestehen wettbewerbsrechtliche Ansprüche nach § 1 UWG in Anspruchskonkurrenz (s. § 2, Rn 2 ff.). Es kann insoweit auf die Rechtsprechung zu den wettbewerbsrechtlichen Grenzen der Werbung für Zubehör und Ersatzteile zurückgegriffen werden (s. dazu *Baumbach/Hefermehl,* Wettbewerbsrecht, § 1 UWG, Rn 550). Die Bezugnahme auf das fremde Originalprodukt in der Zubehör- und Ersatzteilwerbung kann eine wettbewerbswidrige Anlehnung an den guten Ruf der fremden Marke oder geschäftlichen Bezeichnung und der mit diesen Kennzeichen markierten Originalprodukte darstellen. Eine wettbewerbswidrige *Ausbeutung des guten Rufs* liegt etwa dann vor, wenn die Benennung der fremden Marke oder geschäftlichen Bezeichnung über den sachlich gebotenen Hinweis auf den Verwendungszweck als Zubehör oder Ersatzteil hinausgeht und das Image des Originalprodukts auf das Zubehör oder Ersatzteil übertragen wird. Der Bestimmungshinweis auf den Verwendungszweck kann ferner eine *irreführende Anpreisung* darstellen (s. dazu schon RG GRUR 1934, 598 – Yale; 1941, 116 – Torpedo). Die Benennung der fremden Marke oder geschäftlichen Bezeichnung in Verbindung mit dem Hinweis auf den Verwendungszweck als Zubehör oder Ersatzteil darf im Verkehr nicht den Eindruck hervorrufen, der Hersteller des Zubehörs oder Ersatzteils sei auch der Hersteller des Originalprodukts. So ist etwa ein Hinweis auf Katalognummern des Herstellers der Hauptware wettbewerbsrechtlich unzulässig, wenn dadurch im Verkehr der unrichtige Eindruck erweckt wird, es handele sich um Originalzubehör oder Originalersatzteile, die ausschließlich vom Hersteller der Hauptware vertrieben werden (RG MuW 1939, 236, 239 – Kfz-Ersatzteile; OLG Dresden MuW 1936, 430, 431 – Ersatzteile zu Zigarettenmaschinen). Es ist dem Hersteller von Nachbauteilen unbenommen, ein eigenes Katalognummernsystem einzurichten (BGH GRUR 1962, 537, 543 – Radkappe). Die Kennzeichnung von Zubehör und Ersatzteilen als Originalprodukte sowie die Verwendung von Bestellnummern des Herstellers der Originalprodukte kann zudem gegen das Verbot der *irreführenden Werbung* nach § 3 UWG verstoßen (s. dazu *Baumbach/Hefermehl*, Wettbewerbsrecht, § 3 UWG, Rn 349).

### 3. Werberecht

In der *Dior*-Entscheidung (EuGH, Rs. C-337/95, Slg. 1997, I-6013, GRUR Int 1998, 140 – Dior/Evora) anerkannte der EuGH das allgemeine *Werberecht eines Wiederverkäufers* einer markierten Ware. Eine Schranke des Werberechts des Wiederverkäufers, das im Rahmen der üblichen Werbeformen innerhalb der Branche besteht, und bezweckt, der Öffentlichkeit den Weitervertrieb der Waren anzukündigen, besteht in einer *erheblichen Rufschädigung* der Marke und Produkte. In der *BMW*-Entscheidung (EuGH, Rs C-63/97, WRP 1999, 407 – BMW) wird das Werberecht hinsichtlich der Bestimmungshinweise einer Ware auf die *Werbung für die Instandsetzung und die Wartung* von Kraftfahrzeugen übertragen. Der Inhaber einer Marke kann einem Dritten die Benutzung der Marke zu dem Zweck, die Öffentlichkeit darauf hinzuweisen, daß er Waren dieser Marke, die unter der Marke von deren Inhaber oder mit seiner Zustimmung in den Verkehr gebracht wurden, instandsetzt und wartet oder daß er auf den Verkauf, die Instandsetzung oder Wartung dieser Waren spezialisiert oder für diese Fachmann ist, nicht verbieten, sofern die Marke nicht in einer Weise benutzt wird, die den Eindruck erwecken kann, daß eine *Handelsbeziehung* zwischen dem Drittunternehmen und dem Markeninhaber besteht, insbesondere das Unternehmen des Wiederverkäufers dem *Vertriebsnetz* des Markeninhabers angehört oder eine *Sonderbeziehung* zwischen den beiden Unternehmen besteht.

### IV. Gattungsbezeichnungen (§ 23 Nr. 2 analog)

In Umsetzung von Art. 6 Abs. 1 lit. b MarkenRL hat der Gesetzgeber in § 23 Nr. 2 die Benutzung eines Kennzeichens als beschreibende Angabe für zulässig erklärt. Der Kreis der beschreibenden Angaben entspricht dem absoluten Schutzhindernis des § 8 Abs. 2 Nr. 2 in Umsetzung von Art. 3 Abs. 1 lit. c MarkenRL. Weder in der MarkenRL noch im MarkenG ist die Benutzung eines Kennzeichens als Gattungsbezeichnung geregelt. Die markenrechtliche Problematik der Benutzung eines Kennzeichens als Gattungsbezeichnung ist der einer Benutzung als beschreibender Angabe vergleichbar. Auch für Gattungsbezeichnungen besteht ein absolutes Schutzhindernis nach § 8 Abs. 2 Nr. 3 in Umsetzung von Art. 3 Abs. 1 lit. d MarkenRL. Gattungsbezeichnungen sind allgemein sprachgebräuchliche und verkehrsübliche Bezeichnungen (zum Begriff s. § 8, Rn 263 ff.). An einer Gattungsbezeichnung kann namentlich dann Markenschutz bestehen, wenn das absolute Schutzhindernis des § 8 Abs. 2 Nr. 3 infolge des Erwerbs von Verkehrsdurchsetzung nach § 8 Abs. 3 überwunden worden ist. Folge des Bestehens von Markenschutz an einer Gattungsbezeichnung darf aber nicht eine Monopolisierung der Gattungsbezeichnung als solcher für den Markeninhaber sein. Da das Vorliegen einer markenmäßigen Benutzung keine rechtliche Voraussetzung einer Markenrechtsverletzung darstellt (s. § 14, Rn 39), bestehen die markenrechtlichen Abwehransprüche nach § 14 Abs. 2 grundsätzlich auch gegenüber der Benutzung des Zeichens als Gattungsbezeichnung durch einen Dritten. Insoweit besteht eine Gesetzeslücke der Schranken des Markenschutzes nach § 23 hinsichtlich einer freien Benutzung von Zeichen als Gattungsbezeichnungen. Es bedarf insoweit einer beschreibenden Angaben vergleichbaren Regelung. Es ist deshalb geboten, auf Gattungsbezeichnungen im Sinne des § 8 Abs. 2 Nr. 3 die Vorschrift des § 23 Nr. 2 analog anzuwenden. Der Inhaber einer Marke oder einer geschäftlichen Bezeichnung hat nach § 23 Nr. 2 analog das Recht, einem Dritten zu untersagen, im geschäftlichen Verkehr ein mit der Marke oder der geschäftlichen Bezeichnung identisches Zeichen oder ein ähnliches Zeichen *als Gattungsbezeichnung* im Sinne des § 8 Abs. 2 Nr. 3 zu benutzen, sofern die Benutzung nicht gegen die guten Sitten verstößt (s. Rn 67 f.). Die Benutzung des fremden Kennzeichens als Marke ist nicht zulässig. Zudem besteht die Benutzung als Gattungsbezeichnung unter dem Vorbehalt redlichen Geschäftsverkehrs.

## D. Vorbehalt des redlichen Geschäftsverkehrs

### I. Grundsatz

63  Der Inhaber kann die Benutzung seiner Marke oder geschäftlichen Bezeichnung einem Dritten als dessen Namen oder Namensfirma, als beschreibende Angabe oder als Bestimmungshinweis auf Zubehör oder Ersatzteile dann untersagen, wenn die Benutzung im geschäftlichen Verkehr gegen die guten Sitten verstößt (s. Rn 65). Auch die beschreibende Benutzung, die nicht nach Art einer Marke erfolgt, steht unter dem Vorbehalt des redlichen Geschäftsverkehrs. Wenn die Benutzung sittenwidrig ist, dann stehen dem Rechtsinhaber die kennzeichenrechtlichen Ansprüche nach den §§ 14, 15 zu (s. Rn 18). Wenn die sittenwidrige Benutzung zugleich einen Wettbewerbsverstoß nach den §§ 1, 3 UWG darstellt, dann bestehen wettbewerbsrechtliche Ansprüche in Anspruchskonkurrenz. Die Sittenwidrigkeit der Benutzung kann sich vor allem aus einer Annäherung oder Anlehnung an die konkrete Gestalt der fremden Marke oder geschäftlichen Bezeichnung ergeben. Eine Imitation des fremden *Zeichendesigns* ist regelmäßig zu einer beschreibenden Benutzung des fremden Kennzeichens nicht erforderlich. Für das Vorliegen der Sittenwidrigkeit im Sinne des § 23 ist nicht entscheidend, ob *Verwechslungsgefahr* besteht oder die Gefahr einer Irreführung des Verkehrs begründet wird. Wenn die Benutzung als sittenwidrig zu beurteilen ist, dann bestehen die kennzeichenrechtlichen Ansprüche, wenn die Voraussetzungen einer Markenrechtsverletzung nach § 14 Abs. 1 bis 3 oder einer Kennzeichenverletzung nach § 15 Abs. 2, 3 gegeben sind. Die Benutzung im geschäftlichen Verkehr im Sinne des § 23 verlangt kein Handeln zu Zwecken des Wettbewerbs, so daß die Sittenwidrigkeit der Benutzung auch dann gegeben sein kann, wenn diese keine Wettbewerbshandlung darstellt, weil zwischen dem Kennzeicheninhaber und dem Dritten ein Wettbewerbsverhältnis nicht besteht. Namentlich bei der beschreibenden Benutzung bekannter Marken, die als ein Verstoß gegen die guten Sitten zu beurteilen ist, kann dieser Unterschied zum wettbewerblichen Unrecht nach § 1 UWG rechtserheblich werden. In der Regel wird aber auch ein Wettbewerbsverstoß vorliegen, wenn die beschreibende Benutzung gegen die guten Sitten im geschäftlichen Verkehr verstößt. Zur Konkretisierung der Guten-Sitten-Klausel des § 23 wird insoweit an die zu § 1 UWG entwickelten Fallgruppen wie namentlich die Ausbeutungstatbestände angeknüpft werden können.

### II. Kein Erfordernis sachlicher Rechtfertigung

64  Die Zulässigkeit der Benutzung einer fremden Marke oder geschäftlichen Bezeichnung als Name oder Namensfirma, als beschreibende Angabe oder als Bestimmungshinweis auf Zubehör und Ersatzteile setzt nicht allgemein das Vorliegen einer sachlichen Rechtfertigung voraus. Das ergibt sich schon daraus, daß allein der Bestimmungshinweis im Sinne des § 23 Nr. 3 namentlich hinsichtlich der Eigenschaft einer Ware als Zubehör oder Ersatzteil nur unter der weiteren Voraussetzung zulässig ist, daß die Benutzung zum Zwecke dieses Bestimmungshinweises notwendig ist. Insoweit ist eine Rechtsänderung gegenüber der

Rechtslage im WZG eingetreten. Zwar enthielt § 16 WZG nicht den kennzeichenrechtlichen Vorbehalt des redlichen Geschäftsverkehrs, die Vorschrift stand aber unter dem allgemeinen Vorbehalt eines Handelns innerhalb des lauteren Wettbewerbs nach den §§ 1, 3 UWG. Nach der zur Rechtslage im WZG ergangenen Rechtsprechung zur wettbewerbsrechtlichen Beurteilung einer nicht kennzeichenmäßigen Benutzung eines fremden Zeichens (s. dazu *Baumbach/Hefermehl*, § 15 WZG, Rn 42) wurde die Bezugnahme auf ein fremdes Zeichen zur Förderung des eigenen Absatzes, auch wenn mangels zeichenmäßigen Gebrauchs eine Zeichenverletzung nicht vorlag, dann als eine anlehnende Werbung als wettbewerbswidrig nach § 1 UWG beurteilt, wenn die bezugnehmende Zeichenbenutzung deshalb als nicht gerechtfertigt zu beurteilen war, weil sie sich als sachlich nicht nötig darstellte (BGH GRUR 1958, 343 – Bohnergerät). Die nach § 23 zulässige Benutzung eines fremden Kennzeichens bedarf keines sachlich gerechtfertigten Grundes, wenn sie nicht nach Art einer Marke erfolgt.

### III. Verstoß gegen die guten Sitten im geschäftlichen Verkehr

#### 1. Anlehnende Werbung und Behinderungswettbewerb

Ein Verstoß gegen die guten Sitten im geschäftlichen Verkehr im Sinne des § 23 wird dann vorliegen, wenn die namensmäßige oder beschreibende Benutzung des fremden Kennzeichens eine *willkürliche Annäherung* oder *Anlehnung* an das fremde Zeichendesign wie etwa Schriftbild, Bildgestaltung oder Farbenzusammenstellung darstellt. Die Benutzung im Sinne des § 23 kann auch als eine *anlehnende Werbung*, aufgrund derer die Werbekraft des fremden Kennzeichens ausgenutzt wird, oder als eine *Behinderung* des Kennzeicheninhabers, aufgrund deren die Werbekraft des fremden Kennzeichens beeinträchtigt wird, nach § 1 UWG wettbewerbswidrig sein. Insoweit kann auch auf die Rechtsprechung zur wettbewerbsrechtlichen Beurteilung einer nicht kennzeichenmäßigen Benutzung eines fremden Kennzeichens nach der Rechtslage im WZG zurückgegriffen werden. Ein Wettbewerbsverstoß kann namentlich dann vorliegen, wenn der zu beurteilenden Benutzung des fremden Kennzeichens bereits eine Kennzeichenverletzung oder ein Wettbewerbsverstoß vorausgegangen ist, der eine Verwirrung im Verkehr ausgelöst hat, wenn dieser Zustand der *Verkehrsverwirrung* durch die erneute Benutzung des fremden Kennzeichens aufrechterhalten, ausgenützt oder gar verschärft wird. Unter dem Gesichtspunkt einer Verkehrsverwirrung wurde als wettbewerbswidrig beurteilt, wenn ein Zeitschriftenverlag, der die Wortbildmarke der Illustrierten *Der Stern* verletzt und als Folge der Zeichenverletzung eine Verkehrsverwirrung hervorgerufen hatte, weiterhin unverkennbar *asymmetrische Sterne* in der Werbung für Illustrierten, Zeitschriften und Bücher verwendete, auch wenn die Verwendung der Sterne zu ornamentalen Zwecken der Ausschmückung erfolgte (BGH GRUR 1960, 126 – Sternbild). In solchen Fallkonstellationen liegt die Wettbewerbswidrigkeit namentlich in der Fortsetzung einer Beeinträchtigung des Werbewerts des fremden Kennzeichens. Notwendig ist eine sorgfältige Abwägung der beteiligten Interessen namentlich des Kennzeicheninhabers und des Dritten sowie der Allgemeinheit. Das Interesse des Kennzeicheninhabers an seinem Ausschließlichkeitsrecht ist umso höher einzuschätzen, je bekannter das Kennzeichen im Verkehr und je größer sein Werbewert ist, um so geringer, je alltäglicher sich das Kennzeichen in seiner konkreten Gestalt erweist. Innerhalb der Interessenabwägung kann auch rechtserheblich sein, ob der Dritte eine dem fremden Kennzeichen identische oder ähnliche Bezeichnung willkürlich gewählt hat, auch wenn eine beschreibende Benutzung im Sinne des § 23 grundsätzlich keiner sachlichen Rechtfertigung bedarf (s. Rn 64).

Der Betreiber einer Gaststätte, der für seine mit Musikdarbietungen verbundene Veranstaltungen in einer Anzeige mit dem herausgestellten Schlagwort *Baggerparty* wirbt, kann sich gegenüber dem Inhaber der für die Organisation und Durchführung von Veranstaltungen mit Musik oder Spiel eingetragenen Dienstleistungsmarke *Baggerparty* nicht auf § 23 berufen, wenn die Benutzung der Bezeichnung *Baggerparty* in der Anzeige entweder keine beschreibende Angabe oder eine Benutzung als Marke (s. dazu Rn 10) darstellt, aber auch dann nicht, wenn die Benutzung gegen die guten Sitten verstößt; die Sittenwidrigkeit kann nicht allein mit dem Vorliegen einer markenmäßigen Benutzung des Zeichens begründet werden (so aber OLG Stuttgart WRP 1996, 634 – Baggerparty; s. dazu auch die Beispiele Rn 16 f.).

## 2. Benutzung als Gattungsbezeichnung

**67** Die Benutzung eines fremden Kennzeichens als Gattungsbezeichnung ist nach § 23 Nr. 2 analog zulässig (s. Rn 62), wenn die Benutzung nicht nach Art einer Marke erfolgt und nicht gegen die guten Sitten verstößt. Schon nach der Rechtslage im WZG war anerkannt, daß der gattungsmäßige Gebrauch eines Warenzeichens zwar grundsätzlich zulässig ist, gleichwohl aber rechtliche Schranken für die Benutzung eines fremden Kennzeichens als einer Gattungsbezeichnung bestehen. Die gattungsmäßige Benutzung eines fremden Kennzeichens konnte einen widerrechtlichen Eingriff in den eingerichteten und ausgeübten Gewerbebetrieb des Zeicheninhabers nach § 823 Abs. 1 BGB darstellen (RGZ 117, 408 – Lysol) oder bei Hinzutreten besonderer Umstände nach § 1 UWG wettbewerbswidrig sein (BGH GRUR 1964, 82, 83 – Lesering; 1968, 425, 427 – feuerfest II). Die Rechtsprechung zur wettbewerbswidrigen Benutzung eines fremden Kennzeichens als Gattungsbezeichnung kann insoweit auf den Vorbehalt des redlichen Geschäftsverkehrs im Sinne des § 23 übertragen werden.

**68** Die Benutzung eines fremden Kennzeichens als Gattungsbezeichnung kann namentlich dann wettbewerbswidrig sein, wenn die fremde Marke, die von ihrem Inhaber als ein produktidentifizierendes Unterscheidungszeichen im Verkehr durchgesetzt worden ist, von einem Dritten auf eine solche Art und Weise im Verkehr benutzt wird, daß die Identifizierungsfunktion der fremden Marke beeinträchtigt wird (BGH GRUR 1964, 82, 85 – Lesering). Das wurde wegen des großen Einflusses der Presse auf die allgemeine Begriffsbildung und die Sprachgewohnheiten der Verkehrskreise namentlich dann angenommen, wenn der Dritte durch Veröffentlichungen in der Presse oder durch Mitteilungen an Zeitungsredaktionen versucht, die fremde Marke als einen allgemeingebräuchlichen Gattungsbegriff für ein bestimmtes Vertriebssystem hinzustellen. Die gattungsmäßige Benutzung der fremden Marke ist aber ohne Vorliegen besonderer Umstände namentlich dann nicht wettbewerbswidrig, wenn das Zeichen nach seinem Sinngehalt im Verkehr allgemein begriffliche Vorstellungen über das Produkt oder dessen Vertriebssystem vermittelt. Wenn umgekehrt der Markeninhaber eine allgemein sprachgebräuchliche oder verkehrsübliche Bezeichnung als Marke gewählt hat, dann muß er Beeinträchtigungen der Identifizierungsfunktion seiner Marke aufgrund deren gattungsmäßiger Benutzung durch Dritte hinnehmen (BGHZ 42, 151, 155 – Rippenstreckmetall II). Das wurde nach der Rechtslage im WZG von der Rechtsprechung selbst dann angenommen, wenn der Zeicheninhaber den sprachüblich gebildeten und von ihm selbst als erstem als warenbeschreibende Angabe eingeführten und als Warenzeichen eingetragenen Ausdruck infolge eines Herstellungsmonopols lange Zeit ausschließlich verwendet hat (BGH GRUR 1968, 425 – feuerfest II). In solchen Fallkonstellationen wurde kein § 16 WZG ergänzender wettbewerbsrechtlicher Schutz gewährt (*Baumbach/Hefermehl*, § 15 WZG, Rn 42). Die Benutzung einer fremden Marke, die eine Gattungsbezeichnung im Sinne des § 8 Abs. 2 Nr. 3 darstellt, an der der Markeninhaber nach § 8 Abs. 3 aufgrund von Verkehrsdurchsetzung Markenschutz erworben hat, stellt bei einer gattungsmäßigen Benutzung nur dann einen Verstoß gegen die guten Sitten im Sinne des § 23 dar, wenn besondere die Sittenwidrigkeit begründende Umstände hinzutreten.

**Erschöpfung**

**24** (1) **Der Inhaber einer Marke oder einer geschäftlichen Bezeichnung hat nicht das Recht, einem Dritten zu untersagen, die Marke oder die geschäftliche Bezeichnung für Waren zu benutzen, die unter dieser Marke oder dieser geschäftlichen Bezeichnung von ihm oder mit seiner Zustimmung im Inland, in einem der übrigen Mitgliedstaaten der Europäischen Union oder in einem anderen Vertragsstaat des Abkommens über den Europäischen Wirtschaftsraum in den Verkehr gebracht worden sind.**

(2) **Absatz 1 findet keine Anwendung, wenn sich der Inhaber der Marke oder der geschäftlichen Bezeichnung der Benutzung der Marke oder der geschäftlichen Bezeichnung im Zusammenhang mit dem weiteren Vertrieb der Waren aus berechtigten Gründen widersetzt, insbesondere wenn der Zustand der Waren nach ihrem Inverkehrbringen verändert oder verschlechtert ist.**

# § 24 MarkenG

## Inhaltsübersicht

|  | Rn |
|---|---|
| A. Allgemeines | 1–6 |
|   I. Regelungsübersicht | 1 |
|   II. Rechtsänderungen | 2, 3 |
|   III. Europäisches Unionsrecht | 4, 5 |
|     1. Erste Markenrechtsrichtlinie | 4 |
|     2. Gemeinschaftsmarkenverordnung | 5 |
|   IV. Staatsvertragsrecht | 6 |
| B. Die europarechtliche Erschöpfung der Kennzeichenrechte in der EG und im EWR (§ 24) | 7a–58d |
|   I. Grundsatz der kennzeichenrechtlichen Erschöpfung (§ 24 Abs. 1) | 7a–8 |
|     1. Ausgangspunkt | 7a |
|     2. Erschöpfung der Kennzeichenrechte | 7b–8 |
|       a) Neukennzeichnung und Erschöpfung | 7b, 7c |
|       b) Inverkehrbringen | 7d–7e |
|       c) Erschöpfung bei Waren, nicht bei Dienstleistungen | 8 |
|   II. Begründung und Reichweite der kennzeichenrechtlichen Erschöpfung | 9–12 |
|   III. Europäische Gemeinschaft und Europäischer Wirtschaftsraum als Territorium der europarechtlichen Erschöpfung | 13–16d |
|     1. Rechtslage im WZG | 13, 14 |
|     2. Rechtslage im MarkenG | 15–16d |
|       a) Rechtsverbindlichkeit der EU-weiten und EWR-weiten Erschöpfung | 15–16c |
|       b) Verhältnis der Rechtsprechung des EuGH zur Rechtsprechung des EFTA-Gerichtshofes | 16d |
|   IV. Fallkonstellationen der kennzeichenrechtlichen Erschöpfung | 17–32 |
|     1. Ausgangspunkt | 17 |
|     2. Inverkehrbringen durch den Kennzeicheninhaber selbst | 18 |
|     3. Inverkehrbringen durch konzernverbundene Unternehmen | 19 |
|     4. Inverkehrbringen mit Zustimmung des Kennzeicheninhabers | 20–30 |
|       a) Grundsatz | 20, 21 |
|       b) Vertriebsverträge | 22–24 |
|       c) Lizenzverträge | 25–27 |
|       d) Kennzeichenrechtliche Zustimmungsvorbehalte | 28–30 |
|     5. Privatautonome Markenaufspaltungen | 31, 32 |
|   V. Ausnahmen von der kennzeichenrechtlichen Erschöpfung (§ 24 Abs. 2) | 33–57g |
|     1. Generalklauselartiger Ausnahmetatbestand | 33–35 |
|     2. Berechtigte Gründe eines Ausschlusses der Erschöpfung | 36–57g |
|       a) Produktveränderungen | 36–54 |
|         aa) Grundsatz | 36, 37 |
|         bb) Verändern und Verschlechtern des Warenzustandes | 38, 39 |
|         cc) Produkt und Verpackung als kennzeichenrechtliche Einheit | 40 |
|         dd) Änderung der Eigenart der Ware | 41–47 |
|         ee) Aufarbeitung und Reparatur der Ware | 48 |
|         ff) Verwenden von markierten Originalbehältern | 49 |
|         gg) Eingriffe in die Produktverpackung | 50–53 |
|         hh) Ermächtigung eines Dritten | 54 |
|       b) Zweigleisiger Vertrieb und Markenaustausch | 55 |
|       c) Produktdifferenzierungen | 56a, 56b |
|       d) Unlautere Markenbeeinträchtigung und Rufausbeutung | 57a |
|       e) Bestandsschutz funktionsfähiger Vertriebsbindungssysteme | 57b–57g |
|         aa) Diskriminierungsfreie Schutzinstrumente gegen bestandsgefährdenen Außenseiterwettbewerb | 57b |
|         bb) Garantieausschlußklauseln | 57c |
|         cc) Codierungssysteme | 57d–57g |
|           (1) Wettbewerbsschutz | 57d |
|           (2) Markenschutz | 57e, 57f |
|           (3) Mißbrauch eines Codierungssystems | 57g |
|   VI. Behauptungs-, Darlegungs- und Beweislast | 58a–58c |
|     1. Beweislast des Rechtsverletzers für den Zustimmungstatbestand | 58a |

| | Rn |
|---|---|
| 2. Beweislage bei nicht autorisiertem Reimporten und Parallelimporten | 58 b |
| 3. Prozessuale Aufklärungspflichten | 58 c |
| VII. Reimporte und Parallelimporte vor Inkrafttreten des MarkenG | 58 d |
| C. Die gemeinschaftsrechtliche Erschöpfung der Kennzeichenrechte in der EG (Art. 30, 36 EGV) | 59–99 |
| I. Verhältnis der warenverkehrsrechtlichen Rechtsprechung des EuGH zum Erschöpfungsgrundsatz nach § 24 | 59, 60 |
| II. Ausgangspunkt | 61–69 |
| 1. Die Grundfreiheiten der EG | 61, 62 |
| 2. Das Verhältnis von Warenverkehrsrecht und Wettbewerbsrecht | 63–65 |
| 3. Warenverkehrsrechtliche und wettbewerbsrechtliche Schranken des Markenschutzes | 66–69 |
| III. Die Lehre von der gemeinschaftsrechtlichen Erschöpfung | 70–99 |
| 1. Legitimationskontrolle mitgliedstaatlicher Handlungsziele | 70 |
| 2. Rechtsgrundlagen | 71, 72 |
| 3. Der spezifische Gegenstand des Markenrechts (Art. 36 S. 1 EGV) | 73–80 |
| 4. Identifizierungsfunktion als Produktverantwortung | 81–84 |
| 5. Hoheitliche Markenaufspaltungen | 85–89 |
| 6. Privatautonome Markenaufspaltungen | 90–94 i |
| a) Originäre Markenrechte rechtlich und wirtschaftlich vollständig voneinander unabhängiger Unternehmen | 90–93 |
| b) Schranken mitgliedstaatlicher Marktaufteilungen durch Markenaufspaltungen | 94 a–94 f |
| aa) Ausgangspunkt | 94 a |
| bb) Wettbewerbsregeln (Art. 85, 86 EGV) | 94 b |
| cc) Zustimmungslehre | 94 c |
| dd) Willkürliche Diskriminierung und verschleierte Handelsbeschränkung als Rechtsmißbrauch (Art. 36 S. 2 EGV) | 94 d |
| ee) Einheitliches Markenrechtsterritorium als gemeinschaftsrechtliches Postulat oder als gemeinschaftsrechtliche Folge einer TRIPS-konformen Auslegung | 94 e, 94 f |
| c) Vertriebsvertragsklauseln | 94 g |
| d) Codierungssysteme | 94 h, 94 i |
| 7. Weitere Fallkonstellationen der Erschöpfungswirkung und des Erschöpfungsausschlusses | 95 |
| 8. Willkürliche Diskriminierung und verschleierte Handelsbeschränkung als Rechtsmißbrauch (Art. 36 S. 2 EGV) | 96, 97 |
| 9. Außenbeziehungen der EG | 98, 99 |
| a) Import aus Drittstaaten | 98 |
| b) Import aus Drittvertragsstaaten (Freihandelsabkommen) | 99 |
| D. Wettbewerbsregeln (Art. 85, 86 EGV) | 100–106 |
| I. Ausgangspunkt | 100 |
| II. Ausübung eines Markenrechts | 101 |
| III. Vereinbarungen und Abstimmungen über ein Markenrecht | 102–104 a |
| IV. Mißbräuchliche Ausübung einer marktbeherrschenden Stellung | 105, 106 |

**Schrifttum zum WZG und Europäischen Gemeinschaftsrecht.** *Asendorf,* Zum Bestand der gewerblichen Schutzrechte im Gemeinsamen Markt – Eigentumsgarantie und Grundsatz des freien Warenverkehrs, FS für Nirk, 1992, S. 12; *Axster,* „Bestand" der Kennzeichnungsrechte und ihre „Ausübung" im Sinne von Art. 36 EWGV, GRUR 1980, 594; *Ballhaus,* Import und Re-Import von Markenware, 1964; *v. Bar,* Rechtsprechung des EuGH zum Warenzeichenrecht und Eigentumsgarantie des Art. 14 GG, RIW/AWD 1977, 94; *v. Bar,* Territorialität des Warenzeichens und Erschöpfung des Verbreitungsrechts im Gemeinsamen Markt, 1977; *Baudenbacher,* Marktstörungen durch Ausnutzen fremden Vertragsbruchs zu Lasten selektiver Vertriebssysteme – Für einen Paradigmenwechsel in der Rechtsprechung des BGH, FS Gaedertz, 1992, S. 19; *Bauer,* GRUR 1982, 118; *Beier,* GRUR Int 1964, 205; *Beier,* Territorialität des Markenrechts und internationaler Wirtschaftsverkehr, GRUR Int 1968, 8; *Beier,* Rechtsprobleme des internationalen Markengebrauchs durch verbundene Unternehmen, RIW/AWD 1974, 1; *Beier,* Das europäische Markenrecht und sein Verhältnis zum nationalen Marken- und Wettbewerbsrecht, GRUR Int 1976, 1; *Beier,* Ziele und Leitgedanken des europäischen Markenrechts, GRUR Int 1976, 363; *Beier,* Das Schutzbedürfnis für Herkunftsangaben und Ursprungsbezeichnungen im Gemeinsamen Markt, GRUR Int 1977, 1; *Beier,* Grenzen der Erschöpfungslehre im Markenrecht, GRUR Int 1978, 263; *Beier,* Unterscheidende Zusätze als Mittel zur Lösung marken- und firmenrechtlicher Konflikte im Gemeinsamen Markt?, RIW/AWD 1978, 213; *Beier,* Grenzen der Erschöpfungslehre im Markenrecht – Zur Beurteilung des Vertriebs umgepackter und neu gekennzeichneter Originalware in den Ländern der Europäischen Wirtschaftsgemeinschaft, in: Markenrechtliche Abhandlungen, Beitrag zur neueren Entwicklung des Warenzeichen-, Ausstattungs- und Herkunftsschutzes 1956–1985, 1986, S. 279; *Beier,* Gewerblicher Rechtsschutz und freier Warenverkehr im europäischen Binnenmarkt und im Verkehr mit Drittstaaten, GRUR Int 1989, 603; *Beier/v. Mühlendahl,* Der Grundsatz der internationalen Erschöpfung des Markenrechts in den Mitgliedstaaten der EG aus ausgewählten Drittstaaten, Mitt 1980, 101; *Brändel,* Die gemeinschaftsrechtlichen Mißbrauchstatbestände bei der Ausübung nationaler Schutzrechte (Art. 36 Satz 2 EWGV), GRUR 1980, 512; *Brandt,* Der wettbewerbsbeschränkende Einsatz vom Warenzeichen im zwischenstaatlichen Handel in der EWG, SGRUM 10, 1984; *Briner,* Parallelimporte, in: INGRES (Hrsg.), Marke und Marketing, 1990, S. 235; *Burtscher,* EFTA und EG: Rechtliche Probleme eines Europäischen Wirtschaftsraumes (EWR), 1991; *Cottier,* Der Schutz des geistigen Eigentums, in: Zäch (Hrsg.), Das Abkommen über den Europäischen Wirtschaftsraum, 1992, S. 23; *Cottier,* Das Problem der Parallelimporte im Freihandelsabkommen Schweiz-EG und im Recht der WTO-GATT – Ein Beitrag zur Auslegung des schweizerischen Markenrechts, SMI 1995, 37; *David,* Das neue Markenschutzgesetz: Änderungen aus der Sicht des Praktikers, SJZ 1993, 109; *Demaret,* Patent- und Urheberrechtsschutz, Zwangslizenzen und freier Warenverkehr im Gemeinschaftsrecht, GRUR Int 1987, 1; *Deringer,* Gewerbliche Schutzrechte und freier Warenverkehr im Gemeinsamen Markt, NJW 1977, 469; *Duric,* Die Freihandelsabkommen EG/EFTA – Die rechtliche Problematik, 1991; *Ebenroth,* Gewerblicher Rechtsschutz und europäische Warenverkehrsfreiheit, 1992; *Ebenroth/Hübschle,* Gewerbliche Schutzrechte und Marktaufteilung im Binnenmarkt der Europäischen Union, 1994; *Ebenroth/Parche,* Markenaufspaltung und nationale Markenrechte im Spannungsverhältnis zum Grundsatz des freien Warenverkehrs, GRUR Int 1989, 738; *Ebenroth/Rapp,* Von der Ursprungsgleichheit zum Erschöpfungsgrundsatz aufgespaltener Markenzeichen, IPRax 1991, 369; *Ehlermann,* Das Verbot der Maßnahmen gleicher Wirkung in der Rechtsprechung des Gerichtshofes, FS für H. P. Ipsen, 1977, S. 579; *Eilmansberger,* Der EUGH nimmt Abschied von der Theorie der Ursprungsgleichheit, RIW 1992, 93; *Emmerich,* Die gewerblichen Schutzrechte im Gemeinsamen Markt (EuGHE XVII, 487), DB 1972, 1275, 1325; *van Empel,* Centrafarm und das europäische Markenrecht, GRUR 1979, 539; *Everling,* Das Europäische Gemeinschaftsrecht im Spannungsfeld von Politik und Wirtschaft, FS für Kutscher, 1981, S. 155; *Ferid,* Zur Anwendung von Art. 36 EWG-Vertrag auf nationale Urheberrechte und verwandte Schutzrechte, Mitarbeiterfestschrift für E. Ulmer, 1973, S. 75; *Fezer,* GRUR 1978, 604; *Fezer,* Zur gemeinschaftsrechtlichen Integration nationaler Markenrechte, FS 25 Jahre Bundespatentgericht, 1986, S. 405; *Fricke,* Die Rechtsprechung des Gerichtshofes der Europäischen Gemeinschaften zur Koexistenz von identischen oder verwechslungsfähigen nicht-ursprünglichen Warenzeichen innerhalb des Gemeinsamen Marktes, WRP 1977, 7; *Fricke,* Parallelimporte von Markenwaren und freier Warenverkehr innerhalb der Europäischen Gemeinschaft, WRP 1977, 217; *v. Gamm,* Die Auswirkungen der Rechtsprechung des Gerichtshofs der Europäischen Gemeinschaften auf das Warenzeichenrecht, GRUR Int 1975, 185; *v. Gamm,* Entwicklungen und neuere Rechtsprechung im Kennzeichenrecht, WM 1985, 849; *Gibitz,* Nationale Vermarktungsregelungen und freier Warenverkehr, 1991; *Gieseke,* Die Untersagung von Parallelimport-Beschränkungen durch die EG-Kommission und EuGH, 1994; *Gloy,* Notwendigkeit und Grenzen der Harmonisierung des Warenzeichenrechts in der Europäischen Gemeinschaft, FS für v.Gamm, 1990, S. 257; *Gotzen,* Art. 30-36 EWG-Vertrag, Gewerbliche Schutzrechte und Urheberrecht in der Rechtsprechung des Europäischen Gerichtshofs, in: Holl/Klinke (Hrsg.), Internationales Privatrecht, Internationales Wirtschaftsrecht, 1985, S. 305; *Hebeis,* Die Verwendung des Warenzeichens auf der Gebrauchsinformation von Fertigarzneimitteln durch den Parallel- bzw. Reimporteur – eine Möglichkeit der Einfuhrkontrolle durch den Markeninhaber?, GRUR 1992, 15; *Hefermehl,* GRUR 1964, 375; *Hefermehl/Fezer,* Der Schutz der Marke im Gemeinsamen Markt, in: Hefermehl/Ipsen/Schluep/Sieben, Nationaler Markenschutz und freier Warenverkehr in der Europäischen Gemeinschaft, 1979, S. 8; *Heil,* GRUR 1990, 680; *Heiseke,* Warenzeichenrecht und EWG-Recht; Wohin führt der Weg?, WRP 1974, 589; *Herb,* WRP 1993, 720; *Herrmann,* Nationales Warenzeichenrecht und freier Warenverkehr in den Europäischen Gemeinschaften, RabelsZ 40 (1976), 272; *Heydt,* Parallelimporte und Warenzeichenrecht, GRUR 1969, 450; *Heydt,* GRUR 1973, 472; *Heydt,* Zur Funktion der Marke, GRUR Int 1976, 339; *Hoth,* Territoriale Grenzen des Schutzbereichs von Warenbezeichnungen, GRUR 1968, 64; *Ipsen,* Inhalt und Grenzen gemeinschaftsrechtlicher Einwirkungen auf die Marke als Eigentum, in: Hefermehl/Ipsen/Schluep/Sieben, Nationaler Markenschutz und freier Warenverkehr in der Europäischen Gemeinschaft, 1979, S. 163; *Jacobs,* Schlußanträge Nr. 26 zur HAG II-Entscheidung des EuGH, GRUR Int 1990, 962; *Joerges,* Selektiver Vertrieb und Wettbewerbspolitik: Eine konzeptuelle Analyse der Entscheidungspraxis von Kommission und Gerichtshof zu Art. 85 EG-Vertrag, GRUR Int 1984, 222; *Johannes,* Gewerblicher Rechtsschutz und Urheberrecht im Europäischen Gemeinschaftsrecht, 1973; *Johannes,* Zum „Kaffee-Hag"-Urteil des Gerichtshofes der Europäischen Gemeinschaften, GRUR Int 1975, 111; *Johannes,* Anwendung der Prinzipien des Kaffee-Hag-Urteils auf nichtursprungsgleiche Warenzeichen und auf Freizeichen, RIW/AWD 1976, 10; *Johannes,* Der Bundesgerichtshof, ein Vauban der Festung Europa?, BB 1989, 1627; *Joliet,* Markenrecht und freier Warenverkehr: Abkehr von Hag I,

GRUR Int 1991, 177; *Kirchner*, Internationale Marktaufteilungen, Möglichkeiten ihrer Beseitigung, 1975; *Kleiner*, Wurde Kaffee Hag durch Pharmon „overruled"?, GRUR Int 1987, 229; *Kleist*, Parallelimporte von Arzneimitteln in der Europäischen Wirtschaftsgemeinschaft, WRP 1977, 551; *Kleist*, Warenzeichenfragen im Zusammenhang mit Parallelimporten von Arzneimitteln, WRP 1979, 23; *Knaak*, Gedanken zum Konflikt von Handelsnamen im Gemeinsamen Markt, GRUR Int 1982, 651; *Knöpfle*, Die gewerblichen Schutzrechte und der gemeinschaftsrechtliche Grundsatz des freien Warenverkehrs, BB 1977, 1073; *Koppensteiner*, Markenrechtsentwicklung und Parallelimport, ÖBl. 1994, 195; *Kraft*, Abwehransprüche nach dem deutschen Warenzeichenrecht und der internationalen Warenverkehr, GRUR 1969, 120; *Kraft*, Die Stellung des Europäischen Gerichtshofs zum Warenzeichen im Lichte des Hag-Urteils, GRUR Int 1975, 283; *Kraft*, Notwendigkeit und Chancen eines verstärkten Schutzes bekannter Marken im neuen WZG, GRUR 1991, 339; *Krieger*, Die gemeinschaftliche Benutzung von Warenzeichen durch mehrere Unternehmen nach deutschem Recht, in: Beier/Deutsch/Fikentscher, Die Warenzeichenlizenz, FS für Ulmer, 1966, S. 3; *Krieger*, Die sogenannten Wirtschaftsklauseln, GRUR Int 1976, 208; *Kunz-Hallstein*, Europäisierung und Modernisierung des deutschen Warenzeichenrechts – Fragen einer Anpassung des deutschen Markenrechts an die EG-Markenrichtlinie, GRUR Int 1990, 747; *Kunze*, Schutz des Handelsnamens und das künftige EG-Markenrecht, GRUR 1981, 634; *Kur*, Der Schutzumfang von Zeichen im deutschen Recht – ein Hemmschuh für den Warenverkehr im Gemeinsamen Markt und mit Drittländern, BB 1990, 2424; *Kur*, Das neue dänische Markengesetz als Beispiel für die Umsetzung der EG-Markenrechtsrichtlinie, GRUR Int 1991, 785; *Loewenheim*, Warenzeichen und Wettbewerbsbeschränkung, 1970; *Loewenheim*, Marktaufteilung durch Warenzeichen und Artikel 85, 86 EWG-Vertrag, GRUR Int 1971, 260; *Loewenheim*, Warenzeichen und Gemeinschaftsrecht, GRUR 1977, 428; *Loewenheim*, Ein neues Urteil zum Erschöpfungsgrundsatz bei Warenzeichenrechten, NJW, 1983, 1952; *Lorenz-Wolf*, Der Schutz des Handelsnamens und der freie Warenverkehr, GRUR 1981, 644; *Mak*, Warenzeichen und der Gemeinsame Markt, GRUR Int 1975, 118; *Mann*, Gewerbliche Schutzrechte, mengenmäßige Beschränkungen und EWG-Vertrag, in: Beiträge zum Zivil- und Wirtschaftsrecht, FS für Ballerstedt zum 70. Geburtstag, 1975, S. 421; *Mertens de Wilmars*, Die Funktionen des Warenzeichens und die Gemeinschaftsrechtsprechung, GRUR Int 1976, 93; *Meyer*, Schutz selektiver Vertriebssysteme durch das Markenschutzgesetz, SJZ 1994, 94; *Moench*, Der Schutz des freien Warenverkehrs im Gemeinsamen Markt, NJW 1982, 2689; *Möschel*, Die rechtliche Behandlung der Paralleleinfuhr von Markenware innerhalb der EWG, 1968; *v. Mühlendahl,* Koexistenz und Einheitlichkeit im europäischen Markenrecht, GRUR Int 1976, 27; *v. Mühlendahl*, Der Grundsatz der internationalen Erschöpfung des Markenrechts in den Mitgliedstaaten der EG und ausgewählten Drittstaaten, Mitt 1980, 101; *v. Mühlendahl*, Die Gemeinschaftsmarke und die Angleichung der Markenrechte in der Gemeinschaft, in: Hilf/Oehler, Der Schutz des geistigen Eigentums in Europa, 1991; *Oliver*, Wie wichtig ist das Urteil „Hag II"?, EuZW 1991, 274; *Oppenhoff*, Im Spannungsfeld zwischen Gemeinschaftsrecht und deutschem Wettbewerbsrecht, FS für v. Gamm, 1990, S. 117; *Paul*, „Inverkehrbringen" nach Patent- und Warenzeichenrecht, Begriff und kartellrechtliche Folgen, NJW 1963, 980; *Rauber*, Das neue Markenrecht: Mittel gegen Parallelimporte?, AJP 1993, 537; *Reich*, Parallelimporte von Arzneimitteln nach dem Recht der EG, NJW 1984, 2000; *Reimer*, Der Erschöpfungsgrundsatz im Urheberrecht und gewerblichen Rechtsschutz unter Berücksichtigung der Rechtsprechung des Europäischen Gerichtshofs, GRUR Int 1972, 221; *Reuters*, Territoriale Marktaufteilung mit Hilfe von Warenzeichen-, Patent- und Urheberrechten in der Europäischen Wirtschaftsgemeinschaft, 1976; *Riehle*, Markenrecht und Parallelimport, 1968; *Roth*, Die Verwechslungsfähigkeit von Warenzeichen nach deutschem und nach europäischem Recht, RabelsZ 45 (1981), 333; *Rothnie*, Parallel Imports, 1993; *Röttger*, Warenzeichenrechtliche Ansprüche gegen unerwünschte Einfuhr von Original-Erzeugnissen?, MA 1964, 654; *Röttger*, Die Auswirkungen des Sirena-Urteils des Europäischen Gerichtshofes auf die Ausübung übertragener Warenzeichen, GRUR Int 1971, 469; *Röttger*, Die Behandlung der enteigneten deutschen Warenzeichen im Hag-Urteil des Europäischen Gerichtshofs, GRUR 1974, 574; *Röttger*, Kollision von identischen oder verwechslungsfähigen Warenzeichen und Firmennamen innerhalb der Europäischen Gemeinschaft, RIW/AWD 1976, 354; *Röttger*, Die Bedeutung von Art. 36 Satz 2 EG-Vertrag, WRP 1979, 292; *Röttger*, Rechtsprechung des Gerichtshofes zur Bedeutung der nationalen gewerblichen Schutzrechte im Gemeinschaftsrecht, WRP 1980, 243; *Röttger*, Die Auslegung des Art. 36 Satz 2 EWGV im Lichte neuer Entscheidungen deutscher Gerichte, GRUR Int 1981, 619; *Röttger*, Das Vibramyzin-Urteil des Europäischen Gerichtshofs und die „verschleierte Beschränkung" im Sinne des Art. 36 Satz 2 EG-Vertrag, GRUR Int 1982, 512; *Rosenkranz*, Parallelimporte und das neue Markenschutzgesetz, SZW 1994, 120; *Rupp*, Die gewerblichen Schutzrechte im Konflikt zwischen nationalen Grundrechten und Europäischem Gemeinschaftsrecht, NJW 1976, 993; *Rupp*, Eigentumsschutz gewerblicher Schutzrechte in der Europäischen Gemeinschaft am Beispiel der Warenzeichenrechte – Zur Rechtsprechung des EuGH von Hag I zu Hag II, FS für Lerche, 1993, S. 487; *Sack*, Die inländische Kennzeichnung von Exportware im internationalen Markenrecht, FS für Perazzini, 1990, S. 671; *Schennen, D.,* Erschöpfung gewerblicher Schutzrechte in der EG, Mitt 1989, 7; *Schluep*, Die markenrechtliche Rechtsprechung des EuGH aus schweizerischer Sicht, in: Hefermehl/Ipsen/Schluep/Sieben, Nationaler Markenschutz und freier Warenverkehr in der Europäischen Gemeinschaft, 1979, S. 232; *Schricker*, EWiR 1987, 509; *Schricker*, Altes und Neues zur Enteignung von Markenrechten, GRUR 1977, 434; *Schricker,* Werbeverbote in der EG, GRUR Int 1991, 185; *Schröter,* Zur Rechtsprechung des Europäischen Gerichtshofes auf dem Gebiet der gewerblichen Schutzrechte, WRP 1971, 356; *Schumacher,* Gedanken zur Entscheidung Parke, Davis des Europäischen Gerichtshofes vom 29. Februar 1968 und zur Entscheidung „Voran" des Bundesgerichtshofes vom gleichen Tage, WuW 1968, 487; *Schwab,* Der freie Verkehr von Markenwaren im Lichte der Rechtsprechung des Gerichtshofes der Europäischen Gemeinschaften, GRUR Int 1975, 73; *Schwanhäusser,* Die Auswirkungen der Toltecs-Entscheidung des Europäischen Gerichtshofs auf Abgrenzungsvereinbarungen, GRUR Int 1985, 816; *Schwartz,* Community Trade Mark Legislation: Changes Made in the Proposed Community Trade Mark Regulation and the Directive on Approximation of National Trade Mark Laws, EIPR 1985, 70; *Sedemund,* EuR 1977, 165; *Senti,* EWR-Vertrag, Entstehung - Inhalt - offene Fragen, 1992; *Sieben/Schildbach,* Die wirtschaftliche Bedeutung der Marke in einem freien europäischen Markt, in: Hefermehl/Ipsen/Schluep/Sieben, Nationaler Markenschutz und freier Warenverkehr in der Europäischen Gemeinschaft, 1979, S. 269; *Sprick,* Die Auswirkungen des EWG-Rechts auf den Schutz des Warenzeichens gegenüber nicht ursprungsgleichen, verwechslungsfähigen Warenzeichen, GRUR Int 1977, 285; *Steindorf,* Probleme des Art. 30 EWG-Vertrag, ZHR 148 (1984), S. 338; *Stuckel,* Die Integrität von Marke, Ware und Verpackung, 1991; *Tilmann,* Das markenrechtliche Importverbot bei „ursprungsgleichen" Auslandsmarken, RIW/AWD 1975, 479; *Tilmann,* Die Rechtsprechung des Europäischen Gerichtshofs und ihre Auswirkungen auf das künftige EWG-Markenrecht, GRUR 1977, 446; *Troller,* Die territoriale Unabhängigkeit der Markenrechte im Warenverkehr, GRUR Int 1960, 244; *Tschäni,* Entgegnung: Parallelimporte und das neue Markenschutzgesetz, SZW, 1994, 178; *Ullrich,* Die wettbewerbspolitische Behandlung gewerblicher Schutzrechte in der EWG, GRUR Int 1984, 89; *Ullmann,* Der Schutz von Patent, Marke und Muster als Gemeinschaftsrechte – Gemeinsame Prinzipien zum Schutze des Wettbewerbs, in: Henssler/Kolbeck/Moritz/Rehm, Europäische Integration und globaler Wettbewerb, 1993, S. 613; *Ullrich,* Staatsgrenzen und Warenzeichen, GRUR Int 1975, 291; *Ulmer, P.,* Zum Verbot mittelbarer Einfuhrbeschränkungen im EWG-Vertrag, GRUR Int 1973, 502; *VerLoren van Themaat,* Zum Verhältnis zwischen Artikel 30 und Artikel 85 EWG-Vertrag, FS für Günther, Wettbewerb im Wandel, 1976, S. 373; *Waelbroeck,* Gewerbliche Schutzrechte und EWG-Vertrag, in: Neue Entwicklungen im EWG-Kartellrecht, V. Kartellrechtsforum, 1973, S. 153; *Waibel,* Reparatur und Aufarbeiten von Markenwaren in zeichenrechtlicher Sicht, GRUR Int 1977, 181; *Waibel,* Warenzeichenrechtliche und wettbewerbsrechtliche Fragen des Ersatzteile-, Zubehör- und Reparaturgewerbes, 1977; *Winkel,* Die Grundsätze des freien Warenverkehrs im Verhältnis zu Drittländern, NJW 1977, 1992; *Worth,* Free Trade Agreements and the Exhaustion of Rights Principle, EIPR 1994, 40; *Zimmer,* Nationales Warenzeichenrecht versus EG-Warenverkehrsfreiheit – Das Problem kollidierender Schutzrechte nach dem HAG II-Urteil des Europäischen Gerichtshofes, NJW 1991, 3057.

**Schrifttum zum MarkenG und Europäischen Unionsrecht.** *Albert/Heath,* GRUR 1996, 275; *Albert/Heath,* Markenrecht und Paralleleinfuhr, GRUR 1998, 642; *Baudenbacher,* Vertikalbeschränkungen im schweizerischen Kartellgesetz, AJP 1996, 826; *Baudenbacher,* Erschöpfung im Markenrecht, Erstes St. Galler Internationales Immaterialgüterrechtsforum, 1997, S. 13; *Baudenbacher,* Between Homogeneity and Independence: The Legal Position of the EFTA Court in the European Economic Area, CJEL 1997, 169; *Baudenbacher,* The Contribution of the EFTA Court to the Homogeneous Development of the Law in the European Economic Area, EBLR, 1997, 239, 255; *Baudenbacher,* Vier Jahre EFTA-Gerichtshof, EuZW 1998, 391;*Baudenbacher/Joller,* Bundesgericht erlaubt Parallelimporte, SZW 1997, 91; *Bär,* ZBJV 1990, 287; *Beckmann,* Die Reichweite des Erschöpfungsgrundsatzes nach neuem Markenrecht, GRUR Int 1998, 836; *Beier,* Objektive und subjektive Marktabschottung? – Ein Beitrag zur Auslegung des Art. 36 Satz 2 EWGV, FS für Vieregge, 1995, S. 43; *Beier,* Zur Zulässigkeit von Parallelimporten patentierter Erzeugnisse, GRUR Int 1996, 1; *Beier,* Erschöpfung und sonstige Schranken, in: Schricker/Beier (Hrsg.), Die Neuordnung des Markenrechts in Europa, 1997, 145; *Berlit,* Markenrechtliche und europarechtliche Grenzen des Markenschutzes, GRUR 1998, 423; *Bieri-Gut,* Rechtsprobleme beim Absatz auf grauen Märkten, 1994; *Bieri-Gut,* Parallelimport und Immaterialgüterrechte nach schweizerischen Spezialgesetzen und dem Recht der EU, AJP 1996, 559; *Bollinger,* Die Regelung der Parallelimporte im Recht der WTO, sic! 1998, 541; *Brandi-Dohrn,* Die kommende Neuordnung des Kennzeichenrechts: Das Markenrechtsreformgesetz, BB 1994, Beilage 16, S 1; *Cornish,* Trade Marks: Portcullis for the EEA?, EIPR 1998, 173; *Cottier,* Das Problem der Parallelimporte im Freihandelsabkommen Schweiz - EG und im Recht der WTO - GATT, SMI 1995, 37; *Czarnetzki,* Selektive Vertriebssysteme in der Europäischen Union, 1997; *Cherpillod,* sic! 1997, 91; *Duijm,* Die Wettbewerbspolitik der EG gegenüber vertikalen Vertriebsvereinbarungen, 1997; *Ebenroth,* Neue Ansätze zur Warenverkehrsfreiheit im Binnenmarkt der Europäischen Union, FS für Piper, 1996, S. 133; *Fezer,* Das Markenrecht im Aufwind des Europäischen Binnenmarkts – Überlegungen zum Markenschutz in Europa nach dem Urteil des Europäischen Gerichtshofs vom 17. Oktober 1990 – „HAG II", FS für Gaedertz, 1992, S. 153; *Fezer,* Grundprinzipien und Entwicklungslinien im europäischen und internationalen Markenrecht, Richtlinienkonforme Auslegung – Internationale Marktaufteilungen – Funktionenlehre – Markenrechtlicher Designschutz, WRP 1998, 1; *Fezer,* Wettbewerbsrechtlicher und markenrechtlicher Bestandsschutz funktionsfähiger Distributionssysteme selektiven Vertriebs vor Außenseiterwettbewerb –

# MarkenG § 24

Erschöpfung

Die Bedeutung der Rechtsprechung des EuGH für die Vertriebsbindungssysteme in den Mitgliedstaaten der EU, GRUR 1999, 99; *v Fragstein*, Europaweite Erschöpfung von Markenrechten – Zugleich Anmerkung zur Silhouette-Entscheidung des EuGH, EWS 1998, 405; *Hackbarth*, EuZW 1994, 472; *Harte-Bavendamm/Scheller*, Die Auswirkungen der Markenrechtsrichtlinie auf die Lehre von der internationalen Erschöpfung, WRP 1994, 571; *Hays/Hansen*, Silhouette is Not the Proper Case Upon Which to Decide the Parallel Importation Question, E.I.P.R. 1998, 277; *Ingerl/Rohnke*, Die Umsetzung der Markenrechts-Richtlinie durch das deutsche Markengesetz, NJW 1994, 1247; *Jehoram*, International Exhaustion versus Importation Right: a Murky Area of Intellectual Property Law, GRUR Int 1996, 280; *Joller*, Entscheidung des EFTA-Gerichtshofs zugunsten internationaler Erschöpfung des Markenrechts, ELR 1998, 1; *Joller*, GRUR Int 1998, 311; *Joller*, Zur territorialen Reichweite des Erschöpfungsgrundsatzes, GRUR Int 1998, 751; *Keßler*, Das System der Warenverkehrsfreiheit im Gemeinschaftsrecht – Zwischen Produktbezug und Verkaufsmodalitäten, 1997; *Klaka*, Markenrechtrechtliche Erschöpfungslehre im neuen Licht (gestern – heute – morgen), FS für Traub, 1994, S. 173; *Klaka*, Erschöpfung und Verwirkung im Licht des Markenrechtsreformgesetzes, GRUR 1994, 321; *Knaak*, GRUR Int 1998, 526; *Kroher*, Importe von Originalware nach neuem Markenrecht, FS für Beier, 1996, S. 253; *Kunz-Hallstein*, Funktion der Marke, FS 100 Jahre Markenamt, S. 147; *Kunz-Hallstein*, Zur Frage der Parallelimporte im internationalen gewerblichen Rechtsschutz – Neuer Wein in alten Schläuchen?, GRUR 1998, 268; *Kunz/Hallstein*, Internationale Erschöpfung von Markenrechten – auch im Gebrauchtwarenhandel?, FS für Fikentscher, 1998, S. 931; *Kur*, Die Harmonisierung der europäischen Markengesetze. Resultate - offene Fragen - Harmonisierungslücken, GRUR Int 1997, 241; *Lehmann/Schönfeld*, Die neue europäische und deutsche Marke: Positive Handlungsrechte im Dienst der Informationsökonomie, GRUR 1994, 481; *Litpher*, Auswirkungen der Ersten Markenrechtsrichtlinie auf die Merkmale der Verwechslungsgefahr und der Erschöpfung im deutschen Markenrecht, 1997; *Litten*, „Inverkehrbringen" und „Erschöpfung" im neuen Markenrecht – Zur Frage, in welchem Umfang der Markeninhaber den Import und Re-Import „seiner" Waren in die EU verhindern kann, WRP 1997, 678; *Loewenheim*, Gealterte und gefärbte Jeans – Zur Benutzung der Marke an veränderter Originalware, FS für Vieregge, 1995, S. 569; *Loewenheim*, Nationale und internationale Erschöpfung von Schutzrechten im Wandel der Zeiten, GRUR Int 1996, 307; *Loewenheim*, LM Nr. 1 zu § 24 MarkenG; *Lüder*, Die Rolle des nationalen Markenrechts in einem europäischen Binnenmarkt, EuZW 1994, 112; *Lüder*, Die Angst vor der Verhältnismäßigkeitsprüfung bei der Abwägung zwischen nationalem Markenrecht und der Freiheit des Warenverkehrs, EuZW 1995, 15; *Mailänder*, Gemeinschaftsrechtliche Erschöpfungslehre und freier Warenverkehr, FS für Gaedertz, 1992, S. 369; *Mansani*, Der Schutz des Markeninhabers aufgrund der neueren Gemeinschaftsrechtsprechung, in: FS fürBeier, 1996, S 289; *Martin-Ehlers*, Freier Warenverkehr und gewerbliche Schutzrechte, JA 1994, 108; *Marx*, Internationale oder regionale Erschöpfung im Markenrecht?, in: Baudenbacher (Hrsg.), Aktuelle Probleme des Europäischen und internationalen Wirtschaftsrechts, 1998, S. 241; *Meister*, Zum Zwischenentwurf eines Markengesetzes, MA 1993, 407; *Meyer-Kessel*, Die Darlegungs- und Beweislast im Rahmen des Erschöpfungseinwands nach § 24 MarkenG, GRUR 1997, 878; *Nordemann*, Funktionsverschiebung im Markenrecht: Das Ende der Erschöpfungsdoktrin in Deutschland, Großbritanien und den USA, DZWir 1995, 315; *Omsels*, Erschöpfung ohne Veräußerung – Zum Schicksal des Verbreitungsrechts beim Eigentumserwerb kraft Gesetzes, GRUR 1994, 162; *Pagenberg*, The Exhaustion Principle and „Silhouette" Case, IIC 1999, 19; *Perret*, Quelques observations sur l'épuisement des droits de propriété intellectuelle, SZIER 1997, 267; *Pickrahn*, Die Bekämpfung von Parallelimporten nach dem neuen Markengesetz, GRUR 1996, 383; *Pucher*, Der zeitliche Anwendungsbereich der nur EWR-weiten Erschöpfung im Markenrecht, WRP 1998, 362; *Rasmussen*, The Principle of Exhaustion of Trade Marks Right Pursuant to Directive 89/104 (and Regulation 40/94), EIPR 1995, 174; *Renck*, EuZW 1998, 565; *Sack*, Ausnahmen vom markenrechtlichen Erschöpfungsgrundsatz im Europäischen Recht, EWS 1994, 333; *Sack*, Die Erschöpfung von Markenrechten nach Europäischem Recht, RIW 1994, 897; *Sack*, Zeichenrechtliche Grenzen des Umpackens fremder Waren, GRUR 1997, 1; *Sack*, Der markenrechtliche Erschöpfungsgrundsatz im deutschen und europäischen Recht, WRP 1998, 549; *Sack*, Die Erschöpfung von gewerblichen Schutzrechten und Urheberrechten nach europäischem Recht, GRUR 1999, 193; *Schanda*, Parallelimport und Herkunftsfunktion der Marke, ÖBl 1996, 167 f.; *Shea*, Does the First Trade Mark Directive Allow International Exhaustion of Rights?, EIPR 1995, 350; *Schmieder*, Neues deutsches Markenrecht nach europäischem Standard, NJW 1994, 1241; *Schubert*, „Merck II", „Warner Brothers" und die Renaissance möglicher Grenzen des gemeinschaftsrechtlichen Erschöpfungsgrundsatzes, EWS 1998, 119; *Soltysinski*, International Exhaustion of Intellectual Property Rights Under the TRIPS, the EC Law and the Europe Agreements, GRUR Int 1996, 316; *Sosnitza*, Territoriale Grenzen markenrechtlicher Erschöpfung und Europarecht, WRP 1998, 951; *Stucki*, Trademarks and Free Trade, An analysis in Light of the Priciple of Free Movement of Goods, the Exhaustion Doctrine in EG Law and of the WTO Agreements, 1997; *Stucki*, AJP 1997, 747; *Taucher*, Nationales Warenzeichenrecht und Warenverkehrsfreiheit in der EG, Der spezifische Gegenstand des Warenzeichenrechts als schutzwürdiges Gut im Rahmen des Artikel 36 EG-Vertrag, 1995; *Tilmann*, Das neue Markenrecht und die Herkunftsfunktion, ZHR 158 (1994), S. 371; *Ullrich*, Mitt 1998, 190; *Verkade*, GRUR Int 1996, 1151; *Wichard*, Weltweite oder europaweite Erschöpfung von Markenrechten?, GRUR 1997, 711; *Wiedmann*, Die mittelbare

Erschöpfung  § 24 MarkenG

Kennzeichnung, Das Verändern von Produkten als Markenrechtsverletzung, Diss. Konstanz, 1997; *Wolter/Lubberger*, Wo steht die Lückenlosigkeit, GRUR 1999, 17; *Zäch*, Recht auf Parallelimporte und Immaterialgüterrecht, SJZ 1995, 301.

### Entscheidungen zum MarkenG

1. **OLG Karlsruhe GRUR 1995, 417 – Rolex-Uhren**
   Nachträgliche Ausstattung einer Markenuhr als Eingriff in die Eigenart der Ware.
2. **LG Düsseldorf GRUR 1996, 66 – adidas-Import**
   Seit Inkrafttreten des MarkenG ist der Grundsatz der internationalen Erschöpfung des Markenrechts nicht mehr anwendbar.
3. **OLG München GRUR 1996, 137 – GT ALL TERRA**
   Seit Inkrafttreten des MarkenG ist der Grundsatz der internationalen Erschöpfung des Markenrechts nicht mehr anwendbar.
4. **BGHZ 131, 308 – Gefärbte Jeans**
   Seit Inkrafttreten des MarkenG ist der Grundsatz der internationalen Erschöpfung des Markenrechts nicht mehr anwendbar.
5. **LG München I WRP 1997, 123 – Maglite**
   Zur Beweislage bei nichtautorisierten Reimporten und Parallelimporten.
6. **EuGH, Slg. 1996, I-3603, GRUR Int 1996, 1150 – Eurim Pharm/Beiersdorf**
   Das Umpacken von Arzneimitteln durch den Importeur verletzt grundsätzlich das Recht des Markeninhabers; Zulässigkeitsanforderungen.
7. **EuGH, Slg. 1996, I-3671, GRUR Int 1996, 1151 – MPA Pharma/Rhône-Poulenc Pharma**
   Umpacken von Arzneimitteln.
8. **EuGH, Slg. 1996, I-3514 – Bristol-Myers Squibb/Parnanova**
   Umpacken von Arzneimitteln.
9. **ÖOGH GRUR Int 1997, 548 – Parallelimport von Markenware**
   Zur internationalen Erschöpfung im österreichischen Markenrecht.
10. **Stuttgart, Urteil vom 20. Dezember 1996, 2 U 17/96 – Lancaster**
    Zur Decodierung als zulässiger Eingriff in die Produktverpackung.
11. **EuGH, Slg. 1997, I-1740, GRUR Int 1997, 627 – Phyteron/Bourdon**
    Zur Unabhängigkeit eines Marktbeteiligten und Inverkehrbringen von Markenware.
12. **BGH, Urteil v. 10. April 1997, I ZR 191/91 – KERLONE**
    Zum Eintritt der Erschöpfungswirkung.
13. **BGH GRUR 1997, 925 – MEXITIL II**
    Zum Eintritt der Erschöpfungswirkung.
14. **BGH GRUR 1997, 629 – Sermion II**
    Parallelimport von umverpackten Arzneimitteln.
15. **OLG Köln WRP 1998, 54 – Mercedes-Stern**
    Zur Produktveränderung.
16. **EuGH, Rs. C-41/96, GRUR Int 1997, 907 – V.A.G.**
    Zur Rechtmäßigkeit eines selektiven Vertriebsbindungssystems im Gemeinschaftsrecht.
17. **OLG Stuttgart NJW-RR 1998, 482 – AEG**
    Erschöpfungswirkung nach Begebung der Gewalt über die markierte Ware.
18. **OLG Stuttgart, Urteil vom 13. Oktober 1997, 2 U 107/97 – Fender Musical Instruments**
    Zum Import von Musikinstrumenten aus den USA nach Deutschland.
19. **OLG Stuttgart, Urteil vom 17. Oktober 1997, 2 U 80/97 – ALRODO**
    Verneinung der internationalen Erschöpfung des Markenrechts.
20. **OLG Frankfurt GRUR Int 1998, 313 – Reimport aus Russland**
    Zum Inverkehrbringen bei in Drittstaaten exportierter Waren im Falle eines Reimports in den EWR.
21. **EuGH, Slg. 1997, I-6013, GRUR Int 1998, 140 – Dior/Evora**
    Zur Auslegung von Art. 7 Abs. 1 MarkenRL.
22. **HansOLG Hamburg NJW-RR 1998, 402 – DC-Schuhe**
    Zur Beweislage bei nichtautorisierten Reimporten und Parallelimporten.
23. **EuGH, Slg. 1997, I-6244, GRUR Int 1998, 145 – Loendersloot/Ballantine**
    Zum Parallelimport von Whisky nach Neuetikettierung der Whiskyflaschen.
24. **HansOLG Hamburg NJW-RR 1998, 770 – Chanel**
    Zur Decodierung als zulässiger Eingriff in die Produktverpackung.

**25. EFTA-Gerichtshof GRUR Int 1998, 309 – Maglite**
Im Markenrecht ist der Grundsatz der internationalen Erschöpfung anzuwenden.
**26. BGH GRUR 1998, 697 – VENUS MULTI**
Zur Produktveränderung eines Geldspielautomates hin zu einem Punktespielautomat.
**27. OLG München Mitt 1998, 186 – Baseballkappen**
Parallelimporteur ist für das Vorliegen des Erschöpfungstatbestands beweispflichtig.
**28. BGH GRUR 1998, 696 – Rolex-Uhr mit Diamanten**
Produktveränderungen bei einer Rolex-Uhr für den Eigenbedarf sind markenrechtlich irrelevant.
**29. OLG Frankfurt WRP 1998, 629 – Duspatal**
Zur Markenrechtsverletzung bei Bündelung von Originalpackungen.
**30. OLG Frankfurt WRP 1998, 634 – Adalat**
Zur Markenrechtsverletzung bei Bündelung von Originalpackungen durch den Parallelimporteur.
**31. OLG Frankfurt WRP 1998, 634 – Gebündelte Originalpackungen**
Zu den Voraussetzungen des Umpackens bei einem unerheblichen Eingriff.
**32. EuGH, Rs. C-306/96, GRUR Int 1998, 598 – Javico/Yves Saint Laurent**
Zur kartellrechtlichen Beurteilung marktaufteilender Wirkungen von *Vertriebsvertragsklauseln*.
**33. EuGH, Urteil vom 30. 4. 98, Rs. C-230/96, GRUR Int 1998, 700 – Cabour/Arnor**
Zur kartellrechtlichen Beurteilung der Rechtsschranken von Vertragsklauseln selektiver Vertragsbindungssysteme wird zwischen qualitativen und quantitativen Selektionskriterien sowie zusätzlichen Verpflichtungen unterschieden.
**34. EuGH, Urteil vom 16. 7. 98, Rs. C-355/96, GRUR Int 1998, 695 – Silhouette**
In Auslegung von Art. 7 Abs. 1 MarkenRL gilt für die nationalen Markenrechtsordnungen der Mitgliedstaaten die EU-weite und EWR-weite Erschöpfung des Markenrechts.
**35. HansOLG Hamburg GRUR 1999, 172 – Gonal-F**
Ein Umpacken liegt auch bei einem unerheblichen Eingriff vor.
**36. ÖOGH GRUR Int 1999, 275 – Silhouette II**
Zur EU- und EWR-weiten Erschöpfung im österreichischen Markenrecht.
**37. OLG Frankfurt GRUR Int 1999, 176 – Tarivid**
Zur Herstellerangabe bei umgepackten Arzneimitteln.
**38. OLG Zweibrücken WRP 1999, 364 – Getränkeflasche**
Zum Einwand der Erschöpfung bei einem unbefugten Befüllen und Vertreiben einer als dreidimensionale Marke geschützten Getränkeflasche.
**39. EuGH, Rs C-63/97, WRP 1999, 407 – BMW**
Zur Erschöpfungswirkung ausschließender Werbung eines Wiederverkäufers.

# A. Allgemeines

## I. Regelungsübersicht

1   Die Vorschrift des § 24 Abs. 1 regelt den Grundsatz der *EU-weiten und EWR-weiten europarechtlichen Erschöpfung* im Kennzeichenrecht. Gegenstand der Erschöpfung sind *Marken* im Sinne des § 4 Nr. 1 bis 3 und *geschäftliche Bezeichnungen* im Sinne des § 5. Die Erschöpfung des Kennzeichenrechts tritt ein, wenn der Rechtsinhaber Waren unter diesem Kennzeichen in den Verkehr bringt. Territorium des Inverkehrbringens sind die Bundesrepublik Deutschland, die übrigen Mitgliedstaaten der Europäischen Union sowie die anderen Vertragsstaaten des Abkommens über den Europäischen Wirtschaftsraum. Dem Inverkehrbringen der markierten Waren durch den Rechtsinhaber steht das Inverkehrbringen mit seiner Zustimmung gleich. Rechtsfolge der Erschöpfung ist es, daß der Kennzeicheninhaber aufgrund seines Kennzeichenrechts nicht das Recht hat, einem Dritten die Benutzung der Marke oder der geschäftlichen Bezeichnung für die markierten Waren zu untersagen. Die Kennzeichenrechte sind im EWR erschöpft. § 24 Abs. 2 enthält eine *Ausnahmeregelung* des Erschöpfungsgrundsatzes. Der Kennzeicheninhaber kann sich dem weiteren Vertrieb der markierten Waren aus *berechtigen Gründen* auch dann widersetzen, wenn die Erschöpfung der Kennzeichenrechte nach § 24 Abs. 1 an sich eingetreten ist. Ein berechtigter Grund liegt insbesondere dann vor, wenn nach dem Inverkehrbringen der Waren deren Zustand verändert oder verschlechtert wird.

## II. Rechtsänderungen

Die *Lehre von der Erschöpfung der Immaterialgüterrechte* ist seit alters her Bestandteil des internationalen gewerblichen Rechtsschutzes und Urheberrechts, auch wenn die Reichweite des Erschöpfungsgrundsatzes sowohl in den verschiedenen Staaten als auch für die verschiedenen Immaterialgüterrechte unterschiedlich beurteilt wird. Das WZG enthielt keine ausdrückliche Regelung der Erschöpfung des Warenzeichens. Im deutschen Warenzeichenrecht wurde die Lehre von der Erschöpfung in der reichsgerichtlichen Rechtsprechung entwickelt und vom BGH fortgesetzt. Diese aus dem nationalen Warenzeichenrecht entwickelte Lehre von der *weltweiten nationalrechtlichen Erschöpfung der Kennzeichenrechte* besagte, daß dem Rechtsinhaber im Hinblick auf solche Waren, die er selbst in den Verkehr gebracht hatte oder die mit seiner Zustimmung in den Verkehr gebracht worden waren, keine zeichenrechtlichen Ansprüche mehr zur Kontrolle des weiteren Vertriebs dieser Waren und der Werbung für diese Waren zustanden. Die deutsche Rechtsprechung ging von einer weltweiten Erschöpfung der nationalen Kennzeichenrechte aus. Eine generelle Erschöpfung der Kennzeichenrechte wurde als Folge des ersten Inverkehrbringens einer mit dem Zeichen versehenen Ware unabhängig davon beurteilt, ob die Ware vom Rechtsinhaber oder mit seiner Zustimmung im Inland sowie im europäischen oder außereuropäischen Ausland in den Verkehr gebracht worden war. Die *internationale Erschöpfung des nationalen Warenzeichenrechts* wurde aus der nach der Rechtslage im WZG ausschließlich geschützten *Herkunftsfunktion des Warenzeichens* abgeleitet. Die internationale Erschöpfung des nationalen Warenzeichenrechts trat selbst dann ein, wenn die im Ausland vom Rechtsinhaber in Verkehr gebrachten Waren sich in ihrer Beschaffenheit von der im Inland vom Rechtsinhaber in Verkehr gebrachten Waren unterschieden. Trotz der territorialen Wirkung des nationalen Warenzeichenrechts konnte der Rechtsinhaber den Import oder Reimport solcher von den inländischen Waren qualitativ abweichender Waren nicht als Verletzung seines nationalen Warenzeichenrechts verhindern.

Unabhängig von der weltweiten *nationalrechtlichen* Erschöpfung des Warenzeichenrechts wurde in der Rechtsprechung des EuGH der Grundsatz von der gemeinschaftsweiten *gemeinschaftsrechtlichen* Erschöpfung der Kennzeichenrechte entwickelt. Aus dem Zweck der *Vorschriften über den freien Warenverkehr der Art. 30ff. EGV*, die Einheit des Gemeinsamen Marktes vor der Errichtung künstlicher Handelsschranken zu schützen und nationale Hindernisse für den freien Warenverkehr auf ihre gemeinschaftsrechtliche Berechtigung hin zu überprüfen, wurde die gemeinschaftsrechtliche Unzulässigkeit solcher Marktstrategien der Inhaber nationaler Immaterialgüterrechte abgeleitet, die der Abschottung nationaler Teilmärkte unter Verwendung nationaler Warenzeichenrechte dienten. Nach dieser Rechtsprechung des EuGH war der Vertrieb von unveränderten Originalprodukten des Rechtsinhabers im gesamten *Territorium der EU* zum Schutze der Warenverkehrsfreiheit zulässig. Selbst das Umpacken von Markenware gegen den Willen des Rechtsinhabers hinderte unter eng begrenzten Voraussetzungen nach Auffassung des EuGH den Eintritt der Erschöpfung nicht, soweit mit dem Umpacken keine erneute Markierung des Produkts, die stets dem Markeninhaber vorbehalten ist, verbunden war. Internationale Erschöpfung des nationalen Warenzeichenrechts aus Gründen des ausschließlichen Rechtsschutzes der Herkunftsfunktion in der Rechtsprechung des BGH, gemeinschaftsrechtliche Erschöpfung aus Gründen des Schutzes der Warenverkehrsfreiheit nach den Art. 30ff. EGV in der Rechtsprechung des EuGH und die nationalrechtliche Erschöpfung im territorialen Geltungsbereich des WZG nach einer Mindermeinung im Schrifttum bestimmten die Rechtslage im WZG. Auf die im Gesetzgebungsverfahrens des MarkenG erwogene ausdrückliche Regelung einer Ausnahme von der europarechtlichen Erschöpfung in den Fallkonstellationen, in denen die Marke oder die geschäftliche Bezeichnung in einer Weise oder Erscheinungsform verwendet wird, die geeignet ist, die Wertschätzung der Marke oder der geschäftlichen Bezeichnung in unlauterer Weise zu beeinträchtigen, wurde verzichtet.

## III. Europäisches Unionsrecht

### 1. Erste Markenrechtsrichtlinie

**4** Die Regelung der europarechtlichen Erschöpfung der Kennzeichenrechte nach § 24 entspricht Art. 7 MarkenRL. Anders als die MarkenRL, deren Regelungsgegenstand nur die eingetragenen Marken sind, regelt das MarkenG die Erschöpfung auch für die aufgrund der Benutzung entstehenden Kennzeichenrechte wie der Marke mit Verkehrsgeltung (§ 4 Nr. 2), der Marke mit Notorietät (§ 4 Nr. 3) und der geschäftlichen Bezeichnungen nach § 5. Die territoriale Ausdehnung der Erschöpfung über das Territorium der Mitgliedstaaten der EU hinaus auf die anderen Vertragsstaaten des Abkommens über den Europäischen Wirtschaftsraum ist eine zwingende Rechtsfolge dieses Abkommens.

### 2. Gemeinschaftsmarkenverordnung

**5** Die Regelung zur Erschöpfung des Rechts aus der Gemeinschaftsmarke nach Art. 13 GMarkenV im Geltungsbereich der Gemeinschaftsmarke entspricht der markengesetzlichen Erschöpfung nach § 24.

## IV. Staatsvertragsrecht

**6** Die *PVÜ*, das *MMA*, das *PMMA* sowie das *TRIPS-Abkommen* enthalten keine Regelungen über die Erschöpfung der Kennzeichenrechte.

# B. Die europarechtliche Erschöpfung der Kennzeichenrechte in der EG und im EWR (§ 24)

## I. Grundsatz der kennzeichenrechtlichen Erschöpfung (§ 24 Abs. 1)

### 1. Ausgangspunkt

**7a** § 24 Abs. 1 enthält den *Grundsatz der EU-weiten und EWR-weiten europarechtlichen Erschöpfung* der Kennzeichenrechte. Nach dieser Vorschrift hat der Inhaber einer Marke oder einer geschäftlichen Bezeichnung nicht das Recht, einem Dritten die Benutzung der Marke oder der geschäftlichen Bezeichnung für solche Waren zu untersagen, die unter dieser Marke oder dieser geschäftlichen Bezeichnung *von dem Kennzeicheninhaber selbst* oder *mit Zustimmung des Kennzeicheninhabers* in den Verkehr gebracht worden sind. Territorium des Inverkehrbringens sind die *Bundesrepublik Deutschland*, die übrigen *Mitgliedstaaten der EG* und die anderen *Vertragsstaaten des Abkommens über den Europäischen Wirtschaftsraum*. Die Lehre von der Erschöpfung des Rechts aus der Marke ist im deutschen Warenzeichenrecht seit alters her anerkannt, auch wenn der Erschöpfungsgrundsatz im WZG nicht ausdrücklich geregelt war. Nach ständiger Rechtsprechung erschöpfte sich das subjektive Ausschließlichkeitsrecht des Inhaber einer Marke oder einer geschäftlichen Bezeichnung mit dem ersten Inverkehrbringen der Ware (RGZ 50, 229 – Kölnisch Wasser; 51, 263 – Mariani; 161, 29, 38 – Zählerersatzteile; BGHZ 41, 84, 88 – Maja; 60, 185, 190 – Cinzano; 1980, 152 – Öffnungshinweis; BGH GRUR 1984, 530 – Valium Roche; 1988, 213 – Griffband). Im Unterschied zur Rechtslage im MarkenG ging die Rechtsprechung zum WZG von der *weltweiten internationalen Erschöpfung* der Kennzeichenrechte aus. Nach dieser Lehre trat die Erschöpfung der Kennzeichenrechte ein, wenn die Ware irgendwo in der Welt in Verkehr gebracht worden war (s. Rn 13). Der BGH hat in seiner Grundsatzentscheidung *Gefärbte Jeans* den Grundsatz der internationalen Erschöpfung der Kennzeichenrechte nach Inkrafttreten des MarkenG aufgegeben (BGHZ 131, 308 – Gefärbte Jeans; s. Rn 15 f.) Der EuGH hat in der *Silhouette*-Entscheidung in Auslegung des Art. 7 Abs. 1 MarkenRL die *EU-weite und EWR-weite Erschöpfung des Markenrechts* für die nationalen Markenrechtsordnungen der Mitgliedstaaten für rechtsverbindlich erklärt (EuGH, Urteil vom 16. Juli 1998, Rs. C-355/96, GRUR Int 1998, 695 – Silhouette; s. Rn 16 c).

## 2. Erschöpfung der Kennzeichenrechte

**a) Neukennzeichnung und Erschöpfung.** Im Immaterialgüterrecht hat sich der *Ausdruck Erschöpfung* allgemein durchgesetzt, auch wenn er mißverständlich ist. Der Eintritt der Erschöpfung eines Kennzeichenrechts begründet kein völlig uneingeschränktes Benutzungsrecht für Dritte im Sinne aller dem Kennzeicheninhaber vorbehaltener Benutzungshandlungen, wie sie für das Markenrecht in § 14 Abs. 3 und 4 beispielhaft beschrieben sind. Das Kennzeichenrecht bleibt auch nach dem Eintritt der Erschöpfung als ein subjektives Ausschließlichkeitsrecht des Kennzeicheninhabers bestehen. Der Begriff der Erschöpfung umschreibt nur bildhaft, daß der Kennzeicheninhaber den *Weitervertrieb der unveränderten Originalprodukte* einem Dritten nicht untersagen kann. Das *Markieren*, *Vermarkten* und *Werben* sind die wesentlichen Inhalte des subjektiven Markenrechts als eines Ausschließlichkeitsrechts (s. § 14, Rn 461). Das Benutzungsrecht des Dritten umfaßt in der Regel das Vermarkungsrecht im Sinne des § 14 Abs. 3 Nr. 2 und 4, sowie das Werberecht im Sinne des § 14 Abs. 3 Nr. 5. Jeder Dritte kann die in Verkehr gebrachte Ware unter der Marke vertreiben und die Marke in der Werbung für die markierte Ware verwenden. Auch die Rechtsansicht des EuGH geht dahin, die Erschöpfung des Rechts aus der Marke umfasse auch das Ankündigungsrecht und Werberecht. Der EuGH legte Art. 7 Abs. 1 MarkenRL dahin aus, daß ein Wiederverkäufer nicht nur das Recht habe, mit einer Marke versehene Waren, die vom Markeninhaber oder mit seiner Zustimmung in der Gemeinschaft in den Verkehr gebracht worden sind, weiter zu verkaufen, sondern auch das Recht, die Marke zu benutzen, um der Öffentlichkeit den weiteren Vertrieb dieser Waren anzukündigen (EuGH, Rs. C-337/95, Slg. 1997, I-6013, GRUR Int 1998, 140 – Dior/Evora, Rn 33 ff.; zu den Schranken des Werberechts des Dritten bei Vorliegen berechtigter Gründe des Markeninhabers s. Rn 10). Die Erschöpfung des Rechts aus der Marke erfaßt in der Regel nicht das *Markierungsrecht* (Kennzeichnungsrecht) im Sinne des § 14 Abs. 3 Nr. 1. Auch nach dem Eintritt der Erschöpfung bleibt es grundsätzlich ausschließlich dem Kennzeicheninhaber vorbehalten, das Zeichen auf Waren oder ihrer Aufmachung oder Verpackung anzubringen (s. aber Rn 7c). Das Produktmarkierungsrecht des Kennzeicheninhabers wird nur dann nicht berührt, wenn es sich um *verkehrsübliche Fallkonstellationen* eines Anbringens des Zeichens auf dem Produkt im Handel, wie etwa in den Verkaufsstätten, handelt (s. Begründung zum MarkenG, BT-Drucks. 12/6581 vom 14. Januar 1994, S. 81; s. auch Sack, GRUR 1997, 1, 3 f.). Durch eine Neukennzeichnung in solchen Fallkonstellationen einer Produktmarkierung im Handel wird das Ausschließlichkeitsrecht des Markeninhabers nur dann und insoweit nicht verletzt, als nach der Verkehrsüblichkeit von der Zustimmung des Rechtsinhabers zur Produktmarkierung durch Dritte auszugehen ist. Insoweit stellt die Neukennzeichnung schon tatbestandlich keinen Erschöpfungstatbestand dar.

In der Sermion II-Entscheidung (BGH GRUR 1997, 629 – Sermion II; s. Rn 52), die den Parallelimport von umverpackten Arzneimitteln betrifft, hält der BGH in richtlinienkonformer Auslegung des § 24 nicht mehr an der in Rechtsprechung und Schrifttum vertretenen und vom Gesetzgeber dem MarkenG zugrunde gelegten Auffassung fest, die Erschöpfung des Markenrechts nach § 24 umfasse in der Regel nicht das (Neu-) Kennzeichnungsrecht des Markeninhabers. Ob dieser Wandel des Rechtsverständnisses der Erschöpfung von einer richtlinienkonformen Auslegung geboten war, und ob diese neue Rechtsansicht des BGH allgemein der Auslegung des § 24 zugrunde zu legen ist oder nur für Fallkonstellationen der streitgegenständlichen Parallelimporte von Arzneimitteln gilt, kann hier dahinstehen. Wenn man davon ausgeht, daß sich in der Regel auch das Markierungsrecht des Markeninhaber erschöpft und damit auch die Neukennzeichnung einen Erschöpfungstatbestand darstellt, dann kommt den Art. 7 Abs. 2 MarkenRL entsprechenden Ausnahmen von der kennzeichenrechtlichen Erschöpfung nach § 24 Abs. 2 eine verstärkte Bedeutung zu. Der Markeninhaber ist selbstverständlich nicht jeder Form der Markierung seiner Originalwaren durch einen Dritten ausgeliefert, vielmehr werden über die Konkretisierung der berechtigten Gründe des Markeninhabers, die dem Eintritt der Erschöpfung nach § 24 Abs. 2 entgegenstehen, die Anforderungen an eine Neukennzeichnung durch einen Parallelimporteur detailliert umschrieben. Die Konkretisierung der berechtigten Gründe als Ausnahmen vom Eintritt der Erschöpfung bestimmt der EuGH nach den Funktionen des Markenrechts (s. zur Funktionenlehre Einl Rn 30 ff.). In der Entscheidung Loendersloot/Ballantine (EuGH, Rs. C 349/95, Slg. 1997, I-6244, GRUR Int 1998, 145 – Loendersloot/Ballantine) greift der EuGH zum einen auf die Hauptfunktion der Marke zurück, dem Verbraucher oder Endabnehmer die Ursprungsidentität der mit ihr versehenen Ware zu garantieren, in dem ihm ermöglicht werde, diese Ware ohne Verwechslungsgefahr von Waren anderer Herkunft zu unterscheiden, und verlangt zum anderen das Interesse des Markeninhabers zu berücksichtigen, das Luxusimage seiner Erzeugnisse und deren hervorragenden Ruf zu schützen. Es stellt nur ein dogmatisch-systematisches und kein die Reichweite der Erschöpfung bestimmendes Problem dar, ob von einer alle Befugnisse des Markeninhabers umfassenden Erschöpfung des Markenrechts ausgegangen und die Reichweite der Erschöpfung nach den Funktionen des Markenrecht anhand der Ausnahmeregelung bestimmt wird, oder ob man die Begründung und Reichweite der kennzeichenrechtlichen Erschöpfung markenfunktional schon als ein Problem des Tatbestands der Erschöpfung und damit des Inhalts des Markenrechts versteht (s. dazu Rn 9 ff.).

**7d** **b) Inverkehrbringen.** Der Eintritt der Erschöpfungswirkung setzt nach § 24 Abs. 1 das *Inverkehrbringen* im Inland, in einem der übrigen Mitgliedstaaten der EU oder in einem anderen Vertragsstaat des EWR voraus. Bei der Auslegung des Tatbestandsmerkmals des Inverkehrbringens ist zwischen einem *Inverkehrbringen im Sinne des Erschöpfungsrechts* nach § 24 und einem *Inverkehrbringen im Sinne des Kollisionsrechts* nach § 14 Abs. 3 Nr. 2 2. Alt. zu unterscheiden. Im Verletzungsrecht stellt das Inverkehrbringen eine *markenrechtsverletzende* Benutzungshandlung dar, deren Auslegung sich am Schutz des Markenrechts vor der Rechtsverletzung eines Dritten auszurichten hat (zum Begriff s. § 14, Rn 470 ff.). Im Erschöpfungsrecht stellt das Inverkehrbringen eine *markenrechtserschöpfende* Benutzungshandlung des Markeninhabers selbst dar, deren Auslegung sich am Zweck des Schrankenrechts auszurichten hat (zur vergleichbaren Problematik einer Unterscheidung zwischen rechtsverletzender und rechtserhaltender Benutzung s. § 26, Rn 3). Der *Begriff des Inverkehrbringens* ist nach dem richtlinienkonformen Normzweck des § 24 Abs. 1 zu bestimmen, der dem Schutz der Warenverkehrsfreiheit der Originalware innerhalb des Territoriums der europarechtlichen Erschöpfung dient. Ein die Erschöpfungswirkung bewirkendes Inverkehrbringen im Sinne des § 24 Abs. 1 liegt dann vor, wenn die Originalware *zum Zwecke des Absatzes in den freien Wettbewerb auf den Markt* gelangt ist. Das Inverkehrbringen kann durch den Markeninhaber selbst oder mit seiner Zustimmung durch ein konzernverbundenes Unternehmen, einen Lizenznehmer oder einen vertriebsgebundenen Händler erfolgen. Ein Inverkehrbringen liegt dann nicht vor, wenn sich die Originalware noch im *unternehmensinternen* Geschäftsverkehr, innerhalb des Geschäftsverkehrs zwischen *konzernverbundenen* Unternehmen oder innerhalb des Geschäftsverkehrs der Vertragspartner eines *Vertriebsbindungssystems* befindet. Zum Eintritt der Erschöpfungswirkung als Folge des Inverkehrsbringens ist erforderlich, daß die Originalware, sei es von dem Markeninhaber selbst, sei es mit seiner Zustimmung von einem *unabhängigen* Händler, einem sonstigen *unabhängigen* Unternehmen oder dem Endabnehmer auf dem Markt erworben wird (zur Unabhängigkeit eines Marktbeteiligten s. EuGH, Rs. C-352/95, Slg. 1997, I-1740, GRUR Int 1997, 627 – Phyteron/Bourdon). Ob ein Inverkehrbringen innerhalb des Territoriums der europarechtlichen Erschöpfung vorliegt, ist aufgrund einer *wirtschaftlichen Betrachtungsweise* unter Abwägung der Interessen am Schutz der Warenverkehrsfreiheit innerhalb des Europäischen Binnenmarktes und am Schutz einer effizienten Produktvermarktung aufgrund des Markenrechts als eines Ausschließlichkeitsrechts zu beurteilen. Eine Ware ist immer dann noch nicht in den Verkehr gebracht, wenn die Ware zwar an einen Dritten ausgehändigt worden ist, dieser Dritte aber nicht vom Willen des Markeninhabers, die Marke in den allgemeinen Geschäftsverkehr gelangen zu lassen, unabhängig ist. Eine solche die Erschöpfung bewirkende *Änderung der Gewaltverhältnisse* ist dann noch nicht eingetreten, wenn die Ware etwa an einen Frachtführer zum Transport an den Erwerber übergeben wird, solange die Transportperson den Weisungen des Markeninhabers unterliegt (so aber zum Patentrecht *Benkard/Bruchhausen*, § 9 PatG, Rn 43 mit zahlreichen Rechtsprechungsnachweisen zum Inverkehrbringen als tatsächlichem Übergang der Verfügungsgewalt auf eine andere Person als den Patentinhaber). Ein *Transportverkehr* als solcher stellt noch kein Inverkehrbringen dar, vielmehr handelt es sich erst um eine Vorbereitungsmaßnahme zum Vollzug des Handelsgeschäfts (zu diesem restriktiven Verständnis des Inverkehrbringens bei Beurteilung des Transitverkehrs in Auseinandersetzung mit dem extensiven Verständnis des RG s. BGHZ 23, 100, 103 ff. – Taeschner/Pertussin I; abweichend vom Wortlaut des § 24 Abs. 1 ausdrücklich auf ein Inverkehrbringen im Wege der Veräußerung abstellend § 17, Abs. 2 UrhG; s. dazu OLG Hamburg GRUR 1972, 375 – Polydor II; *Schricker/Loewenheim*, § 17 UrhG, Rn 6, 17). Ob eine *Änderung der Gewaltverhältnisse* (Übergang der Verfügungsgewalt) aber immer schon dann eingetreten ist, wenn dem Erwerber die Ware zwar noch nicht ausgeliefert worden ist, er aber auf jede andere Weise, etwa durch Aushändigung an den von ihm beauftragten Spediteur oder durch den Erwerb der Rechte an einem Orderschein, die Verfügungsmacht erlangt hat (so *Hesse*, in: Klauer/Möhring, § 6 PatG, Rn 98; das Erlangen der Verfügungsgewalt als eine nicht sachgerechte und zufallsabhängige Unterscheidung abl. *Bernhardt/Kraßer*, Lehrbuch des Patentrechts, § 33, II c 3) oder selbst schon bei der *Übergabe der Ware* an den Spediteur, Frachtführer oder Lagerhalter (*Benkard/Bruchhausen*, § 9 PatG, Rn 43; aA *Paul*, NJW 1963, 980, 984 f.), erscheint namentlich dann bedenklich, wenn allein auf die *rechtlichen Eigentumsverhältnisse* und den *Übergang der Verfügungsgewalt* abgestellt wird, ohne das vom Markeninhaber gewählte *Vertriebs- und Distributionssystem* aufgrund einer wirtschaftlichen Betrachtungsweise in die rechtliche Beurteilung des Eintritts der Erschöpfungswirkung miteinzubeziehen. Der Übergang der *rechtlichen* Verfügungsgewalt oder der *tatsächlichen* Gewaltverhältnisse stellt nur ein *Indiz für ein Inverkehrbringen* dar, das aufgrund einer wirtschaftlichen Betrachtungsweise zu bestimmen ist. Nach Auffassung des OLG Stuttgart tritt die Erschöpfungswirkung ein, wenn sich der Rechtsinhaber der *Gewalt über die markierte Ware begeben* hat (OLG Stuttgart NJW-RR 1998, 482 – AEG). Nach dieser auf den Übergang der rechtlichen Verfügungsgewalt abstellenden Auffassung tritt die Erschöpfungswirkung beim Verkauf der Ware durch einen deutschen Lizenznehmer des Markeninhabers am Ort der Übergabe der Ware an den Frachtführer dann ein, wenn der den Regeln der CMR unterliegende Frachtauftrag dem Frachtführer vom Käufer erteilt wird. In einem solchen Falle sei das Markenrecht selbst dann erschöpft, wenn der deutsche Lizenznehmer die Ware dem vom russischen Käufer beauftragten Frachtführer in Belgien übergebe und die Ware nicht nach Moskau gelange, sondern in Deutschland auf den Markt komme. Bei einem *konzerninternen Warenverkehr* liegt ein die Erschöpfungswirkung bewirkendes Inverkehrbringen grundsätzlich nicht vor (so auch *Schricker/Loewenheim*, § 17 UrhG, Rn 20, 25; *Litten*, WRP 1997, 678, 680). Wenn ein konzernverbundenes Unternehmen des Markeninhabers die Ware aus einem Drittstaat in das Territorium der EG und des EWR an den Markeninhaber importiert, dann tritt wegen der wirtschaftlichen Abhängigkeit der Konzernunternehmen trotz deren rechtlicher Selbständigkeit Erschöpfungswirkung nicht ein, da selbst ein solcher grenzüberschreitender Warenverkehr als ein unternehmensinterner Vorgang innerhalb des Konzerns zu beurteilen ist (zum Import von Musikinstrumenten aus den USA nach Deutschland s. OLG Stuttgart, Urteil vom 13. Oktober 1997, 2 U 107/97 – Fender Musical Instruments). Das gleiche gilt bei einem Inverkehrbringen innerhalb eines *funktionsfähigen Vertriebsbindungssystems* auch im grenzüberschreitenden Warenverkehr. Wenn eine Ware von einem Drittstaat oder von einem EU- oder EWR-Staat in ein Land der EU oder des EWR allein zum Zwecke des Vertriebs in ein Land außerhalb des Territoriums der EG oder des EWR (*Exportware im Transit*) importiert wird, dann tritt Erschöpfung nicht ein. Die Erschöpfungswirkung tritt auch dann noch nicht ein, wenn innerhalb eines funktionsfähigen Vertriebsbindungssystems eine für den Export in einen Drittstaat bestimmte Ware vom Markeninhaber in einem Land innerhalb des Territoriums der EG oder des EWR an einen Vertriebshändler zum Zwecke des Exports in einen Drittstaat ausgeliefert wird (s. zu Exportwaren *Pickrahn*, GRUR 1996, 383, 386; *Berlit*, GRUR 1998, 423, 430).

Das entscheidende *Abgrenzungskriterium* zwischen einem die Erschöpfungswirkung bewirkenden Inverkehrbringen und einem unternehmensinternen Warenverkehr des Markeninhabers ist die *rechtliche und wirtschaftliche Unabhängigkeit* des die Ware erwerbenden Dritten. In Auslegung des Art. 7 MarkenRL ist der EuGH von dem Eintritt der Erschöpfung in einer Fallkonstellation ausgegangen, bei der die Ware aus einem Drittland in einen Mitgliedstaat importiert und in diesem Mitgliedstaat vom Markeninhaber an einen unabhängigen Händler veräußert worden ist. Nach der Entscheidung *Phyteron/Bourdon* ist das Markenrecht erschöpft, wenn (1) die Ware in einem Drittland hergestellt worden ist, (2) sie vom Markeninhaber oder von einer anderen, zum gleichen Konzern wie der Markeninhaber gehörenden Gesellschaft in den Mitgliedstaat B eingeführt worden ist, (3) sie von einem unabhängigen

Händler im Mitgliedstaat B rechtmäßig erworben und in den Mitgliedstaat A ausgeführt worden ist, (4) sie in keiner Weise umgestaltet und die Verpackung nur insoweit geändert worden ist, als auf dem Etikett bestimmte Angaben hinzugefügt worden sind, damit es den Anforderungen der Rechtsvorschriften des Einfuhrmitgliedstaats entspricht, und (5) die markenrechtlichen Ansprüche in den Mitgliedstaaten A und B dem gleichen Konzern zustehen (EuGH, Rs. C-352/95, Slg. 1997, I-1740, GRUR Int 1997, 627 – Phyteron/Bourdon). Der Reimport einer vom Markeninhaber aus dem Territorium der EG oder des EWR in einen Drittstaat exportierten Ware in einen Mitgliedstaat der EG oder einen Vertragsstaat des EWR ist nicht mit Zustimmung des Markeninhabers im Gebiet der europarechtlichen Erschöpfung in Verkehr gebracht worden (so zu einem Reimport aus Russland OLG Frankfurt GRUR Int 1998, 313 – Reimport aus Russland). Die aus der territorialen Erschöpfungswirkung folgende *Beeinträchtigung des Grauen Marktes* und nach der Rechtslage im WZG an sich zulässiger Parallelimporte (zum selektivem Vertrieb im Grauen Markt s. *Fezer*, GRUR 1990, 551), ist im Interesse des Markenschutzes hinzunehmen.

**8**  c) **Erschöpfung bei Waren, nicht bei Dienstleistungen.** Der Grundsatz der Erschöpfung gilt nur für *Waren*, nicht auch für *Dienstleistungen*. Das folgt sowohl aus dem eindeutigen Wortlaut des § 24 sowie des Art. 7 MarkenRL, als auch aus dem Normzweck der das Erschöpfungsprinzip regelnden Vorschriften. Auch das Verbot der Maßnahmen gleicher Wirkung nach Art. 30 EGV besteht nur für den Warenverkehr, nicht auch für den Dienstleistungsverkehr (s. zur gemeinschaftsrechtlichen Erschöpfung im einzelnen Rn 59 ff.). Nach dem systematischen Zusammenhang des Art. 30 EGV gelten für den Dienstleistungsverkehr die Art. 59 ff. EGV und namentlich für den freien Dienstleistungsverkehr auf dem Gebiet des Verkehrs nach Art. 61 EGV die Bestimmungen der Art. 74 ff. EGV (s. dazu nur *Müller/Graff*, in: Gröben/Thiesing/Ehlermann, Kommentar zum EWG-Vertrag, 4. Aufl., 1991, Art. 30, Rn 1). Die Freiheit des Warenverkehrs unterscheidet sich von der Freiheit des Dienstleistungsverkehrs aufgrund der Verschiedenheit zwischen Waren und Dienstleistungen (s. zur Abgrenzung im einzelnen § 3, Rn 129 ff.). Waren sind materielle Wirtschaftsgüter, die in den Verkehr gebracht werden und auf dem Markt frei zirkulieren. Dienstleistungen sind immaterielle Wirtschaftsgüter, die auf dem Markt erbracht werden. Die Warenverkehrsfreiheit schützt den Warenhandel der in den Verkehr gebrachten Wirtschaftsgüter, die Dienstleistungsfreiheit schützt das Angebot der unkörperlichen Wirtschaftsgüter auf dem Markt. Dienste werden erbracht, nicht wie Waren verbracht. Eine Anwendung der Vorschrift des § 24 über die Erschöpfung kann bei *Dienstleistungen mit Warenbezug* (zum Begriff s. § 3, Rn 127), bei denen die Ware den Träger der Dienstleistungsmarke darstellt, mit der Erwägung gerechtfertigt werden, daß sich hinsichtlich der mit der Dienstleistungsmarke versehenen Ware die Problematik der markenrechtlichen Erschöpfung vergleichbar stellt.

## II. Begründung und Reichweite der kennzeichenrechtlichen Erschöpfung

**9**  Nach der Rechtslage im MarkenG folgt der Eintritt der Erschöpfung der Kennzeichenrechte zwar als eine *gesetzliche Rechtsfolge* aus § 24 Abs. 1. Der Rechtssatz von der kennzeichenrechtlichen Erschöpfung ist aber schon aus einer *Inhaltsbestimmung der Kennzeichenrechte* als subjektiver Ausschließlichkeitsrechte auf der Grundlage der rechtlich geschützten Kennzeichenfunktionen abzuleiten. Auch nach der Rechtslage im MarkenG ist der Rückgriff auf die Funktionenlehre erforderlich, um die Reichweite der kennzeichenrechtlichen Erschöpfung nach § 24 Abs. 1 und 2 zu bestimmen (zum Verhältnis des Grundtatbestands der Erschöpfung nach § 24 Abs. 1 zur Ausnahmeregelung des § 24 Abs. 2 s. Rn 7 a f.). Die aus dem Eintritt der Erschöpfung folgende Zulässigkeit von Benutzungshandlungen eines Dritten beruht darauf, daß diese Drittbenutzung die Marke als ein Unterscheidungszeichen zur Identifizierung von Unternehmensprodukten auf dem Markt nicht beeinträchtigt. Das Markenrecht begründet grundsätzlich *kein Vertriebsmonopol* des Rechtsinhabers. Es stellt grundsätzlich kein Instrument zur Steuerung und Kontrolle des Produktvertriebs im Handel dar (s. aber Rn 10). Diese Begrenzung des Markenrechts folgte nach der *Rechtslage im WZG* schon aus dem Schutz der Herkunftsfunktion des Zeichens und der mit ihr verbundenen Vertrauensfunktion *(Baumbach/Hefermehl,* § 15 WZG, Rn 46). Diese Funktionen werden nicht dadurch beeinträchtigt, daß rechtmäßig gekennzeichnete und in Verkehr gebrachte Waren weiter vertrieben werden. Nach der Rechtslage im WZG wurde zudem die Auffassung vertreten, im Handel könne das Warenzeichen auch von der Ware entfernt und sie sodann, entweder nicht markiert oder mit einem eigenen Zeichen des Handels versehen, weiterveräußert werden. Solche Maßnahmen sollte der Zeicheninhaber nicht aufgrund seines Zeichenrechts verbieten können, weil dadurch die Herkunfts- und Garantiefunktion seines Zeichens nicht verletzt werde, auch wenn diese Maßnahmen im Handel als wettbewerbswidrig zu beurteilen seien. Vereinbarungen, die der Zeicheninhaber mit seinen Abnehmern etwa über die Höhe des Wiederverkaufspreises oder die Art des Vertriebs und des Vertriebswegs traf, wurde eine schuldrechtliche, nicht aber eine zeichenrechtliche Bedeutung zuerkannt, wenn die Vereinbarungen als kartellrechtlich zulässig zu beurteilen waren. An solche rein schuldrechtlich wirkenden Abmachungen waren spätere Abnehmer nicht gebunden (RGZ 50, 229 – Kölnisch Wasser; 51, 263 – Mariani; 103, 359 – Singer). Ein Rechtsvorbehalt des Zeicheninhabers hinsichtlich des Eintritts der Erschöpfung wurde als unwirksam beurteilt (BGHZ 41, 84, 89 – Maja). Der Inhalt des Zeichenrechts konnte weder durch Parteivereinbarung noch durch Vorbehalte erweitert werden *(Baumbach/Hefermehl, § 15 WZG, Rn 46)*.

Nach der *Rechtslage im MarkenG* vermag diese Ausdehnung der Erschöpfungswirkung, die aus der Beschränkung des Warenzeichenschutzes auf die Herkunftsfunktion abgeleitet wurde, nicht mehr zu überzeugen. Die Reichweite der kennzeichenrechtlichen Erschöpfung ist hinsichtlich des *Markierungsrechts*, des *Vermarkungsrechts* und des *Werberechts* des Rechtsinhabers (s. dazu § 14, Rn 461) anhand der im MarkenG geschützten Funktionen der Kennzeichen zu bestimmen. Das MarkenG, das den Schutz der Marke gegenüber dem WZG verstärkte, schützt die *Identifizierungsfunktion der Marke* und damit alle *ökonomischen Funktionen* der Marke als eines produktidentifizierenden Unterscheidungszeichens auf dem Markt (s. Einl, Rn 35). Folge dieser *Verstärkung des Markenschutzes im MarkenG* ist es, daß nicht nur Beeinträchtigungen des Markierungsrechts, sondern auch des Vermarktungsrechts und des Werberechts des Markeninhabers Kennzeichenrechtsverletzungen darstellen. Zwar gewährt auch das MarkenG dem Markeninhaber *weder ein Vertriebsmonopol noch ein Werbemonopol* nach dem Inverkehrbringen der markierten Produkte (s. Rn 7b). Dem Markeninhaber wird aber aus Gründen des Markenschutzes eine stärkere *Einflußnahme auch auf den Vertrieb und die Werbung* im Handel markenrechtlich zuzuerkennen sein. Wenn der Markeninhaber ein bestimmtes *Produktmarketing* gleichsam zum *Inhalt des Markenrechts* macht, dann ist nicht ausgeschlossen, daß *Eingriffe in die Marketingstrategie* des Markeninhabers im Handel als eine *Kennzeichenrechtsverletzung* namentlich im Hinblick auf das Werberecht des Markeninhabers darstellen und kennzeichenrechtliche Ansprüche bestehen. Nach der Rechtsansicht des EuGH kann die *Schädigung des Rufes der Marke* für den Markeninhaber grundsätzlich ein *berechtigter Grund* im Sinne des Art. 7 Abs. 2 MarkenRL sein, so daß sich der Markeninhaber auch nach Eintritt der Erschöpfungswirkung im Sinne des Art. 7 Abs. 1 MarkenRL dem weiteren Vertrieb der Waren widersetzen kann. Wenn ein Wiederverkäufer die Marke benutze, um den weiteren Vertrieb der mit der Marke versehenen Ware anzukündigen, so sei das berechtigte Interesse des Markeninhabers daran, gegen Wiederverkäufer geschützt zu sein, die seine Marke zu Werbezwecken in einer Weise benutzten, die den Ruf der Marke schädigen könnten, gegen das Interesse des Wiederverkäufers abzuwägen, die betreffenden Waren unter Verwendung der für sein Branche üblichen Werbeform weiterverkaufen zu können. Der Wiederverkäufer müsse namentlich bei *Waren mit Luxus- und Prestigecharakter* darauf bedacht sein, mit seiner Werbung die *Wertschätzung der Marke* nicht dadurch zu beeinträchtigen, daß er den Luxus- und Prestigecharakter der betreffenden Waren, sowie die von ihnen ausgehende luxuriöse Ausstrahlung beeinträchtige. Allein der Umstand, daß ein Wiederverkäufer, der gewöhnlich Artikel gleicher Art, aber nicht unbedingt gleicher Qualität vertreibe, für die mit der Marke versehenen Waren in seiner Branche übliche Werbeformen benutze, stelle noch keinen berechtigten Grund im Sinne des Art. 7 Abs. 2 MarkenRL dar. Erforderlich sei, daß die Benutzung der Marke in der Werbung des Wiederverkäufers den Ruf der Marke im konkreten Fall erheblich schädige. Eine solche Schädigung könne dann vorliegen, wenn der Wiederverkäufer nicht dafür sorge, daß die Marke in seinem Werbeprospekt nicht in einer Umgebung erscheine, die das Image, das der Inhaber seiner Marke habe verschaffen können, erheblich beeinträchtigen könne (EuGH, Rs. C-337/95, Slg.

1997, I-6013, GRUR Int 1998, 140 – Dior/Evora, Rn 39 ff.). Ein die Erschöpfungswirkung ausschließender berechtigter Grund liegt auch dann vor, wenn die Marke in der *Werbung eines Wiederverkäufers* in einer Weise benutzt wird, die den Eindruck erwecken kann, daß eine Handelsbeziehung zwischen dem Wiederverkäufer und dem Markeninhaber besteht, insbesondere, daß das Unternehmen des Wiederverkäufers dem Vertriebsnetz des Markeninhabers angehört oder daß zwischen den beiden Unternehmen eine besondere Beziehung besteht (EuGH, Rs C-63/97, WRP 1999, 407 – BMW). Die Reichweite der kennzeichenrechtlichen Erschöpfung nach § 24 wird künftig auch in der höchstrichterlichen Rechtsprechung in Deutschland stärker an den ökonomischen Funktionen der Kennzeichen auszurichten sein. Es stellt nur ein dogmatisch-systematisches und kein die Reichweite der Erschöpfung bestimmendes Problem dar, ob von einer alle Befugnisse des Markeninhabers umfassenden Erschöpfung des Markenrechts ausgegangen und die Reichweite der Erschöpfung nach den Funktionen des Markenrechts anhand der Ausnahmeregelung bestimmt wird, oder ob die Begründung und Reichweite der kennzeichenrechtlichen Erschöpfung markenfunktional schon als ein Problem des Tatbestands der Erschöpfung und damit des Inhalts des Markenrechts zu verstehen ist. Die Rechtsprechung des EuGH, die ein Mehr an rechtlicher Flexibilität zur Konkretisierung der Reichweite der markenrechtlichen Erschöpfung bietet, wird dahin zu verstehen sein, daß der EuGH von einer Erschöpfung aller Rechte aus der Marke im Grundtatbestand des Art 7 Abs. 1 MarkenRL ausgeht, zugleich aber den berechtigten Gründen im Sinne des Ausnahmetatbestands des Art 7 Abs. 2 MarkenRL gegenüber allen aufgrund des Inverkehrbringens im Grundsatz erschöpften Rechte aus der Marke (Markierungsrecht, Vermarktungsrecht und Werberecht) rechtliche Bedeutung beimißt. Die Ausdehnung des Markenschutzes hat namentlich im *Markenlizenzrecht* einen gesetzlichen Ausdruck gefunden. Nach § 30 Abs. 2 kann der Markeninhaber die Rechte aus der Marke gegen einen Lizenznehmer geltend machen, der gegen einzelne Bestimmungen des Lizenzvertrages verstößt (s. dazu § 30, Rn 26 ff.). In einer frühen Entscheidung hatte schon das RG eine widerrechtliche Kennzeichnung und Inverkehrsetzung angenommen, wenn ein Lizenznehmer eine Ware unter Verletzung des Lizenzvertrages im Ausland in den Verkehr gebracht und in das Inland importiert hatte (RGZ 50, 229, 231 – Kölnisch Wasser; hiergegen *Baumbach/Hefermehl,* § 15 WZG, Rn 46).

11 Schon nach der *Rechtslage im WZG* wurde die Reichweite der Erschöpfung als eine *Wertungsfrage* behandelt, die nach der Zweckbestimmung des Zeichenrechts unter Berücksichtigung der schutzwürdigen Interessen des Zeicheninhabers und des Verkehrs zu beantworten sei (*Baumbach/Hefermehl,* § 15 WZG, Rn 47). Ob Maßnahmen Dritter nach dem Inverkehrbringen eine Zeichenrechtsverletzung darstellten, war allein danach zu beurteilen, ob tatbestandlich eine Zeichenrechtsverletzung vorlag. Die Reichweite der Erschöpfungswirkung wurde allerdings ausschließlich an einer *Verletzung der Herkunftsfunktion* ausgerichtet. So wurde darauf abgestellt, ob in dem Weitervertrieb der Ware ein widerrechtliches neues Versehen der Ware mit dem geschützten Zeichen (*Neukennzeichnung*) zu sehen sei. So könne die Herkunftsfunktion verletzt sein, wenn ein Händler das Zeichen, das von der Ware entfernt worden sei, wieder auf der Ware anbringe. Werde die Ware etwa durch eine Aufarbeitung, Reparatur oder einen sonstigen Eingriff in ihrer Eigenart betroffen, so könne das Belassen des Zeichen an der veränderten Ware als ein Versehen der Ware mit einem fremden Warenzeichen zu beurteilen sein (RGZ 103, 359, 363 – Singer; 161, 29, 37 – Zählerersatzteile). Zwar könne der Zeicheninhaber nicht den Vertrieb der einmal von ihm mit dem Zeichen versehenen, in Verkehr gesetzten Ware bestimmen, wohl aber behalte er die Kontrolle über die richtige Verwendung seines Zeichens. Jede Gewähr für die Identität und Herkunft der gekennzeichneten Ware aus dem Betrieb des Zeicheninhabers würde nämlich schwinden, wenn das Kennzeichnungsrecht durch die Inverkehrsetzung verbraucht wäre, die Ware demnach ohne dem Schutz des Zeichens von einem Wiederverkäufer verändert werden könne. Schon nach der Rechtslage im WZG wurde eine Zeichenrechtsverletzung angenommen, wenn ein Dritter die gekennzeichnete Ware mit einer anderen Ware so verband, daß der Verkehr das Zeichen auf beide Waren und damit auf die Gesamtsache als den zusammengesetzten Gegenstand bezog (RGZ 130, 242, 246 – Typ H-Heizkissen). Nach der Ausdehnung des Funktionenschutzes der Marke bedarf es nach der *Rechtslage im MarkenG* in solchen Fallkonstellationen eines Eingriffs in das Vermarkungsrecht und das Werberecht des Markeninhabers nicht mehr des teilweise gekünstelten Rückgriffs auf den Tat-

bestand einer Kennzeichnung des Produkts, um den Eingriff der Erschöpfungswirkung zu begrenzen und kennzeichenrechtliche Ansprüche zu begründen.

Eine ordnungsgemäße *Versteigerung ordnungsgemäß gekennzeichneter Waren* verletzt das Erstvertriebsrecht des Markeninhabers auch dann nicht, wenn er die markierten Waren noch nicht in Verkehr gebracht hat. Er kann weder der Versteigerung als einem unberechtigten Inverkehrsetzen entgegentreten, noch weitere Vertriebshandlungen des Versteigerers unterbinden (so OLG Düsseldorf GRUR 1991, 220, 221 – ESPRIT). Das Recht zur Versteigerung setzt voraus, daß es sich bei den bereits gekennzeichneten Produkten um solche handelt, die ohne weitere das Markenrecht berührende Maßnahmen in den Verkehr gebracht werden sollten. Fehlt den bereits markierten Produkten etwa noch die Endkontrolle oder handelt es sich lediglich um bereits markierte Einzelteile, die noch zu einem Gesamtprodukt zusammengesetzt werden müssen, so scheidet eine Versteigerung ohne Einverständniserklärung des Markenrechtsinhabers aus. Diese Begrenzung des Markenschutzes folgt nicht aus dem Erschöpfungsgrundsatz, sondern besteht deshalb, weil bei Anerkennung einer solchen Befugnis des Markeninhabers dieser durch die Verweigerung seiner Einwilligung in den Erstvertrieb ordnungsgemäß gekennzeichneter Waren diese Produkte dem wirtschaftlichen Ergebnis nach unpfändbar stellen könnte. Wenn der Markeninhaber den Vertrieb ordnungsgemäß gekennzeichneter Produkte, die ohne seine Einwilligung versteigert werden, unterbinden könnte, würden diese verkehrsgängigen Produkte dem Gläubigerzugriff weithin entzogen. Diese Einschränkung des warenzeichenrechtlichen Vertriebsrechts war nach der Rechtslage im WZG deshalb geboten, weil der Gläubiger des Markeninhabers die Verwertung der gekennzeichneten Waren nicht dadurch erreichen konnte, daß er zugleich auch die warenzeichenrechtlichen Befugnisse pfänden ließ, da wegen der Akzessorietät des Warenzeichens dieses nicht getrennt von dem Betrieb des Markeninhabers pfändbar war. Nach der *Rechtslage im MarkenG* läßt sich diese Beschränkung des Vermarktungsrechts des Markeninhabers durch eine öffentliche Versteigerung ordnungsgemäß markierter Produkte nicht mehr aufrechterhalten, da die Marke als ein selbständiger Vermögensgegenstand des Markeninhabers nicht akzessorisch ist und unabhängig von dem Unternehmen des Markeninhabers im Wege der Pfändung verwertet werden kann.

### III. Europäische Gemeinschaft und Europäischer Wirtschaftsraum als Territorium der europarechtlichen Erschöpfung

#### 1. Rechtslage im WZG

In ständiger Rechtsprechung und nach überwiegender Auffassung im Schrifttum wurde nach der Rechtslage im WZG von dem *Grundsatz der internationalen Erschöpfung* des Markenrechts ausgegangen (s. nur *Baumbach/Hefermehl*, § 15 WZG, Rn 48 ff.). Nach dieser Rechtsansicht konnte ein Hersteller, für den im Inland eine Marke eingetragen war, aufgrund seines inländischen Markenrechts den Import von unveränderter Originalware, die er selbst im Ausland mit einer übereinstimmenden Marke versehen und in den Verkehr gebracht hatte, nicht verhindern (BGHZ 41, 84, 88 – Maja; 60, 185, 190 – Cinzano; BGH GRUR 1983, 177, 178 – AQUA KING; ÖOGH GRUR Int 1971, 90 – AGFA; OLG Stuttgart GRUR 1984, 128, 129 – Tennisschläger; *Hefermehl,* GRUR 1964, 375; *Beier,* GRUR Int 1964, 205; *Beier,* Territorialität des Markenrechts und internationaler Wirtschaftsverkehr, GRUR Int 1968, 8, 15; *Riehle,* Markenrecht und Parallelimport, S. 209; *Ebenroth,* Gewerblicher Rechtsschutz und europäische Warenverkehrsfreiheit, S. 23 ff.). Die internationale Erschöpfung wurde als eine zwingende Rechtsfolge des Schutzes der *Herkunftsfunktion* verstanden. Das Markenrecht schütze den Inhaber nur gegen eine Verletzung der Herkunftsfunktion und der aufgrund der Herkunftsfunktion geschützten Vertrauensfunktion der Marke. Wenn die Ware vom Zeicheninhaber stamme, da dieser selbst die Originalware mit der Marke versehen und in den Verkehr gebracht habe, dann werde die Herkunftsfunktion der Marke durch den Import der unveränderten Originalware nicht verletzt, auch wenn die Kennzeichnung und das Inverkehrsetzen im Ausland erfolgt seien. Unerheblich sei, ob die Marke auch in dem Lande selbständig geschützt sei, in dem der inländische Markeninhaber die Ware mit der Marke versehen habe (*Reimer,* GRUR Int 1972, 221, 223). Eine Ware, die im Ausland vom Markeninhaber mit seiner Marke versehen werde, sei in jedem Fall nicht widerrechtlich gekennzeichnet, so daß Abwehransprüche des Markeninhabers ausgeschlossen seien (*Röttger*, GRUR Int 1964, 125; *Röttger*, MA 1964, 654; *Heydt*, GRUR 1969, 450, 456). Von einer Mindermeinung wurde unter Berufung auf das *Territorialitätsprinzip* die Auffassung vertreten, der Markeninhaber könne den Import von Originalware, die erstmals im Ausland in Verkehr gebracht worden sei, verhindern, da der Import gegenüber dem inländischen Markenrecht als ein widerrechtliches erneutes Kennzeichnen und Inverkehrsetzen dieser Waren zu beurteilen sei (LG Düsseldorf MA 1963, 127 – Revlon I; *Troller*, GRUR Int 1960, 244; *Troller*, Immaterialgüterrecht, Bd. 1, S. 135 ff., Bd. 2, S. 653, 753; *Hoth*, GRUR 1968, 64, 68; *Kraft*, GRUR 1969, 120, 123; *Ballhaus*, Import und Reimport von Markenware, S. 81 ff.). Auch wenn die Kritik der Mindermeinung im Schrifttum zur internationalen Erschöpfung treffend eine Überbetonung des Herkunftsschutzes der Marke anmerkte, vermochte doch die Berufung auf das Territorialitätsprinzip nicht zu überzeugen (*Baumbach/Hefermehl*, § 15 WZG, Rn 48). Das Territorialitätsprinzip grenzt die Rechtsordnungen ab, nach denen sich der Markenschutz bestimmt. Ob ein inländisches Markenrecht durch den Import einer im Ausland gekennzeichneten und in Verkehr gebrachten Ware verletzt wird, beantwortet sich nicht nach dem Territorialitätsprinzip, sondern allein nach dem Inhalt des Markenrechts, der sich nach der anzuwendenden inländischen Rechtsordnung bestimmt. Das Markenrecht kann aufgrund des Territorialitätsprinzips keinen anderen Schutzinhalt erlangen, als ihn die nationale Rechtsordnung gewährt. Der Import der Originalware stelle aber keine Verletzung der Herkunftsfunktion des Warenzeichens dar.

**14** Die Ableitung der internationalen Erschöpfung aus dem Herkunftsschutz der Marke konnte schon nach der Rechtslage im WZG nicht überzeugen. Der Konsumtionsbereich eines nationalen Markenrechts ist der der Marke rechtlich zugeordnete Markt. Das ist das Territorium des Geltungsbereichs der nationalen Markenrechtsordnung. Aus diesem Grunde beschränkt sich die Wirkung der *nationalrechtlichen* Erschöpfung auf den nationalen Geltungsbereich des Markenrechts. Eine Analyse der Wertungsgrundlagen des Erschöpfungsgrundsatzes ergab schon nach der Rechtslage im WZG, daß sich zwar eine über das nationale Territorium hinausreichende Erschöpfung eines nationalen Markenrechts nicht aus der Herkunftsfunktion der Marke ableiten ließ, daß aber wegen des Marktbezugs der Marke, wegen der gemeinschaftsrechtlichen Zuordnung des Gemeinsamen Marktes als des rechtlich maßgebenden Marktes der Marke und wegen des Wandels der Markenfunktionen im internationalen Warenverkehr eine *gemeinschaftsrechtliche* Erschöpfung der nationalen Markenrechte in den Mitgliedstaaten der EG aus Gründen des Warenverkehrsrechts nach den Art. 30, 36 EGV geboten war (zur gemeinschaftsrechtlichen Begründung der Lehre von der Erschöpfung des Markenrechts s. erstmals *Hefermehl/Fezer*, in: Hefermehl/Ipsen/Schluep/Sieben, Nationaler Markenschutz, S. 106 ff.). Dieser Entwicklung zur gemeinschaftsrechtlichen Erschöpfung der Immaterialgüterrechte trägt § 24 für das Markenrecht Rechnung.

### 2. Rechtslage im MarkenG

**15** **a) Rechtsverbindlichkeit der EU-weiten und EWR-weiten Erschöpfung.** *Territorium der Erschöpfung* nach § 24 Abs. 1 sind die *Bundesrepublik Deutschland*, die weiteren *Mitgliedstaaten der Europäischen Union* (das Königreich Belgien, das Königreich Dänemark, die Republik Finnland, die Französische Republik, die Griechische Republik, das Vereinigte Königreich Großbritannien und Nordirland, Irland, die Italienische Republik, das Großherzogtum Luxemburg, das Königreich der Niederlande, die Republik Österreich, die Portugiesische Republik, das Königreich Schweden, das Königreich Spanien) und die anderen *Vertragsstaaten des Abkommens über den Europäischen Wirtschaftsraum* (Island, das Fürstentum Liechtenstein, das Königreich Norwegen; zum am 1. Januar 1994 in Kraft getretenen EWR-Abkommen s. nur *Burtscher*, EFTA und EG: Rechtliche Probleme eines Europäischen Wirtschaftsraumes (EWR), 1991, 3 ff.; *Senti*, EWR-Vertrag, Entstehung - Inhalt - offene Fragen, 1992, 2 ff.). Der bis zum Inkrafttreten des MarkenG geltende *Grundsatz von der internationalen Erschöpfung* im Warenzeichenrecht (s. nur BGHZ 41, 84, 88 – Maja; 60, 185, 191 – Cinzano; s. im einzelnen Rn 13) wurde vom Gesetzgeber des MarkenG ausdrücklich *aufgegeben* (s. Begründung zum MarkenG, BT-Drucks. 12/6581 vom 14. Januar 1994,

S. 81). Der Ausgestaltung des § 24 liegt nach der Erklärung des Gesetzgebers die *grundsätzlich veränderte Konzeption von der Bedeutung des Markenschutzes* zugrunde, nach der die Herkunftsfunktion zwar weiterhin maßgeblich sei, aber durch eine Reihe weiterer Markenfunktionen, wie insbesondere der Qualitätsfunktion und der Werbefunktion, ergänzt werde (s. zur Multifunktionalität der Marke im MarkenG Einl Rn 39 ff.). Die Lehre von der internationalen Erschöpfung bedeutete aber schon nach der Rechtslage im WZG eine Überbetonung des Herkunftsschutzes der Marke (s. Rn 14). Die *EU-weite und EWR-weite europarechtliche Erschöpfung* der Kennzeichenrechte nach § 24 wird zudem dem Grundsatz der gemeinschaftsrechtlichen Erschöpfung gerecht, wie er sich aus den Wertungsgrundlagen des Erschöpfungsgrundsatzes im Warenverkehrsrecht nach den Art. 30, 36 EGV ergibt (s. dazu *Hefermehl/Fezer*, in: Hefermehl/Ipsen/Schluep/Sieben, Nationaler Markenschutz, S. 110 ff.; s. im einzelnen Rn 59 ff.). Die europarechtliche Erschöpfung ist eine zwingende Folge der Umsetzung von Art. 7 MarkenRL. Der Auffassung, § 24 Abs. 1 MarkenG stelle *als eine Mindestregelung keine abschließende Regelung* dar und erlaube, den Grundsatz der internationalen Erschöpfung im MarkenG aufrechtzuerhalten (s. nur *Beier*, GRUR Int 1989, 603, 615; *Mailänder*, FS für Gaedertz, 1992, S. 369, 389; *v. Gamm*, WRP 1993, 793, 795; *Ebenroth*, Gewerblicher Rechtsschutz und europäische Warenverkehrsfreiheit, S. 27 ff.; *Albert/Heath*, GRUR 1996, 275; *Albert/Heath*, GRUR 1998, 275; *Ingerl/Rohnke*, NJW 1994, 1247, 1253; *Ingerl*, WiB 1994, 109, 111; nach wie vor kritisch *Ingerl/Rohnke*, § 24 MarkenG, Rn 8; *Ullrich*, Mitt 1998, 190; *Joller*, ELR 1998, 1; *Sosnitza*, WRP 1998, 951; zur internationalen Erschöpfung im Kontext der WTO s. *Marx*, in: Baudenbacher (Hrsg.), Aktuelle Probleme des Europäischen und internationalen Wirtschaftsrecht, S. 241, 276), ist zu widersprechen (s. nur *Sack*, GRUR 1999, 193, 210 ff.; *Fezer*, GRUR 1999, 99, 105; *Fezer*, WRP 1998, 1, 10; *Beckmann*, GRUR Int 1998, 836; *Hays*, TMR 88 [1998], S. 234; *Berlit*, GRUR 1998, 423, 427; *Orou*, ÖBl. 1998, 284; *Verkade*, BIE. 1998, 244; *Kunz-Hallstein*, FS für Fikentscher, S. 931, 936; *Gloy*, FS für v. Gamm, S. 257, 265; *Pickrahn*, GRUR 1996, 383, 384; *Meyer*, GRUR Int 1996, 592, 596; *Klaka*, FS für Traub, S. 173, 183; *Klaka*, GRUR 1994, 321, 327; *Kunz-Hallstein*, FS 100 Jahre Marken-Amt, S. 147, 164; *Tilmann*, ZHR 158 (1994), S. 371, 387; *Harte-Bavendamm/Scheller*, WRP 1994, 571, 577; *Sack*, RIW 1994, 897, 899; *Brandi-Dohrn*, BB, Beilage 16/1994, S. 1, 9; *Schmieder*, WRP 1994, 1245; *Meister*, MA 1993, 407, 414; *Althammer/Ströbele/Klaka*, § 24 MarkenG, Rn 5). Soweit diese Auffassung aus dem Wesen der Marke und der grundlegenden Bedeutung der Herkunftsfunktion im Markenschutz abgeleitet wird, widerspricht sie dem Paradigmenwechsel in der Funktionenlehre, den das MarkenG vollzogen hat, ungeachtet der mit der Lehre von der internationalen Erschöpfung verbundenen Überbetonung der Herkunftsfunktion schon nach der Rechtslage im WZG. Nach der bindenden Entscheidung des Gesetzgebers kommt es zudem nicht darauf an, ob Art. 7 MarkenRL nur einen *Mindestumfang des Territoriums* der Erschöpfung festlegt und dem nationalen Gesetzgeber erlaubt, eine internationale Erschöpfung zu normieren. Die Entstehungsgeschichte der MarkenRL (s. *Harte-Bavendamm/Scheller*, WRP 1994, 571, 574 f.) belegt die *Intention des Rates der EG*, von einer über das Territorium des Geltungsbereichs des Richtliniengebers hinausgehenden Erschöpfung Abstand zu nehmen. So ging noch der erste Entwurf sowohl der MarkenRL als auch der GMarkenV von dem Grundsatz einer internationalen Erschöpfung aus (s. Dok. KOM (80) 635 endg., ABl. EG Nr. C 351 vom 31. Dezember 1980, S. 1). Aufgrund einer Stellungnahme des Wirtschafts- und Sozialausschusses zu den Entwürfen wurde die Frage der Erschöpfung im Europäischen Parlament äußerst kontrovers diskutiert (s. ABl. EG Nr. C 307/44, 63 vom 14. November 1983). Im Anschluß an diese Diskussion wurde die gemeinschaftsweite Erschöpfung eingeführt. Auch in den Verhandlungen zum TRIPS-Abkommen war die Frage der Reichweite der markenrechtlichen Erschöpfung ein wesentlicher Streitpunkt, da namentlich die USA nicht bereit waren, einer internationalen Erschöpfung zuzustimmen. Die *Gesetzesgeschichte* belegt, daß es sich bei der Entscheidung für die EU-weite und EWR-weite europarechtliche Erschöpfung nicht um eine Mindestregelung, sondern um eine rechtspolitisch intendierte, abschließende Regelung handelt.

Die territoriale Begrenzung des Erschöpfungsgrundsatzes entspricht zudem der *Erschöpfung des Rechts aus der Gemeinschaftsmarke* nach Art. 13 GMarkenV. Eine territorial begrenzte europarechtliche Erschöpfungswirkung behindert nicht den internationalen Handelsverkehr (s. dazu *v. Mühlendahl*, in: Hilf/Oehler, Der Schutz des geistigen Eigentums in Europa, 1991,

S. 69, 81; *Ullmann,* in: Henssler/Kolbeck/Moritz/Rehm, Europäische Integration und globaler Wettbewerb, 1993, S. 613, 617; *v. Mühlendahl/Ohlgart,* Die Gemeinschaftsmarke, S. 55; die territoriale Schutzrechtserschöpfung als Anachronismus brandmarkend *Ullrich,* Mitt 1998, 190, 192). Wegen der nicht einheitlichen Anwendung des internationalen Erschöpfungsgrundsatzes in Drittstaaten ist es vielmehr ein Gebot der EU, mit den wichtigen Handelspartnern *bilaterale* und *multilaterale Handelsabkommen* auf der Grundlage des *Gegenseitigkeitsprinzips* der territorialen Erschöpfung abzuschließen, in denen der Grundsatz der internationalen Erschöpfung kraft autonomer Vereinbarung der Handelspartner eingeführt wird (s. dazu unter Hinweis auf die Verhandlungen des Europäischen Parlaments *Harte-Barendamm/Scheller,* WRP 1994, 571, 575, 577; zust. BGHZ 131, 308 – Gefärbte Jeans). In seinem Grundsatzurteil *Gefärbte Jeans* hat der BGH zu Recht nach Inkrafttreten des MarkenG den Grundsatz der internationalen Erschöpfung des Markenrechts zugunsten einer auf die EG und den EWR beschränkten Erschöpfungswirkung aufgegeben (BGHZ 131, 308 – Gefärbte Jeans mit Anm. *Loewenheim,* LM Nr. 1 zu § 24 MarkenG; zu einem Import von Musikinstrumenten aus den USA s. OLG Stuttgart, Urteil vom 13. Oktober 1997, 2 U 107/97 – Fender Musical Instruments; zu einem Import von Parfümerien aus der Schweiz s. OLG Stuttgart, Urteil vom 17. Oktober 1997, 2 U 80/97 – ALRODO; zum Inverkehrbringen von für Russland bestimmten Exportwaren s. OLG Stuttgart NJW-RR 1998, 482 – AEG; so schon LG Düsseldorf GRUR 1996, 66, 67 – adidas-Import; OLG München GRUR 1996, 137 – GT ALL TERRA)

**16a** Die Entscheidung *Silhouette* des EuGH (EuGH, Urteil vom 16. Juli 1998, Rs. C-355/96, GRUR Int 1998, 695 – Silhouette), in der EuGH in Auslegung des Art. 7 Abs. 1 MarkenRL die EU-weite und EWR-weite Erschöpfung des Markenrechts für die nationalen Markenrechtsordnungen der Mitgliedstaaten der EG für rechtsverbindlich erklärte (s. Rn 16c), geht auf ein Vorabentscheidungsersuchen des österreichischen OGH (ÖOGH GRUR Int 1997, 548 – Parallelimport von Markenware) zurück. Im *Schrifttum zum österreichischem Markenrecht* wurde überwiegend die Lehre von der internationalen Erschöpfung vertreten (*Schönherr,* Gewerblicher Rechtsschutz und Urheberrecht, Allgemeiner Teil, S. 12; *Kucsko,* Österreichisches und europäisches Wettbewerbs-, Marken-, Muster- und Patentrecht, 4. Aufl., S. 70; *Koppensteiner,* ÖBl. 1994, 195; *Pöchhacker,* in: Koppensteiner, Österreichisches und europäisches Wirtschaftsprivatrecht, Teil 2/1, S. 178; aA *Schanda,* ÖBl. 1996, 167, 173). In seinem Vorabentscheidungsersuchen ging auch der ÖOGH von der weltweiten Erschöpfung des Markenrechts aus. In der *Silhouette II*-Entscheidung geht der ÖOGH nunmehr nach der für ihn bindenden Rechtsmeinung des EuGH von der territorialen Erschöpfung des Markenrechts aus; wer außerhalb des EWR in Verkehr gebrachte Markenware in Österreich ohne Zustimmung des Markeninhabers weiterveräußere, verstoße gegen den mit Art. 7 Abs. 1 MarkenRL inhaltsgleichen § 10a Abs. 1 öster MSchG (ÖOGH GRUR Int 1999, 275 – Silhouette II). Im *Schrifttum zum schweizerischen Markenrecht* sind die Auffassungen geteilt, ob die Erschöpfung des Markenrechts territorial begrenzt (*Troller,* Manuel du droit suisse des biens immatériels, Bd. I, S. 489 f.; *David,* Kommentar zum schweizerischen Privatrecht, Art. 13 MSchG, Rn 17; *David,* SJZ 1993, S. 111; *Meyer,* SJZ 1994, 94; *Rauber,* AJP 1993, 539; *Tschäni,* SZW 1994, 178) oder weltweit (*Marbach,* in: v. Büren/David, Schweizerisches Immaterialgüter- und Wettbewerbsrecht, 3. Bd., Kennzeichenrecht, S. 202 ff.; *Zäch,* SJZ 1995, 301; *Rosenkranz,* SZW 1994, 120; *Bieri-Gut,* AJP 1996, 566; *Cottier,* SMI 1995, 37) ist. Auch die kantonale Rechtsprechung war unterschiedlich (s. einerseits Appellationsgerichtshof Kanton Bern SMI 1995, 133 – Pentax; andererseits HG St. Gallen SMI 1995, 126 – Nikon; HG Zürich SMI 1995, 107 – Timberland; HG Zürich ZR 1994, 205 – Head). Das schweizerische Bundesgericht hat sich in der *Chanel*-Entscheidung (Schweiz. BG GRUR Int 1998, 520 – Chanel mit Anm. *Knaak;* s. dazu *Baudenbacher/Joller,* SZW 1997, 91; *Perret,* SZIER 1997, 267) der Lehre von der internationalen Erschöpfung des Markenrechts angeschlossen. Das schweizerische Markenschutzgesetz böte keine Grundlage für ein absolutes Verbot von Parallelimporten. Der Parallelimport und der Weitervertrieb von Markenwaren, die im Ausland unter einer Konzernmarke rechtmäßig in Verkehr gebracht worden seien, könne in der Schweiz markenrechtlich nicht unterbunden werden. Auch der Cour de Cassation hat entschieden, daß die Markenbenutzung ohne Zustimmung des Markeninhabers innerhalb der EG dann unzulässig sei, wenn die Vermarktung eines Produkts in einem Staat stattgefunden habe, der nicht Mitgliedstaat der EG sei

(Cour de Cassation GRUR Int 1998, 717 – Océan Pacific). Das Sø- og Handelsret ersuchte ebenfalls den EuGH um Vorabentscheidung über die Reichweite der Erschöpfung bei einem Inverkehrbringen außerhalb der EU (Sø- og Handelsret, Beschluß vom 18. März 1998, Rs. C-80/98, ABl. EG Nr. C 166 vom 30. Mai 1998, S. 7; EWS 1998, 356).

**16b** Zeitlich vor der Entscheidung *Silhouette* des EuGH (EuGH, Urteil vom 16. Juli 1998, Rs. C-355/96, GRUR Int 1998, 695 – Silhouette; s. Rn 16c) hat der EFTA-Gerichtshof sich der Lehre von der internationalen Erschöpfung des Markenrechts angeschlossen (EFTA-Gerichtshof, Gutachten vom 3. Dezember 1997, GRUR Int 1998, 309 – Maglite mit Anm. *Joller*; s. dazu *Joller*, ELR 1998, 1; *Hays/Hansen*, E.I.P.R. 1998, 277; *Ullrich*, Mitt 1998, 190). Art. 7 Abs. 1 MarkenRL, auf die Anhang XVII des EWR-Vertrages Bezug nimmt, sei so auszulegen, daß er es den EFTA-Staaten überlasse, zu entscheiden, ob sie den Grundsatz der internationalen Erschöpfung von Markenrechten auf Waren aus Staaten außerhalb des EWR einführen oder aufrecht erhalten wollten. Gegenstand der Entscheidung war der Import der bekannten *Maglite*-Lampen aus den USA nach Norwegen durch einen norwegischen Graumarkthändler ohne Zustimmung des offiziellen Importeurs; der amerikanische Hersteller versuchte den Import unter Berufung auf sein norwegisches Markenrecht zu verhindern.

**16c** Der EuGH hat in der *Silhouette*-Entscheidung (EuGH, Urteil vom 16. Juli 1998, Rs. C-355/96, GRUR Int 1998, 695 – Silhouette) in Auslegung des Art. 7 Abs. 1 MarkenRL die *EU-weite und EWR-weite Erschöpfung des Markenrechts* für die nationalen Markenrechtsordnungen der Mitgliedstaaten für *rechtsverbindlich* erklärt. Nach dieser Entscheidung sind nationale Rechtsvorschriften, die die Erschöpfung des Rechts aus einer Marke für Waren vorsehen, die vom Markeninhaber oder mit dessen Zustimmung unter dieser Marke außerhalb des Europäischen Wirtschaftsraums in den Verkehr gebracht worden sind, nicht mit Art. 7 Abs. 1 MarkenRL in der Fassung des EWR-Abkommens vereinbar. Nach der *Silhouette*-Entscheidung des EuGH ist die Normierung der internationalen Erschöpfung in nationalen Markenrechtsordnungen der Mitgliedstaaten nicht mit dem europäischen Gemeinschaftsrecht vereinbar. Da allerdings die MarkenRL nicht selbst Verpflichtungen für einen Bürger begründet und diesem gegenüber eine Berufung auf die Richtlinie als solche nicht möglich ist, und obgleich die nationalen Gerichte bei Anwendung des nationalen Markenrechts dessen Auslegung soweit wie möglich am Wortlaut und Zweck der Richtlinie auszurichten haben, um das mit der Richtlinie verfolgte Ziel zu erreichen und auf diese Weise Art. 189 Abs. 3 EGV nachzukommen (EuGH, Rs. C-106/89, Slg. 1990, I-4135, Rn 6, 8 – Marleasing; EuGH, Rs. C-91/92, Slg. 1994, I-3325, GRUR Int 1994, 954, Rn 20, 26 – Dori/Recreb), kann der Markeninhaber nicht allein aufgrund des Art. 7 Abs. 1 MarkenRL verlangen, daß ein Dritter die Benutzung seiner Marke für Waren unterläßt, die unter dieser Marke vom Markeninhaber oder mit dessen Zustimmung außerhalb des EWR in den Verkehr gebracht worden sind (so zum österreichischen Markenrecht EuGH, Urteil vom 16. Juli 1998, Rs. C-355/96, Rn 37 – Silhouette).

**16d** **b) Verhältnis der Rechtsprechung des EuGH zur Rechtsprechung des EFTA-Gerichtshofes.** Nach der *Silhouette*-Entscheidung des EuGH (EuGH, Urteil vom 16. Juli 1998, Rs. C-355/96, GRUR Int 1998, 695 – Silhouette; s. Rn 16c) gilt die EU-weite und EWR-weite Erschöpfung des Markenrechts für die nationalen Markenrechtsordnungen der Mitgliedstaaten der EU; nach dem *Maglite*-Gutachten des EFTA-Gerichtshofes (EFTA-Gerichtshof, Gutachten vom 3. Dezember 1997, GRUR Int 1998, 309 – Maglite; s. Rn 16b) ist die Einführung der internationalen Erschöpfung den Markenrechtsordnungen der Mitgliedstaaten des EWR überlassen (allgemein zum Zusammenwirken des EuGH mit dem EFTA-Gerichtshof s. *Gugerbauer*, NJW 1994, 2743). Nach den klassischen Regeln des Völkerrechts ist es an sich eine Folge der Zuständigkeitsverteilung zwischen EuGH und EFTA-Gerichtshof, daß in den Territorien der EU und des EWR die territoriale Reichweite der Erschöpfung unterschiedlich geregelt werden kann. Es bestehen keine ausdrücklichen Kollisionsregeln für eine unterschiedliche Spruchpraxis des EuGH und des EFTA-Gerichtshofes. Die Zuständigkeitsbegrenzung des EuGH auf die EU schließt indessen nicht aus, die Rechtsprechung des EuGH zur territorialen Begrenzung der europarechtlichen Erschöpfung auch für die Markenrechtsordnungen der Mitgliedstaaten des EWR für rechtsverbindlich zu erklären. In Art. 2 Abs. 1 des Protokolls 28 des Abkommens über den Europäischen Wirtschaftsraum, der die Erschöpfung der Rechte regelt, sehen die Vertragsparteien die Erschöpfung der Rechte des geistigen Eigentums nach Maßgabe des Gemeinschaftsrechts vor, soweit die Erschöpfung der Rechte in Maßnahmen oder in der Rechtsprechung der Gemeinschaft geregelt ist. Diese Bestimmung ist unbeschadet der künftigen Entwicklung der Rechtsprechung in Übereinstimmung mit den vor der Unterzeichnung des Abkommens ergangenen einschlägigen Entscheidungen des Gerichtshofs der Europäischen Gemeinschaften auszulegen. In Nr. 4 lit. c des Anhangs XVII, der das geistige Eigentum regelt, wird auf die MarkenRL als Rechtsakte Bezug genommen und die Fassung der Erschöpfungsregelung des Art. 7 Abs. 1 MarkenRL im Wortlaut an den EWR angepaßt. Die Erstreckung der Erschöpfungsregelung der MarkenRL auf den EWR kann völkerrechtlich als eine *dynamische Verweisungsnorm* verstanden werden. Nach dieser Auffassung bestimmt sich der Inhalt der Regelung und damit die Reichweite der Erschöpfung im EWR nach der rechtsverbindlichen Auslegung des EuGH zu Art. 7 MarkenRL. Dieser Rechtsansicht steht auch nicht Art. 6 des Abkommens über den Europäischen Wirtschaftsraum (*Homogenitätsprinzip*) entgegen, der regelt, daß unbeschadet der künftigen Entwicklungen der Rechtsprechung die Bestimmungen des EWR-Abkommens, soweit sie mit den entsprechenden Bestimmungen des EGV in ihrem wesentlichen Gehalt identisch sind, bei ihrer Durchführung und Anwendung im Einklang mit den einschlägigen Entscheidungen ausgelegt werden, die der EuGH vor dem Zeitpunkt der Unterzeichnung des Abkommens (2. Mai 1992) erlassen hat (anders *Baudenbacher*, CJEL, 1997, 169, 191 ff.; *Baudenbacher*, EBLR, 1997, 239, 254 ff.; *Baudenbacher*, EuZW 1998, 391, 396; *Joller*, GRUR Int 1998, 751, 764). Ein allgemeiner Umkehrschluß hinsichtlich der Rechtsunverbindlichkeit der Rechtsprechung des EuGH nach dem Zeitpunkt der Unterzeichnung des Abkommens widerspricht hinsichtlich der Rechtsprechung des EuGH zur territorial begrenzten Erschöpfungswirkung der Erstreckung des Art. 7 MarkenRL auf den EWR, dessen vom EuGH rechtsverbindlich festgestellter Inhalt auf dem Gebiet des geistigen Eigentums die Außenbeziehungen der EG und damit auch des EWR fundamental berührt. Ein solches Verständnis von der Rechtserstreckung der MarkenRL der EG auf den EWR wird zudem dem Geist des Gutachtens des EuGH zum EWR-Abkommen bestmöglich gerecht (s. Gutachten des Gerichtshofes vom 14. Dezember 1991, ABl. EG Nr. C-110 vom 29. April 1992, S. 1 ff.).

### IV. Fallkonstellationen der kennzeichenrechtlichen Erschöpfung

#### 1. Ausgangspunkt

**17** Die europarechtliche Erschöpfung des nationalen Kennzeichenrechts knüpft nach § 24 Abs. 1 an das *erste Inverkehrbringen* der mit der Marke oder der geschäftlichen Bezeichnung gekennzeichneten Ware durch den Markeninhaber selbst oder mit seiner Zustimmung durch einen Dritten in der Bundesrepublik Deutschland, in einem der übrigen Mitgliedstaaten der EU oder in einem anderen Vertragsstaat des Abkommens über den Europäischen Wirtschaftsraums an. Die Erschöpfungswirkung beschränkt sich auf das Territorium des EWR (s. Rn 15). Voraussetzung einer Zurechnung der Erschöpfungswirkung an den Markeninhaber ist es, daß das Inverkehrbringen des markierten Produkts von ihm oder mit seiner Zustimmung erfolgt. Es sind verschiedene Fallkonstellationen einer Zurechenbarkeit des Inverkehrbringens an den Kennzeicheninhaber zu unterscheiden (s. Rn 18 ff.).

#### 2. Inverkehrbringen durch den Kennzeicheninhaber selbst

**18** Die Erschöpfung des nationalen Kennzeichenrechts im EWR tritt nach § 24 Abs. 1 dann ein, wenn die mit der Marke oder der geschäftlichen Bezeichnung gekennzeichnete Ware *von dem Markeninhaber selbst* im Inland, in einem Mitgliedstaat oder einem Vertragsstaat in Verkehr gebracht wird. Der Markeninhaber kann weder den Reimport noch den Parallelimport der Ware im EWR verhindern, auch nicht die Einfuhr der Ware aus einem Mitgliedstaat oder Vertragsstaat, in dem dem Kennzeicheninhaber ein nationales Recht an der Marke oder der geschäftlichen Bezeichnung nicht zusteht. Personen und Ort der Herstellung sind nicht rechtserheblich. Die Erschöpfungswirkung knüpft allein an Person und Ort des Inverkehrbringens an. Die Ware kann vom Kennzeicheninhaber selbst oder von einem Dritten in einen oder auch in mehreren Mitgliedstaaten oder Verbandsstaaten sowie auch außerhalb des EWR hergestellt werden. Nach dem Eintritt der Erschöpfung ist der Produktvertrieb sowie die Produktwerbung innerhalb des EWR grundsätzlich frei. Das Inverkehrbringen in einem Drittstaat außerhalb des EWR bewirkt nicht die Erschöpfung des nationalen Kennzeichenrechts (s. Rn 15, 98). Innerhalb des EWR kann der Kennzeicheninhaber weder den Import von einem in einen anderen Mitgliedstaat oder Vertragsstaat, in denen dem Kennzeicheninhaber parallele Kennzeichenrechte zustehen, noch den Reimport einer vom Kennzeicheninhaber exportierten Ware in einen der Mitgliedstaaten oder Vertragsstaaten abwehren, auch nicht den Import aus einem Mitgliedstaat oder Vertragsstaat, in dem der Kennzeicheninhaber nicht Inhaber eines parallelen Kennzeichenrechts ist.

### 3. Inverkehrbringen durch konzernverbundene Unternehmen

Das Inverkehrbringen einer gekennzeichneten Ware durch ein konzernverbundenes Unternehmen innerhalb der EG und des EWR wird dem *Konzern als wirtschaftliche Einheit* zugerechnet. Die Konzernunternehmen kennzeichnet eine solche wirtschaftliche Verbundenheit, daß es gerechtfertigt und geboten ist, den Konzern kennzeichenrechtlich als eine Einheit zu behandeln. Benutzungshandlungen eines jeden Konzernunternehmens, die das nationale Kennzeichenrecht betreffen, sind allen Konzernunternehmen wechselseitig als eigene Benutzungshandlungen zuzurechnen. Die von einem Konzernunternehmen in den Verkehr gebrachte und mit der Marke oder der geschäftlichen Bezeichnung gekennzeichnete Ware gilt für den Konzern als solchen in der EG und im EWR in den Verkehr gebracht. Nach § 24 Abs. 1 bleibt das Territorium der EG und des EWR dem Konzern als ein einheitlicher Markt eines jeden Kennzeichens rechtlich zugeordnet, für das einem konzernverbundenen Unternehmen im Inland, einem Mitgliedstaat oder Vertragsstaat Kennzeichenschutz zusteht. Für den Eintritt der europarechtlichen Erschöpfung nach § 24 Abs. 1 ist es rechtlich unerheblich, ob die Produktmarkierung durch ein konzernverbundenes Unternehmen aufgrund eines Lizenzvertrages etwa im Verhältnis eines Mutterunternehmens zu einem Tochterunternehmen oder verschiedener Tochterunternehmen untereinander erfolgt, oder ob für das produktmarkierende Konzernunternehmen selbst nationaler Kennzeichenschutz besteht. Die Schutzrechtslage innerhalb des Konzerns sowie innerhalb der Staaten der EG und des EWR ist insoweit rechtlich unerheblich. Nicht entscheidend ist auch, ob das konzernverbundene Unternehmen das Kennzeichen originär etwa zu einem Zeitpunkt vor der Konzernierung erworben oder von einem anderen Konzernunternehmen abgeleitet hat. Der Konzern als kennzeichenrechtliche Einheit verlangt die Gleichbehandlung von originären und abgeleiteten Kennzeichenrechten (s. dazu näher *Hefermehl/Fezer*, in: Hefermehl/Ipsen/Schluep/Sieben, Nationaler Markenschutz, S. 117 ff. m.w.Nachw.). Die Behandlung des Konzerns als einer kennzeichenrechtlichen Einheit widerspricht auch nicht der Aufgabe des Kennzeichenschutzes. Die Identifizierung eines Produkts hinsichtlich eines bestimmten Konzernunternehmens ist auch aus der Sicht der Produktinformation des Publikums und einer möglichen Irreführung des Verkehrs keine legitime Funktion des Kennzeichenschutzes (OLG Düsseldorf GRUR 1964, 207 – Revlon III; OLG Düsseldorf GRUR Int 1965, 204 – Revlon IV; Schweiz. BGE 86 II 270, 283 – Philips; *Baumbach/Hefermehl*, § 15 WZG, Rn 55; *Beier*, GRUR Int 1968, 8, 17; *Riehle*, Markenrecht und Parallelimport, S. 225). Das Interesse, erkennbar zu machen, ob es sich um ein inländisches oder ein importiertes Produkt handelt, ist nach § 24 Abs. 1 innerhalb der EG und des EWR kennzeichenrechtlich nicht schutzwürdig, und zwar weder aus der Sicht der Verbraucher, für die die EG und der EWR insoweit eine ökonomische und rechtliche Einheit darstellen, noch aus der Sicht des inländischen Kennzeicheninhabers, der das Konzernzeichen im Konzernverbund zur Produktidentifikation gewählt hat und dem andere Möglichkeiten einer Produktinformation zustehen. Das Konzerninteresse an einer Marktabschottung nationaler Inlandsmärkte etwa zur Markterschließung rechtfertigt kennzeichenrechtlich keine andere Beurteilung. Unterschiede im Verständnis eines Konzerns im Rechtssinne innerhalb der Mitgliedstaaten und Vertragsstaaten sind kennzeichenrechtlich nicht erheblich. Nach der Rechtsprechung des EuGH kommt es allein darauf an, ob irgendeine rechtliche und wirtschaftliche Abhängigkeit besteht (EuGH, Rs. 119/75, Slg. 1976, 1039, GRUR Int 1976, 402 – Terranova/Terrapin, Rn 8), die kennzeichenrechtlich eine Zurechnung des Inverkehrbringens des gekennzeichneten Produkts rechtfertigt.

## 4. Inverkehrbringen mit Zustimmung des Kennzeicheninhabers

**20** **a) Grundsatz.** Nach § 24 Abs. 1 steht das Inverkehrbringen des gekennzeichneten Produkts durch den Kennzeicheninhaber selbst dem Inverkehrbringen durch einen Dritten *mit Zustimmung* des Kennzeicheninhabers gleich. Auf das Bestehen einer rechtlichen oder wirtschaftlichen Abhängigkeit zwischen dem Kennzeicheninhaber und dem Dritten, der das Produkt in den Verkehr bringt, kommt es nicht an. Es kann aus unterschiedlichen wirtschaftlichen Gründen für den Kennzeicheninhaber geboten sein, statt selbst das Produkt im Inland, einem Mitgliedstaat oder Vertragsstaat in Verkehr zu bringen, hierzu einen Dritten zu veranlassen, mit dem ihn insoweit vertragliche Beziehungen verbinden. Es wird sich insoweit bei dem Dritten um ein rechtlich selbständiges und wirtschaftlich vom Kennzeicheninhaber unabhängiges Unternehmen handeln, das zu dem Kennzeicheninhaber in einem die Zustimmung begründenden Vertragsverhältnis steht. Folge der Nichtakzessorietät der Marke (s. § 3, Rn 66 ff.) ist es zudem, daß der Markeninhaber keines eigenen Unternehmens bedarf, dessen Produkte er mit der Marke kennzeichnet. Der Markeninhaber kann die Marke zur Unterscheidung von Waren oder Dienstleistungen eines fremden Unternehmens von den Produkten eines anderen Unternehmens benutzen. Vertragsverhältnisse zwischen dem Kennzeicheninhaber und einem rechtlich und wirtschaftlich unabhängigen Dritten, die eine Zustimmung des Kennzeicheninhabers zum Inverkehrbringen des gekennzeichneten Produkts enthalten, sind etwa Vertriebssysteme (s. Rn 22 ff.) und Markenlizenzen (s. Rn 25 f.).

**21** Zustimmung bedeutet ein *einvernehmliches* Inverkehrbringen. Einvernehmen über das Inverkehrbringen zwischen dem Kennzeicheninhaber und dem Dritten wird grundsätzlich nur bei Vorliegen einer *ausdrücklichen* Zustimmung des Kennzeicheninhabers gegeben sein. Keinesfalls wird es ausreichen, wenn der Kennzeicheninhaber nur nicht gegen das Inverkehrbringen des mit seinem Kennzeichen versehenen Produkts durch einen Dritten rechtlich einschreitet. Die alleinige Duldung einer Kennzeichenrechtsverletzung und die bloße Hinnahme des Inverkehrbringens durch einen Dritten kann nicht genügen (s. etwa Art. 32 GPÜ; dazu *Krieger*, GRUR Int 1976, 208, 211). Es ist indessen nicht ausgeschlossen, auch eine *konkludente* Zustimmung des Kennzeicheninhabers als ausreichend zu beurteilen, wenn aus den Umständen auf das Vorliegen einer Zustimmung des Kennzeicheninhabers im Sinne eines einvernehmlichen Inverkehrbringens geschlossen werden kann. Auch wenn die Zustimmung des Kennzeicheninhabers einseitig erklärt werden kann, wird doch eine vertragliche Vereinbarung über das Inverkehrbringen üblich sein.

**22** **b) Vertriebsverträge.** Vermarktungs- und Distributionssysteme enthalten namentlich im internationalen Handels- und Wirtschaftsverkehr vertragliche Vereinbarungen über die Zustimmung eines Kennzeicheninhabers zur Benutzung seines Kennzeichens, sei es zur Produktmarkierung selbst, sei es zum Inverkehrbringen des gekennzeichneten Produkts. Wenn etwa einem inländischen Händler mit *Alleinvertriebsrecht* die ausschließliche Benutzung eines Kennzeichens für das Inland vertraglich eingeräumt wird, dann kann auch er Parallelimporte aus Mitgliedstaaten oder Vertragsstaaten nicht verhindern. Um eine solche Fallkonstellation handelte es sich in der *Maja*-Entscheidung des BGH, die allerdings mit dem nicht mehr anwendbaren Grundsatz der internationalen Erschöpfung des Markenrechts begründet wurde. Ein Alleinimporteur, dem der inländische Markeninhaber und Produkthersteller die ausschließliche Benutzung der Marke im Inland eingeräumt hatte, konnte aufgrund des inländischen Markenrechts den Import unveränderter Originalware, die ein spanisches Unternehmen mit Zustimmung des inländischen Markeninhabers hergestellt und die es als *Seife* mit der Marke *Maja* gekennzeichnet hatte (BGHZ 41, 84 – Maja), verhindern, da der Dritte vertraglich nicht mehr an Rechten erwerben kann, als dem Kennzeicheninhaber selbst zustehen. Zur Begründung des in der Entscheidung gefundenen Ergebnisses bedurfte es nicht des Grundsatzes der internationalen Erschöpfung. Da ein Alleinvertriebsvertrag nur zwischen den Vertragsparteien Rechte und Pflichten begründet, gibt er dem Alleinimporteur auch nicht unter dem Gesichtspunkt der Zugehörigkeit des Alleinvertriebsvertrages zum Unternehmen ein nach § 823 Abs. 1 BGB geschütztes absolutes Recht auf ungestörte Ausnutzung der Vertragsvorteile (OLG Düsseldorf GRUR Int 1965, 204 – Revlon IV; 1965, 194, 195 – VAT 69).

Eine *konzernrechtliche* Fallkonstellation (s. Rn 19) lag der *Cinzano*-Entscheidung des BGH 23
zugrunde (BGHZ 60, 185 – Cinzano). Wenn ein ausländisches Mutterunternehmen seinem
Tochterunternehmen oder auch selbständigen Lizenznehmern in anderen Staaten die Benutzung seiner Marke gestattet, dann kann ein deutsches Tochterunternehmen, für das die
Marke im Inland eingetragen ist, den Import von im Ausland auf den Markt gebrachten
Produkten und deren Vertrieb im Inland nicht untersagen. Zur Begründung dieses Ergebnisses bedarf es innerhalb des EWR nicht des Grundsatzes der internationalen Erschöpfung.
Eine andere Problematik ist, ob und inwieweit dem Markeninhaber die Vertriebskontrolle
über internationale Produktdifferenzierungen kennzeichenrechtlich möglich ist (s. Rn 56 f.).

Wenn die *Marke eines ausländischen Herstellers* mit dessen Zustimmung im Inland für einen 24
zum Alleinvertrieb berechtigten Händler eingetragen wird, dann kann dieser den Import der
von dem Hersteller im Ausland unter dieser Marke in Verkehr gebrachten Originalware
aufgrund seines inländischen Markenrechts nicht verbieten (BGH GRUR 1983, 177, 178 –
AQUA KING. Auch wenn die Marke nicht für den Hersteller selbst, sondern nur für den
Alleinvertreter im Inland eingetragen wird, ist dann nicht anders zu entscheiden, wenn die
für den Alleinvertreter eingetragene Marke materiellrechtlich dem Hersteller zusteht, weil
der Alleinvertreter für den Hersteller vertraglich nur als ein Treuhänder des Markenrechts
fungiert (*Riehle*, Markenrecht und Parallelimport, S. 218); die Nichtakzessorietät der Marke
nach dem MarkenG erlaubt hier weitergehende Vertragsgestaltungen. Eine gegenteilige
Verkehrsauffassung ändert an der materiellrechtlichen Zurechnung des Kennzeichenrechts
nichts (aA *Reimer*, GRUR Int 1972, 221, 223; offengelassen BGH GRUR 1983, 177, 178 –
AQUA KING).

**c) Lizenzverträge.** Lizenzverträge enthalten regelmäßig eine die kennzeichenrechtliche 25
Erschöpfung bewirkende *Zustimmung* des Kennzeicheninhabers. Wenn ein inländischer
Markeninhaber einem ausländischen Lizenznehmer die Produktmarkierung mit seiner im
Inland geschützten Marke erlaubt, dann ist das markierte Lizenzprodukt innerhalb des EWR
mit Zustimmung des Markeninhabers in den Verkehr gebracht, der den Import in das Inland nicht verhindern kann. Die Benutzungshandlungen des Lizenznehmers werden dem
Lizenzgeber zugerechnet (streitig nach der Rechtslage im WZG s. *Krieger*, FS für Ulmer,
S. 3, 26; aA wegen des Territorialitätsprinzips *Troller*, GRUR Int 1960, 244; *Röttger*, MA
1964, 654; *Ballhaus*, Import und Re-Import von Markenware, S. 81 ff.; s. dazu Rn 13).

Das galt nach der *Rechtslage im WZG* auch dann, wenn dem Lizenznehmer vertraglich 26
nur eine Auslandslizenz mit der Einschränkung erteilt worden war, das Produkt weder von
dem Lizenznehmer selbst noch von einem seiner Abnehmer in den inländischen Markt zu
importieren (*Reimer*, GRUR Int 1972, 221, 223); eine solche lizenzvertragliche Vereinbarung stellte keinen markenrechtlich zulässigen Zustimmungsvorbehalt dar. Dem Lizenzgeber
stand gegen den Lizenznehmer nur ein Schadensersatzanspruch aus positiver Vertragsverletzung dann zu, wenn die lizenzvertragliche Vertriebsbeschränkung kartellrechtlich zulässig
war. Nicht anders war in umgekehrten Lizenzverhältnissen zu entscheiden, wenn ein ausländischer Lizenzgeber einem inländischen Lizenznehmer die Produktmarkierung lizenzierte
(s. schon HansOLG Hamburg GRUR 1953, 177 – Le Rouge Baiser). Der inländische Lizenznehmer konnte weder den Import des Lizenzgebers noch eines anderen ausländischen
Lizenznehmers in den inländischen Markt verhindern. Es machte auch keinen Unterschied,
ob die Marke für den inländischen Lizenznehmer im Inland eingetragen und der Lizenznehmer im Inland selbst Hersteller des lizenziert markierten Produkts war (*Riehle*, Markenrecht und Parellelimport, S. 224; aA *Beier*, GRUR Int 1968, 8, 16). Der Markeninhaber
konnte als Lizenznehmer die markenrechtlichen Abwehrrechte seines Lizenzinhabers nicht
dadurch erweitern, daß er dem Lizenznehmer die Eintragung eines Markenrechts im Inland
gestattete. Das abgeleitete Markenrecht gewährte dem Lizenznehmer nicht mehr an Markenschutz als dem ausländischen Markeninhaber als Lizenzgeber zustand (*Hefermehl/Fezer*,
in: Hefermehl/Ipsen/Schluep/Sieben, Nationaler Markenschutz, S. 20, 121). Mit der Anerkennung der *dinglichen Rechtsnatur der Markenlizenz* ist insoweit hinsichtlich der kennzeichenrechtlichen Zustimmungsvorbehalte eine grundlegende Rechtsänderung im MarkenG
eingetreten (s. Rn 28 ff.; § 30, Rn 26 ff.).

Anders war schon nach der Rechtslage im WZG zu entscheiden, wenn ein Dritter ein ei- 27
genes Markenrecht *originär* erwarb und damit die Grundlage für ein einvernehmliches In-

verkehrbringen entfiel. Anders als bei der Beurteilung des Kennzeichenschutzes aus einem originär erworbenen Kennzeichenrecht innerhalb von Konzernverhältnissen (s. Rn 19) kommt hier der Zurechnungsgesichtspunkt der wirtschaftlichen Einheit des Konzerns nicht zum Tragen. Das schließt indessen nicht aus, das Marktverhalten der Inhaber originärer Markenrechte auf das Vorliegen wettbewerbsbeschränkender Absprachen hin zu überprüfen (s. zur privatautonomen Markenaufspaltung Rn 90 ff.). Der Eintritt der Erschöpfungswirkung bei Vorliegen einer Zustimmung des Kennzeicheninhabers berührt die Funktionen des Kennzeichenschutzes aus den gleichen Gründen nicht, wie sie auch für die Beurteilung innerhalb von Konzernverhältnissen gelten. Es obliegt dem Kennzeicheninhaber, in den vertraglichen Vereinbarungen Vorsorge zu treffen und sicherzustellen, daß der Verbraucher in den mit dem Kennzeichen verbundenen Produkterwartungen nicht enttäuscht wird (s. dazu *Mertens de Wilmars*, GRUR Int 1976, 93, 97).

**28**   **d) Kennzeichenrechtliche Zustimmungsvorbehalte.** Das Inverkehrbringen der gekennzeichneten Produkte durch einen Dritten ist dem Markeninhaber deshalb zuzurechnen, weil er der Benutzung einer Marke oder geschäftlichen Bezeichnung durch den Dritten zugestimmt hat. Der Eintritt der Erschöpfungswirkung rechtfertigt sich aufgrund der Zustimmung des Rechtsinhabers. Wenn der Dritte die vertraglichen Vereinbarungen mit dem Kennzeicheninhaber über die Art und Weise des Inverkehrbringens verletzt, dann ist zu bestimmen, welche rechtliche Auswirkung der Vertragsverletzung auf den Eintritt der Erschöpfung zukommt. Es ist zu unterscheiden zwischen *kennzeichenrechtlichen* und rein *schuldrechtlichen* Zustimmungsvorbehalten. Kennzeichenrechtliche Zustimmungsvorbehalte sind solche vertraglichen Vereinbarungen über das Inverkehrbringen der gekennzeichneten Produkte, bei deren Verletzung dem Rechtsinhaber kennzeichenrechtliche Ansprüche zustehen. Folge der Anerkennung einer dinglichen Markenlizenz im MarkenG (s. § 30, Rn 6 ff.) ist es, daß Verstöße gegen lizenzvertragliche Vereinbarungen in den Fällen des § 30 Abs. 2 Nr. 1 bis 5 nicht nur Vertragsverletzungen, sondern auch Markenrechtsverletzungen darstellen, die vom Markeninhaber gegen den Lizenznehmer mit der Markenverletzungsklage verfolgt werden können. Bei einem Verstoß gegen solche kennzeichenrechtlichen Zustimmungsvorbehalte tritt Erschöpfungswirkung mit dem Inverkehrbringen nicht ein. Werden solche Waren von Dritten weitervertrieben, dann stehen dem Markeninhaber unmittelbar die Ansprüche aus einer Kennzeichenrechtsverletzung nach den §§ 14 ff. zu. § 24 findet in den Fallkonstellationen des § 30 Abs. 2 Nr. 1 bis 5 keine Anwendung (s. Begründung zum MarkenG, BT-Drucks. 12/6581 vom 14. Januar 1994, S. 87).

**29**   *Kennzeichenrechtliche Zustimmungsvorbehalte* betreffen nach § 30 Abs. 2 die *Dauer der Lizenz* (Nr. 1), die *Markenform* (Nr. 2), die *Produktart* (Nr. 3), das *Territorium der Markenbenutzung* (Nr. 4) und die *Produktqualität* (Nr. 5). Wenn etwa der Markeninhaber einem ausländischen Lizenznehmer eine für einen Mitgliedstaat oder Vertragsstaat territorial begrenzte Markenlizenz einräumt, dann kann er gegen Direkteinfuhren des Lizenznehmers sein Markenrecht geltend machen, das nicht nach § 24 erschöpft ist (anders noch nach der Rechtslage im WZG wegen der schuldrechtlichen Natur des Lizenzverhältnisses *Baumbach/Hefermehl*, § 15 WZG, Rn 52). Die Zustimmung zum Inverkehrbringen unter den kennzeichenrechtlichen Vorbehalt der Einhaltung lizenzvertraglicher Vereinbarungen zu stellen, ist auch mit dem Warenverkehrsrecht nach den Art. 30, 36 EGV vereinbar, wenn im Falle der Verletzung solcher Lizenzvertragsklauseln das nationale Markenrecht der Mitgliedstaaten kennzeichenrechtliche Ansprüche gewährt (s. schon *Hefermehl/Fezer*, in: Hefemehl/Ipsen/Schluep/Sieben, Nationaler Markenschutz, S. 119 ff.).

**30**   Rein *schuldrechtliche Zustimmungsvorbehalte* hindern den Eintritt der Erschöpfung nicht. Eine vertragliche Vereinbarung über das Inverkehrbringen wirkt nur dann rein schuldrechtlich, wenn das MarkenG bei einem Verstoß gegen eine solche Vertragsklausel dem Kennzeicheninhaber keine Ansprüche aus dem Kennzeichenrecht gewährt und damit den Verstoß nicht kennzeichenrechtlich sanktioniert. Ein Kennzeicheninhaber kann nicht privatautonom den Schutzinhalt der Kennzeichenrechte bestimmen, den das MarkenG innerhalb der Grenzen des Europäischen Unionsrecht (s. dazu 66 ff.) zwingend festlegt. Eine Vertragsverletzung als solche, auch wenn sie die Art und Weise des Produktvertriebs wie etwa die Produktwerbung betrifft, begründet grundsätzlich allein Schadensersatzansprüche aus positiver Vertragsverletzung.

## 5. Privatautonome Markenaufspaltungen

Als Folge einer privatautonomen Markenaufspaltung entstehen grundsätzlich originäre Markenrechte, wenn die Markeninhaber rechtlich und wirtschaftlich vollständig voneinander unabhängig sind. Eine solche Markenaufspaltung kommt innerhalb der EU und des EWR hinsichtlich der verschiedenen Mitgliedstaaten oder Vertragsstaaten als dem jeweiligen Geltungsbereich eines nationalen Kennzeichenrechts in Betracht. Eine *Markenaufspaltung* liegt vor, wenn der Inhaber einer Marke, dem in verschiedenen Mitgliedstaaten oder Vertragsstaaten ein nationales Kennzeichenrecht an der Marke zusteht, eines der nationalen Kennzeichenrechte an einen rechtlich und wirtschaftlich unabhängigen Rechtserwerber überträgt. Seit der *HAG II*-Entscheidung des EuGH sind privatautonome Markenaufspaltungen (EuGH, Rs. C-10/89, Slg. 1990, I-3711, GRUR Int 1990, 960 ff. – HAG II) nach dem Warenverkehrsrecht der Art. 30, 36 EGV als gemeinschaftsrechtlich zulässig zu beurteilen (s. dazu *Fezer*, FS für Gaedertz, S. 153, 177 ff.). 31

Das Gemeinschaftsrecht nimmt die Marktaufteilung als Folge der Markenaufspaltung bei rechtlich und wirtschaftlich vollständig voneinander unabhängigen Markeninhabern grundsätzlich hin (s. dazu und zur Rechtsprechung des EuGH Rn 90 ff.). Mit dem Paradigmenwechsel in der Rechtsprechung des EuGH geht eine Neubewertung des Markenschutzes einher. Der berechtigte Schutz des Markenimages, des Goodwill der Marke und ihres Werbewerts rückt die *Markenverwertung* in den Bereich berechtigter Rechtsinhaberschaft. Statt die Marke selbst zur Kennzeichnung seiner Ware zu verwenden, realisiert der Markeninhaber den vor allem bekannten und durchgesetzten Marken eigenen Werbewert, indem er die Marke veräußert. Bei der internationalen Verwertung der Marke durch den Markeninhaber tritt insoweit die Vermarktung der Marke an die Stelle ihres kennzeichnenden Gebrauchs. Die Legitimität einer internationalen Markenverwertung folgt aus dem Prinzip der freien Übertragbarkeit der Marke. Diese Neuorientierung des Markenschutzes liegt auch dem MarkenG zugrunde. Die privatautonome Markenaufspaltung birgt aber auch die Gefahr, die freie Übertragbarkeit der Marke als ein Instrument zur *Abschottung nationaler Märkte* innerhalb der EU und des EWR einzusetzen. Es bestehen aus verschiedenen Rechtsgründen Schranken mitgliedstaatlicher Marktaufteilungen durch privatautonome Markenaufspaltungen (s. dazu Rn 94 a ff.). 32

## V. Ausnahmen von der kennzeichenrechtlichen Erschöpfung (§ 24 Abs. 2)

### 1. Generalklauselartiger Ausnahmetatbestand

§ 24 Abs. 2 normiert einen *generalklauselartigen Ausnahmetatbestand* zum Grundsatz der kennzeichenrechtlichen Erschöpfung nach Abs. 1 der Vorschrift. Auch wenn eine Fallkonstellation der Erschöpfung nach Abs. 1 gegeben ist, tritt die Erschöpfungswirkung ausnahmsweise dann nicht ein, wenn *berechtigte Gründe* des Kennzeicheninhabers vorliegen, die einer Benutzung der Marke im Zusammenhang mit dem weiteren Vertrieb der Waren entgegenstehen (zur Forderung, Ausnahmetatbestände berechtigter Interessen am Ausschluß der Erschöpfung im Gemeinschaftsrecht anzuerkennen *Hefermehl/Fezer*, in: Hefermehl/Ipsen/Schluep/Sieben, Nationaler Markenschutz, S. 126 ff.). Die Vorschrift zählt eine Fallkonstellation eines berechtigten Grundes als einen Ausnahmetatbestand von der europarechtlichen Erschöpfung der Kennzeichenrechte beispielhaft auf. Der Kennzeicheninhaber kann sich der Markenbenutzung bei dem Weitervertrieb seiner Produkte dann widersetzen, wenn der *Zustand der Waren* nach ihrem Inverkehrbringen *verändert* oder *verschlechtert* ist. Der Gesetzentwurf des MRRG enthielt noch einen zweiten Ausnahmetatbestand vom Grundsatz der Erschöpfung. Nach § 24 Abs. 2 2. HS des Gesetzentwurfs sollte ein berechtigter Grund auch dann vorliegen, wenn die Marke oder die geschäftliche Bezeichnung in einer Weise oder Erscheinungsform benutzt wird, die geeignet ist, die Wertschätzung der Marke oder geschäftlichen Bezeichnung in unlauterer Weise zu beeinträchtigen. Dieser Ausnahmetatbestand wurde im Vermittlungsausschuß aus vorgeblichen Gründen der Sozialpolitik gestrichen. Die Ausnahmeregelung stimme mit wichtigen sozialpolitischen Zielsetzungen der Gesundheitsreform nicht überein. Die Vorschrift habe gravierende Auswirkungen für den Bereich des Reimportes von Fertigarzneimitteln. Die aufgrund der Vorschriften des 33

Arzneimittelgesetzes regelmäßig notwendige Umverpackung dieser Fertigarzneimittel könne künftig unterbunden und damit könnten kostengünstige Reimporte verhindert werden. Die Vorschrift laufe damit der Regelung in § 129 Abs. 1 Nr. 2 SGB V zuwider, die Apotheker unter bestimmten Voraussetzungen zur Abgabe preisgünstiger Importe verpflichtet. Die Kostendämpfung im Gesundheitswesen würde für den Bereich der Arzneimittel in wesentlichen Teilen außer Kraft gesetzt. Mehrausgaben allein für die gesetzliche Krankenversicherung in Höhe von mehreren 100 Millionen Deutsche Mark jährlich würden unvermeidlich. Im übrigen sei zweifelhaft, ob die Vorschrift mit den Art. 30 und 36 EGV vereinbar sei. Die Streichung des berechtigten Grundes der unlauteren Markenbeeinträchtigung aus sozialpolitischen Gründen einer Gesundheitsreform war sachwidrig und von den vorgetragenen arzneimittelrechtlichen Bedenken nicht getragen. Dem Zweifel an einer Vereinbarkeit eines solchen Ausschlußgrundes mit dem Warenverkehrsrecht nach den Art. 30 und 36 EGV ist durch eine richtlinienkonforme Auslegung Rechnung zu tragen. Die Gesetzgebungsgeschichte des MarkenG steht deshalb einer Konkretisierung des generalklauselartigen Ausnahmetatbestandes des § 24 Abs. 2 dahin nicht entgegen, einen entsprechenden *Ausschlußgrund der unlauteren Markenbeeinträchtigung* im Wege der Auslegung anzuerkennen. Diese Rechtsauffassung ist auch aufgrund einer richtlinienkonformen Auslegung des MarkenG geboten. In der Entscheidung *Dior/Evora* (EuGH, Rs. C-337/95, Slg. 1997, I-6013, GRUR Int 1998, 140 – Dior/Evora, Rn 42 f.; s. auch EuGH, Rs C-63/97, WRP 1999, 407 – BMW) hat der EuGH ausdrücklich festgestellt, daß die Verwendung des Begriffes *insbesondere* in Art. 7 Abs. 2 MarkenRL zeige, daß der Fall der Veränderung oder Verschlechterung des Zustands der mit Marke versehenen Waren nur als ein Beispiel dafür genannt werde, welche Gründe als berechtigte Gründe in Frage kämen. Normzweck der Vorschrift sei es, die grundlegenden Belange des Markenschutzes mit denen des freien Warenverkehrs im Gemeinsamen Markt in Einklang zu bringen. Die *Schädigung des Rufes der Marke* könne für einen Markeninhaber grundsätzlich einen berechtigten Grund im Sinne des Art. 7 Abs. 2 MarkenRL darstellen.

**34** Zweck der Generalklausel berechtigter Ausschlußgründe von der Erschöpfung ist es, den Kennzeichenschutz auch nach dem Inverkehrbringen der gekennzeichneten Produkte zu gewährleisten. Die generalklauselartige Formulierung der Ausnahmeklausel des § 24 Abs. 2 erlaubt es, bei Bestimmung der Reichweite des Erschöpfungsgrundsatzes die erforderliche Flexibilität zu wahren und den besonderen Umständen des jeweiligen Einzelfalles hinreichend Rechnung zu tragen. Die Regelung des Abs. 2 verdeutlicht, daß die Erschöpfungswirkung nach dem ersten Inverkehrbringen eines gekennzeichneten Produkts nicht den Verlust des Kennzeichenschutzes bei der Distribution auf dem Markt und in der Produktwerbung bedeutet. Berechtigte Ausschlußgründe der Erschöpfung können sich aus der Gesamtheit der Rechtsordnung ergeben. Vergleichbar werden die Wirtschaftsklauseln des Gemeinschaftspatentübereinkommens verstanden, nach denen die Erschöpfungswirkung des Art. 32 GPÜ dann nicht eintritt, wenn Gründe vorliegen, die es nach den Regeln des Gemeinschaftsrechts gerechtfertigt erscheinen lassen, daß sich das Recht aus dem Gemeinschaftspatent auf solche Handlungen erstreckt (s. dazu *Krieger*, GRUR Int 1976, 208, 212). Aus der Ausnahmeklausel zur Erschöpfung des Rechts aus der Gemeinschaftsmarke nach Art. 13 Abs. 2 GMarkenV ergibt sich nichts anderes, da auch in dieser Vorschrift die berechtigten Gründe eines Ausschlusses der Erschöpfung nicht abschließend geregelt sind (so auch Begründung zum MarkenG, BT-Drucks. 12/6581 vom 14. Januar 1994, S. 81).

**35** Berechtigte Gründe eines Ausschlusses der Erschöpfung können sich aus allgemeinen Rechtsgrundsätzen nach § 242 BGB, wie etwa dem Gebot von Treu und Glauben, dem Verbot einer mißbräuchlichen Rechtsausübung oder den Grundsätzen wie pacta sunt servanda oder venire contra factum proprium ergeben. Die Bestimmung der Reichweite des Erschöpfungsgrundsatzes anhand der Feststellung berechtigter Gründe eines Ausschlusses der Erschöpfungswirkung konkretisiert den Schutzinhalt der Kennzeichenrechte. Diese Inhaltsbestimmung des Kennzeichenschutzes bedarf einer umfassenden Rechtswertung. Um die Schranken des Kennzeichenschutzes zu bestimmen, bedarf es einer Berücksichtigung der Grundsätze eines redlichen und unverfälschten Wettbewerbs sowie der berechtigten Interessen eines Verbraucherschutzes. Eine notwendige Parallelwertung zwischen Immaterialgüterrecht, Warenverkehrsrecht und Wettbewerbsrecht macht zudem erforderlich, auch Wertungskriterien des Wettbewerbsrechts wie etwa die Verbesserung der Produktdistribution nach Art. 85 Abs. 3 EGV innerhalb der gebotenen Güter- und Interessenabwägung zu berücksichtigen. Die folgende Darstellung der berechtigten Gründe als Ausnahmetatbestände vom Erschöpfungsgrundsatz ist nur beispielhaft und steht unter dem Vorbehalt der besonderen Umstände des konkreten Einzelfalles unter Berücksichtigung der gemeinschaftsrechtlichen Wertungen und einer richtlinienkonformen Auslegung.

## 2. Berechtigte Gründe eines Ausschlusses der Erschöpfung

**a) Produktveränderungen. aa) Grundsatz.** Als einen berechtigten Grund des Ausschlusses der Erschöpfung nach Abs. 1 benennt Abs. 2 beispielhaft die *Veränderung* oder *Verschlechterung* des Zustandes der Waren nach ihrem Inverkehrbringen. Produktveränderungen, die einen Eingriff in die Produktidentität darstellen, beeinträchtigen die Aufgabe der Marke, als Unterscheidungszeichen zur Identifizierung von Unternehmensprodukten auf dem Markt zu dienen. Die Marke garantiert den *Originalzustand der Ware* auf allen Vermarktungsstufen (*Hefermehl/Fezer*, in: Hefermehl/Ipsen/Schluep/Sieben, Nationaler Markenschutz, S. 131). Dem Markeninhaber verbleibt nach dem ersten Inverkehrbringen zwar nicht die Kontrolle über den Vertriebsweg seines Produkts, wohl aber die Kontrolle darüber, daß seine Marke allein zur Kennzeichnung des von ihm gleichsam legitimierten Produkts verwendet wird. Der Markeninhaber trägt die Produktverantwortung als Ausdruck der Identifizierungsfunktion der Marke (s. Einl, Rn 38) allein für das Markenprodukt im Originalzustand (auf die Unzumutbarkeit abstellend Begründung zum MarkenG, BT-Drucks. 12/6581 vom 14. Januar 1994, S. 81). Im Falle einer Veränderung oder Verschlechterung des gekennzeichneten Produkts tritt die Erschöpfungswirkung nicht ein und dem Markeninhaber stehen die Ansprüche aus einer Kennzeichenrechtsverletzung nach den §§ 14 ff. zu. Der Tatbestand einer markenrechtsverletzenden Produktveränderung liegt nicht vor, wenn ein Originalprodukt umgebaut, mit einer neuen Marke versehen und bei dem Vertrieb des umgebauten Produkts zur *Information* über das Originalprodukt auf die ursprüngliche Marke hingewiesen wird (zur zulässigen Nennung der Marke *VENUS MULTI* und des Namens des Vertreibers der Originalware im Zusammenhang mit dem Hinweis auf die neue Bezeichnung des umgebauten Geräts *Fruit Point*, wenn ein nicht mehr als Geldspielgerät zugelassener Spielautomat zu einem Punktespielgerät unter Beibehaltung des Spiel- und Gewinnplans umgebaut worden ist (BGH GRUR 1998, 697 – VENUS MULTI; zur Abgrenzung der Aufarbeitung und Reparatur einer Ware s. Rn 48; s. § 23, Rn 55).

Schon nach der *Rechtslage im WZG* wurden Produktveränderungen nach dem Inverkehrbringen der Ware als ein *mittelbares Kennzeichnen* beurteilt und stellten eine Verletzung des Kennzeichnungsrechts des Markeninhabers dar (s. zu den Fallgruppen des mittelbaren Kennzeichnens *Baumbach/Hefermehl*, § 15 WZG, Rn 11 ff.). Nach ständiger Rechtsprechung wurde eine Beeinträchtigung des Zeichenrechts dann angenommen, wenn durch die Veränderung die *Eigenart der Ware* berührt wurde (RGZ 103, 359, 363 – Singer; 161, 29, 37 – Zählerersatzteile; BGHZ 82, 182, 155 – Öffnungshinweis; BGH GRUR 1988, 213, 214 – Griffband; BGHZ 111, 182, 184 – Herstellerkennzeichen auf Unfallwagen). Auch nach der *Rechtslage im MarkenG* stellen Produktveränderungen des Originalzustands nach dem Inverkehrbringen ein mittelbares Anbringen des Zeichens auf der Ware, ihrer Aufmachung oder Verpackung und damit eine Markenrechtsverletzung im Sinne des § 14 Abs. 3 Nr. 1 dar. Das Verbot einer mittelbaren Produktkennzeichnung wird durch den Ausschlußgrund einer Erschöpfung des Markenrechts nach § 24 Abs. 2 bestätigt (zu diesem Zusammenhang auch BGHZ 131, 308 – Gefärbte Jeans). Eine Markenrechtsverletzung und damit der Ausschlußgrund der Erschöpfungswirkung liegt aber nicht bei einer solchen Produktveränderung vor, die im Sinne der Rechtslage nach dem WZG als ein mittelbares Kennzeichen beurteilt werden kann. Die Reduktion des Zeichenschutzes im WZG auf die Herkunftsfunktion verlangte nach einer Begründung der Produktveränderung als einer Zeichenverletzung aus dem Kennzeichnungsrecht des Markeninhabers im Sinne des § 15 Abs. 1 WZG. Auch nach der Rechtslage im MarkenG stellen Produktveränderungen in der Regel ein mittelbares Kennzeichnen und damit eine Markenrechtsverletzung im Sinne des § 14 Abs. 3 Nr. 1 dar. Die Verstärkung des Schutzes der Identifizierungsfunktion der Marke im MarkenG und damit der Markenschutz der ökonomischen Funktionen eines Kennzeichens (s. Einl, Rn 35) haben aber zur Folge, daß sich eine Veränderung oder Verschlechterung des Zustands einer gekennzeichneten Ware nach ihrem Inverkehrbringen als ein *Eingriff in die Produktidentität* und damit als eine *eigenständige Markenrechtsverletzung* darstellt, unabhängig davon, ob die Produktveränderung als ein mittelbares Kennzeichnen zu beurteilen ist (zust. OLG Zweibrücken WRP 1999, 364, 366 – Getränkeflasche; s. auch Rn 40, 50ff.). Der rechtsverletzende Eingriff in die Produktidentität hindert den Eintritt der Erschöpfungswirkung nach § 24 Abs. 2. Trotz dieser in der Tendenz weitergehenden Begründung einer Produktveränderung als Markenrechtsverletzung kann auf die in ständiger Rechtsprechung entwickelten Fallkonstellationen eines mittelbaren Kennzeichnens als Ausschlußgründe der Erschöpfung zurückgegriffen werden (so wohl auch BGHZ 131, 308 – Gefärbte Jeans; s. Rn 41 ff.).

**38** **bb) Verändern und Verschlechtern des Warenzustandes.** Eine *Veränderung* oder *Verschlechterung* einer Ware ist dann gegeben, wenn ein *Eingriff in die Produktidentität* vorliegt. Die Produktidentität bestimmt allein der Markeninhaber. Die Marke als Produktname identifiziert die Ware in ihrem vom Markeninhaber legitimierten Originalzustand. Die Marke kommuniziert dem Verbraucher die Produkteigenschaften. Der Markeninhaber verantwortet nicht das veränderte Produkt als von ihm legitimiert. Im Fall eines nicht legitimierten Eingriffs in die Produktidentität wird der Verbraucher über die Identität und Echtheit des Produkts getäuscht. Eine die Erschöpfungswirkung ausschließende Markenrechtsverletzung liegt unabhängig davon vor, ob der Eingriff in das Produkt sich auf dessen Beschaffenheit auswirken und zur Veränderung von Wareneigenschaften führen kann. Es kommt nicht auf eine Qualitätsveränderung als Folge des Eingriffs in die Produktidentität an. Selbst qualitätsverbessernde Produktveränderungen verletzen das Markenrecht (aA *Fricke*, WRP 1977, 217, 224). Es ist nicht die Sache eines Dritten, das Produkt veränderten Marktbedingungen, anderen Nachfragegewohnheiten, unterschiedlichen Verbrauchererwartungen oder nationalen Rechtsvorschriften in verschiedenen Mitgliedstaaten oder Vertragsstaaten anzupassen. Es ist Sache des Markeninhabers, die Eigenart und das äußere Erscheinungsbild der Markenware zu prägen. Er bestimmt den Originalzustand, wenn er oder ein Dritter mit seiner Zustimmung die Ware in den Verkehr bringt. Der Markeninhaber kann sich gegen jeden Eingriff, der den Originalzustand seines Produkts verändert oder verschlechtert, zur Wehr setzen. Die Markenware ist in ihrer Gesamterscheinung vor Eingriffen Dritter in die Produktidentität geschützt. Unschädlich sind nur solche Einwirkungen auf das Produkt, die nach der Auffassung des Verkehrs als unwesentlich gelten können oder *übliche Begleiterscheinungen* des normalen geschäftlichen Verkehrs darstellen.

**39** Fallkonstellationen einer Produktveränderung stellen die Entscheidungen zum *Überarbeiten* von *Rolex*-Uhren dar; die Uhren wurden teils mit zusätzlichen Brillanten versehen, teils wurden andere Zifferblätter oder Lünetten aufgesetzt (OLG Stuttgart WRP 1995, 248 – Rolex; BayOLG WRP 1995, 222 – Rolex-Ausstattungsschutz; OLG Karlsruhe GRUR 1995, 417 – Rolex-Uhren). Produktveränderungen für den *Eigenbedarf* des Abnehmers sind markenrechtlich irrelevant, wenn die Ware *nicht zur Weiterveräußerung im geschäftlichen Verkehr bestimmt* ist (BGH GRUR 1998, 696 – Rolex-Uhr mit Diamanten). Produktveränderungen stellen auch das *Abwickeln des Griffbandes eines Tennisschlägers* (BGH GRUR 1988, 213 – Griffband) oder das *Entfernen von Kontrollnummern* (BGH GRUR 1988, 823 – Kontrollnummern I) dar. Wird bei dem vom Hersteller von Kühlerfiguren bezogenen Originalprodukt (Mercedes-Stern) der aus der Motorhaube herausragende Teil (Stern) von seiner Halterung gelöst und mittels eines Bajonettverschlusses abnehmbar gestaltet, liegt hierin ein grundlegender Eingriff in das Konstruktionsprinzip der Originalkühlerfigur, deren Oberteil zwar nach allen Seiten in der Halterung versenkt, mit dieser aber fest verbunden ist; der Hersteller der Originalware ist daher nicht gehindert, dem Vertrieb derart durch Dritte veränderter Produkte unter Berufung auf ihm zustehende Markenrechte zu begegnen (OLG Köln GRUR 1998, 54 – Mercedes-Stern). Der markenrechtliche Erschöpfungseinwand greift in einer solchen Fallkonstellation nicht ein.

**40** **cc) Produkt und Verpackung als kennzeichenrechtliche Einheit.** Das Produkt und seine Aufmachung oder Verpackung bilden regelmäßig eine kennzeichenrechtlich geschützte Einheit (*Hefermehl/Fezer*, in: Hefermehl/Ipsen/Schluep/Sieben, Nationaler Markenschutz, S. 133; *Fezer*, GRUR 1978, 604, 605; zust. *Stuckel*, Die Integrität von Marke, Ware und Verpackung, 1991, S. 131; *Beier*, FS für Vieregge, S. 43, 48; enger *Sack*, GRUR

1997, 1, 5). Das Produkt ist in seinem Originalzustand insgesamt vor Dritteinwirkungen kennzeichenrechtlich geschützt (zu Eingriffen in die Produktverpackung s. Rn 50 ff.). Der Markeninhaber kann grundsätzlich Dritten auch verbieten, die Verpackung der Ware im Aussehen zu verändern oder die Ware in anderen Packungsgrößen oder Arten von Behältnissen umzupacken oder umzufüllen oder erneut mit der Marke des Markeninhabers zu versehen (zu den gemeinschaftsrechtlichen Grenzen des Umpackens s. Rn 77 ff.). Auch in der EG und im EWR gilt der Grundsatz: Ein Produkt ist warenverkehrsfrei nur so wie es ist.

**dd) Änderung der Eigenart der Ware.** Der in der Rechtspraxis häufigste Eingriff in die Produktidentität stellt die Veränderung der Eigenart der Ware dar. Nach ständiger Rechtsprechung liegt eine Markenrechtsverletzung dann vor, wenn die Produktveränderung die *Eigenart der Ware* berührt (RGZ 103, 359, 363 – Singer; RGZ 161, 29, 37 – Zählerersatzteile; BGHZ 82, 152, 155 – Öffnungshinweis; BGH GRUR 1988, 213, 214 – Griffband; BGHZ 111, 182, 184 – Herstellerkennzeichen auf Unfallwagen; 131, 308 – Gefärbte Jeans). Das gilt nur bei Produktveränderungen an einer zur Weiterveräußerung im geschäftlichen Verkehr bestimmten Ware, nicht auch für Veränderungen einer Markenware, die der Abnehmer der Ware für den *Eigenbedarf* vornimmt oder vornehmen läßt (BGH, GRUR 1998, 696 – Rolex-Uhr mit Diamanten). Der Begriff der Eigenart der Ware bezieht sich auf die *charakteristischen Sacheigenschaften* der Ware (BGHZ 111, 182, 184 – Herstellerkennzeichen auf Unfallwagen; 131, 308 – Gefärbte Jeans). Die Eigenart eines Produkts ist dessen ökonomischer Originalzustand bzw der Zustand der wirtschaftlichen Beschaffenheit (RGZ 161, 29, 39 – Zählerersatzteile) oder der gleichbleibenden Beschaffenheit der Ware (BGHZ 41, 84, 94 – Maja), den der Markeninhaber bestimmt und den der Verbraucher erwartet. Das *Aufarbeiten*, die *Reparatur* und das *Hinzufügen oder Wegnehmen von Produktteilen* stellen dann eine die Erschöpfungswirkung ausschließende Markenrechtsverletzung dar, wenn sie als ein *mittelbares Kennzeichen* oder allgemein als ein identitätsverändernder Produkteingriff zu bewerten sind.

Auch die Ausstattung eines Produkts mit weiteren Produktteilen stellt grundsätzlich eine Veränderung der Eigenart der Ware dar. Als Eingriff in die Eigenart der Ware wurde die nachträgliche Ausstattung einer hochwertigen Markenuhr mit einer Brillant-Lünette und einem mit Brillanten besetzten Zifferblatt beurteilt; eine nach der Ausstattung erfolgende Weiterveräußerung der Uhr stellt eine Benutzung der Marke dar, die der Zustimmung des Markeninhabers bedarf (OLG Karlsruhe GRUR 1995, 417, 418 – Rolex-Uhren). Die an der Uhr vorgenommenen Produktveränderungen verhindern den Eintritt der Erschöpfung nach § 24 Abs. 2. Eine Markenrechtsverletzung liegt nicht nur dann vor, wenn die Ware im Zuge der Veränderung erneut mit der ursprünglichen Marke versehen wird (so die Sachverhalte von RGZ 103, 359, 363 – Singer; BGH GRUR 1984, 530, 531 f. – Valium Roche), sondern auch dann, wenn die Marke nach der Produktveränderung auf der Ware belassen wird (so die Sachverhalte in RGZ 100, 22 – Meißner Porzellan; 161, 29, 38 f. – Zählerersatzteile; BGH GRUR 1952, 521 – Minimax; 1988, 213, 214 – Griffband; OLG München WRP 1993, 47, 48 – Aufgearbeitete Kupplung; HansOLG Hamburg WRP 1994, 122 – Jeansüberfärbungen).

Wenn die Produktveränderung einen Eingriff in die Eigenart der Ware darstellt, dann liegt immer ein berechtigter Grund im Sinne des § 24 Abs. 2 vor, der den Eintritt der Erschöpfungswirkung hindert. Es fragt sich allerdings, ob eine Produktveränderung im Sinne des § 24 Abs. 2 einen Eingriff in die Eigenart der Ware voraussetzt. Die mit dem MarkenG verbundene Verstärkung des Markenschutzes spricht eher dafür, jede Produktveränderung unabhängig vom Vorliegen eines Eingriffs in die Eigenart der Ware als einen berechtigten Grund im Sinne des Abs. 2 zu verstehen. Die Rechtsprechung zu einem produktverändernden Eingriff in die Eigenart der Ware beruht wegen des ausschließlichen Schutzes der Herkunftsfunktion nach der Rechtslage im WZG auf der Notwendigkeit, diese Art der Rechtsverletzung als ein mittelbares Kennzeichen zu erfassen. Ein Verändern als Eingriff in die Produkteigenschaften im Sinne des § 24 Abs. 2 liegt aber nicht nur dann vor, wenn ein auf die Herkunftsidentität des Produkts bezogenes mittelbares Kennzeichen gegeben ist, sondern auch bei einer auf die Produktidentität bezogenen Produktveränderung. Anzuerkennen ist allein eine *Bagatellklausel*, nach der *unwesentliche* und *verkehrsübliche Einwirkungen* auf das Produkt markenrechtlich nicht erheblich sind.

**44** Die Erschöpfungswirkung ausschließende *Eingriffe in die Produktidentität* stellen dar: das Bemalen eines von einer Porzellanfabrik bezogenen und mit einer Marke versehenen Porzellans (RGZ 100, 22, 24 – Meißner Porzellan); das Neulackieren einer gebrauchten originalen *Singer*-Nähmaschine mit der Erneuerung der Marke *Singer* (RGZ 103, 359 – Singer); das Aufarbeiten eines mit einer fremden Marke gekennzeichneten Elektrizitätszählers unter Verwendung eigener Ersatzteile (RGZ 161, 29, 41 – Zählerersatzteile); das Aufarbeiten einer Setzmaschine unter Belassung ihrer Marke (RG GRUR 1926, 285 – Linotype); der Aufbau eines durch einen Unfall so schwer beschädigten Kraftfahrzeuges, daß eine Reparatur nur unter Austausch der die Fahrgastzelle bestimmenden Teile erfolgen kann, wenn die Fertigung nicht im Auftrag eines Kunden für diesen oder für den Eigenbedarf des Reparaturunternehmens, sondern zur Veräußerung im geschäftlichen Verkehr erfolgt (BGH GRUR 1990, 678, 679 – Herstellerkennzeichen auf Unfallwagen); die nachträgliche Bleichung einer zuvor als stonewashed in den Verkehr gebrachten Markenjeans (OLG Köln GRUR 1991, 51, 53 – Nachträgliche Jeans-Bleichung); die Aufarbeitung von mit der ursprünglichen Marke versehen gebrauchten Kupplungen, wobei die aufgearbeiteten Kupplungen teilweise mit dem Hinweis remanufactured versehen wurden (OLG München WRP 1973, 77, 78 – Aufgearbeitete Kupplung); das Einfärben von Jeans mit ausgewählten Farben qualitativ hochwertiger Farbstoffe, sogenannter reaktiver Farben, deren Moleküle beim Färbevorgang eine unmittelbare Verbindung mit den Molekülen des Baumwollstoffs eingehen und dadurch eine hohe Farbfestigkeit bewirken, wenn zudem mit der Verwendung greller Farben an Stelle gedämpfter Originalfarben andersartige, nämlich den Geschmack junger Leute treffende Jeans, welche gezielt grell umgefärbte „Levi's 501"-Jeans suchen, geschaffen werden (BGHZ 131, 308 – Gefärbte Jeans), wobei der BGH ausdrücklich offengelassen hat, ob jegliches Umfärben von modischen Textilien in die Eigenart der Ware schon deshalb eingreife, weil die Farbe ein die modische Eigenart des Kleidungsstücks bestimmendes Element sei (s. dazu *Löwenheim*, FS für Vieregge, S. 569 ff.; s. zur Färbung von Jeans auch die instanzgerichtlichen Entscheidungen OLG Stuttgart WRP 1983, 523; OLG Köln GRUR 1991, 51; LG Frankfurt Urteil vom 10. März 1993, 2/6 O 359/92; OLG Stuttgart Urteil vom 3. September 1993, 2 U 291/92; LG Hamburg WRP 1993, 716; HansOLG Hamburg WRP 1994, 122; KG Urteil vom 29. September 1994, 5 U 5642/93).

**45** Nach der Rechtsprechung liegt eine Veränderung der Eigenart der Ware und damit eine Markenrechtsverletzung dann nicht vor, wenn der Eingriff die wirtschaftliche Beschaffenheit der Ware so wenig berührt, daß von einer Verletzung des Kennzeichenrechts nicht gesprochen werden könne (BGH GRUR 1952, 521 – Minimax). Dies soll erst recht dann gelten, wenn der Eingriff objektiv keine Beeinträchtigung der Ware mit sich bringt (BGH GRUR 1988, 213, 214 – Griffband). Das Abwickeln und Wiederaufwickeln von Griffbändern bei Tennisschlägern bilde nur dann eine qualitative Beeinträchtigung der Tennisschläger und zwar der Haftfähigkeit des Griffbandes und stelle damit eine Beeinträchtigung der Garantiefunktion der Marke dar, wenn der Eingriff die Qualität der Ware beeinflusse und äußerlich erkennbar sei (BGH GRUR 1988, 213, 214 – Griffband). Auf die äußerliche Erkennbarkeit des Eingriffs sowie auf die Beeinflussung der Produktqualität abzustellen, ist bedenklich, da die Identifizierungsfunktion der Marke die Produktidentität nach der autonomen Entscheidung des Markeninhabers bestimmt. Das Kriterium einer Veränderung der Eigenart der Ware darf nicht qualitativ verstanden werden. Jeder Eingriff in die Produktidentität verletzt das Markenrecht, es sei denn, es handele sich um eine sowohl aus der Sicht des Markeninhabers als auch aus der Sicht des Verbrauchers unwesentliche Produktveränderung.

**46** Für den Kennzeicheninhaber ist die Verwendung seines Kennzeichens nicht nur dann unzumutbar, wenn das Produkt wegen einer Veränderung oder Verschlechterung nicht mehr als sein Produkt im Originalzustand zu beurteilen ist, sondern auch dann, wenn die von einem Dritten benutzte Marke oder geschäftliche Bezeichnung nicht mehr als *sein Kennzeichen* zu verstehen ist (s. Begründung zum MarkenG, BT-Drucks. 12/6581 vom 14. Januar 1994, S. 81). Die Ausführungen des EuGH in der *HAG II*-Entscheidung (EuGH, Rs. C-10/89, Slg. 1990, I-3711, GRUR Int 1990, 960 ff. – HAG II) zur Präzisierung des spezifischen Gegenstands des Markenrechts formulieren diesen Gedanken und können als Produktverantwortung des Markeninhabers (s. dazu *Fezer*, FS für Gaedertz, S. 153, 159 ff.; Einl, Rn 38) verstanden werden. Damit die Marke ihre Aufgabe erfüllen könne, müsse sie die Gewähr bieten, daß alle Erzeugnisse, die mit ihr versehen seien, unter der Kontrolle eines einzigen Unternehmens hergestellt worden seien, das für ihre Qualität verantwortlich gemacht werden könne. Eine unlautere Markenbeeinträchtigung oder Rufausbeutung liegt nach der Gesetzesbegründung (Begründung zum MarkenG, BT-Drucks. 12/6581 vom 14. Januar 1994, S. 81) etwa dann vor, wenn eine Marke verstümmelt oder sonst im Erscheinungsbild so gegenüber der üblichen Darstellungsweise verändert wird, daß dem Markeninhaber die Benutzung der Marke für seine Produkte nicht mehr zumutbar ist. Auf eine Bekanntheit des Kennzeichens im Sinne der §§ 14 Abs. 2 Nr. 3, 15 Abs. 3 kommt es für diese Rechtfertigung des Erschöpfungsausschlusses nicht an, auch wenn es sich in der Regel um bekannte Kennzeichen handeln wird.

Das Auffrischen einer Marke als solches auf einer Markenware stellt regelmäßig keine Kennzeichenrechtsverletzung dar (aA RG MuW 1924, 17). Das Angebot eines gebrauchten, aber unveränderten Originalprodukts als neu stellt zwar keine Markenrechtsverletzung, aber einen Wettbewerbsverstoß nach § 1 UWG und einen Betrug nach § 263 StGB dar. **47**

**ee) Aufarbeitung und Reparatur der Ware** Die Reparatur eines markierten Produkts ist grundsätzlich zulässig. Das gilt nicht nur bei Reparaturen zum privaten Gebrauch, sondern auch dann, wenn das reparierte Produkt als ein Gebrauchtprodukt auf dem Markt angeboten wird. Das gilt nicht, wenn das reparierte Produkt als fabrikneu aufgearbeitet und angeboten wird (RGZ 103, 359, 363 – Singer; 161, 29, 37 – Zählerersatzteile; RG GRUR 1926, 285 – Linotype). Die Reparatur eines Produkts stellt immer dann einen kennzeichenrechtsverletzenden Eingriff in die Produktidentität dar, wenn es nach der Reparatur an der gewissen substantiellen Identität des bearbeiteten mit dem ursprünglichen Erzeugnis fehlt (BGH GRUR 1990, 678, 679 – Herstellerkennzeichen auf Unfallwagen). Die Marke kennzeichnet ein Produkt nicht nur als Gattungsware schlechthin, sondern auch als ein der Produktverantwortung des Markeninhabers zugeordnetes konkretes Produkt. Der Aufbau eines durch einen Unfall schwer beschädigten Kraftfahrzeugs durch Austausch zentraler Teile des Fahrzeugkörpers stellt einen wesentlichen Eingriff in die Eigenart des ursprünglichen, vom Hersteller mit seiner Marke gekennzeichneten Kraftfahrzeugs dar, wenn die Fertigung nicht im Auftrag eines Kunden für diesen oder für den Eigenbedarf des Reparaturunternehmens, sondern zur Veräußerung im geschäftlichen Verkehr erfolgt (BGH GRUR 1990, 678, 679 – Herstellerkennzeichen auf Unfallwagen). Die Aufarbeitung von originalen Kfz-Altkupplungen durch deren Zerlegen und Zusammenstellen zu Kupplungs-Kits (Bausätze für Kfz-Kupplungen) unter Belassen der fremden Marke an der veränderten Ware stellt eine Markenrechtsverletzung dar, weil der Verkehr davon ausgehe, daß der mit der fremden Marke versehene Bausatz aus dem Betrieb des Markeninhabers stamme (OLG München WRP 1993, 47 – Aufgearbeitete Kupplung; s. auch HansOLG Hamburg GRUR 1997, 855). Von der Aufarbeitung und Reparatur einer Originalware ist die *Herstellung eines neuen Originalprodukts* zu unterscheiden. Wer einen nicht mehr als Geldspielgerät zugelassenen Spielautomaten zu einem Punktespielgerät unter Beibehaltung des Spiel- und Gewinnplans umbaue, dürfe unter Nennung der Marke *VENUS MULTI* und des Namens des Vertreibers der Originalware wegen des *informativen* Charakters der Markenbenutzung auf sich und die neue Bezeichnung des Geräts *Fruit Point* hinweisen (BGH WRP 1998, 763 – VENUS MULTI; s. § 23, Rn 55). **48**

**ff) Verwenden von markierten Originalbehältern.** Die Verwendung von markierten Behältnissen ohne Zustimmung des Markeninhabers für solche Produkte, die von einem Dritten oder vom Markeninhaber, sei es auch mit dessen Marke gekennzeichnet, stammen, stellt eine Markenrechtsverletzung dar. Das Inverkehrbringen eines markierten Behältnisses macht das Produkt als solches nicht verkehrsfrei. Etwas anderes gilt, wenn der Markeninhaber das markierte Behältnis gerade zum Zwecke des Nachfüllens mit seinem Originalprodukt in den Verkehr bringt, da insoweit gerade eine Zustimmung des Markeninhabers vorliegt. Sowohl das *Umfüllen* oder *Umpacken* des Produkts (BGH GRUR 1984, 530, 531 f. – Valium Roche; zum Eingriff in die Verpackung s. Rn 50 ff.), als auch das *Nachfüllen* in einen mit der Marke gekennzeichneten Originalbehälter (BGH GRUR 1952, 521, 522 – Minimax; zum Einfüllen einer Flüssigkeit in eine Flasche s. RGZ 124, 273, 276 – Stellin; BGH GRUR 1957, 84, 86 – Einbrandflaschen; s. schon RGSt 43, 87 – Maggi) stellt eine Markenrechtsverletzung dar, wie etwa das Nachfüllen von markierten *Feuerlöschern* (BGH GRUR 1952, 521 – Minimax), das Nachfüllen eines markierten *Papierhandtuchspenders* **49**

(BGH GRUR 1987, 438, 439 – Handtuchspender) und das Nachfüllen in die als dreidimensionale Marke geschützte Getränkeflasche *Brunneneinheitsflasche* eines bundesweiten Mehrwegsystems, bestehend aus Brunneneinheitsflaschen und einheitlichen Kunststoffkästen, eines Zusammenschlusses deutscher Mineralwasserbrunnen durch einen an dem System nicht Beteiligten (OLG Zweibrücken WRP 1999, 364 – Getränkeflasche). Die Verwendung markierter Originalbehältnisse ohne Zustimmung des Markeninhabers ist zudem als ein Unterschieben eines anderen als des verlangten Produkts der Marke oder der Leistung nach § 1 UWG wettbewerbswidrig (*Baumbach/Hefermehl*, Wettbewerbsrecht, § 1 UWG, Rn 23). Keine Kennzeichenrechtsverletzung liegt vor, wenn das Produkt in ein markiertes Originalbehältnis abgefüllt wird, das der Verbraucher erworben hat und dessen er sich bei dem erneuten Produkterwerb zu privaten Zwecken bedient (zum früheren Streitstand zu dem Rechtssatz, es werde nicht in die Flasche, sondern in der Flasche verkauft s. *Baumbach/Hefermehl*, § 15 WZG, Rn 13).

50 **gg) Eingriffe in die Produktverpackung.** Auszugehen ist von dem Grundsatz, daß Produkt und Verpackung eine kennzeichenrechtliche Einheit bilden (s. Rn 40). Der Markenschutz bezieht sich auf Ware und Verpackung als Einheit. Es ist ausschließlich Sache des Markeninhabers, den Originalzustand seines Produkts zu prägen. Das Markenrecht schützt die produktbezogenen Vermarktungsbedingungen auf dem Weg des Produkts zum Verbraucher. Die Abwehr von Einwirkungen Dritter auf den Zustand des Produkts dient nicht zuletzt auch dem Interesse der Verbraucher und ist zum Schutz eines redlichen und leistungsgerechten Wettbewerbs geboten. Der Markeninhaber kann einem Dritten grundsätzlich jede Veränderung der Verpackung oder Umhüllung seines Produkts, die einen Eingriff in das ausschließliche Kennzeichnungsrecht des Markeninhabers darstellt, untersagen.

51 Als ein Verstoß gegen das Kennzeichnungsrecht des Markeninhabers wurde beurteilt, wenn ein Wiederverkäufer die der Originalpackung entnommene Markenware (Wasserleitungsarmaturen) neu verpackt und die neue Verpackung ohne Erlaubnis des Markeninhabers wieder mit dessen Marke versieht (BGH GRUR 1984, 352 – Ceramix). Nicht anders ist zu entscheiden, wenn die Ware der Originalverpackung, die aus einem inneren Behältnis und einer äußeren Umhüllung besteht, entnommen, umgepackt und auf der neuen Verpackung vom Erwerber ohne Zustimmung des Markeninhabers wieder mit der Marke versehen wird (BGH GRUR 1984, 530 – Valium Roche). Auch nach der Rechtsprechung des EuGH zum Grundsatz des freien Warenverkehrs nach den Art. 30, 36 EGV stellt das Umpacken einer gekennzeichneten Ware grundsätzlich eine Markenrechtsverletzung dar (EuGH, Rs. 102/77, Slg. 1978, 1139, 1165 – Hoffmann-La Roche, GRUR 1978, 599 mit Anm. *Fezer*). Der Markeninhaber muß auch nicht dulden, daß ein Dritter in seine mit der Marke gekennzeichneten Originalpackungen von Arzneimitteln weitere Originalware zupackt, um die Packungsgröße aufzustocken; ein solches Aufstocken stellt keinen unwesentlichen Eingriff in die äußere Verpackung der Ware dar, die der Markeninhaber hinnehmen müßte (OLG Köln GRUR 1991, 52, 53 – Bayotensin). Eine wesentliche Veränderung der Originalware stellt auch das Hinzufügen weiterer loser Blisterstreifen und die Verwendung eines neuen Umkartons dar (HansOLG Hamburg PharmaR 1991, 344 – Kerlone; OLG Köln PharmaR 1991, 344 – Mexitil). Wenn ein Dritter ohne Zustimmung des Markeninhabers die Originalpackung eines Arzneimittels mit einer eigenen Außenpackung dergestalt umhüllt, daß durch einen Ausschnitt der Außenpackung nur die Marke der innenliegenden Originalpackung erkennbar ist, stellt dies eine Markenrechtsverletzung dar, ohne daß es auf eine Veränderung der innenliegenden Originalpackung oder der eigentlichen Ware ankommt (OLG Köln GRUR 1992, 398 – Sermion).

52 In der Rechtsprechung des BGH wurden ausnahmsweise solche Eingriffe in die Produktverpackung als zulässig angesehen, die nach der Auffassung des Verkehrs als *unwesentlich* gelten können oder übliche Begleiterscheinungen des normalen geschäftlichen Verkehrs darstellen. In Anwendung dieser Ausnahmeregel konnte ein inländischer Hersteller eines Arzneimittels weder markenrechtlich noch wettbewerbsrechtlich verlangen, daß ein Importeur, der ein vom Hersteller zuvor exportiertes Arzneimittel reimportiert und dabei zur Erfüllung arzneimittelrechtlicher Pflichten die äußere Verpackung des Arzneimittels öffnet, einen Aufkleber auf dem verschlossenen inneren Behältnis anbringt, einen eigenen rückübersetzten Beipackzettel einlegt, die äußere Verpackung wieder verschließt und auf der äußeren Verpackung einen Hinweis auf diese Vorgänge anbringt (BGH GRUR 1982, 115 – Öff-

nungshinweis). Die Rechtsprechung des EuGH zum Umpacken von importierten Arzneimitteln in andere Verpackungsgrößen hat aus Gründen der Warenverkehrsfreiheit und zur Verhinderung von künstlichen Marktabschottungen in der EG teils zu einer differenzierenden Beurteilung von Umpackungsvorgängen geführt (s. die Darstellung der Rechtsprechung Rn 77 ff.; s. dort auch zum *Entfernen von Identifikationsnummern* sowie zum Hinzufügen von *Zusätzen* auf dem Etikett der Ware). Es ist zwar nicht geboten, diese Rechtsprechung, die auf den *Besonderheiten des Parallelimports und Reimports von Arzneimittelprodukten* in der EG und im EWR und damit auf den zwischenstaatlichen, grenzüberschreitenden Warenverkehr zurückzuführen ist, zur Bestimmung der Reichweite der Erschöpfung nach § 24 und damit auf den Warenverkehr innerhalb eines Mitgliedstaates als dem Geltungsbereich des MarkenG zu übertragen. In seiner jüngsten Rechtsprechung zum Umpacken von parallel importierten Arzneimitteln überträgt der BGH aber in einer richtlinienkonformen Auslegung des § 24 die vom EuGH aufgestellten fünf Voraussetzungen, bei deren kumulativem Vorliegen das Umpacken der Arzneimittel zulässig ist und die Erschöpfungswirkung nicht eintritt (BGH GRUR 1997, 629 – Sermion II), auf das MarkenG. Das ist zumindest für Fallkonstellationen des grenzüberschreitenden Warenverkehrs geboten. In der *Serminon II*-Entscheidung wurde der Eintritt der Erschöpfungswirkung abgelehnt, da auf den parallel importierten Arzneimittelpackungen ein Herstellerhinweis auf die Tochtergesellschaft des Markeninhabers fehlte. Die aus Spanien parallel importierten Arzneimittel waren zu anderen Packungsgrößen ergänzt und mit Blisterstreifen versehen worden. Als nicht nur zulässig, sondern als geboten beurteilt wurde das Versehen des parallel importierten Arzneimittels mit dem Zusatz *Forte*, um eine Verwirrung der Abnehmer zu vermeiden, da der Markeninhaber in Deutschland das Fertigarzneimittel als *Sermion Forte* und *Sermion* mit verschiedenen Wirkstoffen vertreibt. Keine Markenrechtsverletzung soll die *Bündelung von Originalpackungen* von Arzneimitteln darstellen. Die von einem Parallelimporteur vorgenommene Zusammenfassung von zwei Originalpackungen eines Arzneimittels zu einer Verkaufseinheit soll das Kennzeichnungsrecht des Markeninhabers nicht tangieren und ihm kein Recht geben, sich dem Weitervertrieb zu widersetzen, wenn die Bündelung durch eine durchsichtige, mit einem unauffälligen Zusatzhinweis versehene Banderole erfolgt und die Einzelpackungen den in der Entscheidung *Öffnungshinweis* aufgestellten Voraussetzungen entspricht (OLG Frankfurt WRP 1998, 634 – Adalat). Ein das Kennzeichnungsrecht tangierendes Umpacken sei nur dann anzunehmen, wenn für den Verkehr aufgrund der vorgenommenen Veränderungen an der Originalpackung die durch die Marke übernommene Gewähr des Herstellers für die Herkunft und Unversehrtheit der Ware nicht mehr gegeben sei. Der Markeninhaber kann sich dem weiteren Vertrieb einer umgepackten Ware immer dann widersetzen, wenn die aus zwei Originalpackungen gebildete Bündelpackung zwar weder schadhaft noch von schlechter Qualität ist, aber nach ihrem äußerlichen und inneren Gesamterscheinungsbild einen unordentlichen Eindruck in dem Sinne macht, daß die umgepackte Ware geeignet ist, den *guten Ruf der Marke* zu schädigen (OLG Frankfurt WRP 1998, 629 – Duspatal)

Ein Eingriff in die Produktverpackung stellt auch dann eine Kennzeichenrechtsverletzung dar, wenn das Produkt dabei nicht beeinträchtigt wird und wenn kenntlich gemacht wird, daß und von wem etwa die Ware umgepackt worden ist (BGH GRUR 1984, 352 – Ceramix; 1984, 530 – Valium Roche). Auch in der Rechtsprechung des EuGH wird das Kriterium einer Qualitätsbeeinträchtigung des Produkts infolge des Eingriffs in die Produktverpackung als ein Abgrenzungskriterium abgelehnt (EuGH, Rs. 102/77, Slg. 1978, I-1139, 1165 – Hoffmann-La Roche, GRUR 1978, 599 mit Anm. *Fezer*). Jeder verkehrswesentliche Eingriff in die Produktverpackung stellt als eine unzulässige Manipulation der Markenware eine Markenrechtsverletzung dar (so auch *Baier*, FS für Vieregge, S. 43, 47). Das wird auch für das Sichtbarmachen der auf der inneren Umhüllung vom Markeninhaber angebrachten Marke durch Öffnung der äußeren Verpackung zu gelten haben (zu weitgehend *Sack*, EWS 1994, 333, 336). Es liegt grundsätzlich auch kein unwesentlicher Eingriff in die Produktverpackung vor, wenn das Produkt sich in einer doppelten Verpackung befindet und sich das Umpacken nur auf die äußere Umhüllung bezieht, die innere Verpackungshülle jedoch unberührt bleibt. In der Rechtsprechung wurde teils angenommen, eine Einwirkung auf die Ware sei kennzeichenrechtlich dann zulässig, wenn der Eingriff objektiv keine Beeinträchtigung der Ware mit sich bringe (BGH GRUR 1988, 213, 214 – Griffband). Der Entscheidung lag aber eine besondere Fallkonstellationen zugrunde. Es verstoße nicht gegen das Markenrecht des Herstellers, wenn ein Wiederverkäufer Tennisschläger als normale Ware anbiete, bei denen das Schlägergriffband zum Zwecke der Echtheitskontrolle zum Teil abgewickelt und ordnungsgemäß wieder aufgewickelt worden sei, sofern dadurch objektiv kein Qualitätsverlust eintrete. Das HansOLG Hamburg beurteilt zutreffend jedes Umverpacken, das vorliegt, wenn der Inhalt und das Aussehen einer äußeren Originalverpackung verändert wird, als eine Markenrechtsverletzung, unabhängig davon, ob es sich um einen *erheblichen* oder nur um einen *unerheblichen Eingriff* handelt; diese Frage spiele erst eine Rolle, wenn es um die Voraussetzungen eines erlaubten Parallelimports gehe (HansOLG Hamburg GRUR 1999, 172 – Gonal-F; anders OLG Frankfurt WRP 1998, 643 – Gebündelte Originalverpackungen).

**54**  **hh) Ermächtigung eines Dritten.** Der Markeninhaber kann einen Dritten zur Produktkennzeichnung, zur Produktveränderung als einer mittelbaren Kennzeichnung oder zu sonstigen Produktveränderungen ermächtigen (RGZ 103, 359, 364 – Singer; 161, 29, 39 – Zählerersatzteile; BGH GRUR 1952, 521 – Minimax). Die Ermächtigung kann konkludent erteilt werden und sich aus den besonderen Umständen der Fallkonstellation ergeben. Wenn sich etwa bei dem Vertrieb die Marke von der Ware löst, dann wird regelmäßig von einer Ermächtigung des Handels auszugehen sein, das Produkt mit der ursprünglichen Marke erneut zu kennzeichnen, wenn sich dadurch nicht der Originalzustand des Produkts verändert (s. schon RG MuW 1925, 230 – Linotype). Es kommt auf das Interesse des Markeninhabers an, die erneute Kennzeichnung des Produkts selbst vorzunehmen oder durch Dritte vornehmen zu lassen. Zu Reparaturen und Ausbesserungen des Produkts wird regelmäßig keine Ermächtigung vorliegen, es sei denn, es handelt sich um unwesentliche Vorgänge wie etwa das Annähen eines Knopfes an ein Kleidungsstück oder das Erneuern einer zerbrochenen Scheibe bei einem Pkw. Nach § 24 Abs. 2 kann nicht davon ausgegangen werden, daß Reparaturen des Produkts bis zur Grenze eines Eingriffs in die Eigenart der Ware zulässig sind (aA zur Rechtslage im WZG *Baumbach/Hefermehl*, § 15 WZG, Rn. 20; zum Eingriff in die Eigenart der Ware s. die Kritik Rn 41 ff.). Wenn einem Abnehmer von Feuerlöschern nicht die Pflicht auferlegt wird, die Löscher vom Prüfdienst des Verkäufers nachfüllen zu lassen, er vielmehr zur Erleichterung des Produktabsatzes sogar darauf hingewiesen wird, wie der Feuerlöscher ohne Heranziehung von Fachkräften leicht nachzufüllen ist, dann wird ein solches Verhalten in der Rechtsprechung als ein Verzicht auf die Kontrollbefugnis nach § 242 BGB beurteilt (BGH GRUR 1952, 521 – Minimax). Der Abnehmer kann die Abfüllung selbst vornehmen oder grundsätzlich auch einen Dritten mit der Nachfüllung beauftragen, wenn nicht berechtigte Interessen des Markeninhabers entgegenstehen. Wenn der Hersteller einem Händler Originalware, die nicht mit der Marke versehen ist, liefert, dann ist der Händler zur Kennzeichnung der Originalware mit der Marke des Herstellers nur dann berechtigt, wenn ihn der Hersteller als Markeninhaber dazu ermächtigt. Nichts anderes kann für die Kennzeichnung eines Produkts mit dem Unternehmenskennzeichen des Herstellers gelten, und zwar auch und gerade dann, wenn der Hersteller dieses Produkt anders kennzeichnet und nicht sein Unternehmenskennzeichen verwendet. Das gilt für Markenware nicht anders als für Waren zweiter Wahl oder für Ausschußware (aA nach der Rechtslage im WZG *Baumbach/Hefermehl*, § 15 WZG, Rn 20).

**55**  **b) Zweigleisiger Vertrieb und Markenaustausch.** In Fällen des *zweigleisigen Vertriebs* von Markenwaren kann der Markeninhaber Dritten die Kennzeichnung der nicht oder anders markierten Ware mit seiner Marke untersagen (*Loewenheim*, GRUR 1977, 428, 432). Der Markeninhaber bekennt sich nur zu den von ihm selbst markierten Produkten als seine Markenware. Der Markeninhaber allein entscheidet, ob und wie er seine Waren kennzeichnet. In der Entscheidung *American Home Products* (EuGH, Rs. 3/78, Slg. 1978, 1823, GRUR Int 1979, 99 – American Home Products/Centrafarm) hält es der EuGH für gerechtfertigt, wenn der Markeninhaber, der die gleiche Ware in verschiedenen Mitgliedstaaten mit verschiedenen Marken in Verkehr bringt, sich dagegen zur Wehr setzt, daß ein Dritter ohne seine Zustimmung die im Ausfuhrland angebrachte Marke entfernt und die Ware mit der im Einfuhrland eingetragenen Marke kennzeichnet (*Markenaustausch*). Die Wahl eines solchen Vermarktungssystems in Form des zweigleisigen Vertriebs stellt auch keine rechtsmißbräuchliche Handhabung eines nationalen Markenrechts im Hinblick auf den Grundsatz des freien Warenverkehrs nach den Art. 30, 36 EGV dar. Eine verschleierte

Handelsbeschränkung im Sinne des Art. 36 S. 2 EGV setzt zudem das Vorliegen weiterer Umstände voraus, aus denen sich ergibt, daß der Markeninhaber keine berechtigten Interessen verfolgt, die Vermarktungsbedingungen vielmehr dazu dienen, den Gemeinsamen Markt künstlich in nationale Märkte aufzuteilen.

**c) Produktdifferenzierungen.** Der Markeninhaber kann seine Marke in den verschiedenen Mitgliedstaaten oder Vertragsstaaten für Produkte verwenden, die sich in ihrer Qualität und ihren Eigenschaften voneinander unterscheiden. Solche *Produktdifferenzierungen* können einmal auf *nationalen Rechtsvorschriften* beruhen, die den Markeninhaber zwingen, Waren mit unterschiedlichen Beschaffenheitsmerkmalen innerhalb des Gemeinsamen Marktes und des EWR zu vertreiben. Der Markeninhaber ist an solche nationalen Vermarktungsbedingungen gebunden, wenn diese einer Überprüfung an dem Grundsatz des freien Warenverkehrs und dem Verbot der Maßnahmen gleicher Wirkung nach den Art. 30, 36 EGV standhalten. Die Produktdifferenzierung kann zum anderen auch eine Reaktion des Markeninhabers auf voneinander abweichende *Verbrauchererwartungen*, wie etwa bei dem Geschmack von Getränken, und *Nachfragegewohnheiten*, wie etwa bei der Produktanzahl in einer Verpackungseinheit, in den verschiedenen Mitgliedstaaten oder Vertragsstaaten darstellen. Ferner können unterschiedliche Vermarktungsbedingungen aber auch ausschließlich einer mitgliedstaatenweisen Marktaufteilung zur Ausnutzung eines unterschiedlichen Preisniveaus dienen (s. zur restriktiven Rechtsprechung des EuGH zur Marktabschottung aufgrund unterschiedlicher Verpackungsgewohnheiten und Preisunterschieden in den Mitgliedstaaten Rn 97).

Es liegt auf der Hand, daß der Import eines für einen anderen Mitgliedstaat oder Vertragsstaat konzipierten Produkts im Einfuhrland, in dem der Markeninhaber unter derselben Marke ein Produkt mit Qualitätsunterschieden vertreibt, den Markt verwirren, die Verbraucher über die Produkteigenschaften irreführen und den Ruf und die Wertschätzung der Marke beeinträchtigen kann. Ungeachtet dessen hat der BGH nach der Rechtslage im WZG entschieden, daß ein Markeninhaber den Import nicht unter Berufung auf Beschaffenheitsunterschiede zwischen der eingeführten und der inländischen Ware verhindern kann (BGHZ 60, 185 – Cinzano; zum Streitstand s. *Hefermehl/Fezer*, in: Hefermehl/Ipsen/Schluep/Sieben, Nationaler Markenschutz, S. 129 ff.). Auf der Grundlage des Rechtssatzes von der internationalen Erschöpfung (s. schon BGHZ 41, 84, 88 – Maja) verkürzte der BGH den nationalen Markenschutz und trug so dem unterschiedlichen Aussagegehalt einer Marke bei Qualitätsabweichungen des Produkts in den verschiedenen Mitgliedstaaten oder Vertragsstaaten nicht hinreichend Rechnung. Das Territorium des EWR ist nach § 24 Abs. 1 der Marke grundsätzlich als der kennzeichenrechtlich relevante Markt zugeordnet. Einer kennzeichenrechtlichen Marktaufteilung nach wesentlichen Qualitätsmerkmalen der Produkte stehen gleichwohl nicht die gleichen Bedenken wie innerhalb eines nationalen Marktes in einem Mitgliedstaat oder Vertragsstaat entgegen. Bei der grenzüberschreitenden Produktvermarktung kommt dem Interesse der Verbraucher, das Produkt aufgrund des Aussagegehalts der Marke nach seinen Eigenschaften identifizieren zu können und nicht auf weitere aufklärende Hinweise achten zu müssen, erhebliches Gewicht zu. Die Verbrauchererwartungen differieren auf einem aus mehreren Staaten bestehenden Produktmarkt stärker als auf einem nationalen Markt. Die Durchsetzung des freien Warenverkehrs ist im Interesse der Verbraucher und der Kennzeicheninhaber dann nicht geboten, wenn die Handelsbeschränkung gerade der Transparenz und Verbesserung des Produktangebots dient. Wesentliche Produktunterschiede in den Produkteigenschaften können berechtigte Gründe im Sinne des § 24 Abs. 2 darstellen, die den Markeninhaber berechtigen, wegen dieser *verbraucherrelevanten* Produktdifferenzierungen sich dem Import eines von ihm selbst oder mit seiner Zustimmung in einem anderen Mitgliedstaat oder Vertragsstaat in den Verkehr gebrachten Produkts zu widersetzen. Die Verhinderung des Imports eines von dem Markeninhaber selbst oder ihm zurechenbar im EWR in Verkehr gebrachten Produkts wird aus der Sicht des Grundsatzes des freien Warenverkehrs nach den Art. 30, 36 EGV dann gerechtfertigt werden können, wenn das eingeführte gegenüber dem inländischen Produkt solche Qualitätsunterschiede in den Produktmerkmalen aufweist, die für den Verbraucher wesentlich, aber nicht ohne weiteres erkennbar sind, und wenn keine Umstände vorliegen, die auf eine Marktaufteilung zur Aufrechterhaltung von Preisunterschieden schließen lassen. Unabdingbar ist auf der einen Seite, *Marktstrategien künstlicher Produktdifferenzierungen*, deren gezielter Einsatz ausschließlich der Abschottung nationaler Teilmärkte im EWR zu dienen bestimmt ist, aufgrund des Erschöpfungsgrundsatzes zu unterbinden (s. zum Verbot willkürlicher Diskriminierung und verschleierter Handelsbeschränkung nach Art. 36 S. 2 EGV Rn 96, 97). Im berechtigten Interesse des Markeninhabers an der Aussagekraft und damit der Identifikationsfunktion und Kommunikationsfunktion seiner Marke, zum Schutz der Verbraucher vor Enttäuschungen ihrer Produkterwartungen sowie aus Gründen eines unverzerrten Wettbewerbs ist auf der anderen Seite auch im Hinblick auf die Freiheit des Warenverkehrs geboten, Hindernisse im freien Warenverkehr wegen solcher Produktdifferenzierungen, die aus *nachfragebedingten* und *produktbedingten* Gründen wirtschaftlich sinnvoll sind, jedenfalls dann hinzunehmen, wenn das Nebeneinander der unterschiedlichen Produkte die Verbraucher verschiedener Mitgliedstaaten verwirren und zu Marktstörungen führen kann. Der den Kennzeichenschutz verstärkende Paradigmenwechsel in den Markenfunktionen rechtfertigt eine solche diffenzierende Behandlung der Produktdifferenzierungen im EWR (zu einem deliktsrechtlichen Schutz der Marke aus Gründen der Werbefunktion nach der Rechtslage im WZG s. schon *Heydt*, GRUR 1969, 450, 464; 1973, 474).

**57a**  **d) Unlautere Markenbeeinträchtigung und Rufausbeutung.** Berechtigte Gründe im Sinne des § 24 Abs. 2, die den Eintritt der Erschöpfung hindern und auch kennzeichenrechtliche Importverbote rechtfertigen, können die unlautere Markenbeeinträchtigung sowie die Rufausbeutung einer qualifizierten Marke darstellen (s. dazu aus der Sicht des freien Warenverkehrs *Hefermehl/Fezer*, in: Hefermehl/Ipsen/Schluep/Sieben, Nationaler Markenschutz, S. 137 ff.). Auch wenn der Gesetzgeber des MarkenG den berechtigten Grund einer unlauteren Beeinträchtigung der Wertschätzung des Kennzeichens nicht als Beispielsfall in den § 24 Abs. 2 aufgenommen hat (s. dazu Rn 33), schließt das eine entsprechende Konkretisierung des generalklauselartigen Ausnahmetatbestands der Vorschrift nicht aus (so wohl auch *Sack*, WRP 1998, 549, 574). Es ist vielmehr geboten, verstärkt die Regeln zum Schutz eines lauteren Wettbewerbs, sowie die berechtigten Interessen der Verbraucher an einer zuverlässigen Information und Kommunikation durch bekannte Marken zu berücksichtigen. Diese Rechtsauffassung ist auch aufgrund einer richtlinienkonformen Auslegung des MarkenG geboten. In der Entscheidung *Dior/Evora* (EuGH, Rs. C-337/95, Slg. 1997, I-6013, GRUR Int 1998, 140 – Dior/Evora, Rn 43) hat der EuGH die *Schädigung des Rufs der Marke* als einen berechtigten Grund des Markeninhabers im Sinne des Art. 7 Abs. 2 MarkenRL anerkannt. In der *BMW*-Entscheidung (EuGH, Rs C-63/97, WRP 1999, 407 – BMW) schützt der EuGH das *Vertriebsnetz* eines Markeninhabers vor der Werbung eines Unternehmens, die den Eindruck der Zugehörigkeit zu dem Vertriebsnetz des Markeninhabers oder vom Bestehen einer Sonderbeziehung zwischen den beiden Unternehmen erweckt.

**57b**  **e) Bestandsschutz funktionsfähiger Vertriebsbindungssysteme. aa) Diskriminierungsfreie Schutzinstrumente gegen bestandsgefährdenden Außenseiterwettbewerb.** Nach deutschem Wettbewerbsrecht ist die *theoretische* und *praktische Lückenlosigkeit* eines Vertriebsbindungssystems rechtliche Voraussetzung dessen Rechtmäßigkeit (s. nur *Baumbach/Hefermehl*, Wettbewerbsrecht, § 1 UWG, Rn 798, 806 ff.). Nach der Rechtsprechung des EuGH ist die Lückenlosigkeit eines selektiven Vertriebsbindungssystems keine Voraussetzung für dessen Rechtswirksamkeit im Gemeinschaftsrecht (EuGH, Rs. C-376/92, Slg. 1994, I-15 – Cartier; EuGH, Rs. C-41/96, GRUR Int 1997, 907 – V.A.G.). Nach Gemeinschaftsrecht ist die Anerkennung der Rechtswirksamkeit eines selektiven Vertriebsnetzes im Gemeinsamen Markt nicht davon abhängig, daß der Hersteller imstande ist, die Lückenlosigkeit des Netzes überall zu gewährleisten. Im Schrifttum wird vorgeschlagen, einem funktionsfähigen Vertriebsbindungssystem als einer Unternehmensleistung unabhängig vom Vorliegen der theoretischen und praktischen Lückenlosigkeit Bestandsschutz vor Außenseiterwettbewerb zu gewähren (*Fezer*, GRUR 1990, 551; s. dazu schon *Schricker*, GRUR 1976, 528). Der Organisation eines selektiven Vertriebsbindungssystems ist ein den gewerblichen Schutzrechten vergleichbares Schutzbedürfnis der unternehmerischen Investitionen zuzuerkennen (s. dazu im einzelnen Fezer, GRUR 1999, 99). Der Wettbewerbsschutz des selektiven Vertriebs ist zu verstehen als Teil des Immaterialgüterrechtsschutzes von Netzwerken zur internationalen Produktdistribution. Der EuGH hatte bislang noch nicht zu entscheiden, ob und inwieweit die qualitativen und quantitativen Selektionskriterien sowie die sonstigen für das vertriebsgebundene Unternehmen bestehenden Vertragspflichten nach Art. 30 EGV zu beurteilen sind, da die Selektionskriterien wegen ihres unmittelbaren Produktbezugs wohl nicht nur als reine Verkaufsmodalitäten im Sinne der Rechtsprechung des EuGH zu verstehen sind (s. dazu *Keßler*, Das System der Warenverkehrsfreiheit im Gemeinschaftsrecht, S. 150 ff.; zu den produktbezogenen Vermarktungsregeln s. § 14, Rn 98 ff.). Schutzvoraussetzung neben der Funktionsfähigkeit des Systems ist ein *diskriminierungsfreier Zugang* zum Selektivvertrieb. Diskriminierungsfreiheit ist der Maßstab zur kartellrechtlichen Inhaltskontrolle der Vertragsklauseln eines vertriebsbindenden Distributionssystems. Funktionsfähiger Selektivvertrieb bedarf deshalb *diskriminierungsfreier Schutzinstrumente* gegen bestandsgefährdenden Außenseiterwettbewerb. Solche Schutzinstrumente stellen *Garantieausschlußklauseln* (s. Rn 57c) und *Codierungssysteme* (s. Rn 57 d) dar.

**bb) Garantieausschlußklauseln.** Der Schutz eines funktionsfähigen Vertriebsbindungssystems bedarf der vertraglichen *Garantieausschlußklauseln* als diskriminierungsfreier Schutzinstrumente gegen bestandsgefährdenden Außenseiterwettbewerb. In der *Cartier*-Entscheidung hat der EuGH zutreffend auf die Vergleichbarkeit der Auswirkungen abgestellt, die Garantiebeschränkungen nicht anders als Selektionskriterien zukommen (EuGH, Rs. C-376/92, Slg. 1994, I-15 – Cartier). Eine vertragliche Verpflichtung, die Garantie auf Händler zu beschränken, die dem Vertriebsnetz angehören, und sie für von Außenseitern vertriebene Waren zu verweigern, führe zu demselben Ergebnis und habe dieselben Wirkungen wie Vertragsklauseln, die den Verkauf den Mitgliedern des Vertriebsnetzes vorbehalten. Ebenso wie diese Vertragsklauseln sei die Beschränkung der Garantie ein Mittel für den Hersteller, um zu verhindern, daß Systemfremde vertriebsgebundene Waren in den Handel bringen. Eine *Garantiebeschränkung auf vertriebsgebundene Ware* und ein *Garantieausschluß für Außenseiterware* ist nach den allgemein für den Selektivvertrieb geltenden kartellrechtlichen Zulässigkeitskriterien zu beurteilen. Wenn ein selektives Vertriebssystem die kartellrechtlichen Kriterien für seine Rechtswirksamkeit nach § 18 GWB, Art. 85 EGV erfüllt (*Emmerich*, in: Immenga/Mestmäcker, § 18 GWB, Rn 126 ff.; *Klosterfelde/Metzlaff*, in: Langen/Bunte, § 18 GWB, Rn 65 ff.; *Emmerich*, in: Immenga/Mestmäcker, EG-Wettbewerbsrecht, S. 241 ff.), dann ist auch die Beschränkung der Herstellergarantie auf bei zugelassenen Händlern erworbene Vertragserzeugnisse als zulässig anzusehen.

**cc) Codierungssysteme. (1) Wettbewerbsschutz.** Die *Codierung von Vertragsware* stellt ein unabdingbares Instrument des Funktions- und Bestandsschutzes eines selektiven Distributionssystems im internationalen Produktverkehr dar. Die wettbewerbsrechtliche Beurteilung von *Kontrollnummernsystemen* im selektiven Vertrieb nach § 1 UWG steht innerhalb der höchstrichterlichen Rechtsprechung ganz im Lichte des Erfordernisses der theoretischen und praktischen Lückenlosigkeit als wettbewerbsrechtlicher Schutzvoraussetzung (s. Rn 57b). Die Rechtsprechung gewährt Codierungssystemen keinen wirksamen Wettbewerbsschutz. Auch wenn Ausgangspunkt der Rechtsprechung der Rechtssatz ist, einem Kontrollnummernsystem komme der gleiche Schutzstandard wie einem Vertriebsbindungssystem selbst zu, so geht doch der Wettbewerbsschutz ins Leere, weil er regelmäßig am Lückenlosigkeitserfordernis scheitert (s. die Darstellung der Rechtsprechung bei *Baumbach/Hefermehl*, Wettbewerbsrecht, § 1 UWG, Rn 814 ff.; BGH GRUR 1988, 823 – Entfernung von Kontrollnummern I; 1988, 826 – Entfernung von Kontrollnummern II). Gegen den Schutz eines Codierungssystems als Behinderungswettbewerb nach § 1 UWG wird namentlich eingewandt, der Hersteller könne sich auf diese Weise der kartellrechtlichen Mißbrauchsaufsicht nach § 18 Abs. 1 Nr. 3 GWB entziehen. Anerkennt man demgegenüber die *immaterialgüterrechtliche* Dimension eines selektiven Distributionssystems im Leistungswettbewerb als Qualitätswettbewerb, dann ist es gerechtfertigt, die Codierung von Originalprodukten im selektiven Vertrieb eines funktionsfähigen Distributionssystems als solche zu schützen. Die *Decodierung* stellt als solche einen Tatbestand des *Behinderungswettbewerbs* dar.

**(2) Markenschutz.** In der instanzgerichtlichen Rechtsprechung wird nicht nur ein wettbewerbsrechtlicher Schutz von Codierungssystemen (s. Rn 57b) abgelehnt, sondern es werden auch markenrechtliche Ansprüche gegen eine Decodierung verneint. Der unzulängliche Wettbewerbsschutz vor einer Decodierung brachte vertriebsbindende Unternehmen auf den Weg, den Code mit der Marke des Produkts zu verbinden. In der instanzgerichtlichen Rechtsprechung (OLG Hamm, Urteil vom 16. April 1996, 4 U 133/95 – VW/Audi; OLG Düsseldorf, Urteil vom 10. September 1996, 20 U 149/94 – VW/Audi; OLG Stuttgart, Urteil vom 20. Dezember 1996, 2 U 17/96 – Lancaster; HansOLG Hamburg NJW-RR 1998, 770 – Chanel; OLG Dresden BB 1998, 1708 – VW/Audi) wird davon ausgegangen, bei der *Decodierung* handele es sich um *zulässige Eingriffe in die Produktverpackung*, denen gegenüber ein markenrechtlicher Schutz nicht bestehe. Diskriminierungsfreie Codierungssysteme, wie Kontrollnummern oder sonstige Identifizierungszeichen, dienen aber dem Funktions- und Bestandsschutz eines selektiven Vertriebsbindungssystems. Sie sind nach den gleichen Maßstäben wie die Selektionskriterien selbst zu beurteilen. Die *Marke* stellt dabei einen *legitimen Code des Selektivvertriebs* dar. Die Instrumentalisierung der Marke zum Funktions- und Bestandsschutz des Selektivvertriebs macht die Marke nicht zu einem unzulässigen Instrument der Vertriebskontrolle. Der Grundsatz, ein Recht des Markeninhabers auf *Kontrolle des Vertriebsweges* sei nicht anzuerkennen, besagt allein, daß nach Eintritt der Erschöpfung des Markenrechts der Markeninhaber eine Kanalisierung des weiteren Vertriebs markenrechtlich nicht organisieren kann. Aufgabe des Markenschutzes ist es aber – zumindest nach der Verstärkung des Markenschutzes in den richtlinienkonformen Markenrechtsordnungen in den Mitgliedstaaten der EU (s. zu dieser grundsätzlichen Neuausrichtung des Markenrechts *v. Mühlendahl*, in: Schricker/Beier (Hrsg.), Neuordnung des Markenrechts, Tagungsband, 1997, S. 87 f.; ähnlich *Sack*, GRUR 1996, 663, 664) – , in einem kartellrechtlich privilegierten Vertriebsbindungssystem den Selektivvertrieb im Interesse des *Imageschutzes der Marke* als eines selbständigen Vermögensgegenstandes des Unternehmens zu kontrollieren. Wenn gegenwärtig in der instanzgerichtlichen Rechtsprechung markenrechtliche Ansprüche gegen die Decodierung im Hinblick auf die Rechtsprechung zu zulässigen Eingriffen in Produktverpackung abgelehnt werden, dann trifft dies nicht den Kern der Problematik, da die Decodierung als solche den Tatbestand des Behinderungswettbewerbs erfüllt (s. Rn 57b).

**57f** In der umfänglichen Rechtsprechung des EuGH zum Umpacken von Arzneimitteln im grenzüberschreitenden Warenverkehr im Gemeinsamen Markt (s. Rn 77) ist auch die *Entfernung von Identifikationsnummern* rechtserheblich. Da eine Neukennzeichnung eines Arzneimittels auch in der Form des Umpackens erfolgen kann, werden dem Markeninhaber im Interesse der Garantie- und Vertrauensfunktion der Marke als *berechtigte Gründe* im Sinne des Art. 7 Abs. 2 MarkenRL weitergehende Befugnisse eingeräumt, um seine Interessen gegenüber den Belangen des freien Warenverkehrs wahren zu können. Dabei kommt es entscheidend auch auf die Art der Ware an. In der Entscheidung *Loendersloot/Ballantine* (EuGH, Rs. C-349/95, SLG. 1997, I-6244, GRUR Int 1998, 145 – Loendersloot/Ballantine), die den Parallelimport von Whisky nach einer Neuetikettierung der Whiskyflaschen betrifft, überträgt der EuGH die zum Umpacken von Arzneimitteln entwickelten Voraussetzungen auf differenzierte Weise auf einen anderen Produktbereich. Hervorzuheben ist, daß der EuGH verlangt, bei der Prüfung der Zulässigkeit der Neuetikettierung von Originalerzeugnissen das Interesse des Markeninhabers zu berücksichtigen, das Luxusimage seiner Erzeugnisse und deren hervorragenden Ruf zu schützen. Gegenstand der Entscheidung war ferner die Beurteilung der Entfernung und Wiederanbringung bzw Ersetzung der Etiketten mit dem Ziel, die Identifikationsnummern zu entfernen. Der EuGH geht davon aus, daß das *Entfernen der Identifikationsnummern* grundsätzlich nicht erforderlich sei, um die Erzeugnisse auf den Märkten der einzelnen Mitgliedstaaten nach dem jeweiligen nationalen Recht verkehrsfähig zu machen. Gleichwohl aber kann die Entfernung der Identifikationsnummern erforderlich sein, um eine *künstliche Abschottung der Märkte* zwischen den Mitgliedstaaten zu verhindern. Eine solche künstliche Marktaufteilung kann auf Schwierigkeiten der Teilnehmer am Parallelhandel beruhen, sich bei den Vertriebshändlern mit Waren zu versorgen, wobei die Vertriebshändler bei Verkäufen an solche Personen Sanktionen der Hersteller zu befürchten haben. Zulässig ist auch die Hinzufügung von solchen Angaben auf dem Etikett einer importierten Ware, die erforderlich sind, um den Anforderungen der Rechtsvorschriften des Einfuhrmitgliedstaates zu entsprechen, sofern weder die Ware umgestaltet, noch auf dem veränderten Etikett bestimmte wichtige Angaben ausgelassen werden, oder dieses unzutreffende Angaben enthält, oder wenn das Etikett durch seine Aufmachung geeignet ist, den Ruf der Marke oder ihres Inhabers zu schädigen (EuGH, Rs. C-352/95, Slg. 1997, I-1740, GRUR Int 1997, 627 – Phyteron/Bourdon). Es ist eine dogmatisch-systematische Frage, ob für ein decodiertes Produkt die eine Erschöpfungswirkung bewirkende Zustimmung nach § 24 Abs. 1, Art. 7 Abs. 1 MarkenRL fehlt, oder ob die Decodierung von Vertragsware einen berechtigten Grund des Markeninhabers nach § 24 Abs. 2, Art. 7 Abs. 2 MarkenRL darstellt, sich dem weiteren Vertrieb der decodierten Waren zu widersetzen.

**(3) Mißbrauch eines Codierungssystems.** Codierungssysteme können einen *Mißbrauch* an sich legitimer Distributionssysteme darstellen. Das gilt etwa dann, wenn der Selektivvertrieb nur ein vorgeschobenes Scheinsystem und kein funktionsfähiges Vertriebsbindungssystem mit wettbewerbsrechtlichem Bestandsschutz darstellt, und die Codierung als ein Instrument der Diskriminierung und Wettbewerbsbeschränkung zu beurteilen ist. Zur Abgrenzung solcher illegitimer Codierungssysteme kann auf die umfängliche Rechtsprechung und auf das reichhaltige Schrifttum zur *willkürlichen Diskriminierung* und *verschleierten Handelsbeschränkung* nach Art. 36 Satz 2 EGV abgestellt werden (s. Rn 96f.). Diese gemeinschaftsrechtliche Schutzrechtsschranke stellt einen Tatbestand des *Rechtsmißbrauchs* dar, der auf die Beurteilung rechtsmißbräuchlicher Codierung im Selektivvertrieb, wenn deren immaterialgüterrechtliche Dimension als Unternehmensleistung anerkannt wird, übertragen werden kann.

## VI. Behauptungs-, Darlegungs- und Beweislast

### 1. Beweislast des Rechtverletzers für den Zustimmungstatbestand

Der Eintritt der Erschöpfung der Kennzeichenrechte als eine gesetzliche Rechtsfolge aus § 24 Abs. 1 stellt einen *Ausnahmetatbestand* gegenüber der Rechtsmacht des Kennzeicheninhabers dar, die von dem Ausschließlichkeitsrecht des Kennzeicheninhabers nach den §§ 14 Abs. 1, 15 Abs. 1 abgeleitet ist und den Kennzeicheninhaber berechtigt, einem jeden Dritten Eingriffe in sein Markenrecht zu verbieten. Für das Vorliegen den eine Drittbenutzung des Kennzeichens rechtfertigenden Ausnahmetatbestand der Erschöpfung trägt der *Drittbenutzer als Rechtsverletzer* in einer Kennzeichenstreitsache die *Behauptungs-, Darlegungs- und Beweislast* (so zum Erschöpfungseinwand im Urheberrecht BGH GRUR 1988, 373, 375 – Schallplattenimport III; zum Erschöpfungseinwand im Patentverletzungsprozeß OLG Düsseldorf GRUR 1978, 588, 589 – Inlandsvertreter; zum Einverständnis des Patentinhabers mit Handlungen des Lieferanten des Patentverletzers BGH GRUR 1976, 579, 581 – Tylosin; *Benkard/Bruchhausen*, §§ 79 PatG, Rn 29; 139, Rn 15; *Hesse*, GRUR 1972, 675, 681). Da der Eintritt der Erschöpfungswirkung den Tatbestand des Inverkehrbringens durch den Kennzeicheninhaber selbst oder mit seiner Zustimmung voraussetzt, ist der Drittbenutzer für das Vorliegen der tatsächlichen Voraussetzungen des Ausnahmetatbestands als der ihm günstigen Rechtsnorm beweispflichtig. Einer solchen Beweislastverteilung steht die gesetzliche Formulierung der Kollisionstatbestände des § 14 Abs. 2 nicht entgegen, nach dem eine Markenverletzung eine Drittbenutzung der Marke *ohne Zustimmung* des Inhabers der Marke verlangt. Aus dieser Formulierung des Gesetzes kann nicht gefolgert werden, daß das Fehlen einer Zustimmung des Markeninhabers zum Inverkehrbringen der Ware im Territorium des Europäischen Wirtschaftsraums eine negative Tatbestandsvoraussetzung einer Markenrechtsverletzung darstellt und dem Markeninhaber die Beweislast für das Fehlen der Zustimmung zum Inverkehrbringen obliegt (unrichtig *Ingerl/Rohnke*, § 24 MarkenG, Rn 15, nach denen der Markeninhaber für die Nichterschöpfung seines Markenrechts die volle Beweislast zu tragen habe; so auch *Meyer-Kessel*, GRUR 1997, 878). Die Wortwahl des Gesetzes erklärt sich aus einer Orientierung an den Art. 5, 7 MarkenRL. Das ergibt sich auch aus einem Vergleich mit dem Kollisionstatbestand der geschäftlichen Bezeichnungen, die nicht Gegenstand der MarkenRL sind, in § 15 Abs. 2, der die Drittbenutzung mit dem Wort *unbefugt* umschreibt, vergleichbar § 24 WZG, der die Drittbenutzung mit dem Wort *widerrechtlich* umschrieb. Die Formulierung *ohne Zustimmung* in § 14 Abs. 2 stellt keine Tatbestandsvoraussetzung der Kennzeichenverletzung dar, sondern bedeutet nichts anderes als die Umschreibung *unbefugt* in § 15 Abs. 2 oder *widerrechtlich* in § 24 WZG. Es entspricht allgemeiner Meinung, daß der Unterlassungsanspruch als ein dem Abwehranspruch des § 1004 BGB wesensverwandter Anspruch zum Nachweis der Rechtsverletzung nicht den Nachweis der Widerrechtlichkeit verlangt. Nicht anders als bei § 823 Abs. 1 BGB, der ebenso die Rechts-

**MarkenG § 24** 58b                                                              Erschöpfung

verletzung als widerrechtlich umschreibt, indiziert die Kennzeichenrechtsverletzung deren Rechtswidrigkeit. Allgemein ist im Deliktsrecht der Einwilligungstatbestand, der einer Zustimmungslage im Kennzeichenrecht entspricht, als die Rechtswidrigkeit ausschließend, grundsätzlich vom Rechtsverletzer zu behaupten, darzulegen und zu beweisen. Im Immaterialgüterrecht gilt allgemein, daß der Dritte, der ein Immaterialgüterrecht verwertet, benutzt oder irgendwie in Anspruch nimmt, die Ableitung seines Rechts vom originären Rechtsinhaber nachzuweisen hat.

## 2. Beweislage bei nicht autorisierten Reimporten und Parallelimporten

**58b** Die Problematik der Behauptungs-, Darlegungs- und Beweislast hinsichtlich des Ausnahmetatbestands der Erschöpfung nach § 24 Abs. 1 hat in der *instanzgerichtlichen Rechtsprechung* namentlich in den Fallkonstellationen des nicht autorisierten *Reimports* oder *Parallelimports* von einem Drittstaat in den Europäischen Wirtschaftsraum und innerhalb des Europäischen Wirtschaftsraums eine Rolle gespielt. Die Aktualität der Problematik ist eine Folge des Übergangs von der internationalen Erschöpfung zur territorialen EU-weiten und EWR-weiten Erschöpfung im europäischen Markenrecht. Nach den allgemeinen Grundsätzen der Behauptungs- und Beweislast obliegt einem Importeur von Waren in die Bundesrepublik Deutschland der Nachweis, daß die Waren mit Zustimmung des Markeninhabers in den Europäischen Wirtschaftsraum gelangt sind. Der Parallelimporteur von Markenware ist dafür beweispflichtig, daß die tatbestandlichen Voraussetzungen für eine Erschöpfung nach § 24 vorliegen (so zutreffend OLG München Mitt 1998, 186 – Baseballkappen; gegen eine Beweislastumkehr bei Anerkennung einer Darlegungslast ausreichender Umstände auch LG München I WRP 1997, 123, 124 f. – Maglite; allgemein zur Einordnung der Tatbestandsmerkmale bei einem Regel-Ausnahme-Schema aufgrund der sprachlichen Formulierung wie etwa *ohne* s. MünchKomm/*Prütting*, § 286 ZPO, Rn 103 ff.; so wohl auch schon zur Rechtslage im WZG wegen der Formulierung *es sei denn,* auch wenn die Beweislast im Ergebnis nicht von Bedeutung war OLG Stuttgart GRUR 1987, 913 – limo; ausdrücklich offengelassen, allerdings mit der Erwägung einer Beweislastumkehr OLG Stuttgart NJW-RR 1988, 482 – AEG; aA wohl HansOLG Hamburg NJW-RR 1998, 402 – DC-Schuhe; *Pickrahn*, GRUR 1996, 383, 385). Wenn der Importeur die Markenware von einem Lizenznehmer im Ausland erwirbt, reicht für den Nachweis des Tatbestands der Erschöpfung nach § 24 nicht aus und bewirkt auch keine Umkehr der Beweislast, daß der Lizenznehmer ohne Vorlage seines Lizenzvertrages erklärt, er dürfe exportieren, sowie die Ware den Lizenznehmer als solchen ausweist (OLG München Mitt 1998, 186 – Baseballkappen). Eine Beweislastumkehr rechtfertigt sich nicht schon allein deshalb, weil der Importeur zum Nachweis der Erschöpfung gezwungen sein kann, die Handelswege und die Bezugsquellen des Importeurs offenzulegen und etwa auch die Namen der Lieferanten des Parallelimporteurs zu nennen. Eine solche Beweislastverteilung ist gerade im Hinblick auf den Schutz des subjektiven Markenrechts als eines Ausschließlichkeitsrechts geboten. Eine solche Beweislastverteilung stellt keine ungerechtfertigte Privilegierung des Markeninhabers dar (so aber HansOLG Hamburg NJW-RR 1998, 402 – DC-Schuhe, da bei markenrechtlich begründeten Ansprüchen gegen Parallelimporte es um die Unterbindung des Vertriebs von Waren gehe, die der Markeninhaber selbst mit dem Ziel des Weitervertriebs, wenn auch nicht *so,* in den Verkehr gebracht habe). Nach Auffassung des HansOLG Hamburg soll deshalb bei einer Markenrechtsverletzung durch Parallelimporte von Original-Markenwaren nicht nur auf die für die Einwendung einer Erschöpfung des Markenrechts nach § 24 Abs. 1 geltenden Darlegungs- und Glaubhaftmachungs- bzw Beweislasten abzustellen sein. Es erscheine geboten, beim Zusammenfallen der Tatbestandsmerkmale der §§ 14 Abs. 2, 5 und 24 Abs. 1 bezüglich der Zustimmungslage die Anforderungen an die Darlegung nicht zu hoch anzusetzen. Es sei genügend aber erforderlich, daß Umstände vorgetragen würden, die einige Anhaltspunkte und eine gewisse Wahrscheinlichkeit dafür böten, daß die betreffenden Markenwaren aus Importen stammten, die ohne Zustimmung des Markeninhabers im europäischen Bereich in Verkehr gebracht worden seien. Es seien Darlegungen zur Zustimmungslage sowohl vom Anspruchsteller als auch vom Verletzer zu verlangen. Erst wenn hinreichende Anhaltspunkte für einen unautorisierten Parallelimport vom Verletzten dargelegt seien, treffe den Verletzer die strengere Darlegungslast für den Einwand der europarechtlichen Erschöpfung. Der Auffassung des HansOLG Hamburg kann sowohl aus markenrechtlichen als aus prozeßrechtlichen Gründen nicht gefolgt werden, da die markenrechtliche Begründung der Bedeutung des Markenrechts als eines subjektiven Ausschließlichkeitsrechts nicht gerecht wird und die im allgemeinen vorgenommene, weitgehende Verlagerung der Darlegungs- und Beweislast prozeßrechtlich zu weitgehend ist (s. Rn 58c). Nach Auffassung des LG München I ist der Markeninhaber gehalten, ausreichend Umstände darzutun, welche dafür sprechen, daß die Waren ohne seine Zustimmung im EWR in Verkehr gebracht worden sind, ohne daß eine weitergehende Beweislastverteilung zu Lasten des Markeninhabers etwa dahin, daß dieser den Vollbeweis für das Nichtvorliegen einer Zustimmungshandlung zu erbringen habe, angezeigt sei (LG München I WRP 1997, 123, 124 f. – Maglite). Die Anerkennung prozessualer Aufklärungspflichten zu Lasten des Markeninhabers wird der besonderen Informationslage der beteiligten Unternehmen in Fallkonstellationen der Erschöpfung im internationalen Warenverkehr gerecht (s. Rn 58c).

### 3. Prozessuale Aufklärungspflichten

Bei den *Fallkonstellationen des nicht autorisierten Reimports oder Parallelimports* verbleibt es grundsätzlich bei den allgemeinen Regeln der Behauptungs-, Darlegungs- und Beweislast (s. Rn 58b). Eine andere Frage ist es, ob und inwieweit allgemeine prozessuale Aufklärungspflichten aus der einer jeden Partei obliegenden prozessualen Wahrheitspflicht, aus der auch die sogenannte Vollständigkeitspflicht abgeleitet wird, folgen. Es ist im Prozeßrecht allgemein anerkannt, daß es Fallkonstellationen gibt, in denen der darlegungs- und beweisbelasteten Prozeßpartei die für einen substantierten Vortrag erforderlichen Kenntnisse deshalb fehlen, weil die Tatsachen in die Sphäre der gegnerischen Prozeßpartei fallen. Die *Lehre von der allgemeinen prozessualen Aufklärungspflicht*, nach der auch der nicht beweisbelasteten Prozeßpartei eine *umfassende* Aufklärungspflicht obliegt, aus der auch die Pflicht zum Vortrag ihr ungünstiger Tatsachen abgeleitet wird (so weitgehend *Stürner*, Die Aufklärungspflicht der Parteien des Zivilprozesses, 1976, S. ....; *Stürner*, JZ 1985, 453; abl. *Arens*, ZZP 1996, 1, 10; dazu *Stürner*, ZZP 1998, 237), hat sich nicht durchsetzen können. Nach Auffassung des BGH kennt die ZPO keine über die anerkannten Fälle der Pflicht zum substantierten Bestreiten hinausgehende, allgemeine Aufklärungspflicht der nicht darlegungs- und beweispflichtigen Partei. Es bleibe vielmehr bei dem Grundsatz, daß keine Partei gehalten ist, dem Gegner für seinen Prozeßsieg das Material zu verschaffen, über das er nicht schon von sich aus verfüge (BGH NJW 1990, 3151). Das schließt nicht aus, verlangt vielmehr den im Wettbewerbsverfahrensrecht anerkannten Grundsatz einer ausnahmsweise bestehenden, *prozessualen Aufklärungspflicht* in das Kennzeichenrecht und in das Verfahren in Kennzeichenstreitsachen zu übertragen. Im Wettbewerbsprozeß ist anerkannt, daß sich auch für die nicht beweisbelastete Partei Darlegungs- und Beweispflichten ergeben können, ohne daß eine Beweislastumkehr anzunehmen ist. Das gilt vor allem dann, wenn die nicht beweisbelastete Prozeßpartei mit Leichtigkeit die notwendige und zumutbare Aufklärung geben kann, ohne daß unternehmerische Interessen von einer solchen Aufklärung berührt sind (s. dazu nur BGH GRUR 1961, 356, 359 – Pressedienst; 1963, 270 f. – Bärenfang; 1971, 164 – Discount-Geschäft). Die ausnahmsweise Annahme von prozessualen Aufklärungspflichten der nicht darlegungs- und beweisbelasteten Prozeßpartei darf nicht zu einer *ungerechtfertigten Ausforschung der Unternehmenspolitik* führen, zu der auch die *Organisation und Sicherung der internationalen Handels- und Absatzwege* (Vertriebssystem) gehört. Die Nichterfüllung solcher ausnahmsweise bestehenden Darlegungs- und Beweispflichten ist im Rahmen der *Beweiswürdigung* nach § 286 ZPO zu berücksichtigen.

### VII. Reimporte und Parallelimporte vor Inkrafttreten des MarkenG

Seit Inkrafttreten des MarkenG am 1. Januar 1995 gilt der für die Geltungsdauer des WZG in der Rechtsprechung anerkannte Grundsatz der internationalen Erschöpfung nicht mehr und wird die Erschöpfungswirkung auf das Territorium der EG und des EWR begrenzt (s. Rn 13 ff.). Die EU-weite und EWR-weite europarechtliche Erschöpfung gilt auch für solche Waren, deren Import von einem Drittstaat in den Europäischen Wirtschaftsraum *vor Inkrafttreten des MarkenG* unter Geltung des Grundsatzes der internationalen

Erschöpfung rechtmäßig erfolgt ist. Das nach § 153 Abs. 1 normierte *Weiterbenutzungsrecht* hinsichtlich solcher vor dem Inkrafttreten des MarkenG rechtmäßiger Benutzungshandlungen greift bei Reimporten und Parallelimporten von Drittstaaten in den Europäischen Wirtschaftsraum hinsichtlich der vor dem Inkrafttreten des MarkenG importierten Waren nicht ein (BGHZ 131, 308 – Gefärbte Jeans; OLG München GRUR 1996, 137 – GT ALL TERRA; LG Düsseldorf GRUR 1996, 66, 68 – adidas-Import; LG München I WRP 1997, 123 – Maglite; *Pickrahn*, GRUR 1996, 383, 385; s. schon *Starck*, WRP 1996, 269; auch *Althammer/Ströbele/Klaka*, § 153, Rn 4). Das Weiterbenutzungsrecht begründet kein Weitervertriebsrecht für Altimporte. Es ist weder aus Gründen des intertemporalen Privatrechts noch aus rechtsvergleichender Sicht gerechtfertigt, den zeitlichen Anwendungsbereich der EU-weiten und EWR-weiten Erschöpfung auf Importsachverhalte zu begrenzen, die nach dem Inkrafttreten des MarkenG erfolgt sind, da den vor Inkrafttreten des MarkenG rechtmäßig importierten Waren die Warenverkehrsfreiheit nicht als eine Eigenschaft anhaftet, sondern sowohl der *nachträgliche Import aus einem Drittstaat* in das Territorium der EG und des EWR als auch der *nachträgliche Weitervertrieb innerhalb der EG und des EWR* von vor dem Inkrafttreten des MarkenG aus einem Drittstaat importierter Waren einen *neuen kennzeichenrechtlichen Sachverhalt* darstellt, der nach dem geltenden Markenrecht zu beurteilen ist (aA *Pucher*, WRP 1998, 362). Der Gesetzgeber hat für die in den §§ 20 ff. geregelten Schutzschranken für Ansprüche aus vor dem Inkrafttreten des MarkenG begründeten Kennzeichenrechten eine Übergangsregelung allgemein, abgesehen von der speziellen Fristenregelung des § 153 Abs. 2 hinsichtlich der Verwirkung nach § 21, ausdrücklich nicht vorgesehen (Begründung zum MarkenG, BT-Drucks. 12/6581 vom 14. Januar 1994, S. 129). Das gilt uneingeschränkt auch für den Eintritt der Erschöpfungswirkung nach § 24 (BGH GRUR 1998, 697 – VENUS MULTI).

### C. Die gemeinschaftsrechtliche Erschöpfung der Kennzeichenrechte in der EG (Art. 30, 36 EGV)

#### I. Verhältnis der warenverkehrsrechtlichen Rechtsprechung des EuGH zum Erschöpfungsgrundsatz nach § 24

**59** In einer Reihe von Entscheidungen hat der EuGH die Lehre von der *gemeinschaftsrechtlichen Erschöpfung* der nationalen Markenrechte in der EG entwickelt (zum gemeinschaftsrechtlichen Ansatz der Erschöpfungslehre s. *Hefermehl/Fezer*, in: Hefermehl/Ipsen/Schluep/Sieben, Nationaler Markenschutz, S. 106 ff.). In der *HAG II*-Entscheidung reduzierte der EuGH die gemeinschaftsrechtliche Erschöpfungslehre auf ihren berechtigten Kern: die *Zustimmung des Markeninhabers zum Inverkehrbringen* der mit seiner Marke gekennzeichneten Ware (EuGH, Rs. C-10/89, Slg. 1990, I-3711, GRUR Int 1990, 960 ff. – HAG II; s. dazu den Vorlagebeschluß des BGH GRUR Int 1989, 409 – HAG II). Die gemeinschaftsrechtliche Erschöpfung eines nationalen Markenrechts tritt dann ein, wenn der Markeninhaber die Einfuhr von Waren zu verhindern sucht, die auf dem Markt eines anderes Mitgliedstaates von ihm selbst oder mit seiner Zustimmung rechtmäßig in den Verkehr gebracht worden sind. Rechtsgrundlage der gemeinschaftsrechtlichen Erschöpfungslehre sind die Vorschriften über den freien Warenverkehr der Art. 30, 36 EGV. Die europarechtliche Erschöpfung der Kennzeichenrechte nach § 24 Abs. 1 und die gemeinschaftsrechtliche Lehre von der Erschöpfung der nationalen Kennzeichenrechte nach den Art. 30, 36 EGV bestehen aus unterschiedlichen Rechtsgründen und sind an sich grundsätzlich nebeneinander anzuwenden. Da aber Art. 7 MarkenRL die Erschöpfung des Rechts aus der Marke für Waren, die in der Gemeinschaft in den Verkehr gebracht werden, *abschließend* regelt, sind alle vom Eintritt der Erschöpfungswirkung betroffenen nationalen Maßnahmen anhand der Erschöpfungsregelung der MarkenRL und nicht anhand der Art. 30 und 36 EGV zu beurteilen (EuGH, Rs. C-427/93, C-429/93, C-436/93, Slg. 1996, I-3457, GRUR Int 1996, 1144 – Bristol-Myers Squibb/Paranova, Rn 25, 26; EuGH, Rs. C-352/95, Slg. 1997, I-1740, GRUR 1997, 627 – Phyteron/Bourdon, Rn 17; EuGH, Rs. C-337/95, Slg. 1997, I-6013, GRUR Int 1998, 140 – Dior/Evora, Rn 42). Die Rechtsprechung des EuGH zum Warenverkehrsrecht bleibt gleichwohl für die *richtlinienkonforme Auslegung* des nationalen Markenrechts rechtserheblich (s. Rn 60).

Der Rechtsprechung des EuGH zur Erschöpfung der nationalen Kennzeichenrechte aus **60**
Gründen der Waren- und Dienstleistungsverkehrsfreiheit des EGV kommt eine grundsätzliche Bedeutung für die *Auslegung des § 24* und damit für die Reichweite des Erschöpfungsgrundsatzes zu. Das gilt gleichermaßen für die Fallkonstellationen der Erschöpfung nach § 24 Abs. 1 als auch für die berechtigten Gründe eines Ausschlusses der Erschöpfung nach § 24 Abs. 2. Rechtliche Unterschiede zwischen den Erschöpfungslehren nach dem MarkenG und dem EGV können sich aus der Nationalität der Kennzeichenrechte im Hinblick auf die Produktverkehrsfreiheit als ein grenzüberschreitendes Phänomen zwischen den Mitgliedstaaten der EG ergeben. Der Aussage in der Gesetzesbegründung zum MarkenG zur Bedeutung der Rechtsprechung des EuGH zur gemeinschaftsrechtlichen Erschöpfung für die Auslegung des § 24 ist zu widersprechen. Nach der Gesetzesbegründung (Begründung zum MarkenG, BT-Drucks. 12/6581 vom 14. Januar 1994, S. 81) soll mit der Regelung der Erschöpfung in § 24 in Übereinstimmung mit den Vorgaben der MarkenRL und insbesondere im Hinblick auf § 24 Abs. 2 der bisherigen Rechtsprechung des EuGH, die für das noch nicht harmonisierte nationale Markenrecht der Mitgliedstaaten entwickelt worden sei, der Boden entzogen sein. Es werde künftig für die Auslegung des § 24 und des gleichlautenden Art. 7 MarkenRL, für die im Hinblick auf die eingetragene Marken letztlich der EuGH zuständig sei, darauf ankommen, die Grenzen des Erschöpfungsgrundsatzes neu zu bestimmen. So bestehe etwa für eine unveränderte Fortführung der Rechtsprechung zum Umpacken von Markenwaren wie insbesondere von Arzneimitteln keine rechtliche Grundlage mehr. Diese Aussage in der Gesetzesbegründung wird dem Zusammenhang zwischen nationalem Markenrecht, rechtsverbindlicher Vorgabe der MarkenRL und der Rechtsprechung des EuGH in Anwendung des EGV nicht gerecht. Bei dem Begriff der Erschöpfung im Sinne des § 24 MarkenG handelt es sich aufgrund der Vorgabe des Art. 13 MarkenRL um einen gemeinschaftsrechtlichen Begriff, der richtlinienkonform auszulegen und in den entsprechenden Verfahren vom EuGH zu bestimmen ist (s. dazu näher hinsichtlich der Verwechslungsgefahr als eines gemeinschaftsrechtlichen Begriffs § 14, Rn 85 ff.). Zur richtlinienkonformen Auslegung des normativen Rechtsbegriffs der Erschöpfung und zur Bestimmung des Schutzumfangs der nationalen Kennzeichenrechte wird der EuGH auf die in seiner Rechtsprechung zum Warenverkehrsrecht der Art. 30 und 36 EGV entwickelten Grundsätze zurückgreifen. Die Rechtsbegriffe der MarkenRL sowie die auf den gemeinschaftsrechtlichen Vorgaben beruhenden Markenrechtsordnungen der Mitgliedstaaten sind auf der Grundlage der Bestimmungen des Waren- und Dienstleistungsverkehrsrechts des EGV zu verstehen, da die vom EuGH entwickelten Rechtsgrundsätze zum spezifischen Gegenstand der Immaterialgüterrechte als Lehre von der gemeinschaftsrechtlichen Erschöpfung auch innerhalb der richtlinienkonformen Auslegung des MarkenG gelten, da die MarkenRL wie das gesamte abgeleitete Recht im Lichte der EG-Vertragsbestimmungen über den freien Warenverkehr, wie insbesondere des Art. 36 EGV, auszulegen ist (EuGH, Rs. C-47/90, Slg. 1992, I-3669, RIW 1992, 768 – Delhaize, Rn 26; EuGH, Rs. C-315/92, Slg. 1994, I-317, GRUR 1994, 303 – Clinique, Rn 31; EuGH, Rs. C-427/93, C-429/93, C-436/93, Slg. 1996, I-3457, GRUR Int 1996, 1144 – Bristol-Myers Squibb/Paranova, Rn 25; EuGH, Rs. C-337/95, Slg. 1997, I-6013, GRUR Int 1998, 140 – Dior/Evora, Rn 37). Der Rechtsprechung des EuGH zur gemeinschaftsrechtlichen Erschöpfung der nationalen Kennzeichenrechte nach den Art. 30 und 36 EGV kommt deshalb für die Auslegung des § 24 und damit für die Reichweite des Erschöpfungsgrundsatzes unmittelbar rechtliche Bedeutung zu.

## II. Ausgangspunkt

### 1. Die Grundfreiheiten der EG

Die Funktionsbedingungen des Gemeinsamen Marktes sind die vier Grundfreiheiten, wie **61**
sie im zweiten Teil des EGV normiert sind: die Freiheit des Warenverkehrs, die Freizügigkeit der Gemeinschaftsbürger, die Freiheit des Dienstleistungsverkehrs und die Freiheit des Kapitalverkehrs. Art. 3 EGV bestimmt im einzelnen die verschiedenen Tätigkeitsgebiete der Gemeinschaft zur Erfüllung der ihr nach Art. 2 EGV übertragenen Aufgaben. Die Tätigkeiten der Gemeinschaft, die für den Markenschutz von Interesse sind, sind zum einen die

Abschaffung der Zölle und mengenmäßigen Beschränkungen bei der Ein- und Ausfuhr von Waren sowie aller sonstigen Maßnahmen gleicher Wirkung zwischen den Mitgliedstaaten nach Art. 3 lit. a EGV, sowie zum anderen die Errichtung eines Systems, das den Wettbewerb innerhalb des Gemeinsamen Marktes vor Verfälschungen schützt nach Art. 3 lit. f EGV. Der Aufgabe nach Art. 3 lit. a EGV dient das Verbot der mengenmäßigen Einfuhrbeschränkungen sowie aller Maßnahmen gleicher Wirkung zwischen den Mitgliedstaaten nach Art. 30 EGV; der Aufgabe nach Art. 3 lit. f EGV dienen das Verbot aller Vereinbarungen zwischen Unternehmen, Beschlüsse von Unternehmensvereinigungen und aufeinander abgestimmten Verhaltensweisen, welche den Handel zwischen den Mitgliedstaaten zu beeinträchtigen geeignet sind und eine Verhinderung, Einschränkung oder Verfälschung des Wettbewerbs innerhalb des Gemeinsamen Marktes bezwecken oder bewirken nach Art. 85 EGV, sowie das Verbot der mißbräuchlichen Ausnutzung einer beherrschenden Stellung auf dem Gemeinsamen Markt nach Art. 86 EGV.

**62** Das *Verbot der Maßnahmen gleicher Wirkung* (Art. 30 ff. EGV) sowie die *Wettbewerbsregeln* (Art. 85 ff. EGV) sind Determinanten des Marktgeschehens im Gemeinsamen Markt. Gemeinschaftsrechtliche Zielsetzung ist ein Binnenmarkt mit freiem Warenverkehr und unverfälschtem Wettbewerb. Verbunden mit dem allgemeinen *Gleichheitssatz* (dazu *Everling*, FS für Kutscher, 1981, S. 155, 177; EuGH, Rs. 1/72, Slg. 1972, I-457, 467 – Frilli; EuGH, Rs. 125/75, Slg. 1978, 1991, 2004 – Isoglukose) verbürgen *Warenverkehrsfreiheit* und *Wettbewerbsfreiheit* dem Gemeinschaftsbürger als Wirtschaftssubjekt eine marktwirtschaftliche Wettbewerbsordnung in der EU Teil einer solchen freiheitlichen Wirtschaftsordnung ist der Rechtsschutz der Immaterialgüterrechte einschließlich des Markenschutzes. Die Territorialität der nationalen Markenschutzes in den Mitgliedstaaten birgt unausweichlich einen immanenten Konflikt zum Grundsatz der Warenverkehrsfreiheit. Das ist eine zwingende Folge der Aufteilung von Zuständigkeiten zwischen der EG und den Mitgliedstaaten.

### 2. Das Verhältnis von Warenverkehrsrecht und Wettbewerbsrecht

**63** Die Vorschriften über den freien Warenverkehr, die der Errichtung eines Gemeinsamen Marktes mit Binnenmarktverhältnissen dienen und die damit einen unbehinderten Warenumlauf innerhalb eines einheitlichen Wirtschaftsraums sicherstellen sollen, sind nach ihrer gemeinschaftsrechtlichen Systematik vom Wettbewerbsrecht der Gemeinschaft zu unterscheiden. Die Wettbewerbsregeln sollen ein System unverfälschten Wettbewerbs gewährleisten und damit allen Marktbürgern gleiche Wettbewerbsbedingungen garantieren. Die Verbote der Art. 30 ff. EGV richten sich an die einzelnen Mitgliedstaaten und erfassen deren staatliches Handeln. Sie verbieten öffentlichrechtliche Maßnahmen, die Hindernisse für den freien Warenverkehr zwischen den Mitgliedstaaten bilden. Demgegenüber richtet sich das Wettbewerbsrecht an die Unternehmen und deren privates Marktverhalten. Die Wettbewerbsregeln verbieten wettbewerbsbeschränkende Vereinbarungen und Verhaltensweisen der Marktbürger zum Schutz eines funktionsfähigen Wettbewerbs zwischen den Mitgliedstaaten vor Verfälschungen.

**64** Auch wenn diese rechtssystematisch gebotene Unterscheidung zwischen Warenverkehrsrecht und Wettbewerbsrecht nicht verwischt werden darf, so ist doch gleichwohl der enge Zusammenhang zu betonen, der zwischen den beiden Normbereichen besteht. Handelsschranken zwischen den Mitgliedstaaten, die nach den Vorschriften über den freien Warenverkehr abzubauen und zu verhindern sind, sollen nicht im Wege wettbewerbsbeschränkenden Marktverhaltens privater Marktbürger gleichsam wieder errichtet werden. Die Vorschriften über den freien Warenverkehr und die Wettbewerbsregeln, die ihre gemeinsame Grundlage in Art. 2 EGV und den dort umschriebenen Aufgaben der Gemeinschaft finden, bezwecken mit einheitlicher Zielsetzung, daß sowohl staatliche wie auch private Handelsschranken im innergemeinschaftlichen Warenverkehr und Wettbewerb beseitigt und nicht wieder aufgebaut werden. Denn den freien Warenverkehr behindernde und den Wettbewerb beschränkende Maßnahmen können in gleichem Maße Handelsschranken zwischen den Mitgliedstaaten bilden. Ihrer Verhinderung dient das gemeinsame Ziel der Sicherung einer Wettbewerbsordnung in einem Binnenmarkt.

**65** So sind zwar die Vorschriften über den freien Warenverkehr und das Wettbewerbsrecht selbständig nebeneinander anwendbar (so schon *Mestmäcker*, Europäisches Wettbewerbsrecht, 1974, S. 466, 468), denn es besteht zwischen den Art. 30 ff. EGV und den Art. 85 ff.

EGV kein Rangverhältnis im gesetzestechnischen Sinn einer Normenkonkurrenz. Doch sind zwischen beiden Normbereichen sachliche Wechselwirkungen festzustellen. Es ist deshalb gerechtfertigt und geboten, (*VerLoren van Themaat*, FS für Günther, 1976, S. 373, 384 ff.; *Hefermehl/Fezer*, in: Hefermehl/Ipsen/Schluep/Sieben, Nationaler Markenschutz, S. 102 ff.), bei der Auslegung der Vorschriften beider Normbereiche von einer *Parallelwertung zwischen Warenverkehrsrecht und Wettbewerbsrecht* auszugehen. Es geht darum, die rechtlichen Spannungslagen, die sich in einem Gemeinsamen Markt nationaler Mitgliedstaaten als Folge von Zuständigkeitsaufteilungen zwangsläufig ergeben, hinsichtlich der Freiheit des Warenverkehrs und des Wettbewerbs koordiniert anzugleichen, soweit dies gemeinschaftsrechtlich geboten und mitgliedstaatlich möglich erscheint. Ein Rückgriff auf gemeinsame Beurteilungsmaßstäbe rechtfertigt sich wegen des natürlichen Zusammenhangs und der bestehenden Wechselwirkungen zwischen Warenverkehrsfreiheit und Wettbewerbsfreiheit: gemeinschaftsrechtliche Grundfreiheiten in einer europäischen Marktwirtschaft.

### 3. Warenverkehrsrechtliche und wettbewerbsrechtliche Schranken des Markenschutzes

Wettbewerbsrecht und Warenverkehrsrecht bilden gemeinschaftsrechtliche Schranken des nationalen Markenschutzes. Das gilt allgemein für die mitgliedstaatlichen Immaterialgüterrechte. Im Verlauf der nunmehr schon dreißigjährigen Entwicklung der Rechtsprechung des EuGH zur Stellung des gewerblichen und kommerziellen Eigentums im Gemeinschaftsrecht vollzog sich eine Schwerpunktverlagerung in den zur Entscheidung stehenden Fallgestaltungen sowie in den Urteilsbegründungen vom Wettbewerbsrecht auf das Warenverkehrsrecht des EGV (*Hefermehl/Fezer*, in: Hefermehl/Ipsen/Schluep/Sieben, Nationaler Markenschutz, S. 65 ff.). Sedes materiae der Einbindung des nationalen gewerblichen und kommerziellen Eigentums in die rechtlichen Anforderungen des EGV sind in erster Linie die Vorschriften über den freien Warenverkehr.

Über die Sachgerechtigkeit dieses Lösungsweges besteht nunmehr nach anfänglich teils heftiger Kritik auch weitgehend Einigkeit. Die Erkenntnis hat sich durchgesetzt, daß das Grundproblem der territorialen Begrenzung des nationalen Markenschutzes im Gemeinsamen Markt – wie der gewerblichen Schutzrechte der Mitgliedstaaten allgemein – sowohl den tatsächlichen Erscheinungsformen wie den rechtlichen Wertungen nach im Wettbewerbsrecht der Gemeinschaft nicht umfassend einer sachgerechten Lösung zugeführt werden kann. Denn es handelt sich nicht um das allgemeine Verhältnis zwischen Wettbewerbsfreiheit und Ausschließlichkeitsrecht, sondern um das spezifisch gemeinschaftsrechtliche Problem zwischen der Territorialität mitgliedstaatlichen Rechtsschutzes und der Binnenmarktstruktur des Gemeinsamen Marktes. Erstere Fragestellung lebt zwar auch im Gemeinschaftsrecht auf, wenn es darum geht, in Fällen einer gemeinschaftsrechtlichen Verwertung der Marke die Freiheit des Wettbewerbs auch über die nationalen Grenzen der Mitgliedstaaten hinweg vor Verfälschungen durch wettbewerbsbeschränkende Vereinbarungen der Marktbürger zu schützen, letztere Fragestellung macht es aber notwendig zu entscheiden, welche Abstriche an die Einheit des Gemeinsamen Marktes aus Gründen des nationalen Markenschutzes hinzunehmen sind.

Die Wettbewerbsregeln erweisen sich vor allem deshalb als ungeeignet, das mit der Territorialität des nationalen Markenschutzes aufgeworfene Problem befriedigend zu lösen, weil die Tatbestandsmerkmale einer Vereinbarung oder einer abgestimmten Verhaltensweise nach Art. 85 I EGV sowie einer marktbeherrschenden Stellung nach Art. 86 EGV in der Mehrzahl der Fälle, in denen eine künstliche Abschottung nationaler Teilmärkte im Gemeinsamen Markt zu befürchten ist, nicht vorliegen werden (zu den Wettbewerbsregeln s. Rn 100 ff.; *Mertens de Wilmars*, GRUR Int 1976, 93, 96). An einer Vereinbarung oder abgestimmten Verhaltensweise fehlt es schon immer dann, wenn der Inhaber mehrerer nationaler Markenrechte in verschiedenen Mitgliedstaaten selbst ohne Zusammenwirken mit einem anderen Marktbürger im Gemeinsamen Markt tätig wird. Zu denken ist aber auch an solche Fälle, in denen es sich um Vereinbarungen oder Abstimmungen zwischen nicht im Wettbewerb miteinander stehenden Konzernunternehmen handelt, wenn diese als bloße Aufgabenverteilung innerhalb derselben Wirtschaftseinheit zu behandeln sind (EuGH, Rs. 22/71, Slg. 1971, 949, GRUR Int 1972, 495 – BEGUELIN Import; ausführlich zum Bestehen konzerninternen Wettbewerbs *Groeben/Thiesing/Ehlermann*, Art. 85 EWGV,

Rn 32 ff.; *Fikentscher,* Wirtschaftsrecht, Bd. I, 1983, S. 617 f.) Es ist in der Regel weder das Inverkehrbringen einer markierten Ware durch ein Konzernunternehmen noch die Lizenzierung oder Übertragung eines nationalen Markenrechts an ein Konzernunternehmen kartellrechtlich zu erfassen.

69  Wesentlich erscheint vor allem, daß es gerade der ureigene Zweck der Vorschriften über den freien Warenverkehr ist, die Einheit des Gemeinsamen Marktes vor der Errichtung künstlicher Handelsschranken zu schützen und nationale Hindernisse für den freien Warenverkehr auf ihre gemeinschaftsrechtliche Berechtigung hin zu überprüfen. Selbst solche Handelsschranken im innergemeinschaftlichen Warenverkehr, die Folge einer entsprechenden Zuständigkeitsverteilung zwischen der Gemeinschaft und den Mitgliedstaaten sind und sich insoweit notwendigerweise aus der Wahrnehmung eines mitgliedstaatlichen Regelungsvorbehalts ergeben, sind an den gemeinschaftsrechtlichen Anforderungen zu messen (s. dazu grundlegend *Ipsen,* in: Hefermehl/Ipsen/Schluep/Sieben, Nationaler Markenschutz, S. 164, 175 ff., 196 ff.; allgemein zur Kompetenzverteilung zwischen den Mitgliedstaaten und der Gemeinschaft s. *Constaninesco,* Das Recht der Europäischen Gemeinschaften, 1977, Rn 234 ff.). Allein die Vorschriften über den freien Warenverkehr sind geeignet, Marktstrategien der Inhaber nationaler Markenrechte zu erfassen, die der Abschottung nationaler Teilmärkte unter Verwendung nationaler Markenrechte dienen. Ein solcher gemeinschaftswidriger Einsatz des gewerblichen und kommerziellen Eigentums im Gemeinsamen Markt ist von den marktabschließenden Wirkungen der Schutzrechtsausübung abzugrenzen, die zur Gewährleistung der mit dem jeweiligen Immaterialgüterrecht erstrebten Ordnungsfunktion im Mitgliedstaat aus berechtigten Interessen der Markeninhaber, sonstiger Marktbürger sowie der Verbraucher verbunden ist. Formen berechtigter Schutzrechtsausübung legen die Grenzen der Warenverkehrsfreiheit im Gemeinsamen Markt offen.

### III. Die Lehre von der gemeinschaftsrechtlichen Erschöpfung

#### 1. Legitimationskontrolle mitgliedstaatlicher Handlungsziele

70  Der eigentliche Grund des gemeinschaftsrechtlichen Spannungszustands zwischen der *Warenverkehrsfreiheit,* die ein grundsätzliches Verbot nationaler Handelshemmnisse verlangt, und der *Territorialität des nationalen Markenschutzes,* der im innergemeinschaftlichen Handelsverkehr ursächlich ist für nationale Handelsschranken, ist der Vorbehalt einer *mitgliedstaatliche Regelungskompetenz* auf dem Gebiet des gewerblichen und kommerziellen Eigentums. Infolge dieser Zuständigkeitsaufteilung *(Ipsen,* in: Hefermehl/Ipsen/Schluep/Sieben, Nationaler Markenschutz, S. 164, 175 ff., 196 ff.) zwischen Gemeinschaftsrecht und mitgliedstaatlichem Regelungsvorbehalt ist die Anwendung der Vorschriften über den freien Warenverkehr auf den nationalen Markenschutz als ein Vorgang der *gemeinschaftsrechtlichen Integration* nationaler Markenrechte zu verstehen. Die gemeinschaftsrechtlichen Schranken des nationalen Markenschutzes bestehen im Hinblick auf die Erfordernisse eines freien Warenverkehrs im Gemeinsamen Markt. Die Integrationsfunktion des Warenverkehrsrechts bedeutet so eine gemeinschaftsrechtliche *Legitimationskontrolle mitgliedstaatlicher Handlungsziele (Ipsen,* in: Hefermehl/Ipsen/Schluep/Sieben, Nationaler Markenschutz, S. 49). Das gilt auch nach der Umsetzung der MarkenRL in den Mitgliedstaaten für die nationalen Markenrechtsordnungen.

#### 2. Rechtsgrundlagen

71  Rechtliche Grundlagen der gemeinschaftsrechtlichen Erschöpfungslehre sind die Vorschriften über den freien Warenverkehr (Art. 30, 36 EGV). Zweck des Warenverkehrsrechts ist es, die Einheit des Gemeinsamen Marktes vor der Errichtung künstlicher Handelsschranken zu schützen und nationale Hindernisse für den freien Warenverkehr auf ihre gemeinschaftsrechtliche Berechtigung hin zu überprüfen. Das Warenverkehrsrecht ist geeignet, Marktstrategien der Inhaber nationaler Markenrechte zu erfassen, die der Abschottung nationaler Teilmärkte unter Verwendung nationaler Markenrechte dienen. Der gemeinschaftswidrige Einsatz des gewerblichen und kommerziellen Eigentums im Gemeinsamen Markt ist von den als Folgen des Territorialitätsprinzips eintretenden marktabschließenden Wirkungen der nationalen Schutzrechtsausübung abzugrenzen, die zur Gewährleistung der

mit dem jeweiligen Immaterialgüterrecht erstrebten Ordnungsfunktion in einem Mitgliedstaat aus berechtigten Interessen der Markeninhaber, sonstiger Marktbürger sowie der Verbraucher verbunden ist. Formen berechtigter Schutzrechtsausübung legen so die beim gegenwärtigen Stand des Gemeinschaftsrechts unvermeidlichen Grenzen der Warenverkehrsfreiheit im Gemeinsamen Markt offen.

In der *HAG II*-Entscheidung (EuGH, Rs. C-10/89, Slg. 1990, I-3711, GRUR Int 1990, **72** 960ff. – HAG II) reduzierte der EuGH die gemeinschaftsrechtliche Erschöpfungslehre auf ihrem berechtigen Kern: die *Zustimmung des Markeninhabers zum Inverkehrbringen* der mit seiner Marke gekennzeichneten Ware. Die gemeinschaftsrechtliche Erschöpfung des nationalen Markenrechts tritt dann ein, wenn der Markeninhaber die Einfuhr von Waren zu verhindern sucht, die auf dem Markt eines anderen Mitgliedstaates von ihm selbst oder mit seiner Zustimmung rechtmäßig in den Verkehr gebracht worden sind.

### 3. Der spezifische Gegenstand des Markenrechts (Art. 36 S. 1 EGV)

Die frühe Rechtsprechung des EuGH zur gemeinschaftsrechtlichen Stellung der nationa- **73** len Immaterialgüterrechte im Gemeinsamen Markt war beherrscht von der Unterscheidung zwischen dem *Bestand* und der *Ausübung des Schutzrechts*. Nur die Ausübung des Schutzrechts könne einer Beurteilung nach dem Gemeinschaftsrecht unterliegen, weil über den Bestand des Schutzrechts gegenwärtig allein noch die innerstaatliche Gesetzgebung entscheide. Zwar wurde die Formel von Bestand und Ausübung des Schutzrechts auch noch in der jüngeren Rechtsprechung des Gerichtshofs beibehalten, erfuhr gleichwohl im Laufe der Rechtsprechungsentwicklung einen Bedeutungswandel, der in einem untrennbaren Zusammenhang mit der Verlagerung der maßgebenden Rechtsgrundlage von den Wettbewerbsregeln auf die Vorschriften über den freien Warenverkehr steht (s. Rn 66ff.).

Erstmals umschreibt der EuGH in der Entscheidung *Deutsche Grammophon Gesellschaft* **74** (EuGH, Rs. 78/70, Slg. 1971, 487, 497, GRUR Int 1971, 450 – Deutsche Grammophon) die zum Schutz des gewerblichen und kommerziellen Eigentums nach Art. 36 EGV gerechtfertigten Verbote oder Beschränkungen des freien Warenverkehrs dahin, daß solche Beschränkungen der Freiheit des Handels nur erlaubt sind, soweit sie zur Wahrung der Rechte berechtigt sind, die den *spezifischen Gegenstand* dieses Eigentums ausmachen. Merkmal sämtlicher Entscheidungen des EuGH in der Folgezeit ist es, Teilinhalte oder auch zunächst nur Mindestinhalte dessen aufzuzeigen, was unter gerechtfertigten, weil dem spezifischen Gegenstand des Schutzrechts dienenden Handelsschranken im freien Warenverkehr zu verstehen ist. In der *HAG II*-Entscheidung wird die Formel von Bestand und Ausübung des Schutzrechts nicht mehr verwendet. Man wird davon ausgehen dürfen, daß die Unterscheidung zwischen Bestand und Ausübung eines Immaterialgüterrechts nunmehr endgültig aufgegeben und von der inhaltlichen Konkretisierung des spezifischen Gegenstands der Immaterialgüterrechte abgelöst worden ist.

In einer Reihe von Entscheidungen hat der EuGH den *spezifischen Gegenstand des nationa-* **75** *len Markenrechts* konkretisiert (EuGH, Rs. 16/74, Slg. 1974, 1183, GRUR Int 1974, 456 – Winthrop; EuGH, Rs. 192/73, Slg. 1974, 731, GRUR Int 1974, 338 – HAG I; EuGH, Rs. 51/75, Slg. 1976, I-811ff., GRUR Int 1976, 398 – EMI; EuGH, Rs. 119/75, Slg. 1976, I-1039f., GRUR Int 1976, 402 – Terranova/Terrapin; EuGH, Rs. 102/77, Slg. 1978, I-1139, 1165, GRUR Int 1978, 599 – Hoffmann-La Roche/Centrafarm mit Anm. *Fezer*; EuGH, Rs. 3/78, Slg. 1978, I-1823, GRUR Int 1979, 99 – American Home products/Centrafarm; EuGH, Rs. 1/81, Slg. 1981, 2913, GRUR Int 1980, 302 – Vibramycin; EuGH, Rs. C-347/89, Slg. 1991, I-1763, EuZW 1991, 409 – Eurim-Pharm; EuGH, Rs. C-317/91, Slg. 1993, I-6227, GRUR Int 1994, 168 – Quattro; EuGH, Rs. C-9/93, Slg. 1994, I-2789, GRUR Int 1994, 614 – Ideal-Standard; EuGH, Rs. C-232/94, Slg. 1996, I-3671, GRUR Int 1996, 1151 – MPA Pharma/Rhône-Poulenc Pharma; EuGH, Rs. C-71/94, C-72/94, C-73/94, Slg. 1996, I-3603, GRUR Int 1996, 1150 – Eurim-Pharm/Beiersdorf; EuGH, Rs. C-427/93, C-429/93, C-436/93, Slg. 1996, I-3514, GRUR Int 1996, 1144 – Bristol-Myers Squibb/Paranova; EuGH, Rs. C-337/95, Slg. 1997, I-6013, GRUR Int 1998, 140 – Dior/Evora; EuGH, Rs. C-349/95, SLG. 1997, I-6244, GRUR Int 1998, 145 – Loendersloot/Ballantine; EuGH, Urteil vom 16. Juli 1998, Rs. C-355/96, GRUR Int 1998, 695 – Silhouette; zu den Funktionen der Marke in der Rechtsprechung des EuGH s. im einzelnen Einl, Rn 36ff.).

**76** Nach wie vor grundlegend ist die Entscheidung *Terranova* (EuGH, Rs. 119/75, Slg. 1976, 1039f., GRUR Int 1976, 402 – Terranova/Terrapin) zur *gemeinschaftsrechtlichen Erschöpfungslehre*, auch wenn diese in der *HAG II*-Entscheidung (EuGH, Rs. C-10/89, Slg. 1990, I-3711, GRUR Int 1990, 960 ff. – HAG II) durch Abkehr von *HAG I* (EuGH, Rs. 192/73, Slg. 1974, 731, GRUR Int 1974, 338 – HAG I) eine Einschränkung erfährt. Unter Rückgriff auf die Hauptfunktion der Marke, dem Verbraucher die Identität des Warenursprungs zu garantieren, rechtfertigt der EuGH den Vorrang der Warenverkehrsfreiheit dann, wenn der Markeninhaber die Einfuhr von Waren zu verhindern sucht, die auf dem Markt eines anderen Mitgliedstaates von ihm selbst oder mit seiner Zustimmung rechtmäßig in Verkehr gebracht worden sind. In der *Terranova*-Entscheidung (EuGH, Rs. 119/75, Slg. 1976, 1039f., GRUR Int 1976, 402 – Terranova/Terrapin) wurde auch dann von einer Erschöpfung des nationalen Markenrechts ausgegangen, wenn das nationale Markenrecht aus einer freiwilligen oder durch hoheitliche Zwangsmaßnahmen bewirkten Aufspaltung einer ursprungsgleichen Marke hervorgegangen ist. Dieser Teil der Erschöpfungslehre erfährt in der *HAG II*-Entscheidung eine Revision (s. Rn 85 ff., 90 ff.). Die Vorschriften über den freien Warenverkehr begrenzen den nationalen Markenschutz jedoch dann nicht, wenn zwischen den betreffenden Unternehmen keinerlei rechtliche und wirtschaftliche Abhängigkeit besteht und die nationalen Markenrechte unabhängig voneinander begründet worden sind. Schon die *Terranova*-Entscheidung (EuGH, Rs. 119/75, Slg. 1976, 1039f., GRUR Int 1976, 402 – Terranova/Terrapin) macht deutlich, daß es dem EuGH allein darum geht, künstliche Marktabschottungen im Gemeinsamen Markt zu verhindern, nicht aber die zum Schutz der berechtigten Interessen der Markeninhaber mit dem nationalen Markenschutz verbundenen, wenngleich marktaufteilenden Ausschlußwirkungen allgemein zu erfassen.

**77** Weitere Präzisierungen zum spezifischen Gegenstand des Markenrechts im Hinblick auf die Erfordernisse des freien Warenverkehrs enthält die *Hoffmann-La Roche/Centrafarm*-Entscheidung (EuGH, Rs. 102/77, Slg. 1978, 1139, 1165 – Hoffmann-La Roche/Centrafarm, GRUR 1978, 599 mit Anm. *Fezer*). Danach gehört zum spezifischen Gegenstand des Markenrechts allgemein das dem Markeninhaber eingeräumte Recht, Dritten jede Benutzung seiner Marke zu untersagen, welche die Herkunftsgarantie der Marke, verstanden als Garantie der Ursprungsidentität und als Schutz der Verbraucher vor Herkunftstäuschungen, verfälschen könnte. Der Markeninhaber kann sich insbesondere dagegen zur Wehr setzen, daß ein Importeur eines Markenerzeugnisses nach dem Umpacken der Ware die Marke ohne Zustimmung des Markeninhabers auf der neuen Umhüllung anbringt. Auch dem Schutz der Verbraucher dient es, wenn die markierte Ware nicht ohne Zustimmung des Markeninhabers im Originalzustand verändert werden darf. Die nach Art. 36 S. 1 EGV grundsätzlich anerkannte Befugnis des Markeninhabers, Dritten die Kennzeichnung umverpackter Waren mit seiner Marke zu untersagen, stellt aber dann eine verschleierte Handelsbeschränkung dar, wenn die Schutzrechtsausübung unter Berücksichtigung des vom Markeninhaber angewandten Vermarktungssystems zur künstlichen Abschottung der Märkte zwischen den Mitgliedstaaten beiträgt, das Umpacken den Originalzustand der Ware nicht beeinträchtigen kann, der Markeninhaber von dem Angebot der umgepackten Ware unterrichtet wird und auf der neuen Packung angegeben ist, von wem die Ware umgepackt wurde.

**78** Dieser Ausgangspunkt wird in der *Vibramycin*-Entscheidung (EuGH, Rs. 1/81, Slg. 1981, 2913, GRUR Int 1980, 302 – Vibramycin) bestätigt und fortgeschrieben. Danach kann der Markeninhaber einem Dritten die Einfuhr einer Ware, die in einem anderen Mitgliedstaat von einer Tochtergesellschaft des Markeninhabers hergestellt und mit seiner Zustimmung mit seiner Marke versehen worden ist, dann nicht untersagen, wenn der Importeur die Ware in der Weise umpackt, daß er lediglich die äußere Umhüllung ersetzt, ohne die innere Verpackung zu berühren, und daß er die vom Hersteller auf der inneren Verpackung angebrachte Marke durch die neue äußere Umhüllung hindurch sichtbar macht, wobei er auf der äußeren Umhüllung deutlich darauf hinweist, daß die Ware von der Tochtergesellschaft des Markeninhabers hergestellt und vom Importeur neu verpackt worden ist. Nach der *American Home Products*-Entscheidung (EuGH, Rs. 3/78, Slg. 1978, 1823, GRUR Int 1979, 99 – American Home products/Centrafarm) gehört zum spezifischen Gegenstand des Markenrechts das Recht des Markeninhabers, sich jeder unbefugten Anbringung der Marke auf seiner Ware zu widersetzen. Auch wenn der Markeninhaber die gleiche Ware in ver-

Erschöpfung  **79 § 24 MarkenG**

schiedenen Mitgliedstaaten mit verschiedenen Marken in Verkehr bringt, ist dem Importeur grundsätzlich nicht erlaubt, die angebrachte Marke zu entfernen und die eingeführte Ware mit der Inlandsmarke zu kennzeichnen. In der *Vibramycin*-Entscheidung (EuGH, Rs. 1/81, Slg. 1981, 2913, GRUR Int 1980, 302 – Vibramycin) grenzt der EuGH die Fallkonstellation einer erneuten Anbringung der Marke auf der Ware und Verpackung (so in der Entscheidung-*Hoffmann-La Roche/Centrafarm*, EuGH, Rs. 102/77, Slg. 1978, 1139, 1165, GRUR 1978, 599 – Hoffmann-La Roche/Centrafarm mit Anm. *Fezer*) von den Fallkonstellationen ab, in denen der Parallelimporteur ohne die Marke erneut auf der Ware oder der Verpackung anzubringen, nur die äußere Umhüllung eines vom Markeninhaber in einem anderen Mitgliedstaat in den Verkehr gebrachten pharmazeutischen Erzeugnisses ersetzt, und dadurch erreicht, daß die unberührt gebliebene innere Verpackung mit der vom Hersteller versehenen Marke durch die neue, äußere Umhüllung hindurch sichtbar bleibt.

In weiteren Entscheidungen bestätigt der EuGH sein Verständnis von der Hauptfunktion **79** der Marke, die darin bestehe, dem Verbraucher oder Endabnehmer die Ursprungsidentität der mit ihr versehenen Ware zu garantieren, indem ihm ermöglicht werde, diese Waren ohne Verwechslungsgefahr von Waren anderer Herkunft zu unterscheiden. Diese Herkunftsgarantie schließe ein, daß der Verbraucher oder Endabnehmer sicher sein dürfe, daß an einer ihm angebotenen, mit der Marke versehenen Ware, nicht auf einer früheren Vermarktungsstufe durch einen Dritten ohne Zustimmung des Markeninhabers ein Eingriff vorgenommen worden sei, der den Originalzustand der Ware beeinträchtigt habe (EuGH, Rs. C-232/94, Slg. 1996, I-3671, WRP 1996, 874 – MPA Pharma/Rhône-Poulenc Pharma, Rn 20 mit Anm. *Verkade*, GRUR Int 1996, 1151; EuGH, Rs. C-71/94, C-72/94, C-73/94, Slg. 1996, I-3603, WRP 1996, 867 – Eurim-Pharm/Beiersdorf, Rn 34; EuGH, Rs. C-427/93, C-429/93, C-436/93, Slg. 1996, I-3514, GRUR Int 1996, 1144 – Bristol-Myers Squibb/Paranova, Rn 47; s. das Vorlageersuchen BGH GRUR 1994, 372 – Sermion I; s. dazu *Sack*, GRUR 1977, 1). Nach dieser neueren Rechtsprechung zum Umpakken von Arzneimitteln im innergemeinschaftlichen Warenverkehr ist Art. 36 EGV dahin auszulegen, daß sich ein Markeninhaber auf die Marke berufen kann, um einen Importeur am Vertrieb eines Arzneimittels zu hindern, das vom Markeninhaber oder mit seiner Zustimmung in einem anderen Mitgliedstaat in den Verkehr gebracht worden ist, wenn dieser Importeur das Arzneimittel in eine neue äußere Verpackung umgepackt hat, durch die hindurch die auf der inneren Originalverpackung angebrachte Marke sichtbar wird oder wenn er den Inhalt und das Aussehen einer äußeren Originalverpackung verändert hat, dabei aber die vom Hersteller darauf angebrachte Marke stehengelassen hat. Dies gilt nicht, wenn die folgenden fünf Voraussetzungen *kumulativ* erfüllt sind: (1) Es ist erwiesen, daß die Geltendmachung einer Marke durch den Markeninhaber zu dem Zweck, sich dem Vertrieb der umgepackten Waren unter der Marke zu widersetzen, zu einer künstlichen Abschottung der Märkte zwischen Mitgliedstaaten beitragen würde. Dies ist insbesondere dann der Fall, wenn der Markeninhaber das gleiche Arzneimittel in unterschiedlichen Packungen in verschiedenen Mitgliedstaaten in den Verkehr gebracht hat und das Umpacken durch den Importeur zum einen erforderlich ist, um das Arzneimittel im Einfuhrmitgliedstaat vertreiben zu können, und zum anderen unter solchen Bedingungen erfolgt, daß der Originalzustand des Arzneimittels dadurch nicht beeinträchtigt werden kann. Diese Voraussetzung bedeutet nicht, daß der Importeur nachweisen muß, daß der Markeninhaber beabsichtigt hat, die Märkte zwischen Mitgliedstaaten abzuschotten. (2) Es ist dargetan, daß das Umpacken den Originalzustand der in der Verpackung enthaltenen Ware nicht beeinträchtigen kann. Dies ist insbesondere der Fall, wenn der Importeur nur Handlungen vorgenommen hat, mit denen kein Risiko einer Beeinträchtigung verbunden ist, so z.B. wenn Blisterstreifen aus ihrer äußeren Originalverpackung herausgenommen und zusammen mit einer oder mehreren Originalpackungen in eine neue äußere Verpackung umgepackt oder in eine andere Originalpackung eingelegt werden, wenn auf den äußeren Originalverpackungen oder auf den Blisterstreifen Aufkleber angebracht oder in die Verpackung neue Beipack- oder Informationszettel in der Sprache des Einfuhrstaats eingelegt werden. Das nationale Gericht hat zu beurteilen, ob beim Zerschneiden von Blisterstreifen oder beim Aufstempeln von Chargennummern auf diese so vorgegangen wird, daß jedes konkrete Risiko einer Beeinträchtigung des Originalzustands der darin befindlichen Tabletten ausgeschlossen ist. Dies ist unter anderem dann anzunehmen, wenn diese Handlungen von einer Behörde genehmigt und daraufhin überwacht werden, daß die einwandfreie Beschaffenheit der Ware gewährleistet ist. Das nationale Gericht hat außerdem zu prüfen, ob der Originalzustand der in der Verpackung enthaltenen Ware insbesondere dadurch mittelbar beeinträchtigt wird, daß die äußere oder innere Verpackung der umgepackten Ware oder ein neuer Beipack- oder Informationszettel bestimmte wichtige Angaben nicht enthält oder aber unzutreffende Angaben enthält oder daß die Verpackung der umgepackten Ware nicht so gestaltet ist, daß diese ausreichend geschützt wird. (3) Auf der neuen Verpackung ist klar angegeben, von wem das Arzneimittel umgepackt worden ist und wer der Hersteller ist. Diese Angaben müssen so aufgedruckt sein, daß sie ein normalsichtiger Verbraucher bei der Anwendung eines normalen Maßes an Aufmerksamkeit verstehen kann. Dagegen braucht nicht angegeben zu werden, daß das Umpacken ohne Zustimmung des Markeninhabers erfolgt ist. (4) Das umgepackte Arzneimittel ist nicht so aufgemacht, daß dadurch der Ruf der Marke und ihres Inhabers geschädigt werden kann. Die Verpackung darf folglich nicht schadhaft, von schlechter Qualität und unordentlich sein. Das nationale Gericht hat zu ermitteln, ob die Verpackung dadurch, daß in eine äußere Verpackung sowohl Originalpackungen als auch lose Blisterstreifen gepackt wurden, unordentlich wird und damit den Ruf der Marke schädigen kann. Hinsichtlich des Zerschneidens von Blisterstreifen hat es im Einzelfall zu beurteilen, ob dieses in einer Weise erfolgt, daß dadurch der Ruf der Marke geschädigt werden könnte. (5) Der Importeur unterrichtet den Markeninhaber vorab vom Feilhalten des umgepackten Arzneimittels und liefert ihm auf Verlangen ein Muster der umgepackten Ware (EuGH, Rs. C-232/94, Slg. 1996, I-3671, WRP 1996, 874 – MPA Pharma/Rhône-Poulenc Pharma, Rn 50; EuGH, Rs. C-71/94, C-72/94, C-73/94, Slg. 1996, I-3603, WRP 1996, 867 – Eurim-Pharm/Beiersdorf, Rn 70; EuGH, Rs. C-427/93, C-429/93, C-436/93, Slg. 1996, I-3514, GRUR 1996, 1144 – Bristol-Myers Squibb/Paranova, Rn 79). In einer richtlinienkonformen Auslegung des § 24 wendet der BGH die vom EuGH aufgestellten Abgrenzungskriterien auf die Erschöpfungsregelung des MarkenG an (den Eintritt der Erschöpfung wegen Fehlens eines Herstellerhinweises ablehnend BGH GRUR 1997, 629, 633 – Sermion II; s. auch die Parallelverfahren BGH GRUR Int 1997, 925 – MEXITIL II; BGH, Urteil vom 10. April 1997, I ZR 191/91 – KERLONE). Da eine Neukennzeichnung eines Arzneimittels auch in der Form des Umpackens erfolgen kann, werden dem Markeninhaber im Interesse der Garantie- und Vertrauensfunktion der Marke als berechtigte Gründe im Sinne des Art. 7 Abs. 2 MarkenRL weitgehende Befugnisse eingeräumt, um seine Interessen gegenüber den Belangen des freien Warenverkehrs wahren zu können. Den Importeur eines umgepackten Arzneimittels trifft nicht die Verpflichtung, neben dem Hersteller des Arzneimittels auch den Markeninhaber anzugeben, wenn dieser nicht mit dem Hersteller identisch ist (so OLG Frankfurt GRUR Int 1999, 176, 177 – Tarivid); die Informationspflicht des Importeurs gegenüber dem Markeninhaber soll aber auch dann bestehen, wenn der Importeur annehmen kann, daß der Markeninhaber anderweitig Kenntnis von dem umgepackten Arzneimittel erlangt hat. Es kommt entscheidend auch auf die *Art der Ware* an. In der Entscheidung *Loendersloot/Ballantine* (EuGH, Rs. C-349/95, SLG. 1997, I-6244, GRUR Int 1998, 145 – Loendersloot/Ballantine), die den Parallelimport von Whisky nach einer Neuetikettierung der Whiskyflaschen betrifft, überträgt der EuGH die zum Umpacken von Arzneimitteln entwickelten Voraussetzungen auf differenzierte Weise auf einen anderen Produktbereich. Hervorzuheben ist, daß der EuGH verlangt, bei der Prüfung der Zulässigkeit der Neuetikettierung von Originalerzeugnissen das Interesse des Markeninhabers zu berücksichtigen, das Luxusimage seiner Erzeugnisse und deren hervorragenden Ruf zu schützen. Gegenstand der Entscheidung *Loendersloot/Ballantine* war ferner die Beurteilung der Entfernung und Wiederanbringung bzw Ersetzung der Etiketten mit dem Ziel, die *Identifikationsnummern* zu entfernen. Der EuGH geht davon aus, daß das Entfernen der Identifikationsnummern grundsätzlich nicht erforderlich sei, um die Erzeugnisse auf den Märkten der einzelnen Mitgliedstaaten nach dem jeweiligen nationalen Recht verkehrsfähig zu machen, gleichwohl aber die Entfernung der Identifikationsnummern erforderlich sein könne, um eine künstliche Abschottung der Märkte zwischen den Mitgliedstaaten zu verhindern, die auf Schwierigkeiten der Teilnehmer am Parallelhandel beruhen könnte, sich bei Vertriebshändlern der Markeninhaberin zu versorgen, die bei Verkäufen an die Personen Sanktionen der Hersteller befürchteten. Zulässig ist die Hinzufügung von solchen Angaben auf dem Etikett einer importierten Ware, die erforderlich sind, um den Anforderungen der

Rechtsvorschriften des Einfuhrmitgliedstaates zu entsprechen, sofern weder die Ware umgestaltet noch auf dem veränderten Etikett bestimmte wichtige Angaben ausgelassen werden oder dieses unzutreffende Angaben enthält, oder wenn das Etikett durch seine Aufmachung geeignet ist, den Ruf der Marke oder ihres Inhabers zu schädigen (EuGH, Rs. C-352/95, Slg. 1997, II-1740, GRUR Int 1997, 627, 629, Rn 23 – Phyteron/Bourdon). In der Entscheidung *Dior/Evora* (EuGH, Rs. C-337/95, Slg. 1997, I-6013, GRUR Int 1998, 140 – Dior/Evora; s. Rn 7b, 10, 33) präzisiert der EuGH die Reichweite der Erschöpfung des Markenrechts im Sinne des Art. 7 MarkenRL. Nach Eintritt der Erschöpfung kann ein Dritter die Marke im Rahmen der für seine Branche üblichen Werbeformen benutzen, um der Öffentlichkeit den weiteren Vertrieb dieser Waren anzukündigen, sofern nicht erwiesen ist, daß diese Benutzung der Marke ihren Ruf im konkreten Fall erheblich schädigt, was namentlich bei Waren mit Luxus- und Prestigecharakter der Fall sein könne. In der *Silhouette*-Entscheidung (EuGH, Urteil vom 16. Juli 1998, Rs. C-355/96, GRUR Int 1998, 695 – Silhouette; s. Rn 16c) hat der EuGH in Auslegung des Art. 7 Abs. 1 MarkenRL die *EU-weite und EWR-weite Erschöpfung* des Markenrechts für die nationalen Markenrechtsordnungen der Mitgliedstaaten für *rechtsverbindlich* erklärt.

Die getroffenen Konkretisierungen beschreiben spezifische Schutzrechtsinhalte, die nach Gemeinschaftsrecht gerechtfertigt sind, und damit Teilinhalte des nationalen Markenschutzes, dem insoweit Vorrang vor der Warenverkehrsfreiheit zukommt. Dieser Ausbildung des spezifischen Gegenstands des Markenrechts steht die Ausgrenzung der allein die Isolierung der nationalen Märkte vertiefenden Wirkungen der nationalen Markenrechte gegenüber. In Frage steht somit die gemeinschaftsrechtliche Abgrenzung zwischen dem nicht gerechtfertigten Einsatz des Markenrechts als eines Instruments der Marktaufteilung zur Errichtung künstlicher Handelsschranken im Gemeinsamen Markt von den berechtigten Schutzinteressen des Markeninhabers an der Effizienz seines Markenrechts und seiner Stellung auf dem Markt. Allgemeiner wird man sagen können, daß die Präzisierung des spezifischen Gegenstandes der Immaterialgüterrechte auf die Rechtsgrundsätze der *Verhältnismäßigkeit* und *Erforderlichkeit* zurückgeführt werden kann. Der freie Warenverkehr darf nicht auf Kosten berechtigter Interessen der Markeninhaber, des Handels und der Verbraucher an einem redlichen und unverfälschten Wettbewerb durchgesetzt werden.

### 4. Identifizierungsfunktion als Produktverantwortung

In ständiger Rechtsprechung bezeichnet der EuGH die Identifizierungsfunktion der Marke als deren Hauptfunktion. Die Konkretisierung des spezifischen Gegenstands der Marke erfolgt unter Berücksichtigung dieser Markenfunktion. Dazu führt der EuGH im einzelnen aus, der spezifische Gegenstand der Marke bestehe insbesondere darin, daß ihrem Inhaber das ausschließliche Recht verliehen werde, die Marke beim erstmaligen Inverkehrbringen eines Erzeugnisses zu benutzen; dadurch werde der Markeninhaber vor Konkurrenten geschützt, die die Stellung und den Ruf der Marke durch den Vertrieb widerrechtlich mit diesem Zeichen versehener Erzeugnisse zu mißbrauchen suchten. Für die Bestimmung der genauen Reichweite dieses ausschließlichen Rechts des Markeninhabers sei die Hauptfunktion der Marke zu berücksichtigen, die darin bestehe, dem Verbraucher oder Endabnehmer die Ursprungsidentität des gekennzeichneten Erzeugnisses zu garantieren. Diese Herkunftsgarantie schließe ein, daß nur der Inhaber das Erzeugnis durch die Anbringung der Marke identifizieren dürfe. Die Herkunftsgarantie wäre gefährdet, wenn es einem Dritten gestattet wäre, die Marke auf der Ware, auch wenn sie vom Markeninhaber stamme, anzubringen.

In der *HAG II*-Entscheidung (EuGH, Rs. C-10/89, Slg. 1990, I-3711, GRUR Int 1990, 960 ff. – HAG II) betont der EuGH den Zusammenhang zwischen Marke und Wettbewerb. Was das Warenzeichenrecht angehe, sei festzustellen, daß dieses Recht ein wesentlicher Bestandteil des Systems eines unverfälschten Wettbewerbs sei, das der Vertrag schaffe und erhalten wolle. In einem solchen System müßten die Unternehmen in der Lage sein, die Kundschaft durch die Qualität ihrer Erzeugnisse oder ihrer Dienstleistungen an sich zu binden, was nur möglich sei, wenn es Kennzeichen gäbe, mit deren Hilfe sich diese Erzeugnisse und Dienstleistungen *identifizieren* ließen. Die weiteren Ausführungen des EuGH zur Präzisierung des spezifischen Gegenstands des Markenrechts sind in dieser Formulierung neu und in ihrem Inhalt weiterführend. Damit das Warenzeichen diese Aufgabe erfüllen könne, müsse es die Gewähr bieten, daß alle Erzeugnisse, die mit ihm versehen seien, *unter der Kontrolle eines einzigen Unternehmens* hergestellt worden seien, das für ihre Qualität verantwortlich gemacht werden könne.

83 In der Entscheidung-*Ideal-Standard* (EuGH, Rs. C-9/93, Slg. 1994, I-2789, GRUR Int 1994, 614 – Ideal-Standard) anerkennt der EuGH die territoriale Unabhängigkeit der nationalen Markenrechte in den verschiedenen Mitgliedstaaten der EG und bestätigt seine Feststellungen in der *HAG II*-Entscheidung (EuGH, Rs. C-10/89, Slg. 1990, I-3711, GRUR Int 1990, 960 ff. – HAG II). Das Warenzeichen könne seine Aufgabe nur erfüllen, wenn es die Gewähr biete, daß alle Erzeugnisse, die mit ihm versehen seien, unter der Kontrolle eines einzigen Unternehmens hergestellt worden seien, das für ihre Qualität verantwortlich gemacht werden könne. Das Warenzeichenrecht sei ein wesentlicher Bestandteil des Systems eines unverfälschten Wettbewerbs, das der EGV schaffen und erhalten wolle.

84 Mit diesen Aussagen des EuGH zum spezifischen Gegenstand des Markenrechts wird ein deutlicher Fortschritt im inhaltlichen Verständnis der markenrechtlichen Funktionenlehre erzielt. Die Herkunftsfunktion wird als *Produktverantwortung* verstanden (s. dazu näher *Fezer*, FS für Gaedertz, S. 153 ff.). Schon in seinen früheren Entscheidungen hatte der EuGH mit dem Begriff der Identifizierungsfunktion die Beziehungen der Marke zur Wettbewerbsordnung und zu den Verbraucherinteressen hergestellt. Allgemeiner kann man diesen Denkansatz dahin formulieren: Die Verbrauchererwartungen hinsichtlich der Eigenschaften einer markierten Ware, der Werbewert und der gute Ruf einer Marke, allgemein die mit einer Marke erworbene *Vertrauensstellung auf dem Markt* sind die rechtlich erheblichen Bezüge des Markenschutzes. Dem Verbraucher ermöglicht die Marke, die Ware nach ihren Eigenschaften zu identifizieren. Die Marke garantiert ihm die erwartete Echtheit der Ware. Dieses Verständnis von der Identifizierungs- oder Herkunftsfunktion als Produktverantwortung des Markeninhabers (Markensouveränität) korreliert mit dem Prinzip der freien Übertragbarkeit der Marke im Europäischen Binnenmarkt.

### 5. Hoheitliche Markenaufspaltungen

85 In der *HAG II*-Entscheidung (EuGH, Rs. C-10/89, Slg. 1990, I-3711, GRUR Int 1990, 960 ff. – HAG II) gibt der EuGH seine in der *HAG I*-Entscheidung (EuGH, Rs. 192/73, Slg. 1974, 731, GRUR Int 1974, 338 – HAG I) vertretene Rechtsauffassung zur *Ursprungsgleichheit aufgespaltener nationaler Markenrechte* auf. Der EuGH formuliert den neuen Rechtssatz selbst dahin: Die Art. 30 und 36 EGV stünden nationalen Rechtsvorschriften nicht entgegen, die es einem Unternehmen, das Inhaber eines Warenzeichenrechts in einem Mitgliedstaat sei, gestatteten, sich der Einfuhr gleichartiger Waren aus einem anderen Mitgliedstaat zu widersetzen, die in dem letztgenannten Staat rechtmäßig mit gleichen oder mit einem mit dem geschützten Zeichen verwechslungsfähigen Warenzeichen versehen worden seien, selbst wenn das Warenzeichen, unter dem die streitige Waren eingeführt würden, ursprünglich einer Tochtergesellschaft des Unternehmens gehörte, das sich der Einfuhren widersetze, und nach der Enteignung dieser Tochtergesellschaft von einem dritten Unternehmen erworben wurde.

86 Gegenstand der *HAG I*-Entscheidung (EuGH, Rs. 192/73, Slg. 1974, 731, GRUR Int 1974, 338 – HAG I) und *HAG II*-Entscheidung (EuGH, Rs. C-10/89, Slg. 1990, I-3711 = GRUR Int 1990, 960 ff. – HAG II) sind nationale Markenrechte, die aus einer durch *hoheitliche Zwangsmaßnahmen* bewirkten Aufspaltung einer ursprungsgleichen Marke hervorgegangen sind. Den Verfahren *HAG* lag eine Markenaufspaltung als Folge einer Sequestration und Enteignung am Ende des zweiten Weltkrieges zugrunde. Nach der *HAG II*-Entscheidung (EuGH, Rs. C-10/89, Slg. 1990, I-3711, GRUR Int 1990, 960 ff. – HAG II) kann der Rechtssatz aufgestellt werden, daß eine Markenaufspaltung durch staatliche Enteignung vor Inkrafttreten des EG-Vertrages keinen Tatbestand der gemeinschaftsrechtlichen Erschöpfung der Markenrechte darstellt. Geht man von diesem Rechtssatz aus, dann stellt die gemeinschaftsrechtliche Beurteilung unfreiwilliger Markenaufspaltungen die noch offenen Fragen nach der sachlichen und zeitlichen Reichweite dieses Rechtssatzes.

87 Zur *sachlichen Reichweite* der *HAG II*-Entscheidung ist festzustellen: Der Fall *HAG* betrifft einen Tatbestand der Enteignung. Doch ist das Feld enteignender oder enteignungsähnlicher Markenaufspaltungen weit. Unfreiwillige oder staatliche Markenaufspaltungen reichen

von Eingriffen als Kriegs- und Nachkriegserscheinungen über Beschlagnahmen in Krisenzeiten bis hin zu Maßnahmen der Verstaatlichung und Sozialisierung. Die Spannweite unfreiwilliger Markenaufspaltungen zeigt sich auch, wenn man die Auflösung einheitlicher Rechtsinhaberschaft als Folge der Insolvenz eines Konzernunternehmens in einem Mitgliedstaat in die Betrachtung miteinbezieht. Auch wenn die *HAG I*-Entscheidung (EuGH, Rs. 192/73, Slg. 1974, 731, GRUR Int 1974, 338 – HAG I) allein einen Fall der Enteignung betrifft, wird man doch davon ausgehen können, daß der EuGH die Lehre von der Ursprungsgleichheit hoheitlich aufgespaltener Markenrechte allgemein aufgegeben hat. Sicher scheint jedenfalls die Aussage, daß die gemeinschaftsrechtlichen Auswirkungen hoheitlicher Markenaufspaltungen nicht anhand der Lehre von der gemeinschaftsrechtlichen Erschöpfung der nationalen Markenrechte beurteilt werden können.

Zur *zeitlichen Reichweite* der *HAG II*-Entscheidung (EuGH, Rs. C-10/89, Slg. 1990, I-3711, GRUR Int 1990, 960 ff. – HAG II) ist zu sagen: Die *HAG II*-Entscheidung behandelt eine Enteignung, die vor Inkrafttreten des EG-Vertrages erfolgt ist. Damit stellt sich das Problem, ob hoheitliche Markenaufspaltungen, die nach Inkrafttreten des EG-Vertrages erfolgt sind oder künftig vorgenommen werden, nach den gleichen Grundsätzen zu behandeln sind. Die Rechtsprechung muß dahin verstanden werden, daß der EuGH allgemein keinen sachlichen Zusammenhang zwischen Erschöpfungslehre und Markenaufspaltung im Gemeinschaftsrecht anerkennt. Folgen einer Markenaufspaltung sind originäre Markenrechte, wenn die Markeninhaber rechtlich und wirtschaftlich vollständig voneinander unabhängig sind. 88

Nach dieser Rechtsprechung ist in der Zukunft der Einsatz hoheitlicher Markenaufspaltungen als ein Instrument zur Abschottung nationaler Märkte zwar wenig wahrscheinlich, aber nicht ausgeschlossen. Dabei ist nicht nur an die Fallgestaltung von *Zwangslizenzen* (zur warenverkehrsrechtlichen Beurteilung von Zwangslizenzen im Patentrecht s. EuGH, Rs. 19/84, Slg. 1985, 2281 ff., GRUR Int 1985, 822 ff. – Pharmon; *Demaret*, GRUR Int 1987, 1; dazu *Kleiner*, GRUR Int 1987, 229) zu denken. Die aufgeworfene Problematik ist eine völkerrechtliche und berührt die Zulässigkeit und damit rechtliche Anerkennung von staatlichen Zwangsmaßnahmen in den Mitgliedstaaten der Gemeinschaft. Ohne die allgemeine Problematik von exterritorialen Wirkungen staatlicher Hoheitsmaßnahmen im einzelnen darzustellen, ist zu erwägen, ob und inwieweit die staatliche Aufspaltung von Immaterialgüterrechten mit der Garantie des gewerblichen und kommerziellen Eigentums nach Art. 36 S. 1 EGV vereinbar ist. Schließlich ist darauf hinzuweisen, daß der mitgliedstaatliche Regelungsvorbehalt nach Art. 36 S. 1 EGV auf dem Gebiet des Immaterialgüterrechtsschutzes keine staatlichen Maßnahmen zur willkürlichen Diskriminierung oder verschleierten Handelsbeschränkung deckt. Die *hoheitliche Aufspaltung von Immaterialgüterrechten* kann einen solchen Tatbestand des allgemeinen Rechtsmißbrauchsprinzips darstellen und als eine mißbräuchliche Marktabschottung nationaler Mitgliedstaatsmärkte nach Art. 36 S. 2 EGV zu beurteilen sein (s. Rn 96 f.). 89

### 6. Privatautonome Markenaufspaltungen

**a) Originäre Markenrechte rechtlich und wirtschaftlich vollständig voneinander unabhängiger Unternehmen.** In der *Terranova*-Entscheidung (EuGH, Rs. 119/75, Slg. 1976, I-1039 f., GRUR Int 1976, 402 – Terranova/Terrapin) dehnte der EuGH die *Lehre vom gemeinsamen Ursprung der Markenrechte*, die in der *HAG I*-Entscheidung (EuGH, Rs. 192/73, Slg. 1974, I-731, GRUR Int 1974, 338 – HAG I) allein für den Fall der *hoheitlichen Markenaufspaltung durch Enteignung* entwickelt worden war, aus und übertrug den Rechtssatz auf den Fall einer *freiwilligen Aufspaltung ursprungsgleicher Marken*. Den nach den Vorschriften über den freien Warenverkehr zu behandelnden Fällen der *Zustimmung* stellte der EuGH in der *Terranova*-Entscheidung im Hinblick auf den Eintritt der gemeinschaftsrechtlichen Erschöpfung allgemein die Fälle der *Markenaufspaltung*, seien sie *freiwillig*, seien sie *unfreiwillig*, gleich; zusätzlich sind die nach dem Wettbewerbsrecht zu beurteilenden *Kartellabsprachen* zu beachten, nach denen die Schutzrechtsausübung nicht Gegenstand, Mittel oder Folge einer verbotenen *Kartellabsprache* sein darf (s. Rn 100 ff.). 90

Noch in der *HAG II*-Entscheidung (EuGH, Rs. C-10/89, Slg. 1990, I-3711, GRUR Int 1990, 960 ff. – HAG II) wurde das Problem der freiwilligen Markenaufspaltung nicht aus- 91 drücklich angesprochen. Die tragenden Erwägungsgründe der *HAG II*-Entscheidung, gerade wenn man sie im Lichte der Schlußanträge des Generalanwalts *Jacobs* (GRUR Int 1990, 962 ff.) verstand, sprachen aber dafür, daß der EuGH allgemein und einheitlich über die Lehre vom gemeinsamen Ursprung aufgespaltener nationaler Markenrechte entschieden hatte. Nach dieser Rechtsansicht entstehen auch in den Fällen einer *freiwilligen Markenaufspaltung* grundsätzlich *originäre Markenrechte*, wenn die *Markeninhaber rechtlich und wirtschaftlich vollständig voneinander unabhängig* sind. Die Wende in der Rechtsprechung des EuGH brachte die *HAG II*-Entscheidung, wenn man die Fallkonstellationen erinnert, die den beiden *HAG*-Entscheidungen des EuGH zugrundelagen. Als Folge einer Sequestration und Enteignung am Ende des Zweiten Weltkrieges hatte der deutsche Markeninhaber sein belgisches Markenrecht an der Marke *HAG* verloren. In der *HAG I*-Entscheidung (EuGH, Rs. 192/73, Slg. 1974, I-731, GRUR Int 1974, 338 – HAG I) erlaubte der EuGH die Einfuhr von HAG-Kaffee von Deutschland nach Belgien und versagte dem belgischen Markeninhaber die Berufung auf sein nationales belgisches Markenrecht zur Einfuhrverhinderung. Grundlage der Entscheidung war die *Lehre von der Ursprungsgleichheit* der Markenrechte. Folge einer Aufspaltung einer einmal einheitlichen Rechtsinhaberschaft dürfe nicht die Auflösung der Markteinheit sein. Bis zur *Terranova*-Entscheidung, in der der EuGH die Lehre von der Ursprungsgleichheit der Markenrechte auf die freiwillige und privatautonome Markenaufspaltung übertrug (s. Rn 90), konnte man die *HAG I*-Entscheidung auch dahin lesen, der enteignete Markeninhaber habe zwar ein nationales Markenrecht verloren, solle aber nicht auch noch den entsprechenden Markt verlieren. Nach der *HAG II*-Entscheidung erlaubt der EuGH dem deutschen Markeninhaber nunmehr die Berufung auf sein nationales Markenrecht zur Verhinderung der Einfuhr von HAG-Kaffee aus Belgien nach Deutschland. Man kann diese Entscheidung auch so lesen, daß dem Erwerber eines enteigneten Markenrechts nicht auch noch ein weiterer nationaler Markt zugute kommen soll (s. zu diesem im Schrifttum der siebziger Jahre diskutierten sogenannten Einbahnstraßen-Argument näher *Hefermehl/Fezer*, Der Schutz der Marke im Gemeinsamen Markt, in: Hefermehl/Ipsen/Schluepp/Sieben, Nationaler Markenschutz und freier Warenverkehr, S. 125 f.). Die Begründung des EuGH ist aber eine andere und weiterreichende. Der EuGH gibt seine Rechtsauffassung zur Ursprungsgleichheit aufgespaltener nationaler Markenrechte auf. Es gilt nunmehr der Rechtssatz, daß die hoheitliche Markenaufspaltung dann keine markenrechtliche Erschöpfung bewirkt, wenn die Markeninhaber der nationaler Markenrechte *rechtlich und wirtschaftlich vollständig voneinander unabhängige Unternehmen* sind.

**92** War in der *HAG II*-Entscheidung das Problem der freiwilligen Markenaufspaltung noch nicht ausdrücklich angesprochen worden, so anerkannte der EuGH in der *Ideal-Standard*-Entscheidung (EuGH, Rs. C-9/93, Slg. 1994, I-2789, GRUR Int 1994, 614 – Ideal-Standard; s. dazu *Hackbarth*, EuZW 1994, 472; *Lüder*, EuZW 1995, 15) endgültig die privatautonome Markenaufspaltung mehrerer internationaler Markenrechte eines Markeninhabers auf rechtlich und wirtschaftlich vollständig voneinander unabhängige Markeninhaber in verschiedenen Mitgliedstaaten. Der EuGH begründet diesen Rechtssatz namentlich mit den beiden Prinzipien der *Territorialität* und *Unabhängigkeit* der nationalen Markenrechte. Ein Verstoß gegen den Grundsatz des freien Warenverkehrs nach Art. 30 EGV liege dann nicht vor, wenn die Verwendung der Marken nicht unter einer *einheitlichen Kontrolle* stehe (zur *Produktverantwortung* des Markeninhabers s. Einl, Rn 38; *Fezer*, FS für Gaedertz, S. 153, 169). Der Inhaber der in Deutschland eingetragenen Marke *Ideal-Standard* kann den Vertrieb verwechslungsfähig gekennzeichneter Waren in Deutschland untersagen, die ein Tochterunternehmen von seiner Muttergesellschaft aus Frankreich bezieht, auch wenn die Marke von einer französischen Tochtergesellschaft der Unternehmensgruppe des deutschen Markeninhabers erworben wurde. Entscheidend stellt der EuGH auf die *Möglichkeit einer Kontrolle der Qualität der Erzeugnisse*, nicht nur auf die tatsächliche Ausübung dieser Kontrolle ab. In diesem Kontrollkriterium der Möglichkeit einer Qualitätskontrolle (Produktverantwortung des Markeninhabers; s. Rn 81 ff.) liegt die Rechtfertigung, das Inverkehrbringen durch Konzernunternehmen oder Markenlizenznehmer anders als das Inverkehrbringen durch rechtlich und wirtschaftlich vollständig voneinander unabhängige Markenerwerber zu behandeln (s. *Sack*, WRP 1998, 549). Der EuGH stellt ausdrücklich fest, der Markenveräußerungsvertrag allein gebe, wenn keinerlei wirtschaftliche Beziehungen bestünden, dem Markenveräußerer nämlich keine Möglichkeiten, die Qualität der Waren zu kontrollieren, die vom Erwerber unter der Marke vertrieben würden (EuGH, Rs. C-9/93, Slg. 1994, I-2789, GRUR Int 1994, 604 – Ideal-Standard, Rn 41).

Um die Reichweite dieses Beurteilungswandels im Markenrecht vollständig zu erfassen, muß man sich auf die Gründe besinnen, die noch der *Terranova*-Entscheidung (EuGH, Rs. 119/75, Slg. 1976, I-1039 f., GRUR Int 1976, 402 – Terranova/Terrapin) als tragend zugrunde lagen. Die gemeinschaftsrechtliche Erschöpfung abgeleiteter Markenrechte, die zu einer *Gleichbehandlung von Lizenz und Übertragung* eines nationalen Markenrechts führte, beruhte entscheidend auf dem Grundgedanken, daß niemand mehr an Rechten übertragen könne, als ihm selbst im Gemeinsamen Markt zustehen. Auf das Rechtssprichwort *nemo plus iuris transferre potest quam ipse habet* hatte erstmals die EG-Kommission in ihrer Stellungnahme im *HAG I*-Verfahren verwiesen (s. EuGH, Rs. 192/73, Slg. 1974, I-731, 735). Denn die Markenaufspaltung bewirkt eine Marktaufteilung, wenn nicht die nationalen Markenrechte auch in Händen rechtlich und wirtschaftlich unabhängiger und auch in sonstiger Weise vertraglich nicht miteinander verbundener Markeninhaber das gleiche Schicksal erleiden, wie in der Hand des Rechtsvorgängers. Anders folgt nunmehr die *Legitimität einer internationalen Markenverwertung* aus dem *Prinzip der freien Übertragbarkeit* der Marke. Dem Inhaber nationaler Markenrechte in den Mitgliedstaaten der EG ist damit durch eine Übertragung der nationalen Markenrechte an rechtlich und wirtschaftlich vollständig voneinander unabhängige Unternehmen grundsätzlich eine mitgliedstaatenweise Marktaufteilung möglich (zu den Schranken s. Rn 94 a ff.). 93

**b) Schranken mitgliedstaatlicher Marktaufteilungen durch Markenaufspaltung. aa) Ausgangspunkt.** Die freie Übertragbarkeit der Marke birgt aber auch die Gefahr, als ein Instrument zur Abschottung nationaler Märkte in den Mitgliedstaaten mißbraucht zu werden. Die Entwicklung der Rechtsprechung des EuGH zum Immaterialgüterrecht war in den letzten Jahrzehnten gekennzeichnet von dem Bestreben, die *Warenverkehrsfreiheit* im Europäischen Binnenmarkt zu gewährleisten und *künstliche Marktaufteilungen* in der EG zu verhindern. Es verwundert deshalb zunächst, daß die jüngsten Entwicklungen im europäischen Markenrecht internationale Marktaufteilungen als rechtlich zulässig erscheinen lassen. Es sind namentlich die Prinzipien der Territorialität der markenrechtlichen Erschöpfung, der Grundsatz der freien Übertragbarkeit des nichtakzessorischen Markenrechts sowie die Dinglichkeit der Markenlizenz, in deren Folge internationale Marktaufteilungen eintreten können, die zu einer Beschränkung des Waren- und Dienstleistungsverkehrs innerhalb der Europäischen Union sowie im Verhältnis der Europäischen Union zu Drittstaaten führen werden. Die Marke wird so zu einem effizienten Instrument zur markenrechtlichen Organisation von Marketingstrategien und zum Rechtsschutz von Vertriebssystemen. Es bestehen aber aus Rechtsgründen verschiedene *Schranken mitgliedsstaatlicher Marktaufteilungen*, die durch freiwillige Markenaufspaltungen entstehen können (s. Rn 94 b ff.). 94a

**bb) Wettbewerbsregeln (Art. 85, 86 EGV).** Eine *erste* Schranke solcher Strategien zur territorialen Marktabschottung im Wege der Übertragung nationaler Markenrechte bilden die *Wettbewerbsregeln* (Art. 85, 86 EGV). Das Verbot der Kartellverträge und abgestimmten Verhaltensweisen wird die aufgeworfene Problematik weithin entschärfen (s. Rn 100 ff.). Die privatautonome Markenaufspaltung als solche stellt aber keine verbotene Wettbewerbsbeschränkung dar. 94b

**cc) Zustimmungslehre.** Eine *zweite* Schranke bildet die Lehre von der gemeinschaftsrechtlichen Erschöpfung der nationalen Markenrechte auch insoweit, als sie auf den Inhalt einer Lehre von der Zustimmung des Markeninhabers zum Inverkehrbringen der markierten Ware beschränkt wird. In bestimmten Fallkonstellationen wird die *Markenrechtsübertragung* eine *Zustimmung des Markeninhabers* enthalten. Man wird aber nicht davon ausgehen können, daß eine jede Markenrechtsübertragung eine Zustimmung im Sinne der Erschöpfungslehre bedeutet (so *Oliver*, EuZW 1991, 274; zurückhaltender *Joliet*, GRUR Int 1991, 177; dazu auch *Jacobs*, GRUR Int 1990, 962). In der *Ideal-Standard*-Entscheidung weist der EuGH ausdrücklich die von der EG-Kommission vertretene Auffassung zurück, daß eine Markenrechtszession eine stillschweigende Zustimmung des Markenrechtszedenten an den Markenrechtszessionar zum Inverkehrbringen der mit der Marke gekennzeichneten Ware enthalte. Die in jeder Übertragung liegende Zustimmung entspreche nicht der Zustimmung, deren es für die Erschöpfung des Rechts bedürfe. Dafür sei erforderlich, daß der 94c

Markeninhaber im Einfuhrstaat unmittelbar oder mittelbar die Befugnisse habe, zu bestimmen, auf welchen Erzeugnissen die Marke im Ausfuhrstaat angebracht werden dürfe, und die Qualität dieser Erzeugnisse zu kontrollieren. Diese Befugnisse erlöschen, wenn der Markeninhaber durch eine Übertragung des Markenrechts die Verfügungsgewalt über die Marke an einen Dritten verliere, zu dem er in keinerlei wirtschaftlicher Beziehung stehe. Ausdrücklich beruft sich der EuGH auf die *HAG II*-Entscheidung, in der die freiwillige Markenaufspaltung als gemeinschaftsrechtlich zulässig beurteilt worden sei (s. Rn 91).

**94d**  dd) **Willkürliche Diskriminierung und verschleierte Handelsbeschränkung als Rechtsmißbrauch (Art. 36 S. 2 EGV).** Als eine *dritte* Schranke darf nach Art. 36 S. 2 EGV die Geltendmachung eines nationalen Markenrechts weder ein *Mittel zur willkürlichen Diskriminierung* noch eine *verschleierte Beschränkung des Handels* zwischen den Mitgliedstaaten darstellen. Die territoriale Marktaufteilung zwischen den Mitgliedstaaten kann unter Berücksichtigung der tatsächlichen Marktverhältnisse und des sonstigen Marktverhaltens des Markeninhabers als ein *mißbräuchliches Verhalten* zu beurteilen und damit schutzunwürdig sein (s. dazu Rn 96 f.).

**94e**  ee) **Einheitliches Markenrechtsterritorium als gemeinschaftsrechtliches Postulat oder als gemeinschaftsrechtliche Folge einer TRIPS-konformen Auslegung.** Im Europäischen Binnenmarkt wird *viertens* die Frage aufzuwerfen sein, ob eine *territoriale Markenrechtsübertragung* und damit die nationale Markenverwertung überhaupt *rechtlich zulässig* sein soll. So ist auch selbstverständlich eine gebietsweise Verwertung nationaler Markenrechte innerhalb eines Mitgliedstaates dem Markenschutz fremd. In vorbildlicher Weise hat das Benelux-Markenrecht diese Problemlösung modellhaft umgesetzt. Auch der Europäische Binnenmarkt bedarf eines *einheitlichen Markenrechtsterritoriums*.

**94f**  Man kann auch daran denken, über eine TRIPS-konforme Auslegung der MarkenRL als sekundärem Gemeinschaftsrecht, verbunden mit einer richtlinienkonformen Auslegung der nationalen Markenrechtsordnungen, die *Rechtsverbindlichkeit eines einheitlichen Markenrechtsterritorium in der EU* zu verlangen, da die Markenrechtsordnungen des Binnenmarktes dem *Liberalisierungszustand der WTO-Regeln kompatibel* zu gestalten sind. Mit einer solchen internationalrechtlichen und zugleich gemeinschaftsrechtlichen Auslegung der nationalen Markenrechtsordnungen (s. zu dieser Auslegungsmethode *Fezer*, WRP 1998, 1, 5 ff.) harmoniert ein Verständnis des *spezifischen Gegenstandes des Markenrechts* nach Art. 36 S. 1 EGV dahin, daß das Prinzip der freien Übertragbarkeit der Marke zwar anerkannt, aber um die marktaufteilende Wirkung einer *mitgliedstaatenweisen Markenverwertung durch Markenrechtszession* als einer unverhältnismäßigen Maßnahme im Europäischen Binnenmarkt entlastet wird.

**94g**  c) **Vertriebsvertragsklauseln.** Marktaufteilende Wirkungen folgen aus *Vertriebsvertragsklauseln,* deren Inhalt dahin geht, einem Vertriebshändler, der Vertragsware vertragsgemäß in Drittländern in den Verkehr zu bringen hat, die direkte Vermarktung der Vertragsware in der Gemeinschaft sowie den Reimport in die Gemeinschaft zu untersagen. Kartellrechtliche Schranken solcher marktaufteilender Vertriebsklauseln bestehen nach Art. 85 Abs. 1 EGV (s. dazu EuGH, Rs. C-306/96, GRUR Int 1998, 598 – Javico/Yves Saint Laurent; s. Rn 104a).

**94h**  d) **Codierungssysteme.** Ein funktionsfähiger Selektivvertrieb bedarf diskriminierungsfreier Schutzinstrumente gegen bestandsgefährdenden Außenseiterwettbewerb (s. dazu *Fezer*, GRUR 1999, 99, 103). Seit den Standardentscheidungen *Metro I* (EuGH, Rs. 26/76, Slg. 1977, 1835), *AEG* (EuGH, Rs. 107/82, Slg. 1983, 3151), *Metro II* (EuGH, Rs. 75/84, Slg. 1986, 3021) sowie für den Parfümeriesektor *L'Oréal* (EuGH, Rs. 31/80, Slg. 1980, 3775) und *Lancôme* (EuGH, Rs. 99/79, Slg. 1980, 2511) wird zur kartellrechtlichen Beurteilung der Rechtsschranken von Vertragsklauseln selektiver Vertriebsbindungssysteme zwischen *qualitativen* und *quantitativen Selektionskriterien* sowie *zusätzlichen Verpflichtungen* unterschieden (s. auch Gericht 1. Instanz, Rs. T-19/92, GRUR Int 1998, 149 – Leclerc; EuGH, Rs. C-230/96, GRUR Int 1998, 700 – Cabour/Arnor). Schutzinstrumente selektiven Vertriebs stellen *Garantieausschlußklauseln* und *Codierungssysteme* dar. In der *Cartier*-Entscheidung hat der EuGH zutreffend auf die Vergleichbarkeit der Auswirkungen abgestellt, die Garantiebeschränkungen nicht anders als Selektionskriterien zukommen (EuGH, Rs. C-376/92, Slg. 1994 I-15, Rn 32 – Cartier; s. auch EuGH, Rs. C-41/96, GRUR Int 1997, 907 –

V.A.G.). Die Problematik der bestandsschützenden Garantieausschlußklauseln in Vertriebsbindungsvereinbarungen ist vergleichbar der Codierung von Vertragsware zum Schutz gegen Graumarktware. Die *Codierung von Vertragsware* ist ein unabdingbares Instrument des Funktions- und Bestandsschutzes eines selektiven Distributionssystems im internationalen Produktverkehr (s. dazu *Fezer*, GRUR 1999, 99, 102; zust. *Wolter/Lubberger*, GRUR 1999, 17, 29 ff.). Aufgrund der *wettbewerbsrechtlichen* Beurteilung von *Kontrollnummernsystemen* im selektiven Vertrieb wird Codierungssystemen kein wirksamer Wettbewerbsschutz gewährt (s. zur nationalen Rechtsprechung zum Entfernen von Kontrollnummern BGH GRUR 1988, 823 – Entfernung von Kontrollnummern I; 1988, 826 – Entfernung von Kontrollnummern II; WRP 1989, 369 – Entfernung von Kontrollnummern III; 1989, 366 – Entfernung von Kontrollnummern IV; GRUR 1989, 110 – Synthesizer; s. dazu *Pauly*, WRP 1997, 15; *Baumbach/Hefermehl*, Wettbewerbsrecht, § 1 UWG, Rn 241 ff.). Nach der *Cartier*-Entscheidung des EuGH ist es längst überfällig, die wettbewerbsrechtlichen Schutzstrukturen des selektiven Vertriebs in der Rechtsprechung neu zu überdenken und funktionsfähigen Vertriebssystemen einschließlich deren Schutzinstrumenten *wettbewerbsrechtlichen* und *markenrechtlichen* Rechtsschutz zu gewähren. Die Codierung von Originalprodukten im selektiven Vertrieb eines funktionsfähigen Distributionssystems ist als solche *wettbewerbsrechtlich* zu schützen. Die *Decodierung* stellt als solche einen Tatbestand des *Behinderungswettbewerbs* dar.

In der *instanzgerichtlichen* Rechtsprechung werden *markenrechtliche* Ansprüche gegen die **94i** *Decodierung* im Hinblick auf die Rechtsprechung zu zulässigen Eingriffen in die Produktverpackung abgelehnt (HansOLG Hamburg NJW-RR 1998, 770, 771 – Chanel). Wenn aber die Decodierung als solche den Tatbestand des Behinderungswettbewerbs erfüllt, dann stellt die Marke einen legitimen Code des Selektivvertriebs dar. Der Rechtssatz von der markenrechtlichen Zulässigkeit der Decodierung von Vertragsware widerspricht auch nicht dem Rechtssatz, die Marke stelle kein Instrument der Kontrolle des Vertriebsweges dar. Der Rechtssatz besagt allein, daß nach Eintritt der Erschöpfung des Markenrechts dem Markeninhaber nicht erlaubt ist, eine Kanalisierung des weiteren Vertriebs markenrechtlich zu organisieren. Aufgabe des Markenschutzes ist es aber, in einem kartellrechtlich privilegierten Vertriebssystem den Selektivvertrieb im Interesse des Imageschutzes der Marke als einen selbständigen Vermögensgegenstand des Unternehmens zu kontrollieren. Es ist nur eine dogmatisch-systematische Frage, ob für ein decodiertes Produkt die eine Erschöpfungswirkung bewirkende Zustimmung nach § 24 Abs. 1 fehlt, oder ob die Decodierung von Vertragsware einen berechtigten Grund des Markeninhabers nach § 24 Abs. 2 darstellt, sich dem weiteren Vertrieb der decodierten Waren zu widersetzen (s. dazu Rn 7 b f.). Der markenrechtliche Schutz von Codierungssystemen ist auch mit der Rechtsprechung des EuGH zur *Entfernung von Identifikationsnummern* (EuGH, Rs. C-349/95, Slg. 1997 I-6244, GRUR Int 1998, 145 – Loendersloot/Ballentine; EuGH, Slg. 1997, I-1740, GRUR Int 1997, 627 – Phyteron/Bourdon) vereinbar (s. dazu *Fezer*, GRUR 1999, 99, 104). Codierungssysteme können einen *Mißbrauch an sich legitimer Distributionssysteme* darstellen. Das gilt etwa dann, wenn der Selektivvertrieb nur ein vorgeschobenes Scheinsystem darstellt und die Codierung als ein Instrument der Diskriminierung und Wettbewerbsbeschränkung zu beurteilen ist. Zur Abgrenzung solcher *illegitimer Codierungssysteme* kann auf die Rechtsprechung zur willkürlichen Diskriminierung und verschleierten Handelsbeschränkung nach Art. 36 S. 2 EGV zurückgegriffen werden (s. Rn 96 f.).

### 7. Weitere Fallkonstellationen der Erschöpfungswirkung und des Erschöpfungsausschlusses

Im Verhältnis des nationalen Markenschutzes zum Warenverkehrsrecht bestehen die vergleichbaren Fallkonstellationen einer Erschöpfungswirkung sowie eines Erschöpfungsausschlusses wie innerhalb eines jeden Mitgliedstaates. Das Inverkehrbringen durch den Markeninhaber selbst (s. Rn 18), das Inverkehrbringen durch ein konzernverbundenes Unternehmen (s. Rn 19) und das Inverkehrbringen mit Zustimmung des Markeninhabers (s. Rn 20 ff.) stellen die Tatbestände dar, deren Verwirklichung auch den Eintritt der gemeinschaftsrechtlichen Erschöpfung der nationalen Markenrechte bewirkt. Inwieweit *berechtigte Gründe* eines Ausschlusses der Erschöpfung gemeinschaftsrechtlich anzuerkennen sind, beurteilt sich nach dem *spezifischen Gegenstand des Markenrechts* nach Art. 36 S. 1 EGV (s. Rn 73 ff.). Das ist in der Rechtsprechung des EuGH für Produktveränderungen (s. Rn 36 ff.), wie namentlich dem Umpacken von Arzneimitteln im Falle des Parallelimports und Reimports (s. Rn 77 ff.), teilweise entschieden. Ob und inwieweit weitere berechtigte Gründe eines Erschöpfungsausschlusses, wie etwa aus Gründen einer Produktdifferenzierung (s. Rn 56 f.), unlauterer Markenbeeinträchtigung und Rufausbeutung (s. Rn 58) oder aus allgemeinen Rechtsprinzipien, wie etwa den Regeln des lauteren Wettbewerbs, dem Verbraucherschutz oder dem Grundsatz von Treu und Glauben, anzuerkennen sind, wird eine richtlinienkonforme Auslegung des nationalen Erschöpfungsgrundsatzes unter Berücksichtigung der zum Warenverkehrsrecht entwickelten Konkretisierungen des spezifischen Gegenstandes des Markenrechts ergeben (zum Verhältnis der warenverkehrsrechtlichen Rechtsprechung des EuGH zur richtlinienkonformen Auslegung der Erschöpfung nach § 24 s. Rn 59 f.).

### 8. Willkürliche Diskriminierung und verschleierte Handelsbeschränkung als Rechtsmißbrauch (Art. 36 S. 2 EGV)

**96** Nach Art. 36 S. 2 EGV darf die Geltendmachung eines nationalen Markenrechts weder ein Mittel zur willkürlichen Diskriminierung noch eine verschleierte Beschränkung des Handels zwischen den Mitgliedstaaten darstellen. Der Anwendungsbereich des *Verbots willkürlicher Diskriminierung* und *verschleierter Handelsbeschränkung* ist jedenfalls im Bereich der gewerblichen Schutzrechte dann gering, wenn man Art. 36 S. 1 EGV als die eigentliche Rechtsgrundlage zur Integration der Immaterialgüterrechte in den vom Grundsatz des freien Warenverkehrs bestimmten Gemeinsamen Markt versteht. Eine Schutzrechtsausübung, die als Mittel zu einer willkürlichen Diskriminierung von Angehörigen anderer Mitgliedstaaten oder zu einer verschleierten Beschränkung des Handels zwischen den Mitgliedstaaten dient, wird nicht nach Art. 36 Abs. 1 EGV zum Schutz eines nationalen Markenrechts gerechtfertigt sein. Die Vorschrift ist als Ausdruck des allgemeinen Rechtsmißbrauchsprinzips zu verstehen. Nach Art. 36 Abs. S. 2 EGV wird klargestellt, daß jede Benutzung einer Marke im innergemeinschaftlichen Warenverkehr unter Berücksichtigung der tatsächlichen Marktverhältnisse und des sonstigen Marktverhaltens des Markeninhabers als ein mißbräuchliches Verhalten zu beurteilen und damit schutzunwürdig sein kann (zu Art. 36 S. 2 als Mißbrauchsvorschrift s. *Hefermehl/Fezer*, in: Hefermehl/Ipsen/Schluep/Sieben, Nationaler Markenschutz, S. 54 ff., 142 ff.; *Beier*, FS für Vieregge, S. 43, 57).

**97** In der zum Umpacken von Arzneimitteln ergangenen *Hoffmann-La Roche/Centrafarm*-Entscheidung (EuGH, Rs. 102/77, Slg. 1978, I-1139, 1165, GRUR 1978, 599 – Hoffmann-La Roche/Centrafarm mit Anm. *Fezer*) umschreibt der EuGH konkret die Kriterien einer rechtsmißbräuchlichen Ausübung des Markenrechts. Danach stellt die nach Art. 36 S. 1 EGV unter normalen Umständen im Grundsatz gerechtfertigte Befugnis des Markeninhabers, eine erneute Kennzeichnung der Ware nach deren Umpacken abzuwehren, dann eine verschleierte Beschränkung des Handels zwischen den Mitgliedstaaten nach Art. 36 S. 2 EGV dar, wenn die Schutzrechtsausübung unter Berücksichtigung des vom Markeninhaber angewandten Vermarktungssystems zur künstlichen Abschottung der Märkte zwischen den Mitgliedstaaten beiträgt, das Umpackung den Originalzustand der Ware nicht beeinträchtigen kann, der Markeninhaber vor dem Angebot der umgepackten Ware unterrichtet wird und auf der neuen Packung angegeben ist, von wem die Ware umgepackt wurde. Die Unschädlichkeit des Umpackungsvorgangs, die Information des Markeninhabers und der Umpackungsvermerk sind Bedingungen, deren Vorliegen den Schluß auf eine verschleierte Handelsbeschränkung nur dann zu rechtfertigen vermögen, wenn das vom Markeninhaber gewählte Vermarkungssystem nachweislich der künstlichen Marktaufteilung dient (s. dazu näher *Fezer*, GRUR 1978, 604, 605). Die Beurteilung einer Ausübung des Markenrechts als ein Beitrag zur künstlichen Marktabschottung hängt von einer Gesamtwürdigung der besonderen Umstände des Einzelfalles ab. Eine Marktabschottung ist nur dann künstlich, wenn sie sich nicht als eine Folge der Wettbewerbslage und der auf die Marktteilnehmer einwirkenden Wettbewerbsparameter darstellt (s. dazu auch BGH GRUR 1984, 530 – Valium Roche; OLG Karlsruhe GRUR Int 1981, 567 – Valium II). Bei einer wettbewerbseigenen Marktabschottung trägt die Ausübung des Markenrechts schon objektiv nicht zur künstlichen Aufteilung der Märkte zwischen den Mitgliedstaaten bei. Das Markenrecht trägt zur Erhaltung eines auf eine künstliche Marktabschottung abzielenden Vertriebssystems nach überwiegender Auffassung im Schrifttum nur dann bei, wenn ein subjektiv zielgerichtetes und *finales Marktverhalten* des Markeninhabers gegeben ist (*Beier*, FS für Vieregge, S. 43, 49; *Kleist,* WRP 1979, 23, 26; *Röttger,* WRP 1979, 292; *Röttger,* WRP 1980, 243, 248; *Röttger,* GRUR Int 1981, 619 ff.; *Röttger,* GRUR Int 1982, 512 ff.; *van Empel,* GRUR Int 1979, 539, 542; *Brändel,* GRUR 1980, 512 ff.). Nach dieser Auffassung gehört zum Begriff der künstlichen Abschottung der Märkte (künstliche Marktaufteilung) ein *subjektives* Tatbestandsmerkmal; eine *objektive* Marktabschottung als Folge der Marktstruktur und Marktverhältnisse allein genügt nicht (richtig *Beier,* FS für Vieregge, S. 43, 49). Es wird davon auszugehen sein, daß zur Annahme einer künstlichen Marktaufteilung weder ein subjektives Tatbestandsmerkmal einer *Absicht* der Marktabschottung erforderlich ist, noch eine objektive Marktabschottung als Folge der Marktstruktur und Marktverhältnisse genügt. Entscheidend kommt es darauf an, ob das Vermarkungssystem des Markeninhabers sachlich gerechtfertigt ist 97 oder sich als eine willkürliche Maßnahme zur künstlichen Marktaufteilung darstellt (*Fezer,* GRUR 1978, 604, 605; *Hefermehl/Fezer,* in: Hefermehl/Ipsen/Schluep/Sieben, Nationaler Markenschutz, S. 37; *Baumbach/Hefermehl,* § 15 WZG, Rn 85). Das Merkmal einer *objektiven Finalität* des Vermarktungssystems zur künstlichen Abschottung der Märkte entspricht gleichsam einer Konkretisierung des Grundsatzes der Erforderlichkeit und Verhältnismäßigkeit. In diesem Sinne ist auch die jüngste Rechtsprechung des EuGH zum Umpakken von Markenwaren zu verstehen. Zu den rechtlichen Voraussetzungen einer künstlichen Marktaufteilung im Sinne des Art. 36 Satz 2 EGV, in dessen Lichte auch die MarkenRL sowie das von ihr abgeleitete nationale Markenrecht auszulegen ist, stellt der EuGH klar, daß die Verwendung des Begriffs künstliche Abschottung der Märkte nicht bedeute, daß der Importeur nachweisen müsse, daß der Markeninhaber durch das Inverkehrbringen einer identischen Ware in verschiedenen Packungen bewußt versucht habe, die Märkte zwischen Mitgliedstaaten abzuschotten. Der Gerichtshof habe durch die Feststellung, daß es sich um eine künstliche Abschottung handeln müsse, hervorheben wollen, daß sich der Inhaber stets auf seine Marke berufen kann, um sich dem Vertrieb umgepackter Waren zu widersetzen, wenn dies durch die Notwendigkeit, die Hauptfunktion der Marke zu wahren, gerechtfertigt sei; denn die sich daraus ergebende Abschottung könne in diesem Fall nicht als künstlich angesehen werden (EuGH, Rs. C-232/94, Slg. 1996, I-3671, WRP 1996, 874 – MPA Pharma/Rhône-Poulenc Pharma, Rn 29; EuGH, Rs. C-71/94, C-72/94, C-73/94, Slg. 1996, I-3603, WRP 1996, 867 – Eurim-Pharm/Beiersdorf, Rn 47; EuGH, Rs. C-427/93, C-429/93, C-436/93, Slg. 1996, I-3514, GRUR Int 1996, 1144 – Bristol-Myers Squibb/ Paranova, Rn 57). Entscheidend kommt es zur Annahme einer künstlichen Marktabschottung somit zwar nicht auf eine subjektive Absicht des Markeninhabers zur künstlichen Abschottung an; der Markeninhaber kann sich auf sein Markenrecht aber immer dann berufen, wenn dies durch die Notwendigkeit, die Hauptfunktion der Marke zu wahren, gerechtfertigt ist, weil die sich daraus ergebende Abschottung der Märkte nicht als künstlich angesehen werden kann. Die Abgrenzung zwischen dem spezifischen Gegenstand des Markenrechts und einer künstlichen Marktaufteilung ist der Unterscheidung zwischen einem zulässigen Markenabgrenzungszweck und einem unzulässigen Kartellzweck einer Abgrenzungsvereinbarung anhand einer bezweckten Marktaufteilung oder sonstigen Wettbewerbsbeschränkung vergleichbar (s. § 14, Rn 456, 457). Dabei ist davon auszugehen, daß die Wahl einer produktdifferenzierenden Vermarktung zur freien unternehmerischen Entscheidung des Markeninhaber gehört. Unterschiede in den Produkteigenschaften, die Verschiedenartigkeit der Packungseinheiten und die Uneinheitlichkeit der Preisgestaltung können ihre sachliche Rechtfertigung in den Marktverhältnissen, den Abnehmergewohnheiten, den Verbrauchererwartungen sowie dem Währungssystem finden. Auch in der Rechtsprechung des EuGH wird eingeräumt, daß *Preisunterschiede* namentlich auf dem *Arzneimittelmarkt* auf Fakten beruhen können, auf die die Markeninhaber keinen Einfluß haben, insbesondere auf divergierenden Regelungen der Mitgliedstaaten über die Festsetzung von Mindestpreisen, auf den Gewinnspannen der Arzneimittelgroßhändler und der Apotheken oder auf Höchstbeträgen für die Erstattung von Krankheitskosten im Rahmen der Krankenversicherungssysteme. Der EuGH stellt dazu aber fest, das Markenrecht diene nicht dazu, dem Markeninhaber die Möglichkeit zu geben, die nationalen Märkte abzuschotten und dadurch die Beibehaltung der eventuellen Preisunterschiede zwischen den Mitgliedstaaten zu fördern. Verfälschungen, die durch eine unterschiedliche Preisregelung in einem Mitgliedstaat verursacht würden, seien durch Maßnahmen der Gemeinschaftsbehörden auszuschalten und nicht dadurch, daß ein Mitgliedstaat Maßnahmen treffe, die mit den Bestimmungen über den freien Warenverkehr unvereinbar seien (EuGH, Rs. C-71/94, C-72/94, C-73/94, Slg. 1996, I-3603, WRP 1996, 867 – Eurim-Pharm/Beiersdorf, Rn 33). Die neuere Rechtsprechung des EuGH geht zudem dahin, Marktabschottungen aufgrund *unterschiedlicher Verpackungsgewohnheiten* in den Mitgliedstaaten nicht hinzunehmen. Ein Markeninhaber soll sich dem Umpacken der Ware in eine neue äußere Verpackung dann nicht widersetzen können, wenn die Packungen der Größe, die er in dem Mitgliedstaat, in dem der Importeur die Ware gekauft hat, verwendet, im Einfuhrmitgliedstaat nicht vertrieben werden können, insbesondere weil dort nur Packungen einer bestimmten Größe zulässig sind oder eine entsprechende nationale Praxis besteht, weil Krankenversicherungsvorschriften die Erstattung der Krankheitskosten von der Packungsgröße abhängig machten oder weil feste ärztliche Verschreibungsgewohnheiten bestünden, die unter anderem auf durch Berufsverbände und Krankenversicherungsträger empfohlenen Normgrößen beruhten. Verwendet der Markeninhaber entsprechend den Vorschriften und der Praxis im Einfuhrmitgliedstaat dort verschiedene Packungsgrößen, so könne daraus allein, daß eine dieser Größen auch im Ausfuhrmitgliedstaat vertrieben wird, nicht geschlossen werden, daß ein Umpacken der Ware nicht erforderlich sei. Es läge nämlich eine Abschottung der Märkte vor, wenn der Importeur die Ware nur auf einem beschränkten Teil des Marktes für diese Ware vertreiben könne (EuGH, Rs. C-427/93, C-429/93, C-436/93, GRUR Int 1996, 1144 – Bristol-Myers Squibb/Paranova, Rn 53, 54). Wenn die Ausübung des Markenrechts schon deshalb keinen Beitrag zur künstlichen Marktabschottung darstellt, dann entfällt schon deshalb die Annahme einer verschleierten Handelsbeschränkung und es erübrigt sich die Prüfung einer finalen Zielsetzung (EuGH, Rs. 1/81, Slg. 1981, I-2913, GRUR Int 1980, 302 – Vibramycin; BGH GRUR 1984, 530 – Valium Roche).

### 9. Außenbeziehungen der EG und des EWR

**98**   **a) Import aus Drittstaaten.** Der territoriale Geltungsbereich des Verbots der Maßnahmen gleicher Wirkung nach den Art. 30 und 36 EGV erstreckt sich nur auf die *Mitgliedstaaten der EG* und auf die *Vertragsstaaten des EWR* (s. Rn 15), nicht aber auf deren Verhältnis zu dritten Ländern in den Außenbeziehungen der EG. Der EuGH geht in *EMI*-Entscheidung (EuGH, Rs. 51/75, Slg. 1976, I-811 ff., GRUR Int 1976, 398 – EMI Record/CBS-Schallplatten) zu Recht davon aus, daß es nach den Bestimmungen über den freien Warenverkehr dem Inhaber eines nationalen Markenrechts in den Mitgliedstaaten nicht verboten ist, sein Markenrecht auszuüben, um einem Dritten die Einfuhr einer gleich oder verwechslungsfähig gekennzeichneten Ware aus einem dritten Land zu untersagen. Die *EMI*-Entscheidung, die erstmals eine nicht auf den Gemeinsamen Markt beschränkten Sachverhalt betraf, behandelt aber nicht ausdrücklich die Frage, welche gemeinschaftsrechtlichen Folgen eintreten, wenn der Markeninhaber selbst die markierte Ware außerhalb des Gemeinsamen Marktes in Verkehr bringt. Dazu ist festzustellen, daß die Verhinderung der Wareneinfuhr aus einem dritten Land die Einheit des Gemeinsamen Marktes, deren Erhaltung die Art. 30 und 36 EGV bezwecken, nicht in Frage stellt. Die Markteinheit wird selbst dann nicht berührt, wenn der Markeninhaber die Einfuhr einer Ware verhindert, die von ihm selbst oder mit seiner Zustimmung in einem dritten Land außerhalb des Gemeinsamen Marktes in Verkehr gebracht worden ist (*Baumbach/Hefermehl*, § 15 WZG, Rn 86; *Fezer*, FS für Gaedertz, S. 153, 163). Die Rechtslage nach dem WZG war nur deshalb anders, weil die ständige Rechtsprechung von einer internationalen Erschöpfung der nationalen Markenrechte ausging (s. Rn 13 f.). Die europarechtliche Erschöpfung nach § 24 stimmt sowohl mit der warenverkehrsrechtlichen Rechtsprechung des EuGH als auch mit den verbindlichen Vorgaben der MarkenRL überein. Der EuGH hat in der *Silhouette*-Entscheidung in Auslegung des Art. 7 Abs. 1 MarkenRL die *EU-weite* und *EWR-weite Erschöpfung des Markenrechts* für die nationalen Markenrechtsordnungen der Mitgliedstaaten für rechtsverbindlich erklärt (EuGH, Urteil vom 10. Juli 1998, Rs. C-355/96, GRUR Int 1998, 695 – Silhouette; s. Rn 7, 16c). Nach der Grundsatzentscheidung *Gefärbte Jeans*, in der der BGH zu

Recht nach Inkrafttreten des MarkenG den Grundsatz der internationalen Erschöpfung des Markenrechts zugunsten einer auf den Europäischen Wirtschaftsraum beschränkten Erschöpfungswirkung aufgegeben hat (BGHZ 131, 308 – Gefärbte Jeans; s. Rn 7, 16), kann der Markeninhaber Importe in die EG und den EWR aus Drittstaaten auch dann verhindern, wenn die Ware in dem Drittstaat von ihm selbst oder mit seiner Zustimmung in Verkehr gebracht worden ist.

**b) Import aus Drittvertragsstaaten (Freihandelsabkommen).** In Verträgen der EG mit dritten Ländern (Drittvertragsstaaten) finden sich häufig Vorschriften, die ein Verbot von Maßnahmen gleicher Wirkung zwischen den Mitgliedstaaten, ähnliche Verbotsbestimmungen oder auch nur Einbeziehungs- oder Verweisungsklauseln hinsichtlich der Art. 30 ff. EGV enthalten (s. zu den verschiedenen Formen vertraglicher Beziehungen der Gemeinschaft zu dritten Ländern in diesem Zusammenhang im einzelnen *Tilmann*, RIW/AWD 1975, 479, 484; *Winkel*, NJW 1977, 1992, 1995; zum Verbot der Maßnahmen gleicher Wirkung aufgrund autonomer Maßnahmen der Gemeinschaft s. *Winkel*, NJW 1977, 1992, 1996; ferner *Sedemund*, EuR 1977, 165, 167 f.; allgemein *Duric*, Die Freihandelsabkommen EG/EFTA, S. 15 ff.). Es stellt sich das Problem, ob solche dem Verbot der Maßnahmen gleicher Wirkung entsprechenden oder vergleichbaren Regelungen bewirken, daß im *Verhältnis der Mitgliedstaaten zu den Drittvertragsstaaten* die vom EuGH zur Auslegung der Art. 30 und 36 EGV entwickelten Grundsätze anzuwenden sind. Dabei handelt es sich nicht in erster Linie um eine Problematik des Immaterialgüterrechtsschutzes, sondern um eine der bei einer Vielzahl der sonstigen von dem Verbot der Maßnahmen gleicher Wirkung betroffenen Fallkonstellationen. Die wissenschaftliche Auseinandersetzung zu diesem Problemkreis kennzeichnet ein breites Meinungsspektrum (s. dazu aus der Sicht des Freihandelsabkommens mit der Schweiz *Schluep*, in: Hefermehl/Ipsen/Schluep/Sieben, Nationaler Markenschutz, S. 227, 251 ff.). Im Bereich des Markenschutzes werden Differenzierungen zwischen den einzelnen Vertragsklauseln unterschiedlichen Inhalts, dem jeweiligen Zweck der konkreten Verträge sowie den Fallkonstellationen der warenverkehrsrechtlichen Rechtsprechung des EuGH vorgeschlagen (so *Tilmann*, RIW/AWD 1975, 479, 484 f.; s. dazu *Hefermehl/Fezer*, in: Hefermehl/Ipsen/Schluep/Sieben, Nationaler Markenschutz, S. 154 f.). Es wird aber ein *im Grundsatz einheitliche Behandlung geboten* sein. Bilaterale und multilaterale Verträge zwischen den Mitgliedstaaten und dritten Ländern regeln allein die Beziehungen zwischen den vertragsschließenden Staaten. Auf die Verletzung solcher Vertragsbestimmungen, die die Freiheit des Warenhandels betreffen, können die Staaten mit *handelspolitischen Maßnahmen* reagieren. Die Art. 30 ff. EGV dienen der Errichtung und Gewährleistung eines einheitlichen Gemeinsamen Marktes als Binnenmarkt auf der Grundlage des EGV in seiner Gesamtheit. Ein solch umfassender Zweck ist im allgemeinen nicht Grundlage der in Betracht kommenden Verträge mit dritten Ländern. Die Anwendung der Grundsätze der gemeinschaftsrechtlichen Erschöpfung der nationalen Markenrechte auf das Verhältnis der Mitgliedstaaten zu Vertragsstaaten ist nicht gerechtfertigt und würde einen Überschuß an Gemeinschaftsrecht in die Vertragsbeziehungen einbringen, es sei denn, daß der Regelungszweck des konkreten Vertrages weitergeht. In einer zu den Art. 14, 23 des *Freihandelsabkommens zwischen der EWG und der Portugiesischen Republik* (Verordnung (EWG) Nr. 2844/72 des Rates vom 19. Dezember 1972, ABl. EG Nr. L 301/164, S. 164) ergangenen Entscheidung, deren Gegenstand das Urheberrecht war und die den Sachverhalt eines Imports von Schallplatten von Portugal in das Vereinigte Königreich ohne Genehmigung des Inhabers der Urheberrechte oder seines ausschließlichen Lizenznehmers im Vereinigten Königreich betraf, lehnte der EuGH eine Übertragung der aus den Art. 30, 36 EGV abgeleiteten Rechtssätzen zur gemeinschaftsrechtlichen Erschöpfung auf das System des Freihandelsabkommens ab (EuGH, Rs. 270/80, Slg. 1982, I-329, GRUR Int 1982, 372 – Polydor/Harlequin). Die Ähnlichkeit im Wortlaut der Regelungen des FHA und des EGV sei kein ausreichender Grund, die Rechtsprechung des EuGH zum EGV auf das System des Freihandelsabkommens zu übertragen. Das FHA verfolge nicht die gleiche Zielsetzung wie der EGV, der auf die Schaffung eines Binnenmarktes gerichtet sei. In der zu den Art. 13, 20 des *Freihandelsabkommens zwischen der Europäischen Wirtschaftsgemeinschaft und der Republik Österreich* (Verordnung (EWG) Nr. 2836/72 des Rates vom 19. Dezember 1972, ABl. EG Nr. L 300, S. 1) ergangenen *Adalat*-Entscheidung, deren Gegenstand das Markenrecht war und die den

Sachverhalt eines Parallelimports von Arzneimitteln von Österreich nach Deutschland betraf, erwog der EuGH die Übertragung der Rechtsprechung des Gerichtshofs zu den Art. 30 und 36 EGV auf den Anwendungsbereich des Freihandelsabkommens, konnte die Rechtsfrage aber offen lassen, da er die Art. 13 und 20 FHA originär zur Entscheidung des Sachverhalts auslegte (EuGH, Rs. C-207/91, Slg. 1993, I-3723, Rn 24 – Adalat). Der EuGH legte Art. 13 und 20 FHA dahin aus, daß es unzulässig sei, daß die Gesundheitsbehörde eines Mitgliedstaats ein Arzneimittel aus Österreich, das in allen Punkten mit einem von dieser Gesundheitsbehörde bereits zugelassenen Arzneimittel identisch sei, nur unter der Voraussetzung zum Verkehr zulasse, daß der Parallelimporteur Unterlagen vorlege, die dieser Behörde bereits vom Hersteller des Arzneimittels beim ersten Antrag auf Zulassung zum Verkehr vorgelegt worden seien. Selbst unter der Annahme, daß sich die Rechtsprechung des EuGH zum Verbot der Maßnahmen gleicher Wirkung nicht auf die Auslegung der Art. 13 und 20 FHA übertragen lasse, genügte dem EuGH die Feststellung, daß die deutsche Gesundheitsbehörde in keiner Weise auf eine Zusammenarbeit mit den österreichischen Behörden angewiesen war, da sie bereits über alle erforderlichen Informationen über das fragliche Arzneimittel verfügte und die Übereinstimmung des eingeführten Arzneimittels mit dem zugelassenen Arzneimittel unstreitig war. In der zu den Art. 13, 20 des *Freihandelsabkommens zwischen der Europäischen Wirtschaftsgemeinschaft und der Schweiz* (Verordnung (EWG) Nr. 2840/72 des Rates vom 19. Dezember 1972 ABl. EG Nr. L 300, S. 188) ergangenen *OMO*-Entscheidung entschied das Schweizerische Bundesgericht, daß diese Vorschriften nicht anzuwenden seien, da das Freihandelsabkommen anders als der EGV kein unmittelbar anwendbares Recht enthalte (Schweiz. BGE 105 II 60 – OMO; zum FHA s. auch EuGH, Rs. 65/79, Slg. 1980, 1345, NJW 1980, 2005 – Chatain; EuGH, Rs. 218/83, Slg. 1984, 3105 – Les Rapides Savoyards). Diese Rechtsauffassung, nach der eine den gemeinschaftsrechtlichen Grundsätzen zur Erschöpfung des Markenrechts entsprechende Auslegung der Regelungen des FHA abgelehnt wurde, ist im schweizerischen Schrifttum auf starke Kritik gestoßen (s. dazu nur *David*, Schweizerisches Markenschutzgesetz, Art. 13 MSchG, Rn 19; *Cottier*, SMI 1995, 37; gegen eine entsprechende Auslegung auch *Knaak*, GRUR Int 1998, 526, 527; aA *Sack*, RIW 1994, 897, 909). Gegenstand der Entscheidung war die Verhinderung von Drittimporten durch eine schweizerische Konzerntocher als Inhaberin der Schweizer Marke, wenn der Konzern in Deutschland und in der Schweiz ein Produkt unter der gleichen Marke von nationalen Tochtergesellschaften auf den Markt bringt. Auch das OLG Stuttgart lehnt den Eintritt der Erschöpfung im Verhältnis der Bundesrepublik Deutschland zur Schweiz aufgrund der Art. 13, 20 FHA ab, die zwar inhaltlich vergleichbare Regelungen wie Art. 30, 36 EGV enthielten, es sich beim FHA aber um ein bilaterales Handelsabkommen unter Staaten handele, während durch die Vorschriften des EGV ein gemeinsamer Binnenmarkt geschaffen werden solle (OLG Stuttgart, Urteil vom 17. Oktober 1997, 2 U 80/97 – ALRODO). Der Umstand, daß die Schweiz und das zum EWR gehörende Liechtenstein einen *einheitlichen Wirtschaftsraum* bildeten, und daß der Markeninhaber einen Abnehmer in beiden Ländern beliefere, ändere nichts daran, daß in bezug auf die vom Markeninhaber in der Schweiz an diesen Abnehmer ausgelieferten Waren eine Erschöpfung in der EG und im EWR, denen die Schweiz nicht angehöre, nicht eingetreten sei.

## D. Wettbewerbsregeln (Art. 85, 86 EGV)

### I. Ausgangspunkt

**100** Die zentrale Bedeutung, die das Warenverkehrsrecht für die Ausbildung gemeinschaftsrechtlicher Schranken des nationalen Markenschutzes erlangt hat (s. Rn 63 ff.), darf nicht darüber hinwegtäuschen, daß auch die *Wettbewerbsregeln* einen eigenständigen Anwendungsbereich auf dem Gebiet der Schutzrechtsausübung behalten werden. Die Wettbewerbsregeln sind die eigentliche Rechtsgrundlage zur gemeinschaftsrechtlichen Begrenzung von *Vereinbarungen* und *Abstimmungen* über die Verwertung der nationalen Markenrechte im Gemeinsamen Markt zwischen mehreren Unternehmen in verschiedenen Mitgliedstaaten der Gemeinschaft. Abgesehen von den unterschiedlichen Tatbestandsvoraussetzungen und

Regelungszwecken zwischen Wettbewerbsrecht und Warenverkehrsrecht spielen bei der praktischen Umsetzung der gemeinschaftsrechtlichen Verbote im wesentlichen zwei Umstände eine Rolle. Zum einen ist die Zuständigkeit für die Anwendbarkeit des Wettbewerbsrechts der Gemeinschaft bei der Kommission konzentriert. Zum anderen und vor allem reicht der örtliche Anwendungsbereich der Wettbewerbsregeln weiter als der der Vorschriften der Art. 30 ff. EGV, die auf den freien Warenverkehr innerhalb der Gemeinschaft beschränkt sind. Art. 85 EGV erfaßt auch *Marktaufteilungen kontinentalen Ausmaßes*, wenn die Verwendung der nationalen Markenrechte der Aufteilung der Märkte zwischen dem Gebiet der EG und dem Staatsgebiet von Drittländern dient, sofern nur die Tatbestandsmerkmale der Wettbewerbsregeln im übrigen erfüllt sind. Dazu genügt aber nicht schon die Übertragungsvereinbarung als solche (*Johannes*, GRUR Int 1975, 111, 117; *Johannes*, Gewerblicher Rechtsschutz und Urheberrecht im Europäischen Gemeinschaftsrecht, 1973, S. 36; zu weitgehend *Ullrich*, GRUR Int 1975, 291, 299). Die Möglichkeit einer solchen Isolierung des Gemeinsamen Marktes insgesamt im Wege eines Kartells von Unternehmen innerhalb des Gemeinsamen Marktes mit Wettbewerbern in Drittländern wird auch vom EuGH nicht ausgeschlossen (EuGH, Rs. 51/75, Slg. 1976, 811 ff., GRUR Int 1976, 398 – EMI Record/CBS-Schallplatten).

## II. Ausübung eines Markenrechts

Die *Ausübung eines nationalen Markenrechts* als solche ist kartellrechtlich neutral. Die Merkmale einer Wettbewerbsbeschränkung erfüllt die Ausübung eines nationalen Markenrechts nach einer in der Rechtsprechung des EuGH verwendeten und weithin anerkannten Abgrenzungsformel nur dann, wenn die Ausübung des Markenrechts *Gegenstand, Mittel* oder *Folge* einer vom Vertrag verbotenen Kartellabsprache ist (EuGH, Rs. 40/70, Slg. 1971, 69, 83, GRUR Int 1971, 279 – Sirena/Novimpex; EuGH, Rs. 78/70, Slg. 1971, I-487, 499, GRUR Int 1971, 450 – Deutsche Grammophon; EuGH, Rs. 119/75, Slg. 1976, 1039, GRUR Int 1976, 402 – Terranova/Terrapin). Die Immaterialgüterrechte als solche sind allgemein mit keiner der Kartellformen des Art. 85 Abs. 1 EGV verwandt.

## III. Vereinbarungen und Abstimmungen über ein Markenrecht

Anders als die Ausübung eines Markenrechts als solche unterfallen *Vereinbarungen* oder *Abstimmungen* über die Verwertung gewerblicher Schutzrechte dann dem Anwendungsbereich des Kartellverbots, wenn sie sich als private Maßnahmen der Marktbürger zur Beschränkung des Wettbewerbs darstellen. Bei Vorliegen solcher wettbewerbsbeschränkender Inhalte von Vereinbarungen oder Abstimmungen über nationale Markenrechte ist das Kartellverbot auf die Schutzrechtsausübung selbst und damit auf die Geltendmachung des Ausschließlichkeitsrechts anzuwenden. Zur Abgrenzung kartellrechtswidriger von kartellrechtskonformen Vereinbarungen über nationale Markenrechte verwendet der EuGH die bekannte *Mißbrauchs*-Formel. In der *Grundig/Consten*-Entscheidung (EuGH, Rs. 56, 58/64, Slg. 1966, 321, 394, GRUR Int 1966, 580 – Grundig/Consten) stellt der Gerichtshof erstmals fest, es sei mit der Wettbewerbsordnung der Gemeinschaft unvereinbar, daß die sich aus dem Warenzeichenrecht der verschiedenen Staaten ergebenden Ansprüche zu Zwecken mißbraucht werden, die dem Kartellrecht der Gemeinschaft zuwiderlaufen. In der *Toltecs/Dorcet II*-Entscheidung (EuGH, Rs. 35/83, Slg. 1985, 363, GRUR Int 1985, 399 ff. – Toltecs/Dorcet II; kritisch aus markenrechtlicher Sicht *Schwanhäusser*, GRUR Int 1985, 816), deren Gegenstand die kartellrechtlichen Schranken von Abgrenzungsvereinbarungen über Markenrechte sind, greift der EuGH erneut zur Grenzziehung auf den Mißbrauch des Markenrechts zurück. Ausgangspunkt des Gerichtshofs ist der Grundsatz der gemeinschaftsrechtlichen *Anerkennung von Abgrenzungsvereinbarungen*. Unter Betonung ihrer Zweckmäßigkeit erachtet der EuGH warenzeichenrechtliche Abgrenzungsvereinbarungen dann als kartellrechtlich zulässig, wenn durch sie im beiderseitigen Interesse der Parteien der jeweilige Benutzungsumfang ihrer Zeichen festgelegt wird, um Verwechslungen und Konflikte zu vermeiden (s. auch *Harte-Bavendamm/v. Bomhard*, GRUR 1998, 530, 532 ff.).

**103** Dem vom EuGH formulierten Rechtssatz ist uneingeschränkt zuzustimmen. Er ist für die Markenrechtspraxis von unschätzbarem Wert. Abgrenzungsvereinbarungen, die bezwecken, die Schutzbereiche ähnlicher Marken verschiedener Markeninhaber vertraglich gegeneinander abzugrenzen, sind ein unabdingbarer Bestandteil eines funktionsfähigen Markenwesens. Sie dienen der gütlichen Beilegung einer Auseinandersetzung der Markeninhaber über die Reichweite des Schutzumfangs ihrer Markenrechte (s. § 14, Rn 453 ff.). Ihr Zweck ist nicht auf die Herbeiführung einer Marktaufteilung oder einer sonstigen Wettbewerbsbeschränkung gerichtet, auch wenn mit der praktischen Anwendung der Abgrenzungsvereinbarung unvermeidbar marktaufteilende oder wettbewerbsbeschränkende Auswirkungen verbunden sein mögen. Die Abgrenzungsvereinbarung als solche stellt keine private Maßnahme zur Wettbewerbsbeschränkung dar.

**104** Diese Feststellung schließt indessen nicht aus, eine Abgrenzungsvereinbarung in concreto am Kartellverbot zu messen, und einen weitergehenden Inhalt, der über den eigentlichen Abgrenzungszweck hinausgeht, als kartellrechtswidrig unter Art. 85 Abs. 1 EGV zu subsumieren. Die *positiven* Inhaltsmerkmale einer kartellrechtlich zulässigen Abgrenzungsvereinbarung kann man nach der Formel des EuGH dahin umschreiben: Regelung des Umfangs der Markenbenutzung, Vermeidung einer Markenkollision und Beiderseitigkeit der Vertragsparteiinteressen. Die *negativen* Inhaltsmerkmale einer kartellrechtlich unzulässigen Abgrenzungsvereinbarung bestimmt der EuGH (EuGH, Rs. 35/83, Slg. 1985, I-363, GRUR Int 1985, 399 ff. – Toltecs/Dorcet II) dahin: Sie bezwecken (auch) Marktaufteilungen oder andere Wettbewerbsbeschränkungen. In casu ging der Zweck der Abgrenzungsvereinbarung über den zulässigen Zweck einer Markenabgrenzung hinaus und umfaßte auch den Zweck einer Wettbewerbsbeschränkung. Ein solcher wettbewerbsbeschränkender Inhalt einer Abgrenzungsvereinbarung liegt nach Ansicht des EuGH insbesondere dann vor, wenn die Vereinbarung einseitig nur der einen Partei Verpflichtungen auferlegt, die praktisch allein auf die Kontrolle des Vertriebs ihrer Waren und nicht auf den Schutz eines wirtschaftlich erheblichen Warenzeichens der anderen Partei zielen. Die insbesondere-Formulierung des EuGH macht deutlich, daß der vorliegende und zu entscheidende Sachverhalt nur beispielhaft einen kartellrechtswidrigen Zusatzzweck einer Abgrenzungsvereinbarung umschreibt. Die Unterscheidung zwischen zulässigem *Markenabgrenzungszweck* und unzulässigem *Kartellzweck* einer Abgrenzungsvereinbarung anhand einer bezweckten Marktaufteilung oder sonstigen Wettbewerbsbeschränkung weist offensichtliche Parallelen der rechtlichen Wertung auf, wie sie der Rechtsprechung des EuGH zum Warenverkehrsrecht mit der Unterscheidung zwischen dem spezifischen Gegenstand des Markenrechts und einer künstlichen Marktaufteilung zugrundeliegen (s. Rn 96 f.).

**104a** Die kartellrechtliche Beurteilung marktaufteilender Wirkungen von *Vertriebsvertragsklauseln* bestimmt sich nach Art. 85 Abs. 1 EGV. Der Inhalt solcher Klauseln geht dahin, einem Vertragshändler, der Vertragsware vertragsgemäß in Drittländern in den Verkehr zu bringen hat, die direkte Vermarktung der Vertragsware in die Gemeinschaft sowie den Reimport in die Gemeinschaft zu untersagen. Der EuGH beurteilt die *kartellrechtlichen Schranken marktaufteilender Vertriebsklauseln* dahin (EuGH, Rs. C-306/96, GRUR Int 1998, 598 – Javico/Yves Saint Laurent): Auch wenn solche Klauseln ihrem Wesen nach keine Verhinderung, Einschränkung oder Verfälschung des Wettbewerbs innerhalb des Gemeinsamen Marktes im Sinne des Art. 85 Abs. 1 EGV bezweckten, habe das nationale Gericht dennoch zu prüfen, ob sie eine solche nicht bewirkten. Bei dieser Beurteilung der Wirkungen solcher Vereinbarungen ist der ihnen zugrunde liegende wirtschaftliche und rechtliche Zusammenhang zu berücksichtigen. Das gilt insbesondere auch für den Umstand, daß innerhalb der Gemeinschaft ein *selektives Vertriebssystem* aufgebaut worden sei, für das eine Freistellungsentscheidung vorliege. Es besteht weder ein *freies Vertriebsrecht* des für Drittstaaten autorisierten Vertriebshändlern in der Gemeinschaft, noch besteht ein *allgemeines Reimportrecht*. Der EuGH anerkennt vielmehr das berechtigte Anliegen eines vertriebsbindenden Herstellers, die Durchdringung eines außerhalb der Gemeinschaft gelegenen Marktes durch den Absatz einer ausreichenden Menge von Vertragserzeugnissen auf diesem Markt zu sichern. Das ist nichts anderes als die kartellrechtliche Anerkennung eines *Investitionsschutzes durch Distributionssysteme* innerhalb des EWR zur *Erschließung von Drittlandsmärkten*. Allerdings formuliert der EuGH eine für die Zukunft bedeutsame Einschränkung dahin, daß solche Klauseln in Vertriebsbindungsvereinbarungen bei Vorliegen besonderer Umstände

Wettbewerbsschranken bewirken können. *Schranken marktaufteilender Vertriebsklauseln* können dann bestehen, wenn (1) der Gemeinschaftsmarkt der betreffenden Erzeugnisse durch eine *oligopolistische Struktur* gekennzeichnet ist, (2) ein *spürbarer Unterschied* zwischen den innerhalb und den außerhalb der Gemeinschaft *praktizierten Preisen* der Vertragserzeugnisse besteht und (3) der *innergemeinschaftliche Handel deshalb spürbar beeinträchtigt* ist, weil die zur Ausfuhr auf Märkte außerhalb der Gemeinschaft bestimmten Erzeugnisse nicht nur einen unbedeutenden Prozentsatz des Gesamtmarktes dieser Erzeugnisse im Gebiet des Gemeinsamen Marktes ausmachen.

## IV. Mißbräuchliche Ausübung einer marktbeherrschenden Stellung

Vergleichbar der Rechtslage, daß die Ausübung eines nationalen Markenrechts als solche 105 keinen kartellrechtserheblichen Tatbestand nach Art. 85 Abs. 1 EGV darstellt (s. Rn 101), ist auch für Art. 86 EGV eine entsprechende Beurteilung geboten. Wohl genießt der Markeninhaber im Geltungsbereich seines nationalen Markenrechts eine Sonderstellung, aufgrund derer er einem Dritten verbieten kann, im Hoheitsgebiet des betreffenden Mitgliedstaates solche mit der Marke gekennzeichneten Waren zu vertreiben. Aus der Ausschließlichkeitsbefugnis des nationalen Markenrechts allein folgt nicht das *Bestehen einer marktbeherrschenden Stellung*. Es müssen vielmehr weitere zusätzliche Umstände vorliegen, die den Schluß auf eine marktbeherrschende Stellung rechtfertigen. Von einer solchen kann auszugehen sein, wenn dem Markeninhaber die Macht zukommt, die Aufrechterhaltung eines wirksamen Wettbewerbs auf einen erheblichen Teil des zu berücksichtigenden Marktes zu verhindern (EuGH, Rs. 40/70, Slg. 1971, I-69, 83, GRUR Int 1971, 279 – Sirena/Novimpex). Das ist aber dann ausgeschlossen, wenn mehrere Unternehmen mit ähnlicher wirtschaftlicher Macht auf dem Markt mit dem Markeninhaber konkurrieren (EuGH, Rs. 51/75, Slg. 1971, 811, GRUR Int 1976, 398 – EMI Record/CBS-Schallplatten, Rn 33).

Zu Recht geht der EuGH ferner davon aus, daß die Einfuhrverhinderung im Wege der 106 Ausübung eines nationalen Markenrechts zudem keine *mißbräuchliche Ausnutzung einer marktbeherrschenden Stellung* darstellt (EuGH, Rs. 51/75, Slg. 1971, I-811, GRUR Int 1976, 398 – EMI Record/CBS-Schallplatten, Rn 34). Auch ein marktbeherrschender Markeninhaber, der sein Markenrecht in den Grenzen des Art. 36 EGV ausübt, verstößt nur dann gegen Art. 86 EGV, wenn er das Markenrecht als Mittel zur mißbräuchlichen Ausnutzung einer marktbeherrschenden Stellung einsetzt. Maßgebend ist, ob die Art und Weise des Markengebrauchs durch den Markeninhaber mißbräuchlich ist. Bei Vorliegen einer marktbeherrschenden Stellung ist etwa das Fordern höherer Preise für sich allein noch kein ausreichendes Indiz für eine mißbräuchliche Ausnutzung. Doch kann die Preisgestaltung entscheidend sein, wenn der Markeninhaber in verschiedenen Mitgliedstaaten wesentlich unterschiedliche Preise verlangt und der Unterschied besonders hoch und sachlich nicht gerechtfertigt ist (EuGH, Rs. 40/70, Slg. 1971, I-69, 83, GRUR Int 1971, 279 – Sirena/Novimpex). Allerdings können die Preisunterschiede in den Mitgliedstaaten anhand objektiver Gründe wie Transportkosten, Steuerbelastungen und ähnlicher Erwägungen erklärt werden (so die Erklärung der Kommission im Verfahren *Deutsche Grammophon Gesellschaft* EuGH, Rs. 78/70, Slg. 1971, I-487, 497, GRUR Int 1971, 450 – Deutsche Grammophon).

## Vorbemerkung zu den §§ 25 und 26

### Inhaltsübersicht

| | Rn |
|---|---|
| A. Der Benutzungszwang als markenrechtliches Grundprinzip | 1, 2 |
| B. Allgemeines | 3–9 |
|    I. Regelungsübersicht | 3 |
|    II. Rechtsänderungen | 4 |
|    III. Europäisches Unionsrecht | 5, 6 |
|      1. Markenrechtsrichtlinie | 5 |
|      2. Gemeinschaftsmarkenverordnung | 6 |
|    IV. Staatsvertragsrecht | 7, 8 |
|      1. Pariser Verbandsübereinkunft | 7 |
|      2. Madrider Markenabkommen und Protokoll zum MMA | 8 |
|    V. Rechtsvergleich | 9 |

**Schrifttum zum WZG.** *Ahrens*, EWiR, 1986, 307; *Althammer*, Rechtsfragen des Vorabgesetzes, GRUR 1970, 209; *Bauer*, Nochmals zum Thema „Benutzungszwang", GRUR 1970, 447; *Bauer*, Geschäftsverkehr mit Außenwirkung und Benutzungszwang, GRUR 1980, 350; *Baumann*, Der Benutzungszwang im deutschen und französischen Warenzeichenrecht, GRUR Int 1979, 183; *Becher*, Defensivzeichen sind rechtswidrig, GRUR 1958, 324; *Beier*, Benutzung und Geschäftsbetrieb: Zur Markenrechtsfähigkeit von Holdinggesellschaften, GRUR 1980, 352; *Bökel*, Benutzung und Benutzungszwang nach der Neufassung des Warenzeichengesetzes, Diss. Mainz, 1970; *Bökel*, Art, Umfang und Dauer der Benutzung eines Warenzeichens nach dem Vorabgesetz, GRUR 1970, 391; *Bökel*, Probleme des Benutzungszwangs für Warenzeichen, BB 1971, 1033; *Bökel*, Abgrenzungsvereinbarungen und Benutzungszwang, GRUR 1972, 28; *Breme*, Abwehr- und Vorratszeichen, Benutzungszwang, GRUR 1950, 17; *Bußmann*, Die Bedeutung des warenzeichenmäßigen Gebrauchs, FS für Wilde, 1970, S. 35; *Callmann*, Benutzungszwang für Warenzeichen, GRUR Int 1958, 560; *Doetsch*, Zeichenmäßige Benutzung einer Händlermarke durch Verwendung allein auf Preisetiketten? - Zur funktionsgerechten Benutzung von Händlermarken und insbesondere Händlerfirmenzeichen, GRUR 1989, 485; *Droste*, Unbenutzte Zeichen und Art. 5 des deutsch-schweizerischen Übereinkommens von 1892, GRUR 1974, 522; *Fezer*, Der Benutzungszwang im Markenrecht, 1974; *Fezer*, Entwicklungslinien im Recht des Benutzungszwangs für Warenzeichen, MA 1984, 76; *Fezer*, Zur Frage der Unzumutbarkeit der Benutzung eines eingetragenen Warenzeichens, GRUR 1986, 540; *Fischötter/Rheineck*, Wiederholungszeichen und Benutzungszwang, GRUR 1980, 379; *Freitag*, Verpflichtung, Nichtbenutzung eingetragener Warenzeichen nicht geltend zu machen?, GRUR 1973, 175, 348; *Friedrich*, Schluß mit den Defensivzeichen, Mitt 1959, 275; *v. Gamm*, Bestandsaufnahme zum Benutzungszwang im Warenzeichenrecht, GRUR 1977, 517; *v. Gamm*, Der zeichenrechtliche Benutzungszwang, GRUR 1980, 390; *v. Gamm*, Markenbenutzung und Benutzungszwang, FS GRUR, Bd. II, 1991, S. 801; *Hackbarth*, Grundfragen des Benutzungszwangs im Gemeinschaftsmarkenrecht, 1993; *Harmsen*, Wiederholungszeichen, GRUR 1980, 401; *Hefermehl*, Unbenutzte Warenzeichen aus der Sicht des Benutzungszwangs, GRUR 1968, 486; *Heil*, Benutzungszwang in der Praxis des Deutschen Patentamts, GRUR 1973, 170; *Heil*, MA 1973, 59; *Heil*, Ein Jahr Benutzungszwang, GRUR 1974, 59; *Heil*, Die Ware und der Benutzungszwang im Zeichenrecht, GRUR 1975, 155; *Heil*, Die gefestigte Praxis des Deutschen Patentamts zum Benutzungszwang, MA 1979, 205; *Heiseke*, Zum sogenannten Benutzungszwang im neuen Warenzeichenrecht, DB 1968, 1655; *Heiseke*, Einige materielle Fragen zum Warenzeichen- und Benutzungszwang, WRP 1973, 185; *Heiseke*, Einzelfragen zum Warenzeichen-Benutzungszwang, WRP 1976, 531; *Heiseke*, 6 Jahre effektiver Warenzeichen-Benutzungszwang, WRP 1979, 87; *Heydt*, GRUR 1958, 293; *Heydt*, Benutzung und Benutzungszwang nach dem Vorabgesetz, FS für Hefermehl, 1971, S. 59; *Heydt*, Die „Heilung" löschungsreif gewordener Warenzeichen, GRUR 1972, 290; *Heydt*, Verpflichtung, Nichtbenutzung eingetragener Warenzeichen nicht geltend zu machen? GRUR 1973, 179; *Heydt*, Die Priorität des durch Nichtbenutzung löschungsreif gewordenen, durch nachträgliche Ingebrauchnahme geheilten Zeichenrechts, GRUR 1974, 1; *Kicker*, GRUR 1980, 290; *Kirchner*, Die Rechtsprechung zur Behandlung des im Warenverzeichnis eines Zeichens enthaltenen Warenoberbegriffs in Fällen des § 5 Abs. 7 WZG sowie bei der Klage aus § 11 Abs. 1 Nr. 1, 2 und 4 WZG, GRUR 1987, 418; *Kleist/Peters*, Benutzung von Warenzeichen für Arzneimittel in der klinischen Prüfung, GRUR 1976, 117; *Körner*, Die Konkurrenz des patentamtlichen Widerspruchsverfahrens und der gerichtlichen Eintragungsbewilligungsklage nach § 6 WZG, insbesondere bei Geltendmachung des Nichtbenutzungseinwands, GRUR 1975, 7; *Kohler*, Die verspätet vorgebrachte Behauptung einer offenkundigen Vorbenutzung im Einspruchsverfahren, GRUR 1970, 53; *Kraft*, Die warenzeichenrechtlichen Bestimmungen des Vorabgesetzes, GRUR 1968, 123; *Kraft*, Fragen aus der Praxis des Benutzungszwanges, GRUR 1973, 495; *Kraft*, Benutzungszwang und Zeichenpriorität, GRUR 1974, 550; *Kraft*, Zeichenabwandlung und Benutzungszwang, GRUR Int 1983, 531; *v. Kreisler/Ruprecht,* Benutzungszwang für Warenzeichen, GRUR 1954, 434; *Krieger,* Benutzungswille und Benutzungszwang im Warenzeichenrecht, GRUR 1972, 311; *Krieger,* Die Zustimmung zur Benutzung eines Warenzeichens (§ 5 Abs. 7 WZG), GRUR 1974, 557; *Krings,* Rechtserhaltende Benutzung durch abgewandelte Zeichenformen, GRUR 1980, 423; *Kroitzsch,* Die verfassungskonforme Auslegung der Bestimmungen über den warenzeichenrechtlichen Benutzungszwang, GRUR 1984, 397; *Maikowski,* Löschungsreife wegen Nichtbenutzung und Eintragungsbewilligungsklage, GRUR 1976, 174; *Miosga,* Der Benutzungszwang für Warenzeichen in seiner Bedeutung für Rechtsprechung und Rechtspraxis, MA 1967, 433; *Miosga,* Die Diskussion auf dem Warenzeichengebiet nach dem Inkrafttreten des Vorabgesetzes, GRUR 1968, 237; *Miosga,* Benutzungszwang und Abgrenzungsvereinbarungen, MA 1969, 385; *Miosga,* Benutzungszwang in der Praxis, GRUR 1970, 439; *Miosga,* Die Durchsetzung des Benutzungszwangs in der Praxis, MA 1970, 9; *Miosga,* Die Zeichenbenutzungsschonfrist, Mitt 1970, 6; *Miosga,* Benutzungszwang für Warenzeichen, 1972; *Miosga,* Warenzeichenlizenz als Mittel des Benutzungszwangs, MA 1973, 166; *Mitscherlich,* Verfahrensrechtliche Auswirkungen des Benutzungszwangs für Warenzeichen, FS für Wendel, 1969, S. 70; *Mitscherlich,* Praktische Erfahrungen mit dem Benutzungszwang für Warenzeichen, GRUR 1973, 500; *Mitscherlich,* Koexistenz und Kollision von Warenzeichen und Dienstleistungsmarken, MA 1984, 147; *Müller,* Benutzungszwang und Gebrauch des Zeichens in nur einer Farbe, GRUR 1972, 524; *Müller,* Beziehung zwischen Zeichen und Ware/Dienstleistung nach dem „Benutzungszwang", Mitt 1979, 109; *Munzinger,* Warenbegriffe in der Benutzungsprüfung, Mitt 1972, 181; *Nadler,* Der Einwand der Nichtbenutzung im Widerspruchsverfahren, MA 1974, 180; *Nastelski,* Das Vorabgesetz und seine Auswirkungen auf die Rechtsprechung in Warenzeichensachen, MA 1968, 319; *Popp,* Zweitmarke und Benutzungszwang, Mitt 1981, 76; *Röttger,* Benutzungszwang und Defensivwaren, Mitt 1965, 41; *Schricker,* Der Benutzungszwang im Markenrecht, GRUR Int 1969, 14; *Schulz,* Warenzeichenbenutzung – Das Dilemma bei fehlender oder abgewandelter Benutzung eines Warenzeichens, insbesondere wegen des Problems „Wiederholungszeichen", MA 1986, 146; *Schulze zur Wiesche,* Vorratszeichen im Verletzungsprozeß, GRUR 1966, 359; *Schulze zur Wiesche,* Welche Benutzungshandlungen genügen dem neu in das Warenzeichengesetz eingeführten Benutzungszwang?, NJW 1968, 1809; *Schulze zur Wiesche,* Inwieweit muß zur Erfüllung des Benutzungszwangs das tatsächlich benutzte mit dem eingetragenen Warenzeichen übereinstimmen? GRUR 1970, 166; *Schulze zur Wiesche,* Probleme der warenzeichen- und firmenmäßigen Benutzung im Rahmen des Benutzungszwanges, Mitt 1970, 61; *Schulze zur Wiesche,* Wiederholungszeichen unter dem Gesichtspunkt des Benutzungszwanges, WRP 1976, 65; *Schwanhäusser,* Umgehung des Benutzungszwanges, WRP 1969, 178; *Schwanhäusser,* Benutzungszwang nach dem Vorabgesetz, Mitt 1969, 1; *Schwanhäusser,* Nur beschränkte Zulassung des Einwandes der „einfachen" Nichtbenutzung im Widerspruchsverfahren? GRUR 1973, 185; *Schwanhäusser,* Zur Glaubhaftmachung der Benutzung des Widerspruchszeichens, Mitt 1981, 196; *Schwendemann,* Wiederholungszeichen – gleiche Rechte oder Privilegierung? GRUR 1981, 158; *Spätgens,* EWiR 1991, 405; *Ströbele,* Die firmenmäßige Benutzung im Rahmen des Benutzungszwangs für Warenzeichen, GRUR 1976, 126; *Ströbele,* Die Problematik der Form des benutzten Zeichens, MA 1979, 212; *Tauchner,* Glaubhaftmachung der Benutzung des Widerspruchszeichens, Mitt 1981, 99; *Tergau,* Ermittlung des Beginns der Benutzungsfrist für Warenzeichen und IR-Marken, Mitt 1972, 50; *Tetzner,* Zur Frage der Rechtswirksamkeit von Verpflichtungen, die Nichtbenutzung von Warenzeichen nicht geltend zu machen, GRUR 1973, 641; *Thiele,* Sind Abwehr- und Vorratszeichen erforderlich?, GRUR 1949, 268; *Tietgen,* Der Begriff der Benutzung im Rahmen des Benutzungszwangs für Warenzeichen, Mitarbeiterfestschrift für E. Ulmer, 1973, S. 267; *Ullrich,* Zur Frage der Schutzwürdigkeit von Vorratszeichen, GRUR 1971, 204; *Winkler,* Die Glaubhaftmachung der rechtserhaltenden Benutzung, MA 1984, 329; *Winter,* Modifizierte Kollisionslösungen im deutschen Warenzeichenrecht zur Vermeidung wirtschaftlich nicht erforderlicher Verbietungsrechte, GRUR 1977, 467.

**Schrifttum zum MarkenG.** *Anders/Hacker,* Aus der Rechtsprechung des Bundespatentgerichts im Jahre 1996, GRUR 1997, 487; *Fezer,* Rechtserhaltende Benutzung von Zweitmarken, FS 100 Jahre Marken-Amt, 1994, S. 87; *Giefers,* Die rechtserhaltende Benutzung der Marke in abgewandelter Form – Fortsetzung oder Ende von „Arthrexforte"?, FS für Vieregge, 1995, S. 267; *Kellerhals,* Der Benutzungszwang in Gemeinschaftsmarkenrecht, GRUR Int 1999, 14; *Kliems,* Zur Neuregelung der Nichtbenutzungseinreden im Markenrecht, GRUR 1999, 11; *König,* Rechtserhaltende Benutzung durch funktionsgerechte Verwendung der Marke für Waren, Mitt 1997, 18; *Krieger,* Das Recht zur Benutzung der Marke, FS für Rowedder, 1994, S. 229; *v. Mühlendahl,* Die Heilung einer wegen mangelnder Benutzung löschungsreif gewordener Markeneintragung im europäischen und deutschen Markenrecht, FS für Vieregge, 1995, S. 641; *Pösentrup/Keukenschrijver/Ströbele,* Aus der Rechtsprechung des Bundespatentgerichts im Jahre 1995; *Renck,* Benutzungszwang im argentinischen Markenrecht unter Berücksichtigung rechtsvereinheitlichender Bestrebungen in Südamerika, GRUR Int 1999, 132; *Ressler,* Der Einwand der Nichtbenutzung eingetragener Marken im Zivilprozeß, GRUR 1995, 530; *Sack,* Der Benutzungszwang im internationalen Markenrecht, FS für Piper, 1996, S. 603; *Schulz,* Die relevante Benutzungshandlung im deutschen Markenrecht, 1997.

## A. Der Benutzungszwang als markenrechtliches Grundprinzip

**1** Der Benutzungszwang für eingetragene Marken stellt ein *markenrechtliches Grundprinzip* dar, das sich in den letzten Jahrzehnten in nahezu allen Markenrechtsordnungen international durchgesetzt und als effektiv bewährt hat. Die Entwicklung zur Normierung eines markenrechtlichen Benutzungszwangs wurde von den Regelungen des Art. 5 C Abs. 1 und 2 PVÜ begünstigt, der einen Benutzungszwang für eingetragene Marken grundsätzlich für zulässig erklärt und seine rechtliche Ausgestaltung im einzelnen beeinflußt. Im Gemeinschaftsmarkenrecht ist in Art. 15 GMarkenV ein Benutzungszwang für die Gemeinschaftsmarke normiert, dessen Regelungen von den bewährten Vorschriften des deutschen WZG stark beeinflußt worden sind. Da Art. 10 MarkenRL eine Grundsatznorm für die Benutzung einer Marke enthält, handelt es sich bei der Regelung des Benutzungszwangs im MarkenG im wesentlichen um *richtlinienkonform* auszulegende Vorschriften mit gemeinschaftsrechtlichem Inhalt. Im deutschen Warenzeichenrecht wurde der Benutzungszwang für Warenzeichen durch das Vorabgesetz (Gesetz zur Änderung des Patentgesetzes, des Warenzeichengesetzes und weiterer Gesetze vom 4. September 1967, BGBl. I 1967, 953), das am 1. Januar 1968 in Kraft getreten ist, eingeführt.

**2** Folge der Systemverschiedenheit der Markenrechtsordnungen hinsichtlich der Entstehung des Markenschutzes im internationalen Vergleich ist eine im wesentlichen alternative Ausgestaltung der Regeln über den Benutzungszwang für eingetragene Marken. Wenn eine Markenrechtsordnung vom *Eintragungsgrundsatz* oder Konstitutivprinzip ausgeht und so das subjektive Ausschließlichkeitsrecht an der Marke konstitutiv durch die Eintragung der Marke in das Markenregister entsteht (s. § 4, Rn 12), dann stellt sich die Problematik eines Benutzungszwangs für Marken allein im Hinblick auf eine Aufrechterhaltung des Markenschutzes der eingetragenen Marke. Die rechtliche Bedeutung der Benutzung einer Marke ist dagegen weiterreichend, wenn statt des Eintragungsgrundsatzes das *Erstbenutzungsprinzip* gilt. Nach dem Erstbenutzungsprinzip ist schon der Erwerb des Markenschutzes und damit die Entstehung des subjektiven Ausschließlichkeitsrechts an der Marke von der Priorität der Benutzung der Marke abhängig wie etwa bei dem absoluten Benutzungszwang in den USA; Folge einer Nichtbenutzung ist der Markenverlust. Auch eine Kombination des Erstbenutzungsprinzips mit einer konstitutiven Wirkung der Eintragung, sofern die Marke innerhalb einer bestimmten Frist nach der Eintragung benutzt wird, ist denkbar. Eine solche Ausgestaltung des Benutzungszwangs war Gegenstand der Regelungen des Schweizerischen Markenrechts vor einer Totalrevision des Schweizerischen Markenschutzgesetzes. Unabhängig von der Systemverschiedenheit nationaler Vorschriften über den Benutzungszwang für eingetragene Marken ist der *Normzweck* dieses Rechtsinstituts, den Rechtsschutz nicht benutzter Marken einzuschränken, in allen Markenrechtsordnungen gleich. Der Bestand an Markenrechten soll sich mit dem Bedarf an Markenrechten weithin decken, so daß der Registerstand im wesentlichen nur aus solchen Marken bestehen soll, die den markenrechtlichen Funktionen entsprechend auf dem Markt ihre ökonomischen Aufgaben erfüllen. Der Benutzungszwang für eingetragene Marken ist so ein grundlegendes Prinzip einer funktionsgerechten Markenrechtsordnung.

## B. Allgemeines

### I. Regelungsübersicht

**3** Das MarkenG regelt den Benutzungszwang als eine *Schranke des Markenschutzes* im Sinne der Vorschriften von Abschnitt 4 des MarkenG (§§ 20 bis 26). Normzweck der Vorschriften über den Benutzungszwang ist es, daß eingetragene Marken, um aufrechterhalten oder gegen die Entstehung oder den Bestand von kollidierenden Rechten durchgesetzt werden zu können, ihrer Funktion entsprechend im geschäftlichen Verkehr benutzt werden müssen (so zum Zwecke des Benutzungszwangs die Begründung zum MarkenG, BT-Drucks. 12/6581 vom 14. Januar 1994, S. 82). Das *materielle Recht* des Benutzungszwangs regeln im wesentlichen die Vorschriften der §§ 25 und 26, das *Verfahrensrecht* des Benutzungszwangs enthalten die Vorschriften der §§ 43 Abs. 1, 49 und 55. § 26 enthält eine einheitliche Definition des Begriffs der Benutzung, die für alle Vorschriften des MarkenG gilt, nach denen es auf die Benutzung der Marke ankommt. § 25 regelt den Ausschluß des Unterlassungsanspruchs und des Schadensersatzanspruchs nach § 14, des Vernichtungsanspruchs nach § 18 und des Auskunftsanspruchs nach § 19 des Markeninhabers gegen Dritte bei mangelnder Benutzung der Marke. Der Inhaber einer eingetragenen Marke kann diese Ansprüche nach § 25 Abs. 1 nicht geltend machen, wenn die Marke innerhalb der letzten fünf Jahre vor der Geltendmachung des Anspruchs für die Waren oder Dienstleistungen, auf die er sich zur Begründung seines Anspruchs beruft, nicht in einer den Anforderungen des § 26 entsprechenden Weise benutzt worden oder die Nichtbenutzung gerechtfertigt ist. Erforderlich ist, daß die Marke zu diesem Zeitpunkt seit mindestens *fünf Jahren* eingetragen ist. In den Ausschlußtatbestand des § 25 Abs. 1 sind der Anspruch des Markeninhabers gegen den Verleger von Nachschlagewerken nach § 16 sowie die Ansprüche gegen ungetreue Agenten oder Vertreter nach § 17 nicht miteinbezogen worden. Ein Ausschluß des § 16 wurde deshalb für entbehrlich gehalten, weil eine entsprechende Fallkonstellation nur bei verkehrsbekannten und damit benutzten Marken rechtserheblich werden wird. Der Anspruch gegen ungetreue Agenten oder Vertreter nach § 17 wurde deshalb nicht in den Ausschlußtatbestand des § 25 Abs. 1 miteinbezogen, weil zum einen in der Praxis im wesentlichen nur solche Fälle erfaßt würden, in denen es sich bei der Marke des Markeninhabers als des Geschäftsherrn um eine nicht aufgrund einer Eintragung entstehende Marke handeln würde, und weil zum anderen in Fällen einer Markeninhaberschaft im Ausland die Vorschrift von vornherein nicht eingreifen könne. Die Nichteinbeziehung dieser Ansprüche nach den §§ 16 und 17 darf nicht zu einem fehlsamen Umkehrschluß aus § 25 Abs. 1 verleiten, diese Ansprüche seien bei mangelnder Benutzung nicht ausgeschlossen. Es wäre gesetzestechnisch klarer und wohl auch sachgerecht gewesen, die entsprechenden Ansprüche in den Ausschlußtatbestand aufzunehmen. § 25 Abs. 2 enthält Regelungen über die Geltendmachung der Nichtbenutzung im Prozeß. § 43 Abs. 1 regelt die Einrede mangelnder Benutzung im Widerspruchsverfahren. § 49 Abs. 1 regelt den Verfall des Markenrechts bei mangelnder Benutzung. § 55 Abs. 3 regelt die Geltendmachung mangelnder Benutzung im Löschungsverfahren. § 100 Abs. 2 enthält eine besondere Regelung für die Benutzung einer Kollektivmarke. Die Vorschriften über den Schutz von Marken nach dem MMA und nach dem Protokoll zum MMA enthalten in den §§ 115 bis 117 Regelungen, die sich auf die Vorschriften über den Benutzungszwang auswirken.

## II. Rechtsänderungen

Im WZG war der Benutzungszwang in den Vorschriften der § 5 Abs. 7 WZG **4** (Glaubhaftmachung der Benutzung im Widerspruchsverfahren), § 11 Abs. 1 Nr. 4 WZG (Löschungsgrund der fünfjährigen Nichtbenutzung), § 11 Abs. 5 WZG (Heilung der wegen mangelnder Benutzung eingetretenen Löschungsreife) und § 11 Abs. 6 WZG (Fallkonstellation einer Koexistenz der prioritätsälteren mit der prioritätsjüngeren Marke) geregelt. Die Regelungen im WZG waren wenig übersichtlich und zudem unvollständig. Der wesentliche Inhalt der Vorschriften über den Benutzungszwang im WZG, die sich im übrigen bewährt hatten und denen auf europäischer Ebene eine Vorbildfunktion zukam, stimmt mit den Regelungen im MarkenG überein. Eine bedeutsame Rechtsänderung gegenüber der Rechtslage im WZG enthält § 26 Abs. 3 hinsichtlich einer rechtserhaltenden Benutzung *abweichender Benutzungsformen*. Die Rechtsprechung zum WZG anerkannte abgewandelte Benutzungsformen nur dann als rechtserhaltend, wenn die Abwandlung eine bestimmungsgemäße und verkehrsübliche oder durch den praktischen Gebrauch gebotene Art der Benutzung der Marke darstellte. Anders gilt nach § 26 Abs. 3 als eine Benutzung der eingetragenen Marke auch die Benutzung der Marke in einer Form, die von der Eintragung abweicht, soweit die Abweichungen den kennzeichnenden Charakter der Marke nicht verändert. Der Einwand der Löschungsreife wegen mangelnder Benutzung im Verletzungsverfahren war zwar im WZG nicht ausdrücklich geregelt, aber in Rechtsprechung und Schrifttum anerkannt.

## III. Europäisches Unionsrecht

### 1. Erste Markenrechtsrichtlinie

**5** Nach den Erwägungsgründen in der Präambel der *MarkenRL* ist es Zweck des markenrechtlichen Benutzungszwangs, die Gesamtzahl der in der Gemeinschaft eingetragenen und geschützten Marken und damit die Anzahl der zwischen ihnen möglichen Konflikte zu verringern. Deshalb müsse verlangt werden, daß eingetragene Marken tatsächlich benutzt würden, um nicht zu verfallen. Es müsse außerdem vorgesehen werden, daß wegen des Bestehens einer älteren Marke, die nicht benutzt worden sei, eine Marke nicht für ungültig erklärt werden könne. Art. 10 MarkenRL enthält die grundsätzliche Regelung über eine rechtserhaltende Benutzung der eingetragenen Marke im Sinne des Benutzungszwangs, wie namentlich die Benutzungsfrist, die Art der rechtserhaltenden Benutzung sowie die Zurechnung einer Benutzung mit Zustimmung des Markeninhabers. Art. 11 MarkenRL enthält eine Regelung der Berücksichtigung der mangelnden Benutzung im Nichtigkeitsverfahren, im Löschungsverfahren und im Verletzungsverfahren. Art. 12 Abs. 1 MarkenRL begründet einen Verfallsgrund wegen mangelnder Benutzung, wenn die Marke für die eingetragenen Waren oder Dienstleistungen nicht ernsthaft benutzt worden ist und keine berechtigten Gründe für die Nichtbenutzung vorliegen. Die Vorschriften der MarkenRL hinsichtlich der rechtserhaltenden Benutzung einer Marke nach Art. 10 MarkenRL sowie die Regelung des Verfallsgrundes wegen mangelnder Benutzung nach Art. 12 Abs. 1 MarkenRL sind für die Mitgliedstaaten rechtsverbindlich. Auch die Regelung einer Berücksichtigung der mangelnden Benutzung im Nichtigkeitsverfahren nach Art. 11 Abs. 1 MarkenRL bindet die Mitgliedstaaten, während die Berücksichtigung der mangelnden Benutzung im Eintragungsverfahren nach Art. 11 Abs. 2 sowie im Verletzungsverfahren nach Art. 11 Abs. 3 den Mitgliedstaaten freigestellt ist. Die Vorschriften des MarkenG über den Benutzungszwang entsprechen den bindenden Vorgaben der MarkenRL. Hinsichtlich der Berücksichtigung abweichender Benutzungsformen als eine rechtserhaltende Benutzung stellt Art. 10 Abs. 2 lit. a MarkenRL entsprechend Art. 5 C Abs. 2 PVÜ auf die Beeinflussung der Unterscheidungskraft der Marke ab. Die Umschreibung in § 26 Abs. 3, der den kennzeichnenden Charakter der Marke verändernde Abweichungen als Abgrenzungskriterium normiert, bedeutet keinen sachlichen Unterschied gegenüber der MarkenRL (BGH GRUR 1997, 744, 746 – ECCO I; 1999, 54, 55 – Holtkamp; 1999, 167 – Karolus Magnus).

### 2. Gemeinschaftsmarkenverordnung

**6** Nach den Erwägungsgründen in der Präambel der *GMarkenV* ist der Schutz der Gemeinschaftsmarke sowie jeder eingetragenen älteren Marke, die ihr entgegensteht, nur insoweit berechtigt, als diese Marken tatsächlich benutzt werden. Die Regelung der Benutzung einer Gemeinschaftsmarke nach Art. 15 GMarkenV entspricht wörtlich Art. 10 MarkenRL.

## IV. Staatsvertragsrecht

### 1. Pariser Verbandsübereinkunft

**7** Nach Art. 5 C Abs. 1 PVÜ ist eine Regelung des Benutzungszwangs für eingetragene Marken in den Verbandsstaaten zulässig, wenn die Ungültigerklärung der Marke erst nach Ablauf einer angemessenen Frist erfolgt und die Möglichkeit einer Rechtfertigung der Nichtbenutzung vorgesehen ist. Zur Beurteilung einer von der Eintragung in Bestandteilen abweichenden Benutzung der Marke als einer rechtserhaltenden Benutzung stellt Art. 5 C Abs. 2 PVÜ wie auch Art. 10 Abs. 2 lit. a MarkenRL auf eine Beeinflussung der Unterscheidungskraft der Marke ab.

### 2. Madrider Markenabkommen und Protokoll zum MMA

**8** Inhalt und Umfang des Schutzes von IR-Marken bestimmen sich nach der nationalen Markenrechtsordnung des einzelnen *Markenverbandsstaates des MMA* (s. Art. 4 MMA, Rn 2).

In der Bundesrepublik Deutschland bestimmt sich die Rechtsstellung des Inhabers einer IR-Marke nach deutschem Markenrecht (BGHZ 18, 1 – Hückel; BGH GRUR 1969, 48 – Alcacyl). Art. 4 MMA erleichtert die Erlangung inländischen Markenschutzes, ohne den Inhaber einer IR-Marke im übrigen zu bevorzugen (BGH GRUR 1969, 48 – Alcacyl). So unterliegt die IR-Marke auch den Erfordernissen des Benutzungszwangs nach den §§ 25, 26 MarkenG. Im Falle der Nichtbenutzung innerhalb der fünfjährigen Benutzungsfrist kann der IR-Marke nachträglich der Schutz für das Gebiet der Bundesrepublik Deutschland entzogen werden; die Schutzentziehung tritt an die Stelle der Löschung (§ 115 Abs. 1). Da international registrierte Marken nicht in das vom DPMA geführte Markenregister eingetragen werden, kommt der Eintragungsantrag nicht als Datum für den Beginn der Benutzungsfrist in Betracht. Nach § 115 Abs. 2 beginnt die Frist mit dem Ablauf eines Jahres nach der internationalen Registrierung (Art. 5 Abs. 2 MMA), oder, wenn das Prüfungsverfahren über die Schutzgewährung bei Ablauf dieser Frist noch nicht beendet ist, mit der Zustellung der Mitteilung über die Schutzbewilligung an das Internationale Büro der WIPO (s. im einzelnen § 115, Rn 2). Der in § 115 Abs. 2 bezeichnete Tag gilt nach § 117 auch für die Geltendmachung von Ansprüchen im Sinne der §§ 14, 18 und 19 wegen Verletzung einer international registrierten Marke. Entsprechendes gilt für den Schutz von Marken nach dem *Protokoll zum MMA* (Art. 4 PMMA).

## V. Rechtsvergleich

Alle Staaten der EU haben die MarkenRL bereits umgesetzt. Die Regelungen über den Benutzungszwang sind in den folgenden Vorschriften enthalten: *Belgien, Luxemburg, Niederlande* Art. 5 Abs. 2 lit. a, Abs. 3, Art. 14 C, Art. 14[bis] Einheitliches Benelux-MarkenG vom 19. März 1962, in Kraft getreten am 1. Januar 1971 (GRUR Int 1976, 452) idF vom 2. Dezember 1992 ( GRUR Int 1997, 29), geändert durch Protokoll vom 7. August 1996 (BlPMZ 1997, 430); *Dänemark* §§ 25, 28 Abs. 3 MarkenG Nr. 341 vom 6. Juni 1991, in Kraft getreten am 1. Januar 1992 (GRUR Int 1994, 1004) idF der Gesetzesbekanntmachung Nr. 162 vom 21. Februar 1997; *Finnland* § 26 Abs. 2 MarkenG vom 10. Januar 1964/7, in Kraft getreten am 1. Juni 1964, geändert durch Gesetz vom 22. Dezember 1995/1715 (GRUR Int 1996, 1017); *Frankreich* Art. L. 714-5 Code de la propriété intellectuelle vom 1. Juli 1992, vormals Gesetz Nr. 91-7 über Fabrik-, Handels- oder Dienstleistungsmarken vom 4. Januar 1991, in Kraft getreten am 28. Dezember 1991 (BlPMZ 1993, 216), zuletzt geändert durch Gesetz Nr. 96-1106 vom 19. Dezember 1996 (BlPMZ 1997, 371); *Griechenland* Art. 17 Abs. 1 lit. a, Abs. 3, 4, Art. 18 Abs. 2 MarkenG Nr. 2239/1994 vom 16. September 1994, in Kraft getreten am 1. November 1994 (GRUR Int 1995, 886); *Großbritannien* Sec. 46 (1) lit. a, b, (2), (3) Trade Marks Act 1994 vom 21. Juli 1994, in Kraft getreten am 31. Oktober 1994 (BlPMZ 1997, 286); *Irland* Sec. 51 (1) lit. a, b, (2), (3) Trade Marks Act 1996 vom 16. März 1996, in Kraft getreten am 1. Juli 1996 (BlPMZ 1998, 213, 260); *Italien* Art. 42 MarkenG Nr. 929 vom 21. Juni 1942 idF der Verordnung Nr. 480 vom 4. Dezember 1992, in Kraft getreten am 28. Dezember 1992 (GRUR Int 1994, 218), geändert durch Verordnung Nr. 198 vom 13. März 1996 (BlPMZ 1997, 277); *Österreich* § 33 a MSchG 1970, in Kraft getreten am 30. November 1970 (Österr. BGBl. Nr. 260) idF durch die Markenschutzgesetznovelle 1992 (Österr. BGBl. Nr. 773), zuletzt geändert durch Bundesgesetz Nr. 109/1993 (BlPMZ 1993, 465); *Portugal* § 216 Abs. 1 lit. a, Abs. 5 bis 10 Gesetz Nr. 16/1995 über gewerbliche Schutzrechte vom 24. Januar 1995, in Kraft getreten am 1. Juni 1995 (GRUR Int 1997, 698); *Schweden* § 25 a) MarkenG 1960:644 vom 2. Dezember 1960, in Kraft getreten am 1. Januar 1961, zuletzt geändert durch Änderungsgesetze 1995:1277 und 1995:1278 vom 15. Dezember 1995 (GRUR Int 1996, 1027; *Spanien* Art. 4, 53 lit. a MarkenG Nr. 32/1988 vom 10. November 1988, in Kraft getreten am 12. Mai 1989 (GRUR Int 1989, 552). In der *Schweiz* ist der Benutzungszwang geregelt in Art. 12 MSchG vom 28. August 1992, in Kraft getreten am 1. April 1993 (GRUR Int 1993, 663), geändert durch Gesetz vom 4. Oktober 1996 (BlPMZ 1997, 284).

## Ausschluß von Ansprüchen bei mangelnder Benutzung

**25** (1) Der Inhaber einer eingetragenen Marke kann gegen Dritte Ansprüche im Sinne der §§ 14, 18 und 19 nicht geltend machen, wenn die Marke innerhalb der letzten fünf Jahre vor der Geltendmachung des Anspruchs für die Waren oder Dienstleistungen, auf die er sich zur Begründung seines Anspruchs beruft, nicht gemäß § 26 benutzt worden ist, sofern die Marke zu diesem Zeitpunkt seit mindestens fünf Jahren eingetragen ist.

(2) ¹Werden Ansprüche im Sinne der §§ 14, 18 und 19 wegen Verletzung einer eingetragenen Marke im Wege der Klage geltend gemacht, so hat der Kläger auf Einrede des Beklagten nachzuweisen, daß die Marke innerhalb der letzten fünf Jahre vor Erhebung der Klage für die Waren oder Dienstleistungen, auf die er sich zur Begründung seines Anspruchs beruft, gemäß § 26 benutzt worden ist, sofern die Marke zu diesem Zeitpunkt seit mindestens fünf Jahren eingetragen ist. ²Endet der Zeitraum von fünf Jahren der Nichtbenutzung nach Erhebung der Klage, so hat der Kläger auf Einrede des Beklagten nachzuweisen, daß die Marke innerhalb der letzten fünf Jahre vor dem Schluß der mündlichen Verhandlung gemäß § 26 benutzt worden ist. ³Bei der Entscheidung werden nur die Waren oder Dienstleistungen berücksichtigt, für die die Benutzung nachgewiesen worden ist.

### Inhaltsübersicht

| | Rn |
|---|---|
| A. Regelungsübersicht | 1 |
| B. Ausschluß markenrechtlicher Ansprüche | 2–6 |
|    I. Art der ausgeschlossenen Ansprüche | 2, 3 |
|    II. Nichtbenutzung als Ausschlußgrund | 4 |
|    III. Ausschluß der Geltendmachung | 5 |
|    IV. Produktbezug des Anspruchsausschlusses | 6 |
| C. Fünfjährige Benutzungsfrist | 7–15 |
|    I. Rechtslage vor und nach Ablauf der Benutzungsfrist | 7, 8 |
|    II. Berechnung der Benutzungsfrist | 9–15 |
|       1. Rechtslage im MarkenG | 9–13 |
|          a) Grundsatz der Rückrechnung nach Art und Stand des Verfahrens | 9 |
|          b) Zeitpunkt der Eintragung als Fristbeginn | 10 |
|          c) Heilung des Verfalls der Marke durch Aufnahme der Benutzung | 11 |
|          d) Fristberechnung bei IR-Marken | 12 |
|          e) DDR-Marken | 13 |
|       2. Rechtslage im WZG | 14, 15 |
|          a) Fristbeginn | 14 |
|          b) Fristende | 15 |
| D. Mehrfacheintragungen und Wiederholungsmarken | 16–22 |
|    I. Rechtliche Selbständigkeit mehrfach eingetragener Marken | 16–18 |
|    II. Voraussetzungen der Mehrfacheintragung | 19–21 |
|       1. Rechtsschutzbedürfnis | 19, 20 |
|       2. Nachweis des Benutzungswillens | 21 |
|    III. Schranken der Geltendmachung von Wiederholungsmarken | 22 |

**Schrifttum zum WZG und MarkenG.** S. die Schrifttumsangaben Vorb zu den §§ 25 und 26.

### Entscheidung zum MarkenG

**BGH GRUR 1999, 155 – DRIBECK's LIGHT**
Zur Benutzungsfrist bei international registrierten DDR-Marken.

## A. Regelungsübersicht

**1** § 25 Abs. 1 regelt den *Ausschluß bestimmter Ansprüche* des Markeninhabers gegen Dritte *bei mangelnder Benutzung* der Marke. Voraussetzung des Anspruchsausschlusses ist es, daß die Marke innerhalb der letzten fünf Jahre vor der Geltendmachung des Anspruchs für die Waren oder Dienstleistungen, auf die sich der Markeninhaber zur Begründung seines Anspruchs beruft, nicht in einer den Anforderungen des § 26 entsprechenden Weise benutzt worden oder die Nichtbenutzung gerechtfertigt ist. Erforderlich ist, daß die Marke im Zeitpunkt der Geltendmachung des Anspruchs seit mindestens *fünf Jahren* eingetragen ist. § 25 Abs. 2 enthält Regelungen über die Geltendmachung der mangelnden Benutzung einer Marke im Prozeß. Der Ausschluß von Ansprüchen des Markeninhabers wegen Nichtbenutzung der Marke wird nicht von Amts wegen, sondern nach § 25 Abs. 2 S. 1 nur auf Einrede des Beklagten berücksichtigt. Wenn die Einrede im Prozeß erhoben wird, dann hat der Kläger die rechtserhaltende Benutzung der Marke oder das Vorliegen berechtigter Gründe für die Nichtbenutzung im Sinne des § 26 nachzuweisen. Die Benutzungsfrist des § 25 Abs. 2 S. 1 ist der Zeitraum der letzten fünf Jahre vor Klageerhebung. Wenn der Zeitraum von fünf Jahren der Nichtbenutzung erst nach Klageerhebung endet, dann bestimmt sich nach § 25 Abs. 2 S. 2 die Benutzungsfrist nach dem Zeitraum der letzten fünf Jahre vor dem Schluß der letzten mündlichen Verhandlung. Die Vorschrift des § 25 Abs. 2 S. 3 bringt den Produktbezug der Benutzung zum Ausdruck. Bei der Entscheidung über den Ausschluß von Ansprüchen wegen Nichtbenutzung der Marke werden nur die Waren oder Dienstleistungen berücksichtigt, für die eine rechtserhaltende Benutzung oder das Vorliegen berechtigter Gründe für die Nichtbenutzung nachgewiesen worden ist. Eine § 25 Abs. 2 entsprechende Regelung besteht auch im Widerspruchsverfahren (§ 43 Abs. 1) und im Löschungsverfahren (§ 55 Abs. 3).

## B. Ausschluß markenrechtlicher Ansprüche

### I. Art der ausgeschlossenen Ansprüche

Nach § 25 Abs. 1 werden der *Unterlassungsanspruch* und der *Schadensersatzanspruch* des § 14, der *Vernichtungsanspruch* des § 18 und der *Auskunftsanspruch* des § 19 ausgeschlossen. In den Ausschlußtatbestand des § 25 Abs. 1 sind der Anspruch des Markeninhabers gegen den Verleger von Nachschlagewerken nach § 16 sowie die Ansprüche gegen ungetreue Agenten oder Vertreter nach § 17 nicht miteinbezogen worden. Ein Ausschluß des § 16 wurde deshalb für entbehrlich gehalten, da eine entsprechende Fallkonstellation nur bei verkehrsbekannten und damit benutzten Marken rechtserheblich werden wird. Der Anspruch gegen ungetreue Agenten oder Vertreter nach § 17 wurde deshalb nicht in den Ausschlußtatbestand des § 25 Abs. 1 miteinbezogen, weil zum einen in der Praxis im wesentlichen nur solche Fallkonstellationen erfaßt würden, in denen es sich bei der Marke des Markeninhabers als des Geschäftsherrn um eine nicht aufgrund einer Eintragung entstehende Marke handeln werde, und weil zum anderen in Fällen einer Markeninhaberschaft im Ausland die Vorschrift von vornherein nicht eingreifen könne. Es wäre gesetzgebungstechnisch klarer und gesetzessystematisch sachgerecht gewesen, auch die *Ansprüche des Markeninhabers nach den §§ 16 und 17* in den Ausschlußtatbestand des § 25 Abs. 1 aufzunehmen. Die Nichteinbeziehung dieser Ansprüche darf nicht zu dem fehlsamen Umkehrschluß aus § 25 Abs. 1 verleiten, diese Ansprüche seien bei mangelnder Benutzung nicht ausgeschlossen und stünden dem Markeninhaber zu. Die in den §§ 16 und 17 geregelten Sachverhalte werden allerdings im Falle der Nichtbenutzung einer Marke in der Praxis selten vorkommen. Zu denken ist etwa an die Wiedergabe einer eingetragenen Marke in einem Nachschlagewerk, die zwar innerhalb eines Zeitraums von fünf Jahren nicht benutzt worden ist, die aber ihre Bekanntheit und Wertschätzung im Verkehr erhalten hat.

Der Ausschluß von Ansprüchen bei mangelnder Benutzung bezieht sich nur auf markenrechtliche Ansprüche nach dem MarkenG. Da das MarkenG die Anwendung anderer Vorschriften zum Schutz von Marken nach § 2 nicht ausschließt, bleiben etwa *wettbewerbsrechtliche* oder *deliktsrechtliche* Ansprüche auch zum Schutz einer nicht benutzten Marke bestehen, wenn deren Voraussetzungen im einzelnen erfüllt sind.

### II. Nichtbenutzung als Ausschlußgrund

Ausschlußgrund für die Geltendmachung der markenrechtlichen Ansprüche ist die *Nichtbenutzung der Marke* innerhalb der Benutzungsfrist. Die rechtlichen Anforderungen an eine rechtserhaltende Benutzung bestimmen sich nach § 26. Der Ausschlußgrund der Nichtbenutzung liegt zum einen dann vor, wenn die Marke *im Inland nicht ernsthaft benutzt* worden ist, zum anderen aber auch dann, wenn *berechtigte Gründe für die Nichtbenutzung* nicht vorliegen. Im Falle einer gerechtfertigten Nichtbenutzung der Marke besteht der Ausschlußgrund der Nichtbenutzung nicht und stehen dem Markeninhaber die markenrechtlichen Ansprüche zu. Die Benutzung der Marke kann durch den Markeninhaber (§ 26 Abs. 1) oder mit Zustimmung des Markeninhabers durch einen Dritten (§ 26 Abs. 2) oder bei einer Kollektivmarke durch mindestens eine hierzu befugte Person oder durch den Inhaber der Kollektivmarke (§ 100 Abs. 2) erfolgen.

### III. Ausschluß der Geltendmachung

5   Ausgeschlossen ist die *Geltendmachung* der markenrechtlichen Ansprüche. Das gilt für die gerichtliche wie für die außergerichtliche Geltendmachung, für einen Verletzungsprozeß wie für eine Feststellungsklage, für das ordentliche Verfahren wie für den einstweiligen Rechtsschutz, für die Parteienrolle des Markeninhabers als Kläger sowie auch als Beklagter.

### IV. Produktbezug des Anspruchsausschlusses

6   Der Anspruchsausschluß bezieht sich auf die Waren oder Dienstleistungen, für die die Marke nicht ernsthaft benutzt worden ist oder für die berechtigte Gründe für die Nichtbenutzung nicht vorliegen. Der *Produktbezug* des Anspruchsausschlusses ergibt sich daraus, daß sich die Vorschriften über den Benutzungszwang auf jede einzelne im Register eingetragene Ware oder Dienstleistung beziehen. Die Rechtswirkungen einer rechtserhaltenden Benutzung treten nur für die Waren oder Dienstleistungen ein, für die die Marke tatsächlich von ihrem Inhaber oder mit Zustimmung des Inhabers von einem Dritten benutzt wird und für die die Marke im Register eingetragen ist (s. zur Produkterstreckung § 26, Rn 49 ff.).

## C. Fünfjährige Benutzungsfrist

### I. Rechtslage vor und nach Ablauf der Benutzungsfrist

7   Die *Benutzungsfrist* (Schonfrist, Benutzungsschonfrist) beträgt *fünf Jahre.* Der Zeitraum der Frist entspricht der Rechtslage im WZG, der MarkenRL und der GMarkenV. Wenn der Markeninhaber die eingetragene Marke nicht im Sinne des § 26 im Inland ernsthaft benutzt oder keine berechtigten Gründe für die Nichtbenutzung vorliegen, dann treten die Rechtsfolgen der Nichtbenutzung ein (s. § 26, Rn 131). Die Vorschriften über den Benutzungszwang begründen keine rechtliche Verpflichtung, die eingetragene Marke im geschäftlichen Verkehr zu benutzen. Es besteht keine Rechtspflicht, sondern nur eine rechtliche *Obliegenheit* des Markeninhabers, der Rechtsnachteile erleidet, wenn er der Obliegenheit, die eingetragene Marke zu benutzen, nicht nachkommt. Die Nichtbenutzung der Marke innerhalb der Benutzungsfrist löst kein Amtsverfahren aus und ist nicht von Amts wegen zu berücksichtigen. Rechtsfolge der fünfjährigen Nichtbenutzung ist der Eintritt der Löschungsreife der Marke, deren Geltendmachung von der Parteiinitiative abhängig ist. Während des Zeitraums der fünfjährigen Benutzungsfrist kommt der eingetragenen Marke umfassender Markenschutz zu. Während der fünfjährigen Benutzungsfrist wird die Eintragung einer Marke auf Antrag nur dann gelöscht, wenn ein Verfallsgrund nach § 49 Abs. 1 Nr. 1 bis 3 oder ein Nichtigkeitsgrund wegen absoluter Schutzhindernisse nach § 50 Abs. 1 Nr. 1 bis 4 gegeben ist. Die Nichtbenutzung der Marke als solche stellt keinen Nichtigkeitsgrund dar, sondern erst die *fünfjährige Nichtbenutzung* einen *Verfallsgrund* nach § 49 Abs. 1. Der Benutzungswille des Rechtsinhabers ist aber eine allgemeine Schutzvoraussetzung der Entstehung des Markenrechts (zum Erfordernis eines Benutzungswillens s. § 3, Rn 77 ff.). Aus diesem Grund verstoßen Defensivmarken wegen Fehlens eines Benutzungswillens des Anmelders gegen § 3 Abs. 1 und sind deshalb eintragungsunfähig (zu Defensivmarken s. § 3, Rn 172 ff.). Werden Defensivmarken entgegen § 3 eingetragen, dann kann die Eintragung der Marke auf Antrag wegen Nichtigkeit nach § 50 Abs. 1 Nr. 1 gelöscht werden (s. § 50, Rn 6). Dem Rechtsinhaber einer angemeldeten oder eingetragenen Defensivmarke, der sein

ausschließliches Recht an der Marke gegenüber Dritten geltend macht, steht der Einwand der unzulässigen Rechtsausübung (§ 242 BGB) entgegen. Die Geltendmachung eines Markenrechts während des Zeitraums der fünfjährigen Benutzungsfrist kann aus außermarkengesetzlichen Gründen rechtswidrig sein. Nach § 2 ist die Anwendung anderer Vorschriften als des MarkenG zum Schutz der Kennzeichen nicht ausgeschlossen, so daß auch während der fünfjährigen Benutzungsfrist etwa wettbewerbsrechtliche oder deliktsrechtliche Ansprüche gegen den Markeninhaber geltend gemacht werden können.

Während des Zeitraums einer Rechtfertigung der Nichtbenutzung, weil berechtigte Gründe für die Nichtbenutzung im Sinne des § 26 Abs. 1 vorliegen, ist die Benutzungsfrist gehemmt. Wenn die berechtigten Gründe für die Nichtbenutzung entfallen, dann läuft die begonnene Benutzungsfrist weiter. Eine mit dem Beginn einer neuen Benutzungsfrist verbundene Fristenunterbrechung wird nach der gesetzlichen Wertung allein aufgrund einer ernsthaften Benutzung, nicht jedoch aufgrund einer gerechtfertigten Nichtbenutzung begründet (s. § 26, Rn 47). **8**

## II. Berechnung der Benutzungsfrist

### 1. Rechtslage im MarkenG

**a) Grundsatz der Rückrechnung nach Art und Stand des Verfahrens.** Die Berechnung der Benutzungsfrist richtet sich nach der Art und dem Stand des Verfahrens, in dem es auf die rechtserhaltende Benutzung der eingetragenen Marke ankommt. Wenn der Markeninhaber Ansprüche im Sinne der §§ 14, 18 und 19 geltend macht, dann ist nach § 25 Abs. 1 die rechtserhebliche Benutzungsfrist der Zeitraum der letzten fünf Jahre vor der *Geltendmachung des Anspruchs*. Im Verletzungsprozeß des Markeninhabers tritt zur Berechnung des Ablaufs der Benutzungsfrist nach § 25 Abs. 2 S. 1 an die Stelle der Geltendmachung des Anspruchs die *Erhebung der Klage* und ist die rechtserhebliche Benutzungsfrist der Zeitraum der letzten fünf Jahre vor Klageerhebung. Wenn die fünfjährige Benutzungsfrist erst nach Klageerhebung endet, dann tritt zur Berechnung des Ablaufs der Benutzungsfrist nach § 25 Abs. 2 S. 2 an die Stelle der Geltendmachung des Anspruchs beziehungsweise der Erhebung der Klage der *Schluß der mündlichen Verhandlung* und ist die rechtserhebliche Benutzungsfrist der Zeitraum der letzten fünf Jahre vor dem Schluß der letzten mündlichen Verhandlung. Die Vorschrift des § 25 Abs. 2 S. 2 ist dahin zu verstehen, daß der fünfjährige Zeitraum der Nichtbenutzung nach Erhebung der Klage oder vor dem Schluß der letzten mündlichen Verhandlung endet. Diese Regeln zur Berechnung der Benutzungsfrist gelten auch für das Feststellungsverfahren mit umgekehrter Parteienrolle (s. Begründung zum MarkenG, BT-Drucks. 12/6581 vom 14. Januar 1994, S. 83). Die Berechnung der Benutzungsfrist bestimmt sich zurückgerechnet von dem Zeitpunkt der Geltendmachung des Anspruchs (§ 25 Abs. 1), der Erhebung der Klage (§ 25 Abs. 2 S. 1) oder dem Schluß der letzten mündlichen Verhandlung (§ 25 Abs. 2 S. 2) an. Die Fristberechnung erfolgt im Wege der *Rückrechnung* von bestimmten Berechnungszeitpunkten aus, die sich nach Art und Stand des jeweiligen Verfahrens in Markenangelegenheiten bestimmen. **9**

**b) Zeitpunkt der Eintragung als Fristbeginn.** Voraussetzung der Fristberechnung nach § 25 Abs. 1 und Abs. 2 S. 1 und 2 (s. Rn 9) ist, daß die Marke zu dem Zeitpunkt der Geltendmachung des Anspruchs, der Erhebung der Klage oder des Schlusses der letzten mündlichen Verhandlung seit *mindestens fünf Jahren* eingetragen ist. Der Zeitraum zwischen der Eintragung der Marke als *Fristbeginn* einerseits und der Geltendmachung des Anspruchs, der Erhebung der Klage oder des Schlusses der letzten mündlichen Verhandlung als *Fristende* andererseits ist der Mindestzeitraum einer rechtserheblichen Nichtbenutzung. Das Gesetz bestimmt als den Zeitpunkt des zurückzurechnenden Fristbeginns den Zeitpunkt der Eintragung. Der Zeitpunkt der Eintragung ist nicht der Prioritätstag der angemeldeten oder eingetragenen Marke, deren Zeitrang sich nach § 6 Abs. 2 nach dem Anmeldetag im Sinne des § 33 Abs. 1 bestimmt. Der Zeitpunkt der Eintragung im Sinne der Vorschriften des § 25 Abs. 1 und Abs. 2 S. 1 und 2 ist der *Eintragungstag* nach § 41 S. 1, nicht der Tag der Veröffentlichung der Eintragung nach § 41 S. 2. Auf den Eintragungstag wird abgestellt bei der außergerichtlichen Geltendmachung des Anspruchs (§ 25 Abs. 1), bei der Regelung über den Verfall der Marke wegen Nichtbenutzung (§ 49 Abs. 1 S. 1), bei der klageweisen Gel- **10**

tendmachung des Anspruchs im Verletzungsverfahren (§ 25 Abs. 2) und im Löschungsverfahren vor den ordentlichen Gerichten (§ 55 Abs. 3). Anders wird im *Widerspruchsverfahren* nach § 43 Abs. 1 S. 1 auf den Zeitraum der letzten fünf Jahre vor der Veröffentlichung der Eintragung der Marke, gegen die der Widerspruch sich richtet, und damit auf den *Veröffentlichungstag* der prioritätsjüngeren Marke nach § 41 S. 2 abgestellt. Wenn die Benutzungsfrist erst nach dem Veröffentlichungstag der Widerspruchsmarke endet, dann kommt es nach § 43 Abs. 1 S. 2 auf den Zeitpunkt der *Entscheidung über den Widerspruch* an.

**11** **c) Heilung des Verfalls der Marke durch Aufnahme der Benutzung.** Wenn ein Zeitraum von fünf Jahren der Nichtbenutzung noch nicht abgelaufen ist oder die Marke zum Zeitpunkt der Klageerhebung noch nicht fünf Jahre eingetragen ist, dann tritt der Verfall der Marke wegen mangelnder Benutzung dann nicht ein, wenn innerhalb der fünfjährigen Benutzungsfrist die Benutzung der Marke erstmals oder nach einer zwischenzeitlichen Aufgabe der Benutzung erneut aufgenommen wird, so daß der Markeninhaber alle Rechte aus der eingetragenen Marke geltend machen kann. Eine erstmalige oder erneute Aufnahme der Benutzung nach Ablauf eines Zeitraums fünfjähriger Nichtbenutzung bleibt immer dann unberücksichtigt, wenn die *Benutzungsaufnahme* zum einen *nach Klageerhebung* erfolgt, und wenn zum anderen der Kläger die angegriffene Marke bereits während der letzten fünf Jahre vor der Klageerhebung nicht rechtserhaltend benutzt hat und deshalb den Nachweis nach § 26 Abs. 2 S. 1 nicht erbringen kann. Die Regelung des § 26 Abs. 2 S. 2 greift nur dann ein, wenn im Zeitpunkt der Klageerhebung die fünfjährige Benutzungsfrist noch nicht abgelaufen ist, die Benutzungsfrist vielmehr erst nach Klageerhebung endet, so daß der Beklagte die *Einrede der Nichtbenutzung* nach § 25 Abs. 2 S. 2 erheben kann. Wenn die Benutzungsfrist im Zeitpunkt der Erhebung der Klage noch nicht abgelaufen ist, dann allerdings kann der Kläger den Eintritt des Verfalls der Marke hindern, wenn er zwar nach Klageerhebung, aber vor Ablauf der fünfjährigen Benutzungsfrist die Benutzung der Marke erstmals oder erneut aufnimmt. Wenn die Benutzungsfrist nach Klageerhebung abläuft, dann tritt mit Ablauf der Benutzungsfrist der Verfall der Marke ein und der Beklagte kann die Einrede der Nichtbenutzung nach § 25 Abs. 2 S. 2 erheben. Wenn der Beklagte die Einrede der Nichtbenutzung nach § 25 Abs. 2 S. 2 nicht erhebt, dann ist zwar der Verfall der Marke wegen mangelnder Benutzung eingetreten, doch kann der Markeninhaber als Kläger die Geltendmachung des eingetretenen Verfalls der Marke durch erstmalige oder erneute Aufnahme der Benutzung hindern. Nach einer *Heilung des Verfalls der Marke,* die durch erstmalige oder erneute Aufnahme der Benutzung grundsätzlich möglich ist (s. § 49 Abs. 2 S. 2), kann der Beklagte die Einrede der Nichtbenutzung nicht mehr erfolgreich erheben, da keine der Fallkonstellationen einer Nichtbenutzung des § 25 Abs. 2 S. 1 und 2 gegeben ist (s. auch Begründung zum MarkenG, BT-Drucks. 12/6581 vom 14. Januar 1994, S. 83). In diesen in der Praxis kaum vorkommenden Fällen bleibt der Beklagte darauf verwiesen, die Löschung der Klagemarke nach den §§ 49, 53 oder 55 zu betreiben. Die Heilung des Verfalls einer Marke durch erstmalige oder erneute Aufnahme der Benutzung ist deshalb grundsätzlich möglich, weil nach Ablauf der Benutzungsfrist der Markenschutz wegen des Charakters des Benutzungszwangs als einer rechtlichen Obliegenheit aufrechterhalten bleibt.

**12** **d) Fristberechnung bei IR-Marken.** Bei *international registrierten* Marken (Marken nach dem MMA im Sinne der §§ 107 bis 118) enthält § 117 eine von § 25 abweichende Regelung zur Berechnung der Benutzungsfrist. Nach dieser Vorschrift tritt an die Stelle des Tages der Eintragung der Marke im Sinne des § 25 Abs. 1 der in § 115 Abs. 2 bezeichnete Tag. Wenn bei einer Marke nach dem MMA ein Antrag auf Schutzentziehung nach § 49 Abs. 1 wegen mangelnder Benutzung gestellt wird, dann tritt nach § 115 Abs. 2 an die Stelle des Tages der Eintragung in das Register der Tag, an dem die Frist des Art. 5 Abs. 2 MMA abgelaufen ist. Wenn bei Ablauf dieser Frist die in den §§ 113 (Prüfung auf absolute Schutzhindernisse) und 114 (Widerspruch) genannten Verfahren noch nicht abgeschlossen sind, dann tritt an die Stelle des Tages der Eintragung in das Register der Tag des Zugangs der abschließenden Mitteilung über die Schutzbewilligung beim Internationalen Büro der Weltorganisation für geistiges Eigentum. Für Marken nach dem *Protokoll zum MMA* im Sinne der §§ 119 bis 125 gelten nach § 124 die Vorschriften über den Schutz von Marken nach dem MMA entsprechend und sind so die Regeln über die Fristberechnung der §§ 117, 115 Abs. 2 entsprechend anzuwenden.

**e) DDR-Marken.** Die Benutzungsfrist für Marken, die in der DDR eingetragen waren, 13
begann am 3. Oktober 1990 (Anlage 1 Kapitel III Sachgebiet E Abschnitt II Nr. 1 § 10 S. 1
EinigV) und nicht schon nach Ablauf eines Jahres ab Eintragung der Marke im internationalen Register (BGH GRUR 1999, 155 – DRIBECK's LIGHT).

## 2. Rechtslage im WZG

**a) Fristbeginn.** Zur Beurteilung der Rechtslage von Markenkollisionen vor Inkrafttreten des MarkenG am 1. Januar 1995 kann die Art der Fristberechnung nach der Rechtslage 14
im WZG von Bedeutung sein, auch wenn grundsätzlich nach § 152 das MarkenG auf vor
dem 1. Januar 1995 entstandene Marken anzuwenden und damit auch die Benutzungsfrist
nach dem MarkenG zu berechnen ist. Bei Warenzeichen, die vor dem Tag des Inkrafttretens des Vorabgesetzes vom 4. September 1967 (BGBl. I S. 953) und damit vor dem
1. Januar 1968 eingetragen worden waren, begann nach Art. 7 § 6 Abs. 2 VorabG die Benutzungsfrist mit dem 1. Januar 1968. Bei Warenzeichen, die nach dem 1. Januar 1968 und
vor dem 1. Januar 1995 eingetragen worden sind, begann die Benutzungsfrist mit dem Tag
der Eintragung oder, wenn es sich um ein nach § 6a WZG beschleunigt eingetragenes
Warenzeichen handelte, gegen dessen Eintragung Widerspruch erhoben wurde, mit dem
Abschluß des Widerspruchsverfahrens durch rechtskräftige Zurückweisung des letzten Widerspruchs oder durch sonstige Erledigung wie etwa Rücknahme des Widerspruchs (§ 5
Abs. 4 S. 4 WZG). Bei benutzten Warenzeichen, deren Benutzung nach dem 1. Januar
1968 aufgegeben worden war, begann die Benutzungsfrist mit dem Tag der Benutzungsaufgabe. Bei international registrierten Marken begann die Benutzungsfrist erst mit dem Ablauf
der einjährigen Frist nach der internationalen Registrierung oder, wenn das Prüfungsverfahren bei Ablauf dieser Frist noch nicht beendet war, mit der Zustellung der Mitteilung
über die Schutzbewilligung (§ 2 Abs. 3, 4 VO vom 5. September 1968, BGBl. I S. 1001 idF
der VO vom 17. September 1970, BGBl. II S. 991; Art. 5 Abs. 2 MMA). Bei IR-Marken
bestand so eine insgesamt sechsjährige Benutzungsfrist.

**b) Fristende.** Die Benutzungsfrist endete nach § 5 Abs. 7 S. 1 WZG, wenn das Warenzeichen innerhalb eines Zeitraums von mindestens fünf Jahren vor der Bekanntmachung des 15
neu angemeldeten Zeichens nicht benutzt worden war. Erforderlich war der Ablauf der Benutzungsfrist vor diesem Zeitpunkt. Wenn das Widerspruchszeichen erst nach der Bekanntmachung der Neuanmeldung löschungsreif geworden war, dann konnte der Neuanmelder die Benutzung nicht bestreiten; der Widersprechende brauchte die Benutzung seines
Zeichens nicht glaubhaft zu machen (*Heydt*, GRUR 1972, 290, 293; *Heydt*, FS für Hefermehl, 1971, S. 59, 65). Der maßgebende Zeitpunkt für die Berechnung der fünfjährigen
Benutzungsfrist war die Bekanntmachung des neu angemeldeten Zeichens. Die Einrede der
Nichtbenutzung konnte auch dann nicht erhoben werden, wenn der Zeicheninhaber die
Benutzung seines wegen Nichtbenutzung löschungsreif gewordenen Zeichens erst nach der
Anmeldung des prioritätsjüngeren Zeichens, aber vor dessen Bekanntmachung aufgenommen hatte. Doch wurde dadurch die Eintragungsbewilligungsklage nach § 6 Abs. 2 WZG
nicht ausgeschlossen, da das Widerspruchszeichen im Zeitpunkt der Anmeldung löschungsreif war. Gleiches galt, wenn der Inhaber seines im Zeitpunkt der Anmeldung und
Bekanntmachung löschungsreifen Zeichens die Benutzung erst danach aufgenommen hatte
(BGH GRUR 1978, 642 – Silva). Bei Anmeldungen, die vor dem 1. Januar 1973 bekanntgemacht worden waren, konnte die Löschungsreife nicht in dem anhängigen Widerspruchsverfahren geltend gemacht werden, da sonst die Benutzungsfrist entgegen der Übergangsregelung des Art. 7 § 6 Abs. 2 VorabG schon vor dem Inkrafttreten des VorabG am 1. Januar
1968 begonnen hätte (BGH GRUR 1974, 659 – Porotex; BPatGE 15, 73 – Benutzungszwang).

## D. Mehrfacheintragungen und Wiederholungsmarken

### I. Rechtliche Selbständigkeit mehrfach eingetragener Marken

Das subjektive Ausschließlichkeitsrecht an der Marke entsteht konstitutiv durch die Eintragung in das Register (s. § 4, Rn 12). Wenn ein und dasselbe Zeichen für den gleichen 16

Markeninhaber mehrfach in das Register eingetragen wird, dann entstehen aufgrund der *mehrfachen Eintragung* mehrere rechtlich selbständige Markenrechte nebeneinander, die sich in der verschiedenen Priorität, einer verschiedenen Benutzungsfrist und gegebenenfalls hinsichtlich der angemeldeten Waren oder Dienstleistungen unterscheiden. Der Markeninhaber genießt mehrfachen Markenschutz auch im Bereich der deckungsgleichen Produkte. Die rechtliche Selbständigkeit und Unabhängigkeit der mehreren Markenrechte gilt grundsätzlich auch innerhalb der Vorschriften über den Benutzungszwang (*Fezer, Der Benutzungszwang im Markenrecht*, S. 137 ff.; *Baumbach/Hefermehl*, § 5 WZG, Rn 53). Der Grundsatz der rechtlichen Selbständigkeit mehrfach eingetragener Marken findet in der Regelung des § 26 Abs. 3 S. 2 eine Bestätigung, nach der die Benutzung einer abweichenden Markenform auch dann rechtserhaltend wirkt, wenn die Marke in der Form, in der sie benutzt worden ist, ebenfalls eingetragen ist.

**17** Die Obliegenheit des Benutzungszwangs bezieht sich auf jedes einzelne konstitutiv durch die Eintragung in das Register entstandene Markenrecht. Die Benutzungsfrist ist für jedes Markenrecht kraft dessen eigener Priorität selbständig zu bestimmen (*Heydt*, GRUR 1972, 290, 292). Die Rechtsfolgen wegen mangelnder Benutzung der Marke sind für jedes Markenrecht der Mehrfacheintragung selbständig festzustellen. Eine andere Frage ist, ob und inwieweit nach den besonderen Umständen des konkreten Einzelfalles die Geltendmachung von Rechten aus einem Markenrecht, dessen Benutzungsfrist noch nicht abgelaufen ist, aufgrund des Verfalls einer identischen Marke wegen Nichtbenutzung rechtlichen Schranken unterliegt (s. Rn 22).

**18** Die ernsthafte Benutzung mehrfach eingetragener Marken erhält sämtliche Markenrechte. Wenn die ernsthafte Benutzung aufgegeben wird und berechtigte Gründe für die Nichtbenutzung nicht vorliegen, dann beginnt für sämtliche Markenrechte der Mehrfacheintragung eine neue und einheitliche Benutzungsfrist zu laufen. Ab diesem Zeitpunkt kommt den rechtlich selbständigen Markenrechten der Mehrfacheintragung ein gleiches rechtliches Schicksal zu.

## II. Voraussetzungen der Mehrfacheintragung

### 1. Rechtsschutzbedürfnis

**19** Der Grundsatz der rechtlichen Selbständigkeit identisch eingetragener Markenrechte ermöglicht dem Markeninhaber, vor Ablauf der Benutzungsfrist einer eingetragenen Marke, die identische Marke erneut einzutragen (*Wiederholungsmarke*), um auf diese Weise Rechtsschutz aufgrund der neu eingetragenen Marke auch nach Ablauf der Benutzungsfrist der prioritätsälteren Marke zu genießen (s. dazu *Hefermehl*, GRUR 1968, 486, 491; *Mitscherlich*, FS für Wendel, S. 83; *Miosga*, GRUR 1968, 237, 242; *Miosga*, GRUR 1970, 439, 444; *Heil*, GRUR 1973, 170, 171). Der Markeninhaber erhält zwar gegenüber seinem prioritätsälteren Markenrecht ein prioritätsjüngeres Markenrecht, das er gegenüber prioritätsälteren Zwischenrechten im Sinne des § 4 Nr. 1 bis 3 nicht geltend machen kann. Diese mit einem Prioritätsverlust verbundene Gefahr einer Wiederholungsmarke ist jedoch umso geringer, je sorgfältiger der Markeninhaber sein ursprüngliches Markenrecht in der Rechtspraxis verwaltete und verteidigte.

**20** Die Anmeldung zur Eintragung setzt als ein Begehren einer Rechtsschutzhandlung im Sinne staatlicher Entscheidungs- und Prüfungstätigkeit das Vorliegen eines *Rechtsschutzbedürfnisses des Anmelders* voraus. An dem Bestehen eines Rechtsschutzbedürfnisses an der Eintragung einer Wiederholungsmarke könnten im Hinblick auf die Rechtsprechung des BPatG vor Einführung des Benutzungszwangs in das deutsche Warenzeichenrecht Bedenken bestehen. In der *Immencron*-Entscheidung (BPatGE 6, 66 – Immencron) wies das BPatG die Anmeldung einer Marke wegen mangelnden Rechtsschutzbedürfnisses zurück, weil für den Anmelder bereits eine Marke eingetragen war, deren Schutz die jüngere Anmeldung in jeder Hinsicht einschloß. Die mit der angemeldeten Marke völlig übereinstimmende eingetragene Marke war unter anderem auch für die gleichen Waren eingetragen und unterschied sich lediglich durch die farbige Eintragung. Da durch die farbige Eintragung der Markenschutz nicht auf die farbige Ausgestaltung der Marke beschränkt werde, gewähre die eingetragene Marke alle Rechte, die durch die Eintragung der angemeldeten Marke erlangt werden könnten. Da sich aus der Eintragung der angemeldeten Marke keine weiteren Rechtsvorteile ergeben könnten, die dem Anmelder nicht schon aufgrund der eingetragenen Marke zustünden, bestehe kein Interesse an der beantragten Eintragung der Marke. Das BPatG wies die Anmeldung zurück, weil deren Weiterverfolgung in Ermangelung eines Rechtsschutzbedürfnisses unzulässig sei. Ob diese Entscheidung dem Grundsatz der rechtlichen Selbständigkeit mehrfach eingetragener Marken vor Einführung des Benutzungszwangs in das WZG hinreichend Rechnung trug, kann dahinstehen. Nach Einführung des Benutzungszwangs erlangte der Anmelder infolge der Neueintragung eine insoweit grundsätzlich verbesserte Rechtsposition, als für die neu eingetragene Marke eine eigene Benutzungsfrist zu laufen begann, die über den Zeitpunkt des Ablaufs der Benutzungsfrist der älteren Marke hinausreichte. Diese verbesserte Rechtsposition zeigt sich dann um so deutlicher, wenn der Markeninhaber die Neueintragung nicht noch vor Ablauf der Benutzungsfrist der prioritätsälteren Marke erwirkt, sondern erst nach deren Ablauf und somit im Zeitpunkt des Verfalls der prioritätsälteren Marke. Die Neueintragung zielt gerade auf eine zeitliche Erweiterung der Verteidigungsmöglichkeiten des Markeninhabers. Dem steht die durch den Benutzungszwang normierte zeitliche Schutzbeschränkung einer eingetragenen Marke nicht entgegen, da dieser Zweck im Wege der Eintragung einer neuen Marke mit jüngerer Priorität erreicht werden soll. Die Anmeldung einer Wiederholungsmarke kann deshalb nicht wegen mangelnden Rechtsschutzbedürfnisses zurückgewiesen werden (*Fezer*, Der Benutzungszwang im Markenrecht, S. 139 f.; *Miosga*, MA 1970, 13; *Miosga*, Benutzungszwang für Warenzeichen, S. 56 f.; s. aber auch *Mitscherlich*, FS für Wendel, S. 83; *Heil*, MA 1973, 59, 61). *Wiederholungsmarken* sind *rechtlich zulässig* und sind nicht notwendig als eine Umgehung des gesetzlichen Benutzungszwangs anzusehen (OLG Frankfurt GRUR 1992, 445, 446 – Wiederholungszeichen).

### 2. Nachweis des Benutzungswillens

Der Benutzungswille des Rechtsinhabers ist eine allgemeine Schutzvoraussetzung der Entstehung eines Markenrechts (s. § 3, Rn 77 ff.). Der generelle Benutzungswille des Rechtsinhabers einer angemeldeten oder eingetragenen Marke wird vermutet (s. § 3, Rn 79). Das Fehlen des Benutzungswillens begründet die Unzulässigkeit der Eintragung. Zwar mangelt es der Anmeldung einer Wiederholungsmarke nicht am Rechtsschutzbedürfnis an der Eintragung der Marke. Der kurz bevorstehende oder schon eingetretene *Ablauf der Benutzungsfrist* kann aber ein *Indiz für das Fehlen des Benutzungswillens* des Markeninhabers darstellen. Diese Indiztatsache steht der Annahme einer Vermutung des Benutzungswillens des Anmelders entgegen. Es obliegt nunmehr dem Anmelder der Wiederholungsmarke, den konkreten Nachweis seiner Absicht, die Marke ernsthaft zu benutzen, zu erbringen. Die bloße Behauptung eines Benutzungswillens kann nach verständiger Berücksichtigung des bevorstehenden oder eingetretenen Verfalls der eingetragenen Marke wegen Nichtbenutzung die Eintragung einer Wiederholungsmarke nicht rechtfertigen (*Fezer*, Der Benutzungszwang im Markenrecht, S. 140; nach *Baumbach/Hefermehl*, § 5 WZG, Rn 53 widerspricht die Wiederholungsmarke wegen der Verlängerung der Benutzungsfrist dem Benutzungszwang und besteht bei fehlendem Benutzungswillen der Einwand des Rechtsmißbrauchs, der nach der Rechtslage im WZG allerdings nur im Verletzungsprozeß, nicht auch im Eintragungs- oder Widerspruchsverfahren berücksichtigt werden sollte; so auch *Heydt*, FS für Hefermehl, 1971, S. 61 f.; *Mitscherlich*, GRUR 1973, 500, 503; LG Köln WRP 1975, 751 – Shahi; aA *Fischötter/Rheineck*, GRUR 1980, 379, 388; *Schulze zur Wiesche*, WRP 1976, 65, 66; *Heil*, GRUR 1973, 170, 171). In der *Zamek II*-Entscheidung (BGH GRUR 1971, 309, 311) beurteilte der BGH im Rahmen des § 11 Abs. 1 Nr. 2 WZG die Tatsache, daß der Inhaber einer neu eingetragenen Marke eine in deren Warenverzeichnis aufgeführte Ware schon vorher lange Jahre im Warenverzeichnis einer fast identischen älteren Marke aufgeführt hatte, ohne sie herzustellen und in den Verkehr zu bringen, als ein *Beweisanzeichen* dafür, daß er die Ware auch nach der Neueintragung nicht ernstlich in sein Produktions- und Vertriebsprogramm aufnehmen wolle, wenn seit der Neueintragung wiederum mehrere Jahre verstrichen waren. Nach der *Rechtslage im MarkenG* ist die Anmeldung einer Wiederholungsmarke dann als rechtsmißbräuchlich zurückzuweisen, wenn der Markeninhaber nicht den *konkreten Nachweis eines Benutzungswillens* erbringen kann (so auch *Heydt*, GRUR 1975, 439, 440; *Baumbach/Hefermehl*, § 5 WZG, Rn 53; OLG Frankfurt GRUR 1992, 445,

446 – Wiederholungszeichen). Die Prüfung der subjektiven Absicht des Markeninhabers als Anmelder ist deshalb gerechtfertigt, da dem Benutzungswillen objektiv entgegenstehende Umstände vorliegen. Ein Rechtsmißbrauch wegen fehlenden Benutzungswillens ist dann nicht anzunehmen, wenn Umstände vorliegen, aus denen sich ergibt, daß nunmehr aufgrund einer veränderten Sachlage ein Benutzungswille des Anmelders vorhanden ist. Der Beitritt der neuen Bundesländer zur Bundesrepublik Deutschland und die damit verbundene Erschließung eines neuen Marktes können solche Umstände darstellen (so für die Kollisionsmarke *Mercedes* für Büromaschinen OLG Frankfurt GRUR 1992, 445, 446 – Wiederholungszeichen). Einer prioritätsjüngeren Wiederholungsmarke kann aber ein prioritätsälteres berühmtes Kennzeichen entgegengehalten werden (so für *Mercedes* OLG Frankfurt GRUR 1992, 445, 447 – Wiederholungszeichen). Das Fehlen des Benutzungswillens ist auch im Eintragungsverfahren zu berücksichtigen, da die Eintragung einer Marke bei fehlendem Benutzungswillen gesetzwidrig ist (s. § 3, Rn 77).

### III. Schranken der Geltendmachung von Wiederholungsmarken

22    Wenn eine Wiederholungsmarke in das Register eingetragen wird, weil dem Anmelder der Nachweis des Benutzungswillens gelingt, dann entsteht ein rechtlich selbständiges Markenrecht mit eigener Priorität und Benutzungsfrist. Nach Ablauf der Benutzungsfrist der prioritätsälteren identischen Marke des Inhabers der Wiederholungsmarke kann der Geltendmachung von Rechten aus der prioritätsjüngeren Wiederholungsmarke unter dem Gesichtspunkt einer Umgehung der Vorschriften über den Benutzungszwang je nach den besonderen Umständen des konkreten Einzelfalles der Einwand des *Rechtsmißbrauchs* nach § 242 BGB entgegengehalten werden (*Fezer*, Der Benutzungszwang im Markenrecht, S. 142 f. mit umfassenden Nachw. zum Schrifttum nach der Rechtslage im WZG). Unter welchen Voraussetzungen der Einwand der unzulässigen Rechtsausübung im einzelnen Erfolg hat, kann nur anhand der besonderen Umstände des konkreten Einzelfalles aufgrund einer Interessenabwägung bestimmt werden, die dem Zweck der Vorschriften über den Benutzungszwang Rechnung zu tragen hat. Es lassen sich keine allgemeinen Regeln aufstellen. Als *Beurteilungskriterien* kommen etwa in Betracht die Dauer der Nichtbenutzung der prioritätsälteren Marke, der Zeitpunkt der Eintragung der Wiederholungsmarke, die Kenntnis des Markeninhabers bei der Anmeldung der Wiederholungsmarke von den Interessen eines Dritten an einer ähnlichen Marke nach Ablauf der Benutzungsfrist der prioritätsälteren Marke, sowie die Zahl der erfolgten Eintragungen von Wiederholungsmarken für den Markeninhaber.

**Benutzung der Marke**

**26** (1) **Soweit die Geltendmachung von Ansprüchen aus einer eingetragenen Marke oder die Aufrechterhaltung der Eintragung davon abhängig ist, daß die Marke benutzt worden ist, muß sie von ihrem Inhaber für die Waren oder Dienstleistungen, für die sie eingetragen ist, im Inland ernsthaft benutzt worden sein, es sei denn, daß berechtigte Gründe für die Nichtbenutzung vorliegen.**

(2) **Die Benutzung der Marke mit Zustimmung des Inhabers gilt als Benutzung durch den Inhaber.**

(3) [1] **Als Benutzung einer eingetragenen Marke gilt auch die Benutzung der Marke in einer Form, die von der Eintragung abweicht, soweit die Abweichungen den kennzeichnenden Charakter der Marke nicht verändern.** [2] **Satz 1 ist auch dann anzuwenden, wenn die Marke in der Form, in der sie benutzt worden ist, ebenfalls eingetragen ist.**

(4) **Als Benutzung im Inland gilt auch das Anbringen der Marke auf Waren oder deren Aufmachung oder Verpackung im Inland, wenn die Waren ausschließlich für die Ausfuhr bestimmt sind.**

(5) **Soweit die Benutzung innerhalb von fünf Jahren ab dem Zeitpunkt der Eintragung erforderlich ist, tritt in den Fällen, in denen gegen die Eintragung Widerspruch erhoben worden ist, an die Stelle des Zeitpunkts der Eintragung der Zeitpunkt des Abschlusses des Widerspruchsverfahrens.**

# § 26 MarkenG

**Inhaltsübersicht**

| | Rn |
|---|---|
| A. Regelungsübersicht | 1, 2 |
| B. Rechtserhaltende Benutzung (§ 26 Abs. 1) | 3–77 |
|    I. Unterscheidung zwischen rechtsverletzender und rechtserhaltender Benutzung | 3 |
|   II. Funktionsgerechte Benutzung | 4–30 |
|      1. Grundsatz | 4 |
|      2. Benutzung als produktidentifizierendes Unterscheidungszeichen | 5–12 |
|         a) Markenfunktionalität der Benutzung | 5–8 |
|            aa) Benutzungshandlung und Benutzungssachverhalt | 5, 6 |
|            bb) Funktionsgerechte Benutzungshandlung | 7, 8 |
|                (1) Rechtslage im WZG | 7 |
|                (2) Rechtslage im MarkenG | 8 |
|         b) Produktbezug der Benutzung | 9 |
|         c) Objektive Art der Benutzung | 10, 11 |
|         d) Rechtsprechung zum Benutzungsbegriff im MarkenG | 12 |
|      3. Einzelne Verwendungsarten | 13–30 |
|         a) Grundsatz | 13 |
|         b) Benutzung außerhalb des geschäftlichen Verkehrs | 14–19 |
|         c) Benutzung in verschiedenen Vertriebsarten | 20 |
|         d) Benutzung als geschäftliche Bezeichnung | 21, 22 |
|         e) Benutzung als beschreibende Angabe | 23 |
|         f) Benutzung auf der Aufmachung oder Verpackung der Ware sowie auf Kennzeichnungsmitteln | 24 |
|         g) Benutzung zu steuerrechtlichen Zwecken und sonstigen Kontrollzwecken | 25 |
|         h) Benutzung in Geschäftspapieren und in der Werbung | 26–30 |
|            aa) Rechtslage im WZG | 26–29 |
|            bb) Rechtslage im MarkenG | 30 |
|  III. Ernsthafte Benutzung | 31–39 |
|      1. Grundsatz | 31–33 |
|      2. Dauer der Benutzung | 34–36 |
|         a) Kurzzeitige Benutzung | 34, 35 |
|         b) Benutzung auf einem Testmarkt | 36 |
|      3. Umfang der Benutzung | 37 |
|      4. Scheinbenutzung | 38 |
|      5. Wettbewerbswidrige Benutzung | 39 |
|  IV. Rechtfertigung der Nichtbenutzung | 40–48 |
|      1. Grundsatz | 40 |
|      2. Berechtigte Gründe für die Nichtbenutzung | 41–46 |
|      3. Hemmung der Benutzungsfrist | 47 |
|      4. Geltendmachung der Nichtbenutzung | 48 |
|   V. Produkterstreckung der rechtserhaltenden Benutzung | 49–63 |
|      1. Ausgangspunkt | 49, 50 |
|      2. Subsumtion unter den Registereintrag | 51–55 |
|         a) Grundsatz | 51, 52 |
|         b) Entscheidungspraxis zum WZG | 53, 54 |
|         c) Entscheidungspraxis zum MarkenG | 55 |
|      3. Integration bei Produktoberbegriffen | 56–61 |
|         a) Verkehrsübliche Produktbereiche | 56 |
|         b) Entscheidungspraxis zum WZG | 57–60 |
|            aa) Keine Benutzung hinsichtlich zu weiter Oberbegriffe | 57 |
|            bb) Aufspaltung weiter Oberbegriffe in verkehrsübliche Produktbereiche | 58, 59 |
|            cc) Mehrere Oberbegriffe | 60 |
|         c) Entscheidungspraxis zum MarkenG | 61 |
|      4. Produkteinheiten und Produktteile | 62 |
|      5. Keine Produkterstreckung zwischen Ware und Dienstleistung | 63 |
|  VI. Benutzung im Inland | 64–77 |
|      1. Grundsatz der Inlandsbenutzung | 64, 65 |
|      2. Exportmarken (§ 26 Abs. 4) | 66–74 |
|         a) Grundsatz | 66 |
|         b) Rechtslage im WZG | 67–69 |

| | Rn |
|---|---|
| c) Rechtslage im MarkenG | 70–74 |
| aa) Inländische Produktmarkierung mit ausländischem Marktbezug | 70–72 |
| bb) Exportvermerk und Importvermerk | 73, 74 |
| 3. International registrierte Marken und Basismarken | 75, 76 |
| 4. Völkerrechtliche Vereinbarungen | 77 |
| C. Benutzung mit Zustimmung des Markeninhabers (§ 26 Abs. 2) | 78–88 |
| I. Zurechnung der Drittbenutzung | 78 |
| II. Anwendungsbereich | 79–82 |
| 1. Gebrauchsüberlassungsverträge, Nutzungsverträge, Sicherungsverträge | 79 |
| 2. Benutzung im Konzern | 80 |
| 3. Benutzung in den Wirtschaftsstufen | 81 |
| 4. Abgrenzungsvereinbarungen | 82 |
| III. Zustimmung des Markeninhabers | 83–86 |
| 1. Ex nunc-Wirkung | 83 |
| 2. Rechtswirksamkeit der Zustimmung | 84 |
| 3. Wettbewerbswidrigkeit der Benutzung | 85 |
| 4. Fremdbenutzungswille des Dritten | 86 |
| IV. Benutzung einer Kollektivmarke (§ 100 Abs. 2) | 87, 88 |
| D. Benutzung abweichender Markenformen (§ 26 Abs. 3) | 89–123 |
| I. Regelungsgegenstand | 89–91 |
| 1. Gleichstellung bestimmter Markenabweichungen mit der eingetragenen Markenform | 89, 90 |
| 2. Richtlinienkonforme Auslegung | 91 |
| II. Rechtserhaltende Markenabweichungen | 92–123 |
| 1. Identitätsbereichstheorie und Schutzbereichstheorie | 92 |
| 2. Zweischrankentheorie der Rechtsprechung | 93–96 |
| 3. Verhältnis zum MarkenG | 97 |
| 4. Der kennzeichnende Charakter der Marke | 98, 99 |
| a) Begriff | 98 |
| b) Kennzeichnender Markencharakter als Rechtsfrage | 99 |
| 5. Entscheidungspraxis zum WZG | 100–121 |
| a) Benutzung von Markenabweichungen (§ 26 Abs. 3 S. 1) | 100–119 |
| aa) Abweichungen in der Schreibweise | 100–102 |
| bb) Aufspaltung von Wörtern | 103, 104 |
| cc) Weglassen von Zeichenbestandteilen | 105–107 |
| dd) Hinzufügen von Zeichenbestandteilen | 108–112 |
| ee) Austausch von Zeichenbestandteilen | 113 |
| ff) Formübergreifende Markenabweichungen | 114 |
| gg) Serienmarken | 115 |
| hh) Farbmarken | 116, 117 |
| ii) Hörmarken | 118 |
| jj) Sammelmarken | 119 |
| b) Eingetragene Markenabweichungen (§ 26 Abs. 3 S. 2) | 120, 121 |
| 6. Entscheidungspraxis zum MarkenG | 122a–122e |
| a) Grundsatz | 122a |
| b) Abweichungen in der Schreibweise | 122b |
| c) Verändern des Markendesigns | 122c |
| d) Aufspaltung von Wörtern | 122d |
| e) Verändern von Zeichenbestandteilen | 122e |
| 7. Altmarken | 123 |
| E. Mehrfachkennzeichnung | 124–129 |
| I. Grundsatz | 124 |
| II. Entscheidungspraxis | 125–129 |
| 1. Eintragungspraxis des DPMA | 125 |
| 2. Rechtsprechung des BPatG | 126 |
| 3. Instanzgerichtliche Rechtsprechung | 127 |
| 4. Rechtsprechung des BGH | 128, 129 |
| a) Abgrenzung zur Mehrfachkennzeichnung | 128 |
| b) Grundsatzurteil *Sana/Schosana* | 129 |
| F. Benutzungsfrist bei Widerspruchsverfahren (§ 26 Abs. 5) | 130 |
| G. Rechtsfolgen der Nichtbenutzung | 131 |

Benutzung der Marke  § 26 MarkenG

**Schrifttum zum WZG und MarkenG.** S. die Schrifttumsangaben Vorb zu den §§ 25 und 26.

## Entscheidungen zum MarkenG

**1. BGH GRUR 1995, 583 – MONTANA**
Begriff der rechtserhaltenden Benutzung – Zeichenmäßiger Herkunftshinweis aufgrund der dem Verkehr objektiv entgegentretenden Umstände nach der Verkehrsauffassung.

**2. BPatGE 35, 30 – Manhattan**
Die von der Eintragung abweichende Benutzung verändert den kennzeichnenden Charakter der Marke nicht, wenn die Verkehrskreise die eingetragene und die benutzte Marke als dieselbe ansehen.

**3. BPatGE 35, 140 – Dall'Opera**
Beurteilung der Ernsthaftigkeit der Benutzung unter Berücksichtigung des Markengebrauchs vor Beginn des rechtserheblichen Benutzungszeitraums.

**4. BPatGE 35, 40 – Jeannette**
Die Verwendung des Wortes *Jeannette* gilt als Benutzung der eingetragenen Marke *Jeannette*.

**5. BPatGE 35, 226 – BIO**
Keine automatische Weiterbehandlung einer unter der Geltung des WZG erhobenen Einrede der Nichtbenutzung.

**6. BPatG, Beschluß vom 10. Juli 1995, 30 W (pat) 154/93**
Die Kennzeichnung von Bestandteilen der Gesamtware ist nur dann erheblich, wenn der Bestandteil selbständig Gegenstand des Handelsverkehrs sein kann und in den freien Verkehr gelangt.

**7. OLG München WRP 1996, 128 – The Beatles**
Die Benutzung nach § 26 setzt kennzeichenmäßigen Gebrauch voraus.

**8. BPatG Mitt 1996, 169 – RODI**
Die Anforderungen an die Art der Markenbenutzung von Handelsmarken beurteilen sich nach dem Verkehrsüblichen und wirtschaftlich Angebrachten.

**9. BPatGE 36, 1 – CHARRIER**
Zu den Anforderungen an die Glaubhaftmachung der vorherigen Zustimmung des Markeninhabers zu einer rechtserhaltenden Drittbenutzung in einem konzernmäßigen Abhängigkeitsverhältnis.

**10. BPatG, Beschluß vom 28. November 1995, 27 W (pat) 142/94 – Andree**
Die Einrede der Nichtbenutzung beurteilt sich nach den Vorschriften des MarkenG.

**11. BPatG, Beschluß vom 13. Dezember 1995, 26 W (pat) 187/94**
Die Ernsthaftigkeit der Benutzung darf nicht allein am Gewinn oder am Umsatz der anderen Produkte des Markeninhabers festgemacht werden.

**12. OLG München Mitt 1997, 30 – aliseo**
Der Aufdruck der Marke auf Geschäftspapieren kann eine rechtserhaltende Benutzung darstellen. Der kennzeichnende Charakter einer Wortmarke wird nicht durch die Beifügung eines Bildbestandteils und die Wiedergabe der Marke in Normalschrift verändert.

**13. OLG München Mitt 1996, 217 – Sankt Michael**
Anforderungen an die Ernsthaftigkeit der Benutzung.

**14. BPatGE 36, 201 – ORION**
Die Klasseneinteilung für Waren und Dienstleistungen stellt eine wesentliche Orientierungshilfe für die Subsumtion zur Produkterstreckung einer rechtserhaltenden Benutzung dar.

**15. BGH GRUR 1997, 747 – Cirkulin**
Zu den berechtigten Gründen der Nichtbenutzung einer Marke.

**16. HansOLG Hamburg GRUR 1997, 843 – MATADOR**
Die Benutzung einer Marke für nur einen Teil der eingetragenen Waren ist keine Benutzung der Marke für sonstige eingetragenen Waren oder Dienstleistungen.

**17. BPatGE 36, 226 – ESTAVITAL**
Die rechtserhaltende Benutzung erfordert eine funktionsgemäße Markenverwendung.

**18. BPatGE 37, 53 – LORDS**
Zu einer den kennzeichnenden Charakter der Wortmarke *LORD* nicht verändernden werblichen Zutat.

**19. BPatG, Beschluß vom 23. Oktober 1996, 28 W (pat) 214/95 – Kartoffelchips**
Eine für konservierte Kartoffelchips eingetragene und für unkonservierte Chips benutzte Marke wird rechtserhaltend benutzt.

**20. BPatGE 37, 233 – SACHSENKRONE**
Benutzungsabsicht ersetzt nicht das Erfordernis der tatsächlichen Benutzung der Marke.

**21. BPatG GRUR 1997, 652 – IMMUNINE**
Zur Verwendung einer Marke im arzneimittelrechtlichen Zulassungsverfahren.
**22. BPatGE 38, 62 – Apfelbauer**
Zu unwesentlichen Abweichungen bei Herkunfts- oder Beschaffenheitsangaben.
**23. BPatGE 38, 102 – bonjour**
Die rechtserhaltende Benutzung der eingetragenen Marke bezieht sich nur auf deren besondere, den Markencharakter kennzeichnende Schreibweise.
**24. BPatG Mitt 1998, 75 – HEMERAN**
Hinzufügung von glatt beschreibenden Zusätzen, wie die Darreichungsformen Salbe oder Gel, sind für die rechtserhaltende Benutzung einer Arzneimittelmarke unschädlich.
**25. BGH GRUR 1997, 744 – ECCO I**
Zur rechtserhaltenden Benutzung einer Markenabweichung.
**26. BPatG BlPMZ 1998, 318 – Kornkammer**
Zur Veränderung des Markendesigns im Rahmen der Benutzung der Marke.
**27. BPatGE 40, 1 – pro-fit**
Zur Veränderung des Markendesigns im Rahmen der Benutzung der Marke.
**28. BGH GRUR 1998, 570 – Sapen**
Zur Verwendung einer Marke im arzneimittelrechtlichen Zulassungsverfahren.
**29. BPatG, Beschluß vom 9. Dezember 1997, 27 W (pat) 166/96 – Epos**
Die Bentzung einer Marke auf Visitenkarten, Briefbögen und Rechnungen ist nicht funktionsgerecht.
**30. BPatGE 39, 212 – MAPAX**
Zur Benutzung einer Marke auf dem Gebiet des Maschinen- und Anlagenbaus.
**31. BGH GRUR 1999, 54 – Holtkamp**
Zur rechtserhaltenden Benutzung einer Wortmarke bei Hinzufügung von beschreibenden Zeichenbestandteilen.
**32. BGH GRUR 1999, 167 – Karolus-Magnus**
Zur rechtserhaltenden Benutzung einer zweizeilig eingetragenen Wortmarke in dreizeiliger Schreibweise bei Hinzufügung eines Bildbestandteils.
**33. BGH WRP 1999, 432 – Achterdiek**
Zu wesentlichen Markenabweichungen bei einer Wortbildmarke.

## A. Regelungsübersicht

1 § 26 ist die grundlegende Vorschrift des materiellen Rechts des Benutzungszwangs für eingetragene Marken. § 26 definiert den *Begriff der Benutzung* einer eingetragenen Marke. Die Begriffsbestimmung gilt einheitlich für alle Vorschriften des MarkenG, soweit nach diesen Vorschriften entweder die Geltendmachung von Ansprüchen aus der eingetragenen Marke oder die Aufrechterhaltung der Eintragung der Marke von der Benutzung der Marke abhängig ist. Zu weitgehend und zu undifferenziert sind die Ausführungen in der Gesetzesbegründung, nach der § 26 eine einheitliche Definition des Begriffs der Benutzung für alle Vorschriften des MarkenG enthalte, nach denen es auf die Benutzung der Marke ankomme (Begründung zum MarkenG, BT-Drucks. 12/6581 vom 14. Januar 1994, S. 83). In dieser Formulierung kommt der sachliche und markenrechtlich erhebliche Unterschied zwischen einer *rechtsverletzenden* und einer *rechtserhaltenden* Benutzung nicht hinreichend zum Ausdruck (s. Rn 3). Die Gesetzesbegründung ist dahin zu verstehen und ist entsprechend zu ergänzen, daß Regelungsgegenstand der Definition nach § 26 die Benutzung der Marke durch den Markeninhaber ist, wie der Wortlaut der Vorschrift ausdrückt. § 26 Abs. 1 umschreibt zum einen den Kreis der Vorschriften, auf die der Begriff der Benutzung im Sinne des § 26 anzuwenden ist. § 26 Abs. 1 nennt zum anderen die tatbestandlichen Merkmale einer rechtserhaltenden Benutzung der eingetragenen Marke durch den Markeninhaber. Merkmale einer rechtserhaltenden Benutzung sind die Benutzung der Marke für die eingetragenen Waren oder Dienstleistungen (s. Rn 9), die Ernsthaftigkeit der Benutzung (s. Rn 31 ff.) und eine im Inland erfolgende Benutzung (s. Rn 64 ff.). Die Art und Weise der tatsächlichen Benutzung wird in § 26 nicht näher definiert. Erforderlich ist, daß die Marke nach Art einer Marke oder als Marke benutzt wird (s. Rn 10 f.). Allgemein wird man die rechtserhaltende Benutzung dahin umschreiben können, notwendig und ausreichend sei eine funktionsgerechte Benutzung der eingetragenen Marke (s. Rn 7 f.). Nach § 26 ist die Tatsache

Benutzung der Marke  2, 3  § 26 MarkenG

einer rechtserhaltenden Benutzung dann nicht rechtserheblich, wenn berechtigte Gründe für die Nichtbenutzung vorliegen (s. Rn 40 ff.).

Die Marke muß grundsätzlich in der Form benutzt werden, in der sie im Markenregister eingetragen ist. Nach § 26 Abs. 3 werden von der Eintragung *abweichende Benutzungsformen* als eine rechtserhaltende Benutzung der Marke anerkannt, soweit die Abweichungen den kennzeichnenden Charakter der Marke nicht verändern (s. Rn 89 ff.). Der Grundsatz der Inlandsbenutzung nach § 26 Abs. 1 wird in § 26 Abs. 4 für *Exportwaren* ergänzt. Nach dieser Vorschrift gilt als Inlandsbenutzung auch das Anbringen der Marke auf Waren sowie deren Aufmachung oder Verpackung im Inland, wenn die Waren ausschließlich für die Ausfuhr bestimmt sind (s. Rn 66 ff.). Die Marke muß grundsätzlich vom Markeninhaber selbst benutzt werden. Nach § 26 Abs. 2 wird die Benutzung der Marke mit Zustimmung des Inhabers der Benutzung durch den Markeninhaber gleichgestellt (s. Rn 78 ff.). § 26 Abs. 5 enthält eine Regelung zur Berechnung des Beginns der Benutzungsfrist, wenn gegen die Eintragung der Marke Widerspruch erhoben worden ist; die Erforderlichkeit der Regelung folgt aus dem nachgeschalteten Widerspruchsverfahren. 2

## B. Rechtserhaltende Benutzung (§ 26 Abs. 1)

### I. Unterscheidung zwischen rechtsverletzender und rechtserhaltender Benutzung

Regelungsgegenstand des § 26 Abs. 1 ist die Benutzung der Marke durch den Markeninhaber selbst. § 26 enthält nicht für alle Vorschriften des MarkenG, nach denen es auf die Benutzung der eingetragenen Marke ankommt, eine einheitliche Definition des Begriffs der Benutzung (so in der Formulierung zu weitgehend Begründung zum MarkenG, BT-Drucks. 12/6581 vom 14. Januar 1994, S. 83), sondern nur für solche Vorschriften, nach denen die Geltendmachung von Ansprüchen aus der eingetragenen Marke oder die Aufrechterhaltung der Eintragung von der Benutzung der Marke durch den Markeninhaber abhängig ist (s. Rn 1). Im Recht des Benutzungszwangs ist darüber zu entscheiden, ob nach Ablauf der Benutzungsfrist der Markenschutz dem Markeninhaber deshalb noch gebührt, weil die Marke die ihr zukommenden Aufgaben im Marktwettbewerb angemessen erfüllt. Nach Ablauf der Benutzungsfrist legitimiert die Eintragung der Marke in das Register nicht mehr allein den Markenschutz, vielmehr bedarf es zur Legitimation der Schutzrechtserhaltung einer zureichenden Markenbenutzung im Markt. Voraussetzung einer rechtserhaltenden Benutzung ist es aber nicht, daß Folge der Markenbenutzung deren Verkehrsdurchsetzung im Sinne des § 8 Abs. 3 oder der Erwerb von Verkehrsgeltung im Sinne des § 4 Nr. 2 ist. Rechtserhaltend ist schon eine funktionsgerechte Benutzung der Marke (s. Rn 4 ff.). Die Voraussetzungen, die an das Vorliegen einer *rechtserhaltenden Benutzung* zu stellen sind, sind zu unterscheiden von den Voraussetzungen, deren Vorliegen eine Markenrechtsverletzung begründen. Bei der *rechtsverletzenden Benutzung* steht die Benutzung der Marke durch einen Dritten im Sinne des Verletzungsrechts zur Beurteilung. Im Interesse eines effektiven Markenschutzes ist der Begriff einer rechtsverletzenden Benutzung weit zu verstehen. Der Inhaber der Marke als eines Ausschließlichkeitsrechts kann sich nach § 14 Abs. 2 Nr. 1 bis 3 gegen jede Benutzung der Marke im geschäftlichen Verkehr zum Zwecke des Produktabsatzes durch einen Dritten zur Wehr setzen (s. § 14, Rn 39). Selbst wenn man eine markenmäßige Benutzung als eine Voraussetzung einer Verletzungshandlung verlangt (s. § 14, Rn 48 ff.), dann ist eine markenmäßige Benutzung im Sinne des Verletzungsrechts weit auszulegen und nicht mit einer rechtserhaltenden Benutzung im Sinne des Benutzungszwangs gleichzusetzen (zum weiten Verständnis des Begriffs eines zeichenmäßigen Gebrauchs nach der Rechtslage im WZG s. § 14, Rn 50 ff.). Es war deshalb schon nach der Rechtslage im WZG nicht sachgerecht, im Recht des Benutzungszwangs gleichermaßen von einer zeichenmäßigen Benutzung wie im Recht der Markenverletzung zu sprechen. Auch wenn nach der Rechtslage im MarkenG eine markenmäßige Benutzung keine Voraussetzung einer Markenrechtsverletzung darstellt, sollte, schon um Mißverständnisse hinsichtlich der früheren Rechtslage zu vermeiden, die rechtserhaltende Benutzung nicht als eine markenmäßige Benutzung bezeichnet werden (zum entsprechenden Begriffswandel im Schweize- 3 rischen Markenrecht s. *David*, Schweiz. Markenschutzgesetz, Art. 11 MSchG, Rn 5). Der BGH spricht zwar von einer *kennzeichenmäßigen Benutzung*, umschreibt diese aber aufgrund weiterer Merkmale als eine rechtserhaltende Benutzung (BGH GRUR 1995, 583, 584 – MONTANA). Wenn man entgegen dem hier gemachten Vorschlag den Begriff der kennzeichenmäßigen oder markenmäßigen Benutzung im Recht des Benutzungszwangs verwenden will, dann sollte man diesen Begriff auch auf die Konkretisierung der rechtserhaltenden Benutzung beschränken und keinesfalls im Verletzungsrecht verwenden. In der Gesetzesbegründung (BT-Drucks. 12/6581 vom 14. Januar 1994, S. 83) wird die rechtserhaltende Benutzung dahin umschrieben, die Marke müsse *als Marke* benutzt werden. Der Begriff einer Benutzung nach Art einer Marke oder als Marke dient aber der Abgrenzung einer rechtsverletzenden Benutzung von der Benutzung eines Zeichens als Name oder Namensfirma, als beschreibende Angabe oder als Bestimmungshinweis auf Zubehör oder Ersatzteile im Sinne des § 23 Nr. 1 bis 3. Der Begriff der Benutzung als Marke im Sinne des § 23 ist in einem engen Sinne zu verstehen (s. § 23, Rn 10) und sollte deshalb im Recht des Benutzungszwangs vermieden werden. Der Sprachgebrauch, rechtserhaltend sei eine funktionsgerechte Benutzung (s. Rn 4 ff.), wird dem Zweck des Benutzungszwangs gerecht.

## II. Funktionsgerechte Benutzung

### 1. Grundsatz

4   Voraussetzung einer rechtserhaltenden Benutzung der eingetragenen Marke ist es, daß der Markeninhaber die Marke im geschäftlichen Verkehr den gesetzlichen Funktionen der Marke entsprechend benutzt. Der Begriff der Benutzung im Sinne des Benutzungszwangs ist ein *eigenständiger Rechtsbegriff*, der nach dem Zweck des Benutzungszwangs, die Geltendmachung nur formaler Markenrechte zu verhindern und die Chancen für die Eintragung neuer Marken zu erhalten, auch eigenständig auszulegen ist (so schon zum WZG BPatG GRUR 1976, 363 – Orbicin; BGH GRUR 1978, 294, 296 – Orbicin; 1980, 52 – Contiflex; 1980, 289, 290 – Trend; 1984, 354, 357 – Tina-Spezialversand II; *Baumbach/Hefermehl*, § 5 WZG, Rn 20; *v. Gamm*, GRUR 1977, 517, 521; *v. Gamm*, 1980, 390 f.). Es geht nicht um die Beurteilung der Verletzungshandlung eines Dritten zur Bestimmung der Reichweite des Markenschutzes, sondern um die Beurteilung einer rechtserhaltenden Benutzung des Markeninhabers zur Aufrechterhaltung des Markenschutzes (zur Unterscheidung zwischen rechtsverletzender und rechtserhaltender Benutzung s. Rn 3). Schon nach der Rechtslage im WZG war die Auffassung, im Recht des Benutzungszwangs müsse es sich um eine warenzeichenmäßige Benutzung handeln (*Kraft*, GRUR 1968, 123, 124; *Schulze zur Wiesche*, NJW 1968, 1809; *Schulze zur Wiesche*, Mitt 1970, 61 f.; *Schricker*, GRUR Int 1969, 14, 19; *Bökel*, GRUR 1970, 391), nicht sachgerecht und abzulehnen (so *Baumbach/Hefermehl*, § 5 WZG, Rn 35; *Fezer*, Der Benutzungszwang im Markenrecht, S. 67 ff., 79 ff.; *Heydt*, FS für Hefermehl, 1971, S. 59, 72, 76; BGH GRUR 1978, 294 – Orbicin).

### 2. Benutzung als produktidentifizierendes Unterscheidungszeichen

5   **a) Markenfunktionalität der Benutzung. aa) Benutzungshandlung und Benutzungssachverhalt.** Schutzrechtserhaltend wirkt nur eine ernsthafte Benutzung (s. Rn 31 ff.). Eine rechtserhaltende Benutzung besteht regelmäßig aus einer Vielzahl von einzelnen Benutzungshandlungen. Es ist deshalb sachgerecht, im Tatbestand einer rechtserhaltenden Benutzung im Sinne des § 26 Abs. 1 zwischen der *einzelnen Benutzungshandlung* und dem *gesamten Benutzungssachverhalt* zu unterscheiden (s. dazu *Fezer*, Der Benutzungszwang im Markenrecht, S. 94 ff.). Das Vorliegen funktionsgerechter Benutzungshandlungen ist die notwendige Grundlage eines schutzrechtserhaltenden Tatbestands der Benutzung, auch wenn die einzelne Benutzungshandlung als solche die Anforderungen des markenrechtlichen Benutzungszwangs noch nicht erfüllt. Eine rechtserhaltende Benutzung verlangt eine Würdigung des gesamten, wirtschaftlichen Sachverhalts, innerhalb dessen die verschiedenen Arten der einzelnen Benutzungshandlungen erscheinen. Die Gesamtwürdigung des Benutzungssachverhalts entspricht der Ernsthaftigkeit der Benutzung. So sind etwa Umfang und Dauer der Benutzung neben weiteren die Benutzung begleitenden Umständen Beurteilungskriterien zur Feststellung der Ernsthaftigkeit der Benutzung im Wege einer Gesamt-

würdigung des Benutzungssachverhalts. Die verschiedenen Benutzungsarten der einzelnen Benutzungshandlungen (s. Rn 13 ff.) bilden die Grundlage dieses Benutzungssachverhalts. Die verschiedenen Arten der einzelnen Benutzungshandlungen bedürfen einer markenfunktionalen Beurteilung. Eine rechtserhaltende Wirkung kommt allein einer funktionsgerechten Benutzungshandlung im Sinne des Benutzungszwangs zu (s. Rn 7 f.).

In seiner Grundsatzentscheidung *Orbicin* zum Begriff der Benutzung im Sinne des Benutzungszwangs geht der BGH richtig davon aus, daß sich die Frage der Benutzung auf eine doppelte Art und Weise stelle. Zum einem gehe es um den *Benutzungsumfang,* zum anderen um die Abgrenzung der *Verwendungsarten,* die nach dem Sinn und Zweck der Regelung des Benutzungszwangs als Benutzung im Sinne dieser Vorschriften anzuerkennen seien (BGHZ 70, 143, 146 – Orbicin). Diese Rechtsprechung, nach der in einem ersten Prüfungsschritt das Vorliegen solcher noch als Benutzung anzuerkennender Verwendungsarten festzustellen war, kann auch nach der Rechtslage im MarkenG gelten. 6

**bb) Funktionsgerechte Benutzungshandlung. (1) Rechtslage im WZG.** Eine 7 *funktionsgerechte Benutzungshandlung* liegt dann vor, wenn der Markeninhaber die eingetragene Marke entsprechend ihren rechtlichen Funktionen auf dem Markt (zu den als rechtlich geschützten, ökonomischen Funktionen der Marke s. Einl, Rn 35) verwendet. Schon nach der Rechtslage im WZG wurde die rechtserhaltende Benutzung unter Rückgriff auf die Funktionenlehre bestimmt. Als rechtserhaltend wurde ein die *Zeichenfunktion verifizierender Gebrauch* der Marke verstanden, der dem Zweck des Benutzungszwangs gerecht werde (BGH GRUR 1979, 551, 552 – lamod; 1980, 52, 53 – Contiflex; *Baumbach/Hefermehl,* § 5 WZG, Rn 21). Da im WZG allein die Herkunftsfunktion der Marke als rechtlich geschützte Markenfunktion anerkannt war, lag es nahe, den herkunftsbestimmenden Gebrauch einer Marke als funktionsgerechte Benutzungshandlung anzusehen (s. dazu näher *Fezer,* Der Benutzungszwang im Markenrecht, S. 79 ff.). Funktionsgerecht war danach ein Zeichengebrauch, wenn die Marke dem Zeicheninhaber zur Unterscheidung seiner Waren von den Waren anderer diente (*Baumbach/Hefermehl,* § 5 WZG, Rn 21). Die Rechtsprechung begrenzte den Kreis der rechtserheblichen Benutzungshandlungen aber nicht von vornherein auf herkunftsbezogene Verwendungsarten. In der Auseinandersetzung mit der Rechtsprechung des BPatG lehnte der BGH die Begriffsbestimmung des BPatG ab, nach der die Benutzung der Marke auf eine der Herkunftsfunktion des Zeichens entsprechende Verwendung gerichtet sein müsse, allerdings ohne sich mit dem Erfordernis einer herkunftsbezogenen Benutzungshandlung ausdrücklich auseinanderzusetzen (BGHZ 70, 143 – Orbicin). In seiner Grundsatzentscheidung *Orbicin* geht der BGH davon aus, daß zum einen nicht schon jede beliebige Verwendung eines Warenzeichens als eine Benutzung im Sinne des Benutzungszwangs angesehen werden könne. Die Abgrenzung der rechtserheblichen Benutzungshandlungen nahm der BGH dahin vor, es kämen in erster Linie diejenigen Verwendungsarten in Betracht, die in § 15 WZG als bestimmungsgemäßer Gebrauch eines Warenzeichens beschrieben worden seien. Nach der Rechtslage im MarkenG entspricht dieser Rechtsansicht, daß die *Benutzungshandlungen im Sinne des § 14 Abs. 3* in erster Linie als rechtserhebliche Benutzungsgrundlagen anzuerkennen sind. Der BGH lehnte aber nachdrücklich die Auffassung ab, nur eine Verwendung in den in § 15 WZG beschriebenen Benutzungsarten könne eine Benutzung im Sinne des Benutzungszwangs darstellen (so etwa *Heil,* GRUR 1973, 170, 174). Nach Auffassung der Rechtsprechung entsprachen die als eine rechtserhaltende Benutzung anzuerkennenden Verwendungsarten jedenfalls nicht den in § 15 WZG beschriebenen Benutzungsarten, die eine Verwendung im Handelsverkehr zum Gegenstand hatten (BGHZ 70, 143, 146 – Orbicin; BGH GRUR 1982, 417, 418 – Ranger). Auch wenn nach der Rechtsprechung alle Verwendungsarten des § 15 WZG als funktionsgerechte Benutzungshandlungen in Betracht kamen und eine rechtserhebliche Benutzungshandlung selbst nicht auf diesen Kreis der in § 15 abschließend aufgezählten Benutzungshandlungen beschränkt war, so wurden doch die verschiedenen Verwendungsarten untereinander als nicht gleichwertig im Hinblick auf den Benutzungszwang beurteilt (*Baumbach/Hefermehl,* § 5 WZG, Rn 21). Als die der Markenfunktion wesensgemäß zugeordnete Verwendungsart wurde das *Inverkehrbringen* der mit dem Zeichen versehenen Ware beurteilt. Dieser Verwendungsart wurde die Verwendung des Zeichens auf *Ankündigungen* nicht ohne weiteres gleichgesetzt, da hierdurch zwischen Zeichen und Ware eine nur gedankliche Verbindung hergestellt werde. Benutzungshandlungen, die einen hinreichenden *körperlichen Bezug* zu der in Frage stehenden Ware vermissen ließen, seien grundsätzlich nicht geeignet, dem Benutzungserfordernis zu genügen. Denn mit einer derartigen Verwendung einer Marke würden den angesprochenen Verkehrskreisen zwar die Fähigkeit und die Bereitschaft des Markeninhabers zur Lieferung von Markenware zu Kenntnis gebracht; hierin liege jedoch keine Markenverwendung, die deren Funktion verwirkliche, gegenüber dem Verkehr kennzeichenmäßig bestimmte Waren zu benennen (so zum WZG s. BGHZ 75, 150, 155 – Contiflex; den Grundsatz bestätigend, wenn auch eine Ausnahme im Hinblick auf die Art der Ware (flüssiges chemisches Produkt) annehmend BGH GRUR 1995, 347 – TETRASIL; zum MarkenG s. BGH GRUR 1995, 583, 584 – MONTANA; zum WZG unter Bezugnahme auf die *MONTANA*-Entscheidung s. BGH GRUR 1996, 267, 268 – AQUA; s. dazu Rn 8). Im Anschluß an diese Rechtsprechung hält das BPatG auch nach der *Rechtslage im MarkenG* für eine rechtserhaltende Benutzung eine solche funktionsgemäße Markenverwendung für erforderlich, die einen *unmittelbaren Bezug* zu den betroffenen Waren aufweise, welcher bei der bloßen Wiedergabe der Marke in *Preislisten* regelmäßig fehle (BPatGE 36, 226 – ESTAVITAL; s. Rn 8); anders beurteilt das OLG München den Aufdruck auf Geschäftspapieren als rechtserhaltende Benutzung (OLG München Mitt 1997, 30 – aliseo). Andererseits wurden selbst Verwendungsarten, die im *Vorstadium der Benutzungshandlungen* des § 15 WZG lagen, als eine rechtserhaltende Benutzung angesehen (BGHZ 70, 143, 148 – Orbicin; BGH GRUR 1982, 417, 418 – Ranger). Die Rechtsprechung beschränkte zudem den Gegenstand des Benutzungsbegriffs nicht auf ein Verbringen in den geschäftlichen Verkehr (BGH GRUR 1980, 1075 – Frisium; 1980, 289 – Trend; 1982, 417 – Ranger). Wenn zwingende wirtschaftliche Gründe es rechtfertigten, konnte auch eine *innerbetriebliche Verwendung* der Marke als eine rechtserhaltende Benutzung anerkannt werden. Ob eine rechtserhaltende Benutzung vorlag, hing letztlich entscheidend von den besonderen Umständen des konkreten Einzelfalles ab.

8 **(2) Rechtslage im MarkenG.** Da nach der Rechtslage im MarkenG die Herkunftsfunktion nicht die allein rechtlich geschützte Funktion der Marke darstellt, vielmehr allen ökonomischen Funktionen der Marke auf dem Markt Rechtsschutz gewährt wird (s. Einl, Rn 35), ist es schon deshalb gerechtfertigt, eine den *verschiedenen Markenfunktionen entsprechende Verwendung* der Marke als eine *funktionsgerechte Benutzungshandlung* zu beurteilen. Auch im *Gemeinschaftsmarkenrecht* gilt nicht nur die Benutzung der Marke auf Waren oder ihrer Verpackung, sondern auch die Benutzung der Marke in Geschäftspapieren (Kataloge, Warenlisten, Preislisten, Rechnungen) oder in der Werbung (Anzeigen, Plakatwände, Rundfunk- und Fernsehwerbung) als eine normale dem Benutzungszwang genügende Benutzung der Marke (*v. Mühlendahl/Ohlgart*, Die Gemeinschaftsmarke, S. 66). Mit der Anerkennung einer funktionsgerechten Benutzungshandlung ist allerdings noch nicht über die *Ernsthaftigkeit der Benutzung* und damit über eine *rechtserhaltende Benutzung* entschieden (widersprüchlich *Ingerl/Rohnke*, § 26, Rn 39, die von Vorbereitungsmaßnahmen als nicht funktionsgerechte Benutzungshandlungen ausgehen, gleichwohl diese im Rahmen der Ernsthaftigkeitsprüfung als Umstände des Einzelfalles berücksichtigen wollen). Aus der Markenfunktionalität der Benutzung folgt ein *weiter* Begriff der funktionsgerechten Benutzungshandlungen. Es ist nach der *Rechtslage im MarkenG* nicht mehr gerechtfertigt, eine Benutzung der Marke auf der Ware und damit eine *körperliche Verbindung* zwischen Ware und Marke zwingend zu verlangen (Begründung zum MarkenG, BT-Drucks. 12/6581 vom 14. Januar 1994, S. 83; *König*, Mitt 1997, 18; so schon *Fezer*, Der Benutzungszwang im Markenrecht, S. 85 f.; unentschieden *Schmieder*, NJW 1997, 2908, 2913; unklar, weil die Frage nach der körperlichen Anbringung, räumlichen Verbindung oder des gedanklichen Zusammenhangs unbeantwortet lassend und auf die Beurteilung der angesprochenen Verkehrskreise hinsichtlich eines erkennbaren Herkunftshinweises in dem Gebrauch der Marke abstellend *Althammer/Ströbele/Klaka*, § 26, Rn 8; aA zum WZG *Bökel*, GRUR 1970, 391, 394). In der zu § 26 Abs. 1 ergangenen *MONTANA*-Entscheidung kam es auf das Kriterium einer körperlichen Verbindung zwischen Marke und Ware als Erfordernis einer rechtserhaltenden Benutzung nicht an (BGH GRUR 1995, 583 – MONTANA; s. dazu Rn 62). Ausgangspunkt des BGH zur Rechtslage im MarkenG war allein, eine Marke müsse in bezug auf eine Ware oder Dienstleistung benutzt werden, damit ihr kennzeichenrechtlicher Schutz erhalten werde und die Marke nicht der Gefahr ihres Verfalls ausgesetzt sei. Es war nicht zu entscheiden, ob die Beziehung der Marke zu dem Produkt eine *körperliche* Verbin-

dung sein müsse oder eine *gedankliche* Verbindung genüge. In der gegenüber der *MONTANA*-Entscheidung zwar zeitlich später, aber zur Rechtslage im WZG ergangenen *AQUA*-Entscheidung bestätigt der BGH zwar den Rechtssatz vom Erfordernis der körperlichen Verbindung zwischen Marke und Ware unter Bezugnahme auf die *MONTANA*-Entscheidung, die zwar zur Rechtslage im MarkenG ergangen ist, aber diese Rechtsfrage nicht zu entscheiden brauchte. Unter strikter Berufung auf den Herkunftsfunktionsschutz der Marke und unbeirrt von der Intention des Gesetzgebers wird in der Rechtsprechung des BPatG die traditionelle Auffassung zur Art der rechtserhaltenden Benutzung aufrecht erhalten. In der *ESTAVITAL*-Entscheidung hält das BPatG für eine rechtserhaltende Benutzung eine solche funktionsgemäße Markenverwendung für erforderlich, die einen *unmittelbaren Bezug zu den betroffenen Waren* aufweise (mit der Formulierung *im Anschluß an* mit unzutreffender Berufung auf die Entscheidungen *MONTANA* und *AQUA* zur angeblichen Auslegung des Benutzungsbegriffs in § 26 s. BPatGE 36, 226 – ESTAVITAL). Der Verweis des BPatG auf den Wortlaut der *Exportmarken* betreffenden Regelungen des Art. 10 Abs. 2 lit. b MarkenRL und § 26 Abs. 4 kann nur noch als rabulistisch bezeichnet werden, da diese den Export betreffenden Vorschriften, wenn man schon eine solche Wortlautauslegung für angemessen hält, methodisch gerade einen Umkehrschluß rechtfertigen (s. auch *König*, Mitt 1997, 18). Unter geradezu paradoxer Berufung auf die europäische Rechtsentwicklung (s. zur Fortsetzung der restriktiven Rechtsprechung die Formulierung *im Hinblick auf das europäische Recht* BPatG Jahresbericht 1997, S. 99) verschärft das BPatG geradezu seine Anforderungen an eine rechtserhaltende Benutzung. Nach der neueren Rechtsprechung soll es darauf ankommen, ob ein *zwingender wirtschaftlicher Grund* vorliege, ausnahmsweise die alleinige Markenverwendung in Angebots-, Informations- und Bestellungsunterlagen ohne einen *engen körperlichen Zusammenhang* mit den Waren als rechtserhaltende Benutzung anzuerkennen. Eine funktionsgerechte Benutzung wird danach beurteilt, ob die Anbringung der Marke auf der Ware, ihrer Verpackung oder Umhüllung *möglich* und *zumutbar* sei. Das BPatG beurteilte die Benutzung einer Marke auf dem Gebiet des Maschinen- und Anlagenbaus als nicht funktionsgerecht, wenn die Marke auf Armaturen und Antrieben angebracht wird und nach deren bestimmungsgemäßem Einbau in größere technische Anlagen nicht mehr oder kaum noch sichtbar sei (BPatGE 39, 212 – MAPAX). Die Benutzung der Marke auf Visitenkarten, Briefbögen, Auftrags- und Lieferscheininformblättern, Rechnungen sowie Kopien einer Mitgliederliste eines Verbands werden als nicht funktionsgerecht beurteilt (BPatG, Beschluß vom 9. Dezember 1997, 27 W (pat) 166/96 – Epos). Dieses auf der alleinigen Anerkennung der Herkunftsfunktion als der ausschließlich geschützten Markenfunktion beruhende Verständnis von einer rechtserhaltenden Benutzung begründet die Gefahr eines ungerechtfertigten Verfalls eines Markenrechts, gefährdet den Bestand von Registermarken und beschädigt den markenrechtlichen Standort des deutschen Markenregisters innerhalb der Konkurrenz der nationalen und europäischen Rechtsschutzsysteme. Die zu restriktive Rechtspraxis nach der Rechtslage im WZG zur Art der Verbindung zwischen Marke und Produkt als rechtlichem Erfordernis einer funktionsgerechten Benutzungshandlung kann nach der Rechtslage im MarkenG aufgrund einer richtlinienkonformen Auslegung sowie einer Berücksichtigung der Rechtslage im Gemeinschaftsmarkenrecht nicht mehr aufrecht erhalten werden. Sowohl die Verwendung der Marke in der *Werbung* als auch in *Geschäftspapieren* (OLG München Mitt 1997, 30 – aliseo), *Katalogen, Rechnungen* und *Preislisten* ist als eine funktionsgerechte Benutzungshandlung zu beurteilen. Nichts anderes gilt für die Benutzung der Marke in der *Imagewerbung* des Markeninhabers oder beim *Sponsoring*, sofern ein konkreter Produktbezug aufgrund einer gedanklichen Verbindung hergestellt wird (s. Rn 9, 30). Unabhängig von der Grundsatzfrage nach der Art der körperlichen oder gedanklichen Verbindung zwischen Marke und Ware als Merkmal einer funktionsgerechten Benutzung ist bei der rechtserhaltenden Benutzung zwischen *Warenmarke* und *Dienstleistungsmarke* (s. § 3, Rn 15 ff.) zu unterscheiden. Wenn nach der Art der Ware (flüssiges chemisches Produkt) deren unmittelbare körperliche Verbindung mit einer Marke ungewöhnlich ist, dann genügte schon nach der Rechtslage im WZG der Markeninhaber seiner Benutzungsobliegenheit durch eine Verwendung der Marke in Katalogen, Warenbegleitpapieren, Rechnungen und im Bestellverkehr mit den Kunden; eine zwar theoretisch mögliche, jedoch nicht verkehrsübliche Kennzeichnung der Verpackung (Tanks und sonstige Transportbehälter, die üblicherweise zum Transport laufend wechselnder Produkte verschiedener Hersteller benutzt werden) mit der Marke, wurde in der Rechtsprechung des BGH für eine rechtserhaltende Benutzung nicht für erforderlich gehalten (BGH GRUR 1995, 347 – TETRASIL). Eine funktionsgerechte Benutzungshandlung verlangt noch keine *Außenwirkung auf dem Markt* (so aber zum WZG *Fricker*, GRUR Int 1969, 14, 20; hiergegen schon *Fezer*, Der Benutzungszwang im Markenrecht, S. 87 ff.). Auch Verwendungsarten des *innerbetrieblichen Gebrauchs einer Marke* können funktionsgerechte Benutzungshandlungen darstellen. So wurde die Verwendung einer Arzneimittelmarke bei der klinischen Erprobung eines Arzneimittels als rechtserhaltende Benutzung beurteilt (BGH GRUR 1980, 1075 – Frisium). Als funktionsgerechte Benutzungshandlungen kommen alle *Verwendungsarten im Sinne des § 14 Abs. 3* in Betracht. Die funktionsgerechten Benutzungshandlungen entsprechen dem *Markierungsrecht*, dem Recht des Inverkehrbringens (*Vermarktungsrecht*) sowie dem *Werberecht* des Markeninhabers (s. § 14, Rn 461). Diese Verwendungsarten der Marke realisieren als funktionsgerechte Benutzungshandlungen deren rechtlich geschützte, ökonomische Markenfunktionen (zur Funktionenlehre s. Einl, Rn 30 ff., 35). Als funktionsgerechte Benutzungshandlungen sind auch die *Vorbereitungshandlungen im Sinne des § 14 Abs. 4* zu beurteilen. Wie schon nach der Rechtslage im WZG gilt zudem auch im MarkenG, daß der Kreis der funktionsgerechten Benutzungshandlungen nicht auf die Verwendungsarten im Sinne des Verletzungsrechts nach § 14 Abs. 3 und 4 beschränkt ist. Vor allem können *unternehmensinterne Verwendungsarten* rechtserheblich im Sinne des Benutzungszwangs sein. Eine funktionsgerechte Benutzungshandlung liegt dann nicht vor, wenn die Marke *nicht als Kennzeichnungsmittel*, sondern nur als ein schmückender Bestandteil der Ware verwendet wird (s. zur Benutzung der Marke *The Beatles* als Aufdruck auf Tassen, Kalendern, Spieluhren, T-Shirts, Krawatten und Telefonkarten OLG München WRP 1996, 128 – The Beatles); es fehlt der erforderliche Produktbezug der Benutzung zum Rechtserhalt der Marke (s. Rn 9).

**9** **b) Produktbezug der Benutzung.** Die Benutzung der Marke muß für die Waren oder Dienstleistungen erfolgen, für die die Marke in das Markenregister eingetragen ist. Aus diesem Erfordernis erfolgt zum einen eine *produktbezogene* Erstreckung des Benutzungszwangs. Folge einer rechtserhaltenden Benutzung ist allein eine Aufrechterhaltung des Markenschutzes in Bezug auf die Waren oder Dienstleistungen, für die konkret eine Benutzung erfolgt ist (s. Rn 49 ff.). Im *Produktbezug der Benutzung* kommt zum anderen aber auch zum Ausdruck, daß eine Aufrechterhaltung des Markenschutzes nur dann gerechtfertigt ist, wenn die Marke ihre Aufgabe, als ein Unterscheidungszeichen zur Identifizierung von Unternehmensprodukten auf dem Markt zu dienen, erfüllt. Der Wortlaut des § 26 Abs. 1 unterscheidet sich vom Wortlaut des § 3 Abs. 1, der als Voraussetzung der Markenfähigkeit die Eignung eines als Marke schutzfähigen Zeichens verlangt, Waren oder Dienstleistungen eines Unternehmens von denjenigen anderer Unternehmen zu unterscheiden. Nach § 26 Abs. 1 muß der Markeninhaber seine Marke nur *für* die Waren oder Dienstleistungen benutzen. Eine funktionsgerechte Benutzungshandlung des Markeninhabers liegt deshalb sowohl in einer Benutzung der Marke als *Unterscheidungsmittel* als auch als *Werbemittel*. Benutzungshandlungen im Rahmen von Werbemaßnahmen *ohne konkreten Produktbezug*, wie etwa in der Imagewerbung oder beim Sponsoring, stellen als solche keine funktionsgerechten Benutzungshandlungen dar (s. Rn 30). Erforderlich ist die Benutzung der Marke als *Kennzeichnungsmittel* (zur Benutzung der Marke *The Beatles* als Aufdruck auf Tassen, Kalender, Spieluhren, T-Shirts, Krawatten und Telefonkarten und damit als schmückender Bestandteil der Waren s. OLG München WRP 1996, 128 – The Beatles). Auch wenn die Marke sowohl als Unterscheidungszeichen als auch als Werbemittel im Sinne des Benutzungszwangs funktionsgerecht benutzt wird, so ist doch das Inverkehrbringen eines markierten Produkts der Prototyp einer rechtserhaltenden Benutzung der Marke und die wesentliche mit dem Markenschutz verbundene Zielsetzung. Bei der Gesamtwürdigung des Benutzungssachverhaltes ist zu berücksichtigen, daß eine ernsthafte Benutzung der Marke nur dann vorliegt, wenn die *Marke als produktidentifizierendes Unterscheidungszeichen* im Marktwettbewerb verwendet wird oder bei Vorliegen entsprechender Vorbereitungshandlungen als funktionsgerechte Benutzungshandlungen zumindest eine entsprechende Absicht des Markeninhabers besteht.

**10** **c) Objektive Art der Benutzung.** Ob die Verwendungsart der Marke durch den Markeninhaber eine funktionsgerechte Benutzungshandlung darstellt, ist nicht nach der Verkehrsauffassung, sondern nach einem *objektiven Maßstab* zu beurteilen. Die tatsächlichen Verhältnisse innerhalb der beteiligten Verkehrskreise wie etwa Verkehrsgewohnheiten sind als objektive Beurteilungsgrundlagen zu berücksichtigen. Es ist aber nicht auf die subjektiven Verkehrsvorstellungen abzustellen, nach denen etwa das Vorliegen eines zeichenmäßigen Gebrauchs im Verletzungsrecht nach der Rechtslage im WZG zu beurteilen war. Die Rechtsprechung beurteilte schon in anderem Zusammenhang die Benutzung als Warenzeichen nach der *objektiven Art der Verwendung* (so zur Rechtslage im WZG *Baumbach/Hefermehl*, § 5 WZG, Rn 35; zur Bedeutung des von einem Kreis umrandeten Buchstabens *R* s. BGH GRUR 1971, 355, 356 – Epigran II).

Nach der zum MarkenG ergangenen *MONTANA*-Entscheidung (s. zur Rechtsprechung **11** zum Benutzungsbegriff im MarkenG Rn 12) soll nach Ansicht des BGH für die Beurteilung der Frage einer rechtserhaltenden Benutzung auf das Verkehrsverständnis nicht verzichtet werden können, da ohne dieses die Marke ihrer Zuordnungsfunktion nicht gerecht werden könne (BGH GRUR 1995, 583, 584 – MONTANA). Dem kann insoweit zugestimmt werden, als die *objektiven Verkehrsverhältnisse*, wie etwa bestimmte Gepflogenheiten oder ständige Übungen in den beteiligten Verkehrskreisen, zu berücksichtigen sind, nicht aber, wenn schon die *subjektiven Verkehrsvorstellungen* eines nicht unerheblichen Teils der Verkehrskreise als rechtserheblich angesehen werden. Insoweit der BGH in der *MONTANA*-Entscheidung auf die *Sana/Schosana*-Entscheidung (BGH GRUR 1993, 972 – Sana/Schosana) Bezug nimmt, ist diese zum WZG ergangene Entscheidung einzuschränken. Nach der *Sana/Schosana*-Entscheidung genügte den Erfordernissen des Benutzungszwangs eine solche Verwendung des Zeichens, die warenzeichenmäßig erfolgte. Eine warenzeichenmäßige Benutzung wurde schon dann angenommen, wenn ein nicht ganz unerheblicher Teil des angesprochenen Verkehrs in der Bezeichnung einen Hinweis auf die Herkunft der bezeichneten Waren aus einem bestimmten Geschäftsbetrieb oder ein Unterscheidungsmerkmal gegenüber Waren anderer Herkunft sehen konnte (so auch schon BGHZ 94, 218 – Shamrock I). Genügen sollte bereits die bloße, nicht völlig fernliegende Möglichkeit eines solchen Verkehrsverständnisses. Die Maßgeblichkeit einer solchen Verkehrsauffassung begründete der BGH unter Rückgriff auf eine ständige Rechtsprechung zum Begriff des zeichenmäßigen Gebrauchs im Sinne des Verletzungsrechts. Der Begriff des zeichenmäßigen Gebrauchs ist aber im Recht des Benutzungszwang untauglich. Die Rechtsprechung sollte an die rechtserhaltende Benutzung einen *objektiven Beurteilungsmaßstab* unter Einbeziehung der *tatsächlichen Verhältnisse innerhalb der beteiligten Verkehrskreise* anlegen.

**d) Rechtsprechung zum Benutzungsbegriff im MarkenG.** Der BGH hat erstmals **12** in der *MONTANA*-Entscheidung zum Begriff der Benutzung im Sinne des § 26 Abs. 1 Stellung genommen (BGH GRUR 1995, 583 – MONTANA). Nach dieser Entscheidung ist für die Beurteilung einer rechtserhaltenden Benutzung einer Marke darauf abzustellen, ob der Verkehr aufgrund der ihm objektiv entgegentretenden Umstände die fragliche Kennzeichnung als einen zeichenmäßigen Hinweis auf die Herkunft der so bezeichneten Ware oder Dienstleistung aus einem bestimmten Unternehmen ansieht. Wie sich aus § 49 in Verbindung mit den §§ 25 und 26 ergebe, müsse eine Marke in bezug auf eine Ware oder Dienstleistung benutzt worden sein, damit ihr kennzeichenrechtlicher Schutz erhalten werde und die Marke nicht der Gefahr ihres Verfalls ausgesetzt sei. Der durch die MarkenRL und das MarkenG nicht in Frage gestellten Funktion der Marke, Waren oder Dienstleistungen einem bestimmten Unternehmen zuzuordnen und sie von denjenigen anderer Unternehmen zu unterscheiden (§ 3 Abs. 1 MarkenG, Art. 2 MarkenRL), sei es eigentümlich, daß die Marke, um ihrer Funktion gerecht werden zu können, so verwendet werde, daß der Verkehr in ihr eine *kennzeichenmäßige Benutzung* bestimmter Waren oder Dienstleistungen sehe. Dabei könne zur Beurteilung der Frage einer rechtserhaltenden Benutzung nicht auf das Verkehrsverständnis verzichtet werden, da ohne dieses die Marke ihrer Zuordnungsfunktion nicht gerecht werden könne (s. zum Erfordernis eines objektiven Beurteilungsmaßstabs Rn 10 f.). Ob es sinnvoll ist, in Zusammenhang mit dem Benutzungszwang von einer kennzeichenmäßigen Benutzung zu sprechen, mag dahinstehen. Angemessener erscheinen die Formulierungen einer funktionsgerechten Benutzungshandlung sowie einer rechtserhaltenden Benutzung. Der Sprachgebrauch einer kennzeichenmäßigen, markenmäßigen oder zeichenmäßigen Benutzung birgt die Gefahr eines Rückgriffs auf den Begriff des zeichenmäßigen Gebrauchs im Sinne des Verletzungsrechts, der für die Zwecke des Benutzungszwangs als untauglich erscheint. Wenn der Verweis des BGH auf die *Sana/Schosana*-Entscheidung (BGH GRUR 1993, 972 – Sana/Schosana) sowie deren Rückgriff auf die ständige Rechtsprechung zum zeichenmäßigen Gebrauch im Sinne des Verletzungsrechts eine Übertragung dieser Rechtsgrundsätze auf den Begriff der Benutzung im Sinne des § 26 Abs. 1 signalisieren sollte, so ist dem nachhaltig zu widersprechen. Die Ausführungen zum Begriff der rechtserhaltenden Benutzung in der *MONTANA*-Entscheidung (BGH GRUR 1995, 583 – Montana) sind zudem auf die Herkunftsfunktion bezogen. Wenn der BGH ausführt, die Herkunftsfunktion werde weder von der MarkenRL noch vom MarkenG in Frage gestellt, so ist dem zwar zuzustimmen, doch ist daraus nicht zu folgern, daß die Verwendungsarten als funktionsgerechte Benutzungshandlungen nach der Rechtslage im MarkenG auf eine der Herkunftsfunktion des Zeichens entsprechende Verwendung gerichtet sein müßten. Aufgrund des im MarkenG vollzogenen Paradigmenwechsels der Funktionenlehre (s. Einl, Rn 30 ff.) ist der Markenschutz auf alle ökonomischen Funktionen der Marke im Marktwettbewerb bezogen. Aus der Markenfunktionalität des Begriffs der Benutzung folgt allein, daß die Benutzung der Marke auf eine Verwirklichung der nach dem MarkenG rechtlich geschützten Funktionen gerichtet sein muß. Eine rechtserhaltende Benutzung im Sinne des § 26 Abs. 1 liegt dann vor, wenn die Marke als ein produktidentifizierendes Unterscheidungszeichen im Marktwettbewerb verwendet wird. Funktionsgerechte Benutzungshandlungen stellen sowohl die Benutzung der Marke als Unterscheidungsmittel als auch als Werbemittel dar. Die Gesamtbeurteilung des Benutzungssachverhalts als eine ernsthafte Benutzung erfolgt auf der Grundlage dieser funktionsgerechten Benutzungshandlungen. Eine ernsthafte Benutzung liegt dann vor, wenn die Marke als Unterscheidungszeichen zur Identifizierung von Unternehmensprodukten auf dem Markt verwendet wird oder sich aufgrund von funktionsgerechten Benutzungshandlungen eine entsprechende Absicht des Markeninhabers ergibt. Im übrigen kann die *MONTANA*-Entscheidung nicht als ein Grundsatzurteil verstanden werden. Die Bezeichnung *MONTANA* war nicht für das Gesamtprodukt eines Spaghetti-Komplettgerichts, sondern allein für den in der Verpackung enthaltenen Käse verwendet worden. Der BGH lehnte im Ergebnis zu Recht eine Benutzung des Zeichens *MONTANA* ab, da dem Verkehr objektive Anhaltspunkte dafür fehlten, daß der Käse als Bestandteil der Gesamtware unter dieser Bezeichnung selbständig in den Verkehr gelange. Da der Käse als Zutat des Spaghetti-Komplettgerichts einen notwendigen Geschmacksbestandteil des einheitlichen Gesamtprodukts darstellte und nicht als ein selbständiges Produkt in den Verkehr gelangte, fehlte es schon an der Selbständigkeit des Produkts (s. zur Benutzung der Marke für Produktteile Rn 62), für das das Zeichen *MONTANA* hätte Verwendung finden können (s. zum Begriff der Ware § 3, Rn 111 ff.). Ausführungen zur Art der rechtserhaltenden Benutzung erübrigten sich, um das Ergebnis der Entscheidung zu erzielen.

### 3. Einzelne Verwendungsarten

**13**   **a) Grundsatz.** Eine einzelne funktionsgerechte Benutzungshandlung als solche liegt schon dann vor, wenn die Marke als ein produktidentifizierendes Unterscheidungszeichen verwendet wird. Funktionsgerecht ist nicht nur die Benutzung der Marke als Unterscheidungsmittel, sondern auch als Werbemittel. Eine rechtserhaltende Benutzung im Sinne des § 26 Abs. 1 aufgrund einer Beurteilung des gesamten Benutzungssachverhalts auf der Grundlage der einzelnen funktionsgerechten Benutzungshandlungen liegt dann vor, wenn die Marke als Unterscheidungszeichen zur Identifizierung von Unternehmensprodukten auf dem Markt verwendet wird. Voraussetzung einer rechtserhaltenden Benutzung ist der Produktbezug der Markenbenutzung. Prototyp einer rechtserhaltenden Benutzung ist das Inverkehrbringen der markierten Ware. Eine rechtserhaltende Benutzung kann aber schon dann vorliegen, wenn das markierte Produkt zwar noch nicht in den Verkehr gebracht worden ist, sich aber aufgrund von einzelnen funktionsgerechten Benutzungshandlungen, wie etwa von Vorbereitungshandlungen, innerbetrieblicher Verwendung oder Werbemaßnahmen sich eine entsprechende Absicht des Markeninhabers hinsichtlich eines bevorstehenden Inverkehrbringens ergibt. Eine Marke verwirklicht ihre Identifizierungsfunktion allein im Marktwettbewerb. Auch wenn das MarkenG alle ökonomischen Funktionen der Marke schützt (s. Einl Rn 35), verlangt der Produktbezug der Benutzung innerhalb des Benutzungszwangs, daß die Marke als ein produktidentifizierendes Unterscheidungszeichen im Marktwettbewerb Verwendung findet (so schon zur Rechtslage im WZG *Baumbach/Hefermehl*, § 5 WZG, Rn 35; *Fezer*, Der Benutzungszwang im Markenrecht, S. 81 ff.). Die Benutzung der Marke erfolgt in der Regel im geschäftlichen Verkehr. Verwendungsarten außerhalb des geschäftlichen Verkehrs wie etwa ein innerbetrieblicher Gebrauch oder die Verwendung der Marke in Zulassungsverfahren, zu Erprobungszwecken oder in Markttests können aber auch funktionsgerechte Benutzungshandlungen darstellen, auf deren Grundlage eine rechtserhaltende Benutzung im Hinblick auf die Benutzung der Marke als ein produktidentifizierendes Unterscheidungszeichen im Marktwettbewerb zu beurteilen ist. Von der Frage, ob die einzelnen Verwendungsarten funktionsgerechte Benutzungshandlungen darstellen, ist die Frage zu trennen, ob eine rechtserhaltende Benutzung im Sinne des § 26 Abs. 1 vorliegt, die eine Aufrechterhaltung des Markenschutzes rechtfertigt. Die Feststellung einer rechtserhaltenden Benutzung erfordert eine sich auf den gesamten Benutzungssachverhalt erstreckende Beurteilung der Markenbenutzung unter Berücksichtigung von Art, Umfang und Dauer der Zeichenverwendung (so schon zum WZG *Fezer*, Der Benutzungszwang im Markenrecht, S. 94 ff.). Unter diesem Vorbehalt stehen die einzelnen Verwendungsarten der Marke als funktionsgerechte Benutzungshandlungen. Als Benutzungshandlungen kommen grundsätzlich alle dem Markeninhaber vorbehaltenen Benutzungshandlungen im Sinne des § 14 Abs. 3 einschließlich der Vorbereitungshandlungen des § 14 Abs. 4 in Betracht. Die das Markierungsrecht, das Recht des Inverkehrbringens (Vermarktungsrecht) und das Werberecht des Markeninhabers umschreibenden Verwendungsarten, stellen aber keine abschließende Aufzählung als rechtserheblich zu berücksichtigender Benutzungshandlungen dar.

**b) Benutzung außerhalb des geschäftlichen Verkehrs.** Die Benutzung einer Marke erfolgt regelmäßig im geschäftlichen Verkehr. Das schließt nicht aus, die Benutzung der Marke *außerhalb des geschäftlichen Verkehrs* unter bestimmten Umständen als eine funktionsgerechte Benutzungshandlung zu berücksichtigen. Erforderlich ist, daß die Verwendungsarten außerhalb des geschäftlichen Verkehrs solche funktionsgerechten Benutzungshandlungen darstellen, aufgrund deren sich die bevorstehende Absicht des Markeninhabers ergibt, die Marke als ein Unterscheidungszeichen zur Identifikation von Unternehmensprodukten auf dem Markt zu benutzen. Auszugehen ist von dem Grundsatz, daß eine *unternehmensinterne* Verwendung der Marke, der rein innerbetrieblicher Charakter zukommt, regelmäßig nicht als eine funktionsgerechte Benutzungshandlung angesehen werden kann. Die wirtschaftlichen Erfordernisse sowie die Verkehrsübung können es aber rechtfertigen, auch *Vorbereitungshandlungen,* die noch keinen geschäftlichen Verkehr darstellen, als funktionsgerechte Benutzungshandlungen zu beurteilen. Namentlich in der pharmazeutischen Industrie wurden Verwendungsarten der Marke im Vorfeld des Inverkehrbringens eines Arzneimittels als funktionsgerechte Benutzungshandlungen beurteilt. Die Verwendung einer Marke im Rahmen des *Registrierungsverfahrens für eine Arzneimittelspezialität* nach den §§ 4, 21 Abs. 1 Nr. 2, 21a Abs. 1 AMG wurde als eine funktionsgerechte Benutzungshandlung anerkannt, da jede zur Registrierung beim Bundesgesundheitsamt angemeldete Arzneimittelspezialität nach § 21 Abs. 1 Nr. 2 AMG benannt werden müsse (BGHZ 70, 143, 148 – Orbicin; zur Weitergeltung der *Orbicin*-Rechtsprechung auch nach der Änderung des Arzneimittelrechts durch das AMG 1976, das am 1. Januar 1978 in Kraft trat, s. BGH GRUR 1998, 570 – Sapen). Der Schutz einer Marke für Arzneimittel, die im Vorstadium des Inverkehrbringens verwendet wird, sich aber noch nicht auf dem Markt befindet, ist nicht auf die rechtliche Begründung einer Rechtfertigung der Nichtbenutzung im Löschungsverfahren und im Verletzungsprozeß beschränkt, sondern als benutzte Marke im Widerspruchsverfahren gewährleistet. Der Annahme einer funktionsgerechten Benutzungshandlung kann nach den konkreten Umständen des Einzelfalles entgegenstehen, daß mit der Anmeldung zur Registrierung der Arzneimittelspezialität zu mißbilligende, sachfremde Zwecke verfolgt werden, wie etwa ausschließlich die Zielsetzung, eine Verschlechterung der eigenen markenrechtlichen Rechtsposition zu vermeiden (BGHZ 70, 143, 149 – Orbicin). Der Anerkennung einer rechtserhaltenden Benutzung steht nicht entgegen, daß die Arzneimittelspezialität erst ungefähr ein Jahr nach der Registrierung beim Bundesgesundheitsamt in den Handel gebracht wird, wenn diese Zeitspanne erforderlich ist, um die Markteinführung des Präparats ordnungsgemäß vorzubereiten (BPatGE 24, 241, 245 – Fluicil). Eine Nichtbenutzung der Marke *Sankt Michael* für Arzneimittel wurde angenommen, obwohl ein Nachzulassungsverfahren beim Bundesgesundheitsamt lief, wenn das Arzneimittel als Altpräparat noch verkehrsfähig war, aber nicht mehr vertrieben wurde (OLG München Mitt 1996, 217, 218 – Sankt Michael). Die Verwendung einer Arzneimittelmarke bei der Einleitung und Durchführung der nach § 21 Abs. 1a AMG vorgeschriebenen *klinischen Prüfung* des markierten Präparats stellt eine funktionsgerechte Benutzungshandlung dar, auch wenn während der klinischen Prüfung des Präparats, die vor der Registrierung des Mittels beim Bundesgesundheitsamt erfolgt, ein Inverkehrbringen des Arzneimittels unzulässig ist. Bei der Verwendung einer Arzneimittelmarke im Rahmen der klinischen Prüfung handelte es sich nach der Rechtsprechung nicht nur um eine innerbetriebliche und damit im Sinne des Benutzungszwangs rechtlich unerhebliche Benutzungshandlung, auch wenn nur ein begrenzter Personenkreis in den Prüfungsvorgang eingeschaltet werde und die Prüfung nur der Vorbereitung der Registrierung und damit des Absatzes im normalen Geschäftsverkehr diene (BGH GRUR 1980, 1075, 1076 – Frisium; zur Benutzung einer Arzneimittelmarke in der klinischen Prüfung s. auch *Kleist/Peters*, GRUR 1976, 117; *Sedemund-Treiber/Kliems*, in: FS 100 Jahre Marken-Amt, S. 257, 265). Die Benutzung einer Marke anläßlich einer Erprobung der markierten Ware stellt, solange sich diese im innerbetrieblichen Bereich abspielt, nur einen unternehmensinternen Vorgang dar, der auch nach der Rechtsprechung nicht als eine funktionsgerechte Benutzungshandlung zu beurteilen ist. Auch wenn anders als nach der Rechtslage im WZG nach der Rechtslage im MarkenG nunmehr der Markeninhaber im Widerspruchsverfahren die Rechtfertigung der Nichtbenutzung geltend machen kann, handelt es sich bei der Verwendung einer Marke im Rahmen des Registrierungsverfahrens für eine Arzneimittelspezialität um eine funktionsgerechte Benutzungshandlung und in der Regel um einen ernsthaften Benutzungssachverhalt und so um eine rechtserhaltende Benutzung und nicht nur um berechtigte Gründe für die Nichtbenutzung (s. im einzelnen Rn 40; aA *Althammer/Ströbele/Klaka*, § 26 MarkenG, Rn 12; *Ingerl/Rohnke*, § 26 MarkenG, Rn 121; zum Gemeinschaftsmarkenrecht *v. Mühlendahl/Ohlgart*, Die Gemeinschaftsmarke, § 8, Rn 52). Wenn die Verwendung einer Marke in einem *staatlichen Zulassungsverfahren* als eine rechtserhaltende Benutzung anerkannt wird, dann beginnt mit dem Abschluß des staatlichen Zulassungsverfahrens eine neue Benutzungsfrist zu laufen, wenn es nicht zu Benutzung der Marke für das Arzneimittel auf dem Markt kommt. Wenn die Verwendung der Marke in einem staatlichen Zulassungsverfahren nur als ein berechtigter Grund für die Nichtbenutzung angesehen wird, dann war die Benutzungsfrist während des Laufs des staatlichen Zulassungsverfahrens nur gehemmt (s. Rn 47). Die Interessen des Markeninhabers an dem Rechtserhalt seiner Marke sind dann nicht hinreichend gewahrt, wenn ihm etwa nur noch eine kurze Restfrist zur Aufnahme der Benutzung der Marke für ein anderes Arzneimittel verbleibt (aA BGH GRUR 1998, 570 – Sapen; s. dazu auch Rn 40). In der *Sapen*-Entscheidung spricht der BGH in einem obiter dictum die Möglichkeit an, in Zukunft von seiner *Orbicin*-Rechtsprechung abzurücken (BGH GRUR 1998, 570 – Sapen). Die *Orbicin*-Rechtsprechung ist aber auch nach der Rechtslage im MarkenG sachgerecht (s. BPatG GRUR 1997, 652, 653 – IMMUNINE). Selbst nach der Auffassung des BGH geht die Verwendung einer Marke in einem staatlichen Zulassungsverfahren über eine nur als *formal* zu beurteilende Benutzung hinaus. Den vom BGH angesprochenen *Mißbräuchen* in Form eines Markenwechsels während oder nach dem staatlichen Zulassungsverfahren kann bei der Prüfung der Ernsthaftigkeit des Benutzungssachverhalts (s. Rn 31 ff.) auf der Grundlage einer funktionsgerechten Benutzungshandlung (s. Rn 4 ff.) im staatlichen Zulassungsverfahren angemessen Rechnung getragen werden. Die Zuordnung der Problematik zur rechtserhaltenden Benutzung ermöglicht eine flexiblere Beurteilung der verschiedenen Fallkonstellationen, ohne daß die Gefahr besteht, den restriktiv zu beurteilenden Tatbestand einer Rechtfertigung der Nichtbenutzung (s. Rn 41) aufzuweichen. Die *Orbicin*-Rechtsprechung ist mit dem *Warenverkehrsrecht* der Art. 30, 36 EGV vereinbar (s. dazu LG Hamburg GRUR Int 1994, 247 – Santax).

**15** Die Benutzung einer Marke im Stadium der *Planungs- und Experimentierphase* hinsichtlich der Marke sowie des Produkts dienen allein der Vorbereitung einer Beschlußfassung darüber, ob und wie die Marke und das Produkt in den Verkehr gebracht werden sollen. Während dieses Stadiums können die verschiedenen Vorbereitungshandlungen noch nicht als funktionsgerechte Benutzungshandlungen beurteilt werden, da zudem der erforderliche Benutzungswille hinsichtlich der konkreten Marke sowie des konkreten Produkts noch nicht endgültig vorhanden ist (s. zum Erfordernis des Benutzungswillens § 3, Rn 77 ff.). So wurden *Markttests* von Produkt und Marke sowie Aufträge, Packungsentwürfe vorzulegen und Werbeideen zu entwickeln und zu präsentieren, wegen Fehlens eines konkreten Benutzungswillens dann nicht als funktionsgerechte Benutzungshandlungen beurteilt, wenn der Markeninhaber erst im Anschluß an diese Vorbereitungshandlungen die Entscheidung getroffen hat, die Marke *Ranger* für eine Zigarette in der Mischung und Packung sowie mit der Werbung auf den Markt zu bringen, die bis dahin erarbeitet und getestet worden war (BGH GRUR 1982, 417, 419 – Ranger). Wenn nach Abschluß der Planungs- und Experimentierphase der Markeninhaber einen konkreten Benutzungswillen hinsichtlich der Marke und des Produkts faßt, dann können Vorbereitungshandlungen als funktionsgerechte Benutzungshandlungen anzusehen sein, auch wenn das markierte Produkt noch nicht endgültig in den Verkehr gebracht wird, selbst wenn eine Entscheidung des Markeninhabers über die Markteinführung des Produkts noch nicht gefallen ist. Die Benutzung einer Marke auf einem *Testmarkt* für das markierte Produkt stellt eine funktionsgerechte Benutzungshandlung dar, auch wenn die Testaktion zeitlich und räumlich begrenzt ist und erst das Ergebnis der Testaktion über die endgültige Markteinführung des markierten Produkts entscheidet. Dies gilt selbst dann, wenn die Testaktion fehlschlägt und der Markeninhaber eine Markteinführung des markierten Produkts ablehnt. Maßnahmen wie Marktanalysen und Entwürfe für Zigarettenpackungen, die eine spätere tatsächliche Markenbenutzung erst vorbereiten sollen, enthalten regelmäßig noch keine Benutzungshandlungen im nach außen gerichteten geschäftlichen Verkehr. Sie können aber *indizielle Bedeutung* dafür gewinnen, ob eine später nachfolgende Markenbenutzung als eine ernsthafte und nicht nur als eine bloße Scheinbenutzung anzusehen ist. Ferner können ausnahmsweise zwingende wirtschaftliche Gründe eine Einbeziehung von Benutzungshandlungen im Vorfeld der späteren Benutzung rechtfertigen (BGH GRUR 1980, 52 – Contiflex).

**16** Wenn eine rechtserhaltende Benutzung anzunehmen ist, dann kommt es nicht mehr darauf an, ob nach Beendigung der fehlgeschlagenen Testaktion die Absicht des Markeninhabers erkennbar bleibt, die Marke zu einem späteren Zeitpunkt erneut in Benutzung zu nehmen (zu Markttests für Zigaretten BGH GRUR 1978, 642, 644 – SILVA; 1980, 289, 290 – Trend). Bei Vorliegen einer rechtserhaltenden Benutzung beginnt der Lauf einer neuen Benutzungsfrist. Die Ausführungen des BGH, es komme nicht darauf an, ob die Absicht des Markeninhabers erkennbar bleibe, die Marke zu einem späteren Zeitpunkt erneut in Benutzung zu nehmen, dürfen nicht dahin mißverstanden werden, das Vorliegen eines Benutzungswillens des Markeninhabers sei nicht erforderlich. Es bedarf nur deshalb nicht des Nachweises objektiver Umstände für eine entsprechende Absicht des Markeninhabers, weil mit Beginn der neuen Benutzungsfrist ein entsprechender Benutzungswille des Markeninhabers vermutet wird (s. zur Vermutung des Benutzungswillens § 3, Rn 79 f.). Ob ein Markttest als eine funktionsgerechte Benutzungshandlung eine rechtserhaltende Benutzung darstellt, hängt davon ab, ob die Markenbenutzung die nach Art, Umfang und Dauer zu stellenden Anforderungen an eine ernsthafte Benutzung erfüllt (s. zum Umfang von Markttests Rn 36).

**17** Wenn eine Marke nur für *innerbetriebliche* Zwecke verwendet wird, dann liegt keine funktionsgerechte Benutzungshandlung vor. Die Benutzung einer Marke ausschließlich für den Warenvertrieb innerhalb eines Konzerns, stellt keine funktionsgerechte Benutzungshandlung dar (BGH GRUR 1980, 52, 53 – Contiflex; HansOLG Hamburg GRUR 1984, 56, 57 – Ola; s. schon BGH GRUR 1958, 544 – Colonia). Als unternehmensinterner Vertrieb, der keine funktionsgerechte Benutzungshandlung darstellt, ist auch eine Benutzung der Marke durch den Lizenznehmer zu beurteilen, wenn dieser als Hersteller die lizenzierte Marke nur zur Kennzeichnung von Warenlieferungen an den Lizenzgeber verwendet, der an dem Unternehmen des Lizenznehmers mit Mehrheit beteiligt ist (BGH GRUR 1979, 551 – lamod).

**18** Die Benutzung einer Marke im *Amtsverkehr* oder im *Privatverkehr,* die schon kein Handeln im geschäftlichen Verkehr darstellt, wenn die Tätigkeit rein privater oder rein amtlicher Natur ist (s. § 14, Rn 42), stellt grundsätzlich keine funktionsgerechte Benutzungshandlung dar, da die Marke nicht als ein produktidentifizierendes Unterscheidungszeichen verwendet wird. Das gilt etwa für die Verwendung der Marke im *Eintragungsverfahren* oder *Widerspruchsverfahren* nach dem MarkenG (*Baumbach/Hefermehl*, § 5 WZG, Rn 44 m.w.Nachw.). Die Benutzung der Marke in einem amtlichen Verfahren der Produktprüfung oder Produktkontrolle, wie etwa in Verfahren zur klinischen Erprobung eines Arzneimittels oder der Registrierung einer Arzneimittelspezialität beim Bundesgesundheitsamt nach dem AMG (s. Rn 14), stellen dann funktionsgerechte Benutzungshandlungen dar, wenn eine entsprechende Verkehrsübung besteht, in diesen Verfahren die Marke schon als ein produktidentifizierendes Unterscheidungszeichen zu verwenden.

**19** Die Benutzung einer Marke zu *künstlerischen, literarischen, journalistischen, wissenschaftlichen* oder *lexikalischen* Zwecken, wie die Wiedergabe der Marke in Werken der Kunst oder Literatur sowie in Lehrbüchern oder Nachschlagewerken, stellt keine funktionsgerechte Benutzungshandlung dar, da die Marke nicht als ein produktidentifizierendes Unterscheidungszeichen verwendet wird (*Baumbach/Hefermehl*, § 5 WZG, Rn 44 m.w.Nachw.).

**20 c) Benutzung in verschiedenen Vertriebsarten.** Der Produktbezug der Marke verlangt die Benutzung der Marke als eines produktidentifizierenden Unterscheidungszeichens im Marktwettbewerb. Grundlage einer rechtserhaltenden Benutzung sind funktionsgerechte Benutzungshandlungen innerhalb der verschiedenen Vertriebsarten zur Distribution von Produkten auf dem Markt. Einen rechtserheblichen Benutzungssachverhalt bildet nicht nur der auf Eigentumsübertragung gerichtete Verkauf einer Ware, sondern auch *Arten der Gebrauchsüberlassung* von Produkten wie Miete, Pacht, Leihe oder Leasing. Die Benutzung einer Marke für Schienenfahrzeuge, die vom Markeninhaber als Hersteller an andere Unternehmen vermietet werden, stellt eine rechtserhaltende Benutzung dar (BPatG Mitt 1982, 115, 116 – MEVA/EVA). Die Warenpräsentation vor Wiederverkäufern stellt eine gebräuchliche und handelsübliche Form des Vertriebs von Textilprodukten durch deren Hersteller dar. *Musterschauen* mit Produktpräsentation erfüllen damit die Benutzungsanforderungen (BPatGE 29, 17 – belmare).

**21 d) Benutzung als geschäftliche Bezeichnung.** Wenn ein Dritter eine fremde Marke als geschäftliche Bezeichnung, sei es als Unternehmenskennzeichen, sei es als Werktitel im geschäftlichen Verkehr verwendet, dann wurde schon nach der Rechtslage im WZG ein mittelbarer zeichenmäßiger Gebrauch angenommen, wie auch nach der Rechtslage im MarkenG die Benutzung einer fremden Marke als geschäftliche Bezeichnung eine rechtsverletzende Benutzungshandlung im Sinne des § 14 darstellt (s. § 14, Rn 52ff.). Wenn der Markeninhaber seine eigene Marke als geschäftliche Bezeichnung verwendet oder die Marke als Zeichenbestandteil in seine geschäftliche Bezeichnung aufnimmt, dann benutzt er die geschäftliche Bezeichnung nicht als ein produktidentifizierendes Unterscheidungszeichen, sondern kennzeichenmäßig allein als geschäftliche Bezeichnung. Nach § 5 werden als geschäftliche Bezeichnungen Unternehmenskennzeichen wie der Name, die Firma, die besondere Geschäfts- oder Unternehmensbezeichnung sowie Geschäftsabzeichen und sonstige betriebliche Unterscheidungszeichen mit Verkehrsgeltung und Werktitel geschützt (s. zu den Arten geschäftlicher Bezeichnungen § 1, Rn 9ff.; § 5, Rn 2ff.). Schon nach der Rechtslage im WZG wurde von Rechtsprechung und überwiegender Meinung die Verwendung einer Marke als *Firma* oder als *Zeichenbestandteil einer Firma* nicht als eine funktionsgerechte Benutzungshandlung und damit nicht als rechtserhaltend beurteilt (BGH GRUR 1979, 551, 552 – lamod; BPatGE 23, 233, 238 – Prodapharm; *Schricker*, GRUR Int 1969, 14, 20; *Bökel*, GRUR 1970, 391, 392; *Fezer*, Der Benutzungszwang im Markenrecht, S. 90ff.; *Ströbele*, GRUR 1976, 126; *v. Gamm*, GRUR 1977, 517, 523; *Fezer*, MA 1984, 76, 80; aA *Schulze zur Wiesche*, NJW 1968, 1809, 1811; *Heydt*, FS für Hefermehl, 1971, S. 59, 72; *Heiseke*, WRP 1973, 185). Die Verwendung einer Firma im geschäftlichen Verkehr macht anschaulich, wie sich die rechtsverletzende Benutzung einer fremden Marke von der rechtserhaltenden Benutzung der eigenen Marke unterscheidet und eine Abgrenzung anhand des herkömmlichen Begriffs des zeichenmäßigen Gebrauchs nicht sachgerecht ist (s. Rn 12). Der Inhaber einer geschäftlichen Bezeichnung kann diese aber nicht nur als geschäftliche Bezeichnung, sondern auch als Marke verwenden. Die Verwendung einer geschäftlichen Bezeichnung kann dann eine rechtserhaltende Benutzung darstellen, wenn die geschäftliche Bezeichnung als ein produktidentifizierendes Unterscheidungszeichen und damit funktionsgerecht im Sinne des Benutzungszwangs benutzt wird. Die Anbringung eines Unternehmenskennzeichen wie der Firma am Eingang des Unternehmens, eines Ladenlokals oder etwa der Fassade eines Kaufhauses oder Supermarktes ist grundsätzlich nicht als eine funktionsgerechte Benutzungshandlung der Marke für das gesamte Warensortiment des Markeninhabers zu beurteilen (*Baumbach/Hefermehl*, § 5 WZG, Rn 40; *Busse/Starck*, § 5 WZG, Rn 50; *Fezer*, Der Benutzungszwang im Markenrecht, S. 92; *Heil*, GRUR 1973, 170, 175; aA *Schulze zur Wiesche*, Mitt 1970, 61).

**22** Die Verwendung einer Firma, deren Firmenbestandteil die Marke *lamod* ist, als Firmenschlagwort auf Geschäftspapieren stellt keine funktionsgerechte Benutzungshandlung dar, wenn die Ware nicht mit der Marke versehen und auch in Rechnungen und Lieferscheinen nicht unter der Marke vertrieben wird (BGH GRUR 1979, 551, 552 – lamod; s. dazu *Popp*, Mitt 1981, 76, 78). Es liegt ein rein firmenmäßiger Gebrauch ohne Produktbezug vor, nicht eine Benutzung der Marke als ein produktidentifizierendes Unterscheidungszeichen. Die Verwendung der Marke *Prodapharm* als Firmenbestandteil der Firma *Prodapharm Paul Lappe Jun.* stellt zwar grundsätzlich keine funktionsgerechte Benutzungshandlung dar, kann aber dann als produktidentifizierendes Unterscheidungszeichen rechtserhaltend wirken, wenn die Marke *Prodapharm* von dem Firmenbestandteil *P. Lappe Jun.* getrennt und in einer wesentlichen stärkeren Schriftform als die Firma in Alleinstellung und mit Produktbezug wiedergegeben wird (BPatGE 23, 233, 241 – Prodapharm). Die Angabe der Firma *Patrizier Leicht Robert Leicht* auf einem Warenetikett stellt dann keine funktionsgerechte Benutzungshandlung der Marke *Patrizier Leicht* dar, wenn zum einen die Firma unauffällig in kleiner Schrift auf dem Etikett wiedergegeben wird und gegenüber den weiteren Produktkennzeichen stark zurücktritt, sowie zum anderen die Firma als Herstellerangabe nur der Befolgung einer steuerrechtlichen Überwachungsvorschrift (zur Benutzung der Marke zu steuerrechtlichen Zwecken und sonstigen Kontrollzwecken s. Rn 25) dient (BPatG Mitt 1983, 56 – Patrizier Leicht). Die Verwendung einer Marke als Firmenbestandteil auf einem *Weinetikett* stellt dann eine funktionsgerechte Benutzungshandlung dar, wenn die Marke neben rein beschreibenden und schwer aussprechbaren Zeichenbestandteilen die eigentliche Produktkennzeichnung bildet und zudem nach Art einer Marke herausgestellt wird (BPatG Mitt 1983, 14 – Rovina).

**23** **e) Benutzung als beschreibende Angabe.** Eine funktionsgerechte Benutzungshandlung liegt nur dann vor, wenn der Markeninhaber seine Marke als produktidentifizierendes Unterscheidungszeichen und nicht nur als beschreibende Angabe benutzt. Die für einen Wirkstoff eingetragene Marke *Elifekt* wird nicht funktionsgerecht benutzt, wenn auf einem Haarspray die Wörter *mit Haarglanzwirkstoff Elifekt* aufgedruckt sind (DPA MA 1975, 298; s. dazu *Heiseke*, WRP 1976, 531). Die Benutzung einer Marke in Zusammenhang mit der Wiedergabe beschreibender Angaben stellt zumindest dann keine funktionsgerechte Benutzungshandlung dar, wenn der Aufdruck sich völlig unauffällig auf der Rückseite der Verpackung befindet (BPatG GRUR 1979, 244 – Herz-Kaffee). Das Fehlen eines Benutzungswillens bei der Anmeldung der Marke *Oil of . . .* wurde zum einen mit dem Zweck der Anmeldung, sowie zum anderen damit begründet, daß der glatt produktbeschreibende Charakter der Wörter eine Benutzung in Alleinstellung als fernliegend erscheinen lasse (BGH GRUR 1988, 820 – Oil of . . .). Entsprechend der beschreibenden Benutzung einer Marke im Sinne des § 23 Nr. 2 stellen auch die Benutzung einer Marke als Name im Sinne des § 23 Nr. 1, als Bestimmungshinweis auf Zubehör und Ersatzteile im Sinne des § 23 Nr. 3, sowie als Gattungsbezeichnung im Sinne des § 23 Nr. 2 analog keine funktionsgerechten Benutzungshandlungen dar.

**24** **f) Benutzung auf der Aufmachung oder Verpackung der Ware sowie auf Kennzeichnungsmitteln.** Eine funktionsgerechte Benutzungshandlung stellt nicht nur das Anbringen der Marke auf der Ware, sondern auch die Benutzung der Marke auf der Aufmachung oder Verpackung der Ware dar. Auch die Vorbereitungshandlungen einer Markierung von Kennzeichnungsmitteln wie von Etiketten, Anhängern und Aufnähern im Sinne des § 14 Abs. 4 sind als funktionsgerechte Benutzungshandlungen zu beurteilen. Ob eine rechtserhaltende Benutzung im Sinne der Ernsthaftigkeit des gesamten Benutzungssachverhalts (s. Rn 31 ff.) gegeben ist, ist gesondert zu prüfen. Das Vorliegen einer funktionsgerechten Benutzungshandlung wird dann verneint, wenn die Ware dem Verbraucher unverpackt und ohne mit der Marke versehen zu sein, angeboten wird (*Baumbach/Hefermehl*, § 5

WZG, Rn 40; *Nastelski*, MA 1968, 319, 320, 328; *Heisecke*, DB 1968, 1655, 1659; aA *Bökel*, GRUR 1970, 391, 396; *Heydt*, FS für Hefermehl, 1971, S. 59, 80, der es für ausreichend hält, wenn die Ware oder ihre Verpackung bei der Lieferung an den Händler mit der Marke versehen ist). Eine rechtserhaltende Benutzung soll in der Regel nur dann vorliegen, wenn das Zeichen unmittelbar auf der Ware oder deren Verpackung oder Umhüllung angebracht ist (so zu den §§ 5 Abs. 7, 11 Abs. 1 Nr. 4 WZG BGH GRUR 1996, 267 – AQUA). Da das Versehen der Aufmachung, der Verpackung oder der Kennzeichnungsmittel mit der Marke schon als eine funktionsgerechte Benutzungshandlung zu beurteilen ist, erscheint es sachgerechter, die Ernsthaftigkeit der Benutzung dann zu verneinen, wenn die Markierung der Aufmachung, Verpackung und der Kennzeichnungsmittel allein dem Vertrieb in den Wirtschaftsstufen dient, die Marke auf Verlangen des Markeninhabers vom Händler entfernt wird und die Ware ohne die Marke oder mit einer anderen Marke in den Verkehr gebracht wird. Eine funktionsgerechte Benutzungshandlung liegt ferner dann nicht vor, wenn die Marke für den Verbraucher kaum erkennbar angebracht wird. Wenn eine Marke völlig unauffällig auf der Rückseite der Verpackung und zudem im Zusammenhang mit einer beschreibenden Angabe wiedergegeben wird, dann liegt keine funktionsgerechte Benutzungshandlung vor (BPatG GRUR 1979, 244 – Herz-Kaffee; zur funktionsgerechten Verwendung s. auch BPatG Mitt 1996, 169 – RODI. Ist nach der Art der Ware, wie etwa bei flüssigen chemischen Produkten, eine unmittelbare körperliche Verbindung der Marke mit der Ware ungewöhnlich, so genügt der Markeninhaber seiner Benutzungspflicht durch Verwendung in Katalogen, Warenbegleitpapieren, Rechnungen; nicht erforderlich ist eine zwar theoretisch mögliche, jedoch nicht verkehrsübliche Kennzeichnung der Verpackung in Tanks und sonstigen Transportbehältern (BGH GRUR 1995, 347 – TETRASIL; 1996, 267 – AQUA). Das Anbringen der Marke auf der Ware oder ihrer Verpackung stellt aber dann keine funktionsgerechte Benutzungshandlung dar, wenn der Verkehr die Markierung nicht als herkunftsidentifizierend oder produktidentifizierend versteht. So kann die Verwendung der Marke auf einer detailgetreuen Miniaturisierung der Ware die Marke zu einem notwendigen Warenbestandteil machen. Wenn die Bezeichnung GREYHOUND als der kennzeichnende Teil der Firma eines Unternehmens der *Personenbeförderung* als Aufschrift einer modellmäßigen Spielzeugnachbildung eines Reisebusses verwendet wird, dann stellt die Beschriftung keine funktionsgerechte Benutzungshandlung der für das Unternehmen auch für *Spielwaren* eingetragenen Marke GREYHOUND dar (BPatG GRUR 1995, 412, 414 – GREYHOUND).

25    g) **Benutzung zu steuerrechtlichen Zwecken und sonstigen Kontrollzwecken.** Die Benutzung einer Marke zu steuerrechtlichen Zwecken oder zu sonstigen Kontrollzwecken stellt keine funktionsgerechte Benutzungshandlung der Marke als eines produktidentifizierenden Unterscheidungszeichens dar. Die Verwendung einer Marke als *Entwertungszeichen auf Steuerbanderolen* von Zigarettenpackungen bezweckt die Entwertung der Steuerbanderole und stellt keine Benutzung der Marke als ein produktidentifizierendes Unterscheidungszeichen dar (BPatG GRUR 1983, 509, 510 – GUY; *Fezer*, Der Benutzungszwang im Markenrecht, S. 89f.). Die Verwendung einer Firma als Herstellerangabe zur Befolgung einer steuerrechtlichen Überwachungsvorschrift dient nicht der Produktidentifikation und ist zumal dann nicht als funktionsgerechte Benutzungshandlung zu beurteilen, wenn die Firma unauffällig in kleiner Schrift auf dem Warenetikett angebracht wird und gegenüber den weiteren Warenkennzeichen stark zurücktritt (BPatG Mitt 1983, 56 – Pratrizier Leicht). Die Verwendung einer Marke als Teil eines *Freistempels* zum Freimachen von Briefen stellt wegen dieses Verwendungszwecks keine funktionsgerechte Benutzungshandlung dar (BPatGE 22, 70, 73).

26    h) **Benutzung in Geschäftspapieren und in der Werbung. aa) Rechtslage im WZG.** Nach der Rechtslage im WZG wurde die Benutzung einer Marke im geschäftlichen *Schriftverkehr* oder in der *Werbung* nicht als eine rechtserhaltende Benutzung beurteilt, wenn nicht die Ware selbst, ihre Verpackung oder Umhüllung zugleich mit der Marke versehen wurde (*Baumbach/Hefermehl*, § 5 WZG, Rn 42). In seiner *Contiflex*-Entscheidung beschränkte der BGH die rechtserhaltende Benutzung auf die Ausübung der für die Herkunftsfunktion der Marke wesentlichen Benutzungsarten einer Kennzeichnung der Ware selbst, ihrer Verpackung und Umhüllung (BGHZ 75, 150, 156 – Contiflex). Das Grund-

satzurteil wurde verallgemeinernd dahin verstanden, daß die Benutzung einer Marke in Geschäftspapieren sowie in der Werbung keine rechtserhaltende Benutzung darstelle. Die Entscheidung über den konkreten Sachverhalt hätte keines derart weitreichenden Rechtssatzes bedurft. Der Benutzung der Marke in der Geschäftskorrespondenz zwischen Abnehmer und Lieferant kam allenfalls die Bedeutung eines Bestellzeichens zu, das nicht der Unterscheidung der Warenherkunft diente. Schon deshalb konnte die bloße Anführung der Marke in der Geschäftskorrespondenz zur Benennung einer nicht mit der Marke gekennzeichneten Ware grundsätzlich nicht als eine funktionsgerechte Benutzungshandlung anerkannt werden. Der BGH sprach allgemein dem Ankündigungsrecht des Markeninhabers im Sinne des § 15 Abs. 1 WZG, auf Ankündigungen, Preislisten, Geschäftsbriefen, Empfehlungen, Rechnungen oder dergleichen sein Zeichen anzubringen, im Blick auf die in § 1 WZG zum Ausdruck gebrachte Zeichenfunktion nur eine ergänzende Bedeutung zu. Das Ankündigungsrecht sollte allein den Bedürfnissen an der Einräumung einer Alleinberechtigung an den wirtschaftlich in Zusammenhang stehenden Benutzungsarten Rechnung tragen. Die eigentliche und für die rechtserhaltende Benutzung wesentliche Zeichenfunktion wurde in der Kennzeichnung der Ware selbst, ihrer Verpackung und Umhüllung gesehen. Ausnahmen von diesem Grundsatz sollten im Einzelfall aus der Sicht des Benutzungszwangs nur dann gerechtfertigt sein, wenn zwingende wirtschaftliche Gründe wie insbesondere im Hinblick auf die Art der Ware dies verlangten. Wenn etwa die Benutzung der Marke in der Werbung oder in der Korrespondenz aus einsichtigen wirtschaftlichen Gründen dem Erscheinen der mit der Marke versehenen Ware im Einzelfall vorausgehen müsse, könne eine abweichende Beurteilung je nach den Umständen gerechtfertigt sein.

Als Folge der *Contiflex*-Entscheidung wurde in der Rechtspraxis die rechtserhaltende Benutzung an der Kennzeichnung der Ware, ihrer Verpackung und Umhüllung sowie dem Inverkehrbringen der markierten Ware als den wesentlichen Benutzungsarten ausgerichtet. Als nicht funktionsgerecht beurteilt wurden die bloße Verwendung der Marke in Anzeigen, Ankündigungen, Zeitschriften, Katalogen (BPatGE 23, 158, 166 – FLUDEX) und Preislisten, auf Geschäftspapieren, Briefbogen, Briefkarten und Rechnungen, auf Faltschachteln, Beilagezetteln und Etiketten (BPatGE 24, 109 – Fosecid; BPatG Mitt 1994, 419), auf Ladenschildern und Plakatsäulen sowie im Rundfunk und Fernsehen. Auch der Aufdruck einer Marke auf Werbegegenständen wie Notizblöcken, Kalendern, Festtags- und Jubiläumskarten, Geschenkgegenständen wie Kugelschreibern oder Feuerzeugen wurde nicht als eine funktionsgerechte Benutzungshandlung für bestimmte eingetragene Waren anerkannt, es sei denn, daß die Marke gerade für die konkreten Werbegeschenke eingetragen war (*Baumbach/Hefermehl*, § 5 WZG, Rn 42; *Fezer*, Der Benutzungszwang im Markenrecht, S. 93). Die Benutzung einer *Marke als Bestandteil eines Slogans* oder eines sonstigen Werbespruchs, die der objektiven Art ihrer Verwendung nach nicht der Herkunftskennzeichnung, sondern der werblichen Anpreisung der Ware dient, wurde nicht als eine funktionsgerechte Benutzungshandlung beurteilt (*Bussmann*, FS für Wilde, 1970, S. 27, 35; aA *Heydt*, FS für Hefermehl, 1971, S. 59, 80f.).

Eine abweichende Beurteilung der Benutzung einer Marke in Geschäftspapieren und in der Werbung wurde aus der Sicht des Benutzungszwangs nur dann für gerechtfertigt angesehen, wenn zwingende wirtschaftliche Gründe dies etwa im Hinblick auf die Art der Ware verlangten (BGHZ 75, 150, 157 – Contiflex; BGH GRUR 1980, 289, 290 – Trend). Solche eine Ausnahme rechtfertigenden Gründe wurden etwa dann angenommen, wenn die Benutzung der Marke in der Korrespondenz oder in der Werbung aus einsichtigen wirtschaftlichen Gesichtspunkten dem Erscheinen der marktierten Ware auf dem Markt vorausgehen mußte. Die jahrelange Werbung für eine Spezialmaschine, die nur auf Bestellung hergestellt wurde, konnte als funktionsgerechte Benutzungshandlung auch dann gelten, wenn mangels Nachfrage die Produktion unterblieb (*Schulze zur Wiesche*, NJW 1968, 1809, 1813). Auch die *Hinweiswerbung* für ein Produkt, das erst in Kürze auf den Markt gebracht werden sollte, wurde als rechtserhaltende Benutzung der Marke anerkannt (*Kraft*, GRUR 1968, 123, 124; *Schricker*, GRUR Int 1969, 14, 20).

Die mit der *Contiflex*-Entscheidung eingeleitete restriktive Rechtspraxis zur rechtserhaltenden Benutzung einer Marke in Geschäftspapieren und in der Werbung war schon nach der Rechtslage im WZG bedenklich. Im Schrifttum wurde überwiegend die werbliche Benutzung einer Marke als eine funktionsgerechte Benutzungshandlung anerkannt (s. dazu

*Fezer,* Der Benutzungszwang im Markenrecht, S. 104 ff. m.w.Nachw.). Diese Auffassung wurde vornehmlich damit begründet, daß eine gedankliche Beziehung zwischen Marke und Produkt als eine ausreichende Grundlage zur Verwirklichung der Herkunftsfunktion im Sinne einer funktionsgerechten Benutzungshandlung darstellt. Die gegenteilige Auffassung beruhte vor allem auf der Überlegung, eine funktionsgerechte Benutzungshandlung verlange eine in räumlicher Beziehung zur Ware stehende Verwendung der Marke (*Bökel,* GRUR 1970, 391, 394). Im internationalen Vergleich setzt sich zunehmend die Auffassung durch, eine rechtserhaltende Benutzung verlange keine der Markierung des Produkts vergleichbare Verwendung der Marke, vielmehr genüge, wenn ein solcher Zusammenhang zwischen der Marke und der Ware oder der Dienstleistung bestehe, der die Benutzung der Marke für konkrete, spezifizierte Produkte erkennbar mache (so gegenüber der restriktiven Rechtspraxis zur neuen Rechtslage in der Schweiz *David,* Schweiz. Markenschutzgesetz, Art. 11 MSchG, Rn 5; rechtsvergleichende Hinweise bei *Fezer,* Der Benutzungszwang im Markenrecht, S. 105, Fn 39).

30   **bb) Rechtslage im MarkenG.** Nach der Rechtslage im MarkenG stellt die Verwendung einer Marke in *Geschäftspapieren* und in der *Werbung* eine funktionsgerechte Benutzungshandlung des Markeninhabers dar. Wenn die werbliche Verwendung einer Marke als funktionsgerecht beurteilt wird, dann ist damit noch nicht über das Vorliegen einer rechtserhaltenden Benutzung aufgrund einer Beurteilung des gesamten Benutzungssachverhalts als ernsthaft entschieden. Das MarkenG verlangt eine grundlegende Änderung der Rechtspraxis (s. zum Streitstand, zur abweichenden Rechtslage im WZG, sowie zur abweichenden Rechtsprechung des BPatG auch nach der Rechtslage im MarkenG Rn 7 f.). Nach der Gesetzesbegründung soll die Benutzung der Marke auf Geschäftspapieren, in Katalogen sowie insbesondere in der Werbung ausreichen, um je nach den Umständen eine funktionsgerechte Benutzung der Marke darzustellen (Begründung zum MarkenG, BT-Drucks. 12/6581 vom 14. Januar 1994, S. 83). Unter Hinweis auf die Rechtslage in einer Reihe von Mitgliedstaaten wird festgestellt, daß für eine Fortsetzung der strengen deutschen Rechtsprechung, die im Grundsatz jedenfalls bei Warenmarken eine Benutzung auf der Ware verlangt habe, künftig keine Grundlage mehr bestehe, weil der Begriff der Benutzung in Auslegung der MarkenRL neu bestimmt werden müsse. Der Paradigmenwechsel in den Markenfunktionen, als dessen Folge im MarkenG den ökonomischen Funktionen der Marke Rechtsschutz gewährt wird (s. Einl, Rn 35), sowie die grundsätzliche Gleichwertigkeit des Markierungsrechts, des Rechts des Inverkehrbringens (Vermarktungsrecht) und des Werberechts des Markeninhabers machen erforderlich, jede Verwendungsart der Marke als eine funktionsgerechte Benutzungshandlung anzuerkennen, die für eingetragene Waren oder Dienstleistungen erfolgt. Ein solches Rechtsverständnis der funktionsgerechten Benutzung entspricht der Rechtslage im *Gemeinschaftsmarkenrecht* (v. *Mühlendahl/Ohlgart,* Die Gemeinschaftsmarke, S. 66). Ein solcher Produktbezug besteht nicht nur dann, wenn die Marke zur Kennzeichnung der Ware selbst oder ihrer Aufmachung und Verpackung verwendet wird, eine unmittelbare körperliche Verbindung zwischen der Marke und der Ware besteht und das markierte Produkt in den Verkehr gebracht wird (so nach der Rechtslage im WZG insoweit grundsätzlich einen körperlichen Bezug der Marke zur Ware verlangend BGHZ 75, 150, 156 – Contiflex; BGH GRUR 1995, 583, 584 – MONTANA; 1996, 267, 268 – AQUA; im Anschluß hieran auch nach der Rechtslage im MarkenG BPatGE 36, 226 – ESTAVITAL; anders OLG München Mitt 1997, 30 – aliseo; zur Rechtslage nach dem WZG s. Rn 7, 26 ff.), sondern schon dann, wenn die Benutzung der Marke einen konkreten Zusammenhang zwischen der Marke und der eingetragenen Ware oder Dienstleistung herstellt. Ausreichend ist es, wenn der Verbraucher aufgrund der Markenbenutzung eine *gedankliche Verbindung* zwischen der Marke und einem konkreten Produkt herstellt. Dem Verbraucher muß aufgrund der objektiven Art der Verwendung der Marke die Bedeutung der Marke als ein produktidentifizierendes Unterscheidungszeichen erkennbar sein. Eine funktionsgerechte Benutzungshandlung liegt aber dann nicht vor, wenn der Markeninhaber seine Marke in der *Werbung ohne konkreten Produktbezug* verwendet. Das wird häufig bei der Verwendung einer Marke auf Geschäftspapieren in der allgemeinen Korrespondenz der Fall sein. Auch bei Werbemaßnahmen, die kein konkretes Produkt zum Gegenstand haben, wie etwa bei einer allgemeinen Imagewerbung oder der Sponsoringwerbung, liegt dann keine funktionsgerechte Benutzungshandlung vor, wenn der Verbraucher nicht aufgrund weiterer

Umstände den konkreten Produktbezug herstellt. Eine Werbung, die nicht ein Produkt zum Gegenstand hat, sondern über allgemeine Themen der Zeitgeschichte informiert, stellt regelmäßig keine funktionsgerechte Benutzungshandlung dar, es sei denn, daß der Verbraucher die Werbung ohne weiteres auf konkrete Produkte des Markeninhabers bezieht. Auch wenn die werbliche Verwendung einer Marke eine funktionsgerechte Benutzungshandlung darstellt, ist Voraussetzung einer rechtserhaltenden Benutzung im Sinne des § 26 Abs. 1, daß entweder das markierte Produkt schon in den Verkehr gebracht worden ist, zumindest das Inverkehrbringen bevorsteht oder sich aufgrund der funktionsgerechten Benutzungshandlungen eine entsprechende Absicht des Markeninhabers ergibt, auch wenn eine Markteinführung des Produkts unterbleibt (s. Rn 9). Folge einer fehlgeschlagenen Werbung ist nicht der Verlust des Markenrechts. Die Verwendungsarten der Marke als funktionsgerechte Benutzungshandlungen in Geschäftspapieren oder in der Werbung entsprechen dem Werberecht des Markeninhabers nach § 14 Abs. 3 Nr. 5 (s. § 14, Rn 484 ff.).

### III. Ernsthafte Benutzung

#### 1. Grundsatz

Der Markeninhaber muß seine Marke im Sinne des § 26 Abs. 1 ernsthaft benutzen. 31 Schon nach der Rechtslage im WZG war die *Ernsthaftigkeit der Benutzung* eine rechtliche Voraussetzung einer rechtserhaltenden Benutzung, auch wenn das Erfordernis einer ernsthaften Benutzung anders als in § 26 Abs 1 sowie in Art. 10 Abs. 1 MarkenRL im Gesetzestext des WZG nicht ausdrücklich normiert war (BGH GRUR 1978, 46, 47 – Doppelkamp mit Anm. Fezer; 1980, 289 – Trend; *Baumbach/Hefermehl*, § 5 WZG, Rn 65; *Heydt*, FS für Hefermehl, 1971, S. 59, 76). Die richterrechtliche Konkretisierung der generalklauselartigen Formulierung einer ernsthaften Benutzung hat sich bewährt, so daß auf die zum WZG entwickelten Rechtsgrundsätze zurückgegriffen werden kann. Mit dem Erfordernis einer ernsthaften Benutzung werden namentlich Sachverhalte einer *Scheinbenutzung* als rechtlich unerheblich qualifiziert. Die Ernsthaftigkeit der Benutzung als rechtliche Voraussetzung einer rechtserhaltenden Benutzung geht aber in ihrer Bedeutung über die Aussonderung von *Mißbrauchstatbeständen* hinaus. In ständiger Rechtsprechung wird zur Umschreibung einer ernsthaften Benutzung die Formel verwendet, es sollten nur solche Benutzungshandlungen ausreichend sein, die nach *Art, Umfang* und *Dauer* dem Zweck des Benutzungszwangs entsprechen, um die Geltendmachung bloß formaler Markenrechte zu verhindern (BGH GRUR 1978, 46 – Doppelkamp I; 1979, 707 – Haller I; 1980, 289 – Trend). Ob eine dem Zweck des Benutzungszwangs gerecht werdende ernsthafte Benutzung vorliegt, läßt sich nach dieser Formel nur nach den besonderen Umständen des konkreten Einzelfalles beurteilen. Die Anforderungen an Art, Umfang und Dauer der Benutzung sind am objektiven Maßstab des jeweils Verkehrsüblichen und wirtschaftlich Angebrachten zu messen (BGHZ 70, 143, 149 f. – Orbicin; BGH GRUR 1980, 289, 290 – Trend; 1985, 926 – topfitz/topfit). Es kommt bei Zugrundelegung der wirtschaftlichen Verhältnisse darauf an, ob bei objektiver Betrachtung die als Benutzung in Anspruch genommenen Vertriebshandlungen als *wirtschaftlich sinnvoll* zu beurteilen sind (BGH GRUR 1986, 168 – Darcy). Zu berücksichtigen sind auch Art und Umfang der Markenbenutzung vor Beginn des rechtserheblichen Zeitraumes bei der Beurteilung der Ernsthaftigkeit (BPatGE 35, 140 – Dall'Opera).

Zu unterscheiden ist zwischen den einzelnen Benutzungshandlungen, die als funktions- 32 gerecht zu beurteilen sind, wenn die Marke als ein produktidentifizierendes Unterscheidungszeichen auf dem Markt benutzt wird, und einer ernsthaften Benutzung, die auf der Grundlage der funktionsgerechten Benutzungshandlungen eine rechtliche Würdigung des gesamten wirtschaftlichen Benutzungssachverhalts verlangt (s. dazu näher erstmals *Fezer*, Der Benutzungszwang im Markenrecht, S. 67 ff., 94 ff.). Es folgt aus dem Zweck des Benutzungszwangs, daß nicht jede funktionsgerechte Benutzungshandlung zur Rechtserhaltung ausreichend ist, gleichviel, ob es sich um eine der Umgehung des Benutzungszwangs dienende Scheinbenutzung handelt oder nicht (so richtig *Baumbach/Hefermehl*, § 5 WZG, Rn 65). Die Benutzung der Marke muß aufgrund einer interessenabwägenden und rechtswertenden Würdigung des gesamten Benutzungssachverhalts im Lichte des Benutzungszwangs als schutzwürdig und damit als rechtserhaltend zu beurteilen sein. Dem Benutzungssachverhalt muß ein ernstzunehmendes *Umsatzgeschäft* zugrunde liegen, dem nicht lediglich symbolischer Charakter zukommt (*Heydt*, FS für Hefermehl, 1971, S. 59, 76) oder eine entsprechende Umsatztätigkeit ernsthaft vorgesehen sein. Auf der Grundlage der funktionsgerechten Benutzungshandlungen muß sich die Absicht des Markeninhabers ergeben, von seinem Vermarktungsrecht, das markierte Produkt in den Verkehr zu bringen, Gebrauch zu machen.

33  Die dem Benutzungszwang entsprechende Zweckrichtung der Benutzung muß sich aus den *objektiven Umständen* ergeben. Als zu berücksichtigende Umstände kommen etwa in Betracht die Anzahl und der Umfang der Benutzungshandlungen wie insbesondere der Umsatz der markierten Produkte; die Begrenzung des Vertriebs und die Zahl der Abnehmer der markierten Produkte sowie die Aufnahmebereitschaft des Marktes; die Dauer der Benutzung und der Umstand einer fortgesetzten und ständigen Benutzungstätigkeit; Branchen- und Betriebsüblichkeit der Benutzungshandlungen als Vergleichsmaßstab des Verkehrsüblichen; die Art des Produkts und sein Abstand zu den übrigen Produkten des Markeninhabers; das Zusammentreffen verschiedener Benutzungshandlungen, ihr Verhältnis zueinander sowie vor allem das Verhältnis der Benutzungshandlungen zum Produktions- und Vertriebsprozeß; Größe und Charakter des Unternehmens; die Eigenschaft der benutzten Marke als eine ursprüngliche Vorratsmarke und die Anzahl der auf entsprechende Weise in Benutzung genommener Vorratsmarken. Zusammenfassend gilt: Objektive Kriterien eines ernsthaften Benutzungssachverhalts sind Art, Umfang und Dauer der Benutzung, Art des Produkts und Größe des Unternehmens, die Höhe des Absatzes, die Üblichkeit des Vertriebs sowie der Abnehmerkreis (BGHZ 70, 143, 149 – Orbicin; BGH GRUR 1980, 52, 53 – Contiflex; 1980, 289, 290 – Trend). Entscheidend ist der objektiv vorliegende Benutzungstatbestand (*v. Gamm*, GRUR 1977, 517, 526; kritisch *Kroitzsch*, GRUR 1984, 397). Eine längere Benutzungsdauer kann einen geringeren Benutzungsumfang sowie umgekehrt ein größerer Benutzungsumfang eine geringere Benutzungsdauer ausgleichen. Bei großen Unternehmen wird die Ernsthaftigkeit der Benutzung höhere Absatzzahlen als bei kleinen Unternehmen verlangen. Es ist nicht gerechtfertigt, die geringe Dauer oder den geringen Umfang der Benutzung als solche als einen die Ernsthaftigkeit der Benutzung ausschließenden Umstand zu beurteilen.

## 2. Dauer der Benutzung

34  **a) Kurzzeitige Benutzung.** Die *Dauer der Benutzung* steht in Wechselwirkung zu den anderen objektiven Kriterien zur Beurteilung der Ernsthaftigkeit des gesamten Benutzungssachverhalts (s. Rn 33). Nach den besonderen Umständen des konkreten Falles kann auch eine *kurzfristige* Markenbenutzung eine ernsthafte Benutzung darstellen, ohne daß es auf das Vorliegen berechtigter Gründe für eine Nichtbenutzung ankommt. Maßgebend sind die Gründe für die kurzzeitige Benutzung der Marke wie namentlich das Verhältnis zu der Art der funktionsgerechten Benutzungshandlungen.

35  Die Aufnahme der Benutzung *kurz vor Ablauf der Benutzungsfrist* zur Wahrung der Markenrechte steht der Ernsthaftigkeit der Benutzung nicht entgegen (BGH GRUR 1978, 46 – Doppelkamp mit Anm. *Fezer*; s. Rn 38). Die Einräumung einer fünfjährigen Benutzungsfrist überläßt es dem Belieben des Markeninhabers, ob er seine Marke im geschäftlichen Verkehr benutzen will. Mit der rechtzeitigen Aufnahme der Benutzung trägt der Markeninhaber dem Benutzungszwang als einer rechtlichen Obliegenheit Rechnung und vermeidet die mit einer Nichtbenutzung der Marke verbundenen Rechtsnachteile. Eine Umgehung der Vorschriften über den Benutzungszwang und damit eine Scheinbenutzung wird aber dann vorliegen, wenn der Markeninhaber die kurzfristig vor Ablauf der Benutzungsfrist aufgenommene Benutzung sogleich nach Ablauf der Benutzungsfrist wieder aufgibt.

36  **b) Benutzung auf einem Testmarkt.** Wenn der Markeninhaber zur Ermittlung der Verbraucherreaktionen sowie der Absatzchancen eines neuen Produkts die Marke innerhalb einer Testaktion benutzt, deren Ergebnis erst über die endgültige Markteinführung des Produkts unter der Marke entscheiden wird, dann kann die Benutzung der Marke auf dem Testmarkt im Einzelfall schon eine zur Aufrechterhaltung des Markenschutzes hinreichende Markenbenutzung darstellen (BGH GRUR 1978, 642, 644 – SILVA; 1980, 289, 290 – Trend; s. Rn 15 f.). Die Benutzung einer Marke auf einem *zeitlich* und *räumlich begrenzten*

Benutzung der Marke  37  § 26 MarkenG

*Testmarkt* stellt grundsätzlich funktionsgerechte Benutzungshandlungen dar (so auch *Kraft*, GRUR 1973, 495, 497; *Heiseke*, WRP 1973, 185, 186). Auch ein fehlgeschlagener Test kann als eine ernsthafte Benutzung zu beurteilen sein, mit der eine neue Benutzungsfrist von fünf Jahren zu laufen beginnt (BGH GRUR 1980, 289, 290 – Trend; *Baumbach/Hefermehl*, § 5 WZG, Rn 67). Dem markenrechtlichen Benutzungszwang kommt kein Strafcharakter für wirtschaftlichen Mißerfolg zu. Zur Beurteilung der Ernsthaftigkeit einer Benutzung der Marke innerhalb einer Testaktion kommt es neben der Dauer namentlich auch auf den Umfang der Benutzung an, um die Ernsthaftigkeit der Testaktion als gesamten Benutzungssachverhalt zu würdigen. Als eine ernsthafte Benutzung wurde eine Testaktion beurteilt, bei der 2,5 Millionen Zigaretten hergestellt und innerhalb von fünf Monaten 1,4 Millionen abgesetzt wurden, auch wenn nach Beendigung der Testaktion offen blieb, ob die Marke zu einem späteren Zeitpunkt erneut in Benutzung genommen werden sollte (BGH GRUR 1978, 642, 644 – SILVA). Als nicht ernsthafte Benutzung wurde ein zeitlich begrenzter und vorzeitig abgebrochener Verkaufstest beurteilt, bei dem 300 000 Zigaretten im Produktwert von etwa 30 000 DM bereitgestellt und 110 000 Zigaretten im Produktwert von etwa 11 000 DM abgesetzt wurden (BGH GRUR 1980, 289, 290 – Trend). Zur Beurteilung des Benutzungssachverhalts war wirtschaftlich von Bedeutung, daß bei Zigaretten als eines jährlich in Milliardenhöhe vertriebenen Massenproduktes erst ein Monatsabsatz von etwa 100 Millionen Zigaretten einer Marke als gewinnbringend zu beurteilen war. Die Durchführung von Tests innerhalb der Planungs- und Experimentierphase eines Produkts wie etwa Packungstests für Zigarettenpackungen oder Mischungstests für die Tabakmischung einer Zigarette stellen schon keine funktionsgerechten Benutzungshandlungen dar; entsprechende Tests, an denen 120 Testpersonen beteiligt waren, wurden für eine Zigarettenmarke *Ranger* als nicht ausreichend beurteilt (BGH GRUR 1982, 417, 419 – Ranger).

### 3. Umfang der Benutzung

Der *Umfang der Benutzung* ist ein objektiver Umstand zur Beurteilung der Ernsthaftigkeit 37 des gesamten Benutzungssachverhalts und steht zu den übrigen objektiven Beurteilungskriterien in einer Wechselwirkung (s. Rn 33). Ein geringer Umfang der Benutzung einer Marke braucht die Ernsthaftigkeit der Benutzung nicht auszuschließen, wenn der Markeninhaber echte Umsatzgeschäfte auf dem Markt tätigt, auch wenn diese nur einen geringen Umsatz aufweisen. Die Ernsthaftigkeit der Benutzung ist nicht von einer bestimmten Umsatzgröße oder einem bestimmten Marktanteil abhängig. Entscheidend ist allein die Schutzwürdigkeit des Benutzungssachverhalts im Hinblick auf die Aufrechterhaltung des Markenschutzes. Die Benutzung einer Marke auf einem räumlich, sachlich oder zeitlich begrenzten Teilmarkt kann eine ernsthafte Benutzung darstellen. Es ist nicht Zweck des markenrechtlichen Benutzungszwangs, die Ökonomie von Marktstrategien des Markeninhabers hinsichtlich des Produktabsatzes im Marktwettbewerb zu bestimmen. Auch bei einem Großunternehmen können geringe Umsätze eines Konsumartikels auf einem Teilmarkt als ernsthafte Benutzung zu beurteilen sein. So wurde die Benutzung einer Marke für Seifen im Direktvertrieb an größere Hotels als rechtserhaltend beurteilt (OLG Köln GRUR 1977, 220, 223 – Charlie; kritisch *Kicker*, GRUR 1980, 290f. wegen der strengeren Rechtsprechung zur Benutzung einer Marke auf einem Testmarkt; s. Rn 36). Eine belgische Zigarettenmarke, die im Inland seit vielen Jahren nur in den Kasernen der belgischen Streitkräfte erhältlich und deren begrenzter Abnehmerbereich von vornherein auf Personen der belgischen Streitkräfte, deren Familienangehörige und Gäste beschränkt war, für die eine inländische Werbung nicht erfolgte, wurde auch bei einem verhältnismäßig geringen Umsatz als ernsthaft benutzt beurteilt, da die Benutzung nicht nur zum Schein erfolgte, sondern der Produktabsatz an belgische Streitkräfte im Ausland unabhängig von Marktanteil und der Bekanntheit der Marke in Belgien wirtschaftlich sinnvoll war (BGH GRUR 1986, 168, 169 – Darcy; s. auch BGH GRUR 1985, 926, 927 – topfitz/topfit). Eine nur geringfügige Benutzung einer Marke kann aufgrund anderer objektiver Umstände, wie etwa der langen Dauer der Benutzung oder des Vertriebs vieler einschlägiger Einzelartikel, durch den Markeninhaber ausgeglichen werden (BPatGE 18, 221 – POSTAFEN/POSTAFENE; 23, 243 – INGO/Cosy Ango). Bei einem Schmerzmittel wurde wegen einer weit vor Einführung des Benutzungszwangs in das WZG aufgenommenen Markenbenutzung ein Umsatz von jährlich nur einigen 100 DM schon als ausreichend anerkannt (BPatG Mitt 1978, 134; bedenklich). Als ausreichend wurde ebenfalls der relativ geringe Umsatz von 5000 Flaschen Wein innerhalb von drei Jahren erachtet. Es dürfe nicht ausschließlich darauf abgestellt werden, welchen Umsatz der Markeninhaber mit anderen Produkten erziele (BPatG, Beschluß vom 13. Dezember 1995, 26 W (pat) 187/94). Bei der Beurteilung der Ernsthaftigkeit der Benutzung können auch Art und Umfang des Markengebrauchs vor Beginn des rechtserheblichen Benutzungszeitraums mitberücksichtigt werden (BPatGE 35, 140 – Dall'Opera). Als nicht ernsthaft beurteilt wurde eine Benutzung für einen Vierteljahresumsatz von nur etwa 700 DM bis 5000 DM für einen koffeinfreien Kaffee, wenn der Markeninhaber als ein Kaffeegroßunternehmen einen Jahresumsatz von mehr als drei Millionen DM für einen koffeinfreien Kaffee erzielt (BPatG GRUR 1979, 244 – Herz-Kaffee). Der Umfang der Benutzung einer Marke auf einem Testmarkt ist nach den besonderen Umständen der Testaktion zu beurteilen (s. Rn 15 f., 36). Bei einer *Markenlizenz* beurteilt sich der Umfang der nach § 26 Abs. 2 zuzurechnenden Drittbenutzung (s. Rn 78) regelmäßig nach den betrieblichen Verhältnissen des Lizenznehmers. Wenn man auf die Größe des Unternehmens des Lizenzgebers abstellen würde, dann würde zum einen die Lizenzvergabe durch ein großes Unternehmen unverhältnismäßig erschwert, und zum anderen bei einer Lizenzvergabe durch ein kleines Unternehmen der Zweck des Benutzungszwangs gefährdet. Bei einer Markenlizenz an ein *konzernverbundenes Unternehmen* können die betrieblichen Verhältnisse des Lizenznehmers zu berücksichtigen sein, da insbesondere bei einem geringen Umfang der Benutzung nicht ohne weiteres davon ausgegangen werden kann, daß die Benutzung vernünftigen wirtschaftlichen Interessen des Lizenznehmers entspricht (BPatGE 37, 53 – LORDS).

### 4. Scheinbenutzung

**38** Es ist ein wesentlicher Zweck des markenrechtlichen Benutzungszwangs, die Geltendmachung bloß formaler Markenrechte zu verhindern (BGHZ 70, 143, 148 – Orbicin; BGH GRUR 1980, 52 – Contiflex). Die wirtschaftliche Gesamtbetrachtung des Benutzungssachverhalts auf der Grundlage der funktionsgerechten Benutzungshandlungen dient namentlich dazu, Sachverhalte einer Scheinbenutzung zu erfassen und auszuschalten. Eine *Scheinbenutzung* liegt dann vor, wenn dem Produktvertrieb kein ernsthaftes Umsatzgeschäft und damit kein reales Absatzinteresse des Markeninhabers zugrunde liegt. Der sporadische Vertrieb an ein befreundetes Unternehmen oder an einen ausländischen Distributor, der etwa die Ware weder bezahlt noch weitervertreibt, stellen *Umgehungstatbestände* dar (s. dazu *Heydt*, FS für Hefermehl, 1971, S. 59, 77). Um eine Scheinbenutzung wird es sich regelmäßig auch dann handeln, wenn eine Marke ausschließlich im Geschäftsverkehr zwischen zwei wirtschaftlich eng kooperierenden Unternehmen benutzt wird, im übrigen aber im Marktwettbewerb nicht in Erscheinung tritt. Wenn ein Vertriebsunternehmen einem Zulieferer, dessen einziger Abnehmer es ist und bei dem es eine Mehrheitsbeteiligung hält, die Verwendung seiner Marke gestattet, die dieser jedoch nur gegenüber dem Markeninhaber gebraucht und die bei dem weiteren Vertrieb des Produkts nicht erscheint, so liegt keine ernsthafte Benutzung vor (BPatG MA 1977, 161). Einer ernsthaften Benutzung steht nicht entgegen, wenn die Aufnahme der Benutzung erst kurzfristig vor Ablauf der Benutzungsfrist erfolgt und bezweckt, den Eintritt der Löschungsreife zu verhindern (BGH GRUR 1978, 46 – Doppelkamp mit Anm. *Fezer*; s. Rn 35). Es ist dem Markeninhaber nicht verwehrt, seine Marke ausschließlich zum Zwecke des Rechtserhalts in Gebrauch zu nehmen.

### 5. Wettbewerbswidrige Benutzung

**39** Wenn eine Marke ernsthaft benutzt wird, dann liegt eine rechtserhaltende Benutzung auch dann vor, wenn die konkrete Art der Benutzung gegen Vorschriften des UWG verstößt und wettbewerbswidrig ist. Eine solche Unterscheidung zwischen Wettbewerbswidrigkeit der Benutzung und Rechtserhalt des Markenschutzes entspricht dem systematischen Verhältnis von Wettbewerbsrecht und Markenrecht; nur auf diese Weise wird eine praktikable und Rechtssicherheit verbürgende Handhabung des Markenschutzes gewährleistet. Die ernsthafte Benutzung einer Marke, die inhaltlich nicht die Gefahr einer Täuschung begründet, genügt deshalb in der Regel auch dann den Anforderungen, die an eine rechtserhaltende Benutzung zu stellen sind, wenn die Art der konkreten Benutzung gegen § 3 UWG verstößt (BGH GRUR 1978, 46 – Doppelkamp mit Anm. *Fezer*). In der Entscheidung stand allein eine nach § 3 UWG wettbewerbswidrige Benutzungshandlung zur Beurteilung. Entsprechendes wird in der Regel aber auch dann zu gelten haben, wenn die Art der konkreten Benutzung aus anderen Gründen wettbewerbswidrig ist, sowie dann, wenn Vorschriften des Kartellrechts verletzt sind, aber auch generell bei sonstiger rechtswidriger Benutzung, etwa im Zusammenhang mit Verstößen gegen andere Rechtsvorschriften wie des Arzneimittelrechts oder des Lebensmittelrechts. Die Rechtsverletzung löst grundsätzlich allein die jeweils normspezifische Sanktion aus. Dies gilt gleichermaßen für die Benutzung der Marke durch den Markeninhaber selbst wie für die Benutzung der Marke durch einen Dritten mit Zustimmung des Markeninhabers. Eine andere Frage ist, welche rechtlichen Zulässigkeitsschranken für solche Sachverhalte bestehen, die als eine Benutzung der Marke mit Zustimmung des Markeninhabers im Sinne des § 26 Abs. 2 zu subsumieren sind (s. dazu Rn 84, 85).

## IV. Rechtfertigung der Nichtbenutzung

### 1. Grundsatz

Der Markeninhaber kann nach § 26 Abs. 1 die Nichtbenutzung der Marke rechtfertigen. **40** Wenn die Marke nicht benutzt worden ist, sei es, daß keine funktionsgerechten Benutzungshandlungen vorliegen, sei es, daß der gesamte Benutzungssachverhalt nicht als eine ernsthafte Benutzung beurteilt werden kann, dann kann der Markeninhaber die Rechtsnachteile der Nichtbenutzung abwenden, wenn er darlegt, daß *berechtigte Gründe für die Nichtbenutzung* vorliegen. Das Abstellen auf das Vorliegen berechtigter Gründe entspricht dem Wortlaut von Art. 10 Abs. 1 MarkenRL ist mit Art. 5 C Abs. 1 PVÜ vereinbar, nach dem die Ungültigerklärung einer Marke nur dann zulässig ist, wenn der Beteiligte seine Untätigkeit nicht rechtfertigt. Im WZG war darauf abgestellt worden, ob Umstände vorlagen, unter denen die Benutzung nicht zumutbar war. Nach der Rechtslage im WZG bestand Einigkeit dahin, daß der Begriff der Zumutbarkeit gegenüber der in der PVÜ gebrauchten Formulierung von der Rechtfertigung der Untätigkeit keinen sachlichen Unterschied bedeutete (Amtl. Begr. zum VorabG, BT-Drucks. V/714 vom 16. Juni 1966, S. 45). Der Zusammenhang macht deutlich, daß die Anpassung der Rechtfertigungsklausel im MarkenG an den Wortlaut der MarkenRL die Rechtslage gegenüber dem WZG nicht veränderte, so daß die Rechtsprechung zur Unzumutbarkeit der Benutzung nach dem WZG im MarkenG fortgeführt werden kann. Die nach dem MarkenG rechtserheblichen *berechtigten Gründe für die Nichtbenutzung* sind nicht anders zu verstehen als die Frage der *Zumutbarkeit der Benutzung* nach der Rechtslage im WZG (BGH GRUR 1997, 747 – Cirkulin). Es bestehen insoweit Vorbehalte gegenüber den Ausführungen in der *WiderspruchsverfahrensRL* (C II 3 b), nach denen das Abstellen auf berechtigte Gründe für die Nichtbenutzung eine wichtige Neuregelung darstelle. Das DPMA geht in der WiderspruchsverfahrensRL wohl davon aus, daß mit der Wortwahl des MarkenG eine gegenüber dem WZG großzügigere Handhabung der Rechtfertigungsklausel verbunden ist. Auch wenn nach dieser Auffassung die bisherige Rechtsprechung zur Unzumutbarkeit der Benutzung zu berücksichtigen sei, ist dem DPMA zu widersprechen. Nach dem in der WiderspruchsverfahrensRL angeführten Beispiel soll künftig die Verwendung einer Arzneimittelmarke im behördlichen Zulassungsverfahren, die nach bisheriger Rechtsprechung als eine rechtserhaltende Benutzung beurteilt wurde (s. Rn 14), auch als ein Fall einer gerechtfertigten Nichtbenutzung angesehen werden. Rechtserhaltende Benutzung und Rechtfertigung der Nichtbenutzung schließen sich aber gegenseitig aus. Mit der Rechtsansicht in der WiderspruchsverfahrensRL, die Rechtfertigung der Nichtbenutzung großzügiger zu handhaben, wäre eine Verschärfung der Anforderungen an eine rechtserhaltende Benutzung verbunden. Anders wird in der Gesetzesbegründung davon ausgegangen, die bisherige Rechtspraxis zur rechtserhaltenden Benutzung einer Arzneimittelmarke im behördlichen Zulassungsverfahren sei auch künftig fortzuführen (Begründung zum MarkenG, BT-Drucks. 12/6581 vom 14. Januar 1994, S. 84). In der Gesetzesbegründung wird allerdings weiter ausgeführt, es mache keinen entscheidungserheblichen Unterschied, ob bei noch ausstehender Zulassung des Arzneimittels die Verwendung der Marke in den Zulassungsunterlagen als eine Benutzung qualifiziert werde oder ob in diesen Fällen die Nichtbenutzung gerechtfertigt sei (so zu Unrecht auch OLG München Mitt 1996, 217, 219 – Sankt Michael, wonach das Risiko einer künftigen Zulassung eines Arzneimittels nur in geänderter Zusammensetzung ohne das Vorliegen besonderer Umstände nicht ausreiche, berechtigte Gründe für eine Nichtbenutzung anzunehmen). Entgegen der Gesetzesbegründung spielt die Unterscheidung zwischen rechtserhaltender Benutzung und gerechtfertigter Nichtbenutzung wegen der verschiedenen Auswirkungen auf die Benutzungsfrist in allen Verfahren in Markenangelegenheiten eine entscheidungserhebliche Rolle. Allein bei Vorliegen einer rechtserhaltenden Benutzung, nicht auch bei Vorliegen von berechtigten Gründen für die Nichtbenutzung beginnt der Lauf einer neuen Benutzungsfrist (s. dazu näher Rn 47). Eine bedeutsame Rechtsänderung besteht im *Verfahrensrecht*, da nach der Rechtslage im WZG der Markeninhaber im Widerspruchsverfahren die Unzumutbarkeit der Benutzung nicht geltend machen konnte, nach der Rechtslage im MarkenG dem Markeninhaber aber auch schon im Widerspruchsverfahren die Rechtfertigung der Nichtbenutzung möglich ist (s. Rn 48). Diese Rechtsänderung rechtfertigt es aber nicht, die Verwendung einer Marke in einem staatlichen Zulassungsverfahren nicht als eine funktionsgerechte Benutzungshandlung zu beurteilen (eine mögliche Rechtsprechungsänderung angedeutet BGH GRUR 1998, 570 – Sapen; s. zum Streitstand Rn 14).

### 2. Berechtigte Gründe für die Nichtbenutzung

**41** Eine Nichtbenutzung der Marke liegt vor, wenn eine rechtserhaltende Benutzung im Sinne des § 26 Abs. 1 deshalb nicht gegeben ist, weil entweder keine funktionsgerechten Benutzungshandlungen vorliegen (s. Rn 13 ff.) oder der Benutzungssachverhalt nicht als ernsthaft zu beurteilen ist (s. Rn 31 ff.). Für die Rechtfertigung der Nichtbenutzung einer Marke kommt es auf die besonderen Umstände des konkreten Einzelfalles an (so Begründung zum MarkenG, BT-Drucks. 12/6581 vom 14. Januar 1994, S. 84). Da die Rechtfertigungsklausel nach der Rechtslage im MarkenG gegenüber dem WZG trotz der unterschiedlichen Wortlauts keine sachliche Änderung erfahren hat (s. Rn 40), kann zur Auslegung des Begriffs der berechtigten Gründe auf die Gesetzesbegründung bei Einführung des Benutzungszwangs in das deutsche Warenzeichenrecht zurückgegriffen werden. Danach war es Zweck der Ausnahmeklausel, den besonderen Verhältnissen im Einzelfall Rechnung tragen zu können, wenn die ausnahmslose Anwendung des Benutzungszwangs zu einer ungerechtfertigten Härte für den Markeninhaber oder zu einem wirtschaftlich nicht vernünftigen Ergebnis führen würde; ausdrücklich wurden schwerwiegende Gründe für erforderlich gehalten (Amtl. Begr. BT-Drucks. V/714 vom 16. Juni 1966, S. 45, 46). Es entspricht Sinn und Zweck des Benutzungszwangs, die Ausnahme einer Rechtfertigung der Nichtbenutzung *eng* zu handhaben (*Kraft*, GRUR 1968, 123, 127; *Bökel*, GRUR 1970, 391, 397; *Fezer*, Der Benutzungszwang im Markenrecht, S. 109 ff.; *Baumbach/Hefermehl*, § 11 WZG, Rn 51, wonach es sich um überzeugende und stichhaltige Gründe handeln müsse; weitergehend *Heydt*, GRUR 1972, 290, 292, der sich für eine weitherzige Auslegung ausspricht) und einen *strengen Maßstab* anzulegen (BGH GRUR 1997, 747, 749 – Cirkulin). Ob die vom Markeninhaber dargelegten Gründe für die Nichtbenutzung als berechtigt anzusehen sind, ist anhand einer *Interessenabwägung* aufgrund der gesetzlichen Wertung zu beurteilen, daß grundsätzlich die Benutzung der Marke über die Aufrechterhaltung des Markenschutzes entscheidet (so *Kraft*, GRUR 1968, 123, 127; auf den Grundsatz von Treu und Glauben abstellend *Schricker*, GRUR Int 1969, 14, 26). Die Zumutbarkeit der Benutzung stellt ein wichtiges Kriterium innerhalb der Interessenabwägung dar. Es wird davon auszugehen sein, daß die tatsächlichen Umstände, aus denen die Rechtfertigung der Nichtbenutzung abgeleitet wird, sich gegenüber den normalen wirtschaftlichen Verhältnissen als eine Ausnahmesituation darstellen. Wenn sich der Markeninhaber in einer solchen besonderen Lage befindet, dann trifft die durch den Benutzungszwang vorweggenommene Interessenbewertung des Gesetzgebers nicht mehr zu. Die Rechtfertigung der Nichtbenutzung ist als eine Härteklausel für besonders gelagerte Ausnahmetatbestände aufzufassen, die außerhalb dessen liegen, womit der Markeninhaber üblicherweise zu rechnen und wofür er insoweit Vorsorge zu treffen hat. So kann es nicht genügen, darauf abzustellen, ob der zur Markenbenutzung erforderliche wirtschaftliche Aufwand außer Verhältnis zum Ergebnis steht (s. dazu *Schricker*, GRUR Int 1969, 14, 26), da ein solches Mißverhältnis seine Ursache auch in einer verfehlten Unternehmenspolitik des Markeninhabers finden kann. Die Nichtbenutzung rechtfertigen nur solche Gründe, die *außerhalb der Einflußsphäre des Markeninhabers* liegen. Es darf sich nicht lediglich um technische oder wirtschaftliche Schwierigkeiten handeln, die voraussehbar und kalkulierbar waren und deshalb dem Markeninhaber zugerechnet werden können (s. dazu OLG Köln Mitt 1992, 37 – Gingomed; zur Zurechenbarkeit s. auch *Nastelski*, MA 1968, 319, 324). Als berechtigt kommen Gründe in Betracht, die objektiv in äußeren Umständen oder subjektiv in der Person des Markeninhabers begründet sind. Maßgebend ist, ob ein vorausschauender und umsichtiger Markeninhaber als ordentlicher Unternehmer die Ursachen der Nichtbenutzung hätte abwenden können.

In der Gesetzesbegründung zum VorabG (Amtl. Begr. BT-Drucks. V/714 vom 16. Juni 1966, S. 45, 46) werden als berechtigte Gründe für die Nichtbenutzung beispielhaft erwähnt die vor der Wiedervereinigung Deutschlands erheblichen Fallkonstellationen einer in der Bundesrepublik Deutschland eingetragenen Marke eines Unternehmens der DDR, dem der Vertrieb seiner Produkte in der Bundesrepublik nicht möglich war, sowie in der DDR oder den Ostgebieten enteigneter oder stillgelegter Unternehmen, deren Marken solange nicht gelöscht werden sollten, als Absicht und Möglichkeit der Wiederaufnahme der Benutzung vorhanden sei (kritisch *Bökel*, GRUR 1970, 391, 398; s. auch Schweiz. BG GRUR Int 1958, 129, 133 – Koh-i-noor zur Enteignung eines Unternehmens in der Tschechoslowakei als ein die Nichtbenutzung rechtfertigender Umstand; zur Unzumutbarkeit bei einem gegen Art. 30 EWG-Vertrag verstoßenden Einfuhrverbot BGH GRUR Int 1995, 62 – Simmenthal). Als berechtigte Gründe einer gerechtfertigten Nichtbenutzung kommen in erster Linie *Tatbestände höherer Gewalt* wie Naturkatastrophen, Krieg und Kriegsfolgen in Betracht. Solche tatsächlichen Umstände können auch mittelbar die Nichtbenutzung einer Marke rechtfertigen, wenn etwa aus solchen Gründen Rohstoffmärkte ausfallen und eine rechtzeitige Umstellung der Produktion dem Markeninhaber nicht möglich oder nicht zumutbar ist.

Allgemeine *wirtschaftliche Schwierigkeiten* eines Unternehmens in Produktion und Absatz eines Produkts, wie etwa als Folge unternehmerischer Fehlinvestitionen, eines Mangels an finanziellen Mitteln oder an Facharbeitskräften, werden im allgemeinen nicht als berechtigte Gründe für die Nichtbenutzung anzuerkennen sein (so auch *Schricker*, GRUR Int 1969, 14, 26; *Bökel*, GRUR 1970, 391, 397). Umstände, die zum *normalen unternehmerischen Risiko* gehören, stellen keine berechtigten Gründe für die Nichtbenutzung dar. Wenn ein Getränkehersteller, der die beiden Marken *SACHSENKRONE* und *SACHSENGOLD* für Bier erworben und nur die Marke *SACHSENKRONE* auf den ostdeutschen Markt gebracht hat, die Benutzung der zweiten Marke *SACHSENGOLD* für ein weiteres Bier im Niedrigpreissegment aus wirtschaftlichen und marktpolitischen Erwägungen (Marktsättigung) noch nicht für gerechtfertigt hält, dann bildet dieser Sachverhalt keinen rechtfertigenden Grund für die Nichtbenutzung, selbst wenn eine Benutzungsabsicht durch Vorlage eines gedruckten Flaschenetiketts belegt wird (BPatGE 37, 233 – SACHSENKRONE). *Persönliche Umstände*, wie lang andauernde Krankheit des Markeninhabers oder eines leitenden Angestellten, namentlich in Kleinunternehmen, werden die Nichtbenutzung regelmäßig nicht rechtfertigen, es sei denn, die Einstellung ersatzweiser Arbeitskräfte sei nicht zumutbar. Einem Markeninhaber, der wegen einer *Vereinbarung mit einem Dritten* seine Marke nicht für die eingetragenen Waren benutzen darf, ist die Berufung auf berechtigte Gründe für eine solche Nichtbenutzung der Marke versagt (BGH GRUR 1997, 447 – Cirkulin; Anm. *Fezer*, LM Nr. 45 zu § 11 WZG); die vertragliche Regelung der Benutzung der Marke ist dem *Risikobereich des Markeninhabers* zuzurechnen. Bei einer *Basismarke*, deren Eintragung in das Register dazu bestimmt ist, den in manchen Ländern zur Registrierung der Marke und zur Aufrechterhaltung des Markenschutzes erforderlichen Nachweis der Heimateintragung zu erbringen (s. Art. 1 MMA, Rn 2), ersetzt zwar die Benutzung der Marke im Ausland nicht die fehlende Inlandsbenutzung (s. Rn 64 ff.). Es ist aber eine Löschung der Basismarke wegen Nichtbenutzung nicht gerechtfertigt, wenn die Löschung zum Verlust des ausländischen Markenrechts führen würde (*Fezer*, Der Benutzungszwang im Markenrecht, S. 151 m.w.Nachw.). Es bedarf grundsätzlich nicht der Darlegung weiterer Umstände als berechtigter Gründe für die Nichtbenutzung. Erforderlich ist aber der Nachweis der Benutzung zumindest in dem Land, in dem es dem Markeninhaber auf den Markenschutz ankommt, da nur insoweit ein wirtschaftliches Interesse an der ausländischen Marke und somit an der Basismarke besteht. Ebenso kann die Abhängigkeit einer *international registrierten Marke* vom Heimatschutz (Art. 6 MMA) die Nichtlöschung einer fünf Jahre lang im Inland nicht benutzten Heimatmarke rechtfertigen, wenn sie im Ausland benutzt wird. Eine andere Frage ist, ob und inwieweit die Geltendmachung von Ansprüchen aus der Basismarke als eingetragener Marke beschränkt ist (für einen generellen Ausschluß der Verteidigungsmöglichkeiten des Markeninhabers *Bökel*, GRUR 1970, 391, 398; aA *Heisecke*, DB 1968, 1655, 1660; *Heisecke*, WRP 1973, 185, 188). Sachgerecht ist es, zwischen den verschiedenen Rechtsnachteilen, die nach § 26 Abs. 1 als Rechtsfolgen einer nicht gerechtfertigten Nichtbenutzung eintreten, zu unterscheiden. Zur Aufrechterhaltung des Markenschutzes genügt das wirtschaftliche Interesse des Markeninhabers an der Basismarke als notwendiger Heimateintragung. Die Geltendmachung von Ansprüchen aus der eingetragenen Basismarke gegen Dritte ist nur dann angemessen, wenn die Rechtfertigung der Nichtbenutzung nicht nur auf der Eigenschaft der Marke als einer Basismarke beruht, sondern aus anderen Gründen die Nichtbenutzung als gerechtfertigt zu beurteilen ist (*Fezer*, Der Benutzungszwang im Markenrecht, S. 152).

**44** Das Interesse des Markeninhabers an *Vorratsmarken* (zum Begriff s. § 3, Rn 24) ist auf den Zeitraum der Benutzungsfrist beschränkt; ein allgemeines Vorratsinteresse an Marken stellt keinen berechtigten Grund für die Nichtbenutzung dar (*Baumbach/Hefermehl*, § 11 WZG, Rn 51; *Nastelski*, MA 1968, 319, 324). Auch der Angriff eines Dritten, insbesondere eine *Verletzungsklage*, die aufgrund eines anderen Verfahrens besonders bedrohlich erscheint, stellt keinen berechtigten Grund für die Nichtbenutzung dar (HansOLG Hamburg GRUR 1988, 914 – Lip-Kiss). Der Angriff eines Dritten auf den Bestand des Markenrechts gehört grundsätzlich in die *Risikosphäre* des Rechtsinhabers.

**45** *Schwebende Verhandlungen* über die Einräumung einer Markenlizenz rechtfertigen in der Regel nicht die Annahme eines schutzwürdigen Interesses an der Aufrechterhaltung einer Marke, die unangemessen lange nicht benutzt worden ist (BGH GRUR 1974, 276 – King; GRUR 1986, 542 – King II). Die Verzögerung oder das Scheitern von Lizenzverhandlungen sind grundsätzlich dem Risikobereich des Markeninhabers zuzurechnen. Das schließt nicht aus, daß ernsthafte Lizenzverhandlungen oder ein nicht vorhersehbares Scheitern von Lizenzverhandlungen ausnahmsweise als berechtigte Gründe für die Nichtbenutzung anzuerkennen sind (*Fezer*, BB 1974, 480, 481).

**46** Bei einer Benutzung der Marke durch einen Dritten mit Zustimmung des Markeninhabers wie etwa bei einer Markenlizenz (zur Zurechnung einer Drittbenutzung s. Rn 78 ff.) kann sich der Markeninhaber auf die *berechtigten Gründe des Dritten* berufen, auch wenn solche Gründe für die Nichtbenutzung bei dem Markeninhaber selbst nicht vorliegen (aA *Bökel*, GRUR 1970, 391, 398). Die Drittbenutzung ist der Benutzung durch den Markeninhaber selbst gleichwertig. Die Berufung auf die berechtigten Gründe des Dritten durch den Markeninhaber ist jedoch dann rechtsmißbräuchlich, wenn der Markeninhaber in der Lage war, die Gründe für die Nichtbenutzung bei dem Dritten zu beheben, oder wenn die Zustimmung zur Drittbenutzung bezweckte, dem Markeninhaber die berechtigten Gründe des Dritten zugute kommen zu lassen. Der Einwand der unzulässigen Rechtsausübung nach § 242 BGB wird durch das Vorliegen einer gerechtfertigten Nichtbenutzung nicht ausgeschlossen. Wenn bei dem Dritten keine berechtigten Gründen für die Nichtbenutzung vorliegen, dann ist die Nichtbenutzung durch den Markeninhaber im allgemeinen nicht schon dann gerechtfertigt, wenn der Markeninhaber sich lediglich erfolglos um die Markenbenutzung durch den Dritten etwa als Markenlizenznehmer bemüht (s. dazu ausführlich *Fezer*, Der Benutzungszwang im Markenrecht, S. 112 m.w.Nachw.).

### 3. Hemmung der Benutzungsfrist

**47** Während des Zeitraums einer Rechtfertigung der Nichtbenutzung ist die Benutzungsfrist gehemmt. Wenn die berechtigten Gründe für die Nichtbenutzung entfallen, dann läuft die begonnene Benutzungsfrist weiter (*Baumbach/Hefermehl*, § 11 WZG, Rn 52). Eine mit dem Beginn einer neuen Benutzungsfrist verbundene Fristenunterbrechung wird nach der gesetzlichen Wertung allein aufgrund einer ernsthaften Benutzung, nicht jedoch aufgrund einer gerechtfertigten Nichtbenutzung begründet (s. dazu ausführlich *Fezer*, Der Benutzungszwang im Markenrecht, S. 113 f.).

### 4. Geltendmachung der Nichtbenutzung

**48** Die Rechtsnachteile einer mangelnden Benutzung treten nach § 26 Abs. 1 nur dann ein, wenn berechtigte Gründe für die Nichtbenutzung nicht vorliegen. Die Rechtfertigung der Nichtbenutzung ist in allen Verfahren in Markenangelegenheiten zu berücksichtigen, wenn die mangelnde Benutzung der Marke geltend gemacht wird. Dies gilt im Widerspruchsverfahren nach § 43 Abs. 1, bei dem Verfall des Markenrechts nach § 49 Abs. 1, sowie im Löschungsverfahren nach § 55 Abs. 3.

## V. Produkterstreckung der rechtserhaltenden Benutzung

### 1. Ausgangspunkt

Die Rechtswirkungen einer rechtserhaltenden Benutzung treten nur für die Waren oder Dienstleistungen ein, für die die Marke tatsächlich von ihrem Inhaber benutzt wird und für die die Marke im Register eingetragen ist. Markierte und eingetragene Produkte müssen sich entsprechen. Da sich die Vorschriften über den Benutzungszwang auf jede einzelne im Register eingetragene Ware oder Dienstleistung beziehen, ist es zur Geltendmachung von markenrechtlichen Ansprüchen oder zur Aufrechterhaltung des Markenschutzes erforderlich, daß eine ernsthafte Benutzung *für das konkrete Produkt* oder berechtigte Gründe für die Nichtbenutzung vorliegen, um die Rechtsfolgen einer Nichtbenutzung für das Produkt abzuwenden. Die Benutzung einer Marke für einen Teil der eingetragenen Waren oder Dienstleistungen stellt keine Benutzung der Marke für die übrigen Waren oder Dienstleistungen dar, und zwar auch dann nicht, wenn zwischen den Waren oder Dienstleistungen, für die die Marke benutzt worden ist, und den übrigen eingetragenen Waren oder Dienstleistungen Produktähnlichkeit besteht (BGH GRUR 1978, 647 – TIGRESS; HansOLG Hamburg GRUR 1997, 843 – MATADOR). Die Rechtsfolgen der Nichtbenutzung (s. Rn 131) treten für die eingetragenen Waren oder Dienstleistungen ein, für die die Marke nicht benutzt wird, auch wenn für andere eingetragene Waren oder Dienstleistungen eine rechtserhaltende Benutzung vorliegt. **49**

Von der *Produkterstreckung* einer rechtserhaltenden Benutzung ist der *Schutzumfang* einer eingetragenen Marke zu unterscheiden. Von der Frage, für welchen Kreis der eingetragenen Waren oder Dienstleistungen eine Marke rechtserhaltend benutzt wird, ist die Frage zu trennen, auf welche Waren oder Dienstleistungen sich der Markenschutz bezieht. Der Identitätsschutz der Marke nach § 14 Abs. 2 Nr. 1 besteht unabhängig vom Vorliegen einer Verwechslungsgefahr allein für *identische Waren oder Dienstleistungen*. Der Verwechslungsschutz der Marke nach § 14 Abs. 2 Nr. 2, der das Vorliegen einer für das Publikum bestehenden Gefahr von Verwechslungen verlangt, besteht *innerhalb des Produktähnlichkeitsbereichs*. Nach Ablauf der Benutzungsfrist begrenzt der Ähnlichkeitsbereich der eingetragenen Waren oder Dienstleistungen, für die die Marke benutzt worden ist, den Schutzumfang der Marke vor Verwechslungsgefahr. Der Bekanntheitsschutz der Marke nach § 14 Abs. 2 Nr. 3 besteht auch *außerhalb des Produktähnlichkeitsbereichs*. **50**

### 2. Subsumtion unter den Registereintrag

a) **Grundsatz.** Um die Reichweite einer Produkterstreckung der rechtserheblichen Benutzung festzustellen, ist es erforderlich, die konkrete Ware oder Dienstleistung, für die die Marke rechtserhaltend benutzt wird, unter die im Register eingetragenen Waren oder Dienstleistungen zu subsumieren. Wenn die Marke nur für einen Teil der eingetragenen Waren oder Dienstleistungen benutzt wird, dann folgt aus dieser Teilbenutzung, daß für die übrigen Waren oder Dienstleistungen, für die die Marke nicht benutzt wird, die Rechtsfolgen einer Nichtbenutzung eintreten (s. Rn 49). Voraussetzung einer rechtserhaltenden Benutzung ist die Subsumtion des *benutzten* Produkts unter das im Register *eingetragene* Produkt. Es ist nicht ausreichend, wenn das benutzte Produkt und das eingetragene Produkt zwar unter einen gemeinsamen Oberbegriff, der selbst nicht in das Register eingetragen ist, als eine gemeinsame Bezeichnung fallen, der Begriff des benutzten Produkts aber nicht unter den Begriff der im Register eingetragenen Produkts zu subsumieren ist. Die Subsumtion einer Einzelware unter mehrere im Warenverzeichnis enthaltene Oberbegriffe ist nicht grundsätzlich ausgeschlossen; insbesondere besteht zwischen Warenbegriffen, die nicht in der amtlichen Klassifikation enthalten sind, kein derartiges wechselseitiges Ausschließungsverhältnis (BPatGE 36, 201 – ORION). **51**

Das *Subsumtionsproblem* (s. dazu ausführlich *Munzinger*, Mitt 1972, 181) kann erhebliche Schwierigkeiten bereiten und sollte nicht engherzig aufgrund einer sophistischen Begriffsbil- **52** dung, sondern vielmehr nach *ökonomischen Gesichtspunkten* und *verkehrsüblichen Sprachgewohnheiten* gelöst werden. Rechtlich unzulässig ist es allerdings, unter den Begriff des eingetragenen Produkts alle Produktbegriffe zu subsumieren, die im Produktähnlichkeitsbereich liegen. Eine solche Subsumtion im Ähnlichkeitsbereich der Eintragung würde zu einer erheblichen Ausdehnung des Markenschutzes führen, da der Ähnlichkeitsbereich des benutzten und des eingetragenen Produkts differieren können und sich der Schutzumfang einer Marke nicht nur nach der Eintragung, sondern auch nach der Benutzungslage sowie der Produktnähe oder Produktferne der Kollisionsprodukte bestimmt.

53 **b) Entscheidungspraxis zum WZG.** *Kunststoff-Folien* zur direkten Beschriftung (*Offsetdruckfolien*) sind nicht unter die eingetragenen Waren *Papier- und Pappwaren* zu subsumieren (BPatGE 22, 204). Eine für *Herzmittel* eingetragene und für *Schlafmittel* benutzte Marke soll nicht rechtserhaltend benutzt werden, obwohl beide Waren *Arzneimittel* sind (*Althammer*, § 5 WZG, Rn 54). Das ist bedenklich, weil anders zu entscheiden und von einer rechtserhaltenden Benutzung auszugehen ist, wenn die Marke für *Arzneimittel* eingetragen und entweder für *Herzmittel* oder für *Schlafmittel* benutzt wird (zur Integration bei Produktoberbegriffen s. Rn 56 ff.). Die Rechtspraxis (Beispiele bei *Heil*, GRUR 1975, 155) sollte dazu übergehen, die Subsumtion unter solche Produktbegriffe zuzulassen, die im Hinblick auf das Integrationsproblem als ein einheitlicher Produktoberbegriff gelten, da es sich um ökonomisch sinnvolle Begriffsbildungen und verkehrsübliche Sprachgewohnheiten handelt. Als nicht rechtserhaltend wird dagegen die Benutzung einer Marke zu beurteilen sein, die für *Arzneimittel* eingetragen und für *Pflaster* benutzt wird, auch wenn zwischen den Produkten *Arzneimittel* und *Pflaster* Warenähnlichkeit besteht. Wenn eine Marke für *Mittel zur Körper- und Schönheitspflege* eingetragen und für *Seifen* benutzt wird, dann sollte von einer rechtserhaltenden Benutzung ausgegangen werden, auch wenn *Seifen* und *Mittel zur Körper- und Schönheitspflege* eigene Oberbegriffe der Warenklasse 3 darstellen, da *Seifen* ohne weiteres als *Körperpflegemittel* bezeichnet werden können (Bedenken bei *Althammer*, § 5 WZG, Rn 56). Die *Klasseneinteilung* für Waren und Dienstleistungen stellt eine wesentliche *Orientierung für die Subsumtion* zur Produkterstreckung einer rechtserhaltenden Benutzung dar (BPatG Mitt 1993, 348 – ISOSIL; BPatGE 36, 201 – ORION). Wenn eine Marke, die für ein Spezialprodukt benutzt wird, nur für bestimmte Oberbegriffe einer Waren- oder Dienstleistungsklasse eingetragen ist, dann ist sorgfältig zu prüfen, ob die Benutzung der Marke für das Spezialprodukt bei verständiger Auslegung nicht auch unter einen der eingetragenen Oberbegriffe subsumiert werden kann (etwa ein *Rechencomputer* unter *Rechenmaschinen*, auch wenn *Computer* einen eigenen Oberbegriff der Warenklasse 9 darstellt). Vor allem bei älteren Marken ist zu berücksichtigen, daß die Waren- und Dienstleistungsverzeichnisse der Klasseneinteilung an der *technischen Entwicklung teilnehmen* und *fortgeschrieben* werden. Die Subsumtion des benutzten unter das eingetragene Produkt darf aber nicht zu einer *Schutzrechtserweiterung* gegenüber der Rechtslage im Zeitpunkt der Eintragung führen. Die Benutzung einer Marke, die für *Verbandsstoffe* einer früheren Warenklasse eingetragen und für *Kompressionsbinden* benutzt wurde, wurde als rechtserhaltend beurteilt, da die *Kompressionsbinden* nach dem Sprachgebrauch der früheren Klasseneinteilung nicht unter *Verbandsstoffe*, sondern unter den Oberbegriff *Binden und Bänder zu gesundheitlichen Zwecken* einer anderen Warenklasse fielen (BPatGE 24, 78). Die Benutzung einer Marke, die vor der Zulässigkeit von Dienstleistungsmarken für *Datenträger für Datenverarbeitungsanlagen mit gespeicherten Standardprogrammen* als Waren der Klasse 9 eingetragen und für ein *Programmsystem zur problemorientierten Einzelfallösung*, also letztlich für eine Dienstleistung, benutzt wurde, wurde nicht als rechtserhaltend für die Waren *Datenträger* beurteilt (BPatG BlPMZ 1984, 178).

54 Die Benutzung einer Marke für ein Produkt, das im Verzeichnis der Waren oder Dienstleistungen *ausdrücklich vom Markenschutz ausgenommen* worden ist, stellt keine rechtserhaltende Benutzung für die eingetragenen Waren oder Dienstleistungen dar (BPatGE 20, 216, 218). Die Benutzung einer Marke für im Inland hergestellte Waren entgegen einem im Register eingetragenen Import- oder Exportvermerk *für Schuhe aus englisch sprechenden Ländern* wird als rechtserhaltende Benutzung anerkannt (BGH BlPMZ 1975, 253 – Importvermerk). Die Benutzung des Zeichens *Bacchustrunk* für *Wein* wirkt nicht zugunsten der eingetragenen Ware *Wermutwein* (LG Nürnberg-Fürth GRUR 1977, 156 – BACCHUSTRUNK). Keine

Benutzung der Marke  55, 56  § 26 MarkenG

rechtserhaltende Benutzung des Warenbereichs *Betriebs- und Regelgeräte für Triebwerke* ist ein Produktprogramm, das etwa *Triebwerksbeschläge, Rumpfbeschläge, Landeklappen* erfaßt, da diese Einzelteile keine prägende wirtschaftliche Bedeutung haben. Die Benutzung für das Warenteil *Triebwerksbeschläge* als Fahrzeugteil umfaßt auch keine *Flugzeugteile.* Unzutreffend ist auch die Ansicht, Flugzeugteile seien als selbständige Gegenstände des Handels der Hauptware *Luftfahrzeuge* gleichzusetzen, da es nicht gerechtfertigt sei, einen Oberbegriff für eine Ware nur deshalb im Warenverzeichnis zu belassen, weil tatsächlich benutzte Ware unter diesen Oberbegriff fällt (OLG Karlsruhe GRUR 1989, 270 – Heinkel). Wird ein Zeichen für eine Warengruppe benutzt, die seit jeher in einer bestimmten Klasse ausgezeichnet worden ist, ohne unter einen der dort genannten Oberbegriffe zu fallen, liegt eine Benutzung für eingetragene Waren auch dann vor, wenn das Warenverzeichnis zwar nicht alle Waren dieser Klasse enthält, aber wenigstens die Waren, denen sich die Warengruppe ihrem Wesen nach am ehesten zuordnen läßt (BPatGE 28, 125 – LORIDAN/RONILAN). Eine Benutzung für *Fungizide* stellt eine Benutzung für den Oberbegriff *Mittel zur Vertilgung von Unkraut und schädlichen Tieren* dar (BPatGE 28, 125 – LORIDAN/RONILAN). Zum gleichen Warenbereich der Hauptware *Rundfunkgeräte* und *Kassettenabspielgeräte* gehören nicht ohne weiteres *Lautsprecher, Kopfhörer* und *Mikrofone* oder in Kombination verwendbare Waren wie *Plattenspieler, Radio* und *Kassettenabspielgerät* als Zubehör. Als zur Hauptware *Kassettenabspielgeräte* gehörend sind *Tonbandgeräte* anzusehen, aufgrund der wesentlich übereinstimmenden Zweckbestimmung (BGH GRUR 1990, 39 – Taurus).

c) **Entscheidungspraxis zum MarkenG.** Eine für *konservierte Kartoffelchips* eingetragene 55 und für *unkonservierte Chips* benutzte Marke wird rechtserhaltend benutzt (BPatG, Beschluß vom 23. Oktober 1996, 28 W (pat) 214/95 – Kartoffelchips). Die Benutzung einer Marke für *Monitore* im Sinne von Datensichtgeräten ist unter den im Warenverzeichnis enthaltenen Oberbegriff *elektronische und elektrotechnische Apparate und Instrumente*, soweit in Klasse 9 enthalten, zu subsumieren (BPatGE 36, 210 – ORION; nicht aber soll die Ware *Monitore* dem amtlichen Warenbegriff *Rechenmaschinen* unterfallen, wohl aber *Prozessoren*).

### 3. Integration bei Produktoberbegriffen

a) **Verkehrsübliche Produktbereiche.** Wenn die Ware oder Dienstleistung, für die die 56 Marke benutzt wird, unter die eingetragenen Waren oder Dienstleistungen zu subsumieren ist, dann stellt sich das weitere Problem einer Integration der benutzten Ware oder Dienstleistung innerhalb der Produktoberbegriffe der Klasseneinteilung des Registers. Eine Marke wird häufig nur für eine einzelne Ware oder Dienstleistung oder für einen Teil der Produkte benutzt, die unter den eingetragenen Oberbegriff der Klasseneinteilung zu subsumieren sind. Der Produktbegriff des konkret benutzten Einzelprodukts ist regelmäßig nur ein Unterfall der entsprechend der Klasseneinteilung eingetragenen Produktgattung. In solchen Fallkonstellationen ist zu entscheiden, ob die Marke für alle unter den Oberbegriff zu subsumierenden Produkte als benutzt anzusehen ist und insoweit im Produktähnlichkeitsbereich des Oberbegriffes Markenschutz besteht, oder ob die Rechtswirkung der Markenbenutzung auf die tatsächlich benutzten, konkreten Produkte zu begrenzen ist und der Markenschutz sich auf den Produktähnlichkeitsbereich der benutzten Produkte beschränkt, da das Waren- und Dienstleistungsverzeichnis im Wege der Teillöschung auf die tatsächlich benutzten konkreten Produkte eingeschränkt werden kann. Die berechtigten Interessen der Markeninhaber an der Aufrechterhaltung des Markenschutzes für eine dem tatsächlich benutzten konkreten Produkt entsprechende Produktgattung sind gegenüber dem Zweck des Benutzungszwangs, die Waren- und Dienstleistungsverzeichnisse auf den Bestand der im Marktwettbewerb lebenden Marken zu beschränken, abzuwägen. Die Effektivität des Benutzungszwangs in der Rechtspraxis hängt weitgehend davon ab, inwieweit eine strikte Anwendung umfangreiche Waren- und Dienstleistungsverzeichnisse namentlich im Interesse einer Neuanmeldung von Waren auf den Bestand der benutzten Produkte beschränkt. Eine Aufspaltung der Waren- und Dienstleistungsverzeichnisse in sämtliche nur denkbaren Spezialprodukte würden aber den berechtigten Bedürfnissen der Markenpraxis sowie den tatsächlichen Verhältnisses nicht gerecht werden und bedeutete eine Überspannung der mit dem Benutzungszwang verfolgten Zielsetzungen. Weder eine *Maximallösung,* die von dem Produktoberbegriff der Klasseneinteilung ausgeht, noch eine *Minimallösung,* die das Waren-

und Dienstleistungsverzeichnis auf das tatsächlich benutzte Spezialprodukt beschränkt, kann in Betracht kommen. Feste Regeln, ob ein Oberbegriff beizubehalten oder zu begrenzen ist, werden sich nicht aufstellen lassen. *Weite Produktoberbegriffe* sind in engere Produktbegriffe, unter die mehrere verwandte Produkte zu subsumieren sind, *aufzuspalten*. Aufgrund einer gebotenen wirtschaftlichen Betrachtungsweise ist weder zu engherzig noch zu großzügig zu verfahren. Als rechtserhaltend benutzt gelten die Waren oder Dienstleistungen, die nach der *Branchenübung* und der *Verkehrsauffassung als zum gleichen Produktbereich* wie die tatsächlich benutzte konkrete Ware oder Dienstleistung *gehörend* anzusehen und unter den Produktoberbegriff der Klasseneinteilung zu subsumieren sind (BGH GRUR 1974, 84, 88 – Trumpf; 1978, 647, 648 – TIGRESS; 1990, 40 – Taurus; BGH GRUR Int 1995, 62 – Simmenthal). Für die Bildung eher weiter oder eher enger Produktbereiche werden namentlich die tatsächlichen Verhältnisse auf dem betreffenden Produktsektor zu berücksichtigen sein. Bei der Abwägung kommt es darauf an, ob das tatsächlich benutzte Einzelprodukt sowie die ihm verwandten Produkte typischerweise von dem Produktoberbegriff erfaßt werden, der diese gleichsam stellvertretend bezeichnet, oder ob sich die tatsächlich benutzten Produkte von den gleichfalls unter den Oberbegriff zu subsumierenden Produkten nach ihrer Art und Verwendung eindeutig abheben. Die Eintragung von Produktoberbegriffen darf nicht dazu dienen, sich dem Benutzungszwang zu entziehen (*Kraft*, GRUR 1973, 495; *Winter*, GRUR 1977, 467, 469; *v. Gamm*, GRUR 1977, 517, 525).

**57**  **b) Entscheidungspraxis zum WZG. aa) Keine Benutzung hinsichtlich zu weiter Oberbegriffe.** In einer Reihe von Entscheidungen wurde die Benutzung für eine konkrete Ware zwar unter die eingetragenen Waren subsumiert, wurde aber nicht als eine Benutzung für alle unter den weiten Oberbegriff der Klasseneinteilung zu subsumierenden Waren beurteilt. Die Benutzung für *Lacke* und *Lackfarben* wurde nicht als eine Benutzung für alle unter den Oberbegriff *chemisch-technische Produkte* zu subsumierenden Waren beurteilt (BGH GRUR 1969, 604, 606 – Slip). Die Benutzung für *gestrickte Hosen einschließlich gestrickter Strumpfhosen* wurde nicht als eine Benutzung für alle unter den Oberbegriff *Wollwaren* zu subsumierenden Waren wie *gestrickte Bekleidungsstücke* beurteilt (BGH GRUR 1974, 84, 88 – Trumpf). Die Benutzung für *Spiel- und Arbeitsmaterial für Kinder*, nämlich lederähnliche Kunststoff-Folien mit verschiedener Oberflächengestaltung für Futterstoffe und Flechtriemen, für Meterware, Platten und Stanzteile wurde nicht als eine Benutzung für *alle Arten von Kunststoff-Folien* beurteilt (BGH GRUR 1976, 356, 358 – Boxin).

**58**  **bb) Aufspaltung weiter Oberbegriffe in verkehrsübliche Produktbereiche.** Wenn sich ein zu weiter Oberbegriff in technisch und wirtschaftlich trennbare Untergattungen teilen und damit in verkehrsübliche Produktbereiche aufspalten läßt, dann ist eine Beschränkung des Waren- und Dienstleistungsverzeichnisses gerechtfertigt, wenn das Produkt, für das die Marke benutzt wird, einem Produktbereich angehört, für den die Gründe nicht zutreffen, aus denen sich die Produktähnlichkeit der unter den Oberbegriff zu subsumierenden Produktbereiche ergibt. Bei einer für *Tier- und Pflanzenvertilgungsmittel* eingetragenen und für *Saatgutbeizmittel* benutzten Marke wurde nicht von dem eingetragenen Oberbegriff *Tier- und Pflanzenvertilgungsmittel*, sondern von der Untergattung *Saatgutbeizmittel* als verkehrsüblichem Produktbereich ausgegangen (BPatGE 18, 213 – Ceresan). Einem obiter dictum der *Ceresan*-Entscheidung des BPatG ist zu widersprechen. In der Entscheidung wurde zum Ausdruck gebracht, daß bei einer für *Arzneimittel* eingetragenen und für eine *Arzneimittelspezialität* benutzten Marke allein der Oberbegriff maßgebend sei, weil der Markeninhaber nicht ungebührlich in seiner wirtschaftlichen Bewegungsfreiheit eingeengt werden dürfe, die Rechtssicherheit sonst im Hinblick auf die Rechtsprechung zur nach dem WZG maßgeblichen Gleichartigkeit von Arzneimitteln nicht gewahrt würde und die Gefahr von Teillöschungen für fast alle für Oberbegriffe eingetragene Marken bestehe. Diese Gründe überzeugen nicht (s. dazu schon BGH GRUR 1978, 647, 648 – TIGRESS; 1990, 39 – Taurus). Es ist mit dem Zweck des Benutzungszwangs nicht vereinbar, von dem eingetragenen Oberbegriff nur dann nicht auszugehen, wenn er sich in wirtschaftlich trennbare Untergattungen aufteilen läßt. Die Benutzung einer Marke für eine Arzneimittelspezialität ist nicht als Benutzung für den eingetragenen Oberbegriff *Arzneimittel* zu beurteilen. Das BPatG ist von dieser in der *Ceresan*-Entscheidung geäußerten Rechtsansicht in der *MAST REDIPAC*-Entscheidung abgerückt. Wenn das Warenverzeichnis den Oberbegriff *pharmazeutische Prä-*

*parate* enthält und die Marke für *Salbe und Suppositorien zur Behandlung von Hämorrhoiden* benutzt wird, dann ist zur Bestimmung der Warenähnlichkeit in Anlehnung an die Hauptgruppen der Roten Liste von den Waren *Hämorrhoidenmittel* auszugehen; der Inhaber der prioritätsälteren Marke wäre in ungebührlicher Weise in seiner wirtschaftlichen Bewegungsfreiheit beschränkt, wenn er auf die tatsächlich vertriebene Packungsgröße und Packungsform, die chemische Zusammensetzung, die Abgabeform, die Rezeptpflicht und die Abnehmerkreise festgelegt werden könnte (BPatG GRUR 1980, 54, 55 – MAST REDIPAC).

Wurde eine im Jahre 1943 für Arzneimittel eingetragene Marke lediglich für ein bestimmtes humanmedizinisches Erzeugnis benutzt, so ist dem gleichen Produktbereich auch ein Tierarztmittel jedenfalls dann zuzurechnen, wenn, wie etwa bei Analgetika, die Indikation gleich sein kann und weitere Umstände (Verwendung gleicher Wirkstoffe und gelegentlich auch gleicher Kennzeichnungen) auf eine entsprechende Verkehrsauffassung schließen lassen (BPatG GRUR 1991, 212 – Arran). Wenn eine für *Spielwaren* eingetragene Marke für *weichgestopfte Plüschtiere* benutzt wird, dann ist bei der Beurteilung der Warenähnlichkeit nicht von dem Oberbegriff *Spielwaren*, der sich etwa auch auf *Kinderfahrzeuge, Sportgeräte, Spieleisenbahnen und Dreiräder* bezieht, sondern von dem Mittelbegriff *Plüschtiere* als dem verkehrsüblichen Produktbereich auszugehen (BPatGE 19, 175, 177 – Cosy Issy; 23, 243, 246 – Cosy Ango). Die Beschränkung der Beurteilung der Produktähnlichkeit auf die tatsächlich benutzten Produkte sowie deren verkehrsüblichen Produktbereich verhindert eine sachwidrige Ausdehnung des Markenschutzes.

**cc) Mehrere Oberbegriffe.** Wenn die Produkte, für die die Marke benutzt wird, unter mehrere eingetragene Oberbegriffe des Waren- und Dienstleistungsverzeichnisses fallen, wie etwa *Parfüm* und *Eau des Toilette* unter die Obergriffe *Parfümerie* und *Mittel zur Körper- und Schönheitspflege*, dann kann einer der Oberbegriffe ersatzlos gelöscht werden, wenn die Produkte, für die die Marke benutzt wird, von einem anderen im Warenverzeichnis eingetragenen und nicht zu löschenden Oberbegriff abgedeckt werden; ein schutzwürdiges Interesse des Markeninhabers an der Beibehaltung des Oberbegriffs *Mittel zur Körper- und Schönheitspflege* ist nicht anzuerkennen, da dieser Oberbegriff ohnehin auf die tatsächlich benutzten Produkte zu beschränken ist (BGH GRUR 1978, 647, 648 – TIGRESS). Die Benutzung einer Marke, die für *Verbandsstoffe* einer früheren Warenklasse eingetragen worden war und für *Kompressions- und Gelenkbinden* benutzt wurde, wurde als nicht rechtserhaltend benutzt beurteilt, da nach dem früheren Sprachgebrauch der damaligen Klasseneinteilung die *Kompressions- und Gelenkbinden* nicht unter den Oberbegriff *Verbandsstoffe*, sondern unter den Oberbegriff *Binden und Bänder zu gesundheitlichen Zwecken (Bandagen)* einer anderen Warenklasse zu subsumieren waren (BPatGE 24, 78, 81).

**c) Entscheidungspraxis zum MarkenG.** Veröffentlichte Entscheidungen zur Integration bei Produktoberbegriffen liegen zur Zeit noch nicht vor.

### 4. Produkteinheiten und Produktteile

Wenn nicht nur das Produkt als solches mit einer Marke, sondern auch ein Produktteil zusätzlich mit einer anderen Marke versehen wird, dann ist die *Benutzung der Marke für den Produktteil* nur dann als eine rechtserhaltende Benutzung anzuerkennen, wenn der Produktteil wie etwa Reifen für Kraftfahrzeuge einen selbständigen Gegenstand des Handelsverkehrs darstellt und auf dem Markt angeboten wird. Das ist schon eine rechtliche Folge des markenrechtlichen Begriffs der Ware oder Dienstleistung (s. § 3, Rn 111 ff., 123 ff.). Wenn auf der Packung einer *Wundsalbe*, die mit der Marke *Mirfulan* gekennzeichnet ist, noch *Lebertran* als ein Produktbestandteil der Salbe, der nicht im Handel erhältlich ist, mit der Marke *Epigranul* gekennzeichnet wird, dann wird die Marke *Epigranul* nicht funktionsgerecht benutzt (BGH GRUR 1971, 355 – Epigran II mit kritischer Anm. *Heydt*; dazu *v. Gamm*, GRUR 1977, 517, 524). Nicht anders ist zu entscheiden, wenn neben der Marke *Epigranul* noch der von einem Kreis umzogene Buchstabe *R* (registered trademark) angebracht wird, da es insoweit nicht auf die Verkehrsauffassung, sondern auf die objektive Art der Verwendung der Marke ankommt. Wenn *Käse als notwendiger Geschmacksbestandteil* eines *Spaghetti-Komplettgerichts* als einer einheitlichen Ware in den Verkehr gebracht wird, dann fehlen dem Verkehr objektive Anhaltspunkte dafür, daß auch der Bestandteil der Gesamtware unter deren Bezeichnung selbständig in den Verkehr gelangt; die auf der Verpackung angebrachte Marke

MONTANA wird nicht auch für *Käse* rechtserhaltend benutzt (BGH GRUR 1995, 583 – MONTANA). Die Benutzung der Marke für einen *Stabilisator*, der nicht eigenständig vertrieben wird, kann nicht als rechtserhaltend hinsichtlich der eingetragenen Waren *Düngemittel* gewertet werden, wenn diese mit einer anderen Marke gekennzeichneten Waren den Stabilisator als Komponenten enthalten hatten, was auf der Verpackung der Düngemittel markenmäßig hervorgehoben worden war (BPatG, Beschluß vom 10. Juli 1995, 30 W (pat) 154/93). Die Benutzung einer Marke für einen Produktteil, der zwar einen technischen Bestandteil der zusammengesetzten Ware, wie das *Reibradgetriebe als Teil eines Regelgetriebemotors* darstellt, aber wirtschaftlich einen eigenständigen Warenwert aufweist, und die Abnehmer die Marke dem Produktbestandteil zuordnen, ist als eine rechtserhaltende Benutzung zu beurteilen (OLG Karlsruhe GRUR 1979, 319 – Varimont). Die Benutzung der für *Kaffee* eingetragenen Marke *Idee* mit dem Zusatz *Punkt-Service* auf Portionspackungen, die nach dem Wunsch von Gastronomen jeweils zusammengestellte Markenwaren wie *Konfitüren, Wurst, Käse und Brotsorten* verschiedener Hersteller enthalten, stellt keine funktionsgerechte Benutzung der Marke *Idee* dar, zumal die Leistung des Markeninhabers, die in der Auswahl und Zusammenstellung der Markenwaren besteht, eher im Bereich der Dienstleistung, nicht aber des Warenangebots liegt (BGH GRUR 1985, 46, 48 – IDEE-Kaffee).

### 5. Keine Produkterstreckung zwischen Ware und Dienstleistung

**63** Die Benutzung einer Marke für Dienstleistungen stellt keine rechtserhaltende Benutzung der Marke für Waren dar, für die die Marke eingetragen ist; das gilt auch umgekehrt bei einer Benutzung für Waren und einer Eintragung für Dienstleistungen. Die vor der Zulässigkeit der Eintragung von Dienstleistungsmarken (s. § 3, Rn 15 ff.) erfolgte Benutzung einer für ein *Programmsystem zur problemorientierten Einzelfallösung* als Waren einer früheren Warenklasse eingetragenen Marke für *Datenträger für die Datenverarbeitungsanlagen mit gespeicherten Standardprogrammen* und damit für die Dienstleistung *Erstellen von Programmen für die Datenverarbeitung* der Klasse 42 stellt keine rechtserhaltende Benutzung für die eingetragenen Waren dar (BPatG BlPMZ 1984, 178).

## VI. Benutzung im Inland

### 1. Grundsatz der Inlandsbenutzung

**64** § 26 Abs. 1 regelt ausdrücklich, daß die Marke *im Inland* benutzt werden muß. Schon nach der Rechtslage im WZG, das allerdings keine ausdrückliche Regelung der räumlichen Markenbenutzung enthielt, war von dem Grundsatz der Inlandsbenutzung auszugehen (*Baumbach/Hefermehl*, § 5 WZG, Rn 62 m.w.Nachw.). Die Rechtsmaßgeblichkeit einer inländischen Benutzung folgt zwar nicht schon zwingend aus dem *Territorialitätsprinzip*, das als ein Begriff des Internationalen Privatrechts seinem markenrechtlichen Inhalt nach keine umfassende Kollisionsnorm darstellt, die der Bestimmung der für das Markenrecht maßgeblichen nationalen Rechtsordnung dient (s. § 24, Rn 13). Die nationale Markenrechtsordnung des Landes, in dem Schutz für die Marke begehrt wird, bestimmt die Voraussetzungen der Rechtsschutzgewährung. Der *Grundsatz der Inlandsbenutzung* folgt aus der Beschränkung des Markenschutzes auf den Geltungsbereich des MarkenG und damit auf das Gebiet der Bundesrepublik Deutschland. Die territoriale Schutzbegrenzung rechtfertigt es, den Markenschutz grundsätzlich nur solchen Marken zu gewähren, die die Schutzvoraussetzungen im Inland erfüllen. Der Zweck des Benutzungszwangs verlangt grundsätzlich eine inländische Benutzung. Der Grundsatz der Inlandsbenutzung schließt indessen nicht aus, bei internationalen Sachverhalten ausländische Tatsachen innerhalb des Benutzungszwangs zu berücksichtigen (s. dazu ausführlich *Fezer*, Der Benutzungszwang im Markenrecht, S. 145 ff.). Allgemein gilt im gewerblichen Rechtsschutz, daß *Auslandssachverhalten* bei der Anwendung inländischen Rechts Rechtserheblichkeit zukommt. Die Reichweite einer interessengerechten Einbeziehung von Auslandstatsachen in Inlandssachverhalte ist im Schrifttum nicht vollständig geklärt. Der Berücksichtigung eines Auslandssachverhalts im wirtschaftlichen Zusammenhang einer inländischen Benutzungshandlung trägt § 26 Abs. 4 Rechnung, nach dem als Inlandsbenutzung auch die Anbringung der Marke auf Exportwaren gilt.

Eine ausschließliche Benutzung der Marke im Ausland stellt grundsätzlich keine rechtserhaltende Benutzung nach § 26 Abs. 1 dar (BGH GRUR 1980, 50, 52 – Contiflex). Eine Auslandsbenutzung kann eine Inlandsbenutzung grundsätzlich nicht vollständig ersetzen. Ausländische Benutzungshandlungen können aber zur Beurteilung der Ernsthaftigkeit der Benutzung (s. Rn 31 ff.) bei der Gesamtwürdigung des Benutzungssachverhalts rechtserheblich, sowie zur Feststellung berechtigter Gründe für die Nichtbenutzung (s. Rn 40 ff.) zu berücksichtigen sein. **65**

### 2. Exportmarken (§ 26 Abs. 4)

**a) Grundsatz.** Nach § 26 Abs. 4 gilt als Benutzung im Inland auch das Anbringen der **66** Marke auf Waren oder deren Aufmachung oder Verpackung im Inland, wenn die Waren ausschließlich für die Ausfuhr bestimmt sind. Auch wenn Regelungsgegenstand der Vorschrift nur Warenmarken sind, ist die Vorschrift entsprechend auf Dienstleistungsmarken anzuwenden, wenn im internationalen Dienstleistungsverkehr eine dem Export vergleichbare Fallkonstellation einschließlich des Vertriebs markierter Hilfswaren für Dienstleistungen (s. zum Begriff § 3, Rn 148 ff.) auftreten. Die Vorschrift entspricht der Regelung des § 14 Abs. 3 Nr. 4 im Verletzungsrecht zur Benutzung der Marke im Import und Export, nach der dem Markeninhaber das ausschließliche Recht zusteht, Waren unter dem Zeichen einzuführen oder auszuführen (s. § 14, Rn 478 ff.).

**b) Rechtslage im WZG.** Nach der *Rechtslage im WZG* bestand Einigkeit dahin, daß der **67** Export einer nicht markierten Ware und deren Versehen mit der Marke im Ausland dem Benutzungszwang nicht genügt, da eine ausländische einer inländischen Benutzung nicht gleichsteht. Schon in der *Alcacyl*-Entscheidung hatte der BGH zum Rechtsschutz nicht benutzter Vorratszeichen festgestellt, eine im Ausland stattfindende Benutzung sei nicht so anzusehen, als ob sie im Inland stattgefunden habe (BGH GRUR 1969, 48, 49 – Alcacyl). Der Auslandsbenutzung maß der BGH jedoch zur Feststellung eines schutzwürdigen Interesses an der Aufrechterhaltung des Markenschutzes eine entscheidende Bedeutung bei. Im *Schrifttum zum WZG* war allerdings umstritten, ob das Versehen der Exportware mit der Exportmarke im Inland schon als solches eine rechtserhaltende Benutzung darstellt (*Nastelski,* MA 1968, 319, 328; *Kraft,* GRUR 1968, 123, 124; *Heisecke,* DB 1968, 1655, 1659; *Heisecke,* WRP 1973, 185, 187), oder ob weiter zu verlangen ist, daß die im Inland markierte Exportware die innerbetriebliche Sphäre des Unternehmens des Markeninhabers verläßt (v. *Gamm,* GRUR 1977, 517, 526; *Althammer,* § 5 WZG, Rn 48; *Busse/Starck,* § 5 WZG, Rn 53; aA *Bökel,* BB 1971, 1033, 1036, der die Eintragungsfähigkeit reiner Exportmarken im Inland verneint). Eingeräumt wurde, auch wenn es wirtschaftlicher Vernunft entspräche, schon die Kennzeichnung der Ware im Inland als eine rechtserhaltende Inlandsbenutzung anzuerkennen, so entfalte eine Exportmarke ihre betriebliche Herkunftsfunktion im Inland nur bei den exportvorbereitenden Handlungen, wie etwa der Auslieferung an einen inländischen Exporteur, oder auch bei einem Transport in das Ausland mit unternehmenseigenen Transportmitteln (*Baumbach/Hefermehl,* § 5 WZG, Rn 63). In der *Rechtsprechung* waren die Voraussetzungen einer rechtserhaltenden Benutzung einer Exportmarke im Inland nicht eindeutig geklärt. Das *BPatG* neigte zunächst der Auffassung zu, daß es zur Annahme einer rechtserhaltenden Benutzung ausreiche, wenn bei reinen Exportmarken die Ware mit der Marke im Inland versehen werde; dies gelte jedenfalls dann, wenn die Ware im Inland die innerbetriebliche Sphäre verlasse (BPatGE 22, 221 – PRISMAL; ähnlich auch BGH GRUR 1980, 52 – Contiflex). In der *instanzgerichtlichen Rechtsprechung* wurde diese Entwicklungslinie fortgeführt und als ausreichend beurteilt, wenn der Markeninhaber die Ware im Inland mit der Exportmarke versieht und im Inland an einen Exporteur ausliefert, weil die Exportware damit die innerbetriebliche Sphäre verlasse, so daß die Markenbenutzung in der Öffentlichkeit erfolge (HansOLG Hamburg GRUR 1984, 56, 57 – Ola). Nach dieser Entscheidung genügte ein Markeninhaber den Erfordernissen des Benutzungszwangs selbst dann, wenn er für Endverbraucher im Ausland bestimmte Ware wie etwa Speiseeis, die er umfangreich ausschließlich an ausländische Schwesterunternehmen lieferte, mit einer Bezeichnung versah, die für ihn als Marke eingetragen und die außerdem im Ausland, zum Teil auch im Inland für seine Schwesterunternehmen geschützt war, und zwar auch dann, wenn der inländische Markeninhaber auf der Verpackung der Exportware nicht als Hersteller erschien. Der *BGH* nahm in seiner revisionsinstanzlichen Entscheidung (BGH GRUR 1986, 538 – Ola) eine deutlich restriktivere Haltung gegenüber der Anerkennung einer rechtserhaltenden Benutzung einer Exportmarke im Inland ein, ohne allerdings die Aufrechterhaltung des Markenschutzes von inländischen Exportmarken entgültig zu entscheiden. Der BGH subsumierte den Sachverhalt unter das Tatbestandsmerkmal einer Unzumutbarkeit der Benutzung nach § 11 Abs. 1 Nr. 4 WZG. Ein inländisches Unternehmen bedürfe des inländischen Markenschutzes, um ungestört Waren, die zum Export bestimmt seien, im Inland mit der Exportmarke versehen zu können. Dies deshalb, weil nach ständiger Rechtsprechung schon das Versehen der Ware mit der Marke nicht nur als eine vorbereitende Handlung zum Inverkehrbringen der gekennzeichneten Ware verstanden, sondern als eine Handlung beurteilt werde, die selbständig den Tatbestand der Verletzung des Markenrechts eines Dritten zu erfüllen geeignet sei. Zum anderen sei einem inländischen Unternehmen nicht zuzumuten, die Marke auf dem Inlandsmarkt zu verwenden, wenn daran kein wirtschaftliches Bedürfnis bestehe. Im Ergebnis wurde die Aufrechterhaltung des inländischen Markenschutzes als geboten beurteilt, um Angriffe eines Dritten auf die Kennzeichnung von Exportware im inländischen Herstellerunternehmen abwehren zu können. Der zu entscheidende Sachverhalt wies die Besonderheit auf, daß das inländische Unternehmen weder die markierte Ware auf dem Auslandsmarkt selbst vertrieb, noch als Herstellerin der Exportware in irgendeiner Weise in Erscheinung trat. Auch deshalb kam eine Berücksichtigung der Markenbenutzung auf dem ausländischen Markt als Grundlage einer rechtserhaltenden Benutzung der Inlandsmarke nicht in Betracht, weil das inländische Unternehmen nicht selbst die Marke im Ausland verwendete, vielmehr im Lohnauftrag für ein ausländisches Unternehmen die Ware im Inland herstellte und diese ins Ausland versah. Vor allem auch wegen dieses besonderen Umstandes, daß das inländische Unternehmen die Exportwaren nicht mit ihrer eigenen Exportmarke versah, sondern der Verkehr die an den Exportwaren angebrachten Marken als solche des ausländischen Schwesterunternehmens ansah, rechtfertigt sich nach Auffassung des BGH die Annahme einer Benutzung dann nicht, wenn die Exportware mit der Exportmarke im Inland versehen und die Exportware an einen Exporteur im Inland ausgeliefert wird. In der *Silenta*-Entscheidung konkretisierte der BGH die Benutzungsanforderungen bei der Verwendung einer im Inland eingetragenen Marke ausschließlich für den Export (BGH GRUR 1991, 460 – Silenta). Verwendet der Inhaber einer inländischen Marke diese lediglich in der Weise, daß er damit Waren im Inland versieht und dann in wirtschaftlich beachtlichem Umfang in das Ausland exportiert, um sie dort unter der Marke vertreiben zu lassen, so ist ihm eine zusätzliche anderweite Benutzung dieser Marke im Inland dann nicht zumutbar, wenn dafür kein Bedürfnis besteht und die Forderung nach einer inländischen Benutzung somit keinen anderen Sinn hätte, als ihn zu rein formalen, wirtschaftlich nicht gebotenen Handlungen zu zwingen, um den Zeichenschutz aufrechtzuerhalten.

**68** Auch wenn nach der ausdrücklichen Regelung des § 26 Abs. 4 zur Feststellung einer rechtserhaltenden Benutzung schon an das Versehen der Exportware mit der Exportmarke im Inland anzuknüpfen ist, und insoweit die Rechtsprechung nicht aufrechterhalten werden kann, macht die Entwicklung der Rechtsprechung doch anschaulich, daß zur Feststellung einer rechtserhaltenden Benutzung einer Exportmarke der *Marktbezug einer unternehmensinternen Produktmarkierung* rechtserheblich ist.

**69** Auch nach der *Rechtslage im MarkenG* wird es auf den *Marktbezug der inländischen Produktmarkierung* ankommen (s. Rn 70 ff.).

**70** **c) Rechtslage im MarkenG. aa) Inländische Produktmarkierung mit ausländischem Marktbezug.** Das in der Rechtsprechung zum WZG nicht eindeutig geklärte Problem einer rechtserhaltenden Benutzung von Exportmarken hat der Gesetzgeber des MarkenG dahin entschieden, daß schon das Anbringen der Marke auf den Exportwaren oder deren Aufmachung oder Verpackung im Inland als Benutzung gilt. Die *inländische Produktmarkierung der Exportwaren* als solche stellt eine funktionsgerechte Benutzungshandlung dar, ohne daß es weiter darauf ankommt, daß die Exportware die innerbetriebliche Sphäre verlassen hat (s. zu diesem Kriterium in Rechtsprechung und Schrifttum zum WZG Rn 67). Da die unternehmsinterne Produktmarkierung rechtserheblich ist, kommt es nicht mehr auf die schon nach der Rechtslage im WZG als gekünstelt erscheinenden und bei wirtschaftlicher Betrachtungweise nicht sachgerechten Abgrenzungen etwa dahin an, ob die Exportwaren durch fremde Spediteure, unternehmenseigene Transportmittel oder zwischen konzernverbundenen Unternehmen ins Ausland gebracht werden, oder ist gar darauf abzustellen, ob die mit der Marke gekennzeichneten Exportwaren eigens für den Transport in das Ausland etwa in versiegelte und unmarkierte Container verladen werden. Der Wortlaut des § 26 Abs. 4, der mit § 14 Abs. 3 Nr. 1 übereinstimmt, macht deutlich, daß die Ausübung des Markierungsrechts durch den Markeninhaber und nicht erst das Inverkehrbringen des markierten Produkts die funktionsgerechte Benutzung darstellt. Die Produkteigenschaft als Exportware ersetzt den inländischen durch den ausländischen Marktbezug. Die unternehmensinterne Produktmarkierung einer Exportware gilt nach § 26 Abs. 4 als eine Benutzung im Sinne des § 26 Abs. 1 allein in dem Sinne, daß funktionsgerechte Benutzungshandlungen vorliegen.

Der gesamte Benutzungssachverhalt muß zudem als eine ernsthafte Benutzung zu beurteilen sein. Art, Umfang und Dauer der Benutzung stellen wesentliche Beurteilungskriterien dar, um Sachverhalte einer Scheinbenutzung auszuschließen. Es stellt zwar ein berechtigtes Interesse des inländischen Unternehmens dar, inländischen Markenschutz aufrechtzuerhalten, um ungestört Waren, die zum Export bestimmt sind, im Inland mit der Exportmarke versehen zu können (so BGH GRUR 1986, 538, 540 – Ola mit Anm. *Fezer*). Eine unternehmensinterne Produktmarkierung ohne inländischen Marktbezug birgt aber zugleich die *Gefahr einer Scheinbenutzung* innerhalb einer international arbeitsteiligen Herstellung und Vermarktung einer Ware. Die Exportmarke darf nicht zum Instrument einer inländischen Marktabschottung werden. 71

Die *Nichtbenutzung einer Exportmarke* im Sinne des § 26 Abs. 4 kann der Markeninhaber rechtfertigen, wenn berechtigte Gründe für die Nichtbenutzung im Sinne des § 26 Abs. 1 vorliegen. Die Rechtfertigung der Nichtbenutzung bezieht sich auf die Eigenschaft der Marke als einer Exportmarke. Es ist erforderlich und ausreichend, wenn der Markeninhaber aus berechtigten Gründen nicht in der Lage war, die Marke als Exportmarke zu verwenden. Bei der Rechtfertigung der Nichtbenutzung können Auslandssachverhalte zu berücksichtigen sein. Als Benutzung einer Exportmarke im Sinne des § 26 Abs. 4 gilt auch eine entsprechende Benutzung der Exportmarke durch einen Dritten mit Zustimmung des Markeninhabers nach § 26 Abs. 2, sowie die Benutzung von Abweichungen der eingetragenen Markenform nach § 26 Abs. 3, denen im internationalen Produktverkehr eine besondere Bedeutung zukommt. 72

**bb) Exportvermerk und Importvermerk.** Bei Exportmarken kann in das Warenverzeichnis der Zusatz aufgenommen werden, sämtliche Waren seien ausschließlich für den Export bestimmt (BGHZ 34, 1 – Mon Cheri; s. § 32, Rn 39). Eine Marke kann auch mit einem Importvermerk dahin eingetragen werden, die Marke werde ausschließlich für Produkte aus Ländern eines bestimmten Sprachkreises benutzt. Exportvermerke und Importvermerke beschränken nicht das Warenverzeichnis. Exportvermerke und Importvermerke sind klarstellende Hinweise für den Markeninhalt und die Markierungsart. Eine Marke mit Importvermerk kann nicht nur für Importwaren, sondern auch für Inlandswaren rechtserhaltend benutzt werden (BGH GRUR 1975, 258, 259 – Importvermerk); eine Marke mit Exportvermerk kann nicht nur für Exportwaren, sondern auch für Inlandswaren (BGH GRUR 1961, 181 – Mon Cheri) rechtserhaltend benutzt werden. Eine Anwendung des § 26 Abs. 4 setzt nicht die Eintragung eines Exportvermerks voraus. 73

Die Benutzung einer Marke für eine Ware oder Dienstleistung, die im Verzeichnis der Waren oder Dienstleistungen ausdrücklich vom Markenschutz ausgenommen worden ist, stellt keine funktionsgerechte Benutzungshandlung dar, weil die Marke nicht für eine im Register eingetragene Ware oder Dienstleistung benutzt worden ist. 74

### 3. International registrierte Marken und Basismarken

Inhalt und Umfang des Schutzes von *IR-Marken* bestimmen sich nach dem nationalen Recht des einzelnen Markenverbandsstaates des MMA (s. Art. 4 MMA, Rn 2). In der Bundesrepublik Deutschland bestimmt sich die Rechtsstellung des Inhabers einer IR-Marke nach deutschem Markenrecht (BGHZ 18, 1 – Hückel; BGH GRUR Int 1967, 396 – Napoléon II; 1969, 48 – Alcacyl). Art. 4 MMA erleichtert die Erlangung inländischen Mar- 75 kenschutzes, ohne den Inhaber einer IR-Marke im übrigen zu bevorzugen (BGH GRUR 1969, 48, 49 – Alcacyl). Insbesondere unterliegt die IR-Marke auch den Erfordernissen des Benutzungszwangs. Da sich die rechtserhaltende Benutzung einer IR-Marke nach § 26 Abs. 1 bestimmt, genügt die Benutzung einer IR-Marke im Ausland nicht dem Erfordernis der Inlandsbenutzung (*Baumbach/Hefermehl*, § 5 WZG, Rn 62; *Busse/Starck*, § 5 WZG, Rn 53; *Althammer/Ströbele/Klaka*, § 26 MarkenG, Rn 65). Nichts anderes gilt für eine *Basismarke,* deren Eintragung in das Register nur dazu bestimmt ist, den in bestimmten Ländern zur Registrierung der Marke und Aufrechterhaltung des Markenschutzes erforderlichen Nachweis der Heimateintragung zu erbringen. Weder bei IR-Marken noch bei Basismarken kann die Benutzung im Ausland die fehlende Inlandsbenutzung ersetzen (*Fezer*, Der Benutzungszwang im Markenrecht, S. 151; *Kraft*, GRUR 1968, 123, 124; *Schricker*, GRUR Int 1969, 14, 25). Namentlich bei IR-Marken ist aber ein Auslandssachverhalt zur Beurteilung einer *ernsthaften Benutzung* zu berücksichtigen, wenn inländische Benutzungshandlungen, wie etwa arbeitsteilige Produktion, grenzüberschreitende Werbung, internationale Distribution sowie Korrespondenz und Transporte ins Ausland, vorliegen (BGH GRUR 1969, 48 – Alcacyl; 1980, 52 – Contiflex; s. schon BGH GRUR 1961, 628, 630 – Umberto Rosso).

**76** Ausländischen Benutzungshandlungen kommt namentlich auch zur Feststellung *berechtigter Gründe für die Nichtbenutzung* rechtliche Bedeutung zu. Das gilt vor allem für die Aufrechterhaltung des Markenschutzes aus einer Basismarke. Soweit die Aufrechterhaltung der *inländischen Eintragung einer Basismarke* davon abhängig ist, daß die Marke benutzt worden ist, ist zwar nicht von einer ernsthaften Benutzung im Inland aufgrund eines Auslandssachverhalts, aber vom Vorliegen berechtigter Gründe für die Nichtbenutzung auszugehen, wenn die Marke ausschließlich im Ausland benutzt worden ist und insoweit ein wirtschaftliches Interesse an der ausländischen Marke und insoweit an der Basismarke besteht (s. dazu *Fezer*, Der Benutzungszwang im Markenrecht, S. 151 f.). Soweit die Inlandseintragung Grundlage für eine internationale Registrierung ist, ist allerdings zu beachten, daß IR-Marken nur zeitlich begrenzt von der Heimateintragung abhängig sind. Nach Art. 6 Abs. 2 MMA besteht die Akzessorietät nur für die Dauer von fünf Jahren vom Zeitpunkt der internationalen Registrierung an (s. Art. 6 MMA, Rn 2 ff.). Dies bedeutet, daß die Nichtbenutzung einer im Inland eingetragenen Marke nur so lange durch Auslandssachverhalte zu rechtfertigen ist, als die auf der inländischen Eintragung beruhende IR-Marke von der Heimateintragung abhängig ist. Wenn die IR-Marke unabhängig wird, dann entfällt die Nichtbenutzung im Inland rechtfertigende Grund. Soweit der Markeninhaber Ansprüche aus der eingetragenen Basismarke ohne Vorliegen einer inländischen Benutzung gegen Dritte im Inland geltend macht, wird zu verlangen sein, daß sich eine Rechtfertigung der Nichtbenutzung nach allgemeinen Gründen und nicht nur aus der Eigenschaft des Zeichens als einer Basismarke ergibt.

### 4. Völkerrechtliche Vereinbarungen

**77** Wenn zwischen der Bundesrepublik Deutschland und einem ausländischen Staat eine völkerrechtliche Vereinbarung dahin besteht, daß ein ausländischer Benutzungssachverhalt der inländischen Benutzung einer Marke rechtlich gleichzustellen ist, dann stellt die Markenbenutzung im Ausland eine rechtserhaltende Benutzung im Sinne des § 26 Abs. 1 dar. *Staatsverträge* bleiben von dem Erfordernis einer Benutzung der Marke im Inland nach § 26 Abs. 1 unberührt (Begründung zum MarkenG, BT-Drucks. 12/6581 vom 14. Januar 1994, S. 83). Nach Art. 5 Abs. 1 des zwischen der Schweiz und der Bundesrepublik Deutschland abgeschlossenen *Übereinkommens betreffend den gegenseitigen Patent-, Muster- und Markenschutz* vom 13. April 1892 (RGBl. 1894, 511) in der Fassung des Abkommens vom 26. Mai 1902 (RGBl. 1903, 181) werden Rechtsnachteile wegen Nichtbenutzung in einem Staat durch Benutzung in dem anderen Vertragsstaat ausgeschlossen. Wenn der Markeninhaber die Marke in der Bundesrepublik Deutschland nicht im Sinne des § 26 Abs. 1 benutzt, dann richten sich die an eine rechtserhaltende Benutzung *in der Schweiz* zu stellenden Anforderungen nach *deutschem* Markenrecht. Die ausländische Benutzung wird aber nicht in jeder rechtlichen Hinsicht einer inländischen Benutzung gleichgestellt, da sich Art. 5 des Übereinkommens ausschließlich auf die Abwendung von Rechtsnachteilen wegen einer Nichtbenutzung der Marke innerhalb der Benutzungsfrist bezieht (BGH GRUR 1969, 48 f. – Alcacyl). Die Bedeutung der völkerrechtlichen Vereinbarung beschränkt sich nicht nur auf die Anerkennung eines Auslandssachverhalts als einer ernsthaften Benutzung, der Markeninhaber kann vielmehr auch berechtigte Gründe für die Nichtbenutzung in der Schweiz geltend machen. Eine völkerrechtliche Vereinbarung hinsichtlich der Anerkennung einer ausländischen Markenbenutzung im Inland besteht zur Zeit nur mit der Schweiz.

## C. Benutzung mit Zustimmung des Markeninhabers (§ 26 Abs. 2)
### I. Zurechnung der Drittbenutzung

Der Markeninhaber benutzt seine Marke regelmäßig selbst als produktidentifizierendes Unterscheidungszeichen für eigene Produkte; Markeninhaber und Markenbenutzer sind identische Personen. Nach § 26 Abs. 2 gilt die *Benutzung der Marke durch einen Dritten* dann als Benutzung durch den Markeninhaber, wenn die Drittbenutzung mit Zustimmung des Inhabers erfolgt. Die Zurechnung der Drittbenutzung ersetzt die mangelnde Identität zwischen Markeninhaber und Markenbenutzer innerhalb des Benutzungszwangs. Die Benutzung der Marke durch den Dritten muß die Anforderungen an eine rechtserhaltende Benutzung im Sinne des § 26 Abs. 1 erfüllen. Wegen der Nichtakzessorietät der Marke (s. § 3, Rn 52 ff.) kommt der Zurechnungsnorm des § 26 Abs. 2 trotz des gleichen Regelungsgegenstandes eine weiterreichende Bedeutung zu als der entsprechenden Vorschrift des § 5 Abs. 7 S. 2 WZG. Folge des strengen Akzessorietätsprinzips im WZG war es, daß eine Zurechnung der Drittbenutzung an den Markeninhaber einen eigenen Geschäftsbetrieb des Markeninhabers voraussetzte, in dem auch der Markeninhaber selbst die entsprechenden Waren führte und herstellte oder vertrieb (s. dazu ausführlich *Fezer*, Der Benutzungszwang im Markenrecht, S. 34 ff.). Nach ständiger Rechtsprechung wurde dem Markeninhaber der Geschäftsbetrieb des Dritten wie etwa eines Lizenznehmers nicht als ein eigener Geschäftsbetrieb zugerechnet (RGZ 114, 276, 278 – Axa; 146, 325, 331 – Fratelli; 169, 240, 247 – Schwarz-Weiß; BGHZ 18, 175, 179 – Matern; BGH GRUR 1965, 86, 88 – Schwarzer Kater). Entscheidend kam es nicht auf die Eigentumsverhältnisse an dem Unternehmensvermögen, sondern allein darauf an, unter wessen Namen das Unternehmen geführt wurde (BGH GRUR 1963, 473, 476 – Filmfabrik Köpenick). Nach der Rechtslage im MarkenG bedarf der Inhaber der nicht akzessorischen Marke keines eigenen Unternehmens. Da die Benutzung der Marke mit Zustimmung des Markeninhabers dem Markeninhaber als rechtserhaltend nach § 26 Abs. 2 zugerechnet wird, ist nicht erforderlich, daß das Unternehmen, dessen Produkte die Marke kennzeichnet, ein eigenes Unternehmen des Markeninhabers ist. Der Markeninhaber kann die Marke zur Kennzeichnung der *Produkte eines anderen Unternehmens* verwenden. Ausreichend für die rechtliche Konnexität zwischen Marke und Unternehmen ist es, wenn die Marke zur Unterscheidung von Produkten eines Unternehmens benutzt wird, ohne daß das MarkenG eine Identität von Markeninhaber und Unternehmensinhaber verlangt. Der Markeninhaber kann die Marke für eigene und fremde Produkte rechtserhaltend benutzen oder benutzen lassen (s. § 3, Rn 98 ff.).

### II. Anwendungsbereich

#### 1. Gebrauchsüberlassungsverträge, Nutzungsverträge, Sicherungsverträge

Den Hauptanwendungsfall einer Benutzung der Marke mit Zustimmung des Inhabers stellt die *Markenlizenz* nach § 30 Abs. 1 dar. Auch die Markenbenutzung durch einen Unterlizenznehmer wird dem Markeninhaber zugerechnet (*Bökel*, BB 1971, 1033, 1034). Folge der Akzessorietät der Marke im WZG war es, daß außer Lizenznehmern im wesentlichen nur noch Pächter oder Nießbraucher des Unternehmens als Dritte in Betracht kamen, deren Benutzung der Marke dem Markeninhaber zuzurechnen war. Aus der Nichtakzessorietät der Marke im MarkenG folgt, daß sich der Kreis der Personen, die mit Zustimmung des Markeninhabers die Marke benutzen, erheblich erweitert hat. Die nicht akzessorische Marke kann als Gegenstand des Vermögens des Markeninhabers Vertragsgegenstand solcher schuldrechtlicher und dinglicher Verträge sein, die den Vertragspartner des Markeninhabers zur Benutzung, Nutzung oder Verwertung der Marke berechtigen. Die Benutzung der

Marke durch einen solchen Vertragspartner des Markeninhabers wird dem Markeninhaber nach § 26 Abs. 2 als eigene Benutzung rechtserhaltend zugerechnet, unabhängig von der Rechtsnatur und Art der vertraglichen Beziehung zwischen dem Markeninhaber und dem Dritten. Neben der Markenlizenz kommen *gemischttypische Vertragsverhältnisse* in Betracht. Gegenstand der *Pacht* und des *Nießbrauchs* kann nicht mehr nur das Unternehmen als solches, sondern auch die Marke selbst als ein übertragbares Recht sein. An der Marke kann ein *Nutzungspfand* bestellt werden. Markenrechtliche *Leasingvereinbarungen* sind denkbar. Die Marke kann Gegenstand von *Sicherungsverträgen* wie vor allem der *Sicherungszession* sein.

### 2. Benutzung im Konzern

80  Wenn die Marke für das herrschende Unternehmen als Konzernspitze eingetragen ist, dann ist wegen der wirtschaftlichen Einheit des Konzerns grundsätzlich davon auszugehen, daß die Benutzung der Marke durch eine Konzerntochter mit *Zustimmung der Konzernmutter* erfolgt und nach § 26 Abs. 2 als eigene Benutzung dem herrschenden Unternehmen als Markeninhaber zugerechnet wird. Das gilt namentlich dann, wenn man die Markenrechtsfähigkeit des Konzerns nach § 7 analog anerkennt und die Eintragung einer Konzernmarke als solche für zulässig hält (s. zur Konzernmarke § 3, Rn 34 ff.; zur Markenrechtsfähigkeit des Konzerns s. § 7, Rn 39). Wenn die Marke für mehrere Konzernunternehmen eingetragen ist, dann kommt es für die Zurechnung der Benutzung durch ein Konzernunternehmen an die übrigen Konzernunternehmen auf die Interessenlage innerhalb des Konzerns sowie auf etwa bestehende Vereinbarungen über die Markenbenutzung an. Eine konzernweite Zurechnung der Markenbenutzung eines Konzernunternehmens ist zwar nach § 26 Abs. 2 rechtlich zulässig, aber nicht rechtlich zwingend. An die Glaubhaftmachung einer vorherigen Zustimmung des Markeninhabers zu einer Drittbenutzung sind dann keine besonders strengen Anforderungen zu stellen, wenn der Dritte in einem konzernmäßigen Abhängigkeitsverhältnis zum Markeninhaber steht; es besteht eine tatsächliche Vermutung für die Zustimmung des Markeninhabers an das abhängige Konzernunternehmen zur Benutzung der Marke (BPatGE 36, 1, 6 – CHARRIER).

### 3. Benutzung in den Wirtschaftsstufen

81  Die Benutzung einer Marke wie etwa einer Herstellermarke in den nächsten Wirtschaftsstufen des Handels wird dem Markeninhaber zugerechnet. Dies gilt auch dann, wenn sich die Handelstätigkeit nicht auf die Distribution beschränkt, sondern der Handel wirtschaftliche Tätigkeiten für den Hersteller übernimmt, wie etwa die Stückelung oder Abfüllung der Waren, die Vornahme der Endverpackung oder selbst das Versehen der Ware mit der Herstellermarke sowie die Produktwerbung. Wenn der Hersteller als Markeninhaber solche Benutzungshandlungen veranlaßt, dann steht einer Zurechnung der Benutzung der Marke im Handel an den Hersteller nach § 26 Abs. 2 nicht eine etwa verhältnismäßig selbständige Stellung des Handels entgegen (insoweit Bedenken bei *Schricker*, GRUR Int 1969, 14, 23, Fn 77).

### 4. Abgrenzungsvereinbarungen

82  Abgrenzungsvereinbarungen dienen der vertraglichen Abgrenzung der Schutzbereiche ähnlicher Marken verschiedener Inhaber (s. im einzelnen § 14, Rn. 453 ff.). Die Benutzung der eigenen Marke wird unter Berücksichtigung der fremden Marke geregelt. Eine Zurechnung der Markenbenutzung nach § 26 Abs. 2 scheidet grundsätzlich deshalb aus, weil die Parteien der Abgrenzungsvereinbarung die Benutzung der eigenen Marke regeln und nicht die Zustimmung zur Benutzung einer fremden Marke erhalten. Bei identischen oder sehr ähnlichen Marken ist der Übergang zwischen einer Abgrenzungsvereinbarung und einem Lizenzvertrag fließend; die Abgrenzungsvereinbarung kann sich sachlich als ein Lizenzvertrag darstellen. Die Zurechnung der Drittbenutzung entscheidet sich nach dem Willen der an der Vereinbarung Beteiligten. Eine Zurechnung der Drittbenutzung erfolgt dann nicht, wenn die Benutzung der eigenen Marke gewollt ist und die Markenbenutzung nicht der Aufrechterhaltung der fremden Marke zu dienen bestimmt ist. Die Auslegung der Vereinbarung hat anhand des Zwecks der Regelung sowie der Interessenlage zwischen den Vertragsparteien zu erfolgen (s. näher *Fezer*, Der Benutzungszwang im Markenrecht, S. 41).

## III. Zustimmung des Markeninhabers

### 1. Ex nunc-Wirkung

Eine Zurechnung der Drittbenutzung setzt die Zustimmung des Markeninhabers zu der 83
Benutzung seiner Marke voraus. Wenn ein Dritter die Marke ohne Zustimmung des Markeninhabers oder gar gegen dessen Willen benutzt, dann scheidet eine Zurechnung der Benutzung nach § 26 Abs. 2 aus. Notwendig ist eine *vorherige Zustimmung* zu der Drittbenutzung. Eine bloße Duldung des Markeninhabers oder eine nachträgliche Zustimmung zu einer schon erfolgten Benutzung ist nicht ausreichend, da der Zustimmung nur *Wirkung ex nunc* zukommt (BPatGE 36, 1, 6 – CHARRIER; HansOLG Hamburg GRUR 1997, 843 – MATADOR; so schon zur Rechtslage im WZG BGH GRUR 1985, 385 – FLUOSOL; *Baumbach/Hefermehl*, § 5 WZG, Rn 72; *Fezer*, Der Benutzungszwang im Markenrecht, S. 42f.; *Schricker*, GRUR Int 1969, 14, 24; *v. Gamm*, GRUR 1977, 517, 526).

### 2. Rechtswirksamkeit der Zustimmung

Die *Zustimmung des Markeninhabers* zu der Benutzung seiner Marke durch einen Dritten 84
muß *rechtswirksam* sein (BGH GRUR 1985, 385 – FLUOSOL; OLG Karlsruhe GRUR 1981, 198, 200 – Famila; *Baumbach/Hefermehl*, § 5 WZG, Rn 72; *Fezer*, Der Benutzungszwang im Markenrecht, S. 43 ff.; *Nastelski*, MA 1968, 319; *v. Gamm*, GRUR 1977, 517, 526; aA *Schricker*, GRUR Int 1969, 14, 24; BPatG MA 1977, 161; BPatGE 23, 192, 196 – ISKA; auf eine rechtskräftige Unwirksamkeitserklärung abstellend *Kraft*, GRUR 1968, 123 f.). Eine Zurechnung der Drittbenutzung aufgrund einer rechtlich unzulässigen Gebrauchsüberlassung widerspricht dem Normzweck des § 26 Abs. 2. Die Drittbenutzung kann dann keine rechtserhaltende Wirkung für den Markeninhaber entfalten, wenn das Gesetz einer solchen Gebrauchsüberlassung die rechtliche Anerkennung versagt. Es erscheint aber sachgerecht, nicht jeder auf einer rechtsunwirksamen Zustimmung beruhenden Drittbenutzung die Zurechnung nach § 26 Abs. 2 zu versagen. Ein Ausschluß der Zurechnung ist nur dann gerechtfertigt, wenn die Art und Weise der Gebrauchsüberlassung etwa gegen ein gesetzliches Verbot verstößt oder sittenwidrig ist und damit die Interessen der Allgemeinheit berührt. Eine Zurechnung der Drittbenutzung ist aber dann nicht ausgeschlossen, wenn die Unwirksamkeit der Zustimmung allein auf vertraglichen Mängeln beruht, wie etwa einer unzureichenden Bevollmächtigung oder einer nachträglichen Anfechtung des Vertrages. Der Anwendungsbereich des § 26 Abs. 2 ist nur insoweit zu begrenzen, als die Ermächtigung eines Dritten zur Benutzung einer fremden Marke auch unter Beachtung der rechtsgeschäftlichen Erfordernisse im Allgemeininteresse rechtlich unzulässig ist. Gegenüber anderen Gründen einer rechtsunwirksamen Zustimmung ist die Tatsache, daß die Marke mit dem Willen des Markeninhabers im Verkehr benutzt wird, höher zu bewerten.

### 3. Wettbewerbswidrigkeit der Benutzung

Eine Zurechnung der Drittbenutzung nach § 26 Abs. 2 wird nicht dadurch ausgeschlossen, daß die *konkrete Art und Weise der Benutzung* der Marke durch den Dritten etwa einen 85
Verstoß gegen die §§ 1, 3 UWG darstellt und *wettbewerbswidrig* ist (BGH GRUR 1978, 46 – Doppelkamp mit Anm. *Fezer*, 1979, 707, 708 – Haller I). Entsprechendes wird in der Regel auch dann zu gelten haben, wenn die Art der konkreten Benutzung aus anderen Gründen wettbewerbswidrig ist, sowie dann, wenn Vorschriften des *Kartellrechts* verletzt sind, aber auch generell bei *sonstiger rechtswidriger Benutzung,* etwa im Zusammenhang mit Verstößen gegen andere Rechtsvorschriften wie des *Arzneimittelrechts* oder des *Lebensmittelrechts.* Wenn Folge der Wettbewerbswidrigkeit die Rechtsunwirksamkeit der Zustimmung des Markeninhabers zu der Benutzung der Marke durch den Dritten ist (s. Rn 84), dann ist grundsätzlich die Zurechnung der Drittbenutzung ausgeschlossen. Wenn etwa die Wettbewerbswidrigkeit eines Markenlizenzvertrages zur markenrechtlich erheblichen Unzulässigkeit der Gebrauchsüberlassung und zur Nichtigkeit der Lizenzvereinbarung führt, dann ist die Benutzung der Marke durch den Lizenznehmer dem Markeninhaber als Lizenzgeber nicht als eigene Benutzung nach § 26 Abs. 2 zuzurechnen (*Baumbach/Hefermehl*, § 5 WZG, Rn 72). Der Markeninhaber trägt das Risiko unzulässiger Lizenzvereinbarungen. Wenn nach Ablauf der Benutzungsfrist die Zurechnung der Drittbenutzung wegen einer Wettbewerbswidrig-

keit der Markenlizenz nach § 26 Abs. 2 ausscheidet, dann kann der Markeninhaber berechtigte Gründe für die Nichtbenutzung geltend machen, wenn die Rechtsunwirksamkeit der Markenlizenz auf Tatsachen beruht, die der Markeninhaber nicht kannte und die er auch bei Anwendung der erforderlichen Sorgfalt nicht kennen konnte. Der Markeninhaber durfte insoweit auf eine Zurechnung der Drittbenutzung des Lizenznehmers vertrauen. Die Lizenzierung einer wegen Nichtbenutzung löschungsreifen Marke nur zu dem Zweck, die markenrechtliche Stellung des Inhabers einer prioritätsjüngeren Marke zu schwächen, kann als rechtsmißbräuchlich zu beurteilen sein (HansOLG Hamburg GRUR 1997, 843 – MATADOR).

### 4. Fremdbenutzungswille des Dritten

86  Eine Zurechnung der Drittbenutzung nach § 26 Abs. 2 setzt nicht nur eine rechtswirksame Zustimmung des Markeninhabers voraus, sondern auch den tatsächlichen Willen des Dritten, die Marke *für den Markeninhaber* zu benutzen (*Schricker*, GRUR Int 1969, 14, 24). Wenn dem Dritten nach außen erkennbar ein solcher *Fremdbenutzungswille* fehlt, weil er nicht mehr bereit ist, die Marke mit Wirkung für den Markeninhaber zu benutzen, dann kann der Markeninhaber eine Zurechnung der Drittbenutzung auch nicht aufgrund seiner Zustimmung erreichen. Für die Zurechnung der Drittbenutzung ist es rechtlich unerheblich, ob die Aufgabe des Fremdbenutzungswillens durch den Dritten rechtswidrig ist. Wenn der Fremdbenutzungswille des Dritten besteht, kommt es nicht darauf an, ob für den Verkehr erkennbar ist, daß der Dritte die Marke mit Wirkung für den Markeninhaber benutzt. Eine Zurechnung der Drittbenutzung scheidet auch dann aus, wenn der Markeninhaber wegen einer Erschöpfung des Markenrechts nach § 24 dem Dritten die Benutzung der Marke markenrechtlich nicht untersagen kann. Wenn etwa ein Importeur die markierte Ware importiert, dann scheidet, wenn Erschöpfung des Markenrechts nach § 24 eintritt, eine Zurechnung aus, weil der Markeninhaber den Import markenrechtlich nicht untersagen kann. Das gleiche hat zu gelten, wenn es sich bei Importeur und inländischem Markeninhaber um Unternehmen desselben Konzerns handelt. Wenn etwa der Import gegen konzerninterne Absprachen verstößt und so gegen den Willen des Markeninhabers erfolgt, ist eine Zurechnung der Drittbenutzung ausgeschlossen. Eine rechtserhaltende Benutzung setzt voraus, daß die beteiligten Verkehrskreise auch subjektiv die Willensrichtung haben, die Bezeichnung auch als Marke zu benutzen. Die Benennung eines unter der Marke *Bommerlunder* vertriebenen Getränks als *Bommi* stellt keine rechtserhebliche Benutzung des Zeichens *Bommi* dar (BPatGE 25, 50 – Bommi).

### IV. Benutzung einer Kollektivmarke (§ 100 Abs. 2)

87  Eine rechtserhaltende Benutzung nach § 26 verlangt die Benutzung der eingetragenen Marke durch den Markeninhaber selbst oder durch einen Dritten mit Zustimmung des Markeninhabers. Für die *Benutzung von Kollektivmarken* im Sinne des § 97 gilt eine abweichende Regelung. Nach § 100 Abs. 2 gilt als Benutzung im Sinne des § 26, wenn die Kollektivmarke entweder *durch mindestens eine hierzu befugte Person* oder *durch den Inhaber der Kollektivmarke* benutzt wird. Nach der Rechtslage im WZG galt als Benutzung eines Verbandszeichens nur die Benutzung durch mindestens zwei Mitglieder des Verbandes (§ 21 Abs. 3 WZG). Nach der Rechtslage im MarkenG ist nunmehr die Benutzung durch ein Mitglied des Kollektivs ausreichend. Eine Benutzung der Kollektivmarke durch das Kollektiv als Markeninhaber selbst wird vor allen Dingen auf Geschäftspapieren oder in der Werbung in Betracht kommen. Das Kollektiv als Markeninhaber kann die Kollektivmarke aber auch für Produkte eines eigenen Unternehmens benutzen.

88  Die Regelung des § 100 Abs. 2 schließt die *Zurechnung einer Außenseiterbenutzung* bei Kollektivmarken nicht aus. Die Benutzung einer Kollektivmarke durch einen Dritten, der nicht Mitglied des Kollektivs ist, mit Zustimmung eines Mitglieds ist nach § 100 Abs. 2 dem Inhaber der Kollektivmarke zuzurechnen. Dem Zweck des Benutzungszwangs entspricht auch eine Benutzung der Kollektivmarke durch einen Außenseiter. Eine Zurechnung der Benutzung durch ein Nichtverbandsmitglied ist aber dann ausgeschlossen, wenn die Gebrauchsüberlassung der Marke an den Außenseiter wegen einer Irreführung des Verkehrs rechtlich unzulässig und damit die Zustimmung rechtsunwirksam ist (s. Rn 85).

## D. Benutzung abweichender Markenformen (§ 26 Abs. 3)

**Schrifttum zum MarkenG.** *Giefers,* Die rechtserhaltende Benutzung der Marke in abgewandelter Form – Fortsetzung oder Ende von „*Arthrexforte*"?, FS für Vieregge, 1995, S. 267.

### I. Regelungsgegenstand

#### 1. Gleichstellung bestimmter Markenabweichungen mit der eingetragenen Markenform

Regelungsgegenstand des § 26 Abs. 3 S. 1 ist die rechtserhaltende Benutzung der Marke in einer von der Eintragung abweichenden Form. Nach dieser Vorschrift gilt als Benutzung einer eingetragenen Marke auch die Benutzung der Marke in einer Form, die von der Eintragung abweicht, soweit die Abweichungen den kennzeichnenden Charakter der Marke nicht verändern. Schon nach der Rechtslage im WZG bestand über den Grundsatz weitgehend Einigkeit, daß als eine rechtserhaltende Benutzung der eingetragenen Marke grundsätzlich nur die Benutzung der Marke in der eingetragenen Form beurteilt werden kann. Dieser Grundsatz folgte schon aus der Überlegung, daß sich der Gegenstand des Markenschutzes und der Gegenstand der Markenbenutzung grundsätzlich decken müssen, da sich der Schutzinhalt der Marke nach der Eintragung in das Register bestimmt und die Regelung des Benutzungszwangs zur Aufrechterhaltung des Markenschutzes nach Ablauf der Benutzungsfrist die Benutzung der Marke verlangt (s. dazu ausführlich *Fezer,* Der Benutzungszwang im Markenrecht, S. 115 ff.; *Fezer,* BB 1975, 436, 438). Von diesem Grundsatz, der im MarkenG nicht ausdrücklich aufgestellt ist, geht auch die als Fiktion formulierte Regelung des § 26 Abs. 3 S. 1 aus, nach der bestimmte abweichende Markenformen als Benutzung der Marke in der eingetragenen Form gelten. Folge der rechtlichen *Gleichstellung bestimmter Markenabweichungen mit der eingetragenen Markenform* ist es, daß zwischen dem Grundsatz und der Regelung des § 26 Abs. 3 S. 1 kein Regel-Ausnahme-Verhältnis besteht, wie es der Rechtsprechung zur ausnahmsweisen Berücksichtigung abgewandelter Benutzungsformen nach der Rechtslage im WZG zugrunde lag. Mit dieser Änderung gegenüber der Rechtslage im WZG ist zwar noch nicht über die Reichweite des Anwendungsbereichs des § 26 Abs. 3 S. 1 entschieden, es ist aber zumindest eine restriktive Auslegung der Vorschrift nicht zwingend geboten. In der Gesetzesbegründung wird deshalb zutreffend festgestellt, für eine Rückkehr zu der gelegentlich sehr strengen Rechtsprechung zum WZG bei der Anerkennung abgewandelter Benutzungsformen als rechtserhaltend bestehe im MarkenG keine Grundlage mehr, da § 26 Abs. 3 ausdrücklich anerkenne, daß abgewandelte Benutzungsformen zu berücksichtigen seien (Begründung zum MarkenG, BT-Drucks. 12/6581 vom 14. Januar 1994, S. 83).

Im WZG war eine § 26 Abs. 3 S. 1 vergleichbare Vorschrift nicht enthalten. Inwieweit die von der Rechtsprechung entwickelten Grundsätze und Beurteilungskriterien noch gelten oder ein großzügiger Maßstab anzulegen ist, bestimmt sich nach der Auslegung des § 26 Abs. 3 S. 1.

#### 2. Richtlinienkonforme Auslegung

Beurteilungskriterium zur Feststellung der rechtserhaltenden Benutzung einer Markenabweichung ist der kennzeichnende Charakter der Marke. Die Abweichung der benutzten Markenform von der eingetragenen Markenform darf den kennzeichnenden Charakter der Marke nicht verändern. Mit dem *Begriff des kennzeichnenden Charakters der Marke* wird ein Begriff in das MarkenG eingeführt, der international bisher kaum gebräuchlich ist. Nach Art. 10 Abs. 2 lit. a MarkenRL wird auf die Benutzung der Marke in einer Form abgestellt, die von der Eintragung nur in Bestandteilen abweicht, ohne daß dadurch die *Unterscheidungskraft der Marke* beeinflußt wird. Wenn im MarkenG auf eine Veränderung des kennzeichnenden Charakters der Marke statt wie in der MarkenRL auf eine Beeinflussung der Unterscheidungskraft der Marke abgestellt wird, dann soll, wie in der Gesetzesbegründung ausgeführt wird, diese Formulierung des MarkenG die Regelung der PVÜ treffender als in deren deutscher Fassung wiedergeben. Eine sachliche Änderung ist mit dieser terminologischen Abweichung nicht verbunden (BGH GRUR 1997, 744, 746 – ECCO I; 1999, 54, 55 – Holtkamp; 1999 , 167 – Karolus-Magnus). Es sei dahingestellt, ob diese Wortwahl des Gesetzgebers rechtsvergleichend als angemessen erscheint. Das MarkenG ist zumindest richtlinienkonform dahin auszulegen, daß abweichende Benutzungsformen jedenfalls dann zu berücksichtigen sind, wenn sie die Unterscheidungskraft der Marke nicht beeinflussen. Ob weitere Markenabweichungen als rechtserhaltend zu berücksichtigen sind, hängt von einer Auslegung des Begriffs des kennzeichnenden Charakters der Marke ab. In Art. 5 C Abs. 2 PVÜ wird wie in Art. 10 Abs. 2 lit. a MarkenRL auf eine Beeinflussung der Unterscheidungskraft der Marke abgestellt. Wenn eine Fabrik- oder Handelsmarke vom Inhaber in einer Form gebraucht wird, die von der Eintragung in einem der Verbandsländer nur in Bestandteilen abweicht, ohne daß dadurch die Unterscheidungskraft der Marke beeinflußt wird, so soll nach dieser Vorschrift dieser Gebrauch die Ungültigkeit der Eintragung nicht nach sich ziehen und den der Marke gewährten Schutz nicht schmälern. Eine in der Art der Abgrenzung entsprechende Vorschrift stellt Art. 6$^{quinquies}$ C Abs. 2 PVÜ dar, wonach in anderen Verbandsländern Fabrik- oder Handelsmarken nicht allein deshalb zurückgewiesen werden dürfen, weil sie von den im Ursprungsland geschützten Marken nur in Bestandteilen abweichen, die gegenüber der im Ursprungsland eingetragenen Form die Unterscheidungskraft der Marken nicht beeinflussen und ihre Identität nicht berühren. In dieser Vorschrift wird die Identität der Marke als ein Beurteilungskriterium herangezogen. Die Umsetzung der MarkenRL innerhalb der EU macht rechtsvergleichend ersichtlich, daß teils der Wortwahl der MarkenRL entsprechend auf eine *Beeinflussung der Unterscheidungskraft* der Marke wie etwa in Frankreich (Art. 27 Abs. 1 lit. b Gesetz Nr. 91–7 über Fabrik-, Handels- oder Dienstleistungsmarken vom 4. Januar 1991; BlPMZ 1993, 216), Italien (Art. 42 Abs. 2 Markengesetz Nr. 929 vom 21. Juni 1942 idF der Verordnung Nr. 480 vom 4. Dezember 1992; GRUR Int 1994, 218), Großbritannien (Section 44 (2) Trade Marks Act 1994) und Griechenland (Art. 15 Abs. 4 lit. a Markengesetz Nr. 2239/1994 in Kraft getreten am 1. November 1994; GRUR Int 1995, 886), teils auf die *Wesentlichkeit der Markenabweichung* wie in Spanien (Art. 4 Abs. 2 lit. a Markengesetz Nr. 32/1988 vom 10. November 1988, in Kraft getreten am 12. Mai 1989; GRUR Int 1989, 552), Dänemark (§ 25 Abs. 2 Nr. 1 Markengesetz Nr. 341 vom 6. Juni 1991; BlPMZ 1994, 18) und der Schweiz (Art. 11 Abs. 2 MSchG vom 28. August 1992, in Kraft getreten am 1. April 1993; BlPMZ 1993, 422) abgestellt wird; nach Art. 5 Abs. 3 lit. a Benelux-Markengesetz (vom 1. Januar 1971; GRUR Int 1976, 452; idF vom 2. Dezember 1992; GRUR Int 1997, 29) kommt es auf eine *Änderung des unterscheidenden Merkmals der Marke* an. Beeinflussung der Unterscheidungskraft der Marke, Veränderung des kennzeichnenden Gebrauchs der Marke, Wesentlichkeit der abweichenden Form der Marke oder Änderung des unterscheidenden Merkmals der Marke sind nur verschiedene Begriffe für die Aufgabe einer Abgrenzung einer rechtserhaltenden Benutzung von solchen Markenabweichungen, die als Grundlage einer Aufrechterhaltung des Markenschutzes nicht ausreichend sind. Aufgrund einer richtlinienkonformen Auslegung bildet die *Beeinflussung der Unterscheidungskraft der Marke* die *Mindestgrenze* der zu berücksichtigenden Markenabweichungen, deren Kreis in den nationalen Markengesetzen darüber hinausgehend großzügiger gezogen werden kann.

## II. Rechtserhaltende Markenabweichungen

### 1. Identitätsbereichstheorie und Schutzbereichstheorie

92   Im Schrifttum zum WZG standen sich zur Berücksichtigung abgewandelter Markenformen als rechtserhaltende Benutzung im wesentlichen zwei Auffassungen gegenüber, die als Schutzbereichstheorie und als Identitätsbereichstheorie bezeichnet wurden (s. dazu näher *Giefers*, FS für Vieregge, 267, 277 f.). Nach der *Schutzbereichstheorie* kommt es darauf an, ob sich der Schutzbereich der eingetragenen Form und der Schutzbereich der benutzten Form der Marke decken (*Schulze zur Wiesche*, GRUR 1970, 166, 167 f.; *Schulze zur Wiesche*, GRUR 1975, 138, 139; *Schulze zur Wiesche*, GRUR 1978, 645 im Anschluß an *Kraft*, GRUR 1968, 123; auch *Krings*, GRUR 1980, 423). Die Schutzbereichstheorie wurde vornehmlich damit begründet, der Markeninhaber dürfe den Schutzumfang seiner Marke, der

sich nach der eingetragenen Form der Marke bestimmt, nicht aufgrund einer tatsächlichen Benutzung in einer abgewandelten Form verändern oder gar erweitern. Der Markenschutz richtet sich aber nach der eingetragenen Form der Marke auch dann, wenn Markenabweichungen benutzt werden, auch wenn zwischen der Kennzeichnungskraft einer Marke und der tatsächlichen Benutzungslage ein Zusammenhang besteht (s. § 14, Rn 271 ff.) und an der benutzten Form der Marke Markenschutz durch den Erwerb von Verkehrsgeltung nach § 4 Nr. 2 entstehen kann. Die Schutzbereichstheorie führte zudem zu einer nicht gerechtfertigten Versagung des Markenschutzes bei zwar geringfügigen, aber den Schutzumfang der Marke berührenden Markenabweichungen (umfassend zur Kritik s. *Fezer*, Der Benutzungszwang im Markenrecht, S. 120 ff.). Die Schutzbereichstheorie vermochte sich schon nach der Rechtslage im WZG nicht durchzusetzen (s. etwa BPatGE 19, 175, 176 – Cosy Issy). Nach der *Identitätsbereichstheorie* kommt es nicht auf eine Veränderung des Schutzbereichs der benutzten Markenform gegenüber der eingetragenen Markenform an, sondern es ist auf den Identitätsbereich der Marke im Verkehr abzustellen, der nicht anders als der Begriff der rechtserhaltenden Benutzung selbst eigenständig nach dem Normzweck der Vorschriften über den Benutzungszwang zu bestimmen ist (*Fezer*, Der Benutzungszwang im Markenrecht, S. 115, 124 f.; *Fezer*, BB 1975, 436; *Fezer*, MA 1984, 76). Wenn von dem Grundsatz einer Benutzung der Marke in der eingetragenen Form auszugehen ist, dann bedarf es einer rechtswertenden Bestimmung des Identitätsbereichs einer Marke unter Ausgleich der Verkehrsinteressen an der Maßgeblichkeit des Registereintrags an Marken einerseits und den wirtschaftlichen Interessen der Markeninhaber an einer flexiblen Markencharakteristik andererseits. Es kommt darauf an, ob im Verkehr die Markenabweichung noch als identisch mit der eingetragenen Markenform oder als eine andere Marke des Markeninhabers erscheint. Maßgebend ist nicht der Bereich des Verwechslungsschutzes einer Marke, sondern der Identitätsbereich der Marke, der nach dem äußeren Erscheinungsbild der Marke im Verkehr zu bestimmen ist. Zur Feststellung des Identitätsbereichs einer Marke wurde weithin auf das Kriterium der Wesentlichkeit der Markenabweichung oder auf die Wesensgleichheit zwischen benutzter und eingetragener Markenform abgestellt (*Nastelski*, MA 1968, 319, 328; *Miosga*, MA 1970, 56, 59; *Baumbach/Hefermehl*, § 5 WZG, 10. Aufl., Rn 17; zu einer konventionskonformen Auslegung s. *Schricker*, GRUR Int 1969, 14, 23). Im Schrifttum wurde teils zusätzlich auf die Verkehrsüblichkeit der Abweichung oder auf Anpassungen im Hinblick auf die Verwendbarkeit in der Praxis abgestellt (*v. Gamm*, WZÄndG, Erg., Rn 47; *Miosga*, Benutzungszwang für Warenzeichen, S. 52), eine Auffassung, die sich auch in der Rechtsprechung des BGH niederschlagen sollte (s. Rn 93).

### 2. Zweischrankentheorie der Rechtsprechung

Die *Rechtsprechung* zur rechtserhaltenden Benutzung der Marke in einer gegenüber der Eintragung abgewandelten Form legte einen äußerst *strengen Maßstab* an, der als unfreundliche Rechtsprechung (so *Lehmpfuhl*, GRUR 1981, 55) heftige Kritik erfuhr und Rechtsunsicherheit hervorrief. Die Entwicklung der Rechtsprechung führte zu einer *Zweischrankentheorie*, deren Wegmarken die Entscheidungen *Cheri*, *KIM-Mohr* und *Arthrexforte* darstellen. In der *Cheri*-Entscheidung aus dem Jahre 1971 hatte der BGH bereits den Grundsatz aufgestellt, die Marke müsse in der Form benutzt werden, in der sie eingetragen sei, und zwar mit allen Wort- und Bildbestandteilen, ohne einen Zeichenbestandteil wegzulassen oder hinzuzufügen, sowie in der graphischen Gestaltung der Eintragungsform (s. dazu *Fezer*, Der Benutzungszwang im Markenrecht, S. 125 ff.) In der *KIM-Mohr*-Entscheidung aus dem Jahre 1974 befaßte sich der BGH erstmals mit der formgerechten Benutzung innerhalb des Benutzungszwangs und fand als Abgrenzungsmaßstab die prägnante Formel, es komme darauf an, ob der Verkehr Eintragung und Benutzungsform *als ein und dasselbe Zeichen* ansehe (BGH GRUR 1975, 135, 138 – KIM-Mohr; s. dazu *Fezer*, BB 1975, 436). Mit dieser Formel folgte der BGH zwar der Identitätstheorie, ohne allerdings in den Entscheidungen der folgenden Jahre (BGH GRUR 1978, 642 – Silva; 1979, 468 – audio 1; 1979, 856 – Flexiole), in denen das Weglassen oder das Hinzufügen eines Zeichenbestandteils zu beurteilen war, den Identitätsbereich der Marke näher zu konkretisieren, und ging deutlich über die Markenidentität als solche hinauszugehen. In der *KIM-Mohr*-Entscheidung wurde erstmals eine Schranke zur Beurteilung abgewandelter Benutzungsformen formuliert. Es war zu prüfen, ob der Verkehr die benutzte Form der Marke und die eingetragene Form der Marke als ein und dasselbe Zeichen ansah. In der *Arthrexforte*-Entscheidung aus dem Jahre 1980 (BGH GRUR 1981, 53 – Arthrexforte), in der erstmals eine Abwandlung in der graphischen Gestaltung der Marke gegenüber der eingetragenen Markenform zu beurteilen war, stellte der BGH eine weitere Schranke zur Berücksichtigung abgewandelter Benutzungsformen als rechtserhaltend auf. Diese in der Rechtsprechungsentwicklung später errichtete Schranke zur rechtserhaltenden Benutzung einer Marke in abgewandelter Form wurde der Prüfung, ob im Verkehr die benutzte Form und die eingetragene Form als ein und dasselbe Zeichen angesehen werden, vorgeschaltet. Der BGH ließ ausdrücklich offen, ob die benutzte Marke in Übereinstimmung mit der Verkehrsauffassung als identisch mit der eingetragenen Form zu betrachten sei (BGH GRUR 1981, 53, 55 – Arthrexforte). Nach der *Arthrexforte*-Doktrin war die Frage einer Markenidentität erst dann zu stellen, wenn die Abwandlung eine *bestimmungsgemäße* und *verkehrsübliche* oder *durch den praktischen Gebrauch gebotene* Art der Benutzung war (BGH GRUR 1981, 53, 54; ähnlich schon *v. Gamm*, WZÄndG, Rn 47). Eine Abwandlung der eingetragenen Marke, die weder eine bestimmungsgemäße und verkehrsübliche noch durch den praktischen Gebrauch gebotene Art der Benutzung darstellte, war nicht als rechtserhaltende Benutzung zu berücksichtigen, ohne daß es auf die Verkehrsauffassung zur Identität der benutzten und eingetragenen Markenform ankam. In den Entscheidungen der folgenden Jahre wurde diese strenge Rechtsprechung bestätigt und ausgebaut (BGH GRUR 1982, 51 – Rote-Punkt-Garantie; 1984, 872 – Wurstmühle; 1985, 46 – IDEE-Kaffee; 1985, 926 – topfitz/topfit; 1986, 892 – Gaucho; 1987, 527 – Panda-Bär; 1989, 510, 512 – Teekanne II; 1990, 364 – Baelz).

**94** Eine Sichtung des Fallmaterials der Rechtsprechung ergibt im wesentlichen *drei Fallgestaltungen*. Eine erste Fallgruppe bilden die Fallkonstellationen, bei denen die Zweischrankentheorie von vornherein nicht zur Anwendung kommt, weil es sich nur um solche kleinen Änderungen handelt, die für die Verkehrsauffassung über die Zeichenidentität unerheblich sind (BGH GRUR 1985, 46, 48 – IDEE-Kaffee; 1987, 527, 528 – Panda-Bär). Die Prüfung einer rechtserhaltenden Benutzung nach der Zweischrankentheorie stellt sich nur für solche für die Verkehrsauffassung über die Zeichenidentität relevanten Abwandlungen der Marke. Bei geringfügigen Veränderungen der Zeichengestalt, die für die Beurteilung der Markenidentität im Verkehr unerheblich sind, wird die Marke rechtserhaltend benutzt. Dazu rechnen namentlich kleinere graphische Veränderungen des Markendesigns wie etwa eine Veränderung in der Relation zwischen Wortbestandteil und Bildbestandteil (BGH GRUR 1987, 527 – Panda-Bär), die Veränderung der Schreibweise von Großbuchstaben in Kleinbuchstaben, wenn nicht die besondere Gestaltung des Schriftbilds für den Gesamteindruck der Marke mitbestimmend ist (BGH GRUR 1990, 364 – Baelz) oder der Wegfall der perspektivischen Gestaltung von Buchstaben (BPatG Mitt 1988, 78 – RICE KRISPIES). Bei relevanten Abwandlungen der Marke, die im Verkehr zur Beurteilung der Zeichenidentität als erheblich angesehen werden, kam es zunächst darauf an, ob die Abwandlung eine bestimmungsgemäße und verkehrsübliche oder eine durch den praktischen Gebrauch gebotene Art der Benutzung darstellte (BGH GRUR 1981, 53 – Arthrexforte). Bestimmungsgemäße und verkehrsübliche oder praktisch gebotene Abwandlungen stellten Rechtfertigungsgründe für relevante Abwandlungen der Marke gegenüber der eingetragenen Form dar, deren Vorliegen erst die weitere Prüfung notwendig machte, ob im Verkehr die benutzte Form und die eingetragene Form der Marke als ein und dasselbe Zeichen beurteilt wurden. Wenn die relevante Abwandlung weder bestimmungsgemäß und verkehrsüblich noch praktisch geboten war, dann wurde nicht von einer rechtserhaltenden Benutzung ausgegangen, unabhängig davon, ob der Verkehr die benutzte und eingetragene Marke als ein und dasselbe Zeichen ansah.

**95** Die *Unerheblichkeit einer Abwandlung* (erste Fallkonstellation) und die *Rechtfertigungsgründe* relevanter, aber bestimmungsgemäßer und verkehrsüblicher oder praktisch gebotener Abwandlungen (zweite Fallkonstellation) wurden von der Rechtsprechung als *Rechtsfragen* behandelt. Die dritte Fallkonstellation stellten die nach der Rechtsprechung gerechtfertigten Abwandlungen dar, die nur dann als eine rechtserhaltende Benutzung beurteilt wurden, wenn im Verkehr die benutzte Form und die eingetragene Form als ein und dasselbe Zeichen angesehen wurden. Dieser Schritt der Prüfung einer rechtserhaltenden Benutzung wurde in der Rechtspraxis als eine *Tatsachenfeststellung* und nicht als eine Rechtsfrage verstanden.

Die Rechtsprechung unterschied im übrigen zwischen solchen Abwandlungen, die sich **96** aus dem *Weglassen von Zeichenbestandteilen* ergaben, und dem *Hinzufügen von Zeichenbestandteilen*. Bei der Benutzung einer Marke mit zusätzlichen Zeichenbestandteilen kam es nicht auf das Vorliegen der Rechtfertigungsgründe einer bestimmungsgemäßen und verkehrsüblichen oder praktisch gebotenen Abwandlung an, sondern allein darauf, ob der Verkehr die benutzte und eingetragene Marke als ein und dasselbe Zeichen ansah. Dazu kam es darauf an, ob im Verkehr der zusätzliche Zeichenbestandteil als zeichenmäßig bedeutungslose und austauschbare Zutat beurteilt wurde, der den Gesamteindruck der Marke nicht mitbestimmte, da im Verkehr der Hinweis auf die betriebliche Herkunft allein der eingetragenen Form der Marke entnommen werde. Die Rechtsprechung des BPatG folgte im wesentlichen den vom BGH aufgestellten Grundsätzen.

### 3. Verhältnis zum MarkenG

Die Rechtsprechung zur rechtserhaltenden Benutzung der Marke in abgewandelter Form **97** nach der Rechtslage im WZG kennzeichnet die Anerkennung einer Bagatellklausel für unerhebliche Abwandlungen, das Erfordernis der Rechtfertigungsgründe bestimmungsgemäßer und verkehrsüblicher oder praktisch gebotener Abwandlungen sowie das Vorliegen nach der Verkehrsauffassung hinsichtlich der Markenidentität der benutzten und eingetragenen Markenformen relevanter Markenabweichungen (s. Rn 93 ff.). Nach der Rechtslage im MarkenG werden zum einen Bagatellsachverhalte einer unerheblichen Markenabweichung nicht die Annahme einer rechtserhaltenden Benutzung der Marke verhindern; zum anderen entspricht die Feststellung des kennzeichnenden Markencharakters im Ansatz der Prüfung der Markenidentität, auch wenn die Rechtsprechung des BGH zum WZG insoweit als zu streng zu beurteilen ist, als der Identitätsbereich der Marke nicht zureichend konkretisiert wurde. Für eine Prüfung der vorgeschalteten Rechtsfrage, ob die Markenabwandlung eine bestimmungsgemäße und verkehrsübliche oder durch den praktischen Gebrauch gebotene Art der Benutzung darstellt, ist im MarkenG kein Raum mehr (so auch BPatGE 35, 40 – Jeannette). Das Erfordernis solcher einer Prüfung der Markenidentität vorgeschalteter Rechtfertigungsgründe war schon nach der Rechtslage im WZG bedenklich. Insoweit die strenge Grundhaltung der Rechtsprechung des BGH auf dieser Rechtfertigungsprüfung beruhte, ist nach der Rechtslage im MarkenG bei der Handhabung der rechtserhaltenden Benutzung einer Marke in abgewandelter Form eine großzügigere Praxis geboten. Der BGH geht deshalb zu Recht davon aus, mit der ausdrücklichen Anerkennung abgewandelter Benutzungsformen als rechtserhaltend habe sich der Gesetzgeber bewußt von der von ihm als zu streng empfundenen, deutschen Rechtsprechung zum WZG absetzen wollen (BGH GRUR 1997, 744, 746 – ECCO I; 1999, 54, 55 – Holtkamp; 1999, 167 – Karolus-Magnus). Unter diesen Vorbehalten ist die Entscheidungspraxis des BGH und des BPatG für die Auslegung des § 26 Abs. 3 noch von Interesse und wird im einzelnen berichtet (s. Rn 100 ff.).

### 4. Der kennzeichnende Charakter der Marke

**a) Begriff.** Die Benutzung einer Markenabwandlung, die den kennzeichnenden Charakter der Marke nicht verändert, wirkt nach § 26 Abs. 3 S. 1 rechtserhaltend. Eine Markenabweichung verändert den kennzeichnenden Charakter der Marke dann, wenn die Abweichung *im Verkehr als erheblich angesehen* wird und die Marke aufgrund der Abweichung ein selbständiges Unterscheidungszeichen darstellt. Eine Veränderung des kennzeichnenden Charakters einer Marke berührt die Identifikationsfunktion der Marke. Die Abweichung verändert den kennzeichnenden Charakter der Marke dann nicht, wenn der Verkehr die eingetragene und die benutzte Form der Marke *als ein und dasselbe Zeichen* ansieht (BGH GRUR 1975, 135, 137 f. – KIM-Mohr; 1984, 872, 873 – Wurstmühle; 1986, 892, 893 – Gaucho). Zur Feststellung der Markenidentität, es handele sich um ein und dasselbe Zeichen, kommt es auf die kennzeichenmäßige Wirkung des Gesamteindrucks der Marke im Verkehr an (BGH GRUR 1984, 872, 873 – Wurstmühle). Die Formel, es komme darauf an, ob der Verkehr Eintragung und Benutzungsform als ein und dasselbe Zeichen ansehe, verstand der BGH als eine verkürzte Formulierung in Anlehnung an Art. 5 C Abs. 2 PVÜ. Die Rechtsprechung zur Feststellung der Markenidentität kann insoweit im MarkenG gelten, als der Identitätsbereich der Marke in einer großzügigeren Weise zu konkretisieren ist, **98**

wie es im Wortlaut des § 26 Abs. 3 S. 1 in der Formulierung vom kennzeichnenden Charakter der Marke zum Ausdruck kommt. Die Rechtsprechung zu den Rechtfertigungsgründen einer bestimmungsgemäßen und verkehrsüblichen oder praktisch gebotenen Abwandlung der Marke kann zur Feststellung einer rechtserhaltenden Benutzung nach der Rechtslage im MarkenG nicht mehr aufrechterhalten werden. Unabhängig vom Identitätsbereich der Marke im Sinne des Benutzungszwangs wirken unerhebliche Markenabweichungen rechtserhaltend. In Fortführung der bisherigen Rechtsprechung kann eine Markenabweichung dann als unerheblich beurteilt werden, wenn der Verkehr die Abweichung der Marke als zeichenmäßig bedeutungslos und austauschbar ansieht und den Identifikationshinweis der Marke ausschließlich der Markenform unabhängig von der Markenabweichung entnimmt (in Anlehnung an die Formulierungen der Rechtsprechung zum Hinzufügen von Zeichenbestandteilen BGH GRUR 1979, 856, 858 – Flexiole; 1984, 813, 815 – Ski-Delial; 1985, 46, 47 – IDEE-Kaffee; 1986, 892, 893 – Gaucho). In der Rechtsprechung zum MarkenG stellt der BGH darauf ab, ob die *Markenabweichung angesichts ihrer Geringfügigkeit für das Verkehrsverständnis letztlich ohne Bedeutung* ist und mithin den kennzeichnenden Charakter der Marke nicht verändert (BGH GRUR 1997, 744, 746 – ECCO I). Diese Grundsätze gelten für Warenmarken und Dienstleistungsmarken gleichermaßen (zur Beurteilung von Markenabweichungen bei Dienstleistungsmarken s. BGH GRUR 1992, 392 – Parkhotel Landenberg). Verschiedene *Fallkonstellationen von Markenabweichungen* sind auf der Grundlage der bisherigen Entscheidungspraxis zu unterscheiden (s. Rn 100 ff.).

**99**  b) **Kennzeichnender Markencharakter als Rechtsfrage.** Bei der Feststellung, ob der Verkehr die benutzte und die eingetragene Form der Marke als ein und dasselbe Zeichen ansieht, handelt es sich um eine Rechtsfrage. Zwar kommt es auf die kennzeichenmäßige Wirkung des Gesamteindrucks der Marke im Verkehr an, doch wird wegen dieser tatsächlichen Grundlagen der Markencharakter nicht zu einer Tatfrage. Die *Feststellung des kennzeichnenden Charakters einer Marke* ist nicht anders als die Feststellung der Verwechslungsgefahr als *Rechtsfrage* zu beurteilen (aA *Giefers*, FS für Vieregge, S. 267, 280 ff.) Demoskopische Gutachten zur Feststellung der Verkehrsauffassung über den kennzeichnenden Charakter einer Marke sind rechtlich nicht geboten und als Beweismittel nicht zuzulassen. In der Rechtsprechung zur Feststellung rechtserhaltender Markenabwandlungen nach der Rechtslage im WZG wurden, soweit ersichtlich, Meinungsbefragungen zur Feststellung der Verkehrsauffassung über die Markenidentität nicht verwendet, auch wenn in der Rechtsprechung des BGH die Feststellung, ob der Verkehr die Eintragung und die Benutzungsform als ein und dasselbe Zeichen ansieht, wohl eher als Tatfrage verstanden wurde (zu einer Zurückverweisung an die Vorinstanz zum Zwecke einer Meinungsumfrage dahin, ob der warenbeschreibende Zusatz *Kaffee* vom Verkehr als ein den Gesamteindruck des zusammengesetzten Zeichens *Idee-Kaffee* wesentlich mitprägender oder nur als ein zeichenrechtlich bedeutungsloser, rein informativer Bestandteil aufgefaßt werde s. BGH GRUR 1985, 46 – IDEE-Kaffee mit Anm. *Hefermehl*).

### 5. Entscheidungspraxis zum WZG

**100**  a) **Benutzung von Markenabweichungen (§ 26 Abs. 3 S. 1). aa) Abweichungen in der Schreibweise.** Unerheblich sind *Abweichungen einer veränderten Schreibweise,* wie verschiedene Schrifttypen, etwa Kleinbuchstaben statt Großbuchstaben oder Großbuchstaben statt Kleinbuchstaben (BGH GRUR 1979, 707, 708 – Haller I; 1990, 364, 365 – Baelz), Veränderungen in der Form der Buchstaben, etwa im Schriftbild (zu § 26 Abs. 3 BGH GRUR 1997, 744 – ECCO I), eine modernisierte Schreibweise, wie *Tee* statt *Thee* (BGH GRUR 1989, 510, 512 – Teekanne II), Normalschrift bei Eintragung in Konturschrift (BPatGE 32, 227; zur Wiedergabe eines wellenförmig geschriebenen Markenwortes in Normalschrift nach der Rechtslage im MarkenG s. OLG München Mitt 1997, 30 – aliseo); das Hinzufügen oder das Weglassen eines Bindestrichs, wie *BAELZ AUTOMATIC* statt *BAELZ-AUTOMATIC* (BGH GRUR 1990, 364 – Baelz; zu § 26 Abs. 3 BGH GRUR 1999, 167 – Karolus-Magnus), das Hinzufügen eines zweiten *n* in *Jeannette* statt *Jeanette* (BPatGE 35, 40 – Jeannette), die Zerlegung der Einwortmarke *Kornkammer* in die beiden in zwei Zeilen untereinander geschriebenen Wörter *Korn* und *kammer* unter Hinzufügung der zeichnerischen Illustration einer Kornkammer als Bildbestandteil (BPatG BlPMZ

1998, 318 – Kornkammer), eine andere Schriftart oder Schreibweise, wie etwa *Phantasie* statt *Fantasie* oder *Central* statt *Zentral* (*Baumbach/Hefermehl*, § 5 WZG, Rn 25). Als eine unerhebliche *Abweichung in der graphischen Gestaltung* wurde die Veränderung des Bildbestandteils eines Doppelsegels in Form und Größe einer Wortbildmarke beurteilt (BGH GRUR 1997, 744, 746 – ECCO I). Voraussetzung der Unerheblichkeit einer *Abweichung in der Schriftcharakteristik* ist, daß die besondere Gestaltung des Schriftbildes für den Gesamteindruck der Marke nicht mitbestimmend ist (BGH GRUR 1990, 364 – Baelz). Bei der Veränderung der Buchstabenfolge eines Wortes sowie dem Austauschen von Vokalen oder Konsonanten kommt es darauf an, ob nicht nur das Schriftbild, sondern vor allem das Klangbild des Wortes oder der Wortsinn eine erhebliche Abweichung darstellt. Entscheidend ist, ob die Buchstabenveränderung den *Gesamteindruck der Marke* erheblich beeinflußt.

**101** Die *Entscheidungspraxis aus der Zeit vor 1980,* bevor der BGH in der *Arthrexforte*-Entscheidung (BGH GRUR 1981, 53 – Arthrexforte; s. Rn 102) zusätzlich prüfte, ob die Abwandlung eine bestimmungsgemäße und verkehrsübliche oder durch den praktischen Gebrauch gebotene Art der Benutzung sei (BGH GRUR 1981, 53, 54 – Arthrexforte), bietet auch für die *Rechtslage im MarkenG* Anschauungsmaterial für die Prüfung der Markenidentität, da es nach § 26 Abs. 3 S. 1 auf eine Rechtfertigung bestimmungsgemäßer und verkehrsüblicher oder praktisch gebotener Abwandlungen nicht mehr ankommt. Als *unerhebliche Abweichungen* in der Schreibweise oder der graphischen Gestaltung wurden beurteilt *amor teen* statt *Amor teen* (BPatGE 21, 128); *Curant* statt *Kurant*, nicht aber *Courant* statt *Kurant* (BPatG GRUR 1979, 709 – Kurant); *Sekuret* statt *Securit* (BPatG Mitt 1979, 117); bei der eingetragenen Markenform *Müller* die Wiedergabe des Umlauts *ü* mit einem *u* und einem darüber geschriebenen *e* als eine bloße, dem Zeitgeschmack entsprechende Modernisierung der Schreibweise *Müller* (BPatGE 19, 214); *Postafen* statt *Postafene*, da das Weglassen des unbetonten Endvokals *e* bei der IR-Marke französischen Ursprungs, um eine der deutschen Schreibweise entsprechende Klangform der Marke zu erreichen, als unerheblich anzusehen sei, weil die charakteristischen Klangmerkmale in dem Restwort *Postafen* erhalten blieben (BPatG GRUR 1977, 256 – Postafen); die zweizeilige Anordnung der beiden Wörter *Petersburger Schlittenfahrt* untereinander statt in einzeiliger Schreibweise (BPatGE 31, 31 – Petersburger Schlittenfahrt); die Benutzungsform *Togiren* für die eingetragene Marke *Togirén* (BPatG Mitt 1978, 134 – CODIREN/Togirén); die Benutzungsform *baelz automatic* in zweizeiliger Schreibweise und fettem Druck des Wortbestandteils *baelz*, der mit einem kreisumrandeten *R* versehen wurde, mit der eingetragenen Marke *baelz automatic* (BGH GRUR 1990, 364 – Baelz); die Benutzungsform *Römerturm AGENTO* in zweizeiliger Anordnung mit der eingetragenen Marke *Römerturm-Agento* (BPatG Mitt 1980, 114); die Benutzungsform *Procto-Kaban* in einer die beiden Wortbestandteile differenzierenden Schreibweise mit einem kreisumrandeten *R* für die eingetragene Marke *Procto-Kaban* in einer gleichen Schreibweise der beiden Wortbestandteile (BPatG Mitt 1992, 218).

**102** Als *nicht rechtserhaltende Markenabweichungen* in der Schreibweise oder graphischen Gestaltung wurden beurteilt die Benutzungsform *HIT-SERT* für die eingetragene Marke *Hitsert* (BPatG, Beschluß vom 23. Mai 1979, 23 W (pat) 290/77 – HIT-SERT; nach der Rechtslage im MarkenG wohl anders zu entscheiden; s. Rn 100); die Benutzungsform *Ja* für die eingetragene Marke *Ya* (BPatG, Beschluß vom 26. März 1982, 24 W (pat) 57/80 – Ya); die räumliche Umstellung und größenmäßige Hervorhebung der Herstellerangabe *Kraftfutter-Meyer* als Wortbestandteil der Mehrwortmarke *pro-fit Kraftfutter-Meyer*, wobei die graphische Gestaltung und die Hinzufügung von Gesellschaftsform und Adresse den Charakter einer eigenständigen Firmenmarke vermittelte (BPatGE 40, 1 – pro-fit).

**103** **bb) Aufspaltung von Wörtern.** Nach der *Arthrexforte*-Doktrin des BGH (BGH GRUR 1981, 53 – Arthrexforte) war bei der *Aufspaltung eines einheitlichen Wortes in mehrere Wörter* darauf abzustellen, ob es sich um eine *bestimmungsgemäße* und *verkehrsübliche* oder *praktisch gebotene Abwandlung* der eingetragenen Markenform handelt. Da in der Praxis zumeist eine derart gerechtfertigte Abwandlung nicht vorlag, war die Markenabweichung nicht als rechtserhaltende Benutzung zu beurteilen. Da es nach der Rechtslage im MarkenG auf eine solche Rechtfertigung nicht mehr ankommt, ist allein darauf abzustellen, ob nach der Markenaufspaltung die erhebliche Abweichung noch als ein und dieselbe Marke zu beurteilen ist und damit im Identitätsbereich der eingetragenen Markenform liegt. Die Benutzung der als ein einheitliches Wort eingetragenen Marke *Arthrexforte*, aufgespalten in zwei

Wörter in der Form *ARTHREX FORTE* in zweizeiliger Anordnung, wurde nicht als rechtserhaltende Benutzung beurteilt, weil sich die Schwierigkeiten aus der Wortlänge bei einem in Tubenform angebotenen Arzneimittel durch die nicht unübliche Längsbeschriftung oder durch die Wahl schmalerer Buchstaben hätte ausräumen lassen (BGH GRUR 1981, 53 – Arthrexforte; aA aufgrund eines Vergleichs der Schutzbereiche *Kraft*, GRUR Int 1983, 531, 536). Die Entscheidung macht anschaulich, wie die *Arthrexforte*-Doktrin einen zu weitgehenden Eingriff in die graphische Praxis des Markendesigns darstellt. Der Sachverhalt ist nach § 26 Abs. 3 S. 1 als eine rechterhaltende Benutzung zu beurteilen (so auch *Giefers*, FS für Vieregge, S. 266, 283). Das Berufungsgericht war richtig davon ausgegangen, daß der Verkehr Eintragungsform und Benutzungsform der Marke als ein und dasselbe Zeichen ansehe, da beide Markenformen in der Buchstabenfolge identisch seien, wobei die Verwendung von Großbuchstaben auf der Packung als lediglich modische Abwandlung erkannt werde, die die Identität nicht in Frage stelle; durch die Anordnung in zwei untereinander stehende Zeilen werde die Identität nicht berührt, weil der Verkehr durch die gleiche Schriftart wie große Buchstaben, gleiche Schriftgröße und gleiche Druckstärke auf die Gleichberechtigung beider Zeilen so hingewiesen werde, daß er keinen Anlaß zu einer Aufspaltung dergestalt sehe, daß das Wort *ARTHREX* die Marke und das Wort *FORTE* nur die Darreichungsform darstelle. Diese Beurteilung im Verkehr werde besonders dadurch gefördert, daß das umrandete *R*, dessen Bedeutung dem Verkehr bekannt sei, am Ende der Bezeichnung stehe, weshalb der Verkehr auch nicht zu dem Schluß kommen werde, daß Wort *FORTE* werde beschreibend verwendet. Auch das Fehlen eines Bindestrichs zwischen den Wortteilen stehe einer solchen Beurteilung nicht entgegen, weil ein Bindestrich bei moderner Schreibweise oft weggelassen werde. Schließlich berücksichtigte das Berufungsgericht, daß die schmale Packung eine werbemäßig notwendige, schlagwortartige, große Herausstellung des langen Zeichenwortes ersichtlich nicht zulasse, so daß auch dadurch der Gedanke eines aufgeteilten einheitlichen Wortes nahegelegt werde. Diese Beurteilungsgrundsätze können auf die Rechtslage im MarkenG übertragen werden.

**104** In einem Zeitpunkt vor der *Arthrexforte*-Entscheidung des BGH beurteilte das BPatG die für ein Sauermilch-Fruchtgetränk eingetragene Marke *Biomix*, die in die beiden Wörter *Bio Mix* aufgespalten und verwendet wurde, nicht als rechtserhaltende Benutzung (BPatG GRUR 1979, 712 – Biomix). Die Fallkonstellation liegt auch nach der Rechtslage im MarkenG auf der Grenze, da nach der Aufspaltung der einheitlichen Marke *Biomix* der deskriptive Charakter der beiden Wörter *Bio* und *Mix* deutlicher hervortritt als in der einheitlichen Bezeichnung *Biomix*. Nach der *Arthrexforte*-Entscheidung beurteilte das BPatG die für Obst- und Gemüsekonserven eingetragene Marke *ISKA*, die in Form zweier getrennter, versetzt angeordneter und farblich ausgestalteter Silben *is* und *ka* graphisch gestaltet und verwendet wurde, als nicht rechtserhaltend benutzt (BPatGE 23, 192 – ISKA). Nach § 26 Abs. 3 S. 1 wird von einer rechterhaltenden Benutzung auszugehen sein, da Folge der graphischen Gestaltung der Marke keine eigentliche Aufspaltung eines einheitlichen Wortes in zwei selbständige Wörter ist, zumal die einzelnen *is* und *ka* keinen eigenen Sinngehalt aufweisen (so im Ergebnis auch *Giefers*, FS für Vieregge, S. 266, 283, 284).

**105** **cc) Weglassen von Zeichenbestandteilen.** Das *Weglassen eines Zeichenbestandteils* stellt dann eine unerhebliche Abwandlung der eingetragenen Form der Marke dar, wenn der Zeichenbestandteil im Verkehr zur Beurteilung der Markenidentität als unwesentlich angesehen wird. Unerhebliche Abwandlungen stellt namentlich das Weglassen von solchen *Bildbestandteilen* dar, die aus einfachem und üblichem Design bestehen und denen ausschließlich ein ornamentaler Charakter zukommt. Das Weglassen eines *Wortbestandteils,* das regelmäßig keine unerhebliche Markenabwandlung darstellt, verändert aber die Identität der Marke im Verkehr dann nicht, wenn dem Wortbestandteil keine kennzeichnende Funktion zukommt (so zu § 26 Abs. 3 auch BGH GRUR 1997, 744, 746 – ECCO I), oder die Unterscheidungskraft der Marke nur geringfügig beeinflußt wird (ähnlich schon *Baumbach/Hefermehl*, § 5 WZG, Rn 29). Das ist namentlich bei rein beschreibenden oder aus sonstigen Gründen schutzunfähigen Wortbestandteilen einer Marke der Fall. Das Weglassen des Wortbestandteils *MILANO* bei der Wortbildmarke *ECCO MILANO* wurde als unerhebliche Markenabweichung beurteilt, da zum einen der Verkehr dem Wortbestandteil *MILANO* aufgrund der besonderen graphischen Ausgestaltung und der untergeordneten Zuordnung zu dem Wortbestandteil *ECCO* nach der Lebenserfahrung nur eine geringe Bedeutung für den kennzeichnenden Charakter der zusammengesetzten Marke beimesse, und zum anderen es sich bei dem Wortbestandteil *MILANO* um eine dem allgemeinen Verkehr verständliche, auf die Stadt Mailand hinweisende geographische Angabe handele, dem Wortbestandteil *MILANO* somit nur ein beschreibender Inhalt zukomme (BGH GRUR 1997, 744, 746 – ECCO I; zu unwesentlichen Abweichungen bei Herkunfts- oder Beschaffenheitsangaben s. BPatGE 38, 62 – Apfelbauer). Man wird den Identitätsbereich einer rechtserhaltend benutzten Marke allerdings nicht so weit ziehen können wie den Identitätsbereich bei einer Markenkollision nach § 14 Abs. 2 Nr. 1, die eine Rechtsverletzung auch dann darstellt, wenn die kollidierende Marke aus einem schutzfähigen Zeichenbestandteil der geschützten Marke besteht und der Dritte den identischen Zeichenbestandteil in Alleinstellung als Marke benutzt (s. § 14, Rn 76). Die eingetragene Marke *Rocky Limonaden*, die unter Weglassen der Produktbezeichnung *Limonaden* in der Benutzungsform *ROCKY* und als *ROCKY Mineralbrunnen-Limonade* verwendet wurde, stellt eine rechtserhaltende Benutzung dar (unter Betonung des Vertrauensschutzes der vor Einführung des Benutzungszwangs eingetragenen Marke BPatGE 25, 45 – Rocky).

Die Benutzung des Wortbestandteils einer *Wortbildmarke* kann nur dann als rechtserhaltend beurteilt werden, wenn dem weggelassenen Bildbestandteil für den Gesamteindruck der Kombinationsmarke nur eine untergeordnete Bedeutung zukommt. Als nicht identisch zu beurteilen waren die Wortmarken *Bouchet* oder *Jules Bouchet* mit der Wortbildmarke, die neben dem Wortbestandteil *Jules Bouchet* als Inschrift eine *Mohrensilhouette* als Bildbestandteil enthielt (so *Heydt*, Anm. zu BGH GRUR 1975, 434 – H. BOUCHET). Die Benutzung des Wortbestandteils *KIM* einer Wortbildmarke, die aus dem Wortbestandteil *KIM* sowie dem Bildbestandteil eines *Mohren* bestand, wurde als eine Benutzung der Kombinationsmarke angesehen, da sich der Verkehr bei der für Zigaretten eingetragenen Wortbildmarke nahezu ausschließlich am Wortbestandteil *KIM* orientiere, zumal es sich bei der Wortbildmarke um eine vor Einführung des Benutzungszwangs eingetragene Marke handelte, die unter dem Gesichtspunkt des Vertrauensschutzes eine großzügigere Beurteilung als geboten erscheinen ließ (BGH GRUR 1975, 135, 137 – KIM-Mohr). Das Weglassen eines nicht nur ornamentalen Bildbestandteils einer Wortbildmarke wird aber zumeist den kennzeichnenden Charakter der Kombinationsmarke berühren (*Fezer*, BB 1975, 436; *Schulze zur Wiesche*, GRUR 1975, 138). Die benutzte Marke *Kräuter azid + Renegal* wurde als nicht identisch mit der für Haarpflegemittel eingetragenen Kombinationsmarke angesehen, die neben den dominierenden Bildbestandteilen einer *gelockten Haarsträhne und Schlange, die sich umwinden*, sowie neben der Firma und der Hausmarke den Wortbestandteil *Renegal* enthielt, weil der Wortbestandteil *Renegal* und der Bildbestandteil in völlig anderer Weise als in der eingetragenen Marke aufeinander bezogen bzw voneinander abgesetzt und jeweils mit dem in der eingetragenen Marke nicht enthaltenen Wortbestandteil *Kräuter azid* kombiniert waren, so daß der bildliche Gesamteindruck der benutzten und der eingetragenen Marke keine Ähnlichkeiten aufwiesen (BPatG Mitt 1978, 114). Die Benutzung des Wortbestandteils *Rubia Teep* der aus diesem Wortbestandteil und einem Bild bestehenden Wortbildmarke wurde als rechtserhaltend beurteilt (BPatG Mitt 1976, 217).

Da sich der Schutzbereich der Marke nach der eingetragenen Form der Marke bestimmt, ist Folge der Annahme einer rechtserhaltenden Benutzung bei Fallkonstellationen des Weglassens eines Zeichenbestandteils, daß sich der Schutzbereich der eingetragenen Marke auch auf den nicht benutzten Zeichenbestandteil erstreckt. Nach den besonderen Umständen des konkreten Einzelfalles kann eine *Berufung auf den weitergehenden Schutzbereich* der eingetragenen Form als *Rechtsmißbrauch* nach § 242 BGB zu beurteilen sein (BGH GRUR 1975, 135, 137 – KIM-Mohr).

**dd) Hinzufügen von Zeichenbestandteilen.** Das *Hinzufügen eines Zeichenbestandteils* zu der eingetragenen Markenform stellt die in der Praxis häufigste Art von Markenabweichungen dar. Die unter Hinzufügen eines Zeichenbestandteils benutzte Marke stellt dann eine rechtserhaltende Benutzung der eingetragenen Marke dar, wenn die Eintragungsform den Gesamteindruck der Benutzungsform der zusammengesetzten Marke oder Kombinationsmarke nach wie vor maßgeblich bestimmt und damit den kennzeichnenden Charakter der Marke nicht verändert. Das ist jedenfalls dann der Fall, wenn der hinzugefügte Zeichenbestandteil die Identifizierungsfunktion der Marke nicht wesentlich beeinflußt (zur Beifügung einer für die betriebliche Herkunftsfunktion bedeutungslosen, austauschbaren Zutat

BGH GRUR 1979, 856, 858 – Flexiole). In der Rechtsprechung des BPatG wird davon ausgegangen, daß das Hinzufügen eines Zeichenbestandteils den kennzeichnenden Charakter einer Marke *meist weniger beeinflußt* als eine Abänderung der Marke selbst (BPatG Jahresbericht 1997, S. 100). Die Benutzung der Marke *Silva Long* wurde als rechtserhaltend der für Tabakerzeugnisse eingetragenen Marke *Silva* beurteilt, da der Bestandteil *Long* als Hinweis auf die Länge der Zigarette für den Verkehr erkennbar nur beschreibenden Charakter habe (BGH GRUR 1978, 642, 643 – SILVA). Als rechtserhaltend benutzt beurteilt wurde die für Spielwaren eingetragene Marke *Issy*, der für weichgestopfte Spieltiere die produktbezogene Angabe *Cosy* hinzugefügt und *Cosy Issy* als Marke benutzt wurde, weil der markenrechtliche Schwerpunkt bei der benutzten Markenform auf dem Zeichenbestandteil *Issy* liege (BPatGE 19, 175 – Cosy Issy). Gleiches gilt für die Benutzung einer für Schaumweine französischer Herkunft eingetragenen Marke *Louvre* in der Form, daß im Bauchetikett der Flaschen unter dem stark herausgestellten Wort *LOUVRE* in kleinerer Schrift und anderer Schriftgestaltung die Worte *DE PARIS* hinzugefügt wurden, während im Halsetikett das Wort *Louvre* ohne diesen Zusatz erschien, weil die zusätzlichen Wörter *de Paris* keinen den Gesamteindruck wesentlich mitprägenden Zeichenbestandteil einer einheitlichen, aus drei Wörtern bestehenden Marke darstellten (BPatGE 25, 160 – Louvre/LOUVRE DE PARIS). Die Benutzung der Wortmarke *LORD* mit dem Zusatz der Abbildung eines Männerkopfes als Bildbestandteil wurde als rechtserhaltend beurteilt (BPatGE 37, 53 – LORDS). Das Hinzufügen der zeichnerischen Illustration einer Kornkammer als Bildbestandteil zu der Wortmarke *Kornkammer* wurde als unwesentliche Abweichung beurteilt (BPatG BlPMZ 1998, 318 – Kornkammer). Wenn Adelsbezeichnungen wie *Graf, Fürst, König* und *Kaiser* mit einem Personennamen verbunden werden, dann entsteht regelmäßig eine einheitliche Personenbezeichnung. Die Verwendung der als ein einheitlicher Name wirkenden Personenbezeichnung *Princesse D'ALBRET* wurde nicht als eine rechtserhaltende Benutzung der eingetragenen Marke *Prinzess* beurteilt (BPatG GRUR 1979, 711 – Princesse D'ALBRET).

**109** Das Hinzufügen eines *deskriptiven* Zeichenbestandteils wird in der Regel nicht den kennzeichnenden Charakter der Marke verändern. Wenn eine Marke in einer gegenüber der Eintragung unveränderten Form, aber zusammen mit einem nicht eingetragenen Zusatz verwendet wird, dann kommt es für die Frage der rechtserhaltenden Benutzung nach der Rechtsprechung des BGH zum WZG darauf an, ob der Verkehr den der Marke beigefügten Zusatz *als zeichenmäßig bedeutungslose, austauschbare Zutat* ansieht, den betrieblichen Herkunftshinweis also ausschließlich der mitbenutzten eingetragenen Marke entnimmt, oder, umgekehrt, den Zusatz *als einen den Gesamteindruck der Marke wesentlich mitprägenden Zeichenbestandteil* ansieht (BGH GRUR 1985, 46, 47 – IDEE-Kaffee; s. schon BGH GRUR 1978, 642, 643 – SILVA; 1979, 856, 858 – Flexiole). Wenn ein glatt warenbeschreibender Begriff als Zusatz zu einer Marke verwendet wird, dann liegt es in der Regel fern, daß er vom Verkehr als mitprägender Bestandteil der Marke angesehen wird. Die Benutzung der Marke *Idee-Kaffee* wurde als rechtserhaltende Benutzung der Marke *Idee* beurteilt, da der Verkehr eine glatte beschreibende Angabe der Ware nicht als Bestandteil des Herkunftszeichens auffasse, was insbesondere dann gelte, wenn die eingetragene Marke selbst als Phantasiebezeichnung wie etwa ein Begriff der Umgangssprache keinen Hinweis auf das unter der Marke vertriebene Produkt enthalte, weil in solchen Fällen der Verkehr regelmäßig auf einen Sachhinweis angewiesen sei, ihn erwarte und diesen deshalb in der Regel nicht als Teil der betrieblichen Herkunftsbezeichnung, sondern als Information über die Warenart betrachte (BGH GRUR 1985, 46, 47 – IDEE-Kaffee).

**110** Als *rechtserhaltende Benutzungsformen* wurden beurteilt *topfitz comp.* mit einem kreisumrundeten *R* hinter dem Zeichenbestandteil *topfitz* für die eingetragene Marke *topfitz* (BGH GRUR 1985, 926 – topfitz/topfit); die zweizeilige Benutzungsform *Ekna-Nasensalbe EKNALIN* für die eingetragene Marke *EKNALIN*, weil die Marke *EKNALIN* gegenüber der Präparatsbezeichnung *Ekna-Nasensalbe* als die eigentliche, spezielle Kennzeichnung des Präparats im Verkehr erkennbar sei (BPatG Mitt 1976, 215); die Benutzungsform einer Wortbildmarke, die aus der eingetragenen Wortmarke *Schmidt-Zigarre* als Wortbestandteil sowie einer *siegelförmigen Umrandung* mit dem Buchstaben *S* in der Mitte als Bildbestandteil bestand, weil die eingetragene Markenform *Schmidt-Zigarre* im Rahmen der Kombinationsmarke noch als betriebskennzeichnendes Zeichenelement in Erscheinung trete und dem Verkehr zur Benennung der betreffenden Waren diene (BPatG GRUR 1980, 56 –

Schmidt-Zigarre/SCHMIDT'S CORONA); nach der Rechtslage im MarkenG die Verwendung der Wortmarke *aliseo* als Wort-Bildmarke unter Hinzufügung einer Figur oberhalb des Schriftzugs *aliseo*, da die *Hinzufügung des Bildbestandteils* eine bloße Zutat darstelle, die den kennzeichnenden Charakter der Wortmarke nicht verändere (s. OLG München Mitt 1997, 30 – aliseo); die Benutzungsform *Photo Porst* für die eingetragene Marke *Der Photo Porst* (BPatGE 27, 241 – fotoperpost/Der Photo Porst). Die namentlich in der *IDEE-Kaffee*-Entscheidung zu Produktmarken aufgestellten Grundsätze zu den Anforderungen an eine rechtserhaltende Benutzung wurden vom BGH auf *Dienstleistungsmarken im Hotel- und Gaststättenbereich* übertragen. Wenn ein lediglich die Art der Dienstleistung beschreibender Zusatz wie *Parkhotel* mit einer eingetragenen Dienstleistungsmarke verbunden werde, die selbst keinen entsprechenden Hinweis enthalte, dann müsse in dieser Kombinationsmarke nicht ohne weiteres eine für die Anerkennung der Benutzung der eingetragenen Marke nicht ausreichende, neue selbständige Kennzeichnung gesehen werden. Die Benutzungsform *Parkhotel Landenberg* wurde als rechtserhaltend für die eingetragene Marke *Landenberg* beurteilt, weil die eingetragene Marke *Landenberg* selbst keinen ohne weiteres ersichtlichen Sachhinweis enthalte und der Verkehr regelmäßig auf eine schlichte Unterrichtung angewiesen sei, diese erwarte und so in dem beschreibenden Zusatz die Information über die Dienstleistungsart verstehe und diesen Zeichenbestandteil deshalb nicht als Teil der betrieblichen Herkunftsbezeichnung erachte (BGH GRUR 1992, 392, 394 – Parkhotel Landenberg).

Auf dem Gebiet der pharmazeutischen Industrie wird der eingetragenen *Arzneimittelmarke* häufig ein Hinweis auf die Indikation und Beschaffenheit des Arzneimittels hinzugefügt. Wegen dieser produktspezifischen und verbraucherinformierenden Erfordernisse wurden an die Anforderungen einer rechtserhaltenden Benutzung bei Abweichungen von Arzneimittelmarken zum Teil eine großzügigere Beurteilung angelegt. Die beiden Benutzungsformen *Corti-Flexiole* und *Rhino-Flexiole* wurden als rechtserhaltend für die eingetragene Arzneimittelmarke *Flexiole* beurteilt, weil sich der Verkehr für die betriebliche Herkunft der Arzneimittel allein nach den sprachregelwidrig gebildeten Kunstwörtern und nicht nach dem lediglich die Indikation beschreibenden Angaben *Corti* und *Rhino* richte (BGH GRUR 1979, 856, 858 – Flexiole). Die Hinzufügung von glatt beschreibenden Zusätzen, wie die Darreichungsformen *Salbe* oder *Gel*, sind auch nach der Rechtslage im MarkenG für die rechtserhaltende Benutzung einer Arzneimittelmarke unschädlich (BPatG Mitt 1998, 75, 76 – HEMERAN).

Eine rechtserhaltende Benutzung liegt dann nicht vor, wenn der Zusatz gegenüber der eingetragenen Form der Marke einen *selbständigen Identifikationshinweis* enthält, weil eine solche Abweichung der Markenform den kennzeichnenden Charakter der Marke verändert. Als *nicht rechtserhaltende Benutzung* wurden beurteilt die Benutzungsform einer Wortbildmarke, die aus dem Bildbestandteil einer *roten Kreisfläche mit schwarzer Inschrift* und den Zeichenbestandteilen *Die Rote-Punkt-Garantie* oder *Der rote GARANTIE Punkt* bestand, für die für Schirme eingetragene Wortbildmarke, die aus dem Bildbestandteil einer *roten Kreisfläche mit schwarzer Inschrift* und dem Wortbestandteil *Der rote Punkt* bestand (BGH GRUR 1982, 51 – Rote-Punkt-Garantie); die Benutzungsform *Ski-Delial* für die für Kosmetika und Parfümerien eingetragene Marke *Ski*, weil der Zusatz *Delial*, der selbständig als Marke eingetragen war, sich im Verkehr für die in Betracht kommenden Produkte so stark durchgesetzt habe, daß die mitbenutzte Marke *Ski* lediglich als ein Hinweis auf die Zweckbestimmung der Produkte erscheine, so daß unter solchen Umständen ausgeschlossen werden könne, daß der Verkehr den Zeichenbestandteil *Delial* als eine zeichenmäßig bedeutungslose Zutat zur Marke *Ski* ansehe (BGH GRUR 1984, 813, 815 – Ski-Delial); die Benutzungsform einer Wortbildmarke, die aus dem Bildbestandteil einer *Windmühle* und mehreren Wortbestandteilen wie *Rügenwalder Teewurst* und *Echt mit der Mühle* besteht, für die eingetragene Bildmarke einer mit dem Bildbestandteil der Benutzungsform identischen Mühle, weil die Benutzungsform der Marke ihrerseits eine jedenfalls nicht unbeachtliche Eignung aufweise, vom Verkehr als eigenständige, in der typischen Form einer Wortbildmarke auftretenden Herkunftskennzeichnung angesehen zu werden (BGH GRUR 1984, 872, 873 – Wurstmühle); die Benutzungsform einer Wortbildmarke, die im wesentlichen aus dem Bildbestandteil eines *Reiters mit einem Lasso* und dem Wortbestandteil *Lasso* in rechteckiger Umrandung besteht, für die für Zigaretten eingetragene und mit dem Bildbestandteil der benutzten Markenform identischen Bildmarke eines *Reiters mit einem Lasso*, weil es sich bei der benutzten und eingetragenen Marke nicht um ein und dasselbe Zeichen handele, weil der Verkehr den Hinweis auf die betriebliche Herkunft sowohl im eingetragenen Zeichen wie in der tatsächlichen Verwendungsform nicht demselben Zeichenelement entnehme, weil es nicht genüge, daß die eingetragene Marke lediglich mitverwendet werde (BGH GRUR 1986, 892, 893 – Gaucho); die Benutzungsform der Darstellung eines *stilisierten Löwen* für Werkzeuge, einer gegenüber der eingetragenen Markenform kraftvolleren bildlichen Darstellung, die den Ausdruck des Löwen verstärkte und durch die Wortbestandteile *M.A.N. INTERNATIONAL GROUP* oder *MAN WEST GERMANY* ergänzt wurde (OLG Düsseldorf GRUR 1990, 197 – Löwenzeichen); die Benutzungsform der zweizeilig gesetzten Wortmarke *PENA SOL* für die für chemische Erzeugnisse für Heilzwecke und Gesundheitspflege eingetragene Wortmarke *Pena*, da insbesondere wegen der Verwendung gleicher Schrifttypen, gleicher Buchstabengröße und gleicher Strichstärke für die beiden Wörter *PENA* und *SOL* der als Zusatz verwendete Zeichenbestandteil *SOL* als zur eigentlichen Marke gehörig wirke, trotz der zweizeiligen Schreibweise bei sehr knappem Zeilenabstand ein geschlossener Gesamteindruck entstehe und so auch bei näherer Betrachtung kein Anlaß bestehe, allein in dem Wortbestandteil *PENA* die Produktkennzeichnung zu sehen, zumal der Wortbestandteil *SOL* kein üblicher Ausdruck für Sonnenschutzmittel sei (BGH GRUR 1988, 380, 381 – PENA SOL); die Benutzungsform der Mehrwortmarke *Mon Cheri* für die eingetragene Wortmarke *Cheri*, weil der Zeichenbestandteil *Cheri* der tatsächlichen Benutzungsform im Verkehr nur als ein unselbständiger Zeichenbestandteil der Mehrwortmarke ohne eigene Herkunftshinweisfunktion erscheine (BGH GRUR 1972, 180 – Cheri; s. dazu näher *Fezer*, Der Benutzungszwang im Markenrecht, S. 125 f.).

**113** **ee) Austausch von Zeichenbestandteilen.** Die benutzte Form der Marke kann sich von der eingetragenen Form der Marke dadurch unterscheiden, daß ein Zeichenbestandteil weggelassen und zugleich ein Zeichenbestandteil hinzugefügt wird (*Austausch von Zeichenbestandteilen*). Die Markenabweichung verändert den kennzeichnenden Charakter der Marke dann, wenn die Markenabweichung einen selbständigen Identifikationshinweis enthält und die abweichende Markenform gegenüber der eingetragenen Markenform ein eigenständiges Unterscheidungszeichen darstellt. Eine rechtserhaltende Benutzung der aufgrund von Verkehrsdurchsetzung eingetragenen Marke *audio 1* durch die Benutzung von *audio 250* sowie *audio 300* für Geräte zum Rundfunkempfang und zur Schallplattenwiedergabe wurde verneint, weil es sich bei der Mehrwortmarke *audio 1* um einen Fachausdruck handele, der allgemein als Hinweis auf Geräte mit hochwertigen Tonfrequenzübertragungen diene, und daher der Zeichenbestandteil der Zahl *1* vom Verkehr nicht als eine markenrechtlich bedeutungslose, austauschbare Zutat, insbesondere nicht als eine Typenbezeichnung, sondern als ein den Gesamteindruck der Marke wesentlich mitprägender Zeichenbestandteil gewertet werde (BGH GRUR 1979, 468 – audio 1). Anders kann zu entscheiden geboten sein, wenn im Verkehr die Entwicklung der Marke zu einer Serienmarke erkennbar wird.

**114** **ff) Formübergreifende Markenabweichungen.** Eine Marke kann grundsätzlich nur in der eingetragenen Form rechtserhaltend benutzt werden. Der Benutzung der eingetragenen Form sind solche Markenabweichungen nach § 26 Abs. 3 S. 1 gleichgestellt, die den kennzeichnenden Charakter der Marke nicht verändern. Das MarkenG regelt nicht ausdrücklich, ob und inwieweit nicht nur eine Abweichung von der konkret eingetragenen Form der Marke, sondern die *Wiedergabe der eingetragenen Form der Marke in einer anderen Markenform* eine rechtserhaltende Benutzung darstellt. Schon nach der Rechtslage im WZG war davon auszugehen, daß eine Wortmarke, die durch eine Bildmarke dargestellt wird, oder eine Bildmarke, die durch eine Wortmarke beschrieben wird, nicht rechtserhaltend benutzt wird (*Fezer*, Der Benutzungszwang im Markenrecht, S. 131). Die Vielfalt der zulässigen Markenformen im MarkenG wird solche Fallkonstellationen formübergreifender Markenabweichungen vermehren. Die Wiedergabe einer Wortmarke wie *Krone, Fünfstern, Napoléon* oder *Max und Moritz* durch eine entsprechende Bildmarke, die Wiedergabe einer Buchstabenmarke durch eine Zahlenmarke wie *elf* durch *11*, die Wiedergabe einer Farbmarke durch eine beschreibende Wortmarke wie *Rosa Panther* oder einer Hörmarke durch eine Wortmarke, wie in allen Fallkonstellationen umgekehrt, stellen nur einige der vielzählig denkbaren Beispiele dar. Schon der Wortlaut des § 26 Abs. 3 S. 1 spricht eher dafür, als eine Abweichung von der eingetragenen Form der Marke nicht auch eine andere Form der Marke zu verstehen. Eine *formübergreifende* Wiedergabe einer eingetragenen Marke stellt grundsätzlich *keine rechtserhaltende Benutzung* im Sinne des § 26 Abs. 3 S. 1 dar (so auch *Giefers*, FS für Vieregge, S. 267, 268). Die Benutzung einer *bildlichen Herzdarstellung* stellt keine rechtserhaltende Benutzung für die eingetragene Wortmarke HERZ-KAFFEE dar (BGH GRUR 1979, 244 – Herzkaffee). Im Hinblick auf den kennzeichnenden Charakter einer Marke besteht allerdings zwischen den verschiedenen Markenformen eine unterschiedliche markenmäßige Distanz. Es erscheint deshalb nicht ausgeschlossen, daß eine formübergreifende Wiedergabe etwa zwischen zweidimensionalen und dreidimensionalen Markenformen unter bestimmten Umständen als rechtserhaltend zu beurteilen ist. Die Wortbildmarke mit dem Wortbestandteil *Wunderbaum* und dem Bildbestandteil eines Tannenbaumes wurde als rechtserhaltend benutzt beurteilt, obgleich der Bildbestandteil als *Form eines Lufterfrischers* verwendet wurde, dem der Wortbestandteil *Wunderbaum* aufgedruckt war (BGH GRUR 1998, 934, 936 – Wunderbaum).

**gg) Serienmarken.** Auch bei *Serienmarken* (zum Begriff s. § 3, Rn 28) ist von dem Grundsatz auszugehen, daß die Benutzung einer eingetragenen Serienmarke nicht auch eine rechtserhaltende Benutzung einer anderen eingetragenen Serienmarke darstellt. Etwas anderes kann nur dann gelten, wenn der Stammbestandteil der Serienmarke als Identifikationshinweis die Marke als produktidentifizierendes Unterscheidungszeichen derart beherrscht, daß die übrigen Zeichenbestandteile den Gesamteindruck der Marke nicht wesentlich beeinflussen und keinen selbständigen Identifikationshinweis bilden (*Fezer*, Der Benutzungszwang im Markenrecht, S. 131; s. dazu auch BGH GRUR 1978, 468 – audio 1; Rn 113).

**hh) Farbmarken.** Die farbige Benutzungsform einer schwarzweiß eingetragenen Marke stellt grundsätzlich eine rechtserhaltende Benutzung dar. Etwas anderes gilt nur dann, wenn der Gesamteindruck der Marke und deren kennzeichenmäßige Wirkung aufgrund der farbigen Wiedergabe der Marke verändert wird. Bei *Farbmarken* (zur Markenfähigkeit und Eintragungsfähigkeit von Farbmarken s. im einzelnen §§ 3, Rn 265 ff.; 8, Rn 89 ff.) kann zwar die Wiedergabe der Farbe oder Farbkombination in einer anderen Farbnuance die kennzeichnende Wirkung des Gesamteindrucks der Marke und damit deren kennzeichnenden Charakter bestimmen, doch können Gründe der Reproduktionstechnik Farbabweichungen bedingen, die einen Verlust des Markenrechts nicht rechtfertigen (so auch *Giefers*, FS für Vieregge, S. 267, 285; einschränkend *Völker/Semmler*, GRUR 1998, 93, 100).

Wenn der Markenschutz aufgrund eines Eintragungsvermerks auf eine bestimmte Farbe oder Farbkombination beschränkt wird, dann wird die Marke rechtserhaltend allein in dieser konkreten Farbgestaltung benutzt.

**ii) Hörmarken.** Der kennzeichnende Charakter einer *Hörmarke* ist unter Einbeziehung des bei der Anmeldung der Marke einzureichenden Tonträgers zur klanglichen Wiedergabe der Marke zu bestimmen. Zur Feststellung rechtserhaltender Markenabweichungen wie etwa in der Tonart oder dem musikalischen Arrangement ist eine großzügige Handhabung sachgerecht (so auch *Giefers*, FS für Vieregge, S. 267, 285).

**jj) Sammelmarken.** Bei einer *Sammelmarke* (zum Begriff s. § 3, Rn 43 ff.) stellt die Benutzung eines Markenbestandteils nicht allein schon wegen der bei der Anmeldung der Marke abgegebenen Sammelverwendungserklärung (Zeicheneinheitserklärung) eine rechtserhaltende Benutzung der eingetragenen Sammelmarke dar (*Baumbach/Hefermehl*, § 5 WZG, Rn 52; *Schwanhäusser*, WRP 1969, 178, 179).

**b) Eingetragene Markenabweichungen (§ 26 Abs. 3 S. 2).** Markenabweichungen, die den kennzeichnenden Charakter der Marke im Sinne des § 26 Abs. 3 S. 1 nicht verändern, gelten nach § 26 Abs. 3 S. 2 auch dann als eine rechtserhaltende Benutzung, wenn die Marke in der Form, in der sie benutzt wird, ebenfalls eingetragen ist. Die Benutzung einer Marke wirkt rechtserhaltend zugleich für alle Marken, die im Anwendungsbereich der Markenabweichungen liegen, die den kennzeichnenden Charakter der Marke nicht verändern, selbst dann, wenn die Marke in der abgewandelten Form, die benutzt wird, ebenfalls eingetragen ist. Die Regelung des § 26 Abs. 3 S. 2 hat an sich nur eine klarstellende Funktion, da die Benutzung einer Marke im Verkehr nicht im Hinblick auf eine bestimmte Eintragung der Marke erfolgt, die rechtserhaltende Benutzung vielmehr für jede eingetragene Marke festzustellen ist und rechtliche Wirkung zeitigt (so schon zur Rechtslage im WZG *Fezer*, Der Benutzungszwang im Markenrecht, S. 127). Nach der gegenteiligen Auffassung stünde zudem ein Markeninhaber, der eine mit der Benutzungsform der Marke identische Marke hat eintragen lassen, schlechter, als ein Markeninhaber, dessen Marke nicht in identischer Form, sondern nur in verschiedenen Markenabweichungen eingetragen ist. § 26 Abs. 3 S. 2 ist dann nicht anzuwenden, wenn es sich bei der eingetragenen Markenabweichung um eine Defensivmarke handelt. Defensivmarken (zum Begriff s. § 3, Rn 23), die nicht zur Benutzung als Marke bestimmt sind, sind gesetzwidrig und eintragungsunfähig.

**121** Der Vorschrift kommt in der Markenrechtspraxis erhebliche Bedeutung zu, da Markeninhaber regelmäßig neben der identisch benutzten Markenform mehrere abgewandelte Benutzungsformen in das Register eintragen lassen. Dies ist zumeist aus Gründen des Markenmarketings sowie der Entwicklung künftiger Werbestrategien wirtschaftlich geboten. Die strenge Rechtsprechung des BGH zur Berücksichtigung abgewandelter Benutzungsformen als rechtserhaltend nach der Rechtslage im WZG verstärkte zudem die Tendenz zur Eintragung einer Vielzahl von Markenabwandlungen, um eine Aufrechterhaltung des Markenschutzes aufgrund der abgewandelten Benutzungsform sicherzustellen. Eine großzügigere Berücksichtigung von Markenabweichungen als rechtserhaltend im Sinne des § 26 Abs. 3 S. 1 wird dieser Tendenz mehrfacher Markeneintragungen entgegenwirken und so möglicherweise eine Entlastung des Registers bewirken (s. auch Begründung zum MarkenG, BT-Drucks. 12/6581 vom 14. Januar 1994, S. 83). Die Vorschrift des § 26 Abs. 3 S. 2, der an sich nur eine klarstellende Bedeutung zukommt, war erforderlich geworden, da BPatG und BGH die Benutzungsform im Falle der Eintragung der identischen Form der Marke nur dieser und nicht auch eingetragenen Markenabweichungen zurechnen. Dieser schon nach der Rechtslage im WZG abzulehnenden Rechtsauffassung wird durch § 26 Abs. 3 S. 2 der Boden entzogen. Die Benutzung der Marke *Hertie* in einer bestimmten Schreibweise und graphischen Gestaltung wirkt rechtserhaltend sowohl für die identische Form der eingetragenen Marke als auch für eine abweichende Form der eingetragenen Marke (anders zum WZG BPatG Mitt 1983, 36). Die Benutzung der Marke *COMBUR-TEST* wirkt rechtserhaltend sowohl für die identische Eintragung (mit Bindestrich) als auch für die Eintragung der Marke *COMBURTEST* (anders zum WZG BGH GRUR 1986, 315 – COMBURTEST).

### 6. Entscheidungspraxis zum MarkenG

**122a** **a) Grundsatz**. Nach der Rechtsprechung des BPatG verändern solche Abweichungen den kennzeichnenden Charakter einer Marke nicht, die *von den Verkehrskreisen*, denen die eingetragene Form der Marke bekannt ist, *nicht als eine Abweichung aufgefaßt* werden, sie vielmehr die Eintragungsform und die Benutzungsform *als dieselbe Marke ansehen* (BPatGE 35, 30 – Manhattan). Nach einer Formulierung des BGH sind Markenabweichungen dann unerheblich und stehen der Annahme einer rechtserhaltenden Benutzung nicht entgegen, wenn sie *angesichts ihrer Geringfügigkeit für das Verkehrsverständnis letztlich ohne Bedeutung* sind und mithin den kennzeichnenden Charakter der Marke nicht verändern (BGH GRUR 1997, 744, 746 – ECCO I). Anders als nach der Rechtslage im WZG (s. BGH GRUR 1984, 872 – Wurstmühle) wird in der Rechtsprechung des BPatG nicht mehr zwischen einer *Abänderung der Marke* selbst und dem *Hinzufügen von Zusätzen* zu der als solcher unveränderten Marke unterschieden (BPatGE 35, 40 – Jeannette).

**122b** **b) Abweichungen in der Schreibweise**. Eine rechtserhaltende Markenabweichung stellt die *Wiedergabe des Markenwortes in Normalschrift* dar, wenn die Marke aus einem wellenförmig geschriebenen, eigentümlichen Begriff besteht (OLG München Mitt 1997, 30 – aliseo). Die Benutzung der eingetragenen Marke *bonyour* in der Schreibweise *BONJOUR* oder *Bonjour* wurde als den kennzeichnenden Charakter der Marke verändernd und als nicht rechtserhaltend benutzt beurteilt, weil die Schutzfähigkeit der benutzten Wortmarke ausschließlich auf einer besonderen, von der des als solchen nicht schutzfähigen Grundwortes abweichenden Schreibweise beruhe (BPatGE 38, 102 – bonjour); entscheidend für die Veränderung des kennzeichnenden Markencharakters ist aber nicht die fehlende Schutzfähigkeit der benutzten Marke (zur Kritik an der restriktiven Entscheidungspraxis des BPatG hinsichtlich der Eintragungsfähigkeit von Grußformeln s. § 8, Rn 266), als vielmehr der unterschiedliche Bedeutungsgehalt der Markenabweichung gegenüber der eingetragenen Markenform. Als rechtserhaltende Benutzung der zweizeilig eingetragenen Wortmarke „Karolus-Magnus" der rheinische Riesling-Sekt wurde die dreizeilige Benutzungsform KAROLUS MAGNUS Riesling in Großbuchstaben, zudem Versehen mit einem Bildbestandteil, beurteilt (BGH GRUR 1999, 167 – Karolus-Magnus; s. auch Rn 122e).

**c) Verändern des Markendesigns.** Als den kennzeichnenden Charakter der Mehrwortmarke *pro fit Kraftfutter Meyer* verändernd, wurde die räumliche Umstellung und größenmäßige Hervorhebung der Herstellerangabe *Kraftfutter-Meyer* beurteilt, da die graphische Gestaltung und die Hinzufügung von Gesellschaftsform und Adresse den Charakter einer eigenständigen Firmenmarke vermittelte (BPatGE 40, 1 – pro-fit). Als unerhebliche Abweichung der Wortbildmarke mit dem Wortbestandteil ECCO MILANO und dem Bildbestandteil eines *Doppelsegels* beurteilt wurde das Weglassen des Wortbestandteil MILANO wegen seines beschreibenden Inhalts als geographische Angabe und die Veränderung der graphischen Gestaltung der Buchstaben, sowie des Bildbestandteils der Form und Größe der Doppelsegel (BGH GRUR 1997, 744 – ECCO I). 122c

**d) Aufspaltung von Wörtern.** Als unerhebliche Abweichung wurde die Zerlegung der Einwortmarke *Kornkammer* in die beiden in zwei Zeilen untereinander geschriebenen Wörter *Korn* und *kammer* unter Hinzufügung der zeichnerischen Illustration einer Kornkammer als Bildbestandteil beurteilt (BPatG BlPMZ 1998, 318 – Kornkammer). 122d

**e) Verändern von Zeichenbestandteilen.** Als rechtserhaltende Benutzung der eingetragenen zweizeilig wiedergegebenen Mehrwortmarke "Karolus-Magnus" wurde die benutzte Wortbildmarke mit dem dreizeilig und ohne Bindestrich wiedergegebenen Wortbestandteil KAROLUS MAGNUS Riesling und dem Bildbestandteil der Darstellung eines mittelalterlichen Kaisers beurteilt (BGH GRUR 1999, 167 – Karolus-Magnus). Eine Wortmarke werde auch dann rechtserhaltend benutzt, wenn in der benutzten Form dem beherrschenden Wortbestandteil ein Bildbestandteil beigefügt werde, der den in diesem Wortbestandteil enthaltenen Sinngehalt aufnehme und bildlich darstelle. Der Austausch der Wörter der *rheinische Riesling-Sekt* durch die Angabe *Riesling* steht deshalb der Annahme einer rechtserhaltenden Benutzung nicht entgegen, weil es sich um eine rein beschreibende Wortfolge handele, die durch die beschreibende Angabe *Riesling* verkürzt werde. Es stehe einer rechtserhaltenden Benutzung nicht entgegen, wenn mit der *Verkürzung eines beschreibenden Zeichenbestandteils* diesem ein weniger eindeutiger Sinn gegeben werde. Als maßgeblich wird vor allem der durch die Kennzeichnungskraft bestimmte Schutzumfang der Marke angesehen. Je enger dieser Schutzbereich begrenzt sei, um so eher werde er durch die Abweichungen überschritten, die für eine Veränderung des kennzeichnenden Charakters der Marke sprechen (BPatGE 35, 40 – Jeannette). Als eine rechtserhaltende Benutzung wurde angesehen die Verwendung der Wortmarke *aliseo* als Wort-Bildmarke unter Hinzufügung einer Figur oberhalb des Schriftzugs *aliseo,* da die *Hinzufügung des Bildbestandteils* eine bloße Zutat darstelle, die den kennzeichnenden Charakter der Wortmarke nicht verändere (OLG München Mitt 1997, 30 – aliseo). Das Hinzufügen der Abbildung eines *Männerkopfes* als zusätzlicher Bildbestandteil zu der Wortmarke LORD für Rasierwasser wurde als den kennzeichnenden Charakter der Wortmarke nicht verändernde, werbliche Zutat beurteilt (BPatGE 37, 53– LORDS). Als rechtserhaltend beurteilt wurde die Benutzung der Wortmarke *Holtkamp* für Möbel in Form der ziegelartigen Aufschrift HOLTKAMP MÖBEL BEISPIELHAFT, da der beschreibende Inhalt der Warenbezeichnung MÖBEL und der Qualitätsberühmung BEISPEILHAFT den kennzeichnenden Charakter der Wortmarke *Holtkamp* nicht verändere (BGH GRUR 1999, 54 – Holtkamp). Die Wortbildmarke mit den Wortbestandteilen *Apfelbauer Fruchtsaftlikör Apfel mit Weizenkorn* und dem Bildbestandteil der Abbildung eines großen Apfels und der Alkoholangabe 21% in ovalem Feld auf weißblauem Rautenhintergrund wurde als rechtserhaltend benutzt beurteilt trotz der abgeänderten Alkoholangabe 25%, grünem Untergrund des Ovals und dem hinzugefügten Gütesiegel *DLG prämiert* (BPatGE 38, 62 – Apfelbauer). Als unerhebliche Abweichung der Wortbildmarke mit dem Wortbestandteil ECCO MILANO und dem Bildbestandteil eines *Doppelsegels* beurteilt wurde das Weglassen des Wortbestandteil MILANO wegen seines beschreibenden Inhalts als geographische Angabe und die Veränderung der graphischen Gestaltung der Buchstaben, sowie des Bildbestandteils der Form und Größe der Doppelsegel 122e

(BGH GRUR 1997, 744 – ECCO I). Bei Arzneimittelmarken werden glatt beschreibende Zusätze, wie die Darreichungsformen *Salbe* oder *Gel*, als unschädlich beurteilt (BPatG Mitt 1998, 75, 76 – HEMERAN; zur Rechtslage von Arzneimittelmarken im WZG s. Rn 111). Die Wortbildmarke mit dem Wortbestandteil *Achterdiek*, der einen der niederdeutschen Sprache entlehnten Begriff *Achter Diek*, gleichbedeutend mit *Hinter dem Deich*, darstellt und für beachtliche Teile des Verkehrs in dem maßgeblichen Warenbereich *Beherbergung und Verpflegung von Gästen* beschreibend ist, und den Bildbestandteilen von an das Wort *Achterdiek*, das aufgrund seiner Schreibweise die Form eines Deichkörpers stilisiert, anbrandenden Wellen und einer darüberstehenden Sonne wurde als nicht rechtserhaltend benutzt beurteilt, wenn der Wortbestandteil in abweichender Schriftart benutzt wurde, die Bildbestandteile der Wellen und Sonne weggelassen wurden und ein neuer Bildbestandteil eines stilisierten Strandkorbes sowie der Slogan *Die Insel auf Juist* hinzugefügt wurde, da zum einen die Bildwirkung auffällig verändert wurde und zum anderen die Zusätze den Gesamteindruck wesentlich veränderten (BGH WRP 1999, 432 – Achterdiek).

### 7. Altmarken

**123** Zur Feststellung einer *rechtserhaltenden Benutzung von Altmarken*, die schon eine längere Zeit vor Einführung des Benutzungszwangs in das deutsche Warenzeichenrecht eingetragen waren und in einer abgewandelten Form benutzt wurden, war schon nach der Rechtslage im WZG eine großzügigere Beurteilung unter dem Gesichtspunkt des *Vertrauensschutzes* geboten, wenn die Nichtanerkennung einer rechtserhaltenden Benutzung zu einem nicht wiedergutzumachenden Schaden führte (BGH GRUR 1975, 135, 137 – KIM-Mohr; 1981, 53, 54 – Arthrexforte; BPatGE 25, 45, 47 – Rocky; *Ströbele*, MA 1979, 212, 216; kritisch *Kraft*, GRUR Int 1983, 531, 532). Eine solche Fallkonstellation liegt namentlich dann vor, wenn der Inhaber der prioritätsälteren Marke darauf vertraute, seine Marke zur Wahrung der Priorität auch in einer gegenüber der Eintragung abgewandelten Form benutzen zu können und als Folge der Nichtanerkennung einer rechtserhaltenden Benutzung die Priorität gegenüber Zwischenrechten verlieren würde. Es ist nicht Sinn des Benutzungszwangs, den in prioritätsälteren Marken verkörperten wirtschaftlichen Wert ohne zwingenden Grund zu zerstören. Nach der Rechtslage im WZG wurde das Vertrauen eines prioritätsälteren Markeninhabers aber dann nicht geschützt, wenn die benutzte Marke eingetragen war, der Markeninhaber aber aufgrund einer ebenfalls eingetragenen, aber abweichenden Benutzungsform Widerspruch einlegte (BPatGE 19, 230, 234). Nach § 26 Abs. 3 S. 2, der die Benutzung der Marke allen den kennzeichnenden Charakter der Marke nicht verändernden Markeneintragungen zurechnet, ist diese Rechtsprechung nur insoweit aufrechtzuerhalten, als es sich um eine aus Gründen des Vertrauensschutzes großzügigere Beurteilung von rechtserhaltenden Markenabweichungen handelt, oder die eingetragene Marke in der abweichenden Form eine Serienmarke darstellt (s. Rn 115).

### E. Mehrfachkennzeichnung

**Schrifttum zum WZG.** *Popp*, Zweitmarke und Benutzungszwang, Mitt 1981, 76.

**Schrifttum zum MarkenG.** *Fezer*, Rechtserhaltende Benutzung von Zweitmarken, FS DPA 100 Jahre Marken-Amt, 1994, S. 87.

### I. Grundsatz

**124** In zahlreichen Branchen wie namentlich in der chemisch-pharmazeutischen Industrie, der Rundfunk-, Fernseh- und Photoindustrie, aber auch der Automobilindustrie ist es jahrzehntelange Übung, nicht nur eine einzige Marke zur Kennzeichnung der Produkte des Markeninhabers zu verwenden, sondern die Produkte mit einer weiteren Marke oder gar mit mehreren Marken zu kennzeichnen. Als solche *Zweitmarken* werden häufig Sortenmarken (zum Begriff s. § 3, Rn 30) verwendet, die nicht nur die Waren oder Dienstleistungen eines Unternehmens identifizierbar und auf diese Weise von den Waren oder Dienstleistungen anderer Unternehmen auf dem Markt differenzierbar machen, sondern die zugleich die mit verschiedenen Sortenmarken gekennzeichneten Unternehmensprodukte des Markeninhabers untereinander identifizieren. Häufig werden Produkte mit dem Unternehmenskennzeichen oder der Hausmarke und einer Sortenmarke als Zweitmarke gekennzeichnet. Dem Verkehr ist die *Mehrfachkennzeichnung von Produkten* bekannt. Es ist von dem Grundsatz auszugehen, daß jede einzelne Marke einer Mehrfachkennzeichnung rechtserhaltend benutzt wird, wenn sie nach Art einer Marke entsprechend den Funktionen der Marke verwendet wird und die Voraussetzungen nach § 26 Abs. 1 im übrigen vorliegen (*Fezer*, Der Benutzungszwang im Markenrecht, S. 134 ff.; *Fezer*, FS 100 Jahre Marken-Amt, S. 87 ff.; *v. Gamm*, GRUR 1977, 517, 524; kritisch *Nastelski*, MA 1968, 319, 328; *Schwanhäusser*, WRP 1969, 178, 181). Von der Mehrfachkennzeichnung sind vor allem zusammengesetzte Marken zu unterscheiden, die aus mehreren Zeichenbestandteilen bestehen, auch wenn die einzelnen Zeichenbestandteile als selbständige Marken neben der zusammengesetzten Marke eingetragen sind. Wird bei der Mehrfachkennzeichnung jede einzelne Marke als solche nach Art einer Marke verwendet, so dient bei zusammengesetzten Marken die einheitliche Marke als produktidentifizierendes Unterscheidungszeichen. Zur Beurteilung einer rechtserhaltenden Benutzung einer Zweitmarke ist auf die konkreten Umstände des Einzelfalles abzustellen. Es kommt insbesondere darauf an, in welchem Verhältnis die Zweitmarke zur Erstmarke und zur sonstigen Aufmachung des Produkts namentlich hinsichtlich der Schriftart und Markengröße steht, und wo die Zweitmarke auf dem Produkt wie etwa auf der Vorderseite oder der Rückseite angebracht ist. Eine rechtserhaltende Benutzung liegt vor allem dann nicht vor, wenn die Zweitmarke lediglich beschreibende Natur besitzt oder mit beschreibenden Angaben derart verbunden wird, daß die Zweitmarke im Verkehr nicht als ein selbständiges Unterscheidungszeichen verstanden wird. Eine rechtserhaltende Benutzung liegt auch dann nicht vor, wenn der Zweitmarke nur die Funktion eines reinen Bestellzeichens (zum Begriff s. § 8, Rn 92 f.) zukommt.

## II. Entscheidungspraxis

### 1. Eintragungspraxis des DPMA

Die Verwendung der Marke *Sorena* neben den weiteren Marken *4711* und *Tosca* auf einer Geschenkpackung, die aus einer Flasche *Tosca*-Eau de Cologne, einer *Tosca*-Seife sowie einem Perlenarmband bestand, wurde vom DPMA als rechtserhaltende Benutzung beurteilt, da derartige Mehrfachkennzeichnungen auf dem einschlägigen Warengebiet nicht so üblich seien, daß hinsichtlich eines oder mehrerer der angebrachten Marken von einer Scheinbenutzung gesprochen werden müsse, und zudem die Marke *Sorena* keineswegs an unauffälliger Stelle angebracht worden sei; sachverhaltlich handelte es sich um eine funktionsgerechte *Dreifachkennzeichnung,* bei der das Firmenzeichen *4711*, die Marke der Produktlinie *Tosca* sowie die Spezialmarke *Sorena* für die Geschenkpackung zusammentrafen (DPA MA 1975, 333 – Sorena). Die Benutzung der für einen Haarglanzwirkstoff eingetragenen Marke *Elifect*, die auf einer Haarspraydose innerhalb des Aufdrucks *mit Haarglanzwirkstoff Elifect* verwendet worden war, wurde nicht als rechtserhaltend beurteilt, weil die Marke für einen Bestandteil einer als Ganzes mit einer anderen Marke gekennzeichneten Ware verwendet werde, der gekennzeichnete Bestandteil nicht selbständig Gegenstand des Handelsverkehrs sei und zudem die Verwendung der Marke *Elifect* als warenbeschreibend zu bewerten sei (DPA MA 1975, 298 – Elidet/Elifect; s. dazu *Heiseke*, WRP 1976, 531).

### 2. Rechtsprechung des BPatG

Die Verwendung der Marke *Flip-Top Box* auf Zigarettenpackungen neben der stark herausgestellten Marke *Marlboro* wurde nicht als eine rechtserhaltende Benutzung für Tabakerzeugnisse wie insbesondere Zigaretten der eingetragenen Marke *Flip-Top* beurteilt, weil der Verkehr die Verwendung der Marke als eine Sachangabe über die Verpackungsart und nicht als einen eigenen Herkunftshinweis verstehe (BPatGE 19, 66 – Flip-Top Box). Der zusätzliche Registrierungsvermerk *R* wird im Verkehr allenfalls als ein Hinweis auf die Marke des Verpackungsherstellers, nicht aber auf eine Marke für Zigaretten verstanden. Die Wiedergabe einer *Zweitmarke an unauffälliger Stelle auf der Rückseite der Verpackung* und dort auch nur auf einem kleinen Etikett zwischen weiteren Produktangaben stellt keine rechtserhaltende Benutzung dar. So wurde die Zweitmarke *Torero* auf der Rückseite einer Warenkombination als Geschenkpackung (Parfüm mit Brieföffner in Degenform) auf einem kleinen Etikett unter der Artikelnummer und stark zurücktretend gegenüber der Preis- und Firmenangabe verwendet, wobei die Hauptmarke *Désir* auf der Vorderseite der Packung deutlich herausgestellt worden war; die Zweitmarke *Torero* sei nur als eine Bezeichnung der Verkaufskombination als einer Geschenkpackung und nicht als Hinweis auf die betriebliche Herkunft der Waren zu verstehen (BPatGE 20, 220 – Torero; s. dazu *Popp*, Mitt 1981, 76, 78 f.). Die Wiedergabe einer Zweitmarke allein auf der Rückseite einer Packung im Zusammenhang mit beschreibenden Angaben in unauffälliger Weise stellt keine rechtserhaltende Benutzung dar, da die Verwendung einer Marke an untergeordneter Stelle vermischt mit beschreibenden Angaben im Verkehr nicht ihre Aufgabe als ein Kennzeichen erfülle, die Art der Verwendung der Marke vielmehr nahelege, die Bezeichnung als eine beschreibende Angabe für einen herzschonenden Kaffee zu verstehen (BPatGE 20, 225 – Herz-Kaffee). In der *Tourneur*-Entscheidung hatte das BPatG eine Mehrfachkennzeichnung zu beurteilen, die aus einer Bildmarke sowie der Erzeugerangabe und drei Wortmarken bestand. Bei Prüfung der Benutzungslage ging das BPatG davon aus, der Annahme einer Scheinbenutzung stehe vor allem entgegen, wenn der Markeninhaber anerkennenswerte Gründe für die Anbringung mehrerer Marken vorbringen könne. Enthalte das Vorderetikett einer Weinbrandflasche neben Bildkennzeichnungen drei Wortkennzeichen, von denen eines auf dem vom Hauptetikett räumlich abgesetzten Halsetikett enthalten sei und lediglich den Familiennamen *Schwarze* der Herstellerin wiederhole, so könne einer als Sortenangabe in Betracht kommenden Bezeichnung *Tourneur* neben der mit der Warenangabe Weinbrand verbundenen dritten Wort *Gildemeister* die Wirkung einer rechtserhaltenden Zeichenbenutzung jedenfalls dann nicht abgesprochen werden, wenn der Sortenname *Tourneur* allein zusätzlich auf dem Rückenetikett in Verbindung mit einem begleitenden Werbetext hervorgehoben werde (BPatGE 23, 203 – Tourneur). Gegenstand der *Rovina*-Entscheidung war die Verwendung der Marke *Rovina* auf einem Weinetikett nach Art einer Marke neben weiteren Bestandteilen, die entweder rein beschreibender Natur (*Rouge de Midi, Côtes du Rhône, Beaujolais, Châteauneuf du Pape*) oder schwer aussprechbar waren; wegen des beschreibenden Charakters der übrigen Bezeichnungen war nicht grundsätzlich über eine rechtserhaltende Benutzung einer Mehrfachkennzeichnung zu entscheiden, auch wenn auf dem vorliegenden Warensektor die Kennzeichnung mit Zweitmarken, denen gleichfalls eine auf die Herkunft der Waren hinweisende Funktion zukomme, durchaus nicht selten sei (BPatG Mitt 1983, 14 – Rovina). Die Verwendung eines *Firmenzeichens* auf der Ware wurde dann nicht als eine rechtserhaltende Benutzung beurteilt, wenn der Firmenname des Markeninhabers neben der eigentlichen und hervorgehobenen, der Herkunftskennzeichnung dienenden Marke *Schwabenbräu* und *Meisterpils* auf dem Warenetikett lediglich unterhalb der in üblicher Form blickfangartig hervorgehobenen Warenkennzeichnung oder auf dem Rand der Etiketten in kleiner Schrift angebracht sei; dies gelte insbesondere dann, wenn mit der Herstellerangabe einer entsprechenden steuerrechtlichen Überwachungsvorschrift nachgekommen werde (BPatG Mitt 1983, 56 – Patrizier Leicht). Die Verwendung der Marke *Bartoplast* auf Etiketten größerer Gebinde für Anstrichmittel neben einem weiteren Kenn- und Merkwort *Satinex* und weiterer, teils beschreibender, teils kennzeichnender Bestandteile sowie der Firma wurde als rechtserhaltende Benutzung beurteilt (BPatG Mitt 1984, 97 – Bartoplast). Die Verwendung einer *Händlermarke* als Zweitmarke neben der Herstellermarke stellt dann eine rechtserhaltende Benutzung dar, wenn die Händlermarke als produktidentifizierendes Unterscheidungszeichen im Verkehr erscheint (zur Händlermarke als betriebliches Herkunftskennzeichen BPatGE 27, 141 – Teco). Als *rechtserhaltend* wurde die Benutzung der Marke *Rice Krispies*, die nur im Zusammenhang mit dem Firmenhinweis *Kellogg's* verwendet wurde, beurteilt (BPatG Mitt 1988, 78 – Rice Krispies); das Anbringen der Marke *NINON* für eine Kosmetik-Geschenkkassette mit *Tosca*-Produkten (BPatG GRUR 1993, 559 – Ninon).

### 3. Instanzgerichtliche Rechtsprechung

**127** Der rechtserhaltenden Benutzung der Sortenmarke *SHAHI*, die blickfangartig hervorgehoben war, stehe nicht entgegen, daß auf der Ware in gleicher Art und Größe auch die

Firmenmarke *4711* aufgedruckt sei, weil die Zweitmarke schon in ihrer gleichermaßen blickfangartigen Hervorhebung die Funktion als Herkunftshinweis nicht dadurch einbüße, daß schon das Firmenzeichen über die betriebliche Herkunft der Ware aufkläre (OLG Köln GRUR 1977, 220 – Charlie). Im Bereich der Parfümeriewaren wurde eine doppelte Kennzeichnung von Waren durch eine Hausmarke sowie eine spezielle Marke der Produktlinie als häufig und ohne weiteres als rechtserhaltend beurteilt (OLG Köln GRUR 1987, 530 – Charles of the Ritz).

### 4. Rechtsprechung des BGH

**a) Abgrenzung zur Mehrfachkennzeichnung.** Gegenstand mehrerer Entscheidungen des BGH sind Fallkonstellationen in Abgrenzung zur Mehrfachkennzeichnung. In der *Haller*-Entscheidung (BGH GRUR 1979, 707 – Haller I; s. auch BGH GRUR 1981, 362, 365 – Aus der Kurfürst-Quelle) wird von einer rechtserhaltenden Benutzung der Marke auch dann ausgegangen, wenn der Markeninhaber *für andere Partien der gleichen Ware eine andere Marke* verwendet. Die *lamod*-Entscheidung (BGH GRUR 1979, 551 – lamod) behandelt das Problem des *firmenmäßigen* Gebrauchs. Wenn eine Marke in die volle Firmenbezeichnung aufgenommen werde, dann stelle die Verwendung der Firmenbezeichnung und der Marke als Firmenschlagwort auf Rechnungen und Lieferscheinen jedenfalls dann keine rechtserhaltende Benutzungshandlung dar, wenn die Marke nicht auf der Ware angebracht sei, und die Ware in den Rechnungen und Lieferscheinen nicht unter der Marke in Erscheinung trete. Zur Abgrenzung der Mehrfachkennzeichnung von einer *einheitlichen Marke* geht der BGH von dem Erfahrungssatz aus, die Annahme einer Zweitmarke liege für den Verkehr dann fern, wenn die dafür in Betracht kommende Angabe warenbeschreibend sei, und der Verkehr daher in ihr eher einen Hinweis auf die Beschaffenheit der bereits anderweitig als aus einem bestimmten Betrieb stammend gekennzeichneten Ware sehen werde als eine zweite Herkunftskennzeichnung (BGH GRUR 1989, 508. 509f. – Campione del Mondo).

**b) Grundsatzurteil *Sana/Schosana*.** In seinem Grundsatzurteil *Sana/Schosana* (BGH GRUR 1993, 972 – Sana/Schosana) geht der BGH von einer rechtserhaltenden Benutzung der eingetragenen Marke *Sana* aus, die als Teil der Packungsaufmachung der Ware Kaffee stets nur als Zweitmarke neben der bekannten Erstmarke *Tchibo* benutzt wurde. Ausgangspunkt der Ausführungen des BGH ist die Prüfung eines warenzeichenmäßigen Gebrauchs der Marke. Es komme darauf an, daß ein nicht ganz unerheblicher Teil des angesprochenen Verkehrs in der Bezeichnung einen Hinweis auf die Herkunft der bezeichneten Ware aus einem bestimmten Geschäftsbetrieb oder ein Unterscheidungsmerkmal gegenüber Waren anderer Herkunft sehe. Dazu genüge nach ständiger Rechtsprechung die bloße, nicht völlig fernliegende Möglichkeit eines solchen Verkehrsverständnisses. Diese Ausführungen sollten nicht darüber hinwegtäuschen, daß die *markenmäßige Benutzung* im Sinne des Verletzungsrechts (s. dazu § 14, Rn 50 ff.), wenn sie überhaupt eine Voraussetzung des Markenschutzes darstellt (s. § 14, Rn 29 ff., 39) anderen Regeln folgt als die rechtserhaltende Benutzung im Sinne des Benutzungszwangs (s. Rn 3). Im übrigen führt der BGH zutreffend aus, der Annahme einer markenmäßigen Benutzung stehe nicht entgegen, daß die Bezeichnung *Sana* vom Verkehr beschreibend verstanden werden könne. Auch eine beschreibende Angabe könne dem Verkehr als Herkunfts- und Unterscheidungshinweis dienen, wenn die beschreibende Angabe auf der Ware oder ihrer Verpackung nach Art einer Marke hervorgehoben verwendet werde. Ausgangspunkt des BGH ist die Annahme, die Verwendung einer Zweitmarke auch neben einer sehr bekannten Erstmarke sei weithin üblich, diese Übung dem Vekehr bekannt und stehe der Annahme einer zeichenmäßigen Benutzung nicht entgegen.

### F. Benutzungsfrist bei Widerspruchsverfahren (§ 26 Abs. 5)

Die Vorschrift des § 26 Abs. 5 enthält eine Regelung über den Beginn der fünfjährigen Benutzungsfrist im Falle eines Widerspruchsverfahrens. Systematisch gehört die Vorschrift zu § 25 Abs. 1, der hinsichtlich des Ausschlusses von Ansprüchen bei mangelnder Benutzung die Benutzungsfrist ab dem Zeitpunkt der Eintragung berechnet (s. § 25, Rn 9 ff.). Die Regelung des § 26 Abs. 5 wurde wegen der *Nachschaltung des Widerspruchsverfahrens* nach § 42 erforderlich. Es ist einem Markeninhaber der bereits eingetragenen Marke nicht zuzumuten, die Marke schon ab der Eintragung zu benutzen, solange ein Widerspruchsverfahren noch nicht abgeschlossen ist. Wenn gegen die Eintragung einer Marke Widerspruch erhoben worden ist, dann tritt nach § 26 Abs. 5 zur *Berechnung der Benutzungsfrist* an die Stelle des Zeitpunkts der Eintragung der *Zeitpunkt des Abschlusses des Widerspruchsverfahrens,* soweit nach der Vorschrift, wie etwa bei § 25 Abs. 1, die Benutzung innerhalb von fünf Jahren ab dem Zeitpunkt der Eintragung erforderlich ist. In solchen Fällen beginnt die fünfjährige Benutzungsfrist erst ab dem Zeitpunkt des Abschlusses des Widerspruchsverfahrens zu laufen (s. auch § 43, Rn 17). Im WZG enthielt § 5 Abs. 7 S. 4 WZG eine entsprechende Regelung für nach § 6a WZG beschleunigt eingetragene Marken.

## G. Rechtsfolgen der Nichtbenutzung

**131**  Das MarkenG regelt den Benutzungszwang als eine Schranke des Markenschutzes im Sinne der Vorschriften von Abschnitt 4 des MarkenG (§§ 20 bis 26). Das materielle Recht des Benutzungszwangs regeln im wesentlichen die Vorschriften der §§ 25 und 26, das Verfahrensrecht des Benutzungszwangs enthalten die Vorschriften der §§ 43 Abs. 1, 49 und 55. Folge der Nichtbenutzung einer eingetragenen Marke ist nicht ipso iure der Verlust des Markenrechts. Der Benutzungszwang stellt eine rechtliche Obliegenheit dar. Der Inhaber der eingetragenen Marke erleidet *Rechtsnachteile* im Falle der Nichtbenutzung der Marke. § 25 regelt den *Ausschluß des Unterlassungsanspruchs und des Schadensersatzanspruchs* nach § 14 sowie *weiterer Ansprüche* des Markeninhabers gegen Dritte bei mangelnder Benutzung der Marke (zur Art der ausgeschlossenen Ansprüche s. § 25, Rn 2 f.). Nach § 49 Abs. 1 S. 1 stellt die Nichtbenutzung der Marke nach dem Tag der Eintragung innerhalb eines ununterbrochenen Zeitraums von fünf Jahren einen *Löschungsgrund* dar. Der Verfall der Marke wegen Nichtbenutzung kann nach § 49 Abs. 1 S. 2 aber dann nicht geltend gemacht werden, wenn vor der Stellung eines Löschungsantrags die Aufnahme der Benutzung erfolgt (*Heilung der Nichtbenutzung*). Wegen des Verfalls der Marke kann *Löschungsklage* vor den ordentlichen Gerichten nach § 55 erhoben werden. Im Widerspruchsverfahren hat der Widersprechende als Inhaber einer eingetragenen Marke mit älterem Zeitrang nach § 43 Abs. 1 auf Bestreiten der Benutzung der Widerspruchsmarke durch den Widerspruchsgegner die *Benutzung der Widerspruchsmarke glaubhaft zu machen.* Weder erfolgt die Löschung einer nicht benutzten Marke von Amts wegen, noch ist die Nichtbenutzung einer Marke in einem Verfahren in Markenangelegenheiten von Amts zu berücksichtigen.

## Abschnitt 5. Marken als Gegenstand des Vermögens

## Vorbemerkung zu den §§ 27 bis 31

### Inhaltsübersicht

| | Rn |
|---|---|
| A. Regelungsübersicht | 1 |
| B. Die Marke als selbständiger Vermögensgegenstand eines Unternehmens | 2 |
| C. Anwendungsbereich von Abschnitt 5 | 3 |

### A. Regelungsübersicht

Abschnitt 5 von Teil 2 (§§ 27 bis 31) regelt für alle Markenkategorien im Sinne des § 4 **1** Nr. 1 bis 3 die *Marke als einen Gegenstand des Vermögens* des Rechtsinhabers. Die Vorschriften, die die vermögensrechtlichen Wirkungen der Marke einheitlich regeln, gehen von der Marke als einem *selbständigen Vermögensgegenstand eines Unternehmens* aus (s. Rn 2). Ein solches Markenrechtsverständnis beruht auf den Prinzipien einer Nichtakzessorietät der Marke (s. § 3, Rn 66 ff.), sowie einer rechtlichen Konnexität zwischen Marke und Unternehmen (s. § 3, Rn 81 ff.). Regelungsgegenstand des § 27 ist der Rechtsübergang eines durch Eintragung, Benutzung oder notorische Bekanntheit einer Marke begründeten Rechts. Das Markenrecht kann durch Vertrag übertragen werden oder kraft Gesetzes übergehen (zu den Arten des Rechtsübergangs s. § 27, Rn 14 ff.). § 28 normiert eine *Vermutung der Rechtsinhaberschaft* als Folge der Legitimationswirkung der Eintragung einer Marke in das Register. Die Vorschrift des § 29 bestimmt, daß die Marke *Gegenstand eines dinglichen Rechts* sein kann. Die Marke ist ein selbständiger Vermögensgegenstand in der Zwangsvollstreckung und in der Insolvenz. Das materielle *Markenlizenzvertragsrecht* ist Regelungsgegenstand des § 30. Nach § 31 wird die *Markenanwartschaft* als das durch die Anmeldung einer Marke begründete Recht dem Markenrecht als ein Gegenstand des Vermögens gleichgestellt.

### B. Die Marke als selbständiger Vermögensgegenstand eines Unternehmens

Das Markenrecht als ein subjektives Recht ist seiner Rechtsnatur nach ein *Immaterialgut* **2** und ein *Vermögensgegenstand*. Das war nach der Rechtslage im WZG nicht anders als im MarkenG. Die Marke ist zudem *Verfassungseigentum* (s. Einl, Rn 22 ff.). Das BVerfG hat den grundrechtlichen Schutz der Marke als Eigentum anerkannt und den hervorgehobenen subjektivrechtlichen Vermögensschutz der Marke vom schlichten objektivrechtlichen Interessenschutz des Wettbewerbsrechts abgegrenzt (zur Marke als einer durch Art. 14 Abs. 1 S. 1 GG geschützten Rechtsposition s. BVerfGE 51, 193 – Weinbergsrolle; BVerfGE 78, 58 – Esslinger Neckarhalde II; s. Einl, Rn 22 ff.). *Übertragbarkeit* und *Vererblichkeit* sind zwar Eigenschaften des Markenrechts seit alters her, auch wenn die Marke wegen ihrer Bindung an den Geschäftsbetrieb des Rechtsinhabers nur einen unselbständigen Vermögensgegenstand darstellte. Die Verselbständigung des Markenrechts als eines unternehmerischen Vermögensgegenstandes ist aber erst eine Folge des Prinzips der freien Übertragbarkeit der nichtakzessorischen Marke.

### C. Anwendungsbereich von Abschnitt 5

Die Regelungen über den Rechtsübergang des Markenrechts (§ 27), die Dinglichkeit des **3** Markenrechts und dessen Verwertbarkeit in der Zwangsvollstreckung und in der Insolvenz (§ 29), sowie das materielle Lizenzvertragsrecht (§ 30) sind auf alle nach der Entstehung des Markenschutzes zu unterscheidenden drei Kategorien von *Marken im Sinne des § 4 Nr. 1 bis 3* anzuwenden. Die Legitimationswirkung der Eintragung bezieht sich nur auf die eingetragene Marke im Sinne des § 4 Nr. 1. Nach § 31 gelten die Vorschriften der §§ 27 bis 30 entsprechend für das durch die Anmeldung einer Marke begründete *Markenanwartschaftsrecht*. Selbständige Vermögensgegenstände im Sinne der §§ 27 ff. sind sowohl die aus einer *Markenteilung sich ergebenden selbständigen Markenrechte* als auch die *Markenlizenzrechte* aufgrund eines Lizenzvertrages. *Kollektivmarken* im Sinne des § 97 stellen eingetragene Marken nach § 4 Nr. 1 dar, auf die die Vorschriften der §§ 27 ff. grundsätzlich Anwendung finden. Es ist aber die Regelung der Inhaberschaft an Kollektivmarken nach § 98 zu berücksichtigen. Die Vorschriften von Abschnitt 5 gelten zwar grundsätzlich nicht für die *geschäftlichen Bezeichnungen* wie Unternehmenskennzeichen und Werktitel im Sinne des § 5. Da auch geschäftliche Bezeichnungen einen Vermögenswert darstellen, kommt eine analoge Anwendung der Vorschriften der §§ 27 ff. auf diese Kennzeichen dann in Betracht, wenn der Grad der Verselbständigung der geschäftlichen Bezeichnung als ein Vermögensgegenstand des Rechtsinhabers dem Normzweck der anzuwendenden Vorschrift genügt. Zwar stellen auch geographische Herkunftsangaben für deren Benutzer tatsächliche Vermögenspositionen dar. Auch wenn man *geographische Herkunftsangaben* als subjektive Rechte versteht (s. § 126, Rn 4), dann handelt es sich doch nicht um fungible Vermögensgegenstände, da sie weder der Verfügungsmacht des Benutzers unterliegen noch einer schuldrechtlichen Gebrauchsüberlassung offenstehen.

## Rechtsübergang

**27** (1) **Das durch die Eintragung, die Benutzung oder die notorische Bekanntheit einer Marke begründete Recht kann für alle oder für einen Teil der Waren oder Dienstleistungen, für die die Marke Schutz genießt, auf andere übertragen werden oder übergehen.**

(2) **Gehört die Marke zu einem Geschäftsbetrieb oder zu einem Teil eines Geschäftsbetriebs, so wird das durch die Eintragung, die Benutzung oder die notorische Bekanntheit der Marke begründete Recht im Zweifel von der Übertragung oder dem Übergang des Geschäftsbetriebs oder des Teils des Geschäftsbetriebs, zu dem die Marke gehört, erfaßt.**

(3) **Der Übergang des durch die Eintragung einer Marke begründeten Rechts wird auf Antrag eines Beteiligten in das Register eingetragen, wenn er dem Patentamt nachgewiesen wird.**

(4) ¹**Betrifft der Rechtsübergang nur einen Teil der Waren oder Dienstleistungen, für die die Marke eingetragen ist, so ist mit dem Antrag auf Eintragung des Übergangs eine Gebühr nach dem Tarif zu zahlen.** ²**Wird die Gebühr nicht gezahlt, so gilt der Antrag als nicht gestellt.** ³**Im übrigen sind die Vorschriften über die Teilung der Eintragung mit Ausnahme von § 46 Abs. 2 und 3 Satz 1 bis 3 entsprechend anzuwenden.**

### Inhaltsübersicht

| | Rn |
|---|---|
| A. Allgemeines | 1–6 |
|   I. Regelungsübersicht | 1 |
|   II. Rechtsänderungen | 2 |
|   III. Europäisches Unionsrecht | 3, 4 |
|     1. Erste Markenrechtsrichtlinie | 3 |
|     2. Gemeinschaftsmarkenverordnung | 4 |
|   IV. Staatsvertragsrecht | 5 |
|   V. Rechtsvergleich | 6 |
| B. Rechtsübergang des Markenrechts | 7–40 |
|   I. Freie Übertragbarkeit statt Bindung an den Geschäftsbetrieb (§ 27 Abs. 1) | 7–9 |
|     1. Rechtslage im WZG | 7, 8 |
|       a) Bindung an den Geschäftsbetrieb | 7 |
|       b) Wirtschaftlicher Unternehmensübergang | 8 |
|     2. Rechtslage im MarkenG | 9 |
|   II. Gegenstand des Rechtsübergangs | 10–13 |
|     1. Marken | 10 |
|     2. Markenanwartschaften | 11 |
|     3. Geschäftliche Bezeichnungen | 12 |
|     4. Geographische Herkunftsangaben | 13 |

|  | Rn |
|---|---|
| III. Arten des Rechtsübergangs | 14–19 |
|   1. Übertragung der Marke durch Vertrag | 14–16 |
|   2. Treuhänderische Übertragung | 17 |
|   3. Rechtsübergang kraft Gesetzes | 18 |
|   4. Neubegründung eines Markenrechts durch Neueintragung | 19 |
| IV. Wirkungen des Rechtsübergangs | 20, 21 |
| V. Teilübergang | 22–25 |
|   1. Grundsatz | 22–24 |
|   2. Verfahren (§§ 27 Abs. 4; 32 MarkenV) | 25 |
| VI. Keine Heilung unwirksamer Leerübertragungen | 26–28 |
| VII. Vermutung des Rechtsübergangs der Marke bei einem Rechtsübergang des Unternehmens (§ 27 Abs. 2) | 29–33 |
|   1. Normzweck der Rechtsvermutung | 29 |
|   2. Zugehörigkeit zu einem Unternehmen | 30 |
|   3. Übergang des Unternehmens | 31 |
|   4. Zugehörigkeit zu einem Teilgeschäftsbetrieb | 32, 33 |
| VIII. Übertragung und Einstellung des Unternehmens | 34 |
| IX. Eintragung des Rechtsübergangs (§ 27 Abs. 3) | 35–40 |
|   1. Rechtsübergang und Registereintrag | 35 |
|   2. Verfahren der Eintragung eines Rechtsübergangs (§§ 31, 35 MarkenV) | 36–40 |
|     a) Fakultative Eintragung auf Antrag | 36 |
|     b) Antragsberechtigung | 37 |
|     c) Nachweis des Rechtsübergangs | 38 |
|     d) Form des Antrags | 39 |
|     e) Gebühren der Eintragung | 40 |
| C. Andere Formen der Markennutzung | 41–58 |
| I. Ausgangspunkt | 41, 42 |
| II. Markenlizenz | 43 |
| III. Pacht des Unternehmens und der Marke | 44–49 |
|   1. Unternehmenspacht | 44–47 |
|   2. Markenpacht | 48 |
|   3. Keine Miete der Marke | 49 |
| IV. Markenleasing | 50 |
| V. Markenfranchising | 51 |
| VI. Nießbrauch an einem Unternehmen und einer Marke | 52–54 |
|   1. Unternehmensnießbrauch | 52, 53 |
|   2. Markennießbrauch | 54 |
| VII. Vertragspfandrecht an einer Marke | 55–57 |
| VIII. Sicherungsübertragung der Marke | 58 |
| D. Markenbewertung | 59–67 |
| I. Die rechtliche Bedeutung des Markenwerts | 59 |
| II. Bewertungsmethoden zur Wertermittlung des Markenwerts | 60–67 |
|   1. Unternehmensinterne und unternehmensexterne Wertermittlung | 60, 61 |
|   2. Einzelne Bewertungsmethoden | 62–67 |
|     a) Ausgangspunkt | 62 |
|     b) Mehrgewinnermittlungsmethode | 63 |
|     c) Ergebnisbeitragsmethode | 64 |
|     d) Vergleichspreismethode | 65 |
|     e) Verkehrswertmethode | 66 |
|     f) Sonstige Bewertungsmodelle | 67 |

**Schrifttum zum WZG.** *Albrecht*, § 47 Erstreckungsgesetz – der Beginn des warenzeichenrechtlichen Paradieses?, GRUR 1992, 660; *Baum*, Übertragung der Marken, GRUR 1928, 327; *Bekmeier*, Markenwert und Markenstärke, MA 1994, 383; *Bußmann*, Unterliegt das ohne Geschäftsbetrieb übertragene Warenzeichen unbedingt der Löschung?, MuW 1927, 520; *Bußmann*, Freie Übertragbarkeit der Marke, GRUR 1949, 170; *Ghiron*, Zur Frage der Übertragung des Warenzeichens, GRUR 1928, 737; *Devin*, Markenwert – Messung und Management, MA 1993, 92; *Franzen*, Markenwertbemessung durch Indikatoren für den Markterfolg, MA 1993, 127; *Franzen/Trommelsdorff/Riedel*, Ansätze der Markenbewertung und Markenbilanz, MA 1994, 372; *Hammann/von der Gathen*, Bilanzierung des Markenwertes und kapitalmarktorientierte Markenbewertungsverfahren, MA 1994, 204; *Isay*, Bericht über die Frage der freien Übertragbarkeit der Marke, GRUR 1930, 675; *Klaka/Krüger*, Zur Problematik örtlich begrenzter Kennzeichenrechte, FS für Gaedertz, 1992, S. 299; *Kraßer*, Verpflichtung und Verfügung im

# MarkenG § 27

Immaterialgüterrecht, GRUR Int 1973, 230; *Kunz-Hallstein,* Die absolute Bindung der Marke an den Geschäftsbetrieb und ihre Aufhebung durch das Erstreckungsgesetz, GRUR 1993, 439; *Lewino,* Handel mit Warenzeichen, MuW 1932, 169; *Pinzger,* Unabhängigkeit der Marken, GRUR 1928, 323; *Rauter,* Die Übertragung von Warenzeichen, MuW 1926/27, 237; *Reimer,* Zur Frage der freien Verfügbarkeit (Übertragbarkeit und Lizenzfähigkeit) der Marke, GRUR 1931, 11; *Reimer,* Für die Einführung der freien Übertragbarkeit der Marke im internationalen und deutschen Warenzeichenrecht, GRUR 1949, 181; *Repenn/Spitz,* Die Pfändung und Verwertung von Warenzeichen, WRP 1993, 737; *Repenn,* Umschreibung gewerblicher Schutzrechte, 1994; *Repenn,* Ermittlung des Verkehrswertes von Marken – System Repenn –, Mitt 1994, 13; *Repenn,* Pfändung und Verwertung von Warenzeichen, NJW 1994, 175; *Repenn,* Das Warenzeichen in der Konkursmasse, ZIP 1994, 1565; *Repenn/Spitz,* Die Marke als selbständiges Wirtschaftsgut, WM 1994, 1653; *Rogers,* Einige Vorschläge zur Frage der Übertragbarkeit von Warenzeichen, MuW 1931, 1; *Rohnke,* Firma und Kennzeichen bei der Veräußerung von Unternehmensteilen, WM 1991, 1405; *Rohnke,* Bewertung von Warenzeichen beim Unternehmenskauf, DB 1992, 1941; *Rohnke,* Warenzeichen als Kreditsicherheit, NJW 1993, 561; *Röttger,* Ist eine Änderung des Art 6$^{quater}$ der PVÜ wünschenswert?, GRUR 1949, 390; *Schönfeld,* Die Gemeinschaftsmarke als selbständiger Vermögensgegenstand eines Unternehmens – Eine rechtsdogmatische und ökonomische Analyse zur Property-Rights-Theorie, 1994; *Schwartz,* Freie Übertragbarkeit der Marke?, MA 1955, 147; *Sefzig,* Warenzeichenübertragungen ohne Geschäftsbetrieb vor dem 1. Mai 1992 nach dem neuen Warenzeichengesetz, GRUR 1993, 711; 1994, 94; *Seif,* Bilanzwert der Marke MA 1994, 388; *Smoschewer,* Auf dem Weg zur frei übertragbaren Warenmarke, GRUR 1929, 1352; *Teplitzky,* Die Warenzeichenveräußerung durch den Konkursverwalter im Konkurs über das Vermögen des Zeicheninhabers, FS für Quack, 1991, S. 112; *Tetzner,* Die Klage auf Löschung eines leerübertragenen Warenzeichens, GRUR 1962, 557; *Tetzner,* Die Leerübertragung von Warenzeichen, 1962; *Tolle/Steffenhagen,* Kategorien des Markenerfolges und einschlägige Meßmethoden, MA 1994, 378; *Urbach,* Die Übertragung der Warenzeichen ohne den Geschäftsbetrieb, MuW 1931, 140; *van der Werth,* Zur Frage der Übertragbarkeit von Warenzeichen, GRUR 1949, 320; *Zetzsche,* Die Übertragbarkeit von Warenzeichen mit oder ohne Geschäftsbetrieb, MuW 1937, 6.

**Schrifttum zum MarkenG.** *Ahrens,* Die Notwendigkeit eines Geschäftsbetriebserfordernisses für Geschäftsbezeichnungen nach dem neuen Markengesetz, GRUR 1995, 635; *Damm,* Der ökologische Wert der Marke, MA 1994, 358; *Fezer,* Die Nichtakzessorietät der Marke und ihre rechtliche Konnexität zu einem Unternehmen, FS für Vieregge, 1995, S. 229; *Forkel,* Unbeschränkte und beschränkte Übertragung der Rechte an Marken sowie Unternehmenskennzeichen nach dem deutschen Markengesetz von 1994, Studia z Prawa Gospodarczego i Handlowego, Ksiega Pamiatkowa ku czci, Profesora Stanislawa Wlodyki, Krakau 1996, S. 103; *Füllkrug,* Spekulationsmarken – Eröffnet der Wegfall des Geschäftsbetriebes die Möglichkeit, Formalrechte zu mißbrauchen?, GRUR 1994, 679; *Füllkrug,* Spekulationsmarken und ihre Löschung, WRP 1995, 378; *Goddar,* Die wirtschaftliche Bewertung gewerblicher Schutzrechte beim Erwerb technologieorientierter Unternehmen, Mitt 1995, 357; *Gold,* Steuerliche Abschreibungsmöglichkeit für Marken?, DB 1998, 956; *Ingerl/Rohnke,* Die Umsetzung der Markenrechts-Richtlinie durch das deutsche Markengesetz, NJW 1994, 1247; *Klaka,* Die Markenteilung, GRUR 1995, 713; *Repenn,* Umschreibung gewerblicher Schutzrechte, 1994; *Repenn,* Handbuch der Markenbewertung und -verwertung, 1998; *Repenn,* Inhaber dinglicher oder sonstiger Rechte an einer Marke als Beteiligter am markenrechtlichen Verfahren, Mitt 1998, 9; *Sattler,* Indikatoren für den langfristigen Markenwert, MA 1997, 46; *Starck,* Marken und sonstige Kennzeichenrechte als verkehrsfähige Wirtschaftsgüter – Anmerkungen zum neuen Markenrecht, WRP 1994, 698; *Stein/Ortmann,* Bilanzierung und Bewertung von Warenzeichen, BB 1996, 787; *Tilmann,* Das neue Markenrecht und die Herkunftsfunktion, ZHR 158 (1994), S. 371; *Traub,* Die Bindung von Marke und Firma an den Geschäftsbetrieb, Diskrepanzen zwischen der unterschiedlichen Behandlung von Marke und Firma, FS für Trinkner, 1995, S. 431; *Volkmer,* Das Markenrecht im Zwangsvollstreckungsverfahren, 1999; *Zimmermann,* Immaterialgüterrechte und ihre Zwangsvollstreckung, 1998.

## Entscheidungen zum MarkenG

**1. BGH GRUR 1994, 288 – Malibu**
Keine Rückwirkung der Rechtsänderungen des ErstrG – Im Zeitpunkt der Löschungsreife wegen Fehlens oder Wegfalls des Geschäftsbetriebs nach § 11 Abs. 1 Nr. 2 WZG wirksam entstandene Zwischenrechte.

**2. BGHZ 127, 262 – NEUTREX**
Keine Rückwirkung der Aufhebung des Verbots der Leerübertragung von Warenzeichen durch das ErstrG.

## A. Allgemeines
### I. Regelungsübersicht

Regelungsgegenstand des § 27 Abs. 1 ist die *Übertragung* und der *Übergang des Markenrechts*. Die Vorschrift gilt für alle nach der Entstehung des Markenrechts zu unterscheidenden drei Kategorien von *Marken im Sinne des § 4 Nr. 1 bis 3*. Sie ist Ausdruck des Prinzips der freien Übertragbarkeit eines entstandenen Markenrechts. Nach § 4 begründete Ausschließlichkeitsrechte können ohne den Geschäftsbetrieb oder den Teil des Geschäftsbetriebs, zu dem die Marke gehört, auf andere übertragen werden oder übergehen. Einem Markeninhaber können an einem Zeichen verschiedene Markenrechte im Sinne des § 4 Nr. 1 bis 3 zustehen, die unabhängig voneinander bestehen und selbständig übertragen werden. So ist etwa ein durch Benutzung entstehendes Markenrecht mit lokaler Verkehrsgeltung im Sinne des § 4 Nr. 2 von dem durch Eintragung des Zeichens als Marke entstehenden Markenrecht nach § 4 Nr. 1 zu unterscheiden (s. § 4, Rn 21). Eine *Teilübertragung* des Markenrechts ist möglich. Das MarkenG regelt nicht die Übertragung von geschäftlichen Bezeichnungen im Sinne des § 5; insoweit sollte das geltende Recht nicht verändert werden (s. Rn 12). Die Übertragung oder der Übergang des Geschäftsbetriebs hat nach § 27 Abs. 2 im Zweifel die Übertragung oder den Übergang der zugehörigen Marke zur Folge. Das gilt auch bei einer Teilübertragung des Unternehmens. § 27 Abs. 2 stellt eine *widerlegliche Vermutung* dar. Die Vorschrift des § 27 gilt auch für den Rechtsübergang von Markenanwartschaften. § 27 Abs. 3 regelt die *Eintragung des Rechtsübergangs* einer eingetragenen Marke in das Register. § 27 Abs. 4 enthält eine Verfahrensregelung im Falle einer Teilrechtsübertragung; die Vorschrift wurde durch Art. 1 Nr. 1 MarkenRÄndG 1996 geändert. Abschnitt 3 der MarkenV (§§ 31 bis 35) enthält verfahrensrechtliche Ausführungsbestimmungen zu Abschnitt 5 des MarkenG.

### II. Rechtsänderungen

Die internationale Rechtsentwicklung geht von der *akzessorischen* zur *nichtakzessorischen* Marke (s. dazu ausführlich § 3, Rn 52 ff.). Im deutschen Warenzeichenrecht galt das strenge Akzessorietätsprinzip. Die absolute Bindung der Marke an den Geschäftsbetrieb des Markeninhabers galt hinsichtlich der Entstehung, des Bestands sowie des Übergangs des Markenrechts. Eine Änderung des WZG erfolgte durch das ErstrG. Mit dessen Inkrafttreten am 1. Mai 1992 bestand die Akzessorietät der Marke nicht mehr für den Rechtsübergang. Erst das MarkenG hat die Akzessorietät der Marke zu einem Unternehmen des Markeninhabers bei der Entstehung des Markenschutzes vollständig aufgehoben. Das MarkenG verzichtet auch auf das Vorliegen eines allgemeinen Geschäftsbetriebs des Markeninhabers beim Erwerb des Markenrechts. Auch wenn nach der Rechtslage im MarkenG das Markenrecht grundsätzlich nicht akzessorisch ist, so besteht dennoch eine gewisse Verbindung zwischen einer Marke und einem Unternehmen, die als rechtliche Konnexität zwischen Marke und Unternehmen bezeichnet wird (s. dazu § 3, Rn 81 ff.). Die nach § 27 mögliche Teilrechtsübertragung kannte das WZG nicht. Die Vorschrift des § 27 Abs. 4 ist durch das MarkenRÄndG 1996 vom 19. Juli 1996 (BGBl. I S. 1014) geändert worden.

### III. Europäisches Unionsrecht

#### 1. Erste Markenrechtsrichtlinie

Die *MarkenRL* enthält zur Übertragung des durch die Anmeldung oder Eintragung einer Marke begründeten Rechts keine Vorschriften und insoweit *keine verbindlichen Vorgaben* zur Angleichung der Rechtsvorschriften der Mitgliedstaaten über die Marke. Zwischen den Mitgliedstaaten konnte ein Einvernehmen über den Grundsatz der freien Übertragbarkeit einer Marke nicht erzielt werden (Begründung zum ErstrG, BT-Drucks. 12/1399 vom 30. Oktober 1991, S. 69).

## 2. Gemeinschaftsmarkenverordnung

4   Die *GMarkenV* geht von dem *Prinzip der freien Übertragbarkeit* der Marke aus. Nach Art. 17 Abs. 1 GMarkenV kann die Gemeinschaftsmarke Gegenstand eines Rechtsübergangs sein, der unabhängig von der Übertragung des Unternehmens ist. Eine Teilrechtsübertragung der Gemeinschaftsmarke ist möglich. Das MarkenG hat sich eng an die Regelung des Rechtsübergangs der Gemeinschaftsmarke angelehnt. Anders als die GMarkenV, deren Regelungsgegenstand nur die durch Eintragung erworbene Gemeinschaftsmarke darstellt (Art. 6 GMarkenV), regelt das MarkenG den Rechtsübergang für alle Markenkategorien des § 4. Nach Art. 1 Abs. 3 GMarkenV muß die rechtsgeschäftliche Übertragung der Gemeinschaftsmarke schriftlich erfolgen; anderenfalls ist sie nichtig. Der *Schriftform* bedarf es dann nicht, wenn das Unternehmen in seiner Gesamtheit übertragen wird; dann wird nach Art. 17 Abs. 2 GMarkenV die Gemeinschaftsmarke im Zweifel erfaßt. Nach Art. 17 Abs. 5 GMarkenV wird der *Rechtsübergang* auf Antrag eines Beteiligten *in das Register eingetragen* und *veröffentlicht*. Zwar soll Art. 17 Abs. 6 GMarkenV nicht dahin zu verstehen sein, daß der Eintragung in das Register konstitutive Wirkung für den Rechtsübergang der Gemeinschaftsmarke zukommt, die Eintragung vielmehr nur deklaratorische Wirkung zeitigt, was namentlich der gesetzliche Rechtsübergang beweist. Der Rechtsnachfolger kann jedoch seine Rechte aus der Eintragung der Gemeinschaftsmarke nach Art. 17 Abs. 6 GMarkenV nicht vor der Eintragung des Rechtsübergangs in das Register geltend machen. Nach Art. 23 Abs. 1 S. 2 GMarkenV kann ein nicht eingetragener Rechtsübergang aber einem Dritten entgegengehalten werden, der Rechte an der Marke nach dem Zeitpunkt des Rechtsübergangs erworben hat, aber zum Zeitpunkt des Erwerbs dieser Rechte von dem Rechtsübergang wußte.

## IV. Staatsvertragsrecht

5   *PVÜ*, *MMA*, *PMMA* und *TRIPS-Abkommen* regeln die Übertragbarkeit von Markenrechten nicht. Art. 6$^{quater}$ PVÜ trifft lediglich Bestimmungen hinsichtlich der Voraussetzungen, die an eine Übertragung gestellt werden, überläßt es aber den Mitgliedstaaten, die Übertragbarkeit von Markenrechten festzulegen. Art. 21 TRIPS-Abkommen ermächtigt die Einzelstaaten, Regelungen hinsichtlich der Übertragbarkeit von Markenrechten zu treffen.

## V. Rechtsvergleich

6   Nach der Änderung des griechischen Markengesetzes ist die Marke nunmehr in allen EU-Staaten frei übertragbar: *Belgien, Luxemburg, Niederlande* (Art. 11 A Einheitliches Benelux-MarkenG vom 19. März 1962, in Kraft getreten am 1. Januar 1971, GRUR Int 1976, 452, idF vom 2. Dezember 1992, GRUR Int 1997, 29, geändert durch Protokoll vom 7. August 1996, BlPMZ 1997, 430), *Dänemark* (§ 38 MarkenG Nr. 341 vom 6. Juni 1991, in Kraft getreten am 1. Januar 1992, GRUR Int 1994, 1004, idF der Gesetzesbekanntmachung Nr. 162 vom 21. Februar 1997), *Finnland* (§ 32 MarkenG vom 10. Januar 1964/7, in Kraft getreten am 1. Juni 1964, zuletzt geändert durch Gesetz vom 22. Dezember 1995/1715, GRUR Int 1996, 1017), *Frankreich* (Art. L. 714-1 Code de la propriété intellectuelle vom 1. Juli 1992, vormals Gesetz Nr. 91-7 über Fabrik-, Handels- oder Dienstleistungsmarken vom 4. Januar 1991, in Kraft getreten am 28. Dezember 1991, BlPMZ 1993, 216, zuletzt geändert durch Gesetz Nr. 96-1106 vom 19. Dezember 1996, BlPMZ 1997, 371), *Griechenland* (Art. 22 MarkenG Nr. 2239/1994 vom 16. September 1994, in Kraft getreten am 1. November 1994, GRUR Int 1995, 886), *Großbritannien* (Sec. 24 (1) Trade Marks Act 1994 vom 21. Juli 1994, in Kraft getreten am 31. Oktober 1994, BlPMZ 1997, 286), *Irland* (Sec. 28 (1) Trade Marks Act 1996 vom 16. März 1996, in Kraft getreten am 1. Juli 1996, BlPMZ 1998, 213, 260), *Italien* (Art. 15 Abs. 1 MarkenG Nr. 929 vom 21. Juni 1942 idF der Verordnung Nr. 480 vom 4. Dezember 1992, in Kraft getreten am 28. Dezember 1992, GRUR Int 1994, 218, geändert durch Verordnung Nr. 198 vom 13. März 1996, BlPMZ 1997, 277), *Österreich* (§ 11 Abs. 2 MSchG 1970, in Kraft getreten am 30. November 1970, Österr. BGBl. Nr. 260, idF durch die Markenschutzgesetznovelle 1992, Österr. BGBl. 1992

Nr. 773, zuletzt geändert durch Bundesgesetz Nr. 109/1993, BlPMZ 1993, 465), *Portugal* (§ 211 Gesetz Nr. 16/1995 über gewerbliche Schutzrechte vom 24. Januar 1995, in Kraft getreten am 1. Juni 1995, GRUR Int 1997, 698), *Schweden* (§ 32 MarkenG 1960: 644 vom 2. Dezember 1960, in Kraft getreten am 1. Januar 1961, zuletzt geändert durch Änderungsgesetze 1995: 1277 und 1995: 1278 vom 15. Dezember 1995, GRUR Int 1996, 1027) und *Spanien* (Art. 41 Abs. 1 MarkenG Nr. 32/1988 vom 10. November 1988, in Kraft getreten am 12. Mai 1989, GRUR Int 1989, 552).

## B. Rechtsübergang des Markenrechts

### I. Freie Übertragbarkeit statt Bindung an den Geschäftsbetrieb (§ 27 Abs. 1)

#### 1. Rechtslage im WZG

**a) Bindung an den Geschäftsbetrieb.** Im WZG galt das *Akzessorietätsprinzip* (zur  7
Rechtsentwicklung von der akzessorischen zur nichtakzessorischen Marke s. § 3, Rn 52 ff.). Nach seiner Entstehung blieb das Markenrecht in seinem Rechtsbestand mit dem Geschäftsbetrieb untrennbar verbunden. Der *Übergang des ganzen Geschäftsbetriebs* oder zumindest des *Betriebsteils*, zu dem das Warenzeichen gehörte, war zu einer *rechtswirksamen* Übertragung des Warenzeichens erforderlich (§ 8 Abs. 1 S. 2 WZG). Eine Vereinbarung, die eine andere Übertragung des Warenzeichens zum Gegenstand hatte, war nach § 8 Abs. 1 S. 3 WZG unwirksam. Nach § 11 Abs. 1 Nr. 2 WZG begründete die Nichtfortsetzung des zu einem Warenzeichen gehörenden Geschäftsbetriebs einen Löschungsgrund. Im WZG bestand so eine *absolute Bindung der Marke an einen Geschäftsbetrieb* hinsichtlich der Entstehung, des Bestands sowie des Übergangs des Zeichenrechts (strenge Akzessorietät). Die Unternehmensbindung der Marke wurde als Ausdruck der Herkunftsfunktion der Marke verstanden. Folge einer Markenübertragung ohne den dazugehörigen Geschäftsbetrieb sei eine Irreführung des Publikums, das weiterhin davon ausgehe, die Waren stammten noch aus dem ursprünglichen Geschäftsbetrieb. Der rechtspolitische Normzweck des § 8 WZG wurde in einem Schutz der Allgemeinheit vor Täuschungen gesehen (RGZ 146, 325, 331 – Fratelli; BGH GRUR 1967, 89, 92 – Rose; 1971, 573, 574 – Nocado; 1973, 363, 365 – Baader). Der Markenhandel als solcher war dem WZG fremd. Kritik an der Ideologie des Akzessorietätsgrundsatzes wurde nachhaltig vorgetragen (s. dazu *Baumbach/Hefermehl*, § 8 WZG, Rn 2). Im Verkehr herrschten keine zuverlässigen Vorstellungen über die Produktherkunft, eine Rechtsnachfolge im Unternehmen verändere die Produktqualität, eine Umgehung des Übertragungsverbots durch Eintragung einer übereinstimmenden Marke sei einfach. Die Formel von der *Leerübertragung eines Warenzeichens* kennzeichnet den Diskussionsstand. Überwiegend ging die Forderung dahin, die freie Übertragbarkeit der Marke zuzulassen und zugleich den Mißbrauch eines freien Rechtserwerbs und seiner freien Rechtsübertragung nach den allgemeinen Vorschriften zu verhindern.

**b) Wirtschaftlicher Unternehmensübergang.** Trotz der Kritik am Normzweck des  8
§ 8 WZG hielt die Rechtsprechung wegen des klaren Wortlauts der Vorschrift an dem Grundsatz der Bindung der Marke an den Geschäftsbetrieb fest (RGZ 169, 240 – Schwarz-Weiß; BGHZ 1, 241, 243 – Piek Fein; 6, 137, 141 – Lockwell; BGH GRUR 1967, 89, 92 – Rose; 1971, 573, 574 – Nocado; 1973, 363, 365 – Baader). Das Erfordernis einer Übertragung des Geschäftsbetriebs wurde aber aufgrund einer wirtschaftlichen Betrachtungsweise *weit ausgelegt* (BGHZ 23, 100 – Taeschner/Pertussin I; BGH GRUR 1963, 473, 474 – Filmfabrik Köpenick; 1967, 89, 92 – Rose; 1971, 573, 574 – Nocado; 1973, 363 – Baader). Dem Normzweck des § 8 Abs. 1 S. 2 WZG entsprechend, eine Täuschung der Allgemeinheit zu verhindern, genüge es, wenn diejenigen Werte des Betriebs auf den Erwerber übertragen würden, die eine Fortführung des Unternehmens und der Geschäftstradition ermöglichten (RG GRUR 1928, 657 – Weber-Kaffee; 1931, 1146 – Platit; BGH GRUR 1967, 89, 92 – Rose; 1973, 363, 365 – Baader). Die Rechtsprechung kennzeichnet ein weitherziger Maßstab an die rechtlichen Voraussetzungen einer *wirtschaftlichen Unternehmensübertragung* unter Berücksichtigung der besonderen Umstände des Einzelfalles (s. dazu näher *Baum-*

*bach/Hefermehl*, § 8 WZG, Rn 9ff.), die nach der Rechtslage im MarkenG grundsätzlich nicht mehr erheblich ist. Die Übertragung von Produktionsanlagen und Fachkräften konnte erforderlich, die Übertragung von gewerblichen Schutzrechten sowie Know-how, Rezepten oder Unternehmenserfahrung ausreichend sein (BGH GRUR 1954, 274, 275 – Goldwell; BGHZ 23, 100 – Taeschner/Pertussin I; BGH GRUR 1967, 89, 92 – Rose; 1973, 363, 364 – Baader). Bei einem Produktionsunternehmen (BGH GRUR 1967, 89, 92 – Rose) sollte anders als bei einem Handelsunternehmen (RG GRUR 1943, 298 – Orfa) die Übernahme der Kunden- und Lieferantenbeziehungen nicht genügen. Wenn kein Geschäftsbetrieb bestand, dann konnte ein Markenrecht nicht übertragen werden (RGZ 147, 332, 335 – Aeskulap); die Übertragung war nach § 8 Abs. 1 S. 3 WZG unwirksam und das Warenzeichen unterlag nach § 11 Abs. 1 Nr. 2 WZG einer Popularklage auf Löschung (zu den Schranken dieses Grundsatzes bei einer Eintragung vor Betriebseröffnung sowie nach einer Betriebsaufgabe s. *Baumbach/Hefermehl*, § 8 WZG, Rn 11, 12). Die Übertragung von Warenzeichen und Unternehmen bedurfte eines *zeitlichen* und *wirtschaftlichen Zusammenhangs* (BGH GRUR 1971, 573, 574 – Nocado; *Baumbach/Hefermehl*, § 8 WZG, Rn 14). Die Unternehmensfortführung durch den Erwerber war nicht Voraussetzung einer wirksamen Übertragung der Marke (BGH GRUR 1973, 363, 365 – Baader; *Baumbach/Hefermehl*, § 8 WZG, Rn 15). Die Übertragung des Teils des Geschäftsbetriebs, zu dem das Warenzeichen gehörte, war ausreichend (s. dazu näher *Baumbach/Hefermehl*, § 8 WZG, Rn 20ff.; zur *Übertragung im Konzern* siehe Rn 25; zur treuhänderischen Übertragung s. Rn 26). Den Anforderungen an einen wirtschaftlichen Unternehmensübergang genügt es nicht, wenn das Warenzeichen zusammen mit den vom Zeicheninhaber gehaltenen Gesellschaftsanteilen in Höhe von 98% an einer rechtlich selbständigen, konzernverbundenen Gesellschaft, die das Warenzeichen bisher und weiterhin mit Zustimmung des Markeninhabers ausschließlich in ihrem Geschäftsbetrieb benutzt, veräußert wird (BGH GRUR 1992, 106 – Barbarossa). Bei einer Übertragung des Markenrechts ohne den Geschäftsbetrieb verblieb das Zeichenrecht bei dem Veräußerer (BGHZ 6, 137, 141 – Lockwell), der nach erfolgter Eintragungsänderung die Einwilligung zu einer Rückumschreibung aufgrund eines Beseitigungsanspruchs nach § 1004 BGB verlangen konnte (s. dazu näher *Baumbach/Hefermehl*, § 8 WZG, Rn 29).

### 2. Rechtslage im MarkenG

**9** Im MarkenG gilt allgemein das *Prinzip der Nichtakzessorietät* der Marke (s. § 3, Rn 66ff.). Der Rechtsübergang des Markenrechts verlangt nicht den Übergang des Unternehmens oder eines entsprechenden Unternehmensteils. Nicht anders als bei der Rechtsentstehung der Marke ist auch bei dem Rechtsübergang der Marke nicht erforderlich, daß der Rechtserwerber als Markeninhaber ein eigenes Unternehmen führt oder ihm Unternehmenseigenschaft zukommt oder er eine Marktbeziehung wie etwa eine Unternehmensbeteiligung oder ein Wettbewerbsverhältnis aufbaut. Weder ist die Spekulationsmarke (s. dazu § 3, Rn 73f.) noch der Spekulationserwerb als solcher unzulässig. In solchen Fallkonstellationen kann aber der Nichtigkeitsgrund der bösgläubigen Anmeldung nach § 50 Abs. 2 Nr. 4 und eine Fallgestaltung des Behinderungswettbewerbs vorliegen (s. § 50, Rn 21ff.). Die Benutzung einer angemeldeten oder eingetragenen Marke ist für deren Übertragbarkeit rechtlich unerheblich; auch Vorratsmarken können nach § 27 übertragen werden (OLG Düsseldorf GRUR 1959, 603 – Acetogen). Jedes nach § 7 markenrechtsfähige Rechtssubjekt kann ein Markenrecht nicht nur originär im Wege der Rechtsentstehung nach § 4 Nr. 1 bis 3, sondern auch derivativ im Wege des Rechtsübergangs nach § 27 erwerben.

## II. Gegenstand des Rechtsübergangs

### 1. Marken

**10** Gegenstände einer Rechtsübertragung oder eines Rechtsübergangs sind alle nach der Entstehung des Markenschutzes zu unterscheidenden drei Markenkategorien des § 4 Nr. 1 bis 3 (*Registermarke, Benutzungsmarke, Notorietätsmarke*). Das sind die durch Eintragung entstehenden Marken (Nr. 1), die durch Benutzung und den Erwerb von Verkehrsgeltung entstehenden Marken (Nr. 2) und die durch notorische Bekanntheit entstehenden Marken (Nr. 3).

## 2. Markenanwartschaften

Nach § 31 ist die Vorschrift des § 27 über den Rechtsübergang auf die durch Anmeldung von Marken begründeten Rechte anzuwenden. Schon die Anmeldung einer Marke begründet nach § 33 Abs. 2 S. 1 einen Anspruch auf Eintragung der Marke (*Markenanwartschaftsrecht*). Diese Anwartschaft auf Eintragung stellt einen öffentlichrechtlichen Anspruch des Anmelders gegen das DPMA auf eine sachgemäße Behandlung seines Eintragungsantrages dar. Der Rechtsübergang der Markenanwartschaft sichert dem Rechtserwerber als Rechtsnachfolger des Anmelders die Priorität nach § 6 Abs. 2 und eine Anrechnung der Rechtshandlungen des Anmelders.

## 3. Geschäftliche Bezeichnungen

Die Vorschrift des § 27 regelt nur den Rechtsübergang von Marken. Der Gesetzgeber des MarkenG hat bewußt von einer Regelung der Übertragung von *geschäftlichen Bezeichnungen* im Sinne des § 5 abgesehen (Begründung zum MarkenG, BT-Drucks. 12/6581 vom 14. Januar 1994, S. 84). Der Rechtsübergang von Unternehmenskennzeichen wie von Namen, Firmen und besonderen Geschäfts- oder Unternehmensbezeichnungen im Sinne des § 5 Abs. 2 S. 1, von Geschäftsabzeichen und sonstigen betrieblichen Unterscheidungszeichen im Sinne des § 5 Abs. 2 S. 2 und von Werktiteln im Sinne des § 5 Abs. 3 bestimmt sich nach dem schon vor dem Inkrafttreten des MarkenG geltenden Recht (zum Rechtsübergang von geschäftlichen Bezeichnungen s. § 15, Rn 21, 106, 170).

## 4. Geographische Herkunftsangaben

Die Vorschrift des § 27 ist nicht auf *geographische Herkunftsangaben* anwendbar. Nach der Rechtslage im MarkenG besteht an geographischen Herkunftsangaben zwar Kennzeichenschutz mit der Folge, daß geographische Herkunftsangaben als immaterialgüterrechtliche Vermögensrechte verstanden werden und ihrer Rechtsnatur nach subjektive Rechte darstellen. Das subjektive Recht an der geographischen Herkunftsangabe entsteht durch Benutzung, wenn die Schutzvoraussetzungen eines rechtmäßigen Gebrauchs erfüllt sind. Einer Rechtsübertragung subjektiver Herkunftsangaben bedarf es nicht, da aufgrund des Kennzeichenschutzes geographischer Herkunftsangaben im MarkenG subjektive Rechte eines jeden rechtmäßigen Benutzers begründet werden können (s. § 126, Rn 4).

### III. Arten des Rechtsübergangs

## 1. Übertragung der Marke durch Vertrag

Die *Übertragung einer Marke* erfolgt durch *Vertrag*. Nach § 413 BGB ist auf diesen rechtsgeschäftlichen Übertragungsvorgang das Abtretungsrecht der §§ 398 ff. BGB entsprechend anzuwenden. Die rechtsgeschäftliche Übertragung des Markenrechts stellt ein *Verfügungsgeschäft* dar. Der Verfügung liegt regelmäßig ein Verpflichtungsgeschäft zugrunde. Von der *dinglichen* Übertragung des Markenrechts ist die *schuldrechtliche* Verpflichtung zur Übertragung des Markenrechts zu unterscheiden. Bei dem Verpflichtungsgeschäft handelt es sich zumeist um einen Kaufvertrag in Form des Rechtskaufs nach § 433 Abs. 1 S. 2 BGB oder um eine Vereinbarung als Teil eines Unternehmenskaufs. Auch wenn nach dem Abstraktionsprinzip das dingliche Rechtsgeschäft (Verfügung) rechtlich selbständig ist gegenüber dem schuldrechtlichen Rechtsgeschäft, ist es den Parteien möglich, einen rechtlichen Zusammenhang zwischen dem dinglichen und schuldrechtlichen Rechtsgeschäft herzustellen. Die Parteien können das Verfügungsgeschäft unter der Bedingung (§ 158 BGB) der Gültigkeit des kausalen Rechtsgeschäfts abschließen (*bedingte Verfügung*). Eine ausdrückliche Vereinbarung einer durch die Gültigkeit der Verpflichtung bedingten Verfügung ist zulässig (*Palandt/Heinrichs*, Überbl § 104 BGB, Rn 24). Die Annahme einer konkludenten Bedingung ist wegen des Abstraktionsprinzips grundsätzlich bedenklich. Die Parteien können auch ausdrücklich vereinbaren, daß Verpflichtung und Verfügung eine *Geschäftseinheit* im Sinne des § 139 BGB bilden. Folge ist die Nichtigkeit der Markenrechtsübertragung bei Ungültigkeit des Verpflichtungsgeschäfts. Gegenüber einer konkludenten Vereinbarung einer Geschäftseinheit ist Zurückhaltung geboten (s. etwa BGH NJW 1967, 1128, 1130). Die

Verpflichtung zur Markenrechtsübertragung kann auch durch ein Vermächtnis begründet werden (§ 2174 BGB) oder sich aus einem gesetzlichen Anspruch ergeben. Weder das Verpflichtungsgeschäft noch das Verfügungsgeschäft einer Markenrechtsübertragung bedürfen der Form, wenn sich nicht die Formbedürftigkeit aus besonderen Formvorschriften, wie etwa bei einem Schenkungsversprechen nach § 518 BGB, ergibt (*Grundsatz der Formfreiheit*).

15 Anders als das MarkenG enthält die GMarkenV für die rechtsgeschäftliche Übertragung der Gemeinschaftsmarke eine Formvorschrift. Nach Art. 17 Abs. 3 GMarkenV muß die rechtsgeschäftliche Übertragung der Gemeinschaftsmarke *schriftlich* erfolgen und bedarf der Unterschrift der Vertragsparteien. Das gilt nicht, wenn die Gemeinschaftsmarkenübertragung auf einer gerichtlichen Entscheidung beruht. Folge eines Verstoßes gegen die Formvorschrift ist die Nichtigkeit der Rechtsübertragung. Die Formvorschrift ist nicht anzuwenden, wenn die Übertragung eines Unternehmens in seiner Gesamtheit die Gemeinschaftsmarke erfaßt (Art. 17 Abs. 2 GMarkenV).

16 Die Markenrechtsübertragung kann unter einer *Bedingung* (§§ 158 bis 162 BGB) oder unter einer *Befristung* (§ 163 BGB) erfolgen. Die Rechtsübertragung kann etwa unter der auflösenden Bedingung einer Weiterübertragung erfolgen, die Bedingung auch konkludent vereinbart sein (s. RGZ 121, 257, 258). Bei Eintritt der auflösenden Bedingung, wie etwa im Falle einer Weiterübertragung des Markenrechts, tritt als Rechtsfolge der Rückfall des Markenrechts an den Übertragenden und damit der ursprüngliche Rechtszustand ein (*Pinzger*, Markenrecht, § 8 WZG, Rn 6); § 137 S. 1 BGB steht nicht entgegen (*Soergel/Hefermehl*, § 137 BGB, Rn 14; zu einer analogen Anwendung der Vorschrift s. *Staudinger/Kohler*, § 137 BGB, Rn 22).

### 2. Treuhänderische Übertragung

17 Der Übertragung des Markenrechts kann ein *Treuhandvertrag* zugrunde liegen und die Rechtsübertragung treuhänderisch an einen Dritten erfolgen. Wenn die Vertragsbeziehungen enden, dann ist der treuhänderische Markeninhaber zur Rückübertragung des Markenrechts an den Treugeber verpflichtet. Nichts anderes gilt bei einer treuhänderischen Eintragung der Marke. Eine solche Fallkonstellation stellt etwa die Übertragung einer inländischen Marke eines ausländischen Markeninhabers an den inländischen Vertriebsberechtigten dar. Teil einer Rückübertragung des Vertriebgeschäfts ist eine konkludente Rückübertragung des Markenrechts (s. schon RG GRUR 1938, 356, 359 – Muratti).

### 3. Rechtsübergang kraft Gesetzes

18 Das Markenrecht ist vererblich. Mit dem Tode des Markeninhabers erwirbt der Erbe im Wege der *Gesamtrechtsnachfolge* nach § 1922 BGB das Markenrecht im Sinne des § 4 Nr. 1 bis 3. Auch die Markenanwartschaft nach § 31 ist vererblich. Ob es sich um gesetzliche oder gewillkürte Erbfolge handelt, ist für den Rechtsübergang des Markenrechts unerheblich. Bei mehreren Erben ist die Miterbengemeinschaft (§ 2032 BGB) Markeninhaberin. Die Erbengemeinschaft ist als Gesamthandsgemeinschaft markenrechtsfähig (s. § 7, Rn 42). Das Markenrecht kann auch Gegenstand eines Vermächtnisses sein (§ 2174 BGB).

### 4. Neubegründung eines Markenrechts durch Neueintragung

19 Eine Neubegründung eines Markenrechts durch *Neueintragung* und keine Rechtsübertragung liegt vor, wenn eine identische oder ähnliche Marke für identische oder ähnliche Produkte mit Zustimmung des Inhabers eines prioritätsälteren Markenrechts, der sich verpflichtet, gegen die Eintragung keinen Widerspruch zu erheben oder auch sein prioritätsälteres Markenrecht nach der Eintragung der Marke zu löschen, für einen anderen eingetragen wird (RG GRUR 1942, 174 – Regent). Die Neubegründung eines Markenrechts und keine Rechtsübertragung liegt auch dann vor, wenn ein Markeninhaber der Benutzung seiner Marke durch einen Dritten nicht widerspricht und der Dritte ein Markenrecht durch Benutzung nach § 4 Nr. 2 erwirbt, zumal dann, wenn der prioritätsältere Markeninhaber die Benutzung seiner Marke aufgibt. Da die Benutzung der Marke durch den Dritten ohne Zustimmung des prioritätsälteren Markeninhabers erfolgt, kommt eine Zurechnung der Drittbenutzung an den prioritätsälteren Markeninhaber nach § 26 Abs. 2 nicht in Betracht. Die Neubegründung des Markenrechts ist mit dem *Prioritätsverlust* der älteren Marke verbunden.

## IV. Wirkungen des Rechtsübergangs

Der Rechtsübergang des Markenrechts auf den Rechtsnachfolger vollzieht sich aufgrund einer rechtsgeschäftlichen Verfügung über das Markenrecht oder aufgrund Gesetzes (s. zu den Arten des Rechtsübergangs Rn 14 ff.). Die Eintragung des Rechtsübergangs in das Register ist keine Wirksamkeitsvoraussetzung des Rechtsübergangs. Der Eintragung des Rechtsnachfolgers als Markeninhaber kommt *keine konstitutive Wirkung* zu (s. Rn 35). Die Geltendmachung des Anspruchs auf einen Schutz der Marke durch den Rechtsnachfolger ist *in bestimmten Verfahren* nach § 28 Abs. 2 bis zum Zugang des Antrags auf Eintragung des Rechtsübergangs bei dem DPMA beschränkt (s. Rn 36 ff.). Ansprüche aus einer *Markenrechtsverletzung* nach den §§ 14 ff. kann der Rechtsnachfolger gegenüber Dritten ab dem Zeitpunkt des wirksamen Rechtsübergangs des Markenrechts geltend machen. 20

Der Rechtsnachfolger erwirbt das Markenrecht mit dem *Schutzinhalt* des Rechtsvorgängers. Das Markenrecht geht so über, wie es besteht. Der Rechtsnachfolger erlangt die *Priorität* der angemeldeten oder eingetragenen Marke nach § 6 Abs. 2 oder die Priorität der benutzten oder notorisch bekannten Marken nach § 6 Abs. 3 so, wie die Priorität dem Rechtsvorgänger zustand. Wenn *Eintragungshindernisse* in der Person des Rechtsvorgängers bestanden, dann wirken diese Eintragungshindernisse grundsätzlich auch gegenüber dem Rechtsnachfolger. Wenn die Eintragungshindernisse bei dem Rechtsnachfolger nicht bestehen, dann bestimmt sich die Priorität des Markenrechts ab dem Zeitpunkt des wirksamen Rechtsübergangs. Wenn die Anmeldung des Rechtsvorgängers die *Anmeldungserfordernisse* nicht erfüllte und dem Eintragungsantrag nicht stattzugeben war, dann ist eine erneute Anmeldung des Rechtsnachfolgers erforderlich (*Baumbach/Hefermehl*, § 8 WZG, Rn 5). Eine Heilung der unwirksamen Anmeldung würde dem Rechtsnachfolger einen ihm nicht zukommenden Prioritätsvorteil gewähren (RPA BlPMZ 1903, 283). Ob und inwieweit eine *schuldrechtliche Verpflichtung* des Rechtsvorgängers auf den Rechtsnachfolger übergeht, hängt von dem Inhalt des Verpflichtungsvertrages, etwa hinsichtlich einer Gebrauchsüberlassung, ab. Wenn der Rechtsvorgänger die Benutzung der Marke durch einen Dritten stillschweigend geduldet hat, dann braucht der Rechtsnachfolger eine Fortsetzung der Markenbenutzung durch den Dritten grundsätzlich nicht zu dulden, wenn nicht eine Verwirkung nach § 21 oder Verjährung nach § 20 eingetreten ist. Bei der Übertragung eines Markenrechts, bei dem wegen *mangelnder Benutzung* der Verfall eingetreten ist, treffen den Rechtsnachfolger die Rechtsfolgen der mangelnden Benutzung (s. § 26, Rn 31); es beginnt keine neue Benutzungsfrist zugunsten des Rechtsnachfolgers zu laufen. 21

## V. Teilübergang

### 1. Grundsatz

Eine Marke wird regelmäßig für alle Waren oder Dienstleistungen übertragen, für die sie eingetragen ist (*Vollübertragung* oder *Gesamtübertragung*). Nach § 27 Abs. 1 ist auch eine Übertragung der Marke für einen Teil der eingetragenen Waren oder Dienstleistungen (*Teilübertragung*) zulässig. Die Zulässigkeit der Teilübertragung besteht für alle drei Markenkategorien des § 4 Nr. 1 bis 3. Da nach § 31 die Vorschriften von Abschnitt 5 auf die durch Anmeldung von Marken begründeten Rechte entsprechend anzuwenden sind, ist auch eine Teilübertragung der Markenanwartschaft zulässig. Die Teilübertragung einer Marke und die Teilübertragung einer Anmeldung entsprechen der im MarkenG zugelassenen Teilung der Eintragung nach § 46 und der Teilung der Anmeldung nach § 40. 22

Im WZG galt der Grundsatz der *Unteilbarkeit* des Warenzeichens. Eine Markenteilung war unzulässig. Deshalb bestand auch grundsätzlich keine Möglichkeit einer Teilübertragung einer Marke oder Anmeldung. Nach der Rechtslage im WZG konnte die Teilübertragung eines Warenzeichens nur in einem begrenzten Umfange erreicht werden. Wenn ein Warenzeichen für mehrere Waren oder Dienstleistungen eingetragen war, dann konnte das Zeichenrecht für einen Teil der Waren oder Dienstleistungen einschließlich des dazugehörenden Teils des Geschäftsbetriebs dann auf den Rechtsnachfolger übertragen werden, wenn der Rechtsvorgänger das Warenzeichen für den übrigen Teil der Waren oder Dienstleistun- 23

## MarkenG § 27   24–26

gen einschließlich des dazugehörigen Geschäftsbetriebs nicht mehr fortführte (RG GRUR 1943, 131, 133 – Valenciade; BPatGE 26, 70, 76 – Stahl). Auch eine solche Teilübertragung für bestimmte Waren oder Dienstleistungen wurde dann für unzulässig gehalten, wenn dadurch eine Gefahr einer Täuschung des Publikums hervorgerufen wurde (*Baumbach/Hefermehl*, § 8 WZG, Rn 22).

**24**  Nicht anders als bei einem Vollrechtsübergang stellt auch bei einem Teilrechtsübergang die Eintragung in das Register *keine Wirksamkeitsvoraussetzung* des Teilrechtsübergangs dar (s. Rn 20). Nach § 28 Abs. 2 kann aber der Teilrechtsnachfolger in bestimmten Verfahren den Anspruch auf den Schutz seines Rechts erst von dem Zeitpunkt an geltend machen, in dem dem DPMA der Antrag auf Eintragung des Teilrechtsübergangs zugegangen ist. Eine Teilübertragung ohne Eintragung in das Register wird etwa bei einer Sicherungsübereignung eines Teilmarkenrechts sachlich geboten sein.

### 2. Verfahren (§§ 27 Abs. 4; 32 MarkenV)

**25**  § 27 Abs. 4 enthält eine ergänzende Bestimmung zu den bei einer Teilübertragung geltenden *Verfahrensregelungen*. Die Vorschrift gilt nur für die durch Eintragung entstehenden Markenrechte im Sinne des § 4 Nr. 1, da die durch Benutzung und notorische Bekanntheit entstehenden Markenrechte im Sinne des § 4 Nr. 2 und 3 nicht in einem Register eingetragen werden. Die Bestimmung wurde durch das MarkenRÄndG 1996 vom 19. Juli 1996 (BGBl. I S. 1014) neu gefaßt. Nach dem bisher geltenden Recht wurde die Vorschrift des § 46, die die Teilung der Eintragung regelt, in bezug auf die Teilübertragung generell für entsprechend anwendbar erklärt. Durch die Gesetzesänderung wurde eine differenziertere Regelung getroffen, die den bestehenden Unterschieden zwischen der *Teilübertragung eines Markenrechts* und der *Teilung einer Eintragung* gerecht werden soll, namentlich eine Regelung, die die Rechte des durch eine Teilübertragung begünstigten Dritten ausreichend berücksichtigt (Begründung zum MarkenRÄndG 1996, BT-Drucks. 13/3841 vom 23. Februar 1996, S. 9). § 32 MarkenV enthält *verfahrensrechtliche Ausführungsbestimmungen* für den Teilübergang. Nach § 32 Abs. 4 ist auch die Ausführungsbestimmung des § 37 MarkenV, die die Teilung von Eintragungen regelt, entsprechend anzuwenden. Nach § 32 Abs. 1 MarkenV liegt ein Teilübergang eines Markenrechts dann vor, wenn der Übergang des durch die Eintragung einer Marke begründeten Rechts nur einen Teil der eingetragenen Waren und Dienstleistungen betrifft. Bei einem solchen Teilübergang sind in dem Antrag auf Eintragung des Rechtsübergangs die Waren oder Dienstleistungen anzugeben, auf die sich der Rechtsübergang bezieht. Mit der Registrierung von Teilübertragungen ist ein besonderer Verwaltungsaufwand, wie etwa die Anlegung neuer Akten und die Zuteilung neuer Nummern, verbunden. Nach der Neufassung enthält Abs. 4 S. 1 deshalb eine ausdrückliche Regelung der Verpflichtung zur *Gebührenzahlung*. Die Gebühr für einen *Antrag auf Teilübertragung einer Anmeldung* (§§ 31, 27 Abs. 4) beträgt nach Nr. 131700 GebVerz zu § 1 PatGebG derzeit 500 DM. Die Gebühr für einen *Antrag auf Teilübertragung einer Eintragung* beträgt nach Nr. 133400 GebVerz zu § 1 PatGebG derzeit 600 DM. Wird die Gebühr nicht gezahlt, so gilt der Antrag als nicht gestellt (Abs. 4 S. 2, § 32 Abs. 3 S. 3 MarkenV). Die in § 46 Abs. 3 für die Teilung einer Eintragung geltende Bestimmung, daß eine Verzögerung der Einreichung der erforderlichen Unterlagen oder der Einzahlung der Gebühren als Verzicht auf die Eintragung des abgetrennten Teils gilt, findet demnach auf die Teilübertragung keine Anwendung mehr (Abs. 4 S. 3). Weitere Einzelheiten über die Gebührenzahlung sind in § 32 Abs. 3 MarkenV geregelt. Keine Anwendung findet auch die Bestimmung des § 46 Abs. 2 (Abs. 4 S. 3, § 32 Abs. 2 MarkenV). Eine Blockierung der Teilübertragung durch einen Widerspruch gegen die Eintragung der Marke soll damit ausgeschlossen werden. Im übrigen finden die Vorschriften über die Teilung der Eintragung sowie die Teilung der Anmeldung entsprechende Anwendung (Abs. 4 S. 3 iVm § 46; §§ 31, 27 Abs. 4 S. 3, 40).

### VI. Keine Heilung unwirksamer Leerübertragungen

**26**  Rechtsfolge einer Leerübertragung (s. Rn 7) war nach § 8 Abs. 1 S. 3 WZG die *Unwirksamkeit der Vereinbarung,* die eine solche Art der Leerrechtsübertragung zum Gegenstand hatte. Ein Verstoß gegen das Verbot einer Leerübertragung nach § 8 Abs. 1 S. 2 WZG hatte *nicht das Erlöschen des Zeichenrechts* zur Rechtsfolge (*Baumbach/Hefermehl*, § 8 WZG, Rn 28,

29). Die gegenteilige Auffassung des RG, infolge der Trennung des Warenzeichens vom Geschäftsbetrieb erlösche das Zeichenrecht (RGZ 56, 369, 371 – Venus; RG GRUR 1935, 315 – Germosan; zust. *Hagens*, § 7 WZG, Anm. 5; zweifelnd RG GRUR 1943, 131, 134 – Valenciade), wurde vom BGH aufgegeben (BGHZ 56, 137, 144 – Lockwell). Da nach § 8 Abs. 1 S. 2 WZG das Markenrecht nicht ohne eine Übertragung des dazugehörenden Geschäftsbetriebs auf den Rechtsnachfolger übergehen konnte, konnte die unwirksame Leerübertragung auch den Bestand des Zeichenrechts nicht gefährden, das nach wie vor dem Übertragenden zustand.

Rechtsfolge einer gegen § 8 Abs. 1 S. 2 WZG verstoßenden Leerübertragung eines Markenrechts waren nicht nur die Unwirksamkeit der Rechtsübertragung als des dinglichen *Verfügungsgeschäfts*, sondern auch die Unwirksamkeit des der Rechtsübertragung zugrundeliegenden schuldrechtlichen *Verpflichtungsgeschäfts* (s. Rn 14; *Baumbach/Hefermehl*, § 8 WZG, Rn 28). Mit einer nach Inkrafttreten des MarkenG *erneuten Vornahme der Rechtsübertragung* wird regelmäßig auch ein wirksames Verpflichtungsgeschäft verbunden sein. Wenn der ursprüngliche Markeninhaber eine erneute Rechtsübertragung verweigert, dann besteht bei Unwirksamkeit des schuldrechtlichen Verpflichtungsgeschäfts grundsätzlich kein Anspruch des Rechtserwerbers auf eine erneute Rechtsübertragung. Ein solcher Anspruch kann sich aber etwa aus der ursprünglichen Gesamtvereinbarung zwischen den Parteien ergeben, wenn die Übertragung des Warenzeichens nur einen Teil dieser Vereinbarungen ausmachte und deren Unwirksamkeit nicht zu einer Nichtigkeit des ganzen Rechtsgeschäfts nach § 139 BGB führte. Die Geltendmachung der Rechtsfolgen aus einer unwirksamen Leerübertragung durch den ursprünglichen Markeninhaber wird dann eine Fallkonstellation des *Rechtsmißbrauchs* nach dem Grundsatz von Treu und Glauben des § 242 BGB darstellen, wenn der vermeintliche Rechtserwerber nach der fehlgeschlagenen Rechtsübertragung die Marke in Benutzung genommen hat, zumal dann, wenn er durch Benutzung und den Erwerb von Verkehrsgeltung ein eigenes Markenrecht im Sinne des § 4 Nr. 2 erworben hat. Der nach der Rechtslage im WZG bei einer unwirksamen Leerübertragung nach erfolgter Umschreibung des Warenzeichens auf den Rechtserwerber bestehende Anspruch des Rechtsübertragenden, von dem zu Unrecht als Zeicheninhaber in die Warenzeichenrolle Eingetragenen die Einwilligung zur Rückumschreibung mit dem Beseitigungsanspruch nach § 1004 BGB zu verlangen (s. dazu *Baumbach/Hefermehl*, § 8 WZG, Rn 29), wird zudem zumeist nach § 20 verjährt oder nach § 21 verwirkt sein.

Die *vor dem Inkrafttreten des ErstrG* am 1. Mai 1992 vorgenommen unwirksamen, weil ohne eine Übertragung des dazugehörenden Geschäftsbetriebs erfolgten Leerübertragungen von Warenzeichen werden nicht aufgrund des im MarkenG geltenden Grundsatzes der freien Übertragbarkeit der Marken geheilt (s. allgemein zum Rückwirkungsverbot des Prinzips der Nichtakzessorietät der Marke § 3, Rn 65). Der Aufhebung des Verbots der Leerübertragung von Warenzeichen kommt *keine Rückwirkung* zu (BGHZ 127, 262 – NEUTREX; LG Frankfurt GRUR 1997, 62 – Leerübertragungen; aA *Kunz/Hallstein*, GRUR 1993, 439, 447). Wirksam entstandene Zwischenrechte bleiben bestehen (BGH GRUR 1994, 288 – Malibu). Die Übergangsvorschrift des § 152 ist nur auf vor dem Inkrafttreten des MarkenG am 1. Januar 1995 *entstandene* Kennzeichenrechte anzuwenden. Der wirksame Erwerb des Markenrechts erfordert eine *erneute Rechtsübertragung* der Marke im Sinne des § 27. Wenn die aufgrund der unwirksamen Leerübertragung in das Register eingetragene Marke noch für den Rechtsnachfolger eingetragen ist, dann wirkt die erneute Rechtsübertragung prioritätswahrend und der Rechtsnachfolger ist Inhaber der Marke mit deren *ursprünglicher Priorität*. Einem Verfall der Marke wegen mangelnder Benutzung vor der erneuten Rechtsübertragung steht die Zurechnung der Benutzung der Marke durch den Rechtsnachfolger an den Rechtsvorgänger nach § 26 Abs. 2 entgegen. Wenn vor einer erneuten Rechtsübertragung bereits die Löschung der Marke erfolgt ist, dann bewirkt eine erneute Rechtsübertragung der Marke das Entstehen eines neuen Markenrechts mit *eigener Priorität* nach § 6. Unabhängig von der Rechtsübertragung eines durch Eintragung nach § 4 Nr. 1 entstandenen Markenrechts kann der Rechtsnachfolger, wenn er die Marke benutzt hat, in der Zwischenzeit ein Markenrecht durch Benutzung und den Erwerb von Verkehrsgeltung nach § 4 Nr. 2 oder auch ein Markenrecht aufgrund notorischer Bekanntheit nach § 4 Nr. 3 erworben haben, deren Priorität sich nach § 6 Abs. 3 nach dem Zeitpunkt des Rechtserwerbs bestimmt.

## VII. Vermutung des Rechtsübergangs der Marke bei einem Rechtsübergang des Unternehmens (§ 27 Abs. 2)

### 1. Normzweck der Rechtsvermutung

29  Nach § 27 Abs. 2 besteht eine *Vermutung,* daß das Markenrecht im Zweifel von der Übertragung oder dem Übergang des Geschäftsbetriebs oder des Teils des Geschäftsbetriebs, zu dem die Marke gehört, erfaßt wird. Bei einem *Rechtsübergang des Unternehmens* wird der *Rechtsübergang der Marke* vermutet. Das gilt allerdings nur, wenn die Marke zu einem Geschäftsbetrieb oder zu einem Teil des Geschäftsbetriebs gehört; auch diese Einschränkung belegt, daß der Gesetzgeber des MarkenG von der Rechtsinhaberschaft an Marken ausgeht, die nicht zu einem Unternehmen gehören und eine Identität von Markeninhaber und Unternehmensinhaber keine Voraussetzung der Rechtsinhaberschaft an Marken darstellt (s. dazu näher § 3, Rn 105 ff.). Die Vorschrift des § 27 Abs. 3 belegt aber auch, daß trotz der Nichtakzessorietät der Marke im MarkenG eine rechtliche Konnexität zwischen Marke und Unternehmen besteht (s. dazu näher § 3, Rn 81 ff.), wie etwa bei der Rechtsvermutung des § 27 Abs. 2 bei dem Rechtsübergang der Marke zum Ausdruck kommt. Ob bei einer Übertragung des Unternehmens oder eines Teils des Unternehmens Markenrechte mitübertragen werden, bestimmt sich nach dem *Willen der Vertragsparteien.* Wenn eine ausdrückliche Vereinbarung über Markenrechte nicht getroffen worden ist, dann kommt es auf eine Auslegung des Vertrages über die Unternehmensveräußerung an. Bei dieser Vertragsauslegung ist die Rechtsvermutung des § 27 Abs. 2 rechtserheblich. Der Veräußerer kann die Vermutung aufgrund von außerhalb des Vertrages liegender Umständen, wie etwa Aktenvermerke über Gesprächsnotizen, widerlegen. Schon nach der Rechtslage im WZG wurde auch ohne eine ausdrückliche Regelung von einer tatsächlichen Vermutung ausgegangen, daß bei der Veräußerung eines Unternehmens auch bestehende Warenzeichenrechte mitübertragen werden (*Baumbach/Hefermehl,* § 8 WZG, Rn 17). Diese Rechtsvermutung war Ausdruck der Bindung der Marke an den Geschäftsbetrieb nach § 8 Abs. 1 S. 2 WZG; eine ausdrückliche Regelung im MarkenG ist deshalb sachgerecht. Die Rechtsvermutung des § 27 Abs. 2 entspricht im Normalfall den Interessen der Vertragsparteien und dient einer Klarstellung und Verhinderung von Rechtsstreitigkeiten.

### 2. Zugehörigkeit der Marke zu einem Unternehmen

30  Anwendungsvoraussetzung der Rechtsvermutung des § 27 Abs. 2 ist die *Zugehörigkeit der Marke zu einem Unternehmen* (Geschäftsbetrieb oder Teil eines Geschäftsbetriebs). Da die Rechtsinhaberschaft an einer Marke weder ein eigenes Unternehmen des Markeninhabers noch dessen Unternehmenseigenschaft oder eine sonstige Marktbeziehung wie eine Unternehmensbeteiligung und damit keine Identität von Markeninhaber und Unternehmensinhaber verlangt (s. dazu näher § 3, Rn 66 ff.), greift die Rechtsvermutung nur dann ein, wenn es sich um ein eigenes Unternehmen des Markeninhabers selbst handelt, zu dem die Marke gehört. Das kann ein Produktionsunternehmen oder ein Handelsunternehmen sein. Wenn der Markeninhaber die Marke aber nicht zur Unterscheidung von Waren oder Dienstleistungen seines eigenen Unternehmens, sondern zur Unterscheidung von Produkten eines fremden Unternehmens von den Produkten eines anderen Unternehmens benutzt (s. dazu § 3, Rn 105 ff.), dann handelt es sich bei dem fremden Unternehmen nicht um ein Unternehmen im Sinne der Rechtsvermutung des § 27 Abs. 2, zu dem die Marke gehört. Aus der Nichtakzessorietät der Marke folgt, daß der Markeninhaber die Marke als einen selbständigen Vermögensgegenstand dadurch verwerten kann, daß die Marke als Unterscheidungszeichen für Produkte eines anderen Unternehmens dient. Das eigene Unternehmen des Markeninhabers, dessen Gegenstand die Markenverwertung als solche ist, stellt nicht das der Marke zugehörende Unternehmen im Sinne des § 27 Abs. 2 dar. Wenn eine solche Fallkonstellation gegeben ist, dann greift die Rechtsvermutung des § 27 Abs. 2 schon wegen fehlender Zugehörigkeit der Marke zu einem Unternehmen des Markeninhabers nicht ein.

### 3. Übergang des Unternehmens

31  Anwendungsvoraussetzung des § 27 Abs. 2 ist die Übertragung oder der Übergang eines Unternehmens (Geschäftsbetrieb oder Teil eines Geschäftsbetriebs). Zur Bestimmung der

rechtlichen Anforderungen, die an das *Vorliegen eines Unternehmensübergangs* zu stellen sind, wird man nicht ohne weiteres auf die Rechtsprechung zur Übertragung des Geschäftsbetriebs im Sinne des § 8 Abs. 1 S. 2 WZG zurückgreifen können (s. dazu Rn 8; ausführlich *Baumbach/Hefermehl*, § 8 WZG, Rn 9). Wegen der als verfehlt bekannten Bindung des Warenzeichens an den Geschäftsbetrieb nach der Rechtslage im WZG wurde der Begriff der Übertragung des Geschäftsbetriebs sehr weit ausgelegt, um die Nichtigkeitsfolge einer Leerübertragung nach § 8 Abs. 1 S. 3 WZG auszuschließen. Auch der Rechtsvermutung des § 27 Abs. 2 liegt das Prinzip der Nichtakzessorietät der Marke zugrunde, auch wenn die Rechtsvermutung eine bestimmte rechtliche Konnexität zwischen der Marke und dem Unternehmen herstellt. Es wird zwar auch nach der Rechtslage im MarkenG bei der Auslegung des § 27 Abs. 2 davon auszugehen sein, daß der Begriff der Übertragung oder des Übergangs des Geschäftsbetriebs aufgrund einer *wirtschaftlichen Betrachtungsweise* zu verstehen ist (s. zur Rechtslage im WZG BGHZ 23, 100 – Taeschner/Pertussin I; BGH GRUR 1963, 473, 474 – Filmfabrik Köpenik; 1967, 89, 92 – Rose; 1971, 573, 574 – Nocado; 1973, 363, 364 – Baader). Anders als nach der Rechtslage im WZG ist aber Ausgangspunkt der wirtschaftlichen Betrachtungsweise nicht, eine Täuschung der Allgemeinheit zu verhindern, sondern ob der Unternehmensübergang in einem solchen *Sachzusammenhang* zu der Marke steht, daß der Rechtsübergang der Marke nach wirtschaftlicher Betrachtungsweise und verständiger Beurteilung einen sachgerechten Interessenausgleich der Vertragsparteien als eine Folge des Unternehmensübergangs darstellt. Entscheidend wird es darauf ankommen, ob die Benutzung der Marke zu der wirtschaftlichen Betätigung des übergegangenen Unternehmens auf dem Markt aufgrund eines wirtschaftlichen Sachzusammenhangs als zugehörend zu beurteilen ist. Je nach den wirtschaftlichen Umständen der Vertragsparteien kann schon die Übertragung von Immaterialgüterrechten, Gebrauchsmustern oder Geschmacksmustern, deren Verwertung auf dem Markt mit einer bestimmten Marke verbunden wird, die Annahme eines Unternehmensübergangs und somit das Eingreifen der Rechtsvermutung rechtfertigen. Die schlichte Übertragung einer Kunden- und Lieferantenkartei wird regelmäßig ohne Vorliegen weiterer Anhaltspunkte einen vermuteten Rechtsübergang der Marke ausschließen (so schon nach der Rechtslage im WZG für ein Produktionsunternehmen BGH GRUR 1967, 89, 92 – Rose; anders für ein Handelsunternehmen RG GRUR 1943, 298 – Orfa; weitergehend für ein Großhandelsunternehmen auch BGH GRUR 1958, 606, 609 – Kronenmarke). Ein Indiz für die Annahme eines Unternehmensübergangs ist es, ob und in welchem Umfange vor und nach der Unternehmensübernahme bei Kunden und Lieferanten an den *Goodwill des übernommenen Unternehmens* angeknüpft wird.

### 4. Zugehörigkeit zu einem Teilgeschäftsbetrieb

Von einem vermuteten Rechtsübergang der Marke nach § 27 Abs. 2 ist auch dann auszugehen, wenn ein Teil eines Geschäftsbetriebs übertragen wird oder übergeht, zu dem die Marke gehört. Bei einem *Teilunternehmen* wird es sich regelmäßig um einen bestimmt abgrenzbaren oder abgegrenzten Teil des Geschäftsbetriebs wie etwa eine Niederlassung, eine bestimmte Produktionsstätte oder die gesamte Produktion oder der gesamte Vertrieb eines bestimmten Produkts handeln (s. zur Rechtslage im WZG *Baumbach/Hefermehl*, § 8 WZG, Rn 20). Ein tatsächlich und zugleich räumlich abgegrenzter Teil eines Geschäftsbetriebs braucht nicht vorzuliegen (so zur Rechtslage im WZG RG GRUR 1943, 131 – Valenciade; BGHZ 23, 100 – Taeschner/Pertussin I). Auf die Eigentumsverhältnisse kommt es nicht entscheidend an (s. OLG Karlsruhe GRUR 1979, 319 – Varimot). Bei einem Groß- und Einzelhandelsunternehmen kann das Markenrecht schon mit der Übertragung des Einzelhandelsbetriebs übergehen (BGHZ 1, 241 – Piek fein). **32**

Da nach der Rechtslage im MarkenG als Folge der zulässigen Teilung der Eintragung (§ 46) und der zulässigen Teilung der Anmeldung (§ 40) ein Teilübergang der Marke und der Markenanwartschaft nach § 27 Abs. 1 zulässig ist (s. Rn 22 ff.), kommt für den Markeninhaber auch eine *Unternehmensteilung* in mehrere selbständige Geschäftsbetriebe sowie eine entsprechende Markenteilung und Teilübertragung in Betracht. Nach dem im WZG geltenden Grundsatz der Markeneinheit war eine solche nachträgliche Aufspaltung des Markenrechts auf mehrere Unternehmensteile ausgeschlossen (*Baumbach/Hefermehl*, § 8 WZG, **33**

## VIII. Übertragung und Einstellung des Unternehmens

**34** Als Folge der Nichtakzessorietät der Marke (s. dazu § 3, Rn 66 ff.) wirkt sich eine *Übertragung des Unternehmens* ohne gleichzeitige Übertragung des Markenrechts nicht auf den Bestand des Markenrechts aus. Die weitere Aufrechterhaltung des Markenrechts bestimmt sich nach den allgemeinen Voraussetzungen, wie der einer rechtserhaltenden Benutzung, der eine zurechenbare Drittbenutzung der Marke nach § 26 Abs. 2 genügt, sowie bei Marken im Sinne des § 4 Nr. 2 und 3 der Erhalt der erworbenen Verkehrsgeltung oder der notorischen Bekanntheit der Marke. Auch eine *Einstellung des Unternehmens* wirkt sich nicht auf den Bestand des Markenrechts aus, da die Rechtsinhaberschaft an einer Marke weder ein Unternehmen noch die Unternehmenseigenschaft des Markeninhabers voraussetzt (s. dazu § 3, Rn 62 ff.).

## IX. Eintragung des Rechtsübergangs (§ 27 Abs. 3)

**Schrifttum zum MarkenG.** *Repenn*, Umschreibung gewerblicher Schutzrechte, 1994.

### 1. Rechtsübergang und Registereintrag

**35** Der Rechtsübergang des durch die Eintragung oder die Anmeldung (§ 31) einer Marke begründeten Rechts kann nach § 27 Abs. 3 in das Register eingetragen werden. Dem *Registereintrag des Rechtsübergangs* kommt keine konstitutive Wirkung zu (s. Rn 20). Die Wirksamkeit des Rechtsübergangs der Marke bestimmt sich allein nach dessen rechtsgeschäftlichen (s. Rn 14 ff.) oder gesetzlichen (s. Rn 18) Voraussetzungen. Schon nach der Rechtslage im WZG war die Umschreibung von Warenzeichen in der Zeichenrolle keine Wirksamkeitsvoraussetzung des Rechtsübergangs (RGZ 80, 128 – Magnolia; BGH GRUR 1971, 573, 574 – Nocado).

### 2. Verfahren der Eintragung eines Rechtsübergangs (§§ 31, 35 MarkenV)

**36** **a) Fakultative Eintragung auf Antrag.** Der Rechtsübergang wird auf *Antrag eines Beteiligten* in das Register eingetragen. Die Eintragung in das Register ist fakultativ und steht den Beteiligten frei. Es besteht keine öffentlichrechtliche Pflicht zur Antragstellung. Mit der Nichteintragung des Rechtsübergangs sind nach § 28 Abs. 2 bestimmte verfahrensrechtliche Rechtsnachteile verbunden (s. § 28, Rn 12 ff.).

**37** **b) Antragsberechtigung.** Antragsberechtigte sind die *Beteiligten an dem Rechtsübergang*. Das sind in erster Linie die unmittelbar Beteiligten wie der *Rechtsvorgänger* und der *Rechtsnachfolger* als die Parteien des Rechtsübergangs. Mittelbar Beteiligter und damit Antragsberechtigt ist auch der *Inhaber eines dinglichen Rechts* an der Marke (§ 29). Entscheidend kommt es für die Antragsberechtigung darauf an, ob der Beteiligte ein *eigenes Interesse* an der Eintragung des Rechtsübergangs hat.

**38** **c) Nachweis des Rechtsübergangs.** Die Eintragung des Rechtsübergangs setzt den *Nachweis des Rechtsübergangs* durch den Antragsteller gegenüber dem DPMA voraus (so schon § 8 Abs. 1 S. 4 WZG). Aus dem Erfordernis des Nachweises des Rechtsübergangs folgt keine materiellrechtliche Prüfungspflicht des DPMA, den Inhaber des Markenrechts nach der materiellen Rechtslage zu bestimmen. Eine solch umfassende Prüfungspflicht widerspricht der Aufgabe des Registerverfahrens und ist den Verfahren vor den ordentlichen Gerichten vorbehalten. Es ist ausreichend, wenn dem DPMA entweder ein vom eingetragenen Inhaber oder seinem Vertreter oder aber vom Rechtsnachfolger oder seinem Vertreter unterschriebener Antrag vorliegt (§ 31 Abs. 3 Nr. 1 MarkenV) und dem vom Rechtsnachfolger gestellten Antrag eine Zustimmungserklärung des eingetragenen Inhabers oder seines Vertreters (§ 31 Abs. 3 Nr. 2 lit. a MarkenV) oder Unterlagen, aus denen sich die

Rechtsnachfolge ergibt (§ 31 Abs. 3 Nr. 2 lit. b MarkenV), beigefügt werden. Im Falle der *Erbfolge* geschieht der Nachweis durch Erbschein, öffentliches Testament oder bei einem Vermächtnisnehmer durch beglaubigte (argumentum e contrario aus § 31 Abs. 5 MarkenV) Zustimmungserklärung des Erben. Die Prüfungspflicht des DPMA beschränkt sich aber nicht auf die formale Ordnungsmäßigkeit des Antrags und des Nachweises des Rechtsübergangs. Nach § 31 Abs. 6 MarkenV kann das DPMA weitere Nachweise dann, aber auch nur dann verlangen, wenn sich begründete Zweifel an dem Rechtsübergang ergeben. Wenn die begründeten Zweifel an dem Rechtsübergang vom Antragsteller nicht ausgeräumt werden, dann ist das DPMA verpflichtet, die Eintragung des Rechtsübergangs abzulehnen (so schon zur Rechtslage im WZG BGH GRUR 1969, 43, 45 – Martin). Wenn sich aufgrund der eingereichten Unterlagen des Antragstellers keine Zweifel an dem Rechtsübergang ergeben, dann ist der Rechtsübergang einzutragen. Der Nachweis des Rechtsübergangs kann auch auf andere Weise erfolgen (§ 31 Abs. 7 MarkenV). Eine Beglaubigung der Erklärung oder der Unterschriften ist nicht erforderlich (§ 31 Abs. 5 MarkenV).

**d) Form des Antrags.** Der Antrag soll *schriftlich* unter Verwendung des vom DPMA herausgegebenen Formblatts gestellt werden (§ 31 Abs. 1 MarkenV). In dem Antrag sind die Registriernummer der Marke (§ 31 Abs. 2 Nr. 1 MarkenV), die erforderlichen Angaben über den Rechtsnachfolger (§§ 31 Abs. 2 Nr. 2; 5 MarkenV) und Name und Anschrift eines für den Rechtsnachfolger bestellten Vertreters (§ 31 Abs. 2 Nr. 3 MarkenV) anzugeben. **39**

**e) Gebühren der Eintragung.** Nach der Rechtslage im WZG war mit dem Antrag eine Gebühr zu entrichten, bei deren Nichtzahlung der Antrag als nicht gestellt galt (§ 8 Abs. 1 S. 5 WZG). Nach der Rechtslage im MarkenG und der MarkenV wird für die Eintragung des Rechtsübergangs keine Umschreibungsgebühr mehr erhoben. Der Gesetzgeber des MarkenG hat den Grund für die Gebührenfreiheit der Eintragung darin gesehen, daß die tatsächliche Richtigkeit der Registerangaben über Person, Namen, Sitz und weitere Angaben des Markeninhabers auch im öffentlichen Interesse liege (Begründung zum MarkenG, BT-Drucks. 12/6581 vom 14. Januar 1994, S. 84). Gebührenpflichtig ist die Eintragung eines Teilübergangs des Markenrechts oder der Markenanwartschaft (§ 32 Abs. 3 MarkenV; s. Rn 25). **40**

## C. Andere Formen der Markennutzung

### I. Ausgangspunkt

Die Übertragung des Markenrechts ist neben der Benutzung des Markenrechts durch den Rechtsinhaber selbst nur eine Form der wirtschaftlichen Markenverwertung und Markennutzung. Allgemein ist im Immaterialgüterrecht von dem Grundsatz der Privatautonomie auszugehen, der auch im Markenrecht eine *Vielzahl von schuldrechtlichen und dinglichen Vertragsgestaltungen über die Marke* ermöglicht. Nach der Rechtslage im WZG beschränkte die Bindung des Warenzeichens an den Geschäftsbetrieb nach § 8 Abs. 1 S. 2 WZG (s. dazu § 3, Rn 52 ff.) die rechtlichen Möglichkeiten einer Verwertung und Nutzung der Marke (*Baumbach/Hefermehl*, § 8 WZG, Rn 36 ff.). Auch wenn im WZG wegen der Akzessorietät der Marke nur die vollständige Veräußerung des Warenzeichenrechts ohne den dazugehörenden Geschäftsbetrieb unzulässig war, konnte der Rechtsinhaber gleichwohl einem Dritten geringere Rechte vertraglich einräumen, wenn diese Vereinbarungen mit der Natur des Zeichenrechts vereinbar waren und die Einräumung geringerer Rechte keine Trennung des Zeichenrechts vom Geschäftsbetrieb bewirkte. Die Nichtakzessorietät der Marke im MarkenG erlaubt eine weiterreichende und flexiblere privatautonome Rechtsgestaltung verschiedener Formen der Markenverwertung und Markennutzung (s. Rn 43 ff.). **41**

Wenn eine Vereinbarung über eine Markenverwertung oder Markennutzung einem Dritten das Recht zur Benutzung der Marke einräumt, dann wird die vertragliche Vereinbarung im Zweifel dahin auszulegen sein, daß der *Dritte zur Benutzung der Marke verpflichtet* ist, insoweit ein Verfall des Markenrechts wegen Nichtbenutzung oder ein Verlust der Verkehrsgeltung oder Notorietät der Marke zu besorgen ist. **42**

## II. Markenlizenz

**43** Der Markeninhaber kann an seinem Markenrecht einem anderen oder mehreren Lizenzen erteilen. Die *Markenlizenz* erlaubt dem Dritten die Benutzung der Marke des Rechtsinhabers während des Zeitraums der Dauer des Lizenzvertrages entsprechend den lizenzvertraglichen Vereinbarungen. Die Markenlizenz kann schuldrechtlich oder dinglich, ausschließlich oder nicht ausschließlich, territorial begrenzt oder territorial unbegrenzt sein, sowie für alle oder für einen Teil der Waren oder Dienstleistungen erteilt werden (s. § 30, Rn 12 ff.). Möglich ist auch die Erteilung von Markenunterlizenzen (s. § 30, Rn 22 f.).

## III. Pacht des Unternehmens und der Marke

### 1. Unternehmenspacht

**44** Gegenstand eines Pachtvertrages nach § 581 BGB als eines entgeltlichen Nutzungsvertrages über den Pachtgegenstand kann ein *Unternehmen als eine Vermögenseinheit* sein. Dem Unternehmenspächter gebühren als Nutzungen des Pachtgegenstandes nach § 100 BGB die Früchte der Sachen und der Rechte des Unternehmens im Sinne des § 99 BGB sowie die Vorteile aus der Führung des Unternehmens im Sinne des § 100 BGB. Pachtgegenstand eines Unternehmens sind grundsätzlich auch die *Markenrechte des Unternehmens,* die zur Kennzeichnung der Produkte des Unternehmens verwendet werden oder verwendet werden sollen, es sei denn, daß die Auslegung des Pachtvertrages hinsichtlich der Markenrechte oder bestimmter Markenrechte etwas anderes ergibt. Bei der das Markenrecht einbeziehenden Unternehmenspacht bleibt der Verpächter als Unternehmensinhaber der Rechtsinhaber der Marken, der Unternehmenspächter erwirbt ein *schuldrechtliches* Recht zur Benutzung der Marke. Auch nach der Rechtslage im WZG war die verbundene *Unternehmens- und Markenpacht* zulässig, da sie die Bindung der Marke an den Geschäftsbetrieb nicht auflöste (*Baumbach/Hefermehl,* § 8 WZG, Rn 37). Wenn die Auslegung des Unternehmenspachtvertrages ergibt, daß auch die innerhalb des Unternehmens in der Zukunft zu erwerbenden Markenrechte als Vertragsgegenstand der Benutzung des Pächters überlassen sind, so verbleibt doch die Anmeldung neuer Marken bei dem Verpächter als dem Rechtsinhaber, es sei denn, daß die Auslegung des Unternehmenspachtvertrages auch insoweit etwas anderes ergibt (so schon zur Rechtslage nach dem WZG BPatGE 4, 73 – Betriebsverpachtung; OLG Düsseldorf GRUR 1983, 742, 747 – Lange Kerls). Zur Auslegung der Reichweite eines Unternehmenspachtvertrages wird der Rechtsgedanke des § 27 Abs. 2 zu berücksichtigen sein. Da der Verpächter nur ein schuldrechtliches Gebrauchsrecht erwirbt, liegt eine Rechtsnachfolge nicht vor; eine Umschreibung des Markenrechts im Sinne der Eintragung eines Rechtsübergangs (s. Rn 35) findet nicht statt.

**45** Die *Rechte des Pächters,* dessen Unternehmenspachtvertrag die Markenrechte als Vertragsgegenstand einbezieht, bestehen zwar zunächst nur in dem *schuldrechtlichen Benutzungsrecht* der Marke. Da dem Unternehmenspächter die Unternehmensleitung übertragen ist, wird der Pachtvertrag regelmäßig dahin auszulegen sein, daß der Verpächter als der Markeninhaber dem Pächter erlaubt, im Falle von *Markenrechtsverletzungen* die Ansprüche aus der Marke gegen Dritte geltend zu machen, soweit das Pachtrecht betroffen ist (so schon nach der Rechtslage im WZG *Baumbach/Hefermehl,* § 8 WZG, Rn 37; RGZ 87, 150). Entsprechend der Rechtslage bei der Markenlizenz, kann der Pächter Klage wegen Verletzung eines Markenrechts nur mit *Zustimmung* des Rechtsinhabers erheben (s. § 30 Abs. 3). Entsprechend der markenlizenzrechtlichen Regelung des § 30 Abs. 4, wird der Pächter einer von dem Verpächter erhobenen Verletzungsklage *beitreten* können, um seinen eigenen Schaden geltend zu machen. Ob dem Pächter ein *eigener* Schadensersatzanspruch zusteht, hängt von den besonderen Umständen der konkreten Fallkonstellation ab (s. § 30, Rn 32).

**46** Die *Rechte des Verpächters* gegen den Pächter richten sich nach dem Inhalt des Pachtvertrages. Der Verpächter kann als Markeninhaber grundsätzlich selbst die Rechte aus der Marke wegen einer *Markenrechtsverletzung* gegen Dritte geltend machen, es sei denn, daß sich aus dem Pachtvertrag eine andere Regelung im Verhältnis zu dem Unternehmenspächter ergibt. Wenn der Pächter die ihm nach dem Inhalt des Pachtvertrages obliegende sorgsame Wahrnehmung der ihm überlassenen Markenrechte versäumt, dann ist er dem Verpächter wegen einer *positiven Vertragsverletzung der Unternehmenspacht* zum Schadensersatz verpflichtet. Wenn der Pächter während des Zeitraums der Unternehmenspacht innerhalb des Unternehmens *eigene Markenrechte* erwirbt, dann wird der Unternehmenspachtvertrag im Zweifel dahin auszulegen sein, daß der Pächter nach Vertragsende der Unternehmenspacht verpflichtet ist, diese Markenrechte an den Verpächter zu übertragen.

Der Markeninhaber kann sein *Unternehmen ohne die Markenrechte* verpachten. Nach der Rechtslage im WZG war dann aber erforderlich, daß der Verpächter in angemessener Zeit selbst einen entsprechenden Geschäftsbetrieb eröffnete, um die Löschungsklage wegen Fehlens eines Geschäftsbetriebs nach § 11 Abs. 1 Nr. 2 zu vermeiden. Da nach der Rechtslage im MarkenG wegen der Nichtakzessorietät der Marke die Markeninhaberschaft weder ein Unternehmen noch eine Unternehmenseigenschaft des Markeninhabers voraussetzt, berührt eine Verpachtung des Unternehmens ohne die Markenrechte nicht deren Rechtsbestand. Um den Verfall der Markenrechte wegen Nichtbenutzung zu vermeiden, muß der Markeninhaber die Marken selbst oder mit seiner Zustimmung ein Dritter benutzen (§§ 25, 26). 47

### 2. Markenpacht

Anders als nach der Rechtslage im WZG, nach der wegen der Bindung der Marke an den Geschäftsbetrieb nach § 8 Abs. 1 S. 2 WZG (s. § 3, Rn 52 ff.) die Verpachtung der Marke als solche unabhängig von dem dazugehörenden Geschäftsbetrieb unzulässig war, ist es wegen der Nichtakzessorietät der Marke nach der Rechtslage im MarkenG (s. § 3, Rn 66 ff.) zulässig, ein *Markenrecht als solches zum Vertragsgegenstand eines Pachtvertrages* zu machen, ohne zugleich das Unternehmen oder einen Teil des Unternehmens mitzuverpachten. Die Markenpacht ermöglicht eine selbständige und unternehmensunabhängige Markenverwertung durch den Markeninhaber als Verpächter und eine isolierte Markennutzung durch den Pächter. Die Rechte und Pflichten der Parteien bestimmen sich nach dem Pachtvertrag, dessen Inhalt sich entsprechend den für einen Unternehmenspachtvertrag, der die Verpachtung der Markenrechte einbezieht, dargestellten Auslegungsregeln bestimmt (s. Rn 44 ff.). 48

### 3. Keine Miete der Marke

Die Marke kann nicht Gegenstand eines Mietvertrages nach § 535 BGB sein. Zulässige Vertragsgegenstände einer Miete sind Sachen im Sinne des § 90 BGB und damit nur körperliche Gegenstände, nicht aber Rechte. 49

## IV. Markenleasing

Als nichtakzessorisches Immaterialgüterrecht stellt die Marke einen zulässigen Vertragsgegenstand eines Leasings dar. Das *Operating Leasing* eignet sich als ein Instrument für Markenverwertungsunternehmen, die Marken als Teil einer ganzheitlichen Produkt- und Marketingstrategie am Markt anbieten. *Markenleasing* ist Ausdruck einer Arbeitsteilung zwischen Markenanbietern und Produktanbietern auf dem Markt. Die Marke kann auch Gegenstand eines *Finanzierungsleasings* sein, bei dem der Leasinggeber den Leasingnehmer kreditiert. Das Finanzierungsleasing verbindet die Finanzierungseffekte mit handels- und steuerbilanzrechtlichen Vorteilen. Da die Marke als selbstgeschaffenes Wirtschaftsgut nicht bilanziert werden darf (s. Rn 60), kann das Leasing auch zur Offenlegung des Wertes genutzt werden. Im Sale-and-Lease-Back-Verfahren kann der Wert offengelegt und gleichzeitig die Marke als Finanzierungsmittel eingesetzt werden. 50

## V. Markenfranchising

Franchising ist ein Vertriebssystem für Unternehmensprodukte. Seit der Einführung der Dienstleistungsmarke im Jahre 1979 ist neben dem Warenmarkenfranchising ein Dienstleistungsmarkenfranchising rechtlich anerkannt. Nach der Rechtslage im MarkenG ist wegen der Nichtakzessorietät der Marke die Unterscheidung zwischen *Warenmarkenfranchising* und *Dienstleistungsmarkenfranchising* zwar nicht mehr für den Erwerb des Markenrechts durch Eintragung in das Register, aber im wesentlichen für die rechtserhaltende Benutzung einer 51

Warenmarke oder Dienstleistungsmarke innerhalb eines Franchisesystems rechtserheblich (s. dazu § 3, Rn 145 ff.). Die Marke als solche ist aber auch ein zulässiger *Vertragsgegenstand eines Franchising*. Der Markeninhaber als Franchisegeber gestattet dem Franchisenehmer die Benutzung der Marke während der Vertragsdauer des Franchising. Das Markenfranchising begründet allein *schuldrechtliche* Ansprüche des Franchisenehmers auf eine Benutzung der Marke und wirkt sich nicht auf die Rechtsinhaberschaft des Markeninhabers an der Marke aus. Das Markenfranchising ist von der Markenlizenz im Sinne des § 30 zu unterscheiden, auch wenn die Übergänge namentlich zur schuldrechtlichen Markenlizenz fließend sind. Ob ein Markenfranchising, eine schuldrechtliche Markenlizenz oder eine dingliche Markenlizenz vorliegt, ist im Wege einer Auslegung der vertraglichen Vereinbarungen unter Berücksichtigung der gesamten Umstände der konkreten Interessenlage zu bestimmen. Das Markenfranchising ist regelmäßig Vertragsbestandteil eines Franchisevertrages über den Vertrieb von Waren (*Product Distribution Franchising*) oder die Erbringung von Dienstleistungen (*Business Format Franchising*).

## VI. Nießbrauch an einem Unternehmen und einer Marke

### 1. Unternehmensnießbrauch

52  Der *Nießbrauch an einem Unternehmen* im Sinne eines Handelsgeschäfts nach § 22 Abs. 2 HGB ist nach überwiegender Meinung zulässig (*Baur/Stürner*, Sachenrecht, § 54, II 2, S. 585; *Schmidt*, Handelsrecht, 4. Aufl., 1994, § 6, III 3, S. 161 ff.; *v. Godin*, Nutzungsrecht an Unternehmen und Unternehmensbeteiligungen, 1949, S. 87 ff.). Die Nießbrauchsbestellung erfolgt an den einzelnen zum Unternehmen gehörenden, materiellen und immateriellen Gegenständen nach den für diese geltenden Vorschriften zur Begründung eines beschränkt dinglichen Rechts. Ein *Markenrecht* als Vermögensgegenstand des Unternehmens wird nach § 27 übertragen. Der Unternehmensnießbrauch begründet ein einheitliches Recht an dem Unternehmen als einer Gesamtheit der Unternehmensgegenstände einschließlich der Markenrechte. Auf den Unternehmensnießbrauch sind grundsätzlich die Vorschriften über den Nießbrauch an Sachen nach den §§ 1030 ff. BGB, sowie die Vorschriften über den Nießbrauch an Rechten nach den §§ 1068 ff. BGB anzuwenden; stellt das Unternehmen das gesamte Vermögen des Nießbrauchbestellers dar, dann gelten die Vorschriften der §§ 1085 ff. BGB. Der Unternehmensnießbrauch begründet ein *beschränkt dingliches Recht* auch an dem Markenrecht des Nießbrauchbestellers als des Markeninhabers. Dem Unternehmensnießbraucher, der die Nutzungen der Sache zu ziehen berechtigt ist (§§ 1030, 1068 Abs. 2 BGB), steht ein dingliches Recht zur Benutzung der Marke zu. Dem Unternehmensnießbraucher stehen die Ansprüche aus der Marke bei einer *Markenrechtsverletzung* gegen Dritte zu (§ 1065 BGB).

53  Ein Unternehmensnießbrauch kann auch an einer *Zweigniederlassung* eines Unternehmens bestellt werden. Da ein Markenrecht innerhalb seines räumlichen Geltungsbereichs des MarkenG nicht territorial teilbar ist (s. § 46, Rn 1), begründet der regional begrenzte Unternehmensnießbrauch an einer Zweigniederlassung nur ein *schuldrechtliches* Gebrauchsrecht an der Marke.

### 2. Markennießbrauch

54  Anders als nach der Rechtslage im WZG erlaubt die Nichtakzessorietät der Marke im MarkenG die Bestellung eines dinglichen Rechts an einem Markenrecht (§ 29 Abs. 1 Nr. 1). Das Markenrecht kann ein selbständiger und von dem Unternehmen des Markeninhabers unabhängiger Gegenstand eines Nießbrauchs als ein Nießbrauch an einem Recht nach den §§ 1068 ff. BGB sein. Die *Bestellung des Markennießbrauchs* erfolgt nach § 1069 Abs. 1 BGB nach der für die Übertragung des Markenrechts geltenden Vorschrift des § 27. Der selbständige Markennießbrauch besteht unabhängig von dem Fortbestand des Unternehmens des Markeninhabers (s. dazu im einzelnen § 29, Rn 9 f.). Zum Nutzungsrecht des Nießbrauchers gehört auch das Fruchtziehungsrecht nach § 100 BGB und damit das Recht des Markennießbrauchers etwa auf Zahlung von Lizenzgebühren. Die *Nutzungsrechte des Markennießbrauchers* können von der gesetzlichen Regelung des BGB abweichend geregelt

## VII. Vertragspfandrecht an einer Marke

Ein Vertragspfandrecht kann nur an beweglichen Sachen (§ 1204 BGB) und an Rechten (§ 1273 BGB) bestellt werden. Die Verpfändung eines Unternehmens als eines Inbegriffs von materiellen und immateriellen Vermögensgegenständen ist nach allgemeiner Meinung rechtlich unzulässig (RGZ 68, 49, 54; 70, 226, 228; BGH NJW 1968, 392). Nur die einzelnen zu einem Unternehmen gehörenden Vermögensgegenstände sind verpfändbar. Nach der *Rechtslage im WZG* war deshalb wegen der Bindung der Marke an den Geschäftsbetrieb nach § 8 Abs. 1 S. 2 WZG eine Verpfändung des Warenzeichenrechts nicht möglich (s. dazu *Baumbach/Hefermehl*, § 8 WZG, Rn 39 in Auseinandersetzung mit einer früher vertretenen, abweichenden Auffassung). 55

Folge der Nichtakzessorietät der Marke im MarkenG ist die Zulässigkeit einer Bestellung dinglicher Rechte an einem Markenrecht (§ 29 Abs. 1 Nr. 1). An einem Markenrecht im Sinne des § 4 Nr. 1 bis 3 kann ein Vertragspfandrecht nach § 1273 BGB bestellt werden (s. dazu im einzelnen § 29, Rn 6 f.). Die *Bestellung des Vertragspfandrechts an dem Markenrecht* erfolgt nach § 1274 Abs. 1 BGB nach der für die Übertragung des Markenrechts geltenden Vorschrift des § 27. Das Pfandrecht ist Sicherungsmittel. Die Pfandbestellung begründet nach § 1204 Abs. 1 BGB das Recht des Pfandrechtgläubigers, Befriedigung aus dem Markenrecht zu suchen, ohne ein Nutzungsrecht an der Marke zu gewähren. Ein Pfandrecht an dem durch die Anmeldung einer Marke begründeten Recht (Markenanwartschaft) ist zulässig (§ 31). 56

Der Markeninhaber kann an seinem Markenrecht ein Nutzungspfand bestellen (§§ 1273 Abs. 2, 1213 Abs. 1 BGB). Der Pfandgläubiger eines *Nutzungspfandrechts an dem Markenrecht* ist berechtigt, die Nutzungen an der Marke zu ziehen. Das sind als Früchte auch die Erträge, welche das Markenrecht vermöge eines Rechtsverhältnisses gewährt (§ 99 Abs. 3 BGB), sowie als Nutzungen die Früchte des Markenrechts, die die Benutzung der Marke gewährt (§ 100 BGB). Der Nutzungspfandgläubiger des Markenrechts ist nach § 1204 Abs. 1 BGB verpflichtet, für die Gewinnung der Nutzungen aus dem Markenrecht zu sorgen und Rechenschaft abzulegen, es sei denn, daß bei der Verpfändung abweichende Bestimmungen vereinbart werden (§ 1214 Abs. 3 BGB). Grundsätzlich hat der Nutzungspfandgläubiger dafür Sorge zu tragen, daß die Marke weder wegen Nichtbenutzung verfällt noch ihre Verkehrsgeltung oder Notorietät verliert. 57

## VIII. Sicherungsübertragung der Marke

Nach der Rechtslage im WZG war wegen der Bindung der Marke an den Geschäftsbetrieb nach § 8 Abs. 1 S. 2 WZG eine Sicherungsübertragung des Warenzeichenrechts nur zusammen mit dem Geschäftsbetrieb des Markeninhabers zulässig. Die freie Übertragbarkeit der nichtakzessorischen Marke im MarkenG erlaubt, die Sicherungsübertragung eines Markenrechts als ein Instrument zur Sicherung von Krediten wie namentlich von Bankkrediten einzusetzen. Die *Sicherungsübertragung des Markenrechts* erfolgt nach § 27. Gegenstand einer Sicherungsübertragung können somit alle nach der Entstehung des Markenrechts zu unterscheidenden drei Kategorien von Marken im Sinne des § 4 Nr. 1 bis 3 sein. Gegenstand einer markenrechtlichen Sicherungsübertragung kann auch die Markenanwartschaft als das durch die Anmeldung einer Marke begründete Recht sein (§ 31). Bei der Sicherungsübertragung einer Marke überträgt der Markenzedent das Markenrecht an den Markenzessionar zur Sicherung einer Forderung des Markenzessionars gegen den Markenzedenten. Wenn keine ausdrückliche Vereinbarung getroffen wird, ist die Sicherungsübertragung einer Marke regelmäßig dahin auszulegen, daß der Zedent alle ihm an dem konkreten Zeichen nach § 4 Nr. 1 bis 3 zustehenden Markenrechte sicherungsübereignet. Da über das Bestehen 58 sachlicher Markenrechte Unsicherheiten bestehen können, sind hilfsweise sämtliche sachlichen Markenrechte ausdrücklich mitzuübertragen. Der Markenzessionar als der Sicherungsnehmer erlangt im *Außenverhältnis* die volle Rechtsstellung als Markeninhaber. Der Markenzessionar ist aber aufgrund der Sicherungsabrede des schuldrechtlichen Sicherungsvertrages im *Innenverhältnis* verpflichtet, von dem sicherungshalber übertragenen Markenrecht nur dann Gebrauch zu machen, wenn der Markenzedent seinen schuldrechtlichen Verpflichtungen nicht nachkommt. Die *dingliche* Sicherungsübertragung eines Markenrechts ist entweder durch die Tilgung der Forderung des Markenzedenten beim Sicherungsnehmer *auflösend bedingt,* oder es besteht eine *Verpflichtung zur Rückübertragung* des Markenrechts auf den Zedenten. Die *Rechte und Pflichten des Markenzedenten und des Markenzessionars* ergeben sich aus dem Sicherungsvertrag. Der Markenzedent als Sicherungsgeber wird regelmäßig nicht nur zur Benutzung der Marke berechtigt sein, sondern im Interesse des Markenzessionars als Sicherungsnehmer auch verpflichtet sein, die erforderlichen Benutzungshandlungen zur Aufrechterhaltung des Markenschutzes vorzunehmen, um den Verfall der Marke wegen Nichtbenutzung oder den Verlust der Verkehrsgeltung oder Notorietät der Marke abzuwenden. Es empfiehlt sich, im Sicherungsvertrag nähere Bestimmungen über die Art und Weise der Benutzung der Marke wie etwa des Marktauftritts der Marke sowie der Vergabe von Markenlizenzen zumindest bei langfristigen Sicherungsübertragungen näher zu regeln.

## D. Markenbewertung

**Schrifttum zur Markenbewertung.** *Aaker,* Management des Markenwerts, 1992; *Bekmeier,* Markenwert und Markenstärke – Markenevaluierung aus konsumentenorientierter Perspektive, MA 1994, 383; *Birkin,* The benefits of valuing Brands, in: Brand Valuation: Establishing a true and fair view, 1989, S. 12; *Borghs,* Der Kommunikationswert einer Marke, MA 1996, 226; *Brandmeyer,* Kommunikationswert und Markenführung, MA 1996, 300; *Bretzke,* Das Prognoseproblem bei der Unternehmensbewertung, Ansätze zu einer risikoorientierten Bewertung ganzer Unternehmungen auf der Grundlage modellgestützter Erfolgsprognosen, 1975; *Damm,* Der ökologische Wert der Marke, MA 1994, 358; *Devin,* Markenwert – Messung und Management, MA 1993, 92; *Devin,* Markenwert – Messung und Management, MA 1993, 92; *Domizlaff,* Der Kommunikationswert der Marke als Voraussetzung erfolgreicher Markenführung, MA 1996, 303; *Franzen,* Markenwertmessung durch Indikatoren für den Markterfolg, MA 1993, 127; *Franzen,* Die praktische Nutzung der Markenbewertungssysteme, MA 1995, 562; *Franzen/Trommsdorff/Riedel,* Ansätze der Markenbewertung und Markenbilanz, MA 1994, 372; *Goddar,* Die wirtschaftliche Bewertung gewerblicher Schutzrechte beim Erwerb technologieorientierter Unternehmen, Mitt 1995, 357; *v. Godin,* Nutzungsrecht an Unternehmen und Unternehmensbeteiligungen, 1949; *Gold,* Steuerliche Abschreibungsmöglichkeit für Marken?, DB 1998, 956; *Grimm,* Wie wichtig sind Marke und Preis beim Kauf?, MA 1996, 171; *Hainer,* Soll und Haben der „Marken-Bilanz", MA 1989, 371; *Hammann,* Der Wert der Marke aus betriebswirtschaftlicher und rechtlicher Sicht, in: Marke und Markenartikel als Instrumente des Wettbewerbs, 1992, S. 206; *Hammann/von der Gathen,* Bilanzierung des Markenwertes und kapitalmarktorientierte Markenbewertungsverfahren, MA 1994, 204; *Hätty,* Der Markentransfer, 1989; *Herzig,* Imagemessung bei Markenartikeln, WuP 1990, 116; *Irmscher,* Markenwertbegriffe, MA 1996, 58; *Knauss,* Über den Wert von Markenkommunikation durch intelligente Werbegestaltung, MA 1996, 242; *Kotler,* Marketing-Management, Analyse, Planung und Kontrolle, 1989; *Leonhard,* Ist Werbung gleich Markenwert gleich Kommunikationswert?, MA 1996, 307; *Maretzki/Wildner,* Messung von Markenkraft, MA 1994, 101; *media & marketing* (ohne Verf.), Der Wert der Marke in Mark und Pfennig – Mit Fallbeispiel, m&m 1998, Nr. 6, 16; *Merget,* Wieviel Geld ist Ihre Marke wert?, MA 1987, 266; *Müller/Kesselmann,* Der Markenwert in Abhängigkeit von der Preislage, MA 1995, 463; *Murphy,* Branding: A Key Marketing Toll, 1987; *Nickel,* Der Wert der Markenwerbung, MA 1996, 236; *Repenn/Spitz,* Die Pfändung und Verwertung von Warenzeichen, WRP 1993, 737; *Repenn,* Pfändung und Verwertung von Warenzeichen, NJW 1994, 175; *Repenn,* Das Warenzeichen in der Konkursmasse, ZIP 1994, 1565; *Repenn,* Ermittlung des Verkehrswertes von Marken – System Repenn, Mitt 1994, 13; *Repenn,* Handbuch der Markenbewertung und -verwertung, 1998; *Repenn/Spitz,* Die Marke als selbständiges Wirtschaftsgut, WM 1994, 1653; *Rohnke,* Bewertung von Warenzeichen beim Unternehmenskauf, DB 1992, 1941; *Sander,* Die Bestimmung und Steuerung des Wertes von Marken, 1994; *Sander,* Markenbewertung auf Basis der hedonischen Theorie, MA 1995, 76; *Sattler,* Indikatoren für den langfristigen Markenwert, MA 1997, 46; *Schulz/Brandmeyer,* Die Marken-Bilanz, 1989; *Seif,* Bilanzwert der Marke, MA 1994, 388; *Stach,* Innovationswert der Marke, MA 1994, 354; *Stein/Ortmann,* Bilanzierung und Bewertung von Warenzeichen, BB 1996, 787; *Tolle/Steffenhagen,* Kategorien des Markenerfolges und einschlägige Meßmethoden, MA 1994, 378.

## I. Die rechtliche Bedeutung des Markenwerts

Folge der freien Übertragbarkeit der nichtakzessorischen Marke ist es, daß das Markenrecht als ein selbständiger Vermögensgegenstand erheblich an wirtschaftlicher Bedeutung gewonnen hat. Das unternehmerische Interesse an Marken besteht zunehmend nicht nur daran, die Marke als ein produktidentifizierendes Unterscheidungszeichen durch den Markeninhaber selbst oder mit seiner Zustimmung durch einen Dritten zu benutzen, sondern die *Markenverwertung durch Markenrechtszession* gewinnt namentlich bei internationalen Marketingstrategien des Produktvertriebs an Bedeutung. Dabei geht es zum einen um die *Verwertung des Markenimages bekannter Marken*, zum anderen aber auch um das Angebot von *neue Marken integrierenden Marketingstrategien* als Dienstleistung der Unternehmens- und Werbeberatung. Allgemein kommt es bei der Akquisition von Unternehmen und Marken auf den *Markenwert* an. Eine produktbezogene Wertbestimmung der Marke ist etwa dann erforderlich, wenn der Markeninhaber Dritten Markennutzungsrechte, wie etwa aufgrund einer Markenlizenz (s. Rn 43), eines Markenleasings (s. Rn 50), eines Markenfranchisings (s. Rn 51), einer Markenpacht (s. Rn 48) oder eines Markennießbrauchs (s. Rn 54) gewährt oder die Marke als Kreditsicherungsmittel im Wege einer Sicherungsübertragung (s. Rn 58) verwendet. Der Markenwert ist schließlich zur Bestimmung des Schadensersatzes bei einer Markenrechtsverletzung wie namentlich in Fallkonstellationen der Produktpiraterie rechtserheblich. Bei der Bestimmung des Markenwerts ist erforderlich, daß die Bewertungsmethode (s. Rn 60 ff.) der konkreten Rechtserheblichkeit des Markenwerts Rechnung trägt. Die in der Praxis angewandten Bewertungsverfahren zur monetären Berechnung des Markenwerts gelangen zu stark differierenden Ergebnissen. Die Buchstabenbildmarke des Privatsenders *ProSieben* wurde auf die folgenden Markenwerte taxiert: (s. dazu m&m 1998, Nr. 6, S. 16 ff.): 2,147 Milliarden Mark (ACNielsen, Frankfurt), 1,562 Milliarden Mark (Semion Brand-Broker, München), 239,512 Millionen Mark (Repenn, München). Der Wert der beiden in den Markenrankings auf dem ersten Platz belegenden Marken *Marlboro* und *Coca-Cola* wird mit nahezu 48 Milliarden Dollar angegeben (s. dazu m&m 1998, Nr. 6, S. 16 ff.; *Gotta*, Branding, in: Bruhn (Hrsg.), Handbuch Markenartikel, Bd. II: Markentechnik, Markenintegration, Markenkontrolle, 1994, S. 773, 774).

## II. Bewertungsmethoden zur Wertermittlung des Markenwerts

### 1. Unternehmensinterne und unternehmensexterne Wertermittlung

Die Wertermittlung einer Marke kann sich auf ein unternehmerisches Interesse des Markeninhabers von *unternehmensinterner* Bedeutung beschränken. Zwar darf nach dem Aktivierungsverbot des § 248 Abs. 2 HGB für immaterielle Vermögensgegenstände des Anlagevermögens, die nicht entgeltlich erworben wurden, ein Aktivposten nicht angesetzt werden. Wenn es sich bei dem Markenrecht um ein vom Markeninhaber selbst geschaffenes Immaterialgut handelt, was regelmäßig der Fall sein wird, dann darf die Marke weder steuerlich noch handelsrechtlich bilanziert werden. Es besteht gleichwohl ein erhebliches Interesse des Markeninhabers an einer unternehmensinternen Markenbewertung, die dem Markeninhaber als Unternehmensinhaber Kenntnis über den Vermögensbestand seines Unternehmens sowie der stillen Reserven verschafft. Handelt es sich hingegen um ein entgeltlich erworbenes Markenrecht, so unterfällt die Marke dem Aktivierungsgebot des § 5 Abs. 2 EStG (BFHE 161, 168). Findet ein entgeltlicher Markenerwerb statt, so wird die Frage des Werteverzehrs und der Abschreibung im Steuerrecht uneinheitlich behandelt. Im Rahmen der Vermögenssteuer vertreten der BFH die Ansicht vertreten, Marken unterlägen wie Güterverkehrskonzessionen keinem Werteverzehr und seien daher nicht abschreibungsfähig. Es gebe keine gesetzliche Regelung noch existiere ein Erfahrungssatz, wonach sich der Wert einer Marke innerhalb einer bestimmten Nutzungsdauer verbrauche (BFHE 181, 93; aA *Stein/Ortmann*, Bilanzierung und Bewertung von Warenzeichen, BB 1996, 787, 790 f.). Demgegenüber vertritt das Bundesministerium der Finanzen im ertragssteuerlichen Bereich die gegenteilige Auffassung und nimmt eine Nutzungsdauer von 15 Jahren an, wenn der Steuerpflichtige keine kürzere Nutzungsdauer darlegt und gegebenenfalls nachweist (BStBl. I 1998, 252).

**61** In der Unternehmens- und Markenrechtspraxis von ganz erheblicher Bedeutung ist die *unternehmensexterne* Wertermittlung, bei der die Wertermittlung drittbezogen erfolgt, weil der Markenwert für das Rechtsverhältnis des Markeninhabers zu einem Dritten rechtserheblich ist. Bei einer *drittbezogenen Wertermittlung* aus Gründen einer Rechtsübertragung ist zu unterscheiden, ob es sich um eine Übertragung des gesamten Unternehmens einschließlich der Markenrechte oder um eine Übertragung des Markenrechts als solches unabhängig von dem Unternehmen des Markeninhabers handelt. Bei einer Unternehmensübertragung kommen etwa auch den Rechtsfolgen nach den §§ 613a BGB, 25 HGB und 23 GWB Auswirkungen auf die Wertermittlung des Markenwertes zu. Im Ausnahmefall können diese Rechtsfolgen auch allein durch eine Markenübertragung ausgelöst werden (s. *Volkmer*, Das Markenrecht im Zwangsvollstreckungsverfahren, S. 201 ff.).

### 2. Einzelne Bewertungsmethoden

**62** **a) Ausgangspunkt.** Im Schrifttum sowie in der Bewertungspraxis besteht eine Vielfalt von Bewertungsmethoden (s. dazu die Übersicht bei *Sander*, Die Bestimmung und Steuerung des Wertes von Marken, 1994; *Rohnke*, DB 1992, 1941 ff.; *Hammann*, Wert der Marke, S. 206, 220 ff.). Eine Schwierigkeit bei der Markenbewertung stellt die Unterscheidung zwischen dem Wert des *Markenprodukts* als solchem (Produktimage) und dem Wert der Marke als *Produktmarke* (Markenimage) dar. Diese Differenzierung spielt vor allem bei der Markenrechtsübertragung als solcher eine Rolle, und zwar namentlich dann, wenn es bei der Markenrechtsübertragung nicht auf das Produktimage ankommt. Als besonders schwierig erweist sich auch die Bewertung einer *unbenutzten* Marke, sei es, daß die Marke allgemein noch nicht auf dem Markt verwendet worden ist, sei es, daß die Marke etwa im Falle einer Teilrechtsübertragung zwar für andere, aber noch nicht für die übertragenen Produkte benutzt worden ist. Der folgende Überblick stellt nur einige der gängigen *Bewertungsmethoden* dar.

**63** **b) Mehrgewinnermittlungsmethode.** Bei der *Mehrgewinnermittlungsmethode* wird der Ertrag, der *aufgrund des Markteinsatzes* der Marke *produktbezogen* erwirtschaftet wird, mit dem Ertrag verglichen, der *ohne den Markeneinsatz* aufgrund der anderen Ressourcen des Unternehmens wie der materiellen und immateriellen Vermögensgegenstände üblicherweise zu erwarten ist. Die *Ertragsdifferenz* wird dem Markeneinsatz zugeschrieben und stellt als ermittelter *Mehrgewinn* den *Markenwert* dar. Die Bewertungsmethode nach dem Mehrgewinn ist nur geeignet, Annäherungswerte des Markenwerts zu ermitteln, da zuverlässige Vergleichsdaten regelmäßig nicht zur Verfügung stehen und deren hypothetische Ermittlung besonders unsicher ist.

**64** **c) Ergebnisbeitragsmethode.** Nach der *Ergebnisbeitragsmethode* wird versucht, den Markenwert auf der Grundlage des *Mehrergebnisses des gesamten Unternehmens* zu bestimmen, der als Ergebnisbeitrag der Marke auf den Markeneinsatz im Markt zurückzuführen ist. Die Ergebnisbeitragsmethode ist nicht produktbezogen wie die Mehrgewinnermittlungsmethode, sondern sie ist *unternehmensbezogen*.

**65** **d) Vergleichspreismethode.** Die *Vergleichspreismethode* bestimmt den Markenwert anhand einer Vergleichstransaktion. Diese Bewertungsmethode setzt voraus, daß die Bewertung einer vergleichbaren Marke in zeitlicher Nähe erfolgt ist und als Grundlage eines Preisvergleichs verwendet werden kann. Eine solche *Vergleichstransaktion* kann sich etwa aus einem anderen Rechtsübergang einer Marke, bei dem eine Markenbewertung erfolgt ist, ergeben.

**66** **e) Verkehrswertmethode.** Die *Verkehrswertmethode* wird als eine neue und praxisnahe Bewertungsmethode beurteilt (*Repenn*, Mitt 1994, 13). Die Verkehrswertmethode geht in ihrem Kern von einer *Zweiteilung des Markenwerts* in einen Grundwert und einen Betriebswert aus. Der *Grundwert* wird aufgrund der Kosten der Gestehung, Anmeldung und Erhaltung der Marke bestimmt, der *Betriebswert* wird markt- und benutzungsbezogen ermittelt. Ein Vorteil der Methode liegt in der relativ guten Überprüfbarkeit der gefundenen Ergebnisse sowie der unkomplizierten Art der Berechnung. Ein Nachteil der Methode besteht darin, daß der Markenwert aufgrund der angefallenen Kosten bestimmt wird, und damit etwa auch unternehmerische Fehlentscheidungen den Markenwert mitbestimmen und verfälschen.

**f) Sonstige Bewertungsmodelle.** Im betriebswirtschaftlichen Schrifttum werden neben 67
einfachen *Vergleichsberechnungsverfahren* noch weitere *Bewertungsmodelle* vorgeschlagen, die zur
Wertermittlung des Markenwerts zahlreiche Berechnungsschritte voraussetzen und sich damit als kosten- und zeitintensiv erweisen (s. zu den unterschiedlichen Bewertungsmethoden
*Hammann*, Wert der Marke, S. 206, 220 ff.; *Volkmer*, Das Markenrecht im Zwangsvollstreckungsverfahren, S 237 ff.). Bei diesen Bewertungsmodellen werden in der Regel verschiedene Bewertungskriterien mittels eines *Punktbewertungsverfahrens* zusammengeführt, um die
Vor- und Nachteile der zu bewertenden Marke erfassen zu können. Bilanzartig werden die
Eigenschaften gegenübergestellt und bewertet. Die verschiedenen Bewertungskriterien erhalten nach der konkreten Ermittlung ein niedrigeres oder ein höheres *Skalenniveau* auf einer Skala mit unterschiedlichen Niveaus (Rangs). Die Wertermittlung des Markenwerts ist
umso präziser, je mehr Bewertungskriterien berücksichtigt werden und je differenzierter die
Skalenniveaus bestimmt werden. Solche *Bewertungsmodelle mit Rangskalen* bieten sich namentlich zum Wertvergleich mehrerer Marken an.

**Vermutung der Rechtsinhaberschaft; Zustellungen an den Inhaber**

**28** (1) Es wird vermutet, daß das durch die Eintragung einer Marke begründete Recht dem im Register als Inhaber Eingetragenen zusteht.

(2) ¹Ist das durch die Eintragung einer Marke begründete Recht auf einen anderen übertragen worden oder übergegangen, so kann der Rechtsnachfolger in einem Verfahren vor dem Patentamt, einem Beschwerdeverfahren vor dem Patentgericht oder einem Rechtsbeschwerdeverfahren vor dem Bundesgerichtshof den Anspruch auf Schutz dieser Marke und das durch die Eintragung begründete Recht erst von dem Zeitpunkt an geltend machen, in dem dem Patentamt der Antrag auf Eintragung des Rechtsübergangs zugegangen ist. ²Satz 1 gilt entsprechend für sonstige Verfahren vor dem Patentamt, Beschwerdeverfahren vor dem Patentgericht oder Rechtsbeschwerdeverfahren vor dem Bundesgerichtshof, an denen der Inhaber einer Marke beteiligt ist.

(3) ¹Verfügungen und Beschlüsse des Patentamts, die der Zustellung an den Inhaber der Marke bedürfen, sind dem als Inhaber Eingetragenen zuzustellen. ²Ist dem Patentamt ein Antrag auf Eintragung eines Rechtsübergangs zugegangen, so sind die in Satz 1 genannten Verfügungen und Beschlüsse auch dem Rechtsnachfolger zuzustellen.

**Inhaltsübersicht**

|  | Rn |
|---|---|
| A. Allgemeines | 1–4 |
|    I. Regelungsübersicht | 1 |
|    II. Rechtsänderungen | 2 |
|    III. Europäisches Unionsrecht | 3, 4 |
|       1. Erste Markenrechtsrichtlinie | 3 |
|       2. Gemeinschaftsmarkenverordnung | 4 |
| B. Legitimationswirkung der Eintragung (§ 28 Abs. 1) | 5–11 |
|    I. Widerlegbare Rechtsvermutung | 5, 6 |
|    II. Wirkungen der Legitimation | 7–9 |
|    III. Verfahrensrechtliche Bedeutung der Rechtsvermutung | 10, 11 |
| C. Verfahrensrechtliche Beschränkungen vor der Eintragung des Rechtsübergangs (§ 28 Abs. 2) | 12–21 |
|    I. Ausgangspunkt | 12–14 |
|       1. Rechtslage im WZG | 12 |
|       2. Rechtslage im MarkenG | 13, 14 |
|    II. Verfahrensrechtliche Bedeutung | 15–21 |
|       1. Widerspruchsverfahren | 15–17 |
|       2. Sonstige Verfahren in Markenangelegenheiten | 18 |
|       3. Nachweis oder Glaubhaftmachung des Rechtsübergangs | 19 |
|       4. Ermächtigung des Rechtsvorgängers durch den Rechtsnachfolger | 20 |
|       5. Rückgängigmachung der Umschreibung | 21 |
| D. Zustellung von Verfügungen und Beschlüssen des DPMA (§ 28 Abs. 3) | 22, 23 |

**Schrifttum zum MarkenG.** *Repenn*, Umschreibung gewerblicher Schutzrechte, 1994; *Repenn*, Handbuch der Markenbewertung und -verwertung, 1998.

### Entscheidungen zum MarkenG

**1. BPatGE 35, 180 – quickslide**
Die Widerspruchsberechtigung des noch nicht eingetragenen Markeninhabers.
**2. BGH GRUR 1998, 799 – SAM**
Widerlegbare Rechtsvermutung der Rechtsinhaberschaft.
**3. BGH GRUR 1998, 940 – Sanopharm**
§ 265 Abs. 2 ZPO gilt auch im markenrechtlichen (Widerspruchs-)Beschwerdeverfahren.
**4. BPatG MarkenR 1999, 37 – Umschreibungsantrag**
Zur Geltendmachung von Rechten bei gesetzlicher Gesamtrechtsnachfolge durch den Rechtsnachfolger.
**5. BGH WRP 1999, 432 – Achterdiek**
Widerlegbare Rechtsvermutung der Rechtsinhaberschaft.

## A. Allgemeines

### I. Regelungsübersicht

1   Regelungsgegenstand des § 28 sind namentlich die Rechtsverhältnisse bei einem Rechtsübergang einer eingetragenen Marke, wenn die *materielle Rechtsinhaberschaft* an der Marke und der *formelle Registereintrag* der Person des Markeninhabers als eine Folge des Rechtsübergangs nicht übereinstimmen. Abs. 1 regelt die *Legitimationswirkung der Eintragung* einer Marke. Aufgrund der Eintragung einer Marke besteht für den im Register als Inhaber Eingetragenen eine Vermutung der Rechtsinhaberschaft. Abs. 2 regelt die Geltendmachung von Rechten und die Beteiligung an patentamtlichen Verfahren sowie an Rechtsmittelverfahren durch den *Rechtsnachfolger vor seiner Eintragung* in das Register. Bis zum Zugang des Antrags auf Eintragung der Rechtsnachfolge bei dem DPMA wird der Rechtsnachfolger in der Wahrnehmung seiner Markenrechte beschränkt. Abs. 3 regelt die *Zustellung von Verfügungen und Beschlüssen* des DPMA an den als Inhaber Eingetragenen oder den Rechtsnachfolger.

### II. Rechtsänderungen

2   § 28 enthält in mehrfacher Hinsicht abweichende Regelungen gegenüber der Rechtslage im WZG. Nach § 8 Abs. 2 WZG konnte der Rechtsnachfolger sein Recht aus der Eintragung des Warenzeichens nicht geltend machen, solange der Übergang in der Zeichenrolle nicht vermerkt war. Folge dieser Regelung war es, daß im Falle eines Rechtsübergangs vor der Eintragung des Rechtsnachfolgers das Recht aus der Marke *mangels materieller Berechtigung nicht von dem Rechtsvorgänger* und *mangels formeller Berechtigung nicht von dem Rechtsnachfolger* geltend gemacht werden konnte. Diese Rechtslage war unbefriedigend, da zwischen Rechtsübergang und Warenzeichenumschreibung niemand zur Geltendmachung des Markenrechts berechtigt war. Eine ausdrückliche Regelung der Legitimationswirkung der Eintragung enthielt das WZG nicht. Die Regelung der Zustellung nach § 28 Abs. 3 S. 1 entspricht § 8 Abs. 3 S. 1 WZG. Die Regelung des § 28 Abs. 3 S. 2 ist eine notwendige Ergänzung der Regelung des § 28 Abs. 2, der vor dem Zugang des Antrags auf Eintragung des Rechtsübergangs bei dem DPMA die Rechtsstellung des Rechtsnachfolger beschränkt; einer vergleichbaren Vorschrift bedurfte es im WZG wegen der weiterreichenden Regelung des § 8 Abs. 2 WZG nicht. Die Vorschrift des § 8 Abs. 3 S. 2 regelte hinsichtlich der Zustellung von Verfügungen und Beschlüssen des DPMA, daß im Falle des Todes des als Inhaber Eingetragenen das DPMA nach seinem Ermessen die Zustellung als bewirkt ansehen oder zum Zwecke der Zustellung an die Erben deren Vermittlung veranlassen konnte. An der Beibehaltung dieser Vorschrift besteht nach der Rechtslage im MarkenG kein Bedürfnis, da insoweit die allgemeinen Regeln dahin gelten, daß an den als Inhaber Eingetragenen oder an den Rechtsnachfolger, sobald ein Umschreibungsantrag zugegangen ist, zuzustellen ist.

### III. Europäisches Unionsrecht

#### 1. Erste Markenrechtsrichtlinie

3   Die *MarkenRL* enthält keine § 28 entsprechende Regelungen.

## 2. Gemeinschaftsmarkenverordnung

Nach Art. 17 Abs. 6 GMarkenV kann der Rechtsnachfolger, solange der Rechtsübergang nicht in das Register eingetragen ist, seine Rechte aus der Eintragung der Gemeinschaftsmarke nicht geltend machen. Die Regelung entspricht der Rechtslage im WZG nach § 8 Abs. 2 WZG und weicht insoweit grundsätzlich von § 28 Abs. 1 und 2 ab. Folge des Art. 17 Abs. 6 GMarkenV ist es, daß zwischen dem Rechtsübergang der Gemeinschaftsmarke und der Eintragung des Rechtsübergangs in das Register niemand zur Geltendmachung des Gemeinschaftsmarkenrechts berechtigt ist, und zwar der *Rechtsvorgänger nicht mangels materieller Berechtigung, der Rechtsnachfolger nicht mangels formeller Berechtigung.* Zwar soll in dogmatischer Hinsicht Art. 17 Abs. 6 GMarkenV nicht dahin zu verstehen sein, daß der Eintragung in das Register konstitutive Wirkung für den Rechtsübergang der Gemeinschaftsmarke zukommt, die Eintragung vielmehr nur deklaratorische Wirkung zeitigt, was namentlich der gesetzliche Rechtsübergang beweist. Die Vorschrift beschränkt vielmehr die Geltendmachung des Gemeinschaftsmarkenrechts umfassend für einen bestimmten Zeitraum. Nach Art. 17 Abs. 7 GMarkenV kann der Rechtsnachfolger zur Fristwahrung gegenüber dem Harmonisierungsamt für den Binnenmarkt die entsprechenden Erklärungen gegenüber dem Amt abgeben, sobald der Antrag auf Eintragung des Rechtsübergangs bei dem Amt eingegangen ist. Nach Art. 17 Abs. 8 GMarkenV sind alle an den Inhaber der Gemeinschaftsmarke zustellungsbedürftigen Dokumente an den als Inhaber Eingetragenen zu richten.

## B. Legitimationswirkung der Eintragung (§ 28 Abs. 1)

### I. Widerlegbare Rechtsvermutung

Bei der Geltendmachung der Rechte aus der Marke ist zwischen der förmlichen (formalrechtlichen) Berechtigung und der sachlichen (materiellrechtlichen) Berechtigung zu unterscheiden. Die Unterscheidung betrifft allein das durch die Eintragung eines Zeichens in das Register entstehende Markenrecht nach § 4 Nr. 1 (Registermarke). Einer Registereintragung kommt entweder konstitutive oder deklaratorische Wirkung zu. Die Unterscheidung zwischen formalrechtlicher und materiellrechtlicher Berechtigung beruht auf der konstitutiven Wirkung der Eintragung eines Zeichens als Marke bei der Entstehung des Markenschutzes einerseits und der deklaratorischen Wirkung der Eintragung eines gesetzlichen oder privatautonomen Rechtsübergangs des durch Eintragung entstandenen Markenrechts andererseits. Sachlich berechtigt ist der Rechtsinhaber der Marke, dem materiellrechtlich die Rechte aus der Marke zustehen. Förmlich berechtigt ist der im Register als Inhaber Eingetragene, den der Registereintrag legitimiert, ohne daß ihm materiellrechtlich die Rechte aus der Marke zustehen. In der Regel fallen *formalrechtlicher Registereintrag* und *materiellrechtliche Rechtsinhaberschaft* zusammen. In Fallkonstellationen des Rechtsübergangs einer Marke kommt es zu einem *Auseinanderfallen zwischen Rechtsinhaberschaft und Registereintrag,* da der Registereintrag zeitlich dem Rechtsübergang nachfolgt, sei es bei einem *gesetzlichen* Rechtserwerb der Marke, wie etwa durch einen Erben, sei es bei einem *privatautonomen* Rechtserwerb der Marke, wie etwa einer Markenrechtszession (s. dazu BPatG MarkenR 1999, 37 – Umschreibungsantrag). Die Unterscheidung zwischen materiellrechtlicher Rechtsinhaberschaft und formalrechtlichem Registerstand ist Ausgangspunkt des § 28 Abs. 1, der die *Legitimationswirkung der Eintragung* einer Marke im Register regelt. Nach dieser Vorschrift wird vermutet, daß das durch Eintragung entstandene Markenrecht im Sinne des § 4 Nr. 1 demjenigen zusteht, der im Register als Inhaber der Marke eingetragen ist. Die Eintragung als Markeninhaber begründet eine *widerlegbare Rechtsvermutung der Rechtsinhaberschaft* an der Marke (BGH GRUR 1998, 699, 701 – SAM; WRP 1999, 432 – Achterdiek).

Nach der *Rechtslage im WZG* konnte vor der Umschreibung des Warenzeichens in der Warenzeichenrolle nur der förmlich Berechtigte zeichenrechtliche Ansprüche geltend machen (so schon RG GRUR 1938, 604, 606 – Ciro; BGH Mitt 1989, 116 – FLASH; BPatG BlPMZ 1991, 199 – MEDATA). Bis zum Vollzug der Umschreibung in der Zeichenrolle auf den Erwerber ist allein der noch eingetragene Veräußerer eines Widerspruchszeichens aktivlegitimiert zur Geltendmachung von Rechten aus dem Widerspruchszeichen einschließlich der Beschwerdeeinlegung (BPatG GRUR 1994, 292 – VISCON).

## II. Wirkungen der Legitimation

7   Die Eintragung als Inhaber einer Marke in das Register legitimiert den Eingetragenen als den Rechtsinhaber. Es handelt sich um eine widerlegbare Vermutung (s. Rn 5). Die praktische Bedeutung der Vermutung liegt in einer Erleichterung des Rechtsverkehrs. Die rechtliche Wirkung der Legitimation liegt darin, daß der *förmlich Berechtigte die Rechte aus der Marke geltend machen* kann, es sei denn, ihm wird der Mangel der materiellen Rechtsinhaberschaft nachgewiesen. Die Rechtsvermutung gilt grundsätzlich in allen Verfahren in Markenangelegenheiten (zu den ergänzenden Regelungen der Abs. 2 und 3 s. Rn 12 ff., 22 f.) und im Rechtsverkehr gegenüber einem jeden Dritten. Es handelt sich um eine Vermutung für das Bestehen des Markenrechts sowie die Rechtsinhaberschaft des Eingetragenen an der Marke. Die Vermutung ist Erwerbsvermutung; vermutet wird der Rechtserwerb der Marke durch die Eintragung in das Register. Die Vermutung knüpft allein an die Eintragung an, unabhängig davon, ob die Eintragung unter Verletzung bloß formeller Vorschriften erfolgt ist. Die Vermutung regelt die Behauptungs- und Beweislast. Die Rechtsvermutung bewirkt eine *Beweislastumkehr*. Der förmlich Berechtigte ist nicht beweispflichtig für seine Rechtsinhaberschaft an der Marke, vielmehr ist der Anspruchsgegner beweispflichtig für den Mangel der Rechtsinhaberschaft. Wer den Bestand des eingetragenen Markenrechts oder die Rechtsinhaberschaft des Eingetragenen bestreitet, hat den Beweis des Gegenteils als eine Form des Hauptbeweises und nicht nur den Gegenbeweis zu führen. Der *Beweis des Gegenteils* ist von der Gegenpartei gegen die gesetzliche Vermutung erbracht, wenn das Gericht vollständig vom Mangel der vermuteten Rechtsinhaberschaft überzeugt ist; bloße Zweifel genügen nicht (s. § 292 ZPO). Die Vermutung gilt nicht nur für die *Verfahren in Markenangelegenheiten*. Sie gilt in *allen Verfahrensarten* und auf allen Rechtsgebieten, soweit ein non liquet zur Anwendung der Rechtsvermutung des § 28 Abs. 1 zwingt. Jeder kann sich auf die Vermutung des § 28 Abs. 1 berufen, für den die eingetragene Marke, wie etwa für einen Lizenznehmer, von rechtlichem Interesse ist. Die Vermutung gilt nur *zugunsten* des als Inhaber Eingetragenen sowie eines Dritten mit rechtlichem Interesse, nicht aber *zu Lasten* des als Inhaber Eingetragenen. Nach ihrem Normzweck gilt die Vermutung des § 28 Abs. 1 nicht inter partes und damit nicht zwischen dem Rechtsvorgänger und Rechtsnachfolger des Markenrechts in einem Rechtsstreit um die Rechtsinhaberschaft an der Marke. Die Vermutung der Rechtsinhaberschaft gilt aber zwischen dem als Inhaber Eingetragenen und einem Lizenznehmer.

8   Die Vermutung der Rechtsinhaberschaft nach § 28 Abs. 1 ist ihrer Wirkung nach namentlich *prozessualer* Natur. Die Widerlegung der Vermutung verlangt nach § 292 ZPO den Beweis des Gegenteils als Hauptbeweis. Anders als andere widerlegbare Rechtsvermutungen, wie im Sachenrecht die §§ 891, 1006 BGB, im Erbrecht § 2365 BGB oder im Wertpapierrecht § 793 Abs. 1 S. 1 BGB, Art. 16 WG, ist die Legitimation der Eintragung *keine Grundlage für einen gutgläubigen Erwerb* des Markenrechts (s. § 41, Rn 4). Die zulässige Rechtsübertragung der Marke nach § 27 folgt nach § 413 BGB den Regeln der §§ 398 ff. BGB, die einen gutgläubigen Rechtserwerb nicht kennen.

9   Nach § 31 gilt auch die Legitimationswirkung der Eintragung nach § 28 Abs. 1 nicht nur für die Rechtsinhaberschaft an dem durch Eintragung entstehenden Markenrecht, sondern auch für die Rechtsinhaberschaft des durch die Anmeldung einer Marke begründeten Rechts (Markenanwartschaftsrecht). Es besteht die widerlegbare Rechtsvermutung, daß dem Anmelder der durch die Anmeldung einer Marke, deren Anmeldetag feststeht, begründete Anspruch auf Eintragung nach § 33 Abs. 2 S. 1 zusteht und damit der Anmelder *Rechtsinhaber der Markenanwartschaft* ist.

## III. Verfahrensrechtliche Bedeutung der Rechtsvermutung

10   Die Rechtsvermutung des § 28 Abs. 1 legitimiert den noch als Rechtsinhaber eingetragenen Rechtsvorgänger grundsätzlich in allen das *Markenrecht betreffenden Verfahren*, in denen die Vorschriften des MarkenG auf die Aktivlegitimation des eingetragenen Rechtsinhabers

abstellen. Das gilt vorbehaltlich der Regelung des § 28 Abs. 2 (s. Rn 12 ff.) und Abs. 3 (s. Rn 22 ff.). Die Vermutung der Rechtsinhaberschaft besteht namentlich für das *Verletzungsverfahren,* aber auch für alle *sonstigen Verfahren,* in denen der Markeninhaber Rechte aus der eingetragenen Marke geltend macht. Die Geltendmachung der Rechte aus einer *Markenrechtsverletzung nach den §§ 14 ff.* steht dem Inhaber des Markenrechts und damit nach einem Rechtsübergang dem im Sinne des § 28 Abs. 1 legitimierten Inhaber zu. Die Aktivlegitimation zur Erhebung der *Löschungsklage* wegen des Bestehens von Rechten mit älterem Zeitrang nach § 51 steht nach § 55 Abs. 2 Nr. 2 dem Inhaber der in den §§ 9 bis 13 aufgeführten Rechte zu und damit nach einem Rechtsübergang dem im Sinne des § 28 Abs. 1 Legitimierten. Die Aktivlegitimation bedarf zwar keiner Eintragung in das Register; die Vermutung der Rechtsinhaberschaft nach § 28 Abs. 1 bedeutet aber, daß in den das Markenrecht betreffenden Verfahren die Vorlage der Registereintragung als Inhaber des Markenrechts zum Nachweis der Rechtsinhaberschaft ausreichend ist. Wenn die vermutete Rechtsinhaberschaft aufgrund eines Gegenbeweises entkräftet ist, dann ist der Nachweis der materiellrechtlichen Rechtsinhaberschaft, die aufgrund des Rechtsübergangs eingetreten ist, von demjenigen zu erbringen, der die Rechte aus der eingetragenen Marke geltend macht. Die verfahrensrechtliche Beweislage ist entsprechend bei Ansprüchen, die nach den Vorschriften des MarkenG gegen den Inhaber des Markenrechts bestehen und gegen den im Register als Inhaber Eingetragenen geltend gemacht werden. In *Verfahren gegen den Markeninhaber* gelten für *Löschungsklagen* besondere Regelungen, die schon im WZG in § 11 Abs. 2 und 3 WZG enthalten waren. Nach § 55 Abs. 1 kann die *Löschungsklage wegen Verfalls der Marke* nach § 49 oder *wegen des Bestehens älterer Rechte* nach § 51 sowohl gegen den im Register als Inhaber der Marke Eingetragenen als auch gegen seinen Rechtsnachfolger erhoben werden. Ein *Urteil auf Löschung* der eingetragenen Marke gegen den Rechtsvorgänger ist nach § 55 Abs. 4 auch gegen den Rechtsnachfolger wirksam und vollstreckbar, wenn der Rechtsübergang vor oder nach Klageerhebung erfolgt ist.

Wenn während eines *rechtshängigen Verfahrens* über ein eingetragenes Markenrecht ein **11** Rechtsübergang im Sinne des § 27 erfolgt, dann sind die allgemeinen Vorschriften der ZPO anzuwenden, wie etwa § 265 ZPO wegen der Rechtsfolgen aus einer *Übertragung* des streitbefangenen Markenrechts, § 325 ZPO wegen der *Rechtskrafterstreckung* auf einen Rechtsnachfolger und § 66 ZPO hinsichtlich der *Nebenintervention* (BGH GRUR 1998, 940 – Sanopharm). Nach den allgemeinen zivilprozessualen Vorschriften kann der Rechtsnachfolger *Partei des Verfahrens* werden oder als *Nebenintervenient* auftreten. Die Eintragung des Rechtsnachfolgers in das Register ist aus zivilprozessualen Gründen nicht erforderlich, da die Rechtsinhaberschaft an der Marke auch ohne die Eintragung in das Markenregister nachgewiesen werden kann.

## C. Verfahrensrechtliche Beschränkungen vor der Eintragung des Rechtsübergangs (§ 28 Abs. 2)

### I. Ausgangspunkt

#### 1. Rechtslage im WZG

Nach § 8 Abs. 2 WZG konnte der Rechtsnachfolger sein Recht aus der Eintragung des **12** Warenzeichens nicht geltend machen, solange der Übergang in der Warenzeichenrolle nicht vermerkt war. Der Umschreibung des Warenzeichens in der Warenzeichenrolle kam auch nach der Rechtslage im WZG nach ständiger Rechtsprechung keine konstitutive Wirkung zu (s. nur RGZ 80, 124, 128 – Magnolia), doch war die Geltendmachung der Zeichenrechte vor der Umschreibung generell und zwar auch zur Verteidigung (RG GRUR 1938, 604 – Ciro; BGH GRUR 1989, 422 – FLASH; 1992, 314 – Opium unter Aufhebung des vorinstanzlichen Urteils HansOLG Hamburg GRUR 1990, 456 – Opium) ausgeschlossen. Die Rechtslage im WZG entspricht der Rechtslage für die Gemeinschaftsmarke nach Art. 17 Abs. 6 GMarkenV (s. Rn 4). Der Eintragung des Warenzeichens in die Warenzeichenrolle kam nach der Rechtslage im WZG anders als nach § 28 Abs. 1 *keine Legitimationswirkung* zu. Die Umschreibung wurde als eine rein förmliche Berechtigung verstanden, die von dem Eingetragenen den Nachweis seiner sachlichen Berechtigung gegenüber erhobenen Einwendungen verlangte (RGZ 147, 332, 336 – Aeskulap). Eine *tatsächliche Rechtsvermutung* für die Rechtmäßigkeit des Zeichenerwerbs konnte sich nur nach Lage des Einzelfalles aus einer jahrelang unangefochtenen Benutzung des Zeichens durch den Eingetragenen als Zeicheninhaber ergeben (RG GRUR 1943, 131, 132 – Valenciade; BGH GRUR 1967, 294, 295 – Triosorbin). Zwischen Rechtsübergang und Umschreibung war die Verteidigung des Zeichens gegen Dritte nicht möglich (s. Rn 2). Vor der Umschreibung waren alle Anträge, wie Widersprüche, Beschwerden und Klagen in patentamtlichen oder gerichtlichen Verfahren zurückzuweisen.

### 2. Rechtslage im MarkenG

13  Der Gesetzgeber des MarkenG erkannte den unbefriedigenden Rechtszustand einer gleichsamen Stillegung des Markenrechts während des Zeitraums zwischen dem materiellrechtlichen Übergang des Markenrechts und der Eintragung des Rechtsübergangs (s. Rn 2). Nach der Rechtslage im MarkenG besteht die Legitimationswirkung der Eintragung nach § 28 Abs. 1 grundsätzlich bis zur Eintragung des Rechtsnachfolgers. Bis zum Zeitpunkt der Eintragung des Rechtsübergangs ist der als Inhaber Eingetragene durch die Eintragung legitimiert und wird seine Rechtsinhaberschaft vermutet. Im Interesse des Rechtsnachfolgers ergänzt § 28 Abs. 2 diese Rechtslage durch *Regelungen zugunsten des Rechtsnachfolgers* in Verfahren in Markenangelegenheiten vor dem DPMA, in Beschwerdeverfahren vor dem BPatG oder in Rechtsbeschwerdeverfahren vor dem BGH. Schon vor seiner Eintragung in das Register ist der Rechtsnachfolger nach § 28 Abs. 2 S. 1 in diesen Verfahren legitimiert, den Anspruch auf den Schutz der Marke und das durch die Eintragung der Marke begründete Recht geltend zu machen, und zwar vom *Zeitpunkt des Zugangs des Antrags auf Eintragung des Rechtsübergangs bei dem DPMA* an. Die Regelung gilt sowohl bei einem *privatautonomen* als auch bei einem *gesetzlichen* Rechtserwerb der Marke (s. Rn 5; zur gesetzlichen Gesamtrechtsnachfolge s. BPatG MarkenR 1999, 37 – Umschreibungsantrag). Nach § 28 Abs. 2 S. 2 ist der Rechtsnachfolger in sonstigen Verfahren vor dem DPMA, in Beschwerdeverfahren vor dem BPatG oder in Rechtsbeschwerdeverfahren vor dem BGH dann legitimiert, wenn er an diesen Verfahren Beteiligter als Rechtsinhaber der Marke ist.

14  Die praktische Bedeutung des § 28 Abs. 2 liegt vor allem darin, daß *fristgebundene Erklärungen,* wie etwa Widersprüche oder auch Beschwerden, nicht nur von dem als Inhaber eingetragenen Rechtsvorgänger, sondern auch von dem Rechtsnachfolger vor seiner Eintragung in das Register wirksam abgegeben werden können. In der Praxis wird es vor allem darauf ankommen, daß die Anträge auf Eintragung eines Rechtsübergangs (Umschreibungsanträge) vom DPMA zügig erledigt werden.

## II. Verfahrensrechtliche Bedeutung

### 1. Widerspruchsverfahren

15  Nach Zugang des Antrags auf Eintragung des Rechtsübergangs bei dem DPMA (Umschreibung) ist der *Rechtsnachfolger* als Inhaber des Markenrechts auch verfahrensrechtlich berechtigt, nach § 42 Abs. 1 *Widerspruch* zu erheben. Da die Rechtsvermutung des § 28 Abs. 1 nicht für den noch nicht in das Register eingetragenen Rechtsnachfolger wirkt, ist die Rechtsinhaberschaft des Rechtsnachfolgers im Widerspruchsverfahren *glaubhaft* zu machen, es sei denn, daß die Rechtsinhaberschaft als Rechtsnachfolge, wie üblich, im Zusammenhang mit dem Antrag auf Eintragung des Rechtsübergangs (Umschreibungsantrag) dem DPMA bereits *nachgewiesen* ist.

16  Nach dem Rechtsübergang der eingetragenen Marke ist der *Rechtsvorgänger* nicht mehr zur Erhebung des Widerspruchs berechtigt, da er materiellrechtlich nicht mehr Inhaber der Marke ist, auch wenn er als der formalrechtlich im Register als Inhaber Eingetragene nach § 28 Abs. 1 legitimiert ist. Wenn *während des Widerspruchsverfahrens* die Rechtsnachfolge nach Erhebung des Widerspruchs durch den Rechtsvorgänger eintritt, dann gelten die allgemeinen Vorschriften der ZPO über die Wirkung einer Rechtsnachfolge auf rechtshängige Verfahren (§§ 265, 325 ZPO) entsprechend (s. Rn 11; zur Widerspruchsberechtigung des noch nicht in die Zeichenrolle eingetragenen, aber materiell berechtigten Rechtsnachfolgers bis zum 31. Dezember 1994 BPatGE 35, 180 – quickslide).

Wenn Gegenstand des Rechtsübergangs die Marke ist, gegen deren Eintragung Widerspruch erhoben wird, dann ist zwar der Rechtsnachfolger als der materiellrechtliche Inhaber des Markenrechts der an sich zuständige Verfahrensbeteiligte im Widerspruchsverfahren. Die Legitimationswirkung des § 28 Abs. 1 gilt aber auch im Widerspruchsverfahren hinsichtlich des Rechtsübergangs der Marke, gegen deren Eintragung Widerspruch erhoben wird. Der *Rechtsnachfolger* der Marke, gegen deren Eintragung Widerspruch erhoben wird, ist zuständiger *Verfahrensbeteiligter im Widerspruchsverfahren* erst ab dem Zeitpunkt des *Zugangs des Antrags auf Eintragung des Rechtsübergangs* bei dem DPMA. Es gelten auch im Widerspruchsverfahren die allgemeinen Vorschriften der ZPO über die Rechtsfolgen einer Rechtsnachfolge hinsichtlich des streitbefangenen Markenrechts (§ 265 ZPO) und der Rechtskrafterstreckung auf den Rechtsnachfolger (§ 325 ZPO). Der Widersprechende wird in der Regel gegen einen Parteiwechsel von dem Rechtsvorgänger auf den Rechtsnachfolger keine Einwendungen erheben.

### 2. Sonstige Verfahren in Markenangelegenheiten

Die Regelung des § 28 Abs. 2 gilt außer für Widerspruchsverfahren auch für sonstige Verfahren in Markenangelegenheiten vor dem DPMA, für Beschwerdeverfahren vor dem BPatG und für Rechtsbeschwerdeverfahren vor dem BGH, in denen es um die Rechte aus einer eingetragenen Marke oder aus dem durch die Anmeldung einer Marke begründeten Recht (§ 31) geht. Das gilt etwa für die *Teilung der Eintragung* (§ 46), die *Teilung der Anmeldung* (§ 40), den *Verzicht auf das Markenrecht* (§ 48), sowie das *Recht auf Akteneinsicht* (§ 62) und den *Anspruch auf Wiedereinsetzung* (§ 91).

### 3. Nachweis oder Glaubhaftmachung des Rechtsübergangs

Wenn der Rechtsnachfolger vor der Eintragung des Rechtsübergangs Rechtshandlungen nach § 28 Abs. 2 vornimmt, dann obliegt ihm je nach der Art des Verfahrens die *Glaubhaftmachung* oder der *Nachweis* seiner materiellrechtlichen Rechtsinhaberschaft an der Marke. Da die Glaubhaftmachung oder der Nachweis die Verfahrensbefugnis oder das Prozeßführungsrecht betrifft, ist dies *von Amts wegen* zu verlangen. Bei fehlendem Nachweis der Prozeßführungsbefugnis erfolgt Prozeßabweisung ohne Rechtskraftwirkung für die sachliche Berechtigung. Zur Geltendmachung von Rechten nach § 28 Abs. 2 ist der *rechtzeitige Eingang des Umschreibungsantrages* ausreichend; die *Glaubhaftmachung des Rechtsübergangs* kann im Verlauf des jeweiligen Verfahrens erfolgen (BPatG MarkenR 1999, 37 – Umschreibungsantrag). *Rechtshandlungen des Rechtsnachfolgers,* die das materielle Markenrecht betreffen, sind unabhängig von der Eintragung des Rechtsübergangs (Umschreibung) *rechtswirksam.* Die Einbeziehung der *Rechtsmittelverfahren* der Beschwerde und Rechtsbeschwerde in die Regelung des § 28 Abs. 2 ist deshalb erfolgt, weil es sich um die Fortführung der vor dem DPMA begonnenen Verfahren in Markenangelegenheiten handelt.

### 4. Ermächtigung des Rechtsvorgängers durch den Rechtsnachfolger

Nach der Legitimationswirkung der Eintragung nach § 28 Abs. 1 ist der Rechtsvorgänger vor der Eintragung des Rechtsübergangs in allen Verfahren in Markenangelegenheiten zuständig, da er noch als Rechtsinhaber in das Register eingetragen ist. Die Rechtsvermutung des § 28 Abs. 1 greift aber dann nicht ein, wenn der materiellrechtliche Rechtsübergang nach außen offen gelegt wird, im Rechtsverkehr bekannt ist oder die Rechtsvermutung widerlegt wird. Vor Zugang des Antrags auf Eintragung des Rechtsübergangs ist nach § 28 Abs. 2 auch der Rechtsnachfolger nicht zuständig. Dies ist regelmäßig deshalb unschädlich, weil der Rechtsnachfolger den Zugang des Antrags auf Eintragung des Rechtsübergangs selbst bewirken kann, da er nach § 27 Abs. 3 als Beteiligter antragsberechtigt ist und ihm der Nachweis des Rechtsübergangs nach § 31 Abs. 3 Nr. 1 MarkenV leicht möglich ist. Diese Rechtslage stellt sich in solchen Fallkonstellationen anders dar, in denen der Rechtsübergang offen gelegt wird und damit die Rechtsvermutung des § 28 Abs. 1 nicht eingreift, ein Antrag auf Eintragung des Rechtsübergang aber nicht gestellt wird, da eine Eintragung des Rechtsnachfolgers in das Register den Interessen der Beteiligten widerspricht. Eine solche Fallkonstellation besteht etwa im Falle einer *offenen Sicherungszession des Markenrechts,* wenn aufgrund der Sicherungsabrede der Sicherungsnehmer während des Zeitraums des Sicherungsvertrages nicht in das Register eingetragen werden soll. In solchen Fallkonstellationen kann der Rechtsnachfolger als der materiellrechtlich Berechtigte den Rechtsvorgänger, zu dessen Gunsten die Rechtsvermutung des § 28 Abs. 1 nicht mehr eingreift, zur *Verfahrensbeteiligung ermächtigen* oder *Prozeßführungsbefugnis erteilen*. Es fragt sich allerdings, ob es einer Ermächtigung bedarf oder ob nicht § 28 Abs. 2 im Wege der Auslegung entnommen werden kann, daß der eingetragene Markeninhaber in jedem Fall verfahrensbefugt ist.

### 5. Rückgängigmachung der Umschreibung

21  Die Eintragung des Rechtsübergangs stellt einen *Verwaltungsakt* dar. Die Umschreibung kann nach den Grundsätzen zur *Rücknahme begünstigender Verwaltungsakte* rückgängig gemacht werden (BGH GRUR 1969, 43 – Marpin).

### D. Zustellung von Verfügungen und Beschlüssen des DPMA (§ 28 Abs. 3)

22  Nach § 28 Abs. 3 S. 1 sind Verfügungen und Beschlüsse des DPMA, die der Zustellung an den Markeninhaber bedürfen, dem *als Inhaber Eingetragenen zuzustellen*. Die Zustellung erfolgt somit nicht an den materiellrechtlichen Rechtsinhaber der Marke, sondern an den formalrechtlich Legitimierten. Die Regelung entspricht § 8 Abs. 3 S. 1 WZG.

23  Verfügungen und Beschlüsse des DPMA, die der Zustellung an den Markeninhaber bedürfen, sind nicht nur nach § 28 Abs. 3 S. 1 dem als Inhaber Eingetragenen zuzustellen, sondern sind dann, wenn dem DPMA ein Antrag auf Eintragung eines Rechtsübergangs zugegangen ist, nach § 28 Abs. 3 S. 2 an den Rechtsnachfolger zuzustellen. Die Regelung des Abs. 3 S. 2, die Rechtsnachfolger in den Stand versetzt, die ihnen nach § 28 Abs. 2 zustehenden Rechte geltend zu machen, stellt insoweit eine notwendige Ergänzung des § 28 Abs. 2 dar.

**Dingliche Rechte; Zwangsvollstreckung; Insolvenzverfahren**

**29** (1) **Das durch die Eintragung, die Benutzung oder die notorische Bekanntheit einer Marke begründete Recht kann**
1. verpfändet werden oder Gegenstand eines sonstigen dinglichen Rechts sein oder
2. Gegenstand von Maßnahmen der Zwangsvollstreckung sein.

(2) **Betreffen die in Absatz 1 Nr. 1 genannten Rechte oder die in Absatz 1 Nr. 2 genannten Maßnahmen das durch die Eintragung einer Marke begründete Recht, so werden sie auf Antrag eines Beteiligten in das Register eingetragen, wenn sie dem Patentamt nachgewiesen werden.**

(3) **Wird das durch die Eintragung einer Marke begründete Recht durch ein Insolvenzverfahren erfaßt, so wird dies auf Antrag des Insolvenzverwalters oder auf Ersuchen des Insolvenzgerichts in das Register eingetragen. Im Falle der Eigenverwaltung (§ 270 der Insolvenzordnung) tritt der Sachwalter an die Stelle des Insolvenzverwalters.**

Inhaltsübersicht

| | Rn |
|---|---|
| A. Allgemeines | 1–4 |
|    I. Regelungsübersicht | 1 |
|    II. Rechtsänderungen | 2 |
|    III. Europäisches Unionsrecht | 3, 4 |
|       1. Erste Markenrechtsrichtlinie | 3 |
|       2. Gemeinschaftsmarkenverordnung | 4 |
| B. Die dingliche Belastbarkeit des Markenrechts durch Rechtsgeschäft | 5–10 |
|    I. Grundsatz | 5 |
|    II. Dingliche Rechte an Marken (§ 29 Abs. 1 Nr. 1) | 6–10 |
|       1. Vertragspfandrecht an einem Markenrecht | 6, 7 |
|       2. Markennießbrauch | 8–10 |
| C. Das Markenrecht als Gegenstand der Zwangsvollstreckung | 11–24 |
|    I. Grundsatz | 11, 12 |
|    II. Pfändungspfandrecht an einem Markenrecht | 13–21 |
|       1. Pfändung und Pfändungspfandrecht | 13 |

|  | Rn |
|---|---|
| 2. Art der Pfändung | 14–17 |
| 3. Rechtswirkungen der Pfändung | 18–21 |
| a) Rechtswirkungen auf Seiten des Gläubigers | 18–20 |
| aa) Rechtsinhaberschaft und Pfändungspfandrecht | 18 |
| bb) Verfahrensrechte | 19, 20 |
| b) Rechtswirkungen auf Seiten des Schuldners | 21 |
| III. Pfändung einer Markenlizenz und eines Markennießbrauchs | 22 |
| IV. Schranken der Pfändung | 23 |
| V. Verwertung des Pfandgegenstandes | 24 |
| D. Das Markenrecht in der Insolvenz des Markeninhabers | 25–30 |
| I. Grundsatz | 25 |
| II. Rechtswirkungen der Insolvenz | 26–30 |
| 1. Markenverfügungsrecht und Markenverwaltungsrecht des Insolvenzverwalters | 26 |
| 2. Die Markenlizenz in der Insolvenz | 27 |
| 3. Der Nießbrauch in der Insolvenz | 28 |
| 4. Abwicklung in der Insolvenz | 29, 30 |
| E. Sonstige die Markenverwertung betreffende Verfahren | 31 |
| F. Eintragung der markenrechtsbeschränkenden Maßnahmen (§ 29 Abs. 2 und 3) | 32, 33 |

**Schrifttum zum WZG.** *Adler*, Die Zwangsvollstreckung in gewerbliche Immaterialgüterrechte, GRUR 1919, 18; *Baum*, Übertragung der Marken, GRUR 1928, 327; *Busse*, Pfändung des Warenzeichens, MuW 1927/28, 8; *Bußmann*, Unterliegt das ohne Geschäftsbetrieb übertragene Warenzeichen unbedingt der Löschung?, MuW 1927, 520; *Bußmann*, Warenzeichen und Firmenmarke, GRUR 1929, 1241; *Bußmann*, Zwangsmaßnahmen gegenüber Unternehmenskennzeichen, FS für Raape, 1948, S. 131; *Bußmann*, Freie Übertragbarkeit der Marke, GRUR 1949, 170; *Ghiron*, Zur Frage der Übertragung des Warenzeichens, GRUR 1928, 737; *Göttlich*, Die Zwangsvollstreckung in Schutzrechte, MDR 1957, 11; *Hubmann*, Die Zwangsvollstreckung in Persönlichkeits- und Immaterialgüterrechte, FS für Lehmann, Bd. II, 1956, S. 812; *Isay*, Bericht über die Frage der freien Übertragbarkeit der Marke, GRUR 1930, 675; *Lewino*, Handel mit Warenzeichen, MuW 1932, 169; *Müller*, Das Warenzeichen als Gegenstand der Vollstreckung, Diss. Hamburg, 1951; *Pinzger*, Unabhängigkeit der Marken, GRUR 1928, 323; *Rauter*, Die Übertragung von Warenzeichen, MuW 1926/27, 237; *Pinzger*, Die Unabhängigkeit der Marke, GRUR 1930, 673; *Pinzger*, Zwangsvollstreckung in das Erfinderrecht, ZZP 60 (1936/37), 415; *Reimer*, Für die Einführung der freien Übertragbarkeit der Marke im internationalen und im deutschen Warenzeichenrecht, GRUR 1949, 181; *Reimer*, Zur Frage der freien Verfügbarkeit (Übertragbarkeit und Lizenzfähigkeit) der Marke, GRUR 1931, 11; *Repenn/Spitz*, Die Pfändung und Verwertung von Warenzeichen, WRP 1993, 737; *Rogers*, Einige Vorschläge zur Frage der Übertragbarkeit von Warenzeichen, MuW 1931, 1; *Rohnke*, Warenzeichen als Kreditsicherheit, NJW 1993, 561; *Schwabe*, Pfändungspfandgläubiger und Erteilungsverfahren, MuW 1939, 155; *Schwartz*, Freie Übertragbarkeit der Marke?, MA 1955, 147; *Smoschewer*, Auf dem Wege zur frei übertragbaren Warenmarke, GRUR 1929, 1352; *Tepltizky*, Die Warenzeichenveräußerung durch den Konkursverwalter im Konkurs über das Vermögen des Zeicheninhabers, FS für Quack, 1991, S. 111; *Tetzner*, Gläubigerzugriff in Erfindungsrechte und Patentanmeldungen, JR 1951, 166; *Urbach*, Die Übertragung der Warenzeichen ohne den Geschäftsbetrieb, MuW 1931, 140; *van der Werth*, Zur Frage der Übertragbarkeit von Warenzeichen, GRUR 1949, 320; *Wertheimer*, Die Zwangsvollstreckung in gewerbliche Schutzrechte, LZ 1908, 352; *Zetzsche*, Die Übertragbarkeit von Warenzeichen mit oder ohne Geschäftsbetrieb, MuW 1937, 6.

**Schrifttum zum MarkenG.** *Fezer*, Ausschließliche Zuständigkeit der Kennzeichengerichte und der Gemeinschaftsmarkengerichte, NJW 1997, 2915; *Repenn*, Pfändung und Verwertung von Warenzeichen, NJW 1994, 175; *Repenn*, Das Warenzeichen in der Konkursmasse, ZIP 1994, 1565; *Repenn*, Ermittlung des Verkehrswertes von Marken – System Repenn, Mitt 1994, 13; *Repenn*, Handbuch der Markenbewertung und -verwertung, 1998; *Repenn/Spitz*, Die Marke als selbständiges Wirtschaftsgut, WM 1994, 1653; *Volkmer*, Das Markenrecht im Zwangsvollstreckungsverfahren, 1999; *Zimmermann*, Immaterialgüterrechte und ihre Zwangsvollstreckung, 1998.

### Entscheidung zum MarkenG

**LG Düsseldorf, Beschluß vom 26. März 1998, 4 OH 1/98**
Zur gerichtlichen Zuständigkeit im Zwangsvollstreckungsverfahren.

## A. Allgemeines

### I. Regelungsübersicht

**1** Die Vorschrift des § 29 enthält Regelungen über das *Markenrecht als Gegenstand von dinglichen Rechten* (Abs. 1 Nr. 1) und als *Gegenstand von Maßnahmen der Zwangsvollstreckung* (Abs. 1 Nr. 2). Die Verwertbarkeit der Marke *privatautonom* durch dingliche Belastung und *hoheitlich* in der Zwangsvollstreckung ist Ausdruck der freien Übertragbarkeit der nichtakzessorischen Marke im MarkenG (s. dazu § 3, Rn 66 ff.; § 27, Rn 9). Die Vorschrift erstreckt sich auf das durch die Eintragung, die Benutzung oder die notorische Bekanntheit einer Marke begründete Markenrecht und damit auf alle drei nach der Entstehung des Markenschutzes zu unterscheidenden Markenkategorien des § 4 Nr. 1 bis 3 (Registermarken, Benutzungsmarken, Notorietätsmarken). Dingliche Rechte oder Maßnahmen der Zwangsvollstreckung, die eine eingetragene Marke betreffen, werden nach Abs. 2 auf Antrag eines Beteiligten in das Register eingetragen. Es handelt sich um eine *fakultative Eintragung*, zu der keine Verpflichtung besteht. Der Antrag auf Eintragung des dinglichen Rechts oder der Maßnahme der Zwangsvollstreckung ist nicht gebührenpflichtig. § 29 Abs. 3 regelt den auf Antrag in das Register einzutragenden *Insolvenzvermerk*, wenn eine eingetragene Marke von der Insolvenz des Markeninhabers erfaßt wird. Der Antrag ist nicht gebührenpflichtig. Unabhängig von der Regelung des Insolvenzvermerks für eingetragene Marken, werden von der Insolvenz des Markeninhabers alle Markenkategorien des § 4 Nr. 1 bis 3 erfaßt. § 33 MarkenV enthält *Ausführungsbestimmungen* zu der Eintragung von dinglichen Rechten, § 34 MarkenV zu den Maßnahmen der Zwangsvollstreckung und des Insolvenzverfahrens.

### II. Rechtsänderungen

**2** Im WZG war weder die Verpfändung eines Markenrechts oder die Belastung des Markenrechts mit einem sonstigen dinglichen Recht noch Maßnahmen der Zwangsvollstreckung in das Markenrecht geregelt. Die Rechtsänderung ist Folge der Nichtakzessorietät der Marke im MarkenG. Die Vorschrift des § 29 Abs. 3 ist zur Anpassung an die InsO bereits durch das MarkenRÄndG 1996 geändert worden. Diese Rechtsänderung ist mit der InsO am 1. Januar 1999 nach Art. 6 Abs. 1 MarkenRÄndG 1996 in Kraft getreten.

### III. Europäisches Unionsrecht

#### 1. Erste Markenrechtsrichtlinie

**3** Die *MarkenRL* regelt die Belastung eines Markenrechts mit dinglichen Rechten, die Zwangsvollstreckung in das Markenrecht sowie das Markenrecht in der Insolvenz des Markeninhabers nicht.

#### 2. Gemeinschaftsmarkenverordnung

**4** Die Rechtslage im MarkenG entspricht im wesentlichen den Regelungen der *GMarkenV*. Nach Art. 19 Abs. 1 GMarkenV kann die Gemeinschaftsmarke unabhängig von dem Unternehmen verpfändet werden oder Gegenstand eines sonstigen dinglichen Rechts sein. Die dinglichen Rechte an der Gemeinschaftsmarke werden auf Antrag eines Beteiligten nach Art. 19 Abs. 2 GMarkenV in das Register eingetragen und veröffentlicht. Die Gemeinschaftsmarke kann nach Art. 20 Abs. 1 GMarkenV Gegenstand von Maßnahmen der Zwangsvollstreckung sein. Es besteht eine ausschließliche Zuständigkeit der Gerichte und Behörden des nach Art. 16 GMarkenV maßgebenden Mitgliedstaates für die Zwangsvollstreckungsmaßnahmen (Art. 20 Abs. 2 GMarkenV). Auf Antrag eines Beteiligten werden auch die Zwangsvollstreckungsmaßnahmen nach Art. 20 Abs. 3 GMarkenV in das Register eingetragen und veröffentlicht. Bis zum Inkrafttreten gemeinsamer Vorschriften der Mitgliedstaaten regelt Art. 21 Abs. 1 GMarkenV für das Insolvenzverfahren übergangsweise, daß die Insolvenz des Markeninhabers die Gemeinschaftsmarke nur in dem Mitgliedstaat erfaßt, in dem das Insolvenzverfahren zuerst eröffnet wird.

## B. Die dingliche Belastbarkeit des Markenrechts durch Rechtsgeschäft

### I. Grundsatz

Die nichtakzessorische Marke als ein selbständiger Vermögensgegenstand des Unternehmens des Markeninhabers dient als ein Vermögenswert der Verwertung durch den Markeninhaber und die Gläubiger des Markeninhabers. Folge des Grundsatzes der freien Übertragbarkeit der Marke ist eine grundlegende *Änderung der Rechtslage* im MarkenG gegenüber dem WZG. Die Marke kann nicht nur als ein akzessorischer Bestandteil des Geschäftsbetriebs des Markeninhabers gemeinsam mit dem Unternehmen, sondern wie ein jedes vermögenswertes Wirtschaftsgut des Unternehmens selbständig und unabhängig von dem Geschäftsbetrieb verwertet werden. Das Markenrecht kann nach § 29 Abs. 1 sowohl verpfändet werden oder Gegenstand eines sonstigen dinglichen Rechts (Nr. 1), als auch Gegenstand von Maßnahmen der Zwangsvollstreckung sein (Nr. 2). Anwendungsbereiche der Vorschrift sind alle nach der Entstehung des Markenschutzes zu unterscheidenden Kategorien von Marken im Sinne des § 4 Nr. 1 bis 3 und damit die durch die Eintragung, die Benutzung oder die notorische Bekanntheit einer Marke begründeten Markenrechte. Der *Grundsatz der dinglichen Belastbarkeit des Markenrechts* macht die Marke als eine wesentliche Ressource des Unternehmens zum Gegenstand investiver und allgemein vermögensmäßiger Unternehmensstrategien.

### II. Dingliche Rechte an Marken (§ 29 Abs. 1 Nr. 1)

#### 1. Vertragspfandrecht an einem Markenrecht

Ein Vertragspfandrecht kann rechtsgeschäftlich an einem Markenrecht (*Markenpfandrecht*), sowie an dem durch die Anmeldung einer Marke begründeten Recht (*Markenanwartschaftspfandrecht*) bestellt werden (s. § 27, Rn 55 ff.). Bei dem Markenpfandrecht wie dem Markenanwartschaftspfandrecht handelt es sich um Pfandrechte an einem Recht im Sinne des § 1273 Abs. 1 BGB. Die Bestellung des Pfandrechts erfolgt nach § 1274 Abs. 1 BGB nach den für die Übertragung des Markenrechts geltenden Vorschriften der §§ 413, 398 ff. BGB. Die Pfandrechtsbestellung bedarf keiner Form. Eine Übergabe der Eintragungsurkunde an den Pfandgläubiger ist nicht erforderlich; einer Publizität entsprechend § 1274 Abs. 1 S. 2 BGB bedarf es nicht. Eine Verpfändungsanzeige entsprechend § 1280 BGB etwa an das DPMA ist nicht erforderlich. Nach § 29 Abs. 2 kann die Eintragung des Markenpfandrechts in das Register erfolgen, ohne daß eine Verpflichtung zur Eintragung des Markenpfandrechts besteht. Das Pfandrecht gewährt dem Pfandgläubiger das Recht, das verpfändete Markenrecht im Falle der Pfandreife (§§ 1273 Abs. 2 S. 1, 1228 Abs. 1 BGB) zu verwerten und sich aus dem Erlös zu befriedigen (§§ 1273 Abs. 2 S. 1, 1247 BGB). Der Verpfänder bleibt als Markeninhaber zur Benutzung der Marke berechtigt. Die Pfandrechtsbestellung berührt nicht die Aktivlegitimation des Markeninhabers gegenüber dem DPMA oder Dritten. Dem Markenpfandrechtsgläubiger können schuldrechtliche Kontroll-, Informations- und Mitwirkungsrechte rechtsgeschäftlich eingeräumt werden. Pfandreife besteht, wenn die durch das Markenpfand gesicherte Forderung ganz oder zum Teil fällig ist (§ 1228 Abs. 2 S. 1 BGB) oder die Forderung in eine fällige Geldforderung übergegangen ist (§ 1228 Abs. 2 S. 2 BGB).

Anders als bei einem Sachpfand, bei dem der Privatverkauf durch öffentliche Versteigerung die regelmäßige Verwertungsform darstellt (§ 1235 Abs. 1 BGB), erfolgt die Verwertung des Markenpfandes nach § 1277 S. 1 BGB nur aufgrund eines vollstreckbaren Titels nach den für die Zwangsvollstreckung geltenden Vorschriften (§§ 803 bis 807, 828 ff., 857 ZPO). Der Markenpfandgläubiger bedarf eines gegen den Markeninhaber gerichteten Duldungstitels. Erforderlich ist ein Titel (Urteil, Prozeßvergleich, vollstreckbare Urkunde) gegen den Markeninhaber als solchen auf Duldung der Pfandverwertung mit Angabe der gesicherten Forderungen (BGH NJW 1977, 1240, 1242). Auch wenn schon ein Markenpfandrecht besteht, ist zur Verwertung die Pfändung (§§ 829, 857 ZPO) notwendig (RGZ 103, 137, 139). Abweichende Vereinbarungen über die Verwertung des Markenpfandes, wie etwa die Verwertung durch Pfandverkauf ohne Titel (RGZ 100, 274, 276), sind zulässig (§§ 1273 Abs. 2 S. 1, 1229, 1245 Abs. 2 BGB). Wenn das Markenpfandrecht des Pfandgläubigers beeinträchtigt wird, dann stehen dem Pfandgläubiger nach den §§ 1273 Abs. 2 S. 1, 1227 BGB die Schutzrechte des Markeninhabers nach den §§ 14ff. MarkenG zu. Entsprechend dem Markeninhaber kann der Markenpfandgläubiger Unterlassung einer Markenrechtsverletzung sowie Schadensersatz wegen einer Markenrechtsverletzung verlangen. Vor der Pfandreife geht der Schadensersatzanspruch nur dahin, daß der Pfandgläubiger an der Schadensersatzforderung ein Pfandrecht erhält. Nach der Pfandreife kann der Pfandgläubiger den Schadensersatz bis zur Höhe seines Pfandinteresses verlangen (§ 1210 BGB). Die Legitimationswirkung der Eintragung nach § 28 Abs. 1 kommt auch dem Markenpfandgläubiger zugute. Ein gutgläubiger Erwerb eines Markenpfandrechts ist nicht möglich (§ 1273 Abs. 2 S. 2 BGB). Die Legitimationswirkung des § 28 Abs. 1 ist wie bei der Übertragung des Markenrechts keine zureichende Rechtsgrundlage für einen *gutgläubigen Erwerb* (s. § 41, Rn 4), auch wenn der Markengesetzgeber aufgrund des Rechtsscheins der Eintragung einen gutgläubigen Erwerb hätte vorsehen können. Wenn an einer Marke ein durch Eintragung, durch Benutzung und durch notorische Bekanntheit entstandenes Markenrecht besteht, dann handelt es sich um selbständige und grundsätzlich voneinander unabhängige Markenrechte mit regelmäßig unterschiedlicher Priorität. Die rechtsgeschäftliche Bestellung des Vertragspfandrechts verlangt eine Einigung über die Pfandrechtsbestellung an jedem einzelnen Markenrecht. Wenn dies nicht ausdrücklich geschieht, wird die rechtsgeschäftliche Pfandbestellung regelmäßig dahin auszulegen sein. Da über das Bestehen von Markenrechten im Sinne des § 4 Nr. 2 und 3 eine tatsächliche Unsicherheit bestehen kann, ist bei der Verpfändung eines durch Eintragung entstandenen Markenrechts zu empfehlen, die sachlichen Markenrechte *hilfsweise* mitzuverpfänden. Die Sicherungsübertragung eines Markenrechts stellt kein dingliches Recht an dem Markenrecht im Sinne des § 29 Abs. 1 Nr. 1 dar, vielmehr handelt es sich um eine Rechtsübertragung der Marke im Sinne des § 27 (s. § 27, Rn 58).

### 2. Markennießbrauch

8   Es ist zwischen dem *Nießbrauch an einem Unternehmen* (s. § 27, Rn 52f.) und dem *Nießbrauch an einer Marke* (s. § 27, Rn 54) zu unterscheiden.

9   Ein *Markennießbrauch* kann an einem durch Eintragung, Benutzung oder notorische Bekanntheit entstandenen Markenrecht im Sinne des § 4 Nr. 1 bis 3 sowie an dem durch die Anmeldung einer Marke begründeten Recht (Markenanwartschaft) bestellt werden. Bei dem Markennießbrauch oder dem Markenanwartschaftsnießbrauch handelt es sich um einen Nießbrauch an einem Recht nach § 1068 Abs. 1 BGB. Die Bestellung des Nießbrauchs erfolgt nach § 1069 Abs. 1 BGB nach den für die Übertragung des Markenrechts geltenden Vorschriften der §§ 413, 398ff. BGB. Die Bestellung des Markennießbrauchs bedarf keiner besonderen Form. Eine Eintragung des Markennießbrauchs als eines dinglichen Rechts an dem Markenrecht in das Register ist nicht erforderlich. Nach § 29 Abs. 2 kann der Markennießbrauch an einer eingetragenen Marke in das Register eingetragen werden, ohne daß eine Verpflichtung zur Eintragung besteht. Der Nießbrauch an einem Markenrecht ist nicht übertragbar (§ 1059 S. 1 BGB). Die Ausübung des Markennießbrauchs kann aber einem anderen überlassen werden (§ 1059 S. 2 BGB). Der Nießbraucher ist nach den §§ 1068 Abs. 2, 1030 Abs. 1 BGB dinglich berechtigt, die *Nutzungen aus dem Markenrecht* zu ziehen. Der Markennießbraucher hat das Recht, die Marke zu benutzen und im Falle einer Markenlizenz an dem Markenrecht die Lizenzgebühren einzuziehen. Als Folge der Nießbrauchsbestellung kann das Markenrecht ohne Zustimmung des Nießbrauchers weder rechtsgeschäftlich aufgehoben (§ 1071 Abs. 1 BGB) noch nießbrauchsschädlich geändert werden (§ 1071 Abs. 2 BGB). Eine rechtsgeschäftliche Verfügung des Markeninhabers über das Markenrecht entgegen § 1071 BGB ohne Zustimmung des Nießbrauchers ist in der Regel schwebend unwirksam (s. § 184 BGB); gegenüber dem Nießbraucher ist eine solche Verfügung relativ unwirksam *(Palandt/Bassenge,* § 1071 BGB, Rn 1). Der Markeninhaber verliert durch die Bestellung des Markennießbrauchs nicht das Recht, das Markenrecht auf

einen anderen zu übertragen oder mit einem weiteren dinglichen Recht zu belasten, weil dadurch der Nießbrauch als dingliches Recht an dem Markenrecht nicht beeinträchtigt wird. Der Markennießbraucher hat das Recht, im Falle einer Markenrechtsverletzung, die sein Markennießbrauchsrecht beeinträchtigt, die Schutzrechte aus der Marke nach den §§ 14ff. geltend zu machen. Der Markennießbraucher kann etwa auf Unterlassung der Markenrechtsverletzung sowie auf Rechnungslegung und Schadensersatz in Höhe des Nießbrauchsschadens klagen (zum Patentrecht RG GRUR 1937, 670, 672). Bei der Nießbrauchsbestellung können Markeninhaber und Markennießbraucher *rechtsgeschäftliche Vereinbarungen* über die Benutzung der Marke treffen. Der Markennießbraucher kann zu einer rechtserhaltenden Benutzung der Marke verpflichtet werden. Abweichend vom gesetzlichen Inhalt des Markennießbrauchs kann der Markeninhaber zur Benutzung der Marke berechtigt bleiben und verpflichtet werden. Der Markennießbrauch erlischt mit dem Tode des Markennießbrauchers (§§ 1068 Abs. 2, 1061 BGB). Im übrigen erlischt der Nießbrauch aufgrund einer rechtsgeschäftlichen Vereinbarung zwischen dem Markeninhaber und dem Markennießbraucher sowie durch eine wirksame Kündigung des Nießbrauchs oder durch den Eintritt einer Bedingung oder Befristung.

Wenn an einer Marke ein durch Eintragung, durch Benutzung und durch notorische Bekanntheit entstandenes Markenrecht besteht, dann handelt es sich um selbständige und grundsätzlich voneinander unabhängige Markenrechte mit regelmäßig unterschiedlicher Priorität. Die Bestellung eines Nießbrauchs verlangt eine Einigung über die Bestellung an jedem einzelnen Markenrecht. Wenn dies nicht ausdrücklich geschieht, wird die Nießbrauchsbestellung regelmäßig entsprechend auszulegen sein. Da über das Bestehen von Markenrechten im Sinne des § 4 Nr. 2 und 3 (Benutzungsmarke, Notorietätsmarke) eine tatsächliche Unsicherheit bestehen kann, ist bei der Nießbrauchsbestellung an einem durch Eintragung entstandenen Markenrecht (Registermarke) zu empfehlen, an dem sachlichen Markenrecht hilfsweise einen Nießbrauch mitzubestellen. **10**

## C. Das Markenrecht als Gegenstand der Zwangsvollstreckung

### I. Grundsatz

Folge der freien Übertragbarkeit der nichtakzessorischen Marke ist die Zulässigkeit der Zwangsvollstreckung in Markenrechte. Nach § 29 Abs. 1 Nr. 2 können Markenrechte Gegenstand von *Maßnahmen der Zwangsvollstreckung* sein. Nach der Rechtslage im WZG war wegen der Bindung des Warenzeichens an den Geschäftsbetrieb nach § 8 Abs. 1 S. 2 WZG eine Pfändung des Markenrechts als solches unzulässig. Aber auch eine Pfändung des Markenrechts als Teil des Unternehmens wurde nach überwiegender Meinung für undurchführbar gehalten (RGZ 95, 235, 236). Selbst wenn man von einem einheitlichen Recht am Unternehmen ausging (s. zur ganz überwiegend ablehnenden Meinung *Schmidt*, Handelsrecht, S. 126ff.) und somit zu einer Anwendung des § 857 ZPO gelangte, dann scheitert eine Pfändung doch daran, daß die Pfändung der verschiedenen Unternehmensgegenstände, wie der beweglichen Sachen, Grundstücke oder Forderungen, abweichend geregelt ist und ein einheitliches Pfandrecht an den Unternehmensgegenständen einschließlich des Markenrechts nicht entstehen konnte. Folge einer zwar denkbaren Pfändung des Unternehmens im Ganzen nach § 857 ZPO wäre zudem eine rechtsunsichere Pfandverwertung. Eine Pfändbarkeit des zum Unternehmen gehörenden Warenzeichenrechts wurde deshalb überwiegend abgelehnt *(Baumbach/Hefermehl*, § 8 WZG, Rn 40; *Busse*, MuW 1927/1928, 8; *Bußmann*, FS für Raape, 1948, S. 138; *Reimer/Trüstedt*, Kap. 34, Rn 14; zur Ausstattung *Reimer/Heydt*, Kap. 47, Rn 4; aA *Reimer/Trüstedt*, Kap. 34, Rn 4). **11**

Vollstreckungsgegenstand können alle nach der Entstehung des Markenschutzes zu unterscheidenden drei Kategorien von Marken im Sinne des § 4 Nr. 1 bis 3 sein (Registermarke, Benutzungsmarke, Notorietätsmarke). Das Pfändungspfandrecht an einer eingetragenen Marke bedarf nicht der Eintragung in das Register. Nach § 29 Abs. 2 kann das Pfändungspfandrecht als Maßnahme der Zwangsvollstreckung in das Register eingetragen werden, ohne daß eine Verpflichtung zur Eintragung besteht. Pfändbar ist nach § 31 auch das durch die Anmeldung einer Marke begründete Recht (Markenanwartschaft). Auch *Kollek-* **12** tivmarken nach § 97 unterliegen der Pfändung. *Markenlizenzen* sind pfändbar (s. Rn 22), soweit sie übertragbar sind (s. § 30 Rn 15). Eine Pfändung des *Markennießbrauchs* ist wegen dessen Unübertragbarkeit nach § 1059 S. 1 BGB unzulässig (§ 851 Abs. 1 ZPO); zulässig ist aber die Pfändung des Markennießbrauchs (s. Rn 22) zur Ausübung (§ 1059 S. 2 BGB).

## II. Pfändungspfandrecht an einem Markenrecht

### 1. Pfändung und Pfändungspfandrecht

13 Die *Pfändung einer Marke* als eine Maßnahme der Zwangsvollstreckung bewirkt als ein staatlicher Hoheitsakt die Verstrickung des gepfändeten Markenrechts. Mit der Markenpfändung, die ein Veräußerungsverbot im Sinne der §§ 135 und 136 BGB enthält, erwirbt der Pfändungsgläubiger ein privatrechtliches *Pfändungspfandrecht an dem Markenrecht,* wenn die Forderung des Gläubigers besteht und das gepfändete Markenrecht dem Schuldner als Markeninhaber zusteht.

### 2. Art der Pfändung

14 Die Pfändung eines Markenrechts im Sinne des § 4 Nr. 1 bis 3 oder eines durch die Anmeldung einer Marke begründeten Rechts (Markenanwartschaft) erfolgt nach § 857 ZPO aufgrund eines vollstreckbaren, auf Zahlung eines bestimmten Geldbetrages gerichteten Schuldtitels. Im Vollstreckungsverfahren ist zum Teil das Vollstreckungsgericht und teilweise das Prozeßgericht zuständig. Für Maßnahmen im Vollstreckungsverfahren sind die *Kennzeichengerichte* ausschließlich zuständig, sofern die Maßnahme dem *Prozeßgericht des ersten Rechtszuges* obliegt (*Fezer*, NJW 1997, 2915; s. § 140, Rn 5, 6 ff.). Ordnet das Vollstreckungsrecht die Zuständigkeit des *Vollstreckungsgerichts* an, so ist nach § 802 ZPO ausschließlich das Amtsgericht nach § 828 Abs. 2 ZPO zuständig (LG Düsseldorf, Beschluß vom 26. März 1998, 4 OH 1/98; *Volkmer*, Das Markenrecht im Zwangsvollstreckungsverfahren, S. 75). Da bei der Pfändung einer Marke ein Drittschuldner grundsätzlich nicht vorhanden ist, verlangt die Wirksamkeit der Pfändung eines Markenrechts nach § 857 Abs. 2 ZPO die Zustellung des das Verfügungsverbot enthaltenden *Pfändungsbeschlusses an den Markeninhaber oder Anmelder der Marke* als den Schuldner (zum Patentrecht s. KG JW 1936, 3335, Nr. 38; *Stein/Jonas/Brehm*, § 857 ZPO, Rn 98). Einer Zustellung des Pfändungsbeschlusses an das DPMA, das nicht Drittschuldner ist (s. *Stöber*, Forderungspfändung, Rn 1719), bedarf es nicht (zum Patentrecht DPA GRUR 1950, 294). Bei der Pfändung einer eingetragenen Marke bedarf es zur Wirksamkeit der Pfändung keiner Zwangsvollstreckung in die über das Markenrecht ausgestellte *Markenurkunde*. Die Urkunde, der nur Beweisfunktion zukommt, ist im Wege der Zwangsvollstreckung in das bewegliche Vermögen selbständig pfändbar. Wenn eine *Markenlizenz* oder eine *Markennießbrauch* Vollstreckungsgegenstand einer Pfändung ist (s. Rn 12, 22), dann besteht das Rechtsproblem, ob bei einer Pfändung der Rechte des Lizenznehmers oder des Nießbrauchers der Lizenzgeber oder der Nießbrauchsbesteller als Markeninhaber Drittschuldner im Sinne der §§ 857 Abs. 1, 829 Abs. 2 S. 1 ZPO sind und so die Wirksamkeit der Pfändung oder Zustellung des Pfändungsbeschlusses an den *Markeninhaber als Drittschuldner* bedarf (s. dazu im einzelnen Rn 22).

15 Das Pfändungspfandrecht an der Marke erfaßt auch die Schutzrechte des Markeninhabers wegen einer Markenrechtsverletzung nach den §§ 14 ff. Zu unterscheiden ist die Rechtslage *vor und nach der Entstehung der Verstrickung* des Markenrechts. Ansprüche des Markeninhabers wegen einer Markenrechtsverletzung wie namentlich Schadensersatzansprüche, die vor der Zwangsvollstreckung in das Markenrecht entstanden sind, werden von dem Pfändungspfandrecht an der Marke nicht erfaßt. Dazu ist eine eigene Zwangsvollstreckung in die Forderung und die Zustellung des Pfändungsbeschlusses an den Verletzer des Markenrechts als den zum Schadensersatz verpflichteten Drittschuldner nach § 829 Abs. 2 S. 2 ZPO erforderlich. Die nach dem Eintritt der Verstrickung des Markenrechts begründeten Ansprüche des Markeninhabers aus einer Markenrechtsverletzung wie namentlich Schadensersatzansprüche werden als Nebenrechte von dem entstandenen Pfändungspfandrecht an der Marke erfaßt (*Stöber*, Forderungspfändung, Rn 1730, 699).

Das Pfändungspfandrecht belastet das Markenrecht oder die Markenanwartschaft, deren 16
Rechtsinhaber auch nach der Pfändung der Markeninhaber oder der Anmelder ist (*Volkmer,*
Das Markenrecht im Zwangsvollstreckungsverfahren, S. 131 ff.; s. zum Patentrecht RPA
BlPMZ 1917, 100, 101; BPatGE 6, 220, 222). Eine *Verfügung über das Markenrecht,* wie dessen Übertragung (§ 27) oder dessen Belastung mit einem dinglichen Recht (§ 29 Abs. 2
Nr. 1) durch den Markeninhaber, ist nur mit *Zustimmung des Pfandgläubigers* wirksam; eine
wirksame Verfügung berührt den Bestand des Pfändungspfandrechts nicht. Der Pfändungspfandgläubiger erwirbt nicht das Recht, die Marke zu benutzen oder etwa im Wege der
Erteilung einer Markenlizenz zu verwerten. Wie auch dem Pfandgläubiger (s. Rn 6 f.) stehen auch dem Pfändungspfandgläubiger die Ansprüche wegen einer Markenrechtsverletzung nach den §§ 14 ff., wie namentlich der Unterlassungsanspruch, zu und können von
ihm selbständig und unabhängig von dem Markeninhaber verfolgt werden. Die Zuerkennung der Schutzrechte an den Pfändungspfandgläubiger dienen dem Erhalt des Verwertungsrechts aus dem Pfändungspfandrecht und ergeben sich aus einer entsprechenden Anwendung des § 1227 BGB (RGZ 161, 109, 120; *Stöber,* Forderungspfändung, Rn 1729;
*Volkmer,* Das Markenrecht im Zwangsvollstreckungsverfahren, S. 122). Über diese sich aus
dem Pfändungspfandrecht ergebenden Rechtsbeziehungen des Pfändungspfandgläubigers
zum Markeninhaber oder Anmelder hinaus ergeben sich aus der Zwangsvollstreckung keine
weitergehenden Rechtsbeziehungen markenrechtlicher Art (zum Patentrecht s. RPA
BlPMZ 1936, 224). Der Markeninhaber oder Markenanmelder ist nach § 836 Abs. 3 S. 1
ZPO verpflichtet, dem Pfändungspfandgläubiger Auskunft über den Bestand des Markenrechts, wie namentlich die Benutzungslage, die Verkehrsgeltung und Bekanntheit der Marke, sowie bei der Pfändung einer Markenanwartschaft über den Stand des Eintragungsverfahrens, Auskunft zu erteilen und die vorhandenen Urkunden herauszugeben. Ein Recht
auf Akteneinsicht steht dem Pfändungspfandgläubiger nicht zu (zu einer nicht offen gelegten
Patentanmeldung s. BPatGE 6, 220, 221).

Wenn an einer Marke ein Markenrecht durch Eintragung, durch Benutzung oder auch 17
durch notorische Bekanntheit entstanden ist, dann bestehen diese Markenrechte im Sinne
des § 4 Nr. 1 bis 3 mit unterschiedlicher Priorität selbständig und unabhängig voneinander.
Ein Pfändungspfandrecht an den einzelnen Markenrechten im Sinne des § 4 Nr. 1 bis 3
entsteht nur dann, wenn sich die Verstrickung auch auf die einzelnen Markenrechte bezieht. Dazu ist erforderlich, daß sich der Pfändungsbeschluß auf das durch die Eintragung, die Benutzung oder die notorische Bekanntheit einer Marke begründete Recht im Sinne des § 29
Abs. 1 bezieht (*Doppelpfändung* und *Tripelpfändung*). Das gilt namentlich auch dann, wenn
über die Entstehung eines sachlichen Markenrechts durch den Erwerb von Verkehrsgeltung
oder Notorietät aus tatsächlichen Gründen Rechtsunsicherheit besteht. Eine Auslegung des
Pfändungsbeschlusses, der sich nur auf das Markenrecht als solches bezieht, dahin, alle an der
Marke bestehenden Markenrechte würden durch die Verstrickung erfaßt, ist nicht ausgeschlossen. Wenn ein Pfändungspfandrecht nur an einem der Markenrechte im Sinne des § 4
Nr. 1 bis 3 an einer Marke besteht, dann bestimmt sich das Verhältnis der verschiedenen
Markenrechte an der Marke untereinander nach deren unterschiedlicher Priorität.

### 3. Rechtswirkungen der Pfändung

**a) Rechtswirkungen auf Seiten des Gläubigers. aa) Rechtsinhaberschaft und** 18
**Pfändungspfandrecht.** Das Entstehen eines Pfändungspfandrechts an einem Markenrecht
oder an einer Markenanwartschaft berührt nicht die Rechtsinhaberschaft des Markeninhabers an dem Markenrecht oder des Anmelders an dem durch die Anmeldung einer Marke
begründeten Recht. Der Pfändungspfandgläubiger erwirbt die einem vertraglichen Pfandrechtsgläubiger entsprechende Rechtsstellung (§§ 857 Abs. 1, 804 Abs. 2 ZPO). Das Pfändungspfandrecht dient der Sicherung des titulierten Anspruchs des Pfändungspfandgläubigers
gegen den Schuldner als den Markeninhaber oder Markenanmelder und berechtigt den
Gläubiger, *Befriedigung aus dem Markenrecht zu suchen* (§ 1204 Abs. 1 BGB). Das Rangverhältnis zwischen mehreren Pfändungspfandrechten bestimmt sich nach dem Prioritätsprinzip
(§ 804 Abs. 3 ZPO). In der Insolvenz des Schuldners gewährt das Pfändungspfandrecht ein
*Absonderungsrecht* des Pfändungspfandgläubigers (§ 50 Abs. 1 InsO). Das gerichtliche Verfügungsverbot nach den §§ 857 Abs. 2, 829 Abs. 1 S. 2 ZPO begründet ein relatives Verfügungsverbot nach den §§ 135, 136 BGB (s. Rn 13). Da ein gutgläubiger Erwerb des Mar-

kenrechts oder der Markenanwartschaft nicht möglich ist (s. § 41, Rn 4), schützt dieses Inhibitorium den Pfändungspfandgläubiger vor späteren Verfügungen des Schuldners ausreichend. Das Pfändungspfandrecht an der Marke begründet keine weitergehenden Rechtsbeziehungen markenrechtlicher Art zwischen dem Pfändungspfandgläubiger und dem Markeninhaber oder Markenanmelder (zum Patentrecht s. RPA BlPMZ 1936, 234). Der Pfändungspfandgläubiger erwirbt grundsätzlich kein Recht zur Benutzung der Marke im Sinne des Markierungsrechts, des Vermarktungsrechts oder des Werberechts nach § 14 Abs. 2 und 3 (s. dazu § 14, Rn 461). Dem Pfändungspfandgläubiger stehen nach den §§ 1273 Abs. 2, 1227 BGB die Schutzrechte des Markeninhabers nach den §§ 14 ff. zur Sicherung des Markenrechts und des an der Marke bestehenden Pfändungspfandrechts zu. Zu diesem Zweck wird der Pfändungspfandgläubiger in engen Grenzen insoweit auch als berechtigt gelten, *notwendige Maßnahmen zur Erhaltung des Markenrechts* vorzunehmen. Solche Erhaltungsaufwendungen können als notwendige Kosten im Sinne des § 91 ZPO Kosten der Zwangsvollstreckung nach § 788 Abs. 1 ZPO darstellen, die mit der der Zwangsvollstreckung unterliegenden Forderung beizutreiben sind.

19    **bb) Verfahrensrechte.** Das Pfändungspfandrecht begründet *keine verfahrensrechtliche Rechtsstellung des Gläubigers als Beteiligter* in den Verfahren in Markenangelegenheiten. Nach § 836 Abs. 3 ZPO besteht eine Verpflichtung des Vollstreckungsschuldners, dem Pfändungspfandgläubiger die zur Befriedigung aus dem Markenrecht nötige *Auskunft*, wie etwa über die Benutzungslage, die Verkehrsgeltung oder Notorietät der Marke, zu erteilen und ihm die vorhandenen *Urkunden* über das Markenrecht herauszugeben. Das jeder Person freistehende Recht auf *Akteneinsicht* und *Registereinsicht* nach § 62 steht auch dem Vollstreckungsgläubiger zu, dessen Pfändungspfandrecht regelmäßig ein berechtigtes Interesse zur Wahrnehmung dieses Verfahrensrechts darstellen wird (anders im Patentrecht s. BPatGE 6, 220, 221). Das *Sicherungsinteresse des Pfändungspfandgläubigers* kann ausnahmsweise und in bestimmtem Umfang eine Beteiligung an den das Markenrecht betreffenden Verfahren erforderlich machen. Im *Eintragungsverfahren* wird der Pfändungspfandgläubiger einer Markenanwartschaft berechtigt sein, den Erfordernissen einer Markenanmeldung nicht entsprechende Angaben und Unterlagen zu ergänzen, um die Entstehung des Markenrechts nicht zu gefährden und dessen Priorität zu sichern, wenn dadurch nicht Interessen des Markenanmelders wesentlich berührt sind. Der Pfandrechtsgläubiger darf aber Maßnahmen, die den Inhalt des Markenrechts betreffen, nicht ergreifen. Aus der Sicherungsfunktion des Pfandrechts folgt nur eine *eingeschränkte Teilnahmebefugnis* am Eintragungsverfahren. Er ist nur insoweit zu beteiligen, als der Pfändungspfandgläubiger der Beteiligungsrechte zur Sicherung des Erhalts des gepfändeten Rechts bedarf. Das gilt in gleicher Weise für die entstandenen Markenrechte wie auch für die Markenanwartschaft an Pfandobjekten. So darf er etwa ein fehlendes Verzeichnis der Waren und Dienstleistungen, für die der Markeninhaber Schutz begehrt, nicht ergänzen. Ist aber etwa die Vorlage einer Urkunde seitens des Anmelders vergessen worden, so kann der Gläubiger diese nachreichen (aA Volkmer, Das Markenrecht in Zwangsvollstreckungsverfahren, S. 124). Eine formelle Rechtsstellung als Verfahrensbeteiligter kommt dem Pfändungspfandgläubiger auch nicht im *Widerspruchsverfahren* zu. Das gleiche gilt für das *Erinnerungs-* und *Beschwerdeverfahren*.

20    Im Verfahren einer *Löschungsklage* ist der Pfändungspfandgläubiger zwar nicht Beteiligter des Klageverfahrens, doch kann er als *Nebenintervenient* nach den §§ 66 ff. ZPO den Markeninhaber als Schuldner unterstützen und dadurch sein Pfändungspfandrecht sichern. Das rechtliche Interesse des Pfändungspfandgläubigers beruht auf seiner Beteiligung an dem streitgegenständlichen Markenrecht. Dem Pfändungspfandgläubiger steht ein *Einsichtsrecht* in die Prozeßakten im Rechtsstreit zwischen dem Markeninhaber und einem Löschungskläger zu (s. im Scheidungsrecht SchlOLG Büro 1989, 860). Der Pfändungspfandgläubiger ist zur *Zahlung der Verlängerungsgebühr* nach § 47 Abs. 2 und 3 in Verbindung mit den §§ 38 f. MarkenV berechtigt. Die Zahlung dient der Erhaltung des Pfändungspfandrechts an dem Markenrecht, da die Löschung der eingetragenen Marke von Amts wegen nach § 47 Abs. 6 droht. Die Aufwendungen des Pfändungspfandgläubigers stellen beizutreibende Kosten der Zwangsvollstreckung im Sinne des § 788 ZPO dar.

21    **b) Rechtswirkungen auf Seiten des Schuldners.** Das in dem Pfändungsbeschluß enthaltene gerichtliche Verfügungsverbot nach den §§ 857 Abs. 2, 829 Abs. 1 S. 2 ZPO begründet ein Verfügungsverbot nach den §§ 135, 136 BGB (*Inhibitorium*). Das Inhibitorium

verbietet dem Schuldner als Markeninhaber, über das gepfändete Markenrecht oder die gepfändete Markenanwartschaft etwa durch Rechtsübertragung (§ 27) oder durch dingliche Belastung (§ 29 Abs. 1) zu verfügen. Eine dem Inhibitorium widerstreitende Verfügung des Markeninhabers ist dem Pfändungspfandgläubiger gegenüber *relativ unwirksam*, aber wirksam gegenüber Dritten. Nach Eintritt der Verstrickung des Markenrechts oder der Markenanwartschaft ist der Markeninhaber oder Markenanmelder nicht mehr berechtigt, auf das Markenrecht zu verzichten oder die Markenanmeldung zurückzunehmen. Zur Teilung der Eintragung nach § 46 oder der Teilung der Anmeldung nach § 40 bleibt der Schuldner als Rechtsinhaber berechtigt, da sich das Pfändungspfandrecht nach der Rechtsteilung an den Teilmarkenrechten oder Teilmarkenanwartschaften fortsetzt und insoweit das Sicherungsinteresse des Pfändungspfandgläubigers nicht berührt wird. Verfügungen des Markeninhabers mit Zustimmung des Pfändungspfandgläubigers sind wirksam. Das Pfändungspfandrecht berührt nicht die Wirksamkeit *schuldrechtlicher* Verträge, die der Markeninhaber und Markenanmelder als Schuldner über das gepfändete Markenrecht oder die gepfändete Markenanwartschaft mit Dritten abschließt. Wenn dem Schuldner die Vertragserfüllung aufgrund der Pfandverwertung unmöglich wird, ist er seinem Vertragspartner zum Schadensersatz verpflichtet. Anders ist die Erteilung einer *dinglichen Markenlizenz* wegen der Rechtswirkung nach § 30 Abs. 5 als eine das Pfändungspfandrecht beeinträchtigende Verfügung im Sinne des § 829 Abs. 1 S. 2 ZPO gegenüber dem Pfändungspfandgläubiger relativ unwirksam.

### III. Pfändung einer Markenlizenz und eines Markennießbrauchs

Markenlizenzen und Markennießbrauch können Gegenstand einer Vollstreckungsmaßnahme sein (s. Rn 11). Wenn eine *Markenlizenz* oder ein *Markennießbrauch* Vollstreckungsgegenstand einer Pfändung ist, dann besteht das Rechtsproblem, ob bei einer Pfändung der Rechte des Lizenznehmers oder des Nießbrauchers der Lizenzgeber oder der Nießbrauchsbesteller als Markeninhaber Drittschuldner im Sinne der §§ 857 Abs. 1, 829 Abs. 2 S. 1 ZPO sind und so die Wirksamkeit der Pfändung der Zustellung des Pfändungsbeschlusses an den *Markeninhaber als Drittschuldner* bedarf. Im Patentrecht ist bei der Pfändung des Lizenzrechts das Erfordernis einer Zustellung an den Lizenzgeber als Drittschuldner umstritten (die Eigenschaft des Lizenzgebers als Drittschuldner verneinen *Stein/Jonas/Brehm*, § 857 ZPO, Rn. 98; *Reimer/E. Reimer*, Patent- und Gebrauchsmustergesetz, 3. Aufl., § 9 PatG, Rn 119; *Lindenmaier/Weiss*, Das Patentgesetz, 6. Aufl., § 9 PatG, Rn 62; *Benkard/Ullmann*, § 15 PatG, Rn 30; aA *Stöber*, Forderungspfändung, Rn 1649; offen gelassen BGH NJW 1990, 2931, 2933). Wenn man diese Rechtsansicht zur Patentlizenz auf die Markenlizenz überträgt, dann ist die Rechtsstellung des Markenlizenzgebers in Bezug auf das Verwertungsrecht des Markenlizenznehmers nicht der eines Drittschuldners einer Forderung nach der Interessenlage vergleichbar. Folge ist, daß zur Wirksamkeit der *Pfändung eines Markenlizenzrechts* eine *Drittschuldnerzustellung nicht erforderlich* ist. Diese Auffassung vermag weder für die Patentlizenz noch für die Markenlizenz zu überzeugen. Vielmehr ist eine Drittschuldnerzustellung an den Markenlizenzgeber sachgerecht und in der Praxis zu empfehlen, um die *Wirksamkeit der Pfändungsmaßnahme* zu gewährleisten. Bei der *Pfändung eines Markennießbrauchs* wird im Schrifttum die Zustellung an den Nießbrauchsbesteller und Markeninhaber allgemein für erforderlich gehalten (*Rosenberg/Gaul/Schilken*, Zwangsvollstreckungsrecht, S. 680; *Stöber*, Forderungspfändung, Rn 1710; *Volkmer*, Das Markenrecht im Zwangsvollstreckungsverfahren, S. 92; *Brox/Walker*, Zwangsvollstreckungsrecht, Rn 763 für die Zwangsvollstreckung in das an einem Grundstück bestellte Nießbrauchsrecht; so wohl auch *Stein/Jonas/Brehm*, § 857 ZPO, Rn 97 bei Nießbrauchsbestellung an einer Sache; so auch MünchKomm/ *Smid*, § 857 ZPO, Rn 3). Aus der Rechtsnatur der Markenlizenz und des Markennießbrauchs rechtfertigt sich eine unterschiedliche Behandlung der Wirksamkeitsvoraussetzungen einer Pfändung nicht, so daß auch aus diesem Grunde eine *Drittschuldnerzustellung bei der Pfändung einer Markenlizenz geboten* erscheint. Im Lizenzvertrag wie auch in dem der Nießbrauchsbestellung zugrundeliegenden Kausalgeschäft können solche *schuldrechtlichen Vertragspflichten* des Lizenzgebers oder Nießbrauchsbestellers vereinbart werden, hinsichtlich derer der Lizenzgeber oder Nießbrauchsbesteller in jedem Fall als Drittschuldner zu beurteilen ist. Die *Vorpfändung* nach § 845 ZPO ist unabhängig von der Frage der Drittschuldnereigenschaft nach § 857 Abs. 7 ZPO zulässig.

## IV. Schranken der Pfändung

**23** Rechtliche Schranken der Zwangsvollstreckung in ein Markenrecht oder eine Markenanwartschaft können nach den allgemeinen Vorschriften bestehen. Nach Auffassung des Gesetzgebers des MarkenG soll die Pfändung eines Markenrechts in solchen Fällen beschränkt sein, in denen die *Marke zugleich der Name des Inhabers des Unternehmens* ist oder in denen die Zwangsvollstreckung gerade in die Marke *aus anderen Gründen als unverhältnismäßig* erscheint (s. Begründung zum MarkenG, BT-Drucks. 12/6581 vom 14. Januar 1994, S. 86). Dieser Auffassung kann für die Zwangsvollstreckung in Marken, die aus dem persönlichen Namen des Markeninhabers oder der Firma des Unternehmensinhabers bestehen oder den Namen oder die Firma als Zeichenbestandteil enthalten, nach der Rechtslage im MarkenG *nicht* gefolgt werden. Nach der *Rechtslage im WZG* konnte die Problematik wegen der Bindung der Marke an den Geschäftsbetrieb nach § 8 Abs. 1 S. 2 zwar nicht im Zwangsvollstreckungsrecht, so doch im Konkursrecht entstehen. Schon nach der Rechtslage im WZG fiel das Zeichenrecht wie der Geschäftsbetrieb des Markeninhabers in die Konkursmasse (§ 1 KO; s. § 35 InsO). Die Befugnis des Konkursverwalters zur Veräußerung des Unternehmens erfaßte grundsätzlich auch das zu dem Geschäftsbetrieb gehörende Zeichenrecht (RG MuW 1931, 430). Wenn allerdings das Zeichen den Familiennamen oder die Firma des Gemeinschuldners enthielt, dann wurde von einer Verfügungsbeschränkung des Konkursverwalters ausgegangen, der zur Übertragung des Zeichenrechts der Einwilligung des Zeicheninhabers bedurfte (BGHZ 32, 103, 113 – Vogeler; BGHZ 58, 322; BGH ZIP 1983, 193; OLG Karlsruhe ZIP 1989, 261; BGHZ 109, 364). Ein namens- oder firmengleiches Zeichenrecht konnte nicht ohne die Einwilligung des Zeicheninhabers auf den Erwerber des Geschäftsbetriebs übergehen. Der Zeicheninhaber konnte dem Erwerber des Geschäftsbetriebs die Benutzung des Zeichens untersagen. Wenn das Zeichenrecht mit Zustimmung des Zeicheninhabers gemeinsam mit dem Geschäftsbetrieb übertragen worden war, dann konnte der Gemeinschuldner ein neues Unternehmen mit seinem Namen als Firma gründen und sich das Kennzeichen als neues Warenzeichen eintragen lassen, wenn er die Gefahr einer Verwechslung im Verkehr durch unterscheidende Zeichenzusätze beseitigte. Nichts anderes gilt für die Markenanwartschaft, die gleichermaßen zur Konkursmasse gehört. Nach der *Rechtslage im MarkenG* besteht eine solche Schranke der Zwangsvollstreckung in Markenrechte und Markenanwartschaften nicht. Zur Wirksamkeit der Pfändung eines Markenrechts oder einer Markenanwartschaft bedarf es auch dann nicht der Zustimmung des Markeninhabers oder Markenanmelders, wenn die eingetragene oder angemeldete Marke den persönlichen Namen oder die Firma des Markeninhabers oder Markenanmelders enthält. Folge der freien Übertragbarkeit der nichtakzessorischen Marke ist deren freie Verwertbarkeit als ein selbständiger Vermögensgegenstand des Unternehmens des Kennzeicheninhabers. Die *Verwertbarkeit namens- oder firmengleicher Marken* von der Zustimmung des Kennzeicheninhabers abhängig zu machen, findet seinen historischen Grund in den firmenrechtlichen Grundsätzen des Handelsrechts, wie namentlich in dem Veräußerungsverbot der Firma ohne das Handelsgeschäft nach § 23 HGB. Das firmenrechtliche Verbot der Leerübertragung bildet aber keine Schranke der Markenrechtszession im MarkenG. Die Verwertung der Marke in der Zwangsversteigerung oder im Konkurs folgt keinen anderen Regeln als die freie Markenverwertung durch den Markeninhaber selbst. Wenn der Markeninhaber seinen persönlichen Namen als Marke kommerzialisiert, dann tritt der persönlichkeitsrechtliche Namensschutz nach § 12 BGB hinter die Interessen an einer Verwertung des Markenrechts als eines selbständigen Vermögensgegenstandes des Markeninhabers zurück. Das gilt nicht anders für solche die Firma des Unternehmensinhabers enthaltende Marken. Den Grundsätzen des Firmenrechts im Interesse des Handelsrechtsverkehrs sowie dem Schutz des Verkehrs vor einer Irreführung ist nach den Grundsätzen des Wettbewerbsrecht, etwa durch das Gebot zur Verwendung aufklärender Zeichenzusätze, zu beggnen. Diese Grundsätze zur Markenverwertung gelten wegen des Grundsatzes der freien Übertragbarkeit der Marke nur für Markenrechte, nicht auch für den Firmenschutz als solchen, wenn die Firma nicht zugleich eine Marke darstellt oder in einer Marke als Zeichenbestandteil enthalten ist (s. § 15, Rn 84). Im übrigen wird der Schuldner durch die allgemeinen Schuldnerschutzvorschriften der ZPO wie das *Verbot der Überpfändung* nach § 803 Abs. 1 S. 2 ZPO sowie die *Härteklausel* nach § 765a ZPO geschützt.

## V. Verwertung des Pfandgegenstandes

Das Vollstreckungsgericht ist grundsätzlich bei der Entscheidung über die Art der Verwertung des Pfandgegenstandes nach den §§ 857 Abs. 1, 844 ZPO frei. Die Verwertung eines Markenrechts als Pfandgegenstand ist namentlich deshalb mit Schwierigkeiten verbunden, die auf Antrag *an Stelle der Überweisung eine andere Art der Verwertung* anzuordnen rechtfertigen (§ 844 Abs. 1 ZPO), weil die Bestimmung des Markenwertes anhand der verschiedenen Bewertungsmethoden sich aufwendig und kompliziert darstellt (s. zur Markenbewertung § 27, Rn 59 ff.). Das wird zumindest für eine Übergangszeit nach Inkrafttreten des MarkenG bis zur Durchsetzung von Erfahrungswerten über die Wertermittlung von Marken zu gelten haben. Im übrigen ist die *Überweisung* des Markenrechts oder der Markenanwartschaft *zum Marktwert* eine zulässige Art der Verwertung des Markenrechts als Pfandgegenstand (zur Unzulässigkeit einer Überweisung zur Einziehung im Patentrecht s. DPA GRUR 1950, 294; zur Verwertung nach den §§ 857 Abs. 5, 844 ZPO s. AG München Mitt 1961, 113; wegen der mit der Wertbestimmung verbundenen Probleme nur im Ausnahmefall *Volkmer*, Das Markenrecht im Zwangsvollstreckungsverfahren, S. 167). Als Verwertung eines Markenrechts kommen namentlich den *freihändige Verkauf*, die Verwertung durch *Sequestration* sowie die Verwertung des Markenrechts durch die Erteilung von *Markenlizenzen* in Betracht. Die Verwertung einer Markenanwartschaft erfolgt regelmäßig durch Veräußerung; der Erwerber der Markenanwartschaft erwirbt den Anspruch auf Eintragung der Marke. Nach der Verwertung des Markenrechts als Pfandgegenstand ist der *Erlös* nach Abzug der Kosten durch das Vollstreckungsorgan an den Pfändungspfandgläubiger auszukehren. Wenn die Verwertung durch Veräußerung erfolgt, dann verliert der Markeninhaber als Schuldner sein Markenrecht an den Erwerber. Wenn die Verwertung durch Sequestration oder durch die Erteilung von Markenlizenzen erfolgt, dann bleibt die Inhaberschaft des Schuldners an dem Markenrecht bestehen. Im Falle der Erteilung einer Zwangslizenz erlischt das Lizenzrecht mit der vollständigen Befriedigung des Gläubigers aufgrund der Zahlung der Lizenzgebühren. Der Schuldner kann durch vorzeitige Befriedigung des Gläubigers die Zwangslizenz beenden. Diese Rechtslage birgt Unwägbarkeiten für die Markenpolitik des Zwangslizenznehmers. Die Vereinbarung von die Zwangslizenz ergänzenden Regelungen ist nicht ausgeschlossen.

## D. Das Markenrecht in der Insolvenz des Markeninhabers

### I. Grundsatz

*In der Insolvenz des Markeninhabers* oder des *Markenanmelders* fällt das *Markenrecht* oder die *Markenanwartschaft in die Insolvenzmasse* (§ 35 InsO). Von dieser Rechtslage geht das MarkenG aus, auch wenn es nur den Eintrag des Insolvenzvermerks in das Register in § 29 Abs. 3 regelt. Schon nach der Rechtslage im WZG war das Zeichenrecht Massegegenstand im Konkurs des Zeicheninhabers und konnte von dem Konkursverwalter gemeinsam mit dem Geschäftsbetrieb des Zeicheninhabers veräußert werden (RG MuW 1938, 431; *Baumbach/Hefermehl*, § 8 WZG, Rn 19). Die Insolvenz des Markeninhabers erfaßt alle nach der Entstehung des Markenschutzes zu unterscheidenden drei Kategorien von Markenrechten im Sinne des § 4 Nr. 1 bis 3 und damit das durch Eintragung, durch Benutzung und durch notorische Bekanntheit einer Marke begründete Recht (Registermarke, Benutzungsmarke, Notorietätsmarke).

### II. Rechtswirkungen der Insolvenz

#### 1. Markenverfügungbefugnis und Markenverwaltungsbefugnis des Insolvenzverwalters

In der Insolvenz des Markeninhabers stehen dem *Insolvenzverwalter* nach § 80 Abs. 1 InsO die *Markenverfügungsbefugnis* und die *Markenverwaltungsbefugnis* (s. § 7, Rn 44 f.) zu. Die nach

Eröffnung des Insolvenzverfahrens vorgenommenen *Rechtshandlungen des Schuldners* hinsichtlich des Markenrechts sind nach § 81 InsO *gegenüber jedermann unwirksam*. Das gilt auch für eine Markenanwartschaft in der Insolvenz des Markenanmelders. Der Insolvenzverwalter ist Beteiligter des Anmeldeverfahrens und hat, wenn ein Bevollmächtigter bestellt war, wegen des Erlöschens der Vollmacht nach § 115 InsO dem Bevollmächtigten eine neue Vollmacht zu erteilen (zum Konkurs s. RPA BlPMZ 1902, 36). Da der Schuldner nur hinsichtlich der Insolvenzmasse in seiner Verfügungsbefugnis beschränkt ist, kann er zwar für sich, nicht aber für das in der Insolvenz befindliche Unternehmen neue Marken zur Eintragung anmelden. Wenn für die Insolvenzmasse neue Markenrechte erworben werden, steht dem Schuldner die Inhaberschaft an dem Markenrecht, nicht aber das Markenverfügungsrecht und Markenverwaltungsrecht zu. Das Recht zur Benutzung der zur Insolvenzmasse gehörenden Marke steht als Teil des Markenverwaltungsrechts dem Insolvenzverwalter zu. Ansprüche aus einer Markenrechtsverletzung nach den §§ 14 ff. sind als Massebestandteil vom Insolvenzverwalter geltend zu machen. Wegen der Nichtakzessorietät des Markenrechts ist der Bestand dieser Ansprüche von einem Untergang des zur Insolvenzmasse gehörenden Unternehmens unberührt. Markenrechtliche Ansprüche sind Massebestandteil unabhängig davon, ob sie vor der Eröffnung des Involvenzverfahrens oder während des Insolvenzverfahrens entstehen (*Jaeger/Henckel*, § 1 KO, Rn 18).

### 2. Die Markenlizenz in der Insolvenz

27   Das Lizenzrecht einer dinglichen Markenlizenz fällt bei einer Insolvenz des Lizenznehmers in die Insolvenzmasse (zur Patentlizenz s. RGZ 89, 114, 115; 122, 70, 73; *Kuhn/Uhlenbruck*, § 1 KO, Rn 64). Der Insolvenzverwalter übt das Lizenzrecht aus. Die Lizenzgebühr ist Masseverbindlichkeit nach den §§ 55 Abs. 1 Nr. 2, 53 InsO (RGZ 122, 70, 73 ff.; HansOLG Hamburg ZIP 1988, 925, 927; zu § 59 Abs. 1 Nr. 2 KO). Dem Insolvenzverwalter steht das Verfügungsrecht über das Lizenzrecht zu. In der Insolvenz des Lizenzgebers ist der Markenlizenzvertrag auch gegenüber der Insolvenzmasse nach § 108 Abs. 1 InsO wirksam. Im übrigen nimmt der Insolvenzverwalter das Wahlrecht nach § 103 InsO wahr, wenn der Lizenzgeber seine Pflichten aus dem Lizenzvertrag noch nicht erfüllt hat. Die Nichterfüllung von zur Abwicklung des Lizenzvertrages untergeordneten Nebenpflichten des Lizenzgebers berechtigt den Insolvenzverwalter nicht zur Ausübung des Wahlrechts nach § 103 InsO (zum Patentrecht s. *Benkard/Rogge*, § 15 PatG, Rn 32). In der Insolvenz des Lizenznehmers besteht für den Insolvenzverwalter die Möglichkeit der Kündigung nach § 109 Abs. 1 InsO (*Kuhn/Uhlenbruck*, § 1 KO, Rn 64).

### 3. Der Nießbrauch in der Insolvenz

28   Der Nießbrauch an einem Markenrecht ist zwar nur der Ausübung nach übertragbar (§ 1059 BGB), ist aber nach § 857 Abs. 3 ZPO gleichwohl pfändbar gestaltet. In der Insolvenz des Nießbrauchers fällt der Markennießbrauch der Ausübung nach in die Insolvenzmasse und wird vom Insolvenzverwalter ausgeübt.

### 4. Abwicklung der Insolvenz

29   Nach der Eröffnung des Insolvenzverfahrens hat der Insolvenzverwalter die Insolvenzmasse in Verwaltung zu nehmen (§ 148 Abs. 1 InsO) und die Masse nach Entscheidung über die Verwertung durch die Gläubigerversammlung zu verwerten (§ 159 InsO). Der Schuldner ist verpflichtet, dem Insolvenzverwalter die notwendigen Vollmachten und Ermächtigungserklärungen zu erteilen. Der Insolvenzverwalter verwaltet auch die *zur Insolvenzmasse gehörenden Markenrechte*, nimmt sie in das Verzeichnis der Massegegenstände nach § 151 InsO auf und erstellt auf dieser Grundlage nach § 153 InsO eine Vermögensübersicht. Zur Aufnahme in Verzeichnis und Vermögensübersicht sind die Markenrechte regelmäßig von einem Sachverständigen nach § 151 Abs. 2 S. 3 InsO zu bewerten. Eine Zusammenfassung der einzelnen Rechte, wie etwa des Goodwill des Unternehmens sowie des Werbewerts der einzelnen zur Insolvenzmasse gehörenden Markenrechte, ist nicht zulässig; vielmehr hat eine *Einzelbewertung* der selbständigen Vermögensgegenstände stattzufinden. Es findet keine going-concern-Bewertung statt, vielmehr sind die Markenrechte nach ihrem voraussichtlichen Liquidationserlös zu bewerten (*Kilger/Schmidt*, § 124 KO, Anm. 2 d; *Kuhn/Uhlenbruck*, § 123 KO, Rn 2). Über die Art der Verwertung der Massegegenstände

einschließlich der Markenrechte entscheidet der Insolvenzverwalter nach pflichtgemäßem Ermessen. Die Ermessensentscheidung ist an dem Ziel einer möglichst günstigen Verwertung der Massegegenstände auszurichten (OLG Düsseldorf KTS 1973, 270, 272). Der Insolvenzverwalter ist berechtigt, die Markenrechte zu veräußern. Im Falle der Fortführung des Unternehmens ist der Insolvenzverwalter auch berechtigt, die Marke in der Insolvenzmasse zu belassen und auf dem Markt zu benutzen, wenn dies eine günstigere Gesamtverwertung der Insolvenzmasse erwarten läßt (BGH ZIP 1987, 115; *Kilger/Schmidt*, § 17 KO, Anm. 4).

Wegen der freien Übertragbarkeit der nicht akzessorischen Marke unterliegen auch solche Marken, die aus dem *persönlichen Namen des Markeninhabers* oder der *Firma des Unternehmensinhabers* gebildet sind oder namens- oder firmengleiche Zeichenbestandteile enthalten, anders als nach der Rechtslage im WZG, keinen Schranken der Verwertung in der Insolvenz des Markeninhabers; die Rechtslage ist der einer Zwangsvollstreckung in die Markenrechte vergleichbar (s. dazu Rn 23). 30

### E. Sonstige die Markenverwertung betreffende Verfahren

Im *Vergleichsverfahren* stellen die Markenrechte des Schuldners selbständige Vermögensgegenstände der Vermögensübersicht dar. Eine Forderung auf vor der Eröffnung fällig gewordene Lizenzgebühren unterliegt im Vergleichsverfahren der Quotenminderung (zum Patentrecht RGZ 155, 306, 310 ff.). Markenrechte unterliegen auch einer *Vermögensbeschlagnahme* nach den §§ 290, 299 StPO. Der *Abwesenheitspfleger* (§ 1911 BGB) ist zur Einwilligung in die Benutzung der Marke sowie auch in die Fortführung der Firma an Stelle des Flüchtigen berechtigt. 31

### F. Eintragung der markenrechtsbeschränkenden Maßnahmen (§ 29 Abs. 2 und 3)

Die Eintragung von dinglichen Rechten an einem eingetragenen Markenrecht sowie die ein eingetragenes Markenrecht betreffenden Maßnahmen einer Zwangsvollstreckung können nach § 29 Abs. 2 *fakultativ in das Register eingetragen* werden, ohne daß eine Verpflichtung zur Eintragung der dinglichen Rechte oder der Maßnahmen der Zwangsvollstreckung besteht. Nach § 33 Abs. 1 MarkenV soll der Antrag auf Eintragung einer Verpfändung oder eines sonstigen dinglichen Rechts im Sinne des § 29 Abs. 1 Nr. 1 unter Verwendung des vom DPMA ausgegebenen Formblatts gestellt werden. Der Inhalt des Antrags, der Nachweis der Rechtsbelastung, die Antragsberechtigung sowie die weiteren Einzelheiten der Antragsstellung bestimmen sich nach den §§ 33 Abs. 2 iVm 31 Abs. 2 bis 8 MarkenV. Nach § 34 Abs. 1 S. 1 MarkenV kann der *Antrag auf Eintragung* einer das Markenrecht betreffenden Maßnahme der Zwangsvollstreckung im Sinne des § 29 Abs. 1 Nr. 2 vom *Markeninhaber* oder vom *Vollstreckungsgläubiger* gestellt werden. Dem Antrag sind die erforderlichen *Nachweise* beizufügen (§ 34 Abs. 1 S. 2 MarkenV). Die Eintragung des Insolvenzvermerks nach § 29 Abs. 3, für den das entsprechende Nachweiserfordernis nach § 34 Abs. 2 MarkenV gilt, dient auch der Unterrichtung einer interessierten Öffentlichkeit. 32

§ 29 Abs. 3 wurde durch Art. 1 Nr. 2 MarkenRÄndG 1996 neu gefaßt. Die Vorschrift regelt die Auswirkungen eines Insolvenzverfahrens auf das durch die Eintragung einer Marke begründete Recht. Mit der Neufassung erfolgte eine Anpassung an die Reform des Insolvenzrechts. An die Stelle des Konkursverfahrens tritt das Insolvenzverfahren und an die Stelle des Konkursverwalters der Insolvenzverwalter. Der sachliche Regelungsgehalt der Vorschrift, namentlich die *Eintragung eines entsprechenden Insolvenzvermerks* in das Markenregister, bleibt durch die Rechtsänderung unberührt. Für den Fall *der Eigenverwaltung* (§ 270 InsO) tritt an die Stelle des Insolvenzverwalters der *Sachwalter* (§ 29 Abs. 3 S. 2). Die Rechtsänderung soll dem Umstand Rechnung tragen, daß das neue Insolvenzrecht die Möglichkeit vorsieht, bei der Eröffnung eines Insolvenzverfahrens von der Bestellung eines Insolvenzverwalters abzusehen und dem Schuldner die Verfügungsbefugnis über sein Vermögen mit der Einschränkung zu belassen, daß ein Sachwalter die Aufsicht führt (Begründung zum MarkenRÄndG 1996, BT-Drucks. 13/3841 vom 23. Februar 1996, S. 9). Die Neufassung des § 29 Abs. 3 ist mit der InsO am 1. Januar 1999 in Kraft getreten. 33

## MarkenG § 30

**Lizenzen**

**30** (1) Das durch die Eintragung, die Benutzung oder die notorische Bekanntheit einer Marke begründete Recht kann für alle oder für einen Teil der Waren oder Dienstleistungen, für die die Marke Schutz genießt, Gegenstand von ausschließlichen oder nicht ausschließlichen Lizenzen für das Gebiet der Bundesrepublik Deutschland insgesamt oder einen Teil dieses Gebiets sein.

(2) Der Inhaber einer Marke kann die Rechte aus der Marke gegen einen Lizenznehmer geltend machen, der hinsichtlich

1. der Dauer der Lizenz,
2. der von der Eintragung erfaßten Form, in der die Marke benutzt werden darf,
3. der Art der Waren oder Dienstleistungen, für die die Lizenz erteilt wurde,
4. des Gebiets, in dem die Marke angebracht werden darf, oder
5. der Qualität der von ihm hergestellten Waren oder der von ihm erbrachten Dienstleistungen gegen eine Bestimmung des Lizenzvertrages verstößt.

(3) Der Lizenznehmer kann Klage wegen Verletzung einer Marke nur mit Zustimmung ihres Inhabers erheben.

(4) Jeder Lizenznehmer kann einer vom Inhaber der Marke erhobenen Verletzungsklage beitreten, um den Ersatz seines Schadens geltend zu machen.

(5) Ein Rechtsübergang nach § 27 oder die Erteilung einer Lizenz nach Absatz 1 berührt nicht die Lizenzen, die Dritten vorher erteilt worden sind.

### Inhaltsübersicht

| | Rn |
|---|---|
| A. Allgemeines | 1–5 |
|    I. Regelungsübersicht | 1 |
|    II. Rechtsänderungen | 2 |
|    III. Europäisches Unionsrecht | 3, 4 |
|       1. Erste Markenrechtsrichtlinie | 3 |
|       2. Gemeinschaftsmarkenverordnung | 4 |
|    IV. Staatsvertragsrecht | 5 |
| B. Rechtsnatur der Markenlizenz | 6–10 |
|    I. Dingliche Markenlizenz und schuldrechtliche Gebrauchsüberlassung | 6, 7 |
|    II. Rechtswirkungen der Dinglichkeit einer Markenlizenz | 8 |
|    III. Rechtswirkungen einer schuldrechtlichen Gebrauchsüberlassung | 9 |
|    IV. Die schuldrechtliche Warenzeichenlizenz nach der Rechtslage im WZG | 10 |
| C. Arten der Markenlizenzen (§ 30 Abs. 1) | 11–23 |
|    I. Ausgangspunkt | 11 |
|    II. Markenlizenzrechtliche Vertragsinhalte (Geltungsbereich) | 12–15 |
|       1. Zeitliche Geltung der Markenlizenz | 12 |
|       2. Räumliche Geltung der Markenlizenz | 13 |
|       3. Sachliche Geltung der Markenlizenz | 14 |
|       4. Personale Geltung der Markenlizenz | 15 |
|    III. Form der Markenlizenz | 16–18 |
|       1. Grundsatz der Formfreiheit | 16 |
|       2. Schriftform des § 34 GWB | 17 |
|       3. Keine Eintragung der Markenlizenz | 18 |
|    IV. Die Lizenzierung einer Marke als Firma | 19 |
|    V. Eintragung des Lizenznehmers | 20, 21 |
|    VI. Unterlizenz | 22, 23 |
| D. Rechtserhaltende Benutzung des Lizenznehmers | 24 |
| E. Lizenzvertragsverletzungen als Markenrechtsverletzungen (§ 30 Abs. 2) | 25–30 |
|    I. Erschöpfung des Markenrechts hinsichtlich der lizenzierten Produkte | 25 |
|    II. Verletzung des dinglichen Lizenzrechts | 26–28 |
|    III. Verletzung schuldrechtlicher Lizenzvereinbarungen | 29, 30 |
| F. Klagebefugnis bei einer Markenrechtsverletzung | 31–33 |
|    I. Markenverletzungsklage des Lizenznehmers (§ 30 Abs. 3) | 31 |
|    II. Beitritt zur Schadensersatzklage des Lizenzgebers (§ 30 Abs. 4) | 32, 33 |

|   | Rn |
|---|---|
| G. Sukzessionsschutz des Lizenznehmers (§ 30 Abs. 5) | 34–36 |
|    I. Anwendungsbereich | 34, 35 |
|    II. Fortbestand des Lizenzvertrages | 36 |
| H. Die Pflichten der Lizenzvertragsparteien | 37–40 |
|    I. Maßgeblichkeit des Lizenzvertrages | 37 |
|    II. Pflichten des Lizenzgebers | 38 |
|    III. Pflichten des Lizenznehmers | 39, 40 |
| I. Die Wirkung der Markenlizenz auf die Kennzeichnungskraft der Marke | 41–44 |
|    I. Grundsatz | 41 |
|    II. Interne Markenlizenzen | 42 |
|    III. Externe Markenlizenzen | 43, 44 |
| J. Beendigung des Lizenzvertrages | 45–47 |
| K. Markenlizenz an Marken mit Verkehrsgeltung | 48–50 |
|    I. Ausgangspunkt | 48 |
|    II. Fortbestand der Verkehrsgeltung während des Lizenzverhältnisses | 49 |
|    III. Verkehrsgeltung nach Beendigung des Lizenzverhältnisses | 50 |
| L. Verkehrsschutz vor irreführenden Markenlizenzen | 51–53 |
|    I. Grundsatz | 51, 52 |
|    II. Rechtsfolgen | 53 |
| M. Kartellrechtliche Schranken von Markenlizenzen | 54 |
| N. Regelungen des Erstreckungsgesetzes | 55 |
| O. Lizenzen an sonstigen Kennzeichen | 56–58 |
|    I. Lizenzen an geschäftlichen Bezeichnungen | 56 |
|    II. Lizenzen an Kollektivmarken | 57 |
|    III. Lizenzen an geographischen Herkunftsangaben | 58 |

**Schrifttum zum WZG.** *Beier,* Das auf internationale Markenlizenzverträge anwendbare Recht, 1981; *Brandi-Dohrn,* Sukzessionsschutz bei der Veräußerung von Schutzrechten, GRUR 1983, 146; *Deutsch,* Die Warenzeichenlizenz im Kollisionsrecht, in: Beier/Deutsch/Fikentscher (Hrsg.), Die Warenzeichenlizenz, FS für Ulmer, 1966, S. 463; *Ehlers,* Export- und Re-Importverbote in Lizenzverträgen aus der Sicht des EWG-Kartellrechts, GRUR Int 1963, 423; *Ehlers,* Kartellrechtliche Abgrenzung der Verträge über Patente gegenüber den sonstigen vertikalen Verträgen, GRUR 1968, 633; *Fikentscher,* Die Warenzeichenlizenz im Recht der Wettbewerbsbeschränkungen, in: Beier/Deutsch/Fikentscher, (Hrsg.), Die Warenzeichenlizenz, FS für Ulmer, 1966, S. 405; *Finger,* Lizenzen an Warenzeichen und Ausstattungen, GRUR 1939, 818; *Fischer,* Schadensersatz für den nichtausschließlichen Lizenznehmer, GRUR 1980, 374; *Forkel,* Gebundene Rechtsübertragungen, 1977; *Forkel,* Zur dinglichen Wirkung einfacher Lizenzen, NJW 1983, 1764; *Forkel,* Zur Zulässigkeit beschränkter Übertragungen des Namensrechtes, NJW 1993, 3181; *Freitag,* Verpflichtung, Nichtbenutzung eingetragener Warenzeichen nicht geltend zu machen?, GRUR 1973, 175; *v. Gamm,* Die Warenzeichenlizenz, WRP 1960, 299; *Greuner,* Die Warenzeichenlizenz und § 3 UWG, Mitt 1961, 128; *Helm,* Nichtangriffsklausel im Warenzeichenrecht, GRUR 1974, 324; *Heydt,* Verpflichtung, Nichtbenutzung eingetragener Warenzeichen nicht geltend zu machen?, GRUR 1973, 179; *Körner,* Zur vertraglichen „Verdinglichung" einfacher Lizenzen, Mitt 1983, 230; *Kraßer,* Der Schutz vertraglicher Rechte gegen Eingriffe Dritter, 1971; *Kraßer,* Verpflichtung und Verfügung im Immaterialgüterrecht, GRUR Int 1973, 230; *Kraßer,* Die Wirkung der einfachen Patentlizenz, GRUR Int 1983, 537; *Kraßer/Schmid,* Der Lizenzvertrag über technische Schutzrechte aus der Sicht des deutschen Zivilrechts, GRUR Int 1982, 324; *Krieger,* Die gemeinschaftliche Benutzung von Warenzeichen durch mehrere Unternehmen nach deutschem Recht, in: Beier/Deutsch/Fikentscher (Hrsg.), Die Warenzeichenlizenz, FS für Ulmer, 1966, S. 3; *Kur,* Die gemeinschaftliche Markenbenutzung – Markenlizenzen und verwandte Tatbestände, GRUR Int 1990, 1; *Lichtenstein,* Zum Abwehranspruch des einfachen Lizenznehmers, GRUR 1965, 344; *Loewenheim,* Gewerbliche Schutzrechte, freier Warenverkehr und Lizenzverträge, GRUR 1981, 461; *Mager,* Einfache Lizenz bei Veräußerung des Schutzrechts, GRUR 1983, 51; *Mes,* Warenzeichenlizenz und Lizenzgeberhaftung, GRUR 1981, 74; *Miosga,* Warenzeichenlizenz als Mittel des Benutzungszwangs, MA 1973, 166; *Ohl,* Wegfall der Lizenz vor Ablauf des Patents, GRUR 1992, 77; *Pinzger,* Gefahren der „Lizenz"-Erteilung am Warenzeichen, MuW 1939, 39; *Reimer,* Zur Frage der freien Verfügbarkeit (Übertragbarkeit und Lizenzfähigkeit) der Marke, GRUR 1931, 11; *Röttger,* Die gemeinsame Verwendung eines Warenzeichens durch mehrere Benutzer, GRUR 1955, 564; *Rosenberger,* Nochmals: Zur Frage des Fortbestands der einfachen Lizenz, GRUR 1983, 203; *Schanda,* Die Wirkung der Markenlizenz gegenüber Dritten, GRUR Int 1994, 275; *Schorn,* Zur Rechtsnatur der Warenzeichenlizenz, WRP 1961, 361; *Schricker,* Lizenzverträge über löschbare Warenzeichen, GRUR 1980, 650; *Schricker,* Zur kartellrechtlichen Beurteilung von Zeichenbenutzungsvereinbarungen in Patentlizenzverträgen, WRP 1980, 121; *Schricker,* Rechtsfragen der Firmenlizenz, FS für v. Gamm, 1990, S. 289; *Sieche,* Die gemeinschaftliche Benutzung von Warenzeichen, Diss. Heidelberg 1967; *Straub,* Mehrfache Berechtigung an Marken,

1998; *Stumpf/Groß*, Der Lizenzvertrag, 1993; *Tetzner*, Zur Frage der Rechtswirksamkeit von Verpflichtungen, die Nichtbenutzung von Warenzeichen nicht geltend zu machen, GRUR 1973, 641; *Ullmann*, Zur Bedeutung der gewillkürten Prozeßstandschaft im Warenzeichen- und im Wettbewerbsrecht, FS für v. Gamm, 1990, S. 315; *Völp*, Weitergeltung der Lizenz bei Veräußerung des Schutzrechts, GRUR 1983, 45; *Weidlich*, Das Ausstattungsrecht des Importeurs, GRUR 1958, 15.

**Schrifttum zum MarkenG.** *Bühler*, Die freie Markenlizenzierung, 1996; *Bühling*, Die Markenlizenz im Rechtsverkehr, GRUR 1998, 196; *Groß*, Marken-Lizenzvertrag, Heidelberger Musterverträge, Heft 84, 1995; *Forkel*, Zur Fortentwicklung unseres Lizenzrechts, FS für Kraft, 1998, S. 85; *Loewenheim*, Markenlizenzen und Franchising, GRUR Int 1994, 156; *Straub*, Mehrfache Berechtigung an Marken: Lizenzen, Rechtsgemeinschaften, Teilübertragungen, Pfandrechte, fiduziarische Übertragungen, Konzernmarken, 1998; *Weinmann*, Die Rechtsnatur der Lizenz, 1996; *Wolff-Rojczyk*, Angriffsmöglichkeiten des Lizenznehmers auf den Lizenzgegenstand – Marken und Patente, 1988.

### Entscheidungen zum MarkenG

**1. OLG München Mitt 1997, 30 – aliseo**
Kündigung aus wichtigem Grund eines Firmenlizenzvertrages ohne zeitliche Begrenzung; Anwendung des deutschen Rechts bei ausländischem Lizenzgeber und inländischem Lizenznehmer.

**2. OLG München NJW-RR 1997, 1266 – 1860 München**
Zustimmungserfordernis des Markeninhabers bei Abmahnung durch den Lizenznehmer.

## A. Allgemeines

### I. Regelungsübersicht

1   Die Vorschrift des § 30 regelt das *materielle Markenlizenzvertragsrecht*. Im Gegensatz zur *unbeschränkten Rechtsübertragung* nach § 27 stellt die Lizenz eine *beschränkte Rechtsübertragung* dar. In einem Lizenzvertrag überläßt der Markeninhaber die Benutzung der Marke an einen Dritten. Seiner Rechtsnatur nach gehört der Lizenzvertrag zu den Gebrauchsüberlassungsverträgen und stellt einen *Vertrag sui generis* dar. Gegenstand einer Markenlizenz können alle nach der Entstehung des Markenschutzes zu unterscheidenden Markenkategorien im Sinne des § 4 Nr. 1 bis 3 und damit die durch Eintragung, Benutzung oder notorische Bekanntheit entstehenden Markenrechte sein (Registermarke, Benutzungsmarke, Notorietätsmarke). Die *Lizenzierung von geschäftlichen Bezeichnungen* ist im MarkenG nicht ausdrücklich geregelt. Die Art des Lizenzvertrages sowie die Rechte und Pflichten des Lizenzgebers und Lizenznehmers bestimmen sich nach den Vereinbarungen der Vertragsparteien; innerhalb der kartellrechtlichen und warenverkehrsrechtlichen Grenzen des GWB und des EGV herrscht Vertragsfreiheit. Das MarkenG anerkennt die *ausschließliche* und die *nicht ausschließliche* (einfache) Markenlizenz. Die Markenlizenz kann *territorial unbeschränkt* sein und für das Territorium der Bundesrepublik Deutschland als dem Geltungsbereich des MarkenG erteilt werden, sie kann *territorial beschränkt* werden und nur für einen Teil des Inlands gelten. Die Markenlizenz kann für alle oder nur für einen Teil der Waren oder Dienstleistungen, für die die Marke Schutz genießt, vereinbart werden. Der Regelungsinhalt der Markenlizenz nach Abs. 1 unterliegt im übrigen den Vereinbarungen der Lizenzvertragsparteien. Das MarkenG anerkennt die *dingliche Markenlizenz*; die Vereinbarung einer schuldrechtlichen Markenlizenz bleibt zulässig. Nach Abs. 2 begründen bestimmte Verstöße des Lizenznehmers gegen Vereinbarungen des Lizenzvertrages die *Markenverletzungsklage* des Lizenzgebers. Diese Lizenzvertragsverletzungen stellen zugleich Markenrechtsverletzungen dar. Die Regelung ist Ausdruck des Schutzes der Qualitätsfunktion der Marke. Ein Lizenznehmer kann eine Markenverletzungsklage nur mit Zustimmung des Markeninhabers erheben (Abs. 3) und einer vom Markeninhaber erhobenen Markenverletzungsklage zur Geltendmachung seines Schadensersatzes beitreten (Abs. 4). Eine Markenlizenz wird weder von einer Rechtsübertragung der Marke noch von der Erteilung einer weiteren Markenlizenz berührt (Abs. 5).

### II. Rechtsänderungen

2   Das WZG enthielt keine Regelung der Markenlizenz. Nach ständiger Rechtsprechung war die Warenzeichenlizenz auch nach der Rechtslage im WZG anerkannt, der aber auch

nach ganz überwiegender Meinung im Schrifttum keine dingliche, sondern nur eine *schuldrechtliche* Wirkung zukam. Die dingliche Rechtsnatur der Markenlizenz im MarkenG stellt eine wesentliche Änderung der Rechtslage gegenüber dem WZG dar. Die Dinglichkeit der Markenlizenz wirkt zum einen im Verhältnis zwischen Lizenzgeber und Lizenznehmer, da bestimmte Lizenzvertragsverletzungen im Sinne des Abs. 2 zugleich Markenrechtsverletzungen darstellen, und zum anderen im Verhältnis des Lizenznehmers zu Dritten, insoweit der Lizenznehmer nach Abs. 3 mit Zustimmung des Markeninhabers eine Markenverletzungsklage erheben kann.

### III. Europäisches Unionsrecht

#### 1. Erste Markenrechtsrichtlinie

Die Vorschrift des § 30 Abs. 1 und 2 setzt das materielle Lizenzvertragsrecht nach Art. 8 MarkenRL um. Die Reichweite der Dinglichkeit der Markenlizenz, wie namentlich die Beurteilung von Lizenzvertragsverletzungen des Lizenznehmers als Markenrechtsverletzungen nach § 30 Abs. 2, ist anhand einer richtlinienkonformen Auslegung zu bestimmen. Die Regelungen des § 30 Abs. 3 bis 5 sind mit der MarkenRL vereinbar, auch wenn sie in Art. 8 MarkenRL keine Entsprechung haben. Auch wenn sich die MarkenRL nur auf die durch Eintragung entstehenden Markenrechte bezieht, unterstellte der Gesetzgeber des MarkenG auch die Lizenzen an durch Benutzung und notorische Bekanntheit entstehenden Markenrechten im Sinne des § 4 Nr. 2 und 3 den verbindlichen Vorgaben der MarkenRL (Begründung zum MarkenG, BT-Drucks. 12/6581 vom 14. Januar 1994, S. 86).

**3**

#### 2. Gemeinschaftsmarkenverordnung

Art. 22 GMarkenV regelt die Lizenz an einer Gemeinschaftsmarke nach dem Vorbild des materiellen Lizenzvertragsrechts für das Gemeinschaftspatent in Art. 43 GPÜ. Art und Inhalt der Markenlizenz (§ 30 Abs. 1 MarkenG, Art. 22 Abs. 1 GMarkenV), die Dinglichkeit bestimmter Lizenzvertragsverletzungen als Markenrechtsverletzungen (§ 30 Abs. 2 MarkenG, Art. 22 Abs. 2 GMarkenV) und die Möglichkeit des Klagebeitritts des Lizenznehmers zur Markenverletzungsklage des Lizenzgebers (§ 30 Abs. 4 MarkenG, Art. 22 Abs. 4 GMarkenV) sind im MarkenG und in der GMarkenV übereinstimmend geregelt. Die Markenverletzungsklage des Lizenznehmers mit Zustimmung des Markeninhabers ist im Ansatz vergleichbar geregelt (§ 30 Abs. 3 MarkenG, Art. 22 Abs. 3 S. 1 GMarkenV). Weitergehend als das MarkenG normiert die GMarkenV ein *Klageprivileg* des Inhabers einer ausschließlichen Gemeinschaftsmarkenlizenz. Nach Art. 22 Abs. 3 S. 2 GMarkenV kann der Inhaber einer ausschließlichen Gemeinschaftsmarkenlizenz ein Verfahren wegen Verletzung der Gemeinschaftsmarke unabhängig von einer Zustimmung des Inhabers der Gemeinschaftsmarke dann anhängig machen, wenn der Inhaber der Gemeinschaftsmarke nach Aufforderung nicht selber innerhalb einer angemessenen Frist die Verletzungsklage erhebt (Art. 22 Abs. 3 S. 2 GMarkenV).

**4**

### IV. Staatsvertragsrecht

*PVÜ*, *MMA* und *PMMA* enthalten keine Regelungen des Lizenzvertragsrechts. *Das TRIPS-Abkommen* ermächtigt die Einzelstaaten, die Bedingungen für die Vergabe von Lizenzen festzulegen. Hierbei wird davon ausgegangen, daß die *Zwangslizenzierung* von Marken nicht zulässig ist (Art. 21 TRIPS-Abkommen).

**5**

## B. Rechtsnatur der Markenlizenz

### I. Dingliche Markenlizenz und schuldrechtliche Gebrauchsüberlassung

Im gewerblichen Rechtsschutz stellt die Lizenzierung eine der wesentlichen Formen der wirtschaftlichen Verwertung des Schutzrechts dar. Innerhalb der kartellrechtlichen und warenverkehrsrechtlichen Grenzen des GWB und EGV herrscht im Lizenzrecht grundsätzlich

**6**

Vertragsfreiheit. Die Lizenzvertragsparteien bestimmen Art und Inhalt der Lizenz an einem Immaterialgut. Nach der Rechtslage im MarkenG besteht Vertragsfreiheit auch im Markenrecht. Der wesentliche Inhalt einer Lizenzvereinbarung im Immaterialgüterrecht stellt die Erlaubnis des Lizenzgebers als des Rechtsinhabers an den Lizenznehmer zur Benutzung des Immaterialguts dar. Der Markenlizenzgeber erlaubt dem Markenlizenznehmer die Benutzung seiner Marke. Der Lizenzgeber bleibt Rechtsinhaber der Marke, der Lizenznehmer erhält ein *Benutzungsrecht* an der Marke. Der Lizenzvertrag gehört zu den Gebrauchsüberlassungsverträgen, stellt aber einen Vertrag sui generis dar.

**7** Es ist zwischen einer *dinglichen Markenlizenz* an einem Markenrecht und einer *schuldrechtlichen Gebrauchsüberlassung* einer Marke zu unterscheiden. Die Erteilung einer dinglichen Markenlizenz stellt eine Verfügung des Markeninhabers über das Markenrecht dar. Die Lizenzerteilung ist eine *beschränkte Rechtsübertragung* (*Forkel*, Gebundene Rechtsübertragungen, S. 51 ff.). Der Lizenznehmer erwirbt ein Lizenzrecht an der Marke, das seiner Rechtsnatur nach eine Art dinglichen Rechts darstellt (zur Beurteilung als ein gegenständliches Recht als Teil des Schutzrechts s. *Baumbach/Hefermehl*, § 8 WZG, Anh., Rn 1). Anders als die dingliche Markenlizenz gewährt eine vertragliche Gebrauchsüberlassung der Marke durch den Markeninhaber dem Vertragspartner nur ein schuldrechtliches Benutzungsrecht der Marke (einfache Markenlizenz). Eine solche schuldrechtliche Gebrauchsüberlassung gewährt dem Lizenznehmer zwar ein einfaches Benutzungsrecht der Marke, das den Lizenznehmer neben dem Markeninhaber sowie anderen Lizenznehmern zur Benutzung der Marke berechtigt, das aber nur ein relatives gegenüber dem Lizenzgeber wirkendes Benutzungsrecht ohne dingliche Wirkung gegen Dritte darstellt. Die Vereinbarung einer Benutzungsgestattung mit ausschließlich schuldrechtlicher Wirkung zwischen den Vertragsparteien gehört zur Vertragsfreiheit im Lizenzrecht. Nach der Rechtslage im WZG wurde eine einfache Markenlizenz indessen dahin verstanden, sie erschöpfe sich nicht in einem bloß vertraglichen Verzicht auf die Geltendmachung von Verbietungsansprüchen, sondern gebe dem Lizenznehmer ein gegenständliches Recht, das auch gegenüber einem Erwerber des Markenrechts als Rechtsnachfolger des Lizenzgebers wirksam bleibe (*Baumbach/Hefermehl*, § 8 WZG, Rn 1; *Kraßer*, GRUR Int 1973, 230, 233 ff.). Eine jede Lizenz, die ausschließliche, wie die einfache, begründe ein gegenständliches Recht (*Ulmer*, Urheberrecht, 2. Aufl., § 67 II). Nach dieser Rechtsauffassung kam auch der einfachen Markenlizenz als einer schuldrechtlichen Gebrauchsüberlassung eine Verdinglichung des einfachen Lizenzrechts dahin zu, daß die Rechtsübertragung der Marke die einfache Markenlizenz, dem Rechtsgedanken des § 571 BGB vergleichbar, nicht bricht. Eine entsprechende Regelung enthält § 30 Abs. 5 für die Markenlizenz nach dem MarkenG. Diese eingeschränkte Verdinglichung der einfachen Markenlizenz nach der Rechtslage im WZG erklärt sich aus dem notwendigen Schutz des Lizenznehmers, da im WZG eine dingliche Markenlizenz nicht anerkannt war und ein Lizenzvertrag als eine schuldrechtliche Gebrauchsgestattung verstanden wurde (s. Rn 2, 10). Nach der Rechtslage im MarkenG ist zwischen Markenlizenzen mit dinglicher und schuldrechtlicher Wirkung deutlich zu unterscheiden. Eine Markenlizenz stellt in der Regel einen Verfügungsvertrag über das Markenrecht mit den dinglichen Wirkungen des § 30 dar. Die Parteien des Lizenzvertrages können anderes vereinbaren. Gegenstand eines Lizenzvertrages kann auch eine rein schuldrechtlich wirkende Gebrauchsüberlassung der Marke sein, der selbst gegenüber einem Rechtsnachfolger des Markeninhabers keine rechtliche Wirkung zukommt. Es gehört zur Vertragsfreiheit des Lizenzgebers und des Lizenznehmers, bestimmte Rechtswirkungen der Dinglichkeit einer Markenlizenz (s. dazu Rn 8) zum Gegenstand ihrer Lizenzvereinbarungen zu machen. Dem von den Vertragsparteien gewählten Wortlaut in der Bezeichnung des Vertragstextes kommt bei der Vertragsauslegung nur eine untergeordnete Bedeutung zu.

## II. Rechtswirkungen der Dinglichkeit einer Markenlizenz

**8** Bei der Markenlizenz im Sinne der § 30 MarkenG, Art. 8 MarkenRL und Art. 22 GMarkenV handelt es sich um eine dingliche Markenlizenz. Die Vereinbarung einer Markenlizenz stellt in der Regel eine dingliche Lizenzerteilung dar, wenn die Parteien nicht etwas anderes vereinbaren. Es ist zulässig, jede der Rechtswirkungen der Dinglichkeit bei einer Lizenzerteilung zu vereinbaren und mit einer schuldrechtlichen Gebrauchsüberlassung der Marke zu verbinden. Die Dinglichkeit der Lizenz bedeutet, daß der Lizenzgeber als Markeninhaber über einen Teil seines Markenrechts als eines dinglichen Ausschließlichkeitsrechts verfügt und der Lizenznehmer ein dingliches Benutzungsrecht an der Marke erwirbt (beschränkte Rechtsübertragung). Folge der Dinglichkeit der beschränkten Rechtsübertragung ist es, daß Ansprüche aus einer Verletzung des Lizenzrechts zum Schutze des Lizenzgebers wie des Lizenznehmers *dingliche Ansprüche aus dem Markenrecht* darstellen. Das Lizenzrecht des § 30 ist nicht nur schuldrechtlicher Rechtsnatur. Der Dinglichkeit einer Lizenzerteilung kommen im wesentlichen *drei Rechtswirkungen* zu. Zum ersten begründen bestimmte Verletzungen des Lizenzvertrages im Sinne des § 30 Abs. 2 Nr. 1 bis 5 nicht nur schuldrechtliche Ansprüche aus einer Vertragsverletzung, sondern *markenrechtliche Ansprüche* aus einer Verletzung des Markenrechts des Markeninhabers. Da solche Lizenzvertragsverletzungen des Lizenznehmers Markenrechtsverletzungen darstellen, die der Markeninhaber gegen den Lizenznehmer mit der Markenverletzungsklage verfolgen kann, bestehen diese markenrechtlichen Ansprüche aus einer lizenzvertraglichen Markenrechtsverletzung auch gegenüber jedem dritten Abnehmer im Vertrieb des lizenzrechtswidrigen Produkts. Eine *Erschöpfung des Markenrechts* nach § 24 tritt insoweit *nicht* ein, als eine Verletzung des Lizenzvertrages im Sinne des § 30 Abs. 2 eine Markenrechtsverletzung darstellt und markenrechtliche Ansprüche hinsichtlich der von dem Lizenznehmer in den Verkehr gebrachten, markenrechtsverletzenden Produkte begründet. Zum zweiten kann der Lizenznehmer wegen einer Verletzung des Markenrechts mit *Zustimmung des Markeninhabers* nach Abs. 3 die *Markenverletzungsklage* erheben. Dabei handelt es sich nicht nur um eine Prozeßstandschaft zur Geltendmachung einer Verletzung des fremden Markenrechts des Markeninhabers, sondern um die Geltendmachung eines eigenen Rechts wegen der Verletzung des Lizenzrechts des Lizenznehmers. Zum dritten besteht eine Verdinglichung des Lizenzvertragsrechts nach Abs. 5 dahin, daß das Markenlizenzrecht des Lizenznehmers auch gegenüber einem *Rechtsnachfolger des Markeninhabers* im Falle einer Rechtsübertragung der Marke nach § 27 oder gegenüber einem *anderen Markenlizenznehmer* im Falle einer weiteren Lizenzerteilung nach § 30 Abs. 1 unberührt bleibt.

### III. Rechtswirkungen einer schuldrechtlichen Gebrauchsüberlassung

Einer schuldrechtlichen Gebrauchsüberlassung der Marke kommen keine dinglichen Rechtswirkungen (s. Rn 8) zu. Verletzungen des Lizenzvertrages durch den Lizenznehmer begründen allein *schuldrechtliche Ansprüche* des Lizenzgebers aus positiver Vertragsverletzung. Dem Lizenznehmer steht kein Klagerecht wegen einer Markenrechtsverletzung aus eigenem Recht zu; er kann allenfalls vom Lizenzgeber als Markeninhaber zur Klageerhebung ermächtigt werden. Die schuldrechtliche Gebrauchsüberlassung einer Marke wirkt nicht gegenüber einem Rechtsnachfolger des Markeninhabers im Falle einer Rechtsübertragung der Marke oder gegenüber einem anderen Lizenznehmer im Falle der späteren Lizenzerteilung. Von dieser Rechtslage ist nach dem Inkrafttreten des MarkenG auszugehen, auch wenn nach der Rechtslage im WZG der nur als schuldrechtliche anerkannten Warenzeichenlizenz eine dingliche Wirkung im Falle der Rechtsnachfolge in das Warenzeichenrecht zuerkannt wurde (s. Rn 7). Es obliegt der Vertragsfreiheit der Lizenzvertragsparteien, welche dinglichen Rechtswirkungen einer Markenlizenz sie zum Inhalt ihres Lizenzvertrages machen.

### IV. Die schuldrechtliche Warenzeichenlizenz nach der Rechtslage im WZG

Ständige Rechtsprechung und herrschende Meinung im Schrifttum zur *Rechtslage im WZG* standen auf dem Standpunkt, an einem Warenzeichen könne nur eine *schuldrechtliche Lizenz* eingeräumt werden, deren Wirkungen sich auf die Lizenzvertragsparteien beschränke (RGZ 44, 71 – Victoria; 87, 147 – Lanolin; 99, 90, 92 – Gilette; 100, 22 – Meißner Porzellan; 102, 17, 24 – Torgament; RG GRUR 1931, 870 – Elida; 1940, 106, 109 – Luxor; 1940, 366 f. – Sauerbruch; HansOLG Hamburg, GRUR 1953, 177 – Le rouge baiser; OLG Karlsruhe, GRUR 1981, 198, 200 – Famila; BGHZ 1, 241, 246 – Piek Fein; 44, 372, 375 – Meßmer Tee II; 83, 251 – Verankerungsteil; *Pinzger*, § 8 WZG, Rn 32; *Reimer/Trüstedt*, Bd. 1, Kap. 34, Rn 16; *Busse/Starck*, § 8 WZG, Rn 10; *Fikentscher*, in FS Ulmer, Warenzeichenlizenz, S. 405, 419; *v. Gamm*, WRP 1960, 299). Diese Rechtsansicht ist nach der *Rechtslage im MarkenG* dann rechtserheblich, wenn die Parteien des Lizenzvertrages eine *schuldrechtliche Gebrauchsüberlassung vereinbaren*. Die schuldrechtliche Gebrauchsüberlassung wurde im Gegensatz zu einer dinglichen Warenzeichenlizenz dahin verstanden, daß der Markeninhaber nicht einen Teil seines Markenrechts übertrage, sondern lediglich den Gebrauch seiner Marke einem anderen gestatte und vertraglich auf die Geltendmachung von Unterlassungsansprüchen aus einer Markenrechtsverletzung verzichte. Die rechtliche Bedeutung der Markenlizenz erschöpfte sich in dem Einwand des Vertragspartners gegenüber dem Markeninhaber, dieser habe die Benutzung seiner Marke durch den Lizenznehmer zu dulden. Ein selbständiges Klagerecht aus einer Markenrechtsverletzung wurde dem Lizenznehmer nicht zuerkannt. Nach der Auffassung des RG widersprach eine dingliche Warenzeichenlizenz dem Wesen des Zeichenrechts, auf den Geschäftsbetrieb des Zeicheninhabers hinzuweisen. Der Zeicheninhaber als Lizenzgeber könne den Lizenznehmer nur zur Geltendmachung seiner zeichenrechtlichen Ansprüche ermächtigen. Demgegenüber wurde eingewandt, das Warenzeichen erfülle seine Funktion, auf den Geschäftsbetrieb des Inhabers hinzuweisen, nur unvollständig. Eine dingliche Warenzeichenlizenz widerspreche dem Wesen des Zeichenrechts nicht, zumal eine Benutzung des gleichen Zeichens durch mehrere Unternehmen den Verkehr nicht über die Herkunft der Ware zu täuschen brauche. Die Unzulässigkeit einer dinglichen Warenzeichenlizenz wurde aus der Bindung des Warenzeichens an den Geschäftsbetrieb des Zeicheninhabers nach § 8 Abs. 1 S. 2 WZG hergeleitet (*Baumbach/Hefermehl*, § 8 WZG, Anh., Rn 2). Einer der Patentlizenz vergleichbaren dinglichen Warenzeichenlizenz widerspreche zudem, daß das Warenzeichen nicht auf eine Verwertung gerichtet sei. Auch die Rechtsprechung des BGH gehe davon aus, es handele sich bei einer Warenzeichenlizenz nicht um eine echte Lizenzerteilung, bei der eine ausschließliche Rechtsstellung dinglich übertragen werden (BGH GRUR 1977, 539, 540 – Prozeßrechner). Eine Übertragung des Zeichenrechts der Ausübung nach wurde wegen der Akzessorietät des Warenzeichens als unzulässig beurteilt. Nach der Rechtslage im WZG wurde allein die Verpflichtung des Zeicheninhabers für zulässig beurteilt, von seinem zeichenrechtlichen Verbietungsrecht gegenüber einem Vertragspartner keinen Gebrauch zu machen. Eine Mindermeinung im Schrifttum (*Reimer*, 3. Aufl., Kap. 34, Rn 3; *Krieger*, Warenzeichenlizenz, S. 43 ff.) ging von der Zulässigkeit einer dinglichen Warenzeichenlizenz dann aus, wenn der Verkehr nicht getäuscht werde und der Lizenznehmer die Produkte in der Originalqualität des Lizenzgebers herzustellen in die Lage versetzt werde (zum Streitstand s. *Baumbach/Hefermehl*, § 8 WZG, Anh., Rn 2). Auch wurde zwischen einer Gebrauchsüberlassung als ein Verzicht auf die Geltendmachung des zeichenrechtlichen Verbietungsrechts des Markeninhabers und einer Ermächtigung zur Ausübung des positiven Benutzungsrechts an dem Warenzeichen durch Dritte unterschieden (*v. Gamm*, § 8 WZG, Rn 19; § 15, Rn 27; ablehnend wegen des Akzessorietätsprinzips *Baumbach/Hefermehl*, § 8 WZG, Anh., Rn 9). Innerhalb eines *Konzerns* wurde aufgrund einer schuldrechtlichen Gebrauchsüberlassung die Benutzung eines für das Mutterunternehmen eingetragenen Warenzeichens durch ein Tochterunternehmen ermöglicht, da nach der Rechtslage im WZG eine Konzernmarke nicht zulässig war (zur Konzernmarke nach der Rechtslage im MarkenG s. § 3, Rn 34ff.; § 7, Rn 39).

## C. Arten der Markenlizenzen (§ 30 Abs. 1)

### I. Ausgangspunkt

**11** Die Privatautonomie erlaubt dem Inhaber eines Markenrechts im Sinne des § 4 Nr. 1 bis 3, einem anderen die Benutzung seiner Marke nach den Bedingungen einer vertraglichen Vereinbarung innerhalb der kartellrechtlichen und warenverkehrsrechtlichen Grenzen des GWB und des EGV zu gestatten. Rechtswirksam vereinbart werden können *dingliche Markenlizenzen* und *schuldrechtliche Gebrauchsüberlassungen* (s. Rn 6f.) sowie lizenzrechtliche Vertragsgestaltungen aus einer *Verbindung dinglicher und schuldrechtlicher Regelungen*. Ein Markenlizenzvertrag stellt in der Regel eine Vereinbarung mit den dinglichen Rechtswirkungen im Sinne des § 30 dar, wenn die Parteien des Lizenzvertrages nichts anderes vereinbaren. Die

## II. Markenlizenzrechtliche Vertragsinhalte (Geltungsbereich)

### 1. Zeitliche Geltung der Markenlizenz

Anders als die Rechtsübertragung einer Marke nach § 27, die grundsätzlich endgültig ist, wenn nicht eine Befristung oder auflösende Bedingung vereinbart wird, bestimmt sich die *zeitliche Geltung einer Markenlizenz* grundsätzlich nach den *Vereinbarungen der Parteien* des Lizenzvertrages. Wenn eine *Markenlizenz mit einer Patentlizenz verbunden* wird und eine Vereinbarung über die Dauer der Lizenz fehlt, dann gilt auch für die Markenlizenz der Lizenzvertrag insgesamt im Zweifel für die Dauer des Patents als abgeschlossen (RG GRUR 1937, 1003, 1005; 1940, 558, 539; BGH Urt. vom 6. November 1959 – I ZR 182/57; *Ohl*, GRUR 1992, 77). Eine Vertragszeit der Markenlizenz kann auch konkludent zwischen den Parteien vereinbart werden, sich aus dem Sinn und Zweck des Lizenzvertrages ergeben oder etwa der Zeitdauer einer zugrundeliegenden Geschäftsverbindung entsprechend (RG GRUR 1935, 962, 965 – Lignose). Die Vertragsparteien können Gründe und Fristen einer *Kündigung* des Lizenzvertrages vereinbaren. Die Markenlizenz endet mit dem Ablauf der vereinbarten Vertragszeit (Zeitlizenz) oder mit einer Kündigung des Lizenzvertrages. Wenn eine Markenlizenz mit einer Patentlizenz verbunden wird, die mit dem Ablauf des Patents ohne besondere Kündigung endigt (so *Benkard/Ullmann*, § 15 PatG, Rn 36; offen gelassen von RG GRUR 1940, 558, 559), dann endet im Zweifel auch die Markenlizenz.

### 2. Räumliche Geltung der Markenlizenz

Der *territoriale Geltungsbereich einer Markenlizenz* bestimmt sich nach den *Vereinbarungen* im Lizenzvertrag. Die Markenlizenz kann für das gesamte Gebiet der Bundesrepublik Deutschland erteilt werden oder auf einen Teil dieses Gebietes begrenzt werden. Wenn der Lizenzvertrag keine Vereinbarung über die räumliche Geltung der Markenlizenz enthält, dann wird in der Regel davon auszugehen sein, daß sich der territoriale Geltungsbereich des Markenrechts und der Markenlizenz decken. Das ist bei eingetragenen Marken der Geltungsbereich des MarkenG und bei sachlichen Markenrechten das Gebiet der Verkehrsgeltung. Bei IR-Marken können Gebietslizenzen für einzelne Mitgliedstaaten der EU vereinbart werden, in denen dem Markeninhaber ein nationales Markenrecht zusteht.

### 3. Sachliche Geltung der Markenlizenz

Eine Markenlizenz kann für alle oder nur für einen Teil der Waren oder Dienstleistungen erteilt werden, für die die Marke Schutz genießt. Die Vereinbarungen über den *sachlichen Geltungsbereich einer Markenlizenz* bedürfen der sorgfältigen Vertragsgestaltung. Dabei ist zwischen markenbezogenen und produktbezogenen Bestimmungen des Lizenzvertrages zu unterscheiden. *Markenbezogene Lizenzvereinbarungen* betreffen das Markierungsrecht, das Vermarktungsrecht und das Werberecht des Markeninhabers im Sinne des § 14 und regeln im einzelnen die Art und Weise der Benutzung der Marke auf dem Produkt, deren Aufmachung oder Verpackung, auf Geschäftspapieren und in der Werbung sowie auf Kennzeichnungsmitteln. Markenbezogenen Lizenzvereinbarungen über die Form der Benutzung der Marke kommt nach § 30 Abs. 2 Nr. 2 dingliche Wirkung zu (s. Rn 27 f.). Die Vereinbarung von mengenmäßigen Beschränkungen wie Höchst- oder Mindestmengen der Herstellung oder des Vertriebs stellen Konkretisierungen des sachlichen Geltungsbereichs einer Markenlizenz mit dinglicher Wirkung dar. *Produktbezogene Lizenzvereinbarungen* beziehen sich auf die Qualität der von dem Lizenznehmer herzustellenden Ware oder der von dem Lizenznehmer zu erbringenden Dienstleistung. Wenn die Markenlizenz mit einer Patentlizenz oder einer sonstigen Schutzrechtslizenz verbunden wird, dann kommt es zudem darauf an, auf welche einzelnen Benutzungsarten die Schutzrechtslizenz konkret bezogen ist (s. zum Patentrecht etwa *Benkard/Ullmann*, § 15 PatG, Rn 38). Eine mit einer Herstellungslizenz verbundene Markenlizenz bedarf anderer lizenzvertraglicher Vereinbarungen als eine mit einer reinen Vertriebslizenz verbundene Markenlizenz. Markenlizenzen können Teil einer Produktvermarktung im Franchisesystem sein (s. § 3, Rn 145 ff.). Produktbezogenen Lizenzvereinbarungen über die Qualität der herzustellenden oder zu vertreibenden Waren oder der zu erbringenden Dienstleistungen kommt nach § 30 Abs. 2 Nr. 5 dingliche Wirkung zu (s. Rn 27 f.).

### 4. Personale Geltung der Markenlizenz

**15** Eine Markenlizenz kann *ausschließlich* oder *nicht ausschließlich* erteilt werden. Diese übliche Sprachregelung, nach der auch zwischen einer einfachen und einer ausschließlichen Lizenz unterschieden wird, ist rechtlich nicht eindeutig; sie sollte nach der Rechtslage im MarkenG nicht zur Unterscheidung einer dinglichen Markenlizenz und einer schuldrechtlichen Gebrauchsüberlassung verwendet werden. Eine Markenlizenz ist nicht ausschließlich, wenn die Marke an mehrere Lizenznehmer lizenziert wird. Eine Lizenzierung ist aber auch dann nicht ausschließlich, wenn die Markenlizenz nur an einen Lizenznehmer erteilt wird, der Markeninhaber sich aber die Benutzung der Marke vorbehält. Um eine absolut ausschließliche Markenlizenz handelt es sich dann, wenn nur ein Lizenznehmer und auch nicht der Markeninhaber selbst zur umfassenden Benutzung der Marke berechtigt ist. Bei einer *absolut ausschließlichen Markenlizenz* mit dinglicher Wirkung verbleibt dem Markeninhaber die formale Rechtsinhaberschaft an der Marke ohne ein materielles Benutzungsrecht, das als dingliches Lizenzrecht an der Marke dem ausschließlichen Lizenznehmer zusteht (zum Patentrecht s. RGZ 57, 38, 40; 75, 400, 403; 76, 235, 236; 130, 275, 282). Die Nichtakzessorietät der Marke im MarkenG erlaubt eine solche Vertragsgestaltung im Markenlizenzrecht. Zulässig ist auch eine *treuhänderische Übertragung der formalen Rechtsinhaberschaft* des Markeninhabers an den ausschließlichen Lizenznehmer. Eine solche Lizenzvertragsgestaltung kommt namentlich bei einer ausschließlichen Markenlizenz für das Territorium einzelner Mitgliedstaaten der EU in Betracht. Eine *ausschließliche Treuhandlizenz* ohne eine zeitliche Begrenzung der Lizenzerteilung stellt zugleich eine treuhänderische Rechtsübertragung des Markenrechts als des formalen Registerrechts im Sinne des § 27 dar. Eine Markenlizenz kann *personenbezogen* an eine bestimmte Person eines Lizenznehmers erteilt und als unübertragbar vereinbart werden. Eine Markenlizenz kann auch *unternehmensbezogen* an ein bestimmtes Unternehmen (*Unternehmenslizenz*) oder an einen Konzern (*Konzernlizenz*) erteilt werden. Eine Unternehmenslizenz unterliegt zwar grundsätzlich der Beschränkung des § 399 BGB, ohne daß damit Veränderungen in den Unternehmensstrukturen allgemein die Lizenzerteilung berühren; es empfehlen sich konkrete Vereinbarungen über Konkurrenzverhältnisse einer Unternehmenslizenz.

### III. Form der Markenlizenz

#### 1. Grundsatz der Formfreiheit

**16** Das MarkenG sieht *keine Form* der Markenlizenz vor. Die Lizenzierung einer Marke erfolgt in der Praxis wie allgemein die Lizenzerteilung an Immaterialgüterrechten in Schriftform. Der konkludente und damit formlose Abschluß eines Markenlizenzvertrages ist zulässig. Wenn der Lizenznehmer mit der Benutzung der Marke noch nicht begonnen hat, dann wird sorgfältig zu prüfen sein, ob tatsächlich von einem konkludenten Vertragsschluß auszugehen ist oder sich die Parteien noch im Stadium der Vertragsverhandlungen befinden.

#### 2. Schriftform des § 34 GWB

**17** Ein Lizenzvertrag bedarf der *Schriftform des § 34 GWB*, wenn er Beschränkungen der in den §§ 16, 18, 20 und 21 GWB bezeichneten Art enthält, und zwar unabhängig davon, ob die vereinbarten Beschränkungen kartellrechtlich zulässig oder unzulässig sind (zum Patentrecht BGH GRUR 1975, 498, 499 – Werkstück-Verbindungsmaschinen; 1979, 768, 770 – Mineralwolle). Die Schriftform des § 34 GWB gilt namentlich für solche Markenlizenzen, die in Verbindung mit Patentlizenzen oder der Lizenzierung anderer gewerblicher Schutzrechte vereinbart werden. Die Formvorschrift des § 34 GWB erstreckt sich auf den *gesamten Vertragsinhalt* einer Schutzrechtslizenzierung (BGHZ 53, 304, 306 – Diskothek; BGH GRUR 1980, 747 – Preisblätter). Es gelten die allgemeinen zivilrechtlichen Grundsätze zur Wirksamkeit und Auslegung der Schriftform bedürftiger Verträge, ergänzt von spezifischen namentlich zum Patentrecht entwickelten Regeln (s. dazu Benkard/Ullmann, § 15 PatG, Rn 45; zur Schriftform von Kartellverträgen nach § 34 GWB Immenga/Mestmäcker/Emmerich, § 34 GWB, Rn 41 ff., Rn 103 ff.). Das Schriftformerfordernis des § 34 GWB gilt auch für einen auf Abschluß eines wettbewerbsbeschränkenden Lizenzvertrages gerichteten Vorvertrag (BGH GRUR 1975, 498, 499 – Werkstück-Verbindungsmaschinen; zur Option des Lizenzgebers s. BGH GRUR 1973, 331 – Nahtverlegung).

### 3. Keine Eintragung der Markenlizenz

Anders als bei der Verpfändung des Markenrechts oder der Belastung des Markenrechts mit sonstigen dinglichen Rechten im Sinne des § 29 Abs. 1 Nr. 1 kann eine Markenlizenz auch nicht fakultativ wie nach § 29 Abs. 2 in das Register eingetragen werden (zur rechtspolitischen Forderung und Notwendigkeit der Eintragbarkeit einer dinglichen Markenlizenz im Hinblick auf den Schutz eingetragener Rechte Dritter an der Marke bei einem Verzicht auf das Markenrecht s. § 48, Rn 8). Im Patentrecht kann die Einräumung eines Rechts zur ausschließlichen Benutzung der durch ein Patent geschützten Erfindung (ausschließliche Lizenz) nach § 30 Abs. 4 PatG in der Patentrolle vermerkt werden. Eine vergleichbare Vorschrift zur fakultativen Eintragungsfähigkeit einer ausschließlichen Markenlizenz in das Markenregister wäre sachgerecht. 18

### IV. Die Lizenzierung einer Marke als Firma

Wenn der Markeninhaber seine Marke einem anderen *zur Benutzung als Firma lizenziert*, dann handelt es sich nicht um eine Markenlizenz im Sinne des § 30, da die Marke nicht als ein Unterscheidungszeichen für Waren oder Dienstleistungen eines Unternehmens von denjenigen anderer Unternehmen im Sinne des § 3 Abs. 1 und damit als Produktname, sondern zur Kennzeichnung eines Unternehmens und damit als geschäftliche Bezeichnung verwendet werden soll. Die Lizenzierung stellt eine *Gebrauchsgestattung als Firma* dar, in der der Markeninhaber auf die Geltendmachung markenrechtlicher Ansprüche gegen den Firmengebrauch verzichtet. Durch die Ingebrauchnahme der Marke als Firma entsteht für den Benutzer ein eigenes Firmenrecht. Die Gebrauchsgestattung als Firma stellt in der Regel keine Lizenz zur Benutzung des Zeichens als Marke dar (aA nach der Rechtslage zum WZG *Baumbach/Hefermehl*, § 8 WZG, Anh., Rn 12). 19

### V. Eintragung des Lizenznehmers

Die Anerkennung der dinglichen Markenlizenz im MarkenG und namentlich die eigene Klagebefugnis des Lizenznehmers wegen einer Verletzung der Marke nach § 30 Abs. 3 macht eine Eintragung des Lizenznehmers als Markeninhaber im Register entbehrlich (zur Eintragung der Markenlizenz als solcher s. Rn 18). Nach der Rechtslage im WZG, nach der allein eine schuldrechtliche Gebrauchsgestattung, nicht aber eine dingliche Warenzeichenlizenz zulässig war, wurde dem Lizenznehmer von dem Markeninhaber als Lizenzgeber nicht selten gestattet, das zur Benutzung überlassene Zeichen für den eigenen Geschäftsbetrieb als Warenzeichen in die Zeichenrolle eintragen zu lassen. Die Eintragung des Lizenznehmers als Rechtsinhaber des Warenzeichens diente einer Verstärkung des Rechtsschutzes namentlich des ausschließlichen Lizenznehmers gegenüber Zeichenverletzungen durch Dritte. Der Lizenznehmer erwarb ein mit dem Warenzeichen des Lizenzgebers identisches Warenzeichenrecht mit der Priorität der eigenen Anmeldung, das ein gegenüber dem Zeichenrecht des Lizenzgebers selbständiges Zeichenrecht darstellte. Die Anerkennung der dinglichen Markenlizenz im MarkenG, verbunden mit der eigenen Klagebefugnis des Lizenznehmers gegen Markenrechtsverletzungen durch Dritte nach § 30 Abs. 3, macht eine Eintragung des Lizenznehmers als Markeninhaber entbehrlich. Eine solche Eintragungsgestattung kommt etwa bei einer schuldrechtlichen Gebrauchsüberlassung einer Marke in Betracht, auch wenn bei einer solchen Interessenlage die Vereinbarung einer dinglichen Markenlizenz als Regelfall des MarkenG naheliegt und sachgerechter ist. 20

**21** Wenn der als Markeninhaber eingetragene Lizenznehmer einer nur schuldrechtlichen Gebrauchsüberlassung seinerseits einem Dritten eine schuldrechtliche Gebrauchslizenz an der für ihn eingetragenen und mit der Marke des Lizenzgebers identischen Marke erteilt, dann kann der prioritätsältere Markeninhaber nach § 986 Abs. 1 BGB verpflichtet sein, auch die Benutzung der Marke durch den Dritten zu dulden (BGH GRUR 1957, 34 – Hadef). Das Bestehen einer solchen Duldungspflicht hängt von den besonderen Umständen des konkreten Einzelfalles ab. Zu berücksichtigen ist, daß jede Benutzung einer identischen oder ähnlichen Marke durch ein anderes Unternehmen die Kennzeichnungskraft der Marke gefährden kann. Ohne eine ausdrückliche Gestattung war deshalb schon nach der Rechtslage im WZG eine *Duldungspflicht des prioritätsälteren Markeninhabers* als des ersten Lizenzgebers gegenüber dem Dritten nur dann anzunehmen, wenn er durch die Erteilung der Eintragungserlaubnis an seinen Lizenznehmer die eigene Benutzung der Marke wirtschaftlich aufgegeben hat, nicht aber dann, wenn er selbst die Marke weiterhin auf dem Markt verwendet (*Baumbach/Hefermehl*, § 8 WZG, Anh., Rn 13).

## VI. Unterlizenz

**22** Wie schon im WZG ist auch im MarkenG die *Erteilung einer Unterlizenz des Lizenznehmers an einen Dritten* zulässig. Ob der Lizenznehmer gegenüber dem Lizenzgeber zur Erteilung einer Unterlizenz berechtigt ist, bestimmt sich nach dem Inhalt des Lizenzvertrages. Ein Markenlizenzvertrag ist in der Regel nicht dahin auszulegen, daß er die Berechtigung des Lizenznehmers zur Erteilung einer Unterlizenz an einen Dritten enthält. Eine solche Ermächtigung kann ausdrücklich, aber auch konkludent erteilt werden. Wenn der Lizenznehmer entgegen den Vereinbarungen der Markenlizenz eine Unterlizenz erteilt, dann ist er dem Lizenzgeber gegenüber aus dem Lizenzvertrag schadensersatzpflichtig. Im Falle einer *schuldrechtlichen Unterlizenz* erhält der Dritte nur einen schuldrechtlichen Anspruch gegenüber seinem Lizenzgeber als Vertragspartner. Eine unberechtigt erteilte *dingliche Untermarkenlizenz* wirkt nicht gegenüber dem Markeninhaber, da ein gutgläubiger Erwerb eines dinglichen Lizenzrechts gegenüber dem Markeninhaber ausscheidet (s. § 41, Rn 4).

**23** Verstößt ein dinglicher Markenunterlizenznehmer gegen Bestimmungen des zwischen dem Lizenznehmer als Unterlizenzgeber und ihm geschlossenen Unterlizenzvertrages im Sinne des § 30 Abs. 2 Nr. 1 bis 5, so kann der Markeninhaber gegen den Unterlizenznehmer Markenverletzungsklage nach § 30 Abs. 2 erheben. Auch dem Lizenznehmer als Unterlizenzgeber stehen in entsprechender Anwendung des § 30 Abs. 2 die dinglichen Markenrechte gegenüber dem vertragsbrüchigen Unterlizenznehmer zu, da die Stellung des Unterlizenzgebers im Verhältnis zum Unterlizenznehmer der des Markeninhabers im Verhältnis zum Lizenznehmer vergleichbar ist. Die Klage des Lizenznehmers und Unterlizenzgebers wegen der Verletzung seines dinglichen Rechts an der Marke steht in entsprechender Anwendung des § 30 Abs. 3 unter dem *Zustimmungsvorbehalt* des Markeninhabers. Daneben kann der Lizenznehmer und Unterlizenzgeber gegen den Unterlizenznehmer Klage wegen der schuldrechtlichen Verletzung des Unterlizenzvertrages erheben.

## D. Rechtserhaltende Benutzung des Lizenznehmers

**24** Die Benutzung der Marke durch den Lizenznehmer stellt eine *rechtserhaltende Benutzung der Marke* im Sinne des § 26 Abs. 2 zur Aufrechterhaltung des Markenschutzes des Lizenzgebers als des Markeninhabers dar (s. § 26, Rn 79). Wegen der Nichtakzessorietät der Marke bedarf der Lizenzgeber als Markeninhaber weder eines eigenen Geschäftsbetriebs noch einer Unternehmenseigenschaft (s. dazu § 3, Rn 70). Nach der Rechtslage im WZG erfolgte wegen der Bindung der Marke an den Geschäftsbetrieb nach § 8 Abs. 1 S. 2 WZG keine Zurechnung des Geschäftsbetriebs des Lizenznehmers an den Markeninhaber als Lizenzgeber (RGZ 114, 276, 278 – Axa; BGH GRUR 1965, 86, 88 – Schwarzer Kater; *Fezer*, Benutzungszwang im Markenrecht, S. 34 ff.); das Markenrecht war löschungsreif (§§ 11 Abs. 1 Nr. 2; 10 Abs. 2 Nr. 2 WZG). Wenn der Lizenzgeber als Markeninhaber zwar einen eigenen Geschäftsbetrieb hatte, die lizenzierten Waren jedoch nicht in seinem Geschäftsbetrieb führte, dann erfolgte nach der Rechtslage im WZG eine Teillöschung des Warenzeichens durch Streichung dieser Waren (*Baumbach/Hefermehl*, § 8 WZG, Anh., Rn 15).

## E. Lizenzvertragsverletzungen als Markenrechtsverletzungen (§ 30 Abs. 2)

### I. Erschöpfung des Markenrechts hinsichtlich der lizenzierten Produkte

Wenn der Lizenznehmer die lizenzierten Produkte entsprechend den Vereinbarungen des Markenlizenzvertrages in den Verkehr bringt, dann tritt die Erschöpfungswirkung nach § 24 Abs. 1 ein, da das Inverkehrbringen mit Zustimmung des Markeninhabers erfolgt ist (s. § 24, Rn 20 ff., 25 ff.). Die rechtmäßige Ausübung des Lizenzrechts macht das markierte Produkt innerhalb des Europäischen Wirtschaftsraums warenverkehrsfrei. Das gilt gleichermaßen für die dingliche Markenlizenz wie für die schuldrechtliche Gebrauchsüberlassung einer Marke. Die Erschöpfung des Markenrechts nach § 24 steht unter dem Vorbehalt einer rechtmäßigen Ausübung des dinglichen Lizenzrechts durch den Lizenznehmer (s. Rn 26 ff.). 25

### II. Verletzung des dinglichen Lizenzrechts

Ein Verstoß gegen Vereinbarungen des Lizenzvertrages begründet *vertragliche Ansprüche* nach den allgemeinen Grundsätzen des Zivilrechts wie namentlich einen Schadensersatzanspruch aus positiver Vertragsverletzung. Das gilt gleichermaßen für eine dingliche Markenlizenz wie für eine schuldrechtliche Gebrauchsüberlassung sowohl für Vertragsverletzungen des Lizenzgebers wie des Lizenznehmers. Im Falle einer *dinglichen Markenlizenz* begründen *bestimmte Vertragsverletzungen* des Lizenznehmers nicht nur vertragliche Ansprüche des Lizenzgebers, sondern stellen *zugleich Verletzungen des Markenrechts* dar. Wenn der Lizenznehmer gegen Bestimmungen des Lizenzvertrages im Sinne des § 30 Abs. 2 Nr. 1 bis 5 verstößt, dann kann der Markeninhaber die Rechte aus der Marke gegen den Lizenznehmer geltend machen. Im Falle einer solchen Verletzung des dinglichen Lizenzrechts besteht die Markenverletzungsklage auch gegenüber einem Dritten bei einem Vertrieb der markenrechtswidrigen Produkts, da *wegen der Markenrechtsverletzung eine Erschöpfung des Markenrechts nach § 24 Abs. 1 nicht eingetreten* ist (Begründung zum MarkenG, BT-Drucks. 12/6581 vom 14. Januar 1994, S. 86; zum Urheberrecht s. BGH GRUR 1959, 200, 202 – Der Heiligenhof). Die Rechtslage im MarkenG hat sich insoweit grundlegend gegenüber der schuldrechtlichen Markenlizenz im WZG geändert und der Rechtslage im Patentrecht (§ 15 Abs. 2 S. 2 PatG; Art. 43 Abs. 2 GPÜ) angeglichen (zum Patentrecht s. schon RGZ 135, 145, 148 f.; BGH GRUR 1967, 676, 680 – Gymnastiksandale). 26

Lizenzvertragsverletzungen dinglicher Natur sind Verstöße des Lizenznehmers gegen Bestimmungen über die *Dauer der Lizenz* (Abs. 2 Nr. 1; zur zeitlichen Geltung der Markenlizenz s. Rn 12), Bestimmungen über die zu benutzende *Form der Marke* (Abs. 2 Nr. 2; zum sachlichen Geltungsbereich der Markenlizenz s. Rn 14), Bestimmungen über die *lizenzierten Produkte* (Abs. 2 Nr. 3; zum sachlichen Geltungsbereich der Markenlizenz s. Rn 14), Bestimmungen über das *Territorium der Markenlizenz* (Abs. 2 Nr. 4; zum räumlichen Geltungsbereich der Markenlizenz s. Rn 13) und Bestimmungen über die *Produktqualität* (Abs. 2 Nr. 5; zum sachlichen Geltungsbereich der Markenlizenz s. Rn 14). Bestimmungen des Lizenzvertrages über die Qualität der herzustellenden Waren oder der zu erbringenden Dienstleistungen im Sinne des § 30 Abs. 2 Nr. 5 beziehen sich auf die Eigenschaften der Waren oder Dienstleistungen. *Qualitätssichernde Lizenzvertragsklauseln* mit dinglicher Wirkung sind aber nicht auf die unmittelbaren Produkteigenschaften beschränkt. Aufgrund der Marketingstrategie sowie des Vertriebssystems eines Produkts kann es geboten sein, auch Regelungen des Produktangebots, der Produktwerbung, des Produktvertriebs sowie der Produktentsorgung dann zu den dinglichen Lizenzklauseln der Qualitätssicherung eines Produkts zu rechnen, wenn diese Produktmerkmale im Verkehr zur Qualität des Produkts aufgrund seines Marktauftritts gerechnet werden. Das gilt namentlich im Dienstleistungssektor wie etwa bei Franchisesystemen, in denen die Dienstleistungsmarke Teil eines ganzheitlichen Produktmarketings ist. Das Abstellen des Gesetzgebers des MarkenG in § 30 27

Abs. 2 Nr. 2 auf die *von der Eintragung erfaßte* Form der Marke ist ungenau und erklärt sich nur aus der Übernahme des Gesetzeswortlautes der Art. 8 Abs. 2 MarkenRL, 22 Abs. 2 GMarkenV, die allerdings nur die eingetragene Marke betreffen. Da nach § 30 Abs. 1 eine dingliche Markenlizenz auch an einem durch Benutzung oder notorische Bekanntheit entstandenen Markenrecht nach § 4 Nr. 2 und 3 bestehen kann, kommt es bei diesen sachlichen Markenrechten auf die *durch die Benutzung erfaßte* Form der Marke an, wenn die benutzte oder notorisch bekannte Marke nicht zugleich in das Register eingetragen ist. Die Dinglichkeit der Lizenzvertragsverletzungen im Sinne des § 30 Abs. 2 erlaubt es dem Markeninhaber, *räumlich, sachlich und zeitlich Märkte produktdifferenzierend abzugrenzen und markenrechtlich zu sichern*. Die Verdinglichung der Markenlizenz macht diese zu einem bedeutsamen Instrument der Produktvermarktung und der Organisation von Vertriebssystemen. Das gilt namentlich für den markenrechtlichen Rechtsschutz der Produktqualität gegenüber dem Lizenznehmer (s. dazu auch Begründung zum MarkenG, BT-Drucks. 12/6581 vom 14. Januar 1994, S. 86).

**28** Der Anwendungsbereich der dinglichen Lizenzvertragsverletzungen ist *richtlinienkonform* zu bestimmen. Innerhalb der Reichweite des dinglichen Lizenzrechts stellen Markenlizenzen im Grundsatz legitime Instrumente dar, *Produktdifferenzierungen im Gemeinsamen Markt* aufgrund der Erteilung von Markenlizenzen für das Territorium bestimmter Mitgliedstaaten auf dem Markt zu organisieren. Die *Reichweite der Dinglichkeit einer Markenlizenz* unterliegt den *Schranken des Warenverkehrsrechts* nach den Art. 30 und 36 EGV. Die Rechtsprechung des EuGH zu den warenverkehrsrechtlichen Grenzen der nationalen Markenrechte als Teil des gewerblichen und kommerziellen Eigentums nach Art. 36 S. 1 EGV ist innerhalb der richtlinienkonformen Auslegung des nationalen Markenrechts von Bedeutung, da die MarkenRL im Lichte der Bestimmungen des Waren- und Dienstleistungsverkehrsrechts des EGV auszulegen ist (EuGH, Rs. C-47/90, Slg. 1992, I-3669, RIW 1992, 768 – Delhaize, Rn 26; EuGH, Rs. C-315/92, Slg. 1994, I-317, GRUR 1994, 303 – Clinique, Rn 31; EuGH, Rs. C-427/93, C-429/93, C-436/93, Slg. 1996, I-3457, GRUR Int 1996, 114 – Bristol-Myers Squibb/Paranova, Rn 25; s. dazu § 14, Rn 88). Bestimmungen des Lizenzvertrages im Sinne des § 30 Abs. 2 Nr. 1 bis 5, die den Schutzinhalt des Markenrechts betreffen, kommt unter Berücksichtigung des Warenverkehrsrechts des EGV insoweit eine dingliche Rechtswirkung zu, als sie eine Regelung des *spezifischen Gegenstands des Markenrechts* darstellen. Die Dinglichkeit einer Markenlizenz ist zudem an den wettbewerbsrechtlichen Grenzen *produktbezogener Vermarktungsregeln* des nationalen Markenschutzes nach Art. 30 EGV zu messen (s. dazu § 14, Rn 98 ff.). Dingliche Lizenzvertragsklauseln dürfen zudem weder ein Mittel zur *willkürlichen Diskriminierung* noch eine *verschleierte Beschränkung des Handels* zwischen den Mitgliedstaaten nach Art. 36 S. 2 EGV darstellen (s. § 24, Rn 96 f.). Ein Lizenzgeber kann den Import lizenzvertragswidriger Waren dann nicht verbieten, wenn er den *Vertrieb* in dem anderen Mitgliedstaat durch den Lizenznehmer *duldet* (EuGH, Rs. C-9/93, Slg. 1994, I-2789, GRUR Int 1994, 614 – Ideal-Standard, Rn 38). Nach der Rechtsprechung des EuGH kommt es für den Eintritt der Erschöpfungswirkung auf die *Möglichkeit der qualitativen Produktkontrolle* über die Erzeugnisse durch den Markeninhaber an (s. dazu § 24, Rn 92). Der Markeninhaber als Lizenzgeber kann die Einfuhr der Erzeugnisse des Lizenznehmers unter Hinweis auf deren schlechte Qualität dann nicht verhindern, wenn er die Herstellung der minderwertigen Erzeugnisse duldet, obwohl er die Herstellung solcher lizenzvertragswidriger Erzeugnisse aufgrund der Vereinbarungen im Lizenzvertrag als Ausdruck seiner kennzeichenrechtlichen Produktverantwortung zu verhindern in der Lage ist.

### III. Verletzung schuldrechtlicher Lizenzvereinbarungen

**29** Vereinbarungen des Lizenzvertrages, die nicht den Schutzinhalt des Markenrechts betreffen und keine Bestimmungen im Sinne des § 30 Abs. 2 Nr. 1 bis 5 darstellen (s. Rn 26 ff.), stellen *rein schuldrechtliche Vertragsklauseln* dar, denen keine dingliche Wirkung zukommt. Die Verletzung von rein schuldrechtlichen Vertragsbestimmungen stellt keine Markenrechtsverletzung dar und begründet schuldrechtliche Ansprüche nach den allgemeinen Grundsätzen des Zivilrechts wie etwa eines Schadensersatzanspruchs aus positiver Forderungsverletzung zwischen den Parteien des Lizenzvertrages. Dem Markeninhaber stehen bei einem solchen rein schuldrechtlich wirkenden Verstoß gegen den Lizenzvertrag keine Rechte aus der Marke gegen den Lizenznehmer zu. Das Inverkehrbringen der Lizenzprodukte durch den Lizenznehmer begründet trotz des Verstoßes gegen den Lizenzvertrag den Eintritt der Erschöpfung nach § 24 (s. Rn 8). Die *Abgrenzung zwischen dinglichen und schuldrechtlichen Lizenzklauseln* erfolgt im Wege der Auslegung des Lizenzvertrages anhand der Wertungen des § 30 Abs. 2 Nr. 1 bis 5, der bestimmte Regelungen über den Schutzinhalt des Markenrechts im einzelnen regelt. Zur Bestimmung des Inhalts des dinglichen Lizenzrechts ist die Rechtsprechung des EuGH zum spezifischen Gegenstand des Markenrechts zu berücksichtigen (s. § 24, Rn 89 ff.). Rein schuldrechtlich wirkende Vereinbarungen des Lizenzvertrages, die nicht den Schutzinhalt des Markenrechts betreffen, stellen etwa Klauseln über *Abrechnungs-* und *Buchungsmodalitäten, Konditionenvereinbarungen über Lieferfristen* und *Zahlungsziele* sowie Bestimmungen über die *Auferlegung von Bezugsverpflichtungen* auf die Abnehmer dar. Schuldrechtliche Lizenzvertragsverletzungen begründen grundsätzlich keine Ansprüche des Lizenznehmers gegen Dritte. Etwas anderes gilt nach den allgemeinen Grundsätzen des Zivilrechts nur dann, wenn wegen einer *Verleitung des Lizenznehmers zum Vertragsbruch* ein Anspruch nach den §§ 1 UWG, 826 BGB gegeben ist (BGHZ 37, 30, 34 – Selbstbedienungsgroßhandel; BGH GRUR 1969, 474, 475 – Bierbezug I; 1976, 372, 374 – Möbelentwürfe; 1985, 1059 – Vertriebsbindung); das soll nicht bei einer bloßen *Ausnutzung des Vertragsbruchs des Lizenznehmers* gelten (BGH GRUR 1956, 273, 275 – Drahtverschluß; 1969, 474, 475 f. – Bierbezug I).

Nach der Rechtslage im WZG stellte nach überwiegender Auffassung eine Vertragsverletzung nicht zugleich eine Zeichenverletzung dar, die dem Lizenzgeber zeichenrechtliche Ansprüche gegen den Lizenznehmer und dessen Abnehmer gewährte (s. auch *Baumbach/Hefermehl*, § 8 WZG, Anh., Rn 17). Das RG hatte noch angenommen, der Zeicheninhaber sei berechtigt, die Einräumung der Befugnis, Waren mit seinem Zeichen zu versehen und in den Verkehr zu bringen, von Bedingungen und Voraussetzungen mit der Wirkung abhängig zu machen, daß die unter Nichtbeachtung der vertraglichen Beschränkungen in Verkehr gesetzte Ware als widerrechtlich gekennzeichnet und in Verkehr gesetzt anzusehen sei (RGZ 50, 229, 231 – Kölnisch Wasser; 51, 263, 265; so auch *Storkebaum/Kraft/Endemann*, § 1 WZG, Anh. 2, Rn 32; differenzierend *v. Gamm*, § 8 WZG, Rn 19). Dieses patentrechtliche Verständnis der Lizenz konnte sich im Warenzeichenrecht nicht durchsetzen, da die Lizenzerteilung nicht als eine Beschränkung des Benutzungsrechts des Rechtsinhabers verstanden wurde und der Schutz der Herkunftsfunktion des Warenzeichens durch eine Vertragsverletzung des Lizenznehmers nicht beeinträchtigt werde. Die bloße Vertragswidrigkeit stellte nach der Rechtslage im WZG grundsätzlich keine widerrechtliche Zeichenbenutzung dar. Eine Zeichenverletzung wurde nur dann angenommen, wenn ein Lizenznehmer das Warenzeichen auch für nichtlizenzierte Waren benutzte oder nach dem Ende des Lizenzvertrages weiterbenutzte.

## F. Klagebefugnis bei einer Markenrechtsverletzung

### I. Markenverletzungsklage des Lizenznehmers (§ 30 Abs. 3)

Nach § 30 Abs. 3 kann der Lizenznehmer Klage wegen Verletzung der Marke nur mit *Zustimmung des Markeninhabers* erheben. Ausgangspunkt der Vorschrift ist zunächst, daß im Falle einer Markenrechtsverletzung der Lizenzgeber als der Rechtsinhaber die Markenverletzungsklage erheben kann. Der Lizenzgeber bleibt Rechtsinhaber sowohl bei einer dinglichen Markenlizenz als auch bei einer schuldrechtlichen Gebrauchsüberlassung. Nach der Rechtslage im WZG, nach der eine dingliche Markenlizenz nicht anerkannt war, kam dem Lizenznehmer im Falle einer Markenrechtsverletzung keine Klagebefugnis aus eigenem Recht zu. Der Lizenznehmer konnte im eigenen Namen gegen Dritte nur dann klagen, wenn der Lizenzgeber als Rechtsinhaber ihn dazu ausdrücklich oder konkludent ermächtigte (RG MuW 1931, 373 f. – Elida; RG GRUR 1940, 366, – Sauerbruch; BGH GRUR 1964, 372, 373 – Maja; OLG Düsseldorf GRUR 1966, 563 – Millipneu). Im MarkenG entspricht diese Rechtslage der einer schuldrechtlichen Gebrauchsüberlassung. Im Falle einer schuldrechtlichen Gebrauchsüberlassung bedarf der Lizenznehmer der Ermächtigung des

Markeninhabers, um im eigenen Namen im Wege der Prozeßstandschaft eine Unterlassungsklage wegen einer Markenrechtsverletzung erheben zu können (zum Patentrecht RGZ 148, 146, 147; RG GRUR 1939, 826, 828 – Sämereiausleser). Das eigene Interesse an der Prozeßführung besteht aufgrund der schuldrechtlichen Gebrauchsüberlassung (s. zum Patentrecht *Ullmann*, FS für v. Gamm, S. 315, 317). Eine Ermächtigung des Lizenznehmers, die Rechte aus der Marke für den Lizenzgeber im eigenen Namen geltend zu machen, wurde nach der Rechtslage im WZG vielfach nach den Umständen angenommen. Nach der Rechtslage im MarkenG wird man bei der Auslegung einer schuldrechtlichen Gebrauchsüberlassung nicht ohne weiteres von einer solchen Annahme ausgehen können, wenn die Lizenzvertragsparteien abweichend von § 30 eine dingliche Markenlizenz als den Regelfall gerade nicht vereinbart haben. Wenn eine dingliche Markenlizenz im Sinne des § 30 vereinbart ist, dann ist im Falle einer Markenrechtsverletzung durch einen Dritten der Lizenznehmer als Inhaber eines dinglichen Lizenzrechts aus eigenem Recht zur Erhebung der Markenverletzungsklage berechtigt (zur Anwendung des Rechtsgedankens des § 30 Abs. 3 bei der Klagebefugnis nach § 55 Abs. 2 Nr. 2 s. § 55, Rn 6). Die eigene Klagebefugnis des dinglichen Lizenznehmers stellt Abs. 3 allerdings unter den Vorbehalt einer Zustimmung des Markeninhabers. Das im Interesse des Markeninhabers bestehende Zustimmungserfordernis dient einer Abstimmung der Schutzinteressen zwischen Lizenzgeber und Lizenznehmer. Das Zustimmungserfordernis des Abs. 3 gilt für jede Art einer dinglichen Markenlizenz einschließlich der ausschließlichen Lizenzerteilung (Begründung zum MarkenG, BT-Drucks. 12/6581 vom 14. Januar 1994, S. 86). Die Rechtsprechung beschränkt das Zustimmungserfordernis nicht auf das Prozeßrecht und macht bereits im Vorfeld einer gerichtlichen Geltendmachung, wie etwa bei einer Abmahnung wegen einer Lizenzrechtsverletzung, das Vorgehen des Lizenznehmers von der Zustimmung des Markeninhabers abhängig (OLG München NJW-RR 1997, 1266 – 1860 München). Das *Zustimmungserfordernis* nach Abs. 3 ist *abdingbar*. Die Lizenzvertragsparteien können eine andere Regelung der Klagebefugnis vereinbaren. Bei der Erteilung einer dinglichen Lizenz mit Ausschließlichkeit, verbunden mit einer treuhänderischen Übertragung des Markenrechts an den Lizenznehmer (s. Rn 15), ist Abs. 3 nicht anzuwenden, da aufgrund der treuhänderischen Rechtsübertragung der Lizenznehmer der Markeninhaber ist. Im Treuhandvertrag kann aber ein Zustimmungserfordernis des Treugebers oder eine anderweitige Regelung der Klagebefugnis vereinbart werden.

### II. Beitritt zur Schadensersatzklage des Lizenzgebers (§ 30 Abs. 4)

**32**   Nach § 30 Abs. 4 kann ein *Lizenznehmer der von dem Markeninhaber erhobenen Markenverletzungsklage beitreten*, um den *Ersatz seines Schadens* geltend zu machen. Ausgangspunkt der Vorschrift ist die Unterscheidung zwischen der Schadensentstehung als Folge einer Markenrechtsverletzung auf Seiten des Markeninhabers als des Lizenzgebers und auf Seiten des Lizenznehmers. Es ist nicht Regelungsgegenstand der Vorschrift, ob und unter welchen Voraussetzungen einem Lizenznehmer ein *eigener Schadensersatzanspruch* zusteht (Begründung zum MarkenG, BT-Drucks. 12/6581 vom 14. Januar 1994, S. 86). Der Lizenzgeber ist als Markeninhaber berechtigt, den ihm aus der Markenrechtsverletzung entstandenen Schaden geltend zu machen, unabhängig davon, ob es sich um eine dingliche Markenlizenz oder eine schuldrechtliche Gebrauchsüberlassung handelt. Im Falle einer *schuldrechtlichen Gebrauchsüberlassung* ist der Lizenzgeber als Markeninhaber auch berechtigt, den aus einer Markenrechtsverletzung entstandenen *Schaden des Lizenznehmers* im Wege der *Drittschadensliquidation* geltend zu machen, da dem Lizenznehmer zwar aufgrund der Markenrechtsverletzung ein eigener Schaden entstanden ist (aA *Baumbach/Hefermehl*, § 8 WZG, Anh., Rn 18; für die einfache Patentlizenz KG GRUR 1940, 32), ihm aber wegen der schuldrechtlichen Natur des Gebrauchsüberlassungsvertrages ein eigener Anspruch gegen den Verletzer des Markenrechts nicht zusteht. Bei einer schuldrechtlichen Gebrauchsüberlassung ist umstritten, ob der Lizenzgeber den Lizenznehmer ermächtigen kann, den Schaden gegen den Verletzer geltend zu machen. Nach der einen Auffassung sollen die Grundsätze der Drittschadensliquidation zugunsten des schuldrechtlichen Lizenznehmers bei einer Schutzrechtsverletzung Dritter nicht eingreifen (zum Patentrecht *Benkard/Ullmann*, § 15 PatG, Rn 57; aA *Fischer*, GRUR 1980, 374, 378). Es fehle an einer Schadensverlagerung, da auch der Zeicheninhaber selbst geschädigt sein könne und der Schaden somit nicht nur in der Person des Lizenznehmers eintrete (BGHZ 40, 91, 106). Um diese Regelungslücke zu schließen, wurde empfohlen, dem Lizenznehmer unter dem Gesichtspunkt der Verletzung des Rechts am Unternehmen einen eigenen Schadensersatzanspruch gegen den Verletzer des Markenrechts nach § 823 Abs. 1 BGB zuzubilligen (*Baumbach/Hefermehl*, § 8 WZG, Anh., Rn 18). Eine Unterscheidung der bei dem Lizenzgeber und Lizenznehmer eintretenden Schäden ist aber auch bei einer nur schuldrechtlichen Gebrauchsüberlassung möglich. Eine Drittschadensliquidation im Interesse des schuldrechtlichen Lizenznehmers ist sachgerecht. Die Regelung des § 30 Abs. 4 über den Beitritt des Lizenznehmers zur Schadensersatzklage des Lizenzgebers ist nicht auf die dingliche Markenlizenz zu beschränken, sondern steht auch dem Lizenznehmer einer schuldrechtlichen Gebrauchsüberlassung zu.

Im Falle einer dinglichen Markenlizenz steht dem Lizenznehmer bei einer Markenrechtsverletzung ein Schadensersatzanspruch aus eigenem Recht wegen Verletzung seines dinglichen Lizenzrechts dann zu, wenn ihm ein *eigener Schaden* entstanden ist. Die Schadensentstehung hängt von den tatsächlichen Umständen der konkreten Fallgestaltung ab. Zur Geltendmachung des eigenen Schadensersatzanspruchs aus der Verletzung seines dinglichen Lizenzrechts bedarf der Lizenznehmer nicht der Zustimmung des Lizenzgebers als des Markeninhabers, wenn nicht in dem Lizenzvertrag eine andere Regelung zur Geltendmachung von Schadensersatzansprüchen vereinbart ist. Der Lizenznehmer bedarf allerdings zur Erhebung der Schadensersatzklage wegen einer Verletzung des Markenrechts als solchem der Zustimmung des Lizenzgebers nach § 30 Abs. 3. Die Regelung des § 30 Abs. 4 ergänzt diese Rechtslage dahin, daß der Lizenznehmer auch der von dem Lizenzgeber als Markeninhaber erhobenen Verletzungsklage beitreten kann, um den ihm als Lizenznehmer entstandenen Schaden geltend zu machen. Das ist namentlich dann von Bedeutung, wenn der Lizenzgeber als Markeninhaber seine Zustimmung zur Klageerhebung durch den Lizenznehmer nach Abs. 3 nicht erteilt. **33**

### G. Sukzessionsschutz des Lizenznehmers (§ 30 Abs. 5)

#### I. Anwendungsbereich

Die Vorschrift des § 30 Abs. 5 begründet einen *Sukzessionsschutz des Lizenznehmers einer* **34** *dinglichen Markenlizenz*. Der Sukzessionsschutz erfaßt nur dingliche Markenlizenzen, unabhängig davon, ob sie als ausschließliche oder nicht ausschließliche (einfache) Lizenzen vereinbart sind, nicht aber eine schuldrechtliche Gebrauchsüberlassung. Ein rechtsgeschäftlicher oder gesetzlicher Rechtsübergang des Markenrechts nach § 27 oder die Erteilung einer weiteren Markenlizenz dinglicher Natur nach § 30 Abs. 1 berührt nicht das dingliche Lizenzrecht, das zu einem früheren Zeitpunkt an den Lizenznehmer erteilt worden ist. Der Sukzessionsschutz nach Abs. 5 gilt nicht bei einer schuldrechtlichen Gebrauchsüberlassung (so zum Patentrecht BGHZ 83, 251, 255 ff. – Verankerungsteil; Begründung zum MarkenG, BT-Drucks. 12/6581 vom 14. Januar 1994, S. 86). Die Vorschriften des bürgerlichen Rechts über den Schuldnerschutz im Falle einer Abtretung von Rechten nach den §§ 404 ff. BGB bleiben unberührt. Das gilt etwa in Fällen einer Zahlung von Lizenzgebühren an den ursprünglichen Markeninhaber, wenn der Lizenznehmer von dem Rechtsübergang des Markenrechts keine Kenntnis hatte.

Der Sukzessionsschutz des Lizenznehmers nach Abs. 5 gilt nur für nach dem 1. Januar **35** 1995 eingetretene Rechtsübergänge oder an Dritte erteilte Lizenzen. Nach der *Übergangsvorschrift des § 155* ist § 30 nur mit der Maßgabe anzuwenden, daß solchen Lizenzen, die auf vor dem 1. Januar 1995 an einem durch die Anmeldung oder Eintragung, durch die Benutzung oder durch die notorische Bekanntheit einer Marke begründeten Recht erteilt worden sind, der Sukzessionsschutz nach Abs. 5 hinsichtlich von Rechtsänderungen vor dem Inkrafttreten des MarkenG nicht zugute kommt. Der Fortbestand einer dinglichen Markenlizenz sowie einer schuldrechtlichen Gebrauchsüberlassung bestimmt sich im Falle einer Rechtsänderung im Sinne des Abs. 5 nach den bis zum Inkrafttreten des MarkenG geltenden Grundsätze unter Berücksichtigung der besonderen Umstände des konkreten Einzelfalles (s. zur vergleichbaren Rechtslage im Patentrecht die Grundsätze von BGHZ 83, 251,

255 – Verankerungsteil; dazu *Ohl*, GRUR 1992, 78, 80; auch *Rosenberger*, GRUR 1983, 203, 206 m.w.Nachw.).

## II. Fortbestand des Lizenzvertrages

36   Nach Abs. 5 bleibt das dingliche Lizenzrecht des Lizenznehmers von einem Rechtsübergang des Markenrechts im Sinne des § 27 unberührt. Der Lizenzvertrag besteht auch nach dem Rechtsübergang zwischen dem Lizenzgeber als dem bisherigen Rechtsinhaber und dem Lizenznehmer fort. Ein Eintritt des Erwerbers des Markenrechts als des neuen Rechtsinhabers in den Lizenzvertrag findet ohne Mitwirkung des Lizenznehmers nicht statt (zur Nichtanwendung von § 571 BGB vergleichbar im Patentrecht s. BGHZ 83, 251, 257 – Verankerungsteil). Einer Mitteilung des Rechtsübergangs an den Lizenznehmer bedarf es, wie etwa bei einer Sicherungsübereignung des Markenrechts, nicht.

## H. Die Pflichten der Lizenzvertragsparteien

### I. Maßgeblichkeit des Lizenzvertrages

37   Die *Rechte und Pflichten* des Lizenzgebers und des Lizenznehmers richten sich nach den Vereinbarungen im Lizenzvertrag (s. dazu ausführlich zum Lizenzvertrag über technische Schutzrechte *Kraßer/Schmid*, GRUR Int 1982, 324, 328 ff., 332 ff.). Auf den Lizenzvertrag finden als ein bürgerlichrechtlicher Vertrag die allgemeinen Vorschriften über Rechtsgeschäfte (§§ 104 bis 183 BGB), sowie als ein in der Regel gegenseitiger Vertrag die allgemeinen schuldrechtlichen Vorschriften über Austauschverträge, wie etwa die Regeln über die Unmöglichkeit (§§ 275 ff., 323 ff. BGB), den Verzug (§§ 284, 286 Abs. 1, 326 BGB) und die Grundsätze der positiven Vertragsverletzung Anwendung. Da der Lizenzvertrag ein Dauerschuldverhältnis darstellt, sind die allgemeinen Grundsätze des Zivilrechts nach den Regeln über Dauerschuldverhältnisse zu modifizieren. Wenn ein Lizenzvertrag in Vollzug gesetzt ist, dann tritt in der Regel an die Stelle eines Rücktrittsrechts (§§ 325, 326 BGB; positive Forderungsverletzung) ein *Kündigungsrecht* aus wichtigem Grund (BGH GRUR 1970, 528, 532 – Migrol; OLG München Mitt 1997, 30 – aliseo; Großkomm/*Teplitzky*, § 16 UWG, Rn 177; *Stumpf/Groß*, Der Lizenzvertrag, Rn 91). Die Beendigung der wirtschaftlichen Zusammenarbeit der Lizenzvertragsparteien kann einen wichtigen Grund zur Kündigung darstellen. Unter Berücksichtigung des Vertragsgegenstandes der Markenlizenz und der Gesamtverhältnisse der Vertragsbeziehungen kommt es entscheidend darauf an, ob Tatsachen vorliegen, aufgrund deren dem Kündigenden unter Berücksichtigung aller Umstände des Einzelfalls und unter Abwägung der beiderseitigen Interessen eine Fortsetzung des Lizenzvertrages bis zu dessen vereinbarter Beendigung nicht zugemutet werden kann (so allgemein zur Kündigung eines Dauerschuldverhältnisses BGH NJW 1989, 1482, 1483; zu einem Firmenlizenzvertrag OLG München Mitt 1997, 30 – aliseo). Da der Lizenzvertrag einen Vertrag sui generis darstellt (umfassende Nachw. bei *Kraßer/Schmid*, GRUR Int 1982, 324, 328, Fn 33, 34), bestimmt sich das *Gewährleistungsrecht* nicht einseitig nach den jeweiligen Vorschriften etwa des Rechtskaufs, der Miete, der Rechtspacht oder des Gesellschaftsvertrages, sondern bedarf es einer entsprechenden Anwendung der verschiedenen Gewährleistungsregeln unter Berücksichtigung von Erwägungen der Zweckmäßigkeit, der Zumutbarkeit sowie des Grundsatzes von Treu und Glauben (s. zum Recht der Leistungsstörungen und zum Gewährleistungsrecht im Patentrecht näher *Benkard/Ullmann*, § 15 PatG, Rn 91 ff.). Die Vertragsgestaltung einer Markenlizenz verlangt eine sorgfältige Konkretisierung der Rechte und Pflichten des Lizenzgebers und des Lizenznehmers, sowie der Rechtsfolgen beim Eintritt von Leistungsstörungen und der Gewährleistung anhand einer Analyse der vertragstypischen Interessenlage der Lizenzvertragsparteien.

### II. Pflichten des Lizenzgebers

38   Die *Hauptpflicht des Lizenzgebers* besteht darin, dem Lizenznehmer die Benutzung der Marke zu ermöglichen. Dabei ist zwischen einer dinglichen Markenlizenz als der Regel des

§ 30 und einer schuldrechtlichen Gebrauchsüberlassung der Marke (s. Rn 9) zu unterscheiden. Bei einer schuldrechtlichen Gebrauchsüberlassung der Marke verpflichtet sich der Lizenzgeber, die Benutzung der Marke durch den Lizenznehmer zu dulden und die Rechte aus der Marke gegen den Lizenznehmer nicht geltend zu machen. Bei einer dinglichen Markenlizenz im Sinne des § 30 kommt dem Lizenzvertrag eine Doppelnatur als ein zugleich *verpflichtender* und *verfügender* Vertrag zu (vergleichbar dem Begebungsvertrag im Wertpapierrecht s. *Baumbach/Hefermehl*, Wechsel- und Scheckgesetz, Einl. WG, Rn 26 ff.). Der Lizenzgeber verpflichtet sich zum einen, dem Lizenznehmer ein dingliches Lizenzrecht an dem Markenrecht zu verschaffen, und verfügt zum anderen über sein Markenrecht durch Erteilung einer dinglichen Lizenz an den Lizenznehmer. Die rechtlich zu unterscheidende Verpflichtung und Verfügung des Lizenzgebers sind regelmäßig Gegenstand einer einheitlichen Vereinbarung. Ob der Lizenzgeber verpflichtet ist, die Benutzung der Marke selbst zu unterlassen oder keine weiteren Markenlizenzen an andere Lizenznehmer zu erteilen, richtet sich nach den Vereinbarungen der Lizenzvertragsparteien. Dabei ist zu beachten, daß sich die Vereinbarung einer Ausschließlichkeit oder Nichtausschließlichkeit der Markenlizenz allein auf die Berechtigten zur Markenbenutzung bezieht und von der Dinglichkeit des Lizenzrechts oder der schuldrechtlichen Natur der Gebrauchsüberlassung unabhängig ist. Ob und inwieweit der Lizenzgeber zur Verteidigung des Markenrechts im Interesse des Lizenznehmers verpflichtet ist, bestimmt sich nach den Vereinbarungen im Lizenzvertrag sowie dessen Rechtsnatur als einer dinglichen Markenlizenz oder einer schuldrechtlichen Gebrauchsüberlassung, auch danach, ob eine Meistbegünstigungsklausel für den Lizenznehmer bei einer nicht ausschließlichen Markenlizenz vereinbart ist (s. dazu zum Patentrecht BGH GRUR 1965, 591, 595 – Wellplatten). Entsprechend den Vereinbarungen der Lizenzvertragsparteien bestehen für den Lizenzgeber vertragliche *Nebenpflichten*, die sich in Unterlassungspflichten einerseits und in Schutz- und Förderungspflichten andererseits unterscheiden lassen (s. dazu näher zum Patentrecht *Kraßer/Schmid*, GRUR Int 1982, 324, 330 ff.).

### III. Pflichten des Lizenznehmers

**39** Die *Hauptpflicht des Lizenznehmers* besteht in der Zahlung der vereinbarten Lizenzgebühr. Wenn die Höhe der Lizenzgebühr in dem Lizenzvertrag nicht bestimmt ist, dann ist die verkehrsübliche Lizenzgebühr zu entrichten (analog §§ 612 Abs. 1, 653 Abs. 1 BGB). Wenn keine Lizenzgebühr vereinbart ist, bestimmt sich die Vergütung bei einem Handelsgeschäft nach § 354 Abs. 1 HGB. Im übrigen gilt eine Vergütung als stillschweigend vereinbart, wenn die Lizenzierung der Marke den Umständen nach nur gegen eine Lizenzgebühr zu erwarten ist (analog § 689 BGB). Die Bestimmung der Gegenleistung beurteilt sich nach den §§ 316, 315 BGB. Eine Verpflichtung zur Zahlung einer Lizenzgebühr besteht nur dann nicht, wenn die dingliche Markenlizenz oder die schuldrechtliche Gebrauchsüberlassung unentgeltlich erfolgt ist (Gratislizenz). Wie für den Lizenzgeber bestehen auch für den Lizenznehmer *Nebenpflichten* entsprechend den Vereinbarungen des Lizenzvertrages, die in Unterlassungspflichten sowie in Schutz- und Förderungspflichten zu unterscheiden sind (s. dazu näher zum Patentrecht *Kraßer/Schmid*, GRUR Int 1982, 324, 332 ff.).

**40** Der Lizenznehmer ist entsprechend den Vereinbarungen des Lizenzvertrages zur *Rechnungslegung* über die lizenzpflichtigen Produkte verpflichtet (s. zur Patentlizenz *Benkard/Ullmann*, § 15 PatG, Rn 84).

### I. Die Wirkung der Markenlizenz auf die Kennzeichnungskraft der Marke

#### I. Grundsatz

**41** Die den Schutzumfang einer Marke bestimmende Kennzeichnungskraft bestimmt sich nach der Benutzungslage der Marke als ein produktidentifizierendes Unterscheidungszeichen im Marktwettbewerb (s. § 14, Rn 271 ff.). Nach der Rechtslage im WZG bestimmte die Herkunftsfunktion als die allein rechtliche geschützte Markenfunktion den Schutzumfang des Markenrechts. Um die Wirkung einer Markenlizenz auf die Kennzeichnungskraft einer Marke zu bestimmen, kam es deshalb wesentlich darauf an, ob die verschiedenen Benutzer der Marke (Lizenzgeber, mehrere Lizenznehmer) nach der Verkehrsauffassung als konkurrierende oder als wirtschaftlich verbundene Unternehmen auf dem Markt auftraten (RG GRUR 1935, 605, 608 – Alpina-Uhren; 1937, 66, 72 – Brillenbügel; BGHZ 34, 299, 309 – Almglocke; 44, 372, 377 – Meßmer Tee II). Wenn die Marke von konkurrierenden Unternehmen im Verkehr benutzt wurde, wurde davon ausgegangen, die Herkunftsfunktion der Marke werde entkräftet oder gar zerstört, da die Marke keinen zuverlässigen Herkunftshinweis mehr enthalte. Es komme zu einer Minderung der Kennzeichnungskraft der Marke, da der Verkehr genötigt sei, auf andere Unterschiede zu achten. Nach der Rechtslage im MarkenG bestimmt sich die Kennzeichnungskraft einer Marke wegen deren Nichtakzessorietät nicht mehr nach der Herkunftsfunktion im herkömmlichen Sinne, sondern danach, ob die Benutzung der Marke durch mehrere Unternehmen, auch wenn diese wie verschiedene Lizenznehmer in Wettbewerb stehen, auf die Produktverantwortung des Markeninhabers bezogen wird. Entscheidend kommt es auf die Kontrollfunktion des Markeninhabers über die Produktqualität der Markenwaren an. Wenn im Verkehr von einer *gemeinsamen Produktverantwortung und Qualitätskontrolle* ausgegangen wird, wirkt sich die Benutzung der Marke durch verschiedene Unternehmen stärkend und nicht schwächend auf die Kennzeichnungskraft der Marke aus. Die Lizenzierung von Dienstleistungsmarken innerhalb eines Franchisesystems macht anschaulich, wie die Benutzung einer Marke innerhalb einer rechtlich einheitlich gestalteten Produktverantwortung die Kennzeichnungskraft einer Marke stärken kann.

## II. Interne Markenlizenzen

**42** Die Erteilung einer oder mehrerer Markenlizenzen wirkt sich dann verstärkend auf die Kennzeichnungskraft der Marke aus, wenn die Lizenzierung der Marke im Verkehr nicht bekannt ist (*interne Markenlizenz*) und deshalb von der Produktverantwortung des Markeninhabers im Verkehr ausgegangen wird (so schon hinsichtlich der Herkunftsfunktion nach der Rechtslage im WZG *Krieger*, Warenzeichenlizenz, S. 3, 59). Die Wirkung der Benutzung einer lizenzierten Marke auf die Kennzeichnungskraft der Marke ist unabhängig davon, ob die Benutzung der Marke durch den Lizenznehmer als wettbewerbsrechtlich irreführend zu beurteilen ist (s. Rn 51 ff.).

## III. Externe Markenlizenzen

**43** Bei einer *externen Markenlizenz* ist dem Verkehr bekannt, daß die Marke von verschiedenen Unternehmen als ein produktidentifizierendes Unterscheidungszeichen auf dem Markt benutzt wird. Eine Markenlizenz ist etwa aufgrund der Angabe der Firma des Lizenznehmers verkehrsöffentlich. Nach der Rechtslage im WZG wurde davon ausgegangen, der Verkehr werde durch das Nebeneinanderbestehen gleicher oder verwechslungsfähiger Marken genötigt, genauer auf die Unterschiede zwischen den Warenzeichen zu achten, wodurch die Herkunftsfunktion des Warenzeichens beeinträchtigt werde (s. dazu *Baumbach/Hefermehl*, § 8 WZG, Anh., Rn 25). Unter Rückgriff auf die Abstandslehre (s. § 14, Rn 309 ff.) wurde auf eine Schwächung der konkurrierenden Lizenzmarken gefolgert (s. dazu BGH GRUR 1955, 415 – Arctuvan/Artesan). Folge der Nichtakzessorietät der Marke sowie des Rechtsschutzes der ökonomischen Funktionen einer Marke nach der Rechtslage im MarkenG ist es, daß eine Markenlizenz die Kennzeichnungskraft einer Marke dann nicht schwächt, wenn im Verkehr trotz der Konkurrenz der Unternehmen die *Produktverantwortung* dem Markeninhaber zugerechnet wird. Anders als nach der Rechtslage im WZG ist nicht erforderlich, im Verkehr das Konkurrenzverhältnis der die Marke benutzenden Unternehmen zu verdecken. Entscheidend ist vielmehr, daß die Marke als ein produktidentifizierendes Unterscheidungszeichen unter der Produktkontrolle und damit der Verantwortung eines Unternehmens und zwar des Markeninhabers im Verkehr verstanden wird. Anders als nach der Rechtslage im WZG kommt es nicht darauf an, ob zwischen den Mitbenutzern der Marke tatsächliche rechtliche oder wirtschaftliche Verbindungen in der Art bestehen, daß im Verkehr von einer wirtschaftlichen Einheit der Markenbenutzer ausgegangen wird. Die Rechtsprechung zum WZG ging nur in einer solchen Fallkonstellation von einer

Stärkung der Kennzeichnungskraft der Marke aufgrund der Benutzung der Marke durch den Lizenznehmer aus (BGHZ 34, 299, 309 f. – Almglocke). Die Benutzung der Marke *Alpina* für Uhren wurde dahin beurteilt, im Verkehr werde von Schweizer Uhrenherstellern ausgegangen, die untereinander in wirtschaftlichen Beziehungen stünden (RG GRUR 1935, 603 – Alpina-Uhren). Indizien einer trotz bestehenden Konkurrenzverhältnisses gegebenen Produktverantwortung des Lizenzgebers sind etwa die übereinstimmende Produktaufmachung (BGH GRUR 1960, 232 – Feuerzeug-Ausstattung) oder die Übereinstimmung technischer Details bei Präzisionsmaschinen (BGH GRUR 1963, 152, 161 – Rotaprint). Ein *Lizenzvermerk* an dem Produkt stellt ein geeignetes Instrument zur Information des Verkehrs dar, um die Kennzeichnungskraft der lizenzierten Marke im Verkehr zu stärken.

Auch andere einem Lizenzvermerk vergleichbare Werbeinformationen ermöglichen die Benutzung der lizenzierten Marke auf deren Kennzeichnungskraft im Verkehr zu konzentrieren. Wenn die Lizenz ausschließlich auch unter Ausschluß des Lizenzgebers als des Markeninhabers erteilt wird, dann wurde schon nach der Rechtslage im WZG die Benutzung der Marke durch den Lizenznehmer als eine Stärkung der Kennzeichnungskraft der Marke verstanden (BGH GRUR 1959, 87, 89 f. – Fischl; 1963, 485 – Micky-Maus-Orangen; *Krieger*, Warenzeichenlizenz, S. 73). 44

## J. Beendigung des Lizenzvertrages

Die Beendigung eines Lizenzvertrages dinglicher oder schuldrechtlicher Natur bestimmt sich nach dem Inhalt der Vereinbarungen der Lizenzvertragsparteien (s. Rn 12). Nach Ablauf der *Lizenzzeit* endet das Recht des Lizenznehmers zur Benutzung der Marke (BGH GRUR 1959, 87, 89 – Fischl; 1963, 485, 478 – Micky-Maus-Orangen; OLG Düsseldorf GRUR 1984, 447 – Multibeton). Die Benutzung der Marke durch den Lizenznehmer nach Beendigung des Lizenzvertrages stellt bei einer schuldrechtlichen Gebrauchsüberlassung der Marke eine positive Vertragsverletzung und bei einer dinglichen Markenlizenz zugleich eine Markenrechtsverletzung im Sinne des § 30 Abs. 2 Nr. 1 dar; zudem kann eine wettbewerbswidrige Benutzung der Marke nach § 3 UWG vorliegen (s. Rn 51 ff.). 45

Ein Lizenzvertrag wird in der Regel auf eine bestimmte Zeit abgeschlossen, kann aber auch unbefristet gelten (s. Rn 12). Der Lizenzvertrag stellt ein Dauerschuldverhältnis dar, der bei Vorliegen eines wichtigen Grundes fristlos kündbar ist (s. Rn 37). Ein Lizenzvertrag kann auch unter der auflösenden Bedingung der Einhaltung der Bedingungen des Lizenzvertrages abgeschlossen werden. Die Zubilligung einer Aufbrauchsfrist nach § 242 BGB kann etwa dann gewährt werden, wenn der Lizenzvertrag aus wichtigem Grund gekündigt wird und ein Verschulden des Lizenznehmers nicht gegeben ist. 46

Wenn der Lizenznehmer ausnahmsweise aufgrund des Erwerbs von Verkehrsgeltung an der lizenzierten Marke ein eigenes Markenrecht nach § 4 Nr. 2 erwirbt (s. dazu Rn 50), dann kann ihm der Markeninhaber aufgrund seines prioritätsälteren Markenrechts die Benutzung der Marke nach Beendigung des Lizenzvertrages verbieten. Der Lizenzvertrag wird in der Regel dahin auszulegen sein, daß der Lizenznehmer verpflichtet ist, das durch Benutzung erworbene Markenrecht nach Beendigung des Lizenzvertrages an den Markeninhaber zu übertragen. Im Lizenzvertrag sollte eine entsprechende Regelung vereinbart werden. Wenn der Pächter eines Unternehmens während der Pachtzeit ein sachliches Markenrecht erwirbt, dann folgt aus dem Pachtvertrag, daß nach Beendigung des Pachtvertrages die erworbene Verkehrsgeltung dem Verpächter zugute kommt (BGH GRUR 1959, 87 – Fischl). 47

## K. Markenlizenz an Marken mit Verkehrsgeltung

### I. Ausgangspunkt

Gegenstand einer Markenlizenz können alle nach der Entstehung des Markenschutzes zu unterscheidenden Markenkategorien im Sinne des § 4 Nr. 1 bis 3 und damit die durch Ein- 48 tragung, Benutzung oder notorische Bekanntheit entstehenden Markenrechte sein. Deshalb gelten die vornehmlich an dem durch Eintragung entstehenden Markenrecht ausgerichteten Ausführungen grundsätzlich auch für die durch den Erwerb von Verkehrsgeltung oder Notorietät entstandenen Markenrechte. Im Lizenzrecht können sich Besonderheiten des sachlichen Markenschutzes jedoch daraus ergeben, daß die Markenrechte im Sinne des § 4 Nr. 2 und 3 auf dem Erwerb von Verkehrsgeltung oder Notorietät zugunsten des Lizenzgebers beruhen und sich die Lizenzierung der Marke sowohl förderlich als auch beeinträchtigend auf den sachlichen Markenschutz auswirken kann. Nach der Rechtslage im WZG bestand die Problematik vergleichbar hinsichtlich der schuldrechtlichen Gebrauchsüberlassung (*Baumbach/Hefermehl*, § 25 WZG, Rn 946 ff.). Anerkannt war, daß ebenso wie der Inhaber eines Warenzeichens auch der Inhaber einer nach § 25 Abs. 1 WZG geschützten Ausstattung einem anderen eine schuldrechtliche Gebrauchsüberlassung an dem Ausstattungsrecht einräumen konnte (RG GRUR 1937, 66, 72 – Brillenbügel; BGH GRUR 1963, 485 – Micky-Maus-Orangen; *Reimer/Heydt*, Kap. 47, Rn 3).

## II. Fortbestand der Verkehrsgeltung während des Lizenzverhältnisses

**49** Für die Aufrechterhaltung des sachlichen Markenschutzes ist der Bestand der Verkehrsgeltung oder Notorietät erforderlich. Für den *Fortbestand der Verkehrsgeltung* zugunsten des Lizenzgebers kommt es nicht auf die lizenzvertraglichen Vereinbarungen an, sondern auf die *tatsächlichen Verhältnisse* innerhalb der beteiligten Verkehrskreise. Die Benutzung der Marke durch den Lizenznehmer erhält die Verkehrsgeltung zugunsten des Lizenzgebers und wird zudem die Kennzeichnungskraft der Marke stärken, wenn im Verkehr die Marke einheitlich der Produktverantwortung des Lizenzgebers zugerechnet wird, ohne daß der Verkehr Kenntnis von dem konkreten Markeninhaber zu haben braucht. Nach der Rechtslage im WZG kam es wegen des ausschließlichen Markenschutzes der Herkunftsfunktion darauf an, daß der Verkehr in der Ausstattung einen Hinweis auf den Betrieb des Gebrauchsgebers sah, damit die Benutzung durch den Gebrauchsnehmer dem Gebrauchsgeber zugute kam. Nur bei einer solchen Realisierung der Herkunftsfunktion werte der Verkehr die Benutzung der Ausstattung durch den Gebrauchsnehmer als eine Benutzung durch den Gebrauchsgeber. Wenn jedoch der Gebrauchsnehmer die fremde Ausstattung in einer Art und Weise benutzte, die auf seinen eigenen Geschäftsbetrieb hindeutete, dann konnte die zugunsten des Gebrauchsgebers bestehende Verkehrsgeltung allmählich verlorengehen und sich auf den Geschäftsbetrieb des Gebrauchsnehmers verlagern, so daß der Gebrauchsnehmer aufgrund der nunmehr für seinen Geschäftsbetrieb entstandenen Verkehrsgeltung ein eigenes Ausstattungsrecht nach § 25 Abs. 1 WZG erwarb, während das Ausstattungsrecht des Gebrauchsgebers erlosch (RG GRUR 1937, 66, 72 – Brillenbügel; 1937, 311, 314 – Degea/Torol; BGHZ 34, 299, 308 – Almglocke). Eine solche Verlagerung der Verkehrsgeltung wurde namentlich dann angenommen, wenn der Gebrauchsnehmer die Ausstattung in Verbindung mit seiner Firma benutzte, ohne im Verkehr erkennbar zu machen, daß die Benutzung nur im Rahmen eines Lizenzverhältnisses erfolgte. Zwar ist auch nach der Rechtslage im MarkenG erforderlich, daß nicht nur zur Aufrechterhaltung des sachlichen Markenschutzes die Verkehrsgeltung fortbesteht, sondern auch zugunsten des Lizenzgebers erhalten bleibt. Da aber das MarkenG nicht mehr nur ausschließlich die Herkunftsfunktion rechtlich anerkennt, kann sowohl der Erwerb als auch der Erhalt der Verkehrsgeltung nicht mehr nur herkunftsbezogen, sondern auch produktbezogen verstanden werden. Ausreichend ist, wenn im Verkehr von einer *einheitlichen Produktverantwortung* des Markeninhabers ausgegangen wird, ohne daß der Verkehr Kenntnis von dem konkreten Markeninhaber zu haben braucht. Die Anonymität des Lizenzgebers hindert nicht den Erwerb oder den Erhalt der Verkehrsgeltung zu seinen Gunsten. Ausreichend, aber auch zu empfehlen ist die Verwendung eines *Lizenzvermerks*. Das ist namentlich bei mehreren Lizenznehmern geboten, um die Einheitlichkeit der Produktverantwortung im Verkehr erkennbar zu machen (zum Erfordernis herkunftsbezogener Hinweise im Ausstattungsrecht nach der Rechtslage im WZG s. RG GRUR 1939, 627, 630 – Eloxal). Das MarkenG, das den Rechtsschutz der Marke als eines selbständigen Vermögensgegenstandes eines Unternehmens gegenüber dem WZG verstärkte, steht den verschiedenen Formen einer Markenverwertung offen. Selbst wenn Gegenstand des Lizenzvertrages eine Bezeichnung ist, an der weder Markenschutz durch Eintragung noch aufgrund von Verkehrsgeltung besteht und die Verkehrsgeltung erst aufgrund der Benutzung der Bezeichnung durch den Lizenznehmer entsteht, dann ist ein Lizenzvermerk zum Erwerb der Verkehrsgeltung zugunsten des Lizenzgebers ausreichend, selbst wenn der Lizenzgeber die Marke nicht selbst benutzt, sondern nur im Wege der Lizenzierung verwertet (*v.d.Osten*, Die Verkehrsgeltung im Warenzeichen- und Wettbewerbsrecht, S. 34; zum Ausstattungsrecht eines Importeurs s. *Weidlich*, GRUR 1958, 15). Ein Erwerb der Verkehrsgeltung zugunsten des Lizenznehmers kommt nur dann in Betracht, wenn weder ein Lizenzhinweis beim Produktvertrieb erfolgt, noch das Lizenzverhältnis aufgrund anderer Umstände im Verkehr erkennbar wird, die Lizenzierung als solche somit anonym bleibt.

### III. Verkehrsgeltung nach Beendigung des Lizenzverhältnisses

Nach Beendigung des Lizenzverhältnisses (s. dazu Rn 45 ff.) ist der Lizenznehmer nicht mehr zur Benutzung der Marke mit Verkehrsgeltung oder Notorietät berechtigt. Eine aufgrund der Benutzung der Marke durch den Lizenznehmer erfolgte Stärkung der Kennzeichnungskraft der Marke kommt allein dem Lizenzgeber als dem Markeninhaber zugute (zu einer Etablissementbezeichnung im Falle einer Verpachtung des Geschäftsbetriebs s. BGH GRUR 1959, 87 – Fischl; 1963, 430, 432 – Erdener Treppchen). Das gilt unabhängig davon, ob der Lizenznehmer erhebliche Kosten zum Erwerb oder zum Erhalt der Verkehrsgeltung aufgewendet hat. Selbst wenn der Lizenznehmer während des Lizenzverhältnisses ausnahmsweise aufgrund des Erwerbs von Verkehrsgeltung an der lizenzierten Marke ein eigenes Markenrecht nach § 4 Nr. 2 erworben hat, dann kann ihm der Markeninhaber aufgrund seines prioritätsälteren Markenrechts die Benutzung der Marke nach Beendigung des Lizenzvertrages verbieten (s. Rn 47). Der Lizenznehmer kann sich nach Beendigung des Lizenzvertrages nicht auf ein eigenes Markenrecht aufgrund des Erwerbs von Verkehrsgeltung zu seinen Gunsten gegenüber dem Lizenzgeber berufen. Wenn einem Exportunternehmen aufgrund eines zeitlich befristeten Vertrages die Mitbenutzung einer nach § 1 KunstUrhG urheberrechtlich geschützten Warenausstattung (Micky-Maus-Figur) eingeräumt wurde, dann ist es nach Beendigung des Vertragsverhältnisses dem Exportunternehmen bei dem Vertrieb seiner Produkte nicht gestattet, auf diese Ausstattung als ihre frühere Warenkennzeichnung hinzuweisen, selbst wenn sich während des Vertragsverhältnisses die Warenausstattung im Verkehr als ein Hinweis auf den Geschäftsbetrieb des Exportunternehmens durchgesetzt hat (BGH GRUR 1963, 485 – Micky-Maus-Orangen; s. auch BGH GRUR 1960, 144 – Bambi).

## L. Verkehrsschutz vor irreführenden Markenlizenzen

### I. Grundsatz

Im Interesse des Verkehrsschutzes wurde in der frühen Rechtsprechung des RG angenommen, ein Gebrauchsüberlassungsvertrag sei dann nichtig, wenn der Gebrauch des Warenzeichens durch den Lizenznehmer eine Täuschung des Publikums über die Herkunft der Ware ermögliche (RGZ 53, 92, 95 – Sternbild; 99, 90 – Gilette; 100, 25 – Meißner Porzellan). Nach dieser Rechtsprechung bestanden gegen die Zulässigkeit einer Markenlizenz immer schon dann Bedenken, wenn eine im Verkehr eingeführte und bekannte Marke lizenziert wurde. Zu Recht wurde eingewandt, das Schutzinteresse der Allgemeinheit, vor Täuschungen bewahrt zu werden, sei bei der Verwendung von Kennzeichen nicht größer als bei anderen wettbewerblichen Angaben (*Baumbach/Hefermehl*, § 8 WZG, Anh., Rn 20). In einer späteren Entscheidung verlangte das RG, die Markenbenutzung müsse den Tatbestand der §§ 1, 3 UWG erfüllen, um von einer Nichtigkeit des Gebrauchsüberlassungsvertrages ausgehen zu können (RG GRUR 1935, 753, 758 – NSU). Das Grundsatzurteil des RG stellt die *Lignose*-Entscheidung dar (RG GRUR 1935, 962 – Lignose). Nach dieser Entscheidung ist die vertragliche Gestattung der Benutzung eines Warenzeichens dann unverbindlich, wenn die Benutzung eine *Täuschung der Allgemeinheit* und eine *Verkehrsverwir-*

rung im Sinne eines günstigeren Angebots nach § 3 UWG hervorruft. Zur Täuschung über die Herkunft mußte als weitere Voraussetzung hinzukommen, daß durch die Herkunftstäuschung der Anschein eines besonders günstigen Angebots hervorgerufen werde. Eine solche Verkehrsvorstellung besteht aber grundsätzlich nur dann, wenn der Verkehr mit dem Zeichen eine *Gütevorstellung* verbindet (RGZ 171, 159 – Standard; RG GRUR 1939, 806 – AEG/AAG; BGHZ 1, 241, 246 – Piek Fein; 16, 86, 93 – Wickelsterne; 44, 372, 377 – Meßmer Tee II; BGH GRUR 1965, 676, 677 – Nevada-Skibindung; 1966, 267, 270 – White Horse; 1970, 528, 531 – Migrol; OLG Stuttgart WRP 1993, 353, 355; KG WRP 1994, 625 – Der Grüne Punkt). An dieser Rechtslage hat sich auch durch die Neufassung des § 3 UWG, der nicht mehr verlangt, daß durch eine unrichtige Angabe der Anschein eines besonders günstigen Angebots hervorgerufen werde, nichts geändert. Anwendungsvoraussetzung des § 3 UWG ist das Vorliegen einer den Verkehr irreführenden Angabe über geschäftliche Verhältnisse (s. *Baumbach/Hefermehl*, Wettbewerbsrecht, § 3 UWG, Rn 21 ff.). Eine irreführende Angabe kann nur dann vorliegen, wenn die Marke nicht nur das Produkt seiner Herkunft nach identifiziert, sondern auch inhaltliche Aussagen über die geschäftlichen Verhältnisse wie insbesondere über die Beschaffenheit des Produkts enthält. Nach dieser Rechtsprechung wird eine Irreführung des Verkehrs über die betriebliche Herkunft erst dann rechtserheblich, wenn es sich bei der Marke um eine qualifizierte betriebliche Herkunftsangabe handelt, die eine Aussage über die Beschaffenheit oder die Qualität des Produkts enthält (zur Irreführung über die betriebliche Herkunft s. ausführlich *Baumbach/Hefermehl*, Wettbewerbsrecht, § 3 UWG, Rn 261 ff.). Die Interessen der Allgemeinheit werden erst aufgrund der Benutzung einer solchen qualifizierten Angabe unmittelbar berührt. Die Gebrauchsüberlassung einer Marke ist aus wettbewerbsrechtlicher Sicht nur dann zulässig, wenn ein Lizenznehmer die gleiche Gewähr für die Güte der Produkte bietet wie der Lizenzgeber. Diese Voraussetzung ist etwa dann erfüllt, wenn der Markeninhaber als Lizenzgeber die Produkte herstellt, die der Lizenznehmer mit der Marke versieht und ohne Veränderung vertreibt. Das gilt auch dann, wenn der Markeninhaber die Rohstoffe oder die Halbfabrikate für das vom Lizenznehmer hergestellte Fertigprodukt liefert. Aus wettbewerbsrechtlichen Gründen haben die Lizenzvertragsparteien dafür Vorsorge zu treffen, daß die Produkte des Lizenznehmers mit den Produkten des Lizenzgebers in den Produkteigenschaften übereinstimmen, an die sich die Wertvorstellungen des Publikums knüpfen. Dazu kann nach den besonderen Umständen des konkreten Falles eine eigene Produktkontrolle erforderlich sein wie etwa bei komplizierten Herstellungsverfahren. Die Gültigkeit einer Gebrauchsüberlassung verlangt aber nicht stets die Vereinbarung und Ausübung von Produktkontrollen. In besonderen Fallkonstellationen wird zum Ausschluß einer Täuschungsgefahr für erforderlich gehalten, auf das Bestehen eines Lizenzverhältnisses besonders hinzuweisen (*Greuner*, Mitt 1961, 132). Diese Grundsätze gelten auch nach der Rechtslage im MarkenG, und zwar nicht nur für die schuldrechtliche Gebrauchsüberlassung einer Marke, sondern auch für die dingliche Markenlizenz. Das MarkenG gewährt gerade im Lizenzvertragsrecht der Qualitätsfunktion der Marke markenrechtlichen Schutz, wie namentlich in § 30 Abs. 2 Nr. 5 zum Ausdruck kommt. Diese Grundsätze gelten entsprechend auch für die Erteilung von Lizenzen an geschäftlichen Bezeichnungen (s. Rn 56).

**52** Zwei *Fallkonstellationen* aus der Rechtsprechung illustrieren den Grundsatz zum Verkehrsschutz vor irreführenden Markenlizenzen. Als nichtig wurde die Erlaubnis beurteilt, mit einer bekannten Marke versehenes unbemaltes Porzellan zu bemalen und anzubieten, weil die Marke nicht die Malerei decke und der irrige Eindruck im Verkehr erweckt werde, als sei die Bemalung vom Markeninhaber selbst vorgenommen oder gebilligt worden (RGZ 100, 22, 24 – Meißner Porzellan). Gegenüber dem Inhaber der Marke *NSU* konnte sich ein Fahrradhändler, der Fahrräder mit der verwechselbaren Buchstabenverbindung *SUN* vertrieb, nur solange auf die Gestattung des Gebrauchs der Marke *SUN* durch den Inhaber der Marke *NSU* berufen, als er Erzeugnisse von *NSU* zumindest in ihren hauptsächlichen Bestandteilen vertrieb (RG GRUR 1935, 753, 756 – NSU).

## II. Rechtsfolgen

**53** Ein Vertrag über eine schuldrechtliche Gebrauchsüberlassung einer Marke oder über eine dingliche Markenlizenz, der in seiner Durchführung zu einer *Täuschung der Abnehmer über die*

*Herkunft und Güte der Produkte* nach den §§ 3, 1 UWG führen kann, ist nach § 134 BGB oder zumindest nach § 138 Abs. 1 BGB *nichtig* (BGHZ 1, 241, 246 – Piek Fein; 44, 372, 377 – Meßmer Tee II; BGH GRUR 1970, 528, 531 – Migrol). Die Benutzung einer ähnlichen Marke in verwechslungsfähiger Form steht der Benutzung der identischen Marke gleich (RG GRUR 1935, 753, 757 – NSU). Es ist gleichermaßen rechtlich unerheblich, ob der Lizenznehmer die Marke für identische oder ähnliche Produkte benutzt. Zur wettbewerbsrechtlichen Beurteilung, ob durch die Benutzung der Marke der Tatbestand einer Irreführung über die betriebliche Herkunft nach § 3 UWG erfüllt wird, kommt es nicht allein auf die Lage bei Abschluß des Lizenzvertrages an. Auch ein Lizenzvertrag, der im Zeitpunkt des Vertragsabschlusses nicht zu beanstanden war, verliert dann seine Rechtsverbindlichkeit, wenn infolge einer Veränderung der tatsächlichen Verhältnisse eine Täuschungsgefahr im Verkehr besteht (RG GRUR 1935, 962, 966 – Lignose; 1936, 659 – Iduna; BGHZ 10, 196; BGH GRUR 1970, 528, 531 – Migrol). Das Bestehen einer Verwechslungsgefahr hinsichtlich der Marken als solcher begründet noch keinen Verstoß gegen § 3 UWG (RGZ 102, 17, 24 – Torgament; BGH GRUR 1953, 252; s. dazu näher *Baumbach/Hefermehl*, Wettbewerbsrecht, § 3 UWG, Rn 261 ff.). Wenn jedoch eine Verkehrsverwirrung entsteht, die nicht in angemessener Zeit zu beseitigen ist, tritt nachträglich Nichtigkeit des Lizenzvertrages ein. Auf die Nichtigkeit des Lizenzvertrages können sich auch Dritte berufen (RG GRUR 1935, 962 – Lignose). Der Lizenznehmer ist nicht mehr zur Benutzung der Marke berechtigt. Der Markeninhaber kann auf Unterlassung der Benutzung klagen, es sei denn, daß die Rechtsverfolgung aus besonderen Gründen als rechtsmißbräuchlich zu beurteilen ist (zur unzulässigen Rechtsausübung s. näher *Baumbach/Hefermehl*, Wettbewerbsrecht, Einl. UWG, Rn 423 ff.). Wenn die Benutzung der Marke durch den Lizenznehmer einen Verstoß gegen § 3 UWG darstellt, dann kann auch der Markeninhaber als Teilnehmer selbst Dritten gegenüber verantwortlich sein, da er durch die Gebrauchsüberlassung oder die Erteilung der Lizenz den Verstoß gegen § 3 UWG erst ermöglicht hat (*Krieger*, Warenzeichenlizenz, S. 28).

## M. Kartellrechtliche Schranken von Markenlizenzen

Vereinbarungen in Markenlizenzverträgen sind kartellrechtlich dahin zu beurteilen, ob sie **54** verbotene Wettbewerbsbeschränkungen enthalten (s. dazu näher *Fikentscher*, Warenzeichenlizenz, S. 405 ff.; *Immenga/Mestmäcker/Emmerich*, § 20 GWB, Rn 359 ff.; *Loewenheim*, Warenzeichen, S. 82 ff.; zur Patentlizenz s. *Benkard/Ullmann*, § 15 PatG, Rn 146 ff., Rn 164 ff.). Die Vorschrift des § 20 GWB, die auf Patentverwertungsverträge zugeschnitten ist, paßt nicht auf die Vereinbarung von Wettbewerbsbeschränkungen in Markenlizenzverträgen (BKartA WuW/E 576 – Freiwillige Ketten). Wenn eine *Markenlizenz mit einer Patentlizenz verbunden* wird, dann kann eine einheitliche kartellrechtliche Beurteilung nach den §§ 20, 21 GWB sachgerecht sein (*Schwartz*, Gemeinschaftskommentar, § 15, Rn 36 unter Hinweis auf BKartA WuW/E 911). Vereinbarungen in *isolierten Markenlizenzverträgen* sind je nach der Art der Wettbewerbsbeschränkung nach den §§ 15 und 18 GWB zu beurteilen. *Preis- und Konditionenbindungen* in einem Markenlizenzvertrag sind dann nichtig, wenn es sich nicht um bloße Nebenabreden handelt, die zur Erfüllung der Hauptpflichten aus dem Lizenzvertrag nötig sind (*Fikentscher*, Warenzeichenlizenz, S. 443). *Verwendungs-, Bezugs- und Absatzbindungen* fallen unter § 18 GWB und unterliegen der Mißbrauchsaufsicht des BKartA. Dem Grundgedanken des § 20 GWB entsprechend ist auch bei der kartellrechtlichen Beurteilung von vertraglichen Bindungen in Markenlizenzverträgen darauf abzustellen, ob sich die Bindungen innerhalb der markenrechtlichen Befugnisse halten und zum *Schutzinhalt des Markenrechts* gehören (*Fikentscher*, Warenzeichenlizenz, S. 435 ff.; *Schwartz*, Gemeinschaftskommentar, § 15, Rn 37; *Westrick/Loewenheim*, Vorbem. vor § 15 GWB, Rn 15 ff.; *Schricker*, WRP 1980, 121, 122 f.; *Ehlers*, GRUR 1968, 633, 639; kritisch *Immenga/Mestmäcker/Emmerich*, § 20 GWB, Rn 359 ff., 373). Im Vordergrund stehen *Bezugsbindungen* für Rohstoffe und Vorprodukte sowie *Kontrollrechte* des Lizenzgebers. So sind räumlich, zeitlich, mengenmäßig sowie nach der Verwendungsart beschränkte Markenlizenzen kartellrechtlich unbedenklich (WuW/E BGH 1293, 1296 f. – Platzschutz; OLG Frankfurt WuW/E OLG 956; WuW/E BKartA 575 f. – Freiwillige Ketten; *Fikentscher*, Warenzeichenlizenz, S. 405,

440 ff.). Der Schutzinhalt der Marke bestimmt sich auch innerhalb der kartellrechtlichen Beurteilung nach den rechtlichen Funktionen der Marke im MarkenG. Wenn Wettbewerbsbeschränkungen in Markenlizenzverträgen einem gemeinsamen Zweck dienen, dann greift das Kartellverbot nach den §§ 1, 38 Abs. 1 Nr. 1 GWB ein. Die Vorschriften des nationalen Kartellrechts erfassen nur Lizenzverträge, die sich im Geltungsbereich des GWB auswirken. Auf Lizenzverträge, die geeignet sind, den Handel zwischen den Mitgliedstaaten der EU zu beeinträchtigen und eine Verhinderung, Einschränkung oder Verfälschung des Wettbewerbs innerhalb des Gemeinsamen Marktes bezwecken oder bewirken, findet Art. 85 Abs. 1 EGV Anwendung (s. nur EuGH, Slg. 1966 (XII), 321 ff., GRUR Int 1966, 580 – Grundig/Consten). Eine ausschließliche Markenlizenz zur Benutzung einer Marke innerhalb des Gebietes eines Mitgliedstaates für die Herstellung und den Vertrieb einer bestimmten Ware stellen dann Wettbewerbsbeschränkungen dar, wenn den Parteien der Vertrieb der gleichen Ware außerhalb des Lizenzgebietes verboten ist; sie können jedoch nach Art. 85 Abs. 3 EGV vom Kartellrecht freigestellt werden, soweit sie bei Fortbestehen eines wirksamen Wettbewerbs zu einer Absatzsteigerung und einer verbesserten Warenverteilung beitragen (Entscheidung der Kommission der EG vom 23. Dezember 1977, GRUR Int 1978, 371 – Campari). Vereinbarungen, die zum Zwecke einer Qualitätssicherung der Markenware den Lizenznehmer zur Befolgung von Herstellungsanweisungen und Betriebsvorschriften des Lizenzgebers und zur Wahrung von Herstellungsgeheimnissen verpflichten, stellen keine spürbaren Wettbewerbsbeschränkungen dar.

### N. Regelungen des Erstreckungsgesetzes

**55** Das ErstrG trifft keine Bestimmungen hinsichtlich der Erstreckung für Lizenzen. Namentlich wegen der Vielschichtigkeit und der unterschiedlichen Interessen, die durch die individuelle Vertragsgestaltung berührt werden, hat der Gesetzgeber sich ausdrücklich gegen eine Regelung über die Erstreckung von Lizenzverträgen und sonstigen Vereinbarungen über Schutzrechte entschieden (s. Begründung zum ErstrG, BT-Drucks. 12/1399 vom 30. Oktober 1991, S. 26). Eine § 4 ErstrG entsprechende Regelung fehlt. Es ist in jedem Einzelfall durch *Vertragsauslegung* zu prüfen, ob eine räumliche Erstreckung in Frage kommt.

### O. Lizenzen an sonstigen Kennzeichen

#### I. Lizenzen an geschäftlichen Bezeichnungen

**Schrifttum zum WZG.** *Schricker*, Rechtsfragen der Firmenlizenz, FS für v. Gamm, 1990, S. 289.

**56** Der Gesetzgeber des MarkenG hat ausdrücklich von einer Einbeziehung der Lizenzen an *geschäftlichen Bezeichnungen* in die Regelung des § 30 abgesehen, weil die Rechtslage einer Lizenzierung von geschäftlichen Bezeichnungen von der Markenlizenz teilweise abweicht (Begründung zum MarkenG, BT-Drucks. 12/6581 vom 14. Januar 1994, S. 86). § 30 ist auf die Lizenzerteilung an geschäftlichen Bezeichnungen auch nicht entsprechend anwendbar. Lizenzen an geschäftlichen Bezeichnungen, die sehr verbreitet sind, sind rechtlich zulässig und bestimmen sich nach den allgemeinen Grundsätzen des Kennzeichenrechts. Folge der Anerkennung einer dinglichen Markenlizenz im MarkenG sollte aber sein, daß auch im Lizenzrecht der geschäftlichen Bezeichnungen nicht nur schuldrechtliche Gebrauchsüberlassungsverträge, sondern künftig auch dingliche Kennzeichenlizenzen anerkannt werden.

#### II. Lizenzen an Kollektivmarken

**57** Bei *Kollektivmarken* handelt es sich um Marken im Sinne des § 1 Nr. 1, auf die nach § 97 Abs. 2 die Vorschrift des § 30 anzuwenden ist, sofern nicht die Besonderheiten der Kollektivmarken einer entsprechenden Anwendung entgegenstehen. Nach der Rechtslage im WZG war die Erteilung einer Benutzungserlaubnis an einem Verbandszeichen an ein Nichtmitglied möglich, wenn die Benutzungsberechtigten aufgrund des Gebrauchsüberlassungsvertrages an die *Einhaltung der Verbandsbestimmungen* in gleicher Weise gebunden waren wie die Mitglieder aufgrund der Verbandssatzung (*Baumbach/Hefermehl*, § 21 WZG, Rn 2; *Reimer*, Kap. 35, Rn 5; *Busse/Starck*, § 8 WZG, Rn 5). Auch nach der Rechtslage im MarkenG ist die Erteilung einer Markenlizenz an einer Kollektivmarke zulässig. Wenn allerdings die Benutzung der Marke durch ein Nichtmitglied zu einer Irreführung des Verkehrs führt, dann ist die Lizenzerteilung nichtig und die Benutzung der Kollektivmarke durch das Nichtmitglied mißbräuchlich; dann besteht ein Verfallsgrund der Kollektivmarke nach § 105 Abs. 1 Nr. 2, die auf Antrag wegen Verfalls zu löschen ist. Das gleiche gilt, wenn die Überlassung der Kollektivmarke an ein Nichtmitglied der Markensatzung widerspricht (§ 102 Abs. 2 Nr. 4 und 5). Ein Anspruch auf die Einräumung einer Lizenz an einer Kollektivmarke steht Nichtmitgliedern kartellrechtlich nicht zu. Bei *Gütezeichengemeinschaften* kann allerdings ein Aufnahmezwang nach § 27 GWB bestehen.

### III. Lizenzen an geographischen Herkunftsangaben

Die Erteilung einer Lizenz an einer *geographischen Herkunftsangabe* ist unzulässig, da sie dem Wesen der geographischen Herkunftsangabe widerspricht. Wer die gesetzlichen Voraussetzungen nach § 127 erfüllt, ist zur Benutzung einer geographischen Herkunftsangabe berechtigt. Das Benutzungsrecht an geographischen Herkunftsangaben besteht unabhängig von einer besonderen Erteilung einer Lizenz durch einen Benutzungsberechtigten; eine Lizenzierung von geographischen Herkunftsangaben scheidet aus. **58**

## Angemeldete Marken

**31** Die §§ 27 bis 30 gelten entsprechend für durch Anmeldung von Marken begründete Rechte.

**Inhaltsübersicht**

| | Rn |
|---|---|
| A. Regelungsinhalt | 1 |
| B. Durchführungsbestimmungen | 2 |

### A. Regelungsinhalt

Die vermögensrechtlichen Vorschriften der §§ 27 bis 30, die die Marken im Sinne des § 4 Nr. 1 bis 3 als einen selbständigen Gegenstand des Vermögens des Markeninhabers regeln, gelten nach § 31 entsprechend für das durch die Anmeldung einer Marke begründete Recht. Das durch die Anmeldung einer Marke begründete Recht stellt seiner Rechtsnatur nach ein Anwartschaftsrecht dar. Die *Markenanwartschaft* beruht auf dem öffentlichrechtlichen Anspruch des Anmelders auf Eintragung der angemeldeten Marke in das Register, der verfahrensrechtlich auf eine sachgemäße Behandlung des Eintragungsantrags durch das DPMA geht (§ 33 Abs. 2 S. 1 und 2). Der Anmeldetag (§ 33 Abs. 1) bestimmt die Priorität der Marke (§ 6 Abs. 2) sowie die Schutzdauer der eingetragenen Marke (§ 47 Abs. 1). Das Markenanwartschaftsrecht kann Gegenstand eines gesetzlichen und rechtsgeschäftlichen Rechtsübergangs nach § 27 sein. Die Rechtsvermutung des § 28 Abs. 1 besteht hinsichtlich des Markenanwartschaftsrechts für den Anmelder der Marke. Die verfahrensrechtlichen Regelungen des § 28 Abs. 2 und 3 gelten im Falle einer Rechtsnachfolge in die Markenanwartschaft. Das Markenanwartschaftsrecht kann verpfändet werden sowie Gegenstand eines sonstigen dinglichen Rechts oder Gegenstand von Maßnahmen der Zwangsvollstreckung nach § 29 Abs. 1 sein. Eine Markenlizenz nach § 30 kann schon an der Markenanwartschaft erteilt werden. **1**

### B. Durchführungsbestimmungen

Wenn es sich um solche Rechtsvorgänge nach den §§ 27 bis 30 handelt, die im Falle einer eingetragenen Marke in das Register eingetragen werden können (§§ 27 Abs. 3, 29 **2**

Abs. 2 und 3), dann tritt an die Stelle der Eintragung ein entsprechender *Vermerk in den Akten der Anmeldung*, der dann im Falle der späteren Eintragung zum Bestandteil des Registers wird. Nach § 35 Abs. 1 MarkenV gelten die §§ 31 (Eintragung eines Rechtsübergangs), 32 (Teilübergang), 33 (Eintragung von dinglichen Rechten) und 34 (Maßnahmen der Zwangsvollstreckung; Insolvenzverfahren) MarkenV für angemeldete Marken entsprechend. Nach § 35 Abs. 2 MarkenV wird der Rechtsübergang, das dingliche Recht, die Maßnahme der Zwangsvollstreckung oder das Insolvenzverfahren in den Akten der Anmeldung vermerkt. Zur Entlastung des Registers wird im Falle des Rechtsübergangs nach § 35 Abs. 3 S. 1 MarkenV nur der Inhaber der Marke zum Zeitpunkt der Eintragung in das Register eingetragen. Ein zum Zeitpunkt der Eintragung bestehendes dingliches Recht, eine zu diesem Zeitpunkt bestehende Maßnahme der Zwangsvollstreckung oder ein zu diesem Zeitpunkt anhängiges Insolvenzverfahren wird nach § 35 Abs. 3 S. 2 MarkenV auch in das Register eingetragen. § 35 Abs. 4 MarkenV regelt den Teilübergang einer Markenanwartschaft einschließlich der anfallenden Gebühren.

## Teil 3. Verfahren in Markenangelegenheiten

### Vorbemerkung zu den §§ 32 bis 96

**Inhaltsübersicht**

| | Rn |
|---|---|
| A. Regelungsübersicht | 1, 2 |
| B. Rechtsänderungen | 3 |
| C. Europäisches Unionsrecht | 4, 5 |
|     I. Markenrechtsrichtlinie | 4 |
|     II. Gemeinschaftsmarkenverordnung | 5 |

### A. Regelungsübersicht

Im MarkenG haben die *Verfahren in Markenangelegenheiten* erstmals eine eigene Regelung erfahren. In Teil 3 des MarkenG (§§ 32 bis 96) ist das gesamte behördliche und gerichtliche Verfahrensrecht in Markensachen geregelt. Die Vorschriften über die Verfahren in Markenangelegenheiten sind in sieben Abschnitte gegliedert. Regelungsgegenstand der Abschnitte 1 bis 3 (§§ 32 bis 55) sind die verschiedenen Verfahren in Markenangelegenheiten wie namentlich das Eintragungsverfahren einschließlich des Widerspruchsverfahrens sowie das Löschungsverfahren. Die Abschnitte 4 bis 7 (§§ 56 bis 96) enthalten allgemeine Verfahrensvorschriften für die Verfahren vor dem DPMA, dem BPatG und dem BGH. Abschnitt 1 (§§ 32 bis 44) enthält die Bestimmungen über das *Eintragungsverfahren*. Dazu gehört das *Anmeldeverfahren* (§§ 32 bis 40), das *Widerspruchsverfahren* (§§ 42 und 43) und die *Eintragungsbewilligungsklage* (§ 44). Regelungsgegenstand von Abschnitt 2 (§§ 45 bis 47) ist das Verfahren zur *Berichtigung des Registers und von Veröffentlichungen* (§ 45), das Verfahren zur *Teilung der Eintragung* (§ 46) sowie die *Regelung der Schutzdauer* und das Verfahren zur *Verlängerung der Schutzdauer* (§ 47). Regelungsgegenstand von Abschnitt 3 (§§ 48 bis 55) ist die *Löschung der Marke* im Register. Geregelt werden die *Löschungsgründe* des *Verzichts* (§ 48), des *Verfalls* (§ 49), der *Nichtigkeit wegen absoluter Schutzhindernisse* (§ 50) und der *Nichtigkeit wegen des Bestehens älterer Rechte* (§ 51). Der Abschnitt enthält auch die Vorschriften über das *patentamtliche Löschungsverfahren* (§§ 53, 54) und das *gerichtliche Löschungsverfahren* (§ 55). Die allgemeinen Verfahrensvorschriften in den Abschnitten 4 bis 7 regeln das *Verfahren vor dem DPMA* (§§ 56 bis 65), das *Beschwerdeverfahren vor dem BPatG* (§§ 66 bis 82), das *Rechtsbeschwerdeverfahren vor dem BGH* (§§ 83 bis 90), sowie *gemeinsame Vorschriften* (§§ 91 bis 96), die in allen Verfahren in Markenangelegenheiten gelten.

Im MarkenG sind auch außerhalb von Teil 3 (§§ 32 bis 96), der die Verfahren in Markenangelegenheiten regelt, *Verfahrensvorschriften* enthalten, die für den Schutz der eingetragenen Marke von Bedeutung sind. Verfahrensvorschriften enthalten die Regelungen über die *internationale Registrierung von Marken* in Teil 5 (§§ 107 bis 125), die Regelung über das *Verfahren in Kennzeichenstreitsachen* in Teil 7 (§§ 140 bis 142) und die Regelungen über die *Beschlagnahme von Waren bei der Einfuhr und Ausfuhr* (§§ 146 bis 151).

### B. Rechtsänderungen

Im WZG war das *Verfahren in Warenzeichensachen* nur *unvollständig* in den §§ 12 bis 14 WZG geregelt. Die Vorschriften enthielten Regelungen über das Verfahren vor dem DPA sowie den Aufbau des DPA (§ 12 WZG), über das warenzeichenrechtliche Erinnerungsverfahren (§ 12a WZG), über das Beschwerdeverfahren (§ 13 WZG) und über die Erstellung von Gutachten durch das DPA (§ 14 WZG). Zu unterscheiden war zwischen dem Anmeldeverfahren (§§ 1 bis 7, 17, 18, 35 WZG), einschließlich des Widerspruchsverfahrens (§ 5

WZG) und der Eintragungsbewilligungsklage (§ 6 WZG), das Umschreibungsverfahren (§ 8 WZG), das Verfahren über die Verlängerung der Schutzdauer (§ 9 WZG), das patentamtliche Löschungsverfahren (§ 10 WZG), das gerichtliche Löschungsverfahren (§ 11 WZG), das Erinnerungsverfahren (§ 12a WZG), das Beschwerdeverfahren (§ 13 Abs. 1 bis 4 WZG) und das Rechtsbeschwerdeverfahren (§ 13 Abs. 5 WZG). Wegen der unvollständigen Regelung der verschiedenen Verfahren in Warenzeichensachen im WZG enthielt § 12 Abs. 1 eine *globale Verweisung* auf die entsprechenden Vorschriften des PatG über die Verfahren in Patentangelegenheiten. Namentlich das Beschwerdeverfahren vor dem BPatG und das Rechtsbeschwerdeverfahren vor dem BGH waren im wesentlichen durch eine Verweisung auf die patentgesetzlichen Vorschriften geregelt. Das MarkenG verzichtet grundsätzlich auf eine Verweisung auf die Verfahrensvorschriften des PatG und enthält eine umfassende Regelung der Verfahren in Markenangelegenheiten.

## C. Europäisches Unionsrecht

### I. Markenrechtsrichtlinie

**4** Die *MarkenRL* enthält keine die Mitgliedstaaten bindenden verfahrensrechtlichen Vorgaben. Es steht den Mitgliedstaaten frei, Verfahrensbestimmungen für die Eintragung, den Verfall oder die Ungültigkeit der durch Eintragung erworbenen Marken zu erlassen. Die Mitgliedstaaten können etwa die Form der Verfahren für die Eintragung und die Ungültigerklärung festlegen, bestimmen, ob ältere Rechte im Eintragungsverfahren oder im Verfahren zur Ungültigerklärung oder in beiden Verfahren geltend gemacht werden müssen, und, wenn ältere Rechte im Eintragungsverfahren geltend gemacht werden dürfen, ein Widerspruchsverfahren oder eine Prüfung von Amts wegen oder beides vorsehen. Die Mitgliedstaaten können weiterhin festlegen, welche Rechtswirkung dem Verfall oder der Ungültigerklärung einer Marke zukommt (s. Präambel der MarkenRL, 3. Teil des Kommentars, II 1).

### II. Gemeinschaftsmarkenverordnung

**5** Die *GMarkenV* unterscheidet, dem MarkenG vergleichbar, zwischen dem materiellen Markenrecht (Titel II, Art. 4 bis 24 GMarkenV) und dem Verfahrensrecht. Es ist geregelt in Titel III (Art. 25 bis 35 GMarkenV) das *Anmeldeverfahren*, in Titel IV (Art. 36 bis 45 GMarkenV) das *Eintragungsverfahren*, in Titel V (Art. 46 bis 48 GMarkenV) die Verfahren zur *Verlängerung und Änderung einer Gemeinschaftsmarke*, in Titel VI (Art. 49 bis 56 GMarkenV) der *Verzicht*, *Verfall* und die *Nichtigkeit der Gemeinschaftsmarke*, in Titel VII (Art. 57 bis 63 GMarkenV) das *Beschwerdeverfahren vor den Beschwerdekammern*, sowie die *Anfechtbarkeit der Entscheidungen der Beschwerdekammern* mit der Klage beim Gerichtshof. *Allgemeine Verfahrensvorschriften* enthält Titel IX (Art. 73 bis 89 GMarkenV). In Titel X (Art. 90 bis 104 GMarkenV) ist die *Zuständigkeit* und das *Verfahren für Klagen*, die die Gemeinschaftsmarke betreffen, geregelt.

## Abschnitt 1. Eintragungsverfahren

### Vorbemerkung zu den §§ 32 bis 44

**Inhaltsübersicht**

|  | Rn |
|---|---|
| A. Regelungsübersicht | 1–3 |
|   I. Einzelne Regelungsgegenstände | 1, 2 |
|   II. Vorteil des nachgeschalteten Widerspruchsverfahrens | 3 |
| B. Rechtsänderungen | 4 |

## A. Regelungsübersicht

### I. Einzelne Regelungsgegenstände

Abschnitt 1 von Teil 3 (§§ 32 bis 44) enthält die Vorschriften über das *Eintragungsverfahren*. Regelungsgegenstand von Abschnitt 1 sind nur die durch Eintragung in das Register entstehenden Markenrechte im Sinne des § 4 Nr. 1. Im MarkenG ist der Ablauf der Verfahrens der Eintragung einer Marke in das Register und des Widerspruchs gegenüber der Rechtslage im WZG *grundlegend neugestaltet* worden, um dem Bedürfnis der Praxis nach möglichst rascher Erlangung des Markenschutzes Rechnung zu tragen (s. Begründung zum MarkenG, BT-Drucks. 12/6581 vom 14. Januar 1994, S. 87). Nach der Anmeldung zur Eintragung einer Marke in das Register (§ 32) prüft das DPMA die formellen Anmeldungserfordernisse (§ 36) sowie die absoluten Schutzhindernisse (§ 37). Wenn die Anmeldung den Anmeldungserfordernissen des § 36 entspricht und keine absoluten Schutzhindernisse nach § 37 entgegenstehen, wird die angemeldete Marke in das Register eingetragen (§ 41 S. 1) und die Eintragung veröffentlicht (§ 41 S. 2). Das Widerspruchsverfahren schließt sich erst an die Eintragung der Marke in das Register an (*nachgeschaltetes Widerspruchsverfahren*), auch wenn das Widerspruchsverfahren noch zum Eintragungsverfahren gehört. Der Widerspruch kann nur auf angemeldete oder eingetragene Marken mit älterem Zeitrang, auf ältere notorisch bekannte Marken im Sinne des § 10 und auf bestehende Marken im Falle der Anmeldung einer Marke durch einen Agenten oder Vertreter gestützt werden (§ 42 Abs. 2 Nr. 1 bis 3). Für ältere angemeldete und eingetragene Marken und für notorisch bekannte Marken können als Widerspruchsgründe nur die Identität oder Verwechslungsgefahr (§ 9 Abs. 1 Nr. 1 und 2), nicht aber der Eingriff in eine ältere bekannte Marke (§ 9 Abs. 1 Nr. 3) geltend gemacht werden. Ein erfolgreicher Widerspruch führt zur Löschung der Eintragung (§ 43 Abs. 2 S. 1) mit Wirkung ex tunc (§ 43 Abs. 4).

Eine beschleunigte Prüfung der Anmeldung ist gegen Zahlung einer zusätzlichen Gebühr nach § 38 möglich. Regelungsgegenstand des § 33 ist der Anmeldetag sowie der Anspruch auf Eintragung der angemeldeten Marke. Nach dem Anmeldetag des § 33 Abs. 1 bestimmt sich der Zeitrang einer angemeldeten oder eingetragenen Marke nach § 6 Abs. 2, wenn nicht eine ausländische Priorität nach § 34 oder eine Ausstellungspriorität nach § 35 in Anspruch genommen wird. § 40 regelt die Teilung der Anmeldung entsprechend der Teilung der Eintragung nach § 46. Nach § 44 kann der Inhaber der Marke im Wege der Eintragungsbewilligungsklage gegen den Widersprechenden geltend machen, daß ihm trotz der Löschung der Eintragung der Marke nach § 43 ein Anspruch auf die Eintragung zusteht.

### II. Vorteil des nachgeschalteten Widerspruchsverfahrens

Da nach Abschluß der Prüfung der Anmeldung auf die formellen Anmeldungserfordernisse und die absoluten Schutzhindernisse die Eintragung der angemeldeten Marke in das Register erfolgt, erlangt der Anmelder einer Marke den umfassenden Rechtsschutz der eingetragenen Marke wie insbesondere den Unterlassungsanspruch schon vor der Durchführung eines Widerspruchsverfahrens. Folge der Nachschaltung des Widerspruchs ist es, daß der Anmelder in den meisten Fällen wesentlich schneller als nach der Rechtslage im WZG Markenschutz aufgrund der Eintragung erwirbt. Zudem werden Nachteile deutscher Anmelder im Verhältnis zu den Inhabern international registrierter Marken beseitigt. Der Anmelder trägt zwar das Risiko, daß die Eintragung der Marke aufgrund eines erfolgreichen nachfolgenden Widerspruchsverfahrens rückwirkend gelöscht wird. Gegenüber diesem Nachteil überwiegt aber der Vorteil, daß der Erwerb des Markenschutzes durch Eintragung nicht mehr aufgrund der Erhebung eines Widerspruchs über einen längeren Zeitraum verzögert werden kann. Der Anmelder bleibt zudem vor Nachbeanstandungen der Anmeldung wegen absoluter Schutzhindernisse bewahrt, die sich besonders in einem fortgeschrittenen Stadium des Eintragungsverfahrens als nachteilig erweisen können, wenn etwa bereits mit bestimmten Widersprechenden unter erheblichem finanziellen Aufwand Abgrenzungsvereinbarungen getroffen worden sind (s. Begründung zum MarkenG, BT-Drucks. 12/6581

**MarkenG § 32**      Erfordernisse der Anmeldung

vom 14. Januar 1994, S. 87 f.). Nach der Rechtslage im MarkenG besteht nunmehr das normale sowie das beschleunigte Eintragungsverfahren einheitlich für deutsche Anmelder sowie für die Inhaber international registrierter Marken. Folge dieser Neugestaltung des Eintragungsverfahrens im MarkenG ist es, daß nach Abschluß der Prüfung von Amts wegen der Rechtsschutz der Marke aufgrund der Eintragung beginnt und nicht erst wie nach der Rechtslage im WZG nach Ablauf der Widerspruchsfrist eintritt. Das bedeutet einen Zeitgewinn von mehr als drei Monaten für die Erwerber einer eingetragenen Marke. Der Wegfall der Veröffentlichung der Bekanntmachung bringt zudem eine wesentliche Arbeitserleichterung für das DPMA und eine damit einhergehende erhebliche Einsparung.

### B. Rechtsänderungen

**4**    Das Eintragungsverfahren im MarkenG wurde gegenüber der Rechtslage im WZG grundlegend neu gestaltet. Die wesentliche Neuerung stellt das *nachgeschaltete Widerspruchsverfahren* dar (s. dazu Rn 3). Das Widerspruchsverfahren schließt sich erst an die Eintragung der angemeldeten Marke in das Register an. Ein erfolgreicher Widerspruch führt nicht mehr wie nach der Rechtslage im WZG zur Zurückweisung der Anmeldung, sondern nach der Rechtslage im MarkenG zur Löschung der Eintragung.

### Erfordernisse der Anmeldung

**32** (1) **Die Anmeldung zur Eintragung einer Marke in das Register ist beim Patentamt einzureichen.**

(2) **Die Anmeldung muß enthalten:**
1. **Angaben, die es erlauben, die Identität des Anmelders festzustellen,**
2. **eine Wiedergabe der Marke und**
3. **ein Verzeichnis der Waren oder Dienstleistungen, für die die Eintragung beantragt wird.**

(3) **Die Anmeldung muß den weiteren Anmeldungserfordernissen entsprechen, die in einer Rechtsverordnung nach § 65 Abs. 1 Nr. 2 bestimmt worden sind.**

(4) [1]**Mit der Anmeldung ist eine Gebühr nach dem Tarif zu zahlen.** [2]**Wird die Eintragung für Waren oder Dienstleistungen beantragt, die in mehr als drei Klassen der Klasseneinteilung von Waren und Dienstleistungen fallen, so ist außerdem für jede weitere Klasse eine Klassengebühr nach dem Tarif zu zahlen.**

#### Inhaltsübersicht

| | Rn |
|---|---|
| A. Bedeutung der Anmeldung (Bestimmtheitsgrundsatz) | 1 |
| B. Voraussetzungen und Erfordernisse der Anmeldung | 2–51 |
|   I. Rechtsgrundlagen | 2 |
|   II. Markenanmeldefähigkeit | 3–8 |
|     1. Geschäftsfähigkeit des Anmelders | 3 |
|     2. Anmeldung durch mehrere Personen | 4 |
|     3. Anmeldung durch Vertreter oder Inlandsvertreter | 5–8 |
|   III. Einreichung der Anmeldung (§ 32 Abs. 1) | 9 |
|   IV. Form der Anmeldung (§ 2 MarkenV) | 10, 11 |
|   V. Inhalt der Anmeldung (§ 32 Abs. 2 und 3) | 12–49 |
|     1. Bedeutung der verschiedenen Anmeldungserfordernisse | 12 |
|     2. Mindesterfordernisse der Anmeldung (§ 32 Abs. 2) und weitere Anmeldungserfordernisse (§ 32 Abs. 3) | 13–43 |
|       a) Angaben zur Identität des Anmelders (§ 32 Abs. 2 Nr. 1) | 13 |
|       b) Wiedergabe der Marke (§ 32 Abs. 2 Nr. 2) | 14–30a |
|         aa) Grundsatz | 14, 15 |
|         bb) Wortmarken (§ 7 MarkenV) | 16, 17 |
|         cc) Bildmarken (§ 8 MarkenV) | 18–25 |
|           (1) Arten von Bildmarken | 18, 19 |
|           (2) Farbige Eintragungen | 20–24 |
|           (3) Einschränkung des Schutzbereichs von farbigen Marken | 25 |

|  |  | Rn |
|---|---|---|
| dd) Dreidimensionale Marken (§ 9 MarkenV) | | 26 |
| ee) Kennfadenmarken (§ 10 MarkenV) | | 27 |
| ff) Hörmarken (§ 11 MarkenV) | | 28 |
| gg) Sonstige Markenformen (§ 12 MarkenV) | | 29 |
| hh) Muster und Modelle (§ 13 MarkenV) | | 30 |
| ii) Farbmarken | | 30 a |
| c) Verzeichnis der Waren oder Dienstleistungen (§ 32 Abs. 2 Nr. 3) | | 31–42 |
| aa) Grundsatz | | 31 |
| bb) Klassifizierung | | 32–35 |
| cc) Grundsätze zur Angabe der Waren oder Dienstleistungen | | 36, 37 |
| dd) Einschränkungen des Waren- und Dienstleistungsverzeichnisses | | 38, 39 |
| ee) Teilpriorität | | 40 |
| ff) Anmeldung für mehrere Klassen | | 41 |
| gg) Mängel des Verzeichnisses bei Vorliegen absoluter Schutzhindernisse | | 42 |
| d) Kein Erfordernis eines Geschäftsbetriebs | | 43 |
| 3. Beschreibung der Marke | | 44–48 |
| 4. Inanspruchnahme einer ausländischen Priorität | | 49 |
| VI. Rechtsschutzbedürfnis | | 50 |
| VII. Aussetzung des Eintragungsverfahrens | | 51 |
| C. Wirkung der Anmeldung | | 52–55 |
| D. Gebühren (§ 32 Abs. 4) | | 56–58 |
| I. Grundgebühr und Klassengebühren | | 56, 57 |
| II. Folgen einer Säumnis der Gebührenzahlung | | 58 |
| E. Klage auf Rücknahme der Anmeldung | | 59 |

**Schrifttum zum WZG.** *Becher,* Der Warenbereich des Warenzeichens, GRUR 1953, 274; *Bußmann,* GRUR 1961, 577; *Heydt,* GRUR 1961, 184; *Heynemann,* Die Praxis des Patentamts bei Warenzeichen-Anmeldungen in der Sammelklasse 42, Mitt 1958, 41; *Heynemann,* Ist ein Warenzeichenschutz für Kantinenwaren berechtigt?, GRUR 1958, 283; *Lips,* Probleme im Eintragungsverfahren, MA 1991, 138; *Miosga,* Neuere Rechtsprechung des DPA in Warenzeichensachen, MA 1959, 370; *Miosga,* Die grauen Zonen des Zeichenrechts, MA 1960, 314; *Miosga,* Die Farbe als Zeichenelement, MA 1961, 235; *Miosga,* Querschnitt durch aktuelle Probleme des Zeichenrechts, GRUR 1961, 266; *Miosga,* Erfahrungen mit dem BPatG in Warenzeichensachen, MA 1962, 591; *Miosga,* Die internationale Klassifikation und das deutsche Zeichenwesen, Mitt 1963, 13; *Miosga,* Der BGH und die Spruchpraxis des DPA, MA 1963, 1074; *Miosga,* Die Warenzeichensituation 1965, MA 1965, 47; *Miosga,* Markenrecht in Bewegung, MA 1965, 533; *Mittendorfer,* Der „disclaimer" im ausländischen Warenzeichenrecht, GRUR Int 1971, 377; *Reimer,* Reichsgericht und Patentamt in Warenzeichensachen, GRUR 1932, 345; *Schlüter,* Aus der Tätigkeit und den Erfahrungen des III. Warenzeichen-Senats des BPatG, Mitt 1962, 61; *Schweikert,* Zur Bedeutung nichtmarkenrechtlicher Vorschriften im Eintragungsverfahren, Mitt 1992, 51; *Virágh,* Übersetzung und Anpassung von Warenzeichen, 1966; *Winkler,* Unzulässige Erweiterung im Markenrecht, GRUR 1990, 73.

**Schrifttum zum MarkenG.** *Eichmann,* Die dreidimensionale Marke im Verfahren vor dem DPA und dem BPatG, GRUR 1995, 184; *Fezer,* Die Nichtakzessorietät der Marke und ihre rechtliche Konnexität zu einem Unternehmen, FS für Vieregge, 1995, S. 229; *Fezer,* Markenrechtliche Produktabgrenzung zwischen Ware und Dienstleistung – Zur markenrechtlichen Produkteigenschaft von Leasing, Computersoftware und Franchising, GRUR Int 1996, 445; *Maiwald,* Mehr Marken anmelden?, Mitt 1995, 25; *Mitscherlich,* Verfahrensrechtliche Aspekte des neuen Markenrechts, FS DPA 100 Jahre Marken-Amt, 1994, S. 119.

### Entscheidungen zum MarkenG

**1. BPatG GRUR 1997, 60 – SWF-3 NACHRICHTEN**
Zur hinreichenden Bestimmtheit der Wiedergabe einer Hörmarke zur Begründung des Anmeldetages.

**2. BPatGE 36, 241 – INDIKATIV SWF-3**
Zur hinreichenden Bestimmtheit der Wiedergabe einer Hörmarke zur Begründung des Anmeldetages.

**3. BPatG GRUR 1997, 134 – Anmeldetag**
Zur hinreichenden Bestimmtheit der Wiedergabe einer Hörmarke zur Begründung des Anmeldetages.

4. **OLG München NJWE-WettbR 1997, 40 – TubRobinson**
   Zur Klage auf Rücknahme der Anmeldung einer kollidierenden Marke.
5. **BPatG GRUR 1998, 65 – REXHAM**
   Zweifel über die Klassifizierung rechtfertigen keine Zurückweisung der Anmeldung.
6. **BGH WRP 1999, 430 – Farbmarke gelb/schwarz**
   Zur mittelbaren graphischen Wiedergabe einer Farbmarke.

## A. Bedeutung der Anmeldung (Bestimmtheitsgrundsatz)

**1** Die Entstehung des Markenschutzes ist in § 4 geregelt. Nach dieser Vorschrift entsteht Markenschutz durch die Eintragung eines Zeichens als Marke in das Markenregister (Nr. 1), durch Benutzung eines Zeichens bei Erwerb von Verkehrsgeltung als Marke (Nr. 2) oder durch die notorische Bekanntheit einer Marke im Sinne von Art. 6$^{bis}$ PVÜ (Nr. 3). Die drei Erwerbstatbestände stehen gleichberechtigt nebeneinander und können kumulativ gegeben sein. Die Entstehung des Markenschutzes durch die Eintragung eines Zeichens als Marke in das vom DPMA geführte Register nach § 4 Nr. 1 (s. zur Entstehung des Markenrechts durch Eintragung im einzelnen § 4, Rn 13 ff.) setzt die Anmeldung zur Eintragung einer Marke nach § 32 voraus. Der Markenschutz der eingetragenen Marke entsteht nicht schon mit der Anmeldung der Marke zur Eintragung in das Markenregister, sondern mit konstitutiver Wirkung erst aufgrund der Eintragung des Zeichens als Marke (*Eintragungsprinzip*). Die Priorität der Marke (Zeitrang) richtet sich aber nicht nach dem Tag der Eintragung der Marke in das Register, sondern nach dem Zeitrang der Anmeldung der Marke zur Eintragung in das Register (*Anmeldepriorität*). Mit dem Erwerb des Markenschutzes durch Eintragung wird dem Markeninhaber ein ausschließliches Recht nach § 14 Abs. 1 gewährt. Schon vor der Eintragung der Marke stehen dem Anmelder der Marke bestimmte Rechte zu. So bestimmt etwa der Anmeldetag die Priorität der Marke. Auf die durch die Anmeldung der Marke begründeten Rechte sind die Vorschriften über die Marke als Gegenstand des Vermögens (§§ 27 bis 30) schon anzuwenden (§ 31). Mit der Anmeldung zur Eintragung einer Marke entsteht ein *Markenanwartschaftsrecht* an dem Zeichen. Im registerrechtlichen Eintragungsverfahren gilt der *Bestimmtheitsgrundsatz* für die Anmeldung einer Marke zur Eintragung in das Markenregister. Form und Inhalt der Anmeldung müssen von Anfang an den Schutzgegenstand des Registerrechts eindeutig bestimmen. Auf dem Bestimmtheitsgrundsatz beruht der Grundsatz von der Unveränderlichkeit einer angemeldeten oder eingetragenen Marke (s. dazu § 45, Rn 8 f.).

## B. Voraussetzungen und Erfordernisse der Anmeldung

### I. Rechtsgrundlagen

**2** Die Erfordernisse der Anmeldung regelt das MarkenG in § 32. Teil 2 der *MarkenV* (§§ 2 bis 14 MarkenV) enthält mehrere Bestimmungen zur Form der Anmeldung (§ 2 MarkenV), zum Inhalt der Anmeldung (§ 3 MarkenV), zu den Markenformen (§ 6 MarkenV), Wortmarken (§ 7 MarkenV), Bildmarken (§ 8 MarkenV), dreidimensionalen Marken (§ 9 MarkenV), Kennfadenmarken (§ 10 MarkenV), Hörmarken (§ 11 MarkenV) und sonstigen Markenformen (§ 12 MarkenV), zur Anmeldung von Kollektivmarken § 4 MarkenV), zu den erforderlichen Angaben zum Anmelder und zu seinem Vertreter (§ 5 MarkenV) sowie zum Verzeichnis der Waren und Dienstleistung (§ 14 MarkenV). Es gelten weiter die allgemeinen Verfahrensvorschriften der MarkenV. Zu beachten sind die Vorschriften über die Verwendung von Formblättern (§ 63 MarkenV), über die Form der Anträge (§§ 64 bis 70 MarkenV) und über die Vertretung und Vollmacht (§§ 76 und 77 MarkenV). Die *MarkenanmeldungenRL* enthält Vorschriften zur sachgerechten Durchführung des Eintragungsverfahrens in Markenangelegenheiten, die einer Vereinheitlichung, Straffung, Beschleunigung und Gleichbehandlung des Verfahrens dienen. Teil II der MarkenanmeldungenRL behandelt die Eingangsbearbeitung im Eintragungsverfahren. Regelungsgegenstände sind die Erfassung der Anmeldung (Nr. 1), die Mindesterfordernisse der Anmeldung und die Fest-

Erfordernisse der Anmeldung  3  § 32 MarkenG

stellung des Anmeldetages (Nr. 2), die Klassifizierung zur Einordnung der Waren und Dienstleistungen in bestimmte Klassen der Klasseneinteilung (Nr. 3), die Anmeldegebühren und Klassengebühren (Nr. 4) sowie die Übermittlung einer Empfangsbescheinigung an den Anmelder (Nr. 5). Im Anmeldeverfahren sind *weiter zu beachten* das Formblatt zur Anmeldung einer Marke zur Eintragung in das Register (s. 4. Teil des Kommentars, II 2), das Merkblatt: Wie melde ich eine Marke an? (s. 4. Teil des Kommentars, II 3), die Mitteilung Nr. 16/94 des Präsidenten des DPA vom 16. Dezember 1994 über die Form der Darstellung von Hörmarken durch Sonagramm und ihre klangliche Wiedergabe gemäß § 11 Abs. 5 MarkenV (s. 4. Teil des Kommentars, II 4), die Klasseneinteilung von Waren und Dienstleistungen (s. 4. Teil des Kommentars, II 5), die Alphabetische Liste der Waren und Dienstleistungen nach dem Nizzaer Abkommen über die internationale Klassifikation von Waren und Dienstleistungen für die Eintragung von Marken (Internationale Klassifikation von Waren und Dienstleistungen für die Eintragung von Marken (Klassifikation von Nizza), Teil I, Deutsch/Englisch/Französische Liste von Waren und Dienstleistungen in alphabetischer Reihenfolge; Teil II, Deutsch/Französische Liste von Waren und Dienstleistungen in einer nach Klassen geordneten alphabetischen Reihenfolge, 7. Auflage, 1997, WIPO Veröffentlichungen Nr. 500.1 (G/E/F) und Nr. 500.2 (G/F)), das Formblatt zum Antrag auf Berichtigung von Fehlern in der Eintragung im Register, von Fehlern in der Veröffentlichung oder von Fehlern im Inhalt der Anmeldung (s. 4. Teil des Kommentars, II 19).

## II. Markenanmeldefähigkeit

### 1. Geschäftsfähigkeit des Anmelders

Von der Markenrechtsfähigkeit im Sinne des § 7 als der Fähigkeit, Rechtsinhaber einer  3
Marke zu sein, ist die Anmeldefähigkeit als die Fähigkeit zu unterscheiden, die Anmeldung zur Eintragung einer Marke in das Markenregister beim DPMA wirksam einreichen zu können. Die *Markenanmeldefähigkeit* verlangt Geschäftsfähigkeit des Anmelders als Wirksamkeitsvoraussetzung der Anmeldung, da die Anmeldung eine Willenserklärung im Verwaltungsverfahren darstellt. Die Geschäftsfähigkeit ist die Fähigkeit, Rechtsgeschäfte wirksam vorzunehmen (§§ 104 ff. BGB). Ein Wegfall der Geschäftsfähigkeit des Anmelders im Anmeldeverfahren beeinträchtigt die Wirksamkeit früherer Verfahrenshandlungen nicht. Für *geschäftsunfähige Personen* (§ 104 Nr. 1 und 2 BGB) sowie für *beschränkt geschäftsfähige Minderjährige* (§ 106 BGB) erfolgt die Anmeldung durch den *gesetzlichen Vertreter,* der zur Anmeldung einer Marke nicht der vormundschaftsgerichtlichen Genehmigung bedarf. Die *Anmeldung eines Geschäftsunfähigen* ist nichtig (§ 105 Abs. 1 BGB). Die Anmeldung eines beschränkt Geschäftsfähigen bedarf der Einwilligung (vorherige Zustimmung im Sinne des § 183 S. 1 BGB) des gesetzlichen Vertreters. Ein Minderjähriger ist für die in den §§ 112 und 113 BGB geregelten Rechtsgeschäfte (selbständiger Betrieb eines Erwerbsgeschäfts; Dienst- oder Arbeitsverhältnis) voll geschäftsfähig (*Teilgeschäftsfähigkeit*) und innerhalb des Geschäftskreises der Ermächtigung anmeldefähig; die Anmeldung ist durch eine Bescheinigung des Vormundschaftsgerichts nachzuweisen. Die Anmeldung für eine juristische Person des privaten oder öffentlichen Rechts (§ 7 Nr. 2) oder für eine Personengesellschaft (§ 7 Nr. 3) erfolgt durch deren *Vertretungsorgane* (Vorstand, Geschäftsführer). Die Anmeldung durch einen vertretungsberechtigten Gesellschafter im Gründungsstadium vor der Eintragung der Gesellschaft im Handelsregister erfolgt nicht für den Gesellschafter selbst, sondern bereits für die Gesellschaft (OLG Frankfurt GRUR 1960, 293). Wenn man die Markenrechtsfähigkeit der GbR ablehnt (s. zum Streitstand im einzelnen § 7, Rn 34 ff.), dann erfolgt die Anmeldung für die einzelnen Gesellschafter. Ein *Testamentsvollstrecker* besitzt die Markenanmeldefähigkeit für den Nachlaß. Ein *Insolvenzverwalter* besitzt die Markenanmeldefähigkeit für die Insolvenzmasse; der *Schuldner* besitzt die Markenanmeldefähigkeit für ein neu zu gründendes Unternehmen. Zur Insolvenzmasse gehört auch das durch die Anmeldung einer Marke begründete Recht (Markenanwartschaftsrecht). Wenn der Anmelder nach der Anmeldung in Insolvenz fällt, dann ist er hinsichtlich des zur Insolvenzmasse gehörenden Markenanwartschaftsrechts nicht mehr verfügungsberechtigt; der Insolvenzverwalter kann das Anmeldeverfahren fortsetzen und muß, wenn ein Bevollmächtigter bestellt war, eine neue Vollmacht erteilen (§ 117 Abs. 1 InsO; RPA BlPMZ 1902, 36).

## 2. Anmeldung durch mehrere Personen

**4** Die Anmeldung zur Eintragung einer Marke für mehrere Personen erfolgt entweder *gemeinschaftlich* durch die mehreren Personen oder durch einen *gemeinsamen Vertreter* für die mehreren Personen. Wenn man die Markenrechtsfähigkeit der GbR nicht anerkennt (s. zum Streitstand im einzelnen § 7, Rn 34 ff.), dann hat die Anmeldung zur Eintragung einer Marke für alle Gesellschafter der GbR zu erfolgen. Wenn die Anmeldung für die mehreren Personen ohne gemeinsamen Vertreter gemeinschaftlich erfolgt, dann ist nach § 73 Abs. 1 S. 1 MarkenV anzugeben, welche dieser Personen als *Zustellungsbevollmächtigter* und *Empfangsbevollmächtigter* für alle Beteiligten bestimmt ist. Wenn eine solche Angabe fehlt, dann gilt nach § 73 Abs. 1 S. 2 die Person als Zustellungsbevollmächtigter und Empfangsbevollmächtigter, die als erste genannt ist.

## 3. Anmeldung durch Vertreter oder Inlandsvertreter

**5** Nach § 76 Abs. 1 S. 1 kann sich ein Beteiligter in jeder Lage des Eintragungsverfahrens durch einen *Bevollmächtigten* vertreten lassen. Für Anmelder mit Wohnsitz, Sitz oder Niederlassung im Inland besteht kein Anwaltszwang.

**6** Anmelder, die im Inland weder einen Wohnsitz oder Sitz noch eine Niederlassung haben, bedürfen zur Anmeldung eines *Inlandsvertreters* (Rechtsanwalt, Patentanwalt) nach § 96 Abs. 1. Wenn ein Inlandsvertreter als notwendiger Vertreter nicht alsbald nach der Anmeldung bestimmt wird oder sein Mandat entfällt, wird der Anmelder unter Fristsetzung zur Bestellung eines Inlandsvertreters aufgefordert mit dem Hinweis, daß bei nicht fristgerechter Bestellung eines Anwalts als Vertreter die Anmeldung zurückgewiesen wird (MarkenanmeldungenRL III 3 b). Das DPMA fügt dieser Aufforderung eine Liste von inländischen Anwälten bei. Bei der Zustellung der Aufforderung wird § 94 Abs. 1 Nr. 1 beachtet (s. dazu BGH GRUR 1993, 476 – Zustellungswesen).

**7** Wenn die Anmeldung durch einen Vertreter erfolgt, dann bestimmen sich die *Angaben zum Vertreter* nach § 5 Abs. 6 MarkenV entsprechend den zum Anmelder erforderlichen Angaben nach § 5 Abs. 1 und 2 MarkenV. Der *Nachweis der Vollmacht* bestimmt sich nach § 77 MarkenV. Der *Mangel der Vollmacht* kann in jeder Lage des Verfahrens geltend gemacht werden (§ 77 Abs. 4 S. 1 MarkenV). Das Fehlen einer Vollmacht oder Mängel der Vollmacht werden von Amts wegen nicht berücksichtigt, wenn ein Rechtsanwalt (Mitglied einer Rechtsanwaltskammer), ein Patentanwalt, ein Erlaubnisscheininhaber oder in den Fällen des § 155 der PatAnwO ein Patentassessor als Bevollmächtigter auftritt (§ 77 Abs. 4 S. 2 MarkenV).

**8** Wenn als Vertreter nicht ein Rechtsanwalt, Patentanwalt, Erlaubnisscheininhaber oder in den Fällen des § 55 PatAnwO ein Patentassessor auftritt oder wenn in anderen Fällen einer Vertretung der Mangel der Vollmacht geltend gemacht wird, dann haben die Bevollmächtigten eine vom Auftraggeber unterschriebene *Vollmachtsurkunde* einzureichen (§ 77 Abs. 1 S. 1 MarkenV). Die Vollmacht kann sich auf mehrere Anmeldungen oder auf mehrere eingetragene Marken oder auf mehrere Verfahren erstrecken (§ 77 Abs. 2 S. 1 MarkenV); die Prüfung der Vollmacht ist in allen Akten zu vermerken, in denen sich die Vollmachtsurkunde nicht befindet. Vollmachtsurkunden müssen auf prozeßfähige, mit ihrem bürgerlichen Namen bezeichnete Personen lauten (§ 77 Abs. 3 S. 1 MarkenV). Die Vollmachtsurkunde muß den Aussteller genau bezeichnen; der Aussteller muß mit der Bezeichnung des Anmelders übereinstimmen. Eine Vollmacht kann speziell nur für die Anmeldung zur Eintragung der Marke als solche oder aber allgemein für das ganze Eintragungsverfahren erteilt werden. Eine für das ganze Eintragungsverfahren erteilte Vollmacht berechtigt im Zweifel auch zur Rücknahme der Anmeldung (RPA BlPMZ 1911, 310). Die Vollmacht kann sich auch als allgemeine Vollmacht auf die Bevollmächtigung zur Vertretung in allen Markenangelegenheiten erstrecken (§ 77 Abs. 2 S. 2 MarkenV); aufgrund der Mitteilung Nr. 9/94 des Präsidenten des DPA über die Hinterlegung allgemeiner Vollmachten und Angestelltenvollmachten bei dem DPA vom 4. August 1994 (s. 4. Teil des Kommentars, II 11) muß sich eine allgemeine Vollmacht jedoch auf alle Angelegenheiten erstrecken, die zum Geschäftsbereich des DPMA gehören. Hat das DPMA dem Vertreter die Nummer einer allgemeinen Vollmacht zugeteilt, so soll diese angegeben werden (§ 5 Abs. 6 S. 2 MarkenV).

## III. Einreichung der Anmeldung (§ 32 Abs. 1)

Die Anmeldung zur Eintragung einer Marke in das Register ist beim DPMA einzureichen (§ 32 Abs. 1). Die *Erfassung der Anmeldung* in den Annahmestellen des DPMA in München, Jena und Berlin erfolgt dadurch, daß auf den Markenanmeldungen der Tag des Eingangs in der Regel durch Datumsperforierung vermerkt wird (§ 22 Abs. 1 MarkenV). Die Annahmestelle in München vergibt jeweils ein Aktenzeichen (§ 22 Abs. 1 MarkenV). Anschließend werden sämtliche Daten der Anmeldungen in der zentralen Eingangsbearbeitung erfaßt. Den Geschäftskreis der Markenstellen bestimmt der Präsident des DPMA (§ 9 DPMAV). Die *Zuständigkeit der Markenstellen* zur Durchführung der Verfahren in Markenangelegenheiten (§ 56 Abs. 1) richtet sich nach den vom DPMA festgelegten *Leitklassen der Klassifizierung* (§§ 23 Abs. 2; 18 Nr. 19 MarkenV). Für jede Klasse der Klasseneinteilung besteht eine eigene Markenstelle. Die Bezeichnung der zuständigen Markenstelle lautet: „Markenstelle für Klasse ...".

## IV. Form der Anmeldung (§ 2 MarkenV)

Die Anmeldung zur Eintragung einer Marke soll unter Verwendung des vom DPMA herausgegebenen *Formblatts* eingereicht werden (§ 2 Abs. 1 MarkenV). Anstelle des Formblatts kann eine Kopie des Formblatts oder ein Formblatt gleichen Inhalts und vergleichbaren Formats wie etwa ein mittels elektronischer Datenverarbeitung erstelltes oder bearbeitetes Formblatt verwendet werden (§ 63 Abs. 1 S. 2 MarkenV). Das Formblatt soll so ausgefüllt sein, daß es eine maschinelle Erfassung und Bearbeitung gestattet (§ 63 Abs. 2 MarkenV). Die Anmeldung kann erfolgen durch unterschriebene Originale (§ 64 MarkenV), durch Übermittlung des unterschriebenen Originals durch Telekopierer (§ 65 MarkenV) oder durch Übermittlung durch Telegramm, Telex oder ähnliche Formen der Datenübermittlung (§ 66 MarkenV). Die Unterschrift unter das Original der Anmeldung hat durch den Anmelder oder seinen gesetzlichen oder gewillkürten Vertreter eigenhändig zu erfolgen (§ 126 BGB). Ein Faksimilestempel genügt nicht (zur Rechtslage im WZG *Baumbach/Hefermehl*, § 2 WZG, Rn 8; *Busse/Starck*, § 2 WZG, Rn 4). Eine fehlende Unterschrift ist ohne Verlust des Zeitvorrangs nachholbar, falls feststeht, daß die Anmeldung vom Anmelder herrührt (BPatGE 4, 16). Für jede Marke, die für Waren und für Dienstleistungen angemeldet werden kann (§ 2 Abs. 2 MarkenV), ist eine gesonderte Anmeldung erforderlich (§ 2 Abs. 3 MarkenV).

Für das Einreichen von Anmeldungen können auch in deutscher Sprache ausgefüllte *fremdsprachige Formblätter* verwendet werden, wenn sie international standardisiert sind und nach Form und Inhalt den deutschsprachigen Formblättern entsprechen (§ 67 Abs. 1 S. 1 MarkenV). Anmeldungen sind auch in *fremden Sprachen* zulässig (§ 68 Abs. 1 MarkenV). Innerhalb eines Monats ab Eingang der Anmeldung beim DPMA ist eine deutsche Übersetzung des fremdsprachigen Inhalts der Anmeldung wie insbesondere des Verzeichnisses der Waren und Dienstleistungen einzureichen (§ 68 Abs. 2 S. 1 MarkenV). Die Übersetzung muß von einem Rechtsanwalt oder Patentanwalt beglaubigt oder von einem öffentlich bestellten Übersetzer angefertigt sein (§ 68 Abs. 2 S. 2 MarkenV).

## V. Inhalt der Anmeldung (§ 32 Abs. 2 und 3)

### 1. Bedeutung der verschiedenen Anmeldungserfordernisse

Der Zeitrang einer angemeldeten oder eingetragenen Marke bestimmt sich nach § 6 Abs. 2 MarkenV grundsätzlich nach dem Anmeldetag des § 33 Abs. 1. § 32 Abs. 2 bestimmt die *formellen Mindesterfordernisse*, die eine Anmeldung zur Eintragung einer Marke enthalten muß, um eine Feststellung des Anmeldetages zu ermöglichen. Bei diesen Mindesterfordernissen handelt es sich um die *Angaben zur Feststellung der Identität des Anmelders* (Nr. 1), eine *Wiedergabe der Marke* (Nr. 2) und ein *Verzeichnis der Waren oder Dienstleistungen*, für die die Eintragung beantragt wird (Nr. 3). Die Anmeldung muß nach § 32 Abs. 3 den *weiteren An-*

**MarkenG § 32** 13, 14                                                              Erfordernisse der Anmeldung

*meldungserfordernissen* entsprechen, die in § 3 MarkenV bestimmt sind. Auch diese weiteren Anmeldungserfordernisse müssen erfüllt sein, um einen Anspruch auf Eintragung nach § 33 Abs. 2 zu begründen. Der Zuerkennung des die Priorität begründenden Anmeldetags genügt aber, wenn die Mindesterfordernisse des § 32 Abs. 2 erfüllt sind (§ 33 Abs. 2). Die Erfordernisse für die Zuerkennung eines Anmeldetages sind der Disposition des Verordnungsgebers mangels Ermächtigungsgrundlage entzogen (BPatGE 36, 241 – INDIKATIV SWF-3; BPatG GRUR 1997, 60 – SWF-3 NACHRICHTEN; 1997, 134 – Anmeldetag). Nach dem Eingang der Anmeldung prüft deshalb die zentrale Eingangsbearbeitung der Markenstellen nach § 36 Abs. 1 Nr. 1 zunächst, ob die Anmeldung der Marke den *Erfordernissen für die Zuerkennung eines Anmeldetages* nach § 33 Abs. 1 genügt, indem sie die Mindesterfordernisse der Anmeldung nach § 32 Abs. 2 Nr. 1 bis 3 erfüllt. Der hinreichenden Bestimmtheit einer Hörmarke zur Begründung des Anmeldetags genügt nicht, wenn in der graphischen Wiedergabe die Abfolge von Bestandteilen der Marke offenbleibt (BPatGE 36, 241 – INDIKATIV SWF-3; BPatG GRUR 1997, 60 – SWF-3 NACHRICHTEN; 1997, 134 – Anmeldetag).

**2. Mindesterfordernisse der Anmeldung (§ 32 Abs. 2) und weitere Anmeldungserfordernisse (§ 32 Abs. 3)**

13    **a) Angaben zur Identität des Anmelders (§ 32 Abs. 2 Nr. 1).** Die *Angaben zur Identität des Anmelders* nach § 32 Abs. 2 Nr. 1 gehören zu den formellen Mindesterfordernissen der Anmeldung, deren Vorliegen für die *Zuerkennung eines Anmeldetages* im Sinne des § 33 Abs. 1 nach § 36 Abs. 1 Nr. 1 erforderlich ist. Die Angaben müssen es dem DPMA erlauben, die Identität des Anmelders festzustellen. Wenn die Angaben zur Feststellung der Identität des Anmelders nicht genügen, dann kann der Anmelder den festgestellten Mangel innerhalb einer vom DPMA bestimmten Frist beseitigen. Wenn die Beseitigung des Mangels erfolgt, dann wird nach § 36 Abs. 2 S. 2 als Anmeldetag nur der Tag zuerkannt, an dem der festgestellte Mangel beseitigt worden ist. Wenn der Anmelder den Mangel nicht fristgerecht beseitigt, dann gilt nach § 36 Abs. 2 S. 1 die Anmeldung als nicht eingereicht. Über die Angaben zur Feststellung der Identität des Anmelders hinaus muß die Anmeldung *weitere Angaben zum Anmelder* enthalten, die sich im einzelnen aus § 5 Abs. 1 bis 5 MarkenV ergeben. Diese Angaben betreffen namentlich Name und Firma, Anschrift und Postanschrift sowie Nummern und Anschlüsse zur Telekommunikation und elektronischen Datenübermittlung des Anmelders. Bei diesen Angaben handelt es sich um weitere Anmeldungserfordernisse im Sinne des § 32 Abs. 3, deren Vorliegen zwar nicht für die Zuerkennung des Anmeldetages im Sinne des § 33 Abs. 1 erheblich ist, die aber in einer vollständigen Anmeldung enthalten sein müssen. Wenn die Anmeldung bei diesen weiteren Anmeldungserfordernissen im Sinne des § 32 Abs. 3 Mängel aufweist, dann kann der Anmelder diese Mängel innerhalb einer vom DPMA bestimmten Frist beseitigen. Wenn die Firma eines ausländischen Anmelders keinen Zusatz der Gesellschaftsform wie etwa Ltd., Inc., S. A. oder B. V. enthält, dann fordert das DPMA den Anmelder auf, die Rechtsform seines Unternehmens mitzuteilen. Für Unternehmen, deren Rechtsform einer GbR entspricht, sind die Gesellschafter als Anmelder zu benennen (zum Streitstand zur Markenrechtsfähigkeit der GbR s. Rn 3; § 7, Rn 34 ff.). Wenn die Mängel innerhalb dieser Frist beseitigt werden, dann entspricht die Anmeldung den Anmeldungserfordernissen und kann die Eintragung mit der Zuerkennung des Anmeldetages im Sinne des § 33 Abs. 1 erfolgen. Wenn die Mängel nicht fristgemäß beseitigt werden, dann wird die Anmeldung vom DPMA nach § 36 Abs. 4 zurückgewiesen.

14    **b) Wiedergabe der Marke (§ 32 Abs. 2 Nr. 2). aa) Grundsatz.** Die in der Anmeldung enthaltene *Wiedergabe der Marke* nach § 32 Abs. 2 Nr. 2 gehört zu den formellen Mindesterfordernissen der Anmeldung, deren Vorliegen für die *Zuerkennung eines Anmeldetages* im Sinne des § 33 Abs. 1 nach § 36 Abs. 1 Nr. 1 erforderlich ist. Nur die Wiedergabe der Marke als solche ist ein für die Zuerkennung des Anmeldetages im Sinne des § 33 Abs. 1 erhebliches Anmeldungserfordernis. Die Wiedergabe der Marke bedeutet, daß das als Marke schutzfähige Zeichen im Sinne des § 3 Abs. 1 anzugeben ist. Die Art der Wiedergabe der Marke als solche entspricht den Angaben zur Markenform im Sinne des § 6 MarkenV. Nach dieser Vorschrift ist in der Anmeldung anzugeben, ob die Marke als *Wortmarke, Bildmarke,*

Erfordernisse der Anmeldung  15–18  § 32 MarkenG

*dreidimensionale Marke, Kennfadenmarke, Hörmarke* oder *sonstige Markenform* in das Register eingetragen werden soll. Wenn ein Mangel bei der Wiedergabe der Marke als solcher festgestellt wird, setzt das DPMA dem Anmelder eine bestimmte Frist zur Beseitigung des Mangels. Wenn der Anmelder den Mangel fristgemäß beseitigt, dann erkennt das DPMA nach § 36 Abs. 2 S. 2 als Anmeldetag nur den Tag zu, an dem der festgestellte Mangel beseitigt worden ist. Wenn der Mangel nicht fristgemäß beseitigt wird, dann gilt die Anmeldung als nicht eingereicht. Über das Mindesterfordernis der Wiedergabe der Marke als solche hinaus bestehen *weitere Anmeldungserfordernisse* nach § 32 Abs. 3, die sich aus den §§ 6 bis 13 MarkenV ergeben. Wenn bei diesen weiteren Angaben zur Markenform Mängel festgestellt werden, dann erhält der Anmelder vom DPMA eine bestimmte Frist zur Beseitigung der Mängel. Wenn die Mängel vom Anmelder fristgemäß beseitigt werden, dann entspricht die Anmeldung den Anmeldungserfordernissen und erfolgt die Eintragung mit dem Anmeldetag im Sinne des § 33 Abs. 1. Wenn die Mängel nicht fristgemäß beseitigt werden, dann weist das DPMA die Anmeldung nach § 36 Abs. 4 zurück.

Die weiteren Anmeldungserfordernisse im Sinne des § 32 Abs. 3 hinsichtlich der Wiedergabe der Marke ergeben sich aus den Vorschriften der §§ 6 bis 13 MarkenV. Die Angaben zur Markenform im Sinne des § 6 MarkenV entsprechen schon der Art der Wiedergabe der Marke als eines schutzfähigen Zeichens nach § 3 Abs. 1 und damit dem Mindesterfordernis des § 32 Abs. 2 Nr. 2. Im übrigen sind die in der MarkenV aufgestellten Erfordernisse als weitere Anmeldungserfordernisse im Sinne des § 32 Abs. 3 zu beachten.  15

**bb) Wortmarken (§ 7 MarkenV).** Dem Mindesterfordernis der Wiedergabe der Marke im Sinne des § 32 Abs. 2 Nr. 2 genügt die Angabe in der Anmeldung, die Marke *als Wortmarke* einzutragen (§ 6 Nr. 1 MarkenV; zu der Markenform der Wortmarke s. im einzelnen § 3, Rn 240 ff.). Die weiteren Anmeldevoraussetzungen für die Eintragung einer Wortmarke ergeben sich aus § 7 MarkenV. Der Anmelder einer Wortmarke hat anzugeben, ob die Marke in der vom DPMA verwendeten *üblichen Druckschrift* eingetragen werden soll. Wenn eine solche Angabe erfolgt, dann ist die Marke in üblichen Schriftzeichen (Buchstaben, Zahlen oder sonstige Zeichen) wiederzugeben. Die vom DPMA verwendete übliche Druckschrift umfaßt auch alle üblichen Schriftzeichen, die nicht aus Buchstaben oder Zahlen bestehen (etwa ., ;, :, +, –, &, !, ?). Wenn der Anmelder die Eintragung einer Wortmarke in einer *besonderen Schreibweise, Schriftanordnung* oder *Schriftgestaltung* beantragt, dann hat er ein *entsprechendes Schriftmuster* einzureichen. In Betracht kommen etwa die Schreibweise in Großbuchstaben oder Kleinbuchstaben, sei es für alle Buchstaben der Wortmarke, sei es nur für bestimmte Buchstaben der Wortmarke, auch die mehrzeilige Anordnung der Wortmarke. Zusammengesetzte Wortmarken gelten als sonstige Markenformen im Sinne des § 12 MarkenV. Nach dieser Vorschrift sind bei sonstigen Markenformen der Anmeldung vier übereinstimmende zweidimensionale graphische Wiedergaben der Marke beizufügen. Diese Vorschrift sollte auch auf Wortmarken angewendet werden, bei denen der Anmelder angibt, daß die Marke nicht in der vom DPMA verwendeten üblichen Druckschrift eingetragen werden soll. Wortmarken sind unabhängig von der Schriftart geschützt, wenn nicht die eigenartige Ausgestaltung des Schriftbilds der Wortmarke (*Markendesign*) das Zeichen zu einer Bildmarke macht. Für eine vom Anmelder gewählte graphische Wiedergabe einer Wortmarke im Sinne des § 7 MarkenV gilt dann als weitere Anmeldungsvoraussetzung die Regelung des § 8 MarkenV über Bildmarken (s. Rn 18 f.).  16

Wortmarken, die eine Farbe wiedergeben, kommt die Bedeutung des Wortes als Wortmarke keine selbständige Bedeutung als einer Farbbezeichnung zu, da die Wortmarke nur auf die tatsächlich benutzte Farbe hinweist (so für die zusammengesetzte Wortmarke *Blau-Gold* RG MuW 1931, 623).  17

**cc) Bildmarken (§ 8 MarkenV). (1) Arten von Bildmarken.** Dem Mindesterfordernis der Wiedergabe der Marke im Sinne des § 32 Abs. 2 Nr. 2 genügt die Angabe in der Anmeldung, die Marke *als Bildmarke* einzutragen (§ 6 Nr. 2 MarkenV; zu der Markenform der Bildmarke s. im einzelnen § 3, Rn 256 ff.). Die weiteren Anmeldungsvoraussetzungen für die Eintragung einer Bildmarke ergeben sich aus § 8 MarkenV. Diese Vorschrift gilt nicht nur für die Anmeldung einer Bildmarke als solcher, sondern auch für die graphische Wiedergabe einer Wortmarke, für zweidimensionale Wortbildmarken und für eine Marke, die in Farbe eingetragen werden soll. Bei der Anmeldung einer Marke im Sinne des  18

1221

§ 8 MarkenV sind der Anmeldung vier übereinstimmende zweidimensionale graphische Wiedergaben der Marke beizufügen (§ 8 Abs. 1 S. 1 MarkenV). Wenn die Marke in Farbe eingetragen werden soll, dann sind die Farben zusätzlich in der Anmeldung zu bezeichnen (§ 8 Abs. 1 S. 2 MarkenV). Die Anmeldung der Bildmarke im Sinne des § 8 MarkenV kann eine Beschreibung der Marke enthalten (§ 8 Abs. 5 MarkenV). Die Art der Wiedergabe der Marke bestimmt sich im übrigen nach § 8 Abs. 2 bis 4 MarkenV.

**19** Der Umfang des Markenschutzes einer Bildmarke bestimmt sich zwar grundsätzlich nach der im Register eingetragenen Markenform. Die Bildmarke ist aber auch für eine Benutzung einer solchen Markenform geschützt, die die wesentlichen Bildelemente der eingetragenen Markenform wiedergibt (BGH GRUR 1958, 610 – Zahnrad).

**20** **(2) Farbige Eintragungen.** Eine Marke wird *grundsätzlich in schwarz auf weißem Grund* eingetragen. Da sich im allgemeinen die bildliche Darstellung einer Marke durch eine andere Farbgebung nicht ändert, erstreckt sich der Schutzumfang einer Schwarzweißmarke auf alle Farben (RGZ 82, 243, 246 – Rotes Dreieck; RG GRUR 1937, 1097, 1100 – Druckknopfkarte; BGH GRUR 1956, 183 – Drei-Punkt-Urteil; BGHZ 24, 257, 260 – Tintenkuli). Die in schwarz auf weißem Grund eingetragene Marke kann der Markeninhaber nach seiner Wahl farblos oder farbig benutzen. Wenn etwa ein *weißer Punkt auf schwarzem Grund* als Marke für Tabakspfeifen eingetragen ist, dann umfaßt der Markenschutz auch einen *schwarzen Punkt auf weißem Grund* (RGZ 141, 110 – The White Spot). Der Schutzumfang eines *farblosen Drei-Punkte-Zeichens* erstreckt sich auch auf *drei farbige Punkte*, auch wenn durch die farbige Gestaltung der Marke die Punkte noch wirkungsvoller hervortreten, die Marke dadurch aber nicht zu einer abweichenden Bildmarke umgestaltet wird (BGH GRUR 1956, 183, 185 – Drei-Punkt-Urteil). Die unterschiedliche Färbung eines Zeichenbildes wird regelmäßig die Markenform nicht verändern. Wenn durch die Färbung des Zeichenbildes allerdings bisher unwesentliche Zeichenbestandteile als charakteristische Merkmale der Marke erscheinen läßt, dann erstreckt sich der Schutzumfang der eingetragenen Markenform nicht mehr auf das durch die Farbgebung veränderte Zeichenbild (BGH GRUR 1956, 183, 185 – Drei-Punkt-Urteil; 1957, 553, 556 – Tintenkuli; zu der teils widersprüchlichen Rechtsprechung des BPatG zur farbigen Ausgestaltung von Wort- und Bildmarken s. § 8, Rn 88a). Wegen dieser Beschränkung des Schutzumfangs der Marke auf die eingetragene Markenform kann ein Interesse des Anmelders bestehen, daß die Marke in Farbe eingetragen werden soll (zu der Markenform der Farbmarke s. im einzelnen § 3, Rn 265 ff.).

**21** Die Eintragung einer farbigen Markenform in das Register setzt voraus, daß der Anmelder angibt, daß die Marke *in Farbe* eingetragen werden soll (§ 8 Abs. 1 S. 1 MarkenV). Die farbige Eintragung einer Marke ist von der Farbmarke als einer eigenen Markenform zu unterscheiden (zur Farbmarke s. Rn 30a). Ohne eine solche Angabe wird die Marke auch bei Einreichung einer farbigen Darstellung der Marke in der Anmeldung nur in schwarz auf weißem Grund eingetragen. Die Farbe oder Farbkombination der Marke, deren Eintragung der Anmelder beantragt, ist genau zu bestimmen. Zu unbestimmt ist die Angabe, die Marke sei in *einer Farbe* in Verbindung mit *jeder anderen beliebigen Farbe* einzutragen (LG Hamburg GRUR 1956, 421). Auch die Angabe, die Eintragung solle sich auf die Benutzung bunter Zeichenformen der eingetragenen Marke erstrecken, ist unzulässig (s. schon RPA MuW 1932, 358). Die Farben sollen mit einfachen üblichen Farbennamen wie rot, grün oder blau in der Reihenfolge ihres Gewichtes im Gesamteindruck bezeichnet werden. Enthält die farbige Marke mehr als vier Farben, so reicht es aus, die den Gesamteindruck hauptsächlich prägenden Farben zu benennen, wie etwa mit der Angabe *hauptsächlich: rot-grün-blau* (MarkenanmeldungenRL III 3 c).

**22** Der Bezeichnung der Farben in der Anmeldung nach § 8 Abs. 1 S. 2 MarkenV kommt für den Schutzumfang der Marke nur eine *deklaratorische* Bedeutung zu. Die Wiedergabe der *farbigen Markenform in Farbtönen und Ausführung* im Sinne des § 8 Abs. 2 MarkenV bildet die Grundlage des Markenschutzes auf Grund der Eintragung im Register (so schon zur Rechtslage im WZG *Baumbach/Hefermehl*, § 2 WZG, Rn 22). Die Beschreibung der Farbgebung durch die Bezeichnung der Farben erläutert klarstellend den Schutzinhalt der farbigen Marke, ohne den Markenschutz der aufgrund der Wiedergabe der Farbe eingetragenen Marke durch Ausdehnung auf andere Farben oder Farbkombinationen zu erweitern. Die Anmeldung einer Marke in Farbe begründet den Markenschutz nur für eine bestimmte Farbtönung und Ausführung; eine andere Farbtönung und Ausführung bedarf einer eigenen

Erfordernisse der Anmeldung  23–25  § 32 MarkenG

Anmeldung der Marke in dieser Farbe (DPA BlPMZ 1957, 123 – Oetker-Packung). Der Schutzumfang einer eingetragenen Marke mit *farbigen Punkten* oder *farbigen Streifen* erstreckt sich grundsätzlich nur auf die *einheitliche Färbung dieser konkreten Musterung*, nicht aber auch auf solche farbigen Musterungen, die gerade durch eine Mehrheit verschiedener Farben gebildet werden (BPatGE 1, 194 – Kabelmarkierung). Die Beschreibung der farbigen Marke durch die Bezeichnung der Farben in der Anmeldung begründet keine Ausdehnung des Markenschutzes über die Wiedergabe der Farbe in Farbtönen und Ausführung hinaus.

Wie eine in schwarz auf weißem Grund eingetragene Marke ist auch eine Marke, die in  **23** Farbe eingetragen wird, grundsätzlich für alle Farben geschützt (so schon zur Rechtslage im WZG *Baumbach/Hefermehl*, § 2 WZG, Rn 22). Dieser Grundsatz beruht darauf, daß die Unterscheidungskraft einer Marke regelmäßig nicht auf der Farbe der Marke beruht. Die Eintragung einer Marke in Farbe erweitert den Schutzumfang der Marke im Vergleich zu der Eintragung einer Marke in schwarz auf weißem Grund aber dann, wenn die Farbgebung das Markenbild derart bestimmt, daß die aufgrund der Farbgebung bestehenden charakteristischen Bildwirkung Unterscheidungskraft für die Marke zukommt (s. dazu RGZ 82, 243 – Rotes Dreieck; RG GRUR 1937, 1097, 1110 – Druckknopfkarte; BGH GRUR 1956, 183, 185 – Drei-Punkt-Urteil; BGHZ 24, 257, 260 – Tintenkuli). Die Eintragung einer Marke in Farbe ist nur dann sinnvoll, wenn die Farbgebung die Unterscheidungskraft der Marke bestimmt.

Während sich der Schutzumfang sowohl einer schwarz auf weißem Grund als auch einer  **24** in Farbe eingetragenen Marke grundsätzlich auf alle Farben erstreckt, beschränkt sich der Schutzumfang der benutzten Marke im Sinne des § 4 Nr. 2 nur auf die konkrete Farbe oder Farbkombination, für die das Zeichen innerhalb beteiligter Verkehrskreise als Marke Verkehrsgeltung erworben hat (s. dazu schon nach der Rechtslage im WZG RG GRUR 1938, 607 – Luhn-Streifen; 1939, 841 – Mauxion-Waldbaur; BGH GRUR 1953, 40 – Gold-Zack). Wenn ein ursprünglich schutzunfähiger Zeichenbestandteil in einer bestimmten Farbe Verkehrsgeltung erlangt, wie etwa der *Rotring eines Füllhalters*, dann handelt es sich nicht um den Schutz des Zeichenbestandteils der eingetragenen Marke (so wohl BGHZ 24, 257, 260 – Tintenkuli), sondern einen Markenschutz durch den Erwerb von Verkehrsgeltung im Sinne des § 4 Nr. 2 an dem Ring in roter Farbe (so zum Ausstattungsschutz des § 25 WZG *Heydt*, GRUR 1957, 557). Wenn sich die Verkehrsgeltung nicht nur auf einen Ring in roter Farbe bezieht, sondern auf einen farbigen Ring als solchen, dann erstreckt sich auch der Markenschutz durch Benutzung auf alle Farben (*Baumbach/Hefermehl*, § 2 WZG, Rn 23).

**(3) Einschränkung des Schutzbereichs von farbigen Marken.** Der Anmelder kann  **25** die Eintragung einer Marke in Farbe auf eine bestimmte Farbe oder eine bestimmte Farbkombination in der Beschreibung der Marke nach § 8 Abs. 5 MarkenV (zur zulässigen Beschreibung von Marken s. Rn 44 ff.) beschränken. Aufgrund dieser Beschränkung besteht der Markenschutz der farbigen Markenform nicht für Ausführungen der Marke in anderen Farben oder Farbkombinationen. Zulässig ist eine solche Beschränkung des Farbenschutzes nicht nur bei in Farbe eingetragenen Marken (zu *roten Streifen auf blauem Etikett* RGZ 69, 376, 377; zu *abwechselnd weiß und gelb gefärbten Kennfäden* RGZ 155, 108, 114; zu *hellblauen Querstreifen in schwarzer Beschriftung* RG GRUR 1937, 1097, 1110 – Druckknopfkarte), sondern auch für in schwarz auf weißem Grund eingetragene Marken (BGHZ 24, 257, 261 – Tintenkuli; DPA BlPMZ 1957, 123, 125 – Oetker-Packung; *Busse*, GRUR 1927, 211; undeutlich RGZ 141, 110 – The white spot). Es besteht kein Anlaß, einem Anmelder Markenschutz in einem Umfang zu gewähren, den er nicht beansprucht. Für den Anmelder kann ein schutzwürdiges Interesse bestehen, den Markenschutz auf eine bestimmte Farbe oder Farbkombination zu beschränken. Eine Beschränkung des Schutzumfangs kann dann geboten sein, wenn eine Marke in ihrer figürlichen Gestaltung als solcher nicht oder nur wenig unterscheidungskräftig ist und die Schutzfähigkeit des Zeichens als Marke erst aufgrund der Farbgebung begründet oder zumindest verstärkt wird. Beispiele aus der Entscheidungspraxis sind *Farbstreifen an Glasröhren* (RPA MuW 1931, 174), *mehrfarbige Streifen an Webkanten bei Stoffen* (RPA MuW 1931, 175). Wenn ein als Marke im Sinne des § 3 schutzfähiges Zeichen wegen Bestehens eines absoluten Schutzhindernisses nach § 8 Abs. 2 Nr. 1 bis 3 von der Eintragung ausgeschlossen ist, dann kann das absolute Schutzhindernis aufgrund des Erwerbs von Verkehrsdurchsetzung nach § 8 Abs. 3 überwunden und die

Eintragungsfähigkeit begründet werden. Wenn die Verkehrsdurchsetzung der Marke nur für eine bestimmte Farbe oder Farbkombination besteht, dann bedarf es zur Eintragung der Marke einer Beschränkung des Schutzumfangs auf die konkrete Farbe oder Farbkombination. Auch kann die Benutzung einer Marke in einer bestimmten Farbe oder Farbkombination, wie etwa bei dem *Genfer Kreuz* oder *Schweizer Wappen,* unzulässig sein (s. dazu BGH GRUR 1957, 553, 555 – Tintenkuli; s. zu den Kreuzmarken § 8, Rn 368). Eine Einschränkung des Schutzumfangs von farbigen Markenformen kann vor allem deshalb geboten sein, um eine Abgrenzung zwischen kollidierenden Marken zu ermöglichen. Wenn etwa der Schutzumfang einer Bildmarke auf die bestimmte Farbkombination von gelb, braun und rot eingeschränkt ist, dann besteht Markenschutz gegen eine Benutzung der Marke in einer abweichenden Farbkombination nur dann, wenn das Markenbild seinem Gesamteindruck nach das Zusammenspiel verschiedener brauner Farbtönungen mit rot erkennen läßt und dadurch die Gefahr von Verwechslungen mit der eingetragenen Marke in farblicher Hinsicht begründet (BGH GRUR 1963, 423, 426 – coffeinfrei). Wenn die der Anmeldung beigefügte Beschreibung einer schwarz-weiß eingetragenen Marke *Füllhalter mit umlaufendem Ring* dahin lautet, der Ring sei *rot* gefärbt, dann besteht der Markenschutz allein für die Darstellung eines Füllhalters mit *rotgefärbtem Ring* (BGHZ 24, 257, 261 – Tintenkuli). Wenn die Einschränkung des Schutzumfangs einer farbigen Marke auf mehrere Farben oder Farbkombinationen nebeneinander und unabhängig voneinander beschränkt werden soll, dann bedarf es mehrerer Anmeldungen getrennt voneinander, da es sich um verschiedene Marken handelt.

**26** **dd) Dreidimensionale Marken (§ 9 MarkenV).** Dem Mindesterfordernis der Wiedergabe der Marke im Sinne des § 32 Abs. 2 Nr. 2 genügt die Angabe in der Anmeldung, die Marke *als dreidimensionale Marke* einzutragen (§ 6 Nr. 3 MarkenV; zu der Markenform der dreidimensionalen Marke s. im einzelnen § 3, Rn 263 f.). Die weiteren Anmeldungserfordernisse für die Eintragung einer dreidimensionalen Marke ergeben sich aus § 9 MarkenV. Der Anmeldung sind vier übereinstimmende zweidimensionale graphische Wiedergaben der Marke beizufügen (§ 9 Abs. 1 S. 1 MarkenV). Es können Darstellungen von bis zu sechs verschiedenen Ansichten eingereicht werden (§ 9 Abs. 1 S. 2 MarkenV). Die Eintragung einer dreidimensionalen Marke in Farbe bedarf der Bezeichnung der Farben in der Anmeldung (§ 9 Abs. 1 S. 3 MarkenV; s. dazu im einzelnen Rn 20 ff.). Die Anmeldung kann auch eine Beschreibung der dreidimensionalen Marke enthalten (§ 9 Abs. 5 MarkenV). Die Form der Wiedergabe der dreidimensionalen Marke bestimmt sich im einzelnen nach § 9 Abs. 2 und 3 MarkenV sowie nach § 8 Abs. 2 bis 4 MarkenV entsprechend (§ 9 Abs. 4 MarkenV).

**27** **ee) Kennfadenmarken (§ 10 MarkenV).** Dem Mindesterfordernis der Wiedergabe der Marke im Sinne des § 32 Abs. 2 Nr. 2 genügt die Angabe in der Anmeldung, die Marke *als Kennfadenmarke* einzutragen (§ 6 Nr. 4 MarkenV; zu der Markenform der Kennfadenmarke s. im einzelnen § 3, Rn 292 a f.). Die weiteren Anmeldungsvoraussetzungen für die Eintragung einer Kennfadenmarke ergeben sich aus § 10 MarkenV und der entsprechenden Anwendung des § 9 Abs. 1 bis 4 MarkenV.

**28** **ff) Hörmarken (§ 11 MarkenV).** Dem Mindesterfordernis der Wiedergabe der Marke im Sinne des § 32 Abs. 2 Nr. 2 genügt die Angabe in der Anmeldung, die Marke *als Hörmarke* einzutragen (§ 6 Nr. 5 MarkenV; zu der Markenform der Hörmarke s. im einzelnen § 3, Rn 268 ff.). Die weiteren Anmeldungsvoraussetzungen für die Eintragung einer Hörmarke ergeben sich aus § 11 MarkenV. Das Erfordernis der Einreichung einer Hörmarke in klanglicher und zugleich in graphischer Wiedergabe nach § 11 MarkenV ist als ein weiteres Anmeldeerfordernis nicht für die Begründung des Anmeldetages, sondern nur für das folgende Prüfungsverfahren von Bedeutung (BPatGE 36, 241 – INDIKATIV SWF-3; BPatG GRUR 1997, 60 – SWF-3 NACHRICHTEN; 1997, 134 – Anmeldetag). Die Vorschrift wird ergänzt durch die aufgrund von § 11 Abs. 5 MarkenV ergangene Mitteilung Nr. 16/94 vom 16. Dezember 1994 des Präsidenten des DPA über die Form der Darstellung von Hörmarken durch Sonagramm und ihre klangliche Wiedergabe (s. 4. Teil des Kommentars, II 4). Der Anmeldung sind vier übereinstimmende zweidimensionale graphische Wiedergaben der Marke beizufügen (§ 11 Abs. 1 MarkenV). Die Anmeldung der Hörmarke kann auch eine Beschreibung der Marke enthalten (§ 11 Abs. 4 MarkenV). Die Wiedergabe der Hörmarke im einzelnen bestimmt sich nach § 11 Abs. 2 und 3 MarkenV iVm der Mittei-

Erfordernisse der Anmeldung  29–30a  § 32 MarkenG

lung Nr. 16/94 des Präsidenten des DPA vom 16. Dezember 1994 (s. 4. Teil des Kommentars, II 4). Zur Begründung des Anmeldetages muß auch die Wiedergabe einer Hörmarke *hinreichend bestimmt* sein. Dem genügt es nicht, wenn in der graphischen Wiedergabe Textbestandteile der Marke durch Punktfolgen lediglich angedeutet werden (BPatGE 36, 241 – INDIKATIV SWF-3; BPatG GRUR 1997, 60 – SWF-3 NACHRICHTEN; 1997, 134 – Anmeldetag).

**gg) Sonstige Markenformen (§ 12 MarkenV).** § 3 Abs. 1 benennt die schutzfähigen 29 Markenformen nicht abschließend (s. § 3, Rn 2). Dem Mindesterfordernis der Wiedergabe der Marke im Sinne des § 32 Abs. 2 Nr. 2 genügt die konkrete Bezeichnung einer sonstigen Markenform und die Angabe in der Anmeldung, die Marke sei *als sonstige Markenform* einzutragen (§ 6 Nr. 6 MarkenV). Die weiteren Anmeldungserfordernisse für die Eintragung einer sonstigen Markenform ergeben sich aus § 12 MarkenV. Der Anmeldung einer sonstigen Markenform sind vier übereinstimmende zweidimensionale graphische Wiedergaben der Marke beizufügen (§ 12 Abs. 1 S. 1 MarkenV). Bei der Eintragung einer sonstigen Markenform in Farbe sind die Farben in der Anmeldung zu bezeichnen (§ 12 Abs. 1 S. 2 MarkenV). Die Form der Wiedergabe einer sonstigen Markenform bestimmt sich nach einer entsprechenden Anwendung der §§ 8 Abs. 2 bis 4, 9 Abs. 1 bis 3, 11 Abs. 2 S. 1, Abs. 3 und 5 MarkenV (§ 12 Abs. 2 MarkenV). Sonstige Markenformen stellen etwa *Kombinationen verschiedener Markenformen* dar, wie etwa *Wortbildmarken*, *Worthörmarken* oder *Bildhörmarken*. Neben solchen in der Markenpraxis üblichen Kombinationsmarken kommen auch *neue Markenformen*, wie etwa *Farbmarken* (s. Rn 30a; § 3, Rn 263 ff.) *Bewegungsmarken* (s. § 3, Rn 289 ff.), *Geruchsmarken* (s. § 3, Rn 279 ff.), *Geschmacksmarken* (s. § 3, Rn 283 ff.), *Tastmarken* (s. § 3, Rn 286 ff.), *Positionsmarken* (s. § 3, Rn 294 a f.) oder *virtuelle Marken* (s. § 3, Rn 294 c f.) in Betracht.

**hh) Muster und Modelle (§ 13 MarkenV).** Nach der Rechtslage im WZG waren 30 zwar dreidimensionale Marken eintragungsunfähig (s. § 3, Rn 263). Die Eintragung einer zweidimensionalen Marke begründet aber auch den Markenschutz vor einer dreidimensionalen Benutzung der Marke. Es wurde daher nach der Rechtslage im WZG empfohlen, je nach den besonderen Umständen mit der Anmeldung der Marke ein Modell der Marke einzureichen. Nach § 13 MarkenV wird nunmehr die Beifügung eines Musters oder eines Modells zur Anmeldung einer Marke als grundsätzlich unzulässig erklärt. Das gilt nicht nur für die mit der Marke versehenen Gegenstände, was selbstverständlich erscheint. Der Anmeldung dürfen auch dann keine Muster oder Modelle beigefügt werden, wenn es sich um dreidimensionale Marken nach § 9 MarkenV, um Kennfadenmarken nach § 10 MarkenV sowie um sonstige Markenformen nach § 12 MarkenV handelt. Zulässig bleibt nach § 13 S. 2 MarkenV allein die Beifügung einer klanglichen Wiedergabe einer Hörmarke zur Anmeldung. Diese Vorschrift ist zumindest auf die Anmeldung von *Bewegungsmarken* (s. § 3, Rn 289 ff.) entsprechend anzuwenden, bei denen die Beifügung einer *filmischen Wiedergabe* der Bewegungsmarke zur Anmeldung zulässig ist. Die Unzulässigkeit einer Beifügung eines Musters oder Modells ist namentlich bei der Anmeldung dreidimensionaler Marken nicht unbedenklich.

**ii) Farbmarken.** Als eine eigene Markenform im Sinne des § 3 Abs. 1 sind *Farbmarken* 30a von der Eintragung einer Markenform in Farbe (zu solchen *farbigen Marken* s. Rn 20 ff) zu unterscheiden. Da die MarkenV keine Regelung der Anmeldung einer Farbmarke enthält und insoweit der Ergänzung bedarf, ist die Regelung des § 12 MarkenV über die Anmeldung sonstiger Markenformen auf die Anmeldung einer Farbmarke anzuwenden. Der BGH hat die Markenfähigkeit einer konturlosen konkreten Farbe sowie eine mittelbare graphische Wiedergabe der Farbmarke mittels konkreter Farbangaben aufgrund eines Farbbezeichnungssystems anerkannt (BGH WRP 1999, 430 – Farbmarke gelb/schwarz; s. § 3, Rn 267 b; zur restriktiven Rechtsprechung des BPatG s. § 8, Rn 90 f.; zur Praxis des HABM zur Gemeinschaftsmarke s. § 8, Rn 90 g). In der Eintragungspraxis, die von der Rechtsprechung des BPatG gebilligt wird, werden aufgrund des registerrechtlichen Bestimmtheitsgrundsatzes (s. Rn 1) bei der Anmeldung von *Mehrfarbenmarken* Angaben über die *Farbenrelation* als weitere Eintragungsvoraussetzungen verlangt (s. dazu §§ 3, Rn 267b; 8, Rn 90f). Der registerrechtliche Bestimmtheitsgrundsatz ist aber kein zulässiges Instrument, solche weiteren Voraussetzungen der Eintragungsfähigkeit einer Mehrfarbenmarke zu verlangen, die materiellrechtlich die Zulässigkeit der Markenform reduzieren und den materiellrechtlichen Eintragungsanspruch des Anmelders beschränken.

## MarkenG § 32   31–33                                                Erfordernisse der Anmeldung

**31**  **c) Verzeichnis der Waren oder Dienstleistungen (§ 32 Abs. 2 Nr. 3). aa) Grundsatz.** Die *Angaben zum Verzeichnis der Waren oder Dienstleistungen* nach § 32 Abs. 2 Nr. 3, für die die Eintragung beantragt wird, gehören zu den *formellen Mindesterfordernissen* der Anmeldung, deren Vorliegen für die Zuerkennung eines Anmeldetages im Sinne des § 33 Abs. 1 nach § 36 Abs. 1 Nr. 1 erforderlich ist. Nur das Verzeichnis der Waren oder Dienstleistungen als solches ist für die Zuerkennung des Anmeldetages im Sinne des § 33 Abs. 1 erhebliches Anmeldungserfordernis. Wenn das DPMA bei diesen Angaben Mängel feststellt, dann bestimmt es dem Anmelder eine bestimmte Frist zur Beseitigung der festgestellten Mängel. Wenn der Anmelder den Mangel beseitigt, dann wird nach § 36 Abs. 2 S. 2 als Anmeldetag nur der Tag zuerkannt, an dem der festgestellte Mangel beseitigt wird. Wenn der Mangel nicht fristgemäß beseitigt wird, dann gilt die Anmeldung nach § 36 Abs. 2 S. 1 als nicht eingereicht. § 14 MarkenV bestimmt die *weiteren Anmeldungsvoraussetzungen* im Sinne des § 32 Abs. 3 hinsichtlich des Verzeichnisses der Waren oder Dienstleistungen, für die die Eintragung beantragt wird. Wenn bei den Angaben der weiteren Anmeldungserfordernisse vom DPMA festgestellte Mängel nicht innerhalb einer bestimmten Frist beseitigt werden, dann weist das DPMA nach § 36 Abs. 4 die Anmeldung zurück. Werden die Mängel beseitigt und entspricht damit die Anmeldung den Anmeldungserfordernissen, dann erfolgt die Eintragung der angemeldeten Marke mit der Priorität des Anmeldetags im Sinne des § 33 Abs. 1.

**32**  **bb) Klassifizierung.** Dem Mindesterfordernis der Angabe eines Verzeichnisses der Waren oder Dienstleistungen, für die die Eintragung beantragt wird, im Sinne des § 32 Abs. 2 Nr. 3 genügt die *Beifügung eines Verzeichnisses der Waren und Dienstleistungen*, für die die Marke eingetragen werden soll (§ 3 Abs. 1 S. 1 Nr. 3 MarkenV). Die weiteren Anmeldungsvoraussetzungen hinsichtlich des Verzeichnisses der Waren und Dienstleistungen ergeben sich aus § 14 MarkenV; die Zuerkennung des Anmeldetags bleibt von diesen weiteren Anmeldungsvoraussetzungen unberührt (§ 3 Abs. 1 S. 2 MarkenV).

**33**  Nach der Erfassung einer Anmeldung in den Annahmestellen des DPMA (Vermerk des Tages des Eingangs, Vergabe eines Aktenzeichens) und der Zuerkennung eines Anmeldetages nach Prüfung der Mindesterfordernisse werden diese erfaßten Anmeldungen der zentralen Auszeichnungsstelle zur *Einordnung der Waren und Dienstleistungen in bestimmte Klassen* der Klasseneinteilung oder zur Überprüfung der vom Anmelder vorgenommenen Einteilung zugeleitet (s. zur Klassifizierung im einzelnen MarkenanmeldungenRL II 3). Unter *Klassifizierung* ist die Feststellung der Klassen nach der in der Anlage zu § 15 Abs. 1 MarkenV (s. 3. Teil des Kommentars, I 3) enthaltenen Klasseneinteilung von Waren und Dienstleistungen (s. 4. Teil des Kommentars, II 5; s. die Empfehlungsliste zur Klasseneinteilung, 4. Teil des Kommentars, II 6) zu verstehen (§ 15 Abs. 1 MarkenV). Zur Klassifizierung kann ergänzend die Alphabetische Liste der Waren und Dienstleistung nach dem Nizzaer Abkommen über die internationale Klassifikation von Waren und Dienstleistungen für die Eintragung von Marken verwendet werden (§ 15 Abs. 2 MarkenV). Die zur Klassifikation ergänzend heranzuziehende Alphabetische Liste der Waren und Dienstleistungen nach dem Nizzaer Abkommen wird von der OMPI/WIPO herausgegeben (Internationale Klassifikation von Waren und Dienstleistungen für die Eintragung von Marken (Klassifikation von Nizza), Teil I, Deutsch/Englisch/Französische Liste von Waren und Dienstleistungen in alphabetischer Reihenfolge; Teil II, Deutsch/Französische Liste von Waren und Dienstleistungen in einer nach Klassen geordneten alphabetischen Reihenfolge, 7. Auflage, 1997, WIPO Veröffentlichungen Nr. 500.1 (G/E/F) und Nr. 500.2 (G/F)). Teil I umfaßt 320 Seiten und beinhaltet eine Liste der Waren und Dienstleistungen in alphabetischer Reihenfolge. Teil II listet auf 301 Seiten die Waren und Dienstleistungen nach Klassen auf. Nach § 14 Abs. 1 MarkenV sind die Waren und Dienstleistungen so zu bezeichnen, daß die Klassifizierung jeder einzelnen Ware oder Dienstleistung in eine Klasse der Klasseneinteilung möglich ist. Der Anmelder soll die Bezeichnungen der Klasseneinteilung, falls diese nicht erläuterungsbedürftig sind, und die Begriffe der Alphabetischen Liste des Nizzaer Abkommens, soweit dies möglich ist, verwenden (§ 14 Abs. 2 S. 1 MarkenV). Im übrigen soll der Anmelder möglichst verkehrsübliche Begriffe verwenden (§ 14 Abs. 2 S. 2 MarkenV). Waren oder Dienstleistungen, die nicht bereits bekannt und in der Praxis des DPMA bestimmten Klassen zugeordnet sind, werden unter Berücksichtigung der erläuternden Anmerkungen sowie der allgemeinen Hinweise zur Alphabetischen Liste des Nizzaer Abkommens klassifiziert

(MarkenanmeldungenRL II 3). Eine bestimmte Klasse ist festzustellen, sobald einer der im Waren- oder Dienstleistungsverzeichnis enthaltenen Waren- oder Dienstleistungsbegriffe dieser Klasse zuzuordnen ist. Wenn Waren oder Dienstleistungen in der Anmeldung nicht zutreffend klassifiziert sind, dann entscheidet das DPMA über die Klassifizierung (§ 23 Abs. 1 MarkenV). *Rechtliche Zweifel* darüber, wie eine sachlich hinreichend bestimmte Waren- oder Dienstleistungsangabe zu klassifizieren ist, rechtfertigen keine Zurückweisung der Anmeldung (BPatG GRUR 1998, 65 – REXHAM; zu Hilfsprodukten s. § 3 Rn 148 ff.).

Die Auszeichnungsstelle des DPMA legt als *Leitklasse* die Klasse der Klasseneinteilung fest, **34** auf der der *Schwerpunkt der Anmeldung* liegt (§ 23 Abs. 2 S. 1 MarkenV). Die Angabe des Anmelders über die Leitklasse ist zwar nach § 23 Abs. 2 MarkenV für das DPMA nicht bindend, doch soll der Angabe des Anmelders möglichst entsprochen werden. Die Bestimmung der Leitklasse richtet sich nach denjenigen Waren oder Dienstleistungen, die den Schwerpunkt des Waren- oder Dienstleistungsverzeichnisses bilden. Die Leitklasse soll möglichst mit einer Leitklasse früherer Anmeldungen desselben Anmelders übereinstimmen. Bei der Anmeldung sollen die Waren und Dienstleistungen in der Reihenfolge der Klasseneinteilung geordnet werden (§ 14 Abs. 3 MarkenV).

Dem Anmelder wird in der *Empfangsbescheinigung* nach § 22 Abs. 2 MarkenV die von der **35** Auszeichnungsstelle vorgenommene Klassifizierung, die Zuordnung der Waren oder Dienstleistungen zu bestimmten Klassen (Gruppierung) sowie die festgelegte Leitklasse mitgeteilt (MarkenanmeldungenRL II 5). Die Empfangsbescheinigung beziffert ferner die bereits gezahlten und noch zu entrichtenden Gebühren (s. Rn 56 ff.). Wenn der Anmelder einwendet, eine bestimmte Klasse sei nicht angefallen, dann teilt ihm das DPMA die Gründe mit, weshalb Waren oder Dienstleistungen zu dieser Klasse gehören. Wenn der Anmelder bei seiner von der Klassifizierung der Auszeichnungsstelle des DPMA abweichenden Auffassung verbleibt, dann ergeht ein *anfechtbarer Klassenfestsetzungsbeschluß* durch die Auszeichnungsstelle (MarkenanmeldungenRL II 3).

**cc) Grundsätze zur Angabe der Waren oder Dienstleistungen.** Der Schutzbereich **36** einer eingetragenen Marke bestimmt sich grundsätzlich nach den eingetragenen Waren und Dienstleistungen. Das gilt für den Identitätsschutz der Marke nach § 14 Abs. 2 Nr. 1 und den Verwechslungsschutz der Marke nach § 14 Abs. 2 Nr. 2 hinsichtlich des Identitätsbereichs sowie des Ähnlichkeitsbereichs der Waren oder Dienstleistungen. Es ist deshalb zur Begrenzung des Schutzbereichs einer eingetragenen Marke im Interesse der Rechtssicherheit grundsätzlich erforderlich, das Waren- und Dienstleistungsverzeichnis klar und deutlich zu fassen, um den Produktbezug des Markenschutzes zu bestimmen. Der Anmelder sollte das Waren- und Dienstleistungsverzeichnis seinen wirtschaftlichen Bedürfnissen entsprechend gestalten und nicht ungebührlich ausdehnen. Anders als nach der Rechtslage im WZG (s. dazu näher *Baumbach/Hefermehl*, § 2 WZG, Rn 14) ist es im MarkenG wegen der Nichtakzessorietät der Marke nicht geboten, daß der Anmelder in seinem Unternehmen die angemeldeten Waren anbietet oder die angemeldeten Dienstleistungen erbringt oder überhaupt Inhaber eines Unternehmens ist (s. zur Nichtakzessorietät der Marke im einzelnen § 3, Rn 52 ff., 66 ff.). Die Waren- oder Dienstleistungsbezeichnungen in der Anmeldung sollen sich nach der *Empfehlungsliste* zur Klasseneinteilung der Waren und Dienstleistungen für die Eintragung von Marken (s. 4. Teil des Kommentars, II 6) richten (MarkenanmeldungenRL III 3 d). Die Eintragung einer Marke *als Warenmarke oder als Dienstleistungsmarke* richtet sich nach dem Angebot des Unternehmens auf dem Markt im Wettbewerb mit anderen Unternehmen nach der Auffassung der Marktgegenseite. Es kommt darauf an, ob aus der Sicht des Verbrauchers eine Ware als verkörpertes Gut (materielles Wirtschaftsgut) oder ein Dienst als nicht verkörperte Leistung (immaterielles Wirtschaftsgut) angeboten wird (zur markenrechtlichen Produkteigenschaft und der teils schwierigen Abgrenzung zwischen Ware und Dienstleistung s. *Fezer*, GRUR Int 1996, 445; zum Waren- und Dienstleistungsbegriff s. auch § 3, Rn 111 ff., 123 ff., 129 ff.).

Wenn in einem Waren- oder Dienstleistungsverzeichnis Markennamen enthalten sind, **37** dann sind diese Markennamen durch die entsprechenden Gattungsbezeichnungen zu ersetzen. Klassenangaben oder Klassenzuordnungsvermerke wie „... *soweit in Klasse ... enthalten*" sollen auf solche Fälle beschränkt werden, in denen eine andere Klärung der Klassenzugehörigkeit einer Bezeichnung nicht möglich ist (MarkenanmeldungenRL III 3 d). Wenn ein Verzeichnis allgemein gehaltene Produktbegriffe einer Waren- oder Dienstleistungsklasse

## MarkenG § 32   38, 39

vollständig enthält, dann umfaßt das Verzeichnis grundsätzlich auch neue, ihrem Wesen nach zu jenen Waren- oder Dienstleistungsarten gehörende Produkte, die aufgrund einer tatsächlichen Veränderung der Verhältnisse bestehen (für *Magnettongeräte* und *Magnettonbänder* s. BGH GRUR 1965, 672, 673 – Agyn; für *Garne aus anderem Material* s. BGH GRUR 1973, 316 – Smarty).

38   **dd) Einschränkungen des Waren- und Dienstleistungsverzeichnisses.** Zur Begrenzung des Schutzumfangs der eingetragenen Marke kann der Anmelder das Waren- oder Dienstleistungsverzeichnis dahin bestimmen, daß er bestimmte Waren oder Dienstleistungen von der Benutzung der eingetragenen Marke ausdrücklich ausnimmt. Der *Ausschluß bestimmter Waren oder Dienstleistungen* aus dem Produktbereich des Verzeichnisses kann etwa dazu dienen, absolute Schutzhindernisse, wie etwa das der beschreibenden Marke (§ 8 Abs. 2 Nr. 2), der Gattungsbezeichnung (§ 8 Abs. 2 Nr. 3) oder der täuschenden Marke (§ 8 Abs. 2 Nr. 4), die nur für bestimmte Produkte bestehen, zu beseitigen. Auch eine nachträgliche Einschränkung des Produktbereichs ist möglich. Nach § 39 Abs. 1 kann der Anmelder jederzeit das in der Anmeldung enthaltene Verzeichnis der Waren und Dienstleistungen einschränken. Eine solche nachträgliche Einschränkung des Verzeichnisses kann etwa geboten sein, um einem Widerspruch gegen die Eintragung der Marke zu begegnen oder um eine Abgrenzungsvereinbarung (s. dazu § 14, Rn 453 ff.) zu ermöglichen. Ein Beispiel bietet die Einschränkung der Marke *Flockenwolle* auf *nicht wasserabstoßende Wolle* wegen der Marke *Trockenwolle* (RPA MuW 1934, 87 – Flockenwolle). Eine *Erweiterung* des in der Anmeldung enthaltenen Verzeichnisses der Waren und Dienstleistungen ist *unzulässig*. Bei einer Änderung des Waren- und Dienstleistungsverzeichnisses zum Zwecke der Einschränkung ist deshalb besonders darauf zu achten, daß die Änderung des Verzeichnisses keine Erweiterungen enthält. Eine solche Erweiterung kann etwa dadurch eintreten, daß ein erläuternder Zusatz wie das Wort *nämlich* durch einen anderen erläuternden Zusatz wie das Wort *insbesondere* ersetzt wird (s. zu diesem Beispiel MarkenanmeldungenRL III 3 d). Ein in der Anmeldung enthaltenes Verzeichnis der Waren und Dienstleistungen, das ohne Vorbehalt auf bestimmte Waren oder Dienstleistungen eingeschränkt wird, ist als ein Verzicht auf die nicht mehr in dem Verzeichnis enthaltenen Waren oder Dienstleistungen auszulegen. Wegen des Erweiterungsverbots kann auf *früher geltende Fassungen des Waren- oder Dienstleistungsverzeichnisses* nicht mehr zurückgegriffen werden (BPatG Mitt 1994, 137 – Neugefaßtes Warenverzeichnis). Ein *nachträglicher Zusatz*, der wie das Wort *insbesondere* lediglich verdeutlicht, aber das Verzeichnis weder einschränkt noch erweitert, ist zulässig. Die Wortmarke *ISOPRINOSIN* für *Arzneimittel* wird durch den nachträglichen Zusatz *insbesondere Mittel zur Bekämpfung von Virenerkrankungen* nicht unzulässig erweitert, weil diese Mittel typischerweise von dem Oberbegriff *Arzneimittel* umfaßt werden (BPatG Mitt 1983, 195 – ISOPRINOSIN).

39   Eine Einschränkung des Verzeichnisses der Waren oder Dienstleistungen stellt als solches keine Begrenzung des Schutzbereichs der eingetragenen Marke hinsichtlich der ausgeschlossenen Produkte dar, sondern begrenzt nur den *Produktähnlichkeitsbereich*, der sich nach dem eingetragenen Waren oder Dienstleistungen bestimmt. Eine gegenständliche Einschränkung des Schutzbereichs einer eingetragenen Marke ist unzulässig (RGZ 122, 207 – Bergmännle; BGHZ 34, 1 – Mon Chéri; *Heydt*, GRUR 1961, 184; *Baumbach/Hefermehl*, § 2 WZG, Rn 18; *Reimer/Trüstedt*, Bd. 1, Kap. 14, Rn 9; aA DPA GRUR 1954, 471 – Libro; *Reimer*, GRUR 1932, 345, 353). Ein *Exportvermerk* wie der Zusatz *sämtliche Waren nur für den Export bestimmt* schränkt den Markenschutz nicht auf die Exportgebiete ein. Der Inhaber der Exportmarke *Chéri*, die für *Kakao* und *Schokolade* eingetragen war, konnte deshalb trotz eines Exportvermerks, der verdeutlichte, daß die Benutzung der Marke im Inland ohne Hinweis auf die Herstellung im Inland nicht gedeckt war, die Benutzung einer prioritätsjüngeren verwechslungsfähigen Marke *Mon Chéri* untersagen, unter der im Inland ähnliche Waren mit dem Vermerk *deutsches Erzeugnis* vertrieben wurden (BGHZ 34, 1 – Mon Chéri; s. auch RG MuW 1930, 430 – Standard; aber auch DPA BlPMZ 1961, 267 – Saintair; dazu *Bußmann*, GRUR 1961, 577). Entsprechend ist ein *Importvermerk* zu beurteilen (BGH GRUR 1975, 258, 259 – Importvermerk). Auch ein *Vertriebseinschränkungsvermerk* wie der Zusatz *nur zur industriellen Weiterverwendung für die Möbelherstellung*, durch den im Warenverzeichnis der Abnehmerkreis beschränkt wird, begrenzt dann nicht den Schutzumfang der eingetragenen Marke, wenn er für die Beurteilung der Ähnlichkeit der Waren deshalb nicht

erheblich ist, weil die entsprechenden Waren (*Folien*) auch für andere als die in dem Vermerk angesprochenen Verkehrskreise in Betracht kommen und deshalb die Waren ihrer Art nach nicht eingeschränkt waren (BPatGE 22, 75, 80 – Letrosin). Wenn die Einschränkung des Verzeichnisses auf bestimmte Waren oder Dienstleistungen darauf beruht, daß hinsichtlich dieser ausgeschlossenen Waren oder Dienstleistungen der Eintragung der Marke absolute Schutzhindernisse entgegenstehen, dann erstreckt sich der Schutzbereich der eingetragenen Marke nicht auf diese von der Eintragung ausgeschlossenen Produkte (*Baumbach/Hefermehl*, § 2 WZG, Rn 18). Der Markenschutz für die von der Eintragung ausgeschlossenen Waren oder Dienstleistungen besteht aber dann, wenn ein Dritter die Marke für ein Produkt benutzt, hinsichtlich dessen für die eingetragene Marke ein absolutes Schutzhindernis nicht besteht (s. dazu RGZ 102, 355 – Juno).

**ee) Teilpriorität.** Unabhängig von der Teilung einer Anmeldung auf bestimmte Waren und Dienstleistungen nach § 40 Abs. 1 S. 1, bei der nach § 40 Abs. 1 S. 2 für jede Teilanmeldung der Zeitrang der ursprünglichen Anmeldung erhalten bleibt, sind Teilprioritäten für bestimmte Waren und Dienstleistungen zulässig. Im Falle solcher *Teilprioritäten* bestehen für ein und dieselbe Marke verschiedene Prioritäten für bestimmte Produktbereiche. So kommt es in der Praxis nicht selten vor, daß eine ausländische Priorität nach § 34 oder eine Ausstellungspriorität nach § 35 nur für bestimmte Produkte beansprucht werden kann. Es ist daher zulässig, der Anmeldung einer Marke den Vermerk über die Inanspruchnahme einer *Auslandspriorität* oder einer *Ausstellungspriorität* nur für einen Teil der Waren oder Dienstleistungen beizufügen und einzutragen (BPatGE 18, 125). Wenn lediglich für einen Teil der Waren oder Dienstleistungen eine Priorität nach den §§ 34, 35 beansprucht werden kann oder wenn aus anderen Gründen für eine Anmeldung unterschiedliche Prioritäten für bestimmte Produktbereiche beansprucht werden, dann ist das Waren- und Dienstleistungsverzeichnis so zu gliedern, daß der Umfang der durch den Prioritätsanspruch gedeckten Waren oder Dienstleistungen klar bestimmt ist; das kann etwa durch einen vorangestellten Hinweis *Waren oder Dienstleistungen mit Zeitrang vom . . .* erfolgen (s. MarkenanmeldungenRL III 3 d). **40**

**ff) Anmeldung für mehrere Klassen.** Die Anmeldung zur Eintragung einer Marke kann für eine oder mehrere Klassen, für Waren oder Dienstleistungen, sowie sowohl für Waren als auch für Dienstleistungen erfolgen. Eine Marke kann auch für alle Waren- und Dienstleistungsklassen angemeldet werden. Im Falle einer Anmeldung für Waren und Dienstleistungen vor der Einführung der Dienstleistungsmarke am 1. April 1979 (s. dazu § 3, Rn 16) besteht eine unterschiedliche Priorität, und zwar für die Waren die Priorität des tatsächlichen Anmeldetages und für die Dienstleistungen die Priorität des 2. April 1979 (s. zur Priorität von Dienstleistungsmarken nach dem Übergangsrecht des DMG § 6, Rn 28 f.). Die Möglichkeit einer Anmeldung und Eintragung in eine Sammelklasse, die nach früherer Rechtslage im Wege einer innerdienstlichen Maßnahme als *Sammelklasse 42* eingerichtet worden war und namentlich für Unternehmen mit einem umfassenden Herstellungs- oder Vertriebsprogramm in Betracht kam, wie namentlich für Import- und Exportfirmen (s. dazu LG Hamburg GRUR 1955, 438 – Geier/Aasgeier) oder für Waren- und Versandhäuser, besteht seit dem 1. April 1979 nicht mehr (s. zur früheren Rechtslage *Baumbach/Hefermehl*, § 2 WZG, Rn 16). **41**

**gg) Mängel des Verzeichnisses bei Vorliegen absoluter Schutzhindernisse.** Wenn das Verzeichnis der Waren und Dienstleistungen Mängel aufweist, verzichtet das DPMA im Interesse der Verfahrensökonomie dann auf eine Behebung der Mängel, insofern und solange die Anmeldung wegen absoluter Schutzhindernisse nach § 37 oder aus anderen Gründen nach § 36 Abs. 4 und 5 zu beanstanden und zurückzuweisen sein wird (MarkenanmeldungenRL III 3 d). Soll die Anmeldung wegen absoluter Schutzhindernisse nach § 8 beanstandet und zurückgewiesen werden, muß das Waren- oder Dienstleistungsverzeichnis jedoch zumindest so konkret bestimmt sein, daß eine Beurteilung der absoluten Schutzfähigkeit zweifelsfrei möglich ist (s. BPatG BlPMZ 1995, 418 – Hotshower). Wenn der Anmelder einzelne Waren oder Dienstleistungen in der Anmeldung undeutlich benennt, dann darf die Anmeldung nicht für alle Waren oder Dienstleistungen, sondern nur für die beanstandeten Waren oder Dienstleistungen zurückgewiesen werden, auch wenn der Anmelder bei der Beseitigung der Mängel des Verzeichnisses seine Mitwirkung versagt hat (BPatGE 19, 235). **42**

**43** **d) Kein Erfordernis eines Geschäftsbetriebs.** Anders als nach der Rechtslage im WZG, nach der wegen der strengen Bindung der Marke an den Geschäftsbetrieb in der Anmeldung die Art des Geschäftsbetriebs mit der verkehrsüblichen Bezeichnung anzugeben war (s. zur Rechtslage im WZG *Baumbach/Hefermehl*, § 2 WZG, Rn 13), bedarf es nach der Rechtslage im MarkenG wegen der Nichtakzessorietät der Marke (s. dazu § 3, Rn 66 ff.) bei der Anmeldung nicht der Angabe eines Geschäftsbetriebs (s. auch MarkenanmeldungenRL III 3 a). Da die Entstehung des Markenrechts nicht akzessorisch ist, muß bei der Anmeldung und Eintragung der Marke ein Unternehmen des Anmelders nicht bestehen (s. dazu im einzelnen *Fezer*, FS für Vieregge, S. 229, 238).

### 3. Beschreibung der Marke

**44** Die Anmeldung zur Eintragung einer Marke kann eine *Beschreibung der Marke* enthalten. Das gilt für alle Markenformen (Bildmarken § 8 Abs. 5 MarkenV, dreidimensionale Marken § 9 Abs. 5 MarkenV, Kennfadenmarken § 10 Abs. 2 MarkenV, Hörmarken § 11 Abs. 4 MarkenV, sonstige Markenformen § 12 Abs. 3 MarkenV). Die Anmeldung einer Wortmarke, bei der der Anmelder nach § 7 MarkenV angibt, die Marke solle in der vom DPMA verwendeten üblichen Druckschrift eingetragen werden, bedarf keiner Beschreibung. Die Anmeldung einer Wortmarke, die abweichend von § 7 MarkenV eingetragen werden soll, ist nach der Vorschrift des § 8 MarkenV über Bildmarken zu behandeln und kann eine Beschreibung der Wortmarke nach § 8 Abs. 5 MarkenV enthalten. Schon nach der Rechtslage im WZG war eine Beschreibung der Marke bei der Anmeldung zulässig (s. dazu *Baumbach/Hefermehl*, § 2 WZG, Rn 25, 26).

**45** Eine der Anmeldung beigefügte Beschreibung der Marke ist grundsätzlich kein Anmeldungserfordernis. Es steht dem Anmelder frei, ob er der Anmeldung eine Beschreibung der Marke beifügt. Nach der Rechtslage im WZG konnte das DPMA nach § 3 Nr. 2 der Anmeldebestimmungen für Warenzeichen und Dienstleistungsmarken vom 9. April 1979 (BGBl. I 1979, S. 570) eine Beschreibung des Zeichens anfordern. Wenn das DPMA eine Beschreibung der Marke verlangte, dann war die Erforderlichkeit der Beschreibung zu begründen (BPatGE 16, 171 – Kimber). Weder die MarkenV noch die MarkenanmeldungenRL enthalten eine den früheren Anmeldebestimmungen vergleichbare Vorschrift, die eine Pflicht des Anmelders zur Beschreibung der Marke auf Verlangen des DPMA normiert. Eine solche Vorschrift ist deshalb wohl entbehrlich, weil die Vorschriften der §§ 6 bis 12 MarkenV die erforderlichen Angaben der Anmeldung eingehender regeln als die früheren Anmeldebestimmungen. Es kann gleichwohl sachgerecht und namentlich bei *sonstigen Markenformen* im Sinne des § 12 MarkenV geboten sein, der Anmeldung eine Beschreibung der Marke beizufügen. Auch wenn es sich bei den Regelungen der MarkenV (§§ 8 Abs. 5, 9 Abs. 5, 10 Abs. 2, 11 Abs. 4, 12 Abs. 3 MarkenV) um Kannvorschriften handelt, ist nach den besonderen Umständen des konkreten Einzelfalles eine Pflicht zur Beschreibung der Marke auf Verlangen des DPMA nicht ausgeschlossen.

**46** Die Beschreibung der Marke dient einer klarstellenden Erläuterung und Verdeutlichung des Zeichens, wenn namentlich die Wiedergabe des Zeichens den Zeichengegenstand nicht hinreichend veranschaulicht. Die Beschreibung kann Unklarheiten der Zeichendarstellung beseitigen. Die Beschreibung darf den Schutzumfang der Markenform nicht erweitern; ergänzende Erläuterungen müssen sich innerhalb der Zeichenwirkung halten. Die Beschreibung der Marke darf die Markenform nicht ergänzen und nicht den Schutzumfang der Marke erweitern. Eine *Einschränkung des Schutzumfangs* der Marke durch die Beschreibung der Marke ist zulässig. Vor allem bei Farbmarken kommt eine Einschränkung des Schutzumfangs aufgrund einer Beschreibung der Marke in Betracht (s. dazu im einzelnen Rn 20 ff.). Um die Bildwirkung einer Bildmarke zu verdeutlichen, kann es nicht der Angabe der technischen Mittel, mit denen die Bildwirkung erzielt wird (BGH GRUR 1975, 550, 551 – Drahtbewehrter Gummischlauch). Eine Beschreibung der Marke ist unbeachtlich, wenn die Beschreibung zu der Wiedergabe der Marke im Sinne des § 32 Abs. 2 Nr. 2 in Widerspruch steht, etwa weil die Beschreibung die Markenform in einer der Verkehrsauffassung widersprechenden Weise deutet (RGZ 48, 209, 212; 115, 235, 238 – Bandmaster). Enthält eine photographische Zeichendarstellung eine eindeutige bildliche Aussage, so kann nicht durch eine Beschreibung der Marke bewirkt werden, daß entgegen dem bildlichen Gesamteindruck nur ein Teilausschnitt der Gesamtdarstellung als Marke gelten solle

(BPatGE 22, 160 – Fotographische Zeichendarstellung). Wenn die Anmeldung eine Beschreibung der Marke enthält, dann hat das DPMA die Beschreibung auf ihren zulässigen Inhalt zu prüfen (anders nach der Rechtslage im WZG s. *Baumbach/Hefermehl*, § 2 WZG, Rn 25). Die *Zulässigkeit des Inhalts der Markenbeschreibung* wird zu einer *weiteren Anmeldungsvoraussetzung* im Sinne des § 32 Abs. 3. Wenn die Beschreibung inhaltlich unzulässig ist, kann das DPMA nach § 36 Abs. 4 innerhalb einer bestimmten Frist die Beseitigung der Mängel verlangen. Wenn die Markenbeschreibung nicht fristgemäß inhaltlich zulässig geändert oder die Markenbeschreibung zurückgezogen wird, dann weist das DPMA die Anmeldung zurück. Wenn etwa die Beschreibung der Marke die Absicht des Anmelders erkennen läßt, die Marke in einer unzulässigen Weise zu benutzen, dann ist die Eintragung abzulehnen (s. schon KPA BlPMZ 1899, 87). Da der zulässige Inhalt der Markenbeschreibung kein Mindesterfordernis der Anmeldung im Sinne des § 32 Abs. 2 Nr. 1 bis 3 darstellt, kommt der Beschreibung der Marke für die Zuerkennung des Anmeldetages keine rechtliche Bedeutung zu (so schon zur Rechtslage im WZG RGZ 141, 110, 115 – The white spot). Wenn allerdings die Eintragungsfähigkeit der Marke erst aufgrund der Beschreibung der Marke erreicht wird, weil etwa in der Beschreibung der Markenschutz auf eine bestimmte Farbe oder Farbkombination eingeschränkt wird oder eine bestimmte Farbe oder Farbkombination ausgeschlossen wird (s. Rn 25), dann richtet sich die Priorität nach dem Zeitpunkt der Einschränkung des Schutzumfangs der Marke aufgrund der Markenbeschreibung, wenn die Beschreibung der Marke erst nach der Anmeldung der Marke eingereicht wird. Die zur Eintragung angemeldete Marke stellte ohne die Markenbeschreibung keine zulässige Markenform im Sinne des § 3 Abs. 1 dar, so daß die Anmeldung eine mit Mängeln behaftete Wiedergabe der Marke im Sinne des § 32 Abs. 2 Nr. 2 enthielt.

Eine Beschreibung der Marke stellt immer dann eine *Mindestvoraussetzung* der Anmeldung nach § 32 Abs. 2 dar (s. aber Rn 46), wenn sich aus der Wiedergabe der Marke als solcher die Eintragungsfähigkeit als einer zulässigen Markenform im Sinne des § 3 Abs. 1 noch nicht ergibt. **47**

Aus der Beschreibung der Marke kann sich etwa ergeben, daß eine aus einer Zusammenfassung mehrerer Zeichenbestandteile bestehende Marke eine einheitliche Marke darstellt und damit dem Grundsatz der Einheitlichkeit der Marke (s. dazu § 3, Rn 216) genügt; so kann die Markenfähigkeit etwa durch einen Hinweis auf die beabsichtigte Verwendungsart, wie etwa bei einer Flasche mit Hals- und Bauchetikett, die Markenfähigkeit begründen. Wenn eine Marke aus mehreren getrennten Zeichenbestandteilen besteht, dann kann aus der Beschreibung der Marke hervorgehen, daß die Zeichenbestandteile in ihrer Gesamtheit die Marke bilden. Eine aus zwei Zeichenbestandteilen bestehende Marke besteht auch dann aus mehreren Zeichenbestandteilen, wenn der eine Teil nur beschreibend und als solcher nicht schutzfähig ist; doch bedarf es keiner Beschreibung der Marke, wenn die beiden Zeichenbestandteile graphisch einander zugeordnet sind und somit nicht als getrennt erscheinen (zur *Darstellung eines Kükens* auf dem Wort *Kimber* als Grundlage BPatGE 16, 171 – Kimber). Eine Beschreibung der Marke kann erforderlich sein, um eine bestimmte Art und Weise der Anbringung der Marke auf dem Produkt, wie etwa bei einem bestimmten Faden in einem Stoff oder einem Wasserzeichen in einem Papierbogen, zu erläutern. In der Beschreibung einer Marke kann die Einschränkung des Schutzumfangs von Farbmarken sowie von in schwarz auf weißem Grund eingetragenen Marken auf bestimmte Farben oder Farbkombinationen erfolgen (s. Rn 20ff.). Die Verwendung einer Marke als *Genfer Kreuz* oder als *Schweizer Wappen* (s. dazu § 8, Rn 369) kann in der Beschreibung ausgeschlossen werden. Um bestimmte Produktangaben oder sonstige beschreibende Angaben zulässigerweise auswechseln zu können, kann in der Markenbeschreibung erklärt werden, die Produktangabe werde bei einer Benutzung der Marke für andere als im Waren- oder Dienstleistungsverzeichnis enthaltene Angaben entsprechend geändert (DPA BlPMZ 1957, 123 – Oetker-Packung). Es darf sich allerdings weder um blickfangmäßig herausgestellte Angaben noch um solche handeln, deren Auswechslung den figürlichen Gesamteindruck oder den kennzeichnenden Charakter der Marke verändern. In der Beschreibung der Marke muß deshalb die Gleichwertigkeit der vorgesehenen Auswechslung so präzisiert sein, daß eine Gewähr für die Identität der Marken besteht. Von der Markenbeschreibung ist ein *Disclaimer* als Erklärung zur Beschränkung des Schutzumfangs einer Marke zu unterscheiden (s. dazu § 39, Rn 6). **48**

## 4. Inanspruchnahme einer ausländischen Priorität

**49** Wenn der Anmelder die Priorität einer früheren ausländischen Anmeldung nach § 34 in Anspruch nimmt und Tag und Staat der früheren Anmeldung nach § 3 Abs. 2 Nr. 1 MarkenV angegeben oder nachträglich fristgemäß innerhalb von zwei Monaten nach dem Anmeldetag mitgeteilt hat, dann wird der Anmelder vom DPMA nach § 34 Abs. 3 aufgefordert, innerhalb von zwei Monaten nach der Zustellung der Aufforderung das Aktenzeichen der früheren Anmeldung anzugeben und eine Abschrift der früheren Anmeldung einzureichen. Abschrift ist eine dem Originaltext der früheren ausländischen Anmeldung entsprechende Zweitschrift und nicht nur eine Übersetzung der früheren Anmeldung (zu § 41 PatG BPatGE 14, 202, 204). Als Abschrift der früheren Anmeldung genügt eine einfache Kopie. Grundsätzlich wird keine Bescheinigung der Übereinstimmung durch die Behörde verlangt, die diese frühere ausländische Anmeldung empfangen hat. Ein Prioritätsbeleg im Sinne des Art. 4 D Abs. 3 S. 2 PVÜ kann jedoch nachzureichen sein, wenn es, wie etwa im Widerspruchsverfahren, auf die Rechtmäßigkeit der Inanspruchnahme der Priorität ankommt (s. dazu MarkenanmeldungenRL III 3 f). Die Unionspriorität nach Art. 4 PVÜ kann nach § 34 Abs. 1 auch für Dienstleistungen in Anspruch genommen werden.

### VI. Rechtsschutzbedürfnis

**50** Die Anmeldung zur Eintragung einer Marke setzt als ein Begehren einer Rechtsschutzhandlung im Sinne staatlicher Entscheidungs- und Prüfungstätigkeit das Vorliegen eines Rechtsschutzbedürfnisses des Anmelders voraus. Ein *Rechtsschutzbedürfnis* liegt grundsätzlich vor, wenn eine Marke zur Eintragung in das Register angemeldet wird (*Baumbach/Hefermehl*, § 2 WZG, Rn 12; *v. Gamm*, § 2 WZG, Rn 6). Auch die Anmeldung einer *Wiederholungsmarke* kann nicht wegen mangelnden Rechtsschutzbedürfnisses zurückgewiesen werden (s. dazu im einzelnen auch in Auseinandersetzung mit der abweichenden *Immencron*-Entscheidung des BPatG § 25, Rn 22). Nach der Rechtslage im MarkenG ist die Anmeldung einer Wiederholungsmarke aber dann als rechtsmißbräuchlich zurückzuweisen, wenn der Markeninhaber nicht den konkreten Nachweis eines Benutzungswillens erbringen kann (s. dazu im einzelnen § 25, Rn 22). Ein Rechtsschutzbedürfnis liegt etwa dann nicht vor, wenn die Anmeldung zur Eintragung derselben Marke bereits einmal zurückgewiesen worden ist.

### VII. Aussetzung des Eintragungsverfahrens

**51** Ob das Eintragungsverfahren wegen eines schwebenden patentamtlichen oder patentgerichtlichen Löschungsverfahrens ausgesetzt werden kann, hängt vom Einzelfall ab. Die Aussetzung kommt nur im besonderen Ausnahmefall in Betracht, wenn die Löschung des Widerspruchszeichens hinreichend wahrscheinlich und eine rechtskräftige Entscheidung darüber bald zu erwarten ist (BPatGE 17, 154).

## C. Wirkung der Anmeldung

**52** Die Anmeldung bildet im Eintragungsverfahren die Grundlage der Prüfung. Die Anmeldung ist nach der Rechtslage im MarkenG nicht unabänderbar; vielmehr kann eine Teilung nach § 40, eine Einschränkung des in der Anmeldung enthaltenen Verzeichnisses der Waren und Dienstleistungen nach § 39 oder eine Teilübertragung nach §§ 27, 31 vorgenommen werden. Die Veränderbarkeit der Markenanwartschaft wird namentlich im Zusammenhang mit der Teilung nach § 40 offensichtlich.

**53** Die *Teilung einer Markenanmeldung* bezieht sich auf das Verzeichnis der Waren oder Dienstleistungen, für die die Eintragung der Marke in der Anmeldung beantragt wird. Nach § 40 Abs. 1 S. 1 kann der Anmelder einer Marke das durch die Anmeldung begründete Recht in Teilanmeldungen für bestimmte Waren oder Dienstleistungen aufteilen. Folge der Teilung der Anmeldung ist es, daß für jede Teilanmeldung der Zeitrang der ursprünglichen

Erfordernisse der Anmeldung  54–58 § 32 MarkenG

Anmeldung erhalten bleibt (§ 40 Abs. 1 S. 2). Nach der Teilung bestehen selbständige Markenrechte mit gleicher Priorität.

Die Vorschriften über die Teilbarkeit der Markenrechte (§§ 40, 46) sind im Zusammen- 54
hang mit den Vorschriften über den Teilrechtsübergang (§ 27) und die Teillizenz (§ 30) zu sehen. Nach § 27 Abs. 1 ist die freie *Teilübertragung* der eingetragenen Marke für einen Teil der Waren oder Dienstleistungen zulässig. Nach § 30 Abs. 1 ist die *Teillizenzierung* der eingetragenen Marke für einen Teil der Waren oder Dienstleistungen zulässig. Nach § 31 ist die Teilübertragung und Teillizenzierung einer angemeldeten Marke zulässig.

Die freie Teilbarkeit der Markenanmeldung ist produktbezogen. Eine *Teilung der Form der* 55
*Marke*, etwa die Aufspaltung einer zusammengesetzten Marke (zum Begriff s. § 3, Rn 294) oder einer Kombinationsmarke (zum Begriff s. § 3, Rn 294) ist unzulässig, da sie dem Grundsatz der Unveränderlichkeit einer Marke widerspricht (s. dazu § 45, Rn 8 f.). Auch eine *territoriale Teilung der Marke*, wie etwa eine lokale oder regionale Aufteilung der Gebiete innerhalb des Geltungsbereichs des MarkenG, ist unzulässig. Dem Interesse an einer Gebietsaufteilung entspricht die Zulässigkeit einer territorialen Markenlizenz nach § 30 Abs. 2 Nr. 4, die nach § 31 auch an einer angemeldeten Marke bestellt werden kann (s. dazu § 30, Rn 13).

## D. Gebühren (§ 32 Abs. 4)

### I. Grundgebühr und Klassengebühren

Nach § 32 Abs. 4 S. 1 ist mit der Anmeldung eine Gebühr nach dem Tarif zu zahlen. Bei 56
der *Anmeldegebühr* ist zwischen einer *Grundgebühr* und den *Klassengebühren* zu unterscheiden. Bei der Gebühr nach § 32 Abs. 4 S. 1 handelt es sich um eine einheitliche Gebühr für die Anmeldung und Eintragung der Marke. Diese Grundgebühr deckt gleichzeitig drei Waren- oder Dienstleistungsklassen ab. Nach § 32 Abs. 4 S. 2 entsteht zusätzlich zu der Grundgebühr eine Klassengebühr erst von der vierten Klasse an. Nach dieser Vorschrift ist neben der Grundgebühr für jede weitere Klasse eine Klassengebühr nach dem Tarif zu zahlen, wenn die Eintragung für Waren oder Dienstleistungen beantragt wird, die in mehr als drei Klassen der Klasseneinteilung von Waren und Dienstleistungen fallen. Nach der Rechtslage im WZG fiel bereits für die erste Klasse eine Klassengebühr an. Die Gebührenregelung im MarkenG bedeutet eine erhebliche Verfahrensvereinfachung, weil sich erfahrungsgemäß nur eine geringe Anzahl von Markenanmeldungen auf mehr als drei Klassen bezieht. In der großen Mehrzahl der Anmeldeverfahren fällt deshalb neben der Grundgebühr eine gesonderte Klassengebühr nicht an. Die Gebührenregelung im MarkenG bedeutet zudem eine Angleichung an entsprechende Regelungen bei international registrierten Marken (Art. 8 Abs. 2 lit. b MMA; Art. 8 Abs. 2 Nr. ii PMMA).

Für die *Zahlung der Gebühren* gelten die Bestimmungen des PatGebG und der Verord- 57
nung über die Zahlung der Gebühren des DPMA und des BPatG. Die Anmeldegebühr (Grundgebühr) bei der Anmeldung einer Marke beträgt nach Nr. 131 100 GebVerz zu § 1 PatGebG 500 DM. Die Anmeldegebühr (Grundgebühr) für Kollektivmarken beträgt nach Nr. 131 200 GebVerz zu § 1 PatGebG 1500 DM. Die Klassengebühr beträgt bei der Anmeldung einer Marke nach Nr. 131 150 GebVerz zu § 1 PatGebG 150 DM und bei der Anmeldung einer Kollektivmarke nach Nr. 131 250 GebVerz zu § 1 PatGebG 250 DM. Die Auszeichnungsstelle des DPMA prüft nach § 36 Abs. 1 Nr. 3 als ein Anmeldungserfordernis, ob die Gebühren nach § 32 Abs. 4 entrichtet worden sind.

### II. Folgen einer Säumnis der Gebührenzahlung

Wenn der Anmelder es versäumt, die erforderlichen Gebühren mit der Anmeldung oder 58
auf die Gebührennachricht in der Empfangsbescheinigung hin zu zahlen, dann wird dem Anmelder nach § 36 Abs. 3 S. 1 mitgeteilt, daß die Anmeldung als zurückgenommen gilt, wenn die Gebühren mit einem Zuschlag nach dem Tarif nicht bis zum Ablauf eines Monats nach Zustellung der Mitteilung gezahlt werden. In der Mitteilung des DPMA wird die genaue Bezeichnung als Anmeldegebühr und Klassengebühr sowie die Höhe der Gebühren und des Zuschlags angegeben. Die Monatsfrist wird nur dann in Lauf gesetzt, wenn die

**MarkenG § 33**    Anmeldetag; Eintragungsanspruch; Veröffentlichung

Zahlungsaufforderung rechtmäßig ergangen ist (BPatGE 17, 101, 104). Werden innerhalb dieser Monatsfrist zwar die Anmeldegebühr und der Zuschlag, nicht aber die erforderlichen Klassengebühren gezahlt, dann gilt nach § 36 Abs. 3 S. 2 die Anmeldung insofern nicht als zurückgenommen, als der Anmelder angibt, welche Waren- oder Dienstleistungsklassen durch den gezahlten Gebührenbetrag gedeckt werden sollen. Fehlt es an einer solchen Bestimmung des Anmelders, welche Waren- oder Dienstleistungsklassen durch den gezahlten Gebührenbetrag gedeckt werden sollen, so werden nach § 36 Abs. 3 S. 3 zunächst die Leitklasse und sodann die übrigen Klassen in der Reihenfolge der Klasseneinteilung berücksichtigt. Weicht eine vom Anmelder vorgeschlagene Leitklasse von der vom DPMA festgelegten Leitklasse ab, so wird zunächst die vom Anmelder angegebene Leitklasse berücksichtigt (§ 23 Abs. 2 S. 3 MarkenV). Im Umfang der übrigen Klassen, für die keine Klassengebühr gezahlt worden ist, gilt die Anmeldung als zurückgenommen (zur Rechtslage im WZG s. dazu auch BPatGE 17, 97, 99). Wenn die Gebühren und gegebenenfalls der Zuschlag von dem Anmelder nicht rechtzeitig gezahlt werden, dann wird er benachrichtigt, in welchem Umfang seine Anmeldung als zurückgenommen gilt. Wenn die gesamte Anmeldung als zurückgenommen gilt, dann werden die eingezahlten Beträge erstattet. Versäumt der Anmelder ohne Verschulden die Einhaltung der Frist, so kann ihm nach § 91 auf Antrag Wiedereinsetzung in den vorigen Stand gewährt werden.

### E. Klage auf Rücknahme der Anmeldung

**59** An einer Klage des Inhabers einer prioritätsälteren Marke auf Rücknahme der Anmeldung einer kollidierenden Marke (*Rücknahmeklage*) besteht ein Rechtsschutzbedürfnis unter dem Gesichtspunkt der Beseitigung oder vorbeugenden Verhinderung eines rechtswidrigen Störungszustandes (zumindest bei einer neben der Markenkollision bestehenden Kollision mit einem gleichlautenden Firmenschlagwort BGHZ 121, 242, 247 f. – TRIANGLE; allgemein OLG München NJWE-WettbR 1997, 40 – TubRobinson; s. auch §§ 2, Rn 4; 50 Rn 23 ff., 28).

**Anmeldetag; Anspruch auf Eintragung; Veröffentlichung der Anmeldung**

**33** (1) Der Anmeldetag einer Marke ist der Tag, an dem die Unterlagen mit den Angaben nach § 32 Abs. 2 beim Patentamt eingegangen sind.

(2) ¹Die Anmeldung einer Marke, deren Anmeldetag feststeht, begründet einen Anspruch auf Eintragung. ²Dem Eintragungsantrag ist stattzugeben, es sei denn, daß die Anmeldungserfordernisse nicht erfüllt sind oder daß absolute Eintragungshindernisse der Eintragung entgegenstehen.

(3) Die Anmeldung einer Marke, deren Anmeldetag feststeht, wird einschließlich solcher Angaben veröffentlicht, die es erlauben, die Identität des Anmelders festzustellen.

### Inhaltsübersicht

| | Rn |
|---|---|
| A. Zuerkennung eines Anmeldetags (§ 33 Abs. 1) | 1–7 |
|    I. Begriff des Anmeldetages | 1 |
|    II. Eingangsbearbeitung der Anmeldung | 2 |
|    III. Auswirkung von Mängeln der Anmeldung auf die Zuerkennung des Anmeldetages | 3–6 |
|       1. Rechtslage im WZG | 3 |
|       2. Rechtslage im MarkenG | 4–6 |
|    IV. Bedeutung des Anmeldetages | 7 |
| B. Anspruch auf Eintragung (§ 33 Abs. 2 S. 1) | 8 |
| C. Stattgabe des Eintragungsantrags (§ 33 Abs. 2 S. 2) | 9 |
| D. Veröffentlichung der Anmeldung einer Marke (§ 33 Abs. 3) | 10–12 |

### Entscheidungen zum MarkenG

**BPatGE 36, 241 – INDIKATIV SWF-3 und BPatG GRUR 1997, 60 – SWF-3 NACHRICHTEN**
Zur Versäumung der Mängelbeseitigung innerhalb der vom DPA bestimmten Frist.

## A. Zuerkennung eines Anmeldetages (§ 33 Abs. 1)

### I. Begriff des Anmeldetages

Die Anmeldung zur Eintragung einer Marke in das Register, die nach § 32 Abs. 1 beim **1** DPMA einzureichen ist, erhält einen Anmeldetag. Die Regelung des § 33 Abs. 1 bestimmt, wie der Anmeldetag festzustellen ist. Nach dieser Vorschrift ist der *Anmeldetag einer Marke* der Tag, an dem die *Unterlagen der Anmeldung* mit den nach § 32 Abs. 2 erforderlichen Angaben *beim DPMA eingegangen* sind. Der Eingang der Unterlagen bestimmt sich nach den allgemeinen Grundsätzen über den Zugang (entsprechend § 130 BGB, s. *Maurer*, Allgemeines Verwaltungsrecht, 10. Aufl., 1995, § 9, Rn 69). Dabei kommt es für die Form der Anmeldung (s. dazu im einzelnen § 32, Rn 10f.) und der Art der Übermittlung der Anmeldung auf die Regelungen der §§ 64 bis 70 MarkenV an. Der Eingang der Anmeldung begründet nur dann den Anmeldetag, wenn die Anmeldung die *Mindesterfordernisse nach § 32 Abs. 2* erfüllt. Die Anmeldung muß die erforderlichen Angaben zur Feststellung der *Identität des Anmelders* (§ 32 Abs. 2 Nr. 1), die *Wiedergabe der Marke* (§ 32 Abs. 2 Nr. 2) und ein *Verzeichnis der Waren oder Dienstleistungen*, für die die Eintragung beantragt wird (§ 32 Abs. 2 Nr. 3), enthalten. Die *weiteren Anmeldungserfordernisse nach § 32 Abs. 3* sind für die Zuerkennung eines Anmeldetages nicht erheblich.

### II. Eingangsbearbeitung der Anmeldung

Bei der *Eingangsbearbeitung einer Anmeldung im DPMA* erfolgt zunächst die Erfassung der **2** Anmeldung (MarkenanmeldungenRL II 1). Das DPMA vermerkt auf der Anmeldung den Tag des Eingangs und das Aktenzeichen der Anmeldung (§ 22 Abs. 1 MarkenV). Der *Tag des Eingangs* wird in der Regel durch Datumsperforierung auf den Markenanmeldungen in den Annahmestellen des DPMA in München, Jena und Berlin vermerkt, das *Aktenzeichen* vergibt jeweils die Annahmestelle in München. Anschließend werden sämtliche Daten der Anmeldungen in der zentralen Eingangsbearbeitung erfaßt. Die zentrale Eingangsbearbeitung vermittelt dem Anmelder nach § 22 Abs. 2 MarkenV unverzüglich eine *Empfangsbescheinigung*, die alle wesentlichen erfaßten Daten der Markenanmeldung enthält und insbesondere die angemeldete Marke bezeichnet, das Aktenzeichen der Anmeldung nennt, den Tag des Eingangs der Anmeldung sowie die Leitklasse und die zunächst festgestellten Klassen angibt, das klassifizierte Waren- und Dienstleistungsverzeichnis aufführt sowie die bereits gezahlten und noch zu entrichtenden Gebühren beziffert (MarkenanmeldungenRL II 5). Nach der Datenerfassung der Anmeldung erfolgt die *Zuerkennung des Anmeldetages* im Sinne des § 33 Abs. 1. Die zentrale Eingangsbearbeitung der Markenstellen im DPMA prüft nach § 36 Abs. 1 Nr. 1, ob die Anmeldung der Marke den Erfordernissen für die Zuerkennung eines Anmeldetages nach § 33 Abs. 1 genügt. Wenn die Markenanmeldung den Mindesterfordernissen entspricht, dann wird als Anmeldetag der Tag festgestellt, an dem die Markenanmeldung beim DPMA eingegangen ist.

### III. Auswirkung von Mängeln der Anmeldung auf die Zuerkennung des Anmeldetages

#### 1. Rechtslage im WZG

Nach der Rechtslage im WZG wurde bei einer fehlerhaften Anmeldung zwischen *we-* **3** *sentlichen* und *unwesentlichen Anmeldevoraussetzungen* und entsprechend zwischen *unheilbaren* und *heilbaren Mängeln* unterschieden (s. dazu im einzelnen *Baumbach/Hefermehl*, § 2 WZG, Rn 28). Eine Anmeldung, die den Anmeldeerfordernissen des § 2 Abs. 1 WZG (Bezeichnung des Geschäftsbetriebs, Waren- oder Dienstleistungsverzeichnis, Zeichendarstellung) nicht genügte, wurde nicht als Anmeldung anerkannt und wahrte so grundsätzlich nicht den Zeitvorrang. Wenn ausnahmsweise eine zulässige Berichtigung und Nachholung stattfand, dann kam der Heilung nur eine Wirkung ex nunc zu. Die Heilung eines *unwesentlichen* Mangels wirkte zurück und sicherte so den Zeitvorrang der Anmeldung. Nach der Rechtslage im MarkenG besteht bei allen Mängeln der Anmeldung grundsätzlich die Möglichkeit, den Mangel zu beseitigen, wenngleich hinsichtlich der Zuerkennung des Anmeldetages nach den verschiedenen Mängeln unterschieden wird (s. Rn 4 ff.).

## 2. Rechtslage im MarkenG

**4** Mängel der Anmeldung können die *Mindesterfordernisse* der Anmeldung nach § 32 Abs. 2 Nr. 1 bis 3 (Identität des Anmelders, Wiedergabe der Marke, Waren- oder Dienstleistungsverzeichnis) oder die *weiteren Anmeldungsvoraussetzungen* nach § 32 Abs. 3, die im einzelnen in den §§ 2 bis 14 MarkenV geregelt sind, betreffen (s. allgemein zu Mängeln der Anmeldung § 36, Rn 4 ff.). Sowohl Mängel der Mindestvoraussetzungen der Anmeldung als auch Mängel der weiteren Anmeldungsvoraussetzungen können vom Anmelder beseitigt werden. Die Beseitigung eines Mangels in den Mindestvoraussetzungen der Anmeldung wirkt sich aber auf die Zuerkennung des Anmeldetages aus. Wenn ein *Mangel in den Mindestvoraussetzungen der Anmeldung* vom Anmelder nachträglich beseitigt wird, dann wird als *Anmeldetag* nur der Tag zuerkannt, an dem die *festgestellten Mängel beseitigt* wurden (§ 36 Abs. 2 S. 2). Die Beseitigung von Mängeln in den *weiteren Anmeldungsvoraussetzungen* wirkt sich *nicht* auf die Zuerkennung des Anmeldetages nach § 33 Abs. 1 aus.

**5** Das Verfahren zur Beseitigung von Mängeln der Anmeldung regelt im einzelnen § 36. Wenn die Anmeldung nicht die Mindesterfordernisse nach § 32 Abs. 2 Nr. 1 bis 3 erfüllt, dann fordert die zentrale Eingangsbearbeitung des DPMA den Anmelder nach § 36 Abs. 2 auf, die festgestellten Mängel, die in der Aufforderung genau bezeichnet werden, innerhalb einer bestimmten Frist zu beseitigen. Die *Aufforderung zur Mängelbeseitigung* enthält den ausdrücklichen Hinweis, daß die Anmeldung nach § 36 Abs. 2 S. 1 als nicht eingereicht gilt, wenn die festgestellten Mängel nicht fristgerecht beseitigt werden. Wenn der Anmelder der Aufforderung des DPMA nachkommt und die Mängel in den Mindestvoraussetzungen der Anmeldung beseitigt, dann wird als Anmeldetag im Sinne des § 33 Abs. 1 MarkenG der Tag nach § 36 Abs. 2 S. 2 zuerkannt, an dem die Beseitigung aller beanstandeten Mängel beim DPMA eingegangen ist. Dem Anmelder wird der nach § 36 Abs. 2 S. 2 zuerkannte Anmeldetag mitgeteilt. Wenn die Mängel in den Mindesterfordernissen der Anmeldung nicht fristgerecht beseitigt werden, dann erhält der Anmelder die Nachricht, daß die Anmeldung nach § 36 Abs. 2 S. 1 als nicht eingereicht gilt. Die Beseitigung von Mängeln der Anmeldung in den weiteren Anmeldungsvoraussetzungen im Sinne des § 32 Abs. 3 wirkt sich auf die Zuerkennung des Anmeldetages im Sinne des § 33 Abs. 1 dann nicht aus, wenn die Mängel fristgerecht beseitigt werden (s. § 36 Abs. 4). Die Feststellung nach § 36 Abs. 2 S. 1, daß die Markenanmeldung als nicht eingereicht gilt, weil sie den Erfordernissen für die Zuerkennung eines Anmeldetages nach § 36 Abs. 1 Nr. 1 iVm §§ 33 Abs. 1, 32 Abs. 2 nicht genügt, darf das DPMA erst treffen, wenn der Anmelder die festgestellten Mängel nicht innerhalb der vom DPMA bestimmten Frist beseitigt (BPatGE 36, 241 – INDIKATIV SWF-3; BPatG GRUR 1997, 60 – SWF-3 NACHRICHTEN; 1997, 134 – Anmeldetag).

**6** Die Zahlung der Anmeldegebühr nach § 32 Abs. 4 stellt keine Voraussetzung für die Zuerkennung des Anmeldetages nach § 33 Abs. 1 dar. § 36 Abs. 3 regelt im einzelnen die Rechtsfolgen und das Verfahren, wenn die Zahlung der Gebühren unterbleibt (s. § 36, Rn 9).

## IV. Bedeutung des Anmeldetages

**7** Das Kennzeichenrecht an der eingetragenen Marke entsteht konstitutiv durch die Eintragung eines Zeichens als Marke in das Register (§ 4 Nr. 1). Da schon die Anmeldung einer Marke nach § 33 Abs. 2 S. 1 einen Anspruch auf Eintragung der Marke begründet, wird die angemeldete Marke der eingetragenen Marke hinsichtlich der Priorität gleichgestellt. Das Alter der Anmeldung bestimmt das Alter der Marke. Für angemeldete oder eingetragene Marken gilt die Prioritätsregel des § 6 Abs. 2. Nach dieser Vorschrift bestimmt sich der *Zeitrang* einer angemeldeten oder eingetragenen Marke nach dem *Anmeldetag* (s. im einzelnen § 6, Rn 9 ff.). Anstelle der *Priorität des Anmeldetages* nach § 33 Abs. 1 kann eine Priorität nach § 34 (*ausländische Priorität*) oder nach § 35 (*Ausstellungspriorität*) in Anspruch genommen werden. Wenn die Priorität einer früheren ausländischen Anmeldung im Sinne des § 34 in

Anspruch genommen wird, dann bestimmt sich der Prioritätstag nach der ausländischen Priorität (s. § 34, Rn 10 ff.). Wenn eine Ausstellungspriorität nach § 35 in Anspruch genommen wird, dann bestimmt sich die Priorität unter den Voraussetzungen des § 35 nach dem Prioritätstag der Ausstellungspriorität (s. § 35, Rn 9 ff.). Die Priorität eines durch Benutzung entstehenden Markenrechts (§ 4 Nr. 2), einer notorisch bekannten Marke (§ 4 Nr. 3), einer geschäftlichen Bezeichnung (§ 5) und eines sonstigen Rechts (§ 13) bestimmt sich nach § 6 Abs. 3 nach dem Tag des Rechtserwerbs (s. § 6, Rn 12).

### B. Anspruch auf Eintragung (§ 33 Abs. 2 S. 1)

Wenn die Anmeldung der Marke die Mindestvoraussetzungen der Anmeldung nach § 32 Abs. 2 erfüllt, dann steht dem Anmelder ein *öffentlichrechtlicher Anspruch* auf Eintragung der Marke in das Register zu. Schon nach der Rechtslage im WZG begründete das Vorliegen der Eintragungsvoraussetzungen, wenn der Eintragung keine Eintragungshindernisse entgegenstanden, ein subjektives öffentliches Recht des Anmelders auf Eintragung des Zeichens in die Warenzeichenrolle (BGH GRUR 1977, 717, 718 – Cokies; *Baumbach/Hefermehl*, § 2 WZG, Rn 3; *v. Gamm*, § 1 WZG, Rn 18). Nach § 33 Abs. 2 S. 1 begründet die Anmeldung einer Marke, deren Anmeldetag feststeht, einen Anspruch auf Eintragung der Marke in das Register. Der Eintragungsanspruch besteht mit der Zuerkennung des Anmeldetages, und zwar auch, wenn die Anmeldung Mängel enthält, wenngleich dann unter dem Vorbehalt der Beseitigung der Mängel durch den Anmelder (s. zur mangelhaften Anmeldung im einzelnen Rn 4 ff.).

### C. Stattgabe des Eintragungsantrags (§ 33 Abs. 2 S. 2)

Dem Eintragungsantrag ist nach § 33 Abs. 2 S. 2 stattzugeben, wenn die *Anmeldungserfordernisse* erfüllt sind und *absolute Eintragungshindernisse* der Eintragung nicht entgegenstehen. Zu den Anmeldungserfordernissen gehören die Prüfungsgegenstände nach § 36 Abs. 1 Nr. 1 bis 4. Zu den absoluten Schutzhindernissen gehören die Prüfungsgegenstände nach § 37 Abs. 1. Eine Prüfung, ob *relative Schutzhindernisse* nach § 9 Abs. 1 Nr. 1 bis 3 vorliegen, erfolgt nicht. Dem Eintragungsantrag ist nach § 33 Abs. 2 S. 2 unabhängig vom Vorliegen relativer Schutzhindernisse stattzugeben. Der Inhaber einer Marke mit älterem Zeitrang kann gegen die Eintragung der Marke nach § 42 Abs. 1 *Widerspruch* erheben, den er nach § 42 Abs. 2 auf bestimmte relative Schutzhindernisse stützen kann (nachgeschaltetes Widerspruchsverfahren). Die relativen Schutzhindernisse im Sinne der §§ 9 bis 13 können als Nichtigkeitsgründe gegen die Eintragung der Marke im Wege der *Löschungsklage* vor den ordentlichen Gerichten nach den §§ 51, 55 geltend gemacht werden.

### D. Veröffentlichung der Anmeldung einer Marke (§ 33 Abs. 3)

§ 33 Abs. 3 regelt die *Veröffentlichung der Anmeldung* einer Marke zur Eintragung in das Markenregister. Die Vorschrift wurde durch das HRefG vom 22. Juni 1998 (BGBl. I S. 1474), das am 1. Juli 1998 in Kraft getreten ist, in das MarkenG eingefügt. Der *Inhalt der Veröffentlichung* der Anmeldung im einzelnen ist in § 14 a MarkenV geregelt, der im Zuge der Handelsrechtsreform in die MarkenV eingefügt wurde (*Zweite Verordnung zur Änderung der Markenverordnung* vom 1. Juli 1998, BGBl. I S. 1771). Der durch das HRefG ebenfalls neu in das MarkenG eingefügte § 165 Abs. 1 enthält eine *Übergangsregelung* für Anmeldungen, die vor dem 1. Januar 1998 beim DPMA eingereicht worden sind.

Nach § 33 Abs. 3 wird bereits die *Anmeldung einer Marke, deren Anmeldetag feststeht, veröffentlicht*. Markeninhaber und potentielle Markenanmelder erhalten so frühzeitig Kenntnis von einer zur Eintragung in das Markenregister angemeldeten Marke. Nach der *bisherigen Rechtslage* wurde erst die *Eintragung einer Marke veröffentlicht*, so daß über einen längeren Zeitraum bei den Markeninteressenten Unkenntnis über den aktuellen Stand an Markenanmeldungen bestand. Einsicht in die Akten der Anmeldung einer Marke wird nach § 62 Abs. 1 zudem nur dann gewährt, wenn der Antragsteller ein *berechtigtes Interesse an der Akteneinsicht vor einer Eintragung der Marke* glaubhaft macht (s. dazu § 62, Rn 2). Zeitlich spätere

**MarkenG § 34**                   Ausländische Priorität

Markenanmeldungen liefen daher stets Gefahr mit einer prioritätsälteren, bis zur Veröffentlichung der Eintragung nicht bekannt gewordenen Marke in Kollision zu geraten. Das sich durch das zeitliche Auseinanderfallen von Anmeldung und Eintragung ergebende Konfliktpotential für die Anmelderschaft sollte durch die Gesetzesänderung beseitigt werden (Beschlußempfehlung und Bericht des Rechtsausschusses zum HRefG, BT-Drucks. 13/10332 vom 1. April 1998, S. 31).

**12**    Es werden nur *Anmeldungen* von Marken, *deren Anmeldetag feststeht*, veröffentlicht. Dadurch wird sichergestellt, daß nur solche Markenanmeldungen veröffentlicht werden, die den *Mindestanforderungen des § 32 Abs. 2* entsprechen. Die Veröffentlichung der Markenanmeldung erfaßt nicht nur *Angaben zur Marke* und *Angaben zu den Waren oder Dienstleistungen*, für die die Eintragung beantragt wird, sondern auch Angaben, die es erlauben, die *Identität des Anmelders* festzustellen (s. dazu Beschlußempfehlung und Bericht des Rechtsausschusses, BT-Drucks. 13/10332 vom 1. April 1998, S. 32).

### Ausländische Priorität

**34** (1) **Die Inanspruchnahme der Priorität einer früheren ausländischen Anmeldung richtet sich nach den Vorschriften der Staatsverträge mit der Maßgabe, daß die Priorität nach der Pariser Verbandsübereinkunft auch für Dienstleistungen in Anspruch genommen werden kann.**

(2) Ist die frühere ausländische Anmeldung in einem Staat eingereicht worden, mit dem kein Staatsvertrag über die Anerkennung der Priorität besteht, so kann der Anmelder ein dem Prioritätsrecht nach der Pariser Verbandsübereinkunft entsprechendes Prioritätsrecht in Anspruch nehmen, soweit nach einer Bekanntmachung des Bundesministeriums der Justiz im Bundesgesetzblatt der andere Staat aufgrund einer ersten Anmeldung beim Patentamt ein Prioritätsrecht gewährt, das nach Voraussetzungen und Inhalt dem Prioritätsrecht nach der Pariser Verbandsübereinkunft vergleichbar ist.

(3) ¹Wer eine Priorität nach Absatz 1 oder 2 in Anspruch nimmt, hat innerhalb von zwei Monaten nach dem Anmeldetag Zeit und Staat der früheren Anmeldung anzugeben. ²Hat der Anmelder diese Angaben gemacht, fordert ihn das Patentamt auf, innerhalb von zwei Monaten nach der Zustellung der Aufforderung das Aktenzeichen der früheren Anmeldung anzugeben und eine Abschrift der früheren Anmeldung einzureichen. ³Innerhalb dieser Fristen können die Angaben geändert werden. ⁴Werden die Angaben nicht rechtzeitig gemacht, so wird der Prioritätsanspruch für diese Anmeldung verwirkt.

**Inhaltsübersicht**

| | Rn |
|---|---|
| A. Allgemeines | 1–3 |
|    I. Regelungszusammenhang | 1 |
|    II. Regelungsübersicht | 2 |
|    III. Rechtsänderungen | 3 |
| B. Prioritätsrechte ausländischer Anmeldungen (§ 34 Abs. 1 und 2) | 4–9 |
|    I. Anmeldungen mit Unionspriorität und TRIPS-Priorität | 4a, 4b |
|       1. Unionspriorität (Art. 4 PVÜ) | 4a |
|       2. TRIPS-Priorität (Art. 2 Abs. 1 TRIPS iVm Art. 4 PVÜ) | 4b |
|    II. Anmeldungen international registrierter Marken | 5 |
|    III. Anmeldungen mit einem Prioritätsrecht aufgrund eines Sonderstaatsvertrages | 6 |
|    IV. Anmeldungen mit sonstiger ausländischer Priorität | 7–9 |
|       1. Anwendungsbereich | 7, 8 |
|       2. Gegenseitigkeitsbekanntmachungen | 9 |
| C. Verfahren zur Inanspruchnahme einer ausländischen Priorität | 10–15 |
|    I. Prioritätserklärung (§ 34 Abs. 3 S. 1) | 10 |
|    II. Aufforderung zur Angabe des Aktenzeichens und zur Einreichung einer Abschrift (§ 34 Abs. 3 S. 2) | 11 |
|    III. Änderung der Angaben (§ 34 Abs. 3 S. 3) | 12 |
|    IV. Rechtsfolgen der Fristversäumung | 13–15 |
|       1. Verwirkung der ausländischen Priorität | 13 |
|       2. Wiedereinsetzung in die Frist | 14 |
|       3. Priorität des Anmeldetages | 15 |

Ausländische Priorität 1–3 § 34 MarkenG

**Schrifttum zum WZG.** *Betten,* Zur Einführung der Dienstleistungsmarke, BB 1979, 19; *Heil/Ströbele,* Die Einführung der Dienstleistungsmarke, GRUR 1979, 127.

**Schrifttum zum PatG.** *Beier/Katzenberger,* Zur Wiedereinsetzung in die versäumte Prioritätsfrist des Artikels 4 der PVÜ, GRUR Int 1990, 277; *Beier/Straus,* Probleme der Unionspriorität im Patentrecht, GRUR Int 1991, 255; *Speckmann,* Unrichtige und unvollständige Prioritätserklärungen, GRUR 1954, 6; *Teschemacher,* Anmeldetag und Priorität im europäischen Patentrecht, GRUR Int 1983, 695; *v. Uexküll,* Das Wesen der Prioritätserklärung im Anmeldeverfahren, GRUR 1967, 61.

## A. Allgemeines

### I. Regelungszusammenhang

Nach dem Prioritätsprinzip des § 6 Abs. 1 bestimmt grundsätzlich der Zeitrang über den Vorrang kollidierender Kennzeichenrechte. Das prioritätsältere Kennzeichenrecht hat Vorrang gegenüber dem prioritätsjüngeren Kennzeichenrecht. Die Priorität einer angemeldeten oder eingetragenen Marke (§ 4 Nr. 1) bestimmt sich nach § 6 Abs. 2 nach dem Anmeldetag (§ 33 Abs. 1) oder dem Prioritätstag (§§ 34, 35). Die Vorschrift des § 34 enthält eine Regelung über das Prioritätsrecht in Ergänzung zu der Vorschrift des § 6 Abs. 2. Das Bestehen eines Prioritätsrechts hat die Rechtswirkung, daß nach § 6 Abs. 2 für die Bestimmung des Zeitrangs nicht der Anmeldetag im Sinne des § 33 Abs. 1, sondern der Prioritätstag entsprechend dem bestehenden Prioritätsrecht maßgeblich ist. § 34 enthält eine eigenständige Regelung des Prioritätsrechts, wenn bei der Anmeldung einer Marke eine gegenüber dem Anmeldetag nach § 33 Abs. 1 abweichende *Priorität einer früheren ausländischen Anmeldung* in Anspruch genommen wird. 1

### II. Regelungsübersicht

Regelungsgegenstand des § 34 sind die *Prioritätsrechte von ausländischen Anmeldungen,* denen gegenüber der inländischen Anmeldung der Marke der Zeitvorrang zukommt. Das Prioritätsrecht einer früheren ausländischen Anmeldung besteht entweder aufgrund einer *Anmeldung der Marke in Staatsvertragsstaaten* (§ 34 Abs. 1) oder aufgrund einer *Anmeldung in Nichtstaatsvertragsstaaten* (§ 34 Abs. 2). Abs. 1 bestimmt, daß sich die Inanspruchnahme der Priorität einer früheren ausländischen Anmeldung nach den Vorschriften der geltenden Staatsverträge wie namentlich der PVÜ richtet. Abs. 2 bestimmt, daß sich die Inanspruchnahme der Priorität einer früheren ausländischen Anmeldung, die in einem Staat eingereicht worden ist, mit dem keine staatsvertraglichen Beziehungen über die Anerkennung der Priorität bestehen, dann entsprechend dem Prioritätsrecht der PVÜ richten, wenn nach einer Bekanntmachung des Bundesministeriums der Justiz in dem Nichtstaatsvertragsstaat ein der PVÜ vergleichbares Prioritätsrecht gewährt wird. Das Prioritätsrecht einer früheren ausländischen Anmeldung bestimmt sich nach Abs. 1 *unabhängig von der Gegenseitigkeit,* nach Abs. 2 *aufgrund der Gegenseitigkeit.* Regelungsgegenstand des § 34 Abs. 3 ist das Verfahrensrecht der Inanspruchnahme der Priorität einer früheren ausländischen Anmeldung. Die Vorschrift entspricht § 41 Abs. 1 PatG. 2

### III. Rechtsänderungen

Das WZG enthielt keine ausdrückliche Regelung des Prioritätsrechts aufgrund einer früheren ausländischen Anmeldung. Das Prioritätsrecht ergab sich vielmehr unmittelbar aus den geltenden Staatsverträgen, wie namentlich den verschiedenen Fassungen der PVÜ. Nach der Rechtslage im MarkenG gilt das Prioritätsrecht aufgrund einer früheren ausländischen Anmeldung gleichermaßen und einheitlich für Warenmarken und für Dienstleistungsmarken. § 35 Abs. 4 WZG enthielt eine Bestimmung über die Anerkennung der Priorität bei der Anmeldung von Dienstleistungsmarken allein auf der Grundlage der Gegenseitigkeit. Diese Regelung des WZG war erforderlich, weil das Prioritätsrecht nach der PVÜ (Unionspriorität) nicht unmittelbar für Dienstleistungsmarken galt. Nach der Rechtslage im MarkenG besteht die Unionspriorität für Dienstleistungsmarken unabhängig von der Gegensei- 3 tigkeit; das MarkenG enthält keine § 35 Abs. 4 WZG entsprechende Vorschrift. Die Anerkennung des Prioritätsrechts einer früheren ausländischen Anmeldung in einem Nichtstaatsvertragsstaat auf der Grundlage der Gegenseitigkeit nach § 34 Abs. 2 bestand nach der Rechtslage im WZG nicht.

## B. Prioritätsrechte ausländischer Anmeldungen (§ 34 Abs. 1 und 2)

### I. Anmeldungen mit Unionspriorität und TRIPS-Priorität

#### 1. Unionspriorität (Art. 4 PVÜ)

**4a** Nach § 34 Abs. 1 kann der Anmelder einer Marke das *Prioritätsrecht einer früheren ausländischen Anmeldung* in Anspruch nehmen, das ihm nach den Vorschriften der Staatsverträge wie namentlich der PVÜ zusteht. Die wichtigste Vorschrift für die Inanspruchnahme der Priorität einer früheren ausländischen Anmeldung ist Art. 4 PVÜ. Nach dieser Vorschrift gelten alle Verbandsstaaten für den Zeitvorrang als ein Staat (*Unionspriorität*). Die ordnungsgemäße Anmeldung einer Marke in einem der Verbandsstaaten (*Erstanmeldung*) sichert den Zeitvorrang für eine Frist von sechs Monaten (Art. 4 C PVÜ). Eine weitere Anmeldung der Marke in einem anderen Verbandsstaat (*Zweitanmeldung*) wird hinsichtlich der Priorität rechtlich so behandelt, als ob die Zweitanmeldung am Tag der Erstanmeldung erfolgt sei (s. dazu im einzelnen Art. 4 PVÜ, Rn 3; § 6, Rn 15a). Nach § 34 Abs. 1 gilt das Prioritätsrecht nach der PVÜ unmittelbar auch für Dienstleistungsmarken, ohne daß es insoweit auf die Gegenseitigkeit ankommt. Nach dem Rechtlage im WZG konnte die Unionspriorität nach Art. 4 PVÜ zunächst nur für Handels- und Fabrikmarken, nicht auch für Dienstleistungsmarken in Anspruch genommen werden. Das Gesetz über die Eintragung von Dienstleistungsmarken vom 29. Januar 1979 (BGBl. I S. 125) änderte diese Rechtslage nicht (*Heil/Ströbele*, GRUR 1979, 127, 130; aA *Betten*, BB 1979, 19, 20). Diese Schlechterstellung von Dienstleistungsmarken gegenüber Warenmarken ist im Jahr 1987 teilweise beseitigt worden durch die Einfügung des § 35 Abs. 4 WZG (BGBl. I 1986, S. 1446), der die Inanspruchnahme einer Auslandspriorität für Dienstleistungsmarken auf der Basis der Gegenseitigkeit gestattete. Nach der Rechtslage im MarkenG kann die Unionspriorität nach § 34 Abs. 1 auch für *Dienstleistungsmarken* in Anspruch genommen werden, ohne daß es insoweit auf die Gegenseitigkeit ankommt. Eine dem § 35 Abs. 4 WZG entsprechende Vorschrift wurde nicht in das MarkenG übernommen.

#### 2. TRIPS-Priorität (Art. 2 Abs. 1 TRIPS iVm Art. 4 PVÜ)

**4b** Entsprechendes wie für Anmeldungen mit Unionspriorität nach Art. 4 PVÜ gilt auch für Anmeldungen mit *TRIPS-Priorität*. Nach Art. 2 Abs. 1 TRIPS-Abkommen werden die materiellrechtlichen Vorschriften der PVÜ, namentlich das Prioritätsrecht nach Art. 4 PVÜ, in das TRIPS-Abkommen inkorporiert. Die ordnungsgemäße Anmeldung einer Marke in einem Vertragsstaat des Übereinkommens zur Errichtung der Welthandelsorganisation sichert den Zeitvorrang für eine Frist von sechs Monaten (s. dazu § 6, Rn 15b). Das Prioritätsrecht nach dem TRIPS-Abkommen kann auch ohne die Maßgabe des § 34 Abs. 1 für *Dienstleistungsmarken* in Anspruch genommen werden. Die TRIPS-Priorität gilt nach Art. 62 Abs. 3 TRIPS-Abkommen auch für Dienstleistungen.

### II. Anmeldungen international registrierter Marken

**5** Die Unionspriorität nach Art. 4 PVÜ kann nach Art. 4 Abs. 2 MMA auch für *international registrierte Marken* in Anspruch genommen werden. Die Priorität einer IR-Marke bestimmt sich nach dem Tag der Anmeldung zur Eintragung im Ursprungsland, wenn die internationale Registrierung innerhalb von sechs Monaten nach der Heimatanmeldung erfolgt (s. im einzelnen Art. 4 MMA, Rn 5). Nach Ablauf der in Art. 4 C PVÜ bestimmten Frist von sechs Monaten kann die Unionspriorität nicht mehr in Anspruch genommen werden. In diesem Fall bestimmt sich die Priorität nach dem Datum der internationalen Registrierung (Art. 4 Abs. 1 MMA iVm §§ 112, 6 Abs. 2). Die entsprechenden Prioritätsregeln gelten für den Schutz von Marken nach dem Protokoll zum MMA (Art. 4 PMMA iVm §§ 124, 112).

### III. Anmeldungen mit einem Prioritätsrecht aufgrund eines Sonderstaatsvertrages

Der Anwendungsbereich des § 34 Abs. 1 ist grundsätzlich nicht auf Anmeldungen mit einer Unionspriorität nach Art. 4 PVÜ beschränkt, sondern gilt auch für Prioritätsrechte aufgrund von Vorschriften über die Priorität von Marken in anderen Staatsverträgen. Solche Sonderstaatsverträge über die Anerkennung der Priorität einer früheren ausländischen Anmeldung bestehen zur Zeit nicht (s. zur TRIPS-Priorität Rn 4b).

### IV. Anmeldungen mit sonstiger ausländischer Priorität

#### 1. Anwendungsbereich

Nach § 34 Abs. 2 kann die Priorität einer früheren ausländischen Anmeldung auch in einem solchen Staat in Anspruch genommen werden, mit dem keine staatsvertraglichen Beziehungen über die Anerkennung der Priorität bestehen, wenn dieser Staat einer ersten inländischen Anmeldung einer Marke beim DPMA ein *der Unionspriorität vergleichbares Prioritätsrecht* gewährt. Die Prioritätsregelung des § 34 Abs. 2, die im WZG nicht enthalten war, schafft die Voraussetzungen dafür, daß in solchen Staaten, die der PVÜ nicht angehören und auch sonst nicht staatsvertraglich zur Prioritätsgewährung verpflichtet sind, die aber auf der Grundlage der Gegenseitigkeit die Priorität einer deutschen Voranmeldung anerkennen, die Inanspruchnahme der Priorität auf der Grundlage einer deutschen Anmeldung ermöglicht wird. Die Inanspruchnahme der Priorität einer früheren ausländischen Anmeldung in Nichtvertragsstaaten beruht auf dem *Grundsatz der Gegenseitigkeit*. Die Anwendung der Prioritätsregel des § 34 Abs. 2 hat zur Voraussetzung, daß die vergleichbare Prioritätsgewährung des anderen Staates sich nach einer Bekanntmachung des Bundesministeriums der Justiz im Bundesgesetzblatt ergibt. Wenn der andere Staat die Priorität nur mit Einschränkungen gewährt, dann besteht auch das Prioritätsrecht der früheren ausländischen Anmeldung in diesem Staat nur in diesem eingeschränkten Umfang. Fallkonstellationen einer solch eingeschränkten Prioritätsgewährung sind etwa die Beschränkung auf Anmeldungen deutscher Staatsangehöriger oder die Beschränkung auf Anmeldungen von Warenmarken unter Ausschluß von Dienstleistungsmarken. In der Gegenseitigkeitsbekanntmachung des Bundesministeriums der Justiz werden solche Beschränkungen des Prioritätsrechts aufgenommen und im Bundesgesetzblatt veröffentlicht.

In einer Bekanntmachung des Bundesministeriums der Justiz wird das Bestehen der Gegenseitigkeit *rechtsverbindlich* festgestellt. Die Prüfung, ob und in welchem Umfang der andere Staat ein der PVÜ vergleichbares Prioritätsrecht gewährt und damit das Erfordernis der Gegenseitigkeit erfüllt, ist sowohl dem DPMA als auch dem BPatG und den ordentlichen Gerichten in den Verfahren in Markenangelegenheiten entzogen (s. dazu vergleichbar RG BlPMZ 1924, 125). Die Anerkennung der Priorität einer früheren ausländischen Anmeldung in einem Nichtstaatsvertragsstaat nach § 34 Abs. 2 setzt eine Bekanntmachung des Bundesministeriums der Justiz im Bundesgesetzblatt voraus. Solange eine solche Bekanntmachung nicht im Bundesgesetzblatt veröffentlicht ist, kann nach § 6 Abs. 2 nur die Priorität des Anmeldetages nach § 33 Abs. 1 beansprucht werden.

#### 2. Gegenseitigkeitsbekanntmachungen

Nach der Bekanntmachung des Bundesministeriums der Justiz vom 15. April 1997 (BGBl. I S. 801) besteht Gegenseitigkeit mit *Andorra*, das aufgrund einer ersten Anmeldung einer Marke beim DPMA für eine Markenanmeldung in Andorra ein Prioritätsrecht, das nach Voraussetzungen und Inhalt dem Prioritätsrecht nach der PVÜ vergleichbar ist, gewährt.

## C. Verfahren zur Inanspruchnahme einer ausländischen Priorität
### I. Prioritätserklärung (§ 34 Abs. 3 S. 1)

**10** § 34 Abs. 3 enthält die Verfahrensregelungen zur Inanspruchnahme der Priorität einer früheren ausländischen Anmeldung nach den Absätzen 1 und 2 der Vorschrift. Die Inanspruchnahme einer ausländischen Priorität verlangt eine *Prioritätserklärung des Anmelders*. Innerhalb einer Frist von zwei Monaten nach dem Anmeldetag im Sinne des § 33 Abs. 1 hat der Anmelder Zeit und Staat der früheren ausländischen Anmeldung anzugeben (Abs. 3 S. 1). Wenn das Prioritätsrecht nach mehreren ausländischen Anmeldungen besteht, dann empfiehlt es sich, die Angaben zu Zeit und Staat sämtlicher Anmeldungen zu erklären. Die *Zweimonatsfrist* beginnt mit dem auf den Anmeldetag folgenden Tag und endet mit dem Ablauf des Tages des zweiten Monats, der durch seine Zahl dem Anmeldetag entspricht (§§ 187 Abs. 2 S. 1, 188 Abs. 2 BGB). Ist der Anmeldetag der 16. April, dann muß die Prioritätserklärung bis zum Ablauf des 16. Juni beim DPMA eingehen. Eine Verpflichtung des DPMA, die Prioritätserklärung auf ihre Vollständigkeit nachzuprüfen und den Anmelder auf fehlende Angaben hinzuweisen, besteht weder aus dem durch die Anmeldung begründeten Rechtsverhältnis zwischen dem Anmelder und dem DPMA noch aus allgemeinen Verwaltungs- und Verfahrensgrundsätzen (BGHZ 61, 257, 261 – Spiegelreflexkamera). Es ist Sache des Anmelders, für vollständige Angaben zu sorgen, wenn er durch eine Prioritätserklärung eine Stärkung seiner Rechtsstellung durch die Inanspruchnahme der Priorität einer früheren ausländischen Anmeldung herbeiführen will. Diese Rechtslage schließt aber eine angemessene Sachbehandlung durch das DPMA dahin nicht aus, den Anmelder auf rechtzeitig erkannte *Mängel der Prioritätserklärung hinzuweisen*, auch wenn eine Rechtspflicht dazu nicht besteht. Aus der Tatsache, daß im Einzelfall eine Prüfung der Vollständigkeit der Prioritätserklärung nicht stattgefunden hat und dem Anmelder ein rechtzeitiger Hinweis auf unvollständige Angaben nicht gegeben worden ist, kann aber der Anmelder nicht das Recht herleiten, nach Ablauf der Frist die zur Prioritätserklärung fehlenden Angaben nachzureichen (BGHZ 61, 257, 261 – Spiegelreflexkamera; aA *Speckmann*, GRUR 1954, 6, 13, 14). Da eine Verpflichtung des DPMA, den Anmelder auf die Unrichtigkeit oder die Unvollständigkeit seiner Angaben zur Prioritätserklärung hinzuweisen, nicht besteht, hindert auch ein unterbliebener Hinweis nicht die Verwirkung des Prioritätsanspruchs nach Abs. 3 S. 4 (BPatG GRUR 1987, 286 – Unvollständige Anmeldung; unter Aufgabe der früheren gegenteiligen Rechtsprechung BPatGE 20, 184, 185).

### II. Aufforderung zur Angabe des Aktenzeichens und zur Einreichung einer Abschrift (§ 34 Abs. 3 S. 2)

**11** Nach Eingang einer ordnungsgemäßen Prioritätserklärung fordert das DPMA den Anmelder auf, innerhalb von zwei Monaten nach der Zustellung der Aufforderung das *Aktenzeichen der früheren Anmeldung* anzugeben und eine *Abschrift der früheren Anmeldung* einzureichen (Abs. 3 S. 2). Abschrift ist eine dem Originaltext der früheren ausländischen Anmeldung entsprechende Zweitschrift und nicht nur eine Übersetzung der früheren Anmeldung (zu § 41 PatG BPatGE 14, 202, 204). Als Abschrift der früheren Anmeldung genügt eine einfache Kopie. Grundsätzlich wird keine Bescheinigung der Übereinstimmung durch die Behörde verlangt, die diese frühere ausländische Anmeldung empfangen hat. Ein Prioritätsbeleg im Sinne des Art. 4 D Abs. 3 S. 2 PVÜ kann jedoch nachzureichen sein, wenn es, wie etwa im Widerspruchsverfahren, auf die Rechtmäßigkeit der Inanspruchnahme der Priorität ankommt (s. dazu MarkenanmeldungenRL III 3 f). Wenn Aktenzeichen und Abschrift der früheren ausländischen Anmeldung schon der Prioritätserklärung beigefügt werden, ist eine Aufforderung des DPMA entbehrlich. Der Anmelder ist gleichwohl vom DPMA insoweit zu benachrichtigen, um die Änderungsfrist nach Abs. 3 S. 3 in Lauf zu setzen (zu § 41 PatG BPatGE 6, 39). Die Aufforderung, einen Prioritätsbeleg einzureichen, setzt als nicht ordnungsgemäße Aufforderung die Zweimonatsfrist nicht in Lauf, da Abs. 3 S. 2 nur die Einreichung einer Abschrift verlangt (zu § 41 PatG BPatGE 21, 169 – Unionspriorität).

### III. Änderung der Angaben (§ 34 Abs. 3 S. 3)

Innerhalb der Frist zur Prioritätserklärung nach Abs. 3 S. 1 sowie innerhalb der Frist zur **12** Angabe des Aktenzeichens und zur Einreichung einer Abschrift der früheren Anmeldung nach Abs. 3 S. 2 können die Angaben geändert werden (Abs. 3 S. 3). Eine Änderung der Angaben bedeutet zum einen die *Berichtigung fehlerhafter Angaben* und die *Ergänzung fehlender Angaben*. Als eine Änderung der Angaben wird es nach der Rechtslage zum patentamtlichen Verfahren nach § 41 PatG, der vor Inkrafttreten des MarkenG nach § 12 Abs. 1 WZG für das Verfahren zur Inanspruchnahme einer Unionspriorität anzuwenden war und dem § 34 Abs. 3 entspricht, zum anderen auch angesehen, wenn innerhalb der Fristen des Absatzes 1 und 2 die ausländische Anmeldung, die Gegenstand der Prioritätserklärung war, durch eine andere *frühere ausländische Anmeldung ersetzt* wird (so auch *Benkard/Schäfers*, § 41 PatG, Rn 15). Nach Fristablauf sind Änderungen der Angaben grundsätzlich nicht mehr zulässig (BGHZ 61, 257, 259 – Spiegelreflexkamera; BPatGE 12, 133, 135). Eine Angabenänderung nach Fristablauf wird selbst dann nicht zugelassen, wenn die Angaben aufgrund eines Fehlers des ausländischen Patentamts unrichtig waren (BPatGE 17, 216; bedenklich). Anders als nach der Rechtslage im WZG (§§ 12 Abs. 1 WZG iVm 123 Abs. 1 S. 2 PatG) ist nach § 91 die *Wiedereinsetzung* in die Fristen des § 34 Abs. 3 S. 1 und 2 zur Inanspruchnahme der Priorität der früheren ausländischen Anmeldung auf Antrag dann möglich, wenn der Anmelder ohne Verschulden an der Einhaltung der Frist verhindert war. Die Berichtigung und Ergänzung *offensichtlich unrichtiger oder unvollständiger Angaben* wird auch nach Fristablauf dann zugelassen, wenn die richtigen oder fehlenden Angaben sich aus den Anmeldeakten ergeben oder vom DPMA innerhalb der Frist ohne weiteres aus öffentlichen Druckschriften, Registern und Datensammlungen mit hinreichender Sicherheit entnommen werden können (s. nur BGHZ 61, 257, 259 – Spiegelreflexkamera; 61, 265, 268 – Elektronenstrahlsignalspeicherung; BPatGE 17, 36; s. dazu im einzelnen *Benkard/Schäfers*, § 41 PatG, Rn 16 ff.).

### IV. Rechtsfolgen der Fristversäumung

#### 1. Verwirkung der ausländischen Priorität

Rechtsfolge einer *Fristversäumung* ist nach Abs. 3 S. 4 die *Verwirkung des Prioritätsanspruchs* **13** für diese Anmeldung. Die Verwirkung tritt kraft Gesetzes ein, ohne daß es eines Beschlusses des DPMA bedarf. Ein die Verwirkung feststellender Beschluß, dem nur deklaratorische Wirkung zukommt, ist mit der Erinnerung (§ 64) oder der Beschwerde (§ 66) anfechtbar. Verwirkung tritt zum einen ein, wenn die zur Inanspruchnahme einer Priorität nach Abs. 1 und 2 erforderlichen Angaben im Sinne des Abs. 3 S. 1 nicht fristgerecht erfolgen. Verwirkung tritt zum anderen aber auch dann ein, wenn nach Aufforderung des DPMA die Angabe des Aktenzeichens und die Einreichung einer Abschrift der früheren Anmeldung im Sinne des Abs. 3 S. 2 nicht rechtzeitig erfolgen (s. zu § 41 PatG BGH GRUR 1973, 139 – Prioritätsverlust; 1979, 626, 627 – Elektrostatisches Ladungsbild). Die Verwirkung des Prioritätsrechts tritt nur für die konkret in Anspruch genommene Priorität der ausländischen Anmeldung ein, die Gegenstand der Prioritätserklärung ist. Innerhalb der Prioritätsfrist einer *anderen ausländischen Anmeldung* ist erneut eine inländische Anmeldung der Marke mit der Inanspruchnahme der Priorität dieser früheren ausländischen Anmeldung zulässig (BGH GRUR Int 1960, 506 – Schiffslukenverschluß).

#### 2. Wiedereinsetzung in die Frist

Verwirkung des Prioritätsrechts nach Abs. 3 S. 4 tritt dann nicht ein, wenn auf Antrag ei- **14** ne *Wiedereinsetzung* in die Frist des Abs. 3 S. 1 oder des Abs. 3 S. 2 nach § 91 Abs. 1 S. 1 erfolgt, weil der Anmelder ohne Verschulden an der Einhaltung der Frist verhindert war.

#### 3. Priorität des Anmeldetages

Wenn der Prioritätsanspruch für die frühere ausländische Anmeldung nach Abs. 3 S. 4 **15** verwirkt ist, dann kommt der Anmeldung die *Priorität des Anmeldetages* zu (§§ 6 Abs. 2 iVm

# MarkenG § 35 — Ausstellungspriorität

33 Abs. 1). Wenn der Anmelder auf der Zuerkennung der ausländischen Priorität besteht, dann wird die Verwirkung durch Beschluß in dem patentamtlichen Verfahren festgestellt. Wenn der Anmelder nach der Unanfechtbarkeit des die Verwirkung feststellenden Beschlusses den Prioritätsanspruch aufrechterhält, dann ist, wenn kein hilfsweiser Antrag auf Zuerkennung der Priorität des Anmeldetages gestellt ist, die Anmeldung zurückzuweisen, da die Anmeldung mit der ausdrücklichen Inanspruchnahme einer ausländischen Priorität nicht gegen den Willen des Anmelders als eine Anmeldung mit der Priorität des Anmeldetages behandelt werden kann.

## Ausstellungspriorität

**35** (1) **Hat der Anmelder der Marke Waren oder Dienstleistungen unter der angemeldeten Marke**

1. **auf einer amtlichen oder amtlich anerkannten internationalen Ausstellung im Sinne des am 22. November 1928 in Paris unterzeichneten Abkommens über internationale Ausstellungen oder**
2. **auf einer sonstigen inländischen oder ausländischen Ausstellung**

zur Schau gestellt, kann er, wenn er die Anmeldung innerhalb einer Frist von sechs Monaten seit der erstmaligen Zurschaustellung der Waren oder Dienstleistungen unter der angemeldeten Marke einreicht, von diesem Tag an ein Prioritätsrecht im Sinne des § 34 in Anspruch nehmen.

(2) **Die in Absatz 1 Nr. 1 bezeichneten Ausstellungen werden vom Bundesministerium der Justiz im Bundesgesetzblatt bekanntgemacht.**

(3) **Die Ausstellungen im Sinne des Absatzes 1 Nr. 2 werden im Einzelfall in einer Bekanntmachung des Bundesministeriums der Justiz im Bundesgesetzblatt über den Ausstellungsschutz bestimmt.**

(4) [1] Wer eine Priorität nach Absatz 1 in Anspruch nimmt, hat innerhalb von zwei Monaten nach dem Anmeldetag den Tag der erstmaligen Zurschaustellung sowie die Ausstellung anzugeben. [2] Hat der Anmelder diese Angaben gemacht, fordert ihn das Patentamt auf, innerhalb von zwei Monaten nach der Zustellung der Aufforderung die Nachweise für die Zurschaustellung der Waren oder Dienstleistungen unter der angemeldeten Marke einzureichen. [3] **Werden die Nachweise nicht rechtzeitig eingereicht, so wird der Prioritätsanspruch für diese Anmeldung verwirkt.**

(5) **Die Ausstellungspriorität nach Absatz 1 verlängert nicht die Prioritätsfrist nach § 34.**

### Inhaltsübersicht

| | Rn |
|---|---|
| A. Allgemeines | 1–3 |
|    I. Regelungszusammenhang | 1 |
|    II. Regelungsübersicht | 2 |
|    III. Rechtsänderungen | 3 |
| B. Prioritätsrechte einer Ausstellungspriorität | 4–8 |
|    I. Voraussetzungen der Ausstellungspriorität | 4, 5 |
|    II. Anerkannte Ausstellungen im Sinne des § 35 Abs. 1 Nr. 1 und 2 | 6, 7 |
|       1. Bekanntmachungen der Ausstellungen nach § 35 Abs. 1 Nr. 1 | 6 |
|       2. Bestimmung der Ausstellungen nach § 35 Abs. 1 Nr. 2 | 7 |
|    III. Anerkannte Ausstellungen im Sinne des Art. 33 GMarkenV | 8 |
| C. Verfahren zur Inanspruchnahme einer Ausstellungspriorität (§ 35 Abs. 4) | 9–13 |
|    I. Prioritätserklärung (§ 35 Abs. 4 S. 1) | 9 |
|    II. Aufforderung zur Einreichung der Nachweise für die Zurschaustellung (§ 35 Abs. 4 S. 2) | 10 |
|    III. Rechtsfolgen der Fristversäumung | 11–13 |
|       1. Verwirkung der Ausstellungspriorität | 11 |
|       2. Wiedereinsetzung in die Frist (§ 91 Abs. 1 S. 1) | 12 |
|       3. Priorität des Anmeldetages | 13 |

## A. Allgemeines

### I. Regelungszusammenhang

Nach dem Prioritätsprinzip des § 6 Abs. 1 bestimmt grundsätzlich der Zeitrang über den 1
Vorrang kollidierender Kennzeichenrechte. Das prioritätsältere Kennzeichenrecht hat Vorrang gegenüber dem prioritätsjüngeren Kennzeichenrecht. Die Priorität einer angemeldeten oder eingetragenen Marke (§ 4 Nr. 1) bestimmt sich nach § 6 Abs. 2 nach dem Anmeldetag (§ 33 Abs. 1) oder dem Prioritätstag (§§ 34, 35). Die Vorschrift des § 35 enthält eine Regelung über das Prioritätsrecht in Ergänzung zu der Vorschrift des § 6 Abs. 2. Das Bestehen eines Prioritätsrechts hat die Rechtswirkung, daß nach § 6 Abs. 2 für die Bestimmung des Zeitrangs nicht der Anmeldetag im Sinne des § 33 Abs. 1, sondern der Prioritätstag entsprechend dem bestehenden Prioritätsrecht maßgeblich ist. § 35 enthält eine eigenständige Regelung des Prioritätsrechts, wenn bei der Anmeldung einer Marke eine gegenüber dem Anmeldetag nach § 33 Abs. 1 abweichende *Priorität einer Ausstellungspriorität* in Anspruch genommen wird.

### II. Regelungsübersicht

Regelungsgegenstand des § 35 sind die Prioritätsrechte aufgrund einer Zurschaustellung 2
der Waren oder Dienstleistungen, für die die Eintragung beantragt wird, unter der angemeldeten Marke auf bestimmten Ausstellungen. Das *Prioritätsrecht der Ausstellungspriorität* besteht im Falle von *amtlichen oder amtlich anerkannten internationalen Ausstellungen* im Sinne des Abs. 1 Nr. 1 oder auf einer *sonstigen inländischen oder ausländischen Ausstellung* im Sinne des Abs. 1 Nr. 2. Nach Abs. 1 gewährt die Ausstellungspriorität dem Anmelder ein der ausländischen Priorität vergleichbares Prioritätsrecht im Sinne des § 34. Die Ausstellungspriorität verlängert nicht die Prioritätsfrist der ausländischen Priorität (Abs. 5). Das Verfahren zur Inanspruchnahme der Ausstellungspriorität regelt Abs. 4.

### III. Rechtsänderungen

Vor Inkrafttreten des MarkenG war die Ausstellungspriorität im *Ausstellungsschutzgesetz* 3
von 1904 (Gesetz über den Schutz von Erfindungen, Mustern und Warenzeichen auf Ausstellungen vom 18. März 1904, RGBl. S. 141; amtliche Begründung BlPMZ 1904, 182) geregelt. Das Ausstellungsschutzgesetz galt nur für Waren, nicht aber für Dienstleistungen. Durch Art. 17 MRRG wurde die Ausstellungspriorität für Warenzeichen aus dem Anwendungsbereich des Ausstellungsschutzgesetzes herausgenommen und in der Vorschrift des § 35 eigenständig geregelt. Nach dem MarkenG kann sowohl für Waren als auch für Dienstleistungen Ausstellungspriorität in Anspruch genommen werden.

## B. Prioritätsrechte einer Ausstellungspriorität

### I. Voraussetzungen der Ausstellungspriorität

Der Anmelder einer Marke kann nach § 6 Abs. 2 anstelle der Priorität des Anmeldetages 4
(§ 33 Abs. 1) eine *frühere Ausstellungspriorität* nach § 35 Abs. 1 in Anspruch nehmen. Die Entstehung des Prioritätsrechts einer Ausstellungspriorität setzt die Zurschaustellung von Waren oder Dienstleistungen unter der angemeldeten Marke auf bestimmten Ausstellungen voraus. Der Prioritätstag einer Ausstellungspriorität ist der *Tag der erstmaligen Zurschaustellung* der Waren oder Dienstleistungen unter der angemeldeten Marke auf einer Ausstellung im Sinne des § 35 Abs. 1 Nr. 1 und 2. Nach der Rechtslage des Ausstellungsschutzgesetzes (s. Rn 3) war der Zeitpunkt der Eröffnung der Ausstellung der rechtserhebliche Prioritätstag. Zwar werden in der Regel der konkrete *Zurschaustellungstag* und der *Ausstellungseröffnungstag* zusammenfallen; es kann aber namentlich bei Ausstellungen, die über einen längeren Zeitraum veranstaltet werden, die konkrete Zurschaustellung der Waren oder Dienstleistungen

unter der angemeldeten Marke zu einem späteren Zeitpunkt als der Eröffnung der Ausstellung erfolgen.

**5**   Bei dem Prioritätsrecht der Ausstellungspriorität handelt es sich um ein Prioritätsrecht im Sinne der ausländischen Priorität des § 34. Die Inanspruchnahme einer Ausstellungspriorität nach § 35 soll den Anmelder nicht besser stellen als die Inanspruchnahme einer ausländischen Priorität nach § 34. Die Inanspruchnahme der Ausstellungspriorität hat innerhalb einer Frist von sechs Monaten seit der erstmaligen Zurschaustellung der Waren oder Dienstleistungen unter der angemeldeten Marke zu erfolgen; innerhalb dieser Frist ist die Anmeldung der Marke beim DPMA einzureichen. Wenn eine Ausstellungspriorität besteht, dann wird dadurch nicht die Prioritätsfrist einer ausländischen Priorität nach § 34 verlängert (Abs. 5). Eine Ausstellungspriorität wird nur aufgrund einer Zurschaustellung der Waren oder Dienstleistungen auf den in Abs. 1 Nr. 1 und 2 beschriebenen Ausstellungen begründet. Das sind zum einen die *amtlichen oder amtlich anerkannten internationalen Ausstellungen* im Sinne des am 22. November 1928 in Paris unterzeichneten *Abkommens über internationale Ausstellungen* (Nr. 1), die vom Bundesministerium der Justiz im Bundesgesetzblatt bekanntgemacht werden (Abs. 2). Das sind zum anderen *sonstige inländische oder ausländische Ausstellungen* (Nr. 2), die im Einzelfall in einer Bekanntmachung des Bundesministeriums der Justiz im Bundesgesetzblatt über den Ausstellungsschutz bestimmt werden (Abs. 3).

## II. Anerkannte Ausstellungen im Sinne des § 35 Abs. 1 Nr. 1 und 2

### 1. Bekanntmachungen der Ausstellungen nach § 35 Abs. 1 Nr. 1

**6**   Die *amtlichen oder amtlich anerkannten internationalen Ausstellungen* im Sinne des am 22. November 1928 in Paris unterzeichneten *Abkommens über Internationale Ausstellungen* (RGBl. 1930 II S. 728 in der zuletzt geänderten Fassung vom 31. Mai 1988, BGBl. 1991 II S. 427; s. Übersicht über den Stand des Übereinkommens über Internationale Ausstellungen BlPMZ 1996, 158) nach § 35 Abs. 1 Nr. 1 werden vom Bundesministerium der Justiz im Bundesgesetzblatt bekanntgemacht (Abs. 2). Nach dem *Abkommen über Internationale Ausstellungen* (IntAusstÜ) ist eine Ausstellung international, wenn mehr als ein Staat daran teilnimmt (Art. 1 Abs. 2 IntAusstÜ). Das Abkommen unterscheidet zwischen eingetragenen und anerkannten Ausstellungen; es sind die Voraussetzungen für die erforderlichen Merkmale der Ausstellungen im einzelnen in Art. 3 und 4 IntAusstÜ geregelt. Zuständig für die Anerkennung und Eintragung der internationalen Ausstellungen ist das Internationale Ausstellungsbüro mit Sitz in Paris, deren Mitglieder aus den Regierungen der Vertragsparteien bestehen (Art. 25 IntAusstÜ). Die folgenden internationalen Ausstellungen wurden seit 1982 bekanntgemacht:

*1982 Floriade – Internationale Gartenbau-Ausstellung* vom 8. April bis 10. Oktober 1982 in Amsterdam, Niederlande;

*1982 Knoxville International Energy Exposition* vom 1. Mai bis 31. Oktober 1982 in Knoxville, Tennessee, USA;

*International Garden Festival Liverpool 1984* vom 2. Mai bis 14. Oktober 1984 in Liverpool, Großbritannien;

*1984 Lousiana World Exposition The World of Rivers – Fresh Water as a Source of Life* vom 12. Mai bis 11. November 1984 in New Orleans, Louisiana, USA;

*The International Exposition Tsukuba, Japan, 1985 – Dwellings and Surroundings – Science and Technology for Man at Home* (Weltausstellung Tsukuba, Japan, 1985 – Wohnbereich und Umgebung – Wissenschaft und Technologie für den Menschen zu Hause) vom 17. März bis 16. September 1985 in Tsukuba, Japan;

*EXPO 86 – The 1986 World Exposition on Transportation and communications – World in Motion* – Vancouver, British Columbia, Canada (EXPO 86 – Weltausstellung für Verkehr und Kommunikation 1986 – Welt in Bewegung) vom 2. Mai bis 13. Oktober 1986 in Vancouver, Britisch Kolumbien, Kanada;

*XVII. Triennale de Milan – Les villes du monde et la future des métropoles – Milan, Italie* (XVII. Triennale Mailand – Die Städte der Welt und die Zukunft der Metropolen) vom 10. April bis 30. Juli 1987 in Mailand, Italien (siehe Art. 4 B Nr. 1. IntAusstÜ);

*EXPO 88 – Leisure in the Age of Technology*, Brisbane, Australia (EXPO 88 – Freizeit im Technologiezeitalter) vom 30. April bis 30. Oktober 1988 in Brisbane, Australien;

*International Garden and Greenery Exposition*, Osaka, Japan, 1990 (Internationale Garten- und Grünflächenausstellung) vom 1. April bis 30. September 1990 in Osaka, Japan;

Ausstellungspriorität  7–9 § 35 MarkenG

2. *Weltausstellung der Errungenschaften der jungen Erfinder – EXPO 91* – Plodiv vom 7. Juni bis 7. Juli 1991 in Plodiv, Bulgarien;
*Internationale Gartenbauausstellung Den Haag-Zoetemeer* vom 10. April bis 11. Oktober 1992 in Den Haag-Zoetemeer/Niederlande;
*EXPO 92 – Universalausstellung Sevilla 1992 – Das Zeitalter der Entdeckungen* vom 20. April bis 12. Oktober 1992 in Sevilla, Spanien;
*Internationale Fachausstellung Genua 1992 – Christoph Kolumbus: Das Schiff und das Meer* vom 15. Mai bis 15. August 1992 in Genua, Italien;
*V. Internationale Gartenbauausstellung* in der Bundesrepublik Deutschland vom 23. April bis 17. Oktober 1993 in Stuttgart;
*Taejon EXPO 93 – Weltfachausstellung – Neue Wege der Entwicklung* vom 7. August bis 7. November 1993 in Taejon/Korea.

### 2. Bestimmung der Ausstellungen nach § 35 Abs. 1 Nr. 2

Inländische oder ausländische Ausstellungen werden im Einzelfall in einer Bekanntmachung des Bundesministeriums der Justiz im Bundesgesetzblatt über den Ausstellungsschutz bestimmt. Diese Bestimmung gilt nur für die konkrete Veranstaltung der Ausstellung. Jährlich werden etwa 130 inländische oder ausländische Ausstellungen bekanntgemacht. Es wurden etwa bekanntgemacht (*Bekanntmachung über den Schutz von Mustern und Marken auf Ausstellungen* vom 20. August 1996, BGBl. I S. 1336) die *ISPO-Winter, 46. Internationale Fachmesse für Sportartikel und Sportmode* vom 4. bis 7. Februar 1997 in München; die *48. Internationale Spielwarenmesse Nürnberg mit Fachmesse Modellbau, Hobby und Basteln* vom 30. bis 5. Februar 1997 in Nürnberg; die *TRANSPORT – 6. Internationale Fachmesse für Logistik, Güterverkehr, Personenverkehr* vom 10. bis 14. Juni 1997 in München; die *5. OUTDOOR – Europäische Outdoor- Fachmesse vom 20. bis 23. August 1998* in Friedrichshafen; die *GOLF EUROPE – 5. Internationale Fachmesse für den Golfsport* vom 27. bis 29. September 1998 in München; die *boot '99 – 30. Internationale Bootsausstellung Düsseldorf* vom 16. bis 24. Januar 1999 in Düsseldorf; die *SYSTEMS 99 – 18. Internationale Fachmesse für Informationstechnologie und Telekommunikation* vom 18. bis 22. Oktober 1999 in München.

### III. Anerkannte Ausstellungen im Sinne des Art. 33 GMarkenV

Nach Art. 33 GMarkenV kann für die Anmeldung einer Gemeinschaftsmarke auch die Ausstellungspriorität einer internationalen Ausstellung nach dem Übereinkommen über internationale Ausstellungen vom 22. November 1928 in Anspruch genommen werden. Die Regelung entspricht § 35 Abs. 1 Nr. 1 (s. Rn 6). Die folgenden internationalen Ausstellungen wurden seit 1994 bekanntgemacht:

*Die Ozeane, Erbe für die Zukunft* vom 22. Mai bis 30. September 1998 in Lissabon, Portugal;
*Mensch, Natur, Technik* vom 1. Juni bis 31. Oktober 2000 in Hannover, Deutschland.

## C. Verfahren zur Inanspruchnahme einer Ausstellungspriorität (§ 35 Abs. 4)
### I. Prioritätserklärung (§ 35 Abs. 4 S. 1)

§ 35 Abs. 4 enthält die Verfahrensregelungen zur Inanspruchnahme der Priorität einer Ausstellung nach Abs. 1 der Vorschrift. Die Inanspruchnahme einer Ausstellungspriorität verlangt eine *Prioritätserklärung des Anmelders*. Innerhalb einer Frist von zwei Monaten nach dem Anmeldetag im Sinne des § 33 Abs. 1 hat der Anmelder den Tag der erstmaligen Zurschaustellung sowie die Ausstellung anzugeben (Abs. 4 S. 1). Wenn das Prioritätsrecht nach mehreren Ausstellungen besteht, dann empfiehlt es sich, die Angaben zur erstmaligen Zurschaustellung und zu sämtlichen Ausstellungen zu erklären. Die *Zweimonatsfrist* beginnt mit dem auf den Anmeldetag folgenden Tag und endet mit dem Ablauf des Tages des zweiten Monats, der durch seine Zahl dem Anmeldetag entspricht (§§ 187 Abs. 2 S. 1, 188 Abs. 2 BGB). Ist der Anmeldetag der 16. April, dann muß die Prioritätserklärung bis zum Ablauf des 16. Juni beim DPMA eingehen. Eine Verpflichtung des DPMA, die Prioritätserklärung auf ihre Vollständigkeit nachzuprüfen und den Anmelder auf fehlende Angaben hinzuweisen, besteht weder aus dem durch die Anmeldung begründeten Rechtsverhältnis zwischen dem Anmelder und dem DPMA noch aus allgemeinen Verwaltungs- und Verfahrensgrundsätzen (BGHZ 61, 257, 261 – Spiegelreflexkamera). Es ist Sache des Anmelders, für vollständige Angaben zu sorgen, wenn er durch eine Prioritätserklärung eine Stärkung seiner Rechtsstellung durch die Inanspruchnahme der Ausstellungspriorität herbeiführen will. Diese Rechtslage schließt aber eine angemessene Sachbehandlung durch das DPMA dahin nicht aus, den Anmelder auf rechtzeitig erkannte *Mängel der Prioritätserklärung hinzuweisen*, auch wenn eine Rechtspflicht dazu nicht besteht. Aus der Tatsache, daß im Einzelfall eine Prüfung der Vollständigkeit der Prioritätserklärung nicht stattgefunden hat und dem Anmelder ein rechtzeitiger Hinweis auf unvollständige Angaben nicht gegeben worden ist, kann aber der Anmelder nicht das Recht herleiten, nach Ablauf der Frist die zur Prioritätserklärung fehlenden Angaben nachzureichen (BGHZ 61, 257, 261 – Spiegelreflexkamera; aA *Speckmann*, GRUR 1954, 6, 13, 14). Da eine Verpflichtung des DPMA, den Anmelder auf die Unrichtigkeit oder die Unvollständigkeit seiner Angaben zur Prioritätserklärung hinzuweisen, nicht besteht, hindert auch ein unterbliebener Hinweis nicht die Verwirkung des Prioritätsanspruchs nach Abs. 4 S. 3 (BPatG GRUR 1987, 286 – Unvollständige Anmeldung; unter Aufgabe der früheren gegenteiligen Rechtsprechung BPatGE 20, 184, 185).

## II. Aufforderung zur Einreichung der Nachweise für die Zurschaustellung (§ 35 Abs. 4 S. 2)

**10** Nach Eingang einer ordnungsgemäßen Prioritätserklärung fordert das DPMA den Anmelder auf, innerhalb von zwei Monaten nach der Zustellung der Aufforderung die *Nachweise für die Zurschaustellung der Produkte unter der angemeldeten Marke* einzureichen (Abs. 4 S. 2). Eine *Zurschaustellung* liegt nur dann vor, wenn die Waren oder Dienstleistungen unter der angemeldeten Marke den Besuchern der Ausstellung *öffentlich* und *allgemein zugänglich* sind (zum Geschmacksmusterrecht s. BGH GRUR 1977, 796, 798 – Pinguin). Es können auch Benutzungshandlungen in einem *Zeitpunkt vor der Eröffnung* der Ausstellung als eine Zurschaustellung zu beurteilen sein und den Prioritätstag der Ausstellungspriorität begründen, wenn zwischen den Benutzungshandlungen und der eigentlichen Zurschaustellung ein *unmittelbarer örtlicher und sachlicher Zusammenhang* besteht (BGH GRUR 1975, 254, 255 – Ladegerät II). Wenn die Nachweise für die Zurschaustellung schon der Prioritätserklärung beigefügt werden, ist eine Aufforderung des DPMA entbehrlich. An den Nachweis der Zurschaustellung der Waren oder Dienstleistungen unter der angemeldeten Marke werden *strenge Anforderungen* gestellt (so zur Rechtslage nach dem Ausstellungsschutzgesetz *Baumbach/Hefermehl*, § 5 WZG, Rn 144). Nach der Rechtslage im WZG wurde der Nachweis der in Anspruch genommenen Ausstellungspriorität im Widerspruchsverfahren auf liquide Beweismittel beschränkt (BPatGE 17, 135). Zur Feststellung der endgültigen Ausstellungspriorität konnte der Anmelder die Eintragungsbewilligungsklage nach § 6 Abs. 2 S. 2 WZG erheben. Auch wenn es sich nach der Rechtslage im MarkenG zwar um ein zum Eintragungsverfahren gehörendes, aber nachgeschaltetes Widerspruchsverfahren handelt (s. § 42, Rn 6), so handelt es sich gleichwohl um ein summarisches Verfahren, dessen Charakter die Beschränkung auf *liquide Beweismittel* zum Nachweis der Zurschaustellung der Waren oder Dienstleistungen unter der angemeldeten Marke rechtfertigt.

## III. Rechtsfolgen der Fristversäumung

### 1. Verwirkung der Ausstellungspriorität

**11** Rechtsfolge einer *Fristversäumung* ist nach Abs. 4 S. 3 die *Verwirkung des Prioritätsanspruchs* für diese Anmeldung. Die Verwirkung tritt kraft Gesetzes ein, ohne daß es eines Beschlusses des DPMA bedarf. Ein die Verwirkung feststellender Beschluß, dem nur deklaratorische Wirkung zukommt, ist mit der Erinnerung (§ 64) oder der Beschwerde (§ 66) anfechtbar. Verwirkung tritt zum einen ein, wenn die zur Inanspruchnahme einer Priorität nach Abs. 1 erforderlichen Angaben im Sinne des Abs. 4 S. 1 nicht fristgerecht erfolgen. Verwirkung tritt zum anderen aber auch dann ein, wenn nach Aufforderung des DPMA der Nachweis

Prüfung der Anmeldungserfordernisse　　　　　　　　**§ 36 MarkenG**

der Zurschaustellung der Produkte unter der angemeldeten Marke im Sinne des Abs. 4 S. 2 nicht fristgerecht eingereicht wird (s. zu § 41 PatG BGH GRUR 1973, 139 – Prioritätsverlust; 1979, 626, 627 – Elektrostatisches Ladungsbild). Die Verwirkung des Prioritätsrechts tritt nur für die konkret in Anspruch genommene Priorität der Ausstellung ein, die Gegenstand der Prioritätserklärung ist. Innerhalb der Prioritätsfrist einer *anderen Ausstellung* ist erneut eine inländische Anmeldung der Marke mit der Inanspruchnahme der Priorität dieser Ausstellung zulässig (BGH GRUR Int 1960, 506 – Schiffslukenverschluß).

### 2. Wiedereinsetzung in die Frist (§ 91 Abs. 1 S. 1)

Verwirkung des Prioritätsrechts nach Abs. 4 S. 3 tritt dann nicht ein, wenn auf Antrag eine *Wiedereinsetzung* in die Frist des Abs. 4 S. 1 oder des Abs. 4 S. 2 nach § 91 Abs. 1 S. 1 erfolgt, weil der Anmelder ohne Verschulden an der Einhaltung der Frist verhindert war.　　12

### 3. Priorität des Anmeldetages

Wenn der Prioritätsanspruch für die Ausstellung nach Abs. 4 S. 3 verwirkt ist, dann kommt der Anmeldung die *Priorität des Anmeldetages* zu (§§ 6 Abs. 2 iVm 33 Abs. 1). Wenn der Anmelder auf der Zuerkennung der Ausstellungspriorität besteht, dann wird die Verwirkung durch Beschluß in dem patentamtlichen Verfahren festgestellt. Wenn der Anmelder nach der Unanfechtbarkeit des die Verwirkung feststellenden Beschlusses den Prioritätsanspruch aufrechterhält, so ist, wenn kein hilfsweiser Antrag auf Zuerkennung der Priorität des Anmeldetages gestellt ist, die Anmeldung zurückzuweisen, da die Anmeldung mit der ausdrücklichen Inanspruchnahme einer Ausstellungspriorität nicht gegen den Willen des Anmelders als eine Anmeldung mit der Priorität des Anmeldetages behandelt werden kann.　　13

**Prüfung der Anmeldungserfordernisse**

**36** (1) Das Patentamt prüft, ob
1. die Anmeldung der Marke den Erfordernissen für die Zuerkennung eines Anmeldetages nach § 33 Abs. 1 genügt,
2. die Anmeldung den sonstigen Anmeldungserfordernissen entspricht,
3. die Gebühren nach § 32 Abs. 4 entrichtet worden sind und
4. der Anmelder nach § 7 Inhaber einer Marke sein kann.

(2) [1]Werden nach Absatz 1 Nr. 1 festgestellte Mängel nicht innerhalb einer vom Patentamt bestimmten Frist beseitigt, so gilt die Anmeldung als nicht eingereicht. [2]Kommt der Anmelder der Aufforderung des Patentamts nach, so erkennt das Patentamt als Anmeldetag den Tag zu, an dem die festgestellten Mängel beseitigt werden.

(3) [1]Unterbleibt die Zahlung der Gebühren, so teilt das Patentamt dem Anmelder mit, daß die Anmeldung als zurückgenommen gilt, wenn die Gebühren mit einem Zuschlag nach dem Tarif nicht bis zum Ablauf eines Monats nach Zustellung der Mitteilung gezahlt werden. [2]Werden innerhalb dieser Frist zwar die Anmeldegebühr und der Zuschlag, nicht aber erforderliche Klassengebühren gezahlt, so gilt Satz 1 insoweit nicht, als der Anmelder angibt, welche Waren- oder Dienstleistungsklassen durch den gezahlten Gebührenbetrag gedeckt werden sollen. [3]Fehlt es an einer solchen Bestimmung, so werden zunächst die Leitklasse und sodann die übrigen Klassen in der Reihenfolge der Klasseneinteilung berücksichtigt.

(4) Werden sonstige Mängel innerhalb einer vom Patentamt bestimmten Frist nicht beseitigt, so weist das Patentamt die Anmeldung zurück.

(5) Kann der Anmelder nicht nach § 7 Inhaber einer Marke sein, so weist das Patentamt die Anmeldung zurück.

**Inhaltsübersicht**

|  | Rn |
|---|---|
| A. Regelungszusammenhang | 1, 2 |
|    I. Formelle und materielle Prüfung der Anmeldung | 1 |
|    II. Bearbeitung der Anmeldung in den Markenstellen | 2 |

|  | Rn |
|---|---|
| B. Formelle Anmeldungserfordernisse als Prüfungsgegenstand (§ 36 Abs. 1) | 3 |
| C. Mängel der Anmeldung (§ 36 Abs. 2 bis 5) | 4–10 |
| I. Rechtslage im WZG | 4 |
| II. Mängel in den verschiedenen Anmeldungserfordernissen | 5–10 |
| 1. Grundsatz | 5 |
| 2. Mängel in den Mindesterfordernissen der Anmeldung | 6 |
| 3. Mängel in den weiteren Anmeldungserfordernissen | 7 |
| 4. Frist zur Mängelbeseitigung | 8 |
| 5. Versäumnis der Gebührenzahlung | 9 |
| 6. Fehlen der Markenrechtsfähigkeit | 10 |

**Schrifttum zum MarkenG.** *Berlit*, Das neue Markenrecht – Richtlinienentwürfe Markenanmeldungen und Widerspruchsverfahren des Deutschen Patentamts, ZRP 1995, 466.

### Entscheidungen zum MarkenG

**1. BPatG, Beschluß vom 27. März 1996, 28 W (pat) 171/95**
Wegfall des Inlandsvertreters des Anmelders im Widerspruchsbeschwerdeverfahren.
**2. BPatGE 36, 241 – INDIKATIV SWF-3 und BPatG GRUR 1997, 60 – SWF-3 NACHRICHTEN**
Zur Feststellung nach § 36 Abs. 2 S. 1 nach Versäumung der vom DPA bestimmten Frist zur Mängelbeseitigung.
**3. BPatGE 39, 65 – Zahnpastastrang**
Das Austauschen einer zunächst angemeldeten Markenform ist unzulässig.
**4. BPatGE 40, 76, 79 – N als Zick-Zack-Linie**
Zur zulässigen Änderung der Schutzbeanspruchung für eine sonstige Aufmachung anstelle einer Bildmarke.

## A. Regelungszusammenhang

### I. Formelle und materielle Prüfung der Anmeldung

**1** Die Anmeldung zur Eintragung einer Marke in das Register, die nach § 32 Abs. 1 beim DPMA einzureichen ist, unterliegt im Eintragungsverfahren einer patentamtlichen Prüfung. Die Eintragung der Marke in das Register erfolgt nach § 41 S. 1 nur dann, wenn die Anmeldung nach § 36 den Anmeldungserfordernissen entspricht und nach § 37 nicht wegen absoluter Schutzhindernisse zurückgewiesen wird. Die Prüfung der Anmeldung im Eintragungsverfahren bezieht sich auf zwei verschiedene Gegenstände. In einem ersten Schritt erfolgt die Prüfung der Anmeldungserfordernisse. Diese *Formalprüfung* ist Regelungsgegenstand des § 36. Die Vorschrift benennt die *formellen Anmeldungserfordernisse*, die Gegenstand der patentamtlichen Prüfung sind, und regelt das Verfahren zur Beseitigung festgestellter Mängel der Anmeldung. In einem zweiten Schritt erfolgt die Prüfung der absoluten Schutzhindernisse, die von Amts wegen zu berücksichtigen sind und die Eintragung der Marke in das Register hindern. Diese *Inhaltsprüfung* ist Regelungsgegenstand des § 37. Die Vorschrift benennt die einer Eintragung entgegenstehenden *absoluten Schutzhindernisse* und regelt verfahrensrechtliche Besonderheiten einzelner absoluter Schutzhindernisse.

### II. Bearbeitung der Anmeldung in den Markenstellen

**2** Nach § 56 Abs. 2 S. 1 sind die *Markenstellen* im DPMA für die Prüfung von angemeldeten Marken und für die Beschlußfassung im Eintragungsverfahren zuständig (zu den Zuständigkeiten in den Markenstellen s. im einzelnen MarkenanmeldungenRL III 2). Die Aufgaben einer Markenstelle nimmt ein *Prüfer* (§ 56 Abs. 2 S. 2 und 3), unterstützt von einem *Sachbearbeiter I*, wahr. Der für die Aufgaben vor der Markeneintragung zuständige Sachbearbeiter I führt die entscheidungsvorbereitende Bearbeitung durch, wie insbesondere die Prüfung der Anmeldungserfordernisse, die Recherche und die Vorprüfung auf absolute Schutzhindernisse sowie die Abfassung von Mitteilungen und Beanstandungen. Nach erfolgter Prüfung der Markenanmeldung durch den Sachbearbeiter I entscheidet der Prüfer, ob die Anmeldung nach § 36 Abs. 4 oder 5 wegen Mängeln der formellen Anmeldungserfordernisse oder nach § 37 Abs. 1 wegen absoluter Schutzhindernisse zurückzuweisen oder die angemeldete Marke nach § 41 S. 1 in das Register einzutragen ist.

## B. Formelle Anmeldungserfordernisse als Prüfungsgegenstand (§ 36 Abs. 1)

§ 36 Abs. 1 Nr. 1 bis 4 benennt die *formellen Anmeldungserfordernisse*, die Gegenstand der *Formalprüfung der Markenanmeldung* nach § 36 sind (zur Inhaltsprüfung der Markenanmeldung auf absolute Schutzhindernisse s. § 37, Rn 3 ff.). Prüfungsgegenstand nach Abs. 1 Nr. 1 sind die Erfordernisse für die Zuerkennung eines Anmeldetages nach § 33 Abs. 1. Das sind die Mindesterfordernisse, die eine Anmeldung nach § 32 Abs. 2 Nr. 1 bis 3 enthalten muß. Dazu gehören die *Angaben zur Feststellung der Identität des Anmelders* (Nr. 1), die *Wiedergabe der Marke* (Nr. 2) und ein *Verzeichnis der Waren oder Dienstleistungen*, für die die Eintragung beantragt wird (Nr. 3). Prüfungsgegenstand nach Abs. 1 Nr. 2 sind die sonstigen Anmeldungserfordernisse. Das sind die *weiteren Anmeldungserfordernisse* im Sinne des § 32 Abs. 3, die sich im einzelnen aus den §§ 2 bis 14 MarkenV ergeben. Prüfungsgegenstand nach Abs. 1 Nr. 3 ist die *Entrichtung der Anmeldegebühren* nach § 32 Abs. 4. Das sind die Grundgebühr für die Anmeldung und die weiteren Klassengebühren. Prüfungsgegenstand nach Abs. 1 Nr. 4 ist die *Markenrechtsfähigkeit des Anmelders*. Zu prüfen ist, ob der Anmelder nach § 7 Inhaber einer eingetragenen Marke sein kann.

## C. Mängel der Anmeldung (§ 36 Abs. 2 bis 5)

### I. Rechtslage im WZG

Nach der Rechtslage im WZG wurde bei einer fehlerhaften Anmeldung zwischen *wesentlichen* und *unwesentlichen Anmeldevoraussetzungen* und entsprechend zwischen *unheilbaren* und *heilbaren Mängeln* unterschieden (s. dazu im einzelnen *Baumbach/Hefermehl*, § 2 WZG, Rn 28). Eine Anmeldung, die den Anmeldeerfordernissen des § 2 Abs. 1 WZG (Bezeichnung des Geschäftsbetriebs, Waren- oder Dienstleistungsverzeichnis, Zeichendarstellung) nicht genügte, wurde nicht als Anmeldung anerkannt und wahrte so grundsätzlich nicht den Zeitvorrang. Wenn ausnahmsweise eine zulässige Berichtigung und Nachholung stattfand, dann kam der Heilung nur eine Wirkung ex nunc zu. Die Heilung eines *unwesentlichen* Mangels wirkte zurück und sicherte so den Zeitvorrang der Anmeldung. Nach der Rechtslage im MarkenG besteht bei allen Mängeln der Anmeldung grundsätzlich die Möglichkeit, den Mangel zu beseitigen, wenngleich hinsichtlich der Zuerkennung des Anmeldetages nach den verschiedenen Mängeln unterschieden wird (s. Rn 5 ff.).

### II. Mängel in den verschiedenen Anmeldungserfordernissen

#### 1. Grundsatz

Die Vorschriften der Absätze 2 bis 5 regeln im einzelnen, wie sich Mängel in den verschiedenen Anmeldungserfordernissen des § 36 Abs. 1 Nr. 1 bis 4 auswirken. Das *Verfahren zur Beseitigung von Mängeln in den Mindestvoraussetzungen* der Anmeldung nach § 32 Abs. 2 Nr. 1 bis 3 ist in § 36 Abs. 2 geregelt. Die Beseitigung von Mängeln in den Mindesterfordernissen, die bei der Prüfung der Anmeldungserfordernisse nach § 36 Abs. 1 Nr. 1 festgestellt werden, wirkt sich auf die Zuerkennung des Anmeldetages nach § 33 Abs. 1 aus. Das *Verfahren zur Beseitigung von Mängeln in den weiteren Anmeldungsvoraussetzungen* nach § 32 Abs. 3 ist in § 36 Abs. 4 geregelt. Die Beseitigung von Mängeln in den sonstigen Anmeldungserfordernissen, die bei Prüfung der Anmeldungserfordernisse nach § 36 Abs. 1 Nr. 2 festgestellt werden, wirkt sich nicht auf die Zuerkennung des Anmeldetages nach § 33 Abs. 1 aus. § 36 Abs. 3 regelt die Rechtsfolgen und das Verfahren, wenn die *Zahlung der Anmeldegebühren* nach § 32 Abs. 4 unterbleibt und dies bei der Prüfung der Anmeldungserfordernisse nach § 36 Abs. 1 Nr. 3 festgestellt wird. Die Zahlung der Anmeldegebühren nach § 32 Abs. 4 stellt keine Voraussetzung für die Zuerkennung des Anmeldetages nach § 33 Abs. 1 dar. Wenn bei der Prüfung der Anmeldungserfordernisse nach § 36 Abs. 1 Nr. 4 festgestellt wird, daß der Anmelder nach § 7 nicht Inhaber einer Marke sein kann, dann wird die Anmeldung wegen *fehlender Markenrechtsfähigkeit* des Anmelders nach § 36 Abs. 5 zurückgewiesen.

### 2. Mängel in den Mindesterfordernissen der Anmeldung

**6** Nach § 33 Abs. 1 kommt es für die Zuerkennung des Anmeldetages darauf an, daß die Anmeldung mit den nach § 32 Abs. 2 Nr. 1 bis 3 erforderlichen Unterlagen beim DPMA eingegangen ist. Die Änderung einer Marke oder Markenform gegenüber der ursprünglichen Anmeldung ist grundsätzlich unzulässig (zur zulässigen Einschränkung des Waren- oder Dienstleistungsverzeichnisses s. § 39, Rn 5). So wurde das Auswechseln einer zunächst angemeldeten Markenform als unzulässig beurteilt (BPatGE 39, 65 – Zahnpastastrang; zu einer zulässigen Änderung der Schutzbeanspruchung für eine sonstige Aufmachung anstelle einer Bildmarke s. BPatGE 40, 76, 79 – N als Zick-Zack-Linie). Nach § 36 Abs. 1 Nr. 1 prüft das DPMA, ob die Anmeldung diesen Mindesterfordernissen (Identität des Anmelders, Wiedergabe der Marke, Waren- oder Dienstleistungsverzeichnis) genügt. Wenn *Mängel in den Mindesterfordernissen der Anmeldung* festgestellt werden, dann bestimmt das DPMA dem Anmelder eine *Frist zur Beseitigung der Mängel*. Wenn der Anmelder der Aufforderung des DPMA zur Mängelbeseitigung nachkommt, dann wird erneut der Anmeldetag zuerkannt und zwar als der Tag, an dem die festgestellten Mängel beseitigt werden (§ 36 Abs. 2 S. 2). Die Beseitigung von Mängeln in den Mindestvoraussetzungen der Anmeldung erfolgt unter *Verlust des Anmeldetages* und führt zu der *Zuerkennung eines späteren Anmeldetages*. Wenn der Anmelder die festgestellten Mängel in den Mindesterfordernissen der Anmeldung nicht innerhalb der bestimmten Frist beseitigt, dann gilt nach § 36 Abs. 2 S. 1 die *Anmeldung als nicht eingereicht*. Folge der gesetzlichen Fiktion ist es, daß Anmeldegebühren nicht anfallen und Rechtsmittel nicht gegeben sind. Bereits gezahlte Gebühren werden zurückerstattet. Wenn der Anmelder ohne Verschulden verhindert war, die Frist einzuhalten, dann ist ihm auf Antrag nach § 91 Abs. 1 S. 1 *Wiedereinsetzung* in die Frist zu gewähren.

### 3. Mängel in den weiteren Anmeldungserfordernissen

**7** Die Anmeldung zur Eintragung einer Marke muß den *weiteren Anmeldungserfordernissen* nach § 32 Abs. 3 entsprechen, die im einzelnen in den §§ 2 bis 14 MarkenV geregelt sind (s. dazu § 32, Rn 13 ff.). Diese weiteren Anmeldungserfordernisse wirken sich nicht auf die Zuerkennung eines Anmeldetages nach § 33 Abs. 1 aus. Wenn das DPMA bei der Prüfung der sonstigen Anmeldungserfordernisse nach § 36 Abs. 1 Nr. 2 Mängel feststellt, dann wird dem Anmelder eine *Frist zur Mängelbeseitigung* gesetzt. Wenn der Anmelder die Mängel innerhalb der bestimmten Frist beseitigt, dann bleibt der nach § 33 Abs. 1 zuerkannte Anmeldetag bestehen. Die Mängel in den weiteren Anmeldungsvoraussetzungen können *ohne Verlust des Anmeldetages* behoben werden. Wenn der Anmelder die festgestellten Mängel nicht innerhalb der bestimmten Frist beseitigt, dann weist das DPMA die Anmeldung nach § 36 Abs. 4 zurück. Gegen die *Zurückweisung der Anmeldung* ist das Rechtsmittel der Beschwerde nach § 66 oder der Erinnerung nach § 64 gegeben. Wenn im Widerspruchsbeschwerdeverfahren der *Inlandsvertreter* des Anmelders fortfällt, dann ist die Anmeldung, wenn der Anmelder Beschwerdegegner ist, entsprechend § 36 Abs. 4 zurückzuweisen (BPatG, Beschluß vom 27. März 1996, 28 W (pat) 171/95). Wenn der Anmelder ohne Verschulden verhindert war, die Frist einzuhalten, dann ist ihm auf Antrag nach § 91 Abs. 1 S. 1 *Wiedereinsetzung* in die Frist zu gewähren.

### 4. Frist zur Mängelbeseitigung

**8** Die *Frist zur Mängelbeseitigung* wegen festgestellter Mängel in den Mindesterfordernissen nach § 36 Abs. 2 oder wegen festgestellter Mängel in den sonstigen Anmeldungserfordernissen nach § 36 Abs. 4 bestimmt das DPMA. Die Feststellung nach § 36 Abs. 2 S. 1, daß die Markenanmeldung als nicht eingereicht gilt, weil sie den Erfordernissen für die Zuerkennung eines Anmeldetages nach § 36 Abs. 1 Nr. 1 iVm §§ 33 Abs. 1, 32 Abs. 2 nicht genügt, darf das DPMA erst treffen, wenn der Anmelder die festgestellten Mängel nicht innerhalb der vom DPMA bestimmten Frist beseitigt (BPatGE 36, 241 – INDIKATIV SWF-3;

BPatG GRUR 1997, 60 – SWF-3 NACHRICHTEN; 1997, 134 – Anmeldetag). Die Frist beträgt nach § 74 Abs. 1 S. 1 MarkenV bei Beteiligten mit Wohnsitz, Sitz oder Niederlassung im Inland in der Regel *einen Monat*, bei Personen mit Wohnsitz, Sitz oder Niederlassung im Ausland in der Regel *zwei Monate*. Das DPMA kann nach § 74 Abs. 1 S. 2 MarkenV eine *kürzere* oder *längere Frist* bestimmen, wenn die Umstände dies rechtfertigen. Bei Angabe von zureichenden Gründen können *Fristverlängerungen* bis zum *Zweifachen der Regelfrist* gewährt werden (§ 74 Abs. 2 MarkenV). *Weitere Fristverlängerungen* werden nur bei Glaubhaftmachung eines berechtigten Interesses gewährt (§ 74 Abs. 3 S. 1 MarkenV). Wenn der Anmelder ohne Verschulden verhindert war, die Frist einzuhalten, dann ist ihm auf Antrag nach § 91 Abs. 1 S. 1 *Wiedereinsetzung* in die Frist zu gewähren.

### 5. Versäumnis der Gebührenzahlung

Nach § 32 Abs. 4 S. 1 ist mit der Anmeldung eine Gebühr nach dem Tarif zu zahlen (s. § 32, Rn 56 ff.). Die *Zahlung der Anmeldegebühr* nach § 32 Abs. 4 stellt *keine Voraussetzung für die Zuerkennung des Anmeldetages* nach § 33 Abs. 1 dar. Wenn bei der Prüfung der Anmeldungserfordernisse, die sich nach § 36 Abs. 1 Nr. 3 darauf bezieht, ob die Gebühren nach § 32 Abs. 4 entrichtet worden sind, festgestellt wird, daß die Zahlung der Gebühren unterblieben ist, dann teilt das DPMA nach § 36 Abs. 3 S. 1 dem Anmelder mit, daß die Anmeldung als zurückgenommen gilt, wenn die Gebühren mit einem Zuschlag nach dem Tarif nicht bis zum Ablauf eines Monats nach Zustellung der Mitteilung gezahlt werden. Die den Gebührenzuschlag auslösende Mitteilung nach § 36 Abs. 3 ergeht bei teilweiser oder vollständiger Nichtzahlung der mit der Anmeldung fällig werdenden Gebühren entgegen der früheren Amtspraxis des DPMA künftig ohne vorherigen gesonderten Gebührenbescheid, da seit dem 1. April 1998 Empfangsbescheinigungen versandt werden, die individuelle Gebührenrechnungen entsprechend den angemeldeten Klassen enthalten, in denen die genaue Höhe der zu zahlenden Gebühren mitgeteilt wird (Mitteilung Nr. 7/98 des Präsidenten des DPA zur Erhebung von Gebührenzuschlägen im Eintragungsverfahren von Marken vom 11. Mai 1998, BlPMZ 1998, 257). Die Frist wird nur in Lauf gesetzt, wenn die *Zahlungsaufforderung* rechtmäßig ergangen ist (BPatGE 17, 101, 104). Der Zuschlag für die verspätete Zahlung der Anmeldegebühr oder der Klassengebühr beträgt nach Nr. 131300 GebVerz zu § 1 PatGebG in der Regel 100 DM. Wenn der Anmelder die Gebühren vollständig und zuzüglich des Zuschlags *fristgerecht nachzahlt*, dann *wahrt er den Zeitrang der Anmeldung*. Wenn die Gebührenzahlung *innerhalb der Frist unterbleibt*, dann *gilt die Anmeldung als zurückgenommen*. Wenn der Anmelder ohne Verschulden verhindert war, die Frist einzuhalten, dann ist ihm auf Antrag nach § 91 Abs. 1 S. 1 *Wiedereinsetzung* in die Frist zu gewähren. Die Vorschriften des § 36 Abs. 3 S. 2 und 3 regeln die *teilweise Zahlung* der Gebühren. Wenn innerhalb der Frist zwar die Anmeldegebühr und der Zuschlag, nicht aber die erforderlichen Klassengebühren gezahlt werden, dann tritt die gesetzliche Fiktion der Rücknahme der Anmeldung nach § 36 Abs. 3 S. 1 nicht ein, wenn der Anmelder angibt, welche Waren- oder Dienstleistungsklassen durch den gezahlten Gebührenbetrag gedeckt werden sollen (§ 36 Abs. 3 S. 2). In diesem Fall gilt die Anmeldung als nicht insgesamt zurückgenommen, sondern die Anmeldung bleibt hinsichtlich der von der Anmeldegebühr gedeckten und vom Anmelder angegebenen Waren- oder Dienstleistungsklassen bestehen. Wenn es im Falle einer teilweisen Gebührenzahlung an einer Bestimmung der Waren- oder Dienstleistungsklassen durch den Anmelder fehlt, dann werden zunächst die Leitklasse und sodann die übrigen Klassen in der Reihenfolge der Klasseneinteilung berücksichtigt (§ 36 Abs. 3 S. 3). Die Vorgehensweise erhält den Schwerpunkt der Anmeldung. Folge der gesetzlichen Fiktion der Rücknahme der Anmeldung ist es, daß die mit der Anmeldung verfallenen Gebühren nicht entfallen und Rechtsmittel nicht gegeben sind. Eine Rückerstattung von Gebühren findet entgegen der Rechtslage im WZG nicht statt.

### 6. Fehlen der Markenrechtsfähigkeit

Die Inhaberschaft an einer angemeldeten oder eingetragenen Marke setzt die *Markenrechtsfähigkeit* nach § 7 Nr. 1 bis 3 voraus. Wenn bei der Prüfung der Anmeldungserfordernisse nach § 36 Abs. 1 Nr. 4 festgestellt wird, daß der Anmelder nach § 7 nicht Inhaber einer Marke sein kann, dann wird nach § 36 Abs. 5 die Anmeldung vom DPMA zurückgewiesen. In der Gesetzesbegründung wird als ein Beispiel der fehlenden Markenrechtsfähigkeit die Anmeldung zur Eintragung einer Marke durch eine GbR genannt (s. Begründung zum MarkenG, BT-Drucks. 12/6581 vom 14. Januar 1994, S. 90; zum Streitstand über die Markenrechtsfähigkeit der GbR s. im einzelnen § 7, Rn 34 ff.). Gegen die Zurückweisung der Anmeldung ist das Rechtsmittel der Beschwerde nach § 66 oder der Erinnerung nach § 64 gegeben.

### Prüfung auf absolute Schutzhindernisse

**37** (1) Ist die Marke nach § 3, 8 oder 10 von der Eintragung ausgeschlossen, so wird die Anmeldung zurückgewiesen.

(2) Ergibt die Prüfung, daß die Marke zwar am Anmeldetag (§ 33 Abs. 1) nicht den Voraussetzungen des § 8 Abs. 2 Nr. 1, 2 oder 3 entsprach, daß das Schutzhindernis aber nach dem Anmeldetag weggefallen ist, so kann die Anmeldung nicht zurückgewiesen werden, wenn der Anmelder sich damit einverstanden erklärt, daß ungeachtet des ursprünglichen Anmeldetages und einer etwa nach § 34 oder § 35 in Anspruch genommenen Priorität der Tag, an dem das Schutzhindernis weggefallen ist, als Anmeldetag gilt und für die Bestimmung des Zeitrangs im Sinne des § 6 Abs. 2 maßgeblich ist.

(3) Eine Anmeldung wird nach § 8 Abs. 2 Nr. 4 nur zurückgewiesen, wenn die Eignung zur Täuschung ersichtlich ist.

(4) Eine Anmeldung wird nach § 10 nur zurückgewiesen, wenn die Notorietät der älteren Marke amtsbekannt ist und wenn die weiteren Voraussetzungen des § 9 Abs. 1 Nr. 1 oder 2 gegeben sind.

(5) Die Absätze 1 bis 4 sind entsprechend anzuwenden, wenn die Marke nur für einen Teil der Waren oder Dienstleistungen, für die sie angemeldet worden ist, von der Eintragung ausgeschlossen ist.

### Inhaltsübersicht

|   | Rn |
|---|---|
| A. Regelungszusammenhang | 1, 2 |
|    I. Formelle und materielle Prüfung der Anmeldung | 1 |
|    II. Bearbeitung der Anmeldung in den Markenstellen | 2 |
| B. Absolute Eintragungshindernisse als Prüfungsgegenstand (§ 37 Abs. 1) | 3–16 |
|    I. Grundsatz | 3 |
|    II. Fehlen der Markenfähigkeit nach § 3 | 4 |
|    III. Vorliegen absoluter Schutzhindernisse nach § 8 | 5–15 |
|       1. Ausgangspunkt | 5 |
|       2. Die einzelnen absoluten Schutzhindernisse nach § 8 | 6–15 |
|          a) Unmöglichkeit einer graphischen Darstellbarkeit der Marke (§ 8 Abs. 1) | 6 |
|          b) Fehlende Unterscheidungskraft einer Marke (§ 8 Abs. 2 Nr. 1) | 7 |
|          c) Beschreibende Marken (§ 8 Abs. 2 Nr. 2) | 8 |
|          d) Gattungsbezeichnungen (§ 8 Abs. 2 Nr. 3) | 9 |
|          e) Täuschende Marken (§ 8 Abs. 2 Nr. 4) | 10 |
|          f) Ordnungswidrige und sittenwidrige Marken (§ 8 Abs. 2 Nr. 5) | 11 |
|          g) Staatliche Hoheitszeichen und kommunale Wappen (§ 8 Abs. 2 Nr. 6) | 12 |
|          h) Amtliche Prüf- und Gewährzeichen (§ 8 Abs. 2 Nr. 7) | 13 |
|          i) Bezeichnungen internationaler zwischenstaatlicher Organisationen (§ 8 Abs. 2 Nr. 8) | 14 |
|          j) Gesetzwidrige Marken (§ 8 Abs. 2 Nr. 9) | 15 |
|    IV. Bestehen einer notorisch bekannten Marke mit älterem Zeitrang nach § 10 | 16 |
| C. Zeitpunkt des Vorliegens des Eintragungshindernisses | 17–21 |
|    I. Zeitpunkt der Eintragung | 17 |
|    II. Prioritätsverschiebung bei Verkehrsdurchsetzung nach der Anmeldung (§ 37 Abs. 2) | 18–20 |
|    III. Koexistenz bei Wegfall des Schutzhindernisses nach der Eintragung | 21 |
| D. Ersichtlichkeit der Täuschungseignung (§ 37 Abs. 3) | 22, 23 |
| E. Prüfungsbeschränkung notorisch bekannter Marken (§ 37 Abs. 4) | 24, 25 |
|    I. Amtsbekanntheit der Notorietät | 24 |
|    II. Prüfungsbeschränkung auf den Produktähnlichkeitsbereich | 25 |

|  | Rn |
|---|---|
| F. Teilhindernis § 37 Abs. 5) | 26 |
| G. Verfahrensgrundsätze des DPMA | 27, 28 |
| H. Tatbestandswirkung der Entscheidung über die Eintragungsfähigkeit | 29 |

**Schrifttum zum MarkenG.** *Berlit*, Das neue Markenrecht – Richtlinienentwürfe Markenanmeldungen und Widerspruchsverfahren des Deutschen Patentamts, ZRP 1995, 466.

### Entscheidungen zum MarkenG

1. **BPatG GRUR 1996, 885 – Schloß Wachenheim**
   Ersichtlichkeit der Täuschungsgefahr.
2. **BPatGE 36, 130 – PREMIERE II**
   Mangelnde Unterscheidungskraft einer international registrierten Marke nach § 12 WKG und Freihaltebedürfnis nach § 8 Abs. 2 Nr. 2.
3. **BPatG GRUR 1996, 494 – PREMIERE III**
   Mangelnde Unterscheidungskraft einer international registrierten Marke nach § 12 WKG und Freihaltebedürfnis nach § 8 Abs. 2 Nr. 2.

## A. Regelungszusammenhang

### I. Formelle und materielle Prüfung der Anmeldung

Die Anmeldung zur Eintragung einer Marke in das Register, die nach § 32 Abs. 1 beim DPMA einzureichen ist, unterliegt im Eintragungsverfahren einer patentamtlichen Prüfung. Die Eintragung der Marke in das Register erfolgt nach § 41 S. 1 nur dann, wenn die Anmeldung nach § 36 den Anmeldungserfordernissen entspricht und nach § 37 nicht wegen absoluter Schutzhindernisse zurückgewiesen wird. Die Prüfung der Anmeldung im Eintragungsverfahren bezieht sich auf zwei verschiedene Gegenstände. In einem ersten Schritt erfolgt die Prüfung der Anmeldungserfordernisse. Diese *Formalprüfung* ist Regelungsgegenstand des § 36. Die Vorschrift benennt die *formellen Anmeldungserfordernisse*, die Gegenstand der patentamtlichen Prüfung sind, und regelt das Verfahren zur Beseitigung festgestellter Mängel der Anmeldung. In einem zweiten Schritt erfolgt die Prüfung der absoluten Schutzhindernisse, die von Amts wegen zu berücksichtigen sind und die Eintragung der Marke in das Register hindern. Diese *Inhaltsprüfung* ist Regelungsgegenstand des § 37. Die Vorschrift benennt die einer Eintragung entgegenstehenden *absoluten Schutzhindernisse* und regelt verfahrensrechtliche Besonderheiten einzelner absoluter Schutzhindernisse.

### II. Bearbeitung der Anmeldung in den Markenstellen

Nach § 56 Abs. 2 S. 1 sind die *Markenstellen* im DPMA für die Prüfung von angemeldeten Marken und für die Beschlußfassung im Eintragungsverfahren zuständig (zu den Zuständigkeiten in den Markenstellen s. im einzelnen MarkenanmeldungenRL III 2). Die Aufgaben einer Markenstelle nimmt ein *Prüfer* (§ 56 Abs. 2 S. 2 und 3), unterstützt von einem *Sachbearbeiter I*, wahr. Der für die Aufgaben vor der Markeneintragung zuständige Sachbearbeiter I führt die entscheidungsvorbereitende Bearbeitung durch, wie insbesondere die Prüfung der Anmeldungserfordernisse, die Recherche und Vorprüfung auf absolute Schutzhindernisse sowie die Abfassung von Mitteilungen und Beanstandungen. Nach erfolgter Prüfung der Markenanmeldung durch den Sachbearbeiter I entscheidet der Prüfer, ob die Anmeldung nach § 36 Abs. 4 oder 5 wegen Mängeln der formellen Anmeldungserfordernisse oder nach § 37 Abs. 1 wegen absoluter Schutzhindernisse zurückzuweisen oder die angemeldete Marke nach § 41 S. 1 in das Register einzutragen ist.

## B. Absolute Eintragungshindernisse als Prüfungsgegenstand (§ 37 Abs. 1)

### I. Grundsatz

Die Anmeldung zur Eintragung einer Marke ist nach § 32 Abs. 1 beim DPMA einzureichen. § 37 Abs. 1 regelt die Eintragungshindernisse, die bei der Prüfung der Anmeldung vom DPMA *von Amts wegen* zu berücksichtigen sind. Prüfungsgegenstand sind die *Schutzfähigkeit der Marke* nach § 3, das *Vorliegen absoluter Schutzhindernisse* nach § 8 und das *Bestehen einer notorisch bekannten Marke mit älterem Zeitrang* nach § 10. Wenn die angemeldete Marke nach diesen Vorschriften (§§ 3, 8, 10) von der Eintragung ausgeschlossen ist, dann wird die Anmeldung vom DPMA zurückgewiesen.

## II. Fehlen der Markenfähigkeit nach § 3

4   Wenn die Marke nach § 3 von der Eintragung ausgeschlossen ist, dann wird die Anmeldung nach § 37 Abs. 1 zurückgewiesen. Regelungsgegenstand des § 3 ist die *Markenfähigkeit*. Nach § 3 Abs. 1 muß der angemeldeten Marke abstrakte Unterscheidungseignung zukommen (s. § 3, Rn 203 ff.). Kriterien der Markenfähigkeit sind die Selbständigkeit, Einheitlichkeit und graphische Darstellbarkeit der Marke (s. § 3, Rn 197 ff.). Da das MarkenG grundsätzlich alle Zeichen ohne Einschränkung zum Formalschutz durch Eintragung einer Marke zuläßt, kommt dem Eintragungshindernis der fehlenden Markenfähigkeit nach § 37 Abs. 1 nur ein geringer Anwendungsbereich zu. Eine Marke, die ausschließlich aus einer Form besteht, ist nach § 3 Abs. 2 auch dann von der Eintragung ausgeschlossen, wenn einer der drei Ausschlußgründe der warenbedingten, technisch bedingten, wertbedingten Form vorliegt (s. § 3, Rn 222 ff.).

## III. Vorliegen absoluter Schutzhindernisse nach § 8

### 1. Ausgangspunkt

5   Wenn die Marke nach § 8 von der Eintragung ausgeschlossen ist, dann wird die Anmeldung nach § 37 Abs. 1 zurückgewiesen. Regelungsgegenstand des § 8 ist die Eintragungsfähigkeit der Marke (zur Abgrenzung der Markenfähigkeit von der Eintragungsfähigkeit einer Marke s. § 8, Rn 8 ff.). Die Vorschrift des § 8 schließt als Marke schutzfähige Zeichen wegen des Vorliegens eines *absoluten Schutzhindernisses* von der Eintragung in das Register aus.

### 2. Die einzelnen absoluten Schutzhindernisse nach § 8

6   **a) Unmöglichkeit einer graphischen Darstellbarkeit der Marke (§ 8 Abs. 1).** Nach der Gesetzestechnik des MarkenG liegt ein absolutes Schutzhindernis nach § 8 Abs. 1 und damit ein Eintragungshindernis im Sinne des § 37 Abs. 1 vor, wenn die Marke sich nicht graphisch darstellen läßt. Wenn man entsprechend Art. 2 MarkenRL die graphische Darstellbarkeit einer Marke als ein zwingendes Erfordernis der Markenfähigkeit und damit zumindest bei eingetragenen Marken als ein allgemeines Kriterium der Markenfähigkeit nach § 3 versteht (s. dazu § 3, Rn 217 ff.), dann besteht im Falle der Unmöglichkeit einer graphischen Darstellbarkeit der Marke ein Eintragungshindernis nach § 3, für das im wesentlichen die gleichen Rechtssätze gelten wie für ein Eintragungshindernis nach § 8; auf diese dogmatische Problematik zum Markenbegriff kommt es so für die Zurückweisung der Anmeldung nach § 37 Abs. 1 nicht an. Die graphische Darstellbarkeit der Marke sowie die Vorlage der entsprechenden graphischen Wiedergaben der Marke nach den §§ 6 ff. MarkenV stellt keine Voraussetzung für die Wirksamkeit der Anmeldung dar und ist erst im Rahmen der Prüfung nach den §§ 32 Abs. 3, 33 Abs. 2 rechtserheblich (s. dazu BPatG GRUR 1996, 881 – Farbmarke). Die Unmöglichkeit einer graphischen Darstellbarkeit der Marke könnte für *Geruchsmarken* (s. dazu § 3, Rn 279 ff.), *Geschmacksmarken* (s. dazu § 3, Rn 283 ff.) und *Tastmarken* (s. dazu § 3, Rn 286 ff.) ein Eintragungshindernis darstellen, wenn nach dem gegenwärtigen Stand der Technik diese Markenformen sich nicht graphisch darstellen lassen; ob das der Fall ist, ist keine rechtliche, sondern eine technische Frage. Es erscheint allerdings verfassungsrechtlich (zum Markenrecht als Verfassungseigentum s. Einl Rn 22 ff.) bedenklich, den Anspruch des Anmelders auf Eintragung eines markenfähigen Zeichens aus dem formalen Grund einer technisch nicht realisierbaren graphischen Darstellbarkeit der Marke abzulehnen, wenn dem Erfordernis der Bestimmtheit der Markenanmeldung auf andere Weise Rechnung getragen werden kann. Die vom BPatG gebilligte restriktive Eintragungspraxis des DPMA zur *Farbmarke* wird auch auf die unhaltbare Begründung gestützt, verfahrensrechtlich fehle es an der graphischen Darstellbarkeit einer

konturlosen Farbmarke, deren Anmeldung ein RAL-Farbton zugrunde liegt (s. dazu § 8, Rn 90b).

**b) Fehlende Unterscheidungskraft einer Marke (§ 8 Abs. 2 Nr. 1).** Nach § 8 Abs. 2 Nr. 1 sind Marken von der Eintragung ausgeschlossen, denen für die Waren oder Dienstleistungen jegliche Unterscheidungskraft fehlt. Von dem absoluten Schutzhindernis eines Fehlens der *konkreten Unterscheidungskraft* ist die abstrakte Unterscheidungseignung eines Zeichens als allgemeine Voraussetzung der Markenfähigkeit nach § 3 Abs. 1 zu unterscheiden (s. dazu § 3, Rn 203ff.). Das Fehlen der abstrakten Unterscheidungseignung eines Zeichens ist ein Eintragungshindernis nach § 3, das Fehlen der konkreten Unterscheidungskraft ist ein Eintragungshindernis nach § 8 Abs. 2 Nr. 1. Die Unterscheidung zwischen abstrakter Unterscheidungseignung und konkreter Unterscheidungskraft ist zwar für das Bestehen eines Eintragungshindernisses nach § 37 Abs. 1 wegen der gleichen Rechtsfolge einer Zurückweisung der Anmeldung rechtlich nicht erheblich, wohl aber nach § 37 Abs. 2 für den *Wegfall des Eintragungshindernisses* zwischen Anmeldung und Eintragung, da diese Regelung nicht für die abstrakte Unterscheidungseignung nach § 3, sondern nur für die konkrete Unterscheidungskraft nach § 8 Abs. 2 Nr. 1 gilt. Das absolute Schutzhindernis des Fehlens einer konkreten Unterscheidungskraft für die angemeldeten Waren oder Dienstleistungen nach § 8 Abs. 2 Nr. 1 kann durch den *Erwerb von Verkehrsdurchsetzung* nach § 8 Abs. 3 überwunden werden. Das Fehlen der abstrakten Unterscheidungseignung als ein allgemeines Merkmal der Markenfähigkeit nach § 3 Abs. 1 kann aber nicht aufgrund des Erwerbs von Verkehrsdurchsetzung überwunden werden (s. dazu § 3, Rn 206f.). Wenn die Verkehrsdurchsetzung im Zeitpunkt der Anmeldung der Marke fehlte, im Zeitpunkt der Entscheidung über die Eintragung der Marke aber vorliegt, dann findet eine *Prioritätsverschiebung* nach § 37 Abs. 2 statt. Wenn das am Anmeldetag vorliegende Schutzhindernis nach dem Anmeldetag weggefallen ist, dann bestimmt sich im Einverständnis mit dem Anmelder die Priorität nach dem Tag des Wegfalls des Schutzhindernisses.

**c) Beschreibende Marken (§ 8 Abs. 2 Nr. 2).** Nach § 8 Abs. 2 Nr. 2 sind konkret unterscheidungskräftige Marken, die als beschreibende Zeichen nach § 3 Abs. 1 markenfähig sind, dann von der Eintragung ausgeschlossen, wenn an der Benutzung der beschreibenden Marke ein *Freihaltebedürfnis* im allgemeinen Interesse besteht (s. dazu § 8, Rn 119f.). Die Anmeldung zur Eintragung einer beschreibenden Marke wird nach § 37 Abs. 1 zurückgewiesen. Ein bestehendes Freihaltebedürfnis kann nach § 8 Abs. 3 überwunden werden, wenn die beschreibende Marke in den beteiligten Verkehrskreisen *Verkehrsdurchsetzung* als Marke erlangt. Wenn die Verkehrsdurchsetzung zum Zeitpunkt der Anmeldung der Marke fehlte, im Zeitpunkt der Entscheidung über die Eintragung der Marke aber vorliegt, dann findet eine *Prioritätsverschiebung* nach § 37 Abs. 2 statt. Wenn das am Anmeldetag vorliegende Schutzhindernis nach dem Anmeldetag weggefallen ist, dann bestimmt sich im Einverständnis mit dem Anmelder die Priorität nach dem Tag des Wegfalls des Schutzhindernisses. Einer *international registrierten Marke,* für die das Patentamt der DDR dem internationalen Büro den Schutzversagungsgrund der mangelnden Unterscheidungskraft nach § 12 Abs. 1 Nr. 2 WKG angegeben hat, kann nach § 8 Abs. 2 Nr. 2 iVm §§ 107, 113, 37 wegen Vorliegens eines Freihaltebedürfnisses der Schutz für das *Gebiet der ehemaligen DDR* versagt werden; das Recht der DDR sah nur den Versagungsgrund der fehlenden Unterscheidungskraft vor, worunter sämtliche Tatbestände zu subsumieren waren (BPatGE 36, 130 – PREMIERE II; BPatG GRUR 1996, 494 – PREMIERE III).

**d) Gattungsbezeichnungen (§ 8 Abs. 2 Nr. 3).** Gattungsbezeichnungen, die nach § 3 Abs. 1 markenfähig und nach § 8 Abs. 2 Nr. 1 konkret unterscheidungskräftig sind, sind dann nach § 8 Abs. 2 Nr. 3 von der Eintragung ausgeschlossen, wenn die Marke als *Gattungsbezeichnung* im allgemeinen Sprachgebrauch oder in den redlichen und ständigen Verkehrsgepflogenheiten zur Bezeichnung der Waren oder Dienstleistungen üblich geworden ist. Die Anmeldung zur Eintragung einer Gattungsbezeichnung wird nach § 37 Abs. 1 zurückgewiesen. Das absolute Schutzhindernis der Gattungsbezeichnung kann nach § 8 Abs. 3 überwunden werden, wenn die Gattungsbezeichnung in den beteiligten Verkehrskreisen *Verkehrsdurchsetzung* als Marke erlangt. Wenn die Verkehrsdurchsetzung zum Zeitpunkt der Anmeldung der Marke fehlte, im Zeitpunkt der Entscheidung über die Eintragung der Marke aber vorliegt, dann findet eine *Prioritätsverschiebung* nach § 37 Abs. 2 statt. Wenn das am Anmeldetag vorliegenden Schutzhindernis nach dem Anmeldetag weggefallen ist, dann bestimmt sich im Einverständnis mit dem Anmelder die Priorität nach dem Tag des Wegfalls des Schutzhindernisses.

10 **e) Täuschende Marken (§ 8 Abs. 2 Nr. 4).** Nach § 8 Abs. 2 Nr. 4 sind *täuschende Marken* von der Eintragung in das Register ausgeschlossen (s. dazu § 8, Rn 294 ff.). Die Anmeldung zur Eintragung einer täuschenden Marke wird nach § 37 Abs. 1 zurückgewiesen. Die Zurückweisung der Anmeldung setzt nach § 37 Abs. 3 voraus, daß die Eignung zur Täuschung *ersichtlich* ist.

11 **f) Ordnungswidrige und sittenwidrige Marken (§ 8 Abs. 2 Nr. 5).** Nach § 8 Abs. 2 Nr. 5 sind Marken von der Eintragung in das Register ausgeschlossen, die gegen die *öffentliche Ordnung* oder die *guten Sitten* verstoßen (s. dazu § 8, Rn 344 ff.). Die Anmeldung zur Eintragung einer ordnungswidrigen oder sittenwidrigen Marke wird nach § 37 Abs. 1 zurückgewiesen.

12 **g) Staatliche Hoheitszeichen und kommunale Wappen (§ 8 Abs. 2 Nr. 6).** Nach § 8 Abs. 2 Nr. 6 sind solche Marken von der Eintragung in das Register ausgeschlossen, die *Staatswappen, Staatsflaggen, andere staatliche Hoheitszeichen* oder *bestimmte inländische Wappen* enthalten (s. dazu § 8, Rn 359 ff.). Die Anmeldung zur Eintragung eines staatlichen Hoheitszeichens oder kommunalen Wappens wird nach § 37 Abs. 1 zurückgewiesen.

13 **h) Amtliche Prüf- und Gewährzeichen (§ 8 Abs. 2 Nr. 7).** Nach § 8 Abs. 2 Nr. 7 sind solche Marken von der Eintragung in das Register ausgeschlossen, die *amtliche Prüf-* oder *Gewährzeichen* enthalten (s. dazu § 8, Rn 378 ff.). Amtliche Prüf- oder Gewährzeichen sind als amtlich vorgeschriebene Zeichen zur Kennzeichnung der Prüfung eines Produkts auf die Erfüllung bestimmter Erfordernisse nur dann von der Eintragung ausgeschlossen, wenn sie nach einer Bekanntmachung des Bundesministeriums der Justiz im Bundesgesetzblatt von der Eintragung als Marke ausgeschlossen sind (s. dazu § 8, Rn 388).

14 **i) Bezeichnungen internationaler zwischenstaatlicher Organisationen (§ 8 Abs. 2 Nr. 8).** Nach § 8 Abs. 2 Nr. 8 sind solche Marken von der Eintragung in das Register ausgeschlossen, die *Wappen, Flaggen* oder *andere Kennzeichen, Siegel* oder *Bezeichnungen internationaler zwischenstaatlicher Organisationen* enthalten (s. § 8, Rn 389 ff.). Die Anmeldung zur Eintragung einer Bezeichnung einer internationalen zwischenstaatlichen Organisation wird nach § 37 Abs. 1 zurückgewiesen. Eine Marke ist nur dann von der Eintragung ausgeschlossen, wenn sie eine solche Bezeichnung einer internationalen zwischenstaatlichen Organisation enthält, die nach einer Bekanntmachung des Bundesministers der Justiz im Bundesgesetzblatt von der Eintragung als Marke ausgeschlossen ist (s. dazu § 8, Rn 399).

15 **j) Gesetzwidrige Marken (§ 8 Abs. 2 Nr. 9).** Nach § 8 Abs. 2 Nr. 9 sind solche Marken von der Eintragung in das Register ausgeschlossen, deren Benutzung ersichtlich nach sonstigen Vorschriften *im öffentlichen Interesse untersagt* werden kann (s. § 8, Rn 400 ff.). Die Anmeldung zur Eintragung einer gesetzwidrigen Marke wird nach § 37 Abs. 1 zurückgewiesen.

## IV. Bestehen einer notorisch bekannten Marke mit älterem Zeitrang nach § 10

16 Wenn die Marke nach § 10 von der Eintragung ausgeschlossen ist, wird die Anmeldung nach § 37 Abs. 1 zurückgewiesen. § 10 regelt das *relative Schutzhindernis* des Bestehens einer *notorisch bekannten Marke mit älterem Zeitrang*. Nach § 10 Abs. 1 ist eine Marke von der Eintragung ausgeschlossen, wenn diese Marke mit jüngerem Zeitrang mit einer im Inland notorisch bekannten Marke mit älterem Zeitrang kollidiert. Eine Markenkollision zwischen der prioritätsjüngeren Marke und der prioritätsälteren Marke mit Notorietät liegt dann vor, wenn die Marken identisch oder ähnlich sind und die weiteren Voraussetzungen der relativen Schutzhindernisse des § 9 Abs. 1 Nr. 1, 2 oder 3 gegeben sind. Die Anmeldung der prioritätsjüngeren Marke wird nach § 37 Abs. 1 aber nur dann zurückgewiesen, wenn nach § 37 Abs. 4 die Voraussetzungen des § 9 Abs. 1 Nr. 1 oder 2 vorliegen; das relative Schutzhindernis nach § 9 Abs. 1 Nr. 3 begründet kein Eintragungshindernis nach § 37 Abs. 1. Die Anmeldung der prioritätsjüngeren Marke kann wegen Bestehens einer notorisch bekannten

Marke mit älterem Zeitrang nach § 37 Abs. 4 nur dann zurückgewiesen werden, wenn die Notorietät der älteren Marke *amtsbekannt* ist (s. Rn 24). Das Eintragungshindernis der notorisch bekannten Marke mit älterem Zeitrang besteht nach § 10 Abs. 2 dann nicht, wenn der Anmelder der prioritätsjüngeren Marke von dem Inhaber der notorisch bekannten Marke zur Anmeldung ermächtigt worden ist (s. § 10, Rn 7). Der Anmelder hat dem DPMA die Ermächtigung zur Anmeldung einer mit der notorisch bekannten Marke identischen oder ähnlichen Marke nachzuweisen.

## C. Zeitpunkt des Vorliegens des Eintragungshindernisses

### I. Zeitpunkt der Eintragung

Die Marke ist dann nach § 37 Abs. 1 von der Eintragung ausgeschlossen, wenn das Eintragungshindernis im Sinne der §§ 3, 8 und 10 im Zeitpunkt der Eintragung der angemeldeten Marke besteht. Für die *Prüfung der Eintragungshindernisse* ist grundsätzlich der *Zeitpunkt der Eintragung* maßgeblich. Wenn ein im Zeitpunkt der Anmeldung bestehendes Eintragungshindernis nach der Anmeldung und vor der Eintragung entfällt, dann ist die Marke eintragungsfähig. Mit dem *Wegfall des Schutzhindernisses* wird die Marke eintragbar. Wenn etwa das Schutzhindernis erst nach einer erfolgten Zurückweisung der Anmeldung nach § 37 Abs. 1 während eines Rechtsmittelverfahrens (Beschwerdeverfahren nach § 66, Rechtsbeschwerdeverfahren nach § 83) wegfällt, dann entfällt der Grund für die Zurückweisung der Anmeldung und die Marke wird mit der *Priorität des ursprünglichen Anmeldetages* eingetragen. Dieser Grundsatz, daß sich das Vorliegen eines Schutzhindernisses im Sinne der §§ 3, 8 und 10 nach dem Zeitpunkt der Eintragung beurteilt, gilt nicht für die absoluten Schutzhindernisse des § 8 Abs. 2 Nr. 1 bis 3, bei deren Wegfall aufgrund des Erwerbs von Verkehrsdurchsetzung (§ 8 Abs. 3) eine *Prioritätsverschiebung* nach § 37 Abs. 2 eintritt (s. Rn 18 ff.).

### II. Prioritätsverschiebung bei Verkehrsdurchsetzung nach der Anmeldung (§ 37 Abs. 2)

Die absoluten Schutzhindernisse der fehlenden Unterscheidungskraft nach § 8 Abs. 2 Nr. 1, der beschreibenden Marke nach § 8 Abs. 2 Nr. 2 und der Gattungsbezeichnung nach § 8 Abs. 2 Nr. 3 können durch den Erwerb von Verkehrsdurchsetzung nach § 8 Abs. 3 überwunden werden. Wenn die *Verkehrsdurchsetzung vor der Anmeldung erworben* wird, dann liegt schon im Zeitpunkt der Anmeldung der Marke das absolute Schutzhindernis nicht vor, so daß die Marke nicht nach § 37 Abs. 1 von der Eintragung ausgeschlossen ist und die Anmeldung nicht zurückgewiesen wird. Wenn die *Verkehrsdurchsetzung nach der Anmeldung und vor der Eintragung erworben* wird, dann liegt das absolute Eintragungshindernis im maßgeblichen Zeitpunkt der Eintragung (s. Rn 17) nicht mehr vor, so daß die Anmeldung an sich nicht zurückzuweisen ist. Im Falle des Erwerbs der Verkehrsdurchsetzung einer im Zeitpunkt der Anmeldung eintragungsunfähigen Marke ist die Zuerkennung des Anmeldetages nicht gerechtfertigt. Die notwendige *Prioritätsverschiebung* regelt § 37 Abs. 2. Wenn in Fallkonstellationen dieser Art die Prüfung nach § 37 Abs. 1 ergibt, daß zwar am Anmeldetag ein absolutes Schutzhindernis nach § 8 Abs. 2 Nr. 1, 2 oder 3 vorlag, dieses absolute Schutzhindernis aber nach dem Anmeldetag und vor der Entscheidung über die Eintragung aufgrund des Erwerbs von Verkehrsdurchsetzung nach § 8 Abs. 3 weggefallen ist, dann kann der Anmelder die Eintragung der Marke in das Register verlangen, muß sich aber mit einer Prioritätsverschiebung einverstanden erklären. Nach § 37 Abs. 2 kann die Anmeldung in solchen Fällen dann nicht zurückgewiesen werden, wenn der Anmelder sich damit einverstanden erklärt, daß ungeachtet des ursprünglichen Anmeldetages und einer etwa nach § 34 (ausländische Priorität) oder § 35 (Ausstellungspriorität) in Anspruch genommenen Priorität der Tag, an dem das Schutzhindernis weggefallen ist, als Anmeldetag gilt und für die Bestimmung des Zeitrangs im Sinne des § 6 Abs. 2 maßgeblich ist. Die Priorität der Marke bestimmt sich nach dem Zeitpunkt des Wegfalls des Schutzhindernisses. Wenn der Anmelder sein Einverständnis mit der Verschiebung der Priorität vom Anmeldetag auf den Tag der

Verkehrsdurchsetzung nicht erteilt, dann wird die Anmeldung zurückgewiesen. Eine solche Verschiebung des Zeitrangs ist deshalb erforderlich, weil mit dem Anmeldetag der Marke die Priorität eines Zeitpunktes zuerkannt würde, zu dem die Marke von der Eintragung ausgeschlossen war und vor der Verkehrsdurchsetzung zuungunsten des Anmelders Zwischenrechte Dritter entstanden sein können. Nach der Gesetzesbegründung soll von der Prioritätsverschiebung nur in solchen Fällen Gebrauch gemacht werden, in denen sich trotz des Nachweises der Verkehrsdurchsetzung zweifelsfrei ergibt, daß die Verkehrsdurchsetzung am Anmeldetag noch nicht gegeben war (s. Begründung zum MarkenG, BT-Drucks. 12/6581 vom 14. Januar 1994, S. 90). Die Regelung der Prioritätsverschiebung dient sowohl dem Interesse des Anmelders, der keine neue Anmeldung beim DPMA einzureichen braucht, als auch den Interessen der Mitbewerber am Erhalt der Priorität von in der Zwischenzeit erworbenen Kennzeichenrechten.

**19** Wenn die Prüfung nach § 37 Abs. 1 ergibt, daß die Voraussetzungen für eine Verschiebung des Zeitrangs im Sinne des § 37 Abs. 2 gegeben sind, dann unterrichtet das DPMA den Anmelder entsprechend (§ 25 S. 1 MarkenV). Der Tag, der für die Bestimmung des Zeitrangs maßgeblich ist, wird in den Akten der Anmeldung vermerkt (§ 25 S. 2 MarkenV). Im übrigen bleibt der Anmeldetag im Sinne des § 33 Abs. 1 unberührt (§ 25 S. 3).

**20** Die Regelung der Prioritätsverschiebung nach § 37 Abs. 2 ist auch im *Beschwerdeverfahren* (§ 66) vor dem BPatG anzuwenden. Die Vorschrift gilt aber nicht im *Rechtsbeschwerdeverfahren* (§ 83) vor dem BGH, in dem das Vorbringen neuer Tatsachen wie des Erwerbs von Verkehrsdurchsetzung unzulässig ist. Der Wegfall eines Schutzhindernisses im Sinne des § 8 Abs. 2 Nr. 1 bis 3 ist aber dann im Rechtsbeschwerdeverfahren zu berücksichtigen, wenn der Wegfall nicht auf dem Eintritt neuer Tatsachen im Zusammenhang mit dem Erwerb von Verkehrsdurchsetzung, sondern auf *Rechtsgründen* wie etwa einer Änderung der Rechtsprechung aufgrund einer Entscheidung des EuGH, beruht.

### III. Koexistenz bei Wegfall des Schutzhindernisses nach der Eintragung

**21** Wenn eine Marke entgegen den §§ 3 und 8 (auch entgegen § 7) in das Register eingetragen worden ist, kann die Marke nach § 50 Abs. 1 und 3 wegen Nichtigkeit gelöscht werden (s. § 50, Rn 6 ff.). Die Löschung der Eintragung ist nach § 50 Abs. 2 S. 1 ausgeschlossen, wenn das Schutzhindernis im Zeitpunkt der Entscheidung über den Antrag auf Löschung nicht mehr besteht. Das ist etwa dann der Fall, wenn ein Schutzhindernis nach § 8 Abs. 2 Nr. 1, 2 oder 3 aufgrund des Erwerbs von Verkehrsdurchsetzung nach § 8 Abs. 3 überwunden worden ist. Wenn die Marke entgegen § 8 Abs. 2 Nr. 1, 2 oder 3 eingetragen worden ist, dann kann nach § 50 Abs. 2 S. 2 die Eintragung außerdem nur dann gelöscht werden, wenn der Antrag auf Löschung innerhalb von zehn Jahren seit dem Tag der Eintragung gestellt wird. In solchen Fallkonstellationen findet anders als nach § 37 Abs. 2 *keine Prioritätsverschiebung* statt, die zu einem Vorrang von Zwischenrechten führen würde. Zwischenrechte können aber ihrerseits weder gelöscht werden (§ 51 Abs. 4 Nr. 2), noch kann ihre Benutzung untersagt werden (§ 22 Abs. 1 Nr. 2). Es besteht eine *Koexistenz der Rechte*, die gegeneinander keine Ansprüche begründen.

### D. Ersichtlichkeit der Täuschungseignung (§ 37 Abs. 3)

**22** Die Anmeldung einer täuschenden Marke nach § 8 Abs. 2 Nr. 4 wird im Eintragungsverfahren nur dann zurückgewiesen, wenn die *Eignung zur Täuschung ersichtlich* ist (§ 37 Abs. 3). Die Regelung entspricht der Rechtslage im WZG nach § 4 Abs. 2 Nr. 3 WZG. Die Ersichtlichkeit der Täuschungseignung ist *keine materielle Voraussetzung* des Eintragungsverbotes (anders die Ersichtlichkeit des Benutzungsverbots bei dem absoluten Schutzhindernis der gesetzwidrigen Marke nach § 8 Abs. 2 Nr. 9; s. § 8, Rn 343, 405). Im Löschungsverfahren ist die Eignung einer Marke zur Täuschung des Publikums deshalb umfassend zu prüfen. Die Unterschiedlichkeit des Prüfungsmaßstabs im Eintragungsverfahren und im Löschungsverfahren ist eine Folge der Vorgabe der MarkenRL, die eine Beschränkung auf Fallkonstellationen einer ersichtlichen Täuschungseignung nicht vorsieht und die Mitgliedstaaten deshalb, wenn schon nicht im Eintragungsverfahren, so doch im Löschungsverfahren eine umfassende Prüfung der Täuschungseignung vorsehen müssen (s. Begründung zum MarkenG, BT-Drucks. 12/6581 vom 14. Januar 1994, S. 90). Eine Beeinträchtigung der Interessen der Allgemeinheit ist damit kaum verbunden, da die Benutzung einer irreführenden Marke stets nach § 3 UWG als irreführende Werbung untersagt werden kann.

Der einschränkende Prüfungsmaßstab der Ersichtlichkeit darf nicht zu einer oberflächlichen Beurteilung des Schutzhindernisses verleiten, auch wenn der Normzweck dahin geht, das DPMA von schwierigen und umfangreichen Nachforschungen und Beweiserhebungen zu befreien (BGHZ 53, 339, 342 – Euro-Spirituosen). Bei Kennzeichen, die im Verkehr einen irreführenden Hinweis enthalten können, ist in jedem Einzelfall zu prüfen, ob besondere Umstände vorliegen, die eine ersichtliche Täuschungsgefahr ausschließen (so für den Zeichenbestandteil *Schloß* in einer Marke für Schaumweine, der als Weinlage wirken und damit irreführend auf einen Lagensekt hinweisen könne BPatG GRUR 1996, 885 – Schloß Wachenheim). Als *ersichtlich* wird das anzusehen sein, was der prüfenden Markenstelle aus den Anmeldeakten unter Zuhilfenahme ihres Fachwissens sowie den amtlichen Prüfungs- und Recherchenmaterials einschließlich etwaiger Auskünfte der üblichen Informationsquellen erkennbar ist (DPA BlPMZ 1957, 126 – Schwarzwald; zur kursorischen Prüfung der früheren Praxis s. RPA BlPMZ 1904, 18 – Parole/Paroli; 1932, 16 – Erstes Wernesgrün). Wenn der *Verdacht einer Täuschungseignung* besteht, dann kann das DPMA auch *eingehende Nachforschungen* anstellen. Bei bestimmten Angaben über Auszeichnungen, wie etwa Preismedaillen über die Beschaffenheit oder Herkunft der Waren, wird in der Eintragungspraxis regelmäßig der *Nachweis der Richtigkeit* verlangt, um vorbeugend mögliche Irreführungen des Publikums zu verhüten. Wenn der Anmelder den Nachweis der inhaltlichen Richtigkeit der angemeldeten Marke nicht erbringt, wird die Anmeldung zurückgewiesen. Wenn die angemeldete Marke Angaben allgemeiner Art über die Produktqualität enthält, dann ist im Eintragungsverfahren nicht ohne weiteres zu prüfen, ob die unter der Marke vertriebenen Produkte der *Qualitätsangabe* entsprechen, wenn nicht Anhaltspunkte vorliegen, daß die Marke wettbewerbswidrig für Produkte minderer Qualität verwendet wird, die der durch den Markeninhalt hervorgerufenen Verkehrserwartung nicht entsprechen (so für die Spitzengruppenwerbung *FINEST* BPatG GRUR 1980, 923, 924 – Cork Dry Gin). Als ersichtlich täuschend wird eine Marke grundsätzlich nur dann angesehen, wenn sie in bezug auf die angemeldeten Produkte in jedem möglichen Falle ihrer anmeldegemäßen Benutzung unrichtige Angaben enthält (BPatGE 30, 169 – Molino).

## E. Prüfungsbeschränkung notorisch bekannter Marken (§ 37 Abs. 4)

### I. Amtsbekanntheit der Notorietät

Die Anmeldung einer Marke kann wegen des Bestehens einer notorisch bekannten Marke mit älterem Zeitrang im Sinne des § 10 nur dann zurückgewiesen werden, wenn die Notorietät *amtsbekannt* ist (Abs. 4). Da das Eintragungshindernis der Notorietät einer Marke nach § 10 nur dann besteht, wenn die Marke im Inland notorisch bekannt ist, wird davon auszugehen sein, daß im Eintragungsverfahren vor dem DPMA die *Amtsbekanntheit von Marken mit inländischer Notorietät regelmäßig besteht*. In der MarkenanmeldungenRL vertritt das DPMA eine *zurückhaltendere Auffassung* hinsichtlich der Amtsbekanntheit der Notorietät. Das liegt wohl daran, daß nach Auffassung des DPMA sich als Richtwert für den erforderlichen Bekanntheitsgrad der notorisch bekannten Marke der Bekanntheitsgrad anbietet, der für die Anerkennung einer berühmten Marke erforderlich ist (s. dazu auch *Ernst-Moll*, GRUR 1993, 8, 9; s. dazu im einzelnen § 4, Rn 227). Je höher aber die quantitativen Anforderungen an den Bekanntheitsgrad einer notorisch bekannten Marke gestellt werden, desto naheliegender ist die Amtsbekanntheit der Notorietät. Nach der MarkenanmeldungenRL muß das DPMA die *sichere Kenntnis* besitzen, daß eine Marke im Inland allgemein bekannt ist (MarkenanmeldungenRL III 4 n). Die ausnahmsweise Berücksichtigung eines älteren Markenrechts von Amts wegen, wird auf die offenkundigen Fallkonstellationen einer Verhinderung der Markenpiraterie beschränkt. Das DPMA wird keine Recherchen über die Bekanntheit einer Marke anstellen oder zweifelhaften Fällen nachgehen; das DPMA wird nur dann tätig, wenn der Umstand, daß eine Anmeldung mit einem notorisch bekannten Zeichen kollidiert, evident ist. Demgegenüber wird man für geboten halten, daß das DPMA in Fallkonstellationen, bei denen die Notorietät einer Marke naheliegt, die *einem Amt zumutbaren Recherchen* aufgrund der allgemein zugänglichen Informationsquellen anstellt. Die in der MarkenanmeldungenRL vorgeschlagene Handhabung des § 37 Abs. 4 ist zu *restriktiv*. Die Notorietät einer Marke dürfe von den Markenstellen nicht allein aufgrund eigener Erfahrung oder Einschätzung angenommen werden, sondern bedürfe der Feststellung auf der Grundlage von dem DPMA vorliegenden neueren, zweifelsfreien Nachweisen und Unterlagen, wie etwa Marktuntersuchungen, Gutachten oder Erhebungen eines anerkannten Meinungsforschungsinstituts, die gegebenenfalls in den Markenabteilungen archiviert und bei Bedarf den Markenstellen als Prüfstoff zur Verfügung gestellt werden. Bei dieser zurückhaltenden Amtspraxis wird nicht hinreichend berücksichtigt, daß im Falle der Amtsbekanntheit der Notorietät die *Verpflichtung der Markenstelle* besteht, das Schutzhindernis von Amts wegen zu berücksichtigen.

### II. Prüfungsbeschränkung auf den Produktähnlichkeitsbereich

25  Die Prüfung des Schutzhindernisses der notorisch bekannten Marke im Sinne des § 10 ist im Eintragungsverfahren nach § 37 Abs. 4 auf die Löschungsgründe des § 9 Abs. 1 Nr. 1 und 2 beschränkt. Im Eintragungsverfahren nicht zu prüfen ist das Vorliegen des Löschungsgrundes nach § 9 Abs. 1 Nr. 3, der neben der Identität oder Ähnlichkeit der Marke als weitere Voraussetzungen hat, daß es sich bei der notorisch bekannten Marke zugleich um eine im Inland bekannte Marke handelt und die Benutzung der von der Eintragung ausgeschlossenen Marke die Unterscheidungskraft oder die Wertschätzung der notorisch bekannten Marke ohne rechtfertigenden Grund in unlauterer Weise ausnutzen oder beeinträchtigen würde, auch wenn Produktähnlichkeit nicht gegeben ist. Das Vorliegen des Löschungsgrundes stellt einen Nichtigkeitsgrund nach § 51 Abs. 1 dar und ist im Löschungsverfahren zu prüfen.

### F. Teilhindernis (§ 37 Abs. 5)

26  Wenn die Eintragungshindernisse nach § 37 Abs. 1 bis 4 nur für einen *Teil der Waren oder Dienstleistungen*, für die die Marke angemeldet worden ist, bestehen, dann ist die Marke nach § 37 Abs. 5 nur für diesen Teil der Waren oder Dienstleistungen von der Eintragung ausgeschlossen ist. Das Schutzhindernis bildet ein *Teilhindernis* für die Eintragung der Marke. Die Anmeldung wird nach § 37 Abs. 1 nur für die Waren oder Dienstleistungen, für die das Teilhindernis besteht, zurückgewiesen.

### G. Verfahrensgrundsätze des DPMA

27  Nach der MarkenanmeldungenRL bestehen bestimmte *Verfahrensgrundsätze zur Prüfung der absoluten Schutzhindernisse im Eintragungsverfahren* (MarkenanmeldungenRL III 4 a, b). Die Prüfung der absoluten Schutzhindernisse im Eintragungsverfahren geht von dem Grundsatz aus, daß der Anmelder einen Anspruch auf Eintragung besitzt, wenn die Anmeldungserfordernisse erfüllt sind und ein absolutes Eintragungshindernis nicht konkret festgestellt werden kann. Die Recherche des DPMA erstreckt sich auf die den Markenstellen zur Verfügung stehenden Materialien, insbesondere Wörterbücher, Lexika und Fachliteratur, und bezieht die Rechtsprechung sowie die Amtspraxis ein. *Ermittlungen außerhalb des DPMA* werden im Regelfall für einen Beanstandungsbescheid nicht angestellt. Die in der MarkenanmeldungenRL aufgestellten Verfahrensgrundsätze sollen im Interesse der Rechtssicherheit eine einheitliche Prüfungspraxis gewährleisten. Das DPMA strebt eine europäisch einheitliche Beurteilung der Schutzfähigkeit von Marken aufgrund einer *harmonisierten Auslegung* und Anwendung der aus der MarkenRL übernommenen Begriffe an. Eine markenrechtsrichtlinienkonforme Auslegung herkömmlich bekannter Rechtsbegriffe des deutschen Markenrechts wird hervorgehoben. Das schließt nicht aus, auf ältere Rechtsprechung dann zurückzugreifen, wenn sie mit den Zielen der MarkenRL vereinbar ist.

Beschleunigte Prüfung 1 **§ 38 MarkenG**

Das DPMA prüft die absoluten Schutzhindernisse in einer bestimmten *Reihenfolge*. Zu- 28
nächst wird festgestellt, ob es sich bei der angemeldeten Marke um ein nach § 3 schutzfähiges Zeichen handelt, das sich graphisch darstellen läßt. Sodann wird ermittelt, ob die angemeldete Marke oder einzelne Zeichenbestandteile eine Bedeutung besitzen. Wenn dies der Fall ist, wird untersucht, ob der Bedeutungsgehalt der Marke als unmittelbar beschreibende Angabe im Sinne des § 8 Abs. 2 Nr. 2 und 3 anzusehen ist. Die Prüfung der Unterscheidungskraft nach § 8 Abs. 2 Nr. 1 erfolgt in der Regel erst anschließend, weil die Beurteilung der Unterscheidungskraft in erheblichem Maße davon abhängt, ob der Verkehr die Marke als beschreibende Angabe auffaßt (s. etwa BGH GRUR 1995, 408, 409 – PROTECH; 1995, 410, 411 – TURBO I).

## H. Tatbestandswirkung der Entscheidung über die Eintragungsfähigkeit

Über die Eintragungsfähigkeit einer Marke wird im Eintragungsverfahren abschließend 29
entschieden. Die Entscheidung entfaltet *Bindungswirkung* sowohl für spätere Verfahren vor dem DPMA oder dem BPatG in der Beschwerdeinstanz als auch für die ordentlichen Gerichte. So wird etwa die Eintragungsfähigkeit der Widerspruchsmarke im Widerspruchsverfahren weder vom DPMA oder dem Beschwerdeverfahren von BPatG noch von den ordentlichen Gerichten im Verletzungsrechtsstreit oder im Verfahren über die Eintragungsbewilligungsklage nach § 44 nachgeprüft. Es besteht eine *Tatbestandswirkung der Entscheidung über die Eintragungsfähigkeit der Marke* (s. § 41, Rn 59). Eine *Ausnahme* von diesem Grundsatz wird nur dann gemacht, wenn die Marke sich nachträglich in eine beschreibende Angabe oder eine Gattungsbezeichnung umgewandelt hat (BPatGE 18, 144 – Lord). Ein solcher *Bedeutungswandel* wird indessen nur in seltenen Fällen und nur dann angenommen werden können, wenn die Marke innerhalb der beteiligten Verkehrskreise vollständig ihre Eigenschaft als produktidentifizierendes Unterscheidungszeichen verloren hat. Das DPMA nimmt eine Nachprüfung aber auch dann nur vor, wenn die *Umwandlung der Marke offenkundig* ist und es deshalb besonderer Ermittlungen nicht bedarf (DPA BlPMZ 1956, 150 – Derby; kritisch *Schlüter*, MA 1957, 354, 358). Der Nachprüfung unterliegt auch der Verlust der Verkehrsdurchsetzung bei einer nach § 8 Abs. 3 eingetragenen Marke.

**Beschleunigte Prüfung**

**38** (1) **Auf Antrag des Anmelders wird die Prüfung nach den §§ 36 und 37 beschleunigt durchgeführt.**

(2) ¹**Mit dem Antrag auf beschleunigte Prüfung ist eine Gebühr nach dem Tarif zu zahlen.** ²**Wird die Gebühr nicht gezahlt, so gilt der Antrag als nicht gestellt.**

### Inhaltsübersicht

| | Rn |
|---|---|
| A. Allgemeines | 1, 2 |
| I. Rechtsänderung | 1 |
| II. Normzweck | 2 |
| B. Voraussetzungen einer beschleunigten Prüfung | 3–7 |
| I. Antrag (§ 38 Abs. 1) | 3 |
| II. Gebühr (§ 38 Abs. 2) | 4–6 |
| III. Kein Erfordernis eines berechtigten Interesses | 7 |

## A. Allgemeines

### I. Rechtsänderung

Nach der Rechtslage im WZG bestand ein *Verfahren der beschleunigten Eintragung nach* 1
*§ 6 a WZG*. Nach dieser Vorschrift konnte das DPMA auf Antrag des Anmelders, der ein berechtigtes Interesse an einer beschleunigten Eintragung des Warenzeichens glaubhaft machte, statt die Bekanntmachung der Anmeldung nach § 5 Abs. 1 WZG zu beschließen, oder, falls die Bekanntmachung der Anmeldung schon beschlossen war, statt die Anmeldung

nach § 5 Abs. 2 WZG bekanntzumachen, das angemeldete Warenzeichen sofort in die Warenzeichenrolle eintragen. Ein berechtigtes Interesse an einer beschleunigten Eintragung bestand namentlich bei der internationalen Registrierung einer Marke, bei der Erforderlichkeit des Nachweises einer Heimateintragung bei Auslandsanmeldung, sowie bei Verletzungsklagen des Anmelders (s. dazu im einzelnen *Baumbach/Hefermehl*, § 6a WZG, Rn 2). Da nach der Rechtslage im MarkenG das Widerspruchsverfahren der vorherigen Eintragung der angemeldeten Marke in das Register nachgeschaltet ist (s. § 42, Rn 6) und alle Anmeldungen einer raschen Entscheidung über die Eintragung zugeführt werden, ist das *Verfahren einer beschleunigten Prüfung nach § 38* für alle Markenanmeldungen von Bedeutung und verlangt deshalb nicht mehr das Vorliegen eines berechtigten Interesses des Anmelders.

## II. Normzweck

2  Nach § 38 Abs. 1 wird auf Antrag des Anmelders die Prüfung der Anmeldungserfordernisse nach § 36 sowie die Prüfung der Eintragungshindernisse nach § 37 beschleunigt durchgeführt. Da nach der Rechtslage im MarkenG die Durchführung eines Widerspruchsverfahrens der vorherigen Eintragung der angemeldeten Marke in das Register nachgeschaltet ist (s. § 42, Rn 6), ist Normzweck des § 38 allein, eine im Vergleich zu der durchschnittlichen Verfahrensdauer des Eintragungsverfahrens *beschleunigte Prüfung einer Anmeldung* im Interesse des Anmelders zu erreichen (s. Begründung zum MarkenG, BT-Drucks. 12/6581 vom 14. Januar 1994, S. 91). Anders als es nach der Rechtslage im WZG Normzweck des § 6a WZG war, vor der Durchführung eines Widerspruchsverfahrens die Eintragung als solche zu erreichen, ist Normzweck der beschleunigten Prüfung nach § 38 die *Verfahrensbeschleunigung* als solche. Auch wenn es sich bei § 38 um eine Vorschrift zur allgemeinen Verfahrensbeschleunigung im Eintragungsverfahren handelt, kommt der Regelung vor allem bei der *internationalen Registrierung von Marken nach dem MMA* wegen des Prioritätsrechts nach Art. 4 Abs. 2 MMA besondere Bedeutung zu. Die Frist für die Inanspruchnahme der Unionspriorität beträgt nach Art. 4 C PVÜ sechs Monate. Die Unionspriorität kann nur in Anspruch genommen werden, wenn die internationale Registrierung innerhalb von sechs Monaten nach der Heimatanmeldung erfolgt. Voraussetzung für eine internationale Registrierung nach dem MMA ist jedoch, daß die Marke im Ursprungsland eingetragen ist (*Heimateintragung*); die bloße Anmeldung zur Eintragung genügt nicht (Art. 1 Abs. 1 MMA). Die Marke muß deshalb auf jeden Fall innerhalb der Vorrangsfrist im Heimatland eingetragen werden, damit die Unionspriorität gewahrt bleibt (s. dazu Art. 4 MMA, Rn 3f.; Art. 4 PVÜ, Rn 5). Etwas anderes gilt für die *internationale Registrierung von Marken nach dem PMMA*, weil diese nach Art. 2 PMMA auch auf eine *Markenanmeldung* gestützt werden kann.

## B. Voraussetzungen einer beschleunigten Prüfung

### I. Antrag (§ 38 Abs. 1)

3  Eine beschleunigte Prüfung der Anmeldungserfordernisse nach § 36 und der Eintragungshindernisse nach § 37 erfolgt nach § 38 Abs. 1 auf *Antrag des Anmelders*. Für die Antragstellung gelten die allgemeinen Verfahrensvorschriften von Teil 7 der MarkenV (§§ 63 bis 70 MarkenV). Der Antrag kann *schriftlich*, durch *Telekopierer*, durch *Telegramm* oder durch *Telex* eingereicht werden (§§ 64 bis 66, 70 MarkenV). Der Antrag auf beschleunigte Prüfung ist eine rein verfahrensrechtliche Erklärung und daher nicht nach § 119 BGB wegen Irrtums anfechtbar (BPatGE 16, 267, 270 – Isoklepa-Werk Emil ...; 20, 231).

### II. Gebühr (§ 38 Abs. 2)

4  Voraussetzung der Durchführung eines beschleunigten Eintragungsverfahrens ist die *Zahlung einer Beschleunigungsgebühr*. Mit dem Antrag auf beschleunigte Prüfung ist nach § 38 Abs. 2 S. 1 eine Gebühr nach dem Tarif zu zahlen. Zweck der besonderen Beschleunigungsgebühr ist es, die Zahl der Beschleunigungsanträge zu beschränken. Als eine Verfah-

rensgebühr verfällt die Gebühr mit der Stellung des Antrags auf beschleunigte Prüfung. Sie kann bei Rücknahme des Antrags weder ganz noch teilweise erstattet werden, da eine Rückzahlung aus Billigkeitsgründen nicht vorgesehen ist (BPatGE 37, 112 – Beschleunigungsgebühr; s. schon BPatGE 6, 249; BPatG Mitt 1978, 216). Eine Rückzahlung der Gebühr ist daher nur möglich, wenn die Rücknahmeerklärung vor oder gleichzeitig mit dem Antrag auf beschleunigte Prüfung eingeht.

Wenn die *Gebühr nicht gezahlt* wird, dann gilt der Antrag auf beschleunigte Prüfung nach 5 § 38 Abs. 2 S. 2 als nicht gestellt. Die Prüfung der Anmeldungserfordernisse nach § 36 und der Eintragungshindernisse nach § 37 wird in diesem Fall in der üblichen Weise durchgeführt.

Die *Höhe der Gebühr* ergibt sich aus dem PatGebG. Die Gebühr beträgt nach Nr. 131 600 6 GebVerz zu § 1 PatGebG 420 DM. Die Gebühren sollen möglichst durch die Verwendung von Gebührenmarken des DPMA entrichtet werden. Sie können aber auch durch Barzahlung, Scheck, Überweisung, Einzahlung auf ein Konto des DPMA oder durch die Erteilung eines Abbuchungsauftrags an die Zahlstelle des DPMA entrichtet werden (§§ 1, 2 PatGebZV).

### III. Kein Erfordernis eines berechtigten Interesses

Jeder Anmelder kann gegen Zahlung einer Beschleunigungsgebühr den Antrag auf be- 7 schleunigte Prüfung der Anmeldung stellen. Das Vorliegen eines berechtigten Interesses an der Durchführung eines beschleunigten Eintragungsverfahrens ist nicht erforderlich. Anders mußte nach der Rechtslage im WZG der Anmelder ein berechtigtes Interesse an der beschleunigten Eintragung des Warenzeichens nach § 6 a Abs. 1 WZG glaubhaft machen.

**Zurücknahme, Einschränkung und Berichtigung der Anmeldung**

**39** (1) Der Anmelder kann die Anmeldung jederzeit zurücknehmen oder das in der Anmeldung enthaltene Verzeichnis der Waren und Dienstleistungen einschränken.

(2) Der Inhalt der Anmeldung kann auf Antrag des Anmelders zur Berichtigung von sprachlichen Fehlern, Schreibfehlern oder sonstigen offensichtlichen Unrichtigkeiten geändert werden.

**Inhaltsübersicht**

| | Rn |
|---|---|
| A. Zurücknahme der Anmeldung (§ 39 Abs. 1 1. Alt.) | 1–4 |
| B. Einschränkung der Anmeldung (§ 39 Abs. 1 2. Alt.) | 5, 6 |
|    I. Produktbezogene Einschränkung des Schutzumfangs einer Marke | 5 |
|    II. Nicht produktbezogene Einschränkung des Schutzumfangs einer Marke (Disclaimer) | 6 |
| C. Berichtigung offensichtlicher Unrichtigkeiten (§ 39 Abs. 2) | 7–9 |
|    I. Anwendungsbereich von Berichtigungen | 7 |
|    II. Offensichtliche Unrichtigkeiten | 8 |
|    III. Verfahren | 9 |
| D. Grundsatz der Unveränderlichkeit einer angemeldeten Marke | 10, 11 |

**Entscheidung zum MarkenG**

**BPatGE 36, 29 – Color COLLECTION**
Unzulässigkeit eines *Disclaimers*.

### A. Zurücknahme der Anmeldung (§ 39 Abs. 1 1. Alt.)

Nach § 39 Abs. 1 1. Alt. kann die *Anmeldung als solche zurückgenommen* werden. Eine 1 entsprechende Regelung enthält Art. 44 Abs. 1 S. 1 1. Alt. GMarkenV für die Zurücknahme der Anmeldung einer Gemeinschaftsmarke. Mit der Zurücknahme der Anmeldung erlischt der Anspruch auf Eintragung (§ 33 Abs. 2 S. 1). Der *Berechtigte einer wirksamen Zurücknahme der Anmeldung* ist der *Anmelder* (§ 32 Abs. 2 Nr. 1) oder im Falle eines Rechtsübergangs des durch die Anmeldung der Marke begründeten Rechts der *Rechtsnachfolger des Anmelders* (§ 31 iVm § 27). Solange der Antrag auf Eintragung des Rechtsübergangs des durch die Anmeldung begründeten Rechts auf den Rechtsnachfolger dem DPMA noch nicht zugegangen ist, kann der Rechtsnachfolger die Zurücknahme der Anmeldung gegenüber dem DPMA nicht wirksam erklären (§ 28 Abs. 2 S. 1). Die Zurücknahme der Anmeldung durch den Anmelder als Rechtsvorgänger des durch die Anmeldung begründeten Rechts, dessen Inhaberschaft nach § 28 Abs. 1 vermutet wird, ist bis zu diesem Zeitpunkt wirksam (so schon zur Rechtslage im WZG DPA BlPMZ 1956, 356).

2 Die Anmeldung kann *jederzeit zurückgenommen* werden (§ 39 Abs. 1). Ist jedoch nach § 35 Abs. 2 MarkenV in den Akten der Anmeldung eine Person als Inhaber eines Rechts an der Markenanwartschaft vermerkt, so ist die wirksame Rücknahme analog § 48 Abs. 2 an die Zustimmung dieser Person gebunden. Das Recht zur jederzeitigen Zurücknahme besteht aber nur bis zur Eintragung der Marke in das Register (§ 41 S. 1). Nach der Eintragung der Marke kann der Inhaber der Marke auf die Marke nach § 48 Abs. 1 verzichten; dann wird die Eintragung der Marke im Register gelöscht. Nach der Rechtslage im WZG war die Zurücknahme der Anmeldung im Widerspruchsverfahren sowie noch im Beschwerdeverfahren möglich, da anders als nach der Rechtslage im MarkenG das Widerspruchsverfahren nicht der Eintragung der Marke nachgeschaltet war.

3 Mit der *wirksamen Zurücknahme* der Anmeldung *endet das Eintragungsverfahren*. Die *Zurücknahme* der Anmeldung ist *unwiderruflich*.

4 Die Zurücknahme der Anmeldung im patentamtlichen Eintragungsverfahren ist eine *Verfahrenshandlung* (Prozeßhandlung oder Prozeßerklärung). Im Verfahrensrecht ist die Zulässigkeit und Reichweite einer Geltendmachung von Willensmängeln bei Prozeßhandlungen weithin ungeklärt. Im Interesse der Verfahrensbeteiligten sowie eines ungestörten Verfahrensablaufs wird von der überwiegenden Meinung eine analoge Anwendung der §§ 119, 123 BGB abgelehnt (s. *Arens/Lüke*, Zivilprozeßrecht, S. 169f.; *Baumbach/Lauterbach/Albers/Hartmann*, Grundzüge § 128 ZPO, Rn 56; *Zöller/Greger*, vor § 128 ZPO, Rn 21). Die Möglichkeit des Widerrufs auch unwiderruflicher Prozeßhandlungen wird bei Vorliegen von Restitutionsgründen erwogen. Im Eintragungsverfahren ist die Möglichkeit einer Anfechtung der Zurücknahmeerklärung einer Anmeldung wegen Willensmängeln umstritten. In der früheren Eintragungspraxis wurde die Möglichkeit einer Anfechtung wegen Willensmängeln allgemein verneint (RPA BlPMZ 1905, 24). Seit Mitte der fünfziger Jahre bejaht die Eintragungspraxis des DPMA die Möglichkeit einer *Anfechtung der Zurücknahmeerklärung einer Anmeldung* wegen Erklärungsirrtums oder wegen Übermittlungsfehlern nach den §§ 119 Abs. 1, 120 BGB, nicht aber wegen eines Irrtums über wesentliche Eigenschaften des Gegenstandes der Anmeldung nach § 119 Abs. 2 BGB (DPA BlPMZ 1954, 49; 1962, 45). Wenn bei der Erklärung der Zurücknahme der Anmeldung das *Aktenzeichen verwechselt* wird, dann wird davon auszugehen sein, daß eine wirksame Zurücknahme der Anmeldung noch nicht vorliegt *(Baumbach/Hefermehl,* § 12 WZG, Rn 5).

## B. Einschränkung der Anmeldung (§ 39 Abs. 1 2. Alt.)

### I. Produktbezogene Einschränkung des Schutzumfangs einer Marke

5 Nach § 39 Abs. 1 2. Alt. kann das *in der Anmeldung enthaltene Verzeichnis der Waren oder Dienstleistungen eingeschränkt* werden (teilweise Zurücknahme der Anmeldung). Eine entsprechende Vorschrift enthält Art. 44 Abs. 1 S. 1 2. Alt. GMarkenV für die Einschränkung der Anmeldung einer Gemeinschaftsmarke. Nach § 39 Abs. 1 2. Alt. sind nur *Erklärungen zum produktbezogenen Schutzumfang* der Marke und damit zur Einschränkung des Verzeichnisses der Waren und Dienstleistungen zulässig. Weitergehende Erklärungen zur Beschränkung des Schutzumfangs einer Marke sind nach der Rechtslage im MarkenG nicht zulässig (so zu einer Erklärung, Schutz nur für die konkrete Zeichengestaltung zu beanspruchen BPatGE 36, 29 – Color COLLECTION). Die Einschränkung der Anmeldung kann *jederzeit* erklärt werden (s. dazu im einzelnen Rn 2). Nach der Eintragung der angemeldeten Marke in das

Register kann der Inhaber der Marke auf die Eintragung für einen Teil der Waren oder Dienstleistungen, für die sie eingetragen ist, nach § 48 Abs. 1 verzichten; dieser Teil der Waren oder Dienstleistungen wird dann im Register gelöscht. Die Einschränkung der Anmeldung kann auch der *Rechtsnachfolger* des durch die Anmeldung der Marke begründeten Rechts erklären (§§ 31 iVm 27; s. dazu im einzelnen Rn 1). Hinsichtlich der Geltendmachung von Willensmängeln ist die Erklärung der Einschränkung der Anmeldung als *Prozeßhandlung* wie die Zurücknahme der Anmeldung zu behandeln (s. Rn 4).

## II. Nicht produktbezogene Einschränkung des Schutzumfangs einer Marke (Disclaimer)

Über die Rechtslage nach dem MarkenG zur Einschränkung der Anmeldung (s. Rn 5) hinausgehend, sind im *Gemeinschaftsmarkenrecht* weitergehende Erklärungen zur Beschränkung des Schutzumfangs einer Marke zulässig. Enthält eine Gemeinschaftsmarke einen Zeichenbestandteil, der nicht unterscheidungskräftig ist, und kann die Aufnahme dieses Zeichenbestandteils in die Gemeinschaftsmarke zu Zweifeln über den Schutzumfang der Marke Anlaß geben, dann kann nach Art. 38 Abs. 2 S. 1 GMarkenV das Amt als Bedingung für die Eintragung der Gemeinschaftsmarke verlangen, daß der Anmelder erklärt, daß er an dem Zeichenbestandteil kein ausschließliches Recht in Anspruch nehmen werde. Diese Erklärung wird mit der Anmeldung oder gegebenenfalls mit der Eintragung der Gemeinschaftsmarke veröffentlicht (Art. 38 Abs. 2 S. 2 GMarkenV). Im angelsächsischen Rechtskreis sowie namentlich in Skandinavien sind *Disclaimer* zulässig und in der Praxis weithin üblich (s. dazu Section 17 (1) Trade Marks Act 1994, § 6 Lanham Act; *Mittendorfer*, GRUR Int 1971, 377). Solche Disclaimer als *Erklärungen über eine Einschränkung des Schutzbereichs der einzutragenden Marke* sind von der MarkenRL nicht verbindlich vorgegeben. Der Gesetzgeber des MarkenG hat von der Möglichkeit, Disclaimer als ein effektives Instrument zur rechtlichen Gestaltung des Schutzumfangs einer Marke zuzulassen, keinen über § 39 Abs. 1 2. Alt. hinausgehenden Gebrauch gemacht. Nach der *Rechtslage im MarkenG* besteht so *keine Rechtsgrundlage* für Disclaimer. Das BPatG hat insoweit eine Erklärung zur Schutzbeschränkung einer Marke hinsichtlich der graphischen Gestaltung von Markenwörtern nicht zugelassen (BPatGE 36, 29 – Color COLLECTION; zur Bedeutung eines Disclaimers für die Ersichtlichkeit der Täuschungsgefahr s. BPatGE 39, 1 – PGI). Im MarkenG sollten zumindest entsprechend dem Gemeinschaftsmarkenrecht in Übereinstimmung mit der internationalen Markenrechtsentwicklung Erklärungen des Anmelders zur Beschränkung des Schutzbereichs der einzutragenden Marke zugelassen werden.

## C. Berichtigung offensichtlicher Unrichtigkeiten (§ 39 Abs. 2)

### I. Anwendungsbereich von Berichtigungen

Die *Berichtigung von offensichtlichen Unrichtigkeiten* ist zulässig hinsichtlich des *Inhalts von Anmeldungen* (§ 39 Abs. 2), der *Eintragungen im Register* (§ 45 Abs. 1 S. 1) und der *Veröffentlichungen* (§ 45 Abs. 2). Der Berichtigung unterliegen *sprachliche Fehler, Schreibfehler* oder sonstige *offensichtliche Unrichtigkeiten* (§§ 39 Abs. 2, 45 Abs. 1 S. 1). Die Vorschrift zur Änderung der Anmeldung einer Gemeinschaftsmarke nennt zusätzlich noch *Name* und *Adresse des Anmelders* als Gegenstände einer Berichtigung (Art. 44 Abs. 2 S. 1 GMarkenV). Die Regelung zur Änderung der Eintragung einer Gemeinschaftsmarke ist restriktiver als das MarkenG (Art. 48 GMarkenV).

### II. Offensichtliche Unrichtigkeiten

Die Berichtigung offensichtlicher Unrichtigkeiten darf den wesentlichen *Inhalt der Anmeldung* der Marke nicht berühren oder das *Verzeichnis der Waren oder Dienstleistungen* nicht erweitern (so die Formulierung von Art. 44 Abs. 2 S. 1 GMarkenV zur Änderung der Anmeldung einer Gemeinschaftsmarke). Zulässig sind nur solche Berichtigungen oder Einschränkungen, die die *Identität der Anmeldung* nicht berühren. Die Abgrenzung zwischen offensichtlichen Unrichtigkeiten, die der Berichtigung unterliegen, und unzulässigen Änderungen der Anmeldung erfolgt nach der Identität des Schutzinhalt der Marke. Zu berichtigen sind sprachliche Fehler und Schreibfehler wie auch Druckfehler bei einem Versehen der Druckerei sowie Name und Adresse des Inhabers der angemeldeten Marke (s. BPatGE 16, 267, 271; s. auch Art. 44 Abs. 2 S. 1 GMarkenV). Eine zulässige Berichtigung setzt nicht das Vorliegen der Voraussetzungen einer Irrtumsanfechtung nach den §§ 119 ff. BGB voraus. Als Berichtigung wird man auch eine deutlichere Formulierung zur Beseitigung von sprachlichen Unklarheiten verstehen können (s. schon zur Rechtslage im WZG *Baumbach/Hefermehl*, § 2 WZG, Rn 27). Vorsicht ist geboten, wenn *Zusätze* oder *Weglassungen* zur Steigerung der Unterscheidungskraft der Marke oder einer Verminderung der Verwechslungsgefahr als Berichtigungen vorgenommen werden sollen. Nach der Rechtslage im WZG wurden kleine Veränderungen der Marke als Berichtigungen nicht grundsätzlich ausgeschlossen (*Baumbach/Hefermehl*, § 2 WZG, Rn 27). Nach der GMarkenV wird hinsichtlich der Änderung der Anmeldung einer Gemeinschaftsmarke darauf abgestellt, ob der *wesentliche Inhalt* der Marke berührt oder das Verzeichnis der Waren oder Dienstleistungen erweitert wird. Nach der Rechtslage im WZG wurden ausnahmsweise Änderungen der Eintragung dann zugelassen, wenn es sich um einen unwesentlichen Bestandteil der Marke handelte und eine Unrichtigkeit beseitigt werden sollte (s. dazu *Baumbach/Hefermehl*, § 3 WZG, Rn 4). Zugelassen wurde die Änderung der Angaben des Geschäftsbetriebs, wenn eine *Rechtsnachfolge eingetreten* ist (RPA GRUR 1932, 82). Das DPA hielt die Ersetzung des eingetragenen Wortes *Cognac* durch das Wort *Weinbrand* zur *Anpassung an eine Gesetzesänderung* der weinrechtlichen Rechtslage für zulässig (Bedenken bei *Baumbach/Hefermehl*, § 3 WZG, Rn 4). Für zulässig wurde die Streichung der Wörter *Patented all over the world* gehalten, wenn diese *unrichtig* waren (RPA MuW 1936, 34).

### III. Verfahren

9  Zur Berichtigung des Inhalts einer Anmeldung bedarf es nach § 39 Abs. 2 eines *Antrags* des Anmelders. Trotz dieses Wortlauts der Vorschrift wird man auch im Anmeldeverfahren eine Berichtigung offensichtlicher Unrichtigkeiten *von Amts wegen* als zulässig ansehen müssen. Die Eintragung einer offensichtlich unrichtigen Anmeldung in das Register zu verhindern, liegt im öffentlichen Interesse; zumindest wird das DPMA den Anmelder auf die offensichtliche Unrichtigkeit des Inhalts der Anmeldung hinweisen, um eine Berichtigung auf Antrag vorzunehmen. Nach einer Korrektur von in der Anmeldung enthaltenen Fehlern kommt es zu einer Eintragung ohne offensichtliche Unrichtigkeiten (s. zu der Berichtigung der Eintragung und der Veröffentlichung § 45, Rn 5 ff.).

### D. Grundsatz der Unveränderlichkeit einer angemeldeten Marke

10  Bereits bei der Anmeldung der Marke muß berücksichtigt werden, daß ab dem Zeitpunkt der Eintragung die *Marke eine unveränderliche Einheit* bildet (BGH GRUR 1958, 185, 186 – Wyeth; 1958, 610, 611 – Zahnrad; 1972, 180, 182 – Cheri; 1975, 135, 136 – KIM-Mohr; s. schon RPA BlPMZ 1903, 236). Die Berichtigung offensichtlicher Unrichtigkeiten darf den Gegenstand der Anmeldung nicht verändern. Abzustellen ist auf den Anmeldetag als den Tag, an dem die Anmeldung einschließlich der Unterlagen beim DPMA eingegangen ist (§ 33 Abs. 1). Im Markenrecht gilt der Grundsatz von der Unveränderlichkeit der angemeldeten und eingetragenen Marke. Im Eintragungsverfahren bildet die Anmeldung die Grundlage der patentamtlichen Prüfung. Nach der Eintragung der Marke in das Register bestimmt sich der Schutzinhalt des Markenrechts nach dem Inhalt der Registereintragung. Eine nachträgliche Änderung der Anmeldung verändert die Priorität der Marke, deren Zeitrang sich nach § 6 Abs. 2 grundsätzlich nach dem Anmeldetag des § 33 Abs. 1 bestimmt. Änderungen wie insbesondere Erweiterungen der Anmeldung stellen eine neue Anmeldung dar, die einen neuen Zeitrang begründet (DPA BlPMZ 1956, 16; BPatG Mitt 1979, 11 – Castellonic). Jede Änderung der Anmeldung, die eine erneute Prüfung der Anmeldung verlangt, ist unzulässig (RPA MuW 1933, 214). Eine unzulässige Änderung der Anmeldung stellt auch die Veränderung einzelner Zeichenbestandteile oder gar der gesam-

ten Marke sowie die Streichung eines Zeichenteils einer zusammengesetzten Marke dar (BGH GRUR 1958, 185, 186 – Wyeth). Auch eine Erweiterung des in der Anmeldung enthaltenen Verzeichnisses der Waren oder Dienstleistungen stellt eine unzulässige Änderung der Anmeldung dar. Zulässig ist nur eine *Einschränkung* des in der Anmeldung enthaltenen Verzeichnisses der Waren oder Dienstleistungen (§ 39 Abs. 1 2. Alt.).

Bei einer *Teilung der Anmeldung* nach § 40 Abs. 1 S. 1 bleibt für jede Teilanmeldung der **11** Zeitrang der ursprünglichen Anmeldung erhalten (§ 40 Abs. 1 S. 2). Zulässig sind aber *Teilprioritäten* für einzelne Waren, wie etwa eine Unionspriorität, da diese die Einheit der Marke für ein und dieselben Waren nicht betrifft (BGH GRUR 1958, 185 – Wyeth; BPatGE 18, 125, 130). Zulässig ist die *Teilrücknahme* für einen Teil der Waren oder Dienstleistungen nach § 39 Abs. 1.

### Teilung der Anmeldung

**40** (1) ¹Der Anmelder kann die Anmeldung teilen, indem er erklärt, daß die Anmeldung der Marke für die in der Teilungserklärung aufgeführten Waren und Dienstleistungen als abgetrennte Anmeldung weiterbehandelt werden soll. ²Für jede Teilanmeldung bleibt der Zeitrang der ursprünglichen Anmeldung erhalten.

(2) ¹Für die abgetrennte Anmeldung sind die nach § 32 erforderlichen Anmeldungsunterlagen einzureichen. ²Für die Teilung ist außerdem eine Gebühr nach dem Tarif zu zahlen. ³Werden die Anmeldungsunterlagen nicht innerhalb von drei Monaten nach dem Zugang der Teilungserklärung eingereicht oder wird die Gebühr nicht innerhalb dieser Frist gezahlt, so gilt die abgetrennte Anmeldung als zurückgenommen. ⁴Die Teilungserklärung kann nicht widerrufen werden.

#### Inhaltsübersicht

| | Rn |
|---|---|
| A. Allgemeines | 1–8 |
|   I. Grundsatz der freien Teilbarkeit angemeldeter Marken | 1–4 |
|   II. Rechtslage im WZG | 5 |
|   III. Europäisches Unionsrecht | 6, 7 |
|     1. Erste Markenrechtsrichtlinie | 6 |
|     2. Gemeinschaftsmarkenverordnung | 7 |
|   IV. Rechtsvergleich | 8 |
| B. Teilung einer angemeldeten Marke | 9–16 |
|   I. Voraussetzungen der Teilung | 9, 10 |
|     1. Teilungserklärung | 9 |
|     2. Waren- und Dienstleistungsverzeichnis der Stammanmeldung und der abgetrennten Anmeldungen | 10 |
|   II. Rechtsfolgen der Teilung | 11–14 |
|     1. Gleichrangigkeit von Stammanmeldung und abgetrennter Anmeldung | 11 |
|     2. Endgültigkeit der Teilung der Anmeldung | 12 |
|     3. Fortgeltung der Vertreterbestellung | 13 |
|     4. Fortgeltung gestellter Anträge | 14 |
|   III. Aktenorganisatorische Durchführung der Teilung der Anmeldung | 15 |
|   IV. Gebühren | 16 |
| C. Übergangsrecht | 17 |

**Schrifttum zum MarkenG.** *Klaka*, Die Markenteilung, FS für Vieregge, 1995, S. 421 (GRUR 1995, 713); *Mitscherlich*, Verfahrensrechtliche Aspekte des neuen Markenrechts, FS DPA 100 Jahre Marken-Amt, 1994, S. 199.

## A. Allgemeines

### I. Grundsatz der freien Teilbarkeit angemeldeter Marken

Die Teilung einer Markenanmeldung bezieht sich auf das Verzeichnis der Waren oder **1** Dienstleistungen, für die die Eintragung der Marke in der Anmeldung beantragt wird. Nach § 40 Abs. 1 S. 1 kann der Anmelder einer Marke das durch die Anmeldung begründete

Recht in *Teilanmeldungen für bestimmte Waren oder Dienstleistungen* aufteilen. Folge der Teilung der Anmeldung ist es, daß für jede Teilanmeldung der *Zeitrang der ursprünglichen Anmeldung* erhalten bleibt (§ 40 Abs. 1 S. 2). Nach der Teilung bestehen *selbständige Markenrechte* mit gleicher Priorität.

2   Die Vorschriften über die Teilbarkeit der Markenrechte (§§ 40, 46) sind im Zusammenhang mit den Vorschriften über den Teilrechtsübergang (§ 27) und die Teillizenz (§ 30) zu sehen. Nach § 27 Abs. 1 ist die freie *Teilübertragung* der eingetragenen Marke für einen Teil der Waren oder Dienstleistungen zulässig. Nach § 30 Abs. 1 ist die *Teillizenzierung* der eingetragenen Marke für einen Teil der Waren oder Dienstleistungen zulässig. Nach § 31 ist die Teilübertragung und Teillizenzierung einer *angemeldeten* Marke zulässig.

3   Die freie Teilbarkeit der Markenanmeldung ist produktbezogen. Eine *Teilung der Form* der Marke, etwa die Aufspaltung einer zusammengesetzten Marke (zum Begriff s. § 3, Rn 294) und einer Kombinationsmarke (zum Begriff s. § 3, Rn 294) ist unzulässig, da sie dem Grundsatz der Unveränderlichkeit einer Marke widerspricht (s. dazu § 45, Rn 8, 9). Auch eine *territoriale Teilung* der Marke, wie etwa eine lokale oder regionale Aufteilung der Gebiete innerhalb des Geltungsbereichs des MarkenG, ist unzulässig. Dem Interesse an einer Gebietsaufteilung entspricht die Zulässigkeit einer territorialen Markenlizenz nach § 30 Abs. 2 Nr. 4, die nach § 31 auch an einer angemeldeten Marke bestellt werden kann (s. dazu § 30, Rn 13).

4   Die Vorschriften der §§ 40, 46 über die Markenteilung gelten nur für die angemeldete und eingetragene Marke und damit für das durch Eintragung entstehende Markenrecht im Sinne des § 4 Nr. 1 (Registermarke). Der Grund für eine solch eingeschränkte Regelung lag für den Gesetzgeber wohl darin, daß er die Teilung der Markenrechte verfahrensrechtlich ausgestaltete und innerhalb der Verfahren in Markenangelegenheiten regelte. Solcher Verfahrensvorschriften bedarf nur die Teilung angemeldeter oder eingetragener Marken im Sinne des § 4 Nr. 1, nicht auch die Teilung benutzter Marken im Sinne des § 4 Nr. 2 oder notorisch bekannter Marken im Sinne des § 4 Nr. 3. Die gesetzgeberische Regelungstechnik macht nicht hinreichend deutlich, daß es sich bei der Unteilbarkeit oder Teilbarkeit von Markenrechten um ein materiellrechtliches Prinzip einer Markenrechtsordnung handelt. Eine Regelung der Teilbarkeit aller Markenrechte im Sinne des § 4 im materiellrechtlichen Teil des MarkenG hätte nahegelegen. Die Teilbarkeit der durch Benutzung oder durch notorische Bekanntheit begründeten Markenrechte (Benutzungsmarke, Notorietätsmarke) besteht nach dem MarkenG, auch wenn der Gesetzgeber keine ausdrückliche Regelung getroffen hat. Die *Teilbarkeit der Markenrechte im Sinne des § 4 Nr. 2 und 3* ergibt sich schon aus der Zulässigkeit des Teilrechtsübergangs nach § 27 Abs. 1 und der Teillizenzierung nach § 30 Abs. 1 dieser nicht eingetragenen Markenrechte.

## II. Rechtslage im WZG

5   Der *Grundsatz der Unteilbarkeit* des als Einheit verstandenen Warenzeichens beherrschte neben dem Prinzip der Akzessorietät (s. dazu § 3, Rn 52 ff.) die Rechtslage nach dem WZG. Die im MarkenG geltenden Prinzipien der freien Übertragbarkeit und freien Teilbarkeit der Marke, verbunden mit der Nichtakzessorietät der Marke und der Zulässigkeit der dinglichen Markenlizenz, sind Ausdruck einer grundlegenden Rechtsänderung des Warenzeichenrechts durch das MRRG. Diese Grundsätze repräsentieren den markenrechtlichen Schutz der ökonomischen Funktionen der Marke (s. Einl., Rn 35) und das Verständnis des Markenrechts als eines selbständigen Vermögensgegenstandes und eines handelbaren Wirtschaftsgutes (s. Vorb §§ 27–31, Rn 2). Nach der Rechtslage im WZG war nur der *Teilverzicht* und die *Teillöschung* des Warenzeichens für bestimmte in der Zeichenrolle eingetragene Waren oder Dienstleistungen durch eine Beschränkung des Verzeichnisses möglich, wenn der Anmelder der Marke oder der Inhaber der eingetragenen Marke etwa an diesen Produktbereichen nicht mehr interessiert war, oder wenn eine Teillöschung wegen Fehlens einer rechtserhaltenden Benutzung geboten war. Eine Teillizenzierung war nach der Rechtslage im WZG nur als eine schuldrechtliche Gebrauchsüberlassung zulässig, da eine dingliche Markenlizenz nicht anerkannt war. Bei international registrierten Marken war der Verzicht des Inhabers der internationalen Registrierung auf den Schutz in einem oder in

Teilung der Anmeldung     6–8 § 40 MarkenG

mehreren Verbandsstaaten nach Art. 8[bis] S. 1 MMA und die Teilübertragung der international registrierten Marke nur für einen Teil der eingetragenen Waren oder Dienstleistungen nach Art. 9 Abs. 1 S. 1 MMA möglich.

### III. Europäisches Unionsrecht

#### 1. Erste Markenrechtsrichtlinie

Die *MarkenRL* enthält weder obligatorische noch fakultative Regelungen über eine Teilung von Markenrechten in den Markengesetzen der Mitgliedstaaten. 6

#### 2. Gemeinschaftsmarkenverordnung

Die *GMarkenV* enthält keine ausdrückliche Regelung über die Teilung der Anmeldung einer Gemeinschaftsmarke. Nach Art. 17 Abs. 1 GMarkenV ist aber der Teilrechtsübergang für einen Teil der Waren oder Dienstleistungen, für die die Gemeinschaftsmarke eingetragen ist, zulässig. Dies gilt nach Art. 24 GMarkenV auch für den Teilrechtsübergang der Anmeldung einer Gemeinschaftsmarke. Die GMarkenV geht damit unausgesprochen von der Zulässigkeit einer Teilung der angemeldeten Gemeinschaftsmarke aus. Das Prinzip der freien Übertragbarkeit der Gemeinschaftsmarke und die Zulässigkeit des Teilrechtsübergangs der Gemeinschaftsmarke haben die *Zulässigkeit einer Teilung der Gemeinschaftsmarkenrechte* zur materiellrechtlichen Voraussetzung. Nach Art. 17 Abs. 4 GMarkenV besteht eine Schranke des Rechtsübergangs von Gemeinschaftsmarken, die namentlich bei einer Teilübertragung von Gemeinschaftsmarkenrechten erheblich werden kann. Zweck der Vorschrift ist es, eine *Irreführung des Publikums*, insbesondere über die Art, Beschaffenheit oder die geographische Herkunft der Waren oder Dienstleistungen, aufgrund des Rechtsübergangs zu verhindern. Diese Rechtsschranke aus Gründen des Verkehrsschutzes ist nicht an die Markenteilung als solche, sondern an den Rechtsübergang der Gemeinschaftsmarke gebunden. 7

### IV. Rechtsvergleich

Im Rechtsvergleich sind die Regelungen völlig *uneinheitlich* (s. die Übersicht bei *Klaka*, GRUR 1995, 713, 714). In *Großbritannien* und *Irland* wird die Teilung der Anmeldung und die Teilübertragung der Marke ohne Einschränkung ausdrücklich für zulässig erklärt (*Großbritannien* Sec. 41 (1) lit. a, 24 (2) lit. a Trade Marks Act 1994 vom 21. Juli 1994, in Kraft getreten am 31. Oktober 1994, BlPMZ 1997, 286; *Irland* Sec. 28 (2), 46 (1) lit. a Trade Marks Act 1996 vom 16. März 1996, in Kraft getreten am 1. Juli 1996, BlPMZ 1998, 213, 260), ebenso in der *Schweiz* (Art. 17, 17 a MSchG vom 28. August 1992, in Kraft getreten am 1. April 1993, GRUR Int 1993, 663, geändert durch Gesetz vom 4. Oktober 1996, BlPMZ 1997, 284). In den übrigen EU-Staaten finden sich keine Regelungen zur Teilung einer Marke oder Markenanmeldung, wohl aber zur Teilübertragung. Eine Teilübertragung der Marke ist ohne ausdrücklichen Vorbehalt zulässig in *Belgien, Luxemburg* und den *Niederlanden* (Art. 11 Einheitliches Benelux-MarkenG vom 19. März 1962, in Kraft getreten am 1. Januar 1971, GRUR Int 1976, 452, idF vom 2. Dezember 1992, GRUR Int 1997, 29, geändert durch Protokoll vom 7. August 1996, BlPMZ 1997, 430) sowie in *Frankreich* (Art. L. 714-1 Code de la propriété intellectuelle vom 1. Juli 1992, vormals Gesetz Nr. 91–7 über Fabrik-, Handels- oder Dienstleistungsmarken vom 4. Januar 1991, in Kraft getreten am 28. Dezember 1991, BlPMZ 1993, 216, zuletzt geändert durch Gesetz Nr. 96-1106 vom 19. Dezember 1996, BlPMZ 1997, 371). In *Italien* (Art. 15 Abs. 1 und 4 MarkenG Nr. 929 vom 21. Juni 1942 idF der Verordnung Nr. 480 vom 4. Dezember 1992, in Kraft getreten am 28. Dezember 1992, GRUR Int 1994, 218, geändert durch Verordnung Nr. 198 vom 13. März 1996, BlPMZ 1997, 277), *Österreich* (§ 11 Abs. 2 S. 2 MSchG 1970, in Kraft getreten am 30. November 1970, Österr. BGBl. Nr. 260, idF durch die Markenschutzgesetznovelle 1992, Österr. BGBl. Nr. 773, zuletzt geändert durch das Bundesgesetz Nr. 109/1993, BlPMZ 1993, 465) und *Portugal* (§ 211 Abs. 1 und 2 Gesetz Nr. 16/1995 über gewerbliche Schutzrechte vom 24. Januar 1995, in Kraft getreten am 1. Juni 1995, GRUR Int 1997, 698) ist die Teilübertragung mit einem ausdrücklichen Vorbehalt der Irreführung verbunden; in *Finnland* wird die Eintragung einer Teilübertragung 8 verweigert, wenn die Verwendung der Marke aufgrund der Übertragung offenbar geeignet ist, die Allgemeinheit irrezuführen (§§ 32, 33 MarkenG vom 10. Januar 1964/7, in Kraft getreten am 1. Juni 1964, zuletzt geändert durch Gesetz vom 22. Dezember 1995/1715, GRUR Int 1996, 1017). In *Dänemark* (s. § 38 MarkenG Nr. 341 vom 6. Juni 1991, in Kraft getreten am 1. Januar 1992, GRUR Int 1994, 1004, idF der Gesetzesbekanntmachung Nr. 162 vom 21. Februar 1997), *Griechenland* (s. Art. 22 MarkenG Nr. 2239/1994 vom 16. September 1994, in Kraft getreten am 1. November 1994, GRUR Int 1995, 886) und *Schweden* (s. §§ 32, 33 MarkenG 1960: 644 vom 2. Dezember 1960, in Kraft getreten am 1. Januar 1961, zuletzt geändert durch Änderungsgesetze 1995: 1277 und 1995: 1278 vom 15. Dezember 1995, GRUR Int 1996, 1027) findet sich keine Regelung zur Teilübertragung einer Marke. In *Spanien* können der Eintragungsantrag oder die Marke zum Zwecke der Übertragung oder Belastung nicht geteilt werden, obwohl sie gemeinsam verschiedenen Personen gehören können (Art. 41 Abs. 2 MarkenG Nr. 32/1988 vom 10. November 1988, in Kraft getreten am 12. Mai 1989, GRUR Int 1989, 552).

## B. Teilung einer angemeldeten Marke

### I. Voraussetzungen der Teilung

#### 1. Teilungserklärung

9   Nach § 40 Abs. 1 kann die Anmeldung durch eine *Teilungserklärung* des Anmelders geteilt werden. Die Teilung der Anmeldung kann in *zwei* oder *mehrere Anmeldungen* erfolgen (§ 36 Abs. 1 S. 1 MarkenV). Für jede abgetrennte Markenanmeldung ist eine gesonderte Teilungserklärung einzureichen (§ 36 Abs. 1 S. 2 MarkenV). Nach der Teilung wird zwischen der *Stammanmeldung* und der *abgetrennten Anmeldung* oder den *mehreren abgetrennten Anmeldungen* unterschieden. In der Teilungserklärung, die unter Verwendung des vom DPMA herausgegebenen Formblatts eingereicht werden soll (§ 36 Abs. 1 S. 3 MarkenV) sind die Waren und Dienstleistungen anzugeben, die in die abgetrennte Anmeldung aufgenommen werden sollen (§ 36 Abs. 2 MarkenV) und für die die abgetrennte Teileintragung fortbestehen soll (§ 40 Abs. 1 S. 1).

#### 2. Waren- und Dienstleistungsverzeichnis der Stammanmeldung und der abgetrennten Anmeldungen

10   Die Teilung der Anmeldung darf nicht aufgrund der Angaben der Waren und Dienstleistungen in der Teilungserklärung zu einer Erweiterung des Markenrechts führen, da eine nachträgliche Änderung des Markenrechts grundsätzlich unzulässig ist (s. § 39, Rn 5). Es ist deshalb *Deckungsgleichheit* erforderlich zwischen einerseits den Waren- und Dienstleistungsverzeichnissen der verbleibenden Stammanmeldung und der abgetrennten Anmeldung insgesamt mit andererseits dem Waren- und Dienstleistungsverzeichnis der ursprünglichen Anmeldung (§ 36 Abs. 3 S. 1 MarkenV). Waren oder Dienstleistungen dürfen nicht zugleich in den Verzeichnissen der Stammanmeldung und der abgetrennten Anmeldung enthalten sein. Anderes gilt bei der Verwendung von *Oberbegriffen* (s. zur Problematik der Produktoberbegriffe aus der Sicht des Benutzungszwangs § 26, Rn 49 ff.). Wenn die Teilung der Anmeldung unter einen Oberbegriff fallende Waren und Dienstleistungen betrifft, dann ist der Oberbegriff sowohl in der Stammanmeldung als auch in der abgetrennten Anmeldung zu verwenden; er ist durch entsprechende Zusätze so einzuschränken, daß sich keine Überschneidungen der Verzeichnisse der Waren und Dienstleistungen ergeben (§ 36 Abs. 3 S. 2 MarkenV). Zur Vermeidung von Überschneidungen sollten bei der Aufspaltung von Oberbegriffen *einschränkende Zusätze* verwendet werden. Der Oberbegriff *Spielwaren* kann in *Spielwaren ausgenommen Kinderfahrzeuge* einerseits und *Spielwaren beschränkt auf Kinderfahrzeuge* andererseits geteilt werden. Möglich ist auch eine Aufteilung des Oberbegriffs *Spielwaren* in *Spielwaren beschränkt auf Kinderfahrzeuge* einerseits und *Spielwaren beschränkt auf Plüschtiere* andererseits.

## II. Rechtsfolgen der Teilung

### 1. Gleichrangigkeit von Stammanmeldung und abgetrennter Anmeldung

Da nach § 40 Abs. 1 S. 2 für jede abgetrennte Anmeldung der Zeitrang der ursprünglichen Anmeldung erhalten bleibt, besteht zwischen der Stammanmeldung und der abgetrennten Anmeldung oder den mehreren abgetrennten Anmeldungen *Gleichrangigkeit* im Sinne der Prioritätsregel des § 6 Abs. 4. Wenn Stammanmeldung und abgetrennte Anmeldung oder mehrere abgetrennte Anmeldungen *verschiedenen Markeninhabern* zustehen, dann begründen diese Markenrechte mit gleicher Priorität gegeneinander keine Ansprüche. Wenn die Stammanmeldung und die abgetrennte Anmeldung einem Markeninhaber zustehen, dann bestehen rechtlich voneinander unabhängige selbständige Markenrechte.

### 2. Endgültigkeit der Teilung der Anmeldung

Folge der Teilung einer Anmeldung ist die rechtlich *endgültige Trennung* der abgetrennten Anmeldung von der Stammanmeldung. Die Teilung der Anmeldung kann nicht rückgängig gemacht werden. Die rechtlich selbständigen Markenrechte können nicht erneut zu einem einheitlichen Markenrecht verschmolzen werden, da dies als ein Verstoß gegen den Grundsatz der Unveränderlichkeit einer Marke (s. § 39, Rn 5) eine unzulässige Änderung des Markenrechts darstellte. Nach § 44 Abs. 2 S. 4 wird zudem ein *Widerruf* der Teilungserklärung ausgeschlossen.

### 3. Fortgeltung der Vertreterbestellung

Nach § 36 Abs. 6 MarkenV gilt ein für die Ausgangsanmeldung benannter Vertreter des Markeninhabers auch als Vertreter des Inhabers der abgetrennten Anmeldung (S. 1); die Vorlage einer neuen Vollmacht ist nicht erforderlich (S. 2). § 36 Abs. 6 MarkenV ergänzt insoweit die Regelung des § 77 Abs. 1 MarkenV. Dem Inhaber der abgetrennten Anmeldung bleibt die Bestellung eines anderen Vertreters unbenommen.

### 4. Fortgeltung gestellter Anträge

Anträge, die in bezug auf die ursprüngliche Anmeldung der Marke gestellt worden sind, gelten nach § 36 Abs. 7 MarkenV auch für die abgetrennte Anmeldung fort.

## III. Aktenorganisatorische Durchführung der Teilung der Anmeldung

Nach § 40 Abs. 2 S. 1 sind die erforderlichen Unterlagen für die abgetrennte Anmeldung einzureichen. Die aktenmäßige Abwicklung der Teilung der Anmeldung beurteilt sich nach § 37 Abs. 4 MarkenV. Eine vollständige Kopie der Akten der Ausgangsanmeldung, die vom DPMA angefertigt wird, bildet mit der Teilungserklärung einen Bestandteil der Akten der abgetrennten Anmeldung, die ein neues Aktenzeichen erhält. Zu den Akten der Stammanmeldung wird eine Kopie der Teilungserklärung genommen. Wenn es sich bei der angemeldeten Marke der Stammanmeldung um eine Bildmarke (§ 8 MarkenV), dreidimensionale Marke (§ 9 MarkenV), Kennfadenmarke (§ 10 MarkenV), Hörmarke (§ 11 MarkenV) oder eine sonstige Markenform nach § 12 MarkenV handelt, dann sind nach § 36 Abs. 5 MarkenV vier weitere übereinstimmende zweidimensionale graphische Wiedergaben dieser Marken einzureichen und bei Hörmarken (§ 11 MarkenV) zusätzlich eine klangliche Wiedergabe der Marke gemäß § 11 Abs. 3 MarkenV. Die Einreichung dieser Unterlagen hat innerhalb der Dreimonatsfrist des § 40 Abs. 2 S. 3 zu erfolgen. Die nach § 40 Abs. 2 S. 1 erforderlichen Unterlagen sind innerhalb von drei Monaten nach dem Zugang der Teilungserklärung beim DPMA einzureichen (§ 40 Abs. 2 S. 2). Wenn die Einreichung nicht innerhalb dieser Frist erfolgt, so gilt die abgetrennte Anmeldung als zurückgenommen. Rechtsfolge der gesetzlichen Fiktion einer Rücknahme nach § 40 Abs. 2 S. 3 sind die Rechtswirkungen einer Teilrücknahme der ursprünglichen Anmeldung. Wegen der Unwiderruflichkeit der Teilungserklärung nach § 40 Abs. 2 S. 4 findet keine gesetzliche Rückübertragung der mit dem Antrag auf Teilung der angemeldeten Marke abgetrennten Anmeldung in die Stammanmeldung statt.

## IV. Gebühren

**16** Die Durchführung der Teilung der Anmeldung einer Marke stellt einen *gebührenpflichtigen Tatbestand* dar (§ 40 Abs. 2 S. 2). Nach Nr. 131700 GebVerz zu § 1 PatGebG beträgt die Gebühr 500 DM. Nach § 40 Abs. 2 S. 3 ist die Gebühr innerhalb von drei Monaten nach dem Zugang der Teilungserklärung beim DPMA zu zahlen. Wenn die Gebühr nicht innerhalb der Dreimonatsfrist gezahlt wird, so gilt die abgetrennte Anmeldung als zurückgenommen. Rechtsfolge der gesetzlichen Fiktion einer Rücknahme nach § 42 Abs. 2 S. 3 sind die Rechtswirkungen einer Teilrücknahme der ursprünglichen Anmeldung. Wegen der Unwiderruflichkeit der Teilungserklärung nach § 40 Abs. 2 S. 4 findet keine gesetzliche Rückübertragung der mit dem Antrag auf Teilung der Markenanmeldung abgetrennten Anmeldung in die Stammanmeldung statt (so auch *Klaka*, GRUR 1995, 713, 717).

## C. Übergangsrecht

**17** Die Vorschrift des § 40 über die Teilung der Eintragung gilt nach der Übergangsvorschrift des § 152 auch für Marken, die vor dem 1. Januar 1995 angemeldet oder eingetragen worden sind. § 159 sieht als besondere Übergangsvorschrift für die Teilung einer vor dem 1. Januar 1995 nach § 5 Abs. 2 WZG bekanntgemachten Anmeldung vor, daß die Teilung der Anmeldung erst nach Ablauf der Widerspruchsfrist erklärt werden kann. Die Abgabe der Teilungserklärung ist nur zulässig, wenn ein im Zeitpunkt ihrer Abgabe anhängiger Widerspruch sich nach der Teilung der Anmeldung nur gegen einen der Teile der ursprünglichen Anmeldung richten würde. Dem Widersprechenden soll nicht zugemutet werden, ein bisher einheitliches Widerspruchsverfahren künftig als mehrere getrennte Widerspruchsverfahren fortzuführen (s. § 159, Rn 2). Der Teil der ursprünglichen Anmeldung, gegen den sich kein Widerspruch richtet, wird nach § 41 in das Register eingetragen. Gegen die Eintragung findet kein Widerspruch nach § 42 statt.

## Eintragung

**41** ¹Entspricht die Anmeldung den Anmeldungserfordernissen und wird sie nicht gemäß § 37 zurückgewiesen, so wird die angemeldete Marke in das Register eingetragen. ²Die Eintragung wird veröffentlicht.

### Inhaltsübersicht

|   | Rn |
|---|---|
| A. Regelungsübersicht | 1 |
| B. Eintragung der angemeldeten Marke in das Register (§ 41 S. 1) | 2–7 |
|     I. Voraussetzungen der Eintragung | 2 |
|     II. Wirkung der Eintragung | 3 |
|     III. Publizität des Markenregisters | 4–7 |
| C. Veröffentlichung der Eintragung (§ 41 S. 2) | 8 |
| D. Zuständigkeiten und Prüfungskompetenzen im Eintragungsverfahren | 9–15 |
|     I. Zweigleisigkeit des Verfahrens | 9 |
|     II. Tatbestandswirkung der Entscheidung über die Eintragungsfähigkeit | 10–13 |
|     III. Beschränkung der Prüfungskompetenzen im Widerspruchsverfahren | 14 |
|     IV. Eintragungsbewilligungsklage | 15 |

## A. Regelungsübersicht

**1** Regelungsgegenstand des § 41 ist der registerrechtliche Akt der *Eintragung* eines Zeichens als Marke in das beim DPMA geführte Markenregister sowie die *Veröffentlichung der Eintragung* in dem vom DPMA herausgegebenen Markenblatt. § 41 S. 1 regelt die Voraussetzungen, bei deren Vorliegen eine angemeldete Marke in das Register eingetragen wird. Die Eintragung der angemeldeten Marke in das Register erfolgt, wenn die Anmeldung den Anmeldungserfordernissen des § 36 entspricht und absolute Eintragungshindernisse nach § 37 nicht bestehen. Nach § 41 S. 2 erfolgt eine Veröffentlichung der Eintragung der angemeldeten Marke.

### B. Eintragung der angemeldeten Marke in das Register (§ 41 S. 1)

#### I. Voraussetzungen der Eintragung

Im *Eintragungsverfahren* wird die Anmeldung zur Eintragung einer Marke in das Register von Amts wegen dahin geprüft, ob die *Anmeldungserfordernisse* nach § 36 Abs. 1 Nr. 1 bis 4 vorliegen und die Marke nicht nach § 37 Abs. 1 wegen Bestehens von *absoluten Eintragungshindernissen* im Sinne der §§ 3, 8 und 10 von der Eintragung ausgeschlossen ist. Wenn die Anmeldung den Anmeldungserfordernissen des § 36 entspricht und nicht nach § 37 zurückzuweisen ist, dann wird die angemeldete Marke nach § 41 S. 1 in das Register eingetragen.

#### II. Wirkung der Eintragung

Die Vorschrift des § 4 Nr. 1 bis 3 regelt drei Gründe für die Entstehung des Markenschutzes. Nach dieser Vorschrift entsteht Markenschutz durch die Eintragung eines Zeichens als Marke in das Markenregister (Nr. 1), durch die Benutzung eines Zeichens bei Erwerb von Verkehrsgeltung als Marke (Nr. 2) oder durch die notorische Bekanntheit einer Marke im Sinne von Art. 6$^{bis}$ PVÜ (Nr. 3). Die drei Erwerbstatbestände der Registermarke, der Benutzungsmarke und der Notorietätsmarke stehen gleichberechtigt nebeneinander und können kumulativ gegeben sein (s. § 4, Rn 21). Der materielle Markenschutz kraft Verkehrsgeltung stellt gegenüber dem formellen Markenschutz kraft Registereintrags kein Markenrecht höherer Ordnung dar (so die mißverständliche Formulierung des RG, um den Zeitvorrang des sachlichen Markenschutzes vor einem späteren Registerrecht auszudrücken RGZ 97, 90 – Pecho/Pecose; 111, 192 – Goldina; kritisch *Baumbach/Hefermehl*, § 3 WZG, Rn 6). Der Eintragung der Marke in das Markenregister kommt *konstitutive Wirkung* zu (s. dazu näher § 4, Rn 16). Die Eintragung ist Wirksamkeitsvoraussetzung zur Entstehung des Markenrechts nach § 4 Nr. 1 als eines Ausschließlichkeitsrechts. Die Eintragung wirkt auch dann konstitutiv, wenn die Marke schon vor der Eintragung benutzt worden und ein Markenrecht nach § 4 Nr. 2 durch den Erwerb von Verkehrsgeltung entstanden ist. Dem Eintragungsverfahren, das ein dem öffentlichen Recht zugehörendes Verwaltungsverfahren darstellt (*Baumbach/Hefermehl*, Einl WZG, Rn 29; *v. Gamm*, Einl WZG, Rn 101; *Jackermeier*, Die Löschungsklage im Markenrecht, S. 3 ff.), kommt die Aufgabe zu, die Entstehung des Rechts an der eingetragenen Marke zu bewirken. Nach dem Eintragungsprinzip (s. dazu § 4, Rn 12) entsteht das Markenrecht durch den registerrechtlichen Akt der Eintragung eines Zeichens als Marke unabhängig von einer Benutzung der Marke im geschäftlichen Verkehr. Die Eintragung der angemeldeten Marke in das Register stellt einen *Verwaltungsakt* dar (so schon zur Rechtslage im WZG *Baumbach/Hefermehl*, § 3 WZG, Rn 6).

#### III. Publizität des Markenregisters

Die Eintragung einer angemeldeten Marke erfolgt in das Register, das der Warenzeichenrolle nach der Rechtslage im WZG entspricht (§ 3 WZG) und das beim DPMA geführt wird (§ 17 Abs. 1 MarkenV). Das Register kann in Form einer elektronischen Datenbank betrieben werden (§ 17 Abs. 2 MarkenV). Die Vorschrift des § 18 Nr. 1 bis 38 MarkenV über den Inhalt des Registers bestimmt, welche Eintragungen im einzelnen in das Register vorgenommen werden können. Wenn die angemeldete Marke nach § 41 S. 1 in das Register eingetragen wird, dann erhält der Inhaber der Marke nach § 19 Abs. 1 MarkenV eine *Urkunde über die Eintragung* der Marke in das Register. Der Markeninhaber erhält außerdem nach § 19 Abs. 2 MarkenV eine *Bescheinigung* über die in das Register eingetragenen Angaben im Sinne des § 18 Nr. 1 bis 38 MarkenV, soweit er hierauf nicht ausdrücklich verzichtet hat. Zweck des Markenregisters ist es auch, im öffentlichen Interesse eine *Publizität der markenrechtlich erheblichen Tatsachen* herzustellen. Nach § 62 Abs. 3 steht jeder Person die Einsicht in das Register frei (s. zur Registereinsicht und zur Akteneinsicht im einzelnen

§ 62, Rn 2 ff., 8). Die *Registrierung der Marke* bildet *keine Rechtscheinsbasis für einen Gutglaubenserwerb* des Markenrechts. Das Recht an der eingetragenen Marke kann nach § 49 verfallen oder nach den §§ 50 und 51 nichtig sein; es kann in Folge eines Rechtsübergangs nach § 27 einem anderen Markeninhaber als dem im Register als Inhaber Eingetragenen zustehen.

5   Das Markenregister gibt nur über die nach § 4 Nr. 1 durch Eintragung in das Register entstehenden nationalen Markenrechte (Registermarken) Auskunft.

6   Die vom RPA bis 1945 geführte Rolle der *Altwarenzeichen* wird von der Dienststelle Jena des DPMA weitergeführt. Beim DPMA in München wird eine Hilfsrolle geführt.

7   Die *international registrierten Marken* werden nicht in das deutsche Markenregister eingetragen (§ 53 Abs. 1 MarkenV). Allerdings führt das DPMA eine *Datensammlung* über international registrierte Marken, deren Schutz auf die Bundesrepublik Deutschland erstreckt worden ist (§ 53 Abs. 2 MarkenV). Diese Datensammlung, die einem Register gleichkommt, aber kein Register im Rechtssinne ist, gibt Auskunft über den deutschen Anteil an einer IR-Marke. Ihr läßt sich etwa entnehmen, welcher Vertreter bestellt worden ist, ob die Marke in der Bundesrepublik Deutschland Vollschutz oder Teilschutz genießt oder ob ihr der Schutz versagt worden ist.

## C. Veröffentlichung der Eintragung (§ 41 S. 2)

8   Nach § 41 S. 2 wird die *Eintragung veröffentlicht.* Nach § 20 Abs. 1 MarkenV werden die Angaben über eingetragene Marken in dem vom DPMA herausgegebenen *Markenblatt* veröffentlicht. Das DPMA kann die Veröffentlichung zusätzlich auch in anderer Form wie insbesondere auf Datenträgern zur Verfügung stellen (§ 20 Abs. 2 MarkenV). Den Inhalt der Veröffentlichung regelt § 21 MarkenV. Nach dieser Vorschrift umfaßt die Veröffentlichung grundsätzlich alle in das Register nach § 18 Nr. 1 bis 38 MarkenV eingetragenen Angaben, wie namentlich die Wiedergabe der Marke (Nr. 3), den Anmeldetag der Marke (Nr. 12), den Namen und die Anschrift des Inhabers der Marke (Nr. 16, 17) und das Verzeichnis der Waren und Dienstleistungen (Nr. 19). Nach § 21 Abs. 1 MarkenV sind von der Veröffentlichung ausgenommen Hinweise über Nachträge und Änderungen der Markensatzung einer Kollektivmarke unter Angabe ihres Datums (§ 18 Nr. 1 MarkenV), der Tag der Veröffentlichung der Eintragung (§ 18 Nr. 21 MarkenV) und der Tag und die Nummer der internationalen Registrierung im Sinne der §§ 110, 122 Abs. 2 (§ 18 Nr. 32 MarkenV), sowie Änderungen der Anschrift des Inhabers der Marke oder seines Vertreters. Farbig eingetragene Marken werden nach § 21 Abs. 1 S. 2 MarkenV in Farbe veröffentlicht. Der erstmaligen Veröffentlichung der Eintragung einer Marke wird ein Hinweis auf die Möglichkeit zur Erhebung des Widerspruchs nach § 42 beigefügt. Wenn die Erstveröffentlichung der Eintragung einer Marke erhebliche Mängel aufweist, dann ist die Eintragung der Marke erneut zu veröffentlichen. Bei der Zweitveröffentlichung ist meistens die Wiederholung des Widerspruchshinweises erforderlich (§ 21 Abs. 2 S. 2 MarkenV). Im Falle der Teillöschung einer eingetragenen Marke kann nach § 21 Abs. 3 S. 1 MarkenV eine neue Veröffentlichung der Eintragung der Marke erfolgen.

## D. Zuständigkeiten und Prüfungskompetenzen im Eintragungsverfahren

### I. Zweigleisigkeit des Verfahrens

9   Die Zuständigkeiten zwischen dem *patentamtlichen* und *patentgerichtlichen Verfahren in Markenangelegenheiten* einerseits und dem *Verfahren in Markenangelegenheiten vor den ordentlichen Gerichten* andererseits sind aufgeteilt (s. dazu BGHZ 37, 107, 111 – Germataler Sprudel; 44, 60 – Agyn; BGH GRUR 1954, 346 – Strahlenkranz; BPatGE 4, 48 – Defensivzeichen). Dieser Rechtszustand prägt das Markenrecht seit alters her. Während im *Eintragungsverfahren* sowie im *Löschungsverfahren* das DPMA und das BPatG ausschließlich und mit *Bindung für die Zivilgerichte* entscheiden, besteht im patentamtlichen und im patentgerichtlichen *Widerspruchsverfahren* nur eine *begrenzte sachliche Prüfungszuständigkeit.* Die Zweigleisigkeit des Ver-

fahrens zeigt sich zum einen in der *Eintragungsbewilligungsklage* nach § 44, nach der der Inhaber der Marke als Anmelder im Wege der Klage gegen den Widersprechenden geltend machen kann, daß ihm trotz der Löschung der Eintragung ein Anspruch auf die Eintragung der Marke zusteht. Zum anderen zeigt sich die Zweiteilung der Zuständigkeiten in dem Bestehen des *patentamtlichen* und *patentgerichtlichen Löschungsverfahrens* (§§ 50, 54) einerseits und des *Löschungsverfahrens vor den ordentlichen Gerichten* (§§ 49, 51, 55) andererseits. Die Errichtung des BPatG, das an die Stelle der früheren Beschwerdesenate des DPA getreten ist, hat an der Aufgabenverteilung zwischen patentamtlichen und patentgerichtlichen Verfahren in Markenangelegenheiten einerseits und dem Verfahren in Markenangelegenheiten vor den ordentlichen Gerichten andererseits nichts geändert. Die Nachprüfung der Entscheidungen des DPMA als einer Verwaltungsbehörde hält sich innerhalb der Grenzen der patentamtlichen Zuständigkeit (BGH GRUR 1967, 246, 248 – Vitapur). Folge der Beschränkung der Prüfungskompetenz im patentamtlichen und patentgerichtlichen Verfahren in Markenangelegenheiten ist eine begrenzte Kollisionsprüfung. Die Prüfung der Verwechslungsgefahr besteht nur hinsichtlich der Marken in ihrer eingetragenen Gestalt (BGHZ 42, 307 – derma; BGH GRUR 1967, 246, 249 – Vitapur).

## II. Tatbestandswirkung der Entscheidung über die Eintragungsfähigkeit

Über die *Eintragungsfähigkeit einer Marke nach § 8* entscheiden ausschließlich das DPMA und das BPatG als Beschwerdegericht. Die Vorschrift des § 8 schließt als Marke schutzfähige Zeichen wegen des Vorliegens eines absoluten Schutzhindernisses von der Eintragung in das Register aus. Die hierüber im Eintragungsverfahren oder im Löschungsverfahren getroffene *Entscheidung des DPMA* oder *BPatG* hat für die *ordentlichen Gerichte bindende Wirkung*. Eine solche Bindungswirkung besteht auch in dem Verfahren über die Eintragungsbewilligungsklage (§ 44).

Bei einer Kombinationsmarke oder zusammengesetzten Marke (zu den Begriffen s. § 3, Rn 294) erstreckt sich die Bindungswirkung nur auf die Entscheidung des DPMA oder des BPatG über die Schutzfähigkeit des *Gesamtzeichens*, dagegen nicht über die *einzelnen Zeichenbestandteile*, über deren Schutzfähigkeit das DPMA oder BPatG nicht befunden haben. Hat das DPMA ein Zeichen eingetragen, das sich aus mehreren Wörtern (zusammengesetzte Marke) oder aus Wort und Bild (Kombinationsmarke) zusammensetzt, so kann das Zivilgericht die Schutzfähigkeit der einzelnen Zeichenbestandteile sowohl im Verletzungsverfahren als auch im Widerspruchsverfahren selbständig prüfen (BGHZ 19, 367, 370 – W-5; 21, 182, 186 – Ihr Funkberater; 42, 151, 162 – Rippenstreckmetall II; BGH GRUR 1955, 421 – Forellenzeichen; 1961, 347, 348 – Almglocke; 1963, 630, 631 – Polymar; 1968, 414, 415 – Fe; KG GRUR 1984, 201, 202 – Die Weissen; RG GRUR 1938, 348 – Wein – eingefangener Sonnenschein; RG MuW 1935, 171 – Eu-Med). Eine Bindungswirkung in bezug auf einen einzelnen Zeichenbestandteil besteht ausnahmsweise dann, wenn dieser das Wesen des Gesamtzeichens derart bestimmt, daß die Eintragungsfähigkeit des Zeichens als Ganzes von der Schutzfähigkeit des Zeichenbestandteils abhängt (BGH GRUR 1959, 130, 132 – Vorrasur/Nachrasur; 1961, 232, 233 – Hobby; 1966, 495, 497 – UNIPLAST; 1973, 467, 468 – Praemix; BPatG 9, 231, 238 – Vita Seltzer/Selzerbrunnen). Ohne eine solche Bindungswirkung wäre mit der Verneinung der Schutzfähigkeit des Zeichenbestandteils auch die Schutzfähigkeit des Zeichens als Ganzes verneint. Über die Schutzfähigkeit des Zeichens als Ganzes entscheidet das DPMA jedoch ausschließlich und mit bindender Wirkung.

Keine Bindungswirkung besteht in bezug auf eine Entscheidung des DPMA oder des BPatG, das eine *Täuschungsgefahr im Sinne des § 8 Abs. 2 Nr. 4* verneint hat. Die Eignung einer Marke zur Täuschung des Publikums unterliegt im Löschungsverfahren einer umfassenden Prüfung.

Über die *Unterscheidungskraft* eines Zeichens als Ganzes (§ 8 Abs. 2 Nr. 1) entscheidet das DPMA mit bindender Wirkung (RG GRUR 1943, 211 – Con-Contessa/Continental; 1938, 986 – Adventskranz mit Strahlenstern; OLG Köln GRUR 1970, 606, 607 – Sir). Eine Bindung besteht jedoch dann nicht, wenn der Begriff der Marke verkannt wurde. Die *Markenfähigkeit* eines Zeichens kann von den Zivilgerichten selbständig geprüft werden.

## III. Beschränkung der Prüfungskompetenzen im Widerspruchsverfahren

**14** Im *Widerspruchsverfahren* entscheiden das DPMA und als Beschwerdegericht das BPatG über die Identität oder Ähnlichkeit der Marken und Waren oder Dienstleistungen und damit namentlich über das *Bestehen von Verwechslungsgefahr* zwischen den kollidierenden Marken. Die Prüfung bezieht sich im einzelnen auf die Markenidentität und Markenähnlichkeit, die Produktidentität und Produktähnlichkeit, die Verwechslungsgefahr einschließlich des gedanklichen Inverbindungbringens. Das DPMA oder das BPatG als Beschwerdegericht prüft ferner die *Priorität der Marken* sowie auf die Einrede der mangelnden Benutzung (§ 43 Abs. 1) hin, ob die *Benutzung der Widerspruchsmarke* innerhalb der letzten fünf Jahre glaubhaft gemacht worden ist. An die Feststellungen des DPMA oder des BPatG als Beschwerdegericht sind die *ordentlichen Gerichte* jedoch *grundsätzlich nicht gebunden*. Hat etwa das DPMA im Widerspruchsverfahren die Markenähnlichkeit oder die Verwechslungsgefahr verneint, so kann das ordentliche Gericht in einem Löschungsrechtsstreit (§§ 51, 55) die Löschung der Marke anordnen, und zwar auch dann, wenn der Löschungskläger dieselben Gründe geltend macht wie im Widerspruchsverfahren. Weiter kann das ordentliche Gericht im Verletzungsprozeß (§ 14) die Markenähnlichkeit oder die Verwechslungsgefahr entgegen der Entscheidung des DPMA oder des BPatG bejahen (BGH GRUR 1957, 499 – Wit/Wipp). Hinsichtlich der Markenähnlichkeit oder der Verwechslungsgefahr ist keine der zur Entscheidung zuständigen Instanzen an die Beurteilung der anderen Instanz gebunden. Soweit die Gerichte eine Löschung der Marke anordnen, hat das DPMA dem nachzukommen. Dieser Rechtszustand kann zu widersprechenden Entscheidungen führen. Die Doppelgleisigkeit folgt aus dem Wesen des Markenrechts, das ein Bestandteil des Wettbewerbsrechts ist. Das DPMA entscheidet über die Eintragungsfähigkeit eines Zeichens, über die Identität oder Ähnlichkeit der Marken und der Waren oder Dienstleistungen und damit namentlich über das Bestehen von Verwechslungsgefahr zwischen den kollidierenden Marken sowie in beschränktem Rahmen über die Tatsache der Benutzung. Dagegen entscheiden die ordentlichen Gerichte über den wettbewerbsrechtlichen Gesamttatbestand (BGH GRUR 1954, 346, 347 – Strahlenkranz).

## IV. Eintragungsbewilligungsklage

**15** Ist im patentamtlichen Widerspruchsverfahren oder im Beschwerdeverfahren vor dem BPatG die Identität oder Ähnlichkeit der Marken und Waren oder Dienstleistungen sowie namentlich das Vorliegen einer Verwechslungsgefahr zwischen den Kollisionsmarken festgestellt worden, dann ist diese Feststellung für das ordentliche Gericht im Verfahren über die *Eintragungsbewilligungsklage* (§ 44) *grundsätzlich bindend* (BGHZ 1937, 107 – Germataler Sprudel; BGH GRUR 1957, 499 – Wit/Wipp; 1981, 53 – Arthrexforte; RG GRUR 1943, 89 – Durus; s. auch § 44, Rn 3). Das ordentliche Gericht entscheidet in diesem Fall allein darüber, ob dem Inhaber der angegriffenen Marke trotz der Löschung der Eintragung nach § 43 ein Anspruch auf die Eintragung zusteht, etwa aufgrund eines vertraglichen Rechts. Eine Bindung an die Widerspruchsentscheidung tritt jedoch nur ein, soweit das DPMA oder das BPatG die für die Feststellung der Identität oder Ähnlichkeit der Marken und Waren oder Dienstleistungen wesentlichen Fragen geprüft haben und prüfen durften (BGH GRUR 1967, 246, 249 – Vitapur; BPatGE 7, 155, 160 – Adex; *Heydt*, GRUR 1967, 251; *Schlüter*, BB 1967, 314, 315). Bei der Prüfung der Benutzungslage besteht die Bindungswirkung nur insoweit, als tatsächlich, wie etwa in liquiden Fallkonstellationen und bei präsenten Beweismitteln, über die rechtserheblichen Umstände entschieden worden ist; darüberhinaus besteht keine Bindung des ordentlichen Gerichts an die Widerspruchsentscheidung des DPMA oder die Beschwerdeentscheidung des BPatG. Soweit eine Prüfung der Benutzungslage im Widerspruchsverfahren erfolgt ist, kann von dem ordentlichen Gericht nachgeprüft werden, ob die Voraussetzungen für eine solche Prüfung der Benutzungslage vorliegen. Keine Bindung besteht für das ordentliche Gericht, wenn der Inhaber der angegriffenen Marke nicht eine Eintragungsbewilligungsklage, sondern eine Klage auf Feststellung gegen den Widersprechenden erhebt, weil dieser ihm die Benutzung der Marke nicht verbieten könne (RGZ 97, 90 – Pecho; RG GRUR 1929, 488 – Jupiter-Bleistift). Ein Benutzungsrecht an einer Warenbezeichnung kann auch bestehen, wenn das DPMA oder das BPatG die Eintragung der Marke wegen Verwechslungsgefahr gelöscht haben. Umgekehrt kann die Eintragung einer Marke eine Unterlassungspflicht und eine Schadensersatzpflicht des Markeninhabers gegenüber einem besser Berechtigten auslösen (RGZ 118, 76, 79 – Springendes Pferd; RG GRUR 1937, 797, 799 – Weißpunkt-Tabakpfeifen). Vor Abschluß eines Widerspruchsverfahrens ist eine Eintragungsbewilligungsklage ausnahmsweise dann zulässig, wenn es auf die im Widerspruchsverfahren zu entscheidende Frage der Identität oder Ähnlichkeit der Marken und Waren oder Dienstleistungen im Verfahren über die Eintragungsbewilligungsklage nicht ankommt (BGH GRUR 1981, 53, 55 – Arthrexforte). Ein solcher Ausnahmefall liegt etwa dann vor, wenn die Eintragungsbewilligungsklage bei unterstellter Identität oder Ähnlichkeit der Marken und Waren oder Dienstleistungen wie namentlich bei unterstellter Verwechslungsgefahr aufgrund der behaupteten Löschungsreife der Widerspruchsmarke wegen Nichtbenutzung zum Erfolg führen kann (BGH GRUR 1981, 53, 55 – Arthrexforte; s. auch § 44, Rn 3).

## Widerspruch

**42** (1) Innerhalb einer Frist von drei Monaten nach dem Tag der Veröffentlichung der Eintragung der Marke gemäß § 41 kann von dem Inhaber einer Marke mit älterem Zeitrang gegen die Eintragung der Marke Widerspruch erhoben werden.

(2) Der Widerspruch kann nur darauf gestützt werden, daß die Marke
1. wegen einer angemeldeten oder eingetragenen Marke mit älterem Zeitrang nach § 9 Abs. 1 Nr. 1 oder 2,
2. wegen einer notorisch bekannten Marke mit älterem Zeitrang nach § 10 in Verbindung mit § 9 Abs. 1 Nr. 1 oder 2 oder
3. wegen ihrer Eintragung für einen Agenten oder Vertreter des Markeninhabers nach § 11 gelöscht werden kann.

(3) ¹Innerhalb der Frist des Absatzes 1 ist eine Gebühr nach dem Tarif zu zahlen. ²Wird die Gebühr nicht gezahlt, so gilt der Widerspruch als nicht erhoben.

### Inhaltsübersicht

| | Rn |
|---|---|
| A. Allgemeines | 1–11 |
|   I. Historische Entwicklung des Widerspruchsverfahrens | 1 |
|   II. Regelungsübersicht | 2–4 |
|   III. Rechtsänderungen | 5–8 |
|     1. Nachgeschaltetes Widerspruchsverfahren | 6 |
|     2. Einrede der Nichtbenutzung der Widerspruchsmarke | 7 |
|     3. Widerspruch durch den Rechtsnachfolger | 8 |
|   IV. Europäisches Unionsrecht | 9, 10 |
|     1. Erste Markenrechtsrichtlinie | 9 |
|     2. Gemeinschaftsmarkenverordnung | 10 |
|   V. Rechtsvergleich | 11 |
| B. Erhebung des Widerspruchs | 12–60 |
|   I. Widerspruchsberechtigung (§ 42 Abs. 1) | 12–19 |
|     1. Grundsatz | 12 |
|     2. Vermutung der Aktivlegitimation | 13 |
|     3. Erhebung des Widerspruchs bei einem Rechtsübergang | 14 |
|     4. Zustimmung dinglich Berechtigter | 15 |
|     5. Insolvenz eines Verfahrensbeteiligten | 16 |
|     6. Tod eines Verfahrensbeteiligten | 17 |
|     7. Vertretung | 18 |
|     8. Inlandsvertreter | 19 |
|   II. Widerspruchsfrist (§ 42 Abs. 1) | 20–22 |
|     1. Fristberechnung | 20 |
|     2. Ausschlußfrist | 21 |
|     3. Widerspruch gegen IR-Marken | 22 |
|   III. Form und Inhalt des Widerspruchs (§§ 26, 27 MarkenV) | 23–28 |
|     1. Schriftform | 24, 25 |

# MarkenG § 42 Widerspruch

|  | Rn |
|---|---|
| 2. Inhalt des Widerspruchs | 26 |
| 3. Keine Begründungspflicht des Widerspruchs | 27 |
| 4. Berichtigung und Ergänzung des Widerspruchs | 28 |
| IV. Widerspruchsgründe (§ 42 Abs. 2) | 29–35 |
| 1. Beschränkung der Prüfungskompetenz | 29, 30 |
| 2. Die einzelnen relativen Schutzhindernisse als Widerspruchsgründe (§ 42 Abs. 2 Nr. 1 bis 3) | 31–35 |
| a) Identitätsschutz und Verwechslungsschutz einer angemeldeten oder eingetragenen Marke mit älterem Zeitrang (§ 9 Abs. 1 Nr. 1 und 2) | 31–33 |
| b) Identitätsschutz und Verwechslungsschutz einer notorisch bekannten Marke mit älterem Zeitrang (§§ 10 iVm 9 Abs. 1 Nr. 1 und 2) | 34 |
| c) Rechtswidrige Agentenmarke (§ 11) | 35 |
| V. Unbeachtliche Gründe im Widerspruchsverfahren | 36–39 |
| 1. Absolute Eintragungshindernisse | 36 |
| 2. Sonstige relative Schutzhindernisse | 37 |
| 3. Vertragliche Verpflichtung zur Nichtbenutzung | 38 |
| 4. Zeichenbestandteil mit Verkehrsdurchsetzung | 39 |
| VI. Einreden | 40–51 |
| 1. Grundsatz | 40 |
| 2. Einrede der mangelnden Benutzung | 41 |
| 3. Unbeachtliche Einreden | 42–51 |
| a) Absolute Eintragungshindernisse | 42 |
| b) Freihalteinteresse | 43, 44 |
| c) Namensgleichheit | 45 |
| d) Vorbenutzung | 46 |
| e) Verkehrsdurchsetzung oder Verkehrsgeltung | 47 |
| f) Prioritätsälteres Markenrecht | 48 |
| g) Nichtbenutzung und fehlender Benutzungswille | 49 |
| h) Vertragliche Vereinbarungen | 50 |
| i) Verwirkung | 51 |
| VII. Prüfungsumfang im Widerspruchsverfahren | 52–58 |
| 1. Grundsatz einer begrenzten Prüfungskompetenz | 52, 53 |
| 2. Prüfungsmaßstab der originären Kennzeichnungskraft | 54 |
| 3. Erheblichkeit des Registerstandes | 55 |
| 4. Veränderungen der Kennzeichnungskraft der Widerspruchsmarke | 56 |
| 5. Veränderungen der Kennzeichnungskraft der angegriffenen Marke | 57 |
| 6. Liquidität der Benutzungslage | 58 |
| VIII. Tatbestandswirkung der Entscheidung über die Eintragungsfähigkeit | 59 |
| IX. Zeitpunkt der Widerspruchsentscheidung | 60 |
| C. Teilwiderspruch | 61–65 |
| I. Beschränkung des Waren- und Dienstleistungsverzeichnisses der angegriffenen Marke | 61, 62 |
| II. Beschränkung des Waren- und Dienstleistungsverzeichnisses der Widerspruchsmarke | 63 |
| III. Keine sonstigen Beschränkungen des Widerspruchs | 64 |
| IV. Schutzbereich der Widerspruchsmarke | 65 |
| D. Rücknahme des Widerspruchs | 66, 67 |
| E. Widerspruchsgebühr (§ 42 Abs. 3) | 68–70 |
| I. Zweck und Höhe der Gebühr | 68 |
| II. Fälligkeit | 69 |
| III. Folgen der Nichtzahlung | 70 |
| F. Veröffentlichung | 71 |

**Schrifttum zum WZG.** *Brandt/Linzmeyer,* Kollision von Dienstleistungsmarken und Warenzeichen, GRUR 1979, 214; *Fiebig,* Gleichartigkeit von Waren (unter besonderer Berücksichtigung des Gebiets der Lebensmittel), Mitt 1964, 166; *Harmsen,* GRUR 1967, 296; *Heydt,* GRUR 1963, 629; *Heydt,* GRUR 1967, 251; *Kirchner,* Zur Verfahrensaussetzung im Widerspruchsverfahren nach § 5 Abs 4 WZG, GRUR 1968, 295; *Kirchner,* Aussetzung im zeichenrechtlichen Widerspruchsverfahren, Mitt 1969, 102; *Kirchner,* Kennzeichnungsschwäche, Rollenstand und Verwechslungsgefahr im zivilrechtlichen Widerspruchsverfahren, GRUR 1970, 350; *Körner,* Die Konkurrenz des patentamtlichen Widerspruchsverfahrens und der gerichtlichen Eintragungsbewilligungsklage nach § 6 WZG, insbesondere bei Geltendmachung des Nichtbenutzungseinwands, GRUR 1975, 7; *Krieger,* Dienstleistungsmarken jetzt eintragungsfähig, DB 1979, 389; *Miosga,* Wettbewerbsrechtliche Gesichtspunkte im patentamtlichen Widerspruchsverfahren, MA 1956, 337, 392; *Miosga,* Ist die Begrenzung der Prüfung im patentamtlichen Widerspruchsverfahren noch zeitgemäß?, Mitt 1960, 41; *Miosga,* Verhütung von Zeichenkollisionen als patentamtliche Aufgabe, MA 1962, 339; *Miosga,* Mißbrauch des Widerspruchsverfahrens?, MA 1964, 216; *Mitscherlich,* Zum Schutz von Dienstleistungsmarken, MA 1979, 93; *Müller,* Beziehung zwischen Zeichen und Ware/Dienstleistung nach dem „Benutzungszwang", Mitt 1979, 109; *Ostwald,* Die Polyestra-Entscheidung des BGH und ihre Folgen, MA 1973, 74; *Röttger,* GRUR 1973, 318; *Schlüter,* Die zeitlichen Grenzen des Widerspruchs im Warenzeicheneintragungsverfahren, GRUR 1956, 160; *Schlüter,* Die Schutzfähigkeit des eingetragenen Warenzeichens als Gegenstand erneuter Prüfung im Widerspruchsverfahren, MA 1957, 354; *Schlüter,* Die Prüfung des angemeldeten Warenzeichens auf absolute Eintragungshindernisse im patentgerichtlichen Widerspruchs-Beschwerdeverfahren, Mitt 1963, 21; *Schlüter,* Vertragliche Rechte im patentgerichtlichen Warenzeichenverfahren, MA 1964, 83; *Schlüter,* Widerspruchsrecht nur bei wirksamer Anmeldung eines Warenzeichens, MA 1964, 98; *Schlüter,* Schutzfähigkeit von ein Verfahren bezeichnenden Zeichenwörtern, MA 1964, 205; *Schlüter,* Die Berücksichtigung der Verkehrsgeltung des im Widerspruchsverfahren angegriffenen jüngeren Warenzeichens, MA 1964, 303; *Schlüter,* Der Teilwiderspruch im Warenzeichenverfahren, MA 1965, 341; *Schlüter,* Straffung des patentgerichtlichen Warenzeichenverfahrens, MA 1967, 103; *Schlüter,* Prüfung der Warenzeichen – Benutzung im patentamtlichen und -gerichtlichen Widerspruchsverfahren, BB 1967, 314; *Schulze-Wesener,* Das neue Verfahren in Patent- und Warenzeichensachen, 1968; *Sünner,* Abgrenzungshilfe im Warenzeicheneintragungsverfahren, MA 1955, 60; *Tilmann,* Die Dienstleistungsmarken-Novelle, NJW 1979, 408; *Trüstedt,* Die Benutzungslage des Widerspruchszeichens, MA 1965, 589; *Trüstedt,* Vorratszeichen im Widerspruchsverfahren, MA 1965, 745; *Trüstedt,* Das Widerspruchsverfahren nach der Vitapur-Entscheidung des Bundesgerichtshofes, MA 1967, 69; *Trüstedt,* Die Praxis des Patentgerichts auf dem Gebiet der Warenzeichen unter Berücksichtigung der Rechtsprechung des BGH, GRUR 1967, 403; *Zeller,* Das Warenzeichen im Widerspruchsverfahren, GRUR 1964, 115; *Zeller,* Unterlassung des Widerspruchs und seine Rechtsfolgen, GRUR 1964, 13.

**Schrifttum zum MarkenG.** *Ackmann,* Entscheidungen über Widersprüche gegen international registrierte ausländische Marken, GRUR 1995, 378; *Albert,* Übergangsprobleme im Markenrecht, GRUR 1996, 174; *Berlit,* Das neue Markenrecht – Richtlinienentwürfe Markenanmeldungen und Widerspruchsverfahren des Deutschen Patentamts, ZRP 1995, 466; *Eichmann,* Die dreidimensionale Marke im Verfahren vor dem DPA und dem BPatG, GRUR 1995, 184; *Füllkrug,* Überlegungen zum Widerspruchsverfahren nach neuem Recht, MA 1995, 498; *Kliems,* Zur Neuregelung der Nichtbenutzungseinreden im Markenrecht, GRUR 1999, 11; *Meister,* Erste Erfahrungen mit dem neuen Markengesetz - Teil II, MA 1995, 572; *Over,* Für und Wider der Einführung eines nachgeschalteten Widerspruchsverfahrens im Zuge der bevorstehenden Markenrechtsreform, WRP 1993, 596; *Over,* Zum nachgeschalteten Widerspruch in der Markenrechtsreform, MA 1993, 500; *Schluep,* Das Widerspruchsverfahren im neuen schweizerischen Markenschutzgesetz, AJP/PJA 1993, 542; *Schöndeling,* Entscheidungen über Widersprüche gegen international registrierte ausländische Marken, GRUR 1996, 105; *Winkler,* Das Widerspruchsverfahren nach dem neuen Markenrecht, FS 100 Jahre Marken-Amt, 1994, S. 381 (GRUR 1994, 569).

### Entscheidungen zum MarkenG

**1. BPatG GRUR 1997, 654 – Milan**
Erklärung eines Teilwiderspruchs nach Ablauf der Widerspruchsfrist.
**2. BPatGE 36, 1 – CHARRIER**
Zum Einwand im Widerspruchsverfahren, der formell legitimiert Widersprechende sei nicht der materiell-rechtliche Inhaber der Widerspruchsmarke.
**3. BPatGE 36, 246 – Widerspruchsberechtigung**
Zur einmaligen Widerspruchsberechtigung innerhalb der Widerspruchsfrist.
**4. BPatG GRUR 1997, 840 – Lindora**
Zulässigkeit präsenter Beweis- und sonstiger Glaubhaftmachungsmittel zur Kennzeichnungskraft.
**5. BGH GRUR 1998, 412 – Analgin**
Es besteht kein Vorbenutzungsrecht im MarkenG.

S. auch die Entscheidungen zu § 43.

## A. Allgemeines

### I. Historische Entwicklung des Widerspruchsverfahrens

**1**   Im Jahre 1949 wurde das Widerspruchsverfahren des § 5 WZG durch § 11 Nr. 2 des Ersten Gesetzes zur Überleitung von Vorschriften auf dem Gebiet des gewerblichen Rechtsschutzes vom 8. Juli 1949 (WiGBl. S. 175) und durch die Verordnung über die Erstreckung von Gesetzen der Verwaltung des Vereinigten Wirtschaftsgebiets auf dem Gebiet des gewerblichen Rechtsschutzes auf die Länder des französischen Besatzungsgebiets vom 24. September 1949 (BGBl. S. 29) in grundlegender Weise mit Wirkung vom 1. Oktober 1949 (Amtl. Begründung, Öffentlicher Anzeiger für das Vereinigte Wirtschaftsgebiet, S. 3) sachlich geändert. Nach der *Rechtslage vor dem Inkrafttreten des 1. ÜLG* war eine *amtliche Neuheitsprüfung* von Warenzeichenanmeldungen vorgesehen. Die Anmeldung eines Warenzeichens wurde dahin geprüft, ob das neu angemeldete Warenzeichen mit einem früher angemeldeten Warenzeichen übereinstimmte. Eine solche Vorprüfung konnte nach dem Zweiten Weltkrieg durch das DPA nicht mehr durchgeführt werden, da die erforderlichen Unterlagen und Sammlungen durch den Krieg vernichtet worden waren. Als Übergangsmaßnahme galt bis zur Beschaffung neuen Prüfungsstoffes ein geändertes Verfahren (§ 37 Abs. 2 1. ÜLG). Die amtliche Vorprüfung und Benachrichtigung des prioritätsälteren Zeicheninhabers wurde durch ein *öffentliches Aufgebot* der neuen Zeichenanmeldung ersetzt. Der Inhaber des prioritätsälteren Warenzeichens war so gezwungen, die Bekanntmachung im Warenzeichenblatt selbst zu prüfen, um festzustellen, ob die Erhebung eines Widerspruchs erforderlich war. Der Anmelder des prioritätsjüngeren Warenzeichens konnte sich nicht mehr auf den Bestand der Warenzeichenrolle verlassen, sondern mußte wegen des Fehlens der amtlichen Vorprüfung stets mit der Erhebung eines Widerspruchs aufgrund eines prioritätsälteren Warenzeichens rechnen. An diesem *Aufgebotsverfahren* hielt auch das aufgrund des § 18 des 5. ÜLG vom 18. Juli 1953 (BGBl. I S. 615) erfolgte Neufassung des WZG fest. Der Vorzug des Aufgebotsverfahrens besteht darin, daß der Inhaber des prioritätsälteren Markenrechts in der Lage ist, sein besseres Kennzeichenrecht selbst geltend zu machen. Bei einem Verfahren der amtlichen Neuheitsprüfung besteht leicht die Gefahr, prioritätsältere Kennzeichenrechte, die einer Eintragung eines prioritätsjüngeren Zeichens entgegenstehen, unbeachtet zu lassen. Eine verfahrensrechtliche Verbindung zwischen privatinitiativem Aufgebotsverfahren und einem Vorverfahren amtlicher Neuheitsprüfung wurde immer wieder empfohlen (*Baumbach/Hefermehl*, § 5 WZG, Rn 1). Das *MarkenG* hielt an dem bewährten *Widerspruchsverfahren als einem Aufgebotsverfahren* fest, das es allerdings als ein der Eintragung der angemeldeten Marke *nachgeschaltetes Verfahren* normierte und hinsichtlich bestimmter Verfahrensgegenstände, wie etwa der Berücksichtigung notorisch bekannter Marken, reformierte.

### II. Regelungsübersicht

**2**   Regelungsgegenstand des § 42 ist das Widerspruchsverfahren. Anders als nach der Rechtslage im WZG, nach der das Widerspruchsverfahren nach § 5 WZG vor der Eintragung des Warenzeichens in die Warenzeichenrolle durchzuführen war, erfolgt nach der Rechtslage im MarkenG die Durchführung des Widerspruchsverfahrens nach der Eintragung der Marke in das Register (*nachgeschaltetes Widerspruchsverfahren*). Das Widerspruchsverfahren ist Teil des Eintragungsverfahrens der §§ 32 bis 44. § 42 Abs. 1 regelt die *Frist zur Erhebung des Widerspruchs*, die drei Monate beträgt und mit der Veröffentlichung der Eintragung der Marke nach § 41 S. 2 beginnt. § 42 Abs. 2 Nr. 1 bis 3 regelt abschließend die *Widerspruchsgründe*, auf die der Widerspruch ausschließlich gestützt werden kann.

**3**   Die Vorschrift des § 43 gehört zum Widerspruchsverfahren. § 43 Abs. 1 enthält Bestimmungen über die *Einrede der mangelnden Benutzung* der Widerspruchsmarke. Die *Entscheidung über den Widerspruch* regelt § 43 Abs. 2. Wenn ein Widerspruchsgrund besteht, dann wird die Eintragung der Marke ganz oder teilweise gelöscht (Abs. 2 S. 1). Die Wirkungen der Löschung bestimmen sich nach § 43 Abs. 4 in entsprechender Anwendung der Regelungen des § 52 Abs. 2 und 3. Regelungsgegenstand des § 43 Abs. 3 ist die *Aussetzung des Verfahrens* bei mehreren Widersprüchen.

§ 44 regelt die *Eintragungsbewilligungsklage* des Inhabers der Marke gegen den Widersprechenden, mit der der Markeninhaber geltend macht, daß ihm trotz der Löschung der Eintragung der Marke aufgrund der Widerspruchsentscheidung nach § 43 Abs. 2 S. 1 ein Anspruch auf die Eintragung der Marke zusteht. Weitere Regelungen für das Widerspruchsverfahren enthalten die §§ 107, 114 und 119 für *international registrierte Marken,* sowie § 125 b für *Gemeinschaftsmarken.* Die Regelungen des Widerspruchsverfahrens im MarkenG werden durch die §§ 26 bis 30 MarkenV ergänzt, die namentlich *Form und Inhalt des Widerspruchs* regeln. *Übergangsbestimmungen* für Widerspruchsverfahren, die vor dem Inkrafttreten des MarkenG am 1. Januar 1995 anhängig waren, enthalten die §§ 152 ff. und namentlich § 158. Die *Richtlinie für das markenrechtliche Widerspruchsverfahren* (WiderspruchsverfahrenRL) bestimmt die Verfahrenspraxis des DPMA. Allgemeine Vorschriften für das *Verfahren in Markenangelegenheiten* vor dem DPMA enthalten die §§ 56 bis 64.

### III. Rechtsänderungen

Das Widerspruchsverfahren hat gegenüber der Rechtslage im WZG in mehrfacher Hinsicht wesentliche Änderungen erfahren.

#### 1. Nachgeschaltetes Widerspruchsverfahren

Nach der Rechtslage im WZG wurde das Widerspruchsverfahren nach § 5 Abs. 4 WZG vor der Eintragung des Warenzeichens in die Zeichenrolle durchgeführt. Im MarkenG wurde ein *nachgeschaltetes Widerspruchsverfahren* eingeführt. Nach § 42 Abs. 1 schließt sich das Widerspruchsverfahren an die Eintragung der Marke in das Register an und führt nach § 43 Abs. 2 S. 1 bei einem erfolgreichen Widerspruch zur Löschung der Eintragung der Marke. Auf diese Weise erlangt der Anmelder einer Marke frühzeitig und zwar schon nach Abschluß der Prüfung der formellen Anmeldungserfordernisse nach § 36 und der absoluten Eintragungshindernisse nach § 37 den vollen markenrechtlichen Schutz aus der eingetragenen Marke im Sinne des § 4 Nr. 1. Zwar trägt der Anmelder das Risiko, daß die Eintragung der Marke aufgrund eines erfolgreichen Widerspruchs nach § 43 Abs. 2 S. 1 ganz oder teilweise mit Wirkung ex tunc (§§ 43 Abs. 4 iVm 52 Abs. 2 und 3) gelöscht wird. Es kann aber die Entstehung des vollen markenrechtlichen Schutzes, wie insbesondere des Unterlassungsanspruchs, nicht mehr wie nach der Rechtslage im WZG durch die Erhebung eines Widerspruchs lange verzögert werden. Dies bedeutet vor allem bei Marken, die kurzfristig entwickelt und eingeführt werden, einen beträchtlichen Vorteil. Weiterhin wird der Anmelder vor Nachbeanstandungen seiner Anmeldung wegen absoluter Eintragungshindernisse bewahrt, die sich für ihn insbesondere in einem fortgeschrittenen Verfahrensstadium als mißlich erweisen können, weil er etwa bereits unter finanziellem Aufwand mit bestimmten Widersprechenden Abgrenzungsvereinbarungen getroffen hat (Begründung zum MarkenG, BT-Drucks. 12/6581 vom 14. Januar 1994, S. 87f.; s. auch S. 61f.). Schließlich ist das nachgeschaltete Widerspruchsverfahren für diejenigen Markenanmelder von Vorteil, die die Marke anschließend international registrieren lassen wollen, denn die internationale Registrierung setzt nach Art. 1 Abs. 2 MMA die Eintragung der Marke im Heimatland voraus. Dies hatte vor allem Auswirkungen auf die Priorität der IR-Marke, da namentlich die Unionspriorität nach den Art. 4 PVÜ, 4 Abs. 2 MMA nur innerhalb einer Frist von sechs Monaten in Anspruch genommen werden kann. Nach der Rechtslage im WZG konnten Prioritätsverluste bei der IR-Marke nur dadurch umgangen werden, daß der Anmelder eine beschleunigte Eintragung nach § 6a WZG beantragte. Ein entsprechender Antrag wurde bei etwa 20% der Warenzeichenanmeldungen gestellt. Nach der Rechtslage im MarkenG ist eine allgemeine Verfahrensbeschleunigung dadurch möglich, daß der Anmelder den Antrag auf beschleunigte Prüfung nach § 38 stellt. Um die gebotene Transparenz zu gewährleisten und für eine umfassende Unterrichtung der interessierten Kreise zu sorgen, werden sowohl die Tatsache, daß kein Widerspruch eingelegt worden ist, als auch der Abschluß etwaiger Widerspruchsverfahren mit den sich daraus ergebenden Folgen für die eingetragene Marke, wie etwa eine Teillöschung, veröffentlicht (§§ 20, 21 iVm 18 Nr. 23 MarkenV). Bei einer Änderung des Waren- oder Dienstleistungsverzeichnisses wird die angegriffene Marke nach Abschluß des Widerspruchsverfahrens noch einmal vollständig veröffentlicht (§ 30 MarkenV; zu den von den Kritikern des nachgeschalteten Widerspruchsverfahrens erhobenen Bedenken s. Begründung zum MarkenG, BT-Drucks. 12/6581 vom 14. Januar 1994, S. 61 f.).

### 2. Einrede der Nichtbenutzung der Widerspruchsmarke

7 Eine weitere Änderung im Widerspruchsverfahren betrifft die Einrede der Nichtbenutzung der Widerspruchsmarke. Diese konnte nach § 5 Abs. 7 WZG nur erhoben werden, wenn die Benutzungsfrist im Zeitpunkt der Bekanntmachung des neu angemeldeten Zeichens bereits abgelaufen war. Dagegen kann die *Einrede der Nichtbenutzung* nach § 43 Abs. 1 S. 2 auch dann noch erhoben werden, wenn die Benutzungsfrist erst nach der Veröffentlichung der Eintragung, also auch erst während des Widerspruchsverfahrens abläuft. Auch die Anforderungen, die an die Benutzung der Marke gestellt werden, haben sich geändert (s. dazu § 26, Rn 4 ff.). Zudem kann der Inhaber der prioritätsälteren Marke nunmehr auch im Widerspruchsverfahren berechtigte Gründe für die Nichtbenutzung der Marke geltend machen (§ 26 Abs. 1).

### 3. Widerspruch durch den Rechtsnachfolger

8 Nach der Rechtslage im WZG konnte nach § 8 Abs. 2 WZG ein Erwerber des Widerspruchszeichens nur dann der Eintragung widersprechen, wenn das Zeichen auf ihn umgeschrieben worden war. Nach § 28 Abs. 2 kann der nicht eingetragene Erwerber der Widerspruchsmarke Widerspruch erheben, sobald der Umschreibungsantrag dem DPMA zugegangen ist (s. dazu § 28, Rn 13 f.).

## IV. Europäisches Unionsrecht

### 1. Erste Markenrechtsrichtlinie

9 Die *MarkenRL* enthält keine verbindlichen Vorgaben hinsichtlich eines Widerspruchsverfahrens. Die Ausgestaltung des Verfahrens ist vielmehr grundsätzlich den Mitgliedstaaten überlassen. Diese können namentlich frei bestimmen, wann prioritätsältere Rechte geltend gemacht werden müssen. Wenn prioritätsältere Rechte bereits im Eintragungsverfahren geltend gemacht werden dürfen, dann können die Mitgliedstaaten ein Widerspruchsverfahren, eine Prüfung von Amts wegen oder auch beides vorsehen (Erwägungsgrund 5 der MarkenRL).

### 2. Gemeinschaftsmarkenverordnung

10 Nach Art. 42 GMarkenV kann innerhalb von drei Monaten nach der Veröffentlichung der Anmeldung der Gemeinschaftsmarke gegen die Eintragung der Gemeinschaftsmarke Widerspruch erhoben werden. Die Regelung entspricht der Rechtslage im WZG nach § 5 Abs. 4 WZG und weicht insoweit grundsätzlich von § 42 Abs. 1 ab.

## V. Rechtsvergleich

11 In den Markenrechtsordnungen von Belgien, Luxemburg, den Niederlanden, Österreich und Italien ist ein markenrechtliches Widerspruchsverfahren nicht vorgesehen. In den anderen EU-Staaten mit Ausnahme Dänemarks (s. § 23 dänisches MarkenG Nr. 341 vom 6. Juni 1991, BlPMZ 1994, 18), Finnlands (s. § 20 finnisches MarkenG vom 10. Januar 1964/7, zuletzt geändert durch Gesetz vom 22. Dezember 1995/1715, GRUR Int 1996, 1017) und Schwedens (s. § 20 schwedisches MarkenG 1960/644 vom 2. Dezember 1960, zuletzt geändert durch Änderungsgesetze 1995/1277/1278 vom 15. Dezember 1995, GRUR Int 1996, 1027), die ebenso wie das deutsche MarkenG ein nachgeschaltetes Widerspruchsverfahren vorsehen, ist das Widerspruchsverfahren der Eintragung vorgeschaltet; die Regelungen entsprechen im wesentlichen dem Verfahrensablauf nach dem WZG (Anmeldung, Bekanntmachung, Widerspruchsverfahren, Eintragungsbeschluß): Art. 8 Abs. 1 französisches Gesetz Nr. 91-7 über Fabrik-, Handels- oder Dienstleistungsmarken vom 4. Januar 1991 (BlPMZ 1993, 216); Section 38 (2) Trade Marks Act 1994 von Groß-

britannien; Section 43 (2) Trade Marks Act 1996 von Irland; Art. 26 spanisches MarkenG Nr. 32/1988 vom 10. November 1988, in Kraft getreten am 12. Mai 1989 (GRUR Int 1989, 552); § 186 portugiesisches Gesetz Nr. 16/95 über gewerbliche Schutzrechte vom 24. Januar 1995. Das griechische MarkenG Nr. 2239/1994 in Kraft getreten am 1. November 1994 (GRUR Int 1995, 886) sieht in Art. 10 ein besonderes Drittwiderspruchsverfahren vor, das einem der Eintragung vorgeschalteten Widerspruchsverfahren vergleichbar ist.

## B. Erhebung des Widerspruchs

### I. Widerspruchsberechtigung (§ 42 Abs. 1)

**1. Grundsatz**

Beteiligte des Widerspruchsverfahrens sind der Widersprechende und der Inhaber der angegriffenen Marke. *Widerspruchsberechtigt* ist jeder Inhaber einer im Register *eingetragenen* oder zur Eintragung *angemeldeten Marke* mit älterem Zeitrang. Bei der *Widerspruchsmarke* kann es sich um eine *nationale Marke* (§ 42 Abs. 1), eine *international registrierte Marke* (§§ 107, 119) oder eine *Gemeinschaftsmarke* (§ 125 b Nr. 1 und 4) handeln. Die Widerspruchsgründe sind nach § 42 Abs. 2 Nr. 1 bis 3 (s. Rn 29 ff.) auf die relativen Schutzhindernisse der angemeldeten oder eingetragenen Marke mit älterem Zeitrang (§ 9 Abs. 1 Nr. 1 und 2), der notorisch bekannten Marke mit älterem Zeitrang (§§ 10 iVm 9 Abs. 1 Nr. 1 und 2) und der rechtswidrigen Agentenmarke (§ 11) begrenzt. Andere Rechte als das registerrechtliche Markenrecht oder die aufgrund der Anmeldung entstandene, registerrechtliche Markenanwartschaft, die notorisch bekannte Marke und die rechtswidrige Agentenmarke berechtigen nicht zur Erhebung eines Widerspruchs. So ist etwa der Inhaber einer prioritätsälteren geschäftlichen Bezeichnung (§ 5), eines aufgrund des Erwerbs von Verkehrsgeltung entstandenen Markenrechts (§ 4 Nr. 2) oder eines sonstigen Rechts (§ 13), wie etwa eines Urheberrechts, nicht widerspruchsberechtigt (s. schon BPatGE 4, 90 – Modeparade). Wenn die Marke für mehrere Personen eingetragen ist, dann ist jeder *Mitinhaber* der Marke nach § 744 BGB zum Widerspruch berechtigt.

**2. Vermutung der Aktivlegitimation**

Nach § 28 Abs. 1 wird vermutet, daß der im Register eingetragene Markeninhaber nicht nur formell, sondern auch materiell berechtigt ist. Gleiches gilt nach § 31 für die Rechtsinhaberschaft des durch die Anmeldung einer Marke begründeten Rechts (registerrechtliches Markenanwartschaftsrecht). Im Widerspruchsverfahren wird die Aktivlegitimation des Eingetragenen oder des Markenanmelders nicht von Amts wegen geprüft, wenn der andere Beteiligte die Aktivlegitimation nicht bestreitet (BGH GRUR 1967, 294 – Triosorbin). Dem Einwand der fehlenden Aktivlegitimation war schon nach der Rechtslage im WZG aber dann nachzugehen, wenn ernsthafte Zweifel bestanden und der vorliegende Sachverhalt eine abschließende und erschöpfende Beurteilung ermöglichte (s. BPatGE 16, 184, 186 – Modulan; *Baumbach/Hefermehl*, § 5 WZG, Rn 154; *Harmsen*, GRUR 1967, 297). Auch nach der Rechtslage im MarkenG ist der Einwand, der formell legitimierte Widersprechende sei nicht der materiellrechtliche Inhaber der Widerspruchsmarke und daher nicht zur Erhebung des Widerspruchs berechtigt, nur zu berücksichtigen, wenn der Mangel der materiellen Rechtsinhaberschaft offensichtlich oder aus sonstigen Gründen ausnahmsweise eine abschließende und erschöpfende Klärung im Widerspruchsverfahren möglich ist (BPatGE 36, 1, 4 – CHARRIER; s. auch WiderspruchsverfahrenRL B II).

**3. Erhebung des Widerspruchs bei einem Rechtsübergang**

Der Rechtsnachfolger kann nach § 28 Abs. 2 S. 1 selbständig Widerspruch erheben, sobald dem DPMA der Antrag auf Eintragung des Rechtsübergangs zugegangen ist. Anders als nach § 265 Abs. 2 S. 2 ZPO ist die Zustimmung des anderen Verfahrensbeteiligten zur Verfahrensübernahme durch den Rechtsnachfolger nicht erforderlich, da in § 28 Abs. 2 S. 1 ein solches Zustimmungserfordernis nicht vorgesehen ist. Die Notwendigkeit einer Zustimmung würde das Widerspruchsverfahren, das als ein kursorisches Registerverfahren auf eine rasche Erledigung einer Vielzahl von Fällen angelegt ist, erheblich verzögern. Da die Rechtsvermutung des § 28 Abs. 1 nicht für den noch nicht in das Register eingetragenen Rechtsnachfolger wirkt, muß der Rechtsnachfolger seine Rechtsinhaberschaft im Widerspruchsverfahren glaubhaft machen, es sei denn, daß die Rechtsnachfolge, wie üblich, bereits im Zusammenhang mit dem Umschreibungsantrag dem DPMA nachgewiesen ist (s. dazu § 28, Rn 7 ff.). Nach dem Rechtsübergang der eingetragenen Marke ist der Rechtsvorgänger mangels materieller Berechtigung nicht mehr zur Erhebung des Widerspruchs berechtigt. Wenn die Rechtsnachfolge erst während des Widerspruchsverfahrens eintritt, dann gelten grundsätzlich die §§ 265, 325, 66 ff. ZPO entsprechend (Begründung zum MarkenG, BT-Drucks. 12/6581 vom 14. Januar 1994, S. 85; s. im einzelnen § 28, Rn 11, 17). Nach diesen Vorschriften hat eine Übertragung der angegriffenen Marke oder der Widerspruchsmarke nicht ohne weiteres auch einen Wechsel in der Person des Verfahrensbeteiligten zur Folge. Der bisherige Markeninhaber macht das aufgrund der Rechtsnachfolge nunmehr fremde Markenrecht im Wege der Prozeßstandschaft (§ 265 Abs. 2 S. 1 ZPO) im eigenen Namen geltend. Die Widerspruchsentscheidung wirkt nach § 325 Abs. 1 ZPO auch für und gegen den Rechtsnachfolger.

### 4. Zustimmung dinglich Berechtigter

15  Wenn das Markenrecht nach § 29 Abs. 1 Nr. 1 und 2 mit einem Pfandrecht oder einem sonstigen dinglichen Recht belastet und dieses Recht nach § 29 Abs. 2 in das Register eingetragen ist, dann wird nach § 48 Abs. 2 die Eintragung der Marke nur mit Zustimmung des Inhabers eines solchen Rechts gelöscht. So bedarf etwa eine Beschränkung des Waren- oder Dienstleistungsverzeichnisses des prioritätsjüngeren Markenrechts im Widerspruchsverfahren der Zustimmung des dinglich Berechtigten. Die Zustimmung des dinglich Berechtigten ist vom Inhaber der prioritätsjüngeren Marke beizubringen.

### 5. Insolvenz eines Verfahrensbeteiligten

16  Mit der Eröffnung eines inländischen Insolvenzverfahrens über das Vermögen eines Verfahrensbeteiligten verliert der Schuldner nach § 80 Abs. 1 InsO das Recht, über ein zur Insolvenzmasse gehörendes Markenrecht zu verfügen; entgegenstehende Verfügungen sind gegenüber jedermann nach § 81 Abs. 1 InsO unwirksam. Nach § 240 ZPO unterbricht die Eröffnung des Insolvenzverfahrens das Widerspruchsverfahren, bis es nach den für die Insolvenz geltenden Vorschriften, wie etwa durch den Insolvenzverwalter nach § 85 Abs. 1 S. 1 InsO, aufgenommen oder das Insolvenzverfahren aufgehoben wird. Die *Unterbrechung des Widerspruchsverfahrens* wirkt sich nach § 249 Abs. 1 ZPO auf den Lauf von Fristen aus. Rechtshandlungen eines Verfahrensbeteiligten oder des DPMA während der Unterbrechung des Widerspruchsverfahrens sind nach § 249 Abs. 2 ZPO unwirksam. Wenn das Insolvenzverfahren ein eingetragenes Markenrecht erfaßt, dann wird dies nach § 29 Abs. 3 S. 1 auf Antrag des Insolvenzverwalters oder auf Ersuchen des Insolvenzgerichts in das Register eingetragen.

### 6. Tod eines Verfahrensbeteiligten

17  Der Tod eines Verfahrensbeteiligten *unterbricht* das Widerspruchsverfahren. Die Unterbrechung endet mit der Aufnahme des Verfahrens durch den Rechtsnachfolger (§ 239 Abs. 1 ZPO). Die Unterbrechung des Widerspruchsverfahrens wirkt sich nach § 249 Abs. 1 ZPO auf den Lauf von Fristen aus. Rechtshandlungen eines Verfahrensbeteiligten oder des DPMA während der Unterbrechung des Widerspruchsverfahrens sind nach § 249 Abs. 2 ZPO unwirksam.

### 7. Vertretung

18  Ein Beteiligter kann sich nach § 76 Abs. 1 S. 1 MarkenV in jeder Lage des Verfahrens durch einen *Bevollmächtigten* vertreten lassen. Für Anmelder mit Wohnsitz, Sitz oder Niederlassung im Inland besteht aber kein Anwaltszwang. Zur geschäftsmäßigen Vertretung befugt sind Rechtsanwälte, Patentanwälte, Patentassessoren (§ 155 PatAnwO) und Erlaubnisscheininhaber (§ 177 PatAnwO). Eine eingehende Regelung der Vollmacht enthält § 77 MarkenV (s. auch MarkenanmeldungenRL III 3 b).

## 8. Inlandsvertreter

Wer im Inland weder einen Wohnsitz oder Sitz noch eine Handelsniederlassung hat, kann nach § 96 Abs. 1 nur durch einen inländischen Rechtsanwalt oder Patentanwalt als Vertreter Widerspruch erheben. § 96 MarkenG wird ergänzt durch die §§ 155 Abs. 2 und 178 PatAnwO, nach denen unter den dort genannten Voraussetzungen auch Patentassessoren und Erlaubnisscheininhaber zu *Inlandsvertretern* bestellt werden können. Zwar kann der auswärtige Markeninhaber selbst den Widerspruch einlegen, doch muß er noch innerhalb der Widerspruchsfrist einen Vertreter bestellen, andernfalls wird der Widerspruch als unzulässig verworfen.

## II. Widerspruchsfrist (§ 42 Abs. 1)

### 1. Fristberechnung

Der Widerspruch ist binnen einer *Ausschlußfrist von drei Monaten* nach dem Tag der Veröffentlichung der Eintragung der Marke im Markenblatt zu erheben. Der Tag der Veröffentlichung im Sinne des § 42 Abs. 1 ist der Tag der Ausgabe des Markenblatts. Die Frist berechnet sich nach den §§ 187 ff. BGB. Der Veröffentlichungstag wird nach § 187 Abs. 1 BGB nicht mitgerechnet. Die Frist endet mit dem Ablauf desjenigen Tages des dritten Monats, der durch seine Zahl dem Tag der Veröffentlichung der Eintragung entspricht (§ 188 Abs. 2 BGB). Wird die Eintragung der Marke etwa am 16. April veröffentlicht, dann endet die Widerspruchsfrist am 16. Juli. Wenn der *letzte Tag der Frist* auf einen Samstag, Sonntag oder staatlich anerkannten Feiertag fällt, dann endigt die Frist mit Ablauf des nächstfolgenden Werktages (§ 193 BGB). Für die Fristberechnung sind nur die gesetzlichen Feiertage für München (DPMA), Jena (Dienststelle) und Berlin (Technisches Informationszentrum) zu beachten, nicht die des Wohnortes des Widersprechenden, da es auf den Zugang der Erklärung in München, Jena oder Berlin ankommt (*Busse/Starck*, § 5 WZG, Rn 7). Für den *Fristbeginn* ist es unerheblich, ob der erste Tag der Frist auf einen Samstag, Sonntag oder einen staatlichen Feiertag fällt. Der Widerspruch kann auch schon vor Beginn der Widerspruchsfrist wirksam eingelegt werden; unbeachtlich ist jedoch ein Widerspruch, der vor dem Eintragungsbeschluß eingelegt wird (DPA Mitt 1961, 109; *Schlüter*, GRUR 1956, 160, 162; *Busse/Starck*, § 5 WZG, Rn 7).

### 2. Ausschlußfrist

Die Widerspruchsfrist kann nicht verlängert werden. Ein verspäteter Widerspruch wird als unzulässig verworfen. Eine *Wiedereinsetzung* gegen die Versäumung der Widerspruchsfrist ist *nicht möglich* (§ 91 Abs. 1 S. 2). Der Inhaber der prioritätsälteren Marke kann in diesem Fall die markenrechtliche Löschungsklage nach § 51 Abs. 1 erheben; für diese besteht keine Frist.

### 3. Widerspruch gegen IR-Marken

Bei der internationalen Registrierung von Marken beginnt die Widerspruchsfrist mit dem ersten Tag des Monats, der dem Monat folgt, der als Ausgabemonat in dem die Veröffentlichung enthaltenen Blatt von *Les Marques Internationales* angegeben ist (§§ 114, 124; s. im einzelnen § 114, Rn 2).

## III. Form und Inhalt des Widerspruchs (§§ 26, 27 MarkenV)

Die *Form* und der *Inhalt des Widerspruchs* sind in den §§ 26, 27 MarkenV näher bestimmt. Zu beachten sind außerdem die *allgemeinen Formvorschriften* für Anträge und Eingaben (§§ 63 bis 70 MarkenV).

### 1. Schriftform

Der Widerspruch soll nach § 26 Abs. 2 MarkenV unter Verwendung des vom DPMA herausgegebenen Formblatts eingereicht werden. Anstelle dieses Formblatts können nach § 63 Abs. 1 S. 2 MarkenV auch Kopien dieser Formblätter oder Formblätter gleichen Inhalts und vergleichbaren Formats verwendet werden, wie etwa mittels elektronischer Datenverarbeitung erstellte oder bearbeitete Formblätter. Das Formblatt ist so auszufüllen, daß es die maschinelle Erfassung und Bearbeitung gestattet (§ 63 Abs. 2 MarkenV). Das Original der Widerspruchserklärung ist eigenhändig zu unterschreiben (§ 64 Abs. 1 MarkenV). Zulässig ist die Übermittlung der Widerspruchserklärung durch Telekopierer (§ 65 MarkenV), Telegramm, Telex oder ähnliche Formen der Datenübermittlung (§ 66 MarkenV). Die Form der eigenhändigen Unterschrift ist nicht gewahrt, wenn einer ohne Unterschrift eingereichten (patent-)anwaltlichen Widerspruchsschrift ein vom (Patent-)Anwalt unterzeichneter Verrechnungsscheck unter Angabe des Verwendungszwecks beigeheftet ist (BGHZ 107, 129 – Widerspruchsunterzeichnung). Die Unterschrift auf einer Postüberweisung, die sich an das Postscheckamt richtet, wahrt nicht die Form einer an das DPMA zu richtenden Widerspruchserklärung (BPatGE 19, 72, 76 – DULINDA/DUOLIND). Die Widerspruchsschrift ist doppelt einzureichen; von allen weiteren Eingaben sind nach § 70 Abs. 4 MarkenV Abschriften der Schriftstücke für die übrigen Verfahrensbeteiligten beizufügen.

25  Für jede Marke, aufgrund deren gegen die Eintragung einer Marke Widerspruch erhoben wird (Widerspruchsmarke), ist nach § 26 Abs. 1 S. 1 MarkenV ein Widerspruch erforderlich. Auf *mehrere Widerspruchsmarken* desselben Widersprechenden gestützte Widersprüche können nach § 26 Abs. 1 S. 2 MarkenV in einem Widerspruchsschriftsatz zusammengefaßt werden.

### 2. Inhalt des Widerspruchs

26  Die *Bestimmtheit des Widerspruchs* als einer ein Verfahren in Markenangelegenheiten eröffnenden prozessualen Erklärung (DPA BlPMZ 1957, 323) ist Voraussetzung einer wirksamen Widerspruchserhebung. Nach § 27 Abs. 1 MarkenV hat der Widerspruch die Angaben zu enthalten, die es erlauben, die *Identität der angegriffenen Marke, die Identität der Widerspruchsmarke* sowie die *Identität des Widersprechenden* festzustellen. Die Rechtswirksamkeit des Widerspruchs ist eine von Amts wegen zu beachtende Verfahrensvoraussetzung (BGH GRUR 1974, 279 – ERBA; BPatGE 14, 150 – LORDSON); sie ist der Verfügung der Verfahrensbeteiligten entzogen und deshalb auch nicht vom Antrag eines Beteiligten abhängig (BPatG GRUR 1973, 198 – LORDSON). In dem Widerspruch sollen nach § 27 Abs. 2 Nr. 1 bis 11 MarkenV namentlich angegeben werden die Registriernummer der angegriffenen Marke (Nr. 1), die Registriernummer der Widerspruchsmarke (Nr. 2), der Name und die Anschrift des Inhabers der Widerspruchsmarke (Nr. 5) und der angegriffenen Marke (Nr. 8) sowie die rechtserheblichen Waren und Dienstleistungen (Nr. 10, 11). Die *Wirksamkeit des Widerspruchs* beurteilt sich allein nach dem *Bestimmtheitserfordernis* des § 27 Abs. 1 MarkenV; bei den *weiteren Erfordernissen* der Angaben des Widerspruchs nach § 27 Abs. 2 MarkenV handelt es sich um *Ordnungsvorschriften,* deren Nichtbeachtung nicht die Unwirksamkeit des Widerspruchs zur Folge hat (BPatGE 4, 85, 87 – Supracell).

### 3. Keine Begründungspflicht des Widerspruchs

27  Weder im MarkenG noch in der MarkenV ist eine Pflicht zur Begründung des Widerspruchs normiert. Im Entwurf eines Gesetzes zur Reform des Markenrechts (Diskussionsentwurf) vom 24. Februar 1993 (GRUR 1993, 599) war eine Begründungspflicht für den Widerspruch nach § 42 Abs. 5 S. 1 vorgesehen. Auch der Widerspruch im Gemeinschaftsmarkenrecht ist zu begründen. Nach Art. 42 Abs. 3 S. 1 GMarkenV ist der Widerspruch gegen die Eintragung der Gemeinschaftsmarke schriftlich einzureichen und zu begründen. Zur Entbehrlichkeit einer Begründungspflicht wird vorgetragen, der Widerspruchstatbestand sei anders als bei den zahlreichen Widerspruchsmöglichkeiten im Gemeinschaftsmarkenrecht relativ überschaubar; zudem könne eine Begründungspflicht, den Erfahrungen zum Einspruchsverfahren nach § 59 PatG vergleichbar, in der Praxis zu unnötigen Komplikationen führen (*Winkler,* FS 100 Jahre Marken-Amt, S. 381, 388). Die Einführung einer Begründungspflicht für den Widerspruch wurde namentlich deshalb befürwortet, um die in der Markenrechtspraxis häufig zu verzeichnenden routinemäßigen Widerspruchseinlegungen zu verhindern (*Over,* MA 1993, 500, 508). Die rechtliche Möglichkeit, ein Verfahren in Markenangelegenheiten wie das Widerspruchsverfahren ohne Begründung einleiten zu können, ist in Anbetracht der wirtschaftlichen Dimension von Markenrechtssachen anachronistisch. Das *Privileg begründungsfreier Rechtsschutzgewähr* mag in sozialpolitisch motivierten Verfahren zu rechtfertigen sein, nicht aber in wirtschaftlich bedeutsamen Verfahren in

Markenangelegenheiten, in denen professionelle Rechtsberatung selbstverständlich ist. Im Interesse der Verfahrensbeschleunigung ist vielmehr eine Begründungspflicht geboten.

### 4. Berichtigung und Ergänzung des Widerspruchs

Eine Berichtigung oder Ergänzung des Widerspruchs ist zulässig, wenn ein *offensichtlicher Irrtum des Widersprechenden* vorliegt und die Unrichtigkeit oder Unvollständigkeit des Widerspruchs dem DPMA *ohne weiteres erkennbar* war; das gilt zumindest dann, wenn vor Ablauf der Widerspruchsfrist aufgrund der amtlichen Unterlagen das DPMA den offensichtlichen Irrtum hätte ohne weiteres beseitigen und die Richtigkeit oder Vollständigkeit des Widerspruchs hätte herstellen können (BPatGE 4, 85, 88 – Supracell). Das ist etwa dann der Fall, wenn die Registriernummer oder das Aktenzeichen der Marken (§ 27 Abs. 2 Nr. 1 und 2 MarkenV) fehlen oder unrichtig angegeben werden. 28

## IV. Widerspruchsgründe (§ 42 Abs. 2)

### 1. Beschränkung der Prüfungskompetenz

Das Widerspruchsverfahren dient der raschen Erledigung einer großen Zahl von gegen die Eintragung von Marken erhobenen Widersprüchen und ist deshalb als ein *kursorisches registerrechtliches Verfahren zur summarischen Beurteilung* von Fallgestaltungen einer Markenrechtskollision ausgestaltet. Im Widerspruchsverfahren wird nur vorläufig und nicht endgültig über die Berechtigung der Eintragung einer Marke in das Register entschieden. Das registerrechtliche Widerspruchsverfahren eignet sich nicht zu umfangreichen und zeitraubenden Beweiserhebungen, wie etwa zur Kennzeichnungskraft aufgrund der Benutzungslage (zur Berücksichtigung von liquiden Sachverhalten im Widerspruchsverfahren s. Begründung zum MarkenG, BT-Drucks. 12/6581 vom 14. Januar 1994, S. 73, 92; zur Rechtslage im WZG s. schon BGH GRUR 1967, 246, 249 – Vitapur). Eine unzumutbare Beeinträchtigung der Rechte der Inhaber prioritätsälterer Marken ist mit dieser Ausgestaltung des Widerspruchsverfahrens nicht verbunden, weil die Inhaber von Rechten im Sinne der §§ 9 bis 13 mit älterem Zeitrang Klage auf Löschung wegen Nichtigkeit aufgrund des Bestehens älterer Rechte nach § 51 erheben können. 29

§ 42 Abs. 2 Nr. 1 bis 3 benennt *abschließend* die *Widerspruchsgründe*. Nach dieser Vorschrift kann der Widerspruch nur auf angemeldete oder eingetragene Marken mit älterem Zeitrang, auf ältere notorisch bekannte Marken im Sinne des § 10 und auf bestehende Marken im Falle der Anmeldung einer Marke durch einen Agenten oder Vertreter nach § 11 gestützt werden. Für ältere angemeldete und eingetragene Marken sowie für notorisch bekannte Marken können zudem als Widerspruchsgründe nur der Identitätsschutz der Marke nach § 9 Abs. 1 Nr. 1 und der Verwechslungsschutz der Marke nach § 9 Abs. 1 Nr. 2, nicht aber der Bekanntheitsschutz der Marke nach § 9 Abs. 1 Nr. 3 geltend gemacht werden. Die Prüfungskompetenz des DPMA im Widerspruchsverfahren beschränkt sich auf die Markenform der Eintragung oder Anmeldung der Marke. 30

### 2. Die einzelnen relativen Schutzhindernisse als Widerspruchsgründe (§ 42 Abs. 2 Nr. 1 bis 3)

**a) Identitätsschutz und Verwechslungsschutz einer angemeldeten oder eingetragenen Marke mit älterem Zeitrang (§ 9 Abs. 1 Nr. 1 und 2).** Widerspruchsgründe gegen die Eintragung einer Marke stellen nach § 42 Abs. 2 Nr. 1 die Markenkollisionen mit einer prioritätsälteren Marke im Sinne des § 9 Abs. 1 Nr. 1 oder 2 dar. Für den Inhaber einer prioritätsälteren Marke besteht nach § 9 Abs. 1 Nr. 1 *Identitätsschutz* und nach § 9 Abs. 1 Nr. 2 *Verwechslungsschutz* (s. § 9, Rn 2). Der *Bekanntheitsschutz* einer prioritätsälteren Marke als relatives Schutzhindernis nach § 9 Abs. 1 Nr. 3 kann im Widerspruchsverfahren nicht als ein Widerspruchsgrund geltend gemacht werden. 31

Der Widerspruchsgrund des relativen Schutzhindernisses nach § 9 Abs. 1 Nr. 1 liegt vor, wenn die prioritätsjüngere Marke mit der prioritätsälteren Marke identisch ist und die Waren oder Dienstleistungen identisch sind. Voraussetzung dieses Widerspruchsgrundes sind Markenidentität und Produktidentität. Der Identitätsschutz der Marke besteht unabhängig vom Vorliegen einer Verwechslungsgefahr aufgrund der Markenkollision (s. dazu im einzelnen § 14, Rn 74). 32

**MarkenG § 42** 33–37          Widerspruch

33    Der Widerspruchsgrund des relativen Schutzhindernisses nach § 9 Abs. 1 Nr. 2 liegt vor, wenn zwischen der prioritätsjüngeren Marke und der prioritätsälteren Marke für das Publikum die Gefahr von Verwechslungen besteht. Die Verwechslungsgefahr ist Folge einer Identität oder Ähnlichkeit der kollidierenden Marken und der Waren oder Dienstleistungen. Zur Verwechslungsgefahr gehört auch die Gefahr, daß die prioritätsjüngere Marke mit der prioritätsälteren gedanklich in Verbindung gebracht wird (s. § 14, Rn 113). Wesentliche Tatbestandsmerkmale dieser Kollisionstatbestände als Widerspruchsgründe sind die Markenidentität und Markenähnlichkeit, die Produktidentität und Produktähnlichkeit sowie der Begriff der Verwechslungsgefahr einschließlich des gedanklichen Inverbindungbringens.

34    **b) Identitätsschutz und Verwechslungsschutz einer notorisch bekannten Marke mit älterem Zeitrang (§§ 10 iVm 9 Abs. 1 Nr. 1 und 2).** Der Widerspruch kann nach § 42 Abs. 2 Nr. 2 darauf gestützt werden, daß die eingetragene Marke mit einer im Inland notorisch bekannten Marke mit älterem Zeitrang (§ 10) identisch oder dieser ähnlich ist und die weiteren Voraussetzungen der relativen Schutzhindernisse nach § 9 Abs. 1 Nr. 1 oder 2 vorliegen (s. § 10, Rn 4).

35    **c) Rechtswidrige Agentenmarke (§ 11).** Einen Widerspruchsgrund nach § 42 Abs. 2 Nr. 3 bildet das relative Schutzhindernis der rechtswidrigen Agentenmarke nach § 11. Nach dieser Vorschrift kann die Eintragung einer Agentenmarke gelöscht werden, die ohne Zustimmung des Markeninhabers für dessen Agenten oder Vertreter eingetragen wird. Allgemeine Voraussetzungen des Löschungsgrundes einer rechtswidrigen Agentenmarke sind das Bestehen von Markenschutz für den Inhaber, die Eintragung der Marke für den Agenten oder Vertreter des Markeninhabers, das Fehlen einer Zustimmung des Inhabers der Marke und ein nicht gerechtfertigtes Handeln des Agenten oder Vertreters (s. im einzelnen § 11, Rn 8). Der Widerspruch ist begründet, wenn zwischen dem Widersprechenden und dem Inhaber der angegriffenen Marke zur Zeit der Anmeldung der Marke ein Vertragsverhältnis bestand, aufgrund dessen der Markeninhaber die Interessen des Widersprechenden im geschäftlichen Verkehr wahrzunehmen hatte (DPA Mitt 1985, 239 – Ungetreuer Agent).

### V. Unbeachtliche Gründe im Widerspruchsverfahren

#### 1. Absolute Eintragungshindernisse

36    Zweck des Widerspruchsverfahren ist es allein, über die Kollision der angegriffenen Marke mit der Widerspruchsmarke aufgrund der Kollisionstatbestände des § 9 Abs. 1 Nr. 1 und 2 wegen einer angemeldeten oder eingetragenen Marke mit älterem Zeitrang (§ 42 Abs. 2 Nr. 1), aufgrund des Kollisionstatbestands der notorisch bekannten Marke nach § 10 innerhalb des Produktähnlichkeitsbereichs des § 9 Abs. 1 Nr. 1 und 2 (§ 42 Abs. 2 Nr. 2), sowie aufgrund des Kollisionstatbestands einer rechtswidrigen Agentenmarke nach § 11 (§ 42 Abs. 2 Nr. 3) zu entscheiden. Im Widerspruchsverfahren wird nicht über die Eintragungsfähigkeit der Marke entschieden. Die *absoluten Schutzhindernisse* nach § 8 stellen *keine beachtlichen Widerspruchsgründe* dar (BGHZ 39, 266, 274 – Sunsweet; BGH GRUR 1963, 630 – Polymar; BPatGE 2, 148 – Berliner Bär). Das gleiche gilt auch für die *Markenfähigkeit* nach § 3 und die *Markenrechtsfähigkeit* nach § 7. Auch der *Nichtigkeitsgrund der bösgläubigen Anmeldung* (§ 50 Abs. 1 Nr. 4) ist im Widerspruchsverfahren nicht zu berücksichtigen. Ein Angriff auf den Rechtsbestand der eingetragenen Marke erfolgt im Wege der Geltendmachung der Nichtigkeit der Marke wegen absoluter Schutzhindernisse im Sinne des § 50 im Löschungsverfahren vor dem DPMA nach § 54.

#### 2. Sonstige relative Schutzhindernisse

37    Andere als die in § 42 Abs. 2 Nr. 1 bis 3 genannten relativen Schutzhindernisse stellen keine Widerspruchsgründe dar. Das gilt für den Bekanntheitsschutz einer angemeldeten oder eingetragenen Marke nach § 9 Abs. 1 Nr. 3, für den Bekanntheitsschutz einer notorisch bekannten Marke nach den §§ 10 iVm mit 9 Abs. 1 Nr. 3, für die durch Benutzung erworbenen Marken und geschäftlichen Bezeichnungen mit älterem Zeitrang nach § 12, sowie für die sonstigen älteren Rechte nach § 13. Diese sonstigen relativen Schutzhindernisse stellen Nichtigkeitsgründe im Sinne des § 51 dar, wegen deren die Marke im Löschungsverfahren vor den ordentlichen Gerichten nach § 55 gelöscht werden kann.

### 3. Vertragliche Verpflichtung zur Nichtbenutzung

Eine gegenüber dem Widersprechenden bestehende vertragliche Verpflichtung des Anmelders, die eingetragene Marke nicht zu benutzen, stellt keinen Widerspruchsgrund dar. Vertragliche Ansprüche auf Unterlassung einer Markenanmeldung sind durch Klage vor den ordentlichen Gerichten geltend zu machen (BPatGE 2, 146 – Nordbaer; *Schlüter*, MA 1964, 83, 86).

### 4. Zeichenbestandteil mit Verkehrsdurchsetzung

Wenn ein von Hause aus schutzunfähiger Zeichenbestandteil der Widerspruchsmarke nachträglich Verkehrsdurchsetzung nach § 8 Abs. 3 erwirbt, dann kann im Widerspruchsverfahren die Verwechslungsgefahr im Sinne des § 9 Abs. 1 Nr. 2 nicht mit der *nachträglichen Verkehrsdurchsetzung des Zeichenbestandteils* der Widerspruchsmarke begründet werden. Bei einer zusammengesetzten Marke oder einer Kombinationsmarke wird die Schutzfähigkeit vom DPMA im Anmeldeverfahren nach dem Gesamteindruck der Marke als Ganzes beurteilt, ohne daß die einzelnen Zeichenbestandteile auf ihre selbständige Schutzfähigkeit hin geprüft werden. Von diesem patentamtlichen Prüfungsergebnis im Anmeldeverfahren ist im Widerspruchsverfahren auszugehen, in dem die Kollision der angegriffenen Marke mit der Widerspruchsmarke auf der Grundlage zu beurteilen ist, aufgrund derer die Widerspruchsmarke bei ihrer Eintragung als schutzfähig angesehen wurde. Eine nachträgliche Verkehrsdurchsetzung eines Zeichenbestandteils der Widerspruchsmarke, aufgrund derer ein selbständiger Markenschutz des Zeichenbestandteils bestehen soll, ist ein im Widerspruchsverfahren nicht zu berücksichtigender Umstand (DPA BlPMZ 1954, 147; BGHZ 42, 307, 310 – derma; BGH GRUR 1976, 143, 144 – Biovital; *Miosga*, Mitt 1960, 41, 46). Eine Ausnahme ist dann anzunehmen, wenn die nachträgliche Verkehrsdurchsetzung eines Zeichenbestandteils in einem vorangegangenen patentamtlichen oder patentgerichtlichen Eintragungsverfahren *rechtskräftig festgestellt* worden ist und sich daher ohne weitere Ermittlungen aus den Akten des DPMA oder des BPatG ergibt (DPA BlPMZ 1959, 119 – Ingelheim; BGHZ 42, 307, 312 – derma; BGH GRUR 1976, 143, 144, – Biovital). Die Verwechslungsfähigkeit der Marke *Babyderm* für medizinische und kosmetische Mittel mit der Marke *Kaloderma* wegen des Zeichenbestandteils *derma* (griechisch: Haut) wurde wegen nicht offenkundiger Verkehrsdurchsetzung des Zeichenbestandteils verneint (BGHZ 42, 307 – derma). Nur wenn es *amtsbekannt* oder *gerichtsbekannt* ist, daß sich ein Zeichenbestandteil der Widerspruchsmarke vor der Anmeldung der angegriffenen Marke im Verkehr durchgesetzt hat, ist dieser Umstand als kollisionsbegründend auch im Widerspruchsverfahren zu berücksichtigen. Das DPMA darf nicht sehenden Auges eine Entscheidung treffen, die offenkundig falsch ist und in einem zweiten Verfahren vor den ordentlichen Gerichten aufzuheben ist. Im übrigen läßt sich den nachteiligen Auswirkungen des zweigleisigen Verfahrens nicht ausweichen. Wenn die Verkehrsdurchsetzung eines Zeichenbestandteils der Widerspruchsmarke nicht offenkundig ist, dann kommt es auf die Verwechslungsfähigkeit der angegriffenen Marke mit der Widerspruchsmarke als Ganzer an, deren Gesamteindruck durch die Zeichenbestandteile lediglich mitbestimmt wird (s. § 14, Rn 201 ff., 213 ff.). Für die Prüfung des Schutzumfangs der Widerspruchsmarke kommt es auf die tatsächlichen Umstände im Zeitpunkt der Entscheidung über den Widerspruch an (BGH GRUR 1973, 316, 318 – Smarty). Wenn sich die Widerspruchsmarke als solche im Verkehr durchgesetzt hat, dann kann dieser Umstand innerhalb der zulässigen Prüfung der Benutzungslage erheblich sein. War die Widerspruchsmarke aufgrund nachgewiesener Verkehrsdurchsetzung eines von Hause aus schutzunfähigen Zeichenbestandteils eingetragen worden, dann ist auch im Widerspruchsverfahren die Verwechslungsgefahr allein nach der Kennzeichnungskraft des als schutzfähig festgestellten Zeichenbestandteils zu beurteilen.

## VI. Einreden

### 1. Grundsatz

Die Prüfung im Widerspruchsverfahren erstreckt sich im wesentlichen auf die Kollisionstatbestände des Identitätsschutzes nach § 9 Abs. 1 Nr. 1 und des Verwechslungsschutzes nach § 9 Abs. 1 Nr. 2 (s. zu den einzelnen relativen Schutzhindernissen als Widerspruchsgründe Rn 31 ff.). Es sind deshalb nur solche *Einreden des Inhabers der angegriffenen Marke* beachtlich, die sich gegen die Identität oder Ähnlichkeit der Marken und Produkte und damit *gegen das Bestehen von Verwechslungsgefahr* sowie *gegen die Priorität der Widerspruchsmarke* richten. Wenn der Inhaber der angegriffenen Marke geltend macht, er habe gegenüber der Widerspruchsmarke trotz des vorliegenden Kollisionstatbestands ein Recht auf die Eintragung der Marke, dann sind diese Gründe im Verfahren der *Eintragungsbewilligungsklage* nach § 44 vor den ordentlichen Gerichten geltend zu machen (BGHZ 44, 60, 62 – Agyn; 45, 173 – Epigran II). Im Wege der Eintragungsbewilligungsklage gegen den Widersprechenden kann der Inhaber der Marke geltend machen, ihm stehe trotz der Löschung der Eintragung nach § 43 ein Anspruch auf die Eintragung der Marke zu.

### 2. Einrede der mangelnden Benutzung

41 Wenn der Widerspruch vom Inhaber einer eingetragenen Marke mit älterem Zeitrang erhoben wird, dann kann der Inhaber der angegriffenen Marke die Einrede der mangelnden Benutzung der Widerspruchsmarke erheben. Die Einrede mangelnder Benutzung ist im einzelnen in § 43 Abs. 1 geregelt (s. § 43, Rn 7 ff.).

### 3. Unbeachtliche Einreden

42 **a) Absolute Eintragungshindernisse.** Der Inhaber der angegriffenen Marke kann nicht einwenden, die Widerspruchsmarke hätte wegen des *Bestehens absoluter Schutzhindernisse* nach § 8 nicht eingetragen werden dürfen (BGH GRUR 1963, 626, 628 – SUN-SWEET; 1963, 630, 631 – Polymar; 1967, 292, 293 – Zwillingspackung; 1974, 220, 221 – Club Pilsener; BPatGE 2, 228 – Schlafwohl; 4, 48, 53 – Defensivzeichen; 18, 239, 247 – Apollo; BPatG Mitt 1965, 51 – Prestige; kritisch *Reimer/Trüstedt*, Bd. 1, Kap. 6, Rn 2; *Schlüter*, Mitt 1963, 21). Das gleiche gilt für die Einrede *fehlender Markenfähigkeit* nach § 3 und *fehlender Markenrechtsfähigkeit* nach § 7. Die Widerspruchsmarke genießt kraft ihrer Eintragung in das Register Markenschutz und schließt die Eintragung prioritätsjüngerer Marken aus. Wenn der Inhaber der angegriffenen Marke die *Schutzfähigkeit der Widerspruchsmarke* angreifen will, dann kann er auf Antrag die Löschung der Widerspruchsmarke nach § 50 beantragen, wenn die Marke wegen absoluter Schutzhindernisse nichtig ist. Im Widerspruchsverfahren ist auch das DPMA an seine Entscheidung über die Eintragungsfähigkeit der Widerspruchsmarke gebunden. Im Widerspruchsverfahren kann die Einrede der Schutzunfähigkeit der Widerspruchsmarke nicht zur Versagung des Markenschutzes führen. Unerheblich ist, ob es sich bei der Widerspruchsmarke um ein Zeichen mit fehlender Unterscheidungskraft (§ 8 Abs. 2 Nr. 1), um eine beschreibende Marke (§ 8 Abs. 2 Nr. 2) oder um eine Gattungsbezeichnung (§ 8 Abs. 2 Nr. 3) handelt (zur Eintragung eines Freizeichens für mit der Freizeichenware ähnliche Waren BPatGE 18, 239, 247 – Apollo). Es gibt keine Markenrechte minderen Rechtsschutzes. Der Unterlassungsanspruch besteht bei Vorliegen von Priorität und Verwechslungsgefahr (RGZ 102, 355 – Juno/Julo; BGH GRUR 1968, 414 – Fe; zum Erfordernis der markenmäßigen Benutzung s. § 14, Rn 21 ff.). Es besteht keine Rechtsgrundlage für eine in Kauf zu nehmende Verwechslungsgefahr. Die Einrede der Schutzunfähigkeit der Widerspruchsmarke kann aber für die Beurteilung der Kennzeichnungskraft und so für die Prüfung der Verwechslungsgefahr erheblich sein. Der *Schutzumfang einer Widerspruchsmarke* kann derart gering sein, daß sie nur der Eintragung prioritätsjüngerer Marken im Identitätsbereich nach § 9 Abs. 1 Nr. 1 kollisionsbegründend entgegensteht.

43 **b) Freihalteinteresse.** Der Inhaber der angegriffenen Marke kann nicht einwenden, der Widersprechende müsse die bestehende Verwechslungsgefahr deshalb hinnehmen, weil die Widerspruchsmarke als Ganze an eine nach § 8 Abs. 2 Nr. 2 eintragungsunfähige beschreibende Angabe angelehnt sei (BGHZ 45, 131, 135 – Shortening; BGH GRUR 1963, 630, 632 – Polymar; 1973, 467, 468 – Praemix; 1977, 717, 718 – Cokies; s. dazu im einzelnen § 8, Rn 121). Ein Freihalteinteresse im Widerspruchsverfahren zu berücksichtigen, würde bedeuten, der Widerspruchsmarke trotz bestehender Verwechslungsgefahr die Schutzfähigkeit abzusprechen. Die Prüfung im Widerspruchsverfahren erstreckt sich aber nicht auf die Eintragungsfähigkeit einer Marke als solcher.

Wenn bei einer Widerspruchsmarke, die aus mehreren Zeichenbestandteilen zusammengesetzt ist, nur ein einzelner Zeichenbestandteil die Verwechslungsgefahr begründet, dann ist die Schutzfähigkeit dieses kollisionsbegründenden Zeichenbestandteils im Widerspruchsverfahren zu prüfen (BGHZ 19, 367, 370 – W-5; 21, 182, 185 – Ihr Funkberater). Diese Prüfung ist deshalb erforderlich, weil im Anmeldeverfahren nur die Schutzfähigkeit der Widerspruchsmarke als Ganzes und nicht die Schutzfähigkeit der einzelnen Zeichenbestandteile geprüft worden ist. Die Schutzfähigkeit eines Zeichenbestandteils, die auf dem Erwerb von Verkehrsdurchsetzung nach § 8 Abs. 3 beruht, kann im Widerspruchsverfahren aber nicht berücksichtigt werden (BGHZ 42, 307 – derma; s. Rn 39). Wenn der kollisionsbegründende Zeichenbestandteil der Widerspruchsmarke schutzfähig ist, dann können markenrechtliche Ansprüche nicht mit der Begründung versagt werden, der Zeichenbestandteil sei für die ähnlichen Produkte wegen eines allgemeinen Freihalteinteresses nicht eintragungsfähig (BGH GRUR 1968, 414 – Fe; LG Mannheim GRUR 1975, 22 – Kardinal). Wenn sich der Widerspruch gegen die Eintragung der Marke *Sangofee* für ähnliche Waren (Arzneimittel) auf einen für die eingetragenen Waren (kosmetische Erzeugnisse) schutzfähigen Zeichenbestandteil, der sich als Ganzes nicht an eine beschreibende Angabe anlehnenden Widerspruchsmarke *Fe* unter der Vignette *Nr. 4711* gründet, dann ist die Einrede, der Zeichenbestandteil *Fe* (Symbol für Eisen) sei für ähnliche Waren nicht schutzfähig, unerheblich (BGH GRUR 1968, 414, 416 – Fe). Entscheidend ist allein, ob Verwechslungsgefahr besteht, für deren Beurteilung der Grad der Produktnähe oder Produktferne rechtserheblich ist (s. § 14, Rn 103).

**c) Namensgleichheit.** Der Inhaber der angegriffenen Marke kann nicht einwenden, der Widersprechende müsse deshalb einen Rest an Verwechslungsgefahr hinnehmen, weil die angegriffene Marke den Familiennamen des Anmelders enthalte. Im Widerspruchsverfahren wird das *Recht der Namensgleichen* (s. § 15, Rn 92 ff.) nicht berücksichtigt (BGHZ 45, 246, 249 – Merck).

**d) Vorbenutzung.** Der Inhaber der angegriffenen Marke kann nicht einwenden, die Marke des Anmelders sei vor der Widerspruchsmarke benutzt worden (DPA BlPMZ 1952, 191). Die Einrede der Vorbenutzung ist schon deshalb ausgeschlossen, weil ein *Vorbenutzungsrecht* nicht besteht (BGH GRUR 1961, 413 – Dolex; zum MarkenG BGH GRUR 1998, 412, 414 – Analgin).

**e) Verkehrsdurchsetzung oder Verkehrsgeltung.** Der Inhaber der angegriffenen Marke kann nicht einwenden, seine Marke habe Verkehrsdurchsetzung oder Verkehrsgeltung erlangt und sei deshalb in das Register einzutragen. Die Einrede der Verkehrsdurchsetzung oder Verkehrsgeltung kann zum einen bedeuten, durch die Benutzung des Zeichens im geschäftlichen Verkehr bestehe Markenschutz nach § 4 Nr. 2, weil das Zeichen innerhalb beteiligter Verkehrskreise als Marke Verkehrsgeltung erworben habe. Dieses *relative Schutzhindernis im Sinne des § 12* ist im Widerspruchsverfahren auch nicht als Einrede zu berücksichtigen (s. Rn 37) und ist im Wege der Löschungsklage vor den ordentlichen Gerichten nach § 55 wegen Nichtigkeit der Marke (§ 51) geltend zu machen, wenn dem sachlichen Markenschutz nach § 4 Nr. 2 gegenüber der Widerspruchsmarke die Priorität nach § 6 Abs. 3 zukommt. Die Einrede der Verkehrsdurchsetzung oder Verkehrsgeltung kann zum anderen bedeuten, der Inhaber der Widerspruchsmarke habe die Rechte aus seiner prioritätsälteren Marke gegenüber dem Anmelder nach § 21 verwirkt. Über die *Verwirkung* ist nicht im Widerspruchsverfahren zu entscheiden (s. Rn 51).

**f) Prioritätsälteres Markenrecht.** Der Inhaber der angegriffenen Marke kann nicht einwenden, es bestehe eine Markenkollision nach § 9 Abs. 1 Nr. 1 oder 2 zwischen der Widerspruchsmarke und einem *anderen Markenrecht* mit älterem Zeitrang des Inhabers der angegriffenen Marke. Im Widerspruchsverfahren ist ausschließlich über die Kollision der Widerspruchsmarke mit der angegriffenen Marke zu entscheiden. Das relative Schutzhindernis der anderen Marke mit älterem Zeitrang bildet einen Nichtigkeitsgrund nach § 51, der im Löschungsverfahren vor den ordentlichen Gerichten geltend zu machen ist.

**g) Nichtbenutzung und fehlender Benutzungswille.** Der Inhaber der angegriffenen Marke kann nicht einwenden, die Widerspruchsmarke sei zwar in das Register eingetragen, werde aber nicht benutzt; die *Einrede der Nichtbenutzung* kann innerhalb der Benutzungsfrist (s. dazu § 25, Rn 7) nicht geltend gemacht werden. Die Einrede mangelnder Benutzung ist im einzelnen in § 43 geregelt (s. § 43, Rn 7 ff.). Der Inhaber der angegriffenen Marke kann auch nicht einwenden, dem Inhaber der eingetragenen, aber nicht benutzten Widerspruchsmarke fehle der Benutzungswille. Der *Benutzungswille des Rechtsinhabers* ist eine allgemeine Schutzvoraussetzung der Entstehung eines Markenrechts (s. dazu § 3, Rn 77). Das sich aus dem Wesen der Marke als eines Unterscheidungszeichens aus § 3 Abs. 1 ergebende Erfordernis des Benutzungswillens ist als ein absolutes Eintragungshindernis zu behandeln (s. § 50, Rn 6) und im Widerspruchsverfahren nicht zu berücksichtigen.

50 **h) Vertragliche Vereinbarungen.** Vertragliche Vereinbarungen, wie etwa eine *Zustimmungserklärung* des Widersprechenden zur Eintragung einer identischen oder ähnlichen Marke, *Vorrechtserklärunngen* oder vergleichbare Abreden in *Abgrenzungsvereinbarungen*, sowie *Nichtangriffsabreden* sind im Widerspruchsverfahren unerheblich (s. dazu *Winkler*, GRUR 1994, 569, 572; *Kunz-Hallstein*, GRUR Int 1992, 81, 86 ff.; *Althammer/Ströbele/Klaka*, § 42 MarkenG, Rn 37); sie können im Wege der Eintragungsbewilligungsklage nach § 44 geltend gemacht werden.

51 **i) Verwirkung.** Der Inhaber der angegriffenen Marke kann nicht einwenden, der Widersprechende habe seine Rechte aus der Widerspruchsmarke verwirkt. Das gilt für die *Verwirkung nach den allgemeinen zivilrechtlichen Rechtssätzen nach § 242 BGB,* da das Widerspruchsverfahren als ein kursorisches Verwaltungsverfahren nicht zur Feststellung des wettbewerblichen Tatbestandes eines schutzwürdigen Besitzstandes geeignet ist (BGHZ 45, 246, 251 – Merck; s. zur Verwirkung § 21, Rn 21 ff.). Nichts anderes gilt aber auch für die *markengesetzliche Verwirkung nach § 21,* deren Vorliegen Feststellungen erforderlich macht, die in einem summarischen Prüfungsverfahren nicht angemessen erfolgen können.

## VII. Prüfungsumfang im Widerspruchsverfahren

### 1. Grundsatz einer begrenzten Prüfungskompetenz

52 Der für die Beurteilung der Verwechslungsgefahr nach § 9 Abs. 1 Nr. 2 maßgebliche *Schutzumfang einer Marke* hängt von deren *Kennzeichnungskraft im Verkehr* ab (s. zur Relation der Kennzeichnungskraft zum Schutzumfang der Marke § 14, Rn 271). Die Kennzeichnungskraft einer Marke beruht auf der Unterscheidungskraft des als Marke schutzfähigen Zeichens, als Unterscheidungszeichen zur Identifizierung von Unternehmensprodukten auf dem Markt zu dienen. Die Unterscheidungskraft ist gleichsam die originäre Kennzeichnungskraft eines Zeichens aufgrund seiner Charakteristik wie Eigenart und Einprägsamkeit. Nach der Kennzeichnungskraft einer Marke ist zwischen normalen, schwachen und starken Marken zu unterscheiden (s. § 14, Rn 282 ff.). Innerhalb des Verwechslungsschutzes einer Marke nach § 14 Abs. 2 Nr. 2 ist die Rechtserheblichkeit der Kennzeichnungskraft einer Marke und damit der Variabilität ihres Schutzumfangs Ausdruck ihres Bekanntheitsgrades im Verkehr. In der Rechtsprechung wird zudem von einer Schwächung der Kennzeichnungskraft einer Marke aufgrund des Bestands ähnlicher Drittmarken auf dem Markt ausgegangen (s. dazu im einzelnen § 14, Rn 307 ff.).

53 Im Widerspruchsverfahren ist die Prüfungskompetenz des DPMA beschränkt; es findet nur eine *sachlich begrenzte Kollisionsprüfung* statt. Die Beschränkung der Prüfungskompetenz im Eintragungsverfahren ist eine Folge der *Zweigleisigkeit des Verfahrens* in Markenangelegenheiten (s. § 41, Rn 9). Die Zuständigkeiten zwischen dem patentamtlichen und patentgerichtlichen Verfahren in Markenangelegenheiten einerseits und dem Verfahren in Markenangelegenheiten vor den ordentlichen Gerichten andererseits sind aufgeteilt (s. dazu BGHZ 37, 107, 111 – Germataler Sprudel; 44, 60 – Agyn; BGH GRUR 1954, 346 – Strahlenkranz; BPatGE 4, 48 – Defensivzeichen). Dieser Rechtszustand prägt das Markenrecht seit alters her. Während im Eintragungsverfahren sowie im Löschungsverfahren das DPMA und das BPatG ausschließlich und mit Bindung für die Zivilgerichte entscheiden, besteht im patentamtlichen und im patentgerichtlichen Widerspruchsverfahren nur eine begrenzte sachliche Prüfungszuständigkeit. Die Zweigleisigkeit des Verfahrens zeigt sich zum einen in der Eintragungsbewilligungsklage nach § 44, nach der der Inhaber der Marke als Anmelder im Wege der Klage gegen den Widersprechenden geltend machen kann, daß ihm trotz der Löschung der Eintragung ein Anspruch auf die Eintragung der Marke zusteht. Zum anderen

zeigt sich die Zweiteilung der Zuständigkeiten in dem Bestehen des patentamtlichen und patentgerichtlichen Löschungsverfahrens (§§ 50, 54) einerseits und des Löschungsverfahrens vor den ordentlichen Gerichten (§§ 49, 51, 55) andererseits. Die Errichtung des BPatG, das an die Stelle der früheren Beschwerdesenate des DPA getreten ist, hat an der Aufgabenverteilung zwischen patentamtlichen und patentgerichtlichen Verfahren in Markenangelegenheiten einerseits und dem Verfahren in Markenangelegenheiten vor den ordentlichen Gerichten andererseits nichts geändert. Die Nachprüfung der Entscheidungen des DPMA als einer Verwaltungsbehörde hält sich innerhalb der Grenzen der patentamtlichen Zuständigkeit (BGH GRUR 1967, 246, 248 – Vitapur). Folge der Beschränkung der Prüfungskompetenz im patentamtlichen und patentgerichtlichen Verfahren in Markenangelegenheiten ist eine begrenzte Kollisionsprüfung. Die Prüfung der Verwechslungsgefahr besteht nur hinsichtlich der Marken in ihrer eingetragenen Gestalt (BGHZ 42, 307 – derma; BGH GRUR 1967, 246, 249 – Vitapur). Im Widerspruchsverfahren als einem patentamtlichen und patentgerichtlichen Verfahren in Markenangelegenheiten bleibt die Benutzungslage der kollidierenden Marken grundsätzlich unberücksichtigt, es sei denn, die *Benutzungslage* ist *liquide* (s. Rn 29, 58).

### 2. Prüfungsmaßstab der originären Kennzeichnungskraft

Die originäre Kennzeichnungskraft einer Marke, die unabhängig von der konkreten Benutzungslage der Markenkollision besteht, ist deren Unterscheidungskraft nach der Markenform der Eintragung in das Register (s. § 14, Rn 271). Es ist die Unterscheidungskraft, die eine Marke von Hause aus besitzt (BGHZ 42, 307 – derma). Die Unterscheidungskraft nach der Eintragung einer Marke bestimmt sich nach der Kennzeichnungskraft normaler, schwacher und starker Marken (s. dazu im einzelnen § 14, Rn 282ff.). 54

### 3. Erheblichkeit des Registerstandes

Die originäre Kennzeichnungskraft einer Marke bestimmt sich nicht nur aufgrund der Charakteristik der eingetragenen Markenform wie Eigenart und Einprägsamkeit, sondern auch nach dem Registerstand der im übrigen eingetragenen Marken (BGH GRUR 1967, 246, 250 – Vitapur; 1967, 253 – CONNY; 1970, 85, 86 – Herba; s. dazu *Kirchner,* GRUR 1970, 350, 352). *Ähnliche Drittmarken,* die im Register für ähnliche Produkte eingetragen sind, bilden ein Indiz für eine von Hause aus bestehende Kennzeichnungsschwäche der eingetragenen Marke. Das gilt auch, wenn die ähnlichen Marken mehreren organisatorisch oder wirtschaftlich verbundenen Unternehmen gehören (*Heydt,* GRUR 1967, 251, 253; *Trüstedt,* MA 1967, 69). Der Prüfung der Markenkollision genügt regelmäßig eine pauschale Beurteilung des Registerstandes. Eine originäre Kennzeichnungsschwäche der eingetragenen Marke ist nur dann indiziert, wenn im Marken- und Produktähnlichkeitsbereich eine Vielzahl kollidierender Marken eingetragen ist (BGH GRUR 1971, 577, 579 – Raupentin). Abgrenzungsvereinbarungen (s. dazu § 14, Rn 453ff.) können sich insoweit schwächend auf die Kennzeichnungskraft der eingetragenen Marke auswirken. 55

### 4. Veränderungen der Kennzeichnungskraft der Widerspruchsmarke

Die originäre Kennzeichnungskraft einer Marke kann nach deren Eintragung eine Stärkung oder Schwächung erfahren. Im Widerspruchsverfahren, in dem die Benutzungslage grundsätzlich nicht zu berücksichtigen ist (s. Rn 52f.), ist weder eine Stärkung noch eine Schwächung der *Kennzeichnungskraft der Widerspruchsmarke* bei der Prüfung der Markenkollision zu beachten (zur Verkehrsdurchsetzung eines von Hause aus schutzunfähigen Zeichenbestandteils s. Rn 39; BGHZ 42, 307 – derma; zur lange Zeit umstrittenen Schwächung der Kennzeichnungskraft aufgrund benutzter Drittmarken s. BGHZ 39, 266, 271 – Sunsweet; 44, 60, 64 – Agyn; 45, 173, 176 – Epigran I; BGH GRUR 1966, 499, 500 – Merck; kritisch *Heydt,* GRUR 1963, 629). Veränderungen der Kennzeichnungskraft einer Marke aufgrund der Benutzungslage lassen sich zumeist nur aufgrund umfangreicher Beweiserhebungen im Wege demoskopischer Meinungsumfragen feststellen, für deren Durchführung das auf eine kursorische Prüfung und rasche Erledigung gerichtete registerrechtliche Prüfungsverfahren nicht geeignet ist. Für eine Prüfung der Benutzungslage ist im Widerspruchsverfahren nur dann Raum, wenn sie sich ohne eingehende Ermittlungen unschwer feststellen läßt und so die tatsächliche Kennzeichnungskraft der Marke und damit die Verwechslungs- 56 gefahr umfassend beurteilt werden kann (BGH GRUR 1967, 246 – Vitapur; 1970, 85, 86 – Herba). Es wird als mit dem summarischen Charakter des Widerspruchsverfahrens vereinbar angesehen, präsente Beweis- und sonstige Glaubhaftmachungsmittel zur Frage der Kennzeichnungskraft und damit im wesentlichen zum Umfang der Benutzung und zur Marktstellung der Widerspruchsmarke angemessen zu berücksichtigen, ohne daß die Erhebung vollen Beweises, insbesondere mit Hilfe nicht präsenter Beweismittel, zulässig ist (BPatG GRUR 1997, 840, 842f. – Lindora). Eine Pflicht des DPMA zur Prüfung der Benutzungslage besteht nicht schon deshalb, weil die Verfahrensbeteiligten substantiierte Angaben über die Benutzungslage vortragen. Entscheidend ist die Liquidität der Benutzungslage (s. Rn 58).

### 5. Veränderungen der Kennzeichnungskraft der angegriffenen Marke

**57**  Weder eine Stärkung noch eine Schwächung der *Kennzeichnungskraft der angegriffenen Marke* sind bei der Prüfung des Schutzumfangs im Widerspruchsverfahren zu berücksichtigen (DPA BlPMZ 1952, 191 – ANUSOL; BGH GRUR 1957, 499 – Wit/Wipp; *Baumbach/Hefermehl*, § 5 WZG, Rn 94; *Reimer/Richter*, Bd. 1, Kap. 11, Rn 20; *Busse*, § 31 WZG, Rn 34; *Schlüter*, MA 1964, 303; *Trüstedt*, GRUR 1967, 403, 411). Veränderungen der Kennzeichnungskraft im Widerspruchsverfahren nicht zu berücksichtigen, ist vor allem deshalb geboten, weil sich die *Priorität der angegriffenen Marke* gegenüber der Widerspruchsmarke grundsätzlich nach dem Anmeldetag (§ 33 Abs. 1) bestimmt. Die Geltendmachung einer durch Benutzung erworbenen Marke oder geschäftlichen Bezeichnung mit älterem Zeitrang im Sinne des § 12 durch den Inhaber der angegriffenen Marke kann nur im Wege der Eintragungsbewilligungsklage nach § 44 oder der Löschungsklage nach § 55 wegen des Bestehens eines älteren Rechts nach § 51 erfolgen. Die Berücksichtigung der Verkehrsgeltung der angegriffenen Marke im Widerspruchsverfahren würde der Sache nach einer Berücksichtigung des relativen Schutzhindernisses einer durch Benutzung entstandenen Marke mit älterem Zeitrang gleichkommen. Selbst wenn die angegriffene Marke aufgrund des Erwerbs von Verkehrsdurchsetzung nach § 8 Abs. 3 in das Register eingetragen worden ist, wird dadurch die Stellung des Inhabers der angegriffenen Marke im Widerspruchsverfahren nicht verbessert (*Schlüter*, MA 1964, 303, 310). Eine Verkehrsgeltung der angegriffenen Marke kann sich aber in tatsächlicher Hinsicht bei der Prüfung der Verwechslungsgefahr mit einer Widerspruchsmarke, die ebenfalls Verkehrsgeltung besitzt, auswirken. So kann im Verkehr eine Gewöhnung an die kollidierenden Marken eingetreten sein, ohne daß aber eine solche Schwächung der kollidierenden Marken im Widerspruchsverfahren zu berücksichtigen ist. Ob trotz des Nebeneinanderbestehens der kollidierenden Marke Verwechslungsgefahr besteht, kann nicht allgemein, sondern nur nach den besonderen Umständen des konkreten Einzelfalles entschieden werden. Wegen der starken Ähnlichkeit der kollidierenden Marken wurde Verwechslungsgefahr zwischen *Ringelheim* und *Ingelheim* angenommen, obwohl beide Marken Verkehrsdurchsetzung erworben hatten (DPA GRUR 1959, 364 – Ingelheim).

### 6. Liquidität der Benutzungslage

**58**  Im Widerspruchsverfahren ist bei der Prüfung der Markenkollision die Benutzungslage nur dann rechtserheblich, wenn die Benutzungslage liquide ist. Auch nach der WiderspruchsverfahrenRL ist in solchen Fallkonstellationen, in denen ein erweiterter Schutzumfang geltend gemacht wird, die Benutzungslage regelmäßig nur dann zu berücksichtigen, wenn sie liquide ist (WiderspruchsverfahrenRL C II f). Eine *Liquidität der Benutzungslage* ist anzunehmen, wenn die Benutzungslage etwa deshalb *unstreitig* ist, weil sie in einem vorangegangenen Prüfungsverfahren zur Feststellung der Verkehrsdurchsetzung nach § 8 Abs. 3 *ermittelt* worden ist, oder wenn die Benutzungslage aus sonstigen Gründen *amtsbekannt* oder *gerichtsbekannt* ist, oder auch dann, wenn die Benutzungslage zwar streitig ist, aber als *erwiesen unterstellt* werden kann (BGH GRUR 1967, 246, 249 – Vitapur; 1967, 660 – Sirax; 1968, 148, 149 – Zwillingsfrischbeutel). Ein liquider Sachverhalt wird nicht nur dann angenommen, wenn die maßgeblichen Tatsachen unstreitig oder amtsbekannt sind, sondern auch dann, wenn diese Tatsachen durch *präsente Beweismittel* oder *Glaubhaftmachungsmittel* belegt werden und ohne weitere Ermittlungen eine abschließende Beurteilung möglich ist (BPatGE 38, 105 – Lindora). Die Kennzeichnungskraft einer Widerspruchsmarke wird durch eingetragene, aber nicht benutzte Drittmarken nicht schon aufgrund einer zugrundegelegten hypothetischen Verkehrsauffassung geschwächt, und zwar selbst dann nicht, wenn die Widerspruchsmarke selbst innerhalb der fünfjährigen Benutzungsfrist nicht benutzt wird (BPatG Mitt 1965, 71 – Lili; 1965, 110; BGH GRUR 1967, 246, 250 – Vitapur; aA BPatGE 7, 155 – Adex). Für die Feststellung einer materiellrechtlich bedeutsamen Schwächung der Kennzeichnungskraft der eingetragenen Marke aufgrund der Benutzungslage ist nur die tatsächliche Verkehrsauffassung maßgebend.

## VIII. Tatbestandswirkung der Entscheidung über die Eintragungsfähigkeit

Die *Eintragungsfähigkeit der Widerspruchsmarke* wird im Widerspruchsverfahren weder vom DPMA oder im Beschwerdeverfahren vom BPatG noch von den ordentlichen Gerichten im Verletzungsrechtsstreit oder im Verfahren über die Eintragungsbewilligungsklage nach § 44 nachgeprüft. Es besteht eine *Tatbestandswirkung* der Entscheidung über die Eintragungsfähigkeit der Marke (s. § 41, Rn 10 ff.). Eine Ausnahme von diesem Grundsatz wird nur dann gemacht, wenn die Marke sich nachträglich in eine beschreibende Angabe oder eine Gattungsbezeichnung umgewandelt hat (BPatGE 18, 144 – Lord). Ein solcher Bedeutungswandel wird indessen nur in seltenen Fällen und nur dann angenommen werden können, wenn die Marke innerhalb der beteiligten Verkehrskreise vollständig ihre Eigenschaft als produktidentifizierendes Unterscheidungszeichen verloren hat. Das DPMA nimmt eine Nachprüfung aber auch dann vor, wenn die Umwandlung der Marke offenkundig ist und es deshalb besonderer Ermittlungen nicht bedarf (DPA BlPMZ 1956, 150 – Derby; kritisch *Schlüter*, MA 1957, 354, 358). Der Nachprüfung unterliegt auch der Verlust der Verkehrsdurchsetzung bei einer nach § 8 Abs. 3 eingetragenen Marke.

## IX. Zeitpunkt der Widerspruchsentscheidung

Für die Beurteilung der Markenkollision sind die *tatsächlichen Umstände im Zeitpunkt der Entscheidung* über den Widerspruch maßgebend (BGH GRUR 1973, 316, 318 – Smarty). Auf den Zeitpunkt der Anmeldung oder der Eintragung kommt es grundsätzlich nicht an (kritisch *Röttger*, GRUR 1973, 318). Wenn sich der Inhaber der prioritätsälteren Marke auf einen erhöhten Schutzumfang, etwa eine Stärkung der Kennzeichnungskraft der Widerspruchsmarke, beruft, dann müssen dessen Voraussetzungen bereits im Zeitpunkt der Anmeldung der prioritätsjüngeren Marke vorgelegen haben und im Zeitpunkt der Entscheidung über den Widerspruch noch fortbestehen (BPatG GRUR 1997, 840, 843 – Lindora; s. auch BGH GRUR 1960, 130 – Sunpearl II; 1963, 626 – SUNSWEET).

## C. Teilwiderspruch

### I. Beschränkung des Waren- und Dienstleistungsverzeichnisses der angegriffenen Marke

Der Widerspruch kann auf einen Teil der im Register eingetragenen Waren oder Dienstleistungen der angegriffenen Marke (zur Widerspruchsmarke s. Rn 63) beschränkt werden (*Teilwiderspruch*). Nach § 27 Abs. 2 Nr. 11 2. HS MarkenV müssen nur die Waren und Dienstleistungen angegeben werden, gegen die der Widerspruch sich richtet. Ein Teilwiderspruch kann auch nach Ablauf der Widerspruchsfrist erklärt werden (s. BPatG GRUR 1997, 654 – Milan). Wenn ein Teilwiderspruch erhoben wird, dann kann nach Ablauf der Widerspruchsfrist der Widerspruch nicht auf weitere Waren oder Dienstleistungen der angegriffenen Marke ausgedehnt werden (DPA GRUR 1954, 32 – Vulnophyll). Der Widersprechende kann auch nicht geltend machen, die ursprünglich allein angegriffene Ware (Arzneimittel) umfasse als Oberbegriff auch die nachträglich angegriffene Ware (pharmazeutische Drogen), so daß sich der Widerspruch auch gegen diese weitere Ware richte (DPA GRUR 1954, 32 – Vulnophyll). Der Inhaber der Widerspruchsmarke kann insoweit nur noch die Nichtigkeit wegen Bestehens eines prioritätsälteren Markenrechts nach § 51 geltend machen und Löschungsklage vor den ordentlichen Gerichten nach § 55 erheben.

**62** Wenn kein Teilwiderspruch erhoben wird, dann kann das DPMA *von Amts wegen* das Waren- oder Dienstleistungsverzeichnis *durch Zusätze einschränken*, wenn die Produktähnlichkeit nicht zu allen eingetragenen Waren oder Dienstleistungen besteht *(Baumbach/Hefermehl*, § 5 WZG, Rn 149; *Busse/Starck*, § 5 WZG, Rn 9; zur nicht überzeugenden gegenteiligen Praxis s. DPA BlPMZ 1955, 92 – Elefant). Die Einschränkung des Waren- oder Dienstleistungsverzeichnisses von Amts wegen ist namentlich für die Eintragung von *Oberbegriffen* für bestimmte Waren- oder Dienstleistungsgattungen erheblich, wenn der Ähnlichkeitsbereich des Oberbegriffs nur bestimmte Waren- oder Dienstleistungen der Widerspruchsmarke erfaßt (s. dazu *Heydt*, GRUR 1962, 142). Wenn die angegriffene Marke für Waren und Dienstleistungen eingetragen ist und sich der Widerspruch nur gegen die ähnlichen Waren richtet, dann sind die eingetragenen Dienstleistungen nicht angegriffen. Wenn die Markenstelle das Bestehen einer Markenkollision auch hinsichtlich der Dienstleistungen verneint, dann ist der Beschluß insoweit aufzuheben und der Widerspruch als unzulässig zurückzuweisen. Wenn die angegriffene Marke nur für Dienstleistungen eingetragen ist und sich der Widerspruch gegen alle ähnlichen Waren richtet, dann wird er dahin auszulegen sein, daß sich der Widerspruch gegen die eingetragenen Dienstleistungen richtet.

## II. Beschränkung des Waren- und Dienstleistungsverzeichnisses der Widerspruchsmarke

**63** Der Widerspruch kann auf einen Teil der im Register eingetragenen Waren oder Dienstleistungen der Widerspruchsmarke (zur angegriffenen Marke s. Rn 61) beschränkt werden (*Teilwiderspruch*). Nach § 27 Abs. 2 Nr. 10 2. HS MarkenV müssen nur die Waren und Dienstleistungen angegeben werden, auf die der Widerspruch gestützt wird *(Althammer/Ströbele/Klaka*, § 42 MarkenG, Rn 29; *Ingerl/Rohnke*, § 42 MarkenG, Rn 18). Nach der *Rechtslage im WZG* erstreckte sich die Prüfung der Ähnlichkeit auf sämtliche Waren oder Dienstleistungen, für die die Widerspruchsmarke eingetragen war, grundsätzlich selbst dann, wenn der Widersprechende nur bestimmte Waren oder Dienstleistungen benannte (*Baumbach/Hefermehl*, § 5 WZG, Rn 150). Nach der *Rechtslage im MarkenG* und namentlich der MarkenV ist diese restriktive Praxis eines Teilwiderspruchs hinsichtlich der Widerspruchsmarke nicht mehr aufrechtzuerhalten. Ein Teilwiderspruch hinsichtlich der Waren oder Dienstleistungen, auf die der Widerspruch gestützt wird, kommt für den Widersprechenden namentlich dann in Betracht, wenn die Widerspruchsmarke für einen Teil der Waren und Dienstleistungen, für die sie eingetragen ist, wegen Nichtbenutzung *löschungsreif* und der Nichtbenutzungseinrede nach § 43 S. 1 und 2 ausgesetzt ist (s. zum Produktbezug der Glauhaftmachung § 43 Abs.1 S. 3; s. § 43 Rn 11). Ein Rechtsschutzbedürfnis an einem Teilwiderspruch aus Gründen der rechtserhaltenden Benutzung im Sinne des Benutzungszwangs war schon nach der Rechtslage im WZG anerkannt (BPatGE 18, 114). Die Beschränkung des Waren- oder Dienstleistungsverzeichnisses der Widerspruchsmarke ist dann *rechtsmißbräuchlich* und die Beschränkung des Widerspruchs als unzulässig zu beurteilen, wenn der Teilwiderspruch nur bezweckt, das DPMA oder BPatG im Interesse der Klärung einer abstrakten Rechtsfrage zur Entscheidung über die Ähnlichkeit bestimmter Waren oder Dienstleistungen zu veranlassen (BPatG Mitt 1975, 85 – Warengleichartigkeit).

## III. Keine sonstigen Beschränkungen des Widerspruchs

**64** Der Widerspruch bezieht sich auf die Eintragung der angegriffenen Marke als Ganzes. Es ist nicht zulässig, den Widerspruch auf einen *Zeichenbestandteil* der angegriffenen Marke zu beschränken (RG GRUR 1937, 221 – Mampe). Auch eine Beschränkung des Widerspruchs auf die Benutzung der angegriffenen Marke nur für ein bestimmtes *Territorium* im Geltungsbereich des MarkenG ist unzulässig (so schon RPA BlPMZ 1898, 217).

## IV. Schutzbereich der Widerspruchsmarke

**65** Der *Schutzbereich der Widerspruchsmarke* erstreckt sich auch auf den *Produktähnlichkeitsbereich* der angegriffenen Marke. Das gilt auch dann, wenn diese Waren oder Dienstleistungen im

Waren- oder Dienstleistungsverzeichnis der angegriffenen Marke ausdrücklich ausgenommen worden sind (RPA BlPMZ 1929, 108; BPatGE 1, 211 – Reo-Diät).

## D. Rücknahme des Widerspruchs

Bis zum Vorliegen einer endgültigen und unanfechtbaren Entscheidung kann der *Widerspruch jederzeit zurückgenommen* werden, und zwar auch noch im Rechtsbeschwerdeverfahren, sofern die eingelegte Rechtsbeschwerde statthaft ist (BGH GRUR 1974, 465 – Lomapect; Mitt 1983, 195 – Isoprinosin; 1985, 97 – Rücknahme eines Widerspruchs im Rechtsbeschwerdeverfahren). Die Rücknahme des Widerspruchs berührt die Zulässigkeit des Verfahrens schlechthin (BGH GRUR 1973, 605 – Anginetten; 1973, 606 – Gyromat). Sie ist daher von Amts wegen zu beachten. Da das Verfahren nach Einlegung der Rechtsbeschwerde gegen die Widerspruchsentscheidung des BPatG beim BGH anhängig ist, muß eine Rücknahme des Widerspruchs gegen die Eintragung der angegriffenen Marke gegenüber dem BGH erklärt werden (BGH GRUR 1977, 789 – Triebol/Liebold). Das kann ohne Hinzuziehung eines beim BGH zugelassenen Rechtsanwalts geschehen (BGH GRUR 1974, 465, 466 – Lomapect). War die Rücknahme gegenüber dem BPatG erklärt worden, so kann in der Übermittlung einer Abschrift der Widerspruchsrücknahme mit kurzer Begleitmitteilung an den BGH durch den Patentanwalt des Widersprechenden eine Rücknahmeerklärung auch gegenüber dem Rechtsbeschwerdegericht liegen (BGH GRUR 1974, 465, 466 – Lomapect; zur Rücknahme des Widerspruchs im Rechtsbeschwerdeverfahren s. auch § 85, Rn 14). Die Rücknahme des Widerspruchs kann als Verfahrenshandlung nur *unbedingt* erklärt werden (RPA BlPMZ 1898, 217). Sie ist *unwiderruflich* (RPA BlPMZ 1903, 202). Im Beschwerdeverfahren soll der Widersprechende an die von ihm im patentamtlichen Verfahren rechtswirksam erklärte Rücknahme seines Widerspruchs auch dann gebunden sein, wenn das DPMA in Verkennung des Verfahrensstandes eine Entscheidung in der Sache zur Frage der Verwechselbarkeit getroffen hat (BPatGE 36, 246 – Widerspruchsberechtigung). Der Widersprechende kann innerhalb der Widerspruchsfrist erneut Widerspruch einlegen. Nach der Rechtsansicht des BPatG besteht nur eine *einmalige Widerspruchsberechtigung* gegen eine Markenanmeldung. Da aus einer prioritätsälteren Marke Widerspruch gegen die Eintragung einer prioritätsjüngeren Marke grundsätzlich nur einmal erhoben werden könne, soll einem weiteren, aus derselben Marke und für denselben Widersprechenden innerhalb der Widerspruchsfrist beim DPMA eingehenden Widerspruch, abgegeben etwa durch einen bevollmächtigten Anwalt, nur deklaratorische Wirkung zukommen, ohne daß ein zusätzliches, von dem bereits anhängigen unabhängiges Widerspruchsverfahren eingeleitet werde (BPatGE 36, 246 – Widerspruchsberechtigung).

Ein *Verzicht auf die Erhebung des Widerspruchs* ist zulässig. Der Verzicht bindet, solange er aus materiellrechtlichen Gründen wirksam besteht und nicht etwa aufgrund einer Irrtumsanfechtung beseitigt ist. Die Unterlassung der Erhebung eines Widerspruchs als solche stellt noch keinen Rechtsverzicht dar.

## E. Widerspruchsgebühr (§ 42 Abs. 3)

### I. Zweck und Höhe der Gebühr

Um zu verhindern, daß das DPMA durch unbegründete Widersprüche in seiner sachlichen Arbeit beeinträchtigt wird, ist für das Widerspruchsverfahren eine besondere Gebühr zu zahlen (s. Begründung zu § 5 Abs. 5 WZG BlPMZ 1949, 243). Die Höhe der Gebühr ergibt sich aus dem PatGebG. Die Gebühr beträgt 200 DM (Nr. 131 400 GebVerz zu § 1 PatGebG). Die Gebühren sollen möglichst durch die Verwendung von Gebührenmarken des DPMA entrichtet werden. Sie können aber auch durch Barzahlung, Scheck, Überweisung, Einzahlung auf ein Konto des DPMA oder durch die Erteilung eines Abbuchungsauftrags an die Zahlstelle des DPMA entrichtet werden (§§ 1, 2 PatGebZV). Wenn der Widersprechende aus mehreren Marken Widerspruch erhebt, dann ist für jede Widerspruchsmarke eine Widerspruchsgebühr zu zahlen. Bei der Zahlung sollen der Verwendungszweck sowie die Registernummer der Marke, gegen die sich der Widerspruch richtet, angegeben werden.

## II. Fälligkeit

**69** Die Gebühr ist *innerhalb der dreimonatigen Widerspruchsfrist* des § 42 Abs. 1 (s. dazu Rn 20 ff.) zu zahlen. Die Zahlung kann nach der Einlegung des Widerspruchs erfolgen. Als Verfahrensgebühr kann die Widerspruchsgebühr bei Rücknahme des Widerspruchs weder ganz noch teilweise erstattet werden. Eine Rückzahlung ist daher nur bei gleichzeitiger oder vorheriger Zurücknahme des Widerspruchs oder der Markenanmeldung möglich.

## III. Folgen der Nichtzahlung

**70** Wenn die *Gebühr nicht fristgemäß gezahlt* wird, dann gilt der *Widerspruch als nicht erhoben* (Abs. 3 S. 2). Teilzahlungen stehen der Nichtzahlung gleich. Eine *Wiedereinsetzung* in die versäumte Frist ist *nicht möglich* (§ 91 Abs. 1 S. 2). Der Inhaber der prioritätsälteren Marke kann in diesem Fall nur die markenrechtliche Löschungsklage nach § 51 Abs. 1 erheben; für diese besteht keine Frist. Hat der Widersprechende aus mehreren Marken Widerspruch erhoben, aber nur eine Gebühr gezahlt, dann kann er auch nach Ablauf der Frist zur Gebührenzahlung noch klarstellen, für welchen Widerspruch die Zahlung bestimmt ist (BGH GRUR 1974, 279 – ERBA; aM BPatG 14, 150; 12, 163).

## F. Veröffentlichung

**71** Das DPMA *veröffentlicht* sowohl die Tatsache, daß *kein Widerspruch eingelegt* worden ist, als auch den *Abschluß etwaiger Widerspruchsverfahren* mit den sich daraus ergebenden Folgen für die eingetragene Marke, wie etwa eine Teillöschung (§§ 20, 21 iVm 18 Nr. 23 MarkenV). Bei einer Änderung des Waren- oder Dienstleistungsverzeichnisses wird die angegriffene Marke nach Abschluß des Widerspruchsverfahrens noch einmal vollständig veröffentlicht (§ 30 MarkenV). Dadurch soll die gebotene Transparenz gewährleistet und eine umfassende Unterrichtung der interessierten Kreise sichergestellt werden.

**Einrede mangelnder Benutzung; Entscheidung über den Widerspruch**

**43** (1) ¹Ist der Widerspruch vom Inhaber einer eingetragenen Marke mit älterem Zeitrang erhoben worden, so hat er, wenn der Gegner die Benutzung der Marke bestreitet, glaubhaft zu machen, daß sie innerhalb der letzten fünf Jahre vor der Veröffentlichung der Eintragung der Marke, gegen die der Widerspruch sich richtet, gemäß § 26 benutzt worden ist, sofern sie zu diesem Zeitpunkt seit mindestens fünf Jahren eingetragen ist. ²Endet der Zeitraum von fünf Jahren der Nichtbenutzung nach der Veröffentlichung der Eintragung, so hat der Widersprechende, wenn der Gegner die Benutzung bestreitet, glaubhaft zu machen, daß die Marke innerhalb der letzten fünf Jahre vor der Entscheidung über den Widerspruch gemäß § 26 benutzt worden ist. ³Bei der Entscheidung werden nur die Waren oder Dienstleistungen berücksichtigt, für die die Benutzung glaubhaft gemacht worden ist.

(2) ¹Ergibt die Prüfung des Widerspruchs, daß die Marke für alle oder für einen Teil der Waren oder Dienstleistungen, für die sie eingetragen ist, zu löschen ist, so wird die Eintragung ganz oder teilweise gelöscht. ²Kann die Eintragung der Marke nicht gelöscht werden, so wird der Widerspruch zurückgewiesen.

(3) Ist die eingetragene Marke wegen einer oder mehrerer Marken mit älterem Zeitrang zu löschen, so kann das Verfahren über weitere Widersprüche bis zur rechtskräftigen Entscheidung über die Eintragung der Marke ausgesetzt werden.

(4) Im Falle der Löschung nach Absatz 2 ist § 52 Abs. 2 und 3 entsprechend anzuwenden.

**Inhaltsübersicht**

| | Rn |
|---|---|
| A. Allgemeines | 1–6 |
|   I. Rechtsfolgen der Nichtbenutzung | 1, 2 |
|   II. Regelungsübersicht | 3, 4 |

|  | Rn |
|---|---|
| III. Rechtsänderungen | 5 |
| IV. Übergangsrecht | 6 |
| B. Einrede der Nichtbenutzung der Widerspruchsmarke (§ 43 Abs. 1) | 7–19 |
| I. Bestreiten der Benutzung | 7–8b |
| II. Glaubhaftmachung der Benutzung | 9–15 |
| 1. Kursorisches Verfahren | 9 |
| 2. Mittel der Glaubhaftmachung | 10 |
| 3. Produktbezug der Glaubhaftmachung | 11 |
| 4. Rechtserhaltende Benutzung | 12 |
| 5. Verfahren | 13–15 |
| a) Vorsorgliche Glaubhaftmachung | 13 |
| b) Positive Glaubhaftmachung | 14 |
| c) Negative Glaubhaftmachung | 15 |
| III. Benutzungsfrist | 16a–19 |
| 1. Zwei Arten der Fristberechnung nach § 43 Abs. 1 S. 1 und 2 | 16a–17 |
| a) Fünfjahreszeitraum der Nichtbenutzung | 16a |
| b) Erneuter Fristablauf | 16b |
| c) Verhältnis der Fünfjahreszeiträume | 16c |
| d) Vor Inkrafttreten des MarkenG erhobene Nichtbenutzungseinrede | 16d |
| e) Vergleichbare Regelungen | 17 |
| 2. Fristenregelung nach § 26 Abs. 5 | 18 |
| 3. Widerspruch gegen IR-Marke | 19 |
| C. Entscheidung über den Widerspruch (§ 43 Abs. 2) | 20–31 |
| I. Das Widerspruchsverfahren als Amtsermittlungsverfahren | 20–23 |
| 1. Ermittlung des Sachverhalts | 20 |
| 2. Fristen | 21, 22 |
| 3. Zustellungen | 23 |
| II. Entscheidung in der Hauptsache | 24–27 |
| III. Kostenentscheidung | 28–31 |
| D. Aussetzung des Widerspruchsverfahrens | 32, 33 |
| I. Aussetzung nach § 43 Abs. 3 | 32 |
| II. Aussetzung bei Sachdienlichkeit (§ 29 MarkenV) | 33 |
| E. Wirkung der Löschung aufgrund eines Widerspruchs (§ 43 Abs. 4) | 34 |

**Schrifttum zum WZG und MarkenG.** S. die Schrifttumsangaben zu § 42 (vor Rn 1) und Vorb zu den §§ 25 und 26.

### Entscheidungen zum MarkenG

**1. BPatGE 35, 40 – Jeannette**
Einreden nach § 43 Abs. 1 S. 1 und 2 als getrennte und sich jeweils ausschließende Tatbestände.

**2. BPatG, Beschluß vom 30. März 1995, 25 W (pat) 55/93 – BONGO**
Eine am 30. März 1995 erhobene und auf § 43 Abs. 1 S. 2 gestützte Nichtbenutzungseinrede ist nicht verspätet.

**3. BPatG, Beschluß vom 31. März 1995, 32 W (pat) 262/95 – Blendi**
Der Zeitraums von fünf Jahren der Nichtbenutzung ist als Benutzungsschonfrist auszulegen.

**4. BPatGE 35, 226 – BIO**
Einreden nach § 43 Abs. 1 S. 1 und 2 als getrennte und sich jeweils ausschließende Tatbestände.

**5. BPatGE 36, 1 – CHARRIER**
Zur Widerspruchsberechtigung.

**6. BPatGE 38, 176 – Humana**
Zur Frage der Aussetzung eines Widerspruchsverfahrens, wenn der Anmelder Antrag auf Löschung der Widerspruchsmarke wegen absoluter Schutzhindernisse gestellt hat.

**7. BPatG GRUR 1996, 414 – DRAGON**
Zurückweisung der Nichtbenutzungseinrede in der mündlichen Verhandlung wegen Verspätung entsprechend §§ 523 iVm 296 Abs. 2, 282 Abs. 2 ZPO, nachdem die Einrede zumindest mit der Beschwerde hätte geltend gemacht werden können.

**8. BPatGE 36, 204 – LAILIQUE**
Zur Wirksamkeit von Präklusionsvorschriften bei nichtanwaltlicher Vertretung vor dem BPatG.

**9. BPatGE 37, 1 – S. OLIVER**
Keine Verhinderung der Zurückweisung der Nichtbenutzungseinrede als verspätet durch Gewährung einer Schriftsatzfrist gem. § 283 ZPO.

**10. BPatGE 37, 114 – ETOP**
Zur Nichtbenutzungseinrede im Falle des Nichterscheinens des Widersprechenden zur mündlichen Verhandlung.

**11. BPatGE 38, 102 – bonjour**
Sämtliche vorgelegten Unterlagen zur Glaubhaftmachung sind im Zusammenhang zu sehen.

**12. BPatG, Beschluß vom 28. April 1997, 30 W (pat) 181/96 – VISIT**
Zu den Mitteln der Glaubhaftmachung.

**13. BPatG, Beschluß vom 8. Januar 1998, 25 W (pat) 13/96 – Cefopor**
Zur hilfsweise und unzulässig nur bedingt erhobenen Nichtbenutzungseinrede.

**14. BPatGE 40, 26 – KIMLADY**
Zur verpäteten Erhebung der Nichtbenutzungseinrede wenige Tage vor der mündlichen Verhandlung.

**15. BPatGE 40, 127 – Ruoc**
Zur Verspätung einer kurz vor der mündlichen Verhandlung erhobenen Nichtbenutzungseinrede.

**16. BGH GRUR 1998, 938 – DRAGON**
Zur kumulativen Anwendung von § 43 Abs. S. 1 und 2.

**17. BGH GRUR 1999, 54 – Holtkamp**
Zur kumulativen Anwendung von § 43 Abs. S. 1 und 2.

## A. Allgemeines

### I. Rechtsfolgen der Nichtbenutzung

1   Das MarkenG regelt den *Benutzungszwang als eine Schranke des Markenschutzes* im Sinne der Vorschriften von Abschnitt 4 des MarkenG (§§ 20 bis 26). Das *materielle Recht* des Benutzungszwangs regeln im wesentlichen die Vorschriften der §§ 25 und 26, das *Verfahrensrecht* des Benutzungszwangs enthalten die Vorschriften der §§ 43 Abs. 1, 49 und 55. Folge der Nichtbenutzung einer eingetragenen Marke ist nicht ipso iure der Verlust des Markenrechts. Der Benutzungszwang stellt eine rechtliche Obliegenheit dar. Der Inhaber der eingetragenen Marke erleidet Rechtsnachteile im Falle der Nichtbenutzung der Marke. § 25 regelt den Ausschluß des Unterlassungsanspruchs und des Schadensersatzanspruchs nach § 14 sowie weiterer Ansprüche (zur Art der ausgeschlossenen Ansprüche s. § 25, Rn 2f.) des Markeninhabers gegen Dritte bei mangelnder Benutzung der Marke. Nach § 49 Abs. 1 S. 1 stellt die Nichtbenutzung der Marke nach dem Tag der Eintragung innerhalb eines ununterbrochenen Zeitraums von fünf Jahren einen Löschungsgrund dar. Der Verfall der Marke wegen Nichtbenutzung kann nach § 49 Abs. 1 S. 2 aber dann nicht geltend gemacht werden (Heilung der Nichtbenutzung), wenn vor der Stellung eines Löschungsantrags die Aufnahme der Benutzung erfolgt. Wegen des Verfalls der Marke kann Löschungsklage vor den ordentlichen Gerichten nach § 55 erhoben werden. Im *Widerspruchsverfahren* hat der Widersprechende als Inhaber einer eingetragenen Marke mit älterem Zeitrang nach § 43 Abs. 1 auf Bestreiten die Benutzung der Widerspruchsmarke durch den Widerspruchsgegner die *Benutzung der Widerspruchsmarke glaubhaft zu machen*. Weder erfolgt die Löschung einer nicht benutzten Marke von Amts wegen, noch ist die Nichtbenutzung einer Marke in einem Verfahren in Markenangelegenheiten von Amts wegen zu berücksichtigen.

2   Die rechtlichen Anforderungen an eine rechtserhaltende Benutzung bestimmen sich allgemein nach § 26. Der *Tatbestand der Nichtbenutzung* ist dann gegeben, wenn die Marke für die eingetragenen Waren oder Dienstleistungen im Inland nicht ernsthaft benutzt wird und berechtigte Gründe für die Nichtbenutzung nicht vorliegen. Die Benutzung der Marke kann durch den Markeninhaber selbst (§ 26 Abs. 1) oder mit Zustimmung des Markeninhabers durch einen Dritten (§ 26 Abs. 2) oder bei einer Kollektivmarke durch mindestens eine hierzu befugte Person oder durch den Inhaber der Kollektivmarke selbst (§ 100 Abs. 2) erfolgen.

## II. Regelungsübersicht

§ 43 Abs. 1 regelt die *Geltendmachung der mangelnden Benutzung* im Widerspruchsverfahren. Nach dieser Vorschrift hat der Widersprechende als der Inhaber einer eingetragenen Marke mit älterem Zeitrang die *rechtserhaltende Benutzung der Widerspruchsmarke* auf Bestreiten des Widerspruchsgegners als des Inhabers einer eingetragenen Marke mit jüngerem Zeitrang *glaubhaft zu machen*. Die Widerspruchsmarke muß innerhalb der letzten fünf Jahre vor der Veröffentlichung der Eintragung der Marke, gegen deren Eintragung der Widerspruch sich richtet (angegriffene Marke), benutzt worden sein, sofern die Widerspruchsmarke zu diesem Zeitpunkt seit mindestens fünf Jahren eingetragen ist. Wenn der *Zeitraum von fünf Jahren der Nichtbenutzung* nach der Veröffentlichung der Eintragung der angegriffenen Marke endet, dann hat der Widersprechende nach § 43 Abs. 1 S. 2 glaubhaft zu machen, daß die Widerspruchsmarke innerhalb der letzten fünf Jahre vor der Entscheidung über den Widerspruch benutzt worden ist. Bei der Widerspruchsentscheidung werden nach § 43 Abs. 1 S. 3 nur die Waren oder Dienstleistungen berücksichtigt, für die die Benutzung der Widerspruchsmarke glaubhaft gemacht worden ist.

3

Die Regelung des § 43 Abs. 1 entspricht Art. 11 Abs. 2 MarkenRL, nach dem die Mitgliedstaaten vorsehen können, daß die Eintragung einer Marke wegen Nichtbenutzung zurückgewiesen werden kann. Die Regelung des § 43 Abs. 1, nach der sich der Widerspruch nicht gegen die Anmeldung der kollidierenden Marke, sondern gegen die erfolgte Eintragung der angegriffenen Marke richtet, beruht auf der Ausgestaltung des nachgeschalteten Widerspruchsverfahrens nach § 42 (s. § 42, Rn 6).

4

## III. Rechtsänderungen

In der Nachschaltung des Widerspruchsverfahrens (s. § 42, Rn 6) liegt ein Unterschied der Regelung zu der entsprechenden Vorschrift des § 5 Abs. 7 WZG. Ein wesentlicher Unterschied zur Rechtslage im WZG besteht zudem darin, daß das Vorliegen berechtigter Gründe für die Nichtbenutzung nach § 26 Abs. 1 nicht erst im Löschungsverfahren, wie nach der Rechtslage im WZG, sondern nach der Rechtslage im MarkenG bereits im Widerspruchsverfahren zu berücksichtigen ist. Eine gegenüber der Rechtslage im WZG neue Regelung enthält auch § 43 Abs. 1 S. 2 für die Fallkonstellationen, in denen der fünfjährige Zeitraum der Nichtbenutzung der Widerspruchsmarke erst nach der Veröffentlichung der Eintragung der angegriffenen Marke und damit während der Widerspruchsfrist oder im Verlauf des Widerspruchsverfahrens abläuft. Nach der Rechtslage im WZG war in diesen Fallkonstellationen der Anmelder einer angegriffenen Marke auf die Erhebung der Eintragungsbewilligungsklage (§ 6 Abs. 2 WZG) oder der Löschungsklage wegen mangelnder Benutzung (§ 11 Abs. 1 Nr. 4 WZG) verwiesen. Nach der Rechtslage im MarkenG kann der Inhaber der angegriffenen Marke den Widerspruch auch dann abwehren, wenn der fünfjährige Zeitraum der Nichtbenutzung der Widerspruchsmarke nach der Veröffentlichung der Eintragung der angegriffenen Marke abläuft. Diese Regelung entspricht der für das Verletzungsverfahren geltenden Vorschrift des § 25 Abs. 2 und der für das Löschungsverfahren geltenden Vorschrift des § 55 Abs. 3.

5

## IV. Übergangsrecht

Wegen der Nachschaltung des Widerspruchsverfahrens an die Eintragung der angemeldeten Marke (s. § 42, Rn 6) sind *Übergangsregelungen* für solche vor dem Inkrafttreten des MarkenG angemeldete Marken erforderlich, deren Prüfung auf absolute Schutzhindernisse zwar abgeschlossen ist, die aber noch nicht in das Register eingetragen worden sind. Dabei sind zwei Fallkonstellationen zu unterscheiden. § 157 regelt die Fälle, in denen vor dem 1. Januar 1995 zwar die Bekanntmachung einer Anmeldung nach § 5 Abs. 1 WZG schon beschlossen worden war, die angemeldete Marke aber *noch nicht bekannt gemacht* worden ist (s. § 157, Rn 2). § 158 enthält Übergangsregelungen für die Fälle, in denen eine Anmeldung nach § 5 Abs. 2 WZG oder eine beschleunigte Eintragung nach den §§ 6 a Abs. 3 iVm 5 Abs. 2 WZG vor dem 1. Januar 1995 *bereits bekannt gemacht* worden ist (s. § 158, Rn 10 f.).

6

## B. Einrede der Nichtbenutzung der Widerspruchsmarke (§ 43 Abs. 1)

### I. Bestreiten der Benutzung

7  Wie in allen Verfahren in Markenangelegenheiten erfolgt auch im Widerspruchsverfahren keine Prüfung der rechtserhaltenden Benutzung einer Marke von Amts wegen. Ob eine rechtserhaltende Benutzung der Widerspruchsmarke vorliegt, wird im Widerspruchsverfahren nur dann geprüft, wenn der Inhaber der angegriffenen Marke die Benutzung der Widerspruchsmarke *bestreitet* (§ 43 Abs. 1 S. 1). Die Nichtbenutzung der Widerspruchsmarke muß im Wege der *Einrede* geltend gemacht werden. Ausreichend ist, wenn der Inhaber der angegriffenen Marke als Widerspruchsgegner die Nichtbenutzung der Widerspruchsmarke behauptet. Der Wortlaut des Gesetzes (bestreiten) besagt nur, daß der *Nachweis der Benutzung dem Widersprechenden obliegt*. Der Wille des Widerspruchsgegners, die Benutzung der Widerspruchsmarke zu bestreiten, muß *eindeutig* erklärt werden (BPatGE 32, 98 – SEDRESIN). Allgemeine Ausführungen des Inhabers der angegriffenen Marke zur Widerspruchsmarke im Zusammenhang mit der Erörterung der Verwechslungsgefahr genügen nicht (BPatGE 25, 53). Da die Nichtbenutzung der Widerspruchsmarke vom Inhaber der angegriffenen Marke im Wege der Einrede geltend gemacht werden muß, ist es nicht erforderlich, daß der Widersprechende bei der Begründung seines Widerspruchs von vornherein behauptet, er habe die Widerspruchsmarke benutzt. In der Erhebung eines Widerspruchs liegt nicht konkludent die Behauptung der Benutzung der Widerspruchsmarke.

8a  Der Inhaber der angegriffenen Marke kann die Einrede der mangelnden Benutzung der Widerspruchsmarke grundsätzlich *in jedem Verfahrensstadium,* und zwar auch erst in der *Beschwerdeinstanz* erheben, es sei denn, daß das Bestreiten der Benutzung als verspätet zurückzuweisen ist (BPatGE 17, 151, 153 – Anginfant; 19, 202, 203; 23, 158, 161 – FLUDEX; BPatG GRUR 1994, 629, 630 – Duotherm; s. Rn 8b). Wenn die Benutzung im erstinstanzlichen Verfahren nur *für einen Teil der Waren oder Dienstleistungen* der Widerspruchsmarke bestritten wird, dann kann die Einrede der Nichtbenutzung im Beschwerdeverfahren noch *auf andere Waren oder Dienstleistungen ausgedehnt* werden (BPatGE 23, 158, 161 – FLUDEX). Wenn der Inhaber der angegriffenen Marke die Einrede der mangelnden Benutzung während des Widerspruchsverfahrens *zurücknimmt,* dann ist die Benutzung nicht mehr zu prüfen. Ein gerichtliches *Geständnis* der Benutzung macht die Prüfung einer rechtserhaltenden Benutzung im Rechtssinne nicht gegenstandslos; der Rechtsbegriff der Benutzung im Sinne von § 26 ist einem gerichtlichen Geständnis nicht zugänglich (BPatGE 23, 158, 162 – FLUDEX).

8b  Da die Frage der Benutzung einer Marke im Widerspruchsverfahren dem Beibringungs- und Verhandlungsgrundsatz unterliegt und damit eine Ausnahme von dem das patentamtliche und patentgerichtliche Verfahren ansonsten beherrschenden Grundsatz darstellt, daß der Sachverhalt von Amts wegen zu erforschen und das Vorbringen der Beteiligten bis zum Erlaß der Entscheidung in jeder Lage des Verfahrens zu berücksichtigen ist (s. dazu §§ 59, Rn 1; 73, Rn 1), sind dann, wenn die Nichtbenutzungseinrede nach § 43 Abs. 1 erstmals im Beschwerdeverfahren erhoben wird, die für die Zulassung neuer Angriffs- und Verteidigungsmittel im Berufungsverfahren geltenden Vorschriften der ZPO entsprechend anzuwenden (BGH GRUR 1998, 938 – DRAGON). Die Erhebung der Einrede der mangelnden Benutzung nach § 43 Abs. 1 kann wegen *grober Nachlässigkeit* des Inhabers der angegriffenen Marke und wegen *Verzögerung des Verfahrens* zurückgewiesen werden. Eine Verfahrensverzögerung wird im Widerspruchsverfahren selten gegeben sein. Die Nichtbenutzungseinrede wird *als verspätet zurückgewiesen,* wenn sie entweder bereits im patentamtlichen Widerspruchsverfahren oder zumindest mit der Einlegung der Beschwerde hätte geltend gemacht werden können, tatsächlich jedoch erstmals in der mündlichen Verhandlung vor dem Beschwerdegericht vorgebracht wird, sofern die Berücksichtigung der Nichtbenutzungseinrede das Gericht dazu zwingen würde, seine Entscheidung zu vertagen (zur Nichtzulassung der vorinstanzlich möglichen Nichtbenutzungseinrede nach den §§ 528 Abs. 2, 282 Abs. 2 ZPO iVm 82 bzw Zurückweisung der erst im Beschwerdeverfahren möglichen Nichtbenutzungseinrede nach den §§ 523, 282 Abs. 2, 296 Abs. 2 ZPO iVm 82 s. BPatG GRUR 1996, 414 – DRAGON; BGH GRUR 1998, 938 – DRAGON; zur verspäteten

Erhebung der Nichtbenutzungseinrede wenige Tage vor der mündlichen Verhandlung s. BPatGE 40, 26 – KIMLADY; zur Streitigkeit der tatsächlichen Benutzungslage der Widerspruchsmarke als Erfordernis einer Zurückweisung wegen Verspätung und Verfahrensverzögerung s. BPatGE 40, 127 – Ruoc). Auch eine mit der *Anschlußbeschwerde* erhobene Nichtbenutzungseinrede kann als verspätet zurückgewiesen werden (BPatGE 37, 1 – S. OLIVER). Im Falle des Nichterscheinens des Widersprechenden zur mündlichen Verhandlung, in der erstmals die Nichtbenutzungseinrede erhoben wird, scheidet, da es an einer Verfahrensverzögerung mangelt, eine Zurückweisung als verspätet aus; es ist zu entscheiden und der Widerspruch zurückzuweisen (BPatGE 37, 114 – ETOP). Die Zurückweisung als verspätet durch *Gewährung einer Schriftsatzfrist* nach § 283 ZPO zu verhindern, wird vom BPatG nicht ermöglicht (BPatGE 37, 1 – S. OLIVER). Zu einer Verfahrensverzögerung kann es erst dann kommen, wenn der Widersprechende eine rechtserhaltende Benutzung geltend macht und es zu einem Glaubhaftmachungsverfahren kommt; dies kann nicht in einem nachgelassenen Schriftsatz durchgeführt werden (BPatGE 40, 127 – Ruoc). Die Präklusionsvorschriften, wie namentlich § 282 Abs. 2 ZPO, gelten im markenrechtlichen Verfahren vor dem DPMA und vor dem BPatG, in dem kein Anwaltszwang besteht, nicht nur, wenn der Anmelder anwaltlich vertreten ist (so BPatG GRUR 1996, 414 – DRAGON), sondern wegen der besonderen Ausgestaltung des patentgerichtlichen Verfahrens auch dann, wenn eine anwaltliche Vertretung nicht gegeben ist (BPatGE 36, 204 – LAILIQUE).

## II. Glaubhaftmachung der Benutzung

**Schrifttum zum WZG.** *Schwanhäusser*, Zur Glaubhaftmachung der Benutzung des Widerspruchszeichens, Mitt 1981, 196; *Tauchner*, Glaubhaftmachung der Benutzung des Widerspruchszeichens, Mitt 1981, 99; *Winkler*, Die Glaubhaftmachung der rechtserhaltenden Benutzung gemäß §§ 5 Abs. 7 WZG, 294 Abs. 1 ZPO, MA 1984, 329.

**Schrifttum zum MarkenG.** *Scherer*, Das Beweismaß bei der Glaubhaftmachung, 1996.

### 1. Kursorisches Verfahren

In der Beweislehre, deren Gegenstand das *Maß an Überzeugung* ist, das bei einer rechtsanwendenden Instanz (Gericht oder Behörde) über die zur Anwendung von Rechtsnormen festzustellenden Tatsachen vorhanden sein muß, wird zwischen *Beweis* und *Glaubhaftmachung* unterschieden (s. nur *Rosenberg/Schwab/Gottwald*, Zivilprozeßrecht, § 112; *Arens/Lüke*, Zivilprozeßrecht, Rn 256 ff.; *Baur*, Zivilprozeßrecht, Rn 165 ff.; *MünchKomm/Prütting*, § 284 ZPO, Rn 7f.). Unter *Beweis* ist die *volle Überzeugung von den festzustellenden Tatsachen* zu verstehen, die eine nur überwiegende Wahrscheinlichkeit nicht genügt. Eine solche Gewißheit besteht bei einem jeden vernünftigen Zweifel ausschließenden Grad von Wahrscheinlichkeit (s. nur BGHZ 53, 245, 255). Wenn das Gesetz die *Glaubhaftmachung von Tatsachen* vorsieht, begnügt es sich mit einem *geringeren Grad von Überzeugung*. Bei der Glaubhaftmachung ist ausreichend, wenn die rechtsanwendende Instanz von der guten Möglichkeit des Geschehens überzeugt ist. Der Glaubhaftmachung genügt ein *gewisses Maß von Wahrscheinlichkeit,* das die Möglichkeit des Gegenteils nicht ausschließt. Da nach § 43 Abs. 1 S. 1 die Glaubhaftmachung der Benutzung der Widerspruchsmarke genügt, handelt es sich bei der Feststellung einer rechtserhaltenden Benutzung im Widerspruchsverfahren um eine Prüfung nur *kursorischer* Art (BGH GRUR 1981, 53, 55 – Arthrexforte). In den Verfahren vor den ordentlichen Gerichten, wie der Eintragungsbewilligungsklage, der Löschungsklage und der Verletzungsklage, ist der Beweis der rechtserhaltenden Benutzung erforderlich. Die im Widerspruchsverfahren zur Glaubhaftmachung einer rechtserhaltenden Benutzung getroffenen Feststellungen sind für das ordentliche Gericht im Verfahren über die auf die Löschungsreife wegen Nichtbenutzung gestützten Eintragungsbewilligungsklage nicht bindend (BGH GRUR 1981, 53, 55 – Arthrexforte). Auch gegen eine *rechtsmißbräuchliche* Geltendmachung der Widerspruchsmarke kann sich der im Widerspruchsverfahren unterlegene Anmelder als Inhaber der angegriffenen Marke nur im Verfahren der Eintragungsbewilligungsklage nach § 44 wehren. Deshalb ist die Eintragungsbewilligungsklage auch bereits vor Abschluß des Widerspruchsverfahrens zulässig, wenn sie bei unterstellter Verwechslungsgefahr der Kollisionszeichen aufgrund der behaupteten Löschungsreife der Widerspruchsmarke wegen Nichtbenutzung zum Erfolg führen kann (BGH GRUR 1981, 53, 55 – Arthrexforte).

## 2. Mittel der Glaubhaftmachung

10 Der Widersprechende kann sich zur Glaubhaftmachung einer rechtserhaltenden Benutzung der Widerspruchsmarke *aller Beweismittel* (Augenschein, Zeugen, Sachverständige, Parteivernehmung, Urkunden) bedienen. Zur Glaubhaftmachung ist auch die *Versicherung an Eides Statt* zugelassen (§ 294 Abs. 1 ZPO), die ansonsten kein zulässiges Beweismittel darstellt. Der Verfahrensbevollmächtigte des Markeninhabers kann hinsichtlich der Umsatzzahlen eine eidesstattliche Versicherung abgeben und diese Angaben als auf eigenem Wissen beruhend bezeichnen, ohne in jedem einzelnen Fall entsprechend darzulegen, wie dieses Wissen erlangt ist (BPatG, Beschluß vom 28. April 1997, 30 W (pat) 181/96 – VISIT). Das DPMA kann nach § 60 Abs. 1 jederzeit die Beteiligten laden und anhören, Zeugen, Sachverständige und Beteiligte vernehmen und andere zur Aufklärung der Sache erforderliche Ermittlungen anstellen; dazu gehören auch die Einholung von Auskünften aller Art, von schriftlichen Äußerungen der Beteiligten, Sachverständigen und Zeugen, die Beiziehung von Akten und Urkunden sowie die eidesstattliche Versicherung. Bei der *Bewertung einer eidesstattlichen Versicherung* des Widerspruchsführers, die bei der Glaubhaftmachung einer rechtserhaltenden Benutzung im Widerspruchsverfahren regelmäßig vorgelegt wird, ist jedenfalls dann Vorsicht geboten, wenn die Umstände für eine leichtfertige Abgabe sprechen, etwa der Inhalt der eidesstattlichen Versicherung in sich widersprüchlich ist (s. dazu BGH VersR 1986, 59). Zur Glaubhaftmachung reicht eine eidesstattliche Versicherung dann nicht aus, wenn sie keine eigene Sachdarstellung enthält, sondern nur auf einen anwaltlichen Schriftsatz Bezug nimmt (BGH NJW 1988, 2045, 2046). Die Glaubhaftmachung kann nach § 294 Abs. 2 ZPO nur mit solchen Beweismitteln erfolgen, die sofort verfügbar sind (*präsente Beweismittel*). Die zur Glaubhaftmachung angebotenen Beweismittel müssen in einer sofortigen Beweisaufnahme ohne Vertagung verwertbar sein (BPatGE 19, 202). Für die Glaubhaftmachung kommen etwa auch *Rechnungen, Lieferscheine, Preislisten, Prospekte* und *sonstiges Werbematerial* in Betracht. Diesen Unterlagen kommt zwar kein Urkundencharakter im Sinne der Privaturkunden mit Beweiskraft nach § 416 ZPO zu, sie sind aber als Anlagen einer eidesstattlichen Versicherung zur Erläuterung und Ergänzung rechtserheblich (BPatGE 24, 109, 111 – FOSECID; BPatG Mitt 1984, 97 – Plattoplast). Sämtliche vorgelegten Glaubhaftmachungsunterlagen sind im Zusammenhang zu sehen (BPatG Mitt 1985, 19 – THROMBEX) und auf etwaige Widersprüche hin zu bewerten (BPatG Mitt 1984, 97 – Plattoplast; BPatGE 33, 228 – Lahco; BPatGE 38, 102 – bonjour). Die Vorlage der Eintragung einer Arzneimittelmarke in die Rote Liste, verbunden mit der Angabe von Umsatzzahlen, wurde als zur Glaubhaftmachung ausreichend regelmäßig nur dann beurteilt, wenn weitere Unterlagen der Glaubhaftmachung vorgelegt wurden (BPatG Mitt 1976, 217 – RUBIA). Die Glaubhaftmachung einer rechtserhaltenden Benutzung bedarf der Angaben über die *Art*, den *Umfang* und die *Dauer der Benutzung*. Eine Benutzung wird nur dann als glaubhaft gemacht angesehen, wenn die Unterlagen über die Art der Markenverwendung mit ausreichenden Angaben über den Umfang und die Zeit des Warenvertriebs verbunden werden; die Vorlage eines innerhalb der Benutzungsfrist gedruckten Prospekts mit der Abbildung der die Widerspruchsmarke tragenden Ware wurde für sich allein noch nicht als zur Glaubhaftmachung der bestrittenen Benutzung der Widerspruchsmarke genügend beurteilt (BPatG GRUR 1994, 629 – Duotherm). Alle unaufgeklärten Zweifel an einer rechtserhaltenden Benutzung gehen im Widerspruchsverfahren zu Lasten des darlegungspflichtigen Widersprechenden (BPatG Mitt 1984, 236, 237 – ALBATRIN). Der Widersprechende kann sich auch nicht darauf berufen, Probleme im Verhältnis zu seinem die Widerspruchsmarke benutzenden Lizenznehmer hinderten ihn an der Vorlage ausreichender Unterlagen, weil derartige Schwierigkeiten ausschließlich in seinem eigenen Einflußbereich und damit Risikobereich als Lizenzgeber liegen und deshalb von ihm zu vertreten sind (BPatG GRUR 1994, 629 – Duotherm).

## 3. Produktbezug der Glaubhaftmachung

11 Die Glaubhaftmachung einer rechtserhaltenden Benutzung der Widerspruchsmarke muß sich auf die Benutzung der Marke für die eingetragenen Waren oder Dienstleistungen be-

ziehen, auf die der Widerspruch gestützt wird. Nur auf diese Produkte kommt es bei der Feststellung der Verwechslungsgefahr der Kollisionszeichen an. Bei der Entscheidung über den Widerspruch werden deshalb nach § 43 Abs. 1 S. 3 nur die Waren oder Dienstleistungen berücksichtigt, für die die Benutzung glaubhaft gemacht worden ist (s. zum Teilwiderspruch § 42, Rn 64).

### 4. Rechtserhaltende Benutzung

Das Vorliegen einer rechtserhaltenden Benutzung bestimmt sich nach § 26. Anders als nach der Rechtslage im WZG kann der Widersprechende nach der Rechtslage im MarkenG im Widerspruchsverfahren auch die *berechtigten Gründe für die Nichtbenutzung* der Widerspruchsmarke im Wege der Glaubhaftmachung geltend machen (s. § 26, Rn 48).

### 5. Verfahren

**a) Vorsorgliche Glaubhaftmachung.** Wenn zwischen den Kollisionsmarken keine Verwechslungsgefahr besteht, dann wird die Markenstelle den Widerspruch zurückweisen, ohne daß es einer Prüfung der bestrittenen Benutzung der Widerspruchsmarke bedarf. Wenn der Widersprechende gegen die Zurückweisung seines Widerspruchs Rechtsmittel einlegt, dann kommt es auf die Glaubhaftmachung einer rechtserhaltenden Benutzung an, wenn im Erinnerungsverfahren oder im Beschwerdeverfahren das Vorliegen einer Verwechslungsgefahr angenommen wird. Der Widersprechende sollte im Widerspruchsverfahren deshalb zumindest vorsorglich die Glaubhaftmachung der rechtserhaltenden Benutzung der Widerspruchsmarke anbieten. Wenn ein *vorsorgliches Angebot der Glaubhaftmachung* vorliegt, wird der Erinnerungsprüfer oder das Beschwerdegericht, wenn die rechtserhaltende Benutzung der Widerspruchsmarke für rechtserheblich gehalten wird, eine Frist zur Einreichung der Unterlagen zur Glaubhaftmachung der rechtserhaltenden Benutzung setzen. Ohne ein solches vorsorgliches Angebot der Glaubhaftmachung besteht für den Widersprechenden die Gefahr, daß die Erinnerung oder Beschwerde wegen fehlender Glaubhaftmachung einer rechtserhaltenden Benutzung der Widerspruchsmarke zurückgewiesen wird (BPatGE 22, 211; *Tauchner*, Mitt 1981, 99; *Schwanhäusser*, Mitt 1981, 196). Das ist eine Folge des Parteiverfahrens hinsichtlich der Prüfung einer rechtserhaltenden Benutzung der Widerspruchsmarke. Anders liegt es, wenn der Erstprüfer die Benutzung der Widerspruchsmarke aufgrund der zur Glaubhaftmachung vorgelegten Unterlagen anerkennt, die tatsächlichen Grundlagen der Benutzung im Erinnerungsverfahren nicht bestritten werden, der Erinnerungsprüfer aber die Glaubhaftmachung der Benutzung für nicht ausreichend hält. In einem solchen Fall muß der Erinnerungsprüfer dem Widersprechenden nach § 59 Abs. 2 Gelegenheit zur Ergänzung seines Vortrages geben, um die Erhebung einer Beschwerde möglichst zu vermeiden (BPatGE 24, 241, 245 – Fluicil). Auch wenn der Erstprüfer den Widerspruch wegen fehlender Verwechslungsgefahr zurückweist und der Widersprechende nunmehr von sich aus Unterlagen zur Glaubhaftmachung vorlegt, die der Erinnerungsprüfer jedoch für unzureichend hält, ist es sachgerecht, den Widersprechenden zur Ergänzung der Unterlagen zur Glaubhaftmachung aufzufordern, da die Frage der rechtserhaltenden Benutzung erst im Erinnerungsverfahren rechtserheblich geworden ist (BPatG Mitt 1983, 38 – FAMARIT/FAMA; kritisch *Winkler*, MA 1984, 329). Es besteht jedoch nicht in jedem Fall Anlaß, den Widersprechenden zur Ergänzung seines Vortrags zur Glaubhaftmachung der Benutzung nach § 59 Abs. 2 zu veranlassen. Eine *hilfsweise* und nur *bedingt erhobene* Nichtbenutzungseinrede wird vom BPatG wegen der Bedingungsfeindlichkeit von Verfahrenshandlungen, die nicht nur innerprozessuale Vorgänge betreffen, für *unzulässig* gehalten (BPatG, Beschluß vom 8. Januar 1998, 25 W (pat) 13/96 – Cefopor).

**b) Positive Glaubhaftmachung.** Wenn dem Widersprechenden die Glaubhaftmachung einer rechtserhaltenden Benutzung der Widerspruchsmarke für die Waren oder Dienstleistungen, auf die der Widerspruch gestützt ist, gelingt, dann hat das DPMA über die Markenkollision und damit über die Widerspruchsgründe nach § 42 Abs. 2 Nr. 1 bis 3, wie namentlich über das Vorliegen von Verwechslungsgefahr, zu entscheiden. Die Beschränkung der Prüfung einer rechtserhaltenden Benutzung der Widerspruchsmarke auf das der *Glaubhaftmachung genügende Maß an Überzeugung* (s. Rn 9) kann zur Folge haben, daß eine tatsächlich nicht rechtserhaltend benutzte Widerspruchsmarke berücksichtigt und die Eintragung der angegriffenen Marke gelöscht wird. Wenn nunmehr der Inhaber der angegriffenen

Marke im Wege der Eintragungsbewilligungsklage gegen den Widersprechenden nach § 44 Abs. 1 geltend macht, daß ihm trotz der Löschung der Eintragung nach § 43 ein Anspruch auf die Eintragung zusteht, dann kommt es auf den Nachweis der rechtserhaltenden Benutzung der Widerspruchsmarke an; an die Feststellung der Widerspruchsgründe wie namentlich der Verwechslungsgefahr ist das Gericht gebunden (s. § 44, Rn 3). Da anders als nach der Rechtslage im WZG die berechtigten Gründe einer Nichtbenutzung der Widerspruchsmarke schon im Widerspruchsverfahren zu berücksichtigen sind, sind diese berechtigten Gründe zwar nicht erstmals Prüfungsgegenstand der Eintragungsbewilligungsklage, doch genügt nunmehr nicht mehr nur die Glaubhaftmachung, sondern es ist der Beweis der berechtigten Gründe einer Nichtbenutzung der Widerspruchsmarke erforderlich. Die Rechtslage im Verhältnis des Widerspruchsverfahrens zur Eintragungsbewilligungsklage nach § 44 ist vergleichbar dem Verhältnis zur Löschungsklage des Inhabers der angegriffenen Marke auf Löschung der Widerspruchsmarke wegen Verfalls nach den §§ 49, 55.

**15**  c) **Negative Glaubhaftmachung.** Wenn dem Widersprechenden die Glaubhaftmachung einer rechtserhaltenden Benutzung der Widerspruchsmarke nicht gelingt, dann wird der Widerspruch zurückgewiesen und die Eintragung der angegriffenen Marke nicht gelöscht (§ 43 Abs. 2 S. 2). Der Widersprechende kann im Wege der Löschungsklage nach den §§ 51, 55 eine umfassende Prüfung der Benutzungslage erreichen. Anders als nach der Rechtslage im WZG kommt diesem Vorgehen nach der Rechtslage im MarkenG deshalb eine geringere Bedeutung zu, da die berechtigten Gründe einer Nichtbenutzung der Widerspruchsmarke schon im Widerspruchsverfahren berücksichtigt werden (s. dazu Rn 12). Die Zurückweisung des Widerspruchs berührt nicht den Rechtsbestand der Widerspruchsmarke. Eine Löschung der Widerspruchsmarke wegen Verfalls nach § 49 kann auf Antrag im patentamtlichen Verfahren nach § 53 oder im Löschungsverfahren vor den ordentlichen Gerichten nach § 55 erfolgen.

### III. Benutzungsfrist

#### 1. Zwei Arten der Fristberechnung nach § 43 Abs. 1 S. 1 und 2

**16a**  a) **Fünfjahreszeitraum der Nichtbenutzung.** Die *Benutzungsfrist* beträgt *fünf Jahre* (s. im einzelnen zur Berechnung der Benutzungsfrist § 25, Rn 9 ff.). Wenn die prioritätsältere Widerspruchsmarke im Zeitpunkt der Veröffentlichung der Eintragung der angegriffenen Marke seit mindestens fünf Jahren eingetragen ist, dann hat der Widersprechende auf *Einrede des Inhabers der angegriffenen Marke* nach § 43 Abs. 1 S. 1 die rechtserhaltende Benutzung der Widerspruchsmarke innerhalb der letzten fünf Jahre *vor der Veröffentlichung der Eintragung der angegriffenen Marke* glaubhaft zu machen. Anders als nach der Rechtslage im WZG kann die Einrede der mangelnden Benutzung nach § 43 Abs. 1 S. 2 auch dann erhoben werden, wenn die Fünfjahresfrist erst *nach der Veröffentlichung der Eintragung der angegriffenen Marke* und damit während der Widerspruchsfrist oder im Verlauf des Widerspruchsverfahrens endet. In diesem Fall muß der Widersprechende auf *Einrede des Inhabers der angegriffenen Marke* glaubhaft machen, daß die Widerspruchsmarke innerhalb der letzten fünf Jahre *vor der Entscheidung über den Widerspruch* rechtserhaltend benutzt worden ist.

**16b**  b) **Erneuter Fristablauf.** Wenn die Benutzung innerhalb der Frist des § 43 Abs. 1 S. 1 glaubhaft gemacht wird, und wenn während des Verlaufs des Widerspruchsverfahrens *erneut ein Fünfjahreszeitraum* zwischen den Zeitpunkten der glaubhaft gemachten Benutzung und der Entscheidung über den Widerspruch abläuft, dann ist die Benutzung innerhalb der Frist des § 43 Abs. 1 S. 2 erneut glaubhaft zu machen, da es sich um den *Ablauf einer neuen Benutzungsfrist* handelt, innerhalb deren die Löschungsreife eingetreten ist. Die Nichtbenutzungseinrede ist auch für diese erneut eingetretene Löschungsreife erhoben, es sei denn, der Widerspruchsgegner habe die Nichtbenutzungseinrede nicht aufrecht erhalten. Das Widerspruchsverfahren stellt für den Widersprechenden auch keinen berechtigten Grund für eine Nichtbenutzung dar, da selbst der Angriff eines Dritten auf den Bestand des Markenrechts in die Risikosphäre des Rechtsinhabers gehört (s. zur Verletzungsklage HansOLG Hamburg GRUR 1988, 914 – Lip-Kiss; s. § 26, Rn 44).

**c) Verhältnis der Fünfjahreszeiträume.** In § 43 S. 1 und 2 werden nicht zwei verschiedene Arten von Nichtbenutzungseinreden normiert, sondern die Vorschrift regelt *zwei verschiedene Arten der Fristberechnung* der fünfjährigen Benutzungsfrist. Die Berechnung des die Löschungsreife konstituierenden Fünfjahreszeitraums richtet sich nach der Art und dem Stand des Verfahrens, in dem es auf die rechtserhaltende Benutzung der eingetragenen Marke ankommt (s. § 25, Rn 9 ff.). Folge der verfahrensspezifischen Fristberechnung sind verschiedene Fünfjahreszeiträume der Benutzungsfrist, sowie eine mögliche Überlagerung der verschiedenen Fünfjahreszeiträume. Die dogmatisch fehlsame Vorstellung von zwei zu unterscheidenden Nichtbenutzungseinreden (*Althammer/Ströbele/Klaka*, § 43 MarkenG, Rn 8 ff., 12 ff.; wohl auch *Kliems*, GRUR 1999, 11) führte zu dem Scheinproblem, ob das Verhältnis der beiden Nichtbenutzungseinreden *alternativ*, weil es sich um *getrennte, sich jeweils ausschließende Tatbestände* handele, zu bestimmen sei (so BPatGE 35, 40, 44 – Jeannette), oder ob eine *Kumulation der Einredealternativen* möglich sei (so *Ingerl/Rohnke*, § 43, Rn 10 f.). Die Vorstellung, es handele sich bei der Regelung des § 43 Abs. 1 S. 1 und 2 um zwei zu unterscheidende Nichtbenutzungseinreden, die als getrennte und sich jeweils ausschließende Tatbestände zu verstehen seien, führte das BPatG zu einer nicht gerechtfertigten Beschränkung der Geltendmachung der Löschungsreife einer Marke. Die Einrede der mangelnden Benutzung nach § 43 Abs. 1 S. 2 sollte nur dann erhoben werden können, wenn die Widerspruchsmarke im Zeitpunkt der Bekanntmachung der Eintragung bzw der Bekanntmachung der angegriffenen Marke noch nicht fünf Jahre eingetragen war. War die fünfjährige Benutzungsfrist der Widerspruchsmarke dagegen im Zeitpunkt der Bekanntmachung der angemeldeten Marke und damit ein Fünfjahreszeitraum schon abgelaufen, dann sollte für den Anmelder nur die Möglichkeit bestehen, die Benutzung der Widerspruchsmarke nach § 43 Abs. 1 S. 1 für den vor dem Bekanntmachungstag liegenden Zeitraum von fünf Jahren zu bestreiten (BPatGE 35, 40, 44 – Jeannette; BPatG GRUR 1996, 414, 415 – DRAGON). Wenn also die Benutzungsfrist bereits vor der Veröffentlichung der angegriffenen Marke abgelaufen war, und deshalb die Benutzung der Widerspruchsmarke nach § 43 Abs. 1 S. 1 bestritten werden konnte, dann sollte kein Raum mehr bestehen für eine zusätzliche, auf § 43 Abs. 1 S. 2 gestützte Einrede mit der Begründung, seit Ablauf der Benutzungsfrist sei im Laufe des Widerspruchsverfahrens erneut ein Zeitraum von fünf Jahren der Nichtbenutzung verstrichen (so auch *Albert*, GRUR 1996, 174, 175 f.; *Althammer/Ströbele/Klaka*, § 43 MarkenG, Rn 13; hiergegen im Ergebnis zu Recht *Ingerl/Rohnke*, § 43 MarkenG, Rn 11; so schon *Meister*, MA 1995, 572, 574 f.; *Füllkrug*, MA 1995, 498, 502 f.; zum Vorschlag für eine Gesetzesänderung s. *Kliems*, GRUR 1999, 11); der Widerspruchsgegner wurde zu Unrecht auf die *Löschungsklage* verwiesen. Entgegen der Rechtsprechung des BPatG kann die Benutzungsfrist als der die Löschungsreife bewirkende Fünfjahreszeitraum der Nichtbenutzung sowohl nach § 43 Abs. 1 S. 1, als auch nach § 43 Abs. 1 S. 2 berechnet werden; die *Fristenregelungen* sind *kumulativ* anzuwenden. Wenn die fünfjährige Benutzungsfrist vor der Veröffentlichung der Eintragung der angegriffenen Marke abgelaufen ist, dann kann der Fünfjahreszeitraum der Nichtbenutzung auch nach § 43 Abs. 1 S. 2 berechnet werden, unabhängig davon, ob die Nichtbenutzungseinrede hinsichtlich des ersten Fünfjahreszeitraums hätte erfolgreich erhoben werden können oder nicht; unberührt von dieser Rechtslage bleibt die *Verspätung* einer Erhebung der Nichtbenutzungseinrede (s. Rn 8 b). Der BGH hat die Rechtsauffassung des BPatG als eine *Verkürzung der Rechte des Anmelders* im Widerspruchsverfahren zurückgewiesen, da der Wortlaut des § 43 Abs. 1 S. 2 auch die in Satz 1 der Vorschrift geregelten Fälle erfasse (BGH GRUR 1998, 938 – DRAGON; 1999, 54, 55 – Holtkamp). Zutreffend geht der BGH davon aus, daß die Einrede der Nichtbenutzung nach § 43 Abs. 1 S. 2 auch dann zulässig ist, wenn die Widerspruchsmarke im Zeitpunkt der Veröffentlichung der Eintragung des jüngeren Zeichens bereits seit mindestens fünf Jahren eingetragen ist. Die kumulative Berechnung des Fünfjahreszeitsraums der Benutzungsfrist ist namentlich dann von Bedeutung, wenn innerhalb der fünfjährigen Benutzungsfrist vor der Veröffentlichung der Eintragung der angegriffenen Marke die Benutzung der Widerspruchsmarke aufgegeben wird, und ein neuer Fünfjahreszeitraum der Nichtbenutzung im Sinne des § 43 Abs. 1 S. 2 beginnt. Vor allem in dieser Fallkonstellation verlangt der prozeßökonomische Normzweck der Neuregelung des § 43 Abs. 1 S. 2, die Erhebung der Nichtbenutzungseinrede zuzulassen. Diese Rechtsauffassung ist auch aufgrund einer richtlinienkonformen Auslegung nach

Art. 10 MarkenRL, der die Aussetzung der Benutzung während eines ununterbrochenen Zeitraums von fünf Jahren regelt, geboten (BGH GRUR 1999, 54, 56 – Holtkamp). Die vom BPatG zur Begründung der Gegenauffassung herangezogenen Ausführungen in der Gesetzesbegründung zu den §§ 25 und 158 (Begründung zum MarkenG, BT-Drucks. 12/6581 vom 14. Januar 1994, S. 82, 130) beziehen sich auf eine andere Verfahrenskonstellation, sowie zum Übergangsrecht und besagen insoweit nichts anderes.

**16d**  **d) Vor Inkrafttreten des MarkenG erhobene Nichtbenutzungseinrede.** Eine vor Inkrafttreten des MarkenG erhobene und wegen noch nicht erfolgten Ablaufs der Benutzungsfrist *unzulässige* Nichtbenutzungseinrede soll regelmäßig nicht ohne weiteres als eine erst nach Inkrafttreten des MarkenG mögliche *zulässige* Nichtbenutzungseinrede nach § 43 Abs. 1 S. 2 weiter behandelt werden können. Es obliege vielmehr dem Anmelder, nach diesem Zeitpunkt eindeutig zu erklären, ob er nunmehr von dieser mit dem MarkenG neu eingeführten, zusätzlichen Möglichkeit eines Bestreitens der Benutzung der Widerspruchsmarke Gebrauch machen will (BPatGE 35, 226 – BIO; diese Auffassung beruht auf der vom BPatG vorgenommenen Unterscheidung in zwei sich ausschließende Tatbestände der Nichtbenutzungseinreden nach § 43 Abs. 1 S. 1 und 2; s. Rn 16b).

**17**  **e) Vergleichbare Regelungen.** Die Regelung der Einrede der Nichtbenutzung gegen den Widerspruch nach § 43 Abs. 1 entspricht der Regelung der Einrede der Nichtbenutzung bei der Geltendmachung von markenrechtlichen Ansprüchen im *Verletzungsprozeß* nach § 25 Abs. 2. Eine vergleichbare Regelung für das *Löschungsverfahren* enthält § 55 Abs. 3.

### 2. Fristenregelung nach § 26 Abs. 5

**18**  Wenn die prioritätsältere Widerspruchsmarke selbst mit einem Widerspruch angegriffen worden war, dann enthält § 26 Abs. 5 eine besondere Regelung über den Beginn der Benutzungsfrist (s. im einzelnen § 26, Rn 130). Grundsätzlich berechnet sich die Benutzungsfrist ab dem *Zeitpunkt der Eintragung* (s. § 25, Rn 10). Wenn gegen die Eintragung einer Marke Widerspruch erhoben worden ist, dann tritt nach § 26 Abs. 5 zur Berechnung der Benutzungsfrist an die Stelle des Zeitpunkts der Eintragung der *Zeitpunkt des Abschlusses des Widerspruchsverfahrens*. Wenn deshalb die Widerspruchsmarke selbst mit einem Widerspruch angegriffen worden war, dann beginnt die fünfjährige Benutzungsfrist erst mit dem Abschluß des Widerspruchsverfahrens.

### 3. Widerspruch gegen IR-Marke

**19**  Wenn sich der *Widerspruch gegen eine international registrierte Marke* richtet, dann tritt an die Stelle der Veröffentlichung der Eintragung die Veröffentlichung in dem von der WIPO herausgegebenen Blatt Les Marques Internationales (§ 114 Abs. 1). Wenn aus einer international registrierten Marke Widerspruch eingelegt wird, dann beginnt die Benutzungsfrist nach § 116 Abs. 1 zu dem in § 115 Abs. 2 bezeichneten Zeitpunkt und damit regelmäßig mit der Zustellung des Schutzbewilligungsbescheides an die WIPO. Die Nichtbenutzungseinrede nach § 43 Abs. 1 S. 2 ist auch gegenüber Marken zulässig, die beim Patentamt der DDR eingetragen oder für das Gebiet der DDR international registriert worden sind (BPatGE 36, 204 – LAILIQUE).

## C. Entscheidung über den Widerspruch (§ 43 Abs. 2)

### I. Das Widerspruchsverfahren als Amtsermittlungsverfahren

#### 1. Ermittlung des Sachverhalts

**20**  Im Widerspruchsverfahren gilt nach § 59 Abs. 1 S. 1 der *Grundsatz der Amtsermittlung*. Die Ermittlung des Sachverhalts erfolgt von Amts wegen. Das DPMA ist an das Vorbringen und die Beweisanträge der Beteiligten nicht gebunden (§ 59 Abs. 1 S. 2). Das Widerspruchsverfahren hat aber teilweise auch kontradiktorischen Charakter; in bestimmtem Umfang gelten der *Verhandlungsgrundsatz* sowie der *Verfügungsgrundsatz*. So wird die Einrede der mangelnden Benutzung der Widerspruchsmarke nach § 43 Abs. 1 S. 1 nur dann berücksichtigt, wenn der Inhaber der angegriffenen Marke die Einrede der Nichtbenutzung erhebt. Das DPMA kann nach § 60 Abs. 1 jederzeit die Beteiligten laden und anhören, Zeugen, Sachverständige und Beteiligte eidlich oder uneidlich vernehmen sowie andere zur Aufklärung der Sache erforderliche Ermittlungen anstellen (s. dazu im einzelnen § 60, Rn 1 f.). Dazu gehören auch die Einholung von Auskünften aller Art, von schriftlichen Äußerungen der Beteiligten, Sachverständigen und Zeugen, die Beiziehung von Akten und Urkunden und die eidesstattliche Versicherung. Wenn es sachdienlich ist, sind die Beteiligten vor der das Widerspruchsverfahren abschließenden Entscheidung auf Antrag nach § 60 Abs. 2 S. 1 zu hören.

## 2. Fristen

**21** Die Gewährung von Fristen im Widerspruchsverfahren bestimmt sich nach § 74 MarkenV (s. zur Amtspraxis im einzelnen WiderspruchsverfahrenRL D I 2). Die *Regelfrist*, die vom DPMA bestimmt oder auf Antrag gewährt wird, beträgt bei Beteiligten mit Wohnsitz, Sitz oder Niederlassung im Inland nach § 74 Abs. 1 S. 1 MarkenV *einen Monat,* bei Personen mit Wohnsitz, Sitz oder Niederlassung im Ausland *zwei Monate. Fristverlängerungen* können nach § 74 Abs. 2 MarkenV bei Angabe von zureichenden Gründen bis zum *Zweifachen der Regelfristen* gewährt werden. Die Gewährung *weiterer Fristverlängerungen* verlangt die Glaubhaftmachung eines berechtigten Interesses (§ 74 Abs. 3 S. 1 MarkenV), sowie in Verfahren mit mehreren Beteiligten außerdem die Glaubhaftmachung des Einverständnisses der anderen Beteiligten (§ 74 Abs. 3 S. 2 MarkenV). Schwebende Vergleichsverhandlungen der Beteiligten stellen regelmäßig ein berechtigtes Interesse für die Gewährung einer weiteren Fristverlängerung dar. Wenn es die Umstände rechtfertigen, kann das DPMA eine *kürzere* oder *längere Frist* bestimmen oder gewähren (§ 74 Abs. 1 S. 2 MarkenV). Über einen Widerspruch kann nach § 75 Abs. 2 MarkenV bei Fristüberschreitung nach Lage der Akten entschieden werden.

**22** Da nach § 43 Abs. 1 S. 2 der Inhaber der angegriffenen Marke den Widerspruch auch dann abwehren kann, wenn der fünfjährige Zeitraum der Nichtbenutzung der Widerspruchsmarke nach der Veröffentlichung der Eintragung der angegriffenen Marke abläuft, wird der Inhaber einer angegriffenen Marke versuchen, die Entscheidung über den Widerspruch durch Fristgesuche solange hinauszuschieben, bis er die Nichtbenutzungseinrede erheben kann. Wenn sich im Widerspruchsverfahren aufgrund der vorliegenden Daten die Möglichkeit abzeichnet, daß die Benutzungsfrist vor einer Entscheidung über den Widerspruch abläuft, dann sind die Markenstellen in solchen Fallkonstellationen um eine zügige Durchführung des Widerspruchsverfahrens bemüht (WiderspruchsverfahrenRL D I 2). Weitere Fristverlängerungen auf Antrag des Inhabers der angegriffenen Marke sind nur bei einem Einverständnis des Widersprechenden zu gewähren (§ 74 Abs. 3 S. 2 MarkenV).

## 3. Zustellungen

**23** Die *Erforderlichkeit der Zustellung* von Eingaben eines Beteiligten an andere Verfahrensbeteiligte bestimmt sich nach dem *Grundsatz des rechtlichen Gehörs,* der in § 59 Abs. 2 eine ausdrückliche Regelung erfahren hat. Im Widerspruchsverfahren sollten grundsätzlich alle Eingaben allen Beteiligten zugestellt werden. Überraschende Entscheidungen verletzen den Grundsatz des rechtlichen Gehörs. Zuzustellen sind insbesondere ein die *Nichtbenutzungseinrede* erhebender Schriftsatz, die Unterlagen zur *Glaubhaftmachung einer rechtserhaltenden Benutzung* oder ein die *Erinnerungsbegründung* enthaltender Schriftsatz (s. dazu im einzelnen WiderspruchsverfahrenRL D I 2). Aus Gründen der Verfahrensökonomie sieht das DPMA von einer Zustellung dann ab, wenn die Eingabe keine neuen entscheidungserheblichen Gesichtspunkte enthält. Von der Zustellung an einen Beteiligten wird auch dann abgesehen werden können, wenn eine Entscheidung zu seinen Gunsten ergeht.

## II. Entscheidung in der Hauptsache

**24** Die *Entscheidung über den Widerspruch* ergeht durch *Beschluß.* Der Beschluß ist nach § 61 Abs. 1 S. 1 schriftlich auszufertigen, zu begründen und den Beteiligten von Amts wegen zuzustellen. Wenn der Widerspruch nach § 42 Abs. 2 Nr. 1, 2 oder 3 begründet ist, dann ist die Eintragung der angegriffenen Marke nach § 43 Abs. 2 S. 1 im Register zu löschen.

Wenn die Widerspruchsgründe nur für einen Teil der Waren oder Dienstleistungen bestehen, dann erfolgt eine Teillöschung der angegriffenen Marke. Wenn die Widerspruchsgründe nach § 42 Abs. 2 Nr. 1, 2 oder 3 nicht bestehen oder der Widersprechende eine rechtserhaltende Benutzung der Widerspruchsmarke nach § 43 Abs. 1 S. 1 nicht glaubhaft macht, dann ist der Widerspruch nach § 43 Abs. 2 S. 2 als unbegründet zurückzuweisen. Eine Zurückweisung des Widerspruchs erfolgt auch dann, wenn die Erhebung des Widerspruchs unzulässig ist.

25   Bei einem *erfolgreichen Widerspruch gegen eine international registrierte Marke* tritt an die Stelle der Löschung der Eintragung nach § 114 Abs. 3 die Verweigerung des Schutzes (s. § 114, Rn 3).

26   Bei einem *erfolgreichen Widerspruch gegen eine noch nach § 5 Abs. 2 WZG bekanntgemachte Anmeldung* wird nach § 158 Abs. 5 S. 1 die Eintragung der angemeldeten Marke versagt. Bei einem *erfolgreichen Widerspruch gegen eine noch nach § 6a Abs. 1 WZG eingetragene Marke* wird die Eintragung nach § 158 Abs. 5 S. 2 gelöscht.

27   Wenn im Verlauf eines Widerspruchsverfahrens der Inhaber der angegriffenen Marke das Verzeichnis der Waren und Dienstleistungen aufgrund eines *Teilverzichts* nach § 48 Abs. 1 einschränkt, dann ist die aus Gründen der Verfahrensökonomie getroffene Regelung des § 41 Abs. 3 S. 1 MarkenV zu beachten. Wenn der Inhaber der angegriffenen Marke keinen gesonderten Antrag auf teilweise Löschung nach § 48 Abs. 1 stellt, dann wird die teilweise Löschung der Eintragung erst aufgrund einer entsprechenden Anordnung in der Entscheidung über den Widerspruch nach dem Abschluß des Widerspruchsverfahrens vollzogen. Das Widerspruchsverfahren wird trotz des Teilverzichts fortgesetzt, ohne daß zuvor die Teillöschung im Register eingetragen wird. Die Teillöschung wird in der Widerspruchsentscheidung angeordnet. Wenn der Inhaber der angegriffenen Marke einen gesonderten Antrag auf teilweise Löschung seiner Markeneintragung im Register stellt, dann wird das Widerspruchsverfahren erst nach der Teillöschung im Register fortgesetzt.

### III. Kostenentscheidung

28   Bei der Entscheidung über den Widerspruch wird in der Regel von einer Kostenauferlegung abgesehen. Wenn insoweit eine Bestimmung über die Kosten nicht getroffen wird, dann trägt nach § 63 Abs. 1 S. 3 jeder Beteiligte die ihm erwachsenen Kosten selbst. Die Kosten des Widerspruchsverfahrens können einem Beteiligten ganz oder teilweise auferlegt werden, wenn dies der Billigkeit entspricht (§ 63 Abs. 1 S. 1). Eine solche Bestimmung kann auch dann getroffen werden, wenn der Widersprechende den Widerspruch ganz oder teilweise zurücknimmt (§ 63 Abs. 1 S. 2). Anders als nach § 62 Abs. 1 S. 1 PatG können alle notwendigen Kosten berücksichtigt werden, die den Beteiligten entstanden sind. Nach § 63 Abs. 2 kann die Rückzahlung der Widerspruchsgebühr angeordnet werden, wenn dies der Billigkeit entspricht.

29   Nach Lage des Falles kann es sachgerecht sein, dem *Unterlegenen* die Kosten des Widerspruchsverfahrens aufzuerlegen, doch ist die Tatsache des Unterliegens allein nicht entscheidend (BPatGE 10, 311 – Choko Flakes; BPatG Mitt 1970, 218, 219; BPatGE 22, 211, 212; BGH GRUR 1972, 600, 601 – Lewapur; s. im einzelnen § 63, Rn 5). In der Regel entspricht es der Billigkeit, dem Widerspruchsführer die Kosten des Verfahrens aufzuerlegen, wenn der Widerspruch bei verständiger Würdigung *offensichtlich keine Aussicht auf Erfolg* hatte und der Widerspruchsführer dies hätte erkennen können (s. BGH GRUR 1966, 493 – Lili; 1972, 600 – Lewapur; BPatGE 12, 238, 240; BPatG Mitt 1977, 73; 1978, 58, 59). Entsprechendes gilt für die *Rücknahme eines Widerspruchs*. Dem Widersprechenden, der seinen Widerspruch in angemessener Frist vor der Durchführung der mündlichen Anhörung zurücknimmt, sind daher die Kosten des Widerspruchsverfahrens nicht aufzuerlegen, wenn der Widerspruch nicht als aussichtslos angesehen werden konnte (BPatGE 2, 230). Das *Unterlassen einer Markenrecherche* nach kollidierenden Marken auf dem Markt vor der Anmeldung der angegriffenen Marke rechtfertigt es allein noch nicht, dem Inhaber der angegriffenen Marke die Kosten aufzuerlegen (BPatGE 14, 241 – Widerspruchskosten). Wenn der Widerspruch wegen *unzureichender Glaubhaftmachung* der rechtserhaltenden Benutzung zurückgewiesen wird, dann kann es der Billigkeit entsprechen, dem Widersprechenden die Kosten des Wi-

derspruchsverfahrens aufzuerlegen. Das kann bei einem erfolgreichen Widerspruch auch dann angebracht sein, wenn der Widersprechende erst im Laufe des Widerspruchsverfahrens die zur Glaubhaftmachung einer rechtserhaltenden Benutzung erforderlichen Unterlagen vorlegt. Aber auch wenn der Widerspruch ohne eine Entscheidung über die rechtserhaltende Benutzung wegen fehlender Verwechslungsgefahr zurückgewiesen wird, kann es der Billigkeit entsprechen, dem Widersprechenden die Kosten aufzuerlegen, wenn sein Widerspruch schon wegen der Glaubhaftmachung zurückgewiesen werden konnte. Wenn die Benutzung der Widerspruchsmarke im gesamten Widerspruchsverfahren nicht entscheidungserheblich war, dann soll zur Kostenauferlegung aus Billigkeitsgründen kein Anlaß bestehen (BPatG GRUR 1984, 434, 435 – Kronenbild). Abweichend von der Praxis in reinen Kollisionsfällen, entspricht es bei rein verfahrensrechtlichen Fragen oder isolierten Kostenentscheidungen der Billigkeit, die Kosten dem unterliegenden Beteiligten aufzuerlegen (BPatG Mitt 1984, 177 – Champion/Zustellung).

Wenn sich aus den Gründen des Beschlusses des DPMA ergibt, daß zwar eine *Kostenerstattungsanordnung* getroffen, diese aber in der *Entscheidungsformel* nicht ausgesprochen ist, dann liegt kein Fall eines übergangenen Kostenpunktes im Sinne des § 321 ZPO vor. Die Entscheidung kann wegen *offenbarer Unrichtigkeit* jederzeit von Amts wegen berichtigt werden, und zwar auch in der Rechtsmittelinstanz durch das Rechtsmittelgericht (BPatGE 11, 281).

Die *Kostenentscheidung* ist nach § 66 Abs. 1 selbständig mit der *Beschwerde* beim BPatG anfechtbar. Das BPatG kann das Ermessen des DPMA in vollem Umfang nachprüfen (BPatGE 10, 311 – Choko Flakes; BPatG Mitt 1969, 171). Das BPatG kann die Kosten des Beschwerdeverfahrens einem Beteiligten ganz oder teilweise auferlegen, wenn dies der Billigkeit entspricht (§ 71). Wenn der Beschluß von einem Beamten des gehobenen Dienstes oder einem vergleichbaren Angestellten erlassen worden ist, dann kann die Kostenentscheidung selbständig mit der *Erinnerung* nach § 64 angefochten werden.

## D. Aussetzung des Widerspruchsverfahrens

**Schrifttum zum WZG.** *Kirchner*, Aussetzung im zeichenrechtlichen Widerspruchsverfahren, Mitt 1969, 102.

### I. Aussetzung nach § 43 Abs. 3

Wenn gegen die Eintragung einer Marke *mehrere Widersprüche* erhoben werden, dann kann das DPMA, wenn es bereits einem Widerspruch oder auch mehreren Widersprüchen stattgegeben hat, nach § 43 Abs. 3 die *Entscheidung über die weiteren Widersprüche* bis zur rechtskräftigen Entscheidung über die Eintragung der Marke *aussetzen*. Das DPMA kann den Widerspruch wählen, über den ohne größeren Zeitaufwand zu entscheiden ist. Die übrigen Widersprechenden brauchen nicht vorsorglich Beschwerde einzulegen, sondern können abwarten, wie das Widerspruchsverfahren, in dem die Löschung der Eintragung der angegriffenen Marke angeordnet wurde, sich entwickelt. Wenn einer der Widersprechenden eine nach § 66 zulässige Beschwerde gegen die Anordnung der Aussetzung des Widerspruchsverfahrens einlegt, dann kann nur nachgeprüft werden, ob die Voraussetzungen des § 43 Abs. 3 gegeben sind (BPatGE 10, 131 – JACKIE). Zur sachlichen Nachprüfung führt die Beschwerde nur, wenn ein Rechtsschutzbedürfnis für den Beschwerdeführer besteht; sonst ist die Beschwerde als unzulässig zu verwerfen (BPatGE 15, 97 – Sprint). Dabei ist zu berücksichtigen, daß nach der Wertung des § 43 Abs. 3 für eine Entscheidung über weitere Widersprüche einstweilen grundsätzlich kein Rechtsschutzbedürfnis besteht, weil das primäre Verfahrensziel einer Löschung der prioritätsjüngeren Marke bereits erreicht ist. Wenn das DPMA bei der Aussetzung der Entscheidung über einen von mehreren Widersprüchen in den Beschlußgründen zu erkennen gibt, daß der Widerspruch nicht begründet ist, dann liegt hierin keine Sachentscheidung über den Widerspruch, die bei Nichteinlegung eines Rechtsmittels unanfechtbar werden könnte (BPatGE 18, 116). Die Regelung einer Aussetzung des Widerspruchsverfahrens dient der Verfahrensökonomie. Es kann aber gerade die Aussetzung nach § 43 Abs. 3 zu erheblichen Verzögerungen des Verfahrens führen. Deshalb sollte bei der vollständigen oder teilweisen Löschung der Eintragung der prioritätsjüngeren

Marke wegen eines Widerspruchs möglichst über alle übrigen Widersprüche oder zumindest über diejenigen Widersprüche mitentschieden werden, bei denen dies ohne weiteren Zeitaufwand etwa wegen ergänzender Ermittlungen zur Produktähnlichkeit oder zur Benutzungslage möglich ist (WiderspruchsverfahrenRL D IV). Bei der Anwendung des § 43 Abs. 3 sind unangebrachte Verfahrensverzögerungen zu vermeiden. Die Auslegung der Vorschrift bedarf einer an den Interessen der Verfahrensbeteiligten einerseits sowie an den Erfordernissen der Verfahrensökonomie andererseits ausgerichtete Auslegung.

## II. Aussetzung bei Sachdienlichkeit (§ 29 MarkenV)

**33** Die Vorschrift des § 43 Abs. 3 stellt keine abschließende Regelung der Aussetzung des Widerspruchsverfahrens dar (s. Begründung zum MarkenG, BT-Drucks. 12/6581 vom 14. Januar 1994, S. 93). Eine Aussetzung des Widerspruchsverfahrens kommt auch in anderen Fallkonstellationen in Betracht. Nach § 29 Abs. 1 MarkenV kann das Widerspruchsverfahren dann ausgesetzt werden, wenn dies *sachdienlich* ist. Sachdienlich ist eine Aussetzung nach § 29 Abs. 2 MarkenV etwa dann, wenn aus einer angemeldeten Marke ein voraussichtlich begründeter Widerspruch eingelegt wird (s. § 29 Abs. 2 MarkenV), oder wenn vor dem DPMA ein Löschungsverfahren gegen die Widerspruchsmarke mit Aussicht auf Erfolg eingeleitet worden ist (s. zu einem schwebenden Löschungsverfahren BPatGE 17, 154; schon RPA BlPMZ 1898, 158). Bei der im Rahmen der Ermessensentscheidung vorzunehmenden Abwägung für und gegen die Aussetzung können die geringe Erfolgsaussicht des Löschungsantrags und die zu erwartende lange Verfahrensdauer den Ausschlag geben gegenüber dem selbst im Falle einer späteren Löschung der Widerspruchsmarke drohenden Rechtsverlust an der angemeldeten Marke (BPatGE 38, 176 – Humana). Dies gilt auch dann, wenn berücksichtigt wird, daß die Anmelderin nicht auf eine Eintragungsbewilligungsklage nach § 44, die nicht auf absolute Schutzhindernisse gestützt werden kann, zu verweisen ist, und zudem innerhalb einer gegenüber dem WZG auf sechs Monate verkürzten Frist zu erheben ist. Der Nichtaussetzung des Widerspruchsverfahrens steht nicht entgegen, daß die absoluten Schutzhindernisse im Sinne des § 8 keine Klagegründe einer Eintragungsbewilligungsklage nach § 44 darstellen (s. § 44, Rn 15). Die Aussetzung des Widerspruchsverfahrens ist geboten bei älteren Marken, deren Schutzdauer zwar abgelaufen ist, aber noch verlängert werden kann (WiderspruchsverfahrenRL D IV). Auch ohne Vorgreiflichkeit eines anderen Verfahrens (§ 148 ZPO) kommt eine Aussetzung etwa dann in Betracht, wenn ein paralleler Kollisionsfall schon im Beschwerdeverfahren anhängig ist; hier kann eine Aussetzung bis zur Erledigung des Beschwerdeverfahrens sachdienlich sein. Eine Aussetzung kommt dann nicht in Betracht, wenn die Schutzfähigkeit des Zeichenbestandteils, aus dem Rechte hergeleitet werden, im Widerspruchsverfahren geprüft werden kann (BPatGE 13, 139 – Tetra-Citro/Cito).

## E. Wirkung der Löschung aufgrund eines Widerspruchs (§ 43 Abs. 4)

**34** Die Löschung der angegriffenen Marke nach § 43 Abs. 2 S. 1 wirkt nach den §§ 43 Abs. 4 iVm 52 Abs. 2 auf den Zeitpunkt der Eintragung zurück (s. zur Rückwirkung im einzelnen § 52, Rn 3 ff.). Es ist sachgerecht, daß der Löschung einer Marke aufgrund eines Widerspruchs die gleiche Rechtsfolge zukommt wie der Löschung einer Marke aufgrund einer Löschungsklage, mit der die Nichtigkeit der Marke geltend gemacht wird. Nach der Verweisung des § 43 Abs. 4 gelten die Einschränkungen der Rückwirkung nach § 52 Abs. 3 Nr. 1 und 2 auch für die Löschung aufgrund eines Widerspruchs (s. zu den Einschränkungen im einzelnen § 52, Rn 9 ff.).

## Eintragungsbewilligungsklage

**44** (1) Der Inhaber der Marke kann im Wege der Klage gegen den Widersprechenden geltend machen, daß ihm trotz der Löschung der Eintragung nach § 43 ein Anspruch auf die Eintragung zusteht.

(2) Die Klage nach Absatz 1 ist innerhalb von sechs Monaten nach Unanfechtbarkeit der Entscheidung, mit der die Eintragung gelöscht worden ist, zu erheben.

(3) Die Eintragung aufgrund einer Entscheidung zugunsten des Inhabers der Marke wird unter Wahrung des Zeitrangs der Eintragung vorgenommen.

### Inhaltsübersicht

|   | Rn |
|---|---|
| A. Bedeutung der Eintragungsbewilligungsklage | 1–3 |
|    I. Zuständigkeitsaufteilung im Eintragungsverfahren | 1, 2 |
|    II. Bindung an die Widerspruchsentscheidung | 3 |
| B. Klagevoraussetzungen | 4–8 |
|    I. Aktivlegitimation und Passivlegitimation | 4 |
|    II. Klageart | 5 |
|    III. Klagefrist (§ 44 Abs. 2) | 6 |
|    IV. Rechtsschutzbedürfnis | 7, 8 |
|       1. Grundsatz | 7 |
|       2. Ausnahmen | 8 |
| C. Klagegründe | 9–14 |
|    I. Ausgangspunkt | 9, 10 |
|    II. Markengesetzliche Klagegründe | 11–13 |
|    III. Außermarkengesetzliche Klagegründe | 14 |
| D. Einreden des Beklagten | 15 |
| E. Urteil | 16, 17 |
| F. Fortsetzung des Eintragungsverfahrens | 18–20 |
|    I. Eintragung aufgrund des Urteils | 18 |
|    II. Prüfung der Eintragung durch das DPMA | 19 |
|    III. Wahrung der ursprünglichen Priorität (§ 44 Abs. 3) | 20 |
| G. Andere Klagearten | 21–23 |
|    I. Negative Feststellungsklage | 21 |
|    II. Löschungsklage | 22, 23 |

**Schrifttum zum WZG.** *Heydt*, GRUR 1967, 251; *Körner*, Die Konkurrenz des patentamtlichen Widerspruchsverfahrens und der gerichtlichen Eintragungsbewilligungsklage nach § 6 WZG, insbesondere bei Geltendmachung des Nichtbenutzungseinwands, GRUR 1975, 7; *Pinzger*, Wird die Passivlegitimation des Widersprechenden für die Klage aus § 6 Abs. 2 WZG durch Löschung des Widerspruchszeichens beseitigt?, MuW 1938, 357; *Reimer*, Reichsgericht und Patentamt in Warenzeichensachen, GRUR 1932, 345; *Schlüter*, Prüfung der Warenzeichen – Benutzung im patentamtlichen und -gerichtlichen Widerspruchsverfahren, BB 1967, 314.

**Schrifttum zum MarkenG.** *Munzinger*, Zur Eintragungsbewilligungsklage – Probleme des zweigleisigen Rechtsschutzes bei Zeichenkollisionen im Amts- und Gerichtsverfahren nach altem und neuem Markenrecht, GRUR 1995, 12.

## A. Bedeutung der Eintragungsbewilligungsklage

### I. Zuständigkeitsaufteilung im Eintragungsverfahren

Die *Eintragungsbewilligungsklage* besteht im Interesse des Inhabers einer eingetragenen **1** Marke, gegen deren Eintragung von dem Inhaber einer Marke mit älterem Zeitrang nach § 43 Abs. 1 Widerspruch erhoben worden ist. Aus Gründen der *Zuständigkeitsaufteilung* zwischen dem DPMA und dem BPatG als Beschwerdeinstanz einerseits und den ordentlichen Gerichten andererseits ist dem Widerspruchsverfahren eine endgültige Entscheidung über die Markenkollision nicht allgemein möglich. Diese Divergenz in der Entscheidungskompetenz beruht namentlich auf zwei Gründen. Der Widerspruch kann zum einen nur auf die Widerspruchsgründe des § 42 Abs. 2 Nr. 1 bis 3 gestützt werden, die in zahlreichen Fallkonstellationen nur einen *Teil des Streitgegenstandes der Markenkollision* bilden. Bei dem Widerspruchsverfahren handelt es sich zum anderen um ein Verwaltungsverfahren, das auf eine rasche Erledigung und eine nur *summarische Prüfung der Markenkollision* gerichtet ist. Wenn der Widerspruch begründet ist, wird die angegriffene Marke mit jüngerem Zeitrang im Register gelöscht (§ 43 Abs. 2 S. 1). Wenn der Inhaber der angegriffenen Marke die Feststellungen in der Widerspruchsentscheidung und den Widerspruch für unbegründet hält, dann kann er den Beschluß anfechten und es stehen ihm das Erinnerungsverfahren nach § 64, das Beschwerdeverfahren nach § 66 und das Rechtsbeschwerdeverfahren nach § 83 zur Verfügung. Wenn der Inhaber der angegriffenen Marke andere Gründe als die Widerspruchsgründe geltend machen will, aufgrund deren ihm ein Anspruch auf Eintragung der Marke zusteht, oder wenn er die Prüfung der Markenkollision auf solche tatsächlichen Umstände erstrecken will, die im kursorischen Widerspruchsverfahren nicht Prüfungsgegenstand sind, dann bedarf er eines eigenen Verfahrens in Markenangelegenheiten, in dem er trotz der Löschung der Eintragung seiner Marke aufgrund des erfolgreichen Widerspruchs die Eintragung der Marke weiterverfolgen kann. Diesem Zweck dient die Eintragungsbewilligungsklage des § 44. Nach dieser Vorschrift kann der Inhaber der Marke im Wege der *Klage gegen den Widersprechenden* geltend machen, daß ihm trotz der Löschung der Eintragung nach § 43 ein *Anspruch auf die Eintragung* zusteht. Der Wortlaut des Gesetzes, der vom Kläger der Eintragungsbewilligungsklage als dem Inhaber der Marke spricht, darf nicht darüber hinwegtäuschen, daß die Eintragung der angegriffenen Marke aufgrund des erfolgreichen Widerspruchs im Register gelöscht worden ist.

2   Zweck der Eintragungsbewilligungsklage des Inhabers der angegriffenen Marke ist es, den Inhaber der Widerspruchsmarke trotz der Löschung der Eintragung der im Widerspruchsverfahren unterlegenen Marke zur Bewilligung der Eintragung der angegriffenen Marke zu zwingen, weil dem Inhaber der angegriffenen Marke ungeachtet der Widerspruchsentscheidung ein Recht auf die Eintragung der Marke gegen den Widersprechenden zusteht. Die Eigenart der Eintragungsbewilligungsklage besteht darin, daß mit ihr andere Gründe als die mangelnde Identität oder Ähnlichkeit der Marken und Waren oder Dienstleistungen geltend zu machen sind. Die Eintragungsbewilligungsklage kann namentlich nicht darauf gestützt werden, zwischen den kollidierenden Marken bestehe entgegen der Widerspruchsentscheidung keine Verwechslungsgefahr. Bei der Eintragungsbewilligungsklage handelt es sich nicht um eine Neuauflage des Widerspruchsverfahrens, sondern um ein *eigenständiges Eintragungsverfahren* vor den ordentlichen Gerichten.

## II. Bindung an die Widerspruchsentscheidung

3   Im Eintragungsverfahren besteht eine Zuständigkeitsaufteilung zwischen dem DPMA und dem BPatG als Beschwerdeinstanz einerseits und den ordentlichen Gerichten andererseits (s. Rn 1). Im Widerspruchsverfahren wird über die Identität oder Ähnlichkeit der Marken und Waren oder Dienstleistungen und damit namentlich über das *Bestehen von Verwechslungsgefahr* zwischen den kollidierenden Marken verbindlich entschieden. Im Verfahren über die Eintragungsbewilligungsklage ist das ordentliche Gericht an die in der Widerspruchsentscheidung insoweit getroffenen Feststellungen gebunden (RG GRUR 1936, 961 – Biene; BGH GRUR 1954, 346 – Strahlenkranz; BGHZ 37, 107 – Germataler Sprudel; 39, 266, 273 – Sunsweet; BGH GRUR 1981, 53, 55 – Arthrexforte). Die *Bindungswirkung der Widerspruchsentscheidung* setzt voraus, daß das DPMA oder das BPatG die für die Feststellung der Identität oder Ähnlichkeit der Marken und Waren oder Dienstleistungen wesentlichen Fragen geprüft hat und prüfen durfte (BGH GRUR 1967, 246, 249 – Vitapur; BPatGE 7, 155, 160 – Adex; *Heydt*, GRUR 1967, 251; *Schlüter,* BB 1967, 314, 315). Bei der Prüfung der *Benutzungslage* besteht die Bindungswirkung nur insoweit, als tatsächlich, wie etwa in liquiden Fallkonstellationen und bei präsenten Beweismitteln, über die rechtserheblichen Umstände entschieden worden ist; darüberhinaus besteht keine Bindung des ordentlichen Gerichts an die Widerspruchsentscheidung des DPMA oder die Beschwerdeentscheidung des BPatG. Soweit eine Prüfung der Benutzungslage im Widerspruchsverfahren erfolgt ist, kann von dem ordentlichen Gericht nachgeprüft werden, ob die Voraussetzungen für eine solche

Prüfung der Benutzungslage vorliegen. Die Bindungswirkung kommt der Widerspruchsentscheidung nur im Verfahren der *Eintragungsbewilligungsklage* nach § 44 zu. In einem *Löschungsverfahren* (§§ 51, 55) oder in einem *Verletzungsprozeß* (§ 14) sind die ordentlichen Gerichte nicht an die Widerspruchsentscheidung des DPMA oder die Beschwerdeentscheidung des BPatG gebunden.

## B. Klagevoraussetzungen

### I. Aktivlegitimation und Passivlegitimation

Klageberechtigt ist der Inhaber der im Widerspruchsverfahren angegriffenen Marke sowie bei einem Rechtsübergang nach § 27 der Rechtsnachfolger (*Aktivlegitimation*). Bis zur Eintragung des Rechtsnachfolgers besteht die Vermutung der Rechtsinhaberschaft nach § 28 Abs. 1. Wenn der Inhaber im Inland weder einen Wohnsitz oder Sitz noch eine Niederlassung hat, dann hat er nach § 96 Abs. 1 einen *Inlandsvertreter* zu bestellen. Die Klage ist gegen den Widersprechenden oder im Falle eines Rechtsübergangs nach § 27 gegen den Rechtsnachfolger zu richten (*Passivlegitimation*). Bis zur Eintragung des Rechtsnachfolgers besteht die Vermutung der Rechtsinhaberschaft nach § 28 Abs. 1 (zur Passivlegitimation des Rechtsnachfolgers des Widersprechenden vor der Umschreibung der Widerspruchsmarke nach der Rechtslage im WZG s. RGZ 80, 124, 128; BGH GRUR 1967, 294, 295 – Triosorbin). Wenn von mehreren Inhabern prioritätsälterer Marken Widerspruch erhoben worden ist, dann sind die *Eintragungsbewilligungsklagen gegen jeden der mehreren Widersprechenden* unabhängig voneinander zu richten. Bei einer *Klagenverbindung* besteht kein gemeinsamer Gerichtsstand. Wenn eine *Löschung der Widerspruchsmarke* erfolgt, dann tritt keine Erledigung der Eintragungsbewilligungsklage ein, da die Löschung der Widerspruchsmarke als solche nicht die Priorität der Anmeldung der angegriffenen Marke im Sinne des § 44 Abs. 3 wahrt (so schon zur Rechtslage im WZG *Baumbach/Hefermehl*, § 5 WZG, Rn 6; *Pinzger*, MuW 1938, 357; teilweise aA *Körner*, GRUR 1975, 7, 10).

4

### II. Klageart

Die Eintragungsbewilligungsklage ist eine Leistungsklage, die auf Abgabe einer Willenserklärung, und zwar auf *Einwilligung in die Eintragung* gerichtet ist. Der *Klageantrag* ist dahin zu stellen, den Beklagten zu verurteilen, in die Eintragung der von dem Kläger angemeldeten Marke einzuwilligen. Auch der *Urteilstenor* lautet auf Einwilligung in die Eintragung und nicht nur auf die Eintragung der angemeldeten Marke als solche. Mit Rechtskraft des Urteils gilt die Einwilligung nach § 894 Abs. 1 S. 1 ZPO als erteilt. Wenn nachträglich absolute Schutzhindernisse entstehen, wird deren Rechtserheblichkeit nicht von dem auf Einwilligung in die Eintragung lautenden Urteil berührt. Wenn die Entscheidung über den Widerspruch noch nicht unanfechtbar ist, kann der Klageantrag auch dahin gestellt werden, den Beklagten zu verurteilen, den gegen die Eintragung der vom Kläger angemeldeten Marke erhobenen Widerspruch zurückzunehmen. Mit der Eintragungsbewilligungsklage wird regelmäßig eine *Löschungsklage gegen den Inhaber der Widerspruchsmarke* verbunden (s. Rn 23).

5

### III. Klagefrist (§ 44 Abs. 2)

Die Frist zur Erhebung der Eintragungsbewilligungsklage beträgt *sechs Monate* (§ 44 Abs. 2); nach der Rechtslage im WZG betrug die Klagefrist ein Jahr (§ 6 Abs. 2 S. 3 WZG). Die Halbjahresfrist erschien dem Gesetzgeber des MarkenG zur Berücksichtigung der Interessen des im Widerspruchsverfahren unterlegenen Anmelders und der erfolgreichen Widersprechenden als ausreichend (s. Begründung zum MarkenG, BT-Drucks. 12/6581 vom 14. Januar 1994, S. 93). Die Fristverkürzung verringert für Dritte das Risiko, daß infolge einer erfolgreichen Eintragungsbewilligungsklage Markenrechte mit weit zurückliegender Priorität entstehen, deren Bestand vor dem Abschluß des Verfahrens über die Eintragungsbewilligungsklage durch Recherchen in aller Regel nicht zu ermitteln ist. Die Beschränkung der Klagefrist steht auch in Zusammenhang mit der Möglichkeit einer Aussetzung des Wi-

6

derspruchsverfahrens nach § 43 Abs. 3 und § 39 MarkenV (s. dazu § 43, Rn 32 f.). Die Eintragungsbewilligungsklage ist innerhalb von sechs Monaten nach der Unanfechtbarkeit der Widerspruchsentscheidung nach § 43 Abs. 2 S. 1, mit der die Eintragung der angegriffenen Marke gelöscht worden ist, zu erheben. Die Frist berechnet sich nach den §§ 187 ff. BGB.

## IV. Rechtsschutzbedürfnis

### 1. Grundsatz

7   Soweit die Eintragungsbewilligungsklage auf *markenrechtliche* Gründe gestützt wird, besteht ein Rechtsschutzbedürfnis grundsätzlich nur dann, wenn das DPMA die *Eintragung der angegriffenen Marke im Register gelöscht* hat (s. zur Rechtslage im WZG, nach der es wegen des vorgeschalteten Widerspruchsverfahrens auf die Versagung der Eintragung durch das DPA ankam BGH GRUR 1957, 499, 503 – Wit/Wipp; 1962, 456, 457 – Germataler Sprudel; 1981, 53, 55 – Arthrexforte; OLG Karlsruhe GRUR 1967, 97 – Poxigen; *Baumbach/Hefermehl*, § 6 WZG, Rn 9; *Reimer/Trüstedt*, Bd. 1, Kap. 6, Rn 10; *v. Gamm*, § 6 WZG, Rn 3; aA RG GRUR 1927, 236 – Tuma/Tula; 1943, 41 – Strickende Hände; *Reimer*, 3. Aufl., Kap. 6, Rn 5; *Busse/Starck*, § 6 WZG, Rn 7). Die gegenteilige Auffassung widerspricht der Zuständigkeitsverteilung im Eintragungsverfahren zwischen dem DPMA und dem BPatG als Beschwerdeinstanz einerseits und den ordentlichen Gerichten andererseits (s. Rn 1). Auch der Wortlaut des § 44 Abs. 1 („trotz der Löschung der Eintragung") belegt, daß ohne Vorliegen eines dem Widerspruch stattgebenden Beschlusses im Sinne des § 43 Abs. 2 S. 1 grundsätzlich das Rechtsschutzbedürfnis für eine Eintragungsbewilligungsklage fehlt. Wenn die Eintragungsbewilligungsklage vor der Unanfechtbarkeit der Widerspruchsentscheidung erhoben wird, dann darf das ordentliche Gericht die Identität oder Ähnlichkeit der Marken und Waren oder Dienstleistungen weder bejahen noch verneinen, bevor nicht die Unanfechtbarkeit der Widerspruchsentscheidung oder einer Beschwerdeentscheidung mit Bindungswirkung für das ordentliche Gericht eingetreten ist. Solange keine unanfechtbare Entscheidung im Widerspruchsverfahren vorliegt, muß das Gericht die Eintragungsbewilligungsklage entweder *aussetzen* oder als zur Zeit unzulässig *abweisen*.

### 2. Ausnahmen

8   Eine auf *markenrechtliche* Gründe gestützte Eintragungsbewilligungsklage kann schon *vor Abschluß des Widerspruchsverfahrens* ausnahmsweise dann erhoben werden, wenn es auf die im Widerspruchsverfahren zu entscheidende Frage der Identität oder Ähnlichkeit der Marken und Waren oder Dienstleistungen im Verfahren über die Eintragungsbewilligungsklage nicht ankommt (BGH GRUR 1981, 53, 55 – Arthrexforte; OLG München GRUR 1993, 831 – Etobest). Ein solcher Ausnahmefall liegt etwa dann vor, wenn die im Widerspruchsverfahren zu entscheidenden Fragen, wie namentlich das Vorliegen von Verwechslungsgefahr zwischen den Kollisionsmarken, zwischen den Parteien *außer Streit steht* und allein darüber zu entscheiden ist, ob *aus sonstigen Gründen* der Inhaber der Widerspruchsmarke verpflichtet ist, in die Eintragung der angegriffenen Marke einzuwilligen (RG GRUR 1936, 961 – Biene). Dazu wird es einer der Bindungswirkung der Widerspruchsentscheidung vergleichbar bindenden Parteierklärung bedürfen (offengelassen in BGH GRUR 1981, 53, 55 – Arthrexforte). Die Eintragungsbewilligungsklage ist auch dann vor Abschluß des Widerspruchsverfahrens zulässig, wenn sie bei unterstellter Identität oder Ähnlichkeit der Marken und Waren oder Dienstleistungen, wie namentlich bei unterstellter Verwechslungsgefahr, aufgrund der behaupteten *Löschungsreife der Widerspruchsmarke* wegen Nichtbenutzung zum Erfolg führen kann (BGH GRUR 1981, 53, 55 – Arthrexforte); denn die mangelnde Benutzung der Widerspruchsmarke unterliegt im Widerspruchsverfahren, das sich mit der bloßen Glaubhaftmachung der Benutzung begnügt (§ 43 Abs. 2 S. 1), nur einer kursorischen und summarischen Prüfung, so daß die hierüber getroffenen Feststellungen für das ordentliche Gericht im Verfahren über die auf die Löschungsreife der Widerspruchsmarke wegen Nichtbenutzung gestützten Eintragungsbewilligungsklage nicht bindend sind. In solchen Fallkonstellationen besteht keine Veranlassung, die Erhebung der Eintragungsbewilligungsklage von einem vorausgegangenen Abschluß des Widerspruchsverfahrens abhängig zu machen. Das gleiche gilt bei unterstellter Verwechslungsgefahr zwischen den Kollisionsmarken bei einer *Inanspruchnahme eines Zeitvorrangs* der angegriffenen Marke gegenüber der Wider-

spruchsmarke (zur Rechtslage im WZG *Baumbach/Hefermehl*, § 6 WZG, Rn 9), da das Gericht über die Priorität selbständig und ohne Bindung an die Beurteilung des DPMA oder des BPatG entscheidet. Das Rechtsschutzbedürfnis an einer Eintragungsbewilligungsklage vor dem Abschluß des Widerspruchsverfahrens besteht auch dann, wenn *tatsächliche Umstände Prüfungsgegenstand* sind, die, wie etwa die Benutzungslage, nicht in die Prüfungskompetenz des DPMA fallen (BGH GRUR 1967, 246, 249 – Vitapur). Auch wenn die Eintragungsbewilligungsklage auf *außermarkenrechtliche* (sachlich-rechtliche) *Gründe*, wie etwa auf Vertrag, gestützt wird, ist sie schon dann zulässig, wenn eine Widerspruchsentscheidung des DPMA noch nicht vorliegt (RG GRUR 1937, 221, 223 – Mampe).

## C. Klagegründe

### I. Ausgangspunkt

Die Eintragungsbewilligungsklage kann nicht darauf gestützt werden, das DPMA oder das BPatG als Beschwerdeinstanz habe zu Unrecht die Identität oder Ähnlichkeit der Marken und Waren oder Dienstleistungen, wie namentlich das Vorliegen einer Verwechslungsgefahr zwischen den Kollisionsmarken, festgestellt. Im Verfahren über die Eintragungsbewilligungsklage besteht insoweit eine Bindung des ordentlichen Gerichts an die Widerspruchsentscheidung (s. Rn 3). Im Verfahren der Eintragungsbewilligungsklage kann auch nicht das Bestehen absoluter Eintragungshindernisse der Widerspruchsmarke geltend gemacht werden, da hierüber allein das DPMA und das BPatG als Beschwerdeinstanz im Eintragungsverfahren und im Löschungsverfahren nach § 50 entscheiden. Im übrigen können die *Klagegründe* der Eintragungsbewilligungsklage *markenrechtlicher* (s. Rn 11 ff.) oder *außermarkenrechtlicher* (sachlich-rechtliche, materiellrechtliche) Natur sein (s. Rn 14). 9

Es ist nicht erforderlich, daß die Klagegründe der Eintragungsbewilligungsklage im *Zeitpunkt der Anmeldung* der angegriffenen Marke bereits vorgelegen haben (zur Rechtslage im WZG *Baumbach/Hefermehl*, § 6 WZG, Rn 10; *Pinzger*, MuW 1938, 357; aA RPA BlPMZ 1922, 165; *Hagens*, § 6 WZG, Anm. 3; *v. Gamm*, § 6 WZG, Rn 7). Der Zeitrang der ursprünglichen Anmeldung steht der angegriffenen Marke nach § 44 Abs. 3 aber nur dann zu, wenn der Widerspruch sachlich nicht begründet war. Das ist dann der Fall, wenn die Klagegründe der Eintragungsbewilligungsklage im Zeitpunkt der endgültigen Entscheidung des DPMA oder der Beschwerdeentscheidung des BPatG zwar vorgelegen haben, aber im Widerspruchsverfahren wegen der Zuständigkeitsaufteilung zwischen dem DPMA und dem BPatG als Beschwerdeinstanz einerseits und den ordentlichen Gerichten andererseits (s. Rn 1) nicht geltend gemacht werden konnten. Gründe, die erst nach der unanfechtbaren Widerspruchsentscheidung über die Löschung der Eintragung der angegriffenen Marke entstanden sind, können zwar nicht mehr die Eintragungsbewilligungsklage, wohl aber unter Umständen eine Löschungsklage gegen den Inhaber der Widerspruchsmarke rechtfertigen. 10

### II. Markengesetzliche Klagegründe

Die Eintragungsbewilligungsklage nach § 44 Abs. 1 kann auf die *Nichtigkeit der Widerspruchsmarke* wegen des Bestehens prioritätsälterer Rechte im Sinne des § 51 Abs. 1 gestützt werden. Solche Löschungsgründe bilden die Rechte im Sinne der §§ 9 bis 13 mit älterem Zeitrang (s. dazu im einzelnen *Baumbach/Hefermehl*, § 6 WZG, Rn 11, 12). Nach der zur Rechtslage im WZG vorgenommenen Systematisierung zwischen zeichenrechtlichen Klagegründen und sachlich-rechtlichen Klagegründen gehörten die prioritätsälteren Namensrechte (§ 12 BGB), Firmenrechte (§ 16 UWG aF) und die Ausstattungsrechte (§ 25 WZG) zu den sachlich-rechtlichen Gründen. Nachdem nach der Rechtslage im MarkenG nach § 12 die geschäftlichen Bezeichnungen (§ 5) und die durch den Erwerb von Verkehrsgeltung entstandenen Markenrechte (§ 4 Nr. 2), sowie nach § 13 auch die sonstigen prioritätsälteren Rechte, wie namentlich die Namensrechte (§ 12 BGB), relative Eintragungshindernisse für die Eintragung einer prioritätsjüngeren Marke darstellen, erscheint es sachgerecht, alle *prioritätsälteren Rechte im Sinne der §§ 9 bis 13* einheitlich als *markengesetzliche Klagegründe* zu behandeln, auch wenn aus dieser vom WZG abweichenden Systematisierung keine un- 11 terschiedlichen Rechtsfolgen herzuleiten sind. Die Eintragungsbewilligungsklage kann auf die Rechte im Sinne der §§ 9 bis 13 mit älterem Zeitrang gestützt werden, ohne daß zugleich auf Löschung der Widerspruchsmarke geklagt werden oder die Eintragung der Widerspruchsmarke gelöscht sein müßte. Der Löschungsgrund der Widerspruchsmarke braucht nicht im Zeitpunkt der Anmeldung der angegriffenen Marke bestanden zu haben; es ist ausreichend, wenn die Nichtigkeit der Widerspruchsmarke im Sinne des § 51 im Zeitpunkt der Widerspruchsentscheidung zur Löschung der Eintragung der angegriffenen Marke nach § 43 Abs. 2 S. 1 besteht. Unerheblich ist, ob dem Kläger der Eintragungsbewilligungsklage der Nichtigkeitsgrund der Widerspruchsmarke nach der Widerspruchsentscheidung bekannt geworden ist; auch dann bildet dieser Löschungsgrund einen markengesetzlichen Klagegrund für die Eintragungsbewilligungsklage.

**12** Die Eintragungsbewilligungsklage kann namentlich auf den Nichtigkeitsgrund einer *angemeldeten oder eingetragenen Marke mit älterem Zeitrang* nach § 9 Abs. 1 Nr. 1 bis 3 gestützt werden, auch wenn die relativen Schutzhindernisse des § 9 Abs. 1 Nr. 1 und 2 Widerspruchsgründe nach § 43 Abs. 2 Nr. 1 und 2 darstellen. Der markengesetzliche Klagegrund besteht in der *Priorität der angegriffenen Marke* gegenüber der Widerspruchsmarke (zur Rechtslage im WZG s. schon RGZ 104, 162, 168). Im Verfahren der Eintragungsbewilligungsklage entscheidet das ordentliche Gericht selbständig über die Priorität der Kollisionsmarken, ohne daß eine Bindung des ordentlichen Gerichts an die Beurteilung der Priorität durch das DPMA oder das BPatG als Beschwerdeinstanz besteht. Die Feststellung der Priorität kann namentlich bei dem Ineinandergreifen des deutschen Zeitrangs nach § 6 mit der Unionspriorität nach Art. 4 PVÜ oder einer sonstigen internationalen Priorität Schwierigkeiten bereiten. Die Klage kann auch darauf gestützt werden, daß der Widersprechende zwar im Register eingetragen war, ihm aber die Berechtigung zum Widerspruch fehlte, weil er nicht materiell berechtigt war oder aber der Marke im Inland noch kein Markenschutz zukam (RGZ 170, 302, 309 – De vergulde Hand).

**13** Markengesetzliche Klagegründe stellen auch die *Verfallsgründe* nach § 49 Abs. 1 und Abs. 2 Nr. 1 bis 3 dar, die nach § 55 Abs. 1 als Löschungsgründe im Löschungsverfahren vor den ordentlichen Gerichten geltend gemacht werden können. Klagegründe sind der Verfall wegen *Nichtbenutzung der Marke* (§ 49 Abs. 1), wegen *Entwicklung der Marke zu einer Gattungsbezeichnung* (§ 49 Abs. 2 Nr. 1), wegen *Täuschungsgefahr* (§ 49 Abs. 2 Nr. 2) und wegen des *Verlustes der Markenrechtsfähigkeit* (§ 49 Abs. 2 Nr. 3). Die Eintragungsbewilligungsklage kann etwa darauf gestützt werden, daß die Widerspruchsmarke täuschend im Sinne von § 49 Abs. 2 Nr. 2 ist; insoweit überprüft das ordentliche Gericht das Bestehen des absoluten Schutzhindernisses der täuschenden Marke nach § 8 Abs. 2 Nr. 4 (BGHZ 34, 1, 3 – Mon Chéri). Das ordentliche Gericht ist an die Eintragungsentscheidung des DPMA, in der das Vorliegen des absoluten Schutzhindernisses der täuschenden Marke nach § 8 Abs. 2 Nr. 4 aufgrund einer Prüfung nach § 37 verneint worden ist, nicht gebunden; das folgt aus dem Bestehen des Verfallsgrundes nach § 49 Abs. 2 Nr. 2. Dem steht nicht entgegen, daß die täuschende Marke auch von Amts wegen nach § 50 Abs. 3 gelöscht werden kann. Über die anderen absoluten Schutzhindernisse des § 8 Abs. 2, wie namentlich über ordnungswidrige und sittenwidrige Marken (§ 8 Abs. 2 Nr. 5) oder gesetzeswidrige Marken (§ 8 Abs. 2 Nr. 9) entscheidet ausschließlich das DPMA im Eintragungsverfahren (§ 37) oder im Löschungsverfahren (§ 50). Nach der Eintragung der Marke im Register sind die ordentlichen Gerichte sowohl im Verletzungsstreit als auch im Verfahren der Eintragungsbewilligungsklage an die Eintragung gebunden; ihnen fehlt jedes Nachprüfungsrecht (s. zur Rechtslage im WZG *Baumbach/Hefermehl*, § 4 WZG, Rn 126).

### III. Außermarkengesetzliche Klagegründe

**14** Nach der am Anwendungsbereich des MarkenG orientierten Systematisierung sind unter außermarkengesetzlichen Klagegründen solche Gründe zu verstehen, die dem Inhaber der angegriffenen Marke gegen den Inhaber der Widerspruchsmarke einen Anspruch auf Bewilligung der Eintragung geben, ohne daß es sich um Verfallsgründe nach § 49 oder Nichtigkeitsgründe nach § 51 Abs. 1 im Sinne der prioritätsälteren Rechte nach den §§ 9 bis 13 und damit um Löschungsgründe nach § 55 Abs. 1 handelt. Die Verfallsgründe (§ 49) und Nichtigkeitsgründe (§ 51) werden als markengesetzliche Klagegründe der Eintragungsbewilligungsklage verstanden (s. Rn 11 ff.). Als *außermarkengesetzliche Klagegründe* kommen namentlich *vertragliche* sowie *wettbewerbsrechtliche* und *deliktsrechtliche Ansprüche* des Inhabers der angegriffenen Marke gegen den Inhaber der Widerspruchsmarke in Betracht. Wenn und insoweit man wettbewerbsrechtliche und deliktsrechtliche Löschungsgründe schon unter die Vorschrift des § 13 Abs. 2 subsumiert (s. dazu § 13, Rn 2), dann handelt es sich um markengesetzliche Klagegründe. Die Eintragungsbewilligungsklage kann auch auf einen *vertraglichen Anspruch* des Inhabers der angegriffenen Marke auf Löschung der Widerspruchsmarke gestützt werden. Es kann auch geltend gemacht werden, bei der Widerspruchsmarke handele es sich um eine *schutzunwürdige Vorratsmarke* (BGHZ 44, 60, 63 – Agyn; s. zur Vorratsmarke § 3, Rn 184 ff.). Die Eintragungsbewilligungsklage kann auch darauf gestützt werden, die Erhebung des Widerspruchs stelle gegenüber dem Inhaber der angegriffenen Marke eine *rechtsmißbräuchliche Ausübung* der prioritätsälteren Widerspruchsmarke dar (zu einer Defensivmarke s. BGH GRUR 1970, 27, 30 – Ein-Tannenzeichen-Zeichen; s. zur Defensivmarke § 3, Rn 172 ff.). Die Eintragungsbewilligungsklage kann nicht auf eine *Vorbenutzung der angegriffenen Marke* gestützt werden, es sei denn, daß ein Markenrecht durch den Erwerb von Verkehrsgeltung nach § 4 Nr. 2 entstanden ist, das als ein Nichtigkeitsgrund nach den §§ 51 Abs. 1 iVm 12 einen Löschungsgrund nach § 55 Abs. 1 und damit einen markengesetzlichen Klagegrund darstellt.

### D. Einreden des Beklagten

Da im Verfahren der Eintragungsbewilligungsklage von der Feststellung der Identität oder Ähnlichkeit der Marken und Waren oder Dienstleistungen und damit namentlich von dem Vorliegen der Verwechslungsgefahr auszugehen ist, können sich die Einreden des Beklagten ausschließlich gegen die Behauptung des Klägers richten, dem Kläger stehe trotz der bindenden Feststellungen des DPMA oder des BPatG als Beschwerdeinstanz ein Anspruch auf Einwilligung in die Eintragung gegen den Beklagten zu. Solche Einreden können sich aus *Vertrag,* wie etwa einer dinglichen Markenlizenz (s. § 30, Rn 8) oder einer schuldrechtlichen Gebrauchsüberlassung (s. § 30, Rn 9), sowie aus einem Verzicht des Klägers ergeben. Auch auf die Vorschriften des *Wettbewerbsrechts* wie etwa § 3 UWG kann sich eine solche Einrede gründen (RG GRUR 1937, 221, 223 – Mampe). Der Beklagte kann aber nicht geltend machen, der Eintragung der angegriffenen Marke stehe ein *absolutes Schutzhindernis* im Sinne des § 8 entgegen, da hierüber ausschließlich das DPMA und das BPatG als Beschwerdeinstanz im Eintragungsverfahren (§ 37) und im Löschungsverfahren (§ 50) entscheiden. Das ordentliche Gericht hat deshalb der Eintragungsbewilligungsklage auch dann stattzugeben, wenn nach seiner Auffassung ein absolutes Schutzhindernis im Sinne des § 8 besteht und der Widerspruch trotz der bindenden Feststellung zur Identität und der Ähnlichkeit der Marken und Waren oder Dienstleistungen wie namentlich zur Verwechslungsgefahr materiellrechtlich unberechtigt war. Folge des der Eintragungsbewilligungsklage stattgebenden Urteils braucht indessen nicht die Eintragung der angegriffenen Marke zu sein, weil das DPMA die Nichtigkeit der Marke wegen absoluter Schutzhindernisse auch nachträglich von Amts wegen bei Vorliegen der Voraussetzungen nach § 50 Abs. 3 Nr. 1 bis 3 berücksichtigen kann. Nach der Rechtsprechung (RGZ 100, 3) soll die Einrede, die angemeldete Marke sei als freier Warenname eintragungsunfähig, zulässig sein (aA *Baumbach/Hefermehl,* § 6 WZG, Rn 13; *Tetzner,* § 6 WZG, Rn 12).

### E. Urteil

Wenn die Eintragungsbewilligungsklage begründet ist, dann wird der Beklagte verurteilt, *in die Eintragung der vom Kläger angemeldeten Marke ... einzuwilligen,* und, wenn die Entscheidung über den Widerspruch noch nicht unanfechtbar ist, *den gegen die Eintragung der vom Kläger angemeldeten Marke ... erhobenen Widerspruch zurückzunehmen.* Das Gericht darf die Eintragung der Marke als solche nicht anordnen, da hierüber das DPMA entscheidet. Das Urteil beseitigt allein den zwischen den Parteien der Eintragung der angemeldeten Marke entgegenstehenden Widerspruch, nicht andere Eintragungshindernisse, wie etwa einen weiteren erhobenen Widerspruch, dem das DPMA ebenfalls stattgegeben hat. Mit der Rechtskraft des Urteils gilt die Einwilligung bzw die Rücknahmeerklärung als abgegeben

(§ 894 ZPO). Das Urteil kann nur hinsichtlich der Kostenentscheidung für vorläufig vollstreckbar erklärt werden (§§ 894, 895 ZPO; s. *Baumbach/Lauterbach/Albers/Hartmann*, § 894 ZPO, Rn 7). Bei einem gerichtlichen Vergleich ist § 894 ZPO unanwendbar. Eine Verpflichtung zur Einwilligung ist nach § 887 Abs. 1 ZPO dadurch zu erreichen, daß der Kläger vom Prozeßgericht auf Antrag ermächtigt wird, die Handlung auf Kosten des Beklagten vornehmen zu lassen. Eine Vollstreckung erübrigt sich, wenn der Beklagte schon in dem Vergleich die Einwilligung erklärt hat.

17 Wenn der Inhaber einer prioritätsälteren Marke gegen die Eintragung einer prioritätsjüngeren Marke erfolgreich Widerspruch erhoben hat, er aber im Verfahren der Eintragungsbewilligungsklage zur Bewilligung der Eintragung der prioritätsjüngeren Marke verurteilt wird, dann können dem Kläger nicht die *Kosten des Widerspruchsverfahrens* im Wege des Schadensersatzes zugesprochen werden; dem steht die Unanfechtbarkeit der Widerspruchsentscheidung entgegen (BGH GRUR 1971, 355, 356 – Epigran II).

## F. Fortsetzung des Eintragungsverfahrens

### I. Eintragung aufgrund des Urteils

18 Aufgrund eines der Eintragungsbewilligungsklage stattgebenden, rechtskräftigen Urteils wird die im Widerspruchsverfahren erfolgte Löschung der Eintragung unwirksam. Das patentamtliche oder patentgerichtliche *Eintragungsverfahren* lebt wieder auf und wird *fortgesetzt* (so zur Rechtslage im WZG, an der sich auch aufgrund des nachgeschalteten Widerspruchsverfahrens nichts geändert hat BPatGE 1, 217 – Bellamedosan; 6, 142 – Prestige; 24, 112, 116 – Frutopekta; *Baumbach/Hefermehl*, § 6 WZG, Rn 15; *v. Gamm*, § 6 WZG, Rn 8; *Althammer*, § 6 WZG, Rn 10). Auch ein Widerspruch wird wieder zulässig, falls er nicht unanfechtbar für unzulässig erklärt worden ist. Die *Eintragung der Marke* erfolgt unter Wahrung der ursprünglichen Priorität (§ 44 Abs. 3; s. Rn 20), wenn der Eintragung keine absoluten Schutzhindernisse (§ 37) oder andere Widersprüche (§ 42) entgegenstehen.

### II. Prüfung der Eintragung durch das DPMA

19 In dem der Eintragungsbewilligungsklage stattgebenden Urteil wird die Eintragung der Marke nicht angeordnet (s. Rn 16). Über die *Eintragung der Marke* wird in dem *fortgesetzten Eintragungsverfahren* entschieden. Wenn das DPMA oder das BPatG als Beschwerdeinstanz im Widerspruchsverfahren die Löschung der Eintragung entschieden hat, dann prüft es im fortgesetzten Eintragungsverfahren die Rechtskraft des in vollstreckbarer Ausfertigung vorgelegten Urteils, sowie die Einhaltung der Entscheidungskompetenz des ordentlichen Gerichts. Ein Urteil im Verfahren der Eintragungsbewilligungsklage, in dem über die Identität oder Ähnlichkeit der Marken und Waren oder Dienstleistungen entschieden worden ist, ist wegen Überschreitung der Zuständigkeitsgrenze unbeachtlich (RPA BlPMZ 1896, 67; *Baumbach/Hefermehl*, § 6 WZG, Rn 16; *Busse/Starck*, § 6 WZG, Rn 9); aufgrund dieses Urteils kann die Eintragung unter Wahrung der ursprünglichen Priorität (§ 44 Abs. 3) nicht bewirkt werden. In dem fortgesetzten Eintragungsverfahren hat das DPMA nicht zu prüfen, ob der Anspruch auf Eintragung schon im Zeitpunkt der Anmeldung der Marke begründet war; maßgebend ist vielmehr der Zeitpunkt der rechtskräftigen Löschung der Eintragung im patentamtlichen oder patentgerichtlichen Widerspruchsverfahren (*Baumbach/Hefermehl*, § 6 WZG, Rn 16; aA RPA BlPMZ 1922, 165). Soweit das Urteil das DPMA bindet, sind weitere Ermittlungen unzulässig. In dem fortgesetzten Eintragungsverfahren ist aber das Bestehen absoluter Schutzhindernisse (§ 37) oder weiterer Widersprüche (§ 42) zu berücksichtigen, die zu einer Ablehnung der Eintragung trotz des der Eintragungsbewilligungsklage stattgebenden Urteils führen können. Wenn das DPMA im Widerspruchsverfahren die Löschung der Eintragung noch nicht entschieden und etwa das Verfahren ausgesetzt hat, dann ist ein der Eintragungsbewilligungsklage stattgebendes Urteil für das DPMA nur insoweit bindend, als es nicht über die Identität oder Ähnlichkeit der Marken und Waren oder Dienstleistungen und damit über die Verwechslungsgefahr entschieden hat (*Baumbach/Hefermehl*, § 6 WZG, Rn 16; anders, weil das Urteil einen Verzicht auf den Widerspruch darstelle *Busse/Starck*, § 6 WZG, Rn 9).

## III. Wahrung der ursprünglichen Priorität (§ 44 Abs. 3)

Die aufgrund der Widerspruchsentscheidung erfolgte Löschung der Eintragung wird **20** durch das der Eintragungsbewilligungsklage stattgebende Urteil unwirksam (s. Rn 18). Wenn in dem fortgesetzten Eintragungsverfahren keine weiteren absoluten Schutzhindernisse bestehen oder über weitere Widersprüche zu entscheiden ist, dann wird die Eintragung der Marke unter Wahrung des *Zeitrangs der ursprünglichen Eintragung* vorgenommen (§ 44 Abs. 3). Auch der Eintragung aufgrund eines im Verfahren der Eintragungsbewilligungsklage geschlossenen *gerichtlichen Vergleichs* kommt prioritätswahrende Wirkung nach § 44 Abs. 3 zu, nicht aber einem außergerichtlichen Vergleich, da der Anspruch auf die Eintragung nach § 44 Abs. 1 im Wege der Klage geltend gemacht werden muß. Wenn zwischenzeitlich andere Marken angemeldet oder eingetragen worden sind, dann kann der Inhaber der Marke, deren Eintragung aufgrund eines der Eintragungsbewilligungsklage stattgebenden Urteils erfolgt ist, wegen der prioritätswahrenden Wirkung der Eintragung Löschungsklage nach § 55 wegen Bestehens eines prioritätsälteren Markenrechts (§§ 51, 9) erheben.

## G. Andere Klagearten

### I. Negative Feststellungsklage

Neben einer Eintragungsbewilligungsklage nach § 44 ist eine Klage auf Feststellung zulässig, **21** daß dem Inhaber der Widerspruchsmarke kein Verbotsrecht aus § 14 und damit gegen die Benutzung der Marke weder ein Abwehranspruch noch ein Schadensersatzanspruch zusteht. *Streitgegenstand der negativen Feststellungsklage* ist nicht die Eintragung der Marke, sondern die Benutzung der Marke. Das Rechtsschutzbedürfnis für eine solche negative Feststellungsklage nach § 256 ZPO wird nicht dadurch ausgeschlossen, daß die Eintragung der angemeldeten Marke erfolgt und gegen die Eintragung Widerspruch erhoben worden ist. Ein Recht zur Benutzung eines Kennzeichens im geschäftlichen Verkehr, wie etwa als geschäftliche Bezeichnung, kann auch dann bestehen, wenn im Widerspruchsverfahren das DPMA oder das BPatG als Beschwerdeinstanz die Löschung der Eintragung der Marke wegen Bestehens von Verwechslungsgefahr beschließt. Umgekehrt kann die Benutzung einer Marke, deren Löschung im Widerspruchsverfahren nicht beschlossen wird, wettbewerbswidrig sein und eine Unterlassungspflicht sowie eine Schadensersatzpflicht des eingetragenen Markeninhabers gegenüber einem besser Berechtigten auslösen (RGZ 118, 76, 79 – Springendes Pferd; RG GRUR 1937, 797, 799 – Weißpunkt-Tabakpfeifen). In einem Rechtsstreit, in dem es um die Rechtmäßigkeit der Benutzung einer Marke geht, ist das ordentliche Gericht an die Beurteilung der Identität oder Ähnlichkeit der Marken und Waren oder Dienstleistungen und damit der Verwechslungsgefahr durch das DPMA oder das BPatG als Beschwerdeinstanz des Eintragungsverfahrens nicht gebunden. In einem Rechtsstreit über eine rechtmäßige Benutzung des Kennzeichens hat das ordentliche Gericht bei der Entscheidung über den *wettbewerblichen Gesamttatbestand* die Markenkollision selbständig zu prüfen (RGZ 97, 90 – Pecho; RG GRUR 1929, 488 – Jupiter Bleistift; BGH GRUR 1954, 346 – Strahlenkranz; *Baumbach/Hefermehl*, § 6 WZG, Rn 19; *Tetzner*, § 6 WZG, Rn 16; *Busse/Starck*, § 6 WZG, Rn 8; aA *Reimer*, GRUR 1932, 345, 355). Wenn das Gericht feststellt, daß der Widersprechende die Benutzung der Marke nicht verbieten kann, dann gewährt dieses Urteil keinen Anspruch auf Eintragung der Marke in das Register. Über die Eintragung der Marke wird im patentamtlichen und patentgerichtlichen Eintragungsverfahren entschieden.

### II. Löschungsklage

Der im Widerspruchsverfahren unterlegene *Widersprechende* kann gegen die Eintragung **22** der angegriffenen Marke *Löschungsklage* nach § 55 wegen des Bestehens eines älteren Markenrechts (§§ 51, 9) erheben. Im Löschungsprozeß ist das ordentliche Gericht an die Entscheidung des DPMA oder des BPatG als Beschwerdeinstanz nicht gebunden, und zwar auch dann nicht, wenn der Löschungskläger dieselben Gründe wie im Widerspruchsverfahren vorbringt.

**23** Der im Widerspruchsverfahren unterlegene *Anmelder* als Inhaber der angegriffenen Marke kann die *Eintragungsbewilligungsklage* nach § 44 mit einer *Löschungsklage* nach § 55 wegen Bestehens eines prioritätsälteren Markenrechts (§§ 51, 9) verbinden, die auf Löschung der Widerspruchsmarke gerichtet ist. Die Löschungsklage kann auf markengesetzliche (s. Rn 11 ff.) sowie außermarkengesetzliche (s. Rn 14) Löschungsgründe gestützt werden. Wenn die Löschungsklage Erfolg hat und die Löschung nach § 52 Abs. 2 auf einen vor der Eintragung der im Widerspruchsverfahren gelöschten Marke liegenden Zeitpunkt zurückwirkt, dann war der Widerspruch von vornherein grundlos und ist nicht zu berücksichtigen (RGZ 100, 3, 8 – Antiformin). Der Inhaber der im Widerspruchsverfahren angegriffenen Marke braucht jedoch nicht neben der Eintragungsbewilligungsklage nach § 44 eine Löschungsklage zu erheben. Er kann vielmehr die Eintragungsbewilligungsklage auf jeden Löschungsgrund stützen, der im Zeitpunkt der unanfechtbaren Entscheidung im Widerspruchsverfahren vorgelegen hat, so daß der Widerspruch sachlich unberechtigt war. Die Löschung der Widerspruchsmarke bewirkt zwar eine Erledigung der Löschungsklage, nicht aber der Eintragungsbewilligungsklage, denn die erneute Eintragung der im Widerspruchsverfahren gelöschten Marke kann der Inhaber unter Wahrung des Zeitrangs der ursprünglichen Eintragung (§ 44 Abs. 3) nur erreichen, wenn er im Eintragungsbewilligungsverfahren nach § 44 eine Entscheidung zu seinen Gunsten erwirkt; sonst kann die im Widerspruchsverfahren gelöschte Eintragung der Marke nur mit dem Zeitrang einer erneuten Anmeldung eingetragen werden.

## Abschnitt 2. Berichtigung; Teilung; Schutzdauer und Verlängerung

### Berichtigung des Registers und von Veröffentlichungen

**45** (1) ¹Eintragungen im Register können auf Antrag oder von Amts wegen zur Berichtigung von sprachlichen Fehlern, Schreibfehlern oder sonstigen offensichtlichen Unrichtigkeiten geändert werden. ²War die von der Berichtigung betroffene Eintragung veröffentlicht worden, so ist die berichtigte Eintragung zu veröffentlichen.

(2) Absatz 1 ist entsprechend auf die Berichtigung von Veröffentlichungen anzuwenden.

**Inhaltsübersicht**

| | Rn |
|---|---|
| A. Allgemeines | 1–4 |
|    I. Regelungszusammenhang | 1 |
|    II. Rechtsänderungen | 2 |
|    III. Europäisches Unionsrecht | 3, 4 |
|       1. Erste Markenrechtsrichtlinie | 3 |
|       2. Gemeinschaftsmarkenverordnung | 4 |
| B. Berichtigung offensichtlicher Unrichtigkeiten der Anmeldung, Eintragung und Veröffentlichung | 5–7 |
|    I. Anwendungsbereich von Berichtigungen | 5 |
|    II. Offensichtliche Unrichtigkeiten | 6 |
|    III. Verfahren | 7 |
| C. Grundsatz der Unveränderlichkeit einer angemeldeten oder eingetragenen Marke | 8, 9 |

## A. Allgemeines

### I. Regelungszusammenhang

**1** Nach § 45 Abs. 1 können *offensichtliche Unrichtigkeiten von Eintragungen* im Register nachträglich geändert werden. Nach § 39 Abs. 2 ist auch die Änderung von offensichtlichen Unrichtigkeiten des Inhalts einer *Anmeldung* zulässig. Nach diesen Vorschriften ist eine Berichtigung der Anmeldung und des Registers zulässig, nicht aber eine Änderung der angemeldeten oder eingetragenen Marke. Nach der Veröffentlichung der Eintragung (§ 41 S. 2) ist nach § 45 Abs. 1 S. 2 die berichtigte Eintragung zu veröffentlichen. Die Berichtigung von *offensichtlichen Unrichtigkeiten einer Veröffentlichung* als solcher ist nach § 45 Abs. 2 zulässig. Diese Vorschriften zur Fehlerkorrektur offensichtlicher Unrichtigkeiten von Anmeldungen, Eintragungen und Veröffentlichungen beruhen auf dem Grundsatz der Unveränderlichkeit einer angemeldeten und eingetragenen Marke (s. Rn 8). Nachträgliche Änderungen der angemeldeten oder eingetragenen Marke sind nur aufgrund eines Teilverzichts nach § 48 oder aufgrund einer Teilung der Anmeldung nach § 40 oder einer Teilung der Eintragung nach § 46 möglich.

## II. Rechtsänderungen

Schon nach der Rechtslage im WZG war die Berichtigung offenbarer Unrichtigkeiten **2** der Anmeldung (*Baumbach/Hefermehl*, § 2 WZG, Rn 27) oder der Eintragung (*Baumbach/Hefermehl*, § 3 WZG, Rn 5) nach allgemeinen Grundsätzen zulässig, auch wenn das WZG keine ausdrücklichen Regelungen enthielt. Sonstige Änderungen der Anmeldung oder der Eintragung einer Marke, die deren Schutzinhalt berührten, waren unzulässig. Anders als im MarkenG galt im WZG nicht nur der Grundsatz der Unveränderlichkeit einer angemeldeten oder eingetragenen Marke, sondern auch der Grundsatz der Unteilbarkeit einer angemeldeten oder eingetragenen Marke, die nicht nur als eine unveränderliche, sondern auch als eine unteilbare Einheit verstanden wurde (s. dazu *Baumbach/Hefermehl*, § 2 WZG, Rn 27; § 3 WZG, Rn 4). In Umsetzung der MarkenRL ist im MarkenG die freie Teilbarkeit von Anmeldungen (§ 40) und von Eintragungen (§ 46) vorgesehen.

## III. Europäisches Unionsrecht

### 1. Erste Markenrechtsrichtlinie

Die *MarkenRL* enthält keine Regelung über die Berichtigung von offensichtlichen Un- **3** richtigkeiten einer Anmeldung, Eintragung oder Veröffentlichung.

### 2. Gemeinschaftsmarkenverordnung

Die *GMarkenV* enthält zur Berichtigung offensichtlicher Unrichtigkeiten der Anmeldung **4** einer Gemeinschaftsmarke eine vergleichbare Regelung. Nach Art. 44 Abs. 2 S. 1 GMarkenV darf die Anmeldung einer Gemeinschaftsmarke nur geändert werden, um Name und Adresse des Anmelders, sprachliche Fehler, Schreibfehler oder offensichtliche Unrichtigkeiten zu berichtigen, soweit durch eine solche Berichtigung der wesentliche Inhalt der Marke nicht berührt oder das Verzeichnis der Waren oder Dienstleistungen nicht erweitert wird. Nach erfolgter Veröffentlichung wird die Anmeldung in der geänderten Fassung veröffentlicht, wenn die Änderungen die Wiedergabe der Marke oder das Verzeichnis der Waren oder Dienstleistungen betreffen (Art. 44 Abs. 2 S. 2 GMarkenV). Während der Dauer der Eintragung darf eine Gemeinschaftsmarke nach Art. 48 Abs. 1 GMarkenV nicht geändert werden. Nur wenn die Gemeinschaftsmarke den Namen und die Adresse ihres Inhabers enthält, dann kann die Änderung dieser Angaben, sofern dadurch die ursprünglich eingetragene Marke in ihrem wesentlichen Inhalt nicht beeinträchtigt wird, nach Art. 48 Abs. 2 GMarkenV auf Antrag des Inhabers eingetragen werden. Art. 48 Abs. 3 GMarkenV enthält ein Anfechtungsrecht zur Wahrung beeinträchtigter Rechte Dritter.

## B. Berichtigung offensichtlicher Unrichtigkeiten der Anmeldung, Eintragung und Veröffentlichung

### I. Anwendungsbereich von Berichtigungen

Die *Berichtigung von offensichtlichen Unrichtigkeiten* ist zulässig hinsichtlich des *Inhalts von* **5** *Anmeldungen* (§ 39 Abs. 2), der *Eintragungen im Register* (§ 45 Abs. 1 S. 1) und der *Veröffentlichungen* (§ 45 Abs. 2). Der Berichtigung unterliegen *sprachliche Fehler, Schreibfehler* oder *son-*

stige offensichtliche Unrichtigkeiten (§§ 39 Abs. 2, 45 Abs. 1 S. 1). Die Vorschrift zur Änderung der Anmeldung einer Gemeinschaftsmarke nennt zusätzlich noch *Name* und *Adresse des Anmelders* als Gegenstände einer Berichtigung (Art. 44 Abs. 2 S. 1 GMarkenV). Die Regelung zur Änderung der Eintragung einer Gemeinschaftsmarke ist restriktiver als das MarkenG (Art. 48 GMarkenV).

## II. Offensichtliche Unrichtigkeiten

6   Die Berichtigung offensichtlicher Unrichtigkeiten darf den *wesentlichen Inhalt der Marke* nicht berühren oder das *Verzeichnis der Waren oder Dienstleistungen* nicht erweitern (so die Formulierung von Art. 44 Abs. 2 S. 1 GMarkenV zur Änderung der Anmeldung einer Gemeinschaftsmarke). Zulässig sind nur solche Berichtigungen oder Einschränkungen, die die *Identität der Anmeldung, der Eintragung oder der Veröffentlichung* nicht berühren. Die Abgrenzung zwischen offensichtlichen Unrichtigkeiten, die der Berichtigung unterliegen, und unzulässigen Änderungen der Anmeldung, Eintragung oder Veröffentlichung erfolgt nach der Identität des Schutzinhalts der Marke. Zu berichtigen sind sprachliche Fehler und Schreibfehler wie auch Druckfehler bei einem Versehen der Druckerei sowie Name und Adresse des Inhabers der angemeldeten oder eingetragenen Marke (zur Bezeichnung des Markeninhabers bei der Anmeldung s. BPatGE 16, 267, 271; s. auch Art. 44 Abs. 2 S. 1 GMarkenV). Wenn die Marke in der Form eingetragen wird, in der das DPMA die Eintragung vornehmen will, dann kommt eine Berichtigung nicht in Betracht, wenn das DPMA die tatsächlichen oder rechtlichen Grundlagen der Eintragung unrichtig gewürdigt hat und die Anmeldung hätte zurückweisen müssen. Als Berichtigung wird man auch eine deutlichere Formulierung zur Beseitigung von sprachlichen Unklarheiten verstehen können (s. schon zur Rechtslage im WZG für die Anmeldung *Baumbach/Hefermehl*, § 2 WZG, Rn 27). Vorsicht ist geboten, wenn *Zusätze* oder *Weglassungen* zur Steigerung der Unterscheidungskraft der Marke oder einer Verminderung der Verwechslungsgefahr als Berichtigungen vorgenommen werden sollen. Nach der Rechtslage im WZG wurden kleine Veränderungen der Marke als Berichtigungen nicht grundsätzlich ausgeschlossen (*Baumbach/Hefermehl*, § 2 WZG, Rn 27). Eine offensichtliche Unrichtigkeit liegt auch dann vor, wenn der Zeitpunkt der Anmeldung oder der Erneuerung der Marke unrichtig in das Register eingetragen wird (*Baumbach/Hefermehl*, § 3 WZG, Rn 5). Nach der GMarkenV wird hinsichtlich der Änderung der Anmeldung einer Gemeinschaftsmarke darauf abgestellt, ob der wesentliche Inhalt der Marke berührt oder das Verzeichnis der Waren oder Dienstleistungen erweitert wird. Nach der Rechtslage im WZG wurden ausnahmsweise Änderungen der Eintragung dann zugelassen, wenn es sich um einen unwesentlichen Bestandteil der Marke handelte und eine Unrichtigkeit beseitigt werden sollte (s. dazu *Baumbach/Hefermehl*, § 3 WZG, Rn 4). Zugelassen wurde die Änderung der Angaben des Geschäftsbetriebs, wenn eine *Rechtsnachfolge eingetreten* ist (RPA GRUR 1932, 82). Das DPMA hielt die Ersetzung des eingetragenen Wortes *Cognac* durch das Wort *Weinbrand* zur Anpassung an eine Gesetzesänderung der weinrechtlichen Rechtslage für zulässig (Bedenken bei *Baumbach/Hefermehl*, § 3 WZG, Rn 4).

## III. Verfahren

7   Die Berichtigung einer Eintragung (§ 45 Abs. 1 S. 1) oder einer Veröffentlichung (§ 45 Abs. 2) erfolgt auf *Antrag* oder *von Amts wegen*. Zur Berichtigung des Inhalts einer Anmeldung bedarf es nach § 39 Abs. 2 eines Antrags des Anmelders. Trotz dieses Wortlauts der Vorschrift wird man auch im Anmeldeverfahren eine Berichtigung offensichtlicher Unrichtigkeiten von Amts wegen als zulässig ansehen müssen. Die Eintragung einer offensichtlich unrichtigen Anmeldung in das Register zu verhindern, liegt im öffentlichen Interesse; zumindest wird das DPMA den Anmelder auf die offensichtliche Unrichtigkeit des Inhalts der Anmeldung hinweisen, um eine Berichtigung auf Antrag vorzunehmen. Nach einer Korrektur von in der Anmeldung enthaltenen Fehlern kommt es zu einer Eintragung ohne offensichtliche Unrichtigkeiten. Wenn die Eintragung offensichtlich unrichtig ist, dann ist die Eintragung im Register zu berichtigen und die Berichtigung der Eintragung im Register

einzutragen (§ 18 Nr. 38 MarkenV). Nach einer Veröffentlichung der von der Berichtigung betroffenen Eintragung (§ 41 S. 2; § 20 MarkenV) ist nach § 45 Abs. 1 S. 2 die berichtigte Eintragung zu veröffentlichen. Wenn die Eintragung in das Register ohne offensichtliche Unrichtigkeiten erfolgt ist, aber die Veröffentlichung offensichtlich unrichtig ist, dann ist nach § 45 Abs. 2 iVm Abs. 1 S. 1 die Veröffentlichung von Amts wegen oder auf Antrag zu berichtigen; das geschieht durch eine Veröffentlichung in berichtigter Form.

### C. Grundsatz der Unveränderlichkeit einer angemeldeten oder eingetragenen Marke

Ab dem Zeitpunkt der Eintragung bildet die *Marke eine unveränderliche Einheit* (BGH GRUR 1958, 185, 186 – Wyeth; 1958, 610, 611 – Zahnrad; 1972, 180, 182 – Cheri; 1975, 135, 136 – KIM-Mohr; s. schon RPA BlPMZ 1903, 236). Abzustellen ist auf den Anmeldetag als den Tag, an dem die Anmeldung einschließlich der Unterlagen beim DPMA eingegangen ist (§ 33 Abs. 1). Im Markenrecht gilt der Grundsatz von der Unveränderlichkeit der angemeldeten oder eingetragenen Marke. Im Eintragungsverfahren bildet die Anmeldung die Grundlage der patentamtlichen Prüfung. Nach der Eintragung der Marke in das Register bestimmt sich der Schutzinhalt des Markenrechts nach dem Inhalt der Registereintragung. Eine nachträgliche Änderung der Anmeldung verändert die Priorität der Marke, deren Zeitrang sich nach § 6 Abs. 2 grundsätzlich nach dem Anmeldetag des § 33 Abs. 1 bestimmt. Änderungen wie insbesondere Erweiterungen der Anmeldung stellen eine neue Anmeldung dar, die einen neuen Zeitrang begründet (DPMA BlPMZ 1956, 16; BPatG Mitt 1979, 11 – Castellonic). Jede Änderung der Anmeldung, die eine erneute Prüfung der Anmeldung verlangt, ist unzulässig (RPA MuW 1933, 214). Eine unzulässige Änderung der Anmeldung stellt auch die Veränderung einzelner Zeichenbestandteile oder gar der gesamten Marke sowie die Streichung eines Zeichenteils einer zusammengesetzten Marke dar (BGH GRUR 1958, 185, 186 – Wyeth). Auch eine Erweiterung des in der Anmeldung enthaltenen Verzeichnisses der Waren oder Dienstleistungen stellt eine unzulässige Änderung der Anmeldung dar. Zulässig ist nur eine *Einschränkung* des in der Anmeldung enthaltenen Verzeichnisses der Waren oder Dienstleistungen (§ 39 Abs. 1 2. Alt.). Über die Zulässigkeit der Berichtigung oder die Unzulässigkeit der Änderung der Anmeldung entscheidet im Eintragungsverfahren das DPMA. Im Prozeß ist das Gericht nicht an die Entscheidung des DPMA gebunden und kann einen anderen Zeitrang bestimmen (RGZ 104, 168).

Eine nachträgliche Änderung der Eintragung, die nicht nur die Berichtigung einer offensichtlichen Unrichtigkeit darstellt, berührt den Schutzinhalt des durch die Eintragung in das Register konstitutiv entstandenen Markenrechts (s. § 41, Rn 3). Eine den Schutzinhalt des Markenrechts berührende Änderung der Eintragung würde ein neues Markenrecht begründen und etwa zwischenzeitlich entstandene Kennzeichenrechte Dritter verletzen. Teilprioritäten für einzelne Zeichenbestandteile einer Marke sind nach dem Grundsatz von der Einheit des Markenrechts unzulässig. Bei einer *Teilung der Anmeldung* nach § 40 Abs. 1 S. 1 oder einer *Teilung der Eintragung* nach § 46 Abs. 1 S. 1 bleibt für jede Teilanmeldung oder Teileintragung der Zeitrang der ursprünglichen Anmeldung oder Eintragung erhalten (§§ 40 Abs. 1 S. 2; 46 Abs. 1 S. 2). Zulässig sind aber *Teilprioritäten* für einzelne Waren, wie etwa die Unionspriorität, da diese die Einheit der Marke für ein und dieselben Waren nicht betrifft (BGH GRUR 1958, 185 – Wyeth; BPatGE 18, 125, 130). Zulässig ist der *Teilverzicht* für einen Teil der Waren oder Dienstleistungen nach § 48 Abs. 1. Im Falle des *Rechtsübergangs* einer Marke im Sinne des § 27 wird der Name und die Anschrift sowie gegebenenfalls eine abweichende Zustellungsanschrift des Rechtsnachfolgers und gegebenenfalls die entsprechenden Angaben seines Vertreters in das Register eingetragen (§ 18 Nr. 34 MarkenV).

**Teilung der Eintragung**

**46** (1) ¹Der Inhaber einer eingetragenen Marke kann die Eintragung teilen, indem er erklärt, daß die Eintragung der Marke für die in der Teilungserklärung aufgeführten Waren oder Dienstleistungen als abgetrennte Eintragung fortbestehen soll. ²Für jede Teileintragung bleibt der Zeitrang der ursprünglichen Eintragung erhalten.

**MarkenG § 46** 1, 2                                      Teilung der Eintragung

(2) [1] Die Teilung kann erst nach Ablauf der Frist zur Erhebung des Widerspruchs erklärt werden. [2] Die Erklärung ist nur zulässig, wenn ein im Zeitpunkt ihrer Abgabe anhängiger Widerspruch gegen die Eintragung der Marke oder eine in diesem Zeitpunkt anhängige Klage auf Löschung der Eintragung der Marke sich nach der Teilung nur gegen einen der Teile der ursprünglichen Eintragung richten würde.

(3) [1] Für die abgetrennte Eintragung sind die erforderlichen Unterlagen einzureichen. [2] Für die Teilung ist außerdem eine Gebühr nach dem Tarif zu zahlen. [3] Werden die Unterlagen nicht innerhalb von drei Monaten nach dem Zugang der Teilungserklärung eingereicht oder wird die Gebühr nicht innerhalb dieser Frist gezahlt, so gilt dies als Verzicht auf die abgetrennte Eintragung. [4] Die Teilungserklärung kann nicht widerrufen werden.

### Inhaltsübersicht

|  | Rn |
|---|---|
| A. Allgemeines | 1–9 |
|   I. Grundsatz der freien Teilbarkeit angemeldeter oder eingetragener Marken | 1–5 |
|   II. Rechtslage im WZG | 6 |
|   III. Europäisches Unionsrecht | 7, 8 |
|     1. Erste Markenrechtsrichtlinie | 7 |
|     2. Gemeinschaftsmarkenverordnung | 8 |
|   IV. Rechtsvergleich | 9 |
| B. Teilung einer eingetragenen Marke | 10–19 |
|   I. Voraussetzungen der Teilung | 10–13 |
|     1. Teilungserklärung | 10 |
|     2. Waren- und Dienstleistungsverzeichnis der Stammeintragung und der Teileintragungen | 11 |
|     3. Beschränkung des Teilungsrechts während der Widerspruchsfrist oder eines Widerspruchs- oder Löschungsverfahrens | 12, 13 |
|   II. Rechtsfolgen der Teilung | 14–17 |
|     1. Gleichrangigkeit von Stammeintragung und Teileintragung | 14 |
|     2. Endgültigkeit der Markenteilung | 15 |
|     3. Fortgeltung der Vertreterbestellung | 16 |
|     4. Fortgeltung gestellter Anträge | 17 |
|   III. Aktenorganisatorische Durchführung der Markenteilung | 18 |
|   IV. Gebühren | 19 |
| C. Übergangsrecht | 20 |

**Schrifttum zum MarkenG.** *Klaka*, Die Markenteilung, FS für Vieregge, 1995, S. 421 (GRUR 1995, 713); *Mitscherlich*, Verfahrensrechtliche Aspekte des neuen Markenrechts, FS DPMA 100 Jahre Marken-Amt, 1994, S. 199.

## A. Allgemeines

### I. Grundsatz der freien Teilbarkeit angemeldeter oder eingetragener Marken

1    Die Teilung eines Markenrechts bezieht sich auf das Verzeichnis der Waren oder Dienstleistungen, für die die Eintragung der Marke in der Anmeldung beantragt und für die die Marke in das Register eingetragen wird. Nach § 46 Abs. 1 S. 1 kann der Inhaber einer eingetragenen Marke das Markenrecht in *Teileintragungen für bestimmte Waren oder Dienstleistungen* aufteilen. Die freie Teilbarkeit der Marke ist produktbezogen. Eine *Teilung der Form* der Marke, etwa die Aufspaltung einer zusammengesetzten Marke (zum Begriff s. § 3, Rn 294) oder einer Kombinationsmarke (zum Begriff s. § 3, Rn 294) ist unzulässig, da sie dem Grundsatz der Unveränderlichkeit einer Marke widerspricht (s. dazu § 45, Rn 8, 9). Auch eine *territoriale Teilung* der Marke, wie etwa eine lokale oder regionale Aufteilung der Gebiete innerhalb des Geltungsbereichs des MarkenG, ist unzulässig. Dem Interesse an einer Gebietsaufteilung entspricht die Zulässigkeit einer territorialen Markenlizenz nach § 30 Abs. 2 Nr. 4 (s. dazu § 30, Rn 13).

2    Die Teilbarkeit besteht schon vor der Eintragung der Marke für das durch die Anmeldung der Marke begründete Recht (Markenanwartschaft). Nach § 40 Abs. 1 S. 1 kann der

Anmelder einer Marke das durch die Anmeldung begründete Recht in *Teilanmeldungen* für bestimmte Waren oder Dienstleistungen aufteilen. Folge der Teilung der Anmeldung oder der Eintragung ist es, daß für jede Teilanmeldung oder Teileintragung der Zeitrang der ursprünglichen Anmeldung oder Eintragung erhalten bleibt (§§ 40 Abs. 1 S. 2, 46 Abs. 1 S. 2). Nach der Markenteilung bestehen *selbständige Markenrechte* mit gleicher Priorität.

Die Vorschriften über die Teilbarkeit der Markenrechte (§§ 40, 46) sind im Zusammenhang mit den Vorschriften über den Teilrechtsübergang (§ 27) und die Teillizenz (§ 30) zu sehen. Nach § 27 Abs. 1 ist die freie *Teilübertragung* der eingetragenen Marke für einen Teil der Waren oder Dienstleistungen zulässig. Nach § 30 Abs. 1 ist die *Teillizensierung* der eingetragenen Marke für einen Teil der Waren oder Dienstleistungen zulässig. Nach § 31 ist die Teilübertragung und Teillizenzierung einer angemeldeten Marke zulässig.

Die Vorschriften der §§ 40, 46 über die Markenteilung gelten nur für die angemeldete und eingetragene Marke und damit für das durch Eintragung entstehende Markenrecht im Sinne des § 4 Nr. 1 (Registermarke). Der Grund für eine solch eingeschränkte Regelung lag für den Gesetzgeber wohl darin, daß er die Teilung der Markenrechte verfahrensrechtlich ausgestaltete und innerhalb der Verfahren in Markenangelegenheiten regelte. Solcher Verfahrensvorschriften bedarf nur die Teilung angemeldeter oder eingetragener Marken im Sinne des § 4 Nr. 1, nicht auch die Teilung benutzter Marken im Sinne des § 4 Nr. 2 oder notorisch bekannter Marken im Sinne des § 4 Nr. 3. Die gesetzgeberische Regelungstechnik macht nicht hinreichend deutlich, daß es sich bei der Unteilbarkeit oder Teilbarkeit von Markenrechten um ein materiellrechtliches Prinzip einer Markenrechtsordnung handelt. Eine Regelung der Teilbarkeit aller Markenrechte im Sinne des § 4 im materiellrechtlichen Teil des MarkenG hätte nahegelegen. Die Teilbarkeit der durch Benutzung oder durch notorische Bekanntheit einer Marke begründeten Markenrechte (Benutzungsmarke, Notorietätsmarke) besteht nach dem MarkenG, auch wenn der Gesetzgeber keine ausdrückliche Regelung getroffen hat. Die *Teilbarkeit der Markenrechte im Sinne des § 4 Nr. 2 und 3* ergibt sich schon aus der Zulässigkeit des Teilrechtsübergangs nach § 27 Abs. 1 und der Teillizenzierung nach § 30 Abs. 1 dieser nicht eingetragenen Markenrechte.

Von der Markenteilung ist der Teilverzicht nach § 48 Abs. 1 zu unterscheiden. Nach dieser Vorschrift kann der Inhaber die Marke für einen Teil der Waren oder Dienstleistungen, für die sie eingetragen ist, im Register löschen lassen. Als Folge der Teillöschung besteht das Markenrecht nur noch für die eingetragenen Waren oder Dienstleistungen.

## II. Rechtslage im WZG

Der *Grundsatz der Unteilbarkeit* des als Einheit verstandenen Warenzeichens beherrschte neben dem Prinzip der Akzessorietät (s. dazu § 3, Rn 52 ff.) die Rechtslage nach dem WZG. Die im MarkenG geltenden Prinzipien der freien Übertragbarkeit und freien Teilbarkeit der Marke, verbunden mit der Nichtakzessorietät der Marke und der Zulässigkeit der dinglichen Markenlizenz, sind Ausdruck einer grundlegenden Rechtsänderung des Warenzeichenrechts durch das MRRG. Diese Grundsätze repräsentieren den markenrechtlichen Schutz der ökonomischen Funktionen der Marke (s. Einl, Rn 35) und das Verständnis des Markenrechts als eines selbständigen Vermögensgegenstandes und eines handelbaren Wirtschaftsgutes (Vorb §§ 27–31, Rn 2). Nach der Rechtslage im WZG war nur der *Teilverzicht* und die *Teillöschung* des Warenzeichens für bestimmte in der Zeichenrolle eingetragene Waren oder Dienstleistungen durch eine Beschränkung des Verzeichnisses möglich, wenn der Anmelder der Marke oder der Inhaber der eingetragenen Marke etwa an diesen Produktbereichen nicht mehr interessiert war, oder wenn eine Teillöschung wegen Fehlens einer rechtserhaltenden Benutzung geboten war. Eine Teillizenzierung war nach der Rechtslage im WZG nur als eine schuldrechtliche Gebrauchsüberlassung zulässig, da eine dingliche Markenlizenz nicht anerkannt war. Bei international registrierten Marken war der Verzicht des Inhabers der internationalen Registrierung auf den Schutz in einem oder in mehreren Verbandsstaaten nach Art. 8$^{bis}$ S. 1 MMA und die Teilübertragung der international registrierten Marke nur für einen Teil der eingetragenen Waren oder Dienstleistungen nach Art. 9$^{ter}$ Abs. 1 S. 1 MMA möglich.

## III. Europäisches Unionsrecht

### 1. Erste Markenrechtsrichtlinie

7   Die *MarkenRL* enthält weder obligatorische noch fakultative Regelungen über eine Teilung von Markenrechten in den Markengesetzen der Mitgliedstaaten.

### 2. Gemeinschaftsmarkenverordnung

8   Die *GMarkenV* enthält keine ausdrückliche Regelung über die Teilung der Anmeldung oder Eintragung einer Gemeinschaftsmarke. Nach Art. 17 Abs. 1 GMarkenV ist aber der Teilrechtsübergang für einen Teil der Waren oder Dienstleistungen, für die die Gemeinschaftsmarke eingetragen ist, zulässig. Dies gilt nach Art. 24 GMarkenV auch für den Teilrechtsübergang der Anmeldung einer Gemeinschaftsmarke. Die GMarkenV geht damit unausgesprochen von der Zulässigkeit einer Teilung der angemeldeten oder eingetragenen Gemeinschaftsmarke aus. Das Prinzip der freien Übertragbarkeit der Gemeinschaftsmarke und die Zulässigkeit des Teilrechtsübergangs der Gemeinschaftsmarke haben die *Zulässigkeit einer Teilung der Gemeinschaftsmarkenrechte* zur materiellrechtlichen Voraussetzung. Nach Art. 17 Abs. 4 GMarkenV besteht eine Schranke des Rechtsübergangs von Gemeinschaftsmarken, die namentlich bei einer Teilübertragung von Gemeinschaftsmarkenrechten erheblich werden kann. Zweck der Vorschrift ist es, eine *Irreführung des Publikums*, insbesondere über die Art, Beschaffenheit oder die geographische Herkunft der Waren oder Dienstleistungen, aufgrund des Rechtsübergangs zu verhindern. Diese Rechtsschranke aus Gründen des Verkehrsschutzes ist nicht an die Markenteilung als solche, sondern an den Rechtsübergang der Gemeinschaftsmarke gebunden.

## IV. Rechtsvergleich

9   Im Rechtsvergleich sind die Regelungen völlig *uneinheitlich* (s. die Übersicht bei *Klaka*, GRUR 1995, 713, 714). In *Großbritannien* und *Irland* wird die Teilung der Anmeldung und die Teilübertragung der Marke ohne Einschränkung ausdrücklich für zulässig erklärt (Großbritannien Sec. 41 (1) lit. a, 24 (2) lit. a Trade Marks Act 1994 vom 21. Juli 1994, in Kraft getreten am 31. Oktober 1994, BlPMZ 1997, 286; Irland Sec. 28 (2), 46 (1) lit. a Trade Marks Act 1996 vom 16. März 1996, in Kraft getreten am 1. Juli 1996, BlPMZ 1998, 213, 260), ebenso in der *Schweiz* (Art. 17, 17 a MSchG vom 28. August 1992, in Kraft getreten am 1. April 1993, GRUR Int 1993, 663, geändert durch Gesetz vom 4. Oktober 1996, BlPMZ 1997, 284). In den *übrigen EU-Staaten* finden sich keine Regelungen zur Teilung einer Marke oder Markenanmeldung, wohl aber zur Teilübertragung. Eine Teilübertragung der Marke ist ohne ausdrücklichen Vorbehalt zulässig in *Belgien, Luxemburg* und den *Niederlanden* (Art. 11 Einheitliches Benelux-MarkenG vom 19. März 1962, in Kraft getreten am 1. Januar 1971, GRUR Int 1976, 452, idF vom 2. Dezember 1992, GRUR Int 1997, 29, geändert durch Protokoll vom 7. August 1996, BlPMZ 1997, 430) sowie in *Frankreich* Art. L. 714-1 Code de la propriété intellectuelle vom 1. Juli 1992, vormals Gesetz Nr. 91-7 über Fabrik-, Handels- oder Dienstleistungsmarken vom 4. Januar 1991 in Kraft getreten am 28. Dezember 1991, BlPMZ 1993, 216, zuletzt geändert durch Gesetz Nr. 96-1106 vom 19. Dezember 1996, BlPMZ 1997, 371). In *Italien* (Art. 15 Abs. 1 und 4 MarkenG Nr. 929 vom 21. Juni 1942 idF der Verordnung Nr. 480 vom 4. Dezember 1992, in Kraft getreten am 28. Dezember 1992, GRUR Int 1994, 218, geändert durch Verordnung Nr. 198 vom 13. März 1996, BlPMZ 1997, 277), *Österreich* (§ 11 Abs. 2 S. 2 MSchG 1970, in Kraft getreten am 30. November 1970, Österr. BGBl. Nr. 260, idF durch die Markenschutzgesetznovelle 1992, Österr. BGBl. 1992 Nr. 773, zuletzt geändert durch das Bundesgesetz Nr. 109/1993, BlPMZ 1993, 465) und *Portugal* (§ 211 Abs. 1 und 2 Gesetz Nr. 16/1995 über gewerbliche Schutzrechte vom 24. Januar 1995, in Kraft getreten am 1. Juni 1995, GRUR Int 1997, 698) ist die Teilübertragung mit einem ausdrücklichen Vorbehalt der Irreführung verbunden; in *Finnland* wird die Eintragung einer Teilübertragung verweigert, wenn die Verwendung der Marke aufgrund der Übertragung offenbar geeignet ist, die Allgemeinheit irrezuführen (§§ 32, 33 MarkenG vom 10. Januar 1964/7, in Kraft ge-

treten am 1. Juni 1964, zuletzt geändert durch Gesetz vom 22. Dezember 1995/1715, GRUR Int 1996, 1017). In *Dänemark* (s. § 38 MarkenG Nr. 341 vom 6. Juni 1991, in Kraft getreten am 1. Januar 1992, GRUR Int 1994, 1004, idF der Gesetzesbekanntmachung Nr. 162 vom 21. Februar 1997), *Griechenland* (s. Art. 22 MarkenG Nr. 2239/1994 vom 16. September 1994, in Kraft getreten am 1. November 1994, GRUR Int 1995, 886) und *Schweden* (s. §§ 32, 33 MarkenG 1960:644 vom 2. Dezember 1960, in Kraft getreten am 1. Januar 1961, zuletzt geändert durch Änderungsgesetze 1995:1277 und 1995:1278 vom 15. Dezember 1995, GRUR Int 1996, 1027) findet sich keine Regelung zur Teilübertragung einer Marke. In *Spanien* können der Eintragungsantrag oder die Marke zum Zwecke der Übertragung oder Belastung nicht geteilt werden, obwohl sie gemeinsam verschiedenen Personen gehören können (Art. 41 Abs. 2 MarkenG Nr. 32/1988 vom 10. November 1988, in Kraft getreten am 12. Mai 1989, GRUR Int 1989, 552).

## B. Teilung einer eingetragenen Marke

### I. Voraussetzungen der Teilung

#### 1. Teilungserklärung

Nach § 46 Abs. 1 kann die eingetragene Marke durch eine *Teilungserklärung* des Markeninhabers geteilt werden. Die Teilung der Eintragung kann in *zwei* oder *mehrere Eintragungen* erfolgen (§ 37 Abs. 1 S. 1 MarkenV). Für jede abgetrennte Teileintragung ist eine gesonderte Teilungserklärung einzureichen (§ 37 Abs. 1 S. 2 MarkenV). Nach der Markenteilung wird zwischen der *Stammeintragung* und der *Teileintragung* oder den *mehreren Teileintragungen* unterschieden. In der Teilungserklärung, die unter Verwendung des vom DPMA herausgegebenen Formblatt eingereicht werden soll (§ 37 Abs. 1 S. 3 MarkenV), sind die Waren und Dienstleistungen anzugeben, die in die abgetrennte Eintragung aufgenommen werden sollen (§ 37 Abs. 2 MarkenV) und für die die abgetrennte Teileintragung fortbestehen soll (§ 46 Abs. 1 S. 1).

#### 2. Waren- und Dienstleistungsverzeichnis der Stammeintragung und der Teileintragungen

Die Markenteilung darf nicht aufgrund der Angaben der Waren und Dienstleistungen in der Teilungserklärung zu einer Erweiterung des Markenrechts führen, da eine nachträgliche Änderung des Markenrechts grundsätzlich unzulässig ist (s. § 45, Rn 8). Es ist deshalb *Deckungsgleichheit* erforderlich zwischen einerseits den Waren- und Dienstleistungsverzeichnissen der verbleibenden Stammeintragung und der abgetrennten Eintragung insgesamt mit andererseits dem Waren- und Dienstleistungsverzeichnis der ursprünglichen Eintragung (§ 37 Abs. 3 S. 1 MarkenV). Waren oder Dienstleistungen dürfen nicht zugleich in den Verzeichnissen der Stammeintragung und der abgetrennten Teileintragung enthalten sein. Anderes gilt bei der Verwendung von *Oberbegriffen* (s. zur Problematik der Produktoberbegriffe aus der Sicht des Benutzungszwangs § 26, Rn 49 ff.). Wenn die Markenteilung unter einen Oberbegriff fallende Waren und Dienstleistungen betrifft, dann ist der Oberbegriff sowohl in der Stammeintragung als auch in der abgetrennten Eintragung zu verwenden; er ist durch entsprechende Zusätze so einzuschränken, daß sich keine Überschneidungen der Verzeichnisse der Waren und Dienstleistungen ergeben (§ 37 Abs. 3 S. 2 MarkenV). Zur Vermeidung von Überschneidungen sollten bei der Aufspaltung von Oberbegriffen *einschränkende Zusätze* verwendet werden. Der Oberbegriff *Spielwaren* kann in *Spielwaren ausgenommen Kinderfahrzeuge* einerseits und *Spielwaren beschränkt auf Kinderfahrzeuge* andererseits geteilt werden. Möglich ist auch eine Aufteilung des Oberbegriffs *Spielwaren* in *Spielwaren beschränkt auf Kinderfahrzeuge* einerseits und *Spielwaren beschränkt auf Plüschtiere* andererseits.

#### 3. Beschränkung des Teilungsrechts während der Widerspruchsfrist oder eines Widerspruchs- oder Löschungsverfahrens

Nach § 46 Abs. 2 S. 1 ist eine Teilungserklärung vor Ablauf der Frist zur Erhebung des Widerspruchs grundsätzlich unzulässig. Nach Ablauf der Widerspruchsfrist ist die Teilungserklärung zulässig, wenn im Zeitpunkt der Abgabe der Teilungserklärung weder ein Widerspruch gegen die Eintragung der Marke noch eine Klage auf Löschung der Eintragung der Marke anhängig ist (§ 46 Abs. 2 S. 2). Vor der Eintragung der Marke ist eine Erklärung zur Teilung der Anmeldung nach § 40 Abs. 1 ohne eine entsprechende Beschränkung zulässig. Eine Teilungserklärung nach § 46 Abs. 1 ist auch innerhalb der Widerspruchsfrist sowie im Falle der Anhängigkeit eines Widerspruchsverfahrens oder eines Löschungsverfahrens auch nach Ablauf der Widerspruchsfrist dann zulässig, wenn der im Zeitpunkt der Abgabe der Teilungserklärung anhängige Widerspruch oder die anhängige Löschungsklage sich nach der Markenteilung nur gegen einen der Teile der ursprünglichen Eintragung richten würde (§ 46 Abs. 2 S. 2); ein solcher Widerspruch oder eine solche Löschungsklage berühren nicht die abgetrennte Teileintragung. Im Falle eines anhängigen Widerspruchsverfahrens nach § 42 ist allerdings zu berücksichtigen, daß der Widersprechende nicht verpflichtet ist, in seinem Widerspruch die Waren und Dienstleistungen, für die die Marke, gegen deren Eintragung der Widerspruch sich richtet, eingetragen worden ist, anzugeben; bei der Vorschrift des § 27 Abs. 2 Nr. 11 MarkenV handelt es sich nur um eine Sollvorschrift. Nach § 37 Abs. 8 S. 1 MarkenV fordert aber das DPMA den Widersprechenden zu einer Erklärung darüber auf, gegen welche Teile der ursprünglichen Eintragung der Widerspruch sich richtet. Der Inhaber der eingetragenen Marke kann auch von sich aus eine Erklärung des Widersprechenden, der Widerspruch beziehe sich nur auf Waren oder Dienstleistungen eines bestimmten Teils der ursprünglichen Eintragung, dem DPMA vorlegen (§ 37 Abs. 8 S. 2 MarkenV). Wenn eine solche Erklärung des Widersprechenden nicht abgegeben wird, so wird die Teilungserklärung als unzulässig zurückgewiesen (§ 37 Abs. 8 S. 3). Wenn die Teilungserklärung als unzulässig zurückgewiesen wird, kann der Inhaber der eingetragenen Marke nach Abschluß des Widerspruchsverfahrens erneut eine Teilungserklärung einreichen. Die Beschränkung des Teilungsrechts des Markeninhabers während der Widerspruchsfrist und anhängiger Widerspruchs- und Löschungsverfahren nach § 46 Abs. 2 dient den Interessen des Widersprechenden oder des Löschungsklägers. Die Beschränkung ist für den Markeninhaber hinnehmbar, der im Falle von Markenverletzungen im Sinne der § 14 ff. die Rechte aus der Marke geltend machen kann. Es wird allerdings regelmäßig der Billigkeit entsprechen, dem Widersprechenden, der sich hinsichtlich des Teils der Waren oder Dienstleistungen nicht erklärt hat, die Verfahrenskosten nach § 63 Abs. 1 S. 1 aufzuerlegen (so auch *Klaka*, GRUR 1995, 713, 716).

13    Wenn ein Rechtsübergang nur einen Teil der Waren oder Dienstleistungen, für die die Marke eingetragen ist, betrifft, dann ist nach § 27 Abs. 4 die Vorschrift des § 46 über die Teilung der Eintragung entsprechend anzuwenden. Eine Anwendung des § 46 Abs. 2 auf den Teilübergang einer Marke bedeutet eine *Beschränkung des Teilübertragungsrechts* während der Widerspruchsfrist oder eines anhängigen Widerspruchs- oder Löschungsverfahrens. Die Regelung des § 32 Abs. 2 MarkenV, nach der die die Zulässigkeit der Teilungserklärung beschränkende Vorschrift des § 46 Abs. 2 auf den Teilübergang nicht anzuwenden ist, stellt eine *Gesetzeskorrektur* dar, die von der Rechtsverordnungsermächtigung des § 65 Abs. 1 Nr. 7 nicht gedeckt ist (s. dazu *Klaka*, GRUR 1995, 713, 716).

## II. Rechtsfolgen der Teilung

### 1. Gleichrangigkeit von Stammeintragung und Teileintragung

14    Da nach § 46 Abs. 1 S. 2 für jede Teileintragung der Zeitrang der ursprünglichen Eintragung erhalten bleibt, besteht zwischen der Stammeintragung und der Teileintragung oder den mehreren Teileintragungen *Gleichrangigkeit* im Sinne der Prioritätsregel des § 6 Abs. 4. Wenn Stammeintragung und Teileintragung oder mehrere Teileintragungen *verschiedenen Markeninhabern* zustehen, dann begründen diese Markenrechte mit gleicher Priorität gegeneinander keine Ansprüche. Wenn die Stammeintragung und die Teileintragung einem Markeninhaber zustehen, dann bestehen rechtlich voneinander unabhängige selbständige Markenrechte.

### 2. Endgültigkeit der Markenteilung

15    Folge der Teilung einer eingetragenen Marke ist die rechtlich *endgültige Trennung* der Teileintragung von der Stammeintragung. Die Markenteilung kann nicht rückgängig ge-

macht werden. Die rechtlich selbständigen Markenrechte können nicht erneut zu einem einheitlichen Markenrecht verschmolzen werden, da dies als ein Verstoß gegen den Grundsatz der Unveränderlichkeit einer Marke (s. § 45, Rn 8) eine unzulässige Änderung des Markenrechts darstellte. Nach § 46 Abs. 3 S. 4 wird zudem ein *Widerruf* der Teilungserklärung ausgeschlossen. Zulässig ist die *Rückübertragung* der Teileintragung auf den Inhaber der Stammeintragung, der dann Inhaber rechtlich voneinander unabhängiger, selbständiger Markenrechte ist.

### 3. Fortgeltung der Vertreterbestellung

Nach § 37 Abs. 6 MarkenV gilt ein für die Ausgangseintragung benannter Vertreter des **16** Markeninhabers auch als Vertreter des Inhabers der Teileintragung (S. 1); die Vorlage einer neuen Vollmacht ist nicht erforderlich (S. 2). § 37 Abs. 6 MarkenV ergänzt insoweit die Regelung des § 77 Abs. 1 MarkenV. Dem Inhaber der Teileintragung bleibt die Bestellung eines anderen Vertreters unbenommen.

### 4. Fortgeltung gestellter Anträge

Anträge, die in bezug auf die ursprüngliche Eintragung der Marke gestellt worden sind, **17** gelten nach § 37 Abs. 7 MarkenV auch für die abgetrennte Teileintragung fort.

## III. Aktenorganisatorische Durchführung der Markenteilung

Nach § 46 Abs. 3 S. 1 sind die erforderlichen Unterlagen für die abgetrennte Teileintragung einzureichen. Die aktenmäßige Abwicklung der Markenteilung beurteilt sich nach **18** § 37 Abs. 4 MarkenV. Eine vollständige Kopie der Akten der Ausgangseintragung, die vom DPMA angefertigt wird, bildet mit der Teilungserklärung einen Bestandteil der Akten der abgetrennten Teileintragung, die eine neue Registriernummer erhält. Zu den Akten der Stammeintragung wird eine Kopie der Teilungserklärung genommen. Wenn es sich bei der eingetragenen Marke der Stammeintragung um eine Bildmarke (§ 8 MarkenV), dreidimensionale Marke (§ 9 MarkenV), Kennfadenmarke (§ 10 MarkenV), Hörmarke (§ 11 MarkenV) oder eine sonstige Markenform nach § 12 MarkenV handelt, dann sind nach § 37 Abs. 5 MarkenV vier weitere übereinstimmende zweidimensionale graphische Wiedergaben dieser Marken einzureichen und bei Hörmarken (§ 11 MarkenV) zusätzlich eine klangliche Wiedergabe der Marke gemäß § 11 Abs. 3 MarkenV. Die Einreichung dieser Unterlagen hat innerhalb der Dreimonatsfrist des § 46 Abs. 3 S. 3 zu erfolgen. Die nach § 46 Abs. 3 S. 1 erforderlichen Unterlagen sind innerhalb von drei Monaten nach dem Zugang der Teilungserklärung beim DPMA einzureichen (§ 46 Abs. 3 S. 2). Wenn die Einreichung nicht innerhalb dieser Frist erfolgt, so gilt dies als Verzicht auf die abgetrennte Teileintragung. Rechtsfolge der gesetzlichen Fiktion eines Verzichts nach § 46 Abs. 3 S. 3 sind die Rechtswirkungen einer Teillöschung der ursprünglichen Eintragung. Wegen der Unwiderruflichkeit der Teilungserklärung nach § 46 Abs. 3 S. 4 findet keine gesetzliche Rückübertragung der mit dem Antrag auf Teilung der eingetragenen Marke abgetrennten Teileintragung in die Stammeintragung statt (so auch *Klaka*, GRUR 1995, 713, 717).

## IV. Gebühren

Die Durchführung der Teilung der Eintragung einer Marke stellt einen *gebührenpflichtigen* **19** *Tatbestand* dar (§ 46 Abs. 3 S. 2). Nach Nr. 133400 GebVerz zu § 1 PatGebG beträgt die Gebühr 600 DM. Nach § 46 Abs. 3 S. 3 ist die Gebühr innerhalb von drei Monaten nach dem Zugang der Teilungserklärung beim DPMA zu zahlen. Wenn die Gebühr nicht innerhalb der Dreimonatsfrist gezahlt wird, so gilt dies als ein Verzicht auf die abgetrennte Teileintragung. Rechtsfolge der gesetzlichen Fiktion eines Verzichts nach § 46 Abs. 3 S. 3 sind die Rechtswirkungen einer Teillöschung der ursprünglichen Eintragung. Wegen der Unwiderruflichkeit der Teilungserklärung nach § 46 Abs. 3 S. 4 findet keine gesetzliche Rückübertragung der mit dem Antrag auf Teilung der eingetragenen Marke abgetrennten Teileintragung in die Stammeintragung statt (so auch *Klaka*, GRUR 1995, 713, 717).

## C. Übergangsrecht

**20** Die Vorschrift des § 46 über die Teilung der Eintragung gilt nach der Übergangsvorschrift des § 152 auch für Marken, die vor dem 1. Januar 1995 angemeldet oder eingetragen worden sind. Die besondere Übergangsvorschrift des § 159 für die Teilung einer vor dem 1. Januar 1995 nach § 5 Abs. 2 WZG bekanntgemachten Anmeldung, auf die § 40 mit der Maßgabe des § 159 anzuwenden ist, hat für die Teilung der Eintragung nach § 46 keine Bedeutung.

## Schutzdauer und Verlängerung

**47** (1) **Die Schutzdauer einer eingetragenen Marke beginnt mit dem Anmeldetag (§ 33 Abs. 1) und endet zehn Jahre nach Ablauf des Monats, in den der Anmeldetag fällt.**

(2) **Die Schutzdauer kann um jeweils zehn Jahre verlängert werden.**

(3) [1]**Die Verlängerung der Schutzdauer wird dadurch bewirkt, daß eine Verlängerungsgebühr und, falls die Verlängerung für Waren und Dienstleistungen begehrt wird, die in mehr als drei Klassen der Klasseneinteilung von Waren und Dienstleistungen fallen, für jede weitere Klasse eine Klassengebühr nach dem Tarif gezahlt werden.** [2]**Die Gebühren sind am letzten Tag der Schutzdauer fällig.** [3]**Die Gebühren können innerhalb eines Zeitraums von einem Jahr vor Fälligkeit gezahlt werden.** [4]**Werden die Gebühren nicht rechtzeitig gezahlt, so teilt das Patentamt dem Inhaber der eingetragenen Marke mit, daß die Eintragung der Marke gelöscht wird, wenn die Gebühren nicht nach dem Tarif innerhalb von sechs Monaten nach Ablauf des Monats, in dem die Mitteilung zugestellt worden ist, gezahlt werden.**

(4) [1]**Beziehen sich die Gebühren nur auf einen Teil der Waren oder Dienstleistungen, für die die Marke eingetragen ist, so wird die Schutzdauer nur für diese Waren oder Dienstleistungen verlängert.** [2]**Werden innerhalb der Frist des Absatzes 3 Satz 4 zwar die Verlängerungsgebühr und der Zuschlag, nicht aber erforderliche Klassengebühren gezahlt, so wird die Schutzdauer, soweit nicht Satz 1 Anwendung findet, nur für die Klassen der Klasseneinteilung von Waren oder Dienstleistungen verlängert, für die die gezahlten Gebühren ausreichen.** [3]**Besteht eine Leitklasse, so wird sie zunächst berücksichtigt.** [4]**Im übrigen werden die Klassen in der Reihenfolge der Klasseneinteilung berücksichtigt.**

(5) [1]**Die Verlängerung der Schutzdauer wird am Tag nach dem Ablauf der Schutzdauer wirksam.** [2]**Sie wird in das Register eingetragen und veröffentlicht.**

(6) **Wird die Schutzdauer nicht verlängert, so wird die Eintragung der Marke mit Wirkung ab dem Ablauf der Schutzdauer gelöscht.**

### Inhaltsübersicht

| | Rn |
|---|---|
| A. Option einer zeitlichen Unbegrenztheit des Markenschutzes durch Eintragung | 1 |
| B. Die Schutzdauer einer eingetragenen Marke | 2–9 |
|    I. Beginn und Ende der Schutzdauer (§ 47 Abs. 1) | 2 |
|    II. Verlängerung der Schutzdauer (§ 47 Abs. 2) | 3 |
|    III. Bewirken der Verlängerung durch Gebührenzahlung (§ 47 Abs. 3) | 4–8 |
|       1. Verlängerungsgebühren (Grundgebühr und Klassengebühren) | 4, 5 |
|       2. Fälligkeit, Zahlung und Rückerstattung | 6 |
|       3. Löschungsvorbescheid bei Nichtzahlung | 7 |
|       4. Höhe der Gebühren | 8 |
|    IV. Teilweise Verlängerung der Schutzdauer (§ 47 Abs. 4) | 9 |
| C. Rechtsfolgen einer bewirkten und nichtbewirkten Verlängerung der Schutzdauer | 10–14 |
|    I. Eintritt der Verlängerung der Schutzdauer (§ 47 Abs. 5) | 10–12 |
|    II. Nichteintritt der Verlängerung der Schutzdauer (§ 47 Abs. 6) | 13, 14 |

### Entscheidung zum MarkenG

**BPatG GRUR 1997, 58 – Verlängerungsgebühr**

Es ist unerheblich, ob die Gebührenzahlung nach § 47 Abs. 3 S. 3 schon innerhalb eines Zeitraums von einem Jahr vor Fälligkeit oder nach § 47 Abs. 3 S. 4 erst innerhalb der Sechsmonatsfrist erfolgt ist.

## A. Option einer zeitlichen Unbegrenztheit des Markenschutzes durch Eintragung

Die Rede von der Unsterblichkeit des Markenrechts umschreibt die Option einer zeitlichen Unbegrenztheit des Markenschutzes durch Eintragung. Anders als im Markenrecht gilt im gewerblichen Rechtsschutz im übrigen der Grundsatz einer zeitlichen Schutzbegrenzung. Die Schutzdauer aller Immaterialgüterrechte außer der eingetragenen Marke endet mit dem Ablauf einer bestimmten Schutzfrist. Die *Schutzdauer einer eingetragenen Marke* ist dagegen prinzipiell *zeitlich unbegrenzt*. Das meint genau genommen, daß es der Inhaber der eingetragenen Marke selbst in der Hand hat, ob die Schutzdauer der eingetragenen Marke fortbesteht oder endet. Das MarkenG geht deshalb auch nicht von einer bestimmten Schutzfrist des Markenschutzes aus, sondern regelt den *Beginn der Schutzdauer*, den Zeitpunkt des erstmaligen *Ablaufs der Schutzdauer*, den jeweiligen Zeitraum einer *Verlängerung der Schutzdauer*, sowie die *Bewirkung einer Verlängerung der Schutzdauer*. Die nach der Rechtslage im WZG zu treffende Unterscheidung zwischen Schutzdauer und Schutzfrist, die beide nicht deckten und in eigenartiger Weise rechtlich miteinander verknüpft waren (s. dazu *Baumbach/Hefermehl*, § 9 WZG, Rn 2), erübrigt sich im MarkenG. Die Vorschrift des § 47 beschränkt sich auf eine Regelung der Schutzdauer und deren Verlängerung und vereinfacht so die Berechnung der bei Verlängerung der Schutzdauer geltenden Fristen.

## B. Die Schutzdauer einer eingetragenen Marke

### I. Beginn und Ende der Schutzdauer (§ 47 Abs. 1)

§ 47 regelt die *Schutzdauer der eingetragenen Marke* (Abs. 1) und die *Bewirkung einer Verlängerung der Schutzdauer* (Abs. 2 bis 6). Regelungsgegenstand ist nicht eine bestimmte Schutzfrist im Sinne eines begrenzten Zeitraums, sondern der *Anfang der Schutzdauer* und das *Ende der Schutzdauer*, sowie die *Rechtswirkungen einer Verlängerung der Schutzdauer*. Nach § 47 Abs. 1 beginnt die Schutzdauer mit dem Anmeldetag im Sinne des § 33 Abs. 1. Der Anmeldetag ist der Tag des Eingangs der Anmeldeunterlagen bei dem DPMA. Die Schutzdauer endet nach § 47 Abs. 1 *zehn Jahre* nach Ablauf des Monats, in den der Anmeldetag fällt (s. zur Berechnung dieser Frist, daß die Schutzdauer am letzten Tag dieses Monats endet § 40 MarkenV). Fristende ist der Ablauf des letzten Tages des Monats um 24 Uhr (§§ 188 Abs. 2 iVm 187 Abs. 1 BGB). Ist der Anmeldetag der 16. April 1996, dann endet die Schutzdauer am 30. April 2006 um 24 Uhr. Der letzte Tag der Schutzdauer ist nach § 47 Abs. 3 S. 2 zugleich der Zeitpunkt der Fälligkeit der Verlängerungsgebühren (s. Rn 6).

### II. Verlängerung der Schutzdauer (§ 47 Abs. 2)

Nach § 47 Abs. 2 kann die Schutzdauer *um jeweils zehn Jahre verlängert* werden. Kürzere oder längere Zeiträume einer Verlängerung kennt das MarkenG nicht. Eine Verlängerung der Schutzdauer kann nur einzeln für einen Zehnjahreszeitraum bewirkt werden; es können nicht mehrere aufeinander nachfolgende Verlängerungen einheitlich bewirkt werden. Wenn eine Verlängerung der Schutzdauer nicht bewirkt wird, dann wird nach § 47 Abs. 6 die Eintragung der Marke im Register gelöscht; die Löschung erfolgt mit Wirkung ab dem Ablauf der Schutzdauer. Unerheblich ist, zu welchem Zeitpunkt die Löschung im Register vermerkt wird.

### III. Bewirken der Verlängerung durch Gebührenzahlung (§ 47 Abs. 3)

#### 1. Verlängerungsgebühren (Grundgebühr und Klassengebühren)

§ 47 Abs. 3 regelt im einzelnen die Art und Weise, wie die Verlängerung der Schutzdauer bewirkt wird. Die Verlängerung der Schutzdauer wird durch eine *Gebührenzahlung* bewirkt. Als Gebühren sind nach Abs. 3 S. 1 eine Verlängerungsgebühr und, falls die Verlängerung für Waren und Dienstleistungen begehrt wird, die in mehr als drei Klassen der Klasseneinteilung von Waren und Dienstleistungen fallen, für jede weitere Klasse eine Klassengebühr nach dem Tarif zu zahlen. Die *Grundgebühr für die Verlängerung* umfaßt somit, ebenso wie die Anmeldegebühr, zugleich die *Gebühr für drei Klassen;* ab der vierten Klasse ist *für jede weitere Klasse zusätzlich eine Klassengebühr* zu zahlen. Bei der Zahlung der Verlängerungsgebühren sind nach § 38 Abs. 1 MarkenV die *Registernummer* und der *Name des Inhabers der Marke* sowie der *Verwendungszweck* anzugeben. Die Angabe des Verwendungszwecks ist erforderlich, um den Zweck der Gebührenzahlung zur Verlängerung der Schutzdauer dem DPMA erkennbar zu machen. Wenn bei fristgerechter Zahlung der Gebühr der Verwendungszweck nicht angegeben ist, dann soll nach Auffassung des BPatG nach Ablauf der Frist eine Klarstellung dahin erfolgen können, daß die Gebührenzahlung für die Verlängerung der Schutzdauer bestimmt war. Die nachträgliche Angabe des Verwendungszwecks hat innerhalb eines Jahres nach Ablauf der Zahlungsfrist analog § 91 Abs. 5 zu erfolgen (s. BPatGE 18, 121; weitergehend DPMA BlPMZ 1957, 367, wenn der Verwendungszweck für das DPMA erkennbar war). Nach § 38 Abs. 2 MarkenV ist für Bewirkung der Verlängerungsgebühr durch Gebührenzahlung die Bestellung eines *Inlandsvertreters* nach § 96 nicht erforderlich.

5   Nach § 39 Abs. 1 S. 1 MarkenV kann die *Verlängerung der Schutzdauer* einer eingetragenen Marke auch *beantragt* werden, unbeschadet der Bewirkung der Verlängerung durch die Zahlung der Gebühren nach § 47 Abs. 3. Die Einzelheiten des Antrags, für den ein vom DPMA herausgegebenes Formblatt verwendet werden soll, regelt § 39 Abs. 2 MarkenV.

## 2. Fälligkeit, Zahlung und Rückerstattung

6   Die Gebühren zur Verlängerung der Schutzdauer (Grundgebühr und Klassengebühren) sind nach § 47 Abs. 3 S. 2 am letzten Tag der Schutzdauer fällig (zum Ende der Schutzdauer s. Rn 2). Eine Fristverlängerung ist nicht zulässig. Möglich ist aber eine Wiedereinsetzung in den vorigen Stand nach § 91, sofern die Frist ohne Verschulden versäumt wurde. Die Verlängerungsgebühren können nach § 47 Abs. 3 S. 3 allerdings innerhalb eines Zeitraums von einem Jahr vor Fälligkeit gezahlt werden. Die Verlängerungsgebühr ist zurückzuerstatten, wenn der Markeninhaber nach Zahlung der Verlängerungsgebühr und vor deren gesetzlicher Fälligkeit auf das Markenrecht verzichtet (BPatG GRUR 1997, 58, 59 – Verlängerungsgebühr).

## 3. Löschungsvorbescheid bei Nichtzahlung

7   Wenn die Verlängerungsgebühren nicht bis zum Zeitpunkt der Fälligkeit gezahlt werden, dann wird die eingetragene Marke nicht ohne weiteres im Register gelöscht. Im Falle der Nichtzahlung der Gebühren bei Fälligkeit erläßt das DPMA nach § 47 Abs. 3 S. 4 einen *Löschungsvorbescheid,* in dem sie dem Markeninhaber die weiteren Voraussetzungen mitteilt, bei deren Vorliegen die Löschung der eingetragenen Marke erfolgt. Nach der Zustellung des Löschungsvorbescheids stehen dem Markeninhaber weitere *sechs Monate* zur Zahlung der Verlängerungsgebühren zur Verfügung. Wenn die Verlängerungsgebühren (Grundgebühr und Klassengebühren) nicht bis zum Zeitpunkt der Fälligkeit gezahlt sind, dann erhöhen sich die Gebühren um einen *Zuschlag* nach dem Tarif. Um die Verlängerung der Schutzdauer zu bewirken, muß im Falle der Zahlung nach Fälligkeit der Zuschlag immer gezahlt werden, unabhängig davon, ob ein Löschungsvorbescheid erlassen worden ist. Anders als nach der Rechtslage im WZG besteht keine zuschlagsfreie Nachfrist (Begründung zum MarkenG, BT-Drucks. 12/6581 vom 14. Januar 1994, S. 93). Die Sechsmonatsfrist zur Zahlung der um den Zuschlag erhöhten Verlängerungsgebühren beginnt mit der Zustellung des Löschungsvorbescheids und endet nach § 40 MarkenV am letzten Tag des Monats. Die Zahlungsfrist verlängert nicht die Schutzdauer. Wenn innerhalb von sechs Monaten nach Ablauf des Monats, in dem der Löschungsvorbescheid zugestellt worden ist, gezahlt wird, dann wird die Verlängerung der Schutzdauer durch die Gebührenzahlung bewirkt. Die Verlängerung der Schutzdauer wird dann am Tag nach dem Ablauf der Schutzdauer wirksam (§ 47 Abs. 5 S. 1). Wenn die Gebührenzahlung nicht innerhalb der Sechsmonatsfrist erfolgt, dann wird die Verlängerung der Schutzdauer nicht bewirkt und die Eintragung der Marke mit Wirkung ab dem Ablauf der Schutzdauer gelöscht (Abs. 6).

Schutzdauer und Verlängerung  8, 9  § 47 MarkenG

**4. Höhe der Gebühren**

Die Höhe der Gebührenzahlung zur Verlängerung der Schutzdauer bemißt sich nach dem GebVerz der Anlage zu § 1 PatGebG. Die Grundgebühr zur Verlängerung der Schutzdauer um zehn Jahre beträgt nach Nr. 132 100 GebVerz zu § 1 PatGebG 1000 DM. Die Klassengebühr für jede weitere ab der vierten Klasse beträgt nach Nr. 132 150 GebVerz zu § 1 PatGebG 450 DM. Bei der Verlängerung der Schutzdauer einer Kollektivmarke beträgt die Grundgebühr nach Nr. 132 200 GebVerz zu § 1 PatGebG 3000 DM und die einzelne Klassengebühr nach Nr. 132 250 GebVerz zu § 1 PatGebG 450 DM. Der Gebührenzuschlag im Falle der Zahlung nach Fälligkeit beträgt nach Nr. 132 300 GebVerz zu § 1 PatGebG 10% der Verlängerungsgebühren. 8

**IV. Teilweise Verlängerung der Schutzdauer (§ 47 Abs. 4)**

Es ist zu unterscheiden zwischen einem *Teilverzicht* nach § 48 Abs. 1 für einen Teil der Waren oder Dienstleistungen, für die die Marke eingetragen ist, und einer *teilweisen Verlängerung der Schutzdauer* nach § 47 Abs. 4. Nach § 48 Abs. 1 wird auf Antrag des Inhabers der Marke die Eintragung jederzeit für einen Teil der eingetragenen Waren oder Dienstleistungen im Register gelöscht. Nach der teilweisen Löschung einer Marke besteht das Markenrecht nur noch für die im Register eingetragenen Waren oder Dienstleistungen, die Teillöschung der Marke wirkt sich auf deren Schutzdauer nach § 47 Abs. 1 nicht aus. Andere und weitergehende Rechtsfolgen als die teilweise Löschung einer Marke nach § 48 Abs. 1 hat die teilweise Verlängerung der Schutzdauer nach § 47 Abs. 4. Bei einer *teilweisen Verlängerung der Schutzdauer* einer Marke wird zwar die Schutzdauer erneut um zehn Jahre verlängert, die Verlängerung wirkt aber *nur für einen Teil der eingetragenen Waren oder Dienstleistungen*. Die Eintragung der Waren oder Dienstleistungen, für die die Schutzdauer nicht verlängert wird, werden nach § 47 Abs. 6 im Register gelöscht und zwar mit Wirkung ab dem Ablauf der Schutzdauer. Eine teilweise Verlängerung der Schutzdauer wird dadurch bewirkt, daß die Zahlung der Verlängerungsgebühren (Grundgebühr und Klassengebühren) in der Weise nur teilweise erfolgt, daß zwar die Grundgebühr zur Verlängerung der Schutzdauer zuzüglich des Zuschlags erfolgt, nicht aber die erforderlichen Klassengebühren für weitere Klassen gezahlt werden. Das MarkenG regelt in § 47 Abs. 4 zwar nicht die teilweise Verlängerung der Schutzdauer als solche, sondern die teilweise Verlängerung als Rechtsfolge einer Teilzahlung der Verlängerungsgebühren. Abs. 4 regelt die Einzelheiten der patentamtlichen Behandlung einer Teilzahlung der Verlängerungsgebühren. Abs. 4 S. 1 geht von dem Grundsatz aus, daß eine Verlängerung der Schutzdauer nur für die Waren und Leistungen bewirkt wird, auf die sich die Gebührenzahlung bezieht. Abs. 4 S. 2 bis 4 regeln die Rechtsfolgen einer teilweisen Gebührenzahlung und deren Behandlung durch das DPMA, wenn der Markeninhaber dem DPMA nicht mitteilt, auf welchen Teil der Waren oder Dienstleistungen, für die die Marke eingetragen ist, sich seine Teilzahlung bezieht. Der Markeninhaber, der nur eine teilweise Verlängerung der Schutzdauer seiner Marke bezweckt, sollte unbeschadet der Bewirkung der Verlängerung durch teilweise Gebührenzahlung einen *Antrag auf teilweise Verlängerung der Schutzdauer* nach § 39 MarkenV stellen, aus dem sich der Verwendungszweck der teilweisen Gebührenzahlung ergibt. Falls die Schutzdauer nur für einen Teil der Waren und Dienstleistungen verlängert werden soll, für die die Marke eingetragen ist, sind in dem Antrag nach § 39 Abs. 2 Nr. 4 MarkenV entweder die Waren und Dienstleistungen, für die die Schutzdauer verlängert werden soll, oder die Waren und Dienstleistungen, für die die Schutzdauer nicht verlängert werden soll, anzugeben. Wenn der Markeninhaber die Bestimmung des Verwendungszwecks der teilweisen Gebührenzahlung unterläßt, dann könnte das DPMA die Verlängerung der Schutzdauer nicht in das Register eintragen, weil nicht eindeutig ist, für welche Waren oder Dienstleistungen die Verlängerung eintreten soll. Zudem wird zumeist für das DPMA nicht einmal erkennbar sein, ob nicht vielleicht nur versehentlich eine unvollständige Gebührenzahlung geleistet wurde. Das DPMA wird deshalb dem Markeninhaber einen *Löschungsvorbescheid* nach § 47 Abs. 3 S. 4 übermitteln. Dies hat zur Folge, daß der Markeninhaber, der die Verlängerungsgebühren ohne eine eindeutige Zweckbestimmung nach Abs. 4 S. 1 unvollständig entrichtet 9

1337

hat, nunmehr für den Gesamtbetrag der Verlängerungsgebühren eine ganze Zuschlagsgebühr zu zahlen hat. Der Markeninhaber kann nunmehr seine Nachzahlung innerhalb der Sechsmonatsfrist nach dem Löschungsvorbescheid mit einer eindeutigen Erklärung über den Verwendungszweck der Gebührenzahlung verbinden und mitteilen, für welche Waren oder Dienstleistungen eine teilweise Verlängerung der Schutzdauer eintreten soll. Wenn eine Angabe der Waren oder Dienstleistungen, für die die Schutzdauer verlängert werden soll, durch den Markeninhaber nicht erfolgt, dann wird die Schutzdauer nur für die Klassen der Klasseneinteilung von Waren oder Dienstleistungen verlängert, für die die gezahlten Gebühren ausreichen (Abs. 4 S. 2). Wenn das DPMA für den Schwerpunkt der Anmeldung eine *Leitklasse* bestimmt hat, dann wird nach Abs. 4 S. 3 zunächst die Leitklasse bei der Verlängerung der Schutzdauer berücksichtigt. Im übrigen werden dann die Klassen in der Reihenfolge der Klasseneinteilung berücksichtigt (Abs. 4 S. 4).

## C. Rechtsfolgen einer bewirkten und nicht bewirkten Verlängerung der Schutzdauer

### I. Eintritt der Verlängerung der Schutzdauer (§ 47 Abs. 5)

**10** Wenn die Verlängerung der Schutzdauer durch die Gebührenzahlung bewirkt wird, dann wird die *Verlängerung der Schutzdauer um zehn Jahre* nach § 47 Abs. 5 S. 1 am Tag nach dem Ablauf der Schutzdauer wirksam (zum Ende der Schutzdauer s. Rn 2). Die gesetzliche Regelung gewährleistet eine Kontinuität der aufeinander folgenden Zehnjahreszeiträume der jeweiligen Schutzdauern. Es ist unerheblich, ob die Gebührenzahlung nach § 47 Abs. 3 S. 3 schon innerhalb eines Zeitraums von einem Jahr vor Fälligkeit oder nach § 47 Abs. 3 S. 4 erst innerhalb der Sechsmonatsfrist erfolgt ist (zur streitigen Rechtslage, die nach dem MarkenG beseitigt ist, s. in diesem Sinne schon BGH GRUR 1978, 105, 107 – Verlängerungsgebühr, anders noch BPatGE 4, 191, 193; so nunmehr auch zum MarkenG BPatG GRUR 1997, 58, 59 – Verlängerungsgebühr).

**11** Im patentamtlichen Verfahren zur Verlängerung der Schutzdauer einer Marke steht dem DPMA *kein sachliches Prüfungsrecht* hinsichtlich der Markenrechtsfähigkeit und Eintragungsfähigkeit der Marke zu. Das gilt auch bei einem Verstoß der Marke gegen die öffentliche Ordnung oder gegen die guten Sitten etwa aufgrund einer nachträglichen Änderung der tatsächlichen Verhältnisse oder der Gesetzeslage (anders bei einem Widerspruch zur öffentlichen Ordnung *Baumbach/Hefermehl*, § 9 WZG, Rn 6). Die Berücksichtigung veränderter Umstände im Allgemeininteresse ist ein Problem der Reichweite des Amtsverfahrens nach § 50 zur Löschung einer wegen Bestehens absoluter Schutzhindernisse nichtigen Marke (s. § 50, Rn 42).

**12** Die Verlängerung der Schutzdauer wird nach § 47 Abs. 5 S. 2 in das Register eingetragen (§ 18 Nr. 24 MarkenV). Die *Eintragung der Verlängerung der Schutzdauer* wird nach § 47 Abs. 5 S. 2 *veröffentlicht* (zu Ort und Form der Veröffentlichung s. § 20 MarkenV, zum Inhalt der Veröffentlichung s. § 21 MarkenV).

### II. Nichteintritt der Verlängerung der Schutzdauer (§ 47 Abs. 6)

**13** Die Schutzdauer wird nicht verlängert, wenn die Zahlung der Verlängerungsgebühren entweder nicht oder nicht rechtzeitig erfolgt. Sie wird auch dann nicht verlängert, wenn ein Antrag auf Verlängerung nach § 39 MarkenV zunächst wirksam gestellt und sodann rechtzeitig zurückgenommen worden ist. Eine teilweise Verlängerung der Schutzdauer wird durch eine teilweise Gebührenzahlung dann nicht bewirkt, wenn die Höhe der gezahlten Gebühren nicht für die Grundgebühr zur Verlängerung einschließlich des Zuschlags ausreicht. Folge einer *Nichtverlängerung der Schutzdauer* ist die *Löschung der Eintragung der Marke* von Amts wegen (§ 47 Abs. 6). Die Löschung erfolgt mit Wirkung ab dem Ablauf der Schutzdauer (zum Ende der Schutzdauer s. Rn 2), unabhängig vom Zeitpunkt der Löschung im Register. Bei einer vollständigen Löschung der Marke wird in das Register eine entsprechende Angabe eingetragen (§ 18 Nr. 26 lit. d MarkenV). Bei einer vollständigen

Verzicht  § 48 MarkenG

oder teilweisen Löschung der Marke aufgrund einer entsprechenden Erklärung des Inhabers der Marke, wie insbesondere einer teilweisen Verlängerung der Schutzdauer oder einem Teilverzicht, wird in das Register die entsprechende Angabe unter Bezeichnung des Löschungsgrundes und, soweit es sich um eine teilweise Löschung handelt, die gelöschten Waren und Dienstleistungen eingetragen (§ 18 Nr. 27 MarkenV).

Die Löschung erfolgt *von Amts wegen* ohne entsprechenden Beschluß. Über die Löschung der Eintragung der Marke wegen Nichteintritts der Verlängerung der Schutzdauer entscheidet ausschließlich das DPMA. Eine Nachprüfung durch die ordentlichen Gerichte findet nicht statt (s. dazu schon RGSt 58, 350). Der Rechtsschutz des Markeninhabers ist gewährleistet, da gegen den Löschungsvorbescheid (§ 47 Abs. 3 S. 4) als ein Beschluß einer Markenabteilung des DPMA (§ 56 Abs. 3) die Beschwerde nach § 66 gegeben ist (so schon zur Rechtslage nach dem WZG *Baumbach/Hefermehl*, § 9 WZG, Rn 10; *v. Gamm*, § 9 WZG, Rn 8). 14

## Abschnitt 3. Verzicht, Verfall und Nichtigkeit; Löschungsverfahren

### Vorbemerkung zu den §§ 48 bis 55

Regelungsgegenstand von Abschnitt 3 (§§ 48 bis 55) sind der *Verzicht des Markeninhabers auf das Markenrecht* (§ 48), der *Verfall der eingetragenen Marke* wegen des Eintritts von bestimmten Löschungsgründen nach der Eintragung der Marke in das Register (§ 49), die *Nichtigkeit der eingetragenen Marke wegen absoluter Schutzhindernisse* (§ 50), die *Nichtigkeit der eingetragenen Marke wegen Bestehens älterer Rechte* (§ 51), sowie die *Löschungsverfahren* vor dem DPMA wegen absoluter Schutzhindernisse (§ 54) und vor den ordentlichen Gerichten wegen Verfalls oder wegen Bestehens älterer Rechte (§ 55). Die *Wirkungen der Löschung* einer eingetragenen Marke wegen Verfalls oder Nichtigkeit regelt § 52. Das MarkenG hat die bewährte *Aufteilung der Zuständigkeiten zwischen den Patentbehörden und den ordentlichen Gerichten* beibehalten. Die Löschung wegen des Bestehens absoluter Schutzhindernisse kann *auf Antrag Dritter* durch ein Löschungsverfahren vor dem DPMA herbeigeführt werden (§ 50 Abs. 1). Soweit aus Gründen des öffentlichen Interesses zu berücksichtigende Schutzhindernisse bestehen, kann das DPMA bei offenkundigen Fehleintragungen ein Löschungsverfahren auch *von Amts wegen* einleiten, allerdings nur innerhalb der ersten zwei Jahre nach der Eintragung (§ 50 Abs. 3). Als Rechtsmittelinstanzen sind das BPatG und der BGH zuständig. Die ordentlichen Gerichte sind für die Verfahren über die Löschung einer eingetragenen Marke wegen des Bestehens älterer Rechte zuständig (§§ 51, 55). Das gleiche gilt für nach der Eintragung der Marke eingetretene Verfallsgründe, wie namentlich die mangelnde Benutzung der Marke, die Entwicklung der Marke zu einem täuschenden Zeichen und die Entwicklung der Marke zu einer Gattungsbezeichnung (§§ 49, 55). Soweit Verfallsgründe geltend gemacht werden, kann ein Löschungsantrag zunächst auch beim DPMA gestellt werden (§ 53); wenn der Inhaber der Marke der Löschung widerspricht, dann bleiben für das Löschungsverfahren nur die ordentlichen Gerichte zuständig. 1

### Verzicht

**48** (1) **Auf Antrag des Inhabers der Marke wird die Eintragung jederzeit für alle oder für einen Teil der Waren oder Dienstleistungen, für die sie eingetragen ist, im Register gelöscht.**

(2) **Ist im Register eine Person als Inhaber eines Rechts an der Marke eingetragen, so wird die Eintragung nur mit Zustimmung dieser Person gelöscht.**

#### Inhaltsübersicht

|  | Rn |
|---|---|
| A. Löschung auf Antrag des Markeninhabers (§ 48 Abs. 1) ............. | 1–7 |
|     I. Vollständige und teilweise Löschung ........................... | 1 |

|  | Rn |
|---|---|
| II. Wirkung der Löschung | 2, 3 |
| 1. Grundsatz | 2 |
| 2. Verzicht auf das Markenrecht | 3 |
| III. Löschung des formalen Markenrechts | 4 |
| IV. Verzichtserklärung in einem anhängigen Verfahren | 5, 6 |
| V. Form des Löschungsantrags | 7 |
| B. Eingetragene Rechte Dritter an der Marke (§ 48 Abs. 2) | 8 |

## A. Löschung auf Antrag des Markeninhabers (§ 48 Abs. 1)

### I. Vollständige und teilweise Löschung

1   Der *Inhaber einer Marke* kann jederzeit nach § 48 Abs. 1 die *Löschung der Eintragung der Marke* im Register beim DPMA beantragen. Der Antrag kann auf Löschung der Eintragung für alle Waren oder Dienstleistungen, für die die Marke eingetragen ist, gerichtet sein *(vollständige Löschung)*. Der Antrag kann auf die Löschung der Eintragung nur für einen Teil der Waren oder Dienstleistungen, für die die Marke eingetragen ist, beschränkt werden *(teilweise Löschung)*. Antragsberechtigt ist der Inhaber der Marke als der materiellrechtlich Berechtigte des Markenrechts. Nach § 28 Abs. 1 wird vermutet, daß dem im Register als Inhaber Eingetragenen das Markenrecht zusteht.

### II. Wirkung der Löschung

#### 1. Grundsatz

2   Der Markenschutz nach § 4 Nr. 1 entsteht konstitutiv durch die Eintragung eines Zeichens als Marke in das Register. Der *Eintragung der Marke* kommt *konstitutive Wirkung* für die Entstehung des Ausschließlichkeitsrechts an der Marke zu. Der Markenschutz nach § 4 Nr. 1 endet konstitutiv durch die Löschung eines Zeichens als Marke in dem Register. Der *Löschung der Marke* kommt *konstitutive Wirkung* für den Untergang des Ausschließlichkeitsrechts an der Marke zu (s. dazu im einzelnen § 4, Rn 16). Die Löschung der Eintragung der Marke im Register wirkt ex nunc. Sowohl der *Eintragungsantrag* des Anmelders einer Marke als auch der *Löschungsantrag* des Inhabers einer Marke sind *Verfahrenshandlungen* (Prozeßhandlungen, Prozeßerklärungen), die auf Durchführung eines Verwaltungsverfahrens mit konstitutiver Wirkung für die Entstehung oder den Untergang eines eingetragenen Markenrechts gerichtet sind. Der Löschung der Eintragung einer Marke im Register kommt *ausnahmsweise* dann nur eine *deklaratorische Wirkung* zu, wenn der Inhaber der eingetragenen Marke vor der Löschung der Eintragung auf das eingetragene Markenrecht materiellrechtlich wirksam verzichtet hat (zum Verzicht s. Rn 3).

#### 2. Verzicht auf das Markenrecht

3   Wirksamkeit und Reichweite eines Verzichts auf ein Markenrecht als eines *materiellrechtlichen Rechtsgeschäfts* und namentlich das Verhältnis eines Verzichts zum Löschungsantrag des Markeninhabers als einer *Verfahrenshandlung* waren schon nach der Rechtslage im WZG weithin ungeklärt (s. nur *Baumbach/Hefermehl*, § 10 WZG, Rn 2; *Reimer/Trüstedt*, Kap. 31, Rn 2; *v. Gamm*, § 10 WZG, Rn 10; *Jackermeier*, Die Löschungsklage im Markenrecht, S. 125 f.). Es bedarf keiner grundsätzlichen Klärung, ob die Löschung auf Antrag rein verfahrensrechtlicher Natur ist, die keines materiellrechtlichen Verzichts des Markeninhabers bedarf, oder ob der Löschung auf Antrag allgemein ein zumindest konkludent erklärter materiellrechtlicher Verzicht des Markeninhabers zugrunde liegt, dessen materiellrechtliche Rechtswirkungen aufgrund einer Bedingung der Löschung der Marke an das patentamtliche Verfahren gebunden sind. Die privatrechtliche Grundsatzfrage, inwieweit die Dereliktion als einseitiges Rechtsgeschäft zur Aufgabe subjektiver Ausschließlichkeitsrechte durch den Rechtsinhaber rechtswirksam ist, bedarf hier keiner grundsätzlichen Entscheidung. Der Normzweck der Löschungsverfahren in Markenangelegenheiten steht zumindest der *Rechts-*

*wirksamkeit einer Dereliktion von Markenrechten* nicht entgegen. Diese Annahmen genügen, die Wirksamkeit einer Verzichtserklärung in einem anhängigen Widerspruchs- oder Löschungsverfahren vor dem tatsächlichen Vollzug einer Löschung der Eintragung anzuerkennen. Abgesehen von dieser Problematik, ist davon auszugehen, daß in einem Löschungsverfahren auf Antrag des Markeninhabers weder einem materiellrechtlichen Verzicht des Markeninhabers unabhängig von der Löschung der Marke im Register rechtliche Wirkung zukommt, noch die Wirkung der Löschung von der materiellrechtlichen Wirksamkeit eines Verzichts des Markeninhabers abhängig ist.

### III. Löschung des formalen Markenrechts

Die Entstehung des Markenschutzes durch Eintragung nach § 4 Nr. 1 und die Entstehung des Markenschutzes durch Benutzung nach § 4 Nr. 2, sowie durch Notorietät nach § 4 Nr. 3 sind voneinander zu unterscheidende Entstehungstatbestände. Die durch Eintragung und durch Benutzung sowie Notorietät entstandenen Markenrechte an einer Marke bestehen rechtlich selbständig voneinander (s. dazu im einzelnen § 4, Rn 21). Die Löschung einer Marke im Register auf Antrag des Inhabers bezieht sich allein auf das *formale Markenrecht* (Registermarke). Das *sachliche Markenrecht* (Benutzungsmarke, Notorietätsmarke) bleibt von der Löschung der Eintragung im Register grundsätzlich unberührt. Das Erlöschen des sachlichen Markenrechts bedarf eines Verzichts des Markeninhabers, der auch konkludent erklärt werden kann. So bezieht sich die Verzichtserklärung des Markeninhabers in einem anhängigen Widerspruchs- oder Löschungsverfahren regelmäßig auch auf ein etwa bestehendes sachliches Markenrecht im Sinne des § 4 Nr. 2 oder 3, es sei denn, daß sich aus den Umständen, wie etwa dem Bestehen eines Markenrechts mit lokaler Verkehrsgeltung, das dem Markeninhaber verbleiben soll, etwas anderes ergibt (s. Rn 5).

### IV. Verzichtserklärung in einem anhängigen Verfahren

Wenn der Markeninhaber im Verlauf eines Widerspruchsverfahrens oder in einem Verfahren zur Löschung der eingetragenen Marke den Verzicht auf das eingetragene Markenrecht erklärt, dann ist diese Verzichtserklärung wirksam (s. dazu Begründung zum MarkenG, BT-Drucks. 12/6581 vom 14. Januar 1994, S. 94). Folge des *materiellrechtlichen Verzichts* ist der Untergang des eingetragenen Markenrechts. Der Löschung der Eintragung der Marke im Register kommt insoweit nur noch eine deklaratorische Wirkung zu (zur grundsätzlich konstitutiven Wirkung der Löschung s. Rn 2). Diese Rechtswirkungen entsprechen der Praxis nach der Rechtslage im WZG in Verfahren, die nach § 6a WZG beschleunigt eingetragene Marken betrafen. Dies gilt auch für eine *Teilverzichtserklärung* für bestimmte Waren oder Dienstleistungen, für die die Marke im Register eingetragen ist. Die Verzichtserklärung ist in der Regel dahin auszulegen, daß der Markeninhaber auch auf ein etwa bestehendes sachliches Markenrecht im Sinne des § 4 Nr. 2 oder 3 verzichtet, es sei denn, daß Umstände vorliegen, aus denen sich, wie etwa bei Bestehen eines sachlichen Markenrechts mit lokaler Verkehrsgeltung, etwas anderes ergibt.

Auch in der *Durchführungsbestimmung des § 41 Abs. 3 MarkenV* wird von einer unmittelbaren Rechtswirkung einer Verzichtserklärung in einem anhängigen Verfahren ausgegangen, die nur noch des Vollzugs durch die Löschung der Marke im Register bedarf. Wenn im Verlauf eines Widerspruchsverfahrens das Verzeichnis der Waren oder Dienstleistungen einer Marke, gegen deren Eintragung der Widerspruch sich richtet, eingeschränkt wird, dann wird die teilweise Löschung der Eintragung erst aufgrund einer entsprechenden Anordnung in der Entscheidung über den Widerspruch nach dem Abschluß des Widerspruchsverfahrens vollzogen, es sei denn, daß der Inhaber der Marke einen gesonderten Antrag auf teilweise Löschung nach § 48 Abs. 1 stellt (§ 41 Abs. 3 S. 1 MarkenV). Diese Regelung gilt entsprechend in Verfahren zur Löschung einer eingetragenen Marke, die auf Antrag eines Dritten oder von Amts wegen eingeleitet worden sind (§ 41 Abs. 3 S. 2 MarkenV).

### V. Form des Löschungsantrags

Der Antrag auf Löschung der Eintragung einer Marke ist *bedingungsfeindlich* und daher unbedingt zu stellen. Der Löschungsantrag ist bis zur Löschung der Eintragung im Register *wi-*

# MarkenG § 49      Verfall

*derruflich*, auch wenn er seiner Rechtsnatur nach als Verfahrenshandlung zu beurteilen ist. Der Antrag soll unter Verwendung des vom DPMA herausgegebenen Formblatts gestellt werden (§ 41 Abs. 1 MarkenV). Die in dem Antrag erforderlichen Angaben bestimmt § 41 Abs. 2 Nr. 1 bis 4 MarkenV. Im übrigen gelten für den Löschungsantrag die allgemeinen Verfahrensvorschriften über Formblätter (§ 63 MarkenV) und über die Form der Anträge (§§ 64 ff. MarkenV). Der Löschungsantrag ist *gebührenfrei*.

### B. Eingetragene Rechte Dritter an der Marke (§ 48 Abs. 2)

**8**   An dem eingetragenen Markenrecht, das Gegenstand eines dinglichen Rechts oder von Maßnahmen der Zwangsvollstreckung sein kann (§ 29 Abs. 1 Nr. 1 und 2), oder das durch ein Insolvenzverfahren erfaßt sein kann (§ 29 Abs. 3), können *Rechte dritter Personen* bestehen, die in das Register eingetragen sind (s. § 18 Nr. 35 und 36 MarkenV). Die Löschung der Eintragung der Marke auf Antrag des Markeninhabers setzt die *Zustimmung* der Personen voraus, die als Inhaber eines Rechtes an der Marke im Register eingetragen sind (§ 48 Abs. 2). Das veranschaulicht die Notwendigkeit der im MarkenG nicht vorgesehenen Eintragbarkeit der dinglichen Markenlizenz (s. § 30, Rn 18), da nach der bestehenden Rechtslage der Lizenznehmer sein Recht an der Marke verliert. Nach § 42 S. 1 MarkenV reicht für die erforderliche Zustimmung die Abgabe einer von dieser Person oder ihrem Vertreter unterschriebenen Zustimmungserklärung aus. Eine Beglaubigung ist nicht erforderlich (S. 2). Der Zustimmungsnachweis kann auch auf andere Weise erbracht werden (S. 3).

## Verfall

**§ 49** (1) ¹Die Eintragung einer Marke wird auf Antrag wegen Verfalls gelöscht, wenn die Marke nach dem Tag der Eintragung innerhalb eines ununterbrochenen Zeitraums von fünf Jahren nicht gemäß § 26 benutzt worden ist. ²Der Verfall einer Marke kann jedoch nicht geltend gemacht werden, wenn nach Ende dieses Zeitraums und vor Stellung des Löschungsantrags eine Benutzung der Marke gemäß § 26 begonnen oder wieder aufgenommen worden ist. ³Wird die Benutzung jedoch im Anschluß an einen ununterbrochenen Zeitraum von fünf Jahren der Nichtbenutzung innerhalb von drei Monaten vor der Stellung des Löschungsantrags begonnen oder wieder aufgenommen, so bleibt sie unberücksichtigt, sofern die Vorbereitungen für die erstmalige oder die erneute Benutzung erst stattgefunden haben, nachdem der Inhaber der Marke Kenntnis davon erhalten hat, daß Antrag auf Löschung gestellt werden könnte. ⁴Wird der Antrag auf Löschung nach § 53 Abs. 1 beim Patentamt gestellt, so bleibt für die Berechnung der Frist von drei Monaten nach Satz 3 der Antrag beim Patentamt maßgeblich, wenn die Klage auf Löschung nach § 55 Abs. 1 innerhalb von drei Monaten nach Zustellung der Mitteilung nach § 53 Abs. 4 erhoben wird.

(2) Die Eintragung einer Marke wird ferner auf Antrag wegen Verfalls gelöscht,

1. wenn die Marke infolge des Verhaltens oder der Untätigkeit ihres Inhabers im geschäftlichen Verkehr zur gebräuchlichen Bezeichnung der Waren oder Dienstleistungen, für die sie eingetragen ist, geworden ist;
2. wenn die Marke infolge ihrer Benutzung durch den Inhaber oder mit seiner Zustimmung für die Waren oder Dienstleistungen, für die sie eingetragen ist, geeignet ist, das Publikum insbesondere über die Art, die Beschaffenheit oder die geographische Herkunft dieser Waren oder Dienstleistungen zu täuschen oder
3. wenn der Inhaber der Marke nicht mehr die in § 7 genannten Voraussetzungen erfüllt.

(3) Liegt ein Verfallsgrund nur für einen Teil der Waren oder Dienstleistungen vor, für die die Marke eingetragen ist, so wird die Eintragung nur für diese Waren oder Dienstleistungen gelöscht.

### Inhaltsübersicht

| | Rn |
|---|---|
| A. Allgemeines | 1–9 |
|     I. Regelungszusammenhang | 1–3 |
|        1. Verfall der Marke | 1 |

|  | Rn |
|---|---|
| 2. Geltendmachung der Verfallsgründe | 2 |
| 3. Rechtsfolgen der Löschungsreife | 3 |
| II. Rechtsänderungen | 4 |
| III. Europäisches Unionsrecht | 5, 6 |
| 1. Erste Markenrechtsrichtlinie | 5 |
| 2. Gemeinschaftsmarkenverordnung | 6 |
| IV. Staatsvertragsrecht | 7–9 |
| 1. Pariser Verbandsübereinkunft | 7 |
| 2. Madrider Markenabkommen und Protokoll zum MMA | 8 |
| 3. TRIPS-Abkommen | 9 |
| B. Die einzelnen Verfallsgründe | 10–41 |
| I. Verfall wegen Nichtbenutzung der Marke (§ 49 Abs. 1) | 10–24 |
| 1. Regelungszusammenhang | 10 |
| 2. Nichtbenutzung der Marke | 11, 12 |
| a) Rechtserhaltende Benutzung im Sinne des § 26 | 11 |
| b) Nachweis der Nichtbenutzung | 12 |
| 3. Zeitraum fünfjähriger Nichtbenutzung | 13, 14 |
| 4. Rechtsfolgen des Verfalls wegen Nichtbenutzung | 15–19 |
| a) Allgemeine Verfallswirkungen | 15 |
| b) Besondere Regelungen des Verfalls wegen Nichtbenutzung | 16–19 |
| aa) Widerspruchsverfahren | 16 |
| bb) Verletzungsklage | 17 |
| cc) Vorrangklage | 18 |
| dd) Löschungsklage | 19 |
| 5. Heilung der Löschungsreife | 20–24 |
| a) Aufnahme oder Wiederaufnahme der Benutzung | 20 |
| b) Ausschluß der Heilung | 21–22 |
| c) Entstehen von Zwischenrechten | 23 |
| d) Koexistenz von Zwischenrecht und geheiltem Markenrecht | 24 |
| II. Verfall wegen Entwicklung zu einer Gattungsbezeichnung (§ 49 Abs. 2 Nr. 1) | 25–29 |
| 1. Anwendungsbereich | 25–28 |
| a) Begriff der im Verkehr gebräuchlichen Produktbezeichnung | 25, 26 |
| b) Zurechenbarkeit an den Markeninhaber | 27 |
| c) Wettbewerbsrechtlicher Löschungsgrund | 28 |
| 2. Rechtsfolgen des Verfalls wegen einer Entwicklung zur Gattungsbezeichnung | 29 |
| III. Verfall wegen Täuschungsgefahr (§ 49 Abs. 2 Nr. 2) | 30–38 |
| 1. Regelungszusammenhang | 30 |
| 2. Anwendungsbereich | 31–37 |
| a) Inhaltliche Unrichtigkeit der Marke | 31–33 |
| b) Täuschungsgefahr | 34 |
| c) Drittbenutzung mit Zustimmung des Markeninhabers | 35 |
| d) Öffentliches Interesse | 36 |
| e) Wettbewerbsrechtlicher Löschungsanspruch | 37 |
| 3. Rechtsfolgen des Verfalls wegen Täuschungsgefahr | 38 |
| IV. Verfall wegen des Verlusts der Markenrechtsfähigkeit (§ 49 Abs. 2 Nr. 3) | 39–41 |
| 1. Anwendungsbereich | 39, 40 |
| 2. Rechtsfolgen des Verfalls wegen des Verlusts der Markenrechtsfähigkeit | 41 |
| C. Teilverfall der Marke (§ 49 Abs. 3) | 42 |
| D. Verfall international registrierter Marken | 43 |

## A. Allgemeines

### I. Regelungszusammenhang

**1. Verfall der Marke**

Unter dem *Verfall einer eingetragenen Marke* ist der Eintritt von bestimmten Löschungs- **1** gründen nach der Eintragung der Marke in das Register zu verstehen, deren Geltendmachung zum Verlust des Markenrechts durch die Löschung der Eintragung der Marke im Register führt. Die gegenüber der Rechtslage im WZG neue Sprachregelung des MarkenG, von Verfall der Marke zu sprechen, stimmt mit der Wortwahl der MarkenRL und der GMarkenV überein. Die Vorschrift des § 49 regelt die verschiedenen Gründe, deren Eintritt zum Verfall der eingetragenen Marke führt. Bei diesen *Verfallsgründen* handelt es sich um *markenrechtliche Löschungsgründe*. § 49 enthält eine abschließende Regelung der Verfallsgründe, nicht aber der markenrechtlichen Löschungsgründe als solche. Markenrechtliche Löschungsgründe stellen auch die Nichtigkeitsgründe wegen absoluter Schutzhindernisse nach § 50, sowie die Nichtigkeitsgründe wegen des Bestehens älterer Rechte nach § 51 dar. Von den markenrechtlichen Löschungsgründen sind die außermarkenrechtlichen, wie namentlich die wettbewerbsrechtlichen und deliktsrechtlichen Löschungsgründe zu unterscheiden. Die Reichweite der außermarkenrechtlichen Löschungsgründe richtet sich namentlich nach dem Anwendungsbereich des § 13 Abs. 2 Nr. 6, der die sonstigen gewerblichen Schutzrechte zu den sonstigen älteren Rechten im Sinne des § 13 Abs. 1 rechnet, deren Bestehen Nichtigkeitsgründe nach § 51 darstellen und die die Löschungsklage wegen Nichtigkeit begründen (s. dazu §§ 13, Rn 3; 51, Rn 8). Die vier *Verfallsgründe des § 49* sind der Verfall wegen *Nichtbenutzung der Marke* (§ 49 Abs. 1), der Verfall wegen *Entwicklung der Marke zur Gattungsbezeichnung* (§ 49 Abs. 2 Nr. 1), der Verfall wegen *Täuschungsgefahr* (§ 49 Abs. 2 Nr. 2) und der Verfall wegen *Verlustes der Markenrechtsfähigkeit* (§ 49 Abs. 2 Nr. 3).

## 2. Geltendmachung der Verfallsgründe

2   Der Eintritt eines der vier Verfallsgründe des § 49 berührt nicht den Bestand des Markenrechts. Der Markenschutz bleibt aufrechterhalten, und dem Markeninhaber stehen grundsätzlich die Rechte aus der Marke zu. Es bedarf der *Geltendmachung der Verfallsgründe als Löschungsgründe*, um die Rechtswirkungen des Verfalls auf den Bestand des Markenrechts auszulösen. Die Verfallsgründe werden als Löschungsgründe geltend gemacht, entweder durch Stellung eines *Antrags auf Löschung* wegen Verfalls beim DPMA nach § 53, durch Erhebung der *Klage auf Löschung* wegen Verfalls nach § 55 oder als *Einrede* gegenüber Ansprüchen des Markeninhabers aus dem Markenrecht (zur einredeweisen Geltendmachung s. § 55, Rn 17).

## 3. Rechtsfolgen der Löschungsreife

3   Die Rechtslage nach Eintritt des Verfalls einer eingetragenen Marke wird als *Löschungsreife* bezeichnet. Die Löschungsreife berührt nicht den Bestand des Rechts aus der Eintragung der Marke. Es kann aber zum einen die Eintragung der Marke von einem jeden Dritten zur Löschung gebracht werden, und es kann zum anderen der Markeninhaber die Rechte aus der Marke gegen einen Dritten dann nicht durchsetzen, wenn der Dritte den Verfall der Marke geltend macht. Der Antrag auf Löschung wegen Verfalls der Marke kann nach § 53 beim DPMA gestellt werden und nach § 55 durch Klage auf Löschung geltend gemacht werden. Wenn der Markeninhaber aufgrund der löschungsreifen Markenrechts Verletzungsklage nach den §§ 14 ff. oder die Vorrangklage aufgrund des älteren Zeitrangs seines Markenrechts (Nichtigkeitsklage) erhebt, dann kann der Inhaber des kollidierenden Kennzeichens oder des prioritätsjüngeren Markenrechts die Einrede der Löschungsreife erheben. Der Gesetzgeber des MarkenG hat die *Einrede des Verfalls der Marke* nicht allgemein geregelt. Für die Vorrangklage des Inhabers einer eingetragenen Marke mit älterem Zeitrang ist die Verfallseinrede wegen Nichtbenutzung in § 55 Abs. 3 und für die Verletzungsklage in § 25 Abs. 2 geregelt. Schon nach der Rechtslage im WZG wurde die Löschungseinrede aus allgemeinen Grundsätzen abgeleitet (BGH GRUR 1969, 604 – Slip; *Baumbach/Hefermehl*, § 11 WZG, Rn 56; *Schricker*, GRUR Int 1969, 14, 17; aA *Kraft*, GRUR 1968, 123, 128). Die Einrede des Verfalls einer Marke nach § 49 besteht aber allgemein für alle Verfallsgründe nach den allgemeinen Grundsätzen. Das gilt entsprechend bei einem Teilverfall der eingetragenen Marke nach § 49 Abs. 3, wenn ein Verfallsgrund nur für einen Teil der Waren oder Dienstleistungen, für die die Marke eingetragen ist, vorliegt. Die besonderen Regelungen der Löschungseinrede wegen Nichtbenutzung erklären sich aus den besonderen Erfordernissen der Benutzungsfrist (s. dazu im einzelnen § 26, Rn 130). Im Widerspruchsverfahren kann die Einrede des Verfalls der Marke gegenüber der Marke, aufgrund derer der Widerspruch erhoben wird, grundsätzlich nicht geltend gemacht werden. Eine Ausnahme be-

steht nur für den Verfall der Marke wegen Nichtbenutzung nach § 43. Wenn vom Inhaber einer eingetragenen Marke mit älterem Zeitrang Widerspruch erhoben wird, dann hat er, wenn der Gegner die Benutzung der Marke bestreitet, die rechtserhaltende Benutzung glaubhaft zu machen. Art. 12 MarkenRL beschränkt sich auf eine Aufführung der Verfallsgründe, überläßt aber den Mitgliedstaaten die Festlegung, welche Rechtswirkungen dem Verfall oder der Ungültigerklärung einer Marke zukommt (EuGH, Rs. C-313/94, WRP 1997, 546 – Cotonelle); neben den Vorschriften des Markenrechts können auch Vorschriften gegen den unlauteren Wettbewerb, über die zivilrechtliche Haftung oder über den Verbraucherschutz Anwendung finden.

## II. Rechtsänderungen

Die zeichenrechtliche Löschungsklage war in § 11 WZG geregelt. Der Löschungsgrund der Zeichenübereinstimmung (§ 11 Abs. 1 Nr. 1, 1a WZG) stellt im MarkenG einen der Nichtigkeitsgründe wegen Bestehens älterer Rechte nach § 51 dar. Der Löschungsgrund des fehlenden Geschäftsbetriebs (§ 11 Abs. 1 Nr. 2 WZG) folgte aus dem im WZG geltenden Akzessorietätsprinzip und findet im MarkenG wegen des Grundsatzes der Nichtakzessorietät der Marke keine Entsprechung (s. zum Löschungsgrund des fehlenden Geschäftsbetriebs im WZG *Baumbach/Hefermehl*, § 11 WZG, Rn 26 ff.). Der Löschungsgrund wegen Täuschungsgefahr (§ 11 Abs. 1 Nr. 3 WZG) entspricht dem Verfallsgrund der Täuschungsgefahr nach § 49 Abs. 2 Nr. 2. Der Löschungsgrund wegen Nichtbenutzung (§ 11 Abs. 1 Nr. 4, Abs. 5 Nr. 1 WZG) entspricht dem Verfallsgrund wegen Nichtbenutzung nach § 49 Abs. 1. Der Verfallsgrund wegen Entwicklung der Marke zur Gattungsbezeichnung nach § 49 Abs. 2 Nr. 1 bildete keinen zeichenrechtlichen Löschungsgrund im WZG. Nach der Rechtslage im WZG konnte eine Löschungsklage nach § 11 nicht auf die Freizeicheneigenschaft des Kollisionszeichens gestützt werden (RGZ 110, 341 – Tallquist), auch wenn die Entwicklung eines Warenzeichens zur Gattungsbezeichnung in der Rechtsprechung als außerzeichenrechtlicher Löschungsgrund anerkannt war. Der Verfallsgrund wegen Verlustes der Markenrechtsfähigkeit nach § 49 Abs. 2 Nr. 3 hatte im WZG keine Entsprechung. Eine der komplizierten Regelungen des § 11 Abs. 5 Nr. 2 WZG über die Löschung aufgrund von Marken, die im Zeitpunkt der Löschungsreife einer prioritätsälteren Marke bekanntgemacht worden sind, enthält das MarkenG nicht mehr.

## III. Europäisches Unionsrecht

### 1. Erste Markenrechtsrichtlinie

Die Vorschrift des § 49 über den Verfall der Marke entspricht den Vorgaben des Art. 12 MarkenRL. Die Vorschrift über die Verfallsgründe der MarkenRL enthält aber keine Regelung über den Verfall der Marke wegen Verlusts der Markenrechtsfähigkeit (§ 49 Abs. 2 Nr. 3).

### 2. Gemeinschaftsmarkenverordnung

Die Vorschrift des § 49 über den Verfall der Marke entspricht der Regelung der Verfallsgründe in Art. 50 GMarkenV.

## IV. Staatsvertragsrecht

### 1. Pariser Verbandsübereinkunft

Nach Art. 5 C Abs. 1 PVÜ können die Mitgliedstaaten die Benutzung der Marke vorschreiben. Die Eintragung darf erst nach Ablauf einer angemessenen Frist für ungültig erklärt werden. Der Markeninhaber muß die Möglichkeit haben, die Nichtbenutzung der Marke zu rechtfertigen.

### 2. Madrider Markenabkommen und Protokoll zum MMA

Das *MMA* enthält keine Regelung über den Verfall von IR-Marken wegen Nichtbenutzung (zum Verfall international registrierter Marken, deren Schutz auf die Bundesrepublik

Deutschland erstreckt worden ist, s. Rn 43). Entsprechendes gilt für den Schutz von Marken nach dem *Protokoll zum MMA*.

### 3. TRIPS-Abkommen

**9** Nach Art. 19 TRIPS-Abkommen können die Mitglieder die Aufrechterhaltung einer Markeneintragung von der Benutzung der Marke abhängig machen. Die Benutzungsfrist muß mindestens drei Jahre betragen. Der Markeninhaber muß die Möglichkeit haben, die Nichtbenutzung der Marke zu rechtfertigen. Art. 19 Abs. 1 S. 2 TRIPS-Abkommen zählt beispielhaft Einfuhrbeschränkungen und sonstige staatliche Auflagen für durch die Marke geschützte Waren oder Dienstleistungen als berechtigte Gründe für die Nichtbenutzung auf. Art. 19 Abs. 2 TRIPS-Abkommen stellt fest, daß die Benutzung der Marke durch einen Dritten dem Benutzungszwang genügt, wenn sie der Kontrolle durch den Markeninhaber unterliegt.

## B. Die einzelnen Verfallsgründe

### I. Verfall wegen Nichtbenutzung der Marke (§ 49 Abs. 1)

**Schrifttum zum WZG und MarkenG.** S. die Schrifttumsangaben Vorb zu den §§ 25 und 26.

### 1. Regelungszusammenhang

**10** Der Benutzungszwang für eingetragene Marken stellt ein markenrechtliches Grundprinzip dar (s. dazu Vorb zu den §§ 25 und 26, Rn 1 f.). Normzweck dieses Rechtsinstituts ist es, den Rechtsschutz nicht benutzter Marken einzuschränken. Der Bestand an Markenrechten soll sich mit dem Bedarf an Markenrechten weithin decken, so daß der Registerstand im wesentlichen nur aus solchen Marken besteht, die den markenrechtlichen Funktionen entsprechend auf dem Markt ihre ökonomischen Aufgaben erfüllen. Nach dem im MarkenG geltenden Eintragungsgrundsatz entsteht das subjektive Ausschließlichkeitsrecht an der Marke konstitutiv durch die Eintragung der Marke in das Register (s. dazu § 4, Rn 16). Die Vorschriften über den Benutzungszwang regeln die Aufrechterhaltung des Markenschutzes an der eingetragenen Marke im Hinblick auf Zeit, Umfang und Ort der Benutzung sowie die Rechtsfolgen einer Nichtbenutzung. Die grundlegende Vorschrift des materiellen Rechts des Benutzungszwangs für eingetragene Marken stellt § 26 dar, der den Begriff der Benutzung einer eingetragenen Marke definiert. Die Begriffsbestimmung gilt einheitlich für alle Vorschriften des MarkenG, soweit nach diesen Vorschriften entweder die Geltendmachung von Ansprüchen aus der eingetragenen Marke oder die Aufrechterhaltung der Eintragung der Marke von der Benutzung der Marke abhängig ist. § 25 Abs. 1 regelt den Ausschluß bestimmter Ansprüche des Markeninhabers gegen Dritte bei mangelnder Benutzung der Marke. Die Regelung über den Verfall der Marke wegen Nichtbenutzung nach § 49 Abs. 1 normiert einen Löschungsgrund. Der Löschungsgrund besteht, wenn die Marke nach dem Tag der Eintragung innerhalb eines ununterbrochenen Zeitraums von fünf Jahren nicht gemäß § 26 benutzt worden ist (§ 49 Abs. 1 S. 1). Die Nichtbenutzung als solche berührt nicht den Rechtsbestand der eingetragenen Marke (s. Rn 3). Die Löschung der Marke wegen Nichtbenutzung erfolgt nur auf Antrag eines Dritten. Der Löschungsantrag ist beim DPMA zu stellen (§ 53). Der Antrag auf Löschung kann auch durch Löschungsklage wegen Verfalls geltend gemacht werden (§ 55). Der Verfall wegen Nichtbenutzung der eingetragenen Marke kann auch einredeweise gegenüber Rechten aus der Marke durch den Markeninhaber geltend gemacht werden. Die aufgrund einer Nichtbenutzung eingetretene Löschungsreife der Marke kann vor der Stellung eines Löschungsantrags durch Aufnahme oder Wiederaufnahme der Benutzung geheilt werden (Abs. 1 S. 2).

### 2. Nichtbenutzung der Marke

**11** **a) Rechtserhaltende Benutzung im Sinne des § 26.** Voraussetzung des Verfalls der eingetragenen Marke nach § 49 Abs. 1 S. 1 ist die Nichtbenutzung der Marke im Sinne des § 26. Die eingetragene Marke verfällt dann nicht, wenn sie rechtserhaltend benutzt wird (zur rechtserhaltenden Benutzung s. § 26, Rn 3 ff.). Eine rechtserhaltende Benutzung liegt vor, wenn die Benutzung der Marke funktionsgerecht (s. dazu § 26, Rn 4 ff.) und ernsthaft (s. dazu § 26, Rn 31 ff.) ist. Die Benutzung der Marke hindert deren Verfall nur für die eingetragenen Waren oder Dienstleistungen, für die die Marke rechtserhaltend benutzt wird (zur Produkterstreckung der rechtserhaltenden Benutzung s. § 26, Rn 49 ff.). Die Benutzung der Marke muß grundsätzlich im Inland erfolgen (s. dazu § 26, Rn 64 ff.). Die Benutzung der Marke durch einen Dritten gilt nach § 26 Abs. 2 dann als Benutzung durch den Markeninhaber, wenn die Drittbenutzung mit Zustimmung des Inhabers erfolgt (s. dazu § 26, Rn 78 ff.). Die Benutzung abweichender Markenformen, die den kennzeichnenden Charakter der Marke nicht verändern, stellen nach § 26 Abs. 3 eine rechtserhaltende Benutzung der eingetragenen Marke dar (s. dazu § 26, Rn 89 ff.). Der Markeninhaber kann nach § 26 Abs. 1 die Nichtbenutzung der Marke rechtfertigen und damit den Verfall der Marke abwenden, wenn er darlegt, daß berechtigte Gründe für die Nichtbenutzung vorliegen (s. dazu § 26, Rn 40 ff.).

**b) Nachweis der Nichtbenutzung.** Der Verfall der eingetragenen Marke wegen Nichtbenutzung kann in verschiedenen Verfahren geltend gemacht werden. Die Anforderungen an die Beweislage sind unterschiedlich. Im Widerspruchsverfahren genügt die *Glaubhaftmachung* der rechtserhaltenden Benutzung (s. § 43, Rn 9 ff.). Wenn der Inhaber einer eingetragenen Marke mit älterem Zeitrang Widerspruch gegen die Eintragung einer Marke erhebt, dann hat er nach § 43 Abs. 1 S. 1, wenn der Gegner die Benutzung der Marke bestreitet, glaubhaft zu machen, daß sie innerhalb der letzten fünf Jahre vor der Veröffentlichung der Eintragung der Marke, gegen die der Widerspruch sich richtet, gemäß § 26 benutzt worden ist, sofern sie zu diesem Zeitpunkt seit mindestens fünf Jahren eingetragen ist. Wenn dem Inhaber der prioritätsälteren Marke im Widerspruchsverfahren die Glaubhaftmachung der Benutzung gelingt, dann wird die Eintragung nach § 43 Abs. 2 S. 1 ganz oder teilweise gelöscht. Der Inhaber der prioritätsälteren Marke kann auch auf Löschung der Eintragung der prioritätsjüngeren Marke wegen Nichtigkeit aufgrund des Bestehens seines prioritätsälteren Markenrechts klagen. Wenn bei dieser Löschungsklage der Inhaber des prioritätsjüngeren Rechts als Beklagter die Einrede der Löschungsreife erhebt, dann obliegt dem Kläger der volle *Nachweis* der Nichtbenutzung (§ 55 Abs. 3 S. 1). Wenn der im Widerspruchsverfahren unterlegene Gegner des Inhabers der prioritätsälteren Marke oder wenn ein Dritter nach § 53 einen Antrag auf Löschung der prioritätsälteren Marke wegen Verfalls aufgrund der Nichtbenutzung der Marke stellt oder den Löschungsantrag durch Erhebung einer Löschungsklage nach § 55 geltend macht, dann obliegt dem Antragsteller und Kläger der *Nachweis* der Nichtbenutzung (zur Rechtslage im WZG *Baumbach/Hefermehl*, § 11 WZG, Rn 50; *Jackermeier*, Die Löschungsklage im Markenrecht, S. 110 ff; aA *Wolff*, Mitt 1975, 221). Zum Nachweis der Nichtbenutzung treten *Beweiserleichterungen* ein. Zum einen trifft den Inhaber der prioritätsälteren Marke als Verfahrensgegner und Beklagter in den Verfahren in Markenangelegenheiten die Wahrheitspflicht (§ 92); zum anderen treffen ihn nach § 242 BGB bestimmte Darlegungs- und Beweispflichten (BGH GRUR 1963, 270 – Bärenfang; 1971, 164 – Discount-Geschäft; s. dazu *Baumbach/Hefermehl*, Wettbewerbsrecht, Einl. UWG, Rn 465).

### 3. Zeitraum fünfjähriger Nichtbenutzung

Voraussetzung des Verfalls der eingetragenen Marke nach § 49 Abs. 1 S. 1 ist ein *Zeitraum fünfjähriger Nichtbenutzung* der Marke. Es kommt darauf an, daß die Marke nach dem Tag der Eintragung innerhalb eines ununterbrochenen Zeitraums von fünf Jahren nicht rechtserhaltend benutzt worden ist. Fristbeginn des Fünfjahreszeitraums ist grundsätzlich der Zeitpunkt der Eintragung der Marke im Register und damit der Eintragungstag nach § 41 S. 1, nicht der Tag der Veröffentlichung der Eintragung nach § 41 S. 2. Eine abweichende Regelung über den Beginn der fünfjährigen Benutzungsfrist im Falle eines Widerspruchsverfahrens enthält § 26 Abs. 5. Wenn gegen die Eintragung einer Marke Widerspruch erhoben worden ist, dann tritt nach § 26 Abs. 5 zur Berechnung der Benutzungsfrist an die Stelle des Zeitpunkts der Eintragung der Marke der Zeitpunkt des Abschlusses des Widerspruchsverfahrens; die Fünfjahresfrist beginnt erst mit dem Abschluß des Widerspruchsverfahrens (s. zu dieser Regelung des nachgeschalteten Widerspruchsverfahrens im einzelnen § 26, Rn 130). Wenn die Benutzung einer zunächst rechtserhaltend benutzten Marke aufgegeben wird, dann beginnt die Fünfjahresfrist im Zeitpunkt des Aufgabetages. Bei international registrierten Marken beginnt die Fünfjahresfrist nach §§ 115 Abs. 2, 124 grundsätzlich mit dem Ablauf der einjährigen Ausschlußfrist des Art. 5 Abs. 2 MMA bzw Art. 5 Abs. 2 PMMA, die vom Datum der tatsächlichen Registrierung an zu laufen beginnt. Sind zu diesem Zeitpunkt die Prüfungsverfahren über die Schutzgewährung nach den §§ 113 (Geltendmachung absoluter Schutzhindernisse) und 114 (Erhebung von Widersprüchen) noch nicht beendet, dann beginnt die fünfjährige Benutzungsfrist am Tag des Zugangs der abschließenden Mitteilung über die Schutzgewährung beim Internationalen Büro in Genf (s. im einzelnen § 115, Rn 2).

**14**   Bei Marken, die vor dem 1. Januar 1968 eingetragen worden sind, begann die Frist mit dem 1. Januar 1968 (Art. 6 § 2 VorabG). Bei der Berechnung der Frist bestehen Unterschiede zwischen der Rechtslage nach dem MarkenG (s. dazu im einzelnen § 25, Rn 9ff.) und der Rechtslage im WZG (s. dazu § 25, Rn 14f.).

### 4. Rechtsfolgen des Verfalls wegen Nichtbenutzung

**15**   **a) Allgemeine Verfallswirkungen.** Dem Verfall der eingetragenen Marke wegen Nichtbenutzung kommen die allgemeinen Rechtswirkungen zu, die mit dem Verfall einer Marke verbunden sind (s. dazu Rn 3). Das gilt für den Bestand des Markenrechts, die Verfahren in Markenangelegenheiten sowie die Verfallseinrede. Für den Verfall einer eingetragenen Marke wegen Nichtbenutzung gelten zudem einige besondere Regelungen (s. Rn 16ff.).

**16**   **b) Besondere Regelungen des Verfalls wegen Nichtbenutzung. aa) Widerspruchsverfahren.** Im Widerspruchsverfahren kann die Einrede wegen eines Verfalls der Marke im Sinne des § 49 grundsätzlich nicht geltend gemacht werden. Etwas anderes gilt nur für den Verfall der Marke wegen Nichtbenutzung nach § 49 Abs. 1. Wenn vom Inhaber einer eingetragenen Marke mit älterem Zeitrang Widerspruch erhoben wird, dann hat er nach § 43 Abs. 1 S. 1, wenn der Gegner die Benutzung der Marke bestreitet, glaubhaft zu machen, daß sie innerhalb der letzten fünf Jahre vor der Veröffentlichung der Eintragung der Marke, gegen die der Widerspruch sich richtet, gemäß § 26 benutzt worden ist, sofern sie zu diesem Zeitpunkt seit mindestens fünf Jahren eingetragen ist (s. dazu im einzelnen § 43, Rn 7ff.).

**17**   **bb) Verletzungsklage.** § 25 regelt den Ausschluß von Ansprüchen aus der Marke bei mangelnder Benutzung. Werden Verletzungsansprüche im Wege der Klage geltend gemacht, dann hat der Kläger auf Einrede des Beklagten die rechtserhaltende Benutzung seiner Marke nachzuweisen (s. dazu im einzelnen § 25, Rn 1, 9).

**18**   **cc) Vorrangklage.** Wenn der Inhaber der wegen Nichtbenutzung löschungsreifen Marke mit älterem Zeitrang die Vorrangklage nach § 55 Abs. 1 wegen des Bestehens älterer Rechte erhebt, dann hat er auf Einrede des Beklagten die rechtserhaltende Benutzung nachzuweisen. § 55 Abs. 3 enthält besondere Regelungen über die Berechnung der Benutzungsfrist (s. dazu im einzelnen § 55, Rn 19).

**19**   **dd) Löschungsklage.** Die Löschungsklage eines Dritten wegen des Verfallsgrundes der Nichtbenutzung nach § 49 Abs. 1 richtet sich nach den Regelungen des § 55. Die fünfjährige Nichtbenutzung ist als eine klagebegründende Tatsache vom Kläger zu beweisen; das Vorliegen berechtigter Gründe für die Nichtbenutzung im Sinne des § 26 Abs. 1 ist vom Beklagten zu beweisen. Mit der Löschungsklage nach § 55 wegen des Verfallsgrundes der Nichtbenutzung nach § 49 Abs. 1 kann der Kläger die Eintragungsbewilligungsklage nach § 44 verbinden. Die Klagebefugnis zur Erhebung der Löschungsklage als einer Popularklage (§ 55 Abs. 2 Nr. 1) schließt nicht die Befugnis zur Erhebung der Unterlassungsklage ein. Solange eine wegen Nichtbenutzung löschungsreife Marke in das Register eingetragen ist, liegt kein rechtswidriger Störungszustand vor. Es besteht auch kein Grund zur Amtslöschung. Ob die Marke gelöscht wird, hängt allein davon ab, ob ein Dritter ein Löschungsverfahren nach § 53 durch Stellung des Löschungsantrags beim DPMA oder nach § 55 durch Erhebung der Löschungsklage einleitet. Wenn ein Löschungsantrag nicht gestellt oder Löschungsklage nicht erhoben wird, dann besteht der Markenschutz aufgrund der Eintragung im Register formal weiter und kann der Verfall wegen Nichtbenutzung durch Aufnahme der Benutzung nach § 49 Abs. 1 S. 2 geheilt werden (s. Rn 20). Wenn ein Dritter den Markeninhaber zur Löschung der Marke wegen Nichtbenutzung auffordert und von ihm unter Androhung eines Löschungsantrages den Nachweis einer rechtserhaltenden Benutzung verlangt, dann muß der Dritte die damit verbundenen Aufwendungen selbst tragen. Er kann nicht die Erstattung vorprozessualer Abmahnkosten nach den §§ 683, 677, 670 BGB verlangen (*Baumbach/Hefermehl*, Wettbewerbsrecht, Einl. UWG, Rn 554), da der Registerstand der Eintragung einer wegen Nichtbenutzung löschungsreifen Marke keinen rechtswidrigen Störungszustand darstellt (BGH GRUR 1980, 1074, 1075 – Aufwendungsersatz).

### 5. Heilung der Löschungsreife

**a) Aufnahme oder Wiederaufnahme der Benutzung.** Der Verfall einer eingetragenen Marke wegen Nichtbenutzung berührt nicht den formalen Rechtsbestand der Marke im Register. Dem Markeninhaber ist es möglich, den Zustand der Löschungsreife seiner Marke zu beseitigen. Nach § 49 Abs. 1 S. 2 kann der Verfall einer Marke nicht geltend gemacht werden, wenn eine Benutzung der Marke gemäß § 26 begonnen oder wiederaufgenommen worden ist. Die Aufnahme der Benutzung der Marke im Sinne des § 26 heilt die Löschungsreife. Das gleiche gilt für die Wiederaufnahme der Benutzung einer zunächst rechtserhaltend benutzten Marke, deren Benutzung dann aber wieder aufgegeben worden und Löschungsreife eingetreten ist. Der *Heilung der Löschungsreife* kommt grundsätzlich *Rückwirkung* zu. Folge der ex tunc-Wirkung ist es, daß das Markenrecht mit seiner ursprünglichen Priorität des Anmeldetages besteht und umfassenden Markenschutz genießt (zur ex nunc-Wirkung von Zwischenrechten s. Rn 23 f.).

**b) Ausschluß der Heilung.** Die Heilung der Löschungsreife wegen Nichtbenutzung der Marke tritt nach § 49 Abs. 1 S. 2 nur dann ein, wenn die Aufnahme oder Wiederaufnahme der Benutzung *vor Stellung eines Löschungsantrages* erfolgt. Der Löschungsantrag kann nach § 53 beim DPMA gestellt oder nach § 55 durch Erhebung der Löschungsklage geltend gemacht werden. Nach § 49 Abs. 1 S. 3 führt eine Inbenutzungnahme der Marke vor der Stellung eines Löschungsantrages auch dann nicht zur Heilung der Löschungsreife, wenn die Benutzung innerhalb von drei Monaten vor der Stellung des Löschungsantrages aufgenommen worden ist und die Vorbereitungen für die erstmalige oder die erneute Benutzung erst stattgefunden haben, nachdem der Markeninhaber Kenntnis davon erhalten hat, daß ein Antrag auf Löschung gestellt werden könnte. Die *Kenntnis des Markeninhabers von einem möglichen Löschungsantrag* eines Dritten hindert die Löschungsreife. Da der Löschungsantrag nicht sofort durch Erhebung der Löschungsklage nach § 55 geltend gemacht werden muß, sondern nach § 53 der Löschungsantrag zunächst beim DPMA gestellt werden kann, enthält § 49 Abs. 1 S. 4 eine ergänzende Regelung, um Streit darüber auszuschließen, ob bestimmte Fristen für die Klageerhebung gelten (s. Begründung zum MarkenG, BT-Drucks. 12/6581 vom 14. Januar 1994, S. 95). Nach dieser Vorschrift bleibt für die Berechnung der Dreimonatsfrist einer Inbenutzungnahme vor Stellung des Löschungsantrages nach Abs. 1 S. 3 die Stellung des Antrags beim DPMA nach § 53 auch dann maßgeblich, wenn die folgenden Umstände eintreten. Wenn zunächst ein Antrag auf Löschung beim DPMA nach § 53 Abs. 1 gestellt wird, dann erhält der Markeninhaber eine Mitteilung des DPMA nach § 53 Abs. 2. Wenn der Markeninhaber der Löschung seiner Marke nach § 53 Abs. 4 widerspricht, dann erhält der Antragsteller eine entsprechende Mitteilung des DPMA, sowie die Unterrichtung darüber, daß der Antrag auf Löschung durch Klage nach § 55 geltend zu machen sei. Wenn nun der Antragsteller die Löschungsklage nach § 55 innerhalb von drei Monaten nach der Zustellung dieser Mitteilung des DPMA erhebt, dann bleibt nach § 49 Abs. 1 S. 4 für die Berechnung der Dreimonatsfrist des Abs. 1 S. 3 die Antragstellung beim DPMA maßgebend. In diesem Fall bleibt es bei der Unerheblichkeit von Benutzungshandlungen, die erst in den letzten drei Monaten vor Stellung des Löschungsantrages beim DPMA oder gar erst nach diesem Antrag vorgenommen worden sind. Wenn der Antragsteller nicht innerhalb von drei Monaten nach Zustellung der Mitteilung des § 53 Abs. 4 (zum Erfordernis einer förmlichen Zustellung s. § 53, Rn 5) Klage auf Löschung nach § 55 Abs. 1 erhebt, dann ist eine Heilung der Löschungsreife durch Inbenutzungnahme der Marke nach Ablauf der Frist zur Klageerhebung möglich (s. zur insoweit vergleichbaren

Rechtslage im WZG BGH GRUR 1978, 642, 644 – Silva; *Schricker*, GRUR Int 1969, 14, 19).

**22** Der Ausschluß der Heilung im MarkenG ist abweichend von der Rechtslage im WZG geregelt. Anders als nach § 49 Abs. 1 S. 3, der auf die Kenntnis von einem möglichen Löschungsantrag abstellt, kam es nach § 11 Abs. 5 Nr. 1 WZG auf die Androhung des Löschungsantrages an. § 11 Abs. 5 Nr. 2 WZG enthielt zudem eine komplizierte Regelung über die Löschung aufgrund von Marken, die im Zeitpunkt der Löschungsreife einer älteren Marke bekanntgemacht worden sind; eine entsprechende Regelung ist in Übereinstimmung mit Art. 12 Abs. 1 MarkenRL im MarkenG nicht enthalten. Da nach der Rechtslage im WZG das Klagerecht nach Löschungsandrohung nicht fristgebunden war, bestand das Problem der *Verwirkung des Klagerechts* nach § 242 BGB (s. dazu *Baumbach/Hefermehl*, § 11 WZG, Rn 60), das sich nach der Rechtslage im MarkenG nicht mehr stellt.

**23** **c) Entstehen von Zwischenrechten.** Wenn während des Zeitraums der Löschungsreife ein Markenrecht eines Dritten entsteht und nach der Entstehung dieses Markenrechts der Inhaber der löschungsreifen Marke die Benutzung aufnimmt, dann kommt der Heilung gegenüber dem entstandenen prioritätsjüngeren Zwischenrecht keine Wirkung ex tunc zu (s. zur grundsätzlichen Rückwirkung der Heilung Rn 20). Die Heilung der Löschungsreife wirkt gegenüber zwischenzeitlich entstandenen Markenrechten nur ex nunc. Es ist sachlich nicht gerechtfertigt, daß prioritätsjüngere Zwischenrechte Dritter, die während der Löschungsreife eines prioritätsälteren Markenrechts wirksam entstanden sind, weichen müssen, wenn der Inhaber der löschungsreifen Marke die Benutzung vor der Stellung eines Löschungsantrags (§ 49 Abs. 1 S. 2) oder der Kenntnis von einem möglichen Löschungsantrag (§ 49 Abs. 1 S. 3) aufgenommen hat. Welcher Zeitrang einer Heilung der Löschungsreife zukommt, war schon im WZG nicht ausdrücklich geregelt. Ständige Rechtsprechung und überwiegende Meinung im Schrifttum gingen von einem Rechtsbestand der Zwischenrechte gegenüber geheilten Markenrechten mit älterem Zeitrang aus (BGH GRUR 1974, 276, 278 – King; 1975, 135, 137 – KIM-Mohr; 1975, 370, 371 – Protesan mit Anm. Fezer; 1978, 642, 644 – Silva; 1983, 764, 766 – Haller II mit Anm. Hefermehl; 1994, 288, 291 – Malibu; *Heydt*, FS für Hefermehl, 1971, S. 59, 61 f.; *Heydt*, GRUR 1972, 290, 297; *Heydt*, GRUR 1974, 1; *Fezer*, BB 1974, 480; *Fezer*, BB 1975, 436; aA *Hefermehl*, GRUR 1968, 486, 489; *Kraft*, GRUR 1973, 495, 499; *Kraft*, GRUR 1974, 550, 554; *Schulze zur Wiesche*, GRUR 1975, 138; *Schulze zur Wiesche*, GRUR 1978, 645, 646). Das MarkenG hat insoweit keine Rechtsänderung gebracht. Auch nach der Rechtslage im MarkenG ist von dem *Rechtsbestand der Zwischenrechte* auszugehen. Unerheblich ist, ob dem Inhaber des prioritätsjüngeren Zwischenrechts die Löschungsreife der prioritätsälteren Marke wegen Nichtbenutzung bekannt war (BGH GRUR 1971, 409 f. – Stallmeister). Die *ex nunc-Wirkung der Heilung der Löschungsreife* gilt nicht nur für *Marken,* sondern auch für *geschäftliche Bezeichnungen* als Zwischenrechte (zu Zwischenrechten jeder Art wie namentlich einer Geschäftsbezeichnung im Sinne des § 16 Abs. 1 UWG aF, die während des Zeitraums bestehender Löschungsreife eines Warenzeichens infolge Wegfalls oder Fehlens des Geschäftsbetriebs im Sinne des § 11 Abs. 1 Nr. 2 WZG entstanden ist s. BGH GRUR 1994, 288, 291 – Malibu).

**24** **d) Koexistenz von Zwischenrecht und geheiltem Markenrecht.** Zwischen dem prioritätsälteren Markenrecht, dessen Löschungsreife durch Inbenutzungnahme geheilt ist, und dem während des Zeitraums bestehender Löschungsreife entstandenen Kennzeichenrecht besteht *rechtliche Koexistenz.* Das gilt für die Vorrangklage und für die Verletzungsklage nach der Rechtslage im MarkenG wie schon im WZG (s. dazu ausführlich *Baumbach/Hefermehl,* § 11 WZG, Rn 61 ff.). Die Rechtslage im WZG wurde bestimmt von der Regelung des § 11 Abs. 6 WZG. Nach dieser Vorschrift war die Vorrangklage des Inhabers des geheilten Markenrechts aufgrund dessen ursprünglicher Priorität gegenüber dem Zwischenrecht ausgeschlossen, wenn im Zeitpunkt der Bekanntmachung der prioritätsjüngeren Marke die prioritätsältere Marke wegen Nichtbenutzung nach § 11 Abs. 1 Nr. 4 WZG löschungsreif war. Die Vorschrift regelte nur eine bestimmte Fallkonstellation aus dem Kollisionsbereich von prioritätsjüngeren Zwischenrechten und prioritätsälteren geheilten Markenrechten, zudem in Anlehnung an die besonderen Regelungen des Widerspruchsverfahrens im WZG. Schon nach der Rechtslage im WZG folgte das Prinzip einer Koexistenz von Zwischenrechten und geheilten Kennzeichenrechten aus den allgemeinen Grundsätzen des Prioritätsprinzips (s. dazu im einzelnen *Fezer*, Der Benutzungszwang im Markenrecht, S. 60 ff.). In der Rechtsprechung wurde über den eigentlichen Anwendungsbereich des § 11 Abs. 6 WZG hinaus eine umfassende rechtliche Koexistenz zwischenzeitlich entstandener Kennzeichenrechte und geheilter Markenrechte entwickelt (s. zu dieser Entwicklung auf der Grundlage des § 11 Abs. 6 WZG die ausführliche Darstellung bei *Baumbach/Hefermehl*, § 11 WZG, Rn 61 ff.; wesentliche Entscheidungen sind BGH GRUR 1971, 409 – Stallmeister; 1974, 276 – King; 1978, 642 – Silva; 1981, 591 – Gigi-Modelle; 1983, 764 – Haller II; 1994, 288 – Malibu; s. auch OLG Hamm GRUR 1975, 197 – Old-Ranger). Eine § 11 Abs. 6 WZG ersetzende Regelung enthält § 55 Abs. 3 S. 3 zum Ausschluß der Löschungsklage wegen des Bestehens eines älteren Rechts nach § 51 (Vorrangklage) und entsprechend § 25 Abs. 2 S. 2 zum Ausschluß von Ansprüchen aus einer Markenrechtsverletzung. Nach diesen Vorschriften des MarkenG besteht eine vollständige rechtliche Koexistenz zwischen dem prioritätsälteren Markenrecht, dessen Löschungsreife wegen Nichtbenutzung durch Aufnahme der Benutzung geheilt worden ist, und den Zwischenrechten, die während des Zeitraums der bestehenden Löschungsreife als Kennzeichenrechte entstanden sind. Rechtliche Koexistenz der prioritätsverschiedenen Kennzeichenrechte besteht unter den Voraussetzungen der §§ 49 Abs. 1 S. 2 bis 4, 55 Abs. 3 S. 3, 25 Abs. 2 S. 2. Den koexistierenden Kennzeichenrechten kommt *absolut gegenüber Drittrechten eine unterschiedliche Priorität* zu. Den koexistierenden Kennzeichenrechten kommt aber *relativ in ihrem Verhältnis zueinander eine gleiche Priorität* zu. Bei den koexistierenden Kennzeichenrechten handelt es sich um *gleichrangige Rechte* im Sinne des § 6 Abs. 4, die gegeneinander keine Ansprüche begründen. Weder der Inhaber des geheilten Markenrechts, noch der Inhaber des zwischenzeitlichen Kennzeichenrechts können Löschungsklage wegen des Bestehens eines älteren Rechts nach § 55 erheben. Der Inhaber des absolut prioritätsjüngeren Kennzeichenrechts kann wegen der relativen Gleichrangigkeit der koexistierenden Rechte die Eintragung seines Zeichens als Marke in das Register verlangen und im Wege der Eintragungsbewilligungsklage nach § 44 durchsetzen (zur Rechtslage im WZG BGH GRUR 1978, 642 – Silva). Der Anspruch auf Eintragung des zwischenzeitlich entstandenen Kennzeichenrechts als Marke besteht aufgrund der Gleichrangigkeit der Kennzeichenrechte als Folge des Ausschlusses der Vorrangklage. Die Gleichrangigkeit der koexistierenden Kennzeichenrechte besteht unabhängig davon, ob das absolut prioritätsjüngere Kennzeichen nach oder vor der Löschungsreife des prioritätsälteren Markenrechts in das Register eingetragen worden ist (zur Rechtslage im WZG s. BGH Urt. vom 21. Mai 1979 – I ZR 102/77 – Kentucky Ranger). Der Ausschluß der Vorrangklage des Inhabers des zwischenzeitlich entstandenen Kennzeichenrechts beruht schon auf der Gleichrangigkeit der koexistierenden Kennzeichenrechte. Die ex nunc-Wirkung der Heilung ist nicht auf den Zeitpunkt der Inbenutzungnahme, sondern relativ auf das Zwischenrecht zu beziehen (wenn auch mit gleichem Ergebnis anders BGH GRUR 1994, 288, 291 – Malibu). Der Grundsatz der Koexistenz von Zwischenrechten und geheiltem Markenrecht wirkt sich etwa auch auf die Entstehung des Markenschutzes an *Mehrwortmarken* aus. Die Benutzung des Zeichenbestandteils *gigi* in Alleinstellung der als Zwischenrecht entstandenen, zusammengesetzten Marke *Gigi-Modelle* für Damenoberbekleidung kann der Inhaber der eingetragenen, zunächst löschungsreifen und durch Inbenutzungnahme geheilten Marke *Bigi* nicht untersagen (BGH GRUR 1981, 591, 592 – Gigi-Modelle).

## II. Verfall wegen Entwicklung zu einer Gattungsbezeichnung (§ 49 Abs. 2 Nr. 1)

### 1. Anwendungsbereich

**a) Begriff der im Verkehr gebräuchlichen Produktbezeichnung.** Nach § 49 Abs. 2 Nr. 1 tritt der Verfall der eingetragenen Marke dann ein, wenn die Marke infolge des Verhaltens oder der Untätigkeit des Markeninhabers im geschäftlichen Verkehr zur gebräuchlichen Bezeichnung der Waren oder Dienstleistungen, für die sie eingetragen ist, geworden ist. Verfallsgrund ist die *Entwicklung der Marke zur gebräuchlichen Produktbezeichnung*. Der Wortlaut der Vorschrift, die Marke müsse zur gebräuchlichen Bezeichnung der Waren oder Dienstleistungen geworden sein, entspricht dem Gesetzestext des Art. 12 Abs. 2 lit. a

MarkenRL. Die Formulierung unterscheidet sich vom Wortlaut der Vorschrift des § 8 Abs. 2 Nr. 3, der das absolute Schutzhindernis einer Gattungsbezeichnung bestimmt und etwa dem unbedingten Versagungsgrund des Freizeichens nach § 4 Abs. 1 WZG entspricht (s. zur Rechtsentwicklung vom Freizeichen zur Gattungsbezeichnung § 8, Rn 258 ff.). Nach § 8 Abs. 2 Nr. 3 sind von der Eintragung die allgemein sprachgebräuchlichen und verkehrsüblichen Bezeichnungen ausgeschlossen. Nach dem Wortlaut der Vorschrift ist die Üblichkeit des Zeichens als Produktbezeichnung im allgemeinen Sprachgebrauch oder in den redlichen und ständigen Verkehrsgepflogenheiten begründet. Man kann die verkehrsüblichen Bezeichnungen als Gattungsbezeichnungen im engeren Sinne und die allgemein sprachgebräuchlichen Bezeichnungen als Gattungsbezeichnungen im weiteren Sinne verstehen (s. § 8, Rn 263). Trotz des Unterschieds im Wortlaut besteht zwischen den allgemein sprachgebräuchlichen und verkehrsüblichen Bezeichnungen, die nach § 8 Abs. 2 Nr. 3 ein absolutes Schutzhindernis begründen, und den im geschäftlichen Verkehr gebräuchlichen Produktbezeichnungen, die nach § 49 Abs. 2 Nr. 1 einen Verfallsgrund begründen, kein sachlicher Unterschied. Man kann deshalb von dem Verfallsgrund der Entwicklung einer Marke zur *Gattungsbezeichnung* sprechen.

**26** Eine Marke ist im geschäftlichen Verkehr zur gebräuchlichen Produktbezeichnung geworden, wenn sie entweder im allgemeinen Sprachgebrauch oder in den redlichen oder ständigen Verkehrsgepflogenheiten zur Bezeichnung der Waren oder Dienstleistungen im Sinne des § 8 Abs. 2 Nr. 3 üblich geworden ist (s. dazu im einzelnen § 8, Rn 266 ff., 278 ff.). Die zum absoluten Schutzhindernis des § 8 Abs. 2 Nr. 3 entwickelten Rechtsgrundsätze zur Entwicklung einer Marke zur Gattungsbezeichnung gelten auch für den Verfallsgrund des § 49 Abs. 2 Nr. 1. Der Verfallsgrund besteht dann nicht mehr, wenn eine *Rückbildung* der im geschäftlichen Verkehr gebräuchlichen Produktbezeichnung zu einer Marke stattgefunden hat (zur Rückbildung zur Marke s. im einzelnen § 8, Rn 284 ff.).

**27** **b) Zurechenbarkeit an den Markeninhaber.** Der tatsächliche Vorgang einer Entwicklung der eingetragenen Marke zu einer Gattungsbezeichnung begründet als solcher noch nicht den Verfallsgrund nach § 49 Abs. 2 Nr. 1. Es ist zusätzlich erforderlich, daß diese Entwicklung *infolge des Verhaltens oder der Untätigkeit des Markeninhabers* eingetreten ist. Die Entwicklung zur Gattungsbezeichnung kann auf einer eigenen Tätigkeit des Markeninhabers, wie etwa der Art seiner Produktwerbung oder der Art der Verwendung der Bezeichnung innerhalb der Fachkreise in den Handelsstufen oder auf einem Unterlassen des Markeninhabers, der gegenüber der Verwendung der Marke als Gattungsbezeichnung im Verkehr durch Dritte nicht hinreichend über den Markencharakter der Bezeichnung aufklärt, beruhen. Dem Markeninhaber ist seine Untätigkeit auch dann zurechenbar, wenn er etwa bei angemessener Marktbeobachtung die Entwicklung seiner Marke zu einer Gattungsbezeichnung hätte erkennen können, oder wenn er es trotz dieser Kenntnis unterlassen hat, entsprechende Maßnahmen zu ergreifen, um dieser Entwicklung entgegenzuwirken. Die Entwicklung der Marke zu einer Gattungsbezeichnung muß nicht auf einem Verschulden des Markeninhabers im Sinne des § 276 BGB beruhen (Begründung zum MarkenG, BT-Drucks. 12/6581 vom 14. Januar 1994, S. 95); ausreichend ist die *objektive Zurechenbarkeit* aufgrund des Verhaltens oder der Untätigkeit des Markeninhabers.

**28** **c) Wettbewerbsrechtlicher Löschungsgrund.** Der Verfallsgrund der Entwicklung der Marke zu einer Gattungsbezeichnung nach § 49 Abs. 2 Nr. 1 stellt einen markenrechtlichen Löschungsgrund dar, der die Anwendung außermarkenrechtlicher Löschungsgründe nicht ausschließt. Ein Anspruch auf Löschung der Marke kann Mitbewerbern nach § 1 UWG zustehen (RG GRUR 1932, 302, 305 – Rasierklingen; *Baumbach/Hefermehl*, § 11 WZG, Rn 43; *Reimer/Trüstedt*, Kap. 31, Rn 30).

### 2. Rechtsfolgen des Verfalls wegen einer Entwicklung zur Gattungsbezeichnung

**29** Dem Verfall der eingetragenen Marke wegen einer Entwicklung der Marke zu einer Gattungsbezeichnung nach § 40 Abs. 2 Nr. 1 kommen die allgemeinen Rechtswirkungen zu, die mit dem Verfall einer Marke verbunden sind (s. im einzelnen Rn 3). Das gilt für den Bestand des Markenrechts, die Verfahren in Markenangelegenheiten sowie die Verfallseinrede.

## III. Verfall wegen Täuschungsgefahr (§ 49 Abs. 2 Nr. 2)

### 1. Regelungszusammenhang

Nach § 49 Abs. 2 Nr. 2 besteht ein Verfallsgrund der eingetragenen Marke, wenn die 30 Benutzung der Marke zu einer *Täuschung des Publikums* geeignet ist. Die Regelung entspricht Art. 50 Abs. 1 lit. c GMarkenV und Art. 12 Abs. 2 lit. b MarkenRL. Der anstelle des Begriffs der Irreführung, der in der MarkenRL und in der GMarkenV verwendet wird, in § 49 Abs. 2 Nr. 2 gewählte Begriff der Täuschung entspricht der Wortwahl in § 8 Abs. 2 Nr. 4 und bedeutet keine inhaltliche Abweichung zur MarkenRL und zur GMarkenV (s. dazu Begründung zum MarkenG, BT-Drucks. 12/6581 vom 14. Januar 1994, S. 95). Der Tatbestand der Täuschungsgefahr des Verfallsgrundes nach § 49 Abs. 2 Nr. 2 entspricht dem Tatbestand einer täuschenden Marke, die nach § 8 Abs. 2 Nr. 4 ein absolutes Schutzhindernis darstellt. Der Verfallsgrund der Täuschungsgefahr ist sowohl dann anzuwenden, wenn die Täuschungsgefahr schon im *Zeitpunkt der Eintragung* der Marke bestanden hat und die Marke nach § 8 Abs. 2 Nr. 4 an sich von der Eintragung ausgeschlossen war, als auch dann, wenn die Täuschungsgefahr *nachträglich* aufgrund einer Änderung der tatsächlichen Verhältnisse eintritt. Im Eintragungsverfahren wird die Anmeldung einer täuschenden Marke nach § 8 Abs. 2 Nr. 4 nur dann zurückgewiesen, wenn die Eignung zur Täuschung ersichtlich ist (§ 37 Abs. 3). Die Ersichtlichkeit der Täuschungseignung ist aber keine materielle Voraussetzung des Eintragungsverbots. Der Löschungsgrund des Verfalls der Marke wegen Täuschungsgefahr ist nicht auf die Ersichtlichkeit der Täuschungsgefahr beschränkt. Zwar besteht im gerichtlichen Löschungsverfahren grundsätzlich eine Bindung des Gerichts an die Beurteilung der absoluten Schutzhindernisse des § 8 Abs. 2 durch das DPMA (BGH GRUR 1966, 495, 497 – UNIPLAST; s. § 37, Rn 29). Dies gilt schon im Hinblick auf die eingeschränkte Prüfungstätigkeit des DPMA für das absolute Schutzhindernis einer täuschenden Marke nach § 8 Abs. 2 Nr. 4 nicht. Maßgebend für die Beurteilung der Täuschungsgefahr ist der *Zeitpunkt der letzten mündlichen Verhandlung* und nicht wie im patentamtlichen und patentgerichtlichen Eintragungsverfahren und Löschungsverfahren der Zeitpunkt der Eintragung der Marke. Wenn eine täuschende Marke noch nicht in das Register eingetragen, aber angemeldet worden ist, dann besteht nach § 49 Abs. 2 der Verfallsgrund der täuschenden Marke im Hinblick auf die *Anmeldung* der Marke, die auf Antrag zurückzunehmen ist (zur Rechtslage im WZG LG Mannheim GRUR 1968, 380 – Sonnenstück). Es ist mit Art. 12 Abs. 2 lit. b MarkenRL vereinbar, daß der Vertrieb von Erzeugnissen, die aus einem Mitgliedstaat stammen, wo sie rechtmäßig in den Verkehr gebracht worden sind, verboten wird, weil sie mit einer Marke versehen sind, deren Benutzung ihrem Inhaber im Einfuhrmitgliedstaat ausdrücklich untersagt ist, da dort entschieden worden ist, daß sie den Verbraucher irreführen könnte (EuGH, Rs. C-313/94, WRP 1997, 546 – Cotonelle).

### 2. Anwendungsbereich

**a) Inhaltliche Unrichtigkeit der Marke.** Der Wortlaut der Vorschrift des § 49 Abs. 2 31 Nr. 2 (entsprechend Art. 50 Abs. 1 lit. c GMarkenV, 12 Abs. 2 lit. b MarkenRL), die Marke müsse infolge ihrer Benutzung zur Täuschung geeignet sein, darf nicht dahin verstanden werden, der Verfallsgrund wegen Täuschungsgefahr bestehe schon dann, wenn die Art und Weise der konkreten Benutzung der Marke zur Täuschung des Publikums geeignet ist. Wenn die konkrete Benutzung einer Marke eine Täuschungsgefahr begründet, dann handelt es sich nicht um einen markenrechtlichen, sondern um einen wettbewerbsrechtlichen Tatbestand nach § 1 UWG (zum Verhältnis zur irreführenden und unwahren Werbung nach den §§ 3 bis 5 UWG s. § 8, Rn 297). Der Verfall einer eingetragenen Marke wegen Täuschungsgefahr setzt wie das absolute Schutzhindernis einer täuschenden Marke nach § 8 Abs. 2 Nr. 4 eine *inhaltliche Unrichtigkeit der Marke* voraus. Der Verfallsgrund der inhaltlich täuschenden Marke im MarkenG entspricht dem Löschungsgrund des § 11 Abs. 1 Nr. 3 WZG (s. Begründung zum MarkenG, BT-Drucks. 12/6581 vom 14. Januar 1994, S. 95), dessen Tatbestand eine inhaltliche Unrichtigkeit des Warenzeichens voraussetzte (s. dazu *Baumbach/Hefermehl*, § 11 WZG, Rn 40). Das Bestehen von *Verwechslungsgefahr* im Sinne des § 14 Abs. 2 Nr. 2 zwischen der eingetragenen Marke und einem Kollisionszeichen stellt keine inhaltliche Unrichtigkeit der eingetragenen Marke dar (so die st. Rspr. zum WZG RGZ 101, 25, 29 – Bärenzeichen; 111, 192, 196 – Goldina; BGH GRUR 1957, 350 – Raiffeisensymbol; 1967, 89, 91 – Rose). Der Verwechslungsschutz der Marke ist markenrechtlicher Individualschutz, nicht wie das Löschungsverfahren wegen Verfalls der Marke Popularschutz. Die Verwechslungsgefahr im Sinne des § 14 Abs. 2 Nr. 2 als die Gefahr einer fehlsamen Assoziation der Verbraucher als Folge der Markenkollision (s. dazu § 14, Rn 108 ff.) gehört nicht zum Inhalt einer Marke als solcher, wie es das absolute Schutzhindernis nach § 8 Abs. 2 Nr. 4 und der Verfallsgrund des § 49 Abs. 2 Nr. 2 der inhaltlich täuschenden Marke voraussetzen. Das Eintragungsverbot und das Löschungsgebot inhaltlich täuschender Marken bestehen im Interesse der Allgemeinheit.

**32** Der Verfallsgrund nach § 49 Abs. 2 Nr. 2 besteht, wenn die Marke zu einer Täuschung des Publikums geeignet ist. Die *Täuschungseignung* kann sich auf die Art, die Beschaffenheit oder die geographische Herkunft der Waren oder Dienstleistungen beziehen. Die Aufzählung des § 49 Abs. 2 Nr. 2 ist nicht abschließend. Alle tatsächlichen Verhältnisse, die sich auf das Produkt oder das Unternehmen des Markeninhabers beziehen, können Gegenstand einer Täuschungseignung der Marke sein. Eine Marke ist zur Täuschung des Publikums im Sinne des § 49 Abs. 2 Nr. 2 dann geeignet, wenn sie eine Angabe enthält, die nach der Verkehrsauffassung eine den tatsächlichen Verhältnissen nicht entsprechende und damit unrichtige Aussage darstellt. Zur Beurteilung der inhaltlichen Unrichtigkeit einer Marke im Sinne des § 49 Abs. 2 Nr. 2 gelten die zum absoluten Schutzhindernis des § 8 Abs. 2 Nr. 4 entwickelten Grundsätze (s. zur Unrichtigkeit der Marke § 8, Rn 306 ff.; zu den verschiedenen Arten inhaltlich täuschender Marken § 8, Rn 310 ff., 322 ff., 330 ff., 334, 335 ff., 338 ff., 341 f.). Bei der Auslegung des Verfallsgrundes wegen Täuschungsgefahr ist im Hinblick auf die Europäisierung des gesamten Wettbewerbsrechts und Markenrechts die deutliche Tendenz zu berücksichtigen, auf ein anderes Verbraucherbild als das des flüchtigen Durchschnittsverbrauchers abzustellen und das Verbot der irreführenden Werbung zu begrenzen. Ein solches Gebot einer restriktiveren Handhabung bei der Feststellung der Täuschungseignung einer Marke ist auch bei der Bestimmung des Anwendungsbereichs des Verfallsgrundes wegen Täuschungsgefahr zu beachten. Zur Feststellung der Verkehrsauffassung ist auf den *verständigen Verbraucher* abzustellen (s. § 8, Rn 303; im einzelnen § 14, Rn 149 ff.).

**33** Nach der Rechtsprechung zum WZG kann die inhaltliche Unrichtigkeit einer Marke auch in der Aussage einer Marke über *Produkteigenschaften* oder die *Zweckbestimmung* des Produkts liegen (RG GRUR 1939, 486 – Original Bergmann). Der wettbewerbliche Gehalt einer Marke kann sich in der im Verkehr der Marke entgegengebrachten Wertschätzung ausdrücken (RG GRUR 1939, 806 – AEG/AAG; BGH GRUR 1957, 350 – Raiffeisensymbol; 1959, 25 – Triumph). Die Wertschätzung muß sich allerdings auf bestimmte Qualitätsmerkmale beziehen (BGH GRUR 1959, 25, 29 – Triumph; kritisch nach der Rechtslage im WZG *Baumbach/Hefermehl*, § 11 WZG, Rn 40). Wegen des Paradigmenwechsels der Markenfunktionen im MarkenG kann diese Rechtsprechung zur inhaltlichen Unrichtigkeit einer Marke nur mit Vorbehalt nach der Rechtslage im MarkenG gelten, da sich der Markenschutz nicht nur auf die Herkunftsfunktion, sondern auch auf die ökonomischen Funktionen der Marke auf dem Markt bezieht (s. dazu Einl, Rn 35). Zudem wurde der Markenschutz im Kollisionsrecht vom Verwechslungsschutz auf den Bekanntheitsschutz der Marke ausgedehnt (s. § 14, Rn 410 ff.). Voraussetzung des Verfallsgrundes wegen Täuschungsgefahr ist deshalb, daß die inhaltliche Unrichtigkeit der Marke als solcher anhaftet. Die Marke als solche muß ihrem Inhalt nach zur Täuschung des Publikums geeignet sein.

**34** **b) Täuschungsgefahr.** Die inhaltliche Unrichtigkeit einer Marke muß die *Täuschungsgefahr* kausal hervorrufen. Beide Merkmale müssen *kumulativ* vorliegen. Eine Marke, die zwar inhaltlich unrichtig, aber nicht zur Täuschung des Publikums geeignet ist, begründet nicht den Verfallsgrund wegen Täuschungsgefahr. Wenn die inhaltliche Unrichtigkeit der Marke für die Entschließungsfreiheit der Verbraucher unerheblich ist, dann liegt eine Täuschungsgefahr nicht vor. Die Vorstellung des Publikums über eine allgemeine Gütefunktion der Marke kann eine relevante Täuschungsgefahr nicht begründen (weitergehend nach der Rechtslage im WZG *Baumbach/Hefermehl*, § 11 WZG, Rn 41). Nicht anders als bei dem absoluten Schutzhindernis des § 8 Abs. 2 Nr. 4 kann auch für den Verfallsgrund wegen Täuschungsgefahr das zum unbedingten Versagungsgrund des irreführenden Zeichens nach

§ 4 bestehende extensive Verständnis des irreführenden Zeichens nicht mehr gelten (s. dazu § 8, Rn 303). Nach der Rechtslage im MarkenG ist die Marke *Vacuum Eclipse*, deren Zeichenbestandteil *Vacuum* eine Beschaffenheitsangabe für Öle darstellt, auch dann nicht als täuschungsgeeignet zu beurteilen, wenn sich der Zeichenbestandteil *Vacuum* für Öle und Fette im Verkehr als eine betriebliche Herkunftsangabe für ein bestimmtes Unternehmen durchsetzt (aA nach der Rechtslage im WZG RG MuW 1930, 169; dagegen schon *Wedekind*, GRUR 1930, 1161). Die aus dem Ortsnamen *Jena* in Alleinstellung bestehende Marke war als inhaltlich unrichtig zu beurteilen, auch wenn das Unternehmen den Ortsnamen seiner früheren Betriebsstätte in der DDR nach deren Verlegung in die Bundesrepublik Deutschland berechtigt als Bestandteil seiner Firma und seines Warenzeichens *Jenaer Glas* führte, aber 32% der in Betracht kommenden Verkehrskreise den Ortsnamen *Jena* als einen Hinweis auf den Herstellungsort auffaßten (BGH GRUR 1981, 57, 59 – Jena).

**c) Drittbenutzung mit Zustimmung des Markeninhabers.** Für das Vorliegen des Verfallsgrundes einer inhaltlich täuschenden Marke ist es rechtlich unerheblich, ob der Markeninhaber die Marke selbst benutzt, oder ob ein Dritter die Marke mit Zustimmung des Markeninhabers benutzt. Die Drittbenutzung wird dem Markeninhaber zugerechnet. Die an die *Zustimmung des Markeninhabers* zu stellenden Voraussetzungen können nach den Grundsätzen bestimmt werden, die für die Zustimmung des Markeninhabers zur Benutzung seiner Marke im Sinne des § 26 Abs. 2 hinsichtlich der Zurechnung einer rechtserhaltenden Benutzung durch Dritte gelten (s. § 26, Rn 83 ff.).

**d) Öffentliches Interesse.** Die Löschungsklage nach § 55 Abs. 1 wegen eines Verfalls der Marke nach § 49 ist eine *Popularklage* (§ 55 Abs. 2 Nr. 1), die im Interesse der Allgemeinheit an einer Reinerhaltung des Registers besteht. Die Löschungsklage setzt als Popularklage das Bestehen eines *öffentlichen Interesses* an der Löschung, nicht ein persönliches Rechtsschutzinteresse des Klägers voraus (s. § 55, Rn 4). Da die Klagebefugnis zur Erhebung einer Popularklage im öffentlichen Interesse besteht, entfällt die Aktivlegitimation des Klägers auch nicht schon dann, wenn *Einwendungen und Einreden aus der Person des Klägers* bestehen, weil der Popularkläger ein Interesse der Allgemeinheit wahrnimmt (s. § 55, Rn 5). Eine *Löschung der Marke* ist dann *ausgeschlossen,* wenn die Marke auch nach der Löschung für die entsprechenden Waren oder Dienstleistungen von Dritten im Verkehr nicht frei benutzt werden kann. Das ist namentlich dann der Fall, wenn sich die Marke im Verkehr zum Kennzeichen des Unternehmens (*Unternehmensschlagwort, Symbol eines Verbandes*) durchgesetzt hat, weil insoweit ein öffentliches Interesse an der Löschung der Marke im Register nicht mehr besteht (RGZ 118, 209 – Stollwerck Goldkrone; 169, 240, 246 – Schwarz-Weiß; 172, 49, 56 – Siemens; BGH GRUR 1957, 350, 351 – Raiffeisensymbol; *Baumbach/Hefermehl*, § 11 WZG, Rn 55; *Busse/Starck*, § 11 WZG, Rn 8; *Storkebaum/Kraft*, § 11 WZG, Rn 63; kritisch *Mayer*, GRUR 1953, 277, 281). Nach anderer Rechtsansicht soll es zur Annahme eines öffentlichen Interesses an der Löschungsklage als Popularklage genügen, daß mit der Löschung die *Klarheit der registerrechtlichen Lage* gewahrt werde, da das Register nur ein Scheinrecht ausweise; auch der Markeninhaber habe kein legitimes Interesse an der ihm markenrechtlich nicht zustehenden formalen Rechtsposition (LG München I GRUR 1992, 59, 60 – Marlboro). Bei einer berühmten Marke (s. zum Rechtsschutz der berühmten Marke § 14, Rn 441), die kein Unternehmenskennzeichen ist, entfällt das öffentliche Interesse an der Löschung nur dann, wenn eine Verwässerung der berühmten Marke zu befürchten ist; das setzt voraus, daß die Kollisionszeichen entweder identisch oder zumindest in ihren charakteristischen Zeichenbestandteilen ähnlich sind (*Baumbach/Hefermehl*, § 11 WZG, Rn 55; ausführlich zur berühmten Marke im Löschungsverfahren s. *Fezer,* Der Benutzungszwang im Markenrecht, S. 172 ff.; allgemein die Löschung wegen Verfalls einer berühmten Marke bejahend LG München I GRUR 1992, 59 – Marlboro).

**e) Wettbewerbsrechtlicher Löschungsanspruch.** Der Verfallsgrund wegen Täuschungsgefahr nach § 49 Abs. 2 Nr. 2 stellt einen markenrechtlichen Löschungsgrund dar, der die Anwendung außermarkenrechtlicher Löschungsgründe nicht ausschließt. Ein Anspruch auf Löschung der Marke kann Mitbewerbern nach § 1 UWG zustehen (so schon zur Rechtslage im WZG *Baumbach/Hefermehl*, § 11 WZG, Rn 43; *Reimer/Trüstedt*, Kap. 31, Rn 30; RG GRUR 1932, 302, 305 – Rasierklingen).

### 3. Rechtsfolgen des Verfalls wegen Täuschungsgefahr

**38** Dem Verfall der eingetragenen Marke wegen Täuschungsgefahr kommen die allgemeinen Rechtswirkungen zu, die mit dem Verfall einer Marke verbunden sind (s. Rn 3). Das gilt für den Bestand des Markenrechts, die Verfahren in Markenangelegenheiten sowie die Verfallseinrede.

## IV. Verfall wegen des Verlusts der Markenrechtsfähigkeit (§ 49 Abs. 2 Nr. 3)

### 1. Anwendungsbereich

**39** Die Vorschrift des § 7 regelt die rechtliche Fähigkeit eines Anmelders, Inhaber einer Marke zu sein (Markenrechtsfähigkeit). Wenn der Anmelder nicht nach § 7 Inhaber einer Marke sein kann, dann weist das DPMA die Anmeldung nach § 36 Abs. 5 zurück. Nach § 49 Abs. 2 Nr. 3 tritt der Verfall der eingetragenen Marke ein, wenn der *Inhaber der Marke nicht mehr die in § 7 genannten Voraussetzungen* erfüllt. Wie sich eindeutig aus dem Wortlaut der Vorschrift ergibt, besteht der Verfallsgrund nur dann, wenn die Voraussetzungen der Inhaberschaft an der Marke *nach der Eintragung der Marke* wegfallen. Ein Antrag auf Löschung wegen Verfalls nach dieser Vorschrift kann dann nicht gestellt werden, wenn die Voraussetzungen der Markenrechtsfähigkeit schon im Zeitpunkt der Eintragung der Marke in das Register nicht vorlagen. Wenn die Marke entgegen § 7 eingetragen worden ist, dann kann die Eintragung der Marke auf Antrag wegen Nichtigkeit nach § 50 Abs. 1 Nr. 2 gelöscht werden. Wenn die Markenrechtsfähigkeit schon bei der Eintragung fehlte, ist aber Voraussetzung der Löschung nach § 50 Abs. 2 S. 1, daß die Voraussetzungen der Inhaberschaft nach § 7 auch noch im Zeitpunkt der Entscheidung über den Antrag auf Löschung fehlen. Die Marke, die entgegen § 7 eingetragen worden ist, kann nicht von Amts wegen gelöscht werden (s. § 50 Abs. 3).

**40** Der Anwendungsbereich des Verfallsgrundes wegen des Verlusts der Markenrechtsfähigkeit hängt namentlich davon ab, welcher Anwendungsbereich der Vorschrift des § 7 über die Inhaberschaft an Marken zukommt. Das gilt insbesondere für die Markenrechtsfähigkeit von Personengesellschaften nach § 7 Nr. 3. Wenn man etwa die Markenrechtsfähigkeit der GbR nicht anerkennt (s. dazu § 7, Rn 34 ff.), dann kommt es zum Verlust der Markenrechtsfähigkeit, wenn das Unternehmen einer OHG als Markeninhaber von einem vollkaufmännischen zu einem minderkaufmännischen Handelsgewerbe herabsinkt und die Gesellschaft zu einer GbR wird; allerdings steht das Markenrecht den Gesellschaftern der GbR als Gesamthandsgemeinschaft zu. Wenn man den Anwendungsbereich des § 7 über die Inhaberschaft an Marken nicht restriktiv bestimmt, dann werden Fallkonstellationen eines Verlusts der Markenrechtsfähigkeit im Sinne des Verfallsgrundes nach § 49 Abs. 2 Nr. 3 selten sein. In der Begründung zum MarkenG wird auf den Verlust der Rechtsfähigkeit einer juristischen Person als Inhaber einer eingetragenen Marke verwiesen (Begründung zum MarkenG, BT-Drucks. 12/6581 vom 14. Januar 1994, S. 95). In der Regel treten an die Stelle des Markeninhabers, der seine Rechtsfähigkeit verliert, andere rechtsfähige Rechtssubjekte, wie etwa eine Liquidationsgesellschaft. Fallgestaltungen einer Löschung der Marke wegen des Verlusts der Rechtsfähigkeit einer juristischen Person als Markeninhaber werden zudem deshalb selten sein, da das MarkenG nicht mehr die Voraussetzungen der Gegenseitigkeit enthält.

### 2. Rechtsfolgen des Verfalls wegen des Verlusts der Markenrechtsfähigkeit

**41** Dem Verfall der eingetragenen Marke wegen des Verlusts der Markenrechtsfähigkeit kommen die allgemeinen Rechtswirkungen zu, die mit dem Verfall einer Marke verbunden sind (s. Rn 3). Das gilt für den Bestand des Markenrechts, die Verfahren in Markenangelegenheit sowie die Verfallseinrede.

## C. Teilverfall der Marke (§ 49 Abs. 3)

**42** Die Vorschrift des § 49 Abs. 3 regelt den *Teilverfall der Marke*. Wenn einer der Verfallsgründe im Sinne des § 49 Abs. 1 und 2 Nr. 1 bis 3 nur *für einen Teil der Waren oder Dienstlei-*

*stungen,* für die die Marke eingetragen ist, vorliegt, dann wird die Marke auf Antrag nur für diese Waren oder Dienstleistungen gelöscht. Der Teilverfall einer Marke bewirkt die *Teillöschung* der Waren oder Dienstleistungen. Die Benutzung der Marke für einen Teil der im Register eingetragenen Produkte gilt nicht als Benutzung für die übrigen Produkte (s. zur Produkterstreckung der Benutzung § 26, Rn 49 ff.). Die Teillöschung für eingetragene Waren oder Dienstleistungen, für die die Marke nicht benutzt worden ist, wird auch nicht dadurch ausgeschlossen, daß die Produkte, für die die Marke benutzt worden ist, mit den Produkten, für die die Marke nicht benutzt worden ist, ähnlich sind (BGH GRUR 1978, 647, 648 – TIGRESS; s. dazu § 26, Rn 49). Eine Teillöschung der Marke wegen eines Teilverfalls ist dann ausgeschlossen, wenn die Marke auch nach der Teillöschung für die entsprechenden Waren oder Dienstleistungen von Dritten im Verkehr nicht frei benutzt werden kann (s. dazu im einzelnen Rn 36). Bei einer *inhaltlich täuschenden Marke* erfolgt die Teillöschung dann, wenn die Marke nur für einen *Teil der eingetragenen Waren oder Dienstleistungen* die Täuschungsgefahr begründet. Wenn die Marke nur *regional* im Geltungsbereich des MarkenG täuschend wirkt, dann kommt eine *regional* begrenzte Teillöschung nicht in Betracht, vielmehr ist die inhaltlich täuschende Marke als solche zu löschen.

### D. Verfall international registrierter Marken

Bei *international registrierten Marken* tritt an die Stelle des Antrags oder der Klage auf Löschung der Marke wegen Verfalls (§ 49) nach § 115 Abs. 1 der Antrag oder die Klage auf Schutzentziehung. Wenn ein Antrag auf Schutzentziehung nach § 49 Abs. 1 wegen mangelnder Benutzung gestellt wird, dann berechnet sich die Benutzungsfrist nach den Regeln des § 115 Abs. 2 (s. dazu im einzelnen § 115, Rn 2; s. auch Vorb zu den §§ 25 und 26, Rn 8). Der in § 115 Abs. 2 bezeichnete Tag gilt nach § 117 auch für die Geltendmachung von Ansprüchen im Sinne der §§ 14, 18 und 19 wegen Verletzung einer international registrierten Marke.

43

**Nichtigkeit wegen absoluter Schutzhindernisse**

**50** (1) Die Eintragung einer Marke wird auf Antrag wegen Nichtigkeit gelöscht,
1. wenn sie entgegen § 3 eingetragen worden ist,
2. wenn sie entgegen § 7 eingetragen worden ist,
3. wenn sie entgegen § 8 eingetragen worden ist oder
4. wenn der Anmelder bei der Anmeldung bösgläubig war.

(2) ¹Ist die Marke entgegen § 3, 7 oder 8 eingetragen worden, so kann die Eintragung nur gelöscht werden, wenn das Schutzhindernis auch noch im Zeitpunkt der Entscheidung über den Antrag auf Löschung besteht. ²Ist die Marke entgegen § 8 Abs. 2 Nr. 1, 2 oder 3 eingetragen worden, so kann die Eintragung außerdem nur dann gelöscht werden, wenn der Antrag auf Löschung innerhalb von zehn Jahren seit dem Tag der Eintragung gestellt wird.

(3) Die Eintragung einer Marke kann von Amts wegen gelöscht werden, wenn sie entgegen § 8 Abs. 2 Nr. 4 bis 9 eingetragen worden ist und
1. das Löschungsverfahren innerhalb eines Zeitraums von zwei Jahren seit dem Tag der Eintragung eingeleitet wird,
2. das Schutzhindernis auch noch im Zeitpunkt der Entscheidung über die Löschung besteht und
3. die Eintragung ersichtlich entgegen den genannten Vorschriften vorgenommen worden ist.

(4) Liegt ein Nichtigkeitsgrund nur für einen Teil der Waren oder Dienstleistungen vor, für die die Marke eingetragen ist, so wird die Eintragung nur für diese Waren oder Dienstleistungen gelöscht.

**MarkenG § 50**  Nichtigkeit wegen absoluter Schutzhindernisse

**Inhaltsübersicht**

| | Rn |
|---|---|
| A. Allgemeines | 1–5 |
|    I. Regelungszusammenhang | 1, 2 |
|    II. Rechtsänderungen | 3 |
|    III. Europäisches Unionsrecht | 4, 5 |
|       1. Erste Markenrechtsrichtlinie | 4 |
|       2. Gemeinschaftsmarkenverordnung | 5 |
| B. Die absoluten Nichtigkeitsgründe | 6–30 |
|    I. Nichtigkeit wegen Fehlens der Markenfähigkeit (§ 50 Abs. 1 Nr. 1) | 6 |
|    II. Nichtigkeit wegen Fehlens der Markenrechtsfähigkeit (§ 50 Abs. 1 Nr. 2) | 7 |
|    III. Nichtigkeit wegen absoluter Schutzhindernisse (§ 50 Abs. 1 Nr. 3) | 8–20 |
|       1. Anwendungsbereich | 8 |
|       2. Die einzelnen Nichtigkeitsgründe wegen einer Eintragung entgegen § 8 | 9–20 |
|          a) Unmöglichkeit einer graphischen Darstellbarkeit der Marke (§ 8 Abs. 1) | 9 |
|          b) Fehlende Unterscheidungskraft einer Marke (§ 8 Abs. 2 Nr. 1) | 10–12 |
|          c) Beschreibende Marken (§ 8 Abs. 2 Nr. 2) | 13 |
|          d) Gattungsbezeichnungen (§ 8 Abs. 2 Nr. 3) | 14 |
|          e) Täuschende Marken (§ 8 Abs. 2 Nr. 4) | 15 |
|          f) Ordnungswidrige und sittenwidrige Marken (§ 8 Abs. 2 Nr. 5) | 16 |
|          g) Staatliche Hoheitszeichen und kommunale Wappen (§ 8 Abs. 2 Nr. 6) | 17 |
|          h) Amtliche Prüf- oder Gewährzeichen (§ 8 Abs. 2 Nr. 7) | 18 |
|          i) Bezeichnungen internationaler zwischenstaatlicher Organisationen (§ 8 Abs. 2 Nr. 8) | 19 |
|          j) Gesetzwidrige Marken (§ 8 Abs. 2 Nr. 9) | 20 |
|    IV. Nichtigkeit wegen bösgläubiger Anmeldung (§ 50 Abs. 1 Nr. 4) | 21–30 |
|       1. Regelungszusammenhang | 21, 22 |
|       2. Bösgläubige Anmeldung als Behinderungswettbewerb | 23–30 |
|          a) Rechtslage im WZG | 23–28 |
|             aa) Rechtsmißbrauch und verwerflicher Markenerwerb | 23 |
|             bb) Nachahmung eines Kennzeichens | 24 |
|             cc) Störung eines schutzwürdigen Besitzstandes | 25 |
|             dd) Behinderung des Marktverhaltens | 26 |
|             ee) Verhinderung ausländischer Konkurrenz | 27, 28 |
|          b) Rechtslage im MarkenG | 29, 30 |
| C. Ausschlußgründe der Löschung | 31–35 |
|    I. Wegfall des Nichtigkeitsgrundes (§ 50 Abs. 2 S. 1) | 31–33 |
|    II. Unanfechtbarkeit der Marke | 34, 35 |
|       1. Zehnjähriger Rechtsbestand (§ 50 Abs. 2 S. 2) | 34 |
|       2. Bestandsschutz | 35 |
| D. Löschungsverfahren | 36–39 |
|    I. Löschung auf Antrag (§ 50 Abs. 1) | 36, 37 |
|    II. Löschung von Amts wegen (§ 50 Abs. 3) | 38, 39 |
| E. Teilnichtigkeit der Marke (§ 50 Abs. 4) | 40 |
| F. Nichtigkeit international registrierter Marken | 41 |
| G. Nachträgliches Entstehen absoluter Schutzhindernisse | 42 |

**Schrifttum zum WZG.** *Albert,* Das patentamtliche Warenzeichen-Löschungsverfahren, Mitt 1978, 157; *Becher,* Der Antrag auf patentamtliche Löschung von Warenzeichen, GRUR 1969, 383; *Gottschalk,* Die Elzym-Entscheidung des BGH vom 7. Februar 1975 und das Problem der Zeichenlöschung auf Grund nach der Eintragung geänderter Rechtsprechung zu Eintragungshindernissen, GRUR 1975, 343; *Hellebrand,* Löschung eines unter versehentlicher Nichtbeachtung eines zulässigen Widerspruchs eingetragenen Warenzeichen von Amts wegen?, GRUR 1972, 112; *Hellebrand/Kinzebach,* Zeichenlöschung auf Grund nach der Eintragung geänderter Rechtsprechung zu absoluten Eintragungshindernissen, GRUR 1973, 132; *Miosga,* Frühere und gegenwärtige Amtspraxis der Warenzeichenabteilung bei Anregungen zur Einleitung eines Amtslöschungsverfahrens gemäß § 10 Abs. 2 Nr. 2 WZG, GRUR 1969, 210; *v. Pechmann,* Löschung eingetragener Warenzeichen, Mitt 1970, 63; *Schlüter,* Warenzeichenlöschung aus absoluten Gründen in Theorie und Praxis, Mitt 1959, 2.

**Schrifttum zum MarkenG.** *Fezer,* Die Nichtakzessorietät der Marke und ihre rechtliche Konnexität zu einem Unternehmen, FS für Vieregge, 1995, S. 229; *Füllkrug,* Spekulationsmarken, GRUR 1994, 679; *Füllkrug,* Spekulationsmarken und ihre Löschung, WRP 1995, 378; *Helm,* Die bösgläubige Markenanmeldung, GRUR 1996, 593; *Götting,* LM Nr. 764 zu § 1 UWG; *Jordan,* Zum Rechtsmißbrauch im Markenrecht, FS für Piper, 1996, S. 563; *Kiethe/Groeschke,* Die sittenwidrige Markenanmeldung und die Rechtsschutzmöglichkeiten des § 1 UWG, WRP 1997, 269; *v. Linstow,* Ist die Offensivmarke ein absolutes Schutzhindernis?, MarkenR 1999, 81; *Meister,* Die Verteidigung von Marken, Eine Skizze zum neuen Recht, WRP 1995, 366.

### Entscheidungen zum MarkenG

1. **KG WRP 1995, 727 – Analgin**
   Zur Sittenwidrigkeit der Markenanmeldung bei schutzwürdigem Besitzstand des Vorbenutzers.
2. **HansOLG Hamburg GRUR 1995, 816 – XTension**
   Zur Ausnutzung eines formalen Zeichenrechts ohne sachlich gerechtfertigten Grund.
3. **LG Frankfurt MA 1996, 439 – E-Klasse**
   Zur Bösgläubigkeit einer Markenanmeldung bei Fehlen eines Geschäftsbetriebs und bei Vorliegen weiterer Indiztatsachen wie dem Horten von Vorratszeichen.
4. **OLG München WRP 1996, 1056 – DOYUM**
   Zum unzulässigen Behinderungswettbewerb nach § 1 UWG bei einer Markenanmeldung.
5. **OLG München NJWE-WettbR 1997, 40 – TubRobinson**
   Zur Ablehnung einer rechtsmißbräuchlichen *Sperrmarke.*
6. **OLG Karlsruhe GRUR 1997, 373 – NeutralRed**
   Zum wettbewerbswidrigen Markenerwerb zur Verhinderung ausländischer Konkurrenz.
7. **BGH GRUR 1998, 66 – PROPACK**
   Nichtanwendbarkeit des § 50 Abs. 1 und 2 auf nach dem WZG bereits wirksam in Gang gesetzte Verfahren.
8. **BGH GRUR 1997, 833 – digital**
   Zur Unterbrechung des Löschungsverfahrens bei Eröffnung des Insolvenzverfahrens über das Vermögen des Löschungsantragstellers.
9. **OLG Frankfurt GRUR 1998, 704 – Classe E**
   Zur Hinterhaltsmarke.
10. **BGH GRUR 1998, 412 – Analgin**
    Zweckfremder Einsatz der Sperrwirkung einer Markenanmeldung als Mittel des Wettbewerbskampfes.
11. **OLG Stuttgart WRP 1997, 118, 122 – Basics**
    Zur rechtsmißbräuchlichen Verwendung einer Marke als zweckfremdes Mittel des Wettbewerbskampfes.
12. **BGH GRUR 1998, 1034, 1037 – Makalu**
    Zum sittenwidrigen Markenerwerb eines Hauptimporteurs, neben dem auch noch weitere Vertriebsgesllschaften tätig sind.

## A. Allgemeines

### I. Regelungszusammenhang

Die Eintragung einer Marke kann nach § 50 wegen Nichtigkeit gelöscht werden. Regelungsgegenstand der Vorschrift sind die verschiedenen *Nichtigkeitsgründe* und die rechtlichen Voraussetzungen ihrer Geltendmachung. Die *Nichtigkeit einer Marke* folgt namentlich aus dem *Bestehen absoluter Schutzhindernisse.* Wie bei den Verfallsgründen im Sinne des § 49 handelt es sich bei den Nichtigkeitsgründen im Sinne des § 50 um *Löschungsgründe.* Die Nichtigkeit einer Marke hat nichts mit der Nichtigkeit eines Rechtsgeschäfts im zivilrechtlichen Sinne zu tun. Das Recht an der eingetragenen Marke entsteht konstitutiv durch die Eintragung der Marke in das Register (s. § 4, Rn 16). Das Bestehen von Nichtigkeitsgründen berührt nicht den Rechtsbestand der Marke. Erst die *Geltendmachung des Nichtigkeitsgrundes* führt zur *Löschung der Eintragung der Marke* im Register. Die Löschung der Eintragung bewirkt den Untergang des Markenrechts ex tunc (s. § 52, Rn 7). Die Löschung der Marke wegen Nichtigkeit erfolgt entweder *auf Antrag* (Abs. 1) oder *von Amts wegen* (Abs. 3).

2   Allgemeines Merkmal eines Nichtigkeitsgrundes ist es, daß die Anmeldung zur Eintragung der Marke in das Register aus zwingenden Gründen hätte zurückgewiesen werden müssen und die Marke nicht hätte eingetragen werden dürfen. Der Nichtigkeitsgrund, der nach der Eintragung der Marke einen Löschungsgrund darstellt, stellte im Zeitpunkt der Anmeldung der Marke einen zwingenden Grund wie namentlich ein absolutes Schutzhindernis zur Zurückweisung der Anmeldung dar. Voraussetzung der Löschung wegen Nichtigkeit der Marke ist es, daß der Nichtigkeitsgrund im *Zeitpunkt der Eintragung* der Marke vorlag (so schon zur Rechtslage im WZG RPA BlPMZ 1930, 117; 1931, 228; BPatGE 4, 182, 185 – colorclip; 24, 94, 102 – Yusi). Es kommt nur auf den Zeitpunkt der Eintragung, nicht auch auf den Zeitpunkt der Anmeldung an, da bei der Prüfung der Anmeldeerfordernisse (§ 36) und der Prüfung auf absolute Schutzhindernisse (§ 37) bestimmte Eintragungshindernisse beseitigt werden können. Ein Eintragungshindernis, das erst *nach der Eintragung der Marke* in das Register eintritt, stellt grundsätzlich keinen Nichtigkeitsgrund zur Löschung der Marke dar (s. dazu im einzelnen Rn 42). Ein nachträgliches Schutzhindernis kann zum Verfall der Marke nach § 49 führen. So bildet etwa das anfängliche Fehlen der Markenrechtsfähigkeit nach § 7 einen Nichtigkeitsgrund nach § 50 Abs. 1 Nr. 2, der nachträgliche Verlust der Markenrechtsfähigkeit einen Verfallsgrund nach § 49 Abs. 2 Nr. 3; Nichtigkeitsgrund wie Verfallsgrund sind Löschungsgründe. Die einzelnen Nichtigkeitsgründe des § 50 Abs. 1 Nr. 1 bis 4 sind die Nichtigkeit wegen *Fehlens der Markenfähigkeit* nach § 3 (Nr. 1), die Nichtigkeit wegen *Fehlens der Markenrechtsfähigkeit* nach § 7 (Nr. 2), die Nichtigkeit wegen *Bestehens absoluter Schutzhindernisse* nach § 8 (Nr. 3) und die Nichtigkeit wegen einer *bösgläubigen Anmeldung* (Nr. 4).

## II. Rechtsänderungen

3   Nach § 10 Abs. 2 Nr. 2 S. 1 WZG erfolgte die Löschung des eingetragenen Zeichens von Amts wegen, wenn die Eintragung des Zeichens hätte versagt werden müssen. Diese Regelung entspricht im wesentlichen den Nichtigkeitsgründen des Fehlens der Markenfähigkeit nach § 3 (§ 50 Abs. 1 Nr. 1) und des Bestehens absoluter Schutzhindernisse nach § 8 (§ 50 Abs. 1 Nr. 3). Der Nichtigkeitsgrund des Fehlens der Markenrechtsfähigkeit nach § 7 (§ 50 Abs. 1 Nr. 2) bestand nach der Rechtslage im WZG nicht. Der Nichtigkeitsgrund der bösgläubigen Anmeldung (§ 50 Abs. 1 Nr. 4) war im WZG zwar nicht ausdrücklich geregelt, doch bestand nach der Rechtsprechung ein Löschungsgrund der rechtsmißbräuchlichen Anmeldung (s. Rn 23 ff.). Den Löschungsgrund der Nichtverlängerung der Schutzdauer nach § 10 Abs. 2 Nr. 1 WZG enthält § 47 Abs. 6. Nach der Rechtslage im WZG bildete wegen der Bindung des Warenzeichens an den Geschäftsbetrieb das Fehlen eines Geschäftsbetriebs, wenn diese Tatsache im Zeitpunkt der Eintragung erkennbar war, einen Löschungsgrund (BPatGE 4, 182, 186 ff. – colorclip). Wegen der Nichtakzessorietät der Marke im MarkenG (s. dazu § 3, Rn 66 ff.) besteht ein vergleichbarer Nichtigkeitsgrund im MarkenG nicht (zur Rechtslage im WZG s. im einzelnen *Baumbach/Hefermehl*, § 10 WZG, Rn 9).

## III. Europäisches Unionsrecht

### 1. Erste Markenrechtsrichtlinie

4   Art. 3 MarkenRL regelt die Eintragungshindernisse, bei deren Vorliegen die Marke von der Eintragung ausgeschlossen ist, zugleich als *Ungültigkeitsgründe*, bei deren Vorliegen die Marke im Falle der Eintragung der Ungültigerklärung unterliegt. Ungenau ist der Hinweis in der Begründung zum MarkenG, die Vorschrift des § 50 habe in der MarkenRL keine Entsprechung, da die verfahrensrechtliche Ausgestaltung des Markenschutzes nicht Gegenstand der MarkenRL sei (s. Begründung zum MarkenG, BT-Drucks. 12/6581 vom 14. Januar 1994, S. 95). Die Ungültigkeitsgründe, die die Marke selbst betreffen, sind in der

MarkenRL erschöpfend aufgeführt, wenn auch einige dieser Gründe fakultativ für die Mitgliedstaaten. Die Mitgliedstaaten können darüberhinaus Ungültigkeitsgründe normieren, die an die Bedingungen des Erwerbs oder der Aufrechterhaltung der Marke gebunden sind, für die keine Angleichungsbestimmungen bestehen und die sich etwa auf die Markeninhaberschaft, auf die Verlängerung der Marke, auf die Vorschrift über die Gebühren oder die Nichteinhaltung von Verfahrensvorschriften beziehen. Mit dem Nichtigkeitsgrund der bösgläubigen Anmeldung nach § 50 Abs. 1 Nr. 4 hat der Gesetzgeber des MarkenG von der Option des Art. 3 Abs. 2 lit. d MarkenRL Gebrauch gemacht. Das erklärt auch den im deutschen Zivilrecht mit einem anderen Inhalt verwendeten Begriff der Bösgläubigkeit.

## 2. Gemeinschaftsmarkenverordnung

Nach Art. 51 GMarkenV wird die Gemeinschaftsmarke auf Antrag beim Amt oder auf Widerklage im Verletzungsverfahren bei Vorliegen von absoluten Nichtigkeitsgründen für nichtig erklärt. *Absolute Nichtigkeitsgründe* sind das Fehlen der Voraussetzungen der Inhaberschaft an Gemeinschaftsmarken nach Art. 5 GMarkenV (Art. 51 Abs. 1 lit. a GMarkenV), das Bestehen absoluter Eintragungshindernisse nach Art. 7 GMarkenV (Art. 51 Abs. 1 lit. a GMarkenV) und die Bösgläubigkeit des Anmelders bei der Anmeldung der Marke (Art. 51 Abs. 1 lit. b GMarkenV).

## B. Die absoluten Nichtigkeitsgründe

### I. Nichtigkeit wegen Fehlens der Markenfähigkeit (§ 50 Abs. 1 Nr. 1)

Nichtigkeit der eingetragenen Marke liegt nach § 50 Abs. 1 Nr. 1 vor, wenn die *Marke entgegen § 3 eingetragen* worden ist. Die Vorschrift des § 3 regelt die *Markenfähigkeit* (s. § 3, Rn 197 ff.), die Schranken der Markenfähigkeit (s. § 3, Rn 222 ff.) und die schutzfähigen Markenformen (s. § 3, Rn 235 ff.). Folge der wesentlichen Rechtsänderung im MarkenG gegenüber der Rechtslage im WZG, grundsätzlich alle Zeichen ohne Einschränkung zum Formalschutz durch Eintragung einer Marke zuzulassen, ist es, daß dem Nichtigkeitsgrund wegen Fehlens der Markenfähigkeit nur noch ein geringer Anwendungsbereich zukommt. Nach der Rechtslage im WZG waren etwa dreidimensionale Marken (s. § 3, Rn 263) oder Hörmarken (s. § 3, Rn 270) markenunfähig, die das MarkenG in Übereinstimmung mit der MarkenRL und der GMarkenV als zulässige Markenformen anerkennt (zum Löschungsgrund nach der Rechtslage im WZG s. *Baumbach/Hefermehl*, § 10 WZG, Rn 8). Vor der Einführung der Dienstleistungsmarke im WZG (s. dazu § 3, Rn 16) waren Dienstleistungsmarken zeichenunfähig und bestand ein entsprechender Löschungsgrund (s. dazu BGHZ 42, 44, 49 – Scholl). Nach der Rechtslage im MarkenG bestimmt der Anwendungsbereich des § 3 die Reichweite der Nichtigkeit einer Marke wegen fehlender Markenfähigkeit. Das gilt etwa hinsichtlich der Anerkennung von Geruchsmarken (s. § 3, Rn 279 ff.), Geschmacksmarken (s. § 3, Rn 283 ff.), Tastmarken (s. § 3, Rn 286 ff.) und Bewegungsmarken (s. § 3, Rn 289 ff.) als zulässige Markenformen. Wenn eine Defensivmarke, die wegen Fehlens eines Benutzungswillens des Anmelders gegen § 3 Abs. 1 verstößt und deshalb eintragungsunfähig ist, eingetragen wird, dann kann die Eintragung der Marke wegen Nichtigkeit gelöscht werden (s. § 3, Rn 175).

### II. Nichtigkeit wegen Fehlens der Markenrechtsfähigkeit (§ 50 Abs. 1 Nr. 2)

Nichtigkeit der eingetragenen Marke liegt nach § 50 Abs. 1 Nr. 2 vor, wenn die *Marke entgegen § 7 eingetragen* worden ist. Die Vorschrift des § 7 regelt die *Markenrechtsfähigkeit* (s. § 7, Rn 6 ff.). Im WZG war die Inhaberschaft an Marken zwar nicht ausdrücklich geregelt, beurteilte sich aber nach den entsprechenden Grundsätzen. Nach der Rechtslage im MarkenG bestimmt der Anwendungsbereich des § 7 die Reichweite des Nichtigkeitsgrundes wegen Fehlens der Markenrechtsfähigkeit nach § 50 Abs. 1 Nr. 2. Das gilt namentlich für die Anerkennung der Markenrechtsfähigkeit der GbR nach § 7 Nr. 3 (s. zur umstrittenen

Rechtslage § 7, Rn 34 ff.). Wenn die Markenrechtsfähigkeit im Zeitpunkt der Anmeldung zur Eintragung der Marke besteht und erst nachträglich zu einem späteren Zeitpunkt wegfällt, dann liegt kein Nichtigkeitsgrund nach § 50 Abs. 1 Nr. 2, sondern ein Verfallsgrund nach § 49 Abs. 2 Nr. 3 vor, wenn an die Stelle des markenrechtsfähigen Inhabers der eingetragenen Marke nicht ein anderer markenrechtsfähiger Inhaber als Rechtsnachfolger tritt (s. § 49, Rn 40).

### III. Nichtigkeit wegen absoluter Schutzhindernisse (§ 50 Abs. 1 Nr. 3)

#### 1. Anwendungsbereich

8 Nichtigkeit der eingetragenen Marke liegt nach § 50 Abs. 1 Nr. 3 vor, wenn die *Marke entgegen § 8 eingetragen* worden ist. Die Vorschrift des § 8 schließt als Marke schutzfähige Zeichen wegen *Bestehens eines absoluten Schutzhindernisses* von der Eintragung in das Register aus. Regelungsgegenstand der Vorschrift ist die Eintragungsfähigkeit einer Marke. Wenn die Marke trotz Bestehens eines absoluten Schutzhindernisses im Zeitpunkt der Eintragung in das Register eingetragen wird, dann kann die Marke wegen Nichtigkeit gelöscht werden. Der Anwendungsbereich der absoluten Schutzhindernisse nach § 8 bestimmt die Reichweite des Nichtigkeitsgrundes wegen absoluter Schutzhindernisse nach § 50 Abs. 1 Nr. 3. Die Nichtigkeitsgründe der absoluten Schutzhindernisse nach § 8 stellen den wesentlichen Anwendungsbereich der Löschung einer nichtigen Marke zur nachträglichen Korrektur von Eintragungsfehlern im Eintragungsverfahren dar. Eine nachträgliche Fehlerkorrektur kommt dann nicht mehr in Betracht, wenn die Unanfechtbarkeit der Marke bei bestimmten Schutzhindernissen eingetreten ist (s. dazu Rn 34 f.).

#### 2. Die einzelnen Nichtigkeitsgründe wegen einer Eintragung entgegen § 8

9 **a) Unmöglichkeit einer graphischen Darstellbarkeit der Marke (§ 8 Abs. 1).** Nach der Gesetzestechnik des MarkenG liegt ein absolutes Schutzhindernis nach § 8 Abs. 1 und damit ein Nichtigkeitsgrund nach § 50 Abs. 1 Nr. 3 vor, wenn die *Marke sich nicht graphisch darstellen* läßt. Auch wenn man entsprechend Art. 2 MarkenRL die graphische Darstellbarkeit einer Marke als ein zwingendes Erfordernis der Markenfähigkeit und damit zumindest bei eingetragenen Marken als ein allgemeines Kriterium der Markenfähigkeit nach § 3 Abs. 1 versteht (s. dazu im einzelnen § 3, Rn 217 ff.), dann liegt bei Fehlen der graphischen Darstellbarkeit ein Nichtigkeitsgrund nach § 50 Abs. 1 Nr. 1 vor, für den die gleichen Rechtssätze wie namentlich auch die Regelung des § 50 Abs. 2 S. 1 (s. dazu Rn 31 ff.) gelten; auf diese Dogmatik zum Markenbegriff kommt es für den Anwendungsbereich der Löschung einer nichtigen Marke nach § 50 insoweit nicht an. Das Fehlen der graphischen Darstellbarkeit könnte für Geruchsmarken (s. dazu § 3, Rn 279 ff.), Geschmacksmarken (s. dazu § 3, Rn 283 ff.) und Tastmarken (s. dazu § 3, Rn 286 ff.) einen Nichtigkeitsgrund darstellen, wenn nach dem gegenwärtigen Stand der Technik diese Markenformen sich nicht graphisch darstellen lassen. Ob das der Fall ist, ist keine rechtliche, sondern eine technische Frage.

10 **b) Fehlende Unterscheidungskraft einer Marke (§ 8 Abs. 2 Nr. 1).** Nach § 8 Abs. 2 Nr. 1 sind Marken von der Eintragung ausgeschlossen, denen für die Waren oder Dienstleistungen *jegliche Unterscheidungskraft fehlt* (s. dazu § 8, Rn 22 ff.). Von dem absoluten Schutzhindernis eines Fehlens der konkreten Unterscheidungskraft ist die abstrakte Unterscheidungseignung eines Zeichens als allgemeine Voraussetzung der Markenfähigkeit nach § 3 Abs. 1 zu unterscheiden (s. dazu im einzelnen § 3, Rn 204). Die Eintragung einer nicht abstrakt unterscheidungsgeeigneten Marke stellt einen Nichtigkeitsgrund nach § 50 Abs. 1 Nr. 1, die Eintragung einer nicht konkret unterscheidungskräftigen Marke stellt einen Nichtigkeitsgrund nach § 50 Abs. 1 Nr. 3 dar. Die Unterscheidung zwischen abstrakter Unterscheidungseignung und konkreter Unterscheidungskraft ist zwar wegen der entsprechenden Rechtslage nicht für das Bestehen eines Nichtigkeitsgrundes rechtserheblich, wohl aber für den Wegfall des Nichtigkeitsgrundes nach § 50 Abs. 2 S. 1. Nach dieser Vorschrift ist die Löschung der Eintragung einer Marke entgegen den Vorschriften der §§ 3, 7 oder 8 nur dann zulässig, wenn das absolute Schutzhindernis auch noch im Zeitpunkt der Ent-

scheidung über den Antrag auf Löschung besteht. Zwar kann das Fehlen der konkreten Unterscheidungskraft nach § 8 Abs. 2 Nr. 1 durch den Erwerb von Verkehrsdurchsetzung als Marke nach § 8 Abs. 3 überwunden werden, nicht aber das Fehlen der abstrakten Unterscheidungseignung als ein allgemeines Merkmal der Markenfähigkeit nach § 3 Abs. 1. Die Eintragung eines nach § 3 Abs. 1 abstrakt unterscheidungsgeeigneten Zeichens, das zwar im Zeitpunkt der Eintragung abstrakt unterscheidungsgeeignet, nicht aber nach § 8 Abs. 2 Nr. 1 konkret unterscheidungskräftig war, kann dann nach § 50 Abs. 2 S. 1 nicht gelöscht werden, wenn die Marke nach § 8 Abs. 3 Verkehrsdurchsetzung erworben hat und so das Schutzhindernis im Zeitpunkt der Entscheidung über den Antrag auf Löschung nach § 50 Abs. 2 S. 1 nicht mehr besteht. Ein als Marke schutzfähiges Zeichen nach § 3 Abs. 1, dem die konkrete Unterscheidungskraft nach § 8 Abs. 2 Nr. 1 fehlt, kann auch ohne den Erwerb von Verkehrsdurchsetzung nach § 8 Abs. 3 dann nicht mehr wegen Nichtigkeit nach § 50 Abs. 1 Nr. 3 gelöscht werden, wenn die Marke nach § 50 Abs. 2 S. 2 unanfechtbar geworden ist, weil der Antrag auf Löschung nicht innerhalb von zehn Jahren seit dem Tag der Eintragung gestellt worden ist. Die Unanfechtbarkeit der Marke nach § 50 Abs. 2 S. 2 tritt nicht bei solchen Marken ein, die nicht abstrakt unterscheidungsgeeignet sind und denen so die allgemeine Markenfähigkeit nach § 3 Abs. 1 fehlt. Die Unterscheidung zwischen abstrakter Unterscheidungseignung und konkreter Unterscheidungskraft wird insoweit auch für den Zeitraum erheblich, innerhalb dessen die Nichtigkeitsgründe geltend gemacht werden können und die Eintragung der Marke gelöscht werden kann. Wenn ein als Marke schutzfähiges Zeichen im Zeitpunkt der Eintragung nicht konkret unterscheidungskräftig war, die Löschung der Marke aber aufgrund des Erwerbs von Verkehrsdurchsetzung nach § 8 Abs. 3 ausgeschlossen ist, weil das absolute Schutzhindernis nicht mehr im Zeitpunkt der Entscheidung über den Löschungsantrag nach § 50 Abs. 2 S. 1 besteht, dann kommt der eingetragenen Marke mit Verkehrsdurchsetzung zwar grundsätzlich die Priorität des Anmeldetages nach § 6 Abs. 2 zu. Die Priorität des Anmeldetages der eingetragenen Marke kann aber nicht im Verhältnis zu solchen *Zwischenrechten* gelten, die im Zeitpunkt vor dem Erwerb der Verkehrsdurchsetzung und damit des Bestehens des Nichtigkeitsgrundes wegen fehlender Unterscheidungskraft entstanden sind. Im Verhältnis zu solchen Zwischenrechten wirkt die Verkehrsdurchsetzung prioritätsbegründend und ist für die Bestimmung des Zeitrangs der Zeitpunkt maßgeblich, zu dem die Nichtigkeit der Marke durch den Erwerb von Verkehrsdurchsetzung überwunden wurde (s. § 6 Abs. 3). Zwischen der eingetragenen Marke und dem Zwischenrecht besteht Koexistenz im Sinne des § 6 Abs. 4. Die Kennzeichenrechte sind gleichrangig und begründen gegeneinander keine Ansprüche.

**11** Auf eingetragene Marken, denen die abstrakte Unterscheidungseignung nach § 3 Abs. 1 fehlt und die wegen Nichtigkeit nach § 50 Abs. 1 Nr. 1 zu löschen sind, ohne daß die Nichtigkeit der Marke aufgrund des Erwerbs von Verkehrsdurchsetzung nach § 8 Abs. 3 überwunden wird und die Marke auch nicht nach § 50 Abs. 2 S. 2 unanfechtbar werden kann, sind zwar die allgemeinen Rechtsgrundsätze über die *Verwirkung* nach § 242 BGB (s. dazu § 21, Rn 21 ff.) anzuwenden. Eine Verwirkung des Löschungsantrags kommt aber nur dann in Betracht, wenn das öffentliche Interesse an einer Verhinderung des Markenschutzes eines nach § 3 Abs. 1 als Marke nicht schutzfähigen Zeichens eine Löschung der Marke nicht gebietet.

**12** Die Feststellung des Fehlens der konkreten Unterscheidungskraft nach § 8 Abs. 2 Nr. 1 im Zeitpunkt der Eintragung der Marke bereitet vor allem dann erhebliche Schwierigkeiten, wenn seit der Eintragung mehrere Jahre vergangen sind, da die Feststellung der Verkehrsauffassung zu einem Zeitpunkt in der Vergangenheit mit erheblichen Unsicherheiten verbunden ist (s. dazu *Gloy*, Hdb. Wettbewerbsrecht, § 18, Rn 45 ff.). Dem Eintritt der Unanfechtbarkeit der Marke nach § 50 Abs. 2 S. 2, wenn der Antrag auf Löschung nicht innerhalb von zehn Jahren seit dem Tag der Eintragung gestellt worden ist, kommt deshalb eine besondere Bedeutung zu. Schon nach der Rechtslage im WZG wurde die Auffassung vertreten, die Feststellung der maßgeblichen Verkehrsauffassung im Zeitpunkt der Eintragung aufgrund einer demoskopischen Umfrage komme dann nicht mehr in Betracht, wenn die Eintragung zwölf Jahre zurückliegt (*Baumbach/Hefermehl*, § 10 WZG, Rn 11). Wenn nach der Rechtslage im WZG behauptet wurde, ein Arzneimittelkennzeichen sei vor mehr als fünfundzwanzig Jahren zu Unrecht aufgrund des Erwerbs von Verkehrsdurchsetzung eingetragen worden, weil das DPA die Verkehrsauffassung der Endverbraucher ermittelt habe, so konnte der Nachweis der Verkehrsdurchsetzung nicht dadurch geführt werden, daß durch ein demoskopisches Gutachten die gegenwärtige Verkehrsauffassung festgestellt und daraus unter Berücksichtigung einer inzwischen eingetretenen Umsatzsteigerung der unter der Marke vertriebenen Waren Rückschlüsse auf die vergangene Verkehrsauffassung der Endverbraucher gezogen wurde (BPatGE 18, 229 – Interglas; 20, 250 – Homburg; s. zur vergleichbaren Problematik im Eintragungsverfahren BPatG BlPMZ 1984, 387 – Zürich). Nach einem Zeitraum von annähernd zehn Jahren seit der Anmeldung bzw Eintragung der angegriffenen Marke sollen sich zuverlässige Grundlagen für eine Beurteilung des Fehlens der Verkehrsdurchsetzung nicht mehr gewinnen lassen (zur abweichenden Beurteilung der für die Verkehrsdurchsetzung relevanten Verkehrskreise s. BPatG GRUR 1997, 833, 835 – digital).

**13**   c) **Beschreibende Marken (§ 8 Abs. 2 Nr. 2).** Nach § 8 Abs. 2 Nr. 2 sind konkret unterscheidungskräftige Marken, die als beschreibende Zeichen nach § 3 Abs. 1 markenfähig sind, dann von der Eintragung ausgeschlossen, wenn an der Benutzung der beschreibenden Marke ein *Freihaltebedürfnis* im Allgemeininteresse besteht (s. dazu im einzelnen § 8, Rn 118 ff.). In Übereinstimmung mit Art. 3 Abs. 1 lit. c MarkenRL kommt es auf das Bestehen eines aktuellen Freihaltebedürfnisses an der beschreibenden Marke an (s. dazu § 8, Rn 119 f.). Beschreibende Marken sind Produktmerkmalsbezeichnungen, die bei allen Markenformen im Sinne des § 3 Abs. 1 in Betracht kommen, wenn es sich um ein als Marke schutzfähiges Zeichen handelt. Der Nichtigkeitsgrund der beschreibenden Angabe besteht nach § 50 Abs. 2 S. 1 dann nicht mehr, wenn die beschreibende Marke nach § 8 Abs. 3 Verkehrsdurchsetzung als Marke erworben hat und im Zeitpunkt der Entscheidung über den Löschungsantrag nicht mehr als eine beschreibende Marke zu beurteilen ist. Die Priorität der Eintragung einer beschreibenden Marke, die nach § 8 Abs. 3 Verkehrsdurchsetzung als Marke erworben hat, bestimmt sich zwar grundsätzlich nach § 6 Abs. 2 nach dem Anmeldetag. Wenn es sich bei dem als Marke schutzfähigen Zeichen im Zeitpunkt der Eintragung um eine beschreibende Marke gehandelt hat, die Löschung der Marke aber aufgrund des Erwerbs von Verkehrsdurchsetzung nach § 8 Abs. 3 ausgeschlossen ist, weil das absolute Schutzhindernis nicht mehr im Zeitpunkt der Entscheidung über den Löschungsantrag nach § 50 Abs. 2 S. 1 besteht, dann kommt der eingetragenen Marke mit Verkehrsdurchsetzung zwar grundsätzlich die Priorität des Anmeldetages nach § 6 Abs. 2 zu. Die Priorität des Anmeldetages der eingetragenen Marke kann aber nicht im Verhältnis zu solchen *Zwischenrechten* gelten, die im Zeitpunkt vor dem Erwerb der Verkehrsdurchsetzung und damit des Bestehens des Nichtigkeitsgrundes wegen beschreibender Angaben entstanden sind. Im Verhältnis zu solchen Zwischenrechten wirkt die Verkehrsdurchsetzung prioritätsbegründend und ist für die Bestimmung des Zeitrangs der Zeitpunkt maßgeblich, zu dem die Nichtigkeit der Marke durch den Erwerb von Verkehrsdurchsetzung überwunden wurde (s. § 6 Abs. 3). Zwischen der eingetragenen Marke und dem Zwischenrecht besteht Koexistenz im Sinne des § 6 Abs. 4. Die Kennzeichenrechte sind gleichrangig und begründen gegeneinander keine Ansprüche. Nach § 50 Abs. 2 S. 2 kann die beschreibende Marke auch dann nicht gelöscht werden, wenn der Löschungsantrag nicht innerhalb von zehn Jahren seit dem Tag der Eintragung gestellt wird, auch wenn es sich nach wie vor um eine beschreibende Marke handelt. Die Vorschrift des § 50 Abs. 2 S. 2 schließt die allgemeinen Grundsätze zur *Verwirkung* nach § 242 BGB nicht aus (s. § 21, Rn 21 ff.).

**14**   d) **Gattungsbezeichnungen (§ 8 Abs. 2 Nr. 3).** Gattungsbezeichnungen, die zwar nach § 3 Abs. 1 markenfähig und nach § 8 Abs. 2 Nr. 1 konkret unterscheidungskräftig sind, sind aber dann nach § 8 Abs. 2 Nr. 3 von der Eintragung ausgeschlossen, wenn die Marke als *Gattungsbezeichnung* im allgemeinen Sprachgebrauch oder in den redlichen und ständigen Verkehrsgepflogenheiten zur Bezeichnung der Waren oder Dienstleistungen üblich geworden ist (s. dazu § 8, Rn 118 ff.). Wenn die Gattungsbezeichnung nach ihrer Eintragung nach § 8 Abs. 3 Verkehrsdurchsetzung als Marke erlangt und so das absolute Schutzhindernis einer Gattungsbezeichnung nach § 8 Abs. 2 Nr. 3 überwindet, dann kann die Eintragung nach § 50 Abs. 2 S. 1 nicht mehr gelöscht werden, da das absolute Schutzhindernis nicht mehr im Zeitpunkt der Entscheidung über den Löschungsantrag besteht. Wenn ein als Marke schutzfähiges Zeichen im Zeitpunkt der Eintragung Gattungsbezeichnung war, die Löschung der Marke aber aufgrund des Erwerbs von Verkehrsdurchsetzung nach § 8 Abs. 3 ausgeschlossen ist, weil das absolute Schutzhindernis nicht mehr im Zeitpunkt der Entscheidung über den Löschungsantrag nach § 50 Abs. 2 S. 1 besteht, dann kommt der eingetragenen Marke mit Verkehrsdurchsetzung zwar grundsätzlich die Priorität des Anmeldetages nach § 6 Abs. 2 zu. Die Priorität des Anmeldetages der eingetragenen Marke kann aber nicht im Verhältnis zu solchen *Zwischenrechten* gelten, die im Zeitpunkt vor dem Erwerb der Verkehrsdurchsetzung und damit des Bestehens des Nichtigkeitsgrundes wegen der Gattungsbezeichnung entstanden sind. Im Verhältnis zu solchen Zwischenrechten wirkt die Verkehrsdurchsetzung prioritätsbegründend und ist für die Bestimmung des Zeitrangs der Zeitpunkt maßgeblich, zu dem die Nichtigkeit der Marke durch den Erwerb von Verkehrsdurchsetzung überwunden wurde (s. § 6 Abs. 3). Zwischen der eingetragenen Marke und dem Zwischenrecht besteht Koexistenz im Sinne des § 6 Abs. 4. Die Kennzeichenrechte sind gleichrangig und begründen gegeneinander keine Ansprüche. Die als Marke eingetragene Gattungsbezeichnung ist nach § 50 Abs. 2 S. 2 unanfechtbar und kann dann nicht mehr gelöscht werden, wenn der Löschungsantrag nicht innerhalb von zehn Jahren seit dem Tag der Eintragung gestellt wird. Von der Regelung des § 50 Abs. 2 S. 2 bleibt die Anwendung der allgemeinen Grundsätze über die Verwirkung nach § 242 BGB unberührt (s. § 21, Rn 21 ff.).

**e) Täuschende Marken (§ 8 Abs. 2 Nr. 4).** Nach § 8 Abs. 2 Nr. 4 sind *täuschende* **15** *Marken* von der Eintragung in das Register ausgeschlossen (s. dazu § 8, Rn 294 ff.). Da im Eintragungsverfahren eine Anmeldung nach § 8 Abs. 2 Nr. 4 nur dann nach § 37 Abs. 3 zurückgewiesen werden kann, wenn die Eignung zur Täuschung ersichtlich ist, bedarf es des Nichtigkeitsgrundes der täuschenden Marken, um im Löschungsverfahren die Eignung einer Marke zur Täuschung des Publikums umfassend zu prüfen. Die Löschung der Marke von Amts wegen steht aber nach § 50 Abs. 3 unter dem Vorbehalt einer *Einleitungsfrist von zwei Jahren* seit dem Tag der Eintragung (Nr. 1), dem *Fortbestand des Schutzhindernisses einer Täuschungsgefahr* im Zeitpunkt der Entscheidung über die Löschung (Nr. 2) und der *Ersichtlichkeit der fehlerhaften Eintragung* (Nr. 3). Der Vorbehalt der Ersichtlichkeit der fehlerhaften Eintragung nach § 50 Abs. 3 Nr. 3 bedeutet im Hinblick auf § 37 Abs. 3, daß das DPMA eine ersichtlich fehlerhafte Eintragung korrigiert. Bei der entgegen § 8 Abs. 2 Nr. 4 vorgenommenen Eintragung einer täuschenden Marke besteht neben dem Nichtigkeitsgrund des § 50 Abs. 1 Nr. 3 auch der Verfallsgrund wegen Täuschungsgefahr nach § 49 Abs. 2 Nr. 2. Da zur Geltendmachung des Verfallsgrundes wegen Täuschungsgefahr nach § 49 Abs. 2 Nr. 2 jede Person zur Erhebung der Löschungsklage wegen Verfalls nach § 55 Abs. 2 Nr. 1 befugt ist, wirkt sich der für den Nichtigkeitsgrund der täuschenden Marke bestehende Vorbehalt nach § 50 Abs. 3 nur für das Löschungsverfahren von Amts wegen aus.

**f) Ordnungswidrige und sittenwidrige Marken (§ 8 Abs. 2 Nr. 5).** Nach § 8 **16** Abs. 2 Nr. 5 sind Marken von der Eintragung ausgeschlossen, die *gegen die öffentliche Ordnung oder gegen die guten Sitten verstoßen* (s. dazu § 8, Rn 344 ff.). Die Löschung der ordnungswidrigen oder sittenwidrigen Marke setzt nach § 50 Abs. 2 S. 1 voraus, daß die Marke noch im Zeitpunkt der Löschungsentscheidung ordnungswidrig oder sittenwidrig ist. Die Ordnungswidrigkeit oder Sittenwidrigkeit einer Marke kann sich aufgrund einer Änderung der Gesetzeslage oder der Verkaufsauffassung ergeben. Die Löschung der ordnungswidrigen oder sittenwidrigen Marke steht nach § 50 Abs. 3 unter dem Vorbehalt der *Einleitungsfrist von zwei Jahren* seit dem Tag der Eintragung (Nr. 1), dem *Fortbestand des Schutzhindernisses* im Zeitpunkt der Löschungsentscheidung (Nr. 2) und der *Ersichtlichkeit der Ordnungswidrigkeit oder der Sittenwidrigkeit* der Marke.

**g) Staatliche Hoheitszeichen und kommunale Wappen (§ 8 Abs. 2 Nr. 6).** Nach **17** § 8 Abs. 2 Nr. 6 sind solche Marken von der Eintragung ausgeschlossen, die *Staatswappen, Staatsflaggen, andere staatliche Hoheitszeichen* oder *bestimmte inländische Wappen* enthalten (s. dazu § 8, Rn 359 ff.). Die Löschung der Marke setzt nach § 50 Abs. 2 S. 1 voraus, daß es sich im Zeitpunkt der Entscheidung über den Löschungsantrag noch um ein staatliches Hoheitszeichen oder kommunales Wappen handelt. Die Löschung des staatlichen Hoheitszeichens oder kommunalen Wappens steht nach § 50 Abs. 3 unter dem Vorbehalt der *Einleitungsfrist von zwei Jahren* seit dem Tag der Eintragung (Nr. 1), dem *Fortbestand des Schutzhindernisses* im Zeitpunkt der Löschungsentscheidung (Nr. 2) und der *Ersichtlichkeit der Eigenschaft der Marke* als eines staatlichen Hoheitszeichens oder kommunalen Wappens im Zeitpunkt der Eintragung (Nr. 3).

**18**   **h) Amtliche Prüf- oder Gewährzeichen (§ 8 Abs. 2 Nr. 7).** Nach § 8 Abs. 2 Nr. 7 sind solche Marken von der Eintragung ausgeschlossen, die *amtliche Prüf- oder Gewährzeichen* enthalten (s. dazu § 8, Rn 378 ff.). Die Löschung der ein amtliches Prüf- oder Gewährzeichen enthaltenden Marke ist nach § 50 Abs. 2 S. 1 nur dann zulässig, wenn es sich im Zeitpunkt der Entscheidung über den Löschungsantrag bei dem Zeichen noch um ein amtliches Prüf- oder Gewährzeichen handelt. Amtliche Prüf- oder Gewährzeichen sind als amtlich vorgeschriebene Zeichen zur Kennzeichnung der Prüfung eines Produkts auf die Erfüllung bestimmter Erfordernisse nur dann von der Eintragung ausgeschlossen, wenn sie nach einer Bekanntmachung des Bundesministeriums der Justiz im Bundesgesetzblatt von der Eintragung als Marke ausgeschlossen sind (s. dazu im einzelnen § 8, Rn 388). Die Löschung der ein amtliches Prüf- oder Gewährzeichen enthaltenden Marke steht nach § 50 Abs. 3 unter dem Vorbehalt der *Einleitungsfrist von zwei Jahren* seit dem Tag der Eintragung (Nr. 1), des *Fortbestandes des Schutzhindernisses* des amtlichen Prüf- oder Gewährzeichens im Zeitpunkt der Löschungsentscheidung (Nr. 2) und der *Ersichtlichkeit des amtlichen Prüf- oder Gewährzeichens* als eines Zeichenbestandteils im Zeitpunkt der Vornahme der Eintragung (Nr. 3).

**19**   **i) Bezeichnungen internationaler zwischenstaatlicher Organisationen (§ 8 Abs. 2 Nr. 8).** Nach § 8 Abs. 2 Nr. 8 sind solche Marken von der Eintragung ausgeschlossen, die *Wappen, Flaggen* oder *andere Kennzeichen, Siegel* oder *Bezeichnungen internationaler zwischenstaatlicher Organisationen* enthalten (s. dazu § 8, Rn 389 ff.). Die Löschung der eine Bezeichnung internationaler zwischenstaatlicher Organisationen enthaltenden Marke ist nach § 50 Abs. 2 S. 1 nur dann zulässig, wenn es sich im Zeitpunkt der Entscheidung über den Löschungsantrag bei dem Zeichenbestandteil noch um die Bezeichnung einer internationalen zwischenstaatlichen Organisation handelt. Eine Marke ist nur dann von der Eintragung ausgeschlossen, wenn sie eine solche Bezeichnung einer internationalen zwischenstaatlichen Organisation enthält, die nach einer Bekanntmachung des Bundesministeriums der Justiz im Bundesgesetzblatt von der Eintragung als Marke ausgeschlossen ist (s. dazu im einzelnen § 8, Rn 399). Die Löschung der eine Bezeichnung einer internationalen zwischenstaatlichen Organisation enthaltenen Marke steht nach § 50 Abs. 3 unter dem Vorbehalt der *Einleitungsfrist von zwei Jahren* seit dem Tag der Eintragung (Nr. 1), des *Fortbestandes des Schutzhindernisses* der Bezeichnung einer internationalen zwischenstaatlichen Organisation im Zeitpunkt der Entscheidung über die Löschung (Nr. 2) und der *Ersichtlichkeit der Bezeichnung* einer internationalen zwischenstaatlichen Organisation als Zeichenbestandteil im Zeitpunkt der Vornahme der Eintragung (Nr. 3).

**20**   **j) Gesetzwidrige Marken (§ 8 Abs. 2 Nr. 9).** Nach § 8 Abs. 2 Nr. 9 sind solche Marken von der Eintragung ausgeschlossen, deren Benutzung ersichtlich *nach sonstigen Vorschriften im öffentlichen Interesse untersagt* werden kann (s. dazu § 8, Rn 400 ff.). Es bestehen eine Vielzahl von Vorschriften außerhalb des MarkenG, namentlich öffentlichrechtliche Regelungen, wie etwa im Lebensmittelrecht und Heilmittelwerberecht, nach denen die Benutzung bestimmter Marken für einen konkreten Produktsektor rechtlich unzulässig ist. Die Löschung der im Zeitpunkt der Eintragung gesetzwidrigen Marke ist nach § 50 Abs. 2 S. 1 nur dann zulässig, wenn die Gesetzwidrigkeit der Marke noch im Zeitpunkt der Entscheidung über den Löschungsantrag besteht. Die Löschung der gesetzwidrigen Marke von Amts wegen steht nach § 50 Abs. 3 unter dem Vorbehalt der *Einleitungsfrist von zwei Jahren* seit dem Tag der Eintragung (Nr. 1), des *Fortbestandes des Schutzhindernisses* der Gesetzwidrigkeit der Marke im Zeitpunkt der Löschungsentscheidung (Nr. 2) und der *Ersichtlichkeit der Gesetzwidrigkeit* der Marke im Zeitpunkt der Vornahme der Eintragung (Nr. 3).

### IV. Nichtigkeit wegen bösgläubiger Anmeldung (§ 50 Abs. 1 Nr. 4)

#### 1. Regelungszusammenhang

**21**   Die Eintragung einer Marke ist dann nach § 50 Abs. 1 Nr. 4 nichtig, wenn der *Anmelder bei der Anmeldung bösgläubig* war. Das WZG enthielt keine vergleichbare Regelung eines solchen markenrechtlichen Löschungsgrundes, auch wenn in der Rechtsprechung ein außermarkenrechtlicher Löschungsgrund einer *rechtsmißbräuchlichen* oder *sittenwidrigen Anmeldung* anerkannt war (s. Rn 23 ff.; zur Rechtslage im WZG s. *Baumbach/Hefermehl*, § 2 WZG, Rn 29). Mit dem Nichtigkeitsgrund der bösgläubigen Anmeldung nach § 50 Abs. 1 Nr. 4 wird von der Option des Art. 3 Abs. 2 lit. d MarkenRL Gebrauch gemacht, nach der eine Eintragung der Ungültigerklärung unterliegt, wenn der Antragsteller die Eintragung der Marke bösgläubig beantragt hat. Nach Art. 51 Abs. 1 lit. b GMarkenV besteht ein vergleichbarer absoluter Nichtigkeitsgrund. Der Gesetzgeber hat den Begriff der Bösgläubigkeit im MarkenG in Entsprechung zum Wortlaut der MarkenRL und der GMarkenV gewählt, um auf diese Weise eine Verknüpfung zum Gemeinschaftsmarkenrecht herzustellen (s. Begründung zum MarkenG, BT-Drucks. 12/6581 vom 14. Januar 1994, S. 96), ohne daß mit der Begriffswahl ein sachlicher Unterschied zur rechtsmißbräuchlichen oder sittenwidrigen Anmeldung einer Marke verbunden ist. Normzweck des Nichtigkeitsgrundes nach § 50 Abs. 1 Nr. 4 ist es, eine rechtsmißbräuchliche oder sittenwidrige Markeneintragung zur Löschung zu bringen, ohne daß der nach der Rechtslage im WZG bestehende Anwendungsbereich dieses außermarkenrechtlichen Löschungsgrundes den Anwendungsbereich des Nichtigkeitsgrundes nach § 50 Abs. 1 Nr. 4 abschließend bestimmen würde. Der Begriff der Bösgläubigkeit der Anmeldung wird im Verwirkungsrecht mit dem gleichen Inhalt verwendet (s. Begründung zum MarkenG, BT-Drucks. 12/6581 vom 14. Januar 1994, S. 79). Nach § 21 sind Ausschlußgründe der Verwirkung die bösgläubige Anmeldung (Abs. 1) und der bösgläubige Rechtserwerb (Abs. 2).

Der *Begriff der Bösgläubigkeit* ist ein eigenständiger Begriff des Kennzeichenrechts, der 22 Art. 3 Abs. 2 lit. d MarkenRL entnommen ist und einer richtlinienkonformen Auslegung bedarf (zum inhaltsgleichen Begriff der bösgläubigen Anmeldung und des bösgläubigen Rechtserwerbs im Sinne des Verwirkungsrechts s. § 21, Rn 15 ff.). Im Kennzeichenrecht kommt dem Begriff der Bösgläubigkeit eine andere Bedeutung zu als in der Zivilrechtsordnung im übrigen wie namentlich beim gutgläubigen Rechtserwerb. Die Eigenständigkeit des Nichtigkeitsgrundes der bösgläubigen Anmeldung nach § 50 Abs. 1 Nr. 4 kommt auch darin zum Ausdruck, daß dieser Nichtigkeitsgrund nicht als ein absolutes Schutzhindernis im Sinne des § 8 normiert worden ist. Im Eintragungsverfahren stellt die bösgläubige Anmeldung selbst dann kein absolutes Schutzhindernis aus Rechtsgründen des MarkenG dar, wenn die Bösgläubigkeit der Anmeldung ersichtlich ist (zur Ersichtlichkeit in bezug auf absolute Schutzhindernisse s. § 37 Abs. 3 zum Schutzhindernis der täuschenden Marke). Der Nichtigkeitsgrund der bösgläubigen Anmeldung kann deshalb auch nur auf Antrag nach Abs. 1 und nicht von Amts wegen nach Abs. 3 geltend gemacht werden.

### 2. Bösgläubige Anmeldung als Behinderungswettbewerb

**a) Rechtslage im WZG. aa) Rechtsmißbrauch und verwerflicher Markener-** 23 **werb.** Der allgemeine Rechtsgrundsatz, daß eine Rechtsausübung dann nach § 242 BGB unzulässig ist, wenn sie einen *Rechtsmißbrauch* darstellt, gilt auch im Kennzeichenrecht (s. § 14, Rn 539). Es ist in ständiger Rechtsprechung anerkannt, daß rechtsmißbräuchlich handelt, wer sein *formales Markenrecht ohne sachlich gerechtfertigten Grund zur Erreichung eines verwerflichen Zwecks ausnutzt* (BGHZ 15, 107, 110 – Koma; BGH GRUR 1967, 490, 492 – Pudelzeichen; 1970, 138 – Alemite; 1980, 110, 111 – Torch; 1984, 210, 211 – AROSTAR; 1985, 926, 928 – topfitz/topfit; KG WRP 1995, 727 – Analgin; HansOLG Hamburg GRUR 1995, 816 – XTensions). Die rechtsmißbräuchliche Ausnutzung einer formalen Rechtsstellung im Sinne eines Rechtsmißbrauchs nach § 242 BGB verstößt, wenn sie innerhalb eines Wettbewerbsverhältnisses hinsichtlich eines Mitbewerbers erfolgt, gegen § 1 UWG, wenn sie außerhalb eines Wettbewerbsverhältnisses erfolgt, gegen § 826 BGB (so auch nach Inkrafttreten des MarkenG BGH GRUR 1998, 412, 414 – Analgin). Das Vorliegen eines Rechtsmißbrauchs ist von Amts wegen zu berücksichtigen.

**bb) Nachahmung eines Kennzeichens.** Die Nachahmung eines fremden Kennzei- 24 chens stellt regelmäßig eine Kennzeichenrechtsverletzung im Sinne der §§ 14, 15, 126 dar. Der Nachahmungstatbestand kann aber zugleich unter dem Gesichtspunkt einer *vermeidbaren Herkunftstäuschung*, einer *zielbewußten Annäherung an verkehrsbekannte Kennzeichenmerkmale zur Rufausbeutung*, sowie einer *unmittelbaren Aneignung* einen Wettbewerbsverstoß nach § 1 UWG darstellen (s. dazu BGH GRUR 1961, 413 – Dolex; 1963, 423, 429 – coffeinfrei;

1965, 601 – roter Punkt; 1966, 30, 33 – Konservenzeichen I; 1966, 38, 42 – Centra; 1968, 371, 378 – Maggi; 1969, 190, 191 – halazon mit Anm. *Hefermehl;* 1971, 305, 306 – Konservenzeichen II; 1981, 142, 144 – Kräutermeister; s. dazu im einzelnen *Baumbach/Hefermehl,* Wettbewerbsrecht, § 1 UWG, Rn 560 ff.). Eine zielbewußte Annäherung an die verkehrsbekannten Merkmale eines fremden Kennzeichens wird als solche teils noch nicht als wettbewerbswidrig beurteilt, da eine versteckte Anlehnung objektive und subjektive Merkmale voraussetze, die erst in ihrer Summierung eine Annäherung wettbewerbswidrig machten (OLG München GRUR 1993, 915 – Verbandsmarke). Die Rechtsprechung zur wettbewerbswidrigen Annäherung an ein fremdes Kennzeichen zur vermeidbaren Herkunftstäuschung, Rufausbeutung oder Leistungsaneignung ist trotz der an ihr geübten Kritik wegen der Unterschiede der Normzwecke des Wettbewerbsrechts zum Kennzeichenrecht sachgerecht.

25  cc) **Störung eines schutzwürdigen Besitzstandes.** Unabhängig vom Vorliegen einer wettbewerbswidrigen Annäherung an ein fremdes Kennzeichen zur vermeidbaren Herkunftstäuschung, Rufausbeutung oder Leistungsaneignung liegt eine wettbewerbswidrige Behinderung nach § 1 UWG dann vor, wenn ein Wettbewerber ohne sachlich gerechtfertigten Grund die Absicht verfolgt, die Benutzung eines fremden Kennzeichens, an dem der Vorbenutzer einen *schutzwürdigen Besitzstand* erlangt hat, zu *stören* (BGH GRUR 1961, 244, 246 – natürlich in Revue; 1967, 304 f. – Siroset; 1967, 298 – Modess; 1967, 490 – Pudelzeichen; 1980, 110 – Torch; 1984, 210, 211 – AROSTAR; 1985, 926, 928 – topfitz/topfit; 1986, 74 – Shamrock III; so auch nach Inkrafttreten des MarkenG BGH GRUR 1998, 412, 414 – Analgin). Zur Feststellung der Wettbewerbswidrigkeit bedarf es einer sorgfältigen Gesamtwürdigung der besonderen Umstände des konkreten Einzelfalles. Auch bei Vorliegen eines wertvollen Besitzstandes braucht das Verhalten eines Wettbewerbers, der das fremde Kennzeichen zur Eintragung anmeldet, dann nicht wettbewerbswidrig zu sein, wenn er zur Wahrung seiner Rechte handelt, so daß die Beseitigung des fremden Besitzstandes nur die Folge einer *berechtigten Rechtsverteidigung* darstellt (BGH GRUR 1984, 210, 211 – AROSTAR). Ein Wettbewerber, dem wegen der Verletzung seines prioritätsälteren Kennzeichens *Aromal* ein nicht verwirkter Unterlassungsanspruch gegen den Vorbenutzer des Kennzeichens *AROSTAR* zusteht, handelt nicht wettbewerbswidrig, wenn er, statt Verletzungsklage zu erheben, das Zeichen *AROSTAR* für sich zur Eintragung in das Register anmeldet. Bei einer *rechtsmißbräuchlichen Zielsetzung* kann der Erwerber des vorbenutzten Kennzeichens keine Rechte gegen den Vorbenutzer geltend machen, insbesondere nicht Unterlassung der Benutzung verlangen. Auch kann dem Vorbenutzer nach Lage des Falles ein Löschungsanspruch zustehen, wenn nicht nur die Geltendmachung des formalen Kennzeichenrechts mißbräuchlich ist, sondern schon die *Anmeldung des vorbenutzten Kennzeichens* wettbewerbswidrig war (BGH GRUR 1980, 110 – Torch; 1984, 210, 211 – AROSTAR). Die Wettbewerbswidrigkeit der Störung eines schutzwürdigen Besitzstandes hat nicht zur Voraussetzung, daß die Behinderungsabsicht das alleinige Motiv darstellt, vielmehr ist ausreichend, wenn es sich um ein *wesentliches Motiv* handelt (BGH GRUR 1986, 74, 76 – Shamrock III; so auch nach Inkrafttreten des MarkenG BGH GRUR 1998, 412, 414 – Analgin). Allein die bloße *Kenntnis der Vorbenutzung* ist nicht ausreichend, die Wettbewerbswidrigkeit eines Markenerwerbs zu begründen.

26  dd) **Behinderung des Marktverhaltens.** Anmeldung und Erwerb eines Kennzeichenrechts können auch dann einen unzulässigen Behinderungswettbewerb nach § 1 UWG darstellen, wenn ein schutzwürdiger Besitzstand des Vorbenutzers an dem Kennzeichen nicht besteht, da der Erwerb eines solchen Besitzstandes keine notwendige Voraussetzung des wettbewerbsrechtlichen oder auch des deliktsrechtlichen Kennzeichenschutzes darstellt (s. schon *Baumbach/Hefermehl,* Einl WZG, Rn 50; zu einer sittenwidrigen Markenanmeldung, die vorwiegend den Zweck verfolgt, den Vorbenutzer der Kennzeichnung für identische Waren an der weiteren Benutzung zu hindern, ohne daß der Vorbenutzer an der Bezeichnung einen schutzwürdigen wertvollen Besitzstand erworben hat s. OLG München WRP 1996, 1056 – DOYUM). Als ausreichend wird angesehen, daß eine Marke allein in der *Absicht* erworben wird, den *Benutzer des Kennzeichens überhaupt zu behindern.* Dem formell Berechtigten wird der Schutz aus dem Markenrecht versagt und das wettbewerbsrechtlich Verwerfliche seines Verhaltens schon darin gesehen, daß der Markenanmelder die mit der

Eintragung der Marke kraft Markenrechts entstehende und wettbewerbsrechtlich an sich unbedenkliche Sperrwirkung *zweckfremd als Mittel des Wettbewerbskampfes* einsetzt; ein solches verwerfliches Verhalten stellt einen Rechtsmißbrauch dar (BGH GRUR 1980, 110, 111 – TORCH; BGHZ 127, 262 – NEUTREX; OLG Stuttgart WRP 1997, 118, 122 – Basics; so auch nach Inkrafttreten des MarkenG BGH GRUR 1998, 412, 414 – Analgin; 1998, 1034, 1037 – Makalu). Die Anmeldung zur Eintragung einer Marke kann schon dann wettbewerbswidrig sein, wenn der Anmelder beabsichtigt, eine Waffe in die Hand zu bekommen, um ein von einem Mitbewerber aufgebautes System zu stören oder gar zu zerstören und auf diese Weise einen eingespielten Wettbewerb zu behindern (HansOLG Hamburg GRUR 1995, 816, 817 – XTensions). Eine solche Wettbewerbsbehinderung hat nicht zur Voraussetzung, daß die *Behinderungsabsicht* das einzige Motiv darstellt, vielmehr genügt es, wenn es sich um ein *wesentliches Motiv* handelt. Wer eine wegen Nichtbenutzung löschungsreife Marke allein zu dem Zweck erwirbt, durch deren einmalige Benutzung die kennzeichenrechtliche Stellung eines Wettbewerbers zu schwächen, begegnet dem Vorwurf, das Zeichen zweckfremd als Mittel des Wettbewerbskampfes einzusetzen; ein solches rechtsmißbräuchliches Verhalten stellt einen Verstoß gegen die §§ 1 UWG, 826 BGB dar (BGHZ 127, 262 – NEUTREX).

**ee) Verhinderung ausländischer Konkurrenz.** Die Wettbewerbswidrigkeit des Markenerwerbs kann sich auch gegenüber ausländischen Kennzeichen ergeben. So kann der *Werbewert eines nur im Ausland benutzten Kennzeichens* schon einen *schutzwürdigen Besitzstand im Inland* darstellen (BGH GRUR 1967, 298, 301 – Modess; HansOLG Hamburg GRUR 1995, 816, 817 – XTensions). Zwar hindert grundsätzlich das Bestehen eines ausländischen Kennzeichens nicht die Anmeldung des Zeichens zur Eintragung als Marke im Inland, und zwar selbst dann nicht, wenn das ausländische Kennzeichen im Inland benutzt wird, ohne daß bereits Markenschutz durch den Erwerb von Verkehrsgeltung im Sinne des § 4 Nr. 2 entstanden ist. Die Anmeldung kann auch dann als unzulässiger Behinderungswettbewerb zu beurteilen sein, wenn es sich um eine *Marke mit Weltgeltung* handelt, deren bevorstehende Benutzung als Weltmarke im Inland zu verhindern beabsichtigt ist (BGH GRUR 1967, 298, 301 – Modess). 27

Die *Verhinderung ausländischer Konkurrenz* kann auch ohne Vorliegen eines schutzwürdigen Besitzstandes einen unzulässigen Behinderungswettbewerb darstellen. Eine solche Fallkonstellation lag der *Siroset*-Entscheidung des BGH zugrunde (BGH GRUR 1967, 304 – Siroset). Ein ausländisches Unternehmen beabsichtigte, im Inland aufgrund einer Lizenzierung ein patentrechtlich geschütztes Verfahren unter der in der Fachwelt bekanntgewordenen Bezeichnung *Siroset* einzuführen, die im Heimatland als Marke geschützt war. Diese Absicht konnte das ausländische Unternehmen auch ohne Begründung eines eigenen Markenrechts in der Bundesrepublik Deutschland dadurch verwirklichen, daß es die Lizenz von der Benutzung der Bezeichnung *Siroset-Verfahren* abhängig machte. Wenn nunmehr ein Anmelder aufgrund der störenden Wirkung der Anmeldung einer Marke *Siroset* das ausländische Unternehmen zu einer bestimmten, den Interessen des Anmelders dienenden Auswertung des geschützten Verfahrens, wie insbesondere zur Einräumung eines Alleinvertriebsrechts, zu bestimmen sucht, dann stellt dieses Wettbewerbsverhalten wegen der bezweckten *Sperrwirkung* einen *unzulässigen Behinderungswettbewerb* nach § 1 UWG dar. Wenn die Inbenutzungnahme einer im Ausland geschützten Kennzeichnung nach Lage des Falles als *irreführend* oder aus sonstigen Gründen als *wettbewerbswidrig* anzusehen ist, dann kommt es auf die förmliche kennzeichenrechtliche Priorität nicht an (BGH GRUR 1966, 427, 431 – Prince Albert; 1970, 528, 530 – Migrol). Wenn es an einem zur Anwendung des § 1 UWG erforderlichen Wettbewerbsverhältnis fehlt, dann kann im Falle einer vorsätzlichen Schädigung die Vorschrift des § 826 BGB eingreifen. Eine Schädigung kann in der Erschwerung der Auswertung einer Erfindung liegen, wenn bei Bestehen einer prioritätsälteren Markenanmeldung fragwürdig erscheint, ob das Verfahren unter der Bezeichnung *Siroset* im Inland eingeführt werden kann (BGH GRUR 1967, 304, 307 – Siroset). Wenn eine vorsätzliche Schädigung vorliegt, dann ist der Anmelder nach § 249 BGB zur *Rücknahme der Anmeldung* verpflichtet. Zur Annahme der Wettbewerbswidrigkeit genügt es nicht, daß der inländische Anmelder weiß, daß ein identisches Kennzeichen im Ausland benutzt wird; er muß bei der Anmeldung wissen oder zumindest damit gerechnet haben, daß das ausländische Kennzeichen in absehbarer Zeit auf dem Inlandsmarkt eingeführt oder benutzt werden soll (BGH GRUR 28

1969, 607 – Recrin). Bei einer solchen Fallkonstellation kann von dem Zweck der Anmeldung ausgegangen werden, den deutschen Markt für den ausländischen Markeninhaber zu sperren. Wettbewerbswidrig handelt ein Importeur japanischer Feuerzeuge, der sich eine Vielzahl von Marken japanischer Hersteller als eigene Marken eintragen läßt, um andere Importeure von der Benutzung der Marke für japanische Feuerzeuge auszuschließen (BGH GRUR 1980, 110, 111 – Torch; GRUR Int 1980, 173 – Martin). Die Erwirkung eines markenrechtlichen Schutzes für eine Vielzahl von Bezeichnungen, unter denen von einem Wettbewerber bereits im Ausland entsprechende Produkte angeboten werden, in der Absicht, die so markierte Ware vom deutschen Markt fernzuhalten, verstößt als wettbewerbswidrige Behinderung gegen § 1 UWG und gewährt zur Abwehr der Behinderung dem Verletzten nicht nur die exceptio doli gegenüber einem etwaigen Vorgehen aufgrund des Markenrechts, sondern auch einen *Anspruch auf Löschung* der eingetragenen Marken (OLG Karlsruhe 1997, 373 – NeutralRed). Der Inhaber eines rechtmäßig entstandenen und benutzten Markenrechts handelt grundsätzlich nicht rechtsmißbräuchlich, wenn er die Marke gegen eine spätere Markenanmeldung verteidigt, auch wenn die im Inland angemeldete prioritätsjüngere Marke bereits weltweit im Ausland Verkehrsdurchsetzung erworben hat (BGH GRUR 1970, 138, 139 – Alemite).

29 **b) Rechtslage im MarkenG.** Ein Anmelder handelt bei der Anmeldung einer Marke dann bösgläubig, wenn der Erwerb des Markenrechts durch Eintragung nach § 4 Nr. 1 der Behinderung des Wettbewerbs eines Unternehmens auf dem Markt bei der Benutzung eines Kennzeichens im Sinne des § 1 Nr. 1 bis 3 dient. Man kann die eingetragene Marke als *Aggressionsmarke* bezeichnen. Die *bösgläubige Anmeldung* einer Marke zur Eintragung stellt eine *Behinderung im Kennzeichenwettbewerb* dar. Es handelt sich um eine Fallkonstellation, bei der in der Regel ein *sittenwidriger Behinderungswettbewerb* nach § 1 UWG gegeben ist. Es kann auf die nach der Rechtslage im WZG entwickelten Grundsätze zum Rechtsmißbrauch und zum verwerflichen Markenerwerb zurückgegriffen werden (s. Rn 23 ff.). Der Nichtigkeitsgrund einer bösgläubigen Anmeldung im Sinne des § 50 Abs. 1 Nr. 4 ist in der Regel dann anzunehmen, wenn ein Tatbestand eines unzulässigen Behinderungswettbewerbs nach § 1 UWG vorliegt, wie namentlich eine wettbewerbswidrige Nachahmung eines Kennzeichens (s. Rn 24), eine wettbewerbswidrige Störung eines schutzwürdigen Besitzstandes (s. Rn 25), eine wettbewerbswidrige Behinderung des Marktverhaltens (s. Rn 26) oder eine wettbewerbswidrige Verhinderung ausländischer Konkurrenz (s. Rn 27 f.). Eine inländische Markenanmeldung kann auch als Teil einer *internationalen Marketingstrategie zur Rufausbeutung* einer bekannten Marke mit Weltgeltung wettbewerbswidrig sein. Außerhalb eines Wettbewerbsverhältnisses kann der Tatbestand einer *vorsätzlichen sittenwidrigen Schädigung* nach § 826 BGB gegeben sein. Die allgemeine zivilrechtliche oder wettbewerbsrechtliche Klage auf *Rücknahme der Anmeldung* und *Löschung der Eintragung* nach den §§ 1 UWG, 826 BGB besteht neben dem Löschungsgrund der Nichtigkeit wegen bösgläubiger Anmeldung (s. BGH WRP 1996, 903, 905 – Sali Toft; *Baumbach/Hefermehl*, Wettbewerbsrecht, § 1 UWG, Rn 240; *Kiethe/Groeschke*, WRP 1997, 269, 274; im Ergebnis auch *v. Linstow*, WRP 1999, 81, wenn auch mit einer den Anwendungsbereich der bösgläubigen Anmeldung nicht hinreichend abgrenzenden Unterscheidung zwischen Täuschungsmarken und Offensivmarken; allgemein zur Anspruchskonkurrenz s. § 2, Rn 2 ff.). Der Rechtsmißbrauch des Markenanmelders kann auch im Wege der negativen Feststellungsklage geltend gemacht werden (OLG Frankfurt GRUR 1998, 704 – Classe E).

30 Nach der Begründung zum MarkenG stellt der Nichtigkeitsgrund der bösgläubigen Anmeldung nach § 50 Abs. 1 Nr. 4 auch ein geeignetes Korrektiv zum Wegfall des Erfordernisses eines Geschäftsbetriebs als Eintragungsvoraussetzung dar (s. Begründung zum MarkenG, BT-Drucks. 12/6581 vom 14. Januar 1994, S. 96). Nach Auffassung des Gesetzgebers soll der Nichtigkeitsgrund der bösgläubigen Anmeldung auch der *Bekämpfung der Markenpiraterie* dienen. Die Anmeldung einer Marke, deren Zweck es ist, die Produkterweiterung eines Markeninhabers auf dem Markt oder den inländischen Vertrieb eines ausländischen Markeninhabers zu verhindern, stellt dann eine bösgläubige Anmeldung dar, wenn sie aufgrund der Gesamtumstände der Anmeldung sowie der Markenbenutzung durch den Mitbewerber des Anmelders als eine wettbewerbswidrige Behinderung des prioritätsälteren Benutzers der Marke zu beurteilen ist, die dem Normzweck der Vorschriften über die

Entstehung des Markenschutzes durch Eintragung einer Marke widerspricht. Der Nichtigkeitsgrund der bösgläubigen Anmeldung nach § 50 Abs. 1 Nr. 4 darf nicht dazu instrumentalisiert werden, die *Nichtakzessorietät der Marke*, die das MarkenG in Umsetzung der MarkenRL und in Übereinstimmung mit der internationalen Rechtsentwicklung als ein Prinzip des MarkenG normiert hat, zu unterlaufen und die Entwicklung des Markenrechts zu einem selbständigen Vermögensgegenstand des Wirtschaftsverkehrs auszuhöhlen. Die mit dem Begriff der *Spekulationsmarke* umschriebenen Sachverhalte rechtfertigen nicht die Versuche einer restriktiven Auslegung des MarkenG dahin, das durch die Eintragung begründete Markenrecht sei dann zu löschen, wenn der Markeninhaber keine Marktbeziehung, sei es eine Unternehmensbeteiligung, sei es ein Wettbewerbsverhältnis aufbaue (so *Füllkrug,* GRUR 1994, 679, 688; *Füllkrug,* WRP 1995, 378; ähnlich *Meister* WRP 1995, 366; hiergegen *Fezer,* FS für Vieregge, 1995, S. 229, 235; zust. *v. Linstow,* MarkenR 1999, 73; s. zur rechtlichen Bedeutung der Nichtakzessorietät der Marke im MarkenG § 3, Rn 52 ff.). Die Annahme, ein *Markenrecht ohne Marktbeziehung* sei schutzunwürdig und der Anmelder bösgläubig im Sinne des Nichtigkeitsgrundes nach § 50 Abs. 1 Nr. 4, ist fiktiv, nicht praktikabel und gefährdet die Rechtssicherheit hinsichtlich des Bestandes von Markenrechten. Das MarkenG anerkennt die Schutzwürdigkeit eines durch Eintragung entstandenen Markenrechts schon vor der Aufnahme der Benutzung der Marke nach den Regeln über den Benutzungszwang bis zum Ablauf der fünfjährigen Benutzungsfrist. Die Bösgläubigkeit einer Markenanmeldung kann deshalb *nicht allein wegen des Fehlens eines Geschäftsbetriebs,* sondern erst bei Vorliegen weiterer Indiztatsachen aufgrund der Gesamtumstände angenommen werden (so in einem obiter dictum LG Frankfurt MA 1996, 439 – E-Klasse, in dem das *Horten von Vorratszeichen* zu dem Zweck, Unternehmen unter Berufung auf fremde Markenrechte zu behindern, nicht als eine Lizenzvergabe im Sinne des § 30 angesehen wurde, sondern der Umstand, daß der Markeninhaber eine Vielzahl von Marken in den unterschiedlichsten Geschäftsbereichen hat eintragen lassen, gegen einen ernsthaften Benutzungswillen sprach). Die Absicht eines Markenanmelders, die Marke *ausschließlich zum Zwecke der Lizenzvergabe* nach § 30 zu verwenden, stellt als solches kein rechtsmißbräuchliches Verhalten dar und kann für sich allein eine bösgläubige Markenanmeldung nicht begründen (ungenau LG Frankfurt MA 1996, 439 – E-Klasse). Zur Feststellung eines Rechtsmißbrauchs ist das Gesamtverhalten des Markenanmelders etwa dahin zu würdigen, ob es deshalb keinem legitimen Zwecke diene, weil es allein darauf gerichtet sei, unter Ausnutzung einer formal besseren Rechtsstellung und unter Behinderung eines Wettbewerbers eine *Hinterhaltsmarke* zu Geld zu machen (so OLG Frankfurt GRUR 1998, 704 – Classe E). Eine bösgläubige Anmeldung einer nur zum Zwecke der Behinderung eines Kennzeicheninhabers in das Markenregister eingetragenen Marke liegt etwa dann vor, wenn der Anmelder den Kennzeicheninhaber unter Druck zu setzen und ihm die Marke gegen eine finanzielle Abgeltung zum Erwerb anzubieten bezweckt (OLG München WRP 1997, 116 – Deutsche Telekom; zum Aufkauf einer dicht an die Marke des Konkurrenten herankommenden prioritätsälteren Marke s. OLG Stuttgart WRP 1997, 118, 122 – Basics; zur Ablehnung einer rechtsmißbräuchlichen *Sperrmarke* s. OLG München NJWE-WettbR 1997, 40 - TubRobinson).

## C. Ausschlußgründe der Löschung

### I. Wegfall des Nichtigkeitsgrundes (§ 50 Abs. 2 S. 1)

Trotz Bestehens eines der Nichtigkeitsgründe fehlender Markenfähigkeit (§ 3), fehlender Markenrechtsfähigkeit (§ 7) oder wegen absoluter Schutzhindernisse (§ 8) im Zeitpunkt der Eintragung der Marke, kann die *Unanfechtbarkeit der Marke* eintreten. Nach § 50 Abs. 2 S. 1 können diese Nichtigkeitsgründe nur solange geltend gemacht werden, als sie noch bestehen. Mit dem *Wegfall des Nichtigkeitsgrundes* wird die eingetragene Marke unanfechtbar. Die Eintragung der Marke kann nur dann gelöscht werden, wenn im *Zeitpunkt der Entscheidung über den Löschungsantrag* das Schutzhindernis noch besteht. Wesentlicher Anwendungsbereich dieser Vorschrift sind die absoluten Schutzhindernisse der fehlenden Unterscheidungskraft einer Marke (§ 8 Abs. 2 Nr. 1), der beschreibenden Marken (§ 8 Abs. 2 Nr. 2) und der

Gattungsbezeichnung (§ 8 Abs. 2 Nr. 3), die durch den Erwerb von Verkehrsdurchsetzung nach § 8 Abs. 3 überwunden werden können. Ein Wegfall des Schutzhindernisses nach § 50 Abs. 2 S. 1 kommt aber auch bei den absoluten Schutzhindernissen des § 8 Abs. 2 Nr. 4 bis 9, namentlich bei einer Änderung der rechtlichen oder tatsächlichen Verhältnisse, in Betracht.

32 Auch wenn eine § 50 Abs. 2 S. 1 vergleichbare Vorschrift im WZG nicht enthalten war, bestand auch nach der *Rechtslage im WZG* der Grundsatz, daß die Löschung einer eingetragenen Marke auf Antrag eines Dritten nur dann angeordnet werden konnte, wenn der unbedingte Versagungsgrund nach § 4 WZG noch zur Zeit der Löschungsentscheidung fortbestand. Begründet wurde die Entscheidungspraxis dahin, bei Wegfall des Versagungsgrundes bestehe kein öffentliches Interesse an der Löschung (s. dazu im einzelnen *Baumbach/Hefermehl*, § 10 WZG, Rn 6).

33 Wenn ein als Marke schutzfähiges Zeichen im Zeitpunkt der Eintragung mit einem Nichtigkeitsgrund beschwert war, die Löschung der Marke aber nunmehr ausgeschlossen ist, weil das absolute Schutzhindernis nicht mehr im Zeitpunkt der Entscheidung über den Löschungsantrag nach § 50 Abs. 2 S. 1 besteht, dann kommt der eingetragenen Marke zwar grundsätzlich die Priorität des Anmeldetages nach § 6 Abs. 2 zu. Die Priorität des Anmeldetages der eingetragenen Marke kann aber nicht im Verhältnis zu solchen *Zwischenrechten* gelten, die im Zeitpunkt vor dem Wegfall des Nichtigkeitsgrundes und damit des Bestehens des Nichtigkeitsgrundes entstanden sind. Im Verhältnis zu solchen Zwischenrechten wirkt der Wegfall des Nichtigkeitsgrundes prioritätsbegründend und ist für die Bestimmung des Zeitrangs der Zeitpunkt maßgeblich, zu dem die Nichtigkeit der Marke überwunden wurde (s. § 6 Abs. 3). Zwischen der eingetragenen Marke und dem Zwischenrecht besteht *Koexistenz* im Sinne des § 6 Abs. 4. Die Kennzeichenrechte sind gleichrangig und begründen gegeneinander keine Ansprüche.

## II. Unanfechtbarkeit der Marke

### 1. Zehnjähriger Rechtsbestand (§ 50 Abs. 2 S. 2)

34 Trotz Bestehens eines der Nichtigkeitsgründe der fehlenden Unterscheidungskraft (§ 8 Abs. 2 Nr. 1), der beschreibenden Marken (§ 8 Abs. 2 Nr. 2) und der Gattungsbezeichnung (§ 8 Abs. 2 Nr. 3) ist die *Löschung nach Ablauf von zehn Jahren ausgeschlossen*. Nach § 50 Abs. 2 S. 2 kann die Eintragung trotz Bestehens dieser Nichtigkeitsgründe nur dann gelöscht werden, wenn der Antrag auf Löschung innerhalb von zehn Jahren seit dem Tag der Eintragung gestellt wird. Die *Unanfechtbarkeit der Marke* tritt ausschließlich *aufgrund des Zeitablaufs* ein. Nach einem Zeitraum von zehn Jahren können Feststellungen zur Verkehrsauffassung etwa über die fehlende Unterscheidungskraft einer Marke oder das Bestehen eines aktuellen Freihaltebedürfnisses nicht mehr zuverlässig getroffen werden. Dem Gesetzgeber des MarkenG erschien es im Interesse der Rechtssicherheit und zur Vermeidung unnötigen Verwaltungsaufwands sachgerecht, die Möglichkeit entsprechender Löschungsverfahren zeitlich zu begrenzen (Begründung zum MarkenG, BT-Drucks. 12/6581 vom 14. Januar 1994, S. 96). Ein Korrektiv des Eintritts der Unanfechtbarkeit der Marke wegen zehnjährigen Rechtsbestands bildet die Regelung des § 50 Abs. 4 Nr. 2, nach der die Eintragung einer prioritätsjüngeren Marke aufgrund einer prioritätsälteren Marke dann nicht gelöscht werden kann, wenn die prioritätsältere Marke im Zeitpunkt der Veröffentlichung der Eintragung der prioritätsjüngeren Marke aus absoluten Gründen hätte gelöscht werden können. Die Anwendung der markengesetzlichen Verwirkung von kennzeichenrechtlichen Ansprüchen nach § 21, sowie die allgemeinen zivilrechtlichen Rechtssätze zur Verwirkung im Markenrecht (s. § 21, Rn 21 ff.) bleiben von der Regelung der Unanfechtbarkeit der Marke nach § 50 Abs. 2 S. 2 unberührt.

### 2. Bestandsschutz

35 Schon nach der *Rechtslage im WZG* (zur Nichtanwendbarkeit des § 50 Abs 1 und 2 auf nach dem WZG bereits wirksam in Gang gesetzte Verfahren s. BPatG GRUR 1998, 66 – PROPACK) wurde der Markeninhaber in seinem Vertrauen auf den Rechtsbestand der nach einer Prüfung durch das DPA eingetragenen Marke nach dem Grundsatz von Treu

und Glauben (§ 242 BGB) dann geschützt, wenn der Markeninhaber durch jahrelange und unbeanstandete Benutzung der Marke sich einen wertvollen Besitzstand geschaffen und insoweit ein schutzwürdiges Interesse an der Aufrechterhaltung des Markenschutzes hatte (BGHZ 42, 151, 161 – Rippenstreckmetall II). Der Eintritt der Unanfechtbarkeit der Marke aufgrund des *Erwerbs eines wertvollen Besitzstandes* wird durch die Regelung des § 50 Abs. 2 S. 2 nicht ausgeschlossen. Der aus dem Grundsatz von Treu und Glauben entwickelte *Bestandsschutz einer Marke*, der nicht nur auf dem Zeitablauf als solchem, sondern auf dem Bestehen schutzwürdiger Umstände beruht, kann vor Ablauf des Zeitraums von zehn Jahren im Sinne des § 50 Abs. 2 S. 2 eintreten. Auf die Anerkennung eines Bestandsschutzes nach dem Grundsatz von Treu und Glauben wird es nur selten ankommen, da in Fallkonstellationen des Erwerbs eines wertvollen Besitzstandes in der Regel Verkehrsdurchsetzung nach § 8 Abs. 3 vorliegen wird und deshalb die Nichtigkeitsgründe nach § 50 Abs. 2 S. 1 nicht mehr geltend gemacht werden können. Ein Bestandsschutz der Marke nach § 242 BGB kommt bei den absoluten Schutzhindernissen des § 8 Abs. 2 Nr. 4 bis 9, für die der Ausschluß der Löschung wegen zehnjährigen Rechtsbestands nach § 50 Abs. 2 S. 2 nicht gilt, nur ausnahmsweise dann in Betracht, wenn das öffentliche Interesse, auf dem diese absoluten Schutzhindernisse beruhen, der Anerkennung eines markenrechtlichen Individualschutzes nicht entgegensteht. Wenn etwa die Eintragung der Marke einen eindeutigen und schweren Gesetzesverstoß darstellt, dann beansprucht das öffentliche Interesse regelmäßig den Vorrang vor einem Vertrauensschutz des Markeninhabers (so zur Eintragung einer Dienstleistungsmarke vor deren gesetzlicher Einführung BGHZ 42, 44, 52 f. – Scholl).

## D. Löschungsverfahren

### I. Löschung auf Antrag (§ 50 Abs. 1)

Die Löschung der Eintragung einer Marke wegen Nichtigkeit nach § 50 Abs. 1 Nr. 1 bis 4 erfolgt auf Antrag. *Antragsberechtigt* ist *jede Person* (§ 54 Abs. 1 S. 2). Der Antrag ist beim DPMA zu stellen (§ 54 Abs. 1 S. 1); für den Antrag gelten nach § 44 MarkenV die Regelungen des § 43 MarkenV über die erforderlichen Angaben des Antrags. Es handelt sich um ein *Popularverfahren*, bei dem der Anmelder nicht des Nachweises eines eigenen Rechtsschutzbedürfnisses bedarf (s. zum Löschungsverfahren wegen absoluter Schutzhindernisse im einzelnen § 54, Rn 2). Das Löschungsverfahren wird durch die Eröffnung des Insolvenzverfahrens über das Vermögen des Löschungsantragstellers nach § 240 ZPO unterbrochen (BPatG GRUR 1997, 833 – digital).

Die Löschung der Eintragung verlangt den Nachweis, daß der Eintragung absolute Schutzhindernisse entgegenstanden. Dieser Nachweis ist aus tatsächlichen Gründen dann erschwert, wenn die Marke schon seit längerer Zeit eingetragen und niemals beanstandet worden ist. Die Nachweisschwierigkeiten dürfen bei einer jahrelang unangefochten eingetragenen Marke unter Berücksichtigung des Grundsatzes von Treu und Glauben nicht zu Lasten des Markeninhabers gehen. Es obliegt vielmehr dem *Antragsteller* der *Nachweis der Löschungsvoraussetzungen* (BPatG GRUR 1980, 58 – SANGRITA; s. zur Löschungsklage auch BGH GRUR 1966, 427 – Prince Albert). Wenn jedoch das Fehlen der Eintragungsvoraussetzungen feststeht, dann hängt die Löschung der eingetragenen Marke nicht noch davon ab, daß ein konkretes überwiegendes öffentliches Interesse die Löschung rechtfertigt (BGHZ 42, 151, 160 – Rippenstreckmetall II; aA *Schlüter*, Mitt 1959, 2, 7).

### II. Löschung von Amts wegen (§ 50 Abs. 3)

Neben der Löschung auf Antrag nach § 50 Abs. 1 ist eine Löschung von Amts wegen nach § 50 Abs. 3 bei solchen Nichtigkeitsgründen möglich, die in einem Zusammenhang mit der öffentlichen Ordnung stehen. Von Amts wegen kann die Eintragung einer Marke dann gelöscht werden, wenn die Eintragung der Marke trotz Bestehens eines absoluten Schutzhindernisses nach § 8 Abs. 2 Nr. 4 bis 9 erfolgt ist. Die *Amtslöschung* ermöglicht dem DPMA eine Korrektur ersichtlicher Fehleintragungen, deren Bestand aus Gründen des öffentlichen Interesses nicht hingenommen werden kann (Begründung zum MarkenG, BT-Drucks. 12/6581 vom 14. Januar 1994, S. 96). Die *Einleitung eines Amtslöschungsverfahrens* steht unter den *drei weiteren Voraussetzungen* des § 50 Abs. 3 Nr. 1 bis 3. Das Löschungsverfahren muß innerhalb eines Zeitraums von zwei Jahren seit dem Tag der Eintragung eingeleitet werden (Nr. 1). Im Zeitpunkt der Entscheidung über die Löschung muß das absolute Schutzhindernis im Sinne des § 8 Abs. 2 Nr. 4 bis 9 noch bestehen. Die Amtslöschung setzt ferner die Ersichtlichkeit der fehlerhaften Eintragung voraus (Nr. 3). Ob ein Amtslöschungsverfahren einzuleiten ist, entscheidet das DPMA nach pflichtgemäßem Ermessen.

39  Nach der *Rechtslage im WZG* sah die Vorschrift des § 10 WZG weder eine zeitliche noch eine inhaltliche Begrenzung des Amtslöschungsverfahrens vor. Eintragungspraxis und Rechtsprechung gingen aber davon aus, daß die Entscheidung, ob ein Amtslöschungsverfahren einzuleiten war, nach pflichtgemäßem Ermessen des DPA zu erfolgen hatte (BGH GRUR 1977, 664, 665 – CHURRASCO). Eine Löschung von Amts wegen erfolgte in der Regel nur dann, wenn die Schutzunfähigkeit der Marke evident und ihre Löschung im öffentlichen Interesse erforderlich war (s. dazu *Albert*, Mitt 1978, 157).

### E. Teilnichtigkeit der Marke (§ 50 Abs. 4)

40  Die Vorschrift des § 50 Abs. 4 regelt die *Teilnichtigkeit der Marke*. Wenn einer der Nichtigkeitsgründe im Sinne des § 50 Abs. 1 Nr. 1 bis 4 nur *für einen Teil der Waren oder Dienstleistungen*, für die die Marke eingetragen ist, vorliegt, dann wird die Marke auf Antrag nur für diese Waren oder Dienstleistungen gelöscht. Die Teilnichtigkeit einer Marke bewirkt die Teillöschung der Waren oder Dienstleistungen. Eine Teillöschung der Marke wegen Teilnichtigkeit ist dann ausgeschlossen, wenn die Marke auch nach der Teillöschung für die entsprechenden Waren oder Dienstleistungen von Dritten im Verkehr nicht frei benutzt werden kann (s. dazu im einzelnen § 54, Rn 2). Bei einer *inhaltlich täuschenden Marke* erfolgt die Teillöschung dann, wenn die Marke nur für einen *Teil der eingetragenen Waren oder Dienstleistungen* die Täuschungsgefahr begründet. Wenn die Marke nur *regional* im Geltungsbereich des MarkenG täuschend wirkt, dann kommt eine regional begrenzte Teillöschung nicht in Betracht, vielmehr ist die inhaltlich täuschende Marke als solche zu löschen.

### F. Nichtigkeit international registrierter Marken

41  Bei *international registrierten Marken* tritt an die Stelle des Antrags oder der Klage auf Löschung der Marke wegen des Vorliegens absoluter Schutzhindernisse (§ 50) nach § 115 Abs. 1 der Antrag oder die Klage auf Schutzentziehung (s. dazu im einzelnen § 115, Rn 1).

### G. Nachträgliches Entstehen absoluter Schutzhindernisse

42  Voraussetzung einer Löschung der nichtigen Marke auf Antrag ist es, daß das absolute Schutzhindernis nach § 8 im *Zeitpunkt der Eintragung* der Marke bestanden hat. Wenn die Marke im Zeitpunkt der Eintragung eintragungsfähig war und ein absolutes Schutzhindernis nach § 8 erst zu einem späteren Zeitpunkt entsteht, dann kann die Marke nicht nach § 50 Abs. 1 Nr. 3 auf Antrag wegen Nichtigkeit gelöscht werden. In solchen Fallkonstellationen kann Mitbewerbern ein *außermarkengesetzlicher Anspruch auf Löschung der Marke* nach § 1 UWG zustehen (RG GRUR 1932, 302, 305 – Rasierklingen; *Baumbach/Hefermehl*, § 11 WZG, Rn 43; *Reimer/Trüstedt*, Bd. 1, Kap. 31, Rn 30). Solche Fallgestaltungen sind etwa die Umwandlung einer Marke in ein Freizeichen, einen freien Produktnamen oder eine allgemein sprachgebräuchliche oder verkehrsübliche Gattungsbezeichnung (§ 8, Rn 283) oder eine Veränderung der ursprünglich die Sittenwidrigkeit einer Marke begründenden Moral- und Wertvorstellungen. Die Beschränkung der Löschung auf eine außermarkengesetzliche Löschungsklage, die das Bestehen eines Wettbewerbsverhältnisses nach § 1 UWG voraussetzt, wird dem öffentlichen Interesse an der Durchsetzung der absoluten Schutzhindernisse des § 8 nicht gerecht. Eine analoge Anwendung des § 50 Abs. 1 Nr. 3 auf das nachträgliche Entstehen von absoluten Schutzhindernissen ist methodisch bedenklich, da der entgegenste-

hende Wille des Markengesetzgebers eindeutig ist und insoweit eine ungewollte Gesetzeslücke nicht besteht. De lege ferenda sollte allerdings wegen des beteiligten öffentlichen Interesses in solchen Fallkonstellationen eine Amtslöschung vorgesehen werden.

### Nichtigkeit wegen des Bestehens älterer Rechte

**51** (1) Die Eintragung einer Marke wird auf Klage wegen Nichtigkeit gelöscht, wenn ihr ein Recht im Sinne der §§ 9 bis 13 mit älterem Zeitrang entgegensteht.

(2) ¹Die Eintragung kann aufgrund der Eintragung einer Marke mit älterem Zeitrang nicht gelöscht werden, soweit der Inhaber der Marke mit älterem Zeitrang die Benutzung der Marke mit jüngerem Zeitrang für die Waren oder Dienstleistungen, für die sie eingetragen ist, während eines Zeitraums von fünf aufeinanderfolgenden Jahren in Kenntnis dieser Benutzung geduldet hat, es sei denn, daß die Anmeldung der Marke mit jüngerem Zeitrang bösgläubig vorgenommen worden ist. ²Das gleiche gilt für den Inhaber eines Rechts mit älterem Zeitrang an einer durch Benutzung erworbenen Marke im Sinne des § 4 Nr. 2, an einer notorisch bekannten Marke im Sinne des § 4 Nr. 3, an einer geschäftlichen Bezeichnung im Sinne des § 5 oder an einer Sortenbezeichnung im Sinne des § 13 Abs. 2 Nr. 4. ³Die Eintragung einer Marke kann ferner nicht gelöscht werden, wenn der Inhaber eines der in den §§ 9 bis 13 genannten Rechte mit älterem Zeitrang der Eintragung der Marke vor der Stellung des Antrags auf Löschung zugestimmt hat.

(3) Die Eintragung kann aufgrund einer bekannten Marke oder einer bekannten geschäftlichen Bezeichnung mit älterem Zeitrang nicht gelöscht werden, wenn die Marke oder die geschäftliche Bezeichnung an dem für den Zeitrang der Eintragung der Marke mit jüngerem Zeitrang maßgeblichen Tag noch nicht im Sinne des § 9 Abs. 1 Nr. 3, des § 14 Abs. 2 Nr. 3 oder des § 15 Abs. 3 bekannt war.

(4) Die Eintragung kann aufgrund der Eintragung einer Marke mit älterem Zeitrang nicht gelöscht werden, wenn die Eintragung der Marke mit älterem Zeitrang am Tag der Veröffentlichung der Eintragung der Marke mit jüngerem Zeitrang

1. wegen Verfalls nach § 49 oder
2. wegen absoluter Schutzhindernisse nach § 50

hätte gelöscht werden können.

(5) Liegt ein Nichtigkeitsgrund nur für einen Teil der Waren oder Dienstleistungen vor, für die die Marke eingetragen ist, so wird die Eintragung nur für diese Waren oder Dienstleistungen gelöscht.

### Inhaltsübersicht

| | Rn |
|---|---|
| A. Regelungszusammenhang | 1 |
| B. Löschungsklage wegen Bestehens älterer Rechte | 2–16 |
|   I. Grundsatz | 2 |
|   II. Die relativen Nichtigkeitsgründe (§ 51 Abs. 1) | 3–8 |
|     1. Prioritätsältere Marke als relativer Nichtigkeitsgrund (§ 9) | 3, 4 |
|     2. Notorisch bekannte Marke als relativer Nichtigkeitsgrund (§ 10) | 5 |
|     3. Relativer Nichtigkeitsgrund für rechtswidrige Agentenmarken (§ 11) | 6 |
|     4. Prioritätsältere Marke mit Verkehrsgeltung und prioritätsältere geschäftliche Bezeichnungen als relative Nichtigkeitsgründe (§ 12) | 7 |
|     5. Sonstige prioritätsältere Rechte als relative Nichtigkeitsgründe (§ 13) | 8 |
|   III. Schranken der relativen Nichtigkeitsgründe (§ 51 Abs. 2 bis 4) | 9–15 |
|     1. Verwirkung des Löschungsanspruchs | 9–11 |
|       a) Prioritätsältere Marke (§ 51 Abs. 2 S. 1) | 9, 10 |
|       b) Durch Benutzung erworbene Marken und geschäftliche Bezeichnungen sowie Sortenbezeichnungen (§ 51 Abs. 2 S. 2) | 11 |
|     2. Zustimmung zur Eintragung (§ 51 Abs. 2 S. 3) | 12 |
|     3. Priorität des Rechtszuwachses bekannter Kennzeichen (§ 51 Abs. 3) | 13 |
|     4. Löschungsreife der prioritätsälteren Marke (§ 51 Abs. 4) | 14, 15 |
|       a) Löschungsreife wegen Verfalls der Marke (§ 51 Abs. 4 Nr. 1) | 14 |
|       b) Löschungsreife wegen Bestehens absoluter Schutzhindernisse (§ 51 Abs. 4 Nr. 2) | 15 |

| | Rn |
|---|---|
| IV. Rechtsbestand und Schutzumfang der Marke................................ | 16 |
| C. Teilnichtigkeit (§ 51 Abs. 5)............................................................ | 17 |
| D. Nichtigkeit international registrierter Marken................................. | 18 |

## A. Regelungszusammenhang

1   Regelungsgegenstand des § 51 sind die *relativen Nichtigkeitsgründe*, die sich aus dem Bestehen prioritätsälterer Rechte ergeben. Die Eintragung einer Marke wird nach § 51 Abs. 1 wegen Nichtigkeit gelöscht, wenn die eingetragene Marke ein *Recht im Sinne der §§ 9 bis 13 mit älterem Zeitrang* entgegensteht. Diese Löschungsgründe können im Wege der Klage geltend gemacht werden. Die Löschungsklage ist nach § 55 Abs. 1 vor den ordentlichen Gerichten gegen den als Inhaber der Marke eingetragenen oder seinen Rechtsnachfolger zu richten. Nach § 51 Abs. 2 bis 4 besteht eine Reihe von Einschränkungen des Grundtatbestandes der Löschungsklage nach § 51 Abs. 1. Art. 52 GMarkenV enthält eine vergleichbare Regelung der relativen Nichtigkeitsgründe einer Gemeinschaftsmarke. Die Regelung der Nichtigkeit wegen Bestehens älterer Rechte nach § 51 Abs. 2 entspricht teilweise der Vorrangklage nach § 11 Abs. 1 Nr. 1 WZG. Die relativen Nichtigkeitsgründe nach § 51 können nicht nur im Wege der Löschungsklage nach § 55 Abs. 1 oder der Widerklage, sondern auch einredeweise gegenüber einer auf Unterlassung oder Schadensersatz gerichteten Verletzungsklage des Inhabers der eingetragenen Marke geltend gemacht werden (s. zur einredeweisen Geltendmachung auch § 49, Rn 3).

## B. Löschungsklage wegen Bestehens älterer Rechte

### I. Grundsatz

2   Voraussetzung der Löschungsklage nach § 51 Abs. 1 ist das Bestehen eines Rechts im Sinne der §§ 9 bis 13 mit älterem Zeitrang. Ein *prioritätsälteres Kennzeichen* im Sinne der §§ 9 bis 13 bildet einen *relativen Nichtigkeitsgrund* für die eingetragene Marke. Im Unterschied zu den absoluten Schutzhindernissen, die sich aus der Natur einer Marke als solcher ergeben, Regelungsgegenstand des § 8 sind und absolute Nichtigkeitsgründe zur Löschung der eingetragenen Marke nach § 50 darstellen, ergeben sich die relativen Schutzhindernisse, die Regelungsgegenstand der §§ 9 bis 13 sind und die relativen Nichtigkeitsgründe zur Löschung der eingetragenen Marke bilden, aus Fallkonstellationen einer Kollision der angemeldeten oder eingetragenen Marke mit prioritätsälteren Kennzeichenrechten. Die Schutzhindernisse der §§ 9 bis 13 und die darauf beruhenden relativen Nichtigkeitsgründe im Sinne des § 51 Abs. 1 werden relativ genannt, weil sie sich aus dem Bestehen eines prioritätsälteren Kennzeichenrechts ergeben, auf das sich Dritte nicht berufen können, weil dessen Rechtswirkungen sich nur relativ zwischen den Parteien entfalten. Die *relativen Nichtigkeitsgründe als Löschungsgründe* der eingetragenen Marke ergeben sich aus den *relativen Schutzhindernissen* der §§ 9 bis 13.

### II. Die relativen Nichtigkeitsgründe (§ 51 Abs. 1)

#### 1. Prioritätsältere Marke als relativer Nichtigkeitsgrund (§ 9)

3   Die Eintragung einer Marke kann nach § 51 Abs. 1 gelöscht werden, wenn eine Kollision mit einer *prioritätsälteren Marke im Sinne des § 9* besteht. Die prioritätsältere Marke bildet einen relativen Nichtigkeitsgrund für die eingetragene Marke. § 9 Abs. 1 Nr. 1 bis 3 normiert drei Kollisionstatbestände des Bestehens einer eingetragenen Marke mit älterem Zeitrang. Die Vorschrift gewährt der prioritätsälteren Marke *Identitätsschutz* (Nr. 1), *Verwechslungsschutz* (Nr. 2) und *Bekanntheitsschutz* (Nr. 3). Ein relativer Nichtigkeitsgrund im Sinne des § 9 Abs. 1 Nr. 1 liegt vor, wenn die prioritätsjüngere Marke mit der prioritätsälteren Marke identisch ist und die Waren oder Dienstleistungen der Marken identisch sind. Der Identitätsschutz der Marke besteht unabhängig vom Vorliegen einer Verwechslungsgefahr auf-

grund der Markenkollision. Ein relativer Nichtigkeitsgrund im Sinne des § 9 Abs. 1 Nr. 2 liegt vor, wenn zwischen der prioritätsjüngeren Marke und der prioritätsälteren Marke für das Publikum die Gefahr von Verwechslungen besteht. Voraussetzung dieses relativen Nichtigkeitsgrundes ist das Vorliegen von Verwechslungsgefahr. Die Verwechslungsgefahr ist Folge einer Identität oder Ähnlichkeit der kollidierenden Marken und der Waren oder Dienstleistungen. Zur Verwechslungsgefahr gehört auch die Gefahr, daß die prioritätsjüngere Marke mit der prioritätsälteren Marke gedanklich in Verbindung gebracht wird. Ein relativer Nichtigkeitsgrund im Sinne des § 9 Abs. 1 Nr. 3 liegt vor, wenn die prioritätsjüngere Marke und die prioritätsältere Marke identisch oder ähnlich sind, die prioritätsjüngere Marke für nicht ähnliche Waren oder Dienstleistungen eingetragen wird und es sich bei der prioritätsälteren Marke um eine im Inland bekannte Marke handelt, deren Unterscheidungskraft oder Wertschätzung aufgrund der Markenkollision ohne rechtfertigenden Grund in unlauterer Weise ausgenutzt oder beeinträchtigt wird. Voraussetzungen dieses relativen Nichtigkeitsgrundes ist eine unlautere und nicht gerechtfertigte Markenausnutzung oder Markenbeeinträchtigung einer bekannten Marke mit älterem Zeitrang außerhalb ihres Produktähnlichkeitsbereichs.

Der relative Nichtigkeitsgrund des Bestehens einer prioritätsälteren Marke bestimmt sich nach der Reichweite des Anwendungsbereichs der Kollisionstatbestände des § 9 Abs. 1 Nr. 1 bis 3. Wesentliche Tatbestandsmerkmale dieser Kollisionstatbestände sind die *Markenidentität* und *Markenähnlichkeit*, die *Produktidentität* und *Produktähnlichkeit* sowie der Begriff der *Verwechslungsgefahr* einschließlich des *gedanklichen Inverbindungbringens*. Da die drei Kollisionstatbestände des § 9 Abs. 1 Nr. 1 bis 3 ihrem materiellrechtlichen Inhalt nach mit den drei Kollisionstatbeständen einer Markenrechtsverletzung nach § 14 Abs. 2 Nr. 1 bis 3 einheitlich normiert sind, ist die Reichweite des Identitätsschutzes, des Verwechslungsschutzes und des Bekanntheitsschutzes einer Marke sowohl hinsichtlich des Bestehens eines relativen Nichtigkeitsgrundes als auch hinsichtlich des Vorliegens einer Markenrechtsverletzung gleich zu bestimmen (s. im einzelnen § 14, Rn 71 ff., 77 ff., 410 ff.).

### 2. Notorisch bekannte Marke als relativer Nichtigkeitsgrund (§ 10)

Das Bestehen einer *notorisch bekannten Marke mit älterem Zeitrang* nach § 10 stellt einen relativen Nichtigkeitsgrund nach § 51 Abs. 1 dar. Die Eintragung der prioritätsjüngeren Marke ist zu löschen, wenn sie mit einer im Inland notorisch bekannten Marke mit älterem Zeitrang kollidiert. Eine Markenkollision zwischen der prioritätsjüngeren Marke und der prioritätsälteren Marke mit Notorietät liegt nach § 10 Abs. 1 dann vor, wenn die Marken identisch oder ähnlich sind und die weiteren Voraussetzungen der relativen Nichtigkeitsgründe des § 9 Abs. 1 Nr. 1, 2 oder 3 gegeben sind (s. im einzelnen § 10, Rn 4 ff.).

### 3. Relativer Nichtigkeitsgrund für rechtswidrige Agentenmarken (§ 11)

Nach § 11 besteht ein relativer Nichtigkeitsgrund für *rechtswidrige Agentenmarken*. Nach § 51 Abs. 1 kann die Eintragung einer Agentenmarke gelöscht werden, die ohne Zustimmung des Markeninhabers für dessen Agenten oder Vertreter eingetragen wird. Allgemeine Voraussetzungen des Löschungsgrundes einer rechtswidrigen Agentenmarke sind das Bestehen von Markenschutz für den Inhaber, die Eintragung der Marke für den Agenten oder Vertreter des Markeninhabers, das Fehlen einer Zustimmung des Inhabers der Marke und ein nicht gerechtfertigtes Handeln des Agenten oder Vertreters (s. im einzelnen § 11, Rn 8 ff.).

### 4. Prioritätsältere Marke mit Verkehrsgeltung und prioritätsältere geschäftliche Bezeichnungen als relative Nichtigkeitsgründe (§ 12)

Das Bestehen einer *prioritätsälteren Marke mit Verkehrsgeltung* oder einer *prioritätsälteren geschäftlichen Bezeichnung* nach § 12 stellt einen relativen Nichtigkeitsgrund nach § 51 Abs. 1 dar. Ein Löschungsgrund nach § 12 besteht, wenn der Erwerb einer Marke mit Verkehrsgeltung im Sinne des § 4 Nr. 2 oder einer geschäftlichen Bezeichnung im Sinne des § 5 vorliegt, diesem nicht eingetragenen Kennzeichen der ältere Zeitrang gegenüber der eingetragenen prioritätsjüngeren Marke zukommt, und wenn dem Inhaber des prioritätsälteren

Kennzeichens nach dessen Schutzinhalt das Recht zusteht, die Benutzung der eingetragenen Marke im gesamten Gebiet der Bundesrepublik Deutschland zu untersagen (s. im einzelnen § 12, Rn 5 f.).

### 5. Sonstige prioritätsältere Rechte als relative Nichtigkeitsgründe (§ 13)

8   Das Bestehen eines *sonstigen prioritätsälteren Rechts im Sinne des § 13* stellt einen relativen Nichtigkeitsgrund nach § 51 Abs. 1 dar. Ein Löschungsgrund nach § 13 besteht dann, wenn die eingetragene Marke mit jüngerem Zeitrang mit einem sonstigen Recht mit älterem Zeitrang kollidiert. Voraussetzung des Löschungsgrundes ist es, daß der Inhaber des prioritätsälteren sonstigen Rechts nach dessen Schutzinhalt berechtigt ist, die Benutzung der eingetragenen Marke im gesamten Gebiet der Bundesrepublik Deutschland zu untersagen (s. im einzelnen § 13, Rn 2).

## III. Schranken der relativen Nichtigkeitsgründe (§ 51 Abs. 2 bis 4)

### 1. Verwirkung des Löschungsanspruchs

9   a) **Prioritätsältere Marke (§ 51 Abs. 2 S. 1).** Der Inhaber der prioritätsälteren Marke kann die Löschung der Eintragung der prioritätsjüngeren Marke dann nicht verlangen, wenn nach § 51 Abs. 2 S. 1 *Verwirkung* eingetreten ist. Nach dieser Vorschrift kann die Eintragung der prioritätsjüngeren Marke aufgrund der Eintragung der prioritätsälteren Marke dann nicht gelöscht werden, wenn der Inhaber der prioritätsälteren Marke die Benutzung der prioritätsjüngeren Marke für die Waren oder Dienstleistungen, für die sie eingetragen ist, während eines *Zeitraums von fünf aufeinanderfolgenden Jahren* in Kenntnis dieser Benutzung geduldet hat, es sei denn, daß die Anmeldung der Marke mit jüngerem Zeitrang bösgläubig vorgenommen worden ist. Die einzelnen Tatbestandsmerkmale der Verwirkung des Löschungsanspruchs nach § 51 Abs. 2 S. 1 entsprechen den Tatbestandsmerkmalen der markengesetzlichen Verwirkung kennzeichenrechtlicher Ansprüche nach § 21. Das gilt namentlich für den Produktbezug der Verwirkung (s. im einzelnen § 21, Rn 8), den Mindestzeitraum von fünf Jahren (s. im einzelnen § 21, Rn 9 f.), die ununterbrochene Benutzung (s. im einzelnen § 21, Rn 11 f.), die Kenntnis von der Benutzung (s. im einzelnen § 21, Rn 13), die Duldung der Benutzung (s. im einzelnen § 21, Rn 14) und die Bösgläubigkeit bei der Anmeldung der prioritätsjüngeren Marke (s. im einzelnen § 21, Rn 15 ff.).

10  Die Regelung der Verwirkung als eine Schranke der relativen Nichtigkeitsgründe schließt die Anwendung der allgemeinen Grundsätze über die Verwirkung von Ansprüchen nicht aus (s. § 21 Abs. 4). Die allgemeinen zivilrechtlichen Rechtssätze zur Verwirkung (s. § 21, Rn 21 ff.), die namentlich im Wettbewerbsrecht und im Markenrecht eine lange Tradition aufweisen und von erheblicher Bedeutung sind, bleiben neben der Regelung des § 51 Abs. 2 S. 1 und 2 anwendbar. Diesen allgemeinen Verwirkungsgrundsätzen wird auch nach der Rechtslage im MarkenG eine entscheidende Bedeutung zukommen, da sich diese Rechtssätze in ihren rechtlichen Voraussetzungen wesentlich von der markengesetzlichen Verwirkung unterscheiden.

11  b) **Durch Benutzung erworbene Marken und geschäftliche Bezeichnungen sowie Sortenbezeichnungen (§ 51 Abs. 2 S. 2).** Die Verwirkung des Löschungsanspruchs nach den Voraussetzungen des § 51 Abs. 2 S. 1 gilt nach § 51 Abs. 2 S. 2 auch für den Inhaber eines sonstigen prioritätsälteren Kennzeichens, wie einer *durch Benutzung erworbenen Marke* im Sinne des § 4 Nr. 2, einer *notorisch bekannten Marke* im Sinne des § 4 Nr. 3, einer *geschäftlichen Bezeichnung* im Sinne des § 5 oder einer *Sortenbezeichnung* im Sinne des § 13 Abs. 2 Nr. 4. Die Einbeziehung dieser Kennzeichenrechte in die Verwirkungsregelung ist deshalb erforderlich, weil sich sonst ergeben könnte, daß eine Marke aus einem sonstigen älteren Recht gelöscht werden kann, obwohl sie im Verhältnis zu einer damit übereinstimmenden eingetragenen Marke wegen der langjährigen Duldung unanfechtbar geworden ist. Mit der Regelung der Verwirkung aufgrund dieser Kennzeichenrechte machte der Gesetzgeber des MarkenG von der Option des Art. 9 Abs. 2 MarkenRL Gebrauch.

## 2. Zustimmung zur Eintragung (§ 51 Abs. 2 S. 3)

Eine Schranke der relativen Nichtigkeitsgründe bildet die *Zustimmung* des Inhabers des prioritätsälteren Kennzeichenrechts zur Eintragung der prioritätsjüngeren Marke. Die Eintragung einer prioritätsjüngeren Marke kann nach § 51 Abs. 2 S. 3 dann nicht gelöscht werden, wenn der Inhaber eines prioritätsälteren Kennzeichenrechts im Sinne der §§ 9 bis 13 der Eintragung der prioritätsjüngeren Marke vor der Stellung des Antrags auf Löschung zugestimmt hat. Dasselbe gilt, wenn der *Rechtsvorgänger* des Inhabers des prioritätsälteren Kennzeichens der Eintragung der Marke vor der Stellung des Antrags auf Löschung zugestimmt hat. Wenn der Inhaber des prioritätsälteren Kennzeichens der Eintragung zugestimmt hat, dann steht ihm ein Löschungsanspruch auch dann nicht zu, wenn der Inhaber der prioritätsjüngeren Marke die Anmeldung bösgläubig vorgenommen hat.

## 3. Priorität des Rechtszuwachses bekannter Kennzeichen (§ 51 Abs. 3)

Eine Schranke der relativen Nichtigkeitsgründe besteht nach § 51 Abs. 3 für bekannte Kennzeichen. Nach dieser Vorschrift kann die Eintragung einer prioritätsjüngeren Marke aufgrund einer bekannten Marke oder einer bekannten geschäftlichen Bezeichnung mit älterem Zeitrang dann nicht gelöscht werden, wenn die Marke oder die geschäftliche Bezeichnung an dem für den Zeitrang der Eintragung der Marke mit jüngerem Zeitrang maßgeblichen Tag noch kein bekanntes Kennzeichen im Rechtssinne (§§ 9 Abs. 1 Nr. 3, 14 Abs. 2 Nr. 3, 15 Abs. 3) war. Der Ausschluß des Löschungsanspruchs beruht in diesen Fallkonstellationen auf der *Priorität des Rechtszuwachses bekannter Kennzeichen*. Die Priorität einer eingetragenen Marke bestimmt sich nach § 6 Abs. 2 grundsätzlich nach dem Anmeldetag (§ 33 Abs. 1). Wenn die eingetragene Marke oder die geschäftliche Bezeichnung aufgrund ihrer Benutzung im Verkehr zu einer im Inland bekannten Marke oder bekannten geschäftlichen Bezeichnung im Sinne der §§ 9 Abs. 1 Nr. 3, 14 Abs. 2 Nr. 3, 15 Abs. 3 wird, dann besteht gegenüber dem normalen Schutzumfang der eingetragenen Marke oder der geschäftlichen Bezeichnung ein erweiterter Schutzumfang des bekannten Kennzeichens, der zudem auch außerhalb des Produktähnlichkeitsbereichs als Bekanntheitsschutz gewährt wird. Die Erweiterung des Schutzumfangs durch den entstandenen Rechtszuwachs soll sich nicht zum Nachteil einer eingetragenen Marke auswirken, die zwar gegenüber der Priorität der Eintragung der bekannten Marke prioritätsjünger ist, deren Markenschutz durch Eintragung aber vor dem Erwerb der Bekanntheit der prioritätsälteren Marke entstanden ist. Der Bekanntheitsschutz der eingetragenen Marke oder der geschäftlichen Bezeichnung besteht nicht gegenüber *Zwischenrechten*. Aus diesem Grund wird das Löschungsrecht des prioritätsälteren Kennzeichens gegenüber solchen Zwischenrechten eingeschränkt. Nach § 51 Abs. 3 ist die Löschung einer prioritätsjüngeren eingetragenen Marke als nichtig wegen des Bestehens der prioritätsälteren Marke oder der prioritätsälteren geschäftlichen Bezeichnung dann ausgeschlossen, wenn die prioritätsälteren Kennzeichen an dem für den Zeitrang der Eintragung der Marke mit jüngerem Zeitrang maßgeblichen Tag (Prioritätstag) noch nicht im Rechtssinne bekannt waren. Die Rechtsfolge des § 51 Abs. 3 ergibt sich schon aus dem Prioritätsgrundsatz, ohne daß es einer ausdrücklichen gesetzlichen Regelung bedurft hätte. Dem Gesetzgeber erschien die Regelung dieser Fallkonstellation zur Vermeidung unnötiger Prozesse zweckmäßig (Begründung zum MarkenG, BT-Drucks. 12/6581 vom 14. Januar 1994, S. 97). § 51 Abs. 3 normiert nur einen *Löschungsausschlußgrund*. § 22 Abs. 1 Nr. 1 normiert für diese Fallkonstellation die *Bestandskraft der prioritätsjüngeren eingetragenen Marke* und schließt die Geltendmachung von Ansprüchen aus einer Verletzung der prioritätsälteren Kennzeichen aus (s. dazu im einzelnen § 22, Rn 2 f.).

## 4. Löschungsreife der prioritätsälteren Marke (§ 51 Abs. 4)

**a) Löschungsreife wegen Verfalls der Marke (§ 51 Abs. 4 Nr. 1).** Die *Löschungsreife der prioritätsälteren Marke wegen Verfalls* nach § 49 bildet nach § 51 Abs. 4 Nr. 1 eine Schranke der relativen Nichtigkeitsgründe und damit einen *Löschungsausschlußgrund*. Nach dieser Vorschrift ist die Löschung der Eintragung einer prioritätsjüngeren Marke dann ausgeschlossen, wenn am Tag der Veröffentlichung der Eintragung der prioritätsjüngeren Marke die Eintragung der prioritätsälteren Marke wegen Verfalls nach § 49 hätte gelöscht werden können. Anwendungsbereich der Vorschrift sind die Verfallsgründe wegen *Nichtbenutzung der Marke* (§ 49 Abs. 1), wegen *Entwicklung der Marke zu einer Gattungsbezeichnung* (§ 49 Abs. 2 Nr. 1), wegen *Täuschungsgefahr* (§ 49 Abs. 2 Nr. 2) und wegen des *Verlusts der Markenrechtsfähigkeit* (§ 49 Abs. 2 Nr. 3). Die Vorschrift hat vor allem für die Löschungsreife der prioritätsälteren Marke wegen mangelnder Benutzung (§ 49 Abs. 1) Bedeutung. Sie entspricht insoweit der Vorgabe des Art. 11 Abs. 1 MarkenRL. Die Löschungsreife der prioritätsälteren Marke wegen mangelnder Benutzung ist verfahrensrechtlich im Verletzungsprozeß nach § 25 Abs. 2 und im Löschungsprozeß nach § 55 Abs. 3 S. 3 als Einrede ausgestaltet. Zwischen dem prioritätsjüngeren und dem prioritätsälteren Kennzeichen besteht Koexistenz im Sinne des § 6 Abs. 4. Als gleichrangige Rechte begründen die Kennzeichen gegeneinander keine Ansprüche.

15   **b) Löschungsreife wegen Bestehens absoluter Schutzhindernisse (§ 51 Abs. 4 Nr. 2).** Die *Löschungsreife der prioritätsälteren Marke wegen Bestehens absoluter Schutzhindernisse nach § 50* bildet nach § 51 Abs. 4 Nr. 2 eine Schranke der relativen Nichtigkeitsgründe und damit einen *Löschungsausschlußgrund*. Nach dieser Vorschrift ist die Löschung der Eintragung einer prioritätsjüngeren Marke dann ausgeschlossen, wenn am Tag der Veröffentlichung der Eintragung der prioritätsjüngeren Marke die Eintragung der prioritätsälteren Marke wegen Bestehens absoluter Schutzhindernisse nach § 50 hätte gelöscht werden können. Die Vorschrift bildet ein Korrektiv dafür, daß die Löschung der Eintragung einer Marke aus absoluten Gründen nur eingeschränkt möglich ist. Zwischen dem prioritätsjüngeren und dem prioritätsälteren Kennzeichen besteht Koexistenz im Sinne des § 6 Abs. 4. Als gleichrangige Rechte begründen die Kennzeichen gegeneinander keine Ansprüche.

## IV. Rechtsbestand und Schutzumfang der Marke

16   Im Löschungsverfahren vor den ordentlichen Gerichten besteht keine Bindung des Gerichts an die den *Schutzumfang der kollidierenden Marken* bestimmenden Merkmale, wie etwa Markenidentität und Markenähnlichkeit, Produktidentität und Produktähnlichkeit, sowie Verwechslungsgefahr und Bekanntheit der Marke. Im gerichtlichen Löschungsverfahren ist aber vom *Rechtsbestand der kollidierenden Marken* auszugehen. Die Klage auf Löschung wegen des Bestehens älterer Rechte nach § 55 kann nicht darauf gestützt werden, die Eintragung einer der kollidierenden Marke hätte wegen Bestehens eines absoluten Schutzhindernisses nach § 8 oder des Fehlens der Markenfähigkeit nach § 3 oder des Fehlens der Markenrechtsfähigkeit nach § 7 zurückgewiesen werden müssen. Über die Löschung einer Marke wegen des Bestehens absoluter Schutzhindernisse im Sinne des § 50 ist ausschließlich im Löschungsverfahren vor dem DPMA nach § 54 zu entscheiden. Über die *Priorität der Kollisionsmarken* entscheidet das Gericht im Löschungsverfahren unabhängig von der Entscheidung des DPMA. Das gilt auch für einen Berichtigungsbeschluß, durch den das DPMA nach Eintragung der Marke die Priorität der Marke ändert (RGZ 104, 162, 168 – Regent). Der Kollisionstatbestand einschließlich der Priorität bestimmt sich nach dem Zeitpunkt der Eintragung der prioritätsjüngeren Marke und der letzten mündlichen Verhandlung der Tatsacheninstanz. Wenn die bei Eintragung bestehende Verwechslungsgefahr später etwa wegen einer Verminderung der Kennzeichnungskraft wegfällt, dann ist die Löschungsklage unbegründet (OLG München GRUR 1970, 137 – Napoléon le petit corporal). Wenn das DPMA die Eintragung einer Marke zurückweist, dann sind die ordentlichen Gerichte in einem anderen Verfahren zwar an die Ablehnung der Eintragung, nicht aber an die Begründung des Beschlusses gebunden (RGZ 97, 91 – Becho).

## C. Teilnichtigkeit (§ 51 Abs. 5)

17   Die Vorschrift des § 51 Abs. 5 regelt die *Teilnichtigkeit der Marke*. Wenn einer der Nichtigkeitsgründe im Sinne des § 51 Abs. 1 nur *für einen Teil der Waren oder Dienstleistungen*, für die die Marke eingetragen ist, vorliegt, dann wird die Marke auf Klage nur für diese Waren oder Dienstleistungen gelöscht. Die Teilnichtigkeit einer Marke bewirkt die Teillöschung der Waren oder Dienstleistungen.

## D. Nichtigkeit international registrierter Marken

Bei *international registrierten Marken* tritt an die Stelle des Antrags oder der Klage auf Löschung der Marke aufgrund eines älteren Rechts (§ 51) nach § 115 Abs. 1 der Antrag oder die Klage auf Schutzentziehung (s. dazu im einzelnen § 115, Rn 1). **18**

---

**Wirkungen der Löschung wegen Verfalls oder Nichtigkeit**

**52** (1) ¹Die Wirkungen der Eintragung einer Marke gelten in dem Umfang, in dem die Eintragung wegen Verfalls gelöscht wird, als von dem Zeitpunkt der Erhebung der Klage auf Löschung an nicht eingetreten. ²In der Entscheidung kann auf Antrag einer Partei ein früherer Zeitpunkt, zu dem einer der Verfallsgründe eingetreten ist, festgesetzt werden.

(2) Die Wirkungen der Eintragung einer Marke gelten in dem Umfang, in dem die Eintragung wegen Nichtigkeit gelöscht wird, als von Anfang an nicht eingetreten.

(3) Vorbehaltlich der Vorschriften über den Ersatz des Schadens, der durch fahrlässiges oder vorsätzliches Verhalten des Inhabers einer Marke verursacht worden ist, sowie der Vorschriften über ungerechtfertigte Bereicherung berührt die Löschung der Eintragung der Marke nicht
1. Entscheidungen in Verletzungsverfahren, die vor der Entscheidung über den Antrag auf Löschung rechtskräftig geworden und vollstreckt worden sind, und
2. vor der Entscheidung über den Antrag auf Löschung geschlossene Verträge insoweit, als sie vor dieser Entscheidung erfüllt worden sind. Es kann jedoch verlangt werden, daß in Erfüllung des Vertrages gezahlte Beträge aus Billigkeitsgründen insoweit zurückerstattet werden, wie die Umstände dies rechtfertigen.

### Inhaltsübersicht

|   | Rn |
|---|---|
| A. Die Wirkungen der Löschung einer eingetragenen Marke (§ 52 Abs. 1 und 2) | 1–8 |
|    I. Konstitutive Wirkung der Löschung | 1, 2 |
|    II. Zeitliche Wirkung | 3–7 |
|       1. Löschung wegen Verfalls der Marke (§ 52 Abs. 1) | 3–6 |
|          a) Rückwirkung auf den Zeitpunkt der Klageerhebung | 3–5 |
|          b) Rückwirkung auf Antrag | 6 |
|       2. Löschung wegen Nichtigkeit der Marke (§ 52 Abs. 2) | 7 |
|    III. Teillöschung wegen Teilverfalls oder Teilnichtigkeit | 8 |
| B. Schranken der Rückwirkung der Löschung (§ 52 Abs. 3) | 9–14 |
|    I. Grundsatz | 9 |
|    II. Vollstreckung rechtskräftiger Entscheidungen in Verletzungsverfahren (§ 52 Abs. 3 Nr. 1) | 10 |
|    III. Erfüllte Verträge (§ 52 Abs. 3 Nr. 2) | 11–14 |
| C. Rechtslage nach der Löschung einer eingetragenen Marke | 15–18 |
|    I. Grundsatz | 15 |
|    II. Wirkung der Löschung auf andere Verfahren | 16–18 |
| D. Berichtigung einer fehlerhaften Löschung | 19 |

## A. Die Wirkungen der Löschung einer eingetragenen Marke (§ 52 Abs. 1 und 2)

### I. Konstitutive Wirkung der Löschung

Mit der Eintragung einer Marke in das Register entsteht das subjektive Markenrecht als ein Ausschließlichkeitsrecht; dem Inhaber der eingetragenen Marke stehen die Rechte aus der Marke zu. Der Markenschutz nach § 4 Nr. 1 entsteht konstitutiv durch die Eintragung eines Zeichens als Marke in das Register (s. § 41, Rn 3). Mit der Löschung einer eingetragenen Marke geht das subjektive Markenrecht als ein Ausschließlichkeitsrecht unter; die Rechte aus der Marke bestehen nicht mehr. Der Markenschutz nach § 4 Nr. 1 endet kon- **1** stitutiv durch die Löschung einer Marke im Register. Schon nach der Rechtslage im WZG kam nach überwiegender Auffassung der Löschung eines Warenzeichens in der Zeichenrolle entsprechend der Eintragung des Zeichens eine konstitutive Wirkung zu (*Baumbach/Hefermehl*, vor §§ 9 bis 11 WZG, Rn 5; *v. Gamm*, § 10 WZG, Rn 2; aA *Reimer/Trüstedt*, Kap. 18, Rn 8; *Busse/Starck*, § 10 WZG, Rn 13). Der *Eintragung einer Marke* und der *Löschung der Eintragung* kommt eine *konstitutive Wirkung* zu (s. zur Wirkung der Löschung bei einem *Verzicht* auf das Markenrecht § 48, Rn 2f.). Die konstitutive Wirkung der Löschung beschränkt sich auf das durch die Eintragung konstitutiv entstandene Markenrecht im Sinne des § 4 Nr. 1. Ein an dem als Marke eingetragenen Zeichen bestehendes Markenrecht im Sinne des § 4 Nr. 2, das durch Benutzung des Zeichens und den Erwerb von Verkehrsgeltung als Marke entstanden ist, sowie ein an dem Zeichen nach § 4 Nr. 3 bestehendes Markenrecht, das aufgrund der notorischen Bekanntheit der Marke entstanden ist, bleiben von der Löschung der Eintragung als solcher grundsätzlich unberührt. Der Grundsatz der rechtlichen Selbständigkeit bestimmt das Verhältnis der Markenrechte im Sinne des § 4 Nr. 1 bis 3 (s. § 4, Rn 21). Schon nach der Rechtslage im WZG betraf die Löschung des förmlichen Registerrechts nicht auch die Ausstattung als ein sachliches Zeichenrecht (*Baumbach/Hefermehl*, § 15 WZG, Rn 72). Der Untergang des Registerrechts kann aber mit dem Verlust der sachlichen Markenrechte rechtlich verbunden werden, wenn der Markeninhaber auf das durch Verkehrsgeltung oder Notorietät an dem eingetragenen Zeichen entstandene Markenrecht verzichtet oder zum Verzicht verurteilt wird.

**2** Unter den *Wirkungen der Löschung* wird in der Vorschrift des § 52 verstanden, daß die Wirkungen der Eintragung einer Marke aufgrund der Löschung der Eintragung als nicht eingetreten gelten. Regelungsgegenstand des § 52 ist im wesentlichen, den *Zeitpunkt* zu bestimmen, zu dem die Wirkungen der Eintragung einer Marke als nicht mehr eingetreten gelten.

## II. Zeitliche Wirkung

### 1. Löschung wegen Verfalls der Marke (§ 52 Abs. 1)

**3** **a) Rückwirkung auf den Zeitpunkt der Klageerhebung.** Die Eintragung einer Marke wird wegen *Verfalls der Marke im Sinne des § 49* auf Antrag gelöscht. Der Antrag auf Löschung wegen Verfalls kann beim DPMA nach § 53 Abs. 1 gestellt werden oder durch Erhebung einer Klage auf Löschung wegen Verfalls nach § 55 Abs. 1 geltend gemacht werden. Verfallsgründe sind die Nichtbenutzung der Marke (§ 49 Abs. 1), die Entwicklung der Marke zu einer Gattungsbezeichnung (§ 49 Abs. 2 Nr. 1), die Täuschungsgefahr (§ 49 Abs. 2 Nr. 2) und der Verlust der Markenrechtsfähigkeit (§ 49 Abs. 2 Nr. 3). § 52 Abs. 1 regelt die *zeitliche Wirkung der Löschung der Eintragung* wegen Verfalls der Marke. Nach Abs. 1 S. 1 der Vorschrift ist maßgebender Zeitpunkt des Eintritts der Löschungswirkung der *Zeitpunkt der Erhebung der Klage* auf Löschung. Ab dem Zeitpunkt der Klageerhebung gelten die Wirkungen der Eintragung einer Marke als nicht eingetreten. Im Zeitpunkt der Klageerhebung gilt das subjektive Markenrecht als erloschen. Auch wenn der Verfall der Marke, wie etwa wegen Nichtbenutzung, zu einem früheren Zeitpunkt eingetreten ist, bleibt es bei der nur *beschränkten Rückwirkung der Löschungswirkung* auf den Zeitpunkt der Erhebung der Löschungsklage. In der Regel genügt die beschränkte Rückwirkung der Interessenlage der Parteien (s. zur Rückwirkung auf Antrag Rn 6).

**4** Nach der *Rechtslage im WZG* wurde bei einer Löschung auf Antrag des Zeicheninhabers (§ 10 Abs. 1 WZG) oder wegen Ablaufs der Schutzfrist (§ 10 Abs. 2 Nr. 1 WZG) eine *ex nunc-Wirkung der Löschung* angenommen. Umstritten war die Wirkung der Löschung eines Zeichens, dessen Eintragung hätte versagt werden müssen, weil ein zwingender Versagungsgrund nach den §§ 1 und 4 WZG bestand (§ 10 Abs. 2 Nr. 2 WZG). Die überwiegende Auffassung ging dahin, daß die rechtmäßige Benutzung eines Zeichens nicht aus der Registereintragung als solcher folge, sondern sich nach der materiellrechtlichen Benutzungslage bestimme (RGZ 118, 76 – Springendes Pferd; aA RGZ 64, 273, 275 – SAMMWAT/Mann-Satti). Nach der Rechtslage im WZG war Folge der Löschung eines Zeichens nicht die rückwirkende Vernichtung des Zeichenrechts, sondern der Ausschluß der Geltendmachung des Zeichenrechts für die Zukunft und rückwirkend bis zur Zeit des Vorliegens des Löschungsgrundes (s. dazu im einzelnen *Baumbach/Hefermehl*, vor §§ 9 bis 11 WZG, Rn 7).

Die Rückwirkung der Löschung wurde allein auf die Ansprüche aus dem Zeichenrecht und nicht auf den Rechtsbestand des Zeichens als solches bezogen (*v. Gamm*, § 15 WZG, Rn 5; *Jackermeier*, Die Löschungsklage im Markenrecht, S. 168).

Nach § 52 Abs. 1 S. 1 wird auf den Zeitpunkt der Erhebung der Klage auf Löschung abgestellt. Der Erhebung der Klage auf Löschung wegen Verfalls nach § 55 kann aber die Geltendmachung des Antrags auf Löschung wegen Verfalls durch Stellung des Antrags beim DPMA nach § 53 vorausgehen. Wenn ein Antrag auf Löschung wegen Verfalls beim DPMA nach § 53 Abs. 1 gestellt wird, dann ist es sachgerecht, nicht auf den Zeitpunkt der Erhebung der Klage, sondern auf den *Zeitpunkt der Stellung des Antrags* abzustellen. Anders als im Gesetzestext des § 52 Abs. 1 S. 1 wird in der Begründung zum MarkenG auch nicht vom Zeitpunkt der Erhebung der Klage auf Löschung, sondern vom Zeitpunkt der Stellung des Antrags auf Löschung gesprochen (Begründung zum MarkenG, BT-Drucks. 12/6581 vom 14. Januar 1994, S. 97). Auch in der GMarkenV wird hinsichtlich der Wirkungen des Verfalls der Gemeinschaftsmarke nach Art. 54 Abs. 1 S. 1 auf den Zeitpunkt der Antragstellung beim Amt abgestellt. Auch wenn man am eindeutigen Wortlaut des § 52 Abs. 1 S. 1 festhält, ist nach § 52 Abs. 1 S. 2 auf Antrag einer Partei (s. Rn 6) der Zeitpunkt der Stellung des Löschungsantrags beim DPMA als der frühere Zeitpunkt festzusetzen. 5

**b) Rückwirkung auf Antrag.** Nach dem Grundsatz des § 52 Abs. 1 S. 1 kommt der Löschung der Eintragung nur eine beschränkte Rückwirkung auf den Zeitpunkt der Erhebung der Klage auf Löschung zu. Die Interessenlage der Parteien kann gebieten, einen früheren Zeitpunkt festzusetzen, zu dem die Wirkungen der Eintragung der Marke aufgrund der Löschung als nicht eingetreten gelten. Das Bedürfnis an einer weiterreichenden Rückwirkung der Löschung kann insoweit bestehen, als die Verfallsgründe im Sinne des § 49 zumeist zu einem früheren Zeitpunkt als der Geltendmachung eingetreten und Markenkollisionen entstanden sind. Der früheste Zeitpunkt der Rückwirkung der Löschung ist der Eintritt des Verfallsgrundes. Da es sich bei den Verfallsgründen um Umstände handelt, die erst nach der Eintragung der Marke eintreten, und bei denen der Verfall des Markenrechts regelmäßig auf einem tatsächlichen Vorgang beruht, der sich über einen längeren Zeitraum erstreckt, ist das genaue Datum des Eintritts des Verfalls einer Marke nur schwer festzustellen. Nach § 52 Abs. 1 S. 2 kann deshalb *auf Antrag einer Partei ein früherer Zeitpunkt* als der Zeitpunkt der Erhebung der Löschungsklage als der Zeitpunkt festgesetzt werden, zu dem der Verfallsgrund eingetreten ist. Die Parteien können gemeinsam einen Zeitpunkt für die Rückwirkung der Löschung bestimmen. Wenn der Zeitpunkt des Verfallsgrundes zwischen den Parteien streitig ist, dann hat das Gericht auf Antrag einer Partei einen früheren Zeitpunkt für den Eintritt der Löschungswirkung festzusetzen, wenn der festzusetzende Zeitpunkt nicht vor dem Eintritt des Verfallsgrundes liegt und die den Antrag stellende Partei ein berechtigtes Interesse an der Festsetzung eines früheren Zeitpunkts hat. Dem festsetzenden Zeitpunkt kommt eine *konstitutive Wirkung* für den Bestand an Markenkollisionen zu, da ab diesem Zeitpunkt die Wirkungen der Eintragung der Marke als nicht eingetreten gelten. Wenn der Zeitpunkt des Eintritts des Verfallsgrundes aufgrund eines bestimmten Datums genau feststeht, wie etwa bei dem Verlust der Markenrechtsfähigkeit nach § 49 Abs. 2 Nr. 3, etwa durch Verlust der Rechtsfähigkeit des Rechtsinhabers, dann ist auf Antrag einer Partei dieses Datum als Zeitpunkt des Eintritts der Löschungswirkung festzusetzen. 6

### 2. Löschung wegen Nichtigkeit der Marke (§ 52 Abs. 2)

Die Nichtigkeit einer Marke tritt wegen des Bestehens absoluter Nichtigkeitsgründe nach § 50 Abs. 1 Nr. 1 bis 4 oder wegen des Bestehens relativer Nichtigkeitsgründe nach § 51 Abs. 1 ein. Absolute Nichtigkeitsgründe sind das Fehlen der Markenfähigkeit nach § 3 (§ 50 Abs. 1 Nr. 1), das Fehlen der Markenrechtsfähigkeit nach § 7 (§ 50 Abs. 1 Nr. 2), das Vorliegen absoluter Schutzhindernisse nach § 8 (§ 50 Abs. 1 Nr. 3) und die bösgläubige Anmeldung (§ 50 Abs. 1 Nr. 4). Relativer Nichtigkeitsgrund nach § 51 Abs. 1 ist das Bestehen prioritätsälterer Kennzeichenrechte im Sinne der §§ 9 bis 13 (s. dazu § 51, Rn 3 ff.). Der *Löschung einer Marke wegen Nichtigkeit* kommt nach § 52 Abs. 2 *ex tunc-Wirkung* auf den Zeitpunkt der Eintragung der Marke zu. Die konstitutiven Wirkungen der Eintragung der Marke gelten als von Anfang an nicht eingetreten. 7

### III. Teillöschung wegen Teilverfalls oder Teilnichtigkeit

8   Die Wirkungen der Löschung treten nur in dem Umfang ein, in dem die Eintragung wegen Verfalls oder Nichtigkeit gelöscht wird (§ 52 Abs. 1 und 2). Wenn nur ein *Teilverfall* (§ 49 Abs. 3) oder eine *Teilnichtigkeit* (§§ 50 Abs. 4, 51 Abs. 5) vorliegt und damit nur eine *Teillöschung für einen Teil der Waren oder Dienstleistungen*, für die die Marke eingetragen ist, erfolgt, dann treten die Löschungswirkungen nach § 52 Abs. 1 und 2 nur für die im Register gelöschten Waren oder Dienstleistungen ein.

## B. Schranken der Rückwirkung der Löschung (§ 52 Abs. 3)

### I. Grundsatz

9   Der *Löschung der Eintragung einer Marke* kommt grundsätzlich *Rückwirkung* zu, und zwar nach § 52 Abs. 1 S. 1 auf den *Zeitpunkt der Erhebung der Klage auf Löschung*, nach § 52 Abs. 1 S. 2 auf den auf *Antrag einer Partei festgesetzten früheren Zeitpunkt* und nach § 52 Abs. 2 auf den *Zeitpunkt der Eintragung der Marke*. In zwei Fallkonstellationen bestehen nach § 52 Abs. 3 S. 1 Nr. 1 und 2 *Schranken der Rückwirkung der Löschung* einer Eintragung. Von der Rückwirkung der Löschung werden *rechtskräftig abgeschlossene Verletzungsverfahren* (Abs. 3 Nr. 1) und *erfüllte Verträge* (Abs. 3 Nr. 2) grundsätzlich nicht berührt. Die Regelung des § 52 Abs. 3 entspricht Art. 54 Abs. 3 GMarkenV. Nach der Rechtslage im WZG bestand eine nur teilweise entsprechende Regelung. Nach § 15 Abs. 2 WZG war nach der Löschung eines Warenzeichens in der Zeichenrolle die Geltendmachung von Rechten aus der Eintragung für die Zeit ausgeschlossen, in der bereits ein Rechtsgrund für die Löschung vorgelegen hatte.

### II. Vollstreckung rechtskräftiger Entscheidungen in Verletzungsverfahren (§ 52 Abs. 3 Nr. 1)

10   Nach § 52 Abs. 3 Nr. 1 bleiben *Entscheidungen in Verletzungsverfahren*, die vor der Entscheidung über den Antrag auf Löschung *rechtskräftig* geworden und *vollstreckt* worden sind, von der Rückwirkung der Löschung der Eintragung einer Marke unberührt. Der Ausschluß der Rückwirkung auf eine rechtskräftige Entscheidung in einem Verletzungsverfahren setzt die Beendigung der Vollstreckung dieser rechtskräftigen Entscheidung voraus. Vor der Beendigung der Vollstreckung kann die Rückwirkung der Löschung der Eintragung einer Marke im Vollstreckungsverfahren geltend gemacht werden. Die Geltendmachung des § 52 Abs. 3 Nr. 1 erfolgt im Wege der *Vollstreckungsgegenklage* nach § 767 Abs. 1 ZPO. Die Löschung kann der Vollstreckung als materiellrechtliche *Einwendung* entgegengehalten werden.

### III. Erfüllte Verträge (§ 52 Abs. 3 Nr. 2)

11   Nach § 52 Abs. 3 S. 1 Nr. 2 bleiben *geschlossene Verträge*, die vor der Entscheidung über den Antrag auf Löschung *abgeschlossen* und *erfüllt* worden sind, von der Rückwirkung der Löschung der Eintragung einer Marke unberührt. Der Ausschluß der Rückwirkung auf einen abgeschlossenen Vertrag setzt die Erfüllung des Vertrages voraus. Vor der Erfüllung des Vertrages kann die Rückwirkung der Löschung der Eintragung der Marke als *Einrede gegen den Erfüllungsanspruch* geltend gemacht werden.

12   Nach der Erfüllung des Vertrages wird weder die *Wirksamkeit des Vertrages* noch der *Rechtsgrund der Erfüllung* von der Rückwirkung der Löschung berührt. Erfüllung des Vertrages bedeutet das Erlöschen des Schuldverhältnisses im Sinne des § 362 BGB. Bei *gegenseitigen Verträgen*, wie etwa einem Markenlizenzvertrag (§ 30) oder einer Markenrechtsübertragung (§ 27), kommt es auf das *Erlöschen der beiderseitigen Verpflichtungen* der Vertragsparteien an.

13   Die Schranken der Rückwirkung nach § 52 Abs. 2 Nr. 1 (rechtskräftig abgeschlossenes Verletzungsverfahren) und Nr. 2 (erfüllter Vertrag) gelten nicht für *Schadensersatzansprüche* und Ansprüche wegen *ungerechtfertigter Bereicherung*. Die Rückwirkung der Löschung der

Eintragung einer Marke bleibt bestehen gegenüber Vorschriften über den Ersatz des Schadens, der durch fahrlässiges oder vorsätzliches Verhalten des Inhabers der Marke verursacht worden ist, sowie gegenüber den Vorschriften über eine ungerechtfertigte Bereicherung. Der Markeninhaber bleibt einem aufgrund der Rückwirkung bestehenden Schadensersatzanspruch oder Bereicherungsanspruch ausgesetzt. Das gilt etwa, wenn der Markeninhaber als Lizenzgeber bei Abschluß eines Markenlizenzvertrages den Verfall oder die Nichtigkeit der Marke kannte oder kennen mußte (s. § 307 BGB).

§ 52 Abs. 3 Nr. 2 S. 2 enthält eine *Billigkeitsregelung*. Wenn in Erfüllung des Vertrages Beträge gezahlt worden sind, dann kann verlangt werden, diese aus Billigkeitsgründen zurückzuerstatten, wenn die Umstände dies rechtfertigen. Bei der Entscheidung über die Rückerstattung von Zahlungen sind die besonderen Umstände des konkreten Einzelfalles eingehend im Hinblick auf die Billigkeit der Rechtslage zu würdigen. Eine Billigkeitsentscheidung kann namentlich bei *Markenlizenzen* oder *Markenrechtsübertragungen verfallener* oder *nichtiger Marken* geboten sein, wenn zwar die Zahlung eines Entgelts erfolgt ist, die Benutzung der Marke aber noch nicht stattgefunden hat.

## C. Rechtslage nach der Löschung einer eingetragenen Marke

### I. Grundsatz

Nach der Löschung der Eintragung der Marke im Register wegen Verfalls oder Nichtigkeit kann die *Marke erneut zur Eintragung in das Register angemeldet* werden. Die Eintragung der Marke in das Register hat nach § 41 S. 1 zu erfolgen, wenn die Anmeldung den Anmeldungserfordernissen entspricht und die Eintragung der Marke nicht nach den §§ 3, 8 oder 10 von der Eintragung ausgeschlossen ist. Die Verfallsgründe oder die Nichtigkeitsgründe, die zur Löschung der eingetragenen Marke geführt haben, stehen einer erneuten Eintragung der Marke dann nicht entgegen, wenn sie entweder allgemein nicht mehr vorliegen oder die Eintragung für den konkreten Anmelder nicht hindern. Die Neuanmeldung der Marke ist nicht nur durch Dritte, sondern auch durch den bisherigen Inhaber der gelöschten Marke grundsätzlich zulässig. Vor allem bei einer Löschung der Marke wegen Nichtbenutzung nach § 49 Abs. 1 S. 1 kann der bisherige Markeninhaber das Zeichen erneut zur Eintragung als Marke in das Register anmelden (zur rechtlichen Beurteilung von Wiederholungsmarken s. § 25, Rn 16 ff.). Die Priorität der eingetragenen Marke bestimmt sich nach § 6 Abs. 2 nach dem Anmeldetag (§ 33 Abs. 1) der Neuanmeldung.

### II. Wirkung der Löschung auf andere Verfahren

Innerhalb der zeitlichen Rückwirkung der Löschung der eingetragenen Marke nach § 52 Abs. 1 S. 1, 2 und Abs. 2 und außerhalb der Schranken der Rückwirkung der Löschung nach § 52 Abs. 3 kann sich die Löschung der eingetragenen und gelöschten Marke vielfältig auf andere Verfahren, deren Gegenstand die eingetragene und gelöschte Marke ist, auswirken. Rückwirkung der Löschung einer Eintragung bedeutet nur, daß die Wirkungen der Eintragung der Marke als von einem bestimmten Zeitpunkt an als nicht eingetreten gelten. Das bedeutet nicht, daß die vor dem Zeitpunkt der Rückwirkung liegenden Rechtshandlungen nachträglich als rechtswidrig zu beurteilen sind. Die Rückwirkung bezieht sich nicht auf den *Rechtsbestand der Marke* als solchen. Die Rückwirkung bedeutet nur, daß die Rechte aus der Marke *ab einem bestimmten Zeitpunkt* deshalb *nicht mehr geltend gemacht* werden können, weil ein Verfallsgrund oder Nichtigkeitsgrund für die Löschung der eingetragenen Marke bestand.

Ein *Verletzungsprozeß* ist nach § 148 ZPO *auszusetzen*, wenn ein Löschungsverfahren schwebt und die Löschung der Marke wahrscheinlich und für den Streitgegenstand rechtserheblich ist. Wenn die Löschungsklage auf die Nichtigkeit der Marke nach § 51 Abs. 1 wegen des Bestehens älterer Rechte gestützt wird, dann kommt eine Aussetzung des Verletzungsprozesses nach § 148 ZPO nur dann in Betracht, wenn der Löschungskläger zugleich der Beklagte im Verletzungsprozeß ist.

Eine *Abwehrklage* oder eine *Löschungsklage*, die den Rechtsbestand der Marke voraussetzen, sind nach der Löschung der Eintragung *in der Hauptsache* erledigt. Ein auf eine im Regi-

**MarkenG § 53** 1 Löschung durch das Patentamt wegen Verfalls

ster gelöschte Marke gestützter *Widerspruch* wird *hinfällig* (BPatGE 24, 112, 115 – Frutopekta; *Baumbach/Hefermehl*, § 15 WZG, Rn 74; aA *v. Gamm*, §§ 5 WZG, Rn 5; 12 WZG, Rn 2, 5). Ein *Strafverfahren* ist *einzustellen* und nach Eröffnung des Hauptverfahrens *freizusprechen*. Eine *Schadensersatzklage* ist *abzuweisen*, soweit sie sich auf die Zeit nach dem rechterheblichen Zeitpunkt der Rückwirkung des Löschungsgrundes nach § 52 Abs. 1 S. 1, 2 und Abs. 2 bezieht und der Kläger nicht beantragt, den Rechtsstreit in der Hauptsache für erledigt zu erklären. Gegen ein *rechtskräftiges Zivilurteil* ist die *Vollstreckungsgegenklage* nach § 767 ZPO und gegen ein *rechtskräftiges Strafurteil* die *Wiederaufnahme* nach § 359 Nr. 5 StPO gegeben. Der Markeninhaber, der von dem Rechtsbestand seiner wegen Verfalls oder Nichtigkeit löschungsreifen Marke ausgeht, haftet Dritten grundsätzlich nicht, wenn er sich auf den Bestand des Registerrechts beruft. Die Geltendmachung einer wegen Verfalls oder Nichtigkeit löschungsreifen Marke ist nicht als solche rechtswidrig, sondern nur dann, wenn die Geltendmachung des formalen Registerrechts als Behinderungswettbewerb zu beurteilen und nach § 1 UWG wettbewerbswidrig ist (s. § 14, Rn 539).

### D. Berichtigung einer fehlerhaften Löschung

**19**  Der Löschung der Eintragung einer Marke im Register ohne Vorliegen einer verfahrensrechtlich wirksamen Anordnung der Löschung stellt keine rechtswirksame Löschung der eingetragenen Marke dar; die Löschungswirkungen nach § 52 treten nicht ein. Die fehlerhafte Löschung der Eintragung ist zu berichtigen. Die *fehlerhafte Löschung der Eintragung* ist im Wege der *Berichtigung* wiederherzustellen und die Marke in das Register einzutragen. Wenn etwa eine Löschung auf Antrag des Markeninhabers aufgrund einer gefälschten Vollmacht durch einen Dritten bewirkt wird, dann ist die Löschung der eingetragenen Marke zwar formal registerrechtlich wirksam und beseitigt das förmliche Registerrecht des Inhabers, auch wenn ihr die materiellrechtliche Rechtsgrundlage fehlt. Auf Antrag des Markeninhabers ist deshalb das förmliche Registerrecht mit der ursprünglichen Priorität durch Eintragung der Marke in das Register wiederherzustellen.

**Löschung durch das Patentamt wegen Verfalls**

**53** (1) **Der Antrag auf Löschung wegen Verfalls (§ 49) kann, unbeschadet des Rechts, den Antrag durch Klage nach § 55 geltend zu machen, beim Patentamt gestellt werden.**

(2) **Das Patentamt unterrichtet den Inhaber der eingetragenen Marke über den Antrag und fordert ihn auf, dem Patentamt mitzuteilen, ob er der Löschung widerspricht.**

(3) **Widerspricht der Inhaber der eingetragenen Marke der Löschung nicht innerhalb von zwei Monaten nach Zustellung der Mitteilung, wird die Eintragung gelöscht.**

(4) **Widerspricht der Inhaber der eingetragenen Marke der Löschung, teilt das Patentamt dies dem Antragsteller mit und unterrichtet ihn darüber, daß der Antrag auf Löschung durch Klage nach § 55 geltend zu machen ist.**

#### Inhaltsübersicht

| | Rn |
|---|---|
| A. Regelungszusammenhang | 1 |
| B. Anwendungsbereich | 2 |
| C. Verfahren | 3–6 |
|    I. Stellung des Löschungsantrags | 3 |
|    II. Verlauf des Verfahrens | 4–6 |

### A. Regelungszusammenhang

**1**  Die Löschung wegen *Verfalls der Marke nach § 49* oder wegen des *Bestehens älterer Rechte nach § 51* wird grundsätzlich im Wege der *Klage vor den ordentlichen Gerichten* nach § 55 geltend gemacht. Unbeschadet der Möglichkeit, jederzeit das gerichtliche Löschungsverfahren einzuleiten, können die *Verfallsgründe des § 49* zunächst auch in einem *patentamtlichen Vor-*

*verfahren* geltend gemacht werden. Nach § 53 Abs. 1 kann der Antrag auf Löschung wegen Verfalls nach § 49 beim DPMA gestellt werden. Die relativen Nichtigkeitsgründe nach § 51, für die ein patentamtliches Vorverfahren nicht besteht, sind unmittelbar durch Klage auf Löschung nach § 55 geltend zu machen. Das patentamtliche Löschungsverfahren nach § 53 zur Geltendmachung der Verfallsgründe des § 49 stellt nur ein *Vorverfahren zum Löschungsverfahren vor den ordentlichen Gerichten* nach § 55 dar. Anders stellt das patentamtliche Löschungsverfahren nach § 50 zur Geltendmachung der absoluten Nichtigkeitsgründe nicht nur ein Vorverfahren des gerichtlichen Löschungsverfahrens dar, sondern ein patentamtliches Verfahren, in dem die Entscheidung über die Löschung der Marke selbst getroffen wird.

## B. Anwendungsbereich

Das patentamtliche Löschungsverfahren nach § 53 stellt ein *fakultatives* Vorverfahren zur gerichtlichen Löschungsklage nach § 55 wegen Verfalls der Marke nach § 49 dar. Nach § 53 Abs. 1 kann der Antrag auf Löschung wegen Verfalls beim DPMA gestellt werden. In diesem patentamtlichen Vorverfahren können die Verfallsgründe des § 49 geltend gemacht werden. Löschungsgründe nach § 49 sind der Verfall wegen *Nichtbenutzung der Marke* (§ 49 Abs. 1), der Verfall wegen *Entwicklung der Marke zu einer Gattungsbezeichnung* (§ 49 Abs. 2 Nr. 1), der Verfall wegen *Täuschungsgefahr* (§ 49 Abs. 2 Nr. 2) und der Verfall wegen des *Verlustes der Markenrechtsfähigkeit* (§ 49 Abs. 2 Nr. 3). Nach der *Rechtslage im WZG* bestand ein solches fakultatives Vorverfahren nach § 11 Abs. 4 WZG nur für den Löschungsgrund der Nichtbenutzung der Marke nach § 11 Abs. 1 Nr. 4 WZG und für den wegen der Nichtakzessorietät der Marke im MarkenG nicht mehr bestehenden Löschungsgrund des fehlenden Geschäftsbetriebs nach § 11 Abs. 1 Nr. 2 WZG.

## C. Verfahren

### I. Stellung des Löschungsantrags

Der Antrag auf Löschung wegen Verfalls (§ 49) ist nach § 53 Abs. 1 beim DPMA zu stellen. Der *Löschungsantrag* soll nach § 43 Abs. 1 MarkenV unter Verwendung des vom DPMA herausgegebenen Formblatts gestellt werden. Die in dem Antrag anzugebenden Angaben bestimmt § 43 Abs. 2 Nr. 1 bis 5 MarkenV. Die Form des Antrags regeln die Vorschriften der §§ 64 bis 70 MarkenV. Der Löschungsantrag kann von den Personen gestellt werden, die nach § 55 Abs. 2 zur Erhebung der Löschungsklage vor den ordentlichen Gerichten befugt sind.

### II. Verlauf des Verfahrens

Nach der Stellung des Löschungsantrags beim DPMA erfolgt nach § 53 Abs. 2 eine Mitteilung des DPMA über den gestellten Löschungsantrag an den Inhaber der eingetragenen Marke, deren Löschung beantragt wird. Bei der Zustellung des *Löschungsvorbescheids* nach § 53 Abs. 2 geht das DPMA von dem als Inhaber der Marke im Register Eingetragenen aus. Im patentamtlichen Vorverfahren nach § 53 ist das DPMA nicht verpflichtet, einen Rechtsnachfolger des als Inhaber im Register Eingetragenen aufgrund eines Rechtsübergangs der Marke nach § 27 zu ermitteln. Wenn aus einem mit dem Löschungsantrag eingereichten Handelsregisterauszug hervorgeht, daß die als Markeninhaberin im Register eingetragene Firma eines Einzelkaufmanns erloschen und vor ihrem Erlöschen mit dem Handelsgeschäft auf eine andere Person übertragen worden ist, dann ist der letzte Firmeninhaber vom Löschungsantrag nach § 53 Abs. 2 zu unterrichten (BPatG GRUR 1983, 320, 321 – Löschungsantrag). In diesem Löschungsvorbescheid fordert das DPMA den Inhaber der eingetragenen Marke auf, dem DPMA mitzuteilen, ob er der Löschung widerspricht. Nach § 53 Abs. 3 wird die Eintragung der Marke im Register gelöscht, wenn der Inhaber der eingetragenen Marke der Löschung nicht innerhalb von zwei Monaten nach Zustellung des Löschungsvorbescheids im Sinne des § 53 Abs. 2 widerspricht. Nach der Verfahrensregelung des § 53 erfolgt keine Prüfung der Begründetheit des Löschungsantrags durch das DPMA. Wenn der *Inhaber der eingetragenen Marke der Löschung nicht widerspricht*, dann ordnet das DPMA die *Löschung der eingetragenen Marke durch Beschluß* an, nach dessen Rechtskraft die Löschung erfolgt. Das patentamtliche Vorverfahren zur Löschung wegen Verfalls dient vornehmlich der Vereinfachung des Verfahrens zur Löschung einer Marke wegen des Verfallsgrundes der Nichtbenutzung nach § 49 Abs. 1. Ein Löschungsvorbescheid ergeht an den Inhaber der eingetragenen Marke ergeht nach § 53 Abs. 2 dann, wenn der Antragsteller des Löschungsantrags etwa die Nichtbenutzung der Marke im Sinne des Verfallsgrundes nach § 49 Abs. 1 behauptet. Eine Prüfung der Begründetheit des Löschungsantrags findet nicht statt. In dem fakultativen patentamtlichen Vorverfahren des § 53 wird nicht über das Vorliegen eines Verfallsgrundes im Sinne des § 49 materiellrechtlich entschieden. Eine *Evidenzprüfung* ist aber geboten. Ein Löschungsvorbescheid wird nur dann ergehen, wenn die vom Antragsteller vorgetragenen und als wahr unterstellten Tatsachen einen Verfallsgrund im Sinne des § 49 darstellen (so schon zur Rechtslage im WZG *Baumbach/Hefermehl*, § 11 WZG, Rn 58). Aufgrund eines offensichtlich unbegründeten Löschungsantrags, in dem etwa ein im MarkenG nicht anerkannter Löschungsgrund, wie etwa das Fehlen eines Geschäftsbetriebs, geltend gemacht wird, wird das DPMA keinen Löschungsvorbescheid nach § 53 Abs. 2 erlassen, sondern dem Antragsteller mitteilen, daß sein Löschungsantrag offensichtlich unbegründet ist.

5   Nach Zustellung des Löschungsvorbescheids im Sinne des § 53 Abs. 2 kann der Inhaber der eingetragenen Marke der Löschung seiner Marke im Register widersprechen. Wenn innerhalb von zwei Monaten nach der Zustellung des Löschungsvorbescheids ein Widerspruch des Inhabers der eingetragenen Marke gegen die Löschung nicht erfolgt, dann wird nach § 53 Abs. 3 die Eintragung der Marke im Register gelöscht. Eine Löschung der Eintragung erfolgt nach § 53 Abs. 4 dann nicht, wenn der Inhaber der eingetragenen Marke der Löschung widerspricht. Das DPMA teilt dem Antragsteller den Widerspruch des Inhabers der eingetragenen Marke gegen die Löschung mit. Diese *Mitteilung an den Antragsteller* enthält die Unterrichtung des Antragstellers darüber, daß *sein Antrag auf Löschung im Wege der Löschungsklage nach § 55 geltend zu machen* ist. Einem Antragsteller, der einen Löschungsantrag wegen Nichtbenutzung der Marke nach § 49 Abs. 1 stellt, drohen während des patentamtlichen Vorverfahrens nach § 53 grundsätzlich keine Rechtsnachteile aus einer Aufnahme der Benutzung und einer damit verbundenen Heilung der Löschungsreife (s. dazu § 49, Rn 21). Nach § 49 Abs. 1 S. 4 kommt eine Heilung der Löschungsreife wegen Nichtbenutzung der Marke aufgrund einer Aufnahme der Benutzung dann nicht in Betracht, wenn der Antragsteller innerhalb von drei Monaten nach Zustellung der Mitteilung über den Widerspruch des Inhabers der eingetragenen Marke gegen die Löschung seiner Marke Klage auf Löschung wegen Verfalls der Marke vor den ordentlichen Gerichten nach § 55 erhebt. Da die *Dreimonatsfrist* nur dann zu laufen beginnt, wenn eine *Zustellung* (s. § 94) der Mitteilung über den Widerspruch des Inhabers der eingetragenen Marke gegen die Löschung seiner Marke an den Antragsteller erfolgt ist, ist § 53 Abs. 4 im Hinblick auf § 49 Abs. 1 S. 4 dahin auszulegen, daß die Mitteilung förmlich zuzustellen und nicht nur formlos zu übermitteln ist, auch wenn § 53 Abs. 4 nicht ausdrücklich eine Zustellung der Mitteilung vorsieht (s. § 94, Rn 2). Das Zustellungserfordernis des § 49 Abs. 1 S. 4 als formlose Mitteilung zu verstehen, verbietet sich, da das MarkenG den Begriff der Zustellung im förmlichen Sinn des § 94 versteht. Das gilt auch für die Zustellung des Löschungsvorbescheids hinsichtlich einer Auslegung des § 53 Abs. 2 im Hinblick auf das Zustellungserfordernis des § 53 Abs. 3.

6   Wenn das DPMA die Löschung der Marke ablehnt, sei es, daß der Löschungsantrag offensichtlich unbegründet ist, sei es, daß der Inhaber der eingetragenen Marke der Löschung widerspricht, dann findet gegen den *Beschluß der Markenabteilung* (§ 56 Abs. 3) die *Beschwerde* nach § 66 statt.

**Löschungsverfahren vor dem Patentamt wegen absoluter Schutzhindernisse**

**54** (1) ¹**Der Antrag auf Löschung wegen absoluter Schutzhindernisse (§ 50) ist beim Patentamt zu stellen.** ²**Der Antrag kann von jeder Person gestellt werden.**

(2) ¹**Mit dem Antrag ist eine Gebühr nach dem Tarif zu zahlen.** ²**Wird die Gebühr nicht gezahlt, so gilt der Antrag als nicht gestellt.**

(3) ¹Wird ein Antrag auf Löschung gestellt oder wird ein Löschungsverfahren von Amts wegen eingeleitet, so unterrichtet das Patentamt den Inhaber der eingetragenen Marke hierüber. ²Widerspricht er der Löschung nicht innerhalb von zwei Monaten nach Zustellung der Mitteilung, so wird die Eintragung gelöscht. ³Widerspricht er der Löschung, so wird das Löschungsverfahren durchgeführt.

### Inhaltsübersicht

|  | Rn |
|---|---|
| A. Regelungszusammenhang | 1 |
| B. Verfahren | 2–6 |
|   I. Löschungsantrag (§ 54 Abs. 1) | 2 |
|   II. Verlauf des Verfahrens (§ 54 Abs. 3) | 3–6 |
| C. Gebühren (§ 54 Abs. 2) | 7 |

## A. Regelungszusammenhang

Die absoluten Nichtigkeitsgründe nach § 50 Abs. 1 Nr. 1 bis 4 bilden Löschungsgründe **1** für die Eintragung der Marke im Register. Löschungsgründe nach dieser Vorschrift sind die Nichtigkeit wegen Fehlens der Markenfähigkeit nach § 3, Nichtigkeit wegen Fehlens der Markenrechtsfähigkeit nach § 7, Nichtigkeit wegen Bestehens absoluter Schutzhindernisse nach § 8 und Nichtigkeit wegen bösgläubiger Anmeldung nach § 50 Abs. 1 Nr. 4 (zu den absoluten Nichtigkeitsgründe im einzelnen s. § 50, Rn 6 ff.). Die Löschung der Eintragung wegen absoluter Nichtigkeit einer Marke erfolgt auf Antrag nach § 50 Abs. 1 oder im Falle der Nichtigkeit wegen Bestehens absoluter Schutzhindernisse nach § 8 Abs. 2 Nr. 4 bis 9 unter den weiteren Voraussetzungen des § 50 Abs. 3 Nr. 1 bis 3 von Amts wegen (s. zur Löschung auf Antrag § 50, Rn 36 f.; zur Löschung von Amts wegen § 50, Rn 38 f.). Die Vorschrift des § 54 enthält *ergänzende Regelungen zur Löschung der Eintragung wegen absoluter Nichtigkeitsgründe* zum Löschungsverfahren auf Antrag (Abs. 1 bis 3) und von Amts wegen (Abs. 3).

## B. Verfahren

### I. Löschungsantrag (§ 54 Abs. 1)

Der Antrag auf Löschung wegen absoluter Nichtigkeitsgründe ist nach § 54 Abs. 1 S. 1 **2** beim DPMA zu stellen. Der *Löschungsantrag* soll nach § 43 Abs. 1 MarkenV unter Verwendung des vom DPMA herausgegebenen Formblatts gestellt werden. Der Antrag hat die nach § 43 Abs. 2 Nr. 1 bis 5 MarkenV erforderlichen Angaben zu enthalten. Die allgemeinen Verfahrensvorschriften über die Form des Antrags enthalten die §§ 64 bis 70 MarkenV. Der Antrag auf Löschung wegen absoluter Nichtigkeitsgründe kann nach § 54 Abs. 1 S. 2 von jeder Person gestellt werden. Es handelt sich um ein *Popularverfahren*, bei dem der Anmelder nicht des Nachweises eines eigenen Rechtsschutzbedürfnisses bedarf. Eine *Löschung der Marke* ist dann *ausgeschlossen*, wenn die Marke auch nach der Löschung für die entsprechenden Waren oder Dienstleistungen von Dritten im Verkehr nicht frei benutzt werden kann. Das ist namentlich dann der Fall, wenn sich die Marke im Verkehr zum Kennzeichen des Unternehmens (*Unternehmensschlagwort, Symbol eines Verbandes*) durchgesetzt hat, weil insoweit ein öffentliches Interesse an der Löschung der Marke im Register nicht mehr besteht (RGZ 118, 209 – Stollwerck Goldkrone; 169, 240, 246 – Schwarz-Weiß; 172, 49, 56 – Siemens; BGH GRUR 1957, 350, 351 – Raiffeisensymbol; *Baumbach/Hefermehl*, § 11 WZG, Rn 55; *Busse/Starck*, § 11 WZG, Rn 8; *Storkebaum/Kraft*, § 11 WZG, Rn 63; kritisch *Mayer*, GRUR 1953, 277, 281; s. zur Teillöschung § 50, Rn 40). Nach anderer Rechtsansicht soll es zur Annahme eines öffentlichen Interesses an der Löschungsklage als Popularklage genügen, daß mit der Löschung die *Klarheit der registerrechtlichen Lage* gewahrt werde, da das Register nur ein Scheinrecht ausweise; auch der Markeninhaber habe kein legitimes Interesse an der ihm markenrechtlich nicht zustehenden formalen Rechtsposition (LG München I GRUR 1992, 59, 60 – Marlboro). Bei einer berühmten Marke (s. zum Rechtsschutz der berühmten Marke § 14, Rn 441), die kein Unternehmenskennzeichen ist, entfällt das öffentliche Interesse an der Löschung nur dann, wenn eine Verwässerung der berühmten

Marke zu befürchten ist; das setzt voraus, daß die Kollisionszeichen entweder identisch oder zumindest in ihren charakteristischen Zeichenbestandteilen ähnlich sind (*Baumbach/Hefermehl*, § 11 WZG, Rn 55; ausführlich zur berühmten Marke im Löschungsverfahren s. *Fezer*, Der Benutzungszwang im Markenrecht, S. 172 ff.; allgemein die Löschung wegen Verfalls einer berühmten Marke bejahend LG München I GRUR 1992, 59 – Marlboro).

## II. Verlauf des Verfahrens (§ 54 Abs. 3)

3  Die Vorschrift des § 54 Abs. 3 regelt die weiteren *Einzelheiten des Löschungsverfahrens* auf Antrag (§ 50 Abs. 1) und von Amts wegen (§ 50 Abs. 3). Diese Regelungen ergänzen die Verfahrensgrundsätze nach § 50 zur Löschung einer Eintragung wegen absoluter Nichtigkeit der Marke (s. dazu im einzelnen § 50, Rn 36 ff.). Wenn ein Antrag auf Löschung gestellt wird, dann erfolgt eine Prüfung des Löschungsantrags durch das DPMA dahin, ob der Antrag die erforderlichen Angaben nach den §§ 44 iVm 43 Abs. 2 MarkenV enthält und nicht offensichtlich unbegründet ist. Eine materiellrechtliche Prüfung des Löschungsgrundes der absoluten Nichtigkeit der eingetragenen Marke findet nicht statt. Wenn ein *ordnungsgemäßer Löschungsantrag gestellt* ist, dann wird durch das DPMA ein *kontradiktorisches Löschungsverfahren* eröffnet. Wenn *kein Löschungsantrag gestellt* wird, sondern das Löschungsverfahren von Amts wegen nach § 50 Abs. 3 eingeleitet wird, dann handelt es sich um ein *einseitiges Amtsverfahren*. Nach § 54 Abs. 3 S. 1 unterrichtet das DPMA den Inhaber der eingetragenen Marke über die Eröffnung des Löschungsverfahrens auf Antrag oder von Amts wegen. Es wird ein *Löschungsvorbescheid* dem Markeninhaber zugestellt. Innerhalb einer *Ausschlußfrist von zwei Monaten* nach Zustellung des Löschungsvorbescheids kann der Markeninhaber nach § 54 Abs. 3 S. 2 *Widerspruch gegen die Löschung* der eingetragenen Marke erheben. Abweichend von der Einmonatsfrist des § 10 Abs. 3 S. 2 WZG wird dem Markeninhaber für den Widerspruch gegen die Löschung eine Frist von zwei Monaten eingeräumt, da sich der nach der einmonatigen Frist dem Empfänger des Löschungsvorbescheids zur Erhebung des Widerspruchs tatsächlich verbleibende Zeitraum häufig als nicht ausreichend erwies (s. Begründung zum MarkenG, BT-Drucks. 12/6581 vom 14. Januar 1994, S. 97). Aus der Sicht des Löschungsantragstellers erscheint ein Zuwarten von zwei Monaten vertretbar. Wenn der Markeninhaber ohne sein Verschulden verhindert war, die Zweimonatsfrist des § 54 Abs. 3 S. 2 einzuhalten, dann ist ihm auf Antrag nach § 91 Abs. 1 S. 1 *Wiedereinsetzung in die Frist* zu gewähren. Die Regelung des § 91 Abs. 1 S. 2, nach der die Wiedereinsetzung in die Frist nach § 91 Abs. 1 S. 1 bei der Frist zur Erhebung des Widerspruchs und zur Zahlung der Widerspruchsgebühr ausgeschlossen ist, ist nicht auf den Widerspruch des Markeninhabers gegen die Löschung der Eintragung nach § 54 Abs. 3 S. 2 anzuwenden.

4  Wenn der Markeninhaber fristgerecht Widerspruch gegen die Löschung der Eintragung seiner Marke erhebt, dann wird nach § 54 Abs. 3 S. 3 das *patentamtliche Löschungsverfahren* durchgeführt. Nach § 56 Abs. 3 S. 1 ist die Markenabteilung für die Entscheidung über die Löschung der Eintragung zuständig. Die Markenabteilung beschließt in der Besetzung mit mindestens drei Mitgliedern des DPMA (§ 56 Abs. 3 S. 2). Der Vorsitzende der Markenabteilung kann die Entscheidung über die Löschung der Marke nach § 54 weder allein bearbeiten noch die Löschungsentscheidung einem Angehörigen der Markenabteilung zur Bearbeitung übertragen (§ 56 Abs. 3 S. 3). Auch eine Übertragung der Löschungsentscheidung auf einen Beamten des gehobenen Dienstes oder vergleichbare Angestellte ist nach § 65 Abs. 1 Nr. 11 nicht zulässig. Die Entscheidung über die Löschung der Eintragung ergeht durch *Beschluß*. Der Beschluß ist allen Verfahrensbeteiligten zuzustellen. Nach § 66 Abs. 1 S. 1 findet gegen den *Löschungsbeschluß* der Markenabteilung die *Beschwerde* an das BPatG statt. Nach Eintritt der Bestandskraft des Löschungsbeschlusses wird die Eintragung der Marke im Register gelöscht.

5  Wenn der Löschungsantrag durch Beschluß zurückgewiesen wird, dann steht dem Antragsteller die Beschwerde nach § 66 Abs. 1 S. 1 an das BPatG zu. Der *Ablehnungsbeschluß* hindert die Einleitung eines neuen Löschungsverfahrens nicht (so schon zur Rechtslage im WZG *Baumbach/Hefermehl*, § 10 WZG, Rn 19). Das BPatG ist als Beschwerdegericht an den Inhalt der kontradiktorischen Entscheidung der Markenabteilung und den durch die Anträge bestimmten Verfahrensgegenstand gebunden. Das BPatG hat die zwingenden Verfahrensvoraussetzungen für das Antragsverfahren zu prüfen. Da es sich um eine Entschei-

dung im kontradiktorischen Verfahren handelt, hindert die *Rücknahme des Löschungsantrags* die Fortsetzung des Verfahrens; die Antragsrücknahme entzieht dem Löschungsbeschluß die Grundlage (BGH GRUR 1977, 664 – CHURRASCO mit Anm. Höpffner; *Baumbach/Hefermehl*, § 10 WZG, Rn 19; *Althammer/Ströbele/Klaka*, § 54 MarkenG, Rn 4; aA BPatGE 18, 102 – Popfit; BPatG GRUR 1974, 663 – nobilia; schon RPA MuW 1931, 344; *Busse/Starck*, § 10 WZG, Rn 9). Das BPatG hat als Beschwerdegericht zu beachten, daß die Grundlage des Löschungsbeschlusses weggefallen ist. Es ist verfahrensrechtlich nicht zulässig, im Beschwerdeverfahren die auf Antrag erfolgte Löschung als Löschung von Amts wegen zu behandeln. Das BPatG darf nicht sein eigenes Ermessen an die Stelle des Ermessens der Markenabteilung setzen. In solchen Fallkonstellationen hat das BPatG den Löschungsbeschluß des DPMA aufzuheben, ohne selbst zu prüfen, ob der Eintragung der Marke absolute Schutzhindernisse entgegenstehen (BGH GRUR 1977, 664 – CHURRASCO). Nach Aufhebung des Löschungsbeschlusses liegt es im pflichtgemäßen Ermessen des DPMA, ob ein *Amtslöschungsverfahren* durchzuführen ist. Wenn das DPMA nach pflichtgemäßem Ermessen nunmehr ein Löschungsverfahren von Amts wegen eröffnet, dann hat es nach § 54 Abs. 3 S. 1 den Inhaber der eingetragenen Marke von diesem Amtslöschungsverfahren zu unterrichten und ihm erneut einen Löschungsvorbescheid zuzustellen.

Wenn der Inhaber der eingetragenen Marke nicht innerhalb von zwei Monaten nach Zustellung des Löschungsvorbescheids gegen die Löschung der Eintragung Widerspruch erhebt, dann wird nach § 54 Abs. 3 S. 2 die Eintragung der Marke im Register gelöscht. **6**

### C. Gebühren (§ 54 Abs. 2)

Der *Löschungsantrag* ist nach § 54 Abs. 2 S. 1 *gebührenpflichtig*. Die Gebühr beträgt nach Nr. 133600 GebVerz zu § 1 PatGebG 600 DM. Nach § 63 Abs. 2 kann das DPMA, wenn dies der Billigkeit entspricht, anordnen, daß die Gebühr für den Antrag auf Löschung ganz oder teilweise zurückgezahlt wird. Eine *Gebührenerstattung* kommt etwa dann in Betracht, wenn das DPMA dem Löschungsantrag entspricht und die Eintragung der Marke im Register antragsgemäß löscht. Wenn der Antragsteller die Antragsgebühr nach § 54 Abs. 2 S. 1 nicht zahlt, dann gilt nach § 54 Abs. 2 S. 2 der Antrag als nicht gestellt. Das DPMA kann den *Antrag als Anregung* verstehen und nach pflichtgemäßem Ermessen ein Löschungsverfahren von Amts wegen einleiten. **7**

**Löschungsverfahren vor den ordentlichen Gerichten**

**55** (1) Die Klage auf Löschung wegen Verfalls (§ 49) oder wegen des Bestehens älterer Rechte (§ 51) ist gegen den als Inhaber der Marke Eingetragenen oder seinen Rechtsnachfolger zu richten.

(2) Zur Erhebung der Klage sind befugt:
1. in den Fällen des Antrags auf Löschung wegen Verfalls jede Person,
2. in den Fällen des Antrags auf Löschung wegen des Bestehens von Rechten mit älterem Zeitrang die Inhaber der in den §§ 9 bis 13 aufgeführten Rechte,
3. in den Fällen des Antrags auf Löschung wegen des Bestehens einer geographischen Herkunftsangabe mit älterem Zeitrang (§ 13 Abs. 2 Nr. 5) die nach § 13 Abs. 2 des Gesetzes gegen den unlauteren Wettbewerb zur Geltendmachung von Ansprüchen Berechtigten.

(3) [1] Ist die Klage auf Löschung vom Inhaber einer eingetragenen Marke mit älterem Zeitrang erhoben worden, so hat er auf Einrede des Beklagten nachzuweisen, daß die Marke innerhalb der letzten fünf Jahre vor Erhebung der Klage gemäß § 26 benutzt worden ist, sofern sie zu diesem Zeitpunkt seit mindestens fünf Jahren eingetragen ist. [2] Endet der Zeitraum von fünf Jahren der Nichtbenutzung nach Erhebung der Klage, so hat der Kläger auf Einrede des Beklagten nachzuweisen, daß die Marke innerhalb der letzten fünf Jahre vor dem Schluß der mündlichen Verhandlung gemäß § 26 benutzt worden ist. [3] War die Marke mit älterem Zeitrang am Tag der Veröffentlichung der Eintragung der Marke mit jüngerem Zeitrang bereits seit mindestens fünf Jahren eingetragen, so hat der Kläger auf Einrede des Beklagten ferner nachzuweisen, daß die Eintragung der Marke mit älterem Zeitrang an diesem Tag nicht nach § 49 Abs. 1

**MarkenG § 55**  Löschungsverfahren vor den ordentlichen Gerichten

hätte gelöscht werden können. ⁴Bei der Entscheidung werden nur die Waren oder Dienstleistungen berücksichtigt, für die die Benutzung nachgewiesen worden ist.

(4) ¹Ist vor oder nach Erhebung der Klage das durch die Eintragung der Marke begründete Recht auf einen anderen übertragen worden oder übergegangen, so ist die Entscheidung in der Sache selbst auch gegen den Rechtsnachfolger wirksam und vollstreckbar. ²Für die Befugnis des Rechtsnachfolgers, in den Rechtsstreit einzutreten, gelten die §§ 66 bis 74 und 76 der Zivilprozeßordnung entsprechend.

### Inhaltsübersicht

|  | Rn |
|---|---|
| A. Regelungszusammenhang | 1, 2 |
| B. Löschungsklage | 3–18 |
|   I. Zuständigkeit | 3 |
|   II. Aktivlegitimation (§ 55 Abs. 2) | 4–7 |
|     1. Klagebefugnis bei der Löschungsklage wegen Verfalls (§ 55 Abs. 2 Nr. 1) | 4–5g |
|       a) Popularklage | 4 |
|       b) Rechtsschutzbedürfnis und öffentliches Interesse an der Löschung der Eintragung der Marke im Register | 5–5g |
|         aa) Bestehen der Aktivlegitimation trotz Einwendungen und Einreden aus der Person des Popularklägers | 5a |
|         bb) Grenzen der Aktivlegitimation bei Wegfall des Allgemeininteresses | 5b–5g |
|           (1) Wegfall der Aktivlegitimation bei einer Marke als Unternehmensschlagwort, Verbandssymbol oder berühmter Marke | 5b |
|           (2) Die *COMBURTEST*-Entscheidung des BGH zur Aktivlegitimation bei der Löschungsklage wegen Nichtbenutzung | 5c–5e |
|           (3) Rechtslage nach dem MarkenG | 5f, 5g |
|     2. Klagebefugnis bei der Löschungsklage wegen relativer Nichtigkeitsgründe (§ 55 Abs. 2 Nr. 2) | 6 |
|     3. Klagebefugnis bei der Löschungsklage wegen einer prioritätsälteren geographischen Herkunftsangabe (§ 55 Abs. 2 Nr. 3) | 7 |
|   III. Passivlegitimation (§ 55 Abs. 1) | 8, 9 |
|     1. Rechtslage im WZG | 8 |
|     2. Rechtslage im Markengesetz | 9 |
|   IV. Antrag und Urteil | 10–12 |
|   V. Drittwirkungen des Löschungsurteils (§ 55 Abs. 4) | 13–15 |
|     1. Rechtskrafterstreckung auf den Rechtsnachfolger (§ 55 Abs. 4 S. 1) | 13 |
|     2. Nebenintervention und Streitverkündung (§ 55 Abs. 4 S. 2) | 14 |
|     3. Urheberbenennung (§ 55 Abs. 4 S. 2) | 15 |
|   VI. Klageverbindung | 16 |
|   VII. Einredeweise Geltendmachung der Löschungsgründe | 17 |
|   VIII. Einwendungen gegen die Löschungsklage | 18 |
| C. Einrede der Nichtbenutzung gegen den Löschungskläger (§ 55 Abs. 3) | 19 |
| D. Nichtangriffsabreden | 20–23 |
|   I. Begriff und Anwendungsbereich | 20 |
|   II. Rechtsfolgen | 21 |
|   III. Rechtliche Grenzen | 22, 23 |
| E. Teillöschung der Marke | 24 |

**Schrifttum zum WZG.** *Helm,* Nichtangriffsklauseln im Warenzeichenrecht, GRUR 1974, 324; *Jackermeier,* Die Löschungsklage im Markenrecht, 1983.

**Schrifttum zum MarkenG.** *Fezer,* Die Rechtsnatur der markenrechtlichen Verfallsklage als Popularklage, in: FS für Kraft, 1998, S. 77.

### Entscheidung zum MarkenG

**BGH GRUR 1999, 161 – MAC Dog**
Zur Anwendung des Rechtsgedankens des § 30 Abs. 3 hinsichtlich der Klagebefugnis des vom Markeninhaber ermächtigten Lizenznehmers.

## A. Regelungszusammenhang

Die *Verfallsgründe einer Marke* nach § 49 und die *relativen Nichtigkeitsgründe* nach § 51 stellen *Löschungsgründe* für die Eintragung der Marke dar. Verfallsgründe bestehen wegen einer Nichtbenutzung der Marke nach § 49 Abs. 1, wegen einer Entwicklung der Marke zu einer Gattungsbezeichnung nach § 49 Abs. 2 Nr. 1, wegen Täuschungsgefahr nach § 49 Abs. 2 Nr. 2 und wegen des Verlusts der Markenrechtsfähigkeit nach § 49 Abs. 2 Nr. 3. Relative Nichtigkeitsgründe nach § 51 Abs. 1 bilden die Kennzeichenrechte im Sinne der §§ 9 bis 13 mit älterem Zeitrang (s. dazu im einzelnen § 51, Rn 3 ff.). Die Verfallsgründe nach § 49 und die relativen Nichtigkeitsgründe nach § 51 sind im Wege der Löschungsklage geltend zu machen. Nach § 55 Abs. 1 sind die *ordentlichen Gerichte* für die Entscheidung über Klagen auf Löschung wegen Verfalls nach § 49 und wegen des Bestehens prioritätsälterer Kennzeichenrechte nach § 51 zuständig. Unbeschadet des Löschungsverfahrens vor den ordentlichen Gerichten nach § 55, kann wegen des Verfalls der Marke nach § 49 ein Antrag auf Löschung nach § 53 Abs. 1 beim DPMA gestellt werden (s. zum Verfahren § 53, Rn 3 ff.). Aufgrund der relativen Nichtigkeitsgründe einer Marke mit älterem Zeitrang kann nach § 42 Abs. 1 gegen die Eintragung der Marke Widerspruch erhoben werden; der Widerspruch kann nur auf die in § 42 Abs. 2 Nr. 1 bis 3 bestimmten Kollisionstatbestände gestützt werden.

Über die Löschung der Eintragung einer Marke wegen *absoluter Nichtigkeitsgründe* im Sinne des § 50 Abs. 1 Nr. 1 bis 4 wird auf Antrag (§ 50 Abs. 1) oder von Amts wegen (§ 50 Abs. 3) im *Löschungsverfahren vor dem DPMA* nach § 54, sowie im *Beschwerdeverfahren vor dem BPatG* nach § 66 entschieden. Die Zuständigkeit des DPMA, in einem patentamtlichen Löschungsverfahren die absoluten Nichtigkeitsgründe zu überprüfen, ist deshalb interessengerecht, weil diese absoluten Löschungsgründe bereits im Eintragungsverfahren als absolute Schutzhindernisse gegen die Eintragung der Marke in das Register hätten berücksichtigt werden müssen. Das patentamtliche Löschungsverfahren wegen absoluter Nichtigkeitsgründe nach § 54 führt gleichsam das Eintragungsverfahren hinsichtlich der absoluten Schutzhindernisse fort. Die Feststellung der *Verfallsgründe* nach § 49, sowie der *relativen Nichtigkeitsgründe* nach § 51 als Löschungsgründe bedarf eines *Löschungsverfahrens vor den ordentlichen Gerichten*. Im Eintragungsverfahren werden diese relativen Schutzhindernisse nur eingeschränkt im Rahmen eines Widerspruchsverfahrens nach den §§ 42 und 43 berücksichtigt, sowie die notorisch bekannte Marke mit älterem Zeitrang nach § 10 nur im Falle amtsbekannter Notorietät nach § 37 Abs. 4. Auch im gerichtlichen Löschungsverfahren nach § 55, dessen Antrag und Urteil auf die Einwilligung des Inhabers der eingetragenen Marke in die Löschung der Eintragung gerichtet ist, ist das DPMA zur tatsächlichen Löschung der Eintragung im Register zuständig.

## B. Löschungsklage

### I. Zuständigkeit

Das Löschungsverfahren wegen Verfalls (§ 49) oder wegen des Bestehens älterer Rechte (§ 51) wird im Wege der Klage vor den ordentlichen Gerichten nach § 55 Abs. 1 durchgeführt. Bei dem *gerichtlichen Löschungsverfahren* handelt es sich um ein Verfahren in Kennzeichenstreitsachen im Sinne von Teil 7 (§§ 140 bis 142) des MarkenG. Nach § 140 Abs. 1 sind die *Landgerichte* ohne Rücksicht auf den Streitwert ausschließlich zuständig. In den Bundesländern sind aufgrund der Ermächtigung des § 140 Abs. 2 durch Rechtsverordnungen *Sonderzuständigkeiten* gebildet worden (s. dazu im einzelnen § 140, Rn 9 f.).

### II. Aktivlegitimation (§ 55 Abs. 2)

#### 1. Klagebefugnis bei der Löschungsklage wegen Verfalls (§ 55 Abs. 2 Nr. 1)

**a) Popularklage.** Zur Erhebung der Klage auf Löschung wegen Verfalls (§ 49) ist nach § 55 Abs. 2 Nr. 1 *jede Person* befugt. Die Verfallsgründe der Nichtbenutzung der Marke

(§ 49 Abs. 1), der Entwicklung der Marke zu einer Gattungsbezeichnung (§ 49 Abs. 2 Nr. 1), der Täuschungsgefahr (§ 49 Abs. 2 Nr. 2) und des Verlusts der Markenrechtsfähigkeit (§ 49 Abs. 2 Nr. 3) kann *jede Person ohne Nachweis eines eigenen Rechtsschutzinteresses* (quivis ex populo) geltend machen. Die Zulassung einer *Popularklage* zur Geltendmachung der Verfallsgründe einer Marke als Löschungsgründe der Eintragung beruht auf dem Gedanken, daß die Reinhaltung des Registers bei Vorliegen dieser Verfallsgründe im öffentlichen Interesse liegt (s. schon zur Rechtslage im WZG RGZ 172, 49 – Siemens; BGH GRUR 1957, 350 – Raiffeisensymbol).

5 **b) Rechtsschutzbedürfnis und öffentliches Interesse an der Löschung der Eintragung der Marke im Register.** Bei der Regelung der Rechtsnatur der markenrechtlichen Verfallsklage als einer Popularklage unterscheidet das MarkenG nicht zwischen den einzelnen Verfallsgründen der *Nichtbenutzung der Marke* (§ 49 Abs. 1), der *Entwicklung der Marke zu einer Gattungsbezeichnung* (§ 49 Abs. 2 Nr. 1), der *Täuschungsgefahr* (§ 49 Abs. 2 Nr. 2) und des *Verlustes der Markenrechtsfähigkeit* (§ 49 Abs. 2 Nr. 3). Da wegen der Rechtsnatur der markenrechtlichen Verfallsklage als einer Popularklage die Klagebefugnis zur Erhebung der Popularklage im öffentlichen Interesse besteht, entfällt auf der einen Seite die Aktivlegitimation des Popularklägers zwar nicht schon immer dann, wenn Einwendungen oder Einreden aus der Person des Popularklägers bestehen (s. Rn 5a). Auf der anderen Seite entfällt die Aktivlegitimation des Popularklägers aber immer dann, wenn ein öffentliches Interesse an der Löschung der Eintragung der Marke im Register nicht besteht (s. Rn 5b ff.).

5a **aa) Bestehen der Aktivlegitimation trotz Einwendungen oder Einreden aus der Person des Popularklägers.** Die Klagebefugnis zur Erhebung der markenrechtlichen Verfallsklage besteht wegen deren Rechtsnatur als einer Popularklage im öffentliche Interesse (s. Rn 4). Da der rechtfertigende Grund der Zuerkennung der Aktivlegitimation an den Popularkläger das öffentliche Interesse an der Löschung der Eintragung der Marke im Register wegen Verfalls ist, entfällt die Aktivlegitimation des Popularklägers nicht schon immer dann, wenn *Einwendungen oder Einreden aus der Person des Popularklägers* bestehen (RGZ 109, 73, 77 – Weißer Hirsch; 120, 402, 405 – Bärenstiefel; RG GRUR 1939, 632, 637 – Recresal; 1939, 806 – AEG/AAG). Der Popularkläger der markenrechtlichen Verfallsklage nimmt ein Interesse der Allgemeinheit an der Löschung der Eintragung der Marke im Register zur Reinhaltung des Registers bei Vorliegen der Verfallsgründe wahr (s. zum WZG schon *Baumbach/Hefermehl*, § 11 WZG, Rn 4; *Busse/Starck*, § 11 WZG, Rn 2; s. allgemein zur Prozeßführungsbefugnis im öffentlichen Interesse *Homburger/Kötz*, Klagen Privater im öffentlichen Interesse, 1975; *Koch*, Prozeßführung im öffentlichen Interesse, 1983). Ohne den Grundsatz im Ansatz zu bezweifeln, wurden unter Hinweis auf die Zulassung der exceptio pacti und doli im Patentnichtigkeits- und Gebrauchsmusterlöschungsverfahren teilweise kritische Einwände erhoben (*v. Gamm*, § 11 WZG, Rn 20). Im Anschluß hieran wurde von manchen eine flexiblere Handhabung der Prüfung der Aktivlegitimation des Popularklägers bei der markenrechtlichen Verfallsklage vorgeschlagen und für eine *Interessenabwägung* im konkreten Einzelfall plädiert (*Jackermeier*, Die Löschungsklage im Markenrecht, S. 143 ff.; s. auch *Helm*, GRUR 1974, 324). Die teils unterschiedlich dargestellten Auffassungen zur Reichweite der Aktivlegitimation des Popularklägers bei der markenrechtlichen Verfallsklage formulieren im Ausgangspunkt keinen prinzipiellen Auffassungsunterschied über die Rechtsnatur der Popularklage. Vielmehr wird erkannt, daß zwar einerseits das Rechtsschutzbedürfnis des Popularklägers nicht ohne weiteres bei Bestehen von Einwendungen oder Einreden aus seiner Person entfällt, daß andererseits aber auch die im öffentlichen Interesse bestehende Aktivlegitimation des Popularklägers rechtlichen Grenzen unterworfen ist. Die Aktivlegitimation des Popularklägers entfällt etwa grundsätzlich nicht bei Bestehen des *Einwandes der Schikane* nach § 226 BGB (RGZ 109, 73, 77 – Weißer Hirsch) oder des *Einwandes der unzulässigen Rechtsausübung* nach § 242 BGB wie namentlich der *Sittenwidrigkeit* (RG GRUR 1939, 632 – Recresal; 1939, 806 – AEG/AAG). Diese höchstrichterliche Rechtsprechung des RG wurde vom BGH aufgenommen und fortgeführt. So kann dem im öffentlichen Interesse bestehenden Verfallsgrund wegen Täuschungsgefahr nicht der *Einwand der Verwirkung* entgegen gehalten werden (BGH GRUR 1960, 563, 566 – Sektwerbung; s. schon BGH GRUR 1952, 577, 582 – Zwilling). Trotz dieses Ausgangspunkts zur Rechtsnatur der dem öffentlichen Interesse dienenden Popularklage sind *Fall-*

*konstellationen eines Rechtsmißbrauchs*, die der Anerkennung der Aktivlegitimation des Popularklägers entgegenstehen, nicht ausgeschlossen (s. dazu BGH GRUR 1986, 315 – COMBURTEST). Da die Aktivlegitimation des Popularklägers kein eigenes Rechtsschutzinteresse voraussetzt, kommt es auch nicht auf den Einwand an, *eigene Belange des Popularklägers* würden durch die Eintragung der löschungsreifen Marke nicht gefährdet. Auch ein *Einwand aus Vertrag*, wie etwa einer *dinglichen Markenlizenz* oder einer *schuldrechtlichen Gebrauchsüberlassung*, sowie aus einem *sachlichen Kennzeichenrecht*, hindert die Klagebefugnis nicht, da weder ein Vertragsrecht noch ein sonstiges Recht die Aufrechterhaltung der Eintragung einer wegen Verfalls löschungsreifen Marke im Register selbst dem Popularkläger gegenüber zu rechtfertigen vermag. Die Popularklage kann auch von einem *Ausländer*, wie etwa einem Lizenznehmer oder auch einem *Verband* erhoben werden. Nach der höchstrichterlichen Rechtsprechung des BGH setzt allerdings die Wahrung des inländischen Allgemeininteresses durch einen im Inland nicht niedergelassenen Kläger eine *geschäftliche Beziehung zum Inland* voraus, die etwa dann gegeben ist, wenn er sein Unternehmen auf den Geltungsbereich des nationalen Markenrechts auszudehnen beabsichtigt (s. zur Rechtslage im WZG BGH GRUR 1967, 298, 303 – Modess). Auch wenn diese Reichweite der Aktivlegitimation bei der markenrechtlichen Verfallsklage als Popularklage prinzipiell besteht, so schließt doch die Verfolgung eines öffentlichen Interesses die Geltendmachung persönlicher Einwendungen nicht ohne jede Einschränkung aus (*Baumbach/Hefermehl*, Wettbewerbsrecht, Einl UWG, Rn 41, 76 ff.; *Jackermeier*, Die Löschungsklage im Markenrecht, S. 143, 146 ff.).

**bb) Grenzen der Aktivlegitimation bei Wegfall des Allgemeininteresses.** 5b
**(1) Wegfall der Aktivlegitimation bei einer Marke als Unternehmensschlagwort, Verbandssysymbol oder berühmter Marke.** Da die Aktivlegitimation des Popularklägers einer markenrechtlichen Verfallsklage auf der Existenz eines öffentlichen Interesses an der Löschung der Eintragung der Marke aus Gründen der Reinhaltung des Registers beruht, bestehen bei *Wegfall des Allgemeininteresses* an der Löschung der Eintragung der Marke auch Grenzen der Aktivlegitimation des Popularklägers. In einer langjährigen höchstrichterlichen Rechtsprechung zum WZG war deshalb der *Rechtssatz* anerkannt, daß die Aktivlegitimation des Popularklägers dann entfällt, wenn ein öffentliches Interesse an der Löschung der Eintragung der Marke in das Register nicht besteht, da die Löschung einer eingetragenen Marke als solche ein die Klagebefugnis des Popularklägers rechtfertigendes Allgemeininteresse nicht zu begründen vermag. Nach dieser Rechtsprechung war eine Löschung der Marke dann ausgeschlossen, wenn die Marke auch nach der Löschung im Register für die entsprechenden Waren oder Dienstleistungen von Dritten im Verkehr nicht frei benutzt werden konnte. Eine solche Fallkonstellation lag namentlich dann vor, wenn sich die Marke im Verkehr zum *Kennzeichen des Unternehmens* als ein *Unternehmensschlagwort* oder als ein *Symbol eines Verbandes* durchgesetzt hatte. In solchen Fallkonstellationen wurde ein öffentliches Interesse an der Löschung der Marke im Register nicht mehr anerkannt (RGZ 118, 209 – Stollwerck Goldkrone; 169, 240, 246 – Schwarz-Weiß; 172, 49, 56 – Siemens; BGH GRUR 1957, 350, 351 – Raiffeisensymbol). Nach einer anderen Rechtsansicht, die namentlich in den *Instanzgerichten* vertreten wurde, soll es zur Annahme eines öffentlichen Interesses an der Löschungsklage als Popularklage genügen, daß mit der Löschung die *Klarheit der registerrechtlichen Lage* gewahrt werde. In solchen Fallkonstellationen weise das Register nur ein Scheinrecht aus. Auch habe der Markeninhaber kein legitimes Interesse an der ihm markenrechtlich nicht zustehenden formalen Rechtsposition (LG München I GRUR 1992, 59, 60 – Marlboro, das allgemein die Löschung wegen Verfalls eine berühmten Marke bejaht; s. auch OLG München WRP 1996, 128 – The Beatles; ausführlich zur berühmten Marke im Löschungsverfahren s. *Fezer*, Der Benutzungszwang im Markenrecht, S. 172 ff.; siehe auch zu dem Anspruch auf Löschung einer irreführenden Weinbezeichnung sowie zum Anspruch auf Rücknahme der Anmeldung einer irreführenden *Weinbezeichnung* als Marke LG Mannheim GRUR 1968, 380 – Sonnenstück). In der Rechtsprechung zum WZG waren die Grenzen der Aktivlegitimation des Popularklägers bei Wegfall des Allgemeininteresses an der Löschung der Eintragung der Marke grundsätzlich anerkannt (s. dazu *Baumbach/Hefermehl*, § 11 WZG, Rn 55; *Storkebaum/Kraft*, § 11 WZG, Rn 63; *Busse/Starck*, § 11 WZG, Rn 8).

**5c** **(2) Die *COMBURTEST*-Entscheidung des BGH zur Aktivlegitimation bei der Löschungsklage wegen Nichtbenutzung.** In der *COMBURTEST*-Entscheidung (BGH GRUR 1986, 315 – COMBURTEST) aus dem Jahre 1985 scheint der BGH von der bisherigen Linie der höchstrichterlichen Rechtsprechung (s. Rn 5b) in einer besonderen Fallkonstellation abzuweichen. Gegenstand der Entscheidung war die zeichenrechtliche Löschungsklage wegen fünfjähriger Nichtbenutzung nach § 11 Abs. 1 Nr. 4 WZG, die dem Löschungsverfahren vor den ordentlichen Gerichten nach § 55 und zwar der Klage auf Löschung wegen Verfalls nach § 49 entspricht. Nach Auffassung des BGH stand der Löschungsklage wegen fünfjähriger Nichtbenutzung nach § 11 Abs. 1 Nr. 4 WZG nicht entgegen, daß der Löschungsbeklagte neben dem zu löschenden Warenzeichen *COMBURTEST* noch Inhaber eines anderen Warenzeichens *COMBUR-TEST* war und daher Dritten die Benutzung des zu löschenden Zeichens untersagen konnte. Nach Auffassung des BGH wurde für das Vorliegen eines öffentlichen Interesses an der Löschungsklage wegen fünfjähriger Nichtbenutzung nach § 11 Abs. 1 Nr. 4 WZG die Geltendmachung der Löschungsreife des Warenzeichen wegen Nichtbenutzung als genügend angesehen. Es komme nicht darauf an, ob andere Kennzeichnungsrechte des Inhabers des eingetragenen Warenzeichens mit identischem oder ähnlichem Schutzumfang bestünden. Der BGH bejahte somit die Aktivlegitimation des Löschungsklägers, obwohl Dritten die Benutzung des zu löschenden Warenzeichens nicht möglich war. Der BGH begründet seine Auffassung mit Sinn und Zweck des Benutzungszwangs, den der Gesetzgeber mit dessen Einführung verbunden habe. Der Zweck des Benutzungszwangs, zur Entlastung des DPA beizutragen und im Interesse aller Neuanmelder von Warenzeichen Widersprüche aus älteren Zeichen, die der Löschung wegen Nichtbenutzung unterliegen, zu verhindern, erfordere es, die Löschungsklage nach § 11 Abs. 1 Nr. 4 WZG allein von der Geltendmachung des Eintritts der Löschungsreife wegen Nichtbenutzung abhängig zu machen und von weiteren Erfordernissen grundsätzlich abzusehen. Die im Sinne des Benutzungszwangs liegende Ausübung des Klagerechts würde zweckwidrig erschwert, wenn trotz allgemeiner Zubilligung der Popularklage jeweils noch geprüft werden müßte, ob tatsächlich im Einzelfall ein öffentliches Interesse an der Löschung und damit die Klageberechtigung bestehe. Eine Ausnahme solle nur für die Fallkonstellationen einer *rechtsmißbräuchlichen Klageerhebung* gelten.

**5d** Der BGH erkennt, daß er sich mit dieser Entscheidung in Widerspruch zur früheren Rechtsprechung setzt, da sowohl das RG als auch der BGH selbst für die Popularklagen nach § 11 Abs. 1 Nr. 2 WZG wegen fehlenden Geschäftsbetriebs und nach § 11 Abs. 1 Nr. 3 wegen Täuschungsgefahr ein öffentliches Interesse an der Löschung verlangten und dieses für den Fall verneinten, daß das zu löschende Zeichen wegen anderweitiger Kennzeichnungsrechte seines Inhabers von einem Dritten auch nach seiner Löschung nicht verwendet werden konnte. Der BGH hegt *Zweifel*, ob dieser Rechtsprechung in der formulierten Allgemeinheit beigetreten werden könne und ob generell bei der Popularklage aus § 11 Abs. 1 Nr. 3 WZG ein öffentliches Interesse an der Löschung jeweils im konkreten Fall gegeben sein müsse und unter den in den Urteilen genannten Voraussetzungen entfallen könne. Da der BGH in der *COMBURTEST*-Entscheidung zur Löschungsklage wegen fünfjähriger Nichtbenutzung nach § 11 Abs. 1 Nr. 4 WZG entschied und seine gegenüber der früheren Rechtsprechung abweichende Auffassung mit dem besonderen Zweck des Benutzungszwangs begründete, brauchte er die Problematik in ihrer Allgemeinheit nicht zu entscheiden.

**5e** Trotz der vom BGH gehegten Zweifel an der früheren höchstrichterlichen Rechtsprechung sollte der vom BGH in der *COMBURTEST*-Entscheidung gefundene Rechtssatz zur Aktivlegitimation bei der Löschungsklage wegen Nichtbenutzung weder für den Verfallsgrund der Nichtbenutzung der Marke (§ 49 Abs. 1) verallgemeinert, noch auf die übrigen Verfallsgründe der Entwicklung einer Marke zu einer Gattungsbezeichnung (§ 49 Abs. 2 Nr. 1), der Täuschungsgefahr (§ 49 Abs. 2 Nr. 2) und des Verlustes der Markenrechtsfähigkeit (§ 49 Abs. 2 Nr. 3) ausgedehnt werden. Es stellt sich vielmehr die Frage, ob nicht auch und gerade bei der Löschungsklage wegen Nichtbenutzung das Allgemeininteresse an der Löschung dann entfällt, wenn die Marke auch nach der Löschung von Dritten nicht benutzt werden kann und damit die Aktivlegitimation des Löschungsklägers nicht mehr besteht. Der Rechtssatz der *COMBURTEST*-Entscheidung sollte jedenfalls nicht auf die Rechtslage nach dem neuen Markenrecht des MarkenG übertragen werden (s. Rn 5 f f.).

(3) **Rechtslage nach dem MarkenG.** Gegenstand der *COMBURTEST*-Entscheidung  5f
des BGH (BGH GRUR 1986, 316 – COMBURTEST; s. Rn 5 c ff.) war eine *besondere
Fallkonstellation*, wegen deren Eigenheit sich schon eine Verallgemeinerung des in der
*COMBURTEST*-Entscheidung gewonnenen Rechtssatzes zur Aktivlegitimation des
Löschungsklägers verbietet. Von Bedeutung ist vor allem, daß der Gesetzgeber des Markengesetzes diese Fallkonstellation nunmehr einer eigenen Regelung zugeführt hat. Nach § 26
Abs. 3 S. 2 gelten Markenabweichungen, die den kennzeichnenden Charakter der Marke
im Sinne des § 26 Abs. 3 S. 1 nicht verändern, nach § 26 Abs. 3 S. 2 auch dann als eine
rechtserhaltende Benutzung, wenn die Marke in der Form, in der sie benutzt wird, ebenfalls
eingetragen ist. Die Benutzung einer Marke wirkt rechtserhaltend zugleich für alle Marken,
die im Anwendungsbereich der Markenabweichungen liegen, die den kennzeichnenden
Charakter der Marke nicht verändern, selbst dann, wenn die Marke in der abgewandelten
Form, die benutzt wird, ebenfalls eingetragen ist (s. dazu im einzelnen § 26, Rn 120 f.). Bei
Anwendung dieser Vorschrift ist zu beachten, daß die Benutzung abweichender Markenformen nach § 26 Abs. 3 unterschiedlich gegenüber der Rechtslage im WZG geregelt worden ist. Der Gesetzgeber hat nunmehr ausdrücklich bestimmte Markenabweichungen mit
der eingetragenen Markenform gleichgestellt. Die Rechtsprechung zur rechtserhaltenden
Benutzung einer Marke in einer von der Eintragung abweichenden Form bedarf deshalb bei
Anwendung des MarkenG einer grundsätzlichen Neuorientierung (s. dazu § 26, Rn 89 ff.).
Es ist festzuhalten, daß nach der Rechtslage im MarkenG die Benutzung der Marke
*COMBUR-TEST* rechtserhaltend sowohl für die identische Eintragung *COMBUR-TEST*
als auch für die Eintragung der Marke *COMBURTEST* wirkt (anders zur Rechtslage nach
dem WZG BGH GRUR 1986, 316 – COMBURTEST; s. dazu § 26, Rn 121).

Auch der Zweck des Benutzungszwangs rechtfertigt nicht die Anerkennung der Aktive-  5g
gitimation des Löschungsklägers bei Wegfall des Allgemeininteresses. Das Vorliegen des
Verfallsgrundes der Nichtbenutzung der Marke berührt nicht den *Rechtsbestand* der Marke.
Wenn der Markeninhaber die löschungsreife Marke in Benutzung nimmt, dann tritt Heilung des löschungsreifen Markenrechts ein und besteht das Markenrecht mit der ursprünglichen Priorität weiter. Die gesetzliche Regelung des Benutzungszwangs als einer rechtlichen
Obliegenheit veranschaulicht, daß auch die *löschungsreife Marke einen Vermögenswert* darstellt.
Das Markenregister soll zwar von formalen Scheinrechten reingehalten werden, doch besteht dieser Normzweck des Benutzungszwangs nicht als Selbstzweck. Wenn etwa *die zu löschende Marke zugleich eine geschützte geschäftliche Bezeichnung* im Sinne der §§ 5, 15 mit
der Folge darstellt, daß auch nach der Löschung der Marke das Zeichen von einem Dritten
nicht frei benutzt werden kann, dann läuft das öffentliche Interesse an einer Bereinigung des
Markenregisters leer. Nach der Löschung könnte allein der frühere Markeninhaber wegen
des Bestehens der geschäftlichen Bezeichnung das Zeichen als Marke benutzen und es erneut zur Eintragung in das Register anmelden (zur Rechtslage bei sogenannten Wiederholungsmarken s. § 25, Rn 22). Die Neuanmeldung und Neueintragung hätte allerdings den
Verlust der ursprünglichen Priorität zur Folge. In solchen Fallkonstellationen könnte die
Aktivlegitimation des Löschungsklägers allein mit der Begründung bejaht werden, daß es
gerade der Prioritätsverlust sei, den herbeizuführen im öffentlichen Interesse liege. Das kann
schon deshalb nicht angenommen werden, weil allein der ursprüngliche Markeninhaber das
Zeichen als Marke weiterhin benutzen kann und ein erneutes Eintragungsverfahren gerade
nicht zu einer Entlastung, sondern zu einer Mehrbelastung des DPMA führen würde. Im
Ergebnis wird man den in der *COMBURTEST*-Entscheidung ausgesprochenen Rechtssatz
zur Aktivlegitimation des Popularklägers einer Löschungsklage wegen Nichtbenutzung als
nicht verallgemeinerungsfähig zu beurteilen haben. Der Rechtssatz betraf eine besondere
Fallkonstellation, die im neuen MarkenG eine abweichende Regelung erfahren hat.

## 2. Klagebefugnis bei der Löschungsklage wegen relativer Nichtigkeitsgründe (§ 55 Abs. 2 Nr. 2)

Zur Erhebung der Klage auf Löschung wegen des Bestehens älterer Rechte (§ 51) sind  6
nach § 55 Abs. 2 Nr. 2 die *Inhaber der Kennzeichenrechte* mit älterem Zeitrang im Sinne der
§§ 9 bis 13 befugt. Die relativen Nichtigkeitsgründe können als Löschungsgründe nur von
dem jeweiligen Inhaber des prioritätsälteren Kennzeichenrechts geltend gemacht werden.

Wesentlicher Anwendungsbereich der Löschungsklage wegen relativer Nichtigkeit der eingetragenen Marke ist die *Vorrangklage* des Inhabers eines prioritätsälteren Markenrechts nach § 9. Nach Art. 4 MMA ist eine international registrierte Marke mit älterem Zeitrang ausreichend (s. zur Nichtigkeit international registrierter Marken § 51, Rn 18). Der Inhaber des prioritätsälteren Kennzeichenrechts kann als originär Klageberechtigter einen Dritten nach allgemeinen Grundsätzen zur Klageerhebung ermächtigen; der Dritte ist dann als *Prozeßstandschafter* klagebefugt. Einer ausdrücklichen Regelung bedurfte es im MarkenG nicht (Begründung zum MarkenG, BT-Drucks. 12/6581 vom 14. Januar 1994, S. 98). Die Klagebefugnis des *Inhabers einer dinglichen Markenlizenz* bestimmt sich nach § 30 Abs. 3 (s. dazu im einzelnen § 30, Rn 31). Aus Gründen der Praktikabilität greift auch der BGH im Rahmen des § 55 Abs. 2 Nr. 2 auf den Rechtsgedanken des § 30 Abs. 3 zurück und anerkennt die Klagebefugnis des vom Markeninhaber ermächtigten Lizenznehmers (BGH GRUR 1999, 161, 163 – MAC Dog). Nach Art. 55 Abs. 1b iVm 42 Abs. 1 GMarkenV wird dem vom Gemeinschaftsmarkeninhaber ermächtigten Lizenznehmer die Antragsbefugnis eingeräumt.

### 3. Klagebefugnis bei der Löschungsklage wegen einer prioritätsälteren geographischen Herkunftsangabe (§ 55 Abs. 2 Nr. 3)

**7** Zur Erhebung der Klage auf Löschung wegen des Bestehens einer geographischen Herkunftsangabe mit älterem Zeitrang als ein sonstiges älteres Recht im Sinne des § 13 Abs. 2 Nr. 5 UWG sind die Personen klagebefugt, die nach § 13 Abs. 2 UWG zur Geltendmachung von Ansprüchen berechtigt sind. Nach dieser Vorschrift steht bestimmten *Mitbewerbern, Verbänden* und *Kammern* die Klagebefugnis zu. Aktivlegitimiert sind Gewerbetreibende, die Waren oder gewerbliche Leistungen gleicher oder verwandter Art auf demselben Markt vertreiben, soweit die Zuwiderhandlung geeignet ist, den Wettbewerb auf diesem Markt wesentlich zu beeinträchtigen (§ 13 Abs. 2 Nr. 1 UWG), rechtsfähige Verbände zur Förderung gewerblicher Interessen, soweit ihnen eine erhebliche Zahl von Gewerbetreibenden angehört, die Waren oder gewerbliche Leistungen gleicher oder verwandter Art auf demselben Markt vertreiben, soweit die Zuwiderhandlung geeignet ist, den Wettbewerb auf diesem Markt wesentlich zu beeinträchtigen (§ 13 Abs. 2 Nr. 2 UWG), rechtsfähige Verbände, zu deren satzungsgemäßen Aufgaben es gehört, die Interessen der Verbraucher durch Aufklärung und Beratung wahrzunehmen (§ 13 Abs. 2 Nr. 3 UWG) und Industrie- und Handelskammern oder Handwerkskammern (§ 13 Abs. 2 Nr. 4 UWG). Mit der Klagebefugnis der branchenverwandten Mitbewerber und vor allem der Wirtschaftsverbände, der Verbraucherverbände und der Kammern wird dem im öffentlichen Interesse liegenden Schutz der geographischen Herkunftsangaben Rechnung getragen. Nach Auffassung des Gesetzgebers bedurfte es bei geographischen Herkunftsangaben für die Klagebefugnis einer von der im übrigen nach § 55 Abs. 2 Nr. 2 für ältere Rechte geltenden Regelung abweichenden Ausgestaltung, da es bei geographischen Herkunftsangaben keinen Rechtsinhaber gebe (Begründung zum MarkenG, BT-Drucks. 12/6581 vom 14. Januar 1994, S. 98). Die Erweiterung der Klagebefugnis nach § 55 Abs. 2 Nr. 3 ist auch dann sachgerecht, wenn man dogmatisch der Auffassung ist, daß nach der Rechtslage im MarkenG auch die geographischen Herkunftsangaben subjektive Kennzeichenrechte darstellen (s. § 126, Rn 4). Die Regelung der Aktivlegitimation nach § 55 Abs. 2 Nr. 3 entspricht der Regelung der Klagebefugnis zur Geltendmachung von Unterlassungsansprüchen zum Schutz geographischer Herkunftsangaben nach § 128 Abs. 1 (s. § 128, Rn 3).

## III. Passivlegitimation (§ 55 Abs. 1)

### 1. Rechtslage im WZG

**8** Die Passivlegitimation bei der Löschungsklage wurde nach der Rechtslage im WZG nach dem Grundsatz bestimmt, daß es entscheidend auf die *registerrechtliche* und nicht auf die *materiellrechtliche Berechtigung* ankomme (s. dazu näher *Baumbach/Hefermehl*, § 11 WZG, Rn 71). Die Löschungsklage war grundsätzlich gegen den als Zeicheninhaber in die Zeichenrolle Eingetragenen zu richten. Die Passivlegitimation wurde aber nicht ausnahmslos nach der registermäßigen Berechtigung des Eingetragenen bestimmt. Beim Tod des eingetragenen Zeicheninhabers war nach § 1922 BGB der Löschungsprozeß gegen den Erben als Löschungsbeklagten zu führen. Das gleiche galt bei dem Konkurs des eingetragenen Zeicheninhabers nach § 6 KO hinsichtlich des Konkursverwalters. Der rechtsgeschäftliche Rechtsübergang des Zeichenrechts begründete aber nach der Rechtslage im WZG nicht die Passivlegitimation des Zeichenerwerbers, ohne daß das Zeichen in der Zeichenrolle bereits auf ihn umgeschrieben worden war. Der Grund für diese Auffassung lag in der strengen Bindung des Zeichens an den Geschäftsbetrieb des Zeicheninhabers und der damit verbundenen Unübertragbarkeit der Marke als solcher (s. dazu § 3, Rn 57 f.). Wenn etwa bei einer unwirksamen Übertragung eines Warenzeichens der Veräußerer den Geschäftsbetrieb nicht fortführte, dann richtete sich die Löschungsklage gegen den eingetragenen Erwerber (BGH GRUR 1953, 34 – Lockwell; 1967, 89, 93 – Rose; *Baumbach/Hefermehl*, § 11 WZG, Rn 71; *Jackermeier,* Die Löschungsklage im Markenrecht, S. 102, 103; aA *Reimer/Trüstedt,* Kap. 32, Rn 11). Mit der Nichtakzessorietät der Marke im MarkenG ist folgerichtig eine Umkehrung dieses Grundsatzes verbunden (s. Rn 9).

### 2. Rechtslage im Markengesetz

Die Löschungsklage zur Geltendmachung der Verfallsgründe nach § 49 oder der relativen Nichtigkeitsgründe nach § 51 ist nach § 55 Abs. 1 gegen den als *Inhaber der Marke Eingetragenen* oder seinen *Rechtsnachfolger* zu richten. Die *Passivlegitimation* bestimmt sich nach der *materiellrechtlichen Rechtslage* und nicht nach dem *formalen Registerstand.* Nach der Rechtslage im MarkenG gilt wegen der Nichtakzessorietät der Marke der umgekehrte Grundsatz als nach der Rechtslage im WZG, auch wenn im Ergebnis wegen der im WZG vorgenommenen Ausnahmen ein Unterschied nur bei der rechtsgeschäftlichen Übertragung des Markenrechts besteht (s. Rn 8). Der als Markeninhaber im Register Eingetragene ist nach § 55 Abs. 1 nur dann passivlegitimiert, wenn er materiellrechtlich Inhaber des Markenrechts ist. Bei einem Übergang des durch die Eintragung begründeten Rechts ist nach § 55 Abs. 1 der Rechtsnachfolger passivlegitimiert. Das gilt nach § 27 bei einem rechtsgeschäftlichen Rechtsübergang durch Übertragung des Markenrechts, wie bei einem gesetzlichen Rechtsübergang etwa im Wege der Erbfolge nach § 1922 BGB. Der Rechtsübergang ist nach § 27 Abs. 3 unabhängig von einer Eintragung in das Register, die nur deklaratorisch wirkt, rechtswirksam (s. § 27, Rn 20, 35). Die Rechtsinhaberschaft des im Register als Inhaber Eingetragenen wird aber nach § 28 Abs. 1 vermutet. Die *Vermutungswirkung* gilt auch für die Passivlegitimation des als Inhaber Eingetragenen, der materiellrechtlich nicht der Berechtigte ist. Es handelt sich allerdings um eine aufgrund der materiellrechtlichen Berechtigung des nicht eingetragenen Inhabers der Marke widerlegbare Vermutung (s. § 28, Rn 5 f.). Die nach § 28 Abs. 2 vor dem Zugang des Antrags auf Eintragung des Rechtsübergangs beim DPMA bestehenden Verfahrensbeschränkungen gelten für das Löschungsverfahren vor den ordentlichen Gerichten nach § 55 nicht (s. § 28, Rn 18).

### IV. Antrag und Urteil

Bei der *Löschungsklage* nach § 55 handelt es sich um eine *Leistungsklage. Klageantrag* und *Urteilstenor* sind auf die *Einwilligung* des im Register Eingetragenen in die Löschung der Eintragung zu richten (zum Vergleich der Löschungsklage mit der Berichtigungsklage nach § 894 BGB s. *Schlosser,* Gestaltungsklagen und Gestaltungsurteile, 1966, S. 60). Wenn der als Inhaber im Register Eingetragene nicht vor Erhebung der Löschungsklage zur Einwilligung in die Löschung der Eintragung aufgefordert wird, dann hat er nach § 93 ZPO durch sein Verhalten regelmäßig selbst dann nicht zur Erhebung der Löschungsklage Veranlassung gegeben, wenn er den Löschungsgrund kannte oder kennen mußte (so zur Rechtslage im WZG *Baumbach/Hefermehl,* § 11 WZG, Rn 5; aA *Pinzger,* § 11, Anm. 2; s. zur Abmahnung auch *Zöller/Herget,* § 93 ZPO, Rn 6). Zu erwägen ist, ob insoweit nicht die Art des Löschungsgrundes wegen Verfalls nach § 49 oder wegen relativer Nichtigkeit nach § 51 zu berücksichtigen ist. Die Stellung eines Löschungsantrags beim DPMA nach § 53 Abs. 1 vor Erhebung der Löschungsklage nach § 55 Abs. 1 ist aber auch bei der Geltendmachung der Verfallsgründe nach § 49 nicht rechtlich geboten. Bei einem *Teilverfall* der Marke nach § 49

**MarkenG § 55** 11–14    Löschungsverfahren vor den ordentlichen Gerichten

Abs. 3 (s. dazu § 49, Rn 42) oder einer *Teilnichtigkeit* der Marke nach § 51 Abs. 5 (s. dazu § 51, Rn 17) geht der *Klageantrag auf Teillöschung* und ergeht Urteil auf Einwilligung in die Teillöschung.

11   Das Urteil geht auf Einwilligung des als Inhaber im Register Eingetragenen in die Löschung der Eintragung. Mit der *Rechtskraft des Urteils* gilt nach § 894 ZPO die *Einwilligung des Löschungsbeklagten* in die Löschung der Eintragung als unwiderruflich erklärt. Das Urteil wirkt nur zwischen den Prozeßparteien und ihren Rechtsnachfolgern (§§ 325 ff. ZPO); die tatsächliche Löschung der Eintragung im Register wirkt für und gegen alle. Nach Erlaß des Löschungsurteils beantragt der Kläger unter Vorlage einer vollstreckbaren Ausfertigung des rechtskräftigen Urteils beim DPMA die Löschung der Eintragung im Register. Eine uneingeschränkte Verurteilung zur Löschung der Marke ist nur im Falle der Identität oder Ähnlichkeit aller eingetragenen Waren und Dienstleistungen zulässig (RGZ 114, 276 – Axa); im übrigen ergeht das Urteil auf Teillöschung.

12   Auch wenn es sich bei dem gerichtlichen Löschungsverfahren wegen Verfalls der Marke nach § 55 Abs. 2 Nr. 1 um eine Popularklage handelt, kommt auch einem klagabweisenden Urteil *Rechtskraft nur zwischen den Prozeßparteien* zu. Auch nach der Rechtskraft des klagabweisenden Urteils kann nicht nur ein Antrag auf Löschung wegen Verfalls nach § 53 Abs. 1 beim DPMA gestellt werden, sondern kann jede Person nach § 55 Abs. 2 Nr. 1 den Löschungsantrag wegen Verfalls im Wege der Löschungsklage geltend machen. Gegenüber einem als *Strohmann* vorgeschobenen Löschungskläger, dessen Löschungsklage einen Rechtsmißbrauch darstellt, wirkt aber die Rechtskraft des klagabweisenden Löschungsurteils (BGHZ 123, 35; zur Rechtslage im WZG *Baumbach/Hefermehl*, § 11 WZG, Rn 72; *Hagens*, § 9 WZG, Anm. 15).

### V. Drittwirkungen des Löschungsurteils (§ 55 Abs. 4)

#### 1. Rechtskrafterstreckung auf den Rechtsnachfolger (§ 55 Abs. 4 S. 1)

13   Wenn vor oder nach Klageerhebung ein Rechtsübergang des durch Eintragung begründeten Markenrechts auf einen anderen nach § 27 erfolgt, dann ist nach § 55 Abs. 4 S. 1 das Löschungsurteil auch gegen den *Rechtsnachfolger* wirksam und vollstreckbar. Die Vorschrift des § 55 Abs. 4 S. 1 erweitert die Rechtskrafterstreckung auf Rechtsnachfolger nach § 325 Abs. 1 ZPO insoweit, als das Löschungsurteil auch dann gegen den Rechtsnachfolger wirkt, wenn bereits *vor Rechtshängigkeit der Löschungsklage der Rechtsübergang stattgefunden* hat. Der als Inhaber im Register Eingetragene kann trotz des Rechtsübergangs der eingetragenen Marke, wenn der Rechtsübergang nicht in das Register eingetragen worden ist, Löschungsklage erheben, da nach § 28 Abs. 1 die Rechtsinhaberschaft des als Inhaber im Register Eingetragenen vermutet wird. Mit der *Rechtskraft des Löschungsurteils* gilt nach § 894 Abs. 1 ZPO die *Einwilligung des Rechtsnachfolgers* in die Löschung der Eintragung als unwiderruflich erklärt (so schon zur im übrigen streitigen Rechtslage im WZG *Baumbach/Hefermehl*, § 11 WZG, Rn 73; *Reimer/Trüstedt*, Kap. 32, Rn 22; *Tetzner*, § 11 WZG, Rn 28; aA *Jackermeier*, Die Löschungsklage im Markenrecht, S. 123 f.).

#### 2. Nebenintervention und Streitverkündung (§ 55 Abs. 4 S. 2)

14   Nach § 55 Abs. 4 S. 2 gelten für die Befugnis des Rechtsnachfolgers, in den Rechtsstreit des Löschungsverfahrens einzutreten, die §§ 66 bis 74 und 76 ZPO entsprechend. Die Vorschrift entspricht § 11 Abs. 3 S. 2 WZG, auch wenn dort bei der Regelung der entsprechenden Anwendung die Vorschriften der §§ 70 bis 74 ZPO nicht ausdrücklich genannt, aber die Vorschriften gleichwohl anzuwenden waren (s. zur Rechtslage im WZG *Baumbach/Hefermehl*, § 11 WZG, Rn 74). Der Rechtsnachfolger kann als Inhaber dem im Register Eingetragenen als *Nebenintervenient* in dem gerichtlichen Löschungsverfahren beitreten. Das folgt bei Eintritt der *Rechtsnachfolge nach Klageerhebung* schon aus § 66 ZPO; insoweit bestätigt § 55 Abs. 4 S. 2 nur die bestehende Rechtslage. Bei Eintritt der *Rechtsnachfolge vor Klageerhebung* wäre dagegen zumeist eine Hauptintervention nach § 64 ZPO gegeben. Nach § 55 Abs. 4 S. 2 ist auch in diesem Fall des Eintritts der Rechtsnachfolge bereits vor Klageerhebung die Nebenintervention nach § 66 ZPO zulässig. Für die Nebenintervention gelten

die Vorschriften der §§ 66 bis 74 ZPO entsprechend. Nach § 265 Abs. 2 S. 3 ZPO wäre auf den als Nebenintervenienten auftretenden Rechtsnachfolger § 69 ZPO nicht anzuwenden, so daß dieser nicht streitgenössischer Nebenintervenient wäre. Da aber § 55 Abs. 4 S. 2 die Vorschrift des § 69 ZPO für entsprechend anwendbar erklärt, wird der Rechtsnachfolger zum *streitgenössischen Nebenintervenienten* im Sinne des § 69 ZPO, und zwar, da das Streitverhältnis nur einheitlich festzustellen ist, zum *notwendigen Streitgenossen* nach § 62 ZPO (so *Baumbach/Hefermehl*, § 11 WZG, Rn 74; *Hagens*, Warenzeichenrecht, § 9, Anm. 16). In gerichtlichen Löschungsverfahren ist auch die *Streitverkündung* nach § 72 ZPO zulässig, die in der Form des § 73 ZPO in dem Rechtsstreit zu erklären ist und deren Wirkungen sich nach § 74 ZPO bestimmen.

### 3. Urheberbenennung (§ 55 Abs. 4 S. 2)

In gerichtlichen Löschungsverfahren ist nach § 55 Abs. 4 S. 2 auch die Regelung über die 15 *Urheberbenennung* (nominatio auctoris) nach § 76 ZPO entsprechend anzuwenden. Nach dieser Vorschrift kann der als Inhaber im Register eingetragene Löschungsbeklagte den Rechtsnachfolger als mittelbaren Besitzer der Marke unter Streitverkündung und Benennung an den Löschungskläger laden. Wenn der Rechtsnachfolger den Rechtsübergang bestreitet oder sich nicht erklärt, dann kann der als Inhaber im Register Eingetragene seine Einwilligung in die Löschung der Eintragung erklären (§ 76 Abs. 2 ZPO). Wenn der Rechtsnachfolger den Rechtsübergang anerkennt, dann kann der Rechtsnachfolger an die Stelle des als Inhaber im Register Eingetragenen den Löschungsprozeß übernehmen (§ 76 Abs. 3 ZPO).

## VI. Klageverbindung

Wenn auch nach der Löschung der Eintragung weitere Störungen des Kennzeichenrechts 16 des Löschungsklägers aufgrund einer Benutzung der gelöschten Marke zu befürchten sind, dann kann mit der *Löschungsklage* eine *Unterlassungsklage* verbunden werden (so zur Vorrangklage nach der Rechtslage im WZG RGZ 118, 76). Die Zulässigkeit der Unterlassungsklage setzt nicht die bereits erfolgte Löschung der Eintragung voraus. Im Falle einer schuldhaften Kennzeichenrechtsverletzung kann mit der Löschungsklage auch eine *Schadensersatzklage* verbunden werden.

## VII. Einredeweise Geltendmachung der Löschungsgründe

Die Verfallsgründe nach § 49 und die relativen Nichtigkeitsgründe nach § 51 können 17 nicht nur im Wege der Löschungsklage nach § 55 Abs. 1 oder der Widerklage, sondern auch *einredeweise* gegenüber einer auf Unterlassung oder Schadensersatz gerichteten Verletzungsklage des Inhabers der eingetragenen Marke geltend gemacht werden (s. zur einredeweisen Geltendmachung der Löschungsgründe § 49, Rn 2; s. schon zur Rechtslage im WZG RGZ 147, 332, 337 – Aeskulap; BGH GRUR 1965, 86, 90 – Schwarzer Kater; 1969, 604 – Slip; 1974, 276, 277 – King; aA noch RGZ 53, 431, 434). Das gilt auch für den *Teilverfall* (s. § 49, Rn 42) und die *Teilnichtigkeit* (s. § 51, Rn 17) der eingetragenen Marke.

## VIII. Einwendungen gegen die Löschungsklage

Die Löschungsklage ist dann begründet, wenn die Verfallsgründe nach § 49 oder die rela- 18 tiven Nichtigkeitsgründe nach § 51 bestehen. Der als Inhaber der Marke Eingetragene oder sein Rechtsnachfolger können als Löschungsbeklagte das Vorliegen der Voraussetzungen der Löschungsgründe bestreiten. Den Löschungskläger trifft die Beweislast für das Vorliegen der Löschungsreife der eingetragenen Marke. Der Löschungsbeklagte kann gegen den Löschungsanspruch auch alle *Einwendungen* und *Einreden* erheben, die ihm aus anderen Rechtsgründen zustehen und für die ihn die Beweislast trifft. Solche Einwendungen und

Einreden sind namentlich die *vertragliche Gestattung der Eintragung* der Marke (s. dazu § 30, Rn 20 f.), sowie der *Verzicht auf den Löschungsanspruch*, der eindeutig erklärt sein muß und etwa in dem Verzicht auf das Widerspruchsrecht zu sehen ist; ob schon die Erklärung, keinen Widerspruch erheben zu wollen, einen endgültigen Verzicht auf die Löschungsklage bedeutet, ist eine Auslegungsfrage. Eine rechtserhebliche Einwendung ist auch die *Verwirkung des Löschungsanspruchs* (s. zur Verwirkung § 21, Rn 6 ff., 21 ff.; zur Verwirkung des Löschungsanspruchs nach der Rechtslage im WZG schon RG GRUR 1944, 145 – Robuso/Robur; BGH GRUR 1956, 559 – Regensburger Karmelitergeist; allgemein zu den Voraussetzungen der Verwirkung nach allgemeinen Grundsätzen RG GRUR 1943, 345 – Goldsonne; BGH GRUR 1966, 427, 432 – Prince Albert; 1970, 315, 319 – Napoléon III). Der *Löschungsanspruch* selbst ist *unverjährbar*, da die rechtsverletzende Tatsache der Eintragung fortdauert und im Zeitpunkt der Löschung der Eintragung, zu der die Verjährung beginnen würde, der Löschungsanspruch nicht mehr besteht (s. dazu *Baumbach/Hefermehl*, Wettbewerbsrecht, § 21 UWG, Rn 12). Auch der Mißbrauch des formalen Kennzeichenrechts, wie etwa die sittenwidrige Erschleichung des Rechts, begründet den *Einwand des Rechtsmißbrauchs* nach den §§ 1 UWG, 826 BGB (s. dazu nach der Rechtslage im WZG schon RGZ 147, 332, 336 – Aeskulap; BGH GRUR 1965, 86, 90 – Schwarzer Kater; s. dazu § 14, Rn 539). Eine Einrede kann sich auch aus einer wirksamen *Nichtangriffsabrede* ergeben (s. dazu Rn 20 ff.). Die *Einrede der Nichtbenutzung* gegen den Inhaber der eingetragenen Marke, der unter Berufung auf diese Marke Löschungsklage erhebt, regelt im einzelnen § 55 Abs. 3 (s. dazu Rn 19).

### C. Einrede der Nichtbenutzung gegen den Löschungskläger (§ 55 Abs. 3)

**Schrifttum zum WZG und MarkenG.** S. die Schrifttumsangaben Vorb zu den §§ 25 und 26.

**19**     Die Vorschrift des § 55 Abs. 3 regelt die *Einrede der Nichtbenutzung* gegen die Löschungsklage. Wenn der Inhaber einer eingetragenen Marke unter Berufung auf diese Marke Löschungsklage erhebt, dann hat er auf Einrede des Löschungsbeklagten den Nachweis zu erbringen, daß er als Löschungskläger selbst seine prioritätsältere eingetragene Marke für die Waren und Dienstleistungen, auf die er sich zur Begründung seines Anspruchs beruft, nach § 26 rechtserhaltend benutzt hat. Erforderlich ist, daß die Marke zum Zeitpunkt der Erhebung der Klage seit mindestens fünf Jahren eingetragen ist. Endet die Fünfjahresfrist erst nach Erhebung der Löschungsklage, dann hat der Löschungskläger auf Einrede des Löschungsbeklagten nachzuweisen, daß er die Marke innerhalb der letzten fünf Jahre vor dem Schluß der mündlichen Verhandlung rechtserhaltend nach § 26 benutzt hat (S. 2). Wenn am Tag der Veröffentlichung der Eintragung der prioritätsjüngeren Marke die prioritätsältere Marke bereits seit mindestens fünf Jahren eingetragen war, dann hat der Löschungskläger auf Einrede des Löschungsbeklagten ferner nachzuweisen, daß die Eintragung seiner prioritätsälteren Marke an diesem Tag nicht wegen Verfalls nach § 49 Abs. 1 hätte gelöscht werden können (S. 3). Die Regelung der Einrede der Nichtbenutzung gegen die Löschungsklage nach § 55 Abs. 3 entspricht der Regelung der Einrede der Nichtbenutzung bei der Geltendmachung von markenrechtlichen Ansprüchen im Verletzungsprozeß nach § 25 Abs. 2 (s. zur Fristberechnung im einzelnen § 25, Rn 9 ff.). Der Ausschluß von Ansprüchen des Markeninhabers wegen Nichtbenutzung der Marke und wegen Verfalls wird nicht von Amts wegen, sondern nur auf Einrede des Beklagten berücksichtigt (Abs. 3 S. 1, 3). Die Vorschrift des § 55 Abs. 3 bringt den Produktbezug der Benutzung zum Ausdruck. Bei der Entscheidung über den Ausschluß von Ansprüchen wegen Nichtbenutzung der Marke werden nach § 55 Abs. 3 S. 4 nur die Waren oder Dienstleistungen berücksichtigt, für die eine rechtserhaltende Benutzung nach § 26 nachgewiesen worden ist (s. auch § 25, Rn 6).

### D. Nichtangriffsabreden

**Schrifttum zum WZG.** *Freitag,* Verpflichtung, Nichtbenutzung eingetragener Warenzeichen nicht geltend zu machen?, GRUR 1973, 175; *Freitag,* Verpflichtung, Nichtbenutzung eingetragener Warenzeichen nicht geltend zu machen? – Eine Replik, GRUR 1973, 348; *Fritze,* Nichtangriffsabrede für die

Zeit nach Beendigung des Schutzrechts, GRUR 1969, 218; *Helm,* Nichtangriffsklauseln im Warenzeichenrecht, GRUR 1974, 324; *Heydt,* Verpflichtung, Nichtbenutzung eingetragener Warenzeichen nicht geltend zu machen? – Eine Entgegnung, GRUR 1973, 179; *Neubauer,* Markenrechtliche Abgrenzungsvereinbarungen aus rechtsvergleichender Sicht, 1983; *Tetzner,* Zur Frage der Rechtswirksamkeit von Verpflichtungen, die Nichtbenutzung von Warenzeichen nicht geltend zu machen, GRUR 1973, 641.

## I. Begriff und Anwendungsbereich

Eine *Nichtangriffsabrede* stellt eine privatautonome Vereinbarung dar, die einen *Verzicht* auf die Stellung eines Antrags auf Löschung der Eintragung einer Marke enthält. Der Verzicht bezieht sich auf die Stellung des Löschungsantrags beim DPMA nach § 53 Abs. 1, sowie auf die Geltendmachung des Löschungsantrags durch Erhebung einer Klage auf Löschung der Eintragung nach § 55 Abs. 1. Gegenstand des Verzichts kann grundsätzlich die Geltendmachung der Verfallsgründe nach § 49 und der relativen Nichtigkeitsgründe nach § 51 als Löschungsgründe im Sinne des § 55 Abs. 1 sein. Eine Nichtangriffsabrede kann als solche vereinbart werden. In der Praxis werden Nichtangriffsabreden zumeist als *Teil von Abgrenzungsvereinbarungen* (s. dazu im einzelnen § 14, Rn 453 ff.), innerhalb von Markenlizenzverträgen nach § 30 oder schuldrechtlichen Gebrauchsüberlassungsverträgen (s. dazu im einzelnen § 30, Rn 6 ff., 11 ff.) und von Markenübertragungen nach § 27 (s. dazu im einzelnen § 27, Rn 7 ff.) vereinbart.

## II. Rechtsfolgen

Da eine Nichtangriffsabrede wie eine Abgrenzungsvereinbarung als solche nur *schuldrechtliche Pflichten* zwischen den Vertragsparteien begründet (s. zu den Rechtsfolgen einer Abgrenzungsvereinbarung § 14, Rn 455), wird der Rechtsbestand der kollidierenden Kennzeichenrechte nicht berührt. Im Falle eines gesetzlichen oder rechtsgeschäftlichen Rechtsübergangs des Markenrechts nach § 27 bindet der Verzicht grundsätzlich nicht den *Rechtsnachfolger*, da die Verpflichtung, den Löschungsantrag nicht geltend zu machen, nicht ohne weiteres auf den Rechtsnachfolger übergeht. Ein Rechtsübergang der Nichtangriffsabrede auf den Rechtsnachfolger kann sich aus den §§ 419 BGB, 25, 27, 28 HGB ergeben. Im übrigen bedarf der Rechtsübergang der Nichtangriffsabrede eines zusätzlichen Rechtsgeschäfts, wie etwa eines Verzichtsbeitritts, einer Verzichtübernahme oder eines Vertrages zugunsten Dritter. Es empfiehlt sich, bei der Vereinbarung einer Nichtangriffsabrede, wie allgemein bei dem Abschluß einer Abgrenzungsvereinbarung, das Problem zu regeln, ob und inwieweit die Rechte und Pflichten aus der Vereinbarung auf einen Rechtsnachfolger des Vertragspartners übergehen sollen (s. dazu im einzelnen § 14, Rn 455).

## III. Rechtliche Grenzen

Nichtangriffsabreden unterliegen den allgemeinen rechtlichen Schranken von Abgrenzungsvereinbarungen, wie namentlich den *kartellrechtlichen* Grenzen (s. dazu im einzelnen § 14, Rn 456) und den *warenverkehrsrechtlichen* Grenzen (s. im einzelnen § 14, Rn 457; zum gemeinschaftsrechtlichen Schutzinhalt als Grundlage von Abgrenzungsvereinbarungen s. § 14, Rn 458). Bei der Beurteilung der *Rechtswirksamkeit einer Nichtangriffsabrede* ist im übrigen nach den einzelnen Verfallsgründen und relativen Nichtigkeitsgründen, auf deren Geltendmachung als Löschungsgründe verzichtet wird, zu unterscheiden. Bei den relativen Nichtigkeitsgründen des § 51 wegen Bestehens älterer Rechte im Sinne der §§ 9 bis 13 handelt es sich um Löschungsgründe, die im *Interesse des Inhabers des Kennzeichens* mit älterem Zeitrang bestehen. Auf die Geltendmachung dieser Löschungsgründe kann der Inhaber des prioritätsälteren Kennzeichenrechts ohne weiteres verzichten. Das war schon nach der Rechtslage im WZG für die zeichenrechtliche Vorrangklage des § 11 Abs. 1 Nr. 1 und Nr. 1a WZG anerkannt (s. dazu *Baumbach/Hefermehl,* § 11 WZG, Rn 70). Bei den im *öffentlichen Interesse* liegenden Verfallsgründen nach § 49 kommt es für die Rechtswirksamkeit einer Nichtangriffsabrede darauf an, ob das Allgemeininteresse an einer Löschung der Eintragung einem wirksamen Verzicht auf die Geltendmachung des Löschungsgrundes entgegensteht. Es ist zwischen den einzelnen Verfallsgründen zu unterscheiden. Bei einem Verfall wegen der *Entwicklung der Marke zu einer Gattungsbezeichnung* (§ 49 Abs. 2 Nr. 1), wegen *Täuschungsgefahr* (§ 49 Abs. 2 Nr. 2) und wegen des *Verlustes der Markenrechtsfähigkeit* (§ 49 Abs. 2 Nr. 3) ist das überwiegende öffentliche Interesse an einer Löschung der nichtigen Marke im Register offenkundig. Eine Nichtangriffsabrede über die Verfallsgründe des § 49 Abs. 2 Nr. 1 bis 3 ist *unzulässig* und nach den §§ 134, 138 BGB *nichtig* (so schon zur Rechtslage im WZG zum Löschungsgrund des fehlenden Geschäftsbetriebes nach § 11 Abs. 1 Nr. 2 WZG RGZ 120, 402, 405 – Bärenstiefel; zum Löschungsgrund wegen Täuschungsgefahr nach § 11 Abs. 1 Nr. 3 WZG BGHZ 32, 133, 142 – Dreitannen; *Baumbach/Hefermehl*, § 11 WZG, Rn 70; *v. Gamm*, § 8 WZG, Rn 22; *Tetzner*, § 11 WZG, Rn 10; *Storkebaum/Kraft*, § 11 WZG, Rn 64). Das gleiche gilt für die Klagebefugnis bei der Löschungsklage wegen *Bestehens einer geographischen Herkunftsangabe mit älterem Zeitrang* nach § 55 Abs. 2 Nr. 3, die dem Klageberechtigten nach § 13 Abs. 2 UWG im Allgemeininteresse eingeräumt wird.

**23** Der Verfallsgrund wegen *Nichtbenutzung der Marke* nach § 49 Abs. 1 besteht zwar auch im öffentlichen Interesse, weshalb jede Person nach § 55 Abs. 2 Nr. 1 zur Erhebung der Löschungsklage befugt ist. Das öffentliche Interesse an der Löschung der Eintragung einer nicht rechtserhaltend benutzten Marke geht aber nicht so weit, daß es den Inhabern kollidierender Kennzeichen verwehrt ist, einen Abgrenzungsvergleich zu schließen, wodurch zum einen die streitige Rechtslage inter partes beseitigt und zum anderen das DPMA entlastet wird. Die Regeln über den Benutzungszwang nach §§ 25, 26 enthalten kein zwingendes Verbot, nicht rechtserhaltend benutzte Marken im Register zu belassen, vielmehr hat der Gesetzgeber privatautonomer Gestaltung zur Beseitigung von Kennzeichenkollisionen bewußt Raum gelassen. Die Durchsetzung des Benutzungszwangs wurde der Parteiinitiative unterstellt, um eine Abklärung der gegenseitigen wirtschaftlichen Interessen im Wege von Vereinbarungen zu ermöglichen. Die in einer Nichtangriffsabrede vereinbarte Verpflichtung, den Verfallsgrund wegen Nichtbenutzung der Marke nach § 49 Abs. 1 nicht als Löschungsgrund nach den §§ 53, 55 geltend zu machen, widerspricht nicht dem Geist des Benutzungszwangs und ist nicht als Verstoß gegen § 134 BGB nichtig (*Heydt*, GRUR 1973, 179; *Fezer*, Der Benutzungszwang im Markenrecht, S. 64, Fn 33; *Jackermeier*, Die Löschungsklage im Markenrecht, S. 149 ff.; *Baumbach/Hefermehl*, § 11 WZG, Rn 70; aA *Freitag*, GRUR 1973, 175; *Freitag*, GRUR 1973, 348; *Helm*, GRUR 1974, 324, die aber Nichtangriffsabreden allgemein für unwirksam halten; abl. auch *Neubauer*, Markenrechtliche Abgrenzungsvereinbarungen, S. 53; *Knaak*, GRUR 1981, 386, 390; zum Vorbehalt eines Kündigungsrechts für den Fall eines Angriffs auf den Bestand des Schutzrechts s. *Harte-Bavendamm/v. Bomhard*, GRUR 1998, 530, 536, Fn 60). Die Wirksamkeit der Nichtangriffsabrede als Verzicht auf die Geltendmachung des Verfallsgrundes wegen Nichtbenutzung der Marke nach § 49 Abs. 1 hindert zudem einen Dritten nicht, die Popularklage wegen Nichtbenutzung zu erheben, da nach § 55 Abs. 2 Nr. 1 jede Person zur Erhebung der Klage befugt ist.

### E. Teillöschung der Marke

**24** Liegen die Nichtigkeits- oder Verfallsgründe nur *für einen Teil der Waren und Dienstleistungen* vor, für die die Marke eingetragen ist, dann wird die Marke auf Klage nur für diese Waren oder Dienstleistungen gelöscht. Eine *Teillöschung* der Marke ist dann ausgeschlossen, wenn die Marke auch nach der Teillöschung für die entsprechenden Produkte von Dritten im Verkehr nicht frei benutzt werden kann (s. dazu im einzelnen Rn 4). Bei einer *inhaltlich täuschenden Marke* erfolgt die Teillöschung dann, wenn die Marke nur für einen *Teil der eingetragenen Waren oder Dienstleistungen* die Täuschungsgefahr begründet. Wenn die Marke nur *regional* im Geltungsbereich des MarkenG täuschend wirkt, dann kommt eine regional begrenzte Teillöschung nicht in Betracht, vielmehr ist die inhaltlich täuschende Marke als solche zu löschen.

## Abschnitt 4. Allgemeine Vorschriften für das Verfahren vor dem Patentamt

### Vorbemerkung zu den §§ 56 bis 65

#### Inhaltsübersicht

| | Rn |
|---|---|
| A. Regelungsübersicht | 1, 2 |
| B. Allgemeine Verfahrensvorschriften der MarkenV | 3 |
| C. Umbenennung des Patentamts | 4 |

**Schrifttum zum WZG und PatG.** *Althammer,* Das Deutsche Patentamt. Aufgaben, Organisation, Arbeitsweise, 1970; *Bartels,* Ist das amtliche Protokoll über eine mündliche Verhandlung prioritätsbegründend?, GRUR 1960, 4; *Eichmann,* Die Rechtsanwaltsgebühren im Warenzeichen-Eintragungsverfahren, GRUR 1971, 68; *Harmsen,* Die Niederschrift über eine mündliche Verhandlung gemäß § 33 PatG, Mitt 1939, 1; *Harmsen,* Vorschläge für die Änderung von Verfahrensvorschriften bei einer großen Warenzeichenreform, Zehn Jahre Bundespatentgericht, 1971, S. 117; *Horn,* Zeugenbeweis und eidesstattliche Versicherung im Patentrecht, Mitt 1970, 126; *Kähler,* Beseitigung von Unrichtigkeiten in Beschlüssen des Patentamts, Mitt 1938, 43; *Maue-zur Rocklage,* Aus der Rechtsprechung des Bundespatentgerichts im Jahre 1977, GRUR 1978, 404; *Pakuscher,* Vereinfachungsnovelle und Begründungszwang patentgerichtlicher Entscheidungen, GRUR 1973, 609; *Reimer,* Die Zuständigkeitsverteilung im Warenzeichenrecht – Mängel des geltenden Rechts und Vorschläge für eine Reform, GRUR 1969, 67; *Wirth,* Beseitigung von Unrichtigkeiten in Beschlüssen des Patentamts, Mitt 1937, 359.

**Schrifttum zum MarkenG.** *Eichmann,* Die dreidimensionale Marke im Verfahren vor dem DPA und dem BPatG, GRUR 1995, 184; *Mitscherlich,* Verfahrensrechtliche Aspekte des neuen Markenrechts, FS DPA 100 Jahre Marken-Amt, 1994, S. 119; *Winkler,* Das neue Markenrecht als Herausforderung für das Deutsche Patentamt, Mitt 1995, 45.

### A. Regelungsübersicht

Abschnitt 4 von Teil 3 (§§ 56 bis 65) enthält die *allgemeinen Vorschriften für das Verfahren vor dem DPMA.* Diese allgemeinen Vorschriften gelten für die verschiedenen Verfahren in Markenangelegenheiten, wie für die Eintragung, den Widerspruch, die Löschung und die Verwaltung von Markenrechten. Gemeinsame Verfahrensvorschriften, die sowohl für das *patentamtliche* als auch das *patentgerichtliche* Verfahren in Markenangelegenheiten gelten, enthält Abschnitt 7 (§§ 91 bis 96). Der Gesetzgeber nahm diese allgemeinen Verfahrensvorschriften in das MarkenG auf, um das Verfahren in Markenangelegenheiten ohne Verweisungen auf die Verfahrensvorschriften des PatG im MarkenG selbständig auszugestalten. Anders war das Verfahren in Zeichensachen im WZG im wesentlichen durch die globale Verweisung des § 12 Abs. 1 WZG auf die Vorschriften über das Verfahren in Patentsachen geregelt. 1

Das Verfahren in Markenangelegenheiten vor dem DPMA stellt ein *Verwaltungsverfahren* dar, da das DPMA kein Gericht, sondern eine Verwaltungsbehörde ist (so schon zum WZG BVerfG GRUR 1959, 435). Vor Einführung des gerichtlichen Instanzenzuges durch Art. 3 des 6. ÜLG vom 23. März 1961 (BGBl. I S. 274), der vom DPA (§ 12 WZG) mit der Beschwerde zum BPatG (§ 13 WZG) und mit der Rechtsbeschwerde zum BGH (§ 13 Abs. 5 WZG) führte, stellten auch die früheren Beschwerdesenate des DPA, die Teil der Eintragungsbehörde waren, Verwaltungsbehörden dar, deren Entscheidungen vor den Verwaltungsgerichten angefochten werden konnten (s. zu dieser Rechtslage *Baumbach/Hefermehl,* 9. Aufl., § 13 WZG, Rn 4). Diese verwaltungsgerichtliche Anfechtungsmöglichkeit entfiel schon mit der Einführung des gerichtlichen Instanzenzuges. 2

### B. Allgemeine Verfahrensvorschriften der MarkenV

Teil 7 der MarkenV (§§ 63 bis 77) enthält *allgemeine Verfahrensvorschriften.* Regelungsgegenstände dieser allgemeinen Verfahrensvorschriften sind die *Verwendung von Formblättern* 3

**MarkenG § 56**　　　　　　　　　　　　　　　　　　　　Zuständigkeiten im DPMA

(§ 63 MarkenV), die *Form der Anträge und Eingaben* (§§ 64 bis 70 MarkenV), die *Form, Zustellung und Übersendung der Beschlüsse, Bescheide und Mitteilungen des DPMA* (§§ 71 bis 73 MarkenV), die *Gewährung von Fristen* (§ 74 MarkenV), die *Entscheidung nach Lage der Akten* (§ 75 MarkenV), sowie die *Regelung von Vertretung und Vollmacht* (§§ 76, 77 MarkenV).

## C. Umbenennung des Patentamts

4　Durch das 2. PatGÄndG vom 16. Juli 1998 (BGBl. I S. 1827) wurde das *Deutsche Patentamt (DPA)* in *Deutsches Patent- und Markenamt (DPMA)* umbenannt. Die Umbenennung erfolgte mit der Zielsetzung, die herausragende Bedeutung des Markenwesens in allen Wirtschaftszweigen hervorzuheben (s. Begründung zum 2. PatGÄndG, BT-Drucks. 13/9971 vom 20. Februar 1998, S. 17 ff.). In der geschichtlichen Entwicklung waren Bezeichnungen des Amtes *Kaiserliches Patentamt* (1877 bis 1919), *Reichspatentamt* (1919 bis 1945), *Deutsches Patentamt im Vereinigten Wirtschaftsgebiet* (1949/1950), *Deutsches Patentamt* (1950 bis 1998) und *Deutsches Patent- und Markenamt* seit 1998 (zur geschichtlichen Entwicklung des DPMA s. näher Begründung zum 2. PatGÄndG, BT-Drucks. 13/9971 vom 20. Februar 1998, S. 11 ff.). Aus Gründen des hohen Bekanntheitsgrades des Namens *Deutsches Patentamt* im Inland und Ausland sowie aus Gründen der Kontinuität konnte sich der Gesetzgeber nicht zu einer umfassenderen Bezeichnung des Amtes wie etwa *Bundesamt für gewerblichen Rechtsschutz* oder *Bundesamt für geistiges Eigentum* entscheiden. Auch die Bezeichnung des *Bundespatentgerichts* sowie der Amtbezeichnung der *Richter am Bundespatentgericht* wurde nicht der neuen Bezeichnung *Deutsches Patent- und Markenamt* angepaßt.

### Zuständigkeiten im Patentamt

**56** (1) **Im Patentamt werden zur Durchführung der Verfahren in Markenangelegenheiten Markenstellen und Markenabteilungen gebildet.**

(2) ¹**Die Markenstellen sind für die Prüfung von angemeldeten Marken und für die Beschlußfassung im Eintragungsverfahren zuständig.** ²**Die Aufgaben einer Markenstelle nimmt ein Mitglied des Patentamts (Prüfer) wahr.** ³**Die Aufgaben können auch von einem Beamten des gehobenen Dienstes oder von einem vergleichbaren Angestellten wahrgenommen werden.** ⁴**Beamte des gehobenen Dienstes und vergleichbare Angestellte sind jedoch nicht befugt, eine Beeidigung anzuordnen, einen Eid abzunehmen oder ein Ersuchen nach § 95 Abs. 2 an das Patentgericht zu richten.**

(3) ¹**Die Markenabteilungen sind für die Angelegenheiten zuständig, die nicht in die Zuständigkeit der Markenstellen fallen.** ²**Die Aufgaben einer Markenabteilung werden in der Besetzung mit mindestens drei Mitgliedern des Patentamts wahrgenommen.** ³**Der Vorsitzende einer Markenabteilung kann alle in die Zuständigkeit der Markenabteilung fallenden Angelegenheiten mit Ausnahme der Entscheidung über die Löschung einer Marke nach § 54 allein bearbeiten oder diese Angelegenheiten einem Angehörigen der Markenabteilung zur Bearbeitung übertragen.**

### Inhaltsübersicht

| | Rn |
|---|---|
| A. Zuständige Stellen im DPMA (§ 56 Abs. 1) | 1a, 1b |
| I. Aufgaben der Markenstellen und Markenabteilungen | 1a |
| II. Dienststellen | 1b |
| B. Markenstellen (§ 56 Abs. 2) | 2–4 |
| I. Zuständigkeit | 2 |
| II. Besetzung der Markenstellen | 3, 4 |
| 1. Mitglieder des DPMA (Prüfer) | 3 |
| 2. Beamte des gehobenen und mittleren Dienstes oder vergleichbare Angestellte | 4 |
| C. Markenabteilungen (§ 56 Abs. 3) | 5–8 |
| I. Zuständigkeit | 5 |
| II. Besetzung der Markenabteilungen | 6, 7 |
| 1. Mitglieder des DPMA (Prüfer) | 6 |
| 2. Beamte des gehobenen und mittleren Dienstes oder vergleichbare Angestellte | 7 |
| 3. Handeln im Auftrag | 8 |

Zuständigkeiten im DPMA  1a–2 § 56 MarkenG

**Schrifttum zum MarkenG.** *Winkler,* Das neue Markenrecht als Herausforderung für das Deutsche Patentamt, Mitt 1995, 45.

### Entscheidung zum MarkenG
**BGH GRUR 1998, 394 – Active Line**
Zur Berechtigung von Hilfsmitgliedern des DPMA zur Wahrnehmung von Aufgaben in Markensachen.

## A. Zuständige Stellen im DPMA (§ 56 Abs. 1)

### I. Aufgaben der Markenstellen und Markenabteilungen

Die Vorschrift des § 56 enthält die Regelung der *Zuständigkeiten im DPMA.* Die Zuständigkeiten der einzelnen Stellen im DPMA für die Behandlung der verschiedenen Markenangelegenheiten erfolgt in weitgehender Übereinstimmung mit der Zuständigkeitsverteilung nach der Rechtslage im WZG nach § 12 Abs. 2 bis 4 WZG. Zur Durchführung der Verfahren in Markenangelegenheiten sind im DPMA *Markenstellen* und *Markenabteilungen* gebildet (Abs. 1). Diese patentamtlichen Spruchkörper entsprechen den Prüfungsstellen und Warenzeichenabteilungen nach der Rechtslage im WZG. Der Präsident des DPMA bestimmt nach § 9 DPMAV den Geschäftskreis der Markenstellen und Markenabteilungen, sowie die Vorsitzenden und die stellvertretenden Vorsitzenden der Markenabteilungen. Die von den zuständigen Stellen des DPMA wahrzunehmenden *Aufgaben* in den Verfahren in Markenangelegenheiten betreffen vornehmlich die Prüfung der Anmeldung zur Eintragung einer Marke, die Eintragung der Marke, die Behandlung von Widersprüchen gegen die Eintragung von Marken, die Umschreibung eingetragener Markenrechte, die Eintragung dinglicher Belastungen eingetragener oder angemeldeter Markenrechte, die Teilung von Markenrechten, die Berichtigung von Eintragungen sowie die Löschung von eingetragenen Marken. Die Abgrenzung der Kompetenzen der Markenstellen (s. Rn 2 ff.) und Markenabteilungen (s. Rn 5 ff.) ist in den Abs. 2 und 3 geregelt.  1a

### II. Dienststellen

Dienststellen des DPMA befinden sich in München und Jena. Mit Wirkung vom 1. September 1998 wurde die frühere Dienststelle Berlin nach Jena verlagert. Gleichzeitig wurde in Berlin unter Aufrechterhaltung der Öffentlichkeitsbereiche *Annahmestelle, Auskunftsstelle* und *Geldannahmestelle* ein Technisches Informationszentrum des DPMA eingerichtet. Anmeldungen von gewerblichen Schutzrechten und auch sonstige fristgebundene Erklärungen können seit 1. September 1998 sowohl in der Annahmestelle Jena als auch weiterhin in der Annahmestelle Berlin fristwahrend eingereicht werden. Desgleichen ist die Entgegennahme von Barzahlungen für Gebühren und Auslagen sowie der Verkauf von Gebührenmarken in den Geldannahmestellen in Jena und Berlin möglich (s. zur Geschichte des KPA, RPA und DPMA Einl, Rn 7).  1b

## B. Markenstellen (§ 56 Abs. 2)

### I. Zuständigkeit

Die gesetzliche Kompetenzabgrenzung für Markenstellen zur Durchführung der Verfahren in Markenangelegenheiten enthält Abs. 2 S. 1. Nach dieser Vorschrift sind *Markenstellen* für die *Prüfung von angemeldeten Marken* und für die *Beschlußfassung im Eintragungsverfahren* zuständig. Zum Eintragungsverfahren nach den §§ 32 ff. gehört nicht nur die Prüfung und Entscheidung über die Anmeldung einer Marke zur Eintragung in das Register, sowie die Eintragung der angemeldeten Marke nach § 41, sondern auch die Entscheidung über einen Widerspruch gegen die Eintragung der Marke nach § 43. Für die *Markenabteilungen* enthält Abs. 3 S. 1 eine *negative Kompetenzabgrenzung.* Nach dieser Vorschrift sind die Markenabteilungen für solche Markenangelegenheiten zuständig, die nicht nach Abs. 2 S. 1 in die Zuständigkeit der Markenstellen fallen (s. Rn 5).  2

## II. Besetzung der Markenstellen

### 1. Mitglieder des DPMA (Prüfer)

**3** Die Aufgaben einer Markenstelle werden von den *Mitgliedern des DPMA (Prüfer)* wahrgenommen (Abs. 2 S. 2). Nach § 26 Abs. 1 S. 1 PatG besteht das DPMA aus dem *Präsidenten* und *weiteren Mitgliedern*. Jedes Mitglied des DPMA im Sinne dieser Vorschrift kann als Prüfer die Aufgaben einer Markenstelle wahrnehmen, wie auch in einer Markenabteilung mitwirken. Zu den Mitgliedern des DPMA gehören auch die ihnen ausdrücklich gleichgestellten *Hilfsmitglieder*, die mit den Verrichtungen eines Mitglieds des DPMA beauftragt worden und auch zur Wahrnehmung von Aufgaben in Markensachen berechtigt sind (BGH GRUR 1998, 384 – Active Line; zur Rechtslage im WZG s. *Busse/Starck*, § 12 WZG, Rn 26). Die Mitglieder sind auf Lebenszeit berufen (§ 26 Abs. 1 S. 3 PatG). Es ist zwischen rechtskundigen und technischen Mitgliedern zu unterscheiden (§ 26 Abs. 1 S. 2 PatG). Die *rechtskundigen Mitglieder* müssen die Befähigung zum Richteramt nach den §§ 5 bis 7 DRiG besitzen. Die *technischen Mitglieder* müssen in einem Zweig der Technik sachverständig sein. Die schon nach der Rechtslage im WZG bestehende gesetzliche Möglichkeit, technische Mitglieder mit den Aufgaben eines Prüfers einer Markenstelle zu betrauen, wurde vom Gesetzgeber des MarkenG ausdrücklich beibehalten, um in besonderen Situationen auch im Markenrecht sachkundige technische Mitglieder einsetzen zu können, auch wenn diese technischen Mitglieder in aller Regel für Markenangelegenheiten eine ausreichende Sachkunde nicht ohne weiteres aufweisen werden. Eine Übertragung der Aufgaben einer Markenstelle an technische Mitglieder ist nur dann angebracht, wenn sich das technische Mitglied durch besondere Kenntnisse auf dem Gebiet des Markenrechts ausweist, weil zu berücksichtigen ist, daß die von einem Mitglied des DPMA getroffene Entscheidung einer Markenstelle nicht einer Überprüfung in einem Erinnerungsverfahren nach § 64 unterliegt, sondern unmittelbar mit der Beschwerde zum BPatG nach § 66 angefochten werden kann. Gegen einen *Beschluß der Markenstelle*, der von einem *Mitglied des DPMA* erlassen worden ist, findet nach § 66 Abs. 1 S. 1 die *Beschwerde an das BPatG* statt.

### 2. Beamte des gehobenen und mittleren Dienstes oder vergleichbare Angestellte

**4** Nach § 56 Abs. 2 S. 3 können die Aufgaben einer Markenstelle auch von einem *Beamten des gehobenen Dienstes* oder von einem *vergleichbaren Angestellten* wahrgenommen werden. Diese sind jedoch nach Abs. 2 S. 4 nicht befugt, eine Beeidigung anzuordnen, einen Eid abzunehmen oder ein Ersuchen nach § 95 Abs. 2 an das BPatG, gerichtet auf Festsetzung eines Ordnungs- oder Zwangsmittels gegen Zeugen oder Sachverständige oder auf die Anordnung der Vorführung eines nicht erschienenen Zeugen, zu richten. Nach der Rechtsverordnungsermächtigung des § 65 Abs. 1 Nr. 12 werden *Beamte des mittleren Dienstes* oder *vergleichbare Angestellte* mit der Wahrnehmung einzelner der Markenstellen obliegenden Angelegenheiten nur insoweit betraut, als diese keine rechtlichen Schwierigkeiten bieten, mit Ausnahme von Entscheidungen über Anmeldungen, Widersprüche oder sonstige Anträge. Soweit es um die Beauftragung vergleichbarer Angestellter geht, kommt diese nur dann in Betracht, wenn die Angestellten nach Vorbildung, Ausbildung und Fähigkeiten den Beamten des gehobenen Dienstes vergleichbar sind. Die Rechtsverordnungsermächtigung des § 65 ist nach § 20 Abs. 2 DPMAV auf den Präsidenten des DPMA übertragen worden, der im Rahmen der WahrnV von dieser Ermächtigung Gebrauch gemacht hat (s. § 65, Rn 25).

## C. Markenabteilungen (§ 56 Abs. 3)

### I. Zuständigkeit

**5** Für die *Markenabteilungen* besteht nach Abs. 3 S. 1 eine *negative Kompetenzabgrenzung*. Nach dieser Vorschrift sind die Markenabteilungen für die Markenangelegenheiten zuständig, die nicht nach Abs. 2 S. 1 in die Zuständigkeit der Markenstellen fallen (s. Rn 2). Da-

Ausschließung und Ablehnung § 57 MarkenG

nach sind die Markenabteilungen nicht für die Prüfung von angemeldeten Marken und für die Beschlußfassung im Eintragungsverfahren einschließlich der Entscheidung über einen Widerspruch gegen die Eintragung einer Marke zuständig.

## II. Besetzung der Markenabteilungen

### 1. Mitglieder des DPMA (Prüfer)

Die Aufgaben einer Markenabteilung werden von den *Mitgliedern des DPMA (Prüfer)* wahrgenommen (s. zum Begriff der Mitglieder des DPMA Rn 3). Eine Markenabteilung ist mit *mindestens drei Prüfern* besetzt (Abs. 3 S. 2). Die Geschäftsleitung in Verfahren vor einer Markenabteilung steht nach § 10 Abs. 1 DPMAV dem *Vorsitzenden der Markenabteilung* zu. Der Vorsitzende einer Markenabteilung kann alle in die Zuständigkeit der Markenabteilung fallenden Angelegenheiten allein bearbeiten oder die Markenangelegenheit einem Angehörigen der Markenabteilung zur Bearbeitung übertragen (Abs. 3 S. 3); dies gilt nicht für die Entscheidung über die Löschung einer Marke nach § 54, die von der Markenabteilung in der Besetzung mit mindestens drei Mitgliedern des DPMA zu treffen ist.

6

### 2. Beamte des gehobenen und des mittleren Dienstes oder vergleichbare Angestellte

Nach der Rechtsverordnungsermächtigung des § 65 Abs. 1 Nr. 11 können *Beamte des gehobenen Dienstes* oder *vergleichbare Angestellte* mit der Wahrnehmung einzelner den Markenabteilungen obliegender Angelegenheiten insoweit betraut werden, als diese keine besonderen rechtlichen Schwierigkeiten bieten. Das gilt nicht für die Beschlußfassung über die Löschung von Marken (§§ 48 Abs. 1, 53 und 54), der Abgabe von Gutachten (§ 58 Abs. 1) und der Entscheidungen, mit denen die Abgabe eines Gutachten abgelehnt wird. *Beamte des mittleren Dienstes* oder *vergleichbarer Angestellte* können nach der Rechtsverordnungsermächtigung des § 65 Abs. 1 Nr. 12 mit der Wahrnehmung einzelner den Markenabteilungen obliegender Angelegenheiten nur insoweit betraut werden, als diese keine rechtlichen Schwierigkeiten bieten. Eine Beauftragung vergleichbarer Angestellter wird nur dann in Betracht kommen, wenn diese nach Vorbildung, Ausbildung und Fähigkeiten den Beamten des gehobenen Dienstes vergleichbar sind. Die Rechtsverordnungsermächtigung des § 65 Abs. 1 ist auf den Präsidenten des DPMA übertragen worden, der im Rahmen der WahrnV von den Ermächtigungen Gebrauch gemacht hat (s. § 65, Rn 25). Gegen einen *Beschluß der Markenabteilung*, den ein *Beamter des gehobenen Dienstes* oder ein *vergleichbarer Angestellter* erlassen hat, findet nach § 64 Abs. 1 S. 1 die *Erinnerung* statt, der aufschiebende Wirkung zukommt.

7

### 3. Handeln im Auftrag

Ein berufener Vertreter des Vorsitzenden der Markenabteilung ist dann nicht mit der Wahrnehmung einer einzelnen der Markenabteilung obliegenden Angelegenheit betraut, wenn der Beamte nur *im Auftrag* tätig wird. Der Zusatz im Auftrag wird verwendet, um die Weisungsgebundenheit eines Beamten innerhalb einer hierarchischen Behördenstruktur auszudrücken. Entscheidungen einer Markenabteilung sind dann nicht ordnungsgemäß ergangen, wenn sie lediglich von einem Mitglied im Auftrag unterschrieben werden, da ein solches Auftragsverhältnis mit dem justizähnlichen Verfahren in Markensachen nicht zu vereinbaren ist (BPatG GRUR 1997, 58 – Verlängerungsgebühr).

8

**Ausschließung und Ablehnung**

**57** (1) **Für die Ausschließung und Ablehnung der Prüfer und der Mitglieder der Markenabteilungen sowie der mit der Wahrnehmung von Angelegenheiten, die den Markenstellen oder den Markenabteilungen obliegen, betrauten Beamten des gehobenen und mittleren Dienstes oder Angestellten gelten die §§ 41 bis 44, 45 Abs. 2 Satz 2, §§ 47 bis 49 der Zivilprozeßordnung über die Ausschließung und Ablehnung der Gerichtspersonen entsprechend.**

(2) **Über das Ablehnungsgesuch entscheidet, soweit es einer Entscheidung bedarf, eine Markenabteilung.**

## Inhaltsübersicht

|   | Rn |
|---|---|
| A. Normadressaten | 1 |
| B. Die Ausschließung von Bediensteten des DPMA | 2–7 |
|   I. Ausschließungsgründe | 2–6 |
|     1. Grundsatz | 2 |
|     2. Verfahrensbeteiligung (§ 41 Nr. 1 ZPO) | 3 |
|     3. Beteiligtenbeziehung (§ 41 Nr. 2 und 3 ZPO) | 4 |
|     4. Verfahrensbeziehung (§ 41 Nr. 4 und 5 ZPO) | 5 |
|     5. Entscheidungsmitwirkung (§ 41 Nr. 6 ZPO) | 6 |
|   II. Folgen der Ausschließung | 7 |
| C. Die Ablehnung von Bediensteten des DPMA | 8–16 |
|   I. Ablehnungsgründe | 8–10 |
|     1. Grundsatz | 8 |
|     2. Vorliegen eines Ausschließungsgrundes (§ 42 Abs. 1 1. Alt. ZPO) | 9 |
|     3. Besorgnis der Befangenheit (§ 42 Abs. 1 2. Alt. ZPO) | 10 |
|   II. Die Geltendmachung des Ablehnungsgrundes | 11–13 |
|     1. Die Geltendmachung durch einen Beteiligten | 12 |
|     2. Die Selbstablehnung | 13 |
|   III. Die Entscheidung über die Ablehnung | 14, 15 |
|   IV. Folgen der Ablehnung | 16 |

**Schrifttum zum PatG.** *Bernatz,* Ausschließung und Ablehnung von Beamten des Deutschen Patentamts und von Richtern des Bundespatentgerichts, Mitt 1968, 30.

## A. Normadressaten

1 Die Vorschrift des § 57 regelt die *Ausschließung* und *Ablehnung* der in den Verfahren in Markenangelegenheiten tätigen *Bediensteten des DPMA*. Der Ausschließung und Ablehnung nach Abs. 1 unterliegen die Prüfer im Sinne des § 56 Abs. 2 S. 1 (Mitglieder des DPMA) der Markenabteilungen, die sonstigen Mitglieder der Markenabteilungen (Beamte des gehobenen Dienstes und vergleichbare Angestellte) im Sinne des § 56 Abs. 2 S. 3 und die mit der Wahrnehmung von Angelegenheiten der Markenstellen oder Markenabteilungen betrauten Beamten des gehobenen und mittleren Dienstes, sowie die vergleichbaren Angestellten im Sinne des § 65 Abs. 1 Nr. 11 und 12. Normadressaten des § 57 sind die in den Verfahren in Markenangelegenheiten in den Markenstellen und Markenabteilungen tätigen Bediensteten des DPMA. Die Ausschließung und Ablehnung von Gerichtspersonen am BPatG bestimmt sich nach § 72.

## B. Die Ausschließung von Bediensteten des DPMA

### I. Ausschließungsgründe

#### 1. Grundsatz

2 Die Ausschließung eines Bediensteten des DPMA nach § 57 Abs. 1 bestimmt sich nach den *Ausschließungsgründen der ZPO*. Andere Ausschließungsgründe bestehen nach dem MarkenG nicht. Bei Vorliegen eines Ausschließungsgrundes ist der Bedienstete des DPMA *kraft Gesetzes* von der Wahrnehmung seiner Aufgaben in dem Verfahren in Markenangelegenheiten der Markenstelle oder der Markenabteilung ausgeschlossen, ohne daß es einer die Ausschließung umsetzenden Rechtshandlung bedarf. Die einzelnen Ausschließungsgründe ergeben sich aus § 41 Nr. 1 bis 6 ZPO.

#### 2. Verfahrensbeteiligung (§ 41 Nr. 1 ZPO)

3 Ein Ausschließungsgrund nach § 41 Nr. 1 ZPO ist die *Verfahrensbeteiligung* des Bediensteten des DPMA. Nach dieser Vorschrift ist der Bedienstete in solchen Markenangelegenheiten von seiner Amtsausübung ausgeschlossen, in denen er selbst *Beteiligter* ist oder in denen er zu einem Beteiligten in dem Verhältnis eines *Mitberechtigten, Mitverpflichteten* oder *Regreßpflichtigen* steht. Eine Mitberechtigung kann sich etwa aus einer Beteiligung an einer Handelsgesellschaft ergeben. Eine sich aus einer Beteiligung an einer Publikumskapitalge-

sellschaft ergebende Mitberechtigung begründet nicht den Ausschlußgrund der Verfahrensbeteiligung.

### 3. Beteiligtenbeziehung (§ 41 Nr. 2 und 3 ZPO)

Ausschließungsgründe nach § 41 Nr. 2 und 3 ZPO bestehen bei einer *Beteiligtenbeziehung* des Bediensteten des DPMA. Nach § 41 Nr. 2 ZPO ist der Bedienstete in Markenangelegenheiten seines *Ehegatten*, auch wenn die Ehe nicht mehr besteht, von seiner Amtsausübung ausgeschlossen. Nach § 41 Nr. 3 ZPO besteht ein Ausschlußgrund in Markenangelegenheiten solcher Personen, mit denen der Bedienstete in gerader Linie *verwandt* oder *verschwägert*, in der Seitenlinie bis zum dritten Grad verwandt oder bis zum zweiten Grad verschwägert ist oder war. Der Ausschlußgrund der Beteiligtenbeziehung besteht nur im Falle der Ehe, Verwandtschaft oder Schwägerschaft mit einem *Verfahrensbeteiligten* selbst und nicht auch mit einem Bevollmächtigten oder Beistand des Beteiligten.

### 4. Verfahrensbeziehung (§ 41 Nr. 4 und 5 ZPO)

Ausschließungsgründe nach § 41 Nr. 4 und 5 ZPO sind die *Verfahrensbeziehungen* des Bediensteten des DPMA. Nach § 41 Nr. 4 ZPO ist der Bedienstete in solchen Markenangelegenheiten von seiner Amtsausübung ausgeschlossen, in denen er als *Prozeßbevollmächtigter* oder *Beistand* eines Beteiligten in dem Verfahren der Markenstelle oder Markenabteilung oder als *gesetzlicher Vertreter* eines Beteiligten aufzutreten berechtigt ist oder gewesen ist. Nach § 41 Nr. 5 ZPO besteht der Ausschlußgrund der Verfahrensbeziehung in solchen Markenangelegenheiten, in denen der Bedienstete als *Zeuge* oder *Sachverständiger* vernommen ist. Die Vertretungsberechtigung als solche begründet den Ausschließungsgrund, unabhängig von einem Tätigwerden des Bediensteten (*Baumbach/Lauterbach/Albers/Hartmann*, § 41 ZPO, Rn 12).

### 5. Entscheidungsmitwirkung (§ 41 Nr. 6 ZPO)

Ein Ausschließungsgrund nach § 41 Nr. 6 ZPO besteht bei der Mitwirkung des Ausgeschlossenen bei der angefochtenen Entscheidung in einer früheren Instanz. Eine Anwendung dieser Vorschrift in dem patentamtlichen Verfahren in Markenangelegenheiten der Markenstellen oder Markenabteilungen *kommt nicht in Betracht*, da es sich in diesem Verfahren um ein erstinstanzliches Verwaltungsverfahren handelt, in dem nicht über eine angefochtene Entscheidung einer früheren Instanz ein Beschluß zu treffen ist. Über die Erinnerung gegen Beschlüsse der Markenstellen und Markenabteilungen, die von einem Beamten des gehobenen Dienstes oder einem vergleichbaren Angestellten erlassen worden sind, entscheidet nach § 64 Abs. 4 ein Mitglied des DPMA.

## II. Folgen der Ausschließung

Wenn ein Ausschließungsgrund im Sinne des § 41 ZPO in der Person eines Bediensteten des DPMA besteht, dann ist der Bedienstete *kraft Gesetzes* von der Ausübung seines Amtes in dem konkreten Verfahren in Markenangelegenheiten der Markenstelle oder Markenabteilung ausgeschlossen. Der ausgeschlossene Bedienstete hat sich in dem Verfahren jeder Amtshandlung zu enthalten. Wenn Zweifel über das Vorliegen der Voraussetzungen eines Ausschließungsgrundes bestehen, dann hat eine Markenabteilung über den Ausschließungsgrund zu entscheiden (§§ 48 Abs. 1 ZPO iVm 57 Abs. 2 analog); die Entscheidung ergeht ohne vorherige Anhörung der Beteiligten (§§ 48 Abs. 2 ZPO iVm 57 Abs. 1 analog). Die *Nichtbeachtung der Ausschließung* eines Bediensteten begründet einen *Verfahrensfehler*, der mit der *Beschwerde* nach § 66 oder der *Erinnerung* nach § 64 geltend zu machen ist.

## C. Die Ablehnung von Bediensteten des DPMA

### I. Die Ablehnungsgründe

#### 1. Grundsatz

Die Ablehnung eines Bediensteten des DPMA nach § 57 Abs. 1 bestimmt sich nach den *Ablehnungsgründen der ZPO*. Andere Ablehnungsgründe bestehen nach dem MarkenG nicht.

Allein das Vorliegen eines Ablehnungsgrundes schließt die Mitwirkung des Bediensteten nicht aus. Es ist vielmehr die *Geltendmachung des Ablehnungsgrundes* erforderlich. Die einzelnen Ablehnungsgründe ergeben sich aus § 42 Abs. 1 ZPO.

### 2. Vorliegen eines Ausschließungsgrundes (§ 42 Abs. 1 1. Alt. ZPO)

**9** Ein Ablehnungsgrund nach § 42 Abs. 1 1. Alt. ZPO ist das *Vorliegen eines Ausschließungsgrundes*. Die Verfahrensbeteiligten können nach dieser Vorschrift einen vom DPMA nicht beachteten Ausschließungsgrund geltend machen.

### 3. Besorgnis der Befangenheit (§ 42 Abs. 1 2. Alt. ZPO)

**10** Ein Ablehnungsgrund nach § 42 Abs. 1 2. Alt. ZPO besteht, wenn die *Besorgnis der Befangenheit* des Bediensteten des DPMA vorliegt. Eine Besorgnis der Befangenheit liegt nur dann vor, wenn ein objektiv vernünftiger Grund gegeben ist, der den Beteiligten befürchten lassen kann, der Bedienstete werde seines Amtes nicht unparteiisch walten (BVerfGE 46, 38; BGHZ 77, 72; BPatGE 2, 85f.; 22, 63; *Baumbach/Lauterbach/Albers/Hartmann*, § 42 ZPO, Rn 10). Allein die Tatsache, daß ein Bediensteter in einem früheren gleichgelagerten Verfahren eine bestimmte Rechtsansicht geäußert hat, oder daß er bereits mit der Angelegenheit im Einspruchsverfahren betraut gewesen ist, begründet für sich genommen noch keine Besorgnis der Befangenheit, wenn nicht zusätzliche Umstände hinzukommen (DPA Mitt 1941, 188; BPatG BlPMZ 1984, 47; s. hierzu *Zöller/Vollkommer*, § 42 ZPO, Rn 10ff. mit zahlreichen weiteren Fallgruppen; *Baumbach/Lauterbach/Albers/Hartmann*, § 42 ZPO, Rn 24f.). Fehlende Sachkenntnis des Prüfers begründet allein keine Befangenheit (RPA Mitt 1932, 218; BlPMZ 1930, 38).

## II. Die Geltendmachung des Ablehnungsgrundes

**11** Die *Geltendmachung des Ablehnungsgrundes* bestimmt sich nach § 57 Abs. 1 nach den Vorschriften der ZPO.

### 1. Die Geltendmachung durch einen Beteiligten

**12** Das Ablehnungsrecht steht nach § 42 Abs. 3 ZPO allen am Verfahren *Beteiligten* zu. Die Geltendmachung hat mündlich oder schriftlich zu erfolgen. Die Ablehnung wegen Vorliegens eines Ausschließungsgrundes kann *jederzeit* begehrt werden. Um Ablehnung wegen der Besorgnis der Befangenheit muß nachgesucht werden, sobald vom Ablehnungsgrund *Kenntnis* erlangt worden ist. Der Beteiligte verliert nach § 43 ZPO sein Ablehnungsrecht wegen der Besorgnis der Befangenheit, wenn er sich in Kenntnis des Vorliegens des Ablehnungsgrundes im Verfahren auf die Sache eingelassen hat. Ablehnungsgrund und Entstehung oder Kenntniserlangung eines Ablehnungsgrundes nach Einlassung des Beteiligten sind durch den Beteiligten glaubhaft zu machen (§§ 292, 44 Abs. 2 und Abs. 4 ZPO). Die Glaubhaftmachung im Wege der eidesstattlichen Versicherung ist nach § 44 Abs. 2 S. 1 ZPO unzulässig.

### 2. Die Selbstablehnung

**13** Der Bedienstete des DPMA hat dem DPMA von sich aus von einem Verhältnis Anzeige zu machen, das seine Ablehnung rechtfertigen könnte (§ 48 ZPO iVm § 57 Abs. 1).

## III. Die Entscheidung über die Ablehnung

**14** Der abgelehnte Bedienstete hat sich nach § 44 Abs. 3 ZPO zu dem Ablehnungsgesuch dienstlich zu äußern. Läßt die *dienstliche Äußerung* erkennen, daß der Bedienstete sich durch das Ablehnungsgesuch angegriffen fühlt, so kann dies allein die Ablehnung rechtfertigen (BPatG Mitt 1980, 16, 17). Ist eine Entscheidung über das Ablehnungsgesuch erforderlich, so entscheidet nach § 57 Abs. 2 über das Ablehnungsgesuch oder über die Selbstablehnung

Gutachten  **1 § 58 MarkenG**

eine Markenabteilung. Einer Entscheidung bedarf es nach § 45 Abs. 2 S. 2 ZPO nicht, wenn der abgelehnte Bedienstete das Ablehnungsgesuch selbst für begründet erachtet; in diesem Fall scheidet der Bedienstete ohne Entscheidung aus dem Verfahren aus.

In den Fällen der *Selbstablehnung* eines Bediensteten entscheidet eine Markenabteilung **15** nach § 48 Abs. 2 ZPO ohne Gewährung rechtlichen Gehörs der Beteiligten.

### IV. Folgen der Ablehnung

Der abgelehnte Bedienstete darf nach § 47 ZPO nach Anbringung des Ablehnungsge- **16** suchs nur noch *nicht aufschiebbare Handlungen* vornehmen. Keinen Aufschub gestatten solche Handlungen, die einem Beteiligten wesentliche Nachteile ersparen (BPatG GRUR 1985, 373; *Baumbach/Lauterbach/Albers/Hartmann*, § 47 ZPO, Rn 3 f. mit zahlreichen weiteren Beispielen). Nimmt der abgelehnte Bedienstete gleichwohl auch andere Handlungen vor, so sind diese unwirksam, sofern das Ablehnungsgesuch erfolgreich ist. Andernfalls bleibt der Verstoß ungeahndet (BayVerfGH NJW 1982, 1746; *Benkard/Schäfers*, § 86 PatG, Rn 22). Nimmt der erfolgreich abgelehnte Bedienstete trotz der Ablehnung weiterhin am Verfahren teil, so stellt dies einen mit der *Beschwerde* bzw *Erinnerung* anfechtbaren formellen *Mangel der Entscheidung* dar.

## Gutachten

**58** (1) Das Patentamt ist verpflichtet, auf Ersuchen der Gerichte oder der Staatsanwaltschaften über Fragen, die angemeldete oder eingetragene Marken betreffen, Gutachten abzugeben, wenn in dem Verfahren voneinander abweichende Gutachten mehrerer Sachverständiger vorliegen.

(2) Im übrigen ist das Patentamt nicht befugt, ohne Genehmigung des Bundesministeriums der Justiz außerhalb seines gesetzlichen Aufgabenbereichs Beschlüsse zu fassen oder Gutachten abzugeben.

### Inhaltsübersicht

| | Rn |
|---|---|
| A. Voraussetzungen für die Abgabe eines Gutachtens | 1 |
| B. Zuständigkeit für die Abgabe eines Gutachtens | 2 |
| C. Abgabe von Gutachten in sonstigen Fällen | 3 |

### A. Voraussetzungen für die Abgabe eines Gutachtens

§ 58 regelt die *Abgabe von Gutachten* durch das DPMA. Die Vorschrift entspricht der **1** Rechtslage im WZG (§ 14 WZG). Nach § 58 Abs. 1 ist das DPMA verpflichtet, auf Ersuchen der Gerichte oder der Staatsanwaltschaften über Fragen, die angemeldete oder eingetragene Marken betreffen, Gutachten abzugeben. Das Ersuchen muß von einem deutschen Gericht oder einer deutschen Staatsanwaltschaft in einem gerichtlichen Verfahren (Zivil- oder Strafverfahren) ausgehen. Schiedsgerichten steht es frei, Gutachten durch das Gericht nach § 1036 Abs. 1 ZPO anzufordern. Die Verpflichtung zur Abgabe eines Gutachtens besteht nur dann, wenn in dem Verfahren in Markenangelegenheiten voneinander abweichende Gutachten mehrerer Sachverständiger vorliegen. Die voneinander abweichenden Gutachten müssen von gerichtlichen Sachverständigen erstellt worden sein. Das Vorliegen sich widersprechender Parteigutachten begründet die Verpflichtung des DPMA zur Erstellung eines Obergutachtens nicht. Die zu begutachtende Frage muß eine in der Bundesrepublik Deutschland angemeldete oder eingetragene Marke betreffen. Die Frage kann sich auch auf eine international registrierte und nicht zurückgewiesene Marke beziehen (Art. 4, 5 MMA). Das Gericht oder die Staatsanwaltschaft ist an das Obergutachten des DPMA nicht gebunden. In der Praxis kommt der Abgabe eines Gutachtens durch das DPMA kaum Bedeutung zu.

## B. Zuständigkeit für die Abgabe eines Gutachtens

**2** Das Gutachten wird von einer *Markenabteilung* (§ 56 Abs. 3) schriftlich abgegeben. Bei der Abgabe eines Gutachtens handelt es sich um eine Markenangelegenheit, die nicht in die Zuständigkeit einer Markenstelle (§ 56 Abs. 2) fällt. Die Abgabe des Gutachtens und die Ablehnung der Abgabe eines Gutachtens kann vom Präsidenten des DPMA nicht auf Beamte des gehobenen Dienstes oder vergleichbare Angestellte übertragen werden (§ 20 Abs. 2 DPMAV iVm § 65 Abs. 1 Nr. 11). Auf Verlangen der ersuchenden Stelle wird ein bei der Erstellung des Gutachtens beteiligtes Mitglied des DPMA zur Erläuterung des Gutachtens in den Termin des Gerichts oder der Staatsanwaltschaft entsandt. Es ist dem entsandten Mitglied des DPMA nicht gestattet, weitere über des abgegebene Gutachten hinausgehende Fragen, die ihm in dem Termin des Gerichts oder der Staatsanwaltschaft vorgelegt werden, zu beantworten.

## C. Abgabe von Gutachten in sonstigen Fällen

**3** In anderen als den in § 58 Abs. 1 geregelten Fällen ist das DPMA zur Abgabe von Gutachten nur mit *Genehmigung* des Bundesministeriums der Justiz befugt (Abs. 2). Eine solche Genehmigung wird regelmäßig versagt. Das DPMA ist auch nicht befugt, außerhalb seines gesetzlichen Aufgabenbereichs ohne Genehmigung des Bundesministeriums der Justiz Beschlüsse zu fassen (Abs. 2). Die Erteilung von *Auskünften tatsächlicher Art* ist dem DPMA gestattet. Ob und inwieweit einzelne Mitglieder des DPMA als außergerichtliche Gutachter tätig sein dürfen, richtet sich nach den für alle Beamten und Bediensteten der öffentlichen Hand geltenden Beschränkungen des öffentlichen Dienstrechts.

## Ermittlung des Sachverhalts; rechtliches Gehör

**§ 59** (1) ¹Das Patentamt ermittelt den Sachverhalt von Amts wegen. ²Es ist an das Vorbringen und die Beweisanträge der Beteiligten nicht gebunden.

(2) Soll die Entscheidung des Patentamts auf Umstände gestützt werden, die dem Anmelder oder Inhaber der Marke oder einem anderen am Verfahren Beteiligten noch nicht mitgeteilt waren, so ist ihm vorher Gelegenheit zu geben, sich dazu innerhalb einer bestimmten Frist zu äußern.

### Inhaltsübersicht

|  | Rn |
|---|---|
| A. Inquisitionsmaxime | 1–5 |
|    I. Bedeutung des Amtsermittlungsgrundsatzes | 1 |
|    II. Mitwirkungspflicht der Beteiligten | 2, 3 |
|    III. Grenzen der Inquisitionsmaxime | 4 |
|    IV. Feststellungslast | 5 |
| B. Rechtliches Gehör | 6, 7 |

### Entscheidung zum MarkenG

**BGH GRUR 1998, 938 – DRAGON**
Die Frage der Benutzung einer Widerspruchsmarke unterliegt dem Beibringungs- und Verhandlungsgrundsatz.

## A. Inquisitionsmaxime

### I. Bedeutung des Amtsermittlungsgrundsatzes

**1** In den Verfahren in Markenangelegenheiten vor dem DPMA gilt nach § 59 Abs. 1 S. 1 der *Amtsermittlungsgrundsatz* (Untersuchungsgrundsatz, Inquisitionsmaxime). Der Amtsermittlungsgrundsatzes besagt, daß das DPMA den Sachverhalt *von Amts wegen* ermittelt. Auch wenn die Ermittlung des Sachverhalts von Amts wegen geschieht, so wird doch das DPMA in der Regel nur auf Antrag tätig, abgesehen von den seltenen Fällen der Amtslöschung (§ 50 Abs. 3). Die Geltung des Amtsermittlungsgrundsatzes ist für das patentamtliche Verfahren seit jeher anerkannt, auch wenn er weder im WZG noch im PatG einen unmittelbaren gesetzlichen Ausdruck gefunden hat (zur Anhörung und zur Ermittlung von Amts wegen s. § 46 PatG; zum Amtsermittlungsgrundsatz im patentgerichtlichen Verfahren s. § 73, Rn 1 f.). Die Inquisitionsmaxime erfährt im patentamtlichen Verfahren in Markenangelegenheiten eine Beschränkung dahin, daß das DPMA *über den Antrag eines Beteiligten nicht hinausgehen* kann. So darf etwa die Markenstelle bei der Anmeldung zur Eintragung einer Marke gegen den Willen des Anmelders keine Änderung bei der Eintragung der Marke oder der Veröffentlichung der Eintragung vornehmen, ansonsten kann der Anmelder die Entscheidung mit der Erinnerung (§ 64) oder der Beschwerde (§ 66) anfechten (BPatGE 25, 243). Die Inquisitionsmaxime begründet eine *Pflicht zur Sachverhaltsermittlung*. Das DPMA muß von sich aus die für die Entscheidung wesentlichen Tatsachen ermitteln. Bei der Ermittlung des Sachverhalts ist das DPMA weder an das Vorbringen noch an die Beweisanträge der Beteiligten gebunden (§ 59 Abs. 1 S. 2). Entsprechend den Grundsätzen zur Amtsermittlung im patentgerichtlichen Verfahren (s. § 73, Rn 1), darf das tatsächliche Vorbringen der Beteiligten nicht als verspätet zurückgewiesen werden, sondern ist stets zu berücksichtigen, sofern es bei dem DPMA vor dem Zeitpunkt der Entscheidung eingegangen ist, auch wenn die durch das DPMA gesetzte Äußerungsfrist nicht eingehalten wird (BGH NJW 1955, 503, 504; BVerfGE 5, 22, 24; 11, 218, 220; BVerfG NJW 1990, 2373). Eine *Ausnahme* von dem das patentamtliche und patentgerichtliche Verfahren beherrschenden Amtsermittlungsgrundsatz bildet die Frage der Benutzung einer Widerspruchsmarke, die dem Beibringungs- und Verhandlungsgrundsatz unterliegt; daraus folgt, daß die Einrede der mangelnden Benutzung der Widerspruchsmarke in entsprechender Anwendung der Vorschriften der ZPO als verspätet zurückgewiesen werden kann (BGH GRUR 1998, 938 – DRAGON; s. § 43, Rn 8b).

## II. Mitwirkungspflicht der Beteiligten

Wenn auch das DPMA den Sachverhalt von Amts wegen zu ermitteln hat (Abs. 1 S. 1), so enthebt diese Amtspflicht die Beteiligten nicht ihrer Verpflichtung, ihrerseits auf eine *Aufklärung des Sachverhalts hinzuwirken* und das DPMA bei seinen notwendigen Ermittlungsmaßnahmen zu *unterstützen* (BGH GRUR 1988, 211 – Wie hammas denn?). Die Amtsermittlungspflicht wird wesentlich durch das Beteiligtenvorbringen bestimmt. Die Beteiligten unterliegen nach § 92 der Wahrheitspflicht (s. § 92, Rn 2). Die *Verletzung der Wahrheitspflicht* durch einen Beteiligten in einem patentamtlichen Verfahren in Markenangelegenheiten ist zwar nicht sanktioniert, kann aber Mißtrauen gegen das übrige Vorbringen des Beteiligten auslösen und sich für den Beteiligten in diesem Verfahren nachteilig auswirken. Die Beteiligten können jederzeit von Amts wegen angehalten werden, ihre tatsächlichen Angaben zu ergänzen. Die *Mitwirkungspflicht* der Beteiligten besteht im Rahmen des Zumutbaren; der Umfang der Mitwirkungspflicht richtet sich nach den besonderen Umständen des konkreten Einzelfalles. Ein *Verstoß gegen die Mitwirkungspflicht* eines Beteiligten kann die Fehlerhaftigkeit des Antrags des Beteiligten in dem Verfahren in Markenangelegenheiten begründen. Wenn etwa im Falle der Anmeldung zur Eintragung einer Marke der Anmelder seiner Mitwirkungspflicht nicht genügt, dann stellt dies einen Mangel der Anmeldung dar. Die Markenstelle kann den Anmelder zur Beseitigung unter Fristsetzung auffordern. Wenn der Anmelder der Aufforderung der Markenstelle nicht nachkommt, dann wird die Anmeldung als nicht ordnungsgemäß zurückgewiesen (BPatGE 7, 154; 14, 47; 18, 108 – Wappenerklärung).

Nur in dem Umfang, wie der Beteiligtenvortrag oder der vorliegende Sachverhalt Anlaß für Nachforschungen bietet, ist das DPMA zur weiteren Ermittlung verpflichtet. Da das DPMA nicht an das Vorbringen und an die Beweisanträge der Beteiligten gebunden ist (Abs. 1 S. 2), kann es sich zur Amtsermittlung des Sachverhalts nach § 60 auch anderer Mittel bedienen (s. § 60, Rn 1). Es darf aber nicht von einer von einem Beteiligten beantragten Beweiserhebung im Wege einer vorweggenommenen Beweiswürdigung absehen.

So darf es Beweisanträge der Beteiligten über erhebliche Tatsachen nicht mit der Begründung zurückweisen, zweckdienliche Ergebnisse seien bei der Beweiserhebung nicht zu erwarten (BGH GRUR 1981, 185, 186 – Pökelvorrichtung).

### III. Grenzen der Inquisitionsmaxime

4   Da das DPMA den Sachverhalt von Amts wegen zu ermitteln hat, können die Beteiligten nicht über den Gegenstand des Verfahrens verfügen. Ein *Anerkenntnis* oder ein *Geständnis* eines Beteiligten bindet das DPMA nicht. Die Amtsermittlungspflicht endet, sobald dem DPMA die für seine Entscheidungsfindung erforderlichen Tatsachen vorliegen. Eine Grenze der Amtsermittlung bildet auch der *Grundsatz der Zumutbarkeit* (BFH BStBl. III 1955, 63). Den Beteiligten steht es aber jederzeit frei, den dem Verfahren zugrunde liegenden Antrag zurückzunehmen und so der Amtsermittlung durch das DPMA die Verfahrensgrundlage zu entziehen.

### IV. Feststellungslast

5   Da das DPMA den entscheidungserheblichen Sachverhalt von Amts wegen zu ermitteln hat, trifft die Beteiligten zwar *keine formelle Beweisführungslast*, wohl aber eine *materielle Feststellungslast*. Die materielle Feststellungslast ist in solchen Fällen rechtserheblich, in denen trotz der Amtsermittlung durch das DPMA der Sachverhalt nicht vollständig aufzuklären ist. Die Feststellungslast trägt derjenige, zugunsten dessen sich die Nichtaufklärbarkeit des Sachverhalts rechtlich auswirkt. Die Feststellungslast beurteilt sich nach materiellem Recht und trifft regelmäßig denjenigen, zugunsten dessen sich das Vorliegen der Voraussetzungen der begünstigenden Norm auswirkt.

## B. Rechtliches Gehör

6   Als rechtsstaatliches Prinzip mit Verfassungsrang gilt der *Grundsatz des rechtlichen Gehörs* für alle patentamtlichen Verfahren. Die *Reichweite* der Gewähr rechtlichen Gehörs ist nach den jeweiligen Umständen des konkreten Verfahrens zu bestimmen. Wenn die Entscheidung einer Markenstelle oder Markenabteilung auf solche Umstände gestützt werden soll, die dem Anmelder oder Inhaber der Marke oder einem anderen Verfahrensbeteiligten noch nicht mitgeteilt waren, dann ist nach § 59 Abs. 2 dem Beteiligten vor der Entscheidung Gelegenheit zu geben, sich zu den Umständen innerhalb einer bestimmten Frist zu äußern. Auf Antrag eines Beteiligten ist diesem immer dann rechtliches Gehör zu gewähren, wenn es für die Entscheidung in diesem Verfahren als sachdienlich erscheint (s. die Regelung des § 46 Abs. 1 S. 2 PatG). Nach der Rechtslage im WZG wurde es im Widerspruchsverfahren als eine Ermessensfrage beurteilt, ob dem Anmelder rechtliches Gehör und ob die mündliche Verhandlung anzuberaumen ist (RPA Mitt 1928, 142). Nach der Rechtslage im MarkenG wird auch im Widerspruchsverfahren im Fall der Sachdienlichkeit von einer Gewähr rechtlichen Gehörs auszugehen sein.

7   Der Grundsatz der Gewährung rechtlichen Gehörs zwingt die Beteiligten nicht, sich zu den entscheidungserheblichen Umständen zu äußern. Sie sind lediglich von den Umständen in Kenntnis zu setzen. Das DPMA hat vor seiner Entscheidung eine mögliche Äußerung der Beteiligten abzuwarten und zur Kenntnis zu nehmen. Das DPMA kann den Beteiligten eine *Äußerungsfrist* setzen (s. Abs. 2). Die Äußerungsfrist stellt für die Beteiligten aber *keine Ausschlußfrist* dar. Nach Fristablauf kann das DPMA entscheiden, auch wenn eine Äußerung der Beteiligten noch nicht vorliegt. Wenn allerdings nach Fristablauf, aber vor Erlaß einer Entscheidung durch das DPMA eine Äußerung eines Beteiligten bei einer Markenstelle oder Markenabteilung eingeht, dann ist diese Äußerung wegen des Amtsermittlungsgrundsatzes bei der Entscheidung des DPMA zu berücksichtigen.

### Ermittlungen; Anhörungen; Niederschrift

**60** (1) Das Patentamt kann jederzeit die Beteiligten laden und anhören, Zeugen, Sachverständige und Beteiligte eidlich oder uneidlich vernehmen sowie andere zur Aufklärung der Sache erforderliche Ermittlungen anstellen.

(2) ¹Bis zum Beschluß, mit dem das Verfahren abgeschlossen wird, ist der Anmelder oder Inhaber der Marke oder ein anderer an dem Verfahren Beteiligter auf Antrag anzuhören, wenn dies sachdienlich ist. ²Hält das Patentamt die Anhörung nicht für sachdienlich, so weist es den Antrag zurück. ³Der Beschluß, durch den der Antrag zurückgewiesen wird, ist selbständig nicht anfechtbar.

(3) ¹Über die Anhörungen und Vernehmungen ist eine Niederschrift zu fertigen, die den wesentlichen Gang der Verhandlung wiedergeben und die rechtserheblichen Erklärungen der Beteiligten enthalten soll. ²Die §§ 160a, 162 und 163 der Zivilprozeßordnung sind entsprechend anzuwenden. ³Die Beteiligten erhalten eine Abschrift der Niederschrift.

#### Inhaltsübersicht

|  | Rn |
|---|---|
| A. Ermittlungen zur Sachaufklärung (§ 60 Abs. 1) | 1–3 |
|    I. Art der Ermittlungen | 1, 2 |
|    II. Mitwirkungspflicht der Beteiligten | 3 |
| B. Anhörung auf Antrag (§ 60 Abs. 2) | 4–8 |
|    I. Grundsatz | 4 |
|    II. Sachdienlichkeit des Antrags | 5 |
|    III. Verfahren | 6–8 |
| C. Niederschrift (§ 60 Abs. 3) | 9–11 |
|    I. Inhalt der Niederschrift | 9 |
|    II. Form der Niederschrift | 10 |
|    III. Mitteilung der Niederschrift | 11 |

**Schrifttum zum PatG.** *Bartels,* Ist das amtliche Protokoll über eine mündliche Verhandlung prioritätsbegründend?, GRUR 1960, 4; *Harmsen,* Die Niederschrift über die mündliche Verhandlung gemäß § 33 PatG, Mitt 1939, 1; *Horn,* Zeugenbeweis und eidesstattliche Versicherung im Patentrecht, Mitt 1970, 126.

## A. Ermittlungen zur Sachaufklärung (§ 60 Abs. 1)

### I. Art der Ermittlungen

Nach dem Amtsermittlungsgrundsatz des § 59 Abs. 1 hat das DPMA in den Verfahren in Markenangelegenheiten den Sachverhalt von Amts wegen zu ermitteln. Die Feststellung des Sachverhalts als Grundlage der Entscheidung der Markenstellen und Markenabteilungen stellt eine *Beweisaufnahme* dar. § 60 Abs. 1 enthält eine Regelung für die anzustellenden Ermittlungen des DPMA innerhalb seiner Ermittlungstätigkeit nach § 59 Abs. 1. Nach § 60 Abs. 1 ist von dem Grundsatz auszugehen, daß das DPMA die zur *Aufklärung der Sache erforderlichen Ermittlungen* von Amts wegen anzustellen hat. Es ist dabei weder an das Vorbringen noch an die Beweisanträge der Beteiligten gebunden (§ 59 Abs. 1 S. 2). Die Art der Ermittlungstätigkeit steht im Ermessen des DPMA. Beispielhaft benennt § 60 Abs. 1 als wesentliche Arten der Ermittlungen die *Ladung* und *Anhörung* der Beteiligten, sowie die *eidliche* und *uneidliche Vernehmung* von Zeugen, Sachverständigen und der Beteiligten. Andere Aufklärungsmittel sind etwa der *Augenschein,* die *Besichtigung* oder *Umfragen.* Diese Art der Ermittlungen gilt grundsätzlich gleichermaßen für die Markenstellen (§ 56 Abs. 2) und die Markenabteilungen (§ 56 Abs. 3). Allerdings sind Beamte des gehobenen Dienstes und vergleichbare Angestellte nach § 56 Abs. 2 S. 4 nicht befugt, eine Beeidigung anzuordnen oder einen Eid abzunehmen. Wenn eine Markenstelle oder eine Markenabteilung eine Beweisaufnahme anordnet, dann beurteilt sich die Durchführung der Beweisaufnahme in entsprechender Anwendung der Vorschriften der ZPO (*Horn,* Mitt 1970, 126). Zeugen und Sachverständige werden nach § 19 DPMAV entsprechend dem Gesetz über die Entschädigung von Zeugen und Sachverständigen entschädigt.

2 Die Pflicht zur Sachverhaltsaufklärung beschränkt sich auf die erforderlichen Ermittlungen. Welche *Art der Ermittlungen* im einzelnen als *erforderlich* anzusehen sind, bestimmt sich nach dem Vorbringen der Beteiligten, auch wenn das DPMA nicht an den Vortrag der Beteiligten gebunden ist. Die Ermittlungen müssen zur Entscheidungsbildung geeignet sein. Schlüssige Beweisanträge der Beteiligten dürfen weder vorweg gewürdigt noch als verspätet zurückgewiesen werden (BPatGE 24, 1; s. § 59, Rn 1).

## II. Mitwirkungspflicht der Beteiligten

3 Auch wenn die Markenstellen und Markenabteilungen die zur Aufklärung des Sachverhalts erforderlichen Ermittlungen von Amts wegen anstellen, so sind doch die Beteiligten des Verfahrens zur *Mitwirkung* verpflichtet (s. § 59, Rn 2f.). Da der Vortrag der Beteiligten den Rahmen für die Amtsermittlung absteckt, liegt die Mitwirkung der Beteiligten auch in ihrem eigenen Interesse. Die Beteiligten trifft zwar keine formelle Beweislast, aber doch eine Feststellungslast, aufgrund deren sie Rechtsnachteile dann erleiden können, wenn sie ihrer Mitwirkungspflicht nicht nachkommen (s. § 59, Rn 5).

## B. Anhörung auf Antrag (§ 60 Abs. 2)

### I. Grundsatz

4 § 60 Abs. 2 S. 1 regelt die *mündliche Anhörung* in den Verfahren in Markenangelegenheiten der Markenstellen und Markenabteilungen auf Antrag eines Beteiligten. Die Vorschrift gilt für alle patentamtlichen Verfahren in Markenangelegenheiten der Abschnitte 1 bis 3 des MarkenG. Von der allgemeinen Verpflichtung zur Gewährung rechtlichen Gehörs nach § 59 Abs. 1, der auch im schriftlichen Verfahren entsprochen werden kann, unterscheidet sich die Anhörung auf Antrag durch deren Mündlichkeit. Das Recht auf Anhörung besteht bis zum Zeitpunkt des Erlasses des Beschlusses, mit dem das konkrete Verfahren in Markenangelegenheiten abgeschlossen wird. Unabhängig von der Stellung eines Antrags durch einen Beteiligten kann das DPMA nach § 60 Abs. 1 jederzeit von Amts wegen nach seinem Ermessen die Beteiligten laden und anhören. Antragsberechtigt nach Abs. 2 ist der Anmelder oder Inhaber einer Marke, sowie jeder andere an dem Verfahren Beteiligte. Anders als im patentrechtlichen Verfahren vor dem DPMA, in dem der Antrag auf Anhörung nach § 46 Abs. 1 S. 3 PatG schriftlich einzureichen ist, enthält § 60 Abs. 2 keine Regelung des Schriftformerfordernisses. Das *Formerfordernis* beurteilt sich nach §§ 64 bis 66, 70 MarkenV. Der Antrag kann *schriftlich*, durch *Telekopierer*, durch *Telegramm* oder durch *Telex* eingereicht werden.

### II. Sachdienlichkeit des Antrags

5 Das Recht eines Beteiligten auf Anhörung in einem Verfahren in Markenangelegenheiten besteht nur dann, wenn dies *sachdienlich* ist. Sachdienlich ist die Anhörung eines Beteiligten, wenn sie der Markenangelegenheit, die Gegenstand des Verfahrens ist, irgendwie förderlich sein kann. Die Sachdienlichkeit kann sich aus der Bedeutung der Anhörung für die Aufklärung des tatsächlichen Sachverhalts, wie auch für die Erörterung der Rechtslage (BPatG Mitt 1978, 191) ergeben. Sachdienlichkeit ist namentlich dann gegeben, wenn nach dem Inhalt der gewechselten Schriftsätze entscheidungserhebliche *Meinungsverschiedenheiten* zwischen der Markenstelle oder Markenabteilung und den Beteiligten bestehen (BPatGE 18, 30; BPatG GRUR 1983, 366; BlPMZ 1983, 181; Mitt 1985, 170). Sachdienlichkeit besteht, wenn von dem Beteiligten *Aufschlüsse*, *Richtigstellungen* oder *sachdienliche Anträge* erwartet werden können (BPatGE 12, 17). Wenn von der Anhörung keine weitere Aufklärung der Markenangelegenheit hinsichtlich der entscheidungserheblichen Sach- oder Rechtsfragen erwartet werden kann, dann ist die Anhörung namentlich dann nicht sachdienlich, wenn mit der Anhörung nur eine *Verzögerung* der Entscheidung verbunden ist (BPatGE 18, 30). Eine Anhörung zur Erörterung verfahrensrechtlicher Probleme soll regel-

mäßig nicht erforderlich sein (BPatGE 7, 26, 30). Im Falle einer Änderung der tatsächlichen oder rechtlichen Entscheidungsgrundlage kann auch eine *erneute Anhörung* sachdienlich sein. Die *unbegründete Ablehnung* eines sachdienlichen Antrags auf Anhörung stellt namentlich dann, wenn zugleich der Grundsatz des rechtlichen Gehörs verletzt wird, einen wesentlichen *Verfahrensfehler* dar (BPatGE 18, 30) und rechtfertigt regelmäßig die Rückzahlung der Beschwerdegebühr nach § 71 Abs. 3 (s. dazu BPatGE 12, 17, 22; 13, 69, 71; BPatG Mitt 1985, 170).

### III. Verfahren

Im patentamtlichen Verfahren in Markenangelegenheiten bestimmt sich das Formerfordernis des Antrags nach den §§ 64 bis 66, 70 MarkenV. Der Antrag kann schriftlich, durch Telekopierer, durch Telegramm oder durch Telex eingelegt werden. Der Antrag kann auch hilfsweise gestellt werden. Der Antrag bleibt solange bestehen, bis ihn der Antragsteller ausdrücklich zurückzieht (BPatG Mitt 1980, 116) oder der Antrag beschieden wird. Wenn ein Beteiligter nach Stellung des Antrags auf Anhörung eine Entscheidung nach Aktenlage beantragt, dann liegt darin ein Verzicht auf die beantragte Anhörung (RPA Mitt 1937, 302).

Wenn die Markenstelle oder das Markenamt die beantragte Anhörung nicht für sachdienlich hält, dann weist es nach § 60 Abs. 2 S. 2 den Antrag durch Beschluß zurück. Der den Antrag zurückweisende Beschluß ist selbständig nicht anfechtbar (§ 60 Abs. 2 S. 3); der Zurückweisungbeschluß ist nur zusammen mit dem das Verfahren in Markenangelegenheiten abschließenden Beschluß mit der Erinnerung (§ 64) oder der Beschwerde (§ 66) anfechtbar.

Wenn die Markenstelle oder Markenabteilung dem Antrag auf Anhörung stattgibt, dann ist durch Beschluß die Anhörung anzuordnen, Termin zur Anhörung zu bestimmen, der Antragsteller als Beteiligter zu laden und die Ladung zuzustellen (BPatGE 22, 29, 32).

### C. Niederschrift (§ 60 Abs. 3)

#### I. Inhalt der Niederschrift

Über die Anhörung der Beteiligten und über die Vernehmung der Zeugen, Sachverständigen oder Beteiligten ist eine *Niederschrift* zu fertigen, die den wesentlichen Gang der Verhandlung wiedergeben und die rechtserheblichen Erklärungen der Beteiligten enthalten soll (§ 60 Abs. 3 S. 1). Auf die Niederschrift in einem Verfahren in Markenangelegenheiten ist die Vorschrift des § 160 ZPO über den rechtlich gebotenen Protokollinhalt nicht anzuwenden. Gleichwohl empfiehlt sich in den Verfahren in Markenangelegenheiten die Niederschrift bei der Wiedergabe des wesentlichen Gangs der Verhandlung an den Vorgaben namentlich des § 160 Abs. 3 ZPO auszurichten.

#### II. Form der Niederschrift

Für die *Form der Niederschrift* gelten nach § 60 Abs. 3 S. 2 die Vorschriften der §§ 160a (vorläufige Aufzeichnung), 162 (Genehmigung des Protokolls) und 163 (Protokollunterschrift) ZPO entsprechend. Der Inhalt der Niederschrift kann *handschriftlich* oder *maschinenschriftlich*, in normaler Schrift oder in einer gebräuchlichen Kurzschrift, auch durch verständliche Abkürzungen, sowie mit einer Kurzschriftmaschine oder einem *Tonaufnahmegerät* aufgezeichnet werden (§ 60 Abs. 3 S. 2 iVm § 160a Abs. 1 ZPO). Im Falle einer nur vorläufigen Aufzeichnung ist die Niederschrift unverzüglich nach der Sitzung herzustellen (§ 160a Abs. 2 S. 1 ZPO), sofern es sich nicht um Vernehmungen oder eine Augenscheinseinnahme handelt. In solchen Fällen ist keine Niederschrift herzustellen, vielmehr ein entsprechender Vermerk in der Niederschrift ausreichend.

#### III. Mitteilung der Niederschrift

Wenn die Niederschriftsfeststellung nach § 160 Abs. 3 Nr. 1, 3, 4, 5, 8 oder 9 ZPO zu Protokoll erklärte Anträge der Beteiligten enthält, dann ist die Niederschrift den Beteiligten *vorzulesen* oder zur Durchsicht *vorzulegen*. Wenn nur eine vorläufige Aufzeichnung auf einem Tonaufzeichnungsgerät stattgefunden hat, dann genügt das *Vorspielen* des Bandes und die Genehmigung durch die Beteiligten. Die Niederschrift ist von dem Prüfer zu unterschreiben. Wenn es sich um eine Anhörung oder Vernehmung durch eine Markenabteilung in der Besetzung mit mindestens drei Mitgliedern des DPMA handelt, dann unterschreibt der Vorsitzende der Markenabteilung die Niederschrift (§ 163 Abs. 1 S. 1 ZPO). Die Beteiligten erhalten nach § 60 Abs. 3 S. 3 eine *Abschrift der Niederschrift* zur Kenntnis.

## Beschlüsse; Rechtsmittelbelehrung

**61** (1) ¹**Die Beschlüsse des Patentamts sind, auch wenn sie nach Satz 2 verkündet worden sind, schriftlich auszufertigen, zu begründen und den Beteiligten von Amts wegen zuzustellen.** ²Falls eine Anhörung stattgefunden hat, können sie auch am Ende der Anhörung verkündet werden. ³Einer Begründung bedarf es nicht, wenn am Verfahren nur der Anmelder oder Inhaber der Marke beteiligt ist und seinem Antrag stattgegeben wird.

(2) ¹Der schriftlichen Ausfertigung ist eine Erklärung beizufügen, mit der die Beteiligten über das Rechtsmittel, das gegen den Beschluß gegeben ist, über die Stelle, bei der das Rechtsmittel einzulegen ist, über die Rechtsmittelfrist und, sofern für das Rechtsmittel eine Gebühr zu zahlen ist, über die Gebühr unterrichtet werden. ²Die Frist für das Rechtsmittel beginnt nur zu laufen, wenn die Beteiligten schriftlich belehrt worden sind. ³Ist die Belehrung unterblieben oder unrichtig erteilt, so ist die Einlegung des Rechtsmittels nur innerhalb eines Jahres seit Zustellung des Beschlusses zulässig, außer wenn der Beteiligte schriftlich dahingehend belehrt worden ist, daß ein Rechtsmittel nicht gegeben sei. ⁴§ 91 ist entsprechend anzuwenden. ⁵Die Sätze 1 bis 4 gelten entsprechend für den Rechtsbehelf der Erinnerung nach § 64.

### Inhaltsübersicht

| | Rn |
|---|---|
| A. Beschlüsse des DPMA | 1–6 |
|    I. Form der Beschlüsse (§ 61 Abs. 1) | 2–4 |
|    II. Begründungspflicht | 5, 6 |
| B. Rechtsmittelbelehrung (§ 61 Abs. 2) | 7–16 |
|    I. Grundsatz | 7 |
|    II. Form der Rechtsmittelbelehrung | 8 |
|    III. Inhalt der Rechtsmittelbelehrung | 9–14 |
|       1. Art des Rechtsmittels | 10 |
|       2. Rechtsmittelstelle | 11 |
|       3. Rechtsmittelfrist | 12 |
|       4. Rechtsmittelgebühr | 13 |
|       5. Sonstiger Inhalt der Rechtsmittelbelehrung | 14 |
|    IV. Folgen unterbliebener oder fehlerhafter Rechtsmittelbelehrung | 15 |
|    V. Wiedereinsetzung in den vorigen Stand | 16 |
| C. Wirksamkeit der Beschlüsse | 17 |
| D. Berichtigung und Ergänzung von Beschlüssen | 18–20 |

**Schrifttum zum PatG.** *Kähler*, Beseitigung von Unrichtigkeiten in Beschlüssen des Patentamtes, Mitt 1938, 43; *Wirth*, Beseitigung von Unrichtigkeiten in Beschlüssen des Patentamts, Mitt 1937, 359.

### A. Beschlüsse des DPMA

1    Ein *Beschluß* im Sinne des § 61 Abs. 1 S. 1 stellt, unabhängig von der Bezeichnung durch die den Beschluß erlassende Stelle, jede Äußerung einer Markenstelle (§ 56 Abs. 2) oder Markenabteilung (§ 56 Abs. 3) dar, durch die eine *abschließende Regelung* in dem patentamtlichen Verfahren in Markenangelegenheiten ergeht, die die Rechte der am Verfahren Beteiligten berühren kann (BPatGE 15, 134, 136 m.w.Nachw.).

### I. Form der Beschlüsse (§ 61 Abs. 1)

2    Alle Beschlüsse des DPMA sind *schriftlich auszufertigen* und den Beteiligten von Amts wegen *zuzustellen* (§ 61 Abs. 1 S. 1). Ein nicht unterschriebener Beschluß der Markenstelle ge-

Beschlüsse; Rechtsmittelbelehrung  3–8 § 61 MarkenG

nügt nicht dem Erfordernis der Schriftlichkeit; eine Nachholung im Rahmen einer Berichtigung nach § 319 ZPO ist ausgeschlossen (BPatGE 38, 16 – Solidur/solida). Hat eine Anhörung stattgefunden, so ist auch eine *Verkündung* am Ende des Anhörungstermins zulässig (§ 61 Abs. 1 S. 2); diese Verkündung entläßt das DPMA nicht aus seiner Ausfertigungs- und Zustellungspflicht.

Beschlüsse enthalten regelmäßig eine *Beschlußformel*. Diese stellt die Entscheidung des DPMA dar. An die Beschlußformel schließen sich die *Gründe der Entscheidung* an. Diese beginnen mit einem *Sachverhaltsteil*, dem sich die eigentliche *Begründung* anschließt. Widersprüche zwischen der Beschlußformel und den sich anschließenden Gründen sind zugunsten der Beschlußformel aufzulösen, die die eigentliche Entscheidung über die Markenangelegenheit beinhaltet (DPA Mitt 1941, 21).   3

Eine in *beschlußunfähiger* Besetzung ergangene Entscheidung des DPMA weist einen besonders schwerwiegenden *Verfahrensfehler* auf; der Beschluß ist, wenn der Verfahrensverstoß offenkundig ist, nichtig, ansonsten anfechtbar. Die Beteiligten können auf die Beachtung des schweren Verfahrensfehlers, der von Amts wegen zu berücksichtigen ist, nicht verzichten.   4

## II. Begründungspflicht

Die Beschlüsse des DPMA sind grundsätzlich *mit Gründen zu versehen*, aus denen sich die für die Entscheidung maßgeblichen Gründe entnehmen lassen. In der Begründung müssen die *tatsächlichen* und *rechtlichen* Überlegungen des DPMA näher ausgeführt werden, die zu der konkreten Entscheidung geführt haben (BPatGE 6, 50, 52; BPatG Mitt 1973, 52; RPA Mitt 1933, 247). Auf einen schlüssigen Vortrag der Beteiligten muß die Begründung eingehen (BPatGE 6, 50; 17, 241). Die Begründung muß sich mit dem gesamten erheblichen Vorbringen beschäftigen, das dem DPMA im Zeitpunkt der Entscheidung vorliegt, auch wenn es dem konkreten Prüfer zu diesem Zeitpunkt noch nicht bekannt ist (BPatGE 17, 241; 21, 224). Ein Begründungsbedürfnis ergibt sich bereits aus der Anfechtbarkeit der Beschlüsse. Ohne Begründung kann eine Überprüfung der Entscheidung schwerlich stattfinden. Beschlüsse sind aber auch dann zu begründen, wenn eine selbständige Anfechtung kraft Gesetzes ausgeschlossen ist, wie etwa im Falle der Ablehnung eines Antrags auf Anhörung (§ 60 Abs. 2 S. 3); diese Beschlüsse werden im Rahmen der Anfechtung des das Verfahren abschließenden Beschlusses überprüft.   5

Von der Begründungspflicht wird nach § 61 Abs. 1 S. 3 abgesehen, wenn am Verfahren *ausschließlich der Anmelder oder Inhaber der Marke beteiligt* ist, dessen Antrag *stattgegeben* wird. In diesem Fall beschwert den einzigen Beteiligten der stattgebende Beschluß nicht, weshalb eine Anfechtung von vornherein als unzulässig ausscheidet (s. § 66, Rn 5).   6

## B. Rechtsmittelbelehrung (§ 61 Abs. 2)

### I. Grundsatz

Der schriftlichen Ausfertigung des Beschlusses ist eine *Rechtsmittelbelehrung* beizufügen (§ 61 Abs. 2 S. 1). Dies gilt für Beschlüsse, die mit dem Rechtsmittel der *Beschwerde* nach § 66, als auch für solche Beschlüsse, die mit dem Rechtsmittel der *Erinnerung* nach § 64 angefochten werden können (§ 61 Abs. 2 S. 5). Die Verkündung eines Beschlusses im Anschluß an eine Anhörung nach § 61 Abs. 1 S. 2 bedarf keiner Rechtsmittelbelehrung; die Rechtsmittelbelehrung ist auszufertigen und dem zuzustellenden Beschluß beizufügen (s. Rn 8).   7

### II. Form der Rechtsmittelbelehrung

Die Rechtsmittelbelehrung bedarf der *Schriftform* des Beschlusses nach Abs. 1 S. 1. Der Beschluß und die Rechtsmittelbelehrung müssen eine erkennbare *Einheit* bilden. Die Rechtsmittelbelehrung kann in den Beschluß aufgenommen oder diesem auch als Anlage angefügt werden.   8

### III. Inhalt der Rechtsmittelbelehrung

**9** Die *Rechtsmittelbelehrung* enthält nach § 61 Abs. 2 S. 1 zahlreiche *zwingende Bestandteile*.

#### 1. Art des Rechtsmittels

**10** Die Rechtsmittelbelehrung muß das *Rechtsmittel*, das gegen den Beschluß der Markenstelle (§ 59 Abs. 2) oder der Markenabteilung (§ 59 Abs. 3) gegeben ist, enthalten; das ist die *Erinnerung* nach § 64 oder die *Beschwerde* nach § 66. Es ist nicht ausreichend, pauschal auf die Möglichkeit einer Rechtsmitteleinlegung hinzuweisen.

#### 2. Rechtsmittelstelle

**11** Die Rechtsmittelbelehrung muß über die *Stelle* aufklären, bei der das *Rechtsmittel einzulegen* ist. Die richtige Stelle ist in jedem Fall das DPMA (§§ 64 Abs. 2; 66 Abs. 2). Der Sitz der Behörde ist so zu bezeichnen, daß eine Postzustellung (Zustellung beim DPMA) gewährleistet ist.

#### 3. Rechtsmittelfrist

**12** Die Rechtsmittelbelehrung muß die Angabe der *Rechtsmittelfrist* enthalten. Die Rechtsmittelfrist beträgt nach den §§ 64 Abs. 2, 66 Abs. 2 *einen Monat*. Die Frist für das Rechtsmittel beginnt mit der Zustellung des anfechtbaren Beschlusses zu laufen (zur Rechtsmittelfrist bei unterbliebener oder fehlerhafter Rechtsmittelbelehrung s. Rn 15).

#### 4. Rechtsmittelgebühr

**13** Sofern die Einlegung des Rechtsmittels eine Gebühr auslöst, ist in der Rechtsmittelbelehrung über die *Gebühr* zu unterrichten. Die Gebühr beträgt nach Nr. 234 100 GebVerz zu § 1 PatGebG 300 DM (s. wegen der Einzelheiten § 66, Rn 24). Die Einlegung der *Erinnerung* nach § 64 ist gebührenfrei.

#### 5. Sonstiger Inhalt der Rechtsmittelbelehrung

**14** Erklärungen über die Art des Rechtsmittels, die Rechtsmittelstelle, die Rechtsmittelfrist und die Rechtsmittelgebühr sind zwingender Bestandteil einer wirksamen Rechtsmittelbelehrung. Die Rechtsmittelbelehrung kann mit weiteren Informationen im Interesse der am Verfahren Beteiligten versehen werden. Diese *sonstigen Angaben* in der Rechtsmittelbelehrung müssen *richtig* sein; ansonsten ist die Rechtsmittelbelehrung insgesamt fehlerhaft (BVerwG NJW 1980, 1707). In die Rechtsmittelbelehrung kann insbesondere ein Hinweis auf § 66 Abs. 4 S. 1 aufgenommen werden; es darf aber nicht der Eindruck erweckt werden, die Wirksamkeit der Beschwerdeeinlegung sei von der Beifügung der Abschriften für die übrigen Beteiligten abhängig (BVerwG NJW 1980, 1707).

### IV. Folgen unterbliebener oder fehlerhafter Rechtsmittelbelehrung

**15** Wenn dem Beschluß keine Rechtsmittelbelehrung beigefügt wird oder die Rechtsmittelbelehrung fehlerhaft ist, dann *beginnt die Rechtsmittelfrist nicht mit der Zustellung zu laufen* (§ 61 Abs. 2 S. 2). In diesem Fall kann *innerhalb eines Jahres nach Zustellung* des ohne oder mit fehlerhafter Rechtsmittelbelehrung versehenen Beschlusses ein Rechtsmittel eingelegt werden (§ 61 Abs. 2 S. 3). Eine Rechtsmittelbelehrung ist auch dann unrichtig, wenn sie nicht zwingende Angaben enthält, die unrichtig sind und beim Empfänger falsche Vorstellungen über die Notwendigkeit der Einlegung einer Beschwerde hervorrufen können, und der Beteiligte deshalb die Einlegung eines Rechtsmittels unterläßt (BVerwG NJW 1979, 1670; 1980, 1707, 1708; s. Rn 14). Wenn in der Rechtsmittelbelehrung fälschlicherweise ausdrücklich dahingehend belehrt wird, gegen den Beschluß könne kein Rechtsmittel eingelegt werden, dann kann auch nach Ablauf des Jahres nach der Zustellung des Beschlusses ein Rechtsmittel eingelegt werden (§ 61 Abs. 2 S. 3). Wird die Rechtsmittelbelehrung innerhalb der Rechtsmitteleinlegungsfrist berichtigt, so setzt die *Berichtigung* eine *neue Rechtsmittel-*

*frist von einem Monat* in Lauf. Ist die Einlegung eines Rechtsmittels trotz fehlerhafter Rechtsmittelbelehrung infolge des Zeitablaufs nicht mehr zulässig, so kann auch eine nachträgliche Berichtigung der Rechtsmittelbelehrung keine neue Frist in Lauf setzen. Unter diesen Voraussetzungen hat eine Berichtigung zu unterbleiben.

### V. Wiedereinsetzung in den vorigen Stand

Versäumt der Beteiligte die Jahresfrist nach § 61 Abs. 2 S. 3, so kann ihm nach den §§ 61 Abs. 2 S. 4 iVm 91 *Wiedereinsetzung in den vorigen Stand* gewährt werden. Die Voraussetzungen des § 91 müssen gegeben sein (s. dazu im einzelnen § 91, Rn 2 ff.). **16**

## C. Wirksamkeit der Beschlüsse

Die Beschlüsse des DPMA werden mit der letzten ordnungsgemäßen *Bekanntgabe an die Beteiligten* wirksam. Sofern eine Anhörung stattgefunden hat, kann nach § 61 Abs. 1 S. 2 die *Bekanntgabe durch Verkündung* erfolgen. Sofern alle Beteiligten anwesend sind, wird der Beschluß unmittelbar mit der Verkündung wirksam, wenngleich er trotz der Verkündung nach § 61 Abs. 1 S. 1 auszufertigen und zuzustellen ist. Hat keine Verkündung stattgefunden, wird der Beschluß mit der Zustellung an die Beteiligten wirksam. Auch in diesem Fall tritt die *Wirksamkeit erst mit der Zustellung an den letzten Beteiligten* ein (BGHZ 8, 303, 305; 32, 370, 371; BGH in BPatGE 1, 239, 242; BPatGE 21, 27). **17**

## D. Berichtigung und Ergänzung von Beschlüssen

Beschlüsse der Markenstellen (§ 56 Abs. 2) und der Markenabteilungen (§ 56 Abs. 3) können rechtsbegründende oder nur rechtsbezeugende Wirkung entfalten. Beschlüsse, die *rechtsbegründend* wirken, sind nach ihrem Wirksamwerden grundsätzlich *unabänderlich*, soweit nicht Erinnerung nach § 64 oder Beschwerde nach § 66 eingelegt wird. Eine Berichtigung offenbarer Irrtümer der Beschlußfassung ist jedoch möglich. Die *Berichtigung* von *Schreibfehlern, Rechenfehlern* und ähnlichen *offenbaren Unrichtigkeiten* ist auch bei einem rechtsbegründenden Beschluß in analoger Anwendung der Regelung im patentgerichtlichen Verfahren des § 80, sowie der Regelung im Zivilprozeß des § 319 ZPO zulässig (BPatGE 9, 202, 203; 13, 77, 81; BGH GRUR 1977, 780, 781 – Metalloxyd; s. dazu im einzelnen § 80, Rn 1 ff.). Die Zulässigkeit solcher redaktioneller Änderungen eines Beschlusses setzt voraus, daß eine Divergenz zwischen dem Willen der Markenstelle oder Markenabteilung und der Erklärung nach dem Beschlußinhalt besteht (BGH GRUR 1977, 780, 781 – Metalloxyd; BPatGE 24, 50, 52). Eine Berichtigung kommt nur in Betracht, wenn nicht nur die Unrichtigkeit des Beschlusses, sondern auch der gewollte Beschlußtext offenkundig unrichtig ist (DPA BlPMZ 1954, 48). Wenn etwa eine Markenstelle eigenmächtig in bewußter Abweichung von der Anmeldung zur Eintragung einer Marke einen Zusatz des Anmelders zum Warenverzeichnis ändert, dann ist eine Berichtigung dieser bewußten Änderung nicht zulässig, sondern eine Anfechtung des Beschlusses mit dem entsprechenden Rechtsmittel erforderlich (BPatGE 25, 243). **18**

Von der *Berichtigung offenbarer Unrichtigkeiten eines Beschlusses* ist die *Ergänzung eines Beschlusses* zu unterscheiden. Nach der Rechtslage im WZG war umstritten, ob ein Beschluß nicht nur berichtigt, sondern auch nachträglich ergänzt werden darf. Eine Beschlußergänzung kommt dann in Betracht, wenn das DPMA versehentlich nur über einen Teil des Antrags, etwa auf Anmeldung zur Eintragung einer Marke, entschieden und nur einen Teil der angemeldeten Waren eingetragen hat, das Warenverzeichnis nunmehr einer nachträglichen Erweiterung bedarf. Das RPA ging von der Zulässigkeit einer Ergänzung des Beschlusses nach § 321 ZPO analog aus (RPA JW 1924, 61); anders verneinte das RG eine zulässige Ergänzung des Beschlusses und hielt selbst die Berichtigung eines eingetragenen Zeichens bei offenbarer Unrichtigkeit für bedenklich (RGZ 104, 162, 168). Die Ergänzung einer *rechtsbegründenden* Eintragung ist *nicht zuzulassen*, da die Auswirkung auf die Priorität des **19**

Markenrechts die Rechtssicherheit gefährdet (der Setzer dürfe nicht über den Zeitvorrang entscheiden, so *Baumbach/Hefermehl*, § 12 WZG, Rn 9 a). Die Rechtslage ist mit der Ergänzung eines Urteils nach § 321 ZPO nicht vergleichbar, da etwa eine auf ein Ergänzungsurteil hin ergehende Eintragung im Grundbuch nicht den Rang der Eintragung aus dem ergänzten Urteil hat; Dritten erwächst daraus kein Nachteil. Im Markenrecht hingegen wirkt sich die *Ergänzung einer rechtsbegründenden Eintragung prioritätsändernd* aus. Erfolgt gleichwohl eine solche unerlaubte Eintragung, so handelt es sich um eine *Scheineintragung*, die keine Rechte gewährt.

20   Bei *nicht rechtsbegründenden* Beschlüssen, wie namentlich einem Zurückweisungsbeschluß, ist die *Ergänzung* des Beschlusses unbedenklich *zulässig*.

## Akteneinsicht; Registereinsicht

**62** (1) **Das Patentamt gewährt auf Antrag Einsicht in die Akten von Anmeldungen von Marken, wenn ein berechtigtes Interesse glaubhaft gemacht wird.**

(2) **Nach der Eintragung der Marke wird auf Antrag Einsicht in die Akten der eingetragenen Marke gewährt.**

(3) **Die Einsicht in das Register steht jeder Person frei.**

### Inhaltsübersicht

|  | Rn |
|---|---|
| A. Öffentlichkeit des Registers | 1 |
| B. Akteneinsicht | 2–7 |
|    I. Einsicht in die Akten einer Markenanmeldung (§ 62 Abs. 1) | 2, 3 |
|    II. Einsicht in die Akten einer Markeneintragung (§ 62 Abs. 2) | 4, 5 |
|    III. Zuständigkeit und Durchführung der Akteneinsicht | 6, 7 |
| C. Registereinsicht (§ 62 Abs. 3) | 8 |
| D. Einsichtsrecht in die Markensatzung (§ 102 Abs. 4) | 9 |

**Schrifttum zum PatG.** *Ballhaus*, Die Akteneinsicht beim Deutschen Patentamt und Bundespatentgericht, Mitt 1961, 201; *Hauswald*, Akteneinsicht im patentamtlichen Verfahren, Mitt 1962, 94; *Müller-Arends*, Probleme der Akteneinsicht, Mitt 1962, 48; *Schmieder*, Mitteilung von Entscheidungen des Bundespatentgerichts gleich Akteneinsicht?, Mitt 1991, 207.

## A. Öffentlichkeit des Registers

1   *Akteneinsicht* und *Registereinsicht* gewährleisten die *Öffentlichkeit des Markenregisters*. Die Vorschrift des § 62 regelt die Einsicht in die Akten angemeldeter (Abs. 1) und eingetragener (Abs. 2) Marken, sowie die Einsicht in das Register (Abs. 3). Das Einsichtsrecht ist für die Markenrechtspraxis von erheblicher Bedeutung. Das *Einsichtsrecht* bezieht sich auf das *Register* und auf die zu dem *Register gehörenden Akten*; es ist je nach dem Gegenstand der Einsicht an unterschiedliche rechtliche Voraussetzungen gebunden. Die *Einsicht in das Register* als solchem steht *jeder Person* ohne weitere Begründung und ohne Einschränkung frei (Abs. 3). Schon nach der Rechtslage im WZG bestand ein freies Einsichtsrecht in die Zeichenrolle (§ 3 Abs. 2 S. 1 WZG). *Nach der Eintragung einer Marke* wird auf Antrag auch *Einsicht in die Akten der eingetragenen Marke* gewährt (Abs. 2); auch dieses Akteneinsichtsrecht wird *jeder Person* gewährt und unterliegt keinen einschränkenden Voraussetzungen. Insoweit wurde das Akteneinsichtsrecht im MarkenG gegenüber der Rechtslage im WZG erheblich verstärkt. Nach § 3 Abs. 2 S. 2 WZG hatte das Recht auf Akteneinsicht auch nach der Bekanntmachung der Anmeldung und der Eintragung die Glaubhaftmachung eines berechtigten Interesses des Antragstellers zur Voraussetzung. Nach Auffassung des Gesetzgebers des MarkenG besteht für eine Beschränkung der Akteneinsicht auf Fälle berechtigten Interesses auch nach der Eintragung der Marke keine Rechtfertigung (Begründung zum MarkenG, BT-Drucks. 12/6581 vom 14. Januar 1994, S. 100). *Vor der Eintragung der Marke* besteht das *Einsichtsrecht in die Akten der Anmeldung* einer Marke nur dann, wenn ein *berechtigtes Interesse glaubhaft gemacht* wird (Abs. 1). Diese Regelung entspricht der Rechtslage im WZG (§ 3 Abs. 2 S. 2 WZG). Die Durchführung der Akteneinsicht regeln die §§ 47, 48 MarkenV.

Akteneinsicht; Registereinsicht  2, 3  § 62 MarkenG

Die Gewährung der Akteneinsicht nach Abs. 1 und 2 setzt stets einen *Antrag* und die *Zahlung einer Antragsgebühr* voraus (s. Kostenverzeichnis des DPMA VwkostV). Die *Registereinsicht* nach Abs. 3 wird *jedermann während der Dienststunden* des DPMA gewährt.

## B. Akteneinsicht

### I. Einsicht in die Akten einer Markenanmeldung (§ 62 Abs. 1)

Die *Einsicht in die Akten der Anmeldung einer Marke* wird auf Antrag nur dann gewährt, 2 wenn der Antragsteller ein *berechtigtes Interesse an der Akteneinsicht vor einer Eintragung der Marke* glaubhaft macht. Nach den Erfahrungen der Markenrechtspraxis besteht ein erheblicher Bedarf seitens der beteiligten Verkehrskreise an einer Akteneinsicht in diesem frühen Stadium des Eintragungsverfahrens. So wird etwa der Inhaber einer eingetragenen Marke ein wesentliches Interesse an der Einsicht in die Akten der Anmeldung einer Marke mit älterem Zeitrang haben, wenn auf die prioritätsältere Marke ein Widerspruch gegen seine eingetragene Marke gestützt wird. Wenn die Anmeldung einer Marke zur Eintragung wegen Bestehens eines absoluten Schutzhindernisses nach § 8 Abs. 2 zurückgewiesen wird, dann kann ein erhebliches Bedürfnis der Mitbewerber des Markenanmelders an einer Einsicht in die Akten der zurückgewiesenen Markenanmeldung bestehen, etwa um Kenntnis über den Bestand von beschreibenden Marken oder Gattungsbezeichnungen zu erlangen. Das *Vorliegen eines berechtigten Interesses* ist aufgrund einer *Abwägung* des Interesses des Antragstellers an der Akteneinsicht mit dem Interesse an der Wahrung schutzwürdiger Belange des Markenanmelders zu bestimmen. Über das berechtigte Interesse an der Akteneinsicht entscheidet das DPMA nach pflichtgemäßem Ermessen (RPA GRUR 1926, 401). Ein berechtigtes Interesse an einer Akteneinsicht besteht in der Regel sowohl für den Widersprechenden an der Einsicht in die Anmeldeakten, als auch des Anmelders in die Widerspruchsakten (BPatGE 14, 251 – MR. „COLA"). Die Akteneinsicht darf nicht schon mit der Begründung verweigert werden, bestimmte Teile der Akten seien für den mit der Akteneinsicht verfolgten Zweck ohne Erkenntniswert (BPatGE 15, 258; enger noch BPatGE 9, 133). Auch wenn der Antragsteller eine ähnliche Bezeichnung nur beschreibend auf demselben Produktsektor verwendet, kann ein berechtigtes Interesse an der Akteneinsicht bestehen (BPatG GRUR 1983, 511 – Mastertube). Die Rechtsprechung zum berechtigten Interesse an der Akteneinsicht nach der Rechtslage im WZG kann auch für die Einsicht in die Akten einer angemeldeten Marke nach Abs. 1 gelten, da schon nach der Rechtslage im WZG an das Vorliegen eines berechtigten Interesses auch dann keine strengeren Anforderungen gestellt wurden, wenn das Widerspruchszeichen, in dessen Akten die Einsicht beantragt wurde, noch nicht bekannt gemacht war (BPatGE 21, 11, 15; BPatG GRUR 1979, 401; unter Aufgabe der gegenteiligen Ansicht BPatGE 8, 114 – Scala; 9, 110, 113 – Marke Schüssel; *Baumbach/Hefermehl*, § 3 WZG, Rn 10; aA *Althammer*, § 3 WZG, Rn 14; *v. Gamm*, § 3 WZG, Rn 14). Ein berechtigtes Interesse an der Akteneinsicht kann auch dann bestehen, wenn die Aktenkenntnis für das künftige Verhalten des Antragstellers bei der Wahrung oder Verteidigung von Kennzeichenrechten erheblich sein kann (BPatG Mitt 1983, 197 – Taiga). Anders als nach der Rechtslage im WZG kann die Akteneinsicht nicht mehr mit der Begründung abgelehnt werden, der vom Antragsteller erhobene Widerspruch sei offensichtlich aussichtslos (s. dazu BPatGE 23, 166 – Rosenthaler Kadarka), da zu diesem Zeitpunkt im nachgeschalteten Widerspruchsverfahrens die angemeldete Marke schon eingetragen ist und insoweit der Antrag auf Einsicht in die Akten der eingetragenen Marke ein berechtigtes Interesse des Antragstellers nach Abs. 2 nicht voraussetzt. Das Akteneinsichtsrecht erstreckt sich auf den *gesamten Akteninhalt* (BPatGE 17, 106). Die Akteneinsicht wird in das Original oder in eine Kopie der Akten gewährt (§ 48 Abs. 1 MarkenV). Die Akteneinsicht in das Original der Akten wird nur im Dienstgebäude des DPMA gewährt (§ 48 Abs. 2 MarkenV). Zu den Anmeldeakten einer Hörmarke gehört etwa auch die klangliche Wiedergabe der Marke nach § 11 Abs. 3 MarkenV.

Das berechtigte Interesse des Antragstellers an der Akteneinsicht ist glaubhaft zu machen. 3 Der Antragsteller kann sich *zur Glaubhaftmachung aller Beweismittel bedienen* und auch zur

*Versicherung an Eides Statt* zugelassen werden (§ 294 ZPO). Wenn der Markenanmelder seine *Einwilligung in die Akteneinsicht* ausdrücklich erteilt, dann ist die Glaubhaftmachung eines berechtigten Interesses des Antragstellers entbehrlich (DPA Mitt 1957, 174).

## II. Einsicht in die Akten einer Markeneintragung (§ 62 Abs. 2)

4   Nach der Eintragung einer Marke wird *Einsicht in die Akten der eingetragenen Marke jedermann ohne Glaubhaftmachung eines berechtigten Interesses* und ohne weitere Beschränkung nach Abs. 2 gewährt. Voraussetzung ist nur die *Stellung eines Antrags* und die *Zahlung einer Antragsgebühr* (s. Kostenverzeichnis des DPMA VwkostV). Das Einsichtsrecht erstreckt sich auf die *gesamten Akten* einschließlich sämtlicher *Anlagen,* wie etwa einer Beschreibung der Marke oder der Markensatzung einer Kollektivmarke. Zu den Akten einer eingetragenen Marke gehören auch alle *Verfahrensakten* der durchgeführten Verfahren in Markenangelegenheiten einschließlich der patentgerichtlichen Akten. Auch der Antrag auf Übersendung der *Abschrift einer nicht veröffentlichten Entscheidung* eines Beschwerdesenats des BPatG stellt einen Antrag auf teilweise Akteneinsicht dar (BPatGE 10, 145; 14, 232).

5   Da das Gesetz die Akteneinsicht nach der Eintragung einer Marke nur von einer Antragstellung, nicht aber auch von dem Vorliegen eines berechtigten Interesses abhängig macht, bestehen an sich keine Schranken des Akteneinsichtsrechts, die über eine gerade nicht erforderliche Interessenabwägung zu berücksichtigen sind. Gleichwohl können berechtigte Gründe des Inhabers der eingetragenen Marke vorliegen, das Akteneinsichtsrecht des Antragstellers zwar nicht vollständig auszuschließen, aber dem Umfang nach zu beschränken. Es können *schutzwürdige Interessen des Markeninhabers an der Geheimhaltung bestimmter Teile der Akten* bestehen. Dabei kann es sich etwa um Umsatzzahlen oder um Lieferanten- oder Kundenadressen handeln, die etwa im Zusammenhang mit dem Nachweis einer rechtserhaltenden Benutzung in einem Verfahren in Markenangelegenheiten vorzulegen waren. Aus Gründen des *unternehmerischen Geheimnisschutzes* sind *Schranken des Akteneinsichtsrechts dem Umfang nach* anzuerkennen (s. zur Rechtslage im WZG bei der Feststellung eines berechtigten Interesses BPatGE 13, 109).

## III. Zuständigkeit und Durchführung der Akteneinsicht

6   § 47 MarkenV regelt die *Zuständigkeit* zur Entscheidung über den Antrag auf Akteneinsicht nach § 62 Abs. 1 und 2. Über den Antrag entscheidet die *Markenstelle* (§ 56 Abs. 2), die für die Durchführung des Eintragungsverfahrens zuständig ist (§ 47 S. 1 MarkenV); diese Zuständigkeit besteht nur bis zum Abschluß des Eintragungsverfahrens einschließlich des Widerspruchsverfahrens. Wenn das Eintragungsverfahren abgeschlossen ist, dann besteht die Zuständigkeit der *Markenabteilung* (§ 56 Abs. 3) zur Entscheidung über den Antrag (§ 47 S. 2 MarkenV). Im Beschwerdeverfahren vor dem BPatG, sowie im Rechtsbeschwerdeverfahren vor dem BGH besteht eine *konkurrierende Zuständigkeit* des BPatG oder des BGH zur Entscheidung über den Antrag auf Akteneinsicht. Daneben bleibt die Zuständigkeit der Markenstelle oder Markenabteilung nach § 47 MarkenV erhalten (s. zur Rechtslage im WZG BGH GRUR 1966, 639 – Akteneinsicht III; BPatG Mitt 1971, 112).

7   Die *Durchführung der Akteneinsicht* regelt § 48 MarkenV. Es wird Einsicht in das Original oder in eine Kopie der Akten gewährt (Abs. 1). Die Akteneinsicht in die Originalakten hat im Dienstgebäude des DPMA zu erfolgen (Abs. 2). Der Antragsteller kann die Erteilung von einfachen oder von beglaubigten Kopien der gesamten Akte oder von Teilen der Akte beantragen (Abs. 3). Die Kosten für die Erstellung der Kopien bemessen sich nach dem Kostenverzeichnis der VwkostV.

## C. Registereinsicht (§ 62 Abs. 3)

8   Das Markenregister ist ein öffentliches Register (s. Rn 1). Für *jede Person* besteht *freie Einsicht in das Register,* ohne daß es eines berechtigten Interesses oder einer Antragstellung bedarf (Abs. 3). Das Markenregister kann während der Dienststunden des DPMA eingesehen werden. Eine Regelung über die Ausfertigung von Kopien im Zusammenhang mit der

Kosten der Verfahren **§ 63 MarkenG**

Wahrnehmung der Registereinsicht enthält die MarkenV nicht. Entsprechend der Rechtslage im WZG erteilt das DPMA auf Antrag gegen Kostenerstattung Kopien auch bei der Registereinsicht (s. dazu DPA BlPMZ 1901, 300; 1951, 67). Die Kosten bemessen sich nach dem Kostenverzeichnis der VwkostV.

### D. Einsichtsrecht in die Markensatzung (§ 102 Abs. 4)

Die Vorschrift des § 102 Abs. 4 ergänzt das Akteneinsichtsrecht nach § 62 Abs. 1 und 2. **9**
Das Recht zur Einsicht in die Markensatzung als Teil der Akten der angemeldeten oder eingetragenen Marke besteht zunächst schon nach § 62 Abs. 1 und 2. Das Recht zur Einsicht in die Markensatzung nach § 102 Abs. 4 geht über das allgemeine Akteneinsichtsrecht nach § 62 insoweit hinaus, als es zum einen bei einer Einsicht in die Markensatzung einer Anmeldung einer Kollektivmarke *nicht die Glaubhaftmachung eines berechtigten Interesses voraussetzt* und zum anderen *ohne vorherige Stellung eines Antrags* zu gewähren ist. Das erweiterte Akteneinsichtsrecht in die Markensatzung einer angemeldeten Kollektivmarke ist aus Gründen des Allgemeininteresses namentlich dann sachgerecht, wenn die Kollektivmarke aus einer *geographischen Herkunftsangabe* im Sinne des § 99 besteht und so bestimmten Personen nach § 102 Abs. 3 das Recht zukommt, Mitglied des Verbandes zu werden. Auch wenn die Kollektivmarke aufgrund der Markensatzung zu einer *Garantiemarke* (s. § 97, Rn 16 ff.) oder zu einem *Gütezeichen* (s. § 97, Rn 18 ff.) ausgestaltet ist, besteht ein vergleichbares öffentliches Interesse an der Einsicht in die Markensatzung. Die Regelung des § 102 Abs. 4 gewährt aber das Einsichtsrecht in die Markensatzung auch bei einer *einfachen Kollektivmarke* ohne Einschränkung. Aus Gründen des Unternehmensschutzes werden die allgemeinen Schranken der Akteneinsicht (s. dazu Rn 5) auch für das Einsichtsrecht in die Markensatzung zu gelten haben.

**Kosten der Verfahren**

**63** (1) ¹Sind an dem Verfahren mehrere Personen beteiligt, so kann das Patentamt in der Entscheidung bestimmen, daß die Kosten des Verfahrens einschließlich der Auslagen des Patentamts und der den Beteiligten erwachsenen Kosten, soweit sie zur zweckentsprechenden Wahrung der Ansprüche und Rechte notwendig waren, einem Beteiligten ganz oder teilweise zur Last fallen, wenn dies der Billigkeit entspricht. ²Die Bestimmung kann auch getroffen werden, wenn der Beteiligte die Erinnerung, die Anmeldung der Marke, den Widerspruch oder den Antrag auf Löschung ganz oder teilweise zurücknimmt oder wenn die Eintragung der Marke wegen Verzichts oder wegen Nichtverlängerung der Schutzdauer ganz oder teilweise im Register gelöscht wird. ³Soweit eine Bestimmung über die Kosten nicht getroffen wird, trägt jeder Beteiligte die ihm erwachsenen Kosten selbst.

(2) Das Patentamt kann anordnen, daß die Gebühr für einen Widerspruch oder für einen Antrag auf Löschung ganz oder teilweise zurückgezahlt wird, wenn dies der Billigkeit entspricht.

(3) ¹Der Betrag der zu erstattenden Kosten wird auf Antrag durch das Patentamt festgesetzt. ²Die Vorschriften der Zivilprozeßordnung über das Kostenfestsetzungsverfahren und die Zwangsvollstreckung aus Kostenfestsetzungsbeschlüssen sind entsprechend anzuwenden. ³An die Stelle der Erinnerung tritt die Beschwerde gegen den Kostenfestsetzungsbeschluß. ⁴§ 66 ist mit der Maßgabe anzuwenden, daß die Beschwerde innerhalb von zwei Wochen einzulegen ist und daß für die Beschwerde keine Gebühr zu zahlen ist. ⁵Die vollstreckbare Ausfertigung wird vom Urkundsbeamten der Geschäftsstelle des Patentgerichts erteilt.

**Inhaltsübersicht**

| | Rn |
|---|---|
| A. Vorbemerkung | 1 |
| B. Grundsatz der Kostentragung durch die Beteiligten | 2 |
| C. Kostenentscheidung (§ 63 Abs. 1) | 3–13 |
|   I. Voraussetzungen einer Kostenentscheidung | 3–6 |
|     1. Mehrere Beteiligte | 3 |
|     2. Billigkeitsentscheidung | 4, 5 |
|     3. Rücknahme von Verfahrenshandlungen und Löschung der Marke | 6 |

|  | Rn |
|---|---|
| II. Inhalt der Kostenentscheidung | 7–11 |
|    1. Grundsatz | 7 |
|    2. Verfahrenskosten | 8 |
|    3. Kosten der Beteiligten | 9 |
|    4. Verteilung der Kosten | 10 |
|    5. Gegenstandswert | 11 |
| III. Erstattung der Widerspruchs- und Löschungsgebühr (§ 63 Abs. 2) | 12, 13 |
| D. Kostenfestsetzungsverfahren (§ 63 Abs. 3) | 14–18 |
| I. Art des Verfahrens | 14 |
| II. Erstattungsfähige Kosten der Beteiligten | 15–18 |
|    1. Grundsatz | 15 |
|    2. Die durch die Bevollmächtigung eines Dritten entstandenen Kosten | 16, 17 |
|    3. Eigene Kosten des Beteiligten | 18 |

### Entscheidungen zum MarkenG

1. **KG, Beschluß vom 21. Oktober 1997, 5 W 5834/97 – Regelstreitwert**
Zur Höhe des Streitwerts im Verletzungsprozeß.
2. **BPatGE 39, 160 – Beschwerdegebühr**
Rückzahlung der Beschwerdegebühr bei gegenstandslosen Beschwerden.
3. **BPatGE 40, 147 – Gegenstandswert für Widerspruchsverfahren**
Regelgegenstandswert von 20 000 DM im Widerspruchs-Beschwerdeverfahren.
4. **BPatGE 40, 182 – P-Plus**
Festsetzung eines Gegenstandswerts im Widerspruchs-Beschwerdeverfahren bei Vertretung durch Patentanwalt.

## A. Vorbemerkung

**1**  § 63 regelt die *Kosten des Verfahrens* vor dem DPMA erstmals einheitlich. Das WZG enthielt unübersichtlich an verschiedenen Stellen Kostenregelungen, die teilweise eigene Anordnungen trafen und teilweise auf das PatG verwiesen. So ordnete § 5 Abs. 6 S. 2 WZG für das Widerspruchsverfahren eine entsprechende Anwendung des § 62 PatG unter der Maßgabe der Einbeziehung der sonstigen Kosten an. Für das vor dem DPA durchgeführte Löschungsverfahren bestimmte § 10 Abs. 3 S. 4 WZG eine entsprechende Anwendung des § 62 PatG, beschränkte dessen Anwendung jedoch auf die durch eine Anhörung oder Beweisaufnahme verursachten Kosten. Mit § 63 ist eine *einheitliche Regelung* geschaffen worden, die auf *alle patentamtlichen Verfahren in Markenangelegenheiten mit mehreren Beteiligten* Anwendung findet. Inhaltlich weitgehend übereinstimmend regelt § 71 die Kosten des Beschwerdeverfahrens und § 90 die Kosten des Rechtsbeschwerdeverfahrens.

## B. Grundsatz der Kostentragung durch die Beteiligten

**2**  Ausgangspunkt der Regelung über die Verteilung der Kosten im patentamtlichen Verfahren ist der *Grundsatz der Kostentragung durch die Beteiligten*. Wenn eine Kostenentscheidung nicht ergeht, dann trägt nach § 63 Abs. 1 S. 3 jeder Beteiligte die ihm durch das patentamtliche Verfahren erwachsenen Kosten selbst. Aufgrund dieser gesetzlichen Regelung bedarf es des vor Inkrafttreten des MarkenG üblichen formelhaften Ausspruchs einer Kostenentscheidung, es werde von einer Kostenauferlegung abgesehen, nicht mehr. Nach dieser gesetzlichen Regelung ist auch das bislang noch nicht abschließend geklärte Problem entschieden, ob bei Fehlen eines ausdrücklichen Kostenausspruchs von einer kraft Gesetzes eintretenden Kostenteilung auszugehen sei, oder ob dieses Unterlassen eine bewußte und gewollte Entscheidung darstelle, von einer Kostenauferlegung abzusehen (s. dazu Begründung zum MarkenG, BT-Drucks. 12/6581 vom 14. Januar 1994, S. 100). In der Praxis wurde davon ausgegangen, daß bei einem Absehen von einer Kostenentscheidung jeder Beteiligte die Kosten, die ihm durch das patentamtliche Verfahren entstanden sind, grundsätzlich selbst zu tragen hat (BGH GRUR 1972, 600 – Lewapur; s. zum Beschwerdeverfahren BPatGE 8,

240; 28, 39, 40). Eine vom Grundsatz der Kostentragung durch die Beteiligten *abweichende Verteilung der Kosten* für das patentamtliche Verfahren bedarf einer *Kostenentscheidung* des DPMA. In dieser Kostenentscheidung kann bestimmt werden, daß die Kosten des Verfahrens einschließlich der Auslagen des DPMA und der den Beteiligten erwachsenen Kosten nach § 63 Abs. 1 S. 1 *einem Beteiligten ganz oder teilweise auferlegt* werden. Das DPMA ist nicht verpflichtet, im patentamtlichen Verfahren eine Kostenentscheidung zu erlassen.

## C. Kostenentscheidung (§ 63 Abs. 1)

### I. Voraussetzungen einer Kostenentscheidung

#### 1. Mehrere Beteiligte

Eine *Kostenentscheidung* ist nach § 63 Abs. 1 S. 1 nur dann *zulässig*, wenn an dem Verfahren *mehrere Personen beteiligt* sind. In einem *einseitigen Verfahren* ist eine *Kostenentscheidung unzulässig*. Der Anmelder einer Marke, deren Eintragung abgelehnt worden ist, hat die Kosten des patentamtlichen Verfahrens selbst zu tragen. Im einseitigen Verfahren ist eine Kostenerstattung auch nicht aus anderen Rechtsgründen zulässig (BPatGE 13, 201, 204; anders *Conradt*, NJW 1961, 1293; *Kreuzer*, Mitt 1961, 186, 190 Fn 16). Ein *Verfahren mit mehreren Beteiligten* liegt dann vor, wenn sich die *Verfahrensbeteiligten* im patentamtlichen Verfahren *prozessual gegenüberstehen*; das ist etwa der Fall bei einem Anmelder einer Marke einerseits und einem oder mehreren Widersprechenden andererseits, nicht aber bei einer gemeinschaftlichen Anmeldung einer Marke durch mehrere Anmelder.

#### 2. Billigkeitsentscheidung

Die *Kostenentscheidung* nach § 63 Abs. 1 S. 1, die auf *Antrag eines der Beteiligten* oder *von Amts wegen* ergehen kann, setzt voraus, daß die Auferlegung der Kosten der *Billigkeit* entspricht. Die Kostenentscheidung beruht auf Billigkeitserwägungen. Die Ermessensentscheidung erstreckt sich sowohl auf das Ob als auch das Wie einer Kostenentscheidung (BGH GRUR 1962, 273, 274 – Beschwerdekosten; 1972, 600, 601 – Lewapur). Ob die Kostentragung durch einen Beteiligten der Billigkeit entspricht, bestimmt sich nach den besonderen Umständen des konkreten Einzelfalles, die sich vornehmlich aus dem Verhalten, sowie den Verhältnissen der Beteiligten ergeben (s. zum Beschwerdeverfahren BPatGE 2, 69). Des Vorliegens besonderer Billigkeitsgründe als Voraussetzung der Kostenentscheidung bedarf es deshalb, weil die Kostenauferlegung an einen der Beteiligten eine Ausnahme von dem Grundsatz der Kostentragung durch alle Beteiligten darstellt (BGH GRUR 1972, 600 – Lewapur; s. zum Beschwerdeverfahren BPatG Mitt 1972, 98). In einem kontradiktorischen Verfahren ist namentlich der *Ausgang des Verfahrens* maßgeblich (BGH BlPMZ 1966, 197, 201 – Seifenzusatz; 1966, 309, 313 – Akteneinsicht IV). Abweichend von der Kostenregelung im patentamtlichen Verfahren nach § 63 aufgrund von Billigkeitserwägungen, schreibt § 90 Abs. 2 S. 1 für das Rechtsbeschwerdeverfahren verbindlich die Kostentragung des Rechtsbeschwerdeführers in den Fällen vor, in denen die Rechtsbeschwerde zurückgewiesen oder als unzulässig verworfen wird (§ 90 Rn 7). Unabhängig vom Ausgang des Verfahrens sind jedoch regelmäßig aus Billigkeitsgründen dem Beteiligten die Kosten aufzuerlegen, die er durch sein *unsachgemäßes Verhalten* provoziert hat und die er hätte vermeiden können (s. zum Beschwerdeverfahren BPatGE 17, 151 – Anginfant). Wenn ein Beteiligter vorwerfbar unnötige oder unnötig hohe Kosten verursacht, dann ist eine Kostenauferlegung gerechtfertigt.

In der Regel entspricht es der Billigkeit, dem *Unterliegenden* die Kosten des Verfahrens aufzuerlegen (BPatGE 10, 311 – Choko Flakes; BPatG Mitt 1970, 218, 219; BPatGE 22, 211, 212; BPatGE 13, 33; BPatG Mitt 1971, 55; BPatGE 22, 211, 212; aA BPatG Mitt 1972, 176). Das gilt namentlich dann, wenn der Widerspruch bei verständiger Würdigung offensichtlich keine Aussicht auf Erfolg hatte und der Widerspruchsführer dies hätte erkennen können (BGH GRUR 1966, 493 – Lili; 1972, 600 – Lewapur; BPatGE 12, 238, 240; s. zum Beschwerdeverfahren BPatG Mitt 1977, 73; 1978, 58, 59).

### 3. Rücknahme von Verfahrenshandlungen und Löschung der Marke

6 Die Regelungen über die Verteilung der Kosten im patentamtlichen Verfahren nach § 63 Abs. 1 S. 1 und 3 sind nach Abs. 1 S. 2 auch im Falle der *Rücknahme bestimmter Verfahrenshandlungen,* sowie der *Löschung der Marke* anzuwenden. Die Kostenregelung gilt auch dann, wenn der Beteiligte die Erinnerung, die Anmeldung der Marke, den Widerspruch oder den Antrag auf Löschung ganz oder teilweise zurücknimmt, oder wenn die Eintragung der Marke wegen Verzichts oder wegen Nichtverlängerung der Schutzdauer ganz oder teilweise im Register gelöscht wird. Diese Ereignisse entziehen zwar dem patentamtlichen Verfahren ihre sachliche Grundlage. Aber auch in solchen Fallkonstellationen, in denen einer der Beteiligten dem Verfahren aufgrund seines eigenen Verhaltens den Boden entzieht, ist es nicht ohne weiteres gerechtfertigt, ihm allein aufgrund dieses Verhaltens die Kosten des Verfahrens aufzuerlegen. Erforderlich ist eine Kostenentscheidung nach den Grundsätzen der Billigkeit (s. Rn 4 f.), weil die Ereignisse im Sinne des § 63 Abs. 1 S. 3 allein eine Kostentragungspflicht nicht zu begründen vermögen (s. zur st. Rspr. im Patentrecht BPatGE 2, 69; 9, 204, 206). Wenn etwa ein Widersprecher seinen Widerspruch in angemessener Frist vor der Anhörung der Beteiligten zurücknimmt, dann rechtfertigt allein die Rücknahme des Widerspruchs nicht, ihm die Kosten des Verfahrens aufzuerlegen, wenn der Widerspruch gegen die Eintragung nicht als aussichtslos zu beurteilen war (s. zum Beschwerdeverfahren BPatGE 2, 230).

## II. Inhalt der Kostenentscheidung

### 1. Grundsatz

7 Die Kostenentscheidung im patentamtlichen Verfahren betrifft die *Kosten des Verfahrens* einschließlich der den *Beteiligten erwachsenen Kosten,* soweit sie zur zweckentsprechenden Wahrung der Ansprüche und Rechte notwendig waren. Die *Kostenentscheidung* berührt nur die *Kostentragungspflicht* als solche. Welche Kosten im einzelnen zu erstatten sind, weil sie zur zweckentsprechenden Wahrung der Ansprüche und Rechte der Beteiligten als notwendig zu erachten sind, wird im einzelnen in dem sich anschließenden *Kostenfestsetzungsverfahren* nach § 63 Abs. 3 S. 2 iVm §§ 103 bis 107 ZPO bestimmt. Das DPMA kann bereits in seiner Kostenentscheidung entsprechende Anordnungen treffen, die aber weder üblich noch erforderlich sind (s. zum Beschwerdeverfahren BPatGE 1, 94).

### 2. Verfahrenskosten

8 Bei den *Verfahrenskosten* handelt es sich um die *patentamtlichen Kosten,* die *Auslagen* und *Gebühren.* Der Höhe nach bestimmen sich die Verfahrenskosten nach den Vorschriften des PatGebG und der DPMA VwkostV und die Gebühren nach dem PatGebG. Die Kosten sind regelmäßig bereits von einem Beteiligten entrichtet worden und sind ihm auf der Grundlage der Kostenentscheidung vom Kostenschuldner zu erstatten.

### 3. Kosten der Beteiligten

9 Die den *Beteiligten erwachsenen Kosten* des patentamtlichen Verfahrens sind nur insoweit einer Kostenentscheidung zugänglich, als sie zur zweckentsprechenden Wahrung der Ansprüche und Rechte der Beteiligten notwendig waren (§ 63 Abs. 1 S. 1).

### 4. Verteilung der Kosten

10 In der Kostenentscheidung können einem Beteiligten die Kosten des Verfahrens *ganz oder teilweise* auferlegt werden. Die Aufteilung der Kosten hat nach dem Grundsatz der Billigkeit zu erfolgen. Die Kostenentscheidung kann dahin gehen, daß von den gesamten Kosten des patentamtlichen Verfahrens ausgegangen wird und einem Beteiligten diese Kosten ganz oder zu einem bestimmten Teil auferlegt werden. Anstelle einer *Quotelung der Kosten* können in der Kostenentscheidung auch *bestimmte Kosten* eines Beteiligten einem anderen Beteiligten auferlegt werden. In der Kostenentscheidung kann eine quotenmäßige Kostenaufteilung mit der Auferlegung bestimmter Kosten verbunden werden.

## 5. Gegenstandswert

Im Widerspruchs-Beschwerdeverfahren ist ein *Antrag auf selbständige Festsetzung des Ge-* **11** *genstandswertes* nach § 10 Abs. 1 BRAGO zulässig. In Markensachen kann jedenfalls im Widerspruchs-Beschwerdeverfahren ein Gegenstandswert nach den §§ 8, 10 BRAGO auch dann festgesetzt werden, wenn der Antragsteller im Verfahren ausschließlich durch einen *Patentanwalt* vertreten wird (BPatGE 40, 182 – P-Plus; Abweichung von BPatG BlMPZ 1986, 204, wonach in Warenzeichensachen der Patentanwalt auf eine Abrechnung mit festen, von der Rechtsprechung fortgeschriebenen Gebührenpauschalen beschränkt war). Der Gegenstandswert der anwaltlichen Tätigkeit, der nach § 8 Abs. 2 S. 2 BRAGO *nach billigem Ermessen festzusetzen* ist, richtet sich nach dem *wirtschaftlichen Interesse* des Markeninhabers an dem Bestand der Eintragung der *angegriffenen Marke* und nicht nach dem Wert der Widerspruchsmarke (BPatG Mitt 1994, 167, 168; 1995, 323, 324; GRUR 1995, 415 – Regelstreitwert bei Widerspruchsbeschwerdeverfahren). In einem Widerspruchs-Beschwerdeverfahren, das nach 1994 anhängig geworden ist, beträgt der *Regelgegenstandswert* für unbenutzte Marken 20 000 DM (BPatGE 40, 147 – Gegenstandswert für Widerspruchsverfahren; 40, 182 – P-Plus; 15 000 DM für Widerspruchsverfahren vor 1994 s. BPatG Mitt 1995, 323, 324; GRUR 1995, 415 – Regelstreitwert bei Widerspruchsbeschwerdeverfahren). Die Anpassung des Regelgegenstandswertes wird als eine Folge der deutlich gestiegenen wirtschaftlichen Bedeutung der Marken für die unternehmerische Tätigkeit in Berücksichtigung der verschärften Wettbewerbssituation verstanden. Eine *Erhöhung* des Regelgegenstandswertes ist gerechtfertigt, wenn die angegriffene Marke die *Firma* oder einen *Firmenbestandteil* des Markeninhabers enthält (BPatGE 12, 245, 247; zu einer 50%-Erhöhung s. BPatG Mitt 1995, 323, 324; zu einer Erhöhung auf 25 000 DM bei nicht unwesentlichem Teil der Firma als Zeichenbestandteil s. BPatG GRUR 1999, 64, 65 – Gegenstandswert für Widerspruchsverfahren). Die *Marktgeltung der angegriffenen Marke* (Benutzung, Verkehrsgeltung, Bekanntheit, Berühmtheit) kann eine Erhöhung des Regelgegenstandswertes um ein Mehrfaches rechtfertigen (zu einem Gegenstandswert von 50 000 DM s. BPatGE 11, 166, 171; zu einer Erhöhung auf 25 000 DM bei einer inländischen Benutzung, deren Umfang nicht detailliert dargelegt war, s. BPatGE 40, 182 – P-Plus; zur Höhe des Streitwertes im Verletzungsprozeß s. KG, Beschluß vom 21. Oktober 1997, 5 W 5834/97 – Regelstreitwert). Keinen werterhöhenden Umstand stellt die überragende Verkehrsgeltung der *Widerspruchsmarke* dar (BPatG 40, 147 – Gegenstandswert für Widerspruchsverfahren; zum Patentnichtigkeitsverfahren s. BGH GRUR 1957, 79). Die Entscheidung über die Festsetzung des Gegenstandswerts ist *unanfechtbar* (zu Gegenvorstellungen nach § 10 Abs. 3 S. 3 BRAGO analog s. BPatGE 22, 129).

### III. Erstattung der Widerspruchs- und Löschungsgebühr (§ 63 Abs. 2)

Nach § 63 Abs. 2 hat das DPMA die Befugnis, eine *Erstattung der Gebühr für einen Wider-* **12** *spruch oder für einen Antrag auf Löschung* anzuordnen. Die Gebühr ist an den Widersprechenden oder Antragsteller als Gebührenschuldner zurückzuzahlen. Eine Kostenentscheidung über die Rückzahlung der Widerspruchs- oder Löschungsgebühr nach § 63 Abs. 2 setzt den *Verfall der Gebühr* voraus. Erst mit dem Verfall der Gebühr, der mit der wirksamen Erhebung des Widerspruchs oder der wirksamen Stellung des Löschungsantrags eintritt, steht die Gebühr dem DPMA zu. Ein Verfall der Widerspruchsgebühr liegt dann nicht vor, wenn der Widerspruch, wie etwa nach § 42 Abs. 3 S. 2, nicht wirksam oder unzulässig eingelegt worden ist; einer Anordnung der Rückzahlung nach § 63 Abs. 2 bedarf es nicht, da die Widerspruchsgebühr in jedem Fall und unabhängig von einer Billigkeitsentscheidung zu erstatten ist (s. zum Beschwerdeverfahren BPatGE 1, 102). Anders als die Kostenentscheidung nach § 63 Abs. 1 S. 1, die ein Verfahren mit mehreren Beteiligten voraussetzt, kommt die Gebührenerstattung nach § 63 Abs. 2 namentlich in einem *einseitigen Verfahren* in Betracht. Die Anordnung einer Gebührenerstattung ist regelmäßig nur dann angebracht, wenn der Antrag begründet ist, auch wenn allein das Obsiegen nicht zwingend die Rückzahlung verlangt (s. zum Beschwerdeverfahren BPatGE 2, 61). Im einseitigen Verfahren kommt zugunsten des obsiegenden Widersprechenden oder Antragstellers ausschließlich die Anordnung der Gebührenerstattung nach Abs. 2 in Betracht, da ihm die zur Wahrung seiner Ansprüche und Rechte im patentamtlichen Verfahren entstandenen Kosten in keinem Falle erstattet werden (s. zum Beschwerdeverfahren BPatGE 13, 201, 202). Die Vorschrift des § 63 Abs. 2 ist auch in einem *mehrseitigen Verfahren* anzuwenden. In einem Verfahren mit mehreren Beteiligten kann etwa dem Widerspruchsführer die Widerspruchsgebühr zurückerstattet werden, ohne daß eine Kostenentscheidung nach § 63 Abs. 1 S. 1 ergeht. Das Gesetz sieht ausdrücklich auch eine *teilweise Erstattung* der Widerspruchs- oder Löschungsgebühr vor (anders für die Rückzahlung der Beschwerdegebühr nach § 71 Abs. 3 s. § 71, Rn 14; zu § 80 Abs. 3 PatG s. BPatGE 13, 263 – VENDET). Die Entscheidung nach § 63 Abs. 2 ergeht *auf Antrag* oder *von Amts wegen*. Wenn keine Entscheidung nach § 63 Abs. 2 ergeht, dann behält das DPMA die gezahlte Gebühr ein (s. zum Beschwerdeverfahren BPatGE 17, 60).

13  Auch bei der Anordnung der Gebührenerstattung nach § 63 Abs. 2 handelt es sich um eine Entscheidung nach den Grundsätzen der Billigkeit. Bei der Entscheidung nach Billigkeit sind alle rechtserheblichen Umstände des konkreten Einzelfalles zu berücksichtigen. Das Verhalten des Widersprechenden oder Antragstellers selbst, sowie die Einlassungen anderer Beteiligter an dem Verfahren können rechtserhebliche Umstände darstellen. So kann die Rückzahlung der Gebühr gerechtfertigt sein, wenn der Prüfer zur Begründung einer Beanstandung der Anmeldung sich nur auf den Leitsatz einer bisher unveröffentlichten Entscheidung beruft, ohne dem Anmelder auch die tragenden Gründe der ihm noch nicht zugänglichen Entscheidung mitzuteilen (s. zum Beschwerdeverfahren BPatGE 13, 201). Die Regelung über die Rücknahme von Verfahrenshandlungen und die Löschung der Marke nach § 63 Abs. 1 S. 2 ist auf die Entscheidung über die Gebührenerstattung nach Abs. 2 anzuwenden.

## D. Kostenfestsetzungsverfahren (§ 63 Abs. 3)

### I. Art des Verfahrens

14  Nach dem Inhalt der Kostenentscheidung im Sinne des § 63 Abs. 1 S. 1 steht im mehrseitigen Verfahren einem der Beteiligten als *Kostengläubiger* ein *Kostenerstattungsanspruch* gegen einen anderen Beteiligten als *Kostenschuldner* zu. Die Geltendmachung der im einzelnen zu erstattenden Kosten setzt die Festsetzung der konkreten Kosten in einem entsprechenden Verfahren voraus. Nach § 63 Abs. 3 S. 2 sind die Vorschriften der ZPO über das *Kostenfestsetzungsverfahren* (§§ 103 bis 107 ZPO) entsprechend anzuwenden. Auch für die *Zwangsvollstreckung aus einem Kostenfestsetzungsbeschluß* gelten nach § 63 Abs. 3 S. 2 die Vorschriften der ZPO (etwa §§ 63 Abs. 3 S. 2 iVm 794 Abs. 1 Nr. 2, 795, 795a, 798 ZPO) entsprechend. Voraussetzung einer Kostenfestsetzung ist eine *unanfechtbare* und *vollstreckbare* Kostenentscheidung des DPMA (BPatGE 2, 114, 116). Die Kostenfestsetzung erfolgt durch den Geschäftsstellenbeamten des DPMA (BPatGE 1, 173). Die *Vollstreckungsklausel* für den Kostenfestsetzungsbeschluß wird vom Urkundsbeamten der Geschäftsstelle des BPatG erteilt (§§ 794 Abs. 1 Nr. 2, 795, 724 Abs. 2 ZPO), nach § 23 Abs. 1 Nr. 12 RPflG durch den Rechtspfleger am BPatG. Die Festsetzung der Rechtsanwaltskosten im Verhältnis zwischen Rechtsanwalt und Mandant beurteilt sich nach § 19 BRAGO.

### II. Erstattungsfähige Kosten der Beteiligten

#### 1. Grundsatz

15  Im Kostenfestsetzungsverfahren werden nicht alle den Beteiligten entstandenen Kosten berücksichtigt, sondern nur solche Kosten, die zur *zweckentsprechenden Wahrung der Ansprüche und Rechte notwendig* waren. Bei der Bestimmung der *erstattungsfähigen Kosten* ist dem DPMA ein *Beurteilungsspielraum* zuzubilligen, wenn es schon in der Kostenentscheidung die zur zweckentsprechenden Wahrung der Rechte und Ansprüche notwendigen Kosten benennt (BGH GRUR 1977, 559, 560 – Leckanzeigeeinrichtung; s. zum Beschwerdeverfahren BPatGE 1, 94).

## 2. Die durch die Bevollmächtigung eines Dritten entstandenen Kosten

Der Beteiligte darf sich im Verfahren vor dem DPMA von einem Dritten vertreten lassen. Die durch die *Bevollmächtigung des Dritten entstandenen Kosten* stellen *erstattungsfähige* Kosten des Verfahrens dar, sofern sie zur zweckentsprechenden Wahrung der Ansprüche und Rechte notwendig waren (RPA Mitt 1934, 84, s. zum Beschwerdeverfahren BGHZ 43, 352, 354; BGH GRUR 1977, 559, 560 – Leckanzeigeeinrichtung; BPatGE 15, 195, 196 f.; 24, 165). Die Kosten sind auch dann erstattungsfähig, wenn ein Rechtsanwalt, der in eigener Sache aufgetreten ist, zugleich ein Beteiligter des Verfahrens ist (s. zum Beschwerdeverfahren BPatGE 24, 165). *Doppelvertretung* ist im patentamtlichen Verfahren regelmäßig nicht notwendig; die dadurch entstehenden Kosten sind nicht erstattungsfähig (s. zum Beschwerdeverfahren BPatGE 24, 215, 216; 25, 155). 16

Die Höhe der erstattungsfähigen Kosten beurteilt sich nach der Schwierigkeit der Materie und dem erforderlichen Aufwand (DPA BlPMZ 1955, 149). Soweit für die Beauftragung eines Rechtsanwalts die Gebühren der BRAGO zugrunde gelegt werden und für die Beauftragung eines Patentanwalts wegen des Fehlens einer gesetzlichen Regelung nach den §§ 315, 316 BGB unter Zugrundelegung der PatAnwGebO 1968 Kosten in Ansatz gebracht werden, ist dies nicht zu beanstanden (BGH GRUR 1965, 621 – Patentanwaltskosten; BPatG BlPMZ 1992, 192). Die Kosten für die Hinzuziehung eines *Korrespondenzanwalts* können dann erstattungsfähig sein, wenn die besonderen Umstände des Falles die Hinzuziehung erforderlich machen. 17

## 3. Eigene Kosten des Beteiligten

Die eigene Mühewaltung und der eigene Zeitaufwand, sowie die aufgrund der Tätigkeit eigener Mitarbeiter entstehenden Kosten stellen *keine erstattungsfähigen Aufwendungen* dar; sie bleiben unberücksichtigt (s. zum Beschwerdeverfahren BPatGE 9, 137; RPA Mitt 1927, 80; BPatG Mitt 1966, 123). Notwendige vorgerichtliche *Reisekosten* des Beteiligten, etwa zu einem Anhörungstermin nach § 60 Abs. 1 S. 1 oder zu einer Besprechung des Beteiligten mit seinem Bevollmächtigten, sind regelmäßig erstattungsfähig (s. zum Beschwerdeverfahren BPatGE 11, 109, 112). Kosten für *Ablichtungen* sind im notwendigen Umfang erstattungsfähig (BPatG Mitt 1966, 123; BPatGE 15, 49, 50). Das Verfahren vor dem DPMA vorbereitende *Recherchekosten* sind erstattungsfähig, wenn der Beteiligte die Recherche zum Zeitpunkt der Erhebung für erforderlich halten durfte (BPatGE 8, 181). 18

## Erinnerung

**64** (1) ¹Gegen die Beschlüsse der Markenstellen und der Markenabteilungen, die von einem Beamten des gehobenen Dienstes oder einem vergleichbaren Angestellten erlassen worden sind, findet die Erinnerung statt. ²Die Erinnerung hat aufschiebende Wirkung.

(2) Die Erinnerung ist innerhalb eines Monats nach Zustellung beim Patentamt einzulegen.

(3) ¹Erachtet der Beamte oder Angestellte, dessen Beschluß angefochten wird, die Erinnerung für begründet, so hat er ihr abzuhelfen. ²Dies gilt nicht, wenn dem Erinnerungsführer ein anderer an dem Verfahren Beteiligter gegenübersteht.

(4) Über die Erinnerung entscheidet ein Mitglied des Patentamts durch Beschluß.

(5) ¹Nach Einlegung einer Beschwerde nach § 66 Abs. 3 kann über eine Erinnerung nicht mehr entschieden werden. ²Eine gleichwohl danach erlassene Erinnerungsentscheidung ist gegenstandslos.

### Inhaltsübersicht

| | Rn |
|---|---|
| A. Allgemeines | 1 |
| B. Erinnerungsverfahren als ein zweites Prüfungsverfahren vor dem DPMA | 2 |
| C. Erinnerung als Rechtsmittel | 3–9 |
|    I. Zulässigkeit der Erinnerung (§ 64 Abs. 1 S. 1) | 3, 4 |
|       1. Erinnerungsfähige Beschlüsse | 3 |
|       2. Nicht erinnerungsfähige Bescheide | 4 |

|  | Rn |
|---|---|
| II. Beschwer | 5 |
| III. Anschlußerinnerung | 6 |
| IV. Rücknahme der Erinnerung | 7 |
| V. Verzicht auf die Erinnerung | 8 |
| VI. Suspensiveffekt der Erinnerung (§ 64 Abs. 1 S. 2) | 9 |
| D. Einlegung der Erinnerung (§ 64 Abs. 2) | 10–14 |
| I. Einlegung beim DPMA | 10 |
| II. Form der Erinnerung | 11 |
| III. Inhalt der Erinnerung | 12 |
| IV. Erinnerungsfrist | 13, 14 |
| E. Verhältnis der Erinnerungsentscheidung zur Beschwerde | 15 |
| F. Erinnerungsgebühr | 16 |
| G. Erinnerungsentscheidung (§ 64 Abs. 3 und 4) | 17–19 |
| I. Einseitiges Erinnerungsverfahren und Abhilfebefugnis | 18 |
| II. Mehrseitiges Erinnerungsverfahren ohne Abhilfebefugnis | 19 |
| H. Rechtsmittel | 20 |

**Schrifttum zum WZG.** *Nadler,* Das warenzeichenrechtliche Erinnerungsverfahren, Mitt 1969, 167.

## A. Allgemeines

1  Seit dem VorabG vom 4. September 1967 (BGBl. I S. 953) besteht gegen Entscheidungen des DPMA ein *zweistufiges Rechtsmittelverfahren*. Nach der Rechtslage im WZG war das Rechtsmittel der Erinnerung gegeben, sofern die angefochtene Entscheidung des DPMA von einem Beamten des gehobenen Dienstes erlassen wurde (§ 12a Abs. 1 S. 1 WZG). In allen sonstigen Fällen anfechtbarer Entscheidungen war die Beschwerde gegeben. Diese Zweiteilung führte zu einer Vereinheitlichung der Praxis des DPMA und stellte zugleich einen geeigneten Filter für die mit der Beschwerde zum BPatG anfechtbaren Entscheidungen des DPMA dar. Da sich das zweistufige Rechtsmittelverfahren nach Auffassung des Gesetzgebers des MarkenG bewährt hat, wurde es im Grundsatz beibehalten und das *Erinnerungsverfahren* zum Bestandteil des patentamtlichen Verfahrens in Markenangelegenheiten gemacht.

## B. Erinnerungsverfahren als ein zweites Prüfungsverfahren vor dem DPMA

2  Das *Erinnerungsverfahren vor dem DPMA* findet gegen *Beschlüsse der Markenstellen* und der *Markenabteilungen* statt, die von einem *Beamten des gehobenen Dienstes* oder einem *vergleichbaren Angestellten* erlassen worden sind (§ 64 Abs. 1 S. 1). Die Verfahren in Markenangelegenheiten vor dem DPMA (§§ 32 ff., 45 ff., 48 ff., 64) als Verwaltungsverfahren, das Beschwerdeverfahren vor dem BPatG (§§ 66 ff.) und das Rechtsbeschwerdeverfahren vor dem BGH (§§ 83 ff.) bilden eine *verfahrensmäßige Einheit*, innerhalb derer das Erinnerungsverfahren die Stelle eines *Rechtsmittelverfahrens auf der Verwaltungsebene* einnimmt. Im Erinnerungsverfahren wird der angefochtene Beschluß in vollem Umfang einer Nachprüfung unterworfen.

## C. Erinnerung als Rechtsmittel

### I. Zulässigkeit der Erinnerung (§ 64 Abs. 1 S. 1)

#### 1. Erinnerungsfähige Beschlüsse

3  Die *Erinnerung* ist nach § 64 Abs. 1 S. 1 gegen Beschlüsse der Markenstellen und Markenabteilungen des DPMA zulässig, die von einem *Beamten des gehobenen Dienstes* oder einem *vergleichbaren Angestellten* erlassen worden sind. Wenn der Beschluß der Markenstelle oder der Markenabteilung nicht von einem Beamten des gehobenen Dienstes oder von einem vergleichbaren Angestellten, sondern von einem *Mitglied des DPMA (Prüfer)* erlassen worden

Erinnerung 4–9 § 64 MarkenG

ist, dann ist gegen diesen Beschluß nach § 66 Abs. 1 die *Beschwerde* gegeben. Bei dem mit der Erinnerung angefochtenen Beschluß muß es sich um einen ein Verfahren mindestens teilweise abschließenden *Beschluß mit Entscheidungscharakter* handeln (RPA BlPMZ 1933, 34; DPA BlPMZ 1953, 178). Erinnerungsfähig sind Beschlüsse, die einen Antrag, etwa gerichtet auf Akteneinsicht, Berichtigung, Änderung, Markenteilung oder Löschung, zurückweisen, auch wenn es sich bei dem Antrag in Wahrheit nur um eine Anregung handelt. Es können auch solche Beschlüsse mit einer Erinnerung angegriffen werden, die die Rechtsstellung verbindlich berühren (s. BPatGE 10, 131 – JACKIE; BPatGE 12, 67 – Elastolan).

### 2. Nicht erinnerungsfähige Bescheide

*Prozeßleitende Verfügungen* sind auch dann nicht erinnerungsfähig, wenn sie in Form eines 4 Beschlusses ergehen. Das gilt etwa für die Ablehnung eines Fristgesuchs oder eines Beschleunigungsantrags (BPatGE 10, 35, 40). *Zwischenbescheide*, die nur Äußerungen über die Rechtslage darstellen, wie etwa die Feststellung des Anmeldetages oder des Prioritätstages (RPA BlPMZ 1910, 232; 1917, 127; DPA BlPMZ 1955, 216), sind nicht erinnerungsfähig.

### II. Beschwer

Die Erinnerung setzt wie jeder Rechtsbehelf eine *Beschwer des Erinnerungsführers* voraus. Es 5 ist nicht ausreichend, daß den Erinnerungsführer die Gründe der Entscheidung beschweren; der Tenor, die Formel der Entscheidung, muß ihn beschweren. Gegen Zwischenbescheide gibt es keine Erinnerung, da diese noch keine Beschwer auslösen.

### III. Anschlußerinnerung

Das MarkenG enthält keine ausdrückliche Regelung über die *Anschlußerinnerung*. Die 6 Anschlußerinnerung war jedoch bereits nach der Rechtslage im WZG zulässig (s. *Baumbach/Hefermehl*, § 12a WZG, Rn 2). Voraussetzung ist ein nach den Umständen des Einzelfalles bestehendes, ausreichendes *Rechtsschutzbedürfnis an der Anschließung* (s. zur Anschlußbeschwerde BPatGE 3, 48, 50; 15, 142, 146). Die Anschlußerinnerung kann als *unselbständige* Anschlußerinnerung auch nach Ablauf der Erinnerungsfrist und bis zur Entscheidung über die Haupterinnerung erhoben werden (s. zur Anschlußbeschwerde BPatGE 2, 116, 117; s. zur abweichenden Behandlung der unselbständigen Anschlußrechtsbeschwerde § 85, Rn 12). Die unselbständige Anschlußerinnerung setzt voraus, daß eine Erinnerung anhängig ist. Berechtigt zur Anschließung sind nur die Beteiligten im Verfahren vor dem DPMA. Eine eigene Erinnerungsgebühr braucht für die unselbständige Anschlußerinnerung nicht gezahlt zu werden (s. zur Anschlußbeschwerde BPatGE 3, 48).

### IV. Rücknahme der Erinnerung

Bis zum Erlaß einer rechtskräftigen Entscheidung im Erinnerungsverfahren kann die Er- 7 innerung *jederzeit vom Erinnerungsführer zurückgenommen* werden. Damit wird der angegriffene Beschluß des DPMA bestandskräftig und verbindlich. Ist eine *unselbständige* Anschlußerinnerung eingelegt worden (s. Rn 6), so wird diese unzulässig.

### V. Verzicht auf die Erinnerung

Der Erinnerungsberechtigte kann auf sein Erinnerungsrecht verzichten. Wenn der Erin- 8 nerungsberechtigte trotz wirksamen *Erinnerungsverzichts* Erinnerung einlegt, dann ist die Erinnerung als unzulässig zu verwerfen (s. zur Beschwerde BPatGE 15, 153).

### VI. Suspensiveffekt der Erinnerung (§ 64 Abs. 1 S. 2)

Nach § 64 Abs. 1 S. 2 kommt der Erinnerung *aufschiebende Wirkung* zu. Voraussetzung ist, 9 daß die Erinnerung rechtswirksam erhoben wurde. Einer Erinnerung, die als rechtlich nicht existent zu qualifizieren ist, kommt keine aufschiebende Wirkung zu (s. zur Beschwerde BPatGE 6, 186). Nicht erforderlich ist, daß die Erinnerung *zulässig* oder gar *begründet* ist. Bereits die *statthafte* Erinnerung hat aufschiebende Wirkung (BPatGE 3, 120). Infolge der aufschiebenden Wirkung können aus dem angefochtenen Beschluß vorläufig keine Rechtsfolgen hergeleitet werden (BPatGE 18, 7, 12). Alle Maßnahmen zur Ausführung der Beschlüsse haben zu unterbleiben. Die aufschiebende Wirkung der Erinnerung tritt auch bei feststellenden Beschlüssen ein.

## D. Einlegung der Erinnerung (§ 64 Abs. 2)

### I. Einlegung beim DPMA

10   Die *Erinnerung* ist nach § 64 Abs. 2 *beim DPMA einzulegen*. Wird irrtümlich die Erinnerung beim BPatG eingelegt, so ist die Erinnerung nur zulässig, wenn sie noch innerhalb der Erinnerungsfrist an das DPMA weitergeleitet wird (BPatGE 18, 65, 67). Die Erinnerung ist auch dann zulässig, wenn die rechtzeitig am letzten Tag der Erinnerungsfrist bei der gemeinsamen Postannahmestelle von DPMA und BPatG eingegangene Erinnerungsschrift trotz falscher Adressierung unmittelbar an das zuständige DPMA weitergeleitet worden ist und damit als von der Annahmestelle für das DPMA entgegengenommen gilt (s. zur Beschwerde BPatGE 18, 68, 70).

### II. Form der Erinnerung

11   § 64 Abs. 2 schreibt nicht die Schriftform der Erinnerung vor. Das *Formerfordernis* folgt aus den §§ 64 bis 66 MarkenV. Hiernach muß die Erinnerung im Regelfall *schriftlich* eingelegt werden. Der Erinnerungsführer kann die Erinnerung auch durch *Telekopierer* (§ 65 MarkenV), *Telegramm* oder *Telex* (§ 66 MarkenV) übermitteln. Die Erinnerungsschrift muß nach § 126 BGB *eigenhändig unterzeichnet* werden. Bei der Einlegung der Erinnerung durch Fernschreiben und Telefax muß die kopierte Vorlage handschriftlich unterzeichnet sein (BGH NJW 1990, 188). Wird die Erinnerung durch Telefax eingelegt, so trägt das DPMA, das die Übermittlung per Telefax eröffnet hat, die aus den technischen Gegebenheiten des Kommunikationsmittels herrührenden besonderen Risiken (s. zur Eröffnung der Möglichkeit der Übermittlung von Schriftsätzen per Telefax durch ein Gericht BVerfG NJW 1996, 2857).

### III. Inhalt der Erinnerung

12   Die Erinnerung bedarf *keiner Begründung* (zur Kritik am Privileg begründungsfreier Rechtsschutzgewähr s. § 42, Rn 27; zur Beschwerde s. § 66, Rn 13). Der Erinnerungsführer muß nur deutlich machen, gegen welchen Beschluß sich sein Rechtsmittel richtet, und daß er mit der Entscheidung des DPMA nicht einverstanden ist. Die Beifügung einer Begründung liegt gleichwohl im Interesse des Erinnerungsführers. Kündigt der Erinnerungsführer in zeitlicher Nähe zur Einlegung der Erinnerung die Nachreichung einer Begründungsschrift an, so ist deren Eingang vor der Entscheidung über die Erinnerung abzuwarten. Dem Erinnerungsführer kann eine kürzere Frist zur Begründung bestimmt werden.

### IV. Erinnerungsfrist

13   Die *Erinnerungsfrist* beträgt nach § 64 Abs. 2 *einen Monat* nach Zustellung des Beschlusses. Die Fristberechnung beurteilt sich nach den §§ 187, 188 BGB; die Frist beginnt am Tag der Zustellung des Beschlusses (etwa am 16. April) und endet mit dem Ablauf des Tages, der im folgenden Monat seiner Zahl nach (etwa 16. Mai) dem Tage der Zustellung entspricht. Die Erinnerungsfrist beginnt nur zu laufen, wenn die Beteiligten nach § 61 Abs. 2 S. 2 ordnungsgemäß belehrt worden sind. Den Beteiligten muß schriftlich das Rechtsmittel, das gegen den Beschluß gegeben ist, die Stelle, bei der das Rechtsmittel einzulegen ist und die Rechtsmittelfrist benannt werden (§ 61 Abs. 2 S. 1). Ist die Belehrung nicht ordnungsgemäß

Erinnerung  14–20 § 64 MarkenG

erfolgt, so kann Erinnerung *innerhalb eines Jahres* seit Zustellung des Beschlusses eingelegt werden. Die Frist kann nicht verlängert werden; im Fall der *Fristversäumung* kann *Wiedereinsetzung in den vorigen Stand* nach § 91 gewährt werden.

Durch die *Berichtigung eines anfechtbaren Beschlusses* wird grundsätzlich keine neue Frist in 14 Lauf gesetzt, es sei denn, daß sich erst aus der Berichtigung oder Ergänzung des Beschlusses die Beschwer ergibt (BGHZ 17, 149). Ist Erinnerung eingelegt worden, läßt sich aber innerhalb der Erinnerungsfrist nicht erkennen, wer *Erinnerungsführer* ist, so ist die Erinnerung als unzulässig zu verwerfen (s. zur Beschwerde BGHZ 21, 168; BGH GRUR 1977, 508 – Abfangeinrichtung; 1990, 108 – Meßkopf; BPatGE 12, 67 – Elastolan; BPatG GRUR 1985, 123). Nach Ablauf der Erinnerungsfrist kann noch eine *unselbständige Anschlußerinnerung* (s. Rn 6) eingelegt werden (s. zur Beschwerde BPatGE 2, 116, 117).

### E. Verhältnis der Erinnerungsentscheidung zur Beschwerde

Zum Jahresende 1992 waren etwa 6600 Erinnerungsverfahren anhängig (Begründung 15 zum MarkenG, BT-Drucks. 12/6581 vom 14. Januar 1994, S. 101). Die sich hieraus ergebende unzumutbare Erinnerungsverfahrensdauer ließ den Gesetzgeber die *Durchgriffsbeschwerde* in § 66 Abs. 3 vorsehen (s. § 66, Rn 18 ff.). Nach Einlegung der Durchgriffsbeschwerde nach § 66 Abs. 3 darf nach § 64 Abs. 5 S. 1 über die Erinnerung nicht mehr entschieden werden. Wenn gleichwohl eine Erinnerungsentscheidung nach § 64 Abs. 4 erlassen wird, dann ist diese Entscheidung ohne ausdrückliche Aufhebung gegenstandslos (§ 64 Abs. 5 S. 2). Bis zur Einlegung der Durchgriffsbeschwerde kann über die Erinnerung entschieden werden. Nach Erlaß einer Erinnerungsentscheidung ist die Einlegung der Durchgriffsbeschwerde nach § 66 Abs. 3 S. 8 unstatthaft.

### F. Erinnerungsgebühr

Die Erinnerung löst im Gegensatz zur Beschwerde (§ 66 Abs. 5) *keine Gebühr* aus. Die 16 Erinnerung ist ein gebührenfreier Rechtsbehelf.

### G. Erinnerungsentscheidung (§ 64 Abs. 3 und 4)

Die *Erinnerungsentscheidung* obliegt nach § 66 Abs. 4 einem *Mitglied des DPMA* (Prüfer). 17 Die Entscheidung ergeht in Form eines *Beschlusses*.

#### I. Einseitiges Erinnerungsverfahren und Abhilfebefugnis

In einem Erinnerungsverfahren, an dem ausschließlich der Erinnerungsführer beteiligt ist, 18 wird der angefochtene Beschluß des Beamten des gehobenen Dienstes oder des vergleichbaren Angestellten diesem erneut zur Überprüfung vorgelegt. Kommt der Bedienstete zu dem Ergebnis, daß die Erinnerung begründet ist, so hat er ihr selbst abzuhelfen (§ 64 Abs. 3 S. 1). Das Erinnerungsverfahren wird durch seine Abhilfe ohne Erinnerungsentscheidung eines Mitglieds des DPMA (Prüfer) beendet. Hält der Bedienstete an seiner ursprünglichen Entscheidung fest, so übergibt er die Sache dem Mitglied des DPMA zur Entscheidung.

#### II. Mehrseitiges Erinnerungsverfahren ohne Abhilfebefugnis

Wenn dem Erinnerungsführer ein anderer Verfahrensbeteiligter gegenübersteht, dann 19 steht dem Beamten des gehobenen Dienstes oder dem vergleichbaren Angestellten kein Abhilferecht zu (§ 64 Abs. 3 S. 2). Der angefochtene Beschluß wird zur Entscheidung dem Mitglied des DPMA vorgelegt.

### H. Rechtsmittel

Die Erinnerungsentscheidung ist ein Beschluß des DPMA, der nach § 64 Abs. 4 stets von 20 einem Mitglied des DPMA (Prüfer) erlassen wird. Gegen diesen Beschluß ist das Rechtsmittel der *Beschwerde* nach § 66 Abs. 1 gegeben.

## MarkenG § 65 — Rechtsverordnungsermächtigung

Rechtsverordnungsermächtigung

**65** (1) Das Bundesministerium der Justiz wird ermächtigt, durch Rechtsverordnung ohne Zustimmung des Bundesrates

1. die Einrichtung und den Geschäftsgang des Patentamts in Markenangelegenheiten zu regeln,
2. weitere Erfordernisse für die Anmeldung von Marken zu bestimmen,
3. die Klasseneinteilung von Waren und Dienstleistungen festzulegen,
4. nähere Bestimmungen für die Durchführung der Prüfungs-, Widerspruchs- und Löschungsverfahren zu treffen,
5. Bestimmungen über das Register der eingetragenen Marken und gegebenenfalls gesonderte Bestimmungen über das Register für Kollektivmarken zu treffen,
6. die in das Register aufzunehmenden Angaben über eingetragene Marken zu regeln und Umfang sowie Art und Weise der Veröffentlichung dieser Angaben festzulegen,
7. Bestimmungen über die sonstigen in diesem Gesetz vorgesehenen Verfahren vor dem Patentamt zu treffen, wie insbesondere das Verfahren bei der Teilung von Anmeldungen und von Eintragungen, das Verfahren zur Erteilung von Auskünften oder Bescheinigungen, das Verfahren der Wiedereinsetzung, das Verfahren der Akteneinsicht, das Verfahren über den Schutz international registrierter Marken und das Verfahren über die Umwandlung von Gemeinschaftsmarken,
8. Bestimmungen über die Form zu treffen, in der Anträge und Eingaben in Markenangelegenheiten einzureichen sind, einschließlich der Übermittlung von Anträgen und Eingaben durch elektronische Datenübertragung,
9. Bestimmungen darüber zu treffen, in welcher Form Beschlüsse, Bescheide oder sonstige Mitteilungen des Patentamts in Markenangelegenheiten den Beteiligten zu übermitteln sind, einschließlich der Übermittlung durch elektronische Datenübertragung, soweit nicht eine bestimmte Form der Übermittlung gesetzlich vorgeschrieben ist,
10. Bestimmungen darüber zu treffen, in welchen Fällen und unter welchen Voraussetzungen Eingaben und Schriftstücke in Markenangelegenheiten in anderen Sprachen als der deutschen Sprache berücksichtigt werden,
11. Beamte des gehobenen Dienstes oder vergleichbare Angestellte mit der Wahrnehmung von Angelegenheiten zu betrauen, die den Markenabteilungen obliegen und die ihrer Art nach keine besonderen rechtlichen Schwierigkeiten bieten, mit Ausnahme der Beschlußfassung über die Löschung von Marken (§ 48 Abs. 1, §§ 53 und 54), der Abgabe von Gutachten (§ 58 Abs. 1) und der Entscheidungen, mit denen die Abgabe eines Gutachtens abgelehnt wird,
12. Beamte des mittleren Dienstes oder vergleichbare Angestellte mit der Wahrnehmung von Angelegenheiten zu betrauen, die den Markenstellen oder Markenabteilungen obliegen und die ihrer Art nach keine besonderen rechtlichen Schwierigkeiten bieten, mit Ausnahme von Entscheidungen über Anmeldungen, Widersprüche oder sonstige Anträge,
13. zur Deckung der durch eine Inanspruchnahme des Patentamts entstehenden Kosten, soweit nicht durch Gesetz darüber Bestimmungen getroffen sind, die Erhebung von Verwaltungskosten anzuordnen, insbesondere
    a) zu bestimmen, daß Gebühren für Bescheinigungen, Beglaubigungen, Akteneinsicht und Auskünfte sowie Auslagen erhoben werden,
    b) Bestimmungen über den Kostenschuldner, die Fälligkeit von Kosten, die Kostenvorschußpflicht, Kostenbefreiungen, die Verjährung und das Kostenfestsetzungsverfahren zu treffen,
14. die in die Veröffentlichung nach § 33 Abs. 3 aufzunehmenden Angaben zu regeln und Umfang sowie Art und Weise der Veröffentlichung dieser Angaben festzulegen.

(2) Das Bundesministerium der Justiz kann die Ermächtigung zum Erlaß von Rechtsverordnungen nach Absatz 1 durch Rechtsverordnung ohne Zustimmung des Bundesrates ganz oder teilweise dem Präsidenten des Patentamts übertragen.

## Inhaltsübersicht

|  | Rn |
|---|---|
| A. Vorbemerkung | 1, 2 |
| B. Rechtsverordnungsermächtigungen (§ 65 Abs. 1) | 3–24 |
|     I. Einrichtung und Geschäftsgang des DPMA (§ 65 Abs. 1 Nr. 1) | 3 |
|     II. Erfordernisse für die Anmeldung von Marken (§ 65 Abs. 1 Nr. 2) | 4 |
|     III. Festlegung der Klasseneinteilung (§ 65 Abs. 1 Nr. 3) | 5, 6 |
|     IV. Bestimmungen für die Durchführung der weiteren Verfahren vor dem DPMA (§ 65 Abs. 1 Nr. 4) | 7 |
|     V. Bestimmungen über das Markenregister (§ 65 Abs. 1 Nr. 5) | 8 |
|     VI. Inhalt des Markenregisters und Veröffentlichung der im Register eingetragenen Angaben (§ 65 Abs. 1 Nr. 6) | 9 |
|     VII. Festlegung von Einzelheiten sonstiger im MarkenG geregelter Verfahren (§ 65 Abs. 1 Nr. 7) | 10, 11 |
|     VIII. Bestimmungen über die Form von Anträgen und Eingaben (§ 65 Abs. 1 Nr. 8) | 12, 13 |
|     IX. Bestimmungen über die Form von Mitteilungen des DPMA (§ 65 Abs. 1 Nr. 9) | 14, 15 |
|     X. Berücksichtigung fremder Sprachen (§ 65 Abs. 1 Nr. 10) | 16 |
|     XI. Übertragung von Aufgaben der Markenabteilung auf Beamte des gehobenen Dienstes oder vergleichbare Angestellte (§ 65 Abs. 1 Nr. 11) | 17–19 |
|     XII. Übertragung von Angelegenheiten der Markenstellen und der Markenabteilungen auf Beamte des mittleren Dienstes oder vergleichbare Angestellte (§ 65 Abs. 1 Nr. 12) | 20, 21 |
|     XIII. Verwaltungskosten (§ 65 Abs. 1 Nr. 13) | 22, 23 |
|     XIV. Veröffentlichung der Anmeldung einer Marke (§ 65 Abs. 1 Nr. 14) | 24 |
| C. Übertragung der Ermächtigung zum Erlaß von Durchführungsbestimmungen auf den Präsidenten des DPMA (§ 65 Abs. 2) | 25 |

## A. Vorbemerkung

Die in § 65 geregelten *Rechtsverordnungsermächtigungen* betreffen ausschließlich das patentamtliche Verfahren. Sie bedürfen deshalb nicht der Zustimmung des Bundesrates. Nach § 65 Abs. 2 kann das Bundesministerium für Justiz die Ermächtigung zum Erlaß von Rechtsverordnungen nach § 65 Abs. 1 auf den Präsidenten des DPMA übertragen. Von dieser Ermächtigung wurde in § 20 Abs. 2 DPMAV in weitem Umfang Gebrauch gemacht (s. Rn 25). **1**

Nach der Rechtslage im WZG waren die Rechtsverordnungsermächtigungen im WZG oder aufgrund einer Verweisung im PatG verstreut. In § 65 werden die Vorschriften zusammengefaßt, die zum Erlaß von Rechtsverordnungen zur Regelung von Einzelheiten der Verfahren in Markensachen ermächtigen. Der Gesetzgeber des MarkenG beabsichtigte zwar, die Durchführungsbestimmungen soweit wie möglich in einer Rechtsverordnung zusammenzufassen (Begründung zum MarkenG, BT-Drucks. 12/6581 vom 14. Januar 1994, S. 101). Diese Zielsetzung wurde zwar nicht ganz erreicht; der Verordnungsgeber beschränkte sich aber im wesentlichen auf die beiden Verordnungen der *MarkenV* und der *WahrnV*. **2**

## B. Rechtsverordnungsermächtigungen (§ 65 Abs. 1)

### I. Einrichtung und Geschäftsgang des DPMA (§ 65 Abs. 1 Nr. 1)

Nach § 65 Abs. 1 Nr. 1 können die *Einrichtung* und der *Geschäftsgang des DPMA* in Markenangelegenheiten durch Rechtsverordnung geregelt werden. In der fünften Verordnung zur Änderung der Verordnung über das Deutsche Patentamt vom 15. November 1994 (BGBl. I S. 3462) hat der Verordnungsgeber von dieser Ermächtigung Gebrauch gemacht. **3**

## II. Erfordernisse für die Anmeldung von Marken (§ 65 Abs. 1 Nr. 2)

**4** Nach § 65 Abs. 1 Nr. 2 können die *weiteren Erfordernisse für die Anmeldung von Marken* durch Rechtsverordnung bestimmt werden. Der Präsident des DPA hat am 30. November 1994 die MarkenV erlassen. In Teil 2 der MarkenV (§§ 2 bis 14) werden die weiteren Erfordernisse für die Anmeldung von Marken bestimmt.

## III. Festlegung der Klasseneinteilung (§ 65 Abs. 1 Nr. 3)

**5** Nach § 65 Abs. 1 Nr. 3 kann die *Klasseneinteilung von Waren und Dienstleistungen* durch Rechtsverordnung festgelegt werden. Teil 3 der MarkenV (§§ 15 bis 16) iVm der Anlage zu § 15 MarkenV regelt die Klasseneinteilung der Produkte. Ergänzend kann die Alphabetische Liste der Waren und Dienstleistungen nach dem Nizzaer Abkommen (Internationale Klassifikation von Waren und Dienstleistungen für die Eintragung von Marken (Klassifikation von Nizza), Teil I, Deutsch/Englisch/Französische Liste von Waren und Dienstleistungen in alphabetischer Reihenfolge; Teil II, Deutsch/Französische Liste von Waren und Dienstleistungen in einer nach Klassen geordneten alphabetischen Reihenfolge, 7. Auflage, 1997, WIPO Veröffentlichungen Nr. 500.1 (G/E/F) und Nr. 500.2 (G/F)) verwendet werden (§ 15 Abs. 2 MarkenV). Die MarkenV ist seitens des Präsidenten des DPA am 30. November 1994 erlassen worden.

**6** In Abweichung zu der Regelung nach § 2 Abs. 3 WZG, wonach die Klasseneinteilung selbst als Anlage des Gesetzes ausgestaltet war und nur Änderungen der Klasseneinteilung durch Rechtsverordnung getroffen werden konnten (§ 2 Abs. 5 WZG), trifft das MarkenG eine derartige Unterscheidung nicht mehr. Die Klasseneinteilung selbst wird nicht als Anlage zum MarkenG behandelt, sondern durch Rechtsverordnung festgelegt. Damit ist keine Änderung der materiellen Rechtslage verbunden (Begründung zum MarkenG, BT-Drucks. 12/6581 vom 14. Januar 1994, S. 102).

## IV. Bestimmungen für die Durchführung der weiteren Verfahren vor dem DPMA (§ 65 Abs. 1 Nr. 4)

**7** Mit § 65 Abs. 1 Nr. 4 ist eine neue Rechtsverordnungsermächtigung in das MarkenG aufgenommen worden, durch die nähere Bestimmungen für die Durchführung der *Prüfungs-*, *Widerspruchs-* und *Löschungsverfahren* getroffen werden können. Die Verordnungsermächtigung des § 65 Abs. 1 Nr. 4 steht in Zusammenhang mit der Verordnungsermächtigung nach Nr. 7, nach der Regelungen hinsichtlich der sonstigen Verfahren vor dem DPMA durch Rechtsverordnung getroffen werden können. Von der Ermächtigung nach Nr. 4 ist in der MarkenV Gebrauch gemacht worden. Teil 5 Abschnitt 1 (§§ 22 bis 25) regelt das Verfahren vor dem DPMA bis zur Eintragung der Marke, Teil 5 Abschnitt 2 (§§ 26 bis 30) betrifft das Widerspruchsverfahren, Teil 5 Abschnitt 7 (§§ 43 bis 44) trifft Anordnungen bezüglich der Löschung einer eingetragenen Marke.

## V. Bestimmungen über das Markenregister (§ 65 Abs. 1 Nr. 5)

**8** Nach § 65 Abs. 1 Nr. 5 können Bestimmungen über das *Register der eingetragenen Marken* und gegebenenfalls gesonderte Bestimmungen über das *Register für Kollektivmarken* durch Rechtsverordnung getroffen werden. Diese Verordnungsermächtigung knüpft inhaltlich an die §§ 2 Abs. 1 S. 1, 19 WZG an und steht in Zusammenhang mit der Verordnungsermächtigung des § 65 Abs. 1 Nr. 6. Das MarkenG bestimmt in § 4 Nr. 1, daß das DPMA ein Register führt. Die weiteren Anordnungen bleiben der Rechtsverordnung überlassen. Von der Ermächtigung nach Nr. 6 wurde in Teil 4 der MarkenV (§§ 17 bis 21) Gebrauch gemacht. Nach § 17 Abs. 1 MarkenV führt das DPMA ein Markenregister. In § 17 Abs. 2 MarkenV ist ergänzend verordnet, daß das Register in Form einer elektronischen Datenbank betrieben werden kann. Eine besondere Anordnung hinsichtlich eines Kollektivmarkenregisters ist nicht getroffen worden. Wird eine Kollektivmarke angemeldet, so wird nach

Rechtsverordnungsermächtigung  9–12 § 65 MarkenG

§ 18 Nr. 9 MarkenV im Register eingetragen, daß es sich bei der Marke um eine Kollektivmarke handelt. Wie schon nach der Rechtslage im WZG (s. *Baumbach/Hefermehl*, § 19 WZG) wurde *kein besonderes Register für Kollektivmarken* vorgesehen.

### VI. Inhalt des Markenregisters und Veröffentlichung der im Register eingetragenen Angaben (§ 65 Abs. 1 Nr. 6)

Nach § 65 Abs. 1 Nr. 6 können die in das Register aufzunehmenden *Angaben über eingetragene Marken* durch Rechtsverordnung geregelt und Umfang sowie Art und Weise der *Veröffentlichung dieser Angaben* festgelegt werden. Der Verordnungsgeber hat in Teil 4 der MarkenV (§§ 18 bis 21) entsprechende Regelungen getroffen. § 65 Abs. 1 Nr. 6 entspricht im wesentlichen der Sollvorschrift des § 3 Abs. 1 WZG. Die Ermächtigung zur Regelung der das Register betreffenden Vorschriften in Verordnungsform ermöglicht eine einfache Anpassung an die Änderungen der Technik.

### VII. Festlegung von Einzelheiten sonstiger im MarkenG geregelter Verfahren (§ 65 Abs. 1 Nr. 7)

Nach § 65 Abs. 1 Nr. 7 können Bestimmungen über die *sonstigen* im MarkenG vorgesehenen *Verfahren vor dem DPMA*, wie insbesondere das Verfahren bei der Teilung von Anmeldungen und von Eintragungen, das Verfahren zur Erteilung von Auskünften oder Bescheinigungen, das Verfahren der Wiedereinsetzung, das Verfahren der Akteneinsicht, das Verfahren über den Schutz international registrierter Marken und das Verfahren über die Umwandlung von Gemeinschaftsmarken durch Rechtsverordnung getroffen werden. Diese Verordnungsermächtigung ergänzt die der Ermächtigung des § 65 Abs. 1 Nr. 4. § 65 Abs. 1 Nr. 7 hatte im WZG, abgesehen von § 36 Abs. 1 WZG, keine Entsprechung. Die Rechtsverordnungsermächtigung für das *Verfahren über die Umwandlung von Gemeinschaftsmarken* wurde durch das MarkenRÄndG 1996 vom 19. Juli 1996 (BGBl. I S. 1014) in das MarkenG eingefügt. Sinn und Zweck dieser Erweiterung des § 65 Abs. 1 Nr. 7 war es, die durch die GMarkenV getroffenen Regelungen des Rechts der Gemeinschaftsmarke mit dem nationalen Markenrecht in Einklang zu bringen. Durch die Änderung sollte die Grundlage dafür geschaffen werden, in der MarkenV die Einzelheiten des Verfahrens über die Umwandlung einer Gemeinschaftsmarke in eine nationale Marke regeln zu können (Begründung zum MarkenRÄndG 1996, BT-Drucks. 13/3841 vom 23. Februar 1996, S. 9; s. 3. Teil des Kommentars, I 2).

Teil 5 Abschnitt 3 der MarkenV (§§ 31 bis 35) betrifft den Rechtsübergang und sonstige Rechte; Teil 5 Abschnitt 4 der MarkenV (§§ 36 bis 37) regelt die Teilung von Markenanmeldungen und von Eintragungen; Teil 5 Abschnitt 5 der MarkenV (§§ 38 bis 40) betrifft die Verlängerung der Schutzdauer; Teil 5 Abschnitt 6 der MarkenV (§§ 41 bis 42) regelt den Verzicht auf Markenrechte; Teil 5 Abschnitt 7 der MarkenV (§§ 43 bis 44) behandelt die Löschung einer Marke, Teil 5 Abschnitt 8 der MarkenV (§§ 45 bis 46) gibt Anweisungen hinsichtlich Berichtigungen und Änderungen von Namen oder Anschriften; Teil 5 Abschnitt 9 der MarkenV (§§ 47 bis 48) regelt die Akteneinsicht; Teil 5 Abschnitt 10 der MarkenV (§§ 49 bis 53) betrifft internationale Registrierungen. Teil 6 der MarkenV (§§ 54 bis 62) gibt bezüglich des Verfahrens nach der Verordnung (EWG) Nr. 2081/92 des Rates vom 14. Juli 1992 zum Schutz von geographischen Angaben und Ursprungsbezeichnungen für Agrarerzeugnisse und Lebensmittel Verfahrensregelungen vor.

### VIII. Bestimmungen über die Form von Anträgen und Eingaben (§ 65 Abs. 1 Nr. 8)

Nach § 65 Abs. 1 Nr. 8 können durch Rechtsverordnung Bestimmungen über die *Form* getroffen werden, in der *Anträge und Eingaben in Markenangelegenheiten* einzureichen sind, einschließlich der Übermittlung von Anträgen und Eingaben durch *elektronische Datenübertragung*. Das MarkenG verzichtet deshalb in den einzelnen Vorschriften, wie etwa in § 64 Abs. 2 oder § 66 Abs. 2, auf das Erfordernis der Schriftlichkeit, um die Anpassung der Formerfordernisse an die weitere Entwicklung der Technik zu ermöglichen.

13  Teil 7 Abschnitt 2 der MarkenV (§§ 64 bis 70) regelt die Form der Anträge und Eingaben. Geregelt werden die Einreichung von Originalen (§ 64 MarkenV), die Übermittlung durch Telekopierer (§ 65 MarkenV) und durch Telegramm oder Telex (§ 66 MarkenV), die Behandlung fremdsprachiger Anträge und Eingaben (§§ 67 bis 69 MarkenV), sowie sonstige Erfordernisse für Anträge und Eingaben (§ 70 MarkenV).

### IX. Bestimmungen über die Form von Mitteilungen des DPMA (§ 65 Abs. 1 Nr. 9)

14  Nach § 65 Abs. 1 Nr. 9 können durch Rechtsverordnung Bestimmungen darüber getroffen werden, in welcher *Form* die *Beschlüsse, Bescheide* oder *sonstige Mitteilungen* des DPMA in Markenangelegenheiten den Beteiligten zu übermitteln sind, einschließlich der *Übermittlung durch elektronische Datenübertragung,* soweit nicht eine bestimmte Form der Übermittlung gesetzlich vorgeschrieben ist. In Teil 7 Abschnitt 3 der MarkenV (§§ 71 bis 73) sind insoweit Anordnungen getroffen worden. Hinsichtlich der Form von Mitteilungen des DPMA hat der Gesetzgeber auf eine Vorgabe im MarkenG verzichtet, um gegebenenfalls mittels einer einfachen Änderung der MarkenV auf die weitere Entwicklung der Technik, insbesondere der elektronischen Datenübertragung, reagieren zu können (Begründung zum MarkenG, BT-Drucks. 12/6581 vom 14. Januar 1994, S. 102).

15  Von den Anordnungen über die Form der Beschlüsse, Bescheide oder sonstigen Mitteilungen des DPMA bleiben bestimmte gesetzlich vorgeschriebene Formen der Übermittlung unberührt, wie etwa die Zustellung von Entscheidungen, durch die eine Frist in Gang gesetzt wird (s. § 61 Abs. 1 S. 1).

### X. Berücksichtigung fremder Sprachen (§ 65 Abs. 1 Nr. 10)

16  Nach § 65 Abs. 1 Nr. 10 kann durch Rechtsverordnung bestimmt werden, in welchen Fällen und unter welchen Voraussetzungen *Eingaben* und *Schriftstücke* in Markenangelegenheiten *in anderen Sprachen als der deutschen Sprache* berücksichtigt werden. Von der Ermächtigung ist in der MarkenV in den §§ 67 bis 69 DPMA Gebrauch gemacht worden. § 67 MarkenV regelt die Zulässigkeit fremdsprachiger Formblätter, § 68 MarkenV trifft Anordnungen hinsichtlich fremdsprachiger Anmeldungen und § 69 MarkenV regelt die Behandlung von Schriftstücken in fremden Sprachen.

### XI. Übertragung von Aufgaben der Markenabteilung auf Beamte des gehobenen Dienstes oder vergleichbare Angestellte (§ 65 Abs. 1 Nr. 11)

17  Nach § 65 Abs. 1 Nr. 11 können durch Rechtsverordnung *Beamte des gehobenen Dienstes* oder *vergleichbare Angestellte* mit der Wahrnehmung von Angelegenheiten, die den Markenabteilungen obliegen und die ihrer Art nach keine besonderen rechtlichen Schwierigkeiten bieten, mit Ausnahme der Beschlußfassung über die Löschung von Marken (§§ 48 Abs. 1, 53 und 54), der Abgabe von Gutachten (§ 58 Abs. 1) und der Entscheidungen, mit denen die Abgabe eines Gutachtens abgelehnt wird, betraut werden. Diese Ermächtigung entspricht im wesentlichen der Ermächtigung des § 12 Abs. 5 Nr. 1 WZG, weitet den Anwendungsbereich aber von den Aufgaben, die keine rechtlichen Schwierigkeiten bieten, auf diejenigen aus, die keine besonderen Schwierigkeiten bieten. Dieser Ausweitung liegt die Überlegung zugrunde, daß es nicht überzeugen kann, daß Beamte des gehobenen Dienstes oder vergleichbare Angestellte für Entscheidungen im Prüfungsverfahren der Markenstellen zuständig sein sollen (§ 56 Abs. 2 S. 3), die häufig rechtliche Schwierigkeiten bieten, gleichzeitig aber in Angelegenheiten der Markenabteilungen auf solche beschränkt sein sollen, die keine rechtlichen Schwierigkeiten bieten (Begründung zum MarkenG, BT-Drucks. 12/6581 vom 14. Januar 1994, S. 102). Die Einbeziehung vergleichbarer Angestellter diente insbesondere dazu, auf ehemalige Mitarbeiter des DDR-Patentamts zurückgreifen zu können, denen im Einzelfall eine Verbeamtung nicht offenstand. Die Rechtsverordnungser-

mächtigung des § 65 Abs. 1 Nr. 11 wurde durch das 2. PatGÄndG vom 16. Juli 1998 (BGBl. I S. 1827) neu gefaßt. Durch die Neufassung wurde die Ermächtigungsgrundlage insoweit erweitert, als eine generelle Übertragung von Geschäften, die ihrer Art nach *keine besonderen rechtlichen Schwierigkeiten* bieten, auf Beamte des gehobenen Dienstes sowie vergleichbare Angestellte ermöglicht wurde.

Das Betrauen Beamter des gehobenen Dienstes oder vergleichbarer Angestellter ist nicht **18** unbeschränkt möglich. Wie schon nach der Vorschrift des § 10 Abs. 3 S. 3 WZG ist das Betrauen mit der Beschlußfassung im Rahmen des Löschungsverfahrens unzulässig. Erfaßt wird die Löschung nach § 48 Abs. 1 wegen Verzichts, sowie nach den §§ 53 und 54 wegen Verfalls oder wegen absoluter Schutzhindernisse, nicht aber sonstige Löschungen, wie etwa die Löschung wegen der Nichtverlängerung der Schutzdauer (§ 47 Abs. 6). Unzulässig ist ferner das Betrauen mit der Aufgabe der Abgabe eines Gutachtens (§ 58 Abs. 1) und der Entscheidung, mit der die Abgabe eines Gutachtens abgelehnt wird.

Der Verordnungsgeber hat von der Ermächtigung im Rahmen der WahrnV Gebrauch **19** gemacht. In § 5 Abs. 1 WahrnV sind die Aufgaben der Markenabteilungen enumerativ erfaßt, mit deren Wahrnehmung auch Beamte des gehobenen Dienstes oder vergleichbare Angestellte betraut werden. Eine Änderung der WahrnV ist im Zuge der Erweiterung der Ermächtigungsgrundlage des § 65 Abs. 1 Nr. 11 durch das 2. PatGÄndG zu erwarten.

## XII. Übertragung von Angelegenheiten der Markenstellen und der Markenabteilungen auf Beamte des mittleren Dienstes oder vergleichbare Angestellte (§ 65 Abs. 1 Nr. 12)

Nach § 65 Abs. 1 Nr. 12 können durch Rechtsverordnung *Beamte des mittleren Dienstes* **20** oder *vergleichbare Angestellte* mit der Wahrnehmung von Angelegenheiten, die den Markenstellen oder Markenabteilungen obliegen und die ihrer Art nach keine besonderen rechtlichen Schwierigkeiten bieten, mit Ausnahme von Entscheidungen über Anmeldungen, Widersprüche oder sonstige Anträge, betraut werden. Der Gesetzgeber hat sich insoweit an § 12 Abs. 5 Nr. 2 WZG orientiert. Die Einbeziehung vergleichbarer Angestellter dient insbesondere dazu, auf ehemalige Mitarbeiter des DDR-Patentamts zurückgreifen zu können, denen im Einzelfall eine Verbeamtung nicht offensteht. Die Rechtsverordnungsermächtigung des § 65 Abs. 1 Nr. 12 wurde durch das 2. PatGÄndG vom 16. Juli 1998 (BGBl. I S. 1827) neu gefaßt. Durch die Neufassung wurde die Ermächtigungsgrundlage insoweit erweitert, als eine generelle Übertragung von Geschäften, die ihrer Art nach keine besonderen rechtlichen Schwierigkeiten bieten, auf Beamte des mittleren Dienstes sowie vergleichbare Angestellte ermöglicht wurde.

Von der Verordnungsermächtigung ist in den §§ 5 Abs. 2, 6 WahrnV Gebrauch gemacht **21** worden; es sind die Aufgaben der Markenstellen und Markenabteilungen benannt, deren Wahrnehmung übertragen wurde. Eine Änderung der WahrnV ist im Zuge der Erweiterung der Ermächtigungsgrundlage des § 65 Abs. 1 Nr. 12 durch das 2. PatGÄndG zu erwarten.

## XIII. Verwaltungskosten (§ 65 Abs. 1 Nr. 13)

Nach § 65 Abs. 1 Nr. 13 kann durch Rechtsverordnung zur Deckung der durch eine In- **22** anspruchnahme des DPMA entstehenden Kosten, soweit nicht durch Gesetz darüber Bestimmungen getroffen sind, die *Erhebung von Verwaltungskosten* angeordnet werden. Insbesondere können in der Verordnung Bestimmungen hinsichtlich der Gebühren für Bescheinigungen, Beglaubigungen, Akteneinsicht und Auskünfte, sowie Auslagen und Bestimmungen über die Kostenschuldner, die Fälligkeit der Kosten, die Kostenvorschußpflicht, die Kostenbefreiung, die Verjährung und das Kostenfestsetzungsverfahren getroffen werden.

Der Verordnungsgeber hat in der DPMA VwkostV von der Ermächtigung bereits Ge- **23** brauch gemacht. Ergänzt werden die Vorschriften der DPMA VwkostV durch die Vorschriften des PatGebG. Die DPMA VwkostV wird nach § 2 Abs. 1 durch ein Kostenverzeichnis ergänzt, dem die einzelnen Gebührentatbestände entnommen werden können.

### XIV. Veröffentlichung der Anmeldung einer Marke (§ 65 Abs. 1 Nr. 14)

24  Nach § 65 Abs. 1 Nr. 14 können die in die *Veröffentlichung nach § 33 Abs. 3 aufzunehmenden Angaben* durch Rechtsverordnung geregelt und der *Umfang* sowie die *Art und Weise der Veröffentlichung dieser Angaben* festgelegt werden. § 33 Abs. 3, der die Veröffentlichung der Anmeldung einer Marke zur Eintragung in das Markenregister regelt, wurde ebenso wie die Rechtsverordnungsermächtigung des § 65 Abs. 1 Nr. 14 durch das HRefG vom 22. Juni 1998 (BGBl. I S. 1474) in das MarkenG eingefügt. Durch die *Zweite Verordnung zur Änderung der Markenverordnung* vom 1. Juli 1998 (BGBl. I S. 1771) wurde § 14 a in die MarkenV eingefügt, der den *Inhalt der Veröffentlichung der Anmeldung* einer Marke im einzelnen festlegt (§ 14 a Abs. 1 MarkenV) und als Medium für die Veröffentlichung eine *Veröffentlichung in elektronischer Form* vorsieht (§ 14 a Abs. 2 MarkenV; s. dazu Beschlußempfehlung und Bericht des Rechtsausschusses, BT-Drucks. 13/10332 vom 1. April 1998, S. 32).

### C. Übertragung der Ermächtigung zum Erlaß von Durchführungsbestimmungen auf den Präsidenten des DPMA (§ 65 Abs. 2)

25  In § 65 Abs. 2 ist die Erteilung einer *Unterermächtigung* zum Erlaß von Rechtsverordnungen nach § 65 Abs. 1 auf den Präsidenten des DPMA vorgesehen. Von der Möglichkeit zur Übertragung der Ermächtigung auf den Präsidenten des DPMA ist in § 20 Abs. 2 DPMAV von dem Bundesministerium der Justiz in weitreichendem Umfang Gebrauch gemacht worden. Hiernach sind die in § 65 Abs. 1 Nr. 2 bis 12 enthaltenen Ermächtigungen auf den Präsidenten des DPMA übertragen worden. Der Präsident des DPMA hat die Regelungsgegenstände des § 65 Abs. 1 Nr. 2 bis 10 in der MarkenV (s. 3. Teil des Kommentars, I 3) und die des § 65 Abs. 1 Nr. 11, 12 in der WahrnV (s. 3. Teil des Kommentars, I 4) geregelt. Es hat eine Übertragung in sehr viel weiterem Umfang stattgefunden, als noch in der Gesetzesbegründung avisiert worden war (s. Begründung zum MarkenG, BT-Drucks. 12/6581 vom 14. Januar 1994, S. 103). Lediglich hinsichtlich der Regelung der Einrichtung und des Geschäftsgangs des DPMA in Markensachen (Nr. 1) und der Erhebung von Verwaltungskosten (Nr. 13) hat sich das Bundesministerium der Justiz die Rechtsverordnungsermächtigung vorbehalten.

## Abschnitt 5. Verfahren vor dem Patentgericht

### Vorbemerkung zu den §§ 66 bis 82

#### Inhaltsübersicht

|   | Rn |
|---|---|
| A. Beschwerdeverfahren vor dem BPatG | 1 |
| B. Rechtsstellung des BPatG | 2, 3 |
| C. Vorschriften über die Gerichtsverfassung des BPatG (§§ 65 bis 72 PatG) | 4 |

**Schrifttum zum PatG.** *Ballhaus,* Das Bundespatentgericht, Mitt 1961, 101; *Dihm,* Die Beschwerde an das Patentgericht, Mitt 1984, 29; *Faber,* Über die Zusammenarbeit von rechtskundigen und technischen Richtern bei dem Bundespatentgericht, DRiZ 1975, 49; *Herbst,* Das Bundespatentgericht als Gericht der ordentlichen Gerichtsbarkeit, FS 25 Jahre Bundespatentgericht, 1986, S. 47; *Jungbluth,* Das Bundespatentgericht im zehnten Jahre seines Bestehens, FS Zehn Jahre Bundespatentgericht, 1971, S. 9; *Kirchner,* Obligatorische mündliche Verhandlung nach § 36 o Nr. 1 PatG auch hinsichtlich der Nebenpunkte des Beschwerdeverfahrens?, GRUR 1974, 563; *Krieger,* Das Bundespatentgericht als „Bundesgericht für Angelegenheiten des gewerblichen Rechtsschutzes" (Art. 96 GG), GRUR 1977, 343; *Krieger,* Die Errichtung des Bundespatentgerichts vor 25 Jahren, FS 25 Jahre Bundespatentgericht, 1986, S. 31; *Pakuscher,* Vereinfachungsnovelle und Begründungszwang patentgerichtlicher Entscheidungen, GRUR 1973, 609; *Pakuscher,* Patentamt und Patentgericht – ein organisatorisches Rechtsproblem, Mitt

1977, 8; *Pakuscher,* Zukünftige Aufgaben des Bundespatentgerichts, Auswirkungen der europäischen Patentübereinkommen und anderer internationaler Verträge, BB 1977, 1; *Pakuscher,* Zum zwanzigsten Geburtstag des Bundespatentgerichts, GRUR 1981, 449; *Röhl,* Patentrechtsweg zum Bundesverwaltungsgericht?, NJW 1960, 1793; *Schmieder,* 25 Jahre Bundespatentgericht, NJW 1986, 1715; *Sendler,* Richter und Sachverständige, NJW 1986, 2907; *Starck,* Die Statthaftigkeit der Beschwerde zum Bundespatentgericht, GRUR 1985, 798; *Vogel,* Zur Auswirkung des Vertrages über die Herstellung der Einheit Deutschlands auf die Verfahren vor dem Deutschen Patentamt und dem Bundespatentgericht, GRUR 1991, 83; *Weiss,* Drei Jahre Bundespatentgericht, Gedanken und Erfahrungen, GRUR 1964, 637; *Winter,* Handlungsvollmacht und patentgerichtliches Beschwerdeverfahren, GRUR 1978, 233.

**Schrifttum zum MarkenG.** *Eichmann,* Die dreidimensionale Marke im Verfahren vor dem DPMA und dem BPatG, GRUR 1995, 184; *Engel,* Zu den prozeßrechtlichen Regelungen des Markengesetzes, FS für Piper, 1996, S. 513; *Metzlaff,* Aufgabenteilung und Zusammenarbeit zwischen EG-Kommission und nationalen Gerichten im Markenrecht, EWS 1994, 373; *Mitscherlich,* Verfahrensrechtliche Aspekte des neuen Markenrechts, FS DPMA 100 Jahre Marken-Amt, 1994, S. 199.

## A. Beschwerdeverfahren vor dem BPatG

Regelungsgegenstand von Abschnitt 5 (§§ 66 bis 82) ist das *Verfahren vor dem BPatG.* Der Abschnitt enthält sowohl die Vorschriften über das eigentliche *Beschwerdeverfahren* (§§ 66 bis 71), als auch die notwendigen *allgemeinen Vorschriften* über das Verfahren vor dem BPatG (§§ 72 bis 82). Das MarkenG enthält damit selbst alle anzuwendenden Verfahrensvorschriften markenrechtlicher Natur für das Beschwerdeverfahren vor dem BPatG und bedarf deshalb keiner Verweisungen auf das PatG. Die *markengesetzlichen* Verfahrensvorschriften stimmen im wesentlichen mit den *patentgesetzlichen* Verfahrensvorschriften überein, soweit sich nicht aus der Rechtsnatur der verschiedenen gewerblichen Schutzrechte auch verfahrensrechtliche Besonderheiten ergeben. Das patentgerichtliche Beschwerdeverfahren besteht seit dem sechsten Gesetz zur Änderung und Überleitung von Vorschriften auf dem Gebiet des gewerblichen Rechtsschutzes vom 23. März 1961 (BGBl. I S. 274), durch das die Beschwerdesenate als Zuständigkeit des DPMA auf das BPatG übergegangen sind. Nach der Rechtslage im WZG bestanden zum Beschwerdeverfahren gegen Entscheidungen des DPMA nur insoweit warenzeichengesetzliche Vorschriften, als dies wegen der markenrechtlichen Besonderheiten im Vergleich zum patentrechtlichen Verfahren als erforderlich erschien. Die warenzeichengesetzlichen Regelungen über das patentgerichtliche Beschwerdeverfahren enthielt § 13 Abs. 1, 2 und 4 WZG. In § 13 Abs. 5 war die Rechtsbeschwerde an den BGH geregelt. Im übrigen enthielt § 13 Abs. 3 eine Verweisung auf die Vorschriften des PatG über das Beschwerdeverfahren vor dem BPatG. Das *Beschwerdeverfahren* ist ein *gerichtliches Verfahren in Markenangelegenheiten* im Sinne von Teil 3 des MarkenG, das an das vorausgegangene *Verwaltungsverfahren vor dem DPMA,* das gleichermaßen ein Verfahren in Markenangelegenheiten im Sinne von Teil 3 des MarkenG darstellt, anschließt. Das patentgerichtliche Beschwerdeverfahren ist nach der Art eines *Rechtsmittelverfahrens* ausgestaltet.

## B. Rechtsstellung des BPatG

Das MarkenG enthält weder besondere Vorschriften über das BPatG noch über das DPMA. Das Bestehen von Amt und Gericht wird im MarkenG vorausgesetzt (s. Begründung zum MarkenG, BT-Drucks. 12/6581 vom 14. Januar 1994, S. 103). Die Rechtsstellung des BPatG bestimmt sich auch in den patentgerichtlichen Verfahren in Markenangelegenheiten nach den *Vorschriften des vierten Abschnittes des PatG* (§§ 65 bis 72 PatG). Regelungsgegenstände dieser Vorschriften sind die *Rechtsstellung des BPatG* und die *Rechtsstellung der Richter am BPatG,* sowie die *Dienstaufsicht* (§ 65 PatG), die *Organisation des BPatG* (§ 66 PatG), die *Besetzung der Senate des BPatG* (§ 67 PatG), das *Präsidium* sowie die *Geschäftsverteilung* (§ 68 PatG), die *Öffentlichkeit der Verhandlungen* sowie die *Sitzungspolizei* (§ 69 PatG), die *Beratung* und *Abstimmung für die Beschlußfassung in den Senaten* (§ 70 PatG), die *Rechtsstellung der Richter kraft Auftrags und der abgeordneten Richter* (§ 71 PatG) und die *Einrichtung der Geschäftsstelle des BPatG* (§ 72 PatG). Diese patentgesetzlichen Vorschriften über das BPatG werden im folgenden ohne Kommentierung (s. dazu näher *Benkard/Schäfers,* §§ 65 ff. PatG) abgedruckt.

3   Das im MarkenG sowie im PatG als Patentgericht bezeichnete Gericht führt nach § 65 Abs. 1 S. 3 die Bezeichnung *Bundespatentgericht (BPatG)* und hat nach § 65 Abs. 1 S. 2 seinen Sitz am Sitz des Patentamts in München (s. die Bekanntmachung des Bundesministeriums der Justiz über die Eröffnung des BPatG in München vom 30. Juni 1961, BlPMZ 1961, 247). Das BPatG ist mit Wirkung vom 1. Juli 1961 errichtet worden (s. zur Geschichte des BPatG näher *Benkard/Schäfers*, vor § 65 PatG, Rn 3 ff.). Das BPatG ist ein nach Art. 96 GG errichtetes *Bundesgericht* für Angelegenheiten des gewerblichen Rechtsschutzes. Das BPatG ist ein besonderes Gericht der *ordentlichen Gerichtsbarkeit* im Sinne des Art. 95 Abs. 1 GG (*Röhl*, NJW 1960, 1793; *Ballhaus*, Mitt 1961, 102; *Herbst*, FS 25 Jahre BPatG, S. 47). Es handelt sich um ein selbständiges Organ der Rechtspflege. Die Richter am BPatG sind persönlich (Art. 97 Abs. 2 GG, §§ 30 ff. DRiG) und sachlich (Art. 97 Abs. 1 GG; § 25 DRiG) unabhängig. Das BPatG ist dem BGH nachgeordnet (Art. 96 Abs. 3 GG). Für das BPatG als einem besonderen Gericht der ordentlichen Gerichtsbarkeit gelten nicht die für die Gerichte der ordentlichen streitigen Gerichtsbarkeit (ordentliche Gerichte im Sinne der §§ 12, 13 GVG) geltenden Bestimmungen des GVG, das nur ergänzend anzuwenden ist. Das BPatG hat den Rang eines OLG (s. BGH GRUR 1986, 453 – Transportbehälter).

## C. Vorschriften über die Gerichtsverfassung des BPatG (§§ 65 bis 72 PatG)

4   Das MarkenG geht vom Bestehen des BPatG aus und enthält insoweit keine eigenen Vorschriften über die *Gerichtsverfassung des BPatG*. Es gelten die Vorschriften des vierten Abschnitts des PatG über das BPatG. Diese werden im folgenden ohne Kommentierung abgedruckt (s. dazu näher *Benkard/Schäfers*, §§ 65 ff. PatG).

**§ 65. Patentgericht. Richteramt. Dienstaufsicht.** (1) Für die Entscheidung über Beschwerden gegen Beschlüsse der Prüfungsstellen oder Patentabteilungen des Patentamts sowie über Klagen auf Erklärung der Nichtigkeit oder Zurücknahme von Patenten und auf Erteilung von Zwangslizenzen wird das Patentgericht als selbständiges und unabhängiges Bundesgericht errichtet. Es hat seinen Sitz am Sitz des Patentamts. Es führt die Bezeichnung „Bundespatentgericht".

(2) Das Patentgericht besteht aus einem Präsidenten, den Vorsitzenden Richtern und weiteren Richtern. Sie müssen die Befähigung zum Richteramt nach dem Deutschen Richtergesetz besitzen (rechtskundige Mitglieder) oder in einem Zweig der Technik sachverständig sein (technische Mitglieder). Für die technischen Mitglieder gilt § 26 Abs. 2 entsprechend mit der Maßgabe, daß sie eine staatliche oder akademische Abschlußprüfung bestanden haben müssen.

(3) Die Richter werden vom Bundespräsidenten auf Lebenszeit ernannt, soweit nicht in § 71 Abweichendes bestimmt ist.

(4) Der Präsident des Patentgerichts übt die Dienstaufsicht über die Richter, Beamten, Angestellten und Arbeiter aus.

**§ 66. Organisation des Patentgerichts.** (1) Im Patentgericht werden gebildet
1. Senate für die Entscheidung über Beschwerden (Beschwerdesenate);
2. Senate für die Entscheidung über Klagen auf Erklärung der Nichtigkeit und auf Zurücknahme von Patenten sowie auf Erteilung von Zwangslizenzen (Nichtigkeitssenate).

(2) Die Zahl der Senate bestimmt der Bundesminister der Justiz.

**§ 67. Besetzung der Senate.** (1) Der Beschwerdesenat entscheidet in den Fällen des § 23 Abs. 4 und des § 50 Abs. 1 und 2 in der Besetzung mit einem rechtskundigen Mitglied als Vorsitzendem und zwei technischen Mitgliedern, in den Fällen des § 73 Abs. 3 und der §§ 130, 131 und 133 in der Besetzung mit einem technischen Mitglied als Vorsitzendem, zwei weiteren technischen Mitgliedern und einem rechtskundigen Mitglied, in den Fällen des § 31 Abs. 5 in der Besetzung mit einem rechtskundigen Mitglied als Vorsitzendem, einem weiteren rechtskundigen Mitglied und einem technischen Mitglied, im übrigen in der Besetzung mit drei rechtskundigen Mitgliedern.

(2) Der Nichtigkeitssenat entscheidet in den Fällen der §§ 84 und 85 Abs. 3 in der Besetzung mit einem rechtskundigen Mitglied als Vorsitzendem, einem weiteren rechtskundigen Mitglied und drei technischen Mitgliedern, im übrigen in der Besetzung mit drei Richtern, unter denen sich ein rechtskundiges Mitglied befinden muß.

**§ 68. Präsidium. Geschäftsverteilung.** Für das Patentgericht gelten die Vorschriften des Zweiten Titels des Gerichtsverfassungsgesetzes nach folgender Maßgabe entsprechend:

Beschwerde **§ 66 MarkenG**

1. In den Fällen, in denen auf Grund des Wahlergebnisses ein rechtskundiger Vorsitzender Richter und ein weiterer rechtskundiger Richter dem Präsidium nicht angehören würden, gelten der rechtskundige Vorsitzende Richter und der weitere rechtskundige Richter als gewählt, die von den rechtskundigen Mitgliedern die jeweils höchste Stimmenzahl erreicht haben.
2. Über die Wahlanfechtung (§ 21 b Abs. 6 des Gerichtsverfassungsgesetzes) entscheidet ein Senat des Patentgerichts in der Besetzung mit drei rechtskundigen Richtern.
3. Den ständigen Vertreter des Präsidenten ernennt der Bundesminister der Justiz.

**§ 69. Öffentlichkeit. Sitzungspolizei.** (1) Die Verhandlung vor den Beschwerdesenaten ist öffentlich, sofern ein Hinweis auf die Möglichkeit der Akteneinsicht nach § 32 Abs. 5 oder die Patentschrift nach § 58 Abs. 1 veröffentlicht worden ist. Die §§ 172 bis 175 des Gerichtsverfassungsgesetzes sind entsprechend anzuwenden mit der Maßgabe, daß

1. die Öffentlichkeit für die Verhandlung auf Antrag eines Beteiligten auch dann ausgeschlossen werden kann, wenn sie eine Gefährdung schutzwürdiger Interessen des Antragstellers besorgen läßt,
2. die Öffentlichkeit für die Verkündung der Beschlüsse bis zur Veröffentlichung eines Hinweises auf die Möglichkeit der Akteneinsicht nach § 32 Abs. 5 oder bis zur Veröffentlichung der Patentschrift nach § 58 Abs. 1 ausgeschlossen ist.

(2) Die Verhandlung vor den Nichtigkeitssenaten einschließlich der Verkündung der Entscheidungen ist öffentlich. Absatz 1 Satz 2 Nr. 1 gilt entsprechend.

(3) Die Aufrechterhaltung der Ordnung in den Sitzungen der Senate obliegt dem Vorsitzenden. Die §§ 177 bis 180, 182 und 183 des Gerichtsverfassungsgesetzes über die Sitzungspolizei gelten entsprechend.

**§ 70. Beratung und Abstimmung.** (1) Für die Beschlußfassung in den Senaten bedarf es der Beratung und Abstimmung. Hierbei darf nur die gesetzlich bestimmte Anzahl der Mitglieder der Senate mitwirken. Bei der Beratung und Abstimmung dürfen außer den zur Entscheidung berufenen Mitgliedern der Senate nur die beim Patentgericht zur Ausbildung beschäftigten Personen zugegen sein, soweit der Vorsitzende deren Anwesenheit gestattet.

(2) Die Senate entscheiden nach Stimmenmehrheit; bei Stimmengleichheit gibt die Stimme des Vorsitzenden den Ausschlag.

(3) Die Mitglieder der Senate stimmen nach dem Dienstalter, bei gleichem Dienstalter nach dem Lebensalter; der Jüngere stimmt vor dem Älteren. Wenn ein Berichterstatter ernannt ist, so stimmt er zuerst. Zuletzt stimmt der Vorsitzende.

**§ 71. Richter kraft Auftrags, abgeordnete Richter.** (1) Beim Patentgericht können Richter kraft Auftrags verwendet werden. § 65 Abs. 2 Satz 3 ist anzuwenden.

(2) Richter kraft Auftrags und abgeordnete Richter können nicht den Vorsitz führen.

**§ 72. Geschäftsstelle.** Beim Patentgericht wird eine Geschäftsstelle eingerichtet, die mit der erforderlichen Anzahl von Urkundsbeamten besetzt wird. Die Einrichtung der Geschäftsstelle bestimmt der Bundesminister der Justiz.

## Beschwerde

**66** (1) ¹Gegen die Beschlüsse der Markenstellen und der Markenabteilungen findet, soweit gegen sie nicht die Erinnerung gegeben ist (§ 64 Abs. 1), die Beschwerde an das Patentgericht statt. ²Die Beschwerde steht den am Verfahren vor dem Patentamt Beteiligten zu. ³Die Beschwerde hat aufschiebende Wirkung.

(2) **Die Beschwerde ist innerhalb eines Monats nach Zustellung des Beschlusses beim Patentamt einzulegen.**

(3) ¹Ist über eine Erinnerung nach § 64 innerhalb von sechs Monaten nach ihrer Einlegung nicht entschieden worden und hat der Erinnerungsführer nach Ablauf dieser Frist Antrag auf Entscheidung gestellt, so ist die Beschwerde abweichend von Absatz 1 Satz 1 unmittelbar gegen den Beschluß der Markenstelle oder der Markenabteilung zulässig, wenn über die Erinnerung nicht innerhalb von zwei Monaten nach Zugang des Antrags entschieden worden ist. ²Steht dem Erinnerungsführer in dem Erinnerungsverfahren ein anderer Beteiligter gegenüber, so ist Satz 1 mit der Maßgabe anzuwenden, daß an die Stelle der Frist von sechs Monaten nach Einlegung der Erinnerung eine Frist von zehn Monaten tritt. ³Hat der andere Beteiligte ebenfalls Erinnerung eingelegt, so bedarf die Beschwerde nach Satz 2 der Einwilligung des anderen Beteiligten. ⁴Die schriftliche Erklärung der Einwilligung ist der Beschwerde beizufügen. ⁵Legt der andere Beteiligte nicht innerhalb einer Frist von einem Monat

## MarkenG § 66

nach Zustellung der Beschwerde gemäß Absatz 4 Satz 2 ebenfalls Beschwerde ein, so gilt seine Erinnerung als zurückgenommen. [6]Der Lauf der Fristen nach den Sätzen 1 und 2 wird gehemmt, wenn das Verfahren ausgesetzt oder wenn einem Beteiligten auf Gesuch eine Frist gewährt wird. [7]Der noch übrige Teil der Fristen nach den Sätzen 1 und 2 beginnt nach Beendigung der Aussetzung oder nach Ablauf der gewährten Frist zu laufen. [8]Nach Erlaß der Erinnerungsentscheidung findet die Beschwerde nach den Sätzen 1 und 2 nicht mehr statt.

(4) [1]Der Beschwerde und allen Schriftsätzen sollen Abschriften für die übrigen Beteiligten beigefügt werden. [2]Die Beschwerde und alle Schriftsätze, die Sachanträge oder die Erklärung der Zurücknahme der Beschwerde oder eines Antrags enthalten, sind den übrigen Beteiligten von Amts wegen zuzustellen. [3]Andere Schriftsätze sind ihnen formlos mitzuteilen, sofern nicht die Zustellung angeordnet wird.

(5) [1]Für die Beschwerde ist eine Gebühr nach dem Tarif zu zahlen. [2]Wird die Gebühr für eine Beschwerde nach Absatz 1 nicht innerhalb der Frist des Absatzes 2 oder für eine Beschwerde nach Absatz 3 nicht innerhalb eines Monats nach Zugang der Beschwerde gezahlt, so gilt die Beschwerde als nicht eingelegt.

(6) [1]Erachtet die Stelle, deren Beschluß angefochten wird, die Beschwerde für begründet, so hat sie ihr abzuhelfen. [2]Dies gilt nicht, wenn dem Beschwerdeführer ein anderer an dem Verfahren Beteiligter gegenübersteht. [3]Die Stelle kann anordnen, daß die Beschwerdegebühr zurückgezahlt wird. [4]Wird der Beschwerde nicht nach Satz 1 abgeholfen, so ist sie vor Ablauf von einem Monat ohne sachliche Stellungnahme dem Patentgericht vorzulegen. [5]In den Fällen des Satzes 2 ist die Beschwerde unverzüglich dem Patentgericht vorzulegen.

### Inhaltsübersicht

| | Rn |
|---|---|
| A. Beschwerdeverfahren als ein gerichtliches Rechtsmittelverfahren einer zweiten Tatsacheninstanz | 1 |
| B. Beschwerde | 2–9 |
|    I. Zulässigkeit der Beschwerde (§ 66 Abs. 1 S. 1) | 2–4 |
|       1. Beschwerdefähige Beschlüsse | 2, 3 |
|       2. Nicht beschwerdefähige Bescheide | 4 |
|    II. Beschwer | 5 |
|    III. Anschlußbeschwerde | 6 |
|    IV. Rücknahme der Beschwerde | 7 |
|    V. Verzicht auf die Beschwerde | 8 |
|    VI. Suspensiveffekt der Beschwerde (§ 66 Abs. 1 S. 3) | 9 |
| C. Einlegung der Beschwerde | 10–17 |
|    I. Einlegung beim DPMA (§ 66 Abs. 2) | 10 |
|    II. Form der Beschwerde | 11, 12 |
|    III. Inhalt der Beschwerde | 13 |
|    IV. Beifügung von Abschriften und Zustellung (§ 66 Abs. 4 S. 1) | 14, 15 |
|    V. Beschwerdefrist (§ 66 Abs. 2) | 16, 17 |
| D. Durchgriffsbeschwerde (§ 66 Abs. 3) | 18–23 |
|    I. Begriff | 18 |
|    II. Einseitiges Verfahren | 19 |
|    III. Mehrseitiges Verfahren | 20, 21 |
|    IV. Hemmung der Ablauffrist | 22 |
|    V. Verhältnis der Erinnerungsentscheidung zur Beschwerde | 23 |
| E. Beschwerdegebühr (§ 66 Abs. 5) | 24 |
| F. Abhilfe der Beschwerde (§ 66 Abs. 6) | 25, 26 |
|    I. Einseitiges Verfahren | 25 |
|    II. Mehrseitiges Verfahren | 26 |
| G. Rechtsmittel | 27 |

**Schrifttum zum PatG.** *Dihm*, Die Beschwerde an das Patentgericht, Mitt 1984, 29; *Starck*, Die Statthaftigkeit der Beschwerde zum Bundespatentgericht, GRUR 1985, 798.

### Entscheidung zum MarkenG

**BPatGE 40, 144 – DIESEL**
   Zur Gebührenpflichtigkeit aller Beschwerden im MarkenG.

## A. Beschwerdeverfahren als ein gerichtliches Rechtsmittelverfahren einer zweiten Tatsacheninstanz

Das *Beschwerdeverfahren vor dem BPatG* findet gegen *Beschlüsse der Markenstellen* und der *Markenabteilungen* statt (§ 66 Abs. 1 S. 1). Mit der Errichtung des BPatG wurde eine organisatorische Trennung zwischen dem DPMA und dem BPatG vollzogen. Das Beschwerdeverfahren entspricht der Rechtsweggarantie des Art. 19 Abs. 4 GG und gewährt dem einzelnen Rechtsschutz gegen die Verletzung seiner Rechte durch die öffentliche Gewalt. Im Beschwerdeverfahren werden Beschlüsse der Markenstellen und der Markenabteilungen des DPMA als Entscheidungen einer ersten Instanz über den Instanzenweg zu den Beschwerdesenaten des BPatG aufgrund des Rechtsmittels der Beschwerde in einer zweiten Tatsacheninstanz gerichtlich überprüft (BGH GRUR 1969, 562, 563 – Appreturmittel). Die Verfahren in Markenangelegenheiten vor dem DPMA (§§ 32 ff., 45 ff., 48 ff.) als Verwaltungsverfahren, das Beschwerdeverfahren vor dem BPatG (§§ 66 ff.) und das Rechtsbeschwerdeverfahren vor dem BGH (§§ 83 ff.) bilden eine *verfahrensmäßige Einheit*, innerhalb derer das Beschwerdeverfahren die Stelle eines *gerichtlichen Rechtsmittelverfahrens* einnimmt. Im Beschwerdeverfahren wird der Beschluß des DPMA in vollem Umfang einer Nachprüfung unterworfen. Das Beschwerdeverfahren ist nicht auf eine Rechtskontrolle gegenüber dem DPMA beschränkt.

## B. Beschwerde

### I. Zulässigkeit der Beschwerde (§ 66 Abs. 1 S. 1)

#### 1. Beschwerdefähige Beschlüsse

Die *Beschwerde* ist nach § 66 Abs. 1 S. 1 gegen Beschlüsse der Markenstellen und Markenabteilungen des DPMA zulässig, soweit gegen diese Beschlüsse nicht die Erinnerung nach § 64 Abs. 1 gegeben ist (s. § 64, Rn 3). Wenn der Beschluß der Markenstelle oder der Markenabteilung nicht von einem Mitglied des Patentamts (Prüfer), sondern von einem Beamten des gehobenen Dienstes oder von einem vergleichbaren Angestellten erlassen worden ist, dann ist gegen diesen Beschluß nach § 64 Abs. 1 die Erinnerung und gegen die Entscheidung über die Erinnerung nach § 66 Abs. 1 die Beschwerde gegeben. Bei dem mit der Beschwerde angefochtenen Beschluß muß es sich um einen ein Verfahren mindestens teilweise abschließenden *Beschluß mit Entscheidungscharakter* handeln (RPA BlPMZ 1933, 34; DPMA BlPMZ 1953, 178); maßgeblich ist insoweit der sachliche Gehalt der Entscheidung (BGH GRUR 1972, 472, 474 – Zurückverweisung). Gegen eine prozeßleitende Verfügung, einen Zwischenbescheid oder eine inneramtliche, aktenorganisatorische Verfügung (BPatGE 17, 147) ist keine Beschwerde gegeben. Beschwerdefähig sind Beschlüsse, die eine Markenanmeldung oder einen sonstigen Antrag, etwa gerichtet auf Akteneinsicht, Umschreibung, Berichtigung, Änderung, Markenteilung oder Löschung, zurückweisen, auch wenn es sich bei dem Antrag in Wahrheit nur um eine Anregung handelt (zu § 10 Abs. 2 Nr. 2 WZG RPA BlPMZ 1905, 105). Es können auch solche Beschlüsse mit einer Beschwerde angegriffen werden, die die Rechtsstellung verbindlich berühren, wie etwa die Entscheidung des DPMA, das Widerspruchsverfahren auszusetzen (BPatGE 10, 131 – JACKIE; BPatG Mitt 1971, 92, 93). Um keine Beschwerde im Sinne des § 66 handelt es sich bei einer Dienstaufsichtsbeschwerde, die an den Präsidenten des DPMA und weiter an den Bundesminister der Justiz geht. Sie ist unbefristet zulässig, kann aber nur den Dienstbetrieb betreffen und nicht zur Anweisung führen, in einem bestimmten Sinn zu entscheiden (*Baumbach/Hefermehl*, § 13 WZG, Rn 2).

Die Beschwerde steht grundsätzlich jedem *am Verfahren Beteiligten* zu (§ 66 Abs. 1 S. 2). Das sind etwa der *Anmelder* oder der *Antragsteller*, der *Widersprechende* oder der *Markeninhaber*, dessen Marke gelöscht werden soll. Läßt eine eingelegte Beschwerde innerhalb der Beschwerdefrist nicht erkennen, wer *Beschwerdeführer* ist, so ist die Beschwerde als unzulässig zu verwerfen (BPatGE 12, 67 – Elastolan). Bei *mehreren Widersprüchen* hat jeder Widersprechende ein eigenständiges Beschwerderecht (RPA BlPMZ 1902, 124). Wird der Widerspruch nicht von mehreren, sondern von einem einzigen Markeninhaber eingelegt, der seinen Widerspruch auf *mehrere Marken* stützt, so stehen ihm nicht mehrere parallele Beschwerderechte zu. Das Rechtsschutzinteresse entfällt, wenn sein Widerspruch wegen einer Widerspruchsmarke erfolgreich war (BGH GRUR 1967, 94 – Stute).

### 2. Nicht beschwerdefähige Bescheide

4   *Prozeßleitende Verfügungen* sind auch dann nicht beschwerdefähig, wenn sie in Form eines Beschlusses ergehen. Das gilt etwa für die Ablehnung eines Fristgesuchs oder eines Beschleunigungsantrags (BPatGE 10, 35, 40), die Ablehnung der Berichtigung einer Sitzungsniederschrift aus sachlichen Gründen (RPA BlPMZ 1939, 55) oder Beweisbeschlüsse (RPA BlPMZ 1903, 187; 1937, 196). *Zwischenbescheide*, die nur Äußerungen über die Rechtslage darstellen, wie etwa die Feststellung des Anmeldetages oder des Prioritätstages (RPA BlPMZ 1910, 232; 1917, 127; DPMA BlPMZ 1955, 216; RPA Mitt 1934, 80; hinsichtlich der Zuerkennung eines bestimmten Anmeldetages anders EPA (JB) ABl. 1987, 475, 478), sowie gesetzlich vorgeschriebene *Benachrichtigungen* oder schlichte *Mitteilungen* sind nicht beschwerdefähig (s. zu weiteren nicht beschwerdefähigen Bescheiden ohne Entscheidungscharakter *Benkard/Schäfers*, § 73 PatG, Rn 14).

## II. Beschwer

5   Die Beschwerde setzt wie jedes prozeßrechtliche Rechtsmittel eine *Beschwer des Beschwerdeführers* voraus (BGH GRUR 1967, 94, 95 f. – Stute). Es ist nicht ausreichend, daß den Beschwerdeführer die Gründe der Entscheidung beschweren; der Tenor, die Formel der Entscheidung, muß ihn beschweren. Maßgeblich ist, ob die Entscheidung dem Verfahrensbeteiligten weniger zuspricht, als er begehrt hat (BGH GRUR 1967, 435 – Isoharnstoffäther; 1984, 797 – Zinkenkreisel). Gegen Zwischenbescheide gibt es keine Beschwerde, da diese noch keine Beschwer auslösen. Eine Beschwer liegt aber etwa vor, wenn das DPMA die Eintragung eines Zeichens zwar nicht auf den Widerspruch des Beschwerdeführers hin versagt hat, wohl aber auf Widerspruch anderer, weil sich andernfalls der Anmelder mit den anderen auf Kosten des Beschwerdeführers einigen könnte (RPA BlPMZ 1902, 124).

## III. Anschlußbeschwerde

6   Das MarkenG enthält keine ausdrückliche Regelung über die *Anschlußbeschwerde*. Die Zulässigkeit der Anschlußbeschwerde ergibt sich aus einer entsprechenden Anwendung des § 521 ZPO nach § 82 Abs. 1 S. 1 (BPatG GRUR 1997, 54 – S. OLIVER). Voraussetzung ist ein nach den Umständen des Einzelfalles bestehendes, ausreichendes *Rechtsschutzbedürfnis an der Anschließung* (BPatGE 3, 48, 50; 15, 142, 146). Die Anschlußbeschwerde kann als *unselbständige* Anschlußbeschwerde in entsprechender Anwendung des § 521 Abs. 1 ZPO auch nach Ablauf der Beschwerdefrist und bis zur Entscheidung über die Hauptbeschwerde erhoben werden (BPatGE 2, 116, 117; s. zur abweichenden Behandlung der Anschlußrechtsbeschwerde § 85, Rn 12). Die unselbständige Anschlußbeschwerde setzt voraus, daß eine Beschwerde anhängig ist; diese darf weder als unzulässig verworfen (§ 70 Abs. 2) noch wirksam zurückgenommen sein. Berechtigt zur Anschließung sind nur die Beteiligten im Verfahren vor dem DPMA. Eine eigene Beschwerdegebühr braucht für die unselbständige Anschlußbeschwerde nicht gezahlt zu werden (BPatGE 3, 48).

## IV. Rücknahme der Beschwerde

7   Bis zum Erlaß einer rechtskräftigen Entscheidung im Beschwerdeverfahren kann die Beschwerde *jederzeit vom Beschwerdeführer zurückgenommen* werden. Damit wird der angegriffene Beschluß des DPMA bestandskräftig und verbindlich. Ist eine *unselbständige* Anschlußbeschwerde eingelegt worden (s. Rn 6), so wird diese unzulässig.

## V. Verzicht auf die Beschwerde

Der Beschwerdeberechtigte kann auf sein Beschwerderecht nach § 514 ZPO analog verzichten (BPatGE 15, 153, 154). Wenn der Beschwerdeberechtigte trotz wirksamen *Beschwerdeverzichts* Beschwerde einlegt, dann ist die Beschwerde als unzulässig zu verwerfen (BPatGE 15, 153). **8**

## VI. Suspensiveffekt der Beschwerde (§ 66 Abs. 1 S. 3)

Nach § 66 Abs. 1 S. 3 kommt der Beschwerde *aufschiebende Wirkung* zu. Voraussetzung ist, daß die Beschwerde rechtswirksam erhoben wurde. Nicht rechtswirksam erhoben ist die Beschwerde dann, wenn sie als nicht eingelegt gilt, wie im Falle einer nicht fristgerechten Zahlung der Beschwerdegebühr (§ 66 Abs. 5 S. 2). Einer Beschwerde, die als rechtlich nicht existent zu qualifizieren ist, kommt keine aufschiebende Wirkung zu (BPatGE 6, 186). Nicht erforderlich ist, daß die Beschwerde *zulässig* oder gar *begründet* ist. Bereits die *statthafte* Beschwerde hat aufschiebende Wirkung (BPatGE 3, 120). Infolge der aufschiebenden Wirkung können aus dem angefochtenen Beschluß vorläufig keine Rechtsfolgen hergeleitet werden (BPatGE 18, 7, 12). Alle Maßnahmen zur Ausführung der Beschlüsse haben zu unterbleiben. Die aufschiebende Wirkung der Beschwerde tritt auch bei *feststellenden* Beschlüssen ein. **9**

## C. Einlegung der Beschwerde

### I. Einlegung beim DPMA (§ 66 Abs. 2)

Die *Beschwerde* ist nach § 66 Abs. 2 wegen der Abhilfemöglichkeit nach § 66 Abs. 6 *beim DPMA einzulegen*. Wird irrtümlich die Beschwerde beim BPatG eingelegt, so ist die Beschwerde nur zulässig, wenn sie noch innerhalb der Beschwerdefrist an das DPMA weitergeleitet wird (BPatGE 18, 65, 67). Die Beschwerde wurde auch dann als zulässig beurteilt, wenn die rechtzeitig am letzten Tag der Beschwerdefrist bei der früheren gemeinsamen Postannahmestelle von DPA und BPatG eingegangene Beschwerdeschrift trotz falscher Adressierung unmittelbar an das zuständige DPA weitergeleitet werde und damit als von der Annahmestelle für das DPA entgegengenommen galt (BPatGE 18, 68, 70). **10**

### II. Form der Beschwerde

§ 66 Abs. 2 schreibt im Gegensatz zu der ausdrücklichen Anordnung des § 73 Abs. 2 S. 1 PatG nicht die *Schriftform der Beschwerde* vor. Auch aus den §§ 64 ff. MarkenV kann kein Formerfordernis entnommen werden, da es sich bei der Beschwerde anders als bei der Erinnerung nach § 64 nicht um ein Verfahren vor dem DPMA handelt (s. § 1 MarkenV), sondern um ein Verfahren vor dem BPatG. Wenn aber die MarkenV Formerfordernisse für die Erinnerung vorschreibt, so müssen diese für die Beschwerde zumindest entsprechend gelten. Es wird davon auszugehen sein, daß es sich bei der Formfreiheit der Beschwerde im MarkenG um ein *Redaktionsversehen* handelt, das auf der MarkenV beruht. Schon nach der Rechtslage im WZG war die Beschwerde nach den §§ 13 Abs. 3 WZG iVm 73 Abs. 2 PatG schriftlich einzulegen. Der Gesetzgeber des MarkenG wollte nur die patentrechtlichen Verfahrensvorschriften vom PatG auf das MarkenG übertragen, ohne aber das patentgerichtliche Verfahren in Markenangelegenheiten gegenüber dem Patentrecht zu ändern, soweit dies nicht wegen markenrechtlicher Besonderheiten erforderlich war (Begründung zum MarkenG, BT-Drucks. 12/6581 vom 14. Januar 1994, S. 103). Eine markenrechtliche Besonderheit, die eine Abweichung von der Schriftform der Beschwerde als sachlich geboten oder angemessen erscheinen läßt, ist nicht ersichtlich. **11**

Wenn die *Beschwerde schriftlich einzulegen ist* (s. Rn 11), dann muß die Beschwerdeschrift nach § 126 BGB *eigenhändig unterzeichnet* werden. Zur Wahrnehmung der Schriftform reicht **12** deshalb der nicht unterschriebene Vermerk *Beschwerdegebühr* auf dem rechtzeitig eingegangenen Überweisungsabschnitt nicht aus (BPatGE 4, 70 – Viktoria). Eine Ausnahme vom Erfordernis der Eigenhändigkeit, nicht aber der Unterschrift besteht für die Einlegung durch *Telegramm*, *Fernschreiben* und *Telefax*, vorausgesetzt, daß die Durchgabe fristgerecht gegenüber dem DPMA erfolgt (BGH GRUR 1966, 280 – Stromrichter; 1981, 410 – Telekopie; für die Erinnerung §§ 65 f. MarkenV). Bei der Einlegung der Beschwerde durch Fernschreiben und Telefax muß die kopierte Vorlage handschriftlich unterzeichnet sein (BGH NJW 1990, 188). Bei der Einlegung durch Telefax trägt das Gericht, das die Übermittlung per Telefax eröffnet hat, die aus den technischen Gegebenheiten des Kommunikationsmittels herrührenden besonderen Risiken (BVerfG NJW 1996, 2857).

### III. Inhalt der Beschwerde

**13** Die Beschwerde bedarf *keiner Begründung*; anders ist im Gemeinschaftsmarkenrecht die Beschwerde nach Art. 59 S. 3 GMarkenV schriftlich zu begründen (zur Kritik am Privileg begründungsfreier Rechtsschutzgewähr s. § 42, Rn 27). Der Beschwerdeführer muß nur deutlich machen, gegen welchen Beschluß sich sein Rechtsmittel richtet, und daß er mit der Entscheidung des DPMA nicht einverstanden ist. Die Beifügung einer Begründung liegt gleichwohl im Interesse des Beschwerdeführers. Kündigt der Beschwerdeführer in zeitlicher Nähe zur Einlegung der Beschwerde die Nachreichung einer Begründungsschrift an, so ist deren Eingang vor der Entscheidung über die Beschwerde abzuwarten. Dem Beschwerdeführer kann eine kürzere Frist zur Beschwerdebegründung bestimmt werden.

### IV. Beifügung von Abschriften und Zustellung (§ 66 Abs. 4 S. 1)

**14** Nach § 66 Abs. 4 S. 1 soll der Beschwerde und allen Schriftsätzen eine *Abschrift für die übrigen Verfahrensbeteiligten* beigefügt werden. Die Nichtbeifügung hat keinen Einfluß auf die Zulässigkeit der Beschwerde. Die Abschriften können entweder vom Beschwerdeführer nachgefordert oder von Amts wegen auf dessen Kosten angefertigt werden (§ 82 Abs. 1 S. 3 iVm Nr. 1900 KostVerz zu § 11 Abs. 1 GKG).

**15** Die Beschwerdeschrift und alle übrigen Schriftsätze, die Sachanträge, die Beschwerderücknahme oder die Rücknahme eines Antrags enthalten, sind nach § 66 Abs. 4 S. 2 allen am Beschwerdeverfahren Beteiligten zuzustellen. Andere Schriftsätze werden den übrigen Beteiligten nach § 66 Abs. 4 S. 3 formlos mitgeteilt, wenn nicht die Zustellung angeordnet wird. Mitzuteilen sind die beigefügten oder die von Amts wegen hergestellten Abschriften.

### V. Beschwerdefrist (§ 66 Abs. 2)

**16** Die *Beschwerdefrist* beträgt nach § 66 Abs. 2 *einen Monat* nach Zustellung des Beschlusses. Die Frist zur Einlegung der Beschwerde gegen einen Beschluß des DPMA beginnt für jeden Beteiligten mit der an ihn erfolgten Zustellung (so zu § 73 Abs. 2 PatG BPatG GRUR 1996, 872 – Beschwerdefrist) und nicht erst mit der zuletzt erfolgten Zustellung an einen der mehreren Beteiligten (so zu § 73 Abs. 2 PatG BPatGE 31, 18 – Zustellungszeitpunkt). Die Fristberechnung beurteilt sich nach den §§ 187, 188 BGB; die Frist beginnt am Tag der Zustellung des Beschlusses (etwa am 16. April) und endet mit dem Ablauf des Tages, der im folgenden Monat seiner Zahl nach (16. Mai) dem Tage der Zustellung entspricht. Die Beschwerdefrist beginnt nur zu laufen, wenn die Beteiligten nach § 61 Abs. 2 S. 2 ordnungsgemäß belehrt worden sind. Den Beteiligten muß schriftlich das Rechtsmittel, das gegen den Beschluß gegeben ist, die Stelle, bei der das Rechtsmittel einzulegen ist, die Rechtsmittelfrist und die Rechtsmittelgebühr benannt werden (§ 61 Abs. 2 S. 1). Ist die Belehrung nicht ordnungsgemäß erfolgt, so kann Beschwerde *innerhalb eines Jahres* seit Zustellung des Beschlusses eingelegt werden. Die Frist kann nicht verlängert werden; im Fall der *Fristversäumnis* kann *Wiedereinsetzung in den vorigen Stand* nach § 91 gewährt werden. Die nach den Verfahrensvorschriften ordnungsgemäße Zustellung eines Beschlusses des DPMA setzt die Rechtsmittelfrist der Beschwerde auch dann in Lauf, wenn im Beschlußrubrum der Verfahrensbevollmächtigte des Anmelders nicht aufgeführt ist (s. zur Rechtsbeschwerde BGH GRUR 1995, 50 – Succhess).

Durch die *Berichtigung eines anfechtbaren Beschlusses* wird grundsätzlich keine neue Frist in Lauf gesetzt, es sei denn, daß sich erst aus der Berichtigung oder Ergänzung des Beschlusses die Beschwer ergibt (BGHZ 17, 149). Ist Beschwerde eingelegt worden, läßt sich aber innerhalb der Beschwerdefrist nicht erkennen, wer *Beschwerdeführer* ist, so ist die Beschwerde als unzulässig zu verwerfen (BGHZ 21, 168; BGH GRUR 1977, 508 – Abfangeinrichtung; 1990, 108 – Meßkopf; BPatGE 12, 67 – Elastolan; BPatG GRUR 1985, 123). Nach Ablauf der Beschwerdefrist kann nach den §§ 82 Abs. 1 S. 1 iVm 521 ZPO noch eine *unselbständige Anschlußbeschwerde* (s. Rn 6) eingelegt werden (BPatGE 2, 116, 117). 17

## D. Durchgriffsbeschwerde (§ 66 Abs. 3)

### I. Begriff

In Abweichung zu § 66 Abs. 1 ist die Beschwerde unter besonderen Voraussetzungen, die sich im wesentlichen aus einer Untätigkeit der zuständigen Stellen ergeben, unmittelbar gegen die Beschlüsse der Markenstellen und der Markenabteilungen, gegen die ansonsten nach § 64 Abs. 1 nur die Erinnerung gegeben ist, nach § 66 Abs. 3 zulässig. Diese *Durchgriffsbeschwerde* berührt ausschließlich die Zulässigkeit des Antrags. Wenn die Voraussetzungen der Durchgriffsbeschwerde vorliegen, dann wird die Durchgriffsbeschwerde wie jede andere Beschwerde behandelt. Nach der Rechtslage im WZG war eine Durchgriffsbeschwerde nicht zulässig. Der Gesetzgeber des MarkenG hat die Durchgriffsbeschwerde angesichts der gelegentlich für die Beteiligten nicht zumutbaren Dauer der Erinnerungsverfahren vorgesehen, die trotz der Bemühungen um einen Abbau der Rückstände im DPMA auch künftig nicht ausgeschlossen werden kann (s. Begründung zum Markengesetz, BT-Drucks. 12/6581 vom 14. Januar 1994, S. 58). 18

### II. Einseitiges Verfahren

In einem *einseitigen Verfahren* ist die Durchgriffsbeschwerde nach § 66 Abs. 3 S. 1 dann zulässig, wenn die für die Erinnerung zuständige Stelle nach Einlegung der Erinnerung *sechs Monate* untätig geblieben ist, und wenn nach Ablauf dieser sechs Monate trotz eines Antrags des Erinnerungsführers auf Entscheidung *nach weiteren zwei Monaten* nach Zugang des Antrags beim DPMA keine Entscheidung ergangen ist. Die Durchgriffsbeschwerde im einseitigen Verfahren setzt eine *Mindestuntätigkeitszeit von acht Monaten* voraus. Der Durchgriffsbeschwerde im einseitigen Verfahren kann nach § 66 Abs. 6 S. 1 abgeholfen werden. 19

### III. Mehrseitiges Verfahren

In einem *mehrseitigen Verfahren* ist die Durchgriffsbeschwerde nur unter besonderen Voraussetzungen zulässig. Da die Verfahren regelmäßig komplizierter und zeitaufwendiger sind, kann der Antrag des Erinnerungsführers auf Entscheidung erst nach *zehn Monaten* gestellt werden (§ 66 Abs. 3 S. 2). Nach *Ablauf weiterer zwei Monate* nach Zugang des Antrags auf Entscheidung beim DPMA kann grundsätzlich auch im mehrseitigen Verfahren die Durchgriffsbeschwerde eingelegt werden. Hat nur einer der Beteiligten Erinnerung eingelegt, so ist die Durchgriffsbeschwerde ohne weiteres zulässig. Hat der andere Beteiligte ebenfalls Erinnerung eingelegt, so ist die Durchgriffsbeschwerde ohne dessen Einverständniserklärung nicht zulässig, da ihm andernfalls die Prüfung seiner Erinnerung im patentamtlichen Verfahren entzogen wird (§ 66 Abs. 3 S. 3). Der Beschwerdeführer hat der Einlegung seiner zulässigen Durchgriffsbeschwerde eine *schriftliche Einwilligungserklärung* des anderen Erinnerungsführers beizufügen (§ 66 Abs. 3 S. 4). 20

Der andere Beteiligte, der gleichfalls Erinnerung eingelegt und der Durchgriffsbeschwerde schriftlich zugestimmt hat, kann ebenso Durchgriffsbeschwerde einlegen, auch wenn für 21 ihn die Fristen nach § 66 Abs. 3 S. 1 und 2 noch nicht abgelaufen sind. Seine Beschwerde ist unabhängig davon zulässig, ob er einen Antrag auf Entscheidung nach § 66 Abs. 3 S. 1 gestellt hat. Das Erinnerungsverfahren kann er jedoch nicht weiterverfolgen. Ihm steht es nur frei, *innerhalb eines Monats* nach Zustellung der Beschwerdeschrift an ihn ebenfalls das Beschwerdeverfahren zu betreiben und so sein Erinnerungsverfahren fortzuführen. Unterläßt er es, innerhalb einer Frist von einem Monat nach Zustellung der Beschwerde ebenfalls Durchgriffsbeschwerde einzulegen, dann gilt nach § 66 Abs. 3 S. 5 seine Erinnerung als zurückgenommen.

### IV. Hemmung der Ablauffrist

22  In einem Erinnerungsverfahren werden den Beteiligten vom DPMA häufig Fristen gewährt, da etwa weitere Ermittlungen erforderlich sind oder Verhandlungen über den Abschluß einer Abgrenzungsvereinbarung schweben. Im Falle einer solchen *Fristgewährung* können die Beteiligten eine Erinnerungsentscheidung während des Laufs dieser Frist nicht erwarten. Aus diesem Grund verlängert die gewährte Frist die Fristen des § 66 Abs. 3 S. 1 und 2. Nach § 66 Abs. 3 S. 6 hemmt die auf ein Gesuch gewährte Frist eines Beteiligten die Frist nach § 66 Abs. 3 S. 1 und 2; der noch übrige Teil der Fristen des § 66 Abs. 3 S. 1 und 2 beginnt nach Ablauf der gewährten Frist zu laufen (§ 66 Abs. 3 S. 7). Das gleiche gilt auch in den Fällen der Aussetzung des Erinnerungsverfahrens (§ 66 Abs. 3 S. 6). Für die Hemmung der Fristen ist es unerheblich, welchem Beteiligten eine Frist gewährt wurde oder welcher der Beteiligten erfolgreich die Aussetzung beantragt hat.

### V. Verhältnis der Erinnerungsentscheidung zur Beschwerde

23  Nach Einlegung der *Durchgriffsbeschwerde* (s. Rn 18 ff.) darf nach § 64 Abs. 5 S. 1 über die Erinnerung nicht mehr entschieden werden. Wenn gleichwohl eine Erinnerungsentscheidung nach § 64 Abs. 4 erlassen wird, dann ist diese Entscheidung ohne ausdrückliche Aufhebung gegenstandslos (§ 64 Abs. 5 S. 2). Bis zur Einlegung der Durchgriffsbeschwerde kann über die Erinnerung entschieden werden. Nach Erlaß einer Erinnerungsentscheidung ist die Einlegung der Durchgriffsbeschwerde nach § 66 Abs. 3 S. 8 unstatthaft.

### E. Beschwerdegebühr (§ 66 Abs. 5)

24  Nach § 66 Abs. 5 ist für die Beschwerde eine *Gebühr nach dem Tarif* zu bezahlen. Die Gebühr beträgt nach Nr. 234100 GebVerz zu § 1 PatGebG 300 DM. In Löschungssachen beträgt die Gebühr nach Nr. 234600 GebVerz zu § 1 PatGebG 520 DM. Die Beschwerdegebühr muß nach § 66 Abs. 5 iVm Abs. 2 innerhalb der Beschwerdefrist entrichtet werden. Wird die Gebühr nicht fristgerecht gezahlt, so gilt nach § 66 Abs. 5 S. 2 die Beschwerde als nicht eingelegt. Im Einzelfall kann nachträglich die Gebühr zurückbezahlt werden, wenn dies der Billigkeit entspricht (§ 71 Abs. 3). Zur fristgerechten Zahlung gehört auch die Angabe des Aktenzeichens und des Zwecks (DPMA BlPMZ 1956, 62). Die Beschwerdegebühr ist erst ab Einlegung der Beschwerde fällig, nicht schon mit Beginn der Beschwerdefrist (BPatGE 11, 57). Bei Versäumung der Frist auf Einzahlung der Beschwerdegebühr ist ebenso wie bei Versäumung der Frist zur Einlegung der Beschwerde Wiedereinsetzung in den vorigen Stand nach § 91 zulässig. War zwar die Gebühr rechtzeitig gezahlt, nicht dagegen fristgerecht die Beschwerdeschrift eingereicht worden, so wird die Beschwerde als unzulässig nach § 70 Abs. 2 verworfen (DPMA Mitt 1929, 181; BlPMZ 1957, 203). In diesem Fall ist die Beschwerdegebühr regelmäßig nach § 71 Abs. 3 zurückzuerstatten. Der Grundsatz der *Gebührenpflichtigkeit aller Beschwerden* besteht im MarkenG anders als nach der Rechtslage im WZG und in Abweichung von der entsprechenden Vorschrift des § 73 Abs. 3 PatG (BPatGE 40, 144, 145 – DIESEL). Der Gesetzgeber des MarkenG sah keinen überzeugenden Grund dafür, die Anrufung des BPatG in Beschwerdeverfahren gebührenfrei zuzulassen (Begründung zum MarkenG, BT-Drucks. 12/6581 vom 14. Januar 1994,

S. 104). Eine Ausnahme vom Grundsatz der Gebührenpflichtigkeit besteht nur für die Beschwerde gegen einen *Kostenfestsetzungsbeschluß*, für die keine Gebühr zu zahlen ist (§ 63 Abs. 3 S. 4).

## F. Abhilfe der Beschwerde (§ 66 Abs. 6)

### I. Einseitiges Verfahren

In einem *einseitigen Verfahren* besteht die Möglichkeit, der Beschwerde abzuhelfen. Wenn die Stelle, deren Beschluß angefochten wird, die Beschwerde für begründet hält, dann hat sie selbst der Beschwerde nach § 66 Abs. 6 S. 1 abzuhelfen. Voraussetzung einer zulässigen Abhilfe der Beschwerde im einseitigen Verfahren ist die Zulässigkeit und Begründetheit der Beschwerde. Zur Zulässigkeit der Beschwerde gehört auch die fristgerechte Zahlung der Beschwerdegebühr. Einer unzulässigen Beschwerde darf nur dann abgeholfen werden, wenn die Stelle, die den Beschluß erlassen hat, den Beschluß ohnehin hätte ändern dürfen (RGZ 62, 10). Ein einseitiges Verfahren ist auch im Falle mehrerer Anmelder gegeben, da Einseitigkeit in diesem Zusammenhang nur bedeutet, daß widerstreitende Interesse eines anderen Verfahrensbeteiligten nicht gegeben sind. Die abhelfende Stelle kann nach § 66 Abs. 6 S. 3 anordnen, daß die Beschwerdegebühr zurückgezahlt wird (zur entsprechenden Vorschrift des § 71 Abs. 3 für das BPatG s. § 71, Rn 13). Wenn der Beschwerde nicht abgeholfen wird, dann ist die Beschwerde vor Ablauf von einem Monat ohne sachliche Stellungnahme dem BPatG vorzulegen (§ 66 Abs. 6 S. 4). Auch gemäß § 73 Abs. 4 S. 3 PatG beträgt die Frist zur Vorlage der Akten an das BPatG im Falle der Nichtabhilfe nach der durch das 2. PatGÄndG (BGBl. I S. 1827) vom 16. Juli 1998 (BGBl. I S. 1827) erfolgten Änderung nunmehr einen Monat statt der bisher geltenden Dreimonatsfrist. Die Abhilfemöglichkeit nach § 66 Abs. 6 S. 1 besteht auch bei der Einlegung einer Durchgriffsbeschwerde nach § 66 Abs. 3 S. 1. 25

### II. Mehrseitiges Verfahren

In einem *mehrseitigen Verfahren*, an dem neben dem Beschwerdeführer noch andere Verfahrensbeteiligte teilnehmen, ist die Abhilfe der Beschwerde nach § 66 Abs. 6 S. 2 gesetzlich ausgeschlossen (s. nach der Rechtslage im WZG schon BGH GRUR 1969, 44 – Marpin). Die Beschwerde ist nach § 66 Abs. 6 S. 5 dem PatG unverzüglich und damit ohne schuldhaftes Zögern (§ 121 Abs. 1 BGB) vorzulegen. 26

## G. Rechtsmittel

Die Beschwerdeentscheidung stellt nach § 70 Abs. 1 einen Beschluß des BPatG dar. Gegen den Beschluß ist das Rechtsmittel der *Rechtsbeschwerde* an den BGH zulässig, sofern der Beschwerdesenat die Rechtsbeschwerde nach § 83 Abs. 1 und 2 zugelassen hat (s. § 83, Rn 5 ff.) oder bei Vorliegen eines Verfahrensmangels im Sinne des § 83 Abs. 3 Nr. 1 bis 6 die Rechtsbeschwerde ohne Zulassung möglich ist (s. § 83, Rn 13 ff.). 27

**Beschwerdesenate; Öffentlichkeit der Verhandlung**

**67** (1) **Über Beschwerden im Sinne des § 66 entscheidet ein Beschwerdesenat des Patentgerichts in der Besetzung mit drei rechtskundigen Mitgliedern.**

(2) **Die Verhandlung über Beschwerden gegen Beschlüsse der Markenstellen und der Markenabteilungen einschließlich der Verkündung der Entscheidungen ist öffentlich, sofern die Eintragung veröffentlicht worden ist.**

(3) **Die §§ 172 bis 175 des Gerichtsverfassungsgesetzes gelten entsprechend mit der Maßgabe, daß**
1. **die Öffentlichkeit für die Verhandlung auf Antrag eines Beteiligten auch dann ausgeschlossen werden kann, wenn sie eine Gefährdung schutzwürdiger Interessen des Antragstellers besorgen läßt,**
2. **die Öffentlichkeit für die Verkündung der Entscheidungen bis zur Veröffentlichung der Eintragung ausgeschlossen ist.**

# MarkenG § 68

**Inhaltsübersicht**

|   | Rn |
|---|---|
| A. Beschwerdesenate am BPatG | 1 |
| B. Öffentlichkeitsgrundsatz | 2, 3 |
|    I. Öffentliche Verhandlung bei Veröffentlichung der Eintragung | 2 |
|    II. Nichtöffentlichkeit der Verhandlung bei nicht veröffentlichter Eintragung | 3 |

## A. Beschwerdesenate am BPatG

1   Über eine Beschwerde im Sinne des § 66 Abs. 1 entscheidet ein *Beschwerdesenat des BPatG* in der Besetzung mit drei rechtskundigen Mitgliedern. Dies entspricht der Rechtslage im WZG nach § 13 Abs. 4 S. 1 WZG. Am BPatG bestehen zur Zeit 8 Markensenate. Das BPatG ist als ein Bundesgericht ein besonderes Gericht der ordentlichen Gerichtsbarkeit und dem BGH nachgeordnet. Das BPatG ist keine Revisionsinstanz, sondern entscheidet als eine *zweite Tatsacheninstanz* nach dem ihm zur Zeit der Entscheidung vorliegenden Sachverhalt (zum BPatG s. Vorbem. zu den §§ 66 bis 82, Rn 2 f.).

## B. Öffentlichkeitsgrundsatz

### I. Öffentliche Verhandlung bei Veröffentlichung der Eintragung

2   Wenn die Eintragung einer angemeldeten Marke in das Register bereits nach § 41 veröffentlicht worden ist, dann findet die Verhandlung über eine Beschwerde gegen einen Beschluß der Markenstelle oder der Markenabteilung des DPMA nach § 67 Abs. 2 öffentlich statt. Die *Öffentlichkeit der Verhandlung* bezieht sich auch auf die Verkündung der Entscheidung. Nach § 67 Abs. 3, nach dem die §§ 172 bis 175 GVG entsprechend anzuwenden sind, bestehen *Ausnahmen* von dem Grundsatz der Öffentlichkeit der Verhandlung, die über die gerichtsverfassungsgesetzlichen Regelungen hinausgehen. Diese Ausnahmen waren schon nach der Rechtslage im WZG in § 13 Abs. 4 S. 3 WZG vorgesehen. Nach § 67 Abs. 3 Nr. 1 kann die Öffentlichkeit für die Verhandlung auf *Antrag eines Beteiligten* auch dann ausgeschlossen werden, wenn sie eine *Gefährdung schutzwürdiger Interessen des Antragstellers* besorgen läßt. Nach § 67 Abs. 3 Nr. 2 kommt ein Ausschluß der Öffentlichkeit für die Verkündung der Entscheidung *bis zur Veröffentlichung der Eintragung* in Betracht. Diese Regelungen dienen namentlich dem Schutz des Beteiligten gegen eine Nachahmung seiner angemeldeten Marke, sowie gegen sonstige Nachteile, die sich aus einer vorzeitigen Bekanntmachung seiner Markenanmeldung ergeben können.

### II. Nichtöffentlichkeit der Verhandlung bei nicht veröffentlichter Eintragung

3   Wenn die Eintragung der angemeldeten Marke in das Register noch nicht nach § 41 veröffentlicht ist, dann ist die Verhandlung über eine Beschwerde gegen Beschlüsse der Markenstellen oder der Markenabteilungen nicht öffentlich. Diese Rechtsfolge ergibt sich aus einem Umkehrschluß aus § 67 Abs. 2 (Begründung zum MarkenG, BT-Drucks. 12/6581 vom 14. Januar 1994, S. 104). Dies gilt nach § 67 Abs. 3 Nr. 2 auch für die Verkündung der Entscheidung, ohne daß es eines Antrags eines der Beteiligten bedarf.

**Beteiligung des Präsidenten des Patentamts**

**68** (1) [1]Der Präsident des Patentamts kann, wenn er dies zur Wahrung des öffentlichen Interesses als angemessen erachtet, im Beschwerdeverfahren dem Patentgericht gegenüber schriftliche Erklärungen abgeben, an den Terminen teilnehmen und in ihnen Ausführungen machen. [2]Schriftliche Erklärungen des Präsidenten des Patentamts sind den Beteiligten von dem Patentgericht mitzuteilen.

(2) [1]Das Patentgericht kann, wenn es dies wegen einer Rechtsfrage von grundsätzlicher Bedeutung als angemessen erachtet, dem Präsidenten des Patentamts anheimgeben, dem Beschwerdeverfahren beizutreten. [2]Mit dem Eingang der Beitrittserklärung erlangt der Präsident des Patentamts die Stellung eines Beteiligten.

## Inhaltsübersicht

| | Rn |
|---|---|
| A. Äußerungsrecht des Präsidenten des DPMA (§ 68 Abs. 1) | 1–3 |
|    I. Grundsatz | 1 |
|    II. Wahrung des öffentlichen Interesses | 2 |
|    III. Formen des Äußerungsrechts | 3 |
| B. Beitritt des Präsidenten des DPMA (§ 68 Abs. 2) | 4–10 |
|    I. Grundsatz | 4 |
|    II. Anheimgabe des Beitritts | 5–7 |
|    III. Beitrittserklärung des Präsidenten | 8 |
|    IV. Rechtsstellung als Verfahrensbeteiligter nach erklärtem Beitritt | 9, 10 |

**Schrifttum zum PatG.** *Goebel*, Die Beteiligung des Präsidenten des Deutschen Patentamtes an Beschwerdeverfahren, GRUR 1985, 641; *Schäfers*, Aspekte des neuen Patentrechts, Mitt 1981, 6.

## A. Äußerungsrecht des Präsidenten des DPMA (§ 68 Abs. 1)

### I. Grundsatz

Nach § 68 Abs. 1 steht dem Präsidenten des DPMA zur Wahrung des öffentlichen Interesses ein *Äußerungsrecht im Beschwerdeverfahren* vor dem BPatG zu. Im Beschwerdeverfahren geht es nicht allein um die Rechte der Verfahrensbeteiligten des patentamtlichen Verfahrens, sondern es besteht auch ein *öffentliches Interesses* an dem Ausgang des patentgerichtlichen Verfahrens. Den Entscheidungen des BPatG kommt, namentlich wenn sie von der Rechtsauffassung des DPMA abweichen, für ein Vielzahl von Einzelfällen eine präjudizielle Bedeutung zu. Das Äußerungsrecht im Beschwerdeverfahren ermöglicht dem Präsidenten des DPMA, die Auffassung des Amtes darzulegen und auf Umstände und Aspekte zu verweisen, die über die Umstände des zu entscheidenden Einzelfalles hinausgehen und insoweit von öffentlichem Interesses sind. Das Äußerungsrecht kann im einseitigen und im mehrseitigen Verfahren ausgeübt werden. Es wird davon auszugehen sein, daß der Präsident des DPMA von dem ihm eingeräumten Äußerungsrecht im Beschwerdeverfahren nur zurückhaltenden Gebrauch macht (s. zur Ausübung des Äußerungsrechts im patentrechtlichen Verfahren die Beschlußempfehlung und den Bericht des Rechtsausschusses (6. Ausschuß) zu dem von der Bundesregierung eingebrachten Entwurf eines Gesetzes über das Gemeinschaftspatent und zur Änderung patentrechtlicher Vorschriften, BT-Drucks. 8/2799 vom 3. Mai 1979, S. 23). 1

### II. Wahrung des öffentlichen Interesses

Das Äußerungsrecht im Beschwerdeverfahren vor dem BPatG besteht, wenn der Präsident des DPMA dies zur *Wahrung des öffentlichen Interesses* als angemessen erachtet. Ob der Präsident von seinem Äußerungsrecht Gebrauch macht, liegt in seiner Entscheidung, die er nach *pflichtgemäßem Ermessen* zu treffen hat. Der Wahrung öffentlicher Interessen dient es auch, wenn das Beschwerdeverfahren *verwaltungsmäßige Eigeninteressen* des DPMA berührt. Das Äußerungsrecht ermöglicht dem Präsidenten, auf die Berücksichtigung der patentamtlichen Interessen hinzuwirken zu versuchen. Öffentliche Interessen an der Wahrnehmung des Äußerungsrechts bestehen auch dann, wenn zwischen DPMA und BPatG eine *unterschiedliche Rechtsauffassung* zu einem Rechtsproblem von *präjudizieller* Bedeutung besteht (s. dazu näher *Benkard/Schäfers*, § 76 PatG, Rn 1). Auch *fiskalische Interessen des Bundes* können die Ausübung des Äußerungsrechts des Präsidenten zur Wahrung des öffentlichen Interesses rechtfertigen. Eine Äußerung des Präsidenten kann auch dann geboten sein, wenn die einseitige Wahrnehmung von *Privatinteressen* im Beschwerdeverfahren einen Hinweis auf entgegenstehende *Allgemeininteressen* als notwendig erscheinen läßt. Die Wahrnehmung des Äußerungsrechts im Beschwerdeverfahren verlangt von dem Präsidenten des DPMA nicht, vor dem BPatG das von ihm konkret wahrgenommene Interesse im einzelnen darzulegen. Ob die Ausübung des Äußerungsrechts des Präsidenten zur Wahrung des öffentlichen Interesses angemessen oder gar geboten ist, unterliegt nicht der Nachprüfung durch das BPatG. 2

## III. Formen des Äußerungsrechts

3   Die Ausübung des Äußerungsrechts kann in verschiedenen Formen erfolgen. Nach § 68 Abs. 1 S. 1 kann der Präsident im Beschwerdeverfahren dem BPatG gegenüber *schriftliche Erklärungen* abgeben, an den *Terminen teilnehmen* und in den Terminen *Ausführungen machen*. Wenn der Präsident des DPMA schriftliche Erklärungen abgibt, dann sind die schriftlichen Erklärungen den Verfahrensbeteiligten vom BPatG nach § 68 Abs. 1 S. 2 mitzuteilen. Die schriftlichen Erklärungen des Präsidenten werden insoweit den anderen Schriftsätzen der Verfahrensbeteiligten nach § 66 Abs. 4 S. 3 entsprechend behandelt. Das Äußerungsrecht des Präsidenten nach § 68 Abs. 1 räumt diesem *keine weiteren prozessualen Rechte* ein. Der Präsident des DPMA hat weder einen Anspruch auf eine formlose Berücksichtigung seiner Äußerung noch gar auf eine formelle Verbescheidung. Auch steht dem Präsidenten des DPMA insoweit kein Rügerecht zu. Allerdings können die anderen Verfahrensbeteiligten eine Nichtberücksichtigung der Äußerung des Präsidenten als einen Verfahrensverstoß rügen und mit der Rechtsbeschwerde angreifen (*Benkard/Schäfers*, § 76 PatG, Rn 6). Das Äußerungsrecht nach § 68 Abs. 1 räumt dem Präsidenten des DPMA in dem Beschwerdeverfahren vor dem BPatG nicht die Stellung eines Verfahrensbeteiligten ein. Da der Präsident nicht Verfahrensbeteiligter ist, hat er keinen Anspruch auf Zustellung aller Schriftsätze der Verfahrensbeteiligten nach § 66 Abs. 4. Dem Präsidenten steht auch nicht das Recht zu, Sachanträge in dem Beschwerdeverfahren zu stellen. Das Recht, Verfahrensanträge zu stellen, besteht nur in dem Umfang, als es zur wirksamen Ausübung des Äußerungsrechts erforderlich ist. Es bestehen aber Informationsmöglichkeiten des Präsidenten des DPMA hinsichtlich der Anhängigkeit des Verfahrens, sowie der ausgewechselten Schriftsätze, die sich aus dem Gesichtspunkt der Amtshilfe und der Akteneinsicht ergeben (*Benkard/Schäfers*, § 76 PatG, Rn 8). Die Stellung eines Verfahrensbeteiligten kann der Präsident des DPMA nur aufgrund einer Initiative des BPatG erlangen (zum Beteiligungsrechts des § 68 Abs. 2 s. Rn 4 ff.).

## B. Beitritt des Präsidenten des DPMA (§ 68 Abs. 2)

### I. Grundsatz

4   Die Ausübung des Äußerungsrechts durch den Präsidenten des DPMA im Beschwerdeverfahren vor dem BPatG zur Wahrung des öffentlichen Interesses nach § 68 Abs. 1 stellt eine Form der Beteiligung des Präsidenten am Beschwerdeverfahren dar, deren Wahrnehmung im pflichtgemäßen Ermessen des Präsidenten des DPMA liegt. Als eine andere Form der Beteiligung des Präsidenten des DPMA an einem Beschwerdeverfahren vor dem BPatG regelt § 68 Abs. 2 den *Beitritt zu dem Beschwerdeverfahren*, deren Ausübung allerdings der Initiative des BPatG bedarf. Der Präsident des DPMA bedarf gleichsam der Einladung des BPatG, einem laufenden Beschwerdeverfahren beizutreten (*Kraßer*, GRUR 1980, 420; *Schäfers*, Mitt 1981, 6, 13 f.). Die beiden Absätze von § 68 regeln umfassend die Beteiligung des Präsidenten des DPMA am patentgerichtlichen Beschwerdeverfahren und entsprechen den §§ 76, 77 PatG.

### II. Anheimgabe des Beitritts

5   Der Beitritt des Präsidenten des DPMA zu einem Beschwerdeverfahren vor dem BPatG verlangt die *Anheimgabe des Beitritts* durch das BPatG. Der Präsident des DPMA hat weder ein eigenes Beitrittsrecht noch ein Antragsrecht auf Beitritt. Der Präsident kann einem Beschwerdeverfahren erst dann beitreten, wenn der Beitritt vom BPatG anheimgegeben wird. Zuständig für die Anheimgabe des Beitritts ist der für das Beschwerdeverfahren zuständige Beschwerdesenat in seiner vorgeschriebenen Besetzung. Die Entscheidung über die Anheimgabe des Beitritts erfolgt durch Beschluß des Beschwerdesenats, der dem Präsidenten und den Verfahrensbeteiligten mitzuteilen ist. Voraussetzung eines Beitrittsbeschlusses ist es,

daß der Beschwerdesenat den Beitritt des Präsidenten des DPMA wegen einer *Rechtsfrage von grundsätzlicher Bedeutung* als angemessen erachtet. Die rechtlichen Voraussetzungen der Anheimgabe des Beitritts nach Abs. 2 sind enger als die rechtlichen Voraussetzungen der Ausübung des Äußerungsrechts nach Abs. 1. Dem Äußerungsrecht genügt bereits die Wahrung des öffentlichen Interesses, der Beitritt verlangt eine Rechtsfrage von grundsätzlicher Bedeutung als Gegenstand des Beschwerdeverfahrens. Das Vorliegen einer Rechtsfrage von grundsätzlicher Bedeutung genügt umgekehrt dem Äußerungsrecht zur Wahrung des öffentlichen Interesses. Unter welchen Voraussetzungen eine Rechtsfrage von grundsätzlicher Bedeutung vorliegt, wird in der Vorschrift nicht näher umschrieben (s. zum Zulassungsgrund der Rechtsfrage von grundsätzlicher Bedeutung im Rechtsbeschwerdeverfahren § 83, Rn 7 ff.). Man wird davon auszugehen haben, daß eine Rechtsfrage dann von grundsätzlicher Bedeutung ist, wenn die Entscheidung auf eine Vielzahl gleichartiger Einzelfälle Auswirkung und gleichsam *präjudizielle Bedeutung* hat. In einem solchen Falle ist die Geltendmachung öffentlicher Belange als Verfahrensbeteiligter durch den Präsidenten des DPMA im Beschwerdeverfahren gerechtfertigt, zumal auch die Einlegung der vom BPatG zugelassenen Rechtsbeschwerde geboten sein kann (s. Begründung zum GPatG, BT-Drucks. 8/2087 vom 7. September 1978, S. 36 f.). Ein Beitritt des Präsidenten des DPMA kann insbesondere dann geboten erscheinen, wenn das DPMA und das BPatG in einer Rechtsfrage unterschiedlicher Auffassung sind, der seitens des Präsidenten des DPMA grundsätzliche Bedeutung beigemessen wird. Es ist nicht erforderlich, daß es sich um eine *markenrechtliche* Rechtsfrage von grundsätzlicher Bedeutung zur Auslegung des MarkenG handelt. Auch ein *verfahrensrechtliches* Problem kann eine Rechtsfrage von grundsätzlicher Bedeutung darstellen.

Das Vorliegen einer Rechtsfrage von grundsätzlicher Bedeutung genügt für die Anheimgabe des Beitritts durch das BPatG an den Präsidenten des DPMA nicht. Voraussetzung ist weiter, daß der Beitritt des Präsidenten von dem Beschwerdesenat als angemessen erachtet wird. Bei der Beurteilung der *Angemessenheit* ist das öffentliche Interesse an dem Beitritt zu berücksichtigen. Eine Angemessenheit des Beitritts liegt etwa bei einer präjudiziellen Wirkung der Beschwerdeentscheidung für eine Vielzahl von dem DPMA zu bearbeitender Fallkonstellationen vor. Es ist nicht entscheidend, ob die Beschwerdeentscheidung verwaltungsmäßige Eigeninteressen des DPMA, fiskalische Interessen des Bundes oder vorwiegend Privatinteressen der Verfahrensbeteiligten berührt.

Die Anheimgabe des Beitritts nach Abs. 2 setzt nicht die Ausübung des Äußerungsrechts durch den Präsidenten des DPMA nach Abs. 1 voraus. Die Ausübung des Äußerungsrechts kann aber als *Anregung* zur Anheimgabe des Beitritts verstanden werden. Ein formelles Antragsrecht auf Beteiligung an einem Beschwerdeverfahren steht dem Präsidenten des DPMA nicht zu. Wenn die rechtlichen Voraussetzungen für einen Beitritt des Präsidenten des DPMA an dem Beschwerdeverfahren vorliegen, dann hat der Beschwerdesenat die Anheimgabe des Beitritts zu erklären. Es handelt sich *nicht um eine Ermessensentscheidung* des BPatG. Ein *Widerruf* der Anheimgabe des Beitritts durch das BPatG ist zwar nicht vorgesehen, aber dann zulässig, wenn die Voraussetzungen für eine Beteiligung des Präsidenten an dem Beschwerdeverfahren in Form einer Beteiligung nicht mehr vorliegen (aA *Benkard/Schäfers*, § 77 PatG, Rn 8). In einem solchen Falle handelt es sich bei dem Präsidenten nicht mehr um einen verfahrensrechtlich zulässigen Verfahrensbeteiligten, dessen Einflußnahme auf das Beschwerdeverfahren keine rechtliche Grundlage mehr hat. Das ist etwa dann der Fall, wenn die Rechtsfrage von grundsätzlicher Bedeutung rechtsverbindlich etwa aufgrund einer Vorlageentscheidung des EuGH entschieden worden ist.

### III. Beitrittserklärung des Präsidenten

Wenn dem Präsidenten des DPMA anheimgegeben ist, einem Beschwerdeverfahren beizutreten, dann steht die *Ausübung des Beitrittsrechts im pflichtgemäßen Ermessen* des Präsidenten. Die Ausübung des Beitrittsrechts, die nicht fristgebunden ist, besteht während der Dauer des Beschwerdeverfahrens. Der Beitritt kann auch noch im Rechtsbeschwerdeverfahren vor dem BGH erklärt werden.

## IV. Rechtsstellung als Verfahrensbeteiligter nach erklärtem Beitritt

**9** Wenn der Präsident nach seinem Ermessen den Beitritt zu dem Beschwerdeverfahren erklärt, dann erlangt er mit dem Eingang der Beitrittserklärung nach § 68 Abs. 2 S. 2 die *Rechtsstellung eines Verfahrensbeteiligten*. Ihm stehen die Verfahrensrechte vergleichbar den übrigen Verfahrensbeteiligten zu (anders bei der Ausübung des Äußerungsrechts nach Abs. 1 s. Rn 3). Die Beschwerde und alle Schriftsätze, die Sachanträge oder die Erklärung der Zurücknahme der Beschwerde oder eines Antrags enthalten, sind ihm nach § 66 Abs. 4 S. 2 zuzustellen. Andere Schriftsätze sind ihm nach § 66 Abs. 4 S. 2 formlos mitzuteilen, sofern nicht die Zustellung angeordnet wird. Der Präsident als Verfahrensbeteiligter ist berechtigt, Sachanträge zu stellen. Kosten des Beschwerdeverfahrens können dem Präsidenten nach § 71 Abs. 2 nur dann auferlegt werden, wenn er nach seinem Beitritt in dem Beschwerdeverfahren Anträge gestellt hat. Als einem am Beschwerdeverfahren Beteiligten steht dem Präsidenten die Rechtsbeschwerde nach § 84 Abs. 1 zu. Die Rechtsbeschwerde des Präsidenten ist nach § 83 Abs. 2 Nr. 1 zuzulassen, da eine Rechtsfrage von grundsätzlicher Bedeutung zu entscheiden ist. Die Zulassung der Rechtsbeschwerde ermöglicht eine höchstrichterliche Entscheidung der Rechtsfrage von grundsätzlicher Bedeutung.

**10** Die Rechtsstellung des Präsidenten als Beteiligter des Beschwerdeverfahrens *endet* mit der Beendigung des Verfahrens. Der Präsident ist Beteiligter des Rechtsbeschwerdeverfahrens auch dann, wenn ein anderer Verfahrensbeteiligter die Rechtsbeschwerde eingelegt hat (*Benkard/Rogge*, § 105 PatG, Rn 1). Zu jedem Zeitpunkt des Verfahrens kann der Präsident die *Erklärung seines Beitritts zurücknehmen* und damit seine Rechtsstellung als Verfahrensbeteiligter in dem Beschwerdeverfahren beenden.

## Mündliche Verhandlung

**§ 69** Eine mündliche Verhandlung findet statt, wenn
1. einer der Beteiligten sie beantragt,
2. vor dem Patentgericht Beweis erhoben wird (§ 74 Abs. 1) oder
3. das Patentgericht sie für sachdienlich erachtet.

### Inhaltsübersicht

| | Rn |
|---|---|
| A. Obligatorische mündliche Verhandlung | 1 |
| B. Anordnungsgründe einer mündlichen Verhandlung | 2–4 |
|    I. Antrag eines Beteiligten (§ 69 Nr. 1) | 2 |
|    II. Beweiserhebung durch das BPatG (§ 69 Nr. 2) | 3 |
|    III. Sachdienlichkeit der mündlichen Verhandlung (§ 69 Nr. 3) | 4 |

**Schrifttum zum PatG.** *Kirchner*, Obligatorische mündliche Verhandlung nach § 36o Nr. 1 PatG auch hinsichtlich der Nebenpunkte des Beschwerdeverfahrens?, GRUR 1974, 363; *Müller*, GRUR 1962, 190; *Müller-Arends*, Zulässigkeit und Rechtswirkung sogenannter bedingter Terminsanträge im Verfahren vor dem Bundespatentgericht, Mitt 1962, 9.

## A. Obligatorische mündliche Verhandlung

**1** Im Beschwerdeverfahren ist eine *mündliche Verhandlung obligatorisch* auf *Antrag eines der Beteiligten* (Nr. 1), im Falle einer *gerichtlichen Beweiserhebung* (Nr. 2) und bei *Sachdienlichkeit* (Nr. 3). Wenn diese Voraussetzungen des § 69 Nr. 1 bis 3 vorliegen, dann muß eine mündliche Verhandlung stattfinden; im übrigen ist im Beschwerdeverfahren die mündliche Verhandlung nicht vorgeschrieben. Eine *Regelausnahme* von der obligatorischen mündlichen Verhandlung besteht für den Beschluß, durch den eine *Beschwerde als unzulässig verworfen* wird und der nach § 70 Abs. 2 ohne mündliche Verhandlung ergehen kann. Eine mündliche Verhandlung findet nach § 70 Abs. 2 selbst dann nicht statt, wenn der Antrag eines der

Beteiligten nach § 69 Nr. 1 vorliegt, das BPatG eine mündliche Verhandlung aber nach pflichtgemäßem Ermessen nicht für erforderlich hält (BGH GRUR 1963, 279 – Weidepumpe). Eine *weitere Ausnahme* besteht nach § 80 Abs. 3, wonach über die *Berichtigung* von Schreibfehlern, Rechenfehlern und ähnlichen offenbaren Unrichtigkeiten in einer Entscheidung ohne vorherige mündliche Verhandlung entschieden werden kann. Auch über den *Antrag auf Aussetzung des Verfahrens* kann ohne mündliche Verhandlung entschieden werden (§ 82 Abs. 1 iVm § 248 Abs. 2 ZPO). Wenn über einen Antrag, der Gegenstand der Beschwerde ist, nach den Vorschriften der ZPO ohne mündliche Verhandlung eine Entscheidung ergehen konnte, dann hat im Beschwerdeverfahren eine mündliche Verhandlung stattzufinden, wenn die Voraussetzungen des § 69 Nr. 1 bis 3 vorliegen (*Benkard/Schäfers*, § 78 PatG, Rn 3; aA *Schulte*, § 78 PatG, Rn 1, Anm. 1.4). § 69 eröffnet eine mündliche Verhandlung im Beschwerdeverfahren auch für solche Verhandlungsgegenstände, über die in anderen Verfahren an sich ohne mündliche Verhandlung entschieden werden kann (etwa über den Antrag auf Aussetzung des Verfahrens nach § 248 Abs. 2 ZPO). Es ist nicht gerechtfertigt, den Beteiligten im Beschwerdeverfahren die mündliche Verhandlung zu verweigern, nur weil über den Antrag ohne mündliche Verhandlung entschieden werden konnte (str.; aA BPatGE 13, 77, 87).

## B. Anordnungsgründe einer mündlichen Verhandlung

### I. Antrag eines Beteiligten (§ 69 Nr. 1)

Die Beteiligten am Beschwerdeverfahren haben grundsätzlich einen *prozessualen Anspruch auf eine mündliche Verhandlung* vor dem BPatG. Auf Antrag eines der Beteiligten (Nr. 1) ist deshalb eine mündliche Verhandlung durchzuführen, unabhängig davon, ob das BPatG die mündliche Verhandlung für zweckmäßig oder erforderlich hält. Wenn die Beschwerde *als unzulässig verworfen* wird, dann kann der Beschluß nach § 70 Abs. 2 ohne mündliche Verhandlung ergehen. Wenn in einem *einseitigen* Verfahren der Beschwerde in vollem Umfang *als begründet stattgegeben* wird, dann kann nach der Rechtsprechung ohne mündliche Verhandlung entschieden werden (BPatGE 1, 163; kritisch *Müller*, GRUR 1962, 190). Es ist zulässig, den Antrag auf mündliche Verhandlung *hilfsweise* zu stellen (BPatGE 7, 107; *Müller-Arends*, Mitt 1962, 9). Bei einer *Entscheidung über Nebenpunkte* des Beschwerdeverfahrens können Ausnahmen von der obligatorischen mündlichen Verhandlung trotz Antrags eines Beteiligten bestehen (s. dazu *Kirchner*, GRUR 1974, 363). Wenn der Beschwerde in der Hauptsache entsprochen wird, dann kann trotz vorsorglichen Antrags auf mündliche Verhandlung eines Beteiligten über dessen *Antrag auf Rückzahlung der Beschwerdegebühr* nach § 71 Abs. 3 ohne mündliche Verhandlung entschieden werden (BPatGE 13, 69). Auch eine *Entscheidung über die Kosten* des Beschwerdeverfahrens kann ohne mündliche Verhandlung ergehen (BPatGE 16, 188). Wenn eine mündliche Verhandlung stattfindet, kann von der mündlichen Verhandlung wieder in das *schriftliche Verfahren* übergegangen werden (BGH GRUR 1974, 294 – Richterwechsel II; 1982, 406 – Treibladung; 1986, 47, 48 – Geschäftsverteilung). Im schriftlichen Verfahren im Anschluß an eine mündliche Verhandlung kann erneut ein Antrag eines Beteiligten auf Anberaumung einer weiteren mündlichen Verhandlung im Falle einer wesentlichen Veränderung der Verfahrenslage gestellt werden (BPatGE 12, 171, 172; offen gelassen BGH GRUR 1974, 294, 295 – Richterwechsel II).

### II. Beweiserhebung durch das BPatG (§ 69 Nr. 2)

Eine *Beweiserhebung im Beschwerdeverfahren* erfolgt nach § 74 Abs. 1 in der mündlichen Verhandlung. Eine mündliche Verhandlung ist deshalb nach § 69 Nr. 2 im Falle einer Beweiserhebung obligatorisch. Wenn bereits *vor der mündlichen Verhandlung* nach § 74 Abs. 2 durch einen *beauftragten* oder *ersuchten* Richter Beweis erhoben wird, dann bedarf es einer mündlichen Verhandlung nicht, da nicht der Beschwerdesenat in der Besetzung des § 67 Abs. 1 entscheidet und die Verhandlung über das Ergebnis der Beweisaufnahme durch den beauftragten oder ersuchten Richter eine Beweiserhebung im Sinne des § 74 Abs. 1 S. 1 nicht darstellt. Eine Beweiserhebung im Sinne des § 69 Nr. 2 liegt nach § 74 Abs. 1 S. 2

insbesondere dann vor, wenn *Augenschein eingenommen, Zeugen, Sachverständige* und *Beteiligte vernommen* und *Urkunden herangezogen* werden. Die Berücksichtigung von Urkunden, die Teil des patentamtlichen Verfahrens darstellen, im Beschwerdeverfahren bedarf keiner Beweiserhebung.

### III. Sachdienlichkeit der mündlichen Verhandlung (§ 69 Nr. 3)

**4** Wenn das BPatG eine mündliche Verhandlung nach § 69 Nr. 3 für sachdienlich erachtet, dann hat es eine mündliche Verhandlung anzuberaumen. Die *Sachdienlichkeit einer mündlichen Verhandlung* bestimmt sich nach der Aufgabe des Vorsitzenden des Beschwerdesenats, nach § 76 Abs. 4 in der mündlichen Verhandlung die Sache mit den Beteiligten in tatsächlicher und rechtlicher Hinsicht zu erörtern. Sachdienlich ist eine mündliche Verhandlung etwa dann, wenn in der mündlichen Verhandlung eine *Klärung der Sach- oder Rechtsfrage* zu erwarten ist, der Beschwerdesenat von einer *früheren Rechtsauffassung* in seiner Rechtsprechung abzuweichen beabsichtigt oder ein Anlaß für den Beschwerdesenat besteht, den Beteiligten gegenüber seine *verfahrensrechtliche Aufklärungspflicht* wahrzunehmen.

**Entscheidung über die Beschwerde**

**70** (1) Über die Beschwerde wird durch Beschluß entschieden.

(2) Der Beschluß, durch den eine Beschwerde als unzulässig verworfen wird, kann ohne mündliche Verhandlung ergehen.

(3) Das Patentgericht kann die angefochtene Entscheidung aufheben, ohne in der Sache selbst zu entscheiden, wenn

1. das Patentamt noch nicht in der Sache selbst entschieden hat,
2. das Verfahren vor dem Patentamt an einem wesentlichen Mangel leidet oder
3. neue Tatsachen oder Beweismittel bekannt werden, die für die Entscheidung wesentlich sind.

(4) **Das Patentamt hat die rechtliche Beurteilung, die der Aufhebung nach Absatz 3 zugrunde liegt, auch seiner Entscheidung zugrunde zu legen.**

### Inhaltsübersicht

| | Rn |
|---|---|
| A. Zulässigkeit der Beschwerde | 1 |
| B. Begründetheit der Beschwerde | 2–4 |
|    I. Prüfungsumfang | 2, 3 |
|    II. Maßgeblicher Entscheidungszeitpunkt | 4 |
| C. Beschwerdeentscheidung | 5–14 |
|    I. Verwerfung der Beschwerde | 5 |
|    II. Zurückweisung der Beschwerde | 6 |
|    III. Stattgabe der Beschwerde | 7–14 |
|       1. Abschließende Entscheidung des BPatG | 7 |
|       2. Aufhebung des angefochtenen Beschlusses ohne eigene Sachentscheidung | 8–13 |
|          a) Grundsatz | 8 |
|          b) Aufhebung und Zurückverweisung zur erstmaligen Entscheidung in der Sache (§ 70 Abs. 3 Nr. 1) | 9 |
|          c) Aufhebung und Zurückverweisung wegen eines wesentlichen Verfahrensmangels (§ 70 Abs. 3 Nr. 2) | 10, 11 |
|          d) Aufhebung und Zurückverweisung wegen neuer wesentlicher Tatsachen oder Beweismittel (§ 70 § Abs. 3 Nr. 3) | 12 |
|          e) Aufhebung und Zurückverweisung zum Erlaß der erforderlichen Anordnungen | 13 |
|       3. Bindungswirkung der Beschwerdeentscheidung (§ 70 Abs. 4) | 14 |
| D. Art und Begründung der Entscheidung | 15 |
| E. Rechtskraft der Beschwerdeentscheidung | 16 |

**Schrifttum zum PatG.** *Haeuseler,* Nochmals: Wie sollen die Beschwerdesenate des Patentgerichts entscheiden?, GRUR 1962, 77; *Kirchner,* Zur reformatio in peius bezüglich der Kostenentscheidung, Mitt 1972, 156; *Nebesky,* Die Bindungswirkung zwischen dem Patentamt und dem Bundespatentgericht, Mitt 1971, 101; *Schulte,* Die Bindung des Patentamts an Beschlüsse des Patentgerichts, GRUR

1975, 573; *Schulte*, Die Behandlung verspäteten Vorbringens im Verfahren vor dem Europäischen Patentamt, GRUR 1993, 300; *Thomsen*, Wie sollen die Beschwerdesenate des Patentgerichts entscheiden?, GRUR 1961, 560; *Völcker*, Hilfsantragshäufung und Teilentscheidung im patentgerichtlichen Beschwerdeverfahren, Mitt 1972, 141.

## A. Zulässigkeit der Beschwerde

Nur die *zulässige Beschwerde* darf sachlich geprüft und beschieden werden. Die unzulässige  1
Beschwerde ist nach § 70 Abs. 2 ohne weitere Prüfung als unzulässig zu verwerfen (BGH GRUR 1972, 592, 593 – Sortiergerät; BPatGE 29, 206, 209). Die Beschwerde muß statthaft sein. Sie muß sich nach § 66 Abs. 1 gegen einen Beschluß der Markenstellen oder der Markenabteilungen richten, gegen den die Erinnerung nicht gegeben ist (s. § 66, Rn 2). Der Beschwerdeführer muß beschwerdeberechtigt, prozeßfähig und postulationsfähig sein. Die Prozeßfähigkeit beurteilt sich nach § 82 Abs. 1 iVm §§ 51 ff. ZPO. Vor dem BPatG besteht grundsätzlich kein Anwaltszwang nach § 81 Abs. 1; der Beteiligte kann sich durch einen Bevollmächtigten vertreten lassen. Eine Ausnahme besteht nach § 96 Abs. 1 für die Markeninhaber, die im Inland weder Wohnsitz oder Sitz noch eine Niederlassung haben; diese bedürfen eines Rechtsanwalts oder eines Patentanwalts als Vertreter vor dem BPatG. Zulässigkeitsvoraussetzung ist das Vorliegen einer Beschwer des Beschwerdeführers aufgrund des mit der Beschwerde angefochtenen Beschlusses. Die Beschwerde ist form- und fristgemäß einzulegen (s. § 66, Rn 11, 16). Die Beschwerdegebühr ist nach § 66 Abs. 5 fristgemäß einzuzahlen, andernfalls die Beschwerde als nicht eingelegt gilt (s. § 66, Rn 24).

## B. Begründetheit der Beschwerde

### I. Prüfungsumfang

Die zulässige Beschwerde unterliegt der sachlichen Prüfung durch den Beschwerdesenat  2
des BPatG. Es findet keine umfassende Sachprüfung, sondern eine *Prüfung im Rahmen der von dem Beschwerdeführer gestellten Anträge* statt (BGH Mitt 1979, 198 – Begründungsrügen). Nach § 82 Abs. 1 sind die Vorschriften der ZPO entsprechend anzuwenden. Im patentgerichtlichen Beschwerdeverfahren darf weder zum Nachteil des Beschwerdeführers erkannt werden (reformatio in peius), noch ihm mehr als beantragt zuerkannt werden (ne ultra petita). Das patentgerichtliche Beschwerdeverfahren folgt insoweit den Grundsätzen des Zivilprozeßrechts (BGH GRUR 1972, 592, 594 – Sortiergerät; BPatGE 9, 30, 31; 10, 155, 157; 11, 227, 230; 29, 206, 209; zur Schlechterstellung bei einer Entscheidung über die Rückzahlung einer Verfahrensgebühr s. BGH GRUR 1984, 870 – Schweißpistolenstromdüse II; zur Schlechterstellung bei einer Kostenentscheidung s. *Kirchner*, Mitt 1972, 156).

Der Beschwerdesenat prüft als *Tatsacheninstanz* den angefochtenen Beschluß umfassend in  3
tatsächlicher und rechtlicher Hinsicht auf der Grundlage des bereits dem DPMA für seine Entscheidung vorgelegenen Verfahrensstoffes, auf den die Sachprüfung aber nicht beschränkt ist. Neue Tatsachen können zum Gegenstand der Verhandlung gemacht werden. Im Beschwerdeverfahren ist die rechtliche Überprüfung des patentamtlichen Beschlusses nicht beschränkt. Der Beschwerdeführer kann neue Rechtsgründe vortragen, der Beschwerdesenat von der rechtlichen Begründung des DPMA abweichen, auch wenn die neue Begründung des Beschwerdesenats die fehlerhafte Begründung des DPMA nur ersetzt und zur Zurückweisung der Beschwerde führt (BPatGE 9, 30). Ob eine *Ermessensentscheidung* des DPMA einer vollständigen, die Ausübung des Ermessens einbeziehenden Nachprüfung im patentgerichtlichen Beschwerdeverfahren unterliegt, ist umstritten (bejahend BPatGE 1, 175; 10, 131, 137; ablehnend BPatGE 10, 35, 41; 26, 44, 49). Der Verfahrensökonomie entspricht, die Nachprüfung einer patentamtlichen Ermessensentscheidung auf das Vorliegen von Ermessensfehlern zu beschränken (aA *Benkard/Schäfers*, § 79 PatG, Rn 11).

### II. Maßgeblicher Entscheidungszeitpunkt

Das patentgerichtliche Beschwerdeverfahren in Markenangelegenheiten kennt keine  4
Präklusion. Eine solche Regelung ist mit dem Untersuchungsgrundsatz des § 73 Abs. 1 S. 1

nicht vereinbar. Die Entscheidung über die Beschwerde erfolgt aufgrund der *Sachlage im Zeitpunkt des Erlasses der Entscheidung* (BPatGE 11, 179, 181; 22, 54). Tatsachen, die dem Gericht bis zum Entscheidungszeitpunkt mitgeteilt werden, sind zu berücksichtigen, auch wenn dies erst nach dem Schluß der mündlichen Verhandlung erfolgt. Eine Zurückweisung als verspätet ist grundsätzlich unzulässig (s. zum Verfahren vor den Beschwerdekammern des EPA *Schulte*, GRUR 1993, 300). Das gilt auch dann, wenn der Beschwerdesenat etwa aus gerichtsorganisatorischen Gründen oder wegen der Angabe eines unrichtigen Aktenzeichens keine tatsächliche Kenntnis erlangt haben konnte (BGH GRUR 1974, 210 – Aktenzeichen).

## C. Beschwerdeentscheidung

### I. Verwerfung der Beschwerde

5  Eine *unzulässige Beschwerde* wird nach § 70 Abs. 2 ohne mündliche Verhandlung *als unzulässig verworfen*. Anders als § 79 Abs. 2 S. 1 PatG, der bei der Verwerfung einer Beschwerde als unzulässig darauf abstellt, ob die Beschwerde nicht statthaft oder nicht in der gesetzlichen Form und Frist eingelegt ist, stellt der Wortlaut des § 70 Abs. 2 allgemeiner auf die unzulässige Beschwerde ab. Absicht des Gesetzgebers des MarkenG war es, den Eindruck einer abschließenden Aufzählung, den die Vorschrift des § 79 Abs. 2 S. 1 PatG vermittle, zu vermeiden (Begründung zum MarkenG, BT-Drucks. 12/6581 vom 14. Januar 1994, S. 105). Über die Statthaftigkeit sowie die form- und fristgerechte Einlegung der Beschwerde hinaus sind nach § 70 Abs. 2 *alle Zulässigkeitsvoraussetzungen*, wie etwa auch die Prozeßfähigkeit oder das Rechtsschutzbedürfnis, im Rahmen der Zulässigkeit der Beschwerde zu prüfen. Der die Beschwerde verwerfende Beschluß bedarf auch dann keiner mündlichen Verhandlung, wenn ein Beteiligter nach § 69 Nr. 1 eine mündliche Verhandlung beantragt (BGH GRUR 1963, 279 – Weidepumpe; s. § 69, Rn 2).

### II. Zurückweisung der Beschwerde

6  Die zulässige, aber *materiellrechtlich nicht begründete Beschwerde* ist *als unbegründet zurückzuweisen*, unabhängig von der Art der Gründe sachlicher Unbegründetheit. Der Beschwerdesenat kann namentlich eine fehlerhafte Begründung des patentamtlichen Beschlusses durch eine eigene Begründung ersetzen.

### III. Stattgabe der Beschwerde

#### 1. Abschließende Entscheidung des BPatG

7  Der *Erlaß einer abschließenden Entscheidung* des Beschwerdesenats stellt den gesetzlichen Regelfall dar. Folge der Einheit des patentamtlichen und patentgerichtlichen Verfahrens ist es, daß das BPatG den angefochtenen und aufgehobenen Beschluß stets ersetzen und den begehrten Beschluß selbst erlassen kann. Wenn die Beschwerde sachlich begründet ist, dann hebt der Beschwerdesenat den Beschluß des DPMA auf und entscheidet grundsätzlich in der Sache selbst (s. zur abweichenden Rechtsbeschwerdeentscheidung des BGH § 89, Rn 8 ff.). Das BPatG ist selbst bei Vorliegen eines schweren Verfahrensverstoßes nicht gehindert, abschließend in der Sache zu entscheiden (BGH GRUR 1998, 394, 395 – Active Line; 1997, 637, 638 – Top Selection; BlPMZ 1992, 496, 498 – Entsorgungsverfahren); die Zurückverweisung an das DPMA steht im Ermessen des BPatG (BGH GRUR 1998, 394, 395 – Active Line; 1993, 832, 834 – Piesporter Goldtröpfchen; 1977, 209, 211 – Tampon). Wenn die Voraussetzung des § 70 Abs. 3 Nr. 1 bis 3 vorliegen, dann kann der Beschwerdesenat von einer eigenen Sachentscheidung absehen und nach einer Aufhebung des angefochtenen Beschlusses die Sache an das DPMA zurückgeben (s. Rn 8 ff.). Eine abschließende Entscheidung kann ausnahmsweise auch die bloße Aufhebung des angefochtenen Beschlusses darstellen (BGH GRUR 1969, 433, 435 – Waschmittel).

## 2. Aufhebung des angefochtenen Beschlusses ohne eigene Sachentscheidung (§ 70 Abs. 3)

**a) Grundsatz.** Folge der Eigenschaft des BPatG als einer Tatsacheninstanz, sowie des 8 Untersuchungsgrundsatzes nach § 73 Abs. 1 S. 1 ist es, daß im Beschwerdeverfahren keine Präklusionswirkung besteht und den Beteiligten eine Ergänzung ihres Vortrags bis zum Zeitpunkt des Erlasses der Entscheidung möglich ist. Das BPatG hat den neuen Tatsachenvortrag zu berücksichtigen, den Sachverhalt von Amts wegen zu ermitteln und kann eine abschließende Entscheidung über die Beschwerde erlassen. In solchen Fallkonstellationen übernimmt das BPatG gleichsam Aufgaben des patentamtlichen Verfahrens. Zur eigenen Entlastung kann deshalb das BPatG unter den Voraussetzungen des § 70 Abs. 3 Nr. 1 bis 3 von einer abschließenden Entscheidung absehen und den angefochtenen Beschluß aufheben, ohne in der Sache selbst zu entscheiden und im übrigen die Sache an das DPMA zurückverweisen. Die Entscheidung nach § 70 Abs. 3, den *angefochtenen Beschluß ohne Sachentscheidung aufzuheben*, liegt im *Ermessen* des BPatG (s. Rn 7). Bei der Ausübung des Ermessens hat das Gericht zu berücksichtigen, daß zum einen im Falle einer eigenen Sachentscheidung des BPatG der Beschwerdeführer eine Tatsacheninstanz verliert, zum anderen mit einer Zurückverweisung an das DPMA eine Verzögerung des Verfahrens verbunden ist. Folge einer Zurückverweisung an das DPMA ist es, daß auch die *Beteiligtenstellung* der am patentamtlichen, nicht aber am patentgerichtlichen Verfahren Beteiligten auflebt (RPA Mitt 1932, 186).

**b) Aufhebung und Zurückverweisung zur erstmaligen Entscheidung in der Sa-** 9 **che (§ 70 Abs. 3 Nr. 1).** Wenn das DPMA noch nicht in der Sache selbst entschieden hat, kann der Beschwerdesenat den angefochtenen Beschluß aufheben und die Sache an das DPMA zur erstmaligen Entscheidung zurückverweisen (Abs. 3 Nr. 1). Eine *Zurückverweisung zur erstmaligen Sachentscheidung* kommt namentlich dann in Betracht, wenn die Anmeldung zur Eintragung der Marke wegen solcher Mängel zurückgewiesen worden ist, die während des Beschwerdeverfahrens entweder geheilt worden sind oder deren Vorliegen zu Unrecht angenommen worden ist. Nach dem Normzweck des § 70 Abs. 3 Nr. 1 erscheint eine Zurückverweisung zur erstmaligen Sachprüfung immer dann gerechtfertigt, wenn eine umfassende Sachprüfung im patentamtlichen Verfahren noch nicht erfolgt ist und die eintretende Verfahrensverzögerung einer Zurückverweisung nicht entgegensteht.

**c) Aufhebung und Zurückverweisung wegen eines wesentlichen Verfahrens-** 10 **mangels (§ 70 Abs. 3 Nr. 2).** Wenn das patentamtliche Verfahren an einem wesentlichen Mangel leidet, dann kann der Beschwerdesenat nach Abs. 3 Nr. 2 den angefochtenen Beschluß aufheben und an das DPMA zurückverweisen. Nicht jeder Mangel des patentamtlichen Verfahrens rechtfertigt eine Zurückverweisung. Der Zurückverweisungsgrund des § 70 Abs. 3 Nr. 2 setzt eine *Wesentlichkeit des Verfahrensmangels* voraus. Ein Verfahrensmangel ist dann wesentlich, wenn das patentamtliche Verfahren keine ordnungsgemäße Entscheidungsgrundlage für den angefochtenen Beschluß darstellt (BGH GRUR 1962, 86, 87 – Fischereifahrzeug). Erforderlich ist, daß der angefochtene Beschluß auf dem Verfahrensmangel beruht oder eine Ursächlichkeit zwischen dem Verfahrensmangel und dem angefochtenen Beschluß naheliegt.

In der Rechtsprechung zu § 79 Abs. 3 Nr. 2 PatG wurden als *wesentliche Verfahrensmängel* 11 beurteilt (s. die Übersicht bei Benkard/Schäfers, § 79 PatG, Rn 29): die *Verletzung der Begründungspflicht* (BPatGE 7, 26, 32; nicht aber bei einer Entscheidung nach Aktenlage unter Bezugnahme auf einen Formalbescheid, wenn sich die Entscheidungsgründe aus einem vorausgegangen Bescheid ergeben BPatGE 20, 157); die *Versagung des rechtlichen Gehörs* (BPatGE 7, 33, 34; 8, 157; BPatG Mitt 1977, 199; ausreichend aber die Gewähr rechtlichen Gehörs im Beschwerdeverfahren BPatGE 31, 176); die *Entscheidung einer unzuständigen Stelle* (BPatGE 30, 71, 73; 31, 212, 214 ff.); die *unzulässige Teilentscheidung über den Hauptantrag* (BPatGE 23, 48); die *eindeutig fehlerhafte Rechtsanwendung* (BPatGE 25, 129, 130).

**d) Aufhebung und Zurückverweisung wegen neuer wesentlicher Tatsachen** 12 **oder Beweismittel (§ 70 Abs. 3 Nr. 3).** Wenn neue, für die Entscheidung wesentliche Tatsachen oder Beweismittel bekannt werden, kann der Beschwerdesenat nach Abs. 3 Nr. 3

den angefochtenen Beschluß aufheben und zur Entscheidung an das DPMA zurückverweisen. Da im Beschwerdeverfahren als zweiter Tatsacheninstanz neue Tatsachen ohne Präklusionswirkung vorgetragen werden können, kommt der Zurückverweisungsgrund einer *wesentlichen Veränderung des Sachstandes* namentlich dann in Betracht, wenn der Beschwerdeführer neue Tatsachen vorträgt oder neue Beweismittel anbietet oder dem BPatG bekannt werden, wie etwa die notorische Bekanntheit einer Marke, sowie der Erwerb oder Verlust der Verkehrsgeltung einer Marke. Über diese neuen Tatsachen oder Beweismittel liegt eine Sachentscheidung des DPMA noch nicht vor.

13 **e) Aufhebung und Zurückverweisung zum Erlaß der erforderlichen Anordnungen.** Wenn die Entscheidung über den Beschlußgegenstand der Ausführung erforderlicher Anordnungen bedarf, dann kann der Beschwerdesenat nach § 82 Abs. 1 iVm § 575 ZPO den angefochtenen Beschluß aufheben und zum *Erlaß der erforderlichen Anordnungen* an das DPMA zurückverweisen (BGH GRUR 1969, 433, 435f. – Waschmittel; BPatGE 17, 64). Ein anordnender Zurückverweisungsbeschluß kommt namentlich dann in Betracht, wenn eine sachgerechte Ausführung der Anordnungen entweder allein im patentamtlichen Verfahren gewährleistet ist oder das patentgerichtliche Verfahren ungebührlich verzögern würde. Wenn nach dem Erkenntnisstand des BPatG eine abschließende Entscheidung möglich ist, scheidet eine Zurückverweisung aus (BGH BlPMZ 1992, 496, 498 – Entsorgungsverfahren). Die Übertragung der erforderlichen Anordnungen bindet das DPMA nach dem Inhalt des Zurückverweisungsbeschlusses (BGH GRUR 1969, 433, 435 – Waschmittel). Wenn der Zurückverweisungsbeschluß sich auf die Übertragung der erforderlichen Anordnungen beschränkt, dann ist das DPMA an die Ausführung dieser Anordnungen, sowie an die dem Beschluß zugrundeliegende Rechtsauffassung gebunden. Wenn der anordnende Zurückverweisungsbeschluß zugleich eine Teilentscheidung in der Sache enthält, dann besteht auch eine Bindung des DPMA an die Teilentscheidung (s. zur Bindungswirkung Rn 14).

## 3. Bindungswirkung der Beschwerdeentscheidung (§ 70 Abs. 4)

14 Wenn der Beschwerdesenat den angefochtenen Beschluß nach Abs. 3 Nr. 1 bis 3 aufhebt und an das DPMA zurückverweist, dann ist das DPMA nach Abs. 4 an die rechtliche Beurteilung der Beschwerdeentscheidung gebunden und hat sie seiner Entscheidung zugrundezulegen. Der *Umfang der Bindungswirkung* ist im einzelnen nicht eindeutig geklärt (s. zu § 565 Abs. 2 ZPO *Baumbach/Lauterbach/Albers/Hartmann*, § 565 ZPO, Rn 4ff.; *Zöller/Gummer*, § 565 ZPO, Rn 2ff.). Das DPMA hat die tragende Begründung der Beschwerdeentscheidung des BPatG seiner Entscheidung zugrundezulegen. Die Bindungswirkung der Beschwerdeentscheidung bezieht sich namentlich auf die abweichende rechtliche Begründung durch den Beschwerdesenat, die zur Aufhebung des angefochtenen Beschlusses des DPMA geführt hat. Im übrigen bindet der Aufhebungs- und Zurückverweisungsbeschluß des Beschwerdesenats das DPMA nicht. Wenn nach der Zurückverweisung eine *wesentliche Änderung der Tatsachen oder Beweismittel* eintritt, dann entfällt insoweit die Bindungswirkung der Beschwerdeentscheidung (BGH GRUR 1969, 433, 435 – Waschmittel; 1972, 472, 474 – Zurückverweisung).

## D. Art und Begründung der Entscheidung

15 Nach § 70 Abs. 1 entscheidet der Beschwerdesenat des BPatG über die angefochtene Beschwerde stets durch *Beschluß*. Die Beschwerdeentscheidung bedarf nach § 79 Abs. 2 der *Begründung*. Der Beschluß und die Entscheidungsgründe sollen aus sich heraus verständlich sein. Eine Bezugnahme auf die Verfahrensakten wird nur dann für zulässig gehalten, wenn sie als unvermeidbar erscheint (BGH BlPMZ 1989, 314, 315 – Schrägliegeeinrichtung). Die Begründung der Entscheidung muß erkennen lassen, welche Gründe für die richterliche Entscheidung leitend gewesen sind (s. auch § 78 Abs. 1 S. 2). In der Beschwerdeentscheidung kann auf die Begründung des angefochtenen Beschlusses Bezug genommen werden; dabei ist erkennbar zu machen, ob und inwieweit sich die Beschwerdeentscheidung die Begründung des angefochtenen Beschlusses zu eigen macht oder diese verwirft. Die Be-

schwerdeentscheidung hat Ausführungen zu den einzelnen Ansprüchen und den selbständigen Angriffs- und Verteidigungsmitteln zu enthalten, sofern diese rechtlich erheblich sind (BGH GRUR 1978, 423 – Mähmaschine; 1980, 846, 847 – Lunkerverhütungsmittel; 1990, 33, 34 – Schlüsselmühle). Der Beschwerdesenat kann eine für das Beschwerdeverfahren bindende *Zwischenentscheidung* erlassen, um über einen bestimmten Streitgegenstand vorab zu entscheiden (BGH GRUR 1967, 477, 478 – UHF-Empfänger II; BPatGE 21, 50). Die Zwischenentscheidung ergeht durch Beschluß. Wenn die Zwischenentscheidung einen Antrag zurückweist, ist sie nach § 79 Abs. 2 zu begründen.

## E. Rechtskraft der Beschwerdeentscheidung

Mit Ablauf der Rechtsbeschwerdefrist erwächst der Beschwerdebeschluß des BPatG in 16 *formelle* und *materielle Rechtskraft*, auch wenn die Rechtsbeschwerde nicht zugelassen ist (BPatGE 10, 140, 141 f.). Wenn die Anmeldung der Marke zur Eintragung vor Eintritt der formellen Rechtskraft der Beschwerdeentscheidung zurückgenommen wird, dann verliert der Beschluß nach § 82 Abs. 1 S. 1 iVm § 269 Abs. 3 S. 1 ZPO seine Rechtswirkung (BGH GRUR 1969, 562, 564 – Appreturmittel); dies gilt nicht bei einer Rücknahme der Beschwerde, da § 269 Abs. 3 S. 1 ZPO nicht entsprechend anzuwenden ist (BGH GRUR 1969, 562, 564 – Appreturmittel; 1979, 313 – Reduzier-Schrägwalzwerk; 1988, 364, 365 – Epoxidations-Verfahren).

## Kosten des Beschwerdeverfahrens

**71** (1) ¹Sind an dem Verfahren mehrere Personen beteiligt, so kann das Patentgericht bestimmen, daß die Kosten des Verfahrens einschließlich der den Beteiligten erwachsenen Kosten, soweit sie zur zweckentsprechenden Wahrung der Ansprüche und Rechte notwendig waren, einem Beteiligten ganz oder teilweise zur Last fallen, wenn dies der Billigkeit entspricht. ²Soweit eine Bestimmung über die Kosten nicht getroffen wird, trägt jeder Beteiligte die ihm erwachsenen Kosten selbst.

(2) Dem Präsidenten des Patentamts können Kosten nur auferlegt werden, wenn er nach seinem Beitritt in dem Verfahren Anträge gestellt hat.

(3) Das Patentgericht kann anordnen, daß die Beschwerdegebühr (§ 66 Abs. 5) zurückgezahlt wird.

(4) Die Absätze 1 bis 3 sind auch anzuwenden, wenn der Beteiligte die Beschwerde, die Anmeldung der Marke, den Widerspruch oder den Antrag auf Löschung ganz oder teilweise zurücknimmt oder wenn die Eintragung der Marke wegen Verzichts oder wegen Nichtverlängerung der Schutzdauer ganz oder teilweise im Register gelöscht wird.

(5) Im übrigen gelten die Vorschriften der Zivilprozeßordnung über das Kostenfestsetzungsverfahren und die Zwangsvollstreckung aus Kostenfestsetzungsbeschlüssen entsprechend.

### Inhaltsübersicht

| | Rn |
|---|---|
| A. Kostenregelungen im MarkenG | 1 |
| B. Grundsatz der Kostentragung durch die Beteiligten | 2 |
| C. Kostenentscheidung (§ 71 Abs. 1) | 3–14 |
|   I. Voraussetzungen einer Kostenentscheidung | 3–6 |
|     1. Mehrere Beteiligte | 3 |
|     2. Billigkeitsentscheidung | 4, 5 |
|     3. Rücknahme von Verfahrenshandlungen und Löschung der Marke (§ 71 Abs. 4) | 6 |
|   II. Inhalt der Kostenentscheidung | 7–11 |
|     1. Grundsatz | 7 |
|     2. Verfahrenskosten | 8 |
|     3. Kosten der Beteiligten | 9 |
|     4. Verteilung der Kosten | 10 |
|     5. Gegenstandswert | 11 |

| | Rn |
|---|---|
| III. Kostentragung des Präsidenten des DPMA (§ 71 Abs. 2) | 12 |
| IV. Erstattung der Beschwerdegebühr (§ 71 Abs. 3) | 13, 14 |
| D. Kostenfestsetzungsverfahren (§ 71 Abs. 5) | 15–19 |
| I. Art des Verfahrens | 15 |
| II. Erstattungsfähige Kosten der Beteiligten | 16–19 |
| 1. Grundsatz | 16 |
| 2. Die durch die Bevollmächtigung eines Dritten entstandenen Kosten | 17, 18 |
| 3. Eigene Kosten der Beteiligten | 19 |

**Schrifttum zum MarkenG.** *Albrecht,* Rückzahlung der Beschwerdegebühr in Markensachen bei gegenstandslosen Beschwerden von Widersprechenden, GRUR 1998, 987.

### Entscheidungen zum MarkenG

**1. KG, Beschluß vom 21. Oktober 1997, 5 W 5834/97 – Regelstreitwert**
Zur Höhe des Streitwerts im Verletzungsprozeß.

**2. BPatGE 39, 160 – Beschwerdegebühr**
Rückzahlung der Beschwerdegebühr bei gegenstandslosen Beschwerden.

**3. BPatGE 40, 144, 147 – DIESEL**
Zur Erstattung außergerichtlicher Kosten im markenrechtlichen Erinnerungsverfahren vor dem BPatG.

**4. BPatGE 40, 147 – Gegenstandswert für Widerspruchsverfahren**
Regelgegenstandswert von 20 000 DM im Widerspruchs-Beschwerdeverfahren.

**5. BPatGE 40, 182 – P-Plus**
Festsetzung eines Gegenstandswerts im Widerspruchs-Beschwerdeverfahren bei Vertretung durch Patentanwalt.

## A. Kostenregelungen im MarkenG

1   Das MarkenG enthält Regelungen über die Verteilung der Kosten in den verschiedenen Verfahren in Markenangelegenheiten. Die Vorschriften über die Kosten der Verfahren stimmen inhaltlich weitgehend überein. § 63 regelt die Kosten des patentamtlichen Verfahrens, § 71 regelt die Kosten des Beschwerdeverfahrens und § 90 regelt die Kosten des Rechtsbeschwerdeverfahrens. Gegenstand einer Kostenentscheidung nach diesen Vorschriften sind nur die Kosten des jeweiligen Verfahrens (zum Beschwerdeverfahren BPatGE 3, 23). Die gesetzliche Regelung der Kostenverteilung in diesen Verfahren in Markenangelegenheiten schließt in anderen Verfahren eine Kostenentscheidung nicht aus (zur umstrittenen Rechtslage im PatG s. einerseits für das Armenrechtsverfahren in der Beschwerdeinstanz BPatGE 6, 223, andererseits für das Kostenfestsetzungs-Erinnerungsverfahren BPatGE 7, 223, 228; auch BPatGE 5, 230, 234).

## B. Grundsatz der Kostentragung durch die Beteiligten

2   Ausgangspunkt der Regelung über die Verteilung der Kosten im Beschwerdeverfahren ist der *Grundsatz der Kostentragung durch die Beteiligten.* Wenn eine Kostenentscheidung nicht ergeht, dann trägt nach § 71 Abs. 1 S. 2 jeder Beteiligte die ihm durch das Beschwerdeverfahren erwachsenen Kosten selbst. Aufgrund dieser gesetzlichen Regelung bedarf es des vor Inkrafttreten des MarkenG üblichen formelhaften Ausspruchs einer Kostenentscheidung, es werde von einer Kostenauferlegung abgesehen, nicht mehr. Nach dieser gesetzlichen Regelung ist auch das bislang noch nicht abschließend geklärte Problem entschieden, ob bei Fehlen eines ausdrücklichen Kostenausspruchs von einer kraft Gesetzes eintretenden Kostenteilung auszugehen sei, oder ob dieses Unterlassen eine bewußte und gewollte Entscheidung darstelle, von einer Kostenauferlegung abzusehen (s. zu § 63 dazu Begründung zum MarkenG, BT-Drucks. 12/6581 vom 14. Januar 1994, S. 100). In der Praxis wurde davon ausgegangen, daß bei einem Absehen von einer Kostenentscheidung jeder Beteiligte die

Kosten, die ihm durch das Beschwerdeverfahren entstanden sind, grundsätzlich selbst zu tragen hat (BPatGE 8, 240; 28, 39, 40; s. zum patentamtlichen Verfahren BGH GRUR 1972, 600 – Lewapur). Kostenschuldner der im Beschwerdeverfahren entstandenen gerichtlichen Auslagen ist nach § 82 Abs. 1 S. 3 iVm § 49 GKG der Beschwerdeführer, auch wenn seine Beschwerde begründet ist. Eine vom Grundsatz der Kostentragung durch die Beteiligten *abweichende Verteilung der Kosten* für das Beschwerdeverfahren bedarf einer *Kostenentscheidung* des Beschwerdesenats. In dieser Kostenentscheidung kann bestimmt werden, daß die Kosten des Verfahrens einschließlich der den Beteiligten erwachsenen Kosten nach § 71 Abs. 1 S. 1 *einem Beteiligten ganz oder teilweise auferlegt* werden, oder nach § 71 Abs. 2 dem *Präsidenten des DPMA*, wenn er nach seinem Beitritt in dem Verfahren Anträge gestellt hat, auferlegt werden. Das BPatG ist nicht verpflichtet, im Beschwerdeverfahren eine Kostenentscheidung zu erlassen.

## C. Kostenentscheidung (§ 71 Abs. 1)

### I. Voraussetzungen einer Kostenentscheidung

#### 1. Mehrere Beteiligte

Eine *Kostenentscheidung* ist nach § 71 Abs. 1 S. 1 nur dann *zulässig*, wenn an dem Beschwerdeverfahren *mehrere Personen* beteiligt sind. In einem *einseitigen Verfahren* ist eine *Kostenentscheidung unzulässig*. Der Anmelder einer Marke, deren Eintragung abgelehnt worden ist, hat nicht nur die Kosten des patentamtlichen Verfahrens, sondern auch die Kosten des Beschwerdeverfahrens selbst zu tragen. Das gilt auch dann, wenn die Beschwerde Erfolg hat (s. zum Rechtsbeschwerdeverfahren BPatGE 5, 249, 251). Das BPatG kann allenfalls, etwa bei einer begründeten Beschwerde, nach § 71 Abs. 3 anordnen, daß die Beschwerdegebühr nach § 66 Abs. 5 zurückgezahlt wird. Im einseitigen Verfahren ist eine Kostenerstattung auch nicht aus anderen Rechtsgründen zulässig (BPatGE 13, 201, 204; anders *Conradt*, NJW 1961, 1293; *Kreuzer*, Mitt 1961, 186, 190 Fn 16). Ein *Verfahren mit mehreren Beteiligten* liegt dann vor, wenn sich die *Verfahrensbeteiligten* im Beschwerdeverfahren *prozessual gegenüberstehen*; das ist etwa der Fall bei einem Anmelder einer Marke einerseits und einem oder mehreren Widersprechenden andererseits, nicht aber bei einer gemeinschaftlichen Anmeldung einer Marke durch mehrere Anmelder.

#### 2. Billigkeitsentscheidung

Die *Kostenentscheidung* nach § 71 Abs. 1 S. 1, die auf *Antrag eines der Beteiligten* oder *von Amts wegen* ergehen kann, setzt voraus, daß die Auferlegung der Kosten der Billigkeit entspricht. Die Kostenentscheidung beruht auf Billigkeitserwägungen. Die Ermessensentscheidung erstreckt sich sowohl auf das Ob als auch das Wie einer Kostenentscheidung (BGH GRUR 1962, 273, 274 – Beschwerdekosten; 1972, 600, 601 – Lewapur). Ob die Kostentragung durch einen Beteiligten der Billigkeit entspricht, bestimmt sich nach den besonderen Umständen des konkreten Einzelfalles, die sich vornehmlich aus dem Verhalten, sowie den Verhältnissen der Beteiligten ergeben (BPatGE 2, 69). Des Vorliegens besonderer Billigkeitsgründe als Voraussetzung der Kostenentscheidung bedarf es deshalb, weil die Kostenauferlegung an einen der Beteiligten eine Ausnahme von dem Grundsatz der Kostentragung durch alle Beteiligten darstellt (BGH GRUR 1972, 600 – Lewapur; BPatG Mitt 1972, 98). In einem kontradiktorischen Verfahren ist namentlich der *Ausgang des Verfahrens* maßgeblich. Abweichend von der Kostenregelung im Beschwerdeverfahren nach § 71 aufgrund von Billigkeitserwägungen, schreibt § 90 Abs. 2 S. 1 für das Rechtsbeschwerdeverfahren verbindlich die Kostentragung des Rechtsbeschwerdeführers in den Fällen vor, in denen die Rechtsbeschwerde zurückgewiesen oder als unzulässig verworfen wird (§ 90 Rn 7). Unabhängig vom Ausgang des Verfahrens sind jedoch regelmäßig aus Billigkeitsgründen dem Beteiligten die Kosten aufzuerlegen, die er durch sein *unsachgemäßes Verhalten* provoziert hat und die er hätte vermeiden können (BPatGE 17, 151, 154 – Anginfant; BPatG Mitt 1971, 55; BGH BlPMZ 1966, 201 – Seifenzusatz; 1966, 313 – Akteneinsicht IV). Die Auferlegung der Kosten einer mündlichen Verhandlung ist etwa dann gerechtfertigt, wenn derjenige, der die mündliche Verhandlung herbeigeführt hat, ihr ohne rechtzeitige Benachrichtigung des Gegners fernbleibt (BPatG Mitt 1978, 76).

5   In der Regel entspricht es der Billigkeit, dem *Unterliegenden* die Kosten des Verfahrens aufzuerlegen (BPatGE 10, 311 – Choko Flakes; BPatG Mitt 1970, 218, 219; BPatGE 13, 33; BPatG Mitt 1971, 55; BPatGE 22, 211, 212; aA BPatG Mitt 1972, 176). Das gilt namentlich dann, wenn die Beschwerde bei verständiger Würdigung offensichtlich keine Aussicht auf Erfolg hatte und der Beschwerdeführer dies hätte erkennen können (BPatG Mitt 1977, 73; 1978, 58, 59; s. zum patentamtlichen Verfahren BGH GRUR 1966, 493 – Lili; 1972, 600 – Lewapur; BPatGE 12, 238, 240). Das Fehlen einer Beschwerdebegründung als solche rechtfertigt für sich allein eine Kostenauferlegung nicht (zu einer ausführlich begründeten Erinnerung, die trotz gewisser Bedenken nicht geradezu als *mutwillig* angesehen werden konnte s. BPatGE 40, 144, 147 – DIESEL), weil eine gesetzliche Pflicht zur Begründung der Beschwerde nicht besteht (s. § 66, Rn 13). Im markenrechtlichen Erinnerungsverfahren vor dem BPatG gegen Entscheidungen des Rechtsträgers werden außergerichtliche Kosten nicht nach dem Unterliegensprinzip der ZPO, sondern nach dem Billigkeitsgrundsatz des § 71 Abs. 1 S. 1 erstattet (BPatGE 40, 144 – DIESEL).

### 3. Rücknahme von Verfahrenshandlungen und Löschung der Marke (§ 71 Abs. 4)

6   Die Regelungen über die Verteilung der Kosten im Beschwerdeverfahren nach § 71 Abs. 1 S. 1 und 2 sind nach Abs. 4 auch im Falle der *Rücknahme bestimmter Verfahrenshandlungen*, sowie der *Löschung der Marke* anzuwenden. Die Kostenregelung nach Abs. 1 gilt auch dann, wenn der Beteiligte die Beschwerde, die Anmeldung der Marke, den Widerspruch oder den Antrag auf Löschung ganz oder teilweise zurücknimmt, oder wenn die Eintragung der Marke wegen Verzichts oder wegen Nichtverlängerung der Schutzdauer ganz oder teilweise im Register gelöscht wird. Diese Ereignisse entziehen zwar der Beschwerde ihre sachliche Grundlage. Aber auch in solchen Fallkonstellationen, in denen einer der Beteiligten dem Beschwerdeverfahren aufgrund seines eigenen Verhaltens den Boden entzieht, ist es nicht ohne weiteres gerechtfertigt, ihm allein aufgrund dieses Verhaltens die Kosten des Beschwerdeverfahrens aufzuerlegen. Erforderlich ist eine Kostenentscheidung nach den Grundsätzen der Billigkeit (s. Rn 4 f.), weil die Ereignisse im Sinne des § 71 Abs. 4 allein eine Kostentragungspflicht nicht zu begründen vermögen (s. zur st. Rspr. im Patentrecht BPatGE 2, 69; 9, 204, 206). Wenn etwa ein Widersprechender seinen Widerspruch in angemessener Frist vor der mündlichen Verhandlung über die Beschwerde zurücknimmt, dann rechtfertigt allein die Rücknahme des Widerspruchs nicht, ihm die Kosten des Beschwerdeverfahrens aufzuerlegen, wenn die Beschwerde gegen den angefochtenen Beschluß nicht als aussichtslos zu beurteilen war (BPatG 2, 230). Wenn der Beschwerdeführer die Beschwerde zurücknimmt, entspricht es regelmäßig der Billigkeit, ihm entsprechend dem Grundsatz der §§ 515 Abs. 3, 566 ZPO die Kosten der Beschwerdeinstanz aufzuerlegen (s. zur Rechtsbeschwerde BGH GRUR 1967, 553 – Rechtsbeschwerdekosten).

## II. Inhalt der Kostenentscheidung

### 1. Grundsatz

7   Die Kostenentscheidung im Beschwerdeverfahren betrifft die *Kosten des gerichtlichen Verfahrens* einschließlich der den *Beteiligten erwachsenen Kosten*, soweit sie zur zweckentsprechenden Wahrung der Ansprüche und Rechte notwendig waren. Die *Kostenentscheidung* berührt nur die *Kostentragungspflicht* als solche. Welche Kosten im einzelnen zu erstatten sind, weil sie zur zweckentsprechenden Wahrung der Ansprüche und Rechte der Beteiligten als notwendig zu erachten waren, wird im einzelnen in dem sich anschließenden *Kostenfestsetzungsverfahren* nach § 71 Abs. 5 iVm §§ 103 bis 107 ZPO bestimmt. Der Beschwerdesenat kann bereits in seiner Kostenentscheidung entsprechende Anordnungen treffen, die aber weder üblich noch erforderlich sind (BPatGE 1, 94).

## 2. Verfahrenskosten

Bei den *Verfahrenskosten* handelt es sich um die *gerichtlichen Kosten*, die *Auslagen* und *Gebühren*. Der Höhe nach bestimmen sich die Auslagen nach § 82 Abs. 1 S. 3 entsprechend den Vorschriften des GKG und die Gebühren nach dem PatGebG. Die Kosten sind regelmäßig bereits von einem Beteiligten entrichtet worden und sind ihm auf der Grundlage der Kostenentscheidung vom Kostenschuldner zu erstatten. **8**

## 3. Kosten der Beteiligten

Die den *Beteiligten erwachsenen Kosten* des Beschwerdeverfahrens sind nur insoweit einer Kostenentscheidung zugänglich, als sie zur zweckentsprechenden Wahrung der Ansprüche und Rechte der Beteiligten notwendig waren (§ 71 Abs. 1 S. 1). **9**

## 4. Verteilung der Kosten

In der Kostenentscheidung können einem Beteiligten die Kosten des Beschwerdeverfahrens *ganz* oder *teilweise auferlegt* werden. Die Aufteilung der Kosten hat nach dem Grundsatz der Billigkeit zu erfolgen. Die Kostenentscheidung kann dahin gehen, daß von den gesamten Kosten des Beschwerdeverfahrens ausgegangen wird und einem Beteiligten diese Kosten ganz oder zu einem bestimmten Teil auferlegt werden. Anstelle einer *Quotelung der Kosten* können in der Kostenentscheidung auch *bestimmte Kosten* eines Beteiligten einem anderen Beteiligten auferlegt werden. In der Kostenentscheidung kann eine quotenmäßige Kostenaufteilung mit der Auferlegung bestimmter Kosten verbunden werden. **10**

## 5. Gegenstandswert

Im Widerspruchs-Beschwerdeverfahren ist ein *Antrag auf selbständige Festsetzung des Gegenstandswertes* nach § 10 Abs. 1 BRAGO zulässig. In Markensachen kann jedenfalls im Widerspruchs-Beschwerdeverfahren ein Gegenstandswert nach den §§ 8, 10 BRAGO auch dann festgesetzt werden, wenn der Antragsteller im Verfahren ausschließlich durch einen *Patentanwalt* vertreten wird (BPatGE 40, 182 – P-Plus; Abweichung von BPatG BlMPZ 1986, 204, wonach in Warenzeichensachen der Patentanwalt auf eine Abrechnung mit festen, von der Rechtsprechung fortgeschriebenen Gebührenpauschalen beschränkt war). Der Gegenstandswert der anwaltlichen Tätigkeit, der nach § 8 Abs. 2 S. 2 BRAGO *nach billigem Ermessen festzusetzen* ist, richtet sich nach dem *wirtschaftlichen Interesse* des Markeninhabers an dem Bestand der Eintragung der *angegriffenen Marke* und nicht nach dem Wert der Widerspruchsmarke (BPatG Mitt 1994, 167, 168; 1995, 323, 324; GRUR 1995, 415 – Regelstreitwert bei Widerspruchsbeschwerdeverfahren). In einem Widerspruchs-Beschwerdeverfahren, das nach 1994 anhängig geworden ist, beträgt der *Regelgegenstandswert* für unbenutzte Marken 20000 DM (BPatGE 40, 147 – Gegenstandswert für Widerspruchsverfahren; 40, 182 – P-Plus; 15000 DM für Widerspruchsverfahren vor 1994 s. BPatG Mitt 1995, 323, 324; GRUR 1995, 415 – Regelstreitwert bei Widerspruchsbeschwerdeverfahren). Die Anpassung des Regelgegenstandswertes wird als eine Folge der deutlich gestiegenen wirtschaftlichen Bedeutung der Marken für die unternehmerische Tätigkeit in Berücksichtigung der verschärften Wettbewerbssituation verstanden. Eine *Erhöhung* des Regelgegenstandswertes ist gerechtfertigt, wenn die angegriffene Marke die *Firma* oder einen *Firmenbestandteil* des Markeninhabers enthält (BPatGE 12, 245, 247; zu einer 50%-Erhöhung s. BPatG Mitt 1995, 323, 324; zu einer Erhöhung auf 25000 DM bei nicht unwesentlichem Teil der Firma als Zeichenbestandteil s. BPatG GRUR 1999, 64, 65 – Gegenstandswert für Widerspruchsverfahren). Die *Marktgeltung der angegriffenen Marke* (Benutzung, Verkehrsgeltung, Bekanntheit, Berühmtheit) kann eine Erhöhung des Regelgegenstandswertes um ein Mehrfaches rechtfertigen (zu einem Gegenstandswert von 50 000 DM s. BPatGE 11, 166, 171; zu einer Erhöhung auf 25 000 DM bei einer inländischen Benutzung, deren Umfang nicht detailliert dargelegt war, s. BPatGE 40, 182 – P-Plus; zur Höhe des Streitwertes im Verletzungsprozeß, in dem ein Regelstreitwert nicht anzuerkennen ist s. KG, Beschluß vom 21. Oktober 1997, 5 W 5834/97 – Regelstreitwert). Keinen werterhöhenden Umstand stellt die überragende Verkehrsgeltung der *Widerspruchsmarke* dar (BPatG 40, 147 – Gegen- **11** standswert für Widerspruchsverfahren; zum Patentnichtigkeitsverfahren s. BGH GRUR 1957, 79). Die Entscheidung über die Festsetzung des Gegenstandswerts ist *unanfechtbar* (zu Gegenvorstellungen nach § 10 Abs. 3 S. 3 BRAGO analog s. BPatGE 22, 129).

### III. Kostentragung des Präsidenten des DPMA (§ 71 Abs. 2)

**12** Nach § 71 Abs. 2 können dem Präsidenten des DPMA Kosten auferlegt werden. Voraussetzung der *Kostentragung des Präsidenten* ist es, daß der Präsident nach § 68 Abs. 2 S. 2 dem Beschwerdeverfahren *wirksam beigetreten* ist und nach seinem Beitritt in dem Beschwerdeverfahren *Anträge gestellt* hat. Eine Beteiligung des Präsidenten in Form des Äußerungsrechts nach § 68 Abs. 1 stellt keine Rechtsgrundlage einer Kostenentscheidung nach § 71 Abs. 2 dar. Nicht ausreichend für eine Kostenentscheidung nach § 71 Abs. 2 ist es auch, wenn der Beschwerdesenat dem Präsidenten nach § 68 Abs. 2 S. 1 anheimgegeben hat, dem Beschwerdeverfahren beizutreten, ohne daß dieser nach § 68 Abs. 2 S. 2 seinen Beitritt erklärt und damit die Stellung eines Beteiligten im Beschwerdeverfahren erlangt hat. Auch die Kostenentscheidung nach Abs. 2 muß der Billigkeit nach Abs. 1 S. 1 entsprechen. Die Kostenauferlegung an den Präsidenten bedarf des *Vorliegens besonderer Umstände*, die eine solche Kostenentscheidung aus Billigkeitserwägungen rechtfertigen. Das ist etwa dann der Fall, wenn die Beteiligung des Präsidenten an dem Beschwerdeverfahren und die Stellung von Anträgen durch den Präsidenten zusätzliche Kosten verursacht hat, die aus der Sicht des Beschwerdeverfahrens vermeidbar waren. Auch im Falle seines Obsiegens kann es der Billigkeit entsprechen, dem Präsidenten des DPMA die Kosten aufzuerlegen, so etwa, wenn die angestrebte Klärung zwar im öffentlichen Interesse liegt, für die übrigen Beteiligten aber ohne Belang ist (s. auch BPatG GRUR 1990, 512 – Öffentliches Interesse).

### IV. Erstattung der Beschwerdegebühr (§ 71 Abs. 3)

**13** Nach § 71 Abs. 3 hat der Beschwerdesenat die Befugnis, eine *Erstattung der nach § 66 Abs. 5 gezahlten Beschwerdegebühr* anzuordnen. Die Beschwerdegebühr ist an den Beschwerdeführer als den Gebührenschuldner zurückzuzahlen. Eine Kostenentscheidung über die Rückzahlung der Beschwerdegebühr nach § 71 Abs. 3 setzt den *Verfall der Beschwerdegebühr* voraus. Erst mit dem Verfall der Beschwerdegebühr, der mit der wirksamen Einlegung der Beschwerde eintritt, steht die Gebühr dem BPatG zu. Ein Verfall der Beschwerdegebühr liegt dann nicht vor, wenn die Beschwerde, wie etwa nach § 66 Abs. 5 S. 2, nicht wirksam und nicht nur unzulässig eingelegt worden ist; einer Anordnung der Rückzahlung nach § 71 Abs. 3 bedarf es nicht, da die Beschwerdegebühr in jedem Fall und unabhängig von einer Billigkeitsentscheidung zu erstatten ist (BPatGE 1, 102). Anders als die Kostenentscheidung nach § 71 Abs. 1 S. 1, die ein Beschwerdeverfahren mit mehreren Beteiligten voraussetzt, kommt die Gebührenerstattung nach § 71 Abs. 3 namentlich in einem *einseitigen Beschwerdeverfahren* in Betracht. Die Anordnung einer Gebührenerstattung ist regelmäßig nur dann angebracht, wenn die Beschwerde begründet ist, auch wenn allein das Obsiegen des Beschwerdeführers nicht zwingend die Rückzahlung verlangt (BPatGE 2, 61). Im einseitigen Verfahren kommt zugunsten des obsiegenden Beschwerdeführers ausschließlich die Anordnung der Gebührenerstattung nach Abs. 3 in Betracht, da ihm die zur Wahrung seiner Ansprüche und Rechte im Beschwerdeverfahren entstanden Kosten in keinem Falle erstattet werden (BPatGE 13, 201, 202). Die Vorschrift des § 71 Abs. 3 ist auch in einem *mehrseitigen Verfahren* anzuwenden. In einem Verfahren mit mehreren Beteiligten kann dem Beschwerdeführer die Beschwerdegebühr zurückerstattet werden, ohne daß eine Kostenentscheidung nach § 71 Abs. 1 S. 1 ergeht. Eine *teilweise Erstattung* der Beschwerdegebühr ist im Gesetz *nicht vorgesehen* (anders kommt im patentamtlichen Verfahren auch eine teilweise Erstattung der Widerspruchs- oder Löschungsgebühr nach § 63 Abs. 2 in Betracht; s. § 63, Rn 12). Wenn die Rückzahlung der Gebühr angeordnet wird, dann ist die volle Gebühr zu erstatten (BPatGE 13, 263 – VENDET). Die Entscheidung nach § 71 Abs. 3 ergeht auf *Antrag* oder *von Amts wegen*. Wenn keine Entscheidung nach § 71 Abs. 3 ergeht, dann behält das BPatG die gezahlte Beschwerdegebühr ein (BPatGE 17, 60).

Auch bei der Anordnung der Gebührenerstattung nach § 71 Abs. 3 handelt es sich um **14** eine Entscheidung nach den Grundsätzen der Billigkeit, auch wenn der Wortlaut von Abs. 3 anders als der Wortlaut von Abs. 1 S. 1 nicht ausdrücklich auf die Billigkeit abstellt (so auch zu § 80 Abs. 3 PatG *Benkard/Schäfers*, § 80 PatG, Rn 20 ff.); anders als § 71 Abs. 3 stellt § 63 Abs. 2 für die Erstattung der Widerspruchs- und Löschungsgebühr auf die Billigkeit ab (s. § 63, Rn 13). Bei der *Entscheidung nach Billigkeit* sind alle rechtserheblichen Umstände des konkreten Einzelfalles zu berücksichtigen. Das Verhalten des Beschwerdeführers selbst, die Einlassungen anderer Beteiligter an dem Beschwerdeverfahren, sowie die Behandlung der Markensache im patentamtlichen Verfahren können rechtserhebliche Umstände darstellen. Die Anordnung einer Gebührenerstattung liegt etwa dann nahe, wenn die Anfechtung des Beschlusses wegen eines Verfahrensfehlers begründet ist (BPatGE 2, 69, 77; 18, 30, 42). Ein solcher, die Rückzahlung der Beschwerdegebühr rechtfertigender Verfahrensfehler liegt etwa dann vor, wenn der Prüfer zur Begründung einer Beanstandung der Anmeldung sich nur auf den Leitsatz einer bisher unveröffentlichten Entscheidung beruft, ohne dem Anmelder auch die tragenden Gründe der ihm noch nicht zugänglichen Entscheidung mitzuteilen (BPatGE 13, 201; s. zu weiteren Einzelfällen *Benkard/Schäfers*, § 80 PatG, Rn 25 bis 32). Die Regelung über die Rücknahme von Verfahrenshandlungen und die Löschung der Marke nach Abs. 4 ist auf die Entscheidung über die Gebührenerstattung nach Abs. 3 anzuwenden (zu Abs. 4 s. Rn 6). Bei *gegenstandslosen Beschwerden* von Widersprechenden in Fallkonstellationen von *Widersprüchen aus zwei oder mehreren Widerspruchsmarken* ordnet das BPatG die Rückzahlung der Beschwerdegebühr an, auch wenn die dafür erforderlichen Billigkeitsgründe nicht in Verfahrensfehlern oder Verfahrensverstößen beim DPMA liegen (BPatGE 39, 160 – Beschwerdegebühr, unter Bezug auf BPatGE 1, 217, 219 – Bellamedosan; 3, 75, 77 f. – Rosalin; s. dazu *Albrecht*, GRUR 1998, 987).

### D. Kostenfestsetzungsverfahren (§ 71 Abs. 5)

#### I. Art des Verfahrens

Nach dem Inhalt der Kostenentscheidung im Sinne des § 71 Abs. 1 S. 1 steht im mehr- **15** seitigen Beschwerdeverfahren einem der Beteiligten als *Kostengläubiger* ein *Kostenerstattungsanspruch* gegen einen anderen Beteiligten als *Kostenschuldner* zu. Die Geltendmachung der im einzelnen zu erstattenden Kosten setzt die Festsetzung der konkreten Kosten in einem entsprechenden Verfahren voraus. Nach § 71 Abs. 5 sind die Vorschriften der ZPO über das *Kostenfestsetzungsverfahren* (§§ 103 bis 107 ZPO) entsprechend anzuwenden. Auch für die *Zwangsvollstreckung aus einem Kostenfestsetzungsbeschluß* gelten nach § 71 Abs. 5 die Vorschriften der ZPO (etwa §§ 71 Abs. 5 iVm 794 Abs. 1 Nr. 2, 795, 795a, 798 ZPO) entsprechend. Voraussetzung einer Kostenfestsetzung ist eine *unanfechtbare* und *vollstreckbare* Kostenentscheidung des Beschwerdesenats (BPatGE 2, 114, 116). Die Kostenfestsetzung erfolgt nach § 23 Abs. 1 Nr. 12 RPflG durch den Rechtspfleger am BPatG. Die Vollstreckungsklausel für den Kostenfestsetzungsbeschluß wird vom Urkundsbeamten der Geschäftsstelle des BPatG erteilt (§§ 794 Abs. 1 Nr. 2, 795, 724 Abs. 2 ZPO). Die Festsetzung der Rechtsanwaltskosten im Verhältnis zwischen Rechtsanwalt und Mandant beurteilt sich nach § 19 BRAGO.

#### II. Erstattungsfähige Kosten der Beteiligten

##### 1. Grundsatz

Im Kostenfestsetzungsverfahren werden nicht alle den Beteiligten entstandenen Kosten **16** berücksichtigt, sondern nur solche Kosten, die zur *zweckentsprechenden Wahrung der Ansprüche und Rechte notwendig* waren. Bei der Bestimmung der *erstattungsfähigen Kosten* ist dem BPatG ein *Beurteilungsspielraum* zuzubilligen, wenn es schon in der Kostenentscheidung des Beschwerdesenats die zur zweckentsprechenden Wahrung der Rechte und Ansprüche notwendigen Kosten benennt (BGH GRUR 1977, 559, 560 – Leckanzeigeeinrichtung; BPatGE 1, 94).

## 2. Die durch die Bevollmächtigung eines Dritten entstandenen Kosten

**17** Der Beteiligte darf sich in jeder Lage des Verfahrens durch einen Bevollmächtigten vertreten lassen (§ 81 Abs. 1 S. 1). Die durch die *Bevollmächtigung eines Rechts- oder Patentanwalts anfallenden Kosten* sind als *erstattungsfähig* anzusehen (BGHZ 43, 352, 354; BGH GRUR 1977, 559, 560 – Leckanzeigeeinrichtung; BPatGE 15, 195, 196 f.; 24, 165; RPA Mitt 1934, 84). Die Kosten sind auch dann erstattungsfähig, wenn ein Rechtsanwalt, der in eigener Sache aufgetreten ist, zugleich ein Beteiligter des Verfahrens ist (BPatGE 24, 165). *Doppelvertretung* ist im patentgerichtlichen Beschwerdeverfahren regelmäßig nicht notwendig; die dadurch entstehenden Kosten sind nicht erstattungsfähig (BPatGE 24, 215, 216; 25, 155).

**18** Der Höhe nach beurteilt sich die Erstattungsfähigkeit der Rechtsanwaltskosten nach den Vorschriften der BRAGO und die der Patentanwaltskosten wegen des Fehlens einer gesetzlichen Regelung nach den §§ 315, 316 BGB unter Zugrundelegung der PatAnwGebO 1968. Die Kosten für die Hinzuziehung eines *Korrespondenzanwalts* können dann erstattungsfähig sein, wenn die besonderen Umstände des Falles die Hinzuziehung erforderlich machen.

## 3. Eigene Kosten der Beteiligten

**19** Die eigene Mühewaltung und der eigene Zeitaufwand, sowie die aufgrund der Tätigkeit eigener Mitarbeiter entstehenden Kosten stellen *keine erstattungsfähigen Aufwendungen* dar; sie bleiben unberücksichtigt (BPatGE 9, 137 – Kostenerstattung; RPA Mitt 1927, 80; BPatG Mitt 1966, 123). Notwendige vorgerichtliche *Reisekosten* des Beteiligten, etwa zu einer Besprechung mit seinem Bevollmächtigten, sind regelmäßig erstattungsfähig (BPatGE 11, 109, 112). Nicht erstattungsfähig sind grundsätzlich die Reisekosten zur mündlichen Verhandlung, wenn der Beteiligte einen Bevollmächtigten bestellt hat, es sei denn, die persönliche Teilnahme des Beteiligten war aus besonderen Umständen erforderlich (BPatGE 4, 139, 142; 11, 109, 111; 21, 88). Kosten für *Ablichtungen* sind im notwendigen Umfang erstattungsfähig (BPatG Mitt 1966, 123; BPatGE 15, 49, 50). Vorprozessuale *Recherchekosten* sind erstattungsfähig, wenn der Beteiligte die Recherche zum Zeitpunkt der Erhebung für erforderlich halten durfte (BPatGE 8, 181).

## Ausschließung und Ablehnung

**72** (1) Für die Ausschließung und Ablehnung der Gerichtspersonen gelten die §§ 41 bis 44 und 47 bis 49 der Zivilprozeßordnung entsprechend.

(2) Von der Ausübung des Amtes als Richter ist auch ausgeschlossen, wer bei dem vorausgegangenen Verfahren vor dem Patentamt mitgewirkt hat.

(3) ¹Über die Ablehnung eines Richters entscheidet der Senat, dem der Abgelehnte angehört. ²Wird der Senat durch das Ausscheiden des abgelehnten Mitglieds beschlußunfähig, so entscheidet ein anderer Beschwerdesenat.

(4) Über die Ablehnung eines Urkundsbeamten entscheidet der Senat, in dessen Geschäftsbereich die Sache fällt.

### Inhaltsübersicht

| | Rn |
|---|---|
| A. Regelungsübersicht | 1 |
| B. Die Ausschließung von Gerichtspersonen des BPatG | 2–8 |
| I. Ausschließungsgründe (§ 72 Abs. 1 und 2) | 2–7 |
| 1. Grundsatz | 2 |
| 2. Verfahrensbeteiligung (§ 41 Nr. 1 ZPO) | 3 |
| 3. Beteiligtenbeziehung (§ 41 Nr. 2 und 3 ZPO) | 4 |
| 4. Verfahrensbeziehung (§ 41 Nr. 4 und 5 ZPO) | 5 |
| 5. Entscheidungsmitwirkung (§ 41 Nr. 6 ZPO) | 6 |
| 6. Mitwirkung an der Entscheidung des DPMA (§ 72 Abs. 2) | 7 |
| II. Folgen der Ausschließung | 8 |

|  | Rn |
|---|---|
| C. Die Ablehnung von Gerichtspersonen des BPatG | 9–17 |
|    I. Die Ablehnungsgründe (§ 72 Abs. 1) | 9–11 |
|       1. Grundsatz | 9 |
|       2. Vorliegen eines Ausschließungsgrundes (§ 42 Abs. 1 1. Alt. ZPO) | 10 |
|       3. Besorgnis der Befangenheit (§ 42 Abs. 1 2. Alt. ZPO) | 11 |
|    II. Die Geltendmachung des Ablehnungsgrundes | 12–14 |
|       1. Geltendmachung durch einen Beteiligten | 13 |
|       2. Selbstablehnung | 14 |
|    III. Die Entscheidung über die Ablehnung (§ 72 Abs. 3 und 4) | 15 |
|    IV. Folgen der Ablehnung | 16, 17 |

**Schrifttum zum PatG**. *Bernatz*, Ausschließung und Ablehnung von Beamten des Deutschen Patentamts und von Richtern des Bundespatentgerichts, Mitt 1968, 30.

## A. Regelungsübersicht

Die Vorschrift des § 72 regelt die *Ausschließung* und *Ablehnung* von *Gerichtspersonen*. Gerichtspersonen sind neben *Richtern* auch *Rechtspfleger* und *Urkundsbeamte der Geschäftsstelle*. Nach Abs. 2 besteht ein besonderer Ausschließungsgrund für *Richter*, die an dem *patentamtlichen Verfahren mitgewirkt* haben.  **1**

## B. Die Ausschließung von Gerichtspersonen des BPatG

### I. Ausschließungsgründe (§ 72 Abs. 1 und 2)

#### 1. Grundsatz

Die Ausschließung einer Gerichtsperson des BPatG nach § 72 Abs. 1 bestimmt sich nach den *Ausschließungsgründen der ZPO*. Von der Ausübung des Amtes als Richter ist nach § 72 Abs. 2 ferner ausgeschlossen, wer bei dem vorausgegangenen Verfahren vor dem DPMA mitgewirkt hat. Bei Vorliegen eines Ausschließungsgrundes ist die Gerichtsperson des BPatG *kraft Gesetzes* von der Wahrnehmung ihrer Aufgaben ausgeschlossen, ohne daß es einer die Ausschließung umsetzenden Rechtshandlung bedarf. Die einzelnen Ausschließungsgründe ergeben sich aus §§ 41 Nr. 1 bis 6 ZPO, 72 Abs. 2.  **2**

#### 2. Verfahrensbeteiligung (§ 41 Nr. 1 ZPO)

Ein Ausschließungsgrund nach § 41 Nr. 1 ZPO ist die *Verfahrensbeteiligung* der Gerichtsperson des BPatG. Nach dieser Vorschrift ist die Gerichtsperson in solchen Markenangelegenheiten von ihrer Amtsausübung ausgeschlossen, in denen sie selbst *Beteiligter* ist oder in denen sie zu einem Beteiligten in dem Verhältnis eines *Mitberechtigten*, *Mitverpflichteten* oder *Regreßpflichtigen* steht. Eine Mitberechtigung kann sich etwa aus einer Beteiligung an einer Handelsgesellschaft ergeben. Eine sich aus einer Beteiligung an einer Publikumskapitalgesellschaft ergebende Mitberechtigung begründet nicht den Ausschlußgrund der Verfahrensbeteiligung.  **3**

#### 3. Beteiligtenbeziehung (§ 41 Nr. 2 und 3 ZPO)

Ausschließungsgründe nach § 41 Nr. 2 und 3 ZPO bestehen bei einer *Beteiligtenbeziehung* der Gerichtsperson. Nach § 41 Nr. 2 ZPO ist die Gerichtsperson in Beschwerdeverfahren ihres *Ehegatten*, auch wenn die Ehe nicht mehr besteht, von ihrer Amtsausübung ausgeschlossen. Nach § 41 Nr. 3 ZPO besteht ein Ausschlußgrund in Angelegenheiten solcher Personen, mit denen die Gerichtsperson in gerader Linie *verwandt* oder *verschwägert*, in der Seitenlinie bis zum dritten Grad verwandt oder bis zum zweiten Grad verschwägert ist oder war. Der Ausschlußgrund der Beteiligtenbeziehung besteht nur im Falle der Ehe, Verwandtschaft oder Schwägerschaft mit einem *Verfahrensbeteiligten* selbst und nicht auch mit einem Bevollmächtigten oder Beistand des Beteiligten.  **4**

### 4. Verfahrensbeziehung (§ 41 Nr. 4 und 5 ZPO)

**5**  Ausschließungsgründe nach § 41 Nr. 4 und 5 ZPO sind die *Verfahrensbeziehungen* der Gerichtsperson des BPatG. Nach § 41 Nr. 4 ZPO ist die Gerichtsperson in solchen Angelegenheiten von ihrer Amtsausübung ausgeschlossen, in denen sie als *Prozeßbevollmächtigter* oder *Beistand* eines Beteiligten oder als *gesetzlicher Vertreter* eines Beteiligten aufzutreten berechtigt ist oder gewesen ist. Nach § 41 Nr. 5 ZPO besteht der Ausschlußgrund der Verfahrensbeziehung in solchen Markenangelegenheiten, in denen die Gerichtspersonen als *Zeuge* oder *Sachverständiger* vernommen ist. Die Vertretungsberechtigung als solche begründet den Ausschließungsgrund, unabhängig von einem Tätigwerden der Gerichtsperson (*Baumbach/Lauterbach/Albers/Hartmann*, § 41 ZPO, Rn 12).

### 5. Entscheidungsmitwirkung (§ 41 Nr. 6 ZPO)

**6**  Eine Gerichtsperson ist ausgeschlossen, wenn sie in der zu entscheidenden Sache bereits in einem früheren Rechtszug bei dem Erlaß der angefochtenen Entscheidung mitgewirkt hat, sofern es sich nicht um die Tätigkeit als beauftragter oder ersuchter Richter gehandelt hat (§ 72 Abs. 1 iVm § 41 Nr. 6 ZPO). Im Hinblick auf die Vorschrift des § 72 Abs. 2 betrifft dieser Ausschließungsgrund nur solche Fallkonstellationen, bei denen es um eine richterliche *Tätigkeit in einem gerichtlichen Verfahren* geht. Wird das BPatG nach Aufhebung und Zurückverweisung im Rechtsbeschwerdeverfahren erneut mit der Sache betraut, so ist es in derselben Instanz tätig, in der sie zuvor mit der Sache befaßt war, es liegt deshalb kein Fall des § 72 Abs. 1 iVm § 41 Nr. 6 ZPO vor. Die Richter, die bereits mit der Sache befaßt waren, sind deshalb in diesem Fall nicht ausgeschlossen (BVerwG NJW 1975, 1241).

### 6. Mitwirkung an der Entscheidung des DPMA (§ 72 Abs. 2)

**7**  In Ergänzung der Ausschließungsgründe nach der ZPO besteht nach § 72 Abs. 2 ein gesetzlicher Ausschließungsgrund von der Ausübung des Amtes als Richter im Beschwerdeverfahren wegen einer Mitwirkung an dem *vorausgegangenen Verfahren vor dem DPMA*. Die Vorschrift entspricht § 86 Abs. 2 Nr. 1 PatG. Normadressaten der Vorschrift sind nur *Richter*, nicht auch sonstige Gerichtspersonen wie Rechtspfleger und Urkundsbeamte der Geschäftsstelle. Auf die Art des patentamtlichen Verfahrens kommt es nicht an. Entscheidend ist allein, daß es sich bei dem patentamtlichen Verfahren, an dem der Richter mitgewirkt hat, um das dem Beschwerdeverfahren vorausgegangene Verfahren vor dem DPMA handelt. Es begründet keinen Ausschließungsgrund nach Abs. 2, wenn ein Richter in einem patentamtlichen Verfahren mitgewirkt hat, das zwar einen dem Beschwerdeverfahren entsprechenden Verhandlungsgegenstand wie etwa dieselbe Marke betraf, bei dem es sich aber nicht um das dem patentgerichtlichen Verfahren vorausgegangene patentamtliche Verfahren handelt. Die Mitwirkung an einem patentamtlichen Eintragungsverfahren schließt den Richter nicht im patentgerichtlichen Beschwerdeverfahren aus, in dem es um die Löschung derselben Marke geht (Begründung zum MarkenG, BT-Drucks. 12/6581 vom 14. Januar 1994, S. 105). In einer solchen Fallkonstellation kommt aber nach Abs. 1 eine Ausschließung des Richters nach den allgemeinen Grundsätzen der ZPO (s. Rn 2 ff.) in Betracht, wenn die gesetzlichen Voraussetzungen gegeben sind.

## II. Folgen der Ausschließung

**8**  Es ist dem ausgeschlossenen Richter oder der ausgeschlossenen Gerichtsperson *kraft Gesetzes* verboten, sein Amt in dem konkreten Verfahren auszuüben. Wenn ein Ausschließungsgrund im Sinne der §§ 41 ZPO, 72 Abs. 2 in der Person einer Gerichtsperson des BPatG besteht, dann muß sie sich in dem Verfahren jeder Amtshandlung enthalten. Wenn Zweifel über das Vorliegen der Voraussetzungen einer Ausschließung bestehen, dann hat der Senat, dem der möglicherweise auszuschließende Richter angehört, über das Vorliegen der Ausschließungsumstände zu entscheiden (§ 48 ZPO iVm § 72 Abs. 1). Da es sich um einen rein internen Vorgang handelt, entscheidet der Senat ohne Gehör der Beteiligten

(§ 48 Abs. 2 ZPO iVm § 72 Abs. 1). Die *Nichtbeachtung der Ausschließung* eines Richters begründet einen *absoluten Rechtsbeschwerdegrund* nach § 83 Abs. 3 Nr. 2, der die *Rechtsbeschwerde ohne Zulassung* eröffnet.

## C. Die Ablehnung von Gerichtspersonen des BPatG

### I. Die Ablehnungsgründe (§ 72 Abs. 1)

#### 1. Grundsatz

Die Ablehnung einer Gerichtsperson nach § 72 Abs. 1 bestimmt sich nach den *Ablehnungsgründen der ZPO*. Andere Ablehnungsgründe bestehen nach dem MarkenG nicht. Allein das Vorliegen eines Ablehnungsgrundes schließt die Mitwirkung der Gerichtsperson nicht aus. Es ist vielmehr die *Geltendmachung des Ablehnungsgrundes* erforderlich. Die einzelnen Ablehnungsgründe ergeben sich aus § 42 Abs. 1 ZPO. Normadressaten der Vorschrift sind Gerichtspersonen; das sind neben *Richtern* auch *Rechtspfleger* und *Urkundsbeamte der Geschäftsstelle*. Die Verweisung entspricht § 86 Abs. 1 PatG.

#### 2. Vorliegen eines Ausschließungsgrundes (§ 42 Abs. 1 1. Alt. ZPO)

Ein Ablehnungsgrund nach § 42 Abs. 1 1. Alt. ZPO ist das *Vorliegen eines Ausschließungsgrundes*. Die Verfahrensbeteiligten können nach dieser Vorschrift einen vom BPatG nicht beachteten Ausschließungsgrund geltend machen.

#### 3. Besorgnis der Befangenheit (§ 42 Abs. 1 2. Alt. ZPO)

Eine Gerichtsperson kann abgelehnt werden, wenn *Besorgnis der Befangenheit* besteht. Eine Besorgnis der Befangenheit liegt dann vor, wenn ein objektiv vernünftiger Grund gegeben ist, der den Beteiligten befürchten lassen kann, die Gerichtsperson werde ihr Amt nicht unparteiisch ausüben (BVerfGE 46, 35, 38; BGHZ 77, 70, 72; *Zöller/Vollkommer*, § 42 ZPO, Rn 9). Allein die Tatsache, daß ein Richter in einem früheren gleichgelagerten Verfahren eine bestimmte Rechtsansicht geäußert hat, begründet für sich genommen noch keine Besorgnis der Befangenheit, wenn nicht zusätzliche Umstände hinzukommen (DPA Mitt 1941, 188; s. hierzu *Zöller/Vollkommer*, § 42 ZPO, Rn 10 ff. mit zahlreichen weiteren Fallgruppen). Gleichfalls bildet eine vorläufige Meinungsäußerung eines Richters, durch die sich dieser noch nicht abschließend festgelegt hat, keinen Ablehnungsgrund (BayObLG DRiZ 1980, 432; BVerwG NJW 1979, 1316). Fehlende Sachkenntnis des Richters begründet allein keine Befangenheit (s. zur fehlenden Sachkenntnis eines Prüfers RPA Mitt 1932, 218; BlPMZ 1930, 38).

### II. Die Geltendmachung des Ablehnungsgrundes

Die *Geltendmachung des Ablehnungsgrundes* beurteilt sich nach § 72 Abs. 1 nach den Vorschriften der ZPO. In Abweichung zu § 46 Abs. 2 ZPO ist nach § 72 Abs. 1 iVm § 82 Abs. 2 die Entscheidung des BPatG über das Ablehnungsgesuch in keinem Fall anfechtbar (BGH GRUR 1985, 1039, 1040 – Farbfernsehsignal II; BGHZ 110, 25 – Wasserventil).

#### 1. Geltendmachung durch einen Beteiligten

Das Ablehnungsrecht steht nach § 42 Abs. 3 ZPO iVm § 72 Abs. 1 in jedem Fall allen *Beteiligten* zu. Die Geltendmachung erfolgt mündlich in der Verhandlung oder schriftlich oder zu Protokoll der Geschäftsstelle. Um eine Ablehnung wegen Besorgnis der Befangenheit muß nachgesucht werden, sobald vom Ablehnungsgrund *Kenntnis* erlangt worden ist. Der Beteiligte verliert sein Ablehnungsrecht, wenn er in Kenntnis des Vorliegens des Ablehnungsgrundes sich in der Verhandlung eingelassen oder Anträge gestellt hat (§ 43 ZPO iVm § 72 Abs. 1). Die Ablehnung wegen Vorliegens eines Ausschließungsgrundes kann *jederzeit* begehrt werden. Der Ablehnungsgrund oder die Entstehung des Ablehnungsgrundes nach einer Einlassung oder Antragstellung des Beteiligten in der Verhandlung oder entsprechend die Kenntniserlangung von dem Ablehnungsgrund sind von dem Beteiligten glaub-

**MarkenG § 73**

haft zu machen (§§ 292, 44 Abs. 2 und Abs. 4 ZPO iVm § 72 Abs. 1) dazu ist eine eidesstattliche Versicherung unzulässig.

### 2. Selbstablehnung

14   Der Richter oder eine sonstige Gerichtsperson hat dem Gericht von sich aus von einem Verhältnis Anzeige zu machen, das seine Ablehnung rechtfertigen könnte (§ 48 ZPO iVm § 72 Abs. 1).

### III. Die Entscheidung über die Ablehnung (§ 72 Abs. 3 und 4)

15   Die abgelehnte Gerichtsperson hat sich nach § 44 Abs. 3 ZPO zu dem Ablehnungsgesuch dienstlich zu äußern. Läßt die *dienstliche Äußerung* erkennen, daß die Gerichtsperson sich durch das Ablehnungsgesuch angegriffen fühlt, so kann dies allein die Ablehnung rechtfertigen (s. zur Ablehnung eines Bediensteten des DPA BPatG Mitt 1980, 16, 17). Über das Ablehnungsgesuch oder über die Selbstablehnung entscheidet der Senat, dem der abgelehnte Richter angehört (§ 72 Abs. 3 S. 1) oder bei der Ablehnung eines Urkundsbeamten der zuständige Senat, in dessen Geschäftsbereich die Sache fällt (§ 72 Abs. 4). Wird der Senat durch das Ausscheiden des abgelehnten Richters beschlußunfähig, so entscheidet ein anderer Beschwerdesenat (§ 72 Abs. 3 S. 2). In den Fällen der *Selbstablehnung* eines Richters entscheidet der Senat nach § 48 Abs. 2 ZPO iVm § 72 Abs. 1 ohne Gewährung rechtlichen Gehörs der Beteiligten.

### IV. Folgen der Ablehnung

16   Die abgelehnte Gerichtsperson darf nach Anbringung des Ablehnungsgesuchs nur noch *nicht aufschiebbare Handlungen* vornehmen (§ 47 ZPO iVm § 72 Abs. 1). Keinen Aufschub gestatten solche Handlungen, die einem Beteiligten wesentliche Nachteile ersparen (BPatG GRUR 1985, 373 – Abhilfe VI; *Zöller/Vollkommer*, § 47 ZPO, Rn 3 mit zahlreichen weiteren Beispielen). Nimmt die abgelehnte Gerichtsperson gleichwohl auch andere Handlungen vor, so sind diese unwirksam, sofern das Ablehnungsgesuch erfolgreich ist. Andernfalls bleibt der Verstoß ungeahndet (BayVerfGH NJW 1982, 1746; *Benkard/Schäfers*, § 86 PatG, Rn 22).

17   Nimmt der erfolgreich abgelehnte Richter trotz der Ablehnung weiterhin am Verfahren teil, so begründet dieser Verstoß einen *absoluten Rechtsbeschwerdegrund* nach § 83 Abs. 3 Nr. 2, der nach § 551 Nr. 3 ZPO iVm § 84 Abs. 2 zur Aufhebung der unter seiner Mitwirkung ergangenen Entscheidung führt.

---

**Ermittlung des Sachverhalts; Vorbereitung der mündlichen Verhandlung**

**73** (1) [1]Das Patentgericht ermittelt den Sachverhalt von Amts wegen. [2]Es ist an das Vorbringen und die Beweisanträge der Beteiligten nicht gebunden.

(2) [1]Der Vorsitzende oder ein von ihm zu bestimmendes Mitglied des Senats hat schon vor der mündlichen Verhandlung oder, wenn eine solche nicht stattfindet, vor der Entscheidung des Patentgerichts alle Anordnungen zu treffen, die notwendig sind, um die Sache möglichst in einer mündlichen Verhandlung oder in einer Sitzung zu erledigen. [2]Im übrigen gilt § 273 Abs. 2, Abs. 3 Satz 1 und Abs. 4 Satz 1 der Zivilprozeßordnung entsprechend.

**Inhaltsübersicht**

|  | Rn |
|---|---|
| A. Verfahrensgrundsätze (§ 73 Abs. 1) | 1–5 |
|   I. Amtsermittlungsgrundsatz | 1–4 |
|     1. Grundlagen | 1 |
|     2. Mitwirkungspflicht der Beteiligten | 2 |
|     3. Grenzen der Inquisitionsmaxime | 3 |
|     4. Feststellungslast | 4 |
|   II. Verfügungsgrundsatz | 5 |

| | Rn |
|---|---|
| B. Die Vorbereitung des Termins (§ 73 Abs. 2) | 6–10 |
| I. Verfahrensbeschleunigung | 6 |
| II. Ergänzung des schriftlichen Vorbringens | 7 |
| III. Einholung amtlicher Urkunden oder Auskünfte | 8 |
| IV. Ladung der Beteiligten | 9 |
| V. Zeugen- und Sachverständigenladung | 10 |

### Entscheidung zum MarkenG

**BGH GRUR 1998, 938 – DRAGON**
Die Frage der Benutzung einer Widerspruchsmarke unterliegt dem Beibringungs- und Verhandlungsgrundsatz.

## A. Verfahrensgrundsätze (§ 73 Abs. 1)

### I. Amtsermittlungsgrundsatz

#### 1. Grundlagen

Der *Amtsermittlungsgrundsatz* (Inquisitionsmaxime, Untersuchungsgrundsatz) nach § 73 Abs. 1 S. 1 regelt, auf welche Art und Weise das BPatG an die zur Entscheidungsfindung erforderlichen tatsächlichen Grundlagen gelangt. Das Gericht hat von sich aus und unabhängig vom Vortrag der Beteiligten die wesentlichen Tatsachen zu ermitteln; es ist an das Vorbringen der Beteiligten nicht gebunden. Es ist deshalb unzulässig, tatsächliches Vorbringen der Beteiligten als verspätet zurückzuweisen, auch wenn eine von dem Gericht gesetzte Äußerungsfrist nicht eingehalten wird, sondern es ist stets zu berücksichtigen, sofern es vor dem Entscheidungszeitpunkt bei dem Gericht eingegangen ist (BGH NJW 1954, 638, 639; 1955, 503, 504; BVerfGE 5, 22, 24; 11, 218, 220; NJW 1990, 2373). Das BPatG ermittelt den Sachverhalt mit allen ihm zur Verfügung stehenden Mitteln. Es kann sich namentlich im Wege der Rechtshilfe der Gerichte und im Wege der Amtshilfe der Verwaltungsbehörden wie insbesondere des DPMA bedienen. Die Inquisitionsmaxime begründet für das Gericht auch die Pflicht zur Sachverhaltsermittlung. Soweit es ihm möglich ist, hat es den Sachverhalt *von Amts wegen* zu ermitteln; es darf die Sache grundsätzlich nicht zur Vornahme der weiteren Ermittlungen an das DPMA zurückverweisen (BPatGE 4, 24, 26; BPatG BlPMZ 1992, 196; BVerwGE 2, 135), auch wenn es sich im Wege der Amtshilfe des DPMA bedienen kann. Eine Ausnahme von dem das patentamtliche und patentgerichtliche Verfahren beherrschenden Amtsermittlungsgrundsatz bildet die Frage der Benutzung einer Widerspruchsmarke, die dem Beibringungs- und Verhandlungsgrundsatz unterliegt; daraus folgt, daß die Einrede der mangelnden Benutzung der Widerspruchsmarke in entsprechender Anwendung der Vorschriften der ZPO als verspätet zurückgewiesen werden kann (BGH GRUR 1998, 938 – DRAGON; s. § 43, Rn 8b). 1

#### 2. Mitwirkungspflicht der Beteiligten

Wenn auch das BPatG den Sachverhalt von Amts wegen zu ermitteln hat (zum Amtsermittlungsgrundsatz in den Verfahren in Markenangelegenheiten vor dem DPMA s. § 59, Rn 1 ff.), so enthebt die Amtsermittlung die Beteiligten nicht der Verpflichtung, ihrerseits auf eine *Aufklärung des Sachverhalts hinzuwirken* und das BPatG bei seinen notwendigen Aufklärungsmaßnahmen zu *unterstützen* (BGH GRUR 1988, 211 – Wie hammas denn?). Die Amtsermittlungspflicht wird wesentlich durch den Beteiligtenvortrag bestimmt. Nur in dem Umfang, wie der Beteiligtenvortrag oder der Sachverhalt Anlaß für Nachforschungen bietet, ist das Gericht zur Aufklärung verpflichtet (BGH MDR 1955, 347). Die Mitwirkungspflicht der Beteiligten ergibt sich aus der Wahrheitspflicht nach § 92, wonach die Beteiligten verpflichtet sind, über die rechtserheblichen Tatsachen vollständige Angaben wahrheitsgemäß zu machen. Das BPatG kann die Beteiligten jederzeit auffordern, die Angaben zu ergänzen, soweit das BPatG der Auffassung ist, Vollständigkeit sei nicht gegeben, oder Beweismittel zu 2 benennen, die den Tatsachenvortrag der Beteiligten belegen. Nach dem Amtsermittlungsgrundsatz ist das BPatG nicht an die Beweisanträge der Beteiligten gebunden, es kann sich auch anderer Mittel zur Sachverhaltsermittlung bedienen. Es darf aber nicht von einer Beweiserhebung im Wege einer vorweggenommenen Beweiswürdigung absehen. So darf es Beweisanträge der Beteiligten über erhebliche Tatsachen nicht mit der Begründung zurückweisen, zweckdienliche Ergebnisse seien bei der Beweiserhebung nicht zu erwarten (BGH GRUR 1981, 185, 186 – Pökelvorrichtung).

### 3. Grenzen der Inquisitionsmaxime

3   Da das BPatG den Sachverhalt von Amts wegen zu ermitteln hat, können die Beteiligten nicht über den Gegenstand des Beschwerdeverfahrens verfügen. Ein *Anerkenntnis* eines Beteiligten oder ein *Geständnis* bindet das BPatG nicht, sondern ist im Rahmen der freien richterlichen Beweiswürdigung einzubeziehen (§ 78 Abs. 1 S. 1). Den Umfang der Amtsermittlung bestimmt das Gericht. Die Ermittlungspflicht endet, sobald dem BPatG die für seine Entscheidungsfindung erforderlichen Tatsachen vorliegen. Eine Grenze der Amtsermittlung bildet zudem der Grundsatz der *Zumutbarkeit* (BFH BStBl. III 1955, 63).

### 4. Feststellungslast

4   Da das BPatG den entscheidungserheblichen Sachverhalt von Amts wegen zu ermitteln hat, trifft die Beteiligten zwar keine *formelle Beweisführungslast*, aber eine *materielle Feststellungslast*. Die materielle Feststellungslast der Beteiligten ist in solchen Fällen rechtserheblich, in denen trotz der Amtsermittlung durch das DPMA der Sachverhalt nicht vollständig aufzuklären ist. Die Feststellungslast beurteilt sich nach materiellem Recht und trifft regelmäßig denjenigen, zugunsten dessen sich das Vorliegen der Voraussetzung der begünstigenden Norm auswirkt.

## II. Verfügungsgrundsatz

5   Der *Verfügungsgrundsatz* (Dispositionsmaxime, Verhandlungsgrundsatz) besagt im patentgerichtlichen Beschwerdeverfahren, daß die Beteiligten in begrenztem Umfang Herren des von ihnen eingeleiteten Verfahrens sind. Im patentgerichtlichen Verfahren besteht trotz der Inquisitionsmaxime des § 73 Abs. 1 S. 1 kein Offizialprinzip. Die Möglichkeit der Beteiligten zur Einflußnahme auf das Beschwerdeverfahren erfaßt die *Bestimmung des Gegenstandes des Verfahrens* und die *Beendigung des Verfahrens*. Die Beteiligten bestimmen auch den Umfang der Prüfung der Anträge (BPatGE 17, 204, 205). Nach § 82 Abs. 1 iVm § 308 ZPO darf das Gericht nicht über die Anträge der Beteiligten hinausgehen; das MarkenG enthält keine abweichende Bestimmung. Die von den Beteiligten gestellten Anträge bilden die Obergrenze dessen, was ihnen zugesprochen werden darf (BGHZ 105, 381, 382 f. – Verschlußvorrichtung für Gießpfannen; BPatGE 16, 130 f.; 26, 191, 193). Hat eine mündliche Verhandlung stattgefunden, so sind die in der mündlichen Verhandlung gestellten Anträge maßgebend. Aus der Bindung des Gerichts an die Anträge der Beteiligten folgt auch das *Verbot der reformatio in peius*. Eine Änderung des angefochtenen Beschlusses im Beschwerdeverfahren zum Nachteil des Beschwerdeführers ist unzulässig. Eine Ausnahme soll dann möglich sein, wenn zwingende, von Amts wegen zu beachtende, prozessuale Vorschriften verletzt worden sind (BGH GRUR 1972, 592, 594 – Sortiergerät; BPatGE 21, 27).

## B. Die Vorbereitung des Termins (§ 73 Abs. 2)

### I. Verfahrensbeschleunigung

6   Im Interesse einer *Beschleunigung des Beschwerdeverfahrens* soll nach § 73 Abs. 2 S. 1 der Termin der mündlichen Verhandlung oder in den Fällen, in denen eine mündliche Verhandlung nicht stattfindet, der Sitzungstermin in einem solchen Umfang vorbereitet werden, daß die *Rechtssache in einem Termin erledigt* werden kann. Der Vorsitzende oder ein von ihm

bestimmtes Senatsmitglied kann zur Konzentration des Beschwerdeverfahrens Anordnungen treffen, die nach der gesetzlichen Regelung dem BPatG zustehen. § 73 Abs. 2 S. 1 begründet nicht nur die rechtliche Möglichkeit, sondern die rechtliche Verpflichtung des Beschwerdesenats, die notwendigen Konzentrationsmaßnahmen zu treffen. Das Bündel der möglichen Konzentrationsmaßnahmen ist in § 73 Abs. 2 S. 2 aufgrund der Verweisung auf § 273 Abs. 2, 3 S. 1 und 4 S. 1 ZPO nicht abschließend, sondern nur beispielhaft genannt, wie sich aus dem Wortlaut des § 273 Abs. 2 S. 1 ZPO (insbesondere) ergibt. Neben den Anordnungen der ZPO kommen etwa auch die Herbeiziehung eigener Gerichtsakten des BPatG oder die Anordnung, eine Übersetzung von Urkunden beizubringen (§ 142 Abs. 3 ZPO), in Betracht. Bei den Anordnungen der ZPO handelt es sich im wesentlichen um die im folgenden beschriebenen Maßnahmen (s. Rn 7 ff.).

## II. Ergänzung des schriftlichen Vorbringens

Nach § 273 Abs. 2 Nr. 1 ZPO iVm § 73 Abs. 2 S. 2 kann der Vorsitzende des Beschwerdesenats oder das beauftragte Senatsmitglied die Beteiligten auffordern, ihre Schriftsätze weiter zu untermauern. Hierbei kann den Beteiligten die Vorlage von Urkunden oder anderer Augenscheinsobjekte aufgegeben werden. Als Ergänzungsanordnung kann den Beteiligten auch aufgegeben werden, die bereits vorgelegten Unterlagen zu ordnen, Zusammenstellungen anzufertigen oder Berechnungen vorzunehmen (*Zöller/Greger*, § 273 ZPO, Rn 6). Der Richter kann den Beteiligten auch eine *Frist zur Erklärung über bestimmte klärungsbedürftige Punkte* setzen; der Fristversäumung kommt aber wegen der Inquisitionsmaxime keine unmittelbare Rechtswirkung zu, da eine Präklusion ausgeschlossen ist. Die *Aufklärungsanordnung* soll die Beteiligten insbesondere auf Unklarheiten in ihrem tatsächlichen Vorbringen hinweisen. 7

## III. Einholung amtlicher Urkunden oder Auskünfte

Nach § 273 Abs. 2 Nr. 2 ZPO iVm § 73 Abs. 2 S. 2 kann der Vorsitzenden des Beschwerdesenats oder das beauftragte Senatsmitglied alle *amtlichen Urkunden* oder *amtlichen Auskünfte* einholen, die zur Vorbereitung der Verhandlung notwendig erscheinen. In Abweichung zum Zivilprozeß besteht keine Bindung an die bereits gestellten Beweisanträge der Beteiligten (s. dazu *Zöller/Greger*, § 273 ZPO, Rn 7), da der Sachverhalt nach § 73 Abs. 1 S. 1 von Amts wegen zu ermitteln ist. Wird eine Behörde oder ein einzelner Beamter um eine amtliche Auskunft gebeten, so ersetzt die erteilte Auskunft die Zeugenvernehmung. 8

## IV. Ladung der Beteiligten

Nach § 273 Abs. 2 Nr. 2 ZPO iVm § 73 Abs. 2 S. 2 kann der Vorsitzende des Beschwerdesenats oder das beauftragte Senatsmitglied das *persönliche Erscheinen eines Beteiligten* anordnen, wenn die persönliche Anhörung der Beteiligten zur Aufklärung des Sachverhalts geboten erscheint und dem Beteiligten das Erscheinen zuzumuten ist. Erscheint der Beteiligte trotz Aufforderung durch das Gericht nicht, so bleibt dieser Verstoß ohne Sanktion, da nach § 73 Abs. 2 S. 2 die Vorschrift des § 273 Abs. 4 S. 2 ZPO und somit § 141 Abs. 3 ZPO nicht anwendbar ist. 9

## V. Zeugen- und Sachverständigenladung

Nach § 273 Abs. 2 Nr. 4 ZPO iVm § 73 Abs. 2 S. 2 kann der Vorsitzende des Beschwerdesenats oder das beauftragte Senatsmitglied *Zeugen* und *Sachverständige* zur mündlichen Verhandlung laden. Die Vorschrift ist nur dann anzuwenden, wenn eine mündliche Verhandlung stattfindet. Nach der Inquisitionsmaxime ist das BPatG nicht auf die Ladung der Zeugen beschränkt, die von den Beteiligten benannt werden. Eine Ladung soll nach § 273 Abs. 3 S. 1 ZPO iVm § 73 Abs. 2 S. 2 nur in den Fällen erfolgen, in denen eine Verneh- 10 mung voraussichtlich notwendig ist. Das beauftragte Senatsmitglied darf den Zeugen oder Sachverständigen nur laden, nicht aber vernehmen. Die Vernehmung als Teil der Beweisaufnahme obliegt nach § 74 Abs. 1 dem Beschwerdesenat in der Besetzung nach § 67 Abs. 1, wenn nicht die Vernehmung durch einen ersuchten oder beauftragten Richter nach § 74 Abs. 2 angeordnet wird.

## Beweiserhebung

**74** (1) ¹**Das Patentgericht erhebt Beweis in der mündlichen Verhandlung.** ²**Es kann insbesondere Augenschein einnehmen, Zeugen, Sachverständige und Beteiligte vernehmen und Urkunden heranziehen.**

(2) **Das Patentgericht kann in geeigneten Fällen schon vor der mündlichen Verhandlung durch eines seiner Mitglieder als beauftragten Richter Beweis erheben lassen oder unter Bezeichnung der einzelnen Beweisfragen ein anderes Gericht um die Beweisaufnahme ersuchen.**

(3) ¹Die Beteiligten werden von allen Beweisterminen benachrichtigt und können der Beweisaufnahme beiwohnen. ²Sie können an Zeugen und Sachverständige sachdienliche Fragen richten. ³Wird eine Frage beanstandet, so entscheidet das Patentgericht.

### Inhaltsübersicht

|   | Rn |
|---|---|
| A. Beweiserhebung (§ 74 Abs. 1 S. 1) | 1 |
| B. Beweiserhebungsanordnung | 2 |
| C. Beweismittel (§ 74 Abs. 1 S. 2) | 3–8 |
|    I. Grundsatz | 3 |
|    II. Augenscheinseinnahme | 4 |
|    III. Zeugenvernehmung | 5 |
|    IV. Sachverständigenbeweis | 6 |
|    V. Beteiligtenvernehmung | 7 |
|    VI. Heranziehung von Urkunden | 8 |
| D. Beweisaufnahme | 9–12 |
|    I. Grundsatz | 9 |
|    II. Beweisaufnahme durch den Beschwerdesenat | 10 |
|    III. Beweisaufnahme durch einen beauftragten Richter (§ 74 Abs. 2 1. Alt.) | 11 |
|    IV. Beweisaufnahme durch einen ersuchten Richter (§ 74 Abs. 2 2. Alt.) | 12 |
| E. Mitwirkungsrechte der Beteiligten an der Beweiserhebung (§ 74 Abs. 3) | 13–16 |
|    I. Grundsatz | 13 |
|    II. Benachrichtigung | 14 |
|    III. Teilnahmerecht | 15 |
|    IV. Fragerecht | 16 |

## A. Beweiserhebung (§ 74 Abs. 1 S. 1)

**1** Das BPatG erhebt die *Beweise in der mündlichen Verhandlung* über die Beschwerde gegen den Beschluß der Markenstelle oder Markenabteilung (§ 74 Abs. 1 S. 1). Nach dem Amtsermittlungsgrundsatz (§ 73 Abs. 1 S. 1) ist eine Beweiserhebung dann erforderlich, wenn der Beschwerdesenat sie zur Gewinnung seiner richterlichen Überzeugung für notwendig erachtet (§ 78 Abs. 1 S. 1). Eine Beweiserhebung ist nur hinsichtlich solcher rechtserheblicher Tatsachen erforderlich, die von dem Beschwerdesenat nicht als feststehend erachtet werden können. Da der Sachverhalt von Amts wegen zu ermitteln ist, sind Beweisanträge der Beteiligten (§ 73 Abs. 1 S. 2) als Beweisanregungen zu behandeln.

## B. Beweiserhebungsanordnung

**2** Nach dem Amtsermittlungsgrundsatz (§ 73 Abs. 1 S. 1) bedarf es zur Anordnung einer Beweiserhebung keines Beweisantrages der Beteiligten. Die Anordnung einer Beweiserhebung ergeht durch *Beweisbeschluß* des erkennenden Senats (§ 82 Abs. 1 iVm §§ 358 ff. ZPO), wenn die Beweisaufnahme eines besonderen Verfahrens bedarf (*Benkard/Schäfers*, § 88 PatG, Rn 10), etwa wenn die Beweiserhebung durch einen beauftragten oder einen ersuchten Richter nach § 74 Abs. 2 (s. Rn 11, 12) erfolgen soll. Wenn ein Beteiligter zu vernehmen ist, dann bedarf es nach § 82 Abs. 1 S. 1 iVm § 450 Abs. 1 S. 1 ZPO in jedem Fall, und zwar unabhängig von § 82 Abs. 1 S. 1 iVm § 358 ZPO eines Beweisbeschlusses.

## C. Beweismittel (§ 74 Abs. 1 S. 2)

### I. Grundsatz

Das BPatG ist bei der Auswahl seiner Beweismittel nicht beschränkt. Die Aufzählung in § 74 Abs. 1 S. 2 hat nur beispielhaften Charakter. Neben den dort aufgezählten *Beweismitteln* (s. Rn 4 ff.) kommt insbesondere die *Einholung amtlicher Auskünfte* in Betracht. 3

### II. Augenscheinseinnahme

Der *Augenschein* dient der sinnlichen Wahrnehmung; Objekt des Augenscheins können sowohl Personen als auch Sachen hinsichtlich ihrer Substanz und Existenz, sowie hinsichtlich der durch sie ausgelösten Vorgänge sein. Der Augenschein ist allen Arten der Wahrnehmung zugänglich; er muß nicht optisch möglich sein. 4

### III. Zeugenvernehmung

Ein *Zeuge* ist eine Person, die nicht selbst Beteiligter oder gesetzlicher Vertreter eines Beteiligten sind, und die ihr Wissen über bestimmte Tatsachen mitteilen soll. Auch der *sachverständige* Zeuge ist Zeuge; er verfügt lediglich über eine bessere Sachkunde zur Wahrnehmung der bekundeten Tatsachen (BGH MDR 1974, 382). Der Zeuge ist verpflichtet, Zeugnis abzulegen, soweit ihm kein Zeugnisverweigerungsrecht zur Seite steht. Das Zeugnis kann mit den Mitteln der §§ 380, 390 ZPO iVm § 82 Abs. 1 S. 1 erzwungen werden. Zeugenbeweis wird grundsätzlich durch *Vernehmung des Zeugen in der mündlichen Verhandlung* nach § 74 Abs. 1 S. 1 erhoben. Art und Weise beurteilen sich nach den §§ 394 ff. ZPO iVm § 82 Abs. 1 S. 1. Erachtet das Gericht eine schriftliche Beantwortung der Beweisfrage im Hinblick auf den Inhalt der Beweisfrage und der Person des Zeugen für ausreichend, so kann es von einer Beweiserhebung durch Zeugenbeweisvernehmung in der mündlichen Verhandlung absehen und nach § 377 Abs. 3 S. 1 ZPO iVm § 82 Abs. 1 S. 1 die *schriftliche Beantwortung der Beweisfrage* anordnen und so dem Zeugen das Erscheinen vor Gericht ersparen. Auch die schriftliche Beantwortung der richterlichen Fragen ist Zeugenbeweis, nicht Urkundenbeweis (*Zöller/Greger*, § 377 ZPO, Rn 5a). 5

### IV. Sachverständigenbeweis

Ein *Sachverständiger* bekundet im Gegensatz zum Zeugen keine von ihm wahrgenommenen Tatsachen, sondern *Fachwissen*. Der sachverständige Zeuge ist echter Zeuge, nicht Sachverständiger, da er über die ihm zur Kenntnis gekommenen Tatsachen berichtet (s. Rn 5). Der Beweis durch Sachverständige beurteilt sich nach den §§ 402 ff. ZPO iVm § 82 Abs. 1 S. 1. Ein Beteiligter oder der gesetzliche Vertreter eines Beteiligten kann nicht Sachverständiger sein. 6

### V. Beteiligtenvernehmung

Die *Beteiligtenvernehmung* stellt ein Notbeweismittel dar, auf das nur in den Fällen zurückgegriffen wird, wenn andere Beweismittel fehlen. Die Beweisaufnahme durch förmliche Vernehmung ist von der *Beteiligtenanhörung* nach § 60 Abs. 1 zu unterscheiden. Die Anhörung dient der unmittelbaren Sachverhaltsaufklärung, während die Vernehmung der Tatsachenermittlung dient. Das Gericht ordnet die Beteiligtenvernehmung an, wenn das Ergebnis 7 der Verhandlung und das Ergebnis einer etwaigen Beweisaufnahme zur Überzeugungsbildung des Beschwerdesenats nicht ausreichend ist (§§ 448 ff. ZPO iVm § 82 Abs. 1 S. 1). Die Aussage und Eidesleistung des Beteiligten kann nicht erzwungen, deren Verweigerung aber im Rahmen der Beweiswürdigung gegen ihn verwertet werden.

### VI. Heranziehung von Urkunden

8   Eine *Urkunde* ist eine durch Niederschrift verkörperte Gedankenerklärung, die geeignet ist, Beweis zu erbringen (BGHZ 65, 300). Andere Gegenstände können nur Augenscheinsobjekte bilden. Der *Urkundenbeweis* wird nach den §§ 415 ff. ZPO iVm § 82 Abs. 1 S. 1 geführt. Die der Urkunde zukommende Beweiskraft beurteilt sich nach den §§ 415 bis 419 ZPO iVm § 82 Abs. 1 S. 1. Befinden sich die Urkunden im Besitz der Beteiligten, so kann das Gericht ihnen nach § 73 Abs. 2 S. 2 iVm § 273 Abs. 2 Nr. 1 ZPO aufgeben, die Urkunden vorzulegen. Urkunden, die sich in *Amtsbesitz* befinden, können im Wege der Rechtshilfe beigezogen werden.

## D. Beweisaufnahme

### I. Grundsatz

9   Die *Beweisaufnahme* kann durch den *Beschwerdesenat* in der Besetzung nach § 67 Abs. 1 oder in geeigneten Fällen durch einen *beauftragten* oder *ersuchten Richter* nach § 74 Abs. 2 vorgenommen werden. Anderer Hilfspersonen wie etwa des DPMA darf sich das Gericht zur Durchführung der Beweisaufnahme nicht bedienen. Über jede Beweisaufnahme wird eine *Niederschrift* nach § 77 Abs. 2 S. 1 aufgenommen.

### II. Beweisaufnahme durch den Beschwerdesenat

10  Die *Beweisaufnahme durch das BPatG* stellt den gesetzgeberischen Regelfall dar. Die Beweisaufnahme findet vor dem Beschwerdesenat des BPatG in der Besetzung mit drei rechtskundigen Mitgliedern (§ 67 Abs. 1) in der mündlichen Verhandlung (§ 74 Abs. 1 S. 1) statt, damit sich das Gericht einen unmittelbaren Eindruck von den Beweismitteln machen und so eine unverfälschte Überzeugung gewinnen kann. Eine Abweichung von einer Beweisaufnahme durch den gesamten Senat durch Übertragung der Aufgabe auf einen beauftragten oder ersuchten Richter (§ 74 Abs. 2) kommt nur in geeigneten Fällen in Betracht (s. Rn 11, 12), in denen die Unmittelbarkeit zur Gewinnung der Überzeugung des Gerichts entbehrlich erscheint.

### III. Beweisaufnahme durch einen beauftragten Richter (§ 74 Abs. 2 1. Alt.)

11  Nach § 74 Abs. 2 1. Alt. kann das BPatG eines seiner Mitglieder schon vor der mündlichen Verhandlung mit der Beweiserhebung beauftragen (*beauftragter Richter*). Die Beauftragung kann die gesamte Beweiserhebung oder nur einen Teil umfassen. Der beauftragte Richter hat alle erforderlichen Maßnahmen zur Durchführung der ihm übertragenen Beweisaufnahme selbst zu treffen. Der beauftragte Richter trifft nach § 400 ZPO iVm § 82 Abs. 1 S. 1 die gesetzlichen Verfügungen, die im Falle des Nichterscheinens oder der Zeugnisverweigerung vorgesehen sind, hebt diese gegebenenfalls wieder auf und entscheidet vorläufig allein über die Zulässigkeit einer dem Zeugen vorgelegten Frage. Die endgültige Entscheidung über die Zulässigkeit der Frage obliegt dem Senat.

### IV. Beweisaufnahme durch einen ersuchten Richter (§ 74 Abs. 2 2. Alt.)

12  Das BPatG kann in geeigneten Fällen nach § 74 Abs. 2 2. Alt. schon vor der mündlichen Verhandlung unter Bezeichnung der einzelnen Beweisfragen ein anderes Gericht um die Beweisaufnahme ersuchen (*ersuchter Richter*). Das Ersuchungsschreiben ist nach § 362 Abs. 1

ZPO iVm § 82 Abs. 1 S. 1 vom Senatsvorsitzenden zu erlassen. Dem ersuchten Richter stehen dieselben Rechte wie dem beauftragten Richter (s. Rn 11) zu.

## E. Mitwirkungsrechte der Beteiligten an der Beweiserhebung (§ 74 Abs. 3)

### I. Grundsatz

Nach § 74 Abs. 3 wird den Beteiligten ein weitreichendes *Beteiligungsrecht an der Beweisaufnahme* eingeräumt. Das Beteiligungsrecht wird durch das Äußerungsrecht nach § 78 Abs. 2 ergänzt. **13**

### II. Benachrichtigung

Alle Beteiligten sind nach § 74 Abs. 3 S. 1 von allen Beweisterminen so rechtzeitig in Kenntnis zu setzen, daß sie in die Lage versetzt werden, an dem Beweistermin persönlich teilzunehmen (BPatG GRUR 1981, 651 – Formwerkzeug für Kunststoffteile). Dabei muß die Ladungsfrist des § 75 Abs. 1 S. 1 nicht eingehalten werden (*Benkard/Schäfers*, § 88 PatG, Rn 16; *Schulte*, § 88 PatG, Rn 5). Bei Nichtbeachtung der *Benachrichtigungspflicht* können die Beteiligten die Wiederholung der Beweisaufnahme verlangen. Die Benachrichtigung ist auch in den Fällen erforderlich, in denen eine Beweisaufnahme durch einen beauftragten (s. Rn 11) oder einen ersuchten (s. Rn 12) Richter erhoben wird. Die Beteiligten können auf die Benachrichtigung verzichten. **14**

### III. Teilnahmerecht

§ 74 Abs. 3 S. 1 räumt den Beteiligten die Möglichkeit ein, an allen Beweisterminen teilzunehmen. Für das *Teilnahmerecht an der Beweisaufnahme* ist es rechtlich unerheblich, um welche Art des Beweises es sich handelt, oder ob die Beweisaufnahme durch den Beschwerdesenat oder einen beauftragten (s. Rn 11) oder einen ersuchten (s. Rn 12) Richter vorgenommen wird. Den Beteiligten wird nur ein Teilnahmerecht eingeräumt; eine Teilnahmepflicht besteht nicht. Das Nichterscheinen der Beteiligten bei der Beweisaufnahme ist unschädlich. **15**

### IV. Fragerecht

Die Beteiligten können nach § 74 Abs. 3 S. 2 den Zeugen oder Sachverständigen unmittelbar *sachdienliche Fragen in der Beweisaufnahme* stellen. Den Zeitpunkt der Fragestellung bestimmt der Senatsvorsitzenden oder der beauftragte (s. Rn 11) oder der ersuchte (s. Rn 12) Richter. Anders als bei der Zeugen- und Sachverständigenvernehmung steht den Beteiligten das Fragerecht bei der Vernehmung eines anderen Beteiligten nicht zu. In diesem Fall obliegt die Befragung nach den §§ 451, 397 ZPO iVm § 82 Abs. 1 S. 1 dem Senatsvorsitzenden, dem die anderen Beteiligten die Fragen, die sie zur Aufklärung der Sache für dienlich erachten, vorlegen können. Wird eine von einem Beteiligten gestellte Frage beanstandet, dann entscheidet der Beschwerdesenat über deren Zulässigkeit. Findet die Beweisaufnahme vor einem beauftragten oder ersuchten Richter statt, so entscheidet dieser vorläufig über die Zulässigkeit. Die endgültige Entscheidung über die Zulässigkeit obliegt dem Beschwerdesenat. **16**

**Ladungen**

**75** (1) ¹Sobald der Termin zur mündlichen Verhandlung bestimmt ist, sind die Beteiligten mit einer Ladungsfrist von mindestens zwei Wochen zu laden. ²In dringenden Fällen kann der Vorsitzende die Frist abkürzen.

(2) Bei der Ladung ist darauf hinzuweisen, daß beim Ausbleiben eines Beteiligten auch ohne ihn verhandelt und entschieden werden kann.

## Inhaltsübersicht

|   | Rn |
|---|---|
| A. Terminsbestimmung | 1 |
| B. Ladung | 2–4 |
|    I. Grundsatz | 2 |
|    II. Ladungsfrist | 3 |
|    III. Hinweis auf die Folgen des Ausbleibens | 4 |
| C. Rechtsfolgen mangelhafter Ladung | 5 |

## A. Terminsbestimmung

1   Der Vorsitzende des Beschwerdesenats bestimmt von Amts wegen den *Termin zur mündlichen Verhandlung* (§ 216 Abs. 1 ZPO iVm § 82 Abs. 1 S. 1). Die Terminwahl steht im Ermessen des Vorsitzenden. Die mündliche Verhandlung soll jedoch nach § 272 Abs. 3 ZPO iVm § 82 Abs. 1 S. 1 möglichst frühzeitig stattfinden. Die Terminsbestimmung hat unverzüglich nach der Terminwahl zu erfolgen. Der einmal bestimmte Termin kann auf Antrag eines Beteiligten oder von Amts wegen nach § 227 ZPO iVm § 82 Abs. 1 S. 1 aufgehoben oder verlegt werden. Die Entscheidung über die Aufhebung oder Verlegung obliegt dem Vorsitzenden. Seine kurz zu begründende Entscheidung ist nicht anfechtbar.

## B. Ladung

### I. Grundsatz

2   Die *Ladung* erfolgt durch die Geschäftsstelle von Amts wegen. Die Ladung muß die Bezeichnung der ladenden Stelle, die des Geladenen, die des Gerichts (zumindest nach seiner Postanschrift), die Angabe der Terminszeit, die Angabe des Terminszwecks (zumindest das Aktenzeichen s. BGH NJW 1982, 888), die Aufforderung, zum Termin vor Gericht zu erscheinen und den Hinweis auf die Folgen des Ausbleibens nach § 75 Abs. 2 enthalten (s. dazu im einzelnen *Baumbach/Lauterbach/Albers/Hartmann*, Übersicht vor § 214 ZPO, Rn 5). Der Gebrauch des Wortes Ladung ist entbehrlich.

### II. Ladungsfrist

3   Die *Ladungsfrist*, die zwischen der Zustellung der Ladung und dem Terminstag liegen soll (§ 217 ZPO iVm § 82 Abs. 1 S. 1), beträgt nach § 75 Abs. 1 S. 1 mindestens *zwei Wochen*. Eine Abkürzung der Frist durch den Vorsitzenden ist in dringenden Fällen nach § 75 Abs. 1 S. 2 möglich.

### III. Hinweis auf die Folgen des Ausbleibens

4   Nach § 75 Abs. 2 ist in der Ladung darauf hinzuweisen, daß beim *Ausbleiben eines Beteiligten trotz Ladung* auch ohne ihn verhandelt und entschieden werden kann. Der Hinweis ist zwingend vorgeschrieben. Erscheint der geladene Beteiligte nicht, so kann auf der Grundlage des festgestellten Sachverhalts gegen ihn entschieden werden.

## C. Rechtsfolgen mangelhafter Ladung

5   Erscheint ein Beteiligter in Person oder in Vertretung im Termin nicht, so darf keine Entscheidung zu seinen Lasten ergehen, wenn sich die *Ordnungsgemäßheit der Ladung* nicht feststellen läßt. Das Gericht prüft von Amts wegen die Ordnungsgemäßheit der Ladung. Als Mängel der Ladung kommen namentlich das Fehlen des Hinweises nach § 75 Abs. 2 und die Nichteinhaltung der Ladungsfrist bei fehlender Abkürzung der Frist durch den Vorsitzenden in Betracht (s. dazu im einzelnen *Baumbach/Lauterbach/Albers/Hartmann*, Übersicht vor § 214 ZPO, Rn 7; *Zöller/Stöber*, § 214 ZPO, Rn 3).

## Gang der Verhandlung

**76** (1) Der Vorsitzende eröffnet und leitet die mündliche Verhandlung.

(2) Nach Aufruf der Sache trägt der Vorsitzende oder der Berichterstatter den wesentlichen Inhalt der Akten vor.

(3) Hierauf erhalten die Beteiligten das Wort, um ihre Anträge zu stellen und zu begründen.

(4) Der Vorsitzende hat die Sache mit den Beteiligten in tatsächlicher und rechtlicher Hinsicht zu erörtern.

(5) ¹Der Vorsitzende hat jedem Mitglied des Senats auf Verlangen zu gestatten, Fragen zu stellen. ²Wird eine Frage beanstandet, so entscheidet der Senat.

(6) ¹Nach Erörterung der Sache erklärt der Vorsitzende die mündliche Verhandlung für geschlossen. ²Der Senat kann die Wiedereröffnung beschließen.

### Inhaltsübersicht

| | Rn |
|---|---|
| A. Prozeßleitung (§ 76 Abs. 1) | 1, 2 |
| B. Gang der Verhandlung | 3–10 |
|   I. Eröffnung | 3 |
|   II. Aktenvortrag (§ 76 Abs. 2) | 4 |
|   III. Antragstellung durch die Beteiligten (§ 76 Abs. 3) | 5 |
|   IV. Erörterung der Sache (§ 76 Abs. 4) | 6 |
|   V. Richterliches Fragerecht (§ 76 Abs. 5 S. 1) | 7 |
|   VI. Beanstandung von Fragen (§ 76 Abs. 5 S. 2) | 8 |
|   VII. Schließung der Verhandlung durch den Vorsitzenden (§ 76 Abs. 6 S. 1) | 9 |
|   VIII. Wiedereröffnung der Verhandlung durch den Senat (§ 76 Abs. 6 S. 2) | 10 |

## A. Prozeßleitung (§ 76 Abs. 1)

Dem Vorsitzenden des Beschwerdesenats obliegt die *Eröffnung* und die *Leitung der mündlichen Verhandlung* (§ 76 Abs. 1). Seine Leitungsaufgabe berührt den gesamten Ablauf des patentgerichtlichen Beschwerdeverfahrens von der Eröffnung der Verhandlung und dem Aufruf der Sache (§ 76 Abs. 2) bis zur Schließung der Verhandlung (§ 76 Abs. 6) und der Unterzeichnung des Verhandlungsprotokolls (§ 163 Abs. 1 S. 1 ZPO iVm § 77 Abs. 2 S. 2). Der Vorsitzende stellt die Anwesenheit der Erschienenen fest und überprüft bei den Nichterschienenen die Ordnungsgemäßheit ihrer Ladung. 1

Der Vorsitzende kann im Einzelfall einzelne Aufgaben der Verhandlungsleitung auf ein Mitglied des Beschwerdesenats übertragen (*Baumbach/Lauterbach/Albers/Hartmann*, § 136 ZPO, Rn 5). Dem Senatsmitglied obliegt insoweit vollständig die Funktion des Vorsitzenden. Eine systematische und ohne sachlichen Grund vorgenommene Übertragung ist unzulässig, jedoch rechtswirksam. 2

## B. Gang der Verhandlung

### I. Eröffnung

Die Verhandlung beginnt mit dem *Aufruf der Sache* durch den Vorsitzenden (§ 76 Abs. 1). Der Vorsitzende kann sich eines Dritten (Wachtmeister, Protokollbeamter, Anwalt) bedienen. Er bleibt gleichwohl für den ordnungsgemäßen Aufruf verantwortlich. Teil des Aufrufs der Sache ist die *Feststellung* der *erschienenen Beteiligten*, *Zeugen* und *Sachverständigen*. 3

### II. Aktenvortrag (§ 76 Abs. 2)

Nach dem Aufruf der Sache trägt entweder der Vorsitzende oder aber der Berichterstatter den wesentlichen Akteninhalt vor (§ 76 Abs. 2), wodurch dieser Gegenstand der mündli- 4 chen Verhandlung wird. Der *Aktenvortrag* bildet eine komprimierte Fassung des Sachverhalts einschließlich des Beteiligtenvortrags sowie des bisherigen Verfahrenablaufs; er stellt eine *Zusammenfassung des Sach- und Streitstandes* dar. Der Aktenvortrag hat auch in den Fällen stattzufinden, in denen kein Beteiligter erschienen ist (*Benkard/Schäfers*, § 90 PatG, Rn 7).

### III. Antragstellung durch die Beteiligten (§ 76 Abs. 3)

5  Nach Einführung in den Sach- und Streitstand durch den Vorsitzenden oder den Berichterstatter erhalten die Beteiligten die Möglichkeit, ihre *Anträge* zu *stellen* und zu *begründen* (§ 76 Abs. 3). Im Regelfall beginnt der Beschwerdeführer mit der Stellung seines Antrags, anschließend erhalten die übrigen Beteiligten das Wort. Der Vortrag der Beteiligten hat nach § 137 Abs. 2 ZPO iVm § 82 Abs. 1 S. 1 in freier Rede zu erfolgen. In den Grenzen des § 137 Abs. 3 ZPO ist eine Bezugnahme auf Schriftstücke zulässig. Die *gestellten Anträge* sind nach § 160 Abs. 3 Nr. 2 ZPO iVm § 77 Abs. 2 S. 2 *in das Sitzungsprotokoll aufzunehmen*.

### IV. Erörterung der Sache (§ 76 Abs. 4)

6  Der Vorsitzende *erörtert* nach § 76 Abs. 4 die Sache mit den Beteiligten *in tatsächlicher und rechtlicher Hinsicht* (s. zur Erörterungspflicht im einzelnen *Zöller/Greger*, § 139 ZPO, Rn 10 ff.). Insbesondere hat der Vorsitzende auf die *Stellung sachdienlicher Anträge* und auf die Beseitigung von Unklarheiten oder Widersprüchen hinzuwirken, zumindest auf die vom Gericht beabsichtigte Interpretation hinzuweisen (*Baumbach/Lauterbach/Albers/Hartmann*, § 139 ZPO, Rn 34 m.w.Nachw.). Auf behebbare prozessuale Mängel oder das Fehlen von Vollmachten hat der Vorsitzende hinzuweisen. Die Beteiligten können auf eine Erörterung verzichten (BPatGE 17, 80). Um eine die Beteiligten überraschende Entscheidung des Senats zu verhindern, hat der Vorsitzende die Sache auch rechtlich mit den Beteiligten zu erörtern. Es ist nicht erforderlich, die vorläufige Rechtsauffassung des Gerichts umfassend zu erörtern, sondern ausreichend, solche Punkte zu erörtern, bei denen das Gericht möglicherweise von seiner bisherigen Rechtspraxis abweichen will, oder solche, die in rechtlicher Hinsicht bis zu diesem Zeitpunkt nicht hinreichend beachtet worden sind, die aber für die Entscheidung wesentlich sein können (BVerwG DVBl. 1960, 854).

### V. Richterliches Fragerecht (§ 76 Abs. 5 S. 1)

7  Die Mitglieder des Beschwerdesenats können zu allen Punkten der Sache Fragen stellen (zur Beanstandung von Fragen s. Rn 8). Aus Gründen eines zügigen und ordnungsgemäßen Ablaufs der mündlichen Verhandlung obliegt dem Vorsitzenden lediglich die Moderation der Verhandlung, nicht aber hat er es als Vorsitzender das Recht, Fragen eines Senatsmitglieds zurückzuweisen (§ 76 Abs. 5 S. 1). Das *Fragerecht der Senatsmitglieder* ist im Gegensatz zu dem der Beteiligten nach § 74 Abs. 3 S. 2, das auf die Befragung von Zeugen und Sachverständigen beschränkt ist, umfassend (zum Fragerecht der Beteiligten s. § 74, Rn 16).

### VI. Beanstandung von Fragen (§ 76 Abs. 5 S. 2)

8  Werden die von einem beisitzenden Richter gestellten Fragen von einem Beteiligten, einem Zeugen, einem Sachverständigen oder einem anderen Richter beanstandet, so entscheidet der Beschwerdesenat in seiner Besetzung nach § 67 Abs. 1 über die Zulässigkeit der Frage (§ 76 Abs. 5 S. 2). Wird eine Frage oder die Sachleitung des Vorsitzenden beanstandet, so findet zwar § 76 Abs. 5 keine Anwendung; es entscheidet aber nach § 140 ZPO iVm § 82 Abs. 1 S. 1 auch in diesen Fällen der gesamte Senat über die Zulässigkeit der Frage oder der Sachleitung. Das *Beanstandungsrecht* nach § 140 ZPO steht nur den Beteiligten, nicht aber den Mitgliedern des Senats zu (*Zöller/Greger*, § 140 ZPO, Rn 3; *Baumbach/Lauterbach/Albers/Hartmann*, § 140 ZPO, Rn 8). Die Beanstandung einer Frage ist nur in den Fällen der Unzulässigkeit, nicht in denen der Unzweckmäßigkeit oder Unerheblich-

Niederschrift § 77 MarkenG

keit erfolgreich. Die Entscheidung des Gerichts ergeht durch förmlichen Beschluß, der grundsätzlich zu begründen ist (*Baumbach/Lauterbach/Albers/Hartmann*, § 140 ZPO, Rn 11).

### VII. Schließung der Verhandlung durch den Vorsitzenden (§ 76 Abs. 6 S. 1)

Der Vorsitzende schließt nach der Erörterung der Sache die mündliche Verhandlung (§ 76 Abs. 6 S. 1). Nach § 136 Abs. 4 ZPO iVm § 82 Abs. 1 S. 1 schließt der Vorsitzende die Verhandlung, wenn nach Ansicht des Gerichts die Sache vollständig erörtert ist. Solange ein Mitglied des Senats von seinem Fragerecht Gebrauch machen möchte, ist die Sache noch nicht vollständig erörtert. 9

### VIII. Wiedereröffnung der Verhandlung durch den Senat (§ 76 Abs. 6 S. 2)

Eine *Wiedereröffnung der mündlichen Verhandlung* (§ 76 Abs. 6 S. 2) kommt namentlich in den Fällen nachgereichter Schriftsätze in Betracht. Nach Schließung der Verhandlung darf ein Beteiligter zunächst nur in den Grenzen des § 283 ZPO iVm § 82 Abs. 1 S. 1 Schriftsätze nachreichen (BPatGE 19, 131, 132; 22, 54, 55 f.). Aufgrund der Inquisitionsmaxime nach § 73 Abs. 1 S. 1 (s. § 73, Rn 1) muß das Gericht auch nicht nachgelassene, nachgereichte Schriftsätze dahin prüfen, ob wegen des neuen Vorbringens eine Wiedereröffnung der mündlichen Verhandlung geboten erscheint (BGH GRUR 1979, 219 – Schaltungschassis). Ein von einem Beteiligten gestellter Antrag auf Wiedereröffnung stellt lediglich eine Anregung dar, die ohne Begründung abgelehnt werden kann; es handelt sich dabei um keinen Anwendungsfall des § 79 Abs. 2, weshalb die begründungslose Ablehnung der Anregung auch keinen absoluten Rechtsbeschwerdegrund im Sinne des § 83 Abs. 3 Nr. 6 darstellt (BGH GRUR 1979, 219 – Schaltungschassis). Eine Wiedereröffnung der mündlichen Verhandlung kommt in allen sonstigen Fällen in Betracht, in denen der Beschwerdesenat eine weitere Sachverhaltsaufklärung für erforderlich erachtet, etwa wenn neue Umstände bekannt werden. Die Wiedereröffnung der mündlichen Verhandlung beschließt der Senat in seiner Besetzung nach § 67 Abs. 1. 10

## Niederschrift

**77** (1) ¹Zur mündlichen Verhandlung und zu jeder Beweisaufnahme wird ein Urkundsbeamter der Geschäftsstelle als Schriftführer zugezogen. ²Wird auf Anordnung des Vorsitzenden von der Zuziehung des Schriftführers abgesehen, besorgt ein Richter die Niederschrift.

(2) ¹Über die mündliche Verhandlung und jede Beweisaufnahme ist eine Niederschrift aufzunehmen. ²Die §§ 160 bis 165 der Zivilprozeßordnung sind entsprechend anzuwenden.

### Inhaltsübersicht

| | Rn |
|---|---|
| A. Erforderlichkeit der Aufnahme einer Niederschrift | 1 |
| B. Form der Niederschrift und vorläufige Aufzeichnung | 2 |
| C. Inhalt des Protokolls | 3–7 |
|    I. Protokoll als öffentliche Urkunde mit Beweiskraft | 3 |
|    II. Aufnahme der Formalien | 4 |
|    III. Notwendige Feststellungen | 5 |
|    IV. Von den Beteiligten beantragter Inhalt | 6 |
|    V. Beifügung von Anlagen im Protokoll | 7 |
| D. Entbehrlichkeit des Protokolls | 8 |
| E. Genehmigung des Protokolls | 9 |
| F. Berichtigung des Protokolls | 10 |
| G. Beweiskraft des Protokolls | 11 |

## A. Erforderlichkeit der Aufnahme einer Niederschrift

1   Jede *mündliche Verhandlung* und jede *Beweisaufnahme* erfordert die *Aufnahme einer Sitzungsniederschrift*. § 77 Abs. 2 S. 1 wiederholt zur Klarstellung insoweit den Inhalt von § 77 Abs. 1 S. 1. Es findet keine Unterscheidung dahingehend statt, ob der Senat oder aber ein beauftragter (s. § 74, Rn 11) oder ersuchter (s. § 74, Rn 12) Richter tätig geworden ist. Das Protokoll ist grundsätzlich in der Verhandlung selbst zu erstellen, wie sich aus der Genehmigungspflicht des § 162 ZPO iVm § 77 Abs. 2 S. 2 ergibt. Das Protokoll kann durch einen Urkundsbeamten der Geschäftsstelle als Schriftführer (§ 77 Abs. 1 S. 1) oder auf Anordnung des Vorsitzenden durch einen Richter (§ 77 Abs. 1 S. 2) erfolgen. Der Urkundsbeamte hat das Protokoll eigenverantwortlich und für jedes Verfahren gesondert abzufassen. Soweit der Vorsitzende von der Hinzuziehung eines Urkundsbeamten der Geschäftsstelle absieht, kann der Vorsitzende einen beisitzenden Richter mit der Erstellung beauftragen (§ 77 Abs. 1 S. 2). Sieht ein beauftragter oder ersuchter Richter von der Hinzuziehung eines Urkundsbeamten der Geschäftsstelle als Schriftführer ab, so erstellt er das Protokoll selbst. Der das Protokoll erstellende Richter tritt zusätzlich an die Stelle des Urkundsbeamten; er hat insoweit die für Schriftführer geltenden Bestimmungen einzuhalten. Es kann auch jederzeit während des Termins von der weiteren Zuziehung des Urkundsbeamten der Geschäftsstelle abgesehen werden oder eine Hinzuziehung für die weitere Verhandlung erfolgen (*Zöller/Greger*, § 159 ZPO, Rn 5). Das Protokoll stellt zunächst ein Gerichtsinternum dar. Im Gegensatz zu der Niederschrift nach § 60 Abs. 3 S. 3 erhalten die Beteiligten eine Abschrift des Gerichtsprotokolls nur auf Antrag.

## B. Form der Niederschrift und vorläufige Aufzeichnung

2   Das Protokoll kann *handschriftlich* oder *maschinenschriftlich* in üblicher Schrift endgültig oder in einer gebräuchlichen Kurzschrift, aber auch in verständlichen Abkürzungen, kann mit einer Kurzschriftmaschine oder, wie heute weithin üblich, mit einem *Tonaufnahmegerät* erstellt werden (§ 160a ZPO iVm § 77 Abs. 2 S. 2). Im Falle der vorläufigen Aufzeichnung ist das Protokoll in den Grenzen des § 160a Abs. 2 S. 1 ZPO iVm § 77 Abs. 2 S. 2 unverzüglich nach der Sitzung herzustellen. Nach § 163 Abs. 1 S. 1 ZPO iVm § 77 Abs. 2 S. 2 ist das Protokoll von dem Vorsitzenden und dem Urkundsbeamten der Geschäftsstelle zu unterschreiben. Wurde kein Schriftführer hinzugezogen, so unterzeichnet der Vorsitzende auch als Schriftführer, auch wenn ein beisitzender Richter das Protokoll erstellt hat (*Zöller/Greger*, § 159 ZPO, Rn 5), da der Vorsitzende für die Aufnahme und den Inhalt des Protokolls verantwortlich bleibt. Die Regelungen über die *Unterschriftsvertretung* im Falle der Verhinderung des Vorsitzenden beurteilen sich nach § 163 Abs. 2 ZPO iVm § 77 Abs. 2 S. 2.

## C. Inhalt des Protokolls

### I. Protokoll als öffentliche Urkunde mit Beweiskraft

3   Die Erstellung des Protokolls dient der Herstellung einer *öffentlichen Urkunde mit Beweiskraft* nach den §§ 165, 415 ZPO iVm § 77 Abs. 2 S. 2 (zur Beweiskraft s. Rn 11). Der Protokollinhalt stellt die wesentliche Grundlage für die Überprüfung der Ordnungsgemäßheit des Verfahrens durch das Rechtsbeschwerdegericht dar. Die inhaltlichen Bestandteile des Protokolls beurteilen sich nach § 160 ZPO iVm § 77 Abs. 2 S. 2; es sollen die wesentlichen Vorgänge des Termins aufgenommen werden, wobei einige Punkte zwingend gesetzlich vorgeschrieben sind (s. Rn 4 ff.).

### II. Aufnahme der Formalien

4   § 160 Abs. 1 Nr. 1 bis 5 ZPO iVm § 77 Abs. 2 S. 2 schreibt die *Aufnahme der folgenden Formalien in das Protokoll* vor: den Ort und den Tag der Verhandlung (Nr. 1); die Namen der

Richter, der Urkundsbeamten der Geschäftsstelle und des etwa zugezogenen Dolmetschers (Nr. 2); die Bezeichnung des Rechtsstreits (Nr. 3); die Namen der erschienenen Parteien, Nebenintervenienten, Vertreter, Bevollmächtigten, Beistände, Zeugen und Sachverständigen (Nr. 4); die Angabe, daß öffentlich verhandelt oder die Öffentlichkeit ausgeschlossen worden ist (Nr. 5).

### III. Notwendige Feststellungen

Notwendige Feststellungen des Protokolls sind zum einen die *wesentlichen Vorgänge der Verhandlung* (§ 160 Abs. 2 ZPO), sowie der *weitere Hauptinhalt der Verhandlung*, wie er nicht abschließend in § 160 Abs. 3 Nr. 1 bis 9 beschrieben ist. Zu den wesentlichen Vorgängen der Verhandlung im Sinne des § 160 Abs. 2 ZPO gehören alle Umstände, die für die spätere Entscheidung wesentlich sind oder wesentlich werden können. Zu den wesentlichen aufzunehmenden Feststellungen gehört etwa die Einhaltung der Vorgaben des § 76 Abs. 2 und 3. Bei den weiteren notwendigen Feststellungen nach § 160 Abs. 3 ZPO handelt es sich um die folgenden Gegenstände: Anerkenntnis, Anspruchsverzicht und Vergleich (Nr. 1); die Anträge (Nr. 2); Geständnis und Erklärung über einen Antrag auf Parteivernehmung, sowie sonstige Erklärungen, wenn ihre Feststellung vorgeschrieben ist (Nr. 3); die Aussagen der Zeugen, Sachverständigen und vernommenen Parteien; bei einer wiederholten Vernehmung braucht die Aussage nur insoweit in das Protokoll aufgenommen zu werden, als sie von der früheren abweicht (Nr. 4); das Ergebnis eines Augenscheins (Nr. 5); die Entscheidungen (Urteile, Beschlüsse und Verfügungen) des Gerichts (Nr. 6); die Verkündung der Entscheidungen (Nr. 7); die Zurücknahme der Klage oder eines Rechtsmittels (Nr. 8); der Verzicht auf Rechtsmittel (Nr. 9). Bei den in das Protokoll zwingend aufzunehmenden Anträgen im Sinne des § 160 Abs. 2 Nr. 2 ZPO handelt es sich nur um die Sachanträge der Beteiligten, wenngleich die Prozeßanträge zweckmäßigerweise ebenfalls aufgenommen werden (*Zöller/Greger*, § 160 ZPO, Rn 6).

### IV. Von den Beteiligten beantragter Inhalt

Die Beteiligten können nach § 160 Abs. 4 ZPO iVm § 77 Abs. 2 S. 2 beantragen, daß weitere verfahrenserhebliche Vorgänge und wesentliche Erklärungen in das Protokoll aufgenommen werden. Die dem Antrag stattgebende Entscheidung steht dem Vorsitzenden zu; der ablehnende Beschluß ergeht durch den Beschwerdesenat in seiner Besetzung nach § 67 Abs. 1. Eine Ablehnung darf nur erfolgen, wenn es auf die Feststellung des Vorgangs oder der Äußerung nicht ankommt. Der Ablehnungsbeschluß ist unanfechtbar und in das Protokoll aufzunehmen.

### V. Beifügung von Anlagen im Protokoll

Dem Protokoll können nach § 160 Abs. 5 ZPO iVm § 77 Abs. 2 S. 2 Anlagen beigefügt werden. Der Inhalt einer als Anlage beigefügten Schrift ist Protokollinhalt und nimmt an der Beweiskraft des Protokolls (s. Rn 11) teil. Im Protokoll muß die Anlage so konkret bezeichnet werden, daß Zweifel an der Identität ausgeschlossen werden können.

## D. Entbehrlichkeit des Protokolls

Feststellungen der Aussagen der Zeugen, Sachverständigen und Beteiligten, sowie des Ergebnisses eines Augenscheins müssen nach § 161 Abs. 1 ZPO iVm § 77 Abs. 2 S. 2 nicht in das Protokoll aufgenommen werden, wenn der Beschwerdesenat in seiner Besetzung nach § 67 Abs. 1 die Beweisaufnahme durchgeführt hat, und das *Endurteil nicht anfechtbar* ist. Eine mit einer Rechtsbeschwerde grundsätzlich anfechtbare Entscheidung erfüllt die Voraussetzungen auch dann nicht, wenn die Rechtsbeschwerde nicht zugelassen wird, da die Rechtsbeschwerde auch ohne Zulassung nach § 83 Abs. 3 eingelegt werden kann. Die Aufnahme

**MarkenG § 78**

der Feststellungen ist ebenfalls nach § 161 Abs. 2 ZPO iVm § 77 Abs. 2 S. 2 entbehrlich, wenn das Beschwerdeverfahren durch Antragsrücknahme, Verzicht oder Anerkenntnis ohne Sachentscheidung beendet oder auf die Einlegung von Rechtsmitteln wirksam verzichtet wird.

### E. Genehmigung des Protokolls

**9** Enthält das Protokoll Feststellungen nach § 160 Abs. 3 Nr. 1, 3, 4, 5, 8, 9 oder zu Protokoll erklärte Anträge (s. Rn 5), so ist es den Beteiligten vorzulesen oder zur Durchsicht vorzulegen (§ 162 Abs. 1 ZPO iVm § 77 Abs. 2 S. 2). Ist der Inhalt des Protokolls nur vorläufig aufgezeichnet worden, so genügt es nach § 162 Abs. 1 S. 2 ZPO iVm § 77 Abs. 2 S. 2, wenn die Aufzeichnungen vorgelesen oder von einem Tonaufnahmegerät abgespielt werden. Die *Genehmigung* oder die *Beanstandung des Protokolls* ist im Protokoll zu vermerken. Für die Feststellungen über die Aussagen der Zeugen, Sachverständigen und Beteiligten gelten nach § 162 Abs. 2 ZPO verfahrensvereinfachende Besonderheiten. Wurden die Aufzeichnungen in Gegenwart des Vernommenen gemacht, so kann dieser auf das erneute Abspielen des Aufzeichnungsgeräts oder auf das Vorlesen oder die Vorlage zur Durchsicht der Sitzungsniederschrift verzichten. Der Verzicht ist im Protokoll zu vermerken.

### F. Berichtigung des Protokolls

**10** Nach § 164 ZPO iVm § 77 Abs. 2 S. 2 können *Unrichtigkeiten des Protokolls* jederzeit *berichtigt* werden. Die Unrichtigkeit wird auf dem Protokoll vermerkt und sowohl vom Schriftführer als auch von dem das Protokoll unterschreibenden Richter unterschrieben. Betrifft die Berichtigung die Niederschrift bezüglich der Vernehmung eines Zeugen, Sachverständigen oder Beteiligten, so sind die Beteiligten und, sofern es um die Berichtigung im Zusammenhang mit der Vernehmung eines Zeugen oder Sachverständigen geht, zusätzlich der vernommene Zeuge oder Sachverständige zuvor zu hören.

### G. Beweiskraft des Protokolls

**11** Dem Sitzungsprotokoll kommt nach § 165 ZPO iVm § 77 Abs. 2 S. 2 besondere *Beweiskraft* zu. Die Beachtung der für die mündliche Verhandlung vorgeschriebenen Förmlichkeiten kann nur durch das Protokoll bewiesen werden. Wird der äußere Hergang der Verhandlung später beanstandet, so kann die Beanstandung ausschließlich auf das Protokoll gestützt werden. Das Protokoll erbringt als öffentliche Urkunde im Sinne der §§ 415, 418 ZPO den vollen Beweis der in ihr bezeugten Vorgänge, wobei der Beweis der unrichtigen Beurkundung nach § 415 Abs. 2 ZPO zulässig ist.

**Beweiswürdigung; rechtliches Gehör**

**78** (1) ¹**Das Patentgericht entscheidet nach seiner freien, aus dem Gesamtergebnis des Verfahrens gewonnenen Überzeugung.** ²**In der Entscheidung sind die Gründe anzugeben, die für die richterliche Überzeugung leitend gewesen sind.**

(2) **Die Entscheidung darf nur auf Tatsachen und Beweisergebnisse gestützt werden, zu denen die Beteiligten sich äußern konnten.**

(3) **Ist eine mündliche Verhandlung vorhergegangen, so kann ein Richter, der bei der letzten mündlichen Verhandlung nicht zugegen war, bei der Beschlußfassung nur mitwirken, wenn die Beteiligten zustimmen.**

#### Inhaltsübersicht

|  | Rn |
|---|---|
| A. Beweiswürdigung (§ 78 Abs. 1) | 1–3 |
| B. Gewähr rechtlichen Gehörs (§ 78 Abs. 2) | 4, 5 |
| C. Richterwechsel nach der mündlichen Verhandlung (§ 78 Abs. 3) | 6, 7 |

## A. Beweiswürdigung (§ 78 Abs. 1)

Der Beschwerdesenat entscheidet nach seiner freien, aus dem Gesamtergebnis des Verfahrens gewonnenen Überzeugung (§ 78 Abs. 1 S. 1). Bei der Bildung seiner Überzeugung ist der Senat nicht dergestalt an Beweisregeln gebunden, daß bestimmte Beweismittel als genügend oder als ungenügend zu erachten sind. Um einerseits den Beteiligten einen Nachvollzug der Überzeugungsbildung zu ermöglichen und anderseits eine willkürliche Überzeugungsbildung auszuschließen, sind in der Entscheidung *die für die richterliche Überzeugung leitenden Gründe* anzugeben (§ 78 Abs. 1 S. 2).

Das BPatG muß bei seiner Entscheidungsfindung *von einem bestimmten Sachverhalt überzeugt* sein. Bloße Wahrscheinlichkeit genügt nicht. Nicht erforderlich ist, daß jeder Zweifel oder jede abweichende Möglichkeit ausgeschlossen ist. Das Gericht muß subjektiv überzeugt sein; erforderlich ist ein Grad von Wahrscheinlichkeit, der nach der Lebenswahrscheinlichkeit der Gewißheit nahekommt (BGH NJW 1982, 2874, 2875).

Das Gericht muß seine Überzeugung aus dem Gesamtergebnis des Verfahrens schöpfen. Verfahrensfremde Umstände, auch beigezogene Akten, die nicht Verhandlungsgegenstand gewesen sind, dürfen nicht berücksichtigt werden (BVerwG DÖV 1955, 511). Eine Beweisaufnahme ist ebenso zu berücksichtigen, wie das Verhalten der Beteiligten oder sonstige in der mündlichen Verhandlung hervorgetretene Umstände. Hat keine mündliche Verhandlung stattgefunden, so bildet der gesamte Akteninhalt einschließlich aller Schriftsätze der Beteiligten die Entscheidungsgrundlage, sofern die Beteiligten sich hierzu äußern konnten. Um die richterliche Überzeugungsbildung für die Beteiligten nachvollziehbar zu machen und um Willkür vorzubeugen, sind in der Entscheidung nach § 78 Abs. 1 S. 2 alle Gründe anzugeben, die für die richterliche Überzeugung leitend gewesen sind. Die Entscheidung ist einerseits hinsichtlich der leitenden Gründe positiv, wie hinsichtlich des die Entscheidung nicht tragenden Vorbringens der Beteiligten negativ zu begründen, inwieweit die Entscheidung auf diesen Gründen beruht oder nicht beruht. Ein pauschaler Hinweis in der Entscheidung auf den gesamten Akteninhalt genügt nicht. Der *Begründungszusammenhang* ist darzustellen. Der Gebrauch einfacher Redewendungen oder die Wiederholung allein des Gesetzestextes genügt der Begründungspflicht nicht. *Angriffs- und Verteidigungsmittel* müssen gesondert benannt und beschieden werden (BGH GRUR 1991, 442 – Pharmazeutisches Präparat). Die Begründung kann nicht dadurch nachgeholt werden, daß die Entscheidung zu einem späteren Zeitpunkt in einem Schreiben an den Bevollmächtigten eines Beteiligten erläutert wird (BGH GRUR 1990, 109, 110 – Weihnachtsbrief). Die negative Begründungspflicht erfordert nicht ein Eingehen auf alle fernliegenden Erwägungen, die selbst seitens der Beteiligten nicht für wesentlich erachtet wurden (BGH GRUR 1987, 510, 513 – Mittelohr-Prothese).

## B. Gewähr rechtlichen Gehörs (§ 78 Abs. 2)

Das Äußerungsrecht der Beteiligten nach § 78 Abs. 2 knüpft an das *verfassungsrechtliche Gebot des rechtlichen Gehörs* nach Art. 103 Abs. 1 GG an. Jeder Beteiligte eines gerichtlichen Verfahrens hat ein Recht darauf, sich zu dem gerichtlich zu würdigenden Sachverhalt vor Erlaß der Entscheidung zu äußern (BVerfGE 36, 85; 50, 280, 284; 69, 126, 135; 69, 141, 143; 74, 228, 230; 86, 133). In § 78 Abs. 2 wird dieses umfassende Äußerungsrecht nicht für das patentgerichtliche Verfahren wiederholt, sondern nur hinsichtlich der Tatsachen und Beweisergebnisse geregelt. Die Gewähr rechtlichen Gehörs verlangt nicht, daß das Gericht bereits vor seiner Endentscheidung den Beteiligten seine endgültige Rechtsauffassung mitteilen müßte. Auf die Gewähr rechtlichen Gehörs kann dann verzichtet werden, wenn zwar neue Tatsachen in der Entscheidung verwertet werden sollen, zu denen sich der Beteiligte noch nicht geäußert hat, diese neuen Tatsachen aber nicht zu Lasten des Beteiligten verwertet werden.

Wegen der Vorgabe des § 78 Abs. 2 muß den Beteiligten ein Äußerungsrecht eingeräumt werden. Sie sind jedoch nicht verpflichtet, sich tatsächlich zu äußern. Äußern sie sich nicht, etwa weil sie zu einer mündlichen Verhandlung trotz Ladung nicht erschienen sind, so kann der gesamte Inhalt der Verhandlung zum Gegenstand der Entscheidung gemacht werden, auch wenn der Inhalt der Verhandlung den Beteiligten infolge ihres Nichterscheinens unbekannt geblieben ist (BPatGE 8, 40). Findet keine mündliche Verhandlung statt, so darf schriftlicher Beteiligtenvortrag nur verwendet werden, wenn der andere Beteiligte sich hierzu hat äußern können. Die Beteiligten sind über alle wesentlichen Verfahrensvorgänge und Verfahrensergebnisse, wie etwa eine Beweisaufnahme durch einen ersuchten Richter oder eine Auskunftserteilung durch eine andere Behörde, in Kenntnis zu setzen, um sich dazu äußern zu können; andernfalls darf die Entscheidung nicht auf diese Umstände gestützt werden.

## C. Richterwechsel nach der mündlichen Verhandlung (§ 78 Abs. 3)

6   In den Fällen, in denen der Entscheidungsfindung eine mündliche Verhandlung vorausgegangen ist, darf nach § 78 Abs. 2 grundsätzlich nur ein solcher Richter bei der Beschlußfassung mitwirken, der bei der letzten mündlichen Verhandlung zugegen war. Eine Ausnahme wird nur insoweit zugelassen, als die Beteiligten der Mitwirkung eines anderen Richters bei der Beschlußfassung zustimmen. Ansonsten ist die zulassungsfreie Rechtsbeschwerde nach § 83 Abs. 3 Nr. 1 wegen vorschriftswidriger Besetzung des Gerichts eröffnet.

7   Die Entscheidung muß *aufgrund der mündlichen Verhandlung* gefällt werden; andernfalls findet die Vorschrift keine Anwendung. Die Entscheidung beruht nicht auf der mündlichen Verhandlung, wenn der Beschluß ausschließlich auf Dokumente gestützt wird, die nach der mündlichen Verhandlung erst zum Verfahrensgegenstand erhoben werden (BGH GRUR 1987, 515 – Richterwechsel III). Im *schriftlichen Verfahren* ist ein Richterwechsel jederzeit zulässig (BGH GRUR 1974, 294, 295 – Richterwechsel II). Dies gilt auch in den Fällen, in denen zunächst eine mündliche Verhandlung stattgefunden hat, das Gericht aber zu einem späteren Zeitpunkt in das schriftliche Verfahren übergegangen ist (BGH GRUR 1971, 532, 533 – Richterwechsel I; 1974, 294, 295 – Richterwechsel II).

**Verkündung; Zustellung; Begründung**

**79** (1) ¹Die Endentscheidungen des Patentgerichts werden, wenn eine mündliche Verhandlung stattgefunden hat, in dem Termin, in dem die mündliche Verhandlung geschlossen wird, oder in einem sofort anzuberaumenden Termin verkündet. ²Dieser soll nur dann über drei Wochen hinaus angesetzt werden, wenn wichtige Gründe, insbesondere der Umfang oder die Schwierigkeit der Sache, dies erfordern. ³Statt der Verkündung ist die Zustellung der Endentscheidung zulässig. ⁴Entscheidet das Patentgericht ohne mündliche Verhandlung, so wird die Verkündung durch Zustellung an die Beteiligten ersetzt. ⁵Die Endentscheidungen sind den Beteiligten von Amts wegen zuzustellen.

(2) **Die Entscheidungen des Patentgerichts, durch die ein Antrag zurückgewiesen oder über ein Rechtsmittel entschieden wird, sind zu begründen.**

### Inhaltsübersicht

|  | Rn |
|---|---|
| A. Bekanntgabe der Endentscheidung | 1–8 |
|   I. Grundsatz | 1 |
|   II. Bekanntgabe nach vorangegangener mündlicher Verhandlung | 2–6 |
|     1. Stattfinden einer mündlichen Verhandlung | 2 |
|     2. Verkündung im Anschluß an die mündliche Verhandlung | 3 |
|     3. Verkündung in einem Verkündungstermin | 4, 5 |
|     4. Zustellung der Entscheidung statt Verkündung | 6 |
|   III. Bekanntgabe der im schriftlichen Verfahren gefällten Entscheidung | 7 |
|   IV. Zustellung der Endentscheidungen von Amts wegen | 8 |
| B. Begründung der Entscheidung | 9 |
| C. Nachträgliche Ergänzung der Entscheidung | 10 |

## A. Bekanntgabe der Endentscheidung

### I. Grundsatz

Die Endentscheidungen des BPatG müssen den Beteiligten gegenüber bekanntgegeben werden. Die *Bekanntgabe der Entscheidung* führt erst die *Wirksamkeit der Entscheidung* herbei. Bis zur Bekanntgabe der Entscheidung handelt es sich nur um einen Entscheidungsentwurf, der jederzeit durch den Senat geändert werden kann. Den Charakter eines Gerichtsinternums verliert die Entscheidung erst mit ihrer vollständigen Bekanntgabe. Selbst während der Verkündung kann das Gericht die Entscheidung abändern. Das Gesetz unterscheidet danach, ob eine *mündliche Verhandlung stattgefunden* hat (s. Rn 2 ff.), oder ob *im schriftlichen Verfahren entschieden* wird (s. Rn 7). 1

### II. Bekanntgabe nach vorangegangener mündlicher Verhandlung

#### 1. Stattfinden einer mündlichen Verhandlung

Nach § 79 Abs. 1 S. 1 findet die Verkündung der Entscheidung des Beschwerdesenats in den Fällen, in denen eine mündliche Verhandlung stattgefunden hat, unmittelbar *im Anschluß an die mündliche Verhandlung* statt, oder aber es wird ein *Verkündungstermin* bestimmt. Es ist nicht ausreichend, wenn zu einem Zeitpunkt des Beschwerdeverfahrens eine mündliche Verhandlung stattgefunden hat, vielmehr ist erforderlich, daß die Entscheidung *aufgrund der mündlichen Verhandlung* ergeht. Wenn das Gericht nach mündlicher Verhandlung in das schriftliche Verfahren übergegangen ist, dann liegt kein Fall des § 79 Abs. 1 S. 1 vor. Allein die Gewährung eines Schriftsatzrechts (§ 283 ZPO iVm § 82 Abs. 1 S. 1) nach mündlicher Verhandlung oder die Gestattung der Nachreichung von Unterlagen bedeutet keinen Übergang des Beschwerdeverfahrens in das schriftliche Verfahren, die Entscheidung ergeht auch in diesen Fällen aufgrund der mündlichen Verhandlung (BPatGE 22, 54, 55 ff.). Die Verkündung der Entscheidung stellt einen wesentlichen Verfahrensvorgang dar; dieser ist obligatorisch in das Verhandlungsprotokoll nach § 160 Abs. 3 Nr. 6 und 7 ZPO iVm § 82 Abs. 1 S. 1 aufzunehmen. 2

#### 2. Verkündung im Anschluß an die mündliche Verhandlung

Nach § 79 Abs. 1 S. 1 1. Alt. kann eine Endentscheidung des BPatG in dem Verhandlungstermin, in dem die mündliche Verhandlung geschlossen wird, verkündet werden. Die Form der Verkündung *im Anschluß an die mündliche Verhandlung* beurteilt sich nach § 311 ZPO iVm § 82 Abs. 1 S. 1. Die *Urteilsformel* wird durch den Vorsitzenden des Beschwerdesenats verlesen. Die *Entscheidungsgründe* werden in dem Umfang, wie es von dem Vorsitzenden für angemessen erachtet wird, verlesen oder aber mündlich mitgeteilt. 3

#### 3. Verkündung in einem Verkündungstermin

Das Gericht kann von einer Verkündung der Entscheidung im Anschluß an die mündliche Verhandlung absehen und einen gesonderten *Verkündungstermin* nach § 79 Abs. 1 S. 1 2. Alt. bestimmen. Der Verkündungstermin muß im Anschluß an die mündliche Verhandlung bestimmt werden. Er soll auf einen Zeitpunkt *innerhalb der nächsten drei Wochen* festgesetzt werden. Eine Verschiebung des Termins setzt das Vorliegen wichtiger Gründe voraus. Liegen besondere wichtige Gründe vor, die ein Hinausschieben des Verkündungstermins über die drei Wochen hinaus erfordern, und sind diese bereits zum Zeitpunkt der Terminierung des Verkündungstermins ersichtlich, etwa der Umfang oder die Schwierigkeit der Sache, so kann der Termin auch auf einen *späteren Zeitpunkt* festgesetzt werden. 4

Es ist nicht erforderlich, daß alle Senatsmitglieder an dem Verkündungstermin teilnehmen; der Vorsitzende kann vielmehr nach § 311 Abs. 4 S. 1 ZPO iVm § 82 Abs. 1 S. 1 in Abwesenheit der beisitzenden Richter die Entscheidung verkünden. Erscheint im Verkündungstermin keiner der Beteiligten, so kann von einer Verlesung des Tenors nach §§ 311 Abs. 4 S. 2 ZPO iVm 82 Abs. 1 S. 1 abgesehen werden; es genügt vielmehr die Bezugnahme auf die Urteilsformel. 5

### 4. Zustellung der Entscheidung statt Verkündung

**6** Das Gericht kann auch in den Fällen, in denen die Entscheidung aufgrund einer mündlichen Verhandlung ergeht, von der Verkündung der Entscheidung absehen und die Entscheidung den Parteien lediglich zustellen (§ 79 Abs. 1 S. 3). Die *Zustellung ersetzt die mündliche Verkündung* der Entscheidung. Erst mit Beendigung der wirksamen Zustellung an den letzten Beteiligten ist die Entscheidung wirksam erlassen (BGHZ 8, 303, 305; 32, 370, 371; BGH GRUR 1962, 384, 385 – Wiedereinsetzung). Auf der Entscheidung wird der letzte Zustellungszeitpunkt nach § 315 Abs. 3 ZPO iVm § 82 Abs. 1 S. 1 vermerkt. Zugestellt wird eine Ausfertigung der Entscheidung mitsamt Tenor, Tatbestand und Gründen (§§ 313, 317 ZPO iVm § 82 Abs. 1 S. 1).

### III. Bekanntgabe der im schriftlichen Verfahren gefällten Entscheidung

**7** Hat keine mündliche Verhandlung stattgefunden, aufgrund deren die Endentscheidung ergeht, so wird die Verkündigung der Entscheidung nach § 79 Abs. 1 S. 4 durch die *Zustellung an die Beteiligten* ersetzt. Eine mündliche Verkündung ist unzulässig. Die Entscheidung erlangt mit der letzten wirksamen Zustellung an die Beteiligten Rechtswirksamkeit (BGHZ 8, 303, 305; 32, 370, 371; BGH GRUR 1962, 384, 385 – Wiedereinsetzung). Zugestellt wird eine Ausfertigung der Entscheidung mitsamt Tenor, Tatbestand und Gründen (§§ 313, 317 ZPO iVm § 82 Abs. 1 S. 1).

### IV. Zustellung der Endentscheidungen von Amts wegen

**8** Unabhängig davon, auf welche Art die Bekanntgabe erfolgt, muß eine *Zustellung der Entscheidung* mitsamt dem Tenor, dem Tatbestand und den Entscheidungsgründen stattfinden. Hat eine Verkündung der Entscheidung bereits stattgefunden, so berührt die anschließende Zustellung die Wirksamkeit nicht; dient die Zustellung der Bekanntgabe der Entscheidung, so verhilft erst die Zustellung der Entscheidung zur Wirksamkeit. Der Zustellungszeitpunkt setzt die *Frist zur Einlegung von Rechtsmitteln* in Lauf (§ 85 Abs. 1) und ermöglicht den Beteiligten die Berichtigung des Urteils nach § 80 Abs. 2 herbeizuführen. Zugestellt wird von Amts wegen die vom Urkundsbeamten der Geschäftsstelle unterschriebene und mit dem gerichtlichen Siegel versehene Ausfertigung der Entscheidung mitsamt Tenor, Tatbestand und Gründen (§§ 313, 317 ZPO iVm § 82 Abs. 1 S. 1).

## B. Begründung der Entscheidung

**9** Nach § 79 Abs. 2 ist jede Entscheidung des BPatG, durch die ein Antrag zurückgewiesen oder über ein Rechtsmittel entschieden wird, zu begründen. Die *Begründung* muß die für die *richterliche Überzeugungsbildung leitenden Gründe* angeben (s. § 78 Abs. 1 S. 2) und sich mit dem Beteiligtenvorbringen auseinandersetzen (s. § 78, Rn 1 ff.). Die Begründung muß in einem vertretbaren Zeitraum nach der Verkündung der Entscheidung erfolgen; wird dieser Zeitraum überschritten, so wird die Entscheidung als nicht mit Gründen versehen behandelt (§ 83 Abs. 3 Nr. 6). Wird die Entscheidung durch Zustellung bekanntgegeben, so muß die vollständige Entscheidung zugestellt werden. Eine alleinige Zustellung des Tenors und eine spätere Zustellung der Entscheidungsgründe ist unzulässig (BGH GRUR 1971, 484 – Entscheidungsformel).

## C. Nachträgliche Ergänzung der Entscheidung

**10** Unter den Voraussetzungen des § 321 ZPO kann eine Entscheidung durch das Gericht nachträglich ergänzt werden (BPatGE 2, 200; 28, 39, 40). Die *nachträgliche Ergänzung* muß binnen einer zweiwöchigen Frist, die mit der Zustellung des Urteils beginnt, von einem Beteiligten *beantragt* werden (§ 321 Abs. 2 ZPO iVm § 82 Abs. 1 S. 1; für eine entsprechende Anwendung des § 96 Abs. 1 PatG, der § 80 Abs. 2 entspricht BPatGE 2, 200).

**Berichtigungen**

**80** (1) Schreibfehler, Rechenfehler und ähnliche offenbare Unrichtigkeiten in der Entscheidung sind jederzeit vom Patentgericht zu berichtigen.

(2) Enthält der Tatbestand der Entscheidung andere Unrichtigkeiten oder Unklarheiten, so kann die Berichtigung innerhalb von zwei Wochen nach Zustellung der Entscheidung beantragt werden.

(3) Über die Berichtigung nach Absatz 1 kann ohne vorherige mündliche Verhandlung entschieden werden.

(4) ¹Über den Antrag auf Berichtigung nach Absatz 2 entscheidet das Patentgericht ohne Beweisaufnahme durch Beschluß. ²Hierbei wirken nur die Richter mit, die bei der Entscheidung, deren Berichtigung beantragt ist, mitgewirkt haben.

(5) Der Berichtigungsbeschluß wird auf der Entscheidung und den Ausfertigungen vermerkt.

**Inhaltsübersicht**

| | Rn |
|---|---|
| A. Berichtigung der Entscheidung wegen offenbarer Unrichtigkeiten (§ 80 Abs. 1) | 1–8 |
|    I. Grundsatz | 1 |
|    II. Unrichtigkeit der Entscheidung | 2, 3 |
|    III. Offensichtlichkeit des Fehlers | 4 |
|    IV. Verfahren | 5–8 |
|       1. Zeitpunkt | 5 |
|       2. Verfahrenseröffnung | 6 |
|       3. Berichtigungsentscheidung | 7 |
|       4. Vermerk des Berichtigungsbeschlusses | 8 |
| B. Berichtigung des Tatbestandes wegen anderer Unrichtigkeiten (§ 80 Abs. 2) | 9–16 |
|    I. Grundsatz | 9 |
|    II. Unrichtigkeiten oder Unklarheiten | 10 |
|    III. Verfahren | 11–16 |
|       1. Antragstellung | 11 |
|       2. Antragsfrist | 12 |
|       3. Berichtigungsentscheidung | 13, 14 |
|       4. Richtermitwirkung bei der Entscheidung | 15 |
|       5. Vermerk des Berichtigungsbeschlusses | 16 |

## A. Berichtigung der Entscheidung wegen offenbarer Unrichtigkeiten (§ 80 Abs. 1)

### I. Grundsatz

Gegenstand einer Berichtigung nach § 80 Abs. 1 können *alle Arten von Entscheidungen* des BPatG, sowie *jeder Bestandteil der Entscheidung* (Rubrum, Tenor, Tatbestand, Entscheidungsgründe) sein. Soweit der Tatbestand zu berichtigen ist, kommt sowohl eine Änderung nach § 80 Abs. 1 in Betracht, wenn der Tatbestand mit offenbaren Unrichtigkeiten behaftet ist, als auch eine Berichtigung nach § 80 Abs. 2, wenn der Tatbestand andere Unrichtigkeiten oder Unklarheiten enthält.   **1**

### II. Unrichtigkeit der Entscheidung

Die Berichtigung nach § 80 Abs. 1 setzt die Unrichtigkeit der Entscheidung voraus. Berichtigt werden können alle *offenbaren Unrichtigkeiten*; beispielhaft werden *Schreibfehler* und *Rechenfehler* angeführt. Unrichtig im Sinne der Vorschrift ist nur die *versehentliche* Abweichung der gerichtlichen Willenserklärung von der Willensbildung, nicht aber die *rechtsirrige* Willensbildung, die in der Entscheidung ihren Niederschlag findet (zu § 319 ZPO BGH ZIP 1994, 1388; BPatGE 13, 77, 81 f.; 24, 50, 53; *Thomas/Putzo*, § 319 ZPO, Rn 3). Irrtümer des Senats bei der Beschlußfassung können nicht durch das Gericht berichtigt, son-   **2** dern nur von den Beteiligten angefochten werden. Eine Ausnahme wird nach § 80 Abs. 1 hinsichtlich von Rechenfehlern gemacht, die regelmäßig Fehler in der Willensbildung darstellen, gleichwohl aber die Berichtigung eröffnen.

3   § 80 Abs. 1 läßt auch eine Berichtigung zu, sofern die Entscheidung *Auslassungen* enthält, etwa im Tenor, die eindeutig in den Gründen entschieden werden, nicht aber, wenn der Gegenstand der Auslassung auch in den Gründen unbeachtet geblieben ist (zu § 319 ZPO BGH NJW 1964, 1858). Die bei der Entscheidungsfindung ganz oder teilweise übergegangenen Gegenstände können nur im Wege und unter den Voraussetzungen der *Entscheidungsergänzung* nach § 321 ZPO iVm § 82 Abs. 1 S. 1 der Entscheidung hinzugefügt werden.

### III. Offensichtlichkeit des Fehlers

4   Die Unrichtigkeit muß *offenbar* sein. Offenbar ist die Unrichtigkeit nur dann, wenn sie sich allein aus der Entscheidung oder aus jederzeit erreichbaren Unterlagen für jedermann entnehmen läßt. Wenn die Unrichtigkeit erst nach längerer Untersuchung und Überprüfung zu bestimmen ist, dann handelt es sich nicht um eine offenbare Unrichtigkeit.

### IV. Verfahren

#### 1. Zeitpunkt

5   Die Berichtigung durch das BPatG ist *jederzeit* zulässig. Auch nach Rechtskraft der Entscheidung oder nach Einlegung eines Rechtsmittels dürfen offenbare Unrichtigkeiten seitens des Gerichts berichtigt werden. Beschwert erst die berichtigte Fassung der Entscheidung den Betroffenen, so beginnt der Lauf der *Rechtsmittelfrist* mit der Zustellung des Berichtigungsbeschlusses, wenngleich die berichtigte Fassung als die ursprüngliche gilt, somit Rückwirkung entfaltet (BPatGE 9, 128, 130; 17, 147, 149; 19, 125).

#### 2. Verfahrenseröffnung

6   Das BPatG kann *von Amts wegen* die Berichtigung der Entscheidung vornehmen (§ 80 Abs. 1). Die Beteiligten können einen darauf gerichteten *Antrag* stellen.

#### 3. Berichtigungsentscheidung

7   Der *Berichtigungsbeschluß* (§ 80 Abs. 4) kann nach § 80 Abs. 3 ohne vorherige mündliche Verhandlung ergehen. § 80 Abs. 3 geht § 69 Nr. 1 insoweit vor. Die Anordnung einer mündlichen Verhandlung steht stets im Ermessen des Beschwerdesenats. Der Berichtigungsbeschluß kann unter Mitwirkung von Richtern ergehen, die bei der Entscheidung, deren Berichtigung ansteht, nicht mitgewirkt haben (Umkehrschluß aus § 80 Abs. 4 S. 2). Dies ist unproblematisch, da eine Berichtigung nach § 80 Abs. 1 nur bei offenbaren Unrichtigkeiten in Frage kommt.

#### 4. Vermerk des Berichtigungsbeschlusses

8   Der Berichtigungsbeschluß wird nach § 80 Abs. 5 auf der Entscheidung und auf den Ausfertigungen vermerkt. Berührt die Berichtigung den Inhalt der Veröffentlichung im Markenblatt oder im Markenregister, so ist das DPMA von der Berichtigung zu benachrichtigen, da es für die Veröffentlichung zuständig ist.

## B. Berichtigung des Tatbestandes wegen anderer Unrichtigkeiten (§ 80 Abs. 2)

### I. Grundsatz

9   Über die Vorschrift des § 80 Abs. 1 hinausgehend, der den gesamten Beschlußinhalt betrifft, sind nach § 80 Abs. 2 *weitergehende Berichtigungen des Tatbestandes* des Beschlusses zulässig. Nach dieser Vorschrift kann die Berichtigung des Tatbestandes beantragt werden, wenn

dieser *Unrichtigkeiten* oder *Unklarheiten* enthält, die *nicht offenbar* im Sinne des § 80 Abs. 1 sind. Die Beschlüsse des BPatG enthalten im ersten Teil der Entscheidungsgründe einen Tatbestandsteil, in dem der wesentliche Inhalt des Sach- und Streitstands dargestellt wird. Auch dieser Tatbestandsteil der Beschlüsse steht einer Berichtigung nach § 80 Abs. 2 offen. Die Tatbestandsberichtigung darf nicht eine Entscheidungskorrektur zur Folge haben; Tenor und Entscheidungsgründe müssen unberührt bleiben (RGZ 122, 332). Widersprüche zwischen Tatbestand und Entscheidungsgründen können nur durch Rechtsmitteleinlegung behoben werden (RGZ 80, 172, 174).

## II. Unrichtigkeiten oder Unklarheiten

Der Tatbestand muß *Unrichtigkeiten* oder *Unklarheiten* enthalten, die nicht offenbar im Sinne des § 80 Abs. 1 sind. Solche Unrichtigkeiten oder Unklarheiten liegen vor, wenn der Tatbestand falsche Tatsachen enthält oder Lücken aufweist, die den gesamten Tatbestand als unrichtig erscheinen lassen. Auch in den Entscheidungsgründen enthaltene Teile des Tatbestandes können derartige berichtigungsfähige Unrichtigkeiten aufweisen. Teil des Tatbestandes sind auch die Anträge der Beteiligten und deren Angriffs- oder Verteidigungsmittel (BPatGE 19, 35, 37; 20, 57). Ein Tatbestand weist auch dann berichtigungsfähige Unrichtigkeiten oder Unklarheiten auf, wenn der widersprüchliche Vortrag der Parteien verkürzt wiedergegeben wird. Im Tatbestand ist der Vortrag nicht zu korrigieren, sondern mit all seinen Widersprüchen aufzuzeigen. Unrichtig oder unklar im Sinne dieser Vorschrift können nur *Tatsachen* sein. Eine unrichtige Beweiswürdigung oder unrichtige rechtliche Würdigung stellt keine Unrichtigkeit im Sinne des § 80 Abs. 2 dar. Um keine Unrichtigkeit oder Unklarheit handelt es sich auch bei Fehlern in der Subsumtion; derartige Fehler können nur durch Anfechtung der Entscheidung beseitigt werden (*Thomas/Putzo*, § 320 ZPO, Rn 2). Im Gegensatz zu der Berichtigung nach § 80 Abs. 1 müssen die Unrichtigkeiten oder Unklarheiten nach § 80 Abs. 2 nicht offenbar sein. 10

## III. Verfahren

### 1. Antragstellung

Die Berichtigung des Tatbestandes nach § 80 Abs. 2 setzt einen auf Berichtigung gerichteten *Antrag eines Beteiligten* voraus. Das Gericht kann nicht von Amts wegen eine Berichtigung nach § 80 Abs. 2 bewirken. Mit einem Rechtsmittel gegen die Entscheidung ist eine Berichtigung des Tatbestandes nicht herbeizuführen (BGH NJW 1994, 517, 519). 11

### 2. Antragsfrist

Der auf Berichtigung des Tatbestandes der Entscheidung gerichtetete Antrag ist innerhalb von *zwei Wochen* nach Zustellung der Entscheidung zu beantragen. Die Frist beginnt in jedem Fall erst mit der Zustellung der Entscheidung, auch wenn die Entscheidung nach § 79 Abs. 1 S. 1 verkündet wurde. Da das MarkenG keine Verlängerung der Frist zuläßt, kann das Gericht nicht auf Antrag die Frist verlängern (§ 224 Abs. 2 ZPO iVm § 82 Abs. 1 S. 1). Versäumt der Beteiligte die Frist ohne Verschulden, so ist ihm nach § 91 Abs. 1 auf Antrag *Wiedereinsetzung* zu gewähren. 12

### 3. Berichtigungsentscheidung

Das BPatG entscheidet über den Berichtigungsantrag unter Mitwirkung der Richter, die bei der Entscheidung, deren Berichtigung beantragt ist, mitgewirkt haben. Hält das Gericht eine mündliche Verhandlung für sachdienlich oder beantragt ein Beteiligter eine mündliche Verhandlung, so beschließt das BPatG nach mündlicher Verhandlung (Umkehrschluß aus § 80 Abs. 3; § 69). Eine *erneute Beweisaufnahme* im Zusammenhang mit der Berichtigung der Entscheidung ist *unzulässig*. Maßgebend ist allein die Erinnerung der die zu berichtigende Entscheidung erlassenden Richter (*Thomas/Putzo*, § 320 ZPO, Rn 4). Zur Unterstützung können die Richter auf die Sitzungsniederschrift und sonstige Aufzeichnungen zurückgreifen. 13

## 4. Richtermitwirkung bei der Entscheidung

15   Da die Tatbestandsberichtigung auf der Grundlage der Erinnerung der die zu berichtigende Entscheidung erlassenden Richter stattfindet, dürfen nach § 80 Abs. 4 S. 2 nur die Richter mitwirken, die auch bei der *erstmaligen Entscheidung mitgewirkt* haben. Ein verhinderter oder ausgeschiedener Richter kann nicht ersetzt werden. Sind alle Richter verhindert, so kommt eine Tatbestandsberichtigung nicht mehr in Betracht (*Zöller/Vollkommer*, § 320 ZPO, Rn 12).

## 5. Vermerk des Berichtigungsbeschlusses

16   Auch der Tatbestandsberichtigungsbeschluß wegen nicht offenbarer Unrichtigkeiten oder Unklarheiten wird nach § 80 Abs. 5 auf der Entscheidung und auf den Ausfertigungen vermerkt. Berührt die Berichtigung den Inhalt der Veröffentlichung im Markenblatt oder im Markenregister, so ist das DPMA von der Berichtigung zu benachrichtigen, da es für die Veröffentlichung zuständig ist.

## Vertretung; Vollmacht

**§ 81** (1) ¹**Vor dem Patentgericht kann sich ein Beteiligter in jeder Lage des Verfahrens durch einen Bevollmächtigten vertreten lassen.** ²**Durch Beschluß kann angeordnet werden, daß ein Bevollmächtigter bestellt werden muß.** ³**§ 96 bleibt unberührt.**

(2) ¹**Die Vollmacht ist schriftlich zu den Gerichtsakten einzureichen.** ²**Sie kann nachgereicht werden.** ³**Das Patentgericht kann hierfür eine Frist bestimmen.**

(3) ¹**Der Mangel der Vollmacht kann in jeder Lage des Verfahrens geltend gemacht werden.** ²**Das Patentgericht hat den Mangel der Vollmacht von Amts wegen zu berücksichtigen, wenn nicht als Bevollmächtigter ein Rechtsanwalt oder ein Patentanwalt auftritt.**

### Inhaltsübersicht

| | Rn |
|---|---|
| A. Bevollmächtigungsbefugnis | 1–3 |
| B. Bevollmächtigungsanordnung | 4–6 |
|    I. Grundsatz | 4 |
|    II. Anordnungsbeschluß | 5 |
|    III. Inlandsvertreter | 6 |
| C. Prozeßvollmacht | 7–11 |
|    I. Form der Vollmacht | 7, 8 |
|    II. Einreichung der Vollmacht | 9 |
|    III. Umfang der Vollmacht | 10 |
|    IV. Erlöschen der Vollmacht | 11 |
| D. Mangel der Vollmacht | 12 |
| E. Rechtsfolgen der Bevollmächtigung | 13 |

### Entscheidung zum MarkenG

**BPatG BlPMZ 1996, 505**
Verpflichtung des Inlandsvertreters, eine Vollmacht einzureichen.

## A. Bevollmächtigungsbefugnis

1   Grundsätzlich steht es den Beteiligten frei, ob sie sich in dem Beschwerdeverfahren vor dem BPatG vertreten lassen. Die Beteiligten können in jeder Lage des Verfahrens einen *Bevollmächtigten hinzuziehen* oder das Verfahren *ohne Bevollmächtigten fortführen* (zur Entziehung

der Vollmacht s. Rn 11). Eine *prozeßunfähige Person* bedarf im patentgerichtlichen Verfahren der *Vertretung durch ihren gesetzlichen Vertreter;* sie selbst ist nicht handlungsfähig. Der gesetzliche Vertreter kann sich durch einen Bevollmächtigten vertreten lassen. Gesetzliche Vertreter sind etwa die Eltern (§ 1629 BGB), der Betreuer (§ 1902 BGB), der Vorstand einer Aktiengesellschaft (§ 78 AktG) oder der Geschäftsführer einer GmbH (§ 35 GmbHG).

Der im patentgerichtlichen Verfahren Beteiligte kann grundsätzlich *jede prozeßfähige Person* 2 bevollmächtigen (§ 79 ZPO iVm § 82 Abs. 1 S. 1). Ausgeschlossen sind jedoch die nach § 157 Abs. 1 ZPO iVm § 82 Abs. 1 S. 1 ungeeigneten Vertreter, die die Besorgung fremder Rechtsangelegenheiten vor Gericht geschäftsmäßig betreiben und die nicht Mitglied einer Rechtsanwaltskammer sind. Für Mitglieder der Patentanwaltskammer findet § 157 Abs. 1 ZPO nach § 4 Abs. 3 PatAnwO keine Anwendung.

Die Bevollmächtigten nach § 157 Abs. 2 ZPO iVm § 82 Abs. 1 S. 1, denen die Vor- 3 tragsfähigkeit fehlt, sind *als Bevollmächtigte ungeeignet.* Die Fähigkeit kann auch nur vorübergehend fehlen, etwa wenn der Bevollmächtigte ausschließlich schreit oder aber ununterbrochen redet (*Zöller/Greger,* § 157 ZPO, Rn 7). Einem Rechtsanwalt oder Patentanwalt, sowie einem Patentassessor kann die Eignung nach § 157 Abs. 2 ZPO iVm § 82 Abs. 1 S. 1 nicht abgesprochen werden (§§ 4 Abs. 3; 156 Abs. 1 S. 2 PatAnwO iVm § 157 Abs. 2 S. 1 ZPO).

## B. Bevollmächtigungsanordnung

### I. Grundsatz

Von der Regel, daß jeder Beteiligte sich grundsätzlich selbst vor dem BPatG vertreten 4 darf, macht § 81 Abs. 1 S. 2 eine *Ausnahme.* Nach dieser Vorschrift kann das BPatG nach seinem Ermessen anordnen, daß der Beteiligte einen Bevollmächtigten bestellen muß. Die Bestellung des Bevollmächtigten dient allein der Durchführung des Verfahrens, darf deshalb nur in den Fällen erfolgen, in denen die Durchführung andernfalls gefährdet wäre. Dies ist der Fall, wenn der Beteiligte selbst nicht in der Lage ist, seine Rechtsstellung sachgerecht vor dem BPatG zu vertreten. Erkennt das BPatG die Ungeeignetheit des Beteiligten, so kann sie abstrakt (s. Rn 5) die Bestellung eines Bevollmächtigten anordnen.

### II. Anordnungsbeschluß

Das Gericht ordnet die Bestellung eines Bevollmächtigten durch Beschluß nach § 81 5 Abs. 1 S. 2 an. Der Beschluß ist dem Betroffenen zuzustellen. Der *Anordnungsbeschluß* muß dem Betroffenen eine ausreichende Frist zur Auswahl und Bestellung eines Bevollmächtigten einräumen. Ergeht der Beschluß etwa im Rahmen einer mündlichen Verhandlung, so muß diese vertagt werden, wenn der Beteiligte nicht unmittelbar einen Bevollmächtigten bestimmen kann. Die Frist muß derart bemessen sein, daß der Bevollmächtigte sich in die Rechts- und Sachlage einarbeiten kann. Das Gericht ordnet nur abstrakt die Bestellung eines Bevollmächtigen an; die Auswahl und Bestellung obliegen dem Beteiligten. Kommt der Beteiligte der Anordnung nicht nach, so kann die Bestellung nicht vom BPatG erzwungen werden. Der Beteiligte ist jedoch nicht mehr prozeßführungsbefugt und kann insoweit keine wirksamen Prozeßhandlungen vornehmen. Erscheint er in einer mündlichen Verhandlung ohne Bevollmächtigten, so kann nach § 75 Abs. 2 ohne ihn verhandelt und entschieden werden.

### III. Inlandsvertreter

Aus Gründen der Verfahrensvereinfachung schreibt § 96 Abs. 1 vor, daß der Inhaber ei- 6 ner angemeldeten oder eingetragenen Marke, der im Inland weder einen Wohnsitz oder Sitz noch eine Niederlassung hat, in dem patentamtlichen oder patentgerichtlichen Verfahren eines Rechtsanwalts oder Patentanwalts als seines Vertreters bedarf. § 96 findet nach § 81 Abs. 1 S. 3 neben § 81 Anwendung. Ein solcher Rechtsinhaber bedarf somit in jedem Fall eines Vertreters im patentgerichtlichen Verfahren, unabhängig davon, ob er selbst zur Verfahrensführung geeignet ist oder nicht. Die dem Inlandsvertreter erteilte Vollmacht schließt die Prozeßvollmacht mit ein.

## C. Prozeßvollmacht

### I. Form der Vollmacht

7   Die Vollmacht ist eine durch Rechtsgeschäft erteilte Vertretungsmacht (§ 166 Abs. 2 S. 1 BGB). Die Erteilung erfolgt nach § 167 Abs. 1 BGB durch Erklärung gegenüber dem zu Bevollmächtigenden oder gegenüber dem BPatG.

8   Die Prozeßvollmacht muß gegenüber dem zu Bevollmächtigenden nicht schriftlich erteilt werden. Auch die mündlich erteilte Vollmacht ist im Verhältnis zwischen dem Vertreter und dem Vertretenen wirksam. Es muß aber eine *schriftliche Vollmachtsurkunde* angefertigt werden, die zu den Gerichtsakten gegeben werden kann. Die Vollmachtsurkunde dient dem Nachweis der Bevollmächtigung; sie ist vom Bevollmächtigten oder dessen gesetzlichen Vertreter zu unterschreiben (*Benkard/Schäfers*, § 97 PatG, Rn 13; *Baumbach/Lauterbach/Albers/Hartmann*, § 80 ZPO, Rn 11; *Thomas/Putzo*, § 80 ZPO, Rn 8).

### II. Einreichung der Vollmacht

9   Die Vollmacht ist schriftlich zu den *Gerichtsakten* einzureichen. Dies muß nicht gesondert erfolgen. Die Vollmachtsurkunde muß sich aber bei den Gerichtsakten befinden. Es ist deshalb auch ausreichend, wenn sich die das Gerichtsverfahren betreffende Vollmacht in den beigezogenen Akten des DPMA (BPatGE 1, 119), nicht aber in den nicht beigezogenen Akten (BPatG Mitt 1973, 18) befindet. Die Vollmacht soll unverzüglich nach der Bestellung des Bevollmächtigten zu den Gerichtsakten eingereicht werden. Das Auftreten des Bevollmächtigten kann nicht von der vorherigen Einreichung abhängig gemacht werden, da die Vollmacht nach § 81 Abs. 1 S. 2 nachgereicht werden kann. Tritt weder ein Rechtsanwalt noch ein Patentanwalt als Bevollmächtigter auf, so muß das BPatG eine *Nachreichungsfrist* bestimmen. Bis zum Ablauf der Frist ist der Bevollmächtigte einstweilig zuzulassen. Wird keine Prozeßvollmacht vorgelegt, hat der vollmachtlose Vertreter entsprechend § 89 ZPO die dadurch entstandenen Kosten zu tragen. Die Pflicht zur Einreichung einer Vollmacht besteht auch für den *Inlandsvertreter* nach § 96 (BPatG BlPMZ 1996, 505).

### III. Umfang der Vollmacht

10   Der *Umfang der Prozeßvollmacht* bestimmt sich nach den §§ 81 bis 85 ZPO iVm § 82 Abs. 1 S. 1. Die Vollmacht ermächtigt grundsätzlich zu allen das Verfahren betreffenden Rechtshandlungen. Es ist auch im patentgerichtlichen Verfahren zulässig, eine Prozeßvollmacht nur für einzelne Prozeßhandlungen zu erteilen (§ 83 Abs. 2 ZPO iVm § 82 Abs. 1 S. 1) oder aber einzelne Prozeßhandlungen auszunehmen. So kann etwa die Berechtigung, Zustellungen entgegenzunehmen, ausgeschlossen werden, mit der Folge, daß trotz § 94 iVm § 8 VwZG der Beteiligte allein zustellungsgeeignet ist; zur Entgegennahme von Zustellungen hat der Beteiligte keinen Bevollmächtigten bestellt, weshalb für die Anwendung der Vorschriften kein Raum bleibt.

### IV. Erlöschen der Vollmacht

11   Die *Vollmacht erlischt* durch den *Tod des Bevollmächtigten* (§ 168 BGB), durch die *Eröffnung des Insolvenzverfahrens* über das Vermögen des Bevollmächtigten (BPatGE 16, 161; str., s. *Benkard/Schäfers*, § 97 PatG, Rn 18) oder durch die *Entziehung der Bevollmächtigung* durch den Vollmachtgeber. Wird die Vollmacht entzogen, so entfaltet der Entzug gegenüber dem BPatG und den anderen Beteiligten erst Wirkung, wenn das Erlöschen nach § 87 Abs. 1 1. HS ZPO iVm § 82 Abs. 1 S. 1 angezeigt wird. Da das patentgerichtliche Verfahren kein Anwaltsverfahren darstellt, findet § 87 Abs. 1 2. HS ZPO keine Anwendung; dies gilt auch in den Fällen des Inlandsvertreters (BPatGE 1, 31).

## D. Mangel der Vollmacht

In jeder Lage des Verfahrens kann nach § 81 Abs. 3 S. 1 von den Beteiligten der *Mangel* **12** *der Vollmacht* geltend gemacht werden. Der Vollmachtsmangel ist auch durch das Gericht von Amts wegen zu berücksichtigen, wenn nicht als Bevollmächtigter ein Rechtsanwalt oder ein Patentanwalt auftritt. Im Fall der Bevollmächtigung durch einen Rechtsanwalt oder Patentanwalt darf das BPatG nur auf eine Rüge durch einen Beteiligten hin den Mangel beachten. Ist der Mangel gerügt worden oder berücksichtigt das Gericht den Umstand von Amts wegen, so fordert es den Bevollmächtigten unter Setzung einer Frist auf, eine Vollmachtsurkunde zu den Gerichtsakten einzureichen (§ 81 Abs. 2 S. 1). Bis zum Ablauf der Frist wird der als Bevollmächtigter Auftretende einstweilig zugelassen; reicht er die Bevollmächtigung nicht ein, so können ihm entsprechend § 89 ZPO die durch sein Auftreten entstanden Kosten auferlegt werden (s. zur Gleichbehandlung des Inlandsvertreters BPatG BlPMZ 1996, 505).

## E. Rechtsfolgen der Bevollmächtigung

Ist dem Bevollmächtigten eine unbeschränkte Prozeßvollmacht erteilt, so ist er nach § 81 **13** ZPO iVm § 82 Abs. 1 S. 1 *zu allen das Verfahren betreffenden Handlungen ermächtigt*. Nach § 8 Abs. 1 S. 2 VwZG iVm § 94 Abs. 1 sind *Zustellungen an ihn zu richten*, sobald er eine schriftliche Vollmacht vorgelegt hat; wegen der Einreichungspflicht des § 81 Abs. 2 S. 2 genügt allein die Vorlage nicht, da er ohne die Einreichung nicht dauerhaft als Bevollmächtigter behandelt wird (zur Abweichung hierzu im Rechtsbeschwerdeverfahren s. § 88, Rn 1; § 94, Rn 1).

**Anwendung weiterer Vorschriften; Anfechtbarkeit; Akteneinsicht**

**82** (1) ¹Soweit dieses Gesetz keine Bestimmungen über das Verfahren vor dem Patentgericht enthält, sind das Gerichtsverfassungsgesetz und die Zivilprozeßordnung entsprechend anzuwenden, wenn die Besonderheiten des Verfahrens vor dem Patentgericht dies nicht ausschließen. ²§ 227 Abs. 3 Satz 1 der Zivilprozeßordnung ist nicht anzuwenden. ³Für Auslagen im Verfahren vor dem Patentgericht gilt das Gerichtskostengesetz entsprechend.

(2) Eine Anfechtung der Entscheidungen des Patentgerichts findet nur statt, soweit dieses Gesetz sie zuläßt.

(3) ¹Für die Gewährung der Akteneinsicht an dritte Personen ist § 62 Abs. 1 und 2 entsprechend anzuwenden. ²Über den Antrag entscheidet das Patentgericht.

### Inhaltsübersicht

| | Rn |
|---|---|
| A. Allgemeines | 1 |
| B. Anwendung der Vorschriften des GVG, der ZPO und des GKG (§ 82 Abs. 1) | 2–6 |
|    I. Grundsatz | 2, 3 |
|    II. Entscheidungspraxis zum MarkenG | 4 |
|    III. Antrag auf Terminsverlegung in der Sommerferienzeit | 5 |
|    IV. Verfahrenskosten des Patentgerichts | 6 |
| C. Anfechtbarkeit der patentgerichtlichen Entscheidungen (§ 82 Abs. 2) | 7 |
| D. Akteneinsicht (§ 82 Abs. 3) | 8–13 |
|    I. Akteneinsicht der Beteiligten | 8 |
|    II. Akteneinsicht dritter Personen | 9–11 |
|    III. Verfahren | 12, 13 |

### Entscheidungen zum MarkenG

**1. BPatG GRUR 1996, 414 – DRAGON**
Zum verspäteten Vorbringen von Angriffs- und Verteidigungsmitteln.

**2. BPatG GRUR 1997, 54 – S. OLIVER**
Zur Erhebung der Anschlußbeschwerde in der mündlichen Verhandlung.
**3. BGH GRUR 1998, 938 – DRAGON**
Die Frage der Benutzung einer Widerspruchsmarke unterliegt dem Beibringungs- und Verhandlungsgrundsatz.
**4. BGH GRUR 1998, 940 – Sanopharm**
§ 265 Abs. 2 ZPO gilt auch im markenrechtlichen (Widerspruchs-)Beschwerdeverfahren.

## A. Allgemeines

1   § 82 knüpft an die *Vorschriften des GVG, der ZPO und des GKG* an und entspricht weitgehend den in §§ 98 und 99 PatG getroffenen Regelungen. In § 82 Abs. 3 wird hinsichtlich der *Akteneinsicht* auf die für das DPMA geltende Vorschrift Bezug genommen.

## B. Anwendung der Vorschriften des GVG, der ZPO und des GKG (§ 82 Abs. 1)

### I. Grundsatz

2   Der Gesetzgeber des MarkenG hat anders als der Gesetzgeber des WZG weitgehend auf Verweisungen auf andere Gesetze verzichtet. So findet sich insbesondere im Gegensatz zu § 13 Abs. 3 WZG keine Verweisungsvorschrift auf das PatG, da das MarkenG die erforderlichen Bestimmungen selbst trifft. Gleichwohl ist es aus gesetzesökonomischen Gründen geboten, um nicht alle Vorschriften, die für das patentgerichtliche Verfahren erforderlich sind, in das Gesetz aufnehmen zu müssen, auf die *allgemeinen Verfahrensvorschriften des GVG und der ZPO* ergänzend zu verweisen. Die entsprechende Anwendung dieser Vorschriften steht stets unter dem Vorbehalt, daß die Besonderheiten des patentgerichtlichen Verfahrens einer entsprechenden Anwendung nicht entgegenstehen. § 82 Abs. 1 erklärt die Vorschriften des GVG und der ZPO nur hinsichtlich des *Verfahrens vor dem BPatG* für entsprechend anwendbar.

3   Die entsprechende Anwendung der Verfahrensvorschriften des GVG oder der ZPO kommt nur in den Fällen in Betracht, in denen das MarkenG keine ausdrückliche Regelung trifft. Die Verfahrensvorschrift des GVG oder der ZPO ist dahin zu prüfen, ob die Besonderheiten des markenrechtlichen Verfahrens vor dem BPatG einer entsprechenden Anwendung entgegenstehen. Verfahrensvorschriften der ZPO, die etwa nicht mit der Inquisitionsmaxime (§ 73 Abs. 1 S. 1) vereinbar sind, sind nicht entsprechend anzuwenden. Ergänzend kann etwa auf die folgenden Vorschriften der ZPO abgestellt werden: die *allgemeinen Vorschriften* (1. Buch der ZPO), das *Verfahren im ersten Rechtszug* (2. Buch), die *Berufung* und die *Beschwerde* (Teile des 3. Buches), die *Wiederaufnahme des Verfahrens* (4. Buch). Läßt sich eine Lücke nicht mit den Bestimmungen des GVG oder der ZPO schließen, soll das BPatG sein Verfahren unter der Berücksichtigung allgemeiner Verfahrensgrundsätze, wie namentlich der VwGO gestalten (*Benkard/Schäfers*, § 99 PatG, Rn 7). Daneben können die Verfahrensbestimmungen des ArbGG, des SozGG, des FGG, der StPO oder des UWG vergleichend herangezogen werden.

### II. Entscheidungspraxis zum MarkenG

4   Ungeachtet der Frage der Anwendbarkeit des § 528 Abs. 2 ZPO ist die Zurückweisung der von dem Anmelder einer Marke erstmals in der mündlichen Verhandlung vor dem BPatG erhobenen Einrede der Nichtbenutzung der Widerspruchsmarke jedenfalls entsprechend den §§ 523 iVm 296 Abs. 2, 282 Abs. 2 ZPO gerechtfertigt. Nach ständiger Rechtsprechung gilt die den Parteien gemäß § 282 ZPO im erstinstanzlichen Verfahren obliegende allgemeine Prozeßförderungspflicht unmittelbar auch im zweitinstanzlichen Verfahren. Werden dort *Angriffs-* und *Verteidigungsmittel* erst so spät vorgebracht, daß der Gegner hierauf ohne vorherige Erkundigung keine Erklärung abgeben kann, können sie unter den Voraussetzungen des § 296 Abs. 2 ZPO *als verspätet zurückgewiesen* werden. Die an sich die schriftsätzliche Vorbereitung der mündlichen Verhandlung im Anwaltsprozeß betreffende Regelung des § 282 Abs. 2 ZPO ist dabei sinngemäß auch im patentgerichtlichen Verfahren an-

zuwenden, wenn der die Benutzung der Widerspruchsmarke bestreitende Anmelder anwaltlich vertreten ist (BPatG GRUR 1996, 414, 416 – DRAGON; BGH GRUR 1998, 938 – DRAGON). Auch eine mit der *Anschlußbeschwerde* erhobene Einrede der Nichtbenutzung kann bei Vorliegen der Voraussetzungen der §§ 282, 296 ZPO als ein unselbständiges Angriffs- bzw Verteidigungsmittel (im Sinne von BGHZ 83, 371) als verspätet zurückgewiesen werden (BPatG GRUR 1997, 54, 57 – S. OLIVER). Das BPatG hat in dieser Entscheidung offengelassen, ob und inwieweit die weitergehenden Vorschriften über das Berufungsverfahren oder über das Verfahren erster Instanz anzuwenden sind. Die auch nach der Rechtslage im MarkenG zulässige Anschlußbeschwerde kann noch in der mündlichen Verhandlung erhoben werden (BPatG GRUR 1997, 54, 56 – S. OLIVER). Im Falle einer Rechtsnachfolge nach Erhebung des Widerspruchs sind die Vorschriften der ZPO über die Wirkung einer Rechtsnachfolge auf anhängige Verfahren (§§ 265, 325, 66 ff. ZPO) entsprechend anzuwenden (BGH GRUR 1998, 940 – Sanopharm; s. dazu § 28, Rn 11). Das Löschungsverfahren wegen absoluter Schutzhindernisse nach § 50 wird durch die Eröffnung des Insolvenzverfahrens über das Vermögen des Löschungsantragsstellers nach § 240 ZPO unterbrochen (BPatG GRUR 1997, 833 – digital).

### III. Antrag auf Terminsverlegung in der Sommerferienzeit

Mit Wirkung vom 1. Januar 1997 sind die Vorschriften des GVG über die Gerichtsferien sowie § 223 ZPO durch das Gesetz zur Abschaffung der Gerichtsferien vom 28. Oktober 1996 (BGBl. I S. 1547) aufgehoben worden. § 82 Abs. 1 S. 2 bestimmte, daß die Vorschriften der §§ 199 bis 202 GVG über die Gerichtsferien im Verfahren vor dem BPatG nicht anzuwenden waren. Eine Hemmung der Fristen nach § 223 ZPO schied deshalb aus. Mit Wirkung vom 1. Januar 1997 ist die Vorschrift des § 82 Abs. 1 S. 2 an die Abschaffung der Gerichtsferien angepaßt worden. Nach § 82 Abs. 1 S. 2 haben die Beteiligten der Verfahren vor dem BPatG keinen Anspruch auf Terminsverlegung in der Zeit vom 1. Juli bis 31. August (Sommerferienzeit). Die Gesetzesänderung führt im Beschwerdeverfahren sowie im Rechtsbeschwerdeverfahren (s. § 88, Rn 3) in Markenangelegenheiten zu keiner Änderung der Rechtslage.

### IV. Verfahrenskosten des Patentgerichts

Die *Verfahrenskosten* vor dem BPatG setzen sich aus *Gebühren* und *Auslagen* zusammen. Die für das patentgerichtliche Beschwerdeverfahren vom BPatG erhobenen Kosten beurteilen sich nach dem *Gesetz über die Gebühren des Patent- und Markenamts und des Patentgerichts* (PatGebG). Für die Auslagen sind nach § 82 Abs. 1 S. 3 die *Vorschriften des GKG* entsprechend anzuwenden, insbesondere die §§ 2 ff., 10 f., 49 ff. GKG und das *Kostenverzeichnis* als Anlage 1 zu § 11 Abs. 1 GKG (BPatG BlPMZ 1984, 197).

## C. Anfechtbarkeit der patentgerichtlichen Entscheidungen (§ 82 Abs. 2)

Patentgerichtliche Entscheidungen sind nach § 82 Abs. 2 nur anfechtbar, wenn das MarkenG eine Anfechtung zuläßt, wie nach § 83 die *Rechtsbeschwerde* an den BGH. Gegen die anfechtbaren Entscheidungen des BPatG sind nur die im MarkenG vorgesehenen Rechtsmittel gegeben (so schon BGH GRUR 1979, 696 – Kunststoffrad). Die *sofortige Beschwerde* ist deshalb gegen Entscheidungen des BPatG in Markenangelegenheiten *nicht zulässig* (BGH GRUR 1968, 447, 451 – Flaschenkasten; 1979, 696 – Kunststoffrad).

## D. Akteneinsicht (§ 82 Abs. 3)

### I. Akteneinsicht der Beteiligten

*Verfahrensbeteiligte* haben kraft ihrer Verfahrensstellung einen Anspruch auf *Akteneinsicht* und auf die *Erteilung von Ausfertigungen, Auszügen* und *Abschriften* nach § 299 Abs. 1 ZPO iVm § 82 Abs. 1 S. 1 mit Ausnahme der Akteneinsicht in die Entscheidungsentwürfe. Das

Gericht hat gegenüber den Beteiligten grundsätzlich auch die *beigezogenen Akten* offenzulegen, sofern die Behörde, der die beigezogenen Akten zustehen, nicht anderweitige Anordnungen getroffen hat (BGH NJW 1952, 305).

## II. Akteneinsicht dritter Personen

9   Nach § 82 Abs. 3 kann *dritten Personen* unter den Voraussetzungen des § 62 Abs. 1 und 2 Akteneinsicht gewährt werden. Der Dritte muß nach § 62 Abs. 1 ein *berechtigtes Interesse glaubhaft* machen, um in die *Anmeldungsakten* von Marken Einsicht nehmen zu dürfen (s. § 62, Rn 2).

10   *Vor der Eintragung der Marke* ist das Interesse an der Akteneinsicht regelmäßig gegen die schutzwürdigen Belange des Anmelders abzuwägen (Begründung zum MarkenG, BT-Drucks. 12/6581 vom 14. Januar 1994, S. 100). *Nach der Eintragung der Marke* wird grundsätzlich ohne eine Glaubhaftmachung des berechtigten Interesses Einsicht in die *Eintragungsakten* gewährt (s. § 62, Rn 4). Insoweit erweitert das MarkenG gegenüber der in § 3 Abs. 2 S. 2 WZG getroffenen Regelung die Möglichkeiten der Akteneinsicht; nach der Rechtslage im WZG war auch nach der Eintragung ein berechtigtes Interesse des Antragstellers darzulegen. Einsicht in die *Beiakten* gewährt das BPatG nur in dem Umfang, wie die die Akten zur Verfügung stellende Stelle ihr Einverständnis erklärt hat (BGH NJW 1952, 305). Da das Gesetz die Akteneinsicht nach der Eintragung einer Marke nur von einer Antragstellung, nicht aber auch von dem Vorliegen eines berechtigten Interesses abhängig macht, bestehen an sich keine Schranken des Akteneinsichtsrechts, die über eine gerade nicht erforderliche Interessenabwägung zu berücksichtigen sind. Gleichwohl können berechtigte Gründe des Inhabers der eingetragenen Marke vorliegen, die das Akteneinsichtsrecht des Antragstellers zwar nicht vollständig auszuschließen, aber dem Umfang nach zu beschränken vermögen (s. § 62, Rn 5). Es können *schutzwürdige Interessen des Markeninhabers* an der Geheimhaltung bestimmter Teile der Akten bestehen. Dabei kann es sich etwa um Umsatzzahlen oder um Lieferanten- oder Kundenadressen handeln, die etwa im Zusammenhang mit dem Nachweis einer rechtserhaltenden Benutzung in einem Verfahren in Markenangelegenheiten vorzulegen waren. Aus Gründen des *unternehmerischen Geheimnisschutzes* sind *Schranken des Akteneinsichtsrechts dem Umfang nach* anzuerkennen (s. zur Rechtslage im WZG bei der Feststellung eines berechtigten Interesses BPatGE 13, 109).

11   Schon vor der Eintragung der Marke besteht häufig ein großes praktisches Interesse an der Akteneinsicht. So kann etwa der Inhaber einer eingetragenen Marke ein wesentliches Interesse an der Akteneinsicht hinsichtlich einer prioritätsälteren Markenanmeldung haben (Begründung zum MarkenG, BT-Drucks. 12/6581 vom 14. Januar 1994, S. 100). Auch ein Wettbewerber eines Markenanmelders, dessen Anmeldung nach § 8 zurückgewiesen wurde, kann ein Interesse an der Akteneinsicht haben, etwa um sich zu vergewissern, ob es sich bei der angemeldeten Marke um eine frei verwendbare beschreibende Angabe handelt (Begründung zum MarkenG, BT-Drucks. 12/6581 vom 14. Januar 1994, S. 100).

## III. Verfahren

12   Die *Gewährung der Akteneinsicht* setzt in jedem Fall einen *Antrag* voraus. Beantragt ein Beteiligter Akteneinsicht, so kann der Antrag mündlich oder schriftlich gestellt werden.

13   Zuständig für die Entscheidung über den auf Einsicht der Gerichtsakten gerichteten Antrag ist die *Geschäftsstelle des BPatG*; die MarkenV trifft insoweit keine abweichenden Anordnungen. Der Antrag eines Dritten muß in den Fällen des § 82 Abs. 3 S. 1 iVm § 62 Abs. 1 schriftlich gestellt werden. Die *Beteiligten* sind *anzuhören*. Erhebt kein Beteiligter Einwendungen, so entscheidet der *Rechtspfleger* nach § 23 Abs. 1 Nr. 11 RPflG als Patentgericht nach § 82 Abs. 3 S. 2. Erhebt ein Beteiligter Einwendungen, so obliegt dem BPatG die Entscheidung über die Gewährung der Akteneinsicht. Nach Eintragung der Marke kann jedermann auf Antrag Einsicht in die Akten gewährt werden (§ 82 Abs. 3 S. 1 iVm § 62 Abs. 2). Die Beteiligten können insoweit keine Einwendungen erheben (s. aber zu den Schranken des Akteneinsichtsrechts dem Umfange nach aus Gründen des unternehmerischen Geheimnisschutzes Rn 9; § 62, Rn 5); der Rechtspfleger entscheidet in jedem Fall nach § 23 Abs. 1 Nr. 11 RPflG als Patentgericht nach § 82 Abs. 3 S. 2.

## Abschnitt 6. Verfahren vor dem Bundesgerichtshof

### Vorbemerkung zu den §§ 83 bis 90

**Schrifttum zum PatG.** *Engel*, Das Rechtsbeschwerdeverfahren, Mitt. 1979, 61; *v. Gamm*, Die Rechtsbeschwerde in Warenzeichensachen, GRUR 1977, 413; *Hesse*, Zur Frage der Statthaftigkeit der zulassungsfreien Rechtsbeschwerde in Patent-, Gebrauchsmuster- und Warenzeichensachen, GRUR 1974, 711; *Kirchner*, Rechtsbeschwerde gegen die nach § 36q PatG ergangene „isolierte" Kostenentscheidung?, GRUR 1971, 109; *Kockläuner*, Zum Rechtsinstitut der Rechtsbeschwerde, Mitt. 1966, 131; *Kraßer*, Die Zulassung der Rechtsbeschwerde durch das Bundespatentgericht, GRUR 1980, 420; *Löscher*, Rechtsweg und Instanzenzug im gewerblichen Rechtsschutz, DRiZ 1962, 8; *Löscher*, Vier Jahre Rechtsbeschwerde in Patent-, Muster- und Zeichensachen, GRUR 1966, 5; *Möhring*, Die nicht zugelassene Rechtsbeschwerde im Patentrecht, GRUR 1972, 245; *Röhl*, Die zulassungsfreie Rechtsbeschwerde, GRUR 1966, 117; *Sangmeister*, Die Rüge wesentlicher Mängel des Verfahrens (zu der § 83 entsprechenden Bestimmung des § 116 Abs. 1 FGO), DStZ 1991, 358; *Wiehle*, Voraussetzungen für die Zulassung der Rechtsbeschwerde an den Bundesgerichtshof durch das Patentgericht, Mitt. 1963, 2.

**Inhaltsübersicht**

|   | Rn |
|---|---|
| A. Regelungsgegenstand | 1 |
| B. Zweck und Bedeutung der Rechtsbeschwerde | 2, 3 |

## A. Regelungsgegenstand

Regelungsgegenstand von Abschnitt 6 (§§ 83 bis 90) ist das *Rechtsbeschwerdeverfahren vor* **1** *dem BGH*. Der Abschnitt enthält Vorschriften über die Zulässigkeitsvoraussetzungen (§ 83), die Beschwerdeberechtigung (§ 84 Abs. 1), die möglichen Rechtsbeschwerdegründe (§ 84 Abs. 2), die förmlichen Voraussetzungen für die Einlegung und Begründung der Rechtsbeschwerde (§ 85 Abs. 1 bis 4), den Anwaltszwang (§ 85 Abs. 5), die Zustellung (§ 87), die Zulässigkeitsprüfung (§ 86), die Form und den Inhalt der Entscheidung (§ 89), sowie über die Kosten (§ 90). Wegen weiterer Angelegenheiten, die allgemein das Verfahren vor dem BGH betreffen, wie etwa die Ausschließung und Ablehnung von Gerichtspersonen oder die Öffentlichkeit des Verfahrens, verweist § 88 auf die einschlägigen Vorschriften der ZPO. Das MarkenG enthält damit selbst alle Verfahrensvorschriften markenrechtlicher Natur für das Rechtsbeschwerdeverfahren vor dem BGH und bedarf deshalb keiner Verweisungen auf das PatG. Die Vorschriften von Abschnitt 6 stimmen in Reihenfolge und Wortlaut im wesentlichen mit den §§ 100 bis 109 PatG überein. Nach der Rechtslage im WZG war das Rechtsbeschwerdeverfahren im wesentlichen durch eine Verweisung auf die entsprechenden Vorschriften des PatG geregelt (§ 13 Abs. 5 WZG).

## B. Zweck und Bedeutung der Rechtsbeschwerde

Das *Rechtsbeschwerdeverfahren* ist ein *gerichtliches Verfahren in Markenangelegenheiten* im Sinne **2** von Teil 3 des MarkenG, das an das vorausgegangene Beschwerdeverfahren vor dem BPatG, das gleichermaßen ein Verfahren in Markenangelegenheiten im Sinne von Teil 3 des MarkenG darstellt, anschließt. Das Rechtsbeschwerdeverfahren, das es in Patent-, Muster- und Markensachen gibt, ist durch das Sechste Gesetz zur Änderung und Überleitung von Vorschriften auf dem Gebiet des gewerblichen Rechtsschutzes vom 23. März 1961 (BGBl. I, S. 274) eingeführt worden, um die Einheitlichkeit der Rechtsprechung auf diesen Gebieten zu sichern (s. Amtl. Begründung zum 6. Überleitungsgesetz, BT-Drucks. 3/1749 vom 24. März 1960, S. 46 ff.). In der Formulierung des § 83 Abs. 2 Nr. 2 („die Sicherung einer einheitlichen Rechtsprechung") kommt der Anlaß für die Einführung der Rechtsbeschwerde noch zum Ausdruck. Bis zur Einführung der Rechtsbeschwerde war lediglich innerhalb des DPA eine einheitliche Rechtsprechung durch die Beschwerdesenate (heute Beschwerdesenate des BPatG) gesichert, indem § 12 Abs. 3 WZG (1953) iVm § 19 Abs. 2 PatG (1953) die Anrufung des Großen Senats des DPA durch den Beschwerdesenat vorschrieb, wenn dieser in einer grundlegenden Rechtsfrage von der Entscheidung eines anderen Beschwerdesenats abweichen wollte. Es bestand jedoch keine Instanz, die Meinungsverschiedenheiten zwischen den Beschwerdesenaten des DPA und den ordentlichen Gerichten abschließend entscheiden konnte. So kam es zu unüberbrückbar widersprechenden gerichtlichen Entscheidungen zwischen dem DPA und dem BGH bzw zwischen dem RPA und dem RG, wie etwa über die Eintragungsfähigkeit von Kabelkennfäden (s. dazu § 3, Rn 293). Diese Frage mußte dann durch die Verordnung über den Warenzeichenschutz für Kabelkennfäden vom 29. November 1939 (RGBl. II S. 1005) gesetzlich geregelt werden. Diese Schwierigkeiten sind durch die Einführung des Rechtsbeschwerdeverfahrens beseitigt worden. Der BGH entscheidet seitdem auf dem Gebiet des gewerblichen Rechtsschutzes nicht nur über die Revision gegen Urteile der Oberlandesgerichte und der Landgerichte (§ 133 GVG), sondern auch über die Rechtsbeschwerde gegen die Beschwerdeentscheidungen der Beschwerdesenate des BPatG in allen patentamtlichen Verfahren (§§ 83 MarkenG, 13 Abs. 5 WZG). Zudem klärt der BGH mit Ausnahme von Kostensachen (s. dazu BGHZ 97, 9 – Transportbehälter) auch Meinungsverschiedenheiten zwischen einzelnen Senaten des BPatG. Der Große Senat wurde daher durch das 6. Überleitungsgesetz ersatzlos gestrichen.

3   Die *Rechtsbeschwerde* ist ein echtes *Rechtsmittel mit Suspensiv- und Devolutiveffekt*. In ihrer Funktion und Ausgestaltung ist sie der Revision vergleichbar (BGHZ 88, 191 – Ziegelsteinformling). Mit der Rechtsbeschwerde kann nur die Verletzung des Gesetzes gerügt werden, ein neues tatsächliches Vorbringen ist unzulässig (§ 84 Abs. 2 S. 1). In der Praxis hat die Rechtsbeschwerde vor allem dadurch Bedeutung erlangt, daß sie zur Entscheidung einer *Rechtsfrage von grundsätzlicher Bedeutung* zugelassen werden kann (§ 83 Abs. 2 Nr. 1).

**Zugelassene und zulassungsfreie Rechtsbeschwerde**

**83** (1) ¹ Gegen die Beschlüsse der Beschwerdesenate des Patentgerichts, durch die über eine Beschwerde nach § 66 entschieden wird, findet die Rechtsbeschwerde an den Bundesgerichtshof statt, wenn der Beschwerdesenat die Rechtsbeschwerde in dem Beschluß zugelassen hat. ² Die Rechtsbeschwerde hat aufschiebende Wirkung.

(2) **Die Rechtsbeschwerde ist zuzulassen, wenn**

1. **eine Rechtsfrage von grundsätzlicher Bedeutung zu entscheiden ist oder**
2. **die Fortbildung des Rechts oder die Sicherung einer einheitlichen Rechtsprechung eine Entscheidung des Bundesgerichtshofs erfordert.**

(3) Einer Zulassung zur Einlegung der Rechtsbeschwerde bedarf es nicht, wenn gerügt wird,

1. daß das beschließende Gericht nicht vorschriftsmäßig besetzt war,
2. daß bei dem Beschluß ein Richter mitgewirkt hat, der von der Ausübung des Richteramtes kraft Gericht ausgeschlossen oder wegen Besorgnis der Befangenheit mit Erfolg abgelehnt war,
3. daß einem Beteiligten das rechtliche Gehör versagt war,
4. daß ein Beteiligter im Verfahren nicht nach Vorschrift des Gesetzes vertreten war, sofern er nicht der Führung des Verfahrens ausdrücklich oder stillschweigend zugestimmt hat,
5. daß der Beschluß aufgrund einer mündlichen Verhandlung ergangen ist, bei der die Vorschriften über die Öffentlichkeit des Verfahrens verletzt worden sind, oder
6. daß der Beschluß nicht mit Gründen versehen ist.

### Inhaltsübersicht

| | Rn |
|---|---|
| A. Rechtsbeschwerdeverfahren als ein gerichtliches Rechtsmittelverfahren dritter Instanz | 1 |
| B. Statthaftigkeit der Rechtsbeschwerde | 2–21 |
|   I. Allgemeines | 2 |
|   II. Rechtsbeschwerdefähige Entscheidungen (§ 83 Abs. 1 S. 1) | 3, 4 |
|   III. Zugelassene Rechtsbeschwerde (§ 83 Abs. 2) | 5–12 |
|     1. Allgemeines | 5, 6 |

|  | Rn |
|---|---|
| 2. Die einzelnen Zulassungsgründe | 7–10 |
| a) Rechtsfrage von grundsätzlicher Bedeutung | 7, 8 |
| b) Fortbildung des Rechts und Sicherung einer einheitlichen Rechtsprechung | 9, 10 |
| 3. Beschränkte Zulassung | 11 |
| 4. Keine Nichtzulassungsbeschwerde | 12 |
| IV. Zulassungsfreie Rechtsbeschwerde (§ 83 Abs. 3) | 13–21 |
| 1. Allgemeines | 13 |
| 2. Die einzelnen Verfahrensmängel | 14–21 |
| a) Nicht vorschriftsmäßige Besetzung des Gerichts (§ 83 Abs. 3 Nr. 1) | 14 |
| b) Mitwirkung eines ausgeschlossenen oder abgelehnten Richters (§ 83 Abs. 3 Nr. 2) | 15 |
| c) Verletzung des Anspruchs auf rechtliches Gehör (§ 83 Abs. 3 Nr. 3) | 16 |
| d) Vertretungsmangel (§ 83 Abs. 3 Nr. 4) | 17, 18 |
| e) Öffentlichkeit des Verfahrens (§ 83 Abs. 3 Nr. 5) | 19 |
| f) Fehlende Gründe (§ 83 Abs. 3 Nr. 6) | 20, 21 |
| C. Suspensiveffekt der Rechtsbeschwerde (§ 83 Abs. 1 S. 2) | 22 |

### Entscheidungen zum MarkenG

**1. BGH GRUR 1997, 223 – Ceco**
Zur Statthaftigkeit der zulassungsfreien Rechtsbeschwerde.

**2. BGH GRUR 1997, 637 – Top Selection**
Zur Statthaftigkeit der zulassungsfreien Rechtsbeschwerde.

**3. BGH GRUR 1997, 636 – Makol**
Zum absoluten Rechtsbeschwerdegrund der fehlenden Begründung.

**4. BGH GRUR 1998, 396 – Individual**
Zur Wahrung des rechtlichen Gehörs nach § 83 Abs. 3 Nr. 3.

**5. BGH GRUR 1998, 817 – DORMA**
Zur Statthaftigkeit der zulassungsfreien Rechtsbeschwerde.

**6. BGH WRP 1999, 435 – DILZEM**
Zur Statthaftigkeit der zulassungsfreien Rechtsbeschwerde.

## A. Rechtsbeschwerdeverfahren als ein gerichtliches Rechtsmittelverfahren dritter Instanz

Das *Rechtsbeschwerdeverfahren vor dem BGH* findet gegen Beschlüsse der Beschwerdesenate des BPatG, durch die über eine Beschwerde nach § 66 entschieden wird, statt (§ 83 Abs. 1 S. 1). Im Rechtsbeschwerdeverfahren werden die im Beschwerdeverfahren ergangenen Beschlüsse des BPatG einer *Rechtmäßigkeitskontrolle* durch den BGH unterzogen. Die Rechtsbeschwerde eröffnet dem Rechtsbeschwerdegericht die volle revisionsmäßige Überprüfung des angefochtenen Beschlusses, ohne daß es auf die Entscheidung der als Zulassungsgrund angeführten Rechtsfrage beschränkt ist (BGHZ 90, 318, 320 – Zinkenkreisel; BGH GRUR 1997, 360, 361 – Profilkrümmer; 1998, 394 – Active Line). Die Verfahren in Markenangelegenheiten vor dem DPMA (§§ 32 ff., 45 ff., 48 ff.) als Verwaltungsverfahren, das Beschwerdeverfahren vor dem BPatG (§§ 66 ff.) und das Rechtsbeschwerdeverfahren vor dem BGH (§§ 83 ff.) bilden eine *verfahrensmäßige Einheit*, innerhalb deren das Rechtsbeschwerdeverfahren die Stelle eines *Rechtsmittelverfahrens mit revisionsähnlichem Charakter* (BGHZ 88, 191 – Ziegelsteinformling) einnimmt.

## B. Statthaftigkeit der Rechtsbeschwerde

### I. Allgemeines

§ 83 regelt die *Voraussetzungen*, unter denen eine Rechtsbeschwerde an sich *statthaft* ist. Die Rechtsbeschwerde muß sich gegen den *Beschluß eines Beschwerdesenats* des BPatG rich-

**MarkenG § 83** 3, 4                                Rechtsbeschwerde

ten, durch den über eine Beschwerde nach § 66 entschieden wird, und sie muß *zugelassen* sein. Die *Gründe für die Zulassung der Rechtsbeschwerde* sind in § 83 Abs. 2 abschließend aufgezählt (s. Rn 7 ff.). Nach § 83 Abs. 3 ist die Rechtsbeschwerde ausnahmsweise auch *ohne Zulassung* statthaft, wenn einer der dort genannten *Verfahrensfehler* (s. Rn 13 ff.) gerügt wird; die Rüge eines die zulassungsfreie Rechtsbeschwerde eröffnenden Verfahrensmangels begründet die Statthaftigkeit (BGH GRUR 1997, 223 – Ceco; 1997, 637 – Top Selection; 1998, 817 – DORMA; BGH WRP 1999, 435 – DILZEM). Fehlt eine der genannten Voraussetzungen, dann ist die Rechtsbeschwerde *als unzulässig zu verwerfen* (§ 86).

## II. Rechtsbeschwerdefähige Entscheidungen (§ 83 Abs. 1 S. 1)

**3**    Die Rechtsbeschwerde ist nach § 83 Abs. 1 gegen die *Beschlüsse der Beschwerdesenate des BPatG* gegeben, durch die über eine Beschwerde nach § 66 entschieden wird. Gegenstand einer Beschwerde nach § 66 Abs. 1 S. 1 können alle Beschlüsse der Markenstellen und Markenabteilungen des DPMA sein, die von einem Mitglied des DPMA (Prüfer) erlassen worden sind und eine die Rechte der Beteiligten berührende abschließende Regelung enthalten (BPatGE 2, 56, 58; s. im einzelnen § 66, Rn 2). Bei dem mit der Rechtsbeschwerde angefochtenen Beschluß muß es sich um einen das Beschwerdeverfahren mindestens teilweise abschließenden *Beschluß mit Entscheidungscharakter* handeln (RPA BlPMZ 1933, 34; DPA BlPMZ 1953, 178); maßgeblich ist insoweit der sachliche Gehalt der Entscheidung (BGH GRUR 1972, 472, 474 – Zurückverweisung). Die Rechtsbeschwerde ist auch dann statthaft, wenn das BPatG über Fragen entschieden hat, die aufgrund einer Erweiterung des Streitgegenstandes erstmals im Beschwerdeverfahren aufgetreten sind (BGH GRUR 1972, 472, 473 f. – Zurückverweisung; mißverständlich BPatG GRUR 1988, 903 – Thermostatisch gesteuertes Regulierventil). *Rechtsbeschwerdefähig* sind etwa folgende Beschlüsse: Zurückverweisung der Sache an das DPMA (BGH GRUR 1972, 472 – Zurückverweisung), Feststellung, daß die Beschwerde mangels rechtzeitiger Zahlung der Beschwerdegebühr als nicht erhoben gilt (BGH GRUR 1972, 196 – Dosiervorrichtung; BPatGE 12, 163), Verwerfung der Beschwerde als unzulässig wegen Versäumung der Beschwerdefrist (BGH GRUR 1968, 615 – Ersatzzustellung), wegen fehlender Beschwer (BGH GRUR 1967, 435 – Isoharnstoffäther) oder mangels Beschwerdebefugnis (BGH GRUR 1967, 543 – Bleiphosphit).

**4**    *Zwischenentscheidungen* des BPatG und *prozeßleitende Verfügungen* können auch dann nicht mit der Rechtsbeschwerde angegriffen werden, wenn sie in Form eines Beschlusses ergehen. *Nicht rechtsbeschwerdefähig* ist etwa ein Beschluß über die Ausschließung oder Ablehnung eines Richters (BPatGE 2, 86), über erstmals vor dem BPatG gestellte Anträge Dritter auf Einsicht in die Beschwerdeakten (BPatGE 17, 18, 25), über die Zulassung einer Nebenintervention (BGH GRUR 1969, 439 – Bausteine), über einen Beitritt im Beschwerdeverfahren (BPatG GRUR 1988, 903 – Thermostatisch gesteuertes Regulierventil), sowie über eine Erinnerung gegen die Kostenfestsetzung (BGH GRUR 1968, 447 – Flaschenkasten). Ferner kann gegen eine *Kostenentscheidung*, gleichviel ob sie isoliert oder als Nebenpunkt ergangen ist, keine Rechtsbeschwerde eingelegt werden, und zwar auch dann nicht, wenn in der Hauptsache die Rechtsbeschwerde zugelassen war (unter Hinweis auf die §§ 99, 567 Abs. 3, 568 Abs. 3 ZPO BGH GRUR 1967, 94, 96 – Stute; BPatGE 7, 214; *Kirchner*, GRUR 1971, 109, 110; *v. Gamm*, GRUR 1977, 413, 416 f.). Auch eine im Beschwerdeverfahren wegen Rücknahme der Markenanmeldung oder der Beschwerde ergangene isolierte Kostenentscheidung unterliegt nicht der Rechtsbeschwerde (BPatG BlPMZ 1972, 133). Trotz ausdrücklicher Zulassung unstatthaft ist auch die Rechtsbeschwerde gegen einen Beschluß, durch den über die *Beschwerde gegen einen Kostenfestsetzungsbeschluß* des DPMA entschieden worden ist. In diesem Fall liegt zwar eine beschwerdefähige Entscheidung im Sinne des § 83 Abs. 1 S. 1 vor, jedoch haben die in § 63 Abs. 3 S. 2 herangezogenen Vorschriften der ZPO (§§ 567 Abs. 3, 568 Abs. 3 ZPO) Vorrang (BGH GRUR 1986, 453 – Transportbehälter; 1988, 115 – Wärmeaustauscher). Wenn sich die Rechtsbeschwerde nicht gegen eine beschwerdefähige Entscheidung im Sinne des § 83 Abs. 1 richtet, dann ist sie unzulässig und wird nach § 86 verworfen. Dies gilt auch dann, wenn das BPatG die Beschwerde ausdrücklich zugelassen hat (BGH GRUR 1961, 203; 1986, 453 – Transportbehälter).

## III. Zugelassene Rechtsbeschwerde (§ 83 Abs. 2)

### 1. Allgemeines

Gegen einen Beschluß eines Beschwerdesenats des BPatG findet die Rechtsbeschwerde an den BGH grundsätzlich nur statt, wenn der Beschwerdesenat sie in seinem Beschluß *zugelassen* hat (§ 83 Abs. 1). Die Zulassungsgründe sind in § 83 Abs. 2 abschließend aufgezählt (s. Rn 7 ff.). Zweck der Zulassung ist es, die Arbeitsbelastung des BGH zu begrenzen. Die Rechtsbeschwerde ist nach § 83 Abs. 2 zuzulassen, wenn eine *Rechtsfrage von grundsätzlicher Bedeutung* zu entscheiden ist oder die *Fortbildung des Rechts* oder die *Sicherung einer einheitlichen Rechtsprechung* eine Entscheidung des BGH erfordert. Der Beschwerdesenat hat ohne Rücksicht darauf, ob ein Antrag gestellt ist, von Amts wegen zu prüfen, ob einer dieser drei Gründe die Zulassung erfordert (BPatGE 2, 200, 201). Die Zulassung muß im Tenor oder in den Gründen des angefochtenen Beschlusses ausgesprochen sein. Wenn der Beschluß zur Zulassungsfrage schweigt, dann ist die Rechtsbeschwerde nicht zugelassen (BGHZ 44, 395, 397; BPatGE 22, 45). Die Zulassung kann weder nach § 321 ZPO noch im Wege der Berichtigung nach § 80 nachgeholt werden. Dies gilt selbst dann, wenn die Zulassung nur versehentlich unterblieben ist (BGHZ 20, 188, 190 f.). Die Entscheidung über die Zulassung bedarf keiner Begründung. Zwar ist eine solche jedenfalls dann üblich, wenn die Beteiligten die Zulassung beantragt haben; das Fehlen einer Begründung eröffnet aber nicht die zulassungsfreie Rechtsbeschwerde nach § 83 Abs. 3 (BGH GRUR 1964, 519 – Damenschuh-Absatz; 1965, 502 – Gaselan).

Eine *ordnungsgemäße Zulassung* bewirkt die *Statthaftigkeit* der Rechtsbeschwerde. Die Entscheidung des BPatG über die Zulassung oder Nichtzulassung der Rechtsbeschwerde ist für den BGH bindend (s. auch Rn 12). Die unbeschränkte Zulassung führt zu einer vollen *revisionsmäßigen Nachprüfung* des mit der Rechtsbeschwerde angefochtenen Beschlusses (BGHZ 88, 191 – Ziegelsteinformling; 1984, 797 – Zinkenkreisel). Die Prüfung ist nicht auf diejenigen Rechtsfragen beschränkt, derentwegen die Rechtsbeschwerde zugelassen worden ist. Der BGH überprüft den angefochtenen Beschluß vielmehr in vollem Umfang auf materielle Rechtsmängel, auf von Amts wegen in der Rechtsbeschwerdeinstanz zu beachtende Verfahrensmängel, sowie auf die nach § 85 Abs. 4 Nr. 3 gerügten Verfahrensmängel (zum Prüfungsumfang s. § 89, Rn 2 ff.).

### 2. Die einzelnen Zulassungsgründe

**a) Rechtsfrage von grundsätzlicher Bedeutung.** Nach § 83 Abs. 2 Nr. 1 ist die Rechtsbeschwerde zuzulassen, wenn eine *Rechtsfrage von grundsätzlicher Bedeutung* zu entscheiden ist. Der Begriff *Rechtsfrage* ist umfassend zu verstehen. Darunter fällt jede Subsumtion eines Sachverhalts unter eine Norm oder einen unbestimmten Rechtsbegriff. *Grundsätzlich* ist die Rechtsfrage, wenn sie die Auslegung und Abgrenzung grundsätzlicher materiellrechtlicher oder prozessualer Begriffe betrifft. Erforderlich ist stets ein praktisch bedeutsames Interesse der Allgemeinheit und nicht nur eines der Verfahrensbeteiligten an der Entscheidung der Rechtsfrage (BPatGE 5, 192, 198). Es reicht aus, wenn die Rechtsfrage für eine größere Zahl gleicher oder ähnlich liegender Fälle von Bedeutung (BPatGE 3, 173, 178) und noch nicht vom BGH entschieden ist (BPatGE 9, 263, 271). Grundsätzlich ist eine Rechtsfrage auch, wenn die Auslegung einer Entscheidung des BGH im Streit ist (BGH GRUR 1970, 506 – Dilactame). Auch verfassungsrechtliche Bedenken können die Zulassung rechtfertigen (BPatG GRUR 1978, 710 – Rosenmontag). Da die Rechtsbeschwerde auch der Fortbildung des Rechts dienen soll (s. Rn 9 f.), wäre es sachfremd, die Zulassung nicht auszusprechen, um eine seit Jahren eingefahrene Rechtsprechung zu zementieren. Auch wenn sich zu einer Frage eine feste Rechtsprechung gebildet hat, schließt dieser Umstand die Zulassung der Rechtsbeschwerde nicht aus, wenn sich gegen diese Rechtsprechung beachtliche kritische Stimmen erhoben haben.

Die Rechtsfrage muß zu entscheiden, also *entscheidungserheblich* sein (BGH GRUR 1972, 538 – Parkeinrichtung; BPatG BlPMZ 1962, 134, 135). Insofern unterscheidet sich die Regelung des § 83 Abs. 2 Nr. 1 von der des § 68 Abs. 2 S. 1. Auch wenn das BPatG dem Präsidenten des DPMA den Beitritt wegen einer Rechtsfrage von grundsätzlicher Bedeutung anheimgegeben hat, ist die Rechtsbeschwerde nur zuzulassen, wenn die Rechtsfrage (noch) entscheidungserheblich ist (BGH GRUR 1987, 513 – Streichgarn).

**9** **b) Fortbildung des Rechts und Sicherung einer einheitlichen Rechtsprechung.** Nach § 83 Abs. 2 Nr. 2 ist die Rechtsbeschwerde zuzulassen, wenn die *Fortbildung des Rechts* oder die *Sicherung einer einheitlichen Rechtsprechung* eine Entscheidung des BGH erfordert. Die Fortbildung des Rechts ist zunächst Aufgabe der Beschwerdesenate des BPatG. Die Fortbildung des Rechts erfordert aber etwa dann eine Zulassung der Rechtsbeschwerde, wenn die Rechtsfrage auch für Markenrechtsverletzungsprozesse von Bedeutung sein kann oder eine überhaupt nicht markenrechtliche Frage betrifft, insbesondere wenn es sich um eine grundsätzliche Rechtsfrage im Sinne des Abs. 2 Nr. 1 handelt.

**10** Die Sicherung einer einheitlichen Rechtsprechung kann namentlich dann eine Entscheidung des BGH erfordern, wenn der Beschwerdesenat von einer Entscheidung des BGH oder eines OLG oder auch eines anderen Beschwerdesenats abweichen will. Eine Zulassung kommt dagegen nicht in Betracht, wenn der Beschwerdesenat seine eigene Rechtsprechung ändert, oder wenn der Senat, von dessen Rechtsprechung abgewichen werden soll, auf Anfrage an seiner Auffassung nicht mehr festhalten will, oder wenn eine früher uneinheitliche Rechtsprechung sich inzwischen vereinheitlicht hat (BPatGE 17, 11).

### 3. Beschränkte Zulassung

**11** Die Zulassung kann auf einen bestimmten, abgrenzbaren *Teil des Verfahrensgegenstandes* (BGH GRUR 1978, 420 – Fehlerortung; BGHZ 88, 191 – Ziegelsteinformling), sowie auf *bestimmte Verfahrensbeteiligte* (BGHZ 7, 62; str. s. zu § 546 ZPO *Baumbach/Lauterbach/Albers/Hartmann*, § 546 ZPO, Rn 16 ff.), jedenfalls auf die Partei, die allein durch die Entscheidung über die den Zulassungsgrund bildende Rechtsfrage beschwert ist (BGH GRUR 1993, 969 – Indorektal II), beschränkt werden. Die Beschränkung auf eine *einzelne Rechtsfrage* ist dagegen unzulässig (BGH GRUR 1984, 797 – Zinkenkreisel). Bei einer unzulässigen Beschränkung ist die Rechtsbeschwerde uneingeschränkt zugelassen und die volle revisionsmäßige Überprüfung des angefochtenen Beschlusses eröffnet, ohne auf die Entscheidung der als Zulassungsgrund angeführten Rechtsfrage beschränkt zu sein (BGH GRUR 1995, 732, 733 – Füllkörper; s. auch BGH GRUR 1994, 730 – VALUE; 1991, 307 – Bodenwalze). Die Beschränkung muß in dem Beschluß ausdrücklich und unzweideutig ausgesprochen sein, andernfalls ist die Zulassung unbeschränkt (BGH GRUR 1994, 730 – VALUE; 1993, 969, 970 – Indorektal II; BGHZ 88, 191 – Ziegelsteinformling). Die bloße Nennung des Zulassungsgrundes genügt für eine wirksame Beschränkung grundsätzlich auch dann nicht, wenn dieser erkennbar nur für einen abgrenzbaren Teil des Verfahrensgegenstandes von Bedeutung ist (BGH GRUR 1979, 619 – Tabelliermappe; BGHZ 88, 191 – Ziegelsteinformling; abweichend BGH GRUR 1978, 420 – Fehlerortung). Die Beschränkung der Zulassung kann sich auch aus den Gründen ergeben, und zwar auch dann, wenn die Rechtsbeschwerde im Tenor uneingeschränkt zugelassen ist (BGH GRUR 1978, 420, 422 – Fehlerortung).

### 4. Keine Nichtzulassungsbeschwerde

**12** Eine *Beschwerde gegen die Nichtzulassung der Rechtsbeschwerde* (Nichtzulassungsbeschwerde) gibt es in Markenangelegenheiten nicht (*Heydt*, GRUR 1962, 197; *Miosga*, MA 1962, 591, 598). Zwar ist verschiedentlich die Forderung erhoben worden, eine solche einzuführen. Hiervon hat der Gesetzgeber jedoch bei Erlaß des MarkenG bewußt abgesehen. Im Hinblick darauf, daß die Warenzeichensenate in erheblichem Umfang von der Zulassung der Rechtsbeschwerde nach § 100 Abs. 2 PatG Gebrauch gemacht hätten und eine Änderung dieser Haltung nicht zu erwarten sei, sei die Einführung einer Nichtzulassungsbeschwerde nicht erforderlich (Begründung zum MarkenG, BT-Drucks. 12/6581 vom 14. Januar 1994, S. 106). Der BGH kann auch nicht überprüfen, ob die Nichtzulassung der Rechtsbeschwerde durch das BPatG sachlich gerechtfertigt war (BGH GRUR 1968, 59 – Golden Toast). Das gilt nach dem Sinn dieser Regelung selbst dann, wenn die Nichtzulassung auf fehlerhaften Erwägungen beruht (BGH GRUR 1964, 519 – Damenschuh-Absatz).

## IV. Zulassungsfreie Rechtsbeschwerde (§ 83 Abs. 3)

### 1. Allgemeines

Bei *bestimmten Verfahrensverstößen* ist eine Rechtsbeschwerde ausnahmsweise *ohne Zulassung* durch das BPatG möglich. Die Nachprüfung des angefochtenen Beschlusses ist in diesem Fall auf die in § 83 Abs. 3 abschließend aufgezählten Verfahrensmängel beschränkt (s. Rn 14 ff.). Wenn der gerügte Verfahrensmangel nicht vorliegt, dann ist die Rechtsbeschwerde als unbegründet zurückzuweisen (BGHZ 39, 333 – Warmpressen; 1980, 104, 105 – Kupplungsgewinde). Eine Ausdehnung der zulassungsfreien Rechtsbeschwerde auf die Verletzung anderer grundlegender Verfahrensvorschriften kommt nicht in Betracht (BGHZ 39, 333 – Warmpressen; 1980, 846, 848 – Lunkerverhütungsmittel). Die zulassungsfreie Rechtsbeschwerde wird daher insbesondere nicht durch die Rüge eröffnet, die vorangegangene Entscheidung des DPMA sei bereits rechtskräftig gewesen, insbesondere wegen wirksamer Rücknahme der Beschwerde (BGH GRUR 1981, 507, 508 – Elektrode), entgegen § 69 keine mündliche Verhandlung stattgefunden habe (BGH GRUR 1965, 273, 274 – Anodenkorb; 1974, 294 – Richterwechsel II; BlPMZ 1987, 355, 356 – Richterwechsel III), sofern hierin nicht zugleich eine Versagung des rechtlichen Gehörs liegt, oder die Beschwerde unzulässig gewesen sei. Im letzteren Fall kann der Beteiligte auch nicht etwa analog § 519 b ZPO die sofortige Beschwerde einlegen (BGH GRUR 1979, 696 – Kunststoffrad; zu weiteren die zulassungsfreie Rechtsbeschwerde nicht eröffnenden Verfahrensverstößen s. die Aufzählung bei *Benkard/Rogge*, § 100 PatG, Rn 19).

### 2. Die einzelnen Verfahrensmängel

**a) Nicht vorschriftsmäßige Besetzung des Gerichts (§ 83 Abs. 3 Nr. 1).** Eine *nicht vorschriftsmäßige Besetzung des Gerichts* ist gegeben, wenn § 67 Abs. 1 verletzt ist (BGH GRUR 1964, 602 – Akteneinsicht II; 1967, 543 – Bleiphosphit), ferner wenn ein willkürlicher und nicht nur ein irrtümlicher Verstoß gegen den Geschäftsverteilungsplan vorliegt (BGH GRUR 1976, 719 – Elektroschmelzverfahren; 1980, 848, 849 – Kühlvorrichtung), sowie dann, wenn ein willkürlicher Verstoß gegen die interne Senatsgeschäftsverteilung (§ 21 g Abs. 2 GVG) bezüglich der Richterbank vorliegt, nicht aber bei Bestellung eines anderen Berichterstatters (BGH GRUR 1980, 848 – Kühlvorrichtung). Ein willkürlicher Verstoß liegt nur dann vor, wenn die fälschliche Annahme der Zuständigkeit eines Senats bei objektiver Betrachtung unverständlich und offensichtlich unhaltbar ist (BGH GRUR 1983, 114 – Auflaufbremse; BGHZ 85, 116). Ein Richterwechsel nach der Überleitung vom mündlichen in das schriftliche patentgerichtliche Beschwerdeverfahren ist unschädlich (BGH BlPMZ 1971, 315 – Richterwechsel I; GRUR 1974, 294 – Richterwechsel II; BlPMZ 1987, 355 – Richterwechsel III).

**b) Mitwirkung eines ausgeschlossenen oder abgelehnten Richters (§ 83 Abs. 3 Nr. 2).** Die Rechtsbeschwerde ist nach Abs. 3 Nr. 2 ohne Zulassung statthaft, wenn bei dem Beschluß ein nach § 72 *ausgeschlossener* oder *abgelehnter Richter mitgewirkt* hat (s. dazu § 72, Rn 2 ff., 9 ff.). Wenn das BPatG ein auf einen Ausschließungsgrund nach § 72 gestütztes Ablehnungsgesuch bereits rechtskräftig zurückgewiesen hat, dann kann die Rechtsbeschwerde nicht mehr mit Erfolg auf diesen Ausschließungsgrund gestützt werden (BGHZ 110, 25 – Wasserventil). Dem steht das Rechtskraft des Zurückweisungsbeschlusses entgegen.

**c) Verletzung des Anspruchs auf rechtliches Gehör (§ 83 Abs. 3 Nr. 3).** Nach Abs. 3 Nr. 3 eröffnet die *Versagung oder unzureichende Gewähr rechtlichen Gehörs* die zulassungsfreie Rechtsbeschwerde. Das rechtliche Gehör wird verfassungsrechtlich garantiert durch Art. 103 Abs. 1 GG (Prozeßgrundrecht), an den das Äußerungsrecht der Beteiligten nach § 78 Abs. 2 anknüpft (s. § 78, Rn 4 f.). Dieser absolute Rechtsbeschwerdegrund soll allein die Einhaltung des Verfassungsgrundsatzes der Gewährung rechtlichen Gehörs sichern, dient jedoch nicht der Überprüfung der Richtigkeit der Beschwerdeentscheidung (BGH WRP 1999, 435 – DILZEM). Inhalt des Anspruchs ist, daß der an einem gerichtlichen Verfahren Beteiligte Gelegenheit erhält, sich zu dem gesamten Prozeßstoff zu äußern

**MarkenG § 83** 17–19   Rechtsbeschwerde

(BVerfG NJW 1995, 1884, 1885). Dem entspricht die grundsätzliche Pflicht des Gerichts, die Ausführungen zur Kenntnis zu nehmen und bei seiner Entscheidung in Erwägung zu ziehen (BVerfGE 64, 135, 143 f.). In einer mündlichen Verhandlung muß die Streitsache rechtlich und tatsächlich mit den Beteiligten erörtert werden (§ 76 Abs. 4). Zur Wahrung des rechtlichen Gehörs ist es ausreichend, wenn bei der Bezugnahme auf Anschauungsbeispiele zur beschreibenden Verwendung eines Begriffs in der Werbesprache die Beispiele durch *mündliche Erörterung* zum Gegenstand der Verhandlung gemacht werden (BGH GRUR 1998, 396 – Individual). Das rechtliche Gehör muß jedoch nicht in einer mündlichen Verhandlung gewährt werden (BVerfGE 36, 85, 87; BGHZ 13, 265, 270). Findet keine mündliche Verhandlung statt, so darf schriftlicher Beteiligtenvortrag nur verwendet werden, wenn der andere Beteiligte sich hierzu hat äußern können. Die Beteiligten sind über alle wesentlichen Verfahrensvorgänge und Verfahrensergebnisse, wie etwa eine Beweisaufnahme durch einen ersuchten Richter oder eine Auskunftserteilung durch eine andere Behörde, in Kenntnis zu setzen, um sich dazu äußern zu können; andernfalls darf die Entscheidung nicht auf diese Umstände gestützt werden (§ 78 Abs. 2). Ein *Verkündungsvermerk* (§ 315 Abs. 3 ZPO), der ersichtlich auf einem Versehen beruht und der das erforderliche Verkündungsprotokoll nicht ersetzt, rechtfertigt nicht die Rüge der Versagung des rechtlichen Gehörs (BGH MarkenR 1999, 92 – DILZEM). Eine Ausprägung des Anspruchs auf rechtliches Gehör ist das *Verbot von Überraschungsentscheidungen* (vgl § 278 Abs. 3 ZPO). Nach der Rechtslage im WZG gehörte die Verletzung des Anspruchs auf rechtliches Gehör nicht zu den Verfahrensmängeln, deren Rüge die zulassungsfreie Rechtsbeschwerde eröffnete (§ 13 Abs. 5 WZG iVm § 100 Abs. 3 PatG; s. dazu *Benkard/Rogge*, § 100 PatG, Rn 22 a). Im MarkenG hat der Gesetzgeber die Verletzung des Anspruchs auf rechtliches Gehör in den Katalog der Rechtsbeschwerdegründe aufgenommen, weil es sich um eine grundlegende Verfahrensregel handele, deren Einhaltung ebenso durch ein zulassungsfreies Rechtsmittel überprüfbar sein sollte, wie etwa die der Vorschriften über die Besetzung des Gerichts, über die Öffentlichkeit des Verfahrens oder über die Begründung von Entscheidungen (Begründung zum MarkenG, BT-Drucks. 12/6581 vom 14. Januar 1994, S. 106).

17   **d) Vertretungsmangel (§ 83 Abs. 3 Nr. 4).** Die Rechtsbeschwerde ist nach Abs. 3 Nr. 4 ohne Zulassung statthaft, wenn ein *Verfahrensbeteiligter nicht vorschriftsmäßig vertreten* war, sofern er nicht der Führung des Verfahrens ausdrücklich oder stillschweigend zugestimmt hat. Die Vorschrift wird vom BGH *weit ausgelegt* (grundlegend BGH BlPMZ 1986, 251 – Vertagungsantrag zu der entsprechenden Regelung der §§ 551 Nr. 5, 579 Abs. 1 Nr. 4 ZPO). Sie erfaßt solche Fallkonstellationen eines *Vertretungsmangels*, in denen etwa für einen Beteiligten ein Vertreter ohne Vertretungsmacht gehandelt hat, ein prozeßunfähiger Beteiligter selbst gehandelt hat oder ein nicht Parteifähiger das Verfahren betrieben hat. Ein Vertretungsmangel liegt ferner dann vor, wenn ein Beteiligter überhaupt nicht zu einem Verfahren hinzugezogen wurde (BGH NJW 1984, 494), oder wenn er die mündliche Verhandlung mangels Ladung nicht wahrnehmen konnte (BGH GRUR 1966, 160 – Terminsladung). Nachdem der Gesetzgeber in § 83 Abs. 3 Nr. 3 auch die Versagung des rechtlichen Gehörs als einen die zulassungsfreie Rechtsbeschwerde eröffnenden Verfahrensmangel aufgeführt hat, wird man die beiden letztgenannten Fälle unter diesen Verfahrensmangel zu subsumieren haben. Kein Vertretungsmangel liegt vor bei dem Tod des Inlandsvertreters (BGH GRUR 1969, 437 – Inlandsvertreter) oder bei der Vertretung durch einen vollmachtlosen Vertreter, nachdem der Beteiligte selbst vorher wirksam Beschwerde eingelegt hat (BGH GRUR 1981, 507 – Elektrode), sowie bei der Erkrankung des Vertreters, wenn die Partei selbst oder ein Vertreter der Sozietät den Verhandlungstermin hätte wahrnehmen können (BGH BlPMZ 1986, 251).

18   Auf den Vertretungsmangel kann sich grundsätzlich nur der Betroffene berufen, nicht aber die Gegenseite. Etwas anderes gilt wohl dann, wenn eine Partei gar nicht existiert oder nicht parteifähig ist (BGH GRUR 1990, 348, 349 f. – Gefäßimplantat).

19   **e) Öffentlichkeit des Verfahrens (§ 83 Abs. 3 Nr. 5).** Die Rechtsbeschwerde ist nach Abs. 3 Nr. 5 ohne Zulassung statthaft, wenn der Beschluß aufgrund einer mündlichen Verhandlung ergangen ist, bei der die *Vorschriften über die Öffentlichkeit des Verfahrens verletzt* worden sind. Die Vorschriften über die Öffentlichkeit der mündlichen Verhandlung (§ 67 Abs. 3 iVm §§ 172 bis 175 GVG) sind verletzt, wenn die *Öffentlichkeit vorschriftswidrig ausge-*

*schlossen oder zugelassen* war und dieses Versehen auf einer *Sorgfaltspflichtverletzung des Gerichts* beruht. Keine Verletzung liegt daher dann vor, wenn der Wachtmeister das Schild *Öffentliche Sitzung* oder *Nichtöffentliche Sitzung* versehentlich falsch angebracht hat und die Richter dieses Versehen nicht hätten bemerken müssen (BGH GRUR 1970, 621 – Sitzungsschild). Ein Fall des Abs. 3 Nr. 5 liegt auch dann nicht vor, wenn das Gericht trotz eines entsprechenden Antrags eines Beteiligten (§ 69 Nr. 1) keine mündliche Verhandlung durchgeführt hat (BGH GRUR 1965, 273 – Anodenkorb; 1967, 681 – D-Tracetten).

**f) Fehlende Gründe (§ 83 Abs. 3 Nr. 6).** Die Rechtsbeschwerde ist nach Abs. 3 Nr. 6 **20** ohne Zulassung statthaft, wenn der *Beschluß nicht mit Gründen versehen* ist. Die Vorschrift des § 83 Abs. 3 Nr. 6 sichert den Begründungszwang nach § 79 Abs. 2. Der absolute Rechtsbeschwerdegrund der fehlenden Begründung soll allein den Begründungszwang als solchen sichern, nicht aber die Prüfung der Rechtsfehlerfreiheit der Begründung eröffnen (BGH GRUR 1997, 636, 637 – Makol; BGH MarkenR 1999, 92 – DILZEM). Allerdings führt nicht jeder Verstoß gegen den Begründungszwang dazu, daß der Beschluß nicht mit Gründen im Sinne des § 83 Abs. 3 Nr. 6 versehen ist. Eine Begründung fehlt, wenn aus dem Beschluß nicht ersichtlich ist, welche tatsächlichen und rechtlichen Erwägungen für die Entscheidung maßgebend waren, wenn also dem Tenor der Entscheidung überhaupt keine Gründe beigegeben waren oder zwar Gründe vorhanden sind, diese aber gänzlich unverständlich und verworren sind. Dazu gehören auch sachlich inhaltslose Gründe, leere Redensarten oder die bloße Wiedergabe des Gesetzestextes (grundlegend BGHZ 39, 333 – Warmpressen; s. auch BGH GRUR 1970, 258, 259 – Faltbehälter; 1979, 220, 221 – ß-Wollastonit; 1990, 33, 34 – Schüsselmühle; 1992, 195, 160 – Crackkatalysator II). Kein Begründungsmangel im Sinne des § 83 Abs. 3 Nr. 6 liegt vor, wenn die Gründe nur sachlich unvollständig, unzureichend, unrichtig oder sonst rechtsfehlerhaft sind; es muß nur erkennbar sein, welcher Grund, mag er zutreffend oder rechtsfehlerhaft sein, für die Entscheidung maßgebend gewesen ist (BGHZ 39, 333, 338 – Warmpressen). Dem Begründungszwang genügt, wenn die angefochtene Entscheidung insgesamt die ihr zugrunde liegende Gedankenführung verständlich macht; unerheblich ist, ob die Gedankenführung in sich widerspruchsfrei ist, anerkannten Rechtsgrundsätzen genügt oder nicht auf sonstigen sachlichen oder verfahrensrechtlichen Fehlern beruht (BGH Mitt 1985, 152 – Tetrafluoräthylpolymer; BGH, Beschluß vom 10. Dezember 1998, X ZB 32/97 – Ausgleichen der Unwucht). Dabei ist auf die Verständnisfähigkeit der Beteiligten unter Berücksichtigung der ihnen bekannten Zusammenhänge und Umstände abzustellen (BGH GRUR 1978, 356, 357 – Atmungsaktiver Klebestreifen). Die Bezugnahme auf Zwischenverfügungen oder andere Entscheidungen kann als Begründung ausreichend sein (BGH GRUR 1971, 86 – Eurodigina; 1979, 220 – ß-Wollastonit). Sogar das vollständige Übergehen einzelner Angriffs- oder Verteidigungsmittel ist unschädlich, wenn sie rechtlich nicht erheblich sein und deshalb auch nicht zu dem mit der Rechtsbeschwerde erstrebten Erfolg führen können (BGH GRUR 1977, 666, 667 – Einbauleuchten; 1981, 507, 508 – Elektrode; 1989, 425 – Superplanar; 1992, 159, 160 – Crackkatalysator II). Widersprüche und Unklarheiten in Einzelerwägungen führen nicht zu einem Begründungsmangel, solange die Gesamtbegründung im Hinblick auf die tragenden Gesichtspunkte klar und durchschaubar bleibt (BGH GRUR 1980, 846, 847 – Lunkerverhütungsmittel). Ein die zulassungsfreie Rechtsbeschwerde eröffnender Begründungsmangel liegt auch nicht vor, wenn von Amts wegen ermittelte und in der Entscheidung verwertete Unterlagen nicht zu den Akten gelangen, deren Inhalt aber in den Entscheidungsgründen mitgeteilt wird (BGH GRUR 1989, 425 – Superplanar). Ein mit Gründen versehener Beschluß des BPatG ist nicht schon deshalb wegen fehlender Begründung im Sinne von § 83 Abs. 3 Nr. 6 anfechtbar, weil die schriftliche Begründung erst längere Zeit nach der Verkündung zur Geschäftsstelle gelangt ist (BGH GRUR 1970, 311 – Samos; dazu kritisch *Utescher*, GRUR 1970, 314).

Ein Begründungsmangel liegt vor, wenn einzelne selbständige Angriffs- und Verteidi- **21** gungsmittel im Sinne der §§ 146, 303 ZPO in den Gründen völlig übergangen werden. Darunter fällt jedes sachliche oder prozessuale Vorbringen, das sich allein rechtsbegründend, rechtsvernichtend, rechtshindernd oder rechtserhaltend auswirkt (BGH GRUR 1964, 201, 202 – Elektro-Handschleifgerät; 1964, 259, 260 – Schreibstift; 1992, 159, 161 – Crackkatalysator II), wie etwa die Benutzung der Marke nach § 26, der Antrag auf Wiedereinsetzung in die versäumte Beschwerdefrist (BGH GRUR 1968, 615 – Ersatzzustellung) oder die Frage der Zulässigkeit der Beschwerde (BGH GRUR 1981, 507 – Elektrode). Nicht als ein Begründungsmangel im Sinne des § 83 Abs. 3 Nr. 6 ist es anzusehen, wenn ein Beweisantrag rechtsfehlerhaft abgelehnt (BGH GRUR 1965, 273, 274 – Anodenkorb) oder übergangen (BGH GRUR 1974, 419 – Oberflächenprofilierung) wird.

### C. Suspensiveffekt der Rechtsbeschwerde (§ 83 Abs. 1 S. 2)

22   Nach § 83 Abs. 1 S. 2 kommt der Rechtsbeschwerde *aufschiebende Wirkung* zu. Diese tritt mit der Einlegung der Rechtsbeschwerde ein. Nicht erforderlich ist, daß die Rechtsbeschwerde *zulässig* oder gar *begründet* ist. Bereits die *statthafte* Rechtsbeschwerde hat aufschiebende Wirkung (BPatGE 3, 120). Die aufschiebende Wirkung tritt jedoch dann nicht ein, wenn die Rechtsbeschwerde *offensichtlich unzulässig* ist, etwa weil sie nicht durch einen beim BGH zugelassenen Rechtsanwalt (§ 85 Abs. 5), oder weil sie eindeutig nicht innerhalb der Monatsfrist des § 85 Abs. 1 beim BGH eingelegt worden ist. Infolge der aufschiebenden Wirkung können aus dem angefochtenen Beschluß vorläufig keine Rechtsfolgen hergeleitet werden (BPatGE 18, 7, 12). Alle Maßnahmen zur Ausführung der Beschlüsse haben zu unterbleiben. Die aufschiebende Wirkung der Rechtsbeschwerde tritt auch bei *feststellenden* Beschlüssen ein.

### Beschwerdeberechtigung; Beschwerdegründe

**84** (1) Die Rechtsbeschwerde steht den am Beschwerdeverfahren Beteiligten zu.

(2) ¹**Die Rechtsbeschwerde kann nur darauf gestützt werden, daß der Beschluß auf einer Verletzung des Gesetzes beruht.** ²**Die §§ 550 und 551 Nr. 1 bis 3 und 5 bis 7 der Zivilprozeßordnung gelten entsprechend.**

#### Inhaltsübersicht

|  | Rn |
|---|---|
| A. Beschwerdeberechtigung (§ 84 Abs. 1) | 1, 2 |
|    I. Grundsatz | 1 |
|    II. Beschwer des Rechtsbeschwerdeführers | 2 |
| B. Beschwerdegründe (§ 84 Abs. 2) | 3, 4 |
|    I. Geltendmachung einer Gesetzesverletzung | 3 |
|    II. Kausalität der Gesetzesverletzung | 4 |

### A. Beschwerdeberechtigung (§ 84 Abs. 1)

#### I. Grundsatz

1   Die Rechtsbeschwerde steht nach § 84 Abs. 1 grundsätzlich allen am Beschwerdeverfahren vor dem BPatG *Beteiligten* zu. Der *Präsident des DPMA* ist nur dann rechtsbeschwerdeberechtigt, wenn er dem Beschwerdeverfahren nach § 68 Abs. 2 beigetreten war. Andernfalls kann er sich nur nach Maßgabe der §§ 87 Abs. 2, 68 Abs. 1 an dem von einem anderen Beteiligten eingeleiteten Rechtsbeschwerdeverfahren beteiligen (s. dazu § 87, Rn 7). Läßt eine eingelegte Rechtsbeschwerde innerhalb der Beschwerdefrist nicht erkennen, wer *Rechtsbeschwerdeführer* ist, so ist die Rechtsbeschwerde als unzulässig zu verwerfen (BGHZ 21, 168; BPatGE 12, 67 – Elastolan).

#### II. Beschwer des Rechtsbeschwerdeführers

2   Die Rechtsbeschwerde setzt wie jedes prozeßrechtliche Rechtsmittel eine *Beschwer des Rechtsbeschwerdeführers* voraus (BGH GRUR 1967, 94, 95 f. – Stute). Es ist nicht ausreichend, daß den Rechtsbeschwerdeführer die Gründe der Entscheidung beschweren; der Tenor, die Formel der Entscheidung, muß ihn beschweren. Maßgeblich ist, ob die Entscheidung dem Verfahrensbeteiligten weniger zuspricht, als er begehrt hat (BGH GRUR

1967, 435 – Isoharnstofföther; 1984, 797 – Zinkenkreisel). Mit der uneingeschränkt zugelassenen Rechtsbeschwerde kann ein durch den angefochtenen Beschluß des BPatG beschwerter Verfahrensbeteiligter jeden revisiblen Verstoß rügen; er braucht nicht zu rügen, daß die die Zulassung auslösende Rechtsfrage falsch entschieden worden sei (BGH GRUR 1984, 797 – Zinkenkreisel). Eine bloße Beschwer durch die Kostenentscheidung ist nicht ausreichend (BGH GRUR 1967, 94, 96 – Stute). Das Rechtsschutzinteresse für die Rechtsbeschwerde entfällt nicht dadurch, daß der Beteiligte sein Ziel auch in einem anderen Verfahren erreichen könnte (BGH GRUR 1965, 416, 418 – Schweißelektrode). Der *Präsident des DPMA* ist immer schon dann zur Einlegung der Rechtsbeschwerde befugt, wenn er die Interessen wahrnimmt, die seine Beteiligung am Verfahren veranlaßt haben (BGH GRUR 1986, 877 – Kraftfahrzeuggetriebe; BGHZ 100, 242, 245 – Streichgarn; 105, 381, 382 – Verschlußvorrichtung für Gießpfannen).

## B. Rechtsbeschwerdegründe (§ 84 Abs. 2)

### I. Geltendmachung einer Gesetzesverletzung

Die Rechtsbeschwerde kann ihrem revisionsähnlichen Charakter entsprechend nur auf eine *Verletzung des Gesetzes* gestützt werden (Abs. 2). Gerügt werden kann nur die *Rechtsanwendung* durch das BPatG, nicht die *Tatsachenwürdigung* (s. § 89, Rn 2 ff.). Nach § 550 ZPO iVm § 84 Abs. 2 S. 2 ist das Gesetz verletzt, wenn eine materiellrechtliche oder prozessuale Rechtsnorm nicht oder nicht richtig angewendet worden ist. Gesetz im Sinne von Abs. 2 ist auch Gewohnheitsrecht (BGH GRUR 1966, 50, 52 – Hinterachse; 1967, 586, 588 – Rohrhalterung), nicht dagegen eine Amtsübung oder eine langjährige Spruchpraxis (BGH BlPMZ 1963, 184 – Digesta; 1965, 311 – Hinterachse). Mit der zugelassenen Rechtsbeschwerde können alle Gesetzesverletzungen gerügt werden; die Rechtsbeschwerde ist nicht auf die Rechtsfrage beschränkt, deretwegen sie zugelassen worden ist (BGH GRUR 1984, 797 – Zinkenkreisel). Die zulassungsfreie Rechtsbeschwerde ist auf die Rüge der in § 83 Abs. 3 genannten Mängel beschränkt (s. § 83, Rn 14 ff.). 3

### II. Kausalität der Gesetzesverletzung

Der Beschluß des BPatG beruht immer dann auf einer festgestellten Gesetzesverletzung, wenn ein anderes Ergebnis möglich ist. Bei den absoluten Revisionsgründen des § 551 Nr. 1 bis 3 und 5 bis 7 ZPO, die den *Verfahrensverstößen des § 83 Abs. 3 Nr. 1, 2 und 4 bis 6* entsprechen, wird die *Kausalität unwiderleglich vermutet*. Wenn einer dieser Verfahrensverstöße gerügt und festgestellt wird, dann ist der angefochtene Beschluß stets aufzuheben und die Sache an das BPatG zurückzuverweisen (§ 89 Abs. 4). Nur im Falle einer *fehlenden Begründung nach § 83 Abs. 3 Nr. 6* ist eine *Kausalitätsprüfung* durch den BGH zulässig (BGHZ 39, 333 – Warmpressen). Die Zurückweisung eines Ablehnungsgesuchs durch das BPatG ist unanfechtbar und im Rechtsbeschwerdeverfahren nicht nachprüfbar (§ 551 Nr. 2 ZPO iVm § 84 Abs. 2 S. 2; BGH GRUR 1985, 1039 – Farbfernsehsignal II). 4

**Förmliche Voraussetzungen**

**85** (1) **Die Rechtsbeschwerde ist innerhalb eines Monats nach Zustellung des Beschlusses beim Bundesgerichtshof schriftlich einzulegen.**

(2) **In dem Rechtsbeschwerdeverfahren vor dem Bundesgerichtshof gelten die Bestimmungen des § 142 über die Streitwertbegünstigung entsprechend.**

(3) ¹Die Rechtsbeschwerde ist zu begründen. ²Die Frist für die Begründung beträgt einen Monat. ³Sie beginnt mit der Einlegung der Rechtsbeschwerde und kann auf Antrag vom Vorsitzenden verlängert werden.

(4) **Die Begründung der Rechtsbeschwerde muß enthalten**
1. **die Erklärung, inwieweit der Beschluß angefochten und seine Abänderung oder Aufhebung beantragt wird,**
2. **die Bezeichnung der verletzten Rechtsnorm und**

3. wenn die Rechtsbeschwerde auf die Verletzung von Verfahrensvorschriften gestützt wird, die Bezeichnung der Tatsachen, die den Mangel ergeben.

(5) ¹Vor dem Bundesgerichtshof müssen sich die Beteiligten durch einen beim Bundesgerichtshof zugelassenen Rechtsanwalt als Bevollmächtigten vertreten lassen. ²Auf Antrag eines Beteiligten ist seinem Patentanwalt das Wort zu gestatten. ³§ 157 Abs. 1 und 2 der Zivilprozeßordnung ist insoweit nicht anzuwenden. ⁴Von den Kosten, die durch die Mitwirkung eines Patentanwalts entstehen, sind die Gebühren bis zur Höhe einer vollen Gebühr nach § 11 der Bundesgebührenordnung für Rechtsanwälte und außerdem die notwendigen Auslagen des Patentanwalts zu erstatten.

### Inhaltsübersicht

|  | Rn |
|---|---|
| A. Einlegung der Rechtsbeschwerde (§ 85 Abs. 1) | 1–5 |
|    I. Einlegung beim BGH | 1 |
|    II. Inhalt der Rechtsbeschwerdeschrift | 2, 3 |
|    III. Rechtsbeschwerdefrist | 4, 5 |
| B. Begründung der Rechtsbeschwerde (§ 85 Abs. 3 und 4) | 6–11 |
|    I. Notwendiger Inhalt der Rechtsbeschwerdebegründung (§ 85 Abs. 4) | 6–10 |
|       1. Rechtsbeschwerdeanträge (§ 85 Abs. 4 Nr. 1) | 7 |
|       2. Bezeichnung der verletzten Rechtsnorm (§ 85 Abs. 4 Nr. 2) | 8 |
|       3. Verfahrensrüge (§ 85 Abs. 4 Nr. 3) | 9, 10 |
|    II. Begründungsfrist (§ 85 Abs. 3) | 11 |
| C. Anschlußrechtsbeschwerde | 12 |
| D. Rücknahme der Rechtsbeschwerde | 13 |
| E. Rücknahme von Verfahrensanträgen | 14 |
| F. Anwaltszwang (§ 85 Abs. 5) | 15, 16 |
| G. Kosten | 17–20 |
|    I. Gerichtskosten | 17 |
|    II. Anwaltskosten | 18, 19 |
|    III. Streitwertbegünstigung | 20 |

## A. Einlegung der Rechtsbeschwerde (§ 85 Abs. 1)

### I. Einlegung beim BGH

**1** Nach § 85 Abs. 1 und 5 ist die Rechtsbeschwerde *schriftlich beim BGH* durch einen am BGH zugelassenen *Rechtsanwalt* einzulegen. Die Einlegung beim BPatG wahrt die Frist nicht. Die Rechtsbeschwerdeschrift muß von dem BGH-Anwalt *eigenhändig unterzeichnet* sein (BGH BlPMZ 1986, 246 – Rechtsbeschwerde durch BGH-Anwalt). Zur Wahrnehmung der Schriftform reicht deshalb der nicht unterschriebene Vermerk *Rechtsbeschwerdegebühr* auf dem rechtzeitig eingegangenen Überweisungsabschnitt nicht aus (s. zur Beschwerdegebühr BPatGE 4, 70 – Viktoria). Eine Ausnahme von dem Erfordernis der Eigenhändigkeit, nicht aber der Unterschrift besteht für die Einlegung durch Telegramm, Fernschreiben und Telefax, vorausgesetzt, daß die Durchgabe fristgerecht gegenüber dem BGH erfolgt (s. zur Beschwerde BGH GRUR 1966, 280 – Stromrichter; 1981, 410 – Telekopie; für die Erinnerung s. §§ 65 f. MarkenV). Bei der Einlegung durch Fernschreiben und Telefax muß die kopierte Vorlage *handschriftlich* unterzeichnet sein (BGH NJW 1990, 188). Bei der Einlegung durch *Telefax* trägt das Gericht, das die Übermittlung per Telefax eröffnet hat, die aus den technischen Gegebenheiten des Kommunikationsmittels herrührenden besonderen Risiken (BVerfG NJW 1996, 2857). Anders als bei der Beschwerde an das BPatG (§ 66) ist für die wirksame Einlegung der Rechtsbeschwerde die Zahlung der Gebühren nicht Voraussetzung. Dies ergibt sich daraus, daß § 85 Abs. 2 keine dem § 66 Abs. 5 S. 2 entsprechende Regelung enthält, wonach die Beschwerde als nicht eingelegt gilt, wenn die Gebühr nicht fristgerecht gezahlt wird.

### II. Inhalt der Rechtsbeschwerdeschrift

**2** Die Rechtsbeschwerdeschrift muß den angefochtenen Beschluß genau bezeichnen, die Erklärung enthalten, daß gegen diesen Beschluß Rechtsbeschwerde eingelegt wird (§ 553

Förmliche Voraussetzungen  3–6 § 85 MarkenG

ZPO analog; zur Anwendbarkeit dieser Vorschrift s. § 88, Rn 1 ff.), und erkennen lassen, wer Beschwerdeführer ist. Ist eine Rechtsbeschwerde eingelegt worden, läßt sich aber innerhalb der Rechtsbeschwerdefrist nicht erkennen, wer der Beschwerdeführer ist, dann ist die Rechtsbeschwerde als unzulässig zu verwerfen (BPatG Mitt 1971, 93; BGHZ 21, 168).

Die Rechtsbeschwerde ist nach § 85 Abs. 3 S. 1 zu begründen (anders die Beschwerde s. 3 § 66, Rn 13). Die Begründungsfrist für die Rechtsbeschwerde beträgt einen Monat (Abs. 3 S. 2) und beginnt mit der Einlegung der Rechtsbeschwerde (Abs. 3 S. 3). Die *Begründungsfrist* kann auf Antrag vom Vorsitzenden verlängert werden (Abs. 3 S. 3). Die *Begründung* ist Zulässigkeitsvoraussetzung. Sie kann bereits in der Rechtsbeschwerdeschrift enthalten sein. Sie kann aber auch noch innerhalb eines Monats nach der Einlegung der Rechtsbeschwerde durch eine besondere Beschwerdebegründungsschrift erfolgen.

### III. Rechtsbeschwerdefrist

Die *Rechtsbeschwerdefrist* beträgt nach § 85 Abs. 1 einen Monat ab Zustellung des ange- 4 fochtenen Beschlusses. Bei verkündeten Entscheidungen beginnt die Rechtsbeschwerdefrist für jeden Beteiligten gesondert mit der Zustellung an ihn. Nicht verkündete Entscheidungen werden erst mit der Zustellung an den letzten Beteiligten wirksam, so daß in diesem Fall die Rechtsbeschwerdefrist für alle Beteiligten einheitlich am Tag der Zustellung an den letzten Beteiligten zu laufen beginnt. Die nach den Verfahrensvorschriften ordnungsgemäße Zustellung eines Beschlusses, durch den das BPatG über eine Beschwerde entschieden hat, setzt die Rechtsmittelfrist für die Rechtsbeschwerde auch dann in Lauf, wenn im Beschlußrubrum der Verfahrensbevollmächtigte des Anmelders nicht mit aufgeführt ist (BGH GRUR 1995, 50 – Success).

Die Frist berechnet sich nach den §§ 187, 188, 193 BGB iVm §§ 222 ZPO, 88 Mar- 5 kenG; sie beginnt am Tag der Zustellung des angefochtenen Beschlusses (etwa am 16. April) und endet mit dem Ablauf des Tages, der im folgenden Monat seiner Zahl nach dem Tage der Zustellung entspricht (etwa am 16. Mai). Eine Rechtsmittelbelehrung ist für die Beschlüsse der Beschwerdesenate des BPatG nicht vorgeschrieben. Die Rechtsbeschwerdefrist kann nicht verlängert werden. Im Falle der Fristversäumung kann *Wiedereinsetzung* in den vorigen Stand nach § 88 iVm §§ 233 bis 238 ZPO gewährt werden. Durch die Berichtigung eines anfechtbaren Beschlusses (§ 80) wird grundsätzlich keine neue Frist in Lauf gesetzt, wohl aber durch die Zustellung einer etwaigen Beschlußergänzung (§ 517 ZPO analog; s. dazu § 88, Rn 1 ff.). Ist Rechtsbeschwerde eingelegt worden, läßt sich aber innerhalb der Rechtsbeschwerdefrist nicht erkennen, wer Rechtsbeschwerdeführer ist, so ist die Rechtsbeschwerde als unzulässig zu verwerfen (s. zur Beschwerde BGHZ 21, 168; BGH GRUR 1977, 508 – Abfangeinrichtung; 1990, 108 – Meßkopf; BPatGE 12, 67 – Elastolan; BPatG GRUR 1985, 123). Nach Ablauf der Rechtsbeschwerdefrist kann unselbständige Anschlußrechtsbeschwerde innerhalb eines Monats nach Zustellung der Rechtsbeschwerdebegründung eingelegt werden (s. Rn 12).

## B. Begründung der Rechtsbeschwerde (§ 85 Abs. 3 und 4)

### I. Notwendiger Inhalt der Rechtsbeschwerdebegründung (§ 85 Abs. 4)

Die Rechtsbeschwerde muß innerhalb eines Monats ab Eingang der Rechtsbeschwerde- 6 schrift beim BGH (Abs. 3 S. 2 und 3) begründet werden (Abs. 3 S. 1). Die Begründung ist Zulässigkeitsvoraussetzung. Der notwendige Inhalt der Rechtsbeschwerdebegründung ergibt sich aus § 85 Abs. 4; die Vorschrift entspricht § 554 Abs. 3 Nr. 1, 3 ZPO. Nach dieser Vorschrift muß die Begründungsschrift die Erklärung enthalten, inwieweit der Beschluß angefochten und seine Abänderung oder Aufhebung beantragt wird (Nr. 1), die Bezeichnung der verletzten Rechtsnorm (Nr. 2) und, wenn die Rechtsbeschwerde auf die Verletzung von Verfahrensvorschriften gestützt wird, die Bezeichnung der Tatsachen, die den Mangel ergeben (Nr. 3). Die Begründungsfrist für die Rechtsbeschwerde kann auf Antrag vom Vorsitzenden des Rechtsbeschwerdesenats verlängert werden (Abs. 3 S. 3).

## 1. Rechtsbeschwerdeanträge (§ 85 Abs. 4 Nr. 1)

7   Aus der Begründung muß klar ersichtlich sein, inwieweit der Rechtsbeschwerdeführer die Beschwerdeentscheidung anficht und ihre Abänderung oder Aufhebung begehrt (Abs. 4 Nr. 1). Dazu bedarf es nicht unbedingt eines förmlichen Antrags; die Begründung muß aber *Umfang und Ziel der Rechtsbeschwerde* klar erkennen lassen (BGH GRUR 1979, 619 – Tabelliermappe). Der Formulierung des § 85 Abs. 4 Nr. 1, der Rechtsbeschwerdeführer müsse erklären, inwieweit er die Abänderung oder Aufhebung des angefochtenen Beschlusses beantrage, ist für die gleichlautende Vorschrift des § 102 Abs. 4 Nr. 1 PatG vorgehalten worden, es handele sich um ein offensichtliches *Redaktionsversehen*. Der BGH könne, wenn der Rechtsbeschwerde stattzugeben sei, den angefochtenen Beschluß nicht abändern, sondern nur aufheben und die Sache an das BPatG zurückverweisen. Der Rechtsbeschwerdeantrag könne daher korrekt auch nur auf Aufhebung und Zurückverweisung und nicht auf Abänderung gerichtet werden (*Benkard/Rogge*, § 102 PatG, Rn 3). Auch im MarkenG ist der Erlaß einer abschließenden Entscheidung durch den BGH nicht vorgesehen (s. dazu § 89, Rn 8 ff.). Ein *Antrag auf Abänderung* des angefochtenen Beschlusses ist daher dahingehend auszulegen, daß der *Beschluß im Umfang der beantragten Änderung aufzuheben* und an das BPatG zurückzuverweisen ist.

## 2. Bezeichnung der verletzten Rechtsnorm (§ 85 Abs. 4 Nr. 2)

8   Der Rechtsbeschwerdeführer muß die *verletzte materiellrechtliche oder prozessuale Rechtsnorm* möglichst genau bezeichnen (Abs. 4 Nr. 2). Was dafür im einzelnen erforderlich ist, hängt von der Lage des Einzelfalles ab. Unzulänglich ist die allgemeine Rüge, das materielle Recht sei verletzt. Die Angabe des Gesetzesparagraphen ist ausreichend, aber nicht erforderlich (zu § 554 ZPO BGH NJW-RR 1990, 481); eine falsche Angabe schadet nicht. Ausreichend ist die Bezeichnung des verletzten Rechtssatzes seinem Gegenstand nach, etwa die Rüge der Verletzung von Auslegungsregeln oder die Nichtbeachtung von absoluten Schutzhindernissen.

## 3. Verfahrensrüge (§ 85 Abs. 4 Nr. 3)

9   Wenn der Rechtsbeschwerdeführer eine *Verfahrensrüge* erhebt, dann sind neben der verletzten Rechtsnorm die Einzeltatsachen anzugeben, aus denen sich der Verfahrensverstoß ergibt (Abs. 4 Nr. 3). Der Prozeßvorgang, in dem der Verstoß liegen soll, ist genau zu bezeichnen.

10  Beispiele für Verfahrensrügen sind die Rüge, die vorangegangene Entscheidung des DPMA sei bereits rechtskräftig gewesen, insbesondere wegen wirksamer Rücknahme der Beschwerde (BGH GRUR 1981, 507, 508 – Elektrode); entgegen § 69 habe keine mündliche Verhandlung stattgefunden (BGH GRUR 1965, 273, 274 – Anodenkorb; 1974, 294 – Richterwechsel II; BlPMZ 1987, 355, 356); das BPatG habe den Sachverhalt entgegen § 73 nur unzureichend aufgeklärt (BGH GRUR 1964, 697, 698 f.); das BPatG habe die Sache entgegen § 76 Abs. 4 nicht ausreichend mit den Beteiligten erörtert (BGH GRUR 1980, 846 – Lunkerverhütungsmittel); das Parteivorbringen sei entgegen § 78 Abs. 1 nicht erschöpfend behandelt worden (BGHZ 39, 333 – Warmpressen).

## II. Begründungsfrist (§ 85 Abs. 3)

11  Die Frist für die Einreichung der Begründungsschrift, die einen Monat beträgt (Abs. 3 S. 2) und mit der Einlegung der Rechtsbeschwerde beginnt (Abs. 3 S. 3), berechnet sich nach den §§ 187, 188, 193 BGB iVm §§ 222 ZPO, 88 MarkenG. Die *Begründungsfrist* für die Rechtsbeschwerde kann nach § 85 Abs. 3 S. 3 auf Antrag vom Vorsitzenden des Rechtsbeschwerdesenats verlängert werden. Der Antrag auf *Fristverlängerung* muß bis zum Ablauf des letzten Tages der Frist beantragt werden; in diesem Fall kann die Frist auch nach Fristablauf noch verlängert werden (BGHZ 83, 217; 116, 377).

## C. Anschlußrechtsbeschwerde

Das MarkenG enthält keine ausdrückliche Regelung über die Anschlußrechtsbeschwerde 12 des Rechtsbeschwerdegegners. Die Zulässigkeit der unselbständigen *Anschlußrechtsbeschwerde* ergibt sich aus einer entsprechenden Anwendung des § 556 ZPO (für das Rechtsbeschwerdeverfahren nach den §§ 100 ff. PatG BGHZ 88, 191 – Ziegelsteinformling). Sie ist in allen Rechtsbeschwerdeverfahren möglich, in denen mehrere Beteiligte im Beschwerdeverfahren vor dem BPatG einander gegenübergestanden haben (s. § 66 Abs. 6 S. 2). Die unselbständige Anschlußrechtsbeschwerde setzt voraus, daß eine Rechtsbeschwerde anhängig ist; diese darf weder als unzulässig verworfen (§ 86), noch als wirksam zurückgenommen sein. Berechtigt zur Anschließung sind nur die Beteiligten im Beschwerdeverfahren vor dem BPatG. Der Anschlußrechtsbeschwerdeführer muß selbst beschwert sein; ihm muß ein eigener Anfechtungsgrund zustehen. Eine *beiderseitige Beschwer* ist etwa gegeben, wenn ein Widerspruch oder ein Löschungsantrag nur teilweise Erfolg hatten. Bei einer zulassungsfreien Rechtsbeschwerde kann auch die Anschlußrechtsbeschwerde nur auf die in § 83 Abs. 3 aufgeführten Verfahrensmängel gestützt werden. Die Anschlußrechtsbeschwerde ist in entsprechender Anwendung des § 556 Abs. 1 ZPO innerhalb eines Monats nach Zustellung der Rechtsbeschwerdebegründung einzulegen und zu begründen (BGHZ 88, 191 – Ziegelsteinformling; s. zur abweichenden Behandlung der Anschlußbeschwerde § 66, Rn 6). Eine *Wiedereinsetzung* in die Frist ist zulässig (BGH LM § 233 Nr. 15).

## D. Rücknahme der Rechtsbeschwerde

Bis zum Erlaß einer rechtskräftigen Entscheidung im Rechtsbeschwerdeverfahren kann 13 die Rechtsbeschwerde *jederzeit ohne Zustimmung des Gegners* vom Rechtsbeschwerdeführer *zurückgenommen* werden. Die Rücknahme ist gegenüber dem BGH durch einen am BGH zugelassenen Rechtsanwalt schriftlich oder mündlich zu erklären (§§ 566 iVm 515 Abs. 2 ZPO). Das Rechtsbeschwerdeverfahren ist damit beendet. Wenn die Rechtsbeschwerdefrist im Zeitpunkt der Rücknahme der Rechtsbeschwerde bereits abgelaufen ist, wird der angegriffene Beschluß des BPatG mit der Rücknahme rechtskräftig, andernfalls mit Ablauf der Rechtsbeschwerdefrist. Die Kosten der Rechtsbeschwerde hat regelmäßig der Rechtsbeschwerdeführer zu tragen (s. dazu sowie zur Gebührenermäßigung im Falle der Rücknahme § 90, Rn 7). Wenn eine unselbständige Anschlußrechtsbeschwerde eingelegt worden ist, so wird diese mit der Rücknahme unzulässig. Die Rücknahme ist von Amts wegen zu berücksichtigen (BGH GRUR 1973, 605 – Anginetten; 1973, 606 – Gyromat). Ein Antrag, die Wirkungen der Rücknahme auszusprechen, kann nur durch einen beim BGH zugelassenen Rechtsanwalt gestellt werden (BGH GRUR 1967, 166 – Anwaltszwang; *v. Gamm*, GRUR 1977, 413).

## E. Rücknahme von Verfahrensanträgen

Verfahrensanträge, wie etwa der Antrag auf Eintragung oder Löschung einer Marke oder 14 auf Akteneinsicht, können auch in der Rechtsbeschwerdeinstanz noch zurückgenommen werden (BGH GRUR 1977, 664 – CHURRASCO; 1983, 342 – BTR). Gleiches gilt für die Zurücknahme des Widerspruchs gegen die Eintragung einer Marke (BGH GRUR 1973, 605 – Anginetten; 1974, 465 – Lomapect; 1985, 1052 – Leco; Mitt 1983, 195; 1985, 97). Die Rücknahme ist von Amts wegen zu beachten, da sie dem Verfahren insgesamt die Grundlage entzieht. Voraussetzung dafür ist lediglich, daß die Rechtsbeschwerde an sich statthaft ist. Dagegen kommt es auf die weiteren Zulässigkeitsvoraussetzungen des Rechtsbeschwerdeverfahrens nicht an. Für die Statthaftigkeit der Rechtsbeschwerde bedarf es anders als für ihre Zulässigkeit keiner substantiierten Darlegung des behaupteten Verfahrensmangels (BGH GRUR 1974, 465 – Lomapect; 1983, 342 BTR; 1985, 1052, 1053 – LECO). Die Rücknahme kann vor Einlegung der Rechtsbeschwerde gegenüber dem BPatG erklärt werden. Wenn eine Rechtsbeschwerde eingelegt ist, ist eine Rücknahme von Verfahrensanträgen gegenüber dem BGH zu erklären, solange das Rechtsbeschwerdeverfahren anhängig ist. Die Übermittlung einer gegenüber dem BPatG abgegebenen Rücknahmeerklärung an den BGH kann ausreichend sein (BGH GRUR 1977, 789 – Tribol/Liebol). Entgegen § 85 Abs. 5 kann die Rücknahme von Verfahrensanträgen auch ohne die Hinzuziehung eines beim BGH zugelassenen Rechtsanwalts erklärt werden (BGH GRUR 1974, 465 – Lomapect; 1977, 789; 1983, 342 – BTR). Wenn der Antragsteller die Rücknahme zugleich mit der Einlegung der Rechtsbeschwerde erklärt, dann muß er zwar nicht bei der Erklärung der Rücknahme, wohl aber bei der Einlegung der Rechtsbeschwerde durch einen beim BGH zugelassenen Rechtsanwalt vertreten sein (BGH GRUR 1985, 1052 – LECO). In entsprechender Anwendung des § 269 Abs. 3 S. 1 ZPO werden mit der Rücknahme von Verfahrensanträgen grundsätzlich alle vorangegangenen Entscheidungen wirkungslos, ohne daß es einer ausdrücklichen Aufhebung bedarf (BGH Mitt 1985, 52; GRUR 1985, 1052, 1053 – LECO; anders bei Rücknahme eines Löschungsantrags nach § 50, s. dazu BGH GRUR 1977, 665 – CHURRASCO). Diese Wirkung kann analog § 269 Abs. 3 S. 3 ZPO auf Antrag eines beim BGH zugelassenen Rechtsanwalts durch Beschluß ausgesprochen werden. Etwas anderes galt nach der Rechtslage im WZG für die Zurücknahme des Widerspruchs gegen eine Warenzeichenanmeldung. Diese führte nicht dazu, daß die Entscheidungen der Vorinstanzen wirkungslos wurden, denn das Anmeldeverfahren war damit nicht beendet. Der Lauf des Anmeldeverfahrens und damit auch die erlassene Entscheidung des BPatG wurden durch die Zurücknahme des Widerspruchs nicht unmittelbar berührt, so daß es weiterhin einer Prüfung aller förmlichen und materiellen Voraussetzungen einer gegen die Entscheidung des BPatG gerichteten Rechtsbeschwerde bedurfte (BGH GRUR 1985, 1052, 1052 – LECO). Diese Rechtsprechung ist wegen der Ausgestaltung des Eintragungsverfahrens im MarkenG überholt, da das Widerspruchsverfahren im MarkenG der Eintragung der Marke nachgeschaltet ist (s. § 42, Rn 6). Wenn der Widerspruch zurückgenommen wird, dann bedarf es keiner weiteren Entscheidung mehr, da die Marke anders als nach der Rechtslage im WZG bereits eingetragen ist. Dem Widerspruchsverfahren wird durch die Zurücknahme des Widerspruchs die Grundlage entzogen, so daß § 269 Abs. 3 S. 1 ZPO entsprechend anzuwenden ist.

### F. Anwaltszwang (§ 85 Abs. 5)

**15** Die Beteiligten sind nach § 85 Abs. 5 nur durch einen *beim BGH zugelassenen Rechtsanwalt* postulationsfähig. Das gilt auch für die Einlegung und Begründung der Rechtsbeschwerde (BGH BlPMZ 1984, 367; GRUR 1985, 1052 – LECO). Eine Ausnahme vom Anwaltszwang besteht lediglich für die Zurücknahme von Verfahrensanträgen (s. Rn 14), sowie für den Antrag auf Verfahrenskostenhilfe (§§ 138 II iVm 78 II ZPO analog); diesen kann auch der Beteiligte selbst oder ein sonstiger Bevollmächtigter stellen. Der Anwaltszwang besteht auch für den Präsidenten des DPMA, wenn er formell Beteiligter ist (§ 68 Abs. 2), nicht aber, wenn er nur von seinem Mitwirkungsrecht nach den §§ 68 Abs. 1, 87 Abs. 2 Gebrauch macht. Nach § 88 gelten im übrigen die Vorschriften der §§ 78 ff. ZPO über Prozeßbevollmächtigte entsprechend.

**16** Ein *Patentanwalt* kann einen Beteiligten im Rechtsbeschwerdeverfahren nicht wirksam vertreten; er kann jedoch an dem Verfahren mitwirken. Auf Antrag des Beteiligten ist seinem Patentanwalt in der mündlichen Verhandlung das Wort zu gestatten (Abs. 5 S. 2); gleiches gilt für einen Patentassessor in ständigem Dienstverhältnis (§ 156 PatAnwO).

### G. Kosten

#### I. Gerichtskosten

**17** Die *Gerichtskosten* bestimmen sich nach den Vorschriften des GKG. Durch das 2. PatGÄndG vom 16. Juli 1998 (BGBl. I S. 1827) wurde das Kostenrecht in Verfahren des gewerblichen Rechtsschutzes vor dem BGH grundlegend neu gestaltet. Im Rahmen dieser Neugestaltung wurde auch § 85 Abs. 2 neu gefaßt. Nach § 1 Abs. 3 GKG gelten die *Vorschriften des GKG* künftig einheitlich für *alle Rechtsmittelverfahren des gewerblichen Rechtsschutzes vor dem BGH* unmittelbar. Einer entsprechenden Anwendung des GKG und einer Verwei-

Prüfung der Zulässigkeit § 86 MarkenG

sung auf die Gebührentatbestände des Revisionsverfahrens in bürgerlichen Rechtsstreitigkeiten bedurfte es daher nicht mehr (§ 85 Abs. 2 S. 1 und 2 aF). Die *Gerichtsgebühren* richten sich nach dem *Wert des Streitgegenstandes* (§ 11 Abs. 2 GKG). Der Wert des Streitgegenstandes wird nach *billigem Ermessen* bestimmt (§ 12a Abs. 1 GKG; zu den Grundsätzen der Streitwertfestsetzung im Rechtsbeschwerdeverfahren s. *Löscher*, GRUR 1966, 5, 20; zum Streitwert in Markensachen s. auch *v. Gamm*, GRUR 1977, 413, 417). Für das Rechtsbeschwerdeverfahren wird eine *Verfahrensgebühr* nach dem *doppelten Gebührensatz* erhoben (Nr. 1907 des Kostenverzeichnisses zum GKG). Die Gerichtsgebühren werden mit der Einreichung der Rechtsbeschwerdeschrift oder mit der Abgabe einer entsprechenden Erklärung zu Protokoll fällig (§ 61 GKG). Gebührenschuldner ist nach § 49 GKG der Rechtsbeschwerdeführer; ferner derjenige, dem die Kosten des Rechtsbeschwerdeverfahrens auferlegt werden (§ 54 GKG; s. dazu § 90, Rn 3 ff.). Die Auslagen des Gerichts bestimmen sich nach Nr. 9000 ff. des Kostenverzeichnisses zum GKG.

## II. Anwaltskosten

Die *Rechtsanwaltsgebühren* im Rechtsbeschwerdeverfahren richten sich nach § 66 BRAGO. Danach erhält der Rechtsanwalt eine Prozeßgebühr und gegebenenfalls eine Verhandlungsgebühr in Höhe von 13/10 (§§ 31 iVm 11 Abs. 1 S. 4, 66 Abs. 3 BRAGO). Die Gebühren eines im Rechtsbeschwerdeverfahren mitwirkenden *Patentanwalts* richten sich bei Fehlen einer abweichenden Vereinbarung nach der üblichen Vergütung (§ 632 Abs. 2 BGB), die der PatAnwGebO zu entnehmen ist. Nach Abschnitt N der PatAnwGebO werden die Gebühren nach den Sätzen der BRAGO entsprechend dem vom Gericht festgesetzten Streitwert erhoben. 18

Grundsätzlich hat jeder Beteiligte die ihm durch das Rechtsbeschwerdeverfahren erwachsenen Kosten selbst zu tragen (§ 90 Abs. 1 S. 3). Der BGH kann die Kosten jedoch aus Billigkeitsgründen einem der Beteiligten ganz oder teilweise auferlegen (§ 90 Abs. 1 S. 1; s. Rn 4). Für den Fall der Zurückweisung der Rechtsbeschwerde oder der Verwerfung als unzulässig schreibt § 19 Abs. 2 bindend vor, daß dem Rechtsbeschwerdeführer die Kosten aufzuerlegen sind (s. § 90, Rn 8). Die gesetzliche Vergütung des Rechtsanwalts ist stets erstattungsfähig. Die durch die Mitwirkung eines Patentanwalts entstandenen Kosten sind nur bis zur Höhe einer vollen Rechtsanwaltsgebühr (§ 11 BRAGO) zu erstatten; seine Auslagen sind zu erstatten, soweit sie notwendig waren (§ 85 Abs. 5 S. 4). Unter einer Mitwirkung ist jede im Rahmen eines Prozeßauftrages liegende Tätigkeit eines Patentanwalts zu verstehen, die für die Förderung der Markensache ursächlich geworden ist (LG Düsseldorf Mitt 1984, 99). Entscheidend ist, ob die Tätigkeit das Rechtsbeschwerdeverfahren gefördert hat. Eine beratende Tätigkeit in vorprozessualen Besprechungen reicht aus, nicht jedoch in ähnlichen Vorprozessen (LG Koblenz GRUR 1984, 536). 19

## III. Streitwertbegünstigung

Nach § 85 Abs. 2, der die Bestimmungen des § 142 für entsprechend anwendbar erklärt, ist im Rechtsbeschwerdeverfahren vor dem BGH eine *Streitwertbegünstigung* bei der Festsetzung des Streitwerts für die Gebührenberechnung zulässig. Die Regelungen über die Streitwertbegünstigung nach § 142 gelten zur Festsetzung eines Teilstreitwerts entsprechend (s. § 142, Rn 3 f.). 20

**Prüfung der Zulässigkeit**

**86** [1]Der Bundesgerichtshof hat von Amts wegen zu prüfen, ob die Rechtsbeschwerde an sich statthaft und ob sie in der gesetzlichen Form und Frist eingelegt und begründet ist. [2]Liegen die Voraussetzungen nicht vor, so ist die Rechtsbeschwerde als unzulässig zu verwerfen.

### Inhaltsübersicht

| | Rn |
|---|---|
| A. Prüfungsumfang | 1 |
| B. Entscheidung | 2, 3 |

## A. Prüfungsumfang

1   Nach § 86 S. 1 prüft der BGH von Amts wegen, ob die Rechtsbeschwerde *an sich statthaft* und *form- und fristgerecht eingelegt* und *begründet* worden ist. Die Vorschrift entspricht § 554a ZPO. Von Amts wegen zu prüfen sind die Rechtsbeschwerdefähigkeit der angegriffenen Entscheidung (§ 83, Rn 3 f.), die Beschwerdeberechtigung (§ 84, Rn 1), die Beschwer des Rechtsbeschwerdeführers (§ 84, Rn 2), Form und Frist der Einlegung der Rechtsbeschwerde (§ 85, Rn 2 f., 4 f.), sowie Form und Frist der Begründung der Rechtsbeschwerde (§ 85, Rn 6 ff.), einschließlich einer möglichen Wiedereinsetzung in den vorigen Stand bei Versäumung der Frist (§§ 88 MarkenG iVm 233 ZPO). Die Aufzählung des § 86 ist nicht abschließend. Wie in jedem Verfahren prüft der BGH auch die weiteren Zulässigkeitsvoraussetzungen, wie etwa die Prozeßfähigkeit, die Postulationsfähigkeit oder das Rechtsschutzbedürfnis von Amts wegen. Die Prozeßfähigkeit beurteilt sich nach § 82 Abs. 1 iVm §§ 51 ff. ZPO (s. dazu § 88, Rn 1 ff.). Im Rechtsbeschwerdeverfahren gibt es zwar keine dem § 70 Abs. 2 entsprechende Vorschrift, die allgemein auf eine unzulässige Rechtsbeschwerde abstellt. Nach der Begründung zu § 70 Abs. 2 ist diese Vorschrift absichtlich allgemeiner formuliert worden als § 79 Abs. 2 S. 1 PatG, um den Eindruck einer abschließenden Aufzählung, den diese Vorschrift vermittle, zu vermeiden. § 86 wurde dagegen entsprechend den Vorschriften der §§ 104, 79 Abs. 2 PatG formuliert. Trotz dieser abweichenden Formulierungen sollte zwischen den Regelungen inhaltlich kein Unterschied gemacht werden und der BGH im Rechtsbeschwerdeverfahren ebenso wie das BPatG im Beschwerdeverfahren alle Zulässigkeitsvoraussetzungen von Amts wegen prüfen.

## B. Entscheidung

2   Mangelt es an einem der in § 86 S. 1 genannten Erfordernisse, dann ist die Rechtsbeschwerde durch Beschluß nach § 89 Abs. 1 und 3 *als unzulässig* zu verwerfen (S. 2). Die Entscheidung kann ohne mündliche Verhandlung ergehen; sie ist zu begründen und den Beteiligten zuzustellen. Eine vorherige Anhörung der Beteiligten ist grundsätzlich nicht erforderlich. Allerdings darf der BGH nach den zu § 139 ZPO und Art. 103 GG entwickelten Grundsätzen keine *Überraschungsentscheidungen* fällen. Wenn der BGH die Rechtsbeschwerde aus einem Gesichtspunkt heraus als unzulässig verwerfen will, den die Beteiligten erkennbar nicht berücksichtigt haben, so gebietet der Grundsatz der Gewähr rechtlichen Gehörs, die Beteiligten hierauf hinzuweisen und ihnen damit Gelegenheit zur Beseitigung der Bedenken zu geben. Dies kann durch Aufforderung zur schriftlichen Äußerung oder durch Anberaumung eines Termins zur mündlichen Verhandlung geschehen.

3   Der Verwerfungsbeschluß beseitigt die aufschiebende Wirkung der Rechtsbeschwerde ex nunc. Die angefochtene Entscheidung wird aber erst mit Ablauf der Rechtsbeschwerdefrist rechtskräftig, da durch den Verwerfungsbeschluß kein Verlust des Rechtsmittels eintritt; eine erneute Einlegung ist innerhalb der Monatsfrist des § 85 Abs. 1 jederzeit möglich (BGH GRUR 1972, 196 – Dosiervorrichtung).

**Mehrere Beteiligte**

**87** (1) ¹Sind an dem Verfahren über die Rechtsbeschwerde mehrere Personen beteiligt, so sind die Beschwerdeschrift und die Beschwerdebegründung den anderen Beteiligten mit der Aufforderung zuzustellen, etwaige Erklärungen innerhalb einer bestimmten Frist nach Zustellung beim Bundesgerichtshof schriftlich einzureichen. ²Mit der Zustellung der Beschwerdeschrift ist der Zeitpunkt mitzuteilen, in dem die Rechtsbeschwerde eingelegt ist. ³Die erforderliche Zahl von beglaubigten Abschriften soll der Beschwerdeführer mit der Beschwerdeschrift oder der Beschwerdebegründung einreichen.

(2) Ist der Präsident des Patentamts nicht am Verfahren über die Rechtsbeschwerde beteiligt, so ist § 68 Abs. 1 entsprechend anzuwenden.

## Inhaltsübersicht

|   | Rn |
|---|---|
| A. Regelungsgegenstand (§ 87 Abs. 1) | 1–6 |
|    I. Allgemeines | 1 |
|    II. Begriff des Beteiligten | 2 |
|    III. Zustellung von Schriftsätzen | 3, 4 |
|    IV. Aufforderung zur Erklärung | 5 |
|    V. Mitteilung | 6 |
| B. Mitwirkung des Präsidenten des DPMA (§ 87 Abs. 2) | 7 |

## A. Regelungsgegenstand (§ 87 Abs. 1)

### I. Allgemeines

§ 87 Abs. 1 trifft Regelungen für den Fall, daß an dem Rechtsbeschwerdeverfahren *mehrere Personen beteiligt* sind. Die Vorschrift gilt sowohl für mehrere auf derselben Seite Beteiligte (etwa mehrere Anmelder oder Widersprechende), als auch für einander gegenüberstehende Beteiligte (etwa im Widerspruchsverfahren oder im Löschungsverfahren).  **1**

### II. Begriff des Beteiligten

*Beteiligte am Rechtsbeschwerdeverfahren* im Sinne des § 87 sind alle am Beschwerdeverfahren  **2**
beteiligten Personen. Beteiligter ist ferner ein erst in der Rechtsbeschwerdeinstanz beitretender *Nebenintervenient* (s. BGH GRUR 1968, 86, 87 f. – Ladegerät). Der *Präsident des DPMA* ist Beteiligter des Rechtsbeschwerdeverfahrens, wenn er dem Beschwerdeverfahren nach § 68 Abs. 2 beigetreten ist, nicht dagegen, wenn er nur von seinem Äußerungsrecht nach § 68 Abs. 1 Gebrauch gemacht hat. In der Rechtsbeschwerdeinstanz kann der Präsident des DPMA dem Verfahren nicht mehr beitreten. Dies ergibt sich aus § 87 Abs. 2, der für das Rechtsbeschwerdeverfahren zwar § 68 Abs. 1 (Äußerungsrecht des Präsidenten des DPMA im Beschwerdeverfahren) für entsprechend anwendbar erklärt, nicht aber § 68 Abs. 2 (Beitritt des Präsidenten des DPMA im Beschwerdeverfahren). Der BGH kann dem Präsidenten des DPMA nicht anheimgeben, dem Rechtsbeschwerdeverfahren beizutreten. Ein Beitritt im Rechtsbeschwerdeverfahren ist auch dann ausgeschlossen, wenn im Beschwerdeverfahren das BPatG dem Präsidenten des DPMA den Beitritt nach § 68 Abs. 2 anheimgegeben hat, da das prozessuale Recht, dem Verfahren beizutreten, nach dem Wortlaut des § 68 Abs. 2 nur während des Beschwerdeverfahrens gilt (a. A. für die entsprechende Vorschrift des PatG *Benkard/Rogge*, § 105 PatG, Rn 1).

### III. Zustellung von Schriftsätzen

Die *Zustellung* der *Rechtsbeschwerdeschrift* und der *Rechtsbeschwerdebegründung* an die Beteiligten erfolgt nach den §§ 208 bis 213a ZPO iVm 88 Abs. 1 MarkenG. Zustellungsadressat ist der bereits bestellte BGH-Anwalt, sonst der BPatG-Anwalt, in dessen Ermangelung der Beteiligte selbst (§§ 210a ZPO iVm 88 Abs. 1 MarkenG). Das Ergebnis der Zulässigkeitsprüfung nach § 86 ist nicht abzuwarten. Die Zustellung kann aber unterbleiben, wenn die Rechtsbeschwerde offensichtlich und unheilbar unzulässig ist und sogleich ein Verwerfungsbeschluß nach § 86 ergeht. Für andere Schriftsätze als die Rechtsbeschwerdeschrift und die Rechtsbeschwerdebegründung gilt § 66 Abs. 4 S. 2 und 3 entsprechend (so für die entsprechenden Vorschriften des PatG auch *Benkard/Rogge*, § 105 PatG, Rn 2).  **3**

Nach § 87 Abs. 1 S. 3 soll der Beschwerdeführer der Rechtsbeschwerdeschrift und der Rechtsbeschwerdebegründung eine *Abschrift für die übrigen Verfahrensbeteiligten* beifügen. Die Nichtbeifügung hat keinen Einfluß auf die Zulässigkeit der Rechtsbeschwerde. Die Abschriften können entweder vom Rechtsbeschwerdeführer nachgefordert oder von Amts wegen auf dessen Kosten angefertigt werden.  **4**

## IV. Aufforderung zur Erklärung

**5** Mit der Zustellung der Rechtsbeschwerdeschrift oder, wenn diese noch keine Begründung enthält, mit der Zustellung der Rechtsbeschwerdebegründung werden die Beteiligten zur Abgabe etwaiger Erklärungen aufgefordert. Eine Verpflichtung zur Erklärung wird dadurch nicht begründet. Die Aufforderung dient lediglich dazu, den Anspruch der Beteiligten auf rechtliches Gehör zu wahren, insbesondere wenn nach Fristablauf ohne mündliche Verhandlung entschieden wird (s. § 89 Abs. 1 S. 2). Die Erklärungen können nur durch einen beim BGH zugelassenen Anwalt abgegeben werden (§ 85 Abs. 5). Die Erklärungsfrist kann auf Antrag eines BGH-Anwalts verlängert werden.

## V. Mitteilung

**6** Mit der Zustellung der Rechtsbeschwerdeschrift hat die Geschäftsstelle den Beteiligten den Zeitpunkt der Rechtsbeschwerdeeinlegung mitzuteilen (§ 87 Abs. 1 S. 2). Es genügt, wenn sich der Zeitpunkt aus dem Eingangsstempel auf der beglaubigten Abschrift ergibt. Die Beteiligten sollen prüfen können, ob die Rechtsbeschwerde fristgemäß eingelegt wurde (§ 85 Abs. 1), und wann die Begründungsfrist abläuft (§ 85 Abs. 3).

## B. Mitwirkung des Präsidenten des DPMA (§ 87 Abs. 2)

**7** Nach §§ 87 Abs. 2 iVm 68 Abs. 1 steht dem *Präsidenten des DPMA* im Rechtsbeschwerdeverfahren vor dem BGH ein *Äußerungsrecht* zu, auch wenn er dem Beschwerdeverfahren vor dem BPatG nicht beigetreten ist und nicht die Stellung eines am Rechtsbeschwerdeverfahren Beteiligten im Sinne des § 87 Abs. 1 hat (s. Rn 2). Zweck dieser Regelung ist es, dem Präsidenten des DPMA auch in der Rechtsbeschwerdeinstanz noch die Möglichkeit zu geben, den größeren Gesamtzusammenhang und die praktische Tragweite der Entscheidung darzustellen (so zu der § 87 Abs. 2 entsprechenden Regelung des § 105 Abs. 2 PatG die Begründung zum PatG, BT-Drucks. 8/2087 vom 7. September 1978, S. 38). Das Äußerungsrecht nach § 87 Abs. 2 ist vor allem für die Fälle bedeutsam, in denen die grundsätzliche Bedeutung der Rechtsfrage erst durch die Beschwerdeentscheidung des BPatG deutlich geworden ist, da der Präsident des DPMA dem Verfahren in der Rechtsbeschwerdeinstanz nicht mehr beitreten kann (s. Rn 2). Zur Wahrnehmung des Äußerungsrechts kann der Präsident des DPMA an gerichtlichen Terminen teilnehmen sowie schriftliche oder mündliche Erklärungen abgeben; weitere prozessuale Rechte räumt ihm das Äußerungsrecht nicht ein (s. dazu § 68, Rn 3). Für die Mitwirkung am Rechtsbeschwerdeverfahren in Form des Äußerungsrechts nach §§ 87 Abs. 2 iVm 68 Abs. 1 bedarf der Präsident des DPMA nicht der Vertretung durch einen beim BGH zugelassenen Anwalt, anders aber, wenn der Präsident des DPMA dem Beschwerdeverfahren beigetreten war und damit Verfahrensbeteiligter im Rechtsbeschwerdeverfahren ist (s. dazu Rn 2). Schriftliche Erklärungen des Präsidenten des DPMA sind den Beteiligten vom BPatG mitzuteilen (§ 68 Abs. 1 S. 2).

**Anwendung weiterer Vorschriften**

**88** (1) ¹Im Verfahren über die Rechtsbeschwerde gelten die Vorschriften der Zivilprozeßordnung über die Ausschließung und Ablehnung der Gerichtspersonen, über Prozeßbevollmächtigte und Beistände, über Zustellungen von Amts wegen, über Ladungen, Termine und Fristen und über Wiedereinsetzung in den vorigen Stand entsprechend. ²Im Falle der Wiedereinsetzung in den vorigen Stand gilt § 91 Abs. 8 entsprechend.

(2) **Für die Öffentlichkeit des Verfahrens gilt § 67 Abs. 2 und 3 entsprechend.**

### Inhaltsübersicht

| | Rn |
|---|---|
| A. Entsprechende Anwendung der in § 88 aufgeführten Vorschriften | 1, 2 |
| B. Entsprechende Anwendung weiterer Vorschriften | 3 |

## A. Entsprechende Anwendung der in § 88 aufgeführten Vorschriften

In Ergänzung der §§ 83 ff. verweist § 88 auf bestimmte Vorschriften der ZPO. Entsprechend anwendbar sind die §§ 41 bis 49 ZPO (Ausschließung und Ablehnung der Gerichtspersonen), §§ 78 bis 90 ZPO (Prozeßbevollmächtigte und Beistände), §§ 208 bis 213 a ZPO (Zustellungen von Amts wegen), §§ 214 bis 229 ZPO (Ladungen, Termine und Fristen) und §§ 233 bis 238 ZPO (Wiedereinsetzung in den vorigen Stand). Nicht anwendbar sind die §§ 79, 90 ZPO (wegen § 85 Abs. 5) und § 227 Abs. 3 S. 1 ZPO (wegen § 82 Abs. 1 S. 2; zur Anwendbarkeit dieser Vorschrift im Rechtsbeschwerdeverfahren s. Rn 3). Die in § 88 Abs. 1 aufgeführten Bestimmungen gehen Regelungen gleichen oder ähnlichen Inhalts im MarkenG vor. Das gilt namentlich für die in Abschnitt 7 enthaltenen Regelungen der Gemeinsamen Vorschriften. So sind etwa die Vorschriften über die Wiedereinsetzung in den vorigen Stand (§ 91) und über die Zustellungen (§ 94) nicht anwendbar. Aus diesem Grund erklärt § 88 Abs. 1 S. 2 die Bestimmung des § 91 Abs. 8 (Ausschluß von Ansprüchen des Markeninhabers bezüglich solcher Benutzungshandlungen, die in der Zeitspanne zwischen dem Eintritt des Rechtsverlusts und der Wiedereinsetzung gutgläubig begangen worden sind) ausdrücklich für entsprechend anwendbar.

Nach §§ 88 Abs. 2 iVm 67 Abs. 2 und 3 sind die mündliche Verhandlung und die Verkündung der Beschlüsse in gleichem Umfang öffentlich, wie im Beschwerdeverfahren vor dem BPatG (s. dazu § 67, Rn 2).

## B. Entsprechende Anwendung weiterer Vorschriften

Die Aufzählung in § 88 ist nicht abschließend. Soweit die §§ 83 ff. keine Regelungen enthalten, sind ergänzend die Bestimmungen der ZPO über die Revision heranzuziehen. Das gilt etwa für § 556 ZPO (Anschlußrechtsbeschwerde, s. dazu BGHZ 88, 191 – Ziegelsteinformling), § 559 Abs. 2 ZPO (keine Geltendmachung neuer Verfahrensrügen nach Ablauf der Rechtsbeschwerdebegründungsfrist), sowie § 561 Abs. 1 ZPO (tatsächliche Grundlagen der Nachprüfung). Ferner sind nach einem allgemeinen Grundsatz des Rechtsmittelrechts (§§ 523, 557 ZPO, 125 Abs. 1, 141 VwGO) die Bestimmungen über das Verfahren vor dem BPatG entsprechend anwendbar (s. *Benkard/Rogge*, vor § 100 PatG, Rn 9). Das gilt etwa für die Verkündung und Zustellung der Entscheidung (§ 79 Abs. 1 in Ergänzung zu § 89), sowie für die allgemeine Verweisung auf die Vorschriften des GVG und der ZPO und den Ausschluß der Regelung über den Antrag auf Terminsverlegung in der Sommerferienzeit (§ 82 Abs. 1 S. 2). Das Akteneinsichtsrecht der am Rechtsbeschwerdeverfahren Beteiligten bestimmt sich nach den §§ 299 Abs. 1 ZPO iVm 82 MarkenG analog; die Akteneinsicht durch Dritte richtet sich nach den §§ 82 Abs. 3 iVm 62 Abs. 1 und 2 analog (s. dazu § 82, Rn 8 ff.).

**Entscheidung über die Rechtsbeschwerde**

**89** (1) ¹Die Entscheidung über die Rechtsbeschwerde ergeht durch Beschluß. ²Die Entscheidung kann ohne mündliche Verhandlung getroffen werden.

(2) Der Bundesgerichtshof ist bei seiner Entscheidung an die in dem angefochtenen Beschluß getroffenen tatsächlichen Feststellungen gebunden, außer wenn in bezug auf diese Feststellungen zulässige und begründete Rechtsbeschwerdegründe vorgebracht sind.

(3) Die Entscheidung ist zu begründen und den Beteiligten von Amts wegen zuzustellen.

(4) ¹Im Falle der Aufhebung des angefochtenen Beschlusses ist die Sache zur anderweitigen Verhandlung und Entscheidung an das Patentgericht zurückzuverweisen. ²Das Patentgericht hat die rechtliche Beurteilung, die der Aufhebung zugrunde gelegt ist, auch seiner Entscheidung zugrunde zu legen.

## Inhaltsübersicht

|   | Rn |
|---|---|
| A. Fakultative mündliche Verhandlung (§ 89 Abs. 1 S. 2) | 1 |
| B. Prüfungsumfang | 2–7 |
|     I. Zulässigkeit der Rechtsbeschwerde | 2 |
|     II. Begründetheit der Rechtsbeschwerde | 3–5 |
|         1. Grundsatz | 3 |
|         2. Zugelassene Rechtsbeschwerde | 4 |
|         3. Zulassungsfreie Rechtsbeschwerde | 5 |
|     III. Bindung an die Tatsachengrundlage (§ 89 Abs. 2) | 6, 7 |
| C. Rechtsbeschwerdeentscheidung | 8–11 |
|     I. Verwerfung der Rechtsbeschwerde (§ 86 S. 2) | 8 |
|     II. Zurückweisung der Rechtsbeschwerde | 9 |
|     III. Stattgabe der Rechtsbeschwerde | 10, 11 |
|         1. Aufhebung des angefochtenen Beschlusses und Zurückverweisung (§ 89 Abs. 4 S. 1) | 10 |
|         2. Bindungswirkung der Rechtsbeschwerdeentscheidung (§ 89 Abs. 4 S. 2) | 11 |
| D. Form und Bekanntgabe der Entscheidung (§ 89 Abs. 1 S. 1 und Abs. 3) | 12, 13 |
|     I. Entscheidung durch Beschluß | 12 |
|     II. Bekanntgabe der Entscheidung | 13 |
| E. Wirkungen der Rechtsbeschwerdeentscheidung | 14 |

### Entscheidung zum MarkenG
**BGH GRUR 1995, 408 – PROTECH**
Nachweis des beschreibenden Gebrauchs einer Marke als Tatsachengrundlage.

## A. Fakultative mündliche Verhandlung (§ 89 Abs. 1 S. 2)

**1** Nach § 89 Abs. 1 S. 2 kann der BGH *ohne mündliche Verhandlung* über die Rechtsbeschwerde entscheiden. Das Gericht entscheidet nach *pflichtgemäßem Ermessen*, ob es eine mündliche Verhandlung für notwendig erachtet. Die Beteiligten können eine solche anregen, das Gericht wird hierdurch jedoch anders als im Falle des § 69 Nr. 1 nicht gebunden. Der BGH wird eine *mündliche Verhandlung anordnen*, wenn er eine solche für *sachdienlich* hält, etwa weil das rechtliche Gehör nur in der mündlichen Verhandlung ausreichend gewährt werden kann. Wenn keine mündliche Verhandlung stattfindet, dann ist der Anspruch auf rechtliches Gehör der neben dem Rechtsbeschwerdeführer am Verfahren Beteiligten dadurch gewahrt, daß sie nach § 87 mit der Zustellung der Rechtsbeschwerdebegründung zur Abgabe von Erklärungen aufgefordert werden. Ein Antrag auf Terminsverlegung in der Sommerferienzeit ist nach § 82 Abs. 1 S. 2 nicht zulässig (s. § 88, Rn 3).

## B. Prüfungsumfang

### I. Zulässigkeit der Rechtsbeschwerde

**2** Nur die *zulässige* Rechtsbeschwerde darf sachlich geprüft und beschieden werden. Die unzulässige Rechtsbeschwerde ist nach § 86 S. 2 ohne weitere Prüfung als unzulässig zu verwerfen (BGH GRUR 1972, 592, 593 – Sortiergerät). Die *Zulässigkeit der Rechtsbeschwerde* ist nach § 86 *von Amts wegen* zu prüfen. Im Rahmen der Zulässigkeit der Rechtsbeschwerde sind über die Statthaftigkeit, sowie die form- und fristgerechte Einlegung und Begründung der Rechtsbeschwerde (s. § 86) hinaus alle weiteren Zulässigkeitsvoraussetzungen, wie etwa die Prozeßfähigkeit oder das Rechtsschutzbedürfnis, zu prüfen.

### II. Begründetheit der Rechtsbeschwerde

#### 1. Grundsatz

**3** Die zulässige Rechtsbeschwerde unterliegt der *sachlichen Prüfung* durch den Rechtsbeschwerdesenat des BGH. Es findet keine umfassende Sachprüfung, sondern eine Prüfung im

Rahmen der von dem Rechtsbeschwerdeführer gestellten Anträge (§ 85 Abs. 4 Nr. 1) statt (BGH Mitt 1979, 198 – Begründungsrügen). Der BGH prüft nur, ob der angefochtene Beschluß auf einer *Verletzung des Gesetzes* beruht; er trifft keine tatsächlichen Feststellungen (s. dazu Rn 6 f.). Der Beurteilung des BGH unterliegt nur das tatsächliche Parteivorbringen, das aus dem Tatbestand des angefochtenen Beschlusses oder dem Sitzungsprotokoll ersichtlich ist (§ 561 Abs. 1 S. 1 ZPO analog). Außerdem können nur die im Rahmen des § 85 Abs. 4 Nr. 3 geltend gemachten Tatsachen berücksichtigt werden (§ 561 Abs. 1 S. 2 ZPO analog). Im einzelnen richtet sich der Prüfungsumfang danach, ob es sich um eine zugelassene Rechtsbeschwerde (Rn 4) oder um eine zulassungsfreie Rechtsbeschwerde (Rn 5) handelt.

## 2. Zugelassene Rechtsbeschwerde

Bei der *zugelassenen Rechtsbeschwerde* ist die Nachprüfung nicht auf die in der Zulassung erwähnten Rechtsfragen beschränkt (BGH GRUR 1964, 276, 277 – Zinnlot; BlPMZ 1971, 347, 351 – Funkpeiler; 1973, 154, 155 – Akteneinsicht XII; 1984, 797, 798 – Zinkenkreisel; zur beschränkten Zulassung s. § 83, Rn 11). Der BGH überprüft den angefochtenen Beschluß vielmehr in vollem Umfang (BGHZ 115, 234, 235 – Straßenkehrmaschine) auf materielle Rechtsmängel, auf von Amts wegen in der Rechtsbeschwerdeinstanz zu beachtende Verfahrensmängel (BGH GRUR 1984, 797, 798 – Zinkenkreisel; s. auch *Baumbach/Lauterbach/Albers/Hartmann*, § 559 ZPO, Rn 7), wie etwa die Unzulässigkeit der Beschwerde zum BPatG (BGH BlPMZ 1972, 30, 31), sowie auf die nach § 85 Abs. 4 Nr. 3 gerügten Verfahrensmängel. Soweit die Rechtsbeschwerde auf einen Verfahrensfehler gestützt wird, prüft der BGH nur, ob die nach Maßgabe des § 85 Abs. 3 und 4 iVm §§ 559, 554 ZPO fristgemäß erhobene Verfahrensrüge durchgreift. Im Rahmen der Sachrüge ist der BGH dagegen nicht an die von den Beteiligten geltend gemachten Rechtsbeschwerdegründe gebunden (§ 559 Abs. 2 S. 1 ZPO). Wenn die erhobene Sachrüge unbegründet ist, kann der BGH den angefochtenen Beschluß dennoch aus einem anderen rechtlichen Grund aufheben.

## 3. Zulassungsfreie Rechtsbeschwerde

Bei der *zulassungsfreien Rechtsbeschwerde* prüft der BGH nur, ob eine der in § 83 Abs. 3 Nr. 1 bis 6 aufgeführten Verfahrensrügen vorliegt. Ist dies nicht der Fall, dann kann der BGH den Beschluß nicht wegen des Vorliegens anderer Mängel aufheben (BGHZ 39, 333 – Warmpressen; BGH GRUR 1964, 697, 698 – Fotoleiter).

## III. Bindung an die Tatsachengrundlage (§ 89 Abs. 2)

Nach § 89 Abs. 2 ist der BGH grundsätzlich an die *tatsächlichen Feststellungen* der Beschwerdeentscheidung gebunden. Der BGH darf die Tatsachenwürdigung durch das BPatG nicht durch seine eigene Tatsachenwürdigung ersetzen (BGH GRUR 1964, 26, 27 – Milburan; 1966, 499, 500 – Merck). Eine Ausnahme von der Bindungswirkung besteht für den Fall, daß der Rechtsbeschwerdeführer zulässig und begründet rügt, die Feststellung beruhe auf einer Verletzung des Gesetzes. So kann der BGH etwa auf Rüge die Übergehung entscheidungserheblichen Sachvortrags nachprüfen (BGH GRUR 1965, 416, 419 – Schweißelektrode). *Veränderungen der Sachlage* nach Abschluß der Tatsacheninstanz sind in der Rechtsbeschwerdeinstanz verfahrensrechtlich zu beachten und der Rechtsbeschwerdeentscheidung zugrundezulegen. Das gilt etwa für die *Rücknahme der Markenanmeldung* (BGH GRUR 1983, 84, 843 – BTR), die *Rücknahme des Widerspruchs* gegen die Markenanmeldung (BGH GRUR 1985, 1052, 1053 – LECO) und die aufgrund eines Verzichts durch Beschränkung des Waren- oder Dienstleistungsverzeichnisses erfolgte *Teillöschung der Eintragung* (BGH GRUR 1997, 634 – Turbo II).

Die Unterscheidung zwischen einer unbeschränkt nachprüfbaren *Rechtsfrage* und einer nicht oder nur beschränkt nachprüfbaren *Tatfrage* ist in Markenangelegenheiten, wie insbesondere beim Begriff der Produktähnlichkeit, schwierig. Hierbei handelt es sich zwar um einen revisiblen Rechtsbegriff, die Beurteilung setzt aber im Einzelfall tatsächliche Feststellungen voraus, die dem Tatsachenrichter obliegen und nur beschränkt nachprüfbar sind (s.

zur Warengleichartigkeit BGH GRUR 1963, 572, 573 – Certo; 1964, 26, 27 – Milburan; 1968, 550, 551 – Poropan). Bei der Entscheidung über das absolute Schutzhindernis des Fehlens jeglicher Unterscheidungskraft nach § 8 Abs. 2 Nr. 1 gehört die Annahme des BPatG, der beschreibende Gebrauch einer neuen, nicht geläufigen Wortzusammenstellung sei derzeit nicht nachweisbar, zu der den BGH bindenden Tatsachengrundlage (BGH GRUR 1995, 408, 409 – PROTECH).

## C. Rechtsbeschwerdeentscheidung

### I. Verwerfung der Rechtsbeschwerde (§ 86 S. 2)

**8**  Eine *unzulässige Rechtsbeschwerde* wird nach den §§ 86 S. 2, 89 Abs. 1 ohne mündliche Verhandlung durch Beschluß *als unzulässig verworfen*.

### II. Zurückweisung der Rechtsbeschwerde

**9**  Die zulässige, aber *materiellrechtlich nicht begründete Rechtsbeschwerde* ist *als unbegründet zurückzuweisen*, unabhängig von der Art der Gründe sachlicher Unbegründetheit. Der Rechtsbeschwerdesenat kann namentlich eine fehlerhafte Begründung des patentgerichtlichen Beschlusses durch eine eigene Begründung ersetzen. Die Rechtsbeschwerde wird daher auch dann als unbegründet zurückgewiesen, wenn zwar eine Gesetzesverletzung vorliegt, die Beschwerdeentscheidung aber im Ergebnis richtig ist (§ 563 ZPO analog; s. BGH GRUR 1967, 413, 416 – Kaskodeverstärker).

### III. Stattgabe der Rechtsbeschwerde

#### 1. Aufhebung des angefochtenen Beschlusses und Zurückverweisung (§ 89 Abs. 4 S. 1)

**10**  Wenn die *Rechtsbeschwerde sachlich begründet* ist, dann hebt der BGH den angefochtenen Beschluß auf und verweist die Sache zur erneuten Verhandlung und Entscheidung an das BPatG zurück (Abs. 4 S. 1; s. zur abweichenden Beschwerdeentscheidung des BPatG § 70, Rn 7). Der Erlaß einer abschließenden Entscheidung durch den BGH ist im MarkenG nicht vorgesehen (anders etwa § 565 Abs. 3 ZPO). Angesichts des eindeutigen Wortlauts des § 89 Abs. 4 muß der BGH auch dann zurückverweisen, wenn die Sache zur Endentscheidung reif ist und das BPatG nur noch die vom BGH vorgegebene Entscheidung treffen kann (BGH GRUR 1969, 265 – Disiloxan). Ausnahmsweise kann die bloße Aufhebung des angefochtenen Beschlusses eine abschließende Entscheidung darstellen, wenn etwa das BPatG etwas beschieden hat, was bei ihm nicht zur Entscheidung anstand (BGH GRUR 1990, 109 – Weihnachtsbrief). Grundsätzlich wird die Sache an den Beschwerdesenat zurückverwiesen, der die Beschwerdeentscheidung erlassen hat. In entsprechender Anwendung des § 565 Abs. 1 S. 2 ZPO kann der BGH die Sache ausnahmsweise an einen anderen Senat des BPatG zurückverweisen. Dies kann etwa bei einer durchgreifenden Besetzungsrüge (BGH GRUR 1964, 602, 605 – Akteneinsicht II) oder bei einer Häufung von Sachfehlern (BGH GRUR 1990, 346 – Aufzeichnungsmaterial) gerechtfertigt sein.

#### 2. Bindungswirkung der Rechtsbeschwerdeentscheidung (§ 89 Abs. 4 S. 2)

**11**  Wenn der BGH den angefochtenen Beschluß aufhebt und die Sache an das BPatG zurückverweist, dann ist das BPatG nach § 89 Abs. 4 S. 2 an die rechtliche Beurteilung durch den BGH, die der Aufhebung zugrundeliegt, gebunden. Der *Umfang der Bindungswirkung* ist im einzelnen nicht eindeutig geklärt (s. zu § 565 Abs. 2 ZPO *Baumbach/Lauterbach/Albers/Hartmann*, § 565 ZPO, Rn 4 bis 6). Das BPatG hat die tragende Begründung der Rechtsbeschwerdeentscheidung des BGH seiner Entscheidung zugrundezulegen. Die Bindungswirkung bezieht sich namentlich auf die abweichende rechtliche Würdigung durch den BGH, die für die Aufhebung der Beschwerdeentscheidung unmittelbar kausal war. Im übrigen bindet der Aufhebungs- und Zurückverweisungsbeschluß das BPatG nicht. Hat der BGH die Beschwerdeentscheidung etwa wegen verfahrensrechtlicher Mängel aufgehoben, dann ist das BPatG hinsichtlich der sachlichrechtlichen Beurteilung des Falles frei. Anläßlich der Rechtsbeschwerdeentscheidung geäußerte Erwägungen, die die Entscheidung nicht tragen, binden das BPatG nicht (BGH GRUR 1967, 548, 551 – Schweißelektrode II). Wenn nach der Zurückverweisung eine wesentliche *Änderung der Tatsachen oder Beweismittel* eintritt, dann entfällt insoweit die Bindungswirkung der Beschwerdeentscheidung (BGH GRUR 1969, 433, 435 – Waschmittel; 1972, 472, 474 – Zurückverweisung). Der BGH ist in dem gleichen Umfang wie das BPatG an seine Rechtsbeschwerdeentscheidung gebunden, falls in der gleichen Sache erneut Rechtsbeschwerde eingelegt werden sollte.

## D. Form und Bekanntgabe der Entscheidung (§ 89 Abs. 1 S. 1 und Abs. 3)

### I. Entscheidung durch Beschluß

Nach § 89 Abs. 1 S. 1 entscheidet der Rechtsbeschwerdesenat des BGH über die Rechtsbeschwerde stets durch *Beschluß*. Die Rechtsbeschwerdeentscheidung bedarf nach § 89 Abs. 3 der Begründung. Das gilt auch, soweit die Rüge von Verfahrensmängeln nicht für durchgreifend erachtet wird (anders § 565a ZPO). Der Beschluß und die Entscheidungsgründe sollen aus sich heraus verständlich sein. Eine Bezugnahme auf die Verfahrensakten wird nur dann für zulässig gehalten, wenn sie als unvermeidbar erscheint (BGH BlPMZ 1989, 314, 315 – Schrägliegeeinrichtung). Die Begründung der Entscheidung muß erkennen lassen, welche Gründe für die richterliche Entscheidung leitend gewesen sind. In der Rechtsbeschwerdeentscheidung kann auf die Begründung des angefochtenen Beschlusses Bezug genommen werden; dabei ist erkennbar zu machen, ob und inwieweit sich die Rechtsbeschwerdeentscheidung die Begründung des angefochtenen Beschlusses zu eigen macht oder diese verwirft. In entsprechender Anwendung der §§ 303, 318 ZPO kann der Rechtsbeschwerdesenat eine für das Rechtsbeschwerdeverfahren bindende *Zwischenentscheidung* erlassen, um über einen bestimmten Streitgegenstand vorab zu entscheiden (BGH GRUR 1967, 477, 478 – UHF-Empfänger II; BPatGE 21, 50). Die Zwischenentscheidung ergeht durch Beschluß.

### II. Bekanntgabe der Entscheidung

Die Rechtsbeschwerdeentscheidung wird nach §§ 89 Abs. 3 iVm 79 Abs. 1 analog bekanntgegeben. Wenn eine mündliche Verhandlung stattgefunden hat, wird die Entscheidung verkündet und anschließend zugestellt. Wenn die Entscheidung ohne mündliche Verhandlung ergangen ist, wird sie den Beteiligten durch Zustellung bekanntgegeben. Die Zustellung erfolgt nach den Vorschriften der ZPO (§ 88 Abs. 1 iVm §§ 208 bis 213a ZPO).

## E. Wirkungen der Rechtsbeschwerdeentscheidung

Der Beschluß des BGH wird mit der Verkündung, wenn eine solche nicht erfolgt, mit der Zustellung wirksam. Der Beschluß, durch den die Rechtsbeschwerde verworfen oder zurückgewiesen wird, beseitigt die aufschiebende Wirkung der Rechtsbeschwerde (§ 83 Abs. 1 S. 2) ex nunc. Die angefochtene Entscheidung kann nun Wirkungen entfalten. Wenn die Rechtsbeschwerde als unzulässig verworfen wird, ist zu beachten, daß durch den Verwerfungsbeschluß kein Verlust des Rechtsmittels eintritt; eine erneute Einlegung ist innerhalb der Monatsfrist des § 85 Abs. 1 jederzeit möglich (BGH GRUR 1972, 196 – Dosiervorrichtung). Der angefochtene Beschluß des BPatG wird daher erst mit Ablauf der Rechtsbeschwerdefrist rechtskräftig.

**MarkenG § 90**                Kostenentscheidung

Kostenentscheidung

**90** (1) ¹Sind an dem Verfahren mehrere Personen beteiligt, so kann der Bundesgerichtshof bestimmen, daß die Kosten des Verfahrens einschließlich der den Beteiligten erwachsenen Kosten, soweit sie zur zweckentsprechenden Wahrung der Ansprüche und Rechte notwendig waren, einem Beteiligten ganz oder teilweise zur Last fallen, wenn dies der Billigkeit entspricht. ²Die Bestimmung kann auch getroffen werden, wenn der Beteiligte die Rechtsbeschwerde, die Anmeldung der Marke, den Widerspruch oder den Antrag auf Löschung ganz oder teilweise zurücknimmt oder wenn die Eintragung der Marke wegen Verzichts oder wegen Nichtverlängerung der Schutzdauer ganz oder teilweise im Register gelöscht wird. ³Soweit eine Bestimmung über die Kosten nicht getroffen wird, trägt jeder Beteiligte die ihm erwachsenen Kosten selbst.

(2) ¹Wird die Rechtsbeschwerde zurückgewiesen oder als unzulässig verworfen, so sind die durch die Rechtsbeschwerde veranlaßten Kosten dem Beschwerdeführer aufzuerlegen. ²Hat ein Beteiligter durch grobes Verschulden Kosten veranlaßt, so sind ihm diese aufzuerlegen.

(3) Dem Präsidenten des Patentamts können Kosten nur auferlegt werden, wenn er die Rechtsbeschwerde eingelegt oder in dem Verfahren Anträge gestellt hat.

(4) Im übrigen gelten die Vorschriften der Zivilprozeßordnung über das Kostenfestsetzungsverfahren und die Zwangsvollstreckung aus Kostenfestsetzungsbeschlüssen entsprechend.

### Inhaltsübersicht

|  | Rn |
|---|---|
| A. Kostenregelungen im MarkenG | 1 |
| B. Grundsatz der Kostentragung durch die Beteiligten | 2 |
| C. Kostenentscheidung | 3–14 |
|     I. Voraussetzungen einer Kostenentscheidung | 3–8 |
|         1. Mehrere Beteiligte (§ 90 Abs. 1 S. 1) | 3 |
|         2. Billigkeitsentscheidung (§ 90 Abs. 1 S. 1) | 4, 5 |
|         3. Rücknahme von Verfahrenshandlungen und Löschung der Marke (§ 90 Abs. 1 S. 2) | 6 |
|         4. Zurückweisung oder Verwerfung der Rechtsbeschwerde (§ 90 Abs. 2 S. 1) | 7 |
|         5. Veranlassung der Kosten durch grobes Verschulden eines Beteiligten (§ 90 Abs. 2 S. 2) | 8 |
|     II. Inhalt der Kostenentscheidung | 9–13 |
|         1. Grundsatz | 9 |
|         2. Verfahrenskosten | 10 |
|         3. Kosten der Beteiligten | 11 |
|         4. Verteilung der Kosten | 12 |
|         5. Gegenstandswert | 13 |
|     III. Kostentragung des Präsidenten des DPMA (§ 90 Abs. 3) | 14 |
| D. Kostenfestsetzungsverfahren (§ 90 Abs. 4) | 15–18 |
|     I. Art des Verfahrens | 15 |
|     II. Erstattungsfähige Kosten der Beteiligten | 16–18 |
|         1. Grundsatz | 16 |
|         2. Die durch die Bevollmächtigung eines Rechts- oder Patentanwalts entstandenen Kosten | 17 |
|         3. Eigene Kosten des Beteiligten | 18 |

### Entscheidungen zum MarkenG

**1. KG, Beschluß vom 21. Oktober 1997, 5 W 5834/97 – Regelstreitwert**
Zur Höhe des Streitwerts im Verletzungsprozeß.
**2. BPatGE 39, 160 – Beschwerdegebühr**
Rückzahlung der Beschwerdegebühr bei gegenstandslosen Beschwerden.
**3. BPatGE 40, 147 – Gegenstandswert für Widerspruchsverfahren**
Regelgegenstandswert von 20 0000 DM im Widerspruchs-Beschwerdeverfahren.
**4. BPatGE 40, 182 – P-Plus**
Festsetzung eines Gegenstandswerts im Widerspruchs-Beschwerdeverfahren bei Vertretung durch Patentanwalt.

## A. Kostenregelungen im MarkenG

Das MarkenG enthält Regelungen über die Verteilung der Kosten in den verschiedenen Verfahren in Markenangelegenheiten. Die Vorschriften über die Kosten der Verfahren stimmen inhaltlich weitgehend überein. § 63 regelt die Kosten des patentamtlichen Verfahrens, § 71 regelt die Kosten des Beschwerdeverfahrens und § 90 regelt die Kosten für das Rechtsbeschwerdeverfahren. Gegenstand einer Kostenentscheidung nach diesen Vorschriften sind nur die Kosten des jeweiligen Verfahrens (zum Beschwerdeverfahren BPatGE 3, 23). Die gesetzliche Regelung der Kostenverteilung in diesen Verfahren in Markenangelegenheiten schließt in anderen Verfahren eine Kostenentscheidung nicht aus (zur umstrittenen Rechtslage im PatG s. einerseits für das Armenrechtsverfahren in der Beschwerdeinstanz BPatGE 6, 223, andererseits für das Kostenfestsetzungs-Erinnerungsverfahren BPatGE 7, 223, 228; auch BPatGE 5, 230, 234).

## B. Grundsatz der Kostentragung durch die Beteiligten

Ausgangspunkt der Regelung über die Verteilung der Kosten im Rechtsbeschwerdeverfahren ist der *Grundsatz der Kostentragung durch die Beteiligten*. Wenn eine Kostenentscheidung nicht ergeht, dann trägt nach § 90 Abs. 1 S. 3 jeder Beteiligte die ihm durch das Rechtsbeschwerdeverfahren erwachsenen Kosten selbst. Aufgrund dieser gesetzlichen Regelung bedarf es des vor Inkrafttreten des MarkenG üblichen formelhaften Ausspruchs einer Kostenentscheidung, es werde von einer Kostenauferlegung abgesehen, nicht mehr. Nach dieser gesetzlichen Regelung ist auch das bislang noch nicht abschließend geklärte Problem entschieden, ob bei Fehlen eines ausdrücklichen Kostenausspruchs von einer kraft Gesetzes eintretenden Kostenteilung auszugehen sei oder ob dieses Unterlassen eine bewußte und gewollte Entscheidung darstelle, von einer Kostenauferlegung abzusehen (s. zu § 63 dazu Begründung zum MarkenG, BT-Drucks. 12/6581 vom 14. Januar 1994, S. 100). In der Praxis wurde davon ausgegangen, daß bei einem Absehen von einer Kostenentscheidung jeder Beteiligte die Kosten, die ihm durch das Rechtsbeschwerdeverfahren entstanden sind, grundsätzlich selbst zu tragen hat (s. zum Beschwerdeverfahren BGH GRUR 1962, 273, 274 – Beschwerdekosten; BPatGE 8, 240 – Postgebühren; 28, 39, 40; s. zum patentamtlichen Verfahren BGH GRUR 1972, 600 – Lewapur). Kostenschuldner der im Rechtsbeschwerdeverfahren entstandenen gerichtlichen Auslagen ist nach § 49 GKG der Rechtsbeschwerdeführer, auch wenn seine Rechtsbeschwerde begründet ist. Eine vom Grundsatz der Kostentragung durch die Beteiligten *abweichende Verteilung der Kosten* für das Rechtsbeschwerdeverfahren bedarf einer *Kostenentscheidung* des Rechtsbeschwerdesenats. In dieser Kostenentscheidung kann bestimmt werden, daß die Kosten des Verfahrens einschließlich der den Beteiligten erwachsenen Kosten nach § 90 Abs. 1 S. 1 *einem Beteiligten ganz oder teilweise* auferlegt werden, oder nach § 90 Abs. 3 dem *Präsidenten des DPMA* auferlegt werden, wenn er sich förmlich an dem Verfahren beteiligt und Anträge gestellt hat. Der BGH ist nicht verpflichtet, im Rechtsbeschwerdeverfahren eine Kostenentscheidung zu erlassen.

## C. Kostenentscheidung

### I. Voraussetzungen einer Kostenentscheidung

#### 1. Mehrere Beteiligte (§ 90 Abs. 1 S. 1)

Eine *Kostenentscheidung* ist nach § 90 Abs. 1 S. 1 nur dann *zulässig*, wenn an dem Rechtsbeschwerdeverfahren *mehrere Personen beteiligt* sind. In einem *einseitigen Verfahren* ist eine *Kostenentscheidung unzulässig*. Der Anmelder einer Marke, deren Eintragung abgelehnt worden ist, hat nicht nur die Kosten des patentamtlichen Verfahrens und des Beschwerdeverfahrens, sondern auch die Kosten des Rechtsbeschwerdeverfahrens selbst zu tragen. Dies gilt auch dann, wenn die Rechtsbeschwerde Erfolg hat (BPatGE 5, 249, 251). Im einseitigen Verfahren kann der Rechtsbeschwerdeführer auch nicht aus anderen Rechtsgründen eine Kostenerstattung verlangen (s. zum Beschwerdeverfahren BPatGE 13, 201, 204; anders *Conradt*, NJW 1961, 1293; *Kreuzer*, Mitt 1961, 186, 190 Fn 16). Der BGH kann jedoch nach § 8 GKG von der Erhebung der Gerichtskosten der Rechtsbeschwerde bei unrichtiger Sachbehandlung in der Vorinstanz absehen. Ein *Verfahren mit mehreren Beteiligten* liegt dann vor, wenn sich die *Verfahrensbeteiligten* im Rechtsbeschwerdeverfahren *prozessual gegenüberstehen*; das ist etwa der Fall bei einem Anmelder einer Marke einerseits und einem oder mehreren Widersprechenden andererseits, nicht aber bei einer gemeinschaftlichen Anmeldung einer Marke durch mehrere Anmelder.

## 2. Billigkeitsentscheidung (§ 90 Abs. 1 S. 1)

4   Die *Kostenentscheidung* nach § 90 Abs. 1 S. 1, die auf *Antrag eines der Beteiligten* oder *von Amts wegen* ergehen kann, setzt voraus, daß die Auferlegung der Kosten der Billigkeit entspricht. Die Kostenentscheidung beruht auf Billigkeitserwägungen. Die Ermessensentscheidung erstreckt sich sowohl auf das Ob als auch auf das Wie einer Kostenentscheidung (BGH GRUR 1962, 273, 274 – Beschwerdekosten; 1972, 600, 601 – Lewapur). Ob die Kostentragung durch einen Beteiligten der Billigkeit entspricht, bestimmt sich nach den besonderen Umständen des konkreten Einzelfalles, die sich vornehmlich aus dem Verhalten, sowie den Verhältnissen der Beteiligten ergeben (BPatGE 2, 69). Des Vorliegens besonderer Billigkeitsgründe als Voraussetzung der Kostenentscheidung bedarf es deshalb, weil die Kostenauferlegung an einen der Beteiligten eine Ausnahme von dem Grundsatz der Kostentragung durch alle Beteiligten darstellt (BGH GRUR 1972, 600 – Lewapur; BPatG Mitt 1972, 98). In einem kontradiktorischen Verfahren ist namentlich der *Ausgang des Verfahrens* maßgeblich (BGH BlPMZ 1966, 197, 201 – Seifenzusatz; 1966, 309, 313 – Akteneinsicht IV). Wenn aber die Rechtsbeschwerde zurückgewiesen oder als unzulässig verworfen wird, sind dem Rechtsbeschwerdeführer die durch die Rechtsbeschwerde veranlaßten Kosten zwingend nach § 90 Abs. 2 S. 1 aufzuerlegen (s. dazu im einzelnen Rn 7). Wird der Rechtsbeschwerde stattgegeben, so stellt das Unterliegen des Rechtsbeschwerdegegners als solches regelmäßig noch keinen Grund dar, ihm aus Billigkeitsgründen die Kosten aufzuerlegen (BGH GRUR 1972, 600, 601 – Lewapur). Wenn ein Beteiligter vorwerfbar unnötige oder unnötig hohe Kosten verursacht, dann ist eine Kostenauferlegung gerechtfertigt. Unabhängig vom Ausgang des Verfahrens sind regelmäßig aus Billigkeitsgründen dem Beteiligten die Kosten aufzuerlegen, die er durch sein unsachgemäßes Verhalten provoziert hat und die er hätte vermeiden können (BPatGE 17, 151, 154 – Anginfant; BPatG Mitt 1971, 55). Die durch grobes Verschulden eines Beteiligten verursachten Kosten sind diesem nach § 90 Abs. 2 S. 2 auch dann aufzuerlegen, wenn im übrigen der Rechtsbeschwerdeführer nach § 90 Abs. 2 S. 1 die Kosten tragen muß (s. dazu im einzelnen Rn 8). Die Auferlegung der Kosten einer mündlichen Verhandlung ist dann gerechtfertigt, wenn derjenige, der die mündliche Verhandlung herbeigeführt hat, ihr ohne rechtzeitige Benachrichtigung des Gegners fernbleibt (s. zum Beschwerdeverfahren BPatG Mitt 1978, 76).

5   Die Kostenentscheidung obliegt dem BGH. Im Falle der Aufhebung und Zurückverweisung (§ 89 Abs. 4) überläßt der BGH die Kostenentscheidung regelmäßig dem BPatG (s. etwa BGH GRUR 1963, 626, 629 – Sunsweet). Trotz Zurückverweisung entscheidet der BGH selbst über die Kosten der Rechtsbeschwerde, wenn die Sache an sich zur Endentscheidung reif ist (s. etwa BGH PatGE 3, 248, 256 – Polymar/Polymer; BlPMZ 1964, 316, 320; GRUR 1966, 436, 439 – VITA-MALZ).

## 3. Rücknahme von Verfahrenshandlungen und Löschung der Marke (§ 90 Abs. 1 S. 2)

6   Die Regelungen über die Verteilung der Kosten im Rechtsbeschwerdeverfahren nach § 90 Abs. 1 S. 1 sind nach Abs. 1 S. 2 auch im Falle *der Rücknahme bestimmter Verfahrenshandlungen*, sowie der *Löschung der Marke* anzuwenden. Die Kostenregelung nach S. 1 gilt nach Abs. 1 S. 2 auch dann, wenn der Beteiligte die Rechtsbeschwerde, die Anmeldung der Marke, den Widerspruch oder den Antrag auf Löschung ganz oder teilweise zurücknimmt, oder wenn die Eintragung der Marke wegen Verzichts oder wegen Nichtverlängerung der Schutzdauer ganz oder teilweise im Register gelöscht wird. Diese Ereignisse entziehen zwar der Rechtsbeschwerde ihre sachliche Grundlage. Aber auch in solchen Fallkonstellationen,

in denen einer der Beteiligten dem Rechtsbeschwerdeverfahren aufgrund seines eigenen Verhaltens den Boden entzieht, ist es nicht ohne weiteres gerechtfertigt, ihm allein aufgrund dieses Verhaltens die Kosten des Rechtsbeschwerdeverfahrens aufzuerlegen. Erforderlich ist eine Kostenentscheidung nach den Grundsätzen der Billigkeit (s. Rn 4 f.), weil die Ereignisse im Sinne des § 90 Abs. 1 S. 2 allein eine Kostentragungspflicht nicht zu begründen vermögen (s. zur ständigen Rechtsprechung im Patentrecht BPatGE 2, 69; 9, 204, 206). Wenn etwa ein Widersprechender seinen Widerspruch in angemessener Frist vor der mündlichen Verhandlung über die Rechtsbeschwerde zurücknimmt, dann rechtfertigt allein die Rücknahme des Widerspruchs nicht, ihm die Kosten des Rechtsbeschwerdeverfahrens aufzuerlegen, wenn die Rechtsbeschwerde gegen den angefochtenen Beschluß nicht als aussichtslos zu beurteilen war (BPatGE 2, 230). Wenn der Rechtsbeschwerdeführer die Rechtsbeschwerde zurücknimmt, entspricht es regelmäßig der Billigkeit, ihm entsprechend dem Grundsatz der §§ 515 Abs. 3, 566 ZPO die Kosten der Rechtsbeschwerdeinstanz aufzuerlegen (BGH GRUR 1967, 553 – Rechtsbeschwerdekosten); ein entsprechender Kostenantrag kann nach § 85 Abs. 5 nur durch einen beim BGH zugelassenen Anwalt gestellt werden (BGH GRUR 1967, 166 – Anwaltszwang).

### 4. Zurückweisung oder Verwerfung der Rechtsbeschwerde (§ 90 Abs. 2 S. 1)

Abweichend von der Kostenentscheidung nach § 90 Abs. 1 aufgrund von Billigkeitserwägungen, regelt § 90 Abs. 2 Fallkonstellationen einer *rechtlich verbindlichen Auferlegung der Kosten* der Rechtsbeschwerde an den Rechtsbeschwerdeführer. Nach § 90 Abs. 2 S. 1 sind die durch die Rechtsbeschwerde veranlaßten Kosten dem Beschwerdeführer dann aufzuerlegen, wenn die *Rechtsbeschwerde zurückgewiesen* oder *als unzulässig verworfen* wird. Insoweit besteht gegenüber der Kostenregelung im Beschwerdeverfahren nach § 71 und im patentamtlichen Verfahren nach § 63 eine abweichende Rechtslage. Im Falle der Zurückweisung oder Verwerfung der Rechtsbeschwerde kommt eine Billigkeitsentscheidung nach § 90 Abs. 1 nicht in Betracht. Eine Kostenentscheidung nach § 90 Abs. 1 nach *Billigkeitserwägungen* ist im Falle der *Rücknahme der Rechtsbeschwerde* oder einer *erfolgreichen Rechtsbeschwerde* zu treffen.

### 5. Veranlassung der Kosten durch grobes Verschulden eines Beteiligten (§ 90 Abs. 2 S. 2)

Nach § 90 Abs. 2 S. 2 sind einem Verfahrensbeteiligten die Kosten der Rechtsbeschwerde aufzuerlegen, die er durch *grobes Verschulden* veranlaßt hat. Im Anwendungsbereich des § 90 Abs. 2 S. 2 kommt eine Billigkeitsentscheidung nach § 90 Abs. 1 nicht in Betracht, wenngleich die verbindliche Kostenregelung bei durch grobes Verschulden veranlaßten Kosten regelmäßig Billigkeitserwägungen entspricht.

## II. Inhalt der Kostenentscheidung

### 1. Grundsatz

Die Kostenentscheidung im Rechtsbeschwerdeverfahren betrifft die *Kosten des gerichtlichen Verfahrens* einschließlich der den *Beteiligten erwachsenen Kosten*, soweit sie zur zweckentsprechenden Wahrung der Ansprüche und Rechte notwendig waren. Die *Kostenentscheidung* berührt nur die *Kostentragungspflicht* als solche. Welche Kosten im einzelnen zu erstatten sind, weil sie zur zweckentsprechenden Wahrung der Ansprüche und Rechte der Beteiligten als notwendig zu erachten waren, wird im einzelnen in dem sich anschließenden *Kostenfestsetzungsverfahren* nach § 90 Abs. 4 iVm §§ 103 bis 107 ZPO bestimmt. Der Rechtsbeschwerdesenat kann bereits in seiner Kostenentscheidung entsprechende Anordnungen treffen, die aber weder üblich noch erforderlich sind (BPatGE 1, 94).

### 2. Verfahrenskosten

Bei den *Verfahrenskosten* handelt es sich um die *gerichtlichen Kosten*, die *Auslagen* und *Gebühren*. Der Höhe nach bestimmen sich die Auslagen und Gebühren nach den Vorschriften des GKG. Die Kosten sind regelmäßig bereits von einem Beteiligten entrichtet worden und sind ihm auf der Grundlage der Kostenentscheidung vom Kostenschuldner zu erstatten.

### 3. Kosten der Beteiligten

**11** Die den *Beteiligten erwachsenen Kosten* des Rechtsbeschwerdeverfahrens sind nur insoweit einer Kostenentscheidung zugänglich, als sie zur zweckentsprechenden Wahrung der Ansprüche und Rechte der Beteiligten notwendig waren (§ 90 Abs. 1 S. 1).

### 4. Verteilung der Kosten

**12** In der Kostenentscheidung können einem Beteiligten die Kosten des Rechtsbeschwerdeverfahrens *ganz* oder *teilweise auferlegt* werden. Die Aufteilung der Kosten hat nach dem Grundsatz der Billigkeit zu erfolgen. Die Kostenentscheidung kann dahin gehen, daß von den gesamten Kosten des Rechtsbeschwerdeverfahrens ausgegangen wird und einem Beteiligten diese Kosten ganz oder zu einem bestimmten Teil auferlegt werden. Anstelle einer *Quotelung der Kosten* können in der Kostenentscheidung auch *bestimmte Kosten* eines Beteiligten einem anderen Beteiligten auferlegt werden. In der Kostenentscheidung kann eine quotenmäßige Kostenaufteilung mit der Auferlegung bestimmter Kosten verbunden werden.

### 5. Gegenstandswert

**13** Im Widerspruchs-Beschwerdeverfahren ist ein *Antrag auf selbständige Festsetzung des Gegenstandswertes* nach § 10 Abs. 1 BRAGO zulässig. In Markensachen kann jedenfalls im Widerspruchs-Beschwerdeverfahren ein Gegenstandswert nach den §§ 8, 10 BRAGO auch dann festgesetzt werden, wenn der Antragsteller im Verfahren ausschließlich durch einen *Patentanwalt* vertreten wird (BPatGE 40, 182 – P-Plus; Abweichung von BPatG BlMPZ 1986, 204, wonach in Warenzeichensachen der Patentanwalt auf eine Abrechnung mit festen, von der Rechtsprechung fortgeschriebenen Gebührenpauschalen beschränkt war). Der Gegenstandswert der anwaltlichen Tätigkeit, der nach § 8 Abs. 2 S. 2 BRAGO *nach billigem Ermessen festzusetzen* ist, richtet sich nach dem *wirtschaftlichen Interesse* des Markeninhabers an dem Bestand der Eintragung der *angegriffenen Marke* und nicht nach dem Wert der Widerspruchsmarke (BPatG Mitt 1994, 167, 168; 1995, 323, 324; GRUR 1995, 415 – Regelstreitwert bei Widerspruchsbeschwerdeverfahren). In einem Widerspruchs-Beschwerdeverfahren, das nach 1994 anhängig geworden ist, beträgt der *Regelgegenstandswert* für unbenutzte Marken 20 000 DM (BPatGE 40, 147 – Gegenstandswert für Widerspruchsverfahren; 40, 182 – P-Plus; 15 000 DM für Widerspruchsverfahren vor 1994 s. BPatG Mitt 1995, 323, 324; GRUR 1995, 415 – Regelstreitwert bei Widerspruchsbeschwerdeverfahren). Die Anpassung des Regelgegenstandswertes wird als eine Folge der deutlich gestiegenen wirtschaftlichen Bedeutung der Marken für die unternehmerische Tätigkeit in Berücksichtigung der verschärften Wettbewerbssituation verstanden. Eine *Erhöhung* des Regelgegenstandswertes ist gerechtfertigt, wenn die angegriffene Marke die *Firma* oder einen *Firmenbestandteil* des Markeninhabers enthält (BPatGE 12, 245, 247; zu einer 50%-Erhöhung s. BPatG Mitt 1995, 323, 324; zu einer Erhöhung auf 25 000 DM bei nicht unwesentlichem Teil der Firma als Zeichenbestandteil s. BPatG GRUR 1999, 64, 65 – Gegenstandswert für Widerspruchsverfahren). Die *Marktgeltung der angegriffenen Marke* (Benutzung, Verkehrsgeltung, Bekanntheit, Berühmtheit) kann eine Erhöhung des Regelgegenstandwertes um ein Mehrfaches rechtfertigen (zu einem Gegenstandswert von 50 000 DM s. BPatGE 11, 166, 171; zu einer Erhöhung auf 25 000 DM bei einer inländischen Benutzung, deren Umfang nicht detailliert dargelegt war, s. BPatGE 40, 182 – P-Plus; zur Höhe des Streitwertes im Verletzungsprozeß, in dem ein Regelstreitwert nicht anzuerkennen ist s. KG, Beschluß vom 21. Oktober 1997, 5 W 5834/97 – Regelstreitwert). Keinen werterhöhenden Umstand stellt die überragende Verkehrsgeltung der *Widerspruchsmarke* dar (BPatG 40, 147 – Gegenstandswert für Widerspruchsverfahren; zum Patentnichtigkeitsverfahren s. BGH GRUR 1957, 79). Die Entscheidung über die Festsetzung des Gegenstandswerts ist *unanfechtbar* (zu Gegenvorstellungen nach § 10 Abs. 3 S. 3 BRAGO analog s. BPatGE 22, 129).

### III. Kostentragung des Präsidenten des DPMA (§ 90 Abs. 3)

Nach § 90 Abs. 3 können dem Präsidenten des DPMA Kosten auferlegt werden. Voraussetzung der Kostentragung des Präsidenten ist es, daß der Präsident die Rechtsbeschwerde eingelegt hat oder aber Anträge im Rechtsbeschwerdeverfahren gestellt hat. Eine Beteiligung des Präsidenten in Form des Äußerungsrechts nach §§ 87 Abs. 2, 68 Abs. 1 stellt keine Rechtsgrundlage einer Kostenentscheidung nach § 90 Abs. 3 dar. Auch die Kostenentscheidung nach § 90 Abs. 2 muß der Billigkeit nach § 90 Abs. 1 S. 1 entsprechen. Die Kostenauferlegung an den Präsidenten bedarf des *Vorliegens besonderer Umstände*, die eine solche Kostenentscheidung aus Billigkeitserwägungen rechtfertigen. Das ist etwa dann der Fall, wenn die Beteiligung des Präsidenten an dem Rechtsbeschwerdeverfahren und die Stellung von Anträgen durch den Präsidenten zusätzliche Kosten verursacht hat, die aus der Sicht des Rechtsbeschwerdeverfahrens vermeidbar waren. Auch im Falle seines Obsiegens kann es der Billigkeit entsprechen, dem Präsidenten des DPMA die Kosten aufzuerlegen, so etwa, wenn die angestrebte Klärung zwar im öffentlichen Interesse liegt, für die übrigen Beteiligten aber ohne Belang ist (s. auch BPatG GRUR 1990, 512 – Öffentliches Interesse).

## D. Kostenfestsetzungsverfahren (§ 90 Abs. 4)

### I. Art des Verfahrens

Nach dem Inhalt der Kostenentscheidung im Sinne des § 90 Abs. 1 S. 1 und Abs. 2 steht im mehrseitigen Rechtsbeschwerdeverfahren einem der Beteiligten als *Kostengläubiger* ein *Kostenerstattungsanspruch* gegen einen anderen Beteiligten als Kostenschuldner zu. Die Geltendmachung der im einzelnen zu erstattenden Kosten setzt die Festsetzung der konkreten Kosten in einem entsprechenden Verfahren voraus. Nach § 90 Abs. 4 sind die Vorschriften der ZPO über das *Kostenfestsetzungsverfahren* (§§ 103 bis 107 ZPO) entsprechend anzuwenden. Auch für die *Zwangsvollstreckung aus einem Kostenfestsetzungsbeschluß* gelten nach § 90 Abs. 4 die Vorschriften der ZPO (etwa §§ 794 Abs. 1 Nr. 2, 795, 795 a, 798 ZPO) entsprechend. Voraussetzung einer Kostenfestsetzung ist eine *unanfechtbare* und *vollstreckbare* Kostenentscheidung des Rechtsbeschwerdesenats (BPatGE 2, 114, 116). Die Kostenfestsetzung erfolgt auch im Rechtsbeschwerdeverfahren durch den Rechtspfleger beim BPatG (§§ 103 Abs. 2, 104 Abs. 1 S. 1 ZPO, 23 Abs. 1 Nr. 12 RPflG; s. dazu BGH GRUR 1968, 447, 449 – Flaschenkasten). Zwar ist § 90 Abs. 5 anders als die §§ 71 Abs. 5, 82 Abs. 1 MarkenG und § 109 Abs. 3 PatG in § 23 Abs. 1 Nr. 12 RPflG nicht ausdrücklich genannt (*Redaktionsversehen*). Schon nach der Rechtslage im WZG erfolgte aber die Kostenfestsetzung im Rechtsbeschwerdeverfahren durch den Rechtspfleger beim BPatG (*Benkard/Rogge*, § 109 PatG, Rn 5; *Busse/Starck*, § 13 WZG, Rn 48). Es ist nicht ersichtlich, daß der Gesetzgeber des MarkenG die bestehende Rechtslage ändern wollte. Nach der Gesetzesbegründung zu Art. 8 MRRG sind die Verweisungen auf das WZG in § 23 Abs. 1 RPflG durch solche auf das neue MarkenG ersetzt worden (Begründung zum MarkenG, BT-Drucks. 12/6581 vom 14. Januar 1994, S. 136). Dabei wurde übersehen, daß das Rechtsbeschwerdeverfahren nicht mehr durch eine Verweisung auf das PatG geregelt ist und deshalb die dem § 109 Abs. 3 PatG entsprechende Regelung des § 90 Abs. 5 MarkenG auch in § 23 Abs. 1 RPflG hätte aufgenommen werden müssen. Die *Vollstreckungsklausel* für den Kostenfestsetzungsbeschluß wird vom Urkundsbeamten der Geschäftsstelle des BPatG erteilt (§§ 794 Abs. 1 Nr. 2, 795, 724 Abs. 2 ZPO). Die Festsetzung der Rechtsanwaltskosten im Verhältnis zwischen Rechtsanwalt und Mandant beurteilt sich nach § 19 BRAGO.

### II. Erstattungsfähige Kosten der Beteiligten

#### 1. Grundsatz

Im Kostenfestsetzungsverfahren werden nicht alle den Beteiligten entstandenen Kosten berücksichtigt, sondern nur solche Kosten, die zur *zweckentsprechenden Wahrung der Ansprüche*

**MarkenG § 91**

und *Rechte notwendig* waren. Bei der Bestimmung der *erstattungsfähigen Kosten* ist dem BGH ein *Beurteilungsspielraum* zuzubilligen, wenn er schon in der Kostenentscheidung die zur zwecksentsprechenden Wahrung der Rechte und Ansprüche notwendigen Kosten benennt (BGH GRUR 1977, 559, 560 – Leckanzeigeeinrichtung; BPatGE 1, 94).

### 2. Die durch die Bevollmächtigung eines Rechts- oder Patentanwalts entstandenen Kosten

**17** Nach § 85 Abs. 5 müssen sich die Beteiligten im Rechtsbeschwerdeverfahren durch einen beim BGH zugelassenen *Rechtsanwalt* vertreten lassen. Die dem Rechtsanwalt zustehende gesetzliche Vergütung (Gebühren und Auslagen nach der BRAGO) ist stets *erstattungsfähig*. Daneben kann ein *Patentanwalt* am Verfahren mitwirken. Die Gebühren des Patentanwalts sind *bis zur Höhe einer vollen Rechtsanwaltsgebühr* (§ 11 BRAGO) zu erstatten; seine Auslagen sind zu erstatten, soweit sie notwendig waren (§ 85 Abs. 5 S. 4; zur Frage, ob für die über die Beschränkung bis zur Höhe einer vollen Gebühr hinaus dem Mandanten erwachsenen Patentanwaltsgebühren ein sachlichrechtlicher Erstattungsanspruch aus schadensersatzrechtlichen Gründen zu bejahen ist s. *Kirchner*, GRUR 1970, 54, 63 f.). Unter einer Mitwirkung ist jede im Rahmen eines Prozeßauftrages liegende Tätigkeit eines Patentanwalts zu verstehen, die für die Förderung der Markenangelegenheit ursächlich geworden ist (LG Düsseldorf Mitt 1984, 99). Entscheidend ist, ob die Tätigkeit das Rechtsbeschwerdeverfahren gefördert hat. Eine beratende Tätigkeit in vorprozessualen Besprechungen reicht aus, nicht jedoch in ähnlichen Vorprozessen (LG Koblenz GRUR 1984, 536).

### 3. Eigene Kosten des Beteiligten

**18** Die eigene Mühewaltung und der eigene Zeitaufwand, sowie die aufgrund der Tätigkeit eigener Mitarbeiter entstehenden Kosten stellen *keine erstattungsfähigen Aufwendungen* dar; sie bleiben unberücksichtigt (BPatGE 9, 137; RPA Mitt 1927, 80; BPatG Mitt 1966, 123). Notwendige vorgerichtliche *Reisekosten* des Beteiligten, etwa zu einer Besprechung mit seinem Anwalt, sind regelmäßig erstattungsfähig (BPatGE 11, 109, 112). Hinsichtlich der Notwendigkeit einer solchen Reise ist jedoch zu beachten, daß es im Rechtsbeschwerdeverfahren in der Regel nur um Rechtsfragen geht. Nicht erstattungsfähig sind grundsätzlich die Reisekosten zur mündlichen Verhandlung, es sei denn, die persönliche Teilnahme des Beteiligten war aus besonderen Umständen erforderlich (BPatGE 4, 139, 142; 11, 109, 111; 21, 88). Kosten für *Ablichtungen* sind im notwendigen Umfang erstattungsfähig (BPatG Mitt 1966, 123; BPatGE 15, 49, 50). Vorprozessuale *Recherchekosten* sind erstattungsfähig, wenn der Beteiligte die Recherche zum Zeitpunkt der Erhebung für erforderlich halten durfte (BPatGE 8, 181).

## Abschnitt 7. Gemeinsame Vorschriften

**Wiedereinsetzung**

**91** (1) ¹Wer ohne Verschulden verhindert war, dem Patentamt oder dem Patentgericht gegenüber eine Frist einzuhalten, deren Versäumung nach gesetzlicher Vorschrift einen Rechtsnachteil zur Folge hat, ist auf Antrag wieder in den vorigen Stand einzusetzen. ²Dies gilt nicht für die Frist zur Erhebung des Widerspruchs und zur Zahlung der Widerspruchsgebühr.

(2) Die Wiedereinsetzung muß innerhalb von zwei Monaten nach Wegfall des Hindernisses beantragt werden.

(3) ¹Der Antrag muß die Angabe der die Wiedereinsetzung begründenden Tatsachen enthalten. ²Diese Tatsachen sind bei der Antragstellung oder im Verfahren über den Antrag glaubhaft zu machen.

(4) ¹Die versäumte Handlung ist innerhalb der Antragsfrist nachzuholen. ²Ist dies geschehen, so kann Wiedereinsetzung auch ohne Antrag gewährt werden.

(5) Ein Jahr nach Ablauf der versäumten Frist kann die Wiedereinsetzung nicht mehr beantragt und die versäumte Handlung nicht mehr nachgeholt werden.

Wiedereinsetzung  1, 2  § 91 MarkenG

(6) Über den Antrag beschließt die Stelle, die über die nachgeholte Handlung zu beschließen hat.

(7) **Die Wiedereinsetzung ist unanfechtbar.**

(8) **Wird dem Inhaber einer Marke Wiedereinsetzung gewährt, so kann er Dritten gegenüber, die in dem Zeitraum zwischen dem Eintritt des Rechtsverlusts an der Eintragung der Marke und der Wiedereinsetzung unter einem mit der Marke identischen oder ihr ähnlichen Zeichen gutgläubig Waren in den Verkehr gebracht oder Dienstleistungen erbracht haben, hinsichtlich dieser Handlungen keine Rechte geltend machen.**

### Inhaltsübersicht

|  | Rn |
|---|---|
| A. Allgemeines | 1 |
| B. Voraussetzungen der Wiedereinsetzung | 2–9 |
|    I. Fristversäumnis mit Rechtsnachteil (§ 91 Abs. 1) | 2, 3 |
|    II. Verhinderung ohne Verschulden (§ 91 Abs. 1) | 4 |
|    III. Wiedereinsetzungsantrag (§ 91 Abs. 2 und 3) | 5–7 |
|    IV. Nachholung der versäumten Handlung (§ 91 Abs. 4) | 8 |
|    V. Antragsfrist (§ 91 Abs. 2 und 5) | 9 |
| C. Entscheidung (§ 91 Abs. 6 und 7) | 10, 11 |
| D. Wirkung der Wiedereinsetzung | 12 |
| E. Schutz gutgläubiger Dritter (§ 91 Abs. 8) | 13 |

**Schrifttum zum PatG.** *Giliard*, Wiedereinsetzung und Sorgfaltspflicht, Mitt 1974, 43; *Johannsen*, Die Wiedereinsetzung in den vorigen Stand nach der Rechtsprechung des Bundesgerichtshofs, NJW 1952, 525; *Kirchner*, Verspätet nachgeschobene Wiedereinsetzungsgründe, Mitt 1972, 26; *Pinzger*, Wirkung der Wiedereinsetzung im patentamtlichen Verfahren, GRUR 1932, 827; *Radt*, Verzögerungen der Postbeförderung bei Sendungen an das Deutsche Patentamt, Mitt 1979, 162; *Reinländer*, Zur Sorgfaltspflicht des Anwalts, Mitt 1974, 46; *Schade*, Zur Wiedereinsetzung in den vorigen Stand im patentamtlichen Verfahren, GRUR 1953, 49; *Schmieder*, Die vergessenen Gebührenmarken als Wiedereinsetzungsproblem im patentgerichtlichen Verfahren, GRUR 1977, 244; *Schulte*, Das Antragsrecht für die Wiedereinsetzung, GRUR 1961, 525; *Trüstedt*, Die Wiedereinsetzung in den vorigen Stand im Verfahren vor dem Patentamt unter Berücksichtigung des Gesetzes Nr. 8 vom 20. 10. 1949, GRUR 1950, 490.

### Entscheidung zum MarkenG

**BPatGE 37, 241 – Anwaltlicher Verantwortungsbereich**
Anmeldung der Marke als eigener Verantwortungsbereich des Patentanwalts.

## A. Allgemeines

Bei der *Wiedereinsetzung in den vorigen Stand* handelt es sich um einen *außerordentlichen Rechtsbehelf*, der einen bereits eingetretenen Zustand aus Billigkeitsgründen wieder beseitigen soll. Durch die Wiedereinsetzung wird eine versäumte und nachgeholte Handlung als rechtzeitig fingiert. Nach der Rechtslage im WZG war die Wiedereinsetzung im wesentlichen durch eine Verweisung auf das PatG geregelt (§ 12 Abs. 1 WZG). Mit § 91 ist eine selbständige Vorschrift über die Wiedereinsetzung in das MarkenG aufgenommen worden. Die Regelung entspricht weitgehend der Bestimmung des § 123 PatG. Anders als nach § 123 Abs. 1 S. 2 PatG ist eine Wiedereinsetzung auch in die Fristen zur Einreichung von Anmeldungen, für die eine Priorität in Anspruch genommen werden kann, möglich. 1

## B. Voraussetzungen der Wiedereinsetzung

### I. Fristversäumnis mit Rechtsnachteil (§ 91 Abs. 1)

Nach Abs. 1 kommt eine Wiedereinsetzung, soweit das Gesetz keine Ausnahme vorsieht, bei allen dem DPMA oder BPatG gegenüber einzuhaltenden *Fristen* in Betracht, deren *Versäumung* nach gesetzlicher Vorschrift einen *Rechtsnachteil* zur Folge hat. Hierunter ist jede 2

Schlechterstellung der Rechtslage des Betroffenen zu verstehen, die durch die Versäumung der Frist unmittelbar kraft Gesetzes eintritt. Eine Wiedereinsetzung kommt etwa gegen die Versäumung der Frist zur Zahlung der Anmeldegebühr (§ 36 Abs. 3), der Teilungsgebühr (§ 40 Abs. 2) oder der Verlängerungsgebühr (§ 47 Abs. 3) in Betracht; ferner gegen die Versäumung der Erinnerungsfrist (§ 64 Abs. 2), der Beschwerdefrist (§ 66 Abs. 2), sowie der Frist für die Zahlung der Beschwerdegebühr (§ 66 Abs. 5). Anders als nach der Rechtslage im WZG ist auch eine Wiedereinsetzung in die Fristen zur Einreichung von Anmeldungen, für die eine frühere Priorität in Anspruch genommen werden kann (s. dazu §§ 34 und 35), möglich. Schließlich ist eine Wiedereinsetzung in die Wiedereinsetzungsfrist (§ 91 Abs. 2) zulässig (BPatG BlPMZ 1983, 305, 306; *Busse/Starck*, § 12 WZG, Rn 37; *Benkard/Schäfers*, § 123 PatG, Rn 53). Die Fristversäumung muß für den Rechtsnachteil *ursächlich* sein. Das ist sie nicht, wenn ein anderer Umstand hinzugetreten ist, etwa der Betroffene die Folgen durch Abgabe einer Erklärung oder durch die Einlegung eines Rechtsmittels abwenden konnte.

3   Nach Abs. 1 S. 2 ist eine *Wiedereinsetzung in die Frist zur Erhebung des Widerspruchs* (§ 42 Abs. 1) und *zur Zahlung der Widerspruchsgebühr* (§ 42 Abs. 3) *ausgeschlossen*. Der Inhaber der Widerspruchsmarke wird hierdurch nicht unbillig benachteiligt, weil er jederzeit die Löschungsklage (§§ 55, 51) erheben kann.

## II. Verhinderung ohne Verschulden (§ 91 Abs. 1)

4   Eine Wiedereinsetzung kommt nur in Betracht, wenn der Beteiligte *ohne Verschulden verhindert* war, die Frist einzuhalten. Die Fristversäumnis ist unverschuldet, wenn dem Beteiligten insoweit weder *Vorsatz* noch *Fahrlässigkeit* zur Last fällt (§ 276 BGB). Die Anforderungen müssen sich in den Grenzen halten, die den tatsächlich vorhandenen Möglichkeiten und der von einer verständigen, wirtschaftlich denkenden Person zu erwartenden Sorgfalt entsprechen (BPatGE 10, 307). Der Maßstab ist ein subjektiver, auf die Person bezogener. Das *Verschulden eines Vertreters*, der kein Anwalt zu sein braucht, steht dem Verschulden des Beteiligten gleich (§§ 51 Abs. 2, 85 Abs. 2 ZPO; s. dazu BPatGE 1, 132, 134; 7, 230, 232). An die Sorgfaltspflicht von Anwälten sind höhere Anforderungen als an Rechtsunkundige zu stellen (zu den Anforderungen der Rechtsprechung an die Sorgfaltspflichten von Anwälten s. im einzelnen *Baumbach/Lauterbach/Albers/Hartmann*, § 233 ZPO, Rn 49 ff.; *Benkard/Schäfers*, § 123 PatG, Rn 22 ff.). Als unverschuldet wird es etwa angesehen, wenn trotz ausreichender Vorkehrungsmaßnahmen (Beauftragung eines zuverlässigen Angestellten mit der rechtzeitigen Vorbereitung der Gebührenzahlung, Anordnung einer geordneten und übersichtlichen Vorlage zur Unterschrift, sowie Beauftragung eines weiteren zuverlässigen Angestellten mit nochmaliger Kontrolle vor Absendung der ausgehenden Post) ein Postscheck ohne Unterschrift zur Post gelangt (BPatGE 2, 130; s. *Kirchner*, Mitt 1972, 26); wenn eine mit der Zahlung an das DPMA beauftragte Hilfsperson, die grundsätzlich kein Vertreter ist, eine fristgebundene Gebührenzahlung nicht rechtzeitig vornimmt, wenn der Zahlungspflichtige auf die Zuverlässigkeit des Beauftragten vertrauen konnte, ihn überwachte und alle notwendigen Vorkehrungen zur sicheren Fristwahrung getroffen hat (BPatGE 18, 196); wenn im Widerspruchsverfahren eine Erinnerungsschrift am Tag vor Fristablauf so rechtzeitig zur Post gebracht wurde, daß sie bei normaler Postlaufzeit am nächsten Tag beim DPMA eingehen konnte (BPatGE 23, 88 im Anschluß an BVerfGE 41, 23). Kein Wiedereinsetzungsgrund liegt etwa vor bei mangelnder Kenntnis der gesetzlichen Vorschriften (RPA MuW 1936, 269); bei ungenügender Anweisung und Überwachung von Angestellten; bei Zahlungsunfähigkeit (zur umfangreichen Rechtsprechung s. *Baumbach/Lauterbach/Albers/Hartmann*, § 233 ZPO, Rn 18 ff.; *Benkard/Schäfers*, § 123 PatG, Rn 35 ff.). Die Anmeldung einer Marke liegt im anwaltlichen Verantwortungsbereich und darf nicht vollständig auf Hilfskräfte übertragen werden (BPatGE 37, 241 – Anwaltlicher Verantwortungsbereich).

## III. Wiedereinsetzungsantrag (§ 91 Abs. 2 und 3)

5   Die Wiedereinsetzung wird grundsätzlich nur auf *Antrag* gewährt (Abs. 2). Bei rechtzeitiger Nachholung der versäumten Handlung kann die Wiedereinsetzung auch von Amts we-

Wiedereinsetzung 6–9 § 91 MarkenG

gen gewährt werden. Das setzt jedoch voraus, daß die die Wiedereinsetzung rechtfertigenden Tatsachen zum Zeitpunkt der Nachholung der versäumten Handlung sämtlich aktenkundig waren (BPatGE 25, 121). Wird gegenüber dem DPMA eine Frist versäumt, so ist der Antrag in der nach den §§ 64 bis 66, 70 MarkenV vorgeschriebenen Form zu stellen. Der Wiedereinsetzungsantrag kann bei Versäumung einer Frist gegenüber dem DPMA wie gegenüber dem BPatG *schriftlich*, durch *Telekopierer*, durch *Telegramm* oder durch *Telex* eingereicht werden. Bei der Beantragung der Wiedereinsetzung durch Fernschreiben und Telefax muß die kopierte Vorlage handschriftlich unterzeichnet sein (BGH NJW 1990, 188). Wird der Antrag per Telefax gestellt, so trägt das DPMA oder das BPatG, das die Übermittlung per Telefax eröffnet hat, die aus den technischen Gegebenheiten des Kommunikationsmittels herrührenden besonderen Risiken (s. zur Eröffnung der Möglichkeit der Übermittlung von Schriftsätzen per Telefax durch ein Gericht BVerfG NJW 1996, 2857). Der Wiedereinsetzungsantrag muß die Tatsachen enthalten, auf die er sich zur Begründung der Wiedereinsetzung stützt, sowie die Mittel zu ihrer Glaubhaftmachung (Abs. 3). Soweit der Antrag nicht selbst die Nachholung der versäumten Handlung enthält, muß in ihm darauf hingewiesen werden. Der Wiedereinsetzungsantrag ist gebührenfrei.

Zu den vorzutragenden Tatsachen gehören die Angabe, aus welchem Grund die Frist 6 versäumt worden ist, inwiefern das unverschuldet war, sowie die Umstände, aus denen sich die Einhaltung der Antragsfrist ergibt. Bei der Versäumung einer Zahlungsfrist muß der Säumige außerdem vortragen, daß die Absicht bestanden hat, die Gebühr rechtzeitig zu zahlen (BPatGE 25, 65, 67). Das Nachschieben von Wiedereinsetzungsgründen nach Ablauf der Zweimonatsfrist ist unzulässig (BGH NJW 1971, 2269). Der Antragsteller darf zwar seinen fristgerechten Vortrag nach Fristablauf ergänzen und konkretisieren (BGH VersR 1978, 719), nicht jedoch seinen Antrag auf eine andere tatsächliche Grundlage stellen (BPatGE 19, 44).

Der Antragsteller muß die für die Wiedereinsetzung vorgetragenen Tatsachen glaubhaft 7 machen (§ 294 ZPO; BGH VersR 1983, 376; 1986, 463). Die zulässigen Mittel der Glaubhaftmachung bestimmen sich nach den allgemeinen Regeln des Beweisrechts (s. dazu im einzelnen § 43, Rn 10).

### IV. Nachholung der versäumten Handlung (§ 91 Abs. 4)

Der Betroffene muß die versäumte Handlung, etwa die Gebührenzahlung oder die Einle- 8 gung der Beschwerde, innerhalb der Zweimonatsfrist (Abs. 2) nach Wegfall des Hindernisses nachholen (Abs. 4 S. 1). Hat er dies getan, dann kann die Wiedereinsetzung auch von Amts wegen gewährt werden (Abs. 4 S. 2).

### V. Antragsfrist (§ 91 Abs. 2 und 5)

Der Wiedereinsetzungsantrag muß binnen *zwei Monaten* seit dem Wegfall des Hindernis- 9 ses (Abs. 2) und höchstens ein Jahr nach Ablauf der versäumten Frist (Abs. 5) beantragt werden. Innerhalb der Frist ist die versäumte Handlung nachzuholen (Abs. 4). Das Hindernis entfällt in dem Zeitpunkt, in dem der Säumige oder sein Vertreter bei Anwendung der ihnen persönlich zuzumutenden Sorgfalt nicht mehr gehindert sind, die versäumte Handlung vorzunehmen (BGH NJW 1959, 2063; BPatGE 13, 87; 15, 52). Die Frist beginnt auch dann zu laufen, wenn das (tatsächliche) Fortbestehen des Hindernisses nicht mehr als unverschuldet erachtet werden kann (BGH VersR 1978, 825; BPatG Mitt 1973, 169). Die Frist berechnet sich nach den §§ 187 ff. BGB. Eine Verlängerung der Antragsfrist ist nicht zulässig. Möglich ist aber eine Wiedereinsetzung in die Antragsfrist nach Abs. 2 (s. Rn 2). Gegen die Versäumung der Jahresfrist nach Abs. 5 (Ausschlußfrist) ist eine Wiedereinsetzung nicht statthaft (DPA Mitt 1942, 85). Nach Ablauf der Jahresfrist kommt eine Wiedereinsetzung nur noch in Betracht, wenn sie auch von Amts wegen hätte gewährt werden können und müssen, die gebotene Wiedereinsetzung jedoch unterblieben ist (BFH NJW 1978, 1600).

## C. Entscheidung (§ 91 Abs. 6 und 7)

**10** Über den Wiedereinsetzungsantrag entscheidet die Stelle, die über die nachgeholte Handlung zu beschließen hat (Abs. 6). Das Verfahren über den Wiedereinsetzungsantrag wird in aller Regel mit dem Verfahren über die nachgeholte Prozeßhandlung verbunden; eine Vorabentscheidung ist aber möglich (§ 238 ZPO; s. dazu BPatGE 2, 56).

**11** Die Wiedereinsetzung ist unanfechtbar (Abs. 7). Gegen die Ablehnung der Wiedereinsetzung kann der Säumige mit der Erinnerung (§ 64 Abs. 1) oder mit der Beschwerde (§ 66 Abs. 1) vorgehen.

## D. Wirkung der Wiedereinsetzung

**12** Die Wiedereinsetzung wirkt rechtsgestaltend und beseitigt die Säumnisfolgen in vollem Umfang. Die *versäumte Rechtshandlung* wird als *rechtzeitig* fingiert; der Rechtsnachteil gilt als nicht eingetreten. Die Bewilligung der Wiedereinsetzung bindet die Gerichte. Eine Überprüfung der Wiedereinsetzung durch das DPMA im Beschwerdeverfahren vor dem BPatG ist unzulässig. Im Verletzungsprozeß ist der Einwand, der Markeninhaber habe die Wiedereinsetzung durch bewußt unrichtige Angaben erschlichen, zulässig (BGH GRUR 1952, 565 – Wäschepresse; 1956, 265 – Rheinmetall-Borsig; 1963, 519 – Klebemax).

## E. Schutz gutgläubiger Dritter (§ 91 Abs. 8)

**13** Zweck des § 91 Abs. 8 ist der *Schutz gutgläubiger Dritter* vor einer wirksamen Wiedereinsetzung. Der Markeninhaber kann gegenüber Benutzungshandlungen gutgläubiger Dritter, die unter einer kollidierenden Marke Waren in den Verkehr bringen oder Dienstleistungen erbringen, keine Rechte aus der Marke geltend machen. Der Ausschluß von markenrechtlichen Ansprüchen besteht in dem Zeitraum zwischen dem Eintritt des Rechtsverlusts an der Eintragung der Marke aufgrund der Fristversäumung und der wirksamen Wiedereinsetzung. Ein Weiterbenutzungsrecht, wie es § 123 Abs. 5 PatG gewährt, besteht nach der Rechtslage im MarkenG nicht.

## Wahrheitspflicht

**§ 92** In den Verfahren vor dem Patentamt, dem Patentgericht und dem Bundesgerichtshof haben die Beteiligten ihre Erklärungen über tatsächliche Umstände vollständig und der Wahrheit gemäß abzugeben.

### Inhaltsübersicht

|  | Rn |
|---|---|
| A. Allgemeines | 1 |
| B. Inhalt der Wahrheitspflicht | 2 |
| C. Folgen einer Verletzung der Wahrheitspflicht | 3 |

### A. Allgemeines

**1** Die *Wahrheitspflicht*, die im WZG durch eine Verweisung auf § 124 PatG geregelt war (§ 12 Abs. 1 WZG), ist mit der Vorschrift des § 92 ausdrücklich in das MarkenG übernommen worden. Die Regelung lehnt sich wörtlich an § 138 Abs. 1 ZPO an, der für das Verfahren vor den ordentlichen Gerichten unmittelbar gilt.

## B. Inhalt der Wahrheitspflicht

Die *Wahrheitspflicht* soll eine redliche Verfahrensführung sichern und stellt sich damit als 2
eine verfahrensrechtliche Ausprägung des Grundsatzes von Treu und Glauben dar (*Baumbach/Lauterbach/Albers/Hartmann*, § 138 ZPO, Rn 4). Sie obliegt allen Beteiligten der Verfahren in Markenangelegenheiten sowie deren Vertretern. Die Beteiligten und ihre Vertreter haben die ihnen persönlich als wahr bekannten Tatsachen zu offenbaren (Pflicht zur subjektiven Wahrhaftigkeit). Zur Wahrheitspflicht gehört nicht nur die wahrheitsgemäße Erklärung über bisher schon vorgetragene Tatsachen, sondern auch die Offenlegung all dessen, was noch nicht Gegenstand der Erörterung gewesen, aber für die Sache wesentlich ist. Die Grenze der Offenbarungspflicht ist dort zu ziehen, wo die in Frage stehenden Umstände für das betreffende Verfahren unerheblich sind. Ebenso muß ein Beteiligter nichts offenbaren, was ihm zur Unehre gereicht oder ihn einer Strafverfolgung aussetzen könnte (RGZ 156, 265, 269).

## C. Folgen einer Verletzung der Wahrheitspflicht

Die *Verletzung der Wahrheitspflicht* zieht mangels gesetzlicher Anordnung zwar keine Strafe 3
nach sich, kann aber Mißtrauen gegen das übrige Vorbringen auslösen und so für den Beteiligten nachteilig wirken. Daneben sind Rechtsfolgen nach den allgemeinen strafrechtlichen (insbesondere § 263 StGB) und prozeßrechtlichen (etwa Kostenfolgen; s. dazu BPatGE 1, 171, 172) Vorschriften möglich. Die Verletzung der Wahrheitspflicht im Prozeß und der damit einhergehende Prozeßbetrug können einen Schadensersatzanspruch nach den §§ 823 Abs. 2, 826 BGB begründen (so zu § 138 ZPO *Zöller/Greger*, § 138 ZPO, Rn 7; *Zimmermann*, § 138 ZPO, Rn 3; RGZ 95, 310; 165, 28; 168, 10; BGHZ 26, 391; BGH NJW 1964, 349; 1964, 1672; aA *Baumbach/Lauterbach/Albers/Hartmann*, § 138 ZPO, Rn 65; *Thomas/Putzo*, § 138 ZPO, Rn 10, die die auf der unwahren Aussage basierende Schadensersatzpflicht ausschließlich auf § 826 BGB stützen und den Schutzgesetzcharakter des § 138 ZPO unter Hinweis auf die Gefahr, eine schon rechtskräftig entschiedene Rechtsstreitigkeit werde andernfalls erneut in Streit gestellt, verneinen). Den Anwalt, der gegen die Wahrheitspflicht verstößt, können standesrechtliche Folgen treffen (§§ 43, 45 Nr. 1 BRAO; 39, 41 Nr. 1 PatAnwO).

## Amtssprache und Gerichtssprache

**93** ¹Die Sprache vor dem Patentamt und vor dem Patentgericht ist deutsch. ²Im übrigen finden die Vorschriften des Gerichtsverfassungsgesetzes über die Gerichtssprache Anwendung.

### Inhaltsübersicht

|   | Rn |
|---|---|
| A. Deutsch als Amts- und Gerichtssprache ........................................................ | 1 |
| B. Eingaben in anderer Sprache (§§ 67 bis 69 MarkenV) ................................ | 2–5 |

### A. Deutsch als Amts- und Gerichtssprache

Nach § 93, der § 184 GVG entspricht, ist die Sprache vor dem DPMA und dem BPatG 1
deutsch. Im übrigen verweist § 93 S. 2 auf die §§ 185 bis 191 GVG, die nähere Bestimmungen über die Verhandlungen mit Personen, die der deutschen Sprache nicht mächtig sind, sowie mit Tauben und Stummen enthalten.

### B. Eingaben in anderer Sprache (§§ 67 bis 69 MarkenV)

Die Vorschrift des § 93 entspricht § 126 PatG. Nach § 126 S. 2 PatG aF waren Eingaben 2
in anderer Sprache als in deutsch nicht zu berücksichtigen. Durch das 2. PatGÄndG vom

16. Juli 1998 (BGBl. I S. 1827) ist § 126 S. 2 PatG entfallen. Nach § 126 S. 1 PatG ist die Verfahrenssprache vor dem Patentamt nur insoweit deutsch, als nichts anderes bestimmt ist. Eine solche andere gesetzliche Regelung enthält für die Einreichung fremdsprachiger Anmeldungsunterlagen der durch das 2. PatGÄndG ebenfalls neu gefaßte § 35 Abs. 1 PatG. Die Anforderungen, die an die Berücksichtigungsfähigkeit fremdsprachiger Eingaben gestellt werden, regelt § 10 PatAnmV. Die Aufhebung des § 126 S. 2 PatG erfolgte in Anlehnung an § 93 MarkenG und dient der Vereinheitlichung der Verfahren. Auch der Gesetzgeber des MarkenG wollte dem DPMA in Markenangelegenheiten die Möglichkeit einräumen, *fremdsprachige Unterlagen und Dokumente* zu berücksichtigen. Hierfür kann namentlich im Zusammenhang mit internationalen Registrierungen und bei der Inanspruchnahme einer ausländischen Priorität nach § 34 ein Bedürfnis bestehen (Begründung zum MarkenG, BT-Drucks. 12/6581 vom 14. Januar 1994, S. 107). Die Voraussetzungen, unter denen fremdsprachige Eingaben und Schriftstücke vom DPMA berücksichtigt werden, sind in den §§ 67 bis 69 MarkenV geregelt.

3   Nach § 67 Abs. 1 S. 1 können für Anmeldungen *fremdsprachige Formblätter* verwendet werden, die in deutscher Sprache ausgefüllt sind. Voraussetzung ist, daß die fremdsprachigen Formblätter international standardisiert sind und nach Form und Inhalt den deutschsprachigen Formblättern entsprechen. Wenn das DPMA nähere Erläuterungen zum Inhalt einzelner Angaben in dem fremdsprachigen Formblatt verlangt, bleibt die Zuerkennung des Anmeldetages nach § 33 Abs. 1 von solchen Nachforderungen unberührt (§ 67 Abs. 1 S. 3 MarkenV). Die Verwendung fremdsprachiger Formblätter ist nach § 67 Abs. 2 MarkenV auch in anderen Verfahren zulässig, für die vom DPMA Formblätter herausgegeben werden.

4   Nach § 68 Abs. 1 MarkenV wird einer *fremdsprachigen Anmeldung*, die die Mindesterfordernisse einer Anmeldung nach § 32 Abs. 2 enthält, der Anmeldetag nach § 33 Abs. 1 zuerkannt. Der Anmelder muß allerdings innerhalb eines Monats ab Eingang der Anmeldung beim DPMA eine beglaubigte Übersetzung des Inhalts der Anmeldung einreichen (§ 68 Abs. 2 MarkenV). Wird die Übersetzung nicht fristgemäß eingereicht, dann gilt die Anmeldung grundsätzlich als nicht eingereicht (§ 68 Abs. 3 S. 2 MarkenV). Wird die Übersetzung vor einer solchen Feststellung eingereicht, dann wird die Anmeldung dennoch weiterbehandelt (§ 68 Abs. 3 S. 3 MarkenV); wenn in einem solchen Fall die Übersetzung das Waren- oder Dienstleistungsverzeichnis betrifft, dann wird der Anmeldung nur der Tag des Eingangs der Übersetzung als Anmeldetag zuerkannt (§ 68 Abs. 3 S. 4 MarkenV in Abweichung von der Grundregelung des § 68 Abs. 3 S. 1 MarkenV).

5   Nach § 69 Abs. 1 Nr. 1 bis 6 MarkenV kann das DPMA Prioritätsbelege, Belege über eine im Ursprungsland eingetragene Marke, Unterlagen zur Glaubhaftmachung oder zum Nachweis von Tatsachen, Stellungnahmen und Bescheinigungen Dritter, Gutachten sowie Nachweise aus Veröffentlichungen in anderen als der deutschen Sprache berücksichtigen. Wenn diese fremdsprachigen Schriftstücke in Englisch, Französisch, Italienisch oder Spanisch abgefaßt sind, dann kann das DPMA innerhalb einer von ihm bestimmten Frist eine Übersetzung verlangen (§ 69 Abs. 3 S. 1 MarkenV). Ist das Schriftstück in anderen Fremdsprachen abgefaßt, dann ist innerhalb eines Monats nach Eingang des Schriftstücks beim DPMA eine von einem Rechtsanwalt oder Patentanwalt beglaubigte oder von einem öffentlich bestellten Übersetzer angefertigte Übersetzung einzureichen (§ 69 Abs. 2 S. 1 MarkenV). Wird die Übersetzung nicht fristgemäß eingereicht, dann gilt das Schriftstück als nicht zugegangen (§ 69 Abs. 3 S. 3 MarkenV) bzw als zum Zeitpunkt des Eingangs der Übersetzung zugegangen (§ 69 Abs. 2 S. 2 MarkenV).

**Zustellungen**

**94** (1) **Für Zustellungen im Verfahren vor dem Patentamt und dem Patentgericht gelten die Vorschriften des Verwaltungszustellungsgesetzes mit folgenden Maßgaben:**
1. **Zustellungen an Empfänger, die sich im Ausland aufhalten und die keinen Inlandsvertreter (§ 96) bestellt haben, können auch durch Aufgabe zur Post nach den §§ 175 und 213 der Zivilprozeßordnung bewirkt werden, soweit für den Empfänger die Notwendigkeit zur Bestellung eines Inlandsvertreters im Zeitpunkt der zu bewirkenden Zustellung erkennbar war.**

2. Für Zustellungen an Erlaubnisscheininhaber (§ 177 der Patentanwaltsordnung) ist § 5 Abs. 2 des Verwaltungszustellungsgesetzes entsprechend anzuwenden.

3. ¹An Empfänger, denen beim Patentamt oder beim Patentgericht ein Abholfach eingerichtet worden ist, kann auch dadurch zugestellt werden, daß das Schriftstück im Abholfach des Empfängers niedergelegt wird. ²Über die Niederlegung ist eine schriftliche Mitteilung zu den Akten zu geben. ³Auf dem Schriftstück ist zu vermerken, wann es niedergelegt worden ist. ⁴Die Zustellung gilt als am dritten Tag nach der Niederlegung im Abholfach bewirkt.

(2) § 9 Abs. 1 des Verwaltungszustellungsgesetzes ist nicht anzuwenden, wenn mit der Zustellung die Frist für die Einlegung der Erinnerung (§ 64 Abs. 2), der Beschwerde (§ 66 Abs. 2) oder der Rechtsbeschwerde (§ 85 Abs. 1) beginnt.

### Inhaltsübersicht

|  | Rn |
|---|---|
| A. Allgemeines | 1 |
| B. Erfordernis der Zustellung | 2 |
| C. Sonderregelungen | 3–6 |
|    I. Zustellung im Ausland (§ 94 Abs. 1 Nr. 1) | 3 |
|    II. Zustellung an Erlaubnisscheininhaber (§ 94 Abs. 1 Nr. 2) | 4 |
|    III. Zustellung durch Niederlegung im Abholfach (§ 94 Abs. 1 Nr. 3) | 5 |
|    IV. Keine Heilung von Zustellungsmängeln bei Rechtsbehelfsfristen (§ 94 Abs. 2) | 6 |

## A. Allgemeines

Die Vorschrift des § 94, die mit gewissen Modifikationen der Vorschrift des § 127 PatG entspricht (zu den Gründen für die Abweichung s. Begründung zum MarkenG, BT-Drucks. 12/6581 vom 14. Januar 1994, S. 107), regelt das *Zustellungswesen beim DPMA und beim BPatG.* Die Vorschrift verweist grundsätzlich auf die Bestimmungen des Verwaltungszustellungsgesetzes (VwZG), sieht aber einige Abweichungen vor. Für das *Rechtsbeschwerdeverfahren* (§§ 83 ff.) gilt § 94 nicht. Der BGH stellt gemäß § 88 Abs. 1 nach den Vorschriften der ZPO zu (§§ 208 bis 213 a ZPO).

## B. Erfordernis der Zustellung

Zuzustellen ist nach § 94 Abs. 1 iVm § 1 Abs. 3 VwZG, soweit dies durch *Rechtsvorschrift* oder *behördliche Anordnung* bestimmt ist. Durch Rechtsvorschrift vorgeschrieben ist die Zustellung für Beschlüsse des DPMA (§ 61 Abs. 1 S. 1), die Aufforderungen nach den §§ 34 Abs. 3 und 35 Abs. 4, die Mitteilungen nach den §§ 36 Abs. 3, 47 Abs. 3, 53 Abs. 2 (§ 53 Abs. 3), 53 Abs. 4 (§ 49 Abs. 1 S. 4) und 54 Abs. 3, ferner für die Beschwerde und alle Schriftsätze, die Sachanträge oder eine Zurücknahme der Beschwerde oder eines Antrags enthalten (§ 66 Abs. 4), sowie für Endentscheidungen des BPatG (§ 79 Abs. 1). *Zwischenentscheidungen* und *Verfügungen des BPatG* sind zuzustellen, wenn sie eine *Terminsbestimmung enthalten,* eine *Frist in Lauf setzen,* einen *Vollstreckungstitel bilden* oder der *befristeten Erinnerung unterliegen* (§ 82 Abs. 1 iVm § 329 ZPO). Nach einer *Anordnung des Präsidenten des DPMA* ist eine Zustellung etwa anzuordnen für (1) *Bescheide, in denen Fristen gesetzt werden,* wenn (a) der Bescheid dem Empfänger zuvor bereits formlos übersandt worden ist, mangels Reaktion/Antwort aber nicht sicher ist, ob er den Bescheid erhalten hat und (b) nach Ablauf der im Bescheid genannten Frist auf Grundlage des mitgeteilten Sachverhalts eine abschließende Entscheidung ergehen kann, und für (2) *Ladungen* der Beteiligten, Zeugen, Sachverständigen usw. sowie *Verlegungen eines Termins* zur mündlichen Verhandlung in allen patentamtlichen Verfahren, ferner *Terminabsetzungen,* soweit sie nicht mittels Telegramm erfolgen (Verfügung Nr. 10 des Präsidenten des DPA vom 25. Oktober 1972 und der Änderung der Verfügung Nr. 10 vom 23. September 1992; s. dazu BPatG Mitt 1979, 178). Die Regelung über die Zustellung der Bescheide, in denen Fristen gesetzt werden, bedeutet in der Praxis, daß im *Regelfall* alle Bescheide mit Fristen nur formlos übersandt werden (s. zum Zustellungserfordernis trotz entgegenstehenden Gesetzeswortlauts, wenn Fristen in Gang gesetzt werden § 53, Rn 5). Die Wahl der Zustellungsart steht nach § 2 Abs. 2 VwZG im Ermessen des DPMA bzw des BPatG.

## C. Sonderregelungen

### I. Zustellung im Ausland (§ 94 Abs. 1 Nr. 1)

3  *Zustellungen im Ausland* erfolgen nach § 14 VwZG mittels Ersuchens der zuständigen ausländischen Behörde oder der konsularischen oder diplomatischen Vertretung des Bundes oder bei exterritorialen Deutschen des Auswärtigen Amtes. Nach § 94 Abs. 1 Nr. 1 können Zustellungen im Ausland auch durch Aufgabe zur Post nach den §§ 175 und 213 ZPO bewirkt werden. Voraussetzung dafür ist, daß der Empfänger keinen Inlandsvertreter (§ 96) bestellt hat und die Notwendigkeit, einen Inlandsvertreter zu bestellen, für ihn im Zeitpunkt der zu bewirkenden Zustellung erkennbar war. Eine wirksame Zustellung nach den §§ 175, 213 ZPO setzt nur voraus, daß die Sendung mit der Anschrift des Empfängers, zu der auch das Bestimmungsland gehört (BGHZ 73, 388, 390 f.), versehen ist und der Zeitpunkt der Aufgabe und die Anschrift des Empfängers ordnungsgemäß in den Akten vermerkt worden sind zu den Einzelheiten s. *Baumbach/Lauterbach/Albers/Hartmann*, §§ 175 und 213 ZPO). Die Zustellung gilt als bewirkt, sobald das Schriftstück bei der Post aufgegeben worden ist (§ 175 Abs. 1 S. 3 ZPO). Mit der Aufgabe zur Post beginnen daher die ab Zustellung laufenden Fristen (BGH NJW 1992, 1701).

### II. Zustellung an Erlaubnisscheininhaber (§ 94 Abs. 1 Nr. 2)

4  Die Zustellung gegen Empfangsbekenntnis erfolgt nach § 5 Abs. 1 VwZG grundsätzlich dadurch, daß ein Bediensteter der zustellenden Behörde das Schriftstück dem Empfänger aushändigt. Bei einem bestimmten Empfängerkreis, zu dem etwa Behörden und Rechtsanwälte zählen, kann die Zustellung gegen Empfangsbekenntnis durch irgendeine Form der Übermittlung bewirkt werden. Als Nachweis der Zustellung genügt das mit Datum und Unterschrift versehene Empfangsbekenntnis, das an die Behörde zurückzusenden ist (§ 5 Abs. 2 VwZG). Nach § 94 Abs. 1 Nr. 2 gilt diese erleichterte Form der Zustellung auch für *Erlaubnisscheininhaber* (§ 177 PatAnwO). An *Patentassessoren* kann nicht per Empfangsbekenntnis zugestellt werden (BPatGE 39, 162, 163 – Ökomat).

### III. Zustellung durch Niederlegung im Abholfach (§ 94 Abs. 1 Nr. 3)

5  Neben den in den §§ 2 ff. VwZG vorgesehenen Zustellungsarten sieht § 94 Abs. 1 Nr. 3 die Zustellung durch *Niederlegung im Abholfach* vor. Diese Zustellungsart kommt nur dann in Betracht, wenn dem Empfänger beim DPMA oder beim BPatG ein Abholfach eingerichtet worden ist. Die Zustellung ist nur dann wirksam, wenn der Zeitpunkt der Niederlegung auf dem Schriftstück vermerkt worden ist und eine schriftliche Mitteilung über die Niederlegung zu den Akten gegeben worden ist (Abs. 1 Nr. 3 S. 2 und 3). In diesem Fall gilt die Zustellung als am dritten Tag nach der Niederlegung im Abholfach bewirkt (Abs. 1 Nr. 3 S. 4). Hierbei handelt es sich um eine unwiderlegbare Vermutung (argumentum e contrario § 4 Abs. 1 VwZG). Wenn das Schriftstück fehlgeleitet worden oder abhanden gekommen ist, kann der Empfänger nur die Wiedereinsetzung beantragen. Die Vermutung gilt auch zugunsten des Zustellungsempfängers (BPatGE 17, 3, 4 f.).

### IV. Keine Heilung von Zustellungsmängeln bei Rechtsbehelfsfristen (§ 94 Abs. 2)

6  *Zustellungsmängel* können nach § 9 Abs. 1 VwZG grundsätzlich geheilt werden. Eine Heilung ist im Interesse der Rechtssicherheit nach § 94 Abs. 2 ausgeschlossen, wenn mit der Zustellung die *Frist für die Einlegung der Erinnerung*, der *Beschwerde* oder der *Rechtsbeschwerde*

Rechtshilfe  1, 2 § 95 MarkenG

beginnt. Die Frist wird bei der Verletzung zwingender Zustellungsvorschriften selbst dann nicht in Lauf gesetzt, wenn das Schriftstück dem Empfänger tatsächlich zugegangen ist. Durch diese Regelung soll jede Ungewißheit über den Beginn und den Ablauf der Frist ausgeschlossen werden. Die Vorschrift bezieht sich nur auf den Fristenlauf; ob die zugestellte Entscheidung wirksam geworden ist, beurteilt sich nach § 9 Abs. 1 VwZG (BGH MDR 1968, 652).

**Rechtshilfe**

**95** (1) Die Gerichte sind verpflichtet, dem Patentamt Rechtshilfe zu leisten.

(2) ¹Im Verfahren vor dem Patentamt setzt das Patentgericht auf Ersuchen des Patentamts Ordnungs- oder Zwangsmittel gegen Zeugen oder Sachverständige fest, die nicht erscheinen oder ihre Aussage oder deren Beeidigung verweigern. ²Ebenso ist die Vorführung eines nicht erschienenen Zeugen anzuordnen.

(3) ¹Über das Ersuchen nach Absatz 2 entscheidet ein Beschwerdesenat des Patentgerichts in der Besetzung mit drei rechtskundigen Mitgliedern. ²Die Entscheidung ergeht durch Beschluß.

**Inhaltsübersicht**

|  | Rn |
|---|---|
| A. Innerstaatliche Rechtshilfe (§ 95 Abs. 1) | 1 |
| B. Festsetzung von Zwangsmitteln und Vorführungsanordnung (§ 95 Abs. 2) | 2 |
| C. Rechtshilfeentscheidung (§ 95 Abs. 3) | 3 |

## A. Innerstaatliche Rechtshilfe (§ 95 Abs. 1)

Die Vorschrift des § 95 Abs. 1 verpflichtet die Gerichte, dem DPMA *Rechtshilfe* zu leisten. Die gleiche Pflicht besteht für die Gerichte untereinander (Art. 35 Abs. 1 GG, der wohl auch schon die Rechtshilfepflicht der Gerichte gegenüber dem DPMA begründet; anders Begründung zum MarkenG, BT-Drucks. 12/6581 vom 14. Januar 1994, S. 107). Die Beistandspflicht ist Ausdruck der Einheit des Staates und notwendige Folge des Gewaltenteilungsprinzips (Art. 20 Abs. 2 GG) und des Föderalismus (Art. 20 Abs. 1 GG). Die Rechtshilfe ist für den Bereich der ordentlichen Gerichtsbarkeit, zu der auch das BPatG gehört, in den §§ 156ff. GVG näher geregelt. *Rechtshilfegericht* ist nach § 157 GVG das *Amtsgericht*, in dessen Bezirk die Amtshandlung vorgenommen werden soll. 1

## B. Festsetzung von Zwangsmitteln und Vorführungsanordnung (§ 95 Abs. 2)

Das DPMA als Verwaltungsbehörde ist nicht befugt, gegen Zeugen und Sachverständige, die nicht erscheinen oder grundlos die Aussage oder den Eid verweigern, die für diesen Fall vorgesehenen Ordnungs- oder Zwangsmittel festzusetzen. Ebensowenig kann es die Vorführung eines Zeugen anordnen. Das DPMA muß in diesen Fällen vielmehr das BPatG um die Festsetzung bzw Anordnung der entsprechenden Maßnahme ersuchen. Das BPatG setzt die vom DPMA ersuchten Maßnahmen fest, wenn die gesetzlichen Voraussetzungen (§§ 380, 381, 390, 402, 409 ZPO) vorliegen. Die Festsetzung der Ordnungs- oder Zwangsmittel gegen Zeugen oder Sachverständige durch das BPatG erfolgt nach § 95 Abs. 2 S. 1, die Anordnung der Vorführung eines nicht erschienenen Zeugen nach § 95 Abs. 2 S. 2. Die Zweckmäßigkeit der Maßnahme (etwa die Anordnung der Vorführung statt der Festsetzung eines Ordnungsgeldes, § 380 Abs. 2 ZPO) prüft das BPatG nicht. Einem Ersuchen des DPMA um Aufhebung der Festsetzung bzw Anordnung muß das BPatG auch dann entsprechen, wenn es selbst die nachträgliche Entschuldigung (§ 381 Abs. 1 S. 2 ZPO) nicht für ausreichend erachtet (*Benkard/Schäfers*, § 128 PatG, Rn 3). 2

## C. Rechtshilfeentscheidung (§ 95 Abs. 3)

3 Zuständig für die Entscheidung über ein Ersuchen um Festsetzung eines Ordnungs- oder Zwangsmittels oder um Anordnung einer Vorführung sind die Beschwerdesenate des BPatG in der Besetzung mit drei rechtskundigen Mitgliedern (Abs. 3 S. 1; s. dazu § 67, Rn 1). Der Senat entscheidet durch unanfechtbaren Beschluß (§§ 95 Abs. 3 S. 2, 82 Abs. 2).

## Inlandsvertreter

**96** (1) Der Inhaber einer angemeldeten oder eingetragenen Marke, der im Inland weder einen Wohnsitz oder Sitz noch eine Niederlassung hat, kann an einem in diesem Gesetz geregelten Verfahren vor dem Patentamt oder dem Patentgericht nur teilnehmen, wenn er im Inland einen Rechtsanwalt oder einen Patentanwalt als Vertreter bestellt hat.

(2) [1]Der nach Absatz 1 bestellte Vertreter ist im Verfahren vor dem Patentamt und dem Patentgericht und in bürgerlichen Rechtsstreitigkeiten, die die Marke betreffen, zur Vertretung befugt. [2]Der Vertreter kann auch Strafanträge stellen.

(3) [1]Der Ort, wo der Vertreter seinen Geschäftsraum hat, gilt im Sinne des § 23 der Zivilprozeßordnung als der Ort, wo sich der Vermögensgegenstand befindet. [2]Fehlt ein Geschäftsraum, so ist der Ort maßgebend, wo der Vertreter seinen Wohnsitz, und in Ermangelung eines solchen der Ort, wo das Patentamt seinen Sitz hat.

(4) Absatz 1 gilt entsprechend für Dritte, die an einem in diesem Gesetz geregelten Verfahren vor dem Patentamt oder dem Patentgericht beteiligt sind.

### Inhaltsübersicht

|  | Rn |
|---|---|
| A. Allgemeines | 1, 2 |
|     I. Anwendungsbereich und Normzweck | 1 |
|     II. Rechtsänderungen | 2 |
| B. Vertreterzwang | 3–10 |
|     I. Vertreterzwang für auswärtige Markeninhaber (§ 96 Abs. 1) | 3–5 |
|         1. Personenkreis | 3 |
|         2. Niederlassung | 4 |
|         3. Teilnahme an einem patentamtlichen oder patentgerichtlichen Verfahren | 5 |
|     II. Vertreterzwang für sonstige Verfahrensbeteiligte (§ 96 Abs. 4) | 6 |
|     III. Zur Vertretung zugelassene Personen | 7 |
|     IV. Verfahrensrechtliche Stellung des Vertretenen | 8 |
|     V. Nichtbestellung oder Wegfall des Inlandsvertreters | 9, 10 |
| C. Vertretungsmacht | 11–15 |
|     I. Umfang der Vertretungsmacht (§ 96 Abs. 2) | 11, 12 |
|     II. Nachweis der Vollmacht (§ 77 Abs. 1 MarkenV) | 13 |
|     III. Erlöschen der Vollmacht | 14 |
|     IV. Untervertretung | 15 |
| D. Gerichtsstand (§ 96 Abs. 3) | 16 |

**Schrifttum zum PatG.** *Gesthuysen*, Die freiberufliche Tätigkeit des Patentanwalts und die Vertretungsrechte des Patentassessors, Mitt 1989, 174; *Kelbel*, Vertretung vor dem Deutschen Patentamt und Bundespatentgericht, Mitt 1989, 161; *Kirchner*, Zur Anwendung der Inlandsvertreterbestimmungen im Hinblick auf die Teilung Deutschlands, GRUR 1972, 416.

### Entscheidungen zum MarkenG

**1. BPatG BlPMZ 1996, 505**
§ 81 Abs. 2 und Abs. 3 ist auch auf Inlandsvertreter anzuwenden.

**2. BPatG, Beschluß vom 27. März 1996, 28 W (pat) 171/95**
Wegfall des Inlandsvertreters des Anmelders im Widerspruchsbeschwerdeverfahren.

**3. BPatGE 37, 153 – GIORGIO LEONE**
Wegfall des Inlandsvertreters des Anmelders im Widerspruchsbeschwerdeverfahren.

## A. Allgemeines

### I. Anwendungsbereich und Normzweck

§ 96 regelt die Verpflichtung zur *Bestellung eines Inlandsvertreters* für alle Personen, die in der Bundesrepublik Deutschland weder einen Wohnsitz oder Sitz noch eine Niederlassung haben. Zweck der Vorschrift ist es, den Verkehr inländischer Behörden und Verfahrensbeteiligter mit dem im Ausland wohnenden Markenanmelder oder Markeninhaber zu erleichtern (BGH GRUR 1969, 437, 438 – Inlandsvertreter; BPatGE 4, 160, 161). Die Vorschrift betrifft nur Marken (§ 1 Nr. 1), nicht andere Kennzeichen wie geschäftliche Bezeichnungen (§ 1 Nr. 2) und geographische Herkunftsangaben (§ 1 Nr. 3).

### II. Rechtsänderungen

Die Regelung des § 96, die weitgehend der Vorschrift des § 25 PatG entspricht, enthält in mehrfacher Hinsicht Änderungen gegenüber der Rechtslage im WZG. Zum einen galt der Vertreterzwang nach § 35 Abs. 2 WZG nur für Anmelder und Zeicheninhaber, nicht jedoch für am Verfahren beteiligte Dritte, wie etwa einen am Löschungsverfahren Beteiligten nach § 10 Abs. 2 WZG. Nach § 96 Abs. 4 gilt der Vertreterzwang ausdrücklich auch für sonstige Verfahrensbeteiligte. Zum anderen wurde nach § 35 Abs. 2 WZG eine inländische Niederlassung gefordert, während nach § 96 Abs. 1 ein inländischer Wohnsitz oder Sitz ausreicht. Ferner kann der Vertreter nach § 96 Abs. 2 S. 2 nunmehr auch Strafanträge stellen, wozu er nach der Rechtslage im WZG nicht befugt war. Schließlich verlangt § 96 die Bestellung eines Inlandsvertreters anders als § 35 Abs. 2 WZG nicht für die Geltendmachung des Schutzes einer Marke außerhalb eines patentamtlichen oder patentgerichtlichen Verfahrens. Hierin liegt jedoch kein sachlicher Unterschied. In Anbetracht der ausschließlichen Zuständigkeit der Landgerichte für Kennzeichenstreitsachen (§ 140 Abs. 1) folgt der Vertreterzwang für gerichtliche Verfahren bereits aus § 78 Abs. 1 ZPO.

## B. Vertreterzwang

### I. Vertreterzwang für auswärtige Markeninhaber (§ 96 Abs. 1)

#### 1. Personenkreis

§ 96 Abs. 1 regelt den *Vertreterzwang* für Inhaber angemeldeter oder eingetragener Marken, die an einem im MarkenG geregelten Verfahren in Markenangelegenheiten vor dem DPMA oder dem BPatG teilnehmen wollen und in der Bundesrepublik Deutschland weder einen Wohnsitz (bei natürlichen Personen) oder Sitz (bei juristischen Personen) noch eine Niederlassung haben. Der Vertreterzwang besteht unabhängig von der Staatsangehörigkeit. Die Vorschrift bezieht sich nicht auf den *Ausländer*, sondern auf den *Auswärtigen*. Auch deutsche Staatsangehörige und juristische Personen deutschen Rechts müssen daher unter den in § 96 Abs. 1 genannten Voraussetzungen einen Inlandsvertreter bestellen. Die Bestimmung gilt auch für Angehörige des Pariser Verbands (RGZ 60, 217; s. Art. 2 Abs. 1 PVÜ). Das Erfordernis eines Inlandsvertreters für Unionsangehörige ist in Art. 2 Abs. 3 PVÜ ausdrücklich vorbehalten (s. dazu Art. 2 PVÜ, Rn 6).

#### 2. Niederlassung

Niederlassung im Sinne des § 96 ist jede *gewerbliche Niederlassung*; eine Zweigniederlassung im Sinne der §§ 13 ff. HGB genügt. Stets aber bedarf es einer Einrichtung für einen dauernden Geschäftsbetrieb, sowie entsprechender räumlicher und sachlicher Vorkehrungen für einen dauernden selbständigen Abschluß. Ein bloßes Büro für Abwicklungsarbeiten ist keine Niederlassung (RG GRUR 1937, 813, 818 – Fortissimus). Eine rechtlich selbständige deutsche Handelsgesellschaft kann auch dann nicht als Niederlassung einer ausländischen

Gesellschaft angesehen werden, wenn beide Gesellschaften demselben ausländischen Konzern angehören (RPA Mitt 1935, 198). Ebensowenig kann die deutsche Betriebsstätte einer ausländische Muttergesellschaft, die nicht unmittelbar am Handelsverkehr teilnimmt und weder ein eigenes Geschäftslokal noch einen eigenen Telefonanschluß noch einen sonstigen sichtbaren Hinweis auf ihre Existenz aufweist, als Niederlassung im Sinne des § 96 Abs. 1 angesehen werden (BPatG Mitt 1982, 77).

### 3. Teilnahme an einem patentamtlichen oder patentgerichtlichen Verfahren

5   Maßgeblich ist die Teilnahme an einem Verfahren vor dem DPMA oder dem BPatG. Für Kennzeichenstreitsachen vor den ordentlichen Gerichten folgt der Vertreterzwang aus § 78 Abs. 1 ZPO iVm § 140 Abs. 1. Der Vertreterzwang besteht für alle *patentamtlichen und patentgerichtlichen Verfahren*, unabhängig davon, ob der auswärtige Verfahrensbeteiligte Antragsteller ist oder die Marke gegen Angriffe Dritter verteidigt. Die Vorschrift gilt etwa für das Eintragungsverfahren (§ 32), für die Erhebung eines Widerspruchs (§ 42 Abs. 1), für das Löschungsverfahren (§ 54), für das Beschwerdeverfahren (§ 66), sowie für die Wiedereinsetzung in den vorigen Stand (§ 91). Die Verlängerung der Schutzdauer einer Marke durch Gebührenzahlung (§ 47 Abs. 3) kann der Markeninhaber auch ohne einen Inlandsvertreter bewirken (§ 38 Abs. 2 MarkenV). Wenn das DPMA einer *international registrierten Marke*, die nach Art. 3$^{ter}$ MMA oder nach Art. 3$^{ter}$ PMMA auf das Gebiet der Bundesrepublik Deutschland erstreckt worden ist, den Schutz verweigert, muß der Markeninhaber innerhalb von vier Monaten nach der Absendung der Mitteilung der Schutzverweigerung durch das Internationale Büro einen Inlandsvertreter bestellen, damit der Schutz nicht endgültig verweigert wird (§ 52 Abs. 1 MarkenV).

### II. Vertreterzwang für sonstige Verfahrensbeteiligte (§ 96 Abs. 4)

6   Nach Abs. 4 gilt der Vertreterzwang nicht nur für Markeninhaber, sondern auch für sonstige an einem Verfahren vor dem DPMA oder dem BPatG beteiligte Personen, die weder einen Wohnsitz oder Sitz noch eine Niederlassung im Inland haben.

### III. Zur Vertretung zugelassene Personen

7   Zur Vertretung Auswärtiger sind nach § 96 Abs. 1 ausdrücklich *Rechtsanwälte* und *Patentanwälte* befugt. Diese müssen in der Bundesrepublik Deutschland zugelassen sein und dort ihre Kanzlei haben (s. Begründung zum MarkenG, BT-Drucks. 12/6581 vom 14. Januar 1994, S. 108). Die Regelung des § 96 wird ergänzt durch die §§ 155 Abs. 2 und 178 PatAnwO, nach denen unter bestimmten Voraussetzungen auch *Patentassessoren* und *Erlaubnisscheininhaber* zu Inlandsvertretern bestellt werden können (s. dazu *Benkard/Schäfers*, § 25 PatG, Rn 11 bis 13). Rechtsanwälte und Patentanwälte, die sich gemäß § 206 BRAO bzw. § 154a PatAnwO in der Bundesrepublik Deutschland niedergelassen haben, können nicht zum Inlandsvertreter bestellt werden, weil sich ihre Befugnis zur Rechtsbesorgung in der Bundesrepublik Deutschland nur auf das ausländische und internationale Recht erstreckt.

### IV. Verfahrensrechtliche Stellung des Vertretenen

8   Die Vorschrift des § 96 verlangt nur die Bestellung eines Inlandsvertreters, nicht das Handeln durch einen Inlandsvertreter. Der Auswärtige bleibt neben dem Inlandsvertreter voll verhandlungsfähig bzw postulationsfähig (BGH GRUR 1969, 437, 438 – Inlandsvertreter; BlPMZ 1972, 354f. – Akustische Wand). Er kann seine Rechte ohne den Vertreter durch eigene Handlungen und Erklärungen wahrnehmen (BPatGE 4, 160, 161). Zwar muß der Auswärtige die von dem Inlandsvertreter im Rahmen seiner Vertretungsmacht vorgenommenen Handlungen gegen sich gelten lassen, er ist aber nicht in der Verfügungsgewalt über seine Anmeldung oder seinen Widerspruch beschränkt. Der auswärtige Beteiligte kann so-

mit im Einzelfall auch einen anderen als den Inlandsvertreter mit seiner Vertretung beauftragen, selbst wenn dieser nicht zu den nach § 96 zugelassenen Personen gehört (BPatGE 4, 160, 161). Die Bedeutung des Vertreterzwangs liegt auf der Passivseite; jeder Dritte und die Behörden dürfen sich an den Vertreter halten und brauchen nicht erst den Markeninhaber heranzuziehen.

## V. Nichtbestellung oder Wegfall des Inlandsvertreters

Die Bestellung eines Inlandsvertreters ist *Verfahrensvoraussetzung* für die Teilnahme eines 9 Auswärtigen an einem patentamtlichen oder patentgerichtlichen Verfahren. Die *fehlende Vertreterbestellung* ist von Amts wegen zu berücksichtigen. Fehlt ein Inlandsvertreter, dann kann die Bestellung bis zum Erlaß einer Sachentscheidung nachgeholt werden. Kommt der Auswärtige der Aufforderung, einen Inlandsvertreter zu bestellen, nicht nach, dann ist eine Anmeldung als *unzulässig* zurückzuweisen (RPA Mitt 1935, 198, 200) und ein Widerspruch oder eine Beschwerde als *unzulässig* zu verwerfen (BPatGE 17, 11). Wenn sich der Beschwerdeführer mit seiner Beschwerde allerdings dagegen wendet, daß das DPMA gerade wegen des Fehlens eines Inlandsvertreters die Anmeldung zurückgewiesen oder den Widerspruch als unzulässig verworfen hat, dann ist die Beschwerde zulässig, aber *unbegründet*, wenn der Beschwerdeführer eines Inlandsvertreters bedarf und diesen Mangel auch im Beschwerdeverfahren nicht beseitigt (BPatGE 15, 204).

Da der auswärtige Markeninhaber selbst voll verhandlungsfähig bleibt (s. Rn 8), führt ein 10 *Wegfall des Inlandsvertreters* etwa durch Tod nicht zu einem die zulassungsfreie Rechtsbeschwerde eröffnenden Verfahrensmangel nach § 83 Abs. 3 Nr. 4. Der Wegfall führt auch nicht zu einer Unterbrechung des Verfahrens; § 244 ZPO ist nicht entsprechend anwendbar. Allerdings muß der Auswärtige einen neuen Inlandsvertreter bestellen, weil dies Voraussetzung für den sachlichen Fortgang des Verfahrens ist (BGH GRUR 1969, 437 – Inlandsvertreter). Fällt der Inlandsvertreter des Anmelders in einem Widerspruchsbeschwerdeverfahren fort, so ist die Anmeldung, wenn der Anmelder Beschwerdegegner ist, entsprechend § 36 Abs. 4 zurückzuweisen (BPatG, Beschluß vom 27. März 1996, 28 W (pat) 171/95). Wenn der Inlandsvertreter eines ausländischen Anmelders im Laufe eines von ihm eingeleiteten Widerspruchsbeschwerdeverfahrens wegfällt, dann wird die Zurückweisung der Anmeldung über die Verwerfung der Beschwerde hinaus nicht mehr für vertretbar gehalten (BPatGE 37, 153 – GIORGIO LEONE).

## C. Vertretungsmacht

### I. Umfang der Vertretungsmacht (§ 96 Abs. 2)

Der Inlandsvertreter ist nicht gesetzlicher Vertreter, sondern Bevollmächtigter mit gesetz- 11 lich umschriebenem Mindestumfang der Vertretungsmacht. Der *Umfang der Vertretungsmacht des Inlandsvertreters* richtet sich nach der ihm erteilten Vollmacht, die gegebenenfalls nach § 133 BGB auszulegen ist. Im Außenverhältnis muß sich die Vollmacht mindestens auf die in § 96 Abs. 2 genannten Befugnisse erstrecken. Eine Beschränkung der Vollmacht unter den gesetzlichen Mindestumfang, etwa auf die Anmeldung der Marke oder auf die Vertretung vor dem DPMA, macht sie wirkungslos. In diesem Fall liegt keine ordnungsgemäße Bestellung eines Inlandsvertreters vor (zu den Folgen s. Rn 9). Im Innenverhältnis kann die Vollmacht dagegen beschränkt werden.

Üblich und ausreichend ist eine *Vollmacht gemäß § 96 MarkenG*. Materiellrechtliche Ver- 12 fügungen über die Marke, wie etwa ein Verzicht (§ 48), ein Vergleich oder eine Lizenzerteilung (§ 30), werden davon nicht umfaßt. Dagegen kann der Vertreter die Markenanmeldung wirksam zurücknehmen, denn die Rücknahme der Anmeldung ist eine der Klagerücknahme vergleichbare Verfahrenshandlung. Dem steht nicht entgegen, daß die Rücknahme das Anmeldeverfahren beendet und zugleich materiellrechtliche Wirkungen, wie etwa einen Prioritätsverlust, zeitigt (BGH GRUR 1972, 536, 537 – Akustische Wand). Nach § 96 Abs. 2 S. 2 kann der Vertreter Strafanträge stellen und die Rechte des Markeninhabers im Strafverfahren wahrnehmen. Handlungen, die der Inlandsvertreter ohne Vertretungsmacht vorgenommen hat, kann der Berechtigte nachträglich genehmigen, bei fristgebundenen Verfahrenshandlungen allerdings nur bis zum Ablauf der Frist (BPatG Mitt 1987, 14).

## II. Nachweis der Vollmacht (§ 77 Abs. 1 MarkenV)

13 Die Bestellung des Inlandsvertreters ist dem DPMA nach § 77 Abs. 1 MarkenV durch eine *Vollmachtsurkunde*, die keiner Beglaubigung bedarf, nachzuweisen. Die Vollmacht braucht sich nicht auf eine einzelne Angelegenheit zu beziehen. Sie kann sich auch auf mehrere Anmeldungen, auf mehrere eingetragene Marken oder auf mehrere Verfahren erstrecken (§ 77 Abs. 2 S. 1 MarkenV). Die Vollmacht kann sich auch als *Allgemeine Vollmacht* auf die Bevollmächtigung zur Vertretung in allen Markenangelegenheiten erstrecken (§ 77 Abs. 2 S. 2 MarkenV). Die Vertreterbestellung wird nach § 18 Nr. 18 MarkenV in das Register eingetragen und nach den §§ 20, 21 MarkenV veröffentlicht. Die Verpflichtung des Inlandsvertreters, eine Vollmacht zu den Gerichtsakten einzureichen, folgt für das Beschwerdeverfahren aus § 81 Abs. 2. Wenn ein Rechtsanwalt oder ein Patentanwalt zum Inlandsvertreter bestellt worden ist, dann braucht das BPatG den Mangel der Vollmacht nach § 81 Abs. 3 S. 2 nicht von Amts wegen zu berücksichtigen (BPatG BlPMZ 1996, 505).

## III. Erlöschen der Vollmacht

14 Die Vollmacht erlischt nach den allgemeinen Grundsätzen des § 168 BGB. Sie erlischt im Zweifel durch den Tod des Inlandsvertreters, nicht aber durch den Tod des Markeninhabers (§§ 675, 672, 673 BGB). Wenn der zum Inlandsvertreter bestellte Patentanwalt stirbt, dann erlischt damit auch die seinem Sozius erteilte Untervollmacht (§ 673 BGB); sie gilt nur insoweit als fortbestehend, als Geschäfte zu besorgen sind, mit deren Aufschub Gefahr im Verzug verbunden ist. Wenn der auswärtige Markeninhaber seinen Wohnsitz oder seine Niederlassung in das Inland verlegt, dann endet die Bestellung des Vertreters zum Inlandsvertreter. Dies ist jedoch im Zweifel ohne Auswirkungen auf die Vollmacht als solche.

## IV. Untervertretung

15 Die Erteilung von *Untervollmachten* ist zulässig. Die Untervollmacht kann auch einem Erlaubnisscheininhaber, der nicht selbst als Inlandsvertreter zugelassen ist, erteilt werden (DPA BlPMZ 1954, 439).

## D. Gerichtsstand (§ 96 Abs. 3)

16 Nach § 23 ZPO ist für Klagen wegen vermögensrechtlicher Ansprüche gegen einen Auswärtigen der besondere Gerichtsstand des Vermögens oder des Streitgegenstandes gegeben. Zuständig ist das Gericht, in dessen Bezirk sich das Vermögen befindet. Die Marke als Vermögensgegenstand ist jedoch in der gesamten Bundesrepublik Deutschland belegen, so daß unter Hinweis auf den Bestand der Marke an irgendeinem Ort Ansprüche aus der Marke oder gegen die Marke erhoben werden könnten (HansOLG Hamburg GRUR 1948, 260, 261 – Knäckebrot). Da dies äußerst unpraktisch ist, bestimmt § 96 Abs. 3 die geschäftliche Niederlassung des Inlandsvertreters (den Geschäftsraum) als den nach § 23 ZPO maßgeblichen Ort. Fehlt ein Geschäftsraum, dann richtet sich der örtliche Gerichtsstand nach dem Wohnsitz des Vertreters, in Ermangelung eines solchen ist das LG München als Gericht des DPMA zuständig.

## Teil 4. Kollektivmarken

## Vorbemerkung zu den §§ 97 bis 106

### Inhaltsübersicht

| | Rn |
|---|---|
| A. Allgemeines | 1–4 |
|   I. Regelungsübersicht | 1 |
|   II. Rechtsänderungen | 2 |
|   III. Rechtsentwicklung | 3, 4 |
|     1. Vom Verbandszeichen zur Kollektivmarke | 3 |
|     2. Gütemarken | 4 |
| B. Europäisches Unionsrecht | 5, 6 |
|   I. Erste Markenrechtsrichtlinie | 5 |
|   II. Gemeinschaftsmarkenverordnung | 6 |
| C. Staatsvertragsrecht | 7, 8 |
|   I. Pariser Verbandsübereinkunft | 7 |
|   II. Madrider Markenabkommen und Protokoll zum MMA | 8 |
| D. TRIPS-Abkommen | 9 |

**Schrifttum zum WZG.** *Becher*, Lizenzen und Verbandszeichen, GRUR 1929, 887; *Berg*, Die zeichenrechtlichen Unternehmen und Verbänden der neuen Bundesländer im Rahmen des deutschen Einigungsprozesses, FS 100 Jahre Marken-Amt, 1994, S. 43; *Benkendorff*, Gütezeichenrecht, GRUR 1952, 3; *Bökel*, Probleme des Benutzungszwangs für Warenzeichen, BB 1971, 1033; *Bormann*, Wiederbelebung der Gütezeichen?, MA 1952, 212; *Bußmann*, Güteschutz als Individualleistung oder Gemeinschaftsaufgabe, MA 1950, 33; *David*, Die Kollektivzeichen, Diss. Zürich, 1922; *Dörinkel*, Gütezeichen und Kartellrecht, WuW 1958, 565; *Dunz*, NJW 1957, 463; *Dusolier*, Les marques collectives et les marques de qualité dans l'ancien droit et dans le droit moderne, Mélanges en l'honneur de Daniel Bastian, Bd. II, Paris, 1974; *Elsaesser*, Das Verbandszeichen, Diss. Heidelberg, 1966; *Epphardt*, Benutzung eines Gütezeichens durch Nichtverbandsmitglieder, WuW 1953, 96; *Finger*, Lizenz an Warenzeichen und Ausstattungen, GRUR 1939, 818; *Gleiß*, Gütezeichen und Dekartellierungsrecht, MA 1952, 17; *Grogg*, Begriff und Wesen der Kollektivmarke mit besonderer Berücksichtigung ihres Verhältnisses zur Einzelmarke, Diss. Bern, 1955; *Gröschler*, Deutsche Gütezeichen, GRUR 1950, 61; *Gröschler*, Deutsche Gütezeichen in weiterer Entwicklung, GRUR 1956, 21; *Gruber*, Verbraucherinformation durch Gütezeichen, 1986; *Hamann*, Die Gütezeichen und ihre Funktionen, GRUR 1953, 517; *Helm*, Rechtsfragen des Gütezeichens „Buskomfort", TranspR 1979, 29; *Jungblut*, Das Gütezeichen und die Gütezeichengemeinschaften, GRUR 1932, 205; *Krneta*, Wesen, Inhaber und Übertragung der Kollektivmarke, Diss. Bern, 1961; *Lorenz*, Die haftungsrechtliche Bedeutung von Gütezeichen, GRUR Int 1973, 486; *Lüdekke*, Gütezeichen heute und morgen, BB 1952, 27; *Miosga*, Gütesicherung und Zeichenschutz, GRUR 1968, 570; *Nahme*, Der „Idealverein" als Verbandszeicheninhaber, GRUR 1990, 500; *Nicklisch*, Das Gütezeichen, 1969; *Pahud*, La marque collective en Suisse et à l'étranger, Diss. Fribourg, 1940; *Röttger*, Die gemeinsame Verwendung eines Warenzeichens durch mehrere Benutzer, GRUR 1955, 564; *Salzer*, Die Unternehmerverbände und der gewerbliche Rechtsschutz, MuW 1929, 488; *Schluep*, Kollektiv- und Garantiemarken, in: Marke und Marketing, Institut für gewerblichen Rechtsschutz (INGRES) in Zürich (Hrsg.), Bern, 1990, S. 63; *Schlüter*, Der Verbandsanspruch auf Ersatz der Mitgliedsschäden bei Verletzung von Verbandszeichen, GRUR 1953, 309; *Spieß*, Dienstleistungs- und Gütezeichen im neuen amerikanischen Warenzeichengesetz, GRUR 1948, 277; *Stamm*, Die Gütezeichen-Idee, BB 1953, 128; *Starck*, Zur Auslegung des § 24f WZG, GRUR 1930, 846; *Starck*, Verbandsausstattung und § 15 WZG, MuW 1931, 509; *Suhr*, Nochmals: Die Problematik des Gütezeichens, MA 1952, 415; *Tränkmann*, Das Gütezeichen, DJ 1943, 5; *Zeller*, Firmenzeichen durch Verbandszeichen, GRUR 1926, 157; *Zeller*, Die Löschungsmöglichkeit von Verbandszeichen, GRUR 1926, 261; *Zeller*, Firmenzeichen (Konzernzeichen) durch Verbandszeichen, GRUR 1929, 49.

**Schrifttum zum MarkenG.** *Berg*, Vom Verbandszeichen zur Kollektivmarke, FS für Vieregge, 1995, S. 61; *Berg*, Die geographische Herkunftsangabe – Ein Konkurrent für die Marke?, GRUR 1996, 425; *Helm*, Die Unterscheidungsfunktion der Kollektivmarke nach neuem Markenrecht, WRP 1999, 41; *Zühlsdorff*, Grüner Punkt: Markenzeichen für Produktverantwortung, MA 1995, 50.

## A. Allgemeines

### I. Regelungsübersicht

**1** In Teil 4 des MarkenG (§§ 97 bis 106) sind die besonderen Vorschriften enthalten, die für *Kollektivmarken* gelten. Im übrigen sind auf Kollektivmarken die Vorschriften des MarkenG anzuwenden (§ 97 Abs. 2). Eine Kollektivmarke ist ein als Marke schutzfähiges Zeichen eines rechtsfähigen Verbandes zur Unterscheidung der Waren oder Dienstleistungen der Mitglieder des Verbandes von den Produkten anderer Unternehmen nach ihrer betrieblichen oder geographischen Herkunft, ihrer Art, ihrer Qualität oder ihren sonstigen Eigenschaften (§ 97 Abs. 1). Der Kollektivmarkenschutz im Sinne der §§ 97ff. entsteht nur durch die *Eintragung eines Zeichens als Kollektivmarke* nach § 4 Nr. 1. Bei der Anmeldung zur Eintragung einer Kollektivmarke ist eine entsprechende Erklärung abzugeben (§ 4 MarkenV). Wenn durch die Benutzung einer Marke und den Erwerb von Verkehrsgeltung Markenschutz nach § 4 Nr. 2 für mehrere Markeninhaber entsteht (s. § 3, Rn 151), dann handelt es sich nicht um eine Kollektivmarke im Sinne des § 97 Abs. 1 (s. zum Kollektivmarkenschutz durch Benutzung nach § 4 Nr. 2 im einzelnen § 97, Rn 12ff.). Die Kollektivmarke ist von der *Garantiemarke* und der *Gütemarke* zu unterscheiden (s. Rn 4; § 97, Rn 16ff.). § 98 regelt die Inhaberschaft rechtsfähiger Verbände und juristischer Personen des öffentlichen Rechts an Kollektivmarken. Geographische Herkunftsangaben können als Kollektivmarken eingetragen werden (§ 99). Für Kollektivmarken bestehen weitergehende Eintragungsvoraussetzungen (§ 103) und besondere Verfallsgründe (§ 105) und Nichtigkeitsgründe (§ 106). Der Anmeldung einer Kollektivmarke ist eine Markensatzung des Verbandes als Markeninhaber beizufügen (§ 102).

### II. Rechtsänderungen

**2** Die Regelung des Kollektivmarkenschutzes im MarkenG entspricht weitgehend den Vorschriften über Verbandszeichen nach den §§ 17 bis 23 WZG. Eine wesentliche Rechtsänderung besteht in der Übertragbarkeit einer angemeldeten oder eingetragenen Kollektivmarke nach den allgemeinen Vorschriften (§§ 97 Abs. 2 iVm 27, 31). Nach § 20 WZG konnte das durch die Anmeldung oder Eintragung des Verbandszeichens begründete Recht als solches nicht auf einen anderen übertragen werden. Der Gesetzgeber des MarkenG hat das Bedürfnis, eine Kollektivmarke auf einen anderen Verband zu übertragen, anerkannt. Die Voraussetzungen an eine rechtserhaltende Benutzung einer Kollektivmarke im Sinne des Benutzungszwangs wurden hinsichtlich der rechtserheblichen Personen der Markenbenutzung geändert (s. § 100, Rn 5f.).

### III. Rechtsentwicklung

#### 1. Vom Verbandszeichen zur Kollektivmarke

**3** Kollektivmarken, die von mehreren Unternehmen benutzt werden, sind eine uralte Erscheinung im Kennzeichenwesen. Sie gehen auf die mittelalterlichen Zunft- und Gildezeichen zurück (*Salzer*, MuW 1929, 488), verschwanden in Deutschland allmählich und gewinnen namentlich erst seit den 80iger Jahren wieder mehr an Bedeutung. Die Zulassung von Kollektivmarken beruhte in Deutschland auf dem Gesetz zur Ausführung der revidierten Pariser Verbandsübereinkunft (Washingtoner Fassung) vom 2. Juni 1911 (RGBl. 1913 S. 236), das der Verpflichtung des Art. 7[bis] PVÜ nachkommt, Kollektivmarken (marques collectives) in den Verbandsstaaten zu schützen, soweit die Kollektivmarken gesetzlich zulässig sind und nicht gegen das öffentliche Interesse verstoßen. In das WZG vom 12. Mai 1894 (RGBl. 1893/1894 S. 441) wurden die §§ 24a ff. WZG aF eingefügt, denen die §§ 17ff. WZG des Änderungsgesetzes vom 5. Mai 1936 (RGBl. II S. 134) in der Fassung vom 9. Mai 1961 (BGBl. I S. 574) entsprachen. Die *Verbandszeichen* erlangten in Deutschland zunächst keine große Bedeutung, da die Gründung eines rechtsfähigen Verbandes Voraussetzung einer Zeichenbenutzung durch die Verbandsmitglieder war (s. dazu *Spieß*, GRUR 1948, 277). Im Jahre 1952 wurden im Zuge der Entflechtung der IG-Farben die Individualzeichen *Indantren* der BASF und *Perlon* der IG-Farben AG nach Bildung eines Indantren-Verbandes sowie eines Perlon-Verbandes zu Verbandszeichen gemacht, um eine gleichrangige Benutzung der Marken durch die Nachfolgegesellschaften zu ermöglichen. Bekannte Kollektivmarken wurden etwa *Fleurop*, *WK-Möbel*, *VDE* im Dreieck, das *Deutsche Weinsiegel*, das *Badische Weinsiegel*, das *Internationale Wollsiegel* und die Normbezeichnung *DIN*. Die Vorschriften der §§ 17 bis 23 WZG zur Regelung der Verbandszeichen wurden durch die Vorschriften des MarkenG über die Kollektivmarken (§§ 97 bis 106) abgelöst.

## 2. Gütemarken

*Gütemarken* sind solche kollektiven Kennzeichen, die Waren oder Dienstleistungen mehrerer Unternehmen nach den die Güte bestimmenden Produkteigenschaften kennzeichnen (s. dazu im einzelnen § 97, Rn 18 ff.). Zweck der Gütemarken ist die Sicherung der Produktqualität, sowie die Verbraucherinformation über Produkteigenschaften. Nach dem Ersten Weltkrieg wurde der Güteschutzgedanke durch die Errichtung des Reichsausschusses für Lieferbedingungen und Gütesicherung (RAL) in der Wirtschaft aufgegriffen. Mit der Gütezeichenverordnung vom 9. April 1942 (RGBl. I S. 273) wurde eine gesetzliche Grundlage für die Benutzung von Gütezeichen geschaffen (*Tränkmann*, DJ 1943, 5; *Gröschler*, GRUR 1950, 61). Zur Führung eines Gütezeichens war eine ministerielle Genehmigung erforderlich (§ 1 Abs. 1 GütezeichenV). Inhaber eines Gütezeichens konnten auch nichtrechtsfähige Vereinigungen sein. Amtliche Prüfzeichen, Beglaubigungszeichen oder ähnliche Zeichen, die aufgrund gesetzlicher Vorschriften auf Erzeugnissen anzubringen waren, galten nicht als Gütezeichen im Sinne der GütezeichenV (§ 1 Abs. 2). Nach dem Zweiten Weltkrieg bestanden Zweifel an der Rechtsgültigkeit der GütezeichenV. Die Rechtsverordnungsermächtigung entsprach nicht Art. 80 GG (*Bormann*, MA 1952, 212; *Dörinkel*, WuW 1958, 565). Im Jahre 1952 beschlossen die im RAL-Beirat vertretenen Organisationen und Behörden, das Gütezeichenwesen wieder in die eigenverantwortliche Selbstverwaltung der Wirtschaft zu überführen und seine Betreuung dem wiedererrichteten RAL, Ausschuß für Lieferbedingungen und Gütesicherung, der als selbständiger Ausschuß dem Deutschen Normenausschuß (DNA) angeschlossen wurde, als Gemeinschaftsorgan zu übertragen. Der RAL hatte die Aufgabe, alle an der Schaffung von Gütezeichen interessierten Kreise zu beraten, die Zeichengrundlagen zu begutachten, über die vom RAL anerkannten Zeichen eine Gütezeichenliste zu führen und den Gütegedanken ganz allgemein zu fördern (*Gröschler*, GRUR 1956, 21). Im Jahre 1973 haben die im RAL vertretenen Institutionen die Grundsätze für Gütezeichen neu überarbeitet und den RAL als eingetragenen Verein rechtlich verselbständigt. Die Ordnung des Gütezeichenwesens in der Bundesrepublik Deutschland wird heute im wesentlichen vom *RAL Deutsches Institut für Gütesicherung und Kennzeichnung e. V.* getragen und von dessen Grundsätzen für Gütezeichen bestimmt (zur Rechtsentwicklung in der DDR s. im einzelnen *Baumbach/Hefermehl*, §§ 17 bis 23 WZG, Rn 6). 1995 gab es 142 vom RAL anerkannte Gütezeichen, die die Bereiche Gebrauchsgüter, Baubereich, Land- und Ernährungswirtschaft umfassen. Der zahlenmäßig größte Bereich von Gütezeichen befindet sich im Baubereich, der eine Vielzahl von speziellen Produkten und Dienstleistungen, wie etwa Saunabau, Tankschutz, Recycling-Baustoffe, Geräte für Spielplätze und Freizeitanlagen umfaßt. Im Gebrauchsgüterbereich befinden sich die bekannten Gütezeichen *Internationales Wollsiegel* für reine Schurwolle, *Wollsiegel Cool Wool* und *Wollsiegel Schurwolle mit Beimischungen*, aber auch Gütezeichen für Matratzen, Kunststoffverpackungen für gefährliche Güter und für Anwendersoftware. Gütezeichen im land- und ernährungswirtschaftlichen Bereich gibt es etwa für Agrarerzeugnisse, Markenbutter, Markenkäse, Diätverpflegung und Bier. Allein für Wein gibt es die *Weinsiegel Badischer Qualitätswein*, *Fränkischer Qualitätswein* und das *Deutsche Weinsiegel*.

## B. Europäisches Unionsrecht

### I. Erste Markenrechtsrichtlinie

5   Die *MarkenRL* regelt nicht nur die *Kollektivmarken*, sondern auch die *Garantiemarken*, sowie die *Gewährleistungsmarken* als besondere Markentypen (s. dazu § 97, Rn 9). Nach Art. 15 Abs. 1 MarkenRL können die Mitgliedstaaten für Kollektiv-, Garantie- und Gewährleistungsmarken besondere Schutzhindernisse vorsehen, soweit es die Funktion dieser Typen von Marken erfordert. Nach Art. 15 Abs. 2 S. 1 ist es den Mitgliedstaaten gestattet, *geographische Herkunftsangaben* zur Eintragung als Kollektiv-, Garantie- und Gewährleistungsmarken zuzulassen. Nach Art. 15 Abs. 2 S. 2 bestehen besondere Schranken eines solchen Markenschutzes an geographischen Herkunftsangaben, der den Schutzschranken einer als Kollektivmarke eingetragenen geographischen Herkunftsangabe nach § 100 Abs. 1 entspricht.

### II. Gemeinschaftsmarkenverordnung

6   Titel VIII der *GMarkenV* (Art. 64 bis 72 GMarkenV) enthält eine ausführliche Regelung zum Schutz eingetragener *Gemeinschaftskollektivmarken*, die der Regelung im MarkenG vergleichbar ist. Nach Art. 64 Abs. 1 S. 1 GMarkenV handelt es sich bei einer Gemeinschaftskollektivmarke um eine Gemeinschaftsmarke, die dazu dienen kann, Waren und Dienstleistungen der Mitglieder des Verbands, der Markeninhaber ist, von denen anderer Unternehmen zu unterscheiden. Eine Gemeinschaftskollektivmarke ist bei der Anmeldung als solche zu bezeichnen. Nach Art. 64 Abs. 1 S. 2 GMarkenV können Gemeinschaftskollektivmarken angemeldet werden von Verbänden von Herstellern, Erzeugern, Dienstleistungserbringern oder Händlern, die nach dem für sie maßgebenden Recht die Fähigkeit haben, im eigenen Namen Träger von Rechten und Pflichten jeder Art zu sein, Verträge zu schließen oder andere Rechtshandlungen vorzunehmen und vor Gericht zu stehen, sowie juristische Personen des öffentlichen Rechts. Nach Art. 64 Abs. 2 S. 1 GMarkenV können *geographische Herkunftsangaben* als Gemeinschaftskollektivmarken eingetragen werden.

## C. Staatsvertragsrecht

### I. Pariser Verbandsübereinkunft

7   Nach Art. 7$^{bis}$ PVÜ sind die Verbandsstaaten verpflichtet, Kollektivmarken zuzulassen, sofern deren Schutz nicht gegen das öffentliche Interesse verstößt. Anfang der 80iger Jahre wurde namentlich von der deutschen Landesgruppe der AIPPI eine Änderung des Art. 7$^{bis}$ PVÜ dahin vorgeschlagen, die Verbandsländer auch zum Schutz von Gewährleistungsmarken zu verpflichten (AIPPI-Jahrbuch 1980/II, S. 86 ff., 94).

### II. Madrider Markenabkommen und Protokoll zum MMA

8   Das *MMA* und das *PMMA* enthalten keine Vorschriften über Kollektivmarken.

## D. TRIPS-Abkommen

9   Das *TRIPS-Abkommen* enthält keine Vorschriften über Kollektivmarken.

## Kollektivmarken

**97** (1) Als Kollektivmarken können alle als Marke schutzfähigen Zeichen im Sinne des § 3 eingetragen werden, die geeignet sind, die Waren oder Dienstleistungen der Mitglieder des Inhabers der Kollektivmarke von denjenigen anderer Unternehmen nach ihrer betrieblichen oder geographischen Herkunft, ihrer Art, ihrer Qualität oder ihren sonstigen Eigenschaften zu unterscheiden.

(2) Auf Kollektivmarken sind die Vorschriften dieses Gesetzes anzuwenden, soweit in diesem Teil nicht etwas anderes bestimmt ist.

### Inhaltsübersicht

| | Rn |
|---|---|
| A. Begriff der Kollektivmarke (§ 97 Abs. 1) | 1–9 |
|    I. Kollektivmarke als Unterscheidungszeichen | 1–3 |
|    II. Markenfähigkeit und Markenformen der Kollektivmarke | 4–6 |
|    III. Kollektiv als Markeninhaber | 7 |
|    IV. Eingetragene Kollektivmarken, Kollektivmarken mit Verkehrsgeltung und benutzte Individualmarken mehrerer Markeninhaber | 8 |
|    V. Abgrenzung zur Garantiemarke | 9 |
| B. Entstehung der Kollektivmarke | 10–15 |
|    I. Kollektivmarkenschutz durch Eintragung nach § 4 Nr. 1 | 10, 11 |
|    II. Kollektivmarkenschutz durch Benutzung nach § 4 Nr. 2 und 3 | 12–15 |
|       1. Rechtslage im MarkenG | 12 |
|       2. Rechtslage im WZG | 13–15 |
| C. Garantiemarken | 16–22 |
|    I. Abgrenzung | 16 |
|    II. Geographische Herkunftsangaben als Kollektivmarken | 17 |
|    III. Gütemarken als Kollektivmarken | 18–22 |
|       1. Grundsatz | 18 |
|       2. RAL-Gütezeichen | 19–22 |
| D. Waren- und Dienstleistungsverzeichnis | 23 |
| E. Übertragbarkeit der Kollektivmarke | 24, 25 |
| F. Rechtsstellung von Nichtmitgliedern | 26 |
| G. Anwendung der Vorschriften des MarkenG (§ 97 Abs. 2) | 27 |
| H. Ausländische Kollektivmarken | 28 |

### Entscheidung zum MarkenG

**BGH GRUR 1996, 270 – MADEIRA**
Zur Unterscheidungskraft einer als Kollektivmarke angemeldeten geographischen Herkunftsangabe, die zugleich eine Gattungsbezeichnung für die angemeldeten Waren ist.

### A. Begriff der Kollektivmarke (§ 97 Abs. 1)

#### I. Kollektivmarke als Unterscheidungszeichen

Nach § 97 Abs. 1 dienen *Kollektivmarken* der Unterscheidung der Waren oder Dienstleistungen der *Mitglieder des Markeninhabers* von denjenigen Produkten anderer Unternehmen. Die Kollektivmarke ist ein produktidentifizierendes Unterscheidungszeichen wie jede Marke im Sinne des MarkenG. Der Kollektivmarke kommt Unterscheidungsfunktion als das allgemeine Merkmal eines jeden Kennzeichens zu (zur Marke als produktidentifizierendes Unterscheidungszeichen s. § 3, Rn 9 ff.). Die Kollektivmarke ist von der Individualmarke als dem Regeltypus des MarkenG zu unterscheiden (s. § 3, Rn 18 ff.). Bei einer Individualmarke bezieht sich die Unterscheidungsfunktion auf die Waren oder Dienstleistungen eines bestimmten Unternehmens, das entweder der Markeninhaber selbst ist oder das mit Zustimmung des Markeninhabers seine Produkte mit dessen Marke auf dem Markt kennzeichnet. Bei der Kollektivmarke bezieht sich die Unterscheidungsfunktion auf die Waren oder Dienstleistungen der Mitglieder des Inhabers der Kollektivmarke, die sie von den Produkten anderer Unternehmen, die nicht Mitglieder des Kollektivs sind, unterscheidet.

**2** Der *Funktionenschutz der Kollektivmarke* bezieht sich auf alle ökonomischen Funktionen, die einer Marke zukommen und rechtlich geschützt sind (s. Einl, Rn 35). Nach § 97 Abs. 1 wird die Unterscheidungsfunktion der Kollektivmarke hinsichtlich der betrieblichen oder geographischen Herkunft, der Art, der Qualität oder der sonstigen Eigenschaften der Waren oder Dienstleistungen konkretisiert. Diese Beschreibungen der Aufgaben einer Kollektivmarke bedeuten keine begriffliche Beschränkung der Kollektivmarke. Die Formulierung stellt nur klar, daß der Begriff der Eignung zur Unterscheidung der Kollektivmarke nicht nur auf die betriebliche Herkunft bezogen ist, sondern daß auch geographische Kollektivmarken oder Gütemarken unter den Begriff der Kollektivmarken zu subsumieren sind (s. Begründung zum MarkenG, BT-Drucks. 12/6581 vom 14. Januar 1994, S. 108). Auch die MarkenRL macht keinen Unterschied zwischen den Funktionen einer Individualmarke und einer Kollektivmarke. Vergleichbar wird die Gemeinschaftskollektivmarke nach Art. 64 Abs. 1 S. 1 GMarkenV dahin definiert, sie diene dazu, Waren und Dienstleistungen der Mitglieder des Verbands, der Markeninhaber ist, von denen anderer Unternehmen zu unterscheiden.

**3** Das MarkenG beschränkt die Kollektivmarke nicht auf die Funktion, die Produkte der Mitglieder des Kollektivs von den Produkten anderer Unternehmen zu unterscheiden, auch wenn darin das Wesensmerkmal der Kollektivmarke gesehen wird, die in erster Linie von den Mitgliedern des Inhabers der Marke benutzt wird (s. Begründung zum MarkenG, BT-Drucks. 12/6581 vom 14. Januar 1994, S. 108). Nach dem MarkenG kann eine Kollektivmarke auch von dem Kollektiv selbst benutzt werden. Das MarkenG geht dabei davon aus, daß es sich bei der *Benutzung der Kollektivmarke durch das Kollektiv* als Markeninhaber nicht nur um eine werbliche Benutzung der Kollektivmarke zur Unterstützung der Benutzung der Kollektivmarke durch die Mitglieder des Kollektivs handelt. Nach § 100 Abs. 2 stellt die Benutzung der Kollektivmarke durch den Inhaber des Kollektivs eine rechtserhaltende Benutzung im Sinne des § 26 dar; das setzt voraus, daß das Kollektiv die Kollektivmarke entweder für eigene Produkte des Kollektivs oder für fremde Produkte mit Zustimmung des Kollektivs benutzt. Mit der Anerkennung von solchen Kollektivmarken, deren Unterscheidungsfunktion ausschließlich auf das Kollektiv als Markeninhaber und nicht auch auf die Mitglieder des Kollektivs bezogen ist, wurde der Anwendungsbereich der Kollektivmarken gegenüber der Rechtslage im WZG erweitert. Das bedeutet für die Herkunftsfunktion einer Kollektivmarke, daß diese auf das Kollektiv als solches oder auf die Mitglieder des Kollektivs und nicht wie die Individualmarke auf ein bestimmtes Unternehmen bezogen ist. Nach der Rechtslage im WZG schloß die Rechtsnatur des Verbandszeichens jede Benutzung des Zeichens durch den Verband als Markeninhaber für eigene Waren seines Geschäftsbetriebs aus (*Baumbach/Hefermehl*, § 17 WZG, Rn 3; § 18 WZG, Rn 3). Die Zeichenbenutzung durch einen Verband mit eigenem Geschäftsbetrieb wurde als die Benutzung eines Individualzeichens verstanden, so daß neben dem Verbandszeichen ein Individualzeichen und damit zwei selbständige Zeichenrechte entstanden.

## II. Markenfähigkeit und Markenformen der Kollektivmarke

**4** Die Voraussetzungen der *Markenfähigkeit* (s. § 3, Rn 197 ff.), sowie die Zulässigkeit der verschiedenen *Markenformen* (s. § 3, Rn 235 ff.) bestimmen sich für Individualmarken und Kollektivmarken nach den entsprechenden Grundsätzen. Als Kollektivmarken können alle als Marke schutzfähigen Zeichen im Sinne des § 3 eingetragen werden. Selbständigkeit, Einheitlichkeit und graphische Darstellbarkeit der Kollektivmarke sind deren Voraussetzungen als Marke, um als Unterscheidungszeichen zur Identifikation von Unternehmensprodukten im Marktwettbewerb benutzt werden zu können. Alle Formen eines Zeichens, die als Marke nach § 3 Abs. 1 schutzfähig sind, können Kollektivmarke sein. Wie bei jeder Marke ist auch die abstrakte Unterscheidungseignung rechtliche Voraussetzung einer Kollektivmarke (s. dazu § 3, Rn 203 ff.). Im übrigen bestehen die *absoluten* Schutzhindernisse des § 8, wie etwa die konkrete Unterscheidungskraft nach § 8 Abs. 2 Nr. 1 auch für die Kollektivmarke (§ 97 Abs. 2). Eine Ausnahme besteht nur abweichend von § 8 Abs. 2 Nr. 2 für die *Eintragbarkeit von geographischen Herkunftsangaben* als Kollektivmarken nach § 99.

**5** In der Rechtsprechung des BGH deutet sich eine Tendenz an, die allgemeinen Schutzvoraussetzungen einer Kollektivmarke anders als die einer Individualmarke zu bestimmen

Kollektivmarken 5 § 97 MarkenG

(BGH GRUR 1996, 270 – MADEIRA; s. dazu BPatG BlPMZ 1997, 208 – MADEIRA). Anknüpfungspunkt der Rechtsprechung ist der unterschiedliche Wortlaut des § 97 Abs. 1 gegenüber § 3 Abs. 1 hinsichtlich der Beschreibung der markenrechtlichen Unterscheidungsfunktion. In § 3 Abs. 1 ist der Hinweis auf die Unterscheidung der Produkte nach ihrer betrieblichen oder geographischen Herkunft, ihrer Art, ihrer Qualität oder ihren sonstigen Eigenschaften nicht wie in § 97 Abs. 1 enthalten. Zwar geht der BGH davon aus, auch eine Kollektivmarke müsse nach § 97 Abs. 2 die für sonstige Marken nach § 8 Abs. 2 Nr. 1 erforderliche Unterscheidungskraft aufweisen. Diese Unterscheidungskraft sei jedoch bei Kollektivmarken nicht auf die Individualisierungs- und Herkunftsfunktion der mit ihr gekennzeichneten Waren aus einem individuellen Unternehmen bezogen, sondern, wie § 97 Abs. 1 zu entnehmen sei, auf die Individualisierung und Unterscheidung der Waren der Mitglieder des Inhabers der Kollektivmarke nach ihrer betrieblichen oder geographischen Herkunft, ihrer Art, ihrer Qualität oder ihren sonstigen Eigenschaften von denjenigen anderer Unternehmen. Eine solch differenzierende Beurteilung der Schutzvoraussetzungen zwischen einer Kollektivmarke und einer Individualmarke widerspricht nicht nur dem Verständnis des Markenrechts nach der Rechtslage im MarkenG, sondern auch der internationalen Rechtsentwicklung im Kennzeichenschutz. Der Funktionenschutz der Individualmarke ist nicht auf die Individualisierungsfunktion im Sinne der betrieblichen Herkunftsfunktion der Marke beschränkt (s. Einl, Rn 39 ff.). Das MarkenG dient dem Schutz der Marke in ihren ökonomischen Funktionen im Marktwettbewerb (s. Einl, Rn 35). Die Konkretisierung der Unterscheidungsfunktion der Kollektivmarke in § 97 Abs. 1 dahin, der Begriff der Eignung zur Unterscheidung der Kollektivmarke sei nicht nur auf die betriebliche Herkunft bezogen, dient, wie sich aus der Begründung zum MarkenG eindeutig ergibt, nur der Klarstellung, daß auch geographische Kollektivmarken oder Gütezeichen unter den Begriff der Kollektivmarke zu subsumieren sind. Eine solche funktionale Differenzierung zwischen Kollektivmarke und Individualmarke widerspricht zudem sowohl der MarkenRL als auch der GMarkenV. Der BGH, der über die Eintragungsfähigkeit der Wortmarke *MADEIRA* für Weine als Kollektivmarke zu entscheiden hatte, ging allerdings im Ergebnis zutreffend von der konkreten Unterscheidungskraft der als Kollektivmarke angemeldeten geographischen Herkunftsangabe, die zugleich eine Gattungsbezeichnung für die der Anmeldung zugrunde liegenden Waren darstellt, aus. Das Markenwort *MADEIRA*, bei dem es sich um den Namen einer bekannten portugiesischen Insel und damit um einen Hinweis auf die geographische Herkunft der mit diesem Wort gekennzeichneten Weine handelt, und das, bezogen auf die als Wein in Betracht kommenden Waren, für einen portugiesischen Dessertwein steht, erfüllt die abstrakten Voraussetzungen der Markenfähigkeit nach § 3 Abs. 1, da es geeignet ist, den Wein entsprechend der Markensatzung des Kollektivs sowohl nach seiner geographischen Herkunft (von der Insel Madeira) als auch nach seiner Art (Dessertwein) oder seiner Qualität (Einhaltung der gesetzlichen Bestimmungen über Produktbezeichnungen) von Weinen anderer nach § 102 Abs. 2 rechtmäßig von der Benutzung ausgeschlossener, an einem anderen Ort, eine andere Art oder Qualität produzierender Unternehmen zu unterscheiden. Der BGH verwies die Entscheidung an das BPatG zur erneuten Prüfung zurück, um die Erforderlichkeit eines Freihaltebedürfnisses nach den §§ 97 Abs. 2, 99, 8 Abs. 2 Nr. 2, sowie das absolute Schutzhindernis eines öffentlichen Interesses nach den §§ 97 Abs. 2, 8 Abs. 2 Nr. 9 unter Berücksichtigung der weinrechtlichen Kennzeichnungsvorschriften zu untersuchen. Im Anschluß an die *MADEIRA*-Entscheidung des BGH geht das BPatG zwar zutreffend davon aus, daß die Eintragbarkeit geographischer Angaben als Kollektivmarken nach § 99 das Erfordernis der konkreten Unterscheidungskraft nach § 8 Abs. 2 Nr. 1 unberührt läßt (BPatGE 38, 266 – SAINT MORIS). Die konkrete Unterscheidungskraft einer geographischen Kollektivmarke wird aber dahin verstanden, der Bezeichnung müsse ein Hinweis auf die Herkunft der mit der geographischen Angabe gekennzeichneten Erzeugnisse aus einer Mehrzahl von in jenem Ort ansässigen Herstellungs- und Handelsbetriebe entnommen werden. Der Bezeichnung des bekannten Wintersport- und Kurortes *St. Moritz,* mit dem sich in maßgeblichen deutschen Publikumskreisen Assoziationen wie Reichtum, Schönheit, Eleganz verbänden, werde als Zeichenbestandteil der Wortbildmarke *St. Moritz TOP OF THE WORLD* jedenfalls für T-Shirts und Baseball-Mützen sowie vergleichbare Bekleidungsstücke und Kopfbedeckungen weitgehend kein Hinweis auf die Herkunft der so gekennzeichneten Erzeugnisse aus einer Mehrzahl von in

St. Moritz ansässigen Herstellungs- und Handelsbetrieben entnommen. Mit diesem Verständnis der konkreten Unterscheidungskraft geographischer Kollektivmarken wird deren Eintragungsfähigkeit zu restriktiv gehandhabt.

6 Bei der Eintragbarkeit von geographischen Herkunftsangaben als Kollektivmarken sind zudem namentlich die *Schranken des Schutzes* nach § 100 zu berücksichtigen, die trotz des Markenschutzes einer geographischen Herkunftsangabe als Kollektivmarke einem Dritten die Benutzung der geographischen Herkunftsangabe im geschäftlichen Verkehr erlauben, sofern die Benutzung den guten Sitten entspricht und nicht gegen den Schutzinhalt der geographischen Herkunftsangabe nach § 127 verstößt.

### III. Kollektiv als Markeninhaber

7 Die *Inhaberschaft an einer Kollektivmarke* im Sinne von Teil 4 des MarkenG ist auf ein *Kollektiv im Sinne des § 98* beschränkt. Nach dieser Vorschrift können Inhaber einer Kollektivmarke *rechtsfähige Vereine* einschließlich der *rechtsfähigen Dachverbände* und *Spitzenverbände*, deren Mitglieder selbst Verbände sind, sein, denen *juristische Personen des öffentlichen Rechts* gleichgestellt sind (s. im einzelnen § 98, Rn 2 ff.).

### IV. Eingetragene Kollektivmarken, Kollektivmarken mit Verkehrsgeltung und benutzte Individualmarken mehrerer Markeninhaber

8 Die Vorschriften des MarkenG über Kollektivmarken gelten zwar nur für angemeldete oder eingetragene Kollektivmarken und damit für die Entstehung des Markenschutzes durch Eintragung eines Zeichens als Kollektivmarke nach § 4 Nr. 1. Die Regelung der angemeldeten oder eingetragenen Kollektivmarke in den §§ 97 ff. steht aber der Entstehung des Markenschutzes durch Benutzung einer Marke und dem Erwerb von Verkehrsgeltung als Kollektivmarke nach § 4 Nr. 2 nicht entgegen. Die eingetragene Kollektivmarke und die Kollektivmarke mit Verkehrsgeltung sind unabhängig voneinander bestehende Markenrechte. Von der Kollektivmarke mit Verkehrsgeltung ist die benutzte Individualmarke mehrerer Markeninhaber zu unterscheiden. Wenn unabhängig von der Eintragung einer Kollektivmarke in das Register Markenschutz durch den Erwerb von Verkehrsgeltung nach § 4 Nr. 2 für mehrere Markeninhaber entsteht, dann handelt es sich um die Entstehung eines mehreren Markeninhabern zustehenden Individualmarkenrechts (s. Rn 12 ff.).

### V. Abgrenzung zur Garantiemarke

9 Das MarkenG kennt den Begriff der *Garantiemarke* nicht. Nach Art. 15 MarkenRL können in den Mitgliedstaaten neben Kollektivmarken auch Garantiemarken und Gewährleistungsmarken zugelassen werden. Unter einer Garantiemarke ist ein Zeichen zu verstehen, das unter der Kontrolle des Markeninhabers von verschiedenen Unternehmen benutzt wird und dazu dient, die Beschaffenheit, die geographische Herkunft, die Art der Herstellung oder andere gemeinsame Merkmale von Waren oder Dienstleistungen dieser Unternehmen zu gewährleisten (s. die Begriffsbestimmung des Art. 21 MSchG der Schweiz). Die Garantiemarke ist ein schlichtes *Kontrollzeichen* zur Garantie bestimmter Produkteigenschaften der Waren oder Dienstleistungen. Trotz der Uneinheitlichkeit der internationalen Terminologie kann davon ausgegangen werden, daß Garantiemarken dem Begriff der Gewährmarken oder Gewährleistungsmarken und dem in § 8 Abs. 2 Nr. 7 im Hinblick auf amtliche Zeichen verwendeten Begriff der Prüf- oder Gewährzeichen entsprechen. Im anglo-amerikanischen Rechtskreis handelt es sich um die certification marks. Die *Garantiemarke als solche* stellt *keine Marke im Sinne des MarkenG* dar. Sie dient anderen Funktionen als Marken nach § 1 Nr. 1. Der Garantiemarke kommt keine Unterscheidungsfunktion zu. Die Garantiemarke dient allein der positiven Bestimmung der Produktqualitäten der mit der Garantiemarke versehenen Waren oder Dienstleistungen. Garantiemarken können aber als Kollektivmarken eingetragen werden. Die Rechtslage entspricht der Eintragbarkeit von geographischen Herkunftsangaben als Kollektivmarken nach § 99. Der Eintragbarkeit sowohl der Garantiemarken als

auch der geographischen Herkunftsangaben als Kollektivmarken dient der klarstellende Hinweis in § 97 Abs. 1, Kollektivmarken dienten auch der Unterscheidung von Waren oder Dienstleistungen nach ihrer betrieblichen oder geographischen Herkunft, ihrer Art, ihrer Qualität oder ihren sonstigen Eigenschaften. Weder sind Garantiemarken als solche Kollektivmarken, noch sind Kollektivmarken als solche Garantiemarken (zu Gütemarken s. im einzelnen Rn 18 ff.).

## B. Entstehung der Kollektivmarke

### I. Kollektivmarkenschutz durch Eintragung nach § 4 Nr. 1

Der Markenschutz an einer Kollektivmarke im Sinne von Teil 4 des MarkenG entsteht nach § 4 Nr. 1 durch die *Eintragung eines Zeichens als Kollektivmarke* in das Register. Es besteht kein eigenes Kollektivmarkenregister. Kollektivmarken werden vielmehr nach § 18 Nr. 9 MarkenV in das allgemeine Markenregister aufgenommen. Der Markenanmelder muß bei der Anmeldung einer Kollektivmarke eine entsprechende Erklärung nach § 4 MarkenV gegenüber dem DPMA angeben. Markeninhaber der Kollektivmarke ist das eingetragene Kollektiv im Sinne des § 98. Berechtigt zur Benutzung der Kollektivmarke sind die Mitglieder des Kollektivs, sowie das Kollektiv als Inhaber der Kollektivmarke selbst. Nicht anders als für die Individualmarke gilt auch für die Kollektivmarke der Grundsatz der Nichtakzessorietät (s. § 3, Rn 52 ff.). Das bedeutet eine wesentliche Änderung gegenüber der Rechtslage im WZG. Markeninhaber einer Kollektivmarke können auch solche Kollektive sein, deren Zweck die *Verwaltung einer Kollektivmarke* ist, selbst wenn die Benutzung der Kollektivmarke weder durch das Kollektiv selbst, noch durch die Mitglieder des Kollektivs, sondern allein durch dritte Unternehmen erfolgt. Folge der Nichtakzessorietät der Kollektivmarke ist es, daß die Produktverantwortung des Kollektivs (Produktkontrolle) für die Benutzung der Kollektivmarke im Marktwettbewerb der Identifizierungsfunktion der Kollektivmarke genügt.

In Fallgestaltungen eines Mißbrauchs von Kollektivmarken bestehen die Schutzrechtsgrenzen nach den allgemeinen Vorschriften, wie namentlich eines wettbewerbswidrigen Verhaltens wegen einer unzulässigen Behinderung der Mitbewerber nach § 1 UWG, sowie einer irreführenden Markenbenutzung nach § 3 UWG.

### II. Kollektivmarkenschutz durch Benutzung nach § 4 Nr. 2 und 3

#### 1. Rechtslage im MarkenG

Teil 4 des MarkenG (§§ 97 bis 106) regelt ausschließlich die Entstehung des Kollektivmarkenschutzes durch Eintragung eines Zeichens als Kollektivmarke nach § 4 Nr. 1 (s. Rn 10). Nach § 97 Abs. 1 sind Kollektivmarken somit eintragbare Markenformen im Sinne des § 3. Nach § 97 Abs. 2 sind aber die allgemeinen Vorschriften des MarkenG auf Kollektivmarken anzuwenden, soweit in den §§ 97 bis 106 nichts anderes bestimmt ist. Das Gesetz regelt nicht, ob Markenschutz an einer Kollektivmarke nur durch die Eintragung eines Zeichens als Kollektivmarke in das Markenregister entstehen kann, oder ob auch die Entstehung des Markenschutzes durch Benutzung eines Zeichens im geschäftlichen Verkehr als Kollektivmarke zulässig ist, soweit das Zeichen innerhalb beteiligter Verkehrskreise als Kollektivmarke nach § 4 Nr. 2 Verkehrsgeltung erworben hat. Nichts anderes gilt für die Entstehung des Markenschutzes durch den Erwerb von Notorietät im Sinne des § 4 Nr. 3. In der Begründung zum MarkenG findet sich zur *Entstehung des Kollektivmarkenschutzes* durch den *Erwerb von Verkehrsgeltung oder Notorietät* kein Hinweis. Der Normzweck der Vorschriften über die Kollektivmarken rechtfertigt nicht die Annahme, der Gesetzgeber habe die Entstehung des Markenschutzes an Kollektivmarken abschließend im Sinne einer Beschränkung des Kollektivmarkenschutzes auf eingetragene Marken regeln wollen. Einer solchen Annahme widerspricht schon die Anerkennung der *Verbandsausstattung* nach der Rechtslage im WZG (s. *Baumbach/Hefermehl*, § 25 WZG, Rn 99). Es ist deshalb davon auszugehen, daß durch die Benutzung eines Zeichens im geschäftlichen Verkehr als Kollektivmarke dann nach § 4 Nr. 2 Markenschutz entstehen kann, soweit das Zeichen innerhalb beteiligter Verkehrskreise als Kollektivmarke Verkehrsgeltung erworben hat. Das gleiche gilt für die Entstehung des Kollektivmarkenschutzes durch den Erwerb von Notorietät nach § 4 Nr. 3. Bei solchen durch den Erwerb von Verkehrsgeltung oder Notorietät entstandenen Marken handelt es sich aber nicht um Kollektivmarken im markenrechtlichen Sinne der §§ 97 ff., sondern um eine mehreren Markeninhabern zustehende Individualmarke. Die Vorschriften der §§ 97 ff. sind auf solche Individualmarken eines Kollektivs von Markeninhabern dann anzuwenden, wenn ein Antrag auf Eintragung der Marke als Kollektivmarke gestellt wird und durch Eintragung der Marke als Kollektivmarke ein Kollektivmarkenschutz im Sinne der §§ 97 ff. entsteht (ähnlich *Ingerl/Rohnke*, § 98 MarkenG, Rn 13, die die Existenz der Binnenstruktur eines rechtsfähigen Verbandes im Sinne des § 98 verlangen; weitergehend *Helm*, WRP 1999, 41–45, der nicht zureichend zwischen einer Individualmarke mehrerer Markeninhaber und einer Kollektivmarke unterscheidet). Für die Entstehung des Markenschutzes nach § 4 Nr. 2 durch die Benutzung einer Marke durch mehrere Mitglieder eines Kollektivs sind die Grundsätze über die Entstehung einer Verbandsausstattung nach § 25 WZG nach der Rechtslage im WZG auf das MarkenG anzuwenden (s. Rn 13 ff.). An einer eingetragenen Kollektivmarke im Sinne der §§ 97 ff. kann aber Kollektivmarkenschutz durch den Erwerb von Verkehrsgeltung nach § 4 Nr. 2 entstehen, da es sich insoweit um voneinander unabhängige Markenrechte handelt (s. § 4, Rn 21).

### 2. Rechtslage im WZG

**13** Kennzeichenschutz an den Kollektivmarken im Sinne des MarkenG entsprechenden *Verbandszeichen* nach § 17 WZG entstand durch die Anmeldung der Verbandszeichen zur Eintragung in die Zeichenrolle. Ein rechtsfähiger Verband konnte an einem Zeichen, das ausschließlich von den Verbandsmitgliedern für Waren oder Dienstleistungen benutzt wurde, nicht nur Zeichenschutz, sondern auch *Ausstattungsschutz nach § 25 WZG* erwerben (BGH GRUR 1964, 381, 384 – WKS-Möbel). Nach der Rechtsprechung des RG war ein Verbandsausstattungsschutz wegen der Akzessorietät des Warenzeichens nicht anerkannt, da der Verband die Ausstattung nicht zur Kennzeichnung seiner eigenen Waren verwende und § 17 WZG eine Ausnahmevorschrift darstelle (RG MuW 1931, 266; zust. *Tetzner*, § 25 WZG, Rn 18; aA OLG Hamm MuW 1930, 265 – Alpina; *Reimer/Heydt*, Kap. 38, Rn 4; *Starck*, MuW 1931, 509; *Finger*, GRUR 1939, 818, 828; *v. der Osten*, Verkehrsgeltung, S. 34 f.; *Hagens*, Warenzeichenrecht, § 15 WZG, Rn 3). Die Begründung der Rechtsprechung des BGH ging im wesentlichen dahin, bei einem Verbandszeichen beziehe sich die Herkunftsfunktion nicht auf den Verband als solchen, sondern auf die das Zeichen benutzenden Verbandsmitglieder. Zeicheninhaber und Zeichenbenutzer seien nicht identisch. Die Verkehrsdurchsetzung eines Verbandszeichens sei daher auch dann anzuerkennen, wenn das Zeichen nach der Auffassung der beteiligten Verkehrskreise die Herkunft der Waren aus einer Gruppe bestimmter Geschäftsbetriebe kennzeichne, die irgendwie miteinander rechtlich oder organisatorisch verbunden seien. Selbst ein an sich schutzunfähiger Zeichenbestandteil eines Verbandszeichens könne unter diesen Voraussetzungen als ein Herkunftshinweis schutzfähig werden (BGHZ 21, 182, 191 f. – Ihr Funkberater). Es sei nicht erforderlich, daß innerhalb der beteiligten Verkehrskreise bekannt sei, es handele sich um ein Verbandszeichen. Die Verkehrsdurchsetzung eines Verbandszeichens innerhalb der beteiligten Verkehrskreise beruhe auf der von den Verbandsmitgliedern für ihre Geschäftsbetriebe erworbenen Verkehrsgeltung. Dieses Verständnis führte folgerichtig zur rechtlichen *Anerkennung einer Verbandsausstattung* in der Rechtsprechung des BGH. Die Entstehung eines Verbandsausstattungsrechts nach § 25 Abs. 1 WZG für eine Gruppe von Gewerbetreibenden war dann anerkannt, wenn innerhalb der beteiligten Verkehrskreise angenommen wurde, die Ausstattung werde von einer Mehrzahl miteinander in Verbindung stehender Unternehmen als ein Herkunftskennzeichen für die von den Unternehmen hergestellten oder vertriebenen Waren benutzt (BGHZ 34, 299, 308 ff. – Almglocke). Nach einem Zusammenschluß der Unternehmensgruppe zu einem rechtsfähigen Verband, dessen Zweck auf die Förderung des Produktvertriebs unter dem Verbandszeichen gerichtet war, wurde davon ausgegangen, die im Verkehr durchgesetzte Ausstattung stehe nach § 17 WZG analog dem Verband als Verbandsausstattung zu, und zwar ohne Rücksicht darauf, in welchem

Maße ein einzelnes Verbandsmitglied zu der Verkehrsdurchsetzung der Ausstattung innerhalb der beteiligten Verkehrskreise beigetragen habe (BGH GRUR 1964, 381, 384 – WKS-Möbel). Schon nach der Rechtslage im WZG folgte aus der Entstehungsgeschichte des Verbandszeichens, daß eine Verbandsausstattung nach § 25 WZG einem Verband auch dann zustehen konnte, wenn er die Waren, für die die Ausstattung als ein Herkunftskennzeichen innerhalb der beteiligten Verkehrskreise galt, nicht führte (s. dazu im einzelnen *Baumbach/Hefermehl*, § 25 WZG, Rn 99). Ausreichend war eine Produktion der Waren durch die einzelnen Unternehmen nach den Bedingungen des Verbands. Die Entstehung einer Verbandsausstattung setzte entsprechend einem Verbandszeichen im Sinne des § 17 WZG das Vorliegen einer Verbandssatzung nach § 18 WZG voraus (*Baumbach/Hefermehl*, § 25 WZG, Rn 99).

Der Erwerb von Verkehrsgeltung innerhalb der beteiligten Verkehrskreise im Sinne des **14** § 4 Nr. 2 setzt, wie schon nach der Rechtslage im WZG, nicht voraus, daß das Zeichen innerhalb der beteiligten Verkehrskreise als Produktbezeichnung einer bestimmten Gruppe von Unternehmen aufgefaßt wird (BGHZ 21, 182, 191 – Ihr Funkberater). Schon nach der Rechtslage im WZG war die Herkunftsfunktion des Verbandszeichens seinem Wesen entsprechend nicht nur auf den Verband, sondern auf die das Zeichen in ihren Unternehmen benutzenden Verbandsmitglieder bezogen. Es wurde als unerheblich beurteilt, ob dem Verkehr die rechtlichen Zusammenhänge, die zu einer einheitlichen Produktkennzeichnung innerhalb der Gruppe führten, bekannt waren. Auch unrichtige Vorstellungen über die Berechtigung zur Zeichenbenutzung wurden als unschädlich beurteilt. Selbst wenn ein Zeichen in verschiedenen Regionen nur auf ein bestimmtes Unternehmen hinwies, weil nur dieses Unternehmen das Zeichen benutzte, stand dies einer Verkehrsdurchsetzung des Zeichens als Verbandszeichen nicht entgegen, wenn nur innerhalb der beteiligten Verkehrskreise, denen dasselbe Zeichen in anderen Regionen als Produktkennzeichen anderer Verbandsmitglieder begegnete, annahmen, es handele sich um das Zeichen einer bestimmten Gruppe (BGHZ 21, 182, 192 – Ihr Funkberater; aA wegen Verkehrsdurchsetzung nur für das einzelne Unternehmen *Dunz*, NJW 1957, 463, 464). Die Eintragung eines im Verkehr durchgesetzten Verbandszeichens in die Zeichenrolle kam allen Verbandsmitglieder zugute, unabhängig von ihrem eigenen Beitrag zur Verkehrsdurchsetzung.

An den Nachweis allgemeingebräuchlicher Angaben als Verbandszeichen wurden hohe **15** Anforderungen gestellt (RGZ 172, 129, 131 – Fettchemie; BGHZ 21, 182, 193 – Ihr Funkberater). Der BGH anerkannte auch einen Verbandsausstattungsschutz für solche Waren, die nur in den Geschäftsbetrieben der Verbandsmitglieder geführt wurden (BGH GRUR 1964, 381, 384 – WKS-Möbel; aA RG JW 1931, 1894); das ergibt sich nach der Rechtslage im MarkenG schon wegen der Nichtakzessorietät der Marke.

## C. Garantiemarken

### I. Abgrenzung

*Garantiemarken* sind als *Kontrollzeichen*, die nicht der Identifizierung unterschiedlicher Pro- **16** dukte verschiedener Unternehmen, sondern der Gewährleistung bestimmter Produkteigenschaften von Waren oder Dienstleistungen verschiedener Unternehmen dienen, keine Marken im Sinne produktidentifizierender Unterscheidungszeichen nach dem MarkenG. Eine andere Terminologie für Garantiemarken ist die der Gewährmarken, Gewährleistungsmarken, Prüfzeichen, Kontrollzeichen oder im anglo-amerikanischen Rechtskreis verwendeten certification marks (s. zur Abgrenzung Rn 9). In den 80iger Jahren ging die Diskussion um die Garantiemarken dahin, den an den Produktqualitäten ausgerichteten Begriff der Garantiemarke in den an der Herkunftsgarantie ausgerichteten Begriff der Kollektivmarke zu integrieren (s. zur Diskussion AIPPI-Jahrbuch 1980/II, S. 86 ff.; AIPPI-Jahrbuch 1982/I, S. 8 ff.; AIPPI-Jahrbuch 1982/II, S. 39 ff.). Garantiemarken, die an sich keine Marken im Sinne des MarkenG darstellen, können als Kollektivmarken im Sinne des § 97 Abs. 1 eingetragen werden oder Markenschutz aufgrund von Verkehrsgeltung nach § 4 Nr. 2 erwerben. Fallkonstellationen als Kollektivmarken eintragungsfähiger Garantiemarken sind gleichermaßen *geographische Herkunftsangaben* (s. Rn 17) wie *Gütemarken* (s. Rn 18 ff.).

## II. Geographische Herkunftsangaben als Kollektivmarken

17  Nach § 8 Abs. 2 Nr. 2 besteht wegen des Freihaltebedürfnisses im Interesse der Allgemeinheit ein absolutes Schutzhindernis der Eintragbarkeit geographischer Herkunftsangaben. Nach § 99 sind abweichend von § 8 Abs. 2 Nr. 2 *geographische Herkunftsangaben als Kollektivmarken* zur Eintragung als Marken zuzulassen. Eine Monopolisierung der geographischen Herkunftsangaben als eingetragene Marken verhindern die nach § 100 bestehenden Schranken des Kollektivmarkenschutzes (zu den Grenzen der Eintragbarkeit geographischer Herkunftsangaben als Kollektivmarken s. § 99, Rn 2).

## III. Gütemarken als Kollektivmarken

### 1. Grundsatz

18  *Gütemarken* sind solche *kollektiven Kennzeichen*, die Waren oder Dienstleistungen mehrerer Unternehmen nach den die Güte bestimmenden Produkteigenschaften kennzeichnen. Zweck der Gütemarken ist die Sicherung der Produktqualität, sowie die Verbraucherinformation über die Produkteigenschaften. Gütemarken als solche sind zwar keine Marken im Sinne des MarkenG, erlangen aber Markenschutz nach § 4 Nr. 1 durch Eintragung als Kollektivmarke im Sinne des § 97 Abs. 1 oder durch Benutzung der Gütemarke als Zeichen und den Erwerb von Verkehrsgeltung nach § 4 Nr. 2 oder den Erwerb von Notorietät nach § 4 Nr. 3.

### 2. RAL-Gütezeichen

19  In der Bundesrepublik Deutschland hat das Gütezeichenwesen eine erhebliche Bedeutung erlangt (zum Beginn der Rechtsentwicklung s. *Baumbach/Hefermehl*, §§ 17 bis 23 WZG, Rn 2, sowie zur Rechtslage in der DDR s. *Baumbach/Hefermehl*, §§ 17 bis 23 WZG, Rn 6). RAL-Gütezeichen sind Garantiemarken und als solche keine Marken im Sinne des § 4 Nr. 1. Markenschutz an RAL-Gütezeichen entsteht nach § 4 Nr. 1 durch die *Eintragung der RAL-Gütezeichen als Kollektivmarken* im Sinne des § 97 Abs. 1. Die Regelungen der RAL-Gütezeichen sind in den Grundsätzen für Gütezeichen des RAL Deutsches Institut für Gütesicherung und Kennzeichnung e.V. bestimmt (s. 4. Teil des Kommentars, II 24), Zweck der RAL-Gütezeichen ist eine Gütesicherung im Sinne einer überwachten Qualitätsanforderung an Waren oder Dienstleistungen, die eine Festlegung der Gütegrundlagen und der Organisation der Güteüberwachung bis zur Ahndung von Verstößen, sowie der Kennzeichnung von Güte, wie insbesondere der Errichtung und geregelten Anwendung von Gütezeichen, umfaßt. Als Gütezeichen wird der Ausweis einer Gütesicherung verstanden. Als RAL-Gütezeichen werden Zeichen verstanden, die als Garantieausweis zur Kennzeichnung von Waren oder Leistungen Verwendung finden, die die wesentlichen, an objektiven Maßstäben gemessenen, nach der Verkehrsauffassung die Güte einer Ware oder Leistung bestimmenden Eigenschaften erfüllen und deren Träger Gütegemeinschaften sind, die im Rahmen der RAL-Gemeinschaftsarbeit jedermann zugänglich sind, vom RAL anerkannte und veröffentlichte Gütebedingungen aufstellen und deren Erfüllung überwachen oder die auf gesetzlichen Maßnahmen beruhen (s. RAL-Grundsätze für Gütezeichen, Ziff. 1). Die Grundsätze für RAL-Gütezeichen regeln die Voraussetzungen für die RAL-Anerkennung, das Verfahren der Anerkennung als RAL-Gütezeichen, die Sorgfaltspflicht des RAL-Instituts, den Entzug der Anerkennung als RAL-Gütezeichen, sowie die Vorschriften über ein Einspruchsverfahren.

20  RAL-Gütezeichen sind Garantiemarken und als solche keine Marken im Sinne des MarkenG. An einem RAL-Gütezeichen entsteht Markenschutz durch die Eintragung als Kollektivmarke (§§ 97 Abs. 2, 4 Nr. 1). Schon nach der Rechtslage im WZG war der Verbandszeichenschutz nach den §§ 17 ff. WZG von Gütezeichen anerkannt (BGH GRUR 1977, 488, 489 – DIN-GEPRÜFT).

21  Nach der Rechtslage im WZG war zweifelhaft, ob zur Eintragung eines RAL-Gütezeichens als Verbandszeichen im Sinne des § 17 WZG eine *Unbedenklichkeitsbescheinigung des*

*RAL-Instituts* rechtlich verlangt werden konnte, wie es die Eintragungspraxis des DPA war (kritisch dazu *Baumbach/Hefermehl*, § 17 WZG, Rn 9). Nach der Verfügung vom 6. August 1990 und der Prüfungsanweisung vom 24. November 1993 des DPA dürfen Anmeldungen, die den Bestandteil Gütezeichen enthalten oder vom Verkehr als Gütezeichen aufgefaßt werden können, auch weiterhin nicht ohne Unbedenklichkeitsbescheinigung des RAL oder einer anderen neutralen Stelle, die Prüfung und Qualitätsüberwachung nach RAL-Grundsätzen vergleichbaren Maßstäben durchführt, in das Register eingetragen werden. Anmeldungen von Marken, die die den Bestandteil Gütezeichen enthalten oder vom Verkehr als Gütezeichen aufgefaßt werden können, sind wegen Täuschungsgefahr gemäß § 8 Abs. 2 Nr. 4 zu beanstanden und zurückzuweisen, wenn der Anmelder weder eine Unbedenklichkeitsbescheinigung des RAL, noch die einer sonstigen neutralen Stelle vorlegt (BPatGE 28, 139 – YACHT CHARTER; s. § 8, Rn 340).

Weder nach der Rechtslage im WZG noch nach der Rechtslage im MarkenG sind Regelungen über Qualitätsstandards an Produkten grundsätzlich rechtserheblich für die Schutzvoraussetzungen einer Gütemarke. Nach § 102 Abs. 1 ist aber die Beifügung einer Markensatzung zur Anmeldung einer Kollektivmarke eine Anmeldevoraussetzung. Die Eintragung eines RAL-Gütezeichens setzt die Vereinbarkeit der RAL-Grundsätze für Gütezeichen mit den Anforderungen an eine Markensatzung im Sinne des § 102 voraus. Als Kollektivmarke eintragungsfähig ist jedes Zeichen, dessen Anmeldung durch einen Inhaber im Sinne des § 98 der Markensatzung nach § 102 entspricht.

### D. Waren- und Dienstleistungsverzeichnis

Eine Kollektivmarke kann wie eine Individualmarke für jede Ware oder Dienstleistung in das Register eingetragen werden. Es ist nicht erforderlich, daß die Waren oder Dienstleistungen in den Unternehmen der Mitglieder des Kollektivs als des Inhabers der Kollektivmarke auch tatsächlich geführt werden. Dieses nach der Rechtslage im WZG bestehende Erfordernis (s. dazu *Baumbach/Hefermehl*, § 17 WZG, Rn 12) war Folge des Akzessorietätsprinzips (s. § 3, Rn 52 ff.) und besteht nach der Rechtslage im MarkenG nicht mehr. Eine Kollektivmarke kann deshalb auch für solche Waren oder Dienstleistungen eingetragen werden, die lediglich Hilfsprodukte (zum Begriff s. § 3, Rn 148 ff.) der Mitglieder sind (anders nach der Rechtslage im WZG BGH GRUR 1973, 523 – Fleischer-Fachgeschäft).

### E. Übertragbarkeit der Kollektivmarke

Kollektivmarken sind nach den §§ 97 Abs. 2 iVm 27 *übertragbar*. Der Rechtserwerber muß die Voraussetzungen der Inhaberschaft an einer Kollektivmarke nach § 98 erfüllen. Wenn die Benutzung der Kollektivmarke im Einzelfall nach der Übertragung eine Irreführung bewirkt, dann kommt ihre Löschung nach den §§ 97 Abs. 2, 49 Abs. 2 Nr. 2 in Betracht. Ein Wechsel in der Rechtsform des Vereins, Verbands oder der juristischen Person des öffentlichen Rechts unter Wahrung deren Identität stellt keinen Rechtsübergang im Sinne des § 27 dar. Auch im Falle der Auflösung der juristischen Person als Markeninhaberin ist die Übertragung der Kollektivmarke unter Wahrung ihrer Priorität möglich, ohne daß es einer Neueintragung bedarf. Nach der Rechtslage im WZG war das Recht aus der Anmeldung und Eintragung eines Verbandszeichens nach § 20 WZG unübertragbar; eine Übertragung des Verbandszeichen war nichtig.

An einer Kollektivmarke können nach § 30 *dingliche Markenlizenzen* an Nichtmitglieder erteilt werden, wenn die Markensatzung bei den Angaben über den Kreis der zur Benutzung der Kollektivmarke befugten Personen (§ 102 Abs. 2 Nr. 4) die Erteilung von Lizenzen an Nichtmitglieder vorsieht. Ein Lizenznehmer der Kollektivmarke ist in gleicher Weise wie die benutzungsberechtigten Mitglieder des Kollektivs zur Einhaltung der Bedingungen für die Benutzung der Kollektivmarke (§ 102 Abs. 2 Nr. 5) verpflichtet. In dem Lizenzvertrag sind für den Fall einer Nichteinhaltung der Benutzungsbedingungen durch den Lizenznehmer Sanktionen, wie etwa ein außerordentliches Kündigungsrecht oder die erforderlichen Maßnahmen zur Beseitigung des lizenzvertragswidrigen und markensatzungswidrigen

Zustandes, vorzusehen. Namentlich bei Lizenzen an Kollektivmarken erweist es sich als nicht sachgerecht, daß dingliche Markenlizenzen nicht in das Register eingetragen werden (s. § 30, Rn 18). Anstelle einer dinglichen Markenlizenz kann auch eine *schuldrechtliche Gebrauchsüberlassung* der Kollektivmarke vereinbart werden (zur Abgrenzung zwischen dinglicher Markenlizenz und schuldrechtlicher Gebrauchsüberlassung s. § 30, Rn 6 f.). Schon nach der Rechtslage im WZG war die Erteilung einer schuldrechtlichen Benutzungserlaubnis an einem Verbandszeichen an ein Nichtmitglied dann zulässig, wenn dies in der Zeichensatzung vorgesehen war (OLG Celle GRUR 1985, 547 – Buskomfort; DPA GRUR 1952, 527; Epphardt, WuW 1953, 96; *Baumbach/Hefermehl*, § 20 WZG, Rn 2; *Reimer/Richter*, Kap. 35, Rn 5; *Busse/Starck*, § 20 WZG, Rn 2; aA *Pinzger*, § 20 WZG, Rn 3).

### F. Rechtsstellung von Nichtmitgliedern

**26** *Nichtmitglieder* haben weder das Recht, die Kollektivmarke zu benutzen, auch wenn sie die Benutzungsbedingungen (§ 102 Abs. 2 Nr. 5) einhalten, noch ein Recht, als Mitglied in das Kollektiv aufgenommen zu werden, oder ein Recht auf Erteilung einer Markenlizenz an der Kollektivmarke. Es besteht auch kartellrechtlich *grundsätzlich kein Aufnahmezwang* für Nichtmitglieder in das Kollektiv. Etwas anderes kann sich aufgrund der Diskriminierungsregel des § 27 GWB ergeben, der in Ergänzung des Diskriminierungsverbots nach § 26 Abs. 2 GWB den Zugang zur Mitgliedschaft in Wirtschaftsverbände, die als Anbieter oder Nachfrager von Waren oder Dienstleistungen unternehmerisch tätig sind, durch Anordnung der Aufnahme in die Vereinigung durch die Kartellbehörde auf Antrag eines betroffenen Unternehmens regelt. Ein solcher Aufnahmezwang kann bei solchen Kollektivmarken in Betracht kommen, die aufgrund der Markensatzung als Garantiemarken (s. Rn 16) oder Gütemarken (s. Rn 18 ff.) bestehen. Ob ein Aufnahmezwang besteht, bestimmt sich namentlich nach den tatsächlichen Verhältnissen auf dem relevanten Markt, auf dem die Kollektivmarke von den zur Benutzung befugten Personen (§ 102 Abs. 2 Nr. 4) verwendet wird. Bei Kollektivmarken, die aus einer geographischen Herkunftsangabe bestehen, muß die Markensatzung nach § 102 Abs. 3 ein Beitrittsrecht für Nichtmitglieder vorsehen. Im übrigen ist die Benutzung einer geographischen Herkunftsangabe, die als Kollektivmarke eingetragen ist, einem Dritten nach § 100 Abs. 1 erlaubt, sofern die Benutzung den guten Sitten entspricht und nicht gegen § 127 verstößt (s. dazu im einzelnen § 100, Rn 1, 3).

### G. Anwendung der Vorschriften des MarkenG (§ 97 Abs. 2)

**27** Das Recht der Kollektivmarken bestimmt sich zunächst nach den besonderen Regelungen der §§ 97 bis 106. Soweit in diesen Vorschriften nichts anderes bestimmt ist, sind nach § 97 Abs. 2 auf Kollektivmarken die Vorschriften des MarkenG anzuwenden. Eine Kollektivmarke muß etwa auch die für Individualmarken nach § 8 Abs. 2 Nr. 1 erforderliche konkrete Unterscheidungskraft aufweisen (BGH GRUR 1996, 270 – MADEIRA; s. dazu BPatG BlPMZ 1997, 208 – MADEIRA). Bei der Anwendung der allgemeinen Vorschriften des MarkenG auf Kollektivmarken ist die besondere Zweckbestimmung der Kollektivmarke zu berücksichtigen.

### H. Ausländische Kollektivmarken

**28** Nach der Rechtslage im WZG galten die Vorschriften über Verbandszeichen nach § 23 für ausländische Zeichen nur dann, wenn nach einer Bekanntmachung im Bundesgesetzblatt die Gegenseitigkeit verbürgt war. Eine entsprechende Regelung wurde in das MarkenG nicht übernommen. Für ausländische Kollektivmarken gelten nach der Rechtslage im MarkenG insoweit keine Besonderheiten.

## Inhaberschaft

**98** ¹Inhaber von angemeldeten oder eingetragenen Kollektivmarken können nur rechtsfähige Verbände sein, einschließlich der rechtsfähigen Dachverbände und Spitzenverbände, deren Mitglieder selbst Verbände sind. ²Diesen Verbänden sind die juristischen Personen des öffentlichen Rechts gleichgestellt.

### Inhaltsübersicht

|  | Rn |
|---|---|
| A. Inhaberschaft an Kollektivmarken | 1–9 |
|    I. Kollektivmarkenrechtsfähigkeit | 1 |
|    II. Rechtsfähige Inhaber von Kollektivmarken | 2–6 |
|       1. Rechtsfähige Vereine | 2–4 |
|       2. Rechtsfähige Verbände | 5 |
|       3. Juristische Personen des öffentlichen Rechts | 6 |
|    III. Kollektivmarke eines Konzerns | 7 |
|    IV. Keine weiteren Erfordernisse der Kollektivmarkenrechtsfähigkeit | 8, 9 |
| B. Rechtsstellung des Kollektivs und seiner Mitglieder | 10, 11 |
|    I. Kollektiv als Markeninhaber | 10 |
|    II. Mitglieder als Markenbenutzer | 11 |
| C. Kollektivmarkenlizenz | 12 |

## A. Inhaberschaft an Kollektivmarken

### I. Kollektivmarkenrechtsfähigkeit

Die Vorschrift des § 98 regelt die *Inhaberschaft an Kollektivmarken* abweichend von der allgemeinen Vorschrift des § 7 über die Inhaberschaft an Marken. Die *Kollektivmarkenrechtsfähigkeit* wird gegenüber der allgemeinen Markenrechtsfähigkeit eingeschränkt und der Kreis der markenrechtsfähigen Inhaber einer Kollektivmarke begrenzt. Inhaber einer Kollektivmarke können nur *rechtsfähige Rechtssubjekte* sein. Die Inhaberschaft an einer Kollektivmarke von der Rechtsfähigkeit abhängig zu machen, erklärt sich allein aus der Rechtslage im WZG, nach der nur rechtsfähige Verbände ein Verbandszeichen erwerben konnten und der Gesetzgeber des MarkenG diese Rechtslage insoweit in das MarkenG übernommen hat. Die Beschränkung der Markenrechtsfähigkeit an Kollektivmarken auf Inhaber mit eigener Rechtspersönlichkeit ist weder sachgerecht noch gemeinschaftsrechtlich geboten. Art. 15 MarkenRL enthält keine Beschränkung der Inhaberschaft an Kollektivmarken auf rechtsfähige Verbände. Die GMarkenV regelt die Inhaberschaft an Kollektivmarken weitergehend. Nach Art. 64 Abs. 1 S. 2 GMarkenV können solche Verbände Gemeinschaftskollektivmarken anmelden, die nach dem für sie maßgebenden Recht die Fähigkeit haben, im eigenen Namen Träger von Rechten und Pflichten jeder Art zu sein, Verträge zu schließen oder andere Rechtshandlungen vorzunehmen und vor Gericht zu stehen; diesen Personen werden juristische Personen des öffentlichen Rechts gleichgestellt. Auch das neue schweizerische MSchG hat auf die Voraussetzung einer eigenen Rechtspersönlichkeit der Vereinigung von Fabrikations-, Handels- oder Dienstleistungsunternehmen, die Inhaber einer Kollektivmarke sein kann, ausdrücklich verzichtet und läßt genügen, wenn die Vereinigung Trägerin von Rechten und Pflichten sein kann und prozeßfähig ist. Folge der restriktiven Regelung der Kollektivmarkenrechtsfähigkeit im MarkenG ist es, daß Personengesellschaften, die mit der Fähigkeit ausgestattet sind, Rechte zu erwerben und Verbindlichkeiten einzugehen, zwar nach § 7 Nr. 3 Inhaber einer Individualmarke, nicht aber nach § 98 Inhaber einer Kollektivmarke sein können. Die Regelung stellt eine Benachteiligung deutscher Anmelder von Kollektivmarken dar, da sich die Voraussetzungen der Rechtsfähigkeit ausländischer Anmelder von Kollektivmarken nach deren Heimatrecht bestimmen (s. Art. 7[bis] Abs. 3 PVÜ; BPatGE 8, 226, 229; BGH GRUR 1996, 270 – MADEIRA). Eine korrigierende Auslegung des § 98 könnte sich zwar wegen des eindeutigen Wortlauts der Vorschrift und der damit übereinstimmenden Gesetzesbegründung verbieten, erscheint aber aus gemeinschaftsrechtlicher Sicht sachgerecht. Eine richtlinienkonforme Anwendung des MarkenG erlaubt eine analoge Anwendung des § 7 Nr. 3 auf Kollektivmarken. Der Gesetzgeber sollte zumindest im Interesse einer Rechtsvereinheitlichung erwägen, § 98 zu streichen und die Inhaberschaft an Kollektivmarken nach der allgemeinen Vorschrift des § 7 zu bestimmen. Der Begriff des Verbands (Kollektiv, collectivité) im Sinne des Art. 7$^{bis}$ PVÜ ist im übrigen weit auszulegen. Verband in diesem Sinne ist jede beliebige Mehrzahl von natürlichen oder juristischen Personen, deren Zusammenschluß zu einem bestimmten Zweck besteht.

## II. Rechtsfähige Inhaber von Kollektivmarken

### 1. Rechtsfähige Vereine

2   Kollektivmarkenrechtsfähig sind *rechtsfähige Vereine* nach § 98 S. 1. Das sind *juristische Personen des Privatrechts* (s. dazu im einzelnen § 7, Rn 23), wie namentlich der *eingetragene Verein* (e. V.; §§ 21 bis 23 BGB), die *Stiftung* (§ 80 BGB), die *Aktiengesellschaft* (AG; § 1 Abs. 1 AktG), die *Kommanditgesellschaft auf Aktien* (KGaA; § 278 Abs. 1 AktG), die *Gesellschaft mit beschränkter Haftung* (GmbH; § 13 Abs. 1 GmbHG) und die *eingetragene Genossenschaft* (eG; § 17 Abs. 1 GenG). Wenn ein Verein als Inhaber einer Kollektivmarke gewerbliche Zwecke verfolgt (s. dazu Rn 8), dann wird der Verein dadurch nicht zu einem konzessionspflichtigen wirtschaftlichen Verein im Sinne des § 22 BGB. GmbH und eG sind deshalb als Inhaber einer Kollektivmarke geeignet, weil in den Gesellschaftssatzungen auch die erforderliche Markensatzung nach § 102 normativ geregelt werden kann. Weniger geeignet ist die AG, deren Satzung die Aufnahme einer Markensatzung nach § 102, die etwa die Pflichten der Aktionäre als Benutzer der Kollektivmarke regelt, nicht zuläßt (§§ 54, 55 AktG). Die kapitalmäßige Beteiligung an einer AG macht die Aktionäre nicht zu Verbandsmitgliedern; gleiches gilt für die KGaA (s. dazu RPA GRUR 1925, 16). Rechtlich zulässig ist es, eine GbR so zu gestalten, daß eine AG oder GmbH als Organgesellschaft Inhaberin der Kollektivmarke ist und die übrigen Mitglieder, die nicht Aktionäre oder GmbH-Gesellschafter zu sein brauchen, die Markenbenutzer sind.

3   Keine rechtsfähigen Vereine sind die *Personengesellschaften*, auch wenn sie mit der Fähigkeit ausgestattet sind, Rechte zu erwerben und Verbindlichkeiten einzugehen und nach § 7 Nr. 3 markenrechtsfähig sind (s. dazu im einzelnen § 7, Rn 28 ff.). Nach dieser restriktiven Regelung des § 98 können namentlich Personenhandelsgesellschaften, wie die *offene Handelsgesellschaft* (oHG; §§ 105 ff. HGB) und die *Kommanditgesellschaft* (KG; §§ 161 ff. HGB) nicht Inhaber von angemeldeten oder eingetragenen Kollektivmarken sein (zur Kritik an dieser Beschränkung der Kollektivmarkenrechtsfähigkeit s. Rn 1). Die Regelung ist nicht sachgerecht, da Personenhandelsgesellschaften eher als Kapitalgesellschaften als Inhaber einer Kollektivmarke in Betracht kommen. Die personalistische Struktur der Personenhandelsgesellschaften steht den organisatorischen Erfordernissen eines Kollektivmarkenverbandes nicht entgegen, da eine privatautonome Regelung in der Markensatzung nach § 102 möglich ist.

4   Die Tatsache, daß in der Bundesrepublik Deutschland für die Inhaberschaft an einer Kollektivmarke zumeist die Rechtsform des rechtsfähigen Vereins gewählt wird, ist nur eine Folge der schon nach dem WZG bestehenden Rechtslage.

### 2. Rechtsfähige Verbände

5   *Rechtsfähige Dachverbände* und *Spitzenverbände*, deren Mitglieder selbst Verbände sind, sind hinsichtlich der Inhaberschaft an einer Kollektivmarke den rechtsfähigen Vereinen nach § 98 S. 1 gleichgestellt. Beispiele solcher Kollektivmarken von Verbänden sind etwa das *Blindenwarenzeichen* des früheren Reichsverbandes für das Blindenhandwerk (*Finger*, GRUR 1940, 399).

### 3. Juristische Personen des öffentlichen Rechts

6   Kollektivmarkenrechtsfähig sind auch *juristische Personen des öffentlichen Rechts* (§ 98 S. 2). Es gibt drei Arten von juristischen Personen des öffentlichen Rechts: rechtsfähige Körperschaften, Anstalten und Stiftungen des öffentlichen Rechts (s. dazu im einzelnen § 7, Rn 24 ff.). Auch teilrechtsfähige Verwaltungseinheiten des öffentlichen Rechts, die nach § 7 Nr. 2 grundsätzlich als markenrechtsfähig anzuerkennen sind (s. dazu im einzelnen § 7,

Rn 26), sollten auch Inhaber von angemeldeten oder eingetragenen Kollektivmarken sein können. Die Inhaberschaft an einer Kollektivmarke kommt etwa für Industrie- und Handelskammern, Handwerkskammern oder Landwirtschaftskammern in Betracht.

### III. Kollektivmarke eines Konzerns

Unabhängig von der Zulässigkeit von *Konzernmarken* (s. § 3, Rn 34 ff.) und *Holdingmarken* (s. § 3, Rn 41 f.) stellt sich das Problem, ob ein Konzern Inhaber einer Kollektivmarke sein kann. Nach der Rechtslage im WZG kam dieser Problematik wegen der Unzulässigkeit von Konzernmarken und Holdingmarken als Folge des Akzessorietätsprinzips eine weitergehende Bedeutung zu (s. dazu *Baumbach/Hefermehl*, § 17 WZG, Rn 7), stellt sich als solche aber auch nach der Rechtslage im MarkenG. Ein Konzern kann Inhaber einer angemeldeten oder eingetragenen Kollektivmarke nur dann sein, wenn er sich zu einem rechtsfähigen Kollektiv im Sinne des § 98 zusammenschließt und die einzelnen Konzernunternehmen die Mitglieder des Kollektivs als der Inhaberin der Kollektivmarke bilden. Das Konzernverhältnis als solches stellt keine solche rechtliche Struktur und Organisation dar, der die Inhaberschaft nach § 98 genügte. Auch eine Holdinggesellschaft stellt als Konzernspitze kein der Inhaberschaft an einer Kollektivmarke genügendes Kollektiv im Sinne des § 98 dar. Eine Holdinggesellschaft kann nur dann als Kollektiv einer Kollektivmarke fungieren, wenn die einzelnen Konzernunternehmen Mitglieder der Holdinggesellschaft als Verband sind.

### IV. Keine weiteren Erfordernisse der Kollektivmarkenrechtsfähigkeit

Es bestehen keine weiteren Erfordernisse der Inhaberschaft an Kollektivmarken. Vor allem ist es nicht erforderlich, daß der Verein, der Verband oder die juristische Person des öffentlichen Rechts als Markeninhaber *gewerbliche Zwecke* verfolgt. Nach der Rechtslage im WZG konnten nur solche rechtsfähigen Verbände Inhaber einer Kollektivmarke sein, die gewerbliche Zwecke verfolgten (§ 17 Abs. 1 WZG). Ausreichend war, daß der Verband, der keines eigenen Geschäftsbetriebs bedurfte, die gewerblichen Belange seiner Mitglieder fördern sollte. Nach der Rechtslage im WZG war aber Voraussetzung, daß die Mitglieder des Verbands als die Benutzer des Verbandszeichens einen eigenen Geschäftsbetrieb hatten. Das Erfordernis des eigenen Geschäftsbetriebs war Folge des Akzessorietätsprinzips im WZG (s. dazu § 3, Rn 52 ff.) und ergab sich nicht zwingend aus der Rechtsnatur des Verbandszeichens. Wegen der Nichtakzessorietät der Marke nach dem Recht im MarkenG (s. dazu § 3, Rn 66 ff.) ist weder das *Vorhandensein eines Unternehmens*, noch das *Bestehen einer Unternehmenseigenschaft* der Mitglieder rechtliche Voraussetzung einer Kollektivmarke. Eine juristische Person des öffentlichen Rechts als Inhaberin eines Verbandszeichens bedurfte nicht des Nachweises der Verfolgung gewerblicher Zwecke (§ 17 Abs. 2 WZG).

Der *Nachweis einer Garantie oder Gewähr des Verbands* als Inhaber der Kollektivmarke für eine gleichbleibende Produktqualität der mit der Kollektivmarke gekennzeichneten Produkte stellt keine rechtliche Voraussetzung der Inhaberschaft an einer Kollektivmarke dar (so schon zum Verbandszeichen *Baumbach/Hefermehl*, § 17 WZG, Rn 6). Die Kollektivmarkenrechtsfähigkeit ist Folge der Rechtsfähigkeit als Verein, Verband oder juristische Person des öffentlichen Rechts, ohne daß weitere Anforderungen an die interne Verbandsorganisation zu stellen sind, die über die Anforderungen an die Markensatzung nach § 102 Abs. 2 und 3 hinausgehen. Nach der Rechtslage im WZG wurde verlangt, der Verband müsse gegenüber seinen Mitgliedern eine übergeordnete Stellung besitzen, die eine Oberleitung gewährleiste und so ein Vorgehen bei unzulässiger Zeichenbenutzung ermögliche (s. dazu *Baumbach/Hefermehl*, § 17 WZG, Rn 5).

## B. Rechtsstellung des Kollektivs und seiner Mitglieder

### I. Kollektiv als Markeninhaber

Inhaber der Kollektivmarke ist das Kollektiv im Sinne des § 98 (rechtsfähiger Verein, rechtsfähiger Verband, juristische Person des öffentlichen Rechts). Die *Rechtsstellung des Kol-*

*lektivs als Markeninhaber* bestimmt sich nach den allgemeinen Vorschriften des MarkenG (§ 97 Abs. 2). Dem Kollektiv obliegt etwa die Anmeldung der Kollektivmarke zur Eintragung in das Register, die Entscheidung über die Form der Marke, sowie über die anzumeldenden Waren oder Dienstleistungen. Die Rechtsstellung des Kollektivs bestimmt sich weiter nach den Regelungen der Markensatzung, die nach § 102 Abs. 1 der Anmeldung der Kollektivmarke beizufügen ist. Auch wenn die Kollektivmarke in erster Linie dazu dient, von den Mitgliedern des Kollektivs benutzt zu werden, so kann doch auch das Kollektiv als Markeninhaber die Kollektivmarke selbst benutzen, sei es für die Waren oder Dienstleistungen eines eigenen Unternehmens des Kollektivs, sei es im Wege der Lizenzerteilung an Dritte. Die Zulässigkeit einer eigenen Benutzung der Kollektivmarke durch das Kollektiv selbst ergibt sich mittelbar aus der Regelung der rechtserhaltenden Benutzung nach § 100 Abs. 2. Anders wurde nach der Rechtslage im WZG davon ausgegangen, daß die Rechtsnatur des Verbandszeichens eine Benutzung des Zeichens durch den Verband selbst für eigene Waren seines Geschäftsbetriebs ausschließe (*Baumbach/Hefermehl*, § 17 WZG, Rn 3; § 18 WZG, Rn 3). Die Rechtsnatur des Verbandszeichens wurde dahin verstanden, Inhaberschaft des Verbands und Benutzungsrecht der Mitglieder seien zwingend voneinander zu trennen. Ein solches Verständnis von der Rechtsnatur der Kollektivmarke ist international aber nicht zwingend vorgegeben (s. zur Benutzung einer Kollektivmarke durch das Kollektiv für eigene Produkte zum schweizerischen Markenrecht BGE 99/1973 II 104, 107 – Silva I).

## II. Mitglieder als Markenbenutzer

11   Die Mitglieder des Kollektivs sind nicht selbst die Inhaber der Kollektivmarke. Ihnen stehen grundsätzlich nicht die Rechte aus der Marke zu. Die Markensatzung (§ 102) kann andere Regelungen treffen (s. § 101). Markeninhaber ist allein das Kollektiv im Sinne des § 98 (s. Rn 10). Die Mitglieder des Kollektivs sind *zur Benutzung der Kollektivmarke berechtigt*. Den Kreis der zur Benutzung der Kollektivmarke befugten Personen, die Bedingungen für die Benutzung der Kollektivmarke, sowie die Rechte und Pflichten der Beteiligten im Falle von Verletzungen der Kollektivmarke regelt im einzelnen die Markensatzung (§ 102 Abs. 2 Nr. 4 bis 6). Auch wenn das Mitglied des Kollektivs grundsätzlich nicht die Rechte aus der Kollektivmarke im eigenen Namen geltend machen kann, so ist das Mitglied doch berechtigt, Ansprüche aus anderen Rechtsgründen, wie etwa eines Wettbewerbsverstoßes nach dem UWG, der häufig in Anspruchskonkurrenz zu einer Verletzung der Kollektivmarke durch einen Dritten vorliegen wird, geltend zu machen; das gilt allerdings nur vorbehaltlich der Regelung in der Markensatzung über die Rechte und Pflichten der Beteiligten im Falle von Verletzungen der Kollektivmarke (§ 102 Abs. 2 Nr. 6). Zwar dient die Kollektivmarke in erster Linie der Benutzung durch ihre Mitglieder; das schließt indessen eine Benutzung der Kollektivmarke durch das Kollektiv selbst für eigene Produkte oder für Lizenzprodukte nicht aus (s. Rn 10).

## C. Kollektivmarkenlizenz

12   Eine Kollektivmarke dient zwar in erster Linie der Benutzung durch die Mitglieder des Kollektivs (s. Rn 11), sowie der Benutzung durch das Kollektiv selbst (s. Rn 10). An einer Kollektivmarke können aber auch Lizenzen an Dritte, die nicht Mitglieder des Kollektivs sind, nach § 30 erteilt werden (§ 97 Abs. 2). *Kollektivmarkenlizenzverträge* mit Nichtmitgliedern können etwa der Vorbereitung einer künftigen Mitgliedschaft dienen. Im Lizenzvertrag müssen die Bedingungen für die Benutzung der Kollektivmarke nach der Markensatzung (§ 102 Abs. 2 Nr. 5) vereinbart werden. Einem Nichtmitglied als Lizenznehmer können keine weitergehenden Benutzungsrechte an der Kollektivmarke eingeräumt werden als einem Mitglied des Kollektivs.

## Eintragbarkeit von geographischen Herkunftsangaben als Kollektivmarken

**§ 99** Abweichend von § 8 Abs. 2 Nr. 2 können Kollektivmarken ausschließlich aus Zeichen oder Angaben bestehen, die im Verkehr zur Bezeichnung der geographischen Herkunft der Waren oder der Dienstleistungen dienen können.

### Inhaltsübersicht

| | Rn |
|---|---|
| A. Grundsatz der Eintragbarkeit | 1 |
| B. Allgemeine Eintragungsvoraussetzungen | 2 |

### Entscheidungen zum MarkenG

1. **BGH GRUR 1996, 270 – MADEIRA**
   Anwendung der allgemeinen Eintragungsvoraussetzungen auf Kollektivmarken.
2. **BPatG BlPMZ 1997, 208 – MADEIRA**
   Anwendung der allgemeinen Eintragungsvoraussetzungen auf Kollektivmarken.

### A. Grundsatz der Eintragbarkeit

Geographische Herkunftsangaben sind als beschreibende Marken nach § 8 Abs. 2 Nr. 2 grundsätzlich eintragungsunfähig, wenn an ihnen ein aktuelles Freihaltebedürfnis für die konkreten Waren oder Dienstleistungen besteht, für die die Eintragung beantragt wird (s. dazu im einzelnen § 8, Rn 202 ff.). Abweichend von diesem absoluten Schutzhindernis normiert § 99 die *Eintragbarkeit von geographischen Herkunftsangaben als Kollektivmarken*. Nach dieser Vorschrift können Kollektivmarken, die ausschließlich aus solchen Zeichen oder Angaben bestehen, die im Verkehr zur Bezeichnung der geographischen Herkunft der Waren oder der Dienstleistungen dienen können, eingetragen werden. Der Kollektivmarkenschutz an einer geographischen Herkunftsangabe führt grundsätzlich nicht zu einer dem Freihaltebedürfnis widersprechenden Monopolisierung der geographischen Herkunftsangabe. Der Gesetzgeber des MarkenG hat mit der Eintragbarkeit von geographischen Herkunftsangaben als Kollektivmarken von der Option des Art. 15 Abs. 2 S. 1 MarkenRL Gebrauch gemacht. Eine entsprechende Regelung enthält Art. 64 Abs. 2 S. 1 GMarkenV für Gemeinschaftskollektivmarken. Schon nach der Rechtslage im WZG war die Eintragbarkeit von geographischen Herkunftsangaben als Verbandszeichen in der patentamtlichen Praxis anerkannt.

### B. Allgemeine Eintragungsvoraussetzungen

Die Regelung des § 99 über die Eintragbarkeit von geographischen Herkunftsangaben als Kollektivmarken überwindet nur das für geographische Herkunftsangaben als beschreibende Angaben bestehende absolute Schutzhindernis des § 8 Abs. 2 Nr. 2. Die *allgemeinen Eintragungsvoraussetzungen* gelten auch für die Eintragung von geographischen Herkunftsangaben als Kollektivmarken (s. § 97, Rn 4). Das gilt namentlich für die übrigen absoluten Schutzhindernisse des § 8 Abs. 2. So muß etwa auch eine Kollektivmarke die für alle Marken nach § 8 Abs. 2 Nr. 1 erforderliche konkrete Unterscheidungskraft aufweisen (s. zur Unterscheidungskraft einer als Kollektivmarke angemeldeten geographischen Herkunftsangabe, die zugleich Gattungsbezeichnung für die der Anmeldung zugrundegelegten Waren ist BGH GRUR 1996, 270 – MADEIRA; BPatG BlPMZ 1997, 208 – MADEIRA; s. dazu § 97, Rn 5). Eine geographische Herkunftsangabe, die zugleich eine Gattungsbezeichnung darstellt, kann nach § 8 Abs. 2 Nr. 3 von der Eintragung ausgeschlossen sein, wenn an der geographischen Herkunftsangabe als Gattungsbezeichnung ein Freihaltebedürfnis besteht. Eine geographische Herkunftsangabe ist auch dann als Kollektivmarke eintragungsunfähig, wenn sie eine täuschende Marke im Sinne des § 8 Abs. 2 Nr. 4 darstellt (so schon zur Rechtslage nach § 4 Abs. 2 Nr. 4 WZG *Baumbach/Hefermehl*, § 17 WZG, Rn 10). Eine geographische Herkunftsangabe ist auch als eine gesetzwidrige Marke im Sinne des § 8 Abs. 2 Nr. 9 von der Eintragung ausgeschlossen, wenn ihre Benutzung ersichtlich nach sonstigen Vorschriften im öffentlichen Interesse untersagt werden kann. Bei der Anwendung dieses absoluten Schutzhindernisses der gesetzwidrigen Marken etwa auf solche geographischen Herkunftsangaben, die zugleich eine *Weinbezeichnung* darstellen, sind zur Beurteilung der Eintragungsfähigkeit die weinrechtlichen Kennzeichnungsvorschriften zu berücksichtigen (BGH GRUR 1996, 270 – MADEIRA).

## Schranken des Schutzes; Benutzung

**100** (1) Zusätzlich zu den Schutzschranken, die sich aus § 23 ergeben, gewährt die Eintragung einer geographischen Herkunftsangabe als Kollektivmarke ihrem Inhaber nicht das Recht, einem Dritten zu untersagen, solche Angaben im geschäftlichen Verkehr zu benutzen, sofern die Benutzung den guten Sitten entspricht und nicht gegen § 127 verstößt.

(2) Die Benutzung einer Kollektivmarke durch mindestens eine hierzu befugte Person oder durch den Inhaber der Kollektivmarke gilt als Benutzung im Sinne des § 26.

### Inhaltsübersicht

| | Rn |
|---|---|
| A. Schranken des Kollektivmarkenschutzes (§ 100 Abs. 1) | 1–4 |
|   I. Grundsatz einer freien Benutzung von geographischen Herkunftsangaben | 1 |
|   II. Benutzung als geographische Herkunftsangabe | 2 |
|   III. Grenzen einer erlaubten Drittbenutzung | 3, 4 |
|     1. Redlicher Geschäftsverkehr | 3 |
|     2. Schutzinhalt der geographischen Herkunftsangaben | 4 |
| B. Rechtserhaltende Benutzung (§ 100 Abs. 2) | 5, 6 |

## A. Schranken des Kollektivmarkenschutzes (§ 100 Abs. 1)

### I. Grundsatz einer freien Benutzung von geographischen Herkunftsangaben

**1** Für Kollektivmarken gelten zunächst die allgemeinen Schranken des Markenschutzes nach § 23 im Interesse einer freien Benutzung bestimmter Bezeichnungen sowie der Benutzung zu bestimmten Zwecken. Regelungsgegenstand dieser Vorschrift ist die lautere Benutzung von Namen oder Anschrift (§ 23 Nr. 1), beschreibenden Angaben (§ 23 Nr. 2) und die Benutzung im Zubehör- und Ersatzteilgeschäft (§ 23 Nr. 3). Zusätzlich zu diesen sich aus § 23 ergebenden und für alle Kollektivmarken geltenden Schutzschranken normiert § 100 Abs. 1 eine besondere Schutzschranke für nach § 99 als Kollektivmarken eingetragene geographische Herkunftsangaben. Die Vorschrift des § 100 Abs. 1 normiert den Grundsatz einer *freien Benutzung von geographischen Herkunftsangaben.* Die Eintragung einer geographischen Herkunftsangabe als Kollektivmarke begründet nicht das Recht des Kollektivs als Markeninhaber, im geschäftlichen Verkehr einem Dritten die Benutzung der geographischen Herkunftsangabe zu untersagen. Die Benutzung der geographischen Herkunftsangabe steht einem jeden Dritten frei, auch wenn er nicht Mitglied des Kollektivs ist. Die Regelung des § 100 Abs. 1 übernimmt die bindende Vorschrift des Art. 15 Abs. 2 S. 2 MarkenRL. Die erlaubte Drittbenutzung bezieht sich auf alle zu dem Schutzinhalt des Kollektivmarkenrechts als eines Ausschließlichkeitsrechts gehörenden Handlungen, wie das Markierungsrecht, das Vermarktungsrecht und das Werberecht (s. zu diesen Rechten aus der Marke § 14, Rn 461). Die Befugnis zur Benutzung der geographischen Herkunftsangabe nach § 100 Abs. 1 gilt deshalb auch für die Kennzeichnung und nicht nur für den Weitervertrieb (so auch Begründung zum MarkenG, BT-Drucks. 12/6581 vom 14. Januar 1994, S. 109), der im übrigen schon von dem Eintritt der Erschöpfung nach § 24 erfaßt wird.

### II. Benutzung als geographische Herkunftsangabe

**2** Die Regelung des § 100 Abs. 1 entspricht sowohl in ihrem strukturellen Aufbau als auch in ihrem Verhältnis zum Recht der Markenverletzung nach § 14 der Regelung des § 23.

Für beide Vorschriften gelten die gleichen Auslegungsgrundsätze (s. dazu im einzelnen § 23, Rn 9 ff.). Weder für § 23 noch für § 100 kommt es für die erlaubte Drittbenutzung darauf an, daß der Zeichengebrauch des Dritten keine markenmäßige Benutzung darstellt. Die Schutzrechtsschranke des § 100 Abs. 1 stellt nicht auf eine *markenmäßige Benutzung* ab. Nicht anders als für die drei Fallgruppen des § 23 Nr. 1 bis 3 kommt es für den Anwendungsbereich des § 100 Abs. 1 nicht darauf an, ob eine kennzeichenmäßige oder eine nichtkennzeichenmäßige Verwendung vorliegt. Die Benutzung einer geographischen Herkunftsangabe ist einem Dritten nach § 100 Abs. 1 selbst dann erlaubt, wenn die geographische Herkunftsangabe im herkömmlichen Sinne des Verletzungsrechts markenmäßig benutzt wird. Dem weiten Begriff der markenmäßigen Benutzung kommt für die Schutzrechtsschranke des § 100 Abs. 1 keine rechtliche Bedeutung zu (s. dazu § 14, Rn 39). Nach § 100 kann aber nicht jede Benutzung einer geographischen Herkunftsangabe einem Dritten erlaubt sein, da ansonsten der Kollektivmarkenschutz nach § 14 ausgehöhlt würde. Nach § 100 Abs. 1 ist zwar die Benutzung *als geographische Herkunftsangabe*, aber auch nur die Benutzung als geographische Herkunftsangabe und nicht auch die Benutzung *nach Art einer Marke* oder kurz als Marke erlaubt. Diese rechtlichen Anforderungen an die erlaubte Art der Benutzung werden zwar nur im Wortlaut des § 23 dadurch zum Ausdruck gebracht, daß das Zeichen als beschreibende Angabe oder als Bestimmungshinweis benutzt werden muß. Der andere Wortlaut des § 100 Abs. 1 bedeutet aber gegenüber § 23 keine sachliche Ausdehnung des Anwendungsbereichs, sondern erklärt sich allein aus der Übernahme des Richtlinientextes des Art. 15 Abs. 2 S. 2 MarkenRL. Die Benutzung der geographischen Herkunftsangabe nach Art einer Marke bestimmt sich nach der objektiven Art der Verwendung der geographischen Herkunftsangabe als eines Unterscheidungszeichens im Sinne des § 3 Abs. 1 (s. dazu im einzelnen § 23, Rn 10).

### III. Grenzen einer erlaubten Drittbenutzung

#### 1. Redlicher Geschäftsverkehr

Die einem Dritten erlaubte Benutzung einer geographischen Herkunftsangabe steht unter dem *Vorbehalt des redlichen Geschäftsverkehrs*. Anwendungsvoraussetzung des § 100 Abs. 1 ist es, daß die Benutzung geographischer Herkunftsangaben nicht gegen die guten Sitten verstößt. Anders als § 1 UWG verlangt der Verstoß gegen die guten Sitten nach § 100 kein Handeln zu Zwecken des Wettbewerbs (ungenau auf die guten Sitten im Wettbewerb abstellend die Begründung zum MarkenG, BT-Drucks. 12/6581 vom 14. Januar 1994, S. 109). Der Vorbehalt des redlichen Geschäftsverkehrs in § 100 Abs. 1 entspricht der Vorgabe des Art. 15 Abs. 2 S. 2 MarkenRL, der auf die anständigen Gepflogenheiten in Gewerbe und Handel abstellt. Auch wenn im Grundsatz auf die Rechtssätze zu § 1 UWG zurückgegriffen werden kann, ist der Begriff eines Verstoßes gegen die guten Sitten richtlinienkonform auszulegen. Zu berücksichtigen sind die in der Rechtsprechung des EuGH entwickelten Grundsätze zu den gemeinschaftsrechtlichen Grenzen der nationalen Wettbewerbsrechte, die als eine Anwendung der Grundsätze der Erforderlichkeit und Verhältnismäßigkeit, sowie des Übermaßverbotes zu verstehen sind (s. § 14, Rn 98 ff.). Bei der Feststellung, ob ein Verstoß gegen die guten Sitten im geschäftlichen Verkehr gegeben ist, kommt es auf eine Gesamtwürdigung aller Umstände des konkreten Einzelfalles an (s. dazu im einzelnen § 23, Rn 63 ff.). Hauptanwendungfälle eines Verstoßes gegen die guten Sitten im geschäftlichen Verkehr im Sinne des § 100 Abs. 1 werden Fallkonstellationen des Behinderungswettbewerbs sein. Die Annäherung einer geographischen Herkunftsangabe an eine eingetragene Kollektivmarke, wie etwa in Schriftbild, Farbgebung oder Bildgestaltung, sowie eine Bezugnahme in einem begleitenden Werbetext kann die Sittenwidrigkeit begründen.

#### 2. Schutzinhalt der geographische Herkunftsangaben

Das Privileg einer erlaubten Drittbenutzung einer geographischen Herkunftsangabe besteht nur innerhalb der allgemeinen Schutzrechtsschranken einer geographischen Herkunftsangabe. Die Geltung der allgemeinen Grenzen für die Benutzung einer geographischen

Herkunftsangabe wird für den Anwendungsbereich des § 100 Abs. 1 durch die Bezugnahme auf § 127 zum Ausdruck gebracht. § 127 beschreibt im einzelnen den Schutzinhalt der geographischen Herkunftsangabe (s. § 127, Rn 3 ff.). Die Benutzung einer als Kollektivmarke eingetragenen geographischen Herkunftsangabe durch einen Dritten ist nach § 100 Abs. 1 nur dann erlaubt, wenn die Benutzung der geographischen Herkunftsangabe keinen Verstoß gegen deren Inhalt nach § 127 darstellt.

### B. Rechtserhaltende Benutzung (§ 100 Abs. 2)

5   Zur Aufrechterhaltung des Markenschutzes muß eine Marke rechtserhaltend im Sinne des § 26 benutzt werden. Die rechtserhaltende Benutzung kann entweder durch den Markeninhaber selbst (§ 26 Abs. 1) oder mit Zustimmung des Markeninhabers durch einen Dritten (§ 26 Abs. 2) erfolgen. In Umsetzung der bindenden Vorgabe des Art. 10 Abs. 3 MarkenRL enthält § 100 Abs. 2 eine von § 26 Abs. 1 und 2 abweichende Regelung für die *rechtserhaltende Benutzung von Kollektivmarken*. Nach § 100 Abs. 2 gilt als Benutzung im Sinne des § 26, wenn die Kollektivmarke entweder durch *mindestens eine hierzu befugte Person* oder durch den *Inhaber der Kollektivmarke* benutzt wird. Nach der Rechtslage im WZG galt als Benutzung eines Verbandszeichens nur die Benutzung durch mindestens zwei Mitglieder des Verbandes (§ 21 Abs. 3 WZG). Nach der Rechtslage im MarkenG ist nunmehr die Benutzung durch ein Mitglied des Kollektivs ausreichend. Eine Benutzung der Kollektivmarke durch das Kollektiv als Markeninhaber selbst wird vor allen Dingen auf Geschäftspapieren oder in der Werbung in Betracht kommen. Das Kollektiv als Markeninhaber kann die Kollektivmarke aber auch für Produkte eines eigenen Unternehmens benutzen (s. § 98, Rn 10).

6   Die Regelung des § 100 Abs. 2 schließt die *Zurechnung einer Außenseiterbenutzung* bei Kollektivmarken nicht aus. Die Benutzung einer Kollektivmarke durch einen Dritten, der nicht Mitglied des Kollektivs ist, mit Zustimmung eines Mitglieds ist nach § 100 Abs. 2 dem Inhaber der Kollektivmarke zuzurechnen. Dem Zweck des Benutzungszwangs entspricht auch eine Benutzung der Kollektivmarke durch einen Außenseiter. Eine Zurechnung der Benutzung durch ein Nichtmitglied ist aber dann ausgeschlossen, wenn die Gebrauchsüberlassung der Marke an den Außenseiter wegen einer Irreführung des Verkehrs rechtlich unzulässig und damit die Zustimmung rechtsunwirksam ist (s. § 26, Rn 84).

**Klagebefugnis; Schadensersatz**

**101** (1) Soweit in der Markensatzung nichts anderes bestimmt ist, kann eine zur Benutzung der Kollektivmarke berechtigte Person Klage wegen Verletzung einer Kollektivmarke nur mit Zustimmung ihres Inhabers erheben.

(2) **Der Inhaber der Kollektivmarke kann auch Ersatz des Schadens verlangen, der den zur Benutzung der Kollektivmarke berechtigten Personen aus der unbefugten Benutzung der Kollektivmarke oder eines ähnlichen Zeichens entstanden ist.**

### Inhaltsübersicht

|  | Rn |
|---|---|
| A. Abwehranspruch (§ 14 Abs. 5) | 1 |
| B. Schadensersatzanspruch (§ 14 Abs. 6) | 2–4 |
| C. Außermarkengesetzliche Ansprüche | 5 |

**Schrifttum.** *Schlüter*, Der Verbandsanspruch auf Ersatz der Mitgliedsschäden bei Verletzung von Verbandszeichen, GRUR 1953, 309; *Starck*, Zur Auslegung des § 24f WZG, GRUR 1930, 846.

### A. Abwehranspruch (§ 14 Abs. 5)

1   Im Falle einer Verletzung der Kollektivmarke im Sinne des § 14 stehen dem Kollektiv als Markeninhaber die Rechte aus der Marke zu. Das *Kollektiv* ist *aktivlegitimiert*. Eine Rechtsverletzung der Kollektivmarke berührt auch die Interessen der Mitglieder des Kollektivs als der zur Benutzung der Kollektivmarke befugten Personen. Wegen einer Verletzung der

Kollektivmarke steht den zur Benutzung der Kollektivmarke befugten Personen ein selbständiges Klagerecht nicht zu. Das Kollektiv kann aber einen Benutzungsberechtigten, der ein eigenes Interesse an der Geltendmachung des Anspruchs aus der Rechtsverletzung hat, zur Prozeßführung im eigenen Namen ermächtigen (so schon nach der Rechtslage im WZG BGHZ 38, 281, 283). § 101 Abs. 1 bestimmt nun ausdrücklich, daß wegen einer Verletzung der Kollektivmarke ein *Benutzungsberechtigter Klage mit Zustimmung des Kollektivs* erheben kann (zu Einzelheiten nach der Rechtslage im WZG s. *Starck*, GRUR 1930, 846; *Schlüter*, GRUR 1953, 309, der das Prozeßführungsrecht des Verbandsmitglieds aus einem Treuhand-Drittschadensverhältnis herleitet). In der Markensatzung kann die Aktivlegitimation anders geregelt werden. Die Klagebefugnis kann allen oder bestimmten Benutzungsberechtigten satzungsmäßig eingeräumt werden. Eine Regelung in der Satzung empfiehlt sich im Zusammenhang mit den Angaben über die Rechte und Pflichten der Beteiligten im Falle von Verletzungen der Kollektivmarke nach § 102 Abs. 2 Nr. 6.

### B. Schadensersatzanspruch (§ 14 Abs. 6)

Im Falle der Verletzung einer Kollektivmarke steht der Schadensersatzanspruch grundsätzlich dem Kollektiv als Markeninhaber zu. Ein *Schadensersatzanspruch des Kollektivs* setzt aber das Vorliegen eines *eigenen Schadens des Kollektivs* voraus. Ein eigener Schaden des Kollektivs kann namentlich dann eintreten, wenn das Kollektiv selbst ein eigenes Unternehmen hat, aber auch dann, wenn aufgrund der Rechtsverletzung eine Beeinträchtigung des Markenwerts der Kollektivmarke vorliegt. Wenn dem Kollektiv kein eigener Schaden entsteht, dann werden aber zumeist die benutzungsberechtigten Mitglieder des Kollektiv geschädigt sein, ohne daß ihnen ein eigener Schadensersatzanspruch aus einer eigenen Rechtsverletzung zusteht, da nur das Kollektiv, nicht aber die Mitglieder des Kollektivs Markeninhaber sind. Da in der Person der Mitglieder keine Rechtsverletzung gegeben ist, ist auch eine Prozeßstandschaft des Kollektivs für die Mitglieder nicht zulässig. Nach § 101 Abs. 1 kann aber das Kollektiv als Markeninhaber die zur Benutzung der Kollektivmarke berechtigten Personen *zur Klageerhebung im eigenen Namen ermächtigen* (s. Rn 1). Die Klagebefugnis zur Erhebung der Schadensersatzklage kann in der Markensatzung allen oder bestimmten Mitgliedern des Kollektivs auch unabhängig von einer Klagebefugnis zur Unterlassungsklage eingeräumt werden. Zweck der Regelung des § 101 Abs. 2 ist es, die Geltendmachung des von einem Mitglied entstandenen Schadens durch das Kollektiv zu ermöglichen. Nach dieser Vorschrift kann das Kollektiv als Markeninhaber auch Ersatz des Schadens verlangen, der den zur Benutzung der Kollektivmarke berechtigten Personen aus der Markenrechtsverletzung entstanden ist. § 101 Abs. 2 stellt eine gesetzlich zugelassene Fallkonstellation der *Drittschadensliquidation* dar. Der *Schadensersatzanspruch des Kollektivs* umfaßt auch den *Mitgliederschaden*.

Wenn in der Markensatzung keine Regelung der Aktivlegitimation nach § 101 Abs. 1 enthalten ist, dann besteht kein eigenes Klagerecht der Mitglieder des Kollektivs, deren Schäden insoweit von dem Kollektiv geltend zu machen sind. In solchen Fallkonstellationen bedarf es eines *internen Schadensausgleichs* zwischen dem Kollektiv und den geschädigten Mitgliedern. Dazu empfiehlt es sich, in die Markensatzung nähere Regelungen der Auseinandersetzung aufzunehmen.

Zu einer *Feststellungsklage* über das Bestehen eines markenrechtlichen Abwehranspruchs oder Schadensersatzanspruchs ist nur das Kollektiv und sind nicht auch die Mitglieder aktivlegitimiert.

### C. Außermarkengesetzliche Ansprüche

Die Regelungen des § 101 Abs. 1 und 2 sind nur auf den markenrechtlichen Abwehranspruch und Schadensersatzanspruch aus einer Verletzung der Kollektivmarke nach § 14 anzuwenden. Wenn die Verletzung der Kollektivmarke zugleich einen *Verstoß gegen eine außermarkengesetzliche Vorschrift*, wie etwa einen Wettbewerbsverstoß darstellt, dann können sowohl für das Kollektiv als auch für die Mitglieder eigene Abwehransprüche und Schadensersatzansprüche gegen Dritte etwa nach den §§ 1, 3 UWG, 823, 826 BGB entstehen. Sol-

## Markensatzung

**102** (1) Der Anmeldung der Kollektivmarke muß eine Markensatzung beigefügt sein.

(2) Die Markensatzung muß mindestens enthalten:
1. Namen und Sitz des Verbandes,
2. Zweck und Vertretung des Verbandes,
3. Voraussetzungen für die Mitgliedschaft,
4. Angaben über den Kreis der zur Benutzung der Kollektivmarke befugten Personen,
5. die Bedingungen für die Benutzung der Kollektivmarke und
6. Angaben über die Rechte und Pflichten der Beteiligten im Falle von Verletzungen der Kollektivmarke.

(3) Besteht die Kollektivmarke aus einer geographischen Herkunftsangabe, muß die Satzung vorsehen, daß jede Person, deren Waren oder Dienstleistungen aus dem entsprechenden geographischen Gebiet stammen und den in der Markensatzung enthaltenen Bedingungen für die Benutzung der Kollektivmarke entsprechen, Mitglied des Verbandes werden kann und in den Kreis der zur Benutzung der Kollektivmarke befugten Personen aufzunehmen ist.

(4) Die Einsicht in die Markensatzung steht jeder Person frei.

### Inhaltsübersicht

|  | Rn |
|---|---|
| A. Beifügung einer Markensatzung zur Anmeldung (§ 102 Abs. 1) | 1–4 |
|     I. Markensatzung als Anmeldevoraussetzung | 1, 2 |
|     II. Normzweck | 3 |
|     III. Verhältnis zur Verbandssatzung | 4 |
| B. Inhalt der Markensatzung | 5–12 |
|     I. Mindestinhalt der Markensatzung (§ 102 Abs. 2) | 5–11 |
|         1. Angaben zum Kollektiv (§ 102 Abs. 2 Nr. 1 und 2) | 5 |
|         2. Mitgliedschaft (§ 102 Abs. 2 Nr. 3) | 6 |
|         3. Benutzungsberechtigte (§ 102 Abs. 2 Nr. 4) | 7, 8 |
|             a) Personenkreis | 7 |
|             b) Rechtsnatur des Benutzungsrechts | 8 |
|         4. Benutzungsbedingungen (§ 102 Abs. 2 Nr. 5) | 9, 10 |
|             a) Zulässiger Inhalt | 9 |
|             b) Verfahren | 10 |
|         5. Rechtsstellung der Beteiligten bei einer Kollektivmarkenverletzung (§ 102 Abs. 2 Nr. 6) | 11 |
|     II. Beitrittsrecht von Nichtmitgliedern bei geographischen Herkunftsangaben (§ 102 Abs. 3) | 12 |
| C. Einsichtsrecht in die Markensatzung (§ 102 Abs. 4) | 13 |

### Entscheidungen zum MarkenG

**1. BGH GRUR 1996, 270 – MADEIRA**
Rechtsfähigkeit eines ausländischen Kollektivs aufgrund Heimatrechts (Art. 7$^{bis}$ Abs. 3 PVÜ).

**2. BPatG BlPMZ 1997, 208 – MADEIRA**
Zur Bestimmtheit einer Benutzungsregelung.

## A. Beifügung einer Markensatzung zur Anmeldung (§ 102 Abs. 1)

### I. Markensatzung als Anmeldevoraussetzung

1   Die Anmeldung einer Kollektivmarke richtet sich nach den allgemeinen Vorschriften des Eintragungsverfahrens und den Erfordernissen der Anmeldung nach § 32. § 102 Abs. 1 ent-

hält eine ergänzende Regelung für die Anmeldung einer Kollektivmarke. Nach dieser Vorschrift muß der *Anmeldung einer Kollektivmarke eine Markensatzung beigefügt* werden. Der Inhalt der Markensatzung bestimmt sich nach § 102 Abs. 2 (s. Rn 5 ff.) und bei der Anmeldung einer geographischen Herkunftsangabe als Kollektivmarke zusätzlich nach § 102 Abs. 3 (s. Rn 12). Weder Art. 7bis PVÜ noch Art. 15 MarkenRL verlangen die Einreichung einer Markensatzung bei der Anmeldung einer Kollektivmarke. Rechtsvergleichend ist festzustellen, daß sich die Markensatzung als Anmeldevoraussetzung zur Eintragung von Kollektivmarken in einer Vielzahl ausländischer Markenrechtsordnungen durchgesetzt hat. Nach der Rechtslage im WZG mußte der Anmeldung eines Verbandszeichens eine Zeichensatzung beigefügt werden (§ 18 S. 1 WZG).

Die *Beifügung einer Markensatzung* ist zwar nach § 102 Abs. 1 *Anmeldevoraussetzung* zur **2** Eintragung einer Kollektivmarke. Sie stellt aber kein Anmeldungserfordernis im Sinne des § 36 Abs. 1 Nr. 1 bis 4 dar, bei denen, wenn Mängel festgestellt werden, die Mängelbeseitigung nach § 36 Abs. 2 S. 2 zur Rechtsfolge hat, daß als Anmeldetag der Tag der Mängelbeseitigung zuerkannt wird (s. § 36, Rn 6). Die Beifügung der Markensatzung zur Anmeldung ist deshalb nicht Voraussetzung für die Zuerkennung des Anmeldetages im Sinne des § 33 Abs. 1 als des Tages des Eingangs der Anmeldeunterlagen beim DPMA. Wenn eine Markensatzung der Anmeldung einer Kollektivmarke nicht beigefügt ist, dann kommt die allgemeine Vorschrift über die Mängelbeseitigung nach § 36 Abs. 4 zur Anwendung (s. § 36, Rn 7). Wenn die Markensatzung innerhalb einer vom DPMA bestimmten Frist zu den Anmeldeunterlagen nachgereicht wird, dann kommt es zur Eintragung der Kollektivmarke mit der Priorität des Anmeldetages nach § 33 Abs. 1. Wird die Markensatzung nicht fristgerecht nachgereicht, wird die Anmeldung zurückgewiesen. Nach der Eintragung der Kollektivmarke ist jede Änderung der Markensatzung von dem Kollektiv als Inhaber der Kollektivmarke dem DPMA mitzuteilen (§ 104 Abs. 1). Der Inhalt der geänderten Markensatzung muß dem Mindestinhalt nach § 102 Abs. 2 entsprechen (§ 104 Abs. 2).

## II. Normzweck

Die Markensatzung dient zum einen der Regelung der Rechtsbeziehungen zwischen **3** dem Kollektiv und seinen Mitgliedern, sowie den Mitgliedern untereinander. Neben diesen internen Kollektivinteressen besteht zum anderen das Erfordernis einer Markensatzung auch im externen Allgemeininteresse. Die Markensatzung dient der interessierten Öffentlichkeit zur Information über das Kollektiv, die Mitglieder und die Kollektivmarke betreffenden Tatsachen. Die Markensatzung stellt namentlich eine Transparenz über die Bedingungen für die Benutzung der Kollektivmarke her. Dies ist vor allem bei solchen Kollektivmarken von Bedeutung, die aufgrund der Satzungsbedingungen als Garantiemarken (s. § 97, Rn 17) oder als Gütezeichen (s. § 97, Rn 18 ff.) ausgestaltet sind oder die aus einer geographischen Herkunftsangabe bestehen. Nach § 102 Abs. 4 steht jeder Person die Einsicht in die Markensatzung frei (s. Rn 13).

## III. Verhältnis zur Verbandssatzung

Von der Markensatzung ist die Satzung des Kollektivs (*Verbandssatzung*) zu unterscheiden. **4** Die Markensatzung wird regelmäßig selbständig beschlossen werden und unabhängig von der Verbandssatzung bestehen. Die Markensatzung kann aber auch einen Teil der Verbandssatzung bilden. Wenn sich der Mindestinhalt der Markensatzung im Sinne des § 102 Abs. 2 und 3 deutlich aus der Verbandssatzung ergibt, dann erübrigt sich, der Anmeldung der Kollektivmarke eine eigene Markensatzung beizufügen. Wenn bei juristischen Personen des öffentlichen Rechts als Markeninhaber der Beschluß einer eigenen Markensatzung durch öffentlichrechtliche Vorschriften ersetzt wird, dann ist gleichfalls die Beifügung einer Markensatzung zur Anmeldung der Kollektivmarke entbehrlich (s. zur Rechtslage im WZG *Baumbach/Hefermehl*, § 18 WZG, Rn 1).

## B. Inhalt der Markensatzung

### I. Mindestinhalt der Markensatzung (§ 102 Abs. 2)

#### 1. Angaben zum Kollektiv (§ 102 Abs. 2 Nr. 1 und 2)

5   Die Markensatzung muß verschiedene *Angaben zum Kollektiv* (rechtsfähiger Verein, rechtsfähiger Verband, juristische Person des öffentlichen Rechts) im Sinne des § 98 als dem Inhaber der angemeldeten oder eingetragenen Kollektivmarke enthalten. Anzugeben sind der *Name* und der *Sitz des Verbandes* (Nr. 1), sowie der *Zweck* und die *Vertretung des Verbandes* (Nr. 2). Bei einem *ausländischen Kollektiv* bestimmt sich dessen Rechtsfähigkeit nach Art. 7$^{bis}$ Abs. 3 PVÜ nach dem Heimatrecht (BPatGE 8, 226, 229; BGH GRUR 1996, 270 – MADEIRA). Anders als nach der Rechtslage im WZG muß der Zweck des Verbandes nicht auf eine gewerbliche Tätigkeit gerichtet sein (s. § 98, Rn 8).

#### 2. Mitgliedschaft (§ 102 Abs. 2 Nr. 3)

6   Die Markensatzung muß die *Voraussetzungen für den Erwerb der Mitgliedschaft* in das Kollektiv enthalten. Die Mitgliedschaftsvoraussetzungen sind zwar Teil des Verbandsrechts und der Verbandssatzung, doch besteht ein Interesse der Öffentlichkeit, über die Voraussetzungen einer Mitgliedschaft informiert zu werden. Die Mitgliedschaft als solche ist von dem Benutzungsrecht zu unterscheiden, auch wenn die Mitglieder des Verbands regelmäßig zur Benutzung der Kollektivmarke befugt sein werden. Mitglied ist, wer die Voraussetzungen der Mitgliedschaft erfüllt (Nr. 3); Benutzungsberechtigter ist, wer zu dem Kreis der zur Benutzung der Kollektivmarke befugten Personen gehört (Nr. 4).

#### 3. Benutzungsberechtigte (§ 102 Abs. 2 Nr. 4)

7   a) **Personenkreis.** Die Markensatzung muß die Angaben enthalten, nach denen sich der *Kreis der zur Benutzung der Kollektivmarke befugten Personen* bestimmt (Nr. 4). Die Angaben in der Satzung müssen mit hinreichender Bestimmtheit den Kreis der Benutzungsberechtigten umschreiben. Es ist weder erforderlich noch sachgerecht, daß die einzelnen Benutzungsberechtigten mit Namen oder Firmen konkret bezeichnet werden. Die Angaben können die Wirtschaftszweige, wie Produktion, Handel und Dienstleistung und die einzelnen Branchen, in denen die Kollektivmarke benutzt werden kann, näher beschreiben (zur hinreichenden Bestimmtheit einer Benutzungsregelung, die die Weitergabe der Benutzungsgestattung an ausländische Weiterverkäufer erlaubt s. BPatG BlPMZ 1997, 208, 209 – MADEIRA). Die Satzung sollte Angaben darüber enthalten, ob ein Mitglied, das die Voraussetzungen des Benutzungsrechts erfüllt, als Benutzungsberechtigter gilt, was regelmäßig anzunehmen ist, wenn die Satzung keine abweichende Regelung trifft. Wenn die satzungsmäßigen Voraussetzungen erfüllt sind, dann besteht das Benutzungsrecht kraft Gesetzes. Der Benutzungsberechtigte kann die Kollektivmarke nach den Bedingungen für deren Benutzung (Nr. 5) benutzen. Ob die Erteilung einer Benutzungserlaubnis durch das Kollektiv erforderlich ist, bestimmt sich nach den Regelungen in der Markensatzung. Das Benutzungsrecht einzelner Benutzungsberechtigter kann durch die Markensatzung inhaltlich unterschiedlich gestaltet werden. Einem benutzungsberechtigten Mitglied kann gegenüber anderen Mitgliedern in der Markensatzung innerhalb der kartellrechtlichen Grenzen ein ausschließliches Recht zur Benutzung der Kollektivmarke eingeräumt werden (s. dazu BKartA WuW/E Nr. 575, 576, S. 431, 432 – Freiwillige Ketten). Die Angaben über den Kreis der zur Benutzung der Kollektivmarke befugten Personen sollte namentlich regeln, ob die Kollektivmarke einer Benutzung durch die Mitglieder des Kollektivs vorbehalten bleibt, oder ob die Benutzung auch Nichtmitgliedern erlaubt werden kann (zur Weitergabe der Benutzungsgestattung an ausländische Weiterverkäufer s. BPatG BlPMZ 1997, 208, 209 – MADEIRA). Die Benutzung der Marke durch Nichtmitglieder erfolgt aufgrund einer Lizenzerteilung nach § 30 oder aufgrund einer schuldrechtlichen Gebrauchsüberlassung (zur Abgrenzung zwischen dinglicher Markenlizenz und schuldrechtlicher Gebrauchsüberlassung s. § 30, Rn 6 f.). Die Voraussetzungen einer Lizenzierung, sowie die Berechtigung zur Lizenzerteilung durch das Kollektiv oder die Mitglieder ist in der Markensatzung zu regeln.

**b) Rechtsnatur des Benutzungsrechts.** Nach der Rechtslage im WZG wurde das 8
Benutzungsrecht der Mitglieder als ein *schuldrechtliches Gebrauchsrecht* verstanden *(Baumbach/Hefermehl*, § 18 WZG, Rn 3; *Schlüter*, GRUR 1953, 309, 310). Diese Auffassung von der schuldrechtlichen Rechtsnatur des Benutzungsrechts folgte zwingend aus dem Verständnis der Warenzeichenlizenz als einer schuldrechtlichen Gebrauchsgestattung, die allein einen Verzicht auf die Geltendmachung des Unterlassungsanspruchs bedeutet (s. dazu § 30, Rn 10). Nach der Rechtslage im MarkenG ist die dingliche Markenlizenz nach § 30 anerkannt (s. § 30, Rn 6 ff.). Als Folge dieser Rechtsänderung ist auch die *dingliche Rechtsnatur des Benutzungsrechts* des Mitglieds anzuerkennen. Das Benutzungsrecht des Mitglieds stellt ein dingliches Recht sui generis dar, das dem dinglichen Lizenzrecht vergleichbar ist. Eine *satzungswidrige Benutzung der Kollektivmarke* ist deshalb nicht nur eine Verletzung der Kollektivmarke des Verbands, sondern auch eine Verletzung des dinglichen Benutzungsrechts der Mitglieder, denen nicht nur schuldrechtliche, sondern insoweit markenrechtliche Ansprüche zustehen (s. Rn 11). Die Vereinbarungen der Benutzungsbedingungen in der Markensatzung unterliegen vergleichbar den wettbewerbsrechtlichen, kartellrechtlichen und gemeinschaftsrechtlichen Schranken des Lizenzvertragsrechts (s. dazu im einzelnen § 30, Rn 28, 54).

### 4. Benutzungsbedingungen (§ 102 Abs. 2 Nr. 5)

**a) Zulässiger Inhalt.** In der Markensatzung sind *Bedingungen für die Benutzung* der Kollektivmarke zu regeln (Nr. 5). Zulässiger Inhalt der Markensatzung können alle Benutzungsbedingungen sein, die im Lizenzvertragsrecht als zulässige Lizenzbedingungen nach § 30 Abs. 2 anerkannt sind. Die Regelung des § 30 Abs. 2 ist analog auf § 102 Abs. 2 Nr. 5 anzuwenden. Als zulässige Benutzungsbedingungen kommen in Betracht Regelungen über die *Dauer des Benutzungsrechts* (s. § 30, Rn 12), über die Form der Benutzung der Kollektivmarke (s. § 30, Rn 14), über die *Art der Waren oder Dienstleistungen*, für die das Benutzungsrecht besteht (s. § 30, Rn 14), über das *Gebiet*, in dem die Kollektivmarke angebracht werden darf (§ 30, Rn 13) und über die *Qualität* der von dem Benutzungsberechtigten hergestellten Waren oder der von dem Benutzungsberechtigten erbrachten Dienstleistungen (s. § 30, Rn 14). Die Benutzungsbedingungen der Markensatzung unterliegen vergleichbar den im Lizenzvertragsrecht bestehenden wettbewerbsrechtlichen, kartellrechtlichen und gemeinschaftsrechtlichen Schranken (s. § 30, Rn 28, 54). In den Benutzungsbedingungen der Markensatzung dürfen namentlich keine Regelungsinhalte vereinbart werden, die dem spezifischen Bestand des Kollektivmarkenrechts im Sinne der Rechtsprechung des EuGH zum gemeinschaftsrechtlichen Schutzinhalt des Markenrechts nach Art. 36 EGV widersprechen (s. dazu im einzelnen § 14, Rn 89 ff.). Nach der Rechtslage im WZG beurteilte der BGH eine *Gebietsschutzregelung* in einer Verbandszeichensatzung, die jedem Mitglied ein bestimmtes Gebiet zuwies, in dem das Verbandszeichen nur von ihm benutzt werden durfte, als grundsätzlich nach § 1 GWB unwirksam (BGH GRUR 1991, 782, 784 – Verbandszeichen). Auch zur Verhinderung des Vertriebs von Waren verschiedener Qualität wurden Gebietsschutzregelungen nicht anerkannt, da im WZG ausschließlich die Herkunftsfunktion der Warenzeichen geschützt war (BGH GRUR 1991, 782, 785 – Verbandszeichen). Das KG hatte Satzungsregelungen, die *Qualitätsmerkmale* bestimmen und durchsetzen sollten, als von der zeichenrechtlichen Garantiefunktion gedeckt beurteilt, was auch bei einer Gebietsschutzregelung der Fall sein könne, wenn diese die Frische der Waren zu sichern bezwecke (WuW/E OLG 4459 – Golden Toast). Der Paradigmenwechsel in den markenrechtlichen Funktionen (s. Einl, Rn 30 ff.) und die Anerkennung der dinglichen Markenlizenz (s. § 30, Rn 6 ff.) verlangen, diese Grundsätze der höchstrichterlichen Rechtsprechung zu überdenken und Benutzungsbedingungen der Markensatzung innerhalb der wettbewerbsrechtlichen, kartellrechtlichen und gemeinschaftsrechtlichen Schranken (s. dazu im einzelnen § 14, Rn 88 ff.; § 30, Rn 28, 54) anzuerkennen. In den Benutzungsbedingungen kann auch vereinbart werden, daß die Mitglieder Produkte des Kollektivs mit der Kollektivmarke kennzeichnen dürfen. Eine Kollektivmarke kann auch als Handelsmarke für die von dem Verband hergestellten Waren dienen. Regelungen in den Benutzungsbedingungen über die Qualität der Produkte sind namentlich bei solchen Kollektivmarken von Bedeutung, die aufgrund der Markensatzung als Garantiemarke (s. § 97, Rn 16) oder als Gütezeichen (s. § 97, Rn 18 ff.) ausgestaltet werden.

**10 b) Verfahren.** Das dingliche Benutzungsrecht des benutzungsberechtigten Mitglieds entsteht kraft Gesetzes mit der Erfüllung der satzungsmäßigen Benutzungsbedingungen. Ob es zur Ausübung des Benutzungsrechts einer Erteilung durch das Kollektiv bedarf, bestimmt sich nach den Regelungen in der Markensatzung. Der Verband übt eine Aufsicht über die benutzungsberechtigten Mitglieder und eine *Kontrolle über die Einhaltung der satzungsmäßigen Benutzungsbedingungen* aus. Der Inhaber der Kollektivmarke hat geeignete Maßnahmen zu treffen, um zu verhindern, daß die Kollektivmarke mißbräuchlich in einer den Verbandszwecken oder der Markensatzung widersprechenden Weise benutzt wird (zum Verfall der Kollektivmarke s. § 105 Abs. 1 Nr. 2). Als eine mißbräuchliche Benutzung der Kollektivmarke, die zur Löschung der Marke wegen Verfalls führt, ist es insbesondere anzusehen, wenn die Benutzung der Kollektivmarke durch andere als die zur Benutzung befugten Personen geeignet ist, das Publikum zu täuschen (s. § 105 Abs. 2). Die *mißbräuchliche Benutzung* einer Kollektivmarke kann in der Markensatzung sanktioniert werden. Als *Sanktionen* einer mißbräuchlichen Benutzung kommen etwa Vertragsstrafen oder die Ausschließung eines Mitglieds aus dem Verband in Betracht.

### 5. Rechtsstellung der Beteiligten bei einer Kollektivmarkenverletzung (§ 102 Abs. 2 Nr. 6)

**11** In der Markensatzung kann die Rechtsstellung des Kollektivs im Verhältnis zu den Mitgliedern, sowie der Mitglieder untereinander privatautonom geregelt werden. Zu beachten sind die wettbewerbsrechtlichen, kartellrechtlichen und gemeinschaftsrechtlichen Schranken. Wenn in der Markensatzung nichts anderes bestimmt ist, ist von der dinglichen Rechtsnatur des Benutzungsrechts auszugehen (s. Rn 8). Wie auch im Lizenzvertragsrecht (s. § 30, Rn 9) kann auch im Kollektivmarkenrecht das Benutzungsrecht der Mitglieder in der Markensatzung privatautonom schuldrechtlich ausgestaltet werden. Bei den Regelungen über die Rechtsverfolgung (s. § 101) ist die Art des Benutzungsrechts zu berücksichtigen.

## II. Beitrittsrecht von Nichtmitgliedern bei geographischen Herkunftsangaben (§ 102 Abs. 3)

**12** Es besteht grundsätzlich weder ein Recht von Nichtmitgliedern, die Kollektivmarke zu benutzen, noch ein Anspruch auf Beitritt in das Kollektiv und den Erwerb der Mitgliedschaft (S. § 97, Rn 26). In Abweichung von dieser grundsätzlichen Rechtslage verlangt § 102 Abs. 3, in die Markensatzung eine Regelung über ein *Beitrittsrecht von Nichtmitgliedern* aufzunehmen, wenn die Kollektivmarke aus einer *geographischen Herkunftsangabe* besteht. Nach einer solchen Satzungsbestimmung kommt jeder Person, deren Waren oder Dienstleistungen aus dem entsprechenden geographischen Gebiet stammen und den in der Markensatzung enthaltenen Bedingungen für die Benutzung der Kollektivmarke entsprechen, das Recht zu, Mitglied des Verbandes und in den Kreis der zur Benutzung der Kollektivmarke befugten Personen aufgenommen zu werden. Voraussetzung ist weiter, daß das Mitglied, das von seinem Beitrittsrecht im Sinne des § 102 Abs. 3 in Verbindung mit der Regelung in der Markensatzung Gebrauch macht, die satzungsmäßigen Voraussetzungen für die Mitgliedschaft (§ 102 Abs. 2 Nr. 3) erfüllt und die Bedingungen für die Benutzung der Kollektivmarke (§ 102 Abs. 2 Nr. 5) anerkennt. Das MarkenG gewährt dem Nichtmitglied unter den Voraussetzungen des § 102 Abs. 3 ein Beitrittsrecht und verpflichtet das Kollektiv nicht nur zur Erteilung einer Zwangslizenz. Ohne Ausübung des Beitrittsrechts und den Erwerb der Mitgliedschaft an dem Kollektiv kann das beitrittsberechtigte Nichtmitglied zwar nach § 100 die geographische Herkunftsangabe im geschäftlichen Verkehr benutzen, sofern die Benutzung den guten Sitten entspricht und nicht gegen § 127 verstößt (s. § 100, Rn 2, 3 f.). Das Benutzungsrecht des § 100 Abs. 1 erlaubt dem Nichtmitglied aber nicht die Benutzung der geographischen Herkunftsangabe nach Art einer Marke (s. § 100, Rn 2). Als Mitglied des Kollektivs besteht das Recht zur Benutzung der Kollektivmarke nach Art einer Marke entsprechend den satzungsmäßigen Bedingungen für die Benutzung der Kollektivmarke.

## C. Einsichtsrecht in die Markensatzung (§ 102 Abs. 4)

Nach § 62 besteht ein allgemeines Registereinsichtsrecht und Akteneinsichtsrecht im patentamtlichen Verfahren. Nach dieser Vorschrift steht jeder Person die Einsicht in das Register frei (§ 62 Abs. 3). Einsicht in die Akten von Anmeldungen von Marken wird nur bei Glaubhaftmachung eines berechtigten Interesses gewährt (§ 62 Abs. 1), doch ist nach der Eintragung der Marke die Einsicht in die Akten grundsätzlich (zu den Schranken s. § 62, Rn 5) frei (§ 62 Abs. 2). Die Vorschrift des § 102 Abs. 4 *ergänzt das Akteneinsichtsrecht* nach § 62 Abs. 1 und 2. Das Recht zur Einsicht in die Markensatzung als Teil der Akten der angemeldeten oder eingetragenen Marke besteht zunächst schon nach § 62 Abs. 1 und 2. Das Recht zur Einsicht in die Markensatzung nach § 102 Abs. 4 geht über das allgemeine Akteneinsichtsrecht nach § 62 insoweit hinaus, als es zum einen bei einer Einsicht in die Markensatzung einer Anmeldung einer Kollektivmarke nicht die Glaubhaftmachung eines berechtigten Interesses voraussetzt und zum anderen ohne vorherige Stellung eines Antrags zu gewähren ist. Das erweiterte Akteneinsichtsrecht in die Markensatzung einer angemeldeten Kollektivmarke ist aus Gründen des Allgemeininteresses namentlich dann sachgerecht, wenn die Kollektivmarke aus einer geographischen Herkunftsangabe im Sinne des § 99 besteht und so bestimmten Personen nach § 102 Abs. 3 das Recht zukommt, Mitglied des Verbandes zu werden. Auch wenn die Kollektivmarke aufgrund der Markensatzung zu einer Garantiemarke (s. § 97, Rn 16) oder zu einer Gütemarke (s. § 97, Rn 18 ff.) ausgestaltet ist, besteht ein vergleichbares öffentliches Interesse an der Einsicht in die Markensatzung. Die Regelung des § 102 Abs. 4 gewährt aber das Einsichtsrecht in die Markensatzung auch bei einer einfachen Kollektivmarke ohne Einschränkung. Aus Gründen des Unternehmensschutzes werden die allgemeinen Schranken der Akteneinsicht (s. dazu § 62, Rn 5) auch für das Einsichtsrecht in die Markensatzung zu gelten haben.

**Prüfung der Anmeldung**

**103** Die Anmeldung einer Kollektivmarke wird außer nach § 37 auch zurückgewiesen, wenn sie nicht den Voraussetzungen der §§ 97, 98 und 102 entspricht oder wenn die Markensatzung gegen die öffentliche Ordnung oder die guten Sitten verstößt, es sei denn, daß der Anmelder die Markensatzung so ändert, daß der Zurückweisungsgrund nicht mehr besteht.

### Inhaltsübersicht

| | Rn |
|---|---|
| A. Prüfung der Eintragungsvoraussetzungen | 1 |
| B. Rechtsfolgen bei Vorliegen von Zurückweisungsgründen | 2 |

### Entscheidung zum MarkenG
**BGH GRUR 1996, 270 – MADEIRA**
Unterscheidungskraft bei Kollektivmarken.

## A. Prüfung der Eintragungsvoraussetzungen

Die Anmeldung zur Eintragung einer Kollektivmarke in das Register ist zunächst nach der allgemeinen Vorschrift des § 37 auf das *Bestehen absoluter Schutzhindernisse* zu prüfen. Dabei ist zu berücksichtigen, daß abweichend von § 8 Abs. 2 Nr. 2 Kollektivmarken ausschließlich aus Zeichen oder Angaben bestehen können, die im Verkehr zur Bezeichnung der geographischen Herkunft der Waren oder der Dienstleistungen dienen können (s. § 99). Nach § 103 ist die Anmeldung einer Kollektivmarke außer auf die von Amts wegen zu berücksichtigenden, absoluten Schutzhindernissen nach § 37 auch auf das *Vorliegen der Voraussetzungen der §§ 97, 98 und 102* zu prüfen. Der *Verweis auf § 97* wird dahin zu verstehen sein, daß nach Auffassung des Gesetzgebers die *Unterscheidungsfunktion der Kollektivmarke* auf die betriebliche oder geographische Herkunft, die Art, die Qualität oder die sonstigen Eigenschaften der Waren oder Dienstleistungen bezogen sein muß. Auch nach der Rechtsprechung soll die Unterscheidungskraft bei Kollektivmarken nicht auf die Individualisierungs- und Herkunftsfunktion der mit ihr gekennzeichneten Waren aus einem individuellen Unternehmen wie bei einer Individualmarke nach § 3 Abs. 1 bezogen sein, sondern auf die Individualisierung und Unterscheidung der Waren der Mitglieder des Inhabers der Kollektivmarke nach ihrer betrieblichen oder geographischen Herkunft, ihrer Art, ihrer Qualität oder ihren sonstigen Eigenschaften von denjenigen anderer Unternehmen (BGH GRUR 1996, 270 – MADEIRA; s. dazu BPatG BlPMZ 1997, 208 – MADEIRA). Soweit diese Konkretisierung der Unterscheidungskraft einer Kollektivmarke als eine *Einschränkung der Markenfähigkeit von Kollektivmarken* gegenüber Individualmarken verstanden wird, ist diese Auffassung schwerlich mit einer richtlinienkonformen Auslegung des Kollektivmarkenrechts vereinbar (s. § 97, Rn 5). Der *Verweis auf § 98* erstreckt die Prüfung der Anmeldung einer Kollektivmarke auf die Eigenschaft des Anmelders als eines *rechtsfähigen Inhabers einer Kollektivmarke*. Aus Gründen der internationalen Entwicklung und Rechtsvereinheitlichung sollte die einschränkende Regelung der Inhaberschaft nach § 98 durch eine analoge Anwendung des § 7 Nr. 3 auf Kollektivmarken überwunden werden (s. § 98, Rn 1). Der *Verweis auf § 102* erstreckt die Prüfung der Anmeldung auf den *Mindestinhalt der Satzung* nach § 102 Abs. 2, sowie auf die Regelung eines *Beitrittsrechts für Nichtmitglieder* nach § 102 Abs. 3, wenn die Kollektivmarke aus einer geographischen Herkunftsangabe besteht. Nach § 103 ist die Anmeldung einer Kollektivmarke weiter dahin zu prüfen, ob die *Markensatzung gegen die öffentliche Ordnung* oder *gegen die guten Sitten* verstößt. Ob die Markensatzung gegen die öffentliche Ordnung oder gegen die guten Sitten verstößt, ist nach den gleichen Grundsätzen zu prüfen, wie der Verstoß einer Marke gegen die öffentliche Ordnung oder gegen die guten Sitten im Sinne des § 8 Abs. 2 Nr. 5 (s. dazu im einzelnen § 8, Rn 345 ff., 352 ff.). Eine Prüfung der Markensatzung hinsichtlich der *Zweckmäßigkeit* der einzelnen Regelungen findet im patentamtlichen Verfahren nicht statt.

### B. Rechtsfolgen bei Vorliegen von Zurückweisungsgründen

2   Es ist zwischen den verschiedenen Zurückweisungsgründen zu unterscheiden, deren Vorliegen im Hinblick auf die Mängelbeseitigung unterschiedliche Rechtsfolgen im Anmeldeverfahren begründet. Die Unterscheidung ist für die *Priorität der Kollektivmarke* nach einer *Mängelbeseitigung* rechtserheblich. Die Prüfung der absoluten Schutzhindernisse ist nach der Regelung des § 37 zu behandeln. Anders ist bei Mängeln der Markensatzung die allgemeine Vorschrift über die Mängelbeseitigung nach § 36 Abs. 4 anzuwenden, da die Beifügung der Markensatzung zu der Anmeldung nicht Voraussetzung für die Zuerkennung des Anmeldetages ist (s. dazu näher § 102, Rn 2). Dieses die Priorität der Anmeldung erhaltende Verfahren gilt für die Zurückweisungsgründe einer Nichtentsprechung der Markensatzung mit den Erfordernissen des § 102, sowie des Verstoßes der Markensatzung gegen die öffentliche Ordnung oder gegen die guten Sitten nach § 103. Abgesehen von der Kritik an dem Zurückweisungsgrund einer konkretisierten Unterscheidungskraft der Kollektivmarke nach § 97 (s. § 97, Rn 5), wird es sich bei diesem Schutzhindernis um ein absolutes Schutzhindernis im Sinne des Verfahrens nach § 37 handeln. Bei dem Zurückweisungsgrund nach § 98 handelt es sich um ein § 7 entsprechendes Anmeldungserfordernis im Sinne des § 36 Abs. 1 S. 4, für den sich das Verfahren der Mängelbeseitigung nach § 36 Abs. 2 bestimmt.

### Änderung der Markensatzung

**104** (1) Der Inhaber der Kollektivmarke hat dem Patentamt jede Änderung der Markensatzung mitzuteilen.

(2) Im Falle einer Änderung der Markensatzung sind die §§ 102 und 103 entsprechend anzuwenden.

Inhaltsübersicht

| | Rn |
|---|---|
| A. Änderungsmitteilung (§ 104 Abs. 1) ............................................. | 1, 2 |
| B. Anwendung der §§ 102, 103 auf Satzungsänderungen (§ 104 Abs. 2) ......... | 3 |

## A. Änderungsmitteilung (§ 104 Abs. 1)

*Änderungen der Markensatzung* sind dem DPMA mitzuteilen. Das gilt nur für die Markensatzung als solche, nicht auch für die Verbandssatzung, selbst wenn die Markensatzung mit der Verbandssatzung verbunden ist (s. § 102, Rn 4). Eine *Änderungsmitteilung* hat nicht nur dann zu erfolgen, wenn von der Satzungsänderung der Mindestinhalt der Markensatzung als Ganzes nach § 102 Abs. 2 und 3 betroffen ist. Das Informationsinteresse der Öffentlichkeit geht dahin, von der *Markensatzung in ihrer geltenden Fassung* Kenntnis zu erhalten. Das jeder Person freistehende Einsichtsrecht in die Markensatzung nach § 102 Abs. 4 besteht auch im Hinblick auf die Änderungen der Markensatzung. Auch eine *Übertragung der Kollektivmarke* bedarf einer Änderung der Markensatzung, die nach § 102 Abs. 2 Nr. 1 und 2 die zutreffenden Angaben über den Verband als Inhaber der Kollektivmarke enthalten muß. Das gilt unabhängig davon, ob der Rechtsübergang nach § 27 Abs. 3 in das Register eingetragen wird (s. dazu § 27, Rn 35 ff.), da die Änderungsmitteilung nach § 104 Abs. 1 die Änderung der Markensatzung als solcher betrifft. Die *Erteilung einer Markenlizenz* nach § 30 an der Kollektivmarke stellt keine Änderung der Markensatzung dar und ist dem DPMA nicht mitzuteilen. Sachgerecht wäre die im MarkenG nicht vorgesehene Eintragung der dinglichen Markenlizenzen in das Register (s. dazu § 30, Rn 18). 1

Wenn eine Änderung der Markensatzung erfolgt, aber eine entsprechende Mitteilung an das DPMA nicht ergeht, dann ist das Unterbleiben der Änderungsmitteilung im MarkenG nicht sanktioniert. Ein Verfall der Marke tritt nach § 105 nur in den in dieser Vorschrift geregelten Verfallsgründen ein, zu denen das Unterbleiben einer Änderungsmitteilung im Sinne des § 104 Abs. 1 als solches nicht gehört. Dritten gegenüber, die nach § 102 Abs. 4 in die Markensatzung Einsicht nehmen, bei der Satzungsänderung nicht vermerkt ist, kommt der Satzungsänderung keine rechtliche Wirkung zu, es sei denn, daß sie die Änderung der Markensatzung kennen oder hätten kennen müssen (s. zur Rechtslage im WZG *Baumbach/Hefermehl*, § 18 WZG, Rn 9; ähnlich *Pinzger*, § 18 WZG, Anm. 3). 2

## B. Anwendung der §§ 102, 103 auf Satzungsänderungen (§ 104 Abs. 2)

Die Regelung des § 102 über die Markensatzung und die Regelung des § 103 über die Prüfung der Anmeldung sind auf eine Änderung der Markensatzung entsprechend anzuwenden (§ 104 Abs. 2). Der Inhalt der Satzungsänderung hat den Erfordernissen des § 102 zu entsprechen. Die dem DPMA mitgeteilte Änderung der Markensatzung unterliegt nach § 103 der Prüfung; die Satzungsänderung wird nur dann den Akten der Kollektivmarke beigefügt, wenn kein Zurückweisungsgrund nach § 103 besteht. 3

**Verfall**

**105** (1) **Die Eintragung einer Kollektivmarke wird außer aus den in § 49 genannten Verfallsgründen auf Antrag wegen Verfalls gelöscht,**

1. wenn der Inhaber der Kollektivmarke nicht mehr besteht,
2. wenn der Inhaber der Kollektivmarke keine geeigneten Maßnahmen trifft, um zu verhindern, daß die Kollektivmarke mißbräuchlich in einer den Verbandszwecken oder der Markensatzung widersprechenden Weise benutzt wird, oder
3. wenn eine Änderung der Markensatzung entgegen § 104 Abs. 2 in das Register eingetragen worden ist, es sei denn, daß der Inhaber der Kollektivmarke die Markensatzung erneut so ändert, daß der Löschungsgrund nicht mehr besteht.

(2) **Als eine mißbräuchliche Benutzung im Sinne des Absatzes 1 Nr. 2 ist es insbesondere anzusehen, wenn die Benutzung der Kollektivmarke durch andere als die zur Benutzung befugten Personen geeignet ist, das Publikum zu täuschen.**

(3) [1]**Der Antrag auf Löschung nach Absatz 1 ist beim Patentamt zu stellen.** [2]**Das Verfahren richtet sich nach § 54.**

## Inhaltsübersicht

|  | Rn |
|---|---|
| A. Regelungsübersicht | 1 |
| B. Die einzelnen Verfallsgründe (§ 105 Abs. 1 und 2) | 2–7 |
|    I. Nichtmehrbestehen des Kollektivs (§ 105 Abs. 1 Nr. 1) | 2, 3 |
|    II. Nichtverhindern einer mißbräuchlichen Benutzung der Kollektivmarke (§ 105 Abs. 1 Nr. 2) | 4–6 |
|    III. Eintragung einer gesetzwidrigen Änderung der Markensatzung (§ 105 Abs. 1 Nr. 3) | 7 |
| C. Löschungsverfahren (§ 105 Abs. 3) | 8 |
| D. Schadenshaftung des Kollektivs | 9 |
| E. Ansprüche gegen die Benutzungsberechtigten | 10 |

**Schrifttum zum WZG.** *Starck*, Schadensersatzklage gegen den Zeichenverband bei Duldung mißbräuchlicher Benutzung seines Verbandszeichens, MuW 1930, 385; *Starck*, Passivlegitimation des Benutzungsberechtigten für die Unterlassungsklage wegen Verletzung eines älteren Zeichens bei satzungsgemäßer Benutzung eines Verbandszeichens, MuW 1930, 417.

## A. Regelungsübersicht

1 Die nach § 49 bestehenden Löschungsgründe wegen Verfalls der Marke gelten für alle Marken und damit gleichermaßen für Individualmarken sowie Kollektivmarken. § 105 Abs. 1 Nr. 1 bis 3 enthält weitere Verfallsgründe, die nur für die Eintragung einer Kollektivmarke gelten und zusätzlich zu den Verfallsgründen des § 49 hinzutreten. Die *besonderen Verfallsgründe einer Kollektivmarke* sind das *Nichtmehrbestehen des Kollektivs* (Nr. 1), das *Nichtverhindern einer mißbräuchlichen Benutzung der Kollektivmarke* (Nr. 2) und die *Eintragung einer gesetzwidrigen Änderung der Markensatzung* (Nr. 3). Die Vorschrift des § 105 Abs. 2 umschreibt die das *Publikum täuschende Benutzung einer Kollektivmarke* durch einen nicht zur Benutzung Berechtigten als eine mißbräuchliche Benutzung im Sinne des Verfallsgrundes nach Abs. 1 Nr. 2. Die Löschung der Kollektivmarke wegen Verfalls erfolgt auf Antrag. Für die Löschung einer Kollektivmarke wegen Verfalls besteht eine ausschließliche Zuständigkeit des DPMA nach § 105 Abs. 3 S. 1. Das Löschungsverfahren richtet sich nach § 54 (§ 105 Abs. 3 S. 2).

## B. Die einzelnen Verfallsgründe (§ 105 Abs. 1 und 2)

### I. Nichtmehrbestehen des Kollektivs (§ 105 Abs. 1 Nr. 1)

2 Die Eintragung einer Kollektivmarke wird auf Antrag wegen Verfalls gelöscht, wenn der *Inhaber der Kollektivmarke nicht mehr besteht* (Abs. 1 Nr. 1). Nach der Rechtslage im WZG bestand ein entsprechender Löschungsgrund nach § 21 Abs. 1 Nr. 1 WZG, der trotz der Bindung des Warenzeichens an den Geschäftsbetrieb und des Löschungsgrundes des fehlenden Geschäftsbetriebs nach § 11 Abs. 1 Nr. 2 WZG erforderlich war, da der Verband als Inhaber des Verbandszeichens keinen eigenen Geschäftsbetrieb zu haben brauchte. Aus welchem rechtlichen Grund das Kollektiv als Inhaber der Kollektivmarke nicht mehr besteht, ist für das Eingreifen des Verfallsgrundes rechtlich nicht erheblich. Ein *rechtsfähiger Verein* besteht als Inhaber einer Kollektivmarke etwa dann nicht mehr im Sinne des Verfallsgrundes nach Abs. 1 Nr. 1, wenn der Verein durch Beschluß der Mitgliederversammlung (§ 41 BGB), durch Zeitablauf (§ 74 Abs. 2 BGB) oder durch behördliches Verbot (§ 3 VereinsG) aufgelöst wird oder dem Verein durch behördliche Entziehung wegen gesetzwidrigen Verhaltens (§ 43 Abs. 1 BGB) oder durch gerichtliche Entziehung, weil die Mitgliederzahl unter drei abgesunken ist (§ 73 BGB), die Rechtsfähigkeit entzogen wird. Auch wenn ein Verein nach § 42 Abs. 1 durch die Eröffnung des Insolvenzverfahrens die Rechtsfähigkeit verliert, so gilt doch für die Dauer der Liquidation, soweit der Liquidationszweck es erfordert, die Rechtsfähigkeit des Vereins noch als vorhanden, so daß der Verein als Inhaber der Kollektivmarke noch besteht (*MünchKomm/Reuter*, § 42 BGB, Rn 1). Eine *juristische Person*

*des öffentlichen Rechts* endet durch Auflösung, Insolvenz, Entziehung der Rechtsfähigkeit oder kraft Gesetzes (*Wolff/Bachof/Stober*, Verwaltungsrecht I, § 34, Rn 19). Im Löschungsverfahren wird das nicht mehr bestehende Kollektiv von dem *letzten gesetzlichen Vertretungsorgan* des Vereins, Verbands oder der juristischen Person des öffentlichen Rechts vertreten (*Baumbach/Hefermehl*, § 21 WZG, Rn 2; *Reimer/Richter*, Kap. 35, Rn 13; *Hagens*, Warenzeichenrecht, § 21, Rn 2). Nach der Beendigung der Liquidation, sowie im Falle der Wiedereröffnung der Liquidation sind die *letzten Liquidatoren* die Vertreter des nicht mehr bestehenden Verbands (RGZ 109, 387, 392).

Nach der Rechtslage im WZG war wegen der Bindung des Warenzeichens an den Geschäftsbetrieb erforderlich, daß zwar nicht der Verband, aber doch die Verbandsmitglieder einen Geschäftsbetrieb hatten, in dem sie die Gesamtheit aller Waren, für die das Verbandszeichen eingetragen war, führten. Der Wegfall der Geschäftsbetriebe aller Verbandsmitglieder begründete den allgemeinen Löschungsgrund nach § 11 Abs. 1 Nr. 2 WZG analog (*Baumbach/Hefermehl*, § 21 WZG, Rn 3). Nach der Rechtslage im MarkenG besteht wegen der Nichtakzessorietät der Marke ein solcher Löschungsgrund nicht mehr. Es ist nicht erforderlich, daß die Mitglieder des Kollektivs ein Unternehmen haben oder ihnen eine Unternehmenseigenschaft zukommt (s. dazu allgemein § 3, Rn 66 ff.). Ein Verband ohne benutzungsberechtigte Mitglieder, der die Benutzung der Kollektivmarke im Wege der Erteilung dinglicher Markenlizenzen an Nichtmitglieder organisiert, mag in der Praxis derzeit zwar nicht bestehen, stellt aber nach der Rechtslage im MarkenG eine zulässige Form der Verbandsorganisation zur Benutzung einer Kollektivmarke dar und ist etwa bei juristischen Personen des öffentlichen Rechts denkbar. 3

## II. Nichtverhindern einer mißbräuchlichen Benutzung der Kollektivmarke (§ 105 Abs. 1 Nr. 2)

Die Eintragung der Kollektivmarke wird auf Antrag wegen Verfalls gelöscht, wenn der Markeninhaber *keine geeigneten Maßnahmen zur Verhinderung einer mißbräuchlichen Benutzung der Kollektivmarke* trifft (Abs. 1 Nr. 2). Der vergleichbare Löschungsgrund nach § 21 Abs. 1 S. 1 Nr. 2 WZG stellte auf ein Dulden der verbandswidrigen oder satzungswidrigen Benutzung des Verbandszeichens ab. Nach der Rechtslage im WZG bestand der Löschungsgrund schon dann, wenn eine mißbräuchliche Benutzung und deren Dulden durch den Verband gegeben war. Der Begriff der Duldung wurde dahin verstanden, daß ein Dulden zwar die Kenntnis des Zeichenmißbrauchs voraussetze, der Verband aber bei jeder mißbräuchlichen Benutzung unverzüglich einschreiten müsse (*Baumbach/Hefermehl*, § 21 WZG, Rn 4). Der Gesetzgeber des MarkenG ersetzte bewußt den weiten Wortlaut *Dulden* durch die engere Formulierung *keine geeigneten Maßnahmen treffen, um zu verhindern* (s. Begründung zum MarkenG, BT-Drucks. 12/6581 vom 14. Januar 1994, S. 110). Die engere Fassung des Gesetzestextes soll zum Ausdruck bringen, daß eine bloße Untätigkeit des Inhabers der Kollektivmarke nicht in jedem Fall die einschneidende Rechtsfolge einer Löschung der Kollektivmarke nach sich zieht. Um die Löschungsfolge auszulösen, sind in der Regel vielmehr eine vorherige Aufforderung zum Einschreiten oder andere Umstände festzustellen, aus denen sich die Verpflichtung des Verbandes zum Tätigwerden eindeutig ergibt. 4

Der Löschungsgrund nach § 105 Abs. 1 Nr. 2 verlangt das Vorliegen einer Benutzung der Kollektivmarke, die in einer den Verbandszwecken oder der Markensatzung widersprechenden Weise erfolgt und die als mißbräuchlich zu beurteilen ist. Die *verbandswidrige* oder *satzungswidrige* Benutzung der Kollektivmarke muß aufgrund einer Beurteilung der Gesamtumstände als *mißbräuchlich* zu bewerten sein. Die Notwendigkeit einer eigenständigen Mißbrauchsbeurteilung verhindert, geringfügige Verstöße gegen den Verbandszweck oder die Markensatzung als ausreichende Verfallsgründe anzusehen. Auch insoweit ist der Löschungsgrund des Nichtverhinderns einer mißbräuchlichen Benutzung der Kollektivmarke nach Abs. 1 Nr. 2 restriktiver als nach der Rechtslage im WZG. Nach § 103 gehören auch die gesetzlichen Voraussetzungen einer Kollektivmarke nach § 97 zu den Anmeldevoraussetzungen (s. dazu kritisch § 97, Rn 5; § 103, Rn 1) und damit zu den allgemeinen Verbandszwecken (so zur Rechtslage im WZG *Baumbach/Hefermehl*, § 21 WZG, Rn 4). Wenn man die Konkretisierung der Unterscheidungskraft einer Kollektivmarke nach § 97 Abs. 1 im 5

Unterschied zu § 3 als zu den gesetzlichen Voraussetzungen einer Kollektivmarke und damit zu den allgemeinen Verbandszwecken gehörend beurteilt, dann besteht bei einer den Anforderungen des § 97 Abs. 1 nicht entsprechenden Kollektivmarke der Löschungsgrund nach § 105 Abs. 1 Nr. 2 selbst dann, wenn die Kollektivmarke nach ihrem Inhalt nicht zu einer Täuschung des Publikums geeignet ist, wie es der Löschungsgrund der täuschenden Marke nach § 49 Abs. 2 Nr. 2 verlangt.

6    Der Verfallsgrund des § 105 Abs. 1 Nr. 2 bezieht sich auf eine mißbräuchliche Benutzung der Kollektivmarke durch *Benutzungsberechtigte*. Das sind die benutzungsberechtigten Mitglieder und das benutzungsberechtigte Kollektiv selbst, aber auch die dinglichen Lizenznehmer oder die schuldrechtlich Berechtigten. Nach § 105 Abs. 2 liegt eine mißbräuchliche Benutzung im Sinne von Abs. 1 Nr. 2 insbesondere dann vor, wenn die Benutzung der Kollektivmarke durch andere als die zur Benutzung befugten Personen geeignet ist, das Publikum zu täuschen. Bei einer Benutzung der Kollektivmarke durch *Nichtberechtigte* liegt die Annahme eines Mißbrauchs umso näher, als dieser Personenkreis nicht an die Benutzungsbedingungen der Markensatzung (§ 102 Abs. 2 Nr. 5) gebunden ist.

### III. Eintragung einer gesetzwidrigen Änderung der Markensatzung (§ 105 Abs. 1 Nr. 3)

7    Die Eintragung der Kollektivmarke wird auf Antrag wegen Verfalls gelöscht, wenn eine Änderung der Markensatzung in das Register eingetragen wird, die nach § 104 Abs. 2 den an eine Markensatzung zu stellenden gesetzlichen Anforderungen nach den §§ 102, 103 nicht entspricht. Der Verfallsgrund kann dadurch abgewendet werden, daß der Markeninhaber die Markensatzung erneut so ändert, daß der Löschungsgrund nicht mehr besteht.

### C. Löschungsverfahren (§ 105 Abs. 3)

8    Die allgemeinen Vorschriften über das Löschungsverfahren enthalten § 53, der das patentamtliche Löschungsverfahren wegen Verfalls regelt, und § 55, der das Löschungsverfahren vor den ordentlichen Gerichten regelt. Abweichend von diesen allgemeinen Vorschriften besteht nach § 105 Abs. 3 für die Löschung einer Kollektivmarke wegen Verfalls eine ausschließliche Zuständigkeit des DPMA. Eine *ausschließliche Zuständigkeit des DPMA für die Löschung von Kollektivmarken* vorzusehen, erschien dem Gesetzgeber des MarkenG wegen der ohnehin nur äußerst seltenen Fälle eines Verfallsverfahrens bei Kollektivmarken deshalb sachgerecht, weil aus den Eintragungsverfahren beim DPMA der entsprechende Sachverstand gegeben sei (s. Begründung zum MarkenG, BT-Drucks. 12/6581 vom 14. Januar 1994, S. 110). Der Löschungsantrag ist bei dem DPMA zu stellen (Abs. 3 S. 1). Das Löschungsverfahren richtet sich nach den Regelungen des § 54 (Abs. 3 S. 2).

### D. Schadenshaftung des Kollektivs

9    Wenn der Inhaber einer Kollektivmarke keine geeigneten Maßnahmen zur Verhinderung einer mißbräuchlichen Benutzung der Kollektivmarke nach § 105 Abs. 1 Nr. 2 oder Abs. 2 trifft, dann haftet das Kollektiv bei *verschuldetem Nichtverhindern* der mißbräuchlichen Benutzung einem Dritten auf Ersatz des Schadens, der diesem durch die mißbräuchliche Benutzung der Kollektivmarke entsteht. Aus der Regelung des Löschungsgrundes des Markenmißbrauchs ergibt sich eine *Rechtspflicht* des Verbandes, eine mißbräuchliche Benutzung der Kollektivmarke zu verhindern, die ein Schutzgesetz im Sinne des § 823 Abs. 2 BGB darstellt (so zur Rechtslage im WZG *Baumbach/Hefermehl*, § 21 WZG, Rn 7; zum Dulden im Sinne des § 21 Abs. 1 S. 1 Nr. WZG als Verschulden s. *Starck*, MuW 1930, 385). In der Begründung zum MarkenG wird davon ausgegangen, das Tätigwerden des Verbands zur Verhinderung einer mißbräuchlichen Benutzung der Kollektivmarke stelle nur eine *Obliegenheit* dar (s. Begründung zum MarkenG, BT-Drucks. 12/6581 vom 14. Januar 1994, S. 110), bei deren Verletzung der Markeninhaber Rechtsnachteile wie den Verfall der Kollektivmarke erleidet.

### E. Ansprüche gegen die Benutzungsberechtigten

Unabhängig von dem patentamtlichen Verfahren auf Löschung der Kollektivmarke (Abs. 3) kann gegen den Benutzungsberechtigten sowohl ein Unterlassungsanspruch als auch ein Schadensersatzanspruch bestehen, wenn die Benutzung der Kollektivmarke ein besseres Kennzeichenrecht eines Dritten nach den §§ 14, 15 verletzt (zur Rechtslage im WZG *Baumbach/Hefermehl*, § 21 WZG, Rn 8; *Reimer/Richter*, Kap. 35, Rn 15; *Tetzner*, § 22 WZG, Rn 7; *Starck*, MuW 1930, 417; nur die Löschungsklage gegen den Verband zulassend noch RG MuW 1923/24, 168). Der Widerrechtlichkeit der Benutzung einer Kollektivmarke gegenüber einem Dritten steht die Eintragung der Kollektivmarke nicht entgegen. Es ist auch nicht erforderlich, daß die Kollektivmarke vor der Geltendmachung des Unterlassungsanspruchs oder des Schadensersatzanspruchs gelöscht wird (RGZ 118, 76, 78 – Springendes Pferd). 10

## Nichtigkeit wegen absoluter Schutzhindernisse

**106** ¹Die Eintragung einer Kollektivmarke wird außer aus den in § 50 genannten Nichtigkeitsgründen auf Antrag wegen Nichtigkeit gelöscht, wenn sie entgegen § 103 eingetragen worden ist. ²Betrifft der Nichtigkeitsgrund die Markensatzung, so wird die Eintragung nicht gelöscht, wenn der Inhaber der Kollektivmarke die Markensatzung so ändert, daß der Nichtigkeitsgrund nicht mehr besteht.

### Inhaltsübersicht

| | Rn |
|---|---|
| A. Nichtigkeitsgründe des § 103 | 1 |
| B. Verfahren | 2, 3 |

### A. Nichtigkeitsgründe des § 103

Nach der allgemeinen Vorschrift des § 50 wird die Eintragung einer Marke auf Antrag dann gelöscht, wenn die Nichtigkeitsgründe wegen absoluter Schutzhindernisse nach § 50 Abs. 1 Nr. 1 bis 4 vorliegen; diese Löschungsgründe gelten gleichermaßen für Individualmarken wie für Kollektivmarken. Nach § 106 S. 1 gelten auch die *besonderen Anmeldevoraussetzungen einer Kollektivmarke nach § 103 als Nichtigkeitsgründe*, wenn die Kollektivmarke entgegen den Voraussetzungen der §§ 97, 98 und 102 eingetragen worden ist oder wenn die Markensatzung gegen die öffentliche Ordnung oder gegen die guten Sitten verstößt (s. dazu die Kritik § 103, Rn 1). Die zusätzlichen Eintragungshindernisse einer Kollektivmarke werden als zusätzliche Nichtigkeitsgründe der Kollektivmarke berücksichtigt. Wenn der Nichtigkeitsgrund die Markensatzung betrifft, dann kann der Inhaber der Kollektivmarke durch eine entsprechende Satzungsänderung die Löschung vermeiden. Nach § 106 S. 2 wird die Eintragung dann nicht gelöscht, wenn der Inhaber der Kollektivmarke die Markensatzung so ändert, daß der Nichtigkeitsgrund nicht mehr besteht. 1

### B. Verfahren

Für das Löschungsverfahren wegen absoluter Schutzhindernisse ist das DPMA zuständig (§ 54). Die Löschung wegen Nichtigkeit erfolgt auf Antrag, der beim DPMA zu stellen ist. 2

Nach der Rechtslage im WZG lehnte das DPMA die Eintragung eines Verbandszeichens mit der Angabe, es handele sich um ein Gütezeichen oder unter Verwendung eines ähnlichen Begriffs dann als täuschend nach § 4 Abs. 2 Nr. 4 WZG ab, wenn der Anmelder nicht eine Unbedenklichkeitsbescheinigung des RAL-Instituts vorlegte (DPA BlPMZ 1961, 268 – „... mit dem Qualitätssiegel"; *Althammer*, § 17 WZG, Rn 8). Die *Vorlage einer Unbedenklichkeitsbescheinigung eines Verbandes* ist aber weder zur Anmeldung einer Kollektivmarke erforderlich, noch rechtlich ausreichend, da die Anmeldevoraussetzungen nach den gesetzlichen Vorgaben des MarkenG und nicht nach den Verbandsbestimmungen vom DPMA eigenständig zu prüfen sind (s. § 97 Rn 21). 3

# Teil 5. Schutz von Marken nach dem Madrider Markenabkommen und nach dem Protokoll zum Madrider Markenabkommen; Gemeinschaftsmarken

## Vorbemerkung zu den §§ 107 bis 125 h

1   Teil 5 des MarkenG (§§ 107 bis 125 h) enthält Regelungen für die *internationale Registrierung von Marken* nach dem Madrider Markenabkommen (MMA) und nach dem Protokoll zum Madrider Markenabkommen (PMMA), sowie *Ausführungsvorschriften zur GMarkenV*.

2   Das MMA und das PMMA ermöglichen dem Inhaber einer im Ursprungsland eingetragenen Marke (Basismarke, Ursprungsmarke), durch eine einzige Registrierung beim Internationalen Büro der WIPO in Genf in jedem Markenverbandsstaat den gleichen Schutz zu erlangen, wie wenn die Marke dort unmittelbar hinterlegt worden wäre (Art. 4 MMA; 4 PMMA). Die §§ 107 bis 125 enthalten die notwendigen Vorschriften für die Durchführung des MMA (Abschnitt 1) und des PMMA (Abschnitt 2) in der Bundesrepublik Deutschland. Sie fassen im wesentlichen die Regelungen zusammen, die bisher in den §§ 2 bis 4 Beitrittsgesetz zum MMA vom 12. Juli 1922 (RGBl. II S. 669) und in der Verordnung über die internationale Registrierung von Fabrik- oder Handelsmarken (IntRegVO) vom 5. September 1968 (BGBl. I S. 1001) enthalten waren. Die Vorschriften des Beitrittsgesetzes und der IntRegVO sind durch das MRRG aufgehoben worden (Art. 15 und 48 Nr. 3 MRRG). In Ergänzung des MarkenG sind weitere Einzelheiten zu den internationalen Registrierungen in Abschnitt 10 von Teil 5 (§§ 49 bis 53) der MarkenV geregelt.

3   Die §§ 125 a bis 125 h koordinieren das durch die GMarkenV geschaffene Rechtssystem der Gemeinschaftsmarken mit dem nationalen Markenrecht, namentlich das Verhältnis des durch eine Gemeinschaftsmarke erlangten Schutzes zum nationalen Markenrecht und die nationale Durchsetzung der Rechte aus der Gemeinschaftsmarke.

## Abschnitt 1. Schutz von Marken nach dem Madrider Markenabkommen

### Vorbemerkung zu den §§ 107 bis 118

1   Abschnitt 1 (§§ 107 bis 118) enthält die für die *innerstaatliche Umsetzung des MMA* erforderlichen Regelungen. Nach der Vorschrift des § 107 sind die Vorschriften des MarkenG auf die internationale Registrierung von Marken entsprechend anzuwenden. Die §§ 108 bis 111 enthalten die notwendigen Bestimmungen für die internationale Registrierung von Marken auf der Grundlage einer im Register des DPMA eingetragenen Marke (deutsche Basismarke). Sie regeln die Antragstellung beim DPMA (§ 108), die Gebührenpflicht (§§ 109, 111), sowie die Registereintragungen (§ 110). Die §§ 112 bis 118 enthalten die notwendigen Bestimmungen über die auf das Gebiet der Bundesrepublik Deutschland erstreckten international registrierten Marken, die auf einer Eintragung in einem anderen Mitgliedsland beruhen. Die Rechtsstellung des Inhabers einer IR-Marke bestimmt sich in der Bundesrepublik Deutschland nach deutschem Markenrecht. Der Rechtsinhaber genießt in demselben Umfang Markenschutz, den das deutsche MarkenG einer im inländischen Register eingetragenen Marke gewährt (§ 112, Art. 4 MMA). Insbesondere kann gegen die Schutzgewährung für die IR-Marke Widerspruch und Klage erhoben werden; umgekehrt kann der Inhaber der IR-Marke Widerspruch gegen Eintragungen im Markenregister erheben und Verletzungsansprüche geltend machen. Besonderheiten ergeben sich daraus, daß IR-Marken nur in das internationale Markenregister der WIPO und nicht in das deutsche Markenregister eingetragen werden und auch nicht im Markenblatt bekanntgemacht werden, sondern nur in dem von der WIPO herausgegebenen Blatt *Les Marques internationales* (§ 53 MarkenV; Merkblatt MMA Nr. 16; s. § 107, Rn 1). Deshalb sind etwa besondere

Regelungen für den Beginn der Widerspruchsfrist nach § 42 und für die Berechnung der Benutzungsfrist nach § 26 notwendig.

**Anwendung der Vorschriften dieses Gesetzes**

**107** Die Vorschriften dieses Gesetzes sind auf internationale Registrierungen von Marken nach dem Madrider Abkommen über die internationale Registrierung von Marken (Madrider Markenabkommen), die durch Vermittlung des Patentamts vorgenommen werden oder deren Schutz sich auf das Gebiet der Bundesrepublik Deutschland erstreckt, entsprechend anzuwenden, soweit in diesem Abschnitt oder im Madrider Markenabkommen nichts anderes bestimmt ist.

### Inhaltsübersicht

|  | Rn |
|---|---|
| A. Anwendung des MarkenG | 1 |
| B. Frühere Rechtslage | 2 |

### A. Anwendung des MarkenG

Nach § 107 sind die Vorschriften des MarkenG auf die *internationalen Registrierungen von* **1** *Marken nach dem MMA*, soweit diese die Bundesrepublik Deutschland betreffen, entsprechend anzuwenden, wenn nicht in den §§ 108 bis 118 oder im MMA etwas anderes bestimmt ist. International registrierte Marken betreffen die Bundesrepublik Deutschland zum einen dann, wenn die internationale Registrierung der Marke auf der Grundlage einer im Register des DPMA eingetragenen Marke (deutsche Basismarke) beruht (§§ 108 bis 111), und zum anderen dann, wenn es sich um eine international registrierte Marke handelt, deren Schutz sich auf das Gebiet der Bundesrepublik Deutschland erstreckt (§§ 112 bis 118). Besonderheiten können sich etwa daraus ergeben, daß IR-Marken nur in das internationale und nicht in das deutsche Markenregister eingetragen und auch nicht im Markenblatt bekanntgemacht, sondern in dem von der WIPO herausgegebenen Blatt *Les Marques internationales* veröffentlicht werden (§ 53 Abs. 1 MarkenV; Merkblatt MMA Nr. 16). Da das DPMA zur Führung eines *IR-Markenregisters* nicht verpflichtet ist und die Weiterführung und Aktualisierung des bisherigen IR-Markenregisters im DPMA einen unverhältnismäßigen Verwaltungsaufwand voraussetzt, wurde das IR-Markenregister zum 1. Juli 1998 geschlossen (Mitteilung Nr. 10/98 des Präsidenten des DPA vom 26. Juni 1998, BlPMZ 1998, 289). Auskünfte aus dem IR-Markenregister werden nicht mehr erteilt, beglaubigte Auszüge aus dem IR-Markenregister können nicht mehr beantragt werden. Entsprechende Auskünfte werden nur noch über die Auskunftsstelle des DPMA erteilt.

### B. Frühere Rechtslage

Die Regelung des § 107 hatte eine teilweise Entsprechung in § 3 des Beitrittsgesetzes **2** zum MMA von 1922, sowie in § 1 IntRegVO, die durch Art. 15 und 48 Nr. 3 MRRG aufgehoben wurden (s. Vorb §§ 107–125h, Rn 2).

**Antrag auf internationale Registrierung**

**108** (1) **Der Antrag auf internationale Registrierung einer in das Register eingetragenen Marke nach Artikel 3 des Madrider Markenabkommens ist beim Patentamt zu stellen.**

(2) **Wird der Antrag auf internationale Registrierung vor der Eintragung der Marke in das Register gestellt, so gilt er als am Tag der Eintragung der Marke zugegangen.**

(3) ¹**Dem Antrag ist eine Übersetzung des Verzeichnisses der Waren oder Dienstleistungen in der für die internationale Registrierung vorgeschriebenen Sprache beizufügen.** ²**Das Verzeichnis soll in der Reihenfolge der Klassen der internationalen Klassifikation von Waren und Dienstleistungen gruppiert sein.**

**Inhaltsübersicht**

|   | Rn |
|---|---|
| A. Antragstellung beim DPMA (§ 108 Abs. 1) | 1 |
| B. Antragstellung vor Eintragung der Basismarke (§ 108 Abs. 2) | 2 |
| C. Übersetzung des Waren- und Dienstleistungsverzeichnisses (§ 108 Abs. 3) | 3 |

## A. Antragstellung beim DPMA (§ 108 Abs. 1)

1  § 108 enthält besondere Bestimmungen für den *Antrag auf die internationale Registrierung* einer im Register des DPMA eingetragenen Marke (deutsche Basismarke). Die internationale Registrierung einer Marke beim Internationalen Büro in Genf erfolgt durch Vermittlung der Behörde des Ursprungslandes (Art. 3 Abs. 1; 1 Abs. 2 MMA). Das Registrierungsgesuch richtet sich an das Internationale Büro, ist jedoch bei der jeweiligen nationalen Behörde einzureichen (s. Art. 3 MMA, Rn 1 f.). In der Bundesrepublik Deutschland ist der Antrag auf internationale Registrierung beim DPMA einzureichen (§ 108 Abs. 1). Der Tag, an dem die Antragstellung auf internationale Registrierung beim DPMA erfolgt, ist rechtlich deshalb von Bedeutung, weil er nach Art. 3 Abs. 4 MMA als der Tag der internationalen Registrierung gilt, wenn der Eintragungsantrag innerhalb von zwei Monaten nach dem Zugang des Antrags beim DPMA dem internationalen Büro der WIPO in Genf zugeleitet wird.

## B. Antragstellung vor Eintragung der Basismarke (§ 108 Abs. 2)

2  Nach § 108 Abs. 2 kann der Antrag auf internationale Registrierung auch schon *vor der Eintragung der deutschen Basismarke* gestellt werden. In diesem Fall gilt das Registrierungsgesuch als am Tag der Eintragung zugegangen. Die Fiktion der Antragstellung am Eintragungstag hat Bedeutung für die Priorität der IR-Marke (s. dazu Art. 4 MMA, Rn 3 f.). Nach Art. 4 Abs. 2 MMA iVm Art. 4 PVÜ erhält die IR-Marke die Priorität der Ursprungsmarke, wenn die internationale Registrierung innerhalb von sechs Monaten nach der Heimatanmeldung erfolgt. Andernfalls ist das Datum der internationalen Registrierung für den Zeitrang maßgeblich (Art. 4 Abs. 1 MMA, §§ 112, 6 Abs. 2). Die *Priorität der IR-Marke* hängt entscheidend vom *Registrierungsdatum* ab. Dieses entspricht nicht dem Datum der tatsächlichen Registrierung, sondern bestimmt sich grundsätzlich nach dem Datum des Eingangs des Registrierungsgesuchs beim Internationalen Büro. Übermittelt das DPMA das Registrierungsgesuch allerdings innerhalb von zwei Monaten nach der Antragstellung an das Internationale Büro, dann erhält die internationale Registrierung als Registrierungsdatum das Eingangsdatum des Gesuchs beim DPMA (Art. 3 Abs. 4 MMA; zum Registrierungsdatum s. Art. 3 MMA, Rn 6) und damit regelmäßig einen besseren Zeitrang. Da die internationale Registrierung von Marken nach dem MMA die Eintragung der Basismarke voraussetzt, wird das DPMA, das die Übereinstimmung des Gesuchs mit der Eintragung im Markenregister prüfen und bestätigen muß, ein vor der Eintragung eingereichtes Gesuch ohne die Zugangsfiktion des § 108 Abs. 2 regelmäßig nicht innerhalb der Zweimonatsfrist an das Internationale Büro weiterleiten können. So aber beginnt die Zweimonatsfrist des Art. 3 Abs. 4 MMA erst mit der Eintragung der Basismarke.

## C. Übersetzung des Waren- und Dienstleistungsverzeichnisses (§ 108 Abs. 3)

3  Nach § 108 Abs. 3 ist der Antragsteller verpflichtet, bei dem Antrag auf internationale Registrierung das *Verzeichnis der Waren und Dienstleistungen*, für die die deutsche Basismarke eingetragen ist, in die *französische Sprache* zu übersetzen (§ 49 Abs. 2 MarkenV; Regel 6 Abs. 1 lit. a AusfO MMA/PMMA). Das entsprach ohne ausdrückliche Regelung der Praxis vor Inkrafttreten des MarkenG. Nach § 108 Abs. 3 S. 2 soll das Verzeichnis in der Reihenfolge der Klassen der internationalen Klassifikation nach der Alphabetischen Liste der Waren

Gebühren **1 § 109 MarkenG**

und Dienstleistungen nach dem Nizzaer Abkommen (Internationale Klassifikation von Waren und Dienstleistungen für die Eintragung von Marken (Klassifikation von Nizza), Teil I, Deutsch/Englisch/Französische Liste von Waren und Dienstleistungen in alphabetischer Reihenfolge; Teil II, Deutsch/Französische Liste von Waren und Dienstleistungen in einer nach Klassen geordneten alphabetischen Reihenfolge, 7. Auflage, 1997, WIPO Veröffentlichungen Nr. 500.1 (G/E/F) und Nr. 500.2 (G/F)) gruppiert werden. Die Sollvorschrift ist als eine Mußvorschrift zu lesen, denn nach Regel 9 Abs. 4 Ziff. xiii AusfO MMA/PMMA müssen die Waren und Dienstleistungen, für die der Schutz der Marke beansprucht wird, nach den Klassen der internationalen Klassifikation gruppiert werden; das DPMA nimmt die Gruppierung nicht vor. Sind die Waren und Dienstleistungen nicht vorschriftsmäßig klassifiziert oder nach Klassen gruppiert worden, so wird das Registrierungsgesuch gleichwohl nicht zurückgewiesen. In diesem Fall nimmt das Internationale Büro die Klassifizierung vor und erhebt hierfür eine Gebühr von 77 sfr. zuzüglich 4 sfr. für jeden den zwanzigsten Begriff übersteigenden Begriff (Regel 12 AusfO MMA/PMMA; Nr. 4.1 GebVerz zu Regel 10 AusfO MMA/PMMA). Die vom Markeninhaber vorgenommene Klassifizierung wird vom Internationalen Büro im Einvernehmen mit dem DPMA geprüft (Art. 3 Abs. 2 MMA). Ist eine Umklassifizierung notwendig, so erhebt das Internationale Büro eine zusätzliche Gebühr von 20 sfr. zuzüglich 4 sfr. für jeden unzutreffend klassifizierten Begriff, wenn mehr als 32 Begriffe Gegenstand der Umklassifizierung sind (Nr. 4.2 GebVerz zu Regel 10 AusfO MMA/PMMA).

### Gebühren

**109** (1) ¹Mit dem Antrag auf internationale Registrierung ist eine nationale Gebühr nach dem Tarif zu zahlen. ²Ist der Antrag auf internationale Registrierung vor der Eintragung der Marke in das Register gestellt worden, so wird die Gebühr am Tag der Eintragung fällig. ³Wird die Gebühr nicht gezahlt, so gilt der Antrag als nicht gestellt.

(2) **Die nach Artikel 8 Abs. 2 des Madrider Markenabkommens zu zahlenden internationalen Gebühren sind unmittelbar an das Internationale Büro der Weltorganisation für geistiges Eigentum zu zahlen.**

### Inhaltsübersicht

|   | Rn |
|---|---|
| A. Nationale Gebühren (§ 109 Abs. 1) | 1–3 |
| I. Grundsatz | 1 |
| II. Fälligkeit | 2 |
| III. Folgen der Nichtzahlung | 3 |
| B. Internationale Gebühren (§ 109 Abs. 2) | 4 |
| C. Frühere Rechtslage | 5 |

## A. Nationale Gebühren (§ 109 Abs. 1)

### I. Grundsatz

Mit der Regelung des § 109 Abs. 1 macht die Bundesrepublik Deutschland von der Ermächtigung des Art. 8 Abs. 1 MMA Gebrauch, für den *Antrag auf internationale Registrierung* einer Marke eine *nationale Gebühr* zu erheben (s. Art. 8 MMA, Rn 1 ff.). Die Gebühr ist eine *Verfahrensgebühr*, die zur Deckung der Verfahrenskosten bestimmt ist. Die Höhe der Gebühr ergibt sich aus dem PatGebG. Die Gebühr beträgt derzeit 300 DM (Nr. 134 100 GebVerz zu § 1 PatGebG). Die Gebühren sollen möglichst durch die Verwendung von Gebührenmarken des DPMA entrichtet werden. Sie können aber auch durch Barzahlung, Scheck, Überweisung, Einzahlung auf ein Konto des DPMA oder durch die Erteilung eines Abbuchungsauftrags an die Zahlstelle des DPMA entrichtet werden (s. Merkblatt MMA Nr. 6; §§ 1, 2 PatGebZV).

1

## II. Fälligkeit

**2** Die Gebühr ist grundsätzlich bei der Antragstellung zu zahlen. Sie ist daher mit dem Eingang des Registrierungsgesuchs beim DPMA fällig. Ist die Marke bei Einreichung des Antrags auf internationale Registrierung noch nicht in das Markenregister eingetragen, dann wird die Gebühr erst mit der Eintragung fällig (Abs. 1 S. 2). Als Verfahrensgebühr verfällt die Gebühr mit der Fälligkeit; sie kann bei Rücknahme des Registrierungsgesuchs weder ganz noch teilweise erstattet werden, da eine Rückzahlung aus Billigkeitsgründen nicht vorgesehen ist. Eine Rückzahlung der Gebühr ist daher nur möglich, wenn die Rücknahmeerklärung vor oder gleichzeitig mit dem Registrierungsgesuch eingeht oder wenn das Gesuch im Zeitpunkt der Zahlung bereits zurückgenommen war.

## III. Folgen der Nichtzahlung

**3** Wird die Gebühr nicht gezahlt, dann gilt der Antrag auf internationale Registrierung als nicht gestellt (Abs. 1 S. 3). Anders als bei nationalen Markenanmeldungen nach § 36 Abs. 3 wird dem Antragsteller in diesem Fall *keine Nachfrist zur Zahlung* gesetzt. Dies ergibt sich zum einen aus dem Wortlaut des § 109, dessen Formulierung von § 36 Abs. 3 abweicht; zum anderen folgt es aus einem Umkehrschluß zu § 125 Abs. 2 S. 3, der ebenfalls die Folgen einer Nichtzahlung regelt und insoweit ausdrücklich auf § 36 Abs. 3 verweist. Die Vorschrift des § 109 Abs. 1 S. 3 wird dahin zu verstehen sein, daß der Antrag dann als nicht gestellt gilt, wenn die Gebühr nicht zugleich im Zeitpunkt der Antragstellung gezahlt wird. Die Nachzahlung der Gebühr zu einem späteren Zeitpunkt begründet nicht rückwirkend die Rechtswirkungen der Antragstellung. Der Antragsteller ist gehalten, einen neuen Antrag auf internationale Registrierung zu stellen, den er mit der Gebührenzahlung verbindet. Die Priorität der IR-Marke bestimmt sich nach dem Datum des erneuten Registrierungsgesuchs (zur Priorität von IR-Marken s. Art. 4 MMA, Rn 3 f.). *Die Praxis des DPMA ist anders.* Wenn der Antragsteller die Gebühr nicht zahlt, fordert das DPMA ihn zur Zahlung auf. Kommt der Antragsteller dieser Zahlungsaufforderung nach, leitet das DPMA das Registrierungsgesuch trotz der Verspätung weiter an das Internationale Büro; die Priorität des Gesuchs bleibt also gewahrt. Die abweichende Praxis des DPMA beruht vor allem darauf, daß viele Antragsteller Schwierigkeiten haben zu verstehen, daß und warum sie neben den internationalen Gebühren auch noch eine nationale Gebühr zahlen müssen.

## B. Internationale Gebühren (§ 109 Abs. 2)

**4** § 109 Abs. 2 bestimmt, daß die nach Art. 8 Abs. 2 MMA zu entrichtenden *internationalen Gebühren* unmittelbar an das Internationale Büro und nicht an das DPMA zu zahlen sind. Die internationale Gebühr besteht aus einer *Grundgebühr*, aus *Klassengebühren* und aus *Ländergebühren*. Sie setzt sich im einzelnen zusammen aus einer Grundgebühr von 653 sfr., wenn keine der Wiedergaben der Marke in Farbe ist, bzw 903 sfr. bei farbigen Wiedergaben, einer Zusatzgebühr von 73 sfr. für jede die dritte Klasse übersteigende Klasse der Waren und Dienstleistungen und einer Ergänzungsgebühr von 73 sfr. für jedes Verbandsland, für das der Schutz beansprucht wird (s. im einzelnen Art. 8 MMA, Rn 2 ff.; Nr. 1 GebVerz zu Regel 10 AusfO MMA/PMMA; Regeln 34 und 35 AusfO MMA/PMMA).

## C. Frühere Rechtslage

**5** Die Regelung des § 109 Abs. 1 S. 1 und 2 entspricht § 3 Abs. 2 IntRegVO; die Regelung des § 109 Abs. 2 entspricht § 3 Abs. 1 IntRegVO. Die IntRegVO ist nach Art. 48 Nr. 3 MRRG aufgehoben worden (s. Vorb §§ 107–125 h, Rn 2).

## Eintragung im Register

**110** Der Tag und die Nummer der internationalen Registrierung einer im Register eingetragenen Marke sind in das Register einzutragen.

### Inhaltsübersicht

| | Rn |
|---|---|
| A. Regelungsübersicht | 1 |
| B. Frühere Rechtslage | 2 |

### A. Regelungsübersicht

Nach § 110 werden der *Tag* und die *Nummer der internationalen Registrierung* einer deutschen Marke in das Markenregister eingetragen. Die Eintragung wird nach den §§ 21 Abs. 1 iVm 18 Nr. 32 MarkenV nicht veröffentlicht. Der Vermerk ist dennoch wichtig, da das DPMA nach Art. 9 MMA verpflichtet ist, jede Rechtsänderung hinsichtlich der Ursprungsmarke, die den Schutz aus der internationalen Registrierung berührt, mitzuteilen (s. Art. 9 MMA, Rn 1 ff.).  1

### B. Frühere Rechtslage

Die Regelung des § 110 entspricht § 4 S. 2 IntRegVO, die nach Art. 48 Nr. 3 MRRG aufgehoben worden ist (s. Vorb §§ 107–125 h, Rn 2).  2

## Nachträgliche Schutzerstreckung

**111** (1) ¹Wird ein Antrag auf nachträgliche Schutzerstreckung einer international registrierten Marke nach Artikel 3$^{ter}$ Abs. 2 des Madrider Markenabkommens beim Patentamt gestellt, so ist mit dem Antrag eine nationale Gebühr nach dem Tarif zu zahlen. ²Wird die Gebühr nicht gezahlt, so gilt der Antrag als nicht gestellt.

(2) § 109 Abs. 2 gilt entsprechend.

### Inhaltsübersicht

| | Rn |
|---|---|
| A. Nationale Gebühr (§ 111 Abs. 1) | 1–3 |
|    I. Grundsatz | 1 |
|    II. Fälligkeit | 2 |
|    III. Folgen der Nichtzahlung | 3 |
| B. Internationale Gebühren (§ 111 Abs. 2) | 4 |
| C. Frühere Rechtslage | 5 |

### A. Nationale Gebühr (§ 111 Abs. 1)

#### I. Grundsatz

§ 111 regelt die *Gebühren für Anträge auf nachträgliche Schutzerstreckung* nach Art. 3$^{ter}$ Abs. 2 MMA. Nach Art. 3$^{bis}$ Abs. 1 iVm 3$^{ter}$ Abs. 1 MMA erstreckt sich der Schutz aus der internationalen Registrierung der Marke nur auf die Mitgliedstaaten, für die der Schutz beantragt worden ist. Das Schutzausdehnungsgesuch kann für einzelne Markenverbandsstaaten nach Art. 3$^{ter}$ Abs. 2 MMA auch noch nach der internationalen Registrierung gestellt werden, und zwar durch Vermittlung der Behörde des Ursprungslandes (s. Art. 3$^{ter}$ MMA, Rn 1). Für einen solchen Antrag sieht § 111 ebenso wie beim Antragsverfahren nach § 108 die Zahlung einer *nationalen Gebühr* vor. Die Gebühr ist eine *Verfahrensgebühr*, die zur Deckung der durch die Bearbeitung des Gesuchs entstehenden Kosten bestimmt ist. Die Gebühr beträgt 200 DM (Nr. 134 400 GebVerz zu § 1 PatGebG; Merkblatt MMA Nr. 13 Abs. 7). Die Gebühren sollen möglichst durch die Verwendung von Gebührenmarken des DPMA ent-  1

**MarkenG § 112**            Wirkung der internationalen Registrierung

richtet werden. Sie können aber auch durch Barzahlung, Scheck, Überweisung, Einzahlung auf ein Konto des DPMA oder durch die Erteilung eines Abbuchungsauftrags an die Zahlstelle des DPMA entrichtet werden (s. Merkblatt MMA Nr. 6; §§ 1, 2 PatGebZV).

### II. Fälligkeit

2    Die Gebühr ist grundsätzlich bei der Antragstellung zu zahlen. Sie ist daher mit dem Eingang des Schutzausdehnungsgesuchs beim DPMA fällig. Als Verfahrensgebühr verfällt die Gebühr mit der Fälligkeit; sie kann bei Rücknahme des Schutzausdehnungsgesuchs weder ganz noch teilweise erstattet werden, da eine Rückzahlung aus Billigkeitsgründen nicht vorgesehen ist. Eine Rückzahlung der Gebühr ist daher nur möglich, wenn die Rücknahmeerklärung vor oder gleichzeitig mit dem Schutzausdehnungsgesuch eingeht oder wenn das Gesuch im Zeitpunkt der Zahlung bereits zurückgenommen war.

### III. Folgen der Nichtzahlung

3    Wird die Gebühr nicht gezahlt, dann gilt der Antrag auf nachträgliche Schutzerstreckung als nicht gestellt (Abs. 1 S. 2; zur Bedeutung dieser Regelung s. § 109, Rn 3).

### B. Internationale Gebühren (§ 111 Abs. 2)

4    Die nach Art. 8 Abs. 2 lit. c MMA zu entrichtenden *internationalen Gebühren* sind unmittelbar an das Internationale Büro in Genf zu zahlen (§ 111 Abs. 2 iVm § 109 Abs. 2; Regel 34 AusfO MMA/PMMA). Die internationale Gebühr für nachträgliche Schutzausdehnungsgesuche beträgt 300 sfr. zuzüglich einer Ergänzungsgebühr von 73 sfr. je Land, für das der Schutz nachgesucht wird (Nr. 5 GebVerz zu Regel 10 AusfO MMA/PMMA; zu den internationalen Gebühren s. Art. 8 MMA, Rn 2 ff.).

### C. Frühere Rechtslage

5    Die IntRegVO enthielt keine dem § 111 Abs. 1 entsprechende Regelung; das DPMA hat vielmehr bis zur Einführung des § 111 für Anträge auf nachträgliche Schutzerstreckung keine nationale Gebühr erhoben. Die Gebühr wurde eingeführt, da auch die Bearbeitung dieser Anträge für das DPMA einen nicht unerheblichen Aufwand mit sich bringe (Begründung zum MarkenG, BT-Drucks. 12/6581 vom 14. Januar 1994, S. 112).

---

**Wirkung der internationalen Registrierung**

**112**  (1) Die internationale Registrierung einer Marke, deren Schutz nach Artikel 3$^{ter}$ des Madrider Markenabkommens auf das Gebiet der Bundesrepublik Deutschland erstreckt worden ist, hat dieselbe Wirkung, wie wenn die Marke am Tag der internationalen Registrierung nach Artikel 3 Abs. 4 des Madrider Markenabkommens oder am Tag der Eintragung der nachträglichen Schutzerstreckung nach Artikel 3$^{ter}$ Abs. 2 des Madrider Markenabkommens zur Eintragung in das vom Patentamt geführte Register angemeldet und eingetragen worden wäre.

(2) Die in Absatz 1 bezeichnete Wirkung gilt als nicht eingetreten, wenn der international registrierten Marke nach den §§ 113 bis 115 der Schutz verweigert wird.

**Inhaltsübersicht**

|  | Rn |
|---|---|
| A. Regelungsinhalt | 1, 2 |
| B. Frühere Rechtslage | 3 |

## A. Regelungsinhalt

§ 112 regelt die *Wirkung einer internationalen Registrierung*, die sich auf das Gebiet der Bundesrepublik Deutschland erstreckt. Inhalt und Umfang des Schutzes einer IR-Marke bestimmen sich gemäß Art. 4 MMA nach dem nationalen Recht der einzelnen Markenverbandsstaaten. In der Bundesrepublik Deutschland bestimmt sich die Rechtsstellung des Inhabers einer IR-Marke nach dem MarkenG. Der Rechtsinhaber genießt in demselben Umfang Schutz, den das MarkenG einer im inländischen Register eingetragenen Marke gewährt (BGHZ 18, 1 – Hückel; BGH GRUR Int 1967, 396 – Napoléon II; 1969, 48 – Alcacyl; s. § 116, Rn 1; Art. 4 MMA, Rn 1 f.). Dem entspricht die Regelung des § 112. Einer nach den Art. 3$^{ter}$ Abs. 1 und 2 MMA auf die Bundesrepublik Deutschland erstreckten IR-Marke kommt in der Bundesrepublik Deutschland, vorbehaltlich einer Schutzversagung nach den §§ 113 bis 115, dieselbe Wirkung zu, als sei die Marke am Tag der internationalen Registrierung zur Eintragung in das Markenregister des DPMA angemeldet und eingetragen worden.  **1**

Wird einer IR-Marke nach den §§ 113 bis 115 der Schutz für die Bundesrepublik Deutschland verweigert, dann entfällt die Wirkung der internationalen Registrierung rückwirkend; sie gilt als nicht eingetreten (Abs. 2). In diesem Fall können aus der IR-Marke in der Bundesrepublik Deutschland keine Rechte geltend gemacht werden.  **2**

## B. Frühere Rechtslage

Die Regelung des § 112 entspricht § 7 IntRegVO, die nach Art. 48 Nr. 3 MRRG aufgehoben worden ist (s. Vorb §§ 107–125h, Rn 2). Nach § 7 Abs. 1 S. 2 IntRegVO erlangten die zur Zeit des Beitritts des Deutschen Reiches zum MMA am 1. Dezember 1922 international registrierten Marken mit dem Tag der Sammelanzeige nach Art. 11 MMA frühere Fassungen in Deutschland Schutz. Diese Wirkung bleibt weiterhin bestehen, auch wenn die IntRegVO nach Art. 48 Nr. 3 MRRG aufgehoben wurde (s. Begründung zum MarkenG, BT-Drucks. 12/6581 vom 14. Januar 1994, S. 113).  **3**

**Prüfung auf absolute Schutzhindernisse**

**113** (1) $^1$International registrierte Marken werden in gleicher Weise wie zur Eintragung in das Register angemeldete Marken nach § 37 auf absolute Schutzhindernisse geprüft. $^2$§ 37 Abs. 2 ist nicht anzuwenden.

(2) **An die Stelle der Zurückweisung der Anmeldung (§ 37 Abs. 1) tritt die Verweigerung des Schutzes.**

### Inhaltsübersicht

| | Rn |
|---|---|
| A. Prüfung der Eintragbarkeit von IR-Marken | 1–3 |
|    I. Umfang der Prüfung | 1, 2 |
|    II. Schutzverweigerung | 3 |
| B. Frühere Rechtslage | 4 |

### Entscheidungen zum MarkenG

**1. BPatGE 36, 19 – COSA NOSTRA**
Wird ein dem Internationalen Büro mitgeteilter Schutzverweigerungstatbestand später gesetzlich neu geregelt, so kommt eine Schutzverweigerung aufgrund der Nachfolgeregelung nur insoweit in Betracht, als sich diese mit der früheren Regelung deckt.

**2. BPatGE 36, 130 – PREMIERE II**
§ 113 Abs. 1 S. 2 verstößt nicht gegen den Grundsatz der Inländerbehandlung nach Art. 2 Abs. 1 PVÜ.

**3. BPatGE 36, 130 – PREMIERE II; BPatG GRUR 1996, 494 – PREMIERE III**
Bei der Schutzversagung für eine IR-Marke kann die Angabe eines Grundes die Schutzversagung wegen eines anderen Grundes rechtfertigen, wenn die beiden Gründe einander gleichgeachtet werden können.

## A. Prüfung der Eintragbarkeit von IR-Marken

### I. Umfang der Prüfung

**1** Mit der Regelung des § 113 Abs. 1 hat die Bundesrepublik Deutschland von der Ermächtigung des Art. 5 Abs. 1 MMA Gebrauch gemacht, *international registrierte Marken* im Rahmen der nationalen Gesetzgebung auf ihre *Schutzfähigkeit* zu überprüfen. Das DPMA prüft die international registrierten Marken nach den §§ 113 Abs. 1, 37 Abs. 1 auf die Schutzfähigkeit des Zeichens als Marke nach § 3, auf das Vorliegen von absoluten Schutzhindernissen nach § 8 und auf das Bestehen älterer notorisch bekannter Marken nach § 10, allerdings unter Beachtung der durch Art. 6$^{quinquies}$ PVÜ gezogenen Grenzen vorrangiger Prüfungsstandards der PVÜ (BPatGE 36, 19 – COSA NOSTRA). Die Schutzverweigerung ist nur aus den in Art. 6$^{quinquies}$ B Nr. 1 bis 3 PVÜ erschöpfend aufgezählten Versagungsgründen zulässig. Praktisch besteht kein Unterschied zum deutschen Recht (zum Schutzverweigerungsverfahren s. im einzelnen Art. 5 MMA, Rn 3ff., 10ff.).

**2** Nach § 113 Abs. 1 S. 2 ist § 37 Abs. 2 ausdrücklich von der Anwendung auf IR-Marken ausgenommen. Das beruht darauf, daß die Regelung des § 37 Abs. 2, wonach die erst nach dem Anmeldetag erworbene Verkehrsdurchsetzung einer Marke im Sinne von § 8 Abs. 3 im Eintragungsverfahren berücksichtigt werden kann, zu einer Verschiebung des Anmeldetages und damit der Priorität auf den Zeitpunkt des Wegfalls des Schutzhindernisses führt. Das MMA sieht eine derartige Verschiebung der Wirkung einer internationalen Registrierung nicht vor. Daher scheidet eine Anwendung des § 37 Abs. 2 auf IR-Marken aus. Das bedeutet, daß das DPMA nur prüft, ob der IR-Marke zum Zeitpunkt der internationalen Registrierung absolute Schutzhindernisse entgegenstehen. Ist das der Fall, wird der Marke der Schutz für die Bundesrepublik Deutschland versagt. Ein späterer *Wegfall des Schutzhindernisses* wird nicht mehr berücksichtigt. Diese Regelung verstößt nicht gegen den Grundsatz der Inländerbehandlung nach Art. 2 Abs. 1 PVÜ (s. dazu Art. 2 PVÜ, Rn 1; BPatGE 36, 130 – PREMIERE II), denn eine *Verschiebung des Zeitrangs* mit gegebenenfalls je nach Bestimmungsland unterschiedlicher Priorität ist nach dem von allen Vertragsstaaten des MMA verbindlich vereinbarten Verfahrenssystem *ausgeschlossen*. § 113 Abs. 1 S. 2 enthält somit lediglich eine klarstellende Regelung, die der Verpflichtung der Bundesrepublik Deutschland als Vertragsstaat des MMA Rechnung trägt. Der Inhaber einer IR-Marke ist dadurch in seinen Schutzmöglichkeiten auch nicht schlechter gestellt als der Inhaber einer inländischen Marke, denn er hat bei einem späteren Wegfall des Schutzhindernisses die Möglichkeit, ein nachträgliches Schutzausdehnungsgesuch für das Gebiet der Bundesrepublik Deutschland zu stellen (s. dazu Art. 3$^{ter}$ MMA, Rn 1).

### II. Schutzverweigerung

**3** Da IR-Marken nicht in das Markenregister eingetragen werden (§ 53 MarkenV), tritt nach § 113 Abs. 2 an die Stelle der Zurückweisung der Anmeldung die Verweigerung des Schutzes im Sinne des Art. 5 Abs. 1 MMA. Für die Geltendmachung der Schutzverweigerungsgründe ist die Jahresfrist des Art. 5 Abs. 2 MMA zu beachten (s. Art. 5 MMA, Rn 10ff.). Der Schutz kann nur aus solchen Gründen verweigert werden, die das DPMA dem Internationalen Büro fristgemäß mitgeteilt hat. Die Angabe eines Grundes kann ausnahmsweise die Schutzversagung wegen eines anderen Grundes rechtfertigen, wenn die beiden Gründe einander gleichgeachtet werden können (BPatGE 36, 130 – PREMIERE II; BPatG GRUR 1996, 494 – PREMIERE III; s. im einzelnen Art. 5 MMA, Rn 10). Wird ein dem Internationalen Büro innerhalb der Jahresfrist mitgeteilter Schutzverweigerungstatbestand später gesetzlich neu geregelt, dann kommt eine Schutzverweigerung aufgrund der Nachfolgeregelung nur insoweit in Betracht, als sich diese mit der früheren Regelung deckt. Soweit das MarkenG die im WZG enthaltenen Schutzverweigerungsgründe (Eintragungshindernisse) nicht nur neu formuliert, sondern erweitert hat, kann eine solche Änderung der Rechtslage wegen der vorrangigen Vorschriften des Art. 5 Abs. 2 und 5 MMA keine Berücksichtigung finden. Diese Vorschriften überlagern die Übergangsregelung des § 152

Widerspruch                                                            1–4   § 114 MarkenG

(BPatGE 36, 19 – COSA NOSTRA). Hat etwa das DPMA einer IR-Marke den Schutz nach § 4 Abs. 2 Nr. 4 WZG verweigert, so kann nach Inkrafttreten des MarkenG der Schutzverweigerungstatbestand des § 8 Abs. 2 Nr. 5 nur insoweit herangezogen werden, als er sich mit dem Verbot ärgerniserregender Darstellungen nach § 4 Abs. 2 Nr. 4 WZG deckt (BPatGE 36, 19 – COSA NOSTRA).

### B. Frühere Rechtslage

Die Regelung des § 113 Abs. 1 entspricht § 3 S. 1 BeitrittsG, der durch Art. 15 MRRG   **4**
aufgehoben worden ist (s. Vorb §§ 107–125 h, Rn 2).

**Widerspruch**

**114** (1) **An die Stelle der Veröffentlichung der Eintragung (§ 41) tritt für international registrierte Marken die Veröffentlichung in dem vom Internationalen Büro der Weltorganisation für geistiges Eigentum herausgegebenen Veröffentlichungsblatt.**

(2) **Die Frist zur Erhebung des Widerspruchs (§ 42 Abs. 1) gegen die Schutzgewährung für international registrierte Marken beginnt mit dem ersten Tag des Monats, der dem Monat folgt, der als Ausgabemonat des Heftes des Veröffentlichungsblattes angegeben ist, in dem die Veröffentlichung der international registrierten Marke enthalten ist.**

(3) **An die Stelle der Löschung der Eintragung (§ 43 Abs. 2) tritt die Verweigerung des Schutzes.**

#### Inhaltsübersicht

|  | Rn |
|---|---|
| A. Regelungsinhalt | 1–3 |
| B. Frühere Rechtslage | 4 |

### A. Regelungsinhalt

§ 114 enthält besondere Bestimmungen für den *Widerspruch gegen international registrierte*   **1**
*Marken*. Nach den §§ 107, 42 kann gegen IR-Marken, deren Schutz auf die Bundesrepublik Deutschland erstreckt worden ist, in gleicher Weise Widerspruch erhoben werden, wie gegen im Markenregister eingetragene Marken. Da IR-Marken nur in dem von der WIPO herausgegebenen Blatt *Les Marques internationales* veröffentlicht werden, bestimmt § 114 Abs. 1, daß diese Veröffentlichung an die Stelle der Veröffentlichung der Eintragung im Markenblatt (§ 41) tritt. Die Veröffentlichung einer internationalen Registrierung erfolgt regelmäßig im übernächsten Monat; wird die IR-Marke etwa im März registriert, ist die Veröffentlichung regelmäßig im Maiheft enthalten.

Nach § 114 Abs. 2 beginnt die dreimonatige *Widerspruchsfrist* (§ 42 Abs. 1) mit dem ersten   **2**
Tag des Monats, der dem Monat folgt, der der Ausgabemonat des die Veröffentlichung enthaltenden Heftes von *Les Marques internationales* ist; bei einer Veröffentlichung etwa im Mai läuft die Widerspruchsfrist vom 1. Juni bis 31. August. Der Ausgabemonat ist auf dem Titelblatt der Zeitschrift hervorgehoben.

Da IR-Marken nicht in das Markenregister eingetragen werden (§ 53 Abs. 1 MarkenV),   **3**
tritt nach § 114 Abs. 3 im Falle eines erfolgreichen Widerspruchs an die Stelle der Löschung der Eintragung (§ 43 Abs. 2) die Verweigerung des Schutzes. Die *Schutzverweigerung* wird dem Internationalen Büro in Genf mitgeteilt. Dieses trägt die Schutzverweigerung bei ordnungsgemäßer Mitteilung in das internationale Register ein und teilt die Schutzverweigerung sowohl dem Markeninhaber als auch der nationalen Behörde des Ursprungslandes der Marke mit (Art. 5 Abs. 3 MMA).

### B. Frühere Rechtslage

Die Regelungen des § 114 Abs. 1 und 2 entsprechen § 2 Abs. 1 und 2 IntRegVO, die   **4**
nach Art. 48 Nr. 3 MRRG aufgehoben worden ist (s. Vorb §§ 107–125 h, Rn 2).

## Nachträgliche Schutzentziehung

**115** (1) **An die Stelle des Antrags oder der Klage auf Löschung einer Marke wegen Verfalls (§ 49), wegen des Vorliegens absoluter Schutzhindernisse (§ 50) oder aufgrund eines älteren Rechts (§ 51) tritt für international registrierte Marken der Antrag oder die Klage auf Schutzentziehung.**

(2) **Wird ein Antrag auf Schutzentziehung nach § 49 Abs. 1 wegen mangelnder Benutzung gestellt, so tritt an die Stelle des Tages der Eintragung in das Register der Tag, an dem die Frist des Artikels 5 Abs. 2 des Madrider Markenabkommens abgelaufen ist, oder, falls bei Ablauf dieser Frist die in den §§ 113 und 114 genannten Verfahren noch nicht abgeschlossen sind, der Tag des Zugangs der abschließenden Mitteilung über die Schutzbewilligung beim Internationalen Büro der Weltorganisation für geistiges Eigentum.**

### Inhaltsübersicht

| | Rn |
|---|---|
| A. Regelungsinhalt | 1, 2 |
|     I. Schutzentziehung | 1 |
|     II. Berechnung der Benutzungsfrist | 2 |
| B. Frühere Rechtslage | 3 |

### Entscheidung zum MarkenG

**BGH GRUR 1995, 583 – MONTANA**
Berechnung des Beginns der Benutzungsfrist bei einem anhängigen Widerspruchsverfahren hinsichtlich des Eingangs eines Schutzbewilligungsschreibens beim Internationalen Büro nach dem normalen Ablauf der Dinge.

## A. Regelungsinhalt

### I. Schutzentziehung

1   Die Vorschrift des § 115 enthält nähere Bestimmungen über die *nachträgliche Entziehung des Schutzes einer IR-Marke* für die Bundesrepublik Deutschland wegen *Verfalls* (§ 49), wegen des Vorliegens *absoluter Schutzhindernisse* (§ 50) oder aufgrund eines *älteren Rechts* (§ 51). Eine solche nachträgliche Schutzentziehung ist nach Art. 5 Abs. 6 MMA zulässig. Nach § 115 Abs. 1 tritt die Schutzentziehung an die Stelle der Löschung.

### II. Berechnung der Benutzungsfrist

2   § 115 Abs. 2 enthält besondere Bestimmungen für die *Berechnung der fünfjährigen Benutzungsfrist* bei einem Antrag oder einer Klage auf Schutzentziehung wegen Verfalls der Marke aufgrund mangelnder Benutzung. Während für Marken, die im Register des DPMA eingetragen sind, die fünfjährige Benutzungsfrist grundsätzlich von dem Tag der Eintragung an oder, wenn Widerspruch erhoben wird, von dem Abschluß des Widerspruchsverfahrens an (§ 26 Abs. 5) zu laufen beginnt (s. § 25 Rn 9 ff.) scheidet der Eintragungstag oder der Tag des Abschlusses des Widerspruchsverfahrens als Fristbeginn bei der Berechnung der Benutzungsfrist für IR-Marken aus, da diese nicht in das vom DPMA geführte Markenregister eingetragen werden (§ 53 Abs. 1 MarkenV). Nach § 115 Abs. 2 beginnt die Frist grundsätzlich mit dem *Ablauf der einjährigen Ausschlußfrist* des Art. 5 Abs. 2 MMA, die vom Datum der tatsächlichen Registrierung an zu laufen beginnt (s. Art. 5 MMA, Rn 10). Sind zu diesem Zeitpunkt die Prüfungsverfahren über die Schutzgewährung nach den §§ 113 (Geltendmachung absoluter Schutzhindernisse) und 114 (Erhebung von Widersprüchen) noch nicht beendet, dann beginnt die fünfjährige Benutzungsfrist am *Tag des Zugangs der abschließenden Mitteilung über die Schutzgewährung* beim Internationalen Büro in Genf. Als maßgeblich wird die abschließende Mitteilung über die Schutzbewilligung deshalb angesehen, um bei etwa bestehenden Unklarheiten oder Meinungsverschiedenheiten zwischen dem Internationalen

Büro oder dem DPMA erst der endgültigen, das Verfahren abschließenden Mitteilung die entscheidende Wirkung für den Beginn der fünfjährigen Benutzungsfrist zukommen zu lassen (s. Begründung zum MarkenG, BT-Drucks. 12/6581 vom 14. Januar 1994, S. 114; zur Berechnung des Beginns der Benutzungsfrist bei einem anhängigen Widerspruchsverfahren hinsichtlich des Eingangs eines Schutzbewilligungsschreibens beim Internationalen Büro nach dem normalen Ablauf der Dinge s. BGH GRUR 1995, 583, 584 – MONTANA).

## B. Frühere Rechtslage

Die Regelung des § 115 entspricht den §§ 10, 2 Abs. 3 und 4 IntRegVO, die durch Art. 48 Nr. 3 MRRG aufgehoben worden ist (s. Vorb §§ 107–125 h, Rn 2). Allerdings stellte § 2 Abs. 3 IntRegVO für den Fristbeginn nur auf die Zustellung der Mitteilung der Schutzgewährung ab, ohne zu regeln, ob die Zustellung der Schutzbewilligung an den Markeninhaber maßgeblich sein sollte. Diese Rechtsfrage ist in § 115 Abs. 2 ausdrücklich dahin geregelt, daß an den Tag des Zugangs der Mitteilung über die Schutzgewährung beim Internationalen Büro anzuknüpfen ist. **3**

**Widerspruch und Antrag auf Löschung aufgrund einer international registrierten Marke**

**116** (1) Wird aufgrund einer international registrierten Marke Widerspruch gegen die Eintragung einer Marke erhoben, so ist § 43 Abs. 1 mit der Maßgabe anzuwenden, daß an die Stelle des Tages der Eintragung der in § 115 Abs. 2 bezeichnete Tag tritt.

(2) Wird aufgrund einer international registrierten Marke eine Klage auf Löschung einer eingetragenen Marke nach § 51 erhoben, so ist § 55 Abs. 3 mit der Maßgabe anzuwenden, daß an die Stelle des Tages der Eintragung der in § 115 Abs. 2 bezeichnete Tag tritt.

### Inhaltsübersicht

|  | Rn |
|---|---|
| A. Regelungsinhalt | 1 |
| B. Frühere Rechtslage | 2 |

### Entscheidung zum MarkenG

**BGH GRUR 1995, 583 – MONTANA**
Berechnung des Beginns der Benutzungsfrist bei einem anhängigen Widerspruchsverfahren hinsichtlich des Eingangs eines Schutzbewilligungsschreibens beim Internationalen Büro nach dem normalen Ablauf der Dinge.

### A. Regelungsinhalt

§ 116 enthält besondere Regelungen für den *Widerspruch* und die *Klage auf Löschung aufgrund einer IR-Marke*, deren Schutz auf die Bundesrepublik Deutschland erstreckt worden ist und die nach § 112 Abs. 1 dieselbe Wirkung wie eine eingetragene Marke hat. Nach Art. 4 Abs. 1 MMA bestimmen sich Inhalt und Umfang des Schutzes der IR-Marke nach dem nationalen Recht der einzelnen Markenverbandsstaaten des MMA. In der Bundesrepublik Deutschland bestimmt sich die Rechtsstellung der Inhaber einer IR-Marke nach dem MarkenG. Der Rechtsinhaber genießt in demselben Umfang Schutz, den das MarkenG einer im inländischen Register eingetragenen Marke gewährt (BGHZ 18, 1 – Hückel; BGH GRUR Int 1967, 396 – Napoléon II; 1969, 48 – Alcacyl; s. § 112, Rn 1; Art. 4 MMA, Rn 1 f.). IR-Marken können daher in derselben Weise wie im vom DPMA geführten Markenregister eingetragene Marken im Widerspruchsverfahren oder im Löschungsverfahren als ältere Marken geltend gemacht werden. Die Durchsetzung einer solchen IR-Marke im Widerspruchsverfahren oder im Löschungsverfahren setzt in gleicher Weise wie eine nationale Marke voraus, daß die IR-Marke gemäß § 26 rechtserhaltend benutzt worden ist. § 116 **1**

**MarkenG § 117** 1, 2   Ausschluß von Ansprüchen wegen mangelnder Benutzung

enthält eine dem § 115 Abs. 2 vergleichbare Regelung für die *Berechnung der Benutzungsfrist*. Während für Marken, die im Register des DPMA eingetragen sind, die fünfjährige Benutzungsfrist grundsätzlich von dem Tag der Eintragung an oder, wenn Widerspruch erhoben wird, von dem Abschluß des Widerspruchsverfahrens an (§ 26 Abs. 5) zu laufen beginnt (s. § 25, Rn 9 ff.), scheidet der Eintragungstag oder der Tag des Abschlusses des Widerspruchsverfahrens als Fristbeginn bei der Berechnung der Benutzungsfrist für IR-Marken aus, da diese nicht in das vom DPMA geführte Markenregister eingetragen werden (§ 53 Abs. 1 MarkenV). Nach § 116 beginnt die in § 43 Abs. 1 für das Widerspruchsverfahren und in § 55 Abs. 3 für das Löschungsverfahren vorgesehene fünfjährige Benutzungsfrist grundsätzlich mit dem *Ablauf der einjährigen Ausschlußfrist* des Art. 5 Abs. 2 MMA, die vom Datum der tatsächlichen Registrierung an zu laufen beginnt (s. Art. 5 MMA, Rn 10). Sind zu diesem Zeitpunkt die Prüfungsverfahren über die Schutzgewährung nach den §§ 113 (Geltendmachung absoluter Schutzhindernisse) und 114 (Erhebung von Widersprüchen) noch nicht beendet, dann beginnt die fünfjährige Benutzungsfrist am *Tage des Zugangs der abschließenden Mitteilung über die Schutzgewährung* beim Internationalen Büro in Genf. Als maßgeblich wird die abschließende Mitteilung über die Schutzbewilligung deshalb angesehen, um bei etwa bestehenden Unklarheiten oder Meinungsverschiedenheiten zwischen dem Internationalen Büro und dem DPMA erst der endgültigen, das Verfahren abschließenden Mitteilung die entscheidende Wirkung für den Beginn der fünfjährigen Benutzungsfrist zukommen zu lassen (s. Begründung zum MarkenG, BT-Drucks. 12/6581 vom 14. Januar 1994, S. 114; zur Berechnung des Beginns der Benutzungsfrist bei einem anhängigen Widerspruchsverfahren hinsichtlich des Eingangs eines Schutzbewilligungsschreibens beim Internationalen Büro nach dem normalen Ablauf der Dinge s. BGH GRUR 1995, 583 – MONTANA).

### B. Frühere Rechtslage

2   Die Regelung des § 116 entspricht § 2 Abs. 3 und 4 IntRegVO, die durch Art. 48 Nr. 3 MRRG aufgehoben worden ist (s. Vorb §§ 107–125 h, Rn 2).

Ausschluß von Ansprüchen wegen mangelnder Benutzung

**117** Werden Ansprüche im Sinne der §§ 14, 18 und 19 wegen der Verletzung einer international registrierten Marke geltend gemacht, so ist § 25 mit der Maßgabe anzuwenden, daß an die Stelle des Tages der Eintragung der Marke der in § 115 Abs. 2 bezeichnete Tag tritt.

**Inhaltsübersicht**

|   | Rn |
|---|---|
| A. Regelungsübersicht | 1 |
| B. Vergleichbare Regelungen | 2 |

### A. Regelungsübersicht

1   Nach § 25 Abs. 1 kann der Markeninhaber keine Verletzungsansprüche aus der eingetragenen Marke geltend machen, wenn das Markenrecht wegen Verfalls aufgrund mangelnder Benutzung löschungsreif ist. § 117 enthält eine den §§ 115 Abs. 2 und 116 vergleichbare Regelungen für die *Berechnung der Benutzungsfrist*. Da international registrierte Marken nicht in dem vom DPMA geführten Register eingetragen werden (§ 53 Abs. 1 MarkenV), bedurfte es für diese Fallkonstellationen eines Anknüpfungszeitpunkts zur Festlegung des Beginns der fünfjährigen Benutzungsfrist.

### B. Vergleichbare Regelungen

2   Die in § 117 vorgesehene Regelung stimmt inhaltlich mit den entsprechenden Regelungen in den §§ 115 Abs. 2 und 116 überein (s. § 115, Rn 2; § 116, Rn 1).

### Zustimmung bei Übertragungen international registrierter Marken

**118** Das Patentamt erteilt dem Internationalen Büro der Weltorganisation für geistiges Eigentum die nach Artikel 9$^{bis}$ Abs. 1 des Madrider Markenabkommens erforderliche Zustimmung im Falle der Übertragung einer international registrierten Marke ohne Rücksicht darauf, ob die Marke für den neuen Inhaber der international registrierten Marke in das vom Patentamt geführte Register eingetragen ist.

#### Inhaltsübersicht

|  | Rn |
|---|---|
| A. Regelungsübersicht | 1 |
| B. Frühere Rechtslage | 2 |

#### A. Regelungsübersicht

Die Regelung des § 118 macht von der in Art. 9$^{bis}$ MMA vorgesehenen Möglichkeit Gebrauch, im Falle der *Übertragung einer international registrierten Marke* auf die Eintragung bei dem DPMA zu verzichten (zum Hintergrund der Regelung s. Art. 9$^{bis}$ MMA, Rn 3). 1

#### B. Frühere Rechtslage

Die Regelung entspricht § 9 Abs. 1 IntRegVO, der durch Art. 48 Nr. 3 MRRG aufgehoben worden ist (s. Vorb §§ 107–125 h, Rn 2). Einer Übernahme der in § 9 Abs. 2 IntRegVO enthaltenen Regelung bedurfte es nicht, da kein Markenverbandsstaat mehr der Londoner Fassung von 1934 angehört. 2

### Abschnitt 2. Schutz von Marken nach dem Protokoll zum Madrider Markenabkommen

#### Vorbemerkung zu den §§ 119 bis 125

Abschnitt 2 (§§ 119 bis 125) enthält die für die *innerstaatliche Umsetzung des Protokolls zum* 1
*MMA* (PMMA) erforderlichen Regelungen. Das Protokoll ist am 20. März 1996 für die Bundesrepublik Deutschland in Kraft getreten (s. 2. Teil des Kommentars, Einführung in das Recht der internationalen Verträge, Rn 6). Die Durchführung des PMMA erfolgt im wesentlichen durch eine Verweisung auf die für das MMA geltenden Vorschriften in Abschnitt 1 (§§ 107 bis 118). Dies beruht darauf, daß sich die Regelungen des MMA und des PMMA weitgehend entsprechen (s. dazu Vorb MMA, Rn 8). Insoweit die beiden Abkommen voneinander abweichen, enthalten die §§ 119 bis 125 besondere Regelungen.

Die *Unterschiede* zwischen MMA und PMMA betreffen vor allem zwei Regelungsgegenstände. Zum einen kann nach Art. 2 PMMA eine internationale Registrierung auch auf eine zur Eintragung *angemeldete Marke* (Markenanwartschaft) gestützt werden, während nach Art. 1 Abs. 2 MMA nur eine im Markenregister *eingetragene Marke* Grundlage einer IR-Marke sein kann. Zum anderen ist die IR-Marke zwar nach Art. 6 Abs. 3 PMMA ebenso wie nach Art. 6 Abs. 3 MMA für die Dauer von fünf Jahren von der Heimateintragung abhängig (Grundsatz der Akzessorietät, s. Art. 6 MMA, Rn 2). Bei Wegfall des Heimatschutzes innerhalb dieser Frist hat der Inhaber der gelöschten IR-Marke jedoch nach Art. 9$^{quinquies}$ PMMA die Möglichkeit, unter Wahrung der Priorität der internationalen Registrierung eine nationale Markenanmeldung in den Mitgliedstaaten einzureichen, auf die die Marke erstreckt worden ist (Transformation; s. dazu § 125 Rn 1, 2). Eine solche *Umwandlung der internationalen Registrierung in nationale Markenanmeldungen* ist im MMA nicht vorgesehen. 2

Es bestehen zwei *weitere Unterschiede zwischen MMA und PMMA*, für die eine innerstaatliche Gesetzgebung nicht notwendig ist und insoweit die §§ 119 bis 125 keine Regelungen 3 enthalten. Den Mitgliedstaaten des PMMA steht zum einen nach ihrer Wahl für die Schutzverweigerung nicht nur die Frist von einem Jahr, die der Frist des MMA entspricht, sondern auch eine Frist von 18 Monaten zur Verfügung. Die Mitgliedstaaten des PMMA können zum anderen nach ihrer Wahl für die Erstreckung des Schutzes einer IR-Marke entweder eine einheitliche Ländergebühr entsprechend dem MMA oder eine von den Mitgliedstaaten zu bestimmende individuelle Gebühr festlegen. Das PMMA gestattet außerdem zusätzlich zu dem Beitritt von Staaten auch den Beitritt von internationalen zwischenstaatlichen Organisationen. Diese Regelung ist vor allem deshalb getroffen worden, um der EU für das Gemeinschaftsmarkenrecht den Beitritt zum System des internationalen Markenschutzes zu ermöglichen.

4 Nach der Vorschrift des § 119 sind auf internationale Registrierungen von Marken nach dem PMMA die Vorschriften des MarkenG entsprechend anzuwenden. Die §§ 120 bis 123 enthalten besondere Bestimmungen für die internationale Registrierung einer Marke auf der Grundlage einer deutschen Basismarke. § 124 betrifft die auf das Gebiet der Bundesrepublik Deutschland erstreckten IR-Marken. § 125 enthält die notwendigen Regelungen für die Umwandlung einer internationalen Registrierung in eine nationale Markenanmeldung nach Art. 9quinquies PMMA.

5 Die §§ 119 bis 125 sind am 20. März 1996 als dem Tag, an dem das am 27. Juni 1989 in Madrid unterzeichnete PMMA für die Bundesrepublik Deutschland in Kraft getreten ist, in Kraft getreten; der Tag war nach § 50 Abs. 2 MRRG im Bundesgesetzblatt bekanntzumachen (BGBl. II S. 557).

**Anwendung der Vorschriften dieses Gesetzes**

**119** Die Vorschriften dieses Gesetzes sind auf internationale Registrierungen von Marken nach dem Madrider Protokoll vom 27. Juni 1989 zum Madrider Abkommen über die internationale Registrierung von Marken (Protokoll zum Madrider Markenabkommen), die durch Vermittlung des Patentamts vorgenommen werden oder deren Schutz sich auf das Gebiet der Bundesrepublik Deutschland erstreckt, entsprechend anzuwenden, soweit in diesem Abschnitt oder im Protokoll zum Madrider Markenabkommen nichts anderes bestimmt ist.

**Inhaltsübersicht**

|  | Rn |
|---|---|
| A. Anwendung des MarkenG | 1 |
| B. Vergleichbare Regelung | 2 |

## A. Anwendung des MarkenG

1 Nach § 119 sind die Vorschriften des MarkenG auf die *internationalen Registrierungen von Marken nach dem PMMA*, soweit diese die Bundesrepublik Deutschland betreffen, entsprechend anzuwenden, wenn nicht in den §§ 120 bis 125 oder im PMMA etwas anderes bestimmt ist. International registrierte Marken betreffen die Bundesrepublik Deutschland zum einen dann, wenn die internationale Registrierung der Marke auf der Grundlage einer im Register des DPMA eingetragenen Marke (deutsche Basismarke) beruht (§§ 120 bis 123), und zum anderen dann, wenn es sich um eine international registrierte Marke handelt, deren Schutz sich auf das Gebiet der Bundesrepublik Deutschland erstreckt (§ 124). Besonderheiten können sich etwa daraus ergeben, daß IR-Marken nur in das internationale Register der WIPO und nicht in das deutsche Markenregister eingetragen und auch nicht im Markenblatt bekanntgemacht werden (§ 53 Abs. 1 MarkenV).

## B. Vergleichbare Regelung

2 Die Regelung des § 119 entspricht der für das MMA vorgesehenen Regelung des § 107.

## Antrag auf internationale Registrierung

**120** (1) ¹Der Antrag auf internationale Registrierung einer zur Eintragung in das Register angemeldeten Marke oder einer in das Register eingetragenen Marke nach Artikel 3 des Protokolls zum Madrider Markenabkommen ist beim Patentamt zu stellen. ²Der Antrag kann auch schon vor der Eintragung der Marke gestellt werden, wenn die internationale Registrierung auf der Grundlage einer im Register eingetragenen Marke vorgenommen werden soll.

(2) Soll die internationale Registrierung auf der Grundlage einer im Register eingetragenen Marke vorgenommen werden und wird der Antrag auf internationale Registrierung vor der Eintragung der Marke in das Register gestellt, so gilt er als am Tag der Eintragung der Marke zugegangen.

(3) § 108 Abs. 3 ist entsprechend anzuwenden.

### Inhaltsübersicht

| | Rn |
|---|---|
| A. Antragstellung beim DPMA (§ 120 Abs. 1)........................... | 1 |
| B. Antragstellung vor Eintragung der Basismarke (§ 120 Abs. 2)............ | 2, 3 |
| C. Übersetzung des Waren- und Dienstleistungsverzeichnisses (§ 120 Abs. 3) . | 4 |

### A. Antragstellung beim DPMA (§ 120 Abs. 1)

§ 120 enthält besondere Bestimmungen für den *Antrag auf die internationale Registrierung* **1** einer im Register des DPMA eingetragenen Marke (deutsche Basismarke). Die internationale Registrierung einer Marke beim Internationalen Büro in Genf erfolgt durch Vermittlung der Behörde des Ursprungslandes (s. Art. 3 Abs. 1; 1 Abs. 2 MMA). Das Registrierungsgesuch richtet sich an das Internationale Büro, ist jedoch bei der jeweiligen nationalen Behörde einzureichen (s. Art. 3 MMA, Rn 1 f.). In der Bundesrepublik Deutschland ist der Antrag auf internationale Registrierung beim DPMA einzureichen (§ 120 Abs. 1). Die Vorschrift des § 120 entspricht der Regelung in § 108, sieht aber zusätzlich vor, daß der Antrag auf internationale Registrierung auch auf eine *angemeldete Marke* (Markenanwartschaft) gestützt werden kann. Dies beruht darauf, daß nach Art. 2 PMMA eine internationale Registrierung auch auf der Grundlage einer bloßen Markenanmeldung im Ursprungsland erfolgen kann, während nach Art. 1 Abs. 2 MMA nur eine im Ursprungsland eingetragene Marke Grundlage einer IR-Marke sein kann. Der Tag, an dem die Antragstellung auf internationale Registrierung beim DPMA erfolgt, ist rechtlich deshalb von Bedeutung, weil er nach Art. 3 Abs. 4 PMMA als der Tag der internationalen Registrierung gilt, wenn der Eintragungsantrag innerhalb von zwei Monaten nach dem Zugang des Antrags beim DPMA dem Internationalen Büro der WIPO in Genf zugeleitet wird.

### B. Antragstellung vor Eintragung der Basismarke (§ 120 Abs. 2)

Nach § 120 Abs. 2 kann der Antrag auf internationale Registrierung, der auf eine eingetragene Marke gestützt wird, auch schon vor der Eintragung der deutschen Basismarke gestellt werden. In diesem Fall gilt das Registrierungsgesuch als am Tag der Eintragung zugegangen. Die Fiktion der Antragstellung am Eintragungstag hat Bedeutung für die Priorität der IR-Marke (s. dazu im einzelnen § 108, Rn 2). **2**

Zwar wird der Markeninhaber die internationale Registrierung regelmäßig auf die bloße **3** Markenanmeldung stützen, weil die IR-Marke in diesem Fall einen besseren Zeitrang erhält. Eine internationale Registrierung auf der Grundlage einer eingetragenen Marke ist für den Markeninhaber aber dann von Interesse, wenn er aus Kostengründen zunächst abwarten will, ob der Marke in der Bundesrepublik Deutschland Schutz gewährt wird. Denn der Schutz aus der IR-Marke kann nach Art. 6 Abs. 3 PMMA nicht in Anspruch genommen werden, wenn das Gesuch um Eintragung der deutschen Basismarke rechtskräftig zurückgewiesen wird. Ferner kann der Markeninhaber nach der gemeinsamen Ausführungsordnung zum MMA und zum PMMA bei internationalen Registrierungsgesuchen, die auf eine eingetragene Marke gestützt werden, mit einem einheitlichen Antrag sowohl Schutz nach dem MMA als auch nach dem PMMA erwerben (Regel 9 Abs. 7 AusfO MMA/PMMA). Die in diesem Fall zu entrichtende gemeinsame Gebühr (§ 121 Abs. 2) entspricht der Gebühr für einen Antrag auf internationale Registrierung nach dem MMA bzw PMMA (s. dazu § 121, Rn 2). Die Regelung des § 120 Abs. 2 entspricht § 108 Abs. 2 (s. dazu § 108, Rn 2).

### C. Übersetzung des Waren- und Dienstleistungsverzeichnisses (§ 120 Abs. 3)

4   Nach § 120 Abs. 3 iVm den §§ 108 Abs. 3 MarkenG, 50 Abs. 2 MarkenV ist der Antragsteller verpflichtet, bei dem Antrag auf internationale Registrierung das *Verzeichnis der Waren und Dienstleistungen*, für die die deutsche Basismarke eingetragen ist, wahlweise in die *französische* oder die *englische Sprache* zu übersetzen (s. dazu Art. 3 MMA, Rn 2). Das Verzeichnis soll in der Reihenfolge der Klassen der internationalen Klassifikation nach dem NKA gruppiert werden (s. im einzelnen § 108, Rn 3).

**Gebühren**

**121** (1) **Mit dem Antrag auf internationale Registrierung ist eine nationale Gebühr nach dem Tarif zu zahlen.**

(2) **Soll die internationale Registrierung auf der Grundlage einer im Register eingetragenen Marke sowohl nach dem Madrider Markenabkommen als auch nach dem Protokoll zum Madrider Markenabkommen vorgenommen werden, so ist mit dem Antrag auf internationale Registrierung eine gemeinsame nationale Gebühr nach dem Tarif zu zahlen.**

(3) ¹ Soll die internationale Registrierung auf der Grundlage einer im Register eingetragenen Marke vorgenommen werden und ist der Antrag auf internationale Registrierung vor der Eintragung der Marke in das Register gestellt worden, so wird die Gebühr nach Absatz 1 oder nach Absatz 2 am Tag der Eintragung fällig. ² Werden die Gebühren nach Absatz 1 oder Absatz 2 nicht gezahlt, so gilt der Antrag als nicht gestellt.

(4) **Die nach Artikel 8 Abs. 2 oder nach Artikel 8 Abs. 7 des Protokolls zum Madrider Markenabkommen zu zahlenden internationalen Gebühren sind unmittelbar an das Internationale Büro der Weltorganisation für geistiges Eigentum zu zahlen.**

**Inhaltsübersicht**

|  | Rn |
|---|---|
| A. Nationale Gebühren (§ 121 Abs. 1) | 1–4 |
|     I. Grundsatz | 1 |
|     II. Mischanträge (§ 121 Abs. 2) | 2 |
|     III. Fälligkeit | 3 |
|     IV. Folgen der Nichtzahlung (§ 121 Abs. 3) | 4 |
| B. Internationale Gebühren (§ 121 Abs. 4) | 5 |

### A. Nationale Gebühren (§ 121 Abs. 1)

#### I. Grundsatz

1   Mit der Regelung des § 121 Abs. 1 macht die Bundesrepublik Deutschland von der Ermächtigung des Art. 8 Abs. 1 PMMA Gebrauch, für den *Antrag auf internationale Registrierung* einer Marke eine *nationale Gebühr* zu erheben (s. Art. 8 MMA, Rn 1 ff.; die Ausführungen gelten entsprechend für Art. 8 Abs. 1 PMMA). Die Gebühr ist eine *Verfahrensgebühr*, die zur Deckung der Verfahrenskosten bestimmt ist. Die Höhe der Gebühr ergibt sich aus dem PatGebG. Die Gebühr beträgt derzeit 300 DM (Nr. 134 200 GebVerz zu § 1 PatGebG). Die Gebühren sollen möglichst durch die Verwendung von Gebührenmarken des DPMA entrichtet werden. Sie können auch durch Barzahlung, Scheck, Überweisung, Einzahlung

auf ein Konto des DPMA oder durch die Erteilung eines Abbuchungsauftrags an die Zahlstelle des DPMA entrichtet werden (s. Merkblatt MMA Nr. 6; §§ 1, 2 PatGebZV).

### II. Mischanträge (§ 121 Abs. 2)

§ 121 Abs. 2 regelt die Gebühr für den Fall, daß mit einem einzigen Antrag auf internationale Registrierung einer eingetragenen Marke sowohl Schutz für die Länder begehrt wird, die dem MMA angehören, als auch für diejenigen Länder, die nur dem PMMA angehören. Für diese *Mischanträge* ist eine *gemeinsame Gebühr* zu zahlen, die genauso hoch ist wie die Gebühr für einen Antrag, mit dem nur Schutz nach dem MMA oder dem PMMA begehrt wird (Nr. 143300 GebVerz zu § 1 PatGebG; s. Rn 1), weil mit dem Mischantrag für das DPMA kein höherer Arbeitsaufwand verbunden ist.

### III. Fälligkeit

Die Gebühr ist grundsätzlich bei der Antragstellung zu zahlen. Sie ist daher mit dem Eingang des Registrierungsgesuchs beim DPMA fällig. Nach § 121 Abs. 3 wird die Gebühr erst mit der Eintragung fällig, wenn die internationale Registrierung auf eine eingetrageneMarke gestützt werden soll (§ 120 Abs. 1) und die Marke bei Einreichung des Antrags auf internationale Registrierung noch nicht in das Markenregister eingetragen ist. Als Verfahrensgebühr verfällt die Gebühr mit der Fälligkeit; sie kann bei Rücknahme des Registrierungsgesuchs weder ganz noch teilweise erstattet werden, da eine Rückzahlung aus Billigkeitsgründen nicht vorgesehen ist. Eine Rückzahlung der Gebühr ist daher nur möglich, wenn die Rücknahmeerklärung vor oder gleichzeitig mit dem Registrierungsgesuch eingeht oder wenn das Gesuch im Zeitpunkt der Zahlung bereits zurückgenommen war.

### IV. Folgen der Nichtzahlung (§ 121 Abs. 3)

Werden die Gebühren nicht gezahlt, dann gilt der Antrag auf internationale Registrierung als nicht gestellt (Abs. 3 S. 2). Anders als bei nationalen Markenanmeldungen nach § 36 Abs. 3 wird dem Antragsteller in diesem Fall *keine Nachfrist zur Zahlung* gesetzt. Dies ergibt sich zum einen aus dem Wortlaut des § 121, dessen Formulierung von § 36 Abs. 3 abweicht; zum anderen folgt es aus einem Umkehrschluß zu § 125 Abs. 2 S. 3, der ebenfalls die Folgen einer Nichtzahlung regelt und insoweit ausdrücklich auf § 36 Abs. 3 verweist. Die Vorschrift des § 121 Abs. 3 S. 2 wird dahin zu verstehen sein, daß der Antrag dann als nicht gestellt gilt, wenn die Gebühr nicht zugleich im Zeitpunkt der Antragstellung gezahlt wird. Die Nachzahlung der Gebühr zu einem späteren Zeitpunkt begründet nicht rückwirkend die Rechtswirkungen der Antragstellung. Der Antragsteller ist gehalten, einen neuen Antrag auf internationale Registrierung zu stellen, den er mit der Gebührenzahlung verbindet. Die Priorität der IR-Marke bestimmt sich nach dem Datum des erneuten Registrierungsgesuchs (zur Priorität von IR-Marken s. Art. 4 PMMA, sowie die Ausführungen zu Art. 4 MMA, Rn 3 f.). *Die Praxis des DPMA ist anders.* Wenn der Antragsteller die Gebühr nicht zahlt, fordert das DPMA ihn zur Zahlung auf. Kommt der Antragsteller dieser Zahlungsaufforderung nach, leitet das DPMA das Registrierungsgesuch trotz der Verspätung weiter an das Internationale Büro; die Priorität des Gesuchs bleibt also gewahrt. Die abweichende Praxis des DPMA beruht vor allem darauf, daß viele Antragsteller Schwierigkeiten haben zu verstehen, daß und warum sie neben den internationalen Gebühren auch noch eine nationale Gebühr zahlen müssen.

## B. Internationale Gebühren (§ 121 Abs. 4)

§ 120 Abs. 4 bestimmt, daß die nach Art. 8 Abs. 2 und 7 PMMA zu entrichtenden *internationalen Gebühren* unmittelbar an das Internationale Büro in Genf und nicht an das DPMA zu zahlen sind. Die internationale Gebühr besteht aus einer *Grundgebühr*, aus *Klassengebühren*

**MarkenG §§ 122, 123**     Vermerk in den Akten; Eintragung im Register

und aus *Ländergebühren*. Sie setzt sich im einzelnen zusammen aus einer Grundgebühr von 653 sfr., wenn keine der Wiedergaben der Marke in Farbe ist, bzw 903 sfr. bei farbigen Wiedergaben, einer Zusatzgebühr von 73 sfr. für jede die dritte Klasse übersteigende Klasse der Waren und Dienstleistungen und einer Ergänzungsgebühr von 73 sfr. für jedes Verbandsland, für das der Schutz beansprucht wird. Hat ein Verbandsland von der Möglichkeit des Art. 8 Abs. 7 lit. a PMMA Gebrauch gemacht und eine individuelle Gebühr festgesetzt, so ist anstatt der Ergänzungsgebühr die individuelle Gebühr zu zahlen (Nr. 2 GebVerz zu Regel 10 AusfO MMA/PMMA; s. im einzelnen Art. 8 MMA, Rn 2 ff.; die Ausführungen gelten entsprechend für Registrierungen nach dem PMMA).

**Vermerk in den Akten; Eintragung im Register**

**122** (1) Ist die internationale Registrierung auf der Grundlage einer zur Eintragung in das Register angemeldeten Marke vorgenommen worden, so sind der Tag und die Nummer der internationalen Registrierung in den Akten der angemeldeten Marke zu vermerken.

(2) ¹Der Tag und die Nummer der internationalen Registrierung, die auf der Grundlage einer im Register eingetragenen Marke vorgenommen worden ist, ist in das Register einzutragen. ²Satz 1 ist auch anzuwenden, wenn die internationale Registrierung auf der Grundlage einer zur Eintragung in das Register angemeldeten Marke vorgenommen worden ist und die Anmeldung zur Eintragung geführt hat.

### Inhaltsübersicht

|  | Rn |
|---|---|
| A. Regelungsübersicht | 1 |
| B. Vergleichbare Regelung | 2 |

## A. Regelungsübersicht

1   Die Regelung des § 122 entspricht der des § 110, enthält aber zusätzlich Vorschriften für den Fall, daß die internationale Registrierung auf der Grundlage einer *Markenanmeldung* erfolgt. In diesem Fall werden der *Tag* und die *Nummer der internationalen Registrierung* einer deutschen Marke zunächst in den *Akten der angemeldeten Marke* vermerkt (Abs. 1) und später, falls die Anmeldung zur Eintragung führt, in das Markenregister übernommen (Abs. 2). Die Eintragung im Markenregister wird nach den §§ 21 Abs. 1 iVm 18 Nr. 32 MarkenV nicht veröffentlicht. Der Vermerk ist dennoch wichtig, da die IR-Marke in den ersten fünf Jahren nach der Registrierung vom Basisgesuch bzw der Basiseintragung abhängig ist (Art. 6 Abs. 3 PMMA). Erlischt in dieser Zeit der Schutz aus der Basismarke, dann kann auch der Schutz aus der IR-Marke nicht mehr in Anspruch genommen werden. Deshalb teilt das DPMA dem Internationalen Büro Rechtsänderungen hinsichtlich der Basismarke mit.

## B. Vergleichbare Regelung

2   Die Regelung des § 122 entspricht der für das MMA geltenden Regelung des § 110.

**Nachträgliche Schutzerstreckung**

**123** (1) ¹Der Antrag auf nachträgliche Schutzerstreckung einer international registrierten Marke nach Artikel 3$^{ter}$ Abs. 2 des Protokolls zum Madrider Markenabkommen ist beim Patentamt zu stellen. ²Soll die nachträgliche Schutzerstreckung auf der Grundlage einer im Register eingetragenen Marke vorgenommen werden und wird der Antrag schon vor der Eintragung der Marke gestellt, so gilt er als am Tag der Eintragung zugegangen.

(2) ¹Mit dem Antrag auf nachträgliche Schutzerstreckung ist eine nationale Gebühr nach dem Tarif zu zahlen. ²Soll die nachträgliche Schutzerstreckung auf der Grundla-

ge einer im Register eingetragenen Marke sowohl nach dem Madrider Markenabkommen als auch nach dem Protokoll zum Madrider Markenabkommen vorgenommen werden, so ist mit dem Antrag auf nachträgliche Schutzerstreckung eine gemeinsame nationale Gebühr nach dem Tarif zu zahlen. ³Wird die Gebühr nach Satz 1 oder nach Satz 2 nicht gezahlt, so gilt der Antrag als nicht gestellt.

(3) § 121 Abs. 4 gilt entsprechend.

### Inhaltsübersicht

| | Rn |
|---|---|
| A. Antrag auf nachträgliche Schutzerstreckung (§ 123 Abs. 1) | 1, 2 |
| B. Nationale Gebühren (§ 123 Abs. 2) | 3–5 |
|    I. Grundsatz | 3 |
|    II. Fälligkeit | 4 |
|    III. Folgen der Nichtzahlung | 5 |
| C. Internationale Gebühren (§ 123 Abs. 3) | 6 |

## A. Antrag auf nachträgliche Schutzerstreckung (§ 123 Abs. 1)

§ 123 enthält *Bestimmungen für Anträge auf nachträgliche Schutzerstreckung* nach Art. 3$^{ter}$ Abs. 2 PMMA. Der Schutz aus der internationalen Registrierung der Marke erstreckt sich nach Art. 3$^{bis}$ PMMA nur auf die Mitgliedstaaten, für die der Schutz beantragt worden ist. Nach Art. 3$^{ter}$ Abs. 2 PMMA kann das Schutzausdehnungsgesuch für einzelne Markenverbandsstaaten auch noch nach der internationalen Registrierung gestellt werden. Das Gesuch ist beim DPMA einzureichen (Abs. 1). **1**

Wird der Antrag auf nachträgliche Schutzausdehnung, der auf eine eingetragene Marke gestützt wird, schon vor der Eintragung der deutschen Basismarke gestellt, dann gilt das Schutzausdehnungsgesuch als am Tag der Eintragung zugegangen (Abs. 1 S. 2). Diese Regelung ist für das Wirksamwerden der Schutzausdehnung von Bedeutung. Nach Art. 3$^{ter}$ Abs. 2 S. 5 PMMA wird die Schutzausdehnung mit dem Zeitpunkt der Registrierung wirksam. Maßgeblich ist insoweit das Registrierungsdatum und nicht das Datum der tatsächlichen Registrierung. Das Registrierungsdatum richtet sich grundsätzlich nach dem Datum des Eingangs des Registrierungsgesuchs beim Internationalen Büro. Die Registrierung erhält jedoch das Eingangsdatum des Gesuchs beim DPMA, wenn das Gesuch innerhalb von zwei Monaten nach diesem Zeitpunkt beim Internationalen Büro eingegangen ist (Art. 3 Abs. 4 PMMA). Aufgrund der Fiktion des § 123 Abs. 1 S. 2 beginnt die Zweimonatsfrist bei vorzeitig eingereichten Gesuchen mit der Heimateintragung; die Registrierung erhält das nationale Eintragungsdatum, wenn das Gesuch innerhalb dieser Frist beim Internationalen Büro eingeht (zum Registrierungsdatum s. Art. 3 MMA, Rn 6; die Ausführungen gelten entsprechend für Registrierungen nach dem PMMA). **2**

## B. Nationale Gebühren (§ 123 Abs. 2)

### I. Grundsatz

§ 123 Abs. 2 sieht für nachträgliche Schutzausdehnungsgesuche nach dem PMMA ebenso wie § 111 Abs. 1 für entsprechende Gesuche nach dem MMA die Zahlung einer *nationalen Gebühr* vor. Die Gebühr ist eine *Verfahrensgebühr*, die zur Deckung der durch die Bearbeitung des Gesuchs entstehenden Kosten bestimmt ist. Die Gebühr beträgt 200 DM (Nr. 134500 GebVerz zu § 1 PatGebG). Dieselbe Gebühr wird bei Mischanträgen auf nachträgliche Schutzerstreckung fällig, wenn also mit einem einheitlichen Antrag die nachträgliche Schutzerstreckung sowohl für Länder begehrt wird, die dem MMA angehören, als auch für Länder, die nur dem PMMA angehören (§§ 123 Abs. 2 S. 2 MarkenG, Nr. 134600 GebVerz zu § 1 PatGebG). Die Gebühren sollen möglichst durch die Verwendung von Gebührenmarken des DPMA entrichtet werden. Sie können aber auch durch Barzahlung, Scheck, Überweisung, Einzahlung auf ein Konto des DPMA oder durch die Erteilung eines Abbuchungsauftrags an die Zahlstelle des DPMA entrichtet werden (s. Merkblatt MMA Nr. 6; §§ 1, 2 PatGebZV). **3**

## II. Fälligkeit

**4** Die Gebühr ist grundsätzlich bei der Antragstellung zu zahlen. Sie ist daher mit dem Eingang des Schutzausdehnungsgesuchs beim DPMA fällig. Als Verfahrensgebühr verfällt die Gebühr mit der Fälligkeit; sie kann bei Rücknahme des Schutzausdehnungsgesuchs weder ganz noch teilweise erstattet werden, da eine Rückzahlung aus Billigkeitsgründen nicht vorgesehen ist. Eine Rückzahlung der Gebühr ist daher nur möglich, wenn die Rücknahmeerklärung vor oder gleichzeitig mit dem Schutzausdehnungsgesuch eingeht oder wenn das Gesuch im Zeitpunkt der Zahlung bereits zurückgenommen war.

## III. Folgen der Nichtzahlung

**5** Wird die Gebühr nicht gezahlt, dann gilt der Antrag auf nachträgliche Schutzerstreckung als nicht gestellt (Abs. 2 S. 3; zur Bedeutung dieser Regelung s. § 121, Rn 4).

## C. Internationale Gebühren (§ 123 Abs. 3)

**6** Die nach Art. 8 Abs. 2 und 7 PMMA zu entrichtenden *internationalen Gebühren* sind unmittelbar an das Internationale Büro in Genf zu zahlen (§§ 123 Abs. 3 iVm 121 Abs. 4). Die internationale Gebühr für nachträgliche Schutzausdehnungsgesuche beträgt 300 sfr. zuzüglich einer Ergänzungsgebühr von 73 sfr. je Land, für das der Schutz nachgesucht wird. Hat ein Verbandsland von der Möglichkeit des Art. 8 Abs. 7 lit. a PMMA Gebrauch gemacht und eine individuelle Gebühr festgesetzt, so ist anstatt der Ergänzungsgebühr die individuelle Gebühr zu zahlen (Nr. 5 GebVerz zu Regel 10 AusfO MMA/PMMA; zu den internationalen Gebühren s. auch Art. 8 MMA, Rn 2 ff.).

---

**Entsprechende Anwendung der Vorschriften über die Wirkung der nach dem Madrider Markenabkommen international registrierten Marken**

**§ 124** Die §§ 112 bis 117 sind auf international registrierte Marken, deren Schutz nach Artikel 3$^{ter}$ des Protokolls zum Madrider Markenabkommen auf das Gebiet der Bundesrepublik Deutschland erstreckt worden ist, entsprechend anzuwenden mit der Maßgabe, daß an die Stelle der in den §§ 112 bis 117 aufgeführten Vorschriften des Madrider Markenabkommens die entsprechenden Vorschriften des Protokolls zum Madrider Markenabkommen treten.

### Inhaltsübersicht

| | Rn |
|---|---|
| A. Regelungsübersicht | 1 |
| B. Abweichende Regelungen des PMMA | 2 |

## A. Regelungsübersicht

**1** Nach § 124 sind die *Vorschriften der §§ 112 bis 117*, die für die nach dem MMA mit Wirkung für die Bundesrepublik Deutschland international registrierten Marken gelten, auf IR-Marken nach dem PMMA *entsprechend anzuwenden*. Die entsprechende Anwendung ist ohne weiteres möglich, weil die Vorschriften der beiden Abkommen weitgehend übereinstimmen (s. dazu Vorb MMA, Rn 8).

## B. Abweichende Regelungen des PMMA

**2** Soweit das PMMA abweichende Regelungen enthält, sind diese maßgeblich (§ 124 S. 2). Nach der derzeitigen Rechtslage bestehen keine Unterschiede. Sollte die Bundesrepublik

Umwandlung einer Registrierung **1 § 125 MarkenG**

Deutschland jedoch von der Möglichkeit des Art. 5 Abs. 2 lit. b PMMA Gebrauch machen und anstelle der Jahresfrist für die Notifikation der Schutzverweigerung (s. Art. 5 Abs. 2 MMA; 5 Abs. 2 lit. a PMMA) die Frist von 18 Monaten wählen, dann würde die Benutzungsfrist für die nach dem PMMA registrierten Marken (§§ 115 Abs. 2, 116, 117) erst nach Ablauf dieser 18 Monate beginnen.

**Umwandlung einer internationalen Registrierung**

**125** (1) Wird beim Patentamt ein Antrag nach Artikel 9$^{quinquies}$ des Protokolls zum Madrider Markenabkommen auf Umwandlung einer im internationalen Register gemäß Artikel 6 Abs. 4 des Protokolls zum Madrider Markenabkommen gelöschten Marke gestellt und geht der Antrag mit den erforderlichen Angaben dem Patentamt vor Ablauf einer Frist von drei Monaten nach dem Tag der Löschung der Marke im internationalen Register zu, so ist der Tag der internationalen Registrierung dieser Marke nach Artikel 3 Abs. 4 des Protokolls zum Madrider Markenabkommen oder der Tag der Eintragung der Schutzerstreckung nach Artikel 3$^{ter}$ Abs. 2 des Protokolls zum Madrider Markenabkommen, gegebenenfalls mit der für die internationale Registrierung in Anspruch genommenen Priorität, für die Bestimmung des Zeitrangs im Sinne des § 6 Abs. 2 maßgebend.

(2) ¹Mit dem Antrag auf Umwandlung ist eine Gebühr nach dem Tarif zu zahlen. ²Wird die Umwandlung für Waren oder Dienstleistungen beantragt, die in mehr als drei Klassen der Klasseneinteilung von Waren und Dienstleistungen fallen, so ist außerdem für jede weitere Klasse eine Klassengebühr nach dem Tarif zu zahlen. ³Unterbleibt die Zahlung der Gebühren, so ist § 36 Abs. 3 entsprechend anzuwenden.

(3) Der Antragsteller hat eine Bescheinigung des Internationalen Büros der Weltorganisation für geistiges Eigentum einzureichen, aus der sich die Marke und die Waren oder Dienstleistungen ergeben, für die sich der Schutz der internationalen Registrierung vor ihrer Löschung im internationalen Register auf die Bundesrepublik Deutschland erstreckt hatte.

(4) Der Antragsteller hat außerdem eine Übersetzung des Verzeichnisses der Waren oder Dienstleistungen, für die die Eintragung beantragt wird, einzureichen.

(5) ¹Der Antrag auf Umwandlung wird im übrigen wie eine Anmeldung zur Eintragung einer Marke behandelt. ²War jedoch am Tag der Löschung der Marke im internationalen Register die Frist nach Artikel 5 Abs. 2 des Protokolls zum Madrider Markenabkommen zur Verweigerung des Schutzes bereits abgelaufen und war an diesem Tag kein Verfahren zur Schutzverweigerung oder zur nachträglichen Schutzentziehung anhängig, so wird die Marke ohne vorherige Prüfung unmittelbar nach § 41 in das Register eingetragen. ³Gegen die Eintragung einer Marke nach Satz 2 kann Widerspruch nicht erhoben werden.

**Inhaltsübersicht**

| | Rn |
|---|---|
| A. Regelungsinhalt | 1 |
| B. Priorität aus der IR-Marke (§ 125 Abs. 1) | 2 |
| C. Gebühren (§ 125 Abs. 2) | 3–5 |
|    I. Grundsatz | 3 |
|    II. Fälligkeit | 4 |
|    III. Folgen der Nichtzahlung | 5 |
| D. Erforderliche Unterlagen (§ 125 Abs. 3 und 4) | 6 |
| E. Behandlung des Umwandlungsantrags (§ 125 Abs. 5) | 7 |

## A. Regelungsinhalt

§ 125 enthält die notwendigen Regelungen zur Umsetzung des Art. 9$^{quinquies}$ PMMA, der **1** die *Umwandlung einer internationalen Registrierung in nationale Markenanmeldungen* vorsieht. Nach Art. 6 Abs. 3 PMMA ist die IR-Marke für die Dauer von 5 Jahren von der Heimateintragung abhängig (Grundsatz der Akzessorietät, s. Art. 6 MMA, Rn 2). Entfällt innerhalb dieser Frist der Schutz aus der Basismarke, dann erlischt in gleichem Umfang auch der Schutz aus der IR-Marke. Nach Art. 9$^{quinquies}$ PMMA hat der Inhaber der gelöschten IR-

Marke jedoch die Möglichkeit, unter Beibehaltung der Priorität der internationalen Registrierung eine nationale Markenanmeldung in den Mitgliedstaaten einzureichen, auf die die Marke erstreckt worden ist (*Transformation*).

## B. Priorität aus der IR-Marke (§ 125 Abs. 1)

2   § 125 Abs. 1 entspricht der Regelung des Art. 9$^{quinquies}$ PMMA und sieht demgemäß vor, daß sich der Zeitrang der Marke (§ 6 Abs. 2) bei fristgerecht eingereichten Umwandlungsanträgen nach dem *Zeitrang der gelöschten IR-Marke* bestimmt. Die Priorität der IR-Marke bestimmt sich nach dem Tag der Anmeldung zur Eintragung im Ursprungsland, wenn die internationale Registrierung innerhalb von sechs Monaten nach der Heimatanmeldung erfolgt (Art. 4 Abs. 2 PMMA iVm Art. 4 PVÜ). Andernfalls ist das Datum der internationalen Registrierung für die Priorität der IR-Marke maßgeblich (Art. 4 Abs. 1 lit. a PMMA iVm §§ 124, 112, 6 Abs. 2; zur Priorität von IR-Marken s. Art. 4 MMA, Rn 3 f.; die Ausführungen gelten entsprechend für internationale Registrierungen nach dem PMMA mit dem Unterschied, daß die Inanspruchnahme der Unionspriorität in diesem Fall nicht die nationale Eintragung voraussetzt, weil internationale Registrierungen nach dem PMMA auch auf eine Markenanmeldung gestützt werden können). Der Antrag auf Umwandlung der IR-Marke in eine nationale Markenanmeldung muß innerhalb einer *Frist von drei Monaten nach der Löschung der Marke* im internationalen Register beim DPMA eingehen. Andernfalls kann die Priorität aus der IR-Marke nicht mehr in Anspruch genommen werden.

## C. Gebühren (§ 125 Abs. 2)

### I. Grundsatz

3   Nach § 125 Abs. 2 ist der *Umwandlungsantrag gebührenpflichtig*. Die Gebühren entsprechen den für eine Markenanmeldung nach § 32 Abs. 3 zu zahlenden Gebühren. Die Gebühr beträgt 500 DM zuzüglich einer Klassengebühr von 150 DM für jede die dritte Klasse übersteigende Klasse (Nr. 135 100 und 135 150 GebVerz zu § 1 PatGebG).

### II. Fälligkeit

4   Die Gebühr ist grundsätzlich bei der Antragstellung zu zahlen. Sie ist daher mit dem Eingang des Umwandlungsantrags beim DPMA fällig. Als Verfahrensgebühr verfällt die Gebühr mit der Fälligkeit; sie kann bei Rücknahme des Antrags weder ganz noch teilweise erstattet werden, da eine Rückzahlung aus Billigkeitsgründen nicht vorgesehen ist. Eine Rückzahlung der Gebühr ist daher nur möglich, wenn die Rücknahmeerklärung vor oder gleichzeitig mit dem Umwandlungsantrag eingeht oder wenn der Antrag im Zeitpunkt der Zahlung bereits zurückgenommen war.

### III. Folgen der Nichtzahlung

5   Zahlt der Anmelder die Gebühr nicht, so ist § 36 Abs. 3 entsprechend anzuwenden. Danach kann der Anmelder den Zeitrang der von ihm angemeldeten Marke dadurch wahren, daß er binnen eines Monats nach Zustellung einer entsprechenden Mitteilung des DPMA die um einen Zuschlag erhöhten Gebühren entrichtet (s. dazu § 36, Rn 9). Der Zuschlag beträgt 100 DM (Nr. 135 100 GebVerz zu § 1 PatGebG).

## D. Erforderliche Unterlagen (§ 125 Abs. 3 und 4)

6   Nach § 125 Abs. 3 muß der Antragsteller eine *Bescheinigung* des Internationalen Büros über die gelöschte IR-Marke einreichen. Diese Regelung ermöglicht dem DPMA, die Übereinstimmung der angemeldeten Marke mit der früheren IR-Marke festzustellen. Nach § 125 Abs. 4 hat der Anmelder außerdem eine *Übersetzung* des Verzeichnisses der Waren und Dienstleistungen einzureichen.

### E. Behandlung des Umwandlungsantrags (§ 125 Abs. 5)

§ 125 Abs. 5 bestimmt, daß der Umwandlungsantrag im übrigen wie eine Markenanmeldung nach § 32 zu behandeln ist, allerdings mit einer Einschränkung. Wenn die IR-Marke im Zeitpunkt ihrer Löschung bereits Schutz in der Bundesrepublik Deutschland genießt und so die Frist des Art. 5 Abs. 2 PMMA zur Schutzverweigerung abgelaufen ist oder etwa anhängige Schutzverweigerungsverfahren oder Schutzentziehungsverfahren zugunsten des Markeninhabers rechtskräftig abgeschlossen sind, dann wird die Marke ohne vorherige Prüfung unmittelbar in das Register eingetragen. Ein Widerspruch gegen die Eintragung ist in diesem Fall ausgeschlossen (Abs. 5 S. 3).   7

## Abschnitt 3. Gemeinschaftsmarken

### Vorbemerkung zu den §§ 125 a bis 125 h

**Schrifttum zur GMarkenV.** *v. Mühlendahl,* Das Harmonisierungsamt für den Binnenmarkt nach sechs Monaten, MA 1996, 526; *Schennen,* Die Vertretung vor dem Harmonisierungsamt für den Binnenmarkt, Mitt 1996, 361.

**Schrifttum zum MarkenG.** *Berlit,* Die Gemeinschaftsmarke und das Markenrechtsänderungsgesetz 1996, EWS 1997, 9; *Bumiller,* Durchsetzung der Gemeinschaftsmarke in der Europäischen Union, 1997; *v. Einem,* Checkliste zur Anmeldung einer EU-Gemeinschaftsmarke, WiB 1996, 605; *Vogt,* Das Markenrechtsänderungsgesetz 1996, NJW 1996, 2776.

S. zur Gemeinschaftsmarke auch die Schrifttumsangaben Einl E (vor Rn 80).

Abschnitt 3 (§§ 125 a bis 125 h) enthält die nationalen *Ausführungsvorschriften zur GMarkenV.* 1
Die Vorschriften sind durch das MarkenRÄndG 1996 vom 19. Juli 1996 (BGBl. I S. 1014) in Teil 5 des MarkenG eingefügt worden und am 25. Juli 1996 in Kraft getreten. Der Verordnung (EG) Nr. 40/94 des Rates vom 20. Dezember 1993 über die Gemeinschaftsmarke (ABl. EG Nr. L 11 vom 14. Januar 1994, S. 1; s. 3. Teil des Kommentars, II 2) kommt nach Art. 189 S. 2 EGV allgemeine Geltung zu; sie ist in allen ihren Teilen rechtsverbindlich und gilt unmittelbar in jedem Mitgliedstaat der Gemeinschaft. Eine Umsetzung in das nationale Recht war demnach nicht erforderlich. Erforderlich waren jedoch Vorschriften, die das durch die GMarkenV geschaffene Rechtssystem der Gemeinschaftsmarke mit dem nationalen Markenrecht koordinieren, namentlich das Verhältnis des durch eine Gemeinschaftsmarke erlangten Schutzes zum nationalen Markenschutz und die nationale Durchsetzung der Rechte aus einer Gemeinschaftsmarke regeln (Begründung zum Regierungsentwurf des MarkenRÄndG 1996, BT-Drucks. 13/3841 vom 23. Februar 1996, S. 7). Die Regelungen betreffen die Anmeldung von Gemeinschaftsmarken beim DPMA (§ 125 a), die Anwendung von Vorschriften des MarkenG auf Gemeinschaftsmarken (§ 125 b), die nachträgliche Feststellung der Ungültigkeit einer Marke (§ 125 c), die Umwandlung von Gemeinschaftsmarken (§ 125 d), die sachliche Zuständigkeit der Gemeinschaftsmarkengerichte und die Gemeinschaftsmarkenstreitsachen (§ 125 e), die Unterrichtung der EG-Kommission über die nationalen Gemeinschaftsmarkengerichte (§ 125 f), die örtliche Zuständigkeit der Gemeinschaftsmarkengerichte (§ 125 g) und die Gemeinschaftsmarke als Gegenstand des Insolvenzverfahrens (§ 125 h).

### Anmeldung von Gemeinschaftsmarken beim Patentamt

**125a** Werden beim Patenamt Anmeldungen von Gemeinschaftsmarken nach Artikel 25 Abs. 1 Buchstabe b der Verordnung (EG) Nr. 40/94 des Rates vom 20. Dezember 1993 über die Gemeinschaftsmarke (ABl. EG Nr. L 11 S. 1) eingereicht, so vermerkt das Patentamt auf der Anmeldung den Tag des Eingangs und leitet die Anmeldung ohne Prüfung unverzüglich an das Harmonisierungsamt für den Binnenmarkt (Marken, Muster und Modelle) weiter.

# MarkenG § 125b — Anwendung der Vorschriften dieses Gesetzes

**Inhaltsübersicht**

| | Rn |
|---|---|
| A. Regelungsgehalt | 1 |
| B. Normzweck | 2 |

## A. Regelungsgehalt

**1** Durch das MarkenRÄndG 1996 wurde § 125a, der die *Anmeldung von Gemeinschaftsmarken beim DPMA* zum Regelungsgegenstand hat, in das MarkenG eingefügt. Das Recht aus einer Gemeinschaftsmarke kann nur durch die Eintragung einer Marke als Gemeinschaftsmarke in das vom Harmonisierungsamt für den Binnenmarkt (Marken, Muster und Modelle) in Alicante/Spanien als Markenamt der Gemeinschaft geführte *Gemeinschaftsmarkenregister* erworben werden (Art. 6 GMarkenV). Die Anmeldung einer Marke zur Eintragung als Gemeinschaftsmarke in das Gemeinschaftsmarkenregister kann sowohl unmittelbar beim Markenamt der Gemeinschaft (Art. 25 Abs. 1 lit. a GMarkenV), als auch bei einer Zentralbehörde für den gewerblichen Rechtsschutz in einem der Mitgliedstaaten (Art. 25 Abs. 1 lit b. GMarkenV) eingereicht werden. Anmeldungen auf Eintragung einer Marke als Gemeinschaftsmarke können demnach auch beim DPMA eingereicht werden. Nach Art. 25 Abs. 2 GMarkenV sind Anmeldungen, die bei der für den gewerblichen Rechtsschutz zuständigen Behörde eines Mitgliedstaates oder beim BENELUX-Markenamt eingereicht werden, von diesem binnen zwei Wochen an das Markenamt der Gemeinschaft weiterzuleiten. Anmeldungen, die später als einen Monat nach ihrem Zugang bei einer dieser Behörden dem Markenamt der Gemeinschaft zugehen, gelten als zurückgenommen (Art. 25 Abs. 3 GMarkenV). Diesen Vorgaben entsprechend ist in § 125a eine Regelung dahingehend getroffen worden, daß das DPMA auf den dort eingereichten Anmeldungen von Gemeinschaftsmarken lediglich den Eingang vermerkt und diese ohne weitere Prüfung unverzüglich an das Markenamt der Gemeinschaft weiterleitet (zur Entgegennahme und Weiterleitung von Gemeinschaftsmarkenanmeldungen durch das DPMA s. die Mitteilung Nr. 2/96 des Präsidenten des Deutschen Patentamts über die Entgegennahme und Weiterleitung von Gemeinschaftsmarkenanmeldungen durch das Deutsche Patentamt vom 5. Januar 1996, BlPMZ 1996, 37). Das Tätigwerden des DPMA bleibt in diesem Fall gebührenfrei. Von der Option des Art. 25 Abs. 2 S. 2 GMarkenV, der die Möglichkeit eröffnet für ein derartiges Tätigwerden eine Gebühr zu erheben, ist kein Gebrauch gemacht worden (s. dazu Begründung zum Regierungsentwurf des MarkenRÄndG 1996, BT-Drucks. 13/3841 vom 23. Februar 1996, S. 11).

## B. Normzweck

**2** § 125a stellt eine Ausführungsvorschrift zu Art. 25 GMarkenV dar und dient insoweit der Umsetzung der Vorgaben in der GMarkenV. Ein rechtzeitiger Zugang einer beim DPMA eingehenden Anmeldung einer Marke zur Eintragung als Gemeinschaftsmarke beim Markenamt der Gemeinschaft soll sichergestellt werden.

### Anwendung der Vorschriften dieses Gesetzes

**125b** Die Vorschriften dieses Gesetzes sind auf Marken, die nach der Verordnung über die Gemeinschaftsmarke angemeldet oder eingetragen worden sind, in folgenden Fällen anzuwenden:

1. Für die Anwendung des § 9 (Relative Schutzhindernisse) sind angemeldete oder eingetragene Gemeinschaftsmarken mit älterem Zeitrang den nach diesem Gesetz angemeldeten oder eingetragenen Marken mit älterem Zeitrang gleichgestellt, jedoch mit der Maßgabe, daß an die Stelle der Bekanntheit im Inland gemäß § 9 Abs. 1 Nr. 3 die Bekanntheit in der Gemeinschaft gemäß Artikel 9 Abs. 1 Satz 2 Buchstabe c) der Verordnung über die Gemeinschaftsmarke tritt.
2. Dem Inhaber einer eingetragenen Gemeinschaftsmarke stehen zusätzlich zu den Ansprüchen nach den Artikeln 9 bis 11 der Verordnung über die Gemeinschafts-

marke die gleichen Ansprüche auf Schadensersatz (§ 14 Abs. 6 und 7), auf Vernichtung (§ 18) und auf Auskunftserteilung (§ 19) zu wie dem Inhaber einer nach diesem Gesetz eingetragenen Marke.
3. Werden Ansprüche aus einer eingetragenen Gemeinschaftsmarke gegen die Benutzung einer nach diesem Gesetz eingetragenen Marke mit jüngerem Zeitrang geltend gemacht, so ist § 21 Abs. 1 (Verwirkung) entsprechend anzuwenden.
4. Wird ein Widerspruch gegen die Eintragung einer Marke (§ 42) auf eine eingetragene Gemeinschaftsmarke mit älterem Zeitrang gestützt, so ist § 43 Abs. 1 (Glaubhaftmachung der Benutzung) entsprechend anzuwenden mit der Maßgabe, daß an die Stelle der Benutzung der Marke mit älterem Zeitrang gemäß § 26 die Benutzung der Gemeinschaftsmarke mit älterem Zeitrang gemäß Artikel 15 der Verordnung über die Gemeinschaftsmarke tritt.
5. Wird ein Antrag auf Löschung der Eintragung einer Marke (§ 51 Abs. 1) auf eine eingetragene Gemeinschaftsmarke mit älterem Zeitrang gestützt, so sind
   a) § 51 Abs. 2 Satz 1 (Verwirkung) entsprechend anzuwenden;
   b) § 55 Abs. 3 (Nachweis der Benutzung) mit der Maßgabe entsprechend anzuwenden, daß an die Stelle der Benutzung der Marke mit älterem Zeitrang gemäß § 26 die Benutzung der Gemeinschaftsmarke nach Artikel 15 der Verordnung über die Gemeinschaftsmarke tritt.
6. Anträge auf Beschlagnahme bei der Einfuhr und Ausfuhr können von Inhabern eingetragener Gemeinschaftsmarken in gleicher Weise gestellt werden wie von Inhabern nach diesem Gesetz eingetragener Marken. Die §§ 146 bis 149 sind entsprechend anzuwenden.

### Inhaltsübersicht

| | Rn |
|---|---|
| A. Regelungsübersicht | 1 |
| B. Regelungsgehalt und Normzweck der einzelnen Bestimmungen | 2–8 |
|    I. Relative Schutzhindernisse (§ 125 b Nr. 1) | 2 |
|    II. Verletzungsansprüche (§ 125 b Nr. 2) | 3 |
|    III. Verwirkung von Ansprüchen (§ 125 b Nr. 3) | 4 |
|    IV. Glaubhaftmachung der Benutzung im Widerspruchsverfahren (§ 125 b Nr. 4) | 5 |
|    V. Löschungsverfahren (§ 125 b Nr. 5) | 6, 7 |
|      1. Verwirkung eines Löschungsanspruchs (§ 125 b Nr. 5 lit. a) | 6 |
|      2. Nachweis der Benutzung (§ 125 b Nr. 5 lit. b) | 7 |
|    VI. Grenzbeschlagnahme (§ 125 b Nr. 6) | 8 |

## A. Regelungsübersicht

Durch das MarkenRÄndG 1996 wurde § 125 b in das MarkenG eingefügt, in dessen Nummern 1 bis 6 besondere Regelungen zur Anwendung einzelner Vorschriften des MarkenG auf angemeldete oder eingetragene Gemeinschaftsmarken enthalten sind, die der *nationalen Durchsetzung der Rechte aus einer Gemeinschaftsmarke* dienen und die *Gemeinschaftsmarke in das nationale Markenrecht einbeziehen*. Die Regelungen betreffen die Gemeinschaftsmarke als relatives Schutzhindernis (Nr. 1), die kennzeichenrechtlichen Ansprüche bei einer Gemeinschaftsmarkenverletzung (Nr. 2), die Verwirkung kennzeichenrechtlicher Ansprüche (Nr. 3), die Glaubhaftmachung der Benutzung im Widerspruchsverfahren (Nr. 4), das Löschungsverfahren (Nr. 5) und die Grenzbeschlagnahme widerrechtlich mit einer Gemeinschaftsmarke gekennzeichneter Waren (Nr. 6).

## B. Regelungsgehalt und Normzweck der einzelnen Bestimmungen

### I. Relative Schutzhindernisse (§ 125 b Nr. 1)

Nach § 125 b Nr. 1 werden für die Anwendung des § 9 (*relative Schutzhindernisse*) angemeldete oder eingetragenen Gemeinschaftsmarken mit älterem Zeitrang den nach dem

MarkenG angemeldeten oder eingetragenen Marken mit älterem Zeitrang gleichgestellt, jedoch mit der Maßgabe, daß an die Stelle der Bekanntheit im Inland gemäß § 9 Abs. 1 Nr. 3 die Bekanntheit in der Gemeinschaft gemäß Art. 9 Abs. 1 S. 2 lit. c GMarkenV tritt. Nach der GMarkenV geschützte Gemeinschaftsmarken mit älterem Zeitrang stellen ein relatives Schutzhindernis im Sinne des § 9 dar. Dies entspricht Art. 4 Abs. 2 lit. i MarkenRL. Nach dieser Bestimmung sind Gemeinschaftsmarken als ältere Marken im Sinne von Art. 4 Abs. 1 MarkenRL anzusehen. Die Anerkennung einer prioritätsälteren Gemeinschaftsmarke als ein relatives Schutzhindernis im Schutzsystem des MarkenG unterliegt jedoch einer Einschränkung. Aufgrund der unterschiedlichen territorialen Wirkung einer nationalen Marke und einer Gemeinschaftsmarke ist bei dem Kollisionstatbestand des § 9 Abs. 1 Nr. 3 (Bekanntheitsschutz) die *Bekanntheit in der Gemeinschaft* maßgeblich. Bei der Bestimmung des Zeitrangs einer Gemeinschaftsmarke sind die Art. 34 und 35 GMarkenV zu berücksichtigen, nach denen für eine Gemeinschaftsmarke unter bestimmten Voraussetzungen der Zeitrang einer älteren nationalen Marke in Anspruch genommen werden kann (Begründung zum Regierungsentwurf eines MarkenRÄndG 1996, BT-Drucks. 13/3841 vom 23. Februar 1996, S. 11).

## II. Verletzungsansprüche (§ 125 b Nr. 2)

3   Nach § 125 b Nr. 2 stehen dem Inhaber einer Gemeinschaftsmarke zusätzlich zu den Ansprüchen nach den Art. 9 bis 11 GMarkenV die *gleichen Ansprüche* auf *Schadensersatz* (§ 14 Abs. 6 und 7), auf *Vernichtung* (§ 18) und auf *Auskunftserteilung* (§ 19) zu, wie dem Inhaber einer nach dem MarkenG eingetragenen Marke. Dem Inhaber einer Gemeinschaftsmarke werden die im MarkenG normierten kennzeichenrechtlichen Verletzungsansprüche bei einer Verletzung seiner Rechte aus der Gemeinschaftsmarke ausdrücklich zuerkannt. Die GMarkenV enthält als Sanktion für die Verletzung von Rechten aus einer Gemeinschaftsmarke nur Unterlassungsansprüche (Art. 9 iVm Art. 98 Abs. 1 GMarkenV), Ansprüche gegen den Verleger von Wörterbüchern oder ähnlichen Werken (Art. 10 GMarkenV) und Ansprüche gegen einen Agenten oder Vertreter des Markeninhabers (Art. 11 GMarkenV). Nach Art. 14 Abs. 1 und 2 iVm Art. 98 Abs. 2 GMarkenV findet bei einer Verletzung der Rechte aus einer Gemeinschaftsmarke das Recht des Mitgliedstaates Anwendung, in dem die Verletzungshandlung begangen worden ist oder begangen zu werden droht, so daß insoweit als Rechtsfolge einer Gemeinschaftsmarkenverletzung auch Ansprüche auf Schadensersatz, Vernichtung oder Auskunftserteilung in Betracht kommen. Die Regelung des § 125 b trägt dieser Bestimmung Rechnung (Begründung zum Regierungsentwurf eines MarkenRÄndG 1996, BT-Drucks. 13/3841 vom 23. Februar 1996, S. 10).

## III. Verwirkung von Ansprüchen (§ 125 b Nr. 3)

4   Nach § 125 b Nr. 3 findet bei Ansprüchen, die aus einer eingetragenen Gemeinschaftsmarke gegen die Benutzung einer nach dem MarkenG eingetragenen Marke mit jüngerem Zeitrang geltend gemacht werden, die Vorschrift des § 21 Abs. 1 über die *Verwirkung* entsprechende Anwendung. Regelungsgegenstand der Vorschrift ist die Verwirkung kennzeichenrechtlicher Ansprüche durch Duldung im Kollisionsfall zwischen einer prioritätsälteren Gemeinschaftsmarke und einer prioritätsjüngeren nationalen Marke. Die Verwirkung richtet sich in diesem Fall nach der Bestimmung des § 21 Abs. 1. Der Anspruch des Inhabers einer eingetragenen prioritätsälteren Gemeinschaftsmarke, die Benutzung einer prioritätsjüngeren nationalen Marke untersagen zu können, verwirkt, wenn er die Benutzung der prioritätsjüngeren Marke während eines Zeitraums von fünf aufeinanderfolgenden Jahren duldet. Die Anknüpfung der Verwirkung an die Duldung der Benutzung über einen Zeitraum von fünf aufeinanderfolgenden Jahren entspricht den Verwirkungsregeln in der GMarkenV (Art. 53 Abs. 1 und 2, 106 Abs. 1 S. 2 GMarkenV) und in der MarkenRL (Art. 9 Abs. 1 MarkenRL; s. dazu auch Begründung zum Regierungsentwurf des MarkenRÄndG 1996, BT-Drucks. 13/3841 vom 23. Februar 1996, S. 10 ff.).

## IV. Glaubhaftmachung der Benutzung im Widerspruchsverfahren (§ 125 b Nr. 4)

Nach § 125 b Nr. 4 findet bei einem Widerspruch gegen die Eintragung einer Marke (§ 42), der auf eine eingetragene Gemeinschaftsmarke mit älterem Zeitrang gestützt wird, die Vorschrift des § 43 Abs. 1 über die *Glaubhaftmachung der Benutzung* mit der Maßgabe entsprechende Anwendung, daß an die Stelle der Benutzung der Marke mit älterem Zeitrang gemäß § 26 die Benutzung der Gemeinschaftsmarke mit älterem Zeitrang gemäß Art. 15 GMarkenV tritt. Der Widerspruch gegen die Eintragung einer Marke, der auf eine eingetragene Gemeinschaftsmarke mit älterem Zeitrang gestützt wird, wird den gleichen Grundsätzen unterstellt, die allgemein für das Widerspruchsverfahren gelten. § 43 Abs. 1, der die Geltendmachung der mangelnden Benutzung im Widerspruchsverfahren regelt, findet entsprechende Anwendung. Der Inhaber einer eingetragenen Gemeinschaftsmarke mit älterem Zeitrang, der Widerspruch gegen die Eintragung einer Marke erhebt, hat im Widerspruchsverfahren auf Bestreiten der Benutzung der Widerspruchsmarke durch den Widerspruchsgegner die Benutzung der Gemeinschaftsmarke als Widerspruchsmarke glaubhaft zu machen. Diese Regelung entspricht Art. 11 Abs. 2 MarkenRL. Dort ist vorgesehen, daß die Eintragung einer Marke wegen Nichtbenutzung zurückgewiesen werden kann. Eine von den allgemeinen Grundsätzen abweichende Regelung besteht insoweit, als sich die rechtlichen Anforderungen an eine rechtserhaltende Benutzung allgemein nach § 26 bestimmen. An die Stelle der Benutzung nach § 26 tritt die Benutzung nach Art. 15 GMarkenV. Der wesentliche Unterschied liegt darin, daß eine *Benutzung im Inland nicht gefordert* werden kann. Anknüpfungspunkt für die rechtserhaltende Benutzung ist die Benutzung in der Gemeinschaft. Die Anforderungen an die Glaubhaftmachung der Benutzung sind die gleichen wie bei einer nationalen Marke (s. dazu im einzelnen § 43, Rn 9 ff.; Begründung zum Regierungsentwurf des MarkenRÄndG 1996, BT-Drucks. 13/3841 vom 23. Februar 1996, S. 12).

## V. Löschungsverfahren (§ 125 b Nr. 5)

### 1. Verwirkung eines Löschungsanspruchs (§ 125 b Nr. 5 lit. a)

Nach § 125 b Nr. 5 lit. a findet bei einem Antrag auf Löschung der Eintragung einer Marke (§ 51 Abs. 1), der auf eine Gemeinschaftsmarke mit älterem Zeitrang gestützt wird, die Vorschrift des § 51 Abs. 2 S. 1 über die *Verwirkung* entsprechende Anwendung. Eine Löschungsklage nach § 51 Abs. 1, die auf eine eingetragene Gemeinschaftsmarke mit älterem Zeitrang gestützt wird, wird den gleichen Grundsätzen unterstellt, die allgemein für das Löschungsverfahren gelten. § 51 Abs. 2, der die Verwirkung eines Löschungsanspruchs regelt, findet entsprechende Anwendung. Der Inhaber einer prioritätsälteren Gemeinschaftsmarke kann die Löschung einer prioritätsjüngeren nationalen Marke dann nicht verlangen, wenn nach § 51 Abs. 2 S. 1 Verwirkung eingetreten ist. Der Löschungsanspruch verwirkt, wenn der Inhaber einer prioritätsälteren Gemeinschaftsmarke die Benutzung der prioritätsjüngeren nationalen Marke während eines Zeitraums von fünf aufeinanderfolgenden Jahren in Kenntnis der Benutzung duldet, es sei denn, daß die Anmeldung der nationalen Marke mit jüngerem Zeitrang bösgläubig vorgenommen wurde. Die Vorschrift entspricht Art. 9 Abs. 1 MarkenRL und den Verwirkungsregelungen in der GMarkenV (Art. 53 Abs. 1 und 2, Art. 106 Abs. 1 S. 2 GMarkenV s. dazu auch Begründung zum Regierungsentwurf des MarkenRÄndG 1996, BT-Drucks. 13/3841 vom 23. Februar 1996, S. 12).

### 2. Nachweis der Benutzung (§ 125 b Nr. 5 lit. b)

Nach § 125 b Nr. 5 lit. b findet bei einem Antrag auf Löschung der Eintragung einer Marke (§ 51 Abs. 1), der auf eine Gemeinschaftsmarke mit älterem Zeitrang gestützt wird, die Vorschrift des § 55 Abs. 3 über den *Nachweis der Benutzung* mit der Maßgabe entsprechende Anwendung, daß an die Stelle der Benutzung der Marke mit älterem Zeitrang gemäß § 26 die Benutzung der Gemeinschaftsmarke nach Art. 15 GMarkenV tritt. Eine

**MarkenG § 125c** 1    Nachträgliche Feststellung der Ungültigkeit einer Marke

Löschungsklage gegen die Eintragung einer Marke, die auf eine Gemeinschaftsmarke mit älterem Zeitrang gestützt wird, unterliegt in gleicher Weise dem Nachweis der Benutzung wie eine Löschungsklage, die auf eine nationale Marke mit älterem Zeitrang gestützt wird. § 55 Abs. 3, der den Nachweis mangelnder Benutzung im Löschungsverfahren regelt, findet entsprechende Anwendung. Der Inhaber einer eingetragenen Gemeinschaftsmarke mit älterem Zeitrang, der eine Löschungsklage erhebt, hat im Löschungsverfahren auf die Einrede der Nichtbenutzung die Benutzung der Gemeinschaftsmarke nachzuweisen. Die Regelung entspricht im wesentlichen der Regelung in § 125b Nr. 4 zur Glaubhaftmachung der Benutzung im Widerspruchsverfahren (s. Rn 5). Eine von den allgemeinen Grundsätzen abweichende Regelung besteht insoweit, als sich die rechtserhaltende Benutzung nicht nach § 26, sondern nach § 15 GMarkenV bestimmt, der auf die *Benutzung in der Gemeinschaft* abstellt (s. dazu auch Begründung zum Regierungsentwurf des MarkenRÄndG 1996, BT-Drucks. 13/3841 vom 23. Februar 1996, S. 12).

### IV. Grenzbeschlagnahme (§ 125b Nr. 6)

8    Nach § 125b Nr. 6 kann der Inhaber einer eingetragenen Gemeinschaftsmarke Anträge auf *Beschlagnahme* von widerrechtlich mit einer Gemeinschaftsmarke versehenen Waren bei der Einfuhr und Ausfuhr in gleicher Weise stellen wie der Inhaber einer nationalen Marke. Die §§ 146 bis 149, die die Grenzbeschlagnahme im einzelnen regeln, finden insoweit entsprechende Anwendung. Die Bestimmung dient der nationalen Durchsetzung der Rechte aus einer Gemeinschaftsmarke. Der Inhaber einer Gemeinschaftsmarke ist in gleicher Weise gegen eine Verletzung seiner Rechte geschützt wie der Inhaber einer nationalen Marke. Waren, die widerrechtlich mit einer Gemeinschaftsmarke versehen sind, werden bei ihrer Einfuhr oder Ausfuhr auf Antrag und gegen Sicherheitsleistung der Beschlagnahme durch die Zollbehörden unterstellt (s. dazu auch Begründung zum Regierungsentwurf des MarkenRÄndG 1996, BT-Drucks. 13/3841 vom 23. Februar 1996, S. 12).

**Nachträgliche Feststellung der Ungültigkeit einer Marke**

**125c** (1) Ist für eine angemeldete oder eingetragene **Gemeinschaftsmarke der Zeitrang** einer im Register des Patentamts eingetragenen Marke nach Artikel 34 oder 35 der Verordnung über die Gemeinschaftsmarke in Anspruch genommen worden und ist die im Register des Patentamts eingetragene Marke wegen Nichtverlängerung der Schutzdauer nach § 47 Abs. 6 oder wegen Verzichts nach § 48 Abs. 1 gelöscht worden, so kann auf Antrag nachträglich die Ungültigkeit dieser Marke wegen Verfalls oder wegen Nichtigkeit festgestellt werden.

(2) Die Feststellung der Ungültigkeit erfolgt unter den gleichen Voraussetzungen wie eine Löschung wegen Verfalls oder wegen Nichtigkeit. Jedoch kann die Ungültigkeit einer Marke wegen Verfalls nach § 49 Abs. 1 nur festgestellt werden, wenn die Voraussetzungen für die Löschung nach dieser Vorschrift auch schon in dem Zeitpunkt gegeben waren, in dem die Marke wegen Nichtverlängerung der Schutzdauer oder wegen Verzichts gelöscht worden ist.

(3) Das Verfahren zur Feststellung der Ungültigkeit richtet sich nach den Vorschriften, die für das Verfahren zur Löschung einer eingetragenen Marke gelten, mit der Maßgabe, daß an die Stelle der Löschung der Eintragung der Marke die Feststellung ihrer Ungültigkeit tritt.

### Inhaltsübersicht

|   | Rn |
|---|---|
| A. Regelungsgehalt | 1 |
| B. Normzweck | 2 |

### A. Regelungsgehalt

1    Durch das MarkenRÄndG 1996 wurde § 125c in das MarkenG eingefügt, dessen Regelungsgegenstand die Möglichkeit einer *nachträglichen Feststellung der Ungültigkeit* einer nationalen Marke wegen Verfalls oder wegen Nichtigkeit ist, deren Zeitrang für eine angemel-

dete oder eingetragene Gemeinschaftsmarke in Anspruch genommen wird. Nach den Art. 34 und 35 GMarkenV kann für eine angemeldete oder eingetragene Gemeinschaftsmarke der Zeitrang einer übereinstimmenden nationalen Marke in Anspruch genommen werden. Der Gemeinschaftsmarke kommt dann in dem Mitgliedstaat, in dem die übereinstimmende nationale Marke eingetragen ist, der für diese geltende Zeitrang zu. In den übrigen Mitgliedstaaten kommt der eingetragenen oder angemeldeten Gemeinschaftsmarke jedoch lediglich der Zeitrang des Anmeldetages zu. Nach dieser Regelung kann in den Fällen, in denen für eine angemeldete oder eingetragene Gemeinschaftsmarke der Zeitrang einer im Markenregister des DPMA eingetragenen Marke in Anspruch genommen wird, in denen die eingetragene nationale Marke jedoch wegen Nichtverlängerung der Schutzdauer nach § 47 Abs. 6 oder wegen Verzichts nach § 48 Abs. 1 gelöscht worden ist, noch nachträglich auf Antrag die Ungültigkeit der vormals eingetragenen nationalen Marke wegen Verfalls (§ 49) oder wegen Nichtigkeit (§§ 50, 51) festgestellt werden. Nach Abs. 2 S. 1 unterliegt die nachträgliche Feststellung der Ungültigkeit der nicht mehr eingetragenen Marke den gleichen Voraussetzungen wie eine Löschung wegen Verfalls oder wegen Nichtigkeit (zu den einzelnen markenrechtlichen Löschungsgründen s. die Kommentierung zu den §§ 49, 50, 51). Nach Abs. 2 S. 2 ist für die nachträgliche Feststellung der Ungültigkeit wegen Verfalls nach § 49 Abs. 1 der Zeitpunkt der Löschung der vormals eingetragenen Marke maßgeblich. Die nachträgliche Feststellung der Ungültigkeit wegen Verfalls aufgrund einer Nichtbenutzung der Marke kommt nur in Betracht, wenn der Verfallsgrund bereits in dem Zeitpunkt vorlag, in dem die im Markenregister beim DPMA eingetragene Marke wegen Verzichts (§ 48 Abs. 1) oder wegen Nichtverlängerung der Schutzdauer (§ 47 Abs. 6) gelöscht worden ist. Für die anderen markenrechtlichen Löschungsgründe ist hingegen der Zeitpunkt der Entscheidung über den Feststellungsantrag der allein maßgebliche. Nach Abs. 3 richtet sich das Verfahren zur nachträglichen Feststellung der Ungültigkeit der vormals eingetragenen Marke nach den Vorschriften über das Löschungsverfahren (§§ 53 ff.). An die Stelle der Löschung der Eintragung der Marke tritt die Feststellung ihrer Ungültigkeit. Entsprechendes gilt für die international registrierten Marken (§§ 107, 119 iVm 125c; s. dazu Begründung zum Regierungsentwurf des MarkenRÄndG 1996, BT-Drucks. 13/3841 vom 23. Februar 1996, S. 13).

## B. Normzweck

Die Regelung des § 125c dient der Umsetzung des Art. 14 MarkenRL. Art. 14 MarkenRL schreibt die Möglichkeit der nachträglichen Feststellung der Ungültigkeit oder des Verfalls einer Marke ausdrücklich vor. Der Sinn und Zweck einer nachträgliche Feststellung der Ungültigkeit einer nicht mehr eingetragenen Marke, deren Zeitrang für eine Gemeinschaftsmarke in Anspruch genommen wird, liegt darin, den in Anspruch genommen Zeitrang beseitigen zu können, wenn dieser seine Grundlage in einer Marke findet, für die ein markenrechtlicher Löschungsgrund besteht. 2

**Umwandlung von Gemeinschaftsmarken**

**125d** (1) Ist dem Patentamt ein Antrag auf Umwandlung einer angemeldeten oder eingetragenen Gemeinschaftsmarke nach Artikel 109 Abs. 3 der Verordnung über die Gemeinschaftsmarke übermittelt worden, so hat der Anmelder innerhalb einer Frist von zwei Monaten nach Zugang des Umwandlungsantrags beim Patentamt eine Gebühr nach dem Tarif zu zahlen. Wird die Umwandlung für Waren oder Dienstleistungen beantragt, die in mehr als drei Klassen der Klasseneinteilung von Waren und Dienstleistungen fallen, so ist außerdem für jede weitere Klasse eine Klassengebühr nach dem Tarif zu zahlen. Wird die Gebühr nicht rechtzeitig gezahlt, so gilt der Umwandlungsantrag als nicht gestellt.

(2) Das Patentamt prüft, ob der Umwandlungsantrag nach Artikel 108 Abs. 2 der Verordnung über die Gemeinschaftsmarke zulässig ist. Ist der Umwandlungsantrag unzulässig, so wird er zurückgewiesen.

(3) Betrifft der Umwandlungsantrag eine Marke, die noch nicht als Gemeinschaftsmarke eingetragen war, so wird der Umwandlungsantrag wie die Anmeldung einer

Marke zur Eintragung in das Register des Patentamts behandelt mit der Maßgabe, daß an die Stelle des Anmeldetages im Sinne des § 33 Abs. 1 der Anmeldetag der Gemeinschaftsmarke im Sinne des Artikels 27 der Verordnung über die Gemeinschaftsmarke oder der Tag einer für die Gemeinschaftsmarke in Anspruch genommenen Priorität tritt. War für die Anmeldung der Gemeinschaftsmarke der Zeitrang einer im Register des Patentamts eingetragenen Marke nach Artikel 34 der Verordnung über die Gemeinschaftsmarke in Anspruch genommen worden, so tritt dieser Zeitrang an die Stelle des nach Satz 1 maßgeblichen Tages.

(4) Betrifft der Umwandlungsantrag eine Marke, die bereits als Gemeinschaftsmarke eingetragen war, so trägt das Patentamt die Marke ohne weitere Prüfung unmittelbar nach § 41 unter Wahrung ihres ursprünglichen Zeitrangs in das Register ein. Gegen die Eintragung kann Widerspruch nicht erhoben werden.

(5) Im übrigen sind auf Umwandlungsanträge die Vorschriften dieses Gesetzes für die Anmeldung von Marken anzuwenden.

### Inhaltsübersicht

|  | Rn |
|---|---|
| A. Regelungsgehalt | 1–4 |
| B. Normzweck | 5 |

## A. Regelungsgehalt

1   Durch das MarkenRÄndG 1996 wurde § 125 d, der das Verfahren zur *Umwandlung einer angemeldeten oder eingetragenen Gemeinschaftsmarke in eine nationale Markenanmeldung* zum Regelungsgegenstand hat, in das MarkenG eingefügt. Die Voraussetzungen und das Verfahren zur Umwandlung einer Gemeinschaftsmarke in eine nationale Markenanmeldung sind im einzelnen in den Art. 108 bis 110 GMarkenV geregelt (s. dazu im einzelnen Einl, Rn 132). Nach § 125 d Abs. 1 S. 1 ist ein Anmelder, dessen Antrag auf Umwandlung einer angemeldeten oder eingetragenen Gemeinschaftsmarke in eine nationale Markenanmeldung vom Markenamt der Gemeinschaft als der für die Stellung eines derartigen Antrags zuständigen Behörde (Art. 109 Abs. 1 GMarkenV) an das DPMA als der für den gewerblichen Rechtsschutz zuständigen Zentralbehörde auf mitgliedstaatlicher Ebene weitergeleitet wird (Art. 109 Abs. 3 GMarkenV), verpflichtet, *innerhalb einer Frist von zwei Monaten eine Gebühr nach dem Tarif* zu zahlen. Die Höhe der Gebühr bestimmt sich nach dem PatGebG. Die Gebühr für den Umwandlungsantrag beträgt 500 DM (Nr. 135 100 GebVerz zu § 1 PatGebG). Wird die Umwandlung für Waren oder Dienstleistungen beantragt, die in mehr als drei Klassen der Klasseneinteilung von Waren oder Dienstleistungen fallen, so ist außerdem für jede weitere Klasse eine Klassengebühr nach dem Tarif zu zahlen. Die Klassengebühr für jede die dritte Klasse übersteigende Klasse beträgt 150 DM (Nr. 135 150 GebVerz zu § 1 PatGebG). Wird die Gebühr nicht rechtzeitig gezahlt, so gilt der Umwandlungsantrag als nicht gestellt (Abs. 1 S. 3). Die Regelung entspricht Art. 110 Abs. 3 GMarkenV.

2   Die Prüfung der *Zulässigkeit des Umwandlungsantrags* nach Art. 108 Abs. 2 GMarkenV obliegt dem DPMA (Abs. 2 S. 1). Ein unzulässiger Umwandlungsantrag wird vom DPMA zurückgewiesen (Abs. 2 S. 2). Die Regelung entspricht Art. 110 Abs. 1 GMarkenV.

3   Ein Umwandlungsantrag, der eine *angemeldete* Gemeinschaftsmarke betrifft, wird wie eine nationale *Markenanmeldung* behandelt (Abs. 3 S. 1). An die Stelle des Anmeldetages im Sinne des § 33 Abs. 1 tritt der Anmeldetag im Sinne des Art. 27 GMarkenV oder der Tag einer früheren Anmeldung, deren Priorität in Anspruch genommen wird. Ist für die Anmeldung der Gemeinschaftsmarke der Zeitrang einer beim DPMA eingetragenen übereinstimmenden Marke oder einer international registrierten Marke gemäß Art. 34 GMarkenV in Anspruch genommen worden, so kommt dem Umwandlungsantrag dieser Zeitrang zu (Abs. 3 S. 2). Die Regelung entspricht Art. 108 Abs. 3 GMarkenV.

4   Umwandlungsanträge hingegen, die eine *eingetragene* Gemeinschaftsmarke betreffen, führen ohne weitere Prüfung unmittelbar zur Eintragung der Marke in das Markenregister (Abs. 4 S. 1). Ein Widerspruch gegen die Eintragung ist ausgeschlossen (Abs. 3 S. 2). Der ursprüngliche Zeitrang bleibt gewahrt. Die Regelung entspricht § 125 Abs. 5, der die Um-

wandlung einer international registrierten Marke nach dem Protokoll zum Madrider Markenabkommen regelt (s. dazu § 125, Rn 7).

Auf Umwandlungsanträge finden die für die Anmeldung nationaler Marken geltenden Vorschriften Anwendung (Abs. 5). Die Einzelheiten des Umwandlungsverfahrens regeln die auf der Grundlage des § 65 Abs. 1 Nr. 7 erlassenen Durchführungsbestimmungen (s. zu der Regelung des § 125 d im einzelnen Begründung zum Regierungsentwurf des MarkenRÄndG 1996, BT-Drucks. 13/3841 vom 23. Februar 1996, S. 13 ff.).

## B. Normzweck

Die Regelungen des § 125 d entsprechen den Vorgaben der GMarkenV. 5

**Gemeinschaftsmarkengerichte; Gemeinschaftsmarkenstreitsachen**

**125e** (1) Für alle Klagen, für die nach der Verordnung über die Gemeinschaftsmarke die Gemeinschaftsmarkengerichte im Sinne des Artikel 91 Abs. 1 der Verordnung zuständig sind (Gemeinschaftsmarkenstreitsachen), sind als Gemeinschaftsmarkengerichte erster Instanz die Landgerichte ohne Rücksicht auf den Streitwert ausschließlich zuständig.

(2) Gemeinschaftsmarkengericht zweiter Instanz ist das Oberlandesgericht, in dessen Bezirk das Gemeinschaftsmarkengericht erster Instanz seinen Sitz hat.

(3) Die Landesregierungen werden ermächtigt, durch Rechtsverordnung die Gemeinschaftsmarkenstreitsachen für die Bezirke mehrerer Gemeinschaftsmarkengerichte einem dieser Gerichte zuzuweisen. Die Landesregierungen können diese Ermächtigung durch Rechtsverordnung auf die Landesjustizverwaltungen übertragen.

(4) Die Länder können durch Vereinbarung den Gemeinschaftsmarkengerichten eines Landes obliegende Aufgaben ganz oder teilweise dem zuständigen Gemeinschaftsmarkengericht eines anderen Landes übertragen.

(5) Auf Verfahren vor den Gemeinschaftsmarkengerichten ist § 140 Abs. 3 bis 5 entsprechend anzuwenden.

### Inhaltsübersicht

| | Rn |
|---|---|
| A. Regelungsgehalt | 1, 2 |
| B. Normzweck | 3 |
| C. Gemeinschaftsmarkengerichte in den Bundesländern | 4 |

## A. Regelungsgehalt

Durch das MarkenRÄndG 1996 wurde § 125 e, der die *sachliche Zuständigkeit* und das 1 *Verfahren* bei Rechtsstreitigkeiten über die Verletzung und Rechtsgültigkeit von Gemeinschaftsmarken zum Regelungsgegenstand hat, in das MarkenG eingefügt. Für Klagen im Sinne des Art. 92 GMarkenV (Verletzungsklagen, negative Feststellungsklagen, Klagen auf Entschädigung nach Art. 9 Abs. 3 S. 2 GMarkenV und Widerklagen auf Erklärung des Verfalls oder der Nichtigkeit einer Gemeinschaftsmarke) sind die *Gemeinschaftsmarkengerichte ausschließlich zuständig*. Gemeinschaftsmarkengerichte sind die nationalen Gerichte. Nach Art. 91 Abs. 1 GMarkenV müssen die Mitgliedstaaten eine möglichst geringe Zahl von Gemeinschaftsmarkengerichten erster und zweiter Instanz bestimmen, die die ihnen nach der GMarkenV zugewiesenen Aufgaben wahrnehmen. Dieser Vorgabe entsprechend sind nach § 125 e Abs. 1 für alle Klagen im Sinne des Art. 92 GMarkenV die *Landgerichte als Gemeinschaftsmarkengerichte erster Instanz* ohne Rücksicht auf den Streitwert ausschließlich zuständig. Die Regelung entspricht § 140 Abs. 1. *Gemeinschaftsmarkengerichte zweiter Instanz* sind die *Oberlandesgerichte* (Abs. 2). Nach § 125 e Abs. 3 S. 1 besteht eine Ermächtigung der Landesregierungen, die Zuständigkeit für Gemeinschaftsmarkenstreitsachen auf einzelne Landgerichte zu konzentrieren. Die Landesregierungen können die Befugnis zur Zuständigkeitskonzentration durch Rechtsverordnung auf die Justizverwaltungen übertragen (§ 125 e

**MarkenG § 125e** 2–4  Gemeinschaftsmarkengerichte; -streitsachen

Abs. 3 S. 2). Nach § 125 e Abs. 4 besteht eine Ermächtigung der Länder, die sachliche Zuständigkeit für Gemeinschaftsmarkenstreitsachen auch länderübergreifend bei einzelnen Landgerichten zu konzentrieren. Die Möglichkeit einer Zuständigkeitskonzentration auf einige wenige Landgerichte dient der Vorgabe des Art. 91 Abs. 1 GMarkenV, eine möglichst geringe Anzahl nationaler Gerichte zu bestimmen, denen die Funktion eines Gemeinschaftsmarkengerichts zukommt. Aufgrund der Konzentrationsermächtigung wurde in den Bundesländern die ausschließliche Zuständigkeit von 28 erstinstanzlichen und 19 zweitinstanzlichen Gemeinschaftsmarkengerichten begründet (s. Rn 4).

2   Auf die *Verfahren vor den Gemeinschaftsmarkengerichten* finden die Bestimmungen des § 140 Abs. 3 bis 5 über die Prozeßvertretung entsprechende Anwendung (§ 125e Abs. 5). Die Regelung steht im Einklang mit Art. 97 Abs. 3 GMarkenV (s. zu der Regelung des § 125 e im einzelnen Begründung zum Regierungsentwurf des MarkenRÄndG 1996, BT-Drucks. 13/3841 vom 23. Februar 1996, S. 15).

### B. Normzweck

3   Die Regelungen des § 125 e entsprechen den Vorgaben der GMarkenV in Titel X.

### C. Gemeinschaftsmarkengerichte in den Bundesländern

4   Aufgrund der Konzentrationsermächtigung nach § 125e Abs. 3 wurde in den Bundesländern eine ausschließliche Zuständigkeit für Gemeinschaftsmarkenstreitsachen der folgenden *Gemeinschaftsmarkengerichte* begründet (zur teilweise abweichenden Zuständigkeit der Kennzeichengerichte s. § 140, Rn 9). In *Baden-Württemberg* sind zuständig für Gemeinschaftsmarkenstreitsachen des OLG-Bezirks Karlsruhe das LG Mannheim und das OLG Karlsruhe, für solche des OLG-Bezirks Stuttgart das LG Stuttgart und das OLG Stuttgart. In *Bayern* sind zuständig für Gemeinschaftsmarkenstreitsachen des OLG-Bezirks München das LG München I und das OLG München, für solche der OLG-Bezirke Nürnberg und Bamberg das LG Nürnberg-Fürth und das OLG Nürnberg. In *Berlin* sind zuständig für Gemeinschaftsmarkenstreitsachen das LG Berlin und das Kammergericht. In *Brandenburg* sind zuständig für Gemeinschaftsmarkenstreitsachen des OLG-Bezirks Brandenburg das Landgericht Cottbus, das Landgericht Frankfurt (Oder), das Landgericht Neuruppin, das Landgericht Potsdam und das Brandenburgische OLG. In *Bremen* sind zuständig für Gemeinschaftsmarkenstreitsachen das LG Bremen und das HansOLG Bremen. In *Hamburg* sind zuständig für Gemeinschaftsmarkenstreitsachen das Landgericht Hamburg und das HansOLG Hamburg. In *Hessen* sind zuständig für Gemeinschaftsmarkenstreitsachen des OLG-Bezirks Frankfurt/Main das Landgericht Frankfurt/Main und das OLG Frankfurt/Main. In *Mecklenburg-Vorpommern* sind zuständig für Gemeinschaftsmarkenstreitsachen des OLG-Bezirks Rostock das Landgericht Rostock und das OLG Rostock. In *Niedersachsen* sind zuständig für Gemeinschaftsmarkenstreitsachen für die Bezirke aller LG das LG Braunschweig und das OLG Braunschweig. In *Nordrhein-Westfalen* sind zuständig für Gemeinschaftsmarkenstreitsachen der OLG-Bezirke Düsseldorf, Hamm und Köln das LG Düsseldorf und das OLG Düsseldorf. In *Rheinland-Pfalz* sind zuständig für Gemeinschaftsmarkenstreitsachen des OLG-Bezirks Zweibrücken das LG Frankenthal (Pfalz) und das Pfälzische OLG Zweibrücken, für solche des OLG-Bezirks Koblenz das LG Koblenz und das OLG Koblenz. Im *Saarland* sind zuständig für Gemeinschaftsmarkenstreitsachen des OLG-Bezirks Saarbrücken das LG Saarbrücken und das Saarländische OLG Saarbrücken. In *Sachsen* sind zuständig für Gemeinschaftsmarkenstreitsachen des OLG-Bezirks Dresden das LG Leipzig und das OLG Dresden. In *Sachsen-Anhalt* sind zuständig für Gemeinschaftsmarkenstreitsachen des OLG-Bezirks Naumburg das LG Magdeburg und das OLG Naumburg. In *Schleswig-Holstein* sind zuständig für Gemeinschaftsmarkenstreitsachen des OLG-Bezirks Schleswig das Landgericht Flensburg, das Landgericht Itzehoe, das Landgericht Kiel, das Landgericht Lübeck sowie das Schleswig-Holsteinische OLG. In *Thüringen* sind zuständig für Gemeinschaftsmarkenstreitsachen des OLG-Bezirks Jena das LG Erfurt und das Thüringer OLG.

## Unterrichtung der Kommission

**125 f** Das Bundesministerium der Justiz teilt der Kommission der Europäischen Gemeinschaften die Gemeinschaftsmarkengerichte erster und zweiter Instanz sowie jede Änderung der Anzahl, der Bezeichnung oder der örtlichen Zuständigkeit der Gemeinschaftsmarkengerichte erster und zweiter Instanz mit.

### A. Regelungsgehalt

Durch das MarkenRÄndG 1996 wurde § 125 f, nach dem das Bundesministerium der Justiz dafür zuständig ist, der EG-Kommission die Gemeinschaftsmarkengerichte erster und zweiter Instanz sowie jede Änderung der Anzahl, der Bezeichnung oder der örtlichen Zuständigkeit der Gemeinschaftsmarkengerichte mitzuteilen, in das MarkenG eingefügt. 1

### B. Normzweck

Die Regelung des § 125 f entspricht der Vorgabe des Art. 91 Abs. 2 und 3 GMarkenV. 2

## Örtliche Zuständigkeit der Gemeinschaftsmarkengerichte

**125 g** Sind nach Artikel 93 der Verordnung über die Gemeinschaftsmarke deutsche Gemeinschaftsmarkengerichte international zuständig, so gelten für die örtliche Zuständigkeit dieser Gerichte die Vorschriften entsprechend, die anzuwenden wären, wenn es sich um eine beim Patentamt eingereichte Anmeldung einer Marke oder um eine im Register des Patentamts eingetragene Marke handelte. Ist die Zuständigkeit danach nicht begründet, so ist das Gericht örtlich zuständig, bei dem der Kläger seinen allgemeinen Gerichtsstand hat.

### A. Regelungsgehalt

Durch das MarkenRÄndG 1996 wurde § 125 g, der die *örtliche Zuständigkeit der Gemeinschaftsmarkengerichte* zum Regelungsgegenstand hat, in das MarkenG eingefügt. Art. 93 GMarkenV regelt nur die *internationale Zuständigkeit der Gemeinschaftsmarkengerichte*. Art. 93 GMarkenV enthält keine Regelung, welche Gerichte des Mitgliedstaates, dessen Gerichte international zuständig sind, örtlich zuständig sind. Nach § 125 g S. 1 bestimmt sich die örtliche Zuständigkeit nach den Vorschriften, die auch für die beim DPMA registrierten Marken gelten. Die örtliche Zuständigkeit bestimmt sich allgemein nach den §§ 12 ff. ZPO. Eine Besonderheit bei den Gemeinschaftsmarken gilt nach § 125 g S. 2 insoweit, als ergänzend ein *allgemeiner Gerichtsstand des Klägers* eingeführt wurde. Der allgemeine Gerichtsstand des Klägers ist dann maßgeblich, wenn der Beklagte im Inland keinen allgemeinen Gerichtsstand hat und auch keine Verletzungshandlung im Inland vorliegt. Die Regelung trägt Art. 93 Abs. 2 GMarkenV Rechnung (s. zu der Vorschrift des § 125 g im einzelnen Begründung zum Regierungsentwurf des MarkenRÄndG 1996, BT-Drucks. 13/3841 vom 23. Februar 1996, S. 15 f.). 1

### B. Normzweck

Die Regelung des § 125 g ergänzt die in Titel X der GMarkenV enthaltenen Vorschriften zur Zuständigkeit und zum Verfahren in Gemeinschaftsmarkenstreitsachen. 2

## Insolvenzverfahren

**125 h** (1) Ist dem Insolvenzgericht bekannt, daß zur Insolvenzmasse eine angemeldete oder eingetragene Gemeinschaftsmarke gehört, so ersucht es das Harmonisierungsamt für den Binnenmarkt (Marken, Muster und Modelle) im unmittelbaren Verkehr,
1. die Eröffnung des Verfahrens und, soweit nicht bereits darin enthalten, die Anordnung einer Verfügungsbeschränkung,

2. die Freigabe oder die Veräußerung der Gemeinschaftsmarke oder der Anmeldung der Gemeinschaftsmarke,
3. die rechtskräftige Einstellung des Verfahrens und
4. die rechtskräftige Aufhebung des Verfahrens, im Falle einer Überwachung des Schuldners jedoch erst nach Beendigung dieser Überwachung, und einer Verfügungsbeschränkung

in das Register für Gemeinschaftsmarken oder, wenn es sich um eine Anmeldung handelt, in die Akten der Anmeldung einzutragen.

(2) Die Eintragung in das Register für Gemeinschaftsmarken oder in die Akten der Anmeldung kann auch vom Insolvenzverwalter beantragt werden. Im Falle der Eigenverwaltung (§ 270 der Insolvenzordnung) tritt der Sachwalter an die Stelle des Insolvenzverwalters.

## A. Regelungsgehalt

1   Durch das MarkenRÄndG 1996 wurde § 125h, der die *Gemeinschaftsmarke im Insolvenzverfahren* zum Regelungsgegenstand hat, in das MarkenG eingefügt. Nach Art. 21 Abs. 1 GMarkenV wird bis zum Inkrafttreten gemeinsamer Vorschriften der Mitgliedstaaten der EU auf dem Gebiet des Insolvenzrechts das durch die Anmeldung oder Eintragung einer Gemeinschaftsmarke begründete Recht von einem Insolvenzverfahren oder einem insolvenzähnlichen Verfahren nur in dem Mitgliedstaat erfaßt, in dem ein solches Verfahren zuerst eröffnet wurde. Wird die Gemeinschaftsmarke von einem Insolvenzverfahren oder einem ähnlichen Verfahren erfaßt, so wird dies auf Ersuchen der zuständigen Stellen in das Gemeinschaftsmarkenregister eingetragen und veröffentlicht (Art. 21 Abs. 2 GMarkenV). Nach § 125h Abs. 1 haben die Insolvenzgerichte dem Harmonisierungsamt für den Binnenmarkt (Marken, Muster und Modelle) in Alicante/Spanien als Markenamt der Gemeinschaft die Eröffnung eines Insolvenzverfahrens und die Anordnung einer Verfügungsbeschränkung (Nr. 1), die Freigabe oder die Veräußerung der Gemeinschaftsmarke oder der Anmeldung der Gemeinschaftsmarke (Nr. 2), die rechtskräftige Einstellung des Insolvenzverfahrens (Nr. 3) und die rechtskräftige Aufhebung des Verfahrens (Nr. 4) zur Eintragung in das Gemeinschaftsmarkenregister oder in die Anmeldungsakten mitzuteilen, wenn ihnen bekannt ist, daß eine angemeldete oder eingetragene Gemeinschaftsmarke zur Insolvenzmasse gehört. Die Eintragung derartiger Angaben im Gemeinschaftsmarkenregister oder in den Anmeldungsunterlagen kann nach § 125h Abs. 2 S. 1 auch vom Insolvenzverwalter beantragt werden. Im Falle der Eigenverwaltung nach § 270 InsO tritt nach § 125h Abs. 2 S. 2 der Sachwalter an die Stelle des Insolvenzverwalters (s. zu der Vorschrift der § 125h im einzelnen Begründung zum Regierungsentwurf des MarkenRÄndG 1996, BT-Drucks 13/3841 vom 23. Februar 1996, S. 16).

## B. Normzweck

2   Die Vorschrift des § 125h ergänzt die Bestimmungen des Art. 21 GMarkenV. Die Regelungen sollen sicherstellen, daß die *Erfassung einer Gemeinschaftsmarke von einem nationalen Insolvenzverfahren* in das vom Markenamt der Gemeinschaft geführte Register *eingetragen* und *öffentlich bekanntgemacht* wird. § 165 Abs. 2 enthält eine Übergangsbestimmung, mit der die Zeit bis zum Inkrafttreten der Insolvenzordnung am 1. Januar 1999 überbrückt wird.

# Teil 6. Geographische Herkunftsangaben

## Vorbemerkung zu den §§ 126 bis 139

**Inhaltsübersicht**

|  | Rn |
|---|---|
| A. Regelungsübersicht | 1, 2 |
| B. Ergänzender Kennzeichenschutz | 3 |

**Schrifttum zum WZG und UWG.** *Beier*, Herkunftsangaben und Ursprungsbezeichnungen im Gemeinsamen Markt, GRUR Int 1959, 277; *Beier*, Der Schutz geographischer Herkunftsangaben in Deutschland, GRUR 1963, 169, 236; *Beier*, Täuschende Reklame und Schutz der geographischen Herkunftsangaben, GRUR Int 1966, 197; *Beier*, Internationaler Schutz von Ursprungsbezeichnungen, GRUR Int 1974, 134; *Beier*, Das Schutzbedürfnis für Herkunftsangaben und Ursprungsbezeichnungen im Gemeinsamen Markt, GRUR Int 1977, 1; *Beier/Knaak*, Der Schutz geographischer Herkunftsangaben in der Europäischen Gemeinschaft, GRUR Int 1992, 411; *Beier/Knaak*, Der Schutz der geographischen Herkunftsangaben in der Europäischen Gemeinschaft – Die neueste Entwicklung, GRUR Int 1993, 602; *Bohrer*, Zum Problem der Herkunftsangaben, NJW 1956, 821; *Brogsitter*, Der Rechtsschutz geographischer Herkunftsbezeichnungen von Weinen im deutschen und französischen Recht, unter besonderer Berücksichtigung der Appellation Contrôlée, Diss. Tübingen, 1965; *Bußmann*, Die Bierbezeichnung „Pilsener" im deutschen, ausländischen und internationalen Recht, MuW 1941, 21; *Bußmann*, Herkunftsangabe oder Gattungsbezeichnung, GRUR 1965, 281; *Fezer*, Gesundheitsbezogene Lebensmittelbezeichnungen im Schnittfeld von Lebensmittelrecht und Wettbewerbsrecht, GRUR 1982, 532; *Frisinger*, WRP 1986, 632; *Frisinger*, ZLR 1988, 175; *v. Gamm*, Wein- und Bezeichnungsvorschriften des Gemeinschaftsrechts und nationales Recht gegen den unlauteren Wettbewerb, GRUR 1984, 165; *Gloy*, Geographische Herkunftsangaben, wettbewerbsrechtliche Relevanz und klarstellende Zusätze, in: FS für Piper, S. 543; *Harte-Bavendamm*, GRUR 1996, 717; *Heine*, Das neue gemeinschaftsrechtliche System zum Schutz geographischer Bezeichnungen, GRUR 1993, 96; *Hierse*, Zum Schutz von geographischen Herkunftsangaben aus der DDR nach dem Inkrafttreten des Erstreckungsgesetzes (ErstrG), in: Adrian/Nordemann/Wandtke (Hrsg.), Erstreckungsgesetz und Schutz des geistigen Eigentums, 1992, S. 161; *Klaka*, GRUR 1970, 520; *Klette*, Zur Relevanz der Herkunftstäuschung im Wettbewerbsrecht, NJW 1986, 359; *Krieger*, Die Lissaboner Konferenz – Unlauterer Wettbewerb und Herkunftsangaben, GRUR Int 1959, 90; *Krieger*, Möglichkeiten für eine Verstärkung des Schutzes deutscher Herkunftsangaben im Ausland, GRUR Int 1960, 400; *Krieger*, Zur Auslegung der zweiseitigen Abkommen über den Schutz geographischer Herkunftsangaben, GRUR Int 1964, 499; *Krieger*, Der internationale Schutz von geographischen Bezeichnungen aus deutscher Sicht, GRUR Int 1984, 71; *Kühne*, Zum Schutzumfang geographischer Bezeichnungen nach zweiseitigen Verträgen über den Schutz von Herkunftsangaben, GRUR Int 1967, 228; *Loschelder/Schnepp*, Deutsche geographischen Herkunftsangaben, 1992; *Lustenberger*, Die geographischen Herkunftsangaben, Diss. Bern, 1972; *Martell*, ZLR 1985, 282; *Matthies*, Herkunftsangaben und europäisches Gemeinschaftsrecht, FS für Schiedermair, 1976, S. 391; *Matthiolius*, Der Rechtsschutz geographischer Herkunftsangaben, 1929, *Meier*, EuZW 1993, 69; *Michel*, Der Schutz geographischer Herkunftsangaben durch das Markenrecht und certification marks, 1995; *Moser von Filseck*, Der Schutz geographischer Herkunftsbezeichnungen als internationale Aufgabe, MA 1955, 191; *Müller-Graff*, Branchenspezifischer Wettbewerbsschutz geographischer Herkunftsbezeichnungen – Die aktuelle Problemlage der Brot- und Backwaren, GRUR 1988, 659; *Ohde*, Zur demoskopischen Ermittlung der Verkehrsauffassung von geographischen Herkunftsangaben, GRUR 1989, 88; *Oppenhoff*, Geographische Bezeichnungen und Warenzeichen, GRUR Int 1977, 226; *Rowedder*, Rügenwalder Teewurst und andere Köstlichkeiten – Beiläufige Überlegungen zum Schutz geographischer Herkunftsangaben, FS für Gaedertz, 1992, S. 465; *Schricker*, Der Schutz der Ursprungsbezeichnungen und Herkunftsangaben gegen anlehnende Bezugnahme, GRUR Int 1982, 515; *Seidel*, Die sogenannte Cassis de Dijon-Rechtsprechung des Europäischen Gerichtshofs und der Schutz von Herkunftsangaben in der Europäischen Gemeinschaft, GRUR Int 1984, 80; *Steeger*, Die neue VO der EU zum Schutz von geographischen Herkunftsangaben und „Dresdner Stollen", WRP 1994, 584; *Streber*, Die internationalen Abkommen der Bundesrepublik Deutschland zum Schutz geographischer Angaben, 1994; *Stritzke*, Geographische Bezeichnungen, die nicht Herkunfts- und Gattungsbezeichnungen sind, GRUR 1937, 764; *Tilmann*, Die geographische Herkunftsangabe, 1976; *Tilmann*, Zur Bestimmung des Kreises der an einer geographischen Herkunftsangabe Berechtigten, GRUR 1980, 487; *Tilmann*, Aktuelle Probleme des Schutzes geographischer Herkunftsangaben, GRUR 1986, 593; *Tilmann*, GRUR 1989, 443; *Tilmann*, Kennzeichenrechtliche Aspekte des Rechtsschutzes geographischer Herkunftsangaben, FS GRUR, Bd. II, 1991, S. 1007; *Tilmann*, EG-Schutz für geographische Herkunftsangaben, GRUR 1992, 829; *Tilmann*, Grundlage und Reichweite des Schutzes geographischer Herkunftsangaben nach der VO/EWG 2081/92, GRUR Int 1993, 610; *Weides*, Verfassungsrechtliche Aspekte der geographischen Herkunftsangabe – Dargestellt am Beispiel des Gesetzes zum Schutze des Namens „Solingen" vom 15. Juli 1938, WRP 1977, 141, 234; *Zipfel/Künstler*, Die Bierbezeichnung in Recht und Wirtschaft, 1957.

**Schrifttum zum MarkenG.** *Ahrens*, Mozzarella, Champagner und andere geographische Herkunftsangaben, Europäisierung des Rechts, 1996, S. 69; *Ahrens*, Geographische Herkunftsangaben – Tätigkeitsverbot für den BGH?, Über gemeinschaftsrechtlichen Eigentumsschutz und Importbehinderungen kraft Irreführungsschutzes, GRUR Int 1997, 508; *Berg*, Die geographische Herkunftsangabe – ein Konkurrent für die Marke?, GRUR Int 1996, 425; *Brandner*, Bedeutungsgehalt und Bedeutungswandel bei Bezeichnungen im geschäftlichen Wettbewerb, FS für Piper, 1996, S. 95; *Fingerhut*, Zur Kollision geographischer Herkunftsbezeichnungen nach der Vereinigung Deutschlands, BB 1997, 2448; *v. Gamm*, Der Schutz geographischer Herkunftsangaben nach mehr- und zweiseitigen Staatsverträgen in der BRep Deutschland, FS für Brandner, 1996, S. 375; *Glaus*, Die geographische Herkunftsangabe als Kennzeichen, 1996; *Gloy*, Geographische Herkunftsangaben, wettbewerbsrechtliche Relevanz und klarstellende Zusätze, FS für Piper, 1996, S. 543; *Goebel*, Schutz geographischer Herkunftsangaben nach dem neuen Markenrecht, GRUR 1995, 98; *Gorny*, Markenrecht und geographische Herkunftsangaben bei Lebensmitteln, GRUR 1996, 447; *Helm*, Der Schutz geographischer Herkunftsangaben nach dem Markengesetz, FS für Vieregge, 1995, S. 335; *Hohmann/Leible*, Probleme der Verwendung geographischer und betrieblicher Herkunftsangaben bei Lebensmitteln, ZLR 1995, 265; *Honig*, Ortsnamen in Warenbezeichnungen, WRP 1996, 399; *Knaak/Tilmann*, Marken und geographische Herkunftsangaben, GRUR Int 1994, 161; *Knaak*, Der Schutz geographischer Herkunftsangaben im neuen Markengesetz, GRUR 1995, 103; *Knaak*, Der Schutz geographischer Angaben nach dem TRIPS-Abkommen, GRUR Int 1995, 642; *Kunze*, Kennzeichenrecht, in: Salger (Hrsg.), Handbuch der europäischen Rechts- und Wirtschaftspraxis, § 32 III, 1996; *Michel*, Der Schutz geographischer Herkunftsangaben durch das Markenrecht und certifikation marks, 1995; *Obergfell*, Der Schutz geographischer Herkunftsangaben in Europa oder Warum ein Parfum nicht „Champagne" heißen darf, ZEuP 1997, 677; *Ring*, Grundzüge der Kennzeichnung deutscher Weine nach nationalem und europäischem Recht, DZWir 1997, 297; *Rozas/Johnston*, Impact of Certification Marks on Innovation and the Global Market-place, E.I.P.R. 1997, 598.

S. auch die Schrifttumsangaben Vorb zu den §§ 130 bis 136.

### Entscheidungen zum MarkenG

**1. OLG Naumburg WRP 1995, 749 – Original Oettinger Bier**
Irreführung über (bayerische) Herkunft eines Bieres.
**2. LG Düsseldorf, Urteil vom 9. Oktober 1997, 4 O 295/96 – Karlsbader Becher**
Zur Zulässigkeit der Verwendung einer bestimmten Ortsangabe durch einen nicht Ortsansässigen trotz Bestehens einer Irreführungsgefahr.
**3. BGH GRUR 1999, 251 – Warsteiner I**
Vorlageersuchen zur Verordnung (EWG) Nr. 2081/92.
**4. BGH GRUR 1999, 252 – Warsteiner II**
Die Verwendung der Bezeichnung *Warsteiner* für in Paderborn hergestelltes Bier mit dem zusätzlichen Hinweis, das Bier sei in Paderborn gebraut worden, ist zulässig.

## A. Regelungsübersicht

1   Teil 6 des MarkenG (§§ 126 bis 139) enthält das *materielle Kennzeichenrecht des Schutzes von geographischen Herkunftsangaben*. Regelungsgegenstand des MarkenG ist das gesamte Kennzeichenrecht. Das MarkenG schützt Marken (§ 1 Nr. 1), geschäftliche Bezeichnungen (§ 1 Nr. 2) und geographische Herkunftsangaben (§ 1 Nr. 3). Die Regelungen von Teil 6 über den Schutz geographischer Herkunftsangaben sind in drei Abschnitte unterteilt. Abschnitt 1 (§§ 126 bis 129) enthält die *allgemeinen Vorschriften* zum Schutz geographischer Herkunftsangaben. § 126 bestimmt den *Anwendungsbereich* des Schutzes geographischer Herkunftsangaben und enthält eine Begriffsbestimmung der geographischen Herkunftsangabe in Abgrenzung zur Gattungsbezeichnung. § 127 bestimmt den *Schutzinhalt* einer geographischen Herkunftsangabe. Der *Unterlassungsanspruch* und der *Schadensersatzanspruch* sind in § 128 geregelt. § 129 verweist auf die Regelung der *Verjährung* nach § 20. Abschnitt 2 (§§ 130 bis 136) enthält Vorschriften zur *Umsetzung der Verordnung (EWG) Nr. 2081/92* des Rates vom 14. Juli 1992 zum Schutz von geographischen Angaben und Ursprungsbezeichnungen für

Agrarerzeugnisse und Lebensmittel (ABl. EG Nr. L 208 vom 24. Juli 1992, S. 1; zuletzt geändert durch Verordnung (EG) Nr. 1068/97 vom 12. Juni 1997, ABl. EG Nr. L 156 vom 13. Juni 1997, S. 10; s. 3. Teil des Kommentars, II 6). Abschnitt 3 (§§ 137 bis 139) enthält verschiedene *Ermächtigungen zum Erlaß von Rechtsverordnungen* zum Schutz *einzelner* geographischer Herkunftsangaben (§ 137), zum *Verfahren bei Anträgen und Einsprüchen* nach der Verordnung (EWG) Nr. 2081/92 (§ 138) und *Durchführungsbestimmungen* zu dieser Verordnung (§ 139).

Weitere Vorschriften zum Schutz der geographischen Herkunftsangaben finden sich in Teil 8 des MarkenG (§§ 143 bis 151), der *Straf- und Bußgeldvorschriften* sowie Vorschriften über die *Beschlagnahme* bei der Einfuhr oder Ausfuhr enthält. Straftatbestände und Ordnungswidrigkeiten zum Schutz geographischer Herkunftsangaben enthalten die §§ 144 (strafbare Benutzung geographischer Herkunftsangaben) und 145 Abs. 2 und 3 (Ordnungswidrigkeiten). Die Beschlagnahme von Waren, die widerrechtlich mit einer geographischen Herkunftsangabe gekennzeichnet sind, ist in § 151 geregelt. 2

## B. Ergänzender Kennzeichenschutz

Der Kennzeichenschutz nach dem MarkenG schließt die Anwendung anderer als markengesetzlicher Vorschriften zum Schutz der Kennzeichen nicht aus (§ 2). Zwischen dem Kennzeichenschutz nach dem MarkenG und dem Kennzeichenschutz nach anderen Vorschriften des Zivilrechts besteht *Anspruchskonkurrenz* (str. s. §§ 2, Rn 2 ff.; 126, Rn 2 f.). Teil 6 des MarkenG stellt keine abschließende Regelung des Schutzes der geographischen Herkunftsangaben dar. Nach § 3 UWG besteht ein Schutz geographischer Herkunftsangaben gegen die Verwendung von Angaben, die geeignet sind, das Publikum über die geographische Herkunft der gekennzeichneten Produkte irrezuführen. Dem *wettbewerbsrechtlichen Schutz* der geographischen Herkunftsangaben nach § 3 UWG kommt auch nach dem Inkrafttreten des MarkenG am 1. Januar 1995 nicht nur die Funktion einer lückenausfüllenden Ergänzung des markengesetzlichen Schutzes der geographischen Herkunftsangaben zu (so aber BGH GRUR 1999, 252 – Warsteiner II). Der Hinweis in der Gesetzesbegründung (Begründung zum MarkenG, BT-Drucks. 12/6581 vom 14. Januar 1994, S. 117), eine ergänzende Anwendung des UWG bleibe weiterhin möglich, ist nicht als eine Einschränkung der bestehenden Anspruchskonkurrenz zu verstehen, wie die Bezugnahme auf § 2 zeigt. Der Normzweck des UWG ist ein anderer als der Normzweck des MarkenG. Der Wettbewerbsschutz vor einer Irreführung des Publikums schützt die geographischen Herkunftsangaben mittelbar vor sittenwidrigen Wettbewerbshandlungen, der markengesetzliche Kennzeichenschutz schützt die geographischen Herkunftsangaben unmittelbar als subjektive Kennzeichenrechte. 3

## Abschnitt 1. Schutz geographischer Herkunftsangaben

### Vorbemerkung zu den §§ 126 bis 129

**Inhaltsübersicht**

| | Rn |
|---|---|
| A. Regelungsübersicht | 1 |
| B. Rechtsänderungen | 2–6 |
| C. Europäisches Unionsrecht | 7–10 |
|    I. Erste Markenrechtsrichtlinie | 7 |
|    II. Gemeinschaftsmarkenverordnung | 8 |
|    III. EG-Irreführungsrichtlinie | 9 |
|    IV. EG-Verordnungen | 10 |
| D. Staatsvertragsrecht | 11–14 |
|    I. Pariser Verbandsübereinkunft | 11 |
|    II. Madrider Herkunftsabkommen | 12 |
|    III. TRIPS-Abkommen | 13 |
|    IV. Zweiseitige Abkommen | 14 |

## A. Regelungsübersicht

1   Abschnitt 1 von Teil 6 (§§ 126 bis 129) enthält die *allgemeinen Vorschriften zum Schutz geographischer Herkunftsangaben*. Das MarkenG schützt neben den Marken und geschäftlichen Bezeichnungen die geographischen Herkunftsangaben als Kennzeichenrechte (§ 1 Nr. 3). Der markengesetzliche Kennzeichenschutz der geographischen Herkunftsangaben besteht neben dem Wettbewerbsschutz der geographischen Herkunftsangaben nach § 3 UWG (s. Vorb zu den §§ 126 bis 139, Rn 2). § 126 enthält in Abs. 1 eine Definition des *Begriffs der geographischen Herkunftsangabe* und in Abgrenzung zur geographischen Herkunftsangabe in Abs. 2 eine Definition des *Begriffs der Gattungsbezeichnung*. Regelungsgegenstand des § 127 ist der *Schutzinhalt* der geographischen Herkunftsangaben. Die Vorschrift unterscheidet *drei Schutztatbestände*: den *Schutz einfacher geographischer Herkunftsangaben* nach § 127 Abs. 1 (Irreführungsschutz), den *Schutz qualifizierter geographischer Herkunftsangaben* nach § 127 Abs. 2 (Qualitätsschutz) und den *Schutz bekannter geographischer Herkunftsangaben* nach § 127 Abs. 3 (Bekanntheitsschutz). Eine Verletzung des Schutzinhalts einer geographischen Herkunftsangabe begründet nach § 128 einen *Unterlassungsanspruch* (Abs. 1) und bei Verschulden einen *Schadensersatzanspruch* (Abs. 2). § 128 Abs. 3 regelt die *Haftung für Angestellte und Beauftragte*. Der Unterlassungsanspruch kann von den Mitbewerbern, den Verbänden zur Förderung gewerblicher Interessen, den Verbraucherverbänden und den Industrie- und Handelskammern im Sinne des § 13 Abs. 2 geltend gemacht werden. Der Unterlassungsanspruch sowie der Schadensersatzanspruch nach § 128 *verjähren* nach § 129 entsprechend der Regelung des § 20.

## B. Rechtsänderungen

2   Mit dem Inkrafttreten des MarkenG am 1. Januar 1995 erfuhr der Schutz der geographischen Herkunftsangaben eine grundlegende Neuerung. Nach der Rechtslage im MarkenG werden neben den Marken (§ 1 Nr. 1) und den geschäftlichen Bezeichnungen (§ 1 Nr. 2) die geographischen Herkunftsangaben (§ 1 Nr. 3) als Kennzeichenrechte geschützt. Der zivilrechtliche *Kennzeichenschutz der geographischen Herkunftsangaben* wirkt sich gegenüber dem bisherigen Rechtszustand auf die Rechtsnatur der geographischen Herkunftsangaben aus (s. dazu im einzelnen § 126, Rn 4). Nach der Rechtslage vor Inkrafttreten des MarkenG waren geographische Herkunftsangaben in erster Linie nach dem wettbewerbsrechtlichen Irreführungsverbot des § 3 UWG geschützt. Der *mittelbare Wettbewerbsschutz einer geographischen Herkunftsangabe* nach § 3 UWG besteht, wenn eine Angabe vorliegt, die nach der Auffassung des Verkehrs auf die geographische Herkunft der gekennzeichneten Ware hinweist, die Verwendung der Angabe geeignet ist, beim Publikum unrichtige Vorstellungen über die geographische Herkunft der Waren hervorzurufen, und geeignet ist, die umworbenen Verkehrskreise in wettbewerbsrechtlich relevanter Weise irrezuführen (s. dazu im einzelnen *Baumbach/Hefermehl*, Wettbewerbsrecht. § 3 UWG, Rn 185 ff.). Zwischen dem mittelbaren Wettbewerbsschutz nach § 3 UWG und dem unmittelbaren Kennzeichenschutz der geographischen Herkunftsangaben im MarkenG besteht Anspruchskonkurrenz (str. s. Vorb zu den §§ 126 bis 139, Rn 2). Die zum wettbewerbsrechtlichen Schutz der geographischen Herkunftsangaben in der Rechtsprechung entwickelten Grundsätze gelten nicht nur bei Anwendung der §§ 3 und 1 UWG, sondern gelten auch für den kennzeichenrechtlichen Schutz der geographischen Herkunftsangaben nach dem MarkenG und sind bei der Auslegung der Vorschriften der §§ 126 ff. zu berücksichtigen.

3   § 5 Abs. 1 UWG aF enthielt eine Regelung, nach der die Verwendung von Namen, die im geschäftlichen Verkehr zur Benennung gewisser Namen oder gewerblicher Leistungen dienten, ohne deren Herkunft bezeichnen zu sollen, nicht unter die Vorschriften der §§ 3 und 4 UWG fiel. Nach dieser Vorschrift, dessen Fassung mißglückt war, wurden etwa Namen von Personen, Unternehmen, Orten, Gegenden, die rein sprachlich betrachtet auf eine bestimmte geographische Herkunft hindeuteten, in Wahrheit jedoch nach der Auffassung des Verkehrs Gattungsbezeichnungen oder Warennamen geworden waren, ein Schutz als

Herkunftsangaben nicht zuerkannt (s. dazu *Baumbach/Hefermehl*, Wettbewerbsrecht, 17. Aufl., § 5 UWG aF, Rn 2). § 5 Abs. 1 UWG aF wurde durch Art. 25 MRRG aufgehoben; das Problem der *denaturierten* geographischen Herkunftsangaben regelt nunmehr § 126 Abs. 2.

§ 26 WZG enthielt eine Strafvorschrift zum Schutz geographischer Herkunftsangaben, der als Strafvorschrift kaum Bedeutung zukam (s. dazu *Klaka*, GRUR 1970, 517, 520), deren wettbewerbsrechtlicher Gehalt aber zur Folge hatte, daß ein Verstoß gegen die §§ 1, 3 UWG immer dann anzunehmen war, wenn der Tatbestand der Strafvorschrift des § 26 WZG erfüllt war (s. dazu *Baumbach/Hefermehl*, § 26 WZG, Rn 1). Der Tatbestand des § 26 WZG regelte drei Fallkonstellationen, und zwar das Versehen der Ware, ihrer Verpackung oder Umhüllung mit irreführenden Angaben, das Inverkehrsetzen oder Feilhalten bereits mit solchen Angaben versehener Waren und das Anbringen solcher Angaben auf Ankündigungen, Geschäftsbriefen und dergleichen. Im MarkenG regelt die strafbare Benutzung geographischer Herkunftsangaben umfassend § 144. Ordnungswidrigkeiten enthält § 145 Abs. 2 und 3.

Das Gesetz zum Schutz des Namens *Solingen* vom 25. Juli 1938 (BGBl. III, Gliederungsnummer 43–3) und die Verordnung zur Durchführung und Ergänzung des Gesetzes zum Schutz des Namens *Solingen* vom 25. Juli 1938 (BGBl. III, Gliederungsnummer 43–3–1) sind durch Art. 48 Nr. 4 und 5 MRRG aufgehoben worden und durch die SolingenV vom 16. Dezember 1994 (BGBl. I S. 3833) ersetzt worden (s. dazu § 137, Rn 5 f.).

Zwei Neuerungen des Kennzeichenschutzes geographischer Herkunftsangaben sind hervorzuheben. Nach der Rechtslage im MarkenG besteht zum einen ein verstärkter Schutz geographischer Herkunftsangaben *mit besonderem Ruf* nach § 127 Abs. 3 und 4 Nr. 2 gegen eine ohne rechtfertigenden Grund in unlauterer Weise erfolgende Ausnutzung oder Beeinträchtigung des Rufs oder der Unterscheidungskraft der geographischen Herkunftsangabe. Nach § 99 sind zum anderen abweichend von § 8 Abs. 2 Nr. 2 geographische Herkunftsangaben als *Kollektivmarken* zur Eintragung als Marke zuzulassen (s. § 99, Rn 1).

## C. Europäisches Unionsrecht

### I. Erste Markenrechtsrichtlinie

Die *MarkenRL* enthält keine Vorgaben für einen Kennzeichenschutz geographischer Herkunftsangaben. Nach Art. 15 Abs. 2 S. 1 MarkenRL ist es den Mitgliedstaaten gestattet, geographische Herkunftsangaben zur Eintragung als Kollektiv-, Garantie- und Gewährleistungsmarken zuzulassen. Von dieser Option der Eintragbarkeit von geographischen Herkunftsangaben als Kollektivmarken wurde in § 99 Gebrauch gemacht.

### II. Gemeinschaftsmarkenverordnung

Die *GMarkenV* enthält keine Regelung des kennzeichenrechtlichen Schutzes von geographischen Herkunftsangaben. Nach Art. 64 Abs. 2 S. 1 GMarkenV können geographische Herkunftsangaben als Gemeinschaftskollektivmarken eingetragen werden.

### III. EG-Irreführungsrichtlinie

Die *Richtlinie des Rates zur Angleichung der Rechts- und Verwaltungsvorschriften der Mitgliedstaaten über irreführende Werbung* vom 10. September 1984 (84/450 EWG) verpflichtet die Mitgliedstaaten, geeignete und wirksame Möglichkeiten zur Bekämpfung der irreführenden Werbung vorzusehen (Art. 4 Abs. 1 S. 1 EG-Irreführungsrichtlinie). Bei der Beurteilung der Frage, ob eine Werbung irreführend ist, sind nach Art. 3 lit. a EG-Irreführungsrichtlinie Angaben über die geographische Herkunft einer Ware zu berücksichtigen.

### IV. EG-Verordnungen

Der Schutz geographischer Herkunftsangaben ist zunehmend Regelungsgegenstand von Rechtsvorschriften der EG. Der Rechtsschutz der geographischen Herkunftsangaben für

*Weinbauerzeugnisse* und *Spirituosen* richtet sich nach der Verordnung (EWG) Nr. 2392/89 des Rates vom 24. Juli 1989 zur Aufstellung allgemeiner Regeln für die Bezeichnung und Aufmachung der Weine und der Traubenmoste (ABl. EG Nr. L 232 vom 9. August 1989, S. 13; zuletzt geändert durch Verordnung (EG) Nr. 1427/96 vom 26. Juni 1996, ABl. EG Nr. L 184 vom 24. Juli 1996, S. 3) und der Verordnung (EWG) Nr. 1576/89 des Rates vom 29. Mai 1989 zur Festlegung der allgemeinen Regeln für die Begriffsbestimmungen, Bezeichnung und Aufmachung von Spirituosen (ABl. EG Nr. L 160 vom 12. Juni 1989, S. 1; zuletzt geändert durch Beitrittsakte von 1994, ABl. EG Nr. L 1 vom 1. Januar 1995, S. 1, 78). Eine allgemein geltende gemeinschaftsrechtliche Regelung des Schutzes geographischer Herkunftsangaben stellt die am 24. Juli 1993 in Kraft getretene Verordnung (EWG) Nr. 2081/92 des Rates vom 14. Juli 1992 zum Schutz von geographischen Angaben und Ursprungsbezeichnungen für *Agrarerzeugnisse* und *Lebensmittel* dar (ABl. EG Nr. L 208 vom 24. Juli 1992, S. 1; zuletzt geändert durch Verordnung (EG) Nr. 1068/97 vom 12. Juni 1997, ABl. EG Nr. L 156 vom 13. Juni 1997, S. 10; s. 3. Teil des Kommentars, II 6). Dieses neue Schutzsystem gilt neben dem Schutz nach den *Rechtsvorschriften der Mitgliedstaaten* und neben den weiterhin Anwendung findenden Vorschriften der *multilateralen* und *bilateralen Verträge*, soweit nicht die geographischen Bezeichnungen auf Gemeinschaftsebene registriert und geschützt sind (s. dazu im einzelnen Vorb zu den §§ 130 bis 136, Rn 21 a). Die *Durchführungsbestimmungen* zu dieser Verordnung enthalten die Vorschriften der §§ 130 bis 136.

## D. Staatsvertragsrecht

### I. Pariser Verbandsübereinkunft

11   Die *PVÜ* schützt nach Art. 1 Abs. 2 PVÜ auch Herkunftsangaben und Ursprungsbezeichnungen. Nach dem Grundsatz der Inländerbehandlung (Art. 2 Abs. 1 PVÜ) wird geographischen Angaben jedoch nur derjenige Rechtsschutz zur Verfügung gestellt, den die Rechtsordnung des Staates, in dem der Schutz nachgesucht wird, für inländische geographische Angaben gewährt (s. dazu *Knaak*, GRUR Int 1995, 642, 643). Art. 10 PVÜ verpflichtet die Verbandsstaaten zur Beschlagnahme von Erzeugnissen, die mit einer falschen geographischen Herkunftsangabe versehen sind.

### II. Madrider Herkunftsabkommen

12   Nach Art. 1 MHA ist jeder Vertragsstaat verpflichtet, die in den Vertragsstaaten bestehenden Herkunftsangaben dadurch zu schützen, daß jedes Erzeugnis, das eine *falsche oder irreführende Angabe* trägt, durch die einer der Vertragsstaaten oder ein in diesen Staaten befindlicher Ort unmittelbar oder mittelbar als Land oder Ort des Ursprungs angegeben ist, bei der Einfuhr in diese Länder zu beschlagnahmen. Nach Art. 3bis MHA sind die Vertragsstaaten ferner verpflichtet, jede *das Publikum über die Herkunft der Erzeugnisse täuschende Angabe* im geschäftlichen Verkehr zu verbieten (Verkauf, Feilhalten oder Anbieten von Erzeugnissen; Verwendung auf Geschäftsschildern, Ankündigungen, Rechnungen, Weinkarten, Geschäftsbriefen oder Geschäftspapieren oder in irgendeiner anderen geschäftlichen Mitteilung). Der Schutz der Herkunftsangaben richtet sich nach dem nationalen Recht der einzelnen Vertragsstaaten.

### III. TRIPS-Abkommen

13   Das *TRIPS-Abkommen* enthält in Art. 22 bis 24 TRIPS-Abkommen besondere Bestimmungen über den Schutz geographischer Herkunftsangaben. Art. 22 Abs. 1 TRIPS-Abkommen definiert die geographischen Angaben im Sinne des TRIPS-Abkommens als Angaben, die eine Ware als aus dem Hoheitsgebiet eines Mitglieds oder aus einer Gegend oder aus einem Ort in diesem Gebiet stammend kennzeichnen, wenn eine bestimmte Qualität, der Ruf oder eine sonstige Eigenschaft der Ware im wesentlichen auf ihrer geographischen Herkunft beruht. Art. 22 Abs. 2 TRIPS-Abkommen verpflichtet die Mitglieder zu einem allgemeinen Schutz geographischer Angaben gegen eine Benutzung in der Bezeichnung

oder Aufmachung von Waren, die über die geografische Herkunft irreführt (Abs. 2 lit. a TRIPS-Abkommen), sowie gegen eine Benutzung, die eine unlautere Wettbewerbshandlung im Sinne des Art. 10$^{bis}$ PVÜ darstellt (Abs. 2 lit. b TRIPS-Abkommen). Art. 22 Abs. 3 TRIPS-Abkommen verbietet den Schutz geografischer Angaben als Marken, wenn die damit gekennzeichneten Waren nicht aus dem betreffenden Gebiet stammen und es dadurch im Verkehr zu Irreführungen über deren geografische Herkunft kommt. Die TRIPS-Mitglieder werden dadurch verpflichtet, Marken auf ihre Vereinbarkeit mit dem Verbot der Irreführung über die geografische Herkunft zu prüfen. Neben diesem allgemeinen Schutz geografischer Angaben wird in Art. 23 TRIPS-Abkommen ein besonderer Schutz für geografische Angaben in bezug auf Weine und Spirituosen geschaffen. Dieser besondere Schutz richtet sich gegen jede Benutzung für Waren, die nicht aus diesem Gebiet stammen, ohne daß die Gefahr einer Irreführung bestehen muß. Art. 24 TRIPS-Abkommen enthält Ausnahmebestimmungen zum Schutz geografischer Herkunftsangaben nach den Art. 22 und 23 TRIPS-Abkommen (zum Schutz geografischer Angaben nach dem TRIPS-Abkommen s. im einzelnen *Knaak*, GRUR Int 1995, 642).

### IV. Zweiseitige Abkommen

Es bestehen zahlreiche zweiseitige Abkommen zum Schutz von geografischen Herkunftsangaben (s. dazu im einzelnen 2. Teil des Kommentars, 3. Abschnitt). **14**

**Als geografische Herkunftsangaben geschützte Namen, Angaben oder Zeichen**

**126** (1) Geografische Herkunftsangaben im Sinne dieses Gesetzes sind die Namen von Orten, Gegenden, Gebieten oder Ländern sowie sonstige Angaben oder Zeichen, die im geschäftlichen Verkehr zur Kennzeichnung der geografischen Herkunft von Waren oder Dienstleistungen benutzt werden.

(2) ¹Dem Schutz als geografische Herkunftsangaben sind solche Namen, Angaben oder Zeichen im Sinne des Absatzes 1 nicht zugänglich, bei denen es sich um Gattungsbezeichnungen handelt. ²Als Gattungsbezeichnungen sind solche Bezeichnungen anzusehen, die zwar eine Angabe über die geografische Herkunft im Sinne des Absatzes 1 enthalten oder von einer solchen Angabe abgeleitet sind, die jedoch ihre ursprüngliche Bedeutung verloren haben und als Namen von Waren oder Dienstleistungen oder als Bezeichnungen oder Angaben der Art, der Beschaffenheit, der Sorte oder sonstiger Eigenschaften oder Merkmale von Waren oder Dienstleistungen dienen.

**Inhaltsübersicht**

|  | Rn |
|---|---|
| A. Art des Rechtsschutzes | 1–3 |
|    I. Kennzeichenschutz der geografischen Herkunftsangaben | 1 |
|    II. Wettbewerbsschutz der geografischen Herkunftsangaben | 2, 3 |
| B. Begriff der geografischen Herkunftsangaben (§ 126 Abs. 1) | 4–11 |
|    I. Geografische Herkunftsangaben als subjektive Kennzeichenrechte | 4 |
|    II. Arten geografischer Herkunftsangaben | 5–8 |
|      1. Ausgangspunkt | 5 |
|      2. Unmittelbare Herkunftsangaben | 6 |
|      3. Mittelbare Herkunftsangaben | 7 |
|      4. Markenformen geografischer Herkunftsangaben | 8 |
|    III. Entstehung geografischer Herkunftsangaben | 9, 10 |
|    IV. Keine Qualifikation geografischer Herkunftsangaben | 11 |
| C. Ausschluß von Gattungsbezeichnungen (§ 126 Abs. 2) | 12–18 |
|    I. Begriff der Gattungsbezeichnung | 12 |
|    II. Denaturierung einer geografischen Herkunftsangabe | 13, 14 |
|    III. Rückentwicklung zu einer geografischen Herkunftsangabe | 15 |
|    IV. Umwandlung einer Gattungsbezeichnung in eine geografische Herkunftsangabe | 16 |
|    V. Bezeichnungen geografischen Inhalts als Phantasieangaben | 17 |
|    VI. Typenbezeichnungen und Sortenbezeichnungen | 18 |

|  | Rn |
|---|---|
| D. Entscheidungspraxis zum UWG | 19-20 b |
| I. Unzulässige Bezeichnungen | 19 |
| II. Zulässige Bezeichnungen | 20 |
| III. Geographische Herkunftsangaben für Biererzeugnisse | 20 a, 20 b |
| 1. Entscheidungen zu Biererzeugnissen | 20 a |
| 2. *Pilsener*-Entscheidungen | 20 b |
| E. Eintragbarkeit von geographischen Herkunftsangaben als Marken und als Kollektivmarken | 21, 22 |

**Schrifttum zum WZG, UWG und MarkenG.** S. die Schrifttumsangaben Vorb zu den §§ 126 bis 139.

### Entscheidung zum MarkenG

**BPatG BlPMZ 1997, 208 – MADEIRA**
Zur Denaturierung einer geographischen Herkunftsangabe.

## A. Art des Rechtsschutzes

### I. Kennzeichenschutz der geographischen Herkunftsangaben

1   Im MarkenG wird erstmals der *Rechtsschutz der geographischen Herkunftsangaben als Kennzeichenschutz* normiert. Regelungsgegenstand des MarkenG ist das gesamte Kennzeichenrecht. Nach § 1 Nr. 3 werden geographische Herkunftsangaben als Kennzeichen wie Marken nach § 1 Nr. 1 und geschäftliche Bezeichnungen nach § 1 Nr. 2 geschützt. Der Kennzeichenschutz der geographischen Herkunftsangaben bedeutet zum einen eine wesentliche Verstärkung des Rechtsschutzes in der Rechtspraxis. Die Kodifizierung der geographischen Herkunftsangaben als Kennzeichen stellt zum anderen auch einen rechtstheoretischen Fortschritt im Rechtsschutz der geographischen Herkunftsangaben dar. Geographische Herkunftsangaben sind *subjektive Kennzeichenrechte* (aA BGH GRUR 1999, 252 – Warsteiner II; s. dazu Rn 4). Die Subjektivierung objektivrechtlicher Rechtsstrukturen stellt ein entwicklungsgeschichtliches Phänomen des Individualrechtsschutzes dar, das sich in der Anerkennung subjektiver Privatrechte zeigt (s. dazu aus rechtstheoretischer Sicht *Fezer*, Teilhabe und Verantwortung, S. 333ff., 362ff.). Die rechtliche Ausgestaltung des Rechtsschutzes geographischer Herkunftsangaben als subjektiver Kennzeichenrechte entspricht zudem der jüngsten Entwicklung in der Rechtsprechung des EuGH. Noch Mitte der siebziger Jahre war eine rückläufige Entwicklung des Schutzes geographischer Herkunftsangaben in der Rechtsprechung des EuGH zu erkennen. Nach der Entscheidung *Sekt/Weinbrand* (EuGH, Rs. 12/74, Slg. 1975, 181, GRUR Int 1977, 25; s. dazu kritisch *Beier*, GRUR Int 1977, 1) konnte die Rechtsprechung des EuGH dahin verstanden werden, die Schutzwürdigkeit einer geographischen Herkunftsangabe verlange außer einem Herkunftshinweis, daß das so bezeichnete Erzeugnis besondere Eigenschaften und Wesensmerkmale aufweise, die es seinem geographischen Ursprung verdanke. Es bestand die Gefahr, im Interesse des Schutzes des freien Warenverkehrs die Schutzwürdigkeit geographischer Herkunftsangaben auf *Ursprungsbezeichnungen* zu beschränken (s. dazu im einzelnen *Beier/Knaak*, GRUR Int 1993, 602; *Tilmann*, GRUR Int 1993, 610; anders *Heine*, GRUR 1993, 96; zum Ganzen s. *Baumbach/Hefermehl*, Wettbewerbsrecht, § 3 UWG, Rn 188a; s. Vorb zu den §§ 130 bis 136, Rn 11, 21a f.). In seinem wegweisenden Urteil *Turrón de Alicante* (EuGH, Rs. C-3/91, Slg. 1992-9, I-5529, GRUR Int 1993, 76 mit Anm. *Beier*; *Meier*, EuZW 1993, 66, 69; *Ahrens*, GRUR Int 1997, 508, 512) kehrte der EuGH die Entwicklung um und stellte klar, daß der Schutz geographischer Herkunftsangaben der Lauterkeit des Handelsverkehrs diene und unter dem Schutz des gewerblichen und kommerziellen Eigentums stehe. Bezeichnungen, die für Erzeugnisse beliebiger Herkunft verwendet werden, dürfen nach dieser Entscheidung nicht einheimischen Erzeugnissen ausschließlich vorbehalten werden und damit ausländische Erzeugnisse entgegen Art. 36 EGV diskriminieren. Zwischen der Schutzfähigkeit von Ursprungsbezeichnungen und geographischen Herkunftsangaben besteht insoweit in der Qua-

lität des Rechtsschutzes aus der Sicht des Gemeinschaftsrechts kein Unterschied mehr. Die geographischen Herkunftsangaben sind als *gewerbliches und kommerzielles Eigentum* anerkannt. Dieser Entwicklung auf der Ebene des Europäischen Gemeinschaftsrechts trägt die Normierung des Rechtsschutzes der geographischen Herkunftsangaben als Kennzeichenschutz im MarkenG Rechnung.

## II. Wettbewerbsschutz der geographischen Herkunftsangaben

Der Rechtsschutz geographischer Herkunftsangaben besteht in langer Tradition nach dem *Wettbewerbsrecht* (s. dazu ausführlich *Baumbach/Hefermehl*, Wettbewerbsrecht, § 3 UWG, Rn 185 ff.). Das Irreführungsverbot des § 3 UWG schützt Mitbewerber, Verbraucher und die Allgemeinheit vor einer Irreführung des Verkehrs durch die Verwendung falscher geographischer Herkunftsangaben. Das Wettbewerbsrecht schützt seinem Normzweck nach nicht unmittelbar die geographische Herkunftsangabe als ein Kennzeichen, sondern nur mittelbar die Wettbewerber, die eine geographische Herkunftsangabe entsprechend ihrer richtigen Bedeutung und Bestimmung verwenden. In seiner Entscheidung *Weinbergsrolle* beschrieb das BVerfG im Jahre 1979 die Rechtsnatur des Schutzes der geographischen Herkunftsangaben auf der Grundlage des nationalen Wettbewerbsrecht (BVerfGE 51, 193, 214 f. – Weinbergsrolle). Der vom deutschen Recht gewährte Schutz geographischer Herkunftsangaben sei ein Schutz gegen Unlauterkeit und gegen Irreführung des Verkehrs; er sei in seinem Schwerpunkt nach wettbewerbsrechtlich ausgestaltet. Die Schutzbestimmungen gingen nicht vom Schutzbedürfnis der Herkunftsbezeichnung selbst aus. Es handele sich vielmehr um Vorschriften zur Unterdrückung falscher und irreführender Herkunftsangaben, die an den Tatbestand der Täuschung des Verkehrs anknüpften. Schutzgut sei die Lauterkeit des geschäftlichen Verkehrs; die Institution des Wettbewerbs werde geschützt. Das Gesetz gewähre kein absolutes Recht zur ausschließlichen Benutzung der Herkunftsangaben wie das Warenzeichen, die Ausstattung oder die Firma. Aus dem Verbot im geschäftlichen Verkehr, falsche Herkunftsangaben zu benutzen, folge lediglich mittelbar und nur als Rechtsreflex der Schutz der Herkunftsangabe selbst. Aus wettbewerbsrechtlicher Sicht sollte eine Herkunftsangabe, die die Vorstellung einer bestimmten geographischen Herkunft und dadurch einer bestimmten Beschaffenheit der Ware vermittelt, nicht für ein Unternehmen monopolisiert werden (*Baumbach/Hefermehl*, Wettbewerbsrecht, § 3 UWG, Rn 186). Der Wettbewerbsschutz der rechtmäßigen Benutzer einer geographischen Herkunftsangabe stellt nur eine *Reflexwirkung des Irreführungsschutzes* im Interesse des Publikums dar.

Wettbewerbsschutz nach UWG und Kennzeichenschutz nach MarkenG stellen Schutzsysteme der geographischen Herkunftsangaben dar, die in *Anspruchskonkurrenz* zueinander bestehen. Das folgt zum einen aus § 2, der ausdrücklich bestimmt, daß der Schutz von geographischen Herkunftsangaben nach dem MarkenG die Anwendung anderer Vorschriften zum Schutz der geographischen Herkunftsangaben als Kennzeichen nicht ausschließt (zur autonomen Anwendung der Gesetze s. § 2, Rn 2 ff.) Das folgt zum anderen aber auch aus dem unterschiedlichen Schutzzweck des Wettbewerbsrechts und des Kennzeichenrechts. Im MarkenG werden geographische Herkunftsangaben als Kennzeichnungsmittel geschützt, die Waren oder Dienstleistungen nach ihrer geographischen Herkunft identifizieren. Die beschränkte Ausschließlichkeitsfunktion einer geographischen Herkunftsangabe als subjektives Kennzeichenrecht (s. Rn 4) schließt ihre Anerkennung als gewerbliches und kommerzielles Eigentum im subjektivrechtlichen Sinne nicht aus. Anders geht der BGH zur Bestimmung des Verhältnisses zwischen dem Kennzeichenschutz der geographischen Herkunftsangaben nach den §§ 126 ff. zu den wettbewerbsrechtlichen Vorschriften der §§ 3, 1 UWG unter Anwendung der lex specialis-Regelung von einem Vorrang der §§ 126 ff. mit der Folge aus, daß die wettbewerbsrechtlichen Vorschriften nur noch ergänzend für solche Sachverhalte herangezogen werden können, die nicht unter die §§ 126 ff. MarkenG fallen (BGH GRUR 1999, 252 – Warsteiner II; so auch *Ingerl/Rohnke*, Vor §§ 136 bis 139, Rn 2). Diese Rechtsansicht mißachtet die vom Gesetzgeber in § 2 normierte Anspruchskonkurrenz und verkürzt den Rechtsschutz der geographischen Herkunftsangaben (s. dazu allgemein § 2, Rn 4).

## B. Begriff der geographischen Herkunftsangaben (§ 126 Abs. 1)

### I. Geographische Herkunftsangaben als subjektive Kennzeichenrechte

4  Im MarkenG werden geographische Herkunftsangaben als subjektive Kennzeichenrechte geschützt. Wie Marken *Produktkennzeichen* und geschäftliche Bezeichnungen *Unternehmenskennzeichen* darstellen, so handelt es sich bei geographischen Herkunftsangaben um *Herkunftskennzeichen*. Geographische Herkunftsangaben kennzeichnen Waren oder Dienstleistungen nach ihrer geographischen Herkunft. Folge des Kennzeichenschutzes an geographischen Herkunftsangaben ist es, daß geographische Herkunftsangaben als *immaterialgüterrechtliche Vermögensrechte* verstanden werden und ihrer Rechtsnatur nach *subjektive Rechte* darstellen (ähnlich *Knaak*, GRUR 1995, 103, 105; *Ahrens*, GRUR Int 1997, 508, 512; *Althammer/Ströbele/Klaka,* § 126 MarkenG, Rn 2; *Köhler/Piper*, § 3 UWG, Rn 188a; anders Begründung zum MarkenG, BT-Drucks. 12/6581 vom 14. Januar 1994, S. 116; *Ingerl/Rohnke,* Vor §§ 130 bis 136, Rn 2). Der BGH leugnet die immaterialgüterrechtliche Struktur der geographischen Herkunftsangaben (BGH GRUR 1999, 252 – Warsteiner II). Der wettbewerbsrechtlich begründete Schutz der geographischen Herkunftsangaben habe im Bereich des gewerblichen Rechtsschutzes eine sondergesetzliche Ausgestaltung erfahren, ohne daß von einer Art weiteren geistigen Eigentums gesprochen werden könne. Der Individualschutz ergebe sich nach wie vor nur reflexartig aus dem seiner Natur nach wettbewerbsrechtlichen Schutz. Diese Rechtsauffassung bleibt hinter der europäischen Rechtsentwicklung zurück, da der EuGH in seinem wegweisenden Urteil *Turrón de Alicante* (EuGH, Rs. C-3/91, Slg. 1992–9, I-5529, GRUR Int 1993, 76, 78 – Turrón de Alicante) die geographischen Herkunftsangaben *als gewerbliches und kommerzielles Eigentum im Sinne des Art. 36 EGV* anerkannt hat (s. Rn 1) und stellt eine Schwächung des Rechtsschutzes der geographischen Herkunftsangaben dar, da der EuGH den Wettbewerbsschutz nur § 30 EGV zuordnet. Die Begründung des BGH, bei geographischen Herkunftsangaben mangele es an einer Zuordnung der Kennzeichnung zu einem bestimmten ausschließlichen Rechtsträger, vermag auch dogmatisch nicht zu überzeugen. Wie das Markenrecht durch Eintragung entsteht, wenn die Eintragungsvoraussetzungen erfüllt sind, so entsteht ein subjektives Kennzeichenrecht an der geographischen Herkunftsangabe durch Benutzung, wenn die Schutzvoraussetzungen eines rechtmäßigen Gebrauchs erfüllt sind. Die Besonderheit der geographischen Herkunftsangaben als subjektive Immaterialgüterrechte besteht allein in ihrer *eingeschränkten Ausschließlichkeitsfunktion*. Geographische Herkunftsangaben als Ausschließlichkeitsrechte wirken gegenüber solchen Dritten, die die Voraussetzungen zur Benutzung einer geographischen Herkunftsangabe nach den §§ 126 ff. nicht erfüllen. Innerhalb der rechtmäßigen Benutzer einer geographischen Herkunftsangabe kommt der geographischen Herkunftsangabe als einem subjektiven Recht keine Ausschließlichkeitsfunktion zu.

### II. Arten geographischer Herkunftsangaben

#### 1. Ausgangspunkt

5  § 126 Abs. 1 enthält eine Definition des *Begriffs der geographischen Herkunftsangaben* im Sinne des MarkenG. In Abgrenzung zu diesem kennzeichenrechtlichen Begriff der geographischen Herkunftsangabe enthält § 126 Abs. 2 S. 2 eine Definition des *Begriffs der Gattungsbezeichnungen*, die dem Schutz als geographische Herkunftsangaben nicht zugänglich sind. Innerhalb des Wettbewerbsschutzes geographischer Herkunftsangaben wird regelmäßig zwischen *unmittelbaren und mittelbaren Herkunftsangaben* unterschieden (s. im einzelnen *Baumbach/Hefermehl*, Wettbewerbsrecht, § 3 UWG, Rn 192 ff.; BGH GRUR 1982, 564, 565 – Elsässer Nudeln; 1965, 681, 682 – de Paris; EuGH, Rs. C-3/91, Slg. 1992–9, I-5529, GRUR Int 1993, 76, 78 – Turrón de Alicante). Der Gesetzgeber des MarkenG hat diese Unterscheidung aufgegriffen und sowohl unmittelbare als auch mittelbare Herkunftsangaben in den Kennzeichenschutz nach dem MarkenG einbezogen. Nach § 126 Abs. 1 sind geographische Herkunftsangaben im Sinne des MarkenG die Namen von Orten, Gegenden, Gebieten oder Ländern (*unmittelbare Herkunftsangaben* im Sinne des Abs. 1 1. Alt.), sowie

graphische Herkunftsangaben im Sinne des MarkenG die Namen von Orten, Gegenden, Gebieten oder Ländern (*unmittelbare Herkunftsangaben* im Sinne des § 126 Abs. 1 1. Alt.), sowie sonstige Angaben oder Zeichen (*mittelbare Herkunftsangaben* im Sinne des § 126 Abs. 1 2. Alt.), die im geschäftlichen Verkehr zur Kennzeichnung der geographischen Herkunft von Waren oder Dienstleistungen benutzt werden.

### 2. Unmittelbare Herkunftsangaben

Nach § 126 Abs. 1 1. Alt. sind *unmittelbare Herkunftsangaben* die Namen von Orten, Gegenden, Gebieten und Ländern, die im geschäftlichen Verkehr zur Kennzeichnung der geographischen Herkunft von Waren oder Dienstleistungen benutzt werden. Unmittelbare Herkunftsangaben enthalten einen *unmittelbaren geographischen Herkunftshinweis*. Sie stellen *geographische Namen* dar. Zu den Namen von Orten gehören etwa die Namen von Städten und Gemeinden, Dörfern und Ortschaften, Stadtteilen und Stadtbezirken; zu den Namen von Gegenden gehören etwa auch Landschaften und Landstriche, Berge und Flüsse, Wälder und Täler, Moore und Heiden; zu den Namen von Gebieten und Ländern gehören etwa auch Landesteile und Kreise, länderübergreifende Regionen oder auch Erdteile. Beispiele sind *Badischer Wein, Schwarzwaldforelle, Lübecker Marzipan* oder *Champagner*. Bei der auf den Ort *Warstein* Bezug nehmenden Bezeichnung *Warsteiner* handelt es sich um eine Angabe im Sinne des § 126 Abs. 1, die in *adjektivischer Form* auf den Namen eines Ortes zur Kennzeichnung der geographischen Herkunft der Ware Bier hinweist (BGH GRUR 1999, 252 – Warsteiner II). Bei einer unmittelbaren Herkunftsangabe muß es sich nicht um eine amtliche Bezeichnung handeln. In Betracht kommen auch solche herkömmlichen Bezeichnungen, die im amtlichen Verkehr nicht oder nicht mehr verwendet werden (zu Volksmundlagenamen s. etwa BGH GRUR 1961, 477 – Forster Jesuitengarten; BGHSt NJW 1969, 1912 – Seligmacher; s. im einzelnen *Baumbach/Hefermehl*, Wettbewerbsrecht, § 3 UWG, Rn 193). Der Kennzeichenschutz einer Bezeichnung als geographischer Herkunftsangabe setzt nicht voraus, daß die Angabe dem Verkehr als solche, etwa als Ort mit diesem Namen, bekannt ist (BGH GRUR 1963, 469, 470 – Nola; 1999, 252 – Warsteiner II). Erforderlich ist nur, daß der angegebene Ort nicht aufgrund seiner Eigenart oder wegen der Besonderheit der Ware als Produktionsstätte erkennbar ausscheidet (BGH GRUR 1957, 430, 431 – Havana; 1983, 768, 769 – Capri-Sonne; 1999, 252 – Warsteiner II; zur Festellung des Verkehrsverständnisses bei der Bezeichnung von Bier als Angabe über die betriebliche Herkunft oder über den Herkunftsort durch Verbraucherbefragung s. die instanzgerichtliche Entscheidung OLG Karlsruhe GRUR 1997, 72 – Warsteiner).

### 3. Mittelbare Herkunftsangaben

Nach § 126 Abs. 1 2. Alt. sind *mittelbare Herkunftsangaben* sonstige Angaben oder Zeichen, die im geschäftlichen Verkehr zur Kennzeichnung der geographischen Herkunft von Waren oder Dienstleistungen benutzt werden. Eine mittelbare Herkunftsangabe enthält keinen ausdrücklichen geographischen Herkunftshinweis, weil sie als solche keinen geographischen Namen darstellt, sondern sie wird im Verkehr *gedanklich* auf ein bestimmtes geographisches Gebiet oder einen bestimmten geographischen Ort bezogen. Ob der Verkehr die Angabe oder das Zeichen als geographische Herkunftsangabe versteht, richtet sich nach der *Verkehrsauffassung*. Eine mittelbare Herkunftsangabe liegt nur dann vor, wenn im Verkehr für eine *geographische Herkunftsvorstellung die erforderliche Gedankenassoziation* besteht. Das Bestehen einer mittelbaren Herkunftsangabe ist von deren Schutzinhalt nach § 127 zu unterscheiden. Zur Annahme einer mittelbaren geographischen Herkunftsangabe genügt es, wenn im Verkehr eine geographische Herkunftsvorstellung verbreitet ist (s. zum wettbewerbsrechtlichen Schutz *Tilmann*, Die geographische Herkunftsangabe, S. 157, 238 ff.). Es ist nicht gerechtfertigt, an das *Bestehen* einer mittelbaren geographischen Herkunftsangabe geringere Anforderungen als an die Existenz einer unmittelbaren geographischen Herkunftsangabe zu stellen (*Baumbach/Hefermehl*, Wettbewerbsrecht, § 3 UWG, Rn 198). Eine andere Frage ist die nach dem *Schutzinhalt* von geographischen Herkunftsangaben (s. § 127). Bei eindeutigen Herkunftsangaben (s. dazu *Baumbach/Hefermehl*, Wettbewerbsrecht, § 3 UWG, Rn 198) wird eine Täuschungsgefahr eher bestehen und sich weniger aufgrund entlokalisierender

Zusätze ausräumen lassen. Zwischen der zur Annahme einer Irreführungsgefahr erforderlichen Irreführungsquote besteht eine Wechselwirkung zur Erkennbarkeit einer Angabe oder eines Zeichens als einer geographischen Herkunftsangabe. Je eindeutiger der Herkunftscharakter einer Bezeichnung ist, desto niedriger kann der für einen Schutz ausreichende Irreführungsgrad sein (s. insoweit zu § 3 UWG *Beier/Knaak*, GRUR Int 1992, 411, 414). Der mittelbare Bezug einer Bezeichnung zu einem geographischen Herkunftshinweis läßt sich auf vielfältige Art und Weise erreichen. Verbreitet ist die Verwendung fremdsprachiger Bezeichnungen, die im Verkehr die Vorstellung einer Produktherkunft aus dem Land der fremden Sprache hervorrufen können (BGH GRUR 1956, 187, 188 – English Lavender, 1958, 185 – Wyeth; 1963, 589, 591 – Lady Rose; s. dazu im einzelnen *Baumbach/Hefermehl*, Wettbewerbsrecht, § 3 UWG, Rn 195 f.). In Betracht kommen auch Herkunftssymbole wie Namen und Bilder bekannter Persönlichkeiten, Schriftzeichen, Bauwerke, Wahrzeichen, Straßennamen, Landesfarben, Staats- und Ortswappen (s. etwa BGHZ 14, 15 – Frankfurter Römer; BGH GRUR 1981, 666 – Ungarische Salami I; 1982, 685 – Ungarische Salami II; s. zu Herkunftssysymbolen als mittelbare Herkunftsangaben im einzelnen *Baumbach/Hefermehl*, Wettbewerbsrecht, § 3 UWG, Rn 197).

### 4. Markenformen geographischer Herkunftsangaben

**8** Als geographische Herkunftsangaben kommen alle *Markenformen im Sinne des § 3 Abs. 1* in Betracht. Namentlich mittelbare Herkunftsangaben können etwa bestehen aus Abbildungen (s. zum *Frankfurter Römer* BGHZ 14, 15; zum *Lübecker Holstentor* RG GRUR 1939, 919), aus Personennamen (*Prince of Wales* RPA JW 1936, 2210), aus Verpackungsformen (BGH GRUR 1971, 313, 314 – Bocksbeutelflasche; 1979, 415 – Cantil-Flasche), aus Farbzusammenstellungen wie *Nationalfarben* (BGH GRUR 1981, 666, 667 – Ungarische Salami I; 1982, 685, 686 – Ungarische Salami II), aus einer landestypischen Erkennungsmelodie als Hörmarke.

### III. Entstehung geographischer Herkunftsangaben

**9** Geographische Herkunftsangaben sind als Kennzeichen nach § 126 Abs. 1 nur dann geschützt, wenn sie im geschäftlichen Verkehr zur Kennzeichnung der geographischen Herkunft von Waren oder Dienstleistungen benutzt werden. Die *Benutzung als geographische Herkunftsangabe* im Verkehr ist eine *Schutzvoraussetzung des MarkenG* sowohl für unmittelbare als auch für mittelbare geographische Herkunftsangaben (so auch *Knaak*, GRUR 1995, 103, 105; *Helm*, FS für Vieregge, S. 335, 339 ff.). Im Erfordernis der Benutzung im geschäftlichen Verkehr liegt eine *Beschränkung des Anwendungsbereichs des Kennzeichenschutzes* der geographischen Herkunftsangaben gegenüber dem Wettbewerbsschutz nach § 3 UWG. Ein geographischer Herkunftshinweis ist als geographische Herkunftsangabe wettbewerbsrechtlich auch dann geschützt, wenn die Angabe tatsächlich von den berechtigten Unternehmen nicht als geographische Herkunftsangabe benutzt wird, die Bezeichnung aber nach der Verkehrsauffassung als geographische Herkunftsangabe verstanden wird. Solche *fiktiven* geographischen Herkunftsangaben fallen nicht in den Anwendungsbereich des § 126 Abs. 1. Die Beschränkung des Anwendungsbereichs des Kennzeichenschutzes auf benutzte Herkunftsangaben folgt aus der Rechtsnatur der geographischen Herkunftsangaben als Kennzeichen im MarkenG. Die Entstehung des Kennzeichenschutzes an einer geographischen Herkunftsangabe verlangt die Benutzung als geographische Herkunftsangabe im Verkehr.

**10** Als subjektiven Kennzeichenrechten kommt geographischen Herkunftsangaben ein Zeitvorrang zu, der sich nach § 6 Abs. 3 bestimmt. Nach dieser Vorschrift ist für die *Priorität einer geographischen Herkunftsangabe* der Zeitpunkt maßgeblich, zu dem das Recht erworben wurde. Ein Kennzeichenrecht an einer geographischen Herkunftsangabe entsteht durch die Inbenutzungnahme der Bezeichnung zur Kennzeichnung von Waren oder Dienstleistungen nach ihrer geographischen Herkunft. Wenn eine geographische Herkunftsangabe im Verkehr erkennbar als Kennzeichnungsmittel zur geographischen Herkunft verwendet wird, dann entsteht an der Bezeichnung ein *subjektives Kennzeichenrecht* (s. Rn 4). Geographische Herkunftsangaben bilden nach § 13 Abs. 2 Nr. 5 *relative Schutzhindernisse* und *Nichtigkeitsgründe* im Löschungsverfahren vor den ordentlichen Gerichten (§§ 51 Abs. 1, 55 Abs. 1) unter Erweiterung der Aktivlegitimation (§ 55 Abs. 2 Nr. 3).

## IV. Keine Qualifikation geographischer Herkunftsangaben

Nicht anders als der Wettbewerbsschutz einer geographischen Herkunftsangabe ist auch der Kennzeichenschutz nicht davon abhängig, daß die Waren oder Dienstleistungen, für die die geographische Herkunftsangabe verwendet wird, besondere *objektive Produkteigenschaften* aufweisen, die sie von anderen Waren oder Dienstleistungen gleicher Art, aber anderer Herkunft unterscheiden (Begründung zum MarkenG, BT-Drucks. 12/6581 vom 14. Januar 1994, S. 117f.). Eine besondere *Qualifikation der geographischen Herkunftsangabe* stellt keine Voraussetzung des kennzeichenrechtlichen Schutzes dar. Das folgt auch aus dem unterschiedlichen Schutzinhalt einfacher geographischer Herkunftsangaben nach § 127 Abs. 1, qualifizierter geographischer Herkunftsangaben nach § 127 Abs. 2 sowie geographischer Herkunftsangaben mit besonderem Ruf nach § 127 Abs. 3. Bei geographischen Herkunftsangaben, die einen besonderen Ruf genießen, ist der Kennzeichenschutz nicht vom Vorliegen einer Irreführungsgefahr abhängig (§ 127 Abs. 3); das gilt auch für qualifizierte geographische Herkunftsangaben nach § 127 Abs. 2 (s. § 127, Rn 9).

## C. Ausschluß von Gattungsbezeichnungen (§ 126 Abs. 2)

### I. Begriff der Gattungsbezeichnung

Nach § 126 Abs. 2 S. 1 sind Gattungsbezeichnungen von dem Kennzeichenschutz als geographische Herkunftsangaben ausgeschlossen. Als *Gattungsbezeichnungen* sind nach § 126 Abs. 2 S. 2 solche Bezeichnungen anzusehen, die zwar eine Angabe über die geographische Herkunft enthalten oder von einer solchen Angabe abgeleitet sind, die jedoch ihre *ursprüngliche Bedeutung verloren* haben und als Namen von Waren oder Dienstleistungen oder als Bezeichnungen oder Angaben der Art, der Beschaffenheit, der Sorte oder sonstigen Eigenschaften oder Merkmalen von Waren oder Dienstleistungen dienen. Auch wenn die Definition der Gattungsbezeichnung im MarkenG nicht ausdrücklich auf die Auffassung der beteiligten Verkehrskreise abstellt, besteht kein Zweifel daran, daß es zur Abgrenzung der geographischen Herkunftsangabe von der Gattungsbezeichnung auf die *Verkehrsauffassung* ankommt (so auch *Knaak*, GRUR 1995, 103, 105). Gattungsbezeichnungen werden vom Verkehr nicht als ein Hinweis auf die geographische Herkunft einer Ware oder Dienstleistung verstanden. Eine Gattungsbezeichnung identifiziert die Zugehörigkeit der Ware oder Dienstleistung zu einer bestimmten Warengattung. Eine Gattungsbezeichnung schließt das Vorliegen einer Beschaffenheitsangabe nicht aus (*Baumbach/Hefermehl*, Wettbewerbsrecht, § 3 UWG, Rn 203). Geographische Herkunftsangaben können im Laufe der Zeit einen Bedeutungswandel erfahren und sich zu Gattungsbezeichnungen oder reinen Beschaffenheitsangaben entwickeln (s. Rn 13f.). Umgekehrt ist die Rückentwicklung von Gattungsbezeichnungen und reinen Beschaffenheitsangaben in geographische Herkunftsangaben möglich (s. Rn 15).

### II. Denaturierung einer geographischen Herkunftsangabe

Eine geographische Herkunftsangabe kann im Laufe der Zeit einen Bedeutungswandel erfahren und sich zu einer Gattungsbezeichnung oder einer reinen Beschaffenheitsangabe entwickeln. Der Vorgang einer solchen *Denaturierung einer geographischen Herkunftsangabe* gründet in der Verkehrsauffassung über die geographische Herkunftsvorstellung. Beispiele sind etwa *Kölnisch Wasser, Schweizer Käse, Edamer Käse, Italienischer Salat, Berliner Pfannkuchen, Wiener Schnitzel* oder *Prager Schinken* (s. im einzelnen *Baumbach/Hefermehl*, Wettbewerbsrecht, § 3 UWG, Rn 218). Welche Anforderungen an die Umwandlung einer geographischen Herkunftsangabe in eine Gattungsbezeichnung zu stellen sind, hat der Gesetzgeber des MarkenG bewußt offen gelassen (Begründung zum MarkenG, BT-Drucks. 12/6581 vom 14. Januar 1994, S. 118). Die *Rechtsprechung zum Wettbewerbsschutz* einer geographischen Herkunftsangabe nach § 3 UWG stellt *strenge Voraussetzungen an den Umwandlungsprozeß* einer geographischen Herkunftsangabe in eine Gattungsbezeichnung, der zum Verlust des Schutzes der geographischen Herkunftsangabe führt. Die Rechtsprechung verlangt, daß nur noch ein ganz *unbeachtlicher Teil der beteiligten Verkehrskreise* in der Angabe einen Hinweis auf die geographische Herkunft der Ware oder Dienstleistung sieht (RGZ 100, 182, 184 – Gervais; RG GRUR 1934, 62 – Nordhäuser; BGH GRUR 1956, 270, 272 – Rügenwalder Teewurst; 1965, 317, 318 – Kölnisch Wasser; 1965, 681, 682 – de Paris; 1970, 517, 518 – Kölsch-Bier; 1981, 71, 73 – Lübecker Marzipan; BGHZ 106, 101, 104 – Dresdner Stollen IV). Auch nach der *Rechtslage im MarkenG* sind *strenge Voraussetzungen* an die Umwandlung einer geographischen Herkunftsbezeichnung in eine Gattungs- oder Beschaffenheitsangabe zu verlangen (BPatG BlPMZ 1997, 208, 209 – MADEIRA; s. Rn 14). Namentlich bei unmittelbaren Herkunftsangaben, aber auch bei mittelbaren Herkunftsangaben besteht eine starke tatsächliche *Vermutung für die Herkunftsnatur* der Bezeichnung (*Baumbach/Hefermehl*, Wettbewerbsrecht, § 3 UWG, Rn 219). Die Widerlegung der Vermutung und damit den Nachweis der Gattungsbezeichnung hat ein Verletzer eindeutig zu führen. Solange ein noch nicht unerheblicher Teil der beteiligten Verkehrskreise in der Angabe einen Hinweis auf die geographische Herkunft der Waren oder Dienstleistungen sieht, liegt kein Bedeutungswandel vor. Zur Aufrechterhaltung des Schutzes einer Herkunftsvorstellung im Verkehr reichen nach der Rechtsprechung des BGH etwa *10% der Verkehrskreise* aus (BGH GRUR 1979, 716, 717 – Kontinent-Möbel). Die Bezeichnung *MADEIRA* hat nach der Rechtsansicht des BPatG ihre Bedeutung als geographische Herkunftsangabe nicht verloren und stellt keine Gattungsbezeichnung dar, auch wenn davon auszugehen sei, daß hochqualitative starke Dessertweine des Typs *Madeira* auch in anderen Ländern wie Griechenland, Ukraine, Armenien und Australien hergestellt würden, da daraus nicht der hinreichend sichere Schluß gezogen werden könne, daß *MADEIRA* im Verkehr inzwischen nahezu ausschließlich als Sorten- oder Beschaffenheitsangaben diene (BPatG BlPMZ 1997, 208, 209 – MADEIRA; im Leitsatz von einer Gattungsbezeichnung ausgehend BGH GRUR 1996, 270 – MADEIRA). Die Bezeichnung *Lübecker Marzipan* war als eine geographische Herkunftsangabe zu verstehen, wenn nach der Verkehrsauffassung *zumindest 13,7% von einer Herstellung in Lübeck* ausgehen und eine solche Vorstellung wettbewerbsrechtlich relevant ist (BGH GRUR 1981, 71, 72 – Lübecker Marzipan; OLG Köln GRUR 1983, 385, 387 – Lübecker Marzipan II). Die Bezeichnung *Lübecker Marzipan* stellt eine geschützte geographische Angabe im Sinne der VO (EWG) Nr. 2081/92 dar (zur Anerkennung und Registrierung im vereinfachten Verfahren nach Art. 17 VO s. Vorb zu den §§ 130 bis 136, Rn 30), die in das von der Kommission geführte Verzeichnis der geschützten geographischen Angaben und der geschützten Ursprungsbezeichnungen eingetragen worden ist (zum Verfahren s. Vorb zu den §§ 130 bis 136, Rn 14b). Die Bezeichnung *Dresdner Stollen* wurde seit den 30iger Jahren in der Bundesrepublik Deutschland einhellig als eine Gattungsbezeichnung verstanden (BGH GRUR 1990, 461 – Dresdner Stollen V; BGHZ 106, 101, 104 ff. – Dresdner Stollen IV; LG Hamburg WRP 1986, 629, 632 – Dresdner Stollen II mit Anm. *Frisinger*, wonach *weniger als 10% ein Herkunftsverständnis gewahrt* haben; OLG Koblenz WRP 1988, 186 – Dresdner Butterstollen I; aA OLG München GRUR 1984, 885 – Dresdner Stollen I; WRP 1988, 486 – Dresdner Stollen III; s. dazu auch *Klette*, NJW 1986, 359; *Martell*, ZLR 1985, 274, 282; *Müller-Graff*, GRUR 1988, 659; *Tilmann*, GRUR 1989, 443; *Frisinger* ZLR 1988, 175; einschränkend für das *Beitrittsgebiet*, in dem nach § 19 WKG die Bezeichnung *Dresdner Stollen* eine Herkunftsbezeichnung sei, LG Leipzig GRUR 1994, 379 – Dresdner Butterstollen II; KG, Urteil vom 26. März 1996, 5 U 3650/94 – Dresdner Christstollen; zur nicht in das Territorium für die Herkunftsangabe *Dresdner Stollen* einbezogenen Stadt Bischofswerda s. BPatG, Beschluß vom 5. Juli 1997, 30 W (pat) 257/94 – Dresdner Stollen/Bischofswerda; zum Schutz von geographischen Herkunftsangaben aus der DDR nach dem Inkrafttreten des ErstrG s. *Hierse*, in: Adrian/Nordemann/Wandtke, Erstreckungsgesetz und Schutz des geistigen Eigentums, S. 161; s. dazu auch Einl Rn 75). Ein anderer Maßstab gilt für die *Rückumwandlung* einer Angabe, die ursprünglich eine Herkunftsangabe darstellte und sich zur Beschaffenheitsangabe entwickelte, zur Herkunftsangabe; dafür wird ein *überwiegendes Herkunftsverständnis von mehr als 50%* verlangt (s. Rn 15). Es stellt sich die Frage, ob die für die Rückumwandlung geltenden Grundsätze auch dann Anwendung finden, wenn es sich nicht im eigentlichen Sinne um die Rückumwandlung einer

Beschaffenheitsangabe zu einer geographischen Herkunftsangabe handelt, sondern um die Zusammenführung zweier vormals getrennter Wirtschaftsgebiete zu einem einheitlichen Wirtschaftsgebiet, wobei es sich bei der in Frage stehende Bezeichnung in dem einen Wirtschaftsgebiet um eine geographische Herkunftsangabe und in dem anderen um eine Gattungsbezeichnung handelt, wie etwa bei der Bezeichnung *Dresdner Stollen* für das Gebiet der Bundesrepublik Deutschland und das Gebiet der ehemaligen DDR, oder ob hier nicht ein anderer strenger Maßstab zu gelten hat.

Für den *Kennzeichenschutz nach § 126* muß für die Denaturierung einer geographischen Herkunftsangabe ein gleich strenger Maßstab gelten. Das gilt schon deshalb, weil der Kennzeichenschutz einer geographischen Herkunftsangabe als eines subjektiven Kennzeichenrechts gegenüber dem Wettbewerbsschutz eine Verstärkung des Rechtsschutzes bedeutet. Im Diskussionsentwurf zum MarkenG wurden als Gattungsbezeichnungen noch solche Bezeichnungen verstanden, die ihre ursprüngliche Bedeutung als geographische Herkunftsangabe vollständig verloren haben und ausschließlich als Namen von Waren oder Dienstleistungen, als Bezeichnung der Art oder Sorte der Waren oder Dienstleistungen oder als Beschaffenheitsangabe dienten. Dieser strenge Maßstab galt für die Umwandlungsregel des § 26 Abs. 4 WZG und wurde § 37 ErstrG zur Umwandlung der registrierten DDR-Herkunftsangaben in Verbandszeichen zugrundegelegt. Auch wenn der Gesetzgeber darauf verzichtet hat, auf einen *vollständigen Verlust der ursprünglichen Herkunftsbedeutung* und auf eine *ausschließliche Verwendung als Produktname, Sortenbezeichnung oder Beschaffenheitsangabe* abzustellen, sind keine geringeren Anforderungen an die Umwandlung einer geographischen Herkunftsangabe zur Gattungsbezeichnung zu stellen. Auch nach Art. 3 Abs. 1 der Verordnung (EWG) Nr. 2081/92 des Rates vom 14. Juli 1992 zum Schutz von geographischen Angaben und Ursprungsbezeichnungen für Agrarerzeugnisse und Lebensmittel (ABl. EG Nr. L 208 vom 24. Juli 1992, S. 1; zuletzt geändert durch Verordnung (EG) Nr. 1068/97 vom 12. Juni 1997, ABl. EG Nr. L 156 vom 13. Juni 1997, S. 10; s. 3. Teil des Kommentars, II 6) ist eine geographische Bezeichnung dann zur Gattungsbezeichnung geworden, wenn die Bezeichnung der *gemeinhin übliche Name für ein Erzeugnis* geworden ist. Vor allem kommt es nach der *Turron*-Entscheidung des EuGH (EuGH GRUR Int 1993, 76, 79 – Turrón de Alicante), die die geographische Herkunftsangaben dem Schutz des gewerblichen und kommerziellen Eigentums nach Art. 36 EGV unterstellt, nach dem Gemeinschaftsrecht für den nationalen Schutz geographischer Herkunftsangaben auf die *Vorstellungen im Ursprungsland* an (s. dazu auch *Knaak*, GRUR 1995, 103, 106). Das Gemeinschaftsrecht bietet keinen Anlaß, deutsche Herkunftsangaben einem geringeren Schutzstandard als nach bisheriger Rechtslage zu unterwerfen und an die Umwandlung einer geographischen Herkunftsangabe in eine Gattungsbezeichnung oder eine reine Beschaffenheitsangabe geringere Anforderungen zu stellen.

### III. Rückentwicklung zu einer geographischen Herkunftsangabe

Eine Gattungsbezeichnung oder eine reine Beschaffenheitsangabe kann sich wieder zu einer geographischen Herkunftsangabe zurückbilden (s. dazu im einzelnen *Baumbach/Hefermehl*, Wettbewerbsrecht, § 3 UWG, Rn 222). Eine solche *Rückbildung zu einer geographischen Herkunftsangabe* setzt voraus, daß sich der Hinweis auf die geographische Herkunft der Waren oder Dienstleistungen auf eine entsprechende Vorstellung einer *qualifizierten Mehrheit der angesprochenen Verkehrskreise* gründet. Die Rechtsprechung stellt an die Rückentwicklung zur geographischen Herkunftsangabe hohe Anforderungen. Als Maßstab für die Rückumwandlung wird auf die *Auffassung des überwiegenden Teils der beteiligten Verbraucherkreise* abgestellt und damit ein *überwiegendes Herkunftsverständnis von mehr als 50% des Verkehrs* verlangt (BGH GRUR 1957, 128, 131 – Steinhäger II; 1965, 317, 318 – Kölnisch Wasser). Auch kommt es nicht nur auf ein zahlenmäßiges Übergewicht der unterschiedlichen Verbraucherauffassungen an, sondern ist namentlich in Grenzfällen eine *Interessenabwägung* geboten, bei der auf das Bedürfnis nach Freihaltung der Angabe für den allgemeinen Gebrauch abzustellen ist. Abgelehnt wurde eine Rückumwandlung etwa für *Nordhäuser* (RG GRUR 1934, 62 – Nordhäuser), für *Steinhäger* (RGZ 137, 282, 290 – Steinhäger I; BGH GRUR 1957, 128, 131 – Steinhäger II), für *Kölnisch Wasser* (BGH GRUR 1965, 317

– Kölnisch Wasser), für *Dresdner Stollen* (BGHZ 106, 101 – Dresdner Stollen IV; BGH GRUR 1990, 461 – Dresdner Stollen V; einschränkend für das Beitrittsgebiet LG Leipzig GRUR 1994, 379 – Dresdner Butterstollen II; zur Anwendbarkeit der Grundsätze über die Rückumwandlung bei der Vereinigung von zwei Wirtschaftsgebieten s. Rn 13).

## IV. Umwandlung einer Gattungsbezeichnung in eine geographische Herkunftsangabe

16   Das Interesse der Allgemeinheit an einem freien Gebrauch einer Gattungsbezeichnung rechtfertigt es, an eine *Umwandlung einer Gattungsbezeichnung in eine geographische Herkunftsangabe* die gleichen Anforderungen zu stellen, die für die Rückentwicklung einer Gattungsbezeichnung in eine geographische Herkunftsangabe gelten (BGH GRUR 1986, 469, 470 – Stangenglas II; s. Rn 15). Der Wandel eines allgemeinen bildlichen Gattungshinweises (*Bier in zylinderförmigem Glas*) in eine mittelbare geographische Herkunftsangabe (*Bier aus Köln*) setzt daher voraus, daß die überwiegende Mehrheit des Verkehrs den Wandel in seiner Vorstellung vollzogen hat. Es genügt nicht, daß nur ein nicht ganz unbeachtlicher Teil der umworbenen Verkehrskreise die Bezeichnung als einen geographischen Herkunftshinweis versteht.

## V. Bezeichnungen geographischen Inhalts als Phantasieangaben

17   Bezeichnungen, die zwar als solche einen geographischen Gehalt aufweisen, der aber in keinem Zusammenhang zu dem Produkt, für das die Bezeichnung verwendet wird, steht, werden im Verkehr als *Phantasieangaben* aufgefaßt. Das gilt etwa für die Bezeichnungen *Grönland* für Speiseeis oder *Alaska* für Kühlschränke (s. dazu *Baumbach/Hefermehl*, Wettbewerbsrecht, § 3 UWG, Rn 208). Die Bezeichnungen werden nicht nach Art einer geographischen Herkunftsangabe verwendet. Das Wort *Plym* für einen Dry Gin wirkt auf den deutschen Verbraucher erkennbar als Phantasiebezeichnung, weil der Fluß *Plym* in England ihm kaum bekannt ist und *Plym* nicht als Abkürzung für die Stadt *Plymouth* verstanden wird (BGH GRUR 1971, 255, 257 – Plym-Gin).

## VI. Typenbezeichnungen und Sortenbezeichnungen

18   Geographische Herkunftsangaben dürfen grundsätzlich auch nicht als *Typenbezeichnungen* oder *Sortenbezeichnungen* etwa für einzelne Produktlinien oder bestimmte Gestaltungsformen von Produkten verwendet werden. Die Ausführungen in der Gesetzesbegründung zum MarkenG, die in der Praxis weit verbreitete Verwendung geographischer Bezeichnungen als Typenbezeichnungen oder Sortenbezeichnungen solle auch nach der Rechtslage im MarkenG weiterhin zulässig sein, ist mißverständlich (Begründung zum MarkenG, BT-Drucks. 12/6581 vom 14. Januar 1994, S. 118; kritisch zu Recht *Helm*, FS für Vieregge, S. 335, 347f.). Die Bezeichnung eines in *Taiwan* hergestellten Steinzeugs der Farbverbindung grau-blau in Prospekten unter der Bezeichnung *Serie Westerwald* durch einen Importeur wurde zu Recht als eine irreführende Angabe im Sinne des § 3 UWG beurteilt (OLG Koblenz GRUR 1984, 745, 746); ein nicht unerheblicher Teil der angesprochenen Verkehrskreise fasse die Bezeichnung als einen Hinweis darauf auf, daß das Steinzeug aus dem *Westerwald* komme. Etwas anderes gilt nur dann, wenn die Verwendung der geographischen Herkunftsangabe im Verkehr offenkundig deshalb keine Herkunftsvorstellung hervorruft, weil zwischen dem geographischen Gebiet oder Ort und der Produktart ein *kennzeichenrechtlicher Zusammenhang* erkennbar nicht besteht (s. etwa BGH GRUR 1970, 311, 313 – Samos; 1973, 361, 362 – sanRemo). Wenn etwa eine *Automobilserie als Modellbezeichnungen* verschiedene *Namen von Südseeinseln* erhält, dann werden diese geographischen Bezeichnungen im Verkehr erkennbar nicht nach Art einer geographischen Herkunftsangabe verwendet. Zudem scheidet in solchen Fallkonstellationen eine Irreführung des Verkehrs im Sinne des § 127 Abs. 1 aus.

## D. Entscheidungspraxis zum UWG

### I. Unzulässige Bezeichnungen

Als *unzulässig* wurden etwa beurteilt *English Lavender* für inländische Seife (BGH GRUR 1956, 187); *Ein Duft aus Paris* für deutsches Parfüm (LG Köln GRUR 1956, 570 – Ein Duft aus Paris); *Hollywood Duftschaumbad* für nicht aus Hollywood stammenden Badezusatz (BGH GRUR 1963, 482 – Hollywood Duftschaumbad); *L'Oréal de Paris* für haarkosmetische Erzeugnisse (BGH GRUR 1965, 681 – de Paris); *Bonmot, Liberté, Banquier* für deutschen Sekt (BGH GRUR 1971, 29 – Deutscher Sekt); *Chateau* für deutschen Sekt (LG Düsseldorf WRP 1961, 44); *San Marco* für inländischen Wermutwein (LG München WRP 1978, 74); *Vikingfjord* für einen in Deutschland hergestellten Aquavit (HansOLG Hamburg WRP 1972, 329); *Serie Westerwald* für in Taiwan hergestelltes Steinzeug (OLG Koblenz WRP 1985, 173); *Original Oettinger Bier* für nicht in Bayern hergestelltes Bier (OLG Naumburg WRP 1995, 749).

### II. Zulässige Bezeichnungen

Als *zulässig* wurden etwa beurteilt *Teaquick* für Instant-Zitronentee, da es sich bei Tee nicht um ein typisch englisches Produkt handele und die Aufmachung außer der Bezeichnung *Teaquick* keine weiteren englischsprachigen Wendungen, sondern zahlreiche deutschsprachige Hinweise enthielt (HansOLG Hamburg GRUR 1977, 161 – Teaquick); *Karlsbader Becher* für einen in Deutschland hergestellten Kräuterlikör, weil die Bezeichnung von einem Unternehmen verwendet wird, das in Westdeutschland die Geschäftstätigkeit einer von der Tschechoslowakei enteigneten Gesellschaft fortführt (LG Düsseldorf, Urteil vom 9. Oktober 1997, 4 O 295/96 – Karlsbader Becher); *tv. berlin* für den Mediensender, wenn der Geschäftssitz sich in Berlin befindet, da Medien vielfach geographische Bezeichnungen verwendeten, ohne daß damit im Verkehr eine Alleinstellung beansprucht werde (KG Berlin K&R 1998, 115 – tv. berlin).

### III. Geographische Herkunftsangaben für Biererzeugnisse

#### 1. Entscheidungen zu Bierbezeichnungen

In der Rechtsprechung des RG wird die Bezeichnung *Kulmbacher Bier* oder kurz *Kulmbacher* als geographische Herkunftsbezeichnung und nicht als eine bloße Angabe der Beschaffenheit des Bieres beurteilt, da die Bezeichnung nicht nur die Brauart des Bieres bedeute (RG MuW 1923/1924, 151 – Kulmbacher Bier). Die wettbewerbsrechtliche Beurteilung von *Bierbezeichnungen mit dem Namen einer Stadt als Wortbestandteil* zeigt ein uneinheitliches Bild. Nach der Rechtsansicht des LG Hamburg handelt es sich bei den Bezeichnungen *Marke Original Oettinger Pils* und *Marke Original Oettinger Export* zwar um geographische Herkunftsangaben, hinsichtlich derer ein hoher Prozentsatz der angesprochenen Verkehrskreise irregeführt werde; diese Irreführung sei aber für die Kaufentscheidung nur von nicht relevanter Bedeutung. Insoweit wird vom LG Hamburg die *wettbewerbsrechtliche Relevanzfrage* verneint (LG Hamburg, Urteil vom 3. Dezember 1996, 312 O 425/95 – Marke Original Oettinger). Das OLG Naumburg entschied, eine geographische Herkunftsangabe für ein Bier liege jedenfalls dann vor, wenn die geographische Herkunftsangabe in Verbindung mit *Original* und dem allgemein bekannten lateinischen Begriff *Bavaria* vertrieben werde (OLG Naumburg WRP 1995, 749 – Original Oettinger Bier). In einer Entscheidung des OLG Zweibrücken wird im Hinblick auf die Beurteilung der Bezeichnung *BBK* für ein Bier und Ausführungen dazu, ob das *K* als eine Herkunftsangabe auf Kaiserslautern zu verstehen sei, festgestellt, daß Bezeichnungen wie *Münchner Bier, Dortmunder Bier* oder *Kulmbacher Bier* insoweit als Herkunftsangaben verstanden werden können, als diese Biere aus Städten oder Regionen kämen, die wegen der typischen Geschmacksrichtung oder Qualität der dort gebrauten Biere einen besonderen Ruf genössen (OLG Zweibrücken, Urteil vom

5. Oktober 1994, 7 U 57/94 – BBK). Das LG Hamburg beurteilt die Bezeichnung *Clausthaler* für Bier als eine geographische Herkunftsangabe, die auf den Ort Clausthal als Brauort hinweise. Der Verkehr erwarte bei einer derartigen Ortsbezeichnung, daß das Bier auch tatsächlich aus dem bezeichneten Ort stamme, wobei nicht die Abfüllung, sondern vielmehr der Brauvorgang als solcher maßgeblich sei (LG Hamburg, Urteil vom 8. Juli 1993, 312 O 101/93 – Clausthaler). Das HansOLG Hamburg beurteilte die auf dem Hauptetikett eines Biererzeugnisses blickfangartig hervorgehobene Angabe NORDERSTEDTER dahin, ein nicht unerheblicher Teil der angesprochenen Verbraucher nehme an, das so bezeichnete Bier werde in Norderstedt gebraut (HansOLG Hamburg WRP 1979, 45, 48 – NORDERSTEDTER). In einer weiteren Entscheidung beurteilte das HansOLG Hamburg die Bezeichnung *Original Oettinger* unter Berufung auf seine Entscheidung NORDERSTEDTER als eine geographische Bezeichnung, die geeignet sei, den angesprochenen Verkehr, wenn das Bier tatsächlich in Gotha oder Dessow gebraut werde, über die Herkunft des in den Kästen beförderten Biers zu täuschen und auf diese Weise seine Kaufentscheidung zu beeinflussen (HansOLG Hamburg, Urteil vom 24 August 1995, 3 U 299/94 – Original Oettinger). Das LG Hamburg beurteilte die Bezeichnung *Tuborg*-Bier als eine geographische Herkunftsangabe, die in breiten Kreisen der Endverbraucher den Eindruck erwecke, es handele sich um ein in Dänemark hergestelltes Bier (LG Hamburg, Urteil vom 21. Februar 1995, 312 O 556/94 – Tuborg). In der zum kennzeichenrechten Schutz geographischer Herkunftsangaben nach den §§ 126 Abs. 1, 127 Abs. 1 ergangenen Entscheidung *Warsteiner II* stellt der BGH fest, daß der Schutz einer einfachen geographischen Herkunftsangabe deren Verwendung für eine an anderer Stätte hergestellte Ware (Bier) jedenfalls dann nicht entgegenstehe, wenn diese Bezeichnung sich für das am bezeichneten Ort ansässige Unternehmen als Herkunftshinweis im Verkehr durchgesetzt habe und auf die Ware durch deutliche entlokalisierende Zusätze auf die andere Produktionstätte hingewiesen werde (BGH GRUR 1999, 252 – Warsteiner II). Nach dieser Entscheidung ist die Verwendung der Bezeichnung *Warsteiner* für in Paderborn hergestelltes Bier mit dem zusätzlichen Hinweis, das Bier sei in Paderborn gebraut worden, zulässig (zur Feststellung des Verkehrsverständnisses bei der Bezeichnung von Bier als Angabe über die betriebliche Herkunft oder über den Herkunftsort durch Verbraucherbefragung s. die instanzgerichtliche Entscheidung OLG Karlsruhe GRUR 1997, 72 – Warsteiner).

## 2. *Pilsener*-Entscheidungen

**20b** In der Rechtsprechungsgeschichte zu geographischen Herkunftsangaben für Biererzeugnisse spielen seit alters her die Rechtstreite um die Bezeichnung *Pilsener* eine erhebliche Rolle. Die Entscheidungen können zwar nicht verallgemeinert werden, doch sie belegen, wie unsicher die Beurteilung des Verkehrsverständnisses über eine Bierbezeichnung mit geographischem Inhalt, wie namentlich *Pilsener*, und wie veränderlich die Verkehrsauffassung im Laufe der Zeit ist. In einer Entscheidung aus dem Jahre 1912 beurteilte das RG die Verwendung des auf einen Ortsnamen deutenden Wortes *Pilsener* zur Bezeichnung nicht aus diesem Ort stammenden Bieres als zulässig, wenn durch Zusätze, insbesondere durch die Angabe der Braustätte, wie etwa *Radeberger*, klargestellt werde, daß hiermit nur eine Beschaffenheitsangabe gemeint sei (RGZ 79, 251 – Radeberger Pilsener). In gleicher Weise entschied das RG in einem Urteil aus dem Jahre 1919, in dem auch Ankündigungen von Bie Bier alsBier als *Pilsator*, als *unser neues Pilsener* oder *unser neues Pilsener Bier Pilsator* zu beurteilen waren (RG MuW 1913/1914, 102 – Pilsator). Trotz der im Schrifttum überwiegenden Kritik an der Entscheidung (*Bußmann*, Die Bierbezeichnung „Pilsener" im deutBier Bier als *Pilsator*, als *unser neues Pilsener* oder *unser neues Pilsener Bier Pilsator* zu beurteilen waren (RG MuW 1913/1914, 102 – Pilsator). Trotz der im Schrifttum überwiegenden Kritik an der Entscheidung (*Bußmann*, MuW 1941, 21; Kritik dieser Rechtsprechung bei *Baumbach/Hefermehl*, Wettbewerbsrecht, § 3 UWG, Rn 242, wo auch heute noch das Wort *Pilsener*, das nun mehr als 100 Jahre lang als Beschaffenheitsangabe benutzt wird, als Herkunftsangabe angesehen wird) hielt das RG in seiner Entscheidung *Herrenhäuser Pilsener* an dieser Rechtsauffassung fest (RGZ 139, 365 – Herrenhäuser Pilsener). In dieser Entscheidung aus dem Jahre 1933 beurteilte das RG das Wort *Pilsener* als eine Herkunftsangabe, wenn es für sich allein gebraucht werde, dagegen als eine Beschaffenheitsangabe für ein nicht aus Pilsen stammendes Bier in Wortverbindungen mit einem auf eine andere Braustätte hinweisenden Zusatz. Das RG bezog in seinen Entscheidungsgründen ausdrücklich das Wort *Münchner* in seine Rechtsauffassung mit ein, das allein verwendet eine Herkunftsangabe darstelle, sofern es aber in Verbindung mit anderen Worten auftrete, vielfach nur auf die Beschaffenheit des betreffenden Bieres – *nach Pilsener Art* oder *nach Münchner Art* – hinweise, was den beteiligten, biertrinkenden Kreisen bekannt sei. In weiteren Entscheidungen wurde vom RG die Bezeichnung *Pilsener* mit entlokalisierenden Zusätzen, wie *Gottesberger Pilsner, Grenzquell Pilsner* und *Hitdorfer Pilsner* zugelassen (RG MuW 1932, 234 bis 250 – Gottesberger Pilsner). In der Eintragungspraxis des DPA Anfang der 50iger Jahre zur Eintragung des Wortes *Pilsener* als Marke für Bier wird die Rechtsprechung des RG sowie die Eintragungspraxis des RPA gebilligt und noch über die Zulässigkeit von entlokalisierenden Zusätzen hinausgegangen. Wenn das Wort *Pilsener* ohne einen der früheren Rechtsprechung entsprechenden, entlokalisierenden Zusatz, jedoch mit einem anderen Zusatz, wie etwa dem Familiennamen, gebraucht werde, und wenn der Anmelder an dieser Gesamtbezeichnung einen langjährigen, redlich erworbenen Besitzstand in den Teilen des Bundesgebietes, die für einen Absatz von Bier nach Pilsener Art in Betracht kämen, habe, so stehe das Eintragungshindernis des § 4 Abs. 2 Nr. 4 WZG aF der Eintragung nicht entgegen. Das DPA hielt das Wortzeichen *König-Pilsener* für Bier als eintragbar (DPA GRUR 1953, 495 – König-Pilsener). Der BGH beurteilte den Zeichenbestandteil *Pilsener* als Biersortenbezeichnung und nicht als betrieblichen Herkunftshinweis, wenn er einem als Betriebskennzeichen wirkenden Wort nachgestellt sei oder das Zeichen aus anderen Gründen auf eine deutsche Brauerei hinweise (BGH GRUR 1974, 220 - Club Pilsener). Als zulässig beurteilt werden weiterhin Bierbezeichnungen mit dem Wort *Pils* (s. dazu *Baumbach/Hefermehl*, Wettbewerbsrecht, § 3 UWG, Rn 242). Als zulässig beurteilt werden etwa *Bitburger Pils, Einbeker Pils, Wollersheimer Pils* und *Schloß-Pils* (zur Eintragungsfähigkeit von *Schloß-Pils* s. BPatGE 8, 32 – Schloß-Pils; einschränkend zur Verwendung der Bezeichnung *Pilsener* in Alleinstellung auf dem Flaschenhals, da insoweit nicht nur eine Brauart gekennzeichnet werde, sondern die Bezeichnung auch als geographischer Herkunftshinweis verstanden werde LG Köln GRUR 1978, 724 – Pilsener Brauerei-Abfüllung). Eine die besondere Rechtslage vor der Wiedervereinigung Deutschlands kennzeichnende Entscheidung stellt das Urteil des KG Berlin aus dem Jahre 1978 dar, in dem der Vertrieb eines Bieres unter der Bezeichnung *Berliner Pils* in den Westsektoren Berlins, das in einem dem Volkseigenen Betrieb (VEB) Getränke-Kombinat in Ost-Berlin angeschlossenen Braustätte hergestellt worden war, als eine irreführende Herkunftsangabe beurteilt wurde (KG Berlin WRP 1978, 722 – Berliner Pils).

### E. Eintragbarkeit von geographischen Herkunftsangaben als Marken und als Kollektivmarken

*Geographische Herkunftsangaben* sind als *beschreibende Marken* nach § 8 Abs. 2 Nr. 2 grundsätzlich *eintragungsunfähig*, wenn an ihnen ein aktuelles Freihaltebedürfnis für die konkreten Waren oder Dienstleistungen besteht, für die die Eintragung beantragt wird (s. dazu im einzelnen § 8, Rn 202 ff.). Das absolute Schutzhindernis der geographischen Herkunftsangaben nach § 8 Abs. 2 Nr. 2 kann durch den *Erwerb von Verkehrsdurchsetzung* nach § 8 Abs. 3 überwunden werden. Ein solcher Kennzeichenschutz einer geographischen Herkunftsangabe als *Individualmarke* steht dem auch im Interesse der Allgemeinheit gewährten Kennzeichenschutz der geographischen Herkunftsangabe nach den §§ 126 ff. nicht entgegen. Eine Ortsangabe, welche aufgrund ihrer Benutzung durch einen bestimmten Betrieb sich für diesen als ein Herkunftshinweis durchgesetzt hat, verliert dadurch nicht ihre ursprüngliche Eigenschaft als geographische Angabe. Der *Markenschutz an einer geographischen Herkunftsangabe* aufgrund des Erwerbs von Verkehrsdurchsetzung nach § 8 Abs. 3 schließt den weiter bestehenden *Kennzeichenschutz als geographische Herkunftsangabe* nicht aus (BGH GRUR 1999, 252 – Warsteiner II). Auch in solchen Fallkonstellationen bleibt die Feststellung einer irreführenden Verwendung der geographischen Herkunftsangabe dem Einzelfall vorbehalten (BGH GRUR 1978, 46, 47 – Doppelkamp; 1993, 920, 921 – Emilio Adani II). Die Rechtsstellung regionaler Wettbewerber erfährt dadurch eine Einschränkung dahin, daß eine Verwendung der Herkunftsangabe als *Unternehmenshinweis* dem besseren Schutz des Markeninhabers weichen muß (so unter Hinweis auf § 23 Nr. 2 BGH GRUR 1999, 252 – Warsteiner II). Eine geographische Herkunftsangabe, an der Markenschutz aufgrund des Erwerbs von Verkehrsdurchsetzung besteht, verliert ihre ursprüngliche Bedeutung als geographische Herkunftsangabe erst dann, wenn nur noch *unbeachtliche Teile des Verkehrs* von einer geographischen Herkunftsbedeutung der Angabe ausgehen (BGH GRUR 1963, 482, 485 – Hollywood Duftschaumbad; BGHZ 44, 16, 19 – de Paris; BGH GRUR 1973, 361, 362 – sanRemo; BGH GRUR 1999, 252 – Warsteiner II).

**22** Abweichend von dem grundsätzlich bestehenden, absoluten Schutzhindernis der geographischen Herkunftsangabe als beschreibender Angabe normiert § 99 die *Eintragbarkeit von geographischen Herkunftsangaben als Kollektivmarken*. Nach dieser Vorschrift können Kollektivmarken, die ausschließlich aus solchen Zeichen oder Angaben bestehen, die im Verkehr zur Bezeichnung der geographischen Herkunft der Waren oder Dienstleistungen dienen können, eingetragen werden. Eine entsprechende Regelung enthält Art. 64 Abs. 2 S. 1 GMarkenV für Gemeinschaftskollektivmarken. Die Regelung des § 99 über die Eintragbarkeit von geographischen Herkunftsangaben als Kollektivmarken überwindet nur das für geographische Herkunftsangaben als beschreibende Angaben bestehende, absolute Schutzhindernis des § 8 Abs. 2 Nr. 2 (zu den allgemeinen Eintragungsvoraussetzungen s. im einzelnen § 99, Rn 2).

## Schutzinhalt

**127** (1) Geographische Herkunftsangaben dürfen im geschäftlichen Verkehr nicht für Waren oder Dienstleistungen benutzt werden, die nicht aus dem Ort, der Gegend, dem Gebiet oder dem Land stammen, das durch die geographische Herkunftsangabe bezeichnet wird, wenn bei der Benutzung solcher Namen, Angaben oder Zeichen für Waren oder Dienstleistungen anderer Herkunft eine Gefahr der Irreführung über die geographische Herkunft besteht.

(2) Haben die durch eine geographische Herkunftsangabe gekennzeichneten Waren oder Dienstleistungen besondere Eigenschaften oder eine besondere Qualität, so darf die geographische Herkunftsangabe im geschäftlichen Verkehr für die entsprechenden Waren oder Dienstleistungen dieser Herkunft nur benutzt werden, wenn die Waren oder Dienstleistungen diese Eigenschaften oder diese Qualität aufweisen.

(3) Genießt eine geographische Herkunftsangabe einen besonderen Ruf, so darf sie im geschäftlichen Verkehr für Waren oder Dienstleistungen anderer Herkunft auch dann nicht benutzt werden, wenn eine Gefahr der Irreführung über die geographische Herkunft nicht besteht, sofern die Benutzung für Waren oder Dienstleistungen anderer Herkunft geeignet ist, den Ruf der geographischen Herkunftsangabe oder ihre Unterscheidungskraft ohne rechtfertigenden Grund in unlauterer Weise auszunutzen oder zu beeinträchtigen.

(4) Die vorstehenden Absätze finden auch dann Anwendung, wenn Namen, Angaben oder Zeichen benutzt werden, die der geschützten geographischen Herkunftsangabe ähnlich sind oder wenn die geographische Herkunftsangabe mit Zusätzen benutzt wird, sofern
1. in den Fällen des Absatzes 1 trotz der Abweichung oder der Zusätze eine Gefahr der Irreführung über die geographische Herkunft besteht oder
2. in den Fällen des Absatzes 3 trotz der Abweichung oder der Zusätze die Eignung zur unlauteren Ausnutzung oder Beeinträchtigung des Rufs oder der Unterscheidungskraft der geographischen Herkunftsangabe besteht.

### Inhaltsübersicht

|   | Rn |
|---|---|
| A. Allgemeines | 1–2 |
|    I. Regelungsübersicht | 1 |
|    II. Rechtsänderungen | 2 |
| B. Anwendungsbereiche der Kollisionstatbestände des § 127 | 3–16 |
|    I. Kennzeichenschutz einfacher geographischer Herkunftsangaben (§ 127 Abs. 1) | 3–8 |
|       1. Begriff | 3, 4 |

|  | Rn |
|---|---|
| 2. Irreführungsgefahr über die geographische Produktherkunft | 5–6 d |
| a) Feststellung der Irreführungsgefahr nach den berechtigten Erwartungen eines verständigen Verbrauchers | 5 |
| b) Interessenabwägung und Verhältnismäßigkeit | 6a, 6b |
| c) Freiheit unternehmerischer Investitionsentscheidungen und Markenkontinuität | 6c |
| d) Relevantes geographisches Herkunftsgebiet | 6d |
| 3. Zeichen im Ähnlichkeitsbereich geographischer Herkunftsangaben | 7 |
| 4. Zeichen mit entlokalisierenden Zusätzen | 8 |
| II. Kennzeichenschutz qualifizierter geographischer Herkunftsangaben (§ 127 Abs. 2) | 9–12 |
| 1. Begriff | 9 |
| 2. Qualitative Produktmerkmale | 10 |
| 3. Zeichen im Ähnlichkeitsbereich geographischer Herkunftsangaben | 11 |
| 4. Zeichen mit entlokalisierenden Zusätzen | 12 |
| III. Kennzeichenschutz geographischer Herkunftsangaben mit besonderem Ruf (§ 127 Abs. 3) | 13–16 |
| 1. Begriff | 13 |
| 2. Ausnutzung oder Beeinträchtigung des Rufs oder der Unterscheidungskraft | 14 |
| 3. Zeichen im Ähnlichkeitsbereich geographischer Herkunftsangaben | 15 |
| 4. Zeichen mit entlokalisierenden Zusätzen | 16 |
| C. Entlokalisierende Zusätze (§ 127 Abs. 4) | 17–21 |
| I. Ausgangspunkt | 17 |
| II. Ausschluß der Irreführung (§ 127 Abs. 4 Nr. 1) und Rufausbeutung oder Verwässerung (§ 127 Abs. 4 Nr. 2) | 18 |
| III. Entscheidungspraxis zum UWG | 19, 20 |
| 1. Nicht entlokalisierende Zusätze | 19 |
| 2. Entlokalisierende Zusätze | 20 |
| IV. Entscheidungen zum MarkenG | 21 |

**Schrifttum zum WZG, UWG und MarkenG.** S. die Schrifttumsangaben Vorb zu den §§ 126 bis 139.

## A. Allgemeines

### I. Regelungsübersicht

Regelungsgegenstand des § 127 ist der *Inhalt des Schutzes von geographischen Herkunftsangaben* im Sinne des MarkenG. Die Vorschrift unterscheidet drei Intensitätsstufen des Kennzeichenschutzes geographischer Herkunftsangaben. Zu unterscheiden sind der *Irreführungsschutz*, der *Qualitätsschutz* und der *Rufgefährdungsschutz*. § 127 Abs. 1 regelt den *Schutz einfacher geographischer Herkunftsangaben* gegen ihre Verwendung für Waren oder Dienstleistungen anderer Herkunft. Voraussetzung dieses Kennzeichenschutzes ist das Bestehen einer *Gefahr der Irreführung über die geographische Herkunft*. § 127 Abs. 2 regelt den *Schutz qualifizierter geographischer Herkunftsangaben* oder *Ursprungsangaben*. Voraussetzung dieses Kennzeichenschutzes ist es, daß nach der Vorstellung der beteiligten Verkehrskreise die Waren oder Dienstleistungen einer solchen geographischen Herkunft *besondere Eigenschaften* oder eine *besondere Qualität* aufweisen. Solche qualifizierten geographischen Herkunftsangaben dürfen nur benutzt werden, wenn die gekennzeichneten Waren oder Dienstleistungen diese Eigenschaften oder diese Qualität auch aufweisen. § 127 Abs. 3 regelt den *Schutz geographischer Herkunftsangaben mit einem besonderen Ruf*. Voraussetzung dieses Kennzeichenschutzes ist eine *unlautere und nicht gerechtfertigte Ausnutzung oder Beeinträchtigung des Rufs* der geographischen Herkunftsangabe durch deren Benutzung für Waren oder Dienstleistungen anderer Herkunft. Dieser Rufgefährdungsschutz einer geographischen Herkunftsangabe, die einen besonderen Ruf genießt, besteht unabhängig vom Vorliegen einer Irreführungsgefahr über die geographische Herkunft. Nach § 127 Abs. 4 besteht der Kennzeichenschutz der geographischen Herkunftsangaben auch gegenüber der Benutzung von Namen, Angaben oder Zeichen, die der geschützten geographischen Herkunftsangabe *ähnlich* sind. Die Vorschrift regelt zudem die Benutzung von *Zusätzen* zur Verhinderung einer Irreführungsgefahr über die geographische Herkunft oder einer Rufgefährdung der geographischen Herkunftsangabe.

## II. Rechtsänderungen

2   Der Irreführungsschutz der einfachen geographischen Herkunftsangaben nach § 127 Abs. 1 und der Qualitätsschutz der qualifizierten geographischen Herkunftsangaben nach § 127 Abs. 2 stimmen im wesentlichen mit dem schon nach § 3 UWG bestehenden Wettbewerbsschutz überein. Als eine Verstärkung des Schutzes geographischer Herkunftsangaben wird der Rufgefährdungsschutz bekannter oder berühmter geographischer Herkunftsangaben gegen eine Verwässerung ihrer Unterscheidungskraft oder gegen die Ausnutzung oder Beeinträchtigung ihres besonderen Rufes nach § 127 Abs. 3 beurteilt. Dieser Schutztatbestand entspricht im wesentlichen Art. 13 der Verordnung (EWG) Nr. 2081/92 des Rates vom 14. Juli 1992 zum Schutz von geographischen Angaben und Ursprungsbezeichnungen für Agrarerzeugnisse und Lebensmittel (ABl. EG Nr. L 208 vom 24. Juli 1992, S. 1; zuletzt geändert durch Verordnung (EG) Nr. 1068/97 vom 12. Juni 1997, ABl. EG Nr. L 156 vom 13. Juni 1997, S. 10; s. 3. Teil des Kommentars, II 6). Die Schutzvoraussetzungen stimmen im wesentlichen mit den Kriterien des Bekanntheitsschutzes von Marken nach § 14 Abs. 2 Nr. 3 überein. Im übrigen bestand schon nach der Rechtslage im UWG ein Schutz bekannter Herkunftsangaben gegen die Ausnutzung ihres guten Rufs und gegen die Beeinträchtigung ihrer besonderen Werbekraft.

## B. Anwendungsbereiche der Kollisionstatbestände des § 127

### I. Kennzeichenschutz einfacher geographischer Herkunftsangaben (§ 127 Abs. 1)

#### 1. Begriff

3   Regelungsgegenstand des § 127 Abs. 1 ist der *Schutzinhalt einfacher geographischer Herkunftsangaben*. Nach dieser Vorschrift besteht ein Kennzeichenschutz einfacher geographischer Herkunftsangaben gegen ihre Verwendung für Waren oder Dienstleistungen anderer Herkunft. Einfache geographische Herkunftsangaben sind solche, bei denen nach der Vorstellung der beteiligten Verkehrskreise die Waren oder Dienstleistungen dieser Herkunft keine besonderen Eigenschaften oder keine besondere Qualität aufweisen. Schutzvoraussetzung ist nicht, daß die Waren oder Dienstleistungen dieser geographischen Herkunft besondere Eigenschaften oder eine besondere Qualität aufweisen, die sie von ähnlichen Waren oder Dienstleistungen anderer Herkunft unterscheiden (so zum UWG BGHZ 44, 16, 20 – de Paris; BGH GRUR 1956, 270, 272 – Rügenwalder Teewurst; 1994, 307, 309 – Mozzarella I; 1995, 65, 66 – Produktionsstätte). Der Schutz der einfachen geographischen Herkunftsangaben setzt nicht voraus, daß der Verbraucher mit ihr eine besondere, auf regionale oder örtliche Eigenheiten zurückzuführende Qualitätsvorstellung verbindet (so zum MarkenG BGH GRUR 1999, 252 – Warsteiner II). Der Schutz einfacher geographischer Herkunftsangaben entspricht der Tradition der deutschen Rechtsprechung sowie der neueren Rechtsprechung des EuGH zum Schutz geographischer Herkunftsangaben als gewerbliches und kommerzielles Eigentum im Sinne des Art. 36 EGV (EuGH GRUR Int 1993, 76 – Turron de Alicante mit Anm. *Beier*; s. dazu § 126, Rn 1). Der Rechtsschutz einfacher geographischer Herkunftsangaben ist *unabhängig von einer produktbezogenen Qualitätserwartung der Verbraucher* gerechtfertigt, weil im Verkehr die geographische Herkunft eines Produkts auch aus anderen Gründen, wie etwa der strukturellen Förderung regionaler Unternehmen oder einer umweltschutzbezogenen Verkürzung von Absatzwegen, rechtserheblich ist, auch wenn bei bestimmten Produkten etwa wegen der örtlichen Nähe eine besondere Frische der von einer bestimmten Region stammenden Produkte im Verkehr erwartet wird (s. dazu BGH GRUR 1956, 270, 272 – Rügenwalder Teewurst; 1963, 482, 485 – Hollywood Duftschaumbad; 1965, 676, 678 – Nevada Skibindung; 1981, 71, 74 – Lübecker Marzipan; *Helm*, FS für Vieregge, S. 335, 349). Der Kennzeichenschutz einer Bezeichnung als geogra-

Schutzinhalt 4, 5 § 127 MarkenG

phischer Herkunftsangabe setzt auch nicht voraus, daß die Angabe dem Verkehr als solche, etwa als ein Ort mit einem solchen Namen, *bekannt* ist (BGH GRUR 1963, 469, 470 – Nola; 1999, 252 – Warsteiner II). Erforderlich ist nur, daß der angegebene Ort nicht aufgrund seiner Eigenart oder wegen der Besonderheit der Ware als Produktionsstätte erkennbar ausscheidet (BGH GRUR 1957, 430, 431 – Havana; 1983, 768, 769 – Capri-Sonne; 1999, 252 – Warsteiner II).

Die *Verordnung (EWG) Nr. 2081/92* vom 14. Juli 1992 zum Schutz von geographischen 4 Angaben und Ursprungsbezeichnungen für Agrarerzeugnisse und Lebensmittel (ABl. EG Nr. L 208 vom 24. Juli 1992, S. 1; zuletzt geändert durch Verordnung (EG) Nr. 1068/97 vom 12. Juni 1997, ABl. EG Nr. L 156 vom 13. Juni 1997, S. 10; s. 3. Teil des Kommentars, II 6) normiert einen *engeren Anwendungsbereich*. Einfache geographische Herkunftsangaben werden vom Schutzbereich der Verordnung nicht erfaßt (s. zum Verhältnis der Verordnung (EWG) Nr. 2081/92 zur *Turron*-Entscheidung des EuGH Vorb zu den §§ 130 bis 136, Rn 11). Nach Art. 2 Abs. 2 lit. b der Verordnung (EWG) Nr. 2081/92 werden geographische Angaben für Agrarerzeugnisse und Lebensmittel nur dann geschützt, wenn sich aus dem geographischen Ursprung eine bestimmte Qualität, das Ansehen oder eine andere Eigenschaft ergibt. Unabhängig von der Vereinbarkeit einer solchen Ausklammerung der einfachen geographischen Herkunftsangaben aus dem gemeinschaftsrechtlichen Schutzsystem mit der Zugehörigkeit der geographischen Herkunftsangaben zum gewerblichen und kommerziellen Eigentum im Sinne des Art. 36 EGV, steht die Beschränkung des Anwendungsbereichs der Verordnung einem nationalen Kennzeichenschutz einfacher geographischer Herkunftsangaben in den Mitgliedstaaten der EU nicht entgegen (Begründung zum MarkenG, BT-Drucks. 12/6581 vom 14. Januar 1994, S. 119; *Beier/Knaak*, GRUR Int 1993, 602, 606; *v. Mühlendahl*, ZLR 1993, 187, 196; *Tilmann*, GRUR Int 1993, 610, 612 f.; *Helm*, FS für Vieregge, S. 335, 348; *Gloy*, FS für Piper, S. 543, 549 ff.; *Harte-Bavendamm*, GRUR 1996, 717, 723; *Tilmann*, GRUR 1996, 959; *Ahrens*, GRUR Int 1997, 508, 511 f.; *Althammer/Ströbele/Klaka*, § 126 MarkenG, Rn 10; aA Mitteilung der EU-Kommission, ABl. EG Nr. C 273 vom 9. Oktober 1993, S. 4; *Meyer*, WRP 1995, 783, 785; auch *v. Danwitz*, GRUR 1997, 81, 84 f.; *Ingerl/Rohnke*, Vor § 130 MarkenG, Rn 2; auch die Rechtsprechung geht von der Vereinbarkeit des Schutzes einfacher geographischer Herkunftsangaben mit dem Gemeinschaftsrecht aus, s. BGH GRUR 1994, 307, 309 – Mozzarella I; 1995, 354, 356 – Rügenwalder Teewurst II; 1999, 251 – Warsteiner I; s. dazu im einzelnen Vorb zu den §§ 130 bis 136, Rn 11, 21 a).

### 2. Irreführungsgefahr über die geographische Produktherkunft

**a) Feststellung der Irreführungsgefahr nach den berechtigten Erwartungen ei-** 5 **nes verständigen Verbrauchers.** Voraussetzung des Kennzeichenschutzes einer einfachen geographischen Herkunftsangabe nach § 127 Abs. 1 ist das Bestehen einer *Gefahr der Irreführung über die geographische Herkunft*. Im Ansatz können die zum Wettbewerbsschutz einer einfachen geographischen Herkunftsangabe entwickelten Grundsätze zur Herkunftstäuschung nach § 3 UWG (s. dazu im einzelnen *Baumbach/Hefermehl*, Wettbewerbsrecht, § 3 UWG, Rn 216) in das MarkenG übertragen werden, wenngleich die mit der kennzeichenrechtlichen Ausgestaltung verbundene Verstärkung des Rechtsschutzes geographischer Herkunftsangaben (s. dazu § 126, Rn 1) teilweise Modifikationen in den Schutzvoraussetzungen rechtfertigt. Das Bestehen der Gefahr einer Irreführung über die geographische Herkunft beurteilt sich nach der *Verkehrsauffassung*. Eine Irreführungsgefahr über die geographische Produktherkunft besteht schon dann, wenn ein *nicht unerheblicher Teil der beteiligten Verkehrskreise* die geographische Angabe als einen Hinweis auf die geographische Herkunft der Produkte verstehen kann (s. auch *Beier/Knaak*, GRUR Int 1992, 411, 413; *Knaak*, GRUR 1995, 103, 105). Der BGH geht davon aus, daß an die Feststellung einer Irreführungsgefahr keine höheren Anforderungen als an eine Irreführung nach § 3 UWG zu stellen sind, auch wenn er die Irreführungsquote im Sinne des § 127 Abs. 1 im einzelnen nicht näher bestimmt hat (BGH GRUR 1999, 252 – Warsteiner II). In Berücksichtigung der neueren Entwicklung in der Rechtsprechung des EuGH zum Verbraucherleitbild im Europäischen Binnenmarkt (EuGH WRP 1995, 677 – Mars; s. dazu *Fezer*, WRP 1995, 671) ist nicht anders als bei der Feststellung der Verwechslungsgefahr nach § 14 Abs. 2 Nr. 2 oder einer

1645

Irreführungsgefahr nach § 3 UWG auch zur Feststellung der Irreführungsgefahr im Sinne des § 127 Abs. 1 auf die *berechtigten Erwartungen eines verständigen Verbrauchers* abzustellen (s. dazu im einzelnen § 14, Rn 123 ff.). Zwar setzt das Bestehen einer kennzeichenrechtlichen Irreführungsgefahr über die geographische Produktherkunft bei einfachen geographischen Herkunftsangaben keinen Irrtum über bestimmte Qualitätsmerkmale des Produkts voraus, sondern es genügen allgemeine Verbrauchervorstellungen, die mit der Produktherkunft verbunden werden, wenn diese kennzeichenrechtlich als schutzwürdig anzuerkennen sind. Das gilt etwa für Gründe des Umweltschutzes, einer Verringerung der Absatzwege oder der Förderung regionaler Industrien. Entscheidend kommt es darauf an, daß der Verbraucher berechtigterweise die Benutzung der Angabe als einen geographischen Herkunftshinweis versteht. Bei der Feststellung der Irreführungsgefahr ist zum einen zu berücksichtigen, ob es sich um eine *unmittelbare* Herkunftsangabe (s. zum Begriff § 126, Rn 6) oder nur um eine *mittelbare* Herkunftsangabe (s. zum Begriff § 126, Rn 7) handelt, sowie zum anderen, ob die geographische Herkunftsangabe in *identischer* Form oder nur in einer der geschützten geographischen Herkunftsangabe *ähnlichen* Form verwendet wird. Als *irreführend* beurteilt wurde die Verwendung der geographischen Herkunftsangabe *Warsteiner* für in Paderborn gebrautes Bier, obgleich der Verkehr mit dem Ort Warstein keine regionalen Besonderheiten verbindet, die für die Qualität der Ware oder die Art ihrer Produktion bedeutsam sein können, auch wenn im Ergebnis ein Verbot nach den §§ 127 Abs. 1 iVm 128 Abs. 1 aufgrund einer *Interessenabwägung* abgelehnt wurde, da gewichtige Unternehmensinteressen des Markeninhabers an der Marke *Warsteiner* bestehen und durch den Aufdruck auf den Etiketten der Vorderseite der Bierflaschen in hinreichendem Maße auf den Tatumstand hingewiesen wird, daß die so gekennzeichneten Biere der Sorte *Light* und *Fresh* nicht aus Warstein stammen (BGH GRUR 1999, 252 – Warsteiner II).

**6a b) Interessenabwägung und Verhältnismäßigkeit.** Die einzelnen Schutzvoraussetzungen zur Feststellung einer Irreführungsgefahr über die geographische Produktherkunft stehen in einer *Wechselwirkung* zueinander. Zur Feststellung einer kennzeichenrechtlich relevanten Irreführungsgefahr ist eine *umfassende Interessenabwägung* erforderlich (zustimmend BGH GRUR 1999, 252 – Warsteiner II); das aus § 127 Abs. 1 folgende Verbot steht unter dem *Vorbehalt der Verhältnismäßigkeit. Die kennzeichenrechtliche Relevanz* der Irreführungsgefahr über die geographische Produktherkunft entspricht dogmatisch der im Wettbewerbsschutz einer geographischen Herkunftsangabe vorausgesetzten *wettbewerblichen Relevanz* der Irreführung für den Kaufentschluß des getäuschten Publikums (s. dazu im einzelnen *Baumbach/Hefermehl*, Wettbewerbsrecht, § 3 UWG, Rn 216; eine solche kennzeichenrechtliche Ausprägung der Irreführungsgefahr dürfte den Bedenken von *Helm*, FS für Vieregge, S. 335, 349 Rechnung tragen). Der Kennzeichenschutz einer geographischen Herkunftsangabe besteht aber schon dann, wenn die Herkunft der Ware für die Kaufentscheidung des Verbrauchers nicht die für die Verurteilung nach § 3 UWG erforderliche Bedeutung hat (BGH GRUR 1999, 252 – Warsteiner II). Der Verbotstatbestand der Irreführungsgefahr über die geographische Produktherkunft wird vom BGH gleichsam in zwei Schritten bestimmt. In einem *ersten Schritt* erfolgt die *Feststellung einer Irreführungsgefahr* aufgrund der Verwendung der geographischen Herkunftsangabe. Bei bestehender Irreführungsgefahr über die geographische Produktherkunft wird in einem *zweiten Schritt* aufgrund einer *Interessenabwägung* die Verhältnismäßigkeit des Verbots überprüft. Der BGH stellt zunächst die Irreführungsgefahr über die geographische Herkunft ungeachtet deren kennzeichenrechtlicher Relevanz fest, um sodann aufgrund einer Interessenabwägung über die Verhältnismäßigkeit des Verbots zu entscheiden. Das stellt der Sache nach zutreffend eine *interessenabwägende Konkretisierung des kennzeichenrechtlich relevanten Schutzinhalts einer geographischen Herkunftsangabe* dar.

**6b** Aufgrund der nach § 127 Abs. 1 erforderlichen Interessenabwägung und wegen des Vorbehalts der Verhältnismäßigkeit können einem Kennzeichnungsverbot nach § 127 Abs. 1 gewichtige Interessen als durchgreifend entgegenstehen. In der *Warsteiner II*-Entscheidung (BGH GRUR 1999, 252 – Warsteiner II) war zugunsten des Markeninhabers an der geographischen Herkunftsangabe *Warsteiner* zu berücksichtigen, daß der Markeninhaber sich mit der Marke *Warsteiner* ein *wertvolles Kennzeichen*, welches zugleich *Unternehmenskennzeichen* ist, aufgebaut hat. Es erweise sich für ein expandierendes Unternehmen geradezu als ein Gebot wirtschaftlicher Vernunft, die Kennzeichnungskraft des weithin bekannten Unter-

Schutzinhalt 6c–7 § 127 MarkenG

nehmenskennzeichens auch bei der Fortentwicklung des eigenen Unternehmens einzusetzen. Zu den Gegebenheiten eines florierenden Unternehmens gehöre es auch, daß dieses weitere Produktionsstätten an anderen Orten aufbaue oder erwerbe, um dort der Expansion des Geschäftsbetriebs Rechnung tragen zu können. Es bestehe ein berechtigtes Interesse daran, die erfolgreiche Unternehmensstrategie unter Beibehaltung des wichtigsten immateriellen Gutes, der Marke *Warsteiner*, fortzusetzen. Dieses Interesse gewinne dadurch an Gewicht, daß der Markeninhaber seinen Unternehmenssitz in Warstein beibehalte, wo die unternehmerischen Entscheidungen auch hinsichtlich der Produktionsstätte in Paderborn getroffen würden. Diese gewichtigen Interessen greifen allerdings nur dann durch, wenn durch deutliche *entlokalisierende Zusätze* (s. Rn 8, 17 ff.) auf die Besonderheiten der Produktionsstätte in Paderborn hingewiesen werde und verbleibende Fehlvorstellungen des Verkehrs, soweit sie für seine Kaufentscheidung relevant sein könnten, daneben nicht ins Gewicht fielen.

**c) Freiheit unternehmerischer Investitionsentscheidungen und Markenkontinuität.** Sowohl der Kennzeichenschutz als auch der Wettbewerbsschutz einer geographischen Herkunftsangabe kann in ein Spannungsverhältnis zur Freiheit unternehmerischer Investitionsentscheidungen geraten. Zweck des kennzeichenrechtlichen und wettbewerbsrechtlichen Rechtsschutzes geographischer Herkunftsangaben ist es, bei einfachen geographischen Herkunftsangaben den Verkehr vor einer relevanten Irreführung über die geographische Herkunft von Waren oder Dienstleistungen zu schützen (§§ 3 UWG, 127 Abs. 1 MarkenG), bei qualifizierten geographischen Herkunftsangaben unabhängig vom Vorliegen einer Irreführungsgefahr die Produktqualitäten bei solchen Waren oder Dienstleistungen, die wegen ihrer geographischen Herkunft besondere Eigenschaften oder eine besondere Qualität aufweisen, zu gewährleisten (§ 127 Abs. 2 MarkenG), und bei geographischen Herkunftsangaben mit einem besonderen Ruf diese geographischen Herkunftsangaben vor einer Rufgefährdung durch Dritte zu schützen. Zweck des Schutzes geographischer Herkunftsangaben ist somit der Schutz vor einer *unberechtigten Aneignung* einer geographischen Herkunftsangabe sowie der Schutz bestimmter mit einer geographischen Herkunftsangabe verbundener *Produktqualitäten*. Es ist nicht Aufgabe des Rechtsschutzes geographischer Herkunftsangaben, Unternehmen, die im Wettbewerb in einer langjährigen Tradition geographische Herkunftsangaben zur Produktkennzeichnung verwenden, in ihren erforderlichen *unternehmerischen Investitionsentscheidungen* zur Sicherung der *Wettbewerbsfähigkeit des Unternehmens* zu behindern. Das *unternehmerische Interesse an einer Markenkontinuität* kann im Rahmen der aufgrund des Verhältnismäßigkeitsvorbehalts gebotenen Interessenabwägung den Verkehrsinteressen vorgehen, denen durch erläuternde Zusätze Rechnung zu tragen ist (s. Rn 6b). 6c

**d) Relevantes geographisches Herkunftsgebiet.** Bei der Feststellung des *relevanten geographischen Herkunftsgebiets* ist zum einen auf die üblichen Produktionsmethoden, sowie auf die berechtigten Verkehrserwartungen abzustellen, zum anderen der Schutzinhalt der geographischen Herkunftsangabe aufgrund einer Interessenabwägung zu bestimmen. Das Bestehen einer nicht auszuschließenden Irreführungsgefahr macht die Benutzung einer bestimmten Ortsangabe durch einen nicht mehr Ortsansässigen dann nicht unzulässig, wenn diese von einem Unternehmen benutzt wird, das in Westdeutschland die Geschäftstätigkeit einer von der Tschechoslowakei enteigneten Gesellschaft fortführt (LG Düsseldorf, Urteil vom 9. Oktober 1997, 4 O 295/96 – Karlsbader Becher). Bei der Verwendung einer *identischen* unmittelbaren Herkunftsangabe liegt eine Enttäuschung berechtigter Verbrauchererwartungen nahe, es sei denn, daß die geographische Herkunftsangabe im Verkehr nicht als ein geographischer Produkthinweis, sondern nur als eine Phantasieangabe verstanden wird (s. dazu § 126, Rn 17). 6d

### 3. Zeichen im Ähnlichkeitsbereich geographischer Herkunftsangaben

Der Irreführungsschutz einer einfachen geographischen Herkunftsangabe im Sinne des § 127 Abs. 1 besteht nach Abs. 4 Nr. 1 nicht nur dann, wenn die geographische Herkunftsangabe in identischer Form verwendet wird, sondern auch dann, wenn Namen, Angaben oder Zeichen benutzt werden, die der geschützten geographischen Herkunftsangabe *ähnlich* 7 sind, sofern trotz der Abweichung eine Gefahr der Irreführung über die geographische Herkunft besteht. Bei dem Begriff der *Ähnlichkeit einer geographischen Herkunftsangabe* kann auf die zur Markenähnlichkeit entwickelten Beurteilungsgrundsätze im Sinne des § 14 Abs. 2 Nr. 2 zurückgegriffen werden (s. dazu im einzelnen § 14, Rn 146 ff.). Die Ähnlichkeit einer Bezeichnung mit einer geographischen Herkunftsangabe bestimmt sich nach dem Gesamteindruck der Kollisionszeichen (s. § 14, Rn 148), sowie nach der Verkehrsauffassung des verständigen Verbrauchers (s. § 14, Rn 149 ff.). Von den ähnlichen Zeichen im Sinne des Abs. 4 werden auch *Übersetzungen* von geographischen Herkunftsangaben erfaßt (Begründung zum MarkenG, BT-Drucks. 12/6581 vom 14. Januar 1994, S. 118).

### 4. Zeichen mit entlokalisierenden Zusätzen

8   Der Kennzeichenschutz einer einfachen geographischen Herkunftsangabe im Sinne des § 127 Abs. 1 besteht nach § 126 Abs. 4 grundsätzlich auch dann, wenn die geographische Herkunftsangabe mit Zusätzen benutzt wird, sofern trotz der Zusätze eine Gefahr der Irreführung über die geographische Herkunft besteht. Die Gefahr einer Irreführung aufgrund der Verwendung einer geographischen Herkunftsangabe mit Zusätzen wird nur dann ausgeschlossen, wenn den *Zusätzen* eine *entlokalisierende Bedeutung* im Verkehr zukommt (s. dazu im einzelnen Rn 17 ff.). Wenn trotz der Verwendung deutlicher entlokalisierender Zusätze das Bestehen einer Irreführungsgefahr nicht ausgeschlossen wird, können einem Verbot der Verwendung der geographischen Herkunftsangabe, die zugleich Unternehmenskennzeichen ist, aufgrund des Vorbehalts der Verhältnismäßigkeit gewichtige Unternehmensinteressen entgegen stehen (BGH GRUR 1999, 252 – Warsteiner II; s. Rn 6a ff.)

## II. Kennzeichenschutz qualifizierter geographischer Herkunftsangaben (§ 127 Abs. 2)

### 1. Begriff

9   Regelungsgegenstand des § 127 Abs. 2 ist der *Schutzinhalt qualifizierter geographischer Herkunftsangaben* (*Ursprungsangaben*). Nach dieser Vorschrift besteht ein Kennzeichenschutz qualifizierter geographischer Herkunftsangaben gegen ihre Verwendung für Waren oder Dienstleistungen anderer Qualität. Qualifizierte geographische Herkunftsangaben sind solche, bei denen nach der Vorstellung der beteiligten Verkehrskreise die Waren oder Dienstleistungen dieser Herkunft besondere Eigenschaften oder eine besondere Qualität aufweisen. Eine qualifizierte geographische Herkunftsangabe darf nicht schon dann verwendet werden, wenn die tatsächliche geographische Herkunft der Produkte der geographischen Herkunftsangabe entspricht, sondern nur dann, wenn die Waren oder Dienstleistungen tatsächlich die mit der geographischen Herkunftsangabe verbundenen Produktqualitäten aufweisen. Auch wenn die Angabe über die geographische Produktherkunft zutreffend ist, besteht der *Qualitätsschutz* nach § 127 Abs. 2 *unabhängig vom Vorliegen einer Irreführungsgefahr*. Zwar wird in der Regel auch eine Irreführung des Verkehrs über die Produktqualität vorliegen, doch stellt die Vorschrift keinen Sonderfall des Irreführungsschutzes in Form des Schutzes vor einer Irreführung über die Beschaffenheit der Produkte dar (so aber *Knaak*, GRUR 1995, 103, 106). Eine qualifizierte geographische Herkunftsangabe darf für Produkte der geographischen Herkunft selbst dann nicht verwendet werden, wenn im Verkehr bekannt ist, daß die Produkte, die mit der qualifizierten geographischen Herkunftsangabe verbundenen besonderen Eigenschaften oder besondere Qualität nicht aufweisen.

### 2. Qualitative Produktmerkmale

10  Der geographischen Herkunftsangabe im Sinne des § 127 Abs. 2 kommt eine Qualifikation dahin zu, daß die Waren oder Dienstleistungen, die mit dieser geographischen Herkunftsangabe gekennzeichnet sind, *besondere Eigenschaften* oder eine *besondere Qualität* aufweisen müssen. Die Vorschrift regelt im einzelnen nicht, wie diese qualitativen Produktmerkmale, die mit dem Aussagegehalt der qualifizierten geographischen Herkunftsangabe

verbunden sind, zu bestimmen sind und festgestellt werden. *Qualitative Produktmerkmale* können sich zum einen aus einer lokalen oder regionalen Tradition in den Produktionsbedingungen oder Verbrauchergewohnheiten und damit aufgrund von *objektiven* Faktoren, sowie zum anderen aus der Verkehrsauffassung und damit aufgrund von *subjektiven* Faktoren der beteiligten Verkehrskreise ergeben. Weder besteht eine Schutzwürdigkeit der Verkehrsauffassung über besondere Eigenschaften oder eine besondere Qualität der Waren oder Dienstleistungen als solche und unabhängig von objektiven Produktfaktoren (zu weitgehend auf die Verkehrsauffassung abstellend *Knaak*, GRUR 1995, 103, 106 f.), noch darf die Erheblichkeit objektiver Produktfaktoren eine Fortentwicklung der qualitativen Produktmerkmale auch nach der Verbrauchererwartung behindern (richtig *Helm*, FS für Vieregge, S. 335, 353). Entsprechend der Entwicklung in der Rechtsprechung des EuGH zum verständigen Verbraucher (EuGH, Rs. C-470/93, Slg. 1995, I-1936, GRUR Int 1995, 804 f. – Mars; s. dazu *Fezer*, WRP 1995, 671) innerhalb des Verwechslungsschutzes der Marke (s. § 14, Rn 125 f.), sowie innerhalb des Irreführungsschutzes im Wettbewerbsrecht ist auch bei der *Bestimmung der qualitativen Produktmerkmale* einer qualifizierten geo-graphischen Herkunftsangabe auf die *berechtigten Erwartungen eines verständigen Verbrau-chers* abzustellen. Nur berechtigte Verkehrserwartungen, die in den objektiven Faktoren der lokalen, regionalen oder auch landesweiten Gegebenheiten eine Grundlage haben, sind schutzwürdig. Geboten ist eine die Produktentwicklung einbeziehende Interessenabwägung.

### 3. Zeichen im Ähnlichkeitsbereich geographischer Herkunftsangaben

Der Qualitätsschutz einer qualifizierten geographischen Herkunftsangabe im Sinne des § 127 Abs. 2 besteht nach Abs. 4 nicht nur dann, wenn die geographische Herkunftsangabe in identischer Form verwendet wird, sondern auch dann, wenn Namen, Angaben oder Zeichen benutzt werden, die der geschützten geographischen Herkunftsangabe *ähnlich* sind, ohne daß es auf eine trotz der Abweichung bestehende Gefahr der Irreführung über die geographische Herkunft ankommt (anders nach Abs. 4 Nr. 1 für die einfache geographische Herkunftsangabe im Sinne des Abs. 1, s. Rn 7). Bei dem Begriff der *Ähnlichkeit einer geographischen Herkunftsangabe* kann auf die zur Markenähnlichkeit entwickelten Beurteilungsgrundsätze im Sinne des § 14 Abs. 2 Nr. 2 zurückgegriffen werden (s. dazu im einzelnen § 14, Rn 146 ff.). Die Ähnlichkeit einer Bezeichnung mit einer geographischen Herkunftsangabe bestimmt sich nach dem Gesamteindruck der Kollisionszeichen (s. § 14, Rn 148), sowie nach der Verkehrsauffassung des verständigen Verbrauchers (s. § 14, Rn 149 ff.). Von den ähnlichen Zeichen im Sinne des Abs. 4 werden auch *Übersetzungen* von geographischen Herkunftsangaben erfaßt (Begründung zum MarkenG, BT-Drucks. 12/6581 vom 14. Januar 1994, S. 118). 11

### 4. Zeichen mit entlokalisierenden Zusätzen

Der Kennzeichenschutz einer qualifizierten geographischen Herkunftsangabe im Sinne des § 127 Abs. 2 besteht nach Abs. 4 auch dann, wenn die geographische Herkunftsangabe mit Zusätzen benutzt wird, ohne daß es auf eine trotz der Zusätze bestehende Gefahr der Irreführung über die geographische Herkunft ankommt (anders nach Abs. 4 Nr. 1 für die einfache geographische Herkunftsangabe im Sinne des Abs. 1, s. Rn 8). 12

### III. Kennzeichenschutz geographischer Herkunftsangaben mit besonderem Ruf (§ 127 Abs. 3)

#### 1. Begriff

Regelungsgegenstand des § 127 Abs. 3 ist der *Schutzinhalt geographischer Herkunftsangaben mit einem besonderen Ruf*. Nach dieser Vorschrift besteht ein Kennzeichenschutz von geographischen Herkunftsangaben, die einen besonderen Ruf genießen, gegen ihre Verwendung für Waren oder Dienstleistungen anderer Herkunft, wenn eine unlautere und nicht gerechtfertigte Ausnutzung des besonderen Rufs oder Beeinträchtigung der Unterscheidungs- 13 kraft der geographischen Herkunftsangabe gegeben ist. Die Schutzvoraussetzungen dieses *Rufgefährdungsschutzes* einer geographischen Herkunftsangabe entsprechen im wesentlichen dem Bekanntheitsschutz der Marke nach § 14 Abs. 2 Nr. 3 (s. zu den einzelnen Schutzvoraussetzungen § 14, Rn 410ff.). Auch wenn es sich bei einer geographischen Herkunftsangabe, die einen besonderen Ruf genießt, regelmäßig um eine bekannte oder gar eine berühmte geographische Herkunftsangabe handeln wird, verlangt die Anwendung des § 127 Abs. 3 nicht das Vorliegen einer Bekanntheit im Sinne einer *quantifizierbaren* Verkehrsdurchsetzung entsprechend dem Bekanntheitsschutz der Marke nach § 14 Abs. 2 Nr. 3 (richtig *Helm*, FS für Vieregge, S. 335, 355 f.) Der Rufgefährdungsschutz einer geographischen Herkunftsangabe verlangt nicht das Vorliegen einer Irreführungsgefahr.

### 2. Ausnutzung oder Beeinträchtigung des Rufs oder der Unterscheidungskraft

**14**   Ein Schutz bekannter Herkunftsangaben gegen die Ausnutzung ihres guten Rufs und gegen die Beeinträchtigung ihrer besonderen Werbekraft bestand schon nach § 3 UWG (s. dazu *Baumbach/Hefermehl*, Wettbewerbsrecht, § 3 UWG, Rn 231, 232). Eine Rufausnutzung wird namentlich dann vorliegen, wenn aufgrund der Produktnähe und der Verbraucherkreise eine Rufübertragung (*Imagetransfer*) in Betracht kommt. Aber auch *außerhalb des Ähnlichkeitsbereichs der Produkte*, für die der besondere Ruf der geographischen Herkunftsangabe besteht, besteht der Rufgefährdungsschutz nach § 127 Abs. 3, da eine Beeinträchtigung der Unterscheidungskraft auch bei völlig fremden Produkten in Betracht kommen kann. Voraussetzung ist allein, daß aufgrund der mit der geschützten geographischen Herkunftsangabe bestehenden *Ähnlichkeit der kollidierenden Bezeichnung* nach Abs. 4 Nr. 2 die Eignung zur unlauteren Ausnutzung oder Beeinträchtigung des Rufs oder der Unterscheidungskraft der geographischen Herkunftsangabe besteht.

### 3. Zeichen im Ähnlichkeitsbereich geographischer Herkunftsangaben

**15**   Der Rufgefährdungsschutz einer geographischen Herkunftsangabe mit besonderem Ruf im Sinne des § 127 Abs. 3 besteht nach Abs. 4 Nr. 2 nicht nur dann, wenn die geographische Herkunftsangabe in identischer Form verwendet wird, sondern auch dann, wenn Namen, Angaben oder Zeichen benutzt werden, die der geschützten geographischen Herkunftsangabe *ähnlich* sind, sofern trotz der Abweichung eine Eignung zur unlauteren Ausnutzung oder Beeinträchtigung des Rufs oder der Unterscheidungskraft der geographischen Herkunftsangabe besteht. Bei dem Begriff der *Ähnlichkeit einer geographischen Herkunftsangabe* kann auf die zur Markenähnlichkeit entwickelten Beurteilungsgrundsätze im Sinne des § 14 Abs. 2 Nr. 2 zurückgegriffen werden (s. dazu im einzelnen § 14, Rn 146ff.). Die Ähnlichkeit einer Bezeichnung mit einer geographischen Herkunftsangabe bestimmt sich nach dem Gesamteindruck der Kollisionszeichen (s. § 14, Rn 148), sowie nach der Verkehrsauffassung des verständigen Verbrauchers (s. § 14, Rn 149 ff.). Von den ähnlichen Zeichen im Sinne des Abs. 4 werden auch *Übersetzungen* von geographischen Herkunftsangaben erfaßt (Begründung zum MarkenG, BT-Drucks. 12/6581 vom 14. Januar 1994, S. 118).

### 4. Zeichen mit entlokalisierenden Zusätzen

**16**   Der Kennzeichenschutz einer geographischen Herkunftsangabe mit besonderem Ruf im Sinne des § 127 Abs. 3 besteht nach Abs. 4 auch dann, wenn die geographische Herkunftsangabe mit Zusätzen benutzt wird, sofern trotz der Zusätze eine Eignung zur unlauteren Ausnutzung oder Beeinträchtigung des Rufs oder der Unterscheidungskraft der geographischen Herkunftsangabe besteht. Die Eignung zur Ausnutzung oder Beeinträchtigung des Rufs oder der Unterscheidungskraft aufgrund der Verwendung einer geographischen Herkunftsangabe mit Zusätzen wird etwa dann ausgeschlossen sein, wenn den *Zusätzen* eine *entlokalisierende Bedeutung* im Verkehr zukommt (s. dazu im einzelnen Rn 17 f.).

## C. Entlokalisierende Zusätze (§ 127 Abs. 4)

### I. Ausgangspunkt

Der Kennzeichenschutz einfacher geographischer Herkunftsangaben (Abs. 1), qualifizierter geographischer Herkunftsangaben (Abs. 2) und geographischer Herkunftsangaben mit einem besonderen Ruf (Abs. 3) wird nach § 127 Abs. 4 nicht nur auf den Ähnlichkeitsbereich der geschützten geographischen Herkunftsangabe ausgedehnt (s. dazu Rn 7, 11, 15). Der Kennzeichenschutz besteht auch dann, wenn die *geographische Herkunftsangabe mit Zusätzen* benutzt wird, sofern bei einer einfachen geographischen Herkunftsangabe (Abs. 1) trotz der Zusätze eine Gefahr der Irreführung über die geographische Herkunft besteht (Abs. 4 Nr. 1) oder bei einer geographischen Herkunftsangabe mit einem besonderen Ruf (Abs. 3) trotz der Zusätze die Eignung zur unlauteren Ausnutzung oder Beeinträchtigung des Rufs oder der Unterscheidungskraft der geographischen Herkunftsangabe besteht (Abs. 4 Nr. 2). Der Qualitätsschutz einer geographischen Herkunftsangabe (Abs. 2) besteht im Ähnlichkeitsbereich der geographischen Herkunftsangabe immer dann, wenn die Waren oder Dienstleistungen die besonderen Eigenschaften oder die besondere Qualität nicht aufweisen. 17

### II. Ausschluß der Irreführung (§ 127 Abs. 4 Nr. 1) und Rufausbeutung oder Verwässerung (§ 127 Abs. 4 Nr. 2)

Im *Wettbewerbsschutz* geographischer Herkunftsangaben ist anerkannt, daß eine Herkunftsangabe *durch Zusätze entlokalisiert* und dadurch die Gefahr einer Irreführung ausgeschlossen werden kann (BGH GRUR 1956, 187 – English Lavender; 1958, 185, 187 – Wyeth; 1963, 589, 591 – Lady Rose; 1965, 681, 682 – de Paris; 1966, 150 – Kim I; 1971, 29, 32 – Deutscher Sekt; 1971, 255, 258 – Plym Gin; 1982, 564, 565 – Elsässer Nudeln; 1994, 310 – Mozzarella II). Auch der *Kennzeichenschutz* einer einfachen geographischen Herkunftsangabe, die mit Zusätzen benutzt wird, setzt nach § 127 Abs. 4 Nr. 1 voraus, daß trotz der Zusätze die Gefahr einer Irreführung über die geographische Herkunft besteht (s. zum Begriff § 126, Rn 7) Bedeutung zu. Diese Regelung gilt auch für den Kennzeichenschutz geographischer Herkunftsangaben mit einem besonderen Ruf, deren Rechtsschutz, wenn sie mit Zusätzen benutzt werden, nach § 127 Abs. 4 Nr. 2 voraussetzt, daß trotz der Zusätze die Eignung zur unlauteren Ausnutzung oder Beeinträchtigung des Rufs oder der Unterscheidungskraft der geographischen Herkunftsangabe besteht. Der Ausschluß der Irreführung (Nr. 1) und der Rufausbeutung oder Verwässerung (Nr. 2) ist anhand *strenger Anforderungen* zu beurteilen. Entlokalisierende Zusätze sind grundsätzlich nicht geeignet, eine unzutreffende Angabe über die Herkunft einer Ware zu beseitigen. Es kann insoweit auch auf die im Wettbewerbsrecht zum Irreführungsschutz nach § 3 UWG entwickelten Grundsätze zur Entlokalisierung zurückgegriffen werden (s. dazu im einzelnen *Baumbach/Hefermehl*, Wettbewerbsrecht, § 3 UWG, Rn 224 ff.). In der Regel bleibt trotz eines Zusatzes der geographische Herkunftshinweis einer geographischen Angabe dominant. Willkürliche Zusätze zu geographischen Herkunftsangaben sind häufig geeignet, die Gefahr einer Irreführung erst recht zu fördern. Entscheidend kommt es auf den Gesamteindruck an, den die geographische Herkunftsangabe in Verbindung mit dem Zusatz innerhalb der beteiligten Verkehrskreise erweckt. Bei unmittelbaren Herkunftsangaben wird sich die Irreführung und eine Rufausbeutung oder Verwässerung regelmäßig nur schwer ausschließen lassen. Bei mittelbaren Herkunftsangaben sowie bei weniger bekannten Herkunftsangaben kann ein Zusatz eher eine entlokalisierende Wirkung entfalten (BGHZ 44, 16, 22 – de Paris; BGH GRUR 1971, 29, 32 – Deutscher Sekt; 1971, 255, 258 – Plym Gin; 1982, 564, 565 – Elsässer Nudeln). Auch an die Deutlichkeit und Unübersehbarkeit des Zusatzes sind zum Schutz des Verbrauchers auch unter Berücksichtigung des internationalen Handelsverkehrs strenge Anforderungen zu stellen (*Baumbach/Hefermehl*, Wettbewerbsrecht, § 3 UWG, Rn 226). Auch wenn ein deutlicher entlokalisierender Zusatz die Irreführungsgefahr nicht vollständig ausschließt, können einem Verbot der Verwendung der geographischen Herkunftsangabe gewichtige Unternehmensinteressen entgegenstehen, deren Berücksichtigung nach der aufgrund des Verhältnis- 18 mäßigkeitsvorbehalts erforderlichen Interessenabwägung geboten ist (BGH GRUR 1999, 252 – Warsteiner II; s. Rn 6a ff.)

### III. Entscheidungspraxis zum UWG

#### 1. Nicht entlokalisierende Zusätze

19  Als *nicht entlokalisierend* wurden beurteilt Zusätze wie etwa *Typ* bei *Original Breustedts Schladener Wintersaat Petkuser Typ* für Originalsaaten verschiedener Art (RG GRUR 1932, 457); *Bielefelder Verarbeitung, Bielefelder Machart, Modell Bielefeld* für nicht in Bielefeld hergestellte Hemden (LG Bielefeld GRUR 1951, 285); *hergestellt in Deutschland, deutsches Erzeugnis* bei *Bonmot, Liberté, Banquier* für Sekt (BGH GRUR 1971, 29 – Deutscher Sekt); *Made in Germany* bei *Crêpe-Highly Fashionable Top Quality* für Strümpfe (BGH GRUR 1966, 150 – Kim I); *Original* bei *Allgäuzell* für Käse (DPA GRUR 1988, 216 – Original Allgäuzeller; *hergestellt durch die Brauerei Gotha GmbH, Gotha* bei *Original Oettinger Bier* für Bier (OLG Naumburg WRP 1995, 749 – Original Oettinger Bier).

#### 2. Entlokalisierende Zusätze

20  Als *entlokalisierend* wurden beurteilt Zusätze wie etwa *Deutsches Erzeugnis, Distilleria Stock Import GmbH* bei *Plym Gin* und der *Firma Coates & Co. Ltd* für Spirituosen (BGH GRUR 1971, 255 – Plym-Gin); *Gabriele Wyeth, Berlin* bei *Cleaning Milk, Skin Tonic* für ein Kosmetikum (BGH GRUR 1958, 185 – Wyeth); *Tiefenfurter Bauernbrot* für Brot (BGH GRUR 1956, 550); *Südtirol* bei *Trollinger* für Wein (BGH GRUR 1973, 201).

### IV. Entscheidungspraxis zum MarkenG

21  Wenn auf dem vorderen Etikett einer Bierflasche neben der Marke *Warsteiner*, die eine einfache geografische Herkunftsangabe darstellt, ein deutlicher entlokalisierender Zusatz darauf hinweist, daß das Bier nicht in dem Ort Warstein, mit dem eine besondere Beschaffenheit des Bieres, beispielsweise wegen des dortigen Wassers oder sonstiger dort angebauter Zusatzstoffe, nicht verbunden ist, sondern in einer Produktionsstätte an dem Ort Paderborn gebraut wird, dann können trotz des unzutreffenden Hinweises über die Herkunft des Bieres einem Verbot der Verwendung der geografischen Herkunftsangabe *Warsteiner*, die zugleich als Marke ein wertvolles Kennzeichen sowie ein weithin bekanntes Unternehmenskennzeichen der Brauerei darstellt, gewichtige Interessen des expandierenden Unternehmens an der Verwendung der Bezeichnung *Warsteiner* auch für die an der Betriebsstätte Paderborn hergestellten Biere bestehen, zumal dann, wenn das Unternehmen seinen Unternehmenssitz in Warstein beibehält und dort die unternehmerischen Entscheidungen hinsichtlich der Produktionsstätte in Paderborn trifft (BGH GRUR 1999, 252 – Warsteiner II; s. dazu Rn 6a ff.). Die gewichtigen Unternehmensinteressen greifen gegenüber dem Kennzeichnungsverbot der §§ 127 Abs. 1 iVm 128 Abs. 1 allerdings nur dann durch, wenn bei der Verwendung der Marke *Warsteiner* durch einen entlokalisierenden Zusatz in der Etikettierung auf die Besonderheiten der Produktionsstätte in Paderborn deutlich hingewiesen wird; das Verbot einer irreführenden Verwendung der geografischen Herkunftsangabe *Warsteiner* besteht dann, wenn auf den vorderen Etiketten der Bierflaschen ein (Stempel-)Aufdruck fehlt, welcher den Blick auf die Produktionsstätte in Paderborn lenkt, und wenn zudem der Zusatz *Marke* zu der Bezeichnung *Warsteiner* fehlt, der zwar nicht für sich allein, wohl aber mit einem deutlichen entlokalisierenden Hinweis über die jeweilige Braustätte die Bedeutung von *Warsteiner* als einer geografischen Angabe zu entkräften vermag (BGH GRUR 1999, 251 – Warsteiner I).

## Unterlassungsanspruch; Schadensersatzanspruch

**128** (1) Wer im geschäftlichen Verkehr Namen, Angaben oder Zeichen entgegen § 127 benutzt, kann von den nach § 13 Abs. 2 des Gesetzes gegen den unlauteren Wettbewerb zur Geltendmachung von Ansprüchen Berechtigten auf Unterlassung in Anspruch genommen werden.

(2) Wer dem § 127 vorsätzlich oder fahrlässig zuwiderhandelt, ist zum Ersatz des durch die Zuwiderhandlung entstandenen Schadens verpflichtet.

(3) Wird die Zuwiderhandlung in einem geschäftlichen Betrieb von einem Angestellten oder Beauftragten begangen, so kann der Unterlassungsanspruch, und, soweit der Angestellte oder Beauftragte vorsätzlich oder fahrlässig gehandelt hat, der Schadensersatzanspruch auch gegen den Inhaber des Betriebs geltend gemacht werden.

### Inhaltsübersicht

|   | Rn |
|---|---|
| A. Unterlassungsanspruch (§ 128 Abs. 1) | 1–6 |
|   I. Verletzungstatbestände | 1, 2 |
|   II. Aktivlegitimation | 3 |
|   III. Gerichtsstand | 4 |
|   IV. Abwehranspruch | 5 |
|   V. Vernichtungsanspruch | 6 |
| B. Schadensersatzanspruch (§ 128 Abs. 2) | 7 |
| C. Haftung des Betriebsinhabers für Angestellte und Beauftragte (§ 128 Abs. 3) | 8 |

### A. Unterlassungsanspruch (§ 128 Abs. 1)

#### I. Verletzungstatbestände

Voraussetzung des nach § 128 Abs. 1 gewährten *Unterlassungsanspruchs* ist ein Verstoß gegen § 127. Ein Verstoß gegen § 127 liegt dann vor, wenn im geschäftlichen Verkehr Namen, Angaben oder Zeichen benutzt werden, die eine kennzeichenrechtliche Verletzung einer einfachen geographischen Herkunftsangabe nach § 127 Abs. 1, einer qualifizierten geographischen Herkunftsangabe nach § 127 Abs. 2 oder einer geographischen Herkunftsangabe mit einem besonderen Ruf nach § 127 Abs. 3 darstellen; ein *Verletzungstatbestand* kann nach § 127 Abs. 4 auch bei der Benutzung von Bezeichnungen im *Ähnlichkeitsbereich* von geographischen Herkunftsangaben oder bei der Benutzung von geographischen Herkunftsangaben mit *Zusätzen* bestehen. **1**

Die Verletzungshandlung im Sinne des § 127 muß nach § 128 Abs. 1 im *geschäftlichen Verkehr* erfolgen. Die Auslegung des Begriffs des geschäftlichen Verkehrs folgt einheitlichen Grundsätzen im MarkenG und im UWG (zum Begriff des geschäftlichen Verkehrs s. § 14, Rn 40 ff.). **2**

#### II. Aktivlegitimation

Die *Aktivlegitimation* zur Geltendmachung des Unterlassungsanspruchs regelt § 128 Abs. 1 durch einen Verweis auf § 13 Abs. 2 UWG. Klagebefugt sind nach § 13 Abs. 2 UWG die *Mitbewerber* (Nr. 1), die *Verbände zur Förderung gewerblicher Interessen* (Nr. 2), die *Verbraucherverbände* (Nr. 3) und die *Industrie- und Handelskammern und Handwerkskammern* (Nr. 4). Die Formulierung des § 128 Abs. 1 ist so gewählt, daß Verbraucherverbände im Sinne des § 13 Abs. 2 Nr. 3 UWG stets klagebefugt sind, ohne daß sie im Einzelfall das Vorliegen der Voraussetzungen des § 13 Abs. 2 Nr. 3 S. 2 UWG nachweisen müssen (Begründung zum MarkenG, BT-Drucks. 12/6581 vom 14. Januar 1994, S. 119). Zur Reichweite der Aktivlegitimation gelten die im Wettbewerbsrecht entwickelten Grundsätze (s. dazu im einzelnen *Baumbach/Hefermehl*, Wettbewerbsrecht, § 13 UWG, Rn 11 ff.). **3**

## III. Gerichtsstand

4   Der *Gerichtsstand des Tatorts* für die Geltendmachung von Unterlassungsansprüchen nach § 128 Abs. 1 gilt nicht nur für den *unmittelbar Verletzten*, sondern auch für die *übrigen Klageberechtigten* nach § 13 Abs. 2 UWG. Die Einschränkung der örtlichen Zuständigkeit nach § 24 Abs. 2 UWG für die Klageberechtigten, die nicht unmittelbar Verletzte sind, gilt für den Kennzeichenschutz von geographischen Herkunftsangaben im Sinne des MarkenG nicht (*Helm*, FS für Vieregge, S. 335, 341).

## IV. Abwehranspruch

5   Auch wenn § 128 Abs. 1 ausdrücklich nur den Unterlassungsanspruch regelt, wird vom Anwendungsbereich der Vorschrift auch der *Beseitigungsanspruch* erfaßt. Die Regelung bezieht sich somit allgemein auf die Geltendmachung von Abwehransprüchen (zum Unterlassungsanspruch s. im einzelnen § 14, Rn 509 ff.).

## V. Vernichtungsanspruch

6   § 128 enthält keine ausdrückliche Regelung eines *Vernichtungsanspruchs*. Ein Anspruch auf Vernichtung der widerrechtlich mit einer geschützten geographischen Herkunftsangabe versehenen Waren, sowie der ausschließlich oder nahezu ausschließlich zur widerrechtlichen Kennzeichnung benutzten oder bestimmten Vorrichtungen läßt sich in *Analogie zu § 18* begründen. Eine solche Analogie ist auch aufgrund einer TRIPS-konformen Auslegung des MarkenG (s. dazu *Fezer*, WRP 1998, 1, 7) geboten. Das TRIPS-Abkommen, das in den Art. 22 bis 24 TRIPS-Abkommen besondere Vorschriften über den Schutz geographischer Herkunftsangaben enthält und so die geographischen Herkunftsangaben in seinen Schutzbereich einbezieht, ordnet in Art. 46 TRIPS-Abkommen die Außerverkehrsetzung oder Vernichtung schutzrechtsverletzender Waren und die Außerverkehrsetzung der Produktionsmittel an (s. dazu *Thun*, Der immaterialgüterrechtliche Vernichtungsanspruch, S. 75 Fn 151). Lehnt man eine solche Analogie wegen des besonderen Charakters geographischer Herkunftsangaben ab, so kommt ein Vernichtungsanspruch auf der Grundlage des *allgemeinen Beseitigungsanspruchs* (s. § 18, Rn 46) in Betracht. Die Vernichtung der widerrechtlich gekennzeichneten Waren kann dann aber nur verlangt werden, wenn eine Beseitigung der widerrechtlichen Kennzeichnung nicht möglich ist (zur ähnlichen Rechtslage im Strafverfahren s. § 144, Rn 19).

## B. Schadensersatzanspruch (§ 128 Abs. 2)

7   Nach § 128 Abs. 2 besteht ein *Schadensersatzanspruch*, wenn die kennzeichenrechtliche Verletzung der geographischen Herkunftsangaben im Sinne des § 127 vorsätzlich oder fahrlässig begangen wird. Der Verletzer ist zum Ersatz des durch die Verletzung der geographischen Herkunftsangabe entstandenen Schadens verpflichtet (zum Schadensersatz s. im einzelnen § 14, Rn 513 ff.).

## C. Haftung des Betriebsinhabers für Angestellte und Beauftragte (§ 128 Abs. 3)

8   Nach § 128 Abs. 3 besteht eine *Haftung des Betriebsinhabers* für Verletzungshandlungen, die von Angestellten oder Beauftragten begangen werden. Nach dieser Vorschrift besteht eine von einem eigenen Verschulden des Geschäftsherrn unabhängige Erfolgshaftung bei schuldhaftem Handeln des Beauftragten oder Angestellten; eine etwa daneben bestehende Haftung des Beauftragten oder Angestellten selbst bleibt unberührt (s. zur Haftung des Betriebsinhabers im einzelnen § 14, Rn 541 ff.).

## Verjährung
## § 129 Ansprüche nach § 128 verjähren gemäß § 20.

### Inhaltsübersicht

| | Rn |
|---|---|
| A. Anwendungsbereich | 1 |
| B. Verjährungsfrist | 2 |

### A. Anwendungsbereich

Die Vorschrift des § 129 regelt die *Verjährung* des Unterlassungsanspruchs und des Schadensersatzanspruchs nach § 128 wegen der kennzeichenrechtlichen Verletzung einer nach § 127 geschützten geographischen Herkunftsangabe (s. zu den Verletzungshandlungen im einzelnen § 128, Rn 1).    1

### B. Verjährungsfrist

Die Verjährung bestimmt sich nach der Regelung des § 20. Die *Verjährungsfrist* beträgt *drei Jahre* von dem Zeitpunkt an, in dem der Berechtigte von der Verletzung der geographischen Herkunftsangabe und der Person des Verpflichteten Kenntnis erlangt, ohne Rücksicht auf diese Kenntnis in dreißig Jahren von der Verletzung an (s. zur Verjährung im einzelnen § 20, Rn 19 ff.).    2

## Abschnitt 2. Schutz von geographischen Angaben und Ursprungsbezeichnungen gemäß der Verordnung (EWG) Nr. 2081/92

### Vorbemerkung zu den §§ 130 bis 136

#### Inhaltsübersicht

| | Rn |
|---|---|
| A. Schutz von geographischen Herkunftsangaben für Agrarerzeugnisse, Lebensmittel, Weinbauerzeugnisse und Spirituosen auf Gemeinschaftsebene | 1, 2 |
| B. Regelungsübersicht | 3 |
| C. Europäisches Unionsrecht | 4, 5 |
|     I. Erste Markenrechtsrichtlinie | 4 |
|     II. Gemeinschaftsmarkenverordnung | 5 |
| D. TRIPS-Abkommen | 6 |
| E. Schutz geographischer Angaben und Ursprungsbezeichnungen nach der Verordnung (EWG) Nr. 2081/92 | 7–21e |
|     I. Rechtsgrundlage und Anwendungsbereich | 7 |
|     II. Schutzgegenstand | 8–13 |
|         1. Begriff der Ursprungsbezeichnungen | 9 |
|         2. Begriff der geographischen Angaben | 10–12 |
|         3. Mittelbare geographische Herkunftsangaben | 13 |
|     III. Schutzvoraussetzungen | 14a–16b |
|         1. Formelle Schutzvoraussetzungen | 14a–14c |
|         2. Materielle Schutzvoraussetzungen | 15 |
|         3. Nichtigerklärung der Eintragung der Bezeichnung *Feta* als geschützte Ursprungsbezeichnung | 16a, 16b |
|             a) Klagen auf Nichtigerklärung der Verordnung (EG) Nr. 1107/96 – *Feta* | 16a |
|             b) *Feta*-Entscheidung des EuGH | 16b |
|     IV. Inhalt und Umfang des Schutzes | 17–20 |

# MarkenG Vorb § 130

Vorbemerkung §§ 130–136

|  | Rn |
|---|---|
| V. Das Verhältnis des Schutzes nach der Verordnung (EWG) Nr. 2081/92 zum nationalen Schutz geographischer Herkunftsangaben | 21 a–21 e |
|    1. Exklusivität oder Parallelität der Schutzrechtssysteme | 21 a |
|    2. Vorabentscheidungsverfahren | 21 b–21 e |
| F. Ursprungsbezeichnungen (g.U.) und geographische Angaben (g.g.A.) mit gemeinschaftsweitem Schutz | 22–173 |
|   I. Königreich Belgien | 23 |
|     1. Verfahren nach Art. 17 VO | 23 |
|       a) Unter Anhang II zu Art. 38 Abs. 3 EGV fallende Erzeugnisse für die menschliche Ernährung | 23 |
|         aa) Fleischerzeugnisse | 24 |
|         bb) Fette, Butter, Margarine, Öle usw. | 25 |
|         cc) Käse | 26 |
|       b) Lebensmittel im Sinne von Anhang I der Verordnung (EWG) Nr. 2081/92 | 27 |
|       c) Agrarerzeugnisse im Sinne von Anhang II der Verordnung (EWG) Nr. 2081/92 | 28 |
|     2. Verfahren nach Art. 5 VO | 29 |
|   II. Königreich Dänemark | 30 |
|     1. Verfahren nach Art. 17 VO | 30 |
|       a) Unter Anhang II zu Art. 38 Abs. 3 EGV fallende Erzeugnisse für die menschliche Ernährung | 30 |
|         Käse | 31 |
|       b) Lebensmittel im Sinne von Anhang I der Verordnung (EWG) Nr. 2081/92 | 32 |
|       c) Agrarerzeugnisse im Sinne von Anhang II der Verordnung (EWG) Nr. 2081/92 | 33 |
|     2. Verfahren nach Art. 5 VO | 34 |
|       a) Unter Anhang II zu Art. 38 Abs. 3 EGV fallende Erzeugnisse für die menschliche Ernährung | 34 |
|         Obst, Gemüse und Getreide | 35 |
|       b) Lebensmittel im Sinne von Anhang I der Verordnung (EWG) Nr. 2081/92 | 36 |
|       c) Agrarerzeugnisse im Sinne von Anhang II der Verordnung (EWG) Nr. 2081/92 | 37 |
|   III. Bundesrepublik Deutschland | 38 |
|     1. Verfahren nach Art. 17 VO | 38 |
|       a) Unter Anhang II zu Art. 38 Abs. 3 EGV fallende Erzeugnisse für die menschliche Ernährung | 38 |
|         aa) Fleisch und Schlachtnebenerzeugnisse, frisch | 39 |
|         bb) Fleischerzeugnisse | 40 |
|         cc) Käse | 41 |
|         dd) Fette, Butter, Margarine, Öle usw. | 42 |
|         ee) Frische Fische, Weich- und Schalentiere sowie Erzeugnisse hieraus | 43 |
|       b) Lebensmittel im Sinne von Anhang I der Verordnung (EWG) Nr. 2081/92 | 44 |
|         aa) Bier | 45 |
|         bb) Natürliches Mineralwasser und Quellwasser | 46 |
|         cc) Backwaren, feine Backwaren, Süßwaren oder Kleingebäck | 47 |
|         dd) Obst, Gemüse und Getreide | 48 |
|       c) Agrarerzeugnisse im Sinne von Anhang II der Verordnung (EWG) Nr. 2081/92 | 49 |
|     2. Verfahren nach Art. 5 VO | 50 |
|   IV. Republik Finnland | 51 |
|     1. Verfahren nach Art. 17 VO | 51 |
|       a) Unter Anhang II zu Art. 38 Abs. 3 EGV fallende Erzeugnisse für die menschliche Ernährung | 51 |
|       b) Lebensmittel im Sinne von Anhang I der Verordnung (EWG) Nr. 2081/92 | 52 |
|         Obst, Gemüse und Getreide | 53 |
|       c) Agrarerzeugnisse im Sinne von Anhang II der Verordnung (EWG) Nr. 2081/92 | 54 |

| | Rn |
|---|---|
| 2. Verfahren nach Art. 5 VO | 55 |
| V. Französische Republik | 56 |
|   1. Verfahren nach Art. 17 VO | 56 |
|     a) Unter Anhang II zu Art. 38 Abs. 3 EGV fallende Erzeugnisse für die menschliche Ernährung | 56 |
|       aa) Fleisch und Schlachtnebenerzeugnisse, frisch | 57 |
|       bb) Käse | 58 |
|       cc) Fette, Butter, Margarine, Öle usw. | 59 |
|       dd) Obst, Gemüse und Getreide. | 60 |
|       ee) Sonstige Erzeugnisse tierischen Ursprungs (Eier, Honig, Milcherzeugnisse, verschiedene Milcherzeugnisse außer Butter usw.) | 61 |
|     b) Lebensmittel im Sinne von Anhang I der Verordnung (EWG) Nr. 2081/92 | 62 |
|     Backwaren, feine Backwaren, Süßwaren oder Kleingebäck | 63 |
|     c) Agrarerzeugnisse im Sinne von Anhang II der Verordnung (EWG) Nr. 2081/92 | 64 |
|     Ätherische Öle | 65 |
|   2. Verfahren nach Art. 5 VO | 66 |
|     a) Unter Anhang II zu Art. 38 Abs. 3 EGV fallende Erzeugnisse für die menschliche Ernährung | 66 |
|       aa) Fleischerzeugnisse | 67 |
|       bb) Käse | 68 |
|       cc) Frische Fische, Weich- und Schalentiere sowie Erzeugnisse hieraus | 69 |
|       dd) Obst und Gemüse | 70 |
|     b) Lebensmittel im Sinne von Anhang I der Verordnung (EWG) Nr. 2081/92 | 71 |
|     c) Agrarerzeugnisse im Sinne von Anhang II der Verordnung (EWG) Nr. 2081/92 | 72 |
|     d) Andere Erzeugnisse des Anhangs II der Verordnung (EWG) Nr. 2081/92 | 73 |
|     Cidres | 74 |
| VI. Griechische Republik | 75 |
|   1. Verfahren nach Art. 17 VO | 75 |
|     a) Unter Anhang II zu Art. 38 Abs. 3 EGV fallende Erzeugnisse für die menschliche Ernährung | 75 |
|       aa) Käse | 76 |
|       bb) Fette, Butter, Margarine, Öle usw. | 77 |
|       cc) Obst, Gemüse und Getreide | 78 |
|       dd) Frische Fische, Weich- und Schalentiere sowie Erzeugnisse hieraus | 79 |
|       ee) Sonstige Erzeugnisse tierischen Ursprungs (Eier, Honig, verschiedene Milcherzeugnisse außer Butter usw.) | 80 |
|     b) Lebensmittel im Sinne von Anhang I der Verordnung (EWG) Nr. 2081/92 | 81 |
|       aa) Backwaren, feine Backwaren, Süßwaren oder Kleingebäck | 82 |
|       bb) Natürliche Gummen und Harze | 83 |
|     c) Agrarerzeugnisse im Sinne von Anhang II der Verordnung (EWG) Nr. 2081/92 | 84 |
|     Ätherische Öle | 85 |
|   2. Verfahren nach Art. 5 VO | 86, 87 |
| VII. Vereingtes Königreich Großbritannien und Nordirland | 88 |
|   1. Verfahren nach Art. 17 VO | 88 |
|     a) Unter Anhang II zu Art. 38 Abs. 3 EGV fallende Erzeugnisse für die menschliche Ernährung | 88 |
|       aa) Fleisch und Schlachtnebenerzeugnisse, frisch | 89 |
|       bb) Käse | 90 |
|       cc) Obst, Gemüse und Getreide.. | 91 |
|       dd) Frische Fische, Weich- und Schalentiere sowie Erzeugnisse hieraus | 92 |

|   |   | Rn |
|---|---|---|
| b) Lebensmittel im Sinne von Anhang I der Verordnung (EWG) Nr. 2081/92 | | 93 |
| Bier | | 94 |
| c) Agrarerzeugnisse im Sinne von Anhang II der Verordnung (EWG) Nr. 2081/92 | | 95 |
| d) Andere Erzeugnisse des Anhangs II der Verordnung (EWG) Nr. 2081/92 | | 96 |
| Cider | | 97 |
| 2. Verfahren nach Art. 5 VO | | 98 |
| a) Unter Anhang II zu Art. 38 Abs. 3 EGV fallende Erzeugnisse für die menschliche Ernährung | | 98 |
| aa) Käse | | 99 |
| bb) Sonstige Erzeugnisse tierischen Ursprungs (Eier, Honig, Milcherzeugnisse, verschiedene Milcherzeugnisse außer Butter usw.) | | 100 |
| b) Lebensmittel im Sinne von Anhang I der Verordnung (EWG) Nr. 2081/92 | | 101 |
| c) Agrarerzeugnisse im Sinne von Anhang II der Verordnung (EWG) Nr. 2081/92 | | 102 |
| VIII. Irland | | 103 |
| 1. Verfahren nach Art. 17 VO | | 103 |
| 2. Verfahren nach Art. 5 VO | | 104 |
| IX. Italienische Republik | | 105 |
| 1. Verfahren nach Art. 17 VO | | 105 |
| a) Unter Anhang II zu Art. 38 Abs. 3 EGV fallende Erzeugnisse für die menschliche Ernährung | | 105 |
| aa) Fleisch und Schlachtnebenerzeugnisse, frisch | | 106 |
| bb) Fleischerzeugnisse | | 107 |
| cc) Käse | | 108 |
| dd) Fette, Butter, Margarine, Öle usw. | | 109 |
| ee) Obst, Gemüse und Getreide | | 110 |
| b) Lebensmittel im Sinne von Anhang I der Verordnung (EWG) Nr. 2081/92 | | 111 |
| Backwaren, feine Backwaren, Süßwaren und Kleingebäck | | 112 |
| c) Agrarerzeugnisse im Sinne von Anhang II der Verordnung (EWG) Nr. 2081/92 | | 113 |
| 2. Verfahren nach Art. 5 VO | | 114 |
| X. Großherzogtum Luxemburg | | 115 |
| 1. Verfahren nach Art. 17 VO | | 115 |
| a) Unter Anhang II zu Art. 38 Abs. 3 EGV fallende Erzeugnisse für die menschliche Ernährung | | 115 |
| aa) Fleisch und Schlachtnebenerzeugnisse, frisch | | 116 |
| bb) Fleischerzeugnisse | | 117 |
| cc) Fette, Butter, Margarine, Öle usw. | | 118 |
| dd) Sonstige Erzeugnisse tierischen Ursprungs (Eier, Honig, Milcherzeugnisse, verschiedene Milcherzeugnisse außer Butter usw.) | | 119 |
| b) Lebensmittel im Sinne von Anhang I der Verordnung (EWG) Nr. 2081/92 | | 120 |
| c) Agrarerzeugnisse im Sinne von Anhang II der Verordnung (EWG) Nr. 2081/92 | | 121 |
| 2. Verfahren nach Art. 5 VO | | 122 |
| XI. Königreich der Niederlande | | 123 |
| 1. Verfahren nach Art. 17 VO | | 123 |
| a) Unter Anhang II zu Art. 38 Abs. 3 EGV fallende Erzeugnisse für die menschliche Ernährung | | 123 |
| aa) Käse | | 124 |
| bb) Obst, Gemüse und Getreide | | 125 |
| b) Lebensmittel im Sinne von Anhang I der Verordnung (EWG) Nr. 2081/92 | | 126 |
| c) Agrarerzeugnisse im Sinne von Anhang II der Verordnung (EWG) Nr. 2081/92 | | 127 |
| 2. Verfahren nach Art. 5 VO | | 128 |

|  | Rn |
|---|---|
| XII. Republik Österreich | 129 |
| 1. Verfahren nach Art. 17 VO | 129 |
| a) Unter Anhang II zu Art. 38 Abs. 3 EGV fallende Erzeugnisse für die menschliche Ernährung | 129 |
| aa) Fleischerzeugnisse | 130 |
| bb) Käse | 131 |
| cc) Fette | 132 |
| dd) Obst, Gemüse und Getreide | 133 |
| b) Lebensmittel im Sinne von Anhang I der Verordnung (EWG) Nr. 2081/92 | 134 |
| c) Agrarerzeugnisse im Sinne von Anhang II der Verordnung (EWG) Nr. 2081/92 | 135 |
| 2. Verfahren nach Art. 5 VO | 136 |
| XIII. Portugiesische Republik | 137 |
| 1. Verfahren nach Art. 17 VO | 137 |
| a) Unter Anhang II zu Art. 38 Abs. 3 EGV fallende Erzeugnisse für die menschliche Ernährung | 137 |
| aa) Fleisch und Schlachtnebenerzeugnisse, frisch | 138 |
| bb) Fleischerzeugnisse | 139 |
| cc) Käse | 140 |
| dd) Fette, Butter, Margarine, Öle usw. | 141 |
| ee) Obst, Gemüse und Getreide | 142 |
| ff) Sonstige Erzeugnisse tierischen Ursprungs (Eier, Honig, Milcherzeugnisse, verschiedene Milcherzeugnisse außer Butter usw.) | 143 |
| b) Lebensmittel im Sinne von Anhang I der Verordnung (EWG) Nr. 2081/92 | 144 |
| c) Agrarerzeugnisse im Sinne von Anhang II der Verordnung (EWG) Nr. 2081/92 | 145 |
| 2. Verfahren nach Art. 5 VO | 146 |
| a) Unter Anhang II zu Art. 38 Abs. 3 EGV fallende Erzeugnisse für die menschliche Ernährung | 146 |
| aa) Fleisch und Schlachtnebenerzeugnisse, frisch | 147 |
| bb) Fleischerzeugnisse | 148 |
| cc) Käse | 149 |
| b) Lebensmittel im Sinne von Anhang I der Verordnung (EWG) Nr. 2081/92 | 150 |
| c) Agrarerzeugnisse im Sinne von Anhang II der Verordnung (EWG) Nr. 2081/92 | 151 |
| XIV. Königreich Schweden | 152 |
| 1. Verfahren nach Art. 17 VO | 152 |
| a) Unter Anhang II zu Art. 38 Abs. 3 EGV fallende Erzeugnisse für die menschliche Ernährung | 152 |
| Käse | 153 |
| b) Lebensmittel im Sinne von Anhang I der Verordnung (EWG) Nr. 2081/92 | 154 |
| c) Agrarerzeugnisse im Sinne von Anhang II der Verordnung (EWG) Nr. 2081/92 | 155 |
| 2. Verfahren nach Art. 5 VO | 156 |
| XV. Königreich Spanien | 157 |
| 1. Verfahren nach Art. 17 VO | 157 |
| a) Unter Anhang II zu Art. 38 Abs. 3 EGV fallende Erzeugnisse für die menschliche Ernährung | 157 |
| aa) Fleisch und Schlachtnebenerzeugnisse, frisch | 158 |
| bb) Fleischerzeugnisse | 159 |
| cc) Käse | 160 |
| dd) Fette, Butter, Margarine, Öle usw. | 161 |
| ee) Obst, Gemüse und Getreide | 162 |
| ff) Sonstige Erzeugnisse tierischen Ursprungs (Eier, Honig, Milcherzeugnisse, verschiedene Milcherzeugnisse außer Butter usw.) | 163 |
| b) Lebensmittel im Sinne von Anhang I der Verordnung (EWG) Nr. 2081/92 | 164 |

|  | Rn |
|---|---|
| Backwaren, feine Backwaren, Süßwaren und Kleingebäck | 165 |
| c) Agrarerzeugnisse im Sinne von Anhang II der Verordnung (EWG) Nr. 2081/92 | 166 |
| 2. Verfahren nach Art. 5 VO | 167 |
| a) Unter Anhang II zu Art. 38 Abs. 3 EGV fallende Erzeugnisse für die menschliche Ernährung | 167 |
| aa) Fleisch und Schlachtnebenerzeugnisse, frisch | 168 |
| bb) Fleischerzeugnisse | 169 |
| cc) Käse | 170 |
| dd) Obst, Gemüse und Getreide | 171 |
| b) Lebensmittel im Sinne von Anhang I der Verordnung (EWG) Nr. 2081/92 | 172 |
| c) Agrarerzeugnisse im Sinne von Anhang II der Verordnung (EWG) Nr. 2081/92 | 173 |

**Schrifttum zum WZG.** *Beier*, GRUR Int 1993, 79; *Beier/Knaak*, Der Schutz geographischer Herkunftsangaben in der Europäischen Gemeinschaft, GRUR Int 1992, 411; *Beier/Knaak*, Der Schutz der geographischen Herkunftsangaben in der Europäischen Gemeinschaft – Die neueste Entwicklung, GRUR Int 1993, 602; *Heine*, Das neue gemeinschaftsrechtliche System zum Schutz geographischer Bezeichnungen, GRUR 1993, 96; *Hohmann*, Die EG-Verordnung zum Schutz geographischer Angaben und Ursprungsbezeichnungen, Die Verkehrsauffassung im deutschen und europäischen Lebensmittelrecht, Schriften zum Lebensmittelrecht, Bd. 5, 1994, S. 355; *Krimphove*, Das neue europäische Waren- und Herkunftszeichenrecht, ZLR 1992, 674; *Krimphove*, Neuer europäischer Schutz von Waren- und Herkunftszeichen in der Landwirtschaft, AgrarR 1993, 7; *Meier*, EuZW 1993, 69; *v. Mühlendahl*, Der Schutz geographischer Herkunftsangaben in der Europäischen Gemeinschaft nach der Verordnung Nr. 2081/92 vom 24. Juli 1992, ZLR 1993, 187; *Tilmann*, EG-Schutz für geographische Herkunftsangaben, GRUR 1992, 829; *Tilmann*, Grundlage und Reichweite des Schutzes geographischer Herkunftsangaben nach der VO/EWG 2081/92, GRUR Int 1993, 610.

**Schrifttum zum MarkenG.** *Ahrens*, Mozarella, Champagner und andere geographische Herkunftsangaben, Europäisierung des Rechts, 1996, S. 69; *Ahrens*, Geographische Herkunftsangaben – Tätigkeitsverbot für den BGH?, Über gemeinschaftsrechtlichen Eigentumsschutz und Importbehinderungen kraft Irreführungsschutzes, GRUR Int 1997, 508; *Capelli/Luzzani*, Beanstandung der Zuerkennung einer geschützten Ursprungsbezeichnung im Sinne der EG-Verordnung Nr. 2081/92 für den Käse Feta, ZLR 1997, 120; *v. Danwitz*, Ende des Schutzes der geographischen Herkunftsangabe? – Verfassungsrechtliche Perspektiven, GRUR 1997, 81; *v. Gamm*, Der Schutz geographischer Herkunftsangaben nach mehr- und zweiseitigen Staatsverträgen in der BRep Deutschland, FS für Brandner, 1996, S. 375; *Goebel*, Schutz geographische Herkunftsangaben nach dem neuen Markenrecht, GRUR 1995, 98; *Harte-Bavendamm*, Ende der geographischen Herkunftsbezeichnungen? – „Brüsseler Spitzen" gegen den ergänzenden nationalen Rechtsschutz, GRUR 1996, 717; *Helm*, Der Schutz geographischer Herkunftsangaben nach dem Markengesetz, FS für Vieregge, 1995, S. 335; *Hohmann/Leible*, Probleme der Verwendung geographischer und betrieblicher Herkunftsangaben bei Lebensmitteln, ZLR 1995, 265; *Knaak*, Der Schutz geographischer Herkunftsangaben im neuen Markengesetz, GRUR 1995, 103; *Knaak*, Der Schutz geographischer Herkunftsangaben nach dem TRIPS-Abkommen, GRUR Int 1995, 642; *Knaak*, GRUR Int 1997, 754; *Meyer*, Verordnung (EWG) Nr. 2081/92 zum Schutz von geographischen Angaben und Ursprungsbezeichnungen, WRP 1995, 783; *Meyer*, Herkunftsangaben, Verordnung Nr. 2081/92/EWG, Der Mineralbrunnen 1996, 61; *Meyer*, Anmeldung von Herkunftsangaben nach der VO (EWG) Nr. 2081/92 des Rates – Ein Leitfaden, GRUR 1997, 91; *Obergfell*, Der Schutz geographischer Herkunftsangaben in Europa, ZWuP 1997, 677; *Sosnitza*, ZLR 1995, 325; *Steeger*, Die neue VO der EU zum Schutz von geographischen Herkunftsangaben und „Dresdner Stollen", WRP 1994, 584; *Tilmann*, Ausschließlicher Schutz für geographische Herkunftsbezeichnungen nach der EG-VO 2081/92?, GRUR 1996, 959; *Ullmann*, EuZW 1995, 761.

S. auch die Schrifttumsangaben Vorb zu den §§ 126 bis 139.

### Entscheidungen zum MarkenG

**1. OLG Frankfurt GRUR Int 1997, 751 – Gorgonzola/Cambozola**
Die durch Eintragung geschützte Ursprungsbezeichnung *Gorgonzola* schließt die Verwendung der Bezeichnung *Cambozola* für einen in der Bundesrepublik Deutschland vertriebenen Blauschimmelkäse nicht aus.

**2. EuGH, Slg. 1997-5, I-2360, GRUR Int 1997, 737 – Pistre**
Zur Auslegung des Art. 2 der Verordnung (EWG) Nr. 2081/92.

**3. EuGH GRUR Int 1998, 790 – Chiciak**
Zur Auslegung der Verordnung (EWG) Nr. 2081/92 und der Verordnung (EG) Nr. 1107/96.

**4. Gericht 1. Instanz GRUR Int 1999, 58 – Molkerei Großbraunshain**
Zum Rechtsschutz gegen die Eintragung einer geographischen Herkunftsbezeichnung im vereinfachten Verfahren nach der VO (EWG) Nr. 2081/92.

**5. EuGH, Urteil vom 4. März 1999, Rs. C-87/97 – Gorgonzola/Cambozola**
Zur Auslegung des Art. 13 Abs. 1 lit b VO (EWG) Nr. 2081/92.

**6. EuGH, Urteil vom 16. März 1999, Rs. C-289/96, C-293/96, C-299/96 – Feta**
Zur Nichtigkeit der Eintragung der Bezeichnung Feta als geschützte Ursprungsbezeichnung.

## A. Schutz von geographischen Herkunftsangaben für Agrarerzeugnisse, Lebensmittel, Weinbauerzeugnisse und Spirituosen auf Gemeinschaftsebene

Am 14. Juli 1992 hat der Rat der Europäischen Gemeinschaften die Verordnung (EWG) Nr. 2081/92 zum *Schutz von geographischen Angaben und Ursprungsbezeichnungen für Agrarerzeugnisse und Lebensmittel* (ABl. EG Nr. L 208 vom 24. Juli 1992, S. 1; zuletzt geändert durch Verordnung (EG) Nr. 1068/97 vom 12. Juni 1997, ABl. EG Nr. L 156 vom 13. Juni 1997, S. 10; s. 3. Teil des Kommentars, II 6) erlassen, die am 24. Juli 1993 in Kraft getreten ist. Mit dem Erlaß dieser Verordnung wurde ein *gemeinschaftsrechtliches Schutzsystem* für solche Ursprungsbezeichnungen und geographische Angaben geschaffen, die für Agrarerzeugnisse und Lebensmittel verwendet werden. Der Verordnung (EWG) Nr. 2081/92 kommt nach Art. 189 S. 2 EGV allgemeine Geltung zu; sie ist in allen ihren Teilen rechtsverbindlich und gilt unmittelbar in jedem Mitgliedstaat der Gemeinschaft. 1

Der Schutz geographischer Herkunftsangaben auf Gemeinschaftsebene ist produktspezifisch ausgestaltet. Ein gemeinschaftsweiter Schutz von geographischen Herkunftsangaben besteht auch für *Weinbauerzeugnisse* aufgrund der Verordnung (EWG) Nr. 2392/89 des Rates vom 24. Juli 1989 zur Aufstellung allgemeiner Regeln für die Bezeichnung und Aufmachung der Weine und der Traubenmoste (ABl. EG Nr. L 232 vom 9. August 1989, S. 13; zuletzt geändert durch Verordnung (EG) Nr. 1427/96 vom 26. Juni 1996, ABl. EG Nr. L 184 vom 24. Juli 1996, S. 3; s. 3. Teil des Kommentars, II 9) sowie für *Spirituosen* aufgrund der Verordnung (EWG) Nr. 1576/89 des Rates vom 29. Mai 1989 zur Festlegung der allgemeinen Regeln für die Begriffsbestimmung, Bezeichnung und Aufmachung von Spirituosen (ABl. EG Nr. L 160 vom 12. Juni 1989, S. 1; zuletzt geändert durch Beitrittsakte von 1994, ABl. EG Nr. L 1 vom 1. Januar 1995, S. 1, 78; s. 3. Teil des Kommentars, II 8). Der Schutz dieser Erzeugnisse wurde ausdrücklich aus dem Anwendungsbereich der Verordnung (EWG) Nr. 2081/92 ausgenommen (Art. 1 Abs. 1 Unterabs. 2 VO). 2

## B. Regelungsübersicht

Abschnitt 2 (§§ 130 bis 136) enthält Vorschriften zur Durchführung der Verordnung (EWG) Nr. 2081/92 des Rates vom 14. Juli 1992 zum Schutz von geographischen Angaben und Ursprungsbezeichnungen für Agrarerzeugnisse und Lebensmittel. § 130 regelt die *Zuständigkeit* und das *Verfahren* für die auf der Ebene der Mitgliedstaaten zu stellenden *Anträge auf Eintragung* einer geographischen Angabe oder einer Ursprungsbezeichnung in das von der Kommission der Europäischen Gemeinschaften geführte *Verzeichnis* der geschützten geographischen Angaben und der geschützten Ursprungsbezeichnungen (Art. 5 und 6 VO). § 131 iVm § 130 regelt die *Zuständigkeit* und das *Verfahren* für *Anträge auf Änderung der Spezifikation* einer geographischen Angabe oder Ursprungsbezeichnung (Art. 9, 4 und 6 VO). § 132 regelt das *Einspruchsverfahren* auf mitgliedstaatlicher Ebene *gegen die beabsichtigte Eintragung* einer geographischen Angabe oder einer Ursprungsbezeichnung in das Gemeinschaftsregister sowie das *Einspruchsverfahren gegen die Änderung der Spezifikation*. § 133 Abs. 1 regelt die *interne Zuständigkeit* für die Verfahren nach den §§ 130, 131 und 132. § 133 Abs. 2 bestimmt die gegen die in den vorgenannten Verfahren ergehenden Entscheidungen gegebenen *Rechtsmittel*. § 134 enthält Vorschriften über *Maßnahmen zur Überwachung und Kontrolle* der mit eingetragenen geographischen Angaben oder Ursprungsbezeichnungen vermarkte- 3 ten Erzeugnissen (Art. 10 VO). § 135 regelt die dem Inhaber einer geschützten geographischen Angabe oder Ursprungsbezeichnung zustehenden *Unterlassungs- und Schadensersatzansprüche*. § 136 bestimmt die *Verjährung* der Verletzungsansprüche. Weitere Vorschriften finden sich in Abschnitt 3 zum Erlaß von *Durchführungsvorschriften* (§§ 138, 139), in Teil 7 zur *ausschließlichen Zuständigkeit der Landgerichte* für kennzeichenrechtliche Streitigkeiten (§ 140) und in Teil 8 zur *strafbaren Benutzung* geographischer Herkunftsangaben (§ 144), *Bußgeldvorschriften* hinsichtlich der Regelungen in den §§ 134 Abs. 3, 139 Abs. 1 (§ 145 Abs. 2 Nr. 1 und 2) und zur *Beschlagnahme* bei der Einfuhr, Ausfuhr und Durchfuhr (§ 151). Die Durchführungsbestimmungen im MarkenG haben eine parallele Ausgestaltung zu den Vorschriften des Lebensmittelspezialitätengesetzes (BGBl. I S. 1814). Das LSpG dient der Durchführung der Verordnung (EWG) Nr. 2082/92 des Rates vom 14. Juli 1992 über die Bescheinigungen besonderer Merkmale von Agrarerzeugnissen und Lebensmitteln (ABl. EG Nr. L 208 vom 24. Juli 1992, S. 9).

## C. Europäisches Unionsrecht

### I. Erste Markenrechtsrichtlinie

**4**  Art. 15 Abs. 1 MarkenRL gestattet den Mitgliedstaaten die Zulassung der Eintragung geographischer Herkunftsangaben als Kollektiv-, Garantie- oder Gewährleistungsmarken. Der Gesetzgeber des MarkenG machte von dieser Option in den §§ 97 bis 106 Gebrauch und eröffnete den kennzeichenrechtlichen Schutz geographischer Kollektivmarken.

### II. Gemeinschaftsmarkenverordnung

**5**  Nach Art. 64 Abs. 2 GMarkenV besteht die Möglichkeit der Eintragung geographischer Herkunftsangaben als Gemeinschaftskollektivmarken. Der Schutz einfacher geographischer Herkunftsangaben als geographische Kollektivmarken oder als Gemeinschaftskollektivmarken kollidiert mit dem Schutz geographischer Angaben und Ursprungsbezeichnungen für Agrarerzeugnisse und Lebensmittel nach der Verordnung (EWG) Nr. 2081/92 (s. dazu *Beier/Knaak*, GRUR Int 1993, 602, 605; *Meyer*, WRP 1995, 783, 785).

## D. TRIPS-Abkommen

**6**  Das Abkommen über handelsbezogene Aspekte der Rechte des geistigen Eigentums (TRIPS) vom 15. April 1994 enthält in den Art. 22 bis 24 Bestimmungen betreffend den Schutz geographischer Angaben. Art. 22 verpflichtet die Mitglieder zu einem allgemeinen Schutz geographischer Angaben gegen eine Benutzung in der Bezeichnung oder Aufmachung von Waren, die über die geographische Herkunft irreführt, sowie gegen eine Benutzung, die eine unlautere Wettbewerbshandlung im Sinne des Art. 10$^{bis}$ PVÜ darstellt. Der allgemeine Schutz geographischer Angaben nach dem TRIPS-Abkommen ist im Gegensatz zum Schutz nach Gemeinschaftsrecht nicht produktspezifisch ausgestaltet. Neben diesem allgemeinen Schutz geographischer Angaben wird in Art. 23 ein besonderer Schutz für geographische Angaben in bezug auf Weine und Spirituosen geschaffen. Dieser besondere Schutz richtet sich gegen jede Benutzung für Waren, die nicht aus diesem Gebiet stammen, ohne daß die Gefahr einer Irreführung bestehen muß (s. dazu im einzelnen *Knaak*, GRUR Int 1995, 642, 646 ff.).

## E. Schutz geographischer Angaben und Ursprungsbezeichnungen nach der Verordnung (EWG) Nr. 2081/92

### I. Rechtsgrundlage und Anwendungsbereich

**7**  Rechtsgrundlage der *Verordnung (EWG) Nr. 2081/92* ist Art. 43 EGV. Aufgrund dieser Rechtsgrundlage erschließt sich neben der Zielsetzung der Verordnung auch deren Anwendungsbereich. Die Verordnung (EWG) Nr. 2081/92 regelt den *Schutz von geographischen Angaben und Ursprungsbezeichnungen* für die in Anhang II zu Art. 38 Abs. 3 EGV genannten, zum menschlichen Verzehr bestimmten *Agrarerzeugnisse* (s. 3. Teil des Kommentars, II 6), sowie für die in Anhang I und II der Verordnung genannten *Agrarerzeugnisse* und *Lebensmittel* (Art. 1 Abs. 1 Unterabs. 1 VO). Die Liste der betroffenen Agrarerzeugnisse und Lebensmittel in den Anhängen I und II der Verordnung kann gemäß Art. 1 Abs. 1 Unterabs. 3 VO im Wege des Regelungsausschußverfahrens geändert werden. *Weinbauerzeugnisse* und *alkoholische Getränke* werden vom Anwendungsbereich der Verordnung ausgeschlossen (Art. 1 Abs. 1 Unterabs. 2 VO; s. Rn 2). Art. 43 EGV begründet eine umfassende Zuständigkeit der Gemeinschaft im Bereich der Agrarpolitik und bezieht sich auf diejenigen landwirtschaftlichen Erzeugnisse, die in Anhang II zum EGV aufgeführt sind. Neben den in Anhang I des EGV genannten Agrarerzeugnissen soll die Verordnung aber auch geographische Bezeichnungen für *Bier*, *natürliches Mineralwasser* und *Quellwasser*, *Getränke auf der Grundlage von Pflanzenextrakten*, *Backwaren*, *feine Backwaren*, *Süßwaren* oder *Kleingebäck*, *natürliche Gummen* und *Harze* erfassen. Von der Verordnung (EWG) Nr. 2081/92 sollen auch Erzeugnisse erfaßt werden, die nicht unter den Anhang II des EGV fallen. Im Schrifttum wird daher die Auffassung vertreten, daß die Verordnung (EWG) Nr. 2081/92 *wegen fehlender Kompetenzgrundlage insoweit nichtig* sei, als sie sich auf die in Anhang I der Verordnung aufgeführten Lebensmittel erstrecke (so *Knaak*, GRUR 1995, 103, 110; *Beier/Knaak*, GRUR Int 1993, 602, 608; *Tilmann*, GRUR Int 1993, 610, 612; *Hohmann/Leible*, ZLR 1995, 265, 268, Fn 22; *Baumbach/Hefermehl*, Wettbewerbsrecht, § 3 UWG, Rn 188 a; unter dem Vorbehalt der Unwägbarkeiten der *effet utile*-Rechtsprechung des EuGH auch *v. Danwitz*, GRUR 1996, 81, 87; aA *Heine*, GRUR 1993, 96, 97).

## II. Schutzgegenstand

Das *Schutzsystem der Gemeinschaft für Agrarerzeugnisse und Lebensmittel* bezieht sich auf *geographische Angaben* und *Ursprungsbezeichnungen*. Der Unterschied zwischen diesen beiden Kategorien von geographischen Herkunftsangaben liegt in der Intensität der Beziehung zwischen den Eigenschaften der Produkte zu ihrer geographischen Herkunft. 8

### 1. Begriff der Ursprungsbezeichnungen

Art. 2 Abs. 2 lit. a VO enthält eine *Legaldefinition* der zu schützenden Ursprungsbezeichnungen. Die Definition der Ursprungsbezeichnungen entspricht im wesentlichen der Definition der Ursprungsbezeichnungen im Lissaboner Ursprungsabkommen (s. dazu *Heine*, GRUR 1993, 96, 99; *Tilmann*, GRUR 1992, 829, 832). *Ursprungsbezeichnungen* im Sinne der Verordnung sind die Namen von Gebieten oder Orten, die zur Bezeichnung von Agrarerzeugnissen oder Lebensmitteln dienen, die ihre Güte oder Eigenschaften überwiegend oder ausschließlich den geographischen Verhältnissen verdanken, und die in diesem Gebiet erzeugt, verarbeitet und hergestellt werden. 9

### 2. Begriff der geographischen Angaben

Art. 2 Abs. 2 lit. b VO enthält eine *Legaldefinition* der zu schützenden geographischen Angaben. Die Definition der geographischen Angaben entspricht im wesentlichen der Definition der geographischen Angaben im TRIPS-Abkommen (s. dazu *Knaak*, GRUR Int 1995, 642, 646 ff.; *Knaak*, GRUR 1995, 103, 110). *Geographische Angaben* im Sinne der Verordnung sind die Namen von Gebieten oder Orten, die zur Bezeichnung von Agrarerzeugnissen oder Lebensmitteln dienen, bei denen sich eine bestimmte Qualität, das Ansehen oder eine andere Eigenschaft aus dem geographischem Ursprung ergibt, und die in diesem Gebiet erzeugt oder verarbeitet oder hergestellt werden. 10

Die Verordnung (EWG) Nr. 2081/92 setzt einen *besonderen Zusammenhang zwischen den betroffenen Erzeugnissen und dem geographischen Gebiet* voraus. *Einfache geographische Herkunftsangaben* (zum Begriff s. § 127, Rn 3 f.), deren Aussagegehalt sich in einem qualitätsneutralen Hinweis auf die Herkunft der Erzeugnisse erschöpft, werden vom Schutzbereich der Ver- 11 ordnung nicht erfaßt. Die Ausklammerung der einfachen geographischen Herkunftsangaben aus dem gemeinschaftsrechtlichen Schutzsystem wird im *Schrifttum* als unvereinbar mit der *Turron*-Entscheidung des EuGH beurteilt (so etwa *Beier/Knaak*, GRUR Int 1993, 602, 606; *Tilmann*, GRUR Int 1993, 610, 611 f.; *Knaak*, GRUR Int 1995, 642, 646). In dieser Entscheidung wird von der Vereinbarkeit des Schutzes geographischer Herkunftsangaben mit den Vorschriften über den freien Warenverkehr und den Art. 30 und 36 EGV ausgegangen. Dem Schutz des gewerblichen und kommerziellen Eigentums im Sinne des Art. 36 EGV werden nicht nur Ursprungsbezeichnungen, sondern auch einfache qualitätsneutrale Herkunftsangaben unterstellt (EuGH GRUR Int 1993, 76, 78 – Torrón de Alicante mit Anm. *Beier*, *Meier* EuZW 1993, 66, 69). Im Schrifttum werden einfache geographische Herkunftsangaben im Wege der Auslegung den geographischen Angaben zugeordnet (so *Knaak*, GRUR 1995, 103, 111; *Tilmann*, GRUR Int 1993, 610, 614; kritisch *v. Danwitz*, GRUR 1997, 81, 82 f.). Die *Rechtslage* bestimmt sich nach dem Verhältnis zwischen EG-Verordnungsrecht, der Rechtsprechung des EuGH zur Auslegung des EGV und einer gemeinschaftsrechtskonformen Auslegung des nationalen Kennzeichenrechts der Mitgliedstaaten in Umsetzung des Gemeinschaftsrechts. Bei dem Begriff der geographischen Herkunftsangabe handelt es sich um einen normativen Rechtsbegriff des Gemeinschaftsrechts (s. dazu näher § 14, Rn 83 ff.). Die Rechtsprechung des EuGH zu den warenverkehrsrechtlichen Grenzen der Kennzeichenrechte im Gemeinsamen Markt als Teil des gewerblichen und kommerziellen Eigentums nach Art. 36 S. 1 EGV ist innerhalb einer gemeinschaftsrechtskonformen Auslegung, die im Lichte der Bestimmungen des Waren- und Dienstleistungsverkehrsrechts des EGV zu erfolgen hat (EuGH, Rs. C-47/90, Slg. 1992, I-3669, RIW 1992, 768 – Delhaize, Rn 26; EuGH, Rs. C-315/92, Slg. 1994, I-317, GRUR 1994, 303 – Clinique, Rn 31; EuGH, Rs. C-427/93, C-429/93, C-436/93, Slg. 1996, I-3457, GRUR Int 1996, 1144 – Bristol-Myers Squibb/Paranova), unmittelbar rechtlich zu berücksichtigen. Die begriffliche Unterscheidung zwischen einer Ursprungsbezeichnung und einer geographischen Herkunftsangabe bezieht sich auf eine *korrekte Information des Verbrauchers* über die Produktidentität. Für den Verbraucher ist eine zwischen Ursprungsbezeichnungen und geographischen Angaben unterscheidende und damit differenzierte Information deshalb von Bedeutung, weil Ursprungsbezeichnungen eine engere Beziehung zwischen dem Produkt und dem Herkunftsgebiet signalisieren als geographische Angaben (ähnlich *Heine*, GRUR 1993, 96, 98). Der begrifflichen Unterscheidung zwischen einer Ursprungsbezeichnung und einer geographischen Angabe kommt aber *nicht unmittelbar eine rechtliche Auswirkung auf den Schutzumfang* der Ursprungsbezeichnungen und geographischen Angaben als Kennzeichenrechte zu. Die Anknüpfung des Kennzeichenschutzes der Ursprungsbezeichnungen und geographischen Angaben im Gemeinschaftsrecht ist auch Ausdruck einer *agrarpolitischen Motivation* des Verordnungsgebers der EU (s. zum Verhältnis des Schutzes nach der Verordnung (EWG) Nr. 2081/92 zum nationalen Schutz geographischer Herkunftsangaben Rn 21 a f.).

**12** Nach Art. 3 Abs. 1 VO können *Gattungsbezeichnungen* nicht als Ursprungsbezeichnung oder geographische Angabe eingetragen werden. Als Gattungsbezeichnung im Sinne der Verordnung gilt der Name eines Agrarerzeugnisses oder eines Lebensmittels, der sich zwar auf einen Ort oder ein Gebiet bezieht, an dem das betreffende Agrarerzeugnis oder Lebensmittel ursprünglich hergestellt oder vermarktet wird, der aber der gemeinhin übliche Name für das Agrarerzeugnis oder das Lebensmittel ist. Eine eingetragene Ursprungsbezeichnung oder geographische Angabe kann jedoch nicht zu einer Gattungsbezeichnung werden (Art. 13 Abs. 3 VO).

### 3. Mittelbare geographische Herkunftsangaben

**13** Das gemeinschaftsrechtliche Schutzsystem erfaßt *mittelbare geographische Herkunftsangaben* (zum Begriff s. § 126, Rn 7) nur dann, wenn diese die Voraussetzungen einer Ursprungsbezeichnung erfüllen (Art. 2 Abs. 3 VO). Die im deutschen *Schrifttum* an dieser einschränkenden Regelung geübte Kritik (*Beier/Knaak*, GRUR Int 1992, 411; *Beier/Knaak*, GRUR Int 1993, 602, 608; *Tilmann*, GRUR Int 1993, 610, 615) geht davon aus, die im deutschen Kennzeichenrecht anerkannten mittelbaren geographischen Herkunftsangaben erfüllten diese gemeinschaftsrechtlichen Voraussetzungen im allgemeinen nicht. Teils wird vorgeschlagen, Art. 2 Abs. 3 VO im Wege einer primärrechtskonformen Auslegung auch auf mittelbare geographische Herkunftsangaben anzuwenden und so einer Nichtigkeit der Verordnung wegen einer Diskriminierung nach Art. 40 Abs. 3 S. 2 EGV vorzubeugen (*Tilmann*, GRUR Int 1992, 829, 832; kritisch *v. Danwitz*, GRUR 1997, 81, 82f.). Das Gebot einer gemeinschaftsrechtskonformen Auslegung des gesamten Kennzeichenrechts im Gemeinsamen Markt, die im Lichte der Rechtsprechung des EuGH zu den Vorschriften des Waren- und Dienstleistungsverkehrsrechts des EGV zu erfolgen hat (EuGH, Rs. C-47/90, Slg. 1992, I-3669, RIW 1992, 768 – Delhaize, Rn 26; EuGH, Rs. C-315/92, Slg. 1994, I-317, GRUR 1994, 303 – Clinique, Rn 31; EuGH, Rs. C-427/93, C-429/93, C-436/93, GRUR Int 1996, 1144 – Bristol-Myers Squibb/Paranova), entschärft die Problematik auf Gemeinschaftsebene (zum Geltungsbereich der Verordnung (EWG) Nr. 2081/92 s. auch EuGH, Rs. C-321/94, C-322/94, C-323/94, C-324/94 Slg. 1997-5, I-2360, GRUR Int 1997, 737, 739 – Pistre; s. dazu Rn 21b).

### III. Schutzvoraussetzungen

### 1. Formelle Schutzvoraussetzungen

Ein gemeinschaftsweiter Schutz geographischer Angaben und Ursprungsbezeichnungen auf der Grundlage der Verordnung (EWG) Nr. 2081/92 kommt nur dann in Betracht, wenn die zu schützende geographische Bezeichnung in das von der Kommission der Europäischen Gemeinschaften geführte *Verzeichnis der geschützten Ursprungsbezeichnungen und der geschützten geographischen Angaben eingetragen* wird. Das in den Händen der EG-Kommission liegende Prüfungs- und Registrierungssystem wird von manchen als eine Schwächung des Schutzes geographischer Herkunftsangaben angesehen (so *Knaak*, GRUR Int 1995, 642, 646). Der Schutz geographischer Angaben und Ursprungsbezeichnungen nach der Verordnung (EWG) Nr. 2081/92 hat die *Festlegung von Spezifikationsmerkmalen und Benutzungsbedingungen* zur Voraussetzung (s. dazu die Checkliste zur Anmeldung von geographischen Angaben und Ursprungsbezeichnungen von *Meyer*, GRUR 1997, 91, 92ff.). Eingetragene geographische Bezeichnungen dürfen nur dann benutzt werden, wenn die *Erzeugnisse die Anforderungen des Lastenheftes erfüllen* (zur Kritik an diesem Schutzsystem s. *Beier/Knaak*, GRUR Int 1993, 602ff.). Aus der gemeinschaftsrechtlich gebotenen Spezifikation der jeweiligen geographischen Herkunftsangabe ergeben sich die näheren Einzelheiten zu Art und Herkunft des Erzeugnisses (Art. 4 VO). Den gemeinschaftsrechtlichen Schutz begründet ein an den zuständigen Mitgliedstaat zu richtender *Antrag* (Art. 5 VO), über den die Kommission in Zusammenarbeit mit einem Regelungsausschuß entscheidet oder gegebenenfalls eine Entscheidung des Rates herbeiführt (Art. 6 iVm 15 VO). Die auf Gemeinschaftsebene geschützten Ursprungsbezeichnungen und geographischen Angaben werden in ein von der Kommission geführtes Verzeichnis *eingetragen* und *veröffentlicht* (Art. 16 Abs. 3 und 4 VO). Gegen den gemeinschaftsrechtlichen Schutz der Ursprungsbezeichnungen und geographischen Angaben kann Einspruch erhoben werden, über den letztlich die Kommission in Zusammenarbeit mit dem Regelungsausschuß oder gegebenenfalls der Rat entscheidet (Art. 7 iVm Art. 15 VO). Auf Gemeinschaftsebene geschützte Ursprungsbezeichnungen und geographischen Angaben dürfen nur in Übereinstimmung mit der für sie geltenden Spezifikation benutzt werden (Art. 8 VO). Die geschützten Ursprungsbezeichnungen und geographischen Angaben genießen einen *umfassenden Kennzeichenschutz* gegen die Verwendung übereinstimmender Bezeichnungen für Waren anderer Herkunft (Art. 13 VO). Rechte an älteren Marken bleiben gewahrt, während im übrigen Markenschutz im Verhältnis zu geschützten geographischen Herkunftsangaben nicht erworben werden kann (Art. 14 VO).

**14a**

Nach einem *vereinfachten Verfahren* konnten bestehende Ursprungsbezeichnungen und geographische Herkunftsangaben *innerhalb einer Frist von sechs Monaten* nach Inkrafttreten der VO oder dem Tage des Beitritts des Mitgliedstaates zur EU listenmäßig erfaßt und in den gemeinschaftlichen Rechtsschutz ohne Einzelantrag einbezogen werden (Art. 17 VO). Im vereinfachten Verfahren nach Art. 17 VO (zum Rechtsschutz gegen die Eintragung einer geographischen Herkunftsbezeichnung im vereinfachten Verfahren s. Gericht 1. Instanz GRUR Int 1999, 58 – Molkerei Großbraunshain) sind der EG-Kommission von den einzelnen Mitgliedstaaten der EU insgesamt rund 1400 der dort gesetzlich geschützten oder

**14b**

durch Benutzung üblich gewordenen geographischen Herkunftsangaben für Agrarerzeugnisse und Lebensmittel zur Eintragung als nach der Verordnung (EWG) Nr. 2081/92 geschützte geographische Angaben und Ursprungsbezeichnungen mitgeteilt worden. Die Mitteilungen der Bundesregierung an die EG-Kommission in Brüssel umfaßten allein 934 Bezeichnungen (s. dazu *Harte-Bavendamm,* GRUR 1996, 717, 721).

**14c** Es wurden zahlreiche der von den Mitgliedstaaten mitgeteilten Bezeichnungen als geschützte geographische Angaben oder als geschützte Ursprungsbezeichnungen von der EG-Kommission in das von ihr geführte Verzeichnis eingetragen (zu den eingetragenen Bezeichnungen s. den Anhang der Verordnung (EG) Nr. 1107/96 der Kommission vom 12. Juni 1996 zur Eintragung geographischer Angaben und Ursprungsbezeichnungen gemäß dem Verfahren nach Artikel 17 der Verordnung (EWG) Nr. 2081/92 des Rates, ABl. EG Nr. L 148 vom 21. Juni 1996, S. 1 sowie die diesen Anhang ergänzenden Verordnungen; s. die Übersicht nach der VO (EWG) Nr. 2081/92, 3. Teil des Kommentars, II).

## 2. Materielle Schutzvoraussetzungen

**15** Die Eintragung einer geographischen Angabe oder Ursprungsbezeichnung in das von der EG-Kommission geführte Register kommt nur dann in Betracht, wenn sich die Bezeichnung auf ein *Agrarerzeugnis* oder ein *Lebensmittel* im Sinne der Verordnung bezieht, bei dem ein *besonderer Zusammenhang zwischen den Produkteigenschaften und der geographischen Herkunft* besteht.

## 3. Nichtigerklärung der Eintragung der Bezeichnung *Feta* als geschützte Ursprungsbezeichnung

**16a** a) Klagen auf Nichtigerklärung der Verordnung (EG) Nr. 1107/96 – *Feta.* Die Eintragung der Bezeichnung *Feta* als geschützte Ursprungsbezeichnung durch die Verordnung (EG) Nr. 1107/96 (s. 3. Teil des Kommentars, II 8) hat zu einer Vielzahl von Klagen gegen die EG-Kommission vor dem EuGH geführt, mit denen die Nichtigerklärung der Verordnung insoweit beantragt wird, als die Bezeichnung *Feta* als geschützte Ursprungsbezeichnung für in Griechenland hergestellten Käse eingetragen worden ist. Klage erhoben wurde namentlich von Dänemark (Rs. C-289/96, ABl. EG Nr. C 318 vom 26. Oktober 1996, S. 4), Frankreich (Rs. C-299/96, ABl. EG Nr. C 336 vom 9. November 1996, S. 17), der Bundesrepublik Deutschland (Rs. C-293/96, ABl. EG Nr. C 318 vom 26. Oktober 1996, S. 6) sowie von verschiedenen Käseherstellern (MD Foods Amba ua, Rs. C-81/97, ABl. EG Nr. C 131 vom 26. April 1997, S. 6 und ABl. EG Nr. C 354 vom 23. November 1996, S. 28; Société des Caves et des Producteurs Réunis de Roquefort ua, Rs. C-80/97, ABl. EG Nr. C 108 vom 5. April 1997, S. 19 und ABl. EG Nr. C 318 vom 26. Oktober 1996, S. 24; Bergpracht Milchwerke GmbH & Co. KG ua, Rs. C-82/97, ABl. EG Nr. C 108 vom 5. April 1997, S. 19 und ABl. EG Nr. C 336 vom 9. November 1996, S. 30). Gegen die Eintragung der Bezeichnung *Feta* als geschützte Ursprungsbezeichnung wurde vornehmlich eingewandt, daß *Feta* kein Name einer Gegend, eines Ortes oder eines Landes sei, der zur Bezeichnung eines Agrarerzeugnisses oder Lebensmittels diene, das aus dieser Gegend stamme und den geographischen Verhältnissen seine Güte oder Eigenschaften verdanke. Die Bezeichnung *Feta* sei eine Gattungsbezeichnung und als solche nicht eintragungsfähig (zum Streit um die Bezeichnung *Feta* s. auch *Capelli/Luzzani,* ZLR 1997, 120).

**16b** b) *Feta*-Entscheidung des EuGH. In der *Feta*-Entscheidung (EuGH, Urteil vom 16. März 1999, Rs. C-289/96, C-293/96, 299/96 – Feta) hat der EuGH die Verordnung (EG) Nr. 1107/96 der Kommission vom 12. Juni 1996 zur Eintragung geographischer Angaben und Ursprungsbezeichnungen gemäß dem Verfahren nach Art. 17 Verordnung (EWG) Nr. 2081/92 des Rates insoweit für *nichtig* erklärt, soweit darin die Bezeichnung *Feta* als geschützte Ursprungsbezeichnung eingetragen wurde. Der EuGH stellt zu Art. 3 Abs. 1 VO (EWG) Nr. 2081/92, der die Voraussetzungen regelt, unter denen eine *Bezeichnung zur Gattungsbezeichnung* geworden ist, fest, daß bei der Feststellung, ob ein Name zur Gattungsbezeichnung geworden ist, alle Faktoren zu berücksichtigen sind, zu denen zwingend die ausdrücklich aufgezählten Faktoren gehören; das sind (1) die bestehende Situation in dem Mitgliedstaat, aus dem der Name stammt, und in den Verbrauchsgebieten, (2) die Situation in anderen Mitgliedstaaten und (3) die einschlägigen nationalen oder gemeinschaftlichen Rechtsvorschriften. Bei der Eintragung der Bezeichnung *Feta* wurde nicht berücksichtigt, daß diese Bezeichnung in einigen anderen Mitgliedstaaten als der Griechischen Republik seit langem verwendet wurde. Da die Kommission nicht alle Faktoren berücksichtigt hatte, die für die Eintragung der Bezeichnung *Feta* ausschlaggebend gewesen sein konnten, war die Verordnung insoweit, als sie die Eintragung der Bezeichnung *Feta* als geschützte Ursprungsbezeichnung betraf, für nichtig zu erklären.

## IV. Inhalt und Umfang des Schutzes

Die Eintragung der geographischen Bezeichnung gibt ein *Ausschließlichkeitsrecht* zur Benutzung der geographischen Bezeichnung, sofern die Produkte die Anforderungen der Spezifikation erfüllen. Auf Gemeinschaftsebene geschützte Bezeichnungen können zusammen mit den Abkürzungen g. U. (geschützte Ursprungsbezeichnung) und g. g. A. (geschützte geographische Angabe) verwendet werden (Art. 8 VO). Der Schutz ist umfassend und entspricht weitgehend dem Marken gewährten Schutz. Die Eintragung begründet *kein Ausschließlichkeitsrecht für Mitglieder der Vereinigung*, die die Eintragung beantragt hat. Die Eintragung ist in erster Linie *produktbezogen* und *nicht personenbezogen*. Daraus folgt, daß auch *andere Personen* die geschützte Bezeichnung verwenden dürfen, wenn sie die im Lastenheft beschriebenen Produktionsregeln einhalten.

Nach Art. 13 Abs. 1 lit. a VO ist jede *direkte oder indirekte kommerzielle Verwendung einer eingetragenen Bezeichnung* für Erzeugnisse, die nicht unter die Eintragung fallen, verboten, sofern diese Erzeugnisse mit den unter dieser Bezeichnung eingetragenen Erzeugnissen vergleichbar sind, oder sofern durch diese Verwendung das Ansehen der geschützten Bezeichnung ausgenutzt wird. Nach Art. 13 Abs. 1 lit. b VO ist jede *widerrechtliche Aneignung, Nachahmung oder Anspielung einer eingetragenen Bezeichnung* verboten, selbst wenn der wahre Ursprung des Erzeugnisses angegeben ist, oder wenn die geschützte Bezeichnung in Übersetzung oder zusammen mit Ausdrücken wie *Art, Typ, Verfahren, Fasson, Nachahmung* oder dergleichen verwendet wird. Nach Art. 13 Abs. 1 lit. c sind alle *sonstigen falschen oder irreführenden Angaben* verboten, die sich auf Herkunft, Ursprung, Natur oder wesentliche Eigenschaften der Erzeugnisse beziehen und auf deren Aufmachung oder äußere Verpackung, in der Werbung oder in Unterlagen zu den betreffenden Erzeugnissen erscheinen. Verboten ist auch die *Verwendung von Behältnissen*, die geeignet sind, einen falschen Eindruck hinsichtlich des Ursprungs zu erwecken. Nach Art. 13 Abs. 1 lit. d VO sind ausschließlich alle *sonstigen Praktiken* verboten, die geeignet sind, das Publikum über den wahren Ursprung des Erzeugnisses irrezuführen (zum Schutz geographischer Bezeichnungen nach der Verordnung (EWG) Nr. 2081/92 s. *Tilmann*, GRUR 1992, 829, 832). Die Bestimmung der Reichweite des Schutzes nach Art. 13 Abs. 1 lit. a bis d VO bleibt dem EuGH vorbehalten. Auf die Rechtsprechung des BGH zu den zweiseitigen Abkommen zum Schutz von geographischen Herkunftsbezeichnungen (s. 2. Teil des Kommentars, 3. Abschnitt) kann zur Auslegung der Vorschriften der Verordnung (EWG) Nr. 2081/92 nicht zurückgegriffen werden (*Knaak*, GRUR Int 1997, 754, 755; anders OLG Frankfurt GRUR Int 1997, 751, 752 – Gorgonzola/Cambozola). In seiner ersten Entscheidung zur Auslegung der Verordnung (EWG) Nr. 2081/92 entschied der EuGH, daß die Verwendung der Bezeichnung *Cambozola* als Anspielung auf die geschützte Ursprungsbezeichnung *Gorgonzola* im Sinne des Art. 13 Abs. 1 lit. b VO qualifiziert werden kann; die Angabe des wahren Ursprungs des Erzeugnisses auf der Verpackung vermag daran nichts zu ändern (EuGH, Urteil vom 4. März 1999, Rs. C-87/97 – Gorgonzola/Cambozola). Es sei Sache der nationalen Gerichte festzustellen, ob die Voraussetzungen nach Art. 14 Abs. 2 VO dafür vorliegen, daß die vorher eingetragene Marke *Cambozola* trotz der Eintragung der geschützten Ursprungsbezeichnung *Gorgonzola* weiter verwendet werden darf; das Gericht hat sich dabei für die Beurteilung der Frage, ob die Eintragung der Marke in gutem Glauben erfolgen konnte, insbesondere auf die im Zeitpunkt der Eintragung bestehende Rechtslage zu stützen und darf eine Bezeichnung wie *Cambozola* nicht als solche als eine Irreführung des Verbrauchers qualifizieren (s. dazu OLG Frankfurt GRUR Int 1997, 751 mit Anm. *Knaak*, nach dem die durch Eintragung geschützte Ursprungsbezeichnung *Gorgonzola* die Verwendung der Bezeichnung *Cambozola* für einen in der Bundesrepublik Deutschland vertriebenen Blauschimmelkäse nicht ausschließt).

**19** Die Verordnung (EWG) Nr. 2081/92 enthält *kein eigenes Sanktionensystem* in bezug auf Verletzungen im Sinne des Art. 13 Abs. 1 VO. Als zivilrechtliche Folgen einer Verletzung bestehen nach § 135 Abs. 1 ein *Unterlassungsanspruch* und nach den §§ 135 Abs. 2 iVm 128 Abs. 2 und 3 ein *Schadensersatzanspruch*. Eine strafrechtliche Ahndung der widerrechtlichen Benutzung einer geschützten Bezeichnung kommt nur unter den Voraussetzungen des § 144 Abs. 2 und 6 in Betracht.

**20** Das Verhältnis der registrierten geographischen Angaben und Ursprungsbezeichnungen zum Markenschutz bestimmt sich nach der Sonderregelung des Art. 14 VO (s. dazu *Heine*, GRUR 1993, 96, 102). Nach Art. 14 Abs. 3 VO können in Abweichung von dem ansonsten geltenden Koexistenzprinzip bekannte Marken, die Ansehen genießen, der Eintragung einer geographischen Angabe oder Ursprungsbezeichnung entgegengehalten werden. Die *Kennzeichenkollision* zwischen einer älteren bekannten Marke und einer geographischen Bezeichnung bestimmt sich nach dem *Prioritätsprinzip* (s. dazu *Knaak*, GRUR 1995, 103, 111).

## V. Das Verhältnis des Schutzes nach der Verordnung (EWG) Nr. 2081/92 zum nationalen Schutz geographischer Herkunftsangaben

### 1. Exklusivität oder Parallelität der Schutzrechtssysteme

**21a** Das Verhältnis des Schutzes nach der Verordnung (EWG) Nr. 2081/92 zum nationalen Schutz geographischer Herkunftsangaben ist umstritten. Einigkeit besteht nur dahin, daß für solche geographischen Bezeichnungen, die auf Gemeinschaftsebene *registriert* und *geschützt* sind, ein nationaler Schutz nicht in Betracht kommt (Begründung zum MarkenG, BT-Drucks. 12/6581 vom 14. Januar 1994, S. 119; *Hohmann/Leible*, ZLR 1995, 265, 270; *Tilmann*, GRUR 1996, 959, 962; zur Ausschließlichkeit des Schutzes der durch Verordnung (EG) Nr. 1107/96 eingetragenen Ursprungsbezeichnung *Gorgonzola* (s. § 130, Rn 1 nach den Bestimmungen des Gemeinschaftsrechts gegenüber dem Schutz nach dem Herkunftsabkommen zwischen Deutschland und Italien (s. 2. Teil des Kommentars, 3. Abschnitt, Rn 14) s. OLG Frankfurt GRUR Int 1997, 751 – Gorgonzola/Cambozola mit Anm. *Knaak*). Die Ausschließlichkeit des gemeinschaftsrechtlichen Schutzes gilt nicht nur für bereits *eingetragene* Bezeichnungen, sondern schon für *angemeldete* Bezeichnungen. Die Mitgliedstaaten sind nicht befugt, eine Ursprungsbezeichnung, deren Eintragung nach Art. 17 VO beantragt wurde, durch den Erlaß nationaler Rechtsvorschriften zu ändern und auf nationaler Ebene zu schützen (EuGH GRUR Int 1998, 790 – Chiciak; s. Rn 21d). Der Meinungsstreit besteht hinsichtlich der *Exklusivität des gemeinschaftsrechtlichen Schutzes* geographischer Bezeichnungen. Die *EG-Kommission* geht von einer Ausschließlichkeit des gemeinschaftsrechtlichen Schutzes aus. Für solche auf nationaler Ebene geschützten Bezeichnungen, die nicht innerhalb der im vereinfachten Verfahren nach Art. 17 VO geltenden Sechsmonatsfrist mitgeteilt werden, sowie für die mitgeteilten, jedoch als nicht schutzwürdig befundenen Bezeichnungen besteht kein Kennzeichenschutz (so die Mitteilung der EG-Kommission ABl. EG Nr. C 273 vom 9. Oktober 1993, S. 4). Nach der überwiegenden Meinung im *deutschen Schrifttum*, sowie der Auffassung des *Gesetzgebers des MarkenG* besteht das gemeinschaftsrechtliche Schutzsystem der geographischen Bezeichnungen *parallel* und *gleichwertig* zu dem Kennzeichenschutz der geographischen Bezeichnungen nach den Rechtsvorschriften der Mitgliedstaaten der EU und zusätzlich zu den Vorschriften in den multilateralen und bilateralen Verträgen, die auch weiterhin rechtsgültig sind und Anwendung finden (s. Begründung zum MarkenG, BT-Drucks. 12/6581 vom 14. Januar 1994, S. 119; Merkblatt des DPMA über den Schutz von geographischen Angaben und Ursprungsbezeichnungen für Agrarerzeugnisse und Lebensmittel, s. 4. Teil des Kommentars, II 22; *Tilmann*, GRUR Int 1993, 610, 612 f.; *Beier/Knaak*, GRUR Int 1993, 602, 607; *Knaak*, GRUR 1995, 103, 110; *Knaak*, GRUR Int 1995, 642, 646; *Hohmann/Leible* ZLR 1995, 265, 270, 271; *Meyer*, Der Mineralbrunnen, 1996, 61, 62 f.; *Harte-Bavendamm*, GRUR 1996, 717, 722 ff.; *Tilmann*, GRUR 1996, 959, 962 ff.; *Gloy*, FS für Piper, S. 543, 549 ff.; *Ahrens*, GRUR Int 1997, 508; *Althammer/Ströbele/Klaka*, § 126 MarkenG, Rn 10; aA noch *Meyer*, WRP 1995, 783, 785; auch *v. Danwitz*, GRUR 1997, 81, 84 f.; *Ingerl/Rohnke*, Vor § 130, Rn 2; Mitteilung der EU-

Kommission, ABl. EG Nr. C 273 vom 9. Oktober 1993, S. 4). Die *gemeinschaftsrechtliche und nationalrechtliche Parallelität des Kennzeichenschutzes geographischer Angaben* ist schon aufgrund einer gemeinschaftsrechtskonformen Auslegung der Vorschriften über den geographischen Herkunftskennzeichenschutz nach der Rechtsprechung zum Warenverkehrsrecht geboten (s. Rn 11). Auch die *höchstrichterliche Rechtsprechung* in der Bundesrepublik Deutschland geht davon aus, daß nach Art. 17 Abs. 1 der Verordnung (EWG) Nr. 2081/92 *Wahlfreiheit* zwischen einem durch Registrierung entstehenden gemeinschaftsrechtlichen Kennzeichenschutz geographischer Herkunftsangaben und einem vom Gemeinschaftsrecht unabhängigen nationalen Kennzeichenschutz, sowie einem aufgrund von bilateralen Abkommen bestehenden Kennzeichenschutz besteht, wenn der gemeinschaftsrechtliche Schutz nicht beansprucht wird (BGH GRUR 1994, 307, 308f. – Mozzarella I; 1995, 354 – Rügenwalder Teewurst II mit Anm. *Sosnitza*; 1999, 251 – Warsteiner I). Die *EG-Kommission* hält auch weiterhin an der Exklusivität des gemeinschaftsrechtlichen Schutzes fest. Der Mozzarella-Entscheidung des BGH begegnete sie in einem an die Ständige Vertretung der Bundesrepublik Deutschland gerichteten Schreiben mit dem Vorwurf einer *Verletzung der Vorlagepflicht* nach Art. 177 EGV (EuZW 1995, 368; s. dazu auch *Ullmann*, EuZW 1995, 761). Die Parallelität des gemeinschaftsrechtlichen und des nationalen Kennzeichenschutzes geographischer Herkunftsangaben gilt nicht nur für Bezeichnungen, die nicht im vereinfachten Verfahren nach Art. 17 VO angemeldet worden sind, sondern auch für solche Bezeichnungen, deren Eintragung abgelehnt worden ist, weil diese nicht die Voraussetzung des Art. 2 Abs. 2 VO erfüllen, da kein besonderer Zusammenhang zwischen dem Produkteigenschaften und der geographischen Herkunft besteht (zur Maßgeblichkeit des Geltungsbereichs der Verordnung (EWG) Nr. 2081/92 s. *Harte-Bavendamm*, GRUR 1996, 717, 722ff.; *Tilmann*, GRUR 1996, 959, 962ff.; zum Geltungsbereich der Verordnung s. auch EuGH, Rs. C-321/94, C-322/94, C-323/94, C-324/94 Slg. 1997-5, I-2360, GRUR Int 1997, 737 – Pistre). Sollte sich die Auffassung der EG-Kommission durchsetzen, so würde dies für die Mehrzahl der in der Bundesrepublik Deutschland bisher geschützten geographischen Herkunftsangaben für Agrarerzeugnisse und Lebensmittel den Niedergang bedeuten, da diese den qualifizierten Anforderungen des Gemeinschaftsrechts überwiegend nicht entsprechen. Die Auffassung der EG-Kommission ist mit dem Schutz der geographischen Herkunftsangaben als Verfassungseigentum, der sowohl nach Art. 14 GG als auch nach Art. 36 EGV verfassungsrechtlich gewährleistet ist, nicht vereinbar (s. dazu Einl. Rn 22 ff.; auch *Beier/Knaak*, GRUR Int 1993, 602, 607; *Ahrens*, GRUR Int 1996, 508, 512ff.). Der nationale Kennzeichenschutz geographischer Herkunftsangaben im MarkenG nach den §§ 126 bis 129 ist neben dem gemeinschaftsrechtlichen Herkunftsschutz rechtsbeständig.

## 2. Vorabentscheidungsverfahren

Das Verhältnis des *nationalen* Schutzes geographischer Herkunftsangaben zum *gemeinschaftsrechtlichen* Schutz nach der Verordnung (EWG) Nr. 2081/92 ist Gegenstand zahlreicher *Vorabentscheidungsersuchen* an den EuGH.

In dem Vorabentscheidungsersuchen der französischen Cour de Cassation (ABl. EG Nr. C 386 vom 31. Dezember 1994, S. 9), in dem es um die Frage der Anwendbarkeit nationaler Regelungen zum Schutz der Bezeichnung *montagne* wegen der Verwendung der Bezeichnungen *montagne* (Gebirge) und *Monts de Lacaune* (Lacaune-Berge) für Fleisch und Wurstwaren ging, hat der EuGH entschieden, daß die Verordnung (EWG) Nr. 2081/92 der Anwendung einer französischen Regelung nicht entgegenstehe, die die Voraussetzungen für die Verwendung der Bezeichnung *montagne* für Agrarerzeugnisse und Lebensmittel festlege, da die Bezeichnung *montagne* keine Herkunftsangabe im Sinne der Rechtsprechung des EuGH zu den Art. 30, 36 EGV sei, da sie den Verbraucher nicht darauf hinweise, daß das bezeichnete Erzeugnis aus einem bestimmten Ort, einem bestimmten Gebiet oder einem bestimmten Land stamme und damit so weit vom sachlichen Gegenstand der Verordnung entfernt sei, daß diese ihrer Beibehaltung nicht entgegenstünde (EuGH, Rs. C-321/94, C-322/94, C-323/94, C-324/94 Slg. 1997-5, I-2360, GRUR Int 1997, 737, 739 – Pistre; Rn 36f.). Der in einem Mitgliedstaat bestehende, nationale Schutz einer allgemeinen Bezeichnung, die nur einen geringen geographischen Inhalt (keine mittelbare Ortsangabe, keine Produktangabe) aufweist und vom Geltungsbereich der EG-Verordnung nicht erfaßt

## MarkenG Vorb § 130   21d–22

wird, ist mit der Verordnung (EWG) Nr. 2081/92 vereinbar. Auch wenn mit der *Pistre*-Entscheidung des EuGH noch nicht grundsätzlich über die gemeinschaftsrechtliche und nationalrechtliche Parallelität des Kennzeichenschutzes geographischer Angaben entschieden ist, so wird doch die Tendenz erkennbar, eine Regelungskompetenz der Mitgliedstaaten anzuerkennen, über deren Reichweite der EuGH noch zu entscheiden haben wird. Eine solche Regelung, die die Verwendung der Bezeichnung *montagne* Inländern vorbehält, verstößt nach Auffassung des EuGH aber gegen Art. 30 EGV und ist wegen ihres allgemeinen Charakters auch nicht nach Art. 36 EGV gerechtfertigt.

**21d**  In dem Vorabentscheidungsersuchen des französischen Tribunal de grande instance Dijon (ABl. EG Nr. C 142 vom 10. Mai 1997, S. 16), in dem es um die Frage ging, ob die Mitgliedstaaten auch nach Inkrafttreten der Verordnung (EWG) Nr. 2081/92 befugt sind, bestehende Ursprungsbezeichnungen durch den Erlaß nationaler Rechtsvorschriften zu ändern und auf nationaler Ebene zu schützen, die gemäß Art. 17 VO zur Eintragung als geschützte Bezeichnungen bei der EG-Kommission angemeldet worden sind, hat der EuGH entschieden, daß die Verordnung (EWG) Nr. 2081/92 dahin auszulegen sei, daß ein Mitgliedstaat nach ihrem Inkrafttreten eine Ursprungsbezeichnung, deren Eintragung er nach Art. 17 VO beantragt hat, nicht durch den Erlaß nationaler Rechtsvorschriften ändern und auf nationaler Ebene schützen kann (EuGH GRUR Int 1998, 790 – Chiciak; s. dazu auch das noch anhängige Vorabentscheidungsersuchen des französichen Conseil d'État, ABl. EG Nr. C 7 vom 10. Januar 1998, S. 10).

**21e**  Der BGH hat dem EuGH die Frage zur Vorabentscheidung vorgelegt, ob die Regelung der Verordnung (EWG) Nr. 2081/92 der Anwendung einer nationalen Regelung entgegensteht, welche die irreführende Verwendung einer einfacher geographischen Herkunftsbezeichnung verbietet, das heißt einer Angabe, bei welcher kein Zusammenhang zwischen den Eigenschaften des Produkts und seiner geographischen Herkunft besteht (BGH GRUR 1999, 251 – Warsteiner I). In dem dem Vorabentscheidungsersuchen zugrunde liegenden Rechtsstreit geht es um die Verwendung der Bezeichnung *Warsteiner* für in Paderborn hergestelltes Bier (s. § 127, Rn 5, 21).

### F. Ursprungsbezeichnungen (g.U.) und geographische Angaben (g.g.A.) mit gemeinschaftsweitem Schutz

**22**  Für die Mitgliedstaaten sind die im folgenden aufgeführten Bezeichnungen für *Agrarerzeugnisse* und *Lebensmittel* entsprechend den Produktgruppen in den Anhängen zu Art. 38 Abs. 3 EGV und zu der Verordnung (EWG) Nr. 2081/92 von der EG-Kommission als *geschützte geographische Angaben* (g. g. A) oder als *geschützte Ursprungsbezeichnungen* (g. U.) im *vereinfachten Verfahren*[1] nach Art. 17 der Verordnung (EWG) Nr. 2081/92 bzw im *Individualverfahren*[2] nach Art. 5 der Verordnung (EWG) Nr. 2081/92 *eingetragen* worden. Die folgende Übersicht wurde erstellt aufgrund der im vereinfachten Verfahren sowie im Individualverfahren erlassenen EG-Verordnungen (s. Fn 1, 2). Das nach Art. 6 Abs. 3 VO (EWG) Nr. 2081/92 von der Kommission an sich zu führende *Verzeichnis der geschützten Ursprungs-*

---

[1] Die im *vereinfachten Verfahren* nach Art. 17 VO eingetragenen Bezeichnungen sind abgedruckt im Anhang der Verordnung (EG) Nr. 1107/96 der Kommission vom 12. Juni 1996, ABl. EG Nr. L 148 vom 21. Juni 1996, S. 1, sowie in den diesen Anhang ergänzenden Verordnungen (EG) Nr. 1263/96 vom 1. Juli 1996, ABl. EG Nr. L 163 vom 2. Juli 1996, S. 19; Nr. 123/97 vom 22. Januar 1997, ABl. EG Nr. L 22 vom 24. Januar 1997, S. 19; Nr. 1065/97 vom 12. Juni 1997, ABl. EG Nr. L 156 vom 13. Juli 1997, S. 5; Nr. 2325/97 vom 24. November 1997, ABl. EG Nr. L 322 vom 25. November 1997, S. 33; Nr. 134/98 vom 20. Januar 1998, ABl. EG Nr. L 15 vom 21. Januar 1998, S. 6; Nr. 644/98 vom 20. März 1998, ABl. EG Nr. L 87 vom 21. März 1998, S. 8; Nr. 1549/98 vom 17. Juli 1998, ABl. EG Nr. L 202 vom 18. Juli 1998, S. 25; Nr. 590/1999 vom 18. März 1999, ABl. EG Nr. L 74 vom 19. März 1999, S. 8 (s. 3. Teil des Kommentars, II 6.).

[2] Die im *Individualverfahren* nach Art. 5 VO eingetragenen Bezeichnungen sind abgedruckt im Anhang der Verordnung (EG) Nr. 2400/96 der Kommission vom 17. Dezember 1996, ABl. EG Nr. L 327 vom 18. Dezember 1996, S. 11, sowie in den diesen Anhang ergänzenden Verordnungen (EG) Nr. 1875/97 vom 26. September 1997, ABl. EG Nr. L 265 vom 27. September 1997, S. 26; Nr. 2396/97 vom 2. Dezember 1997, ABl. EG Nr. L 331 vom 3. Dezember 1997, S. 3; Nr. 195/98 vom 26. Januar 1998, ABl. EG Nr. L 20 vom 27. Januar 1998, S. 20; Nr. 1265/98 vom 18. Juni 1998, ABl. EG Nr. L 175 vom 19. Juni 1998, S. 11; Nr. 1576/98 vom 20. Juli 1998, ABl. EG Nr. L 206 vom 23. Juli 1998, S. 15; Nr. 2088/98 vom 30. September 1998, ABl. EG Nr.L 266 vom 1. Oktober 1998, S. 24; Nr. 2139/98 vom 6. Oktober 1998, ABl. EG Nr. L 270 vom 7. Oktober 1998, S. 7; Nr. 2784/98 vom 22. Dezember 1998, ABl. EG Nr. L 347 vom 23. Dezember 1998, S. 19; Nr. 38/1999 vom 8. Januar 1999, ABl. EG Nr. L 5 vom 9. Januar 1999, S. 62; Nr. 83/1999 vom 13. Januar 1999, ABl. EG Nr. L 8 vom 14. Januar 1999, S. 17; Nr. 378/1999 vom 19. Februar 1999, ABl. EG Nr. L 8 vom 20. Februar 1999, S. 13 (s. 3. Teil des Kommentars, II 6.).

*bezeichnungen und der geschützten geographischen Angaben* besteht lediglich aus der Summe der im Amtsblatt veröffentlichten und bisher als geschützte Ursprungsbezeichnungen (g.U.) bzw geschützte geographische Angaben (g.g.A.) eingetragenen Bezeichnungen. Für die nach der VO (EWG) Nr. 2081/92 geschützten Bezeichnungen wurde von der Kommission ein *Logo* geschaffen (VO (EG) Nr. 1726/98 der Kommission vom 22. Juli 1998 zur Änderung der Verordnung (EWG) Nr. 2037/93 mit Durchführungsbestimmungen zur Verordnung (EWG) Nr. 2081/92 zum Schutz von geographischen Angaben und Ursprungsbezeichnungen für Agrarerzeugnisse und Lebensmittel, ABl. EG Nr. L 224 vom 11. August 1998, S. 1).[1)]

## I. Königreich Belgien

### 1. Verfahren nach Art. 17 VO

**a) Unter Anhang II zu Art. 38 Abs. 3 EGV fallende Erzeugnisse für die menschliche Ernährung.** Die folgende Übersicht enthält die unter Anhang II zu Art. 38 Abs. 3 EGV fallenden Erzeugnisse, die für die menschliche Ernährung bestimmt sind.   23

**aa) Fleischerzeugnisse.** Für die Produktgruppe Fleischerzeugnisse sind eingetragen worden: *Jambon d'Ardenne* (g.g.A.).   24

**bb) Fette, Butter, Margarine, Öle usw.** Für die Produktgruppe Fette, Butter, Margarine, Öle usw. sind eingetragen worden: *Beurre d'Ardenne* (g.U.).   25

**cc) Käse.** Für die Produktgruppe Käse sind eingetragen worden: *Fromage de Herve* (g.U.).   26

**b) Lebensmittel im Sinne von Anhang I der Verordnung (EWG) Nr. 2081/92.**   27
Die folgende Übersicht enthält die Lebensmittel im Sinne von Anhang I der Verordnung (EWG) Nr. 2081/92.
Es sind keine Eintragungen erfolgt.

**c) Agrarerzeugnisse im Sinne von Anhang II der Verordnung (EWG) Nr. 2081/92.** Die folgende Übersicht enthält die Agrarerzeugnisse im Sinne von Anhang II der Verordnung (EWG) Nr. 2081/92.   28
Es sind keine Eintragungen erfolgt.

### 2. Verfahren nach Art. 5 VO   29
Es sind keine Eintragungen erfolgt.

## II. Königreich Dänemark

### 1. Verfahren nach Art. 17 VO

**a) Unter Anhang II zu Art. 38 Abs. 3 EGV fallende Erzeugnisse für die menschliche Ernährung.** Die folgende Übersicht enthält die unter Anhang II zu Art. 38 Abs. 3 EGV fallenden Erzeugnisse, die für die menschliche Ernährung bestimmt sind.   30

**Käse.** Für die Produktgruppe Käse sind eingetragen worden: *Danablu* (g.g.A.); *Esrom* (g.g.A.).   31

**b) Lebensmittel im Sinne von Anhang I der Verordnung (EWG) Nr. 2081/92.**   32
Die folgende Übersicht enthält die Lebensmittel im Sinne von Anhang I der Verordnung (EWG) Nr. 2081/92.
Es sind keine Eintragungen erfolgt.

**c) Agrarerzeugnisse im Sinne von Anhang II der Verordnung (EWG) Nr. 2081/92.** Die folgende Übersicht enthält die Agrarerzeugnisse im Sinne von Anhang II der Verordnung (EWG) Nr. 2081/92.   33
Es sind keine Eintragungen erfolgt.

### 2. Verfahren nach Art. 5 VO

**a) Unter Anhang II zu Art. 38 Abs. 3 EGV fallende Erzeugnisse für die menschliche Ernährung.** Die folgende Übersicht enthält die unter Anhang II zu Art. 38 Abs. 3 EGV fallenden Erzeugnisse, die für die menschliche Ernährung bestimmt sind.   34

**Obst, Gemüse und Getreide.** Für die Produktgruppe Obst, Gemüse und Getreide sind eingetragen worden: *Lammefjordsgulerod* (g.g.A).   35

---

[1)] Internetadresse für weitere Informationen: http://www.europa.eu.int/qualityfood.

**MarkenG Vorb § 130** 36–50   Vorbemerkung §§ 130–136

36 **b) Lebensmittel im Sinne von Anhang I der Verordnung (EWG) Nr. 2081/92.** Die folgende Übersicht enthält die Lebensmittel im Sinne von Anhang I der Verordnung (EWG) Nr. 2081/92.
Es sind keine Eintragungen erfolgt.

37 **c) Agrarerzeugnisse im Sinne von Anhang II der Verordnung (EWG) Nr. 2081/92.** Die folgende Übersicht enthält die Agrarerzeugnisse im Sinne von Anhang II der Verordnung (EWG) Nr. 2081/92.
Es sind keine Eintragungen erfolgt.

### III. Bundesrepublik Deutschland
#### 1. Verfahren nach Art. 17 VO

38 **a) Unter Anhang II zu Art. 38 Abs. 3 EGV fallende Erzeugnisse für die menschliche Ernährung.** Die folgende Übersicht enthält die unter Anhang II zu Art. 38 Abs. 3 EGV fallenden Erzeugnisse, die für die menschliche Ernährung bestimmt sind.

39 **aa) Fleisch und Schlachtnebenerzeugnisse, frisch.** Für die Produktgruppe Fleisch und Schlachtnebenerzeugnisse, frisch, sind eingetragen worden: *Diepholzer Moorschnucke* (g.U.); *Lüneburger Heidschnucke* (g.U.); *Schwäbisch-Hällisches Qualitätsschweinefleisch* (g.g.A.).

40 **bb) Fleischerzeugnisse.** Für die Produktgruppe Fleischerzeugnisse sind eingetragen worden: *Ammerländer Dielenrauchschinken/Ammerländer Katenschinken* (g. g. A.); *Ammerländer Schinken/Ammerländer Knochenschinken* (g.g.A.); *Greußener Salami* (g.g.A.); *Schwarzwälder Schinken* (g.g.A.); „*Südtiroler Markenspeck*" oder „*Südtiroler Speck*" (g.g.A.).

41 **cc) Käse.** Für die Produktgruppe Käse sind eingetragen worden: *Allgäuer Bergkäse* (g.U.); *Allgäuer Emmentaler* (g.U.); *Altenburger Ziegenkäse* (g. U.); *Odenwälder Frühstückskäse* (g.U.).

42 **dd) Fette, Butter, Margarine, Öle usw.** Für die Produktgruppe Fette, Butter, Margarine, Öle usw. ist eingetragen worden: *Lausitzer Leinöl* (g.g.A.).

43 **ee) Frische Fische, Weich- und Schalentiere sowie Erzeugnisse hieraus.** Für die Produktgruppe frische Fische, Weich- und Schalentiere sowie Erzeugnisse hieraus ist eingetragen worden: *Schwarzwaldforelle* (g.g.A.).

44 **b) Lebensmittel im Sinne von Anhang I der Verordnung (EWG) Nr. 2081/92.** Die folgende Übersicht enthält die Lebensmittel im Sinne von Anhang I der Verordnung (EWG) Nr. 2081/92.

45 **aa) Bier.** Für die Produktgruppe Bier sind eingetragen worden: *Bremer Bier* (g.g.A.); *Dortmunder Bier* (g.g.A.); *Gögginger Bier* (g.g.A.); *Hofer Bier* (g.g.A.); *Kölsch* (g.g.A.); *Kulmbacher Bier* (g.g.A.); *Mainfranken Bier* (g.g.A.); *Münchner Bier* (g.g.A.); *Reuther Bier* (g.g.A.); *Rieser Weizenbier* (g.g.A.); *Wernesgrüner Bier* (g.g.A.).

46 **bb) Natürliches Mineralwasser und Quellwasser.** Für die Produktgruppe Natürliches Mineralwasser und Quellwasser sind eingetragen worden: *Bad Hersfelder Naturquell* (g.U.); *Bad Niedernauer Quelle* (g.U.); *Bad Pyrmonter* (g.U.); *Birresborner* (g.U.); *Bissinger Auerquelle* (g.U.); *Blankenburger Wiesenquell* (g.U.); *Caldener Mineralbrunnen* (g.U.); *Ensinger Mineralquelle* (g.U.); *Felsenquelle Beiseförth* (g.U.); *Gemminger Mineralquelle* (g.U.); *Göpping Quelle* (g.U.); *Graf Meinhard Quelle Gießen* (g.U.); *Haaner Felsenquelle* (g.U.); *Haltern-Quelle* (g.U.); *Höllen-Sprudel* (g.U.); *Kaltenburger Burgbergquelle* (g.U.); *Kißlegger Mineralquellen* (g.U.); *Leisslinger Mineralbrunnen* (g.U.); *Lieler Quelle* (g.U.); *Löwensteiner Mineral Quelle* (g.U.); *Rhenser Mineralbrunnen* (g.U.); *Rilchinger Amandus-Quelle* (g.U.); *Rilchinger Gräfin Mariannen-Quelle* (g.U.); *Schwollener Sprudel* (g.U.); *Siegsdorfer Petrusquelle* (g.U.); *Steinsieker Mineralwasser* (g.U.); *Teinacher Mineralquellen* (g.U.); *Überkinger Mineralquellen* (g.U.); *Vesalia-Quelle* (g.U.); *Wernigeröder Mineralbrunnen* (g.U.); *Wildenrath-Quelle* (g.U.).

47 **cc) Backwaren, feine Backwaren, Süßwaren oder Kleingebäck.** Für die Produktgruppe Backwaren, Feinbackwaren, Süßwaren oder Kleingebäck sind eingetragen worden: *Aachener Printen* (g.g.A.); *Lübecker Marzipan* (g.g.A.); *Nürnberger Lebkuchen* (g.g.A.).

48 **dd) Obst, Gemüse und Getreide.** Für die Produktgruppe Obst, Gemüse und Getreide sind eingetragen worden: *Spreewälder Gurken* (g.g.A.); *Spreewälder Meerrettich* (g.g.A.).

49 **c) Agrarerzeugnisse im Sinne von Anhang II der Verordnung (EWG) Nr. 2081/92.** Die folgende Übersicht enthält die Agrarerzeugnisse im Sinne von Anhang II der Verordnung (EWG) Nr. 2081/92.
Es sind keine Eintragungen erfolgt.

50 **2. Verfahren nach Art. 5 VO**
Es sind keine Eintragungen erfolgt.

## IV. Republik Finnland

### 1. Verfahren nach Art. 17 VO

**a) Unter Anhang II zu Art. 38 Abs. 3 EGV fallende Erzeugnisse für die menschliche Ernährung.** Die folgende Übersicht enthält die unter Anhang II zu Art. 38 Abs. 3 EGV fallenden Erzeugnisse, die für die menschliche Ernährung bestimmt sind. 51

Es sind keine Eintragungen erfolgt.

**b) Lebensmittel im Sinne von Anhang I der Verordnung (EWG) Nr. 2081/92.** 52
Die folgende Übersicht enthält die Lebensmittel im Sinne von Anhang I der Verordnung (EWG) Nr. 2081/92.

**Obst, Gemüse und Getreide.** Für die Produktgruppe Obst, Gemüse und Getreide sind eingetragen worden: *Kartoffel/Erdäpfel. Lapin Puikula* (g.U.). 53

**c) Agrarerzeugnisse im Sinne von Anhang II der Verordnung (EWG) Nr. 2081/92.** Die folgende Übersicht enthält die Agrarerzeugnisse im Sinne von Anhang II der Verordnung (EWG) Nr. 2081/92. 54

Es sind keine Eintragungen erfolgt.

### 2. Verfahren nach Art. 5 VO 55

Es sind keine Eintragungen erfolgt.

## V. Französische Republik

### 1. Verfahren nach Art. 17 VO

**a) Unter Anhang II zu Art. 38 Abs. 3 EGV fallende Erzeugnisse für die menschliche Ernährung.** Die folgende Übersicht enthält die unter Anhang II zu Art. 38 Abs. 3 EGV fallenden Erzeugnisse, die für die menschliche Ernährung bestimmt sind. 56

**aa) Fleisch und Schlachtnebenerzeugnisse, frisch.** Für die Produktgruppe Fleisch und Schlachtnebenerzeugnisse, frisch sind eingetragen worden: *Agneau du Quercy* (g.g.A.); *Bœuf de Chalosse* (g.g.A.); *Veau de l'Aveyron et du Ségala* (g.g.A.); *Dinde de Bresse* (g.U.); *Volailles de Bresse* (g.g.A.); *Volailles de Houdan* (g.g.A.); *Agneau de l'Aveyron* (g.g.A.); *Agneau du Bourbonnais* (g.g.A.); *Bœuf charolais du Bourbonnais* (g.g.A.); *Bœuf du Maine* (g.g.A.); *Veau du Limousin* (g.g.A.); *Volailles de l'Ain* (g.g.A.); *Volailles du Gers* (g.g.A.), *Volailles du Maine* (g.g.A.); *Volailles de Loué* (g.g.A.); *Volailles de l'Orléanais* (g.g.A.), *Volailles de Bourgogne* (g.g.A.); *Volailles du plateau de Langres* (g.g.A.); *Volailles du Charolais* (g.g.A.); *Volailles de Normandie* (g.g.A.); *Volailles de Bretagne* (g.g.A.); *Volailles de Challans* (g.g.A.); *Volailles de Vendée* (g.g.A.); *Volailles d'Alsace* (g.g.A.); *Volailles du Forez* (g.g.A.); *Volailles du Béarn* (g.g.A.); *Volailles de Cholet* (g.g.A.); *Volailles des Landes* (g.g.A.); *Volailles de Licques* (g.g.A.); *Volailles d'Auvergne* (g.g.A.); *Volailles du Velay* (g.g.A.); *Volailles du Val de Sèvres* (g.g.A.), *Volailles d'Ancenis* (g.g.A.); *Volailles de Janzé* (g.g.A.); *Volailles du Gatinais* (g.g.A.); *Volailles du Berry* (g.g.A.); *Volailles de la Champagne* (g.g.A.); *Volailles du Languedoc* (g.g.A.); *Volailles du Lauragais* (g.g.A.); *Volailles de Gascogne* (g.g.A.); *Volailles de la Drôme* (g.g.A.); *Porc de la Sarthe* (g.g.A); *Porc de Normandie* (g.g.A); *Porc de Vendée* (g.g.A); *Porc de Limousin* (g.g.A) 57

**bb) Käse.** Für die Produktgruppe Käse sind eingetragen worden: *Camembert de Normandie* (g.U.)[1]; *Beaufort* (g.U.); *Bleu des Causses* (g.U.); *Bleu du Haut-Jura, de Gex, de Septmoncel* (g.U.); *Brocciu Corse ou Brocciu* (g.U.); *Chabichou du Poitou* (g.U.)[2]; *Crottin de Chavignol ou Chavignol* (g.U.)[3]; *Époisses de Bourgogne* (g.U.); *Laguiole* (g.U.); *Ossau-Iraty* (g.U.); *Pouligny-Saint-Pierre* (g.U.); *Picodon de l'Ardèche ou picodon de la Drôme* (g.U.)[4]; *Salers* (g.U.); *Selles-sur-Cher* (g.U.); *Langres* (g.U.); *Neufchâtel* (g.U.); *Abondance* (g.U.); *Cantal ou fourme de Cantal ou cantelet* (g.U.); *Chaource* (g.U.); *Comté* (g.U.); *Tomme de Savoie* (g.g.A.)[5]; *Emmental de Savoie* (g.g.A.)[6]; *Emmental français est-central* (g.g.A.)[6]; *Livarot* (g.U.); *Matoilles ou Marolles* (g.U.); *Munster ou Munster-Géromé* (g.U.); *Pont-l'Évêque* (g.U.); *Reblochon ou reblochon de Savoie* (g.U.); *Roquefort* (g.U.)[5]; *Saint-Nectaire* (g.U.); *Tomme des Pyrénées* (g.g.A.)[5]; *Bleu d'Auvergne* (g.U.); *Brie de Meaux* (g.U.)[7]; *Brie de Melun* (g.U.)[7]; *Mont d'or ou Vacherin du Haut-Doubs* (g.U.); *Fourme d'Ambert ou fourme de Montbrison* (g.U.); *Sainte-Maure de Touraine* (g.U.)[8]. 58

---

[1] Der Schutz des Namens *Camembert* ist nicht beantragt.
[2] Der Schutz des Namens *Chabichou* ist nicht beantragt.
[3] Der Schutz des Namens *Crottin* ist nicht beantragt.
[4] Der Schutz des Namens *Picodon* ist nicht beantragt.
[5] Der Schutz des Namens *Tomme* ist nicht beantragt.
[6] Der Schutz des Namens *Emmental* ist nicht beantragt.
[7] Der Schutz des Namens *Brie* ist nicht beantragt.
[8] Der Schutz des Namens *Sainte Maure* ist nicht beantragt.

59  cc) **Fette, Butter, Margarine, Öle usw.** Für die Produktgruppe Fette, Butter, Margarine, Öle usw. sind eingetragen worden: *Huile d'olive de Nyons* (g.U.); *Beurre d'Isigny* (g.U.); *Beurre Charentes-Poitou – Beurre des Charentes – Beurre des Deux-Sèvres* (g.U.).

60  dd) **Obst, Gemüse und Getreide.** Für die Produktgruppe Obst, Gemüse und Getreide sind eingetragen worden: *Ail rose de Lautrec* (g.g.A.); *Noix de Grenoble* (g.U.); *Pommes et poires de Savoie* (g.g.A.); *Poireaux de Créances* (g.g.A.); *Chasselas de Moissac* (g.g.A.); *Mirabelles de Lorraine* (g.g.A.); *Olives noires de Nyons* (g.U.); *Pommes de terre de Merville* (g.g.A.); *Lentille verte du Puy* (g.U.).

61  ee) **Sonstige Erzeugnisse tierischen Ursprungs (Eier, Honig, Milcherzeugnisse, verschiedene Milcherzeugnisse außer Butter usw.).** Für die Produktgruppe sonstige Erzeugnisse tierischen Ursprungs (Eier, Honig, Milcherzeugnisse, verschiedene Milcherzeugnisse außer Butter usw.) sind eingetragen worden: *Crème d'Isigny* (g.U.); *Crème fraîche fluide d'Alsace* (g.g.A.); *Miel de Sapin des Vosges* (g.U.).

62  b) **Lebensmittel im Sinne von Anhang I der Verordnung (EWG) Nr. 2081/92.** Die folgende Übersicht enthält die Lebensmittel im Sinne von Anhang I der Verordnung (EWG) Nr. 2081/92.

63  **Backwaren, feine Backwaren, Süßwaren oder Kleingebäck.** Für die Produktgruppe Backwaren, feine Backwaren, Süßwaren oder Kleingebäck sind eingetragen worden: *Bergamote(s) de Nancy* (g.g.A.).

64  c) **Agrarerzeugnisse im Sinne von Anhang II der Verordnung (EWG) Nr. 2081/92.** Die folgende Übersicht enthält die Agrarerzeugnisse im Sinne von Anhang II der Verordnung (EWG) Nr. 2081/92.

65  **Ätherische Öle.** Für die Produktgruppe Ätherische Öle sind eingetragen worden: *Huile essentielle de lavande de Haute-Provence* (g.U.); *Foin de Crau* (g.U.).

## 2. Verfahren nach Art. 5 VO

66  a) **Unter Anhang II zu Art. 38 Abs. 3 EGV fallende Erzeugnisse für die menschliche Ernährung.** Die folgende Übersicht enthält die unter Anhang II zu Art. 38 Abs. 3 EGV fallenden Erzeugnisse, die für die menschliche Ernährung bestimmt sind.

67  aa) **Fleischerzeugnisse.** Für die Produktgruppe Fleischerzeugnisse ist eingetragen worden: *Jambon de Bayonne* (g.g.A.).

68  bb) **Käse.** Für die Produktgruppe Käse sind eingetragen worden: *Rocamadour* (g.U.).

69  cc) **Frische Fische, Weich- und Schalentiere sowie Erzeugnisse hieraus.** Für die Produktgruppe frische Fische, Weich- und Schalentiere sowie Erzeugnisse hieraus sind eingetragen worden: *Coquille St. Jacques des Côtes d'Armor* (g.g.A.).

70  dd) **Obst und Gemüse.** Für die Produktgruppe Obst und Gemüse sind eingetragen worden: *Lentilles vertes du Berry* (g.g.A.) ; *Melon du Haut-Poitou* (g.g.A.); *Muscat du Ventoux* (g.g.A.); *Olives cassées de la Vallée des Baux de Provence* (g.g.A.); *Olives noires de la Vallée des Baux de Provence* (g.g.A.).

71  b) **Lebensmittel im Sinne von Anhang I der Verordnung (EWG) Nr. 2081/92.** Die folgende Übersicht enthält die Lebensmittel im Sinne von Anhang I der Verordnung (EWG) Nr. 2081/92.

Es sind keine Eintragungen erfolgt.

72  c) **Agrarerzeugnisse im Sinne von Anhang II der Verordnung (EWG) Nr. 2081/92.** Die folgende Übersicht enthält die Agrarerzeugnisse im Sinne von Anhang II der Verordnung (EWG) Nr. 2081/92.

Es sind keine Eintragungen erfolgt.

73  d) **Andere Erzeugnisse des Anhangs II der Verordnung (EWG) Nr. 2081/92.** Die folgende Übersicht enthält die anderen Erzeugnisse des Anhangs II der Verordnung (EWG) Nr. 2081/92.

74  **Cidres.** Für die Produktgruppe Cidres sind eingetragen worden: *Cornouaille* (g.g.A.); Pays d'auge Cambremer (g.g.A.).

## VI. Griechische Republik

### 1. Verfahren nach Art. 17 VO

75  a) **Unter Anhang II zu Art. 38 Abs. 3 EGV fallende Erzeugnisse für die menschliche Ernährung.** Die folgende Übersicht enthält die unter Anhang II zu Art. 38 Abs. 3 EGV fallenden Erzeugnisse, die für die menschliche Ernährung bestimmt sind.

**aa) Käse.** Für die Produktgruppe Käse sind eingetragen worden: *Ανεβατό* (Anevato) (g.U.); **76** *Γαλοτύρι* (Galotyri) (g.U.); *Γραβιέρα Αγράφων* (Graviera Agrafon) (g.U.)[1]; *Γραβιέρα Κρήτης* (Graviera Kritis) (g.U.)[1]; *Γραβιέρα Νάξου* (Graviera Naxou) (g.U.)[1]; *Καλαθάκι Λήμνου* (Kalathaki Limnou) (g.U.); *Κασέρι* (Kasseri) (g.U.); *Κατίκι Δομοκού* (Katiki Domokou) (g.U.); *Κεφαλογραβιέρα* (Kefalograviera) (g.U.); *Κοπανιστή* (Kopanisti) (g.U.); *Λαδοτύρι Μυτιλήνης* (Ladotyri Mytilinis) (g.U.); *Μανούρι* (Manouri) (g.U.); *Μετσοβόνε* (Metsovone) (g.U.); *Μπάτζος* (Batzos) (g.U.); *Ξυνομυζήθρα* (Xynomyzithra Kritis) (g.U.); *Πηχτόγαλο Χανίων* (Pichtogalo Chanion) (g.U.); *Σαν Μιχάλη* (San Michali) (g.U.); *Σφέλα* (Sfela) (g.U.); *Φέτα* (Feta) (g.U.); *Φορμαέλλα Αράχωβας Παρνασσού* (Formaella Arachovas Parnassou) (g.U.) .

**bb) Fette, Butter, Margarine, Öle usw.** Für die Produktgruppe Fette, Butter, Margarine, **77** Öle usw sind eingetragen worden: *Olivenöle*. *Βιάννος Ηρακλείου Κρήτης* (Viannos Iraklio Crète) (g.U.)[2, 3]; *Λυγουριό Ασκληπιείου* (Lygourio Asklipiou) (g.U.); *Βόρειος Μυλοπόταμος Ρεθύμνης Κρήτης* (Vorios Mylopotamos Rethymnis Crète) (g.U.)[3, 4]; *Κροκεές Λακωνίας* (Krokees Lakonias) (g.U.)[5]; *Πέτρινα Λακωνίας* (Petrina Lakonias) (g.U.)[5]; *Κρανίδι Αργολίδας* (Kranidi Argolidas) (g.U.)[6]; *Πεζά Ηρακλείου Κρήτης* (Peza Iraklio Crète) (g.U.)[2, 3]; *Αρχάνες Ηρακλείου Κρήτης* (Archanes Iraklio Crète) (g.U.)[2, 3]; *Λακωνία* (Lakonia) (g.g.A.); *Χανιά Κρήτης* (Hania Crète) (g.g.A.)[3]; *Céphalonie*) (g.g.A.); *Ολυμπία* (Olympe) (g.g.A.); *Λέσβος* (Lesbos) (g.g.A.); *Πρέβεζα* (Preveza) (g.g.A.); *Ρόδος* (Rhodes) (g.g.A.); *Θάσος* (Thassos) (g.g.A.); *Καλαμάτα* (Kalamata) (g.U.), *Κολυμβάρι Χανίων Κρήτης* (Kolymvari Hanion Kritis) (g.U.)[7, 8]; *Σητεία Λασιθίου Κρήτης* (Sitia-Lasithi-Crète) (g.U.)[9]; *Αποκορώνας Χανίων Κρήτης* (Apokoronas-Chania-Crète) (g.U.)[10]; *Ζάκυνθος* (Zakynthos) (g.g.A); *Σάμος* (Samos) (g.U.).

**cc) Obst, Gemüse und Getreide.** Für die Produktgruppe Obst, Gemüse und Getreide sind ein- **78** getragen worden: *Ακτινίδιο Σπερχειού* (kiwi Sperchiou) (g.U.); *Ελιά Καλαμάτας* (olive de Kalamata) (g.U.); *Κελυφωτό φυστίκι Φθιώτιδας* (pistache de Phtiotida) (g.U.); *Κουμ Κουάτ Κερκυρας* (kumquat de Corfou) (g.g.A.); *Ξερά σύκα Κύμης* (figues sèches de Kimi) (g.U.); *Μήλα Ζαγοράς Πηλίου* (pommes Zagoras Piliou) (g.U.)[11]; *Τσακώνικη Μελιτζάνα Λεωνιδίου* (aubergine tsakonique de Léonidio) (g.U.); *Φυστίκι Μεγάρων* (Pistazien Megaron) (g.U.); *Φυστίκι Αίγινας* (Ägina Pistazien) (g.U.); *Σύκα Βραβρώνας Μαρκοπούλου Μεσογείων* (Feigen Vavronas, Markopoulou, Mesogion) (g.g.A.); *Πορτοκάλια Μύλεμε Χανίων Κρήτης* (Orangen Maleme Chania Kreta) (g.U.); *Ροδάκινα Νάουσας* (Rodakina de Naousa) (g.U.); *Φασόλια γίγαντες ελέφαντες Κάτω Νευροκοπίου* (Fassolia Gigantes Elefantes de Kato Nevrokopi) (g.g.A.); *Fasblia κοινά μεσόσπερμα Κάτω Νευροκοπίου* (Fassolia koina Mesosperma de Kato Nevrokopi) (g.g.A.); *Κορινθιακή Σταφίδα Βοστίτσα* (Korinthiaki Stafida Vostitsa) (g.U.); *Φασόλια (Γίγανες Ελεφαντες) Πρεσπών Φλώρινας* (Fasolia (Gigantes Elefantes) Prespon Florinas) (g.g.A.); *Φασόλια (Πλακέ Μεγαλόσπερμα) Πρεσπών Φλώρινας* (Fasolia (Plake-Megalosperma) Prespon Florinas) (g.g.A.); *Tafeloliven*. *Κονσερβολιά Αμφίσσης* (Konservolia Amfissis) (g.U.); *ονοσερβολιά Αρτας* (Konservolia Artas) (g.g.A.); *Κονσερβολιά Αταλάντης* (Konservolia Atalantis) (g.U.); *Κονσερβολιά Ροβίων* (Konservolia Rovion) (g.U.); *Κονσερβολιά Στυλίδας* (Konservolia Stylidas) (g.U.); *Θρούμπα Θύσου* (Throumba Thassou) (g.U.); *Θρούμπα Χίου* (Throumba Chiou) (g.U.); *Θρούμπα Αμπαδιάς Ρεθύμνης Κρήτης* (Throumba Ambadias Rethymnis Kreta) (g.U.); *Κονσερβολιά Πηλίου Βόλου* (Konservolia Piliou Volou) (g.U.)[11]; *Kirschen*. *Κεράσια τραγανά Ροδοχορίου* (Kerasia Tragana Rodochoriou) (g.U.); *Äpfel*. *Μήλα Ντελίσιους Πιλαφά Τριπόλεως* (Mila Delicious Pilafa de Tripoli) (g.U.).

**dd) Frische Fische, Weich- und Schalentiere sowie Erzeugnisse hieraus.** Für die Produkt- **79** gruppe Frische Fische, Weich- und Schalentiere sowie Erzeugnisse hieraus sind eingetragen worden: *Αυγοτάραχο Μεσολογγίου* (Fischrogen aus Mesolongui) (g.U.).

**ee) Sonstige Erzeugnisse tierischen Ursprungs (Eier, Honig, verschiedene Milcherzeug- 80 nisse außer Butter).** Für die Produktgruppe sonstige Erzeugnisse tierischen Ursprungs (Eier, Honig, verschiedene Milcherzeugnisse außer Butter) sind eingetragen worden: *Μέλι Ελάτης Μαινάλου Βανίλια* (Tannenhonig Menalou Vanilia) (g.U.).

**b) Lebensmittel im Sinne von Anhang I der Verordnung (EWG) Nr. 2081/92.** **81** Die folgende Übersicht enthält die Lebensmittel im Sinne von Anhang I der Verordnung (EWG) Nr. 2081/92.

---

[1] Der Schutz des Namens *Γραβιέρα* (Graviera) ist nicht beantragt.
[2] Der Schutz des Namens *Ηρακλείου* (Iraklio) ist nicht beantragt.
[3] Der Schutz des Namens *Κρήτης* (Crète) ist nicht beantragt.
[4] Der Schutz des Namens *Ρεθύμνης* (Rethymnis) ist nicht beantragt.
[5] Der Schutz des Namens *Λακωνίας* (Lakonias) ist nicht beantragt.
[6] Der Schutz des Namens *Αργολίδας* (Argolidas) ist nicht beantragt.
[7] Der Schutz des Namens *Χανίων* (Hanion) ist nicht beantragt.
[8] Der Schutz des Namens *Κρήτης* (Kritis) ist nicht beantragt.
[9] Der Schutz des Namens *Λασιθίου Κρήτης* (Lasithi-Crète) ist nicht beantragt.
[10] Der Schutz des Namens *Χανίων Κρήτης* (Chania-Crète) ist nicht beantragt.
[11] Der Schutz des Namens *Πηλίου* (piliou) ist nicht beantragt.

**MarkenG Vorb § 130** 82–97

82    **aa) Backwaren, feine Backwaren, Süßwaren oder Kleingebäck.** Für die Produktgruppe Backwaren, feine Backwaren, Süßwaren oder Kleingebäck sind eingetragen worden: Κρητικό παξιμάδι (biscotte crétoise) (g.g.A.).

83    **bb) Natürliche Gummen und Harze.** Für die Produktgruppe natürliche Gummen und Harze sind eingetragen worden: Τσίκλα Χίου (Tsikla Chiou) (g.U.); Μαστίχα Χίου (Masticha Chiou) (g.U.).

84    **c) Agrarerzeugnisse im Sinne von Anhang II der Verordnung (EWG) Nr. 2081/92.** Die folgende Übersicht enthält die Agrarerzeugnisse im Sinne von Anhang II der Verordnung (EWG) Nr. 2081/92.

85    **Ätherische Öle.** Für die Produktgruppe ätherische Öle sind eingetragen worden: *Mastixöl*. Μαστιχέλαιο Χίου (Mastichelaio Chiou) (g.U.).

### 2. Verfahren nach Art. 5 VO

86    **Andere Erzeugnisse des Anhangs II der Verordnung (EWG) Nr. 2081/92.** Die folgende Übersicht enthält die anderen Erzeugnisse des Anhangs II der Verordnung (EWG) Nr. 2081/92.

87    Κροκοσ Κοζανισ (Krokos Kozanis) (g.U.).

### VII. Vereinigtes Königreich Großbritannien und Nordirland

### 1. Verfahren nach Art. 17 VO

88    **a) Unter Anhang II zu Art. 38 Abs. 3 EGV fallende Erzeugnisse für die menschliche Ernährung.** Die folgende Übersicht enthält die unter Anhang II zu Art. 38 Abs. 3 EGV fallenden Erzeugnisse, die für die menschliche Ernährung bestimmt sind.

89    **aa) Fleisch und Schlachtnebenerzeugnisse, frisch.** Für die Produktgruppe Fleisch und Schlachtnebenerzeugnisse, frisch sind eingetragen worden: *Orkney beef* (g.U.); *Orkney lamb* (g.U.); *Scotch beef* (g.g.A.); *Scotch lamb* (g.g.A.); *Shetland lamb* (g.U.).

90    **bb) Käse.** Für die Produktgruppe Käse sind eingetragen worden: *White Stilton cheese* (g.U.); *Blue Stilton cheese* (g.U.); *West Country farmhouse Cheddar cheese* (g.U.)[1), 2)]; *Beacon Fell traditional Lancashire cheese* (g.U.)[3)]; *Swaledale cheese* (g.U.); *Swaledale ewes' cheese* (g.U.); *Bonchester cheese* (g.U.); *Buxton blue* (g.U.); *Dovedale cheese* (g.U.); *Single Gloucester* (g.U.); *Teviotdale Cheese* (g.g.A.).

91    **cc) Obst, Gemüse und Getreide.** Für die Produktgruppe Obst, Gemüse und Getreide sind eingetragen worden: *Jersey Royal potatoes* (g.U.).

92    **dd) Frische Fische, Weich- und Schalentiere sowie Erzeugnisse hieraus.** Für die Produktgruppe Frische Fische, Weich- und Schalentiere sowie Erzeugnisse hieraus sind eingetragen worden: *Whitstable Oysters* (g.g.A.).

93    **b) Lebensmittel im Sinne von Anhang I der Verordnung (EWG) Nr. 2081/92.** Die folgende Übersicht enthält die Lebensmittel im Sinne von Anhang I der Verordnung (EWG) Nr. 2081/92.

94    **Bier.** Für die Produktgruppe Bier sind eingetragen worden: *Newcastle brown ale* (g.g.A.); *Kentish ale and Kentish strong ale* (g.g.A.); *Rutland bitter* (g.g.A.).

95    **c) Agrarerzeugnisse im Sinne von Anhang II der Verordnung (EWG) Nr. 2081/92.** Die folgende Übersicht enthält die Agrarerzeugnisse im Sinne von Anhang II der Verordnung (EWG) Nr. 2081/92.

Es sind keine Eintragungen erfolgt.

96    **d) Andere Erzeugnisse des Anhangs II der Verordnung (EWG) Nr. 2081/92.** Die folgende Übersicht enthält die anderen Erzeugnisse des Anhangs II der Verordnung (EWG) Nr. 2081/92.

97    **Cider.** Für die Produktgruppe Cider sind eingetragen worden: *Herefordshire cider/perry* (g.g.A.); *Worcestershire cider/perry* (g.g.A.); *Gloucestershire cider/perry* (g.g.A.).

---

[1)] Der Schutz des Namens *Cheddar* ist nicht beantragt.
[2)] Der Schutz des Namens *West Country* ist nicht beantragt.
[3)] Der Schutz des Namens *Lancashire* ist nicht beantragt.

## 2. Verfahren nach Art. 5 VO

**a) Unter Anhang II zu Art. 38 Abs. 3 EGV fallende Erzeugnisse für die menschliche Ernährung.** Die folgende Übersicht enthält die unter Anhang II zu Art. 38 Abs. 3 EGV fallenden Erzeugnisse, die für die menschliche Ernährung bestimmt sind. 98

**aa) Käse.** Für die Produktgruppe Käse sind eingetragen worden: *Dorset Blue Cheese* (g.g.A.). 99

**bb) Sonstige Erzeugnisse tierischen Ursprungs (Eier, Honig, verschiedene Milcherzeugnisse außer Butter).** Für die Produktgruppe sonstige Erzeugnisse tierischen Ursprungs (Eier, Honig, verschiedene Milcherzeugnisse außer Butter) sind eingetragen worden: *Cornish Clotted Cream* (g.U.). 100

**b) Lebensmittel im Sinne von Anhang I der Verordnung (EWG) Nr. 2081/92.** Die folgende Übersicht enthält die Lebensmittel im Sinne von Anhang I der Verordnung (EWG) Nr. 2081/92. 101
Es sind keine Eintragungen erfolgt.

**c) Agrarerzeugnisse im Sinne von Anhang II der Verordnung (EWG) Nr. 2081/92.** Die folgende Übersicht enthält die Agrarerzeugnisse im Sinne von Anhang II der Verordnung (EWG) Nr. 2081/92. 102
Es sind keine Eintragungen erfolgt.

### VIII. Irland

**1. Verfahren nach Art. 17 VO** 103
Es sind keine Eintragungen erfolgt.

**2. Verfahren nach Art. 5 VO** 104
Es sind keine Eintragungen erfolgt.

### IX. Italienische Republik

**1. Verfahren nach Art. 17 VO**

**a) Unter Anhang II zu Art. 38 Abs. 3 EGV fallende Erzeugnisse für die menschliche Ernährung.** Die folgende Übersicht enthält die unter Anhang II zu Art. 38 Abs. 3 EGV fallenden Erzeugnisse, die für die menschliche Ernährung bestimmt sind. 105

**aa) Fleisch und Schlachtnebenerzeugnisse, frisch.** Für die Produktgruppe Fleisch und Schlachtnebenerzeugnisse, frisch sind eingetragen worden: *Vitellone bianco dell'Appennino Centrale* (g.g.A.). 106

**bb) Fleischerzeugnisse.** Für die Produktgruppe Fleischerzeugnisse sind eingetragen worden: *Prosciutto di Parma* (g.U.), *Prosciutto di S. Daniele* (g.U.), *Prosciutto di Modena* (g.U.), *Prosciutto Veneto Berico-Euganeo* (g.U.), *Salame di Varzi* (g.U.), *Salame Brianza* (g.U.), *Speck dell'Alto Adige/"Südtiroler Markenspeck"* oder *"Südtiroler Speck"* (g.g.A.); *Bresaola della Valtellina* (g.g.A.); *Culatello di Zibello* (g.U.); *Valle d'Aosta Jambon de Bosses* (g.U.); *Valle d'Aosta Lard d'Arnad* (g.U.); *Prosciutto di Carpegna* (g.U.); *Prosciutto Toscano* (g.U.); *Coppa Piacentina* (g.U.); *Pancetta Piacentina* (g.U.); *Salame Piacentino* (g.U.); *Prosciutto di Norcia* (g.g.A.); *Soppressata di Calabria* (g.U.); *Capocollo di Calabria* (g.U.); *Salsiccia di Calabria* (g.U.); *Pancetta di Calabria* (g.U.); *Mortadella Bologna* (g.g.A.); *Cotechino Modena* (g.g.A.), *Zampone Modena* (g.g.A.). 107

**cc) Käse.** Für die Produktgruppe Käse sind eingetragen worden: *Canestrato Pugliese* (g.U.)[1]; *Fontina* (g.U.); *Gorgonzola* (g.U.); *Grana Padano* (g.U.); *Parmigiano Reggiano* (g.U.); *Pecorino Siciliano* (g.U.)[2]; *Provolone Valpadana* (g.U.)[3]; *Casciotta d'Urbino* (g.U.)[4]; *Pecorino Romano* (g.U.)[2]; *Quartirolo Lombardo* (g.U.); *Taleggio* (g.U.); *Asiago* (g.U.); *Formai de Mut Dell'alta Valle Brembana* (g.U.)[5]; *Montasio* g.U.); *Mozzarella di Bufala Campana* (g.U.)[6]; *Murazzano* (g.U.); *Bitto* (g.U.); *Bra* (g.U.); *Caciocavallo Silano* (g.U.)[7]; *Castelmagno* (g.U.); *Fiore Sardo* (g.U.); *Monte Veronese* (g.U.); *Pecorino Sardo* (g.U.); *Pecorino Toscano* (g.U.)[2]; *Ragusano* (g.U.); *Raschera* (g.U.); *Robiola di Roccaverano* (g.U.); *Toma Piemontese* (g.U.)[8]; *Valle d'Aosta Fromadzo* (g.U.); *Valtellina Casera* (g.U.). 108

---

[1] Der Schutz des Namens *Canestrato* ist nicht beantragt.
[2] Der Schutz des Namens *Pecorino* ist nicht beantragt.
[3] Der Schutz des Namens *Provolone* ist nicht beantragt.
[4] Der Schutz des Namens *Caciotta* ist nicht beantragt.
[5] Der Schutz des Namens *Formai de Mut* ist nicht beantragt.
[6] Der Schutz des Namens *Mozzarella* ist nicht beantragt.
[7] Der Schutz des Namens *Caciocavallo* ist nicht beantragt.
[8] Der Schutz des Namens *Toma* ist nicht beantragt.

**MarkenG Vorb § 130**  109–122  Vorbemerkung §§ 130–136

109   dd) **Fette, Butter, Margarine, Öle usw.** Für die Produktgruppe Fette, Butter, Margarine, Öle usw. sind eingetragen worden: *Olivenöle. Aprutino Pescarese* (g.U.); *Brisighella* (g.U.); *Collina di Brindisi* (g.U.); *Canino* (g.U.); *Sabina* (g.U.); *Riviera Ligure* (g.U.); *Bruzio* (g.U.); *Cilento* (g.U.); *Colline Salernitane* (g.U.); *Penisola Sorrentina* (g.U.); *Garda* (g.U.); *Dauno* (g.U.); *Colline Teatine* (g.U.); *Monti Iblei* (g.U.); *Laghi Lombardi* (g.U.); *Valli Trapanesi* (g.U.); *Terra di Bari* (g.U.); *Umbria* (g.U.); *Toscano* (g.g.A); *Terra d'Otranto* (g.U.).

110   ee) **Obst, Gemüse und Getreide.** Für die Produktgruppe Obst, Gemüse und Getreide sind eingetragen worden: *Arancia Rosas di Sicilia* (g.g.A.); *Cappero di Pantelleria* (g.g.A.); *Castagna di Montella* (g.g.A.); *Fungo di Borgotaro* (g.g.A.); *Nocciola del Piemonte* (g.g.A.); *Fagiolo di Lamon della Vallata Bellunese* (g.g.A.); *Fagiolo di Sarconi* (g.g.A.); *Farro della Garfagnana* (g.g.A.); *Peperone di Senise* (g.g.A.); *Pomodoro S. Marzano dell'Agro Sarnese-Nocerino* (g.U.); *Marrone del Mugello* (g.g.A.); *Marrone di Castel del Rio* (g.g.A.); *Riso Nano Vialone Veronese* (g.g.A.); *Radicchio Rosso di Treviso* (g.g.A.); *Radicchio Variegato di Castelfranco* (g.g.A.); *Lenticchia di Castelluccio di Norcia* (g.g.A.); *Clementine di Calabria* (g.g.A.); *Nocciola di Giffoni* (g.g.A.); *Scalogno di Romagna* (g.g.A.); *Uva da tavola di Canicatti* (g.g.A.); *Pera mantovana* (g.g.A.); *Pera dell'Emilia Romagna* (g.g.A.); *Pesca e Nettarina di Romagna* (g.g.A.); *Tafeloliven. Nocellara del Belice* (g.U.).

111   **b) Lebensmittel im Sinne von Anhang I der Verordnung (EWG) Nr. 2081/92.** Die folgende Übersicht enthält die Lebensmittel im Sinne von Anhang I der Verordnung (EWG) Nr. 2081/92.

112   **Backwaren, feine Backwaren, Süßwaren und Kleingebäck.** Für die Produktgruppe Backwaren, feine Backwaren, Süßwaren und Kleingebäck sind eingetragen worden: *Pane casareccio di Genzano* (g.g.A.).

113   **c) Agrarerzeugnisse im Sinne von Anhang II der Verordnung (EWG) Nr. 2081/92.** Die folgende Übersicht enthält die Agrarerzeugnisse im Sinne von Anhang II der Verordnung (EWG) Nr. 2081/92.

Es sind keine Eintragungen erfolgt.

114   **2. Verfahren nach Art. 5 VO**

Es sind keine Eintragungen erfolgt.

### X. Großherzogtum Luxemburg

#### 1. Verfahren nach Art. 17 VO

115   **a) Unter Anhang II zu Art. 38 Abs. 3 EGV fallende Erzeugnisse für die menschliche Ernährung.** Die folgende Übersicht enthält die unter Anhang II zu Art. 38 Abs. 3 EGV fallenden Erzeugnisse, die für die menschliche Ernährung bestimmt sind.

116   aa) **Fleisch und Schlachtnebenerzeugnisse, frisch.** Für die Produktgruppe Fleisch und Schlachtnebenerzeugnisse, frisch sind eingetragen worden: *Viande de porc, marque nationale grand-duché de Luxembourg* (g.g.A.).

117   bb) **Fleischerzeugnisse.** Für die Produktgruppe Fleischerzeugnisse sind eingetragen worden: *Salaisons fumées, marque nationale grand-duché de Luxembourg* (g.g.A.).

118   cc) **Fette, Butter, Margarine, Öle usw.** Für die Produktgruppe Fette, Butter, Margarine, Öle usw. sind eingetragen worden: *Beurre rose de marque nationale grand-duché de Luxembourg* (g.U.).

119   dd) **Sonstige Erzeugnisse tierischen Ursprungs (Eier, Honig, Milcherzeugnisse, verschiedene Milcherzeugnisse außer Butter usw.).** Für die Produktgruppe sonstige Erzeugnisse tierischen Ursprungs (Eier, Honig, Milcherzeugnisse, verschiedene Milcherzeugnisse außer Butter usw.) sind eingetragen worden: *Miel luxembourgeois de marque nationale* (g.U.).

120   **b) Lebensmittel im Sinne von Anhang I der Verordnung (EWG) Nr. 2081/92.** Die folgende Übersicht enthält die Lebensmittel im Sinne von Anhang I der Verordnung (EWG) Nr. 2081/92.

Es sind keine Eintragungen erfolgt.

121   **c) Agrarerzeugnisse im Sinne von Anhang II der Verordnung (EWG) Nr. 2081/92.** Die folgende Übersicht enthält die Agrarerzeugnisse im Sinne von Anhang II der Verordnung (EWG) Nr. 2081/92.

Es sind keine Eintragungen erfolgt.

122   **2. Verfahren nach Art. 5 VO**

Es sind keine Eintragungen erfolgt.

## XI. Königreich der Niederlande

### 1. Verfahren nach Art. 17 VO

**a) Unter Anhang II zu Art. 38 Abs. 3 EGV fallende Erzeugnisse für die menschliche Ernährung.** Die folgende Übersicht enthält die unter Anhang II zu Art. 38 Abs. 3 EGV fallenden Erzeugnisse, die für die menschliche Ernährung bestimmt sind.

**aa) Käse.** Für die Produktgruppe Käse sind eingetragen worden: *Boeren-Leidse met sleutels* (g.U.)[1]; *Noord-Hollandse Edammer* (g.U.)[2, 3]; *Noord-Hollandse Gouda* (g.U.)[4].

**bb) Obst, Gemüse und Getreide.** Für die Produktgruppe Obst, Gemüse und Getreide sind eingetragen worden: *Opperdoezer Ronde* (g.U.).

**b) Lebensmittel im Sinne von Anhang I der Verordnung (EWG) Nr. 2081/92.** Die folgende Übersicht enthält die Lebensmittel im Sinne von Anhang I der Verordnung (EWG) Nr. 2081/92.

Es sind keine Eintragungen erfolgt.

**c) Agrarerzeugnisse im Sinne von Anhang II der Verordnung (EWG) Nr. 2081/92.** Die folgende Übersicht enthält die Agrarerzeugnisse im Sinne von Anhang II der Verordnung (EWG) Nr. 2081/92.

Es sind keine Eintragungen erfolgt.

### 2. Verfahren nach Art. 5 VO

Es sind keine Eintragungen erfolgt.

## XII. Republik Österreich

### 1. Verfahren nach Art. 17 VO

**a) Unter Anhang II zu Art. 38 Abs. 3 EGV fallende Erzeugnisse für die menschliche Ernährung.** Die folgende Übersicht enthält die unter Anhang II zu Art. 38 Abs. 3 EGV fallenden Erzeugnisse, die für die menschliche Ernährung bestimmt sind.

**aa) Fleischerzeugnisse.** Für die Produktgruppe Fleischerzeugnisse sind eingetragen worden: *Tiroler Speck* (g.g.A).

**bb) Käse.** Für die Produktgruppe Käse sind eingetragen worden: *Tiroler Graukäse* (g.U.); *Gailtaler Almkäse* (g.U.); *Tiroler Bergkäse* (g.U.); *Vorarlberger Alpkäse* (g.U.); *Vorarlberger Bergkäse* (g.U.); *Tiroler Almkäse/Tiroler Alpkäse* (g.U.).

**cc) Fette.** Für die Produktgruppe Fette sind eingetragen worden: *Steierisches Kürbiskernöl* (g.g.A.).

**dd) Obst, Gemüse und Getreide.** Für die Produktgruppe Obst, Gemüse und Getreide sind eingetragen worden: *Wachauer Marille* (g.U.); *Marchfeldspargel* (g.g.A.); *Waldviertler Graumohn* (g.U.).

**b) Lebensmittel im Sinne von Anhang I der Verordnung (EWG) Nr. 2081/92.** Die folgende Übersicht enthält die Lebensmittel im Sinne von Anhang I der Verordnung (EWG) Nr. 2081/92.

Es sind keine Eintragungen erfolgt.

**c) Agrarerzeugnisse im Sinne von Anhang II der Verordnung (EWG) Nr. 2081/92.** Die folgende Übersicht enthält die Agrarerzeugnisse im Sinne von Anhang II der Verordnung (EWG) Nr. 2081/92.

Es sind keine Eintragungen erfolgt.

### 2. Verfahren nach Art. 5 VO

Es sind keine Eintragungen erfolgt.

---

[1] Der Schutz des Namens *Leidse* ist nicht beantragt.
[2] Der Schutz des Namens *noord-hollandse* ist nicht beantragt.
[3] Der Schutz des Namens *edammer* ist nicht beantragt.
[4] Der Schutz des Namens *gouda* ist nicht beantragt.

## XIII. Portugiesische Republik

### 1. Verfahren nach Art. 17 VO

**137** **a) Unter Anhang II zu Art. 38 Abs. 3 EGV fallende Erzeugnisse für die menschliche Ernährung.** Die folgende Übersicht enthält die unter Anhang II zu Art. 38 Abs. 3 EGV fallenden Erzeugnisse, die für die menschliche Ernährung bestimmt sind.

**138** aa) **Fleisch und Schlachtnebenerzeugnisse, frisch.** Für die Produktgruppe Fleisch und Schlachtnebenerzeugnisse, frisch sind eingetragen worden: *Borrego da Montemor-o-Novo* (g.g.A.); *Borrego Serra da Estrela* (g.U.); *Cabrito das Terras Altas do Minho* (g.g.A.), *Cabrito da Gralheira* (g.g.A.); *Cabrito da Beira* (g.g.A.); *Vitela de Lafões* (g.g.A.); *Borrego da Beira* (g.g.A.); *Cabrito de Barroso* (g.g.A.); *Borrego Terrincho* (g.U.); *Carnalentejana* (g.U.), *Carne Arouquesa* (g.U.); *Carne Marinhoa* (g.U.); *Carne Mertolenga* (g.U.); *Cordeiro Bragançano* (g.U.); *Cabrito Transmontano* (g.U.); *Carne Barrosã* (g.U.); *Carne Maronesa* (g.U.); *Carne Mirandesa* (g.U.).

**139** bb) **Fleischerzeugnisse.** Für die Produktgruppe Fleischerzeugnisse sind eingetragen worden: *Presunto de Barroso* (g.g.A.).

**140** cc) **Käse.** Für die Produktgruppe Käse sind eingetragen worden: *Queijo de Nisa* (g.U.); *Queijo de Azeitão* (g.U.); *Queijo de Évora* (g.U.); *Queijo S. Jorge* (g.U.); *Queijo Rabaçal* (g.U.); *Queijo Serpa* (g.U.); *Queijo Serra da Estrela* (g.U.); *Queijos da Beira Baixa* (Queijo de Castelo Branco, Queijo Amarelo da Beira Baixa, Queijo de; Beira Baixa) (g.U.); *Queijo Terrincho* (g.U.); *Queijo de cabra Transmontano* (g.U.).

**141** dd) **Fette, Butter, Margarine, Öle usw.** Für die Produktgruppe Fette, Butter, Margarine, Öle usw. sind eingetragen worden: Olivenöle. *Azeite de Moura* (g.U.); *Azeite de Trás-os-Montes* (g.U.); *Azeites do Ribatejo* (g.U.); *Azeites do Norte Alentejano* (g.U.); *Azeites da Beira Interior* (Azeite da Beira Alta, Azeite da Beira Baixa) (g.U.).

**142** ee) **Obst, Gemüse und Getreide.** Für die Produktgruppe Obst, Gemüse und Getreide sind eingetragen worden: *Amêndoa Douro* (g.U.); *Ameixa d'Elvas* (g.U.); *Ananás dos Açores/São Miguel* (g.U.); *Azeitona de conserva Negrinha de Freixo* (g.U.); *Castanha dos Soutos da Lapa* (g.U.); *Castanha Marvão-Portalegre* (g.U.); *Castanha da Padrela* (g.U.); *Castanha da Terra Fria* (g.U.); *Citrinos do Algarve* (g.g.A.); *Cereja de São Julião-Portalegre* (g.U.); *Cereja da Cova da Beira* (g.g.A.); *Maçã de Portalegre* (g.g.A.); *Maçã da Beira Alta* (g.g.A.); *Maçã Bravo de Esmolfe* (g.U.); *Maçã da Cova da Beira* (g.g.A.); *Maçã de Alcobaça* (g.g.A.); *Maracujá dos Açores/São Miguel* (g.U.); *Pêssego da Cova da Beira* (g.g.A.).

**143** ff) **Sonstige Erzeugnisse tierischen Ursprungs (Eier, Honig, Milcherzeugnisse, verschiedene Milcherzeugnisse außer Butter usw.).** Für die Produktgruppe sonstige Erzeugnisse tierischen Ursprungs (Eier, Honig, Milcherzeugnisse, verschiedene Milcherzeugnisse außer Butter usw.) sind eingetragen worden: *Mel da Serra da Lousã* (g.U.); *Mel das Terras Altas do Minho* (g.U.); *Mel da Terra Quente* (g.U.); *Mel da Serra de Monchique* (g.U.); *Mel do Parque de Montezinho* (g.U.); *Mel do Alentejo* (g.U.); *Mel dos Açores* (g.U.); *Mel de Barroso* (g.U.); *Mel do Ribatejo Norte* (Serra d'Aire, Albufeira de Castelo de Bode, Bairro, Alto Nabão) (g.U.).

**144** **b) Lebensmittel im Sinne von Anhang I der Verordnung (EWG) Nr. 2081/92.** Die folgende Übersicht enthält die Lebensmittel im Sinne von Anhang I der Verordnung (EWG) Nr. 2081/92.
Es sind keine Eintragungen erfolgt.

**145** **c) Agrarerzeugnisse im Sinne von Anhang II der Verordnung (EWG) Nr. 2081/92.** Die folgende Übersicht enthält die Agrarerzeugnisse im Sinne von Anhang II der Verordnung (EWG) Nr. 2081/92.
Es sind keine Eintragungen erfolgt.

### 2. Verfahren nach Art. 5 VO

**146** **a) Unter Anhang II zu Art. 38 Abs. 3 EGV fallende Erzeugnisse für die menschliche Ernährung.** Die folgende Übersicht enthält die unter Anhang II zu Art. 38 Abs. 3 EGV fallenden Erzeugnisse, die für die menschliche Ernährung bestimmt sind.

**147** aa) **Fleisch und Schlachtnebenerzeugnisse, frisch.** Für die Produktgruppe Fleisch und Schlachtnebenerzeugnisse, frisch sind eingetragen worden: *Borrego do Baixo Alentejo* (g.g.A.).

**148** bb) **Fleischerzeugnisse.** Für die Produktgruppe Fleischerzeugnisse sind eingetragen worden: *Presunto de Barrancos* (g.U.); *Lombo Branco de Portalegre* (g.g.A.); *Lombo Enguitado de Portalegre* (g.g.A.); *Painho de Portalegre* (g.g.A.); *Cacholeira Branca de Portalegre* (g.g.A.); *Chouriço Mouro de Portalegre* (g.g.A.); *Linguiça de Portalegre* (g.g.A.); *Morcela de Assar de Portalegre* (g.g.A.); *Morcela de Cozer de Portalegre* (g.g.A.); *Farinheira de Portalegre* (g.g.A.); *Chouriço de Portalegre* (g.g.A.); *Salpicão de Vinhais* (g.g.A.); *Chouriça de Carne de Vinhais oder Linguiça de Vinhais* (g.g.A.).

**149** cc) **Käse.** Für die Produktgruppe Käse sind eingetragen worden: *Queijo do Pico* (g.U.).

**b) Lebensmittel im Sinne von Anhang I der Verordnung (EWG) Nr. 2081/92.** 150
Die folgende Übersicht enthält die Lebensmittel im Sinne von Anhang I der Verordnung (EWG) Nr. 2081/92.
Es sind keine Eintragungen erfolgt.

**c) Agrarerzeugnisse im Sinne von Anhang II der Verordnung (EWG) Nr.** 151
**2081/92.** Die folgende Übersicht enthält die Agrarerzeugnisse im Sinne von Anhang II der Verordnung (EWG) Nr. 2081/92.
Es sind keine Eintragungen erfolgt.

## XIV. Königreich Schweden
### 1. Verfahren nach Art. 17 VO

**a) Unter Anhang II zu Art. 38 Abs. 3 EGV fallende Erzeugnisse für die** 152
**menschliche Ernährung.** Die folgende Übersicht enthält die unter Anhang II zu Art. 38 Abs. 3 EGV fallenden Erzeugnisse, die für die menschliche Ernährung bestimmt sind.

    **Käse.** Für die Produktgruppe Käse sind eingetragen worden: *Svecia* (g.g.A). 153

**b) Lebensmittel im Sinne von Anhang I der Verordnung (EWG) Nr. 2081/92.** 154
Die folgende Übersicht enthält die Lebensmittel im Sinne von Anhang I der Verordnung (EWG) Nr. 2081/92.
Es sind keine Eintragungen erfolgt.

**c) Agrarerzeugnisse im Sinne von Anhang II der Verordnung (EWG) Nr.** 155
**2081/92.** Die folgende Übersicht enthält die Agrarerzeugnisse im Sinne von Anhang II der Verordnung (EWG) Nr. 2081/92.
Es sind keine Eintragungen erfolgt.

### 2. Verfahren nach Art. 5 VO
Es sind keine Eintragungen erfolgt. 156

## XV. Königreich Spanien
### 1. Verfahren nach Art. 17 VO

**a) Unter Anhang II zu Art. 38 Abs. 3 EGV fallende Erzeugnisse für die** 157
**menschliche Ernährung.** Die folgende Übersicht enthält die unter Anhang II zu Art. 38 Abs. 3 EGV fallenden Erzeugnisse, die für die menschliche Ernährung bestimmt sind.

    **aa) Fleisch und Schlachtnebenerzeugnisse, frisch.** Für die Produktgruppe Fleisch und 158
Schlachtnebenerzeugnisse, frisch sind eingetragen worden: *Carne de Ávila* (g.g.A.), *Carne de Morucha de Salamanca* (g.g.A.), *Pollo y Capón del Prat* (g.g.A.), *Ternasco de Aragón* (g.g.A.); *Ternera Gallega* (g.g.A.).

    **bb) Fleischerzeugnisse.** Für die Produktgruppe Fleischerzeugnisse sind eingetragen worden: *Ce-* 159
*cina de León* (g.g.A.), *Dehesa de Extremadura* (g.U.); *Guijuelo* (g.U.); *Jamón de Teruel* (g.U.); *Sobrasada de Mallorca* (g.g.A.); *Jamón de Huelva* (g.U.).

    **cc) Käse.** Für die Produktgruppe Käse sind eingetragen worden: *Cabrales* (g.U.); *Idiazábal* (g.U.); 160
*Mahón* (g.U.); *Picón Bejes-Tresviso* (g.U.); *Queso de Cantabria* (g.U.); *Queso de La Serena* (g.U.); *Queso Manchego* (g.U.); *Queso Tetilla* (g.U.); *Queso Zamorano* (g.U.); *Quesucos de Liébana* (g.U.), *Roncal* (g.U.).

    **dd) Fette, Butter, Margarine, Öle usw.** Für die Produktgruppe Fette, Butter, Margarine, Öle 161
usw. sind eingetragen worden: *Olivenöle. Baena* (g.U.); *Les Garrigues* (g.U.); *Sierra de Segura* (g.U.); *Siurana* (g.U.).

    **ee) Obst, Gemüse und Getreide.** Für die Produktgruppe Obst, Gemüse und Getreide sind ein- 162
getragen worden: *Arroz del Delta del Ebro* (g.g.A.); *Calasparra* (g.U.); *Cerezas de la Montaña de Alicante* (g.g.A.); *Espárrago de Navarra* (g.g.A.); *Faba Asturiana* (g.g.A.); *Judías de El Barco de Ávila* (g.g.A.); *Lenteja de La Armuña* (g.g.A.); *Nísperos Callosa d'En Sarriá* (g.g.A.); *Pimientos del Piquillo de Lodosa* (g.U.); *Uva de mesa embolsada "Vinalopó"* (g.U.).

    **ff) Sonstige Erzeugnisse tierischen Ursprungs (Eier, Honig, Milcherzeugnisse, verschie-** 163
**dene Milcherzeugnisse außer Butter usw.).** Für die Produktgruppe sonstige Erzeugnisse tierischen Ursprungs (Eier, Honig, Milcherzeugnisse, verschiedene Milcherzeugnisse außer Butter usw.) sind eingetragen worden: *Miel de La Alcarria* (g.U.).

**MarkenG § 130**                                          Antrag auf Eintragung

164   **b) Lebensmittel im Sinne von Anhang I der Verordnung (EWG) Nr. 2081/92.**
Die folgende Übersicht enthält die Lebensmittel im Sinne von Anhang I der Verordnung (EWG) Nr. 2081/92.

165   **Backwaren, feine Backwaren, Süßwaren oder Kleingebäck.** Für die Produktgruppe Backwaren, feine Backwaren, Süßwaren oder Kleingebäck sind eingetragen worden: *Jijona* (g.g.A.); *Turrón de Alicante* (g.g.A.).

166   **c) Agrarerzeugnisse im Sinne von Anhang II der Verordnung (EWG) Nr. 2081/92.** Die folgende Übersicht enthält die Agrarerzeugnisse im Sinne von Anhang II der Verordnung (EWG) Nr. 2081/92.
Es sind keine Eintragungen erfolgt.

### 2. Verfahren nach Art. 5 VO

167   **a) Unter Anhang II zu Art. 38 Abs. 3 EGV fallende Erzeugnisse für die menschliche Ernährung.** Die folgende Übersicht enthält die unter Anhang II zu Art. 38 Abs. 3 EGV fallenden Erzeugnisse, die für die menschliche Ernährung bestimmt sind.

168   **aa) Fleisch und Schlachtnebenerzeugnisse, frisch.** Für die Produktgruppe Fleisch und Schlachtnebenerzeugnisse, frisch sind eingetragen worden: *Ternera Gallega* (g.g.A.); *Cordero Manchego* (g.U.).

169   **bb) Fleischerzeugnisse.** Für die Produktgruppe Fleischerzeugnisse sind eingetragen worden: *Jamón de Huelva* (g.U.).

170   **cc) Käse.** Für die Produktgruppe Käse sind eingetragen worden: *Queso Majorero* (g.g.A.).

171   **dd) Obst, Gemüse und Getreide.** Für die Produktgruppe Obst, Gemüse und Getreide sind eingetragen worden: *Berenjena de Almagro* (g.g.A.); *Avellana de Reus* (g.g.A.); *Chufa de Valencia* (g.g.A.).

172   **b) Lebensmittel im Sinne von Anhang I der Verordnung (EWG) Nr. 2081/92.** Die folgende Übersicht enthält die Lebensmittel im Sinne von Anhang I der Verordnung (EWG) Nr. 2081/92.
Es sind keine Eintragungen erfolgt.

173   **c) Agrarerzeugnisse im Sinne von Anhang II der Verordnung (EWG) Nr. 2081/92.** Die folgende Übersicht enthält die Agrarerzeugnisse im Sinne von Anhang II der Verordnung (EWG) Nr. 2081/92.
Es sind keine Eintragungen erfolgt.

Antrag auf Eintragung einer geographischen Angabe oder Ursprungsbezeichnung

**130** (1) Anträge auf Eintragung einer geographischen Angabe oder einer Ursprungsbezeichnung in das Verzeichnis der geschützten Ursprungsbezeichnungen und der geschützten geographischen Angaben, das von der Kommission der Europäischen Gemeinschaften gemäß der Verordnung (EWG) Nr. 2081/92 des Rates vom 14. Juli 1992 zum Schutz von geographischen Angaben und Ursprungsbezeichnungen für Agrarerzeugnisse und Lebensmittel (ABl. EG Nr. L 208 S. 1) in ihrer jeweils geltenden Fassung geführt wird, sind beim Patentamt einzureichen.

(2) [1] Mit dem Antrag ist eine Gebühr nach dem Tarif zu zahlen. [2] Wird die Gebühr nicht gezahlt, so gilt der Antrag als nicht gestellt.

(3) Ergibt die Prüfung des Antrages, daß die zur Eintragung angemeldete geographische Angabe oder Ursprungsbezeichnung den Voraussetzungen der Verordnung (EWG) Nr. 2081/92 und der zu ihrer Durchführung erlassenen Vorschriften entspricht, so unterrichtet das Patentamt den Antragsteller hierüber und übermittelt den Antrag dem Bundesministerium der Justiz.

(4) Das Bundesministerium der Justiz übermittelt den Antrag mit den erforderlichen Unterlagen an die Kommission der Europäischen Gemeinschaften.

(5) Ergibt die Prüfung, daß die Voraussetzungen für die Eintragung der angemeldeten geographischen Angabe oder Ursprungsbezeichnung nicht gegeben sind, so wird der Antrag zurückgewiesen.

**Inhaltsübersicht**

| | Rn |
|---|---|
| A. Allgemeines | 1–3 |
|    I. Europäisches Unionsrecht | 1, 2 |
|    II. Regelungsübersicht | 3 |
| B. Antragstellung (§ 130 Abs. 1) | 4–8 |
|    I. Zuständigkeit | 4 |
|    II. Antragsberechtigung | 5–7 |
|    III. Formelle Erfordernisse | 8 |
| C. Antragsgebühr (§ 130 Abs. 2) | 9 |
| D. Prüfungsverfahren (§ 130 Abs. 3 und 5) | 10–12 |
| E. Übermittlung des Antrags an die EG-Kommission (§ 130 Abs. 4) | 13 |

**Schrifttum zum WZG, UWG und MarkenG.** S. die Schrifttumsangaben Vorb zu den §§ 130 bis 136.

## A. Allgemeines

### I. Europäisches Unionsrecht

Nach Art. 5 Abs. 4 der Verordnung (EWG) Nr. 2081/92 des Rates vom 14. Juli 1992 zum Schutz von geographischen Angaben und Ursprungsbezeichnungen für Agrarerzeugnisse und Lebensmittel (ABl. EG Nr. L 208 vom 24. Juli 1992, S. 1; zuletzt geändert durch Verordnung (EG) Nr. 1068/97 vom 12. Juni 1997, ABl. EG Nr. L 156 vom 13. Juni 1997, S. 10; s. 3. Teil des Kommentars, II 6) ist ein *Antrag auf Eintragung* einer geographischen Bezeichnung in das von der EG-Kommission geführte Verzeichnis der geschützten geographischen Angaben und der geschützten Ursprungsbezeichnungen in dem *Mitgliedstaat* zu stellen, in dessen *Hoheitsgebiet* sich das *geographische Gebiet* befindet, dessen Name zur Bezeichnung der Erzeugnisse dienen soll. Die Prüfung der formellen und materiellen Voraussetzungen für die Registrierung einer geographischen Angabe oder Ursprungsbezeichnung auf Gemeinschaftsebene für Agrarerzeugnisse und Lebensmittel, die von der Verordnung (EWG) Nr. 2081/92 erfaßt werden (s. Vorb zu den §§ 130 bis 136, Rn 7 ff.), ist nach Art. 5 Abs. 5 VO den Mitgliedstaaten übertragen. Erst wenn die auf mitgliedstaatlicher Ebene zuständigen Behörden zu dem Ergebnis gelangt sind, daß der Eintragungsantrag den Anforderungen der Verordnung sowie den zu ihrer Durchführung erlassenen Vorschriften entspricht, soll der Antrag zusammen mit der nach Art. 4 VO erforderlichen Spezifikation und den Dokumenten, auf die die Entscheidung gestützt wird, an die EG-Kommission weitergeleitet werden.

§ 130 enthält die Vorschriften zur Durchführung des Antragsverfahrens auf mitgliedstaatlicher Ebene und dient insoweit der Umsetzung der Vorgabe in Art. 5 Abs. 6 VO. Nähere Bestimmungen zum Antragsverfahren finden sich in den §§ 54 ff. MarkenV.

### II. Regelungsübersicht

§ 130 Abs. 1 regelt die Antragstellung und bestimmt die für die Entgegennahme von Anträgen auf Eintragung einer geographische Angabe oder einer Ursprungsbezeichnung in der Bundesrepublik Deutschland zuständige Stelle. § 130 Abs. 2 regelt die für einen solchen Eintragungsantrag anfallende Gebühr. In den Absätzen 3 bis 5 finden sich Vorschriften über das Prüfungsverfahren.

## B. Antragstellung (§ 130 Abs. 1)

### I. Zuständigkeit

Nach § 130 Abs. 1 ist das DPMA für die Entgegennahme von Anträgen auf Eintragung einer geographischen Angabe oder Ursprungsbezeichnung im Sinne der Verordnung

## II. Antragsberechtigung

5 *Antragsberechtigung* und *Antragserfordernisse* bestimmen sich nach Gemeinschaftsrecht und sind deshalb nicht im MarkenG geregelt. Nach der Rechtsverordnungsermächtigung des § 138 ist das Verfahren nach der Verordnung (EWG) Nr. 2081/92 in Teil 6 der MarkenV (§§ 54 bis 63) im einzelnen geregelt.

6 Ein Antrag auf Eintragung kann nach Art. 5 Abs. 1 VO von einer *Vereinigung* gestellt werden. Vereinigung bedeutet ungeachtet der Rechtsform oder Zusammensetzung jede Art des *Zusammenschlusses von Erzeugern und/oder Verarbeitern* des gleichen Agrarerzeugnisses oder Lebensmittels. Andere Interessenten können sich der Vereinigung anschließen. Ein Eintragungsantrag kann von einer solchen Vereinigung nur für solche Erzeugnisse gestellt werden, die von ihren Mitgliedern hergestellt werden (Art. 5 Abs. 2 VO).

7 *Natürlichen* oder *juristischen Personen* steht nur im Ausnahmefall und unter bestimmten im einzelnen festgelegten Voraussetzungen die Berechtigung zur Antragstellung zu. Nach Art. 1 Abs. 1 der Verordnung (EWG) Nr. 2037/93 der Kommission vom 27. Juli 1993 mit Durchführungsbestimmungen zur Verordnung (EWG) Nr. 2081/92 zum Schutz von geographischen Angaben und Ursprungsbezeichnungen für Agrarerzeugnisse und Lebensmittel (ABl. EG Nr. L 185 vom 28. Juli 1993, S. 5; zuletzt geändert durch Verordnung (EG) Nr. 1428/97 vom 23. Juli 1997, ABl. EG Nr. L 196 vom 24. Juli 1997, S. 39; s. 3. Teil des Kommentars, II 7) kann ein Antrag auf Eintragung von einer natürlichen oder juristischen Person nur dann gestellt werden, wenn sie zum Zeitpunkt der Beantragung in dem jeweiligen begrenzten Gebiet der einzige Erzeuger ist. Ein solcher Antrag ist nur gültig, wenn redliche und ständige örtliche Verfahren von diesen Personen allein befolgt werden und das begrenzte Gebiet Merkmale aufweist, die sich grundsätzlich von denen der angrenzenden Gebiete unterscheiden, und/oder wenn sich die Erzeugnismerkmale unterscheiden.

## III. Formelle Erfordernisse

8 Nach § 54 Abs. 1 MarkenV soll für den Antrag auf Eintragung einer geographischen Angabe oder Ursprungsbezeichnung auf der Grundlage der Verordnung (EWG) Nr. 2081/92 das vom DPMA herausgegebene *Formblatt* verwendet werden. Die einzelnen Angaben, die der Eintragungsantrag enthalten muß, bestimmt § 54 Abs. 2 Nr. 1 bis 4 MarkenV. Der Antrag muß namentlich eine *Spezifikation* mit den nach Art. 4 Abs. 2 VO erforderlichen Angaben enthalten (s. zur Ausfüllung des Antragsformblatts das Merkblatt über den Schutz von geographischen Angaben und Ursprungsbezeichnungen für Agrarerzeugnisse und Lebensmittel gemäß Verordnung (EWG) Nr. 2081/92; s. 4. Teil des Kommentars, II 22; s. dazu auch *Meyer*, GRUR 1997, 91, 92 ff.). Das sogenannte *Lastenheft* muß den Namen des Erzeugnisses, das Gebiet aus dem es stammt, die Beschreibung des Produktionsverfahrens, sowie Angaben im Zusammenhang zwischen Herkunftsgebiet und Erzeugnis enthalten. Die Spezifikation dient dem Zweck, die Elemente hervorzuheben, die die Zuerkennung einer geographischen Angabe oder einer Ursprungsbezeichnung rechtfertigen.

## C. Antragsgebühr (§ 130 Abs. 2)

9 Der *Eintragungsantrag* ist *gebührenpflichtig* (§ 130 Abs. 2 S. 1). Die Höhe der Gebühr bestimmt sich nach dem PatGebG. Nach Nr. 136100 GebVerz zu § 1 PatGebG beträgt die Gebühr 1500 DM und entspricht damit der Gebühr für einen Antrag auf Eintragung einer Kollektivmarke. Wird die Gebühr nicht gezahlt, so gilt der Antrag als nicht gestellt (§ 130 Abs. 2 S. 2).

## D. Prüfungsverfahren (§ 130 Abs. 3 und 5)

Die Prüfung der *formellen* und *materiellen Eintragungsvoraussetzungen* erfolgt durch die Mitgliedstaaten (Art. 5 Abs. 5 Verordnung (EWG) Nr. 2081/92). In der Bundesrepublik Deutschland obliegt die Prüfung der zur Eintragung angemeldeten Bezeichnungen dem DPMA (§ 130 Abs. 1 und 3). Die Bearbeitung der Anträge wird von den zuständigen Markenabteilungen des DPMA wahrgenommen (§ 133 Abs. 1). Die Prüfungsmaßstäbe ergeben sich aus der Verordnung (EWG) Nr. 2081/92, sowie aus den nach Art. 16 VO zu ihrer Durchführung auf Gemeinschaftsebene erlassenen Vorschriften und aus den nach den §§ 138 und 139 erlassenen Durchführungsbestimmungen. Die Prüfung erstreckt sich namentlich auf eine hinreichende Spezifikation im Sinne des Art. 4 VO, sowie auf den erforderlichen Zusammenhang zwischen dem betroffenen Erzeugnis und seinem Herkunftsgebiet. Bei der Prüfung des Antrages holt das DPMA nach § 55 MarkenV die Stellungnahmen der interessierten öffentlichen Körperschaften einschließlich des Bundesministeriums für Ernährung, Landwirtschaft und Forsten und des Bundesministeriums für Gesundheit, sowie der interessierten Verbände, Organisationen und Institutionen der Wirtschaft ein. Wenn sich der Antrag auf eine Bezeichnung bezieht, die mit einer Bezeichnung für ein in einem anderen Mitgliedstaat gelegenes geographisches Gebiet übereinstimmt (*gleichnamige Bezeichnung*), dann ist der andere Mitgliedstaat vor der Entscheidung zu hören (Art. 5 Abs. 5 Unterabs. 2 VO, § 55 Abs. 2 MarkenV).

Ergibt die Prüfung des Antrags, daß die *Voraussetzungen für die Eintragung* der angemeldeten geographischen Angabe oder Ursprungsbezeichnung *nicht vorliegen*, so wird der *Antrag zurückgewiesen* (§ 130 Abs. 5). Eine Weiterleitung des Antrags an die EG-Kommission findet nicht statt. Auch wenn § 130 Abs. 5 keine entsprechende Regelung trifft, ist der Antragsteller von dieser Entscheidung zu unterrichten. Gegen die *ablehnende Entscheidung* steht dem Antragsteller die *Beschwerde* an das BPatG zu (§§ 133 Abs. 2 iVm 66).

Ergibt die Prüfung des Antrags, daß die *Voraussetzungen* für die Registrierung der angemeldeten geographischen Bezeichnung *vorliegen*, so wird der *Eintragungsantrag im Markenblatt veröffentlicht* (§ 56 MarkenV). Außerdem erfolgt eine *Unterrichtung* der beteiligten Verbände, Organisationen und Institutionen der Wirtschaft. Nach § 57 Abs. 1 MarkenV steht den Personen, die ein berechtigtes Interesse glaubhaft machen können, ein Recht auf *Akteneinsicht* zu. Innerhalb von drei Monaten nach Veröffentlichung des Eintragungsantrags kann von jeder Person eine Stellungnahme zur Schutzfähigkeit der Bezeichnung eingereicht werden (§ 58 Abs. 1 MarkenV), die zu einer erneuten Überprüfung des Antrags führt (§ 58 Abs. 2 MarkenV). Sofern keine Stellungnahme nach § 58 Abs. 1 MarkenV eingeht, oder die erneute Prüfung zu keiner abweichenden Beurteilung führt, ergeht ein Beschluß des DPMA, der dem Antragsteller zugestellt wird (§ 59 MarkenV). Der Antrag wird zusammen mit dem Lastenheft und den weiteren Unterlagen an das Bundesministerium der Justiz weitergeleitet (§§ 130 Abs. 3, 59 Abs. 1 MarkenV).

## E. Übermittlung des Antrags an die EG-Kommission (§ 130 Abs. 4)

Der Antrag auf Eintragung wird zusammen mit dem Lastenheft und den weiteren Unterlagen vom Bundesministerium der Justiz an die EG-Kommission weitergeleitet (§ 130 Abs. 4). Das sich anschließende *Prüfungsverfahren auf Gemeinschaftsebene* ist auf eine schlichte Förmlichkeitsprüfung beschränkt (Art. 6 Abs. 1 VO). Die Kommission überprüft lediglich, ob der Antrag alle erforderlichen Angaben enthält und keine offensichtlichen Einwände vorliegen (s. dazu Heine, GRUR 1993, 96, 101). Gelangt die Kommission zu dem Ergebnis, daß die angemeldete Bezeichnung nicht schutzwürdig ist, so unterbreitet sie dem Regelungsausschuß den Vorschlag, den Antrag auf Eintragung nicht im Amtsblatt der EG zu veröffentlichen (Art. 6 Abs. 5 VO). Gelangt die Kommission zu dem Ergebnis, daß die angemeldete Bezeichnung schutzwürdig ist, so veröffentlicht sie die wesentlichen Angaben des Antrags im Amtsblatt der EG (Art. 6 Abs. 2 VO). Eine Entscheidung im positiven Sinne wird von der Kommission allein getroffen, eine Vorlage an den Regelungsausschuß ist nicht erforderlich. Eine fakultative Befassung des Ausschusses ist jedoch immer möglich (*Heine*, GRUR 1993, 96, 101). Werden keine Einsprüche nach Art. 7 VO eingelegt, so wird die geographische Bezeichnung in das von der Kommission geführte Verzeichnis der geschützten geographischen Angaben und der geschützten Ursprungsbezeichnungen eingetragen und im Amtsblatt der EG veröffentlicht (Art. 6 Abs. 3 und 4 VO).

## Antrag auf Änderung der Spezifikation

**131** ¹Für Anträge auf Änderung der Spezifikation einer geographischen Angabe oder einer Ursprungsbezeichnung gemäß Artikel 9 der Verordnung (EWG) Nr. 2081/92 gilt § 130 entsprechend. ²Eine Gebühr ist nicht zu zahlen.

### Inhaltsübersicht

|   | Rn |
|---|---|
| A. Ermächtigungsgrundlage des Art. 9 Verordnung (EWG) Nr. 2081/92 | 1 |
| B. Regelungsgegenstand | 2 |
| C. Verfahren | 3 |
| D. Gebühren | 4 |

### A. Ermächtigungsgrundlage des Art. 9 Verordnung (EWG) Nr. 2081/92

1 Nach Art. 9 der Verordnung (EWG) Nr. 2081/92 des Rates vom 14. Juli 1992 zum Schutz von geographischen Angaben und Ursprungsbezeichnungen für Agrarerzeugnisse und Lebensmittel (ABl. EG Nr. L 208 vom 24. Juli 1992, S. 1; zuletzt geändert durch Verordnung (EG) Nr. 1068/97 vom 12. Juni 1997, ABl. EG Nr. L 156 vom 13. Juni 1997, S. 10; s. 3. Teil des Kommentars, II 6) können die von der Eintragung der geographischen Bezeichnung betroffenen *Mitgliedstaaten* (s. zur Antragsberechtigung im einzelnen Rn 2) eine *Änderung der Spezifikation* für eine eingetragene geographische Angabe oder Ursprungsbezeichnung *beantragen*, namentlich um den gegenwärtigen Stand von Wissenschaft und Technik oder eine neue Abgrenzung des geographischen Gebiets berücksichtigen zu können.

### B. Regelungsgegenstand

2 § 131 regelt das *Verfahren für einen Antrag auf Änderung der Spezifikation* einer geographischen Angabe oder einer Ursprungsbezeichnung auf mitgliedstaatlicher Ebene zur Durchführung des Art. 9 VO, der den Mitgliedstaaten die Berechtigung für einen solchen Änderungsantrag einräumt. Der Gesetzgeber des MarkenG ist davon ausgegangen, daß jedenfalls die *Vereinigungen* oder *natürlichen oder juristischen Personen*, auf deren Antrag die Eintragung einer geographischen Angabe oder Ursprungsbezeichnung zurückgeht (s. im einzelnen § 130, Rn 5 ff.), auch in bezug auf eine Änderung der Spezifikation antragsberechtigt sind (Begründung zum MarkenG, BT-Drucks. 12/6581 vom 14. Januar 1994, S. 121). Die Antragsberechtigung hinsichtlich einer Änderung der Spezifikation ist in Art. 9 VO nicht ausdrücklich geregelt. Nach § 131 S. 1 gelten für den Antrag auf Änderung der Spezifikation die Regelungen des § 130 entsprechend (zum Verfahren s. Rn 3). Eine Gebühr ist nicht zu zahlen (§ 131 S. 2).

### C. Verfahren

3 Der Antrag auf Änderung der Spezifikation einer geographischen Angabe oder Ursprungsbezeichnung ist bei den *Markenabteilungen des DPMA* zu stellen (§§ 131 S. 1, 130 Abs. 1, 133 Abs. 1). Für das Verfahren gelten nach § 62 S. 2 MarkenV die Regelungen der §§ 54 Abs. 2 und 55 bis 61 MarkenV entsprechend. Die Angaben, die der Änderungsantrag zu enthalten hat, ergeben sich aus § 54 Abs. 2 Nr. 1 bis 4 MarkenV. Die Prüfung der Voraussetzungen für eine Änderung der Spezifikation obliegt dem DPMA. Nach § 55 Abs. 1 holt das DPMA bei der Prüfung des Antrags die Stellungnahmen der interessierten öffentlichen Körperschaften einschließlich des Bundesministeriums für Ernährung, Landwirtschaft

und Forsten und des Bundesministeriums für Gesundheit sowie der interessierten Verbände, Organisationen und Institutionen der Wirtschaft ein. Das weitere Verfahren zur Änderung der Spezifikation ist entsprechend den Vorschriften für das Verfahren auf Eintragung einer geographischen Angabe oder Ursprungsbezeichnung ausgestaltet (s. § 130, Rn 10 ff.).

## D. Gebühren

Der Antrag auf Änderung der Spezifikation ist *gebührenfrei* (§ 131 S. 2). 4

Einspruchsverfahren

**132** (1) Einsprüche nach Artikel 7 Abs. 3 der Verordnung (EWG) Nr. 2081/92 gegen die Eintragung von geographischen Angaben und Ursprungsbezeichnungen in das von der Kommission der Europäischen Gemeinschaften geführte Verzeichnis der geschützten Ursprungsbezeichnungen und der geschützten geographischen Angaben oder gegen die Änderung der Spezifikation einer geographischen Angabe oder einer Ursprungsbezeichnung sind beim Patentamt einzulegen.

(2) ¹Für den Einspruch ist eine Gebühr nach dem Tarif zu zahlen. ²Wird die Gebühr nicht rechtzeitig gezahlt, so gilt der Einspruch als nicht erhoben.

### Inhaltsübersicht

|  | Rn |
|---|---|
| A. Ermächtigungsgrundlage des Art. 7 Verordnung (EWG) Nr. 2081/92 ....... | 1, 2 |
| B. Regelungsgegenstand ................................................................................ | 3 |
| C. Verfahren .................................................................................................. | 4, 5 |
| D. Einspruchsgebühr .................................................................................... | 6 |

## A. Ermächtigungsgrundlage des Art. 7 Verordnung (EWG) Nr. 2081/92

Nach Art. 7 Abs. 1 der Verordnung (EWG) Nr. 2081/92 des Rates vom 14. Juli 1992 1 zum Schutz von geographischen Angaben und Ursprungsbezeichnungen für Agrarerzeugnisse und Lebensmittel (ABl. EG Nr. L 208 vom 24. Juli 1992, S. 1; zuletzt geändert durch Verordnung (EG) Nr. 1068/97 vom 12. Juni 1997, ABl. EG Nr. L 156 vom 13. Juni 1997, S. 10; s. 3. Teil des Kommentars, II 6) können die *Mitgliedstaaten* innerhalb einer Frist von sechs Monaten nach Veröffentlichung der wesentlichen Angaben des Eintragungsantrags oder des Änderungsanstrags im Amtsblatt der EG (Art. 6 Abs. 2 VO) *Einspruch gegen die Eintragung* der geographischen Angabe und Ursprungsbezeichnung in das von der EG-Kommission geführte Verzeichnis der geschützten geographischen Angaben und der geschützten Ursprungsbezeichnungen oder *Einspruch gegen die Änderung der Spezifikation* einer geographischen Angabe oder einer Ursprungsbezeichnung einlegen. Nach Art. 7 Abs. 3 VO können auch *in ihren berechtigten Interessen betroffene Personen* Einspruch gegen die beabsichtigte Eintragung einlegen. Ein Einspruch gegen die beabsichtigte Eintragung wird auf der Ebene der Mitgliedstaaten, nicht auf Gemeinschaftsebene eingelegt (zur Kritik eines solchen Rechtsmittelverfahren s. *Beier/Knaak*, GRUR Int 1993, 602, 608). Der Einspruch erfolgt durch eine begründete Erklärung bei der zuständigen Behörde des Mitgliedstaates. Die Mitgliedstaaten haben dafür Sorge zu tragen, daß die betroffenen Wirtschaftskreise in geeigneter Weise informiert werden. Der Antrag auf Eintragung muß für die Personen, die ein berechtigtes wirtschaftliches Interesse geltend machen können, einsehbar sein (Art. 7 Abs. 2 VO). Dieser Vorgabe entsprechen die Regelungen über die Veröffentlichung des Antrags nach § 56 MarkenV sowie über die Akteneinsicht nach § 57 MarkenV.

Wird in dem vorgegebenen Zeitraum *kein Einspruch eingelegt*, so wird die geographische 2 Bezeichnung oder die Ursprungsangabe ohne weitere Prüfung in das von der EG-Kommission geführte Verzeichnis der geschützten geographischen Angaben und der geschützten Ursprungsbezeichnungen *eingetragen* und im Amtsblatt der EG *veröffentlicht* (Art. 6 Abs. 3 und 4 VO). Die VO enthält weder Vorschriften über das Einspruchsverfahren noch über das Zusammenwirken der Behörden der Mitgliedstaaten mit der EG-Kommission (Art. 7 Abs. 5 VO).

## B. Regelungsgegenstand

3 § 132 regelt das *Einspruchsverfahren für die in ihren berechtigten Interessen betroffenen Personen* auf mitgliedstaatlicher Ebene zur Durchführung des Art. 7 Abs. 3 VO. Der Einspruch kann sich gegen einen Antrag auf Eintragung einer geographischen Angabe oder Ursprungsbezeichnung (§ 131) oder gegen einen Antrag auf Änderung der Spezifikation (§ 130) richten. § 132 enthält keine Regelung der *Einspruchsberechtigung*. Nach Art. 7 Abs. 3 VO sind solche *natürlichen und juristischen Personen* einspruchsberechtigt, die in ihrem *berechtigten Interessen betroffen* sind. Der Einspruch ist innerhalb einer Frist von vier Monaten nach der Veröffentlichung des Antrags auf Eintragung oder des Antrags auf Änderung der Spezifikation im Amtsblatt der EG zu erheben (§ 60 Abs. 1 S. 1 MarkenVO). Die *Einspruchsgebühr* ist innerhalb der Frist zu zahlen, ansonsten gilt der Einspruch als nicht erhoben (§ 132 Abs. 2 S. 2). Eine *Wiedereinsetzung* in die Frist zum Einreichen des Einspruchs und in die Frist zur Gebührenzahlung findet nicht statt (§ 60 Abs. 2 S. 1 MarkenV).

## C. Verfahren

4 Der Einspruch ist bei den *Markenabteilungen des DPMA* einzulegen (§§ 132 Abs. 1, 133 Abs. 1). Die Angaben, die der Einspruch enthalten muß, regelt § 60 Abs. 2 Nr. 1 bis 3 MarkenV. Der Einsprechende muß namentlich die Umstände angeben, aus denen sich das berechtigte Interesse ergibt, in dem der Einsprechende betroffen ist (§ 60 Abs. 2 Nr. 3 MarkenV). Der Einspruch ist zu begründen. Als *Einspruchsgründe* können nur geltend gemacht werden, daß die Voraussetzungen einer geographischen Angabe oder Ursprungsbezeichnung im Sinne des Art. 2 VO nicht vorliegen (§ 60 Abs. 3 Nr. 1 MarkenV), daß sich die Eintragung der vorgeschlagenen Bezeichnung nachteilig auf das Bestehen einer ganz oder teilweise gleichlautenden Bezeichnung oder Marke oder auf das Bestehen von Erzeugnissen auswirken würde, die sich am 24. Juli 1992 rechtmäßig im Verkehr befanden (§ 60 Abs. 3 Nr. 2 MarkenV), oder daß die Bezeichnung, deren Eintragung beantragt wurde, eine Gattungsbezeichnung ist (§ 60 Abs. 3 Nr. 3 MarkenV).

Die *Prüfung durch die Markenabteilung des DPMA* beschränkt sich auf die *formellen Erfordernisse* des berechtigten Interesses und der Einspruchsbegründung. Die Prüfung der Zulässigkeit und der sachlichen Begründetheit des Einspruchs erfolgt erst auf *Gemeinschaftsebene* durch die EG-Kommission. Wird der Einspruch von der Kommission als zulässig erachtet, so werden die betroffenen Mitgliedstaaten ersucht, innerhalb von drei Monaten zu einer einvernehmlichen Regelung zu gelangen (Art. 7 Abs. 5 VO). Nach § 61 Abs. 2 MarkenV werden der zuständigen Stelle des Mitgliedstaates, der nach Art. 7 Abs. 1 VO Einspruch erhoben hat, der Person, die nach Art. 3 Abs. 3 VO Einspruch erhoben hat, sowie dem Antragsteller Gelegenheit zur Stellungnahme gegeben.

5 Sofern von den Mitgliedstaaten eine *einvernehmliche Regelung* erzielt wird, die den Antrag auf Eintragung einer geographischen Angabe oder Ursprungsbezeichnung oder den Antrag auf Änderung der Spezifikation unverändert läßt, wird die beantragte geographische Bezeichnung oder die Änderung der Spezifikation ohne weiteres in das Gemeinschaftsregister eingetragen und im Amtsblatt der EG veröffentlicht (Art. 6 Abs. 3 und 4 VO). Wird der *ursprünglich gestellte Antrag* im Rahmen der einvernehmlichen Regelung *geändert*, so wird das *Einspruchsverfahren von neuem eröffnet* (Art. 7 Abs. 5 lit. a S. 3 VO). Kommen die betroffenen Mitgliedstaaten *nicht zu einer einvernehmlichen Regelung*, so muß die Streitfrage im *Regelungsausschußverfahren* entschieden werden (Art. 7 Abs. 5 lit. b iVm 15 VO). Wenn im Regelungsausschußverfahren die Eintragung oder Änderung beschlossen wird, dann erfolgt die Registrierung und Veröffentlichung der beantragten geographischen Bezeichnung oder der Änderung der Spezifikation. Im anderen Fall wird der Antrag auf Eintragung oder Änderung zurückgewiesen. Gegen eine solche Entscheidung steht der *Rechtsweg zum EuGH* nach Art. 173 Abs. 2 EGV offen.

## D. Einspruchsgebühr

Für den Einspruch ist eine *Gebühr nach dem Tarif* zu zahlen (§ 132 Abs. 2 S. 1). Die einzelnen Gebührentatbestände und die Höhe der Gebühr bestimmen sich nach dem PatGebG. Nach Nr. 136 200 GebVerz zu § 1 PatGebG ist für einen *Einspruch gegen die Eintragung* einer geographischen Angabe oder Ursprungsbezeichnung eine Gebühr in Höhe von 200 DM zu zahlen; sie entspricht damit der Widerspruchsgebühr im markenrechtlichen Eintragungsverfahren. Ein Gebührentatbestand für einen *Einspruch gegen die Änderung der Spezifikation* einer geographischen Angabe oder einer Ursprungsbezeichnung ist im GebVerz zu § 1 PatGebG nicht enthalten. Wird die Gebühr nicht rechtzeitig gezahlt, so gilt der Einspruch als nicht erhoben (§ 132 Abs. 2 S. 2). Eine *Wiedereinsetzung* in die Frist zum Einreichen des Einspruchs und in die Frist zur Gebührenzahlung findet nicht statt (§ 60 Abs. 1 S. 2 MarkenV). 6

**Zuständigkeiten im Patentamt; Rechtsmittel**

**133** (1) Für die Bearbeitung von Anträgen nach den §§ 130 und 131 und von Einsprüchen nach § 132 sind die im Patentamt errichteten Markenabteilungen zuständig.

(2) ¹Gegen Entscheidungen, die das Patentamt nach den Vorschriften dieses Abschnitts trifft, finden die Beschwerde zum Bundespatentgericht und die Rechtsbeschwerde zum Bundesgerichtshof statt. ²Die Vorschriften des Teils 3 dieses Gesetzes über das Beschwerdeverfahren vor dem Patentgericht und über das Rechtsbeschwerdeverfahren vor dem Bundesgerichtshof sind entsprechend anzuwenden.

### Inhaltsübersicht

| | Rn |
|---|---|
| A. Zuständigkeit der Markenabteilungen des DPMA (§ 133 Abs. 1) | 1 |
| B. Rechtsmittel (§ 133 Abs. 2) | 2, 3 |

## A. Zuständigkeit der Markenabteilungen des DPMA (§ 133 Abs. 1)

Für die Bearbeitung von Anträgen auf Eintragung einer geographischen Angabe oder Ursprungsbezeichnung nach § 130, von Anträgen auf Änderung der Spezifikation nach § 131 und von Einsprüchen nach Art. 7 Abs. 3 Verordnung (EWG) Nr. 2081/92 nach § 132 sind die im DPMA errichteten *Markenabteilungen* (§ 56 Abs. 3) zuständig. 1

## B. Rechtsmittel (§ 133 Abs. 2)

Die *Rechtsmittelverfahren* gegen Entscheidungen, die die Markenabteilungen des DPMA nach den Vorschriften der §§ 130 bis 132 treffen, richtet sich nach den für die Verfahren in Markenangelegenheiten geltenden Bestimmungen in Teil 3 des MarkenG (§§ 32–96). Rechtsmittel nach § 133 Abs. 2 S. 1 sind die *Beschwerde zum BPatG* und die *Rechtsbeschwerde zum BGH*. Nach § 133 Abs. 2 S. 2 finden auf das Beschwerdeverfahren die Vorschriften der §§ 66 bis 82 und auf das Rechtsbeschwerdeverfahren die Vorschriften der §§ 83 bis 90 entsprechende Anwendung. In der Praxis wird es sich bei den Entscheidungen der Markenabteilungen des DPMA, die nach § 133 Abs. 2 S. 1 in die Rechtsmittelinstanz gehen, vornehmlich um Entscheidungen nach § 130 Abs. 5 handeln, in denen ein Antrag auf Eintragung einer geographischen Angabe oder Ursprungsbezeichnung abgelehnt wird, weil die Voraussetzungen für die Eintragung der angemeldeten geographischen Angabe oder Ursprungsbezeichnung nicht gegeben sind. Die Verordnung (EWG) Nr. 2081/92 enthält insoweit keine Verfahrensvorschriften, da üblicherweise in Umsetzung des Gemeinschaftsrechts die mitgliedstaatlichen Rechtsmittelverfahren zur Anwendung kommen (*Heine*, GRUR 1993, 96, 100). 2

**MarkenG § 134**  Überwachung

3   Wenn ein Antrag auf Eintragung einer geographischen Angabe oder Ursprungsbezeichnung nach Prüfung durch die Markenabteilungen des DPMA den rechtlichen Voraussetzungen entspricht und über das Bundesministerium der Justiz (§ 130 Abs. 3) an die EG-Kommission (§ 130 Abs. 4) weitergeleitet und von der EG-Kommission nach Art. 6 Abs. 2 Verordnung (EWG) Nr. 2081/92 im Amtsblatt der EG veröffentlicht wird, dann besteht für ein Rechtsmittelverfahren nach § 133 Abs. 2 S. 1 gegen die Entscheidungen der Markenabteilungen des DPMA kein Raum. Natürlichen oder juristischen Personen, die in ihren berechtigten Interessen betroffen sind, steht als *Dritten* der Rechtsbehelf des *Einspruchs* nach Art. 7 Abs. 3 VO zu. Das Einspruchsverfahren ist in § 132 und in § 61 MarkenV geregelt. Über den Einspruch entscheidet die *EG-Kommission* oder gegebenenfalls der *Rat*. Gegen eine solche Entscheidung steht der *Rechtsweg zum EuGH* nach Art. 173 Abs. 2 EGV offen.

### Überwachung

**134** (1) **Die nach der Verordnung (EWG) Nr. 2081/92 und den zu ihrer Durchführung erlassenen Vorschriften erforderliche Überwachung und Kontrolle obliegt den nach Landesrecht zuständigen Stellen.**

(2) ¹Soweit es zur Überwachung und Kontrolle im Sinne des Absatzes 1 erforderlich ist, können die Beauftragten der zuständigen Stellen bei Betrieben, die Agrarerzeugnisse oder Lebensmittel herstellen oder in den Verkehr bringen (§ 7 Abs. 1 des Lebensmittel- und Bedarfsgegenständegesetzes) oder innergemeinschaftlich verbringen, einführen oder ausführen, während der Geschäfts- oder Betriebszeit
1. Geschäftsräume und Grundstücke, Verkaufseinrichtungen und Transportmittel betreten und dort Besichtigungen vornehmen,
2. Proben gegen Empfangsbescheinigung entnehmen; auf Verlangen des Betroffenen ist ein Teil der Probe oder, falls diese unteilbar ist, eine zweite Probe amtlich verschlossen und versiegelt zurückzulassen,
3. Geschäftsunterlagen einsehen und prüfen,
4. Auskunft verlangen.
²Diese Befugnisse erstrecken sich auch auf Agrarerzeugnisse oder Lebensmittel, die an öffentlichen Orten, insbesondere auf Märkten, Plätzen, Straßen oder im Umherziehen in den Verkehr gebracht werden.

(3) Inhaber oder Leiter der Betriebe sind verpflichtet, das Betreten der Geschäftsräume und Grundstücke, Verkaufseinrichtungen und Transportmittel sowie die dort vorzunehmenden Besichtigungen zu gestatten, die zu besichtigenden Agrarerzeugnisse oder Lebensmittel selbst oder durch andere so darzulegen, daß die Besichtigung ordnungsgemäß vorgenommen werden kann, selbst oder durch andere die erforderliche Hilfe bei Besichtigungen zu leisten, die Proben entnehmen zu lassen, die geschäftlichen Unterlagen vorzulegen, prüfen zu lassen und Auskünfte zu erteilen.

(4) Erfolgt die Überwachung bei der Einfuhr oder bei der Ausfuhr, so gelten die Absätze 2 und 3 entsprechend auch für denjenigen, der die Agrarerzeugnisse oder Lebensmittel für den Betriebsinhaber innergemeinschaftlich verbringt, einführt oder ausführt.

(5) Der zur Erteilung einer Auskunft Verpflichtete kann die Auskunft auf solche Fragen verweigern, deren Beantwortung ihn selbst oder einen der in § 383 Abs. 1 Nr. 1 bis 3 der Zivilprozeßordnung bezeichneten Angehörigen der Gefahr strafrechtlicher Verfolgung oder eines Verfahrens nach dem Gesetz über Ordnungswidrigkeiten aussetzen würde.

(6) ¹Für Amtshandlungen, die nach Artikel 10 der Verordnung (EWG) Nr. 2081/92 zu Kontrollzwecken vorzunehmen sind, werden kostendeckende Gebühren und Auslagen erhoben. ²Die kostenpflichtigen Tatbestände werden durch das Landesrecht bestimmt.

#### Inhaltsübersicht

|  | Rn |
|---|---|
| A. Überwachung und Kontrolle | 1 |
| B. Durchführung der Überwachung und Kontrolle | 2–7 |
|    I. Zuständigkeit der Länder (§ 134 Abs. 1) | 2 |
|    II. Rechte der Überwachungs- und Kontrollorgane (§ 134 Abs. 2) | 3, 4 |
|    III. Pflichten der Unternehmen (§ 134 Abs. 3 bis 5) | 5–7 |

Überwachung  1–4 § 134 MarkenG

|  | Rn |
|---|---|
| C. Gebühren und Auslagen (§ 134 Abs. 6) | 8 |
| D. Private Kontrollstellen | 9 |
| E. Bekanntmachung der Kontrollstellen | 10 |

## A. Überwachung und Kontrolle

Regelungsgegenstand des § 134 ist eine nach Gemeinschaftsrecht erforderliche *Überwachung und Kontrolle* im Interesse des Schutzes von geographischen Angaben und Ursprungsbezeichnungen im Sinne der Verordnung (EWG) Nr. 2081/92. Mit dieser Vorschrift kommt der Gesetzgeber des MarkenG der Verpflichtung des Art. 10 VO und deren Durchführungsbestimmungen nach Art. 16 VO nach, Kontrolleinrichtungen zu schaffen und die Durchführung der Kontrolle zu regeln. Die Art der Regelung, der Überwachung und Kontrolle ist entsprechend § 4 Abs. 1 bis 5 LSpG gestaltet. § 134 Abs. 1 unterscheidet zwischen Überwachung und Kontrolle. Mit dem *Begriff der Kontrolle* ist die gemeinschaftsrechtlich vorgeschriebene Kontrolle im Sinne des Art. 10 VO zu verstehen. Unter dem *Begriff der Überwachung*, der im allgemeinen Sprachgebrauch mit dem Begriff der Kontrolle synonym verwendet wird, versteht der Gesetzgeber die allgemeine Aufgabe der Verwaltung, die Einhaltung öffentlichrechtlicher Normen zu beaufsichtigen (s. Begründung zum MarkenG, BT-Drucks. 12/6581 vom 14. Januar 1994, S. 122). Die nach Gemeinschaftsrecht gebotene Kontrolle dient verschiedenen Zwecken. Zum einen soll die Kontrolle gewährleisten, daß die Agrarerzeugnisse und Lebensmittel, die mit geschützten Bezeichnungen versehen sind, die Anforderungen der Spezifikation erfüllen. Dabei handelt es sich um eine *Produktionskontrolle*. Einer solchen Kontrolle sind diejenigen Unternehmen unterworfen, die eine geschützte geographische Angabe oder Ursprungsbezeichnung verwenden. Es ist sicherzustellen, daß die mit den geographischen Bezeichnungen gekennzeichneten Erzeugnisse nach ihrer Qualität und ihren Eigenschaften den Anforderungen der Spezifikation entsprechen. Der Kontrolle unterliegt zum anderen die Art der *Kennzeichnung der Produkte*. Es ist sicherzustellen, daß die geschützte geographische Angabe oder Ursprungsbezeichnung bei der Etikettierung der Erzeugnisse korrekt verwendet wird. Der Überwachung dienen ergänzende Maßnahmen, die erforderlich sein können, um die Einhaltung und Durchführung der Verordnung (EWG) Nr. 2081/92 umfassend zu gewährleisten. Zu diesen Überwachungsaufgaben gehört auch die *Verhinderung einer unbefugten Verwendung* geschützter geographischer Bezeichnungen durch solche anderen Unternehmen, deren Produktion nicht der Kontrolle nach Art. 10 VO unterliegt. 1

## B. Durchführung der Überwachung und Kontrolle

### I. Zuständigkeit der Länder (§ 134 Abs. 1)

Die Aufgaben der Überwachung und Kontrolle der geschützten geographischen Angaben und Ursprungsbezeichnungen ist der *Zuständigkeit der Länder* überantwortet, die über die erforderliche Fachkompetenz verfügen. Die Zuständigkeitsregelung entspricht Art. 83 GG, nach dem die Länder die Bundesgesetze grundsätzlich als eigene Angelegenheit ausführen. Nach § 134 Abs. 1 obliegt die erforderliche Überwachung und Kontrolle den nach Landesrecht zuständigen Stellen. 2

### II. Rechte der Überwachungs- und Kontrollorgane (§ 134 Abs. 2)

Den Beauftragten der nach Landesrecht zuständigen Stellen stehen nach § 134 Abs. 2 bestimmte *Rechte zur Durchführung der Überwachung und Kontrolle* zu. Der Überwachung und Kontrolle unterworfen sind Unternehmen, die Agrarerzeugnisse oder Lebensmittel herstellen oder in den Verkehr bringen, die sie mit einer geschützten geographischen Angabe oder Ursprungsbezeichnung kennzeichnen oder zu kennzeichnen beabsichtigen. 3

Bei den *Überwachungs- und Kontrollrechten* handelt es sich um ein *Betretungsrecht*, *Besichtigungsrecht*, *Probeentnahmerecht*, *Einsichtsrecht*, *Prüfungsrecht* und *Auskunftsrecht* (§ 134 Abs. 2 4

1691

Nr. 1 bis 4). Die Überwachungs- und Kontrollorgane dürfen die Geschäftsräume und Grundstücke, Verkaufseinrichtungen und Transportmittel der zu kontrollierenden Unternehmen betreten (Nr. 1). Sie dürfen an diesen Orten Besichtigungen vornehmen. Die Überwachungs- und Kontrollorgane sind berechtigt, Proben der mit der geschützten geographischen Angabe oder Ursprungsbezeichnung gekennzeichneten oder zu kennzeichnenden Erzeugnisse zu entnehmen. Für die Probeentnahme ist eine Empfangsbescheinigung auszustellen. Die Vorschrift des § 134 Abs. 2 Nr. 2 regelt nicht ausdrücklich den Gegenstand der Probeentnahme. Das Probeentnahmerecht ist nicht auf das Erzeugnis in der Gestalt beschränkt, wie es das Unternehmen in den Verkehr zu bringen beabsichtigt (Fertigprodukt). Das Probeentnahmerecht bezieht sich auch auf die Vorstufen der Fertigung des Produkts, dessen Rohstoffe und Produktbestandteile. Das kontrollierte Unternehmen kann verlangen, daß ihm ein Teil der Probe amtlich verschlossen und versiegelt zurückgelassen wird. Wenn die Probe unteilbar ist, dann gilt dies für eine zweite Probe. Das Überwachungs- und Kontrollorgan ist berechtigt, die Geschäftsunterlagen des zu kontrollierenden Unternehmens einzusehen und zu prüfen (Nr. 3). Dazu wird es berechtigt sein, unter Wahrung des Unternehmens- und Geschäftsgeheimnisses sachverständige Gutachter hinzuziehen (Nr. 4). Das Überwachungs- und Kontrollorgan kann von dem zu kontrollierenden Unternehmen Auskunft verlangen. Das Auskunftsverlangen muß sich aus dem Sachzusammenhang der Überwachungs- und Kontrollaufgabe ergeben. Nach § 134 Abs. 2 S. 2 werden die Überwachungs- und Kontrollrechte über den unternehmensinternen Bereich hinaus auch auf solche Agrarerzeugnisse oder Lebensmittel erstreckt, die an öffentlichen Orten, insbesondere auf Märkten, Plätzen, Straßen oder im Umherziehen in den Verkehr gebracht werden. Die Ausübung der Überwachungs- und Kontrollrechte muß zur Erfüllung der Überwachungs- und Kontrollaufgabe erforderlich sein (§ 134 Abs. 2 S. 1). Zur Bestimmung der erforderlichen Maßnahmen werden neben dem Grundsatz der Erforderlichkeit auch der Grundsatz der Verhältnismäßigkeit und das Übermaßverbot anzuwenden sein.

### III. Pflichten der Unternehmen (§ 134 Abs. 3 bis 5)

5   Mit den Rechten der Überwachungs- und Kontrollorgane korrelieren *Pflichten der rechtsunterworfenen Unternehmen*. Nach § 134 Abs. 3 bestehen *Duldungs- und Mitwirkungspflichten* der Inhaber oder Leiter der rechtsunterworfenen Betriebe bei der Durchführung der Überwachung und Kontrolle durch die Landesbehörden. Den Überwachungs- und Kontrollorganen ist das Betreten der Geschäftsräume und Grundstücke sowie der Verkaufseinrichtungen und Transportmittel zu gestatten. Die Vornahme der Besichtigungen an diesen Orten ist zu erlauben. Die Agrarerzeugnisse oder Lebensmittel sind zur Besichtigung so darzulegen, daß die Besichtigung ordnungsgemäß vorgenommen werden kann. Die Mitwirkungspflicht der Unternehmen bei der Durchführung der Überwachung und Kontrolle geht dahin, daß die erforderliche Hilfe bei den Besichtigungen zu leisten ist. Dabei sind Proben entnehmen zu lassen, die geschäftlichen Unterlagen vorzulegen und prüfen zu lassen sowie die erforderlichen Auskünfte zu erteilen.

6   § 134 Abs. 4 enthält eine Regelung zur *Überwachung bei der Einfuhr oder bei der Ausfuhr* und erweitert den Kreis der Normadressaten der rechtsunterworfenen Unternehmen. Die Rechte der Überwachungs- und Kontrollorgane nach Abs. 2 sowie die Duldungs- und Mitwirkungspflichten nach Abs. 3 gelten auch für solche Unternehmen, die die Agrarerzeugnisse oder Lebensmittel für den rechtsunterworfenen Betriebsinhaber innergemeinschaftlich verbringen, einführen oder ausführen. Die Überwachung und Kontrolle wird so auf den *innergemeinschaftlichen Vertrieb* der gekennzeichneten oder zu kennzeichnenden Erzeugnisse ausgedehnt.

7   Nach § 134 Abs. 5 besteht ein *Auskunftsverweigerungsrecht* der rechtsunterworfenen Unternehmen. Inhaber oder Leiter der Betriebe im Sinne des Abs. 3 sowie Spediteure, Importeure oder Exporteure im Sinne des Abs. 4, die nach Abs. 2 S. 1 Nr. 5 zur Auskunft verpflichtet sind, können nach Abs. 5 die Auskunft auf solche Fragen verweigern, deren Beantwortung ihn *selbst* oder einen *Angehörigen* im Sinne des § 383 Abs. 1 Nr. 1 bis 3 ZPO der Gefahr einer strafrechtlichen oder ordnungswidrigkeitsrechtlichen Verfolgung aussetzen würde. Es besteht kein allgemeines Auskunftsverweigerungsrecht, sondern nur ein spezielles Auskunftsverweigerungsrecht hinsichtlich konkret gefährdender Fragen.

## C. Gebühren und Auslagen (§ 134 Abs. 6)

Die Regelung über die zu erhebenden Gebühren und Auslagen nach § 134 Abs. 6 setzt **8** die Bestimmung des Art. 10 Abs. 7 Verordnung (EWG) Nr. 2081/92 um, die dem Grunde nach festlegt, daß die *Kosten* der nach der Verordnung vorgesehenen Kontrollen *von den Herstellern zu tragen* sind, die die geschützten Bezeichnungen verwenden. Nach Abs. 6 S. 1 werden für zu Kontrollzwecken vorgenommene Amtshandlungen *kostendeckende* Gebühren und Auslagen erhoben. Auch wenn die Vorschrift nur *Amtshandlungen zu Kontrollzwecken* im Sinne der Verordnung (EWG) Nr. 2081/92 erwähnt, werden entsprechende kostendeckende Gebühren und Auslagen auch für *Amtshandlungen der Überwachung* zur Einhaltung öffentlichrechtlicher Normen (zum Unterschied zwischen Kontrolle und Überwachung s. Rn 1) erhoben werden können, auch wenn es sich bei der Überwachung um eine allgemeine Aufgabe der Verwaltung handelt. Nach § 134 Abs. 6 S. 2 werden die kostenpflichtigen Tatbestände durch Landesrecht bestimmt.

## D. Private Kontrollstellen

Nach Art. 10 Abs. 2 Verordnung (EWG) Nr. 2081/92 ist den Mitgliedstaaten die Organisation der bereitzustellenden Kontrolleinrichtungen zu überlassen. Die Mitgliedstaaten **9** können *staatliche Behörden* mit der Kontrolle beauftragen oder neben oder anstelle von staatlichen Kontrollbehörden auch *private Kontrollstellen* zulassen. § 139 Abs. 2 enthält eine Rechtsverordnungsermächtigung, die das Tätigwerden privater Kontrollstellen ermöglichen soll. Die Übertragung der Kontrollaufgaben auf private Kontrollstellen bedarf der näheren Ausgestaltung, deren Einzelheiten zweckmäßigerweise im Verordnungswege zu regeln sind.

## E. Bekanntmachung der Kontrollstellen

Die von den Mitgliedstaaten der EU-Kommission übermittelten Kontrollstellen für die **10** einzelnen geographischen Angaben oder Ursprungsbezeichnungen gemäß der Verordnung (EWG) Nr. 2081/92 werden im Amtsblatt der EG bekanntgemacht (s. die Übersichten in ABl. EG Nr. C 317 vom 26. Oktober 1996, S. 3; ABl. EG Nr. C 200 vom 26. Juni 1998, S. 2; ABl. EG Nr. C 332 vom 30. Oktober 1998, S. 3).

## Unterlassungsanspruch; Schadensersatzanspruch

**§ 135** (1) Wer im geschäftlichen Verkehr Handlungen vornimmt, die gegen Artikel 8 oder 13 der Verordnung (EWG) Nr. 2081/92 verstoßen, kann von den nach § 13 Abs. 2 des Gesetzes gegen den unlauteren Wettbewerb zur Geltendmachung von Ansprüchen Berechtigten auf Unterlassung in Anspruch genommen werden.

(2) § 128 Abs. 2 und 3 ist entsprechend anzuwenden.

### Inhaltsübersicht

| | Rn |
|---|---|
| A. Regelungsübersicht | 1 |
| B. Unterlassungsanspruch (§ 135 Abs. 1) | 2–8 |
|    I. Verletzungstatbestände | 2–4 |
|    II. Aktivlegitimation | 5 |
|    III. Gerichtsstand | 6 |
|    IV. Abwehranspruch | 7 |
|    V. Vernichtungsanspruch | 8 |
| C. Schadensersatzanspruch (§§ 135 Abs. 2 iVm 128 Abs. 2) | 9 |
| D. Haftung des Betriebsinhabers (§§ 135 Abs. 2 iVm 128 Abs. 3) | 10 |

MarkenG § 135 1-4  Unterlassungsanspruch; Schadensersatzanspruch

## A. Regelungsübersicht

1   § 135 gewährt *Unterlassungsansprüche* und *Schadensersatzansprüche* bei einer rechtswidrigen Verwendung der nach der Verordnung (EWG) Nr. 2081/92 des Rates vom 14. Juli 1992 zum Schutz von geographischen Angaben und Ursprungsbezeichnungen für Agrarerzeugnisse und Lebensmittel (ABl. EG Nr. L 208 vom 24. Juli 1992, S. 1; zuletzt geändert durch Verordnung (EG) Nr. 1068/97 vom 12. Juni 1997, ABl. EG Nr. L 156 vom 13. Juni 1997, S. 10; s. 3. Teil des Kommentars, II 6) geschützten geographischen Angaben und Ursprungsbezeichnungen. Da die Verordnung selbst nur die Grundtatbestände zum Schutz der eingetragenen geographischen Bezeichnungen enthält und selbst keine Sanktionsregelungen vorsieht, ist eine rechtliche Regelung im MarkenG geboten. Nach § 135 können Unterlassungsansprüche und Schadensersatzansprüche in gleicher Weise wie bei einem Verstoß gegen den Schutzinhalt einer geographischen Herkunftsangabe nach § 127 geltend gemacht werden. Der Schutz einer aufgrund der Verordnung (EWG) Nr. 2081/92 als geschützte geographische Angabe oder geschützte Ursprungsbezeichnung eingetragenen Bezeichnung richtet sich ausschließlich nach § 135 iVm Art. 8, 13 VO (OLG Frankfurt GRUR Int 1997, 751 – Gorgonzola/Cambozola).

## B. Unterlassungsanspruch (§ 135 Abs. 1)

### I. Verletzungstatbestände

2   Voraussetzung des nach § 135 Abs. 1 gewährten Unterlassungsanspruchs ist ein *Verstoß gegen Art. 8 oder 13 der Verordnung (EWG) Nr. 2081/92*. Ein *Verstoß gegen Art. 13 VO* liegt dann vor, wenn die eingetragene geographische Bezeichnung für *Erzeugnisse anderer Herkunft* verwendet wird. Nach *Art. 13 Abs. 1 VO* werden die eingetragenen Bezeichnungen geschützt gegen jede *direkte oder indirekte kommerzielle Verwendung der eingetragenen Bezeichnung* für Erzeugnisse, die nicht unter die Eintragung fallen, sofern diese Erzeugnisse mit den unter dieser Bezeichnung eingetragenen Erzeugnissen vergleichbar sind, oder sofern durch diese Verwendung das Ansehen der geschützten Bezeichnung ausgenutzt wird (lit. a VO), gegen jede *widerrechtliche Aneignung, Nachahmung oder Anspielung*, selbst wenn der wahre Ursprung des Erzeugnisses angegeben ist oder wenn die geschützte Bezeichnung in Übersetzung oder zusammen mit Ausdrücken wie *Art, Typ, Verfahren, Fasson, Nachahmung* oder dergleichen verwendet wird (lit. b), gegen alle *sonstigen falschen oder irreführenden Angaben*, die sich auf Herkunft, Ursprung, Natur oder wesentliche Eigenschaften der Erzeugnisse beziehen und auf der Aufmachung oder der äußeren Verpackung, in der Werbung oder in Unterlagen zu den betreffenden Erzeugnissen erscheinen, sowie die *Verwendung von Behältnissen*, die geeignet sind, einen falschen Eindruck hinsichtlich des Ursprungs zu erwecken (lit. c) und gegen alle *sonstigen Praktiken*, die geeignet sind, das Publikum über den wahren Ursprung des Erzeugnisses irrezuführen (lit. d). Eine Verletzungshandlung im Sinne des § 135 Abs. 1 liegt auch bei einem *Verstoß gegen Art. 8 VO* vor. Ein solcher Verstoß liegt vor, wenn die Angaben g. U. und g. g. A. oder die entsprechenden traditionellen einzelstaatlichen Angaben für Agrarerzeugnisse und Lebensmittel verwendet werden, die der Verordnung (EWG) Nr. 2081/92 nicht entsprechen.

3   Die Verletzungshandlung im Sinne der Art. 8 und 13 VO muß nach § 135 Abs. 1 im *geschäftlichen Verkehr* erfolgen. Die Auslegung des Begriffs des geschäftlichen Verkehrs folgt einheitlichen Grundsätzen im MarkenG und im UWG (zum Begriff des geschäftlichen Verkehrs s. § 14, Rn 40 ff.).

4   § 135 Abs. 1 nimmt nicht ausdrücklich auf einen *Verstoß gegen Art. 14 Verordnung (EWG) Nr. 2081/92* Bezug, der die *Kollision einer geographischen Bezeichnung mit einer Marke* regelt. Die Einbeziehung des in Art. 14 VO geregelten Kollisionstatbestands in § 135 Abs. 1 war deshalb entbehrlich, weil eine rechtswidrige Benutzung von Marken schon unter den in die Vorschrift einbezogenen Art. 13 VO zu subsumieren ist, und sich die Berücksichtigung gemeinschaftsrechtlich geschützter geographischer Angaben und Ursprungsbezeichnungen im markenrechtlichen Eintragungsverfahren unmittelbar aus Art. 14 VO ergibt. Im übrigen

gelten die Regelungen über das Verfahren in Markenangelegenheiten zur Berücksichtigung der absoluten Schutzhindernisse nach § 37 (Prüfung auf absolute Schutzhindernisse im Eintragungsverfahren) und § 50 (Nichtigkeit wegen absoluter Schutzhindernisse), sowie zur Berücksichtigung relativer Schutzhindernisse nach § 42 (Widerspruch) und § 51 (Nichtigkeit wegen Bestehens älterer Rechte).

## II. Aktivlegitimation

Die *Aktivlegitimation zur Geltendmachung des Unterlassungsanspruchs* regelt § 135 Abs. 1 durch einen Verweis auf § 13 Abs. 2 UWG. Klagebefugt sind nach § 13 Abs. 2 UWG die *Mitbewerber* (Nr. 1), die *Verbände zur Förderung gewerblicher Interessen* (Nr. 2), *Verbraucherverbände* (Nr. 3) und die *Industrie- und Handelskammern und Handwerkskammern* (Nr. 4). Die Formulierung des § 128 Abs. 1 ist so gewählt, daß Verbraucherverbände im Sinne des § 13 Abs. 2 Nr. 3 UWG stets klagebefugt sind, ohne daß sie im Einzelfall das Vorliegen der Voraussetzungen des § 13 Abs. 2 Nr. 3 S. 2 UWG nachweisen müssen (Begründung zum MarkenG, BT-Drucks. 12/6581 vom 14. Januar 1994, S. 119) Zur Reichweite der Aktivlegitimation gelten die im Wettbewerbsrecht entwickelten Grundsätze (s. dazu im einzelnen *Baumbach/Hefermehl*, Wettbewerbsrecht, § 13 UWG, Rn 11 ff.).

## III. Gerichtsstand

Der *Gerichtsstand des Tatorts* für die Geltendmachung von Unterlassungsansprüchen nach § 128 Abs. 1 gilt nicht nur für den *unmittelbar Verletzten*, sondern auch für die *übrigen Klageberechtigten* nach § 13 Abs. 2 UWG. Die Einschränkung der örtlichen Zuständigkeit nach § 24 Abs. 2 UWG für die Klageberechtigten, die nicht unmittelbar Verletzte sind, gilt für den Schutz der geographischen Bezeichnungen nicht (s. zum Rechtsschutz geographischer Herkunftsangaben § 128, Rn 4).

## IV. Abwehranspruch

Auch wenn § 135 Abs. 1 ausdrücklich nur den Unterlassungsanspruch regelt, wird vom Anwendungsbereich der Vorschrift auch der *Beseitigungsanspruch* erfaßt. Die Regelung bezieht sich somit allgemein auf die Geltendmachung von Abwehransprüchen (zum Unterlassungsanspruch s. im einzelnen § 14, Rn 509 ff.).

## V. Vernichtungsanspruch

§ 135 enthält keine ausdrückliche Regelung eines *Vernichtungsanspruchs*. Ein Anspruch auf Vernichtung der widerrechtlich mit einer nach der Verordnung (EWG) Nr. 2081/92 geschützten geographischen Angabe oder geschützten Ursprungsbezeichnung versehenen Waren sowie der ausschließlich oder nahezu ausschließlich zur widerrechtlichen Kennzeichnung benutzten oder bestimmten Vorrichtungen läßt sich in *Analogie zu § 18* begründen (s. dazu § 128, Rn 6). Lehnt man eine solche Analogie wegen des besonderen Charakters geographischer Bezeichnungen ab, so kommt ein Vernichtungsanspruch auf der Grundlage des *allgemeinen Beseitigungsanspruchs* (s. § 18, Rn 46) in Betracht. Die Vernichtung der widerrechtlich gekennzeichneten Waren kann dann aber nur verlangt werden, wenn eine Beseitigung der widerrechtlichen Kennzeichnung nicht möglich ist (zur ähnlichen Rechtslage im Strafverfahren s. § 144, Rn 21 ff.).

## C. Schadensersatzanspruch (§§ 135 Abs. 2 iVm 128 Abs. 2)

§ 135 Abs. 2 regelt den *Schadensersatzanspruch* aufgrund eines Verweises auf § 128 Abs. 2 und 3. Ein Schadensersatzanspruch besteht, wenn die Verletzung der gemeinschaftsrechtlich geschützten geographischen Angabe oder Ursprungsbezeichnung im Sinne des § 135 Abs. 1 iVm Art. 8 und 13 Verordnung (EWG) Nr. 2081/92 vorsätzlich oder fahrlässig begangen wird. Der Verletzer ist zum Ersatz des durch die Verletzung der geographischen Bezeichnung entstandenen Schadens verpflichtet (zum Schadensersatz s. im einzelnen § 14, Rn 513 ff.).

### D. Haftung des Betriebsinhabers (§§ 135 Abs. 2 iVm 128 Abs. 3)

**10** Nach § 135 Abs. 2 iVm § 128 Abs. 3 besteht eine *Haftung des Betriebsinhabers* für Verletzungshandlungen, die von Angestellten oder Beauftragten begangen werden. Nach dieser Vorschrift besteht eine von einem eigenen Verschulden des Geschäftsherrn unabhängige Erfolgshaftung bei schuldhaftem Handeln des Beauftragten oder Angestellten; eine etwa daneben bestehende Haftung des Beauftragten oder Angestellten selbst bleibt unberührt (s. zur Haftung des Betriebsinhabers im einzelnen § 14, Rn 541 ff.).

**Verjährung**

**136** Die Ansprüche nach § 135 verjähren gemäß § 20.

### Inhaltsübersicht

|   | Rn |
|---|---|
| A. Anwendungsbereich | 1 |
| B. Verjährungsfrist | 2 |

### A. Anwendungsbereich

**1** Die Vorschrift des § 136 regelt die *Verjährung* des Unterlassungsanspruchs und Schadensersatzanspruchs nach § 135 wegen der Verletzung einer gemeinschaftsrechtlich geschützten geographischen Angabe oder Ursprungsbezeichnung im Sinne der Art. 8 und 13 Verordnung (EWG) Nr. 2081/92 (s. zu den Verletzungshandlungen im einzelnen § 135, Rn 2).

### B. Verjährungsfrist

**2** Die Verjährung bestimmt sich nach der Regelung des § 20. Die *Verjährungsfrist* beträgt *drei Jahre* von dem Zeitpunkt an, in dem der Berechtigte von der Verletzung der geographischen Bezeichnung und der Person des Verpflichteten Kenntnis erlangt, ohne Rücksicht auf diese Kenntnis in dreißig Jahren von der Verletzung an (s. zur Verjährung im einzelnen § 20, Rn 19 ff.).

## Abschnitt 3. Ermächtigungen zum Erlaß von Rechtsverordnungen

**Nähere Bestimmungen zum Schutz einzelner geographischer Herkunftsangaben**

**137** (1) Das Bundesministerium der Justiz wird ermächtigt, im Einvernehmen mit den Bundesministerien für Wirtschaft, für Ernährung, Landwirtschaft und Forsten und für Gesundheit durch Rechtsverordnung mit Zustimmung des Bundesrates nähere Bestimmungen über einzelne geographische Herkunftsangaben zu treffen.

(2) ¹In der Rechtsverordnung können

1. durch Bezugnahme auf politische oder geographische Grenzen das Herkunftsgebiet,
2. die Qualität oder sonstige Eigenschaften im Sinne des § 127 Abs. 2 sowie die dafür maßgeblichen Umstände, wie insbesondere Verfahren oder Art und Weise der Erzeugung oder Herstellung der Waren oder der Erbringung der Dienstleistungen oder Qualität oder sonstige Eigenschaften der verwendeten Ausgangsmaterialien wie deren Herkunft, und
3. die Art und Weise der Verwendung der geographischen Herkunftsangabe geregelt werden. ²Bei der Regelung sind die bisherigen lauteren Praktiken, Gewohnheiten und Gebräuche bei der Verwendung der geographischen Herkunftsangabe zu berücksichtigen.

## Inhaltsübersicht

| | Rn |
|---|---|
| A. Zweck der Rechtsverordnungsermächtigung | 1 |
| B. Ermächtigungsnorm (§ 137 Abs. 1) | 2 |
| C. Regelungsgegenstände (§ 137 Abs. 2) | 3, 4 |
|     I. Inhalt der Regelungen | 3 |
|     II. Verhältnis zur Verkehrsauffassung | 4 |
| D. Einzelne Rechtsverordnungen | 5 |

## A. Zweck der Rechtsverordnungsermächtigung

§ 137 sieht eine *Ermächtigung zum Erlaß von Rechtsverordnungen* vor, die nähere Bestimmungen zum *Schutz einzelner geographischer Herkunftsangaben* treffen. Zweck dieser Rechtsverordnungsermächtigung ist es, einzelne geographische Herkunftsangaben künftig auch normativ zu regeln. Mit dem Erlaß von Rechtsverordnungen soll ein weiterer Beitrag zur Rechtsvereinheitlichung auf dem Gebiet der geographischen Bezeichnungen geleistet werden; die nach § 137 zu erlassenden Rechtsverordnungen werden es entbehrlich machen, von Rechtsverordnungsermächtigungen Gebrauch zu machen, die in Spezialgesetzen enthalten sind (Begründung zum MarkenG vom 14. Januar 1994, BT- Drucks. 12/6581, S. 123). Von der Rechtsverordnungsermächtigung soll nur in den wirklich erforderlichen Fällen Gebrauch gemacht werden, wenn die vorhandenen Rechtsinstrumente nicht ausreichen. Solche Schutzinstrumente stellen sowohl das vom *RAL-Deutsches Institut zur Gütesicherung und Kennzeichnung verwaltete System der Herkunftsgewährzeichen* (s. Vorb zu § 97, Rn 4), als auch der *Schutz geographischer Herkunftsangaben als Kollektivmarken* nach den §§ 97 bis 106 dar. Von der Verordnungsermächtigung des § 137 wurde zum Schutz der Herkunftsangabe *Solingen* durch die *SolingenV* Gebrauch gemacht (s. Rn 5 f.).

## B. Ermächtigungsnorm (§ 137 Abs. 1)

Das Bundesministerium der Justiz ist nach Abs. 1 zum Erlaß von Rechtsverordnungen ermächtigt, in denen nähere Bestimmungen zum Schutz einzelner geographischer Herkunftsangaben getroffen werden können. Die Rechtsverordnungen bedürfen des Einvernehmens der betroffenen Bundesressorts. Es sollen alle beteiligten Bundesressorts (Bundesministerium für Wirtschaft, Bundesministerium für Ernährung, Landwirtschaft und Forsten, Bundesministerium für Gesundheit) ihr Einvernehmen erklären, auch wenn im Einzelfall ihre Zuständigkeit nicht betroffen ist. Auf diese Weise soll zu einer alle Waren- und Dienstleistungsgebiete erfassenden, harmonischen Rechtsentwicklung beigetragen werden (Begründung zum MarkenG vom 14. Januar 1994, BT- Drucks. 12/6581, S. 123). Die Rechtsverordnungen bedürfen der Zustimmung des Bundesrates.

## C. Regelungsgegenstände (§ 137 Abs. 2)

### I. Inhalt der Regelungen

In § 137 Abs. 2 S. 1 Nr. 1 bis 3 werden die *Regelungsgegenstände* beschrieben, die in einer Rechtsverordnung zum Schutz einer einzelnen geographischen Herkunftsangabe näher bestimmt werden können. Zum einen kann das *Herkunftsgebiet* einer geographischen Bezeichnung durch *Bezugnahme auf politische oder geographische Grenzen* näher geregelt werden (Nr. 1). Zum anderen kann die *Qualität* der mit einer geographischen Herkunftsangabe zu kennzeichnenden Waren oder Dienstleistungen, sowie deren *sonstige Eigenschaften* im Sinne des § 127 Abs. 2 näher geregelt werden (Nr. 2). Dazu können auch die für die Qualität oder die sonstigen Produkteigenschaften maßgeblichen Umstände näher bestimmt werden. Dazu gehören etwa Verfahren der Erzeugung oder Herstellung der Produkte, wie namentlich die Art und Weise der Produktionsmethoden oder die Qualität, sowie die sonstigen Eigenschaften der verwendeteten Ausgangsmaterialien der Erzeugnisse, wie namentlich auch deren Herkunft. Schließlich kann die *Art und Weise der Verwendung* der geographischen Herkunftsangabe näher geregelt werden (Nr. 3). Dazu rechnet etwa die Ausgestaltung der geographischen Bezeichnung selbst, wie auch die Art und Weise ihrer Anbringung auf den zu kennzeichnenden Erzeugnissen.

## II. Verhältnis zur Verkehrsauffassung

**4** Bei den einzelnen geographischen Herkunftsangaben, deren Schutz in einer Rechtverordnung näher bestimmt wird, wird es sich in aller Regel um solche Bezeichnungen handeln, die bereits im geschäftlichen Verkehr benutzt werden. Da sich nach Erlaß einer Rechtsverordnung der Schutz der einzelnen geographischen Bezeichnung nach den Regelungen der Rechtsverordnung bestimmt, ist bei deren Erlaß die *Verkehrsauffassung* zu beachten. Nach § 137 Abs. 2 S. 2 sind bei der Festlegung der Regelungsinhalte im Sinne des Abs. 2 Nr. 1 bis 3 die bisherigen *lauteren Praktiken, Gewohnheiten und Gebräuche* bei der Verwendung der geographischen Herkunftsangabe zu berücksichtigen.

## D. Einzelne Rechtsverordnungen

**5** Von der Verordnungsermächtigung des § 137 Abs. 1 wurde zum Schutz der Herkunftsangabe *Solingen* durch Erlaß der *Verordnung zum Schutz des Namen Solingen* (Solingenverordnung – SolingenV) vom 16. Dezember 1994 (BGBl. I S. 3833) Gebrauch gemacht. Nach Art. 48 Nr. 4 MRRG wurde das *Gesetz zum Schutze des Namens Solingen* vom 25. Juli 1938 (RGBl. I S. 953) idF vom 2. März 1974 (BGBl. I S. 469) und nach Art. 48 Nr. 5 MRRG wurde die *Verordnung zur Durchführung und Ergänzung des Gesetzes zum Schutze des Namens Solingen* aufgehoben (s. § 8, Rn 407).

**Sonstige Vorschriften für das Verfahren bei Anträgen und Einsprüchen nach der Verordnung (EWG) Nr. 2081/92**

**138** (1) **Das Bundesministerium der Justiz wird ermächtigt, durch Rechtsverordnung ohne Zustimmung des Bundesrates nähere Bestimmungen über das Antrags- und Einspruchsverfahren (§§ 130 bis 133) zu treffen.**

(2) **Das Bundesministerium der Justiz kann die Ermächtigung zum Erlaß von Rechtsverordnungen nach Absatz 1 durch Rechtsverordnung ohne Zustimmung des Bundesrates ganz oder teilweise auf den Präsidenten des Patentamts übertragen.**

### Inhaltsübersicht

|   | Rn |
|---|---|
| A. Regelungszweck | 1 |
| B. Zuständigkeit (§ 138 Abs. 1) | 2 |
| C. Unterermächtigung (§ 138 Abs. 2) | 3 |

### A. Regelungszweck

**1** Das MarkenG enthält die Grundtatbestände für das Antrags- und Einspruchsverfahren nach der Verordnung (EWG) Nr. 2081/92 des Rates vom 14. Juli 1992 zum Schutz von geographischen Angaben und Ursprungsbezeichnungen für Agrarerzeugnisse und Lebensmittel (ABl. EG Nr. L 208 vom 24. Juli 1992, S. 1; zuletzt geändert durch Verordnung (EG) Nr. 1068/97 vom 12. Juni 1997, ABl. EG Nr. L 156 vom 13. Juni 1997, S. 10; s. 3. Teil des Kommentars, II 6) in den §§ 130 bis 133. Den Verfahren in Markenangelegenheiten vergleichbar, bedürfen auch diese Verfahren zum Schutz geographischer Angaben und Ursprungsbezeichnungen der näheren Ausgestaltung. Da es sich bei den *Antrags- und Einspruchsverfahren nach der Verordnung (EWG) Nr. 2081/92* nicht um Verfahren in Markenangelegenheiten handelt, ist die Rechtsverordnungsermächtigung des § 65 nicht einschlägig und es bedarf der eigenen Ermächtigungsgrundlage des § 138.

### B. Zuständigkeit (§ 138 Abs. 1)

**2** Das *Bundesministerium der Justiz* ist nach § 138 Abs. 1 zum Erlaß einer *Rechtsverordnung zur Regelung des Antrags- und Einspruchsverfahrens nach den §§ 130 bis 133* ermächtigt. Die

Durchführungsbestimmungen § 139 MarkenG

Rechtsverordnung bedarf nicht der Zustimmung des Bundesrates, da die Regelungen Verfahren vor dem DPMA und dem BPatG betreffen. Von der Ermächtigungsgrundlage wurde mit *Teil 6 (§§ 54 bis 62) der MarkenV* Gebrauch gemacht.

### C. Unterermächtigung (§ 138 Abs. 2)

Das Bundesministerium der Justiz kann als nach § 138 Abs. 1 ermächtiger Verordnungsgeber diese Ermächtigung zum Erlaß von näheren Bestimmungen über das Eintragungs- und Einspruchsverfahren der §§ 130 bis 133 nach § 138 Abs. 2 durch Rechtsverordnung ganz oder teilweise auf den *Präsidenten des DPMA* übertragen. Die *Unterermächtigung* bedarf nicht der Zustimmung des Bundesrates. Der Verordnungsgeber hat von dieser Ermächtigung Gebrauch gemacht und dem Präsidenten des DPMA eine entsprechende Unterermächtigung erteilt. Der Präsident des DPMA hat die Verfahrensvorschriften der §§ 54 bis 62 MarkenV verordnet. 3

### Durchführungsbestimmungen zur Verordnung (EWG) Nr. 2081/92

**139** (1) ¹Das Bundesministerium der Justiz wird ermächtigt, im Einvernehmen mit den Bundesministerien für Wirtschaft, für Ernährung, Landwirtschaft und Forsten und für Gesundheit durch Rechtsverordnung mit Zustimmung des Bundesrates weitere Einzelheiten des Schutzes von Ursprungsbezeichnungen und geographischen Angaben nach der Verordnung (EWG) Nr. 2081/92 zu regeln, soweit sich das Erfordernis hierfür aus der Verordnung (EWG) Nr. 2081/92 oder den zu ihrer Durchführung erlassenen Vorschriften des Rates oder der Kommission der Europäischen Gemeinschaften ergibt. ²In Rechtsverordnungen nach Satz 1 können insbesondere Vorschriften über
1. die Kennzeichnung der Agrarerzeugnisse oder Lebensmittel,
2. die Berechtigung zum Verwenden der geschützten Bezeichnungen oder
3. die Voraussetzungen und das Verfahren bei der Überwachung oder Kontrolle beim innergemeinschaftlichen Verbringen oder bei der Einfuhr oder Ausfuhr erlassen werden. ³Rechtsverordnungen nach Satz 1 können auch erlassen werden, wenn die Mitgliedstaaten nach den dort genannten gemeinschaftsrechtlichen Vorschriften befugt sind, ergänzende Vorschriften zu erlassen.

(2) ¹Die Landesregierungen werden ermächtigt, durch Rechtsverordnung die Durchführung der nach Artikel 10 der Verordnung (EWG) Nr. 2081/92 erforderlichen Kontrollen zugelassenen privaten Kontrollstellen zu übertragen oder solche an der Durchführung dieser Kontrollen zu beteiligen. ²Die Landesregierungen können auch die Voraussetzungen und das Verfahren der Zulassung privater Kontrollstellen durch Rechtsverordnung regeln. ³Sie sind befugt, die Ermächtigung nach den Sätzen 1 und 2 durch Rechtsverordnung ganz oder teilweise auf andere Behörden zu übertragen.

### Inhaltsübersicht

| | Rn |
|---|---|
| A. Zweck der Rechtsverordnungsermächtigung | 1 |
| B. Regelungsgegenstand der Rechtsverordnungsermächtigung | 2, 3 |
|    I. Zuständigkeit und Regelungsbedarf (§ 139 Abs. 1 S. 1 und 3) | 2 |
|    II. Inhalt der Rechtsverordnung (§ 139 Abs. 1 S. 2) | 3 |
| C. Private Kontrollstellen (§ 139 Abs. 2) | 4 |

### A. Zweck der Rechtsverordnungsermächtigung

Die Verordnung (EWG) Nr. 2081/92 des Rates vom 14. Juli 1992 zum Schutz von geographischen Angaben und Ursprungsbezeichnungen für Agrarerzeugnisse und Lebensmittel (ABl. EG Nr. L 208 vom 24. Juli 1992, S. 1; zuletzt geändert durch Verordnung (EG) Nr. 1068/97 vom 12. Juni 1997, ABl. EG Nr. L 156 vom 13. Juni 1997, S. 10; s. 3. Teil des Kommentars, II 6) enthält nur die Rahmenbestimmungen zum Schutz von geographischen Angaben und Ursprungsbezeichnungen für Agrarerzeugnisse und Lebensmittel auf Gemeinschaftsebene. Nach Art. 16 VO werden nach dem Verfahren des Art. 15 VO Durch- 1 führungsvorschriften zu der Verordnung (EWG) Nr. 2081/92 erlassen. Sowohl der Erlaß als auch eine Änderung dieser Durchführungsvorschriften, sowie die Erfordernisse im Hinblick auf die weitere Entwicklung der geographischen Bezeichnungen auf Gemeinschaftsebene bedarf stets einer Umsetzung im Kennzeichnungsrecht der Mitgliedstaaten. Zur Vermeidung einer jeweiligen Änderung des MarkenG enthält § 139 eine *Rechtsverordnungsermächtigung des Bundesministeriums der Justiz* zur Regelung der weiteren Einzelheiten des Schutzes von Ursprungsbezeichnungen und geographischen Angaben, soweit die Verordnung (EWG) Nr. 2081/92 oder deren Durchführungsvorschriften einen Regelungsbedarf ergeben.

## B. Regelungsgegenstand der Rechtsverordnungsermächtigung

### I. Zuständigkeit und Regelungsbedarf (§ 139 Abs. 1 S. 1 und 3)

2   Nach § 139 Abs. 1 S. 1 wird das *Bundesministerium der Justiz* ermächtigt, durch den Erlaß einer Rechtsverordnung *weitere Einzelheiten zum Schutz von Ursprungsbezeichnungen und geographischen Angaben* nach der Verordnung (EWG) Nr. 2081/92 zu regeln. Das Bundesministerium der Justiz hat das Einvernehmen mit dem Bundesministerium für Wirtschaft, dem Bundesministerium für Ernährung, Landwirtschaft und Forsten, sowie dem Bundesministerium für Gesundheit herzustellen. Die Rechtsverordnung bedarf der Zustimmung des Rates. Da sich eine solche Rechtsverordnung inhaltlich nachhaltig auf die Vorschriften des MarkenG zum Schutz von geographischen Angaben und Ursprungsbezeichnungen nach der Verordnung (EWG) Nr. 2081/92 auswirken kann, aber eine Änderung der §§ 130 bis 136 durch den Gesetzgeber vermieden werden soll, beschreibt die Verordnungsermächtigung nach Abs. 1 S. 1 im einzelnen den Regelungsbedarf. Von der Rechtsverordnungsermächtigung ist nur dann Gebrauch zu machen, wenn sich aus dem Inhalt der Verordnung (EWG) Nr. 2081/92 oder aus dem Erlaß oder einer Änderung der Durchführungsvorschriften zu dieser Verordnung nach Art. 16 VO das *Erfordernis einer mitgliedstaatlichen Regelung* ergibt. Der nationale Regelungsbedarf des Verordnungsgebers muß sich aus den gemeinschaftsrechtlichen Vorschriften ergeben. Ein Regelungsbedarf des Verordnungsgebers besteht nicht nur bei Vorliegen eines Erfordernisses aus der Verordnung (EWG) Nr. 2081/92 oder deren Durchführungsvorschriften, sondern nach § 139 Abs. 1 S. 3 auch dann, wenn nach den gemeinschaftsrechtlichen Vorschriften eine *mitgliedstaatliche Befugnis zur Ergänzung der gemeinschaftsrechtlichen Vorschriften* besteht.

### II. Inhalt der Rechtsverordnung (§ 139 Abs. 1 S. 2)

3   Die Rechtsverordnung nach § 139 Abs. 1 S. 1 kann sich insbesondere auf die Regelungsinhalte nach Abs. 1 S. 2 Nr. 1 bis 3 beziehen. Auch wenn der Erlaß einer Rechtsverordnung in der Regel in diesen Fällen eines gemeinschaftsrechtlichen Regelungsbedarfs in Betracht kommt, so ist doch die Aufzählung der Regelungsinhalte nicht abschließend. In der Rechtsverordnung können näher geregelt werden, die Kennzeichnung der Agrarerzeugnisse oder Lebensmittel (Nr. 1), die Berechtigung zum Verwenden der geschützten Bezeichnung (Nr. 2) und die Voraussetzungen und das Verfahren bei der Überwachung oder Kontrolle beim innergemeinschaftlichen Verbringen oder bei der Einfuhr und Ausfuhr (Nr. 3).

## C. Private Kontrollstellen (§ 139 Abs. 2)

4   Nach Art. 10 Abs. 2 Verordnung (EWG) Nr. 2081/92 ist den Mitgliedstaaten die Organisation der bereitzustellenden Kontrolleinrichtungen zu überlassen. Die Mitgliedstaaten können staatliche Behörden mit der Kontrolle beauftragen oder neben oder anstelle von staatlichen Kontrollbehörden auch *private Kontrollstellen* zulassen. Die Übertragung der Kontrollaufgaben auf private Kontrollstellen bedarf der näheren rechtlichen Ausgestaltung, deren Einzelheiten zweckmäßigerweise im Verordnungswege zu regeln sind. § 139 Abs. 2 enthält zur Regelung der Einzelheiten die erforderliche Rechtsverordnungsermächtigung, die das Tätigwerden privater Kontrollstellen ermöglichen soll.

## Teil 7. Verfahren in Kennzeichenstreitsachen

### Vorbemerkung zu den §§ 140 bis 142

#### Inhaltsübersicht

| | Rn |
|---|---|
| A. Regelungsübersicht | 1 |
| B. Rechtsänderungen | 2 |

### A. Regelungsübersicht

Teil 7 des MarkenG (§§ 140 bis 142) enthält die allgemeinen Vorschriften über die *Verfahren in Kennzeichenstreitsachen*. Kennzeichenstreitsachen sind nach § 140 Abs. 1 Klagen, durch die *ein Anspruch aus einem der im MarkenG geregelten Rechtsverhältnisse geltend gemacht wird*. Mit dem Begriff der Kennzeichenstreitsache wird dem umfassenden Geltungsbereich des MarkenG als eines einheitlichen Kennzeichengesetzes Rechnung getragen (Begründung zum MarkenG, BT-Drucks. 12/6581 vom 14. Januar 1994, S. 124). Die Vorschrift des § 140 Abs. 1 regelt die *sachliche Zuständigkeit* für Verfahren in Kennzeichenstreitsachen. Es besteht eine *ausschließliche Zuständigkeit der Landgerichte* ohne Rücksicht auf den Streitwert der Kennzeichenstreitsache. Aufgrund der *Konzentrationsermächtigung* des § 140 Abs. 2 wurde in den Bundesländern eine ausschließliche Zuständigkeit für Kennzeichenstreitsachen von bestimmten Kennzeichengerichten begründet (s. die Übersicht § 140, Rn 9). § 140 Abs. 3 regelt die *Vertretung vor den Gerichten* für Kennzeichenstreitsachen. Regelungen über die *Kostenerstattung* enthält § 140 Abs. 4 und 5. Regelungsgegenstand des § 141 ist der *Gerichtsstand* bei solchen Ansprüchen, die zwar auf Vorschriften des UWG gegründet werden, die aber im MarkenG geregelte Rechtsverhältnisse betreffen. Die Vorschrift regelt das Verhältnis des § 24 UWG zu § 140. Die Vorschrift des § 142 regelt die *Streitwertbegünstigung*. 1

### B. Rechtsänderungen

Nach der Vorschrift des § 32 Abs. 1 WZG, die mit dem PrPG im Jahre 1990 geschaffen wurde, bestand eine ausschließliche Zuständigkeit der Landgerichte für Warenzeichenstreitigkeiten. Vor dem Inkrafttreten des MarkenG bestand auch für andere kennzeichenrechtliche Ansprüche die allgemeine Zuständigkeit der ordentlichen Gerichte. Das galt für die kennzeichenrechtlichen Ansprüche aus einer Verletzung von geschäftlichen Bezeichnungen nach § 16 UWG aF, für Ansprüche aus einer Namensverletzung nach § 12 BGB, für die Verwendung irreführender Herkunftsangaben nach § 3 UWG sowie allgemein für wettbewerbsrechtliche Ansprüche nach den §§ 1 und 3 UWG. Eine Regelung der Streitwertbegünstigung enthielt § 31 a WZG. Die Vorschrift des § 33 WZG regelte den Gerichtsstand bei Ansprüchen, die sowohl auf das WZG als auch auf das UWG gestützt wurden. 2

**Kennzeichenstreitsachen**

**140** (1) Für alle Klagen, durch die ein Anspruch aus einem der in diesem Gesetz geregelten Rechtsverhältnisse geltend gemacht wird (Kennzeichenstreitsachen), sind die Landgerichte ohne Rücksicht auf den Streitwert ausschließlich zuständig.

(2) ¹Die Landesregierungen werden ermächtigt, durch Rechtsverordnung die Kennzeichenstreitsachen insgesamt oder teilweise für die Bezirke mehrerer Landgerichte einem von ihnen zuzuweisen, sofern dies der sachlichen Förderung oder schnelleren Erledigung der Verfahren dient. ²Die Landesregierungen können diese Ermächtigung auf die Landesjustizverwaltungen übertragen. ³Die Länder können außerdem durch

Vereinbarung den Gerichten eines Landes obliegende Aufgaben insgesamt oder teilweise dem zuständigen Gericht eines anderen Landes übertragen.

(3) ¹Vor dem Gericht für Kennzeichenstreitsachen können sich die Parteien auch durch Rechtsanwälte vertreten lassen, die bei dem Landgericht zugelassen sind, vor das die Klage ohne eine Zuweisung nach Absatz 2 gehören würde. ²Satz 1 gilt entsprechend für die Vertretung vor dem Berufungsgericht.

(4) Die Mehrkosten, die einer Partei dadurch erwachsen, daß sie sich nach Absatz 3 durch einen nicht beim Prozeßgericht zugelassenen Rechtsanwalt vertreten läßt, sind nicht zu erstatten.

(5) Von den Kosten, die durch die Mitwirkung eines Patentanwalts in einer Kennzeichenstreitsache entstehen, sind die Gebühren bis zur Höhe einer vollen Gebühr nach § 11 der Bundesgebührenordnung für Rechtsanwälte und außerdem die notwendigen Auslagen des Patentanwalts zu erstatten.

### Inhaltsübersicht

| | Rn |
|---|---|
| A. Kennzeichenstreitsachen (§ 140 Abs. 1) | 1–5 |
|   I. Begriff | 1 |
|   II. Anwendungsbereich | 2–5 |
| B. Sachliche Zuständigkeit (§ 140 Abs. 1 und 2) | 6–10 |
|   I. Ausschließliche Zuständigkeit der Landgerichte (§ 140 Abs. 1) | 6 |
|   II. Konzentrationsermächtigung für Kennzeichenstreitsachen (§ 140 Abs. 2) | 7–10 |
|     1. Sonderzuständigkeit der Kennzeichengerichte | 7, 7a |
|       a) Ausschließliche Zuständigkeit | 7 |
|       b) Verfahrensrechtliche Bedeutung der ausschließlichen Sonderzuständigkeit der Kennzeichengerichte | 7a |
|     2. Teilweise Zuweisung der Kennzeichenstreitsachen an Kennzeichengerichte | 8 |
|     3. Kennzeichengerichte in den Bundesländern | 9, 10 |
|       a) Kennzeichengerichte | 9 |
|       b) Gemeinschaftsmarkengerichte | 10 |
| C. Vertretung vor den Gerichten für Kennzeichenstreitsachen (§ 140 Abs. 3) | 11 |
| D. Nichterstattung der Mehrkosten eines nicht beim Prozeßgericht zugelassenen Rechtsanwalts (§ 140 Abs. 4) | 12 |
| E. Erstattung der Patentanwaltskosten (§ 140 Abs. 5) | 13–21 |

**Schrifttum zum WZG.** *Kirchner*, Zum materiellrechtlichen Anspruch auf Erstattung der Kosten des zeichenrechtlichen Widerspruchsverfahrens und der nach den §§ 32 Abs. 5 WZG, 41 Abs. 5 Satz 4 PatG, 51 Abs. 5 PatG, 19 Abs. 5 GebrMG, 48 Abs. 5 SortschG nicht erstattbaren Mehrkosten des Patentanwalts, GRUR 1970, 54.

**Schrifttum zum MarkenG.** *Engels*, Kennzeichengerichte und Kennzeichenkammern – Anmerkungen und Übersicht, WRP 1997, 77; *Fezer*, Ausschließliche Zuständigkeit der Kennzeichengerichte und der Gemeinschaftsmarkengerichte, NJW 1997, 2915.

### Entscheidungen zum MarkenG

**1. OLG Frankfurt GRUR 1996, 967 – Recherchekosten**
Zur Erstattungsfähigkeit von Reisekosten eines Patentanwalts zum Verhandlungstermin.

**2. OLG Dresden GRUR 1997, 468 – Erstattungsfähigkeit von Patentanwaltskosten**
Bei Ansprüchen aus § 15 handelt es sich um Kennzeichenstreitsachen.

**3. OLG Frankfurt GRUR 1998, 1034 – Reisekosten des Patentanwalts**
Erstattungsfähigkeit der Reisekosten eines Patentanwalts unabhängig von der Vorsteuerabzugsberechtigung einschließlich der darin enthalten Umsatzsteuer.

## A. Kennzeichenstreitsachen (§ 140 Abs. 1)

### I. Begriff

**1** *Regelungsgegenstand* des § 140 sind die *Kennzeichenstreitsachen*. Die Regelungen stimmen nahezu vollständig mit der Vorschrift des § 32 WZG über die *Warenzeichengerichte* überein.

Statt des Begriffs der Warenzeichenstreitsachen wird in Teil 7 des MarkenG (§§ 140 bis 142) der Begriff der Kennzeichenstreitsachen verwendet, um dem Anwendungsbereich des MarkenG zum Schutz der Kennzeichen im Sinne des § 1 Nr. 1 bis 3 (Marken, geschäftliche Bezeichnungen und geographische Herkunftsangaben) Rechnung zu tragen. *Kennzeichenstreitsachen* sind nach § 140 Abs. 1 *Klagen, durch die ein Anspruch aus einem der im MarkenG geregelten Rechtsverhältnisse geltend gemacht* wird.

## II. Anwendungsbereich

Die Vorschrift des § 140 Abs. 1 regelt die *sachliche Zuständigkeit* für Verfahren in Kennzeichenstreitsachen (zum Gerichtsstand s. § 141, Rn 2). Es besteht eine *ausschließliche Zuständigkeit der Landgerichte* ohne Rücksicht auf den Streitwert der Kennzeichenstreitsache. *Streitgegenstand* der Klagen, durch die ein Anspruch aus einem der im MarkenG geregelten Rechtsverhältnisse geltend gemacht wird, können *Marken, geschäftliche* und *geographische Herkunftsangaben* im Sinne des § 1 Nr. 1 bis 3 sein. Um eine Kennzeichenstreitsache handelt es sich auch bei einem Rechtsverhältnis, das eine *geschützte geographische Angabe* oder *Ursprungsbezeichnung nach der Verordnung (EWG) Nr. 2081/92 des Rates vom 14. Juli 1992 zum Schutz von geographischen Angaben und Ursprungsbezeichnungen für Agrarerzeugnisse und Lebensmittel* (ABl. EG Nr. L 208 vom 24. Juli 1992, S. 1; s. 3. Teil des Kommentars, II 6) betrifft (s. §§ 135 iVm 128). Für *Gemeinschaftsmarkenstreitsachen* wurde aufgrund der Konzentrationsermächtigung nach § 125e Abs. 3 eine Zuständigkeit der Gemeinschaftsmarkengerichte begründet, die teilweise von der Zuständigkeit der Kennzeichengerichte abweicht (s. Rn 9 f.; § 125 e, Rn 4). Um Kennzeichenstreitsachen handelt es sich auch bei Ansprüchen aus der Verletzung einer geschäftlichen Bezeichnung nach § 15 (OLG Dresden GRUR 1997, 468 – Erstattungsfähigkeit von Patentanwaltskosten). Schon nach der Rechtslage im WZG wurde die der Kennzeichenstreitsache entsprechende Umschreibung der Warenzeichenstreitsache *weit ausgelegt* (OLG Düsseldorf GRUR 1964, 388; OLG Frankfurt GRUR 1965, 505; OLG Köln Mitt 1973, 76; OLG Frankfurt WRP 1979, 211; OLG München GRUR 1984, 161, 162; *Baumbach/Hefermehl*, § 32 WZG, Rn 2; *v. Gamm*, § 32 WZG, Rn 4). Es ist ausreichend, auf den der Klage zugrundeliegenden kennzeichenrechtlichen Lebenssachverhalt abzustellen. Genügend ist, wenn die kennzeichenrechtliche Vorschrift zu den klagebegründenden Tatsachen in keiner sinnfernen Beziehung steht (OLG Düsseldorf GRUR 1964, 388; OLG Düsseldorf Mitt 1987, 36). Eine Widerklage mit kennzeichenrechtlichem Einschlag begründet die sachliche Zuständigkeit. Unerheblich ist, ob das in der Sache ergehende Urteil sich auf einen Anspruch aus dem MarkenG stützt (OLG Karlsruhe Mitt 1984, 196; OLG Düsseldorf Mitt 1987, 936). Ausreichend ist, wenn der Vortrag der Klage oder Widerklage die Qualifikation als Kennzeichenstreitsache zuläßt (OLG Hamm Mitt 1985, 177), ohne daß eine nur formale Berufung auf ein im MarkenG geregeltes Rechtsverhältnis genügt, wenn das Klagebegehren sich in erster Linie aus einer anderen Anspruchsgrundlage ergibt und das Kennzeichenrecht nur am Rande berührt ist (OLG Düsseldorf Mitt 1982, 179). Die *Qualifikation einer Kennzeichenstreitsache* bestimmen die *Prozeßparteien*, nicht das Gericht (OLG Düsseldorf Mitt 1987, 36). Es ist davon auszugehen, daß *alle Bezeichnungsprozesse vor die Kennzeichengerichte* gehören.

Um *Kennzeichenstreitsachen* handelt es sich etwa auch bei einer *Zahlungsklage*, wenn über die Schadensersatzverpflichtung dem Grunde nach in einem Vorprozeß entschieden worden ist (zu Patentstreitsachen OLG München GRUR 1978, 196), bei der Klage aus einem *Vertragsstrafeversprechen* zur Sicherung eines kennzeichenrechtlichen Unterlassungsanspruchs (zu Patentstreitsachen OLG Düsseldorf GRUR 1984, 650), bei der Klage aus einem *Anwaltsvertrag* über die Prozeßvertretung in einer Kennzeichenstreitsache (OLG Karlsruhe Mitt 1980, 137), bei der Klage auf *Ersatz der außergerichtlichen Kosten* bei einer ungerechtfertigten Verwarnung aus einem gewerblichen Schutzrecht (LG Mannheim Mitt 1983, 158), bei einer Klage aus einer *Abgrenzungsvereinbarung* (OLG Karlsruhe Mitt 1977, 74 – Velemint).

Um *Kennzeichenstreitsachen* handelt es sich nicht nur bei Klageverfahren, sondern auch bei Verfahren über den *Erlaß einer einstweiligen Verfügung* (KG Mitt 1938, 222; OLG Düsseldorf GRUR 1960, 123; OLG Karlsruhe Mitt 1977, 74 – Velemint; OLG Nürnberg Mitt 1985, 97) und bei Verfahren über den *Erlaß von Arresten* zur Sicherung eines Anspruchs (OLG Karlsruhe GRUR 1973, 26 – Ladewagen).

**5** Zu den *Kennzeichenstreitsachen* gehört auch das *Vollstreckungsverfahren* (OLG München GRUR 1978, 499; OLG Frankfurt GRUR 1979, 340; OLG Düsseldorf GRUR 1983, 512; 1985, 220; aA OLG Düsseldorf GRUR 1969, 245), sofern die Maßnahme dem *Prozeßgericht des ersten Rechtszuges* obliegt (*Fezer*, NJW 1997, 2915). Ordnet das Vollstreckungsrecht die Zuständigkeit des *Vollstreckungsgerichts* an, so ist nach § 802 ZPO ausschließlich das Amtsgericht nach § 828 Abs. 2 ZPO zuständig (LG Düsseldorf, Beschluß vom 26. März 1998, 4 OH 1/98; *Volkmer*, Das Markenrecht im Zwangsvollstreckungsverfahren, S. 75). Auch bei der *Zwangsvollstreckung einer Auskunft und Rechnungslegung* sollte eine Kennzeichenstreitsache angenommen werden (abl. HansOLG Hamburg JurBüro 1986, 1906; abl. für eine Patentstreitsache HansOLG Hamburg JurBüro 1980, 1727, 1728; bejahend *Benkard/Rogge*, § 143 PatG, Rn 6). Ordnet das Vollstreckungsrecht die Zuständigkeit des Vollstreckungsgerichts an, so ist nach § 802 ZPO ausschließlich das Amtsgericht nach § 828 Abs. 2 ZPO zuständig. Das *Kostenfestsetzungsverfahren* im Anschluß an eine Kennzeichenstreitsache ist selbst *keine* Kennzeichenstreitsache (OLG Karlsruhe Mitt 1977, 218; zur Patentstreitsache OLG Düsseldorf JurBüro 1982, 575, 576).

## B. Sachliche Zuständigkeit (§ 140 Abs. 1 und 2)

### I. Ausschließliche Zuständigkeit der Landgerichte (§ 140 Abs. 1)

**6** Nach § 140 Abs. 1 besteht eine *ausschließliche Zuständigkeit der Landgerichte* für Kennzeichenstreitsachen. Da die sachliche Zuständigkeit der Landgerichte *ohne Rücksicht auf den Streitwert* besteht, ist die Zuständigkeit der Amtsgerichte für Kennzeichenstreitsachen als im MarkenG geregelte Rechtsverhältnisse ausgeschlossen (§§ 23 Abs. 1 Nr. 1, 71 GVG). Die ausschließliche Zuständigkeit der Landgerichte besteht seit Inkrafttreten des PrPG am 1. Juli 1990. Nach der früheren Rechtslage im WZG waren neben den Landgerichten auch die Amtsgerichte zuständig. Entsprechende Zuständigkeitsregelungen sind in den §§ 143 Abs. 1 PatG, 27 Abs. 1 GebrMG, 15 Abs. 1 GeschmMG, 38 Abs. 1 SortenschG und 11 Abs. 2 HalbleitschG iVm 27 Abs. 1 GebrMG enthalten.

### II. Konzentrationsermächtigung für Kennzeichenstreitsachen (§ 140 Abs. 2)

#### 1. Sonderzuständigkeit der Kennzeichengerichte

**7** **a) Ausschließliche Zuständigkeit.** Nach § 140 Abs. 2 besteht eine *Konzentrationsermächtigung* für Kennzeichenstreitsachen. Die Landesregierungen sind nach Abs. 2 S. 1 ermächtigt, durch Rechtsverordnung die Kennzeichenstreitsachen insgesamt oder teilweise für die Bezirke mehrerer Landgerichte einem von ihnen zuzuweisen, sofern dies der sachlichen Förderung oder schnelleren Erledigung der Verfahren dient. Aufgrund dieser Befugnis können in den Ländern die Kennzeichenstreitsachen bei einem oder mehreren Landgerichten als Kennzeichengerichte konzentriert werden. Die Landesregierungen können diese Konzentrationsermächtigung nach Abs. 2 S. 2 auf die Landesjustizverwaltung übertragen. Außerdem besteht eine die Grenzen der Länder übergreifende Konzentrationsermächtigung. Eine solche *länderübergreifende Konzentration* bedarf einer Vereinbarung zwischen den Bundesländern. Nach Abs. 2 S. 3 können die Länder durch Vereinbarung den Gerichten eines Landes obliegende Aufgaben insgesamt oder teilweise dem zuständigen Gericht eines anderen Landes übertragen. Wenn in einem Land von der Konzentrationsermächtigung Gebrauch gemacht wird, dann besteht eine *Sonderzuständigkeit* der Kennzeichengerichte. Nicht anders als bei der Zuständigkeit der Landgerichte für Kennzeichenstreitsachen nach Abs. 1 handelt es sich auch bei der Sonderzuständigkeit der Kennzeichengerichte aufgrund der Konzentrationsermächtigung um eine *sachliche Zuständigkeit* (zum Streitstand hinsichtlich der Gerichte für Patentstreitsachen nach § 143 Abs. 2 PatG s. *Benkard/Rogge*, § 143 PatG, Rn 7). Die Zuständigkeit der nach Abs. 2 bestimmten Kennzeichengerichte ist eine *ausschließliche Zuständigkeit* (zum Patentrecht s. BGHZ 8, 16, 19; 14, 72, 75; zum Geschmacksmusterrecht s. *Eichmann/v. Falckenstein*, § 15 GeschMG, Rn 4; zum Markenrecht s. *Fezer*, NJW 1997, 2915; zust. *Ingerl/Rohnke*, § 140 MarkenG, Rn 37). Die abweichende Auffassung des OLG Dresden, die Sonderzuständigkeit der Kennzeichengerichte nach § 140 Abs. 2 sei keine ausschließliche Zuständigkeit, ist seit dem Inkrafttreten des PrPG am 1. Juli 1990 nicht mehr verretbar (OLG Dresden GRUR 1998, 69 – Dachbahnenproduktion; s. dazu kritisch *Fezer*, NJW 1997, 2915, 2917). Es handelt sich um eine *besondere Form der sachlichen Zuständigkeit* der Kennzeichengerichte, die man sprachlich kurz als *Sonderzuständigkeit* bezeichnen kann. Neben der ausschließlichen Zuständigkeit der Kennzeichengerichte im Sinne des Absatzes 2 besteht keine Zuständigkeit anderer Landgerichte. Nach der Rechtslage vor Inkrafttreten des PrPG am 1. Juli 1990 bestand nach § 32 Abs. 1 S. 1 aF WZG die Zuständigkeit der Warenzeichengerichte neben den Landgerichten.

**b) Verfahrensrechtliche Bedeutung der ausschließlichen Sonderzuständigkeit der Kennzeichengerichte.** Wenn eine Kennzeichenstreitsache vor einem nach § 140 unzuständigen LG anhängig gemacht wird, dann kann sich nach § 281 ZPO das angegangene Gericht auf *Antrag* des Klägers durch Beschluß für *unzuständig* erklären und den Rechtsstreit an das zuständige Kennzeichengericht verweisen. Nach § 139 Abs. 2 ZPO besteht eine Hinweispflicht des angegangenen Gerichts, wenn der erforderliche Verweisungsantrag des Klägers fehlt. Wenn der Kläger den Verweisungsantrag nicht stellt, dann ist die Klage als *unzulässig* abzuweisen. Die Zuständigkeit eines LG, das nicht Kennzeichengericht ist, kann weder durch eine *Gerichtsstandsvereinbarung* zwischen den Prozeßparteien noch durch *rügeloses Verhandeln zur Hauptsache* begründet werden (§ 40 Abs. 2 ZPO). In der Berufungsinstanz kann das Fehlen der Sonderzuständigkeit als eine sachliche Zuständigkeit des LG nach § 529 Abs. 2 ZPO nicht mehr gerügt werden, wenn der Beklagte im ersten Rechtszug ohne die Rüge zur Hauptsache verhandelt hat und dies nicht genügend entschuldigt. Eine Revisionsrüge der Unzuständigkeit des LG als Kennzeichengericht ist nach § 549 Abs. 2 ZPO nicht zu prüfen.

## 2. Teilweise Zuweisung der Kennzeichenstreitsachen an Kennzeichengerichte

Die Konzentrationsermächtigung nach Abs. 2 S. 1 gibt den Ländern die Befugnis, die Kennzeichenstreitsachen nicht nur insgesamt, sondern auch nur teilweise den Kennzeichengerichten zuzuweisen. Da nach Auffassung des Gesetzgebers des MarkenG im wesentlichen nur ein Bedarf für die Konzentration markenrechtlicher Verfahren bestehe, der Anwendungsbereich des MarkenG sich aber auf den Schutz aller Kennzeichen im Sinne des § 1 Nr. 1 bis 3 bezieht, wurde den Ländern die Befugnis zu einer solchen *Teilkonzentration* in Kennzeichenstreitsachen eingeräumt (s. Begründung zum MarkenG, BT-Drucks. 12/6581 vom 14. Januar 1994, S. 124). So können etwa auf die Kennzeichengerichte nur die Markenverletzungsverfahren und Löschungsverfahren im Sinne der §§ 14 ff. und 55 konzentriert, zugleich aber von einer Konzentration der Kennzeichenstreitsachen über geschäftliche Bezeichnungen im Sinne des § 15 oder über geographische Herkunftsangaben im Sinne des § 128 abgesehen werden. Von der Möglichkeit einer Teilkonzentration, die der Sache nach der Einheit des Kennzeichenschutzes widerspricht, wurde in den Ländern bisher kein Gebrauch gemacht (zu den Kennzeichengerichten s. Rn 9).

## 3. Kennzeichengerichte in den Bundesländern

**a) Kennzeichengerichte.** Aufgrund der Konzentrationsermächtigung nach § 140 Abs. 2 wurde in den Bundesländern eine ausschließliche Zuständigkeit für Kennzeichenstreitsachen der folgenden *Kennzeichengerichte* begründet. In *Baden-Württemberg* ist zuständig für Kennzeichenstreitsachen des OLG-Bezirks Karlsruhe das LG Mannheim und des OLG-Bezirks Stuttgart das LG Stuttgart (VO vom 20. November 1998, GBl. S. 680). In *Bayern* ist zuständig für Kennzeichenstreitsachen des OLG-Bezirks München das LG München I, für solche der OLG-Bezirke Nürnberg und Bamberg das LG Nürnberg-Fürth (VO vom 2. Februar 1988, GVBl. S. 6, geändert durch VO vom 6. Juli 1995, GVBl. S. 343). In *Berlin* besteht nur ein Landgericht, so daß eine Konzentration entfällt. In *Brandenburg* ist lediglich für Warenzeichenstreitsachen eine ausschließliche Zuständigkeit begründet worden; in weiter Auslegung sollen dieser Zuständigkeitskonzentration die Kennzeichenstreitsachen nach § 140 Abs. 1 unterfallen; zuständig ist das LG Berlin (Staatsvertrag vom 20. November 1995 und

Gesetz vom 8. März 1996, GVBl. S. 106). In *Bremen* besteht nur ein Landgericht, so daß eine Konzentration entfällt. In *Hamburg* besteht nur ein Landgericht, so daß eine Konzentration entfällt. In *Hessen* ist zuständig für Kennzeichenstreitsachen und Spruchverfahren für die Bezirke der LG das LG Frankfurt/Main (VO vom 8. Mai 1995, GVBl. I S. 216). In *Mecklenburg-Vorpommern* ist zuständig für Kennzeichenstreitsachen des OLG-Bezirks Rostock das Landgericht Rostock (VO vom 28. April 1994, GVOBl S. 514, zuletzt geändert durch VO vom 14. November 1997, GVOBl S. 758). In *Niedersachsen* ist zuständig für Kennzeichenstreitsachen für die Bezirke aller LG das LG Braunschweig (VO vom 18. März 1988, GVBl. S. 39, zuletzt geändert durch VO vom 22. Januar 1998, GVBl S. 68). In *Nordrhein-Westfalen* ist zuständig für Kennzeichenstreitsachen des OLG-Bezirks Düsseldorf das LG Düsseldorf, für die LG-Bezirke Bielefeld, Detmold, Münster und Paderborn das LG Bielefeld, für die LG-Bezirke Arnsberg, Bochum, Dortmund, Essen, Hagen und Siegen das LG Bochum und für den OLG-Bezirk Köln das LG Köln (VO vom 12. August 1996, GV NW S. 348). In *Rheinland-Pfalz* ist zuständig für Kennzeichenstreitsachen des OLG-Bezirks Zweibrücken das LG Frankenthal (Pfalz) und des OLG-Bezirks Koblenz das LG Koblenz (LandesVO vom 22. November 1985, GVBl. S. 267, zuletzt geändert durch LandesVO vom 13. Dezember 1997, GVBl. S. 21). Im *Saarland* besteht nur ein Landgericht, so daß eine Konzentration entfällt. In *Sachsen* ist zuständig für Kennzeichenstreitsachen das LG Leipzig (VO vom 14. Juli 1994, GVBl. S. 1313, geändert durch VO vom 8. März 1995, GVBl. S. 105). In *Sachsen-Anhalt* ist zuständig für Kennzeichenstreitsachen das LG Magdeburg (VO vom 1. September 1992, GVBl. S. 664, zuletzt geändert durch VO vom 5. Dezember 1995, GVBl. S. 360). In *Schleswig-Holstein* wurde von der Konzentrationsermächtigung noch kein Gebrauch gemacht; in Schleswig-Holstein sollen alle Landgerichte für Kennzeichenstreitsachen zuständig sein. In *Thüringen* ist zuständig für Kennzeichenstreitsachen das LG Erfurt (VO vom 12. August 1993, GVBl. S. 563, zuletzt geändert durch VO vom 1. Dezember 1995, GVBl. S. 404).

10  b) **Gemeinschaftsmarkengerichte.** Aufgrund der Konzentrationsermächtigung des § 125e Abs. 3 S. 1 wurde in den Bundesländern eine ausschließliche Zuständigkeit von *Gemeinschaftsmarkengerichten* für Gemeinschaftsmarkenstreitsachen teilweise abweichend gegenüber der Zuständigkeit der Kennzeichengerichte (s. Rn 9) begründet (s. § 125e, Rn 1).

### C. Vertretung vor den Gerichten für Kennzeichenstreitsachen (§ 140 Abs. 3)

11  Die Vorschrift des § 140 Abs. 3 regelt die *Vertretung vor den Gerichten für Kennzeichenstreitsachen*, die aufgrund der Konzentrationsermächtigung nach § 140 Abs. 2 bestimmt worden sind (s. Rn 9). Zur Vertretung vor den Kennzeichengerichten befugt sind zunächst die bei diesem LG zugelassenen Rechtsanwälte (§ 78 ZPO). Nach § 140 Abs. 3 können sich die Parteien in den Verfahren in Kennzeichenstreitsachen vor einem Kennzeichengericht auch durch solche Rechtsanwälte vertreten lassen, die bei dem LG zugelassen sind, vor das die Klage ohne eine Zuweisung nach § 140 Abs. 2 gehören würde. Es handelt sich um Rechtsanwälte, die bei dem aufgrund der Kennzeichenrechtsverletzung örtlich zuständigen Landgericht innerhalb des Bezirks zugelassen sind, zu dem das Kennzeichengericht gehört, nicht um an einem anderen Landgericht des OLG-Bezirks oder der zusammengefaßten Landgerichte zugelassene Rechtsanwälte. Der Regelung kommt Bedeutung bei örtlich begrenzten Kennzeichenrechtsverletzungen zu. Ein am Landgericht Konstanz zugelassener Rechtsanwalt ist demnach bei einer Kennzeichenrechtsverletzung in Konstanz zur Vertretung vor dem Kennzeichengericht in Mannheim befugt, nicht hingegen ein am Landgericht Freiburg zugelassener Rechtsanwalt. Durch das *Gesetz zur Neuordnung des Berufsrechts der Rechtsanwälte und der Patentanwälte* vom 2. September 1994 (BGBl. I S. 2278) wird § 78 ZPO dahingehend geändert, daß zur Vertretung vor den Landgerichten künftig nicht nur die bei dem Prozeßgericht zugelassenen Rechtsanwälte befugt sind, sondern alle bei einem Amtsgericht oder Landgericht zugelassenen Rechtsanwälte (Art. 3 Nr. 1). Zur Vertretung vor den Kennzeichengerichten sind danach alle in Deutschland zugelassenen Rechtsanwälte befugt. Die Rechtsänderung tritt in Baden-Württemberg, in Bayern, in Berlin, in Bremen, in Hamburg, in Hessen, in Niedersachsen, in Nordrhein-Westfalen, in Rheinland-Pfalz, im Saarland und

in Schleswig-Holstein am 1. Januar 2000 und in den übrigen Ländern am 1. Januar 2005 in Kraft (Art. 22 Abs. 2). Nach § 140 Abs. 3 S. 2 gilt die entsprechende Regelung für die Vertretung vor dem Berufungsgericht für die Rechtsanwälte bei anderen Oberlandesgerichten, für deren Bezirk das nach § 140 Abs. 2 bestimmte Landgericht für Kennzeichenstreitsachen ebenfalls zuständig ist. Die Regelung für die Vertretung vor dem Berufungsgericht bleibt auch nach Inkrafttreten des Gesetzes zur Neuordnung des Berufsrechts der Rechtsanwälte und der Patentanwälte erhalten (Art. 14). Normzweck des § 140 Abs. 3 ist die *Vermeidung von Standortnachteilen für die Anwaltschaft und die Prozeßparteien* aufgrund der konzentrierten Zuständigkeit in Kennzeichenstreitsachen nach § 140 Abs. 2 (s. zu Patentstreitsachen BGHZ 72, 1 – Zeitplaner).

### D. Nichterstattung der Mehrkosten eines nicht beim Prozeßgericht zugelassenen Rechtsanwalts (§ 140 Abs. 4)

Nach § 140 Abs. 4 sind die *Mehrkosten*, die einer Partei dadurch erwachsen, daß sie sich nach Abs. 3 durch einen *nicht beim Prozeßgericht zugelassenen Rechtsanwalt* vertreten läßt, nicht zu erstatten. Die zulässige Vertretung durch einen bei einem LG im Außenbezirk des Kennzeichengerichts zugelassenen Rechtsanwalts nach Abs. 3 dient dem Ausgleich von Standortnachteilen für die Anwaltschaft und die Prozeßparteien aufgrund der konzentrierten Zuständigkeit eines Kennzeichengerichts nach Abs. 2, soll aber die unterlegene Partei grundsätzlich nicht mit Mehrkosten belasten. Nicht erstattungsfähige Mehrkosten sind grundsätzlich die *Reisekosten zum Prozeßgericht* des bei diesem Gericht nicht zugelassenen Rechtsanwalts. Eine *Ausnahme* von dem Grundsatz der Nichterstattungsfähigkeit der Mehrkosten kann etwa dann in Betracht kommen, wenn ohne diese Prozeßvertretung zusätzlich andere Kosten, wie etwa nunmehr ersparte fiktive Reisekosten der Partei, entstanden wären (s. zum Verfahren in Patentstreitsachen etwa OLG Frankfurt GRUR 1939, 608; HansOLG Hamburg Mitt 1940, 23; OLG Karlsruhe WRP 1979, 569; OLG Frankfurt AnwBl 1985, 531; s. im einzelnen *Benkard/Rogge*, § 143 PatG, Rn 18). 12

### E. Erstattung der Patentanwaltskosten (§ 140 Abs. 5)

Regelungsgegenstand des § 140 Abs. 5 ist die *Erstattungsfähigkeit der durch die Mitwirkung eines Patentanwalts in einer Kennzeichenstreitsache entstehenden Kosten* (zu Ansprüchen aus § 15 als Kennzeichenstreitsache s. OLG Dresden GRUR 1997, 468 – Erstattungsfähigkeit von Patentanwaltskosten; s. Rn 2). Nach den §§ 3 und 4 PatAnwO sind die Patentanwälte befugt zur Rechtsberatung in Angelegenheiten der gewerblichen Schutzrechte (§ 3 Abs. 2 Nr. 1, Abs. 3 PatAnwO), zur Vertretung vor dem DPMA und dem BPatG (§ 3 Abs. 2 Nr. 2 PatAnwO) und in Berufungsverfahren vor dem BGH (§ 3 Abs. 2 Nr. 3 PatAnwO), sowie bei Mitwirkung in Rechtsstreitigkeiten vor den ordentlichen Gerichten, in denen ein Anspruch aus einem im MarkenG geregelten Rechtsverhältnis geltend gemacht wird (§ 4 Abs. 1 PatAnwO) und zur Mitwirkung in sonstigen Rechtsstreitigkeiten, soweit für deren Entscheidung eine ein gewerbliches Schutzrecht betreffende Frage von Bedeutung ist (§ 4 Abs. 2 PatAnwO). Diese Befugnis der Patentanwälte ist unabhängig vom Sitz des Patentanwalts und des Gerichts. Sie erstreckt sich auf alle gerichtlichen Instanzen. Der Mandant des Patentanwalts ist aufgrund des Mandatsverhältnisses zur Vergütung des Patentanwalts verpflichtet. 13

Die Vorschrift des § 140 Abs. 5 regelt die Kostenerstattung bei der Mitwirkung eines Patentanwalts in einer Kennzeichenstreitsache durch die in der Kennzeichenstreitsache unterlegene Partei an die obsiegende Partei des Rechtsstreits. Vergleichbare Vorschriften über die Kostenerstattung enthalten für eine Patentstreitsache § 143 Abs. 5 PatG, für eine Gebrauchsmusterstreitsache § 27 Abs. 5 GebrMG, für eine Geschmacksmusterstreitsache § 15 Abs. 5 GeschmMG, für eine Sortenschutzstreitsache § 38 Abs. 4 SortenschG und für eine Halbleiterschutzstreitsache § 11 Abs. 2 HalbleitschG. Wird die Rechtssache in erster Linie auf eine andere, wie etwa eine wettbewerbsrechtliche Rechtsgrundlage gestützt, so besteht ein Anspruch auf Kostenerstattung auch dann, wenn die Streitsache *auch unter kennzeichenrechtlichen Gesichtspunkten zu prüfen* ist (zum Patentrecht OLG Köln Mitt 1980, 138; OLG 14

Frankfurt Mitt 1992, 188). In *anderen als kennzeichenrechtlichen Streitsachen* kann eine Kostenerstattung auch dann in Betracht kommen, wenn die Entscheidung des Rechtsstreits von der Beurteilung solcher Fragen abhängig ist, deren *Bearbeitung zu den besonderen Aufgaben eines Patentanwalts gehört* (zum Patentrecht KG GRUR 1968, 454; OLG Frankfurt Mitt 1975, 140; zum Wettbewerbsrecht OLG Frankfurt Mitt 1988, 37; 1991, 173; OLG Düsseldorf Mitt 1992, 43). Die *Begrenzung der Kostenerstattung* nach § 140 Abs. 5 ist auch in einem solchen Rechtsstreit anzuwenden, der nicht unmittelbar eine Kennzeichenstreitsache darstellt (zum Wettbewerbsrecht s. OLG Frankfurt, Mitt 1988, 37).

**15** Unter der *Mitwirkung eines Patentanwalts* in einer Kennzeichenstreitsache ist jede im Rahmen eines Prozeßauftrags liegende Tätigkeit eines Patentanwalts zu verstehen, die für die Förderung der Kennzeichenstreitsache ursächlich ist (OLG Düsseldorf Mitt 1984, 99). Unerheblich ist, in welchem Verfahrensabschnitt der Kennzeichenstreitsache die patentanwaltliche Tätigkeit erfolgt und von welcher Art sie im einzelnen ist (OLG Düsseldorf GRUR 1956, 193). Entscheidend ist nur, ob die Mitwirkung des Patentanwalts die konkrete Kennzeichenstreitsache zu fördern geeignet ist. Auch eine *beratende Tätigkeit in einer vorprozessualen Besprechung* dieser Kennzeichenstreitsache ist ausreichend, nicht aber eine vorprozessuale Mitwirkung in einer anderen, wenn auch ähnlichen Kennzeichenstreitsache (OLG Koblenz GRUR 1984, 536). In seinem Kosteninteresse hat der mitwirkende Patentanwalt ein eigenes Beschwerderecht gegen die Streitwertfestsetzung (OLG Karlsruhe Mitt 1972, 166). § 140 Abs. 5 gilt auch für die Kosten einer vorprozessualen *Abmahnung* (s. § 14, Rn 535 m.w.Nachw.).

**16** Bei der Kostenerstattung für die Mitwirkung eines Patentanwalts ist zwischen den *Gebühren* und den *Auslagen* des Patentanwalts zu unterscheiden. Die *Gebühren des Patentanwalts* sind *bis zur Höhe einer vollen Gebühr eines Rechtsanwalts* nach § 11 BRAGO zu erstatten. Die Erstattungsfähigkeit der Gebühren besteht *unabhängig von einer Notwendigkeit der Mitwirkung* des Patentanwalts (KG GRUR 1958, 392; LG Mannheim Mitt 1961, 158; LG Berlin Mitt 1961, 205; OLG München GRUR 1961, 375; 1978, 196). Die Frage der Notwendigkeit der Mitwirkung eines Patentanwalts ist im Kostenfestsetzungsverfahren nicht zu prüfen (OLG Frankfurt GRUR 1998, 1034 – Reisekosten des Patentanwalts). Es kommt auch nicht darauf an, ob der mitwirkende Patentanwalt in der Kennzeichenstreitsache kennzeichenrechtliche Probleme zu behandeln hatte (zu einer Warenzeichenstreitsache OLG Frankfurt GRUR 1965, 505, 506; zum Patentrecht KG GRUR 1958, 392; LG Mannheim Mitt 1961, 158); eine beratende Mitwirkung des Patentanwalts genügt (OLG Düsseldorf GRUR 1956, 193, 194). Die Parteien der Kennzeichenstreitsache können in einem *Vergleich* eine andere als die Höchstgebühr nach § 11 BRAGO vereinbaren (OLG Nürnberg GRUR 1954, 179).

**17** Die *Auslagen für die Mitwirkung eines Patentanwalts* sind nach § 140 Abs. 5 nur dann erstattungsfähig, wenn sie zu einer *zweckentsprechenden Rechtsverfolgung oder Rechtsverteidigung* im Sinne des § 91 Abs. 1 ZPO *notwendig* waren. Die *Reisekosten zum Verhandlungstermin* (Fahrt- und Verpflegungskosten OLG Frankfurt GRUR 1996, 967 – Recherchekosten) sind regelmäßig erstattungsfähig. Ein Rechtsanwalt soll die bequemste und zeitsparendste Reiseart wählen dürfen, so daß die anfallenden Zuschläge für die erste Klasse, für einen ICE und für einen Sprinter zu erstatten sind, und zwar unabhängig von der Vorsteuerabzugsberechtigung einschließlich der darin enthaltenen Umsatzsteuer (OLG Frankfurt GRUR 1998, 1034 – Reisekosten des Patentanwalts). Bei der Erstattungsfähigkeit von *Markenrecherchekosten* als Kosten zur Vorbereitung der Rechtsverteidigung ist im Falle einer drohenden Markenrechtsverletzungsklage wegen deren erheblicher wirtschaftlicher Bedeutung ein großzügiger Maßstab anzulegen (so zu § 143 Abs. 5 PatG OLG Frankfurt GRUR 1996, 967 – Recherchekosten). Im Interesse der freien Patentanwaltswahl der einheitlich zugelassenen Patentanwälte kommt es für die Erstattungsfähigkeit der Reisekosten grundsätzlich nicht darauf an, ob die Partei einen am Sitz des Prozeßgerichts ansässigen Patentanwalt hätte hinzuziehen können (OLG Düsseldorf GRUR 1956, 193, 194; OLG München NJW 1964, 1730, 1731; OLG Frankfurt GRUR 1979, 76). Auch die *Reisekosten zu einem vorprozessualen Gesprächstermin* in der Kennzeichenstreitsache können erstattungsfähig sein (OLG Frankfurt GRUR 1938, 194; LG Düsseldorf Mitt 1939, 248; OLG München NJW 1964, 1730, 1731; enger LG Berlin GRUR 1961, 205). Die *Pauschalregelung* des § 26 S. 2 BRAGO ist entsprechend anzuwenden.

Die Regelung der Kostenerstattung nach § 140 Abs. 5 gilt sowohl für die Mitwirkung eines Patentanwalts im *Erkenntnisverfahren* als auch im *Vollstreckungsverfahren* einer Kennzeichenstreitsache, wie etwa bei einer Vollstreckung nach § 890 ZPO (OLG Frankfurt GRUR 1979, 340; OLG Düsseldorf GRUR 1983, 512). 18

Für einen sowohl als Rechtsanwalt als auch als Patentanwalt zugelassenen Prozeßbevollmächtigten entsteht nicht wegen einer *Doppelqualifizierung* eine zusätzliche und nach § 140 Abs. 5 erstattungsfähige Gebühr (zum Patentnichtigkeitsverfahren BPatG GRUR 1991, 205 – Anwaltliche Doppelqualifikation; in Weiterführung von BPatGE 27, 155; 31, 51; 31, 75). Die Kosten für einen in der Kennzeichenstreitsache neben einem Rechtsanwalt mitwirkenden Patentanwalt sind nach § 140 Abs. 5 auch dann erstattungsfähig, wenn der Patentanwalt zusätzlich als Rechtsanwalt zugelassen ist, selbst wenn beide Anwälte derselben Sozietät angehören (BPatG GRUR 1991, 205, 207 – Anwaltliche Doppelqualifikation; in Weiterführung von BPatGE 29, 201; 31, 51; 31, 75). 19

Der Anwendungsbereich der Regelung über die Erstattungsfähigkeit der Kosten der Mitwirkung eines Patentanwalts wurde entsprechend dem Willen des historischen Gesetzgebers ursprünglich allgemein im gewerblichen Rechtsschutz auf Patentanwälte im Sinne des PatAnwG vom 28. September 1933 (RGBl. I S. 669) beschränkt. Die Auslegung des § 140 Abs. 5, Patentanwalt im Sinne dieser Vorschrift sei lediglich ein *deutscher Patentanwalt* (so noch OLG Karlsruhe GRUR 1967, 217; 1980, 331 – Ausländische Patentanwälte), ist weder zwingend noch mit den Anforderungen einer internationalen Wirtschaftsberatung auf dem Gebiet des gewerblichen Rechtsschutzes, sowie den rechtlichen Vorgaben des Europäischen Unionsrechts im Binnenmarkt (Art. 59 ff. EGV) vereinbar. § 140 Abs. 5 ist auch auf *ausländische Patentanwälte* anzuwenden, die nach Ausbildung und Tätigkeitsbereich eine deutschen Patentanwälten vergleichbare Funktion wahrnehmen; das sollte allgemein für ausländische Patentanwälte und nicht nur für solche in den Mitgliedstaaten der EU oder im EWR gelten. Wenn ein von einer Körperschaft irischen Rechts beauftragter irischer Patentanwalt in einer Kennzeichenstreitsache mitwirkt, dann ist hinsichtlich der Erstattungsfähigkeit der Gebühren unwiderlegbar zu vermuten, daß dies notwendig und zweckentsprechend ist (so OLG Düsseldorf GRUR 1988, 761, 762 – Irischer Patentanwalt). Auf die Mitwirkung von *anderen Beratern als Patentanwälten* ist die Erstattungsregelung des § 140 Abs. 5 auch nicht entsprechend anzuwenden. Die Erstattungsfähigkeit der Kosten einer solchen Mitwirkung richtet sich danach, ob diese zu einer zweckentsprechenden Rechtsverfolgung oder Rechtsverteidigung im Sinne des § 91 ZPO notwendig sind; die Begrenzung der Erstattungspflicht nach § 140 Abs. 5 gilt entsprechend (OLG Düsseldorf GRUR 1967, 326; s. dazu im einzelnen *Benkard/Rogge*, § 143 PatG, Rn 23). Auf den *Inlandsvertreter* nach § 96 findet § 140 Abs. 5 keine Anwendung. 20

Die *Erstattungsfähigkeit von Kosten*, die nicht nach § 140 Abs. 5 erstattungsfähig sind, kann sich *nach allgemeinen Grundsätzen* aus einem schadensersatzrechtlichen Erstattungsanspruch ergeben (s. dazu *Kirchner*, GRUR 1970, 54, 63 f.). Der prozessuale Erstattungsanspruch besteht unabhängig von einem aus dem materiellen Recht ableitbaren Schadensersatzanspruch auf Ersatz der Kosten (*Baumbach/Lauterbach/Albers/Hartmann*, Übersicht vor § 91 ZPO, Rn 43 ff.). 21

## Gerichtsstand bei Ansprüchen nach diesem Gesetz und dem Gesetz gegen den unlauteren Wettbewerb

**141** Ansprüche, welche die in diesem Gesetz geregelten Rechtsverhältnisse betreffen und auf Vorschriften des Gesetzes gegen den unlauteren Wettbewerb gegründet werden, brauchen nicht im Gerichtsstand des § 24 des Gesetzes gegen den unlauteren Wettbewerb geltend gemacht zu werden.

### Inhaltsübersicht

| | Rn |
|---|---|
| A. Regelungszusammenhang | 1 |
| B. Gerichtsstand der Kennzeichenstreitsache | 2 |

**MarkenG § 141** 1, 2   Gerichtsstand bei Ansprüchen nach MarkenG und UWG

## A. Regelungszusammenhang

1   Regelungsgegenstand des § 141 ist der *Gerichtsstand bei solchen Ansprüchen*, die zwar *auf Vorschriften des UWG gegründet* werden, die aber *im MarkenG geregelte Rechtsverhältnisse betreffen*. Die Vorschrift regelt das Verhältnis des Gerichtsstands nach § 24 UWG zur Zuständigkeit in Kennzeichenstreitsachen nach § 140. Mit der Vorschrift des § 141 hat der Gesetzgeber des MarkenG die Regelung der örtlichen Zuständigkeit nach § 33 WZG übernommen. Eine weitere Bestimmung über den Gerichtsstand enthält § 96 Abs. 3, die den Gerichtsstand der geschäftlichen Niederlassung des Inlandsvertreters regelt. Der Gesetzgeber des MarkenG hat von einer Aufnahme dieser Vorschrift in Teil 7 des MarkenG nur deshalb Abstand genommen, weil die entsprechende Regelung des Gerichtsstands des Inlandsvertreters im PatG auch in der Vorschrift des § 25 PatG über den Inlandsvertreter enthalten ist und dem Gesetzgeber das Beibehalten übereinstimmender Regelungen als zweckmäßig erschien (s. Begründung zum MarkenG, BT-Drucks. 12/6581 vom 14. Januar 1994, S. 124f.).

## B. Gerichtsstand der Kennzeichenstreitsache

2   § 140 regelt einen ausschließlichen Gerichtsstand für die Verfahren in Kennzeichenstreitsachen. Nach § 24 UWG bestehen ausschließliche Gerichtsstände in Wettbewerbssachen. Regelungsgegenstand des § 141 ist das *Verhältnis der Gerichtsstandsregelungen des § 140 für Kennzeichenstreitsachen und des § 24 UWG für Wettbewerbssachen* zueinander, wenn sich bei dem Streitgegenstand der Kennzeichenstreitsache Kennzeichenrecht und Wettbewerbsrecht überschneiden. Anwendungsvoraussetzung des § 141 ist zunächst, daß es sich um einen Anspruch, der ein im MarkenG geregeltes Rechtsverhältnis betrifft und damit um eine Kennzeichenstreitsache im Sinne des § 140 Abs. 1 (s. dazu § 140, Rn 2ff.) handelt. Die Vorschrift des § 141 setzt das Vorliegen einer ausschließlichen Zuständigkeit in einer Kennzeichenstreitsache nach § 140 voraus. Eine Kennzeichenstreitsache nach § 140 Abs. 1 liegt auch dann vor, wenn ein im MarkenG geregeltes Rechtsverhältnis zwar betroffen ist, die Klage aber nicht auf einen kennzeichenrechtlichen Rechtsgrund gestützt wird (s. § 140, Rn 2). Wenn der geltend gemachte Anspruch, der eine Kennzeichenstreitsache darstellt, auf Vorschriften des UWG gestützt wird, dann gelten grundsätzlich die ausschließlichen Gerichtsstände der örtlichen Zuständigkeit nach § 24 UWG. Die Vorschrift des § 141 enthält eine Einschränkung der ausschließlichen Gerichtsstände des § 24 UWG. Auch wenn eine Kennzeichenstreitsache auf eine Vorschrift des UWG gegründet wird, braucht der Anspruch nicht im Gerichtsstand des § 24 UWG geltend gemacht zu werden. Wenn keine Kennzeichenstreitsache im Sinne des § 140 Abs. 1 vorliegt, dann gilt in Wettbewerbssachen die ausschließliche Zuständigkeit nach § 24 UWG uneingeschränkt. Da es für die Annahme einer Kennzeichenstreitsache ausreichend ist, wenn der Klageanspruch ein im MarkenG geregeltes Rechtsverhältnis betrifft, auch wenn er nur auf Wettbewerbsrecht begründet wird, liegt es *in den Händen der Prozeßparteien*, Rechtssachen, in denen auch Rechtsverhältnisse von Kennzeichenrechten berührt sind, in den Verfahren in Kennzeichenstreitsachen zu verhandeln. Da der Begriff einer Kennzeichenstreitsache weit auszulegen ist, und es für die Charakterisierung einer Rechtssache als Kennzeichenstreitsache grundsätzlich auf den Sachvortrag in der Klage oder Widerklage ankommt (s. dazu § 140, Rn 2), werden Kennzeichenstreitsachen regelmäßig nach der ausschließlichen Zuständigkeit des § 140 verhandelt werden können. Auch der Beklagte hat es jederzeit in der Hand, vorzubringen, die im Sachvortrag des Klägers angeführten Tatsachen würden, als richtig unterstellt, ein im MarkenG geregeltes Rechtsverhältnis betreffen. Aufgrund eines solchen Vorbringens kann auch der Beklagte Verweisung an das nach § 140 Abs. 1 zuständige Landgericht oder das nach § 140 Abs. 2 zuständige Kennzeichengericht beantragen. Weithin ungeklärt und umstritten ist, inwieweit es dem Beklagten möglich ist, eine Rechtssache, die keine Kennzeichenstreitsache im Sinne des § 140 Abs. 1 darstellt, dadurch zu einer Kennzeichenstreitsache zu machen und zur Anwendung des § 141 zu gelangen, daß der Beklagte etwa die *Aufrechnung* mit einer Gegenforderung aus einer Kennzeichenrechtsverletzung erhebt (zur Patentstreitsache weithin abl. LG Baden-Baden GRUR 1961, 32; einschränkend OLG Frankfurt Mitt 1977, 98, 100; offengelassen BGH GRUR 1962, 305, 306; zur Aufrechnung einer die ar-

beitsgerichtliche Zuständigkeit begründenden Gegenforderung s. BGHZ 26, 304; zur einredeweise Geltendmachung eines Zurückbehaltungsrechts aus einem patentrechtlichen Anspruch s. AG Berlin-Spandau GRUR 1951, 397; abl. *Ulrich*, NJW 1958, 1128; *Benkard/ Rogge*, § 143 PatG, Rn 3 m. w. Nachw.; weitergehend *Wichards*, GRUR 1938, 280, 281; *Gemander*, GRUR 1955, 263; s. auch OLG Karlsruhe Mitt 1980, 137).

## Streitwertbegünstigung

**142** (1) Macht in bürgerlichen Rechtsstreitigkeiten, in denen durch Klage ein Anspruch aus einem der in diesem Gesetz geregelten Rechtsverhältnisse geltend gemacht wird, eine Partei glaubhaft, daß die Belastung mit den Prozeßkosten nach dem vollen Streitwert ihre wirtschaftliche Lage erheblich gefährden würde, so kann das Gericht auf ihren Antrag anordnen, daß die Verpflichtung dieser Partei zur Zahlung von Gerichtskosten sich nach einem ihrer Wirtschaftslage angepaßten Teil des Streitwerts bemißt.

(2) ¹Die Anordnung nach Absatz 1 hat zur Folge, daß die begünstigte Partei die Gebühren ihres Rechtsanwalts ebenfalls nur nach diesem Teil des Streitwerts zu entrichten hat. ²Soweit ihr Kosten des Rechtsstreits auferlegt werden oder soweit sie diese übernimmt, hat sie die von dem Gegner entrichteten Gerichtsgebühren und die Gebühren seines Rechtsanwalts nur nach dem Teil des Streitwerts zu erstatten. ³Soweit die außergerichtlichen Kosten dem Gegner auferlegt oder von ihm übernommen werden, kann der Rechtsanwalt der begünstigten Partei seine Gebühren von dem Gegner nach dem für diesen geltenden Streitwert beitreiben.

(3) ¹Der Antrag nach Absatz 1 kann vor der Geschäftsstelle des Gerichts zur Niederschrift erklärt werden. ²Er ist vor der Verhandlung zur Hauptsache zu stellen. ³Danach ist er nur zulässig, wenn der angenommene oder festgesetzte Streitwert später durch das Gericht heraufgesetzt wird. ⁴Vor der Entscheidung über den Antrag ist der Gegner zu hören.

**Inhaltsübersicht**

| | Rn |
|---|---|
| A. Allgemeines | 1, 2 |
|    I. Regelungszusammenhang | 1 |
|    II. Normzweck | 2 |
| B. Anwendungsbereich | 3–8 |
|    I. Sachliche Voraussetzungen (§ 142 Abs. 1) | 3–6 |
|       1. Vorliegen einer Kennzeichenstreitsache | 3 |
|       2. Erhebliche Gefährdung der wirtschaftlichen Lage | 4–6 |
|          a) Allgemeine Grundsätze | 4, 5 |
|          b) Wirtschaftliche Gefährdung eines Verbands | 6 |
|    II. Förmliche Voraussetzungen (§ 142 Abs. 3) | 7, 8 |
|       1. Form des Antrags (§ 142 Abs. 3 S. 1) | 7 |
|       2. Zeitpunkt der Antragstellung (§ 142 Abs. 3 S. 2 und 3) | 8 |
| C. Anordnung des Teilstreitwerts (§ 142 Abs. 1) | 9–12 |
|    I. Entscheidung nach pflichtgemäßem Ermessen | 9, 10 |
|       1. Grundsatz | 9 |
|       2. Mißbrauchsfälle | 10 |
|    II. Berechnungsmethode zur Streitwertherabsetzung | 11 |
|    III. Beschluß der Streitwertbegünstigung | 12 |
| D. Rechtsfolgen der Streitwertbegünstigung (§ 142 Abs. 2) | 13 |

**Schrifttum zum WZG und UWG.** *Borck*, Lamento über zwei täterfreundliche Vorschriften, WRP 1987, 429; *Deutsch*, Die Streitwertbegünstigung des § 23a UWG für Verbandsklagen, GRUR 1978, 19; *Kisseler*, Das Klagerecht der Verbände in der Bewährungsprobe, WRP 1977, 151; *Pastor*, Die Streitwertherabsetzung nach dem Gesetz zur Änderung des Gesetzes gegen den unlauteren Wettbewerb, des Warenzeichengesetzes und des Gebrauchsmustergesetzes vom 23. 7. 1965, WRP 1965, 271; *Tetzner*, Das Gesetz zur Änderung des UWG, des WZG und des GebrMG vom 21. 7. 1965, NJW 1965, 1944; *Traub*, Die Streitwertfestsetzung für Arbeitnehmer-Erfinder im Lichte verfassungskonformer Auslegung

# MarkenG § 142 1, 2

– Zugleich ein Beitrag zur Verfassungsmäßigkeit der Vorschriften über die Streitwertbegünstigung im allgemeinen, FS A. Söllner, 1990, S. 577.

## Entscheidung zum MarkenG

**OLG Koblenz GRUR 1996, 139 – Streitwert**
Die Bemessung des Streitwerts im Eilverfahren beurteilt sich nach der Gefährlichkeit der unbefugten Benutzung. Die Anordnung des Teilstreitwerts setzt keine aussichtsreiche Rechtsverfolgung voraus.

## A. Allgemeines

### I. Regelungszusammenhang

1   Die Vorschrift des § 142 regelt die *Streitwertbegünstigung*, die eine Bemessung der Verpflichtung zur Zahlung der Gerichtskosten einer Partei nach einem ihrer Wirtschaftslage angepaßten Teil des Streitwerts erlaubt, wenn die Belastung mit den Prozeßkosten nach dem vollen Streitwert ihre *wirtschaftliche Lage erheblich gefährden* würde. Die Anordnung der Streitwertbegünstigung erfolgt auf Antrag durch das Gericht. Die Vorschrift des § 142 entspricht der Rechtslage im WZG nach § 31a WZG. Vergleichbare Regelung einer Streitwertbegünstigung enthalten die §§ 23b UWG, 144 PatG, 26 GebrMG, 11 HalbleitschG iVm 26 GebrMG. Im UWG ist neben der Streitwertbegünstigung nach § 23b UWG eine Vorschrift zur *Streitwertminderung für Unterlassungsansprüche nach § 23a UWG* enthalten. Vor Inkrafttreten des MarkenG ab 1. Januar 1995 war die Regelung des § 23a UWG auch auf den Schutz von geschäftlichen Bezeichnungen nach § 16 UWG aF, sowie auf den Schutz von geographischen Herkunftsangaben nach § 3 UWG anzuwenden. Obgleich das MarkenG Kennzeichenschutz für alle Kennzeichen im Sinne des § 4 Nr. 1 bis 3 gewährt, sah sich der Gesetzgeber des MarkenG nicht veranlaßt, eine § 23a UWG entsprechende Regelung der Streitwertminderung in das MarkenG zu übernehmen, da in der Praxis § 23a UWG in Verfahren über den Schutz von geschäftlichen Bezeichnungen und geographischen Herkunftsangaben soweit ersichtlich nicht zur Anwendung gekommen ist.

### II. Normzweck

2   Grundgedanke der Regelung des § 142 ist es, einer wirtschaftlich schwachen Partei die Rechtsverfolgung oder Rechtsverteidigung durch eine *Streitwertermäßigung* zu erleichtern (kritisch dazu für das Wettbewerbs- und Markenrecht s. die Stellungnahme der Deutschen Vereinigung für gewerblichen Rechtsschutz und Urheberrecht, GRUR 1964, 598). Gegen die Regelung der Streitwertbegünstigung im gewerblichen Rechtsschutz wurden vielfach verfassungsrechtliche Bedenken namentlich aus den Art. 3 und 14 GG erhoben (s. dazu etwa *Traub*, FS A. Söllner, S. 578). Die Regelungen des § 142 Abs. 1 und Abs. 2 S. 2 verstoßen weder gegen den allgemeinen Gleichheitssatz des Art. 3 Abs. 1 GG noch gegen das Gebot der Waffengleichheit (so zur Kostenverteilung im Wettbewerbsprozeß nach den Regelungen des § 23b Abs. 1 S. 1 und 4 UWG BVerfG NJW RR 1991, 1134). Die Streitwertbegünstigung unterscheidet sich grundsätzlich von der *Prozeßkostenhilfe*. Beide Maßnahmen schließen sich daher nicht gegenseitig aus (RG GRUR 1938, 39; BGH GRUR 1953, 123; *Baumbach/Hefermehl*, Wettbewerbsrecht, § 23b UWG, Rn 1 b). Durch die Prozeßkostenhilfe soll einer Partei eine Rechtsverfolgung oder Rechtsverteidigung ermöglicht werden, die Aussicht auf Erfolg verspricht. Auf die Prozeßkostenhilfe besteht daher ein Rechtsanspruch. Durch die Streitwertbegünstigung, die das Gericht nach seinem pflichtgemäßen Ermessen zugunsten einer Partei anordnet, ohne daß eine aussichtsreiche Rechtsverfolgung oder Rechtsverteidigung Voraussetzung ist, soll dagegen auch einem kleinen Gewerbetreibenden die Durchführung kostspieliger Prozesse durch eine Minderung des Kostenrisikos ermöglicht werden. Die Streitwertbegünstigung führt zu einer endgültigen Kostenermäßigung. Eine Nachzahlungspflicht besteht nicht.

## B. Anwendungsbereich

### I. Sachliche Voraussetzungen (§ 142 Abs. 1)

#### 1. Vorliegen einer Kennzeichenstreitsache

Die Anordnung einer Streitwertbegünstigung nach § 142 Abs. 1 setzt voraus, daß es sich **3** um eine Klage handelt, durch die ein Anspruch aus einem im MarkenG geregelten Rechtsverhältnis geltend gemacht wird und damit eine *Kennzeichenstreitsache* im Sinne des § 140 Abs. 1 vorliegt. Der Begriff der Kennzeichenstreitsache ist auch innerhalb der Regelung der Streitwertbegünstigung *weit auszulegen* (zum Begriff s. § 140, Rn 2ff.). Es ist ausreichend, wenn ein im MarkenG geregeltes Rechtsverhältnis betroffen ist, auch wenn der Klageanspruch auf außermarkengesetzliche Vorschriften wie § 1 UWG oder die §§ 12, 823 BGB gestützt wird (zur Streitwertbegünstigung im Wettbewerbsrecht s. BGH GRUR 1968, 333 – Faber; *Teplitzky,* Wettbewerbsrechtliche Ansprüche, Kap. 50, Rn 13). Eine Streitwertbegünstigung ist auch dann zulässig, wenn in Ergänzung des Kennzeichenschutzes nach dem MarkenG andere Vorschriften zum Schutz der Kennzeichen im Sinne des § 1 Nr. 1 bis 3 nach § 2 zur Anwendung kommen; das gilt etwa zum Schutz einer berühmten Marke vor Verwässerung (s. § 14, Rn 441 ff.) oder zum Schutz einer unbegründeten Kennzeichenrechtsverwarnung (s. zur unbegründeten Schutzrechtsverwarnung *Baumbach/Hefermehl,* Wettbewerbsrecht, § 1 UWG, Rn 237 ff.). Der Anspruch der Kennzeichenstreitsache muß *durch eine Klage geltend gemacht* werden. Die Regelung der Streitwertbegünstigung nach § 142 ist auf das *einstweilige Verfügungsverfahren* entsprechend anzuwenden. § 142 findet aber *keine* Anwendung in den *Verfahren in Markenangelegenheiten vor dem DPMA oder BPatG.* Eine Streitwertbegünstigung ist allerdings zulässig im *Rechtsbeschwerdeverfahren vor dem BGH*; nach § 85 Abs. 2 gelten die Bestimmungen des § 142 über die Streitwertbegünstigung entsprechend.

#### 2. Erhebliche Gefährdung der wirtschaftlichen Lage

**a) Allgemeine Grundsätze.** Die wirtschaftliche Lage der Partei, die in der Kennzei- **4** chenstreitsache den Antrag auf Streitwertbegünstigung stellt, muß durch die Belastung mit den Prozeßkosten nach dem vollen Streitwert erheblich gefährdet werden. Die beantragende Partei hat die *erhebliche Gefährdung ihrer wirtschaftlichen Lage glaubhaft zu machen*; für die Glaubhaftmachung gilt die Regelung des § 294 ZPO. Die Gefährdung der wirtschaftlichen Lage bestimmt sich auf der Bemessungsgrundlage des normalen Streitwerts und der sich daraus ergebenen gerichtlichen und außergerichtlichen Kosten wie den Gebühren und Auslagen. Die Erheblichkeit der Gefährdung setzt nicht voraus, daß der notwendige Unterhalt der beantragenden Partei beeinträchtigt wird. Folge einer Anordnung der Streitwertbegünstigung darf aber nicht sein, der beantragenden Partei das Kostenrisiko schlechthin abzunehmen. Allein die schlechte finanzielle Lage der beantragenden Partei rechtfertigt noch keine Streitwertbegünstigung (OLG Karlsruhe WRP 1981, 660; OLG Stuttgart WRP 1982, 489; KG WRP 1984, 20). Die Streitwertbegünstigung bezweckt allein eine *Anpassung des Kostenrisikos* an die wirtschaftliche Lage der beantragenden Partei. Wenn eine Kreditaufnahme nach den konkreten Umständen zuzumuten ist, dann fehlt es an einer erheblichen Gefährdung der wirtschaftlichen Lage. Nicht erforderlich ist allerdings, daß die Rechtsverfolgung oder die Rechtsverteidigung Aussicht auf Erfolg bietet (RGZ 155, 129, 132; OLG Frankfurt GRUR 1989, 133 – Streitwertbegünstigung für Verband; OLG Koblenz GRUR 1996, 139 – Streitwert). Unerheblich ist auch, ob es sich um eine wirtschaftlich bedeutsame Kennzeichenstreitsache handelt. Es ist allein entscheidend, ob die wirtschaftliche Lage der beantragenden Partei erheblich gefährdet ist.

Im MarkenG ist keine § 23b Abs. 1 S. 2 UWG entsprechende Regelung enthalten. Nach **5** dieser Vorschrift, die eine *Verhinderung der Erschleichung einer Kostenbegünstigung* bezweckt, hat sich die Glaubhaftmachung nach Anordnung des Gerichts auch darauf zu erstrecken, daß die von der Partei zu tragenden Kosten des Rechtsstreits weder unmittelbar noch mittelbar von einem Dritten übernommen werden. Da die Entscheidung über die Festsetzung eines Teilstreitwerts nach pflichtgemäßen Ermessen des Gerichts erfolgt (s. Rn 9), ist es auch bei einer Entscheidung über die Streitwertbegünstigung in einer Kennzeichenstreitsache nach § 142 dem Gericht möglich, *Fallkonstellationen des Rechtsmißbrauchs* zu berücksichtigen (s. dazu im einzelnen Rn 10).

**6 b) Wirtschaftliche Gefährdung eines Verbands.** Die erhebliche Gefährdung der wirtschaftlichen Lage eines Verbands ist nicht allein aufgrund der konkreten rechtshängigen Kennzeichenstreitsache zu beurteilen, vielmehr ist die *wirtschaftliche Gesamtsituation des Verbands* zu berücksichtigen (KG WRP 1977, 717; 1982, 468; KG GRUR 1983, 595 – Bilanzkritische Würdigung; OLG Koblenz GRUR 1984, 746 – Streitwertbegünstigung; 1989, 764, 766 – Streitwertveränderung; für Verbraucherverbände OLG Köln GRUR 1991, 248 – Streitwertherabsetzung; *Baumbach/Hefermehl*, Wettbewerbsrecht, § 23b UWG, Rn 3a; *Pastor*, Wettbewerbsprozeß, S. 971; aA HansOLG Hamburg WRP 1977, 498; OLG Frankfurt WRP 1980, 271, 272; OLG Stuttgart WRP 1983, 709; OLG Frankfurt WRP 1989, 173). Zu berücksichtigen sind der öffentliche Aufgabenbereich des Verbandes, der Umfang seiner Aufklärungsarbeit, sowie nicht nur die konkrete anhängige Rechtssache, sondern die gesamte Prozeßtätigkeit des Verbands im Interesse des Kennzeichenschutzes. Das zur Glaubhaftmachung vorgelegte Zahlenmaterial wie Bilanzen und Status ist bilanzkritisch zu würdigen; die Wertansätze sind erforderlichenfalls zu berichtigen (KG GRUR 1983, 595 – Bilanzkritische Würdigung). Es ist eine Grundvoraussetzung zur Anordnung einer Streitwertbegünstigung, daß der Verband nach seiner Organisationsstruktur und seiner finanziellen Ausstattung in der Lage ist, seine im öffentlichen Interesse liegende Aufgabe wahrnehmen zu können (OLG Frankfurt GRUR 1989, 133 – Streitwertbegünstigung für Verband). Zweckbestimmte öffentliche Zuwendungen schließen eine Streitwertbegünstigung nicht aus; bei privaten Zuwendungen kommt es auf die besonderen Umstände des konkreten Einzelfalles an. Im Wettbewerbsrecht wird davon ausgegangen, daß eine *Deckungszusage* eine Anwendung der §§ 23a und 23b UWG zwar grundsätzlich ausschließt, dies aber nicht für eine unverbindliche Deckungszusage eines Dritten bei der Anordnung der Streitwertbegünstigung nach § 23b UWG gilt (*Baumbach/Hefermehl*, Wettbewerbsrecht, § 23b UWG, Rn 3 a). Zuschüsse, die der Vorsitzende eines klagebefugten Verbands diesem über den eigentlichen Betrag hinaus leistet, sind nicht anzurechnen, zumal sonst die selbstlose Hilfe durch die Verbandsträger erheblich geschwächt würde (*Baumbach/Hefermehl*, Wettbewerbsrecht, § 23b UWG, Rn 3a; aA *Teplitzky*, Wettbewerbsrechtliche Ansprüche, Kap. 50, Rn 10; s. auch *Kisseler*, WRP 1977, 151, 156 ff.).

## II. Förmliche Voraussetzungen (§ 142 Abs. 3)

### 1. Form des Antrags (§ 142 Abs. 3 S. 1)

**7** Die Anordnung einer Streitwertbegünstigung durch das Gericht setzt die Stellung eines bestimmten, *auf Herabsetzung des Streitwerts gerichteten Antrags* im Sinne des § 142 Abs. 1 voraus. Der Antrag kann nach § 143 Abs. 3 S. 1 vor der Geschäftsstelle des Gerichts zur Niederschrift erklärt werden. Er unterliegt deshalb auch im Anwaltsprozeß nach § 78 Abs. 3 nicht dem Anwaltszwang. Erforderlich ist, in jeder Instanz einen gesonderten Antrag zu stellen, da die Anordnung der Streitwertbegünstigung *nur für die jeweilige Instanz* ergeht (KG GRUR 1938, 41; 1939, 346; RG GRUR 1941, 94; OLG Karlsruhe GRUR 1962, 586; zu § 247 Abs. 2 AktG BGH WM 1992, 1981; *v. Gamm*, § 31a WZG, Rn 8; *Baumbach/Hefermehl*, Wettbewerbsrecht, § 23b UWG, Rn 4; *Benkard/Rogge*, § 144 PatG, Rn 9; *Tetzner*, NJW 1965, 1944, 1946; *Pastor*, WRP 1965, 271, 280).

### 2. Zeitpunkt der Antragstellung (§ 142 Abs. 3 S. 2 und 3)

**8** Der Antrag auf Anordnung einer Streitwertbegünstigung ist nach § 142 Abs. 3 S. 2 *vor der Verhandlung zur Hauptsache* zu stellen. Die Antragstellung hat vor der Stellung der Sachanträge in der mündlichen Verhandlung zu erfolgen (§ 137 ZPO). Nach diesem Zeitpunkt ist die Stellung des Antrags auf Anordnung einer Streitwertbegünstigung nach § 142 Abs. 3 S. 3 nur dann zulässig, wenn der zunächst angenommene oder festgesetzte *Streitwert später durch das Gericht heraufgesetzt* wird. Wenn in der mündlichen Verhandlung noch kein Streitwert angenommen oder festgesetzt worden ist, dann ist der Antrag auf Anordnung der Streitwertbegünstigung spätestens vor der nächstfolgenden Verhandlung zur Hauptsache zu stellen (RG GRUR 1940, 95). Ein Streitwert ist nur dann im Sinne des § 143 Abs. 3 S. 3 angenommen, wenn dem Streitwert eine Maßnahme des Gerichts oder der Geschäftsstelle zugrundeliegt, nicht aber schon dann, wenn der Streitwert nur in der Klageschrift oder der Antragsschrift angegeben worden ist (OLG Stuttgart WRP 1982, 489). Wenn ein Verfahren ohne Verhandlung zur Hauptsache erledigt und daraufhin erstmalig ein Streitwert festgesetzt wird, dann ist der Antrag *innerhalb einer angemessenen Frist* zu stellen (BGH GRUR 1965, 562 – Teilstreitwert; KG WRP 1983, 561). Im *einstweiligen Verfügungsverfahren*, in dem § 142 entsprechend gilt (s. Rn 3), braucht der Antrag auf Anordnung einer Streitwertbegünstigung nicht schon mit dem Antrag auf Erlaß der einstweiligen Verfügung gestellt zu werden; § 142 Abs. 3 S. 2 gilt insoweit entsprechend (HansOLG Hamburg WRP 1977, 498; KG WRP 1982, 530; *Deutsch*, GRUR 1978, 19, 21; *Pastor*, Wettbewerbsprozeß, S. 974f.). Ausreichend ist, wenn der Antrag bis zur Verhandlung über den Widerspruch gestellt wird, da zuvor ein Anlaß für eine Streitwertbegünstigung nicht besteht. Auch wenn der Antragsgegner nach Erlaß einer Beschlußverfügung Widerspruch nicht einlegt, kann er einen Antrag auf Anordnung der Streitwertbegünstigung stellen (HansOLG Hamburg WRP 1985, 281). Wenn das Beschwerdegericht den nach Verkündung des erstinstanzlichen Urteils heraufgesetzten Streitwert wieder auf den ursprünglich angenommenen Streitwert herabsetzt, dann ist ein Antrag auf weitere Herabsetzung unzulässig; das zwischenzeitliche Erhöhungsverfahren ändert nichts daran, daß die Herabsetzung vor der Verhandlung zur Hauptsache hätte beantragt werden müssen (OLG Hamm WRP 1984, 158).

## C. Anordnung des Teilstreitwerts (§ 142 Abs. 1)

### I. Entscheidung nach pflichtgemäßem Ermessen

#### 1. Grundsatz

Die Anordnung des Gerichts, die Verpflichtung zur Zahlung von Gerichtskosten bemesse sich für die beantragende Partei nach dem ihrer Wirtschaftslage angepaßten Teil des Streitwerts, ergeht durch *Beschluß* (s. Rn 12). Das Gericht entscheidet über die Festsetzung des Teilstreitwerts nach *pflichtgemäßen Ermessen*. Vor der Anordnung der Streitwertherabsetzung ist der Gegner zur Wahrung seiner Interessen nach § 142 Abs. 3 S. 4 zu hören. **9**

#### 2. Mißbrauchsfälle

Da die Anordnung der Streitwertherabsetzung eine Entscheidung nach pflichtgemäßen Ermessens darstellt (s. Rn 9), ist das Gericht in der Lage, bei einer *mißbräuchlichen Prozeßführung* eine Herabsetzung des Streitwerts abzulehnen. Von *Fallkonstellationen eines Rechtsmißbrauchs* wird regelmäßig dann auszugehen sein, wenn bereits ein Antrag auf Prozeßkostenhilfe wegen Aussichtslosigkeit der Rechtsverfolgung abgelehnt worden ist (RG GRUR 1938, 325; MuW 1940, 99; *Benkard/Rogge*, § 144 PatG, Rn 7; *Tetzner*, NJW 1965, 1944, 1946), wenn der Antragsteller den Prozeß etwa wegen Aussichtslosigkeit der Rechtsverfolgung oder zur Wahrnehmung von Vergleichschancen in Wahrheit nicht fortzuführen beabsichtigt (*Baumbach/Hefermehl*, Wettbewerbsrecht, § 23b UWG, Rn 7), wenn der Antragsteller selbst zu einem früheren Zeitpunkt auf eine Erhöhung des Streitwerts hingewirkt hat (HansOLG Hamburg GRUR 1957, 146; *Pastor*, Wettbewerbsprozeß, S. 969), wenn bei eindeutiger Rechtslage auf eine Abmahnung nicht reagiert und dadurch die Kostenbelastung verursacht wird (HansOLG Hamburg WRP 1985, 281), oder wenn die ungünstige Rechtslage in der Kennzeichenstreitsache auf einer Versäumnis einer Verjährungsunterbrechung durch den Antragsteller beruht (*Baumbach/Hefermehl*, Wettbewerbsrecht, § 23b UWG, Rn 7). Bei einer Klagerücknahme ist in der Regel eine Streitwertbegünstigung nicht zu gewähren, es sei denn, daß die Rechtsverfolgung, weil sie für den Kläger aussichtsreich erschien, nicht mutwillig war und die Rücknahme auch für eine Partei, die den Antrag auf Streitwertbegünstigung nach § 142 nicht stellen kann, prozeßökonomisch geboten ist (LG **10**

Berlin WRP 1982, 53). In einer solchen Fallkonstellation wäre es geradezu rechtsmißbräuchlich, den Prozeß fortzuführen und weitere Kosten entstehen zu lassen, um nicht die Streitwertbegünstigung durch Klagerücknahme einzubüßen. Ein Antrag auf Streitwertbegünstigung ist auch dann rechtsmißbräuchlich, wenn sich für den Verletzten aus der Beantwortung einer vorprozessualen Abmahnung die fehlende Passivlegitimation des Verletzers ergab (KG GRUR 1983, 673 – Falscher Inserent). Als ein Mißbrauch ist es auch anzusehen, wenn eine wirtschaftlich schwache Partei lediglich vorgeschoben wird, um einen zweifelhaften Anspruch mit geringem Kostenrisiko geltend zu machen. In einem solchen Fall besteht kein schutzwürdiges Interesse an einer Streitwertbegünstigung. Eine solche Fallkonstellationen ist auch in Kennzeichenstreitsachen als rechtsmißbräuchlich zu beurteilen, auch wenn eine § 23b Abs. 1 S. 2 UWG vergleichbare Regelung im MarkenG fehlt. In einer Wettbewerbssache wurde eine Streitwertbegünstigung für einen sich als Verbraucherschutzverein bezeichnenden Antragsteller abgelehnt, der nach seiner Verbandsstruktur und seiner finanziellen Ausstattung darauf angelegt war, das mit der Durchführung seiner Aufgaben notwendig verbundene Kostenrisiko schon im Regelfall zu einem wesentlichen Teil auf den rechtstreuen Prozeßgegner abzuwälzen (OLG Düsseldorf WRP 1977, 410). Die ökonomische Grundlage zur Prozeßführung eines klagebefugten Verbands darf nicht auf der Anordnung einer Streitwertbegünstigung beruhen (zum Durchhalten eines Streitwerts in Höhe von 15 000 DM durch einen Wettbewerbsverein s. OLG Frankfurt GRUR 1989, 133 – Streitwertbegünstigung für Verband; WRP 1989, 173).

## II. Berechnungsmethode zur Streitwertherabsetzung

**11** Die Streitwertherabsetzung soll nicht schematisch stets auf einen gleichen Teilstreitwert etwa eines Betrags in Höhe von 5000 DM erfolgen. Die Ausübung pflichtgemäßen Ermessens verlangt, daß der *Teilstreitwert in einem angemessenen Verhältnis zu dem vollen Streitwert* steht, um der rechtlichen und wirtschaftlichen Bedeutung der Kennzeichenstreitsache zu entsprechen und auch bei der begünstigten Partei das Kostenrisiko der Rechtssache zu erhalten und das Kostenbewußtsein im Rechtsstreit wachzuhalten. Bei einem Streitwert bis zu 10 000 DM wird für einen klagebefugten Verband in der Regel eine Streitwertbegünstigung nicht in Betracht kommen (OLG Koblenz GRUR 1984, 746 – Streitwertbegünstigung). Von den Instanzgerichten wird weithin eine *Berechnungsmethode* für sachgerecht und angemessen gehalten, die bei einem über 10 000 DM liegenden Streitwert den übersteigenden Betrag um 90% kürzt, während 10% bis 15% dem Sockelbetrag zugeschlagen werden (KG WRP 1977, 717; 1982, 468; OLG Koblenz GRUR 1984, 746, 747 – Streitwertbegünstigung; *Teplitzky,* GRUR 1989, 461, 470). Wenn die besonderen Umstände im konkreten Einzelfall anders liegen, dann kann von dieser Berechnungsmethode abgewichen werden (OLG Koblenz GRUR 1984, 746, 747 – Streitwertbegünstigung). Diese Berechnungsmethode macht für die klagebefugten Verbände die Kostenbelastung berechenbarer, auch wenn im Einzelfall, wie namentlich bei sehr hohen Streitwerten, eine abweichende Berechnung geboten ist.

## III. Beschluß der Streitwertbegünstigung

**12** Die Entscheidung über die Anordnung einer Streitwertbegünstigung nach § 143 Abs. 1 erfolgt durch *Beschluß*. Wenn dem Antrag auf Anordnung einer Streitwertbegünstigung nach einer Anhörung des Antragsgegners nach § 142 Abs. 3 S. 4 stattgegeben wird, dann gehört zum Inhalt des Beschlusses, daß entweder der Kläger oder der Beklagte zur Zahlung der Gerichtskosten nach einem bestimmten Teilstreitwert verpflichtet ist. Gegen den Beschluß (§ 329 ZPO) ist die *einfache Beschwerde* nach § 25 Abs. 3 GKG gegeben (OLG Düsseldorf GRUR 1954, 115; OLG München NJW 1959, 52; *Pastor,* Wettbewerbsprozeß, S. 977; *Baumbach/Hefermehl,* Wettbewerbsrecht, § 23b UWG, Rn 8). Die Beschwerde ist innerhalb von sechs Monaten nach Eintritt der Rechtskraft in der Hauptsache oder anderweitige Erledigung des Verfahrens einzulegen (§ 25 Abs. 2 S. 3, Abs. 1 S. 4 GKG); § 577 ZPO ist nicht entsprechend anzuwenden (HansOLG Hamburg WRP 1977, 498; KG WRP 1978, 134).

*Beschwerdeberechtigt* ist jeder durch die Entscheidung Beschwerte, das sind die beantragende Partei oder der Gegner, aber auch die Rechtsanwälte oder mitwirkenden Patentanwälte der Prozeßparteien aus eigenem Recht (§ 9 BRAGO), und zwar auch der Anwalt der Gegenpartei, der gegenüber der begünstigten Partei, wenn sie den Prozeß verliert, nur nach dem niedrigen Streitwert zu vergüten ist (KG WRP 1978, 134; 1978, 300; *Baumbach/Hefermehl*, Wettbewerbsrecht, § 23 b UWG, Rn 8; weil die Gebührendifferenz von der eigenen Partei verlangt werden könne aA *Pastor*, Wettbewerbsprozeß, S. 978). Wenn sich die bei der Entscheidung zugrundegelegten Verhältnisse, wie etwa aufgrund einer erheblichen Verbesserung der wirtschaftlichen Lage der begünstigten Partei, wesentlich geändert haben, dann kann der Teilstreitwertbeschluß abgeändert werden, allerdings nicht mehr nach Abschluß der gerichtlichen Instanz, in der er angeordnet worden ist (*Baumbach/Hefermehl*, Wettbewerbsrecht, § 23 b, Rn 8; *Benkard/Rogge*, § 144 PatG, Rn 11).

### D. Rechtsfolgen der Streitwertbegünstigung (§ 142 Abs. 2)

Die von der Anordnung der Streitwertermäßigung begünstigte Partei hat dem Beschlußinhalt entsprechend nach § 142 Abs. 1 die *Gerichtskosten* nach dem für sie festgesetzten Teilstreitwert zu entrichten. Auch die *Anwaltsgebühren* (Rechtsanwalt, Patentanwalt) richten sich nach dem Teilstreitwert. Das gilt nach § 142 Abs. 2 S. 1 sowohl für die Gebühren des eigenen Anwalts der begünstigten Partei als auch nach Abs. 2 S. 2 für die Gebühren des gegnerischen Anwalts im Rahmen einer Kostenerstattung. Wenn der begünstigten Partei die Kosten des Rechtsstreits auferlegt werden oder sie diese übernimmt, dann hat sie nach Abs. 2 S. 2 auch die von dem Gegner entrichteten Gerichtsgebühren nur nach dem Teilstreitwert zu erstatten. So weit die außergerichtlichen Kosten dem Gegner der begünstigten Partei auferlegt oder von diesem übernommen werden, kann nach Abs. 2 S. 3 der Anwalt der begünstigten Partei seine Gebühren von dem Gegner nach dem für diesen geltenden vollen Streitwert beanspruchen. Die Streitwertbegünstigung kommt der nicht begünstigten Partei auch dann nicht zugute, wenn sie in der Kennzeichenstreitsache obsiegt; die obsiegende gegnerische Partei hat einen Teil ihrer Gerichtskosten und Anwaltskosten selbst zu tragen, eine Regelung, die als nicht unbedenklich erscheint (*Baumbach/Hefermehl*, Wettbewerbsrecht, § 23 b UWG, Rn 9). Die Streitwertherabsetzung erstreckt sich nicht auf die *Kosten einer Beweisaufnahme* (OLG München GRUR 1960, 79 – Sachverständigenkosten; *Baumbach/Hefermehl*, Wettbewerbsrecht, § 23 b UWG, Rn 9; *Pastor*, Wettbewerbsprozeß, S. 669). Wenn einer Partei sowohl *Prozeßkostenhilfe* bewilligt, als auch eine *Streitwertbegünstigung* angeordnet wird, dann kommt der Streitwertermäßigung auf die Höhe der aus der Staatskasse zu entrichtenden Rechtsanwaltsgebühren kein Einfluß zu; die Gebühren sind nach dem normalen Streitwert zu berechnen (BGH LM Nr. 3 zu § 53 PatG).

## Teil 8. Straf- und Bußgeldvorschriften; Beschlagnahme bei der Einfuhr und Ausfuhr

### Vorbemerkung zu den §§ 143 bis 151

#### Inhaltsübersicht

|   | Rn |
|---|---|
| A. Regelungsübersicht | 1 |
| B. Rechtsänderungen | 2 |

### A. Regelungsübersicht

1   Teil 8 des MarkenG enthält in Abschnitt 1 (§§ 143 bis 145) die Vorschriften über *kennzeichenrechtliche Straftaten* (§§ 143, 144) und *Ordnungswidrigkeiten* (§ 145) und in Abschnitt 2 (§§ 146 bis 151) die Vorschriften über die *Beschlagnahme bei der Einfuhr und Ausfuhr*. Teil 8 enthält auch die Strafvorschriften zum Schutz geographischer Herkunftsangaben (§ 144), sowie die Beschlagnahmevorschriften bei der Einfuhr, Ausfuhr und Durchfuhr von Waren, die widerrechtlich mit einer geographischen Herkunftsangabe gekennzeichnet sind (§ 151).

### B. Rechtsänderungen

2   Die Straf- und Bußgeldvorschriften sowie die Beschlagnahmevorschriften stimmen weitgehend mit der Rechtslage im WZG (§§ 25 d bis 28 WZG) überein. Durch das MarkenRÄndG 1996 vom 19. Juli 1996 (BGBl. I S. 1014), das am 25. Juli 1996 in Kraft getreten ist, wurden die Vorschriften der §§ 143 (s. § 143, Rn 7), 144 (s. § 144, Rn 6), 146 (s. § 146, Rn 3), 150 (s. § 150, Rn 2) geändert.

### Abschnitt 1. Straf- und Bußgeldvorschriften

**Schrifttum zum WZG und PrPG.** *Cremer,* Die Bekämpfung der Produktpiraterie in der Praxis, Mitt 1992, 153; *Ensthaler,* Produktpirateriegesetz, GRUR 1992, 273; *Jung,* Gesetz zur Bekämpfung der Produktpiraterie, JuS 1990, 856; *Lührs,* Verfolgungsmöglichkeiten im Fall der „Produktpiraterie" unter besonderer Betrachtung der Einziehungs- und Gewinnabschöpfungsmöglichkeiten (bei Ton-, Bild- und Computerprogrammträgern), GRUR 1994, 264; *Winter,* Internationale Markenpiraterie – Möglichkeiten der Bekämpfung, MA 1983, 392.

**Schrifttum zum MarkenG.** *Kouker,* Markenstrafrecht, in: Achenbach/Wannemacher, Beraterhandbuch zum Steuer- und Wirtschaftsstrafrecht, § 26 Abschnitt III, 1997; *Meister,* Die Verteidigung von Marken. Eine Skizze zum neuen Recht, WRP 1995, 366.

**Strafbare Kennzeichenverletzung**

**143** (1) Wer im geschäftlichen Verkehr widerrechtlich
1. entgegen § 14 Abs. 2 Nr. 1 oder 2 ein Zeichen benutzt,
2. entgegen § 14 Abs. 2 Nr. 3 ein Zeichen in der Absicht benutzt, die Unterscheidungskraft oder die Wertschätzung einer bekannten Marke auszunutzen oder zu beeinträchtigen,
3. entgegen § 14 Abs. 4 Nr. 1 ein Zeichen anbringt oder entgegen § 14 Abs. 4 Nr. 2 oder 3 eine Aufmachung oder Verpackung oder ein Kennzeichnungsmittel anbietet, in den Verkehr bringt, besitzt, einführt oder ausführt, soweit Dritten die Benutzung des Zeichens
   a) nach § 14 Abs. 2 Nr. 1 oder 2 untersagt wäre oder

Strafbare Kennzeichenverletzung § 143 MarkenG

b) nach § 14 Abs. 2 Nr. 3 untersagt wäre und die Handlung in der Absicht vorgenommen wird, die Ausnutzung oder Beeinträchtigung der Unterscheidungskraft oder der Wertschätzung einer bekannten Marke zu ermöglichen,
4. entgegen § 15 Abs. 2 eine Bezeichnung oder ein Zeichen benutzt oder
5. entgegen § 15 Abs. 3 eine Bezeichnung oder ein Zeichen in der Absicht benutzt, die Unterscheidungskraft oder die Wertschätzung einer bekannten geschäftlichen Bezeichnung auszunutzen oder zu beeinträchtigen, wird mit Freiheitsstrafe bis zu drei Jahren oder mit Geldstrafe bestraft.

(1a) Ebenso wird bestraft, wer die Rechte des Inhabers einer nach Rechtsvorschriften der Europäischen Gemeinschaft geschützten Marke verletzt, soweit eine Rechtsverordnung nach Absatz 7 für einen bestimmten Tatbestand auf diese Strafvorschrift verweist.

(2) Handelt der Täter gewerbsmäßig, so ist die Strafe Freiheitsstrafe bis zu fünf Jahren oder Geldstrafe.

(3) Der Versuch ist strafbar.

(4) In den Fällen der Absätze 1 und 1a wird die Tat nur auf Antrag verfolgt, es sei denn, daß die Strafverfolgungsbehörde wegen des besonderen öffentlichen Interesses an der Strafverfolgung ein Einschreiten von Amts wegen für geboten hält.

(5) ¹Gegenstände, auf die sich die Straftat bezieht, können eingezogen werden. ²§ 74a des Strafgesetzbuchs ist anzuwenden. ³Soweit den in § 18 bezeichneten Ansprüchen auf Vernichtung im Verfahren nach den Vorschriften der Strafprozeßordnung über die Entschädigung des Verletzten (§§ 403 bis 406c der Strafprozeßordnung) stattgegeben wird, sind die Vorschriften über die Einziehung nicht anzuwenden.

(6) ¹Wird auf Strafe erkannt, so ist, wenn der Verletzte es beantragt und ein berechtigtes Interesse daran dartut, anzuordnen, daß die Verurteilung auf Verlangen öffentlich bekanntgemacht wird. ²Die Art der Bekanntmachung ist im Urteil zu bestimmen.

(7) Das Bundesministerium der Justiz wird ermächtigt, durch Rechtsverordnung ohne Zustimmung des Bundesrates die Tatbestände zu bezeichnen, die als Straftaten nach Absatz 1a geahndet werden können, soweit dies zur Durchsetzung des in Rechtsvorschriften der Europäischen Gemeinschaft vorgesehenen Schutzes von Marken erforderlich ist.

### Inhaltsübersicht

| | Rn |
|---|---|
| A. Allgemeines | 1–10 |
|   I. Regelungsübersicht | 1 |
|   II. Rechtsänderungen | 2–7 |
|   III. Europäisches Unionsrecht | 8, 9 |
|     1. Erste Markenrechtsrichtlinie | 8 |
|     2. Gemeinschaftsmarkenverordnung | 9 |
|   IV. TRIPS-Abkommen | 10 |
| B. Grundtatbestand (§ 143 Abs. 1) | 11–26 |
|   I. Straftatbestände (§ 143 Abs. 1 Nr. 1 bis 5) | 12–19 |
|   II. Subjektiver Tatbestand | 20 |
|   III. Widerrechtlichkeit | 21 |
|   IV. Irrtum | 22, 23 |
|   V. Täterschaft und Teilnahme | 24 |
|   VI. Fortgesetzte Handlung | 25 |
|   VII. Strafe | 26 |
| C. Gemeinschaftsmarkenverletzung (§ 143 Abs. 1a und 7) | 27 |
| D. Qualifikationstatbestand (§ 143 Abs. 2) | 28, 29 |
| E. Strafbarkeit des Versuchs (143 Abs. 3) | 30 |
| F. Strafantrag (§ 143 Abs. 4) | 31 |
| G. Einziehung (§ 143 Abs. 5) | 32–35 |
| H. Urteilsbekanntmachung (§ 143 Abs. 6) | 36–40 |
| I. Privatklage und Nebenklagebefugnis | 41, 42 |
| J. Zuständigkeit | 43 |
| K. Konkurrenzen | 44 |

**Schrifttum zum WZG, PrPG und MarkenG.** S. die Schrifttumsangaben vor den §§ 143 bis 145.

## A. Allgemeines

### I. Regelungsübersicht

1   Regelungsgegenstand des § 143 ist die *strafbare Kennzeichenverletzung*. Die Vorschrift regelt den strafrechtlichen Schutz für alle nach dem MarkenG geschützten Kennzeichen im Sinne des § 1 Nr. 1 bis 3 sowie für nach der GMarkenV geschützte Gemeinschaftsmarken. § 143 Abs. 1 enthält die strafrechtlichen *Grundtatbestände einer einfachen Kennzeichenverletzung*, Abs. 1a eine Regelung für *Gemeinschaftsmarkenverletzungen* und Abs. 2 einen *Qualifikationstatbestand der gewerbsmäßigen Kennzeichenverletzung*. Nach Abs. 3 ist der *Versuch einer Kennzeichenverletzung* strafbar. Abs. 4 regelt das *Strafantragserfordernis bei einfachen Kennzeichenverletzungen*. Abs. 5 enthält Bestimmungen über die strafrechtliche *Einziehung von Gegenständen*. Die Voraussetzungen einer *strafprozessualen Urteilsveröffentlichung* regelt Abs. 6. Abs. 7 enthält eine *Rechtsverordnungsermächtigung* zur Festlegung der Straftatbestände einer Gemeinschaftsmarkenverletzung.

### II. Rechtsänderungen

2   Mit dem Gesetz zur Stärkung des Schutzes des geistigen Eigentums und zur Bekämpfung der Produktpiraterie (PrPG) vom 7. März 1990 (BGBl. I S. 422) wurde der Strafrahmen einer Schutzrechtsverletzung einheitlich für alle gewerblichen Schutzrechte und das Urheberrecht erweitert. Vor dem Inkrafttreten des PrPG am 1. Juli 1990 war die Verletzung eines Warenzeichens (§ 24 Abs. 3 WZG aF) und einer Ausstattung (25 Abs. 3 WZG aF) lediglich mit einer Freiheitsstrafe von bis zu sechs Monaten oder mit einer Geldstrafe von bis zu 180 Tagessätzen bedroht. Der durch das PrPG eingefügte § 25d WZG, der bis zum Inkrafttreten des MarkenG am 1. Januar 1995 galt, sah für einfache Kennzeichenverletzungen eine Anhebung der Strafandrohung auf eine Höchstfreiheitsstrafe von drei Jahren oder Geldstrafe vor. Desweiteren wurde ein Qualifikationstatbestand der gewerbsmäßigen Kennzeichenverletzung eingeführt, der in Anknüpfung an den durch die Urheberrechtsnovelle von 1985 geschaffenen § 108a UrhG eine Freiheitsstrafe von bis zu fünf Jahren oder Geldstrafe vorsah. Diese Bestimmungen zum Strafrahmen sind unverändert in das MarkenG übernommen worden.

3   Durch das PrPG wurde auch eine bis zu diesem Zeitpunkt nicht bestehende *Versuchsstrafbarkeit* in das WZG eingeführt (§ 25d Abs. 3 WZG). Eine entsprechende Bestimmung enthält § 143 Abs. 3.

4   Der Grundtatbestand der einfachen Kennzeichenverletzung wurde durch das PrPG an das Erfordernis eines *Strafantrags* gebunden (zur Strafverfolgung von Amts wegen nach früherer Rechtslage s. *Baumbach/Hefermehl*, § 24 WZG, Rn 67). Das Strafantragserfordernis wurde in Anlehnung an § 109 UrhG aF einheitlich in alle Gesetze betreffend den Schutz des geistigen Eigentums aufgenommen. Eine entsprechende Bestimmung enthält § 143 Abs. 4.

5   § 143 Abs. 5 enthält Bestimmungen über die strafrechtliche *Einziehung*. Vor Erlaß des PrPG konnten widerrechtlich gekennzeichnete Waren nicht im Rahmen eines Strafverfahrens eingezogen werden, da diese weder im Sinne des § 74 StGB durch eine Straftat hervorgebracht, noch zur Begehung einer solchen gebraucht oder bestimmt waren (s. *Baumbach/Hefermehl*, § 30 WZG, Rn 4). Mit Einführung des § 25d Abs. 5 WZG wurde die strafrechtliche Einziehung nach den §§ 74 ff. StGB auf die sogenannten *Beziehungsgegenstände* erstreckt, so daß nunmehr auch widerrechtlich gekennzeichnete Waren von der strafrechtlichen Einziehung erfaßt wurden. Ferner wurde § 74a StGB für anwendbar erklärt, so daß von der Einziehung auch solche Gegenstände erfaßt wurden, die im *Eigentum eines Dritten* stehen. Eine entsprechende Bestimmung enthält § 143 Abs. 5. Zu den Beziehungsgegenständen im Sinne des § 143 Abs. 5 gehören auch die *Kennzeichnungsmittel* im Sinne des § 14 Abs. 4. Art. 3 Nr. 25 des *Entwurfs eines Gesetzes zur verbesserten Abschöpfung von Vermögensvorteilen aus Straftaten* (BT-Drucks. 13/9742 vom 3. Februar 1998) sieht eine redaktionelle Anpassung der Bestimmung des § 143 Abs. 5 S. 2 an die mit dem Gesetzentwurf beabsichtigte Gesamtreform der strafrechtlichen Eigentumssanktionen vor, die auch eine umfassende

Neuregelung der Bestimmungen über die *strafrechtliche Einziehung der producta et instrumenta sceleris* zum Gegenstand hat.

Das MarkenG erweitert den Anwendungsbereich der kennzeichenrechtlichen Straftatbe- 6
stände und bezieht *alle Kennzeichen im Sinne des § 1 Nr. 1 bis 3* in den Strafrechtsschutz ein.
Die rechtswidrige Verwendung von geschäftlichen Bezeichnungen im Sinne des § 16 UWG
aF war nur nach § 25 d WGZ bei einem gleichzeitigen Verstoß gegen § 24 WZG oder nach
§ 4 UWG bei einem Verstoß gegen das Verbot unwahrer Werbung strafbar. Eine Erweiterung der Straftatbestände ergibt sich auch aus der Erfassung markenrechtsverletzender *Vorbereitungshandlungen* (§ 14 Abs. 4), sowie aus dem markenrechtlichen Schutz der *bekannten Marke* (§ 14 Abs. 2 Nr. 3) und der *bekannten geschäftlichen Bezeichnung* (§ 15 Abs. 3).

Die Absätze 1 a und 7 wurden durch das MarkenRÄndG 1996 vom 19. Juli 1996 7
(BGBl. I S. 1014) in die Strafvorschrift eingefügt, um eine strafrechtliche Ahndung von nach
der GMarkenV geschützter Rechte aus einer *Gemeinschaftsmarke* in gleicher Weise zu gewährleisten, wie die Verletzung eines nach dem MarkenG geschützten Kennzeichens
(Begründung zum Regierungsentwurf des MarkenRÄndG 1996, BT-Drucks. 13/3841 vom
23. Februar 1996, S. 16; s. 3. Teil des Kommentars, I 2).

### III. Europäisches Unionsrecht

#### 1. Erste Markenrechtsrichtlinie

Die *MarkenRL* enthält keine bindenden Vorgaben für kennzeichenrechtliche Strafvor- 8
schriften.

#### 2. Gemeinschaftsmarkenverordnung

Die *GMarkenV* enthält keine eigenen Strafvorschriften. Durch das MarkenRÄndG 1996 9
wurde die Strafvorschrift des § 143 durch Bestimmungen zur Strafbarkeit von Gemeinschaftsmarkenverletzungen ergänzt.

### IV. TRIPS-Abkommen

Art. 61 TRIPS-Abkommen enthält Vorgaben über die strafrechtliche Ahndung und 10
Verfolgung von Verletzungen der Rechte des geistigen Eigentums. § 143 geht über diese
Vorgaben hinaus.

## B. Grundtatbestand (§ 143 Abs. 1)

§ 143 stellt die *vorsätzliche Kennzeichenverletzung* unter Strafe. Die einzelnen Straftatbestän- 11
de sind durch *Bezugnahme auf die Verbotstatbestände der §§ 14 und 15* geregelt und folgen der
Systematik der Kollisionstatbestände einer Kennzeichenrechtsverletzung.

### I. Straftatbestände (§ 143 Abs. 1 Nr. 1 bis 5)

Abs. 1 Nr. 1 bis 3 enthält die *Tatbestände einer strafbaren Markenverletzung*. Folge der Be- 12
zugnahme der Strafvorschriften auf die zivilrechtlichen Verbotstatbestände ist es, daß die im
WZG noch nicht enthaltenen und aus der MarkenRL stammenden kennzeichenrechtlichen
Begriffe des gedanklichen Inverbindungbringens (§ 14 Abs. 2 Nr. 2) und der Ausnutzung
oder Beeinträchtigung der Unterscheidungskraft oder der Wertschätzung einer bekannten
Marke (§ 14 Abs. 2 Nr. 3) zu strafrechtlichen Tatbestandsmerkmalen werden. Abs. 1 Nr. 4
und 5 enthält die *Tatbestände einer strafbaren Verletzung geschäftlicher Bezeichnungen*. Auch insoweit wird der kennzeichenrechtliche Begriff der Ausnutzung oder Beeinträchtigung der
Unterscheidungskraft oder der Wertschätzung einer bekannten geschäftlichen Bezeichnung
zu einem strafrechtlichen Tatbestandsmerkmal.

Gemeinsames Tatbestandsmerkmal der kennzeichenrechtlichen Straftatbestände ist es, daß 13
die *Verletzungshandlungen im geschäftlichen Verkehr* vorgenommen werden müssen. Der Begriff
des geschäftlichen Verkehrs bestimmt sich nach dem Anwendungsbereich der §§ 14 und 15

(s. zum Begriff des geschäftlichen Verkehrs § 14, Rn 40 ff.). Soweit nach der Rechtslage im MarkenG eine markenmäßige Benutzung keine allgemeine Voraussetzung einer Markenrechtsverletzung darstellt (s. dazu § 14, Rn 39), wird gegenüber der Rechtslage im WZG auch der Strafrechtsschutz vor einer vorsätzlichen Kennzeichenrechtsverletzung erweitert. Als Handlungen im Sinne der Straftatbestände kommen alle Verletzungshandlungen im Sinne des Kennzeichenschutzes einschließlich der in § 14 Abs. 3 beispielhaft aufgeführten Benutzungshandlungen in Betracht.

**14** Nach § 143 Abs. 1 Nr. 1 macht sich strafbar, wer entgegen § 14 Abs. 2 Nr. 1 oder 2 ein Zeichen benutzt. § 14 Abs. 2 Nr. 1 betrifft den *Identitätsschutz der Marke*. Eine Markenrechtsverletzung im Sinne des § 14 Abs. 2 Nr. 1 begeht, wer ohne Zustimmung des Markeninhabers im geschäftlichen Verkehr eine Marke benutzt, die mit der geschützten Marke des Markeninhabers kollidiert. Eine Markenkollision im Sinne des § 14 Abs. 2 Nr. 1 liegt vor, wenn die Marke des Dritten mit der bestehenden Marke des Markeninhabers identisch ist und für identische Waren oder Dienstleistungen benutzt wird. Voraussetzungen einer Markenverletzung nach § 14 Abs. 2 Nr. 1 sind Markenidentität und Produktidentität (s. § 14, Rn 71 ff.).

**15** § 14 Abs. 2 Nr. 2 betrifft den *Verwechslungsschutz der Marke*. Eine Markenrechtsverletzung im Sinne des § 14 Abs. 2 Nr. 2 begeht, wer ohne Zustimmung des Markeninhabers im geschäftlichen Verkehr eine Marke benutzt, die mit der geschützten Marke des Markeninhabers kollidiert. Eine Markenkollision im Sinne des § 14 Abs. 2 Nr. 2 liegt vor, wenn zwischen der kollidierenden Marke und der benutzten Marke für das Publikum die Gefahr von Verwechslungen besteht. Voraussetzung einer solchen Markenrechtsverletzung ist das Vorliegen einer Verwechslungsgefahr. Die Verwechslungsgefahr ist Folge einer Identität oder Ähnlichkeit der kollidierenden Marken und Waren oder Dienstleistungen. Zur Verwechslungsgefahr gehört auch die Gefahr, daß die kollidierende Marke mit der geschützten Marke gedanklich in Verbindung gebracht wird (s. § 14, Rn 77 ff., 108 ff.). Mit dem Tatbestandsmerkmal des gedanklichen Inverbindungbringens soll keine Ausweitung der Strafbarkeit gegenüber der Rechtslage im WZG verbunden sein (Begründung zum MarkenG, BT-Drucks. 12/6581 vom 14. Januar 1994, S. 125).

**16** Nach § 143 Abs. 1 Nr. 2 macht sich strafbar, wer ein Zeichen entgegen § 14 Abs. 2 Nr. 3 benutzt. § 14 Abs. 2 Nr. 3 betrifft den *Bekanntheitsschutz der Marke*. Eine Markenrechtsverletzung im Sinne des § 14 Abs. 2 Nr. 3 begeht, wer ohne Zustimmung des Markeninhabers im geschäftlichen Verkehr eine Marke benutzt, die mit der geschützten Marke des Markeninhabers kollidiert. Eine Markenkollision im Sinne des § 14 Abs. 2 Nr. 3 liegt vor, wenn es sich bei der kollidierenden Marke um eine im Inland bekannte Marke handelt und die Benutzung der Marke die Unterscheidungskraft oder die Wertschätzung der bekannten Marke ausnutzt oder beeinträchtigt (s. § 14, Rn 410 ff.). Die Verletzung einer bekannten Marke ist nur dann strafbar, wenn der Täter mit der *Absicht* handelt, die Unterscheidungskraft oder Wertschätzung einer bekannten Marke auszunutzen oder zu beeinträchtigen. Der Straftatbestand ist damit enger als der zivilrechtliche Verletzungstatbestand des § 14 Abs. 2 Nr. 3.

**17** Nach § 143 Abs. 1 Nr. 3 macht sich strafbar, wer eine *markenrechtsverletzende Vorbereitungshandlung* nach § 14 Abs. 4 begeht. Eine Markenrechtsverletzung im Sinne des § 14 Abs. 4 liegt vor, wenn ohne Zustimmung des Markeninhabers im geschäftlichen Verkehr Aufmachungen, Verpackungen oder Kennzeichnungsmittel mit einem identischen oder ähnlichen Zeichen versehen (§ 14 Abs. 4 Nr. 1), mit einem identischen oder ähnlichen Zeichen versehene Aufmachungen, Verpackungen oder Kennzeichnungsmittel angeboten, in den Verkehr gebracht (§ 14 Abs. 4 Nr. 2) oder eingeführt oder ausgeführt werden (§ 14 Abs. 4 Nr. 3). Strafbar macht sich auch, wer solche widerrechtlich markierten Aufmachungen, Verpackungen oder Kennzeichnungsmittel zu den in § 14 Abs. 4 Nr. 2 genannten Zwecken besitzt (s. § 14, Rn 499 ff.).

**18** Nach § 143 Abs. 1 Nr. 4 macht sich strafbar, wer eine *geschäftliche Bezeichnung entgegen § 15 Abs. 2* benutzt. Eine Kennzeichenverletzung nach § 15 Abs. 2 liegt vor, wenn eine geschäftliche Bezeichnung im geschäftlichen Verkehr unbefugt in einer Weise benutzt wird, die geeignet ist, Verwechslungen hervorzurufen (s. § 15, Rn 16, 17 f.).

**19** Nach § 143 Abs. 1 Nr. 5 macht sich strafbar, wer eine *geschäftliche Bezeichnung entgegen § 15 Abs. 3* benutzt. § 15 Abs. 3 betrifft den Bekanntheitsschutz einer geschäftlichen Bezeichnung. Eine Kennzeichenverletzung im Sinne des § 15 Abs. 3 begeht, wer eine im Inland bekannte geschäftliche Bezeichnung im geschäftlichen Verkehr benutzt und die Benutzung des Zeichens die Unterscheidungskraft oder die Wertschätzung der geschäftlichen Bezeichnung ausnutzt oder beeinträchtigt (s. § 15, Rn 19). Die Verletzung einer bekannten geschäftlichen Bezeichnung ist nur dann strafbar, wenn der Täter mit der *Absicht* handelt, die Unterscheidungskraft oder Wertschätzung der bekannten geschäftlichen Bezeichnung auszunutzen oder zu beeinträchtigen. Der Straftatbestand ist damit enger als der zivilrechtliche Verletzungstatbestand des § 15 Abs. 3.

## II. Subjektiver Tatbestand

Die Verletzungshandlung muß mit *Vorsatz* begangen werden. Eine besondere Absicht ist grundsätzlich nicht erforderlich (RGSt 42, 138); bedingter Vorsatz genügt (zum Begriff s. *Baumbach/Hefermehl*, Wettbewerbsrecht, Einl. UWG, Rn 126). Der Vorsatz muß sich auf alle objektiven Tatumstände der Kennzeichenverletzung beziehen. Das Bewußtsein einer Schadenszufügung ist nicht erforderlich, da die Schädigung kein Tatbestandsmerkmal darstellt (so zu § 24 WZG aF *Baumbach/Hefermehl*, § 24 WZG, Rn 60). Eine *fahrlässige* Kennzeichenverletzung ist *nicht* strafbar. Die Strafbarkeit wegen Verletzung einer *bekannten* Marke (§ 14 Abs. 2 Nr. 3) oder einer *bekannten* geschäftlichen Bezeichnung (§ 15 Abs. 3) setzt voraus, daß der Täter in der *Absicht* gehandelt hat, die Unterscheidungskraft oder Wertschätzung einer bekannten Marke oder geschäftlichen Bezeichnung auszunutzen oder zu beeinträchtigen. Bei Verletzungshandlungen in bezug auf Verpackungen, Aufmachungen und Kennzeichnungsmittel wird dann, wenn es um die Gefahr der Ausnutzung oder Beeinträchtigung der Unterscheidungskraft oder Wertschätzung einer bekannten Marke geht, *Absicht* des Täters vorausgesetzt (§ 143 Abs. 1 Nr. 3 lit. b).

## III. Widerrechtlichkeit

Eine strafbare Verletzungshandlung im Sinne des § 143 liegt nur vor, wenn die Handlung *widerrechtlich* ist. Widerrechtlichkeit liegt dann nicht vor, wenn die Benutzungshandlung mit Zustimmung des Rechtsinhabers erfolgt, wenn dem zivilrechtlichen Anspruch des Markeninhabers oder Inhabers einer geschäftlichen Bezeichnung eine der Schutzschranken der §§ 20 bis 25 entgegensteht, oder wenn die Widerrechtlichkeit aus anderen Gründen nicht gegeben ist.

## IV. Irrtum

Ein *Tatbestandsirrtum* im Sinne des § 16 StGB liegt vor, wenn der Verletzer bei Begehung der Tat einen Umstand nicht kennt, der zum gesetzlichen Tatbestand gehört. Der Tatbestandsirrtum schließt den Vorsatz aus. Ein *Verbotsirrtum* im Sinne des § 17 StGB liegt vor, wenn dem Verletzer bei Begehung der Tat die Einsicht fehlt, Unrecht zu tun. Der unvermeidbare Verbotsirrtum ist ein Schuldausschließungsgrund.

Die *Abgrenzung zwischen Tatbestandsirrtum und Verbotsirrtum* bereitet im Einzelfall Schwierigkeiten. Wer etwa ein geschütztes Kennzeichen irrig für ein Freizeichen (zum Begriff s. § 8, Rn 258 ff.) hält, oder wer glaubt, nur die Benutzung eines identischen, nicht auch eines verwechslungsfähigen Kennzeichens stelle eine Kennzeichenverletzung dar, irrt über das Verbotensein der Tat. Unabhängig davon, ob man das Bestehen von Verwechslungsgefahr als eine Rechtsfrage oder weitgehend als eine Tatfrage beurteilt (s. § 14, Rn 83 f.), stellt es jedenfalls eine Rechtsfrage dar, ob zur Feststellung der Verwechslungsgefahr die richtigen rechtlichen Gesichtspunkte angewandt werden. Somit liegt ein Tatbestandsirrtum vor, wenn der Verletzer glaubt, der Verkehr werde das von ihm benutzte Kennzeichen nicht für verwechslungsfähig mit dem Kollisionszeichen halten. Unerheblich ist es aber, wenn der Verletzer glaubt, geringfügige Abweichungen beseitigten die Verwechslungsgefahr oder zwischen einer Wortmarke und einer Bildmarke könne keine Verwechslungsgefahr bestehen (RGSt 30, 95).

## V. Täterschaft und Teilnahme

**24** *Täter* ist, wer die Straftat selbst (*unmittelbare Täterschaft*) oder durch einen anderen (*mittelbare Täterschaft*) begeht (§ 25 Abs. 1 StGB). Täter ist somit ohne weiteres, wer die Verletzungshandlung selbst vornimmt und in eigener Person sämtliche Merkmale des objektiven und subjektiven Tatbestandes erfüllt (BGHSt 38, 315). Der *Unternehmensinhaber*, der die Tat von einem Angestellten oder Beauftragten begehen läßt, dem der Vorsatz fehlt, ist mittelbarer Täter. Begehen mehrere eine Rechtsverletzung gemeinschaftlich (*Mittäterschaft*), so wird jeder als Täter bestraft (§ 25 Abs. 2). Bei *juristischen Personen* ist Täter der vorsätzlich handelnde *gesetzliche Vertreter*. Kennzeichenverletzungen, die auch nur *teilweise im Inland* begangen werden, unterfallen dem deutschen Strafrecht (§ 3 StGB). Eine *im Ausland erfolgte Anstiftung oder Beihilfe* wird nach deutschem Recht bestraft, wenn die Tat als solche in Deutschland begangen wurde (RGSt 25, 426).

## VI. Fortgesetzte Handlung

**25** Eine *fortgesetzte Handlung* liegt dann vor, wenn der Täter denselben Straftatbestand mehrmals in ähnlicher Ausführungsweise aufgrund eines *einheitlichen Vorsatzes* stückweise verwirklicht. Die Annahme eines *Fortsetzungszusammenhangs* kommt auch dann in Betracht, wenn Marken und geschäftliche Bezeichnungen verschiedener Rechtsinhaber verletzt wurden (s. dazu RGSt 43, 134, 136 f.). Nachdem der Anwendungsbereich der fortgesetzten Handlung durch den Beschluß des Großen Senats für Strafsachen beim BGH vom 3 Mai 1994 (BGHSt 40, 138) auf solche *Ausnahmefälle* beschränkt wurde, in denen eine solche Annahme zur sachgerechten Erfassung des verwirklichten Unrechts und der Schuld unumgänglich ist, muß es der Klärung durch die Rechtspraxis überlassen bleiben, ob im Bereich von Kennzeichenverletzungen auch weiterhin Raum für die Annahme einer fortgesetzten Handlung besteht (zur fortgesetzten Handlung s. *Ulrich*, WRP 1997, 73).

## VII. Strafe

**26** Eine Kennzeichenverletzung nach § 143 Abs. 1 ist mit *Freiheitsstrafe bis zu drei Jahren* oder mit *Geldstrafe* bedroht.

## C. Gemeinschaftsmarkenverletzung (§ 143 Abs. 1a und 7)

**27** Die Absätze 1a und 7 wurden durch das MarkenRÄndG 1996 neu in die Strafvorschrift des § 143 eingefügt. § 143 Abs. 1a enthält eine *strafrechtliche Blankettvorschrift*, die die Verletzung von Rechten aus einer nach der GMarkenV geschützten *Gemeinschaftsmarke* allgemein unter den Schutz des nationalen Strafrechts stellt. Die Blankettvorschrift bedarf jedoch der Ausfüllung durch eine Rechtsverordnung. Eine entsprechende *Rechtsverordnungsermächtigung* ist in dem neuen Abs. 7 enthalten. Das Bundesministerium der Justiz ist insoweit ermächtigt, die *Straftatbestände einer Gemeinschaftsmarkenverletzung* im einzelnen festzulegen. Der Sinn und Zweck dieser Änderung liegt darin, auf nationaler Ebene Bestimmungen zur Durchsetzung der Rechte aus einer Gemeinschaftsmarke zu schaffen, da es in der GMarkenV an einer solchen Vorschrift fehlt. Der Umstand, daß die Strafbarkeit von Gemeinschaftsmarkenverletzungen vom Erlaß einer Rechtsverordnung abhängig gemacht wird, entspricht der allgemeinen Gesetzgebungspraxis bei der Bewehrung von Verboten, die sich aus dem Gemeinschaftsrecht ergeben (Begründung zum Regierungsentwurf des MarkenRÄndG 1996, BT-Drucks. 13/3841 vom 23. Februar 1996, S. 16).

## D. Qualifikationstatbestand (§ 143 Abs. 2)

**28** § 143 Abs. 2 enthält den *Qualifikationstatbestand einer gewerbsmäßigen Kennzeichenverletzung*. Der Qualifikationstatbestand der Gewerbsmäßigkeit wurde durch das Gesetz zur Stärkung des Schutzes des geistigen Eigentums und zur Bekämpfung der Produktpiraterie vom 7. März 1990 (BGBl. I S. 422) in das WZG eingeführt, um die Fälle der sogenannten *Produktpiraterie* einer ihrem Unrechtsgehalt angemessenen und generalpräventiv wirksamen Bestrafung zuzuführen (Begründung zum PrPG, BT-Drucks. 11/4792 vom 15. Juni 1989, S. 24). § 143 Abs. 2 entspricht § 25 d Abs. 2 WZG, der bis zum Inkrafttreten des Markengesetzes am 1. Januar 1995 den qualifizierten Straftatbestand enthielt.

*Gewerbsmäßig* handelt, wer sich durch wiederholte Begehung einer Straftat aus deren Vorteilen eine fortlaufende Einnahmequelle von einigem Umfang und einiger Dauer verschafft (RGSt 58, 20; BGHSt 1, 383). Das Tatbestandsmerkmal der Gewerbsmäßigkeit soll vor allem den *Wiederholungstäter* erfassen, wobei jedoch die erste in Wiederholungsabsicht begangene Tat zur Erfüllung des Tatbestandes ausreicht (Begründung zum PrPG, BT-Drucks. 11/4792 vom 15. Juni 1989, S. 24; *Dreher/Tröndle*, Strafgesetzbuch, Vor § 52 StGB, Rn 43). Das Tatbestandsmerkmal der Gewerbsmäßigkeit ist von den Begriffen des gewerblichen Handelns, sowie des Handelns im geschäftlichen Verkehr (s. dazu § 14, Rn 40 ff.) zu unterscheiden. Ein schlicht verbotswidriges Handeln im Rahmen eines Gewerbebetriebes erfüllt als solches den Qualifikationstatbestand des § 143 Abs. 2 noch nicht (Begründung zum PrPG, BT-Drucks. 11/4792 vom 15. Juni 1989, S. 24). Das qualifizierte Delikt der gewerbsmäßigen Kennzeichenverletzung ist mit *Freiheitsstrafe bis zu fünf Jahren* oder mit *Geldstrafe* bedroht. 29

### E. Strafbarkeit des Versuchs (143 Abs. 3)

§ 143 Abs. 3 enthält eine gesetzliche Bestimmung der *Versuchsstrafbarkeit*. Der Grundstein für eine Vorverlagerung der Strafbarkeit auf den Versuchszeitraum wurde durch das PrPG vom 7. März 1990 (BGBl. I S. 422) gelegt. § 143 Abs. 3 entspricht § 25 d Abs. 3 WZG, der bis zum Inkrafttreten des MarkenG am 1. Januar 1995 die Strafbarkeit des Versuchs einer Zeichenverletzung regelte. Die Einführung einer Versuchsstrafbarkeit diente dem Zweck einer effektiven Bekämpfung von Schutzrechtsverletzungen. Erfaßt werden sollte insbesondere der Fall, daß *Einzelteile eines Produkts*, die als solche nicht durch ein Schutzrecht geschützt sind, bis zuletzt getrennt gehalten und erst kurz vor dem Verkauf oder Vertrieb zu einer schutzrechtsverletzenden Ware zusammengesetzt werden (s. *Cremer*, Mitt 1992, 153, 160). Die Strafbarkeit des Versuchs bezieht sich sowohl auf das qualifizierte Delikt (§ 143 Abs. 2) als auch auf das Grunddelikt (§ 143 Abs. 1). 30

### F. Strafantrag (§ 143 Abs. 4)

Das Grunddelikt der *einfachen* Kennzeichenverletzung im Sinne des § 143 Abs. 1 hat einen *Strafantrag* (§§ 77 bis 77 d StGB) zur *Prozeßvoraussetzung* (§ 143 Abs. 4). Die Bestimmung entspricht § 25 d Abs. 4 WZG. Durch das PrPG vom 7. März 1990 (BGBl. I S. 422) wurde das Strafantragserfordernis für einfache Kennzeichenverletzungen in Abweichung von der früheren Rechtslage (zur Rechtslage vor Erlaß des PrPG s. *Baumbach/Hefermehl*, § 24 WZG, Rn 67) mit der Begründung in das WZG eingeführt, daß die Strafvorschriften in erster Linie dem Schutz des Rechtsinhabers vor einer unbefugten Verwertung seiner Rechte dienten. Lediglich bei *gewerbsmäßigen* Schutzrechtsverletzungen bestehe wegen des erhöhten Unrechts- und Schuldgehalts und wegen der großen Schäden für die Volkswirtschaft ein öffentliches Interesse an der Strafverfolgung (Begründung zum PrPG, BT-Drucks. 11/4792 vom 15. Juni 1989, S. 25). Es handelt sich somit bei der einfachen Kennzeichenverletzung des § 143 Abs. 1 um eine *Mischform von Antragsdelikt und Offizialdelikt*. Das Grunddelikt wird zwar *grundsätzlich nur auf Antrag verfolgt*, eine Strafverfolgung von Amts wegen kommt ausnahmsweise jedoch dann in Betracht, wenn die Staatsanwaltschaft wegen eines *besonderen öffentlichen Interesses an der Strafverfolgung* ein Einschreiten *von Amts wegen* für geboten hält (s. *Dreher/Tröndle*, Strafgesetzbuch, Vor § 77 StGB, Rn 2). Nach Nr. 261 a RiStBV ist ein besonderes öffentliches Interesse an der Strafverfolgung im Sinne des § 143 Abs. 4 insbesondere dann anzunehmen, wenn der Täter einschlägig vorbestraft ist, ein erheblicher Schaden droht oder eingetreten ist, die Tat den Verletzten in seiner wirtschaftli- 31

**MarkenG § 143** 32, 33            Strafbare Kennzeichenverletzung

chen Existenz bedroht oder die öffentliche Sicherheit oder die Gesundheit der Verbraucher gefährdet. Der Strafantrag muß *innerhalb einer Frist von 3 Monaten* seit Kenntnis von der Tat und der Person des Täters gestellt werden (§ 77b StGB; zum Strafantrag s. auch *Cremer* Mitt 1992, 153, 160). Das qualifizierte Delikt der *gewerbsmäßigen* Schutzrechtsverletzung des § 143 Abs. 2 ist von Amts wegen zu verfolgen (*Offizialdelikt*). Nach Änderung des § 143 Abs. 4 durch das MarkenRÄndG 1996 gilt das *Strafantragserfordernis* auch für *Gemeinschaftsmarkenverletzungen*.

### G. Einziehung (§ 143 Abs. 5)

**32**    Der *strafrechtlichen Einziehung gemäß § 74 StGB* unterliegen die *producta und instrumenta sceleris*. Der Anwendungsbereich der §§ 74 ff. StGB geltenden Rechts beschränkt sich auf die durch die strafbare Handlung hervorgebrachten Produkte sowie auf die Mittel zur Begehung der Tat. Von § 74 StGB nicht erfaßt werden die sogenannten *Beziehungsgegenstände*, das sind solche Gegenstände, die nicht Werkzeug für die Tat, sondern der notwendige Gegenstand der Tat selbst, aber nicht deren Produkt sind (*Dreher/Tröndle*, Strafgesetzbuch, § 74 StGB, Rn 10; BGHSt 10, 28). *Widerrechtlich gekennzeichnete Waren* konnten deshalb bis zum Inkrafttreten des PrPG am 1. Juli 1990 nicht eingezogen werden. Eine Einziehung kam nur für Verpackungen, Stempel, Etiketten, Druckstöcke und dergleichen in Betracht (RGSt 45, 13; zur früheren Rechtslage s. *Baumbach/Hefermehl*, § 30 WZG, Rn 4; kritisch *Winter*, MA 1983, 392, 395). Mit Inkrafttreten des § 25 d Abs. 5 WZG durch das PrPG wurde eine *weitergehende Einziehungsmöglichkeit* im Sinne des § 74 Abs. 4 StGB geschaffen. Die strafrechtliche Einziehung wurde auf die Gegenstände erstreckt, auf die sich die Straftat bezieht (§ 25 d Abs. 5 S. 1 WZG). Es sollte sichergestellt werden, daß die widerrechtlich gekennzeichneten Gegenstände auch dann eingezogen werden können, wenn sie nicht beim Hersteller, sondern erst beim Händler aufgefunden werden (*Ensthaler*, GRUR 1992, 273, 277; *Cremer*, Mitt 1992, 153, 169). Eine entsprechende Bestimmung enthält § 143 Abs. 5 S. 1. An dieser Rechtslage wird sich auch durch die beabsichtigte Gesamtreform der strafrechtlichen Eigentumssanktionen nichts ändern. Nach dem vorliegenden *Entwurf eines Gesetzes zur verbesserten Abschöpfung von Vermögensvorteilen aus Straftaten* (BT-Drucks. 13/9742 vom 3. Februar 1998), mit dem zuvorderst eine wirksame Bekämpfung der Organisierten Kriminalität erreicht werden soll, sollen die strafrechtlichen Vorschriften über die Einziehung und den Verfall generell und umfassend neu geregelt werden. Die beabsichtigte Neuregelung der strafrechtlichen Bestimmungen wird jedoch keine wesentlichen Änderungen für die strafrechtliche Einziehung markenrechtsverletzender Gegenstände und Produktionsmittel mitsichbringen. Namentlich im Hinblick auf die Einziehung der sogenannten Beziehungsgegenstände bleibt die bestehende Rechtslage insoweit erhalten, als die Beziehungsgegenstände auch nach dem neuen § 73 b Abs. 2 StGB nur dann eingezogen werden können, wenn dies in Spezialvorschriften ausdrücklich zugelassen oder vorgeschrieben ist, wie dies in § 143 Abs. 5 S. 1 geschehen ist.

**33**    Eine weitere Änderung erfolgte durch das PrPG insoweit, als durch den eingeführten § 25 d Abs. 5 S. 2 WZG die Vorschrift des § 74a StGB für anwendbar erklärt wurde, der die *Einziehung von nicht im Eigentum des Täters stehenden Gegenständen* erleichtert. Eine entsprechende Bestimmung enthält § 143 Abs. 5 S. 2. § 74a StGB betrifft die sogenannte *Dritteinziehung*. Danach können Gegenstände, die im Eigentum eines Dritten stehen, eingezogen werden, wenn der Eigentümer wenigstens leichtfertig dazu beigetragen hat, daß die Sache oder das Recht Mittel oder Gegenstand der Tat oder ihrer Vorbereitung gewesen ist, oder die Gegenstände in Kenntnis der Umstände, welche die Einziehung zugelassen hätte, in vorwerfbarer Weise erworben hat. Der *Entwurf eines Gesetzes zur verbesserten Abschöpfung von Vermögensvorteilen aus Straftaten* sieht namentlich im Interesse einer wirksameren Bekämpfung der Organisierten Kriminalität eine Erleichterung der Dritteinziehung vor. Nach dem neuen § 73 b Abs. 4 StGB sollen Gegenstände, die einem Dritten gehören, künftig auch dann eingezogen werden können, wenn der Eigentümer wenigstens fahrlässig dazu beigetragen hat, daß die Sache oder das Recht Mittel oder Gegenstand der Tat oder ihrer Verbreitung gewesen ist, oder die Gegenstände in Kenntnis der Umstände, welche die Einziehung zugelassen hätten, erworben hat. Nach dem Gesetzentwurf soll demzufolge bei der Dritteinziehung die Voraussetzung der Leichtfertigkeit durch die Voraussetzung der Fahrlässigkeit ersetzt werden und auf die im geltenden Recht enthaltene Verwerflichkeitsklausel mangels Erforderlichkeit ganz verzichtet werden (s. dazu Begründung zum VAVG, BT-Drucks. 13/9742 vom 3. Februar 1998, S. 22). In dem Gesetzentwurf ist eine der beabsichtigten Neuregelung entsprechende Änderung der Verweisung in § 143 Abs. 5 S. 2 vorgesehen.

Die Anordnung der strafrechtlichen Einziehung ist *fakultativ*. Es steht im *pflichtgemäßen* **34** *Ermessen des Gerichts* die Einziehung oder eine weniger einschneidende Maßnahme im Sinne des § 74 b Abs. 2 StGB anzuordnen.

Dem Verletzten steht die Möglichkeit offen, den *zivilrechtlichen Vernichtungsanspruch nach* **35** § 18 im *Adhäsionsverfahren* geltend zu machen (§§ 403 bis 406 c StPO). Wird dem Vernichtungsanspruch in einem solchen Verfahren stattgegeben, so scheidet eine strafrechtliche Einziehung aus (§ 143 Abs. 5 S. 3). Mit dem Vorrang des zivilrechtlichen Anspruchs vor der strafrechtlichen Einziehung wird dem in erster Linie auf eine private Rechtsverfolgung angelegten System des Schutzes des geistigen Eigentums Rechnung getragen (Begründung zum PrPG, BT-Drucks. 11/4792 vom 15. Juni 1989, S. 30).

## H. Urteilsbekanntmachung (§ 143 Abs. 6)

§ 143 Abs. 6 regelt die *Befugnis zur strafprozessualen Urteilsveröffentlichung*. Die Bestimmung **36** entspricht § 30 Abs. 2 WZG. Das Gericht muß bei einer Verurteilung wegen einer Kennzeichenverletzung im Sinn des § 143 die *öffentliche Bekanntmachung des Urteils* anordnen, wenn der Verletzte dies beantragt und ein berechtigtes Interesse an der Urteilsveröffentlichung darlegt. Die Anknüpfung an eine strafrechtliche Verurteilung verleiht der Urteilsveröffentlichung den Charakter einer Genugtuung für den Verletzten und stellt eine *Nebenstrafe* dar (*Baumbach/Hefermehl*, Wettbewerbsrecht, § 23 UWG, Rn 4; *v. Gamm*, § 30 WZG, Rn 4; RGSt 73, 24, 27).

Voraussetzung der Urteilsveröffentlichung ist die Stellung eines entsprechenden *Antrags*, **37** sowie das Vorliegen eines *berechtigten Interesses* an der Veröffentlichung. Die Prüfung des berechtigten Interesses erfordert eine Abwägung der Interessen des Verletzten an einer Beseitigung der eingetretenen Marktverwirrung und der sonstigen Fortwirkungen der Kennzeichenverletzung und der Interessen des Verletzers, im Geschäftsverkehr nicht unnötig herabgesetzt und diffamiert zu werden (*v. Gamm*, § 30 WZG, Rn 5).

Wenn das Gericht die Anordnung einer öffentlichen Bekanntmachung des Urteils unter- **38** läßt, kann der Verletzte hiergegen *als Nebenkläger Rechtsmittel einlegen* (§ 395 Abs. 1, Abs. 2 Nr. 3 StPO; *Baumbach/Hefermehl*, Wettbewerbsrecht, § 23 UWG, Rn 4).

Die Anordnung der Urteilsveröffentlichung wird durch die *Vollstreckungsbehörden* voll- **39** streckt. Sie wird nach § 463 c Abs. 2 StPO nur vollzogen, wenn der Antragsteller oder ein an seiner Stelle Antragsberechtigter es innerhalb eines Monats nach Zustellung der rechtskräftigen Entscheidung (§ 463 c Abs. 1 StPO) verlangt. Kommt der Verleger oder der verantwortliche Redakteur einer periodischen Druckschrift seiner Verpflichtung nicht nach, eine solche Bekanntmachung in das Druckwerk aufzunehmen, so hält ihn das Gericht auf Antrag der Vollstreckungsbehörde durch Festsetzung eines Zwangsgeldes bis zu 5000 DM oder von Zwangshaft von bis zu 6 Wochen dazu an (§ 463 c Abs. 3 StPO). Die *Kosten der Urteilsveröffentlichung* sind *Vollstreckungskosten* (s. dazu *Baumbach/Hefermehl*, Wettbewerbsrecht, § 23 UWG, Rn 5; *v. Gamm*, § 30 WZG, Rn 6).

Die *Art der Bekanntmachung* ist im Urteil zu bestimmen (§ 143 Abs. 6 S. 2). In Betracht **40** kommt eine Bekanntmachung durch öffentlichen Anschlag oder Veröffentlichung in der Tagespresse oder Fachblättern des Gewerbezweiges (s. dazu *Baumbach/Hefermehl*, Wettbewerbsrecht, § 23 UWG, Rn 13).

## I. Privatklage und Nebenklagebefugnis

Einfache Kennzeichenverletzungen im Sinne des § 143 Abs. 1 können im Wege der *Pri-* **41** *vatklage* verfolgt werden (§ 374 Nr. 8 StPO).

Dem Inhaber einer Marke oder einer geschäftlichen Bezeichnung steht eine *Nebenklage-* **42** *befugnis* nach § 395 Abs. 2 Nr. 2 StPO zu.

## J. Zuständigkeit

**43** Für Straftaten nach dem MarkenG sind die *Wirtschaftsstrafkammern der Landgerichte* zuständig, soweit solche Verfahren in die Zuständigkeit einer großen Strafkammer fallen (§ 74 c Abs. 1 Nr. 1 GVG).

## K. Konkurrenzen

**44** Strafbare Kennzeichenverletzungen können mit Straftaten nach allgemeinem Strafrecht zusammentreffen. So wird in den Fällen der sogenannten *Markenpiraterie* in der Regel ein *Betrug nach § 263 StGB* vorliegen. Wegen *Unterschlagung nach § 246 StGB* macht sich strafbar, wer etwa fremde Flaschen mit eingeblasenem Namenszug zum Vertrieb eigener Erzeugnisse verwendet (KG JW 1930, 1754). In bestimmten Fällen kann eine Kennzeichenverletzung auch eine *Urkundenfälschung nach § 267 StGB* darstellen, und zwar vornehmlich dann, wenn außer der Marke noch andere Erklärungen auf der Ware angebracht werden, denen Urkundeneigenschaft zukommt, wie etwa eine Kontroll- oder Chargennummer (BGHSt 2, 370 – Faber Castell; s. auch *Cremer*, Mitt 1992, 153, 161). Das widerrechtliche Versehen einer Ware mit einer fremden Marke als solches stellt noch keine Urkundenfälschung dar (RGSt 36, 15; *Baumbach/Hefermehl*, § 24 WZG, Rn 65).

**Strafbare Benutzung geographischer Herkunftsangaben**

**144** (1) **Wer im geschäftlichen Verkehr widerrechtlich eine geographische Herkunftsangabe, einen Namen, eine Angabe oder ein Zeichen**

1. **entgegen § 127 Abs. 1 oder 2, jeweils auch in Verbindung mit Abs. 4 oder einer Rechtsverordnung nach § 137 Abs. 1, benutzt oder**
2. **entgegen § 127 Abs. 3, auch in Verbindung mit Abs. 4 oder einer Rechtsverordnung nach § 137 Abs. 1, in der Absicht benutzt, den Ruf oder die Unterscheidungskraft einer geographischen Herkunftsangabe auszunutzen oder zu beeinträchtigen,**

**wird mit Freiheitsstrafe bis zu zwei Jahren oder mit Geldstrafe bestraft.**

(2) **Ebenso wird bestraft, wer im geschäftlichen Verkehr widerrechtlich eine nach Rechtsvorschriften der Europäischen Gemeinschaft geschützte geographische Angabe oder Ursprungsbezeichnung benutzt, soweit eine Rechtsverordnung nach Absatz 6 für einen bestimmten Tatbestand auf diese Strafvorschrift verweist.**

(3) **Der Versuch ist strafbar.**

(4) **Bei einer Verurteilung bestimmt das Gericht, daß die widerrechtliche Kennzeichnung der im Besitz des Verurteilten befindlichen Gegenstände beseitigt wird oder, wenn dies nicht möglich ist, die Gegenstände vernichtet werden.**

(5) ¹**Wird auf Strafe erkannt, so ist, wenn das öffentliche Interesse dies erfordert, anzuordnen, daß die Verurteilung öffentlich bekanntgemacht wird.** ²**Die Art der Bekanntmachung ist im Urteil zu bestimmen.**

(6) **Das Bundesministerium der Justiz wird ermächtigt, durch Rechtsverordnung ohne Zustimmung des Bundesrates die Tatbestände zu bezeichnen, die als Straftaten nach Absatz 2 geahndet werden können, soweit dies zur Durchsetzung des in Rechtsvorschriften der Europäischen Gemeinschaft vorgesehenen Schutzes von geographischen Angaben und Ursprungsbezeichnungen erforderlich ist.**

### Inhaltsübersicht

|  | Rn |
|---|---|
| A. Allgemeines | 1–10 |
|   I. Regelungsübersicht | 1 |
|   II. Rechtsänderungen | 2–6 |
|   III. Europäisches Unionsrecht | 7–9 |
|     1. Erste Markenrechtsrichtlinie | 7 |
|     2. Gemeinschaftsmarkenverordnung | 8 |
|     3. Verordnung (EWG) Nr. 2081/92 | 9 |
|   IV. TRIPS-Abkommen | 10 |

Strafbare Benutzung geographischer Herkunftsangaben 1–4 **§ 144 MarkenG**

|  | Rn |
|---|---|
| B. Markenrechtlich geschützte geographische Herkunftsangaben (§ 144 Abs. 1) | 11–18 |
|    I. Straftatbestände | 12–15 |
|    II. Subjektiver Tatbestand | 16 |
|    III. Widerrechtlichkeit | 17 |
|    IV. Strafe | 18 |
| C. Gemeinschaftsrechtlich geschützte geographische Herkunftsangaben (§ 144 Abs. 2) | 19 |
| D. Strafbarkeit des Versuchs (§ 144 Abs. 3) | 20 |
| E. Beseitigung und Vernichtung (§ 144 Abs. 4) | 21–23 |
| F. Urteilsbekanntmachung (§ 144 Abs. 5) | 24 |
| G. Ermächtigung zum Erlaß von Rechtsverordnungen (§ 144 Abs. 6) | 25 |

**Schrifttum zum WZG, PrPG und MarkenG.** S. die Schrifttumsangaben vor den §§ 143 bis 145.

## A. Allgemeines

### I. Regelungsübersicht

§ 144 regelt die *strafbare Benutzung geographischer Herkunftsangaben*. In Fällen einer unwahren Werbung kommt zusätzlich der Straftatbestand des § 4 UWG zur Anwendung. § 144 Abs. 1 regelt die Strafbarkeit der *widerrechtlichen Benutzung nach dem MarkenG geschützter geographischer Herkunftsangaben*. § 144 Abs. 2 regelt die Strafbarkeit der *widerrechtlichen Benutzung nach der Verordnung (EWG) Nr. 2081/92 des Rates vom 14. Juli 1992 zum Schutz von geographischen Angaben und Ursprungsbezeichnungen für Agrarerzeugnisse und Lebensmittel* (ABl. EG Nr. L 208 vom 24. Juli 1992, S. 1; zuletzt geändert durch Verordnung (EG) Nr. 1068/97 vom 12. Juni 1997, ABl. EG Nr. L 156 vom 13. Juni 1997, S. 10; s. 3. Teil des Kommentars, II 6) *geschützter geographischer Angaben und Ursprungsbezeichnungen*. § 144 Abs. 3 bestimmt die *Strafbarkeit des Versuchs*. § 144 Abs. 4 regelt die *gerichtliche Anordnung der Beseitigung oder Vernichtung*. § 144 Abs. 5 enthält eine Regelung der *strafprozessualen Urteilsveröffentlichung*. § 144 Abs. 6 enthält eine *Ermächtigung zum Erlaß von Rechtsverordnungen* zur Bestimmung der Straftatbestände im Sinne des § 144 Abs. 2. 1

### II. Rechtsänderungen

§ 144 stimmt im wesentlichen mit § 26 WZG überein. Änderungen gegenüber der früheren Rechtslage haben sich vornehmlich aus dem Erlaß des PrPG vom 7. März 1990 (BGBl. I S. 422) ergeben. So wurde durch das PrPG der Tatbestand einer fahrlässigen Rechtsverletzung beseitigt und der Strafrahmen erweitert. Vor Erlaß des PrPG war die widerrechtliche Benutzung geographischer Herkunftsangaben lediglich mit einer Freiheitsstrafe bis zu sechs Monaten oder mit Geldstrafe bis zu 180 Tagessätzen bedroht. Dieser Strafrahmen wurde auf eine Freiheitsstrafe bis zu zwei Jahre oder Geldstrafe erweitert. Die Strafandrohung bleibt jedoch immer noch hinter der Strafandrohung für eine Kennzeichenverletzung im Sinne des § 143 zurück. Der Gesetzgeber hat die unterschiedlichen Strafrahmen mit dem unterschiedlichen Charakter der geschützten Rechte begründet (Begründung zum PrPG, BT-Drucks. 11/4792 vom 15. Juni 1989, S. 40). Mit Einführung des § 26 Abs. 2 WZG wurde entgegen der früheren Rechtslage bereits der Versuch einer widerrechtlichen Benutzung unter Strafe gestellt. § 144 Abs. 3 enthält eine entsprechende Bestimmung. 2

Die Markenrechtsreform führte zu einer Erweiterung der Straftatbestände. Durch § 127 Abs. 3 wurde der Schutz der *bekannten* geographischen Herkunftsangaben gegen Verwässerung ihrer Unterscheidungskraft sowie Ausnutzung und Beeinträchtigung ihres Rufes in den Schutzbereich des MarkenG einbezogen und stellt so einen weiteren Straftatbestand dar. 3

Eine Änderung ergibt sich auch aufgrund der Verordnung (EWG) Nr. 2081/92 des Rates vom 14. Juli 1992 zum Schutz geographischer Angaben und Ursprungsbezeichnungen für Agrarerzeugnisse und Lebensmittel. Für die nach dieser Verordnung geschützten geographischen Bezeichnungen wurde in den Absätzen 2 und 6 eine Grundlage für einen strafrechtlichen Schutz geschaffen. 4

5 Nach § 144 Abs. 5 besteht auch in den Fällen einer widerrechtlichen Benutzung geographischer Herkunftsangaben die Möglichkeit der *strafprozessualen Urteilsveröffentlichung*.

6 Eine weitere Änderung hat sich durch das MarkenRÄndG 1996 vom 19. Juli 1996 (BGBl. I S. 1014) ergeben. Die Straftatbestände des § 144 Abs. 1 Nr. 1 und 2 wurden durch eine Inbezugnahme der auf der Grundlage des § 137 erlassenen Rechtsverordnungen ergänzt. Durch die Erstreckung der Strafbewehrung des § 144 auf die in Rechtsverordnungen getroffenen näheren Bestimmungen über einzelne geographische Herkunftsangaben (s. dazu im einzelnen § 137, Rn 5 f.), durch die die gesetzlichen Straftatbestände der widerrechtlichen Benutzung geographischer Herkunftsangaben im einzelnen näher bestimmt sein können, soll dem strafrechtlichen Bestimmtheitsgebot entsprochen werden (Begründung zum Regierungsentwurf des MarkenRÄndG 1996, BT-Drucks. 13/3841 vom 23. Februar 1996, S. 16).

### III. Europäisches Unionsrecht

#### 1. Erste Markenrechtsrichtlinie

7 Die *MarkenRL* enthält keine bindenden Vorgaben für Strafvorschriften zum Schutz vor einer widerrechtlichen Benutzung geographischer Herkunftsangaben.

#### 2. Gemeinschaftsmarkenverordnung

8 Die *GMarkenV* enthält keine eigenen Strafvorschriften zum Schutz vor einer widerrechtlichen Benutzung geographischer Herkunftsangaben.

#### 3. Verordnung (EWG) Nr. 2081/92

9 Die Verordnung (EWG) Nr. 2081/92 vom 14. Juli 1992 zum Schutz von geographischen Angaben und Ursprungsbezeichnungen für Agrarerzeugnisse und Lebensmittel (ABl. EG Nr. L 208 vom 24. Juli 1992, S. 1; zuletzt geändert durch Verordnung (EG) Nr. 1068/97 vom 12. Juni 1997, ABl. EG Nr. L 156 vom 13. Juni 1997, S. 10; s. 3. Teil des Kommentars, II 6) enthält keine eigenen Strafvorschriften zum Schutz vor einer widerrechtlichen Benutzung geographischer Bezeichnungen.

### IV. TRIPS-Abkommen

10 Nach Art. 61 TRIPS-Abkommen können die Mitgliedstaaten Strafverfahren und Strafen für die Verletzung von Rechten des geistigen Eigentums vorsehen, insbesondere wenn die Handlungen vorsätzlich und in gewerbsmäßigem Umfang begangen werden. Der deutsche Gesetzgeber ist über diese Option noch hinausgegangen.

## B. Markenrechtlich geschützte geographische Herkunftsangaben (§ 144 Abs. 1)

11 § 144 Abs. 1 stellt die *vorsätzliche Benutzung einer geographischen Herkunftsangabe* im Sinne des § 126 unter Strafe. Die Vorschrift entspricht im wesentlichen § 26 WZG. Die vorsätzliche Kennzeichenverletzung einer geographischen Herkunftsangabe stellt ein *Offizialdelikt* dar und ist von *Amts wegen* zu verfolgen (anders das Grunddelikt der einfachen Kennzeichenverletzung im Sinne des § 143 Abs. 1, das nach § 143 Abs. 4 grundsätzlich einen Strafantrag zur Prozeßvoraussetzung hat, s. § 143, Rn 31).

### I. Straftatbestände

12 Nach § 144 Abs. 1 Nr. 1 macht sich strafbar, wer im geschäftlichen Verkehr widerrechtlich eine geographische Herkunftsangabe, einen Namen, eine Angabe oder ein Zeichen

entgegen § 127 Abs. 1 oder 2 benutzt. § 127 Abs. 1 betrifft den *Irreführungsschutz der geographischen Herkunftsangaben.* § 127 Abs. 1 regelt den Schutz einfacher geographischer Herkunftsangaben gegen ihre Verwendung für Waren oder Dienstleistungen anderer Herkunft; Voraussetzung dieses Kennzeichenschutzes ist das Bestehen einer Gefahr der Irreführung über die geographische Herkunft. § 127 Abs. 2 betrifft den *Qualitätsschutz der geographischen Herkunftsangaben.* § 127 Abs. 2 regelt den Schutz qualifizierter geographischer Herkunftsangaben oder Ursprungsbezeichnungen; Voraussetzung dieses Kennzeichenschutzes ist es, daß nach der Vorstellung der beteiligten Verkehrskreise die Waren oder Dienstleistungen einer solchen geographischen Herkunft besondere Eigenschaften oder eine besondere Qualität aufweisen. Solche qualifizierten geographischen Herkunftsangaben dürfen nur benutzt werden, wenn die gekennzeichneten Waren oder Dienstleistungen diese Eigenschaften oder diese Qualität aufweisen. Der Qualitätsschutz der geographischen Herkunftsangabe besteht unabhängig vom Vorliegen einer Irreführungsgefahr.

Eine Rechtsverletzung im Sinne des § 127 Abs. 1 oder 2 ist auch dann gegeben, wenn **13** die benutzte geographische Herkunftsangabe mit der geschützten geographischen Herkunftsangabe nicht identisch ist, sondern eine Verwendung im *Ähnlichkeitsbereich* vorliegt (§ 127 Abs. 4).

Nach § 144 Abs. 1 Nr. 2 macht sich strafbar, wer im geschäftlichen Verkehr widerrecht- **14** lich eine geographische Herkunftsangabe, einen Namen, eine Angabe oder ein Zeichen entgegen § 127 Abs. 3 benutzt. § 127 Abs. 3 betrifft den *Bekanntheitsschutz der geographischen Herkunftsangabe.* Eine Rechtsverletzung im Sinne des § 127 Abs. 3 liegt vor, wenn eine bekannte geographische Herkunftsangabe im geschäftlichen Verkehr für Waren oder Dienstleistungen anderer Herkunft benutzt wird und die Benutzung geeignet ist, den Ruf der bekannten geographischen Herkunftsangabe oder ihre Unterscheidungskraft auszunutzen oder zu beeinträchtigen. Eine Irreführung des Verkehrs muß nicht vorliegen. Eine Rechtsverletzung im Sinne des § 127 Abs. 3 liegt auch dann vor, wenn die benutzte geographische Herkunftsangabe mit der bekannten geographischen Herkunftsangabe nicht identisch ist, sondern eine Verwendung im *Ähnlichkeitsbereich* vorliegt.

Die Verletzungstatbestände der widerrechtlichen Benutzung geographischer Herkunftsan- **15** gaben können durch nähere Bestimmungen über *einzelne* geographische Herkunftsangaben (s. dazu im einzelnen § 137, Rn 5 f.) in Rechtsverordnungen, die auf der Grundlage des § 137 erlassen werden können, näher bestimmt werden.

## II. Subjektiver Tatbestand

Die Verletzungshandlung muß mit *Vorsatz* begangen werden; bedingter Vorsatz genügt **16** (s. zum subjektiven Tatbestand auch § 143, Rn 20). Eine *fahrlässige* Kennzeichenverletzung ist *nicht* strafbar. Die Strafbarkeit wegen Verletzung einer bekannten geographischen Herkunftsangabe (§ 127 Abs. 3) setzt voraus, daß der Täter in der *Absicht* handelt, den Ruf oder die Unterscheidungskraft der geographischen Herkunftsangabe auszunutzen oder zu beeinträchtigen.

## III. Widerrechtlichkeit

Eine strafbare Verletzungshandlung im Sinne des § 144 Abs. 1 liegt nur vor, wenn die **17** Handlung *widerrechtlich* ist (s. zur Widerrechtlichkeit auch § 143, Rn 21; zum Irrtum § 143, Rn 22 f.; zu Täterschaft und Teilnahme § 143, Rn 24; zur fortgesetzten Handlung § 143, Rn 25).

## IV. Strafe

Die widerrechtliche Benutzung geographischer Herkunftsangaben ist mit *Freiheitsstrafe bis* **18** *zu zwei Jahren* oder mit *Geldstrafe* bedroht.

## C. Gemeinschaftrechtlich geschützte geographische Herkunftsangaben (§ 144 Abs. 2)

**19** § 144 Abs. 2 enthält eine *strafrechtliche Blankettvorschrift*, die sich auf die Verordnung (EWG) Nr. 2081/92 des Rates vom 14. Juli 1992 zum Schutz von geographischen Angaben und Ursprungsbezeichnungen für Agrarerzeugnisse und Lebensmittel (ABl. EG Nr. L 208 vom 24. Juli 1992, S. 1; zuletzt geändert durch Verordnung (EG) Nr. 1068/97 vom 12. Juni 1997, ABl. EG Nr. L 156 vom 13. Juni 1997, S. 10; s. 3. Teil des Kommentars, II 6) bezieht, ohne diese ausdrücklich zu benennen (Begründung zum MarkenG, BT-Drucks. 12/6581 vom 14. Januar 1994, S. 126). Die Blankettvorschrift, die die *widerrechtliche Benutzung auf Gemeinschaftsebene geschützter geographischer Angaben und Ursprungsbezeichnungen* allgemein unter den Schutz des nationalen Strafrechts stellt, bedarf der Ausfüllung durch eine Rechtsverordnung. Das Bundesministerium der Justiz bestimmt durch Rechtsverordnung die Straftatbestände, die eine Strafbarkeit im einzelnen begründen. Eine Ermächtigungsgrundlage zum Erlaß einer entsprechenden Rechtsverordnung enthält § 144 Abs. 6. Der Umstand, daß die Strafbarkeit der Verletzung von Rechten aus einer nach Gemeinschaftsrecht geschützten geographischen Bezeichnung vom Erlaß einer Rechtsverordnung abhängig gemacht wird, entspricht der allgemeinen Gesetzgebungspraxis bei der Bewehrung von Verboten, die sich aus dem Gemeinschaftsrecht ergeben (Begründung zum MarkenG, BT-Drucks. 12/6581 vom 14. Januar 1994, S. 126).

## D. Strafbarkeit des Versuchs (§ 144 Abs. 3)

**20** § 144 Abs. 3 enthält eine gesetzliche Bestimmung der Strafbarkeit des Versuchs einer widerrechtlichen Benutzung von geographischen Herkunftsangaben (s. zur Strafbarkeit des Versuchs auch § 143, Rn 30).

## E. Beseitigung und Vernichtung (§ 144 Abs. 4)

**21** § 144 entspricht im wesentlichen der Bestimmung des § 30 Abs. 1 WZG aF. § 30 Abs. 1 WZG aF enthielt bis zum Inkrafttreten des PrPG vom 7. März 1990 (BGBl. I S. 422) die spezialgesetzliche Regelung eines Beseitigungsanspruchs. § 30 Abs. 1 WZG aF sah als gesetzlichen Regelfall einen Anspruch auf Beseitigung einer widerrechtlichen Kennzeichnung vor. Nur in den Fällen, in denen eine Beseitigung der widerrechtlichen Kennzeichnung nicht möglich war, wurde ausnahmsweise ein Anspruch auf die Unbrauchbarmachung der widerrechtlich gekennzeichneten Gegenstände gewährt. Die gerichtliche Anordnung der Beseitigung bzw Unbrauchbarmachung konnte im Strafverfahren oder im Zivilverfahren erfolgen. Durch das PrPG wurde die Vorschrift des § 30 WZG aF aufgehoben und gleichzeitig auf dem Gebiet des Strafrechts eine entsprechende Bestimmung in § 26 WZG eingefügt. Eine Änderung gegenüber der früheren Rechtslage ergab sich nur insoweit, als an die Stelle der bisher vorgesehenen Unbrauchbarmachung der widerrechtlich gekennzeichneten Gegenstände deren Vernichtung getreten ist. Der Gesetzgeber hat bewußt davon abgesehen, die widerrechtlich gekennzeichneten Gegenstände der strafrechtlichen Einziehung zu unterwerfen und hat es insoweit bei der bisherigen Regelung belassen. Den sich daraus ergebenden Unterschied zur Regelung des § 25 d Abs. 5 WZG hat der Gesetzgeber mit dem unterschiedlichen Charakter der jeweils geschützten Rechte begründet (Begründung zum PrPG, BT-Drucks. 11/4792 vom 15. Juni 1989, S. 40). Nach § 144 Abs. 3 hat das Gericht *von Amts wegen* bei jeder Verurteilung nach § 144 die *Beseitigung der widerrechtlichen Kennzeichnung* oder, soweit dies nicht möglich ist, die *Vernichtung der widerrechtlich gekennzeichneten Gegenstände* anzuordnen.

**22** Voraussetzung der Beseitigung bzw Vernichtung ist, daß sich die betroffenen Gegenstände im *Besitz des Täters* befinden. Maßgeblich ist hierbei der Besitz im Zeitpunkt der Vollstreckung (so zu § 30 WZG aF *Baumbach/Hefermehl*, § 30 WZG, Rn 3). Unerheblich ist hingegen, ob die Gegenstände auch im *Eigentum des Täters oder eines Dritten* stehen. Besitz ist der *unmittelbare Besitz* als die tatsächliche Gewalt über die Sache im Sinne des § 854 Abs. 1 BGB. Auch die Ausübung der tatsächlichen Gewalt über den widerrechtlich gekennzeichneten Gegenstand des *Besitzdieners für den Besitzherrn* im Sinne des § 855 BGB, die keinen Besitz im Sinne des § 854 Abs. 1 BGB begründet, ist als Besitz im Sinne des § 144 Abs. 4 anzusehen; nicht aber der *mittelbare Besitz* (so schon zu § 30 WZG aF *Baumbach/Hefermehl*, § 30 WZG, Rn 3).

Der Beseitigung oder Vernichtung kommt der Charakter einer *Sicherungsmaßnahme* zu. Sie soll einem künftigen Mißbrauch mit den betroffenen Gegenständen vorbeugen (so schon zu § 30 WZG aF *Baumbach/Hefermehl*, § 30 WZG, Rn 5). Stirbt der Eigentümer der betroffenen Gegenstände nach Rechtskraft der gerichtlichen Anordnung der Beseitigung oder Vernichtung, so gehen die Gegenstände in den Nachlaß über. Die Erben können demnach auf Herausgabe zum Zwecke der Beseitigung oder Vernichtung in Anspruch genommen werden. Die Anordnung der Beseitigung oder Vernichtung ist obligatorisch. Kommt das Gericht seiner Verpflichtung nicht nach, so liegt eine Gesetzesverletzung vor, die mit der Revision gerügt werden kann. 23

### F. Urteilsbekanntmachung (§ 144 Abs. 5)

§ 144 Abs. 5 gewährt seit dem Inkrafttreten des MarkenG am 1. Januar 1995 eine Befugnis zur *strafprozessualen Urteilsveröffentlichung* auch in bezug auf die strafbare Benutzung geographischer Herkunftsangaben. Das Gericht muß bei einer Verurteilung wegen widerrechtlicher Benutzung geographischer Herkunftsangaben nach § 144 Abs. 1 oder 2 die öffentliche Bekanntmachung der Verurteilung anordnen, wenn das *öffentliche Interesse* dies erfordert. Ein öffentliches Interesse an einer solchen Veröffentlichung ist insbesondere dann gegeben, wenn eine *erhebliche Irreführung des Publikums* eingetreten ist (Begründung zum MarkenG, BT-Drucks. 12/6581 vom 14. Januar 1994, S. 126). Ein entsprechender Antrag ist nicht erforderlich. Die *Art der Bekanntmachung* ist im Urteil zu bestimmen (§ 144 Abs. 5 S. 2). In Betracht kommt eine Bekanntmachung durch öffentlichen Anschlag oder Veröffentlichung in der Tagespresse oder in Fachblättern des Gewerbezweiges (s. dazu *Baumbach/Hefermehl*, Wettbewerbsrecht, § 23 UWG, Rn 13). 24

### G. Ermächtigung zum Erlaß von Rechtsverordnungen (§ 144 Abs. 6)

§ 144 Abs. 6 enthält eine *Ermächtigung* für das Bundesministerium der Justiz zum *Erlaß von Rechtsverordnungen*, die die Straftatbestände der widerrechtlichen Benutzung einer nach der Verordnung (EWG) Nr. 2081/92 vom 14. Juli 1992 zum Schutz von geographischen Angaben und Ursprungsbezeichnungen für Agrarerzeugnisse und Lebensmittel geschützten geographischen Bezeichnung festlegen. 25

**Bußgeldvorschriften**

**145** (1) Ordnungswidrig handelt, wer im geschäftlichen Verkehr widerrechtlich in identischer oder nachgeahmter Form
1. ein Wappen, eine Flagge oder ein anderes staatliches Hoheitszeichen oder ein Wappen eines inländischen Ortes oder eines inländischen Gemeinde- oder weiteren Kommunalverbandes im Sinne des § 8 Abs. 2 Nr. 6,
2. ein amtliches Prüf- oder Gewährzeichen im Sinne des § 8 Abs. 2 Nr. 7 oder
3. ein Kennzeichen, ein Siegel oder eine Bezeichnung im Sinne des § 8 Abs. 2 Nr. 8
zur Kennzeichnung von Waren oder Dienstleistungen benutzt.
(2) Ordnungswidrig handelt, wer vorsätzlich oder fahrlässig
1. entgegen § 134 Abs. 3, auch in Verbindung mit Abs. 4,
   a) das Betreten von Geschäftsräumen, Grundstücken, Verkaufseinrichtungen oder Transportmitteln oder deren Besichtigung nicht gestattet,
   b) die zu besichtigenden Agrarerzeugnisse oder Lebensmittel nicht so darlegt, daß die Besichtigung ordnungsgemäß vorgenommen werden kann,

c) die erforderliche Hilfe bei der Besichtigung nicht leistet,
d) Proben nicht entnehmen läßt,
e) geschäftliche Unterlagen nicht oder nicht vollständig vorlegt oder nicht prüfen läßt oder
f) eine Auskunft nicht, nicht richtig oder nicht vollständig erteilt oder
2. einer nach § 139 Abs. 1 erlassenen Rechtsverordnung zuwiderhandelt, soweit sie für einen bestimmten Tatbestand auf diese Bußgeldvorschrift verweist.

(3) **Die Ordnungswidrigkeit kann in den Fällen des Absatzes 1 mit einer Geldbuße bis zu fünftausend Deutsche Mark und in den Fällen des Absatzes 2 mit einer Geldbuße bis zu zwanzigtausend Deutsche Mark geahndet werden.**

(4) **In den Fällen des Absatzes 1 ist § 144 Abs. 4 entsprechend anzuwenden.**

### Inhaltsübersicht

| | Rn |
|---|---|
| A. Allgemeines | 1–5 |
|   I. Regelungsübersicht | 1 |
|   II. Rechtsänderungen | 2–4 |
|   III. Europäisches Unionsrecht | 5 |
| B. Mißbrauch von Zeichen im Sinne des § 8 Abs. 2 Nr. 6 bis 8 (§ 145 Abs. 1) | 6–12 |
|   I. Tatbestände | 6–11 |
|     1. Staatliche Hoheitszeichen und kommunale Wappen (§ 8 Abs. 2 Nr. 6) | 6, 7 |
|     2. Amtliche Prüf- oder Gewährzeichen (§ 8 Abs. 2 Nr. 7) | 8, 9 |
|     3. Bezeichnungen internationaler zwischenstaatlicher Organisationen (§ 8 Abs. 2 Nr. 8) | 10, 11 |
|   II. Subjektiver Tatbestand | 12 |
| C. Verletzung von Mitwirkungs- und Auskunftspflichten (§ 145 Abs. 2 Nr. 1) | 13–19 |
|   I. Tatbestände | 13–18 |
|   II. Subjektiver Tatbestand | 19 |
| D. Verstoß gegen eine Rechtsverordnung (§ 145 Abs. 2 Nr. 2) | 20 |
| E. Geldbuße (§ 145 Abs. 3) | 21 |
| F. Beseitigung und Vernichtung (§ 145 Abs. 4) | 22 |

**Schrifttum zum WZG, PrPG und MarkenG.** S. die Schrifttumsangaben vor den §§ 143 bis 145.

## A. Allgemeines

### I. Regelungsübersicht

**1** § 145 Abs. 1 regelt die ordnungsrechtlichen Folgen einer *vorsätzlichen widerrechtlichen Benutzung eines der in § 8 Abs. 2 Nr. 6, 7 und 8 genannten Zeichen*. § 145 Abs. 2 Nr. 1 regelt die ordnungsrechtlichen Folgen eines *vorsätzlichen oder fahrlässigen Verstoßes gegen die Mitwirkungs- und Auskunftspflichten* nach § 134 Abs. 3 und 4. § 145 Abs. 2 Nr. 2 enthält eine *Blankettvorschrift* betreffend die Ordnungswidrigkeit von Verstößen gegen die auf der Grundlage des § 139 Abs. 1 erlassenen Rechtsverordnungen. § 145 Abs. 3 bestimmt die *Höhe der Geldbußen*. §§ 145 Abs. 4 iVm 144 Abs. 4 regelt die *gerichtliche Anordnung der Beseitigung oder Vernichtung*.

### II. Rechtsänderungen

**2** § 145 Abs. 1 stimmt im wesentlichen mit § 27 WZG aF überein. § 27 WZG aF hat eine Änderung durch das PrPG vom 7. März 1990 (BGBl. I S. 422) insoweit erfahren, als mit Aufhebung der Vorschrift des § 30 WZG aF eine entsprechende Bestimmung in § 27 Abs. 3 WZG eingefügt wurde (s. auch § 144, Rn 21). Die bis zum Inkrafttreten des MarkenG am 1. Januar 1995 in § 27 Abs. 3 WZG geregelte *gerichtliche Anordnung der Beseitigung oder Vernichtung* ist nunmehr in §§ 145 Abs. 4 iVm 144 Abs. 4 geregelt.

Bußgeldvorschriften  3–7 **§ 145 MarkenG**

Eine weitere Änderung ist durch die Markenrechtsreform eingetreten. So wurde der *Buß-* 3
*geldrahmen* bei einem *Mißbrauch von Hoheitszeichen und Wappen* von bis zu 1000 DM nach
früherer Rechtslage (§§ 27 Abs. 2 WZG iVm 17 Abs. 1 OWiG) auf bis zu 5000 DM angehoben (§ 145 Abs. 3). Mit der Anhebung des Bußgeldrahmens sollte dem Umstand Rechnung getragen werden, daß es sich anders als bei dem allgemeinen Tatbestand des § 124
OWiG bei einem Mißbrauch von Hoheitszeichen und Wappen zur Kennzeichnung von
Waren oder Dienstleistungen um Taten im Wirtschaftsverkehr handelt (Begründung zum
MarkenG, BT-Drucks. 12/6581 vom 14. Januar 1994, S. 126).

Im Zusammenhang mit der Umsetzung der Verordnung (EWG) Nr. 2081/92 des Rates 4
vom 14. Juli 1992 zum Schutz von geographischen Angaben und Ursprungsbezeichnungen
für Agrarerzeugnisse und Lebensmittel (ABl. EG Nr. L 208 vom 24. Juli 1992, S. 1; zuletzt
geändert durch Verordnung (EG) Nr. 1068/97 vom 12. Juni 1997, ABl. EG Nr. L 156 vom
13. Juni 1997, S. 10; s. 3. Teil des Kommentars, II 6) wurden in § 145 Abs. 2 neue Tatbestände einer *Verletzung von Mitwirkungs- und Auskunftspflichten* geschaffen. Die Mitgliedstaaten waren nach Art. 10 VO verpflichtet, *Kontrolleinrichtungen* zu schaffen, die gewährleisten,
daß die Agrarerzeugnisse und Lebensmittel, die mit einer nach der Verordnung geschützten
Bezeichnung versehen sind, die Anforderungen der Spezifikation erfüllen. Der Gesetzgeber
ist dieser Verpflichtung mit Schaffung der Bestimmung des § 134 nachgekommen. § 134
Abs. 2 enthält die zur Durchführung der Überwachung und Kontrolle erforderlichen
Rechte der zuständigen Stellen, insbesondere Betreuungs- und Besichtigungsrechte, Probenahme-, Einsichts-, Prüfungs- und Auskunftsrechte, denen entsprechende Pflichten gegenüberstehen.

### III. Europäisches Unionsrecht

Die *MarkenRL* und die *GMarkenV* enthalten keine entsprechenden Bußgeldvorschriften. 5
Die Mitgliedstaaten haben nach Art. 10 Abs. 1 der Verordnung (EWG) Nr. 2081/92 vom
14. Juli 1992 zum Schutz von geographischen Angaben und Ursprungsbezeichnungen für
Agrarerzeugnisse und Lebensmittel (ABl. EG Nr. L 208 vom 24. Juli 1992, S. 1; zuletzt geändert durch Verordnung (EG) Nr. 1068/97 vom 12. Juni 1997, ABl. EG Nr. L 156 vom
13. Juni 1997, S. 10; s. 3. Teil des Kommentars, II 6) *Kontrolleinrichtungen* zu schaffen, die
gewährleisten, daß die Agrarerzeugnisse und Lebensmittel, die mit einer geschützten Bezeichnung versehen sind, die Anforderungen der Spezifikation erfüllen. Konkrete Vorgaben
betreffend die Durchführung der Kontrolle enthält die Verordnung nicht.

## B. Mißbrauch von Zeichen im Sinne des § 8 Abs. 2 Nr. 6 bis 8 (§ 145 Abs. 1)

### I. Tatbestände

#### 1. Staatliche Hoheitszeichen und kommunale Wappen (§ 8 Abs. 2 Nr. 6)

Nach § 145 Abs. 1 Nr. 1 handelt ordnungswidrig, wer im geschäftlichen Verkehr wider- 6
rechtlich in identischer oder nachgeahmter Form ein Wappen, eine Flagge oder ein anderes
staatliches Hoheitszeichen oder ein Wappen eines inländischen Ortes oder eines inländischen Gemeindeverbandes oder weiteren Kommunalverbandes im Sinne des § 8 Abs. 2
Nr. 6 zur Kennzeichnung von Waren oder Dienstleistungen benutzt (zum *Begriff der Flagge*
und der *Darstellung der Landesfarben in Flaggenform* s. LG Hamburg GRUR 1990, 196 – BP
CARD). Die Benutzung ist widerrechtlich, wenn keine Ermächtigung des zuständigen
Verwaltungsträgers vorliegt, dem die Befugnis zur Eintragung des staatlichen Hoheitszeichens oder des kommunalen Wappens als Marke in das Markenregister zukommt (s. dazu
§ 8, Rn 372 ff.).

Eine Ordnungswidrigkeit liegt auch dann vor, wenn ein staatliches Hoheitszeichen oder 7
kommunales Wappen im Sinne des § 8 Abs. 2 Nr. 6 nicht in identischer, sondern in nachgeahmter Form verwendet wird. Für das Nachahmungsverbot gelten nicht die Begriffe der
Ähnlichkeit oder Verwechslungsgefahr (s. zum Begriff der Nachahmung § 8, Rn 370 ff.).

## 2. Amtliche Prüf- oder Gewährzeichen (§ 8 Abs. 2 Nr. 7)

**8** Nach § 145 Abs. 1 Nr. 2 handelt ordnungswidrig, wer im geschäftlichen Verkehr in identischer oder nachgeahmter Form ein amtliches Prüf- oder Gewährzeichen im Sinne des § 8 Abs. 2 Nr. 7 zur Kennzeichnung von Waren oder Dienstleistungen benutzt. Die Benutzung ist widerrechtlich, wenn keine Ermächtigung des zuständigen Verwaltungsträgers vorliegt, dem die Befugnis zur Eintragung des amtlichen Prüf- oder Gewährzeichens als Marke im Markenregister zukommt (s. dazu § 8, Rn 383 ff.).

**9** Eine Ordnungswidrigkeit liegt auch dann vor, wenn ein amtliches Prüf- oder Gewährzeichen im Sinne des § 8 Abs. 2 Nr. 8 nicht in identischer, sondern in nachgeahmter Form benutzt wird. Für das Nachahmungsverbot gelten nicht die Begriffe der Ähnlichkeit oder Verwechslungsgefahr (s. zum Begriff der Nachahmung § 8, Rn 382).

## 3. Bezeichnungen internationaler zwischenstaatlicher Organisationen (§ 8 Abs. 2 Nr. 8)

**10** Nach § 145 Abs. 1 Nr. 3 handelt ordnungswidrig, wer im geschäftlichen Verkehr widerrechtlich in identischer oder nachgeahmter Form die Bezeichnung einer internationalen zwischenstaatlichen Organisation im Sinne des § 8 Abs. 2 Nr. 8 zur Kennzeichnung von Waren oder Dienstleistungen benutzt. Die Benutzung ist widerrechtlich, wenn keine Ermächtigung der internationalen zwischenstaatlichen Organisation vorliegt, der als Rechtsinhaberin die Befugnis zur Eintragung der Bezeichnung der internationalen zwischenstaatlichen Organisation als Marke in das Markenregister zukommt (s. dazu § 8, Rn 393 f.).

**11** Eine Ordnungswidrigkeit liegt auch dann vor, wenn Bezeichnungen internationaler zwischenstaatlicher Organisationen im Sinne des § 8 Abs. 2 Nr. 8 nicht in identischer, sondern in nachgeahmter Form benutzt werden. Für das Nachahmungsverbot gelten nicht die Begriffe der Ähnlichkeit oder Verwechslungsgefahr (s. zum Begriff der Nachahmung § 8, Rn 391 f.).

## II. Subjektiver Tatbestand

**12** Die Verletzungshandlung muß mit *Vorsatz* begangen werden; bedingter Vorsatz genügt. Ein *fahrlässiges* Verhalten kann *nicht als Ordnungswidrigkeit geahndet* werden (s. zum subjektiven Tatbestand, zur Widerrechtlichkeit, zum Irrtum sowie zur Täterschaft und Teilnahme auch § 143, Rn 20 ff.).

## C. Verletzung von Mitwirkungs- und Auskunftspflichten (§ 145 Abs. 2 Nr. 1)

### I. Tatbestände

**13** Nach § 145 Abs. 2 Nr. 1 lit. a handelt ordnungswidrig, wer entgegen § 134 Abs. 3 oder 4 das Betreten von Geschäftsräumen, Grundstücken, Verkaufseinrichtungen oder Transportmitteln oder deren Besichtigung nicht gestattet.

**14** Nach § 145 Abs. 2 Nr. 1 lit. b handelt ordnungswidrig, wer entgegen § 134 Abs. 3 oder 4 die zu besichtigenden Agrarerzeugnisse oder Lebensmittel nicht so darlegt, daß die Besichtigung ordnungsgemäß vorgenommen werden kann.

**15** Nach § 145 Abs. 2 Nr. 1 lit. c handelt ordnungswidrig, wer entgegen § 134 Abs. 3 oder 4 die erforderliche Hilfe bei der Besichtigung nicht leistet.

**16** Nach § 145 Abs. 2 Nr. 1 lit. d handelt ordnungswidrig, wer entgegen § 134 Abs. 3 oder 4 die Proben nicht nehmen läßt.

**17** Nach § 145 Abs. 2 Nr. 1 lit. e handelt ordnungswidrig, wer entgegen § 143 Abs. 3 oder 4 geschäftliche Unterlagen nicht oder nicht vollständig vorlegt oder nicht prüfen läßt.

**18** Nach § 145 Abs. 2 Nr. 1 lit. f handelt ordnungswidrig, wer entgegen § 134 Abs. 3 oder 4 eine Auskunft nicht, nicht richtig oder nicht vollständig erteilt.

## II. Subjektiver Tatbestand

Der Tatbestand der Ordnungswidrigkeit kann durch vorsätzliches oder fahrlässiges Verhalten verwirklicht werden; bedingter Vorsatz genügt (s. zum subjektiven Tatbestand, zur Widerrechtlichkeit, zum Irrtum sowie zur Täterschaft und Teilnahme auch § 143, Rn 20 ff.). **19**

## D. Verstoß gegen eine Rechtsverordnung (§ 145 Abs. 2 Nr. 2)

§ 145 Abs. 2 Nr. 2 enthält eine Bußgeldbestimmung für Ordnungswidrigkeiten im Rahmen einer auf der Grundlage des § 139 Abs. 1 erlassenen Rechtsverordnung. **20**

## E. Geldbuße (§ 145 Abs. 3)

Eine Ordnungswidrigkeit nach Abs. 1 kann mit einer Geldbuße bis zu 5000 DM geahndet werden. Eine Ordnungswidrigkeit nach Abs. 2 kann mit einer Geldbuße bis zu 20000 DM geahndet werden. **21**

## F. Beseitigung und Vernichtung (§ 145 Abs. 4)

§ 145 Abs. 4 verweist für Ordnungswidrigkeiten im Sinne des Absatzes 1 auf die Bestimmung des § 144 Abs. 4. Das Gericht hat somit in den Fällen des Mißbrauchs von Zeichen im Sinne des § 8 Abs. 2 Nr. 6 bis 8 *von Amts wegen* die *Beseitigung der widerrechtlichen Kennzeichnung* oder, soweit dies nicht möglich ist, die *Vernichtung der widerrechtlich gekennzeichneten Gegenstände* anzuordnen (s. dazu im einzelnen § 144, Rn 21 ff.). **22**

# Abschnitt 2. Beschlagnahme von Waren bei der Einfuhr und Ausfuhr

## Vorbemerkung zu den §§ 146 bis 151

**Inhaltsübersicht**

|  | Rn |
|---|---|
| A. Regelungsübersicht | 1 |
| B. Rechtsänderungen | 2, 3 |
| C. Europäisches Unionsrecht | 4 |
| D. Pariser Verbandsübereinkunft | 5 |
| E. TRIPS-Abkommen | 6 |

**Schrifttum zum WZG und PrPG.** *Cremer*, Die Bekämpfung der Produktpiraterie in der Praxis, Mitt 1992, 153; *Meister*, Praxis und Dogmatik im Kampf gegen Produktpiraterie, MA 1988, 447; *Meister*, Das Phänomen Produktpiraterie, WRP 1989, 559; *Meister*, Leistungsschutz und Produktpiraterie, 1990; *Schöner*, Die Bekämpfung der Produktpiraterie durch die Zollbehörden, Mitt 1992, 180; *Tilmann*, Der Schutz gegen Produktpiraterie nach dem Gesetz von 1990, BB 1990, 1565; *Winter*, Wie schlagkräftig sind unsere Markenrechte?, MA 1981, 22; *Winter*, Die internationale Markenpiraterie – Ein Prüfstein unseres Rechts gegen den Mißbrauch des freien Warenverkehrs, GRUR 1981, 782; *Winter*, Internationale Markenpiraterie – Möglichkeiten der Bekämpfung, MA 1983, 392.

**Schrifttum zum MarkenG.** *Ahrens*, Die europarechtlichen Möglichkeiten der Beschlagnahme von Produktpiraterieware an der Grenze unter Berücksichtigung des TRIPS-Abkommens, RIW 1996, 727; *Ahrens*, Die gesetzlichen Grundlagen der Grenzbeschlagnahme von Produktpiraterieware nach dem deutschen nationalen Recht, BB 1997, 902; *Fritze*, Die Verordnung (EG) Nr. 3295/94 des Rates der Europäischen Union vom 22. Dezember 1994 über die Zollbeschlagnahme nachgeahmter Waren und unerlaubt hergestellter Vervielfältigungsstücke oder Nachbildungen und ihre Aussichten auf Erfolg, FS für Piper, 1996, S. 221; *Meister*, Die Verteidigung von Marken. Eine Skizze zum neuen Recht, WRP 1995, 366; *Scheja*, Bekämpfung der grenzüberschreitenden Produktpiraterie durch die Zollbehörden, CR 1995, 714.

## A. Regelungsübersicht

1   Abschnitt 2 (§§ 146 bis 151) enthält Vorschriften zur sogenannten *Grenzbeschlagnahme*. Die §§ 146 bis 148 regeln das *Verfahren in bezug auf die Beschlagnahme widerrechtlich gekennzeichneter Waren durch die Zollbehörden*, die nicht dem Anwendungsbereich der Verordnung (EG) Nr. 3295/94 (vormals Verordnung (EWG) Nr. 3842/86) unterfallen. § 149 normiert einen *Schadensersatzanspruch bei ungerechtfertigter Grenzbeschlagnahme*. In § 150 werden Bestimmungen auf nationaler Ebene zum Verfahren bei einer *Beschlagnahme auf der Grundlage der Verordnung (EG) Nr. 3295/94* (vormals Verordnung (EWG) Nr. 3842/86) getroffen. § 151 regelt die *Grenzbeschlagnahme von widerrechtlich mit einer geographischen Herkunftsangabe gekennzeichneten Waren*.

## B. Rechtsänderungen

2   Die *Beschlagnahme und Einziehung widerrechtlich gekennzeichneter Waren durch die Zollbehörden* war schon Regelungsgegenstand des WZG. Bis zum Inkrafttreten des PrPG vom 7. März 1990 (BGBl. I S. 422) am 1. Juli 1990 konnte der Inhaber eines Warenzeichens auf Antrag und gegen Sicherheitsleistung von den Zollbehörden verlangen, daß ausländische Waren, die widerrechtlich mit einer deutschen Firma oder Ortsbezeichnung oder einer nach dem WZG geschützten Warenbezeichnung versehen waren, bei ihrer Einfuhr oder Durchfuhr zum Zwecke der Beseitigung der widerrechtlichen Kennzeichnung beschlagnahmt werden (§ 28 Abs. 1 WZG aF). Eine Einziehung der widerrechtlich gekennzeichneten Waren durch die Zollbehörden kam jedoch nur in Betracht, wenn den von den Zollbehörden angeordneten Beseitigungsmaßnahmen nicht entsprochen wurde oder eine Beseitigung der widerrechtlichen Kennzeichnung nicht möglich war (§ 28 Abs. 2 S. 2 WZG aF; s. zur alten Rechtslage *Baumbach/Hefermehl*, § 28 WZG, Rn 8, 9). Der von der Beschlagnahme Betroffene konnte nur gegen diese Verfügung vorgehen, die Zollbehörde hatte das Prozeßrisiko zu tragen (§ 28 Abs. 3 WZG aF). Durch das PrPG vom 7. März 1990 wurde in Anlehnung an § 28 WZG aF eine *einheitliche Regelung der Grenzbeschlagnahme für den gewerblichen Rechtsschutz und das Urheberrecht* geschaffen, die zwar im wesentlichen den Bestimmungen im WZG entsprach, die jedoch auch einige Neuerungen mit sich brachte. Dem von der Beschlagnahme Betroffenen wurde ein *Widerspruchsrecht* eingeräumt, dessen Ausübung oder Nichtausübung die Weichen für den weiteren Verfahrensablauf stellte. Das *Verfahren* als solches wurde *zweigleisig* ausgestaltet. Widersprach der Betroffene der Beschlagnahme nicht, so wurden die beschlagnahmten Waren von der Zollbehörde unmittelbar eingezogen (§ 28 Abs. 3 WZG). Das Verfahren blieb auf der Ebene des öffentlichen Rechts, dem die zollrechtliche Beschlagnahme grundsätzlich zugeordnet war. Die Einziehung wurde zum gesetzlichen Regelfall. Widersprach der Betroffene der Beschlagnahme, so mußte der Antragsteller eine gerichtliche Entscheidung erwirken, durch die die Ware in amtliche Verwahrung überführt oder mit einem Verfügungsverbot belegt wurde. Das Verfahren wurde damit in der Regel von der Ebene des öffentlichen Rechts auf die Ebene des Privatrechts verlagert. Der Gesetzgeber wollte durch diese Verfahrensgestaltung die Zollbehörden von Rechtsstreitigkeiten entlasten, bei denen es in erster Linie um die Frage geht, ob materiellrechtlich eine Schutzrechtsverletzung vorliegt oder nicht. Die Zollbehörden sollten nicht weiterhin mit dem Prozeßrisiko solcher Verletzungsprozesse belastet werden (Begründung zum PrPG, BT-Drucks. 11/4792 vom 15. Juni 1989, S. 36).

3   Bis zum Inkrafttreten des MarkenG am 1. Januar 1995 waren die Zollbehörden nach § 2 des Gesetzes vom 21. März 1925 über den Beitritt des Reichs zu dem Madrider Abkommen betreffend die Unterdrückung falscher Herkunftsangaben auf Waren (RGBl. II S. 115 in der Fassung des Art. 6 des Gesetzes zur Änderung des Patentgesetzes, des Warenzeichengesetzes und weiterer Gesetze vom 4. September 1967, BGBl. I S. 953) verpflichtet, von Amts wegen Waren zu beschlagnahmen, die an sich selbst oder auf ihrer Aufmachung oder ihrer äußeren Verpackung irgendwelche Warenzeichen (Marken), Namen, Aufschriften oder sonstige Zeichen tragen, die unmittelbar oder mittelbar falsche Angaben über Ursprung, Gattung, Art oder charakteristische Eigenschaften dieser Waren darstellen. Die Grenzbeschlag-

nahme nach § 2 des Beitrittsgesetzes, die als reines Offizialverfahren ausgestaltet war, erfolgte wie die Beschlagnahme nach § 28 WZG in erster Linie zum Zwecke der Beseitigung der unrichtigen Angaben; eine Einziehung der Waren war nur im Ausnahmefall vorgesehen. § 2 des Beitrittsgesetzes wurde mit Wirkung zum 1. Januar 1995, dem Tag des Inkrafttretens des MarkenG, aufgehoben (Art. 26 des MRRG). In § 151 wurde eine *eigenständige Regelung der Grenzbeschlagnahme in bezug auf geographische Herkunftsangaben* getroffen, die § 2 des Beitrittsgesetzes im wesentlichen entspricht. Änderungen gegenüber der früheren Rechtslage haben sich insoweit ergeben, als Waren, die mit falschen Angaben über Gattung, Art oder charakteristische Eigenschaften von Waren versehen sind und insoweit einen wettbewerbsrechtlichen Tatbestand im Sinne des § 3 UWG erfüllen, von der Möglichkeit der Grenzbeschlagnahme nicht mehr erfaßt werden (s. auch Begründung zum MarkenG, BT-Drucks. 12/6581 vom 14. Januar 1994, S. 127).

## C. Europäisches Unionsrecht

Die EG hat mit der *Verordnung (EWG) Nr. 3842/86* des Rates vom 1. Dezember 1986 **4** über Maßnahmen zum Verbot der Überführung nachgeahmter Waren in den zollrechtlichen Verkehr (ABl. EG Nr. L 357 vom 18. Dezember 1986, S. 1; abgedruckt in GRUR Int 1987, 98) eine *Grenzbeschlagnahmeregelung* für Waren getroffen, die aus Drittländern in den zollrechtlich freien Verkehr der EG eingeführt wurden und widerrechtlich mit einer rechtsgültig eingetragenen Marke versehen waren. Die Verordnung sah in ihrem Kern vor, daß widerrechtlich gekennzeichnete Waren bei ihrer Einfuhr in den Gemeinsamen Markt auf Antrag des Markenrechtsinhabers von den Zollbehörden festgehalten und ohne Entschädigung gemäß den betreffenden einzelstaatlichen Rechtsvorschriften in der Regel vernichtet oder nach eigenem Ermessen aus dem Marktkreislauf genommen werden konnten, wenn die Waren als nachgeahmte Waren erkannt waren. Die Verordnung (EWG) Nr. 3842/86 wurde durch die *Verordnung (EG) Nr. 3295/94* des Rates vom 22. Dezember 1994 über Maßnahmen zum Verbot der Überführung nachgeahmter Waren und unerlaubt hergestellter Vervielfältigerstücke oder Nachbildungen in den zollrechtlich freien Verkehr oder in ein Nichterhebungsverfahren sowie zum Verbot ihrer Ausfuhr und Wiederausfuhr (ABl. EG Nr. L 341 vom 30. Dezember 1994, S.8) ersetzt (s. dazu auch die *Durchführungsvorschriften* in der *Verordnung (EG) Nr. 1367/95* der Kommission vom 16. Juni 1995, ABl. EG Nr. L 133 vom 17. Juni 1995, S. 2). Die EG-Verordnung Nr. 3295/94 erweiterte den Tätigkeitsbereich der Zollbehörden auf gemeinschaftsrechtlicher Ebene über den bisherigen Bereich der Markenrechtsverletzungen hinaus auf Verletzungen im Bereich des Urheberrechts und verwandter Schutzrechte sowie auf Geschmacksmusterverletzungen. Die EG-Verordnung Nr. 3295/94 wurde durch die Verordnung (EG) Nr. 241/1999 des Rates vom 25. Januar 1999 (ABl. EG Nr. L 27 vom 2. Februar 1999, S. 1) geändert. Mit dieser Änderung wurde der Geltungsbereich der Verordnung auf Patente sowie auf ergänzende Schutzzertifikate für Arzneimittel und Pflanzenschutzmittel erstreckt und der Handlungsspielraum der Zollbehörden auf Freizonen und Freilager erstreckt. Ferner wurde der Zollschutz von Gemeinschaftsmarken administrativ vereinfacht. Die Verordnung regelt die *Voraussetzungen für ein Tätigwerden der Zollbehörden* hinsichtlich der Waren, bei denen der Verdacht besteht, daß es sich um Waren handelt, die ein Recht am geistigen Eigentum verletzen (Art. 1 Abs. 1 lit. a VO), und die *von den zuständigen Stellen zu treffenden Maßnahmen*, wenn festgestellt ist, daß die betreffenden Waren tatsächlich Waren sind, die ein Recht am geistigen Eigentum verletzen (Art. 1 Abs. 1 lit. b VO). Nach Art. 1 Abs. 1 lit. a VO sind *nachgeahmte Waren* die Waren einschließlich ihrer Verpackung, auf denen ohne Zustimmung Marken oder Zeichen angebracht sind, die mit den Marken oder Zeichen identisch sind, die für derartige Waren rechtsgültig eingetragen sind, oder die in ihren wesentlichen Merkmalen nicht von solchen Marken oder Zeichen zu unterscheiden sind, und damit nach den Rechtsvorschriften der Gemeinschaft und denjenigen des Mitgliedstaates, bei dem der Antrag auf Tätigwerden der Zollbehörden gestellt wird, die Rechte des Inhabers der betreffenden Marken verletzen, sowie auch alle, gegebenenfalls auch gesondert gestellten *Kennzeichnungsmittel* (wie Embleme, Anhänger, Aufkleber, Prospekte, Bedienungs- oder Gebrauchsanweisungen, Garantiedokumente), auf die die vorgenannten Umstände zutreffen, sowie schließlich die mit Marken oder Zeichen nachgeahmter Waren versehenen *Verpackungen*, die gesondert gestellt werden und auf die die vorgenannten Umstände zutreffen. Nach Art. 1 Abs. 3 VO werden nachgeahmten Waren *Formen oder Matrizen* gleichgestellt, die speziell zur Herstellung einer nachgeahmten Marke oder einer Ware, die eine derartige Marke trägt, bestimmt oder im Hinblick darauf angepaßt worden sind, sofern die Verwendung dieser Formen oder Matrizen nach den Rechtsvorschriften der Gemeinschaft oder denjenigen des Mitgliedstaates, bei dem der Antrag auf Tätigwerden der Zollbehörden gestellt wird, das Markenrecht des Inhabers verletzt (zur Grenzbeschlagnahme nach der Verordnung (EG) Nr. 3295/94 s. *Scheja*, CR 1995, 714; *Ahrens*, RIW 1996, 727).

### D. Pariser Verbandsübereinkunft

5   Art. 9 PVÜ enthält Bestimmungen betreffend die Beschlagnahme widerrechtlich mit einer Marke oder einem Handelsnamen versehener Waren bei ihrer Einfuhr in einen Verbandsstaat. Die §§ 146 bis 151 tragen diesen Bestimmungen Rechnung und gehen über diese noch hinaus (s. schon zur Rechtslage im WZG *Baumbach/Hefermehl*, § 28 WZG, Rn 1).

### E. TRIPS-Abkommen

6   Das TRIPS-Abkommen enthält in den Artikeln 51 bis 60 Bestimmungen betreffend die Grenzbeschlagnahme von Waren durch die Zollbehörden. Die §§ 146 bis 149 entsprechen den Vorgaben des TRIPS-Abkommens.

**Beschlagnahme bei der Verletzung von Kennzeichenrechten**

**146** (1) ¹Waren, die widerrechtlich mit einer nach diesem Gesetz geschützten Marke oder geschäftlichen Bezeichnung versehen sind, unterliegen, soweit nicht die Verordnung (EG) Nr. 3295/94 des Rates vom 22. Dezember 1994 über Maßnahmen zum Verbot der Überführung nachgeahmter Waren und unerlaubt hergestellter Vervielfältigungsstücke oder Nachbildungen in den zollrechtlich freien Verkehr oder in ein Nichterhebungsverfahren sowie zum Verbot ihrer Ausfuhr und Wiederausfuhr (ABl. EG Nr. L 341 S. 8) in ihrer jeweils geltenden Fassung anzuwenden ist, auf Antrag und gegen Sicherheitsleistung des Rechtsinhabers bei ihrer Einfuhr oder Ausfuhr der Beschlagnahme durch die Zollbehörde, sofern die Rechtsverletzung offensichtlich ist. ²Dies gilt für den Verkehr mit anderen Mitgliedstaaten der Europäischen Union sowie mit den anderen Vertragsstaaten des Abkommens über den Europäischen Wirtschaftsraum nur, soweit Kontrollen durch die Zollbehörden stattfinden.

(2) ¹Ordnet die Zollbehörde die Beschlagnahme an, unterrichtet sie unverzüglich den Verfügungsberechtigten sowie den Antragsteller. ²Dem Antragsteller sind Herkunft, Menge und Lagerort der Waren sowie Name und Anschrift des Verfügungsberechtigten mitzuteilen. ³Das Brief- und Postgeheimnis (Artikel 10 des Grundgesetzes) wird insoweit eingeschränkt. ⁴Dem Antragsteller wird Gelegenheit gegeben, die Waren zu besichtigen, soweit hierdurch nicht in Geschäfts- oder Betriebsgeheimnisse eingegriffen wird.

#### Inhaltsübersicht

|  | Rn |
|---|---|
| A. Allgemeines | 1–4 |
|    I. Regelungsübersicht | 1 |
|    II. Rechtsänderungen | 2, 3 |
|    III. Normzweck | 4 |
| B. Anwendungsbereich | 5 |
| C. Voraussetzungen der Grenzbeschlagnahme (§ 146 Abs. 1 S. 1) | 6–11 |
|    I. Beschlagnahmeantrag | 6 |
|    II. Offensichtlichkeit der Kennzeichenverletzung | 7 |

| | Rn |
|---|---|
| III. Import, Export und Transit | 8–10 |
| IV. Sicherheitsleistung | 11 |
| D. Gegenstand der Grenzbeschlagnahme | 12–14 |
| E. Vorbehalt der Durchführung von Grenzbeschlagnahmen (§ 146 Abs. 1 S. 2) | 15 |
| F. Benachrichtigung von der Beschlagnahme | 16, 17 |
| I. Benachrichtigung des Verfügungsberechtigten (§ 146 Abs. 2 S. 1) | 16 |
| II. Benachrichtigung des Antragstellers (§ 146 Abs. 2 S. 1 und 2) | 17 |
| G. Auskunftsrecht (§ 146 Abs. 2 S. 2) | 18 |
| H. Besichtigungsrecht (§ 146 Abs. 2 S. 4) | 19 |

**Schrifttum zum WZG, PrPG und MarkenG.** S. die Schrifttumsangaben Vorb zu den §§ 146 bis 151.

### Entscheidung zum MarkenG

**LG Düsseldorf Mitt 1996, 22 – Chiemsee**
Einfuhren von Privatpersonen (Reisegepäck) sind von der Grenzbeschlagnahme ausgenommen.

## A. Allgemeines
### I. Regelungsübersicht

§ 146 Abs. 1 S. 1 regelt die Voraussetzungen einer *Beschlagnahme widerrechtlich gekennzeichneter Waren durch die Zollbehörden*. § 146 Abs. 1 S. 2 stellt die Grenzbeschlagnahme unter den *Vorbehalt der Durchführung von Grenzkontrollen*. § 146 Abs. 2 S. 1 regelt die *Benachrichtigung* des Verfügungsberechtigten und des Antragstellers von der Beschlagnahme. § 146 Abs. 2 S. 2 normiert ein *Auskunftsrecht* für den Antragsteller. § 146 Abs. 2 S. 3 normiert ein *Besichtigungsrecht* für den Antragsteller. **1**

### II. Rechtsänderungen

§ 146 entspricht im wesentlichen § 28 WZG (zu den Änderungen durch das PrPG s. Vorb §§ 146, Rn 2). Die Reform des Markenrechts führte zu einer Erweiterung des Anwendungsbereichs der Grenzbeschlagnahme in bezug auf *geschäftliche Bezeichnungen*. Mit Einbeziehung der geschäftlichen Bezeichnungen in den Anwendungsbereich des MarkenG (§§ 5 und 15), die bis zum Inkrafttreten des MarkenG am 1. Januar 1995 nach § 16 UWG aF geschützt waren, wurde auch dem Inhaber einer geschäftlichen Bezeichnung die Möglichkeit der Grenzbeschlagnahme eröffnet. **2**

Eine nachträgliche Änderung ergibt sich aus der Ersetzung der Verordnung (EWG) Nr. 3842/86 des Rates vom 1. Dezember 1986 über Maßnahmen zum Verbot der Überführung nachgeahmter Waren in den zollrechtlich freien Verkehr (ABl. EG Nr. L 357 vom 18. Dezember 1986; abgedruckt in GRUR Int 1987, 98) durch die *Verordnung (EG) Nr. 3295/94* des Rates vom 22. Dezember 1994 über Maßnahmen, welche das Verbringen von Waren, die bestimmte Recht am geistigen Eigentum verletzen, in die Gemeinschaft sowie ihre Ausfuhr und Wiedereinfuhr aus der Gemeinschaft betreffen (ABl. EG Nr. L 341 vom 30. Dezember 1994, S. 8, zuletzt geändert durch Verordnung (EG) Nr. 241/1999 des Rates vom 25. Januar 1999, ABl. EG Nr. L 27 vom 2. Februar 1999, S. 1; s. 3. Teil des Kommentars, II 13). Die neue Verordnung gilt seit dem 1. Juli 1995 unmittelbar in jedem Mitgliedstaat (Art. 189 S. 2 EGV). Durch das MarkenRÄndG 1996 vom 19. Juli 1996 (BGBl. I S. 1014) erfolgte eine redaktionelle Anpassung des Gesetzestextes an die veränderte Rechtslage. **3**

### III. Normzweck

Die Grenzbeschlagnahme dient dem Zweck der wirkungsvollen *Bekämpfung des grenzüberschreitenden Handels mit schutzrechtsverletzender Ware*. Zur Vermeidung der erheblichen **4**

Schwierigkeiten, die mit dem Aufspüren und der Sicherstellung von schutzrechtsverletzender Ware verbunden sind, die bereits in den inländischen Marktkreislauf gelangt oder ins Ausland abgesetzt worden ist, wird dem Inhaber eines Schutzrechts ein Zugriff auf die Ware zu einem Zeitpunkt eröffnet, zu welchem sie sich noch bei der Zollabfertigung befindet. Die Grenzbeschlagnahme sichert in einem für einen Zugriff besonders günstigen Moment das Ziel, schutzrechtsverletzende Ware aus dem Markt zu nehmen (Begründung zum PrPG, BT-Drucks. 11/4792 vom 15. Juni 1989, S. 35).

## B. Anwendungsbereich

5   Von der Grenzbeschlagnahme nach § 146 Abs. 1 nicht erfaßt werden Waren, die dem *Anwendungsbereich der Verordnung (EG) Nr. 3295/94* unterfallen. Die Beschlagnahme nach der Verordnung (EG) Nr. 3295/94 bezieht sich ausschließlich auf Waren, die aus *Drittländern* in den zollrechtlich freien Verkehr der EG oder in ein Nichterhebungsverfahren eingeführt oder ausgeführt werden. Eine Grenzbeschlagnahme nach § 146 Abs. 1 kommt demnach an den *Binnengrenzen bei Einfuhren aus anderen Mitgliedstaaten der EG* in Betracht. Die Verordnung (EG) Nr. 3295/94 gewährt desweiteren die Möglichkeit der Grenzbeschlagnahme nur für Marken mit rechtsgültiger Eintragung (Art. 1 Abs. 2 lit. a VO). Eine Grenzbeschlagnahme nach § 146 Abs. 1 kommt deshalb auch bei *Drittlandseinfuhren an den deutschen Außengrenzen der EG* bei solchen Waren in Betracht, die widerrechtlich mit einer *geschäftlichen Bezeichnung* oder einer *Marke* versehen sind, die auch *ohne Eintragung* Schutz genießt.

## C. Voraussetzungen der Grenzbeschlagnahme (§ 146 Abs. 1 S. 1)

### I. Beschlagnahmeantrag

6   Die Grenzbeschlagnahme setzt einen entsprechenden *Antrag* voraus. Der Antrag ist bei der zuständigen *Oberfinanzdirektion* zu stellen und gilt für zwei Jahre, sofern keine kürzere Laufzeit beantragt wurde (§ 148 Abs. 1 S. 1). Die Antragstellung kann wiederholt erfolgen (§ 148 Abs. 1 S. 2). *Antragsberechtigt* ist der *Rechtsinhaber* (§ 146 Abs. 1 S. 1). Rechtsinhaber sind der *Inhaber einer Marke* und der *Inhaber einer geschäftlichen Bezeichnung*. Die Verordnung (EG) Nr. 3295/94 (s. 3. Teil des Kommentars, II 13) definiert den Begriff des Rechtsinhabers in einem weiteren Sinn. Nach Art. 1 Abs. 2 lit. b VO ist Rechtsinhaber nicht nur der Inhaber einer Marke oder eines Zeichens, sondern auch jede andere zur Benutzung dieser Marke und/oder Wahrnehmung dieser Rechte befugte Person oder deren Vertreter. Antragsberechtigt ist auch der *Lizenznehmer,* unabhängig davon, ob es sich um eine ausschließliche oder einfache Lizenz handelt (s. dazu *Ahrens,* RIW 1996, 727, 729; *Ahrens,* BB 1997, 902, 903). Eine Beschränkung der Befugnisse des Lizenznehmers ergibt sich daraus, daß der Lizenznehmer zur Erlangung einer vollziehbaren gerichtlichen Entscheidung nach Art. 7 Abs. 1 VO, §§ 150, 147 Abs. 3 S. 2 der Zustimmung des Markeninhabers bedarf. Wegen der dinglichen Rechtsnatur der Markenlizenz (s. § 30, Rn 6 ff.) ist es auch nach der Rechtslage im MarkenG gerechtfertigt, für die Grenzbeschlagnahme an den Binnengrenzen hinsichtlich der Antragsberechtigung von einem weiten Begriff des Rechtsinhabers auszugehen. Der Beschlagnahmeantrag ist *gebührenpflichtig* (§ 148 Abs. 2 iVm § 178 AO).

### II. Offensichtlichkeit der Kennzeichenverletzung

7   Voraussetzung für ein Tätigwerden der Zollbehörden ist, daß durch die Einfuhr oder Ausfuhr der Waren das Ausschließlichkeitsrecht des Inhabers einer Marke oder einer geschäftlichen Bezeichnung offensichtlich verletzt wird. Eine *offensichtliche Rechtsverletzung* liegt vor, wenn eine Kennzeichenrechtsverletzung bereits begangen wurde oder bevorsteht (s. Begründung zum PrPG, BT-Drucks. 11/4792 vom 15. Juni 1989, S. 35). Die Beantwortung der Frage, ob eine Kennzeichenrechtsverletzung vorliegt, bestimmt sich nach materiellem Recht. Das Erfordernis der Offensichtlichkeit einer Kennzeichenrechtsverletzung

(zum Begriff der Offensichtlichkeit s. auch § 19, Rn 17, 19) dient dem Zweck, sicherzustellen, daß die Beschlagnahme von Waren, die einen erheblichen Eingriff in den Warenverkehr bedeutet, *bei unklarer Rechtslage unterbleibt* und *ungerechtfertigte Beschlagnahmen weitestgehend ausgeschlossen* werden (s. Begründung zum PrPG, BT-Drucks. 11/4792 vom 15. Juni 1989, S. 41).

### III. Import, Export und Transit

Nach § 146 Abs. 1 werden widerrechtlich gekennzeichnete Waren bei ihrer *Einfuhr oder Ausfuhr* von der Grenzbeschlagnahme erfaßt. Bis zum Erlaß des PrPG vom 7. März 1990 unterlagen der Grenzbeschlagnahme nur ausländische Waren bei ihrer Einfuhr oder Durchfuhr in den Geltungsbereich des WZG (§ 28 WZG aF; zur Rechtslage im WZG s. *Baumbach/Hefermehl*, § 28 WZG, Rn 1, 2). Seit dem Inkrafttreten des PrPG am 1. Juli 1990 kommt die Grenzbeschlagnahme widerrechtlich gekennzeichneter Waren nicht nur bei ihrer Einfuhr aus dem Ausland in Betracht, sondern auch bei ihrer Ausfuhr aus der Bundesrepublik Deutschland (§ 28 Abs. 1 WZG). Die Beschränkung der Beschlagnahme auf ausländische Waren fand ihre Begründung darin, daß nach der Grundkonzeption der zollrechtlichen Beschlagnahme, die die Verwirklichung eines Verletzungstatbestandes als Voraussetzung hatte, durch die Einfuhr widerrechtlich gekennzeichneter Waren der Verletzungstatbestand des Inverkehrsetzens (§§ 15, 24, 25 WZG) erfüllt wurde. Seit dem Inkrafttreten des MarkenG am 1. Januar 1995 stellt die Einfuhr und Ausfuhr widerrechtlich gekennzeichneter Waren eine rechtserhebliche Benutzungshandlung zur Begründung einer Markenrechtsverletzung dar (§ 14 Abs. 3 Nr. 4), ohne daß es darauf ankommt, daß die Ware in den inländischen Verkehr gelangt. In § 14 Abs. 4 Nr. 3 ist eine entsprechende Bestimmung für widerrechtlich gekennzeichnete Aufmachungen, Verpackungen und Kennzeichnungsmittel enthalten. Die in Umsetzung von Art. 5 Abs. 3 lit. c MarkenRL erfolgte ausdrückliche Regelung, stellt eine wichtige Klarstellung gegenüber der abweichenden Rechtslage nach dem WZG dar, auch wenn Export, Import und Transit zugleich Tatbestände des Besitzes zum Zwecke des Warenumsatzes darstellen (§ 14 Abs. 3 Nr. 2, Abs. 4 Nr. 2).

§ 146 Abs. 1 sieht eine Grenzbeschlagnahme bei der *Durchfuhr* von Waren entgegen der früheren Rechtslage nicht mehr vor. Der Gesetzgeber ist davon ausgegangen, daß beim Vorliegen eines reinen *Transits eine Rechtsverletzung im Inland nicht stattfindet*, so daß mangels Verwirklichung eines Verletzungstatbestandes eine gerichtliche Entscheidung betreffend dieser Waren nicht erlangt werden kann (Begründung zum PrPG, BT-Drucks. 11/4792 vom 15. Juni 1989, S. 41). Nach der *Rechtslage im MarkenG* ist jedoch davon auszugehen, daß die *Durchfuhr einer markierten Ware ohne Zustimmung des Markeninhabers eine Verletzung eines inländischen Markenrechts* darstellt. Das MarkenG verlangt als Verletzungshandlung kein Inverkehrbringen im Inland, sondern läßt als Verletzungshandlung die Einfuhr oder Ausfuhr und den Besitz zum Zwecke des Warenabsatzes genügen. Je nach den konkreten Umständen wird bei Durchfuhrtatbeständen vielfach schon der Einfuhr- und Ausfuhrtatbestand erfüllt sein (s. § 14, Rn 483). Es ist daher nicht gerechtfertigt, den Durchfuhrtatbestand aus der Regelung der Grenzbeschlagnahme auszuklammern. Dies entspricht auch nicht der Verordnung (EG) Nr. 3295/94, die die Grenzbeschlagnahme auch bei Einfuhren in ein Nichterhebungsverfahren vorsieht.

Von der Grenzbeschlagnahme ausgenommen sind *Einfuhren von Privatpersonen* (etwa im Reisegepäck), da sie außerhalb des geschäftlichen Verkehrs stattfinden und insoweit von den Verletzungstatbeständen des § 14 nicht erfaßt werden (LG Düsseldorf Mitt 1996, 22, 23 – Chiemsee). Für eine Grenzbeschlagnahme auf der Grundlage der Verordnung (EG) Nr. 3295/94 (s. 3. Teil des Kommentars, II 13) ergibt sich dies aus Art. 10 VO, der Waren ohne kommerziellen Charakter, die im persönlichen Gepäck der Reisenden enthalten sind, vom Anwendungsbereich der Verordnung in den Grenzen der Gewährung einer Zollbefreiung ausdrücklich ausschließt.

### IV. Sicherheitsleistung

Die Grenzbeschlagnahme erfolgt nur gegen *Sicherheitsleistung* (§ 146 Abs. 1). Die erforderliche Sicherheit muß nicht bereits mit Antragstellung geleistet werden, sondern erst nach erfolgter Beschlagnahme durch die Zollbehörden. Die Art und Höhe der Sicherheitsleistung wird von den Zollbehörden nach pflichtgemäßem Ermessen bestimmt (von freiem Ermessen zur Rechtslage im WZG ausgehend *Baumbach/Hefermehl*, § 28 WZG, Rn 7). Die Sicherheitsleistung kann in der Regel durch *Bankbürgschaft* erbracht werden. Die Höhe der Sicherheitsleistung bestimmt sich nach den voraussichtlich entstehenden Auslagen und dem bei einer ungerechtfertigten Beschlagnahme zu erwartenden Schaden. Sie liegt in der Regel zwischen 25000 DM und 100000 DM (s. dazu *Cremer*, Mitt 1992, 153, 167).

## D. Gegenstand der Grenzbeschlagnahme

12   Nach dem Wortlaut des § 146 Abs. 1 S. 1 unterliegen der Grenzbeschlagnahme Waren, die widerrechtlich mit einer nach dem MarkenG geschützten Marke oder geschäftlichen Bezeichnung versehen sind. Unter den *Warenbegriff* des § 146 Abs. 1 sind zunächst Produkte zu subsumieren, auf denen die widerrechtliche Kennzeichnung unmittelbar angebracht ist. Eine widerrechtlich gekennzeichnete Ware im Sinne des § 146 Abs. 1 liegt aber auch dann vor, wenn sich die Kennzeichnung nicht unmittelbar auf dem Produkt, sondern auf der *Verpackung* oder *Umhüllung* befindet (so schon zur Rechtslage im WZG *Baumbach/Hefermehl*, § 28 WZG, Rn 2; aA *v. Gamm*, § 28 WZG, Rn 5). Dieses Verständnis entspricht auch der Verordnung (EG) Nr. 3295/94. Nachgeahmte Waren im Sinne der Verordnung sind Waren einschließlich ihrer Verpackung, auf denen ohne Zustimmung Marken oder Zeichen angebracht sind, die mit Marken identisch sind, die für derartige Waren rechtsgültig eingetragen sind oder die in ihren wesentlichen Merkmalen nicht von solchen Waren zu unterscheiden sind (Art. 1 Abs. 2 lit. a VO).

13   Zu den Waren im Sinne des § 146 Abs. 1 gehören aber auch die *Kennzeichnungsmittel* im Sinne des § 14 Abs. 4, sowie die mit einer widerrechtlichen Kennzeichnung versehenen *Verpackungen* und *Aufmachungen*, die *noch nicht mit der Ware verbunden* sind und gesondert gestellt werden. Nach dem Sinn und Zweck der Grenzbeschlagnahme ist der Warenbegriff des § 146 Abs. 1 in diesem weiten Sinn auszulegen. Eine solche Auslegung ist auch im Hinblick auf die Verordnung (EG) Nr. 3295/94 geboten. Die Grenzbeschlagnahme dient dem Zweck, einem Eingriff in das Ausschließlichkeitsrecht des Inhabers einer Marke oder geschäftlichen Bezeichnung wirksam zu begegnen. Nach § 14 Abs. 4 ist es Dritten untersagt, ohne Zustimmung des Markeninhabers im geschäftlichen Verkehr Aufmachungen, Verpackungen oder Kennzeichnungsmittel (Etiketten, Anhänger und Aufnäher) mit einem identischen oder ähnlichen Zeichen zu versehen (Nr. 1) oder mit einem identischen oder ähnlichen Zeichen versehene Aufmachungen, Verpackungen oder Kennzeichnungsmittel anzubieten, in den Verkehr zu bringen oder zu den genannten Zwecken zu besitzen (Nr. 2). Nach § 14 Abs. 4 Nr. 3 stellt die Einfuhr oder Ausfuhr derartiger Gegenstände einen eigenständigen Verletzungstatbestand dar. Das Ausschließlichkeitsrecht des Markeninhabers ist mithin schon dann tangiert, wenn eine Verbindung mit dem Produkt noch gar nicht stattgefunden hat. Nach dem MarkenG unterliegen diese Gegenstände auch dem *Vernichtungsanspruch* nach § 18 (s. § 18, Rn 13 f.). Es ist deshalb nicht gerechtfertigt, diese Gegenstände von der Grenzbeschlagnahme auszuschließen, zumal diese auch der Sicherung der Durchsetzung eines solchen Vernichtungsanspruchs dient (s. Begründung zum PrPG, BT-Drucks. 11/4792 vom 15. Juni 1989, S. 41). Verpackungen und Kennzeichnungsmittel fallen auch unter den Warenbegriff der Verordnung (EG) Nr. 3295/94 und werden von der Grenzbeschlagnahme auch dann erfaßt, wenn sie gesondert gestellt werden (Art. 1 Abs. 2 lit. a VO; s. auch den Bericht der Kommission zur Verordnung (EWG) Nr. 3842/86 GRUR Int 1991, 835, 836).

14   Eine Grenzbeschlagnahme nach § 146 Abs. 1 kommt auch in *analoger* Anwendung der Vorschrift in bezug auf die zur *widerrechtlichen Kennzeichnung benutzten und bestimmten Vorrichtungen* in Betracht. Vorrichtungen unterliegen nach § 18 Abs. 2 der Vernichtung (s. dazu im einzelnen § 18, Rn 15 ff.), so daß zur Sicherung der Durchsetzung eines solchen Anspruchs eine Beschlagnahme durch die Zollbehörden an der Grenze möglich sein muß, wenn die Voraussetzungen für einen solchen Anspruch vorliegen. Nach Art. 1 Abs. 3 der Verordnung (EG) Nr. 3295/94 sind den nachgeahmten Waren im Sinne der Verordnung *Formen* und *Matrizen* gleichgestellt, die speziell zur Herstellung einer nachgeahmten Marke oder einer Ware, die eine derartige Marke trägt, bestimmt oder im Hinblick darauf angepaßt

worden sind, sofern die Verwendung dieser Formen oder Matrizen nach den Rechtsvorschriften der Gemeinschaft oder denjenigen des Mitgliedstaates, bei dem der Antrag auf Tätigwerden der Zollbehörden gestellt wird, die Rechte des Rechtsinhabers verletzt. Die Grenzbeschlagnahme nach der Verordnung (EG) Nr. 3295/94 erfaßt demnach auch Vorrichtungen. Im MarkenG fehlt eine ausdrückliche Regelung, so daß eine analoge Anwendung des § 146 Abs. 1 geboten ist.

### E. Vorbehalt der Durchführung von Grenzbeschlagnahmen (§ 146 Abs. 1 S. 2)

Die Grenzbeschlagnahme widerrechtlich gekennzeichneter Waren steht wegen der Verwirklichung des freien Warenverkehrs zwischen den Mitgliedstaaten der EG und den Vertragsstaaten des EWR unter dem *Vorbehalt*, daß *Kontrollen durch die Zollbehörden* überhaupt noch stattfinden. Die Grenzbeschlagnahme soll kein Hindernis auf dem Weg zur Verwirklichung des EG-Binnenmarktes und des EWR sein (Begründung zum PrPG, BT-Drucks. 11/4792 vom 15. Juni 1989, S. 38, 41; Begründung zum MarkenG, BT-Drucks. 12/6581 vom 14. Januar 1994, S. 127). 15

### F. Benachrichtigung von der Beschlagnahme

#### I. Benachrichtigung des Verfügungsberechtigten (§ 146 Abs. 2 S. 1)

Der Verfügungsberechtigte ist von der Beschlagnahme unverzüglich zu unterrichten (§ 146 Abs. 2 S. 1). Mit der *Benachrichtigung des Verfügungsberechtigten* ist der Verfügungsberechtigte ausdrücklich darauf hinzuweisen, daß die beschlagnahmten Waren eingezogen werden, wenn der Beschlagnahme nicht innerhalb der zweiwöchigen Widerspruchsfrist widersprochen wird (§ 147 Abs. 1; s. Begründung zum PrPG, BT-Drucks. 11/4792 vom 15. Juni 1989, S. 41). 16

#### II. Benachrichtigung des Antragstellers (§ 146 Abs. 2 S. 1 und 2)

Nach § 146 Abs. 2 S. 1 ist auch der Antragsteller von der Beschlagnahme zu unterrichten. Die *Benachrichtigung des Antragstellers* soll diesen in die Lage versetzen zu prüfen, ob die Erlangung einer gerichtlichen Entscheidung erfolgversprechend ist. Gelangt der Antragsteller zu der Erkenntnis, daß die Beschlagnahme nicht gerechtfertigt ist, so muß er unverzüglich auf eine Freigabe der Waren hinwirken, um sich nicht einem Schadensersatzanspruch nach § 826 BGB auszusetzen (s. Begründung zum PrPG, BT-Drucks. 11/4792 vom 15. Juni 1989, S. 41). 17

### G. Auskunftsrecht (§ 146 Abs. 2 S. 2)

Nach § 146 Abs. 2 S. 2 ist der Antragsteller über *Name und Anschrift des Verfügungsberechtigten* (Importeur, Exporteur), sowie über *Herkunft, Menge und Lagerort der Waren* zu unterrichten. Der Schutzrechtsinhaber benötigt diese Informationen, um eine gerichtliche Entscheidung gegen den Verfügungsberechtigten erwirken zu können. Das Brief- und Postgeheimnis (Art. 10 GG) wird insoweit eingeschränkt (§ 146 Abs. 2 S. 3). 18

### H. Besichtigungsrecht (§ 146 Abs. 2 S. 4)

Dem Antragsteller wird Gelegenheit gegeben, die Waren zu besichtigen, soweit hierdurch nicht in Geschäfts- oder Betriebsgeheimnisse eingegriffen wird (§ 146 Abs. 2 S. 4). Die Zollbehörden sind in der Regel auch bereit, dem Antragsteller Muster der beschlagnahmten Waren zu übersenden (*Cremer*, Mitt 1992, 153, 167). 19

**Einziehung; Widerspruch; Aufhebung der Beschlagnahme**

**147** (1) Wird der Beschlagnahme nicht spätestens nach Ablauf von zwei Wochen nach Zustellung der Mitteilung nach § 146 Abs. 2 Satz 1 widersprochen, ordnet die Zollbehörde die Einziehung der beschlagnahmten Waren an.

(2) ¹Widerspricht der Verfügungsberechtigte der Beschlagnahme, unterrichtet die Zollbehörde hiervon unverzüglich den Antragsteller. ²Dieser hat gegenüber der Zollbehörde unverzüglich zu erklären, ob er den Antrag nach § 146 Abs. 1 in bezug auf die beschlagnahmten Waren aufrechterhält.

(3) ¹Nimmt der Antragsteller den Antrag zurück, hebt die Zollbehörde die Beschlagnahme unverzüglich auf. ²Hält der Antragsteller den Antrag aufrecht und legt er eine vollziehbare gerichtliche Entscheidung vor, die die Verwahrung der beschlagnahmten Waren oder eine Verfügungsbeschränkung anordnet, trifft die Zollbehörde die erforderlichen Maßnahmen.

(4) ¹Liegen die Fälle des Absatzes 3 nicht vor, hebt die Zollbehörde die Beschlagnahme nach Ablauf von zwei Wochen nach Zustellung der Mitteilung an den Antragsteller nach Absatz 2 auf. ²Weist der Antragsteller nach, daß die gerichtliche Entscheidung nach Absatz 3 Satz 2 beantragt, ihm aber noch nicht zugegangen ist, wird die Beschlagnahme für längstens zwei weitere Wochen aufrechterhalten.

### Inhaltsübersicht

| | Rn |
|---|---|
| A. Allgemeines | 1, 2 |
|    I. Regelungsübersicht | 1 |
|    II. Rechtsänderungen | 2 |
| B. Verfahren nach erfolgter Grenzbeschlagnahme | 3–5 |
|    I. Verfahren nach Ausbleiben eines Widerspruchs (§ 147 Abs. 1) | 3 |
|    II. Verfahren nach Einlegung eines Widerspruchs (§ 147 Abs. 2) | 4, 5 |

**Schrifttum zum WZG, PrPG und MarkenG.** S. die Schrifttumsangaben Vorb zu den §§ 146 bis 151.

### Entscheidungen zum MarkenG

**1. LG Düsseldorf GRUR 1996, 66 – adidas-Import**
Anordnung eines Einfuhrverbots als Verfügungsbeschränkung im Sinne des § 147 Abs. 3 S. 2 bei der Grenzbeschlagnahme rechtswidrig importierter Originalware.

**2. OLG München WRP 1997, 975**
Zur Vorlage einer gerichtlichen Entscheidung als Voraussetzung für die Aufrechterhaltung der Beschlagnahme- bzw Einziehungsanordnung.

## A. Allgemeines

### I. Regelungsübersicht

1   In den Absätzen 1 bis 4 ist das *weitere Verfahren nach erfolgter Grenzbeschlagnahme* im Sinne des § 146 durch die Zollbehörden geregelt. § 147 Abs. 1 normiert die *Einziehung der beschlagnahmten Waren* bei Ausbleiben eines Widerspruchs gegen die erfolgte Beschlagnahme. § 147 Abs. 2 regelt den *Widerspruch gegen die erfolgte Beschlagnahme.* § 147 Abs. 3 und 4 regeln die *Aufhebung der Beschlagnahme.*

### II. Rechtsänderungen

2   § 147 entspricht im wesentlichen § 28 Abs. 5 WZG. Die Bestimmung des § 28 WZG wurde durch das PrPG vom 7. März 1990 neu gefaßt (s. Vorb § 146, Rn 2).

## B. Verfahren nach erfolgter Grenzbeschlagnahme

### I. Verfahren nach Ausbleiben eines Widerspruchs (§ 147 Abs. 1)

Der Verfügungsberechtigte kann der erfolgten Beschlagnahme nach § 147 Abs. 1 *innerhalb* 3 *von zwei Wochen* nach Zustellung der Benachrichtigung über die Beschlagnahme widersprechen. Wird innerhalb der Widerspruchsfrist *kein Widerspruch eingelegt*, so ordnet die Zollbehörde ohne weiteres die *Einziehung der beschlagnahmten Waren* an (§ 147 Abs. 1). Mit der Einziehung der beschlagnahmten Waren durch die Zollbehörden ist das zollrechtliche Beschlagnahmeverfahren abgeschlossen. Die eingezogenen Waren werden von den Zollbehörden in der Regel vernichtet, um sicherzustellen, daß diese nicht mehr zum Schaden des Schutzrechtsinhabers auf den Markt kommen (so die Begründung zum PrPG, BT-Drucks 11/4792 vom 15. Juni 1989, S. 35). Dem Verfügungsberechtigten steht gegen die *Einziehungsverfügung* der *Einspruch* nach § 67 OWiG offen (§ 148 Abs. 3). Die Einziehung soll nur dann aufrecht erhalten werden können, wenn der Antragsteller eine vollziehbare gerichtliche Entscheidung vorlegt, die die Verwahrung der beschlagnahmten Waren oder eine Verfügungsbeschränkung anordnet. Der Einspruch gegen die Einziehung wird insoweit dem Widerspruch gegen die Beschlagnahme im Sinne von § 147 Abs. 2 S. 1 gleichgestellt (OLG München WRP 1997, 975, 977; s. auch Rn 5).

### II. Verfahren nach Einlegung eines Widerspruchs (§ 147 Abs. 2)

Wenn der Verfügungsberechtigte innerhalb der zweiwöchigen Widerspruchsfrist *Wider-* 4 *spruch gegen die Beschlagnahme einlegt*, dann teilt die Zollbehörde dies dem Antragsteller unverzüglich mit (§ 147 Abs. 2 S. 1). Der Antragsteller muß unverzüglich, und damit ohne schuldhaftes Zögern (§ 121 BGB), gegenüber der Zollbehörde erklären, ob er den Antrag auf Beschlagnahme aufrechterhält oder zurücknimmt (§ 147 Abs. 2 S. 2). Nimmt der Antragsteller den Antrag auf Beschlagnahme zurück, so hebt die Zollbehörde die Beschlagnahme auf und gibt die beschlagnahmten Waren wieder frei (§ 147 Abs. 3 S. 1). Hält der Antragsteller den Antrag auf Beschlagnahme aufrecht, so muß er binnen zwei Wochen nach Zustellung der Mitteilung über den Widerspruch eine *vollziehbare gerichtliche Entscheidung* vorlegen, die die Verwahrung der beschlagnahmten Waren oder eine Verfügungsbeschränkung anordnet (§ 147 Abs. 3 S. 2). Diese Frist kann um längstens zwei weitere Wochen verlängert werden, wenn der Antragsteller nachweist, daß er die gerichtliche Entscheidung zwar beantragt hat, diese ihm aber noch nicht zugegangen ist (§ 147 Abs. 4 S. 2). Eine vollziehbare gerichtliche Entscheidung im Sinne des § 147 Abs. 3 S. 2 kann eine *einstweilige Verfügung* sein, in der die *Sequestration* oder *Verwahrung durch den Gerichtsvollzieher* oder ein *Verfügungsverbot* (zur Anordnung eines Einfuhrverbots als Verfügungsbeschränkung s. LG Düsseldorf GRUR 1996, 66 – adidas-Import) angeordnet wird (§ 938 Abs. 2 ZPO). Der Antragsteller ist jedoch nicht auf die Geltendmachung zivilrechtlicher Ansprüche (Unterlassungsanspruch, Vernichtungsanspruch) im Rahmen eines einstweiligen Verfügungsverfahrens beschränkt; in Betracht kommt auch die Veranlassung der Einleitung eines *strafrechtlichen Ermittlungsverfahrens*. In einem strafprozessualen Ermittlungsverfahren kann die widerrechtlich gekennzeichnete Ware nach den §§ 94ff. StPO als Beweismittel und zum Zwecke späterer Einziehung sichergestellt werden. Widerspricht der Verdächtige dieser strafprozessualen Sicherstellung, so kann vom Strafgericht die Sicherstellung bestätigt und eine strafprozessuale Beschlagnahme angeordnet werden (*Cremer*, Mitt 1992, 153, 168). Legt der Antragsteller innerhalb der gesetzten Fristen eine solche vollziehbare gerichtliche Entscheidung vor, so wird die Beschlagnahme aufgehoben und die Ware an den für die Verwahrung zuständigen Sequester oder Gerichtsvollzieher oder die Strafverfolgungsbehörden herausgegeben oder der sonst berechtigten Person übergeben (s. Begründung zum PrPG, BT-Drucks. 11/4792 vom 15. Juni 1989, S. 36). Das weitere Verfahren bestimmt sich nach den jeweils für dieses Verfahren geltenden Grundsätzen.

Legt der Antragsteller innerhalb der gesetzlichen Fristen (zwei Wochen oder nach Ver- 5 längerung vier Wochen) eine solche vollziehbare gerichtliche Entscheidung *nicht* vor, so hebt die Zollbehörde die Beschlagnahme auf und gibt die beschlagnahmten Waren frei. Dies soll auch dann gelten, wenn der durch die Beschlagnahme Betroffene gegen die Beschlagnahmeverfügung eine gerichtliche Entscheidung nach § 62 OWiG beantragt. Der Antrag auf gerichtliche Entscheidung wird insoweit dem Widerspruch gegen die Beschlagnahme im Sinne des § 147 Abs. 2 S. 1 gleichgestellt (OLG München WRP 1997, 975, 977).

### Zuständigkeiten; Rechtsmittel

**148** (1) ¹Der Antrag nach § 146 Abs. 1 ist bei der Oberfinanzdirektion zu stellen und hat Wirkung für zwei Jahre, sofern keine kürzere Geltungsdauer beantragt wird. ²Der Antrag kann wiederholt werden.

(2) Für die mit dem Antrag verbundenen Amtshandlungen werden vom Antragsteller Kosten nach Maßgabe des § 178 der Abgabenordnung erhoben.

(3) ¹Die Beschlagnahme und die Einziehung können mit den Rechtsmitteln angefochten werden, die im Bußgeldverfahren nach dem Gesetz über Ordnungswidrigkeiten gegen die Beschlagnahme und Einziehung zulässig sind. ²Im Rechtsmittelverfahren ist der Antragsteller zu hören. ³Gegen die Entscheidung des Amtsgerichts ist die sofortige Beschwerde zulässig. ⁴Über die sofortige Beschwerde entscheidet das Oberlandesgericht.

### Inhaltsübersicht

|   | Rn |
|---|---|
| A. Allgemeines | 1, 2 |
|    I. Regelungsübersicht | 1 |
|    II. Rechtsänderungen | 2 |
| B. Antrag auf Grenzbeschlagnahme | 3–5 |
|    I. Zuständigkeit (§ 148 Abs. 1 S. 1) | 3 |
|    II. Geltungsdauer (§ 148 Abs. 1 S. 2) | 4 |
|    III. Antragsinhalt | 5 |
| C. Kosten (§ 148 Abs. 2) | 6, 7 |
| D. Rechtsmittel (§ 148 Abs. 3) | 8 |

**Schrifttum zum WZG, PrPG und MarkenG.** S. die Schrifttumsangaben Vorb zu den §§ 146 bis 151.

## A. Allgemeines

### I. Regelungsübersicht

1  § 148 Abs. 1 bestimmt die für die Entgegennahme und Prüfung von Anträgen auf Grenzbeschlagnahme *zuständige Behörde* und die *Geltungsdauer derartiger Anträge*. § 148 Abs. 2 enthält eine *Kostenregelung* für die mit der Grenzbeschlagnahme verbundenen Amtshandlungen der Zollverwaltung. § 148 Abs. 3 normiert die gegen die Beschlagnahmeverfügung und gegen die Einziehungsverfügung gegebenen *Rechtsmittel*.

### II. Rechtsänderungen

2  § 148 entspricht den Absätzen 6 und 7 des durch das PrPG neugefaßten § 28 WZG (s. Vorb § 146, Rn 2).

## B. Antrag auf Grenzbeschlagnahme

### I. Zuständigkeit (§ 148 Abs. 1 S. 1)

3  *Anträge auf Grenzbeschlagnahme* nach § 146 Abs. 1 (Beschlagnahme an den Binnengrenzen) sowie nach der Verordnung (EG) Nr. 3295/94 (Beschlagnahme an den Außengrenzen der

Schadensersatz bei ungerechtfertigter Beschlagnahme  **§ 149 MarkenG**

EU) sind bei der Oberfinanzdirektion München zu stellen. Das Bundesfinanzministerium hat die *Oberfinanzdirektion München* für die Entgegennahme und Bearbeitung von Anträgen auf Grenzbeschlagnahme nach der EG-Verordnung gemäß Art. 3 Abs. 8 VO als zuständig benannt. Die *ausschließliche Zuständigkeit* der Oberfinanzdirektion München gilt jedoch nicht nur für Beschlagnahmen auf der Grundlage der Verordnung (EG) Nr. 3295/94 (s. 3. Teil des Kommentars, II 13), sondern auch für Grenzbeschlagnahmen an den Binnengrenzen nach § 146 Abs. 1.

### II. Geltungsdauer (§ 148 Abs. 1 S. 2)

Anträge auf Grenzbeschlagnahme nach § 146 Abs. 1 haben *eine auf zwei Jahre beschränkte* 4 *Geltungsdauer*, sofern keine kürzere Laufzeit beantragt wird. Der Antrag kann *wiederholt* werden (§ 148 Abs. 1 S. 2).

### III. Antragsinhalt

Der Antrag muß auf die Beschlagnahme von Waren lauten. Die Zollverwaltung verlangt 5 in der Regel einen *beglaubigten Schutzrechtsnachweis*, insbesondere einen beglaubigten Auszug aus dem Markenregister (zu den *erforderlichen Hinweisen* und *Mitteilungen* s. im einzelnen *Cremer*, Mitt 1992, 153, 167).

### C. Kosten (§ 148 Abs. 2)

Der Antragsteller hat die Kosten zu tragen, die für die mit dem Antrag verbundenen 6 Amtshandlungen nach Maßgabe des § 178 AO erhoben werden (§ 148 Abs. 2). Nach § 12 Abs. 1 ZKostV (BGBl. I S. 1129) wird für die mit einem Antrag verbundenen Amtshandlungen eine *Gebühr im Rahmen von 50 DM bis 500 DM* erhoben. Bei der Festsetzung der Gebühr sind der zu erwartende Verwaltungsaufwand, die Bedeutung, der wirtschaftliche Wert oder die sonstigen Nutzen der Amtshandlungen für den Antragsteller zu berücksichtigen.

Nach § 12 Abs. 2 ZKostG iVm § 10 Abs. 1 Nr. 1, 5, 8 VwKostenG hat der Antragsteller 7 auch die *Auslagen* für *Fernsprechgebühren* und *Sachverständige*, sowie die *Kosten* für die *Beförderung* und *Verwahrung der beschlagnahmten Waren* zu erstatten.

### D. Rechtsmittel (§ 148 Abs. 3)

Gegen die Beschlagnahme und gegen die Einziehung von Waren ist der Rechtsweg zu 8 den ordentlichen Gerichten gegeben. Gegen die *Beschlagnahmeverfügung* kann der durch die Beschlagnahme Betroffene eine *gerichtliche Entscheidung nach § 62 OWiG* beantragen. Gegen die *Einziehungsverfügung* kann der durch die Einziehung Betroffene *Einspruch nach § 67 OWiG* einlegen. Der Antragsteller ist im Rechtsmittelverfahren zu hören (§ 148 Abs. 3 S. 2). Gegen die *Entscheidung des Amtsgerichts* ist nach § 148 Abs. 2 S. 3 iVm §§ 46 Abs. 1 OWiG, 311 StPO die *sofortige Beschwerde* zulässig. Über die sofortige Beschwerde entscheidet das zuständige *Oberlandesgericht* (§ 148 Abs. 3 S. 4).

**Schadensersatz bei ungerechtfertigter Beschlagnahme**

**149** Erweist sich die Beschlagnahme als von Anfang an ungerechtfertigt und hat der Antragsteller den Antrag nach § 146 Abs. 1 in bezug auf die beschlagnahmten Waren aufrechterhalten oder sich nicht unverzüglich erklärt (§ 147 Abs. 2 Satz 2), so ist er verpflichtet, den dem Verfügungsberechtigten durch die Beschlagnahme entstandenen Schaden zu ersetzen.

**Inhaltsübersicht**

| | Rn |
|---|---|
| A. Allgemeines | 1, 2 |
| I. Regelungsübersicht | 1 |
| II. Rechtsänderungen | 2 |
| B. Voraussetzungen des Schadensersatzanspruchs | 3 |

**MarkenG § 150**  Beschlagnahme nach der Verordnung (EG) Nr. 3295/94

**Schrifttum zum WZG, PrPG und MarkenG.** S. die Schrifttumsangaben Vorb zu den §§ 146 bis 151.

## A. Allgemeines

### I. Regelungsübersicht

1  § 149 normiert einen *Schadensersatzanspruch* für den Fall einer *ungerechtfertigten Grenzbeschlagnahme* in Anlehnung an § 945 ZPO.

### II. Rechtsänderungen

2  § 149 entspricht Absatz 5 des durch das PrPG neugefaßten § 28 WZG (s. Vorb § 146, Rn 2).

## B. Voraussetzungen des Schadensersatzanspruchs

3  Nach § 149 trifft den *Antragsteller eine Verpflichtung zum Schadensersatz*, wenn die Beschlagnahme *von Anfang an ungerechtfertigt* war und der Antragsteller den Beschlagnahmeantrag nach Erhalt der Benachrichtigung über den Widerspruch des Verfügungsberechtigten gegen *die Beschlagnahme aufrechterhalten* hat (§ 147 Abs. 3 S. 2), oder wenn er sich gegenüber der Zollbehörde *nicht unverzüglich*, und damit ohne schuldhaftes Zögern (§ 121 BGB), darüber *erklärt* hat, ob er den Beschlagnahmeantrag in bezug auf die beschlagnahmten Waren aufrechterhält und dadurch die Freigabe der Waren hinausgezögert worden ist. Ein Schadensersatzanspruch nach § 149 besteht nicht, wenn der Antragsteller unverzüglich nach der Benachrichtigung über die erfolgte Beschlagnahme oder über den Widerspruch des Verfügungsberechtigten seinen *Antrag auf Beschlagnahme zurücknimmt* oder die *Freigabe* der Waren verlangt. Neben einem Schadensersatzanspruch nach § 149 kommt auch ein *Schadensersatzanspruch nach § 826 BGB* in Betracht.

---

**Beschlagnahme nach der Verordnung (EG) Nr. 3295/94**

**150** In Verfahren nach der in § 146 Abs. 1 genannten Verordnung sind die §§ 146 bis 149 entsprechend anzuwenden, soweit in der Verordnung nichts anderes bestimmt ist.

### Inhaltsübersicht

|  | Rn |
|---|---|
| A. Allgemeines | 1, 2 |
|   I. Regelungsübersicht | 1 |
|   II. Rechtsänderungen | 2 |
| B. Beschlagnahmeverfahren nach der Verordnung (EG) Nr. 3295/94 | 3 |

**Schrifttum zum WZG, PrPG und MarkenG.** S. die Schrifttumsangaben Vorb zu den §§ 146 bis 151.

### Entscheidung zum MarkenG

**OLG München WRP 1997, 975**

Im Verfahren der Beschlagnahme nachgeahmter Waren nach den Bestimmungen der Verordnung (EG) Nr. 3295/94 und den §§ 146 bis 149 sind die Zollbehörden nicht befugt, die Beschlagnahme bzw Einziehung aufrechtzuerhalten, wenn der Antragsteller keine gerichtliche Entscheidung vorlegt, die die Verwahrung der Waren anordnet.

## A. Allgemeines

### I. Regelungsübersicht

§ 150 regelt das *Verfahren der Grenzbeschlagnahme nach der Verordnung (EG) Nr. 3295/94* 1 auf nationaler Ebene durch Inbezugnahme auf die §§ 146 bis 149.

### II. Rechtsänderungen

§ 150 entspricht im wesentlichen Abs. 8 des durch das PrPG neugefaßten § 28 WZG. Ei- 2 ne bedeutende Änderung ist nach dem Inkrafttreten des MarkenG am 1. Januar 1995 dadurch eingetreten, daß die *Verordnung (EWG) Nr. 3842/86* des Rates vom 1. Dezember 1986 über Maßnahmen zum Verbot der Überführung nachgeahmter Waren in den zollrechtlich freien Verkehr (ABl. EG Nr. L 357 vom 18. Dezember 1986, S. 1; abgedruckt in GRUR Int 1987, 98) durch die *Verordnung (EG) Nr. 3295/94* des Rates vom 22. Dezember 1994 über Maßnahmen, welche das Verbringen von Waren, die bestimmte Rechte an geistigem Eigentum verletzen, in die Gemeinschaft sowie ihre Ausfuhr und Wiedereinfuhr aus der Gemeinschaft betreffen (ABl. EG Nr. L 341 vom 30. Dezember 1994, S. 8, zuletzt geändert durch Verordnung (EG) Nr. 241/1999 des Rates vom 25. Januar 1999, ABl. EG Nr. L 27 vom 2. Februar 1999, S. 1; s. 3. Teil des Kommentars, II 13) ersetzt worden ist. Die neue Verordnung (EG) Nr. 3295/94 gilt seit dem 1. Juli 1995 unmittelbar in jedem Mitgliedstaat (Art. 189 S. 2 EGV). Die Verordnung (EWG) Nr. 3842/86 wurde aufgehoben. Durch das MarkenRÄndG 1996 vom 19. Juli 1996 (BGBl. I S. 1014) erfolgte eine redaktionelle Anpassung des Gesetzestextes an die veränderte Rechtslage.

## B. Beschlagnahmeverfahren nach der Verordnung (EG) Nr. 3295/94

Für eine *Grenzbeschlagnahme nach der Verordnung (EG) Nr. 3295/94* gelten die Bestim- 3 mungen der §§ 146 bis 149 entsprechend, soweit in der EG-Verordnung keine besonderen Verfahrensregelungen getroffen wurden (s. dazu die *Durchführungsvorschriften* in der *Verordnung (EG) Nr. 1367/95* der Kommission vom 16. Juni 1995, ABl. EG Nr. L 133 vom 17. Juni 1995, S. 2). Durch die Bestimmung soll sichergestellt werden, daß die Grenzbeschlagnahmeverfahren für Beschlagnahmen auf der Grundlage der EG-Verordnung nach denselben Grundsätzen ablaufen wie Beschlagnahmen auf der Grundlage der nationalen Vorschrift des § 146 (s. Begründung zum PrPG, BT-Drucks. 11/4792 vom 15. Juni 1989, S. 42). Art. 7 der Verordnung (EG) Nr. 3295/94 enthält insoweit eine von § 147 Abs. 2 S. 1 abweichende Bestimmung, als der Antragsteller innerhalb einer Frist von 10 Tagen nach Aussetzung der Überlassung oder der Zurückhaltung die Zollstelle von der Befassung der für die Entscheidung in der Sache zuständigen Stelle oder über die von dieser getroffenen einstweiligen Maßnahmen unabhängig von einem Widerspruch des Anmelders informieren muß. Legt der Antragsteller keine gerichtliche Entscheidung vor, die die Verwahrung der Waren anordnet, so sind die Zollbehörden nicht befugt, die Aussetzung der Überlassung oder Zurückhaltung aufrechtzuerhalten (OLG München WRP 1997, 975, 977).

**Beschlagnahme bei widerrechtlicher Kennzeichnung mit geographischen Herkunftsangaben**

**151** (1) ¹Waren, die widerrechtlich mit einer nach diesem Gesetz oder nach Rechtsvorschriften der Europäischen Gemeinschaft geschützten geographischen Herkunftsangabe versehen sind, unterliegen bei ihrer Einfuhr, Ausfuhr oder Durchfuhr der Beschlagnahme zum Zwecke der Beseitigung der widerrechtlichen Kennzeichnung, sofern die Rechtsverletzung offensichtlich ist. ²Dies gilt für den Verkehr mit anderen Mitgliedstaaten der Europäischen Union sowie mit den anderen Vertragsstaaten des Abkommens über den Europäischen Wirtschaftsraum nur, soweit Kontrollen durch die Zollbehörden stattfinden.

(2) ¹Die Beschlagnahme wird durch die Zollbehörde vorgenommen. ²Die Zollbehörde ordnet auch die zur Beseitigung der widerrechtlichen Kennzeichnung erforderlichen Maßnahmen an.

(3) **Wird den Anordnungen der Zollbehörde nicht entsprochen oder ist die Beseitigung untunlich, ordnet die Zollbehörde die Einziehung der Waren an.**

(4) ¹Die Beschlagnahme und die Einziehung können mit den Rechtsmitteln angefochten werden, die im Bußgeldverfahren nach dem Gesetz über Ordnungswidrigkeiten gegen die Beschlagnahme und Einziehung zulässig sind. ²Gegen die Entscheidung des Amtsgerichts ist die sofortige Beschwerde zulässig. ³Über die sofortige Beschwerde entscheidet das Oberlandesgericht.

### Inhaltsübersicht

| | Rn |
|---|---|
| A. Allgemeines | 1, 2 |
|    I. Regelungsübersicht | 1 |
|    II. Rechtsänderungen | 2 |
| B. Anwendungsbereich | 3 |
| C. Voraussetzungen der Grenzbeschlagnahme (§ 151 Abs. 1 S. 1) | 4, 5 |
|    I. Import, Export und Transit | 4 |
|    II. Offensichtlichkeit der Rechtsverletzung | 5 |
| D. Vorbehalt der Durchführung von Grenzkontrollen (§ 151 Abs. 1 S. 2) | 6 |
| E. Beschlagnahme (§ 151 Abs. 2) | 7 |
| F. Einziehung (§ 151 Abs. 3) | 8 |
| G. Rechtsmittel (§ 151 Abs. 4) | 9 |

**Schrifttum zum WZG, PrPG und MarkenG.** S. die Schrifttumsangaben Vorb zu den §§ 146 bis 151.

## A. Allgemeines

### I. Regelungsübersicht

**1** § 151 Abs. 1 S. 1 regelt die *Beschlagnahme bei der Einfuhr, Ausfuhr oder Durchfuhr widerrechtlich mit einer geschützten geographischen Herkunftsangabe versehener Waren.* § 151 Abs. 1 S. 2 stellt die Grenzbeschlagnahme unter den *Vorbehalt der Durchführung von Grenzkontrollen.* § 151 Abs. 2 normiert die von den Zollbehörden zu treffenden *Verfügungen* und *Anordnungen.* § 151 Abs. 3 regelt die *zollrechtliche Einziehung beschlagnahmter Waren.* § 151 Abs. 4 normiert die gegen die Beschlagnahme- und Einziehungsverfügung gegebenen *Rechtsmittel.*

### II. Rechtsänderungen

**2** Die seit dem Inkrafttreten des MarkenG am 1. Januar 1995 in § 151 geregelte Beschlagnahme von widerrechtlich mit einer geschützten geographischen Herkunftsangabe versehenen Waren durch die Zollbehörden bei der Einfuhr, Ausfuhr oder Durchfuhr war bis zu diesem Zeitpunkt auf der Grundlage des § 2 des Gesetzes vom 21. März 1925 über den Beitritt des Reichs zu dem Madrider Abkommen betreffend die Unterdrückung falscher Herkunftsangaben auf Waren (RGBl. II. S. 115 in der Fassung des Art. 6 des Gesetzes zur Änderung des Patentgesetzes, des Warenzeichengesetzes und weiterer Gesetze vom 4. September 1967, BGBl. I S. 953) gegeben (s. die Vorbemerkungen zu den §§ 146 bis 151, Rn 3). § 2 des Beitrittsgesetzes wurde durch Art. 26 MRRG aufgehoben. Die in § 151 getroffene *Grenzbeschlagnahmeregelung* entspricht weitgehend den Bestimmungen des § 2 Beitrittsgesetz. Eine Änderung gegenüber der früheren Rechtslage ergibt sich daraus, daß Waren, die falsche Angaben über Gattung, Art oder charakteristische Eigenschaften von Waren enthalten und insoweit unter den Tatbestand des § 3 UWG fallen, von der Grenzbeschlagnahme nicht mehr erfaßt werden (Begründung zum MarkenG, BT-Drucks. 12/6581 vom 14. Januar 1994, S. 127).

## B. Anwendungsbereich

Der *Grenzbeschlagnahme* nach § 151 Abs. 1 unterliegen Waren, die widerrechtlich mit einer *nach den §§ 126 ff. geschützten geographischen Herkunftsangabe* versehen sind. Neben den nach nationalem Recht geschützten geographischen Herkunftsangaben werden auch die *nach Gemeinschaftsrecht geschützten geographischen Herkunftsangaben* dem Anwendungsbereich des § 151 unterstellt. Eine Möglichkeit der Grenzbeschlagnahme besteht demnach auch für Waren, die widerrechtlich mit einer nach der *Verordnung (EWG) Nr. 2081/92* des Rates vom 14. Juli 1992 zum Schutz von geographischen Angaben und Ursprungsbezeichnungen für Agrarerzeugnisse und Lebensmittel (ABl. EG Nr. L 208 vom 24. Juli 1992, S. 1; s. 3. Teil des Kommentars, II 6) geschützten geographischen Angabe oder Ursprungsbezeichnung versehen sind. Eine Grenzbeschlagnahme nach § 151 kommt aber auch für Waren in Betracht, die widerrechtlich mit einer nach der *Verordnung (EWG) Nr. 2392/89* des Rates vom 24. Juli 1989 zur Aufstellung allgemeiner Regeln für die Bezeichnung und Aufmachungen der Weine und der Traubenmoste (ABl. EG Nr. L 232 vom 9 August 1989, S. 13; zuletzt geändert durch Verordnung (EG) Nr. 1427/96 vom 26. Juni 1996, ABl. EG Nr. L 184 vom 24. Juli 1996, S. 3; s. 3. Teil des Kommentars, II 9) oder mit einer nach der *Verordnung (EWG) Nr. 1576/89* des Rates vom 29. Mai 1989 zur Festlegung der allgemeinen Regeln für die Begriffsbestimmung, Bezeichnung und Aufmachung von Spirituosen (ABl. EG Nr. L 160 vom 12. Juni 1989, S. 1; s. 3. Teil des Kommentars, II 8) geschützten geographischen Herkunftsangabe versehen sind.

## C. Voraussetzungen der Grenzbeschlagnahme (§ 151 Abs. 1 S. 1)

### I. Import, Export und Transit

Der *Grenzbeschlagnahme* nach § 151 unterliegen widerrechtlich mit einer geographischen Herkunftsangabe versehene Waren bei ihrer *Einfuhr, Ausfuhr* oder *Durchfuhr*. Der Durchfuhrtatbestand fand eine ausdrückliche Aufnahme in die gesetzliche Bestimmung der Grenzbeschlagnahme zum Schutz geographischer Herkunftsangaben (zur Rechtslage bei Marken und geschäftlichen Bezeichnungen s. im einzelnen § 146, Rn 8 ff.).

### II. Offensichtlichkeit der Rechtsverletzung

Die Beschlagnahme von Waren durch die Zollbehörden setzt voraus, daß eine *offensichtliche Rechtsverletzung* aufgrund der widerrechtlichen Benutzung einer geschützten geographischen Herkunftsangabe vorliegt. Das Erfordernis der Offensichtlichkeit der Rechtsverletzung (zum Begriff der Offensichtlichkeit s. § 19, Rn 17, 19; § 146, Rn 7) dient dem Zweck, sicherzustellen, daß die Beschlagnahme von Waren, die einen erheblichen Eingriff in den Warenverkehr bedeutet, bei unklarer Rechtslage unterbleibt und eine ungerechtfertigte Grenzbeschlagnahme weitgehend ausgeschlossen wird (s. Begründung zum PrPG, BT-Drucks. 11/4792 vom 15. Juni 1989, S. 41).

## D. Vorbehalt der Durchführung von Grenzkontrollen (§ 151 Abs. 1 S. 2)

Die Beschlagnahme widerrechtlich mit einer geographischen Herkunftsangabe gekennzeichneter Waren steht wegen der Verwirklichung des freien Warenverkehrs zwischen den Mitgliedstaaten der EG und den Vertragsstaaten des EWR unter dem *Vorbehalt*, daß *Kontrollen durch die Zollbehörden* überhaupt noch stattfinden (s. auch § 146, Rn 15).

## E. Beschlagnahme (§ 151 Abs. 2)

Nach § 151 Abs. 2 S. 1 sind die Zollbehörden für die Beschlagnahme zuständig. Die *Beschlagnahme* ist ein *Verwaltungsakt*, für den grundsätzlich die allgemeinen Vorschriften des Verwaltungsrechts gelten. Mit der Beschlagnahme werden die betroffenen Waren durch die

Zollbehörden in Verwahrung genommen oder anderweitig sichergestellt. Die Beschlagnahme endet mit der Freigabe der beschlagnahmten Ware oder mit der zollrechtlichen Einziehung (s. zur Rechtslage im WZG *Baumbach/Hefermehl*, § 28 WZG, Rn 8). Mit der Beschlagnahme werden von der zuständigen Zollbehörde auch die zur Beseitigung der widerrechtlichen Kennzeichnung erforderlichen Maßnahmen angeordnet (§ 151 Abs. 2 S. 2). Die Beschlagnahme nach § 151 erfolgt demnach in erster Linie zur Beseitigung der widerrechtlichen Kennzeichnung.

### F. Einziehung (§ 151 Abs. 3)

8   Wird den Anordnungen der Zollbehörde nicht entsprochen oder ist die Beseitigung der widerrechtlichen Kennzeichnung unmöglich, so ordnet die Zollbehörde die *Einziehung der beschlagnahmten Waren* an (§ 151 Abs. 2). Die Anordnung der Einziehung ist ein *Verwaltungsakt*, für den grundsätzlich die allgemeinen Vorschriften des Verwaltungsrechts gelten. Die zollrechtliche Einziehung bei geographischen Herkunftsangaben ist in Übereinstimmung mit der früheren Rechtslage im Gegensatz zur geltenden Rechtslage bei Marken und geschäftlichen Bezeichnungen nicht als gesetzlicher Regelfall, sondern als Ausnahmeregelung ausgestaltet.

### G. Rechtsmittel (§ 151 Abs. 4)

9   Gegen die Beschlagnahme und gegen die Einziehung von Waren ist der Rechtsweg zu den ordentlichen Gerichten gegeben. Gegen die *Beschlagnahmeverfügung* kann der von der Beschlagnahme Betroffene eine *gerichtliche Entscheidung nach § 62 OWiG* beantragen. Gegen die *Einziehungsverfügung* kann der von der Einziehung Betroffene *Einspruch nach § 67 OWiG* einlegen. Gegen die *Entscheidung des Amtsgerichts* ist nach § 151 Abs. 4 S. 2 iVm §§ 46 Abs. 1 OWiG, 311 StPO die *sofortige Beschwerde* zulässig. Über die sofortige Beschwerde entscheidet das zuständige *Oberlandesgericht* (§ 151 Abs. 4 S. 3).

## Teil 9. Übergangsvorschriften

### Vorbemerkung zu den §§ 152 bis 165

#### Inhaltsübersicht

| | Rn |
|---|---|
| A. Normzweck der Übergangsvorschriften | 1 |
| B. Regelungsübersicht | 2 |

### A. Normzweck der Übergangsvorschriften

Das MarkenG, das den Kennzeichenschutz an die gemeinschaftsrechtlichen Vorgaben der MarkenRL angleicht und namentlich eine Stärkung des Markenschutzes bewirkt, verändert den Rechtsschutz der Kennzeichen gegenüber der bisherigen Rechtslage erheblich. Die Übergangsvorschriften in Teil 9 des MarkenG (§§ 152 bis 165) regeln im wesentlichen die *Überleitung der bestehenden Kennzeichenrechte*. Sie gewährleisten den *Bestandsschutz* der übergeleiteten Kennzeichenrechte, soweit dies erforderlich ist. Die Übergangsvorschriften stehen in Einklang mit der MarkenRL. Nach den Art. 3 Abs. 4 und 4 Abs. 6 MarkenRL ist es den Mitgliedstaaten erlaubt, auf solche Marken, die vor dem Inkrafttreten der die MarkenRL umsetzenden Vorschriften angemeldet worden sind, die bis dahin geltenden Vorschriften weiterhin anzuwenden. Ferner kann nach Art. 5 Abs. 4 MarkenRL die Benutzung von solchen Marken, die nach der bisherigen Rechtslage keine Markenrechtsverletzungen darstellten, auch nach dem Inkrafttreten der die MarkenRL umsetzenden Vorschriften nicht untersagt werden. 1

### B. Regelungsübersicht

Die Übergangsvorschriften der §§ 152 bis 165 enthalten besondere Regelungen über den Schutzumfang alter Kennzeichen (§ 153 Abs. 1), die Verwirkung (§ 153 Abs. 2), dingliche Rechte und Maßnahmen der Zwangsvollstreckung sowie des Konkurses bezüglich einer Marke (§ 154), die Markenlizenz (§ 155), die Prüfung angemeldeter Marken auf absolute Schutzhindernisse (§ 156), angemeldete, noch nicht bekanntgemachte Marken (§ 157), bekanntgemachte, noch nicht eingetragene Marken (§ 158), die Teilung bekanntgemachter Anmeldungen (§ 159), die Verlängerung der Schutzdauer (§ 160), anhängige Löschungsverfahren wegen Verfalls (§ 161), wegen absoluter Schutzhindernisse (§ 162) oder wegen Bestehens älterer Rechte (§ 163), die Durchgriffsbeschwerde in anhängigen Erinnerungsverfahren (§ 164), die Veröffentlichung der Anmeldung einer Marke (§ 165 Abs. 1) und über die Gemeinschaftsmarke als Gegenstand des Insolvenzverfahrens (§ 165 Abs. 2). 2

**Anwendung dieses Gesetzes**

**152** Die Vorschriften dieses Gesetzes finden, soweit nachfolgend nichts anderes bestimmt ist, auch auf Marken, die vor dem 1. Januar 1995 angemeldet oder eingetragen oder durch Benutzung im geschäftlichen Verkehr oder durch notorische Bekanntheit erworben worden sind, und auf geschäftliche Bezeichnungen Anwendung, die vor dem 1. Januar 1995 nach den bis dahin geltenden Vorschriften geschützt waren.

#### Inhaltsübersicht

| | Rn |
|---|---|
| A. Rechtsschutzerstreckung auf alte Kennzeichen | 1–5 |
|    I. Grundsatz | 1 |
|    II. Vorgabe der Markenrechtsrichtlinie | 2 |

|  | Rn |
|---|---|
| III. Anwendungsbereich | 3–5 |
| 1. Marken | 3 |
| 2. Geschäftliche Bezeichnungen | 4 |
| 3. Geographische Herkunftsangaben | 5 |
| B. Keine Rechtsschutzerweiterung alter Kennzeichen | 6 |
| C. Anwendung des MarkenG im Verfahren | 7 |
| D. Entscheidungspraxis | 8 |

**Schrifttum zum MarkenG.** *Albert*, Übergangsprobleme im Markenrecht, GRUR 1996, 174; *Eisenführ*, GRUR 1995, 810; *Pucher*, Der zeitliche Anwendungsbereich der nur EWR-weiten Erschöpfung im Markenrecht, WRP 1998, 362.

### Entscheidungen zum MarkenG

**1. BGH GRUR 1995, 408 – PROTECH**
Anwendung des MarkenG auf vor dem 1. Januar 1995 angemeldete Marken.
**2. BGH GRUR 1995, 808 – P3-plastoclin**
Die Prüfung von Ansprüchen nach § 14 ist nicht grundsätzlich gegenüber den Ansprüchen nach dem WZG vorrangig.
**3. BPatGE 35, 180 – quickslide**
Die Zulässigkeit fristgebundener Verfahrenshandlungen richtet sich nach dem im Zeitpunkt der Vornahme der Handlung geltenden Recht.
**4. BPatGE 36, 19 – COSA NOSTRA**
Die Übergangsvorschriften der §§ 152 ff. können im Einzelfall durch die vorrangigen Vorschriften der Art. 5 Abs. 2 und 5 MMA überlagert werden.
**5. BGH GRUR 1997, 224 – Germed**
Zum anwendbaren Recht bei in die Zukunft gerichteten Ansprüchen und solchen Ansprüchen, die Handlungen vor dem 1. Januar 1995 betreffen.
**6. BGH GRUR 1998, 165 – RBB**
Zum anwendbaren Recht bei in die Zukunft gerichteten Ansprüchen und solchen Ansprüchen, die Handlungen vor dem 1. Januar 1995 betreffen.

## A. Rechtsschutzerstreckung auf alte Kennzeichen

### I. Grundsatz

1   Die Übergangsvorschrift des § 152 erstreckt den *Anwendungsbereich des MarkenG* auf alte Kennzeichen. Das MarkenG gilt auch für *Marken* und *geschäftliche Bezeichnungen*, die *vor dem Tag seines Inkrafttretens am 1. Januar 1995* nach den bis dahin geltenden Vorschriften geschützt waren. Das MarkenG findet nicht uneingeschränkt Anwendung. Vielmehr bestimmen die §§ 153 bis 164 im einzelnen, in welchem Umfang und unter welchen Voraussetzungen das MarkenG zur Anwendung kommt.

### II. Vorgabe der Markenrechtsrichtlinie

2   In der MarkenRL wird die Übergangsproblematik geregelt. Die MarkenRL gestattet nach Art. 3 Abs. 4 MarkenRL den Mitgliedstaaten, auf vor dem Inkrafttreten der Umsetzungsvorschriften angemeldete Marken die bis dahin geltenden *Eintragungshindernisse* oder *Ungültigkeitsgründe* weiterhin anzuwenden. Nach Art. 4 Abs. 6 MarkenRL kann jeder Mitgliedstaat vorsehen, daß auf vor dem Inkrafttreten der Umsetzungsvorschriften angemeldete Marken die bis dahin geltenden *weiteren Eintragungshindernisse* oder *Ungültigkeitsgründe bei Kollision mit älteren Rechten* weiterhin anzuwenden sind. Nach Art. 5 Abs. 4 MarkenRL kann das Recht aus der Marke der Weiterbenutzung eines solchen Zeichens nicht entgegengehalten werden, dessen *Benutzung vor dem Inkrafttreten der Umsetzungsvorschriften nicht verboten* werden konnte. Die Übergangsvorschriften der §§ 152 bis 164 stehen mit diesen Vorgaben der MarkenRL in Einklang.

## III. Anwendungsbereich

### 1. Marken

Die *Rechtsschutzerstreckung* nach § 152 bezieht sich zunächst auf den durch Eintragung entstehenden Markenschutz (§ 4 Nr. 1). Die Vorschriften des MarkenG finden auch auf solche Marken Anwendung, die vor dem 1. Januar 1995 angemeldet oder eingetragen worden sind, wenn in den Vorschriften der §§ 153 bis 164 nichts anderes bestimmt ist (BGH GRUR 1995, 408 – PROTECH). Diese Regelung gilt auch für solche Marken, die vor dem Inkrafttreten des MarkenG durch Benutzung des Zeichens im geschäftlichen Verkehr und den Erwerb von Verkehrsgeltung (§ 4 Nr. 2) oder durch notorische Bekanntheit (§ 4 Nr. 3) erworben worden sind. Die Rechtsschutzerstreckung gilt somit für die *Registermarke*, die *Benutzungsmarke* und die *Notorietätsmarke*.

### 2. Geschäftliche Bezeichnungen

Die Übergangsvorschrift des § 152 gilt nicht nur für Marken nach § 1 Nr. 1, sondern auch für *geschäftliche Bezeichnungen* nach § 1 Nr. 2. Das MarkenG findet auch auf solche geschäftlichen Bezeichnungen Anwendung, die vor dem Inkrafttreten des MarkenG am 1. Januar 1995 nach den bis dahin geltenden Vorschriften, wie namentlich den §§ 16 UWG aF, 12 BGB geschützt waren.

### 3. Geographische Herkunftsangaben

Die Übergangsvorschrift des § 152 gilt *nicht für geographische Herkunftsangaben* nach § 1 Nr. 3. Vor Inkrafttreten des MarkenG am 1. Januar 1995 bestand nur ein Wettbewerbsschutz der geographischen Herkunftsangaben aufgrund des Verbots der irreführenden Werbung nach § 3 UWG. Innerhalb dieses objektivrechtlichen Interessenschutzes nach Wettbewerbsrecht waren die geographischen Herkunftsangaben nicht als subjektive Immaterialgüterrechte anerkannt. Eine Übergangsvorschrift zur Regelung alter geographischer Herkunftsangaben als subjektiver Rechte ist insoweit im MarkenG entbehrlich. Das MarkenG findet auf alte und neue geographische Herkunftsangaben ungeachtet deren nach dem MarkenG zu bestimmender Rechtsnatur (s. §§ 1, Rn 14; 126, Rn 4) uneingeschränkt Anwendung.

## B. Keine Rechtsschutzerweiterung alter Kennzeichen

Die *Rechtsschutzerstreckung des MarkenG* auf alte Kennzeichen hat nicht zur Folge, daß deren Schutzumfang gegenüber der Rechtslage vor dem Inkrafttreten des MarkenG am 1. Januar 1995 erweitert wird (§ 153 Abs. 1). Trotz der neuen Ausgestaltung der Ausschließlichkeitsrechte im MarkenG findet *keine Rechtsschutzerweiterung* zugunsten der Inhaber alter Markenrechte statt. Der Inhaber einer Marke, der vor dem Inkrafttreten des MarkenG die Benutzung eines Drittzeichens dulden mußte, kann sich insoweit nicht auf die Ausschließlichkeitsrechte des MarkenG berufen. Solange nicht festgestellt ist, ob dem Markeninhaber Ansprüche nach dem WZG zugestanden haben, scheidet eine Prüfung der §§ 14 ff. MarkenG aus (BGH GRUR 1995, 808 – P3-plastoclin). Eine *zweifache Prüfung* der Ausschließlichkeitsrechte nach dem WZG und nach dem MarkenG kommt nur in Betracht, wenn die Verletzung nach den Vorschriften des WZG bejaht wird (*Eisenführ*, GRUR 1995, 810, 811). Das MarkenG ist auf alte Kennzeichen nur vorbehaltlich der besonderen Regelungen in den Übergangsvorschriften der §§ 153 bis 164 anzuwenden.

## C. Anwendung des MarkenG im Verfahren

§ 152 ordnet die Anwendung des MarkenG auch auf alte Kennzeichen an. Die Übergangsregel gilt nicht nur hinsichtlich der Vorschriften des MarkenG, die das *materielle Recht* betreffen, sondern auch hinsichtlich der *Verfahrensvorschriften*. § 152 entfaltet jedoch keine echte *Rückwirkung im Verfahrensrecht*. Das DPMA und das BPatG wenden die *Verfahrensvorschriften* an, die zum *Zeitpunkt der Entscheidung* einschlägig sind. Problematisch sind die Verfahrenshandlungen, die unter der Geltung des WZG vorgenommen wurden und Auswirkungen auf das Verfahren haben, das seinen Abschluß unter der Geltung des MarkenG findet. Für *fristgebundene Verfahrenshandlungen*, wie etwa die Einlegung eines Widerspruchs, die vor Inkrafttreten des MarkenG vorgenommen wurden, findet das MarkenG keine Anwendung. Es gilt stets das zur *Zeit der Vornahme der fristgebundenen Verfahrenshandlung* geltende Recht (BPatGE 35, 180 – quickslide). Für Verfahren, die vor Inkrafttreten des MarkenG begonnen haben, kann deshalb nicht unter Berufung auf § 152 uneingeschränkt das MarkenG angewendet werden; es ist vielmehr im Einzelfall die Anwendung der einschlägigen Rechtsvorschriften zu bestimmen. So kann bei einem im Jahre 1990 erhobenen Widerspruch für die Frage der Widerspruchsberechtigung des zwar bereits materiell berechtigten Rechtsnachfolgers, der aber trotz vorherigen Umschreibungsantrags noch nicht in der Zeichenrolle eingetragen war, § 28 Abs. 2 nicht herangezogen werden (BPatGE 35, 180 – quickslide).

### D. Entscheidungspraxis

8   Nach der Außerkraftsetzung des WZG sind für von einem Anmelder weiterverfolgte Eintragungsbegehren die Vorschriften des MarkenG der Beurteilungsmaßstab; denn nach § 152 sind auf *vor dem 1. Januar 1995 angemeldete Marken* die Vorschriften des MarkenG anzuwenden, soweit nicht in den §§ 152 ff. etwas anderes bestimmt ist (BGH GRUR 1995, 408 – PROTECH). In den Fällen des § 153 Abs. 1 ist die Prüfung von Ansprüchen nach § 14 vor denen nach dem WZG (§§ 24, 31) nicht grundsätzlich vorrangig. Solange nicht feststeht, ob dem Kläger für ein *vor dem 1. Januar 1995 eingetragenes Warenzeichen Ansprüche nach dem WZG zugestanden* haben, kann sich daher die nach den §§ 152, 153 Abs. 1 erforderliche Prüfung eines Markenschutzes nach § 14 vorerst erübrigen und ein im Zusammenhang mit dieser Prüfung erforderliches Vorabentscheidungsersuchen an den EuGH jedenfalls zunächst entbehrlich sein (BGH GRUR 1995, 808 – P3-plastoclin). In die Zukunft gerichtete Unterlassungsansprüche sowie in die Zukunft wirkende Ansprüche auf Beseitigung (etwa Firmenlöschung) und auf Feststellung der Schadenersatzverpflichtung können nur dann bejaht werden, wenn sie nach den §§ 14, 15 begründet sind (§ 152) und außerdem nach den §§ 15, 24 WZG, 16 UWG begründet waren (§ 153 Abs. 1); im Umfang eines Auskunftsanspruchs und eines Anspruchs auf Feststellung einer Schadenersatzverpflichtung, die Handlungen vor dem 1. Januar 1995 betreffen, kommt es dagegen allein auf die Rechtslage nach dem WZG an (BGH GRUR 1998, 165 – RBB; s. auch BGH GRUR 1997, 224 – Germed). Die *Zulässigkeit fristgebundener Verfahrenshandlungen*, wie etwa die Erhebung des Widerspruchs, richtet sich nach dem im Zeitpunkt der Vornahme der Handlung geltenden Recht; § 28 Abs. 2 gilt somit nicht für vor dem 1. Januar 1995 erhobene Widersprüche (BPatGE 35, 180 – quickslide). In Einzelfällen können die Übergangsbestimmungen der §§ 152 ff. durch die *vorrangigen Vorschriften des Art. 5 Abs. 2 und 5 MMA* überlagert werden. Wird ein vom Internationalen Büro innerhalb der Jahresfrist des Art. 5 Abs. 2 MMA mitgeteilter Schutzverweigerungsgrund später gesetzlich neu geregelt, so kommt eine *Schutzverweigerung aufgrund der Nachfolgeregelung* nur insoweit in Betracht, als sich diese mit der früheren Vorschrift deckt (BPatGE 36, 19 – COSA NOSTRA).

**Schranken für die Geltendmachung von Verletzungsansprüchen**

**153** (1) **Standen dem Inhaber einer vor dem 1. Januar 1995 eingetragenen oder durch Benutzung oder notorische Bekanntheit erworbenen Marke oder einer geschäftlichen Bezeichnung nach den bis dahin geltenden Vorschriften gegen die Benutzung der Marke, der geschäftlichen Bezeichnung oder eines übereinstimmenden Zeichens keine Ansprüche wegen Verletzung zu, so können die Rechte aus der Marke oder aus der geschäftlichen Bezeichnung nach diesem Gesetz nicht gegen die Weiterbenutzung dieser Marke, dieser geschäftlichen Bezeichnung oder dieses Zeichens geltend gemacht werden.**

(2) **Auf Ansprüche des Inhabers einer vor dem 1. Januar 1995 eingetragenen oder durch Benutzung oder notorische Bekanntheit erworbenen Marke oder einer geschäft-**

lichen Bezeichnung ist § 21 mit der Maßgabe anzuwenden, daß die in § 21 Abs. 1 und 2 vorgesehene Frist von fünf Jahren mit dem 1. Januar 1995 zu laufen beginnt.

### Inhaltsübersicht

|  | Rn |
|---|---|
| A. Bedeutung der Übergangsvorschrift | 1–7 |
|     I. Schutz von nach der Rechtslage des WZG rechtmäßigen Benutzungshandlungen | 2–4 |
|     II. Einbeziehung der geschäftlichen Bezeichnungen | 5 |
|     III. Einrede der Verwirkung (§ 21) | 6, 7 |
| B. Entscheidungspraxis | 8 |

**Schrifttum zum MarkenG.** S. die Schrifttumsangaben zu § 152 (vor Rn 1).

### Entscheidungen zum MarkenG

**1. BGH GRUR 1995, 808 – P3-plastoclin**
Die Prüfung von Ansprüchen nach § 14 ist nicht grundsätzlich gegenüber den Ansprüchen nach dem WZG vorrangig.

**2. LG Düsseldorf GRUR 1996, 66 – adidas-Import**
Seit Inkrafttreten des MarkenG ist der Grundsatz der internationalen Erschöpfung des Markenrechts nicht mehr anwendbar.

**3. BGHZ 131, 308 – Gefärbte Jeans**
Seit Inkrafttreten des MarkenG ist der Grundsatz der internationalen Erschöpfung des Markenrechts nicht mehr anwendbar.

**4. OLG München GRUR 1996, 137 – GT ALL TERRA**
Die Frage der internationalen Erschöpfung beurteilt sich nach dem 1. Januar 1995 ausschließlich nach dem MarkenG.

**5. BGH GRUR 1997, 224 – Germed**
Zum anwendbaren Recht bei in die Zukunft gerichteten Ansprüchen und solchen Ansprüchen, die Handlungen vor dem 1. Januar 1995 betreffen.

**6. BPatG GRUR 1996, 413 – ICPI**
Keine Geltendmachung von Rechten aus Marken(teilen) im Widerspruchsverfahren, die erst mit Inkrafttreten des MarkenG Schutz erlangt haben, gegenüber Marken, die vor dem 1. Januar angemeldet worden sind.

**7. BGH GRUR 1997, 311 – Yellow Phone**
Zum Begriff der *bis dahin geltenden Vorschriften* nach altem Recht.

**8. BGH GRUR 1998, 165 – RBB**
Zum anwendbaren Recht bei in die Zukunft gerichteten Ansprüchen und solchen Ansprüchen, die Handlungen vor dem 1. Januar 1995 betreffen.

**9. BGH GRUR 1997, 629 – Sermion II**
Zur Beurteilung von vor dem 1. Januar 1995 abgeschlossenen Sachverhalten ausschließlich nach altem Recht.

**10. BGH GRUR 1996, 267 – AQUA**
Zum Begriff der *bis dahin geltenden Vorschriften* nach altem Recht.

**11. BGH GRUR 1998, 697 – VENUS MULTI**
Für den Tatbestand der Benutzung des identischen Zeichens für eine identische Ware nach § 14 Abs. 2 Nr. 1 ist die Übergangsregelung des § 153 nicht anzuwenden.

**12. BGH GRUR 1998, 830 – Les-Paul-Gitarren**
Zur Beurteilung von vor dem 1. Januar 1995 abgeschlossenen Sachverhalten ausschließlich nach altem Recht.

**13. BGH GRUR 1999, 161 – MAC Dog**
Zum Begriff der *bis dahin geltenden Vorschriften* nach altem Recht.

### A. Bedeutung der Übergangsvorschrift

Die *Bedeutung der Übergangsvorschrift* wird in der *Gesetzesbegründung* eingehend dargestellt, die in den folgenden Ausführungen im wesentlichen wiedergegeben wird (Begründung zum MarkenG, BT-Drucks. 12/6581 vom 14. Januar 1994, S. 128).

## I. Schutz von nach der Rechtslage des WZG rechtmäßigen Benutzungshandlungen

2   Die in § 153 enthaltene Regelung zielt darauf zu verhindern, daß aus Kennzeichenrechten, die bereits vor Inkrafttreten des MarkenG bestanden, gegen bis dahin rechtmäßige Benutzungshandlungen vorgegangen werden kann.

3   Nach den §§ 14 und 16 ff. stehen dem *Inhaber einer eingetragenen Marke* in Übereinstimmung mit der MarkenRL und unter Ausnutzung der in der MarkenRL eingeräumten Optionen Ansprüche gegen die Benutzung übereinstimmender Kennzeichen zu, die über die nach der Rechtslage im WZG eingeräumten Ansprüche hinausgehen. So ist der Begriff der Ähnlichkeit von Marken oder von Produkten (§ 14 Abs. 2 Nr. 2) so auszulegen, daß Ansprüche über das nach der Rechtslage im WZG geltende Recht hinaus gewährt werden. Nach § 14 Abs. 2 Nr. 3 können markenrechtliche Verbietungsansprüche auf der Grundlage bekannter Marken auch über den Bereich der ähnlichen Produkte hinaus geltend gemacht werden.

4   Um sicherzustellen, daß *gegenüber vor Inkrafttreten des MarkenG rechtmäßig benutzten Marken keine neuen Unterlassungsansprüche entstehen*, sieht Artikel 5 Abs. 4 der MarkenRL vor, daß die mit der Umsetzung der MarkenRL durch das MarkenG entstehenden weitergehenden Ansprüche nicht zum Nachteil vor Inkrafttreten des MarkenG rechtmäßiger Benutzungen eingesetzt werden können. § 153 Abs. 1 setzt Art. 5 Abs. 4 MarkenRL um. Das Recht zur Fortsetzung der Benutzung soll für jedes Zeichen bestehen, das mit der eingetragenen Marke übereinstimmt. Nach der Formulierung des Abs. 1 kommt es also ebenso wie bei § 14 nicht darauf an, ob das angegriffene Zeichen seinerseits als Marke eingetragen ist oder nicht. Es ist auch nicht erforderlich, daß derjenige, der vor Inkrafttreten des MarkenG ein solches Zeichen, ohne selbst schon durch Anmeldung, Eintragung oder Benutzung ein Ausschlußrecht erworben zu haben, rechtmäßig benutzt hat, einen Besitzstand daran erworben hat.

## II. Einbeziehung der geschäftlichen Bezeichnungen

5   § 153 Abs. 1 beschränkt nicht nur die Geltendmachung von Verletzungsansprüchen aus Marken nach § 4 Nr. 1 bis 3, sondern ebenso die Geltendmachung von Verletzungsansprüchen aus *geschäftlichen Bezeichnungen* nach § 5. Denn auch dem Inhaber einer geschäftlichen Bezeichnung können nach den §§ 15, 18 und 19 Ansprüche zustehen, die über die nach der Rechtslage vor Inkrafttreten des MarkenG gegebenen Ansprüche, wie namentlich nach den §§ 16 aF und 12 BGB hinausreichen. Auch zwischen einer geschäftlichen Bezeichnung und einem anderen Kennzeichenrecht (etwa einer Marke, einer anderen geschäftlichen Bezeichnung oder einem sonstigen Recht im Sinne von § 13) treten, wenn beide Rechte bereits vor Inkrafttreten des MarkenG rechtmäßig nebeneinander bestanden, keine Grenzverschiebungen ein.

## III. Einrede der Verwirkung (§ 21)

6   Einer ausdrücklichen Regelung in Zusammenhang mit den Schranken für die Geltendmachung von Verletzungsansprüchen bedurfte der *Ausschluß von Verbietungsansprüchen in Verwirkungsfällen*, da das WZG eine der absoluten Fünfjahresfrist nach § 21 Abs. 1 und 2 vergleichbare Regelung nicht enthalten hat. Nach Abs. 2 läuft die in § 21 Abs. 1 und 2 genannte Frist von fünf Jahren erst von dem Zeitpunkt des Inkrafttretens des MarkenG an. Damit kann eine Verwirkungseinrede frühestens fünf Jahre nach dem Inkrafttreten des MarkenG auf die Bestimmungen des § 21 Abs. 1 und 2 gestützt werden. Von dieser speziell die Vorschrift des § 21 betreffenden Übergangsregelung bleiben Verwirkungstatbestände, die nach den allgemeinen Vorschriften gegeben sind, unberührt (§ 21 Abs. 4).

7   Einer Übergangsregelung für die weiteren in den §§ 20 ff. geregelten Schutzschranken für Ansprüche aus vor dem Inkrafttreten des MarkenG begründeten Kennzeichenrechten sieht das MarkenG nicht vor (s. dazu BGH GRUR 1998, 697 – VENUS MULTI).

## B. Entscheidungspraxis

In den Fällen des § 153 Abs. 1 ist die Prüfung von Ansprüchen nach § 14 vor denen nach dem WZG (§§ 24, 31) nicht grundsätzlich vorrangig. Solange nicht feststeht, ob dem Kläger für ein *vor dem 1. Januar 1995 eingetragenes Warenzeichen Ansprüche nach dem WZG zugestanden* haben, kann sich daher die nach den §§ 152, 153 Abs. 1 erforderliche Prüfung eines Markenschutzes vorerst erübrigen und ein im Zusammenhang mit dieser Prüfung erforderliches Vorabentscheidungsersuchen an den EuGH jedenfalls zunächst entbehrlich sein (BGH GRUR 1995 – P3-plastoclin). In die Zukunft gerichtete Unterlassungsansprüche sowie in die Zukunft wirkende Ansprüche auf Beseitigung (etwa Firmenlöschung) und auf Feststellung der Schadenersatzverpflichtung können nur dann bejaht werden, wenn sie nach den §§ 14, 15 begründet sind (§ 152) und außerdem nach den §§ 15, 24 WZG, 16 UWG begründet waren (§ 153 Abs. 1); im Umfang eines Auskunftsanspruchs und eines Anspruchs auf Feststellung einer Schadenersatzverpflichtung, die Handlungen vor dem 1. Januar 1995 betreffen, kommt es dagegen allein auf die Rechtslage nach dem WZG an (BGH GRUR 1998, 165 – RBB; s. auch BGH GRUR 1997, 224 – Germed). Nach Inkrafttreten des MarkenG gilt der für die Geltungsdauer des WZG in der Rechtsprechung anerkannte *Grundsatz der internationalen Erschöpfung* nicht mehr und wird die Erschöpfungswirkung auf das Territorium der EG und des EWR begrenzt (BGHZ 131, 308 – Gefärbte Jeans; OLG München GRUR 1996, 137 – GT ALL TERRA; LG Düsseldorf GRUR 1996, 66, 68 – adidas-Import; s. § 14 Rn 13ff.); das gilt auch für den Weitervertrieb von vor Inkrafttreten des MarkenG aufgrund der Geltung des Grundsatzes der internationalen Erschöpfung in einem Drittstaat nach der Rechtslage im WZG rechtmäßig in Verkehr gebrachter und in das Territorium der EG und des EWR (re)importierter Waren (s. § 24, Rn 58d). Aus einem *Bestandteil eines vor Inkrafttreten des MarkenG eingetragenen Zeichens*, der nach der Rechtslage im WZG *schutzunfähig* war, wie etwa Zahlen oder Buchstaben nach § 4 Abs. 2 Nr. 1 HS 2 WZG, nach der Rechtslage im MarkenG aber möglicherweise schutzfähig ist, können in entsprechender Anwendung der §§ 153, 156 im Widerspruchsverfahren keine Rechte gegenüber anderen Marken hergeleitet werden, die nur mit diesem Bestandteil Ähnlichkeiten aufweisen, sofern diese Marke vor dem 1. Januar 1995 angemeldet worden ist, weil der Zeitpunkt der Anmeldung für die rechtliche Beurteilung von Markenkollisionen maßgeblich ist (BPatG GRUR 1996, 413 – ICPI). Nach dem Normzweck des § 153 Abs. 1, der Art. 5 Abs. 4 MarkenRL umsetzt, kann gegenüber dem Recht aus der eingetragenen Marke die Fortsetzung einer Benutzung als bisher rechtmäßig grundsätzlich nur eingewandt werden, wenn der behauptete Verletzungstatbestand sich auf die der Richtlinienregelung des Art. 5 Abs. 1 lit. b, Abs. 2 entsprechende Regelung des § 14 Abs. 2 Nr. 2 (*Irreführungsschutz* der Marke) und des § 14 Abs. 2 Nr. 3 (*Bekanntheitsschutz* der Marke) gründet, wenn also nach der Rechtslage im WZG das Zeichen insbesondere wegen fehlender Warengleichartigkeit oder wegen fehlender Verwechslungsgefahr rechtmäßig benutzt werden konnte (s. dazu schon BGH GRUR 1995, 808, 809 – P3-plastoclin; BGHZ 131, 308, 314f. – Gefärbte Jeans). Bei Anwendung des Art. 5 Abs. 1 lit. a MarkenRL entsprechenden § 14 Abs. 2 Nr. 1 (*Identitätsschutz* der Marke) ist nicht die Frage zu stellen, ob eine solche Benutzungshandlung nach der Rechtslage im WZG erlaubt gewesen sein konnte (BGH GRUR 1998, 697 – VENUS MULTI). Zu *den bis dahin geltenden Vorschriften* im Sinne von § 153 Abs. 1 zählen neben den kennzeichenrechtlichen Bestimmungen der §§ 24, 25 31 WZG und § 16 UWG auch der Schutz bekannter Marken nach § 1 UWG und der Schutz berühmter Marken nach § 823 Abs. 1 BGB (BGH GRUR 1996, 267, 268 – AQUA; 1997, 311, 312 – Yellow Phone; 1999, 161, 162 – MAC Dog). Soweit die geltend gemachten Ansprüche *einen vor dem 1. Januar 1995 abgeschlossenen Sachverhalt* betreffen, ist die Rechtslage ausschließlich nach altem Recht zu beurteilen (BGHZ 131, 308, 315 – Gefärbte Jeans; BGH GRUR 1997, 629, 631 – Sermion II; 1998, 830 – Les-Paul-Gitarren; 1999, 161, 162 – MAC Dog).

# MarkenG §§ 154, 155 Dingliche Rechte; Zwangsvollstreckung; Konkursverfahren

**Dingliche Rechte; Zwangsvollstreckung; Konkursverfahren**

## 154
(1) Ist vor dem 1. Januar 1995 an dem durch die Anmeldung oder Eintragung einer Marke begründeten Recht ein dingliches Recht begründet worden oder war das durch die Anmeldung oder Eintragung begründete Recht Gegenstand von Maßnahmen der Zwangsvollstreckung, so können diese Rechte oder Maßnahmen nach § 29 Abs. 2 in das Register eingetragen werden.

(2) Absatz 1 ist entsprechend anzuwenden, wenn das durch die Anmeldung oder Eintragung einer Marke begründete Recht durch ein Konkursverfahren erfaßt worden ist.

### Inhaltsübersicht

|  | Rn |
|---|---|
| A. Bedeutung der Übergangsvorschrift | 1, 2 |
| B. Entscheidungspraxis | 3 |

### Entscheidung zum MarkenG

**BPatG, Beschluß vom 10. Mai 1995, 28 W (pat) 24/95**
Auch vor dem 1. Januar 1995 begründete dingliche Rechte sind in das Markenregister einzutragen.

## A. Bedeutung der Übergangsvorschrift

**1** Die *Bedeutung der Übergangsvorschrift* wird in der *Gesetzesbegründung* eingehend dargestellt, die in den folgenden Ausführungen im wesentlichen wiedergegeben wird (Begründung zum MarkenG, BT-Drucks. 12/6581 vom 14. Januar 1994, S. 129).

**2** Nach §§ 29, 31 können dingliche Rechte und Maßnahmen der Zwangsvollstreckung sowie Konkurse, die das durch die Eintragung oder Anmeldung einer Marke begründete Recht erfassen, in das Register eingetragen werden. Da nach der Rechtslage im WZG eine solche Eintragung nicht ausdrücklich vorgesehen war, sieht § 154 Abs. 1 vor, daß *vor dem Inkrafttreten des MarkenG begründete dingliche Rechte* oder *Maßnahmen der Zwangsvollstreckung* auch noch nach Inkrafttreten des MarkenG in das Register *eingetragen* werden können. Nach Abs. 2 gilt dies auch für *Konkursverfahren*. Soweit dabei in Abs. 2 der Begriff Konkurs verwendet wird, gilt dies entsprechend auch für das *Gesamtvollstreckungsverfahren* des Beitrittsgebiets (§ 1 Abs. 4 S. 2 GesO).

## B. Entscheidungspraxis

**3** Nach Inkrafttreten des MarkenG sind *dingliche Rechte*, wie etwa *ein Nießbrauch* an einer Marke, bei einem entsprechenden Nachweis in das Register einzutragen, auch wenn die dinglichen Rechte vor dem 1. Januar 1995 begründet worden sind (BPatG, Beschluß vom 10. Mai 1995, 28 W (pat) 24/95).

**Lizenzen**

## 155
Auf vor dem 1. Januar 1995 an dem durch die Anmeldung oder Eintragung, durch die Benutzung oder durch die notorische Bekanntheit einer Marke begründeten Recht erteilte Lizenzen ist § 30 mit der Maßgabe anzuwenden, daß diesen Lizenzen die Wirkung des § 30 Abs. 5 nur insoweit zugute kommt, als es sich um nach dem 1. Januar 1995 eingetretene Rechtsübergänge oder an Dritte erteilte Lizenzen handelt.

### Inhaltsübersicht

|  | Rn |
|---|---|
| A. Bedeutung der Übergangsvorschrift | 1 |
| B. Keine Rückwirkung der Drittwirkung von Altlizenzen | 2, 3 |

## A. Bedeutung der Übergangsvorschrift

Die *Bedeutung der Übergangsvorschrift* wird in der *Gesetzesbegründung* eingehend dargestellt, die in den folgenden Ausführungen im wesentlichen wiedergegeben wird (Begründung zum MarkenG, BT-Drucks. 12/6581 vom 14. Januar 1994, S. 129). 1

## B. Keine Rückwirkung der Drittwirkung von Altlizenzen

Nach der Rechtslage im WZG kam markenrechtlichen Lizenzen ausschließlich eine schuldrechtliche Wirkung zu. § 30 verstärkt die Markenlizenz und stattet sie mit dinglicher Wirkung aus. Eine besondere Ausgestaltung der dinglichen Wirkung stellt die *Drittwirkung von Lizenzvereinbarungen* nach § 30 Abs. 5 dar, die auch gegenüber dem Rechtsnachfolger des Markeninhabers oder anderen Lizenznehmern bestehenbleiben. Grundsätzlich gelten die erweiterten Wirkungen von Markenlizenzvereinbarungen auch für vor dem Inkrafttreten des MarkenG abgeschlossene Lizenzverträge. Diese Geltung ist allerdings für die Drittwirkung nach § 30 Abs. 5 nicht uneingeschränkt, weil sich die Beteiligten vor Inkrafttreten des MarkenG an der Rechtslage im WZG orientiert haben. 2

Nach § 155 erfaßt die Vorschrift des § 30 auch *Altlizenzen*; § 30 Abs. 5 kommt einem Lizenznehmer nur insoweit zugute, als es sich um Rechtsübergänge oder weitere Lizenzvergaben handelt, die zeitlich nach dem Inkrafttreten des MarkenG liegen. Ob vor dem Inkrafttreten des MarkenG eingetretene Rechtsveränderungen die Rechte von Lizenznehmern beeinträchtigt haben oder ob diese gewahrt geblieben sind, richtet sich nach der bis zum Inkrafttreten des MarkenG geltenden Rechtslage im WZG. 3

**Prüfung angemeldeter Marken auf absolute Schutzhindernisse**

**156** (1) Ist vor dem 1. Januar 1995 ein Zeichen angemeldet worden, das nach den bis dahin geltenden Vorschriften aus vom Patentamt von Amts wegen zu berücksichtigenden Gründen von der Eintragung ausgeschlossen war, das aber nach § 3, 7, 8 oder 10 dieses Gesetzes nicht von der Eintragung ausgeschlossen ist, so sind die Vorschriften dieses Gesetzes mit der Maßgabe anzuwenden, daß die Anmeldung als am 1. Januar 1995 eingereicht gilt und daß, ungeachtet des ursprünglichen Anmeldetags und einer etwa in Anspruch genommenen Priorität, der 1. Januar 1995 für die Bestimmung des Zeitrangs im Sinne des § 6 Abs. 2 maßgeblich ist.

(2) Kommt das Patentamt bei der Prüfung des angemeldeten Zeichens zu dem Ergebnis, daß die Voraussetzungen des Absatzes 1 gegeben sind, so teilt es dies dem Anmelder mit.

(3) Teilt der Anmelder dem Patentamt innerhalb einer Frist von zwei Monaten nach Zustellung der Mitteilung nach Absatz 2 mit, daß er mit der Verschiebung des Zeitrangs im Sinne des Absatzes 1 einverstanden ist, wird die Anmeldung des Zeichens als Anmeldung einer Marke nach diesem Gesetz weiterbehandelt.

(4) Teilt der Anmelder dem Patentamt mit, daß er mit einer Verschiebung des Zeitrangs im Sinne des Absatzes 1 nicht einverstanden ist oder gibt er innerhalb der Frist des Absatzes 3 keine Erklärung ab, so weist das Patentamt die Anmeldung zurück.

(5) ¹Der Anmelder kann die Erklärung nach Absatz 3 auch noch in einem Erinnerungsverfahren, einem Beschwerdeverfahren oder in einem Rechtsbeschwerdeverfahren über die Zurückweisung der Anmeldung abgeben, das am 1. Januar 1995 anhängig ist. ²Die Absätze 2 bis 4 sind entsprechend anzuwenden.

**Inhaltsübersicht**

|  | Rn |
|---|---|
| A. Bedeutung der Übergangsvorschrift | 1–5 |
|   I. Regelungsgegenstand | 2 |
|   II. Gleiche Priorität der unter der Geltung des WZG schutzunfähigen Anmeldungen | 3 |

|  | Rn |
|---|---|
| III. Verfahren | 4 |
| IV. Keine Meistbegünstigung | 5 |
| B. Entscheidungspraxis | 6 |

### Entscheidungen zum MarkenG

**1. BPatGE 35, 90 – Absperrpoller**
Das MarkenG ist auf vor dem 1. Januar 1995 angemeldete Marken anzuwenden; die Schutzgewährung kann nicht davon abhängig gemacht werden, daß Art und Weise der Darstellung eine unterscheidungskräftige Eigenart aufweist.

**2. BPatGE 37, 82 – PMA**
Zu den Wirksamkeitsvoraussetzungen einer Einverständniserklärung im Sinne des § 156 Abs. 3.

**3. BPatGE 38, 26 – NRJ**
Zur Rechtzeitigkeit einer Einverständniserklärung im Sinne des § 156 Abs. 3.

**4. BPatGE 39, 75 – DSS**
Die Einverständniserklärung mit einer Zeitrangverschiebung kann auch hilfsweise erklärt werden.

**5. BPatGE 39, 110 – Zahl 9000**
Die Einverständniserklärung für eine Zeitrangverschiebung kann auch in einem am 1. Januar 1995 noch nicht anhängigen Rechtsmittelverfahren erklärt werden.

**6. BPatGE 40, 50 – Rdt**
Die Zweimonatsfrist des § 156 Abs. 3 ist keine Ausschlußfrist.

## A. Bedeutung der Übergangsvorschrift

**1** Die *Bedeutung der Übergangsvorschrift* wird in der *Gesetzesbegründung* eingehend dargestellt, die in den folgenden Ausführungen im wesentlichen wiedergegeben wird (Begründung zum MarkenG, BT-Drucks. 12/6581 vom 14. Januar 1994, S. 129).

### I. Regelungsgegenstand

**2** Nach der Rechtslage im WZG waren bestimmte Markenformen, wie etwa dreidimensionale Gestaltungen und Hörzeichen, von vornherein nicht dem Schutz durch Eintragung zugänglich. Ausschließlich aus Buchstaben oder Zahlen bestehende Zeichen konnten zwar eingetragen werden, bedurften dafür aber der Verkehrsdurchsetzung. § 156 enthält Übergangsregelungen für vor dem Inkrafttreten des MarkenG angemeldete Marken, die nach der Rechtslage im WZG nicht eintragbar waren, wohl aber nach den Vorschriften des MarkenG eintragungsfähig sind.

### II. Gleiche Priorität der unter der Geltung des WZG schutzunfähigen Anmeldungen

**3** Anträge zur Eintragung von vor dem Inkrafttreten des MarkenG angemeldeten Marken, die nach der Rechtslage im WZG nicht eintragbar waren, wohl aber nach den Vorschriften des MarkenG eintragungsfähig sind, führen zu einer mit einer auf den *Tag des Inkrafttretens des MarkenG* verschobenen *Priorität*. Auf diese Weise wird sichergestellt, daß alle vor dem Inkrafttreten des MarkenG angemeldeten Marken, die nach der Rechtslage im WZG nicht schutzfähig waren, dies aber nach dem MarkenG sind, denselben Zeitrang im Sinne des § 6 Abs. 2 erhalten. Dies führt zu einer Gleichbehandlung der in Betracht kommenden Anmeldungen, ohne daß es auf den zufälligen Tag der Anmeldung einer nach der Rechtslage im WZG nicht eintragbaren Marke ankommt. Entstehen auf diese Weise miteinander kollidierende Marken, können die Inhaber der jeweiligen Rechte gegeneinander aufgrund der Vorschriften des MarkenG nicht vorgehen, da die *Anmeldungen den selben Zeitrang* haben. Dies ergibt sich ausdrücklich aus § 6 Abs. 4. Die Anwendung anderer Vorschriften, auf die Ansprüche gestützt werden können, wie etwa die Vorschriften über den Schutz aufgrund Benutzung erworbener Marken, soweit diese Ansprüche nach § 153 durchgreifen, bleibt hiervon unberührt. Soweit sich aus solchen anderen Ansprüchen ein früherer Zeitrang ergibt, kann dieser in den in Betracht kommenden Verfahren (Verletzungsverfahren, Löschungsverfahren) auch durchgesetzt werden. Gleiches gilt für Ansprüche, die auf das UWG gestützt werden.

### III. Verfahren

Die Absätze 2 bis 5 regeln das zur Anwendung kommende Verfahren. Nach Abs. 2 unterrichtet das DPMA den Anmelder darüber, daß die Voraussetzungen des Abs. 1 gegeben sind. Nach Abs. 3 hat der Anmelder dem DPMA innerhalb einer *Frist von zwei Monaten* mitzuteilen, ob er mit der *Verschiebung des Zeitrangs einverstanden* ist. Erklärt er sich einverstanden, wird die Anmeldung nach den Vorschriften des MarkenG weiterbehandelt. Erklärt sich der Anmelder mit der Verschiebung nicht einverstanden, weil er etwa der Auffassung ist, daß die angemeldete Marke auch nach den Vorschriften des WZG schutzfähig war, ist nach Abs. 4 die Anmeldung zurückzuweisen. Das Einverständnis kann auch *hilfsweise* für den Fall erklärt werden, daß das DPMA bzw das Gericht die angemeldete Marke zwar nach dem MarkenG, nicht aber nach den Bestimmungen des WZG für schutzfähig hält (BPatGE 39, 75, 81 ff. – DSS; s. auch BPatGE 40, 50 – Rdt; aA BPatGE 37, 82, 84 ff. – PMA). Bei der Zweimonatsfrist des Abs. 3 handelt es sich nicht um eine *Ausschlußfrist* (BPatGE 40, 50, 54; aA *Althammer/Ströbele/Klaka*, § 156 MarkenG, Rn 9, 11; s. auch BPatGE 39, 75, 81 – DSS); der Anmelder kann sein innerhalb der Frist zunächst verweigertes Einverständnis mit der Zeitrangverschiebung in einem späteren Verfahrensstadium nachholen (s. zur eingeschränkten Anwendbarkeit des Abs. 5 BPatGE 40, 50 – Rdt) Nach Abs. 5 können die zu einer Verschiebung des Zeitrangs führenden Erklärungen auch noch in einem *Erinnerungsverfahren*, einem *Beschwerdeverfahren* oder einem *Rechtsbeschwerdeverfahren* abgegeben werden, soweit ein solches Verfahren am Tage des Inkrafttretens das MarkenG anhängig war. Die Möglichkeit zur Abgabe der entsprechenden Erklärungen in Rechtsmittelverfahren, die *nach einer Zurückweisung* nach Abs. 4 anhängig gemacht werden, besteht nicht. Das bedeutet aber nicht, daß das Einverständnis stets nur in dem jeweils am 1. Januar 1995 vor der betreffenden Markenstelle oder dem betreffenden Gericht anhängigen Verfahren erklärt werden kann (BPatGE 39, 110, 115 – Zahl 9000; anders BPatGE 37, 82, 85 – PMA; 38, 26, 29 – NRJ). Wurde die Anmeldung im vorhergehenden Rechtszug nicht nach § 156 Abs. 4, sondern aus anderen Gründen zurückgewiesen, so kann das Einverständnis mit einer Verschiebung des Zeitrangs auch in einem am 1. Januar 1995 noch nicht anhängigen Rechtsmittelverfahren erklärt werden (BPatGE 39, 110 – Zahl 9000; 39, 75, 82 f. – DSS).

### IV. Keine Meistbegünstigung

Eine Regelung, daß die *Meistbegünstigung* auch für noch nicht abgeschlossene Eintragungsverfahren gilt, wenn die angemeldete Marke zwar nach der Rechtslage im WZG schutzfähig war, nicht aber nach den Vorschriften des MarkenG schutzfähig ist, besteht nicht. Denn die Eintragbarkeit einer Marke richtet sich nach der Rechtslage im Zeitpunkt der Eintragung. Eine zwischen der Anmeldung und der Eintragung eingetretene Rechtsänderung wirkt sich daher voll auf die Eintragbarkeit aus. Die Regelung entspricht insoweit derjenigen in § 22 ErstrG.

## B. Entscheidungspraxis

Nach der Rechtslage im MarkenG gelten die engen Schutzvoraussetzungen des WZG für die Art der Darstellung nicht mehr. Die Schutzgewährung kann, anders als nach dem WZG, nicht davon abhängig gemacht werden, daß die Art und Weise der Darstellung des abgebildeten Gegenstandes in der Marke eine unterscheidungskräftige Eigenart aufweist (BPatGE 35, 90 – Absperrpoller).

## Bekanntmachung und Eintragung

**157** ¹Ist vor dem 1. Januar 1995 die Bekanntmachung einer Anmeldung nach § 5 Abs. 1 des Warenzeichengesetzes beschlossen worden, ist die Anmeldung aber noch nicht nach § 5 Abs. 2 des Warenzeichengesetzes bekanntgemacht worden, so wird die Marke ohne vorherige Bekanntmachung nach § 41 in das Register eingetragen. ²Ist für einen nach dem Beschluß der Bekanntmachung gestellten Antrag auf beschleunigte Eintragung die in § 6a Abs. 2 des Warenzeichengesetzes vorgesehene Gebühr bereits gezahlt worden, wird sie von Amts wegen erstattet.

### Inhaltsübersicht

| | Rn |
|---|---|
| A. Bedeutung der Übergangsvorschrift................................................. | 1 |
| B. Nicht abgeschlossene Eintragungsverfahren..................................... | 2 |

### A. Bedeutung der Übergangsvorschrift

1   Die *Bedeutung der Übergangsvorschrift* wird in der *Gesetzesbegründung* eingehend dargestellt, die in den folgenden Ausführungen im wesentlichen wiedergegeben wird (Begründung zum MarkenG, BT-Drucks. 12/6581 vom 14. Januar 1994, S. 130).

### B. Nicht abgeschlossene Eintragungsverfahren

2   Wegen der Umgestaltung des Widerspruchsverfahrens, das sich an die Eintragung anschließt (§§ 41 bis 43), war es erforderlich, Übergangsregelungen für die Verfahren zu schaffen, in denen vor dem Inkrafttreten des MarkenG die Prüfung auf absolute Schutzhindernisse zwar abgeschlossen worden ist, die aber noch nicht zur Eintragung geführt haben. § 157 regelt die Fälle, in denen *vor dem Inkrafttreten des MarkenG* zwar die *Bekanntmachung einer Anmeldung* nach § 5 Abs. 1 WZG schon *beschlossen* worden ist, die angemeldete Marke aber noch *nicht bekanntgemacht* worden ist. Um für eine möglichst rasche Überleitung zu sorgen, wird die Anmeldung in diesen Fällen nicht mehr veröffentlicht. Vielmehr wird nach S. 1 die Marke nach § 41 in das Register eingetragen. Das weitere Verfahren richtet sich dann nach den Vorschriften des MarkenG, so daß etwa gegen solche Eintragungen Widerspruch nach § 42 erhoben werden kann. Da nach § 6a Abs. 1 WZG ein Antrag auf beschleunigte Eintragung auch nach dem Beschluß über die Bekanntmachung der Anmeldung gestellt werden konnte, können sich Fälle ergeben, in denen ein solcher Antrag schon vor dem Inkrafttreten des MarkenG gestellt und die Gebühr dafür gezahlt worden ist, die Eintragung aber noch nicht vorgenommen worden ist. Nach S. 1 wird aber die Marke in allen Fällen der bereits beschlossenen Bekanntmachung unmittelbar in das Register eingetragen. Ein bereits nach § 6a Abs. 1 WZG gestellter Antrag ist damit gegenstandslos geworden. S. 2 sieht daher vor, daß eine etwa bereits gezahlte Gebühr für die beschleunigte Eintragung von Amts wegen erstattet wird.

## Widerspruchsverfahren

**158** (1) ¹Ist vor dem 1. Januar 1995 die Anmeldung einer Marke nach § 5 Abs. 2 des Warenzeichengesetzes oder die Eintragung einer Marke nach § 6a Abs. 3 des Warenzeichengesetzes in Verbindung mit § 5 Abs. 2 des Warenzeichengesetzes bekanntgemacht worden, so können Widersprüche innerhalb der Frist des § 5 Abs. 4 des Warenzeichengesetzes sowohl auf die Widerspruchsgründe des § 5 Abs. 4 des Warenzeichengesetzes als auch auf die Widerspruchsgründe des § 42 Abs. 2 gestützt werden. ²Wird innerhalb der Frist des § 5 Abs. 4 des Warenzeichengesetzes Widerspruch nicht erhoben, so wird, soweit es sich nicht um eine nach § 6a Abs. 1 des Warenzeichengesetzes eingetragene Marke handelt, die Marke nach § 41 in das Register eingetragen. ³Ein Widerspruch nach § 42 findet gegen eine solche Eintragung nicht statt.

Widerspruchsverfahren **§ 158 MarkenG**

(2) ¹Ist vor dem 1. Januar 1995 ein Widerspruch gemäß § 5 Abs. 4 des Warenzeichengesetzes gegen die Eintragung einer nach § 5 Abs. 2 des Warenzeichengesetzes bekanntgemachten oder einer nach § 6a Abs. 1 des Warenzeichengesetzes eingetragenen Marke erhoben worden oder wird nach dem 1. Januar 1995 ein Widerspruch nach Absatz 1 erhoben, so sind die Widerspruchsgründe des § 5 Abs. 4 Nr. 2 und 3 des Warenzeichengesetzes, soweit der Widerspruch darauf gestützt worden ist, weiterhin anzuwenden. ²Ist der Widerspruch auf § 5 Abs. 4 Nr. 1 des Warenzeichengesetzes gestützt worden, ist anstelle dieser Bestimmung die Bestimmung des § 42 Abs. 2 Nr. 1 anzuwenden.

(3) ¹Ist in einem Verfahren über einen Widerspruch, der vor dem 1. Januar 1995 erhoben worden ist, die Benutzung der Marke, aufgrund deren Widerspruch erhoben worden ist, bestritten worden oder wird die Benutzung in einem solchen Widerspruchsverfahren bestritten, so ist anstelle des § 5 Abs. 7 des Warenzeichengesetzes § 43 Abs. 1 entsprechend anzuwenden. ²Satz 1 gilt für das Beschwerdeverfahren vor dem Patentgericht auch dann, wenn ein solches Verfahren am 1. Januar 1995 anhängig ist. ³Satz 1 gilt nicht für Rechtsbeschwerden, die am 1. Januar 1995 anhängig sind.

(4) ¹Wird der Widerspruch zurückgewiesen, so wird, soweit es sich nicht um eine nach § 6a Abs. 1 des Warenzeichengesetzes eingetragene Marke handelt, die Marke nach § 41 in das Register eingetragen. ²Ein Widerspruch nach § 42 findet gegen eine solche Eintragung nicht statt.

(5) ¹Wird dem Widerspruch gegen eine nach § 5 Abs. 2 des Warenzeichengesetzes bekanntgemachte Anmeldung stattgegeben, so wird die Eintragung versagt. ²Wird dem Widerspruch gegen eine nach § 6a Abs. 1 des Warenzeichengesetzes eingetragene Marke stattgegeben, so wird die Eintragung nach § 43 Abs. 2 Satz 1 gelöscht.

(6) In den Fällen des Absatzes 1 Satz 2 und des Absatzes 4 Satz 1 findet eine Zurückweisung der Anmeldung aus von Amts wegen zu berücksichtigenden Eintragungshindernissen nicht statt.

### Inhaltsübersicht

| | Rn |
|---|---|
| A. Bedeutung der Übergangsvorschrift | 1–11 |
|     I. Regelungsgegenstand | 2 |
|     II. Widerspruchsgründe | 3 |
|     III. Keine zweifache Widerspruchsmöglichkeit | 4 |
|     IV. Anwendbare Vorschriften im Widerspruchsverfahren | 5–8 |
|     V. Geltendmachung der mangelnden Benutzung | 9 |
|     VI. Verfahren nach Abschluß des Widerspruchsverfahrens | 10, 11 |
| B. Entscheidungspraxis | 12 |

### Entscheidungen zum MarkenG

**1. BPatGE 35, 180 – quickslide**
Die Zulässigkeit der Erhebung des Widerspruchs richtet sich nach dem im Zeitpunkt der Vornahme der Handlung geltenden Recht.

**2. BPatGE 35, 226 – BIO**
Keine automatische Weiterbehandlung einer unter der Geltung des WZG erhobenen Einrede der Nichtbenutzung.

**3. BPatG, Beschluß vom 4. April 1995, 24 W (pat) 72/94**
Die erfolgreiche Berufung auf die Nichtbenutzungseinrede nach § 43 Abs. 1 S. 2 steht regelmäßig einer Kostenauferlegung entgegen.

**4. BPatG, Beschluß vom 28. Juni 1995, 26 W (pat) 125/94 – ERGOTEC/ErgoDesk**
Das MarkenG findet hinsichtlich der Frage der rechtserhaltenden Benutzung auch Anwendung, soweit der Benutzungszeitraum vor dem 1. Januar 1995 abgelaufen ist.

**5. BPatG, Beschluß vom 28. November 1995, 27 W (pat) 142/94 – Andree**
Die Einrede der Nichtbenutzung beurteilt sich nach den Vorschriften des MarkenG.

**6. BGH GRUR 1999, 158 – GARIBALDI**
Anwendung der §§ 42 Abs. 2 Nr. 1 iVm 9 Abs. 1 Nr. 1 oder 2 auf einen vor dem 1. Januar 1995 erhobenen und auf § 5 Abs. 4 Nr. 1 WZG gestützten Widerspruch.

## A. Bedeutung der Übergangsvorschrift

1   Die *Bedeutung der Übergangsvorschrift* wird in der *Gesetzesbegründung* eingehend dargestellt, die in den folgenden Ausführungen im wesentlichen wiedergegeben wird (Begründung zum MarkenG, BT-Drucks. 12/6581 vom 14. Januar 1994, S. 130).

### I. Regelungsgegenstand

2   Während § 157 die Fälle erfaßt, in denen eine Anmeldung zwar schon beschlossen, aber noch nicht bekanntgemacht worden ist, enthält § 158 Übergangsregelungen für die Fälle, in denen eine *Anmeldung* nach § 5 Abs. 2 WZG oder eine *Eintragung* nach § 6a Abs. 3 WZG in Verbindung mit § 5 Abs. 2 WZG *vor dem Inkrafttreten des MarkenG bereits bekanntgemacht* worden ist.

### II. Widerspruchsgründe

3   Da die Widerspruchsgründe nach der Rechtslage im WZG (§ 5 Abs. 4 Nr. 1 bis 3 WZG) zum Teil von den Widerspruchsgründen des MarkenG (§ 42 Abs. 2 Nr. 1 bis 3) abweichen, war regelungsbedürftig, welche *Widerspruchsgründe* bei einem Widerspruch *gegen eine vor dem Inkrafttreten des MarkenG bekanntgemachte Anmeldung geltend gemacht* werden können. Abs. 1 S. 1 bestimmt, daß innerhalb der dreimonatigen Widerspruchsfrist des § 5 Abs. 4 WZG (die der Widerspruchsfrist des § 42 Abs. 1 entspricht) sowohl die Widerspruchsgründe nach der Rechtslage im WZG als auch die des MarkenG geltend gemacht werden können. Dies bedeutet, daß innerhalb der Widerspruchsfrist etwa ein Widerspruch auf eine *ältere notorisch bekannte Marke* (§ 10), sowie auf die Bestimmung des § 11 (*Agentenmarke*) gestützt werden kann, obwohl das WZG diese Widerspruchsgründe nicht oder nur in anderer Fassung vorsah. So sah das WZG den Widerspruchsgrund der älteren notorisch bekannten Marke nicht vor. Auch die Vorschrift über die Agentenmarke in § 11 ist weiter gefaßt als die entsprechende Vorschrift in § 5 Abs. 4 Nr. 2 WZG, so daß sich insoweit unterschiedliche Ergebnisse ergeben können. Schließlich ergibt sich aus dieser Übergangsregelung, daß Widersprüche auch auf eine *ältere Sortenbezeichnung* gestützt werden können (§ 5 Abs. 4 Nr. 3 WZG), auch wenn diese Fälle in der Praxis vor dem Inkrafttreten des MarkenG keine Rolle gespielt haben. Hervorzuheben ist, daß dies allein für die Geltendmachung von Widerspruchsgründen innerhalb der laufenden Widerspruchsfrist gilt. Neue Widerspruchsgründe können nach Ablauf dieser Frist nicht einbezogen werden.

### III. Keine zweifache Widerspruchsmöglichkeit

4   Nach Abs. 1 S. 2 wird die angemeldete Marke in den Fällen, in denen kein Widerspruch erhoben wurde, nach § 41 in das Register eingetragen, soweit sie nicht bereits nach § 6a Abs. 1 WZG im beschleunigten Verfahren eingetragen wurde. Abs. 1 S. 3 stellt klar, daß anders als im Regelfall der §§ 41 und 42 gegen solche Eintragungen kein Widerspruch mehr gegeben ist, da die Widerspruchsfrist bereits abgelaufen ist.

### IV. Anwendbare Vorschriften im Widerspruchsverfahren

5   Regelungsbedürftig war ferner, ob die Vorschriften des WZG oder die des MarkenG auf ein im Zeitpunkt des Inkrafttretens des MarkenG noch *anhängiges Widerspruchsverfahren* Anwendung finden. Dabei kann sich im Hinblick auf die Bestimmung in Abs. 1 auch die Frage der parallelen Anwendung der Widerspruchsgründe des WZG und des MarkenG in den Fällen stellen, in denen der Widerspruch gegen eine vor dem Inkrafttreten des MarkenG bekanntgemachte Anmeldung erst nach dem Inkrafttreten erhoben wurde.

6   Für diese Fallgestaltungen sieht Abs. 2 S. 2 vor, daß für den in der Praxis bedeutsamsten Fall des Widerspruchs, der auf eine *ältere angemeldete oder eingetragene Marke* gestützt worden ist (§ 5 Abs. 4 Nr. 1 WZG), nur noch die Vorschriften des MarkenG, und zwar § 42 Abs. 2

Nr. 1 und damit die *Kollisionsregeln des § 9 Abs. 1 Nr. 1 oder 2 Anwendung finden* (BGH GRUR 1999, 155 – GARIBALDI). Dies bedeutet, daß sich ein nach dem MarkenG im Vergleich zur Rechtslage nach dem WZG weiterer Schutzbereich ebenso zugunsten des Inhabers der älteren Marke auswirkt wie ein im Vergleich zur Rechtslage nach dem WZG engerer Schutzbereich zugunsten des Anmelders. Dieses Ergebnis ist vor allem im Hinblick darauf gerechtfertigt, daß sich die Eintragbarkeit einer Marke nach der Rechtslage zum Zeitpunkt der Eintragung richtet und sich daher eine zwischen der Anmeldung und der Eintragung eingetretene Rechtsänderung voll auf die Eintragbarkeit auswirkt. Für eine *Meistbegünstigung* des Anmelders besteht in diesen Fällen anders als im Löschungsverfahren (§ 163) kein Anlaß.

In den in der Praxis unbedeutenden Fällen, in denen ein Widerspruch auf eine *ältere Sortenbezeichnung* gestützt wird, bleibt es dabei, daß der Widerspruch an Hand der Rechtslage nach dem WZG (§ 5 Abs. 4 Nr. 3) geprüft wird, auch wenn das MarkenG einen solchen Tatbestand nicht enthält und den Inhaber einer älteren Sortenbezeichnung auf das Löschungsverfahren (§ 51) verweist. In den in der Praxis ebenso seltenen Fällen eines auf den Tatbestand der *Agentenmarke* gestützten Widerspruchs kommt es darauf an, ob der Widerspruch zusätzlich zu § 5 Abs. 4 Nr. 2 WZG auch auf § 42 Abs. 2 Nr. 3 gestützt worden ist, was nur in den unter Abs. 1 fallenden Widerspruchsverfahren denkbar ist, also in den Fällen, in denen die Widerspruchsfrist gegen eine vor dem Inkrafttreten des MarkenG bekanntgemachte Anmeldung noch nicht abgelaufen war.

Die Bestimmungen des Abs. 2 finden vor allem auch in allen Widerspruchsverfahren **8** Anwendung, die im Zeitpunkt des Inkrafttretens des MarkenG noch anhängig waren, und zwar unabhängig davon, ob sie noch im Verfahren vor dem DPA oder schon im Beschwerdeverfahren vor dem BPatG oder auch im Rechtsbeschwerdeverfahren vor dem BGH anhängig waren.

## V. Geltendmachung der mangelnden Benutzung

Die Bestimmungen in § 43 Abs. 1 über die *Geltendmachung der mangelnden Benutzung* im **9** Widerspruchsverfahren weichen von den Bestimmungen des § 5 Abs. 7 WZG in einigen wesentlichen Punkten ab (s. § 43, Rn 5). Es war daher regelungsbedürftig, ob in solchen Widerspruchsverfahren, die vor dem Inkrafttreten des MarkenG anhängig gemacht worden sind, die Bestimmungen des MarkenG oder die des WZG Anwendung finden. Die entsprechenden Regelungen enthält Abs. 3. Da auch insoweit der Grundsatz maßgeblich ist, daß die Eintragbarkeit zum Zeitpunkt der Eintragung gegeben sein muß, sieht Abs. 3 S. 1 vor, daß in diesen Verfahren stets die Bestimmungen des § 43 Abs. 1 anzuwenden sind. Auch insoweit kann sich weder der Anmelder noch der Widersprechende auf ein schutzwürdiges Interesse an der Aufrechterhaltung der Rechtslage nach dem WZG berufen. Je nach der Fallgestaltung ist die Anwendung des MarkenG in den überwiegenden Fällen *für den Widersprechenden günstiger* als die Anwendung des WZG. Dies gilt insbesondere im Hinblick auf die Ausgestaltung des Benutzungsbegriffs (§ 26), sowie im Hinblick darauf, daß nach § 43 Abs. 1 auch die Rechtfertigung der Nichtbenutzung möglich ist (s. § 43, Rn 5). Im Einzelfall ist die Anwendung des § 43 Abs. 1 auch *für den Widersprechenden ungünstiger*, da nach dieser Vorschrift etwa die Einrede der mangelnden Benutzung auch dann durchgreift, wenn ein Zeitraum von fünf Jahren der Nichtbenutzung zwar nicht vor der Bekanntmachung der Eintragung, aber vor der Entscheidung über den Widerspruch abgelaufen ist. § 43 Abs. 1 wird in diesen Fällen auch dann angewendet, wenn das Widerspruchsverfahren zum Zeitpunkt des Inkrafttretens des MarkenG bereits vor dem BPatG anhängig ist (S. 2). Das BPatG kann in diesen Fällen entweder selbst entscheiden oder die Sache an das DPMA zurückverweisen (§ 70 Abs. 3). Eine Ausnahme von dem allgemeinen Grundsatz des Abs. 3 gilt nur für die Fälle, in denen das Widerspruchsverfahren im Zeitpunkt des Inkrafttretens des MarkenG bereits vor dem BGH anhängig gewesen ist (S. 3), da in diesen Fällen das für die Anwendung des § 43 Abs. 1 in vielen Fällen erforderliche neue tatsächliche Vorbringen nicht möglich ist.

## VI. Verfahren nach Abschluß des Widerspruchsverfahrens

**10**  In den Abs. 4 und 5 finden sich Vorschriften über das *weitere Verfahren nach Abschluß des Widerspruchsverfahrens*. Abs. 4 entspricht der Regelung, die in Abs. 1 S. 1 und 2 für die Fälle vorgesehen ist, in denen kein Widerspruch erhoben worden ist. Nach Abs. 5 wird bei erfolgreichen Widersprüchen ebenso wie nach der Rechtslage im WZG (§ 6 Abs. 2 S. 1 WZG) die Eintragung versagt oder (in den Fällen des § 6a WZG) die eingetragene Marke gelöscht. Die Bestimmung ist in die Übergangsvorschriften aufgenommen worden, um das neue Verfahren ohne Bezugnahme auf das WZG regeln zu können.

**11**  Nach der Rechtslage im WZG war es zulässig, nach Abschluß des Widerspruchsverfahrens die Marke erneut aus absoluten Gründen zu beanstanden. Diese Praxis, die nach der Rechtslage im WZG deshalb möglich war, weil die Marke noch nicht eingetragen war, trifft bei den betroffenen Markeninhabern auf kein Verständnis, da sie das absolute Prüfungsverfahren bereits erfolgreich hinter sich gebracht haben. Nach dem MarkenG ist eine solche *Nachbeanstandung* nicht möglich, da die Marke nach erfolgreichem Abschluß des Prüfungsverfahrens in das Register eingetragen wird. Eine nachträgliche Korrektur dieser Entscheidung ist nur im Löschungsverfahren nach § 50 möglich. Damit die Inhaber von Marken, die vor dem Inkrafttreten des MarkenG bereits das absolute Prüfungsverfahren überstanden haben und deren Anmeldungen nur deswegen nicht eingetragen worden sind, weil Widersprüche anhängig gewesen sind, insoweit den Anmeldern gleichgestellt werden, deren Marken nach § 41 unmittelbar eingetragen werden, sieht Abs. 6 vor, daß in den Fällen, in denen die *Widerspruchsfrist bei Inkrafttreten des MarkenG noch nicht abgelaufen* war, in denen aber *kein Widerspruch eingelegt* worden ist (Abs. 1 S. 2), und in den Fällen, in denen *Widerspruchsverfahren zugunsten des Anmelders abgeschlossen* werden (Abs. 4 S. 1), eine Zurückweisung aus von Amts wegen zu berücksichtigenden Eintragungshindernissen nicht mehr stattfindet.

## B. Entscheidungspraxis

**12**  Nach Inkrafttreten des MarkenG richtet sich die *Zulässigkeit fristgebundener Verfahrenshandlungen*, wie etwa die Erhebung des Widerspruchs, nach dem im Zeitpunkt der Vornahme der Handlung geltenden Recht (zur Widerspruchsberechtigung des noch nicht in der Zeichenrolle eingetragenen, aber bereits materiell berechtigten Rechtsnachfolgers nach dem bis zum 31. Dezember 1994 geltenden Recht BPatGE 35, 180 – quickslide). Eine vor Inkrafttreten des MarkenG erhobene, wegen noch nicht erfolgten Ablaufs der im WZG bestimmten Benutzungsfrist *unzulässige Einrede der Nichtbenutzung* kann regelmäßig nicht ohne weiteres als eine ab dem 1. Januar 1995 mögliche zulässige Einrede gemäß § 43 Abs. 1 weiterbehandelt werden; vielmehr obliegt es dem Anmelder, nach diesem Zeitpunkt eindeutig zu erklären, ob er nunmehr von dieser mit dem MarkenG neu eingeführten zusätzlichen Möglichkeit eines Bestreitens der Benutzung der Widerspruchsmarke Gebrauch machen will (BPatGE 35, 226 – BIO). Wird eine zulässige Nichtbenutzungseinrede erst aufgrund der neuen Bestimmung des § 43 Abs. 1 erhoben, und macht der Widersprechende nicht glaubhaft, daß die Marke innerhalb der letzten fünf Jahre vor der Entscheidung über den Widerspruch nach § 26 benutzt worden ist, so ist eine (teilweise) *Kostenauferlegung* allenfalls dann in Erwägung zu ziehen, wenn trotz der Nichtglaubhaftmachung der Benutzung der Widersprechende auf einer mündlichen Verhandlung besteht und damit vermeidbare Kosten für den Anmelder verursacht (BPatG, Beschluß vom 4. April 1995, 24 W (pat) 72/94). Aus § 158 Abs. 3 folgt, daß sich die Frage, ob und inwieweit eine *rechtserhaltende Benutzung* anzuerkennen ist, nach § 43 Abs. 1 und dem darin in Bezug genommenen § 26 beurteilt, der in mehrfacher Hinsicht meist zugunsten, teils aber auch zu Lasten des Widersprechenden vom bisherigen Recht abweicht. Das MarkenG findet auch auf bereits abgeschlossene Sachverhalte, nämlich vor dem 1. Januar 1995 abgelaufene, aber erst danach rechtlich zu würdigende Benutzungszeiträume Anwendung. Diese tatbestandliche Rückanknüpfung hat der Gesetzgeber gesehen und gewollt (BPatG, Beschluß vom 28. Juni 1995, 26 W (pat) 125/94 – ERGOTEC/Ergo Desk). Die *Einrede der Nichtbenutzung* ist nach § 158 Abs. 3 nach den Vorschriften des MarkenG zu beurteilen (BPatG, Beschluß vom 28. November 1995, 27 W (pat) 142/94 – Andree).

## Teilung einer Anmeldung

**159** ¹Auf die Teilung einer vor dem 1. Januar 1995 nach § 5 Abs. 2 des Warenzeichengesetzes bekanntgemachten Anmeldung ist § 40 mit der Maßgabe anzuwenden, daß die Teilung erst nach Ablauf der Widerspruchsfrist erklärt werden kann und daß die Erklärung nur zulässig ist, wenn ein im Zeitpunkt ihrer Abgabe anhängiger Widerspruch sich nach der Teilung nur gegen einen der Teile der ursprünglichen Anmeldung richten würde. ²Der Teil der ursprünglichen Anmeldung, gegen den sich kein Widerspruch richtet, wird nach § 41 in das Register eingetragen. ³Ein Widerspruch nach § 42 findet gegen eine solche Eintragung nicht statt.

### Inhaltsübersicht

| | Rn |
|---|---|
| A. Bedeutung der Übergangsvorschrift | 1 |
| B. Teilung einer bekanntgemachten Anmeldung | 2 |
| C. Verfahren | 3, 4 |

### A. Bedeutung der Übergangsvorschrift

Die *Bedeutung der Übergangsvorschrift* wird in der *Gesetzesbegründung* eingehend dargestellt, die in den folgenden Ausführungen im wesentlichen wiedergegeben wird (Begründung zum MarkenG, BT-Drucks. 12/6581 vom 14. Januar 1994, S. 132). **1**

### B. Teilung einer bekanntgemachten Anmeldung

Das MarkenG sieht die freie Teilbarkeit von Anmeldungen (§ 40) und von Eintragungen (§ 46) vor. Wegen des nachgeschalteten Widerspruchsverfahrens enthält das MarkenG jedoch keine Bestimmung über die *Teilung von bekanntgemachten Anmeldungen*, gegen die Widerspruch erhoben worden ist. § 159 trifft für diese Fälle eine Übergangsregelung. Die Übergangsregelung erfaßt nur solche Fälle, in denen die Anmeldung nach § 5 Abs. 2 WZG *vor dem Inkrafttreten des MarkenG bereits bekanntgemacht* worden ist und gegen die, sei es vor dem Inkrafttreten oder nach dem Inkrafttreten des MarkenG, Widerspruch erhoben worden ist. Solche Fälle, in denen bei vor dem Inkrafttreten des MarkenG bekanntgemachten Anmeldungen kein Widerspruch eingelegt worden ist, werden nicht von der Übergangsregelung erfaßt, weil solche Anmeldungen unmittelbar zur Eintragung führen (§ 158 Abs. 1 S. 2), so daß die Vorschrift des § 46 über die Teilung der Eintragung unmittelbar Anwendung findet. Die Übergangsregelung betrifft demgemäß nur solche Fälle, in denen entweder im Zeitpunkt des Inkrafttretens des MarkenG Widerspruchsverfahren noch anhängig waren oder in denen nach diesem Zeitpunkt noch Widerspruch eingelegt worden ist. **2**

### C. Verfahren

§ 159 trifft für diese Fälle eine Regelung, die der Regelung für die Teilung von Anmeldungen entspricht, die aber zusätzliche Kriterien aufstellt, die denen für die Teilung von Eintragungen nach § 46 entsprechen. Diese *Einschränkungen* beruhen darauf, daß gegen solche Anmeldungen Widerspruch erhoben worden ist. Nach S. 1 ist die Teilung nicht zulässig, wenn sich ein im Zeitpunkt der Teilungserklärung anhängiger Widerspruch nach der Teilung sowohl gegen den verbleibenden als auch gegen den abgetrennten Teil der Anmeldung richten würde. Diese Einschränkung ist erforderlich, weil es dem Widersprechenden nicht zuzumuten ist, ein bisher einheitliches Widerspruchsverfahren künftig als mehrere getrennte Widerspruchsverfahren fortzuführen. Da sich erst nach Ablauf der Widerspruchsfrist feststellen läßt, ob diese Fälle eintreten werden, kann die Teilung erst nach Ablauf der Widerspruchsfrist beantragt werden. Nach S. 2 wird der nicht oder nicht mehr mit einem Widerspruch angegriffene Teil der Anmeldung als nunmehr selbständige Marke nach § 41 in **3**

**MarkenG § 160** 1–3                                  Schutzdauer und Verlängerung

das Register eingetragen werden. Gegen eine solche Eintragung ist der Widerspruch nach § 42 nicht gegeben (S. 3). Die Sätze 2 und 3 entsprechen der Regelung in § 158 Abs. 1 S. 2 und 3.

4   Besonderer Übergangsvorschriften für *nach § 6a Abs. 1 WZG beschleunigt eingetragene Marken* bedurfte es nicht, weil auf diese Eintragungen § 46 unmittelbar Anwendung findet.

### Schutzdauer und Verlängerung

**160** Die Vorschriften dieses Gesetzes über die Schutzdauer und die Verlängerung der Schutzdauer (§ 47) sind auch auf vor dem 1. Januar 1995 eingetragene Marken anzuwenden mit der Maßgabe, daß für die Berechnung der Frist, innerhalb derer die Gebühren für die Verlängerung der Schutzdauer einer eingetragenen Marke wirksam vor Fälligkeit gezahlt werden können, die Vorschriften des § 9 Abs. 2 des Warenzeichengesetzes weiterhin anzuwenden sind, wenn die Schutzdauer nach § 9 Abs. 2 des Warenzeichengesetzes vor dem 1. Januar 1995 abläuft.

#### Inhaltsübersicht

|   | Rn |
|---|---|
| A. Bedeutung der Übergangsvorschrift | 1 |
| B. Regelungsgegenstand | 2 |
| C. Fristberechnung | 3 |
| D. Gebührenhöhe | 4 |

### A. Bedeutung der Übergangsvorschrift

1   Die *Bedeutung der Übergangsvorschrift* wird in der *Gesetzesbegründung* eingehend dargestellt, die in den folgenden Ausführungen im wesentlichen wiedergegeben wird (Begründung zum MarkenG, BT-Drucks. 12/6581 vom 14. Januar 1994, S. 132).

### B. Regelungsgegenstand

2   Nach § 47 endet die Schutzdauer einer eingetragenen Marke jeweils zehn Jahre nach Ablauf des Monats, in den der Anmeldetag fällt. Nach der Rechtslage im WZG endete die Schutzdauer demgegenüber immer mit Ablauf von zehn Jahren nach dem Tag der Anmeldung (§ 9 Abs. 1 WZG). Für die Verlängerung der Schutzdauer ist in § 47 Abs. 3 eine Regelung vorgesehen, die geringfügig von der nach der Rechtslage im WZG abweicht. Nach der Rechtslage im WZG (§ 9 Abs. 2 S. 3 WZG) waren die Verlängerungsgebühren am letzten Tag des Monats fällig, in dem die Schutzdauer endete. Dem entspricht die Regelung in § 47 Abs. 3 S. 2, wobei der Unterschied darin besteht, daß nach dem MarkenG die Schutzdauer von vornherein vom letzten Tag des Anmeldemonats an berechnet wird. Das MarkenG kommt daher mit einer einheitlichen Festsetzung des Ablaufs der Schutzdauer und der Fälligkeit der Verlängerungsgebühren aus. Nach der Rechtslage im WZG (§ 9 Abs. 2 S. 2 WZG) konnten die Verlängerungsgebühren vor Ablauf der Schutzdauer bereits nach Ablauf von neun Jahren seit dem Tag der Anmeldung oder seit der letzten Verlängerung wirksam gezahlt werden. Dies entspricht in formeller Hinsicht der Regelung in § 47 Abs. 3 S. 3, enthält aber gleichwohl eine Abweichung von der jetzigen Rechtslage, weil die Verlängerungsgebühren wegen der unterschiedlichen Festlegung des Ablaufs der Schutzdauer und der Fälligkeit im Einzelfall bis zu 13 Monate vor Fälligkeit gezahlt werden können.

### C. Fristberechnung

3   Nach Inkrafttreten des MarkenG können sich Fälle ergeben, in denen wegen der genannten Besonderheiten (s. Rn 2) die Verlängerungsgebühren bereits wirksam gezahlt worden sind, obwohl die einjährige Zahlungsfrist nach § 47 Abs. 2 noch nicht zu laufen begonnen hat. Um in diesen Fällen nicht von einer *vorzeitigen Zahlung* ausgehen zu müssen, ordnet § 160 an, daß für die *Berechnung der Frist* für die Zahlung der Verlängerungsgebühren vor Fälligkeit bei Eintragungen, deren Schutzdauer innerhalb des ersten Jahres nach dem In-

krafttreten des MarkenG abgelaufen ist, auch unter der Geltung des MarkenG die Vorschriften des § 9 Abs. 2 WZG anzuwenden sind. Im übrigen kommt nach § 160 das MarkenG von Anfang an voll zur Anwendung. Dies bedeutet auch, daß die im WZG vorgesehene zuschlagsfreie Nachfrist von zwei Monaten seit dem Inkrafttreten des MarkenG nicht mehr gilt.

### D. Gebührenhöhe

Die in § 160 vorgesehene Übergangsregelung gilt nur für die *Berechnung der Zahlungsfristen*. Soweit es die *Höhe der zu zahlenden Gebühren* betrifft, richtet sich dies, wenn die Gebührensätze sich zwischen dem Zeitpunkt der Zahlung und dem Zeitpunkt der Fälligkeit ändern, nach den dafür geltenden Vorschriften des PatGebG. 4

**Löschung einer eingetragenen Marke wegen Verfalls**

**161** (1) Ist vor dem 1. Januar 1995 ein Antrag auf Löschung der Eintragung einer Marke nach § 11 Abs. 4 des Warenzeichengesetzes beim Patentamt gestellt worden und ist die Frist des § 11 Abs. 4 Satz 3 des Warenzeichengesetzes für den Widerspruch gegen die Löschung am 1. Januar 1995 noch nicht abgelaufen, so beträgt diese Frist zwei Monate.

(2) Ist vor dem 1. Januar 1995 eine Klage auf Löschung der Eintragung einer Marke nach § 11 Abs. 1 Nr. 3 oder 4 des Warenzeichengesetzes erhoben worden, so wird die Eintragung nur gelöscht, wenn der Klage sowohl nach den bis dahin geltenden Vorschriften als auch nach den Vorschriften dieses Gesetzes stattzugeben ist.

**Inhaltsübersicht**

| | Rn |
|---|---|
| A. Bedeutung der Übergangsvorschrift | 1 |
| B. Regelungsbedarf | 2, 3 |
| C. Widerspruchsfrist | 4 |
| D. Meistbegünstigung des Markeninhabers | 5–11 |
|    I. Meistbegünstigung in den Fällen der Löschung wegen mangelnder Benutzung | 7, 8 |
|    II. Keine Übergangsregelungen für die weiteren Verfallsgründe des § 49 Abs. 2 | 9 |
|    III. Löschungsgrund des nachträglichen Wegfalls des Geschäftsbetriebs | 10 |
|    IV. Unmittelbare Anwendung der Meistbegünstigung | 11 |

### A. Bedeutung der Übergangsvorschrift

Die *Bedeutung der Übergangsvorschrift* wird in der *Gesetzesbegründung* eingehend dargestellt, die in den folgenden Ausführungen im wesentlichen wiedergegeben wird (Begründung zum MarkenG, BT-Drucks. 12/6581 vom 14. Januar 1994, S. 133). 1

### B. Regelungsbedarf

Nach § 49 Abs. 1 kann die Eintragung einer Marke *aufgrund mangelnder Benutzung wegen Verfalls gelöscht* werden, wenn sie während einer Frist von fünf Jahren nicht benutzt worden ist. Dies stimmt im Grundsatz mit § 11 Abs. 1 Nr. 4 WZG überein. § 49 Abs. 1 trifft aber für die *Heilung durch Benutzungsaufnahme* nach Ablauf der Fünfjahresfrist eine Regelung, die von der Rechtslage im WZG (§ 11 Abs. 5 WZG) abweicht. So blieb nach § 11 Abs. 5 Nr. 1 WZG eine nach Androhung des Löschungsantrags aufgenommene Benutzung stets unberücksichtigt, während nach § 49 Abs. 1 die Kenntnis von einem möglichen Löschungsantrag entscheidend ist, wenn die Benutzung weniger als drei Monate vor der Stellung des Löschungsantrags aufgenommen wird. Auch der Begriff der *rechtserhaltenden Benutzung* des 2

§ 26 unterscheidet sich in wichtigen Einzelfragen von der Rechtslage im WZG. Ähnliches gilt für die in der Praxis nur selten auftretenden Fälle der *Löschung wegen Täuschungsgefahr*. Während nach § 49 Abs. 2 Nr. 2 eine einheitliche europäische Norm, die aus der MarkenRL übernommen worden ist, gilt, ist nicht auszuschließen, daß im Einzelfall in Anwendung des § 11 Abs. 1 Nr. 3 WZG strengere Maßstäbe zur Anwendung gekommen wären.

**3** Für das MarkenG bedurfte es einer Übergangsregelung, ob die Vorschriften des MarkenG oder des WZG gelten, wenn vor dem Inkrafttreten des MarkenG das *Löschungsverfahren nach § 11 Abs. 4 WZG eingeleitet* oder *Löschungsklage nach § 11 Abs. 2 WZG erhoben* worden ist, die zum Zeitpunkt des Inkrafttretens noch anhängig waren.

### C. Widerspruchsfrist

**4** In Abs. 1 wird für den Fall, daß Antrag auf Löschung zunächst nach § 11 Abs. 4 WZG beim DPMA gestellt worden und die Widerspruchsfrist noch nicht abgelaufen ist, klargestellt, daß der Inhaber der Marke der Löschung innerhalb von zwei Monaten widersprechen kann. Damit wird sichergestellt, daß dem Inhaber der Marke die *längere Widerspruchsfrist des MarkenG* (§ 53 Abs. 3) zugute kommt.

### D. Meistbegünstigung des Markeninhabers

**5** Für die Fälle der vor Gericht anhängigen Löschungsverfahren regelt Abs. 2, daß die Eintragung nur gelöscht wird, wenn der *Klage sowohl nach der Rechtslage im WZG als auch nach der Rechtslage im MarkenG stattzugeben* ist. Die Vorschrift enthält damit eine *Meistbegünstigungsklausel* der Art, wie sie auch für die nachfolgenden Vorschriften (Löschung wegen absoluter Schutzhindernisse und Löschung wegen älterer Rechte) angeordnet ist.

**6** Dies bedeutet, daß eine *Löschung wegen Täuschungsgefahr* nur stattfindet, wenn sowohl der Tatbestand des § 11 Abs. 1 Nr. 3 WZG als auch der des § 49 Abs. 2 Nr. 2 erfüllt ist. Diese Fälle sind nicht von großer praktischer Bedeutung.

### I. Meistbegünstigung in den Fällen der Löschung wegen mangelnder Benutzung

**7** Von größerer Bedeutung ist die Anwendung der *Meistbegünstigung* auf Fälle der *Löschung wegen mangelnder Benutzung*. Soweit die Anwendung der Vorschriften des WZG für den Inhaber einer wegen mangelnder Benutzung angegriffenen Marke günstiger ist als das MarkenG, bleibt es dabei, daß die Eintragung nicht gelöscht wird. Dies ergibt sich nur in den Fällen, in denen eine *Benutzung vor Androhung des Löschungsantrags aufgenommen oder wieder aufgenommen* worden ist, weil dieser nach § 11 Abs. 5 WZG heilende Wirkung zukommt, während nach § 49 Abs. 1 in solchen Fällen die *Kenntnis von einem möglichen Löschungsantrag* maßgeblich ist, soweit nur der Löschungsantrag vor Ablauf von drei Monaten nach Benutzungsaufnahme nach § 53 beim DPMA gestellt oder rechtzeitig Klage nach § 55 erhoben worden ist. In den übrigen Fällen enthält das MarkenG Regelungen, die für die Markeninhaber günstiger sind als die Regelungen nach der Rechtslage im WZG. Dies gilt vor allem hinsichtlich der Definition der *rechtserhaltenden Benutzung* in § 26. Dies gilt weiter für die *heilende Wirkung einer Benutzungsaufnahme*, wenn der Löschungskläger die Klage nicht innerhalb von drei Monaten nach Benutzungsaufnahme erhebt. Dies gilt schließlich auch deswegen, weil das MarkenG eine dem § 11 Abs. 6 WZG entsprechende Bestimmung nicht enthält, so daß der *Inhaber eines Zwischenrechts* darauf verwiesen ist, von der allgemeinen Vorschrift über die Löschung einer Marke wegen mangelnder Benutzung Gebrauch zu machen.

**8** Eine unbillige *Beeinträchtigung der Rechte der Löschungskläger*, die vor dem Inkrafttreten des MarkenG Klage auf Löschung erhoben haben, der zwar nach der Rechtslage im WZG, nicht aber nach der im MarkenG stattzugeben wäre, ist nicht gegeben, weil die in dem MarkenG enthaltenen Regelungen jedenfalls seit dem Erlaß der MarkenRL bekannt waren, so daß die Beteiligten sich rechtzeitig auf die Rechtslage einrichten konnten, die sich mit dem Inkrafttreten des MarkenG ergeben hat.

## II. Keine Übergangsregelungen für die weiteren Verfallsgründe des § 49 Abs. 2

Übergangsregelungen gleicher Art (s. Rn 7f.) für die *weiteren Verfallsgründe* des § 49 Abs. 2 bedarf es nicht. Die Entwicklung einer Marke zur Gattungsbezeichnung (§ 49 Abs. 2 Nr. 1) ist kein ausdrücklich im WZG enthaltener Löschungsgrund. Es ist den Verfahrensbeteiligten zuzumuten, daß etwa vor dem Inkrafttreten des MarkenG aus diesem Grund erhobene Löschungsklagen nach dem Inkrafttreten nur nach § 49 Abs. 2 Nr. 1 beurteilt werden. In diesen Fällen gilt somit § 152 uneingeschränkt. Ähnliches gilt für den Verfallsgrund des § 49 Abs. 2 Nr. 3.

## III. Löschungsgrund des nachträglichen Wegfalls des Geschäftsbetriebs

Der bis zum 30. April 1992 im WZG noch enthaltene Löschungsgrund des *nachträglichen Wegfalls des Geschäftsbetriebs*, zu dem die Marke gehört (§ 11 Abs. 1 Nr. 2 WZG), ist mit dem ErstrG gestrichen worden, so daß auch schon vor dem Inkrafttreten des MarkenG Löschungsklagen nicht mehr auf dieser Grundlage stattgegeben werden konnte. Das *Fehlen eines Geschäftsbetriebs*, dessen Vorhandensein nach der Rechtslage im WZG Voraussetzung für den Erwerb des Markenschutzes war, stellte keinen in § 11 WZG aufgeführten Löschungsgrund dar. Allenfalls kam eine Amtslöschung nach § 10 Abs. 2 Nr. 2 WZG in Betracht, für die nach § 162 ebenfalls die Meistbegünstigung gilt. Im übrigen kommen in einem solchen Löschungsverfahren in Anwendung von § 152 ausschließlich die Löschungsgründe des MarkenG zum Tragen.

## IV. Unmittelbare Anwendung der Meistbegünstigung

Anders als für die in den §§ 162 und 163 geregelten Fälle bedarf es für die Löschung wegen Verfalls keiner Regelung, daß die *Meistbegünstigung* auch für solche Verfahren gilt, die erst nach dem Inkrafttreten des MarkenG eingeleitet worden sind. Vielmehr gilt für solche Verfallsklagen das MarkenG unmittelbar. Dies ergibt sich vor allem auch deswegen, weil die Löschung wegen Verfalls nur Wirkung in die Zukunft entfaltet (§ 52 Abs. 1). Soweit in einem solchen Löschungsverfahren ein Antrag auf Feststellung eines früheren Zeitpunkts des Verfalls gestellt werden sollte, wofür § 52 Abs. 1 die Grundlage bietet, ergibt sich aus § 161, daß auch eine rückwirkende Anwendung nur der Regelungen des WZG nicht in Betracht kommt, sondern vielmehr die Meistbegünstigung des § 161 Abs. 2 anzuwenden ist.

## Löschung einer eingetragenen Marke wegen absoluter Schutzhindernisse

**162** (1) Ist der Inhaber einer Marke vor dem 1. Januar 1995 benachrichtigt worden, daß die Eintragung der Marke nach § 10 Abs. 2 Nr. 2 des Warenzeichengesetzes gelöscht werden soll, und ist die Frist des § 10 Abs. 3 Satz 2 des Warenzeichengesetzes für den Widerspruch gegen die Löschung am 1. Januar 1995 noch nicht abgelaufen, so beträgt diese Frist zwei Monate.

(2) [1] Ist vor dem 1. Januar 1995 ein Verfahren von Amts wegen zur Löschung der Eintragung einer Marke wegen des Bestehens absoluter Schutzhindernisse nach § 10 Abs. 2 Nr. 2 des Warenzeichengesetzes eingeleitet worden oder ist vor diesem Zeitpunkt ein Antrag auf Löschung nach dieser Vorschrift gestellt worden, so wird die Eintragung nur gelöscht, wenn die Marke sowohl nach den bis dahin geltenden Vorschriften als auch nach den Vorschriften dieses Gesetzes nicht schutzfähig ist. [2] Dies gilt auch dann, wenn nach dem 1. Januar 1995 ein Verfahren nach § 54 zur Löschung der Eintragung einer Marke eingeleitet wird, die vor dem 1. Januar 1995 eingetragen worden ist.

### Inhaltsübersicht

| | Rn |
|---|---|
| A. Bedeutung der Übergangsvorschrift | 1 |
| B. Widerspruchsfrist | 2 |
| C. Bestandsschutz rechtmäßig eingetragener Marken | 3–5 |

## A. Bedeutung der Übergangsvorschrift

1  Die *Bedeutung der Übergangsvorschrift* wird in der *Gesetzesbegründung* eingehend dargestellt, die in den folgenden Ausführungen im wesentlichen wiedergegeben wird (Begründung zum MarkenG, BT-Drucks. 12/6581 vom 14. Januar 1994, S. 134).

## B. Widerspruchsfrist

2  § 162 Abs. 1 bestimmt, daß bei Löschungsverfahren, die vor dem Inkrafttreten des MarkenG nach § 10 Abs. 3 WZG eingeleitet worden sind, die *Widerspruchsfrist*, falls sie zum Zeitpunkt des Inkrafttretens noch nicht abgelaufen ist, *anstatt eines Monats zwei Monate* beträgt. Damit wird klargestellt, daß der Inhaber der Marke die *längere Widerspruchsfrist nach § 54 Abs. 3 S. 2* in Anspruch nehmen kann.

## C. Bestandsschutz rechtmäßig eingetragener Marken

3  Nach § 50 kann eine eingetragene Marke für nichtig erklärt und gelöscht werden, wenn sie entgegen den von Amts wegen zu berücksichtigenden Eintragungshindernissen, die sich aus den §§ 3, 7, 8 und 10 ergeben, eingetragen worden ist und das Eintragungshindernis auch noch im Zeitpunkt der Entscheidung fortbesteht. Nach der Rechtslage im WZG konnte eine eingetragene Marke aus von Amts wegen zu berücksichtigenden Schutzhindernissen gelöscht werden, wenn diese im Zeitpunkt der Eintragung vorlagen (§ 10 Abs. 2 Nr. 2 WZG). Da die Rechtslage nach dem MarkenG sich von der im WZG zum Teil erheblich unterscheidet, können sich bei vor dem Inkrafttreten des MarkenG eingetragenen Marken daher Fälle ergeben, in denen die Marke nach der Rechtslage im WZG hätte gelöscht werden können, nicht aber nach dem MarkenG, ebenso wie auch Fälle, in denen die Marke nach dem MarkenG gelöscht werden kann, nicht aber nach der Rechtslage im WZG gelöscht werden konnte. Wenn dem Grundsatz des § 152 folgend nur das MarkenG Anwendung finden würde, wäre der Bestand eingetragener Marken in dem ersten Fall gesichert, nicht aber in dem zweiten Fall.

4  Um auch in den Fällen der zweiten Fallgruppe den *Bestandsschutz rechtmäßig eingetragener Marken* zu sichern, bestimmt § 162 Abs. 2 in vergleichbarer Weise wie § 161 Abs. 2, daß eine Löschung nur dann möglich ist, wenn die *mangelnde Schutzfähigkeit sowohl nach der Rechtslage im WZG als auch nach dem MarkenG besteht*. Die praktische Bedeutung ist angesichts der vielfach im Vergleich zu der Rechtslage im WZG liberaleren absoluten Schutzhindernisse gering. Die Regelung ist aber gleichwohl erforderlich, um auftretende Fälle so zu lösen, daß der Bestand rechtmäßig eingetragener Marken gesichert bleibt. Die Regelung entspricht der sogenannten *Meistbegünstigungsklausel* in § 20 ErstrG, die für ursprünglich im Gebiet der DDR durch Eintragung geschützte Marken gilt.

5  Für die Anwendung dieser Vorschrift kommt es nicht darauf an, wann das Löschungsverfahren eingeleitet wird. Abs. 2 ordnet daher die kumulative Anwendung des Rechts nach der Rechtslage im WZG und des Rechts nach dem MarkenG sowohl in solchen Fällen an, in denen vor dem Inkrafttreten des MarkenG ein Löschungsverfahren eingeleitet worden ist (S. 1), als auch in den Fällen, in denen ein solches Löschungsverfahren nach dem Inkrafttreten des MarkenG nach § 54 eingeleitet wird (S. 2).

**Löschung einer eingetragenen Marke wegen des Bestehens älterer Rechte**

**163** (1) ¹Ist vor dem 1. Januar 1995 eine Klage auf Löschung der Eintragung einer Marke aufgrund einer früher angemeldeten Marke nach § 11 Abs. 1 Nr. 1 des Warenzeichengesetzes oder aufgrund eines sonstigen älteren Rechts erhoben worden, so wird, soweit in Absatz 2 nichts anderes bestimmt ist, die Eintragung nur gelöscht, wenn der Klage sowohl nach den bis dahin geltenden Vorschriften als auch nach den

Vorschriften dieses Gesetzes stattzugeben ist. ²Dies gilt auch dann, wenn nach dem 1. Januar 1995 eine Klage nach § 55 auf Löschung der Eintragung einer Marke erhoben wird, die vor dem 1. Januar 1995 eingetragen worden ist.

(2) ¹In den Fällen des Absatzes 1 Satz 1 ist § 51 Abs. 2 Satz 1 und 2 nicht anzuwenden. ²In den Fällen des Absatzes 1 Satz 2 ist § 51 Abs. 2 Satz 1 und 2 mit der Maßgabe anzuwenden, daß die Frist von fünf Jahren mit dem 1. Januar 1995 zu laufen beginnt.

**Inhaltsübersicht**

| | Rn |
|---|---|
| A. Bedeutung der Übergangsvorschrift | 1 |
| B. Bestandsschutz rechtmäßig eingetragener Marken | 2–5 |
| C. Beschränkung der Meistbegünstigung in den Fällen der Verwirkung | 6 |

## A. Bedeutung der Übergangsvorschrift

Die *Bedeutung der Übergangsvorschrift* wird in der *Gesetzesbegründung* eingehend dargestellt, die in den folgenden Ausführungen im wesentlichen wiedergegeben wird (Begründung zum MarkenG, BT-Drucks. 12/6581 vom 14. Januar 1994, S. 135). 1

## B. Bestandsschutz rechtmäßig eingetragener Marken

Nach der Rechtslage im WZG konnten Marken, denen Rechte mit älterem Zeitrang entgegenstanden, aufgrund dieser älteren Rechte gelöscht werden. § 11 Abs. 1 Nr. 1 WZG sah vor, daß eine eingetragene Marke aufgrund einer eingetragenen Marke mit älterem Zeitrang gelöscht werden konnte. Nach § 11 Abs. 6 WZG war der Löschungsanspruch allerdings dann nicht gegeben, wenn die ältere Marke zum Zeitpunkt der Bekanntmachung der Anmeldung der jüngeren Marke wegen mangelnder Benutzung löschungsreif war. Das WZG enthielt selbst keine Regelungen über die Löschung eingetragener Marken, denen nicht durch eine Eintragung als Marke geschützte ältere Rechte entgegenstanden. Solche Löschungsansprüche waren aber aufgrund der jeweils anzuwendenden Vorschriften für die sonstigen älteren Rechte, wie etwa die §§ 12 BGB, 16 UWG oder 25 WZG, als sogenannte außerzeichenrechtliche Löschungsgründe anerkannt. Das MarkenG regelt den *Löschungsanspruch aufgrund älterer Rechte* in § 51. Nach § 51 Abs. 2 bis 4 ist der Löschungsanspruch in bestimmten Fällen ausgeschlossen. Zu diesen Fällen gehört insbesondere die *Verwirkung* (§ 51 Abs. 2). Außerdem gehören dazu weitere Fälle, in denen die ältere Marke zum Zeitpunkt der Veröffentlichung der *Eintragung der jüngeren Marke selbst löschungsreif* war (§ 51 Abs. 4). Die mangelnde Benutzung ist in § 51 Abs. 4 Nr. 1 und in § 55 Abs. 3 geregelt. Danach ist ein Löschungsanspruch aufgrund einer älteren eingetragenen Marke dann nicht gegeben, wenn die ältere Marke vor der Stellung des Löschungsantrags oder dem Schluß der mündlichen Verhandlung nicht ausreichend benutzt worden ist, oder wenn die ältere Marke im Zeitpunkt der Veröffentlichung der Eintragung der jüngeren Marke selbst wegen mangelnder Benutzung löschungsreif war. 2

Mit dem Inkrafttreten des MarkenG können Fälle auftreten, in denen ein Löschungsanspruch durchgreift, wenn das WZG angewendet wird, nicht hingegen, wenn das MarkenG Anwendung findet. Umgekehrt kann es Fälle geben, in denen der Löschungsanspruch nur nach dem MarkenG, nicht aber nach der Rechtslage im WZG gegeben ist. Weiter kann es Fälle geben, in denen der Löschungsanspruch sowohl nach der Rechtslage im WZG wie nach der im MarkenG gegeben ist. Schließlich kann auch der Fall eintreten, daß der Löschungsanspruch sowohl nach der Rechtslage im WZG wie nach dem MarkenG unbegründet ist. Die Frage des auf Löschungsansprüche anzuwendenden Rechts kann sich sowohl hinsichtlich solcher Löschungsverfahren stellen, die vor dem Inkrafttreten des MarkenG eingeleitet worden sind, bei seinem Inkrafttreten aber noch nicht abgeschlossen waren, als auch in solchen Fällen, die nach dem Inkrafttreten des MarkenG eingeleitet werden, aber die Löschung einer vor dem Inkrafttreten des MarkenG eingetragenen Marke betreffen. 3

**4** § 163 bestimmt für die genannten Fälle Übergangsregelungen, die zu einer möglichst reibungslosen Anwendung des MarkenG unter Anerkennung des *Bestandsschutzes rechtmäßig eingetragener Marken* führen.

**5** § 163 Abs. 1 S. 1 betrifft die Fälle, in denen *vor dem Inkrafttreten des MarkenG ein Löschungsverfahren eingeleitet* worden ist. In diesen Fällen wird dem Löschungsantrag nur stattgegeben, wenn er sowohl nach der Rechtslage im WZG als auch nach den Vorschriften des MarkenG begründet ist. Diese Regelung findet nach Abs. 1 S. 2 auch in den Fällen Anwendung, in denen ein *Löschungsverfahren nach dem Inkrafttreten des MarkenG gegen eine Marke eingeleitet* wird, die *vor dem Inkrafttreten des MarkenG eingetragen* worden ist. Wird etwa der Schutzumfang einer eingetragenen Marke im Sinne der abgestuften Regelungen des § 9 im Vergleich zur Rechtslage im WZG erweitert, so besteht der Löschungsanspruch gegen eine jüngere eingetragene Marke gleichwohl nicht, wenn sie vor dem Inkrafttreten des MarkenG nicht vom Schutzumfang der älteren Marke erfaßt wurde. Dasselbe Ergebnis tritt ein, wenn sich der Schutzumfang einer eingetragenen Marke verringert. Ähnliches gilt für die *Anwendung der Vorschriften über den Benutzungszwang* nach der Rechtslage im WZG und nach dem MarkenG. Die Regelungen des WZG und des MarkenG stimmen allerdings weitgehend überein, da sowohl nach § 11 Abs. 6 WZG wie auch nach § 51 Abs. 4 Nr. 1 der Löschungsanspruch nicht gegeben ist, wenn die ältere Marke zum Zeitpunkt der Veröffentlichung der Eintragung – nach der Rechtslage im WZG zum Zeitpunkt der Bekanntmachung – der jüngeren Marke selbst wegen mangelnder Benutzung löschungsreif war.

### C. Beschränkung der Meistbegünstigung in den Fällen der Verwirkung

**6** Die in § 163 Abs. 1 geregelte Meistbegünstigung, die der Meistbegünstigung bei der Löschung eingetragener Marken wegen des Bestehens absoluter Schutzhindernisse (§ 162) inhaltlich entspricht, bedarf einer *Ausnahme bei der Anwendung der Regelungen über die Verwirkung*. Die in § 51 Abs. 2 geregelte Verwirkung von Löschungsansprüchen ist in dieser Form nicht Bestandteil der Rechtslage im WZG. Es ist daher nicht gerechtfertigt, sie rückwirkend anzuwenden. Abs. 2 bestimmt daher, daß die Frist von fünf Jahren, die in § 51 Abs. 2 S. 1 und 2 enthalten ist, nicht vor dem Zeitpunkt des Inkrafttretens des MarkenG zu laufen beginnt. Die Regelung entspricht der in § 153 Abs. 2.

## Erinnerung und Durchgriffsbeschwerde

**164** Die Vorschriften dieses Gesetzes gelten auch für Erinnerungen, die vor dem 1. Januar 1995 eingelegt worden sind, mit der Maßgabe, daß die in § 66 Abs. 3 Satz 1 und 2 vorgesehenen Fristen von sechs Monaten und zehn Monaten am 1. Januar 1995 zu laufen beginnen.

### Inhaltsübersicht

|  | Rn |
|---|---|
| A. Bedeutung der Übergangsvorschrift | 1 |
| B. Fristbeginn bei vor dem Inkrafttreten des MarkenG eingelegten Erinnerungen | 2 |

### A. Bedeutung der Übergangsvorschrift

**1** Die *Bedeutung der Übergangsvorschrift* wird in der *Gesetzesbegründung* eingehend dargestellt, die in den folgenden Ausführungen im wesentlichen wiedergegeben wird (Begründung zum MarkenG, BT-Drucks. 12/6581 vom 14. Januar 1994, S. 136).

### B. Fristbeginn bei vor dem Inkrafttreten des MarkenG eingelegten Erinnerungen

**2** Nach § 164 steht die in § 66 Abs. 3 vorgesehene *Durchgriffsbeschwerde* zwar auch für solche Erinnerungsverfahren zur Verfügung, die zum Zeitpunkt des Inkrafttretens des MarkenG

Übergangsvorschriften                                              1–3   § 165 MarkenG

noch anhängig waren. Allerdings begannen die in § 66 Abs. 3 vorgesehenen Fristen, die abgelaufen sein müssen, bevor Antrag auf Entscheidung gestellt werden kann (sechs Monate im einseitigen und zehn Monate im zweiseitigen Verfahren), erst mit dem Inkrafttreten des MarkenG zu laufen, damit das BPatG nicht unvorbereitet mit einer möglicherweise beträchtlichen Zahl neuer Beschwerden befaßt wurde.

## Übergangsvorschriften

**165** (1) **Auf Anmeldungen, die vor dem 1. Januar 1998 zur Eintragung einer Marke in das Register beim Patentamt eingereicht worden sind, ist § 33 Abs. 3 nicht anzuwenden.**

(2) **Bis zum 1. Januar 1999 ist § 125 h mit der Maßgabe anzuwenden, daß an die Stelle des Insolvenzverfahrens das Konkursverfahren, an die Stelle des Insolvenzgerichts das Konkursgericht, an die Stelle der Insolvenzmasse die Konkursmasse und an die Stelle des Insolvenzverwalters der Konkursverwalter tritt.**

### Inhaltsübersicht

|  | Rn |
|---|---|
| A. Regelungsgehalt | 1 |
| B. Veröffentlichung der Anmeldung einer Marke (§ 165 Abs. 1) | 2 |
| C. Übergangsregelung aus Anlaß der Insolvenzrechtsreform (§ 165 Abs. 2) | 3 |

### A. Regelungsgehalt

§ 165 enthält Übergangsregelungen zur Veröffentlichung der Anmeldung einer Marke  **1**
(Abs. 1) und zur Gemeinschaftsmarke als Gegenstand des Insolvenzverfahrens (Abs. 2). Die Vorschrift wurde durch das HRefG vom 22. Juni 1998 (BGBl. I S. 1474) neu gefaßt. § 165 Abs. 1 wurde durch das HRefG neu in das MarkenG eingefügt und enthält eine Übergangsbestimmung zu der ebenfalls neuen Regelung des § 33 Abs. 3. § 33 Abs. 3 regelt die Veröffentlichung einer Marke zur Eintragung in das Markenregister (s. dazu im einzelnen § 33, Rn 10f.). Die Bestimmung des § 165 Abs. 2 wurde bereits durch das MarkenRÄndG 1996 vom 19. Juli 1996 (BGBl. I S. 1014) in das MarkenG eingefügt und enthält eine Übergangsbestimmung zu der Regelung des § 125 h. § 125 h regelt die Auswirkungen eines nationalen Insolvenzverfahrens auf eine Gemeinschaftsmarke, insbesondere die Gewährleistung der Eintragung eines entsprechenden Vermerks in das Gemeinschaftsmarkenregister oder in die Anmeldeunterlagen, wenn eine Gemeinschaftsmarke von einem solchen Verfahren erfaßt wird (s. dazu im einzelnen § 125 h, Rn 1).

### B. Veröffentlichung der Anmeldung einer Marke (§ 165 Abs. 1)

Nach § 165 Abs. 1 findet die Regelung des § 33 Abs. 3 auf Markenanmeldungen, die  **2**
zeitlich vor dem 1. Januar 1998 beim DPMA eingereicht worden sind, keine Anwendung. Der Veröffentlichung nach § 33 Abs. 3 unterliegen demnach nur solche Anmeldungen, die zeitlich nach dem 1. Januar 1998 beim DPMA eingereicht worden sind. Zeitlich frühere Anmeldungen werden demgegenüber von dem Veröffentlichungsgebot ausgenommen. Eine solche Übergangsregelung ist deshalb geboten, weil Anmeldungen von Marken zur Eintragung in das Markenregister erst seit dem 1. Januar 1998 datenbankmäßig soweit erfaßt sind, daß eine Veröffentlichung deren Inhalts in EDV-technischer Weise in Betracht kommt (s. dazu Beschlußempfehlung und Bericht des Rechtsausschusses, BT-Drucks. 13/10332 vom 1. April 1998, S. 32).

### C. Übergangsregelung aus Anlaß der Insolvenzrechtsreform (§ 165 Abs. 2)

Mit der Übergangsregelung des § 165 Abs. 2 sollte die Zeit bis zum Inkrafttreten der  **3**
InsO am 1. Januar 1999 dadurch überbrückt werden, daß bei der Anwendung des § 125 h

an das bis dahin geltende Konkursrecht anzuknüpfen war. Für das Beitrittsgebiet trat bis zum einheitlichen Inkrafttreten der InsO an die Stelle des Konkursrechts das Gesamtvollstreckungsrecht (§ 1 Abs. 4 GesO).

# Zweiter Teil
# Internationales Markenrecht

## Übersicht

| | |
|---|---:|
| Einführung in das Recht der internationalen Verträge | 1783 |
| 1. Abschnitt. Mehrseitige Abkommen | 1806 |
|    A. Pariser Verbandsübereinkunft zum Schutz des gewerblichen Eigentums | 1806 |
|    B. Madrider Abkommen über die internationale Registrierung von Marken | 1858 |
| 2. Abschnitt. Zweiseitige Abkommen | 1903 |
|    A. Allgemeines | 1903 |
|    B. Die Zweiseitigen Abkommen im einzelnen | 1904 |
|       I. Alte Staatsverträge | 1904 |
|       II. Neue Staatsverträge (nach 1945) | 1907 |
| 3. Abschnitt. Herkunftsabkommen | 1913 |
|    A. Allgemeines | 1913 |
|    B. Ausgestaltung des Rechtsschutzes | 1914 |
|    C. Herkunftsabkommen im einzelnen | 1914 |

# Einführung in das Recht der internationalen Verträge

### Inhaltsübersicht

|  | Rn |
|---|---|
| A. Quellen und Geschichte der internationalen Verträge auf dem Gebiet des gewerblichen Rechtsschutzes | 1–32 |
|   I. Mehrseitige Abkommen | 1–31 |
|     1. Der Pariser Verband und seine Sonderabkommen | 2–15 |
|       a) Die Pariser Verbandsübereinkunft (PVÜ) | 2, 3 |
|       b) Das Madrider Markenabkommen (MMA) | 4, 5 |
|       c) Das Protokoll zum Madrider Markenabkommen (PMMA) | 6 |
|       d) Das Nizzaer Klassifikationsabkommen (NKA) | 7 |
|       e) Das Wiener Klassifikationsabkommen (WKA) | 8 |
|       f) Das Madrider Herkunftsabkommen (MHA) | 9–11 |
|       g) Das Lissaboner Ursprungsabkommen (LUA) | 12 |
|       h) Der Markenrechtsvertrag (Trademark Law Treaty – TLT) | 13, 14 |
|       i) Der Vertrag über die internationale Registrierung von Marken (Trademark Registration Treaty – TRT) | 15 |
|     2. Weltorganisation für geistiges Eigentum (WIPO/OMPI) | 16 |
|     3. Gewerblicher Rechtsschutz im Rahmen der Welthandelsorganisation (TRIPS-Abkommen) | 17–31 |
|       a) Entstehung des TRIPS-Abkommens | 17 |
|       b) Zielsetzung des TRIPS-Abkommens | 18 |
|       c) Inhalt des TRIPS-Abkommens | 19–28 |
|         (1) Regelungsübersicht | 19, 20 |
|         (2) Markenrechtliche Bestimmungen | 21–28 |
|       d) Verhältnis des TRIPS-Abkommens zur PVÜ und ihren Sonderabkommen | 29–31 |
|   II. Zweiseitige Abkommen | 32 |
| B. Geltungsbereich der Verbandsverträge | 33–35 |
|   I. Räumlicher Geltungsbereich | 33 |
|   II. Zeitlicher Geltungsbereich | 34 |
|   III. Übersicht über den Stand der internationalen Verträge | 35 |
| C. Verbandsverträge und nationales Recht | 36, 37 |
|   I. Transformation | 36 |
|   II. Unmittelbare Anwendung | 37 |
| D. Auswirkungen internationaler bewaffneter Konflikte | 38–41 |
|   I. Grundauffassung | 38 |
|   II. Rechtslage nach dem Zweiten Weltkrieg | 39–41 |
|     1. Bundesrepublik Deutschland | 39 |
|     2. Deutsche Demokratische Republik | 40 |
|     3. Sonderregelungen | 41 |
| E. Rechtslage nach der Wiedervereinigung Deutschlands | 42, 43 |
| F. Beschränkung des Kommentars auf Vorschriften des Wettbewerbs- und Kennzeichenrechts | 44 |

## A. Quellen und Geschichte der internationalen Verträge auf dem Gebiet des gewerblichen Rechtsschutzes

### I. Mehrseitige Abkommen

Im Markenrecht sowie allgemein im Wettbewerbsrecht kommt dem *internationalen Verbandsrecht* eine immer größere Bedeutung zu. Es liegt in der Natur des Handels, an den nationalen Landesgrenzen nicht haltzumachen; der internationale Waren- und Dienstleistungsverkehr überschreitet die Staatsgrenzen weltweit. Das *internationale System des gewerblichen Rechtsschutzes* antwortet auf diese *Globalisierung der Weltwirtschaft*. Schon im ausgehenden 19. Jahrhundert versuchten die Staaten, aufgrund von *mehrseitigen* und *zweiseitigen* Verträgen bestimmte Gebiete des Wettbewerbsrechts zu vereinheitlichen. Heute wird das internationale Markenrecht von einer Reihe *mehrseitiger Verträge* geprägt (s. Rn 2 ff.).

## 1. Der Pariser Verband und seine Sonderabkommen

### a) Die Pariser Verbandsübereinkunft (PVÜ)

**Schrifttum.** S. die Schrifttumsangaben vor der Vorb zur PVÜ, 1. Abschnitt, A.

2    Die *Pariser Verbandsübereinkunft zum Schutz des gewerblichen Eigentums* (Unionsvertrag) vom 20. März 1883 (s. 2. Teil des Kommentars, 1. Abschnitt, A) ist das zentrale Abkommen auf dem Gebiet des gewerblichen Rechtsschutzes. Sie ist als ein *Dachabkommen* das völkervertragliche Mutterrecht für eine Reihe weiterer in ihrem Rahmen abgeschlossener *Sonderabkommen* (Art. 19 PVÜ; s. Rn 4 ff.). In ihren Anfängen geht die PVÜ auf eine Entschließung des Wiener internationalen Patentkongresses von 1873 zurück, der eine internationale Verständigung über den Patentschutz als dringend nötig erachtete. Der Pariser Kongreß von 1878 griff diese Anregung auf und arbeitete unter Mitwirkung deutscher Vertreter den Entwurf eines solchen Vertrages aus, der schließlich im März 1883 zwischen Belgien, Brasilien, Frankreich, Guatemala, Italien, den Niederlanden, Portugal, Salvador, der Schweiz, Serbien und Spanien geschlossen wurde. Zur selben Zeit hinterlegten Ecuador, Tunesien und das Vereinigte Königreich Beitrittsurkunden. Die *PVÜ trat am 7. Juli 1884 in Kraft.* Deutschland stand der PVÜ lange abwartend gegenüber. Erst im Mai 1901 beschlossen Bundesrat und Reichstag, der PVÜ beizutreten; der *Beitritt wurde am 1. Mai 1903 wirksam* (RGBl. 1903, S. 147). Der PVÜ gehören heute 151 Staaten an. Alle Mitgliedstaaten der EU sind auch Mitgliedstaaten der PVÜ.

3    Die PVÜ wurde am 14. Dezember 1900 in Brüssel, am 2. Juni 1911 in Washington, am 6. November 1925 in Den Haag, am 2. Juni 1934 in London, am 31. Oktober 1958 in Lissabon und am 14. Juli 1967 in Stockholm revidiert. In Deutschland wurde die Haager Fassung der PVÜ am 5. April 1928 (RGBl. II S. 181), die Londoner Fassung am 8. Oktober 1937 (RGBl. II S. 584), die Lissaboner Fassung am 30. März 1961 (BGBl. II S. 274) und die Stockholmer Fassung am 13. Oktober 1970 (BGBl. II S. 1073) bekanntgemacht. Die Stockholmer Fassung ist am 19. September 1970 in Kraft getreten. An wesentlichen Neuerungen brachte die Lissaboner Revision die Unabhängigkeit der Marke vom Schutz im Ursprungsland (Art. 6), die Verbesserung des Schutzes der notorisch bekannten Marke durch Einführung eines Benutzungsverbots (Art. 6$^{bis}$), die Verpflichtung der Verbandsstaaten, Dienstleistungsmarken zu schützen (Art. 6$^{sexies}$), und eine Regelung der Agentenmarke (Art. 6$^{septies}$). Die Stockholmer Revision änderte im wesentlichen die Verwaltungsstruktur (s. Tagungsbericht GRUR Int 1967, 425; *Krieger,* RIW/AWD 1967, 361). Die Stockholmer Fassung wurde am 2. Oktober 1979 geändert; diese Änderung ist am 3. Juni 1984 in Kraft getreten (BGBl. II S. 799). Die Änderung betraf den Haushaltsplan des Verbandes (Zwei-Jahres-Haushaltsplan). In den Jahren 1980 bis 1984 haben vier Sitzungen der Diplomatischen Konferenz zur Revision der PVÜ stattgefunden, auf denen jedoch keine endgültige Ergebnisse erzielt wurden (*Hallstein,* GRUR Int 1981, 137; 1982, 45; zum Kongreß der AIPPI s. den Bericht GRUR Int 1983, 930; Informationen s. GRUR Int 1980, 194; 1981, 713; 1982, 686; 1983, 59; 1983, 930; 1984, 317; zur Geschichte und zu den einzelnen Kongressen der AIPPI von 1897-1997 s. *Gaultier,* in: AIPPI (Hrsg.), Entwicklung des gewerblichen Rechtsschutzes, 1997, S. 11).

### b) Das Madrider Markenabkommen (MMA)

**Schrifttum.** S. die Schrifttumsangaben vor der Vorb zum MMA, 1. Abschnitt, B.

4    Das *Madrider Abkommen über die internationale Registrierung von Fabrik- oder Handelsmarken* vom 14. April 1891 (s. 2. Teil des Kommentars, 1. Abschnitt, B) ist ein *Nebenabkommen zur PVÜ,* das die Erlangung des Markenschutzes wesentlich erleichtert. Es ermöglicht dem Inhaber einer im Ursprungsland eingetragenen Marke, durch eine einzige Registrierung beim Internationalen Büro in Genf in jedem Markenverbandsstaat den gleichen Schutz zu erlangen, wie wenn die Marke dort unmittelbar hinterlegt worden wäre. Das *MMA trat am 15. Juli 1892 in Kraft.* Deutschland trat dem MMA erst am 12. Juli 1922 bei (RGBl. II

S. 669); der *Beitritt* wurde *am 1. Dezember 1922 wirksam* (RGBl. II S. 779). Dem MMA gehören heute 51 Staaten an, die alle auch Mitgliedstaaten der PVÜ sind. Von den Mitgliedstaaten der EU gehören nur Belgien, Luxemburg, die Niederlande, Frankreich, Italien, Spanien, Portugal, Österreich und die Bundesrepublik Deutschland dem MMA an, nicht Dänemark, Schweden, Finnland, Irland, das Vereinigte Königreich und Griechenland. Allerdings haben diese Staaten das im Jahre 1989 abgeschlossene *Protokoll zum MMA* unterzeichnet (s. Vorb zu Art. 1 MMA, Rn 6 ff.).

Das MMA wurde am 14. Dezember 1900 in Brüssel, am 2. Juni 1911 in Washington, am 5. November 1925 in Den Haag, am 2. Juni 1934 in London, am 15. Juni 1957 in Nizza und am 14. Juli 1967 in Stockholm revidiert und am 2. Oktober 1979 geändert. Die Haager Fassung des MMA wurde am 5. April 1928 (RGBl. II S. 196), die Londoner Fassung am 8. Oktober 1937 (RGBl. II S. 608), die Nizzaer Fassung am 19. April 1962 (BGBl. II S. 125) und die Stockholmer Fassung am 30. März 1971 (BGBl. II S. 200) bekanntgemacht. Die wesentlichen Änderungen des MMA durch die Nizzaer Revision betrafen die Registrierung nach Klassen entsprechend der internationalen Warenklasseneinteilung (Art. 3 Abs. 2), die territoriale Beschränkung des Schutzes aus der internationalen Registrierung (Art. 3$^{bis}$), die Begrenzung der Abhängigkeit der Marke vom Heimatschutz auf fünf Jahre (Art. 6 Abs. 2) und die Erhöhung bestehender und die Einführung neuer Gebühren (Art. 8). Die erneute Revision auf der Stockholmer Konferenz bezog sich ebenso wie die Revision der PVÜ (s. Rn 3) im wesentlichen auf die Verwaltungsstruktur.

### c) Das Protokoll zum Madrider Markenabkommen (PMMA)

**Schrifttum.** S. die Schrifttumsangaben Vorb zum MMA, 1. Abschnitt, B, E (vor Rn 6).

Das *Protokoll zum Madrider Abkommen über die internationale Registrierung von Marken* vom 6 27. Juni 1989 (s. 3. Teil des Kommentars, III 4) wurde *für die Bundesrepublik Deutschland am 20. März 1996 wirksam* (BGBl. II S. 557). Dem Protokoll gehören 37 Staaten an (s. die Übersicht über den Geltungsbereich der Verbandsverträge, 2. Teil des Kommentars, 1. Abschnitt, B, III, Rn 35). Das PMMA trat durch die Hinterlegung der Ratifikations- und Beitrittsurkunden Schwedens, Spaniens, Chinas und des Vereinigten Königreichs am *1. Dezember 1995* in Kraft. Für die anderen Vertragsstaaten ist das Protokoll im Zeitpunkt der Notifizierung oder des Beitritts durch den Generaldirektor in Kraft getreten (s. zum Inkrafttreten Art. 14 Abs. 4 PMMA). Die *Gemeinsame Ausführungsordnung zum Madrider Abkommen über die internationale Registrierung von Marken und zum Protokoll zu diesem Abkommen* (s. 3. Teil des Kommentars, III 5) trat am *1. April 1996* in Kraft. Seit diesem Tag wird das Protokoll angewendet (s. Vorb Art. 1 MMA, Rn 6 ff.).

### d) Das Nizzaer Klassifikationsabkommen (NKA)

**Schrifttum.** *Krieger/Rogge,* Die neue Verwaltungsstruktur der Pariser und Berner Union, GRUR Int 1967, 462; *Miosga,* Zur Einführung der internationalen Klassifikation, MA 1967, 469; *Miosga,* Internationaler Marken- und Herkunftsschutz, 1967; *Richter,* Das Abkommen von Nizza über die internationale Klassifikation, GRUR Int 1958, 102.

Das *Abkommen von Nizza über die Internationale Klassifikation von Waren und Dienstleistungen* 7 *für die Eintragung von Marken* vom 15. Juni 1957 (s. 3. Teil des Kommentars, III 8) bringt für die Vertragsstaaten eine einheitliche Klassifikation der Waren und Dienstleistungen für die Registrierung von Marken. Das *NKA trat am 8. April 1961 in Kraft.* Deutschland trat dem Abkommen am 29. Dezember 1961 bei; der *Beitritt* wurde *am 29. Januar 1962 wirksam* (BGBl. 1964 II S. 1217). Das NKA wurde am 14. Juli 1967 in Stockholm revidiert. Die Stockholmer Fassung enthält im wesentlichen die durch die geänderte Verwaltungsstruktur der PVÜ als des Hauptabkommens notwendig gewordenen Anpassung der Organisationsnormen. Der Stockholmer Fassung stimmte der Bundestag durch Gesetz vom 5. Juni 1970 (BGBl. II S. 293, 434) zu; sie trat am 19. September 1970 für die Bundesrepublik Deutschland in Kraft. Eine erneute Revision erfolgte am 13. Mai 1977 in Genf. Der Genfer Fassung stimmte der Bundestag durch Gesetz vom 24. Juni 1981 (BGBl. II S. 358) zu; sie trat am 12. Januar 1982 für die Bundesrepublik Deutschland in Kraft. Dem NKA gehören heute 58 Staaten an. Alle Mitgliedstaaten der EU sind auch Mitgliedstaaten des NKA. Das NKA verpflichtet die Vertragsstaaten, die in diesem Abkommen vorgesehene internationale Klassifikation der Waren und Dienstleistungen als einzige oder als zusätzliche Klassifikation (*Haupt-* oder *Nebenklassifikation*) anzuwenden (Art. 2 Abs. 2). Zweck der *einheitlichen Klassifikation* ist es, sowohl den Erwerb des Markenschutzes als auch die Nachforschungen nach prioritätsälteren Rechten zu erleichtern. Es handelt sich um ein bloßes Ordnungsinstrument, das die Mitgliedstaaten weder hinsichtlich der Beurteilung des Schutzumfangs der Marke, noch hinsichtlich der Anerkennung von Dienstleistungsmarken bindet (Art. 2). Die internationale Klassifikation richtet sich nach der Alphabetischen Liste der Waren und Dienstleistungen nach dem Nizzaer Abkommen, das von der OMPI/WIPO herausgegeben wird (Internationale Klassifikation von Waren und Dienstleistungen für die Eintragung von Marken (Klassifikation von Nizza), Teil I, Deutsch/Englisch/Französische Liste von Waren und Dienstleistungen in alphabetischer Reihenfolge; Teil II, Deutsch/Französische Liste von Waren und Dienstleistungen in einer nach Klassen geordneten alphabetischen Reihenfolge, 7. Auflage, 1997, WIPO Veröffentlichungen Nr. 500.1 (G/E/F) und Nr. 500.2 (G/F)). Teil I umfaßt 320 Seiten und beinhaltet eine Liste der Waren und Dienstleistungen in alphabetischer Reihenfolge. Teil II listet auf 301 Seiten die Waren und Dienstleistungen nach Klassen auf. Dem NKA kommt namentlich im Rahmen des MMA Bedeutung zu, da Art. 3 Abs. 2 MMA die Registrierung der IR-Marke entsprechend der internationalen Klassifikation vorschreibt. Der in Art. 3 NKA vorgesehene Sachverständigenausschuß soll die Klassifikation durch Ergänzungen und Änderungen der technischen und wirtschaftlichen Entwicklung anpassen (s. *Richter,* GRUR Int 1958, 102). In der Bundesrepublik Deutschland richtet sich die Klassifikation der Waren und Dienstleistungen nach der in der Anlage der MarkenV enthaltenen Klasseneinteilung von Waren und Dienstleistungen (§ 15 Abs. 1 MarkenV). Ergänzend kann die Alphabetische Liste der Waren und Dienstleistungen nach dem NKA zur Klassifizierung verwendet werden (§ 15 Abs. 2 MarkenV).

### e) Das Wiener Klassifikationsabkommen (WKA)

**8**  Das *Wiener Abkommen über die Errichtung einer Internationalen Klassifikation der Bildbestandteile von Marken* vom 12. Juni 1973 (WIPO-Dokument Nr. 266 (G) 1979) bringt für die Vertragsstaaten eine einheitliche Klassifikation der Bildbestandteile von Marken. Das WKA trat am 9. August 1985 in Kraft und wurde am 1. Oktober 1985 revidiert. Dem WKA in seiner revidierten Fassung gehören heute 12 Staaten an, darunter Frankreich, Luxemburg, die Niederlande und Schweden (über den Stand des WKA am 31. Januar 1998 s. Prop. Ind. 1998, 63). Deutschland ist dem Abkommen bislang nicht beigetreten. Trotz weitgehend noch fehlender Ratifizierung ist die Bedeutung dieses Abkommens in der Praxis weitreichend. Das Abkommen wird von den Behörden für gewerblichen Rechtsschutz in annähernd 30 Staaten sowie vom Internationalen Büro der WIPO in Genf, dem Benelux-Markenamt und dem Harmonisierungsamt in Alicante angewendet. Auch das DPMA wendet die Wiener Klassifikation für Bildmarken an. Das WKA verpflichtet die Vertragsstaaten, eine gemeinsame Klassifikation für die Bildbestandteile von Marken anzunehmen (Art. 1). Zweck der *einheitlichen Klassifikation* ist es, die Nachforschungen nach prioritätsälteren Rechten zu erleichtern und Umklassifizierungen auf internationaler Ebene zu vermeiden. Die Klassifikation der Bildbestandteile hat keinen Einfluß auf den Schutzumfang der Marke (Art. 4 Abs. 1 S. 2). Die in dem Abkommen vorgesehene Klassifikation der Bildbestandteile kann als *Haupt-* oder *Nebenklassifikation* angewendet werden (Art. 4 Abs. 2). Das WKA wird vom Internationalen Büro der WIPO in Genf verwaltet. Die derzeit geltende 4. Ausgabe der Internationalen Klassifikation der Bildbestandteile von Marken trat am 1. Januar 1998 in Kraft.

### f) Das Madrider Herkunftsabkommen (MHA)

**Schrifttum.** *Becher/Hierse,* Die Bedeutung der PVÜ für das Warenkennzeichnungswesen und die internationale Registrierung von Warenzeichen, Der Schutz von Herkunftsangaben nach dem MHA, Berlin (Ost) 1967, S. 113; *Beier,* Internationaler Schutz von Ursprungsbezeichnungen, GRUR Int 1974, 134; *Ellenberger,* Das Ursprungszeugnis als Instrument des internationalen Handels, RIW/AWD 1969, 269; *Krieger,* Der internationale Schutz von geographischen Bezeichnungen aus deutscher Sicht, GRUR Int 1984, 71; *Miosga,* Internationaler Marken- und Herkunftsschutz, 1967, S. 435.

Das *Madrider Abkommen über die Unterdrückung falscher oder irreführender Herkunftsangaben auf* **9** *Waren* vom 14. April 1891 (s. 3. Teil des Kommentars, III 6) ist ein *Sonderabkommen zur PVÜ*, das den durch die PVÜ gewährten Schutz gegen falsche und irreführende Herkunftsangaben erweitert. Das *MHA trat am 15. Juli 1892 in Kraft*. Deutschland trat dem Abkommen erst am 21. März 1925 bei (RGBl. II S. 115); der *Beitritt* wurde am *12. Juni 1925 wirksam* (RGBl. II S. 287). Das MHA wurde am 2. Juni 1911 in Washington, am 6. November 1925 in Den Haag, am 2. Juni 1934 in London und am 31. Oktober 1958 in Lissabon revidiert. Die Haager Fassung wurde am 5. April 1928 (RGBl. II S. 193), die Londoner Fassung am 8. Oktober 1937 (RGBl. II S. 604) und die Lissaboner Fassung am 30. März 1961 (BGBl. II S. 293) bekanntgemacht. Dem MHA gehören heute 31 Staaten an. Von den Mitgliedstaaten der EU gehören nur Frankreich, Italien, Spanien, Portugal, das Vereinigte Königreich, Irland, Schweden und die Bundesrepublik Deutschland dem MHA an, nicht Belgien, Luxemburg, die Niederlande, Dänemark, Finnland, Österreich und Griechenland.

Nach Art. 1 MHA ist jeder Vertragsstaat verpflichtet, die den übrigen Vertragsstaaten zu- **10** gehörigen Herkunftsangaben vor einem falschen oder irreführenden Gebrauch zu schützen. Der Schutz der Herkunftsangaben richtet sich nach dem nationalen Recht der einzelnen Verbandsstaaten. Die Bundesrepublik Deutschland hat sämtliche Verpflichtungen des MHA erfüllt. Der Schutz der Herkunftsangaben wird durch die §§ 126 ff., 144, 146 und 151 MarkenG sowie die §§ 3 und 4 UWG gewährleistet. Die Vorschriften gehen zum Teil über den durch das MHA geforderten Schutz hinaus. So ist etwa die Durchfuhr in Art. 2 Abs. 2 MHA ausdrücklich von der Beschlagnahmeverpflichtung ausgenommen, während § 151 MarkenG eine Beschlagnahme zum Zwecke der Beseitigung einer widerrechtlichen Kennzeichnung mit geographischen Herkunftsangaben auch bei der Durchfuhr vorsieht. Der Schutz des MHA wird von vielen Staaten als unzureichend empfunden. Zum einen sieht das Abkommen keine zivilrechtlichen oder strafrechtlichen Sanktionen vor. Zum anderen entscheiden die nationalen Gerichte grundsätzlich frei darüber, ob eine geographische Bezeichnung eine nach dem MHA geschützte Herkunftsangabe oder eine nicht unter das Abkommen fallende Gattungsbezeichnung ist; eine Ausnahme besteht nur für regionale Weinbezeichnungen (Art. 4 MHA). Aus diesem Grund hat die Bundesrepublik Deutschland mit Frankreich, Griechenland, Italien, der Schweiz, Spanien und Österreich *Sonderstaatsverträge* über den Schutz von Herkunftsangaben geschlossen, die dem MHA vorgehen (s. dazu 2. Teil des Kommentars, 3. Abschnitt). Geographische Herkunftsangaben werden zudem durch eine Reihe von EG-Verordnungen geschützt (s. dazu Vorb zu den §§ 130 bis 136 MarkenG, Rn 1 f.).

Auf der Stockholmer Konferenz für geistiges Eigentum 1967 wurde die *Stockholmer Zu-* **11** *satzvereinbarung* vom 14. Juli 1967 zum Madrider Abkommen über die Unterdrückung falscher oder irreführender Herkunftsangaben auf Waren vom 14. April 1891 (s. 3. Teil des Kommentars, III 7) beschlossen. Sie enthält im wesentlichen die durch die neuen Organisationsnormen der PVÜ als des Hauptabkommens erforderlich gewordenen Anpassungsvorschriften (s. im einzelnen Rogge, GRUR Int 1967, 474). Die Zusatzvereinbarung, die von insgesamt 20 der 31 Mitgliedstaaten des MHA unterzeichnet wurde, trat für die Bundesrepublik Deutschland am 19. September 1970 in Kraft (BGBl. II S. 1072).

### g) Das Lissaboner Ursprungsabkommen (LUA)

**Schrifttum.** S. die Schrifttumsangaben vor der Vorb zur PVÜ, 1. Abschnitt, A und zu f (vor Rn 9).

Dem *Lissaboner Abkommen über den Schutz der Ursprungsbezeichnungen und ihre internationale* **12** *Registrierung* vom 31. Oktober 1958, revidiert am 14. Juli 1967 in Stockholm und geändert am 2. Oktober 1979 (s. 3. Teil des Kommentars, III 9), gehört Deutschland nicht an. Das Abkommen stellt solche geographischen Angaben unter Schutz, die im Ursprungsland als Ursprungsbezeichnungen und nicht nur als Herkunftsangaben anerkannt und geschützt sind (Art. 2 Abs. 1; 1 Abs. 2 LUA). Da in der Bundesrepublik Deutschland nur die Bezeichnung *Solingen* als Ursprungsbezeichnung gesetzlich anerkannt und nicht nur wettbewerbsrechtlich geschützt war (*Verordnung zum Schutz des Namens Solingen* vom 16. Dezember 1994, BGBl. I S. 3833; s. *Baumbach/Hefermehl*, Wettbewerbsrecht, § 3 UWG, Rn 213; s. § 8 MarkenG, Rn 407), hätte ein Beitritt der Bundesrepublik Deutschland zu diesem Abkommen nur den anderen Mitgliedstaaten Vorteile gebracht (*Krieger*, GRUR Int 1959, 90, 97; *Beier*, GRUR

Int 1968, 69; zum gegenwärtigen Stand des gemeinschaftsrechtlichen Schutzes von Ursprungsbezeichnungen s. Vorb zu den §§ 130 bis 136 MarkenG, Rn 22 ff.). Dem LUA gehören 18 Staaten an, darunter Frankreich, Italien und Portugal (über den Stand des LUA am 31. Januar 1998 s. BlPMZ 1998, 191).

### h) Der Markenrechtsvertrag (Trademark Law Treaty – TLT)

**Schrifttum.** *Bastian*, Der neue Trademark Law Treaty, in: Straus (Hrsg.), Aktuelle Herausforderungen des geistigen Eigentums, FS für Beier, 1996, S. 213; *Bastian*, Der Markenrechtsvertrag, in: Schrikker/Beier (Hrsg.), Die Neuordnung des Markenrechts in Europa, 1997, S. 36; *Kunz-Hallstein*, Auf dem Wege zu einem neuen internationalen Abkommen über die Vereinfachung des Verwaltungsverfahrens in Markensachen, GRUR Int 1992, 763; *Kunze*, Der Markenrechtsvertrag, WRP 1996, 982; Kunze, AIPPI und die Harmonisierung des Markenrechts (TLT), in: AIPPI (Hrsg.), AIPPI und die Entwicklung des gewerblichen Rechtsschutzes 1897-1997, 1997, S. 227.

**13**  Der *Markenrechtsvertrag* (Trademark Law Treaty – TLT) vom 27. Oktober 1994 (WIPO-Dokument Nr. 225 (G) 1996; s. 3. Teil des Kommentars, III 11) bezweckt die Vereinheitlichung des Eintragungsverfahrens vor den nationalen Behörden. Zu den 51 Unterzeichnern des TLT gehören alle EU-Staaten mit Ausnahme Irlands sowie die Europäischen Gemeinschaften. Der Markenrechtsvertrag trat am 1. August 1996 in Kraft. Ihm gehören heute 21 Staaten an (über den Stand des Markenrechtsvertrages am 31. Januar 1998 s. BlPMZ 1998, 195). In der Bundesrepublik Deutschland soll das Gesetzgebungsverfahren für das Zustimmungsgesetz demnächst eingeleitet werden.

**14**  Durch den TLT sollte *ursprünglich* das *materielle Markenrecht harmonisiert* werden. Geplant war namentlich eine verbindliche Regelung der eintragungsfähigen Markenformen, der absoluten und relativen Schutzhindernisse sowie des Markenschutzes außerhalb des Gleichartigkeitsbereichs (Produktähnlichkeitsbereichs). Dieses weit gesteckte Ziel erwies sich jedoch als nicht realisierbar, so daß die Verhandlungspartner sich schließlich auf die *Vereinfachung der Anmeldung und Eintragung von Marken* sowie der *Änderung und Erneuerung von Markenregistrierungen* beschränkten (zur Entstehungsgeschichte des TLT s. WIPO-Memorandum, History of the Preparations for the Trademark Law Treaty, WIPO-Dokument TLT/DC/Inf/2 vom 4. Mai 1994; *Kunze*, WRP 1996, 982 f.). Die Vereinfachung wird vor allem dadurch erreicht, daß der Markenrechtsvertrag die in den einzelnen Fällen zulässigen Formalitäten aufzählt und weitere Formvorschriften ausschließt. Der Vertrag, der nach Art. 2 nur auf visuell wahrnehmbare Marken mit Ausnahme holographischer Marken Anwendung findet, regelt etwa Form und Inhalt der Anmeldung (Art. 3), die Voraussetzungen der Wirksamkeit der Vertretung (Art. 4), die Zuerkennung eines Anmeldedatums (Art. 5), die Zulässigkeit der Zusammenfassung mehrerer Waren- und Dienstleistungsklassen in einer Anmeldung (Art. 6), die Teilung der Anmeldung (Art. 7), die Form erforderlicher Unterschriften (Art. 8), die Anwendung der Internationalen Klassifikation der Waren und Dienstleistungen (Art. 9), die formellen Voraussetzungen der Änderung des Namens oder der Anschrift des Markeninhabers (Art. 10) und des Wechsels der Inhaberschaft an der Marke (Art. 11), die Korrektur von Fehlern in der Anmeldung oder der Eintragung (Art. 12), die zehnjährige Schutzdauer und die Formalitäten der Verlängerung der Eintragung (Art. 13) sowie die Pflicht zur Gewährung rechtlichen Gehörs vor der Zurückweisung einer Anmeldung (Art. 14). Außerdem verpflichtet Art. 15 die Vertragsparteien, die markenrechtlichen Bestimmungen der PVÜ anzuwenden. Dadurch werden die Vorschriften der PVÜ auch für diejenigen Vertragsparteien bindend, die wie die Europäischen Gemeinschaften nur dem TLT, nicht aber der PVÜ angehören. Ferner sind die Vertragsparteien verpflichtet, auch Dienstleistungsmarken zur Eintragung zuzulassen und diese entsprechend den Vorschriften der PVÜ für Warenmarken zu schützen (Art. 16). Der TLT wird nach Art. 17 durch eine Ausführungsordnung ergänzt, die acht Regeln mit Einzelheiten zu den Vertragsbestimmungen sowie acht Muster internationaler Formblätter enthält (s. 3. Teil des Kommentars, III 12). Die Musterformulare werden den Markenbenutzern den Umgang mit den nationalen Ämtern wesentlich erleichtern, da die Ämter Eingaben, die auf entsprechenden Formularen erfolgen, ohne weiteres akzeptieren müssen (s. etwa Art. 3 Abs. 2 Ziff. i).

### i) Der Vertrag über die internationale Registrierung von Marken (Trademark Registration Treaty – TRT)

**Schrifttum.** S. die Schrifttumsangaben Vorb zum MMA, 1. Abschnitt, B, D (vor Rn 4).

Der *Vertrag über die internationale Registrierung von Marken* vom 12. Juni 1973 ist ohne wesentliche Bedeutung, da ihn bisher keiner der Unterzeichnerstaaten ratifiziert hat (s. dazu Vorb zu Art. 1 MMA, Rn 4 f.).

## 2. Weltorganisation für geistiges Eigentum (WIPO/OMPI)

Die *WIPO* (World Intellectual Property Organization) bzw *OMPI* (Organisation Mondiale de la Propriété Intellectuelle) ist eine Dachorganisation für alle internationalen Übereinkommen auf dem Gebiet des gewerblichen, literarischen und künstlerischen Eigentums. Sie soll den Schutz des geistigen Eigentums durch Zusammenarbeit der Staaten weltweit fördern und die verwaltungsmäßige Zusammenarbeit zwischen den Verbänden gewährleisten (s. dazu *Krieger*, RIW/AWD 1967, 361; *Krieger/Rogge*, GRUR Int 1967, 462; *Krieger/Mast/Tilmann*, GRUR Int 1971, 29, 35, 37). Das *Übereinkommen zur Errichtung der Weltorganisation für geistiges Eigentum* vom 14. Juli 1967 (WIPO-Konvention) wurde von 43 Staaten, darunter die Bundesrepublik Deutschland, unterzeichnet und ratifiziert (amtl. deutscher Text s. GRUR Int 1968, 413). Es trat am 19. September 1970 in Kraft (BGBl. II S. 293, 434). Seit dem 17. Dezember 1974 ist die WIPO eine Sonderorganisation der Vereinten Nationen (Abkommen zwischen den Vereinten Nationen und der WIPO, Ind. Prop. 1975, 3). Das zur Wahrnehmung der Aufgaben der WIPO zuständige Internationale Büro hat seinen Sitz in Genf. Der WIPO gehören heute 171 Staaten an. Die meisten Vertragsstaaten sind zugleich Mitglied der PVÜ (über den Stand der WIPO am 31. Januar 1998 s. BlPMZ 1998, 176; Rn 35).

## 3. Gewerblicher Rechtsschutz im Rahmen der Welthandelsorganisation (TRIPS-Abkommen)

**Schrifttum.** *Ballreich*, Enthält das GATT den Weg aus dem Dilemma der steckengebliebenen PVÜ-Revision?, GRUR Int 1987, 747; *Beier/Schricker* (Hrsg.), GATT or WIPO? New Ways in the International Protection of Intellectual Property, 1989; *Beier /Schricker*, (Hrsg.), From GATT to TRIPS, The Agreement on Trade-Related Aspects of Intellectual Property Rights, 1996; *Bronckers*, The impact of TRIPS: Intellectual Property Protection in Developing Countries, C. M. L. Rev. 1994, 1245; *Christians*, Immaterialgüterrechte und GATT – Die Initiative zur Fortentwicklung des internationalen Schutzes geistigen Eigentums im Rahmen der Uruguay-Runde, 1990; *Clark*, Die Rolle des GATT/TRIPS, der Weltorganisation für geistiges Eigentum (WIPO) und der AIPPI in der künftigen Entwicklung des Schutzes von geistigem Eigentum, in: AIPPI (Hrsg.), AIPPI und die Entwicklung des gewerblichen Rechtsschutzes 1897-1997, 1997, S. 487; *Correa*, The GATT Agreement on Trade-Related Aspects of Intellectual Property Rights: New Standards for Patent Protection, E.I.P.R. 1994, 327; *Cottier*, The Prospects for Intellectual Property in GATT, C.M.L. Rev. 1991, 383; *Dörmer*, Streitbeilegung und neue Entwicklungen im Rahmen von TRIPS: eine Zwischenbilanz nach vier Jahren, GRUR Int 1998, 919; *Dreier*, TRIPS und die Durchsetzung von Rechten des geistigen Eigentums, GRUR Int 1996, 205; *Drexl*, Entwicklungsmöglichkeiten des Urheberrechts im Rahmen des GATT, Inländerbehandlung, Meistbegünstigung, Maximalschutz – eine prinzipienorientierte Betrachtung im Lichte bestehender Konventionen, 1990; *Drexl*, Nach „GATT und WIPO": Das TRIPs-Abkommen und seine Anwendung in der Europäischen Gemeinschaft, GRUR Int 1994, 777; *Faupel*, GATT und geistiges Eigentum, GRUR Int 1990, 255; *Fikentscher*, TRIPS and the Most Favoured Nation Clause, in Straus (Hrsg.), Current Issues in Intellectual Property – Copyright of Universities – Character Merchandising – GATT TRIPS, 1995, S. 137; *Fikentscher*, Wettbewerbsrecht im TRIPS-Agreement der Welthandelsorganisation – Historische Anknüpfung und Entwicklungschancen, GRUR Int 1995, 529; *Heath*, Bedeutet TRIPS wirklich eine Schlechterstellung von Entwicklungsländern?, GRUR Int 1996, 1169; *Hilpert*, TRIPS und das Interesse der Entwicklungsländer am Schutz von Immaterialgüterrechten in ökonomischer Sicht, GRUR Int 1998, 91; *Joos/Moufang*, Neue Tendenzen im internationalen Schutz des geistigen Eigentums – Bericht über das zweite Ringberg-Symposium des Max-Planck-Instituts für ausländisches und internationales Patent-, Urheber- und Wettbewerbsrecht, GRUR Int 1988, 887; *Katzenberger*, TRIPS und das Urheberrecht, GRUR Int 1995, 447; *Knaak*, Der Schutz geographischer Angaben nach dem TRIPS-Abkommen, GRUR Int 1995, 642; *Krieger*, Durchsetzung gewerblicher Schutzrechte in Deutschland und die TRIPS-Standards; *Kur*, TRIPs und das Markenrecht, GRUR Int 1994, 987; *Kur*, TRIPs und der Designschutz, GRUR Int 1995, 185; *Kur*, TRIPs and Trademark Law, in:

Beier/Schricker (Hrsg.), From GATT to TRIPs, 1996, S. 93; *Oppermann/Molsberger* (Hrsg.), A New GATT for the Nineties and Europe '92, 1992; *Pacon,* Was bringt TRIPS den Entwicklungsländern, GRUR Int 1995, 875; *Reichman,* The TRIPS Component of the GATT's Uruguay Round: Competitive Prospects for Intellectual Property Owners in an Integrated World Market, Fordham Intell. Prop., Media & Ent. L. J. 1993, 171; *Reinbothe,* Der Schutz des Urheberrechts und der Leistungsschutzrechte im Abkommensentwurf GATT/TRIPS, GRUR Int 1992, 707; *Reinbothe/Howard,* The State of Play in the Negotiations on Trips (GATT/Uruguay Round), E.I.P.R. 1991, 157; *Shoukang,* TRIPs and Intellectual Property Protection in the Peoples Republic of China, GRUR Int 1996, 293; *Slaughter,* The GATT Intellectual Property Negotiations Approach their Conclusion, E.I.P.R. 1990, 418; *Soltysinski,* International Exhaustion of Intellectual Property Rights under the TRIPs, the EC Law and the Europe Agreements, GRUR Int 1996, 316; *Staehelin,* Das TRIPs-Abkommen, Immaterialgüterrechte im Licht der globalisierten Handelspolitik, 1997; *Stark,* Die erste arabische Konferenz über den gewerblichen Rechtsschutz und das Urheberrecht (The First Arab International Intellectual Property Conference) vom 28. bis 30. Sept. 95 in Amman, GRUR Int 1996, 139; *Straus,* Bedeutung des TRIPS für das Patentrecht, GRUR Int 1996, 179; *Tatham,* AIPPI und die internationale Registrierung von Marken, in: AIPPI (Hrsg.), AIPPI und die Entwicklung des gewerblichen Rechtsschutzes 1897-1997, 1997, S. 245; *Ullrich,* Technologieschutz nach TRIPS: Prinzipien und Probleme, GRUR Int 1995, 623; *Verma,* Exhaustion of Intellectual Property Rights and Free Trade – Article 6 of the TRIPS Agreement, IIC 1998, 534; *Worthy,* Intellectual Property after GATT, E.I.P.R. 1994, 195.

**17**  **a) Entstehung des TRIPS-Abkommens.** Mit der Umformung des Weltfreihandelsabkommens (*GATT*) in die Welthandelsorganisation (World Trade Organization – *WTO*) im April 1994 endete die im September 1986 eingeleitete Uruguay-Runde des GATT. Auf dieser Konferenz wurden erstmals die handelspolitischen Aspekte der gewerblichen Schutzrechte in die GATT-Verhandlungen mit einbezogen (zu den Gründen s. *Katzenberger,* GRUR Int 1995, 447). Bis dahin war die WIPO (s. dazu Rn 16) für den gewerblichen Rechtsschutz allein zuständig. Das *Übereinkommen über handelsbezogene Aspekte der Rechte des geistigen Eigentums* (Agreement on Trade-Related Aspects of Intellectual Property Rights – TRIPS; s. 3. Teil des Kommentars, III 10) ist als Anhang 1 C des *Übereinkommens zur Errichtung der Welthandelsorganisation* (WTO-Übereinkommen) vom 15. April 1994 beschlossen worden (amtl. deutscher Text BGBl. II S. 1730). Bundestag und Bundesrat stimmten dem WTO-Übereinkommen mit Wirkung vom 10. September 1994 zu (BGBl. II S. 1438). Das Übereinkommen wurde am 1. Januar 1995 für die Bundesrepublik Deutschland und 79 weitere Mitglieder, darunter alle EU-Staaten und die Europäischen Gemeinschaften, *wirksam* (BGBl. II S. 456). Am 31. Januar 1998 war das TRIPS-Abkommen für 134 Vertragsparteien in Kraft (über den Stand der WTO am 31. Januar 1998 s. BlPMZ 1998, 188).

**18**  **b) Zielsetzung des TRIPS-Abkommens.** Das TRIPS-Abkommen verfolgt nach seiner Präambel das Ziel, Verzerrungen und Behinderungen des internationalen Handels zu verringern. Durch das TRIPS-Abkommen sollen einerseits die Rechte des geistigen Eigentums wirksamer geschützt werden, um technische Innovationen und ihre Verbreitung zum beiderseitigen Vorteil von Erzeugern und Nutzern zu fördern (Art. 7). Andererseits soll sichergestellt werden, daß die Durchsetzung der gewerblichen Schutzrechte nicht selbst den rechtmäßigen Handel beschränkt. Das TRIPS-Abkommen begründet nur *Mindestverpflichtungen zum Schutz des geistigen Eigentums* (Prinzip des Mindestschutzes, Art. 1 Abs. 1 S. 2), die allerdings im Vergleich zu den sonstigen internationalen Abkommen auf sehr hohem Niveau stehen; die Mitglieder können einen weiterreichenden Schutz gewähren (Art. 1 Abs. 1 S. 2).

**19**  **c) Inhalt des TRIPS-Abkommens. (1) Regelungsübersicht.** Das TRIPS-Abkommen besteht aus sieben Teilen. Teil I (Art. 1 bis 8) enthält *allgemeine Bestimmungen*. Im Mittelpunkt stehen der Grundsatz der Inländerbehandlung (Art. 3) und der Grundsatz der Meistbegünstigung (Art. 4). Der *Grundsatz der Inländerbehandlung* (Art. 3) besagt, daß jeder Angehörige eines TRIPS-Mitgliedes hinsichtlich des Schutzes seines gewerblichen Eigentums den Angehörigen des Mitgliedstaates gleichsteht, dessen Schutz er beansprucht. Hinsichtlich des Markenrechts ergibt sich dies bereits aus der Inkorporation des Art. 2 PVÜ in das TRIPS-Abkommen (Art. 2 Abs. 1 TRIPS-Abkommen; zum Grundsatz der Inländerbehandlung s. im einzelnen Art. 2 PVÜ, Rn 1 ff.). Nach dem *Prinzip der Meistbegünstigung* (Art. 4) dürfen die Angehörigen eines TRIPS-Mitgliedes hinsichtlich des gewerblichen Rechtsschutzes nicht schlechter gestellt werden als die Angehörigen eines anderen TRIPS-

Mitgliedes. So muß etwa ein Thailänder in der Bundesrepublik Deutschland unter den gleichen Voraussetzungen Markenschutz erlangen können wie ein Franzose. Während der Grundsatz der Inländerbehandlung darauf abzielt, Diskriminierungen ausländischer Markeninhaber gegenüber Inländern zu verhindern, soll das Prinzip der Meistbegünstigung Diskriminierungen im Vergleich mit anderen Ausländern vermeiden. Die multilaterale Verpflichtung zur Meistbegünstigung bedeutet eine wesentliche Neuerung auf dem Gebiet des internationalen Markenrechtsschutzes. Da das Meistbegünstigungsprinzip aber nicht dazu führen darf, daß Angehörige der TRIPS-Mitgliedstaaten am höheren Schutzniveau anderer Abkommen teilhaben, ohne daß ihr Staat diesen Abkommen beitreten oder selbst einen weitergehenden Schutz als den TRIPS-Mindestschutz gewähren muß, sieht das TRIPS-Abkommen in Art. 4 lit. a bis d eine Reihe von *Ausnahmen von der Meistbegünstigungsklausel* vor. Nach Art. 4 lit. d gilt die Meistbegünstigung nicht, soweit Vorteile aufgrund internationaler Abkommen zum Schutz des geistigen Eigentums, die vor dem Inkrafttreten des WTO-Übereinkommens in Kraft getreten sind, gewährt werden und diese Abkommen dem Rat für TRIPS notifiziert werden. Am 19. Dezember 1995 haben die EU und ihre Mitgliedstaaten dem Rat für TRIPS mitgeteilt, daß der EU-Vertrag und der EWR-Vertrag als internationale Abkommen anzusehen sind, aus denen keine Rechte aufgrund der Meistbegünstigungsklausel abgeleitet werden können. Von der Notifikation ist auch das gegenwärtige und zukünftige sekundäre Gemeinschaftsrecht erfaßt.

Teil II (Art. 9 bis 40) enthält *materiellrechtliche Normen* sowie zum Teil *Verfahrensregelungen* **20** zu den einzelnen Rechten des geistigen Eigentums (zu den markenrechtlichen Bestimmungen s. Rn 21 ff.). Teil III (Art. 41 bis 61) enthält *Vorschriften zur Durchsetzung der Rechte des geistigen Eigentums* (s. dazu ausführlich *Dreier*, GRUR Int 1996, 205). Angesichts der Tatsache, daß die bisherigen internationalen Abkommen zum Schutz des geistigen Eigentums die Durchsetzung der Schutzrechte weitgehend den Mitgliedstaaten überlassen, kommt den Bestimmungen über die Rechtsdurchsetzung eine besondere Bedeutung für einen wirksamen Schutz zu. Die Vorschriften des dritten Teils sind *nicht unmittelbar anwendbar*, sondern enthalten lediglich *Verpflichtungen für die Mitglieder*. So sind diese etwa verpflichtet, wirksame Maßnahmen gegen die Verletzung von Rechten des geistigen Eigentums vorzusehen und Verfahren nach den Grundsätzen der Fairneß und Gerechtigkeit auszugestalten sowie Rechtsmittel vorzusehen. Die Verpflichtungen erstrecken sich ferner auf Unterlassungsurteile (Art. 44), Schadensersatzansprüche (Art. 45) und weitere Rechtsbehelfe, wie etwa die Vernichtung schutzrechtsverletzender Waren (Art. 46), sowie auf Auskunftsansprüche (Art. 47). Art. 50 enthält ausführliche Bestimmungen über einstweilige Maßnahmen. Art. 61 verpflichtet die Mitglieder, für die vorsätzliche Nachahmung von Markenwaren Strafverfahren und Strafen vorzusehen. Das deutsche Markenrecht erfüllt alle Verpflichtungen des WTO-Übereinkommens. Teil IV (Art. 62) enthält Grundsätze für die *Durchführung von Verfahren zum Erwerb und zur Aufrechterhaltung der Rechte des geistigen Eigentums*. So dürfen die Erteilungsverfahren nicht unangemessen lange dauern (Art. 62 Abs. 2), das Prioritätsrecht nach Art. 4 PVÜ muß auch für Dienstleistungsmarken gewährt werden (Art. 62 Abs. 3) und gegen verwaltungsrechtliche Endentscheidungen muß grundsätzlich der Rechtsweg gegeben sein (Art. 62 Abs. 5). Teil V (Art. 63 bis 64) enthält allgemeine Vorschriften über das *Transparenzgebot* (Art. 63) und die *Streitbeilegung* (Art. 64). Hervorzuheben ist, daß innerhalb von fünf Jahren nach Inkrafttreten des WTO-Übereinkommens die Umgehung eingegangener Verpflichtungen durch formell nicht abkommenswidrige Maßnahmen (sogenannte ‚non-violation'-Fälle) nicht zum Gegenstand der Streitbeilegung nach dem TRIPS-Abkommen gemacht werden können (Art. 64 Abs. 2). Teil VI (Art. 65 bis 67) enthält *Übergangsvorschriften*. Art. 65 Abs. 1 bestimmt eine allgemeine Übergangsfrist von einem Jahr nach Inkrafttreten des WTO-Übereinkommens. Die Frist ist für Deutschland am 31. Dezember 1995 abgelaufen. Entwicklungsländer und die am wenigsten entwickelten Länder haben grundsätzlich eine weitere Frist von vier (Art. 65 Abs. 2 und 3) bzw zehn (Art. 66) Jahren, innerhalb derer sie ihr innerstaatliches Recht mit den Verpflichtungen des TRIPS-Abkommens in Einklang bringen müssen. Allerdings müssen sie bereits während dieser Übergangszeit den Grundsatz der Inländerbehandlung (Art. 3) und den der Meistbegünstigung (Art. 4) beachten. Teil VII (Art. 68 bis 73) enthält *institutionelle Regelungen* und als *Schlußvorschriften* bezeichnete weitere Übergangsvorschriften. Nach Art. 68 wird ein *Rat für TRIPS* eingerichtet, der für die *Verwaltung des TRIPS-Abkommens* und für die *Zusammenarbeit mit der WIPO* zuständig ist. Nach Art. 70 gelten die Verpflichtungen aus dem TRIPS-Abkommen auch für bereits bestehende Rechte des geistigen Eigentums, soweit deren Schutzdauer noch nicht abgelaufen ist.

**21** (2) **Markenrechtliche Bestimmungen.** Das TRIPS-Abkommen enthält in Teil II Abschnitt 2 (Art. 15 bis 21) *markenrechtliche Bestimmungen*, die weitgehend der MarkenRL nachgebildet sind. Damit hat sich das europäische Markenrecht international als Mindeststandard durchgesetzt (BT-Drucks. 12/7655 (neu) vom 24. Mai 1994).

**22** Art. 15 Abs. 1 enthält eine einheitliche *Definition* der als Marke eintragungsfähigen Zeichen. Danach kommt es vor allem darauf an, ob das Zeichen Unterscheidungskraft besitzt. Abs. 1 Satz 2 zählt beispielhaft einige eintragungsfähige Marken auf (Wörter einschließlich Personennamen, Buchstaben, Zahlen, Abbildungen und Farbverbindungen). Nicht in der Aufzählung enthalten sind dreidimensionale Marken und einzelne Farben, obwohl diese in den Vorschlägen der US-Delegation und der EG-Delegation ausdrücklich genannt waren. Das bedeutet aber nicht, daß die TRIPS-Mitglieder die Eintragungsfähigkeit von dreidimensionalen Marken generell ausschließen dürfen. Es kommt vielmehr darauf an, ob der Gestaltung abstrakte Unterscheidungskraft im Sinne des Art. 15 Abs. 1 S. 1 zukommt. Für Dienstleistungsmarken ergibt sich aus dem Zusammenhang von Art. 15 Abs. 1 S. 1 und 2, daß sie nicht nur geschützt, sondern auch eingetragen werden müssen. Der Schutz geht insoweit über den Schutz nach Art. 6$^{\text{sexies}}$ PVÜ hinaus. Nach Art. 15 Abs. 1 S. 4 können die TRIPS-Mitglieder die Eintragungsfähigkeit von Zeichen, die wie etwa Geruchsmarken und Hörmarken *nicht visuell wahrnehmbar* sind, ausschließen. Die Vorschrift erscheint enger als Art. 2 MarkenRL, der auf die *graphische Darstellbarkeit* abstellt (s. § 3 MarkenG, Rn 217 ff.).

**23** Nach Art. 15 Abs. 2 darf den nach Abs. 1 schutzfähigen Zeichen der Schutz auch aus anderen als den in Abs. 1 genannten Gründen verweigert werden, allerdings nur in den durch Art. 6$^{\text{quinquies}}$ B PVÜ gezogenen Grenzen (s. dazu Art. 6$^{\text{quinquies}}$ PVÜ, Rn 5 ff.). Nach Art. 15 Abs. 3 darf die Eintragung einer Marke von ihrer Benutzung abhängig gemacht werden, wobei die tatsächliche Benutzung keine Voraussetzung für die Einreichung eines Antrags auf Eintragung sein darf. Auch ist die Zurückweisung der Anmeldung unter Hinweis auf die Nichtbenutzung erst nach Ablauf von drei Jahren statthaft. Die Regelung des Abs. 3 geht auf das US-amerikanische Recht zurück (s. dazu *Kur*, GRUR Int 1994, 992). Art. 15 Abs. 4 dehnt den Grundsatz des Art. 7 PVÜ, wonach die Beschaffenheit des mit der Marke zu versehenden Erzeugnisses die Eintragung der Marke nicht hindern darf, auf Dienstleistungsmarken aus. Nach Art. 15 Abs. 5 müssen die TRIPS-Mitglieder alle Marken entweder vor oder sofort nach ihrer Eintragung veröffentlichen und eine angemessene Gelegenheit für Löschungsanträge vorsehen. Darüber hinaus können sie eine Widerspruchsmöglichkeit vorsehen. Bei der verfahrensrechtlichen Ausgestaltung sind die Mitglieder in den Grenzen der Art. 62 Abs. 1, 2 und 4 frei.

**24** Art. 16 enthält Bestimmungen über *Inhalt und Umfang der Rechte aus der Marke*. Nach Abs. 1 steht dem Inhaber einer eingetragenen Marke das ausschließliche Recht zu, Dritten zu verbieten, ohne seine Zustimmung ein identisches oder ähnliches Zeichen im geschäftlichen Verkehr für identische oder ähnliche Produkte zu benutzen, wenn daraus eine Verwechslungsgefahr entstehen würde. Die Verwechslungsgefahr wird vermutet, wenn ein identisches Zeichen für identische Produkte benutzt wird (Abs. 1 S. 2). Bestehende ältere Rechte bleiben unberührt (Abs. 1 S. 3). Art. 16 Abs. 2 und 3 erweitern den durch Art. 6$^{\text{bis}}$ PVÜ gewährten Schutz notorisch bekannter Marken. Art. 16 Abs. 2 S. 1 ordnet die entsprechende Anwendung des Art. 6$^{\text{bis}}$ PVÜ auf Dienstleistungsmarken an. In Art. 16 Abs. 2 S. 2 wird klargestellt, daß es nur auf die Bekanntheit und nicht auf die Benutzung der Marke in dem betreffenden Mitgliedstaat ankommt. Nach Art. 16 Abs. 3 sind eingetragene notorisch bekannte Marken auch außerhalb des Produktähnlichkeitsbereichs zu schützen, wenn die Benutzung der Marke auf eine Verbindung zwischen den Produkten und dem Inhaber der notorisch bekannten Marke hinweisen würde und dem Markeninhaber dadurch wahrscheinlich Schaden zugefügt würde.

**25** Nach Art. 17 können die Mitglieder *Ausnahmen vom Markenschutz* vorsehen; dabei müssen sie allerdings die berechtigten Interessen des Markeninhabers und Dritter berücksichtigen. Als eine solche Ausnahme nennt Art. 17 beispielhaft die lautere Benutzung beschreibender Angaben. Hierunter dürfte ferner die Verwirkung nach § 21 MarkenG (s. § 21 MarkenG, Rn 6 ff.) fallen.

Nach Art. 18 beträgt die *Schutzdauer einer Marke* mindestens sieben Jahre. Die Eintragung  26
kann beliebig oft für jeweils mindestens weitere sieben Jahre verlängert werden.

Nach Art. 19 können die Mitglieder die Aufrechterhaltung einer Markeneintragung von  27
der *Benutzung der Marke* abhängig machen. Die Benutzungsfrist muß mindestens drei Jahre
betragen. Der Markeninhaber muß die Möglichkeit haben, die Nichtbenutzung der Marke
zu rechtfertigen. Art. 19 Abs. 1 S. 2 zählt beispielhaft *Einfuhrbeschränkungen* und *sonstige staatliche Auflagen* für durch die Marke geschützte Waren oder Dienstleistungen als *berechtigte Gründe für die Nichtbenutzung* auf. Art. 19 Abs. 2 stellt fest, daß die Benutzung der Marke
durch einen Dritten dem Benutzungszwang genügt, wenn sie der Kontrolle durch den
Markeninhaber unterliegt. Art. 20 verbietet den Mitgliedern, die Benutzung einer Marke
von besonderen Erfordernissen wie etwa der Verwendung zusammen mit einer anderen Bezeichnung (sogenanntes ‚linking') abhängig zu machen. Solche Bestrebungen hat es vor allem in Entwicklungsländern und Schwellenländern gegeben (s. die Beispiele bei *Kur*,
GRUR Int 1994, 995 f.).

Art. 21 verpflichtet die Mitglieder, *Markenlizenzen* und *Markenübertragungen* ohne den da-  28
zugehörenden Geschäftsbetrieb zuzulassen. Zwangslizenzierungen von Marken sind unzulässig. Im übrigen können die nationalen Rechtsordnungen die Voraussetzungen für Markenlizenzierungen frei bestimmen. So können sie etwa die Anbringung von Lizenzvermerken auf der Ware vorschreiben oder bestimmen, daß der Lizenzgeber die Einhaltung bestimmter Qualitätsvorgaben durch den Lizenznehmer überwachen muß (s. *Kur*, GRUR Int
1994, 996).

### d) Verhältnis des TRIPS-Abkommens zur PVÜ und ihren Sonderabkommen. 29
Das *Verhältnis des TRIPS-Abkommens zur PVÜ* ist in Art. 2 geregelt. Es läßt sich kurz als *Paris-Plus-Ansatz* bezeichnen (s. dazu *Kur,* GRUR Int 1994, 989). Über Art. 2 inkorporiert
das TRIPS-Abkommen alle materiellrechtlichen Vorschriften der PVÜ und macht sie auch
für Vertragsparteien, die nicht Mitglied des Pariser Verbands sind, verbindlich. Nach Art. 2
Abs. 1 befolgen die Mitglieder in bezug auf die Teile II (Normen betreffend die Verfügbarkeit, den Umfang und die Ausübung von Rechten des geistigen Eigentums), III
(Durchsetzung der Rechte des geistigen Eigentums) und IV (Erwerb und Aufrechterhaltung
von Rechten des geistigen Eigentums und damit im Zusammenhang stehende Inter-partes-Verfahren) des Übereinkommens die Art. 1 bis 12 und 19 PVÜ (Stockholmer Fassung).
Nach Art. 2 Abs. 2 werden die nach der PVÜ bestehenden Verpflichtungen der Mitglieder
untereinander durch das TRIPS-Abkommen nicht außer Kraft gesetzt. In einigen Vorschriften geht das TRIPS-Abkommen über den durch die PVÜ gewährten Schutz hinaus.
So kann etwa die Unionspriorität nach Art. 4 PVÜ auch für Dienstleistungsmarken in Anspruch genommen werden (Art. 62 Abs. 3).

Das *TRIPS-Abkommen und das MMA bzw PMMA* sind voneinander völlig unabhängig.  30
Sie betreffen unterschiedliche Regelungsbereiche, so daß es zu keinen inhaltlichen Überschneidungen kommt. Dies wird in Art. 5 ausdrücklich betont. Nach dieser Vorschrift sind
die in Art. 3 (Inländerbehandlung) und 4 (Meistbegünstigung) begründeten Verpflichtungen
nicht auf Verfahren anwendbar, die in Abkommen über den Erwerb und die Aufrechterhaltung von gewerblichen Schutzrechten enthalten sind, welche im Rahmen der WIPO abgeschlossen wurden.

Das *TRIPS-Abkommen und der Markenrechtsvertrag (TLT)* überschneiden sich teilweise in-  31
haltlich, etwa hinsichtlich des Markeneintragungsverfahrens, hinsichtlich bestimmter Eintragungsvoraussetzungen sowie hinsichtlich des Schutzes von Dienstleistungsmarken (s. dazu
im einzelnen *Kur*, GRUR Int 1994, 990).

## II. Zweiseitige Abkommen

Neben den *mehrseitigen Staatsverträgen* (s. Rn 2 ff.) hat die Bundesrepublik Deutschland mit  32
einzelnen Staaten *zweiseitige Abkommen* geschlossen (s. 2. Teil des Kommentars, 2. und 3.
Abschnitt). Diese gehen dem Verbandsrecht vor.

## B. Geltungsbereich der Verbandsverträge

**Schrifttum.** *Troller,* Die mehrseitigen völkerrechtlichen Verträge, 1965; *Miosga,* Internationaler Marken- und Herkunftsschutz, 1967; *Kur,* Entwicklung und gegenwärtiger Stand des internationalen Markenschutzes, MA 1994, 561.

### I. Räumlicher Geltungsbereich

33  Folge der Revisionen der Verbandsverträge ist es, daß für die einzelnen Vertragsstaaten unterschiedliches Recht gilt. In den Beziehungen zu den meisten Verbandsstaaten gilt die *Stockholmer Fassung* der Verbandsverträge; nur im Verhältnis zu einigen Verbandsstaaten gelten noch die früheren Fassungen. Die Mitgliedstaaten der EU sind Mitgliedstaaten der Pariser Verbandsübereinkunft und mit Ausnahme des Vereinigten Königreiches auch Mitgliedstaaten des Madrider Markenabkommens.

### II. Zeitlicher Geltungsbereich

34  Bei der Geltung der *Stockholmer Fassungen der PVÜ und des MMA* ist im Gegensatz zu der Geltung früherer Fassungen zu differenzieren. Für die PVÜ sind die Art. 20 und 21 PVÜ maßgebend. Zu unterscheiden ist, ob es sich um Verbandsstaaten handelt, die die Ratifikation oder den Beitritt auf die Artikel-Gruppen 1 bis 12 bzw 13 bis 17 beschränken können, oder um verbandsfremde Staaten. Für das MMA bestimmt sich das Inkrafttreten der Stockholmer Fassung nach Art. 14 MMA.

### III. Übersicht über den Stand der internationalen Verträge

35  Der *territoriale, personale* und *temporäre Geltungsbereich* der internationalen Verträge auf dem Gebiet des gewerblichen und kommerziellen Eigentums wird in der Tabelle über den Geltungsbereich der Verbandsverträge dargestellt, die auf dem Stand vom 15. März 1999 ist (s. auch die Übersicht über den Stand der internationalen Verträge auf dem Gebiet des gewerblichen Rechtsschutzes am 1. Januar 1994, GRUR Int 1994, 315; Übersicht Mehrseitige Internationale Abkommen über den Stand am 31. Januar 1998, BlPMZ 1998, 176 ff.; Prop. Ind. 1998, 37 ff.).

Einführung in das Recht der internationalen Verträge 35 **Int MarkenR**

## Erläuterungen zur folgenden Tabelle Geltungsbereich der Verbandsverträge

\* Anhang 1 C des Übereinkommens von Marrakesch zur Errichtung der Welthandelsorganisation (WTO-Übereinkommen) vom 15. April 1994 enthält das Übereinkommen über handelsbezogene Aspekte der Rechte des geistigen Eigentums (TRIPS-Übereinkommen). Gemäß Art. II Abs. 2 des WTO-Übereinkommens ist das TRIPS-Übereinkommen für alle WTO-Mitgliedsländer verpflichtend (vgl. BlPMZ 1995, 18 ff., 303 f., 412; 1998, 80).
1) Dieses Land ist kein Mitglied der PVÜ.
2) Beitrittsdatum der Sowjetunion, deren Rechtsnachfolge Rußland seit dem 25. Dezember 1991 ist.
3) Bis 1984 Obervolta.
4) Bis 1991 Elfenbeinküste.
5) Mit einer Erklärung gemäß Art. 28 Abs. 2 PVÜ (Stockholmer Fassung von 1967) in bezug auf den Internationalen Gerichtshof.
6) Gegebenenfalls 27. Mai 1970 (Alternativdatum des Inkrafttretens, das der Generaldirektor der WIPO den betroffenen Staaten mitgeteilt hat).
7) Gegebenenfalls 19. Mai 1970 (Alternativdatum des Inkrafttretens, das der Generaldirektor der WIPO den betroffenen Staaten mitgeteilt hat).
8) Das Vereinigte Königreich hat die Anwendung der PVÜ (Stockholmer Fassung von 1967) auf die Insel Man mit Wirkung vom 29. Oktober 1983 erstreckt.
9) Neuseeland hat die Art. 13 bis 30 der PVÜ (Stockholmer Fassung von 1967) auf die Cookinseln, Niue und Tokelau mit Wirkung vom 20. Juni 1984 für anwendbar erklärt.
10) Alle Vertragsparteien des MMA haben gemäß Art. 3$^{bis}$ MMA der Nizzaer oder Stockholmer Fassung erklärt, daß sich der Schutz aus der internationalen Registrierung auf sie jeweils nur dann erstreckt, wenn der Inhaber der Marke es ausdrücklich beantragt.
11) Gegebenenfalls 22. Dezember 1970 (Alternativdatum des Inkrafttretens, das der Generaldirektor der WIPO den betroffenen Staaten mitgeteilt hat).
12) Die europäischen Gebiete von Belgien, Luxemburg und den Niederlanden sind hinsichtlich der Anwendung des MMA seit 1. Januar 1971 und für die Anwendung des PMMA seit 1. April 1998 als ein Land anzusehen.
13) Bis 1997 Zaire.
14) Die Ratifikationsurkunde zum MMA (Stockholmer Fassung von 1967) wurde nur für den europäischen Teil des Königreichs hinterlegt.
15) Ab dem 1. Juli 1997 findet die PVÜ (Stockholmer Fassung von 1967) auch Anwendung auf die Sonderverwaltungsregion Hongkong.
16) Gemäß Art. 14 Abs. 2 lit. d und f MMA (Stockholmer Fassung von 1967) haben diese Staaten erklärt, die Anwendung dieser Fassung auf diejenigen Marken zu beschränken, die von dem Tag an registriert werden, an dem dieser Beitritt wirksam wird, nämlich dem 4. Oktober 1989.
17) Polen hat das NKA (Nizzaer Fassung von 1957), dem es am 8. April 1961 beigetreten war, mit Wirkung vom 20. Juni 1982 gekündigt.
18) Gegebenenfalls 18. März 1970 (Alternativdatum des Inkrafttretens, das der Generaldirektor der WIPO den betroffenen Staaten mitgeteilt hat).
19) Tunesien hat das MMA in der Nizzaer Fassung, dem es am 28. August 1967 beigetreten war, mit Wirkung vom 9. April 1988 gekündigt.
20) Diese Staaten haben gemäß Art. 5 Abs. 2 lit. b und c PMMA erklärt, daß die Frist für die Mitteilung einer Schutzverweigerung 18 Monate beträgt und daß eine Schutzverweigerung, die sich aus einem Widerspruch gegen die Schutzgewährung ergeben kann, auch nach Ablauf der Frist von 18 Monaten mitgeteilt werden kann.
21) Diese Staaten haben gemäß Art. 14 Abs. 5 PMMA erklärt, daß der Schutz aus einer internationalen Registrierung, die vor dem Inkrafttreten des Protokolls für sie aufgrund des Protokolls bewirkt wurde, auf sie nicht ausgedehnt werden kann.
22) Nicht anwendbar auf die Färöer und Grönland.
23) Diese Staaten haben gemäß Art. 8 Abs. 7 lit. a PMMA erklärt, daß sie im Zusammenhang mit jedem Gesuch um territoriale Ausdehnung des Schutzes aus der internationalen Registrierung auf sie und jeder Erneuerung einer solchen internationalen Registrierung anstelle eines Anteils an den Einnahmen aus den Zusatz- und Ergänzungsgebühren eine individuelle Gebühr zu erhalten wünschen.
24) Ratifikation für das Vereinigte Königreich und die Insel Man.
25) Diese Vertragsparteien haben gemäß Art. 5 Abs. 2 (b) des PMMA erklärt, daß die Frist für die Mitteilung einer Schutzverweigerung 18 Monate beträgt.
26) Estland trat der PVÜ (Washingtoner Fassung von 1911) mit Wirkung vom 12. Februar 1924 bei. Es verlor seine Unabhängigkeit am 6. August 1940 und erlangte sie am 20. August 1991 wieder.
27) Lettland trat der PVÜ (Washingtoner Fassung von 1911) mit Wirkung vom 20. August 1925 bei. Es verlor seine Unabhängikeit am 21. Juli 1940 und erlangte sie am 21. August 1991 wieder.
28) Die Dominikanische Republik trat der PVÜ (Den Haager Fassung von 1925) am 6. April 1951 bei.
29) Die Vereinigten Staaten von Amerika haben die Anwendung der PVÜ (Stockholmer Fassung von 1967) auf alle Gebiete und Besitzungen der Vereinigten Staaten von Amerika, sowie das Commonwealth Puerto Rico, ab 25. August 1973 erstreckt.
30) Einschließlich Azoren und Madeira.
31) Die von den Niederlanden mit Wirkung vom 8. November 1986 auf Aruba erstreckte Anwendung des NKA (Genfer Fassung von 1977) wurde mit Wirkung von diesem Datum auf unbestimmte Zeit suspendiert. Die Suspendierung ist mit Wirkung vom 28. Februar 1994 beendet.
32) Die Regierung der Republik Kenia hat gemäß Art. 3$^{bis}$ Abs. 1 MMA erklärt, daß sich der Schutz aus der internationalen Registrierung nur dann auf Kenia erstreckt, wenn der Inhaber der Marke es ausdrücklich beantragt.
33) Der Beitrittsurkunde der Republik Kenia waren folgende Erklärungen beigefügt: Die nach Art. 5 Abs. 2 lit. A PMMA geltende Frist von einem Jahr für die Ausübung des Rechts, eine Schutzverweigerung mitzuteilen, wird nach Art. 5 Abs. 2 lit. b PMMA durch 18 Monate ersetzt. Die Festlegung gemäß Art. 5 Abs. 2 lit. c PMMA bezieht sich auf Anmeldungen, in denen Kenia benannt ist.

## Geltungsbereich der Verbandsverträge

| Verbandstaaten | WTO* | Pariser Verbandsübereinkunft | | | WIPO |
|---|---|---|---|---|---|
| | | London | Lissabon | Stockholm Art. 1–12 | Stockholm Art. 13–30 | Abk. |

| Verbandstaaten | WTO* | London | Lissabon | Art. 1–12 | Art. 13–30 | Abk. |
|---|---|---|---|---|---|---|
| Ägypten | 30. 6. 95 | | | 6. 3. 75[5] | 6. 3. 75[5] | 21. 4. 75 |
| Äquatorialguinea | | | | 26. 6. 97 | 26. 6. 97 | 26. 6. 97 |
| Äthiopien | | | | | | 19. 2. 98[1] |
| Albanien | | | | 4. 10. 95 | 4. 10. 95 | 30. 6. 92 |
| Algerien | | | | 20. 4. 75[5] | 20. 4. 75[5] | 16. 4. 75 |
| Andorra | | | | | | 28. 10. 94[1] |
| Angola | 1. 12. 96 | | | | | 15. 4. 85[1] |
| Antigua und Barbuda | 1. 1. 95 | | | | | |
| Argentinien | 1. 1. 95 | | 10. 2. 67 | 8. 10. 80 | 8. 10. 80 | |
| Armenien | | | | 25. 12. 91[5] | 25. 12. 91[5] | 22. 4. 93 |
| Aserbaidschan | | | | 25. 12. 95 | 25. 12. 95 | 25. 12. 95 |
| Australien | 1. 1. 95 | | | 27. 9. 75 | 25. 8. 72 | 10. 8. 72 |
| Bahamas | | | 10. 7. 73 | | 10. 3. 77 | 4. 1. 77 |
| Bahrein | 1. 1. 95 | | | 29. 10. 97 | 29. 10. 97 | 22. 6. 95 |
| Bangladesch | 1. 1. 95 | | | 3. 3. 91[5] | 3. 3. 91[5] | 11. 5. 85 |
| Barbados | 1. 1. 95 | | | 12. 3. 85 | 12. 3. 85 | 5. 10. 79 |
| Belarus | | | | | | |
| Belgien | 1. 1. 95 | | | 12. 2. 75 | 12. 2. 75 | 31. 1. 75 |
| Belize | 1. 1. 95 | | | | | |
| Benin | 22. 2. 96 | | | 12. 3. 75 | 12. 3. 75 | 9. 3. 75 |
| Bhutan | | | | | | 16. 3. 94[1] |
| Bolivien | 13. 9. 95 | | | 4. 11. 93 | 4. 11. 93 | 6. 7. 93 |
| Bosnien-Herzegowina | | | | 1. 3. 92 | 1. 3. 92 | 1. 3. 92 |
| Botswana | 31. 5. 95 | | | 15. 4. 98 | 15. 4. 98 | 15. 4. 98 |
| Brasilien | 1. 1. 95 | | | 24. 11. 92 | 24. 3. 75[5] | 20. 3. 75 |
| Brunei-Darussalam | 1. 1. 95 | | | | | 21. 4. 94[1] |
| Bulgarien | 1. 12. 96 | | | 19. 5. 70[6] | 27. 5. 70 | 19. 5. 70 |
| Burkina Faso[3] | 3. 6. 95 | | | 2. 9. 75 | 2. 9. 75 | 23. 8. 75 |
| Burundi | 23. 7. 95 | | | 3. 9. 77 | 3. 9. 75 | 30. 3. 77 |
| Chile | 1. 1. 95 | | | 14. 6. 91 | 14. 6. 91 | 25. 6. 75 |
| China | | | | 19. 3. 85[5,15] | 19. 3. 85[5,15] | 3. 6. 80 |
| Costa Rica | | | | 31. 10. 95 | 31. 10. 95 | 10. 6. 81 |
| Côte d'Ivoire[4] | 1. 1. 95 | | | 4. 5. 74 | 4. 5. 74 | 1. 5. 74 |
| Dänemark | 1. 1. 95 | | | 26. 4. 70[7] | 26. 4. 70 | 26. 4. 70 |
| Färöer | | | | 6. 8. 71 | 6. 8. 71 | |
| Deutschland | 1. 1. 95 | | | 19. 9. 70 | 19. 9. 70 | 19. 9. 70 |
| Dominika | 1. 1. 95 | | | | | 26. 9. 98 |
| Dominikanische Rep. | 9. 3. 95 | 6. 4. 51[28] | | | | |
| Dschibuti | 31. 5. 95 | | | | | |
| Ecuador | 21. 1. 96 | | | | | 22. 5. 88[1] |
| El Salvador | 7. 5. 95 | | | 19. 2. 94 | 19. 2. 94 | 18. 9. 79 |
| Eritrea | | | | | | 20. 2. 97[1] |
| Estland | | | | 24. 8. 94[26] | 24. 8. 94[26] | 5. 2. 94 |
| Europäische Gemeinschaft | 1. 1. 95 | | | | | |
| Fidschi | 14. 1. 96 | | | | | 11. 3. 72[1] |
| Finnland | 1. 1. 95 | | | 21. 10. 75 | 15. 9. 70 | 8. 9. 70 |
| Frankreich | 1. 1. 95 | | | 12. 8. 75 | 12. 8. 75 | 18. 10. 74 |
| Übersee-Gebiete u. Departements | | | | 12. 8. 75 | 12. 8. 75 | |
| Gabun | 1. 1. 95 | | | 10. 6. 75 | 10. 6. 75 | 6. 6. 75 |
| Gambia | 23. 10. 96 | | | 21. 1. 92 | 21. 1. 92 | 10. 12. 80 |
| Georgien | | | | 25. 12. 91[5] | 25. 12. 91[5] | 25. 12. 91 |
| Ghana | | | | 28. 9. 76 | 28. 9. 76 | 12. 6. 76 |
| Grenada | 22. 2. 96 | | | 22. 9. 98 | 22. 9. 98 | 22. 9. 98 |
| Griechenland | 1. 1. 95 | | | 15. 7. 76 | 15. 7. 76 | 4. 3. 76 |
| Guatemala | 21. 7. 95 | | | 18. 8. 98[5] | 18. 8. 98[5] | 30. 4. 83[1] |
| Guinea | 25. 10. 95 | | | 5. 2. 82 | 5. 2. 82 | 13. 11. 80 |
| Guinea-Bissau | 31. 5. 95 | | | 28. 6. 88 | 28. 6. 88 | 28. 6. 88 |
| Guyana | 1. 1. 95 | | | 25. 10. 94 | 25. 10. 94 | 25. 10. 94 |
| Haiti | 30. 1. 96 | | | 3. 11. 83 | 3. 11. 83 | 2. 11. 83 |
| Honduras | 1. 1. 95 | | | 4. 2. 94 | 4. 2. 94 | 15. 11. 83 |
| Hongkong | 1. 1. 95 | | | | | |
| Indien | 1. 1. 95 | | | 7. 12. 98[5] | 7. 12. 98[5] | 1. 5. 75[1] |
| Indonesien | 1. 1. 95 | | | 5. 9. 97 | 20. 12. 79[5] | 18. 12. 79 |
| Irak | | | | 24. 1. 76[5] | 24. 1. 76[5] | 21. 1. 76 |
| Iran | | | 4. 1. 62 | | | |
| Irland | 1. 1. 95 | | | 26. 4. 70[7] | 26. 4. 70 | 26. 4. 70 |
| Island | 1. 1. 95 | | | 9. 4. 95 | 28. 12. 84 | 13. 9. 86 |
| Israel | 21. 4. 95 | | | 6. 4. 70[7] | 26. 4. 70 | 26. 4. 70 |

## Geltungsbereich der Verbandsverträge

| | MHA | | | | ZV | | MMA[10] | PMMA | NKA | | |
|---|---|---|---|---|---|---|---|---|---|---|---|
| Den Haag | London | Lissabon | Stockholm | Nizza | Stockholm | | | Nizza | Stockholm | Genf |
| | | 6. 3. 75 | 6. 3. 75 | | 6. 3. 75 | | | | | |
| | | 5. 7. 72 | 5. 7. 72 | | 4. 10. 95 | | | | | |
| | | | | | 5. 7. 72 | | | | 5. 7. 72 | |
| | | | | | 25. 12. 91 | | | | | |
| | | | | | 25. 12. 95 | | | | | 6. 2. 79 |
| | | | | | | | | | 12. 3. 85 | |
| | | | | | | | | | 12. 6. 98 | |
| | | | | | 12. 2. 75[12] | 1. 4. 98[12, 23] | | | 20. 11. 84 | |
| | | | | | | | | | 6. 2. 79 | |
| | | | | | 1. 3. 92 | | | | 23. 3. 94 | |
| 26. 10. 29 | | | | | | | | | | |
| | | 12. 8. 75 | 12. 8. 75 | | 1. 8. 85 | | | | | |
| | | | | | 4. 10. 89[16] | 1.12.95[20, 23] | | | 9. 8. 94 | |
| | | | | | | 13.2.96[20, 22, 23] | | 28. 10. 72 | 3. 6. 81 | |
| | | 1. 6. 63 | 19. 9. 70 | | 19. 9. 70[11] | 20. 3. 96 | | | 12. 1. 82 | |
| 6. 4. 51 | | | | | | | | | | |
| | | | | | | 18.11.98[20,21,23] | | | 27. 5. 96 | |
| | | | | | 1. 4. 96[20, 23] | | | | 6. 2. 79 | |
| | | 1. 6. 63 | 12. 8. 75 | | 12. 8. 75 | 7. 11. 97 | | | 22. 4. 80 | |
| | | 1. 6. 63 | 12. 8. 75 | | 12. 8. 75 | 7. 11. 97 | | | 22. 4. 80 | |
| | | | | | 20. 8. 98[23, 25] | | | | | |
| | | | | | | | | | 7. 11.98 | |
| | | | | | | | | | 5. 11. 96 | |
| | | 9. 6. 67 | 26. 4. 70 | | | 15. 4. 97[23, 25] | | | 6. 2. 79 | |
| | | 2. 7. 67 | 26. 4. 70 | | | | 12.11.69[18] | | 9. 4. 95 | |

**Int MarkenR 35**  Einführung in das Recht der internationalen Verträge

| Verbandstaaten | WTO* | Pariser Verbandsübereinkunft | | | | WIPO |
|---|---|---|---|---|---|---|
| | | London | Lissabon | Stockholm Art. 1–12 | Art. 13–30 | Abk. |
| Italien | 1. 1. 95 | | | 24. 4. 77 | 24. 4. 77 | 20. 4. 77 |
| Jamaika | 9. 3. 95 | | | | | 25. 12. 78[1] |
| Japan | 1. 1. 95 | | | 1. 10. 75 | 24. 4. 75 | 20. 4. 75 |
| Jemen | | | | | | 29. 3. 79[1] |
| Jordanien | | | | 17. 7. 72 | 17. 7. 72 | 12. 7. 72 |
| Jugoslawien | | | | 16. 10. 73 | 16. 10. 73 | 11. 10. 73 |
| Kambodscha | | | | 22. 9. 98 | 22. 9. 98 | 25. 7. 95[1] |
| Kamerun | 13. 12. 95 | | | 20. 4. 75 | 20. 4. 75 | 3. 11. 73 |
| Kanada | 1. 1. 95 | | | 26. 5. 96 | 7. 7. 70 | 26. 6. 70 |
| Kap Verde | | | | | | 7. 7. 97[1] |
| Kasachstan | | | | 25. 12. 91[5] | 25. 12. 91[5] | 25. 12. 91 |
| Katar | 13. 1. 96 | | | | | 3. 9. 76[1] |
| Kenia | 1. 1. 95 | | | 26. 10. 71 | 26. 10. 71 | 5. 10. 71 |
| Kirgisistan | | | | 25. 12. 91[5] | 25. 12. 91[5] | 25. 12. 91 |
| Kolumbien | 30. 4. 95 | | | 3. 9. 96 | 3. 9. 96 | 4. 5. 80 |
| Kongo | 27. 3. 97 | | | 5. 12. 75 | 5. 12. 75 | 2. 12. 75 |
| Kongo, Demokr. Rep.[13] | 1. 1. 97 | | | 31. 1. 75 | 31. 1. 75 | 28. 1. 75 |
| Korea (Republik) | 1. 1. 95 | | | 4. 5. 80 | 4. 5. 80 | 1. 3. 79 |
| Korea (Volksrepublik) | | | | 10. 6. 80 | 10. 6. 80 | 17. 8. 74 |
| Kroatien | | | | 8. 10. 91 | 8. 10. 91 | 8. 10. 91 |
| Kuba | 20. 4. 95 | | | 8. 4. 75[5] | 8. 4. 75[5] | 27. 3. 75 |
| Kuwait | | | | | | 14. 7. 98 |
| Laos | | | | 8. 10. 98[5] | 8. 10. 98[5] | 17. 1. 95 |
| Lesotho | 31. 5. 95 | | | 28. 9. 89[5] | 28. 9. 89[5] | 18. 11. 86 |
| Lettland | | | | 7. 9. 93[27] | 7. 9. 93[27] | 21. 1. 93 |
| Libanon | | 30. 9. 47 | | | 30. 12. 86 | 30. 12. 86 |
| Liberia | | | | 27. 8. 94 | 27. 8. 94 | 8. 3. 89 |
| Libyen | | | | 28. 9. 76[5] | 28. 9. 76[5] | 28. 9. 76 |
| Liechtenstein | 1. 9. 95 | | | 25. 5. 72 | 25. 5. 72 | 21. 5. 72 |
| Litauen | | | | 22. 5. 94 | 22. 5. 94 | 30. 4. 92 |
| Luxemburg | 1. 1. 95 | | | 24. 3. 75 | 24. 3. 75 | 19. 3. 75 |
| Macau | 1. 1. 95 | | | | | |
| Madagaskar | 17. 11. 95 | | | 10. 4. 72 | 10. 4. 72 | 22. 12. 89 |
| Malawi | 1. 1. 95 | | | 25. 6. 70 | 25. 6. 70 | 11. 6. 70 |
| Malaysia | 1. 1. 95 | | | 1. 1. 89 | 1. 1. 89 | 1. 1. 89 |
| Malediven | 31. 5. 95 | | | | | |
| Mali | 31. 5. 95 | | | 1. 3. 83 | 1. 3. 83 | 14. 8. 82 |
| Malta | 1. 1. 95 | | 20. 10. 67 | | 12. 12. 77[5] | 7. 12. 77 |
| Marokko | 1. 1. 95 | | | 6. 8. 71 | 6. 8. 71 | 27. 7. 71 |
| Mauretanien | 31. 5. 95 | | | 21. 9. 76 | 21. 9. 76 | 17. 9. 76 |
| Mauritius | 1. 1. 95 | | | 24. 9. 76 | 24. 9. 76 | 21. 9. 76 |
| Mazedonien | | | | 8. 9. 91 | 8. 9. 91 | 8. 9. 91 |
| Mexiko | 1. 1. 95 | | | 26. 7. 76 | 26. 7. 76 | 14. 6. 75 |
| Moldau, Republik | | | | 25. 12. 91[5] | 25. 12. 91[5] | 25. 12. 91 |
| Monaco | | | | 4. 10. 75 | 4. 10. 75 | 3. 3. 75 |
| Mongolei | 29. 1. 97 | | | 21. 4. 85[5] | 21. 4. 85[5] | 28. 2. 79 |
| Mosambik | 26. 8. 95 | | | 9. 7. 98 | 9. 7. 98 | 23. 12. 96[1] |
| Myanmar | 1. 1. 95 | | | | | |
| Namibia | 1. 1. 95 | | | | | 23. 12. 91[1] |
| Nepal | | | | | | 4. 2. 97[1] |
| Neuseeland | 1. 1. 95 | 14. 7. 46 | | | 20. 6. 84[9] | 20. 6. 84 |
| Nicaragua | 3. 9. 95 | | | 3. 7. 96[5] | 3. 7. 96[5] | 5. 5. 85 |
| Niederlande | 1. 1. 95 | | | 10. 1. 75 | 10. 1. 75 | 9. 1. 75 |
| Nied. Ant. und Aruba | 1. 1. 95 | | | 10. 1. 75 | 10. 1. 75 | |
| Curacao | | 5. 8. 48 | | | | |
| Niger | 13. 12. 96 | | | 6. 3. 75 | 6. 3. 75 | 18. 5. 75 |
| Nigeria | 1. 1. 95 | | 2. 9. 63 | | | 9. 4. 95 |
| Norwegen | 1. 1. 95 | | | 13. 6. 74 | 13. 6. 74 | 8. 6. 74 |
| Österreich | 1. 1. 95 | | | 18. 8. 73 | 18. 8. 73 | 11. 8. 73 |
| Oman | | | | | | 19. 2. 97[1] |
| Pakistan | 1. 1. 95 | | | | | 6. 1. 77 |
| Panama | 6. 9. 97 | | | 19. 10. 96 | 19. 10. 96 | 17. 9. 83 |
| Papua-Neuguinea | 9. 6. 96 | | | | | 10. 7. 97[1] |
| Paraguay | 1. 1. 95 | | | 28. 5. 94 | 28. 5. 94 | 20. 6. 87 |
| Peru | 1. 1. 95 | | | 11. 4. 95 | 11. 4. 95 | 4. 9. 80 |
| Philippinen | 1. 1. 95 | | 27. 9. 65 | | 16. 7. 80 | 14. 7. 80 |
| Polen | 1. 7. 95 | | | 24. 3. 75 | 24. 3. 75 | 23. 3. 75 |
| Portugal | 1. 1. 95 | | | 30. 4. 75[30] | 30. 4. 75[30] | 27. 4. 75 |
| Ruanda | 22. 5. 96 | | | 1. 3. 84 | 1. 3. 84 | 3. 2. 84 |
| Rumänien | 1. 1. 95 | | | 26. 4. 70[7] | 26. 4. 70[5] | 26. 4. 70 |
| Russische Föderation[2] | | | | 26. 4. 70[7] | 26. 4. 70[5] | 26. 4. 70 |
| Salomonen | 26. 7. 96 | | | | | |
| Sambia | 1. 1. 95 | | 6. 4. 65 | | 14. 5. 77 | 14. 5. 77 |

1798

# 35 Int MarkenR

| | MHA | | ZV | MMA[10] | | PMMA | NKA | | |
|---|---|---|---|---|---|---|---|---|---|
| Den Haag | London | Lissabon | Stockholm | Nizza | Stockholm | | Nizza | Stockholm | Genf |
| | | 29. 12. 68 | 24. 4. 77 | | 24. 4. 77 | | | | 19. 2. 83 |
| | | 21. 8. 65 | 24. 4. 75 | | | | | | 20. 2. 90 |
| | | | | | 16. 10. 73 | 17. 2. 98 | | 16. 10. 73 | |
| | | | | | 25. 12. 91 | | | | |
| | | | | | 26. 6. 98[32] | 26. 6. 98[33] | | | |
| | | | | | 25. 12. 91 | | | | 10. 12. 98 |
| | | | | | | | | | 8. 1. 99 |
| | | | | | 10. 6. 80 | 3. 10. 96 | | | 6. 6. 97 |
| | | | | | 8. 10. 91 | | | | 29. 10. 92 |
| | | 11. 10. 64 | 7. 10. 80 | | 6. 12. 89 | 26. 12. 95 | | | 26. 12. 95 |
| | | | | | 12. 2. 99 | 12. 2. 99 | | | |
| | 30. 9. 47 | | | | 1. 1. 95 | | 8. 4. 61 | | 1. 1. 95 |
| | | | | | 25. 12. 95 | | | | |
| | | 10. 4. 72 | 25. 5. 72 | | 25. 5. 72 | 17. 3. 98 | | | 14. 2. 87 |
| | | | | | | 15. 11. 97[20] | | | 22. 2. 97 |
| | | | | | 24. 3. 75[12] | 1. 4. 98[12,23] | | | 21. 12. 83 |
| | | | | | | | | | 24. 10. 95 |
| | | 15. 5. 67 | | | 24. 1. 76 | | | 24. 1. 76 | |
| | | | | | 8. 9. 91 | | | | 26. 10. 93 |
| | | 1. 6. 63 | 4. 10. 75 | | 25. 12. 91 | 1. 12. 97 | | 1. 12. 97 | |
| | | | | | 4. 10. 75 | 27. 9. 96 | | | 9. 5. 81 |
| | | | | | 21. 4. 85 | | | | |
| | | | | | 7. 10. 98 | 7. 10. 98 | | | |
| | 17. 5. 47 | | | | | | | | |
| | | | | | 6. 3. 75[12,14] | 1. 4. 98[12] | | | 15. 8. 79[31] |
| | | | | | | 29. 3. 96[20,23] | | | 7. 7. 81 |
| | | | | | 18. 8. 73 | 13. 4. 99 | | | 21. 8. 82 |
| 10. 12. 28 | | | | | 18. 3. 91 | 4. 3. 97[25] | | | 4. 3. 97[17] |
| | 7. 11. 49[30] | | | | 22. 11. 88 | 20. 3. 97 | | | 30. 7. 82 |
| | | | | | 19. 9. 70[11] | 28. 7. 98 | | | 30. 6. 98 |
| | | | | | 1. 7. 76 | 10. 6. 97 | | | 30. 12. 87 |

| Verbandstaaten | WTO* | Pariser Verbandsübereinkunft | | | | WIPO |
|---|---|---|---|---|---|---|
| | | London | Lissabon | Stockholm Art. 1–12 | Stockholm Art. 13–30 | Abk. |
| Samoa | | | | | | 11. 10. 97[1] |
| San Marino | | | | 26. 6. 91 | 26. 6. 91 | 26. 6. 91 |
| São Tomé und Principe | | | | 12. 5. 98 | 12. 5. 98 | 12. 5. 98 |
| Saudi-Arabien | | | | | | 22. 5. 82[1] |
| Schweden | 1. 1. 95 | | | 9. 10. 70 | 26. 4. 70 | 26. 4. 70 |
| Schweiz | 1. 7. 95 | | | 26. 4. 70[7] | 26. 4. 70 | 26. 4. 70 |
| Senegal | 1. 1. 95 | | | 26. 4. 70[7] | 26. 4. 70 | 26. 4. 70 |
| Sierra Leone | 23. 7. 95 | | | 17. 6. 97 | 17. 6. 97 | 18. 5. 86 |
| Simbabwe | 3. 3. 95 | | | 30. 12. 81 | 30. 12. 81 | 29. 12. 81 |
| Singapur | 1. 1. 95 | | | 23. 2. 95 | 23. 2. 95 | 10. 12. 90 |
| Slowakei | 1. 1. 95 | | | 1. 1. 93 | 1. 1. 93 | 1. 1. 93 |
| Slowenien | 30. 7. 95 | | | 25. 6. 91 | 25. 6. 91 | 25. 6. 91 |
| Somalia | | | | | | 18. 11. 82[1] |
| Spanien | 1. 1. 95 | | | 14. 4. 72 | 14. 4. 72 | 26. 4. 70 |
| Sri Lanka | 1. 1. 95 | 29. 12. 52 | | | 23. 9. 78 | 20. 9. 78 |
| St. Kitts u. Nevis | 21. 2. 96 | | | 9. 4. 95 | 9. 4. 95 | 16. 11. 95 |
| St. Lucia | 1. 1. 95 | | | 9. 6. 95[5] | 9. 6. 95[5] | 21. 8. 93 |
| St. Vincent und die Grenadinen | 1. 1. 95 | | | 29. 8. 95 | 29. 8. 95 | 29. 8. 95 |
| Sudan | | | | 16. 4. 84 | 16. 4. 84 | 15. 2. 74 |
| Südafrika | 1. 1. 95 | | | 24. 3. 75[5] | 24. 3. 75[5] | 23. 3. 75 |
| Suriname | 1. 1. 95 | | | 25. 11. 75 | 25. 11. 75 | 25. 11. 75 |
| Swasiland | 1. 1. 95 | | | 12. 5. 91 | 12. 5. 91 | 18. 8. 88 |
| Syrien | | 30. 9. 74 | | | | |
| Tadschikistan | | | | 25. 12. 91[5] | 25. 12. 91[5] | 25. 12. 91 |
| Tansania | 1. 1. 95 | | 16. 6. 63 | | 30. 12. 83 | 30. 12. 83 |
| Thailand | 1. 1. 95 | | | | | 25. 12. 89[1] |
| Togo | 31. 5. 95 | | | 30. 4. 75 | 30. 4. 75 | 28. 4. 75 |
| Trinidad u. Tobago | 1. 3. 95 | | | 16. 8. 88 | 16. 8. 88 | 16. 8. 88 |
| Tschad | 19. 10. 96 | | | 26. 9. 70 | 26. 9. 70 | 26. 9. 70 |
| Tschechische Republik | 1. 1. 95 | | | 1. 1. 93 | 1. 1. 93 | 1. 1. 93 |
| Türkei | 26. 3. 95 | | | 1. 2. 95 | 16. 5. 76 | 12. 5. 76 |
| Tunesien | 29. 3. 95 | | | 12. 4. 76[5] | 12. 4. 76[5] | 28. 11. 75 |
| Turkmenistan | | | | 25. 12. 91[5] | 25. 12. 91[5] | 25. 12. 91 |
| Uganda | 1. 1. 95 | | | 20. 10. 73 | 20. 10. 73 | 18. 10. 73 |
| Ukraine | | | | 25. 12. 91[5] | 25. 12. 91[5] | 26. 4. 70 |
| Ungarn | 1. 1. 95 | | | 26. 4. 70[7] | 26. 4. 70[7] | 26. 4. 70 |
| Uruguay | 1. 1. 95 | | | 28. 12. 79 | 28. 12. 79 | 21. 12. 79 |
| Usbekistan | | | | 25. 12. 91[5] | 25. 12. 91[5] | 25. 12. 91 |
| Vatikanstadt | | | | 24. 4. 75 | 24. 4. 75 | 20. 4. 75 |
| Venezuela | 1. 1. 95 | | | 12. 9. 95 | 12. 9. 95 | 23. 11. 84 |
| Vgt. Arab. Emirate | 10. 4. 96 | | | 19. 9. 96 | 19. 9. 96 | 24. 9. 74 |
| Vgt. Staaten von Amerika | 1. 1. 95 | | | 25. 8. 73[29] | 5. 9. 70[29] | 25. 8. 70 |
| Vereinigtes Königreich | 1. 1. 95 | | | 26. 4. 70[7,8] | 26. 4. 70[8] | 26. 4. 70 |
| Vietnam | | | | 2. 7. 76[5] | 2. 7. 76[5] | 2. 7. 76 |
| Weißrußland | | | | 25. 12. 91[5] | 25. 12. 91[5] | |
| Zentr.-Afr. Rep. | 31. 5. 95 | | | 5. 9. 78 | 5. 9. 78 | 23. 8. 78 |
| Zypern | 30. 7. 95 | | | 3. 4. 84 | 3. 4. 84 | 26. 10. 84 |

| MHA | | | | ZV | MMA[10] | | PMMA | NKA | | |
|---|---|---|---|---|---|---|---|---|---|---|
| Den Haag | London | Lissabon | Stockholm | Nizza | Stockholm | | | Nizza | Stockholm | Genf |
| | | 26. 6. 91 | 26. 6. 91 | | 26. 6. 91 | | | | | |
| | | 3. 10. 69 | 26. 4. 70 | | | 1. 12. 95[20, 23] | | | | 6. 2. 79 |
| | | 1. 6. 63 | 26. 4. 70 | | 19. 9. 70[11] | 1. 5. 97[23, 25] | | | | 22. 4. 86 |
| | | | | | 17. 6. 97 | | | | | |
| | | | | | | | | | | 18. 3. 99 |
| | | 1. 1. 93 | 1. 1. 93 | | 1. 1. 93 | 13. 9. 97[25] | | | | 1. 1. 93 |
| | | | | | 25. 6. 91 | 12. 3. 98 | | | | 30. 9. 92 |
| | 29. 12. 52 | 14. 8. 73 | 14. 8. 73 | | 8. 6. 79 | 1. 12. 95 | | | | 9. 5. 79 |
| | | | | | 16. 5. 84 | | | | | |
| | | | | | 14. 12. 98 | 14. 12. 98 | | | | 16. 12. 81 |
| | 30. 9. 47 | | | | 25. 12. 91 | | | | | 25. 12. 91 |
| | | | | | | | | | | 20. 3. 96 |
| | 27. 6. 57 | 1. 1. 93 | 1. 1. 93 | | 1. 1. 93 | 25. 9. 96 | | | | 1. 1. 93 |
| | 4. 10. 42 | | | | | 1. 1. 99[21] | | 29. 5. 67 | | 1. 1. 96 |
| | | | | | 28. 8. 67[19] | | | | | |
| | | | | | 25. 12. 91 | | | | | |
| | | 23. 3. 67 | 26. 4. 70 | | 19. 9. 70[11] | 3. 10. 97[21] | | | | 21. 8. 82 |
| | | | | | 25. 12. 91 | | | | | |
| | | | | | | | | | | 29. 2. 84 |
| | | 1. 6. 63 | 26. 4. 70 | | | 1.12.95[20,23,24] | | | | 3. 7. 79 |
| | | | | | 2. 7. 76 | | | | | 12. 6. 98 |
| | | | | | 25. 12. 91 | | | | | |

## C. Verbandsverträge und nationales Recht

### I. Transformation

**36** Völkerrechtliche Verträge erlangen im innerstaatlichen Bereich erst aufgrund eines *Transformationsaktes* Geltung (Transformationstheorie; s. BVerfGE 1, 396, 411; 29, 348, 358; BGHZ 11, 135, 138 – Schallplatte; 16, 207, 211; BGH GRUR 1957, 430 – Havanna; BVerwGE 3, 58; 35, 262). Bis zu ihrer Transformation bleiben sie für die nationale Rechtsanwendung außer Betracht. Die *Transformation* wird in der Bundesrepublik Deutschland durch die Veröffentlichung des *Zustimmungsgesetzes* bzw des *Beitrittsgesetzes* im Bundesgesetzblatt nach Art. 59 Abs. 2 GG bewirkt. Das Zustimmungsgesetz bzw Beitrittsgesetz fügt den Inhalt des Vertrages unter der Voraussetzung, daß er völkerrechtlich überhaupt in Kraft tritt, in die innerstaatliche Rechtsordnung ein, die hierdurch ergänzt bzw abgeändert wird. Unter welchen Voraussetzungen der *völkerrechtliche Vertrag wirksam* wird, hängt von den *Vereinbarungen der Parteien* ab. Die *Ratifikation* als ein Formalakt des Staatsoberhauptes, mit dem der Staat zu erkennen gibt, daß er sich fortan völkerrechtlich für gebunden hält, ist zur völkerrechtlichen Gültigkeit des Vertrages nur dann erforderlich, wenn die Ratifikation im Vertrag ausdrücklich vorgesehen ist (s. etwa Art. 20 Abs. 1 lit. a PVÜ). In diesem Fall tritt die Bindungswirkung erst mit dem *Austausch* bzw der *Hinterlegung der Ratifikationsurkunden* ein. Mit dem Austausch der Ratifikationsurkunden bzw mit deren Hinterlegung an einer vereinbarten Stelle (etwa beim Internationale Büro in Genf für die Verbandsverträge; s. Art. 20 Abs. 1 lit. a PVÜ) wird der Vertrag wirksam, es sei denn, sein Inkrafttreten wird von weiteren Voraussetzungen wie etwa einer Mindestzahl von Ratifikationen abhängig gemacht (so etwa Art. 20 Abs. 2 lit. a und b PVÜ).

### II. Unmittelbare Anwendung

**37** Eine *unmittelbare Anwendung der Verbandsverträge* in der Bundesrepublik Deutschland setzt voraus, daß es sich bei der Bestimmung eines Verbandsvertrages um einen nach Inhalt und Fassung privatrechtlichen *Rechtssatz* handelt (RGZ 117, 280, 284; 124, 204, 206; BGHZ 11, 135, 138 – Schallplatte). Häufig stellen Staatsverträge nicht eindeutig einen Rechtssatz auf, sondern enthalten programmatische Aussprüche, Ermahnungen oder Empfehlungen an die Vertragsstaaten oder nur die Verpflichtung, gewisse Rechtssätze erst zu schaffen. Auch wenn solche *programmatischen Vereinbarungen* den Richter nicht unmittelbar binden, so ist doch der in solchen Bestimmungen zum Ausdruck kommende Geist der Vereinbarungen bei der *Auslegung* zu berücksichtigen, da der Gesetzgeber diese Programmatik durch das Zustimmungsgesetz bzw das Beitrittsgesetz gebilligt hat. Ob eine Bestimmung unmittelbar anzuwenden ist, läßt sich allein weder aus ihrer Fassung noch aus der Entstehungsgeschichte erschließen (*Beier* in: Beier/Deutsch/Fikentscher, Die Warenzeichenlizenz, S. 574). Auch eine im Vertragsstil als Verpflichtung gefaßte Bestimmung kann unmittelbar anwendbar sein (*Ulmer*, GRUR Int 1960, 57, 62). Entscheidend ist, daß die Bestimmung die erforderliche inhaltliche *Bestimmtheit* aufweist, um als Rechtssatz angewendet zu werden. Das ist für die meisten Vorschriften der PVÜ zu bejahen, insbesondere für die Art. 2, 4, 5, $6^{quinquies}$ PVÜ. Von der Frage, ob eine Bestimmung der PVÜ unmittelbar anzuwenden ist, ist die Frage zu unterscheiden, für welche Rechtsbeziehungen sie Geltung besitzt. Grundsätzlich unterliegen nur die *Rechtsbeziehungen des Inlands zum Ausland*, nicht aber die der *Inländer untereinander* dem Staatsvertrag (s. dazu Art. 2 PVÜ, Rn 2). Ausländer können daher besser gestellt sein als Inländer, wenn die PVÜ weitergehende Rechte als das nationale Recht des Verbandsstaates gewährt.

## D. Auswirkungen internationaler bewaffneter Konflikte

**Schrifttum.** *Dehler,* Wiederaufbau des deutschen gewerblichen Rechtsschutzes, GRUR 1950, 342; *Schlochauer,* Die Einwirkung des Krieges auf den Bestand völkerrechtlicher Verträge, DRZ 1946, 161; *Sünner,* Derzeitige Stellung Deutschlands im internationalen gewerblichen Rechtsschutz, GRUR 1950, 197.

### I. Grundauffassung

Multilaterale Abkommen bleiben im Verhältnis zu den an einem *Krieg nicht beteiligten* Staaten wirksam. Umstritten ist die Rechtslage zwischen *kriegführenden* Staaten. Der Versailler Vertrag ging, wie die durch Art. 286 angeordnete Wiederinkraftsetzung der PVÜ in der Washingtoner Fassung zeigt, gemäß der angloamerikanischen Auffassung davon aus, daß auch multilaterale Abkommen durch den Krieg von selbst aufgehoben werden (*Baumbach/ Hefermehl,* Warenzeichenrecht, 9. Aufl., 5. Teil, V, Rn 4). Dem MMA und MHA gehörte Deutschland damals allerdings noch nicht an. Seitdem hat sich ein Wandel der Auffassungen vollzogen. Im internationalen Schrifttum wird heute überwiegend angenommen, daß kollektive Abkommen, denen kriegführende und neutrale Länder angehören, nur *de facto während des Kriegszustandes aufgehoben* sind; ihre Geltung lebt nach Beendigung des Krieges tatsächlich oder auch rechtlich wieder auf. Diese Auffassung fand auch in den Friedensverträgen der Alliierten mit Italien, Bulgarien und Ungarn ihren Niederschlag; die Friedensverträge gehen ohne förmliche Wiederinkraftsetzung der zwischenstaatlichen Abkommen von deren Weitergeltung aus (die Rechtslage deutscher Auslandsmarken nach den beiden Weltkriegen ist beschrieben bei *Baumbach/Hefermehl,* Warenzeichenrecht, 10. Aufl., Anhang zum 5. Teil, S. 893).

### II. Rechtslage nach dem Zweiten Weltkrieg

#### 1. Bundesrepublik Deutschland

Nach dem Zweiten Weltkrieg hing die Stellung Deutschlands im internationalen Rechtsschutz davon ab, welche Wirkung Krieg und Kapitulation auf kollektive Abkommen zukam. Die *deutsche Rechtsauffassung* ging von jeher dahin, daß der Krieg auch im Verhältnis der Feindstaaten zueinander weder eine Auflösung noch eine zeitweilige Aufhebung zwischenstaatlicher Abkommen zur Folge hat (BGH GRUR 1955, 342, 343; 1954, 111). Der Verbandsschutz hatte nur de facto während des Kriegszustandes geruht. Die Bundesrepublik Deutschland übernahm unter Hinweis auf diesen Standpunkt die zwischen 1945 und 1949 international registrierten Marken ohne Prüfung (Amtl. Begründung zur VO vom 20. Dezember 1949, BAnz Nr. 39; BlPMZ 1949, 341, 342). Das DPA erkannte allen ausländischen Zweitanmeldungen, die seit dem 1. Oktober 1948 bei den Annahmestellen Darmstadt und Berlin (*Baumbach/Hefermehl,* 7. Aufl., § 2 WZG, Rn 32) oder beim DPA eingereicht worden waren, den Unionszeitvorrang zu. Nach Eröffnung des DPA zeigte die Bundesregierung in einem über die Alliierte Hohe Kommission der Schweizer Bundesregierung und von dieser allen Verbandsstaaten zugeleiteten *Memorandum* vom 9. November 1949 an, daß die internationalen Abkommen auf dem Gebiet des gewerblichen Rechtsschutzes im Bundesgebiet wieder in vollem Umfang angewendet werden (s. GRUR 1950, 411). In dem Memorandum lag die Bestätigung dafür, daß die Bundesrepublik Deutschland die Abkommen nach wie vor als bindend ansah. Einige Staaten bestätigten auf das Memorandum hin ihrerseits die Wiederanwendung der internationalen Abkommen. Andere Staaten teilten gemäß Art. 6 Abs. 2 AHKG Nr. 8 amtlich dem DPA mit, daß sie die Einreichung von Anmeldungen gewerblicher Schutzrechte seitens deutscher Staatsangehöriger zulassen und daß sie Anmeldungen, die bei den Annahmestellen Darmstadt und Berlin oder beim DPA eingereicht sind, Prioritätsrechte zumindest im Umfang der PVÜ gewähren (AHKG Nr. 8 Art. 6; abgedruckt bei *Baumbach/Hefermehl,* Warenzeichenrecht, 7. Aufl., S. 1031). Diese Erklärungen bestätigten mittelbar die Weitergeltung der PVÜ im Verhältnis zur Bundesrepublik Deutschland (s. Verlautbarung des Internationalen Büros, GRUR Int

1957, 363). Das Internationale Büro in Genf führte die Bundesrepublik Deutschland in den alljährlich in *La Propriété industrielle* veröffentlichten Mitgliedslisten weiterhin als Verbandsstaat an. Von der Weitergeltung der Verbandsverträge im Verhältnis zur Bundesrepublik Deutschland ist daher heute auszugehen. Nur dieser Standpunkt wird auch den Angehörigen der anderen Verbandsstaaten gerecht, die ansonsten nicht den Schutz der Verbandsverträge im Bundesgebiet genießen würden (zur Behandlung von IR-Marken bei der Eingliederung des Saarlandes s. *Miosga*, MA 1959, 969).

## 2. Deutsche Demokratische Republik

**40** Durch VO vom 15. März 1956 (GBl. I S. 271; GRUR 1956, 315) wurde bestimmt, daß mit Wirkung vom 16. Januar 1956 die PVÜ, das MMA und das MHA wiederanzuwenden seien, so daß Rechte aus diesen Abkommen in der DDR geltend gemacht werden konnten. Ausgeschlossen vom Schutz waren Marken, die zwischen dem 8. Mai 1945 und dem 16. Januar 1956 international registriert worden waren (§ 12 VO). Die Schutzversagung erstreckte sich auch auf in dieser Zeit vorgenommene Verlängerungen. Auch vor dem 8. Mai 1945 registrierte deutsche Altwarenzeichen wurden nicht anerkannt, weil ihr Schutz bis 1945 nicht auf der Registrierung beim Internationalen Büro, sondern auf der Eintragung beim RPA beruhte (so Amt für Erfindungs- und Patentwesen GRUR 1960, 239 – BB im Pfeilring). Aufgrund eines Memorandums des Ministerrats der DDR vom 17. Oktober 1955 wurden DDR-Marken vom Internationalen Büro registriert, wenn auch zuerst nur unter Vorbehalt (GRUR Int 1959, 174). Die internationale Registrierung dieser Marken hatte nur für die Staaten Wirkung, die die DDR als Völkerrechtssubjekt anerkannten. In der Bundesrepublik Deutschland genossen daher IR-Marken aus der DDR zunächst keinen Rechtsschutz (BGH GRUR 1960, 235 – Toscanella). Erst die nach dem 31. Januar 1967 international registrierten Marken aus der DDR konnten auch für die Bundesrepublik Deutschland Schutz erlangen (Mitteilung des Präsidenten des DPA vom 5. Januar 1968 BlPMZ 1968, 2). Davor hatten IR-Marken aus der DDR für die Bundesrepublik Deutschland keine Wirkung. Es bestand für sie allein die Möglichkeit einer nachträglichen Schutzausdehnung nach Art. 3$^{ter}$ MMA. Seit dem 24. November 1972, dem Tage der Aufnahme der DDR in die UNESCO, wurde die DDR auch von der Bundesrepublik Deutschland als Vertragsstaat anerkannt (s. Bekanntmachung BlPMZ 1975, 52, 117).

## 3. Sonderregelungen

**41** Zur Wiederherstellung der durch den Zweiten Weltkrieg betroffenen gewerblichen Schutzrechte wurde in Neuchâtel am 8. Februar 1947 das *Neuchâteler Abkommen* über die Erhaltung oder Wiederherstellung der durch den Zweiten Weltkrieg zu Schaden gekommenen gewerblichen Schutzrechte (BlPMZ 1948, 38) geschlossen, das inhaltlich weitgehend dem nach dem Ersten Weltkrieg geschlossenen *Berner Abkommen* vom 30. Juni 1920 (Gesetz vom 3. August 1920, RGBl. S. 1557) entsprach. Deutschland gehörte diesem Abkommen nicht an (zu den Mitgliedstaaten und dem Inhalt des Abkommens s. BlPMZ 1948, 38; 1951, 55; französischer Text s. Prop. Ind. 1947, 18). Die Wiederherstellung der gewerblichen Schutzrechte ehemals feindlicher Staaten und ihrer Angehörigen regelte das *Gesetz der Alliierten Hohen Kommission Nr. 8* vom 20. Oktober 1949 (ABl. AHK S. 18; abgedruckt und kommentiert bei *Baumbach/Hefermehl,* Warenzeichenrecht, 7. Auflage, S. 1023).

## E. Rechtslage nach der Wiedervereinigung Deutschlands

**42** Mit dem Beitritt der DDR zur Bundesrepublik Deutschland am 3. Oktober 1990 wurde nach Art. 8 des *Einigungsvertrags* vom 31. August 1990 (BGBl. II S. 889) das *Bundesrecht* grundsätzlich auf das Gebiet der DDR erstreckt (s. dazu im einzelnen Einl, Rn 44 ff.). Gleiches gilt für die *völkerrechtlichen Verträge* der Bundesrepublik Deutschland (Art. 11 EinigV). Die *gewerblichen Schutzrechte* waren zunächst von dieser Erstreckung des Bundesrechts ausgenommen. Nach Art. 9 iVm Anlage I Kapitel III Sachgebiet E Abschnitt II Nr. 1 EinigV blieben die gewerblichen Schutzrechte, die vor dem Beitritt in der Bundesrepublik

Deutschland oder in der DDR angemeldet, eingetragen oder erteilt worden waren, in ihrem bisherigen Schutzgebiet wirksam und unterlagen weiterhin den für sie geltenden alten Rechtsvorschriften. Gleiches galt für die den internationalen Abkommen unterfallenden Schutzrechte. Die Rechtsvereinheitlichung wurde dem künftigen gesamtdeutschen Gesetzgeber vorbehalten mit Ausnahme weniger Bestimmungen (etwa hinsichtlich des Benutzungszwangs für die beim Patentamt der DDR eingetragenen Marken mit der Maßgabe, daß die Frist von fünf Jahren am Tag des Wirksamwerdens des Beitritts beginnt, § 10 der Anlage I Kapitel III Sachgebiet E Abschnitt II Nr. 1 des EinigV; s. § 25 MarkenG, Rn 13).

Zur Regelung der Rechtslage auf dem Gebiet des gewerblichen Rechtsschutzes nach der **43** Wiedervereinigung Deutschlands wurde das *Gesetz über die Erstreckung von gewerblichen Schutzrechten* (Erstreckungsgesetz – ErstrG) vom 23. April 1992 (BGBl. I S. 938; s. 3. Teil des Kommentars, I 12) erlassen (s. dazu im einzelnen Einl, Rn 44 ff.). Es trat am 1. Mai 1992 in Kraft. Die gewerblichen Schutzrechte, die vor der Wiedervereinigung in der DDR bzw. der Bundesrepublik Deutschland bestanden oder angemeldet waren, wurden unter Beibehaltung ihres Zeitrangs auf das jeweils andere Gebiet erstreckt und unterliegen seitdem einheitlich dem Bundesrecht (§§ 1 Abs. 1, 4 Abs. 1 ErstrG). Gleiches gilt für die aufgrund internationaler Abkommen eingetragenen oder angemeldeten Schutzrechte (§§ 1 Abs. 2, 4 Abs. 2 ErstrG). Die bisher geltenden Rechtsvorschriften für die Schutzrechte, die vor dem Wirksamwerden des Beitritts beim Patentamt der DDR eingetragen oder angemeldet wurden, sind nur noch anzuwenden, soweit es sich um die Voraussetzungen der Schutzfähigkeit und die Schutzdauer handelt (§ 5 ErstrG). Für die erstreckten national und international registrierten Marken enthalten die §§ 20 ff. ErstrG besondere Vorschriften für die Löschung, Prüfung und Bekanntmachung. Die Kollision von übereinstimmenden Marken und Warenzeichen ist in § 30 ErstrG geregelt, die Kollision von Marken oder Warenzeichen mit sonstigen Kennzeichenrechten in § 31 ErstrG.

## F. Beschränkung des Kommentars auf Vorschriften des Wettbewerbs- und Kennzeichenrechts

Dieser Kommentar zum MarkenG sowie der Kommentar zum Wettbewerbsrecht **44** (*Baumbach/Hefermehl*, Wettbewerbsrecht, 20. Aufl., 1998) berücksichtigen im wesentlichen die Vorschriften, die das *Wettbewerbs- und Kennzeichenrecht* betreffen.

## 1. Abschnitt. Mehrseitige Abkommen

### Inhaltsübersicht

A. Pariser Verbandsübereinkunft zum Schutz des gewerblichen Eigentums ..... 1806
B. Madrider Markenabkommen über die internationale Registrierung von Marken .................................................................................................. 1858

## A. Pariser Verbandsübereinkunft zum Schutz des gewerblichen Eigentums[*]

vom 20. März 1883

revidiert in Brüssel am 14. Dezember 1900, in Washington am 2. Juni 1911,
in Haag am 6. November 1925, in London am 2. Juni 1934,
in Lissabon am 31. Oktober 1958 und in Stockholm am 14. Juli 1967

(BGBl. 1970 II S. 391; geändert am 2. Oktober 1979, BGBl. 1984 II S. 799)

### Inhaltsübersicht

| | Art. |
|---|---|
| Verband und Verbandszweck | 1 |
| Schutzbereich | 2 |
| Erweiterung des Schutzbereichs | 3 |
| Priorität | 4 |
| Unabhängigkeit der Patente | 4bis |
| Erfindernennung | 4ter |
| Patentierbarkeit bei Vertriebsbeschränkungen | 4quater |
| Benutzungszwang | 5 |
| Gebührennachfrist | 5bis |
| Schranken des Patentschutzes bei der Einfuhr | 5ter |
| Einfuhr bei Verfahrenspatenten | 5quater |
| Schutz von gewerblichen Mustern und Modellen | 5quinquies |
| Unabhängigkeit der Marke | 6 |
| Notorisch bekannte Marke | 6bis |
| Wappen, Hoheitszeichen, Prüf- und Gewährzeichen | 6ter |
| Übertragung der Marke | 6quater |
| Eintragung, Versagung, Löschung | 6quinquies |
| Dienstleistungsmarken | 6sexies |
| Agentenmarke | 6septies |
| Zeichen und Natur der Ware | 7 |
| Verbandszeichen | 7bis |
| Handelsname | 8 |
| Beschlagnahme bei Zeichenverletzung | 9 |
| Beschlagnahme bei Herkunftstäuschung | 10 |
| Unlauterer Wettbewerb | 10bis |
| Rechtsbehelfe | 10ter |
| Ausstellungsschutz | 11 |
| Amt für gewerbliches Eigentum | 12 |
| Versammlung des Verbandes | 13 |
| Exekutivausschuß | 14 |
| Internationales Büro | 15 |
| Finanzen | 16 |
| Änderungen der Artikel 13 bis 17 | 17 |
| Revision der Artikel 1 bis 12 und 18 bis 30 | 18 |
| Sonderabkommen | 19 |
| Ratifikation oder Beitritt von Verbandsländern – Inkrafttreten | 20 |
| Beitritt verbandsfremder Länder – Inkrafttreten | 21 |

---

[*] Artikel ohne Gesetzesangabe sind solche der PVÜ.

|  | Art. |
|---|---|
| Wirkung der Ratifikation oder des Beitritts | 22 |
| Beitritt zu früheren Fassungen | 23 |
| Hoheitsgebiete | 24 |
| Anwendung der Übereinkunft durch die Vertragsländer | 25 |
| Kündigung | 26 |
| Anwendung früherer Fassungen | 27 |
| Beilegung von Streitigkeiten | 28 |
| Unterzeichnung – Sprachen – Wahrnehmung der Verwahreraufgaben | 29 |
| Übergangsbestimmungen | 30 |

**Schrifttum.** *Baeumer,* Der Vertrag von Nairobi über den Schutz des Olympischen Symbols, GRUR Int 1983, 466; *Ballreich,* Enthält das GATT den Weg aus dem Dilemma der steckengebliebenen PVÜ-Revision?, GRUR Int 1987, 747; *Ballreich,* Ist „Gegenseitigkeit" ein für die Pariser Verbandsübereinkunft maßgebliches Völkerrechtsprinzip?, GRUR Int 1983, 470; *Baur,* Zum Namensschutz im deutschen internationalen Privatrecht unter besonderer Berücksichtigung des Schutzes der Handelsnamen, AcP 167 (1967), S. 535; *Bauer,* Vierte Sitzung der Diplomatischen Konferenz zur Revision der PVÜ (Kurzbericht), GRUR Int 1984, 317; *Becher/Hierse,* Die Bedeutung der Pariser Verbandsübereinkunft für das Warenkennzeichnungswesen und die internationale Registrierung von Warenzeichen, Berlin (Ost) 1967; *Beier,* Die gemeinschaftliche Benutzung von Warenzeichen in konventionsrechtlicher Sicht, in: Beier/Deutsch/Fikentscher, Die Warenzeichenlizenz, 1966, München, S. 555; *Beier,* Die Bedeutung ausländischer Tatumstände für die Markenschutzfähigkeit, GRUR 1968, 492; *Beier,* Anwendung der Art. 2 und 15 der Pariser Verbandsübereinkunft, GRUR Int 1970, 229; *Beier,* Hundert Jahre Pariser Verbandsübereinkunft – Ihre Rolle in Vergangenheit, Gegenwart und Zukunft, GRUR Int 1983, 339; *Beier,* Unterscheidungskraft und Freihaltebedürfnis – Zur Markenschutzfähigkeit individueller Herkunftsangaben nach § 4 WZG und Art. 6$^{quinquies}$ PVÜ, GRUR Int 1992, 243; *Beier/Kunz-Hallstein,* Zu den Voraussetzungen des Schutzes ausländischer Handelsnamen nach Art. 2 und 8 der Pariser Verbandsübereinkunft, GRUR Int 1982, 362; *Beier/Krieger,* Der Schutz des Handelsnamens, GRUR Int 1967, 304; 1969, 103; *Betten,* Zur Einführung der Dienstleistungsmarke, BB 1979, 19; *Beyerle,* Unterscheidungskraft und Freihaltebedürfnis im deutschen Warenzeichenrecht, 1988; *Blum,* Zur Auslegung von Art. 3 der Pariser Verbandsübereinkunft, GRUR Int 1964, 513; *Bodenhausen,* Pariser Verbandsübereinkunft zum Schutz des gewerblichen Eigentums, Kommentar, 1971; *Bodewig,* Diplomatische Konferenz zur Revision der PVÜ (Kurzbericht Nairobi), GRUR Int 1981, 713; *Bodewig,* Dritte Sitzung der Diplomatischen Konferenz zur Revision der Pariser Verbandsübereinkunft (Kurzbericht), GRUR Int 1982, 686; *Bodewig,* Abschluß der Dritten Session der PVÜ-Revisionskonferenz (Kurzbericht), GRUR Int 1983, 59; *Burghardt,* Der subjektive Anwendungsbereich der in der Pariser Verbandsübereinkunft vorgesehenen besonderen Rechte, GRUR Int 1973, 600; *Busch,* Der Schutz im Ausland bekannter Marken gegen Aneignung im Inland, GRUR Int 1971, 293; *Christians,* Immaterialgüterrechte und GATT, 1990; *Godemeyer/Weber,* Abhängigkeit von telle-quelle-Marken, Mitt 1993, 321; *Heydt,* Gleichzeitige Benutzung derselben Marke durch mehrere Personen und Marken von Inhabern ohne Geschäftsbetrieb, GRUR Int 1958, 457; *Kraßer,* Der Schutz des Handelsnamens nicht verbandsangehöriger Ausländer in Deutschland, GRUR 1971, 490; *Krieger,* Die Lissaboner Konferenz (Unlauterer Wettbewerb und Herkunftsangaben), GRUR Int 1959, 90; *Krieger,* Erwägungen über eine Revision des Lissaboner Abkommens über den Schutz von Ursprungsbezeichnungen, GRUR 1972, 304; *Krieger,* Dienstleistungsmarken jetzt eintragungsfähig, DB 1979, 389; *Krieger,* Der internationale Schutz von geographischen Bezeichnungen aus deutscher Sicht, GRUR Int 1984, 71; *Krieger/Mast/Tilmann,* Die Konstituierung der Weltorganisation für geistiges Eigentum (WIPO), GRUR Int 1971, 29; *Kühnemann,* Die Lissaboner Konferenz (Allgemeine Fragen), GRUR Int 1959, 104; *Kunz-Hallstein,* Konventionsrechtliche Probleme eines „Präferenzstatuts" für Entwicklungsländer, GRUR Int 1977, 293; *Kunz-Hallstein,* Zur Einführung eines „Zwischenbenutzungsrechts" in die Pariser Verbandsübereinkunft, GRUR Int 1978, 183; *Kunz-Hallstein,* Die Genfer Konferenz zur Revision der Pariser Verbandsübereinkunft zum Schutze des gewerblichen Eigentums, GRUR Int 1981, 137; *Kunz-Hallstein,* Die Ergebnisse der Konferenz von Nairobi zur Revision der Pariser Verbandsübereinkunft, GRUR Int 1982, 45; *Kunze,* Schutz des Handelsnamens und das künftige EG-Markenrecht, GRUR 1981, 634; *Kur,* Die notorisch bekannte Marke im Sinne von 6$^{bis}$ PVÜ und die „bekannte Marke" im Sinne der Markenrechtsrichtlinie, GRUR 1994, 330; *Kur,* Entwicklung und gegenwärtiger Stand des internationalen Markenschutzes, MA 1994, 561; *Lorenz-Wolf,* Der Schutz des Handelsnamens und der freie Warenverkehr, GRUR 1981, 644; *Maday,* Zur Auslegung des Art. 3 der Pariser Verbandsübereinkunft, GRUR Int 1965, 236; *Miosga,* Die *Telle-quelle*-Klausel in ihrer heutigen Bedeutung, MA 1965, 824; *Miosga,* Internationaler Marken- und Herkunftsschutz, 1967; *Mitscherlich,* Zum Schutz international registrierter Dienstleistungsmarken in der Bundesrepublik Deutschland, GRUR Int 1979, 26; *Moser v. Filseck,* Die Lissaboner Konferenz (Marken), GRUR Int 1959, 81; *Raible,* Pariser Verbandsübereinkunft und nationales Recht, GRUR Int 1970, 137; *Ronga,* Der Schutz von Kennzeichen zwischenstaatlicher Organisationen nach der Pariser Übereinkunft, GRUR Int 1966, 148; *Röttger,* Die gemeinsame Verwendung eines Warenzeichens durch mehrere Benutzer, GRUR 1955, 564; *Sack,* Sonderschutz bekannter Marken, GRUR 1995, 81; *Saint-Gal,* Der internationale Schutz des Handelsnamens, GRUR Int 1964, 289; *Schricker,* Die Inanspruchnahme der Unionspriorität beim Beitritt neuer Verbandsländer, GRUR Int 1966, 373; *Tilmann,* Die Dienstleistungsmarken-Novelle, NJW 1979, 408; *Tilmann,* Grundlage und Reichweite des Handelsnamensrechts, GRUR 1981, 621; *Troller,* Die mehrseitigen völkerrechtlichen Verträge im internationalen gewerblichen Rechtsschutz und Urheberrecht, 1965; *Trüstedt,* Die Priorität einer Anmeldung nach deutschem Recht unter besonderer Berücksichtigung der Unionspriorität, GRUR Int 1959, 573; *Wieczorek,* Unionspriorität und inhaltliche Änderung der Voranmeldung, GRUR Int 1974, 172.

## Vorbemerkung

**1** Maßgebender *Text der Pariser Verbandsübereinkunft* ist der französische; das *seul exemplaire* (Art. 29 PVÜ) ist französisch abgefaßt. Der nach Art. 29 Abs. 1 lit. b hergestellte deutsche Text ist eine nicht immer einwandfreie amtliche Übersetzung. Im Kommentar ist der Text der *Stockholmer Fassung* mit ihrer Änderung aufgenommen. Diese stimmt mit Ausnahme der Verwaltungs- und Schlußbestimmungen (Art. 13 bis 20) grundsätzlich mit der Lissaboner Fassung überein (zusammen mit den Texten der Haager und der Londoner Fassung abgedruckt bei *Baumbach/Hefermehl,* Warenzeichenrecht, 10. Aufl., S. 650 ff. und 683 ff.). Der deutsche Text der Stockholmer Fassung weist gegenüber den bisherigen Übersetzungen eine Reihe von sprachlichen Verbesserungen auf. Auf die Washingtoner Fassung wird verwiesen (RGBl. 1913, S. 209). Die Unterschiede der Fassungen werden am Ende eines jeden Artikels erörtert.

### Verband und Verbandszweck

**1** **(1) Die Länder, auf die diese Übereinkunft Anwendung findet, bilden einen Verband zum Schutze des gewerblichen Eigentums.**

**(2) Der Schutz des gewerblichen Eigentums hat zum Gegenstand die Erfindungspatente, die Gebrauchsmuster, die gewerblichen Muster oder Modelle, die Fabrik- oder Handelsmarken, die Dienstleistungsmarken, den Handelsnamen und die Herkunftsangaben oder Ursprungsbezeichnungen sowie die Unterdrückung des unlauteren Wettbewerbs.**

**(3) Das gewerbliche Eigentum wird in der weitesten Bedeutung verstanden und bezieht sich nicht allein auf Gewerbe und Handel im eigentlichen Sinn des Wortes, sondern ebenso auf das Gebiet der Landwirtschaft und der Gewinnung der Bodenschätze und auf alle Fabrikate oder Naturerzeugnisse, zum Beispiel Wein, Getreide, Tabakblätter, Früchte, Vieh, Mineralien, Mineralwässer, Bier, Blumen, Mehl.**

**(4) Zu den Erfindungspatenten zählen die nach den Rechtsvorschriften der Verbandsländer zugelassenen verschiedenen Arten gewerblicher Patente, wie Einführungspatente, Verbesserungspatente, Zusatzpatente, Zusatzbescheinigungen usw.**

### Inhaltsübersicht

| | Rn |
|---|---|
| A. Verband als juristische Person (Art. 1 Abs. 1) | 1 |
| B. Gewerbliches Eigentum (Art. 1 Abs. 2 bis 4) | 2, 3 |
| I. Begriff | 2 |
| II. Schutzgegenstand | 3 |
| C. Geltungsbereich | 4 |

### A. Verband als juristische Person (Art. 1 Abs. 1)

**1** Zwischen den Ländern (*Verbandsstaaten*), auf die die Übereinkunft Anwendung findet, bestehen nicht nur vertragliche Beziehungen, sondern die Verbandsstaaten bilden einen *körperschaftlich organisierten Verband.* Die *Verbandsorgane* sind die *Verbandsversammlung* (Art. 13), der *Exekutivausschuß* der Verbandsversammlung (Art. 14), das *Internationale Büro* (Art. 15), der *Generaldirektor* (Art. 15 Abs. 1 lit. c), die *Revisionskonferenzen* (Art. 18 Abs. 2) und der

*Internationale Gerichtshof* (Art. 28). Der Verband ist nach überwiegender Meinung eine *juristische Person* (Bodenhausen, Art. 1 PVÜ, Anm. e; *Miosga*, Internationaler Marken- und Herkunftsschutz, S. 9; *Busse/Starck,* Art. 1 PVÜ, Rn 1). Aufgabe des Verbands (*Verbandszweck*) ist es, das gesamte Gebiet des gewerblichen Eigentums (zum Begriff s. Rn 2) einer möglichst einheitlichen Regelung durch die Gesetzgebung der Verbandsländer zuzuführen.

## B. Gewerbliches Eigentum (Art. 1 Abs. 2 bis 4)

### I. Begriff

Die amtliche Übersetzung verwendet den in Deutschland früher kaum verwendeten, heute aber verbreiteten Ausdruck des *gewerblichen Eigentums* (Baumbach/Hefermehl, Wettbewerbsrecht, Allg, Rn 91). Es handelt sich um das Rechtsgebiet, das man in der deutschen Rechtssprache den *gewerblichen Rechtsschutz* nennt. Den *Anwendungsbereich* des gewerblichen Eigentums bestimmen die Absätze 2 bis 4. Zum gewerblichen Eigentum gehören zum einen das Recht der gewerblichen Schutzrechte wie der Patente, Gebrauchsmuster, Geschmacksmuster, Sortenschutzrechte, Schutzrechte an Topographien von mikroelektronischen Halbleitererzeugnissen und Marken, zum anderen als das klassische Wettbewerbrecht das Recht des UWG und der wettbewerbsrechtlichen Nebengesetze wie des RabattG und der ZugabeVO (*Baumbach/Hefermehl*, Wettbewerbsrecht, Allg, Rn 81 ff.). Ein ergänzender wettbewerbsrechtlicher Leistungsschutz kann von einem Angehörigen eines Verbandslandes auch für ein im Inland neu einzuführendes Erzeugnis beansprucht werden (BGH GRUR 1992, 523 – Betonsteinelemente). 2

### II. Schutzgegenstand

*Schutzgegenstand* sind nach Art. 1 Abs. 2 die Erfindungspatente, die Gebrauchsmuster, die gewerblichen Muster oder Modelle, die Fabrik- oder Handelsmarken, die Dienstleistungsmarken, die Handelsnamen und die Herkunftsangaben oder Ursprungsbezeichnungen sowie die Unterdrückung des unlauteren Wettbewerbs. Daß der Begriff des gewerblichen Eigentums den *domaine des industries agricoles et extractives* nach Art. 1 Abs. 3 mitumfaßt, ist im Grunde selbstverständlich (s. auch *Baumbach/Hefermehl*, Wettbewerbsrecht, § 2 UWG, Rn 1). Nach Art. 6$^{sexies}$ Lissaboner und Stockholmer Fassung sind die Verbandsländer zwar verpflichtet, Dienstleistungsmarken zu schützen, können aber die Art des Schutzes selbst bestimmen. Der in Deutschland früher gewährte wettbewerbsrechtliche Schutz der Dienstleistungsmarken als Unternehmensbezeichnungen oder Geschäftsabzeichen nach Art. 16 UWG aF genügte dieser Verpflichtung. Seit dem 1. April 1979 werden die Dienstleistungsmarken nach § 3 Abs. 1 MarkenG (früher § 1 Abs. 2 WZG) auch markenrechtlich geschützt. 3

## C. Geltungsbereich

Die PVÜ findet nur auf die *Mitglieder des Verbandes* Anwendung. Sie erlangt in ihrer jeweiligen Fassung Geltung für die Verbandsstaaten, die die Übereinkunft nach der Unterzeichnung ratifizieren, oder, wenn sie sie nicht unterzeichnet haben, ihr beitreten (Art. 20), sowie für verbandsfremde Länder, die der Übereinkunft beitreten und dadurch Mitglied des Verbandes werden (Art. 21). Die Stockholmer Fassung ist für die Bundesrepublik Deutschland am 19. September 1970 in Kraft getreten (s. 2. Teil des Kommentars, Einführung in das Recht der internationalen Verträge, Rn 2 f.). Sie ist damit innerstaatliches Recht (*Bundesrecht*) geworden, und zwar mit Vorrang vor dem nationalen Recht, das nur dann eingreift, wenn sich aus Staatsverträgen nichts anderes ergibt. Die Anwendung des deutschen UWG-Rechts auf Angehörige anderer Verbandsländer folgt aus Art. 10$^{bis}$ (s. dazu BGH GRUR 1955, 342, 343). Den Schutzbereich der PVÜ regeln die Art. 2 und 3. 4

## Schutzbereich

**2** (1) ¹Die Angehörigen eines jeden der Verbandsländer genießen in allen übrigen Ländern des Verbandes in bezug auf den Schutz des gewerblichen Eigentums die Vorteile, welche die betreffenden Gesetze den eigenen Staatsangehörigen gegenwärtig gewähren oder in Zukunft gewähren werden, und zwar unbeschadet der durch diese Übereinkunft besonders vorgesehenen Rechte. ²Demgemäß haben sie den gleichen Schutz wie diese und die gleichen Rechtsbehelfe gegen jeden Eingriff in ihre Rechte, vorbehaltlich der Erfüllung der Bedingungen und Förmlichkeiten, die den eigenen Staatsangehörigen auferlegt werden.

(2) Jedoch darf der Genuß irgendeines Rechts des gewerblichen Eigentums für die Verbandsangehörigen keinesfalls von der Bedingung abhängig gemacht werden, daß sie einen Wohnsitz oder eine Niederlassung in dem Land haben, in dem der Schutz beansprucht wird.

(3) Ausdrücklich bleiben vorbehalten die Vorschriften jedes der Verbandsländer über das gerichtliche und das Verwaltungsverfahren und die Zuständigkeit sowie über die Wahl des Wohnsitzes oder die Bestellung eines Vertreters, die etwa nach den Gesetzen über das gewerbliche Eigentum erforderlich sind.

### Inhaltsübersicht

|   | Rn |
|---|---|
| A. Die Schutzberechtigten | 1–5 |
|   I. Grundsatz der Inländerbehandlung (Art. 2 Abs. 1) | 1–3 |
|     1. Rechtliche Bedeutung | 1 |
|     2. Mindestschutz | 2 |
|     3. Schutzvoraussetzungen | 3 |
|   II. Erweiterter Rechtsschutz | 4 |
|   III. Schutz gegen unlauteren Wettbewerb | 5 |
| B. Vorbehalt (Art. 2 Abs. 3) | 6 |
| C. Fassungen der PVÜ | 7 |

**Schrifttum.** *Baur*, Zum Namensschutz im deutschen internationalen Privatrecht unter besonderer Berücksichtigung des Schutzes der Handelsnamen, AcP 167 (1967), S. 535; *Beier/Kunz-Hallstein*, Zu den Voraussetzungen des Schutzes ausländischer Handelsnamen nach Art. 2 und 8 der Pariser Verbandsübereinkunft, GRUR Int 1982, 362; *Burghardt*, Der subjektive Anwendungsbereich der in der Pariser Verbandsübereinkunft vorgesehenen besonderen Rechte, GRUR Int 1973, 600.

## A. Die Schutzberechtigten

### I. Grundsatz der Inländerbehandlung (Art. 2 Abs. 1)

#### 1. Rechtliche Bedeutung

1 Die PVÜ schafft nicht gleichlautendes Recht für alle Verbandsangehörigen. Art. 2 Abs. 1 S. 1 stellt den verbandsangehörigen Ausländer dem Inländer gleich. Der *Grundsatz der Inländerbehandlung* bildet den Kern der PVÜ. Jeder Verbandsangehörige steht hinsichtlich des Schutzes seines gewerblichen Eigentums den Angehörigen des Verbandsstaates gleich, dessen Schutz er beansprucht (Schutzstaat). Ein verbandsangehöriger Ausländer ist nicht schlechter gestellt als ein Inländer (RGZ 117, 215, 222 – Eskimo Pie; Art. 8 PVÜ, Rn 1). Das gilt auch dann, wenn die Ausübung unlauteren Wettbewerbs durch einen Deutschen in dem Verbandsstaat des Ausländers nicht nach dem in der Bundesrepublik Deutschland geltenden, deutschen Wettbewerbsrecht beurteilt wird (OLG Hamm GRUR Int 1970, 199, 200 – Stilschränke). Einem verbandsangehörigen ausländischen Unternehmen, dem der Schutz des UWG wie einem inländischen Unternehmen zusteht, sind auch die Rechte aus einem ergänzenden wettbewerbsrechtlichen Leistungsschutz zuzusprechen (BGH GRUR 1991, 223, 224 – Finnischer Schmuck; GRUR 1992, 523 – Betonsteinelemente; 1994, 630, 631 – Cartier-Armreif; s. dazu *Baumbach/Hefermehl*, § 1 UWG, Rn 440).

## 2. Mindestschutz

Die in der PVÜ besonders vorgesehenen Rechte bleiben nach Abs. 1 S. 1 a. E. vorbehalten (*le tout sans préjudice des droits spécialement prévus par la présente Convention*). Durch den *Vorbehalt der besonderen Rechte der Konvention* wird dem verbandsangehörigen Ausländer ein *Mindestschutz* eingeräumt, der von ihm in allen Verbandsländern in Anspruch genommen werden kann. Diesem Schutz kommt praktische Bedeutung jedoch nur dann zu, wenn er weiter reicht als der nationale Rechtsschutz. Wenn umgekehrt der nationale Rechtsschutz weiter reicht, dann erübrigt sich eine Berufung auf die besonderen Rechte der Konvention. Den in der PVÜ besonders vorgesehenen Rechten kommt nur eine *subsidiäre* Bedeutung zu, da sie eine Berufung auf den weitergehenden Schutz des nationalen Rechts nicht ausschließen. Soweit die besonderen Rechte der Konvention günstiger sind als die Vorschriften des nationalen Rechts, gilt das nationale Recht nicht als abgeändert. Der deutsche Staatsangehörige kann sich nicht auf die besonderen Rechte der Konvention berufen. Ausländer können günstiger als die eigenen Staatsangehörigen gestellt sein und so dem Ausländer ein Vorsprung im Wettbewerb zukommen. Diese auf den internationalen Sachverhalt beschränkte Auslegung des Art. 2 Abs. 1 ist heute herrschend (Schweiz. BG GRUR Int 1979, 119 – Inländerpriorität; *Beier* in: Beier/Deutsch/Fikentscher, Die Warenzeichenlizenz, S. 555, 577; *Miosga*, MA 1965, 824, 826; *Kunz-Hallstein*, GRUR Int 1977, 293, 295; *Busse/Starck*, Art. 2 PVÜ, Rn 1). Soweit *Ausländer nach den Konventionsregeln besser gestellt sind als Inländer*, folgt daraus nicht ohne weiteres ein Verstoß gegen das Gleichbehandlungsgebot des Art. 3 GG oder das Diskriminierungsverbot des Art. 6 EGV (BGH GRUR 1976, 355, 356 – P-tronics). Der beschränkte persönliche Geltungsbereich der Konventionsregeln schließt dagegen nicht aus, Vorschriften des innerdeutschen Rechts im Geiste der Konvention auszulegen und gegebenenfalls Gesetzeslücken entsprechend zu schließen (*Soergel/Hefermehl*, Anh. zu § 133 BGB, Rn 12). So wurde die Eintragung nicht unterscheidungskräftiger Zeichen, schon bevor das WZG 1936 den § 4 Abs. 3 WZG (§ 8 Abs. 3 MarkenG) einfügte, trotz des § 4 Abs. 2 Nr. 1 WZG (§ 8 Abs. 2 Nr. 1 MarkenG) unter dem Einfluß des Art. 6 Nr. 2 PVÜ zugelassen (RG MuW 1931, 566, 567 – 4711; 1934, 321, 322 – Atikah/Attika). Ein weiteres Beispiel bietet die Anlehnung an Art. 5 C Abs. 2 bei der Bestimmung des Benutzungsbegriffs (BGH GRUR 1975, 135, 137 – KIM-Mohr; s. § 26 MarkenG, Rn 91).

## 3. Schutzvoraussetzungen

Der Konventionsschutz setzt die Erfüllung der durch die innere Gesetzgebung des Schutzstaates verlangten *Förmlichkeiten* und *Bedingungen* voraus (Abs. 1 S. 2). Doch darf die innere Gesetzgebung den *Wohnsitz* oder die *Niederlassung im Schutzstaat* nicht zur Bedingung des Schutzes machen (Abs. 2). Dagegen schließt Art. 2 nicht das Erfordernis des *Vertreterzwangs* nach § 96 MarkenG aus (zur streitigen Auslegung des Textes s. *Baumbach/Hefermehl*, Warenzeichenrecht, 10. Aufl., Art. 2 PVÜ, Rn 3). Auf Bürgerrecht, Wohnsitz oder Ort der Niederlassung kommt es nicht an. Die Staatsangehörigkeit ist durch eine Bescheinigung der Heimatbehörde nachzuweisen (RPA BlPMZ 1904, 259; 1940, 167).

## II. Erweiterter Rechtsschutz

Art. 3 erstreckt den Schutzbereich auf solche *Angehörigen verbandsfremder Länder*, die im Gebiet eines Verbandslandes ihren *Wohnsitz* oder eine tatsächliche und nicht nur zum Schein bestehende *gewerbliche Niederlassung* oder *Handelsniederlassung* haben (s. Art. 3, Rn 1). Der Verbandsschutz ergreift somit zum einen nach dem *Nationalitätsprinzip* die Staatsangehörigen der Verbandsstaaten (Verbandsangehörige; *ressortissants des pays de l'Union*) und zum anderen nach dem *Territorialitätsprinzip* alle Personen, die im Schutzstaat einen Wohnsitz oder eine Niederlassung haben. Die eigenen Staatsangehörigen des Schutzstaates können sich auch dann nicht auf Konventionsrecht berufen, wenn sie in einem anderen Verbandsstaat einen Wohnsitz oder eine Niederlassung haben (*Busse/Starck*, Art. 3 PVÜ, Rn 1; *Beier* in: Beier/Deutsch/Fikentscher, Die Warenzeichenlizenz, S. 555, 582, Fn 54; aM *Osterrieth/Axster*, Art. 3 PVÜ, S. 52).

### III. Schutz gegen unlauteren Wettbewerb

5   Art. 10^bis läßt *allen Verbandsangehörigen Schutz gegen unlauteren Wettbewerb* zuteil werden (*les pays de l'Union sont tenus*). Im Gegensatz zu Art. 2 fehlt dort die Begrenzung des Schutzes auf den den eigenen Staatsangehörigen gewährten Schutz. Deshalb ist für den engeren Wettbewerbsschutz nach UWG-Recht eine Hauptniederlassung im Inland für Verbandsangehörige nicht Voraussetzung (BGH GRUR 1955, 342; RGZ 60, 215, 219).

## B. Vorbehalt (Art. 2 Abs. 3)

6   Art. 2 Abs. 3 behält der Gesetzgebung der Verbandsstaaten bestimmte Vorschriften ausdrücklich vor. Das sind zum einen die *Vorschriften über das Gerichts- und Verwaltungsverfahren*. Dazu gehören die Regelungen über den *Ausländervorschuß* (§ 110 ZPO) und über die *Prozeßkostenhilfe* (§ 114 ZPO). Wenn ein Verbandsstaat dem Haager Zivilprozeßabkommen nicht beigetreten und mit ihm ein Sondervertrag nicht abgeschlossen worden ist, dann unterliegen seine Angehörigen den deutschen prozeßrechtlichen Ausländerbeschränkungen. Der Vorbehalt bezieht sich zum anderen auf die *Vorschriften über die Zuständigkeit*. Gemeint ist jede behördliche Zuständigkeit wie namentlich im Prozeß oder in den Verfahren in Markenangelegenheiten wie etwa die Zuständigkeit für die Eintragung und Löschung von Marken, auch die Abgrenzung der Zuständigkeiten im Behördenaufbau wie etwa zwischen Gericht und Patentamt. Dazu gehören ferner die Vorschriften über die Wahl des Wohnsitzes oder die Bestellung eines Vertreters, wenn die inneren Gesetze des gewerblichen Rechtsschutzes einen solchen verlangen.

## C. Fassungen der PVÜ

7   Die Washingtoner Fassung enthält keine sachliche Abweichung. Statt *ressortissants* verwendet die Washingtoner Fassung *sujets ou citoyens*, was sachlich nichts anderes bedeutet. In den Text der Haager Fassung sind im wesentlichen nur die ursprünglich in den Schlußprotokollen niedergelegten Erklärungen aufgenommen worden. Die Londoner Fassung enthält nur Ausdrucksänderungen, ebenso die Lissaboner Fassung, der die Stockholmer Fassung entspricht.

### Erweiterung des Schutzbereichs

**3** Den Angehörigen der Verbandsländer sind gleichgestellt die Angehörigen der dem Verband nicht angehörenden Länder, die im Hoheitsgebiet eines Verbandslandes ihren Wohnsitz oder tatsächliche und nicht nur zum Schein bestehende gewerbliche oder Handelsniederlassungen haben.

#### Inhaltsübersicht

|   | Rn |
|---|---|
| A. Schutzbereich | 1 |
| B. Fassungen der PVÜ | 2 |

**Schrifttum.** *Blum,* Zur Auslegung von Art. 3 der Pariser Verbandsübereinkunft, GRUR Int 1964, 513; *Maday,* Zur Auslegung des Art. 3 der Pariser Verbandsübereinkunft, GRUR Int 1965, 236.

## A. Schutzbereich

1   Art. 3 durchbricht den in Art. 2 enthaltenen Nationalitätsgrundsatz (s. Art. 2, Rn 1, 4). Der von Art. 2 begrenzte Schutzbereich wird erweitert auf die Personen, die nicht Staatsangehörige eines dem Verband zugehörigen Landes sind, aber *im Gebiet des Schutzstaats* entweder ihren *Wohnsitz* haben (§§ 7 bis 9 BGB) oder *établissements industriels ou commerciaux ef-*

*fectifs et sérieux* besitzen. Damit ist eine wirkliche und *ernstliche geschäftliche Niederlassung* gemeint und jede *Scheinniederlassung* ausgeschlossen. Unnötig ist aber, daß von der Handelsniederlassung aus selbständig Geschäfte abgeschlossen werden *(Pinzger,* Warenzeichenrecht, Art. 3 PVÜ, Anm. 2). Eine *Zweigniederlassung* genügt, nicht aber das Mieten eines Geschäftsraums oder die Einrichtung eines Geschäftsbetriebs durch einen unselbständig handelnden Angestellten *(Osterrieth/Axster,* Art. 3 PVÜ, S. 56). Auf Art. 3 kann sich nur derjenige berufen, auf dessen Namen die Niederlassung geführt wird; allein die wirtschaftliche Beherrschung eines mit eigener Rechtspersönlichkeit ausgestatteten Unternehmens ist nicht ausreichend. Die Niederlassung einer rechtlich selbständigen Tochtergesellschaft, für die im Ursprungsland eine Marke eingetragen ist, bewirkt nicht, daß auch ihre Muttergesellschaft in diesem Land eine die Eigenschaft als Ursprungsland begründende Niederlassung hat (Patent Office Trademark Trial and Appeal Board GRUR Int 1975, 99 – Atlas; aM *Blum,* GRUR Int 1964, 513; *Maday,* GRUR Int 1965, 236).

### B. Fassungen der PVÜ

Washingtoner, Haager, Londoner und Lissaboner Fassung sind sachlich gleich. Es gilt das Entsprechende wie zu Art. 2 (s. Art. 2, Rn 7).  2

### Priorität

**4** A. – (1) Wer in einem der Verbandsländer die Anmeldung für ein Erfindungspatent, ein Gebrauchsmuster, ein gewerbliches Muster oder Modell, eine Fabrik- oder Handelsmarke vorschriftsmäßig hinterlegt hat, oder sein Rechtsnachfolger genießt für die Hinterlegung in den anderen Ländern während der unten bestimmten Fristen ein Prioritätsrecht.

(2) Als prioritätsbegründend wird jede Hinterlegung anerkannt, der nach den innerstaatlichen Vorschriften jedes Verbandslandes oder nach den zwischen Verbandsländern abgeschlossenen zwei- oder mehrseitigen Verträgen die Bedeutung einer vorschriftsmäßigen nationalen Hinterlegung zukommt.

(3) Unter vorschriftsmäßiger nationaler Hinterlegung ist jede Hinterlegung zu verstehen, die zur Festlegung des Zeitpunkts ausreicht, an dem die Anmeldung in dem betreffenden Land hinterlegt worden ist, wobei das spätere Schicksal der Anmeldung ohne Bedeutung ist.

B. – ¹Demgemäß kann die spätere, jedoch vor Ablauf dieser Fristen in einem der anderen Verbandsländer bewirkte Hinterlegung nicht unwirksam gemacht werden durch inzwischen eingetretene Tatsachen, insbesondere durch eine andere Hinterlegung, durch die Veröffentlichung der Erfindung oder deren Ausübung, durch das Feilbieten von Stücken des Musters oder Modells, durch den Gebrauch der Marke; diese Tatsachen können kein Recht Dritter und kein persönliches Besitzrecht begründen. ²Die Rechte, die von Dritten vor dem Tag der ersten, prioritätsbegründenden Anmeldung erworben worden sind, bleiben nach Maßgabe der innerstaatlichen Rechtsvorschriften eines jeden Verbandslandes gewahrt.

C. – (1) Die oben erwähnten Prioritätsfristen betragen zwölf Monate für die Erfindungspatente und die Gebrauchsmuster und sechs Monate für die gewerblichen Muster oder Modelle und für die Fabrik- oder Handelsmarken.

(2) Diese Fristen laufen vom Zeitpunkt der Hinterlegung der ersten Anmeldung an; der Tag der Hinterlegung wird nicht in die Frist eingerechnet.

(3) Ist der letzte Tag der Frist in dem Land, in dem der Schutz beansprucht wird, ein gesetzlicher Feiertag oder ein Tag, an dem das Amt zur Entgegennahme von Anmeldungen nicht geöffnet ist, so erstreckt sich die Frist auf den nächstfolgenden Werktag.

(4) Als erste Anmeldung, von deren Hinterlegungszeitpunkt an die Prioritätsfrist läuft, wird auch eine jüngere Anmeldung angesehen, die denselben Gegenstand betrifft wie eine erste ältere Anmeldung im Sinn des Absatzes 2 in demselben Verbandsland eingereichte Anmeldung, sofern diese ältere Anmeldung bis zum Zeitpunkt der Hinterlegung der jüngeren Anmeldung zurückgezogen, fallengelassen oder zurückgewiesen worden ist, und zwar bevor sie öffentlich ausgelegt worden ist und ohne daß Rechte bestehen geblieben sind; ebensowenig darf diese ältere Anmeldung schon Grundlage

## PVÜ Art. 4 — Priorität

für die Inanspruchnahme des Prioritätsrechts gewesen sein. Die ältere Anmeldung kann in diesem Fall nicht mehr als Grundlage für die Inanspruchnahme des Prioritätsrechts dienen.

D. – (1) [1]Wer die Priorität einer früheren Hinterlegung in Anspruch nehmen will, muß eine Erklärung über den Zeitpunkt und das Land dieser Hinterlegung abgeben. [2]Jedes Land bestimmt, bis wann die Erklärung spätestens abgegeben werden muß.

(2) Diese Angaben sind in die Veröffentlichungen der zuständigen Behörde, insbesondere in die Patenturkunden und die zugehörigen Beschreibungen aufzunehmen.

(3) Die Verbandsländer können von demjenigen, der eine Prioritätserklärung abgibt, verlangen, daß er die frühere Anmeldung (Beschreibung, Zeichnungen usw.) in Abschrift vorlegt. Die Abschrift, die von der Behörde, die diese Anmeldung empfangen hat, als übereinstimmend bescheinigt ist, ist von jeder Beglaubigung befreit und kann auf alle Fälle zu beliebiger Zeit innerhalb einer Frist von drei Monaten nach der Hinterlegung der späteren Anmeldung gebührenfrei eingereicht werden. Es kann verlangt werden, daß ihr eine von dieser Behörde ausgestellte Bescheinigung über den Zeitpunkt der Hinterlegung und eine Übersetzung beigefügt werden.

(4) Andere Förmlichkeiten für die Prioritätserklärung dürfen bei der Hinterlegung der Anmeldung nicht verlangt werden. Jedes Verbandsland bestimmt die Folgen der Nichtbeachtung der in diesem Artikel vorgesehenen Förmlichkeiten; jedoch dürfen diese Folgen über den Verlust des Prioritätsrechts nicht hinausgehen.

(5) Später können weitere Nachweise verlangt werden. Wer die Priorität einer früheren Anmeldung in Anspruch nimmt, ist verpflichtet, das Aktenzeichen dieser Anmeldung anzugeben; diese Angabe ist nach Maßgabe des Absatzes 2 zu veröffentlichen.

E. – (1) Wird in einem Land ein gewerbliches Muster oder Modell unter Inanspruchnahme eines auf die Anmeldung eines Gebrauchsmusters gegründeten Prioritätsrechts hinterlegt, so ist nur die für gewerbliche Muster oder Modelle bestimmte Prioritätsfrist maßgebend.

(2) Im übrigen ist es zulässig, in einem Land ein Gebrauchsmuster unter Inanspruchnahme eines auf die Hinterlegung einer Patentanmeldung gegründeten Prioritätsrechts zu hinterlegen und umgekehrt.

F. – [1]Kein Verbandsland darf deswegen die Anerkennung einer Priorität verweigern oder eine Patentanmeldung zurückweisen, weil der Anmelder mehrere Prioritäten in Anspruch nimmt, selbst wenn sie aus verschiedenen Ländern stammen, oder deswegen, weil eine Anmeldung, für die eine oder mehrere Prioritäten beansprucht werden, ein oder mehrere Merkmale enthält, die in der oder den Anmeldungen, deren Priorität beansprucht worden ist, nicht enthalten waren, sofern in beiden Fällen Erfindungseinheit im Sinn des Landesgesetzes vorliegt. [2]Hinsichtlich der Merkmale, die in der oder den Anmeldungen, deren Priorität in Anspruch genommen worden ist, nicht enthalten sind, läßt die jüngere Anmeldung ein Prioritätsrecht unter den allgemeinen Bedingungen entstehen.

G. – (1) Ergibt die Prüfung, daß eine Patentanmeldung nicht einheitlich ist, so kann der Anmelder die Anmeldung in eine Anzahl von Teilanmeldungen teilen, wobei ihm für jede Teilanmeldung als Anmeldezeitpunkt der Zeitpunkt der ursprünglichen Anmeldung und gegebenenfalls das Prioritätsvorrecht erhalten bleiben.

(2) [1]Der Anmelder kann auch von sich aus die Patentanmeldung teilen, wobei ihm für jede Teilanmeldung als Anmeldezeitpunkt der Zeitpunkt der ursprünglichen Anmeldung und gegebenenfalls das Prioritätsvorrecht erhalten bleiben. [2]Jedem Verbandsland steht es frei, die Bedingungen festzulegen, unter denen diese Teilung zugelassen wird.

H. – Die Priorität kann nicht deshalb verweigert werden, weil bestimmte Merkmale der Erfindung, für welche die Priorität beansprucht wird, nicht in den in der Patentanmeldung des Ursprungslandes aufgestellten Patentansprüchen enthalten sind, sofern nur die Gesamtheit der Anmeldungsunterlagen diese Merkmale deutlich offenbart.

I. – (1) Anmeldungen für Erfinderscheine, die in einem Land eingereicht werden, in dem die Anmelder das Recht haben, nach ihrer Wahl entweder ein Patent oder einen Erfinderschein zu verlangen, begründen das in diesem Artikel vorgesehene Prioritätsrecht unter den gleichen Voraussetzungen und mit den gleichen Wirkungen wie Patentanmeldungen.

(2) In einem Land, in dem die Anmelder das Recht haben, nach ihrer Wahl entweder ein Patent oder einen Erfinderschein zu verlangen, genießt der Anmelder eines Erfinderscheins das auf eine Patent-, Gebrauchsmuster- oder Erfinderscheinanmeldung gegründete Prioritätsrecht nach den für Patentanmeldung geltenden Bestimmungen dieses Artikels.

### Inhaltsübersicht

| | Rn |
|---|---|
| A. Unionspriorität | 1–4 |
|    I. Grundsatz | 1 |
|    II. Schutzvoraussetzungen | 2, 3 |
|       1. Erstanmeldung | 2 |
|       2. Zweitanmeldung | 3 |
|    III. Wahrung der Rechte Dritter | 4 |
| B. Unionsfrist | 5 |
| C. Inanspruchnahme der Unionspriorität | 6 |
| D. Fassungen der PVÜ | 7 |

**Schrifttum.** *Betten,* Zur Einführung der Dienstleistungsmarke, BB 1979, 19; *Krieger,* Dienstleistungsmarken jetzt eintragungsfähig, DB 1979, 389; *Mitscherlich,* Zum Schutz international registrierter Dienstleistungsmarken in der Bundesrepublik Deutschland, GRUR Int 1979, 26; *Schricker,* Die Inanspruchnahme der Unionspriorität beim Beitritt neuer Verbandsländer, GRUR Int 1966, 373; *Tilmann,* Die Dienstleistungsmarken-Novelle, NJW 1979, 408; *Trüstedt,* Die Priorität einer Anmeldung nach deutschem Recht unter besonderer Berücksichtigung der Unionspriorität, GRUR 1959, 573; *Wieczorek,* Unionspriorität und inhaltliche Änderung der Voranmeldung, GRUR Int 1974, 172.

## A. Unionspriorität

### I. Grundsatz

Alle Verbandsstaaten gelten für den Zeitvorrang (*Unionspriorität*) als ein Staat. Wer in einem der Verbandsstaaten eine Fabrik- oder Handelsmarke erstmals ordnungsgemäß anmeldet (*Erstanmeldung*), sichert sich den Zeitvorrang für eine bestimmte Frist. Die innerhalb der Frist vorgenommene weitere Anmeldung der Marke in einem anderen Verbandsstaat (*Zweitanmeldung*) wird so behandelt, als ob sie am Tag der Erstanmeldung vorgenommen worden wäre. Dabei ist das spätere Schicksal der Erstanmeldung unerheblich, der Zeitvorrang wird gewahrt, auch wenn die Eintragung versagt wird (Art. 4 A Abs. 3). Die *Unionspriorität einer ausländischen Erstanmeldung* kann nach Art. 4 *nicht für Dienstleistungsmarken* in Anspruch genommen werden (Begr. zum Gesetz über die Eintragung von Dienstleistungsmarken, BT-Drucks. 8/1543 vom 21. Februar 1978, S. 8; *Krieger,* DB 1979, 389, 391; *Tilmann,* NJW 1979, 408; BPatG GRUR Int 1986, 59 – Indosuez; aM *Mitscherlich,* GRUR Int 1979, 26, 28; *Betten,* BB 1979, 19, 20). Dienstleistungsmarken werden zwar in einigen Vorschriften der PVÜ miterwähnt wie etwa in den Art. 1 und 6[sexies], nicht aber schlechthin den Fabrik- und Handelsmarken gleichgestellt. Das ist kein Versehen, sondern Ausdruck einer differenzierten rechtlichen Behandlung. Die Erstreckung der Unionspriorität auf Dienstleistungsmarken bedarf daher einer Gesetzesänderung. Wenn auch für die Verbandsstaaten keine Rechtspflicht besteht, ein Prioritätsrecht für Dienstleistungsmarken anzuerkennen, so sind die Verbandsstaaten jedoch nicht daran gehindert, dies zu tun (*Bodenhausen,* Art. 4 PVÜ, Anm. f; *Krieger,* DB 1979, 389, 391; *Tilmann,* NJW 1979, 408, 409). Nach § 34 Abs. 1 MarkenG kann die *Auslandspriorität auch für Dienstleistungsmarken* in Anspruch genommen werden. Das Gegenseitigkeitserfordernis des § 35 Abs. 4 WZG ist im MarkenG aufgegeben worden. Art. 4 E betrifft Patente und Gebrauchsmuster; Art. 4 G bis I betreffen Patente und Erfinderscheine.

### II. Schutzvoraussetzungen

#### 1. Erstanmeldung

Die *Erstanmeldung* setzt voraus, daß die Anmeldung durch einen *Angehörigen eines Verbandsstaates* oder einen *nach Art. 3 Berechtigten* erfolgt (1). Der Text *celui qui* ist ungenau; es kommt nicht jeder Beliebige als Erstanmelder in Betracht. Es wird weiter vorausgesetzt, daß es sich *um eine Marke handelt* (2). Handelsnamen kommen nur in Betracht, soweit sie als Marken angemeldet worden sind. Voraussetzung ist ferner, daß die *Anmeldung ordnungsgemäß erfolgt* ist (3); das bedeutet *régulièrement fait le dépôt d'une demande*. Eine andere Anmeldung hat keine Wirkung. Ob ordnungsgemäß angemeldet ist, bestimmt sich nach der nationalen Gesetzgebung und nach den Staatsverträgen (Art. 4 A Abs. 2). Nach Art. 4 A Abs. 3 ist von dem Grundsatz auszugehen, daß als eine ordnungsgemäße Anmeldung jede *Hinterlegung* anzusehen ist, die zur *Festlegung des Anmeldezeitpunkts* ausreicht. Auf die formelle Richtigkeit der Anmeldung oder die materielle Schutzfähigkeit der Marke kommt es dabei nicht an. Vorausgesetzt wird schließlich, daß die *Anmeldung in einem Verbandsstaat erfolgt* ist (4). Eine andere Frage ist, ab welchem Zeitpunkt die Unionspriorität beim Beitritt eines neuen Staates in Anspruch genommen werden kann (s. dazu *Schricker*, GRUR Int 1966, 373).

## 2. Zweitanmeldung

3  Die *Zweitanmeldung* setzt voraus, daß der *Erstanmelder* oder sein *Rechtsnachfolger* anmeldet (1); *ayant cause* umfaßt jede Art der Rechtsnachfolge. Mit der Erwähnung des Rechtsnachfolgers ist klargestellt, daß das Prioritätsrecht übertragbar ist. Die Übertragung des Prioritätsrechts ist auch unabhängig von der prioritätsbegründenden Erstanmeldung zulässig (DPA Mitt 1992, 296). Auch der Rechtsnachfolger muß *Angehöriger eines Verbandsstaats* oder ein nach Art. 3 Berechtigter sein; das verlangt Art. 4 zwar nicht ausdrücklich, aber der Rechtsnachfolger stellt die Person des Rechtsvorgängers dar (so auch *Hagens*, Warenzeichenrecht, Anm. 1; aA *Busse/Starck*, Art. 4 PVÜ, Rn 4; *Trüstedt*, GRUR 1959, 573). Die Verbandszugehörigkeit muß bei der ersten und zweiten Anmeldung vorliegen, und zwar, wenn mehrere anmelden, bei allen Anmeldern. Es wird weiter vorausgesetzt, daß *bereits in einem anderen Verbandsstaat angemeldet* ist (2) – *pour effectuer le dépôt dans les autres pays*; im Land der ersten Anmeldung erwirbt man keinen Zeitvorrang. Voraussetzung ist ferner, daß es sich um *dieselbe Marke*, um *dieselben Waren* und um *denselben Geschäftsbetrieb* handelt (3); die Zweitanmeldung muß mit der Erstanmeldung identisch sein. Unbedeutende Abweichungen bleiben unbeachtet, wenn sie nicht kennzeichnen (*Kohler*, Warenzeichenrecht, § 57 II 7, S. 240; RPA BlPMZ 1901, 283; s. auch Art. 5 C Abs. 2). Die Hinzufügung eines Bindestrichs zwischen zwei Wörtern soll keine solche belanglose Abweichung darstellen (vgl BPatG 29 W (pat) 145/88 vom 14. Dezember 1988 – TURBO-TEK). Voraussetzung ist schließlich, daß die Anmeldung während der *Zugehörigkeit des Anmeldestaats zum Verband* erfolgt (4).

## III. Wahrung der Rechte Dritter

4  Rechte Dritter, die am Tag der Erstanmeldung bereits begründet waren, bleiben nach Maßgabe der innerstaatlichen Rechtsvorschriften eines jeden Verbandslandes gewahrt (Art. 4 B). Zu den *Rechten Dritter* gehören alle dem Anmelder im Verbandsstaat bei Vorrangserwerb entgegenstehenden *Namens-, Firmen-, Marken-* und *sonstigen Kennzeichenrechte*. Unberührt bleiben alle *im sachlichen Recht begründeten Einwände* sowie *Vertrags-* und *Benutzungsrechte*, da der Zeitvorrang nur den Rang sichert (BGH GRUR Int 1966, 382 – Flächentransistor; RG GRUR 1920, 102; str.). Das folgt aus Art. 4 B, der als Vorrangsfolge bezeichnet, daß in der Vorrangsfrist eingetretene Tatsachen wie eine Niederlegung oder anderweitige Anmeldung oder ein Gebrauch der Marke dem Vorrangsberechtigten nicht schaden (so auch *Miosga*, Internationaler Marken- und Herkunftsschutz, S. 33). Der Anmelder steht so, als habe er mit der Erstanmeldung in allen Vertragsstaaten angemeldet.

## B. Unionsfrist

5  Die *Unionsfrist* beträgt für Marken *sechs Monate* (Art. 4 C Abs. 1). Sie beginnt mit der Hinterlegung der ersten Anmeldung. Bei Erstanmeldungen in der Bundesrepublik Deutschland beginnt die Frist also im Zeitpunkt des Eingangs der Anmeldung beim DPMA. Die *Fristberechnung* erfolgt nach Art. 4 C Abs. 2 und 3. Die Regelung entspricht im wesentlichen der Regelung der §§ 187 ff BGB. Der Anmeldetag ist bei der Fristberechnung nicht zu be-

rücksichtigen; fällt das Fristende auf einen gesetzlichen Feiertag oder einen sonstigen Tag, an dem das Amt für Anmeldungen nicht geöffnet ist, läuft die Frist am nächstfolgenden Werktag ab. Eine Wiederholung der Anmeldung ist innerhalb der Vorrangsfrist statthaft. Spätere Anmeldungen begründen keinen Zeitvorrang (*le date du dépôt de la première demande*). Gegen die Versäumung der Prioritätsfrist ist die *Wiedereinsetzung* zulässig (§ 91 MarkenG; anders § 123 Abs. 1 S. 2 PatG). Der Beschleunigung des normalen Eintragungsverfahrens bei Marken dient § 38 MarkenG.

## C. Inanspruchnahme der Unionspriorität

Die *Zweitanmeldung* in einem anderen Verbandsstaat ist vom Erstanmelder oder seinem einem Verbandsstaat angehörenden Rechtsnachfolger zu beanspruchen. Von Amts wegen ist die Priorität nicht zu beachten. Das DPMA erkennt für alle seit dem 1. April 1948 bei den Anmeldestellen Darmstadt und Berlin (*Baumbach/Hefermehl*, 10. Aufl., § 2 WZG, Rn 45 f.) oder beim DPMA eingereichten Zweitanmeldungen den Unionsvorrang an, vorausgesetzt, daß die sechsmonatige Unionsfrist noch nicht abgelaufen ist (s. Rn 5). Der die Zweitanmeldung beanspruchende Anmelder muß eine *Erklärung über Zeit und Verbandsstaat der Erstanmeldung* (Prioritätserklärung) abgeben. Wann das geschehen muß, bestimmt die innere Gesetzgebung; in der Bundesrepublik Deutschland hat dies *innerhalb von zwei Monaten seit der Anmeldung beim DPMA* zu geschehen (§ 34 Abs. 3 MarkenG). Die Folgen der Versäumung sind innerstaatlich geregelt; in der Bundesrepublik Deutschland geht die Priorität für diese Anmeldung verloren. Bei unverschuldeter Fristversäumnis ist eine *Wiedereinsetzung* nach § 91 MarkenG möglich. Das *DPMA* prüft die Angaben über Zeit und Staat der Anmeldung. Nach Eingang der Prioritätserklärung fordert das *DPMA* nach § 34 Abs. 3 S. 2 MarkenG den Anmelder auf, innerhalb von zwei Monaten das Aktenzeichen der Erstanmeldung anzugeben und eine Abschrift der Voranmeldung einzureichen; bei Nichteinhaltung der Frist wird der Prioritätsanspruch verwirkt (§ 34 Abs. 3 S. 4 MarkenG); eine Wiedereinsetzung ist zulässig (§ 91 MarkenG). Es genügt die Vorlage einer einfachen Abschrift. Hat das *DPMA* entgegen § 34 Abs. 3 MarkenG den Anmelder aufgefordert, innerhalb der zweimonatigen Frist einen Prioritätsbeleg beizubringen, so wird der Prioritätsanspruch nicht automatisch verwirkt (so für § 41 PatG BPatG GRUR 1979, 399 – Unionspriorität). Das *Datum der Priorität* wird in das *Markenregister* eingetragen; dieses Datum des Registers, das jederzeit nachprüfbar ist, bindet weder das *DPMA* noch die Gerichte. *Teilprioritäten* für bestimmte Warenarten sind zulässig. Bei der Bekanntmachung und Eintragung einer Marke darf ein Vermerk über die Inanspruchnahme einer Waren-Teilpriorität aufgenommen werden (BPatGE 18, 125, 129).

## D. Fassungen der PVÜ

In der Washingtoner und der Haager Fassung betrug die Vorrangsfrist nur vier Monate. Ferner enthielt sie auch noch einen Vorbehalt für Rechte Dritter. Die Londoner Fassung hat diesen Vorbehalt gestrichen. Diese Streichung hatte kaum Bedeutung, da das deutsche Markenrecht kein Vorbenutzungs- oder Weiterbenutzungsrecht kennt und bereits begründete Rechte Dritter bestehen bleiben (s. Rn 4). Die Lissaboner und Stockholmer Fassung bringen keine sachlichen Änderungen.

**Unabhängigkeit der Patente**
**4 bis (1) Die in den verschiedenen Verbandsländern von Verbandsangehörigen angemeldeten Patente sind unabhängig von den Patenten, die für dieselbe Erfindung in anderen Ländern erlangt worden sind, mögen diese Länder dem Verband angehören oder nicht.**

**(2) Diese Bestimmung ist ohne jede Einschränkung zu verstehen, insbesondere in dem Sinn, daß die während der Prioritätsfrist angemeldeten Patente sowohl hinsichtlich der Gründe der Nichtigkeit und des Verfalls als auch hinsichtlich der gesetzmäßigen Dauer unabhängig sind.**

(3) Sie findet auf alle im Zeitpunkt ihres Inkrafttretens bestehenden Patente Anwendung.

(4) Für den Fall des Beitritts neuer Länder wird es mit den im Zeitpunkt des Beitritts auf beiden Seiten bestehenden Patenten ebenso gehalten.

(5) Die mit Prioritätsvorrecht erlangten Patente genießen in den einzelnen Verbandsländern die gleiche Schutzdauer, wie wenn sie ohne das Prioritätsvorrecht angemeldet oder erteilt worden wären.

1 **Anmerkung.** Die Vorschrift ist markenrechtlich nicht erheblich.

### Erfindernennung

**4**$^{ter}$ Der Erfinder hat das Recht, als solcher im Patent genannt zu werden.

1 **Anmerkung.** Die Vorschrift ist markenrechtlich nicht erheblich.

### Patentierbarkeit bei Vertriebsbeschränkungen

**4** quater Die Erteilung eines Patents kann nicht deshalb verweigert und ein Patent kann nicht deshalb für ungültig erklärt werden, weil der Vertrieb des patentierten Erzeugnisses oder des Erzeugnisses, das das Ergebnis eines patentierten Verfahrens ist, Beschränkungen oder Begrenzungen durch die innerstaatlichen Rechtsvorschriften unterworfen ist.

1 **Anmerkung.** Die Vorschrift ist markenrechtlich nicht erheblich.

### Benutzungszwang

**5** A. – (1) Die durch den Patentinhaber bewirkte Einfuhr von Gegenständen, die in dem einen oder anderen Verbandsland hergestellt worden sind, in das Land, in dem das Patent erteilt worden ist, hat den Verfall des Patents nicht zur Folge.

(2) Jedem der Verbandsländer steht es frei, gesetzliche Maßnahmen zu treffen, welche die Gewährung von Zwangslizenzen vorsehen, um Mißbräuche zu verhüten, die sich aus der Ausübung des durch das Patent verliehenen ausschließlichen Rechts ergeben könnten, zum Beispiel infolge unterlassener Ausübung.

(3) ¹Der Verfall des Patents kann nur dann vorgesehen werden, wenn die Gewährung von Zwangslizenzen zur Verhütung dieser Mißbräuche nicht ausreichen würde. ²Vor Ablauf von zwei Jahren seit Gewährung der ersten Zwangslizenz kann kein Verfahren auf Verfall oder Zurücknahme eines Patents eingeleitet werden.

(4) ¹Wegen unterlassener oder ungenügender Ausübung darf eine Zwangslizenz nicht vor Ablauf einer Frist von vier Jahren nach der Hinterlegung der Patentanmeldung oder von drei Jahren nach der Patenterteilung verlangt werden, wobei die Frist, die zuletzt abläuft, maßgebend ist; sie wird versagt, wenn der Patentinhaber seine Untätigkeit mit berechtigten Gründen entschuldigt. ²Eine solche Zwangslizenz ist nicht ausschließlich und kann, auch in der Form der Gewährung einer Unterlizenz, nur mit dem Teil des Unternehmens oder des Geschäftsbetriebs übertragen werden, der mit der Auswertung befaßt ist.

(5) Die vorstehenden Bestimmungen finden unter Vorbehalt der notwendigen Änderungen auch auf Gebrauchsmuster Anwendung.

B. – Der Schutz gewerblicher Muster und Modelle darf wegen unterlassener Ausübung oder wegen der Einfuhr von Gegenständen, die mit den geschützten übereinstimmen, in keiner Weise durch Verfall beeinträchtigt werden.

C. – (1) Ist in einem Land der Gebrauch der eingetragenen Marke vorgeschrieben, so darf die Eintragung erst nach Ablauf einer angemessenen Frist und nur dann für ungültig erklärt werden, wenn der Beteiligte seine Untätigkeit nicht rechtfertigt.

(2) Wird eine Fabrik- oder Handelsmarke vom Inhaber in einer Form gebraucht, die von der Eintragung in einem der Verbandsländer nur in Bestandteilen abweicht, ohne daß dadurch die Unterscheidungskraft der Marke beeinflußt wird, so soll dieser Gebrauch die Ungültigkeit der Eintragung nicht nach sich ziehen und den der Marke gewährten Schutz nicht schmälern.

(3) Der gleichzeitige Gebrauch derselben Marke auf gleichen oder gleichartigen Erzeugnissen durch gewerbliche oder Handelsniederlassungen, die nach den Bestimmungen des Gesetzes des Landes, in dem der Schutz beansprucht wird, als Mitinhaber der Marke angesehen werden, steht der Eintragung der Marke nicht entgegen und schmälert nicht den der genannten Marke in einem Verbandsland gewährten Schutz, sofern dieser Gebrauch nicht eine Irreführung des Publikums zur Folge hat und dem öffentlichen Interesse nicht zuwiderläuft.

D. – Für die Anerkennung des Rechts ist die Anbringung eines Zeichens oder Vermerks über das Patent, das Gebrauchsmuster, die Eintragung der Fabrik- oder Handelsmarke oder die Hinterlegung des gewerblichen Musters oder Modells auf dem Erzeugnis nicht erforderlich.

### Inhaltsübersicht

|  | Rn |
|---|---|
| A. Benutzungszwang (Art. 5 C Abs. 1, 2) | 1 |
| B. Konzernzeichen (Art. 5 C Abs. 3) | 2 |
| C. Fassungen der PVÜ | 3 |

**Schrifttum.** *Beier,* Die gemeinschaftliche Benutzung von Warenzeichen in konventionsrechtlicher Sicht, in: Beier/Deutsch/Fikentscher, Die Warenzeichenlizenz, S. 555; *Heydt,* Gleichzeitige Benutzung derselben Marke durch mehrere Personen und Marken von Inhabern ohne Geschäftsbetrieb, GRUR Int 1958, 457; *Röttger,* Die gemeinsame Verwendung eines Warenzeichens durch mehrere Benutzer, GRUR 1955, 564.

## A. Benutzungszwang (Art. 5 C Abs. 1, 2)

Mit der Einführung des Benutzungszwangs in das deutsche Markenrecht (s. Vorb zu den §§ 25, 26 MarkenG, Rn 4, 7) hat Art. 5 C Abs. 1 praktische Bedeutung erlangt; Art. 5 A betrifft Patente, Art. 5 B betrifft gewerbliche Muster und Modelle. Die angemessene Frist ist in § 25 Abs. 1 MarkenG auf fünf Jahre konkretisiert. Auch sieht § 26 Abs. 1 MarkenG die Möglichkeit vor, die Nichtbenutzung zu rechtfertigen. Art. 5 C Abs. 2 soll eine engherzige Handhabung des Benutzungszwangs verhindern und ist auch Ansatzpunkt für nicht dem Konventionsrecht unterliegende Sachverhalte (s. § 26 MarkenG, Rn 91).

## B. Konzernzeichen (Art. 5 C Abs. 3)

Unter *Mitinhabern (copropriétaires)* sind nicht nur *Mitberechtigte,* sondern auch *Konzernunternehmen* zu verstehen (so auch *Miosga,* Internationaler Marken- und Herkunftsschutz, S. 42; *Röttger,* GRUR 1955, 564; aA *Heydt,* GRUR Int 1958, 457; *Beier* in: Beier/Deutsch/Fikentscher, Die Warenzeichenlizenz, S. 555, 561; *Busse/Starck,* Art. 5 PVÜ, Rn 3). Art. 5 C Abs. 3 versagt den Verbandsländern die Befugnis, den Markenschutz bei gleichzeitiger Benutzung einer Konzernmarke durch Konzernmitglieder wie etwa Tochtergesellschaften zu versagen, soweit nicht öffentliche Belange entgegenstehen, namentlich eine Irreführung des Verkehrs zu befürchten ist. Daß eine Irreführung schon eingetreten ist, ist nicht erforderlich. Auf eine *lizenzierte Markenbenutzung* bezieht sich Art. 5 C Abs. 3 nicht, der von einem gleichzeitigen Gebrauch ausgeht (so auch *Busse/Starck,* Art. 5 PVÜ, Rn 3).

## C. Fassungen der PVÜ

Die Washingtoner Fassung kennt eine entsprechende Vorschrift nicht. Art. 5 Abs. 7 der Haager Fassung entspricht Art. 5 C Abs. 1. Die Londoner Fassung enthält keine sachlichen Abweichungen. Auch die Lissaboner und Stockholmer Fassung ändern sachlich nichts.

### Gebührennachfrist

**5bis** (1) **Für die Zahlung der zur Aufrechterhaltung der gewerblichen Schutzrechte vorgesehenen Gebühren wird eine Nachfrist von mindestens sechs Monaten gewährt, und zwar gegen Entrichtung einer Zuschlagsgebühr, sofern die innerstaatlichen Rechtsvorschriften eine solche auferlegen.**

(2) **Den Verbandsländern steht es frei, die Wiederherstellung der mangels Zahlung von Gebühren verfallenen Patente vorzusehen.**

#### Inhaltsübersicht

|  | Rn |
|---|---|
| A. Regelungsinhalt | 1 |
| B. Fassungen der PVÜ | 2 |

## A. Regelungsinhalt

1  Art. 5bis sieht eine *Gebührennachfrist gegen Entrichtung einer Zuschlagsgebühr* vor. Die Regelung ist durch § 47 Abs. 3 MarkenG in der Bundesrepublik Deutschland eingeführt; die *Nachfrist* beträgt nach § 47 Abs. 3 S. 4 MarkenG *sechs Monate*, die *Zuschlagsgebühr* 10%. Art. 5bis Abs. 2 betrifft die Wiederherstellung verfallener Patente.

## B. Fassungen der PVÜ

2  Die Washingtoner Fassung kennt die Vorschrift nicht. In der Haager und Londoner Fassung beträgt die Frist nur drei Monate. Die Lissaboner und Stockholmer Fassung lassen eine Nachfrist von sechs Monaten zu.

### Schranken des Patentschutzes bei der Einfuhr

**5ter In keinem der Verbandsländer wird als Eingriff in die Rechts des Patentinhabers angesehen:**
1. **der an Bord von Schiffen der anderen Verbandsländer stattfindende Gebrauch patentierter Einrichtungen im Schiffskörper, in den Maschinen, im Takelwerk, in den Geräten und sonstigem Zubehör, wenn die Schiffe vorübergehend oder zufällig in die Gewässer des Landes gelangen, vorausgesetzt, daß diese Einrichtungen dort ausschließlich für die Bedürfnisse des Schiffes verwendet werden;**
2. **der Gebrauch patentierter Einrichtungen in der Bauausführung oder für den Betrieb der Luft- oder Landfahrzeuge der anderen Verbandsländer oder des Zubehörs solcher Fahrzeuge, wenn diese vorübergehend oder zufällig in dieses Land gelangen.**

1  **Anmerkung.** Die Vorschrift ist markenrechtlich nicht erheblich.

### Einfuhr bei Verfahrenspatenten

**5quater Wird ein Erzeugnis in ein Verbandsland eingeführt, in dem ein Patent zum Schutz eines Verfahrens zur Herstellung dieses Erzeugnisses besteht, so hat der Patentinhaber hinsichtlich des eingeführten Erzeugnisses alle Rechte, die ihm die Rechtsvorschriften des Einfuhrlandes auf Grund des Verfahrenspatents hinsichtlich der im Land selbst hergestellten Erzeugnisse gewähren.**

1  **Anmerkung.** Die Vorschrift ist markenrechtlich nicht erheblich.

### Schutz von gewerblichen Mustern und Modellen

**5quinquies Die gewerblichen Muster und Modelle werden in allen Verbandsländern geschützt.**

1  **Anmerkung.** Die Vorschrift ist markenrechtlich nicht erheblich.

Unabhängigkeit der Marke · Art. 6, 6<sup>bis</sup> PVÜ

**Unabhängigkeit der Marke**

**6** (1) Die Bedingungen für die Hinterlegung und Eintragung von Fabrik- oder Handelsmarken werden in jedem Land durch die innerstaatlichen Rechtsvorschriften bestimmt.

(2) Jedoch darf eine durch einen Angehörigen eines Verbandslandes in irgendeinem Verbandsland hinterlegte Marke nicht deshalb zurückgewiesen oder für ungültig erklärt werden, weil sie im Ursprungsland nicht hinterlegt, eingetragen oder erneuert worden ist.

(3) Eine in einem Verbandsland vorschriftsgemäß eingetragene Marke wird als unabhängig angesehen von den in anderen Verbandsländern einschließlich des Ursprungslandes eingetragenen Marken.

**Inhaltsübersicht**

| | Rn |
|---|---|
| A. Unabhängigkeit des Markenschutzes.................................................... | 1 |
| B. Fassungen der PVÜ............................................................................... | 2 |

## A. Unabhängigkeit des Markenschutzes

Die Gewährung des *Markenschutzes in einem Verbandsland* ist von einer *Schutzgewährung im Ursprungsland* unabhängig. Das stellt Art. 6 klar. Eine Marke, für die von einem Verbandsangehörigen um Schutz nachgesucht wird, muß nur den gesetzlichen Bestimmungen des Verbandslandes entsprechen, in dem der Schutz begehrt wird. Dieser Grundsatz ergab sich bisher schon aus einer richtigen Auslegung des Art. 2, der nicht die Eintragung oder Hinterlegung der Marke im Ursprungsland voraussetzt (Cour d'appel de Bruxelles GRUR Int 1965, 306 – Quaker State), vielmehr den verbandsangehörigen Ausländern den gleichen Schutz gewährt wie Inländern, und zwar ohne Rücksicht auf eine Niederlassung im Inland (Cour de Cassation de Paris GRUR Int 1959, 299 – Omega; Schweiz. BG GRUR Int 1969, 62 – Trafalgar; 1969, 400 – Yurop). Art. 6 Abs. 3 hebt die Unabhängigkeit der Marke noch besonders hervor. 1

## B. Fassungen der PVÜ

An Stelle von Art. 6 Londoner Fassung sind Art. 6 und Art. 6<sup>quinquies</sup> der Lissaboner und Stockholmer Fassung getreten. Während die gewöhnliche Auslandsmarke, die der Gesetzgebung des Eintragungslandes entspricht, von der Heimateintragung völlig unabhängig ist (Art. 6), ist die Telle-quelle-Marke, die aufgrund der Heimateintragung in einem anderen Verbandsland eingetragen ist, von der Heimatmarke für die gesamte Schutzdauer absolut abhängig (Art. 6<sup>quinquies</sup>). Eine Abhängigkeit für die Dauer von fünf Jahren besteht ferner für IR-Marken nach Art. 6 Abs. 2 MMA Nizzaer Fassung. 2

**Notorisch bekannte Marke**

**6 bis** (1) Die Verbandsländer verpflichten sich, von Amts wegen, wenn dies die Gesetzgebung des Landes zuläßt, oder auf Antrag des Beteiligten die Eintragung einer Fabrik- oder Handelsmarke zurückzuweisen oder für ungültig zu erklären und den Gebrauch der Marke zu untersagen, wenn sie eine verwechslungsfähige Abbildung, Nachahmung oder Übersetzung einer anderen Marke darstellt, von der es nach Ansicht der zuständigen Behörde des Landes der Eintragung oder des Gebrauchs dort notorisch feststeht, daß sie bereits einer zu den Vergünstigungen dieser Übereinkunft zugelassenen Person gehört und für gleiche oder gleichartige Erzeugnisse benutzt wird. Das gleiche gilt, wenn der wesentliche Bestandteil der Marke die Abbildung einer solchen notorisch bekannten Marke oder eine mit ihr verwechslungsfähige Nachahmung darstellt.

(2) ¹Für den Antrag auf Löschung einer solchen Marke ist eine Frist von mindestens fünf Jahren vom Tag der Eintragung an zu gewähren. ²Den Verbandsländern steht es frei, eine Frist zu bestimmen, innerhalb welcher der Anspruch auf Untersagung des Gebrauchs geltend zu machen ist.

(3) Gegenüber bösgläubig erwirkten Eintragungen oder bösgläubig vorgenommenen Benutzungshandlungen ist der Antrag auf Löschung dieser Marken oder auf Untersagung ihres Gebrauchs an keine Frist gebunden.

**Inhaltsübersicht**

| | Rn |
|---|---|
| A. Regelungsinhalt und Normzweck | 1–3 |
| B. Schutzvoraussetzungen | 4–9 |
|    I. Notorietät | 4–6 |
|       1. Auslegungsunterschiede in den verschiedenen Verbandsstaaten | 4 |
|       2. Begriff der Notorietät nach deutschem Verständnis | 5 |
|       3. Verhältnis der notorisch bekannten Marke zur im Inland bekannten Marke | 6 |
|    II. Notorietät im Inland | 7 |
|    III. Verbot verwechslungsfähiger Marken | 8 |
|    IV. Warengleichartigkeit | 9 |
| C. Rechtsfolgen | 10–12 |
|    I. Zurückweisung der Eintragung oder Ungültigkeitserklärung | 10 |
|    II. Benutzungsverbot | 11 |
|    III. Löschungsfrist | 12 |
| D. Fassungen der PVÜ | 13 |

**Schrifttum.** S. die Schrifttumsangaben zu § 14 C V (vor Rn 410) und VI (vor Rn 441).

## A. Regelungsinhalt und Normzweck

**1** Art. 6$^{bis}$ bezweckt den *Schutz der notorisch bekannten Marke*. Er verpflichtet die Verbandsstaaten, die Eintragung von Marken, die mit einer notorisch bekannten Marke verwechslungsfähig sind, zurückzuweisen oder zu löschen und die Benutzung zu untersagen (Art. 6$^{bis}$ Abs. 1 S. 1). Der Schutz der notorisch bekannten Marke setzt Warengleichartigkeit (Produktähnlichkeit) voraus (s. Cour d'appel de Paris GRUR Int 1965, 21, 22 – Pontiac). Auf internationaler Ebene wird überwiegend eine Ausdehnung des Markenschutzes der notorisch bekannten Marke auf den Bereich außerhalb der Gleichartigkeit (Ähnlichkeit) von Waren und Dienstleistungen vorgeschlagen. So sind nach Art. 16 Abs. 3 TRIPS-Abkommen eingetragene notorisch bekannte Marken auch außerhalb des Produktähnlichkeitsbereichs zu schützen, wenn die Benutzung der Marke auf eine Verbindung zwischen den Produkten und dem Inhaber der notorisch bekannten Marke hinweisen würde und dem Markeninhaber dadurch wahrscheinlich Schaden zugefügt würde (s. zum TRIPS-Abkommen im einzelnen 2. Teil des Kommentars, Einführung in das Recht der internationalen Verträge, Rn 24). Nach § 14 Abs. 2 Nr. 3 MarkenG besteht ein kennzeichenrechtlicher Bekanntheitsschutz für Marken, nach § 15 Abs. 3 MarkenG ein kennzeichenrechtlicher Bekanntheitsschutz für geschäftliche Bezeichnungen sowie nach § 127 Abs. 3 MarkenG vergleichbar ein Schutztatbestand der geographischen Herkunftsangabe mit einem besonderen Ruf. Für eine Ausdehnung des Eintragungsverbots auf andere als notorisch bekannte Marken besteht keine Rechtsgrundlage (BGH GRUR 1969, 48, 49 – Alcacyl; GRUR Int 1969, 257, 258 – Recrin; s. auch *Busch*, GRUR Int 1971, 293).

**2** Der Schutz nach Art. 6$^{bis}$ besteht *nur für Warenmarken*, nicht auch für Dienstleistungsmarken. Dienstleistungsmarken werden zwar in einigen Vorschriften der PVÜ miterwähnt, wie etwa in Art. 1 und Art. 6$^{sexies}$, nicht aber schlechthin den Fabrik- und Handelsmarken gleichgestellt. Das ist kein Versehen, sondern Ausdruck einer differenzierten rechtlichen Behandlung. Wenn auch für die Verbandsstaaten keine Rechtspflicht besteht, notorisch bekannte Dienstleistungsmarken zu schützen, so sind sie doch nicht daran gehindert, den Markenschutz auf bekannte Dienstleistungsmarken auszudehnen. Nach § 4 Nr. 3 MarkenG entsteht Markenschutz durch notorische Bekanntheit im Sinne der PVÜ *sowohl für Warenmarken als auch für Dienstleistungsmarken*. Dies ergibt sich unmittelbar aus der Verwendung des in § 3 MarkenG definierten Begriffs der Marke (s. § 4 MarkenG, Rn 4).

Der *Begriff der Notorietät* im Sinne der PVÜ hat auch für das deutsche Markenrecht Bedeutung, denn die §§ 4 Nr. 3; 10 MarkenG, die den Schutz der notorisch bekannten Marke betreffen, verweisen insoweit auf Art. 6$^{bis}$ (anders das WZG, das in § 4 Abs. 2 Nr. 5 WZG eine eigenständige Definition der notorisch bekannten Marke enthielt). Auf diese Weise soll erreicht werden, daß sich künftige Entwicklungen bei der Auslegung des Begriffs der notorischen Bekanntheit im Sinne des Art. 6$^{bis}$ unmittelbar auch im innerstaatlichen Recht auswirken (Begründung zum MarkenG, BT-Drucks. 12/6581 vom 14. Januar 1994, S. 66; s. auch § 4 MarkenG, Rn 227).

## B. Schutzvoraussetzungen

### I. Notorietät

#### 1. Auslegungsunterschiede in den verschiedenen Verbandsstaaten

Die ausländische Marke, die als notorisch bekannte Marke geschützt werden soll, muß im Inland als eine dem Angehörigen eines anderen Verbandsstaats für gleiche oder gleichartige Waren benutzte Marke bekannt sein (*notoirement connue comme étant déjà la marque d' une personne admise à bénéficier de la présente Convention*; RGZ 170, 302, 307); ausländische Notorietät genügt nicht (Corte di Cassazione GRUR Int 1967, 74). Unter welchen Voraussetzungen eine Marke notorisch bekannt ist, ist der PVÜ nicht ausdrücklich zu entnehmen. Mangels eines PVÜ-Gerichts, das eine für alle Konventionsstaaten verbindliche Auslegung des Begriffs der Notorietät vorgeben könnte, bleibt die Auslegung letztlich dem nationalen Recht mit der Folge einer unterschiedlichen Handhabung in den einzelnen Verbandsstaaten überlassen. Im Rahmen der ersten Sitzung des WIPO-Sachverständigenausschusses zum Schutze notorisch bekannter Marken im November 1995 hatte die deutsche Delegation eine *international einheitliche Definition der notorisch bekannten Marke* angeregt. Eine solche abstrakte Definition wurde jedoch von den meisten Delegationen nicht für nützlich gehalten. Auch wollte man keine bestimmten Prozentsätze für die Bekanntheit der Marke in der Öffentlichkeit festlegen. Einigkeit bestand nur dahingehend, daß die folgenden *Kriterien* bei der Bestimmung der *Notorietät einer Marke* zu berücksichtigen sind: der Marktanteil der Waren, für die die Marke benutzt wird; die Unterscheidungskraft der Marke; die Warenart; das Verteilungssystem; die Dauer des Gebrauchs und die Verbreitung der Marke; die Dauer und das Ausmaß der Werbung für die Marke; die Dauer des Gebrauchs gleicher oder ähnlicher Marken durch Dritte; die Gutgläubigkeit oder Bösgläubigkeit des Markeninhabers (WIPO Dok. WKM/CE/I/3 vom 16. November 1995, S. 15 Nr. 69). Nationale Auslegungsunterschiede können aufgrund einer rechtsvergleichenden Auslegung in Grenzen gehalten werden. In Zukunft wird über eine Auslegung des Art. 8 Abs. 2 lit. c GMarkenV, der auf den Begriff der notorischen Bekanntheit einer Marke im Sinne des Art. 6$^{bis}$ Bezug nimmt, mittelbar eine einheitliche Auslegung innerhalb der EU erreicht werden.

#### 2. Begriff der Notorietät nach deutschem Verständnis

Der Begriff der Notorietät setzt nach deutschem Verständnis *allgemeine Kenntnis* der Marke innerhalb der beteiligten Verkehrskreise voraus (*Heydt*, GRUR 1952, 321, 323; *Baumbach/Hefermehl*, § 4 WZG, Rn 150). Die zuständige Behörde des Staates muß davon Kenntnis haben, daß die Benutzung der Marke durch den Verbandsangehörigen im Inland allgemein bekannt ist. Die für das fragliche Produkt wesentlichen Abnehmerkreise müssen in erdrückender Mehrheit das Kennzeichen als die bekannte Marke eines anderen Markeninhabers als des Anmelders kennen, und zwar gerade als ein produktidentifizierendes Unterscheidungszeichen. Die notorisch bekannte Marke braucht keine *Weltmarke* zu sein, die in zahlreichen Ländern der Erde als Marke bekannt ist. Ausreichend ist, wenn die Marke nur in einem bestimmten Verbandsland notorisch bekannt ist. Weltmarken, wie etwa *Marlboro, 4711, Coca-Cola, Beck's*, sind in der Regel auch notorisch bekannte Marken (s. *Callmann*, MA 1954, 449; *Heydt*, GRUR 1952, 321, 323). *Marque* umfaßt im Gegensatz zu *marque de fabrique ou de commerce* jede Produktbezeichnung, wie auch Marken mit Verkehrsgeltung oder Handelsnamen (OGH Liechtenstein GRUR Int 1980, 529 – Wells Fargo; Tribunal Supremo Spanien GRUR Int 1980, 538 – Wells Fargo Express, S. A.).

## 3. Verhältnis der notorisch bekannten Marke zur im Inland bekannten Marke

**6** Der Begriff der *notorisch bekannten Marke* im Sinne des Art. 6$^{bis}$ ist nicht mit dem Begriff der *bekannten Marke* nach § 14 Abs. 2 Nr. 3 MarkenG gleichzusetzen (s. dazu § 14, Rn 416).

### II. Notorietät im Inland

**7** Die notorisch bekannte Marke muß von dem Verbandsangehörigen für gleiche oder gleichartige (ähnliche) Waren benutzt werden. Eine Benutzung im Inland verlangt Art. 6$^{bis}$ nicht. Die Benutzung einer Marke im Ausland stellt nur dann ein Schutzhindernis dar, wenn die Marke *im Inland notorisch bekannt* ist (BGH GRUR Int 1969, 257, 258 – Recrin; Schweiz. BG GRUR Int 1986, 215, 216 – Golden Lights). Ohne eine Benutzung im Inland wird eine ausländische Marke nur unter besonderen Umständen den inländischen Verkehrskreisen und namentlich der zuständigen Behörde notorisch bekannt werden. Nur in bestimmten Fallkonstellationen ist *Inlandsnotorietät vor Inlandsbenutzung* denkbar (*Heydt*, GRUR 1952, 321, 324). Da Art. 6$^{bis}$ auf die Benutzung abstellt und nicht auf die Eintragung, versagt das Schutzhindernis, wenn die angemeldete verwechslungsfähige Marke schon vor der Erlangung der Verkehrsgeltung der fremden Marke gutgläubig benutzt ist. Auch die Gebietsangehörigen des Art. 3 können sich auf Art. 6$^{bis}$ berufen.

### III. Verbot verwechslungsfähiger Marken

**8** Verboten sind der notorisch bekannten Marke *identische* und *verwechslungsfähige Marken* (*la reproduction, l'imitation ou la traduction susceptibles de créer une confusion*). Art. 6$^{bis}$ Abs. 1 S. 2 enthält nach deutschem Markenrecht Selbstverständliches.

### IV. Warengleichartigkeit

**9** Die identische oder verwechslungsfähige Marke muß für *gleiche* oder *gleichartige* (ähnliche) Waren angemeldet oder eingetragen sein. Die gleiche Grenze enthielt das deutsche Zeichenrecht für Warenzeichen und Ausstattungen nach § 31 WZG. Ein weitergehender Schutz war nach der Rechtslage im WZG nur anerkannt, wenn die Marke sich zu einem Kennzeichen des Unternehmens entwickelt hatte (§ 16 UWG aF). Unternehmensbezeichnungen und Warenbezeichnungen, die nicht nur allgemein bekannt, sondern auch berühmt waren und eine überragende Verkehrsgeltung besaßen, kam ferner der Schutz einer berühmten Marke gegen Verwässerungsgefahr nach §§ 12, 823 Abs. 1 BGB zu. Nach der Rechtslage im MarkenG besteht ein *Bekanntheitsschutz der Marke* nach § 14 Abs. 2 Nr. 3 MarkenG vor einer unlauteren und nicht gerechtfertigten Markenausnutzung oder Markenbeeinträchtigung einer bekannten Marke außerhalb ihres Produktähnlichkeitsbereichs (s. dazu im einzelnen § 14 MarkenG, Rn 410 ff.). Neben dem Bekanntheitsschutz der Marke besteht ein *Berühmtheitsschutz der Marke* als bürgerlichrechtlicher Deliktsschutz der berühmten Marke nach § 823 Abs. 1 BGB (s. dazu im einzelnen § 14 MarkenG, Rn 441 ff.). Bei Unternehmensbezeichnungen mit Namensfunktion wird der Schutz der berühmten Marke gegen Verwässerungsgefahr vornehmlich aus § 12 BGB abgeleitet (BGH GRUR 1960, 550, 553 – Promonta; 1966, 623 – Kupferberg).

## C. Rechtsfolgen

### I. Zurückweisung der Eintragung oder Ungültigkeitserklärung

**10** Die Eintragung einer Marke, die mit einer anderen notorisch bekannten Marke verwechslungsfähig ist, ist abzulehnen; einer IR-Marke ist der Schutz zu versagen. Ist die Marke bereits eingetragen, so ist sie zu löschen oder ihr Schutz zu entziehen. Die *Ablehnung der*

Wappen, Hoheitszeichen, Prüf- und Gewährzeichen  **Art. 6ter PVÜ**

*Eintragung* und die *Löschung* erfolgen *von Amts wegen*, wenn das die innere Gesetzgebung zuläßt, andernfalls *auf Antrag* (s. zur Berücksichtigung des relativen Schutzhindernisses des Bestehens einer notorisch bekannten Marke mit älterem Zeitrang im Sinne des § 10 Abs. 1 MarkenG im Anmeldeverfahren § 37 MarkenG, Rn 16 und im Löschungsverfahren wegen Vorliegen eines relativen Nichtigkeitsgrundes § 51 MarkenG, Rn 5).

### II. Benutzungsverbot

Der Inhaber der notorisch bekannten Marke kann vor den Gerichten auf *Unterlassung der* 11 *Benutzung* einer identischen oder verwechslungsfähigen Marke klagen. Nach deutschem Markenrecht folgt dieses Verbot aus § 14 Abs. 2 Nr. 3 MarkenG.

### III. Löschungsfrist

Für den *Antrag auf Löschung* bestimmt Art. 6$^{bis}$ Abs. 2 bei gutgläubig erwirkten Eintragungen eine *Mindestfrist von fünf Jahren* seit der Eintragung. Das deutsche Recht sieht in § 51 Abs. 2 MarkenG für die Löschungsklage eine Frist von fünf Jahren vor (s. § 51 MarkenG, Rn 9). Für das *Benutzungsverbot* ist durch Art. 6$^{bis}$ *keine Frist* vorgeschrieben, jedoch können die einzelnen Verbandsländer Fristen festsetzen. Der Unterlassungsanspruch richtet sich in der Bundesrepublik Deutschland nach § 14 Abs. 5 MarkenG; er verjährt innerhalb von drei Jahren nach Kenntniserlangung von der Rechtsverletzung und der Person des Verpflichteten (§ 20 MarkenG). Außerdem kann der Anspruch nach § 21 MarkenG verwirkt werden. Bei Bösgläubigkeit des Verletzers braucht keine Frist eingehalten zu werden (Art. 6$^{bis}$ Abs. 3). Abs. 2 und 3 haben für Inhaber deutscher im Ausland besonders bekannter Marken Bedeutung, da diese Marken besonders vorgesehene Rechte im Sinne des Art. 2 Abs. 1 darstellen.

### D. Fassungen der PVÜ

Die Vorschrift des Art. 6$^{bis}$ besteht seit der Haager Fassung. Die Londoner Fassung fügte 13 Abs. 1 S. 2 hinzu, der nur klarstellte, aber die Rechtslage nicht veränderte. Beide Fassungen enthalten nicht das Benutzungsverbot; die Löschungsfrist beträgt 3 Jahre. Die Lissaboner und Stockholmer Fassung verpflichtet die Verbandsländer auch zu einem Benutzungsverbot.

**Wappen, Hoheitszeichen, Prüf- und Gewährzeichen**

**6**ter (1) a) **Die Verbandsländer kommen überein, die Eintragung der Wappen, Flaggen und anderen staatlichen Hoheitszeichen der Verbandsländer, der von ihnen eingeführten amtlichen Prüf- und Gewährzeichen und -stempel sowie jeder Nachahmung im heraldischen Sinn als Fabrik- oder Handelsmarken oder als Bestandteile solcher zurückzuweisen oder für ungültig zu erklären sowie den Gebrauch dieser Zeichen durch geeignete Maßnahmen zu verbieten, sofern die zuständigen Stellen den Gebrauch nicht erlaubt haben.**

**b) Die Bestimmungen unter Buchstabe a sind ebenso auf die Wappen, Flaggen und anderen Kennzeichen, Siegel oder Bezeichnungen der internationalen zwischenstaatlichen Organisationen anzuwenden, denen ein oder mehrere Verbandsländer angehören; ausgenommen sind die Wappen, Flaggen und anderen Kennzeichen, Siegel oder Bezeichnungen, die bereits Gegenstand von in Kraft befindlichen internationalen Abkommen sind, die ihren Schutz gewährleisten.**

**c) Kein Verbandsland ist gehalten, die Bestimmungen unter Buchstabe b zum Nachteil der Inhaber von Rechten anzuwenden, die gutgläubig vor dem Inkrafttreten dieser Übereinkunft in diesem Land erworben worden sind. Die Verbandsländer sind nicht gehalten, diese Bestimmungen anzuwenden, falls die Benutzung oder Eintragung gemäß Buchstabe a nicht geeignet ist, beim Publikum den Eindruck einer Verbindung zwischen der betreffenden Organisation und den Wappen,**

Flaggen, Kennzeichen, Siegeln oder Bezeichnungen hervorzurufen, oder falls die Benutzung oder Eintragung offenbar nicht geeignet ist, das Publikum über das Bestehen einer Verbindung zwischen dem Benutzer und der Organisation irrezuführen.

(2) Das Verbot der amtlichen Prüf- und Gewährzeichen und -stempel findet nur dann Anwendung, wenn die Marken mit diesen Zeichen für gleiche oder gleichartige Waren bestimmt sind.

(3) a) [1]Für die Anwendung dieser Bestimmungen kommen die Verbandsländer überein, durch Vermittlung des Internationalen Büros ein Verzeichnis der staatlichen Hoheitszeichen und amtlichen Prüf- und Gewährzeichen und -stempel auszutauschen, die sie jetzt oder in Zukunft unumschränkt oder in gewissen Grenzen unter den Schutz dieses Artikels zu stellen wünschen; dies gilt auch für alle späteren Änderungen dieses Verzeichnisses. [2]Jedes Verbandsland soll die notifizierten Verzeichnisse rechtzeitig öffentlich zugänglich machen.

Diese Notifikation ist jedoch für Staatsflaggen nicht erforderlich.

b) Die Bestimmungen des Absatzes 1 Buchstabe b sind nur auf die Wappen, Flaggen und anderen Kennzeichen, Siegel und Bezeichnungen der internationalen zwischenstaatlichen Organisationen anwendbar, die diese durch Vermittlung des Internationalen Büros den Verbandsländern mitgeteilt haben.

(4) Jedes Verbandsland kann innerhalb einer Frist von zwölf Monaten nach dem Eingang der Notifikation seine etwaigen Einwendungen durch das Internationale Büro dem betreffenden Land oder der betreffenden internationalen zwischenstaatlichen Organisation übermitteln.

(5) Hinsichtlich der Staatsflaggen finden die im Absatz 1 vorgesehenen Maßnahmen nur auf Marken Anwendung, die nach dem 6. November 1925 eingetragen worden sind.

(6) Hinsichtlich der staatlichen Hoheitszeichen – mit Ausnahme der Flaggen – und der amtlichen Zeichen und Stempel der Verbandsländer und hinsichtlich der Wappen, Flaggen und anderen Kennzeichen, Siegel oder Bezeichnungen der internationalen zwischenstaatlichen Organisationen sind diese Bestimmungen nur auf Marken anwendbar, die später als zwei Monate nach dem Eingang der in Absatz 3 vorgesehenen Notifikation eingetragen worden sind.

(7) Den Ländern steht es frei, bei Bösgläubigkeit auch solche Marken zu löschen, die vor dem 6. November 1925 eingetragen worden sind und staatliche Hoheitszeichen, Zeichen und Stempel enthalten.

(8) Die Angehörigen eines jeden Landes, die zum Gebrauch der staatlichen Hoheitszeichen, Zeichen und Stempel ihres Landes ermächtigt sind, dürfen sie auch dann benutzen, wenn sie denen eines anderen Landes ähnlich sind.

(9) Die Verbandsländer verpflichten sich, den unbefugten Gebrauch der Staatswappen der anderen Verbandsländer im Handel zu verbieten, wenn dieser Gebrauch zur Irreführung über den Ursprung der Erzeugnisse geeignet ist.

(10) Die vorhergehenden Bestimmungen hindern die Länder nicht an der Ausübung der Befugnis, gemäß Artikel 6$^{quinquies}$ Buchstabe B Nummer 3, Marken zurückzuweisen oder für ungültig zu erklären, die ohne Ermächtigung Wappen, Flaggen und andere staatliche Hoheitszeichen oder in einem Verbandsland eingeführte amtliche Zeichen und Stempel enthalten; dies gilt auch für die im Absatz 1 genannten unterscheidungskräftigen Zeichen der internationalen zwischenstaatlichen Organisationen.

### Inhaltsübersicht

| | Rn |
|---|---|
| A. Regelungsinhalt | 1 |
| B. Anwendungsbereich | 2–4 |
|    1. Staatliche Hoheitszeichen | 2 |
|    2. Amtliche Prüf- und Gewährzeichen und Prüf- und Gewährstempel | 3 |
|    3. Heraldische Nachahmung | 4 |
| C. Ausnahmen von der Schutzpflicht | 5–8 |
| D. Austausch von Listen | 9 |
| E. Fassungen der PVÜ | 10 |

**Schrifttum.** *Ronga,* Der Schutz von Kennzeichen zwischenstaatlicher Organisationen nach der Pariser Übereinkunft, GRUR Int 1966, 148.

## A. Regelungsinhalt

Art. 6ter Abs. 1 verpflichtet die Verbandsstaaten, *Wappen, Fahnen* und anderen *staatlichen* *Hoheitszeichen* der Verbandsstaaten, ferner deren *amtlichen Prüf-* und *Gewährzeichen* sowie jeder *Nachahmung im heraldischen Sinn* die Eintragung als Marke zu versagen und solche eingetragenen Marken zu löschen, sowie den Gebrauch derartiger Marken durch geeignete Maßnahmen zu verbieten, sofern die zuständigen Stellen den Gebrauch nicht erlaubt haben (Abs. 1 lit. a). Den gleichen Schutz genießen die *Kennzeichen der internationalen zwischenstaatlichen Organisationen*, denen mindestens ein Verbandsland angehört (Abs. 1 lit. b). Dieser programmatischen Vorschrift tragen die absoluten Schutzhindernisse des § 8 Abs. 2 Nr. 6 bis 8 MarkenG sowie die Bußgeldvorschrift des § 145 Abs. 1 MarkenG Rechnung.

## B. Anwendungsbereich

### 1. Staatliche Hoheitszeichen

Unter *staatlichen Hoheitszeichen* werden sinnbildliche Darstellungen verstanden, die ein Staat als Hinweis auf die Staatsgewalt verwendet (Begründung des Gesetzes zur Ausführung der revidierten Pariser Übereinkunft zum Schutz des gewerblichen Eigentums vom 31. März 1913, BlPMZ 1913, 176, 178). Staatliche Hoheitszeichen sind etwa *Staatsflaggen, Staatswappen, Staatssiegel, Nationalhymnen, Orden, Ehrenzeichen, Briefmarken, Geldmünzen* und *Geldscheine*. Nationale Symbole sind keine staatlichen Hoheitszeichen (s. § 8 MarkenG, Rn 360). Das Eintragungsverbot gilt auch dann, wenn die angemeldete Marke eine heraldische Nachahmung eines staatlichen Hoheitszeichens enthält (s. Rn 3).

### 2. Amtliche Prüf- und Gewährzeichen und amtliche Prüf- und Gewährstempel

Amtliche *Prüf-* und *Gewährzeichen* und amtliche *Prüf-* und *Gewährstempel* sind amtlich vorgeschriebene Zeichen zur Kennzeichnung der Prüfung eines Produkts auf die Erfüllung bestimmter Erfordernisse (*v. Specht*, GRUR 1929, 880).

### 3. Heraldische Nachahmung

Nach Art. 6ter Abs. 1 lit. a ist eine Marke auch dann von der Eintragung in das Markenregister ausgeschlossen, wenn die Marke die *heraldische Nachahmung* eines staatlichen Hoheitszeichens, eines amtlichen Prüf- und Gewährzeichens, eines amtlichen Prüf- und Gewährstempels oder einer Bezeichnung einer internationalen zwischenstaatlichen Organisation enthält. Das Eintragungs- und Benutzungsverbot für staatliche Hoheitszeichen, Prüf- und Gewährzeichen, Prüf- und Gewährstempel sowie für Kennzeichen internationaler zwischenstaatlicher Organisationen besteht somit auch dann, wenn diese nicht in identischer, sondern in nachgeahmter Form in einer Marke enthalten sind. Eine heraldische Nachahmung liegt dann vor, wenn trotz der Abwandlung des staatlichen Hoheitszeichens oder des sonstigen Zeichens die Marke den Charakter einer Wappendarstellung aufweist und im Verkehr als ein staatliches Hoheitszeichen, als ein amtliches Prüf- und Gewährzeichen, als ein amtlicher Prüf- und Gewährstempel oder als Kennzeichen einer internationalen zwischenstaatlichen Organisation aufgefaßt wird. Der wappenartige Eindruck eines Hoheitszeichens als Marke (*Wappenstil*) entfällt regelmäßig schon dann, wenn etwa der Wappenschild oder das Siegel weggelassen wird. Das Motiv eines staatlichen Hoheitszeichen als solches ist frei verwendbar, doch darf die Ausgestaltung des Motivs keine Nachahmung des staatlichen Hoheitszeichens darstellen (s. § 8 MarkenG, Rn 370 f.).

## C. Ausnahmen von der Schutzpflicht

Die Verbandsländer sind nicht zum Schutz verpflichtet, wenn der Gebrauch oder die Eintragung der Hoheitszeichen, der amtlichen Prüf- und Gewährzeichen, der amtlichen

## PVÜ Art. 6quater — Übertragung der Marke

Prüf- und Gewährstempel der Kennzeichen der internationalen zwischenstaatlichen Organisationen nicht geeignet ist, beim Publikum den Eindruck einer Verbindung zwischen dem Benutzer und der betreffenden Organisation hervorzurufen oder das Publikum über das Bestehen einer derartigen Verbindung irrezuführen (Art. 6$^{ter}$ Abs. 1 lit. c). Eine entsprechende Regelung enthält das deutsche Recht in § 8 Abs. 4 S. 4 MarkenG in bezug auf Kennzeichen internationaler zwischenstaatlicher Organisationen (s. § 8 MarkenG, Rn 390).

**6** Die Verbandsländer können ferner Kennzeichen der internationalen zwischenstaatlichen Organisationen, an denen vor Inkrafttreten der Übereinkunft gutgläubig Rechte erworben worden sind, von dem Eintragungsverbot ausnehmen (Art. 6$^{ter}$ Abs. 1 lit. c). Eine solche Regelung enthält das deutsche Recht nicht.

**7** Bei amtlichen Prüf- und Gewährzeichen und amtlichen Prüf- und Gewährstempel greift Art. 6$^{ter}$ Abs. 1 nur dann ein, wenn sie für gleiche oder gleichartige (ähnliche) Waren verwendet werden (Art. 6$^{ter}$ Abs. 2), denn diese Zeichen werden nur für bestimmte Waren oder Dienstleistungen eingeführt. So können etwa die amtlichen *Feingehaltsstempel für Gold- oder Silberwaren* (die Abbildung einer Sonne oder einer Mondsichel) als Bildmarke oder als Bildbestandteil einer Marke für Waren eingetragen werden, die Gold- oder Silberwaren nicht ähnlich sind (s. auch § 8 MarkenG, Rn 380).

**8** Nach Art. 6$^{ter}$ Abs. 8 dürfen die Angehörigen eines jeden Landes, die zum Gebrauch der staatlichen Hoheitszeichen und sonstiger Zeichen ihres Landes ermächtigt sind, diese auch dann benutzen, wenn sie denen eines anderen Landes ähnlich sind. Dem entspricht die Regelung des § 8 Abs. 4 S. 2 MarkenG, wonach die staatlichen Hoheitszeichen und kommunalen Wappen im Sinne des § 8 Abs. 2 Nr. 6 dann nicht von der Eintragung in das Markenregister ausgeschlossen sind, wenn der Anmelder befugt ist, in der Marke das staatliche Hoheitszeichen oder das kommunale Wappen zu führen (s. § 8 MarkenG, Rn 372 ff.).

### D. Austausch von Listen

**9** Art. 6$^{ter}$ Abs. 3 bis 7 regeln den Austausch von Listen der Hoheitszeichen sowie der amtlichen Prüf- und Gewährzeichen und amtlichen Prüf- und Gewährstempel. Von den Kennzeichen der internationalen zwischenstaatlichen Organisationen fallen nur solche unter Art. 6$^{ter}$ Abs. 1, die den Verbandsländern mitgeteilt werden. Der 6. November 1925 (Art. 6$^{ter}$ Abs. 5, 7) ist der Tag der Unterzeichnung der Haager Fassung.

### E. Fassungen der PVÜ

**10** Die Washingtoner Fassung kennt eine entsprechende Vorschrift nicht. Die Haager Fassung des Art. 6$^{ter}$ entspricht in ihren Grundzügen dem Schlußprotokoll zu Art. 6 Abs. 2 und 3 der Washingtoner Fassung, bringt aber wesentliche Erweiterungen. Die Londoner Fassung brachte sachlich nichts Neues. Beide Fassungen schützen nicht die Kennzeichen der internationalen zwischenstaatlichen Organisationen. Diesen Mangel beseitigt die Lissaboner Fassung. Ihr entspricht die Stockholmer Fassung.

**Übertragung der Marke**

**6 quater** (1) Ist nach den Rechtsvorschriften eines Verbandslandes die Übertragung einer Marke nur rechtsgültig, wenn gleichzeitig das Unternehmen oder der Geschäftsbetrieb, zu dem die Marke gehört, mit übergeht, so genügt es zur Rechtsgültigkeit der Übertragung, daß der in diesem Land befindliche Teil des Unternehmens oder Geschäftsbetriebes mit dem ausschließlichen Recht, die mit der übertragenen Marke versehenen Erzeugnisse dort herzustellen oder zu verkaufen, auf den Erwerber übergeht.

(2) Diese Bestimmung verpflichtet die Verbandsländer nicht, die Übertragung einer Marke als rechtsgültig anzusehen, deren Gebrauch durch den Erwerber tatsächlich geeignet wäre, das Publikum irrezuführen, insbesondere was die Herkunft, die Beschaffenheit oder die wesentlichen Eigenschaften der Erzeugnisse betrifft, für welche die Marke verwendet wird.

## Inhaltsübersicht

| | Rn |
|---|---|
| A. Regelungsinhalt | 1 |
| B. Fassungen der PVÜ | 2 |

## A. Regelungsinhalt

Seit der Aufgabe des Grundsatzes der Bindung der Marke an den Geschäftsbetrieb (Akzessorietätsprinzip) durch § 47 Nr. 3 ErstrG, das am 1. Mai 1992 in Kraft getreten ist, kommt der Bestimmung für die Bundesrepublik Deutschland keine Bedeutung mehr zu (zur Rechtslage im WZG vor und nach dem Inkrafttreten des ErstrG sowie nach dem MarkenG s. § 3, Rn 52 ff.; *Fezer*, FS Vieregge, S. 229). 1

## B. Fassungen der PVÜ

Die früheren Fassungen enthalten keine sachlichen Abweichungen. 2

### Eintragung, Versagung, Löschung

**6** quinquies A. – (1) ¹Jede im Ursprungsland vorschriftsgemäß eingetragene Fabrik- oder Handelsmarke soll so, wie sie ist, unter den Vorbehalten dieses Artikels in den anderen Verbandsländern zur Hinterlegung zugelassen und geschützt werden. ²Diese Länder können vor der endgültigen Eintragung die Vorlage einer von der zuständigen Behörde ausgestellten Bescheinigung über die Eintragung im Ursprungsland verlangen. ³Eine Beglaubigung dieser Bescheinigung ist nicht erforderlich.

(2) Als Ursprungsland wird das Verbandsland angesehen, in dem der Hinterleger eine tatsächliche und nicht nur zum Schein bestehende gewerbliche oder Handelsniederlassung hat, und, wenn er eine solche Niederlassung innerhalb des Verbandes nicht hat, das Verbandsland, in dem er seinen Wohnsitz hat, und, wenn er keinen Wohnsitz innerhalb des Verbandes hat, das Land seiner Staatsangehörigkeit, sofern er Angehöriger eines Verbandslandes ist.

B. – Die Eintragung von Fabrik- oder Handelsmarken, die unter diesen Artikel fallen, darf nur in folgenden Fällen verweigert oder für ungültig erklärt werden:

1. wenn die Marken geeignet sind, Rechte zu verletzen, die von Dritten in dem Land erworben sind, in dem der Schutz beansprucht wird;

2. wenn die Marken jeder Unterscheidungskraft entbehren oder ausschließlich aus Zeichen oder Angaben zusammengesetzt sind, die im Verkehr zur Bezeichnung der Art, der Beschaffenheit, der Menge, der Bestimmung, des Wertes, des Ursprungsortes der Erzeugnisse oder der Zeit der Erzeugung dienen können, oder die im allgemeinen Sprachgebrauch oder in den redlichen und ständigen Verkehrsgepflogenheiten des Landes, in dem der Schutz beansprucht wird, üblich sind;

3. wenn die Marken gegen die guten Sitten oder die öffentliche Ordnung verstoßen, insbesondere wenn sie geeignet sind, das Publikum zu täuschen. Es besteht Einverständnis darüber, daß eine Marke nicht schon deshalb als gegen die öffentliche Ordnung verstoßend angesehen werden kann, weil sie einer Vorschrift des Markenrechts nicht entspricht, es sei denn, daß diese Bestimmung selbst die öffentliche Ordnung betrifft.

Die Anwendung des Artikels 10$^{bis}$ bleibt jedoch vorbehalten.

C. – (1) Bei der Würdigung der Schutzfähigkeit der Marke sind alle Tatumstände zu berücksichtigen, insbesondere die Dauer des Gebrauchs der Marke.

(2) In den anderen Verbandsländern dürfen Fabrik- oder Handelsmarken nicht allein deshalb zurückgewiesen werden, weil sie von den im Ursprungsland geschützten Marken nur in Bestandteilen abweichen, die gegenüber der im Ursprungsland eingetragenen Form die Unterscheidungskraft der Marken nicht beeinflussen und ihre Identität nicht berühren.

D. – Niemand kann sich auf die Bestimmungen dieses Artikels berufen, wenn die Marke, für die er den Schutz beansprucht, im Ursprungsland nicht eingetragen ist.

E. – Jedoch bringt die Erneuerung der Eintragung einer Marke im Ursprungsland keinesfalls die Verpflichtung mit sich, die Eintragung auch in den anderen Verbandsländern zu erneuern, in denen die Marke eingetragen worden ist.

F. – Das Prioritätsvorrecht bleibt bei den innerhalb der Frist des Artikels 4 vorgenommenen Markenhinterlegungen gewahrt, selbst wenn die Marke im Ursprungsland erst nach Ablauf dieser Frist eingetragen wird.

### Inhaltsübersicht

| | Rn |
|---|---|
| A. Normzweck | 1 |
| B. Voraussetzungen des Schutzes telle-quelle | 2–4 |
|     I. Ordnungsgemäße Eintragung | 2 |
|     II. Heimatschutz | 3 |
|     III. Bedeutung des Grundsatzes telle-quelle | 4 |
| C. Versagungsgründe und Löschungsgründe | 5–18 |
|     I. Abschließende Regelung | 5 |
|     II. Eignung der Marke zur Rechtsverletzung (Art. 6$^{quinquies}$ B Nr. 1) | 6 |
|     III. Mangelnde Unterscheidungskraft, deskriptive Angaben und Freihaltebedürfnis (Art. 6$^{quinquies}$ B Nr. 2) | 7–12 |
|     IV. Verstoß gegen die guten Sitten oder die öffentliche Ordnung (Art. 6$^{quinquies}$ B Nr. 3) | 13 |
|     V. Umstände des Einzelfalles | 14, 15 |
|     VI. Weitere Regelungen | 16–18 |
|         1. Eintragung im Ursprungsland | 16 |
|         2. Erneuerung der Marke | 17 |
|         3. Unabhängigkeit der Priorität | 18 |
| D. Fassungen der PVÜ | 19 |

**Schrifttum.** *Beier*, Die Bedeutung ausländischer Tatumstände für die Markenschutzfähigkeit, GRUR 1968, 492; *Beier*, Unterscheidungskraft und Freihaltebedürfnis – Zur Markenschutzfähigkeit individueller Herkunftsangaben nach § 4 WZG und Art. 6$^{quinquies}$ PVÜ, GRUR Int 1992, 243; *Beyerle*, Unterscheidungskraft und Freihaltebedürfnis im deutschen Warenzeichenrecht, 1988; *Godemeyer/Weber*, Abhängigkeit von telle-quelle-Marken, Mitt 1993, 321; *Miosga*, Die *Telle-quelle*-Klausel in ihrer heutigen Bedeutung, MA 1965, 824.

## A. Normzweck

1     Art. 6$^{quinquies}$ regelt den Schutz der im Ursprungsland eingetragenen Marke in den Verbandsstaaten. Die im Ursprungsland eingetragene Marke genießt Auslandsschutz als Marke *telle-quelle,* dh so, wie sie eingetragen ist. Mangels einer internationalen Begriffsbestimmung der Marke (*Medcalf*, GRUR Int 1961, 461) wurde diese Regelung geschaffen, um die Schwierigkeiten zu beseitigen, die sich aus den unterschiedlichen Auffassungen der einzelnen Verbandsländer über den Begriff der Marke ergeben (Vorbereitende Dokumente GRUR Int 1958, 26). Ohne die Telle-quelle-Klausel wäre es nicht möglich, einen umfassenden Auslandsschutz für eine Marke in den Verbandsstaaten zu erlangen. Der Grundsatz der Inländerbehandlung (Art. 2) versagt, wenn das Recht des Einfuhrlandes ein Zeichen nicht als Marke anerkennt. In diesen Fällen ist nach Art. 6$^{quinquies}$ das Recht des Ursprungslandes dafür maßgebend, was eine Marke ist. Im Gegensatz zu einer gewöhnlichen, von einem Inländer oder einem Ausländer nach Art. 2 angemeldeten selbständigen Inlandsmarke ist die *Telle-quelle-Marke* in ihrer *Entstehung* und in ihrem *Fortbestand von der Eintragung im Ursprungsland absolut abhängig* (Art. 6$^{quinquies}$ D). Ein verbandsangehöriger Ausländer kann sich jederzeit während des Eintragungsverfahrens, auch noch im Beschwerdeverfahren, auf die Telle-quelle-Klausel berufen und damit für seine angemeldete Marke die Schutzfähigkeitsprüfung allein nach Art. 6$^{quinquies}$ B erreichen (BGH GRUR 1991, 839 – Z-Tech; 1995, 732, 733 – Füllkörper).

## B. Voraussetzungen des Schutzes telle-quelle

### I. Ordnungsgemäße Eintragung

Ob eine *ordnungsgemäße Eintragung* (régulièrement enregistrée) vorliegt, richtet sich nach 2
dem inneren Recht. Unerheblich ist, ob das Zeichen materiellrechtlichen Schutz genießt; es
genügt der äußere Rechtsbestand, was namentlich für die Länder von Bedeutung ist, in denen der Eintragung keine konstitutive, sondern nur eine deklaratorische Wirkung zukommt.
Die Eintragung ist nachzuweisen, was eine Eintragungsbescheinigung neueren Datums voraussetzt, da eine ältere das Fortbestehen zur Zeit der deutschen Eintragung nicht beweist.
Eine Beglaubigung der Eintragungsbescheinigung ist nicht erforderlich.

### II. Heimatschutz

Die Eintragung muß im *Ursprungsland* erfolgt sein. Ursprungsland ist nach Art. 6quinquies A 3
Abs. 2 der Verbandsstaat, in dem der Anmelder eine wirkliche Niederlassung hat (zum
*établissement effectif et sérieux* s. Art. 3, Rn 1), ersatzweise der Verbandsstaat des Wohnsitzes,
weiter ersatzweise der Verbandsstaat der Staatsangehörigkeit, also etwa für einen in Italien
lebenden Engländer England. In den ersten beiden Fällen braucht der Anmelder nicht Verbandsangehöriger zu sein (Art. 3).

### III. Bedeutung des Grundsatzes telle-quelle

Telle-quelle bedeutet unverändert oder in derselben Beschaffenheit. Über die Auslegung 4
des Grundsatzes besteht keine Einigkeit. Umstritten ist, ob sich der Grundsatz *telle-quelle* nur
auf die *Form* (so *Pinzger*, Warenzeichenrecht, Art. 6 PVÜ, Anm. 3) oder auch auf den *Inhalt*
bezieht (s. dazu *Beier*, GRUR Int 1992, 242, 243). Unter der Form ist nicht nur die äußere
Gestaltung der Marke zu verstehen, sondern allgemein die von den nationalen Markenrechtsordnungen der Verbandsländer vorgeschriebenen Begriffsmerkmale, die das Wesen
der Marke ausmachen. Die Telle-quelle-Klausel besagt: Eine im Ursprungsland vorschriftsgemäß eingetragene Marke ist im Einfuhrland zu schützen, auch wenn sie nicht den Bestimmungen des nationalen Markenrechts entspricht. Das ergibt sich aus dem Zweck der
Regelung (s. Rn 1) sowie aus Art. 6quinquies B Nr. 3 S. 2. Die Behörde des Einfuhrlandes darf
nicht mehr prüfen, ob es sich bei dem Zeichen überhaupt um eine Marke handelt (so auch
BPatGE 7, 215; schon RPA BS Mitt 1938, 348; *Busse/Starck*, Art. 6quinquies PVÜ, Rn 2; aA
ÖPA GRUR Int 1964, 378 – C&A; *Troller*, Mehrseitige völkerrechtliche Verträge, S. 50;
wohl auch *Miosga*, MA 1965, 824; *Miosga*, Internationaler Marken- und Herkunftsschutz,
S. 68). Nötig ist jedoch stets *Unterscheidungskraft* (Eidg. Rek.komm. sic! 1998, 300 – kobaltblaue Flasche). Eine Versagung des Schutzes durch das Einfuhrland ist nur in den
Art. 6quinquies B genannten Fällen zulässig. Durch diese abschließende Aufzählung der Versagungs- und Löschungsgründe in Art. 6quinquies B wird aber auch zum Teil der Inhalt geregelt
(BGHZ 22, 1, 16 – Flava-Erdgold; so auch *Hagens*, Warenzeichenrecht, Art. 6 PVÜ,
Anm. 1; anders war die Regelung vor der Washingtoner Fassung). Daraus folgt, daß hinsichtlich der *Form* des Zeichens das *Recht des Ursprungslandes* entscheidet, während der *Inhalt*,
soweit er in Art. 6quinquies B aufgezählt ist, der *Prüfung der Behörde des Einfuhrlandes* unterliegt.
Der Schutz der übernommenen Marke richtet sich ganz nach inländischem Recht (RPA
MuW 1933, 157). Telle-quelle bedeutet nur, wie die Marke im Heimatland eingetragen ist,
nicht wie sie der Inhaber benutzen will oder darf (so auch DPA GRUR Int 1959, 295 –
Angino-rectoi). Wenn etwa ein Anmelder in Frankreich erklärte, die Abbildung einer *Benediktinerflasche* körperlich benutzen zu wollen, so bestand nach der Rechtslage im WZG, das
der dreidimensionalen Marke keinen Rechtsschutz gewährte (anders die Rechtslage nach
dem MarkenG s. § 3 Abs. 1 MarkenG), in Deutschland kein Anspruch auf Zeichenschutz
der körperlichen Flasche als einer Formmarke (s. dazu *Duchesne*, MuW 1933, 385; zum
Rechtsschutz dreidimensionaler Marken nach § 3 Abs. 1 MarkenG s. § 3, Rn 263f.).

## C. Versagungsgründe und Löschungsgründe

### I. Abschließende Regelung

**5** Die *Versagungsgründe* und die *Löschungsgründe* sind in Art. 6$^{quinquies}$ B Nr. 1 bis 3 *abschließend* aufgezählt. Sie sind für das Patentamt und die Gerichte maßgebend, treten also auch an die Stelle der in den §§ 49 bis 51 MarkenG angegebenen Löschungsgründe (*ne pourront être refusées à l'enregistrement ou invalidées que dans les cas suivants*; zu den §§ 10, 11 WZG s. RGZ 146, 329; BGH GRUR 1987, 525 – Litaflex; 1991, 839 – Z-Tech; zu § 8 MarkenG s. BGH GRUR 1995, 732, 733 – Füllkörper). Praktisch besteht kein Unterschied zum deutschen Recht. Allerdings begründet Art. 6$^{quinquies}$ B keine Pflicht zur Zurückweisung (so auch Cour de Paris GRUR Int 1961, 185 – Côte d'Or).

### II. Eignung der Marke zur Rechtsverletzung (Art. 6$^{quinquies}$ B Nr. 1)

**6** Nach Art. 6$^{quinquies}$ B Nr. 1 besteht ein Versagungsgrund oder ein Löschungsgrund, wenn die Marke *geeignet* ist, *Rechte Dritter im Schutzland zu verletzen*. Die Vorschrift entspricht den §§ 9 bis 13 MarkenG. Sie umfaßt auch die Löschungsgründe nach allgemeinem Wettbewerbsrecht (BGH GRUR 1955, 575, 578 – Hückel; *Busse/Starck*, Art. 6$^{quinquies}$ PVÜ, Rn 6).

### III. Mangelnde Unterscheidungskraft, deskriptive Angaben und Freihaltebedürfnis (Art. 6$^{quinquies}$ B Nr. 2)

**7** Art. 6$^{quinquies}$ B Nr. 2 normiert die Versagungs- und Löschungsgründe der *mangelnden Unterscheidungskraft*, der *beschreibenden Angaben* sowie der *allgemein sprachgebräuchlichen Angaben* und damit des *Freihaltebedürfnisses*. Die Vorschrift entspricht § 8 Abs. 2 Nr. 1 bis 3 MarkenG. Die Marke entbehrt jeder Unterscheidungskraft (*dépourvues de tout caractère distinctif*) oder setzt sich ausschließlich aus Zeichen und Angaben zusammen, die im Verkehr zur Bezeichnung der Art, der Beschaffenheit, der Menge, der Bestimmung, des Wertes, des Ursprungsortes der Erzeugnisse oder der Zeit der Erzeugung dienen können oder im allgemeinen Sprachgebrauch oder in den redlichen, ständigen Gebräuchen des Schutzstaates üblich geworden sind (*devenues usuels dans le langage courant ou les habitudes loyales et constantes du commerce*). Allgemein sprachgebäuchliche Angaben sind Freizeichen und freie Warennamen. Die Marke muß in der Sprache aller Verkehrskreise und nicht nur in der Sprache der Kaufleute des entsprechenden Gebietes üblich geworden sein (Corte di Cassazione GRUR Int 1980, 425 – Cellophane).

**8** Art. 6$^{quinquies}$ B Nr. 2 erfaßt somit im wesentlichen die Versagungsgründe des § 8 Abs. 2 Nr. 1 bis 3 MarkenG (so zu den §§ 4 Abs. 2 Nr. 1, 10 Abs. 2 Nr. 2 WZG BPatG GRUR 1973, 28, 29 – Betonfilter ). Wenn *jede Unterscheidungskraft fehlt*, dann ist es unerheblich, ob die Marke im Ursprungsland oder in einem anderen Verbandsland eingetragen und langjährig benutzt wird (RPA MuW 1933, 381 – Seal-Brand; 1931, 585 – Easy; 1927/1928, 354, 358 – Vacuum). An die Feststellung der Unterscheidungskraft einer IR-Marke oder einer Telle-quelle-Marke sind nach Art. 6$^{quinquies}$ B Nr. 2 die gleichen Anforderungen wie nach § 8 Abs. 2 Nr. 1 MarkenG zu stellen. Dies hat der Gesetzgeber durch die Angleichung der Formulierung des § 8 Abs. 2 Nr. 1 MarkenG (Fehlen jeglicher Unterscheidungskraft) anstelle der in Art. 3 Abs. 1 lit. b MarkenRL enthaltenen Formulierung (keine Unterscheidungskraft) ausdrücklich klargestellt. Für die Schutzfähigkeit einer Marke genügt daher schon eine geringe Unterscheidungskraft, die etwa allein in der konkreten graphischen Gestaltung liegen kann (BGH GRUR 1991, 136 – NEW MAN; BGH GRUR 1995, 732 – Füllkörper). Mißt nur ein Teil des Verkehrs dem Zeichen hinreichende Unterscheidungskraft als Herkunftshinweis oder allgemein als produktidentifizierendes Unterscheidungszeichen zu, so hängt die Schutzwürdigkeit davon ab, in welchem Maße ein Interesse der Allgemeinheit besteht, die Bezeichnung für die beanspruchten Waren freizuhalten. Je geringer das Freihalteinteresse ist, um so eher kann ein Teil des Verkehrs, der das Zeichen nicht als Unterscheidungszeichen auffaßt, vernachlässigt werden (BGH GRUR 1969, 345, 347 – red white; 1991, 136 – NEW MAN). Wegen der für den allgemeinen Gebrauch hochgradig freihaltebedürftigen Bezeichnung *Jeans* ist die Mehrwortmarke *Jean's etc...* als IR-Marke schutzunfähig auch bei Querstellung des Zeichenbestandteils *etc* sowie unterschiedlicher farblicher Fassung der den Untergrund für die Schrift bildenden Blöcke (BPatG GRUR 1998, 401 – Jean's etc...). Die weltweite Registrierung eines Zeichens kann einem Freihaltebedürfnis indiziell entgegenstehen (BGH GRUR 1988, 379, 380 – RIGIDITE; 1989, 421, 422 – Conductor).

Einer Marke ist Rechtsschutz nicht allein deshalb zu gewähren, weil sie *im Ursprungsland Verkehrsgeltung erlangt* hat. Da es auf die Verhältnisse im Schutzstaat ankommt, kann einer nicht unterscheidungskräftigen Angabe in der Bundesrepublik Deutschland nur Schutz gewährt werden, wenn sie sich auch in der Bundesrepublik Deutschland als betrieblicher Herkunftshinweis oder allgemein als produktidentifizierendes Unterscheidungszeichen durchgesetzt hat (zur Herkunftsfunktion BGH GRUR 1974, 777, 779 – LEMONSODA; 1989, 666, 667 – Sleepover; BPatGE 7, 215; Schweiz. BG GRUR Int 1974, 413 – Discotable; weitergehend *Beier*, GRUR Int 1956, 49, 51; *Beier*, GRUR 1968, 492, 495). Auch eine IR-Marke, die nur aus der naturgetreuen Abbildung der Ware besteht, ist wegen mangelnder Unterscheidungskraft in der Bundesrepublik Deutschland nicht schutzfähig, es sei denn, daß besondere Umstände im Sinne von Art. 6$^{quinquies}$ C geltend gemacht werden (BPatGE 11, 259). Fehlen die Eintragungsvoraussetzungen, so bedarf es trotz Zeitablaufs keines konkreten, überwiegenden Interesses an der Schutzentziehung (BPatG Mitt 1991, 80 – BATIDA).

Zeichen, die *ausschließlich aus Zahlen oder Buchstaben bestehen* und noch nach § 4 Abs. 2 Nr. 1 2. Alt WZG schutzunfähig waren, sind nach § 3 Abs. 1 MarkenG markenfähig. Es besteht nunmehr kein Unterschied mehr zwischen dem Telle-quelle-Schutz ausländischer oder international registrierter Marken und dem Schutz von Inlandsmarken (zur Markenfähigkeit von Buchstaben und Zahlen s. § 3 MarkenG, Rn 243 f.).

Ein Freihaltebedürfnis kann grundsätzlich auch an einem *fremdsprachigen*, dem inländischen Verkehr nicht geläufigen beschreibenden Begriff bestehen, wenn dieser beim Import und Export der in Frage stehenden Waren benötigt wird (BGH GRUR 1989, 421 – Conductor; 1994, 366 – RIGIDITE II; restriktiver Oberstes Gericht Ungarn GRUR Int 1994, 537 – Remedy and Rescue, wonach fremdsprachigen beschreibenden Angaben die Eintragung unabhängig davon zu versagen ist, ob der inländische Durchschnittsverbraucher die Bedeutung des fremdsprachigen Wortes kennt).

Ein *zukünftiges Freihaltungsinteresse* kann ausnahmsweise dann berücksichtigt werden, wenn bereits im Zeitpunkt der Entscheidung sichere und konkrete Anhaltspunkte für eine entsprechende Entwicklung vorhanden sind, welche die Freihaltung des Begriffs zwingend erfordern (BPatG GRUR Int 1992, 62 – Vittel; GRUR 1993, 395 – RÖMIGBERG II; zum MarkenG s. BGH GRUR 1995, 408 – PROTECH). An einer Marke, die aus der *Verbindung eines Buchstabens mit einem Fachwort* besteht, besteht kein Freihaltebedürfnis, wenn den Bestandteilen des Markenwortes ihrerseits je mehrere beschreibende Bedeutungen zukommen und es sich angesichts dessen nicht um eine beschreibende Angabe bestimmten Inhalts handelt. In diesem Fall ist auch ein zukünftiges Freihaltebedürfnis zu verneinen, denn es ist nicht anzunehmen, daß Fachkreise, die an einer klaren, unzweideutigen Begriffsbildung und Bezeichnungsweise interessiert sein müssen, eine mehrdeutige Bezeichnung wählen werden, um eine Sachangabe mitzuteilen. Allein die theoretische Möglichkeit, daß die eine oder die andere Sachangabe durch das Markenwort vermittelt werden kann, reicht nicht aus, um in ihm eine inhaltlich hinreichend umrissene beschreibende Angabe zu sehen (BGH GRUR 1995, 269 – U-KEY; anders BPatG BlPMZ 1993, 163, das ein konkretes zukünftiges Freihaltebedürfnis an dem Markenwort *U-Key* deshalb bejaht hatte, weil der Buchstabe als Abkürzung gebräuchlich sei, es sich um ein Fachwort des einschlägigen Fachgebiets handele und die Marke in ihrer Gesamtheit beschreibenden Gehalt besitze).

## IV. Verstoß gegen die guten Sitten oder die öffentliche Ordnung (Art. 6$^{quinquies}$ B Nr. 3)

**13**   Nach Art. 6$^{quinquies}$ B Nr. 3 besteht ein Versagungsgrund oder ein Löschungsgrund, wenn die Marke gegen die guten Sitten oder gegen die öffentliche Ordnung verstößt. Die Vorschrift entspricht § 8 Abs. 2 Nr. 5 MarkenG. Ob ein Verstoß gegen die guten Sitten oder die öffentliche Ordnung vorliegt, ist nach deutschem Recht zu beurteilen (s. dazu § 8 MarkenG, Rn 344 ff.). Eine Marke ist nach deutschem Recht dann *sittenwidrig*, wenn der Markeninhalt das sittliche, moralische oder ethische Empfinden weiter Verkehrskreise erheblich verletzt. Eine Marke ist nicht schon dann sittenwidrig, wenn sie gegen ein gesetzliches Verbot verstößt, ein gesetzliches Gebot nicht einhält oder gegen die öffentliche Ordnung verstößt (BGH GRUR 1964, 136 – Schweizer). Unter *öffentlicher Ordnung* sind die den Staat und die Gesellschaft konstituierenden Institutionen und Prinzipien zu verstehen. Hierzu gehören etwa die Verfassungsorgane und Staatsorgane, die Parlamente und Gerichte, die grundlegenden Prinzipien der Verfassungen sowie der internationalen Konventionen. Wesentlicher Teil der öffentlichen Ordnung ist die verfassungsmäßige Grundordnung. Ein Verstoß gegen die öffentliche Ordnung liegt nicht schon dann vor, wenn die Marke einer Vorschrift des inneren Markenrechts widerspricht, es sei denn, daß diese Vorschrift gerade die öffentliche Ordnung betrifft. Unter Art. 6$^{quinquies}$ B Nr. 3 fallen die Versagungsgründe des § 8 Abs. 2 Nr. 4 bis 9 MarkenG und der Löschungsgrund des § 49 Abs. 1 MarkenG. Auch das Erfordernis der Rechtsfähigkeit eines Zeichenverbands (§ 98 MarkenG) ist eine die öffentliche Ordnung betreffende Bestimmung (so für § 17 WZG BPatG GRUR Int 1967, 72 – D mit Frostblumen). Da der bis zum Inkrafttreten des MarkenG geltende Grundsatz von der Eintragungsunfähigkeit dreidimensionaler Marken nach Erlaß der MarkenRL nicht mehr zur öffentlichen Ordnung (ordre public) im Sinne des Art. 6$^{quinquies}$ B Nr. 2 PVÜ zählte, kann nach Erlaß der MarkenRL registrierten, plastischen IR-Marken nicht aus dem Gesichtspunkt des ordre public der Schutz versagt werden (BPatGE 38, 185 – Plastische IR-Flaschenmarke).

## V. Umstände des Einzelfalles

**14**   Bei der Würdigung der Schutzfähigkeit der Marke ist auf die besonderen Umstände des konkreten Einzelfalles wie etwa auf die Dauer der Benutzung der Marke Rücksicht zu nehmen. Das ist ein Auslegungsgrundsatz, der auch für das innere Recht gilt. Ob die Schutzvoraussetzungen vorliegen, bestimmt sich nach den Verhältnissen in dem Land, für das Schutz beansprucht wird (BGH GRUR 1974, 777, 778 – LEMONSODA; s. Rn 4). Bei der Prüfung der Unterscheidungskraft ist die Verkehrsdurchsetzung im Ursprungsland daher nur insoweit erheblich, als durch sie eine Verkehrsdurchsetzung als betriebliche Herkunftsangabe oder allgemein als produktidentifizierendes Unterscheidungszeichen im Inland gefördert wird; eine ausländische Verkehrsgeltung allein kann den Versagungsgrund der fehlenden Unterscheidungskraft nicht ausräumen. Für die Frage eines Freihaltebedürfnisses sind dagegen auch solche Umstände zu berücksichtigen, die keine Auswirkungen im Inland zeitigen (BGH GRUR 1994, 366 – RIGIDITE II).

**15**   Art. 6$^{quinquies}$ C Abs. 2 verbietet die Zurückweisung der Anmeldung wegen geringfügiger Abweichungen, die die Unterscheidungskraft und Identität der Kennzeichnung nicht berühren (so für Trosilin und Trosilina 4. Juizo cível da comarca de Lisboa GRUR Int 1965, 92). Wegen der abschließenden Aufzählung der Versagungs- und Löschungsgründe bleibt die Anwendung des Art. 10$^{bis}$ vorbehalten *(Moser v. Filseck,* GRUR Int 1959, 81, 82). Ob und in welchem Verfahren die Eintragung zu versagen *(refuser)* oder die Marke zu löschen *(invalider)* ist, bestimmt das Recht des Staates der Zweitanmeldung. Gegen die Klage aus einem besseren sachlichen Recht schützt auch die internationale Eintragung nicht (BGHZ 18, 1, 12 – Hückel).

## VI. Weitere Regelungen

### 1. Eintragung im Ursprungsland

Die Schutzgewährung in den Verbandsländern kann nach Art. 6$^{quinquies}$ D nur beansprucht werden, wenn und solange die *Marke im Ursprungsland eingetragen* ist (BPatG Mitt 1992, 219 – Z-Tech). Allerdings setzt die wirksame Inanspruchnahme des Telle-quelle-Schutzes nicht voraus, daß die Marke des Ursprungslandes bei Anmeldung der inländischen Marke bereits eingetragen ist. Das folgt aus Art. 6$^{quinquies}$ F, wonach das Prioritätsvorrecht bei den innerhalb der Frist des Art. 4 vorgenommenen Markenhinterlegungen gewahrt bleibt, selbst wenn die Marke im Ursprungsland erst nach Ablauf dieser Frist eingetragen wird (BGH GRUR 1995, 732 – Füllkörper). 16

### 2. Erneuerung der Marke

Die *Erneuerung der Marke* erfolgt nach Art. 6$^{quinquies}$ E in jedem Verbandsland selbständig nach dessen Vorschriften. Eine Erneuerung im Ursprungsland zwingt nicht zur Erneuerung in anderen Staaten. 17

### 3. Unabhängigkeit der Priorität

Die *Priorität* ist *unabhängig von der Eintragung im Ursprungsland*. Ist die Zweitanmeldung nach Art. 4 fristgerecht erfolgt, so sichert sie den Zeitvorrang, auch wenn die Eintragung im Ursprungsland erst nach Fristablauf erfolgt (Art. 6$^{quinquies}$ F). 18

## D. Fassungen der PVÜ

Die Washingtoner Fassung verlangte eine Hauptniederlassung *(principal établissement)* in einem Verbandsstaat und ließ in zweiter Linie die Staatsangehörigkeit entscheiden. Art. 6 Abs. 4 bis 6 der Haager Fassung brachte keine wesentliche Neuerung. Eine Unabhängigkeit der Zeichen bestand auch nach der Washingtoner Fassung nicht. Bei Abs. 6 war der Fortfall der Legalisation neu; im übrigen ist die Regelung aus dem Schlußprotokoll übernommen. Die Londoner Fassung stellte klar, daß irreführende Zeichen unter Art. 6 B Nr. 3 fallen, was aber schon vorher galt. Ferner war nach der Londoner Fassung das Fortbestehen, nicht die Begründung des Schutzes in den Verbandsstaaten unabhängig vom Schutz im Ursprungsland. Die Tatumstände waren nach diesen Fassungen nur bei der Würdigung der Unterscheidungskraft zu berücksichtigen. Die Regelung des Telle-quelle-Schutzes nach Art. 6 Lissaboner Fassung ist in dem neuen Art. 6$^{quinquies}$ mit einigen Abweichungen enthalten, die sich aus den vorstehenden Ausführungen ergeben. Die Stockholmer Fassung entspricht der Lissaboner Fassung. 19

**Dienstleistungsmarken**

**6 sexies** ¹Die Verbandsländer verpflichten sich, die Dienstleistungsmarken zu schützen. ²Sie sind nicht gehalten, die Eintragung dieser Marken vorzusehen.

### Inhaltsübersicht

|  | Rn |
|---|---|
| A. Regelungsinhalt | 1 |
| B. Fassungen der PVÜ | 2 |

## A. Regelungsinhalt

Art. 6$^{sexies}$ verpflichtet die Verbandsstaaten zum *Schutz von Dienstleistungsmarken*. Die Vorschrift bringt nur einen schwachen Schutz für derartige Marken. Die Verbandsländer sind nicht verpflichtet, Dienstleistungsmarken einzutragen. Die Art des Schutzes können sie selbst bestimmen; wettbewerbsrechtlicher Schutz genügt (BGHZ 42, 44, 52 – Scholl). Seit 1 dem 1. April 1979 ist die Dienstleistungsmarke in der Bundesrepublik Deutschland auch markenrechtlich geschützt (§ 3 Abs. 1 MarkenG; früher § 1 Abs. 2 WZG; s. zur Entwicklung § 3 MarkenG, Rn 15 ff.). Die Gewährung der Priorität für Dienstleistungsmarken bestimmt sich nach § 34 Abs. 1 MarkenG iVm Art. 4 PVÜ (s. § 34 MarkenG, Rn 3; Art. 4 PVÜ, Rn 1; Art. 4 MMA, Rn 4).

### B. Fassungen der PVÜ

2    Der Schutz von Dienstleistungsmarken wurde in der Lissaboner Fassung eingeführt.

**Agentenmarke**

**6**$^{septies}$ (1) Beantragt der Agent oder der Vertreter dessen, der in einem der Verbandsländer Inhaber einer Marke ist, ohne dessen Zustimmung die Eintragung dieser Marke auf seinen eigenen Namen in einem oder mehreren dieser Länder, so ist der Inhaber berechtigt, der beantragten Eintragung zu widersprechen oder die Löschung oder, wenn das Gesetz des Landes es zuläßt, die Übertragung dieser Eintragung zu seinen Gunsten zu verlangen, es sei denn, daß der Agent oder Vertreter seine Handlungsweise rechtfertigt.

(2) Der Inhaber der Marke ist unter den Voraussetzungen des Absatzes 1 berechtigt, sich dem Gebrauch seiner Marke durch seinen Agenten oder Vertreter zu widersetzen, wenn er diesen Gebrauch nicht gestattet hat.

(3) Den Landesgesetzgebungen steht es frei, eine angemessene Frist zu bestimmen, innerhalb welcher der Inhaber einer Marke seine in diesem Artikel vorgesehenen Rechte geltend machen muß.

### Inhaltsübersicht

|   | Rn |
|---|---|
| A. Regelungsinhalt ............................................................. | 1 |
| B. Fassungen der PVÜ ........................................................ | 2 |

**Schrifttum.** *Bauer,* Die Agentenmarke (Art. 6$^{septies}$ PVÜ), 1972; *Bauer,* Die Agentenmarke (Art. 6$^{septies}$ PVÜ), GRUR Int 1971, 496.

### A. Regelungsinhalt

1    Art. 6$^{septies}$ bezweckt den Schutz des Markeninhabers gegen einen *ungetreuen Agenten* oder Vertreter. Meldet dieser die Marke widerrechtlich in einem Verbandsstaat auf seinen eigenen Namen an, dann kann der Markeninhaber widersprechen, auch wenn in diesem Land die Marke nicht prioritätsälter für ihn angemeldet oder eingetragen ist. Wenn die Marke bereits für den Agenten eingetragen ist, dann kann er Löschung beantragen, oder, wenn dies die innere Gesetzgebung zuläßt, die Übertragung der Marke auf sich. In der Bundesrepublik Deutschland normiert § 11 MarkenG die *rechtswidrige Agentenmarke* als ein relatives Schutzhindernis. Dem Markeninhaber steht ein Widerspruchsgrund nach § 42 Abs. 2 Nr. 3 MarkenG und die Löschungsklage wegen Nichtigkeit der Agentenmarke nach § 51 Abs. 1 MarkenG zu. Ferner gewährt § 17 Abs. 1 MarkenG dem Markeninhaber gegen den ungetreuen Agenten oder Vertreter einen Anspruch auf Übertragung der angemeldeten oder eingetragenen Marke. Die Übertragungsklage entspricht Art. 6$^{septies}$ Abs. 1. Nach § 17 Abs. 2 S. 1 steht dem Markeninhaber gegen den ungetreuen Agenten oder Vertreter außerdem ein Anspruch auf Unterlassung der Benutzung der Agentenmarke zu, wenn er der Benutzung nicht zugestimmt hat. Die Vorschrift entspricht Art. 6$^{septies}$ Abs. 2. Schließlich steht dem Markeninhaber nach § 17 Abs. 2 S. 2 MarkenG gegen den ungetreuen Agenten oder Vertreter, wenn dieser vorsätzlich oder fahrlässig handelt, ein Schadensersatzanspruch zu. Die in Art. 6$^{septies}$ Abs. 3 vorgesehene Frist besteht in der Bundesrepublik Deutschland für die Löschungsklage nicht. Die Widerspruchsfrist beträgt nach § 42 Abs. 1 MarkenG drei Monate.

### B. Fassungen der PVÜ

2    Die früheren Fassungen enthalten keine sachlichen Abweichungen.

## Zeichen und Natur der Ware

**7** Die Beschaffenheit des Erzeugnisses, auf dem die Fabrik- oder Handelsmarke angebracht werden soll, darf keinesfalls die Eintragung der Marke hindern.

### Inhaltsübersicht

|  | Rn |
|---|---|
| A. Regelungsinhalt | 1 |
| B. Fassungen der PVÜ | 2 |

### A. Regelungsinhalt

Art. 7 PVÜ entspricht dem deutschen Recht, das Marken auch für verbotene Waren zuläßt. 1

### B. Fassungen der PVÜ

Die früheren Fassungen enthalten keine sachlichen Abweichungen. 2

## Verbandszeichen

**7 bis** (1) Die Verbandsländer verpflichten sich, Verbandsmarken, die Verbänden gehören, deren Bestehen dem Gesetz des Ursprungslandes nicht zuwiderläuft, auch dann zur Hinterlegung zuzulassen und zu schützen, wenn diese Verbände eine gewerbliche oder Handelsniederlassung nicht besitzen.

(2) Es steht jedem Land zu, frei darüber zu bestimmen, unter welchen besonderen Bedingungen eine Verbandsmarke geschützt wird; es kann den Schutz verweigern, wenn diese Marke gegen das öffentliche Interesse verstößt.

(3) Jedoch darf der Schutz dieser Marken einem Verband, dessen Bestehen dem Gesetz des Ursprungslandes nicht zuwiderläuft, nicht deshalb verweigert werden, weil er in dem Land, in dem der Schutz nachgesucht wird, keine Niederlassung hat oder seine Gründung den Rechtsvorschriften dieses Landes nicht entspricht.

### Inhaltsübersicht

|  | Rn |
|---|---|
| A. Regelungsinhalt | 1 |
| B. Fassungen der PVÜ | 2 |

**Schrifttum.** *Busse,* Verbandszeichen, MuW 1928, 114; *Busse,* Internationale Verbandszeichen, MuW 1931, 76.

### A. Regelungsinhalt

Art. 7$^{bis}$ verpflichtet die Verbandsstaaten zur *Zulassung von Verbandszeichen.* Dieser Vorgabe entsprechen die §§ 97 bis 106 MarkenG über die *Kollektivmarke.* Der Begriff des Verbands (Kollektiv – collectivité) im Sinne des Art. 7$^{bis}$ ist weit auszulegen. Verband in diesem Sinne ist jede beliebige Mehrzahl von natürlichen oder juristischen Personen, deren Zusammenschluß zu einem bestimmten Zweck besteht. Art. 7$^{bis}$ Abs. 2 verstärkt den Einfluß der Verbandsländer auf die Verbandssatzung, die Zulässigkeit der Übertragung der Verbandszeichen und dergleichen. Nach Art. 7$^{bis}$ Abs. 3 beurteilt sich die nach der Rechtslage im MarkenG erforderliche Rechtsfähigkeit des Verbands (§ 98 MarkenG) nach den Gesetzen des Ursprungslandes (BPatG GRUR Int 1967, 72, 73 – D mit Frostblumen). 1

### B. Fassungen der PVÜ

Die Londoner Fassung brachte die Berücksichtigung des öffentlichen Interesses in Abs. 2 und 3. Die Lissaboner und Stockholmer Fassung ändern nichts. 2

## Handelsname

**8** Der Handelsname wird in allen Verbandsländern, ohne Verpflichtung zur Hinterlegung oder Eintragung, geschützt, gleichgültig ob er einen Bestandteil einer Fabrik- oder Handelsmarke bildet oder nicht.

### Inhaltsübersicht

|  | Rn |
|---|---|
| A. Handelsname | 1 |
| B. Entstehung des Inlandschutzes | 2–4 |
|    I. Ingebrauchnahme | 2, 3 |
|   II. Bekanntheit im Inland | 4 |
| C. Fassungen der PVÜ | 5 |

**Schrifttum.** *Ascensao,* Die Anwendung von Art. 8 der Pariser Verbandsübereinkunft auf Länder, in denen der Handelsname eintragungspflichtig ist, GRUR Int 1996, 413; *Baur,* Zum Namensschutz im deutschen internationalen Privatrecht unter besonderer Berücksichtigung des Schutzes des Handelsnamen, AcP 167 (1967), S. 535; *Beier/Kunz-Hallstein,* Zu den Voraussetzungen des Schutzes ausländischer Handelsnamen nach Art. 2 und 8 der Pariser Verbandsübereinkunft, GRUR Int 1982, 362; *Beier/Krieger,* Der Schutz des Handelsnamens, GRUR Int 1967, 304; 1969, 103; *Kraßer,* Der Schutz des Handelsnamens nicht verbandsangehöriger Ausländer in Deutschland, GRUR 1971, 490; *Kunze,* Schutz des Handelsnamens und das künftige EG-Markenrecht, GRUR 1981, 634; *Lorenz-Wolf,* Der Schutz des Handelsnamens und der freie Warenverkehr, GRUR 1981, 644; *Saint-Gal,* Der internationale Schutz des Handelsnamens, GRUR Int 1964, 289; *Tilmann,* Grundlage und Reichweite des Handelsnamensrechts, GRUR 1981, 621.

## A. Handelsname

1 Der *ausländische Handelsname* ist nach Art. 8 zu schützen, und zwar unabhängig von einer Hinterlegung oder einer Eintragung oder einer völligen oder teilweisen Aufnahme in eine Marke. Dem entspricht das deutsche Kennzeichenrecht. Der Rechtsschutz der Unternehmenskennzeichen nach den §§ 5, 15 MarkenG ist auf alle Ausländer anwendbar. Das Erfordernis der Gegenseitigkeit (§ 28 UWG aF) ist aufgegeben worden. Dies entspricht der Rechtslage des Namensschutzes nach § 12 BGB, der den Angehörigen aller Staaten zukommt, auch wenn sie nicht Verbandsangehörige sind (RGZ 117, 215, 218 – Eskimo Pie; BGHZ 8, 318 – Pazifist; BGH GRUR 1971, 517, 518 – SWOPS; *Kraßer,* GRUR 1971, 490). *Ausländische Unternehmenskennzeichen* sind in der Bundesrepublik Deutschland kennzeichenrechtlich geschützt, wenn sie nach deutschem Recht als Unternehmenskennzeichen anzusehen sind. Je nach der Art ihrer Benutzung besteht Kennzeichenschutz als *vollständige Firmenbezeichnung* oder auch als *Firmenschlagwort, Firmenbestandteil* oder *Firmenabkürzung* sowie als *besondere Geschäftsbezeichnung* (BGH GRUR 1973, 661, 662 – Metrix; *Beier/Krieger,* GRUR Int 1969, 103). Streitig war bisher, ob der Schutz des ausländischen Handelsnamens davon abhängt, daß er auch nach seinem Heimatrecht geschützt ist, oder ob es nur darauf ankommt, daß die Schutzvoraussetzungen nach deutschem Recht vorliegen. In der *Metrix*-Entscheidung hatte der BGH ausländischen, nach dortigem Heimatrecht von der Rechtsordnung als solchen anerkannten Unternehmenskennzeichnungen namens- und firmenrechtlichen Inlandsschutz gewährt, wenn die Bezeichnungen nach inländischem Recht als firmenrechtliche Kennzeichnungsmittel gleich welcher Art anzusehen waren und die inländischen Schutzvoraussetzungen erfüllten (BGH GRUR 1973, 661, 662 – Metrix). Da die *Metrix*-Entscheidung eine Fallkonstellation betraf, bei der Rechtsschutz nach dem Recht des Heimatstaates bestand, war die Frage einer Akzessorietät des Inlandsschutzes vom Schutz nach dem Heimatrecht des Handelsnamens nicht zu entscheiden. Im Schrifttum herrschte ganz überwiegend die Auffassung vor, der Grundsatz der Inländerbehandlung nach Art. 2 Abs. 1, der verbandsangehörigen Ausländern gleichen Rechtsschutz wie Inländern gewährt, stehe der Annahme einer Abhängigkeit des Inlandsschutzes ausländischer Handelsnamen vom Heimatschutz entgegen (*Baumbach/Hefermehl,* WZG, Art. 8 PVÜ, Rn 1; *Bodenhausen,* Art. 8 PVÜ, Anm. c; *Großkomm/Teplitzky,* § 16 UWG, Rn 85; *Beier/Kunz-Hallstein,* GRUR Int 1982, 362, 364 ff.; *Baur,* AcP 167 (1967), S. 535, 555; so schon die instanzge-

richtliche Rechtsprechung OLG Frankfurt, GRUR 1984, 891, 894 – Rothschild). In der *Torres*-Entscheidung geht der BGH nunmehr von dem Grundsatz einer Nichtakzessorietät des Inlandschutzes des Handelsnamens vom Rechtsschutz nach dem Heimatrecht aus. Der BGH entschied, daß der aufgrund von Art. 8 PVÜ nach den §§ 5, 15 MarkenG gewährte Inlandsschutz nicht zusätzlich vom Vorliegen der Schutzvoraussetzungen nach dem Recht des Heimatstaates abhängig ist. Folge der gegenteiligen Auffassung wäre eine Diskriminierung verbandsangehöriger Ausländer gegenüber Inländern (BGHZ 130, 276, 280 – Torres mit Anm. *Fezer,* GRUR 1995, 829). Ein nach Heimatrecht nicht geschützter Handelsname kann folglich nach deutschem Recht geschützt sein. Ebenso kann bei im Heimatstaat koexistierenden Bezeichnungen derjenige, der zuerst auf dem Inlandsmarkt auftritt, anderen – unabhängig von der Priorität im Heimatland – den Zugang zum Inlandsmarkt erschweren oder unmöglich machen, denn eine im Heimatstaat bestehende Koexistenzlage zwischen einem Firmennamen und einer Produktbezeichnung begründet im Inland grundsätzlich keine Rechtsausübungsschranke und steht einem Verbot der im Inland prioritätsjüngeren Produktbezeichnung nicht entgegen (BGHZ 130, 276, 280 – Torres mit Anm. *Fezer,* GRUR 1995, 829).

## B. Entstehung des Inlandschutzes

### I. Ingebrauchnahme

Zur *Entstehung des Inlandsschutzes* des ausländischen Handelsnamens ist die *Ingebrauchnahme des ausländischen Handelsnamens* im inländischen Geschäftsverkehr ausreichend (§ 5 MarkenG, Rn 3). Nach der Rechtsprechung des RG mußte der ausländische Handelsname, um nach den §§ 12 BGB, 16 UWG aF (nach der Rechtslage im MarkenG den §§ 12 BGB, 5, 15 MarkenG) geschützt zu sein, so weit in den inländischen Verkehr eingedrungen sein, daß er in den beteiligten Verkehrskreisen schon eine gewisse Anerkennung als Hinweis auf die ausländische Firma gefunden hatte (RGZ 132, 374, 380 – Chaussures Manon, einschränkend gegenüber RGZ 117, 215, 224 – Eskimo-Pie); zumindest wurde ein starker, sich steigernder Umfang der Geschäftstätigkeit im Inland verlangt (RGZ 170, 302, 306 – De vergulde Hand). Diese Auffassung ist, soweit sie Kennzeichen betrifft, zu deren Schutz die Ingebrauchnahme genügt, nicht mit Art. 2 zu vereinbaren; sie bevorzugt den Inländer und stellt den Ausländer nicht dem Inländer gleich (LG Düsseldorf GRUR Int 1962, 508 – Leroy). Besitzt der Handelsname eines ausländischen Unternehmens namensmäßige Unterscheidungskraft, so hängt sein Schutz in der Bundesrepublik Deutschland nur davon ab, daß er im Inland in einer Weise in Gebrauch genommen wird, die auf den Beginn einer dauernden wirtschaftlichen Betätigung im Inland zu schließen berechtigt (BGH GRUR 1966, 267, 269 – White Horse; 1967, 199, 201 – Napoléon II; 1969, 357, 359 – Sihl; 1970, 315, 317 – Napoléon III; 1971, 516, 517 – SWOPS; 1980, 114, 115 – Concordia; OLG Hamm GRUR 1994, 742 – Planex; *Baur,* AcP 167 (1967), S. 535, 545; ÖOPM GRUR Int 1994, 859 – Dr. Schnell's). Die ausländische Bezeichnung braucht nicht über die inländische Ingebrauchnahme hinaus schon eine gewisse Verkehrsanerkennung als Hinweis auf das ausländische Unternehmen gefunden zu haben oder gegenüber dem künftigen Kundenkreis bereits in Erscheinung getreten zu sein (BGH GRUR 1970, 315, 316 – Napoléon III; 1971, 517, 519 – SWOPS; 1980, 114, 116 – Concordia). Nur für den Umfang des Kennzeichenschutzes ist der Erwerb von Verkehrsdurchsetzung erheblich. Nur dann ist für die Schutzentstehung Verkehrsgeltung zu verlangen, wenn der Kennzeichenschutz der Bezeichnung im Inland ohnehin Verkehrsgeltung voraussetzt; das ist etwa der Fall bei Unternehmenskennzeichen im Sinne des § 5 Abs. 2 S. 1 MarkenG mit Unterscheidungskraft aufgrund des Erwerbs von Verkehrsgeltung und bei Unternehmenskennzeichen im Sinne des § 5 Abs. 2 S. 2 MarkenG mit Verkehrsgeltung als Kennzeichen des Geschäftsbetriebs (s. dazu § 5, Rn 4).

Der Rechtsinhaber braucht den Handelsnamen im Inland nicht selbst zu benutzen. Es genügt etwa die Benutzung durch ein abhängiges *Vertriebsunternehmen* oder auch einen völlig selbständigen *Eigenhändler.* Erforderlich ist nur, daß die Benutzung erkennbar als betrieblicher Herkunftshinweis auf das Unternehmen des Rechtsinhabers erfolgt, so daß der Verkehr diesem die Namensführung zurechnet (BGH GRUR 1971, 517, 519 – SWOPS; 1973, 661, 662 – Metrix; OLG Stuttgart GRUR Int 1989, 783, 785 – MSU). Die bloße Benutzung als Warenherkunftskennzeichnung stelle keine Benutzung für den Rechtsinhaber dar. Der durch Gebrauch im Inland erlangte Namensschutz eines ausländischen Unternehmens erlischt, wenn dieses seine geschäftliche Betätigung im Inland endgültig aufgibt (BGH GRUR Int 1967, 396, 399 – Napoléon II).

## II. Bekanntheit im Inland

4   Ist ein Handelsname nur im Ausland benutzt worden und hat er sich nur dort als Kennzeichen durchgesetzt, so kann dies seinen Schutz im Inland nicht rechtfertigen. Wohl aber kann der Schutz eines im Inland noch nicht benutzten ausländischen Handelsnamens geboten sein, wenn er aufgrund seiner Verkehrsanerkennung im Ausland auch im Inland in Fachkreisen oder allgemein einen so hohen Bekanntheitsgrad besitzt, daß bei Verwendung eines prioritätsjüngeren verwechselbaren Unternehmenskennzeichens eine Irreführung des Verkehrs zu befürchten ist. Die Globalisierung des internationalen Rechtsverkehrs sowie namentlich die Errichtung des europäischen Binnenmarktes erfordert einen *Schutz bekannter ausländischer Unternehmenskennzeichen* schon vor ihrer Ingebrauchnahme im Inland. Der BGH hat die Möglichkeit eines solchen Schutzes angedeutet (BGH GRUR 1969, 357, 359 – Sihl; 1970, 528 – Migrol; *Kraßer*, GRUR 1971, 490; a.A. wohl ÖOGH ZfRV 1994, 122, wonach für die Priorität einer Firma der Zeitpunkt der Benutzungsaufnahme im Inland maßgebend ist).

## C. Fassungen der PVÜ

5   Die früheren Fassungen enthalten keine sachlichen Abweichungen.

**Beschlagnahme bei Zeichenverletzung**

**9** (1) Jedes widerrechtlich mit einer Fabrik- oder Handelsmarke oder mit einem Handelsnamen versehene Erzeugnis ist bei der Einfuhr in diejenigen Verbandsländer, in denen diese Marke oder dieser Handelsname Anspruch auf gesetzlichen Schutz hat, zu beschlagnahmen.

(2) Die Beschlagnahme ist auch in dem Land vorzunehmen, in dem die widerrechtliche Anbringung stattgefunden hat, oder in dem Land, in das das Erzeugnis eingeführt worden ist.

(3) Die Beschlagnahme erfolgt gemäß den innerstaatlichen Rechtsvorschriften jedes Landes auf Antrag entweder der Staatsanwaltschaft oder jeder anderen zuständigen Behörde oder einer beteiligten Partei, sei diese eine natürliche oder eine juristische Person.

(4) Die Behörden sind nicht gehalten, die Beschlagnahme im Fall der Durchfuhr zu bewirken.

(5) Lassen die Rechtsvorschriften eines Landes die Beschlagnahme bei der Einfuhr nicht zu, so tritt an die Stelle der Beschlagnahme das Einfuhrverbot oder die Beschlagnahme im Inland.

(6) Lassen die Rechtsvorschriften eines Landes weder die Beschlagnahme bei der Einfuhr noch das Einfuhrverbot noch die Beschlagnahme im Inland zu, so treten an die Stelle dieser Maßnahmen bis zu einer entsprechenden Änderung der Rechtsvorschriften diejenigen Klagen und Rechtsbehelfe, die das Gesetz dieses Landes im gleichen Fall den eigenen Staatsangehörigen gewährt.

### Inhaltsübersicht

|   | Rn |
|---|---|
| A. Regelungsinhalt | 1 |
| B. Fassungen der PVÜ | 2 |

## A. Regelungsinhalt

Art. 9 sieht unter eingehender Regelung die *Beschlagnahme* widerrechtlich mit einer *Mar-* 1
*ke* oder einem *Handelsnamen* versehener Waren vor. Die Vorschriften der §§ 146 bis
150 MarkenG über die Beschlagnahme von widerrechtlich mit einer Marke oder geschäftlichen Bezeichnung versehenen Waren bei der Einfuhr und Ausfuhr entsprechen Art. 9 und
gehen über dessen Regelungsinhalt hinaus (s. zur Beschlagnahme mit einer falschen geographischen Herkunftsbezeichnung versehenen Waren Art. 10, Rn 1).

## B. Fassungen der PVÜ

Lediglich die Washingtoner Fassung weicht unbedeutend von der Stockholmer Fassung 2
ab.

**Beschlagnahme bei Herkunftstäuschung**

**10** (1) **Die Bestimmungen des Artikels 9 sind im Fall des unmittelbaren oder mittelbaren Gebrauchs einer falschen Angabe über die Herkunft des Erzeugnisses oder über die Identität des Erzeugers, Herstellers oder Händlers anwendbar.**
(2) **Als beteiligte Partei, mag sie eine natürliche oder juristische Person sein, ist jedenfalls jeder Erzeuger, Hersteller oder Händler anzuerkennen, der sich mit der Erzeugung oder Herstellung des Erzeugnisses befaßt oder mit ihm handelt und in dem fälschlich als Herkunftsort bezeichneten Ort oder in der Gegend, in der dieser Ort liegt, oder in dem fälschlich bezeichneten Land oder in dem Land, in dem die falsche Herkunftsangabe verwendet wird, seine Niederlassung hat.**

### Inhaltsübersicht

|  | Rn |
|---|---|
| A. Regelungsinhalt | 1 |
| B. Fassungen der PVÜ | 2 |

## A. Regelungsinhalt

Art. 10 sieht die *Beschlagnahme* von Waren vor, die mit einer *falschen geographischen Her-* 1
*kunftsbezeichnung* versehen sind oder *falsche Angaben über die betriebliche Herkunft* tragen. Die
Vorschrift des § 151 MarkenG über die Beschlagnahme bei widerrechtlicher Kennzeichnung mit geographischen Herkunftsangaben entspricht Art. 10 und geht über dessen Regelungsinhalt hinaus (s. zur Beschlagnahme von widerrechtlich mit einer Marke oder einem
Handelsnamen versehenen Waren Art. 9, Rn 1).

## B. Fassungen der PVÜ

Die bisherigen Fassungen ließen eine Beschlagnahme nur bei Verwendung einer falschen 2
geographischen Herkunftsbezeichnung zu und forderten dazu noch einschränkend, daß
diese Bezeichnung einem erfundenen oder zum Zwecke der Täuschung entlehnten Handelsnamen beigefügt war. Abs. 2 der Londoner Fassung erweiterte den Kreis der Beteiligten.
Die Lissaboner Fassung erstreckte den Anwendungsbereich des Art. 10 auf den Gebrauch
falscher Angaben über die Identität des Erzeugers, Herstellers oder Händlers. Die Stockholmer Fassung entspricht der Lissaboner Fassung. Im Rahmen der Revisionsverhandlungen wird ein verstärkter Schutz geographischer Bezeichnungen gegen mißbräuchliche Verwendung durch Einfügung eines Art. 10$^{quater}$ angestrebt (s. dazu *Krieger*, GRUR Int 1984, 71 ff.;
AIPPI, Annuaire 1984/III S. 112).

## Unlauterer Wettbewerb

**10**bis (1) Die Verbandsländer sind gehalten, den Verbandsangehörigen einen wirksamen Schutz gegen unlauteren Wettbewerb zu sichern.

(2) Unlauterer Wettbewerb ist jede Wettbewerbshandlung, die den anständigen Gepflogenheiten in Gewerbe oder Handel zuwiderläuft.

(3) Insbesondere sind zu untersagen:
1. alle Handlungen, die geeignet sind, auf irgendeine Weise eine Verwechslung mit der Niederlassung, den Erzeugnissen oder der gewerblichen oder kaufmännischen Tätigkeit eines Wettbewerbers hervorzurufen;
2. die falschen Behauptungen im geschäftlichen Verkehr, die geeignet sind, den Ruf der Niederlassung, der Erzeugnisse oder der gewerblichen oder kaufmännischen Tätigkeit eines Wettbewerbers herabzusetzen;
3. Angaben oder Behauptungen, deren Verwendung im geschäftlichen Verkehr geeignet ist, das Publikum über die Beschaffenheit, die Art der Herstellung, die wesentlichen Eigenschaften, die Brauchbarkeit oder die Menge der Waren irrezuführen.

### Inhaltsübersicht

|   | Rn |
|---|---|
| A. Normzweck (Art. 10$^{bis}$ Abs. 1) | 1 |
| B. Begriffsbestimmung des unlauteren Wettbewerbs (Art. 10$^{bis}$ Abs. 2) | 2 |
| C. Unlautere Wettbewerbshandlungen (Art. 10$^{bis}$ Abs. 3) | 3–5 |
| D. Fassungen der PVÜ | 6 |

**Schrifttum.** *Becher*, Die PVÜ und die Unterdrückung des unlauteren Wettbewerbs, Der Neuerer (EuV) 1968, 7; *Henning-Bodewig*, Wirksamer Schutz gegen den unlauteren Wettbewerb nach Art 10$^{bis}$ PVÜ, GRUR Int 1994, 151; *Saint-Gal*, Der internationale Schutz des Handelsnamens, GRUR Int 1964, 289.

### A. Normzweck (Art. 10$^{bis}$ Abs. 1)

1   Art. 10$^{bis}$ Abs. 1 verlangt von den Verbandsstaaten einen wirksamen *Schutz des lauteren Wettbewerbs*. Art. 10$^{bis}$ regelt das sachliche Recht, Art. 10$^{ter}$ betrifft den Rechtsschutz. Beide Artikel verpflichten, soweit sie Verbote oder Rechtsschutzmaßnahmen enthalten, die Verbandsstaaten, einen entsprechenden Schutz zu schaffen und die geeigneten Rechtsbehelfe zu sichern (so auch *Miosga*, Internationaler Marken- und Herkunftsschutz, S. 107). Das ist in der Bundesrepublik Deutschland vor allem durch das UWG geschehen. Art. 10$^{bis}$ Abs. 1 stellt in Verbindung mit Art. 2 die Verbandsangehörigen für den Rechtsschutz den Angehörigen des Schutzstaates gleich. Abs. 2 gibt eine bindende Begriffsbestimmung des unlauteren Wettbewerbs; sie ist ein Bestandteil der Verpflichtung des Abs. 1 und erläutert, was unter *concurrence déloyale* zu verstehen ist.

### B. Begriffsbestimmung des unlauteren Wettbewerbs (Art. 10$^{bis}$ Abs. 2)

2   Art. 10$^{bis}$ Abs. 2 ist nicht eine Generalklausel, sondern eine *Begriffsbestimmung des unlauteren Wettbewerbs*. Nicht das Wesen des Wettbewerbsverstoßes wird allgemein bestimmt, sondern das Wesen des unlauteren Wettbewerbsverstoßes, der *concurrence déloyale* im Gegensatz zur *concurrence illicite*. Die Begriffsbestimmung weicht insofern von der Fassung des § 1 UWG ab, als sie nicht auf die Sittenwidrigkeit abstellt. Unlauterer Wettbewerb ist danach *tout acte de concurrence contraire aux usages honnêtes en matière industrielle ou commerciale*, das ist jede den ehrbaren Gebräuchen im Gewerbe- oder Handelsverkehr widerstreitende Handlung. Eine richtige Auslegung des § 1 UWG führt zu demselben Ergebnis (s. *Baumbach/Hefermehl*, Wettbewerbsrecht, Einl UWG, Rn 66 ff.). Allerdings werden die Auffassungen über das, was nicht *honnête* ist, nicht in allen Verbandsländern gleich sein. Insoweit greift ergänzend Abs. 3 ein, der drei Tatbestände hervorhebt, die in jedem Fall als Tatbestände unlauteren Wettbewerbs anzusehen sind.

## C. Unlautere Wettbewerbshandlungen (Art. 10bis Abs. 3)

Art. 10bis Abs. 3 normiert als nicht abschließende Aufzählung drei Fallkonstellationen un- 3
lauteren Wettbewerbs. Nr. 1 verpflichtet zur Untersagung von *tous faits quelconques de nature à créer une confusion par n'importe quel moyen avec l'établissement, les produits ou l'activité industrielle ou commerciale d'un concurrent*, also von allen Handlungen, die irgendwie eine Irreführung, eine Verwechslung mit der Niederlassung, den Waren oder der geschäftlichen Tätigkeit eines Mitbewerbers hervorzurufen geeignet sind. Das ist ziemlich genau der Grundsatz des englischen Passing-off-Rechts: Nobody has any right to represent his goods as the goods of somebody else. Einen solchen Satz stellt kein deutsches oder sonstiges Wettbewerbsgesetz in dieser Deutlichkeit auf; auch in England ist dieser Rechtssatz kein geschriebenes Recht, sondern ein Erzeugnis der rechtsschöpferischen Equity. Der Rechtssatz, jede *Irreführung des Verkehrs* stelle einen Wettbewerbsverstoß dar und jede bewußte Irreführung sei unlauterer Wettbewerb, beherrscht auch das deutsche Wettbewerbsrecht.

Nr. 2 untersagt die *allégations fausses, dans l'exercice du commerce, de nature à discréditer* 4
*l'établissement, les produits ou l'activité industrielle ou commerciale d'un concurrent*, und damit falsche Angaben im Handelsverkehr, die den Ruf der Niederlassung, der Waren oder der geschäftlichen Tätigkeit eines Mitbewerbers herabsetzen. Dieser Tatbestand entspricht der *Anschwärzung* nach § 14 UWG.

Nr. 3 untersagt die *indications ou allégations dont l'usage, dans l'exercice du commerce, est suscep-* 5
*tible d'induire le public en erreur sur la nature, le mode de fabrication, les caractéristiques, l'aptitude à l'emploi ou la quantité des marchandises*, und damit Angaben oder Behauptungen im Handelsverkehr, die eine Irreführung des Verkehrs über die Beschaffenheit, die Herstellungsart, die wesentlichen Eigenschaften, die Brauchbarkeit oder die Menge der Waren herbeiführen können. Derartige Angaben oder Behauptungen sind in der Bundesrepublik Deutschland nach dem *Verbot irreführender Angaben über geschäftliche Verhältnisse* nach § 3 UWG untersagt. Art. 10bis geht insgesamt nicht weiter als das deutsche Wettbewerbsrecht.

## D. Fassungen der PVÜ

Die Washingtoner Fassung enthält auf dem Gebiet des allgemeinen Wettbewerbsrechts 6
nur den Art. 10bis Abs. 1. Die Haager Fassung fügt in Abs. 2 die Begriffsbestimmung des unlauteren Wettbewerbs hinzu und hebt in Abs. 3 zwei Fälle besonders hervor. Die Londoner Fassung erweitert in Abs. 3 die Nr. 1 und Nr. 2. Nr. 3 wurde erst durch die Lissaboner Fassung eingefügt. Dem entspricht die Stockholmer Fassung.

# Rechtsbehelfe

**10ter** (1) **Um alle in den Artikeln 9, 10 und 10bis bezeichneten Handlungen wirksam zu unterdrücken, verpflichten sich die Verbandsländer, den Angehörigen der anderen Verbandsländer geeignete Rechtsbehelfe zu sichern.**

(2) **Sie verpflichten sich außerdem, Maßnahmen zu treffen, um den Verbänden und Vereinigungen, welche die beteiligten Gewerbetreibenden, Erzeuger oder Händler vertreten und deren Bestehen den Gesetzen ihres Landes nicht zuwiderläuft, das Auftreten vor Gericht oder vor den Verwaltungsbehörden zum Zweck der Unterdrückung der in den Artikeln 9, 10 und 10bis bezeichneten Handlungen in dem Maß zu ermöglichen, wie es das Gesetz des Landes, in dem der Schutz beansprucht wird, den Verbänden und Vereinigungen dieses Landes gestattet.**

### Inhaltsübersicht

|   | Rn |
|---|---|
| A. Regelungsinhalt | 1 |
| B. Fassungen der PVÜ | 2 |

## A. Regelungsinhalt

Art. 10ter Abs. 1 verpflichtet die Verbandsstaaten zur *Gewährung geeigneter Rechtsbehelfe* ge- 1
gen die in den Art. 9, 10 und 10bis genannten Verstöße. Diese Rechtsbehelfe gewährt das

deutsche Recht. Art. 10$^{ter}$ Abs. 2 verpflichtet die Verbandsstaaten zur *Gleichstellung der Wirtschaftsverbände (syndicats et associations représentant les industriels, producteurs ou commercants intéressés)* der Verbandsstaaten mit den einheimischen hinsichtlich der Unterdrückung der in den Art. 9, 10 und 10$^{bis}$ genannten Verstöße. Diese Gleichstellung spricht das deutsche Recht nicht aus. § 13 Abs. 1 UWG ist aber so zu verstehen, daß er auch ausländische Wirtschaftsverbände berechtigt, soweit sie im Inland in bürgerlichen Rechtsstreitigkeiten klagebefugt sind; denn der deutsche Rechtsschutz ist grundsätzlich für Ausländer wie Inländer offen. Mehr als die Gleichstellung verlangt aber auch Art. 10$^{ter}$ nicht (so auch Cour de Paris GRUR Int 1961, 56 – Old Scotch Whisky, der die Klage eines Verbandes wegen fehlender Prozeßfähigkeit abwies).

### B. Fassungen der PVÜ

2   Art. 10$^{ter}$ wurde erst durch die Haager Fassung eingefügt; sachlich besteht kein Unterschied gegenüber den früheren Fassungen.

**Ausstellungsschutz**

**11** (1) Die Verbandsländer werden nach Maßgabe ihrer innerstaatlichen Rechtsvorschriften den patentfähigen Erfindungen, den Gebrauchsmustern, den gewerblichen Mustern oder Modellen sowie den Fabrik- oder Handelsmarken für Erzeugnisse, die in einem Verbandsland auf den amtlichen oder amtlich anerkannten internationalen Ausstellungen zur Schau gestellt werden, einen zeitweiligen Schutz gewähren.

(2) ¹Dieser zeitweilige Schutz verlängert die Fristen des Artikels 4 nicht. ²Wird später das Prioritätsrecht beansprucht, so kann die Behörde eines jeden Landes die Frist mit dem Zeitpunkt beginnen lassen, zu dem das Erzeugnis in die Ausstellung eingebracht worden ist.

(3) Jedes Land kann zum Nachweis der Übereinstimmung des ausgestellten Gegenstandes und des Zeitpunkts der Einbringung die ihm notwendig erscheinenden Belege verlangen.

### Inhaltsübersicht

|  | Rn |
|---|---|
| A. Regelungsinhalt | 1 |
| B. Fassungen der PVÜ | 2 |

### A. Regelungsinhalt

1   Art. 11 ist für das Markenrecht von geringerer Bedeutung als für andere gewerbliche Schutzrechte. Der Schutz besteht darin, daß Marken auf Ausstellungen befristet geschützt werden können. Im deutschen Markenrecht ist die *Ausstellungspriorität* in § 35 MarkenG geregelt. Nach Art. 11 Abs. 2 verlängert der vorläufige Ausstellungsschutz die Zeitvorrangsfrist nicht. Wohl aber darf jeder Verbandsstaat die Frist von der Einführung der Ware in die Ausstellung an berechnen, so daß sich eine an sich später beginnende Frist durch den Ausstellungsschutz verkürzen kann. Nach Art. 11 Abs. 3 darf jeder Staat die ihm nötig erscheinenden Belege zum Nachweis der Übereinstimmung und der Einführungszeit verlangen.

### B. Fassungen der PVÜ

2   Die Washingtoner Fassung enthielt lediglich Abs. 1. Die Absätze 2 und 3 wurden durch die Haager Fassung eingefügt; sonstige sachliche Abweichungen zwischen den verschiedenen Fassungen bestehen nicht.

**Amt für gewerbliches Eigentum**

**12** (1) Jedes der Verbandsländer verpflichtet sich, ein besonderes Amt für gewerbliches Eigentum und eine Zentralhinterlegungsstelle einzurichten, um die Erfindungspatente, die Gebrauchsmuster, die gewerblichen Muster oder Modelle und die Fabrik- oder Handelsmarken der Öffentlichkeit zur Kenntnis zu bringen.

(2) ¹Dieses Amt wird ein regelmäßig erscheinendes amtliches Blatt herausgeben. ²Es wird regelmäßig veröffentlichen:

a) die Namen der Inhaber der erteilten Patente mit einer kurzen Bezeichnung der patentierten Erfindungen;

b) die Abbildungen der eingetragenen Marken.

### Inhaltsübersicht

|  | Rn |
|---|---|
| A. Regelungsinhalt | 1 |
| B. Fassungen der PVÜ | 2 |

### A. Regelungsinhalt

Die in Art. 12 vorgesehenen Befugnisse übt in der Bundesrepublik Deutschland das *Deutsche Patent- und Markenamt* (DPMA) in München aus. Das amtliche Blatt ist das Markenblatt (§ 20 I MarkenV). 1

### B. Fassungen der PVÜ

Die Washingtoner Fassung verpflichtete zur Herausgabe eines amtlichen Blattes nur, soweit möglich. Die Londoner Fassung fügte Abs. 2 a und b hinzu. Mit ihr stimmen die Lissaboner und Stockholmer Fassung überein. 2

**Versammlung des Verbandes**

**13** (1) a) Der Verband hat eine Versammlung, die sich aus den durch die Artikel 13 bis 17 gebundenen Verbandsländern zusammensetzt.

b) Die Regierung jedes Landes wird durch einen Delegierten vertreten, der von Stellvertretern, Beratern und Sachverständigen unterstützt werden kann.

c) Die Kosten jeder Delegation werden von der Regierung getragen, die sie entsandt hat.

(2) a) Die Versammlung

i) behandelt alle Fragen betreffend die Erhaltung und die Entwicklung des Verbandes sowie die Anwendung dieser Übereinkunft;

ii) erteilt dem Internationalen Büro für geistiges Eigentum (im folgenden als „das Internationale Büro" bezeichnet), das in dem Übereinkommen zur Errichtung der Weltorganisation für geistiges Eigentum (im folgenden als „die Organisation" bezeichnet) vorgesehen ist, Weisungen für die Vorbereitung der Revisionskonferenzen unter gebührender Berücksichtigung der Stellungnahmen der Verbandsländer, die durch die Artikel 13 bis 17 nicht gebunden sind;

iii) prüft und billigt die Berichte und die Tätigkeit des Generaldirektors der Organisation betreffend den Verband und erteilt ihm alle zweckdienlichen Weisungen in Fragen, die in die Zuständigkeit des Verbandes fallen;

iv) wählt die Mitglieder des Exekutivausschusses der Versammlung;

v) prüft und billigt die Berichte und die Tätigkeit ihres Exekutivausschusses und erteilt ihm Weisungen;

vi) legt das Programm fest, beschließt den Zweijahres-Haushaltsplan des Verbandes und billigt seine Rechnungsabschlüsse;

vii) beschließt die Finanzvorschriften des Verbandes;

- viii) bildet die Sachverständigenausschüsse und Arbeitsgruppen, die sie zur Verwirklichung der Ziele des Verbandes für zweckdienlich hält;
- ix) bestimmt, welche Nichtmitgliedländer des Verbandes, welche zwischenstaatlichen und welche internationalen nichtstaatlichen Organisationen zu ihren Sitzungen als Beobachter zugelassen werden;
- x) beschließt Änderungen der Artikel 13 bis 17;
- xi) nimmt jede andere Handlung vor, die zur Erreichung der Ziele des Verbandes geeignet ist;
- xii) nimmt alle anderen Aufgaben wahr, die sich aus dieser Übereinkunft ergeben;
- xiii) übt vorbehaltlich ihres Einverständnisses die ihr durch das Übereinkommen zur Errichtung der Organisation übertragenen Rechte aus.

b) Über Fragen, die auch für andere von der Organisation verwaltete Verbände von Interesse sind, entscheidet die Versammlung nach Anhörung des Koordinierungsausschusses der Organisation.

(3) a) Vorbehaltlich des Buchstaben b kann ein Delegierter nur ein Land vertreten.

b) Verbandsländer, die durch ein Sonderabkommen ein gemeinsames Amt errichtet haben, das für jedes von ihnen das besondere nationale Amt für gewerbliches Eigentum im Sinn des Artikels 12 darstellt, können bei den Beratungen in ihrer Gesamtheit durch eines von ihnen vertreten sein.

(4) a) Jedes Mitgliedland der Versammlung verfügt über eine Stimme.

b) Die Hälfte der Mitgliedländer der Versammlung bildet das Quorum (die für die Beschlußfähigkeit erforderliche Mindestzahl).

c) $^1$Ungeachtet des Buchstaben b kann die Versammlung Beschlüsse fassen, wenn während einer Tagung die Zahl der vertretenen Länder zwar weniger als die Hälfte, aber mindestens ein Drittel der Mitgliedländer der Versammlung beträgt; jedoch werden diese Beschlüsse mit Ausnahme der Beschlüsse über das Verfahren der Versammlung nur dann wirksam, wenn die folgenden Bedingungen erfüllt sind: Das Internationale Büro teilt diese Beschlüsse den Mitgliedländern der Versammlung mit, die nicht vertreten waren, und lädt sie ein, innerhalb einer Frist von drei Monaten vom Zeitpunkt der Mitteilung an schriftlich ihre Stimme oder Stimmenthaltung bekanntzugeben. $^2$Entspricht nach Ablauf der Frist die Zahl der Länder, die auf diese Weise ihre Stimme oder Stimmenthaltung bekanntgegeben haben, mindestens der Zahl der Länder, die für die Erreichung des Quorums während der Tagung gefehlt hatte, so werden die Beschlüsse wirksam, sofern gleichzeitig die erforderliche Mehrheit noch vorhanden ist.

d) Vorbehaltlich des Artikels 17 Absatz 2 faßt die Versammlung ihre Beschlüsse mit einer Mehrheit von zwei Dritteln der abgegebenen Stimmen.

e) Stimmenthaltung gilt nicht als Stimmabgabe.

(5) a) Vorbehaltlich des Buchstaben b kann ein Delegierter nur im Namen eines Landes abstimmen.

b) Die in Absatz 3 Buchstabe b bezeichneten Verbandsländer sind bestrebt, sich bei den Tagungen der Versammlung in der Regel durch ihre eigenen Delegationen vertreten zu lassen. Kann sich jedoch eines dieser Länder aus außergewöhnlichen Gründen nicht durch seine eigene Delegation vertreten lassen, so kann es die Delegation eines anderen dieser Länder ermächtigen, in seinem Namen abzustimmen; jedoch kann eine Delegation in Vertretung nur eines anderen Landes abstimmen. Jede zu diesem Zweck erteilte Vollmacht muß in einer vom Staatsoberhaupt oder zuständigen Minister unterzeichneten Urkunde enthalten sein.

(6) Die Verbandsländer, die nicht Mitglied der Versammlung sind, werden zu den Sitzungen der Versammlung als Beobachter zugelassen.

(7) a) Die Versammlung tritt nach Einberufung durch den Generaldirektor alle zwei Jahre einmal zu einer ordentlichen Tagung zusammen, und zwar, abgesehen von außergewöhnlichen Fällen, zu derselben Zeit und an demselben Ort wie die Generalversammlung der Organisation.

b) Die Versammlung tritt nach Einberufung durch den Generaldirektor zu einer außerordentlichen Tagung zusammen, wenn der Exekutivausschuß oder ein Viertel der Mitgliedländer der Versammlung es verlangt.

(8) Die Versammlung gibt sich eine Geschäftsordnung.

Exekutivausschuß                                    **Art. 14 PVÜ**

### Inhaltsübersicht

|  | Rn |
|---|---|
| A. Allgemeines | 1 |
| B. Verbandsversammlung als oberstes Organ (Art. 13) | 2 |

## A. Allgemeines

Auf der Revisionskonferenz in Stockholm (1967) ist die Verwaltungsstruktur der PVÜ völlig umgestaltet worden. An die Stelle des Art. 13 Londoner Fassung sind die Art. 13 bis 17 getreten. Die Organe des Verbandes sind die *Verbandsversammlung* (Art. 13), der *Exekutivausschuß der Verbandsversammlung* (Art. 14), das *Internationale Büro* (Art. 15), der *Generaldirektor* (Art. 15 Abs. 1 lit. c), die *Revisionskonferenzen* (Art. 18) und der *Internationale Gerichtshof* (Art. 28). Die Ratifizierung der Stockholmer Fassung konnte nach Art. 20 auf die materiellen Vorschriften (Art. 1 bis 12) oder die Verwaltungsvorschriften (Art. 13 bis 30) beschränkt werden. 1

## B. Verbandsversammlung als oberstes Organ (Art. 13)

Die *Verbandsversammlung* ist das *oberste Organ des Verbands*. Sie setzt sich aus den *Verbandsstaaten* zusammen, die an Art. 13 bis 17 gebunden sind. Sie ist zuständig für alle den Verband betreffenden Grundfragen (Art. 13 Abs. 1 und 2). Jeder Verbandsstaat hat eine Stimme (Art. 13 Abs. 4 lit. a). Vorbehaltlich des Art. 17 Abs. 2 faßt die Versammlung ihre Beschlüsse mit der Mehrheit von zwei Dritteln der abgegebenen Stimmen (Art. 13 Abs. 4 d). Beschlußfähig ist die Versammlung, wenn entweder die Hälfte der Mitgliedsländer oder zwar weniger als die Hälfte, jedoch mindestens ein Drittel der Mitgliedsländer vertreten ist (Art. 13 Abs. 4 c). Die Versammlung hat einen *Exekutivausschuß* (Art. 14 Abs. 1). 2

**Exekutivausschuß**

**14** (1) Die Versammlung hat einen Exekutivausschuß

(2) a) Der Exekutivausschuß setzt sich aus den von der Versammlung aus dem Kreis ihrer Mitgliedsländer gewählten Ländern zusammen. Außerdem hat das Land, in dessen Hoheitsgebiet die Organisation ihren Sitz hat, vorbehaltlich des Artikels 16 Absatz 7 Buchstabe b ex officio einen Sitz im Ausschuß.

b) Die Regierung jedes Mitgliedlandes des Exekutivausschusses wird durch einen Delegierten vertreten, der von Stellvertretern, Beratern und Sachverständigen unterstützt werden kann.

c) Die Kosten jeder Delegation werden von der Regierung getragen, die sie entsandt hat.

(3) ¹Die Zahl der Mitgliedländer des Exekutivausschusses entspricht einem Viertel der Zahl der Mitgliedländer der Versammlung. ²Bei der Berechnung der zu vergebenden Sitze wird der nach Teilung durch vier verbleibende Rest nicht berücksichtigt.

(4) Bei der Wahl der Mitglieder des Exekutivausschusses trägt die Versammlung einer angemessenen geographischen Verteilung und der Notwendigkeit Rechnung, daß unter den Ländern des Exekutivausschusses Vertragsländer der im Rahmen des Verbandes errichteten Sonderabkommen sind.

(5) a) Die Mitglieder des Exekutivausschusses üben ihr Amt vom Schluß der Tagung der Versammlung, in deren Verlauf sie gewählt worden sind, bis zum Ende der darauffolgenden ordentlichen Tagung der Versammlung aus.

b) Höchstens zwei Drittel der Mitglieder des Exekutivausschusses können wiedergewählt werden.

c) Die Versammlung regelt die Einzelheiten der Wahl und der etwaigen Wiederwahl der Mitglieder des Exekutivausschusses.

(6) a) Der Exekutivausschuß

i) bereitet den Entwurf der Tagesordnung der Versammlung vor;

ii) unterbreitet der Versammlung Vorschläge zu den vom Generaldirektor vorbereiteten Entwürfen des Programms und des Zweijahres-Haushaltsplans des Verbandes;

iii) *(gestrichen)*

iv) unterbreitet der Versammlung mit entsprechenden Bemerkungen die periodischen Berichte des Generaldirektors und die jährlichen Berichte über die Rechnungsprüfung;

v) trifft alle zweckdienlichen Maßnahmen zur Durchführung des Programms des Verbandes durch den Generaldirektor in Übereinstimmung mit den Beschlüssen der Versammlung und unter Berücksichtigung der zwischen zwei ordentlichen Tagungen der Versammlung eintretenden Umstände;

vi) nimmt alle anderen Aufgaben wahr, die ihm im Rahmen dieser Übereinkunft übertragen werden.

b) Über Fragen, die auch für andere von der Organisation verwaltete Verbände von Interesse sind, entscheidet der Exekutivausschuß nach Anhörung des Koordinierungsausschusses der Organisation.

(7) a) Der Exekutivausschuß tritt nach Einberufung durch den Generaldirektor jedes Jahr einmal zu einer ordentlichen Tagung zusammen, und zwar möglichst zu derselben Zeit und an demselben Ort wie der Koordinierungsausschuß der Organisation.

b) Der Exekutivausschuß tritt nach Einberufung durch den Generaldirektor zu einer außerordentlichen Tagung zusammen, entweder auf Initiative des Generaldirektors oder wenn der Vorsitzende oder ein Viertel der Mitglieder des Exekutivausschusses es verlangt.

(8) a) Jedes Mitgliedland des Exekutivausschusses verfügt über eine Stimme.

b) Die Hälfte der Mitgliedländer des Exekutivausschusses bildet das Quorum.

c) Die Beschlüsse werden mit einfacher Mehrheit der abgegebenen Stimmen gefaßt.

d) Stimmenthaltung gilt nicht als Stimmabgabe.

e) Ein Delegierter kann nur ein Land vertreten und nur in dessen Namen abstimmen.

(9) Die Verbandsländer, die nicht Mitglied des Exekutivausschusses sind, werden zu dessen Sitzungen als Beobachter zugelassen.

(10) Der Exekutivausschuß gibt sich eine Geschäftsordnung.

### Inhaltsübersicht

| | Rn |
|---|---|
| A. Aufgaben des Exekutivausschusses | 1 |
| B. Verwaltungsaufgaben | 2 |

## A. Aufgaben des Exekutivausschusses

1   Die *Verbandsversammlung* hat einen *Exekutivausschuß* (Art. 14 Abs. 1). Er ist als ein kleineres Organ der Versammlung gedacht (*Bodenhausen*, Art. 14 PVÜ, Anm. b) und setzt sich aus den von der Versammlung aus dem Kreis ihrer Mitgliedsländer gewählten Verbandsstaaten zusammen (Art. 14 Abs. 2). Die Zahl der Mitgliedländer des Exekutivausschusses entspricht einem Viertel der Mitgliedländer der Versammlung. Die *Aufgaben des Exekutivausschusses* ergeben sich aus Art. 14 Abs. 6. Er bereitet insbesondere die Sitzungen der Versammlung vor, stellt im Rahmen des Programms und des Zweijahres-Haushaltsplans die vom Generaldirektor vorbereiteten Jahresprogramme und Jahreshaushaltspläne auf und trifft alle zweckdienlichen Maßnahmen zur Durchführung des Programms des Verbandes durch den Generaldirektor. Die Verbandsländer, die nicht Mitglied des Exekutivausschusses sind, werden zu dessen Sitzungen als Beobachter zugelassen (Art. 14 Abs. 9).

## B. Verwaltungsaufgaben

2   Die *Verwaltungsaufgaben des Verbandes* werden vom *Internationalen Büro* wahrgenommen (Art. 15 Abs. 1 lit. a), das insbesondere das Sekretariat der verschiedenen Organe des Ver-

Internationales Büro  1  **Art. 15 PVÜ**

bandes besorgt (Art. 15 Abs. 1 lit. b) und dessen höchster Beamter der *Generaldirektor* der Organisation ist, der den Verband vertritt (Art. 15 Abs. 1 lit. c).

**Internationales Büro**

**15** (1) a) Die Verwaltungsaufgaben des Verbandes werden vom Internationalen Büro wahrgenommen, das an die Stelle des mit dem Verbandsbüro der internationalen Übereinkunft zum Schutz von Werken der Literatur und Kunst vereinigten Büros des Verbandes tritt.

b) Das Internationale Büro besorgt insbesondere das Sekretariat der verschiedenen Organe des Verbandes.

c) Der Generaldirektor der Organisation ist der höchste Beamte des Verbandes und vertritt den Verband.

(2) [1] Das Internationale Büro sammelt und veröffentlicht Informationen über den Schutz des gewerblichen Eigentums. Jedes Verbandsland teilt so bald wie möglich dem Internationalen Büro alle neuen Gesetze und anderen amtlichen Texte mit, die den Schutz des gewerblichen Eigentums betreffen. [2] Es übermittelt außerdem dem Internationalen Büro alle jene Veröffentlichungen seiner für das gewerbliche Eigentum zuständigen Stellen, die unmittelbar den Schutz des gewerblichen Eigentums berühren und nach Meinung des Internationalen Büros für seine Tätigkeit von Interesse sind.

(3) Das Internationale Büro gibt eine monatlich erscheinende Zeitschrift heraus.

(4) Das Internationale Büro erteilt jedem Verbandsland auf Verlangen Auskünfte über Fragen betreffend den Schutz des gewerblichen Eigentums.

(5) Das Internationale Büro unternimmt Untersuchungen und leistet Dienste zur Erleichterung des Schutzes des gewerblichen Eigentums.

(6) Der Generaldirektor und die von ihm bestimmten Mitglieder des Personals nehmen ohne Stimmrecht an allen Sitzungen der Versammlung, des Exekutivausschusses und aller anderen Sachverständigenausschüsse oder Arbeitsgruppen teil. Der Generaldirektor oder ein von ihm bestimmtes Mitglied des Personals ist von Amts wegen Sekretär dieser Organe.

(7) a) Das Internationale Büro bereitet nach den Weisungen der Versammlung und in Zusammenarbeit mit dem Exekutivausschuß die Konferenzen zur Revision der Bestimmungen der Übereinkunft mit Ausnahme der Artikel 13 bis 17 vor.

b) Das Internationale Büro kann bei der Vorbereitung der Revisionskonferenzen zwischenstaatliche sowie internationale nichtstaatliche Organisationen konsultieren.

c) Der Generaldirektor und die von ihm bestimmten Personen nehmen ohne Stimmrecht an den Beratungen dieser Konferenzen teil.

(8) Das Internationale Büro nimmt alle anderen Aufgaben wahr, die ihm übertragen werden.

Inhaltsübersicht

|   | Rn |
|---|---|
| A. Entwicklung der Verwaltungsstruktur des Verbandes | 1 |
| B. Aufgaben des Internationalen Büros | 2 |

## A. Entwicklung der Verwaltungsstruktur des Verbandes

Die Verwaltungsaufgaben der PVÜ wurden früher von dem Internationalen Büro des  1
Verbandes zum Schutz des gewerblichen Eigentums (*Pariser Union*) wahrgenommen. Das Internationale Büro führte nach der Vereinigung mit dem Büro des internationalen Verbandes zum Schutz von Werken der Literatur und Kunst (*Berner Union*) die Bezeichnung *Bureaux Internationaux réunis pour la protection de la propriété* (BIRPI). An die Stelle des BIRPI ist aufgrund der Stockholmer Fassung der PVÜ das Internationale Büro für geistiges Eigentum, das *Sekretariat der Weltorganisation für geistiges Eigentum* (WIPO) in Genf, getreten. Der Generaldirektor der WIPO ist Vertreter und höchster Beamter der WIPO und der PVÜ. Das

1849

**PVÜ Art. 16**  Finanzen

Internationale Büro gibt als Verwaltungsorgan der PVÜ die Monatszeitschrift *La Propriété industrielle* (englische Ausgabe *Industrial Property*) und als Verwaltungsorgan des MMA die ebenfalls monatlich erscheinende Zeitschrift *Les Marques Internationales* heraus.

## B. Aufgaben des Internationalen Büros

2   Das Internationale Büro nimmt die *Verwaltungsaufgaben* des Verbandes wahr (Art. 15 Abs. 1 lit a). Aufgaben des Internationalen Büros sind namentlich, Informationen über den Schutz des gewerblichen Eigentums zu sammeln und zu veröffentlichen (Abs. 2 S. 1), die monatlich erscheinenden Verbandszeitschriften herauszugeben (Abs. 3; s. Rn 1), den Verbandsländern auf Verlangen Auskünfte über Fragen des Schutzes des gewerblichen Eigentums zu erteilen (Abs. 4), zur Erleichterung des Schutzes des gewerblichen Eigentums Untersuchungen zu unternehmen und Dienste zu leisten (Abs. 5), die Revisionskonferenzen vorzubereiten (Abs. 7) und alle anderen Aufgaben wahrzunehmen, die ihm übertragen werden (Abs. 8). Das Internationale Büro besorgt das *Sekretariat* der verschiedenen Organe des Verbands (Abs. 1 lit. b). Den Verband vertritt der *Generaldirektor* der Organisation als der höchste Beamte des Verbandes (Abs. 1 lit. c).

**Finanzen**

**16**  (1) a) Der Verband hat einen Haushaltsplan.

b) Der Haushaltsplan des Verbandes umfaßt die eigenen Einnahmen und Ausgaben des Verbandes, dessen Beitrag zum Haushaltsplan der gemeinsamen Ausgaben der Verbände sowie gegebenenfalls den dem Haushaltsplan der Konferenz der Organisation zur Verfügung gestellten Betrag.

c) Als gemeinsame Ausgaben der Verbände gelten die Ausgaben, die nicht ausschließlich dem Verband, sondern auch einem oder mehreren anderen von der Organisation verwalteten Verbänden zuzurechnen sind. Der Anteil des Verbandes an diesen gemeinsamen Ausgaben entspricht dem Interesse, das der Verband an ihnen hat.

(2) Der Haushaltsplan des Verbandes wird unter Berücksichtigung der Notwendigkeit seiner Abstimmung mit den Haushaltsplänen der anderen von der Organisation verwalteten Verbände aufgestellt.

(3) Der Haushaltsplan des Verbandes umfaßt folgende Einnahmen:

i) Beiträge der Verbandsländer;

ii) Gebühren und Beiträge für Dienstleistungen des Internationalen Büros im Rahmen des Verbandes;

iii) Verkaufserlöse und andere Einkünfte aus Veröffentlichungen des Internationalen Büros, die den Verband betreffen;

iv) Schenkungen, Vermächtnisse und Zuwendungen;

v) Mieten, Zinsen und andere verschiedene Einkünfte.

(4) a) Jedes Verbandsland wird zur Bestimmung seines Beitrags zum Haushaltsplan in eine Klasse eingestuft und zahlt seine Jahresbeiträge auf der Grundlage einer Zahl von Einheiten, die wie folgt festgesetzt wird:

| | |
|---|---|
| Klasse I | 25 |
| Klasse II | 20 |
| Klasse III | 15 |
| Klasse IV | 10 |
| Klasse V | 5 |
| Klasse VI | 3 |
| Klasse VII | 1 |

b) [1] Falls es dies nicht schon früher getan hat, gibt jedes Land gleichzeitig mit der Hinterlegung seiner Ratifikations- oder Beitrittsurkunde die Klasse an, in die es eingestuft zu werden wünscht. Es kann die Klasse wechseln. [2] Wählt es eine niedrigere Klasse, so hat es dies der Versammlung auf einer ihrer ordentlichen Tagungen mitzuteilen. [3] Ein solcher Wechsel wird zu Beginn des auf diese Tagung folgenden Kalenderjahres wirksam.

Änderungen der Artikel 13 bis 17 — Art. 17 PVÜ

c) Der Jahresbeitrag jedes Landes besteht aus einem Betrag, der in demselben Verhältnis zu der Summe der Jahresbeiträge aller Länder zum Haushaltsplan des Verbandes steht wie die Zahl der Einheiten der Klasse, in die das Land eingestuft ist, zur Summe der Einheiten aller Länder.

d) Die Beiträge werden am 1. Januar jedes Jahres fällig.

e) [1] Ein Land, das mit der Zahlung seiner Beiträge im Rückstand ist, kann sein Stimmrecht in keinem der Organe des Verbandes, denen es als Mitglied angehört, ausüben, wenn der rückständige Betrag die Summe der von ihm für die zwei vorhergehenden vollen Jahre geschuldeten Beiträge erreicht oder übersteigt. [2] Jedoch kann jedes dieser Organe einem solchen Land gestatten, das Stimmrecht in diesem Organ weiter auszuüben, wenn und solange es überzeugt ist, daß der Zahlungsrückstand eine Folge außergewöhnlicher und unabwendbarer Umstände ist.

f) Wird der Haushaltsplan nicht vor Beginn eines neuen Rechnungsjahres beschlossen, so wird der Haushaltsplan des Vorjahres nach Maßgabe der Finanzvorschriften übernommen.

(5) Die Höhe der Gebühren und Beträge für Dienstleistungen des Internationalen Büros im Rahmen des Verbandes wird vom Generaldirektor festgesetzt, der der Versammlung und dem Exekutivausschuß darüber berichtet.

(6) a) [1] Der Verband hat einen Betriebsmittelfonds, der durch eine einmalige Zahlung jedes Verbandslandes gebildet wird. [2] Reicht der Fonds nicht mehr aus, so beschließt die Versammlung seine Erhöhung.

b) Die Höhe der erstmaligen Zahlung jedes Landes zu diesem Fonds oder sein Anteil an dessen Erhöhung ist proportional zu dem Beitrag dieses Landes für das Jahr, in dem der Fonds gebildet oder die Erhöhung beschlossen wird.

c) Dieses Verhältnis und die Zahlungsbedingungen werden von der Versammlung auf Vorschlag des Generaldirektors und nach Äußerung des Koordinierungsausschusses der Organisation festgesetzt.

(7) a) [1] Das Abkommen über den Sitz, das mit dem Land geschlossen wird, in dessen Hoheitsgebiet die Organisation ihren Sitz hat, sieht vor, daß dieses Land Vorschüsse gewährt, wenn der Betriebsmittelfonds nicht ausreicht. [2] Die Höhe dieser Vorschüsse und die Bedingungen, unter denen sie gewährt werden, sind in jedem Fall Gegenstand besonderer Vereinbarungen zwischen diesem Land und der Organisation. [3] Solange dieses Land verpflichtet ist, Vorschüsse zu gewähren, hat es ex officio einen Sitz im Exekutivausschuß.

b) [1] Das unter Buchstabe a bezeichnete Land und die Organisation sind berechtigt, die Verpflichtung zur Gewährung von Vorschüssen durch schriftliche Notifikation zu kündigen. [2] Die Kündigung wird drei Jahre nach Ablauf des Jahres wirksam, in dem sie notifiziert worden ist.

(8) Die Rechnungsprüfung wird nach Maßgabe der Finanzvorschriften von einem oder mehreren Verbandsländern oder von außenstehenden Rechnungsprüfern vorgenommen, die mit ihrer Zustimmung von der Versammlung bestimmt werden.


Änderungen der Artikel 13 bis 17

**17** (1) Vorschläge zur Änderung der Artikel 13, 14, 15, 16 und dieses Artikels können von jedem Mitgliedland der Versammlung, vom Exekutivausschuß oder vom Generaldirektor vorgelegt werden. Diese Vorschläge werden vom Generaldirektor mindestens sechs Monate, bevor sie in der Versammlung beraten werden, den Mitgliedländern der Versammlung mitgeteilt.

(2) [1] Jede Änderung der in Absatz 1 bezeichneten Artikel wird von der Versammlung beschlossen. [2] Der Beschluß erfordert drei Viertel der abgegebenen Stimmen; jede Änderung des Artikels 13 und dieses Absatzes erfordert jedoch vier Fünftel der abgegebenen Stimmen.

(3) [1] Jede Änderung der in Absatz 1 bezeichneten Artikel tritt einen Monat nach dem Zeitpunkt in Kraft, zu dem die schriftlichen Notifikationen der verfassungsmäßig zustande gekommenen Annahme des Änderungsvorschlags von drei Vierteln der Länder, die im Zeitpunkt der Beschlußfassung über die Änderung Mitglied der Versammlung waren, beim Generaldirektor eingegangen sind. [2] Jede auf diese Weise angenommene Änderung der genannten Artikel bindet alle Länder, die im Zeitpunkt des Inkrafttretens der Änderung Mitglied der Versammlung sind oder später Mitglied

werden; jedoch bindet eine Änderung, die die finanziellen Verpflichtungen der Verbandsländer erweitert, nur die Länder, die die Annahme dieser Änderung notifiziert haben.

### Revision der Artikel 1 bis 12 und 18 bis 30

**18** (1) Diese Übereinkunft soll Revisionen unterzogen werden, um Verbesserungen herbeizuführen, die geeignet sind, das System des Verbandes zu vervollkommnen.

(2) Zu diesem Zweck werden der Reihe nach in einem der Verbandsländer Konferenzen zwischen den Delegierten dieser Länder stattfinden.

(3) Für Änderungen der Artikel 13 bis 17 sind die Bestimmungen des Artikels 17 maßgebend.

**Schrifttum.** *Ballreich/Kunz-Hallstein*, Zur Frage der Reform des für Revisionen der PVÜ geltenden Einstimmigkeitsprinzips, GRUR Int 1977, 251.

### Sonderabkommen

**19** Es besteht Einverständnis darüber, daß die Verbandsländer sich das Recht vorbehalten, einzeln untereinander Sonderabkommen zum Schutz des gewerblichen Eigentums zu treffen, sofern diese Abkommen den Bestimmungen dieser Übereinkunft nicht zuwiderlaufen.

#### Inhaltsübersicht

| | Rn |
|---|---|
| A. Sonderabkommen | 1 |
| B. Fassungen der PVÜ | 2 |

## A. Sonderabkommen

1  Nach Art. 19 haben sich die Verbandsländer das Recht vorbehalten, *Sonderabkommen* zum Schutz des gewerblichen Eigentums untereinander zu treffen. Solche Sonderabkommen sind namentlich das *Madrider Abkommen über die internationale Registrierung von Marken* (MMA; s. 2. Teil des Kommentars, 1. Abschnitt, B; 2. Teil des Kommentars, Einführung in das Recht der internationalen Verträge, Rn 4 f.), das *Protokoll zum Madrider Abkommen über die internationale Registrierung von Marken* (PMMA; s. 3. Teil des Kommentars, III 4; 2. Teil des Kommentars, Einführung in das Recht der internationalen Verträge, Rn 6), das *Abkommen von Nizza über die Internationale Klassifikation von Waren und Dienstleistungen für die Eintragung von Marken* (NKA; s. 3. Teil des Kommentars, III 8; 2. Teil des Kommentars, Einführung in das Recht der internationalen Verträge, Rn 7 f.), das *Madrider Abkommen über die Unterdrückung falscher oder irreführender Herkunftsangaben auf Waren* (MHA; s. 3. Teil des Kommentars, III 6; 2. Teil des Kommentars, Einführung in das Recht der internationalen Verträge, Rn 9 ff.), der *Markenrechtsvertrag* (Trademark Law Treaty – TLT; s. 2. Teil des Kommentars, Einführung in das Recht der internationalen Verträge, Rn 13 f.) und der *Vertrag über die internationale Registrierung von Marken* (Trademark Registration Treaty – TRT; s. 2. Teil des Kommentars, Einführung in das Recht der internationalen Verträge, Rn 15).

## B. Fassungen der PVÜ

2  Art. 19 Stockholmer Fassung stimmt mit Art. 15 der Haager, Londoner und Lissaboner Fassung überein.

### Ratifikation oder Beitritt von Verbandsländern – Inkrafttreten

**20** (1) a) ¹Jedes Verbandsland kann diese Fassung der Übereinkunft ratifizieren, wenn es sie unterzeichnet hat, oder ihr beitreten, wenn es sie nicht unterzeichnet hat. ²Die Ratifikations- und Beitrittsurkunden werden beim Generaldirektor hinterlegt.

b) Jedes Verbandsland kann in seiner Ratifikations- oder Beitrittsurkunde erklären, daß sich seine Ratifikation oder sein Beitritt nicht erstreckt
   i) auf die Artikel 1 bis 12 oder
   ii) auf die Artikel 13 bis 17.

c) ¹Jedes Verbandsland, das gemäß Buchstabe b eine der beiden dort bezeichneten Gruppen von Artikeln von der Wirkung seiner Ratifikation oder seines Beitritts ausgeschlossen hat, kann zu jedem späteren Zeitpunkt erklären, daß es die Wirkung seiner Ratifikation oder seines Beitritts auf diese Gruppe von Artikeln erstreckt. ²Eine solche Erklärung wird beim Generaldirektor hinterlegt.

(2) a) Die Artikel 1 bis 12 treten für die ersten zehn Verbandsländer, die Ratifikations- oder Beitrittsurkunden ohne Abgabe einer nach Absatz 1 Buchstabe b Ziffer i zulässigen Erklärung hinterlegt haben, drei Monate nach Hinterlegung der zehnten solchen Ratifikations- oder Beitrittsurkunde in Kraft.

b) Die Artikel 13 bis 17 treten für die ersten zehn Verbandsländer, die Ratifikations- oder Beitrittsurkunden ohne Abgabe einer nach Absatz 1 Buchstabe b Ziffer ii zulässigen Erklärung hinterlegt haben, drei Monate nach Hinterlegung der zehnten solchen Ratifikations- oder Beitrittsurkunde in Kraft.

c) ¹Vorbehaltlich des erstmaligen Inkrafttretens jeder der beiden in Absatz 1 Buchstabe b Ziffern i und ii bezeichneten Gruppen von Artikeln nach den Buchstaben a und b und vorbehaltlich des Absatzes 1 Buchstabe b treten die Artikel 1 bis 17 für jedes Verbandsland, das nicht unter Buchstabe a oder b fallende Verbandsland, das eine Ratifikations- oder Beitrittsurkunde hinterlegt, sowie für jedes Verbandsland, das eine Erklärung gemäß Absatz 1 Buchstabe c hinterlegt, drei Monate nach dem Zeitpunkt der Notifizierung einer solchen Hinterlegung durch den Generaldirektor in Kraft, sofern in der hinterlegten Urkunde oder Erklärung nicht ein späterer Zeitpunkt angegeben ist. ²In diesem Fall tritt diese Fassung der Übereinkunft für dieses Land zu dem angegebenen Zeitpunkt in Kraft.

(3) Für jedes Verbandsland, das eine Ratifikations- oder Beitrittsurkunde hinterlegt, treten die Artikel 18 bis 30 in Kraft, sobald eine der beiden in Absatz 1 Buchstabe b bezeichneten Gruppen von Artikeln für dieses Land gemäß Absatz 2 Buchstabe a, b oder c in Kraft tritt.

#### Inhaltsübersicht

|   | Rn |
|---|---|
| A. Ratifikation oder Beitritt | 1 |
| B. Inkrafttreten | 2 |

### A. Ratifikation oder Beitritt

Art. 20 Abs. 1 regelt, wie ein Staat, der bereits Vertragsstaat der PVÜ ist, *Mitglied der Stockholmer Fassung* wird. Das kann durch *Ratifikation,* wenn die Übereinkunft in der Stockholmer Fassung unterzeichnet wurde, oder ohne Unterzeichnung durch *Beitritt* geschehen (s. Vorb zu den internationalen Verträgen, Rn 36). Vorbehalte sind grundsätzlich nicht möglich. Die Ratifikation sowie der Beitritt beziehen sich auf die Stockholmer Fassung in ihrer Gesamtheit (Art. 22); ein Beitritt zu einer früheren Fassung ist ausgeschlossen (Art. 23; *Rogge/Krieger,* GRUR Int 1967, 462, 470).

### B. Inkrafttreten

Der Zeitpunkt des Inkrafttretens kann bei einer Beschränkung des Beitritts auf die Art. 1 bis 12 oder Art. 13 bis 17 ein verschiedener sein (Art. 20 Abs. 2).

**Beitritt verbandsfremder Länder – Inkrafttreten**

**21** (1) Jedes verbandsfremde Land kann dieser Fassung der Übereinkunft beitreten und dadurch Mitglied des Verbandes werden. Die Beitrittsurkunden werden beim Generaldirektor hinterlegt.

(2) a) Für jedes verbandsfremde Land, das seine Beitrittsurkunde einen Monat vor dem Zeitpunkt des Inkrafttretens von Bestimmungen dieser Fassung der Übereinkunft oder früher hinterlegt hat, tritt diese, sofern nicht ein späterer Zeitpunkt in der Beitrittsurkunde angegeben ist, zu dem Zeitpunkt in Kraft, zu dem die Bestimmungen gemäß Artikel 20 Absatz 2 Buchstabe a oder b erstmals in Kraft treten; jedoch ist ein solches Land,

i) wenn die Artikel 1 bis 12 zu diesem Zeitpunkt noch nicht in Kraft getreten sind, während der Übergangszeit bis zu ihrem Inkrafttreten an ihrer Stelle durch die Artikel 1 bis 12 der Lissaboner Fassung der Übereinkunft gebunden;

ii) wenn die Artikel 13 bis 17 zu diesem Zeitpunkt noch nicht in Kraft getreten sind, während der Übergangszeit bis zu ihrem Inkrafttreten an ihrer Stelle durch die Artikel 13 und 14 Absätze 3, 4 und 5 der Lissaboner Fassung der Übereinkunft gebunden.

Gibt ein Land in seiner Beitrittsurkunde einen späteren Zeitpunkt an, so tritt diese Fassung der Übereinkunft für dieses Land zu dem angegebenen Zeitpunkt in Kraft.

b) [1] Für jedes verbandsfremde Land, das seine Beitrittsurkunde nach dem Inkrafttreten einer Gruppe von Artikeln dieser Fassung der Übereinkunft, oder weniger als einen Monat vor diesem Zeitpunkt hinterlegt hat, tritt diese Fassung der Übereinkunft vorbehaltlich des Buchstaben a drei Monate nach dem Zeitpunkt der Notifizierung seines Beitritts durch den Generaldirektor in Kraft, sofern nicht ein späterer Zeitpunkt in der Beitrittsurkunde angegeben ist. [2] In diesem Fall tritt diese Fassung der Übereinkunft für dieses Land zu dem angegebenen Zeitpunkt in Kraft.

(3) [1] Für jedes verbandsfremde Land, das seine Beitrittsurkunde nach dem Inkrafttreten dieser Fassung der Übereinkunft in ihrer Gesamtheit oder weniger als einen Monat vor diesem Zeitpunkt hinterlegt hat, tritt diese Fassung der Übereinkunft drei Monate nach dem Zeitpunkt der Notifizierung seines Beitritts durch den Generaldirektor in Kraft, sofern nicht ein späterer Zeitpunkt in der Beitrittsurkunde angegeben ist. [2] In diesem Fall tritt diese Fassung der Übereinkunft für dieses Land zu dem angegebenen Zeitpunkt in Kraft.

### Inhaltsübersicht

|  | Rn |
|---|---|
| A. Beitritt | 1 |
| B. Inkrafttreten | 2 |

## A. Beitritt

1    Art. 21 regelt, wie ein *verbandsfremder Staat* Mitglied der PVÜ Stockholmer Fassung wird. Der *Erwerb der Mitgliedschaft* erfolgt durch *Beitritt*. Nicht anders als Verbandsländer können auch verbandsfremde Staaten der Stockholmer Fassung nur in ihrer Gesamtheit beitreten (Art. 22; s. auch Art. 20, Rn 1).

## B. Inkrafttreten

2    Mit dem Beitritt des verbandsfremden Landes tritt die Stockholmer Fassung drei Monate nach dem Zeitpunkt der Notifizierung des Beitritts durch den Generaldirektor in Kraft (Abs. 3 S. 1). Wenn in der Beitrittsurkunde ein späterer Zeitpunkt für das Inkrafttreten angegeben ist, dann tritt die Stockholmer Fassung für dieses Land zu dem angegebenen Zeitpunkt in Kraft (Abs. 3 S. 2).

## Wirkung der Ratifikation oder des Beitritts

**22** Vorbehaltlich der gemäß Artikel 20 Absatz 1 Buchstabe b und Artikel 28 Absatz 2 zulässigen Ausnahmen bewirkt die Ratifikation oder der Beitritt von Rechts wegen die Annahme aller Bestimmungen und die Zulassung zu allen Vorteilen dieser Fassung der Übereinkunft.

## Beitritt zu früheren Fassungen

**23** Nach dem Inkrafttreten dieser Fassung der Übereinkunft in ihrer Gesamtheit kann ein Land früheren Fassungen der Übereinkunft nicht mehr beitreten.

## Hoheitsgebiete

**24** (1) Jedes Land kann in seiner Ratifikations- oder Beitrittsurkunde erklären oder zu jedem späteren Zeitpunkt dem Generaldirektor schriftlich notifizieren, daß diese Übereinkunft auf alle oder einzelne in der Erklärung oder Notifikation bezeichnete Hoheitsgebiete anwendbar ist, für deren auswärtige Beziehungen es verantwortlich ist.

(2) Jedes Land, das eine solche Erklärung oder eine solche Notifikation abgegeben hat, kann dem Generaldirektor jederzeit notifizieren, daß diese Übereinkunft auf alle oder einzelne dieser Hoheitsgebiete nicht mehr anwendbar ist.

(3) a) Jede in der Ratifikations- oder Beitrittsurkunde abgegebene Erklärung gemäß Absatz 1 wird gleichzeitig mit der Ratifikation oder dem Beitritt und jede Notifikation gemäß Absatz 1 wird drei Monate nach ihrer Notifizierung durch den Generaldirektor wirksam.

b) Jede Notifikation gemäß Absatz 2 wird zwölf Monate nach ihrem Eingang beim Generaldirektor wirksam.

## Anwendung der Übereinkunft durch die Vertragsländer

**25** (1) Jedes Vertragsland dieser Übereinkunft verpflichtet sich, entsprechend seiner Verfassung die notwendigen Maßnahmen zu ergreifen, um die Anwendung dieser Übereinkunft zu gewährleisten.

(2) Es besteht Einverständnis darüber, daß jedes Land im Zeitpunkt der Hinterlegung seiner Ratifikations- oder Beitrittsurkunde gemäß seinen innerstaatlichen Rechtsvorschriften in der Lage sein muß, den Bestimmungen dieser Übereinkunft Wirkung zu verleihen.

## Kündigung

**26** (1) Diese Übereinkunft bleibt ohne zeitliche Begrenzung in Kraft.

(2) Jedes Land kann diese Fassung der Übereinkunft durch eine an den Generaldirektor gerichtete Notifikation kündigen. Diese Kündigung bewirkt zugleich die Kündigung aller früheren Fassungen und hat nur Wirkung für das Land, das sie erklärt hat; für die übrigen Verbandsländer bleibt die Übereinkunft in Kraft und wirksam.

(3) Die Kündigung wird ein Jahr nach dem Tag wirksam, an dem die Notifikation beim Generaldirektor eingegangen ist.

(4) Das in diesem Artikel vorgesehene Kündigungsrecht kann von einem Land nicht vor Ablauf von fünf Jahren nach dem Zeitpunkt ausgeübt werden, zu dem es Mitglied des Verbandes geworden ist.

## Anwendung früherer Fassungen

**27** (1) Diese Fassung der Übereinkunft ersetzt in den Beziehungen zwischen den Ländern, auf die sie anwendbar ist, und in dem Umfang, in dem sie anwendbar ist, die Pariser Verbandsübereinkunft vom 20. März 1883 und die folgenden revidierten Fassungen dieser Übereinkunft.

(2) a) Für die Länder, auf die diese Fassung der Übereinkunft nicht oder nicht in ihrer Gesamtheit, jedoch die Lissaboner Fassung vom 31. Oktober 1958 anwendbar ist, bleibt diese letztere in ihrer Gesamtheit oder in dem Umfang in Kraft, in dem sie nicht gemäß Absatz 1 durch diese Fassung der Übereinkunft ersetzt wird.

b) Ebenso bleibt für die Länder, auf die weder diese Fassung der Übereinkunft noch Teile von ihr, noch die Lissaboner Fassung anwendbar sind, die Londoner Fassung vom 2. Juni 1934 in ihrer Gesamtheit oder in dem Umfang in Kraft, in dem sie nicht gemäß Absatz 1 durch diese Fassung der Übereinkunft ersetzt wird.

c) Ebenso bleibt für die Länder, auf die weder diese Fassung der Übereinkunft noch Teile von ihr, noch die Lissaboner Fassung, noch die Londoner Fassung anwendbar sind, die Haager Fassung vom 6. November 1925 in ihrer Gesamtheit oder in dem Umfang in Kraft, in dem sie nicht gemäß Absatz 1 durch diese Fassung der Übereinkunft ersetzt wird.

(3) [1]Die verbandsfremden Länder, die Vertragspartei dieser Fassung der Übereinkunft werden, wenden sie im Verhältnis zu jedem Verbandsland an, das nicht Vertragspartei dieser Fassung oder das zwar Vertragspartei dieser Fassung ist, aber die in Artikel 20 Absatz 1 Buchstabe b Ziffer i vorgesehene Erklärung abgegeben hat. [2]Diese Länder lassen es zu, daß ein solches Verbandsland in seinen Beziehungen zu ihnen die Bestimmungen der jüngsten Fassung der Übereinkunft, deren Vertragspartei es ist, anwendet.

### Beilegung von Streitigkeiten

**28** (1) [1]Jede Streitigkeit zwischen zwei oder mehreren Verbandsländern über die Auslegung oder die Anwendung dieser Übereinkunft, die nicht auf dem Verhandlungsweg beigelegt wird, kann von jedem beteiligten Land durch eine Klage, die gemäß dem Statut des Internationalen Gerichtshofs zu erheben ist, vor den Internationalen Gerichtshof gebracht werden, sofern die beteiligten Länder nicht eine andere Regelung vereinbaren. [2]Das Land, das die Streitigkeit vor den Internationalen Gerichtshof bringt, hat dies dem Internationalen Büro mitzuteilen; dieses setzt die anderen Verbandsländer davon in Kenntnis.

(2) [1]Jedes Land kann gleichzeitig mit der Unterzeichnung dieser Fassung der Übereinkunft oder mit der Hinterlegung seiner Ratifikations- oder Beitrittsurkunde erklären, daß es sich durch Absatz 1 nicht als gebunden betrachtet. [2]Auf Streitigkeiten zwischen einem solchen Land und jedem anderen Verbandsland ist Absatz 1 nicht anwendbar.

(3) Jedes Land, das eine Erklärung gemäß Absatz 2 abgegeben hat, kann sie jederzeit durch eine an den Generaldirektor gerichtete Notifikation zurückziehen.

**Schrifttum.** *Ballreich,* Ist der die Streitbeilegung zwischen Verbandsländern regelnde Art. 28 der Pariser Verbandsübereinkunft änderungsbedürftig?, GRUR 1979, 294.

### Unterzeichnung – Sprachen – Wahrnehmung der Verwahreraufgaben

**29** (1) a) Diese Fassung der Übereinkunft wird in einer Urschrift in französischer Sprache unterzeichnet und bei der schwedischen Regierung hinterlegt.

b) Amtliche Texte werden vom Generaldirektor nach Konsultierung der beteiligten Regierungen in deutscher, englischer, italienischer, portugiesischer, russischer und spanischer Sprache sowie in anderen Sprachen hergestellt, die die Versammlung bestimmen kann.

c) Bei Streitigkeiten über die Auslegung der verschiedenen Texte ist der französische Text maßgebend.

(2) Diese Fassung der Übereinkunft liegt bis zum 13. Januar 1968 in Stockholm zur Unterzeichnung auf.

(3) Der Generaldirektor übermittelt zwei von der schwedischen Regierung beglaubigte Abschriften des unterzeichneten Textes dieser Fassung der Übereinkunft den Regierungen aller Verbandsländer und der Regierung jedes anderen Landes, die es verlangt.

(4) Der Generaldirektor läßt diese Fassung der Übereinkunft beim Sekretariat der Vereinten Nationen registrieren.

Übergangsbestimmungen  **Art. 30 PVÜ**

(5) Der Generaldirektor notifiziert den Regierungen aller Verbandsländer die Unterzeichnungen, die Hinterlegungen von Ratifikations- oder Beitrittsurkunden sowie die in diesen Urkunden enthaltenen oder gemäß Artikel 20 Absatz 1 Buchstabe c abgegebenen Erklärungen, das Inkrafttreten aller Bestimmungen dieser Fassung der Übereinkunft, die Notifikationen von Kündigungen und die Notifikationen gemäß Artikel 24.

Übergangsbestimmungen

**30** (1) Bis zur Amtsübernahme durch den ersten Generaldirektor gelten Bezugnahmen in dieser Fassung der Übereinkunft auf das Internationale Büro der Organisation oder den Generaldirektor als Bezugnahmen auf das Büro des Verbandes oder seinen Direktor.

(2) Verbandsländer, die nicht durch die Artikel 13 bis 17 gebunden sind, können, wenn sie dies wünschen, während eines Zeitraums von fünf Jahren, gerechnet vom Zeitpunkt des Inkrafttretens des Übereinkommens zur Errichtung der Organisation an, die in den Artikeln 13 bis 17 dieser Fassung der Übereinkunft vorgesehenen Rechte so ausüben, als wären sie durch diese Artikel gebunden. Jedes Land, das diese Rechte auszuüben wünscht, hinterlegt zu diesem Zweck beim Generaldirektor eine schriftliche Notifikation, die im Zeitpunkt ihres Eingangs wirksam wird. Solche Länder gelten bis zum Ablauf der genannten Frist als Mitglied der Versammlung.

(3) Solange nicht alle Verbandsländer Mitglied der Organisation geworden sind, handelt das Internationale Büro der Organisation zugleich als Büro des Verbandes und der Generaldirektor als Mitglied dieses Büros.

(4) Solange alle Verbandsländer Mitglied der Organisation geworden sind, gehen die Rechte und Verpflichtungen sowie das Vermögen des Büros des Verbandes auf das Internationale Büro der Organisation über.

# B. Madrider Abkommen
## über die internationale Registrierung von Marken*

vom 14. April 1891

revidiert in Brüssel am 14. Dezember 1900, in Washington am 2. Juni 1911,
in Haag am 6. November 1925, in London am 2. Juni 1934,
in Nizza am 15. Juni 1957 und in Stockholm am 14. Juli 1967

(BGBl. 1970 II S. 418; geändert am 2. Oktober 1979, BGBl. 1984 II S. 799)

### Inhaltsübersicht

| | Art. |
|---|---|
| Schutzbereich | 1 |
| Erweiterung des Schutzbereichs | 2 |
| Eintragung | 3 |
| Schutz auf Antrag | 3bis |
| Antrag | 3ter |
| Wirkung der Eintragung | 4 |
| Doppeleintragung | 4bis |
| Versagung des Schutzes | 5 |
| Belege | 5bis |
| Abschriften und Auskünfte | 5ter |
| Schutzdauer | 6 |
| Erneuerung | 7 |
| Gebühren | 8 |
| Verzicht auf Schutz | 8bis |
| Spätere Veränderungen | 9 |
| Übertragung des Markenrechts | 9bis |
| Teilübertragung von Marken | 9ter |
| Vereinheitlichung von Landesgesetzen | 9quater |
| Versammlung des Verbandes | 10 |
| Internationales Büro | 11 |
| Haushaltsplan | 12 |
| Änderungen der Artikel 10 bis 13 | 13 |
| Ratifikation oder Beitritt | 14 |
| Kündigung | 15 |
| Fassungen | 16 |
| Unterzeichnung – Sprachen | 17 |
| Übergangsvorschriften | 18 |

**Schrifttum zum WZG.** *Baeumer,* Überleitung bestehender Markenrechte in das System des Trademark Registration Treaty, FS für E. Ulmer, 1973, S. 279; *Barger,* Zur Anerkennung der Schutzwirkung verspätet erneuerter IR-Marken in Österreich, GRUR Int 1976, 164; *Becher/Hierse,* Die Bedeutung der PVÜ für das Warenkennzeichnungswesen und die internationale Registrierung von Warenzeichen, Berlin (Ost) 1967, S. 67; *Behnke,* Internationaler Markenschutz – Ein Leitfaden für die Praxis, 1973; *Beier/Kur,* Deutschland und das Madrider Markenabkommen, GRUR Int 1991, 677; *Bökel,* Neue Bestrebungen auf dem Gebiet des internationalen Markenrechts, Mitt 1972, 221; *Derenberg,* Der Mythos des Trademark „Registration" Treaty (TRT), GRUR Int 1973, 101; *Gruber,* Internationaler Markenschutz von Computerprogrammen – Die Madrider Konferenz zum Abschluß eines Protokolls zum Madrider Markenabkommen, CR 1991, 10; *Hamburger,* Die Übertragung international registrierter Marken auf zu deren Hinterlegung nicht zugelassene Personen, GRUR Int 1961, 224; *Hamburger,* Kritische Betrachtungen zum Madrider Markenabkommen, GRUR Int 1966, 379; *Hug,* Zur Übertragung von international registrierten Marken, GRUR Int 1965, 604; *Kirchner,* Widerspruchsrecht gegen Erneuerungsmarken, die in der patentamtslosen Zeit von 1945 bis 1949 erstmalig international registriert wurden?, WRP 1967, 429; *Kretschmer,* Das „Wiener Markenabkommen", MA 1973, 524; *Krieger,*

---

* Artikel ohne Gesetzesangabe sind solche des MMA.

Vorbemerkung **Vorb MMA**

Stockholmer Konferenz für geistiges Eigentum, RIW/AWD 1967, 361; *Krieger,* Die Wiener Konferenz über gewerbliches Eigentum, GRUR Int 1974, 151; *Krieger,* Neugestaltung des internationalen Markenschutzes?, FS für Hefermehl, 1971, S. 105; *Krieger,* Neugestaltung des internationalen Markenschutzes?, RIW/AWD 1972, 153; *Krieger/v. Mühlendahl,* Die Madrider Diplomatische Konferenz zum Abschluß eines Protokolls zum Madrider Abkommen über die internationale Registrierung von Marken, GRUR Int 1989, 734; *Krieger/Rogge,* Die neue Verwaltungsstruktur der Pariser und Berner Union und die neue Weltorganisation für geistiges Eigentum, GRUR Int 1967, 462; *Kunz-Hallstein,* Völkerrechtliche Fragen einer Änderung des Madrider Markenabkommens und seiner Verknüpfung mit dem künftigen System der Gemeinschaftsmarke, GRUR Int 1988, 809; *Maday,* Grundsätzliche Überlegungen zur Revision des Madrider Markenabkommens, GRUR Int 1970, 81; *Miosga,* Das MMA in der Londoner und Nizzaer Fassung, MA 1966, 64; *Miosga,* Die Erneuerung der internationalen Registrierung nach der Neufassung des MMA, MA 1966, 468; *Miosga,* Schutzdauer und Abhängigkeit der IR-Marke nach der Nizzaer Neufassung des MMA, Mitt 1966, 75; *Miosga,* Vorläufige Ausführungsordnung zum MMA vom 15. 12. 1966, Mitt 1966, 135; *Miosga,* Neuere Tendenzen auf dem Gebiete des Markenwesens, GRUR Int 1966, 138; *Miosga,* Das MMA in der Nizzaer Neufassung, GRUR Int 1966, 625; *Miosga,* Internationale Registrierung und Unionspriorität nach der Nizzaer Neufassung des MMA, MA 1966, 395; *Miosga,* Internationaler Marken- und Herkunftsschutz, 1967, S. 145; *Miosga,* Der internationale Markenschutz bei Inkrafttreten der Nizzaer Neufassung des MMA, MA 1967, 12; *Miosga,* Die Weiterentwicklung des Markenwesens im internationalen Bereich, MA 1968, 256; *Miosga,* Die Übertragung internationaler Marken – Die Rechtslage nach der Neufassung der Verordnung über die internationale Registrierung, MA 1969, 27; 1969, 71; *Miosga,* Neue Revision des Madrider Markenabkommens, MA 1970, 409; *Miosga,* Neuregelung der Registrierung internationaler Marken, GRUR 1971, 11; *Mitscherlich,* Zum Schutz international registrierter Dienstleistungsmarken in der Bundesrepublik Deutschland, GRUR Int 1979, 26; *Müller,* Internationaler Markenschutz mehrsprachig, GRUR Int 1984, 669; *Nadler,* Zur Erneuerung internationaler Marken, MA 1970, 14; *Oppenhoff/Sambuc,* Mögliche Revision des Madrider Abkommens über die internationale Registrierung von Marken, GRUR Int 1970, 236; *Pfanner,* Internationale Registrierung von Warenzeichen, DB 1972, 1569; *Richter,* Gedanken zu einer Reform des internationalen Markenrechts, BlPMZ 1952, 223; *Richter,* Die Revision des Madrider Markenabkommens auf der Konferenz von Nizza, GRUR Int 1957, 519; *Schlei,* Das Protokoll betreffend das Madrider Abkommen über die internationale Registrierung von Marken, Bern 1993; *v. Schleussner,* Reform der internationalen Registrierung, MA 1973, 93; *Städler,* Übertragung des deutschen Teiles einer IR-Marke, GRUR 1965, 406; *Steup/Tilmann,* Der Vertrag über die internationale Registrierung von Marken (TRT), GRUR Int 1974, 155; *Tilmann,* Beitritt der Vereinigten Staaten zum Madrider Abkommen in Sicht?, GRUR Int 1969, 194; *Tilmann,* Der „zentrale Angriff" auf die international registrierte Marke, FS für Hefermehl, 1971, S. 361; *Tilmann/v. Schleussner,* Der Entwurf eines Vertrages über die internationale Registrierung von Marken, GRUR Int 1972, 441; *Winter,* Die mehrfache Schutzausdehnung international registrierter Marken auf die Bundesrepublik Deutschland, GRUR Int 1975, 425; *WIPO* (Hrsg), Leitfaden für die internationale Registrierung von Marken, Ausgabe April 1998; *Wipprecht,* Sogenannte „echte Erneuerungsmarken", WRP 1967, 107.

**Schrifttum zum MarkenG.** *Ackmann,* Entscheidung über Widersprüche gegen international registrierte ausländische Marken, GRUR 1995, 378; *Baeumer,* Das Deutsche Patentamt und die internationale Markenregistrierung, FS DPA 100 Jahre Marken-Amt, 1994, S. 17; *Bock,* Ausgewählte Aspekte des Protokolls zum Madrider Markenabkommen und der Gemeinsamen Ausführungsordnung, GRUR Int 1996, 991; *Kunze,* Die Verzahnung der Gemeinschaftsmarke mit dem System der internationalen Registrierung von Marken unter der gemeinsamen Ausführungsordnung zum Madrider Markenabkommen und dem Madrider Protokoll, GRUR 1996, 627; *Kunze,* Die internationale Registrierung von Marken unter der gemeinsamen Ausführungsordnung zum Madrider Markenabkommen und zum Protokoll, Mitt 1996, 190; *Schöndeling,* Entscheidung über Widersprüche gegen international registrierte ausländische Marken, GRUR 1996, 106.

## Vorbemerkung

### Inhaltsübersicht

|  | Rn |
|---|---|
| A. Gegenstand und Zweck des MMA | 1 |
| B. Revisionen des MMA | 2 |
| C. Ausführungsordnung zum MMA | 3 |
| D. Vertrag über die internationale Registrierung von Marken (Trademark Registration Treaty – TRT) | 4, 5 |
| I. Ausgangspunkt | 4 |
| II. Inhalt | 5 |

|  | Rn |
|---|---|
| E. Protokoll zum MMA (PMMA) | 6–9 |
| I. Ausgangspunkt | 6 |
| II. Inhalt | 7, 8 |
| III. Verhältnis des Protokolls zum MMA | 9 |
| F. IR-Marke und Gemeinschaftsmarke | 10 |

## A. Gegenstand und Zweck des MMA

1   Das *Madrider Markenabkommen* (MMA) ist ein *Nebenabkommen* zur Pariser Verbandsübereinkunft (PVÜ). Die PVÜ enthält Vorschriften über Marken, die in allen Verbandsstaaten zu schützen sind. Aufgrund der Ermächtigung des Art. 19 PVÜ hat sich ein Teil der Verbandsstaaten zu einem besonderen Markenverband *(union particulière)* zusammengeschlossen (Art. 1 Abs. 1 MMA). Diese Verbandsstaaten haben das MMA vereinbart, das die PVÜ ergänzt. Die Mitgliedschaft im Madrider Markenverband setzt die Mitgliedschaft im Pariser Verband voraus. Durch das MMA sollten die aus dem Territorialitätsprinzip folgenden Nachteile wie der Schutzerwerb nach unterschiedlichen Verfahren und unterschiedlichen Voraussetzungen in den verschiedenen Mitgliedstaaten überwunden werden. Die Bedeutung des MMA liegt darin, daß es die *Formalitäten zur Erlangung des Markenschutzes* wesentlich verringert und erleichtert. Es ermöglicht dem Inhaber einer im Ursprungsland eingetragenen Marke, durch eine einzige *Registrierung beim Internationalen Büro* in Genf in jedem Markenverbandsstaat den gleichen Schutz zu erlangen, wie wenn die Marke dort unmittelbar hinterlegt worden wäre (Art. 4 MMA). Die *Eintragung im internationalen Markenregister* begründet zwar kein einheitliches internationales Markenrecht, wohl aber eine Vielheit nationaler Markenrechte, gleichsam ein *Bündel nationaler Marken* (BGHZ 18, 1, 13 – Hückel; 39, 220, 228 – Waldes-Koh-i-noor; BGH GRUR 1960, 235 – Toscanella). Ist die Marke international registriert, so richten sich Inhalt und Umfang des Schutzes nach dem nationalen Recht der einzelnen Markenverbandsstaaten. Der Vorteil des MMA liegt für den Anmelder darin, daß Sonderanmeldungen in den einzelnen Staaten kraft der Registerkompetenz des Internationalen Büros in Genf nicht erforderlich sind, wodurch eine erhebliche *Kostenersparnis* eintritt. So können die Angehörigen der Mitgliedstaaten des MMA den Schutz ihrer im Ursprungsland eingetragenen Marken auf die übrigen Mitgliedstaaten des Abkommens für die Dauer von zehn Jahren ausdehnen gegen Zahlung einer Grundgebühr von 653 sfr., wenn keine der Wiedergaben der Marke in Farbe ist, bzw 903 sfr. bei farbigen Wiedergaben, einer Ergänzungsgebühr von 73 sfr. für jedes benannte Land und einer Zusatzgebühr von weiteren 73 sfr. für jede die dritte Klasse übersteigende Klasse der Waren und Dienstleistungen (Regel 10 AusfO MMA/PMMA iVm Nr. 1 GebVerz). Neben der Kostenersparnis schützt die internationale Registrierung den Markeninhaber, sein Recht nicht durch Nichterneuerung in einem der Markenverbandsstaaten einzubüßen. Um den Schutz in den Markenverbandsstaaten aufrechtzuerhalten, muß er nur die *Erneuerung der IR-Marke* veranlassen (Art. 6). Dem MMA gehören zur Zeit 46 Länder an (zum Geltungsbereich des MMA s. Vorb zu den internationalen Verträgen, Rn 34).

## B. Revisionen des MMA

2   Schon innerhalb der Diskussion um den Beitritt Deutschlands zum MMA wurden eine Reihe von Änderungen für notwendig und erwünscht gehalten. Zu einer grundlegenden Revision des MMA kam es jedoch erst auf der Konferenz von Nizza im Jahre 1957. Im Zuge der Reformbestrebungen wurde vom Berner Internationalen Büro und von der niederländischen Regierung der Entwurf eines neuen Abkommens betreffend die internationalen Hinterlegungen von Fabrik- und Handelsmarken ausgearbeitet (GRUR Int 1952, 75 ff.; dazu *Richter*, BlPMZ 1952, 223). Aufgrund dieser Vorarbeiten ist das MMA im Juni 1957 in Nizza revidiert worden (s. dazu *Richter*, GRUR Int 1957, 519). Das Abkommen wurde von 17 Staaten unterzeichnet und ist am 15. Dezember 1966 für die Bundesrepublik Deutschland in Kraft getreten. An wesentlichen *Neuerungen* brachte die *Nizzaer Fassung* zum einen

die relative, *auf fünf Jahre beschränkte Abhängigkeit der IR-Marke von der Heimateintragung* (Art. 6 Abs. 2 MMA). Bis dahin war die IR-Marke unbegrenzt von ihrem Schutz im Ursprungsland abhängig mit der Folge, daß einer international eingeführten Marke noch viele Jahre später aus lediglich im Heimatland bestehenden Gründen der Schutz für sämtliche Vertragsstaaten entzogen werden konnte. Die Nizzaer Fassung führte ferner eine neue *Gebührenordnung* und die *Registrierung nach Klassen* ein. Auch wurde die automatische Schutzerstreckung auf alle Vertragsstaaten durch die gesonderte *Benennung der einzelnen Staaten,* auf die der Schutz erstreckt werden soll, ersetzt. Auf der Stockholmer Konferenz für geistiges Eigentum 1967 ist das MMA erneut revidiert worden (*Krieger,* AWD 1967, 361; *Krieger/Rogge,* GRUR Int 1967, 474; *Miosga,* GRUR 1971, 11). Die *Stockholmer Fassung* ist für die Bundesrepublik Deutschland am 22. Dezember 1970 (BGBl. 1971 II S. 200) in Kraft getreten. Sie enthält im wesentlichen eine *Anpassung des MMA an die Verwaltungsstruktur der PVÜ* in der Stockholmer Fassung.

## C. Ausführungsordnung zum MMA

Das MMA und das Protokoll zum MMA (s. dazu Rn 6 ff.) werden durch eine *Gemeinsame Ausführungsordnung* (AusfO MMA/PMMA) ergänzt (s. 3. Teil des Kommentars, III 5). Die Ausführungsordnung wird von der Versammlung und vom Ausschuß der Leiter der nationalen Ämter des gewerblichen Eigentums der Madrider Union erlassen (s. Art. 10 Abs. 2 lit. a lit. iii MMA; 10 Abs. 2 lit. iii PMMA). Zunächst wurde am 15. Dezember 1966 eine Übergangsregelung getroffen (BlPMZ 1966, 377), die durch die endgültige Regelung vom 17. September 1970 (BGBl. II S. 991) ersetzt wurde und in der Bundesrepublik Deutschland am 1. Oktober 1970 für alle Markenverbandsstaaten in Kraft trat. Sie wurde durch die Ausführungsordnung vom 21. Juni 1974 (BGBl. II S. 1441) abgelöst, die am 1. Januar 1975 in Kraft trat. Diese wiederum wurde durch die Ausführungsordnung vom 22. April 1988 abgelöst, die am 1. Januar 1989 in Kraft trat (BGBl. 1988 II S. 1102) und bis zum 31. März 1996 galt. Am 1. April 1996 ist die *Gemeinsame Ausführungsordnung zum Madrider Abkommen über die internationale Registrierung von Marken und zum Protokoll zu diesem Abkommen* vom 18. Januar 1996 in Kraft getreten (BGBl. II S. 562).

3

## D. Vertrag über die internationale Registrierung von Marken (Trademark Registration Treaty – TRT)

**Schrifttum.** *Bökel,* Neue Bestrebungen auf dem Gebiet des internationalen Markenrechts, Mitt 1972, 221; *Derenberg,* Der Mythos des Trademark „Registration" Treaty (TRT), GRUR Int 1973, 101; *Krieger,* Neugestaltung des internationalen Markenschutzes?, RIW/AWD 1972, 153; *Krieger,* Die künftige Entwicklung des Markenrechts, MA 1973, 262; *Maday,* Grundsätzliche Überlegungen zur Revision des Madrider Markenabkommens, GRUR Int 1970, 81; *Oppenhoff/Sambuc,* Mögliche Revision des Madrider Abkommens über die internationale Registrierung von Marken, GRUR Int 1970, 236; *Pfanner,* Internationale Registrierung von Warenzeichen, DB 1972, 1569; *v. Schleussner,* Reform der internationalen Registrierung, MA 1973, 93; *Steup/Tilmann,* Der Vertrag über die internationale Registrierung von Marken (TRT), GRUR Int 1974, 155; *Tilmann/v. Schleussner,* Der Entwurf eines Vertrags über die internationale Registrierung von Marken, GRUR Int 1972, 441.

## I. Ausgangspunkt

Die internationale Registrierung nach dem MMA setzt die Eintragung der Marke im Ursprungsland voraus und ist in ihrem Rechtsbestand für die Dauer von fünf Jahren vom Heimatschutz abhängig (Art. 6 Abs. 2 MMA). Diese Regelung hat manche Staaten daran gehindert, dem MMA beizutreten, so insbesondere die USA, Großbritannien und die skandinavischen Staaten. Um den Geltungsbereich zu erweitern, war es daher unumgänglich, eine neue Ordnung für den internationalen Markenschutz zu schaffen. Nach eingehenden Vorarbeiten haben acht Staaten (USA, Großbritannien, Bundesrepublik Deutschland, Ungarn, Italien, Portugal, Monaco und San Marino) auf der vom 17. Mai bis 12. Juni 1973 in

4

Wien stattgefundenen Diplomatenkonferenz den *Vertrag über die internationale Registrierung von Marken* (Trademark Registration Treaty – TRT) unterzeichnet (Vertragstext englisch Ind. Prop. 1973, 215; französisch Prop. ind. 1973, 241). Ende 1973 haben in Wien noch Dänemark, Norwegen, Schweden, Finnland, Österreich und Rumänien unterzeichnet. Dem Vertrag sind 1975 Gabun, Obervolta und Togo, 1977 der Kongo und 1980 die Sowjetunion beigetreten, so daß der TRT am 7. August 1980 in Kraft trat (WIPO GRUR Int 1980, 193 f.). Mit Wirkung vom 5. November 1996 ist Guinea dem TRT beigetreten. Keiner der 14 Unterzeichnerstaaten hat dieses Wiener Abkommen bisher ratifiziert. Die Ratifizierung hängt im wesentlichen davon ab, ob sich die USA zu einer Ratifizierung entschließen. Der Vertrag ist allein durch die Beitrittserklärungen in Kraft getreten. Seit dem 7. August 1980 werden von dem Internationalen Büro der WIPO Markenanmeldungen entgegengenommen. Der amtliche deutsche Text des TRT nebst Ausführungsordnung ist 1976 von der WIPO veröffentlicht worden (der Text ist abgedruckt bei *Zweigert/Kropholler*, Quellen des internationalen Einheitsrechts, Band III-A, Immaterialgüter- und Wettbewerbsrecht, 1979).

## II. Inhalt

5   Der *Wiener Vertrag* sieht ebenso wie das MMA eine *internationale Registrierung von Marken* vor, durch die die Marke in den Staaten, für die der Schutz begehrt wird, nach dem jeweiligen nationalen Recht geschützt wird. Doch bestehen gegenüber dem MMA die folgenden Besonderheiten. *Erstens* sind internationale Anmeldungen nach Art. 5 Abs. 2 TRT unmittelbar beim Internationalen Büro einzureichen. Antragsberechtigt ist jeder Staatsangehörige eines Vertragsstaates sowie jeder, der in einem Vertragsstaat seinen Wohnsitz hat, ferner juristische Personen, deren Sitz sich in einem Vertragsstaat befindet oder die nach dem Recht eines der Vertragsstaaten gegründet worden sind (Art. 4 TRT). Entsprechendes gilt für Personenhandelsgesellschaften. Die internationale Registrierung setzt keine Eintragung und grundsätzlich keine Anmeldung im Heimatstaat voraus. *Zweitens* hat die internationale Registrierung in jedem Bestimmungsstaat dieselbe Wirkung wie die Einreichung einer Anmeldung zur Eintragung der Marke in das nationale Register (Art. 11 Abs. 1 TRT). Sie hat die Wirkung einer nationalen Eintragung, wenn der benannte Staat innerhalb einer Refus-Frist von 15 Monaten keine Schutzverweigerung ausspricht oder wenn der Anmelder eine zunächst erklärte Schutzverweigerung auf dem nationalen Rechtsweg beseitigt (Art. 11 Abs. 2; 12 Abs. 2 TRT). *Drittens* wird dem Markeninhaber eine dreijährige Benutzungsfrist gewährt, innerhalb der die Vertragsstaaten auf die Nichtbenutzung einer international registrierten Marke weder eine Schutzverweigerung oder Löschung noch eine sonstige Beeinträchtigung gründen können (Art. 19 Abs. 3 TRT). *Viertens* beträgt die ursprüngliche Laufzeit einer internationalen Registrierung zehn Jahre vom internationalen Registrierungsdatum an gerechnet. Sie kann für jeden Bestimmungsstaat für jeweils zehn Jahre verlängert werden (Art. 17 TRT). Für alle benannten Staaten genügt ein einziger, beim Internationalen Büro einzureichender Antrag (Art. 17 Abs. 3 TRT). *Fünftens* kann der Inhaber eines älteren entgegenstehenden Rechts nicht durch eine einzige Klage der Marke in mehreren Staaten den Schutz entziehen lassen, denn der Schutz der internationalen Registrierung ist nicht vom nationalen Schutz eines Vertragsstaates abhängig. Wohl aber kann ein Vertragsstaat sein nationales Register für nach dem TRT international registrierte Marken schließen und Anmeldungen auf den Weg der Gemeinschaftsmarke verweisen (Art. 25 TRT). Die durch nationale und durch internationale Registrierungen nach dem MMA erworbenen Rechte bleiben aufrechterhalten (Art. 21, 22 TRT).

## E. Protokoll zum MMA (PMMA)

**Schrifttum zum WZG.** *Gruber,* Internationaler Markenschutz von Computerprogrammen – Die Madrider Konferenz zum Abschluß eines Protokolls zum Madrider Markenabkommen, CR 1991, 10; *Krieger/v. Mühlendahl,* Die Madrider Diplomatische Konferenz zum Abschluß eines Protokolls zum Madrider Abkommen über die internationale Registrierung von Marken, GRUR Int 1989, 734; *Kunz-Hallstein,* Völkerrechtliche Fragen einer Änderung des Madrider Markenabkommens und seiner Ver-

Vorbemerkung    6–8 **Vorb MMA**

knüpfung mit dem künftigen System der Gemeinschaftsmarke, GRUR Int 1988, 809; *Schlei,* Das Protokoll betreffend das Madrider Abkommen über die internationale Registrierung von Marken, Bern 1993.

**Schrifttum zum MarkenG.** *Baeumer,* Das Deutsche Patentamt und die internationale Markenregistrierung, FS DPA 100 Jahre Marken-Amt, 1994, S. 17; *Bock,* Ausgewählte Aspekte des Protokolls zum Madrider Markenabkommen und der Gemeinsamen Ausführungsordnung, GRUR Int 1996, 991; *Kunze,* Die internationale Registrierung von Marken unter der gemeinsamen Ausführungsordnung zum Madrider Markenabkommen und zum Protokoll, Mitt 1996, 190.

## I. Ausgangspunkt

Dem MMA ist es in seinem über hundertjährigen Bestehen nicht gelungen, sich weltweit auszudehnen. Insbesondere die USA, Japan, Großbritannien und die skandinavischen Länder sind dem Abkommen ferngeblieben. Trotz wiederholter Revisionen ist das MMA in seiner Grundstruktur unverändert geblieben, so daß die Staaten, die die Grundprinzipien des MMA nicht akzeptieren konnten, auch den revidierten Fassungen nicht beigetreten sind. Der Versuch, durch Abschluß des Trademark Registration Treaty im Jahre 1973 ein neues internationales Markenregistrierungssystem zu schaffen, ist gescheitert (s. Rn 4 f.). Die Pläne der Europäischen Gemeinschaft zur Schaffung eines einheitlichen Markenrechts der EG (Gemeinschaftsmarkenrecht) waren Anlaß, sich erneut mit dem System der internationalen Markenregistrierung auseinanderzusetzen. Bei der Schaffung des Gemeinschaftsmarkenrechts stellte sich insbesondere die Frage, wie dieses mit dem MMA zu verknüpfen sei. Dabei ergab sich zum einen das Problem, daß nicht alle EG-Staaten auch Mitgliedstaaten des MMA waren, zum anderen bestand das Problem, daß den Verbandsverträgen nur Staaten, aber keine zwischenstaatlichen Organisationen angehören konnten. Am 27. Juni 1989 hat die Diplomatische Konferenz schließlich das *Protokoll zum Madrider Abkommen über die internationale Registrierung von Marken* (PMMA) angenommen (s. 3. Teil des Kommentars, III 4). Dem Protokoll gehören 37 Staaten an (s. die Übersicht über den Geltungsbereich der Verbandsverträge, 2. Teil des Kommentars, 1. Abschnitt, B, III, Rn 35). Das PMMA trat durch die Hinterlegung der Ratifikations- und Beitrittsurkunden Schwedens, Spaniens, Chinas und des Vereinigten Königreichs am *1. Dezember 1995* in Kraft. Für die anderen Vertragsstaaten ist das Protokoll im Zeitpunkt der Notifizierung oder des Beitritts durch den Generaldirektor in Kraft getreten (s. zum Inkrafttreten Art. 14 Abs. 4 PMMA; zum Geltungsbereich des PMMA s. Vorb zu den internationalen Verträgen, Rn 34).   6

## II. Inhalt

Nach Art. 1 und 10 PMMA sind die Mitgliedstaaten des Protokolls Mitglieder der Madrider Union und ihrer Versammlung, auch wenn sie nicht zusätzlich Vertragsstaaten des MMA sind. Vertragspartei des Protokolls können sowohl *Mitgliedstaaten der PVÜ* als auch *zwischenstaatliche Organisationen* mit einem eigenen Markenschutzsystem werden (Art. 14 Abs. 1 PMMA). Damit ist der EU die Beteiligung am System des MMA ermöglicht und eine Verbindung zwischen dem MMA und dem System der Gemeinschaftsmarke hergestellt worden.   7

Die *materiellen Regelungen* entsprechen grundsätzlich denen des MMA. *Abweichungen* bestehen insbesondere in den folgenden fünf Bereichen. Nach Art. 2 PMMA kann eine internationale Registrierung auch auf der Grundlage einer bloßen Markenanmeldung im Ursprungsland erfolgen, während nach Art. 1 Abs. 2 MMA nur eine im Ursprungsland eingetragene Marke Grundlage einer IR-Marke sein kann. Mit dieser Regelung wird dem Umstand Rechnung getragen, daß in einzelnen Staaten mit Vorprüfungsverfahren das Eintragungsverfahren nicht innerhalb der sechsmonatigen Prioritätsfrist des Art. 4 C Abs. 1 PVÜ abgeschlossen werden kann. Ferner kann nach Art. 5 Abs. 2 PMMA jede Vertragspartei anstelle der Jahresfrist für die Notifikation der Schutzversagung auch eine Frist von 18 Monaten wählen. Die Vertragsparteien haben außerdem das Recht, Schutzverweigerungsgründe, die sich aus einem Widerspruch gegen die Schutzgewährung ergeben, auch noch nach Ab-   8 lauf der Frist von 18 Monaten mitzuteilen. Für die Mitteilung dieser Schutzverweigerung gilt eine Frist von sieben Monaten ab Beginn der Widerspruchsfrist bzw von einem Monat nach Ablauf der Widerspruchsfrist (Art. 5 Abs. 2 lit. c PMMA). Auch diese Regelung soll den Bedürfnissen der Staaten mit einer längeren Verfahrensdauer Rechnung tragen. Sodann beträgt die Schutzdauer für IR-Marken einheitlich 10 Jahre (Art. 6 PMMA). Damit wurde dem Anliegen vieler Staaten Rechnung getragen, nach deren Auffassung die in Art. 6 MMA vorgesehene Schutzfrist von grundsätzlich 20 Jahren den heutigen Bedürfnissen nicht mehr gerecht wird. Weiter können die Vertragsparteien nach Art. 8 Abs. 7 PMMA anstelle der einheitlichen Gebühr für die Schutzerstreckung eine individuelle Erstreckungsgebühr bis zur Höhe der nationalen Gebühren verlangen, wobei die Einsparungen zu berücksichtigen sind, die sich durch die Arbeit des Internationalen Büros ergeben. Damit wurde den Bedürfnissen der Staaten Rechnung getragen, deren Gebühren im nationalen Bereich höher sind als die internationalen Gebühren. Schließlich ist die IR-Marke zwar nach Art. 6 Abs. 3 PMMA wie schon bisher nach Art. 6 Abs. 3 MMA für die Dauer von 5 Jahren von der Heimateintragung abhängig (Grundsatz der Akzessorietät, s. Art. 6 MMA, Rn 2). Bei Wegfall des Heimatschutzes innerhalb dieser Frist hat der Inhaber der gelöschten IR-Marke jedoch nach Art. 9$^{quinquies}$ PMMA die Möglichkeit, unter Beibehaltung der Priorität der internationalen Registrierung eine nationale Markenanmeldung in den Mitgliedstaaten einzureichen, auf die die Marke erstreckt worden ist (Transformation).

### III. Verhältnis des Protokolls zum MMA

**9**   Art. 9$^{sexies}$ PMMA enthält eine *Schutzklausel* zugunsten des Madrider Markenabkommens. Danach gilt im Verhältnis der Mitgliedstaaten des MMA untereinander ausschließlich das MMA, auch wenn sie zugleich Vertragsparteien des Protokolls sind. Damit soll das gegenwärtige System gewahrt bleiben. Jedoch kann die Versammlung fünf Jahre nach dem Beitritt der Mehrheit der MMA-Vertragsstaaten zum Protokoll, frühestens jedoch zehn Jahre nach dem Inkrafttreten des Protokolls, die Schutzklausel mit einer Dreiviertelmehrheit aufheben oder einschränken. Diese Regelung trägt dem Umstand Rechnung, daß insbesondere Frankreich, Italien, Portugal und Spanien nicht bereit waren, einem zeitlich unbegrenzten Nebeneinander von MMA und Protokoll, das nach Ansicht dieser Staaten eine Reihe von Vorteilen bietet, zuzustimmen.

### F. IR-Marke und Gemeinschaftsmarke

**Schrifttum.** *Kunze,* Die Verzahnung der Gemeinschaftsmarke mit dem System der internationalen Registrierung von Marken unter der gemeinsamen Ausführungsordnung zum Madrider Markenabkommen und dem Madrider Protokoll, GRUR 1996, 627.

**10**   Die Angehörigen eines EG-Staates können sowohl IR-Marken als auch Gemeinschaftsmarken anmelden. Gleiches gilt für Angehörige von Staaten, die dem MMA oder dem PMMA, nicht aber der EU angehören (Art. 5 Abs. 1 lit. b GMarkenV). Nach Art. 2 Abs. 1 PMMA wird zudem die Anmeldung einer *Gemeinschaftsmarke* auch als *Basismarke für die internationale Registrierung* anerkannt. Umgekehrt kann über eine internationale Registrierung der Schutz als Gemeinschaftsmarke in Anspruch genommen werden (Art. 4 Abs. 1 PMMA). Voraussetzung ist allerdings, daß die EU dem Protokoll zum MMA beitritt. Der Beitritt der EU zum Protokoll zum MMA ist vorgesehen (s. dazu den Vorschlag für eine Entscheidung des Rates über die Genehmigung des Beitritts der Europäischen Gemeinschaft zum Protokoll zum Madrider Abkommen über die internationale Registrierung von Marken vom 23. Juli 1996, KOM/96/0367 endg., ABl. EG Nr. C 293/11 vom 5. Oktober 1996).

Schutzbereich

## Schutzbereich

**1** (1) Die Länder, auf die dieses Abkommen Anwendung findet, bilden einen besonderen Verband für die internationale Registrierung von Marken.

(2) Die Angehörigen eines jeden der Vertragsländer können sich in allen übrigen Vertragsländern dieses Abkommens den Schutz ihrer im Ursprungsland für Waren oder Dienstleistungen eingetragenen Marken dadurch sichern, daß sie diese Marken durch Vermittlung der Behörde des Ursprungslandes bei dem im Übereinkommen zur Errichtung der Weltorganisation für geistiges Eigentum (im folgenden als „die Organisation" bezeichnet) vorgesehenen Internationalen Büro für geistiges Eigentum (im folgenden als „das Internationale Büro" bezeichnet) hinterlegen.

(3) Als Ursprungsland wird das Land des besonderen Verbandes angesehen, in dem der Hinterleger eine tatsächliche und nicht nur zum Schein bestehende gewerbliche oder Handelsniederlassung hat; wenn er eine solche Niederlassung in einem Land des besonderen Verbandes nicht hat, das Land des besonderen Verbandes, in dem er seinen Wohnsitz hat; wenn er keinen Wohnsitz innerhalb des besonderen Verbandes hat, das Land seiner Staatsangehörigkeit, sofern er Angehöriger eines Landes des besonderen Verbandes ist.

### Inhaltsübersicht

|  | Rn |
|---|---|
| A. Zweck des Markenverbands (Art. 1 Abs. 1) | 1 |
| B. Schutzbereich (Art. 1 Abs. 2) | 2–6 |
| I. Schutzgegenstand | 2 |
| II. Schutzberechtigte | 3 |
| III. Schutzvoraussetzungen | 4, 5 |
| 1. Eintragung oder Hinterlegung im Ursprungsland | 4 |
| 2. Identität der Marken | 5 |
| IV. Wirkungen der internationalen Registrierung | 6 |
| C. Ursprungsland (Art. 1 Abs. 3) | 7 |
| D. Fassungen des MMA | 8 |

## A. Zweck des Markenverbands (Art. 1 Abs. 1)

Durch das MMA haben sich die Vertragsstaaten zu einem besonderen Markenverband im Rahmen der Pariser Union mit eigener Rechtspersönlichkeit und eigenen Organen zusammengeschlossen (Art. 19 PVÜ). Zweck des Verbandes ist die Vereinfachung und Verbilligung des Verfahrens zur Erlangung von Markenschutz in den verschiedenen Verbandsstaaten. Dies wird durch die Schaffung eines *internationalen Registrierungsverfahrens* erreicht. Eine einzige Hinterlegung beim Internationalen Büro in Genf begründet für alle Markenverbandsstaaten, für die der Schutz beantragt wird, den gleichen Schutz wie eine dort unmittelbar bewirkte Hinterlegung (s. Art. 4, Rn 1). 1

## B. Schutzbereich (Art. 1 Abs. 2)

### I. Schutzgegenstand

Gegenstand des Schutzes kann nur eine *im Ursprungsland eingetragene Marke* sein (Ursprungszeichen oder Basismarke). Als *Basismarke* für eine einzige internationale Registrierung können auch mehrere identische für verschiedene Produkte geschützte nationale Marken dienen. Eine internationale Registrierung kann sowohl für *Warenmarken* als auch für *Dienstleistungsmarken* beantragt werden (Art. 6$^{sexies}$ PVÜ; 2 NKA). Das ist seit dem 1. April 1979, dem Tag des Inkrafttretens des Gesetzes über die Eintragung von Dienstleistungsmarken vom 29. Januar 1979 (BGBl. I S. 125), auch für eine deutsche Dienstleistungsmarke möglich (zur Rechtsentwicklung s. § 3, Rn 15 ff.). Vor dem 1. April 1979 konnte keine Basismarke für Dienstleistungen in der Bundesrepublik Deutschland eingetragen werden. Es 2 empfiehlt sich, den Antrag auf internationale Registrierung einer Dienstleistungsmarke, um eine spätere Schutzversagung (Art. 5 MMA) zu vermeiden, nur für solche Verbandsländer zu stellen, die die Dienstleistungsmarke schützen. Dies ist derzeit bei allen Mitgliedstaaten der Fall (Merkblatt MMA Nr. 2 Abs. 3; zum Schutz ausländischer IR-Marken für Dienstleistungen s. Art. 4, Rn 4).

## II. Schutzberechtigte

3  Schutzberechtigt sind die *Angehörigen eines Markenverbandsstaates* ohne Rücksicht auf ihren Wohnsitz oder ihre Niederlassung (*Nationalitätsprinzip*) sowie nach Art. 2 *markenverbandsfremde Personen*, die in einem Verbandsstaat des MMA ihren Wohnsitz oder ihre gewerbliche Niederlassung haben (*Territorialitätsprinzip*). Das entspricht Art. 2 und 3 PVÜ. Personen mit Wohnsitz oder Niederlassung in einem der *union particulière* nicht angehörigen Staat können kein Gesuch um internationale Registrierung einreichen.

## III. Schutzvoraussetzungen

### 1. Eintragung oder Hinterlegung im Ursprungsland

4  Die Marke muß *im Ursprungsland* entweder *eingetragen* oder je nach der inneren Gesetzgebung *hinterlegt* sein. Das ist seit der Haager Fassung klargestellt (*enregistrées*), während die Washingtoner Fassung (*acceptées au dépôt*) Zweifel ließ. Der Begriff des Ursprungslandes ergibt sich für die Basismarke aus Abs. 3 (s. Rn 7). Die Registrierung konnte auch für Marken beantragt werden, die vor dem Beitritt Deutschlands zum MMA, also vor dem 1. Dezember 1922, eingetragen worden waren (§ 2 BeitrittsG vom 12. Juli 1922, RGBl. II S. 669). Wird der Antrag auf internationale Registrierung gestellt, solange die Anmeldung im Ursprungsland schwebt, so ist die Entscheidung bis zum Abschluß der Prüfung im Heimatland auszusetzen.

### 2. Identität der Marken

5  Bei der Eintragung der Marke im Ursprungsland muß es sich um die identische Marke handeln, die für die *gleichen* oder *gleichartige* (ähnliche) Waren oder Dienstleistungen und für denselben Geschäftsbetrieb eingetragen ist. Unbedeutende Markenabweichungen bleiben unbeachtet, wenn sie nicht die Kennzeichnungskraft der Marke beeinflussen (s. schon *Kohler*, Warenzeichenrecht, § 57 II 7, S. 240; RPA BlPMZ 1901, 283). Die Hinzufügung eines Bindestrichs zwischen zwei Wörtern soll keine solche belanglose Abweichung darstellen (so zu Art. 4 PVÜ BPatG 29 W (pat) 145/88 vom 14. Dezember 1988 – TURBO-TEK, abzulehnen; zu unwesentlichen Markenabweichungen innerhalb des Benutzungszwangs s. § 26 MarkenG, Rn 89 ff.).

## IV. Wirkungen der internationalen Registrierung

6  Die internationale Registrierung begründet für eine im Ursprungsland eingetragene Marke in allen beanspruchten Markenverbandsstaaten den jeweils dort gewährten Markenschutz (s. dazu Art. 4, Rn 1 f.). Für die Dauer von regelmäßig fünf Jahren ist die IR-Marke von der Heimateintragung abhängig (Art. 6 Abs. 2). Wenn die Basismarke innerhalb dieser Frist gelöscht wird, dann verliert auch die internationale Registrierung ihre Wirkung. Nach *Ablauf der Fünfjahresfrist* wird die *IR-Marke unabhängig* (s. Art. 6, Rn 2). Die international registrierte Marke genießt Schutz nur in den übrigen Markenverbandsstaaten, nicht im Ursprungsland (BPatGE 14, 165 – Eri). Ist etwa die Bundesrepublik Deutschland Ursprungsland, kann daher nur aufgrund der Basismarke, nicht aber aus der IR-Marke Widerspruch nach § 42 MarkenG erhoben werden.

### C. Ursprungsland (Art. 1 Abs. 3)

Das Land, in dem die Basiseintragung erfolgt sein muß, kann nicht frei gewählt werden; **7**
es wird vielmehr durch Art. 1 Abs. 3 festgelegt. Das Ursprungsland bleibt auch dann konstant, wenn die Marke auf einen Erwerber übertragen wird, der nicht im Ursprungsland ansässig ist (Grundsatz der Unwandelbarkeit der Ursprungsmarke, s. Art. 6, Rn 6).

### D. Fassungen des MMA

Die Haager Fassung nahm erstmals für die Begriffsbestimmung des Ursprungslandes auf **8**
die PVÜ Bezug. Das entsprach der bis dahin geübten Praxis. Statt *sujets on citoyens* heißt es jetzt überall *ressortissants,* was kein sachlicher Unterschied ist. Die Nizzaer Fassung ließ auch Dienstleistungsmarken zur internationalen Registrierung zu (s. dazu Art. 6$^{quinquies}$ PVÜ und Art. 2 NKA). Die Stockholmer Fassung hat Art. 1 Abs. 2 der neuen Verwaltungsstruktur angepaßt.

**Erweiterung des Schutzbereichs**

**2** Den Angehörigen der Vertragsländer sind gleichgestellt die Angehörigen der diesem Abkommen nicht beigetretenen Länder, die im Gebiet des durch dieses Abkommen gebildeten besonderen Verbandes den durch Artikel 3 der Pariser Verbandsübereinkunft zum Schutz des gewerblichen Eigentums festgesetzten Bedingungen genügen.

**Inhaltsübersicht**

|   | Rn |
|---|---|
| A. Regelungsinhalt | 1 |
| B. Fassungen des MMA | 2 |

### A. Regelungsinhalt

Art. 2 dehnt den Schutzbereich des MMA auf beliebige Personen, auch Staatenlose, aus, **1**
die in einem Markenverbandsstaat – nur einem solchen, nicht in einem Verbandsstaat der PVÜ – ihren Wohnsitz oder eine tatsächlich und nicht nur zum Schein bestehende Niederlassung *(un établissement effectif et sérieux)* haben (s. dazu Art. 3 PVÜ, Rn 1). So fällt ein Amerikaner (nicht Verbandsangehöriger) mit Wohnsitz in Frankreich (Verbandsstaat) unter Art. 2, nicht aber ein Amerikaner mit Wohnsitz in Schweden (kein Verbandsstaat). Bei einer Wohnsitzverlegung in einen anderen Verbandsstaat oder in einen dem Markenverband nicht angehörenden Staat verfährt das Internationale Büro wie bei einer Übertragung der IR- Marke (s. Art. 9$^{bis}$, Rn 5).

### B. Fassungen des MMA

Die bisherigen Fassungen, die von einem engeren Verband, einer *Union restreinte,* sprechen, sind sachlich gleich. **2**

**Eintragung**

**3** (1) Jedes Gesuch um internationale Registrierung ist auf dem von der Ausführungsordnung vorgeschriebenen Formular einzureichen; die Behörde des Ursprungslandes der Marke bescheinigt, daß die Angaben in diesem Gesuch denen des nationalen Registers entsprechen, und gibt die Daten und Nummern der Hinterlegung und der Eintragung der Marke im Ursprungsland sowie das Datum des Gesuchs um internationale Registrierung an.

(2) ¹Der Hinterleger hat die Waren oder Dienstleistungen, für die der Schutz der Marke beansprucht wird, anzugeben sowie, wenn möglich, die Klasse oder die Klassen entsprechend der Klassifikation, die durch das Abkommen von Nizza über die internationale Klassifikation von Waren und Dienstleistungen für die Eintragung von Marken festgelegt worden ist. ²Macht der Hinterleger diese Angabe nicht, so ordnet das Internationale Büro die Waren oder Dienstleistungen in die entsprechenden Klassen der erwähnten Klassifikation ein. ³Die vom Hinterleger angegebene Einordnung unterliegt der Prüfung durch das Internationale Büro, das hierbei im Einvernehmen mit der nationalen Behörde vorgeht. ⁴Im Fall einer Meinungsverschiedenheit zwischen der nationalen Behörde und dem Internationalen Büro ist die Ansicht des letzteren maßgebend.

(3) Beansprucht der Hinterleger die Farbe als unterscheidendes Merkmal seiner Marke, so ist er verpflichtet:
1. dies ausdrücklich zu erklären und seiner Hinterlegung einen Vermerk beizufügen, der die beanspruchte Farbe oder Farbenzusammenstellung angibt;
2. seinem Gesuch farbige Darstellungen der Marke beizulegen, die den Mitteilungen des Internationalen Büros beigefügt werden. Die Anzahl dieser Darstellungen wird durch die Ausführungsordnung bestimmt.

(4) ¹Das Internationale Büro trägt die gemäß Artikel 1 hinterlegten Marken sogleich in ein Register ein. ²Die Registrierung erhält das Datum des Gesuchs um internationale Registrierung im Ursprungsland, sofern das Gesuch beim Internationalen Büro innerhalb von zwei Monaten nach diesem Zeitpunkt eingegangen ist. ³Ist das Gesuch nicht innerhalb dieser Frist eingegangen, so trägt das Internationale Büro es mit dem Datum ein, an dem es bei ihm eingegangen ist. ⁴Das Internationale Büro zeigt diese Registrierung unverzüglich den beteiligten Behörden an. Die registrierten Marken werden in einem regelmäßig erscheinenden, vom Internationalen Büro herausgegebenen Blatt unter Verwendung der in dem Registrierungsgesuch enthaltenen Angaben veröffentlicht. ⁵Hinsichtlich der Marken, die einen bildlichen Bestandteil oder eine besondere Schriftform enthalten, bestimmt die Ausführungsordnung, ob der Hinterleger einen Druckstock einzureichen hat

(5) ¹Um die registrierten Marken in den Vertragsländern zur allgemeinen Kenntnis zu bringen, erhält jede Behörde vom Internationalen Büro eine Anzahl von Stücken der genannten Veröffentlichung unentgeltlich sowie eine Anzahl von Stücken zu ermäßigtem Preis im Verhältnis zur Zahl der in Artikel 16 Absatz 4 Buchstabe a der Pariser Verbandsübereinkunft zum Schutz des gewerblichen Eigentums genannten Einheiten und zu den von der Ausführungsordnung festgelegten Bedingungen. ²Diese Bekanntgabe ist in allen Vertragsländern als vollkommen ausreichend anzusehen; eine weitere darf vom Hinterleger nicht gefordert werden.

### Inhaltsübersicht

| | Rn |
|---|---|
| A. Regelungsinhalt | 1–10 |
|   I. Grundsatz | 1 |
|   II. Registrierungsgesuch (Art. 3 Abs. 1 bis 3) | 2 |
|   III. Prüfungs- und Vermittlungstätigkeit des DPMA (Art. 3 Abs. 1) | 3 |
|   IV. Internationale Registrierung (Art. 3 Abs. 4) | 4–10 |
|     1. Prüfung des Registrierungsgesuchs | 4 |
|     2. Dateneintragungen im internationalen Register | 5–8 |
|       a) Registrierungsdatum | 6 |
|       b) Datum der Registrierung im Ursprungsland | 7 |
|       c) Datum der tatsächlichen Registrierung | 8 |
|     3. Registrierungsbescheinigung und Veröffentlichung der eingetragenen Marke | 9 |
|     4. Nationale Schutzausdehnung trotz rechtskräftiger Schutzversagung | 10 |
| B. Fassungen des MMA | 11 |

## A. Regelungsinhalt

### I. Grundsatz

1   Art. 3 regelt das *internationale Registrierungsverfahren*. Die internationale Registrierung einer im Ursprungsland geschützten Marke beim Internationalen Büro in Genf erfolgt durch

Eintragung  2, 3 **Art. 3 MMA**

Vermittlung der Behörde des Ursprungslandes (Art. 3 Abs. 1; 1 Abs. 2). Das Registrierungsgesuch richtet sich an das *Internationale Büro*, ist jedoch bei der jeweiligen *nationalen Behörde*, wenn die Bundesrepublik Deutschland Ursprungsland ist, beim DPMA einzureichen. Die für die internationale Registrierung notwendigen Angaben, die Formerfordernisse und die dem Gesuch beizufügenden Unterlagen ergeben sich im einzelnen aus Kapitel 2 AusfO MMA/PMMA sowie aus dem Merkblatt über die internationale Registrierung deutscher Marken sowie Schutzbewilligungsverfahren für international registrierte ausländische Marken (Merkblatt MMA BlPMZ 1995, 230; s. 4. Teil des Kommentars, IV 5).

## II. Registrierungsgesuch (Art. 3 Abs. 1 bis 3)

Der Markeninhaber muß den *Antrag auf Vermittlung des Gesuchs um internationale Registrierung* einer deutschen Marke an das DPMA richten (§ 108 Abs. 1 MarkenG; Merkblatt MMA Nr. 3), und zwar für jede Marke gesondert. Zur Beschleunigung und Vereinfachung des Verfahrens empfiehlt es sich, für das Registrierungsgesuch den Originalvordruck der WIPO/OMPI in französischer Sprache zu verwenden (s. Merkblatt MMA Nr. 4). Das Gesuch ist vom Antragsteller in französischer Sprache auszufüllen und dreifach beim DPMA einzureichen. Die Vordrucke, ein vorbereitetes Anschreiben und eine Anleitung zum Ausfüllen sind bei der Auskunftsstelle oder beim IR-Referat des DPMA erhältlich. Antragsberechtigt ist der Markeninhaber, dessen Marke in das Markenregister des DPMA eingetragen oder zur Eintragung angemeldet ist (Merkblatt MMA Nr. 4 Abs. 3). Der Antrag muß bestimmte Angaben enthalten, die sich im einzelnen aus Regel 9 AusfO MMA/PMMA ergeben. Umstritten war bisher, ob das DPMA im Rahmen seiner Vermittlungstätigkeit verpflichtet ist, das Verzeichnis der Waren und Dienstleistungen, für die die deutsche Marke eingetragen ist, in die französische Sprache zu übersetzen (ablehnend BPatGE 19, 240 – HELIOS; abweichend BPatGE 19, 245). Nach § 108 Abs. 3 MarkenG ist der Antragsteller nunmehr ausdrücklich verpflichtet, das Warenverzeichnis der deutschen Marke in die für die internationale Registrierung vorgeschriebene Sprache zu übersetzen. Für jede Marke hat der Antragsteller eine nationale Gebühr von 300 DM an die Zahlstelle des DPMA zu entrichten (§ 109 Abs. 1 MarkenG iVm Nr. 134100 GebVerz zu § 1 PatGebG). Ferner muß er eine internationale Gebühr unmittelbar an das Internationale Büro entrichten (zu den Gebühren s. im einzelnen Art. 8, Rn 2 ff. sowie Kapitel 8 AusfO MMA/PMMA). 2

## III. Prüfungs- und Vermittlungstätigkeit des DPMA (Art. 3 Abs. 1)

Die *Behörde des Ursprungslandes*, in der Bundesrepublik Deutschland das DPMA, hat eine *Kontroll- und Vermittlungsfunktion*. Das DPMA prüft, ob das vom Antragsteller abgefaßte Registrierungsgesuch den gesetzlichen Anforderungen entspricht. Ist das der Fall, so überträgt das DPMA das Registrierungsgesuch für den Fall, daß der Antragsteller sein Gesuch auf einem deutschsprachigen Formular eingereicht hat, auf das vom Internationalen Büro zur Verfügung gestellte französisch abgefaßte Formular, bescheinigt die Übereinstimmung der Angaben im Registrierungsgesuch mit dem Markenregister, erteilt die in Art. 3 Abs. 1 verlangte Auskunft über die Daten und Nummern der Hinterlegung und Eintragung der Marke sowie das Datum des Registrierungsgesuchs und reicht das Gesuch dem Internationalen Büro ein (Regel 9 Abs. 1, Abs. 5 lit. b, Abs. 6 lit. b AusfO MMA/PMMA). Das DPMA übermittelt dem Antragsteller ferner die *Bescheinigung* des Internationalen Büros über die internationale Registrierung. Im Rahmen seiner Kontrollbefugnis darf das DPMA als Heimatbehörde nicht ein Gesuch um internationale Registrierung ohne Zustimmung des Antragstellers abändern wie etwa eine Farbbeanspruchung. Ist die geänderte Farbbeanspruchung ohne Zustimmung des Markeninhabers international eingetragen worden, so hat das DPMA einen Berichtigungsantrag an das Internationale Büro weiterzuleiten (s. auch BPatG GRUR 1984, 437, 438 – TENTE). Welche Folgen aus der Eintragung einer Farbbeanspruchung zu ziehen sind, wird von den jeweiligen nationalen Behörden und Gerichten entschieden. Die internationale Gebühr ist vom Hinterleger unmittelbar an das Internationale Büro zu zahlen (§ 109 Abs. 2 MarkenG; Merkblatt MMA Nr. 7). Dadurch kommt zum Ausdruck, daß durch die internationale Registrierung eine unmittelbare *Rechtsbeziehung zwischen dem Hin-* 3

## IV. Internationale Registrierung (Art. 3 Abs. 4)

### 1. Prüfung des Registrierungsgesuchs

4   Das Internationale Büro prüft, ob das *Registrierungsgesuch formell den Vorschriften des MMA und seiner Ausführungsordnung entspricht* und ob die internationale Gebühr vom Hinterleger gezahlt worden ist. Ist dies der Fall, so trägt es die Marke mit den in Regel 14 Abs. 2 AusfO MMA/PMMA aufgeführten Angaben in das internationale Register ein. Außer den Waren oder Dienstleistungen, für die die Marke registriert werden soll, hat der Hinterleger nach Art. 3 Abs. 2 möglichst auch die Waren- oder Dienstleistungsklassen entsprechend der Internationalen Klassifikation anzugeben (Internationale Klassifikation von Waren und Dienstleistungen für die Eintragung von Marken (Klassifikation von Nizza), Teil I, Deutsch/Englisch/Französische Liste von Waren und Dienstleistungen in alphabetischer Reihenfolge; Teil II, Deutsch/Französische Liste von Waren und Dienstleistungen in einer nach Klassen geordneten alphabetischen Reihenfolge, 7. Auflage, 1997, WIPO Veröffentlichungen Nr. 500.1 (G/E/F) und Nr. 500.2 (G/F)). Diese Einordnung wird vom Internationalen Büro im Einvernehmen mit der Behörde des Ursprungslandes geprüft; bei Meinungsverschiedenheiten entscheidet die Ansicht des Internationalen Büros. Wenn der Hinterleger die entsprechenden Angaben nicht gemacht hat, dann klassifiziert das Internationale Büro die Waren oder Dienstleistungen. Die gegebenenfalls zu zahlende Zusatzgebühr kann nach Art. 8 Abs. 3 noch innerhalb einer Frist von drei Monaten bezahlt werden. Die Nichtzahlung während dieser Frist gilt als Rücknahme des Registrierungsgesuchs, wenn nicht das Warenverzeichnis entsprechend eingeschränkt worden ist (s. Art. 8, Rn 4; Regel 12 Abs. 7 AusfO MMA/PMMA). Die Behandlung *unvollständiger* und *nicht vorschriftsmäßiger Gesuche* durch das Internationale Büro ist in der Ausführungsordnung näher geregelt (s. Regeln 11 bis 13 AusfO MMA/PMMA).

### 2. Dateneinträge im internationalen Register

5   Im internationalen Register werden drei für die Beurteilung des Markenschutzes bedeutsame Daten eingetragen (s. Rn 6 ff.).

6   **a) Registrierungsdatum.** Nach dem *Registrierungsdatum* bestimmt sich die *Laufzeit der IR-Marke* (Art. 6) und, wenn die Priorität nach Art. 4 PVÜ nicht beansprucht werden kann, auch der *Schutzbeginn* (Art. 4). Das Registrierungsdatum richtet sich grundsätzlich nach dem *Datum des Eingangs des Registrierungsgesuchs beim Internationalen Büro.* Die Registrierung erhält jedoch das *Eingangsdatum des Gesuchs bei der Behörde im Ursprungsland*, wenn das Gesuch *innerhalb von zwei Monaten* nach diesem Zeitpunkt beim Internationalen Büro eingegangen ist und das Gesuch dem Abkommen und der Ausführungsordnung entspricht (Abs. 4; Merkblatt MMA Nr. 9). Zur Rechtswirksamkeit des Gesuchs gehört auch die Entrichtung der entsprechenden Gebühren (Schweiz. BG GRUR Int 1982, 623 – RIWAX). Wird das Gesuch um internationale Registrierung eingereicht, bevor die Marke im Ursprungsland eingetragen ist, so beginnt die Zweimonatsfrist mit der Heimateintragung. Geht das Gesuch innerhalb dieser Frist beim Internationalen Büro ein, so erhält die Registrierung das nationale Eintragungsdatum (Merkblatt MMA Nr. 9 Abs. 2 Ziff. 2); sonst entscheidet das Eingangsdatum beim Internationalen Büro (zum Registrierungsdatum s. auch Regel 15 AusfO MMA/PMMA). Nach der Londoner Fassung wurde immer das Datum des Eingangs der Registrierungsgesuchs beim Internationalen Büro als Registrierungsdatum eingetragen. Dies kann zu unterschiedlichen Laufzeiten in den einzelnen Verbandsländern für solche IR-Marken führen, die zu einer Zeit registriert wurden, als die Londoner Fassung noch Geltung hatte.

7   **b) Datum der Registrierung im Ursprungsland.** Das *Datum der Eintragung im Ursprungsland* ist für den Schutzbeginn von Bedeutung, wenn die Priorität nach Art. 4 PVÜ in Anspruch genommen werden kann.

Schutz auf Antrag                                             **Art. 3bis MMA**

**c) Datum der tatsächlichen Registrierung.** Das *Datum der tatsächlichen Registrierung* ist   8
für den Beginn der Jahresfrist nach Art. 5 Abs. 2 MMA von Bedeutung (Regel 18 Abs. 1 lit. a Ziff. iii AusfO MMA/PMMA).

### 3. Registrierungsbescheinigung und Veröffentlichung der eingetragenen Marke

Das Internationale Büro teilt den beteiligten Behörden die Registrierung unverzüglich   9
mit (Abs. 4 S. 4; Regel 14 Abs. 1 AusfO MMA/PMMA). Der Gesuchsteller erhält durch Vermittlung des DPMA die *Registrierungsbescheinigung (Certificat d'Enregistrement;* Merkblatt MMA Nr. 8). Ferner *veröffentlicht* das Internationale Büro die eingetragene Marke in der Zeitschrift *Les Marques internationales* (Regel 32 AusfO MMA/PMMA; Merkblatt MMA Nr. 8). Eine weitere amtliche Veröffentlichung im Ursprungsland findet nicht statt. Es erfolgt weder eine Eintragung in das deutsche Markenregister noch eine Veröffentlichung im Markenblatt (vgl § 114 Abs. 1 MarkenG). Wohl aber erscheint im Markenblatt Teil II vierteljährlich eine *Zusammenstellung der international registrierten ausländischen Marken*, denen Markenschutz in vollem Umfang bewilligt oder ganz versagt und Teilschutz bewilligt oder entzogen worden ist.

### 4. Nationale Schutzausdehnung trotz rechtskräftiger Schutzversagung

Hat das Internationale Büro das Gesuch um nachträgliche Schutzausdehnung einer IR-  10
Marke auf das Gebiet der Bundesrepublik Deutschland nach Art. 3$^{ter}$ registriert, obwohl dieser Marke in einem früheren Verfahren rechtskräftig der Schutz versagt worden war, so ist die Registrierung von den nationalen Behörden grundsätzlich auch dann hinzunehmen, wenn diese die erneute Registrierung nicht für zulässig halten; jedoch ist unter dem Gesichtspunkt des *Rechtsmißbrauchs* zu prüfen, ob die Voraussetzungen für eine erneute Prüfung wegen wesentlicher Änderung der rechtlichen oder tatsächlichen Verhältnisse gegeben sind (BGH GRUR 1979, 549 – Mepiral). Darlegungspflichtig ist insoweit gewöhnlich der Markeninhaber.

## B. Fassungen des MMA

Die Washingtoner, Haager und Londoner Fassungen kannten nicht die Registrierung  11
nach Klassen der internationalen Klasseneinteilung. Sie wurde erst in der Nizzaer Fassung vorgeschrieben. Auch die Möglichkeit der Rückdatierung des Registrierungsdatums auf das Eingangsdatum des Gesuchs bei der Ursprungsbehörde wurde erst durch die Nizzaer Fassung eingeführt. Sachlich unverändert ist die Stockholmer Fassung.

**Schutz auf Antrag**

**3bis** (1) **Jedes Vertragsland kann jederzeit dem Generaldirektor der Organisation (im folgenden als „der Generaldirektor" bezeichnet) schriftlich notifizieren, daß sich der Schutz aus der internationalen Registrierung auf dieses Land nur dann erstreckt, wenn der Inhaber der Marke es ausdrücklich beantragt.**

(2) **Diese Notifikation wird erst sechs Monate nach dem Zeitpunkt ihrer Mitteilung durch den Generaldirektor an die anderen Vertragsländer wirksam.**

### Inhaltsübersicht

| | Rn |
|---|---|
| A. Regelungsinhalt | 1 |
| B. Fassungen des MMA | 2 |

**Schrifttum.** *Richter,* Die Revision des Madrider Markenabkommens auf der Konferenz von Nizza, GRUR Int 1957, 519.

# MMA Art. 3ter

## A. Regelungsinhalt

1 Art. 3$^{bis}$ bringt eine Durchbrechung des bis zur Nizzaer Fassung uneingeschränkt geltenden Grundsatzes, die Marke genieße mit der internationalen Registrierung automatisch in allen Markenverbandsstaaten den gleichen Schutz, als sei sie dort unmittelbar hinterlegt worden. Durch diesen Grundsatz wurden insbesondere die sogenannten passiven Staaten, die selbst nur wenige Marken zur Registrierung beim Internationalen Büro einreichten, über Gebühr belastet, denn dem mit den Schutzrechtsprüfungen verbundenen erheblichen Verwaltungsaufwand standen nur geringe Einnahmen aus nationalen Gebühren für internationale Registrierungen gegenüber. Ferner führte die automatische Schutzrechtserstreckung häufig zu Markenschutz in Staaten, an denen der Markeninhaber keinerlei Interesse hatte, und damit zu völlig überflüssiger Verwaltungsarbeit. Diesen Auswirkungen wurde mit der Einführung der Möglichkeit einer *territorialen Schutzrechtsbeschränkung* durch Art. 3$^{bis}$ begegnet (s. *Richter,* GRUR Int. 1957, 519, 522). In den Staaten, die von der Befugnis des Art. 3$^{bis}$ Gebrauch gemacht haben, erlangt eine Marke nur Schutz, wenn dies ausdrücklich beantragt wird (s. dazu Art. 3$^{ter}$). Eine derartige *Erklärung* haben inzwischen *sämtliche Vertragsstaaten des MMA abgegeben*, und zwar die Bundesrepublik Deutschland mit Wirkung vom 1. Juli 1973. Gegen IR-Marken kann daher von diesem Zeitpunkt an aufgrund in der Bundesrepublik Deutschland geschützten Marken nur dann Widerspruch erhoben werden, wenn für sie die *Ausdehnung des Schutzes auf die Bundesrepublik Deutschland* beantragt, also die Bundesrepublik Deutschland unter *pays intéressés* angegeben ist. Die bereits vor dem Wirksamwerden der Erklärung international registrierten Marken werden dadurch nicht betroffen; sie genießen weiterhin Schutz bis zum Ablauf der Schutzfrist (*Richter,* GRUR Int 1957, 519, 528; *Busse/Starck,* Art. 3$^{bis}$ MMA, Rn 2).

## B. Fassungen des MMA

2 Die Bestimmung wurde mit der Nizzaer Fassung eingeführt. Die Stockholmer Fassung hat die Vorschrift der neuen Verwaltungsstruktur angepaßt. Abs. 2 S. 2 wurde außerdem gestrichen.

**Antrag**

**3ter** (1) **Das Gesuch um Ausdehnung des Schutzes aus der internationalen Registrierung auf ein Land, das von der durch Artikel 3$^{bis}$ geschaffenen Befugnis Gebrauch gemacht hat, ist in dem in Artikel 3 Absatz 1 vorgesehenen Gesuch besonders zu erwähnen.**

(2) ¹**Das erst nach der internationalen Registrierung gestellte Gesuch um Ausdehnung des Schutzes ist durch Vermittlung der Behörde des Ursprungslandes auf einem von der Ausführungsordnung vorgeschriebenen Formular einzureichen.** ²**Das Internationale Büro trägt es sogleich in das Register ein und teilt es unverzüglich der oder den beteiligten Behörden mit.** ³**Das Gesuch wird in dem regelmäßig erscheinenden, vom Internationalen Büro herausgegebenen Blatt veröffentlicht.** ⁴**Diese Ausdehnung des Schutzes wird zu dem Zeitpunkt wirksam, zu dem sie im internationalen Register eingetragen wird; sie verliert ihre Wirkung mit dem Erlöschen der internationalen Registrierung der Marke, auf die sie sich bezieht.**

### Inhaltsübersicht

|  | Rn |
|---|---|
| A. Schutzausdehnungsgesuch | 1 |
| B. Fassungen des MMA | 2 |

**Schrifttum.** *Winter,* Die mehrfache Schutzausdehnung international registrierter Marken auf die Bundesrepublik Deutschland, GRUR Int 1975, 425.

## A. Schutzausdehnungsgesuch

Auf die Staaten, die von der Möglichkeit der *territorialen Schutzrechtsbeschränkung* nach Art. 3$^{ter}$ Gebrauch gemacht haben, erstreckt sich der Schutz aus der internationalen Registrierung nur auf Antrag (*Schutzausdehnungsgesuch*); das gilt zwischenzeitlich für alle Verbandsstaaten. Der *Antrag* kann gleichzeitig *mit dem Gesuch um internationale Registrierung gestellt* werden (Abs. 1). Die Ausdehnung des Schutzes auf die beantragten Länder wird dann mit der Hauptregistrierung wirksam (Art. 3, Rn 4 ff.). Das *Schutzausdehnungsgesuch* kann aber auch *nach der internationalen Registrierung gestellt* werden (Abs. 2), und zwar jederzeit, auch nach Erneuerung der Marke (*Busse/Starck*, Art. 3$^{ter}$ MMA, Rn 1). In diesem Fall muß der Markeninhaber ein besonderes Gesuch durch Vermittlung der Behörde des Ursprungslandes stellen (zu Form und Inhalt s. Regel 24 AusfO MMA/PMMA) und eine Grundgebühr von 300 sfr. sowie eine Ergänzungsgebühr von 73 sfr. für jedes beanspruchte Land an das Internationale Büro zahlen (Regel 24 AusfO MMA/PMMA iVm Nr. 5 GebVerz). Außerdem muß er eine nationale Gebühr von 200 DM entrichten (§ 111 Abs. 1 MarkenG iVm Nr. 134400 GebVerz zu § 1 PatGebG; zu den Gebühren s. im einzelnen Art. 8, Rn 1 ff.). Streitig war, ob ein *Antrag auf Schutzausdehnung* für jedes Land nur *einmal* oder auch *mehrfach* gestellt werden kann, wie etwa nach vorhergehender *Schutzversagung* sowie *Schutzentziehung* oder nach einem *Schutzverzicht*. Das DPMA ließ früher wiederholte Schutzausdehnungsanträge nicht zu, weil es sich bei Art. 3$^{bis}$ und 3$^{ter}$ um Ausnahmen vom Universalitätsprinzip handele, die im finanziellen Interesse der Mitgliedsländer und zur Entlastung ihrer nationalen Register in die Nizzaer Fassung aufgenommen worden seien, jedoch keine wiederholte Schutzausdehnung bezweckten; auch sprächen dagegen die Jahresfrist für Beanstandungen in Art. 5 Abs. 2 MMA, das Rechtssicherheitsinteresse der Wettbewerber und die mögliche Entstehung unterschiedlicher Teilprioritäten. Nach Ansicht des BGH ist die Registrierung der Schutzausdehnung durch das Internationale Büro jedoch auch dann grundsätzlich von den nationalen Behörden als rechtsbegründende Tatsache hinzunehmen, wenn sie die erneute Registrierung infolge anderer Auslegung des Art. 3$^{ter}$ für unzulässig halten (BGH BlPMZ 1979, 433 – Mepiral). Auch die WIPO hat im Einklang mit der Praxis aller Mitgliedsländer des MMA die *Zulässigkeit wiederholter Schutzausdehnungsanträge* bejaht (*WIPO* (Hrsg), Leitfaden für den Hinterleger, 2. Aufl. 1975, S. 74; s. auch *Winter*, GRUR Int 1975, 425). Einer vor dem Inkrafttreten des Gesetzes über die Eintragung von Dienstleistungsmarken vom 29. Januar 1979 (BGBl. I S. 125) am 1. April 1979 international registrierten Marke (zur Rechtsentwicklung s. § 3, Rn 15 ff.) kann für *Dienstleistungen* die Ausdehnung des Schutzes auf das Gebiet der Bundesrepublik Deutschland nur gewährt werden, wenn das Schutzausdehnungsgesuch nachträglich im Sinne von Art. 3$^{ter}$ Abs. 2 MMA gestellt ist und das Registrierungsdatum des Gesuchs nach dem Beginn des 1. April 1979 liegt (BPatGE 22, 155 – Schutzausdehnungsgesuch). *Wirksam* wird eine nachträgliche Schutzausdehnung mit der *Eintragung im internationalen Register* (Art. 3$^{ter}$ Abs. 2 S. 4). Dieser Zeitpunkt setzt auch die *Jahresfrist für die Schutzversagung* in Lauf (Art. 5 Abs. 2 und 5). Die Schutzausdehnung ist *akzessorisch*; mit der *Löschung der internationalen Registrierung* verliert sie ihre Wirksamkeit.

1

## B. Fassungen des MMA

Die Vorschrift wurde durch die Nizzaer Fassung eingeführt. Die Stockholmer Fassung hat keine Änderung gebracht.

2

**Wirkung der Eintragung**

**4** (1) ¹**Vom Zeitpunkt der im Internationalen Büro nach den Bestimmungen der Artikel 3 und 3$^{ter}$ vollzogenen Registrierung an ist die Marke in jedem der beteiligten Vertragsländer ebenso geschützt, wie wenn sie dort unmittelbar hinterlegt worden wäre.** ²**Die im Artikel 3 vorgesehene Einordnung der Waren oder Dienstleistungen bindet die Vertragsländer nicht hinsichtlich der Beurteilung des Schutzumfangs der Marke.**

# MMA Art. 4 1, 2

(2) **Jede Marke, die Gegenstand einer internationalen Registrierung gewesen ist, genießt das durch Artikel 4 der Pariser Verbandsübereinkunft zum Schutz des gewerblichen Eigentums festgelegte Prioritätsrecht, ohne daß es erforderlich ist, die unter Buchstabe D jenes Artikels vorgesehenen Förmlichkeiten zu erfüllen.**

## Inhaltsübersicht

|  | Rn |
|---|---|
| A. Registrierungswirkung (Art. 4 Abs. 1) | 1 |
| B. Inhalt und Umfang des Schutzes | 2 |
| C. Unionspriorität (Art. 4 Abs. 2) | 3, 4 |
| D. Fassungen des MMA | 5 |

**Schrifttum.** *Betten*, Zur Einführung der Dienstleistungsmarke, BB 1979, 19; *Krieger*, Dienstleistungsmarken jetzt eintragungsfähig, DB 1979, 389; *Miosga*, Internationale Registrierung und Unionspriorität nach der Nizzaer Neufassung des Madrider Markenabkommens, MA 1966, 395; *Mitscherlich*, Zum Schutz international registrierter Dienstleistungsmarken in der Bundesrepublik Deutschland, GRUR Int 1979, 26; *Tilmann*, Die Dienstleistungsmarken-Novelle, NJW 1979, 408.

## A. Registrierungswirkung (Art. 4 Abs. 1)

1   Die *Eintragung beim Internationalen Büro* begründet ein Schutzrecht in sämtlichen von der Registrierung betroffenen Markenverbandsstaaten. Die Marke ist so geschützt, als sei sie bei den einzelnen Staaten unmittelbar hinterlegt worden. Mit dem Ausdruck Hinterlegung wird den unterschiedlichen Verfahrenssystemen in den einzelnen Verbandsstaaten Rechnung getragen, die teils ein Prüfungssystem, teils ein Anmeldesystem vorsehen. Für den *Eintritt des Schutzes* ist nach heute allgemeiner Meinung die *internationale Registrierung* maßgebend. Nach früherer Auffassung wurde Art. 4 dahin verstanden, die internationale Eintragung unterstelle nur eine Anmeldung in den Verbandsstaaten. Auch § 112 MarkenG beruht auf der heute vertretenen Auslegung. Die *internationale Registrierung*, die das Entstehen des Markenrechts im Ursprungsland und damit den *Heimatschutz* voraussetzt, *wirkt für alle anderen Verbandsstaaten rechtsbegründend*. Ein Ausländer, der die internationale Registrierung einer ausländischen Marke erwirkt, ist in der Bundesrepublik Deutschland, vorbehaltlich einer Schutzversagung nach Art. 5, ebenso geschützt, als sei seine Marke am Tag der Registrierung zur Eintragung in das Markenregister des DPMA angemeldet und eingetragen worden (§ 112 Abs. 1 MarkenG).

## B. Inhalt und Umfang des Schutzes

2   *Inhalt und Umfang des Schutzes der IR-Marke* bestimmen sich nach dem *nationalen Recht* der einzelnen Markenverbandsstaaten des MMA. In der Bundesrepublik Deutschland bestimmt sich die Rechtsstellung des Inhabers einer IR-Marke nach deutschem Markenrecht. Er genießt in demselben Umfang Schutz, den das deutsche Markenrecht einer im inländischen Register eingetragenen Marke gewährt (BGHZ 18, 1 – Hückel; BGH GRUR Int 1967, 396 – Napoléon II; 1969, 48 – Alcacyl). Die Beurteilung des Schutzumfangs der Marke wird durch die Einordnung der Waren oder Dienstleistungen entsprechend der internationalen Klassifikation nicht berührt (Art. 4 Abs. 1 S. 2). Das deutsche Markenrecht entscheidet auch über die *Rechtsgültigkeit einer Übertragung* der international registrierten Marke (BGHZ 18, 1 – Hückel). Das wird wichtig insbesondere für *Enteignungen*, die im Ursprungsland vorgenommen sind, jedoch von anderen Ländern nicht anerkannt werden. Art. 4 MMA erleichtert die Erlangung inländischen Markenschutzes, ohne den Inhaber einer IR-Marke im übrigen zu bevorzugen (BGH GRUR 1969, 48 – Alcacyl; aM OLG Frankfurt GRUR Int 1966, 331 – Alcacyl). So unterliegt die IR-Marke auch den Erfordernissen des Benutzungszwangs nach §§ 25, 26 MarkenG. Bei *Nichtbenutzung innerhalb der fünfjährigen Benutzungsfrist* kann der IR-Marke nachträglich der Schutz für das Gebiet der Bundesrepublik Deutschland entzogen werden; die Schutzentziehung tritt an die Stelle der Löschung (§ 115

Wirkung der Eintragung  3  **Art. 4 MMA**

Abs. 1 MarkenG). Da international registrierte Marken nicht in das vom DPMA geführte Markenregister eingetragen werden, scheidet der Eintragungstag als Fristbeginn bei der *Berechnung der Benutzungsfrist* aus. Nach § 115 Abs. 2 MarkenG beginnt die Frist mit dem *Ablauf eines Jahres nach der internationalen Registrierung* (Art. 5 Abs. 2) oder, wenn das Prüfungsverfahren über die Schutzgewährung bei Ablauf dieser Frist noch nicht beendet ist, mit der *Zustellung der Mitteilung über die Schutzbewilligung* an das Internationale Büro (s. im einzelnen § 115 MarkenG, Rn 2). Da sich die rechtserhaltende Benutzung einer IR-Marke nach § 26 Abs. 1 MarkenG bestimmt, genügt die *Benutzung der Marke im Ausland* grundsätzlich nicht dem Erfordernis der Inlandsbenutzung (zur Berücksichtigung von *Auslandssachverhalten* s. § 26 MarkenG, Rn 75 f.). Auslandssachverhalten kommt bei der Feststellung *berechtigter Gründe für die Nichtbenutzung* rechtliche Bedeutung zu (zur Benutzung der Marke in größerem Umfang und seit längerer Zeit im Ausland s. BGH GRUR 1969, 48 – Alcacyl; s. dazu im einzelnen § 26 MarkenG, Rn 64 ff.).

## C. Unionspriorität (Art. 4 Abs. 2)

Nach Art. 4 Abs. 2 genießen IR-Marken das durch Art. 4 PVÜ festgelegte Prioritätsrecht. Die Frist zur Wahrung der Unionspriorität beträgt sechs Monate (Art. 4 C PVÜ). Die *Priorität einer IR-Marke* bestimmt sich nach dem *Tag der Anmeldung zur Eintragung im Ursprungsland*, wenn die *internationale Registrierung innerhalb von sechs Monaten* nach der Heimatanmeldung erfolgt. Ob dies der Fall ist, richtet sich nicht nach dem Datum der tatsächlichen Registrierung, sondern nach dem Registrierungsdatum (s. Art. 3, Rn 6), das sich grundsätzlich nach dem *Datum des Eingangs des Registrierungsgesuchs* beim Internationalen Büro bestimmt. Gibt die nationale Behörde das Gesuch um internationale Registrierung innerhalb von zwei Monaten nach Empfang an das Internationale Büro weiter, so erhält die internationale Registrierung als Registrierungsdatum das Eingangsdatum des Gesuchs bei der Behörde im Ursprungsland (Art. 3 Abs. 4 MMA). Das kann unter Umständen eine Fristverlängerung von zwei Monaten bewirken (*Richter*, GRUR Int 1957, 519, 527). Wird das Gesuch um internationale Registrierung vor der nationalen Eintragung der Marke gestellt, so erhält die Registrierung das nationale Eintragungsdatum, sofern das Registrierungsgesuch innerhalb von zwei Monaten nach der Heimateintragung beim Internationalen Büro eingeht; sonst entscheidet das Eingangsdatum beim Internationalen Büro. Die Marke muß daher auf jeden Fall *innerhalb der Vorrangsfrist national eingetragen* werden, damit die *Unionspriorität* gewahrt bleibt. Die Einhaltung der sechsmonatigen Frist kann in Ländern mit einem Prüfungsverfahren erschwert und nahezu unmöglich sein, insbesondere wenn Widerspruch erhoben wird. Als Ausweg kommt die Anmeldung in einem anderen Verbandsstaat, der keine Prüfung kennt, in Betracht. Ein anderer Vorschlag geht dahin, die Anmeldung im Ursprungsland anstelle der Eintragung (Art. 1 Abs. 2) zur Voraussetzung einer vorläufigen internationalen Registrierung zu machen und die nationalen Behörden zu verpflichten, das Gesuch vor Ablauf der sechs Monate an das Internationale Büro weiterzureichen (*Hamburger*, GRUR Int 1966, 379). Nach dem MMA ist eine solche Regelung bisher nicht vorgesehen. Jedoch kann *nach Art. 2 PMMA* neben der Eintragung einer Marke auch die *Anmeldung der Marke Grundlage einer internationalen Registrierung* sein. In der Bundesrepublik Deutschland ermöglichte schon nach der *Rechtslage im WZG* das Verfahren einer beschleunigten Eintragung nach § 6 a WZG, das Erfordernis des Nachweises einer Heimateintragung fristgerecht zu erfüllen. Aufgrund des *nachgeschalteten Widerspruchsverfahrens* nach der *Rechtslage im MarkenG* erfolgt nach Abschluß der Prüfung der Anmeldung auf die formellen Anmeldungserfordernisse und die absoluten Schutzhindernisse die Eintragung der angemeldeten Marke in das Register (s. zum nachgeschalteten Widerspruchsverfahren Vorb zu den §§ 32 bis 44, Rn 3). Das Verfahren einer *beschleunigten Prüfung* der Anmeldung zur Eintragung einer Marke nach § 38 MarkenG besteht für alle Markenanmeldungen und verlangt nicht das Vorliegen eines berechtigten Interesses des Anmelders (s. § 38 MarkenG, Rn 7). Nach Ablauf der in Art. 4 C Abs. 1 PVÜ bestimmten Frist von sechs Monaten kann die Unionspriorität nicht mehr in Anspruch genommen werden. In diesem Fall bestimmt sich die Priorität nach dem Datum der internationalen Registrierung (Art. 4 Abs. 1, §§ 112, 6 Abs. 2 MarkenG).

3

4 Für *Dienstleistungsmarken*, die vor dem Tag des Inkrafttretens des Gesetzes über die Eintragung von Dienstleistungsmarken vom 29. Januar 1979 (BGBl. I S. 125) am 1. April 1979 oder innerhalb der Prioritätsfrist des Art. 4 PVÜ sechs Monate nach dem 1. April 1979 eingereicht worden sind (zur Rechtsentwicklung s. § 3, Rn 15 ff.), kann die Unionspriorität in der Bundesrepublik Deutschland nicht in Anspruch genommen werden. Die Zulassung einer ausländischen Erstanmeldung würde der Übergangsvorschrift des Art. 3 Abs. 1 des DMG widersprechen, nach der alle Anmeldungen von Dienstleistungsmarken, die vor dem Inkrafttreten des Gesetzes eingereicht worden sind, den Zeitrang des 2. April 1979 erhalten (*Krieger*, DB 1979, 389, 392). Eine Begünstigung ausländischer Erstanmelder ist dadurch ausgeschlossen.

### D. Fassungen des MMA

5 Die Nizzaer Fassung paßte Abs. 1 der mit dieser Fassung eingeführten Regelung der Art. 3$^{bis}$ und 3$^{ter}$ an. Die Stockholmer Fassung hat keine Änderung gebracht.

**Doppeleintragung**

**4$^{bis}$ (1) Ist eine in einem oder mehreren der Vertragsländer bereits hinterlegte Marke später vom Internationalen Büro auf den Namen desselben Inhabers oder seines Rechtsnachfolgers registriert worden, so ist die internationale Registrierung als an die Stelle der früheren nationalen Eintragungen getreten anzusehen, unbeschadet der durch die letzteren erworbenen Rechte.**

**(2) Die nationale Behörde hat auf Antrag die internationale Registrierung in ihren Registern zu vermerken.**

#### Inhaltsübersicht

|  | Rn |
|---|---|
| A. Regelungsinhalt | 1 |
| B. Anwendungsvoraussetzungen | 2 |
| C. Fassungen des MMA | 3 |

### A. Regelungsinhalt

1 Wenn die IR-Marke bereits vor der internationalen Registrierung in einem Verbandsstaat, der nicht das Ursprungsland ist, eingetragen und hinterlegt worden ist und somit bereits nationalen Schutz genießt, dann besteht nach Art. 4$^{bis}$ *die internationale Eintragung neben der prioritätsälteren nationalen Eintragung*, so daß sie bei deren Wegfall an ihre Stelle tritt (ebenso Cour d'appel de Paris GRUR Int 1960, 71 – Koh-i-noor). Zweck der Regelung ist es, zu verhindern, daß bei Staaten, die eine *Doppeleintragung* auch nicht für denselben Inhaber zulassen, die ältere Eintragung in einem Markenverbandsstaat der Wirkung der internationalen Eintragung für diesen Staat entgegensteht (LG Berlin GRUR 1957, 374; Conférence de Bruxelles – Ses travaux et ses résolutions, Prop. Ind. 1898, 6, 10: La conférence (de Bruxelles) a introduit dans l'Arrangement un art 4bis, d'après lequel le dépôt national antérieur ne constitue pas un obstacle à la validité de l'enregistrement international effectué par le même titulaire ou par son ayant cause: en pareil cas cet enregistrement est substitué au dépôt national). Der *Wortlaut der amtlichen Übersetzung*, die internationale Registrierung sei als an die Stelle der früheren nationalen Eintragungen getreten anzusehen, läßt mehrere Auslegungen zu. Nach herrschender Meinung tritt die internationale Registrierung nicht automatisch mit der Folge an die Stelle der nationalen Eintragung, daß diese ihre Wirksamkeit verliert. Art. 4$^{bis}$ enthält auch keine Verpflichtung der Verbandsstaaten, die ältere nationale Marke zu löschen und die IR-Marke an ihre Stelle treten zu lassen. Sofern die nationalen Gesetze Doppelregistrierungen zulassen, können vielmehr auch beide Schutzrechte nebeneinander bestehen (*Busse/Starck*, Art. 4 MMA, Rn. 4; *Miosga*, Internationaler Marken- und Herkunftsschutz, S. 216 f.; *Troller*, Mehrseitige völkerrechtliche Verträge, S. 73 f.; LG

Versagung des Schutzes  **Art. 5 MMA**

Berlin GRUR 1957, 374). In der *Bundesrepublik Deutschland* können *beide Marken nebeneinander und unabhängig voneinander* bestehen. Läßt etwa ein Italiener, für den eine deutsche Marke eingetragen ist, dieselbe Marke später international eintragen, so ist er *doppelt* geschützt; einmal *national* durch die deutsche Eintragung, die bis zum Erlöschen fortdauert und die er verlängern kann, zum anderen *international* durch die Registrierung beim Internationalen Büro. Beide Marken, die nationale Marke des Ausländers und seine internationale Marke, haben verschiedene Prioritäten, sind verschieden übertragbar und werden verschieden verlängert.

### B. Anwendungsvoraussetzungen

Voraussetzung für die Anwendbarkeit des Art. 4bis ist zum einen, daß die IR-Marke für 2
den alten Inhaber oder seinen Rechtsnachfolger eingetragen wird (*Personenidentität*). Ferner muß es sich um dieselbe Marke handeln, jedoch schaden unbedeutende Abweichungen nicht (*Markenidentität*). Weiter muß es sich um die gleichen Waren oder Dienstleistungen handeln (*Produktidentität*). Der Schutzbereich der einen oder der anderen Marke kann natürlich größer oder kleiner sein, das heißt mehr oder weniger Waren umfassen; der Überschuß ist aber nur national oder international geschützt.

### C. Fassungen des MMA

Die Washingtoner und die Haager Fassungen stimmen sachlich überein; die Londoner 3
Fassung fügte Abs. 2 hinzu. Den Erfordernissen des Abs. 2 genügt die Eintragung in das deutsche Nebenregister (s. dazu Art. 5, Rn 9), bei fremdem Ursprungsland ein Vermerk der internationalen Registrierung im Markenregister.

**Versagung des Schutzes**

**5** (1) ¹Die Behörden, denen das Internationale Büro die Registrierung einer Marke oder das gemäß Artikel 3$^{ter}$ gestellte Gesuch um Ausdehnung des Schutzes mitteilt, sind in den Ländern, deren Rechtsvorschriften sie dazu ermächtigen, zu der Erklärung befugt, daß dieser Marke der Schutz in ihrem Hoheitsgebiet nicht gewährt werden kann. ²Eine solche Schutzverweigerung ist jedoch nur unter den Bedingungen zulässig, die nach der Pariser Verbandsübereinkunft zum Schutz des gewerblichen Eigentums auf eine zur nationalen Eintragung hinterlegte Marke anwendbar wären. ³Der Schutz darf jedoch weder ganz noch teilweise allein deshalb verweigert werden, weil die innerstaatlichen Rechtsvorschriften die Eintragung nur für eine beschränkte Anzahl von Klassen oder für eine beschränkte Anzahl von Waren oder Dienstleistungen zulassen.

(2) Die Behörden, die von dieser Befugnis Gebrauch machen wollen, haben ihre Schutzverweigerung unter Angabe aller Gründe dem Internationalen Büro innerhalb der von ihrem Landesgesetz vorgesehenen Frist, spätestens aber vor Ablauf eines Jahres nach der internationalen Registrierung der Marke oder nach dem gemäß Artikel 3$^{ter}$ gestellten Gesuch um Ausdehnung des Schutzes, mitzuteilen.

(3) ¹Das Internationale Büro übermittelt unverzüglich eines der Stücke der in dieser Weise mitgeteilten Schutzverweigerungserklärung der Behörde des Ursprungslandes und dem Inhaber der Marke oder seinem Vertreter, falls dieser dem Büro von der genannten Behörde angegeben worden ist. ²Der Beteiligte hat dieselben Rechtsmittel, wie wenn er die Marke unmittelbar in dem Land hinterlegt hätte, in dem der Schutz verweigert wird.

(4) Das Internationale Büro hat den Beteiligten auf Antrag die Gründe der Schutzverweigerung mitzuteilen.

(5) Die Behörden, die innerhalb der genannten Höchstfrist von einem Jahr dem Internationalen Büro hinsichtlich der Registrierung einer Marke oder eines Gesuchs um Ausdehnung des Schutzes keine vorläufige oder endgültige Schutzverweigerung mitgeteilt haben, verlieren hinsichtlich der betreffenden Marke die Vergünstigung der in Absatz 1 vorgesehenen Befugnis.

(6) ¹Die zuständigen Behörden dürfen eine internationale Marke nicht für ungültig erklären, ohne dem Inhaber der Marke Gelegenheit gegeben zu haben, seine Rechte rechtzeitig geltend zu machen. ²Die Ungültigerklärung ist dem Internationalen Büro mitzuteilen.

### Inhaltsübersicht

| | Rn |
|---|---|
| A. Regelungsinhalt | 1, 2 |
| B. Schutzverweigerung (Art. 5 Abs. 1) | 3–15 |
|    I. Prüfungsumfang | 3–6 |
|    II. Verfahren | 7–12 |
|      1. Grundsatz | 7 |
|      2. Widerspruchsverfahren | 8 |
|      3. Schutzgewährung | 9 |
|      4. Schutzverweigerung | 10–12 |
|    III. Rechtsmittel | 13 |
|    IV. Inlandsvertreter | 14, 15 |
| C. Nachträgliche Schutzentziehung (Art. 5 Abs. 6) | 16 |
| D. Fassungen des MMA | 17 |

**Schrifttum zum MarkenG.** *Ackmann,* Entscheidung über Widersprüche gegen international registrierte ausländische Marken, GRUR 1995, 378; *Schöndeling,* Entscheidung über Widersprüche gegen international registrierte ausländische Marken, GRUR 1996, 106.

## A. Regelungsinhalt

1   Art. 5 Abs. 1 ermächtigt, aber verpflichtet die Markenverbandsstaaten nicht, die ihnen vom Internationalen Büro als eingetragen mitgeteilten Marken im Rahmen ihrer innerstaatlichen Gesetzgebung einer *Prüfung auf deren Schutzfähigkeit* zu unterziehen. Allerdings darf diese Prüfung nach Art. 5 Abs. 1 S. 2 nur innerhalb der Grenzen des Art. 6$^{quinquies}$ PVÜ vorgenommen werden, der die markenrechtlichen Zurückweisungs- und Löschungsgründe erschöpfend aufzählt. Die Bundesrepublik Deutschland hat von der Ermächtigung des Art. 5 Gebrauch gemacht. Nach § 113 MarkenG werden international registrierte Marken in gleicher Weise wie zur Eintragung in das Markenregister angemeldete Marken nach § 37 MarkenG auf absolute Schutzhindernisse geprüft.

2   Die Abs. 2 bis 5 regeln das *Verfahren* und die *Fristen* für die *Mitteilung der Schutzverweigerung* sowie die gegen die Entscheidung bestehenden *Rechtsmittel.* Abs. 6 betrifft die *nachträgliche Schutzentziehung.*

## B. Schutzverweigerung (Art. 5 Abs. 1)

### I. Prüfungsumfang

3   Der Prüfung unterliegen alle mit Wirkung für die Bundesrepublik Deutschland vorgenommenen *Erstregistrierungen, nachträgliche Schutzausdehnungsgesuche* nach Art. 3$^{ter}$ für das Gebiet der Bundesrepublik Deutschland sowie in gewissem Umfang *Berichtigungen* (BPatG Mitt 1974, 92 – RE POMODORO). Eine Ausnahme bestand allein für Übergangsmarken (§ 3 BeitrittsG; Art. 11 Abs. 2 frühere Fassungen). Es wurden ferner die in der patentamtslosen Zeit von 1945 bis 1949 international registrierten Marken ungeprüft übernommen, weil insoweit die Jahresfrist des Art. 5 Abs. 2 abgelaufen war.

4   Das DPMA prüft die international registrierten Marken nach den §§ 3, 8 und 10 MarkenG auf ihre Schutzfähigkeit (§§ 113, 37 Abs. 1 MarkenG), allerdings unter Beachtung der durch Art. 6$^{quinquies}$ PVÜ gezogenen Grenzen (Art. 5 Abs. 1 S. 2 MMA). Die *Schutzverweigerung* ist nur aus den in Art. 6$^{quinquies}$ B Nr. 1 bis 3 PVÜ *erschöpfend aufgezählten Schutzversagungsgründen* zulässig (s. dazu Art. 6$^{quinquies}$ PVÜ, Rn 5 ff.; s. auch Rn 10). Sachlich besteht kein Unterschied zum deutschen Recht. Prüfungsmaßstab ist auch, ob eine Fallkonstellation des *Rechtsmißbrauchs* vorliegt. Wenn das Internationale Büro ein Gesuch um eine nachträgliche Schutzausdehnung einer IR-Marke auf das Gebiet der Bundesrepublik

Deutschland nach Art. 3$^{ter}$ registrierte, obwohl dieser Marke rechtskräftig der Schutz versagt worden war, so ist zwar die Registrierung von den nationalen Behörden auch dann hinzunehmen, wenn sie die erneute Registrierung für unzulässig halten. Es ist aber unter dem Gesichtspunkt des Rechtsmißbrauchs zu prüfen, ob die Voraussetzungen für eine erneute Prüfung wegen einer wesentlichen Veränderung der rechtlichen oder tatsächlichen Verhältnisse gegeben sind (BGH GRUR 1979, 549 – Mepiral); darlegungspflichtig ist insoweit regelmäßig der Markeninhaber. Die *Geltendmachung besserer sachlicher Ansprüche*, etwa wegen einer Verletzung von geschäftlichen Bezeichnungen (§§ 5, 15 MarkenG), Namensrechten (§ 12 BGB), berühmten Marken (s. § 14 MarkenG, Rn 441 ff.) sowie aus unlauterem Wettbewerb (§§ 1, 3 UWG) wird dadurch nicht ausgeschlossen (BGHZ 18, 1, 12 – Hückel; BGH GRUR 1970, 302, 305 – Hoffmann's Katze; *Busse/Starck*, Art. 5 MMA, Rn 5).

Der Schutz kann nicht deshalb versagt werden, weil die innerstaatliche Gesetzgebung nur die Registrierung für eine beschränkte Anzahl von Klassen oder von Waren oder Dienstleistungen zuläßt (Abs. 1 S. 3). Diese Regelung, die im Hinblick auf das spanische Recht eingeführt wurde, hat für die Bundesrepublik Deutschland keine Bedeutung.

Das Bestehen des Heimatschutzes ist vom DPMA nicht zu prüfen, denn dieser wird bei der Übermittlung des Registrierungsgesuchs durch die Behörde des Ursprungslandes bestätigt.

## II. Verfahren

### 1. Grundsatz

Geschäftsgang und Verfahren richten sich grundsätzlich nach den §§ 32 ff. MarkenG. Es gelten aber bestimmte Abweichungen (s. Rn 8 ff.).

### 2. Widerspruchsverfahren

**Schrifttum.** *Ackmann*, Entscheidung über Widersprüche gegen international registrierte ausländische Marken, GRUR 1995, 378; *Schöndeling*, Entscheidung über Widersprüche gegen international registrierte ausländische Marken, GRUR 1996, 106.

An die Stelle der Veröffentlichung der Eintragung nach § 41 MarkenG tritt für IR-Marken die *Veröffentlichung* in dem Blatt *Les Marques internationales* (§ 114 Abs. 1 MarkenG). Die *dreimonatige Widerspruchsfrist* (§ 42 Abs. 1 MarkenG) beginnt mit dem ersten Tag des Monats, der dem Monat folgt, der als Ausgabemonat in dem die Veröffentlichung enthaltenden Heft von *Les Marques internationales* angegeben ist (§ 114 Abs. 2 MarkenG). An die Stelle der Löschung der Eintragung (§ 43 Abs. 2 MarkenG) tritt die *Verweigerung des Schutzes* (§ 114 Abs. 3 MarkenG).

### 3. Schutzgewährung

Steht der Schutzgewährung nichts entgegen, so findet weder eine Eintragung in das deutsche Markenregister (§ 53 Abs. 1 MarkenV) noch eine Veröffentlichung statt. Allerdings führt das DPMA eine *Datensammlung über international registrierte Marken*, deren Schutz auf die Bundesrepublik Deutschland erstreckt worden ist (§ 53 Abs. 2 MarkenV). Diese Datensammlung, die einem Register gleichkommt, aber kein Register im Rechtssinne ist, gibt Auskunft über den deutschen Anteil an einer IR-Marke. Ihr läßt sich etwa entnehmen, welcher Vertreter bestellt worden ist, ob die Marke in der Bundesrepublik Deutschland Vollschutz oder Teilschutz genießt oder ob ihr der Schutz versagt worden ist. Die Datensammlung kann eingesehen werden und es werden auch mündliche und schriftliche Auskünfte erteilt, aber keine Auszüge. Registerauszüge können nur vom Internationalen Büro eingeholt werden (Art. 5$^{ter}$ MMA).

### 4. Schutzverweigerung

Ergibt die Prüfung durch das DPMA das *Vorliegen absoluter Schutzhindernisse*, dann wird der *IR-Marke der Schutz für die Bundesrepublik Deutschland verweigert*. Die Verweigerung des Schutzes tritt an die Stelle der Zurückweisung der Anmeldung bei nationalen Marken

(§ 113 Abs. 2 MarkenG). Der Verweigerungsbeschluß muß dem Internationalen Büro binnen Jahresfrist seit der internationalen Registrierung der Marke oder der Schutzausdehnung zugehen (Art. 5 Abs. 2; Regel 18 Abs. 1 lit. a Ziff. iii AusfO MMA/PMMA). Eine in Art. 5 Abs. 2 vorgesehene kürzere Landesfrist besteht in der Bundesrepublik Deutschland nicht. Die Ausschlußfrist berechnet sich nach dem Datum der tatsächlichen Registrierung, nicht nach dem Registrierungsdatum (s. Art. 3, Rn 6, 8). Dem Internationalen Büro sind sämtliche und nicht nur einzelne Gründe für die Schutzverweigerung anzugeben. Eine Schutzverweigerung aus anderen als den fristgerecht mitgeteilten Gründen ist nicht möglich (RPA BlPMZ 1926, 184; BPatG Mitt 1985, 217 – LA NAVARRE; BPatGE 27, 148 – MOI). Zweck der Regelung ist es, dem Internationalen Büro sowie dem Markeninhaber ein ausreichendes Bild von der *Rechtslage* zu geben und den Inhaber auch darüber zu unterrichten, welche *Rechtsbehelfe* und bei welcher staatlichen Stelle er diese einlegen kann (s. Rn 13). Eine Schutzverweigerung aus einem anderen als dem im Verweigerungsbeschluß genannten Grund ist ausnahmsweise dann erlaubt, wenn die *beiden Schutzversagungsgründe* im *Tatsächlichen* wie im *Rechtlichen* einander *gleich zu erachten* sind, so daß die Nennung des einen Grundes als ausreichende Grundlage für die auf den anderen Grund gestützte Schutzversagung angesehen werden kann (BPatGE 36, 130 – PREMIERE II; BPatG GRUR 1996, 494 – PREMIERE III im Anschluß an BGH GRUR 1993, 43 – Römigberg). So kann etwa einer IR-Marke, für die das Patentamt der DDR dem Internationalen Büro den Schutzversagungsgrund der *mangelnden Unterscheidungskraft nach § 12 Abs. 1 Nr. 2 WKG* angegeben hat, der Schutz für das Gebiet der ehemaligen DDR wegen des Vorliegens eines Freihaltebedürfnisses nach § 8 Abs. 2 Nr. 2 iVm §§ 107, 113, 37 MarkenG versagt werden, denn das Recht der DDR sah nur den Versagungsgrund der fehlenden Unterscheidungskraft vor, unter den sämtliche Tatbestände zu subsumieren waren, die nach dem WZG und dem MarkenG unter dem eigenständigen Gesichtspunkt des Freihaltebedürfnisses behandelt werden. Die Beanstandung wegen fehlender Unterscheidungskraft nach DDR-Recht muß daher einer Beanstandung wegen des Vorliegens eines Freihaltebedürfnisses soweit als gleich erachtet werden, daß die fristgerechte Beanstandung wegen des einen Grundes die Schutzversagung wegen des anderen Grundes erlaubt (BPatGE 36, 130 – PREMIERE II; BPatG GRUR 1996, 494 – PREMIERE III). Dagegen kann die Beanstandung einer IR-Marke wegen *fehlender Unterscheidungskraft nach dem WZG bzw MarkenG* nicht als Grundlage für eine Schutzverweigerung wegen des Vorliegens eines Freihaltebedürfnisses anerkannt werden, da hier die gesonderte Beanstandung problemlos möglich und ständige patentamtliche Praxis ist (BPatG Mitt 1985, 217 – LA NAVARRE; BPatGE 36, 130 – PREMIERE II; BPatG GRUR 1996, 494 – PREMIERE III). Wird ein dem Internationalen Büro innerhalb der Jahresfrist mitgeteilter *Schutzverweigerungstatbestand später gesetzlich neu geregelt*, dann kommt eine Schutzverweigerung aufgrund der Nachfolgeregelung nur insoweit in Betracht, als sich diese mit der früheren Regelung deckt. *Nationale Übergangsbestimmungen* werden durch die vorrangigen Vorschriften des Art. 5 Abs. 2 und 5 MMA überlagert (BPatGE 36, 19 – COSA NOSTRA). Hat etwa das DPMA einer IR-Marke den Schutz nach § 4 Abs. 2 Nr. 4 WZG verweigert, so kann nach Inkrafttreten des MarkenG der Schutzverweigerungstatbestand des § 8 Abs. 2 Nr. 5 MarkenG nur insoweit herangezogen werden, als er sich mit dem Verbot ärgerniserregender Darstellungen nach § 4 Abs. 2 Nr. 4 WZG deckt (BPatGE 36, 19 – COSA NOSTRA).

**11** Wenn die Prüfung länger als ein Jahr beansprucht, dann ist zur Wahrung der Frist die Übersendung eines *vorläufigen Versagungsbeschlusses (refus provisoire)* an das Internationale Büro ausreichend. Abs. 5 stellt klar, daß es sich bei dem vorläufigen Versagungsbeschluß um eine echte Schutzverweigerung handelt, die im Nachverfahren durch einen endgültigen Versagungsbeschluß *(refus definitif)* entweder bestätigt oder durch einen besonderen Bescheid aufgehoben wird. Diese Wirkung wurde dem *refus provisoire* schon nach der insoweit nicht eindeutig formulierten Londoner Fassung beigelegt (*Baumbach/Hefermehl*, Warenzeichenrecht, 8. Aufl., Art. 5 MMA, Rn 6; BGH GRUR 1963, 630, 631 – Polymar). In der Bundesrepublik Deutschland wird die Schutzverweigerung seit dem 1. Februar 1979 zur Verwaltungsvereinfachung mittels *avis de refus de protection* mitgeteilt; damit sind die bis dahin ergangenen vorläufigen und endgültigen Schutzverweigerungsbescheide entfallen (Mitteilung des Präsidenten des DPA Nr. 2/79 v. 28. November 1978, BlPMZ 1979, 2). Mit der Schutzversagung entfällt der einstweilen gewährte Schutz rückwirkend; er gilt als nicht eingetreten

(§ 112 Abs. 2 MarkenG). Diese Wirkung hat aber nur die *rechtskräftige* Versagung. Eine fremde internationale Marke ist zu schützen, bis die Mitteilung über die Rechtskraft der Versagung beim Internationalen Büro eingegangen ist. Ob ein *Rechtsbehelf* gegeben ist, ergibt der Versagungsbeschluß (s. Rn 13). Das Internationale Büro übermittelt dem Markeninhaber eine Ausfertigung der Schutzverweigerungserklärung (Abs. 3).

Erhält das Internationale Büro innerhalb der Jahresfrist keine Mitteilung, so kann der Markenverbandsstaat der Marke den Schutz nicht mehr versagen; das galt auch für die während der patentamtslosen Zeit von 1945 bis 1949 erstmals international registrierten Marken (BPatG GRUR Int 1968, 135, 136 — Kaylon; *Kirchner*, WRP 1967, 429; aA *Wipprecht*, WRP 1967, 107). Das DPMA stellt das Prüfungsverfahren ein und beanstandet die Marke nicht mehr. **12**

## III. Rechtsmittel

Unter *Schutzverweigerung* ist die *Rechtsschutzverweigerung in erster Instanz* zu verstehen. Das folgt aus Abs. 3 S. 2, der dem Betroffenen dieselben Rechtsmittel gewährt wie bei einer unmittelbaren Anmeldung beim DPMA. Das sind der Rechtsbehelf der *Erinnerung* (§ 64 MarkenG), das Rechtsmittel der *Beschwerde* (§ 66 MarkenG) und die *Schutzbewilligungsklage* (§ 44 MarkenG). Die Beschwerde ist *beim DPMA einzulegen*, nicht beim Internationalen Büro. Gleiches gilt für Rechtsbehelfe gegen andere in dieser Sache ergehende Beschlüsse. Wenn es an einem *Inlandsvertreter* fehlt (s. Rn 14 f.), dann beginnt nach der Praxis des DPMA der Lauf der Rechtsmittelfrist mit der Übersendung des Versagungsbeschlusses durch das Internationale Büro an den Betroffenen (DPA GRUR Int 1959, 601). **13**

## IV. Inlandsvertreter

Nach §§ 96, 107 MarkenG muß der Inhaber der IR-Marke, der weder einen Wohnsitz noch eine Niederlassung in der Bundesrepublik Deutschland hat, einen *inländischen Vertreter* bestellen, wenn er gegen die ihm mitgeteilten Schutzverweigerungsgründe Einwendungen erheben will. Ein Inlandsvertreter ist jedoch nur erforderlich, wenn das Verfahren angriffs- oder verteidigungsweise die Geltendmachung des Markenschutzes zum Gegenstand hat, nicht aber etwa in einem auf den Kostenpunkt einer angefochtenen Widerspruchsentscheidung beschränkten Beschwerdeverfahren (BPatG GRUR 1971, 220). Der Vertreter ist nicht nur für die deutschen Behörden die berufene Stelle, sondern, wie Abs. 3 zeigt, auch für das Internationale Büro. Wenn Abs. 3 nur von Übermittlung des Versagungsbeschlusses spricht, so ist die Beschränkung auf den Versagungsbeschluß sachlich nicht begründet. Solange der Vertreter dem Internationalen Büro nicht benannt ist, berücksichtigt es ihn nicht. **14**

Nach § 8 Abs. 1 S. 1 IntRegVO mußte der Inhaber einer IR-Marke, deren Schutz auf die Bundesrepublik Deutschland erstreckt worden war, stets einen Inlandsvertreter bestellen, selbst dann, wenn er selbst im Inland einen Wohnsitz bzw einen Sitz oder eine Niederlassung hatte. Außerdem gestattete § 8 Abs. 1 S. 2 IntRegVO eine Entkräftung der Bedenken gegen die Schutzgewährung durch den Markeninhaber selbst unabhängig von der Einschaltung eines Inlandsvertreters. Diese von den allgemeinen Bestimmungen (§§ 96 MarkenG; 35 Abs. 2 WZG) abweichenden Regelungen sind nicht in das MarkenG übernommen worden, da insoweit kein Bedürfnis bestand (s. Begründung zum MarkenG, BT-Drucks. 12/6581 vom 14. Januar 1994, S. 111). Wird der IR-Marke Schutz gewährt, ohne daß es zu Beanstandungen kommt, ist die Bestellung eines Inlandsvertreters nicht erforderlich. **15**

## C. Nachträgliche Schutzentziehung (Art. 5 Abs. 6)

Nach Ablauf der Jahresfrist kann einer Marke der Schutz nur noch gemäß § 115 MarkenG in einem gerichtlichen oder patentamtlichen Verfahren entzogen werden (Art. 5 Abs. 6; Regel 19 AusfO MMA/PMMA). An die Stelle des Antrags oder der Klage auf Löschung der Marke tritt der *Antrag* oder die *Klage auf Schutzentziehung* (§ 115 Abs. 1 MarkenG). Die nachträgliche Schutzentziehung im patentamtlichen Verfahren darf nur aus **16**

# MMA Art. 5bis, 5ter — Belege

solchen Gründen erfolgen, die auch eine Schutzversagung rechtfertigen (s. Rn 4f.). Die fünfjährige Benutzungsfrist des § 49 Abs. 1 MarkenG beginnt mit dem Ablauf eines Jahres nach der internationalen Registrierung oder, wenn das Prüfungsverfahren bei Ablauf dieser Frist noch nicht beendet ist, mit der Zustellung der Mitteilung über die Schutzbewilligung (Art. 5 Abs. 2 MMA; § 115 Abs. 2 MarkenG).

### D. Fassungen des MMA

17  Die Abs. 4 und 6 wurden durch die Londoner Fassung eingefügt. Die Nizzaer Fassung paßte die Abs. 1 und 5 an Art. 3ter an. Die Stockholmer Fassung entspricht der Nizzaer Fassung.

**Belege**

**5**bis Die Belege für die Rechtmäßigkeit des Gebrauchs gewisser Markenbestandteile – wie Wappen, Wappenschilde, Bildnisse, Auszeichnungen, Titel, Handels- oder Personennamen, die anders lauten als der des Hinterlegers, oder andere Inschriften ähnlicher Art –, die von den Behörden der Vertragsländer etwa angefordert werden, sind von jeder Beglaubigung sowie von jeder anderen Bestätigung als der der Behörde des Ursprungslandes befreit.

### Inhaltsübersicht

| | Rn |
|---|---|
| A. Regelungsinhalt | 1 |
| B. Fassungen des MMA | 2 |

### A. Regelungsinhalt

1  Fordert ein Markenverbandsstaat bei der Prüfung nach Art. 5 MMA *Belege* für den rechtmäßigen Gebrauch bestimmter *Zeichenbestandteile einer international registrierten Marke*, so darf er keine andere Beglaubigung oder Legalisation als die *Bestätigung des Ursprungslandes* verlangen. Als Markenbestandteile kommen etwa Wappen, Wappenschilde, Bildnisse, Auszeichnungen, Titel, Handels- oder Personennamen, die anders lauten als der des Hinterlegers, oder andere Inschriften ähnlicher Art in Betracht. Der Regelung liegt die Überlegung zugrunde, daß die Überprüfung der Rechtmäßigkeit des Gebrauchs bestimmter Markenbestandteile am einfachsten und zweckmäßigsten durch die Behörde des Ursprungslandes erfolgt, dessen Gesetze für die Beurteilung der Rechtmäßigkeit maßgeblich sind.

### B. Fassungen des MMA

2  In der Washingtoner Fassung fehlt eine solche Vorschrift. Sie wurde erst in die Haager Fassung aufgenommen. Die späteren Fassungen weichen sachlich nicht von der Haager Fassung ab.

**Abschriften und Auskünfte**

**5**ter (1) **Das Internationale Büro übermittelt auf Antrag jedermann gegen eine durch die Ausführungsordnung festgesetzte Gebühr eine Abschrift der im Register eingetragenen Angaben über eine bestimmte Marke.**

(2) **Das Internationale Büro kann gegen Entgelt auch Nachforschungen nach älteren Registrierungen internationaler Marken übernehmen.**

(3) **Die zur Vorlage in einem der Vertragsländer beantragten Auszüge aus dem internationalen Register sind von jeder Beglaubigung befreit.**

Schutzdauer 1 **Art. 6 MMA**

**Inhaltsübersicht**

|  | Rn |
|---|---|
| A. Regelungsinhalt | 1 |
| B. Fassungen des MMA | 2 |

## A. Regelungsinhalt

Art. 5$^{ter}$ Abs. 1 bestimmt, daß das Internationale Büro auf Antrag und gegen Gebühr jedermann einen *Auszug aus dem internationalen Register*, der sämtliche Angaben über die betreffende Marke enthält, erteilt. Nach Abs. 2 gibt es entgeltlich auch Auskünfte über ältere Eintragungen. Die Gebühren ergeben sich aus Nr. 8 GebVerz zur AusfO MMA/PMMA. **1**

## B. Fassungen des MMA

Die Londoner Fassung fügte Abs. 3 hinzu. Die Nizzaer Fassung und die Stockholmer Fassungen haben sachlich keine Änderungen gebracht. **2**

### Schutzdauer

**6** (1) **Die Registrierung einer Marke beim Internationalen Büro erfolgt für zwanzig Jahre mit der Möglichkeit der Erneuerung unter den in Artikel 7 festgesetzten Bedingungen.**

(2) Mit dem Ablauf einer Frist von fünf Jahren vom Zeitpunkt der internationalen Registrierung an wird diese, vorbehaltlich der folgenden Bestimmungen, von der vorher im Ursprungsland eingetragenen nationalen Marke unabhängig.

(3) $^1$**Der durch die internationale Registrierung erlangte Schutz, gleichgültig ob die Registrierung Gegenstand einer Übertragung gewesen ist oder nicht, kann, ganz oder teilweise, nicht mehr in Anspruch genommen werden, wenn innerhalb von fünf Jahren vom Zeitpunkt der internationalen Registrierung an die vorher im Ursprungsland im Sinn des Artikels 1 eingetragene nationale Marke in diesem Land den gesetzlichen Schutz ganz oder teilweise nicht mehr genießt.** $^2$**Das gleiche gilt, wenn dieser gesetzliche Schutz später infolge einer vor Ablauf der Frist von fünf Jahren erhobenen Klage erlischt.**

(4) $^1$**Wird die Marke freiwillig oder von Amts wegen gelöscht, so ersucht die Behörde des Ursprungslandes das Internationale Büro um die Löschung der Marke, das daraufhin die Löschung vornimmt.** $^2$**Im Fall eines gerichtlichen Verfahrens übermittelt die genannte Behörde von Amts wegen oder auf Verlangen des Klägers dem Internationalen Büro eine Abschrift der Klageschrift oder einer anderen die Klageerhebung nachweisenden Urkunde, ebenso eine Abschrift des rechtskräftigen Urteils; das Büro vermerkt dies im internationalen Register.**

**Inhaltsübersicht**

|  | Rn |
|---|---|
| A. Schutzdauer (Art. 6 Abs. 1) | 1 |
| B. Abhängigkeit der IR-Marke von der Ursprungsmarke (Art. 6 Abs. 2 bis 4) | 2–5 |
|    I. Akzessorietätsgrundsatz | 2 |
|    II. Fristberechnung | 3 |
|    III. Löschung der internationalen Registrierung | 4, 5 |
| C. Grundsatz der Unwandelbarkeit der Ursprungsmarke | 6 |
| D. Fassungen des MMA | 7 |

**Schrifttum.** *Miosga*, Schutzdauer und Abhängigkeit der IR-Marke nach der Nizzaer Neufassung des MMA, Mitt 1966, 75.

## A. Schutzdauer (Art. 6 Abs. 1)

Die *Schutzdauer* für international registrierte Marken beträgt *zwanzig Jahre* (Art. 6 Abs. 1). Der Schutz kann beliebig oft für jeweils weitere 20 Jahre *verlängert* werden (Art. 7). Der in- **1** ternationale Markenschutz beginnt mit dem Zeitpunkt der Registrierung, das ist das Registrierungsdatum (Art. 3, Rn 6). Dies ergibt sich zwar anders als in der Londoner Fassung nicht mehr unmittelbar aus dem Wortlaut des Art. 6 Abs. 1, folgt aber daraus, daß mit den Änderungen des Abs. 1 in der Nizzaer und Stockholmer Fassung keine Änderung der Fristberechnung beabsichtigt war und daß auch die Frist des Abs. 2 vom Zeitpunkt der internationalen Registrierung an läuft. Bei Marken, die zu einer Zeit registriert wurden, zu der die Londoner Fassung noch Anwendung fand, kann das Registrierungsdatum für die Nizza-Länder und Stockholm-Länder ein anderes sein als für die London-Länder mit der Folge unterschiedlicher Laufzeiten (s. Art. 3, Rn 6).

## B. Abhängigkeit der IR-Marke von der Ursprungsmarke
### (Art. 6 Abs. 2 bis 4)

### I. Akzessorietätsgrundsatz

2   Der *internationale Markenschutz* ist für die *ersten fünf Jahre unselbständig*, von der Eintragung im Ursprungsland abhängig (*Grundsatz der Akzessorietät*). Er entsteht nur, wenn im Ursprungsland Schutz besteht, er erlischt selbsttätig in gleichem Umfang, wie der Heimatschutz in dieser Zeit aufhört. Die *Abhängigkeit von der nationalen Marke* bleibt selbst dann erhalten, wenn die IR-Marke auf einen Dritten übertragen wird. Der Zweck der Fünfjahresfrist besteht darin, Dritten die Wahrung ihrer berechtigten Interessen zu erleichtern. Während dieser Frist bedarf es nicht eines Angriffs auf die IR-Marke in jedem Verbandsstaat, auf den sich der Schutz erstreckt, sondern ausreichend ist ein zentraler Angriff auf die nationale Marke zur Vernichtung der IR-Marke. Entscheidend ist nicht, ob die Hinterlegung oder Eintragung fortdauert, sondern ob sie noch Schutz gewährt; das meint *ne jouirait plus en tout ou partie de la protection légale dans ce pays*. Bei *deutschen Heimatmarken* ist eine *Löschung der Marke erforderlich*, weil die Marke während ihrer Eintragung im Register grundsätzlich Schutz genießt. Rechtlich nicht eindeutig erscheint, welche Auswirkungen für die IR-Marke bestehen, wenn eine deutsche Basismarke zunächst zwar aufgrund einer *Widerspruchsentscheidung* nach § 42 Abs. 2 MarkenG gelöscht wird, später aber aufgrund einer erfolgreichen *Eintragungsbewilligungsklage* nach § 44 Abs. 3 MarkenG neu eingetragen wird. Die Löschung der Marke im Widerspruchsverfahren hat nach den §§ 52 Abs. 2 iVm 43 Abs. 4 MarkenG zur Folge, daß die Eintragungswirkungen von Anfang an als nicht eingetreten gelten. Damit entfällt grundsätzlich auch der Schutz aus der internationalen Registrierung. In einer solchen Fallkonstellation den Schutz der IR-Marke erst mit der durch die Klage erzwungenen Eintragung beginnen zu lassen, ist aber nicht interessengerecht. Die Marke wird mit der *Priorität der ursprünglichen Eintragung* erneut eingetragen (§ 44 Abs. 3 MarkenG), so daß *keine Zwischenrechte* entstanden sind. Es bestand kein schutzrechtsfreier Raum, sondern während des gesamten Zeitraums internationaler Markenschutz. Dem entspricht auch die Mitteilungspraxis des DPMA. Bei Löschungen von Eintragungen im Markenregister, die aufgrund nationaler Beschlüsse erfolgen, wartet das DPMA den *Ablauf der Frist für die Erhebung der Eintragungsbewilligungsklage* bzw, wenn eine solche erhoben wurde, den *rechtskräftigen Abschluß des Verfahrens* ab, bevor es dem Internationalen Büro Mitteilung von der Rechtsänderung macht. Das Erlöschen des Heimatschutzes gegenüber einer Klage aus IR-Marken kann auch *einredeweise* geltend gemacht werden.

### II. Fristberechnung

3   Die *Fünfjahresfrist* beginnt mit dem *Zeitpunkt der internationalen Registrierung*, das ist das *Registrierungsdatum* (s. Art. 3, Rn 6). Dies gilt auch für Marken, die bereits *vor dem Inkrafttreten der Nizzaer Fassung international registriert* waren. Diese sind mit dem Inkrafttreten der Nizzaer Fassung unabhängig geworden, sofern die erste Registrierung zu diesem Zeitpunkt bereits fünf Jahre zurücklag (*Miosga*, Mitt 1966, 75, 81; str.). Die Gesichtspunkte der Gleichbehandlung und der Rechtssicherheit rechtfertigen es nicht, die Frist erst mit dem Inkrafttreten der Nizzaer Fassung beginnen zu lassen (so auch *Busse/Starck*, Art. 6 MMA, Rn 3; aA

*Miosga*, Internationaler Marken- und Herkunftsschutz, S. 254). Ob eine Marke zu diesem Zeitpunkt bereits fünf Jahre registriert ist, läßt sich ohne große Schwierigkeiten im Register des Internationalen Büros feststellen. Die frühere Unabhängigkeit dieser Marken stellt eine Vergünstigung dar, die auf der bereits erfolgten Registrierung beruht, die aber gegenüber den erst später eingetragenen Marken keine Bevorzugung bedeutet.

### III. Löschung der internationalen Registrierung

Erfolgt eine *Löschung im Ursprungsland*, so ersucht die Behörde das Internationale Büro um *Löschung der internationalen Registrierung*. Falls ein gerichtliches Verfahren vorausging, übermittelt sie eine Abschrift der Klage und des rechtskräftigen Urteils (Abs. 4). Die *Löschung im internationalen Register* zieht ohne weiteres das *Erlöschen in allen Markenverbandsstaaten* mit Ausnahme der Staaten gesonderten Schutzes nach sich. 4

Nach *Ablauf der fünf Jahre* wird der internationale Markenschutz selbständig, vom Schicksal der nationalen Marke gelöst. Wurde aber bereits innerhalb der Fünfjahresfrist Klage erhoben und führt diese zum Verlust des nationalen Schutzes, so ist der Fristablauf unbeachtlich und die internationale Registrierung erlischt ebenfalls (Abs. 3). 5

## C. Grundsatz der Unwandelbarkeit der Ursprungsmarke

Nach der Londoner Fassung war die Basismarke die im Ursprungsland des jeweiligen Markeninhabers eingetragene Marke; die Basismarke wechselte bei einer Übertragung der Marke auf einen Rechtsnachfolger in einem anderen Ursprungsland. Seit der Nizzaer Fassung bleibt die Ursprungsmarke immer die gleiche (*Grundsatz der Unwandelbarkeit der Ursprungsmarke*); sie wird durch Übertragungen des Markenrechts nicht beeinflußt. Dies ergibt sich zum einen aus der Formulierung des Art. 6 Abs. 3 („gleichgültig ob die Registrierung Gegenstand einer Übertragung gewesen ist oder nicht"), zum anderen aus der Entstehungsgeschichte dieser Bestimmung. Die Vorschrift will verhindern, daß sich der Markeninhaber dem Angriff auf die Ursprungsmarke und damit auf die IR-Marke durch deren Übertragung auf einen Rechtsnachfolger in einem anderen Verbandsland entzieht. 6

## D. Fassungen des MMA

Bis zur Nizzaer Fassung war die Abhängigkeit des internationalen Markenschutzes vom Heimatschutz zeitlich unbegrenzt. Ferner richtete sich die Ursprungsmarke nach dem Ursprungsland des jeweiligen Inhabers (s. Rn 6). Die Haager Fassung brachte die Möglichkeit, die Gebühren in Raten zu zahlen und damit den Vorbehalt des Abs. 1 („vorbehaltlich des in Art. 8 vorgesehenen Falles, daß der Hinterleger nur einen Teil der internationalen Gebühr entrichtet hat", Nizzaer Fassung). Die Stockholmer Fassung hat den Vorbehalt zur Anpassung an die mit dieser Fassung zugleich geänderte Vorschrift des Art. 8 wieder gestrichen (s. auch Art. 8, Rn 6). Sachlich bedeutet dies jedoch keine Änderung, weil die Ratenzahlung in die Ausführungsordnung zum MMA übernommen worden ist (Regel 10 Abs. 1 AusfO MMA/PMMA). 7

**Erneuerung**

**7** **(1) Die Registrierung kann immer wieder für einen Zeitabschnitt von zwanzig Jahren, gerechnet vom Ablauf des vorhergehenden Zeitabschnitts an, durch einfache Zahlung der in Artikel 8 Absatz 2 vorgesehenen Grundgebühr und gegebenenfalls der Zusatz- und Ergänzungsgebühren erneuert werden.**

**(2) Die Erneuerung darf gegenüber dem letzten Stand der vorhergehenden Registrierung keine Änderung enthalten.**

**(3) Bei der ersten nach den Bestimmungen der Nizzaer Fassung vom 15. Juni 1957 oder dieser Fassung des Abkommens vorgenommenen Erneuerung sind die Klassen der internationalen Klassifikation anzugeben, auf die sich die Registrierung bezieht.**

# MMA Art. 7 1, 2

(4) Sechs Monate vor Ablauf der Schutzfrist erinnert das Internationale Büro den Inhaber der Marke und seinen Vertreter durch Zusendung einer offiziösen Mitteilung an den genauen Zeitpunkt dieses Ablaufs.

(5) Gegen Zahlung einer von der Ausführungsordnung festgesetzten Zuschlagsgebühr wird eine Nachfrist von sechs Monaten für die Erneuerung der internationalen Registrierung gewährt.

## Inhaltsübersicht

| | Rn |
|---|---|
| A. Begriff und Wirkung der Erneuerung | 1 |
| B. Verfahren | 2–5 |
| C. IR-Marken aus der DDR | 6 |
| D. Fassungen des MMA | 7 |

**Schrifttum.** *Miosga*, Die Erneuerung der internationalen Registrierung nach der Neufassung des MMA, MA 1966, 468; *Miosga*, Neuregelung der Registrierung internationaler Marken, GRUR 1971, 11; *Nadler*, Zur Erneuerung internationaler Marken, MA 1970, 14.

## A. Begriff und Wirkung der Erneuerung

1   Eine international registrierte Marke kann beliebig oft für jeweils *weitere 20 Jahre erneuert* werden (Abs. 1). Sachlich handelt es sich um eine *Verlängerung*, nicht um die Begründung eines neuen Rechts (BPatG GRUR Int 1968, 135, 137 – Kaylon). Die Erneuerung der Registrierung einer IR-Marke steht einer Verlängerung der Schutzdauer nach deutschem Markenrecht gleich (s. § 47 MarkenG, Rn 3). Daher prüft das DPMA die erneuerte IR-Marke nicht auf absolute oder relative Schutzversagungsgründe. Ein *Widerspruch* gegen eine erneuerte IR-Marke ist *unzulässig* (Mitteilung des Präsidenten des DPA Nr. 12/70 vom 23. September 1970, BlPMZ 1970, 365; DPA GRUR 1974, 473 – DABICAL; *Busse/Starck*, Art. 7 MMA, Rn 1). Wird eine IR-Marke erneuert, der bei der Erstregistrierung der Schutz in der Bundesrepublik Deutschland versagt wurde, so ist ein Widerspruch gegen die Erneuerung unzulässig, weil die Marke für die Bundesrepublik Deutschland keine Schutzwirkung besitzt (BPatGE 19, 196). Als bloße Verlängerung darf die Erneuerung *keine Änderung der Marke* gegenüber dem letzten Stand der Eintragung enthalten (Art. 7 Abs. 2). Die Erneuerung der Registrierung darf sich nicht *territorial* oder wegen einer *Erweiterung des Waren- oder Dienstleistungsverzeichnisses* als eine Neuregistrierung gegenüber dem Stand der Vorregistrierung darstellen. Um eine Änderung im Sinne des Art. 7 Abs. 2 handelt es sich jedoch dann nicht, wenn das *Verzeichnis der Länder eingeschränkt* wird (Regel 30 Abs. 2 lit. d AusfO MMA/PMMA). Unschädlich ist ferner eine *Beschränkung des Waren- oder Dienstleistungsverzeichnisses*; doch läßt sich das nur durch Vermittlung der nationalen Behörde erreichen (Art. 8$^{bis}$, 9). Die neue Schutzfrist beginnt mit Ablauf der alten Schutzfrist (Regel 31 Abs. 1 AusfO MMA/PMMA). Bei Marken, die bis 1993 in den einzelnen Verbandsstaaten eine unterschiedliche Laufzeit hatten (s. dazu Art. 6, Rn 1), begann die neue Schutzfrist für alle Länder, auf die sich die Erneuerung bezog, einheitlich mit dem Datum der zuerst ablaufenden Schutzfrist (Regel 37 Abs. 1 AusfO MMA vom 22. April 1988; zur Priorität rückwirkend erneuerter IR-Marken aus der Bundesrepublik Deutschland in Österreich s. *Schönherr*, WRP 1969, 272, 277; *Barger*, GRUR Int 1976, 164; s. auch Zweiseitige Abkommen, Österreich, 2. Teil des Kommentars, 2. Abschnitt, B 6).

## B. Verfahren

2   Die *Erneuerung* muß *vor Ablauf der Schutzfrist* erfolgen. Sechs Monate vorher erinnert das Internationale Büro den Markeninhaber durch freundschaftliche Nachricht an den genauen Zeitpunkt des Fristablaufs (Art. 7 Abs. 4). Ein Anspruch auf diesen *avis officieux* besteht nicht; das Wort *officieux* besagt, daß es sich um eine Gefälligkeit handelt, nicht um eine Amtspflicht (*officiel*; die amtliche Übersetzung läßt dieses wichtige Wort ganz unter den Tisch fallen; anders der amtliche deutsche Text der Stockholmer Fassung). Versäumt der Markeninhaber

Erneuerung 3–7 **Art. 7 MMA**

die Fristen für die Erneuerung der internationalen Registrierung, dann kann er sich zur Entschuldigung nicht darauf berufen, er habe die offiziöse Mitteilung nicht erhalten (Regel 29 AusfO MMA/PMMA).

Zur Erneuerung genügt die *Zahlung der in Art. 8 Abs. 2 vorgeschriebenen Gebühren* (s. Art. 8, Rn 2 ff.) an das Internationale Büro. Die Gebühren müssen spätestens zu dem Datum, an dem die Schutzfrist abläuft, gezahlt werden. Gegen *Zahlung einer Zuschlagsgebühr* von 50% der Grundgebühr ist eine Erneuerung auch noch innerhalb einer *Nachfrist von sechs Monaten* zugelassen (Regel 30 Abs. 1 AusfO MMA/PMMA). 3

Ist die Bundesrepublik Deutschland Ursprungsland, so sind Erneuerungen *unmittelbar mit dem Internationalen Büro* abzuwickeln. Ein Antragsverfahren vor dem DPMA scheidet aus; dort eingereichte Erneuerungsanträge sind unzulässig (*Busse/Starck*, Art. 7 MMA, Rn 2). Zwar kann das Landesrecht des Markeninhabers die Zahlung durch Vermittlung der Behörde dieses Landes zulassen (Regel 34 Abs. 1 lit. a AusfO MMA/PMMA). Von dieser Möglichkeit hat die Bundesrepublik Deutschland aber keinen Gebrauch gemacht (s. DPA GRUR 1974, 473 – DABICAL). Die erforderlichen Gebühren sind daher vom Markeninhaber unmittelbar an das Internationale Büro zu zahlen (§ 109 Abs. 2 MarkenG). Eine nationale Gebühr ist für die Erneuerung nicht mehr zu zahlen. 4

Entspricht die Erneuerung den Erfordernissen des MMA und seiner AusfO, dann trägt das Internationale Büro die *Erneuerung in das internationale Register* ein, veröffentlicht sie in *Les Marques internationales* und macht den Markenverbandsstaaten und dem Markeninhaber hiervon Mitteilung (Regel 31 Abs. 3 AusfO MMA/PMMA). Liegen die Voraussetzungen für eine Erneuerung nicht vor, so teilt das Internationale Büro dies dem Markeninhaber oder seinem Vertreter mit. Werden die Mängel nicht vor Ablauf der Schutzfrist oder innerhalb von sechs Monaten nach deren Ablauf und Zahlung der Zuschlagsgebühr beseitigt, so wird die Registrierung nicht erneuert und werden bereits gezahlte Gebühren zurückerstattet (Regel 30 Abs. 3 AusfO MMA/PMMA). 5

### C. IR-Marken aus der DDR

In der Bundesrepublik Deutschland haben *IR-Marken aus der DDR* bis zum 1. Februar 1967 keinen Rechtsschutz genossen (s. Vorb zu den internationalen Verträgen, Rn 40). Eine Erneuerung der *vor dem 1. Februar 1967* international registrierten Marken aus der DDR mit Nennung der Bundesrepublik Deutschland unter den *pays interessés* hatte für die Bundesrepublik Deutschland keine Wirkung, da ein Markenschutz aufgrund der vorhergehenden Registrierung nicht bestand (Mitteilung des Präsidenten des DPA Nr. 1/79 v. 22. November 1978, BlPMZ 1979, 2). *Nach dem 31. Januar 1967* international registrierte Marken aus der DDR konnten in der Bundesrepublik Deutschland Schutz erlangen und daher auch mit Wirkung für die Bundesrepublik Deutschland verlängert werden. 6

### D. Fassungen des MMA

Nach früheren Fassungen wurde die Erneuerung äußerlich als Neuregistrierung behandelt. Seit der Haager Fassung begann die neue Schutzfrist mit der Erneuerung. Nach den Abs. 3 und 4 der Haager und der Londoner Fassung konnten die Markenverbandsstaaten die Eintragung der Erneuerung versagen, wenn die erneuerte Marke nach Form und Ware wesentlich abwich (DPA Mitt 1966, 192 – CEVICAL; BPatG GRUR Int 1968, 51 – BRONQUIL). Da die Erneuerung seit der Nizzaer Fassung keine Änderung enthalten darf, wurden die Abs. 3 und 4 der Londoner Fassung gestrichen. Abs. 4 S. 2 gab die Möglichkeit, vorhandene Vorrangsrechte zu berücksichtigen, wenn die Marke als neu angesehen wurde (s. dazu BPatG GRUR Int 1968, 51 – BRONQUIL). Die Stockholmer Fassung ist gegenüber der Nizzaer Fassung sachlich unverändert. 7

## Gebühren

**8** (1) Die Behörde des Ursprungslandes ist befugt, nach ihrem Ermessen eine nationale Gebühr festzusetzen und zu ihren Gunsten vom Inhaber der Marke, deren internationale Registrierung oder Erneuerung beantragt wird, zu erheben.

(2) Vor der Registrierung einer Marke beim Internationalen Büro ist eine internationale Gebühr zu entrichten, die sich zusammensetzt aus:

a) einer Grundgebühr;

b) einer Zusatzgebühr für jede die dritte Klasse übersteigende Klasse der internationalen Klassifikation, in welche die Waren oder Dienstleistungen eingeordnet werden, auf die sich die Marke bezieht;

c) einer Ergänzungsgebühr für jedes Gesuch um Ausdehnung des Schutzes gemäß Artikel $3^{\text{ter}}$.

(3) $^1$ Die in Absatz 2 Buchstabe b geregelte Zusatzgebühr kann jedoch, ohne daß sich dies auf den Zeitpunkt der Registrierung auswirkt, innerhalb einer von der Ausführungsordnung festzusetzenden Frist entrichtet werden, wenn die Zahl der Klassen der Waren oder Dienstleistungen vom Internationalen Büro festgesetzt oder bestritten worden ist. $^2$ Ist bei Ablauf der genannten Frist die Zusatzgebühr nicht entrichtet oder das Verzeichnis der Waren oder Dienstleistungen vom Hinterleger nicht in dem erforderlichen Ausmaß eingeschränkt worden, so gilt das Gesuch um internationale Registrierung als zurückgenommen.

(4) $^1$ Der jährliche Gesamtbetrag der verschiedenen Einnahmen aus der internationalen Registrierung wird mit Ausnahme der in Absatz 2 Buchstaben b und c vorgesehenen Einnahmen nach Abzug der durch die Ausführung dieser Fassung des Abkommens verursachten Kosten und Aufwendungen vom Internationalen Büro zu gleichen Teilen unter die Vertragsländer dieser Fassung des Abkommens verteilt. $^2$ Wenn ein Land im Zeitpunkt des Inkrafttretens dieser Fassung des Abkommens diese noch nicht ratifiziert hat oder ihr noch nicht beigetreten ist, hat es bis zu dem Zeitpunkt, zu dem seine Ratifikation oder sein Beitritt wirksam wird, Anspruch auf eine Verteilung des Einnahmenüberschusses, der auf der Grundlage der früheren Fassung des Abkommens, die für das Land gilt, errechnet wird.

(5) $^1$ Die sich aus den Zusatzgebühren gemäß Absatz 2 Buchstabe b ergebenden Beträge werden nach Ablauf jedes Jahres unter die Vertragsländer dieser Fassung des Abkommens oder der Nizzaer Fassung vom 15. Juni 1957 im Verhältnis zur Zahl der Marken verteilt, für die während des abgelaufenen Jahres in jedem dieser Länder der Schutz beantragt worden ist; soweit es sich um Länder mit Vorprüfung handelt, wird diese Zahl mit einem Koeffizienten vervielfacht, der in der Ausführungsordnung festgesetzt wird. $^2$ Wenn ein Land im Zeitpunkt des Inkrafttretens dieser Fassung des Abkommens diese noch nicht ratifiziert hat oder ihr noch nicht beigetreten ist, hat es bis zu diesem Zeitpunkt, zu dem seine Ratifikation oder sein Beitritt wirksam wird, Anspruch auf eine Verteilung der auf der Grundlage der Nizzaer Fassung errechneten Beträge.

(6) Die sich aus den Ergänzungsgebühren gemäß Absatz 2 Buchstabe c ergebenden Beträge werden nach den Regeln des Absatzes 5 unter die Länder verteilt, die von der in Artikel $3^{\text{bis}}$ vorgesehenen Befugnis Gebrauch gemacht haben. Wenn ein Land im Zeitpunkt des Inkrafttretens dieser Fassung des Abkommens diese noch nicht ratifiziert hat oder ihr noch nicht beigetreten ist, hat es bis zu dem Zeitpunkt, zu dem seine Ratifikation oder sein Beitritt wirksam wird, Anspruch auf eine Verteilung der auf der Grundlage der Nizzaer Fassung errechneten Beträge.

### Inhaltsübersicht

| | Rn |
|---|---|
| A. Nationale Gebühr (Art. 8 Abs. 1) | 1 |
| B. Internationale Gebühr (Art. 8 Abs. 2 und 3) | 2–4 |
| C. Verteilung der Gebühren (Art. 8 Abs. 4 bis 6) | 5 |
| D. Fassungen des MMA | 6 |

### A. Nationale Gebühr (Art. 8 Abs. 1)

1 In der Bundesrepublik Deutschland ist grundsätzlich mit dem *Antrag auf internationale Registrierung* (Art. 3) eine *nationale Gebühr* zu entrichten. Ist die Marke bei Einreichung des

Antrags noch nicht in das Markenregister eingetragen, wird die Gebühr erst mit der Eintragung fällig (§ 109 Abs. 1 MarkenG). Die Gebühr beträgt 300 DM (Nr. 134 100 GebVerz zu § 1 PatGebG). Die Gebühr soll möglichst durch die Verwendung von Gebührenmarken des DPMA entrichtet werden. Sie kann aber auch durch Barzahlung, Scheck, Überweisung, Einzahlung auf ein Konto des DPMA oder durch die Erteilung eines Abbuchungsauftrags an die Zahlstelle des DPMA entrichtet werden (§§ 1, 2 PatGebZV). Bei der *Erneuerung einer IR-Marke* (Art. 7) fällt in der Bundesrepublik Deutschland *keine nationale Gebühr* an.

### B. Internationale Gebühr (Art. 8 Abs. 2 und 3)

Die *internationale Gebühr* setzt sich zusammen aus einer *Grundgebühr* von 653 sfr., wenn keine der Wiedergaben der Marke in Farbe ist, bzw 903 sfr. bei farbigen Wiedergaben, einer *Zusatzgebühr* von 73 sfr. für jede die dritte Klasse übersteigende Klasse der Waren und Dienstleistungen und einer *Ergänzungsgebühr* von 73 sfr. für jedes Verbandsland, für das der Schutz beansprucht wird (Abs. 2; Regel 10 AusfO MMA/PMMA iVm Nr. 1 GebVerz). *Weitere Gebühren* für die Klassifizierung der Waren und Dienstleistungen, für die Eintragung von Schutzausdehnungen und Änderungen, für die Inanspruchnahme von Nachfristen sowie für die Erteilung von Auskünften sind im Gebührenverzeichnis zur AusfO MMA/PMMA festgelegt (wegen gebührenfreier Amtshandlungen s. Regel 36 AusfO MMA/PMMA). Die internationalen Gebühren sind grundsätzlich im voraus und unmittelbar an das Internationale Büro, nicht an das DPMA zu zahlen (§ 109 Abs. 2 MarkenG; Merkblatt MMA Nr. 7; Regel 34 AusfO MMA/PMMA).

Die Gebühren für die internationale Registrierung sind in *zwei Raten für jeweils einen Zeitabschnitt von zehn Jahren* zu zahlen (Regel 10 Abs. 1 S. 2 AusfO MMA/PMMA). Die zweite Rate muß vor Ablauf von zehn Jahren an das Internationale Büro gezahlt werden, gerechnet von der internationalen Registrierung an. Auf die Zahlung sind die Vorschriften über die Erneuerung entsprechend anzuwenden (Regel 10 Abs. 1 S. 3 AusfO MMA/PMMA). Der Hinterleger erhält eine einmalige Nachfrist von sechs Monaten gegen Zahlung einer Zuschlagsgebühr in Höhe von 50% der zu zahlenden Grundgebühr (Regel 30 Abs. 1 AusfO MMA/PMMA). Erfolgt auch innerhalb der Nachfrist keine Zahlung, so wird die internationale Registrierung gelöscht (Regel 30 Abs. 3 AusfO MMA/PMMA; s. dazu im einzelnen Art. 7, Rn 2 ff.).

Nach Art. 8 Abs. 3 kann die *Zusatzgebühr* noch innerhalb einer *Frist von drei Monaten* bezahlt werden, wenn das Internationale Büro die Zahl der Klassen festsetzt oder seine Prüfung eine Nachzahlungspflicht ergibt. Der Zeitpunkt der Registrierung wird davon nicht berührt. Die Nichtzahlung während der Frist gilt als Rücknahme des Registrierungsgesuchs, wenn nicht das Warenverzeichnis entsprechend eingeschränkt worden ist (Regel 12 Abs. 7 AusfO MMA/PMMA).

### C. Verteilung der Gebühren (Art. 8 Abs. 4 bis 6)

Die Einnahmenüberschüsse aus internationalen Registrierungen werden mit Ausnahme der Einnahmen aus der Zusatzgebühr und der Ergänzungsgebühr gleichmäßig auf die Vertragsstaaten verteilt (Abs. 4). Die Zusatzgebühr und die Ergänzungsgebühr werden unter die Vertragsstaaten verteilt, und zwar nach der Zahl der Marken, für die in dem jeweiligen Vertragsstaat Schutz beantragt worden ist, multipliziert mit dem in Regel 37 AusfO MMA/PMMA festgelegten Koeffizienten (Abs. 5 und 6).

### D. Fassungen des MMA

Die Zusatzgebühr und die Ergänzungsgebühr wurden erst durch die Nizzaer Fassung eingeführt. Abs. 5 Haager und Londoner Fassung enthielt eine Zuschlagsgebühr bei Warenverzeichnissen von mehr als hundert Wörtern; eine Nachfrist wurde nicht gewährt. Die Gebühren sind durch die Stockholmer Fassung aus Art. 8 herausgenommen und in der Ausführungsordnung festgesetzt worden (s. GebVerz zur AusfO MMA/PMMA). Die Möglichkeit der Ratenzahlung (Abs. 7 bis 9) ist in der Stockholmer Fassung nicht mehr aufgeführt.

**MMA Art. 8^bis, 9**      Verzicht auf Schutz

Dies beinhaltet aber keine sachliche Änderung, da die Regelung in die Ausführungsordnung übernommen worden ist. Nach Regel 10 Abs. 1 AusfO MMA/PMMA sind die Gebühren in zwei Raten für jeweils zehn Jahre zu entrichten.

### Verzicht auf Schutz

**8^bis** Der Inhaber der internationalen Registrierung kann jederzeit durch eine an die Behörde seines Landes gerichtete Erklärung auf den Schutz in einem oder in mehreren der Vertragsländer verzichten; die Erklärung wird dem Internationalen Büro mitgeteilt und von diesem den Ländern, auf die sich der Verzicht bezieht, zur Kenntnis gebracht. Der Verzicht ist gebührenfrei.

#### Inhaltsübersicht

|   | Rn |
|---|---|
| A. Regelungsinhalt | 1 |
| B. Fassungen des MMA | 2 |

### A. Regelungsinhalt

**1**    Die international registrierte Marke erlischt mit Wirkung für sämtliche Markenverbandsstaaten, wenn ihr *Schutz innerhalb der ersten fünf Jahre im Ursprungsland endet* (Art. 6 Abs. 3). Sie erlischt ferner mit *Löschung im internationalen Register*, die nur bei *Verzicht auf den internationalen Schutz* vorzunehmen ist. Den Verzicht auf den internationalen Schutz kann der Berechtigte jederzeit erklären. Er kann sich auf den gesamten Schutz beziehen oder nur auf den Schutz für einzelne Warengattungen. Weiter erlaubt Art. 8^bis ausdrücklich den Verzicht auf den Markenschutz in einem oder mehreren Verbandsstaaten. Der Verzicht ist nicht dem Internationalen Büro zu erklären, sondern der nationalen Behörde, die ihrerseits die Erklärung dem Internationalen Büro übermittelt. Ein einziger Verzicht genügt für beliebig viele Verbandsstaaten. Der Verzicht ist gebührenfrei. Er wird im Nebenregister des DPMA (s. dazu Art. 5, Rn 9) vermerkt. Der Verzicht auf einen Teil einer Marke ist unzulässig.

### B. Fassungen des MMA

**2**    Die Londoner Fassung brachte die Gebührenfreiheit. Die Nizzaer und Stockholmer Fassung sind sachlich unverändert.

#### Spätere Veränderungen

**9** (1) Ebenso teilt die Behörde des Landes des Inhabers dem Internationalen Büro die bei der eingetragenen Marke im nationalen Register vermerkten Nichtigkeitserklärungen, Löschungen, Verzichte, Übertragungen und anderen Änderungen mit, wenn diese Änderungen auch die internationale Registrierung berühren.

(2) Das Büro trägt diese Änderungen in das internationale Register ein, teilt sie seinerseits den Behörden der Vertragsländer mit und veröffentlicht sie in seinem Blatt.

(3) Ebenso wird verfahren, wenn der Inhaber der internationalen Registrierung beantragt, das Verzeichnis der Waren oder Dienstleistungen einzuschränken, auf die sich die Registrierung bezieht.

(4) Für diese Amtshandlungen kann eine Gebühr erhoben werden, die durch die Ausführungsordnung festgesetzt wird.

(5) Die nachträgliche Erweiterung des Verzeichnisses um eine neue Ware oder Dienstleistung kann nur durch eine neue Hinterlegung, nach den Bestimmungen des Artikels 3, vorgenommen werden.

(6) Der Erweiterung steht der Austausch einer Ware oder Dienstleistung durch eine andere gleich.

### Inhaltsübersicht

|   | Rn |
|---|---|
| A. Bedeutung der Mitteilungspflicht | 1 |
| B. Mitteilungspflichtige Änderungen | 2, 3 |
| C. Verfahren | 4 |
| D. Fassungen des MMA | 5 |

## A. Bedeutung der Mitteilungspflicht

Der Schutz der international registrierten Marke ist für die ersten fünf Jahre vom Heimatschutz abhängig; er besteht nur in dem Umfang, in dem die Marke im Ursprungsland Schutz genießt (s. Art. 6, Rn 2). Rechtsänderungen hinsichtlich der Ursprungsmarke berühren daher auch den Schutz aus der internationalen Registrierung. Es ist deshalb erforderlich, daß die nationale Behörde dem Internationalen Büro unverzüglich jede *Veränderung des Rechts an der Ursprungsmarke* mitteilt. Die *Mitteilungspflicht* ist allerdings keine Garantie dafür, daß die Eintragung im internationalen Register auch der tatsächlichen Rechtslage entspricht, denn zum einen ist die Registrierung von Änderungen regelmäßig gebührenpflichtig (s. Nr. 7 GebVerz zur AusfO MMA/PMMA), zum anderen beurteilt sich die Wirksamkeit einer Änderung grundsätzlich nach nationalem Recht.

## B. Mitteilungspflichtige Änderungen

*Mitteilungspflichtig* sind grundsätzlich alle Änderungen, die nach dem Recht des Ursprungslandes zulässig sind und das Recht an der Marke betreffen, wie etwa Nichtigkeitserklärung, Löschung, Verzicht, Übertragung sowie Einschränkungen des Waren- oder Dienstleistungsverzeichnisses; ferner Änderungen des Namens oder der Anschrift des Markeninhabers oder die Sitzverlegung des Markeninhabers in einen anderen Verbandsstaat. Unter Nichtigkeitserklärungen *(annulations)* fällt auch das rechtskräftige Urteil auf Löschung.

*Änderungen des Waren- oder Dienstleistungsverzeichnisses* sind nur zulässig, sofern Waren oder Dienstleistungen gestrichen werden und so das Verzeichnis *beschränkt* wird. Eine *Erweiterung des Verzeichnisses* der IR-Marke ist nur durch *Neueintragung* möglich (Abs. 5). Dasselbe gilt für den *Austausch einer Ware oder Dienstleistung* durch eine andere (Abs. 6). In diesem Fall muß eine neue Marke international registriert werden, und zwar auch dann, wenn die Erweiterung des Verzeichnisses nach nationalem Recht zulässig oder im Klageweg erzwingbar ist. Die nachträgliche Erweiterung des Waren- oder Dienstleistungsverzeichnisses kann angesichts der starren Regelung des Art. 9 Abs. 5 keine Rückwirkung auf die IR-Marke haben. Dies folgt auch daraus, daß das im internationalen Register eingetragene Verzeichnis Grundlage der Prüfung der Schutzgewährung in den einzelnen Markenverbandsstaaten ist und eine Erweiterung der Liste eine erneute Prüfung erfordern würde (*Pinzger*, Warenzeichenrecht, Art. 9 MMA, Anm. 3; *Miosga*, Internationaler Marken- und Herkunftsschutz, S. 300). Dies war nach der *Rechtslage im WZG* für Markeninhaber mit einer deutschen Basismarke von Bedeutung, da ein erfolgreicher Teilwiderspruch gegen die Anmeldung dazu führen konnte, daß die Marke nicht für alle beantragten Klassen eingetragen wurde, der Anmelder dies vielmehr erst im Wege einer Eintragungsbewilligungsklage nach § 6 WZG erzwingen mußte. Bis zum Abschluß des Klageverfahrens konnte dann die Marke international nur für die bereits eingetragenen Waren registriert werden. Nach der *Rechtslage im MarkenG* stellt sich das Problem für deutsche Basismarken nicht mehr, da nach § 41 MarkenG die Marke zunächst für alle beantragten Klassen eingetragen wird; ein erfolgreicher Widerspruch gegen die Eintragung kann daher nur zu einer nachträglichen Einschränkung des Warenverzeichnisses führen (s. zum nachgeschalteten Widerspruchsverfahren Vorb zu den §§ 32 bis 44, Rn 3). Nach der Praxis des DPMA werden Löschungen einer deutschen Basismarke, die aufgrund eines nationalen Beschlusses erfolgen, dem Internationalen Büro erst nach Ablauf der Frist für die Erhebung der Eintragungsbewilligungsklage mitgeteilt.

## C. Verfahren

**4** Das Internationale Büro beachtet die *Änderungen der Heimateintragung* nicht von Amts wegen, sondern nur, wenn ihm eine *entsprechende Mitteilung* zugeht und die für die Änderung anfallenden *Gebühren* bezahlt werden (zu den Gebühren s. Nr. 7 GebVerz zur AusfO MMA/PMMA). Mitteilungspflichtig ist trotz des Wortlauts des Abs. 1 („die Behörde des Landes des Inhabers") immer die Behörde des Ursprungslandes, in der Bundesrepublik Deutschland das DPMA. Dies gilt auch dann, wenn das Ursprungsland und das Land des Markeninhabers etwa nach einem Rechtsübergang des Markenrechts auseinanderfallen (s. *Busse/Starck*, Art. 9 MMA, Rn 2). Ist die Mitteilung vorschriftsmäßig erfolgt, dann *registriert* das Internationale Büro die Änderungen, *benachrichtigt* die anderen Markenverbandsstaaten von den Änderungen und *veröffentlicht* die Änderungen in *Les Marques internationales* (Abs. 2; Regel 27 AusfO MMA/PMMA). Die *Eintragung der Veränderungen im internationalen Register* hat keine konstitutive, sondern nur eine *deklaratorische Wirkung* (BGHZ 18, 1 – Hückel).

## D. Fassungen des MMA

**5** Die Nizzaer Fassung hat die Vorschrift an die durch die Einführung der Unabhängigkeit der Marke nach Ablauf von fünf Jahren sowie durch die Einführung der Dienstleistungsmarke geänderte Rechtslage angepaßt. Die Stockholmer Fassung ist sachlich unverändert.

### Übertragung des Markenrechts

**9bis** (1) ¹Wird eine im internationalen Register eingetragene Marke auf eine Person übertragen, die in einem anderen Vertragsland als dem Land des Inhabers der internationalen Registrierung ansässig ist, so ist die Übertragung durch die Behörde dieses Landes dem Internationalen Büro mitzuteilen. ²Das Internationale Büro trägt die Übertragung in das Register ein, teilt sie den anderen Behörden mit und veröffentlicht sie in seinem Blatt. ³Wird die Übertragung vor Ablauf der Frist von fünf Jahren seit der internationalen Registrierung vorgenommen, so holt das Internationale Büro die Zustimmung der Behörde des Landes des neuen Inhabers ein und veröffentlicht, wenn möglich, das Datum und die Nummer der Registrierung der Marke in dem Land des neuen Inhabers.

(2) Die Übertragung einer im internationalen Register eingetragenen Marke auf eine Person, die zur Hinterlegung einer internationalen Marke nicht berechtigt ist, wird im Register nicht eingetragen.

(3) Konnte eine Übertragung im internationalen Register nicht eingetragen werden, weil das Land des neuen Inhabers seine Zustimmung versagt hat oder weil die Übertragung zugunsten einer Person vorgenommen worden ist, die zur Einreichung eines Gesuchs um internationale Registrierung nicht berechtigt ist, so hat die Behörde des Landes des früheren Inhabers das Recht, vom Internationalen Büro die Löschung der Marke in dessen Register zu verlangen.

### Inhaltsübersicht

| | Rn |
|---|---|
| A. Regelungsinhalt | 1–6 |
|    I. Grundsatz | 1 |
|   II. Übertragung auf einen Angehörigen desselben Markenverbandsstaates (Art. 9) | 2 |
|  III. Übertragung auf einen Angehörigen eines anderen Markenverbandsstaates (Art. 9bis Abs. 1) | 3, 4 |
|  IV. Übertragung auf nicht hinterlegungsberechtigte Personen (Art. 9bis Abs. 2) | 5 |
|   V. Wohnsitzverlegung | 6 |
| B. Fassungen des MMA | 7 |

**Schrifttum.** *Hug,* Zur Übertragung von international registrierten Marken, GRUR Int 1965, 604; *Miosga,* Die Übertragung internationaler Marken. Die Rechtslage nach der Neufassung der Verordnung über die internationale Registrierung, MA 1969, 27; 1969, 71.

## A. Regelungsinhalt

### I. Grundsatz

Art. 9$^{bis}$ enthält Sonderbestimmungen für die *Registrierung von Übertragungen der IR-Marke,* **1** die zu einem *Wechsel des Landes des Markeninhabers* führen. Übertragungen sind Änderungen im Sinne von Art. 9, dessen Regelungen sie grundsätzlich unterfallen. Art. 9$^{bis}$ regelt nur die Voraussetzungen, unter denen bestimmte *Übertragungen in das internationale Register eingetragen* werden. Die Voraussetzungen und die *Wirksamkeit der Übertragung* richten sich allein nach dem *nationalen Recht* der jeweiligen Markenverbandsstaaten. Die Eintragung der Übertragung im internationalen Register hat keine konstitutive, sondern nur eine *deklaratorische Wirkung* (BGHZ 18, 1 – Hückel). Für die Übertragung einer IR-Marke sind unter Zugrundelegung des weiten Begriffs des Angehörigen eines Markenverbandsstaates (Art. 1, 2) die *drei Fallkonstellationen* einer Übertragung auf einen Angehörigen desselben Markenverbandsstaates (s. Rn 2), einer Übertragung auf einen Angehörigen eines anderen Markenverbandsstaates (s. Rn 3 f.) und einer Übertragung auf nicht hinterlegungsberechtigte Personen (s. Rn 5).

### II. Übertragung auf einen Angehörigen desselben Markenverbandsstaates (Art. 9)

Die Registrierung von Übertragungen der IR-Marke auf einen *Angehörigen* (Art. 1, 2) **2** *desselben Markenverbandsstaates* richtet sich nach Art. 9 (s. Art. 9, Rn 2, 4). Die Wirksamkeit der Übertragung beurteilt sich nach dem Recht dieses Staates, in der Bundesrepublik Deutschland nach § 27 MarkenG. Während der Dauer der Abhängigkeit der IR-Marke von der Heimateintragung zieht die Übertragung der Basismarke die Übertragung der internationalen Marke ohne weiteres nach sich. Nach Beendigung der Abhängigkeit vom Heimatschutz muß die IR-Marke gesondert übertragen werden.

### III. Übertragung auf einen Angehörigen eines anderen Markenverbandsstaates (Art. 9$^{bis}$ Abs. 1)

Die Voraussetzungen für die Registrierung der Übertragung einer IR-Marke auf den *An-* **3** *gehörigen* (Art. 1, 2) *eines anderen Markenverbandsstaates* sind in Art. 9$^{bis}$ Abs. 1 geregelt. Nach Abs. 1 S. 3 ist, solange die *Abhängigkeit vom Heimatschutz* besteht, die *Zustimmung der Behörde des Landes des neuen Markeninhabers als des Rechtsnachfolgers* erforderlich. Diese Regelung beruht darauf, daß nach der Londoner Fassung das Ursprungsland wechselte, wenn die IR-Marke auf den Angehörigen eines anderen Verbandsstaates übertragen wurde. Durch das Zustimmungserfordernis sollte sichergestellt werden, daß die Übertragung nur dann international registriert wurde, wenn im Land des Erwerbers eine neues Ursprungszeichen eingetragen worden war. Nach den heute ausschließlich geltenden Nizzaer und Stockholmer Fassungen bleibt das Ursprungsland bei der Übertragung einer IR-Marke von dem Angehörigen eines Verbandslandes auf den Angehörigen eines anderen Verbandslandes konstant; es wechselt nur das Land des Markeninhabers (Art. 6 Abs. 2), so daß die Eintragung einer neuen Ursprungsmarke nicht mehr erforderlich ist. Daher wird die Zustimmung in der *Bundesrepublik Deutschland* unabhängig davon erteilt, ob die Marke zuvor in der Bundesrepublik Deutschland national eingetragen wurde (§ 118 MarkenG). Ist die *IR-Marke bereits vom Schutz im Ursprungsland unabhängig,* so ist eine *Zustimmung der Behörde des Erwerberlandes nicht erforderlich.* Bei Vorliegen der Voraussetzungen registriert das Internationale Büro die Übertragung, teilt sie den anderen Verbandsstaaten mit und veröffentlicht sie in *Les Marques internationales* (Abs. 1 S. 2; s. zum Registrierungsverfahren im einzelnen Art. 9, Rn 4).

4  Die *Wirksamkeit der Übertragung* richtet sich nach dem *nationalen Recht* der beteiligten Verbandsstaaten. Soll die Marke ohne Geschäftsbetrieb übertragen werden, so muß dies nach dem Recht beider Staaten erlaubt sein. Nach deutschem Recht ist eine freie Übertragung der Marke nach § 27 Abs. 1 MarkenG zulässig (zur Rechtslage in den einzelnen EU-Staaten s. § 27 MarkenG, Rn 6). Durch die Übertragung der IR-Marke erlangt der Erwerber keinen Schutz im Land des Veräußerers, da sich der Schutz aus der internationalen Registrierung nicht auf das Ursprungsland erstreckt (s. Art. 1 Rn 6; *Hug*, GRUR Int 1965, 604).

### IV. Übertragung auf nicht hinterlegungsberechtigte Personen (Art. 9$^{bis}$ Abs. 2)

5  Die Übertragung der IR-Marke auf Personen, die weder Staatsangehörige eines Markenverbandsstaates sind, noch Wohnsitz oder Niederlassung in einem solchen Staat haben (Art. 1, 2), wird im internationalen Register nicht vermerkt (Art. 9$^{bis}$ Abs. 2), somit auch nicht mitgeteilt. Die *Übertragung der IR-Marke* ist *wirkungslos*. Der Erwerber kann aber in den einzelnen Markenverbandsstaaten *nationale Eintragungen* bewirken und so eine Übertragung der Rechte herbeiführen (*Troller*, Mehrseitige völkerrechtliche Verträge, S. 77; *Busse/Starck*, Art. 9$^{bis}$ MMA, Rn 5; *Hamburger*, GRUR Int 1961, 224; Cour de Cassation GRUR Int 1968, 290 – Sombrero). Auf das Ersuchen der Behörde des Landes des früheren Inhabers wird die IR-Marke gelöscht (Abs. 3). Die Regelung dient der Beseitigung des Rechtsscheins, der dadurch hervorgerufen werden kann, daß der Veräußerer international registriert bleibt, obwohl der Erwerber durch nationale Eintragungen in dessen Rechtsstellung eingetreten ist (*Busse/Starck*, Art. 9$^{bis}$ MMA, Rn 5). Art. 9$^{bis}$ Abs. 2 und 3 finden auch dann Anwendung, wenn der Markeninhaber seinen Wohnsitz oder seine Niederlassung in einen dem Markenverband nicht angehörenden Staat verlegt.

### V. Wohnsitzverlegung

6  Bei einer *Wohnsitzverlegung* in einen anderen Verbandsstaat oder in einen dem Markenverband nicht angehörenden Staat verfährt das Internationale Büro grundsätzlich wie bei einer Übertragung der IR-Marke. Anders als bei einer Übertragung der IR-Marke auf einen Angehörigen eines anderen Markenverbandsstaates (s. Rn 3 f.), ist aber bei einer Wohnsitzverlegung in einen anderen Markenverbandsstaat eine *Zustimmung* der Behörde dieses Markenverbandsstaates *nicht erforderlich*. Wenn die Wohnsitzverlegung in ein Land erfolgt, in dem der Inhaber der IR-Marke nicht hinlegungsberechtigt ist (s. Rn 5), dann wird wegen mangelnder Schutzberechtigung die Wohnsitzverlegung in dem Land des neuen Wohnsitzes nicht vermerkt und löscht das Internationale Büro aufgrund einer Ermächtigung der Behörde des Landes des alten Wohnsitzes die IR-Marke.

### B. Fassungen des MMA

7  Die Londoner Fassung fügte Abs. 3 ein. Die Nizzaer Fassung paßte die Vorschrift an die durch die Einführung der Unabhängigkeit der IR-Marke geänderte Rechtslage an. Die Stockholmer Fassung brachte gegenüber der Nizzaer Fassung keine Änderungen.

**Teilübertragung von Marken**

**9ter (1)** ¹**Wird die Übertragung einer internationalen Marke nur für einen Teil der eingetragenen Waren oder Dienstleistungen dem Internationalen Büro mitgeteilt, so trägt dieses die Übertragung in sein Register ein.** ²**Jedes der Vertragsländer ist befugt, die Gültigkeit dieser Übertragung nicht anzuerkennen, wenn die Waren oder Dienstleistungen des auf diese Weise übertragenen Teils mit denen gleichartig sind, für welche die Marke zugunsten des Übertragenden eingetragen bleibt.**

(2) **Das Internationale Büro trägt auch Übertragungen der internationalen Marke ein, die sich nur auf eines oder auf mehrere der Vertragsländer beziehen.**

Teilübertragung von Marken  1–5  **Art. 9ᵗᵉʳ MMA**

**(3) Tritt in den vorgenannten Fällen ein Wechsel des Landes des Inhabers ein, so hat die für den neuen Inhaber zuständige Behörde die nach Artikel 9ᵇⁱˢ erforderliche Zustimmung zu erteilen, wenn die internationale Marke vor Ablauf der Frist von fünf Jahren seit der internationalen Registrierung übertragen worden ist.**

**(4) Die Bestimmungen der vorhergehenden Absätze finden nur unter dem Vorbehalt des Artikels 6ᵠᵘᵃᵗᵉʳ der Pariser Verbandsübereinkunft zum Schutz des gewerblichen Eigentums Anwendung.**

### Inhaltsübersicht

|   | Rn |
|---|---|
| A. Regelungsinhalt | 1–3 |
| B. Fassungen des MMA | 4, 5 |

**Schrifttum.** *Städler,* Übertragung des deutschen Teiles einer IR-Marke, GRUR 1965, 406.

## A. Regelungsinhalt

Art. 9ᵗᵉʳ enthält Sonderbestimmungen für die *Registrierung von Übertragungen einer IR-* **1** *Marke,* die sich nur auf einen *Teil der eingetragenen Waren oder Dienstleistungen* (Abs. 1) oder nur auf *einzelne Verbandsstaaten* (Abs. 2) beziehen. Teilübertragungen sind Änderungen im Sinne von Art. 9, dessen Regelungen sie grundsätzlich unterfallen. Die Voraussetzungen, unter denen Teilübertragungen zulässig sind, bestimmen sich nach dem nationalen Recht der jeweiligen Markenverbandsstaaten. Die *Eintragung der Teilübertragung* im internationalen Register hat keine konstitutive, sondern nur eine *deklaratorische Wirkung* (BGHZ 18, 1 – Hückel). In der Bundesrepublik Deutschland ist nach § 27 Abs. 1, 4 MarkenG die Übertragung der Marke für einen Teil der Waren oder Dienstleistungen, für die sie Schutz genießt, zulässig. Ebenso ist die Übertragung der Marke für einen oder mehrere der Verbandsstaaten zulässig.

Soweit die IR-Marke übertragen worden ist, wird sie unter der Nummer der bisherigen **2** Registrierung, der ein Großbuchstabe hinzugefügt wird, vom Internationalen Büro auf den Namen des Erwerbers neu eingetragen (Regel 27 Abs. 2 AusfO MMA). Beide Registrierungen haben die gleiche Schutzfrist, müssen aber unabhängig voneinander erneuert werden. Wechselt durch die Übertragung das Land des Markeninhabers, ist während der Abhängigkeit der IR-Marke vom Heimatschutz die Zustimmung der Behörde des Erwerberlandes erforderlich (Abs. 3; s. dazu Art. 9ᵇⁱˢ, Rn 3).

Der Bestimmung des Art. 9 Abs. 4 kommt für die Bundesrepublik Deutschland keine **3** Bedeutung mehr zu, nachdem der Grundsatz der Bindung der Marke an den Geschäftsbetrieb durch § 47 Nr. 3 ErstrG mit Wirkung vom 1. Mai 1992 aufgegeben wurde (s. zur Nichtakzessorietät der Marke § 3 MarkenG, Rn 52 ff.).

## B. Fassungen des MMA

Die Vorschrift wurde durch die Londoner Fassung eingefügt. Nach der Haager Fassung **4** waren nur Vollübertragungen der Marke möglich. Die Nizzaer Fassung hat die Vorschrift an die durch die Einführung der Unabhängigkeit der Marke nach Ablauf von fünf Jahren sowie durch die Einführung der Dienstleistungsmarke geänderte Rechtslage angepaßt. Die Stockholmer Fassung ist sachlich unverändert.

Das Registrierungsverfahren nach Art. 7ᵇⁱˢ Abs. 1 der AusfO zur Londoner Fassung **5** (BlPMZ 1934, 178) wich von den späteren Regelungen insofern ab, als nur Übertragungen der Marke, die sich auf einen Teil der Waren bezogen, in der Weise neu registriert wurden, daß der abgetretene Teil unter einer anderen Nummer für den Erwerber neu eingetragen wurde. Bei der Übertragung der Marke für ein Land oder mehrere Länder mußten nationale Eintragungen bewirkt werden; die internationale Marke wurde für diese Länder gelöscht. Wurde der deutsche Teil einer internationalen Marke übertragen, so konnte auch eine bereits vor der Übertragung eingetragene Marke des Erwerbers nach Art. 7ᵇⁱˢ Abs. 2 der

AusfO zur Londoner Fassung (BlPMZ 1954, 178) an die Stelle der internationalen Registrierung treten. Es mußte sich aber um dieselbe Marke für die gleichen Waren handeln (BPatGE 6, 136; *Städler*, GRUR 1965, 406).

**Vereinheitlichung von Landesgesetzen**

**9**quater (1) Kommen mehrere Länder des besonderen Verbandes überein, ihre Landesgesetze auf dem Gebiet des Markenrechts zu vereinheitlichen, so können sie dem Generaldirektor notifizieren:

a) daß eine gemeinsame Behörde an die Stelle der nationalen Behörde jedes dieser Länder tritt und

b) daß die Gesamtheit ihrer Hoheitsgebiete für die vollständige oder teilweise Anwendung der diesem Artikel vorhergehenden Bestimmungen als ein Land anzusehen ist.

(2) Diese Notifikation wird erst wirksam sechs Monate nach dem Zeitpunkt der Mitteilung, welche der Generaldirektor den anderen Vertragsländern darüber zugehen läßt.

### Inhaltsübersicht

| | Rn |
|---|---|
| A. Regelungsinhalt | 1 |
| B. Fassungen des MMA | 2 |

## A. Regelungsinhalt

1   Art. 9quater wurde im Hinblick auf die Schaffung eines einheitlichen Markengesetzes für Belgien, Luxemburg und die Niederlande in das Abkommen aufgenommen *(Richter*, GRUR Int 1957, 519, 533). Das *Benelux-MarkenG* ist am 1. Januar 1971 in Kraft getreten.

## B. Fassungen des MMA

2   Die Bestimmung wurde durch die Nizzaer Fassung eingefügt. Die Stockholmer Fassung hat die Vorschrift der neuen Verwaltungsstruktur angepaßt.

**Versammlung des Verbandes**

**10** (1) a) Der besondere Verband hat eine Versammlung, die sich aus den Ländern zusammensetzt, die diese Fassung des Abkommens ratifiziert haben oder ihr beigetreten sind.

b) Die Regierung jedes Landes wird durch einen Delegierten vertreten, der von Stellvertretern, Beratern und Sachverständigen unterstützt werden kann.

c) Die Kosten jeder Delegation werden von der Regierung getragen, die sie entsandt hat, mit Ausnahme der Reisekosten und der Aufenthaltsentschädigung für einen Delegierten jedes Mitgliedlandes, die zu Lasten des besonderen Verbandes gehen.

(2) a) Die Versammlung

   i) behandelt alle Fragen betreffend die Erhaltung und die Entwicklung des besonderen Verbandes sowie die Anwendung dieses Abkommens;

   ii) erteilt dem Internationalen Büro Weisungen für die Vorbereitung der Revisionskonferenzen unter gebührender Berücksichtigung der Stellungnahmen der Länder des besonderen Verbandes, die diese Fassung des Abkommens weder ratifiziert haben noch ihr beigetreten sind;

   iii) ändert die Ausführungsordnung und setzt die Höhe der in Artikel 8 Absatz 2 genannten Gebühren und der anderen Gebühren für die internationale Registrierung fest;

Versammlung des Verbandes  1 **Art. 10 MMA**

    iv) prüft und billigt die Berichte und die Tätigkeit des Generaldirektors betreffend den besonderen Verband und erteilt ihm alle zweckdienlichen Weisungen in Fragen, die in die Zuständigkeit des besonderen Verbandes fallen;

    v) legt das Programm fest, beschließt den Zweijahres-Haushaltsplan des besonderen Verbandes und billigt seine Rechnungsabschlüsse;

    vi) beschließt die Finanzvorschriften des besonderen Verbandes;

    vii) bildet die Sachverständigenausschüsse und Arbeitsgruppen, die sie zur Verwirklichung der Ziele des besonderen Verbandes für zweckdienlich hält;

    viii) bestimmt, welche Nichtmitgliedländer des besonderen Verbandes, welche zwischenstaatlichen und welche internationalen nichtstaatlichen Organisationen zu ihren Sitzungen als Beobachter zugelassen werden;

    ix) beschließt Änderungen der Artikel 10 bis 13;

    x) nimmt jede andere Handlung vor, die zur Erreichung der Ziele des besonderen Verbandes geeignet ist;

    xi) nimmt alle anderen Aufgaben wahr, die sich aus diesem Abkommen ergeben.

b) Über Fragen, die auch für andere von der Organisation verwaltete Verbände von Interesse sind, entscheidet die Versammlung nach Anhörung des Koordinierungsausschusses der Organisation.

(3) a) Jedes Mitglied der Versammlung verfügt über eine Stimme.

b) Die Hälfte der Mitgliedländer der Versammlung bildet das Quorum (die für die Beschlußfähigkeit erforderliche Mindestzahl).

c) $^1$Ungeachtet des Buchstaben b kann die Versammlung Beschlüsse fassen, wenn während einer Tagung die Zahl der vertretenen Länder zwar weniger als die Hälfte, aber mindestens ein Drittel der Mitgliedländer der Versammlung beträgt; jedoch werden diese Beschlüsse mit Ausnahme der Beschlüsse über das Verfahren der Versammlung nur dann wirksam, wenn die folgenden Bedingungen erfüllt sind: Das Internationale Büro teilt diese Beschlüsse den Mitgliedländern der Versammlung mit, die nicht vertreten waren, und lädt sie ein, innerhalb einer Frist von drei Monaten vom Zeitpunkt der Mitteilung an schriftlich ihre Stimme oder Stimmenthaltung bekanntzugeben. $^2$Entspricht nach Ablauf der Frist die Zahl der Länder, die auf diese Weise ihre Stimme oder Stimmenthaltung bekanntgegeben haben, mindestens der Zahl der Länder, die für die Erreichung des Quorums während der Tagung gefehlt hatte, so werden die Beschlüsse wirksam, sofern gleichzeitig die erforderliche Mehrheit noch vorhanden ist.

d) Vorbehaltlich des Artikels 13 Absatz 2 faßt die Versammlung ihre Beschlüsse mit einer Mehrheit von zwei Dritteln der abgegebenen Stimmen.

e) Stimmenthaltung gilt nicht als Stimmabgabe.

f) Ein Delegierter kann nur ein Land vertreten und nur in dessen Namen abstimmen.

g) Die Länder des besonderen Verbandes, die nicht Mitglied der Versammlung sind, werden zu den Sitzungen der Versammlung als Beobachter zugelassen.

(4) a) Die Versammlung tritt nach Einberufung durch den Generaldirektor alle zwei Jahre einmal zu einer ordentlichen Tagung zusammen, und zwar, abgesehen von außergewöhnlichen Fällen, zu derselben Zeit und an demselben Ort wie die Generalversammlung der Organisation.

b) Die Versammlung tritt nach Einberufung durch den Generaldirektor zu einer außerordentlichen Tagung zusammen, wenn ein Viertel der Mitgliedländer der Versammlung es verlangt.

c) Die Tagesordnung jeder Tagung wird vom Generaldirektor vorbereitet.

(5) Die Versammlung gibt sich eine Geschäftsordnung.

### Inhaltsübersicht

| | Rn |
|---|---|
| A. Regelungsinhalt | 1 |
| B. Fassungen des MMA | 2 |

### A. Regelungsinhalt

Auf der Revisionskonferenz in Stockholm ist die Organisation des MMA der Organisation der PVÜ angeglichen worden (s. Art. 13 PVÜ, Rn 1). *Oberstes Organ* des Madrider   **1**

Markenverbandes ist die *Versammlung*. *Vertreter* des Verbandes ist der *Generaldirektor* (Art. 11 Abs. 1 lit. c). Die *Verwaltung* liegt beim *Internationalen Büro* (Art. 11 Abs. 1 lit. a). Nur einen Exekutivausschuß gibt es nicht. Die Versammlung besteht aus den Ländern, die Mitglied der Stockholmer Fassung sind (Abs. 1). Die *Aufgaben der Versammlung* sind in Abs. 2 im einzelnen aufgezählt; dazu gehören insbesondere die Änderung der Ausführungsordnung und Gebührenänderungen sowie der Beschluß des Zweijahres-Haushaltsplanes und der Finanzvorschriften. Abs. 3 regelt die *Beschlußfassung*. Nach Abs. 4 tritt die Versammlung alle *zwei Jahre* einmal zu einer *ordentlichen Tagung* zusammen.

### B. Fassungen des MMA

2 Nach der Haager Fassung und der Londoner Fassung gab es kein der Versammlung entsprechendes Organ und keinen Ausschuß mit einer festgelegten Beschlußkompetenz. Die Behörden sollten die Einzelheiten der Ausführung des MMA im gemeinschaftlichen Einverständnis regeln. Nach der Nizzaer Fassung war die Regierung der Schweizerischen Eidgenossenschaft Aufsichtsbehörde über das Internationale Büro und den Generaldirektor. Daneben gab es einen Ausschuß der Leiter der nationalen Ämter. Dieser Ausschuß hatte im wesentlichen beratende Funktion, konnte jedoch einstimmig Änderungen der Ausführungsordnung und Gebührenänderungen beschließen. Die Stockholmer Fassung hat die Regelung an die Verwaltungsstruktur der PVÜ angepaßt (s. Rn 1).

**Internationales Büro**

**11** (1) a) Die Aufgaben hinsichtlich der internationalen Registrierung sowie die anderen Verwaltungsaufgaben des besonderen Verbandes werden vom Internationalen Büro wahrgenommen.

b) Das Internationale Büro bereitet insbesondere die Sitzungen der Versammlung sowie der etwa von ihr gebildeten Sachverständigenausschüsse und Arbeitsgruppen vor und besorgt das Sekretariat dieser Organe.

c) Der Generaldirektor ist der höchste Beamte des besonderen Verbandes und vertritt diesen Verband.

(2) ¹Der Generaldirektor und die von ihm bestimmten Mitglieder des Personals nehmen ohne Stimmrecht an allen Sitzungen der Versammlung und aller etwa von ihr gebildeten Sachverständigenausschüsse oder Arbeitsgruppen teil. ²Der Generaldirektor oder ein von ihm bestimmtes Mitglied des Personals ist von Amts wegen Sekretär dieser Organe.

(3) a) Das Internationale Büro bereitet nach den Weisungen der Versammlung die Konferenzen zur Revision der Bestimmungen des Abkommens mit Ausnahme der Artikel 10 bis 13 vor.

b) Das Internationale Büro kann bei der Vorbereitung der Revisionskonferenzen zwischenstaatliche sowie internationale nichtstaatliche Organisationen konsultieren.

c) Der Generaldirektor und die von ihm bestimmten Personen nehmen ohne Stimmrecht an den Beratungen dieser Konferenzen teil.

(4) **Das Internationale Büro nimmt alle anderen Aufgaben wahr, die ihm übertragen werden.**

### Inhaltsübersicht

|   | Rn |
|---|---|
| A. Regelungsinhalt | 1 |
| B. Fassungen des MMA | 2 |

### A. Regelungsinhalt

1 Die *Verwaltungsaufgaben* des MMA werden ebenso wie die der PVÜ von dem *Internationalen Büro*, dem Sekretariat der Weltorganisation für geistiges Eigentum (WIPO) in Genf, wahrgenommen (s. Art. 15 PVÜ, Rn 1). Das Internationale Büro führt insbesondere das *internationale Markenregister* und nimmt alle damit zusammenhängenden Aufgaben wie *Veröf-*

*fentlichungen*, *Auskunftserteilungen* und *Recherchen* wahr. Der Generaldirektor der WIPO ist Vertreter und höchster Beamter der WIPO, der PVÜ und des MMA.

### B. Fassungen des MMA

Die Vorschrift wurde durch die Stockholmer Fassung eingefügt (zur Verwaltungsstruktur nach den früheren Fassungen s. Art. 10, Rn 2; Art. 15 PVÜ, Rn 1). 2

**Haushaltsplan**

**12** (1) a) Der besondere Verband hat einen Haushaltsplan.

b) Der Haushaltsplan des besonderen Verbandes umfaßt die eigenen Einnahmen und Ausgaben des besonderen Verbandes, dessen Beitrag zum Haushaltsplan der gemeinsamen Ausgaben der Verbände sowie gegebenenfalls den dem Haushaltsplan der Konferenz der Organisation zur Verfügung gestellten Betrag.

c) Als gemeinsame Ausgaben der Verbände gelten die Ausgaben, die nicht ausschließlich dem besonderen Verband, sondern auch einem oder mehreren anderen von der Organisation verwalteten Verbänden zuzurechnen sind. Der Anteil des besonderen Verbandes an diesen gemeinsamen Ausgaben entspricht dem Interesse, das der besondere Verband an ihnen hat.

(2) Der Haushaltsplan des besonderen Verbandes wird unter Berücksichtigung der Notwendigkeit seiner Abstimmung mit den Haushaltsplänen der anderen von der Organisation verwalteten Verbände aufgestellt.

(3) Der Haushaltsplan des besonderen Verbandes umfaßt folgende Einnahmen:
 i) Gebühren für die internationale Registrierung sowie Gebühren und Beträge für andere Dienstleistungen des Internationalen Büros im Rahmen des besonderen Verbandes;
 ii) Verkaufserlöse und andere Einkünfte aus Veröffentlichungen des Internationalen Büros, die den besonderen Verband betreffen;
 iii) Schenkungen, Vermächtnisse und Zuwendungen;
 iv) Mieten, Zinsen und andere verschiedene Einkünfte.

(4) a) Die Höhe der in Artikel 8 Absatz 2 genannten Gebühren sowie der anderen Gebühren für die internationale Registrierung wird von der Versammlung auf Vorschlag des Generaldirektors festgesetzt.

b) Diese Höhe wird in der Weise festgesetzt, daß die Einnahmen des besonderen Verbandes aus den Gebühren, soweit es sich nicht um die in Artikel 8 Abs. 2 Buchstaben b und c bezeichneten Zusatz- und Ergänzungsgebühren handelt, sowie aus den anderen Einkünften mindestens zur Deckung der Ausgaben des Internationalen Büros für den besonderen Verband ausreichen.

c) Wird der Haushaltsplan nicht vor Beginn eines neuen Rechnungsjahres beschlossen, so wird der Haushaltsplan des Vorjahres nach Maßgabe der Finanzvorschriften übernommen.

(5) Vorbehaltlich des Absatzes 4 Buchstabe a wird die Höhe der Gebühren und Beträge für andere Dienstleistungen des Internationalen Büros im Rahmen des besonderen Verbandes vom Generaldirektor festgesetzt, der der Versammlung darüber berichtet.

(6) a) [1]Der besondere Verband hat einen Betriebsmittelfonds, der durch eine einmalige Zahlung jedes Landes des besonderen Verbandes gebildet wird. [2]Reicht der Fonds nicht mehr aus, so beschließt die Versammlung seine Erhöhung.

b) Die Höhe der erstmaligen Zahlung jedes Landes zu diesem Fonds oder sein Anteil an dessen Erhöhung ist proportional zu dem Beitrag, den dieses Land als Mitglied des Pariser Verbandes zum Schutz des gewerblichen Eigentums zum Haushaltsplan dieses Verbandes für das Jahr leistet, in dem der Fonds gebildet oder die Erhöhung beschlossen wird.

c) Dieses Verhältnis und die Zahlungsbedingungen werden von der Versammlung auf Vorschlag des Generaldirektors und nach Äußerung des Koordinierungsausschusses der Organisation festgesetzt.

d) Solange die Versammlung gestattet, daß der Reservefonds des besonderen Verbandes als Betriebsmittelfonds benutzt wird, kann die Versammlung die Anwendung der Bestimmungen der Buchstaben a, b und c aussetzen.

(7) a) ¹Das Abkommen über den Sitz, das mit dem Land geschlossen wird, in dessen Hoheitsgebiet die Organisation ihren Sitz hat, sieht vor, daß dieses Land Vorschüsse gewährt, wenn der Betriebsmittelfonds nicht ausreicht. ²Die Höhe dieser Vorschüsse und die Bedingungen, unter denen sie gewährt werden, sind in jedem Fall Gegenstand besonderer Vereinbarungen zwischen diesem Land und der Organisation.

b) ¹Das unter Buchstabe a bezeichnete Land und die Organisation sind berechtigt, die Verpflichtung zur Gewährung von Vorschüssen durch schriftliche Notifikation zu kündigen. ²Die Kündigung wird drei Jahre nach Ablauf des Jahres wirksam, in dem sie notifiziert worden ist.

(8) Die Rechnungsprüfung wird nach Maßgabe der Finanzvorschriften von einem oder mehreren Ländern des besonderen Verbandes oder von außenstehenden Rechnungsprüfern vorgenommen, die mit ihrer Zustimmung von der Versammlung bestimmt werden.

### Änderungen der Artikel 10 bis 13

**13** (1) ¹Vorschläge zur Änderung der Artikel 10, 11, 12 und dieses Artikels können von jedem Mitgliedland der Versammlung oder vom Generaldirektor vorgelegt werden. ²Diese Vorschläge werden vom Generaldirektor mindestens sechs Monate, bevor sie in der Versammlung beraten werden, den Mitgliedländern der Versammlung mitgeteilt.

(2) ¹Jede Änderung der in Absatz 1 bezeichneten Artikel wird von der Versammlung beschlossen. ²Der Beschluß erfordert drei Viertel der abgegebenen Stimmen; jede Änderung des Artikels 10 und dieses Absatzes erfordert jedoch vier Fünftel der abgegebenen Stimmen.

(3) ¹Jede Änderung der in Absatz 1 bezeichneten Artikel tritt einen Monat nach dem Zeitpunkt in Kraft, zu dem die schriftlichen Notifikationen der verfassungsmäßig zustandegekommenen Annahme des Änderungsvorschlags von drei Vierteln der Länder, die im Zeitpunkt der Beschlußfassung über die Änderung Mitglied der Versammlung waren, beim Generaldirektor eingegangen sind. ²Jede auf diese Weise angenommene Änderung der genannten Artikel bindet alle Länder, die im Zeitpunkt des Inkrafttretens der Änderung Mitglied der Versammlung sind oder später Mitglied werden.

1   Zuständig für eine *Änderung der Art. 10 bis 13 MMA* ist die *Versammlung* (Art. 10 Abs. 2 lit. a ix). Soweit Änderungen von der Versammlung beschlossen werden können, bedarf es keiner Revision des Abkommens. Der *Änderungsbeschluß* erfordert drei Viertel der abgegebenen Stimmen, jedoch ist für eine Änderung des Art. 10 sowie des Art. 13 Abs. 2 eine Mehrheit von vier Fünfteln der abgegebenen Stimmen nötig.

### Ratifikation oder Beitritt

**14** (1) Jedes Land des besonderen Verbandes kann diese Fassung des Abkommens ratifizieren, wenn es sie unterzeichnet hat, oder ihr beitreten, wenn es sie nicht unterzeichnet hat.

(2) a) Jedes dem besonderen Verband nicht angehörende Vertragsland der Pariser Verbandsübereinkunft zum Schutz des gewerblichen Eigentums kann dieser Fassung des Abkommens beitreten und dadurch Mitglied des besonderen Verbandes werden.

b) Sobald das Internationale Büro davon in Kenntnis gesetzt worden ist, daß ein solches Land dieser Fassung des Abkommens beigetreten ist, übermittelt es der Behörde dieses Landes gemäß Artikel 3 eine Sammelanzeige aller Marken, die zu diesem Zeitpunkt den internationalen Schutz genießen.

c) Diese Anzeige sichert als solche den genannten Marken die Vorteile der vorhergehenden Bestimmungen im Hoheitsgebiet dieses Landes und setzt die Jahresfrist in Lauf, während der die beteiligte Behörde die in Artikel 5 vorgesehene Erklärung abgeben kann.

d) Jedoch kann ein solches Land bei seinem Beitritt zu dieser Fassung des Abkommens erklären, daß die Anwendung dieser Fassung auf diejenigen Marken beschränkt wird, die von dem Tag an registriert werden, an dem dieser Beitritt

Kündigung                                                                                  **Art. 15 MMA**

wirksam wird; dies gilt nicht für internationale Marken, die schon vorher in diesem Land Gegenstand einer gleichen, noch wirksamen nationalen Eintragung gewesen sind und die auf Antrag der Beteiligten ohne weiteres anzuerkennen sind.

e) Diese Erklärung entbindet das Internationale Büro von der obengenannten Übermittlung der Sammelanzeige. Es beschränkt seine Anzeige auf die Marken, derentwegen ihm der Antrag auf Anwendung der unter Buchstabe d vorgesehenen Ausnahme nebst den erforderlichen näheren Angaben innerhalb eines Jahres nach dem Beitritt des neuen Landes zugeht.

f) [1] Das Internationale Büro übermittelt solchen Ländern keine Sammelanzeige, wenn sie bei ihrem Beitritt zu dieser Fassung des Abkommens erklären, daß sie von der in Artikel 3$^{bis}$ vorgesehenen Befugnis Gebrauch machen. [2] Diese Länder können außerdem gleichzeitig erklären, daß die Anwendung dieser Fassung des Abkommens auf diejenigen Marken beschränkt wird, die von dem Tag an registriert werden, an dem ihr Beitritt wirksam wird; diese Einschränkung gilt jedoch nicht für die internationalen Marken, die in diesen Ländern schon vorher Gegenstand einer gleichen nationalen Eintragung waren und die Anlaß zu gemäß Artikel 3$^{ter}$ und Artikel 8 Absatz 2 Buchstabe c gestellten und mitgeteilten Gesuchen um Ausdehnung des Schutzes geben können.

g) Die Markenregistrierungen, die den Gegenstand einer der in diesem Absatz vorgesehenen Anzeige gebildet haben, gelten als an die Stelle der Eintragung getreten, die in dem neuen Vertragsland vor dem Zeitpunkt des Wirksamwerdens seines Beitritts unmittelbar bewirkt worden sind.

(3) Die Ratifikations- und Beitrittsurkunden werden beim Generaldirektor hinterlegt.

(4) a) Für die ersten fünf Länder, die ihre Ratifikations- oder Beitrittsurkunden hinterlegt haben, tritt diese Fassung des Abkommens drei Monate nach Hinterlegung der fünften solchen Urkunde in Kraft.

b) [1] Für jedes andere Land tritt diese Fassung des Abkommens drei Monate nach dem Zeitpunkt der Notifizierung seiner Ratifikation oder seines Beitritts durch den Generaldirektor in Kraft, sofern in der Ratifikations- oder Beitrittsurkunde nicht ein späterer Zeitpunkt angegeben ist. [2] In diesem Fall tritt diese Fassung des Abkommens für dieses Land zu dem angegebenen Zeitpunkt in Kraft.

(5) Die Ratifikation oder der Beitritt bewirkt von Rechts wegen die Annahme aller Bestimmungen und die Zulassung zu allen Vorteilen dieser Fassung des Abkommens.

(6) [1] Nach dem Inkrafttreten dieser Fassung des Abkommens kann ein Land der Nizzaer Fassung vom 15. Juni 1957 nur beitreten, wenn es gleichzeitig diese Fassung des Abkommens ratifiziert oder ihr beitritt. [2] Der Beitritt zu Fassungen des Abkommens, die älter sind als die Nizzaer Fassung, ist auch gleichzeitig mit der Ratifikation dieser Fassung oder dem Beitritt zu ihr nicht zulässig.

(7) Artikel 24 der Pariser Verbandsübereinkunft zum Schutz des gewerblichen Eigentums ist auf dieses Abkommen anzuwenden.

## Kündigung

**15** (1) Dieses Abkommen bleibt ohne zeitliche Begrenzung in Kraft.

(2) Jedes Land kann diese Fassung des Abkommens durch eine an den Generaldirektor gerichtete Notifikation kündigen. Diese Kündigung bewirkt zugleich die Kündigung aller früheren Fassungen und hat nur Wirkung für das Land, das sie erklärt hat; für die übrigen Länder des besonderen Verbandes bleibt das Abkommen in Kraft und wirksam.

(3) Die Kündigung wird ein Jahr nach dem Tag wirksam, an dem die Notifikation beim Generaldirektor eingegangen ist.

(4) Das in diesem Artikel vorgesehene Kündigungsrecht kann von einem Land nicht vor Ablauf von fünf Jahren nach dem Zeitpunkt ausgeübt werden, zu dem es Mitglied des besonderen Verbandes geworden ist.

(5) Die vor dem Zeitpunkt, an dem die Kündigung wirksam wird, international registrierten Marken, denen innerhalb der in Artikel 5 vorgesehenen Jahresfrist der Schutz nicht verweigert worden ist, genießen während der Dauer des internationalen Schutzes weiter denselben Schutz, wie wenn sie unmittelbar in diesem Land hinterlegt worden wären.

## Fassungen

**16** (1) a) Diese Fassung des Abkommens ersetzt in den Beziehungen zwischen den Ländern des besonderen Verbandes, die sie ratifiziert haben oder ihr beigetreten sind, von dem Tag an, an dem sie für sie in Kraft tritt, das Madrider Abkommen von 1891 in seinen früheren Fassungen.

b) Jedoch bleibt jedes Land des besonderen Verbandes, das diese Fassung des Abkommens ratifiziert hat oder ihr beigetreten ist, in seinen Beziehungen zu den Ländern, die diese Fassung weder ratifiziert haben noch ihr beigetreten sind, an die früheren Fassungen gebunden, sofern es diese nicht gemäß Artikel 12 Absatz 4 der Nizzaer Fassung vom 15. Juni 1957 vorher gekündigt hat.

(2) ¹Die dem besonderen Verband nicht angehörenden Länder, die Vertragspartei dieser Fassung des Abkommens werden, wenden sie auch auf die internationalen Registrierungen an, die beim Internationalen Büro durch Vermittlung der nationalen Behörde eines Landes des besonderen Verbandes, das nicht Vertragspartei dieser Fassung ist, vorgenommen worden sind, vorausgesetzt, daß die Registrierungen hinsichtlich dieser Länder den Vorschriften dieser Fassung des Abkommens entsprechen. ²Die dem besonderen Verband nicht angehörenden Länder, die Vertragspartei dieser Fassung des Abkommens werden, lassen es zu, daß das vorgenannte Land hinsichtlich der durch Vermittlung ihrer nationalen Behörden beim Internationalen Büro vorgenommenen internationalen Registrierungen die Erfüllung der Vorschriften der jüngsten Fassung dieses Abkommens, der es angehört, verlangt.

## Unterzeichnung – Sprachen

**17** (1) a) Diese Fassung des Abkommens wird in einer Urschrift in französischer Sprache unterzeichnet und bei der schwedischen Regierung hinterlegt.

b) Amtliche Texte werden vom Generaldirektor nach Konsultierung der beteiligten Regierungen in anderen Sprachen hergestellt, die die Versammlung bestimmen kann.

(2) Diese Fassung des Abkommens liegt bis zum 13. Januar 1968 in Stockholm zur Unterzeichnung auf.

(3) Der Generaldirektor übermittelt zwei von der schwedischen Regierung beglaubigte Abschriften des unterzeichneten Textes dieser Fassung des Abkommens den Regierungen aller Länder des besonderen Verbandes und der Regierung jedes anderen Landes, die es verlangt.

(4) Der Generaldirektor läßt diese Fassung des Abkommens beim Sekretariat der Vereinten Nationen registrieren.

(5) Der Generaldirektor notifiziert den Regierungen aller Länder des besonderen Verbandes die Unterzeichnungen, die Hinterlegungen von Ratifikations- oder Beitrittsurkunden sowie die in diesen Urkunden enthaltenen Erklärungen, das Inkrafttreten aller Bestimmungen dieser Fassung des Abkommens, die Notifikationen von Kündigungen und die Notifikationen gemäß den Artikeln 3$^{bis}$, 9$^{quater}$, 13, 14 Absatz 7 und Artikel 15 Absatz 2.

**Schrifttum.** *Müller*, Internationaler Markenschutz mehrsprachig, GRUR Int 1984, 669.

## Übergangsvorschriften

**18** (1) Bis zur Amtsübernahme durch den ersten Generaldirektor gelten Bezugnahmen in dieser Fassung des Abkommens auf das Internationale Büro der Organisation oder den Generaldirektor als Bezugnahmen auf das Büro des durch die Pariser Verbandsübereinkunft zum Schutz des gewerblichen Eigentums errichteten Verbandes oder seinen Direktor.

(2) ¹Die Länder des besonderen Verbandes, die diese Fassung des Abkommens weder ratifiziert haben noch ihr beigetreten sind, können, wenn sie dies wünschen, während eines Zeitraums von fünf Jahren, gerechnet vom Zeitpunkt des Inkrafttretens des Übereinkommens zur Errichtung der Organisation an, die in den Artikeln 10 bis 13 dieser Fassung des Abkommens vorgesehenen Rechte so ausüben, als wären sie durch diese Artikel gebunden. ²Jedes Land, das diese Rechte auszuüben wünscht, hinterlegt zu diesem Zweck beim Generaldirektor eine schriftliche Notifikation, die im Zeitpunkt ihres Eingangs wirksam wird. ³Solche Länder gelten bis zum Ablauf der genannten Frist als Mitglied der Versammlung.

## 2. Abschnitt. Zweiseitige Abkommen

**Inhaltsübersicht**

| | Rn |
|---|---|
| A. Allgemeines | 1 |
| B. Die zweiseitigen Abkommen im einzelnen | 2–58 |
|   I. Alte Staatsverträge | 2–14 |
|     1. Bolivien | 3 |
|     2. Griechenland | 4, 5 |
|     3. Iran | 6 |
|     4. Irland | 7 |
|     5. Island | 8 |
|     6. Österreich | 9, 10 |
|     7. Schweiz | 11, 12 |
|     8. Türkei | 13 |
|     9. USA | 14 |
|   II. Neue Staatsverträge (nach 1945) | 15–58 |
|     1. Ägypten | 16 |
|     2. Argentinien | 17 |
|     3. Belgien | 18, 19 |
|     4. Brasilien | 20 |
|     5. Chile | 21 |
|     6. Dominikanische Republik | 22 |
|     7. Ecuador | 23 |
|     8. Frankreich | 24–26 |
|     9. Griechenland | 27–29 |
|     10. Indien | 30 |
|     11. Indonesien | 31 |
|     12. Irak | 32 |
|     13. Island | 33 |
|     14. Italien | 34–37 |
|     15. Japan | 38 |
|     16. Jugoslawien, ehemaliges | 39 |
|     17. Kanada | 40 |
|     18. Kolumbien | 41 |
|     19. Kuba | 42 |
|     20. Libanon | 43 |
|     21. Niederlande | 44 |
|     22. Österreich | 45 |
|     23. Pakistan | 46 |
|     24. Paraguay | 47 |
|     25. Peru | 48 |
|     26. Schweden | 49 |
|     27. Schweiz | 50, 51 |
|     28. Spanien | 52, 53 |
|     29. Sri Lanka | 54 |
|     30. USA | 55–58 |

## A. Allgemeines

Deutschland hat mit zahlreichen Staaten *zweiseitige Sonderverträge* geschlossen, die dem deutschen internationalen Wettbewerbs- und Markenrecht, aber auch dem kollektiven Verbandsrecht *vorgehen*. Art. 15 PVÜ läßt solche Verträge ausdrücklich zu, soweit sie der PVÜ inhaltlich nicht zuwiderlaufen. Diese zweiseitigen Abkommen werden nachstehend erwähnt, teils im vollständigen Wortlaut abgedruckt, teils kurz erläutert. Zu unterscheiden sind die alten vor dem 1. September 1939 vom Deutschen Reich und die neuen nach 1945 von der Bundesrepublik Deutschland geschlossenen Staatsverträge (zur Auslegung s. BGH GRUR 1969, 611 – Champagner-Weizenbier III).

## B. Die zweiseitigen Abkommen im einzelnen

### I. Alte Staatsverträge

2   Unter *alten Staatsverträgen* werden die *vor dem 1. September 1939 vom Deutschen Reich geschlossenen zweiseitigen Abkommen* verstanden. Inwieweit eine *Weitergeltung* dieser Staatsverträge anzunehmen ist, läßt sich nicht allgemein sagen. Gegenüber *neutralen Staaten* wird grundsätzlich Weitergeltung anzunehmen sein. Gegenüber *ehemaligen Feindstaaten* wird zumindest eine besondere Bestätigung der Weitergeltung erforderlich sein (s. dazu *Zippelius*, GRUR Int 1956, 102; *Hoth*, GRUR 1969, 354).

#### 1. Bolivien

3   *Vereinbarung über gegenseitigen Markenschutz* vom 20. Februar 1925; Bekanntmachung vom 25. April 1925, RGBl. II S. 160; wieder anwendbar gemäß Bekanntmachung vom 29. Juni 1955, BGBl. II S. 747).

#### 2. Griechenland

4   *Abkommen* vom 9./28. August/24. Dezember 1925 *wegen Aufhebung des Ausführungszwanges für Erfindungspatente*; Gesetz vom 12. Mai 1926 (BlPMZ 1926, 132), in Kraft am 12. Juli 1926; Bekanntmachung vom 26. Juli 1926 (BlPMZ 1926, 171); Bekanntmachung vom 9. Dezember 1966 über die Weiteranwendung (BlPMZ 1967, 57).

5   *Abkommen* vom 11. Mai 1938 *über die gegenseitige Rechtshilfe in Angelegenheiten des bürgerlichen und des Handelsrechts*, in Kraft am 17. Juli 1939; Bekanntmachung vom 28. Juni 1939 (RGBl. II S. 848); Bekanntmachung vom 26. Juni 1952 über die Wiederanwendung (BGBl. II S. 634). Die interessierende Vorschrift lautet:

**Art. 15 Abs. 1.** Den Angehörigen des Staates, die vor den Gerichten des anderen Staates als Kläger und Intervenienten auftreten, darf wegen ihrer Eigenschaft als Ausländer oder wegen eines Mangels eines inländischen Wohnsitzes oder Aufenthalts keine Sicherheitsleistung oder Hinterlegung, unter welcher Benennung es auch sei, auferlegt werden.

#### 3. Iran

6   *Abkommen* vom 24. Februar 1930 (RGBl. II S. 981). Es verbürgt *gegenseitigen Schutz von Marken und Handelsnamen;* wieder anwendbar gemäß Protokoll vom 4. November 1954 (BlPMZ 1955, 147, 323).

#### 4. Irland

7   *Handels- und Schiffahrtsvertrag* vom 12. Mai 1930; Gesetz vom 27. März 1931 (RGBl. II S. 115), in Kraft am 21. Dezember 1931; Bekanntmachung vom 22. Dezember 1931 (RGBl. II S. 692). Art. 20 enthält eine Vereinbarung über die gegenseitige Gewährung der Inländerbehandlung.

#### 5. Island

8   *Vereinbarung* vom 15. Januar/12. Februar 1923 *über den gegenseitigen Markenschutz*, in Kraft am 15. Februar 1923; Bekanntmachung vom 17. März 1923 (RGBl. II S. 179).

#### 6. Österreich

9   *Übereinkommen über Fragen des gewerblichen Rechtsschutzes und des gegenseitigen Schutzes des Urheberrechts* vom 15. Februar 1930 (RGBl. II S. 1077, 1221), wieder anwendbar seit 2. Januar 1952 (Bekanntmachung vom 13. März 1952, BGBl. II S. 436), dessen hier interessierende Vorschriften lauten:

Art. 3 I. Der Schutz der in einem der beiden Staaten eingetragenen Warenzeichen von Unternehmen, die ihren Sitz im Gebiet des anderen Staates haben, ist von ihrem Schutze in dem anderen Staate (Ursprungsland) unabhängig. Bei der Anmeldung solcher Warenzeichen und bei der Erneuerung ihrer Anmeldung (Registrierung) ist ein Nachweis, daß sie im Ursprungsland eingetragen sind, nicht zu erbringen.

II. Diese Bestimmungen gelten auch für die vor dem Zeitpunkt des Inkrafttretens dieses Übereinkommens eingetragenen, in diesem Zeitpunkt auf Grund der Eintragung noch geschützten Warenzeichen.

Art. 4 I. Öffentliche Wappen aus dem Gebiet eines der beiden Staaten werden in dem anderen Staate nicht als Freizeichen angesehen werden. Dies gilt auch für solche Ausführungen der Wappen, die Abweichungen von der amtlichen Ausführungsform aufweisen, sofern ungeachtet dieser Abweichungen die Gefahr einer Verwechslung im geschäftlichen Verkehr vorliegt.

II. Warenzeichen, die solche Wappen als Bestandteile enthalten, soll, sofern diese Wappen nachweisbar berechtigterweise von dem Anmelder in dem Warenzeichen geführt werden, in dem anderen Staate die Eintragung in die Zeichenrolle (das Markenregister) wegen Führung solcher Wappen nicht versagt werden können.

III. Außer dem, der die Berechtigung zur Führung solcher Wappen besitzt, hat niemand Anspruch auf den Schutz dieser zusammengesetzten Warenzeichen.

IV. Diese Bestimmungen finden insbesondere auch auf das österreichische Erblandswappen Anwendung.

V. Warenzeichen, die in einem der beiden Staaten als Kennzeichen der Waren von Angehörigen eines bestimmten gewerblichen Verbands, eines bestimmten Ortes oder Bezirkes Schutz genießen, sind, sofern die Anmeldung dieser Warenzeichen vor dem 1. Oktober 1875 in dem anderen Staate erfolgt ist, hier von der Benutzung als Freizeichen ausgeschlossen. Außer den Angehörigen eines solchen Verbands, Ortes oder Bezirks hat niemand Anspruch auf den Schutz dieser Warenzeichen.

Art. 5 I. Die Bestimmungen der Art. 1 bis 4 gelten auch für Personen, die nicht Angehörige eines der beiden Staaten sind, jedoch im Gebiet eines der beiden Staaten ihren Wohnsitz oder tatsächliche und wirkliche gewerbliche oder Handelsniederlassungen haben.

II. Warenzeichen und ihrer Eintragung im Sinne der Art. 3 und 4 sind Marken und ihre Registrierung gleichgestellt.

Art. 7 trifft Vorkehrung für den Fall des Austritts aus der PVÜ. Art 4, der im wesentlichen mit Art. 3 der Übereinkunft vom 17. November 1908 übereinstimmt, soll namentlich die *österreichische Sensenindustrie* gegen die Behandlung ihrer Zeichen als Freizeichen schützen (*Klauer*, GRUR 1930, 357).

## 7. Schweiz

**Schrifttum.** *Breitenmoser*, Die Benutzung der Marke nach schweizerischem Recht, GRUR Int 1965, 597; *David*, Der schweizerisch-deutsche Staatsvertrag vom 13. April 1892 betreffend den gegenseitigen Patent-, Muster- und Markenschutz, GRUR Int 1972, 269; *Droste*, Unbenutzte Zeichen und Art. 5 des deutsch-schweizerischen Übereinkommens von 1892, GRUR 1974, 522; *Frick*, Das neue schweizerische Markenrecht, RIW 1993, 372; *Schluep*, in: Hefermehl/Ipsen/Schluep/Sieben, Nationaler Markenschutz und freier Warenverkehr in der Europäischen Gemeinschaft, 1979, S. 227, 251 ff.

*Übereinkommen* vom 13. April 1892 (RGBl. 1894 S. 511; 1903, S. 181). Die Weitergeltung des Art. 5 ist anläßlich der Unterzeichnung eines *Abkommens über die Verlängerung von Prioritätsfristen* vom 2. November 1950 (BGBl. 1951 II S. 64) beiderseits bestätigt worden (BlPMZ 1955, 292). Die interessierende Vorschrift lautet:

Art. 5 Die Rechtsnachteile, welche nach den Gesetzen der vertragsschließenden Teile eintreten, wenn eine Erfindung, ein Muster oder ein Modell, eine Handels- oder Fabrikmarke nicht innerhalb einer bestimmten Frist ausgeführt, nachgebildet oder angewendet wird, sollen auch dadurch ausgeschlossen werden, daß die Ausführung, Nachbildung oder Anwendung in dem Gebiet des anderen Teiles erfolgt.

Die Einfuhr einer in dem Gebiete des einen Teiles hergestellten Ware in das Gebiet des anderen Teiles soll in dem letzteren nachteilige Folgen für das auf Grund einer Erfindung, eines Musters oder Modells oder einer Handels- oder Fabrikmarke gewährte Schutzrecht nicht nach sich ziehen.

12 **Anmerkung.** Nach Art. 5 werden die Rechtsnachteile, die bei Versäumung des Benutzungszwangs für eine Handels- oder Fabrikmarke in einem Staat eintreten, durch die Benutzung in dem Gebiet des anderen Staates ausgeschlossen. Die Benutzung der Marke in dem einen Staat gilt als Benutzung in dem anderen Staat. Grund der Vorschrift war der schon seit 1892 in der Schweiz bestehende Benutzungszwang (BGH GRUR 1969, 48, 49 – Alcacyl). Deutsche Staatsangehörige und die ihnen gleichgestellten anderen Personen (Art. 2, 3 PVÜ) konnten den Rechtsnachteilen des Benutzungszwangs dadurch entgehen, daß sie die Marke in Deutschland benutzten. Seit 1973 gibt es auch einen Benutzungszwang in der Bundesrepublik Deutschland, so daß sich auch ein deutscher Markeninhaber darauf berufen kann, seine Marke in der Schweiz benutzt zu haben. Die Benutzung einer Marke in dem einen Staat steht jedoch der Benutzung in dem anderen Staat *nicht in jeder Hinsicht* rechtlich gleich (BGH GRUR 1969, 48, 49 – Alcacyl; OLG Frankfurt GRUR 1978, 362 – Lidaprim; BPatGE 38, 266 – SAINT MORIS; Schweiz. BG GRUR Int 1975, 96, 97 - Mirocor). Nur die *Rechtsnachteile wegen der Nichtbenutzung einer Marke* innerhalb einer bestimmten Frist sollen nicht eintreten. Hieraus folgt, daß die Frage, ob überhaupt eine dem Benutzungszwang gerecht werdende Benutzung vorliegt, sich nicht nach dem Recht des Landes richtet, in dem die Marke benutzt wird, sondern in dem sie eingetragen ist. Die Benutzung einer Marke in der Bundesrepublik Deutschland muß den Anforderungen des Art. 11 MSchG entsprechen (Schweiz. BG GRUR Int 1975, 96, 97; *Troller*, Immaterialgüterrecht, Bd. I, S. 336; *Breitenmoser*, GRUR Int 1965, 597; aA *David*, GRUR Int 1972, 372; *Droste*, GRUR 1974, 552, 527). Ob ein deutscher Markeninhaber, der seine Marke nur in der Schweiz benutzt, den Anforderungen des deutschen Benutzungszwangs entspricht, richtet sich nach deutschem Recht (*Fezer*, Der Benutzungszwang im Markenrecht, S. 148). Er kann sich daher auch auf die Unzumutbarkeit der Benutzung in einem Vertragsstaat berufen. Beruft ein schweizerischer Markeninhaber sich darauf, daß er seine Marke in der Bundesrepublik Deutschland werbemäßig auf Prospekten und in Inseraten benutzt, so benutzt er seine Marke in rechtserheblicher Weise, da nach der Revision des schweizerischen MSchG zum 1. April 1993 ein markenmäßiger Gebrauch nicht erforderlich ist (*Frick*, RIW 1993, 372; zur Rechtslage im MarkenG s. § 14 MarkenG, Rn 39). Der lizenzierte, ununterbrochene Gebrauch einer schweizerischen Marke durch eine deutsche Gesellschaft in Deutschland gilt als Gebrauch durch den schweizerischen Lizenzgeber, wenn die Vertragsparteien wirtschaftlich eng verbunden sind und die Benutzung der Marke durch den Lizenznehmer weder das Publikum täuschen kann noch sonstwie das öffentliche Interesse verletzt (Schweiz. BG GRUR 1977, 208 – EFASIT). Nach Art. 5 wird eine im Bundesgebiet erforderliche *Verkehrsdurchsetzung* nicht durch eine solche in der Schweiz ersetzt (OLG Stuttgart GRUR Int 1989, 783 – MSU).

## 8. Türkei

13 *Abkommen* vom 28. Mai 1929 *über den Rechtsverkehr in Zivil- und Handelssachen*, Gesetz vom 3. Januar 1930 (RGBl. II S. 6), in Kraft getreten am 18. November 1931; Bekanntmachung vom 20. August 1931 (RGBl. II S. 539); Bekanntmachung über die Wiederanwendung vom 29. Mai 1952 (RGBl. II S. 608).

## 9. USA

14 *Abkommen* vom 23. Februar 1909 *über den gegenseitigen gewerblichen Rechtsschutz*, in Kraft am 1. August 1909 (BlPMZ 1909, 203); Bekanntmachung vom 5. Januar 1954 über die Wiederanwendung (BGBl II S. 13). Das Abkommen regelt die *gegenseitige Gleichbehandlung gewerblicher Schutzrechte* im Falle ihrer Nichtausführung. Die Ausführung des gewerblichen Schutzrechts in dem einen Staatsgebiet wird der Ausführung im anderen Staatsgebiet gleichgestellt.

## II. Neue Staatsverträge (nach 1945)

Unter *neuen Staatsverträgen* werden die *nach 1945 von der Bundesrepublik Deutschland geschlossenen zweiseitigen Abkommen* verstanden. Von der Bundesrepublik Deutschland sind nach 1945 zur Wiederherstellung des gewerblichen Rechtsschutzes eine Reihe neuer Staatsverträge geschlossen worden.

### 1. Ägypten

*Handelsabkommen* vom 21. April 1951 (BlPMZ 1951, 257), ratifiziert durch Gesetz vom 24. April 1952 (BGBl. II S. 525) und am 31. Mai 1952 in Kraft getreten. Geändert durch Vereinbarung vom 15. Mai 1927/27. März 1994 und am 27. März 1994 in Kraft getreten; Bekanntmachung vom 9. November 1994 (BGBl. II S. 3763). Es enthält in Art. 3 *Abmachungen über die gewerblichen Schutzrechte*. Natürlichen und juristischen Personen wird gegenseitig Inländerbehandlung in bezug auf den Erwerb, Besitz und die Erneuerung von gewerblichen Schutzrechten gewährt. Weiter wird der Schutz deutscher und ägyptischer gewerblicher Eigentumsrechte zugesichert. Die Benutzung solcher Rechte bei Herstellung, Kennzeichnung oder Verpackung von Waren deutschen oder ägyptischen Ursprungs, die nach Deutschland oder Ägypten eingeführt werden, soll nicht behindert werden.

### 2. Argentinien

*Zusatzprotokoll* Nr. 2 vom 26. Oktober 1951 zum *Handels- und Zahlungsabkommen* vom 31. Juli 1950, *betreffend deutsche Altschutzrechte*, in Kraft am 27. Oktober 1951; Runderlaß Außenwirtschaft Nr. 51/51b vom 10. November 1951, Ziff. 2 (BlPMZ 1951, 372).

### 3. Belgien

*Abkommen* vom 1. Februar 1963 *über die gegenseitige Geheimbehandlung von verteidigungswichtigen Erfindungen und technischen Kenntnissen* (BlPMZ 1963, 292), in Kraft getreten am 1. März 1963; Bekanntmachung vom 6. August 1963 (BlPMZ 1963, 288); Bekanntmachung vom 28. Mai 1965 über die Änderung der Verfahrensregelung gemäß Art. 5 des Abkommens (BlPMZ 1965, 232).

*Abkommen* vom 13. Mai 1975 *über die Befreiung öffentlicher Urkunden von der Legalisation* (BGBl. 1980 II S. 813), in Kraft getreten am 1. Mai 1981; Bekanntmachung vom 9. März 1981 (BGBl. II S. 142). *Verordnung* über die Bestimmung der Beglaubigungsbehörde nach dem deutsch-belgischen Abkommen vom 15. Oktober 1980 (BGBl. I S. 2002).

### 4. Brasilien

*Abkommen über die Wiederherstellung der durch den zweiten Weltkrieg betroffenen gewerblichen Schutzrechte und Urheberrechte* vom 4. September 1953 (BlPMZ 1953, 373), ratifiziert durch Gesetz vom 18. Mai 1954 (BGBl. II S. 533), in Kraft getreten am 23. Mai 1958 (GRUR Int 1958, 293).

### 5. Chile

*Handelsvertrag* vom 2. Februar 1951 (BlPMZ 1952, 61) nebst Notenwechsel *über die Behandlung der gewerblichen Schutzrechte*, ratifiziert durch Gesetz vom 7. Januar 1952 (BGBl. 1953 II S. 128), in Kraft getreten am 1. April 1953 (BlPMZ 1953, 259).

### 6. Dominikanische Republik

*Freundschafts-, Handels- und Schiffahrtsvertrag* vom 23. Dezember 1957, ratifiziert durch Gesetz vom 16. Dezember 1959 (BGBl. II S. 1468) und in Kraft getreten am 3. Juni 1960 (BGBl. II S. 1847). Art. 12 (abgedruckt GRUR Int 1960, 20) sieht *gegenseitige Inländerbehandlung* auf dem Gebiet des Rechts gegen unlauteren Wettbewerb, des Warenzeichen- und Kennzeichenrechts vor.

**Zweiseitige Abkommen** 23–33  Neue Staatsverträge (nach 1945)

### 7. Ecuador

23 *Vereinbarung über deutsche gewerbliche Schutzrechte* vom 1. August 1953 (GRUR 1953, 477), in Kraft getreten am 15. Oktober 1954 (GRUR 1955, 83).

### 8. Frankreich

24 *Abkommen* vom 8. März 1960 *über den Schutz von Herkunftsangaben, Ursprungsbezeichnungen und anderen geographischen Bezeichnungen* (BlPMZ 1960, 209); Gesetz vom 21. Januar 1961 (BlPMZ 1961, 172), in Kraft getreten am 7. Mai 1961; Bekanntmachung vom 20. April 1961 (BlPMZ 1961, 264); Bekanntmachung vom 10. Juli 1962 zu Art. 6 Abs. 2 des Abkommens (BlPMZ 1962, 273).

25 *Abkommen* vom 28. September 1961 *über die gegenseitige Geheimbehandlung von verteidigungswichtigen Erfindungen und technischen Erfahrungen*, in Kraft am 28. September 1961; Bekanntmachung vom 6. August 1963 (BlPMZ 1963, 288).

26 *Abkommen* vom 13. September 1971 *über die Befreiung öffentlicher Urkunden von der Legalisation*; Gesetz vom 30. Juli 1974 (BlPMZ 1974, 312), in Kraft getreten am 1. April 1975; Bekanntmachung vom 6. März 1975 (BlPMZ 1975, 170).

### 9. Griechenland

27 *Vorläufiger Handelsvertrag* vom 12. Februar 1951 (BlPMZ 1952, 321), ratifiziert durch Gesetz vom 21. April 1952 (BGBl. II S. 517) und am 12. November 1953 in Kraft getreten (BGBl. 1955 II S. 919). Dem Handelsvertrag ist ein Briefwechsel angeschlossen, in dem *gegenseitige Inländerbehandlung* in bezug auf den Erwerb, die Aufrechterhaltung und die Erneuerung von Warenzeichen und Firmennamen gewährt wird.

28 *Abkommen* vom 16. April 1964 *über den Schutz von Herkunftsangaben, Ursprungsbezeichnungen und anderen geographischen Bezeichnungen* (BGBl 1965 II S. 176).

29 *Abkommen* vom 15. Oktober/15. Dezember 1971 *über die wechselseitige Geheimbehandlung verteidigungswichtiger Erfindungen und technischer Erfahrungen*, in Kraft getreten am 27. Januar 1974; Bekanntmachung vom 8. Juli (BGBl. II S. 1063).

### 10. Indien

30 *Handelsabkommen* vom 19. März 1952, in Kraft getreten am 1. November 1951 (BlPMZ 1952, 187). Das gemeinsame Protokoll enthält Vereinbarungen über die *gegenseitige Gewährung der Inländerbehandlung* für den Erwerb, den Besitz und die Erneuerung gewerblicher Schutzrechte und über die Behandlung deutscher Altrechte.

### 11. Indonesien

31 *Handelsabkommen* vom 22. April 1953, in Kraft getreten am 1. April 1953 (BlPMZ 1953, 376); geändert durch Protokoll vom 12. Juli 1957, in Kraft getreten am 1. April 1955 (BAnz Nr. 146/55). Der Briefwechsel zum Abkommen enthält Vereinbarungen über die *Rückgabe beschlagnahmter deutscher Marken*.

### 12. Irak

32 *Handelsabkommen* vom 7. Oktober 1951 (BlPMZ 1952, 145), in Kraft getreten am 13. Januar 1954 (BlPMZ 1954, 138). In Anlage 2 wird festgestellt, daß deutsche Staatsangehörige im Irak gleiche Behandlung wie andere Ausländer, ausgenommen Angehörige arabischer Staaten, bei der *Registrierung von Warenzeichen* genießen und berechtigt sind, als Partei vor irakischen Gerichten aufzutreten.

### 13. Island

33 *Protokoll betreffend den Schutz von Urheberrechten und gewerblichen Schutzrechten* vom 19. Dezember 1950, ratifiziert durch Gesetz vom 25. September 1956 (BGBl. II S. 899) und am

19. Dezember 1950 in Kraft getreten (GRUR Int 1956, 541). Gegenseitig wird *Inländerbehandlung in bezug auf Erwerb, Besitz und Erneuerung von gewerblichen Schutzrechten* gewährt, gleichviel, ob diese Rechte vor dem 8. Mai 1945 geschützt, angemeldet oder benutzt worden sind.

### 14. Italien

*Abkommen* vom 30. April 1952 (BlPMZ 1952, 145), ratifiziert durch Gesetz vom 5. Dezember 1952 (BGBl. II S. 975). Das Abkommen ist nach Art. 9 Abs. 2 endgültig am 2. November 1955 in Kraft getreten (BB 1955, 1009). *Vereinbarung* vom 12. November 1953 *über Patente für gewerbliche Erfindungen*, Gesetz vom 19. Dezember 1956 (BlPMZ 1957, 40), in Kraft getreten am 23. November 1957; Bekanntmachung vom 10. Dezember 1957 (BlPMZ 1958, 29). Nach dieser Vereinbarung stehen Patente, die nach dem 15. Oktober 1947 an Deutsche erteilt werden, diesen zu, auch wenn sie sich auf Anmeldungen vom 16. Oktober 1947 beziehen. **34**

*Abkommen* vom 2. Juni 1961 *über die Regelung gewisser vermögensrechtlicher, wirtschaftlicher und finanzieller Fragen*, ratifiziert durch Gesetz vom 15. Juni 1963 (BGBl. II S. 668) und in Kraft getreten am 16. September 1963 (BlPMZ 1963, 339). Teil III des Abkommens (abgedruckt BlPMZ 1963, 226) enthält Bestimmungen über deutsche Alt-Warenzeichen. **35**

*Abkommen* vom 23. Juli 1963 über den *Schutz von Herkunftsangaben, Ursprungsbezeichnungen und anderen geographischen Bezeichnungen* (BGBl. 1965 II S. 156). **36**

*Vertrag* vom 7. Juni 1969 *über den Verzicht auf die Legalisation von Urkunden*, Gesetz vom 30. Juli 1974 (BlPMZ 1974, 316); Verordnung vom 24. September 1974 über die Bestimmung der Behörde, die für die Beglaubigung nach Art. 2 des Vertrages zuständig ist (BlPMZ 1974, 342); Verordnung vom 10. Dezember 1974 zur Durchführung des Art. 2 des Gesetzes zum Vertrag (BlPMZ 1975, 170), in Kraft getreten am 5. Mai 1975; Bekanntmachung vom 30. Juni 1975 über die italienischen Behörden, die nach dem Vertrag vom 7. Juni 1969 zwischen der Bundesrepublik Deutschland und der Italienischen Republik über den Verzicht auf die Legalisation von Urkunden für die Beglaubigung und die Erteilung der Auskunft zuständig sind (BlPMZ 1975, 286). **37**

### 15. Japan

*Abkommen* vom 8. Mai 1953 (BGBl. II S. 525), in Kraft getreten am 3. Juli 1954 (BGBl. II S. 728). **38**

### 16. Jugoslawien, ehemaliges

*Abkommen* vom 21. Juli 1954 (BlPMZ 1954, 256), ratifiziert durch Gesetz vom 2. Februar 1955 (BGBl. II S. 89) und in Kraft getreten am 29. Mai 1956 (BGBl. II S. 742). **39**

### 17. Kanada

*Vereinbarung* vom 21./28. August 1964 *über den Austausch von verteidigungswissenschaftlichen Informationen*, in Kraft getreten am 28. September 1964; Bekanntmachung vom 18. September 1964 (BlPMZ 1964, 373). **40**

### 18. Kolumbien

*Notenwechsel* vom 19. Mai und 27. August 1954 *über die Rückgabe deutscher Altschutzrechte in Kolumbien*, in Kraft getreten am 27. August 1954; Runderlaß Nr. 75/54 vom 10. September 1954 (BlPMZ 1954, 365). **41**

### 19. Kuba

*Abkommen* vom 22. März 1954 (BGBl. II S. 1112), in Kraft getreten am 20. Januar 1955 (BGBl. 1955 II S. 4). Es enthält Bestimmungen über die *Wiederherstellung gewerblicher Schutzrechte* und über den *Schutz von Herkunftsbezeichnungen* (s. dazu Neise, MA 1955, 67; BGH GRUR 1957, 430 – Havana). Die interessierende Vorschrift lautet: **42**

Art. 13 a) Die vertragsschließenden Teile gewähren sich gegenseitig alle Sicherungen und Vergünstigungen, die in ihrer inneren Gesetzgebung zum Schutz von Herkunftsbezeichnungen vorgesehen sind.

b) Als falsche Herkunftsbezeichnung wird es angesehen, wenn im geschäftlichen Verkehr auf einer Ware oder in bezug auf sie, wie bei ihrer Ankündigung oder Anpreisung, innerhalb oder außerhalb eines Warenzeichens ein in den Gebieten der vertragsschließenden Teile gelegener Ort angegeben wird, ohne daß die Ware dort hergestellt, verarbeitet, geerntet oder gewonnen worden ist. Dies gilt nicht, wenn die Ortsangabe nach Handelsbrauch als Gattungsbezeichnung angesehen werden kann. Jedoch fallen unter diese Ausnahme nicht Ortsangaben bei solchen gewerblichen oder landwirtschaftlichen Erzeugnissen, deren Beschaffenheit oder Bewertung gerade von dem Ort der Herstellung oder der Herkunft abhängt. Unzulässig ist auch der Gebrauch von Umschriften, Zeichnungen, Verzierungen, Lichtbildern und anderen Ausdrucksformen, die dazu führen könnten, Waren oder Erzeugnisse den Tatsachen zuwider irgendwie als deutscher oder kubanischer Herkunft erscheinen zu lassen.

c) Die vertragsschließenden Teile verpflichten sich ferner, gemäß ihrer Gesetzgebung den Gebrauch des Wappens, der Flagge oder anderer ihrer Hoheitszeichen zur Bezeichnung oder Unterscheidung von Erzeugnissen oder Waren innerhalb ihrer Gebiete zu verhindern, wenn dafür nicht die erforderliche Ermächtigung der Regierung des vertragsschließenden Teiles vorliegt, dem das Hoheitszeichen zusteht.

d) In der Bundesrepublik Deutschland dürfen die Bezeichnungen *Habana, Havana, Havanna, Habano, Havano, Cuba, Cubano, Vuelta Abajo* und alle anderen von diesen abgeleiteten oder ihnen ähnliche Worte weder in ihrer ursprünglichen Form noch in einer Übersetzung noch in Verbindung mit anderen Bezeichnungen im geschäftlichen Verkehr mit Tabak und Tabakerzeugnissen in einer Weise benutzt werden, die den Tatsachen zuwider den Eindruck bezweckt, daß es sich um natürliche oder gewerbliche Erzeugnisse aus Kuba handelt. Im Verkehr mit in der Bundesrepublik Deutschland hergestellten Tabakerzeugnissen ist es gestattet, auf eine tatsächlich erfolgte Verwendung oder Mitverwendung kubanischen Rohtabaks hinzuweisen. Wenn nur das Deckblatt oder das Umblatt oder die Einlage oder ein Teil der Einlage aus kubanischem Tabak besteht, muß dies derart zum Ausdruck gebracht werden, daß die Bezeichnung des in Frage kommenden Teiles in der gleichen Form und Größe der Buchstaben sowie an der gleichen Stelle erscheint wie die anderen Worte, die den Hinweis auf die kubanische Herkunft enthalten.

e) Bei der Ankündigung von Zigarren oder Zigarillos in Listen kann in der Überschrift auf die Herkunft des Deckblatts aus Kuba durch die Bezeichnung *Havanna Zigarren* hingewiesen werden, wenn bei jeder einzelnen angeführten Zigarrensorte die Bezeichnung *Havanna Deckblatt* und gegebenenfalls jede andere Angabe der Verwendung von kubanischem Tabak gemäß den Bestimmungen im vorhergehenden Absatz angebracht wird.

f) In der Bundesrepublik Deutschland ist die Einfuhr und der Verkauf von Zigarren und anderen kubanischen Tabakerzeugnissen nur gestattet, wenn sie auf ihrer äußeren Umhüllung das von der Regierung der Republik Kuba geschaffene Gewährzeichen der Nationalen Herkunft (Sello de Garantia de Procedencia Nacional) tragen. Diese Bestimmung gilt nicht für Erzeugnisse, die sich im Gepäck von Reisenden befinden.

g) Die Bezeichnungen oder Ausdrücke, die nach den vorstehenden Absätzen unzulässig sind, können für die Dauer von sechs Jahren nach Inkrafttreten dieses Abkommens nur von denen weiterbenutzt werden, für die sie zur Zeit der Unterzeichnung des Abkommens eingetragen waren oder die sie in diesem Zeitpunkt benutzt haben. Nach Ablauf dieser Frist ist der Gebrauch der Bezeichnungen oder Ausdrücke, die durch dieses Abkommen verboten sind, schlechthin unzulässig.

## 20. Libanon

43  *Abkommen* vom 8. März 1955 (BlPMZ 1955, 147), ratifiziert durch Gesetz vom 27. Oktober 1955 (BGBl. II S. 897) und in Kraft getreten am 17. April 1964 (BGBl. II S. 747; s. dazu *Sünner*, MA 1955, 198).

## 21. Niederlande

44  *Abkommen* vom 16. Mai 1961 zur Ergänzung des am 21. September 1960 in Paris unterzeichneten NATO-Abkommens *über die wechselseitige Geheimbehandlung verteidigungswichtiger*

*Erfindungen*, die den Gegenstand von Patentanmeldungen bilden; Bekanntmachung vom 14. August 1964 (BlPMZ 1964, 313), in Kraft getreten am 8. Oktober 1971; Bekanntmachung vom 11. Februar 1972 (BGBl. II S. 106).

### 22. Österreich

*Vertrag zur Regelung vermögensrechtlicher Beziehungen* vom 15. Juni 1957, in Kraft getreten am 16. Juli 1958 (BGBl. II S. 225). Maßgebend ist der 2. Abschnitt (abgedruckt GRUR Int 1958, 420; zu den immaterialgüterrechtlichen Bestimmungen *Schönherr*, NJW 1958, 853 ff.). Nach dem Abkommen von 1951 (BlPMZ 1951, 358) konnten IR-Marken, deren Ursprungsland Deutschland ist und deren normale Schutzdauer zwischen dem 1. Juli 1944 und 31. Dezember 1950 abgelaufen war, bis zum 23. Januar 1952 rückwirkend erneuert werden (s. ÖVO BGBl. Nr. 210/1951; *Schönherr*, WRP 1969, 272, 277; *Barger*, GRUR Int 1976, 164 ff.).

### 23. Pakistan

*Vorläufiges Handelsabkommen* vom 4. März 1950 (BlPMZ 1950, 80), in Kraft getreten am 15. Mai 1953 (BGBl. II S. 257). Entscheidung des Rates vom 19. April 1995 zur Genehmigung der Verlängerung des Abkommens bis 30. April 1996 (ABl. EG Nr. L 89 vom 21. April 1995, S. 30). Art. 3 verbürgt *gegenseitigen Schutz von Warenzeichen*. Angehörige der Bundesrepublik Deutschland konnten innerhalb eines angemessenen Zeitraums von nicht weniger als drei Monaten nach Inkrafttreten des Abkommens bestehende Warenzeichen nach Maßgabe der in Pakistan geltenden gesetzlichen Bestimmungen ohne Rücksicht auf eine etwa bestehende Ausschlußfrist für solche Eintragungen und nach Maßgabe etwaiger Verpflichtungen von Pakistan auf Grund internationaler Abkommen eintragen lassen.

### 24. Paraguay

*Abkommen* vom 30. Juli 1955 *über die Gewährung der Meistbegünstigung und über gewerbliche Schutzrechte*, ratifiziert durch Gesetz vom 28. August 1957 (BGBl. II S. 1273) und in Kraft getreten am 6. März 1959 (BGBl. II S. 402). Entscheidung des Rates vom 19. April 1995 zur Genehmigung der Verlängerung des Abkommens bis 30. April 1996 (Abl. EG Nr. L 89 vom 21. April 1995, S. 30). Art. 4 sieht *gegenseitige Inländerbehandlung in bezug auf Eintragung, Verlängerung, Gültigkeit, Erneuerung und Übertragung von Marken und Handelsnamen* sowie deren *Rechtsschutz* vor.

### 25. Peru

*Handelsabkommen* vom 20. Juli 1951 (BlPMZ 1952, 93) in Kraft getreten am 14. Juni 1952 (BGBl. II S. 634). Entscheidung des Rates vom 19. April 1995 zur Genehmigung der Verlängerung des Abkommens bis 30. April 1996 (ABl. EG Nr. L 89 vom 21. April 1995, S. 30). Natürlichen und juristischen Personen wird nach Art. III *gegenseitig Inländerbehandlung in bezug auf den Erwerb, Besitz und die Erneuerung von Marken, Firmennamen und jeglichem anderen gewerblichen Eigentum* gewährt.

### 26. Schweden

*Abkommen über die Verlängerung von Prioritätsfristen* vom 2. Februar 1951 (BlPMZ 1951, 216); ratifiziert durch Gesetz vom 25. Juni 1951 (BGBl. II S. 105) und in Kraft getreten am 29. Juni 1951 (BGBl. II S. 151). *Abkommen über die Wiederherstellung gewerblicher Schutzrechte* vom 22. März 1956 (GRUR Int 1956, 357), ratifiziert durch Gesetz vom 23. Juli 1956 (BGBl. II S. 811) und in Kraft getreten am 3. September 1956 (BB 1956, 740; s. dazu *Krieger*, MA 1956, 229 ff.).

### 27. Schweiz

*Abkommen* vom 2. November 1950 *über die Verlängerung von Prioritätsfristen auf dem Gebiet des gewerblichen Rechtsschutzes* (BGBl. 1951 II S. 63), ratifiziert durch Gesetz vom

9. April 1951 und in Kraft getreten am 20. Mai 1951 (GRUR 1951, 311). *Abkommen über die Wiederherstellung gewerblicher Schutzrechte* vom 19. Juli 1952 (BGBl. 1953 II S. 27), in Kraft getreten am 22. April 1953 (BGBl. II S. 148).

51   *Vertrag* vom 7. März 1967 *über den Schutz von Herkunftsangaben, Ursprungsbezeichnungen und anderen geographischen Bezeichnungen* (BGBl. 1969 II S. 138).

### 28. Spanien

52   *Abkommen über die Wiederherstellung gewerblicher Schutzrechte* vom 8. April 1958 (GRUR Int 1959, 340; s. dazu *Krieger*, MA 1959, 132 ff.). Das Abkommen ist am 2. Juli 1959 in Kraft getreten (GRUR Int 1959, 476). Zusatzprotokoll vom 11. Dezember 1963 zu dem Abkommen vom 8. April 1958 (BlPMZ 1965, 147), ratifiziert durch Gesetz vom 17. März 1965 (BlPMZ 1965, 147), in Kraft getreten am 3. März 1966 (BlPMZ 1966, 193).

53   *Vertrag* vom 11. September 1970 *über den Schutz von Herkunftsangaben, Ursprungsbezeichnungen und anderen geographischen Bezeichnungen* (BGBl. 1972 II S. 176). Änderungen der Anlage B durch Verordnung vom 10. Oktober 1994 (BGBl. II S. 3534).

### 29. Sri Lanka

54   *Protokoll* vom 22. November 1952 *über den Handel betreffende Fragen* und Ergänzungsprotokoll vom 29. Januar 1954 (BlPMZ 1954, 259). Gesetz vom 16. März 1955 (BlPMZ 1955, 146), in Kraft getreten am 8. September 1955; Bekanntmachung vom 30. August 1955 (BlPMZ 1955, 323). Das Protokoll enthält Vereinbarungen über die *gegenseitige Zusicherung der Inländerbehandlung für gewerbliche Schutzrechte* und über eine Verlängerung der Prioritätsfristen bis zum 1. Dezember 1954.

### 30. USA

55   *ERP-Abkommen* vom 15. Dezember 1949 (BGBl. 1950 II S. 9), in Kraft getreten am 27. Februar 1950 (Bekanntmachung vom 14. März 1950, BGBl. II S. 79). Die interessierende Vorschrift lautet:

**Art. 2 Z. 3. Die Regierung der Bundesrepublik Deutschland wird geeignete Maßnahmen ergreifen und mit anderen Teilnehmerstaaten zusammenarbeiten, um Geschäftspraktiken oder Geschäftsabmachungen seitens privater oder öffentlicher Handelsunternehmen im internationalen Handel zu verhindern, die den freien Wettbewerb einschränken, den Zugang zu den Märkten beschränken oder eine monopolistische Kontrolle begünstigen, wo immer diese Praktiken oder Abmachungen sich so auswirken, daß sie die Durchführung des gemeinsamen europäischen Wiederaufbauprogramms beeinträchtigen.**

56   *Freundschafts-, Handels- und Schiffahrtsvertrag* vom 29. Oktober 1954. Gesetz vom 7. Mai 1956 (BlPMZ 1956, 219), in Kraft am 14. Juli 1956; Bekanntmachung vom 28. Juni 1956 (BlPMZ 1956, 315). Artikel 10 des Vertrags enthält die Vereinbarung über die *gegenseitige Gewährung der Inländerbehandlung* für die Erlangung und Aufrechterhaltung von Erfindungspatenten, Marken, Handelsnamen, Handelsetiketten und sonstigen gewerblichen Schutzrechten.

57   *Abkommen* vom 4. Januar 1956 *zur Erleichterung des Austauschs von Patenten und technischen Erfahrungen für Verteidigungszwecke*, in Kraft getreten am 4. Januar 1956; Bekanntmachung vom 15. März 1956 (BlPMZ 1956, 144); Bekanntmachung vom 14. April 1965 der Verfahrensbestimmungen in der Fassung vom 28. Mai 1964 (BlPMZ 1965, 275).

58   *Vereinbarung* mit der Nuclear Regulatory Commission der Vereinigten Staaten von Amerika über *Zusammenarbeit auf dem Gebiet der Sicherheit kerntechnischer Einrichtungen* vom 1. Oktober 1975 (BlPMZ 1976, 164). Die interessierende Vorschrift lautet:

**Art. 7 Die aufgrund dieser Vereinbarung ausgetauschten Informationen unterliegen den Regelungen über Patente, die in einer Patent-Zusatzvereinbarung niedergelegt sind.**

# 3. Abschnitt. Herkunftsabkommen

**Inhaltsübersicht**

| | Rn |
|---|---|
| A. Allgemeines | 1–3 |
|    I. Rechtsschutz geographischer Herkunftsangaben | 1 |
|    II. Aufbau der Verträge | 2, 3 |
| B. Ausgestaltung des Rechtsschutzes | 4 |
| C. Herkunftsabkommen im einzelnen | 5–18 |
|    I. Frankreich | 5–11 |
|    II. Griechenland | 12, 13 |
|    III. Italien | 14 |
|    IV. Schweiz | 15-16b |
|    V. Spanien | 17 |
|    VI. Österreich | 18 |

**Schrifttum.** *v. Gamm,* Der Schutz geographischer Herkunftsangaben nach mehr- und zweiseitigen Staatsverträgen in der Brep Deutschland, FS für Brandner, 1996, S. 375; *Krieger,* Der internationale Schutz von geographischen Bezeichnungen aus deutscher Sicht, GRUR Int 1984, 71; *Krieger,* Möglichkeiten für eine Verstärkung des Schutzes deutscher Herkunftsangaben im Ausland, GRUR Int 1960, 400; *Krieger,* Zur Auslegung der zweiseitigen Abkommen über den Schutz geographischer Bezeichnungen, GRUR Int 1964, 499; *Kühn,* Zum Schutzumfang geographischer Bezeichnungen nach den zweiseitigen Verträgen über den Schutz von Herkunftsangaben, GRUR Int 1967, 268; *Lehmann,* Deutscher Käse „Typ Mozzarella": Unlauterer Wettbewerb, IPRax 1992, 221; *Streber,* Die internationalen Abkommen der Bundesrepublik Deutschland zum Schutz geographischer Angaben, 1994; *Tilmann,* Vereinbarkeit bilateraler Abkommen mit dem EG-Recht, EuZW 1992, 343.

S. auch die Schrifttumsangaben Vorb zu den §§ 126 bis 139 MarkenG sowie vor den einzelnen Herkunftsabkommen.

## A. Allgemeines

### I. Rechtsschutz geographischer Herkunftsangaben

Teil 6 des MarkenG (§§ 126 bis 139) enthält das *materielle Kennzeichenrecht des Schutzes von geographischen Herkunftsangaben.* Die Regelungen von Teil 6 über den Schutz geographischer Herkunftsangaben sind in 3 Abschnitte unterteilt. Abschnitt 1 (§§ 126 bis 129) enthält die allgemeinen Vorschriften zum Schutz geographischer Herkunftsangaben. Abschnitt 2 (§§ 130 bis 136) enthält Vorschriften zur Umsetzung der Verordnung (EWG) Nr. 2081/92 des Rates vom 14. Juli 1992 zum Schutz von geographischen Angaben und Ursprungsbezeichnungen für Agrarerzeugnisse und Lebensmittel (ABl. EG Nr. L 208 vom 24. Juli 1992, S. 1; s. 3. Teil des Kommentars, II 6). Abschnitt 3 (§§ 137 bis 139) enthält verschiedene Ermächtigungen zum Erlaß von Rechtsverordnungen zum Schutz einzelner geographischer Herkunftsangaben sowie Verfahrensvorschriften und Durchführungsbestimmungen. Rechtsgrundlagen des Schutzes geographischer Herkunftsangaben sind weiter *zweiseitige* sowie *mehrseitige Abkommen* der Bundesrepublik Deutschland mit anderen Staaten. Geographische Herkunftsangaben sind zum einen in der *Pariser Verbandsübereinkunft zum Schutz des gewerblichen Eigentums* (Unionsvertrag) vom 20. März 1883 (s. 2. Teil des Kommentars, 1. Abschnitt A), dem *Madrider Abkommen über die Unterdrückung falscher oder irreführender Herkunftsangaben auf Waren* vom 14. April 1891 (s. 3. Teil des Kommentars, III 6) und dem *Lissaboner Abkommen über den Schutz der Ursprungsbezeichnungen und ihre internationale Registrierung* vom 31. Oktober 1958 (s. 3. Teil des Kommentars, III 9) geschützt. Die Bundesrepublik Deutschland gehört der Pariser Verbandsübereinkunft seit dem Jahre 1903 und dem Madrider Herkunftsabkommen seit dem Jahre 1925 an. Dem Lissaboner Ursprungsabkommen ist die Bundesrepublik Deutschland hingegen nicht beigetreten (s. 2. Teil des Kommentars, Einführung in das Recht der internationalen Verträge, Rn 12). Geographische Herkunftsangaben sind zum anderen in zweiseitigen Abkommen geschützt. Das *deutsch-*

1

# Herkunftsabkommen  Frankreich

*portugiesische Handels- und Schiffahrtsabkommen* vom 24. August 1950 (BlPMZ 1950, 298) schützt die Bezeichnungen *Porto* und *Madeira* in Deutschland (Art. 21) und den Namen *Solingen* für Schneidwaren in Portugal (Art. 21). Das von der Bundesrepublik Deutschland nicht ratifizierte Abkommen wurde von Portugal mit Wirkung vom 31. Dezember 1961 gekündigt, wird aber im Einverständnis beider Vertragsstaaten angewendet (*Tilmann*, Die geographische Herkunftsangabe, S. 129f.). Das *deutsch-kubanische Abkommen* vom 22. März 1954 (BGBl. II S. 1112) schützt vornehmlich die kubanischen Bezeichnungen für Tabakerzeugnisse *Havanna, Cuba, Vuelta Abajo*. Der zwischen Deutschland und Österreich abgeschlossene *Vertrag über den Schutz von Herkunftsangaben, Ursprungsbezeichnungen und anderen geographischen Bezeichnungen* vom 6. Oktober 1981 ist bisher nur von Österreich ratifiziert worden (s. Rn 18). Einzelne *Staatsverträge über den Schutz von geographischen Herkunftsangaben* zwischen *Deutschland* und der *Schweiz, Frankreich, Italien, Spanien* und *Griechenland* werden im folgenden Text abgedruckt und mit Anmerkungen versehen.

## II. Aufbau der Verträge

2   Die *Verträge zum Schutz von geographischen Herkunftsangaben* zwischen der Bundesrepublik Deutschland und anderen Staaten entsprechen sich in ihrer Vertragsstruktur weitgehend. Die Abkommen enthalten in den Anlagen A und B für jeden der Vertragsstaaten *Listen der geographischen Herkunftsangaben*, denen im Territorium der Vertragsstaaten Kennzeichenschutz gewährt wird. Die Listen sind unterteilt nach *Weinen, Ernährung, Landwirtschaft* und *gewerblicher Wirtschaft*. Diese in den Anlagen A und B vereinbarten Listen der zu schützenden geographischen Herkunftsangaben können vorbehaltlich der Zustimmung des anderen Vertragsstaates jederzeit geändert oder erweitert werden.

3   Die einem Vertragsstaat ausschließlich für seine Erzeugnisse vorbehaltenen Bezeichnungen dürfen nur nach den Vorschriften der Rechtsordnung des anderen Vertragsstaates benutzt werden. Das *Benutzungsverbot* erstreckt sich auch auf *Exporte* der mit der geographischen Herkunftsangabe gekennzeichneten Erzeugnisse aus den Vertragsstaaten in andere Staaten.

## B. Ausgestaltung des Rechtsschutzes

4   Der *Rechtsschutz geographischer Herkunftsangaben nach den Staatsverträgen* besteht unabhängig davon, ob nach der inländischen Verkehrsauffassung eine geographische Herkunftsangabe vorliegt. Der Vertragsschutz greift auch dann ein, wenn die in einem Vertragsstaat benutzte *geographische Herkunftsangabe* in dem anderen Vertragsstaat eine *Gattungsbezeichnung* darstellt. Dem Abkommen geographischer Herkunftsangaben kommt *Schutzgesetzcharakter* zu (s. dazu *Krieger*, GRUR Int 1960, 400, 410). *Unterlassungs-* und *Schadensersatzansprüche* stehen dem durch eine rechtswidrige Benutzung einer geschützten geographischen Herkunftsangabe Verletzten zu. Manche Abkommen enthalten ein *Klagerecht der gewerblichen Verbände* oder der *Verbraucherverbände*.

## C. Herkunftsabkommen im einzelnen

### I. Frankreich

#### Abkommen über den Schutz von Herkunftsangaben, Ursprungsbezeichnungen und anderen geographischen Bezeichnungen

vom 8. März 1960

(BGBl. 1961 II S. 22)

**Schrifttum**. Denkschrift zum deutsch-französischen Abkommen, BlPMZ 1961, 172; *Krieger*, Möglichkeiten für eine Verstärkung des Schutzes deutscher Herkunftsangaben im Ausland, GRUR Int 1960, 400; *Krieger*, Zur Auslegung der zweiseitigen Abkommen über den Schutz geographischer Bezeichnungen – Zum deutsch-französischen Abkommen über den Schutz von Herkunftsangaben, Ursprungsbezeichnungen und anderen geographischen Bezeichnungen vom 8. März 1960, GRUR Int 1964, 499; *Kühn*, Zum Schutzumfang geographischer Bezeichnungen nach den zweiseitigen Verträgen über den Schutz von Herkunftsangaben, GRUR Int 1967, 268.

Frankreich **Herkunftsabkommen**

S. auch die Schrifttumsangaben Vorb zu den §§ 126 bis 139 MarkenG, zu den Herkunftsabkommen allgemein (vor Rn 1) sowie vor den einzelnen Herkunftsabkommen.

**Vorbemerkung**

Der Staatsvertrag wurde durch Gesetz vom 21. Januar 1961 ratifiziert (BGBl. II S. 22; **5** BlPMZ 1960, 209) und ist am 7. Mai 1961 in Kraft getreten (BGBl. II S. 482; BlPMZ 1961, 264). Die Anlagen A und B wurden neu gefaßt und sind durch Verordnung vom 23. April 1969 (BGBl. II S. 856) in Kraft getreten. Die Anwendung des Abkommens wird nicht durch die EWG-Verordnung Nr. 823/87 vom 16. März 1987 verdrängt, da diese keine Herkunftsbezeichnungen schützt (LG Hamburg GRUR Int 1996, 155, 157 – CHAMPAGNE).

**Art. 1 Jeder der Vertragstaaten verpflichtet sich, alle notwendigen Maßnahmen zu ergreifen, um in wirksamer Weise die aus dem Gebiet des anderen Vertragstaates stammenden Boden- und Gewerbeerzeugnisse gegen unlauteren Wettbewerb im geschäftlichen Verkehr zu schützen und den Schutz der in den Anlagen A und B dieses Abkommens aufgeführten Bezeichnungen nach Maßgabe der folgenden Artikel 2 bis 9 zu gewährleisten.**

**Art. 2 Die in der Anlage A dieses Abkommens aufgeführten Bezeichnungen sind in dem in Artikel 13 Abs. 1 bezeichneten Gebiet der Französischen Republik ausschließlich deutschen Erzeugnissen oder Waren vorbehalten und dürfen dort nur unter denselben Voraussetzungen benutzt werden, wie sie in der Gesetzgebung der Bundesrepublik Deutschland vorgesehen sind. Jedoch können gewisse Vorschriften dieser Gesetzgebung durch ein Protokoll für nicht anwendbar erklärt werden.**

**Art. 3 Die in der Anlage B dieses Abkommens aufgeführten Bezeichnungen sind im Gebiet der Bundesrepublik Deutschland ausschließlich französischen Erzeugnissen oder Waren vorbehalten und dürfen dort nur unter denselben Voraussetzungen benutzt werden, wie sie in der Gesetzgebung der Französischen Republik vorgesehen sind. Jedoch können gewisse Vorschriften dieser Gesetzgebung durch ein Protokoll für nicht anwendbar erklärt werden.**

**Anmerkung.** Die in der Anlage B des Abkommens aufgeführten Bezeichnungen dürfen **6** *ohne Rücksicht auf die Produktähnlichkeit nur für französische Erzeugnisse geführt* werden (BGH GRUR 1969, 611 – Champagner Weizenbier; 1983, 768 – Capri-Sonne; *Krieger,* GRUR Int 1964, 501; aA *Kühn,* GRUR Int 1967, 268). Anders kann es liegen, wenn der *Zweck des Abkommens,* die bestimmten Produkten vorbehaltenen Bezeichnungen gegen unlauteren Wettbewerb zu schützen, nicht beeinträchtigt wird (BGH GRUR 1969, 611, 614 – Champagner-Weizenbier; 1983, 768, 769 – Capri-Sonne). Das allgemeine Verbot einer Benutzung der in Anlage B aufgeführten Bezeichnungen ist insoweit eingeschränkt. Die Grundsätze über die Sittenwidrigkeit der Ausnutzung eines fremden Rufs zur Förderung des Absatzes eigener Waren sind grundsätzlich auch auf durch das deutsch-französische Abkommen geschützte Herkunftsangaben anzuwenden, soweit die befugten Benutzer einen solchen Ruf unter der Bezeichnung erworben haben (BGH GRUR 1988, 453 – Ein Champagner unter den Mineralwässern).

Als zulässig beurteilt wurde *Champagner-Zange* für eine Gasrohrzange (LG Düsseldorf **7** GRUR Int 1967, 109); *Palette* für das Werkzeug des Malers (LG Düsseldorf GRUR Int 1966, 391); *champagnerfarben* für die Farbtönung von Textilien oder Leder (LG Düsseldorf GRUR Int 1967, 109). Als nicht zulässig beurteilt wurde die scherzartige oder symbolhafte Verwendung der Bezeichnung *Cognac* in der Werbung für einen Treibstoff; das Anbieten und Vertreiben von Badeartikeln unter der Bezeichnung *CHAMPAGNE* (LG Hamburg GRUR Int 1996, 155 – CHAMPAGNE). Der Rechtsschutz der geographischen Herkunftsangaben erstreckt sich auch auf *verwechslungsfähige* Bezeichnungen (LG Düsseldorf GRUR Int 1965, 363 – Remané/Romanée; BGH GRUR 1969, 615 – Champi-Krone). Die mit französischen Bezeichnungen in der Anlage B verwechslungsfähigen Bezeichnungen *Auvernier, Chablais, Coteaux du Jura, Fully, Lully, Pully, Satigny, St. Aubin* und *Vully* dürfen für Weine schweizerischer Herkunft benutzt werden, sofern den schweizerischen Bezeichnungen die Benennung *Schweiz* oder der *Name des Kantons* beigefügt wird, in dem

# Herkunftsabkommen   Frankreich

der Ort oder das Gebiet liegt, auf den oder auf das die Bezeichnung hinweist (s. Verordnung über die Inkraftsetzung von Änderungen der Anlagen A und B des Abkommens vom 8. März 1960 zwischen der Bundesrepublik Deutschland und der Französischen Republik über den Schutz von Herkunftsangaben, Ursprungsbezeichnungen und anderen geographischen Bezeichnungen vom 23. April 1969, BGBl. II S. 856, 871). Der Vertrag zwischen der Bundesrepublik Deutschland und der Schweizerischen Eidgenossenschaft über den Schutz von Herkunftsangaben und anderen geographischen Bezeichnungen vom 7. März 1967 (GRUR Int 1967, 347) regelt in Art. 2 II, 3 II, 4 II den Schutz der Bezeichnungen *Schweizerische Eidgenossenschaft, Schweiz, Eidgenossenschaft und die Namen der schweizerischen Kantone.*

**Art. 4 (1) Wird eine der in den Anlagen A und B dieses Abkommens aufgeführten Bezeichnungen im geschäftlichen Verkehr entgegen den Bestimmungen der Artikel 2 und 3 dieses Abkommens für Erzeugnisse oder Waren oder deren Aufmachung oder äußere Verpackung oder auf Rechnungen, Frachtbriefen oder anderen Geschäftspapieren oder in der Werbung benutzt, so wird die Benutzung durch alle gerichtlichen und behördlichen Maßnahmen, die in der Gesetzgebung jedes der Vertragstaaten vorgesehen sind, einschließlich der Beschlagnahme, soweit die Gesetzgebung der Vertragstaaten dies zuläßt, unterdrückt.**

**(2) Die Bestimmungen dieses Artikels sind auch dann anzuwenden, wenn die in den Anlagen A und B dieses Abkommens aufgeführten Bezeichnungen in Übersetzung oder mit einem Hinweis auf die tatsächliche Herkunft oder mit Zusätzen wie „Art", „Typ", „Fasson", „Nachahmung" oder dergleichen benutzt werden.**

**(3) Die Bestimmungen dieses Artikels sind auf Erzeugnisse oder Waren bei der Durchfuhr nicht anzuwenden.**

8  **Anmerkung.** Das Abkommen als solches begründet keinen Anspruch auf Einwilligung in die Löschung bereits eingetragener Marken (BGH GRUR 1969, 615 – Champi-Krone). Es ist aber im patentamtlichen Eintragungsverfahren zu beachten (BGH GRUR 1964, 136, 137 – Schweizer; 1969, 615 – Champi-Krone).

**Art. 5 Die Bestimmungen des Artikels 4 dieses Abkommens sind auch anzuwenden, wenn für Erzeugnisse oder Waren oder deren Aufmachung oder äußere Verpackung oder auf Rechnungen, Frachtbriefen oder sonstigen Geschäftspapieren oder in der Werbung unmittelbar oder mittelbar Kennzeichnungen, Marken, Namen, Aufschriften oder Abbildungen benutzt werden, die falsche oder irreführende Angaben über Herkunft, Ursprung, Natur, Sorte oder wesentliche Eigenschaften der Erzeugnisse oder Waren enthalten.**

**Art. 6 (1) Der Schutz gemäß den Artikeln 4 und 5 dieses Abkommens wird durch das Abkommen als solches gewährt.**

**(2) Jeder der Vertragstaaten ist berechtigt, von dem anderen Vertragstaat zu verlangen, Erzeugnisse oder Waren, die mit einer der in den Anlagen A und B dieses Abkommens aufgeführten Bezeichnungen versehen sind, nur dann zur Einfuhr zuzulassen, wenn den Erzeugnissen oder Waren eine Bescheinigung über die Berechtigung zur Benutzung der Bezeichnung beigefügt ist. In diesem Falle unterliegen die Erzeugnisse oder Waren bei ihrer Einfuhr der Zurückweisung, wenn ihnen die Bescheinigung nicht beigefügt ist.**

**(3) Mit dem Ersuchen nach Absatz 2 hat der Vertragstaat dem anderen Vertragstaat die Behörden mitzuteilen, die zur Ausstellung der Bescheinigung berechtigt sind. Der Mitteilung ist ein Muster der Bescheinigung beizufügen.**

9  **Anmerkung.** Die französische Regierung hat ein Ersuchen nach Abs. 2 gestellt (s. Bekanntmachung des BMJ vom 10. Juli 1962; BAnz Nr. 148 vom 8. August 1962; BlPMZ 1962, 273). Die Anlagen I und II der Bekanntmachung vom 10. Juli 1962 wurden aufgrund der Verordnung über die Inkraftsetzung von Änderungen der Anlagen A und B vom 23. April 1969 (BGBl. II S. 856) und des Ersuchens der Regierung der Französischen Republik vom 27. Oktober 1967 durch die in der Beilage zum BAnz Nr. 136 vom 29. Juli 1970 veröffentlichten Anlagen ersetzt (s. Bekanntmachung des BMJ vom 22. Juli 1970, Beilage zum BAnz Nr. 136; BlPMZ 1970, 410).

**Art. 7 (1) Der Anspruch auf Schadenersatz wegen Verletzung einer der in der Anlage A dieses Abkommens aufgeführten Bezeichnungen und wegen der Benutzung**

falscher oder irreführender Angaben im Sinne des Artikels 5 kann vor den Gerichten der Französischen Republik außer von den natürlichen und juristischen Personen, die nach der Gesetzgebung der Französischen Republik hierzu berechtigt sind, auch von Verbänden, Vereinigungen und Einrichtungen mit Sitz in der Bundesrepublik Deutschland, welche die beteiligten Erzeuger, Hersteller oder Händler vertreten, geltend gemacht werden, soweit die Gesetzgebung der Französischen Republik dies französischen Verbänden, Vereinigungen und Einrichtungen ermöglicht.

(2) Der Anspruch auf Unterlassung der Benutzung einer der in der Anlage B dieses Abkommens aufgeführten Bezeichnungen und der Benutzung falscher oder irreführender Angaben im Sinne des Artikels 5 kann vor den Gerichten der Bundesrepublik Deutschland außer von den natürlichen und juristischen Personen, die nach der Gesetzgebung der Bundesrepublik Deutschland hierzu berechtigt sind, auch von Verbänden, Vereinigungen und Einrichtungen mit Sitz in der Französischen Republik, welche die beteiligten Erzeuger, Hersteller oder Händler vertreten, geltend gemacht werden, soweit die Gesetzgebung der Bundesrepublik Deutschland dies deutschen Verbänden, Vereinigungen und Einrichtungen ermöglicht. Das gleiche gilt für die Berechtigung zur Erhebung der Privatklage.

**Anmerkung**. Das Abkommen als solches begründet keinen Anspruch auf Einwilligung in die Löschung bereits eingetragener Marken (BGH GRUR 1969, 615 – Champi-Krone). Es ist aber im patentamtlichen Eintragungsverfahren zu beachten (BGH GRUR 1964, 136, 137 – Schweizer; 1969, 615 – Champi-Krone). 10

**Art. 8** Erzeugnisse und Waren, Verpackungen, Rechnungen, Frachtbriefe und sonstige Geschäftspapiere sowie Werbemittel, die sich bei Inkrafttreten dieses Abkommens im Gebiet eines der Vertragsstaaten befinden und rechtmäßig mit Angaben versehen worden sind, die nach diesem Abkommen nicht benutzt werden dürfen, können bis zum Ablauf von zwei Jahren nach dem Inkrafttreten dieses Abkommens abgesetzt oder aufgebraucht werden.

**Art. 9** (1) Die Listen der Anlagen A und B dieses Abkommens können von einem Vertragsstaat durch eine schriftliche Mitteilung vorbehaltlich der Zustimmung des anderen Vertragsstaates geändert oder erweitert werden. Jedoch kann jeder Vertragsstaat die Liste der Bezeichnungen für Erzeugnisse oder Waren aus seinem Gebiet ohne Zustimmung des anderen Vertragsstaates einschränken.

(2) Im Falle der Änderung oder Erweiterung der Liste der Bezeichnungen für Erzeugnisse oder Waren aus dem Gebiet eines der Vertragsstaaten sind die Bestimmungen des Artikels 8 anzuwenden mit der Maßgabe, daß die Frist von zwei Jahren mit der Bekanntmachung der Änderung oder Erweiterung durch den anderen Vertragsstaat beginnt.

**Anmerkung**. Die Anlagen A und B sind auf der Grundlage von Vorschlägen der nach Art. 11 des Abkommens gebildeten Gemischten Kommission geändert worden. Außerdem wurde der Schutz für einige französische Bezeichnungen, die in Deutschland auch für schweizerische Erzeugnisse benutzt werden, sowie für die deutsche Bezeichnung *Baden,* die in Frankreich auch für österreichische Erzeugnisse benutzt wird, eingeschränkt. Die Neufassungen der Anlagen sind durch Verordnung vom 23. April 1969 (BGBl. II S. 856, 873) in Kraft gesetzt worden. 11

**Art. 10** Die Bestimmungen dieses Abkommens schließen nicht den Schutz aus, der in den Vertragsstaaten für die in den Anlagen A und B dieses Abkommens aufgeführten Bezeichnungen auf Grund innerstaatlicher Rechtsvorschriften oder anderer internationaler Vereinbarungen besteht oder künftig gewährt wird.

**Art. 11** (1) Zur Erleichterung der Durchführung dieses Abkommens wird aus Vertretern der Regierung jedes der Vertragsstaaten eine Gemischte Kommission gebildet.

(2) Die Gemischte Kommission hat die Aufgabe, Vorschläge zur Änderung oder Erweiterung der Listen der Anlagen A und B dieses Abkommens, die der Zustimmung der Vertragsstaaten bedürfen, zu prüfen sowie alle mit der Anwendung dieses Abkommens zusammenhängenden Fragen zu erörtern.

(3) Jeder der Vertragsstaaten kann das Zusammentreten der Gemischten Kommission verlangen.

# Herkunftsabkommen  Frankreich

Art. 12 Dieses Abkommen gilt auch für das Land Berlin, sofern nicht die Regierung der Bundesrepublik Deutschland gegenüber der Regierung der Französischen Republik innerhalb von drei Monaten nach Inkrafttreten dieses Abkommens eine gegenteilige Erklärung abgibt.

Art. 13 (1) Dieses Abkommen gilt, soweit es die Französische Republik betrifft, für die mutterländischen Departements, die algerischen Departements, die Departements Oasis und Saoura, die Departements Guadeloupe, Guayana, Martinique, Réunion und für die überseeischen Hoheitsgebiete (Neukaledonien und seine abhängigen Gebiete, Französisch-Polynesien, Saint Pierre und Miquelon, französische Somaliküste und Komorenarchipel).

(2) Dieses Abkommen kann durch einen Notenwechsel zwischen den beiden Vertragstaaten auf die Mitgliedstaaten der Gemeinschaft, sei es auf einen oder mehrere von ihnen, zur Anwendung gebracht werden, und zwar nach Maßgabe der Einzelheiten, die für jeden Fall in dem Notenwechsel festgesetzt werden.

Art. 14 (1) Dieses Abkommen bedarf der Ratifizierung; die Ratifikationsurkunden werden so bald wie möglich in Paris ausgetauscht.

(2) Dieses Abkommen tritt einen Monat nach Austausch der Ratifikationsurkunden in Kraft und bleibt zeitlich unbegrenzt in Kraft.

(3) Dieses Abkommen kann von jedem der beiden Vertragstaaten mit einer Frist von einem Jahr schriftlich gekündigt werden.

## Protokoll vom 8. 3. 1960

1. Die Artikel 2 und 3 dieses Abkommens verpflichten die Vertragstaaten nicht, in ihrem Gebiet beim Inverkehrbringen von Erzeugnissen oder Waren, die mit den in den Listen der Anlagen A und B dieses Abkommens aufgeführten Bezeichnungen versehen sind, die Rechts- und Verwaltungsvorschriften des anderen Vertragstaates anzuwenden, die sich auf die verwaltungsmäßige Kontrolle dieser Erzeugnisse und Waren beziehen, wie zum Beispiel diejenigen Vorschriften, die die Führung von Eingangs- und Ausgangsbüchern und den Verkehr dieser Erzeugnisse oder Waren betreffen.

2. Durch die Aufnahme von Bezeichnungen für Erzeugnisse oder Waren in die Listen der Anlagen A und B dieses Abkommens werden die in jedem der Vertragstaaten bestehenden Bestimmungen über die Einfuhr solcher Erzeugnisse oder Waren nicht berührt.

3. Angaben über wesentliche Eigenschaften im Sinne des Artikels 5 dieses Abkommens sind insbesondere folgende Bezeichnungen:
a) bei deutschen und französischen Weinen:
 die Angabe des Erntejahres (Jahrgang),
 der Name einer oder mehrerer Rebsorten;
b) bei deutschen Weinen:
 Naturwein, naturrein, Wachstum, Gewächs, Kreszenz, Originalwein, Originalabfüllung, Originalabzug, Kellerabfüllung, Kellerabzug, Schloßabzug, Eigengewächs, Faß Nr. ..., Fuder Nr. ..., Spätlese, Auslese, Beerenauslese, Trockenbeerenauslese, Hochgewächs, Spitzengewächs, Cabinetwein;
c) bei französischen Weinen:
 Blanc de blanc, rosé, sec, doux, Zwicker, Edelzwicker, haut, grand cru, cru classé, premier cru, grand vin, pétillant, méthode champenoise, mousseux, brut, appellation contrôlée, appellation d'origine, appellation réglementée, vin délimité de qualité supérieure (ou V. D. Q. S.), mise en bouteille au château, mise en bouteille a la propriété;
d) bei französischen Branntweinen:
 V. O., V. S. O. P., Réserve, extra, Napoléon, Vieille réserve, Trois étoiles.

Frankreich

# Herkunftsabkommen

Anlage A

I. Weine

A. Gebietsnamen

1. Ahr
2. Baden
   a) Bodensee
   b) Markgräflerland
   c) Kaiserstuhl
   d) Breisgau
   e) Ortenau
   f) Kraichgau
   g) Bad. Bergstraße
   h) Bad. Frankenland
3. Bergstraße
4. Franken
5. Lahn
6. Mittelrhein
7. Mosel – Saar – Ruwer
   (zur näheren Kennzeichnung auch als zusätzliche Bezeichnung erlaubt: Mosel oder Saar oder Ruwer)
8. Nahe
9. Rheingau
10. Rheinhessen
11. Rheinpfalz
12. Siebengebirge
13. Württemberg

B. Namen der Weinbaugemeinden
(Gemarkungen)

1. Ahr

Ahrweiler, Altenahr, Bachem b. Ahrweiler, Bad Neuenahr, Bodendorf, Dernau, Heimersheim, Kreuzberg, Lantershofen, Mayschoß, Rech, Walporzheim

2. Baden

a) Bodensee

Erzingen, Hagnau, Konstanz, Meersburg, Überlingen

b) Markgräflerland

Auggen, Badenweiler, Ballrechten, Britzingen, Buggingen, Dottingen, Ebringen, Efringen-Kirchen, Ehrenstetten, Grunern, Haltingen, Heitersheim, Hügelheim, Kirchhofen, Laufen, Müllheim, Niederweiler, Pfaffenweiler, Schallstadt, Schliengen, Staufen, Vögisheim, Wolfenweiler

c) Kaiserstuhl

Achkarren, Bahlingen, Bickensohl, Bischoffingen, Breisach, Burkheim, Eichstetten, Endingen, Ihringen, Jechtingen, Kiechlingsbergen, Leiselheim, Merdingen, Oberbergen, Oberrotweil, Sasbach, Wasenweiler

d) Breisgau

Freiburg, Glottertal, Hecklingen, Köndringen

e) Ortenau

Bühlertal, Diersburg, Durbach, Eisental, Fessenbach, Gengenbach, Kappelrodeck, Lahr, Neuweier, Oberkirch, Offenburg, Ortenberg, Rammersweier, Reichenbach, Sasbachwalden, Steinbach, Tiergarten, Varnhalt, Waldulm, Zell-Weierbach

f) Kraichgau

Bruchsal, Eichelberg, Obergrombach, Sulzfeld, Weingarten

g) Badische Bergstraße

Großsachsen, Leutershausen, Malsch, Rauenberg, Weinheim, Wiesloch

1919

# Herkunftsabkommen  Frankreich

### h) Badisches Frankenland
Beckstein, Dertingen

### 3. Bergstraße
Bensheim, Bensheim-Auerbach, Groß Umstadt, Hambach, Heppenheim, Zwingenberg

### 4. Franken
Abtswind, Astheim, Bullenheim, Bürgstadt, Castell, Dettelbach, Eibelstadt, Erlenbach b. Marktheidenfeld, Escherndorf, Frickenhausen, Großheubach, Großostheim, Hammelburg, Handthal, Hasloch, Homburg, Hörstein, Hüttenheim, Iphoven, Ippesheim, Kitzingen, Klingenberg, Köhler, Marktbreit, Michelbach, Nordheim, Obereisenheim, Randersacker, Rödelsee, Schloß Saaleck, Sommerach, Sommerhausen, Stetten, Sulzfeld, Thüngersheim, Veitshöchheim, Volkach, Wiesenbronn, Würzburg

### 5. Lahn
Nassau, Obernhof, Weinähr

### 6. Mittelrhein
Bacherach, Bad Salzig, Boppard, Bornich, Braubach, Breitscheid, Damscheid, Dattenberg, Dellhofen, Dörscheid, Erpel, Hammerstein, Hirzenach, Hönningen, Kamp, Kasbach, Kaub, Kestert, Langscheid, Leubsdorf, Leutesdorf, Linz, Manubach, Niederburg, Niederheimbach, Nochern, Oberdiebach, Oberheimbach, Oberlahnstein, Oberspay, Oberwesel, Ockenfels, Osterspai, Perscheid, Remagen, Rheinbreitbach, Rheinbrohl, Rhens, Steeg, St. Goar, St. Goarshausen, Trechtingshausen, Unkel, Urbar, Vallendar, Wellmich, Werlau

### 7. Mosel – Saar – Ruwer
St. Aldegund, Alf, Alken, Andel, Ayl, Bausendorf, Beilstein, Bekond, Bernkastel-Kues, Biebelhausen, Bilzingen, Brauneberg, Bremm, Briedel, Briedern, Brodenbach, Bruttig, Bullay, Burg, Burgen (Kreis Bernkastel), Burgen (Kreis, St. Goar), Cochem, Detzem, Dhron, Dieblich, Dreis, Ediger, Eitelsbach, Ellenz-Poltersdorf, Eller, Enkirch, Ensch, Erden, Ernst, Fankel, Fastrau, Fell, Fellerich, Filsch, Filzen (Mosel), Filzen (Saar), Franzenheim, Godendorf, Gondorf, Graach, Grewenich, Güls, Hamm bei Filzen, Hatzenport, Helfant, Hockweiler, Hupperath, Igel, Irsch (Mosel), Irsch (Saar), Kanzem, Karden, Kasel, Kastel-Staadt, Kattenes, Kenn, Kernscheid, Kesten, Kinheim, Klotten, Klüsserath, Kobern, Koblenz-Stadt, Kommlingen, Konz, Köllig, Könen, Köwerich, Krettnach-Obermennig, Kröv, Krutweiler, Langsur, Lay, Lehmen, Leiwen, Liersberg, Lieser, Longen, Longuich-Kirsch, Löf, Lörsch, Lösnich, Maring-Noviand, Mehring, Merl, Mertesdorf, Mesenich (Kreis Zell), Mesenich (Kreis Trier), Metzdorf, Minden, Minheim, Monzel, Morscheid, Moselkern, Müden, Mülheim a. d. Mosel, Neef, Nehren, Nennig, Neumagen, Niederemmel, Niedermennig, Nittel, Oberbillig, Oberemmel, Ockfen, Olkenbach, Onsdorf, Osann, Palzem, Pellingen, Perl, Piesport, Platten, Pommern, Pölich, Pünderich, Ralingen, Rehlingen, Reil, Riol, Riveris, Rivenich, Ruwer, Saarburg-Beurig, Schleich, Schoden, Schweich, Sehndorf, Senheim, Serrig, Soest, Starkenburg, Tarforst, Tawern, Temmels, Thörnich, Traben-Trarbach, Treis, Trier-Stadt, Trittenheim, Uerzig, Valwig, Veldenz, Waldrach, Wasserliesch, Wawern, Wehlen, Wehr, Wellen, Wiltingen, Wincheringen, Winningen, Wintersdorf, Wintrich, Wittlich, Wolf, Zell, Zeltingen-Rachtig

### 8. Nahe
Argenschwang, Auen, Bad Kreuznach, Bad Münster am Stein, Bärweiler, Bingerbrück, Bockenau, Boos, Braunenweiler, Breitenheim, Bretzenheim (Nahe), Burgsponheim, Dalberg, Desloch, Dorsheim, Eckenroth, Genheim, Gutenberg, Hargesheim, Hausweiler, Heddesheim, Heimberg, Hergenfeld, Hochstetten, Hüffelsheim, Jeckenbach, Kappeln, Katzenbach, Kirschroth, Krebsweiler, Langenlonsheim, Langenthal, Langweiler, Laubenheim (Nahe), Lauschied, Löllbach, Mandel, Martinstein, Medard, Meddersheim, Meisenheim, Merxheim, Monzingen, Münster-Sarmsheim, Niedereisenbach, Niederhausen, Norheim, Nußbaum, Oberstreit, Offenbach (Glan), Pferdsfeld, Ransweiler, Raumbach, Roxheim, Rüdesheim, Rümmelsheim, Sankt Katharinen, Schloßböckelheim, Schöneberg, Schweppenhausen, Simmern unter Dhaun, Sobernheim, Sommerloch, Spabrücken, Sponheim, Staudernheim, Stromberg, Traisen, Waldalgesheim, Waldböckelheim, Waldhilbersheim, Waldlaubersheim, Wallhausen, Weiler bei Bingerbrück, Weiler bei Monzingen, Weinsheim, Wiesweiler, Windesheim, Winzenheim

### 9. Rheingau
Aßmannshausen, Aulhausen, Eltville, Erbach/Rhg., Frauenstein, Geisenheim, Hallgarten, Hattenheim, Hochheim, Johannisberg, Kiedrich, Lorch/Rh., Lorchhausen, Martinsthal, Mittelheim, Niederwalluf, Oberwalluf, Oestrich, Rauenthal, Rüdesheim, Schloß Johannisberg, Schloß Vollrads, Steinberg, Wicker, Wiesbaden, Winkel

Frankreich **Herkunftsabkommen**

### 10. Rheinhessen

Abenheim, Albig, Alsheim, Alzey, Appenheim, Armsheim, Aspisheim, Bechtheim, Bingen, Bodenheim, Bosenheim, Bubenheim, Dalheim, Dalsheim, Dexheim, Dienheim, Dorn-Dürkheim, Dromersheim, Ebersheim, Eckelsheim, Elsheim, Ensheim, Essenheim, Flonheim, Framersheim, Gau-Algesheim, Gau-Bickelheim, Gau-Bischofsheim, Gau-Heppenheim, Gau-Odernheim, Gau-Weinheim, Groß-Winternheim, Gundersheim, Gundheim, Guntersblum, Hackenheim, Hahnheim, Harxheim, Heimersheim, Hillesheim, Hohen-Sülzen, Horrweiler, Ingelheim, Jugenheim, Laubenheim, Ludwigshöhe, Mainz-Stadt, Mettenheim, Mommenheim, Mölsheim, Monsheim, Monzernheim, Nackenheim, Nieder-Flörsheim, Nieder-Saulheim, Nierstein, Ober-Ingelheim, Ockenheim, Oppenheim, Osthofen, Partenheim, Pfaffen-Schwabenheim, Pfeddersheim, Planig, Schwabenheim, Schwabsburg, Selzen, Spiesheim, Sprendlingen, Stadecken, St. Johann, Sulzheim, Udenheim, Uelversheim, Uffhofen, Vendersheim, Volxheim, Wachenheim, Wallertheim, Weinheim, Weinolsheim, Westhofen, Wolfsheim, Wöllstein, Worms (Stadt und Vororte), Wörrstadt, Zornheim, Zotzenheim

### 11. Rheinpfalz

Albersweiler, Albisheim/Pfrimm, Albsheim a. d. Eis, Alsenz, Altdorf, Altenbamberg, Appenhofen, Arzheim, Asselheim, Bad Dürkheim, Bayerfeld-Stockweiler, Berghausen, Bergzabern, Billigheim, Birkweiler, Bissersheim, Böbingen, Bobenheim am Berg, Böchingen, Bolanden, Bornheim, Burrweiler, Callbach, Dackenheim, Dammheim, Deidesheim, Diedesfeld, Dielkirchen, Dirmstein, Dörrenbach, Duchroth-Oberhausen, Duttweiler, Ebernburg, Edenkoben, Edesheim, Einselthum, Ellerstadt, Erpolzheim, Eschbach, Essingen, Feilbingert, Flemlingen, Forst, Frankweiler, Freimersheim, Freinsheim, Friedelsheim, Gerolsheim, Gimmeldingen, Gleisweiler, Gleiszellen-Gleishorbach, Gräfenhausen, Godramstein, Göcklingen, Gönnheim, Großbockenheim, Großfischlingen, Großkarlbach, Grünstadt, Haardt, Hainfeld, Hallgarten, Hambach, Harxheim, Heiligenstein, Herxheim am Berg, Heuchelheim, Hochstätten, Ilbesheim, Ilbesheim bei Landau, Impflingen, Kalkhofen, Kallstadt, Kapellen-Drusweiler, Kindenheim, Kirchheim an der Weinstraße, Kirchheimbolanden, Kirrweiler, Kleinkarlbach, Klingen, Klingenmünster, Knöringen, Königsbach, Lachen-Speyerdorf, Landau/Pfalz, Laumersheim, Lauterekken, Leinsweiler, Leistadt, Lettweiler, Maikammer, Mechtersheim, Meckenheim, Mörzheim, Mußbach, Mülheim a. d. Eis, Münsterappel, Neuleiningen, Neustadt a. d. Weinstraße, Niederhochstadt, Niederhorbach, Niederhausen a. d. Appel, Niederkirchen, Niedermoschel, Niefernheim, Nußdorf, Oberhochstadt, Oberlustadt, Obermoschel, Oberndorf, Oberotterbach, Odernheim, Pleisweiler-Oberhofen, Ranschbach, Rechtenbach, Rehborn, Rhodt unter Rietburg, Rockenhausen, Roschbach, Ruppertsberg, Sankt Martin, Sausenheim, Schweigen, Schweighofen, Siebeldingen, Steinweiler, Ungstein, Unkenbach, Venningen, Wachenheim a. d.Weinstraße, Walsheim, Weingarten, Weisenheim am Berg, Weisenheim am Sand, Weyher, Winden, Winterborn, Wolfstein, Wollmesheim, Zell

### 12. Siebengebirge

Honnef, Königswinter, Niederdollendorf, Oberdollendorf, Rhöndorf

### 13. Württemberg

Adolzfurt, Beilstein, Besigheim, Beutelsbach, Bönnigheim, Brackenheim, Cleebronn, Criesbach, Derdingen, Dürrenzimmern, Eberstadt, Endersbach, Erlenbach, Eschelbach, Esslingen, Fellbach, Flein, Grantschen, Geradstetten, Großbottwar, Großheppach, Grunbach, Harsberg, Heilbronn, Hessigheim, Hohenhaslach, Horrheim, Ingelfingen, Kleinbottwar, Kleinheppach, Korb, Lauffen a. N., Lehrensteinsfeld, Löchgau, Löwenstein, Markelsheim, Michelbach a. W., Mundelsheim, Niederhall, Nordheim, Oberstenfeld, Pfedelbach, Roßwag, Schnait, Schwaigern, Stetten i. R., Strümpfelbach, Stuttgart, Verrenberg, Walheim, Weikersheim, Weinsberg, Willsbach

### C. Sonstige Herkunftsangaben

Deutscher Weißwein, Deutscher Rotwein, Deutscher Sekt

### D. Regionale Herkunftsangaben

Liebfrauenmilch, Liebfraumilch

## II. Ernährung und Landwirtschaft

**Backwaren**

Aachener Printen, Dresdner Christstollen, Freiburger Brezeln, Friedrichsdorfer Zwieback, Liegnitzer Bomben, Nürnberger Lebkuchen, Rheinisches Schwarzbrot, Rheinisches Vollkornbrot, Westfälischer Pumpernickel, Westfälisches Schwarzbrot

# Herkunftsabkommen  Frankreich

**Fischwaren**
Büsumer Krabben, Husumer Krabben, Flensburger Aal, Kieler Sprotten

**Fleischwaren**
Braunschweiger Mettwurst, Coburger Kernschinken, Frankfurter Würstchen (nicht „Saucisse de Francfort"), Halberstädter Würstchen, Holsteinischer Katenschinken, -Wurst, Münchener Weißwürste, Nürnberger Bratwürste, Regensburger Würste, Rügenwalder Teewurst, Schwarzwälder Speck, Thüringer Wurst, Westfälischer Schinken

**Bier**
Bayerisches Bier, Berliner Weiße, Bitburger Bier, Dortmunder Bier, Düsseldorfer Alt-Bier, Hamburger Bier, Herrenhäuser Bier, Hofer Bier, Kölsch-Bier, Kulmbacher Bier, Münchener Bier, Nürnberger Bier, Würzburger Bier

**Mineralwasser**
Birresborner Sprudel, Dauner Sprudel, Fachinger Wasser, Gerolsteiner Mineralwasser, Offenbacher Sprudel, Pyrmonter Säuerling, Rhenser Sprudel, Roisdorfer (Wasser), Selters, Teinacher Sprudel, Tönnissteiner Sprudel, Wildunger Wasser

**Spirituosen**
Bayerischer Gebirgsenzian, Berliner Kümmel, Chiemseer Klosterlikör, Deutscher Korn, Deutscher Kornbrand, Deutscher Weinbrand, Ettaler Klosterlikör, Hamburger Kümmel, Königsberger Bärenfang, Münchener Kümmel, Ostpreußischer Bärenfang, Schwarzwälder Himbeergeist, Schwarzwälder Kirsch, Steinhäger, Stonsdorfer

**Hopfen**
Badischer Hopfen, Hallertauer Hopfen, Hersbrucker Hopfen, Jura Hopfen, Rheinpfälzer Hopfen, Rottenburg-Herrenberg-Weil-der-Stadt-Hopfen, Spalter Hopfen, Tettnanger Hopfen

**Saatgut**
Erfurter Gartenbauerzeugnisse, Erfurter Sämereien; Gelbklee: Alb-Schwedenklee; Rotklee: Eifler Rotklee, Probsteier Rotklee, Württemberger; Weißklee: Chiemgauer Weißklee, Probsteier Weißklee; Luzerne: Altfränkische-Baden-Württemberg, Altfränkische-Würzburg, Eifler Luzerne

**Süßwaren**
Bayerisches Blockmalz, Kölner Zucker, Königsberger Marzipan, Lübecker Marzipan, Neißer Konfekt, Schwartauer Süßwaren, -Marmelade, -Bonbons

**Verschiedenes**
Bayerische Pfifferlinge, Bayerische Steinpilze, Braunschweiger Konserven, Bremer Kaffee, Bühler Zwetschgen, Düsseldorfer Senf, Filder Sauerkraut, Hamburger Kaffee, Neußer Sauerkraut, Rheinisches Sauerkraut

## III. Gewerbliche Wirtschaft

**Glas- und Porzellanwaren**
Bavaria (Bayerisches) Glas, Bavaria Porzellan, Berliner Porzellan, Dresdner Porzellan, Fürstenberg Porzellan, Höchster Porzellan, Ludwigsburger Porzellan, Nymphenburger Porzellan

**Heilmittel**
Baden-Badener Pastillen, Emser Pastillen, -Salz, -Balsam, Kissinger Pillen, -Tabletten, -Salz, Regensburger Karmelitengeist, Tölzer Jod Tabletten, -Quellsalz, -Seife

**Kohle, Koks**
Rheinische Braunkohle, Ruhrkohle, Saarkohle, Westfalen-Koks

**Kunstgewerbliche Erzeugnisse**
Münchener Wachsfiguren, Oberammergauer Holzschnitzereien

**Lederwaren**
Offenbacher Lederwaren

**Maschinen, Stahl- und Eisenwaren**
Aachener Nadeln, Bielefelder Fahrräder, Deutz(er) Motoren, Friedrichstaler Handarbeitsgeräte, Hamborner Kipper, Heidelberg(er) (-Druckmaschine, -Druckautomat, -Zylinder), Königsbronner Walzen,

Frankreich **Herkunftsabkommen**

Quint-Öfen, Remscheider Werkzeuge, Rottweiler Jagdpatronen, Schwabacher Textilnadeln, Schweinfurter Kugellager, Siegener Fallkipper, Siegener Puffer, Solinger Stahl- und Schneidwaren, Tuttlinger Instrumente, Wasseralfinger Stähle, Öfen

### Parfümeriewaren
Kölnisch Wasser (nicht „Eau de Cologne")

### Schmuckwaren
Neu-Gablonzer Schmuck-, Glaswaren, Gmünder Silber (-waren), Idar-Obersteiner Schmuck (-waren), Pforzheimer Schmuck (-waren)

### Spiele, Spielwaren und Musikinstrumente
Bielefelder Spielkarten, Erzgebirgische Spielwaren, Mittenwalder Geigen, Nürnberger Spielwaren, Ravensburger Spiele

### Steinzeug, Steine, Erden
Deutsches Steinzeug, Hunsrücker Schiefer, Karlsruher Majolika, Kiefersfelder Marmor, -Zement, Klingenberger Ton, Mettlacher Fliesen, Moselschiefer, Solnhofener Lithographiersteine, -Platten, Taunus-Quarzit, Taunus-Hart-Quarzit, Taunus-Fels-Hart-Quarzit, Trierer Gips, -Kalk, -Zement, Westerwälder Steinzeug

### Tabakwaren
Bremer Zigarren, Bünder Zigarren, Hamburger Zigarren, Nordhäuser Kautabak

### Textilerzeugnisse
Aachener Tuche, Augsburger Stoffe, Barmer Artikel (Bänder, Besätze, Litzen, Spitzen, Geflechte), Bayerischer Loden, Bielefelder Leinen, -Wäsche, Blaubeurener Leinen, Dürener Teppiche, Erzgebirgische Klöppelarbeit, Gögginger Nähfäden, Krefelder Krawatten, -Samt, -Seide, Laichinger Leinen,-Wäsche, Lindener Samt, -Tuch, Münchener Loden, -Trachten, Rosenheimer Gummimäntel, Schlitzer Leinen, Steinhuder Leinen, Westfälisches Haustuch

### Uhren
Glashütter Uhren, Schwarzwälder Uhren, Schwenninger Uhren

### Verschiedenes
Dürener Feinpapier, Füssen-Immenstadter Hanferzeugnisse, -Bindfaden, -Webgarne

**Annexe B**

## I. Vins et Spiritueux

### A. Vins et eaux-de-vie à appellation d'origine contrôlée

#### Région d'Alsace

a) Vins

Vin d'Alsace

#### Région de Bordeaux

Barsac, Blayais, Blaye, Bordeaux, Bordeaux clairet, Bordeaux Côtes de Castillon, Bordeaux Haut-Benauge, Bordeaux rosé, Bordeaux supérieur, Bourg, Bourgeais, Cérons, Côtes de Blaye, Côtes de Bordeaux Saint-Macaire, Côtes de Bourg, Côtes Canon-Fronsac, Côtes de Fronsac, Entre-Deux-Mers, Entre-Deux-Mers Haut-Benauge, Graves, Graves supérieurs, Graves de Vayres, Haut-Médoc, Lalande de Pomerol, Listrac, Loupiac, Lussac-Saint-Emilion, Margaux, Médoc, Montagne-Saint-Emilion, Moulis, Moulis-en-Médoc, Néac, Parsac-Saint-Emilion, Pauillac, Pomerol, Premières Côtes de Blaye, Premières Côtes de Bordeaux, Premières Côtes de Bordeaux suivie de l'un des noms de communes indiquées ci-après:, Cadillac, Gabarnac, Puisseguin-Saint-Emilion, Sables-Saint-Emilion, Sainte-Croix-du-Mont, Saint-Emilion, Saint-Estèphe, Sainte-Foy-Bordeaux, Saint-Georges-Saint-Emilion, Saint-Julien, Sauternes

#### Région de Bourgogne, Maconnais, Beaujolais

Aloxe-Corton, Auxey-Duresses, Bâtard-Montrachet, Beaujolais, Beaujolais suivie de l'un des noms de communes indiquées ci-après:, Arbuissonnas, Beaujeu, Blacé, Cercié, Chanes, La Chapelle-de-

1923

# Herkunftsabkommen
Frankreich

Guinchay, Charentay, Chenas, Chiroubles, Denicé, Durette, Emeringes, Fleurie, Juliénas, Jullié, Lancié, Lantigné, Le Perréon, Leynes, Montmelas, Odenas, Pruzilly, Quincié, Régnié, Rivolet, Romanèche, Saint-Amour-Bellevue, Saint-Etienne-des-Ouillères, Saint-Etienne-la-Varenne, Saint-Julien, Saint-Lager, Saint-Symphorien-d'Ancelles, Saint-Vérand, Salles, Vaux, Villié-Morgon, Beaujolais supérieur, Beaujolais-Villages, Beaune, Bienvenues-Bâtard-Montrachet, Blagny, Bonnes Mares, Bourgogne, Bourgogne Aligoté, Bourgogne clairet, Bourgogne clairet ou Bourgogne rosé Marsannay ou Marsannay la Côte, Bourgogne grand ordinaire, Bourgogne Hautes Côtes de Beaune, Bourgogne ordinaire, Bourgogne-passe-tout-grain, Bourgogne rosé, Bourgogne fin vin des Hautes Côtes de Nuits, Brouilly, Chablis, Chablis grand cru, Chablis premier cru, Chambertin, Chambertin-Clos-de-Bèze, Chambolle-Musigny, Chapelle-Chambertin, Charlemagne, Charmes-Chambertin, Chassagne-Montrachet, Cheilly-lès-Maranges, Chenas, Chevalier-Montrachet, Chiroubles, Chorey-lès-Beaune, Clos de la Roche, Clos de Tart, Clos de Vougeot, Clos Saint-Denis, Corton, Corton-Charlemagne, Côte de Beaune, Côte de Beaune-Villages, Côte de Beaune précédée de l'un des noms de communes indiquées ci-après:, Auxey-Duresses, Blagny, Chassagne-Montrachet, Cheilly-lès-Maranges, Chorey-lès-Beaune, Dezize-lès-Maranges, Ladoix, Meursault, Monthélie, Pernand-Vergelesses, Puligny-Montrachet, Saint-Aubin, Sampigny-lès-Maranges, Santenay, Savigny, Côte de Brouilly, Criots-Bâtard-Montrachet, Dezize-lès-Maranges, Echezeaux, Fixin, Fleurie, Gevrey-Chambertin, Givry, Grands-Echezeaux, Griotte-Chambertin, Juliénas, Ladoix, Latricières-Chambertin, Mâcon, Mâcon suivie de l'un des noms de communes indiquées ci-après:, Azé, Berzé-la-Ville, Berzé-le-Châtel, Bissy-la-Mâconnaise, Burgy, Bussières, Chaintres, Chânes, La Chapelle-de-Guinchay, Chardonnay, Charnay-lès-Mâcon, Chasselas, Chevagny-les-Chevrières, Clessé, Crèches-sur-Saône, Cruzilles, Davayé, Fuissé, Grévilly, Hurigny, Igé, Leynes, Loché, Lugny, Milly-Lamartine, Montbellet, Péronne, Pierre-Clos, Prissé, Pruzilly, La Roche-Vineuse, Romanèche-Thorins, Saint-Amour-Bellevue, Saint-Gengoux-de-Scissé, Saint-Symphorien-d'Ancelles, Saint-Vérand, Sologny, Solutré-Pouilly, Uchizy, Vergisson, Verzé, Vinzelles, Viré, Mazis-Chambertin, Mazoyères-Chambertin, Mercurey, Meursault, Montagny, Monthélie, Montrachet, Morey-Saint-Denis, Morgon, Moulin-à-Vent, Musigny, Nuits, Nuits-Saint-Georges, Pernand-Vergelesses, Petit-Chablis, Pinot-Chardonnay-Mâcon, Pommard, Pouilly-Fuissé, Pouilly-Loché, Pouilly-Vinzelles, Puligny-Montrachet, Richebourg, Romanée (La), Romanée-Conti, Romanée-Saint-Vivant, Ruchottes-Chambertin, Rully, Saint-Amour, Saint-Aubin, Saint-Romain, Sampigny-lès-Maranges, Santenay, Savigny, La Tache, Vin fin de la Côte de Nuits, Volnay, Vosne-Romanée, Vougeot

### Région de Champagne
Champagne, Rosé des Riceys

### Région du Jura, des Côtes du Rhône et du Sud-Est
Arbois, Bandol, Bellet, Cassis, Château-Chalon, Château-Grillet, Châteauneuf-du-Pape, Clairette de Bellegarde, Clairette de Die, Clairette du Languedoc, Condrieu, Comas, Côtes du Jura, Côtes du Rhône, Côtes du Rhône suivie de l'un des noms de communes indiquées ci-après:, Cairanne, Chusclan, Gigondas, Laudun, Vacqueyras, Vinsobres, Côte Rôtie, Crépy, Crozes-Hermitage, Hermitage, L'Etoile, Lirac, Palette, Saint-Joseph, Saint-Péray, Seyssel, Tavel

### Région de la Vallée et des Coteaux de la Loire
Anjou, Anjou pétillant, Anjou rosé de Cabernet, Anjou Coteaux de la Loire, Anjou Coteaux de la Loire rosé de Cabernet, Blanc-fumé de Pouilly, Bonnezeaux, Bourgueil, Chinon, Coteaux de l'Aubance, Coteaux de l'Aubance rosé de Cabernet, Coteaux du Layon, Coteaux du Layon rosé de Cabernet, Coteaux du Layon suivie de l'un des noms de communes indiquées ci-après:, Beaulieu-sur-Layon, Chaume, Faye-d'Anjou, Rablay-sur-Layon, Rochefort, Saint-Aubin-du-Luigné, Saint-Lambert-du-Lattay, Coteaux du Loir, Jasnières, Menetou-Salon, Montlouis, Montlouis pétillant, Muscadet, Muscadet des Coteaux de la Loire, Muscadet de Sèvre-et-Maine, Pouilly-sur-Loire, Pouilly-Fumé, Quarts de Chaumes, Quincy, Reuilly, Rosé d'Anjou, Sancerre, Saint-Nicolas-de-Bourgueil, Savennières, Saumur, Saumur Champigny, Saumur pétillant, Saumur rosé de Cabernet, Touraine, Touraine pétillant, Touraine suivie de l'un des noms de communes indiquées ci-après:, Amboise, Azay-le-Rideau, Mesland, Vouvray, Vouvray pétillant

### Région du Sud-Ouest
Bergerac, Bergerac Côte de Saussignac, Bergerac rosé, Blanquette de Limoux, Côtes de Bergerac, Côtes de Duras, Côtes de Montravel, Fitou, Gaillac, Gaillac Premières Côtes, Haut-Montravel, Jurançon, Limoux nature, Madiran, Monbazillac, Montravel, Pacherenc du Vic Bilh, Pécharmant, Rosette, Vin de Blanquette

### b) Vins doux naturels et vins de liqueur
Banyuls, Côtes d'Agly, Côtes de Haut-Roussillon, Frontignan, Grand Roussillon, Maury, Muscat de Beaumes de Venise, Muscat de Frontignan, Muscat de Lunel, Muscat de Rivesaltes, Muscat de Saint-Jean-de-Minervois, Pineau des Charentes, Pineau charantais, Rasteau, Rivesaltes

Frankreich   **Herkunftsabkommen**

### c) Eaux-de-vie de vin
#### Région d'Armagnac
Armagnac, Bas-Armagnac, Haut-Armagnac, Ténarèze

#### Région de Cognac
Cognac, Bons-Bois, Borderies, Eau-de-vie des Charentes, Eau-de-vie de Cognac, Esprit de Cognac, Fine Champagne, Fins Bois, Grande Champagne, Grande Fine Champagne, Petite Champagne

### d) Autres eaux-de-vie
Calvados du Pays d'Auge

## B. Eaux-de-vie à appellation d'origine réglementée
Calvados, Calvados de l'Avranchin, Calvados du Calvados, Calvados du Cotentin, Calvados du Domfrontais, Calvados du Mortanais, Calvados du Pays de Bray, Calvados du Pays du Merlerault, Calvados du Pays de la Risle, Calvados du Perche, Calvados de la Vallée de l'Orne, Eau-de-vie de Cidre originaire de Bretagne, Eau-de-vie de Cidre originaire du Maine, Eau-de-vie de Cidre originaire de Normandie, Eau-de-vie de marc originaire d'Aquitaine, Eau-de-vie de marc d'Auvergne, Eau-de-vie de marc de Bourgogne ou marc de Bourgogne, Eau-de-vie de marc originaire du Bugey, Eau-de-vie de marc originaire du Centre-Est, Eau-de-vie de marc de Champagne ou marc de Champagne, Eau-de-vie de marc originaire des Coteaux de la Loire, Eau-de-vie de marc des Côtes-du-Rhône, Eau-de-vie de marc originaire de la Franche-Comté, Eau-de-vie de marc originaire du Languedoc, Eau-de-vie de marc originaire de Provence, Eau-de-vie de marc originaire de Savoie, Eau-de-vie de vin originaire d'Aquitaine, Eau-de-vie de vin de Bourgogne, Eau-de-vie de vin originaire du Bugey, Eau-de-vie de vin originaire du Centre-Est, Eau-de-vie de vin originaire des Coteaux de la Loire, Eau-de-vie de vin des Côtes du Rhône, Eau-de-vie de vin de Faugères, Eau-de-vie de vin originaire de la Franche-Comté, Eau-de-vie de vin originaire du Languedoc, Eau-de-vie de vin de la Marne, Eau-de-vie de vin originaire de la Provence, Mirabelle de Lorraine

## C. Vins Délimités de Qualité Supérieure (V. D. Q. S.)

### Centre-Ouest
Coteaux d'Ancenis, Coteaux du Giennois ou Côtes de Gien, Côtes d'Auvergne, Gros Plant du Pays Nantais, Mont-près-Chambord Cour-Cheverny, Saint-Pourçain-sur-Sioule, Vin d'Auvergne, Vin de l'Orléanais

### Lorraine
Côtes de Toul, Vin de Moselle (non „Moselwein")

### Lyonnais
Côtes du Forez, Vin de Renaison Côte Roannaise, Vin du Lyonnais

### Midi
Cabrières, Coteaux du Languedoc, Coteaux de la Méjanelle, Coteaux de Saint-Christol, Coteaux de Vérargues, Côtes du Vivarais, La Clape, Corbières, Corbières du Roussillon, Corbières Supérieures, Corbières Supérieures du Roussillon, Costières du Gard, Faugères, Minervois, Montpeyroux, Picpoul de Pinet, Pic-Saint-Loup, Quatourze, Roussillon Dels Aspres, Saint-Chinian, Saint-Drezery, Saint-Georges d'Orques, Saint-Saturnin

### Savoie-Dauphiné
Roussette de Savoie, Vin de Bugey et Roussette du Bugey, Vin de Savoie, Vin de Savoie Roussette

### Sud-Est
Coteaux de Pierrevert, Côtes de Provence

### Sud-Ouest
Cahors, Côtes de Buzet, Côtes du Marmandais, Fronton-Côtes de Fronton, Tursan, Villaudric, Vin de Béarn ou Béarn, Vin d'Irouléguy, Vin de Lavilledieu

### Vallée du Rhône
Coteaux d'Aix-en-Provence, Coteaux d'Aix-en-Provence – Coteaux des Baux-en-Provence ou Coteaux des Baux-en-Provence, Coteaux du Luberon, Côtes du Ventoux, Haut-Comtat, Vin de Châtillon-en-Diois

# Herkunftsabkommen                                        Frankreich

### D. Appellations d'origine alsaciennes
Kaefferkopf, Sonnenglanz

### Communes viticoles ayant droit à l'appellation „Vin d'Alsace"
Ammerschwihr, Andlau, Avolsheim, Balbronn, Barr, Beblenheim, Bennwihr, Bergbieten, Bergheim, Bergholtz, Bergholtz-Zell, Bernardswiller, Bernardville, Bischoffsheim, Blienschwiller, Boersch, Bourgheim, Cernay, Chatenois, Cleebourg, Colmar, Dahlenheim, Dambach-la-Ville, Dangolsheim, Dieffenthal, Dorlisheim, Eguisheim, Eichhoffen, Epfig, Ergersheim, Furdenheim, Gertwiller, Goxwiller, Gresswiller, Gueberschwihr, Guebwiller, Hattstatt, Heiligenstein, Hunawihr, Hurtigheim, Husseren-les-Châteaux, Ingersheim, Irmstett, Itterswiller, Katzenthal, Kaysersberg, Kientzheim, Kintzheim, Kirchheim, Marlenheim, Mittelbergheim, Mittelwihr, Molsheim, Mutzig, Niedermorschwihr, Nordheim, Nothalten, Obermorschwihr, Obernai, Orschwihr, Orschwiller, Ottrott, Pfaffenheim, Reichsfeld, Ribeauvillé, Riquewihr, Rodern, Rohrschwihr, Rosenwiller, Rosheim, Rott, Rouffach, Saint-Hippolyte, Saint-Pierre, Scharrachbergheim, Scherwiller, Sigolsheim, Soultz, Soultz-les-Bains, Soultzmatt, Steinseltz, Thann, Traenheim, Turckheim, Voegtlingshoffen, Walbach, Wangen, Westhalten, Westhoffen, Wihr-au-Val, Wintzenheim, Wolxheim, Wuenheim, Zellenberg, Zimmerbach

### E. Autres appellations d'origine
Vin nature de la Champagne

### F. Liqueurs
Cassis de Dijon

### G. Spiritueux
Vermouth de Chambéry

### H. Rhums
Rhum des Antilles, Rhum de la Guadeloupe, Rhum de la Guyane française, Rhum de la Martinique, Rhum de la Nouvelle Calédonie, Rhum de la Réunion, Rhum de Tahiti

## II. Autres produits agricoles

### Fromages
Bleu des Causses, Cantal, Fromage Bleu du Haut Jura, Gex, Septmoncel, Gruyère de Comté ou Comté, Maroilles, Reblochon, Roquefort, Saint-Nectaire

Gruyère (non „Gruyère avec indication du pays de fabrication en caractères identiques, dans leurs types, dimensions et couleurs, à ceux utilisés pour la dénomination")

### Fruits
Chasselas de Moissac, Noix de Grenoble

### Légumes
Lentilles vertes du Puy

### Produits divers
Foin de crau, Miel de Lorraine, Miel des Vosges, montagne ou plaine

### Volailles
Vollaille de Bresse

## III. Produits industriels
Dentelle du Puy, Emaux de Limoges, Mouchoirs et Toile de Cholet, Poterie de Vallauris

## II. Griechenland

### Abkommen über den Schutz von Herkunftsangaben, Ursprungsbezeichnungen und anderen geographischen Bezeichnungen

vom 16. April 1964
(BGBl. 1965 II S. 176)

**Schrifttum.** Denkschrift zum deutsch-griechischen Abkommen, BlPMZ 1965, 136; *Krieger*, Möglichkeiten für eine Verstärkung des Schutzes deutscher Herkunftsangaben im Ausland, GRUR Int 1960, 400; *Krieger*, Zur Auslegung der zweiseitigen Abkommen über den Schutz geographischer Bezeichnungen, GRUR Int 1964, 499; *Kühn*, Zum Schutzumfang geographischer Bezeichnungen nach den zweiseitigen Verträgen über den Schutz von Herkunftsangaben, GRUR Int 1967, 268.

S. auch die Schrifttumsangaben Vorb zu den §§ 126 bis 139 MarkenG, zu den Herkunftsabkommen allgemein (vor Rn 1) sowie vor den einzelnen Herkunftsabkommen.

### Vorbemerkung

Der Vertrag wurde durch Gesetz vom 17. März 1965 ratifiziert (BGBl. II S. 176) und ist am 1. April 1967 in Kraft getreten (BLPMZ 1967, 356). Die Änderungen der Anlage B sind durch die Verordnungen vom 23. April 1969 (BGBl. II S. 845) und 24. Mai 1972 (BGBl. II S. 564) in Kraft gesetzt worden. **12**

**Art. 1** Jeder der Vertragstaaten verpflichtet sich, alle notwendigen Maßnahmen zu ergreifen, um in wirksamer Weise die aus dem Gebiet des anderen Vertragstaates stammenden Boden- und Gewerbeerzeugnisse gegen unlauteren Wettbewerb im geschäftlichen Verkehr zu schützen und den Schutz der in den Anlagen A und B dieses Abkommens aufgeführten Bezeichnungen nach Maßgabe der folgenden Artikel 2 bis 9 zu gewährleisten.

**Art. 2** Die in der Anlage A dieses Abkommens aufgeführten Bezeichnungen sind im Gebiet des Königreichs Griechenland ausschließlich deutschen Erzeugnissen oder Waren vorbehalten und dürfen dort nur unter denselben Voraussetzungen benutzt werden, wie sie in der Gesetzgebung der Bundesrepublik Deutschland vorgesehen sind. Jedoch können gewisse Vorschriften dieser Gesetzgebung jeweils durch ein besonderes Protokoll für nicht anwendbar erklärt werden.

**Art. 3** Die in der Anlage B dieses Abkommens aufgeführten Bezeichnungen sind im Gebiet der Bundesrepublik Deutschland ausschließlich griechischen Erzeugnissen oder Waren vorbehalten und dürfen dort nur unter denselben Voraussetzungen benutzt werden, wie sie in der Gesetzgebung des Königreichs Griechenland vorgesehen sind. Jedoch können gewisse Vorschriften dieser Gesetzgebung jeweils durch ein besonderes Protokoll für nicht anwendbar erklärt werden.

**Art. 4** (1) Wird eine der in den Anlagen A und B dieses Abkommens aufgeführten Bezeichnungen im geschäftlichen Verkehr entgegen den Bestimmungen der Artikel 2 und 3 für Erzeugnisse oder Waren oder deren Aufmachung oder äußere Verpackung oder auf Rechnungen, Transportpapieren oder sonstigen Geschäftspapieren oder in der Werbung benutzt, so wird die Benutzung durch alle gerichtlichen und behördlichen Maßnahmen, die in der Gesetzgebung jedes der Vertragstaaten vorgesehen sind, einschließlich der Beschlagnahme, soweit die Gesetzgebung der Vertragstaaten diese zuläßt, unterdrückt.

(2) Die Bestimmungen dieses Artikels sind auch dann anzuwenden, wenn die in den Anlagen A und B dieses Abkommens aufgeführten Bezeichnungen in Übersetzung oder mit einem Hinweis auf die tatsächliche Herkunft oder mit Zusätzen wie „Art", „Typ", „Fasson", „Nachahmung" oder dergleichen benutzt werden.

(3) Die Bestimmungen dieses Artikels sind auf Erzeugnisse oder Waren bei der Durchfuhr nicht anzuwenden.

**Art. 5** Die Bestimmungen des Artikels 4 dieses Abkommens sind auch anzuwenden, wenn für Erzeugnisse oder Waren oder deren Aufmachung oder äußere Verpackung oder auf Rechnungen, Transportpapieren oder sonstigen Geschäftspapieren oder in der Werbung Kennzeichnungen, Marken, Namen, Anschriften oder Abbildungen

# Herkunftsabkommen  Griechenland

benutzt werden, die unmittelbar oder mittelbar falsche oder irreführende Angaben über Herkunft, Ursprung, Natur, Sorte oder wesentliche Eigenschaften der Erzeugnisse oder Waren enthalten.

Art. 6 (1) Der Schutz gemäß den Artikeln 4 und 5 dieses Abkommens wird durch das Abkommen als solches gewährt.

(2) Jeder der Vertragstaaten ist berechtigt, von dem anderen Vertragstaat zu verlangen, Erzeugnisse oder Waren, die mit einer der in den Anlagen A und B dieses Abkommens aufgeführten Bezeichnungen versehen sind, nur dann zur Einfuhr zuzulassen, wenn den Erzeugnissen oder Waren eine Bescheinigung über die Berechtigung zur Benutzung der Bezeichnung beigefügt ist. In diesem Falle unterliegen die Erzeugnisse oder Waren bei ihrer Einfuhr der Zurückweisung, wenn ihnen die Bescheinigung nicht beigefügt ist.

(3) Mit dem Ersuchen nach Absatz 2 hat der Vertragstaat dem anderen Vertragstaat die Behörden mitzuteilen, die zur Ausstellung der Bescheinigung berechtigt sind. Der Mitteilung ist ein Muster der Bescheinigung beizufügen.

Art. 7 Ansprüche wegen mißbräuchlicher Benutzung einer der in den Anlagen A oder B dieses Abkommens aufgeführten Bezeichnungen und Ansprüche wegen der Benutzung falscher oder irreführender Angaben im Sinne des Artikels 5 können vor den Gerichten der Vertragstaaten außer von den von natürlichen und juristischen Personen, die nach der Gesetzgebung des Vertragstaates, in dem der Anspruch geltend gemacht wird, hierzu berechtigt sind, auch von Verbänden, Vereinigungen und Einrichtungen geltend gemacht werden, welche die beteiligten Erzeuger, Hersteller oder Händler vertreten und in einem der Vertragstaaten ihren Sitz haben, sofern sie nach der Gesetzgebung eines der Vertragstaaten als solche in bürgerlichen Rechtsstreitigkeiten klagen können. Sie können unter diesen Voraussetzungen auch im Strafverfahren Ansprüche oder Rechtsbehelfe geltend machen, soweit die Gesetzgebung des Vertragstaats, in dem das Strafverfahren durchgeführt wird, solche Ansprüche oder Rechtsbehelfe vorsieht.

Art. 8 Vorbehaltlich der Bestimmungen in Nummer 4 und Nummer 6 des Protokolls zu diesem Abkommen können Erzeugnisse und Waren, Verpackungen, Rechnungen, Transportpapiere und sonstige Geschäftspapiere, die sich bei Inkrafttreten dieses Abkommens im Gebiet eines der Vertragstaaten befinden und rechtmäßig mit Angaben versehen worden sind, die nach diesem Abkommen nicht benutzt werden dürfen, bis zum Ablauf von zwei Jahren nach dem Inkrafttreten dieses Abkommens abgesetzt oder aufgebraucht werden.

Art. 9 (1) Die Listen der Anlagen A und B dieses Abkommens können von einem Vertragstaat durch eine schriftliche Mitteilung vorbehaltlich der Zustimmung des anderen Vertragstaates geändert oder erweitert werden. Jedoch kann jeder Vertragstaat die Liste der Bezeichnungen für Erzeugnisse oder Waren aus seinem Gebiet ohne Zustimmung des anderen Vertragstaates einschränken.

(2) Im Falle der Änderung oder Erweiterung der Liste der Bezeichnungen für Erzeugnisse oder Waren aus dem Gebiet eines der Vertragstaaten sind die Bestimmungen des Artikels 8 anzuwenden mit der Maßgabe, daß die Frist von zwei Jahren mit der Bekanntmachung der Änderung oder Erweiterung durch den anderen Vertragstaat beginnt.

13 **Anmerkung.** Die griechische Regierung hat durch Verbalnote vom 29. Mai 1967 auf den Schutz der Bezeichnung *Attika* bzw *Atika* für Tabakerzeugnisse verzichtet. Die entsprechende Änderung der Anlage B ist durch Verordnung vom 23. April 1969 (BGBl. II S. 854) in Kraft gesetzt worden. Der Schutz der in Anlage B aufgeführten Bezeichnungen ist nicht auf die Warenart beschränkt, unter der sie in der Anlage geführt sind. Ein Schutz nach dem Abkommen entfällt lediglich dann, wenn die Gefahr einer Beeinträchtigung der durch das Abkommen geschützten Interessen nicht ersichtlich ist; so bei *Samos* für elektronische datenverarbeitende Geräte (BGH GRUR 1970, 311, 312).

Art. 10 Die Bestimmungen dieses Abkommens schließen nicht den Schutz aus, der in einem der Vertragstaaten für die in den Anlagen A oder B dieses Abkommens aufgeführten Bezeichnungen des anderen Vertragstaates auf Grund innerstaatlicher Rechts-

Griechenland **Herkunftsabkommen**

vorschriften oder anderer internationaler Vereinbarungen besteht oder künftig gewährt wird.

Art. 11 (1) Zur Erleichterung der Durchführung dieses Abkommens wird aus Vertretern der Regierung jedes der Vertragstaaten eine Gemischte Kommission gebildet.

(2) Die Gemischte Kommission hat die Aufgabe, Vorschläge zur Änderung oder Erweiterung der Listen der Anlagen A und B dieses Abkommens, die der Zustimmung der Vertragstaaten bedürfen, zu prüfen sowie alle mit der Anwendung dieses Abkommens zusammenhängenden Fragen zu erörtern.

(3) Jeder der Vertragstaaten kann das Zusammentreten der Gemischten Kommission verlangen.

Art. 12 Dieses Abkommen gilt auch für das Land Berlin, sofern nicht die Regierung der Bundesrepublik Deutschland gegenüber der Regierung des Königreichs Griechenland innerhalb von drei Monaten nach Inkrafttreten dieses Abkommens eine gegenteilige Erklärung abgibt.

Art. 13 (1) Dieses Abkommen bedarf der Ratifikation; die Ratifikationsurkunden werden so bald wie möglich in Athen ausgetauscht.

(2) Dieses Abkommen tritt einen Monat nach Austausch der Ratifikationsurkunden in Kraft und bleibt zeitlich unbegrenzt in Kraft.

(3) Dieses Abkommen kann von jedem der beiden Vertragstaaten mit einer Frist von einem Jahr schriftlich gekündigt werden.

### Protokoll vom 16. 4. 64

1. Die Artikel 2 und 3 dieses Abkommens verpflichten die Vertragstaaten nicht, in ihrem Gebiet beim Inverkehrbringen von Erzeugnissen oder Waren, die mit den in den Listen der Anlagen A und B dieses Abkommens aufgeführten Bezeichnungen versehen sind, die Rechts- und Verwaltungsvorschriften des anderen Vertragstaates anzuwenden, die sich auf die verwaltungsmäßige Kontrolle dieser Erzeugnisse und Waren beziehen, wie zum Beispiel diejenigen Vorschriften, die die Führung von Eingangs- und Ausgangsbüchern und den Verkehr dieser Erzeugnisse oder Waren betreffen.

2. Durch die Aufnahme von Bezeichnungen für Erzeugnisse oder Waren in die Listen der Anlagen A und B dieses Abkommens werden die in jedem der Vertragstaaten bestehenden Bestimmungen über die Einfuhr solcher Erzeugnisse oder Waren nicht berührt.

3. Angaben über wesentliche Eigenschaften im Sinne des Artikels 5 dieses Abkommens sind insbesondere folgende Bezeichnungen:

a) bei deutschen und griechischen Weinen:
die Angabe des Erntejahres (Jahrgang),
der Name einer oder mehrerer Rebsorten;

b) bei deutschen Weinen:
Naturwein, naturrein, Wachstum, Gewächs, Kreszenz, Originalwein, Originalabfüllung, Originalabzug, Kellerabfüllung, Kellerabzug, Schloßabzug, Eigengewächs, Faß Nr. ..., Fuder Nr. ..., Spätlese, Auslese, Beerenauslese, Trockenbeerenauslese, Hochgewächs, Spitzengewächs, Kabinettwein;

c) bei griechischen Weinen:
Λευκός (lefkós = weiß)
Ροζέ (rosé)
Ἐρυθρός (erithrós = rot)
Ξηρός (xirós = trocken)
Ἡμίγλυκος (imíglikos = halbsüß)
Γλυκύς (glikís = süß)
Φυσικῶς γλυκύς (phisikós glikís = natürlich süß)
Μιστέλλιον (mistéllion = Mistelle)
Μοσχᾶτος (moschátos = Muskat)
Ἀεριοῦχος (aerioúchos = Perlwein)
Ἀφρώδης (afródis = Schaumwein)
Ρετσινᾶτος (retsinátos = geharzt);

d) bei griechischem Weinbrand:
V. O., V. O. S., V. S. O. P., extra, ein, drei oder fünf Sterne.

# Herkunftsabkommen  Griechenland

Die Aufstellung dieser Bezeichnungen kann von einem Vertragstaat durch eine schriftliche Mitteilung vorbehaltlich der Zustimmung des anderen Vertragstaats geändert oder erweitert werden. Jedoch kann jeder Vertragstaat die Aufstellung der Bezeichnungen für Erzeugnisse oder Waren aus seinem Gebiet ohne Zustimmung des anderen Vertragstaats einschränken.

4. Die in Artikel 8 dieses Abkommens vorgesehene Frist von zwei Jahren wird für die in der Anlage B dieses Abkommens aufgeführte Bezeichnung „Σάμος (Samos)" auf achtzehn Monate verkürzt.

5. Durch die Aufnahme der Bezeichnung „Οὖο (Ouso)" in die Anlage B dieses Abkommens wird nicht ausgeschlossen, daß in der Bundesrepublik Deutschland die Bezeichnung Anis oder davon abgeleitete Bezeichnungen für Spirituosen verwendet werden.

6. Bis zum Ablauf von sechs Jahren nach dem Inkrafttreten dieses Abkommens dürfen im Königreich Griechenland die Bezeichnungen „Ὕδωρ Κολωνίας (Idor Kolonias)" und „Κολώνια (Kolonia)" für dort hergestellte Waren noch weiterbenutzt werden. Artikel 8 ist insoweit nicht anzuwenden.

## Anlage A

### I. Weine
(Οἶνοι)

**A. Gebietsnamen**

1. Ahr
2. Baden
   a) Bodensee
   b) Markgräflerland
   c) Kaiserstuhl
   d) Breisgau
   e) Ortenau
   f) Kraichgau
   g) Bad. Bergstraße
   h) Bad. Frankenland
3. Bergstraße
4. Franken
5. Lahn
6. Mittelrhein
7. Mosel – Saar – Ruwer
(zur näheren Kennzeichnung auch als zusätzliche Bezeichnung erlaubt: Mosel oder Saar oder Ruwer)
8. Nahe
9. Rheingau
10. Rheinhessen
11. Rheinpfalz
12. Siebengebirge
13. Württemberg

**B. Namen der Weinbaugemeinden**
(Gemarkungen)

**1. Ahr**
Ahrweiler, Altenahr, Bachem b. Ahrweiler, Bad Neuenahr, Bodendorf, Dernau, Heimersheim, Kreuzberg, Lantershofen, Mayschoß, Rech, Walporzheim

**2. Baden**
**a) Bodensee**
Erzingen, Hagnau, Konstanz, Meersburg, Überlingen

Griechenland  **Herkunftsabkommen**

**b) Markgräflerland**

Auggen, Badenweiler, Ballrechten, Britzingen, Buggingen, Dottingen, Ebringen, Efringen-Kirchen, Ehrenstetten, Grunern, Haltingen, Heitersheim, Hügelheim, Kirchhofen, Laufen, Müllheim, Niederweiler, Pfaffenweiler, Schallstadt, Schliengen, Staufen, Vögisheim, Wolfenweiler

**c) Kaiserstuhl**

Achkarren, Bahlingen, Bickensohl, Bischoffingen, Breisach, Burkheim, Eichstetten, Endingen, Ihringen, Jechtingen, Kiechlingsbergen, Leiselheim, Merdingen, Oberbergen, Oberrotweil, Sasbach, Wasenweiler

**d) Breisgau**

Freiburg, Glottertal, Hecklingen, Köndringen

**e) Ortenau**

Bühlertal, Diersburg, Durbach, Eisental, Fessenbach, Gengenbach, Kappelrodeck, Lahr, Neuweier, Oberkirch, Offenburg, Ortenberg, Rammerweier, Reichenbach, Sasbachwalden, Steinbach, Tiergarten, Varnhalt, Waldulm, Zell-Weierbach

**f) Kraichgau**

Bruchsal, Eichelberg, Obergrombach, Sulzfeld, Weingarten

**g) Bad. Bergstraße**

Großsachsen, Leutershausen, Malsch, Rauenberg, Weinheim, Wiesloch

**h) Bad. Frankenland**

Beckstein, Dertingen

**3. Bergstraße**

Bensheim, Bensheim-Auerbach, Groß Umstadt, Hambach, Heppenheim, Zwingenberg

**4. Franken**

Abtswind, Astheim, Bullenheim, Bürgstadt, Castell, Dettelbach, Eibelstadt, Erlenbach b. Marktheidenfeld, Eschendorf, Großheubach, Frickenhausen, Großheubach, Großostheim, Hammelburg, Handthal, Hasloch, Homburg, Hörstein, Hüttenheim, Iphofen, Ippesheim, Kitzingen, Klingenberg, Köhler, Marktbreit, Michelbach, Nordheim, Obereisenheim, Randersacker, Rödelsee, Schloß Saaleck, Sommerach, Sommerhausen, Stetten, Sulzfeld, Thüngersheim, Veitshöchheim, Volkach, Wiesenbronn, Würzburg

**5. Lahn**

Nassau, Obernhof, Weinähr

**6. Mittelrhein**

Bacharach, Bad Salzig, Boppard, Bornich, Braubach, Breitscheid, Damscheid, Dattenberg, Dellhofen, Dörscheid, Erpel, Hammerstein, Hirzenach, Hönningen, Kamp, Kasbach, Kaub, Kestert, Langscheid, Leubsdorf, Leutesdorf, Linz, Manubach, Niederburg, Niederheimbach, Nochern, Oberdiebach, Oberheimbach, Oberlahnstein, Oberspay, Oberwesel, Ockenfels, Osterspai, Patersberg, Perscheid, Remagen, Rheinbreitbach, Rheinbrohl, Rhens, Steeg, St. Goar, St. Goarshausen, Trechtingshausen, Unkel, Urbar, Vallendar, Wellmich, Werlau

**7. Mosel – Saar – Ruwer**

St. Aldegund, Alf, Alken, Andel, Ayl, Bausendorf, Beilstein, Bekond, Bernkastel-Kues, Biebelhausen, Bilzingen, Brauneberg, Bremm, Briedel, Briedern, Brodenbach, Bruttig, Bullay, Burg, Burgen (Krs. Bernkastel), Burgen (Krs. St. Goar), Cochem, Detzem, Dhron, Dieblich, Dreis, Ediger, Eitelsbach, Ellenz-Poltersdorf, Eller, Enkirch, Ensch, Erden, Ernst, Fankel, Fastrau, Fell, Fellerich, Filsch, Filzen (Mosel), Filzen (Saar), Franzenheim, Godendorf, Gondorf, Graach, Grewenich, Güls, Hamm bei Filzen, Hatzenport, Helfant, Hockweiler, Hupperath, Igel, Irsch (Mosel), Irsch (Saar), Kanzem, Karden, Kasel, Kastel-Staadt, Kattenes, Kenn, Kernscheid, Kesten, Kinheim, Klotten, Klüsserath, Kobern, Koblenz-Stadt, Kommlingen, Konz, Köllig, Könen, Köwerich, Krettnach-Obermennig, Kröv, Krutweiler, Langsur, Lay, Lehmen, Leiwen, Liersberg, Lieser, Longen, Longuich-Kirsch, Löf, Lörsch, Lösnich, Maring-Noviand, Mehring, Merl, Mertesdorf, Mesenich (Kreis Zell), Mesenich (Kreis Trier), Metzdorf, Minden, Minheim, Monzel, Morscheid, Moselkern, Müden, Mülheim a. d. Mosel, Neef, Nehren, Nennig, Neumagen, Niederemmel, Niedermennig, Nittel, Oberbillig, Oberemmel, Ockfen, Olkenbach, Onsdorf, Osann, Palzem, Pellingen, Perl, Piesport, Platten, Pommern, Pölich, Pünderich, Ralingen, Rehlingen, Reil, Riol, Riverls, Rivenich, Ruwer, Saarburg-Beurig, Schleich, Schoden, Schweich, Sehndorf, Senheim, Serrig, Soest, Starkenburg, Tarforst, Tawern, Temmels, Thörnich, Traben-Trar-

1931

# Herkunftsabkommen  Griechenland

bach, Treis, Trier-Stadt, Trittenheim, Uerzig, Valwig, Veldenz, Waldrach, Wasserliesch, Wawern, Wehlen, Wehr, Wellen, Wiltingen, Wincheringen, Winningen, Wintersdorf, Wintrich, Wittlich, Wolf, Zell, Zeltingen-Rachtig

## 8. Nahe
Argenschwang, Auen, Bad Kreuznach, Bad Münster am Stein, Bärweiler, Bingerbrück, Bockenau, Boos, Braunenweiler, Breitenheim, Bretzenheim (Nahe), Burgsponheim, Dalberg, Desloch, Dorsheim, Eckenroth, Genheim, Gutenberg, Hargesheim, Hausweiler, Heddesheim, Heimberg, Hergenfeld, Hochstetten, Hüffelsheim, Jeckenbach, Kappeln, Katzenbach, Kirschroth, Krebsweiler, Langenlonsheim, Langenthal, Langweiler, Laubenheim (Nahe), Lauschied, Löllbach, Mandel, Martinstein, Medard, Meddersheim, Meisenheim, Merxheim, Monzingen, Münster-Sarmsheim, Niedereisenbach, Niederhausen, Norheim, Nußbaum, Oberstreit, Offenbach (Glan), Pferdsfeld, Ransweiler, Raumbach, Roxheim, Rüdesheim, Rümmelsheim, Sankt Katharinen, Schloßböckelheim, Schöneberg, Schweppenhausen, Simmern unter Dhaun, Sobernheim, Sommerloch, Spabrücken, Sponheim, Staudernheim, Stromberg, Traisen, Waldalgesheim, Waldböckelheim, Waldhilbersheim, Waldlaubersheim, Wallhausen, Weiler bei Bingerbrück, Weiler bei Monzingen, Weinsheim, Wiesweiler, Windesheim, Winzenheim

## 9. Rheingau
Assmannshausen, Aulhausen, Eltville, Erbach/Rhg., Frauenstein, Geisenheim, Hallgarten, Hattenheim, Hochheim, Johannisberg, Kiedrich, Lorch/Rh., Lorchhausen, Martinsthal, Mittelheim, Niederwalluf, Oberwalluf, Oestrich, Rauenthal, Rüdesheim, Schloß Johannisberg, Schloß Vollrads, Steinberg, Wicker, Wiesbaden, Winkel

## 10. Rheinhessen
Abenheim, Albig, Alsheim, Alzey, Appenheim, Armsheim, Aspisheim, Bechtheim, Bingen, Bodenheim, Bosenheim, Bubenheim, Dalheim, Dalsheim, Dexheim, Dienheim, Dorn-Dürkheim, Dromersheim, Ebersheim, Eckelsheim, Elsheim, Ensheim, Essenheim, Flonheim, Framersheim, Gau-Algesheim, Gau-Bickelheim, Gau-Bischofsheim, Gau-Heppenheim, Gau-Odernheim, Gau-Weinheim, Groß-Winternheim, Gundersheim, Gundheim, Guntersblum, Hackenheim, Hahnheim, Harxheim, Heimersheim, Hillesheim, Hohen-Sulzen, Horrweiler, Ingelheim, Jugenheim, Laubenheim, Ludwigshöhe, Mainz-Stadt, Mettenheim, Mommenheim, Mölsheim, Monsheim, Monzernheim, Nackenheim, Nieder-Flörsheim, Nieder-Saulheim, Nierstein, Ober-Ingelheim, Ockenheim, Oppenheim, Osthofen, Partenheim, Pfaffen-Schwabenheim, Pfeddersheim, Planig, Schwabenheim, Schwabsburg, Selzen, Spiesheim, Sprendlingen, Stadecken, St. Johann, Sulzheim, Udenheim, Uelversheim, Uffhofen, Vendersheim, Volxheim, Wachenheim, Wallertheim, Weinheim, Weinolsheim, Westhofen, Wolfsheim, Wöllstein, Worms (Stadt und Vororte), Wörrstadt, Zornheim, Zotzenheim

## 11. Rheinpfalz
Albersweiler, Albisheim/Pfrimm, Albsheim a. d. Eis, Alsenz, Altdorf, Altenbamberg, Appenhofen, Arzheim, Asselheim, Bad Dürkheim, Bayerfeld-Stockweiler, Berghausen, Bergzabern, Billigheim, Birkweiler, Bissersheim, Böbingen, Bobenheim am Berg, Böchingen, Bolanden, Bornheim, Burrweiler, Callbach, Dackenheim, Dammheim, Deidesheim, Diedesfeld, Dielkirchen, Dirmstein, Dörrenbach, Duchroth-Oberhausen, Duttweiler, Ebernburg, Edenkoben, Edesheim, Einselthum, Ellerstadt, Erpolzheim, Eschbach, Essingen, Feilbingert, Flemlingen, Forst, Frankweiler, Freimersheim, Freinsheim, Friedelsheim, Gerolsheim, Gimmeldingen, Gleisweiler, Gleiszellen-Gleishorbach, Gräfenhausen, Godramstein, Göcklingen, Gönnheim, Großbockenheim, Großfischlingen, Großkarlbach, Grünstadt, Haardt, Hainfeld, Hallgarten, Hambach, Harxheim, Heiligenstein, Herxheim am Berg, Heuchelheim, Hochstätten, Ilbesheim, Ilbesheim bei Landau, Impflingen, Kalkhofen, Kallstadt, Kapellen-Drusweiler, Kindenheim, Kirchheim an der Wein-, straße, Kirchheimbolanden, Kirrweiler, Kleinkarlbach, Klingen, Klingenmünster, Knöringen, Königsbach, Lachen-Speyerdorf, Landau/Pfalz, Laumersheim, Lauterekken, Leinsweiler, Leistadt, Lettweiler, Maikammer, Mechtersheim, Meckenheim, Mörzheim, Mußbach, Mülheim a. d. Eis, Münsterappel, Neuleiningen, Neustadt a. d. Weinstraße, Niederhausen a. d. Appel, Niederhochstadt, Niederhorbach, Niederkirchen, Niedermoschel, Niefernheim, Nußdorf, Oberhochstadt, Oberlustadt, Obermoschel, Oberndorf, Oberotterbach, Odernheim, Pleisweiler-Oberhofen, Ranschbach, Rechtenbach, Rehborn, Rhodt unter Rietburg, Rockenhausen, Roschbach, Ruppertsberg, Sankt Martin, Sausenheim, Schweigen, Schweighofen, Siebeldingen, Steinweiler, Ungstein, Unkenbach, Venningen, Wachenheim a. d. Wein-, straße, Walsheim, Weingarten, Weisenheim am Berg, Weisenheim am Sand, Weyher, Winden, Winterborn, Wolfstein, Wollmesheim, Zell

## 12. Siebengebirge
Honnef, Königswinter, Niederdollendorf, Oberdollendorf, Rhöndorf

1932

Griechenland  **Herkunftsabkommen**

**13. Württemberg**

Adolzfurt, Beilstein, Besigheim, Beutelsbach, Bönnigheim, Brackenheim, Cleebronn, Criesbach, Derdingen, Dürrenzimmern, Eberstadt, Endersbach, Erlenbach, Eschelbach, Eßlingen, Fellbach, Flein, Grantschen, Geradstetten, Großbottwar, Großheppach, Grunbach, Harsberg, Heilbronn, Hessigheim, Hohenhaslach, Horrheim, Ingelfingen, Kleinbottwar, Kleinheppach, Korb, Lauffen a. N., Lehrensteinsfeld, Löchgau, Löwenstein, Markelsheim, Michelbach a. W., Mundelsheim, Niederhall, Nordheim, Oberstenfeld, Pfedelbach, Roßwag, Schnait, Schwaigern, Stetten i. R., Strümpfelbach, Stuttgart, Verrenberg, Walheim, Weikersheim, Weinsberg, Willsbach

**C. Sonstige Herkunftsangaben**

Deutscher Weißwein, Deutscher Rotwein, Deutscher Sekt

**D. Regionale Herkunftsangaben**

Liebfrauenmilch, Liebfraumilch

## II. Ernährung und Landwirtschaft
(Εἴδη διατροφῆς καὶ γεωργικὰ προϊόντα)

**Backwaren** (Εἴδη ἀρτοποιΐας)

Aachener Printen, Bremer Klaben, Dresdner Christstollen, Freiburger Brezeln, Friedrichsdorfer Zwieback, Liegnitzer Bomben, Nürnberger Lebkuchen, Rheinisches Schwarzbrot, Rheinisches Vollkornbrot, Westfälischer Pumpernickel, Westfälisches Schwarzbrot

**Fischwaren** (Ἰχθυηρά)

Büsumer Krabben, Husumer Krabben, Flensburger Aal, Kieler Sprotten

**Fleischwaren** (Εἴδη ἐκ κρέατος)

Braunschweiger Mettwurst, Coburger Kernschinken, Frankfurter Würstchen (nicht „λουκάνικα τύπου Fragkfoàrthw" loukanika tipou Frankfourtis –), Halberstädter Würstchen, Holsteiner Katenschinken, –Wurst, Münchener Weißwürste, Nürnberger Bratwürste, Regensburger Würste, Rügenwalder Teewurst, Schwarzwälder Speck, Thüringer Wurst, Westfälischer Schinken

**Bier** (Ζῦθοι)

Allgäuer Bier, Augsburger Bier, Bayerisches Bier, Berliner Weiße, Bitburger Bier, Dortmunder Bier, Düsseldorfer Alt-Bier, Hamburger Bier, Herrenhäuser Bier, Hofer Bier, Kemptener Bier, Kölsch-Bier, Kulmbacher Bier, Münchener Bier, Nürnberger Bier, Regensburger Bier, Stuttgarter Bier, Würzburger Bier

**Mineralwasser** (Μεταλλικὰ ὕδατα)

Birresborner Sprudel, Dauner Sprudel, Fachinger Wasser, Gerolsteiner Mineralwasser, Offenbacher Sprudel, Pyrmonter Säuerling, Rhenser Sprudel, Roisdorfer (Wasser), Selters, Teinacher Sprudel, Tönnissteiner Sprudel, Wildunger Wasser

**Spirituosen** (Οἰνοπνευματώδη ποτά)

Bayerischer Gebirgsenzian, Berliner Kümmel, Chiemseer Klosterlikör, Deutscher Korn, Deutscher Kornbrand, Deutscher Weinbrand, Ettaler Klosterlikör, Hamburger Kümmel, Königsberger Bärenfang, Münchener Kümmel, Ostpreußischer Bärenfang, Schwarzwälder Himbeergeist, Schwarzwälder Kirsch, Steinhäger, Stonsdorfer

**Hopfen** (Λυκίσκοι)

Badischer Hopfen, Hallertauer Hopfen, Hersbrucker Hopfen, Jura Hopfen, Rheinpfälzer Hopfen, Rottenburg-Herrenberg-Weil-der Stadt Hopfen, Spalter Hopfen, Tettnanger Hopfen

**Saatgut** (Σπόροι) Erfurter Gartenbauerzeugnisse, Erfurter Sämereien; Gelbklee: Alb-Schwedenklee; Rotklee: Eifler Rotklee, Probsteier Rotklee, Württemberger; Weißklee: Chiemgauer Weißklee, Probsteier Weißklee; Luzerne: Altfränkische-Baden-Württemberg, Altfränkische-Würzburg, Eifler Luzerne

**Süßwaren** (Εἴδη ζαχαροπλαστικῆς)

Bayerisches Blockmalz, Kölner Zucker, Königsberger Marzipan, Lübecker Marzipan, Neißer Konfekt, Schwartauer Süßwaren, -Marmelade, -Bonbons

**Verschiedenes** (Διάφορα)

Bayerische Pfifferlinge, Bayerische Steinpilze, Braunschweiger Konserven, Bremer Kaffee, Bühler Zwetschgen, Düsseldorfer Senf, Filder Sauerkraut, Hamburger Kaffee, Neußer Sauerkraut, Rheinisches Sauerkraut

# Herkunftsabkommen  Griechenland

### III. Gewerbliche Wirtschaft
(Βιομηχανικά είδη)

**Glas- und Porzellanwaren** (Είδη ἐξ ὑάλου καὶ πορσελλάνης)
Bavaria (Bayerisches) Glas, Bavaria Porzellan, Berliner Porzellan, Dresdner Porzellan, Fürstenberg Porzellan, Höchster Porzellan, Ludwigsburger Porzellan, Nymphenburger Porzellan

**Heilmittel** (Φαρμακευτικὰπροϊόντα)
Baden-Badener Pastillen, Emser Pastillen, -Salz, -Balsam, Kissinger Pillen, -Tabletten, -Salz, Regensburger Karmelitengeist, Tölzer Jod Tabletten, -Quellsalz, -Seife

**Kohle, Koks** (Ἄνθρακες καὶ κώκ)
Rheinische Braunkohle, Ruhrkohle, Saarkohle, Westfalen-Koks

**Kunstgewerbliche Erzeugnisse** (Προϊόντα χειροτεχνίας)
Münchener Wachsfiguren, Oberammergauer Holzschnitzereien

**Lederwaren** (Είδη ἐκ δέρματος)
Offenbacher Lederwaren

**Maschinen, Stahl- und Eisenwaren** (Μηχαναὶ καὶ προϊόντα ἐκ χάλυβος η σιδήρου)
Aachener Nadeln, Bielefelder Fahrräder, Deutz(er) Motoren, Friedrichstaler Handarbeitsgeräte, Hamborner Kipper, Heidelberg(er) (-Druckmaschine, -Druckautomat, -Zylinder), Königsbronner Walzen, Quint-Öfen, Remscheider Werkzeuge, Rottweiler Jagdpatronen, Schwabacher Textilnadeln, Schweinfurter Kugellager, Siegener Fallkipper, Siegener Puffer, Solinger Stahl- und Schneidwaren, Tuttlinger Instrumente, Wasseralfinger Stähle, -Öfen

**Parfümeriewaren** (Προϊόντα ἀρωματοποιας)
Kölnisch Wasser (nicht „Eau de Cologne")

**Schmuckwaren** (Κοσμήματα)
Neu-Gablonzer Schmuck-, Glaswaren, Gmünder Silber (-waren), Idar-Obersteiner Schmuck(-waren), Pforzheimer Schmuck(-waren)

**Spiele, Spielwaren und Musikinstrumente** (Παιγνίδια, ἀθύρματα καὶ μουσικὰ ὄργανα)
Bielefelder Spielkarten, Erzgebirgische Spielwaren, Mittenwalder Geigen, Nürnberger Spielwaren, Ravensburger Spiele

**Steinzeug, Steine, Erden** (Προϊόντα κεραμευτικῆς, λίδοι καὶ γαῖαι)
Deutsches Steinzeug, Hunsrücker Schiefer, Karlsruher Majolika, Kiefersfelder Marmor, -Zement, Klingenberger Ton, Mettlacher Fliesen, Moselschiefer, Solnhofener Lithographiersteine, -Platten, Taunus-Quarzit, Taunus-Hart-Quarzit, Taunus-Fels-Hart-Quarzit, Trierer Gips, -Kalk, -Zement, Westerwälder Steinzeug

**Tabakwaren** (Καπνικὰ προϊόντα)
Bremer Zigarren, Bünder Zigarren, Hamburger Zigarren, Nordhäuser Kautabak

**Textilerzeugnisse** (Ὑφαντουργικὰ προϊόντα)
Aachener Tuche, Augsburger Stoffe, Barmer Artikel (Bänder, Besätze, Litzen, Spitzen, Geflechte), Bayerischer Loden, Bielefelder Leinen, -Wäsche, Blaubeurener Leinen, Dürener Teppiche, Erzgebirgische Klöppelarbeit, Gögginger Nähfäden, Krefelder Krawatten, -Samt, -Seide, Laichinger Leinen,-Wäsche, Lindener Samt, -Tuch, Münchener Loden, -Trachten, Rosenheimer Gummimäntel, Schlitzer Leinen, Steinhuder Leinen, Westfälisches Haustuch

**Uhren** (Ὡρολόγια)
Glashütter Uhren, Schwarzwälder Uhren, Schwenninger Uhren

**Verschiedenes** (Διάφορα)
Dürener Feinpapier, Füssen-Immenstadter Hanferzeugnisse, -Bindfaden, -Webgarne

Griechenland

# Herkunftsabkommen

Anlage B

## I. ΟΙΝΟΙ

(Weine)

ΠΕΛΟΠΟΝΝΗΣΟΣ (Peloponnissos)
Μαυροδάφνη Πατρῶν (Mavrodafni Patron), Μοσχᾶτος Ρίου Πατρῶν (Moschatos Riou Patron), Μοσχᾶτος Ἀχαΐας Πατρῶν (Moschatos Achaias Patron), Μαντινεία (Mandinia), Νεμέα (Nemea), Ὀρεινὴ Νεμέα (Orini Nemea)

ΚΡΗΤΗ (Kriti)
Πεζά (Pesa), Ἀρχάναι (Archane), Σητεία (Sitia)

ΝΗΣΟΙ ΑΙΓΑΤΟΥ (Nissi Egheou)
Σάμος (Samos), Μοσχᾶτος Λήμνου (Moschatos Limnou)

ΚΥΚΛΑΔΕΣ (Kyklades)
Θήρα (Thira), Πάρος (Paros)

ΙΟΝΙΟΙ ΝΗΣΟΙ (Ionii Nissi)
Μαυροδάφνη Κεφαλληνίας (Mavrodafni Kefalinias)
Μοσχᾶτος Κεφαλληνίας (Moschatos Kefalinias), Ρομπόλα Κεφαλληνίας (Rombola Kefalinias), Θυνιάτικο Κεφαλληνίας (Thiniatiko Kefalinias), Λευκάς (Lefkas)

ΗΠΕΙΡΟΣ (Ipiros)
Ζίτσα (Sitsa)

ΜΑΚΕΔΟΝΙΑ (Makedonia)
Νάουσα (Naoussa)

ΣΤΕΡΕΑ ΕΛΛΑΣ ΚΑΙ ΝΗΣΟΣ ΕΥΒΟΙΑ (Sterea Hellas ke Nissos Evia)
Ἀττική (Attiki), Χαλκίς (Chalkis)

ΔΩΔΕΚΑΝΗΣΟΣ (Dodekanissos)
Ρόδος (Rhodos), Μοσχᾶτος Ρόδου (Moschatos Rodou)

## II. ΟΙΝΟΠΝΕΥΜΑΤΩΔΗ ΠΟΤΑ

(Spirituosen)

Ἑλληνικὸν ἀπόσταγμα οἴνου (Ellinikon Apostagma Inou), Οὖζο (Ouso), Ἑλληνικὴ Μαστίχα (Elliniki Masticha), Ἑλληνικὸν Κίτρον (Ellinikon Kitron)

## III. ΑΡΩΜΑΤΙΚΟΙ ΟΙΝΟΙ

(Aromatisierte Weine)

Ρετσίνα (Retsina)

## IV. ΣΤΑΦΙΔΕΣ

(Rosinen)

1. Σουλτανίναι (Sultaninen)
α) Σουλτανίνα Κρήτης (Soultanina Kritis)
β) Σουλτανίνα Πελοποννήου (Soultanina Peloponissou)

2. Μαῦραι Σταφίδες *(Schwarze Rosinen)*
α) Κορινθιακὴ (Korinthiaki)
β) Κορινθιακὴ Βοστίτσα Korinthiaki Vostizza)
γ) Κορινθιακὴ Ἀμαλιάς (Korinthiaki Amalias)
δ) Κορινθιακὴ Ἐπαρχίας Πατρῶν – Τζένουϊν Πάτρας (Korinthiaki Eparchias Patron – Genuine Patras)
ε) Κορινθιακὴ Κορινθία – Κόρφος Γκιούλε (Korinthiaki Korinthia – Korfos Gule)
στ) Κορινθιακὴ Κεφαλληνία – CEPHALLONIA (Korinthiaki Kefalinia)
ζ) Κορινθιακὴ Ζάκυνθος – ZANTE (Korinthiaki Zakin-thos)

# Herkunftsabkommen    Italien

### V. ΟΠΩΡΑΙ
(Obst)

α) Ἐπιτραπέζιοι σταφυλαί *(Tafeltrauben)*Ροζακί Κρήτης (Rosaki Kritis)
β) Ἐδπεριδοειδῆ (Zitrusfrüchte) Λεμόνια Πελοποννήσου (Lemonia Peloponnissou)
γ) Ροδάκινα (Pfirsiche) Ἐλμπέρτα Ναούσησ (Elberta Naoussis)

### VI. ΠΡΟΙΟΝΤΑ ΜΕΛΙΣΣΟΚΟΜΙΑΣ
(Imkereierzeugnisse)

Ἑλληνικὸν μέλι θύμου τύπου Ὑμιττοῦ (Ellinikon meli thymou typou Ymittou)
Ἑλληνικὸν μέλι ἐρείκης (Ellinikon meli Erikis)
Ἑλλβνικὸν μέλι ἀζ ἀνθέων (Ellinikon meli ex Antheon)
Ἑλλινικὸν μέλι Πεύκης ἤ ἐλάτης (Ellinikon meli pefkis i elatis)

### VII. ΜΑΣΤΙΧΑ
(Mastix)

Χίου (Chiou)

### VIII. ΔΙΑΦΟΡΑ ΛΟΠΙΑ ΠΡΟΙΟΝΤΑ
(Verschiedene andere Erzeugnisse)

α) **Μάρμαρα** *(Marmor),* **Λευκὰ Πεντέλης** (Lefka Pentelis), **Λευκὰ Ἁγιας Μαρίνης** (Lefka Aghias Marinis), **Λευκὰ Δράμας** (Lefka Dramas), **Λευκὰ Καβάλας** (Lefka Kavalas), **Λευκὰ Κοζάνης** (Lefka Kozanis), **Τεφρόχροα Μαραθῶνος** (Tefrochroa Marathonos), **Τεφρόχροα Εὐβοίας** (Tefrochroa Evias), **Τεφρῦχροα Δράμας** (Tefrochroa Dramas), **Τεφρόχροα Καβάλας** (Tefrochroa Kavalas), **Μέλανα Βυτίνης** (Melana Vitinis), **Μέλανα Τριπόλεως** (Melana Tripoleos), **Πράσινα Τήνου** (Prassina Tinou), **Πράσινα Λαρίσης** (Prassina Larissis), **Πράσινα Εὐβοίας** (Prassina Evias), **Φαιόχροα θηβῶν** (Feochroa Thivon), **Φαιόχροα Δομβραίνης** (Feochroa Domvrenis)
β) **Σμύρις** (Schmirgel), **Νάζου** (Naxou)
γ) **Γουναρικὰ** *(Pelze),* **Καστοριᾶς** (Kastorias), **Σιατίστης** (Siatistis)
δ) **Προϊόντα ἀργυροχρυσοχοι ῖας** (Silber- und Goldschmiedeerzeugnisse), **Ρόδου** (Rodou), **Ἰωαννίνων** (Ioanninon)
ε) **Ὑφαντά** (Webereierzeugnisse), **Μυκόνου** (Mikonou), **Ἀραχώβης** (Arachovis), **Κρήτης** (Kritis), **Φλοκατη-βοσκοταπης** (Flokati-Hirtenteppich)
στ) **Κουσερβαι φρουτων και Λαχανικων** (Früchte- und Gemüsekonserven), **Σπαρτη** (Sparti), **Δελφοι** (Delfi)

## III. Italien

### Abkommen über den Schutz von Herkunftsangaben, Ursprungsbezeichnungen und anderen geographischen Bezeichnungen

vom 23. Juli 1963
(BGBl. 1965 II S. 156)

**Schrifttum**. Denkschrift zum deutsch-italienischen Abkommen, BlPMZ 1965, 146; *Fritsche*, BGH: Irreführende Bezeichnung eines Käseprodukts – Mozzarella I und II, WiB 1994, 329; *Krieger*, Möglichkeiten für eine Verstärkung des Schutzes deutscher Herkunftsangaben im Ausland, GRUR Int 1960, 400; *Krieger*, Zur Auslegung der zweiseitigen Abkommen über den Schutz geographischer Bezeichnungen, GRUR Int 1964, 499; *Kühn,* Zum Schutzumfang geographischer Bezeichnungen nach den zweiseitigen Verträgen über den Schutz von Herkunftsangaben, GRUR Int 1967, 268; *Lehmann,* Deutscher Käse „Typ Mozzarella": Unlauterer Wettbewerb, IPRax 1992, 221; *Mayr,* Was ist unter der Bezeichnung *Parmesan* zu verstehen?, ZLR 1994, 445.

S. auch die Schrifttumsangaben Vorb zu den §§ 126 bis 139 MarkenG, zu den Herkunftsabkommen allgemein (vor Rn 1) sowie vor den einzelnen Herkunftsabkommen.

Italien                                                    **Herkunftsabkommen**

**Vorbemerkung**

Der Vertrag wurde durch Gesetz vom 17. März 1963 ratifiziert (BGBl. II S. 156) und ist **14** am 12. August 1967 in Kraft getreten (BGBl. II S. 1815; zum Kennzeichnungsverbot des Abkommens s. BPatG GRUR 1991, 145 – Mascasano). Das Handelsgericht Wien hat den EuGH um Vorabentscheidung über die Frage ersucht, ob es mit den Grundsätzen des freien Warenverkehrs (Art. 30, 36 EGV) vereinbar sei, daß ein in Deutschland seit 1977 rechtmäßig hergestellter Käse mit der Bezeichnung *Cambozola* aufgrund des Abkommens zwischen Österreich und Italien über den Schutz von geographischen Herkunftsangaben, welches die Bezeichnung *Gorgonzola* unter Schutz stellt, in Österreich nicht vertrieben werden darf (Rs. C-87/97, ABl. EG Nr. C 131 vom 26. April 1997, S. 8; zum Schutz der Bezeichnung *Gorgonzola* s. auch Vorb zu den §§ 130 bis 136, Rn 21 a).

**Art. 1** Jeder der Vertragstaaten verpflichtet sich, alle notwendigen Maßnahmen zu ergreifen, um in wirksamer Weise die aus dem Gebiet des anderen Vertragstaates stammenden Boden- und Gewerbeerzeugnisse gegen unlauteren Wettbewerb im geschäftlichen Verkehr zu schützen und den Schutz der in den Anlagen A und B dieses Abkommens aufgeführten Bezeichnungen nach Maßgabe der folgenden Artikel 2 bis 9 zu gewährleisten.

**Art. 2** Die in der Anlage A dieses Abkommens aufgeführten Bezeichnungen sind im Gebiet der Italienischen Republik ausschließlich deutschen Erzeugnissen oder Waren vorbehalten und dürfen dort nur unter denselben Voraussetzungen benutzt werden, wie sie in der Gesetzgebung der Bundesrepublik Deutschland vorgesehen sind. Jedoch können gewisse Vorschriften dieser Gesetzgebung durch ein Protokoll für nicht anwendbar erklärt werden.

**Art. 3** Die in der Anlage B dieses Abkommens aufgeführten Bezeichnungen sind im Gebiet der Bundesrepublik Deutschland ausschließlich italienischen Erzeugnissen oder Waren vorbehalten und dürfen dort nur unter denselben Voraussetzungen benutzt werden, wie sie in der Gesetzgebung der Italienischen Republik vorgesehen sind. Jedoch können gewisse Vorschriften dieser Gesetzgebung durch ein Protokoll für nicht anwendbar erklärt werden.

**Art. 4** (1) Wird eine der in den Anlagen A und B dieses Abkommens aufgeführten Bezeichnungen im geschäftlichen Verkehr entgegen den Bestimmungen der Artikel 2 und 3 für Erzeugnisse oder Waren oder deren Aufmachung oder äußere Verpackung oder auf Rechnungen, Frachtbriefen oder auf anderen Geschäftspapieren oder in der Werbung benutzt, so wird die Benutzung durch alle gerichtlichen und behördlichen Maßnahmen, die in der Gesetzgebung jedes der Vertragstaaten vorgesehen sind, einschließlich der Beschlagnahme, soweit die Gesetzgebung der Vertragstaaten diese zuläßt, unterdrückt.

(2) Die Bestimmungen dieses Artikels sind auch dann anzuwenden, wenn die in den Anlagen A und B dieses Abkommens aufgeführten Bezeichnungen in Übersetzung oder mit einem Hinweis auf die tatsächliche Herkunft oder mit Zusätzen wie „Art", „Typ", „Fasson", „Nachahmung" oder dergleichen benutzt werden.

(3) Die Bestimmungen dieses Artikels sind auf Erzeugnisse oder Waren bei der Durchfuhr nicht anzuwenden.

**Art. 5** Die Bestimmungen des Artikels 4 dieses Abkommens sind auch anzuwenden, wenn für Erzeugnisse oder Waren oder deren Aufmachung oder äußere Verpackung oder auf Rechnungen, Frachtbriefen oder auf sonstigen Geschäftspapieren oder in der Werbung Kennzeichnungen, Marken, Namen, Aufschriften oder Abbildungen benutzt werden, die unmittelbar oder mittelbar falsche oder irreführende Angaben über Herkunft, Ursprung, Natur, Sorte oder wesentliche Eigenschaften der Erzeugnisse oder Waren enthalten.

**Art. 6** (1) Der Schutz gemäß den Artikeln 4 und 5 dieses Abkommens wird durch das Abkommen als solches gewährt.

(2) Jeder der Vertragstaaten ist berechtigt, von dem anderen Vertragstaat zu verlangen, Erzeugnisse oder Waren, die mit einer der in den Anlagen A und B dieses Abkommens aufgeführten Bezeichnungen versehen sind, nur dann zur Einfuhr zuzulas-

# Herkunftsabkommen  Italien

sen, wenn den Erzeugnissen oder Waren eine Bescheinigung über die Berechtigung zur Benutzung der Bezeichnung beigefügt ist. In diesem Falle unterliegen die Erzeugnisse oder Waren bei ihrer Einfuhr der Zurückweisung, wenn ihnen die Bescheinigung nicht beigefügt ist.

(3) Mit dem Ersuchen nach Absatz 2 hat der Vertragstaat dem anderen Vertragstaat die Behörden mitzuteilen, die zur Ausstellung der Bescheinigung berechtigt sind. Der Mitteilung ist ein Muster der Bescheinigung beizufügen.

Art. 7 Ansprüche wegen mißbräuchlicher Benutzung einer der in den Anlagen A oder B dieses Abkommens aufgeführten Bezeichnungen und Ansprüche wegen der Benutzung falscher oder irreführender Angaben im Sinne des Artikels 5 können vor den Gerichten der Vertragstaaten außer von den natürlichen und juristischen Personen, die nach der Gesetzgebung der Vertragstaaten hierzu berechtigt sind, auch von Verbänden, Vereinigungen und Einrichtungen geltend gemacht werden, welche die beteiligten Erzeuger, Hersteller oder Händler vertreten und in einem der Vertragstaaten ihren Sitz haben, sofern sie nach der Gesetzgebung des Vertragstaates, in dem sie ihren Sitz haben, als solche in bürgerlichen Rechtsstreitigkeiten klagen können. Sie können unter diesen Voraussetzungen auch im Strafverfahren Ansprüche oder Rechtsbehelfe geltend machen, soweit die Gesetzgebung des Vertragstaates, in dem das Strafverfahren durchgeführt wird, solche Ansprüche oder Rechtsbehelfe vorsieht.

Art. 8 Erzeugnisse und Waren, Verpackungen, Rechnungen, Frachtbriefe und sonstige Geschäftspapiere sowie Werbemittel, die sich bei Inkrafttreten dieses Abkommens im Gebiet eines der Vertragstaaten befinden und rechtmäßig mit Angaben versehen worden sind, die nach diesem Abkommen nicht benutzt werden dürfen, können bis zum Ablauf von zwei Jahren nach dem Inkrafttreten dieses Abkommens abgesetzt oder aufgebraucht werden.

Art. 9 (1) Die Listen der Anlagen A und B dieses Abkommens können von einem Vertragstaat durch eine schriftliche Mitteilung vorbehaltlich der Zustimmung des anderen Vertragstaates geändert oder erweitert werden. Jedoch kann jeder Vertragstaat die Liste der Bezeichnungen für Erzeugnisse oder Waren aus seinem Gebiet ohne Zustimmung des anderen Vertragstaates einschränken.

(2) Im Falle der Änderung oder Erweiterung der Liste der Bezeichnungen für Erzeugnisse oder Waren aus dem Gebiet eines der Vertragstaaten sind die Bestimmungen des Artikels 8 anzuwenden mit der Maßgabe, daß die Frist von zwei Jahren mit der Bekanntmachung der Änderung oder Erweiterung durch den anderen Vertragstaat beginnt.

Art. 10 Die Bestimmungen dieses Abkommens schließen nicht den Schutz aus, der in einem der Vertragstaaten für die in den Anlagen A oder B dieses Abkommens aufgeführten Bezeichnungen des anderen Vertragstaates auf Grund innerstaatlicher Rechtsvorschriften oder anderer internationaler Vereinbarungen besteht oder künftig gewährt wird.

Art. 11 (1) Zur Erleichterung der Durchführung dieses Abkommens wird aus Vertretern der Regierung jedes der Vertragstaaten eine Gemischte Kommission gebildet.

(2) Die Gemischte Kommission hat die Aufgabe, Vorschläge zur Änderung oder Erweiterung der Listen der Anlagen A und B dieses Abkommens, die der Zustimmung der Vertragstaaten bedürfen, zu prüfen sowie alle mit der Anwendung dieses Abkommens zusammenhängenden Fragen zu erörtern.

(3) Jeder der Vertragstaaten kann das Zusammentreten der Gemischten Kommission verlangen.

Art. 12 Dieses Abkommen gilt auch für das Land Berlin, sofern nicht die Regierung der Bundesrepublik Deutschland gegenüber der Regierung der Italienischen Republik innerhalb von drei Monaten nach Inkrafttreten dieses Abkommens eine gegenteilige Erklärung abgibt.

Art. 13 (1) Dieses Abkommen bedarf der Ratifikation; die Ratifikationsurkunden werden so bald wie möglich in Rom ausgetauscht.

(2) Dieses Abkommen tritt drei Monate nach Austausch der Ratifikationsurkunden in Kraft und bleibt zeitlich unbegrenzt in Kraft.

(3) Dieses Abkommen kann von jedem der beiden Vertragstaaten mit einer Frist von einem Jahr schriftlich gekündigt werden.

Italien  **Herkunftsabkommen**

Protokoll vom 23. 7. 1963

1. Die Artikel 2 und 3 dieses Abkommens verpflichten die Vertragstaaten nicht, in ihrem Gebiet beim Inverkehrbringen von Erzeugnissen oder Waren, die mit den in den Listen der Anlagen A und B dieses Abkommens aufgeführten Bezeichnungen versehen sind, die Rechts- und Verwaltungsvorschriften des anderen Vertragstaates anzuwenden, die sich auf die verwaltungsmäßige Kontrolle dieser Erzeugnisse und Waren beziehen, wie zum Beispiel diejenigen Vorschriften, die die Führung von Eingangs- und Ausgangsbüchern und den Verkehr dieser Erzeugnisse oder Waren betreffen.

2. Durch die Aufnahme von Bezeichnungen für Erzeugnisse oder Waren in die Listen der Anlagen A und B dieses Abkommens werden die in jedem der Vertragstaaten bestehenden Bestimmungen über die Einfuhr solcher Erzeugnisse oder Waren nicht berührt.

3. Durch die Aufnahme der Bezeichnung „Traminer" in die Anlage B des Abkommens wird nicht ausgeschlossen, daß diese Bezeichnung in der Bundesrepublik Deutschland als Bezeichnung der Rebsorte neben einer geographischen Bezeichnung benutzt wird.

4. Die in Artikel 8 dieses Abkommens vorgesehene Frist von zwei Jahren wird für die in der Anlage B dieses Abkommens aufgeführte Bezeichnung „Gorgonzola" um zwei Jahre verlängert.

**Anlage A**

### I. Weine

**A. Gebietsnamen**

1. **Ahr**
2. **Baden**
   a) Bodensee
   b) Markgräflerland
   c) Kaiserstuhl
   d) Breisgau
   e) Ortenau
   f) Kraichgau
   g) Bad. Bergstraße
   h) Bad. Frankenland
3. **Bergstraße**
4. **Franken**
5. **Lahn**
6. **Mittelrhein**
7. **Mosel – Saar – Ruwer**
   (zur näheren Kennzeichnung auch als zusätzliche Bezeichnung erlaubt: Mosel oder Saar oder Ruwer)
8. **Nahe**
9. **Rheingau**
10. **Rheinhessen**
11. **Rheinpfalz**
12. **Siebengebirge**
13. **Württemberg**

**B. Namen der Weinbaugemeinden**
(Gemarkungen)

1. **Ahr**
Ahrweiler, Altenahr, Bachem b. Ahrweiler, Bad Neuenahr, Bodendorf, Dernau, Heimersheim, Kreuzberg, Lantershofen, Mayschoß, Rech, Walporzheim

# Herkunftsabkommen  Italien

## 2. Baden
**a) Bodensee**
Erzingen, Hagnau, Konstanz, Meersburg, Überlingen

**b) Markgräflerland**
Auggen, Badenweiler, Ballrechten, Britzingen, Buggingen, Dottingen, Ebringen, Efringen-Kirchen, Ehrenstetten, Grunern, Haltingen, Heitersheim, Hügelheim, Kirchhofen, Laufen, Müllheim, Niederweiler, Pfaffenweiler, Schallstadt, Schliengen, Staufen, Vögisheim, Wolfenweiler

**c) Kaiserstuhl**
Achkarren, Bahlingen, Bickensohl, Bischoffingen, Breisach, Burkheim, Eichstetten, Endingen, Ihringen, Jechtingen, Kiechlingsbergen, Leiselheim, Merdingen, Oberbergen, Oberrotweil, Sasbach, Wasenweiler

**d) Breisgau**
Freiburg, Glottertal, Hecklingen, Köndringen

**e) Ortenau**
Bühlertal, Diersburg, Durbach, Eisental, Fessenbach, Gengenbach, Kappelrodeck, Lahr, Neuweier, Oberkirch, Offenburg, Ortenberg, Rammersweier, Reichenbach, Sasbachwalden, Steinbach, Tiergarten, Varnhalt, Waldulm, Zell-Weierbach

**f) Kraichgau**
Bruchsal, Eichelberg, Obergrombach, Sulzfeld, Weingarten

**g) Bad. Bergstraße**
Großsachsen, Leutershausen, Malsch, Rauenberg, Weinheim, Wiesloch

**h) Bad. Frankenland**
Beckstein, Dertingen

## 3. Bergstraße
Bensheim, Bensheim-Auerbach, Groß Umstadt, Hambach, Heppenheim, Zwingenberg

## 4. Franken
Abtswind, Astheim, Bullenheim, Bürgstadt, Castell, Dettelbach, Eibelstadt, Erlenbach b. Marktheidenfeld, Escherndorf, Frickenhausen, Großheubach, Großostheim, Hammelburg, Handthal, Hasloch, Homburg, Hörstein, Hüttenheim, Iphofen, Ippesheim, Kitzingen, Klingenberg, Köhler, Marktbreit, Michelbach, Nordheim, Obereisenheim, Randersacker, Rödelsee, Schloß Saaleck, Sommerach, Sommerhausen, Stetten, Sulzfeld, Thüngersheim, Veitshöchheim, Volkach, Wiesenbronn, Würzburg

## 5. Lahn
Nassau, Obernhof, Weinähr

## 6. Mittelrhein
Bacharach, Bad Salzig, Boppard, Bornich, Braubach, Breitscheid, Damscheid, Dattenberg, Dellhofen, Dörscheid, Erpel, Hammerstein, Hirzenach, Hönningen, Kamp, Kasbach, Kaub, Kestert, Langscheid, Leubsdorf, Leutesdorf, Linz, Manubach, Niederburg, Niederheimbach, Nochern, Oberdiebach, Oberheimbach, Oberlahnstein, Oberspay, Oberwesel, Ockenfels, Osterspai, Patersberg, Perscheid, Remagen, Rheinbreitbach, Rheinbrohl, Rhens, Steeg, St. Goar, St. Goarshausen, Trechtingshausen, Unkel, Urbar, Vallendar, Wellmich, Werlau

## 7. Mosel – Saar – Ruwer
St. Aldegund, Alf, Alken, Andel, Ayl, Bausendorf, Beilstein, Bekond, Bernkastel-Kues, Biebelhausen, Bilzingen, Brauneberg, Bremm, Briedern, Briedel, Brodenbach, Bruttig, Bullay, Burg, Burgen (Krs. Bernkastel), Burgen (Krs. St. Goar), Cochem, Detzem, Dhron, Dieblich, Dreis, Ediger, Eitelsbach, Ellenz-Poltersdorf, Eller, Enkirch, Ensch, Erden, Ernst, Fankel, Fastrau, Fell, Fellerich, Filsch, Filzen (Mosel), Filzen (Saar), Franzenheim, Godendorf, Gondorf, Graach, Grewenich, Güls, Hamm bei Filzen, Hatzenport, Helfant, Hockweiler, Hupperath, Igel, Irsch (Mosel), Irsch (Saar), Kanzem, Karden, Kasel, Kastel-Staadt, Kattenes, Kenn, Kernscheid, Kesten, Kinheim, Klotten, Klüsserath, Kobern, Koblenz-Stadt, Kommlingen, Konz, Köllig, Könen, Köwerich, Krettnach-Obermennig, Kröv, Krutweiler, Langsur, Lay, Lehmen, Leiwen, Liersberg, Lieser, Longen, Longuich-Kirsch, Löf, Lörsch, Lösnich, Maring-Noviand, Mehring, Merl, Mertesdorf, Mesenich (Krs. Zell), Mesenich (Krs. Trier), Metzdorf, Minden, Minheim, Monzel, Morscheid, Moselkern, Müden, Mülheim a. d. Mosel, Neef, Nehren,

Italien **Herkunftsabkommen**

Nennig, Neumagen, Niederemmel, Niedermennig, Nittel, Oberbillig, Oberemmel, Ockfen, Olkenbach, Onsdorf, Osann, Palzem, Pellingen, Perl, Piesport, Platten, Pommern, Pölich, Pünderich, Ralingen, Rehlingen, Reil, Riol, Riverls, Rivenich, Ruwer, Saarburg-Beurig, Schleich, Schoden, Schweich, Sehndorf, Senheim, Serrig, Soest, Starkenburg, Tarforst, Tawern, Temmels, Thörnich, Traben-Trarbach, Treis, Trier-Stadt, Trittenheim, Uerzig, Valwig, Veldenz, Waldrach, Wasserliesch, Wawern, Wehlen, Wehr, Wellen, Wiltingen, Wincheringen, Winningen, Wintersdorf, Wintrich, Wittlich, Wolf, Zell, Zeltingen-Rachtig

### 8. Nahe
Argenschwang, Auen, Bad Kreuznach, Bad Münster am Stein, Bärweiler, Bingerbrück, Bockenau, Boos, Braunenweiler, Breitenheim, Bretzenheim (Nahe), Burgsponheim, Dalberg, Desloch, Dorsheim, Eckenroth, Genheim, Gutenberg, Hargesheim, Hausweiler, Heddesheim, Heimberg, Hergenfeld, Hochstetten, Hüffelsheim, Jeckenbach, Kappeln, Katzenbach, Kirschroth, Krebsweiler, Langenlonsheim, Langenthal, Langweiler, Laubenheim (Nahe), Lauschied, Löllbach, Mandel, Martinstein, Medard, Meddersheim, Meisenheim, Merxheim, Monzingen, Münster-Sarmsheim, Niedereisenbach, Niederhausen, Norheim, Nußbaum, Oberstreit, Offenbach (Glan), Pferdsfeld, Ransweiler, Raumbach, Roxheim, Rüdesheim, Rümmelsheim, Sankt Katharinen, Schloßböckelheim, Schöneberg, Schweppenhausen, Simmern unter Dhaun, Sobernheim, Sommerloch, Spabrücken, Sponheim, Staudernheim, Stromberg, Traisen, Waldalgesheim, Waldböckelheim, Waldhilbersheim, Waldlaubersheim, Wallhausen, Weiler bei Bingerbrück, Weiler bei Monzingen, Weinsheim, Wiesweiler, Windesheim, Winzenheim

### 9. Rheingau
Assmannshausen, Aulhausen, Eltville, Erbach/Rhg., Frauenstein, Geisenheim, Hallgarten, Hattenheim, Hochheim, Johannisberg, Kiedrich, Lorch/Rh., Lorchhausen, Martinsthal, Mittelheim, Niederwalluf, Oberwalluf, Oestrich, Rauenthal, Rüdesheim, Schloß Johannisberg, Schloß Vollrads, Steinberg, Wicker, Wiesbaden, Winkel

### 10. Rheinhessen
Alsheim, Alzey, Armsheim, Bechtheim, Bingen, Bodenheim, Dalsheim, Dienheim, Elsheim, Gau-Algesheim, Gau-Bickelheim, Gau-Odernheim, Guntersblum, Hahnheim, Ingelheim, Mainz-Stadt, Nackenheim, Nierstein, Oppenheim, Pfaffen-Schwabenheim, Westhofen, Wöllstein, Worms-Stadt

### 11. Rheinpfalz
Albersweiler, Albisheim/Pfrimm, Albsheim a. d. Eis, Alsenz, Altdorf, Altenbamberg, Appenhofen, Arzheim, Asselheim, Bad Dürkheim, Bayerfeld-Stockweiler, Berghausen, Bergzabern, Billigheim, Birkweiler, Bissersheim, Böbingen, Bobenheim am Berg, Böchingen, Bolanden, Bornheim, Burrweiler, Callbach, Dackenheim, Dammheim, Deidesheim, Diedesfeld, Dielkirchen, Dirmstein, Dörrenbach, Duchroth-Oberhausen, Duttweiler, Ebernburg, Edenkoben, Edesheim, Einselthum, Ellerstadt, Erpolzheim, Eschbach, Essingen, Feilbingert, Flemlingen, Forst, Frankweiler, Freimersheim, Freinsheim, Friedelsheim, Gerolsheim, Gimmeldingen, Gleisweiler, Gleiszellen-Gleishorbach, Gräfenhausen, Godramstein, Göcklingen, Gönnheim, Großbockenheim, Großfischlingen, Großkarlbach, Grünstadt, Haardt, Hainfeld, Hallgarten, Hambach, Harxheim, Heiligenstein, Herxheim am Berg, Heuchelheim, Hochstätten, Ilbesheim, Ilbesheim bei Landau, Impflingen, Kalkhofen, Kallstadt, Kapellen-Drusweiler, Kindenheim, Kirchheim an der Weinstraße, Kirchheimbolanden, Kirrweiler, Kleinkarlbach, Klingen, Klingenmünster, Knöringen, Königsbach, Lachen-Speyerdorf, Landau/Pfalz, Laumersheim, Lauterekken, Leinsweiler, Leistadt, Lettweiler, Maikammer, Mechtersheim, Meckenheim, Mörzheim, Mußbach, Mülheim a. d. Eis, Münsterappel, Neuleiningen, Neustadt a. d. Weinstraße, Niederhochstadt, Niederhorbach, Niederhausen a. d. Appel, Niederkirchen, Niedermoschel, Niefernheim, Nußdorf, Oberhochstadt, Oberlustadt, Obermoschel, Oberndorf, Oberotterbach, Odernheim, Pleisweiler-Oberhofen, Ranschbach, Rechtenbach, Rehborn, Rhodt unter Rietburg, Rockenhausen, Roschbach, Ruppertsberg, Sankt Martin, Sausenheim, Schweigen, Schweighofen, Siebeldingen, Steinweiler, Ungstein, Unkenbach, Venningen, Wachenheim a. d. Weinstraße, Walsheim, Weingarten, Weisenheim am Berg, Weisenheim am Sand, Weyher, Winden, Winterborn, Wolfstein, Wollmesheim, Zell

### 12. Siebengebirge
Honnef, Königswinter, Niederdollendorf, Oberdollendorf, Rhöndorf

### 13. Württemberg
Adolzfurt, Beilstein, Besigheim, Beutelsbach, Bönnigheim, Brackenheim, Cleebronn, Criesbach, Derdingen, Dürrenzimmern, Eberstadt, Endersbach, Erlenbach, Eschelbach, Eßlingen, Fellbach, Flein, Grantschen, Geradstetten, Großbottwar, Großheppach, Grunbach, Harsberg, Heilbronn, Hessigheim,

1941

# **Herkunftsabkommen** Italien

Hohenhaslach, Horrheim, Ingelfingen, Kleinbottwar, Kleinheppach, Korb, Lauffen a. N., Lehrensteinsfeld, Löchgau, Löwenstein, Markelsheim, Michelbach a. W., Mundelsheim, Niederhall, Nordheim, Oberstenfeld, Pfedelbach, Roßwag, Schwaigern, Schnait, Stetten i. R., Strümpfelbach, Stuttgart, Verrenberg, Walheim, Weikersheim, Weinsberg, Willsbach

## C. Sonstige Herkunftsangaben

Deutscher Weißwein, Deutscher Rotwein, Deutscher Sekt

## D. Regionale Herkunftsangaben

Liebfrauenmilch, Liebfraumilch

## II. Ernährung und Landwirtschaft

**Backwaren**

Aachener Printen, Dresdner Christstollen, Freiburger Brezeln, Friedrichsdorfer Zwieback, Liegnitzer Bomben, Nürnberger Lebkuchen, Rheinisches Schwarzbrot, Rheinisches Vollkornbrot, Westfälischer Pumpernickel, Westfälisches Schwarzbrot

**Fischwaren**

Büsumer Krabben, Deutscher Kaviar, Husumer Krabben, Flensburger Aal, Kieler Sprotten

**Fleischwaren**

Braunschweiger Mettwurst, Coburger Kernschinken, Frankfurter Würstchen , (nicht „Salsiccia di Francoforte"), Halberstädter Würstchen, Holsteinischer Katenschinken, -Wurst, Münchener Weißwürste, Nürnberger Bratwürste, Regensburger Würste, Rügenwalder Teewurst, Schwarzwälder Speck, Thüringer Wurst, Westfälischer Schinken

**Bier**

Bayerisches Bier, Berliner Weiße, Bitburger Bier, Dortmunder Bier, Düsseldorfer Alt-Bier, Hamburger Bier, Herrenhäuser Bier, Hofer Bier, Kölsch-Bier, Kulmbacher Bier, Münchener Bier, Nürnberger Bier, Würzburger Bier

**Mineralwasser**

Birresborner Sprudel, Dauner Sprudel, Fachinger Wasser, Gerolsteiner Mineralwasser, Offenbacher Sprudel, Pyrmonter Säuerling, Rhenser Sprudel, Roisdorfer (Wasser), Selters, Teinacher Sprudel, Tönnissteiner Sprudel, Wildunger Wasser

**Spirituosen**

Bayerischer Gebirgsenzian, Benediktbeurer Klostergold, Berliner Kümmel, Chiemseer Klosterlikör, Deutscher Korn, Deutscher Kornbrand, Deutscher Weinbrand, Ettaler Klosterlikör, Hamburger Kümmel, Königsberger Bärenfang, Münchener Kümmel, Ostpreußischer Bärenfang, Schwarzwälder Himbeergeist, Schwarzwälder Kirsch, Steinhäger, Stonsdorfer

**Hopfen**

Badischer Hopfen, Hallertauer Hopfen, Hersbrucker Hopfen, Jura Hopfen, Rheinpfälzer Hopfen, Rottenburg-Herrenberg-Weil-der-Stadt Hopfen, Spalter Hopfen, Tettnanger Hopfen

**Saatgut**

Eckendorfer Runkelrüben, Erfurter Gartenbauerzeugnisse, Erfurter Sämereien, Gelbklee: Württemberger Alb, Alb-Schwedenklee, Rotklee: Eifler Rotklee, Probsteier Rotklee, Schwarzwälder, Württemberger, Weißklee: Chiemgauer Weißklee, Probsteier Weißklee, Luzerne: Altfränkische-Baden-Württemberg, Altfränkische-Würzburg, Eifler Luzerne

**Süßwaren**

Bayerisches Blockmalz, Kölner Zucker, Königsberger Marzipan, Lübecker Marzipan, Neißer Konfekt, Schwartauer Süßwaren, -Marmelade, -Bonbons

**Verschiedenes**

Bayerische Pfifferlinge, Bayerische Steinpilze, Braunschweiger Konserven, Bremer Kaffee, Bühler Zwetschgen, Düsseldorfer Senf, Filder Sauerkraut, Hamburger Kaffee, Neußer Sauerkraut, Rheinisches Sauerkraut

Italien                                                    **Herkunftsabkommen**

### III. Gewerbliche Wirtschaft
**Glas- und Porzellanwaren**
Bavaria (Bayerisches) Glas, Bavaria Porzellan, Berliner Porzellan, Dresdner Porzellan, Fürstenberg Porzellan, Höchster Porzellan, Ludwigsburger Porzellan, Nymphenburger Porzellan

**Heilmittel**
Baden-Badener Pastillen, Emser Pastillen, -Salz, -Balsam, Kissinger Pillen, -Tabletten, -Salz, Regensburger Karmelitengeist, Tölzer Jod Tabletten, -Quellsalz, -Seife

**Kohle, Koks**
Rheinische Braunkohle, Ruhrkohle, Saarkohle, Westfalen-Koks

**Kunstgewerbliche Erzeugnisse**
Münchener Wachsfiguren, Oberammergauer Holzschnitzereien

**Lederwaren**
Offenbacher Lederwaren

**Maschinen, Stahl- und Eisenwaren**
Aachener Nadeln, Bielefelder Fahrräder, Deutz(er) Motoren, Friedrichstaler Handarbeitsgeräte, Hamborner Kipper, Heidelberg(er) (-Druckmaschine, -Druckautomat, -Zylinder), Königsbronner Walzen, Quint-Öfen, Remscheider Werkzeuge, Rottweiler Jagdpatronen, Schwabacher Textilnadeln, Schweinfurter Kugellager, Siegener Fallkipper, Siegener Puffer, Solinger Stahl- und Schneidwaren, Tuttlinger Instrumente, Wasseralfinger Stähle, -Öfen

**Parfümeriewaren**
Kölnisch Wasser (nicht „Eau de Cologne", nicht „Acqua die Colonia")

**Schmuckwaren**
Neu-Gablonzer Schmuck-, Glaswaren, Gmünder Silber (-waren), Idar-Obersteiner Schmuck (-waren), Pforzheimer Schmuck (-waren)

**Spiele, Spielwaren und Musikinstrumente**
Bielefelder Spielkarten, Erzgebirgische Spielwaren, Mittenwalder Geigen, Nürnberger Spielwaren, Ravensburger Spiele

**Steinzeug, Steine, Erden**
Deutsches Steinzeug, Hunsrücker Schiefer, Karlsruher Majolika, Kiefersfelder Marmor, -Zement, Klingenberger Ton, Mettlacher Fliesen, Moselschiefer, Solnhofer Lithographiersteine, -Platten, Taunus-Quarzit, Taunus-Hart-Quarzit, Taunus-Fels-Hart-Quarzit, Trierer Gips, -Kalk, -Zement, Westerwälder Steinzeug

**Tabakwaren**
Bremer Zigarren, Bünder Zigarren, Hamburger Zigarren, Nordhäuser Kautabak

**Textilerzeugnisse**
Aachener Tuche, Augsburger Stoffe, Barmer Artikel (Bänder, Besätze, Litzen, Spitzen, Geflechte), Bayerischer Loden, Bielefelder Leinen, -Wäsche, Blaubeurener Leinen, Dürener Teppiche, Erzgebirgische Klöppelarbeit, Gögginger Nähfäden, Krefelder Krawatten, -Samt, -Seide, Laichinger Leinen, -Wäsche, Lindener Samt, -Tuch, Münchener Loden, -Trachten, Rosenheimer Gummimäntel, Schlitzer Leinen, Steinhuder Leinen, Westfälisches Haustuch

**Uhren**
Glashütter Uhren, Schwarzwälder Uhren, Schwenninger Uhren

**Verschiedenes**
Dürener Feinpapier, Füssen-Immenstadter Hanferzeugnisse, -Bindfaden, -Webgarne

Anlage B

**Vini**
Vermouth italiano

**Piemonte**
Barolo, Barbera d'Alba, Barbera d'Asti, Barbaresco, Freisa di Chieri, Freisa d'Asti, Gattinara, Grignolino d'Asti, Nebiolo d'Alba, Nebiolo piemontese, Brachetto d'Asti, Cortese dell'Alto Monferrato, Carema,

# Herkunftsabkommen  Italien

Dolcetto delle Langhe e d'Ovada, Bonarda d'Asti, Asti spumante o Asti, Moscato d'Asti, Caluso passito, Vermouth di Torino o Torino o Gran Torino

## Lombardia
Valtellina: Grumello, Inferno, Sassella, Valgella
Frecciarossa di Casteggio, Moscato di Casteggio
Barbacarlo dell'Oltrepò pavese, Gran Spumante Riserva La Versa, Gran Moscato Fior d'arancio La Versa, Clastidium bianco di Casteggio, Clastidium rosso di Casteggio, Clastidium rosato di Casteggio, Riserva Oltrepò pavese rosso, (Antico piemonte Riserva Oltrepò)
Vini del Garda, Lugana
– Oltrepò pavese:
  Bianco Cortese dell'Oltrepò pavese, Riesling dell'Oltrepò pavese, Barbera dell'Oltrepò pavese
– Prosecco bianco dell'Oltrepò pa vese
– Sangue di Giuda rosso del'Oltrepò pavese
– Clastidium bianco Riserva di Ca steggio
– Buttafuoco rosso dell'Oltrepò pavese

## Liguria
Cinqueterre, Coronata, Polcevera, Vermetino Ligure, Dolceacqua

## Trentino-Alto Adige

### Denominazione italiana
Caldaro, Lago di Caldaro, Santa Maddalena, Appiano, Termeno, Terlano, Meranese di Collina, Lagarino Rosato di Gries, Valdadige, Marzemino di Isera, Teroldego rotaliano, Moscato Atesino, Colli Trentini, Merlot Trentino, Casteller, Sorni, Vallagarina

### Denominazione corrispondente tedesca
Kalterer, Kalterersee, St. Magdalener, Eppaner, Traminer, Terlaner, Küchelberger, Lagrein – Kretzer-Gries, Etschthaler

## Veneto
Soave, Bardolino, Valpolicella, Prosecco dei Colli Trevigiani, Prosecco di Conegliano, Garganega di Gambellara, Colli Euganei Bianco e Rosso, Colli Trevigiani, Rosso dei Colli Veronesi, Bianco e Rosso di Breganze, Bianco e Rosso dei Colli Berici, Merlot delle Venezie, Moscato d'Arquà, Valpantena, Recioto Veronese, Vino Veronese, Aleatico della Venezia euganea (o del Veneto), Malvasia della Venezia euganea (o del Veneto), Moscato della Venezia euganea (o del Veneto)

## Friuli-Venezia Giulia
Bianco dei Colli Friulani, Rosso dei Colli Friulani, Bianco dei Colli Goriziani, Rosso dei Colli Goriziani

## Emilia-Romagna
Lambrusco di Sorbara, Sangiovesi di Romagna, Albana di Romagna

## Toscana
Chianti, Chianti Classico, Chianti Colli Aretini, Chianti Colli Fiorentini, Chianti Colli Senesi, Chianti Colline Pisane, Chianti di Montalbano, Chianti Rufina, Brolio, Vin Nobile di Montepulciano, Vernaccia di San Gemignano, Monte Carlo bianco e rosso, Bianco dell'Elba, Brunello di Montalcino, Vin Santo toscano, Moscatello di Montalcino, Aleatico di Portoferraio

## Marche
Verdicchio dei Castelli di Jesi, Rosso Piceno

## Umbria
Orvieto

## Lazio
Vino dei Castelli Romani, Colli Albani, Colli Lanuviani o Lanuvio, Colonna, Frascati, Marino, Montecompatri, Velletri, Est- est-est di Montefiascone, Cesanese del Piglio, Malvasia di Grottaferrata o Grottaferrata, Moscato di Terracina, Aleatico Viterbese

## Abruzzi e Molise
Trebbiano di Abruzzo, Montepulciano di Abruzzo, Cerasuolo di Abruzzo

## Campania
Capri, Lacryma Christi del Vesuvio, Gragnano, Falerno, Greco del Tufo, Fiano di Avellino, Ravello, Vesuvio, Conca, Taurasi, Solopaca

Italien    **Herkunftsabkommen**

#### Puglie
Sansevero, Torre Giulia di Cerignola, Santo Stefano di Cerignola, Aleatico di Puglia, Moscato del Salento o Salento, Castel del Monte, Martinafranca, Squinzano, Barletta, Locorotondo, Moscato di Trani, Malvasia di Brindisi, Castell'Acquaro, Primitivi di Manduria e del Tarantino

#### Lucania
Aglianico del Vulture, Malvasia di Lucania, Moscato di Lucania

#### Calabria
Savuto, Cirò di Calabria, Creco di Gerace, Lagrima di Castrovillari, Moscato di Cosenza

#### Sicilia
Corvo di Casteldaccia, Lo Zucco secco, Moscato Lo Zucco, Etna, Faro, Eloro, Mamertino, Cerasuolo o Frappato di Vittoria, Moscato di Noto, Moscato di Siracusa, Moscato di Pantelleria, Malvasia di Lipari, Marsala, Bianco di Alcamo

#### Sardegna
Girò di Sardegna, Monica di Sardegna, Nasco, Moscato del Campidano, Moscato di Tempio, Malvasia di Bosa, Vernaccia di Sardegna, Nuragus, Vermentino di Gallura, Oliena, Cannunau di Sardegna

#### Acqueviti
Grappa italiana (Acquavite di vinaccia italiana), Arzente (Acquavite di vino italiano), Grappa di Barolo

#### Liquori
Centerbe d'Abruzzo, Villacidro, Corfino

#### Acque Minerali e Prodotti Derivati
S. Pellegrino (Bergamo)
Acqua Minerale S. Pellegrino

Recoaro (Vicenza)
Acqua Minerale Sorgente Lizzarda-Recoaro, Acqua aligo-minerale Sorgente, Loca-Recoaro

Bognanco (Novara)
Acqua Minerale naturale Fonte Ausonia, Acqua Minerale naturale Fonte S. Lorenzo, *Chianciano (Siena)* Santa Acqua di Chianciano, Sali epato-biliari di Chianciano

Nepi (Viterbo)
Acqua di Nepi

S. Andrea (Parma)
Acqua Minerale S. Andrea

Crodo (Novara)
Acqua Minerale Crodo: Valle d'Oro, Acqua Minerale Crodo Cistella, Acqua Minerale Crodo: Lisiel

S. Bernardo (Cuneo)
Acqua Naturale S. Bernardo

Castroreale Terme (Messina)
Acque Minerale Ciappazzi

Fiuggi (Frosinone)
Acqua die Fiuggi, Acqua Anticolana

Sangemini (Terni)
Acqua di Sangemini, Acqua Minerale Ferrarelle

Monticchio (Potenza)
Acqua Minerale di Monticchio

#### Prodotti Caseari
Parmigiano Reggiano, Grana Padano, Grana (non „Trockenkäse"), Gorgonzola, Fontina, Fontal, Asiago, Montasio, Taleggio, Italico, Caciocavallo, Provolone, Robbiola, Robiola, Strachino, Mascherpone, Pecorino Romano, Pecorino Canestrato Siciliano, Pecorino di Moliterno, Fiore Sardo, Mozzarella, Scamorza, Crescenza, Pannerone, Provola, Pressato, Brà, Toma (non Tome), Bitto, Robiolina, Canestrato pugliese, Cotronese, Provatura, Quartirolo, Ragusano

#### Frutta e Ortaggi
Limoni
Limoni di Favazzina, Verdelli di Sicilia

# Herkunftsabkommen   Italien

Arance
Tarocco di Lentini, Sanguinella di Sante Maria di Licordia, Moro di Lentini, Ovale di Lentini, Sang Sang di Paternò

Mandarini
Mandarini di Paternò

Cedri
Cedro di Diamante

Pistachi
Pistacchio di Bronte

Uve da tavola
Regina di Puglie, Pergolona dell'Abruzzo, Moscato di Lipari, Zibibbo di Pantellaria, Moscato di Terracina

Ciliege
Duroni di Cesena

Olive
Oliva ascolana

Mandorle
Mandorle di Avola

Noci
Noci di Sorrento

Lenticchie
Lenticchie di Onano

Nocciole
Nocciole di Avellino

Castagne
Marroni di Cuneo

Tartufi
Tartufo di Norcia, Tartufo di Alba

Pomodori
Tondo liscio di Sicilia, Pomodoro di Francavilla

Piselli
Verdone di Pedaso, Bianco die Bisceglie

Cipolle
Ramata vera di Parma, Cipolla di Tropea

Carciofi
Carciofo romanesco, Carciofo empolese, Carciofo di Niscemi

Cetrioli
Cetriolo di Polignano

Cavolfiori
Cavolfiore Jesino

Peperoni
Peperone di Napoli

Patate
Patate novelle di Puglie, Patate novelle di Sicilia

### Risi

Riso italiano:
Arborio italiano, Carnaroli italiano, Razza 82 oppure R 82 italiano, Rinaldo Bersani oppure R. B. italiano, Razza 77 oppure R. 77 italiano, Rizzotto italiano, Gigante Vercelli italiano, Vialone italiano, Maratelli italiano, Stirpe 136 italiano, Ardizzone italiano, Originario italiano

### Prodotti della Mensa e della Tavola

Grissino torinese, Grissino italiano, Mostarda Veneta, Mostarda di Cremona

### Prodotti Conservati (Conserve animali – Salumi)

Prosciutto di S. Daniele, Prosciutto di Parma, Salame italiano, Salame di Milano, Salame di Felino, Salame di Fabriano, Salame di Secondigliano, Salame di Cremona, Salame brianzolo, Mortadella di Bologna, Zampone di Modena, Zampone italiano, Cotechino italiano, Cotechino di Modena, Salamini italiani alla cacciatora, Lonza italiana

Schweiz  Herkunftsabkommen

**Prodotti Dolciari**

Panettone di Milano, Panforte di Siena, Torrone di Cremona, Torrone di Benevento, Amaretti di Saronno, Pandoro di Verona, Gianduiotto di Torino, Caramella di Torino, Baicoli di Venezia, Ricciarelli di Siena, Baci di Perugia, Mandorlato di Cologna Veneto, Cavallucci di Siena, Copate di Siena, Biscotti di Novara

**Olii Essenziali ed Essenze**

Menta di Pancalieri, Violetta di Parma, Bergamotto di Calabria, Arancia dolce di Sicilia, Arancia dolce di Calabria, Limoni di Sicilia, Mandarino di Sicilia, Neroli d'Italia, Menta d'Italia o italiana, Timo rosso di Sicilia

**Prodotti del Cuoio e delle Pelli**

Calzature di Varese, Calzature di Vigevano, Scarpette e pantofole di S. Daniele del Friuli

**Prodotti Tessili**

Merletti e ricami di Assi, Bosa, Burano, Cantù, Firenze, Pescocostanzo, Scanno, Santamar-gherita, Venezia, Offida, Cappello di paglia di Firenze (non „Florentiner Hut"), Trecce Maglina o Milan, Paglie Fiorentine, Cestinerie di Marostica, di Acquarica del Capo e sarde, Stoffe stampate „a ruggine" di Romagna, Teppeti sardi, Pezzetti della Valtellina, Seterie di Como

**Ceramiche e Maioliche Artistiche, Vetri e Vetrerie**

Ceramiche e maioliche artistiche di:
Albissola, Assisi, Caltagirone, Castelli, Deruta, Doccia, Faenza, Gualdotadino, Grottaglie, Gubbio, Laveno, Montelupo, Fiorentino, Nove, Oristano, Pesaro, Salerno, Sassari, Vietri sul Mare, Vinovo, Perle, conterie e lavori di conterie veneziane, Vetri e vetrerie di Empoli e di Murano, Fiasco toscano

**Diversi**

Alabastro di Volterra, Cammei e coralli di Torre del Greco, Intarsi di Sorrento, Sculture in legno di Val Gardena, Coltellerie di Maniago, Fisarmoniche e voci di fisarmoniche italiane e marchigiane, Miele d'Abruzzo

## IV. Schweiz

### Vertrag über den Schutz von Herkunftsangaben und anderen geographischen Bezeichnungen

vom 7. März 1967

(BGBl. 1969 II S. 138 ff.)

**Schrifttum.** Denkschrift zum deutsch-schweizerischen Vertrag, BlPMZ 1969, 192; *Krieger,* Möglichkeiten für eine Verstärkung des Schutzes deutscher Herkunftsangaben im Ausland, GRUR Int 1960, 400; *Krieger,* Zur Auslegung der zweiseitigen Abkommen über den Schutz geographischer Bezeichnungen, GRUR Int 1964, 499; *Krieger,* Der deutsch-schweizerische Vertrag über den Schutz von Herkunftsangaben und anderen geographischen Bezeichnungen, GRUR Int 1967, 334; *Krieger,* Zum deutsch-schweizerischen Vertrag über den Schutz von Herkunftsangaben, Der absolute Schutz der Bezeichnung „Schweiz", GRUR 1981, 543; *Pastor,* Der Schutz von schweizerischen geographischen Kennzeichnungen nach dem deutsch-schweizerischen Vertrag, WRP 1980, 591.

S. auch die Schrifttumsangaben Vorb zu den §§ 126 bis 139 MarkenG, zu den Herkunftsabkommen allgemein (vor Rn 1) sowie vor den einzelnen Herkunftsabkommen.

### Vorbemerkung

Der Vertrag wurde durch Gesetz vom 7. Februar 1969 ratifiziert (BGBl. II S. 138) und ist am 30. August 1969 in Kraft getreten (BGBl. II S. 1463).  **15**

**Art. 1** Jeder der Vertragstaaten verpflichtet sich, alle notwendigen Maßnahmen zu ergreifen, um in wirksamer Weise

1. die aus dem Gebiet des anderen Vertragstaates stammenden Naturerzeugnisse und Erzeugnisse der gewerblichen Wirtschaft gegen unlauteren Wettbewerb im geschäftlichen Verkehr und

# Herkunftsabkommen    Schweiz

2. die in den Artikeln 2, 3 und 5 Absatz 2 erwähnten Namen, Bezeichnungen und Abbildungen sowie die in den Anlagen A und B dieses Vertrages aufgeführten Bezeichnungen nach Maßgabe dieses Vertrages und des Protokolls zu diesem Vertrag zu schützen.

Art. 2 (1) Der Name „Bundesrepublik Deutschland", die Bezeichnung „Deutschland" und die Namen deutscher Länder sowie die in der Anlage A dieses Vertrages aufgeführten Bezeichnungen sind, soweit sich nicht aus den Absätzen 2 bis 4 etwas anderes ergibt, im Gebiet der Schweizerischen Eidgenossenschaft ausschließlich deutschen Erzeugnissen oder Waren vorbehalten und dürfen dort nur unter denselben Voraussetzungen benutzt werden, wie sie in der Gesetzgebung der Bundesrepublik Deutschland vorgesehen sind. Jedoch können gewisse Vorschriften dieser Gesetzgebung jeweils durch ein Protokoll für nicht anwendbar erklärt werden.

(2) Wird eine der in der Anlage A dieses Vertrages aufgeführten Bezeichnungen mit Ausnahme der in Absatz 1 bezeichneten Staats- und Ländernamen für andere als die Erzeugnisse oder Waren, denen sie in der Anlage A zugeordnet ist, benutzt, so ist Absatz 1 nur anzuwenden, wenn

1. die Benutzung geeignet ist, den Unternehmen, die die Bezeichnung für die in der Anlage A angegebenen deutschen Erzeugnisse oder Waren rechtmäßig benutzen, Nachteile im Wettbewerb zuzufügen, es sei denn, daß an der Benutzung der Bezeichnung im Gebiet der Schweizerischen Eidgenossenschaft für nichtdeutsche Erzeugnisse oder Waren ein schutzwürdiges Interesse besteht,
oder
2. die Benutzung der Bezeichnung geeignet ist, den besonderen Ruf oder die besondere Werbekraft der Bezeichnung zu beeinträchtigen.

(3) Stimmt einer der nach Absatz 1 geschützten Bezeichnungen mit der Bezeichnung eines Gebiets oder Ortes außerhalb des Gebiets der Bundesrepublik Deutschland überein, so wird durch Absatz 1 nicht ausgeschlossen, daß die Bezeichnung für Erzeugnisse oder Waren benutzt wird, die in diesem Gebiet oder Ort hergestellt sind. Jedoch können jeweils durch ein Protokoll ergänzende Bestimmungen getroffen werden.

(4) Durch Absatz 1 wird ferner niemand gehindert, auf Erzeugnisse oder Waren, ihrer Verpackung, in den Geschäftspapieren oder in der Werbung seinen Namen, seine Firma, soweit sie den Namen einer natürlichen Person enthält, und seinen Wohnsitz oder Sitz anzugeben, sofern diese Angaben nicht als Kennzeichen der Erzeugnisse oder Waren benutzt werden. Die kennzeichenmäßige Benutzung des Namens und der Firma ist jedoch zulässig, wenn ein schutzwürdiges Interesse an dieser Benutzung besteht.

(5) Artikel 5 bleibt vorbehalten.

Art. 3 (1) Der Name „Schweizerische Eidgenossenschaft", die Bezeichnungen „Schweiz" und „Eidgenossenschaft" und die Namen der schweizerischen Kantone sowie die in der Anlage B dieses Vertrages aufgeführten Bezeichnungen sind, soweit sich nicht aus den Absätzen 2 bis 5 etwas anderes ergibt, im Gebiet der Bundesrepublik Deutschland ausschließlich schweizerischen Erzeugnissen oder Waren vorbehalten und dürfen dort nur unter denselben Voraussetzungen benutzt werden, wie sie in der schweizerischen Gesetzgebung vorgesehen sind. Jedoch können gewisse Vorschriften dieser Gesetzgebung jeweils durch ein Protokoll für nicht anwendbar erklärt werden.

(2) Wird eine der in der Anlage B dieses Vertrages aufgeführten Bezeichnungen für andere als die Erzeugnisse oder Waren, denen sie in der Anlage B zugeordnet ist, benutzt, so ist Absatz 1 nur anzuwenden, wenn

1. die Benutzung geeignet ist, den Unternehmen, die die Bezeichnung für die in der Anlage B angegebenen schweizerischen Erzeugnisse oder Waren rechtmäßig benutzen, Nachteile im Wettbewerb zuzufügen, es sei denn, daß an der Benutzung der Bezeichnung im Gebiet der Bundesrepublik Deutschland für nichtschweizerische Erzeugnisse oder Waren ein schutzwürdiges Interesse besteht,
oder
2. die Benutzung der Bezeichnung geeignet ist, den besonderen Ruf oder die besondere Werbekraft der Bezeichnung zu beeinträchtigen.

(3) Stimmt eine der nach Absatz 1 geschützten Bezeichnungen mit der Bezeichnung eines Gebiets oder Ortes außerhalb des Gebiets der Schweizerischen Eidgenossenschaft überein, so wird durch Absatz 1 nicht ausgeschlossen, daß die Bezeichnung für Er-

zeugnisse oder Waren benutzt wird, die in diesem Gebiet oder Ort hergestellt sind. Jedoch können jeweils durch ein Protokoll ergänzende Bestimmungen getroffen werden.

(4) Durch Absatz 1 wird ferner niemand gehindert, auf Erzeugnissen oder Waren, ihrer Verpackung, in den Geschäftspapieren oder in der Werbung seinen Namen, seine Firma, soweit sie den Namen einer natürlichen Person enthält, und seinen Wohnsitz oder Sitz anzugeben, sofern diese Angaben nicht als Kennzeichen der Erzeugnisse oder Waren benutzt werden. Die kennzeichenmäßige Benutzung des Namens und der Firma ist jedoch zulässig, wenn ein schutzwürdiges Interesse an dieser Benutzung besteht.

(5) Artikel 5 bleibt vorbehalten.

Art. 4 (1) Werden die nach den Artikeln 2 und 3 geschützten Bezeichnungen diesen Bestimmungen zuwider im geschäftlichen Verkehr für Erzeugnisse oder Waren oder deren Aufmachung oder Verpackung oder auf Rechnungen, Frachtbriefen oder anderen Geschäftspapieren oder in der Werbung benutzt, so wird die Benutzung auf Grund des Vertrages selbst durch alle gerichtlichen oder behördlichen Maßnahmen einschließlich der Beschlagnahme unterdrückt, die nach der Gesetzgebung des Vertragstaates, in dem der Schutz in Anspruch genommen wird, für die Bekämpfung unlauteren Wettbewerbs oder sonst für die Unterdrückung unzulässiger Bezeichnungen in Betracht kommen.

(2) Die Bestimmungen dieses Artikels sind auch dann anzuwenden, wenn diese Namen oder Bezeichnungen in Übersetzung oder mit einem Hinweis auf die tatsächliche Herkunft oder mit Zusätzen wie „Art", „Typ", „Fasson", „Nachahmung" oder dergleichen benutzt werden. Die Anwendung der Bestimmungen dieses Artikels wird insbesondere nicht dadurch ausgeschlossen, daß die nach den Artikeln 2 und 3 geschützten Bezeichnungen in abweichender Form benutzt werden, sofern trotz der Abweichung die Gefahr einer Verwechslung im Verkehr besteht.

**Anmerkung.** Unzulässig ist die Werbung *nach Schweizer Rezept* für eine in der Bundesrepublik Deutschland hergestellte Schokolade (LG München I GRUR Int 1982, 338; *Krieger,* GRUR Int 1981, 543; zur Bezeichnung *Emmentaler Käse* s. Briefwechsel GRUR Int 1967, 354; BGBl. 1969 II S. 157). **16a**

(3) Die Bestimmungen dieses Artikels sind auf Erzeugnisse oder Waren bei der Durchfuhr nicht anzuwenden.

Art. 5 (1) Die Bestimmungen des Artikels 4 sind auch anzuwenden, wenn für Erzeugnisse oder Waren oder deren Aufmachung oder Verpackung oder auf Rechnungen, Frachtbriefen oder sonstigen Geschäftspapieren oder in der Werbung Kennzeichnungen, Marken, Namen, Aufschriften oder Abbildungen benutzt werden, die unmittelbar oder mittelbar falsche oder irreführende Angaben über Herkunft, Ursprung, Natur, Sorte oder wesentliche Eigenschaften der Erzeugnisse oder Waren enthalten.

(2) Namen oder Abbildungen von Orten, Gebäuden, Denkmälern, Flüssen, Bergen oder dergleichen, die nach Auffassung eines wesentlichen Teils der beteiligten Verkehrskreise des Vertragstaates, in dem der Schutz in Anspruch genommen wird, auf den anderen Vertragstaat oder auf einen Ort oder ein Gebiet dieses Vertragstaates hinweisen, gelten als falsche oder irreführende Angaben über die Herkunft im Sinne des Absatzes 1, wenn sie für Erzeugnisse oder Waren benutzt werden, die nicht aus diesem Vertragstaat stammen, es sei denn, daß der Name oder die Abbildung unter den gegebenen Umständen vernünftigerweise nur als Beschaffenheitsangabe oder Phantasiebezeichnung aufgefaßt werden kann.

**Anmerkung.** Unzutreffende Angaben über den Ursprung einer Ware nach Art. 5 Abs. 2 **16b** sind nicht nur solche Angaben, die *unmittelbar* auf den Herstellungsort der Ware hinweisen, sondern auch solche, die *mittelbar* den Ursprung der Ware erschließen. Eine solche *mittelbare Ursprungsbezeichnung* stellt die *Angabe des Firmensitzes* auf der Ware dar. Die Angabe der Firmenbezeichnung auf einer Ware ist, soweit der Sitz der Firma genannt wird, geeignet, auf die Herstellungsstätte der Ware hinzuweisen. Nach der Rechtsprechung ist die Verwendung einer Firma oder einer Bezeichnung nach Art einer Firma geeignet, auf die Herkunft der Ware hinzuweisen, und unterliegt im Falle einer unzutreffenden Angabe dem Verbot der irreführenden Werbung nach § 3 UWG (BGH GRUR 1963, 589, 592 – Lady Rose; s. auch BGHZ 44, 16, 18f. – de Paris). Diese Entscheidungen sind von den vertragsschließenden Staaten des deutsch-schweizerischen Herkunftsabkommens dem Art. 5 ausdrücklich zugrunde gelegt worden (s. Denkschrift BlPMZ 1969, 192, 193). Nach diesen Rechtsgrundsätzen ist die Angabe des Firmensitzes einer Vertriebsgesellschaft in der Schweiz auf einer Ware (Leuchtstoffröhre), die nicht in der Schweiz hergestellt wird, eine irreführende Herkunftsangabe im Sinne des Art. 5 Abs. 2 deutsch-schweizerisches Herkunftsabkommen; dies gilt auch dann, wenn die Vertriebsfirma bestimmenden Einfluß auf die Produktion der Ware im Ausland (Fernost) hat (BGH GRUR 1995, 65 – Produktionsstätte).

Art. 6 Ansprüche wegen Zuwiderhandlungen gegen die Bestimmungen dieses Vertrages können vor den Gerichten der Vertragstaaten außer von Personen und Gesellschaften, die nach der Gesetzgebung der Vertragstaaten hierzu berechtigt sind, auch von Verbänden und Vereinigungen geltend gemacht werden, welche die beteiligten Erzeuger, Hersteller, Händler oder Verbraucher vertreten und in einem der Vertragstaaten ihren Sitz haben, sofern sie nach der Gesetzgebung des Vertragstaats, in dem sie ihren Sitz haben, als solche in bürgerlichen Rechtsstreitigkeiten klagen können. Sie können unter diesen Voraussetzungen auch im Strafverfahren Ansprüche oder Rechtsbehelfe geltend machen, soweit die Gesetzgebung des Vertragstaats, in dem das Strafverfahren durchgeführt wird, solche Ansprüche oder Rechtsbehelfe vorsieht.

Art. 7 (1) Erzeugnisse und Waren, Verpackungen, Rechnungen, Frachtbriefe und sonstige Geschäftspapiere sowie Werbemittel, die sich bei Inkrafttreten dieses Vertrages im Gebiet eines der Vertragstaaten befinden und rechtmäßig mit Angaben versehen worden sind, die nach diesem Vertrag nicht benutzt werden dürfen, können bis zum Ablauf von zwei Jahren nach Inkrafttreten dieses Vertrages abgesetzt oder aufgebraucht werden.

(2) Darüber hinaus dürfen Personen und Gesellschaften, die eine der nach den Artikeln 2 oder 3 geschützten Bezeichnungen bereits im Zeitpunkt der Unterzeichnung des Vertrages rechtmäßig benutzt haben, diese Bezeichnung bis zum Ablauf von sechs Jahren nach Inkrafttreten des Vertrages weiterbenutzen. Das Weiterbenutzungsrecht kann nur mit dem Geschäftsbetrieb oder dem Teil des Geschäftsbetriebs, zu dem die Bezeichnung gehört, vererbt oder veräußert werden.

(3) Ist eine der nach den Artikeln 2 oder 3 geschützten Bezeichnungen Bestandteil einer Firma, die bereits im Zeitpunkt der Unterzeichnung des Vertrages rechtmäßig benutzt worden ist, so sind die Bestimmungen des Artikels 2 Absatz 4 Satz 1 und des Artikels 3 Absatz 4 Satz 1 auch dann anzuwenden, wenn die Firma nicht den Namen einer natürlichen Person enthält. Absatz 2 Satz 2 ist entsprechend anzuwenden.

(4) Artikel 5 bleibt vorbehalten.

Art. 8 (1) Die Listen der Anlagen A und B dieses Vertrages können durch Notenwechsel geändert oder erweitert werden. Jedoch kann jeder Vertragstaat die Liste der Bezeichnungen für Erzeugnisse oder Waren aus seinem Gebiet ohne Zustimmung des anderen Vertragstaats einschränken.

(2) Im Falle der Änderung oder Erweiterung der Liste der Bezeichnungen für Erzeugnisse oder Waren aus dem Gebiet eines der Vertragstaaten sind die Bestimmungen des Artikels 7 anzuwenden; statt des Zeitpunkts der Unterzeichnung und des Inkrafttretens des Vertrages ist der Zeitpunkt der Bekanntmachung der Änderung oder Erweiterung durch den anderen Vertragstaat maßgebend.

Art. 9 Die Bestimmungen dieses Vertrages schließen nicht den weitergehenden Schutz aus, der in einem der Vertragstaaten für die nach den Artikeln 2, 3 und 5 Absatz 2 geschützten Bezeichnungen und Abbildungen des anderen Vertragstaats auf Grund innerstaatlicher Rechtsvorschriften oder anderer internationaler Vereinbarungen besteht oder künftig gewährt wird.

Art. 10 (1) Zur Erleichterung der Durchführung dieses Vertrages wird aus Vertretern der Regierung jedes der Vertragstaaten eine Gemischte Kommission gebildet.

(2) Die Gemischte Kommission hat die Aufgabe, Vorschläge zur Änderung oder Erweiterung der Listen der Anlagen A und B dieses Vertrages, die der Zustimmung der Vertragstaaten bedürfen, zu prüfen sowie alle mit der Anwendung dieses Vertrages zusammenhängenden Fragen zu erörtern.

(3) Jeder der Vertragstaaten kann das Zusammentreten der Gemischten Kommission verlangen.

Schweiz   **Herkunftsabkommen**

Art. 11 Dieser Vertrag gilt auch für das Land Berlin, sofern nicht die Regierung der Bundesrepublik Deutschland gegenüber der Regierung der Schweizerischen Eidgenossenschaft innerhalb von drei Monaten nach Inkrafttreten dieses Vertrages eine gegenteilige Erklärung abgibt.

Art. 12 (1) Dieser Vertrag bedarf der Ratifikation; die Ratifikationsurkunden werden so bald wie möglich in Bern ausgetauscht.

(2) Dieser Vertrag tritt drei Monate nach Austausch der Ratifikationsurkunden in Kraft und bleibt zeitlich unbegrenzt in Kraft.

(3) Dieser Vertrag kann jederzeit von jedem der beiden Vertragstaaten mit einer Frist von einem Jahr gekündigt werden.

Protokoll vom 7. 3. 1967

1. Die Artikel 2 und 3 des Vertrages verpflichten die Vertragstaaten nicht, in ihrem Gebiet beim Inverkehrbringen von Erzeugnissen oder Waren, die mit den nach Artikeln 2 und 3 des Vertrages geschützten Bezeichnungen versehen sind, die Rechts- und Verwaltungsvorschriften des anderen Vertragstaats anzuwenden, die sich auf die verwaltungsmäßige Kontrolle dieser Erzeugnisse und Waren beziehen, wie zum Beispiel diejenigen Vorschriften, die die Führung von Eingangs- und Ausgangsbüchern und den Verkehr dieser Erzeugnisse oder Waren betreffen.

2. Die Artikel 2 und 3 des Vertrages finden auf Bezeichnungen von Tierrassen keine Anwendung.
Das gleiche gilt für Bezeichnungen, die nach Maßgabe des Internationalen Übereinkommens zum Schutz von Pflanzenzüchtungen vom 2. Dezember 1961 als Sortenbezeichnungen verwendet werden müssen, wenn dieses Übereinkommen im Verhältnis zwischen den Vertragstaaten des vorliegenden Vertrages in Kraft getreten ist.

3. Durch den Vertrag werden die in jedem der Vertragstaaten bestehenden Bestimmungen über die Einfuhr von Erzeugnissen oder Waren nicht berührt.

4. Die folgenden in den Anlagen A und B des Vertrages aufgeführten übereinstimmenden Weinbezeichnungen dürfen im anderen Vertragstaat jeweils nur zusammen mit der Angabe des Ursprungslandes oder mit dem nachstehend bezeichneten Zusatz benutzt werden:
Deutsche Bezeichnungen in der Schweizerischen Eidgenossenschaft (Artikel 3 Absatz 3 des Vertrages):
Weinbaugebiet Baden
Dottingen (Baden)
Erlenbach (Franken)
Erlenbach (Württemberg)
Forst (Rheinpfalz)
Johannisberg (Rheingau)
Winkel (Rheingau)
Schweizerische Bezeichnungen in der Bundesrepublik Deutschland (Artikel 2 Absatz 3 des Vertrages):
Baden (Aargau)
Döttingen (Aargau)
Erlenbach (Zürich)
Forst (St. Gallen)
Johannisberg (Wallis)
Winkel (Zürich)
Die Aufstellung dieser Bezeichnungen kann gemäß dem in Artikel 8 des Vertrages vorgesehenen Verfahren geändert oder erweitert werden.

5. Die folgenden in der Anlage B des Vertrages aufgeführten Bezeichnungen dürfen in der Bundesrepublik Deutschland nur benutzt werden, wenn ihnen die Bezeichnung „Schweiz" oder der Name des Kantons hinzufügt wird, in dem der Ort oder das Gebiet liegt, auf den oder auf das die Bezeichnung hinweist:
Weine:
Auvernier
Chablais
Coteaux du Jura
Fully
Lully

# Herkunftsabkommen     Schweiz

Pully
Satigny
St. Aubin
Vully
Spirituosen:
Schwarzbuben Kirsch

6. Durch die Aufnahme der Bezeichnung „Clevner" in die Anlage B des Vertrages wird nicht ausgeschlossen, daß diese Bezeichnung in der Bundesrepublik Deutschland als Rebsortenbezeichnung neben einer geographischen Bezeichnung benutzt wird.

7. Durch die Aufnahme der Bezeichnung „Emmentaler Käse" in die Anlage B des Vertrages wird nicht ausgeschlossen, daß in der Bundesrepublik Deutschland diese Bezeichnung für nichtschweizerischen Käse benutzt wird, wenn der Bezeichnung die Angabe des Herstellungslandes in nach Schriftart, Größe und Farbe gleichen Buchstaben hinzugefügt wird. Für deutschen Käse darf die Bezeichnung „Emmentaler" außerdem benutzt werden, wenn ihr die Bezeichnung „Allgäu" („Allgäuer") in derselben Weise hinzugefügt wird; in diesem Falle ist jedoch, außer auf Rechnungen, Frachtbriefen und anderen Geschäftspapieren, deutlich sichtbar und in leicht lesbarer Schrift zusätzlich die Bezeichnung „Deutschland" oder „deutsch" zu benutzen, wobei die Verwendung einer dieser Bezeichnungen in der Firma oder Anschrift des Unternehmens ausreicht.

8. Als Übersetzungen der nach den Artikeln 2 und 3 des Vertrages geschützten Bezeichnungen (Artikel 4 Absatz 2 des Vertrages) gelten auch die entsprechenden lateinischen Bezeichnungen und im Falle der Bezeichnung „westschweizerisch" auch die Bezeichnung „romand". Der nach Artikel 4 Absatz 2 des Vertrages gewährleistete Schutz für die von den geschützten Bezeichnungen abgeleiteten Eigenschaftswörter gilt im Falle des Kantonsnamens „Graubünden" auch für die Kurzform „Bündner".

9. Zugunsten von Personen und Gesellschaften, die oder deren Rechtsvorgänger eine nach den Artikeln 2 oder 3 des Vertrages geschützte Bezeichnung im Zeitpunkt der Unterzeichnung des Vertrages bereits seit mehr als fünfzig Jahren rechtmäßig benutzt haben, wird die in Artikel 7 Absatz 2 des Vertrages vorgesehene Frist auf zwanzig Jahre verlängert.

10. Zugunsten von Personen und Gesellschaften, die oder deren Rechtsvorgänger die Bezeichnung „Steinhäger" in der Schweizerischen Eidgenossenschaft im Zeitpunkt der Unterzeichnung des Vertrages rechtmäßig benutzt haben, wird die in Artikel 7 Absatz 2 des Vertrages vorgesehene Frist auf zwölf Jahre verlängert.

Anlage A

## I. Weine

A. Gebietsnamen

1. Ahr

2. Baden

a) Bodensee
b) Markgräflerland
c) Kaiserstuhl
d) Breisgau
e) Ortenau
f) Kraichgau
g) Bad. Bergstraße
h) Bad. Frankenland

3. Bergstraße

4. Franken

5. Lahn

6. Mittelrhein

7. Mosel – Saar – Ruwer
(zur näheren Kennzeichnung auch als zusätzliche Bezeichnung erlaubt: Mosel oder Saar oder Ruwer)

8. Nahe

Schweiz  **Herkunftsabkommen**

9. Rheingau
10. Rheinhessen
11. Rheinpfalz
12. Siebengebirge
13. Württemberg

B. Namen der Weinbaugemeinden
(Gemarkungen)

1. Ahr
Ahrweiler, Altenahr, Bachem b. Ahrweiler, Bad Neuenahr, Bodendorf, Dernau, Heimersheim, Kreuzberg, Lantershofen, Mayschoß, Rech, Walporzheim

2. Baden
a) **Bodensee**
Erzingen, Hagnau, Konstanz, Meersburg, Überlingen

b) **Markgräflerland**
Auggen, Badenweiler, Ballrechten, Britzingen, Buggingen, Dottingen, Ebringen, Efringen-Kirchen, Ehrenstetten, Grunern, Haltingen, Heitersheim, Hügelheim, Kirchhofen, Laufen, Müllheim, Niederweiler, Pfaffenweiler, Schallstadt, Schliengen, Staufen, Vögisheim, Wolfenweiler

c) **Kaiserstuhl**
Achkarren, Bahlingen, Bickensohl, Bischoffingen, Breisach, Burkheim, Eichstetten, Endingen, Ihringen, Jechtingen, Kiechlingsbergen, Leiselheim, Merdingen, Oberbergen, Oberrotweil, Sasbach, Wasenweiler

d) **Breisgau**
Freiburg, Glottertal, Hecklingen, Köndringen

e) **Ortenau**
Bühlertal, Diersburg, Durbach, Eisental, Fessenbach, Gengenbach, Kappelrodeck, Lahr, Neuweier, Oberkirch, Offenburg, Ortenberg, Rammerweier, Reichenbach, Sasbachwalden, Steinbach, Tiergarten, Varnhalt, Waldulm, Zell-Weierbach

f) **Kraichgau**
Bruchsal, Eichelberg, Obergrombach, Sulzfeld, Weingarten

g) **Bad. Bergstraße**
Großsachsen, Leutershausen, Malsch, Rauenberg, Weinheim, Wiesloch

h) **Bad. Frankenland**
Beckstein, Dertingen

3. Bergstraße
Bensheim, Bensheim-Auerbach, Groß Umstadt, Hambach, Heppenheim, Zwingenberg

4. Franken
Abtswind, Astheim, Bullenheim, Bürgstadt, Castell, Dettelbach, Eibelstadt, Erlenbach b. Marktheidenfeld, Escherndorf, Frickenhausen, Großheubach, Großostheim, Hammelburg, Handthal, Hasloch, Homburg, Hörstein, Hüttenheim, Iphofen, Ippesheim, Kitzingen, Klingenberg, Köhler, Marktbreit, Michelbach, Nordheim, Obereisenheim, Randersacker, Rödelsee, Schloß Saaleck, Sommerach, Sommerhausen, Stetten, Sulzfeld, Thüngersheim, Veitshöchheim, Volkach, Wiesenbronn, Würzburg

5. Lahn
Nassau, Obernhof, Weinähr

6. Mittelrhein
Bacherach, Bad Salzig, Boppard, Bornich, Braubach, Breitscheid, Damscheid, Dattenberg, Dellhofen, Dörscheid, Erpel, Hammerstein, Hirzenach, Hönningen, Kamp, Kasbach, Kaub, Kestert, Langscheid, Leubsdorf, Leutesdorf, Linz, Manubach, Niederburg, Niederheimbach, Nochern, Oberdiebach, Oberheimbach, Oberlahnstein, Oberspay, Oberwesel, Ockenfels, Osterspai, Patersberg, Perscheid, Remagen, Rheinbreitbach, Rheinbrohl, Rhens, Steeg, St. Goar, St. Goarshausen, Trechtingshausen, Unkel, Urbar, Vallendar, Wellmich, Werlau

7. Mosel – Saar – Ruwer
St. Aldegund, Alf, Alken, Andel, Ayl, Bausendorf, Beilstein, Bekond, Bernkastel-Kues, Biebelhausen, Bilzingen, Braunberg, Bremm, Briedern, Briedel, Brodenbach, Bruttig, Bullay, Burg, Burgen (Kreis

1953

# Herkunftsabkommen                                                    Schweiz

Bernkastel), Burgen (Kreis St. Goar), Cochem, Detzem, Dhron, Dieblich, Dreis, Ediger, Eitelsbach, Ellenz-Poltersdorf, Eller, Enkirch, Ensch, Erden, Ernst, Fankel, Fastrau, Fell, Fellerich, Filsch, Filzen (Mosel), Filzen (Saar), Franzenheim, Godendorf, Gondorf, Graach, Grewenich, Güls, Hamm bei Filzen, Hatzenport, Helfant, Hockweiler, Hupperath, Igel, Irsch (Mosel), Irsch (Saar), Kanzem, Karden, Kasel, Kastel-Staadt, Kattenes, Kenn, Kernscheid, Kesten, Kinheim, Klotten, Klüsserath, Kobern, Koblenz-Stadt, Kommlingen, Konz, Köllig, Könen, Köwerich, Krettnach-Obermennig, Kröv, Krutweiler, Langsurg, Lay, Lehmen, Leiwen, Liersberg, Lieser, Longen, Longuich-Kirsch, Löf, Lörsch, Lösnich, Maring-Noviand, Mehring, Merl, Mertesdorf, Mesenich (Kreis Zell), Mesenich (Kreis Trier), Metzdorf, Minden, Minheim, Monzel, Morscheid, Moselkern, Müden, Mülheim a. d. Mosel, Neef, Nehren, Nennig, Neumagen, Niederemmel, Niedermennig, Nittel, Oberbillig, Oberemmel, Ockfen, Olkenbach, Onsdorf, Osann, Palzem, Pellingen, Perl, Piesport, Platten, Pommern, Pölich, Pünderich, Ralingen, Rehlingen, Reil, Riol, Riverls, Rivenich, Ruwer, Saarburg-Beurig, Schleich, Schoden, Schweich, Sehndorf, Senheim, Serrig, Soest, Starkenburg, Tarforst, Tawern, Temmels, Thörnich, Traben-Trarbach, Treis, Trier-Stadt, Trittenheim, Uerzig, Valwig, Veldenz, Waldrach, Wasserliesch, Wawern, Wehlen, Wehr, Wellen, Wiltingen, Wincheringen, Winningen, Wintersdorf, Wintrich, Wittlich, Wolf, Zell, Zeltingen-Rachtig

## 8. Nahe

Argenschwang, Auen, Bad Kreuznach, Bad Münster am Stein, Bärweiler, Bingerbrück, Bockenau, Boos, Braunenweiler, Breitenheim, Bretzenheim (Nahe), Burgsponheim, Dalberg, Desloch, Dorsheim, Eckenroth, Genheim, Gutenberg, Hargesheim, Hausweiler, Heddesheim, Heimberg, Hergenfeld, Hochstetten, Hüffelsheim, Jeckenbach, Kappeln, Katzenbach, Kirschroth, Krebsweiler, Langenlonsheim, Langenthal, Langweiler, Laubenheim (Nahe), Lauschied, Löllbach, Mandel, Martinstein, Medard, Meddersheim, Meisenheim, Merxheim, Monzingen, Münster-Sarmsheim, Nie-dereisenbach, Niederhausen, Norheim, Nußbaum, Oberstreit, Offenbach (Glan), Pferdsfeld, Ransweiler, Raumbach, Roxheim, Rüdesheim, Rümmelsheim, Sankt Katharinen, Schloßböckelheim, Schöneberg, Schweppenhausen, Simmern unter Dhaun, Sobernheim, Sommerloch, Spabrücken, Sponheim, Staudernheim, Stromberg, Traisen, Waldalgesheim, Waldböckelheim, Waldhilbersheim, Waldlaubersheim, Wallhausen, Weiler bei Bingerbrück, Weiler bei Monzingen, Weinsheim, Wiesweiler, Windesheim, Winzenheim

## 9. Rheingau

Aßmannshausen, Aulhausen, Eltville, Erbach/Rhg., Frauenstein, Geisenheim, Hallgarten, Hattenheim, Hochheim, Johannisberg, Kiedrich, Lorch/Rh., Lorchhausen, Martinsthal, Mittelheim, Niederwalluf, Oberwalluf, Oestrich, Rauenthal, Rüdesheim, Schloß Johannisberg, Schloß Vollrads, Steinberg, Wicker, Wiesbaden, Winkel

## 10. Rheinhessen

Abenheim, Albig, Alsheim, Alzey, Appenheim, Armsheim, Aspisheim, Bechtheim, Bingen, Bodenheim, Bosenheim, Bubenheim, Dalheim, Dalsheim, Dexheim, Dienheim, Dorn-Dürkheim, Dromersheim, Ebersheim, Eckelsheim, Elsheim, Ensheim, Essenheim, Flonheim, Framersheim, Gau-Algesheim, Gau-Bickelheim, Gau-Bischofsheim, Gau-Heppenheim, Gau-Odernheim, Gau-Weinheim, Groß-Winternheim, Gundersheim, Gundheim, Guntersblum, Hackenheim, Hahnheim, Harxheim, Heimersheim, Hilleheim, Hohen-Sulzen, Horrweiler, Ingelheim, Jugenheim, Laubenheim, Ludwigshöhe, Mainz-Stadt, Mettenheim, Mommenheim, Mölsheim, Monsheim, Monzernheim, Nackenheim, Nieder-Flörsheim, Nieder-Saulheim, Nierstein, Ober-Ingelheim, Ockenheim, Oppenheim, Osthofen, Partenheim, Pfaffen-Schwabenheim, Pfeddersheim, Planig, Schwabenheim, Schwabsburg, Selzen, Spiesheim, Sprendlingen, Stadecken, St. Johann, Sulzheim, Udenheim, Uelversheim, Uffenhofen, Vendersheim, Volxheim, Wachenheim, Wallertheim, Weinheim, Weinolsheim, Westhofen, Wolfsheim, Wöllstein, Worms (Stadt und Vororte), Wörrstadt, Zornheim, Zotzenheim

## 11. Rheinpfalz

Albersweiler, Albisheim/Pfrimm, Albsheim a. d. Eis, Alsenz, Altdorf, Altenbamberg, Appenhofen, Arzheim, Asselheim, Bad Dürkheim, Bayerfeld-Stockweiler, Berghausen, Bergzabern, Billigheim, Birkweiler, Bissersheim, Böbingen, Bobenheim am Berg, Böchingen, Bolanden, Bornheim, Burrweiler, Callbach, Dackenheim, Dammheim, Deidesheim, Diedesfeld, Dielkirchen, Dirmstein, Dörrenbach, Duchroth-Oberhausen, Duttweiler, Ebernburg, Edenkoben, Edesheim, Einselthum, Ellerstadt, Erpolzheim, Eschbach, Essingen, Feilbingert, Flemlingen, Forst, Frankweiler, Freimersheim, Freinsheim, Friedelsheim, Gerolsheim, Gimmeldingen, Gleisweiler, Gleiszellen-Gleishorbach, Gräfenhausen, Godramstein, Göcklingen, Gönnheim, Großbockenheim, Großfischlingen, Großkarlbach, Grünstadt, Haardt, Hainfeld, Hallgarten, Hambach, Harxheim, Heiligenstein, Herxheim am Berg, Heuchelheim, Hochstätten, Ilbesheim, Ilbesheim bei Landau, Impflingen, Kalkhofen, Kallstadt, Kapellen-Drusweiler, Kindenheim, Kirchheim an der Weinstraße, Kirchheimbolanden, Kirrweiler, Kleinkarlbach, Klingen, Klingenmünster, Knöringen, Königsbach, Lachen-Speyerdorf, Landau/Pfalz, Laumersheim, Lauterekken, Leinsweiler, Leistadt, Lettweiler, Maikammer, Mechtersheim, Meckenheim, Mörzheim, Mußbach, Mülheim a. d. Eis, Münsterappel, Neuleiningen, Neustadt a. d. Weinstraße, Niederhochstadt, Nieder-

Schweiz                                                                   **Herkunftsabkommen**

horbach, Niederhausen a. d. Appel, Niederkirchen, Niedermoschel, Niefernheim, Nußdorf, Oberhochstadt, Oberlustadt, Obermoschel, Oberndorf, Oberotterbach, Odernheim, Pleisweiler-Oberhofen, Ranschbach, Rechtenbach, Rehborn, Rhodt unter Rietburg, Rockenhausen, Roschbach, Ruppertsberg, Sankt Martin, Sausenheim, Schweigen, Schweighofen, Siebeldingen, Steinweiler, Ungstein, Unkenbach, Venningen, Wachenheim a. d. Weinstraße, Walsheim, Weingarten, Weisensenheim am Berg, Weisenheim am Sand, Weyher, Winden, Winterborn, Wolfstein, Wollmesheim, Zell

## 12. Siebengebirge
Honnef, Königswinter, Niederdollendorf, Oberdollendorf, Rhöndorf

## 13. Württemberg
Adolzfurt, Beilstein, Besigheim, Beutelsbach, Bönnigheim, Brackenheim, Cleebronn, Criesbach, Derdingen, Dürrenzimmern, Eberstadt, Endersbach, Erlenbach, Eschelbach, Eßlingen, Fellbach, Flein, Grantschen, Geradstetten, Großbottwar, Großheppach, Grunbach, Harsberg, Heilbronn, Hessigheim, Hohenhaslach, Horrheim, Ingelfingen, Kleinbottwar, Kleinheppach, Korb, Lauffen a. N., Lehrensteinsfeld, Löchgau, Löwenstein, Markelsheim, Michelbach a. W., Mundelsheim, Niederhall, Nordheim, Oberstenfeld, Pfedelbach, Roßwag, Schnait, Schwaigern, Stetten i. R., Strümpfelbach, Stuttgart, Verrenberg, Walheim, Weikersheim, Weinsberg, Willsbach

## C. Sonstige Herkunftsangaben
Deutscher Weißwein, Deutscher Rotwein, Deutscher Sekt

## D. Regionale Herkunftsangaben
Liebfrauenmilch, Liebfraumilch

### II. Ernährung und Landwirtschaft

**Backwaren**
Aachener Printen, Bremer Klaben, Dresdner Christstollen, Freiburger Brezeln, Friedrichsdorfer Zwieback, Liegnitzer Bomben, Nürnberger Lebkuchen, Rheinisches Schwarzbrot, Rheinisches Vollkornbrot, Westfälischer Pumpernickel, Westfälisches Schwarzbrot

**Fischwaren**
Büsumer Krabben, Husumer Krabben, Flensburger Aal, Kieler Sprotten

**Fleischwaren**
Braunschweiger Mettwurst, Coburger Kernschinken, Frankfurter Würstchen (nicht „Frankfurterli", „Saucisse de Francfort" oder „Salsiccia di Francoforte"), Halberstädter Würstchen, Holsteiner Katenschinken, -Wurst, Münchener Weißwürste, Nürnberger Bratwürste, Regensburger Würste, Rügenwalder Teewurst, Schwarzwälder Speck, Thüringer Wurst, Westfälischer Schinken

**Bier**
Allgäuer Bier, Augsburger Bier, Bayerisches Bier, Berliner Weiße, Bitburger Bier, Dortmunder Bier, Düsseldorfer Alt-Bier, Hamburger Bier, Herrenhäuser Bier, Hofer Bier, Kemptener Bier, Kölsch-Bier, Kulmbacher Bier, Münchener Bier, Nürnberger Bier, Regensburger Bier, Stuttgarter Bier, Würzburger Bier

**Mineralwasser**
Birresborner Sprudel, Dauner Sprudel, Fachinger Wasser, Gerolsteiner Mineralwasser, Offenbacher Sprudel, Pyrmonter Säuerling, Rhenser Sprudel, Roisdorfer (Wasser), Selters (nicht „Selterswasser"), Teinacher Sprudel, Tönnissteiner Sprudel, Wildunger Wasser

**Spirituosen**
Bayerischer Gebirgsenzian, Berliner Kümmel, Chiemseer Klosterlikör, Deutscher Korn, Deutscher Kornbrand, Deutscher Weinbrand, Ettaler Klosterlikör, Hamburger Kümmel, Königsberger Bärenfang, Münchener Kümmel, Ostpreußischer Bärenfang, Schwarzwälder Himbeergeist, Schwarzwälder Kirsch, Steinhäger, Stonsdorfer

**Hopfen**
Badischer Hopfen, Hallertauer Hopfen, Hersbrucker Hopfen, Jura Hopfen, Rheinpfälzer Hopfen, Rottenburg-Herrenberg-Weil-der-Stadt Hopfen, Spalter Hopfen, Tettnanger Hopfen

**Saatgut**
Erfurter Gartenbauerzeugnisse, Erfurter Sämereien; Gelbklee: Alb Schwedenklee; Rotklee: Eifler Rotklee, Probsteier Rotklee, Württemberger; Weißklee: Chiemgauer Weißklee, Probsteier Weißklee; Luzerne: Altfränkische-Baden-Württemberg, Altfränkische-Würzburg, Eifler Luzerne

# Herkunftsabkommen  Schweiz

**Süßwaren**

Bayerisches Blockmalz, Kölner Zucker, Königsberger Marzipan, Lübecker Marzipan, Neißer Konfekt, Schwartauer Süßwaren, -Marmelade, -Bonbons

**Verschiedenes**

Allgäuer Weißlacker, Bayerische Pfifferlinge, Bayerische Steinpilze, Braunschweiger Konserven, Bremer Kaffee, Düsseldorfer Senf, Filder Sauerkraut, Hamburger Kaffee, Neußer Sauerkraut, Rheinisches Sauerkraut, Schwetzinger Spargel

### III. Gewerbliche Wirtschaft

**Glas- und Porzellanwaren**

Bavaria (Bayerisches) Glas, Bavaria Porzellan, Berliner Porzellan, Dresdner Porzellan, Fürstenberg Porzellan, Höchster Porzellan, Ludwigsburger Porzellan, Nymphenburger Porzellan

**Heilmittel**

Baden-Badener Pastillen, Emser Pastillen, -Salz, -Balsam, -Kränchen, Kissinger Pillen, -Tabletten, -Salz, Regensburger Karmelitengeist, Tölzer Jod Tabletten, -Quellsalz, -Seife

**Kohle, Koks**

Rheinische Braunkohle, Ruhrkohle, Saarkohle, Westfalen-Koks

**Kunstgewerbliche Erzeugnisse**

Münchener Wachsfiguren, Oberammergauer Holzschnitzereien

**Lederwaren**

Offenbacher Lederwaren

**Maschinen, Stahl- und Eisenwaren**

Aachener Nadeln, Bergische Achsen, Bielefelder Fahrräder, Deutz(er) Motoren, Friedrichstaler Handarbeitsgeräte, Hamborner Kipper, Heidelberg(er) (-Druckmaschine, -Druckautomat, -Zylinder), Hildener Kessel, Königsbronner Walzen, Musbach Metall, Quint-Öfen, Remscheider Werkzeuge, Rottweiler Jagdpatronen, Schwabacher Textilnadeln, Schweinfurter Kugellager, Siegener Fallkipper, Siegener Puffer, Solinger Stahl- und Schneidwaren, Tuttlinger Instrumente, Wasseralfinger Stähle, -Öfen, Wiehler Achsen

**Parfümeriewaren**

Kölnisch Wasser (nicht „Eau de Cologne" oder „Acqua di Colonia")

**Schmuckwaren**

Neu-Gablonzer Schmuck-, Glaswaren, Gmünder Silber(-waren), Idar-Obersteiner Schmuck (-waren), Pforzheimer Schmuck (-waren)

**Spiele, Spielwaren und Musikinstrumente**

Bielefelder Spielkarten, Erzgebirgische Spielwaren, Mittenwalder Geigen, Nürnberger Spielwaren, Ravensburger Spiele, -Werkkästen

**Steinzeug, Steine, Erden**

Deutsches Steinzeug, Hunsrücker Schiefer, Karlsruher Majolika, Kiefersfelder Marmor, -Zement, Klingenberger Ton, Mettlacher Fliesen, Moselschiefer, Solnhofener Lithographiersteine, -Platten, Taunus-Quarzit, Taunus-Hart-Quarzit, Taunus-Fels-Hart-Quarzit, Trierer Gips, -Kalk, -Zement, Ulmer Weiß, Westerwälder Steinzeug

**Tabakwaren**

Bremer Zigarren, Bünder Zigarren, Hamburger Zigarren, Nordhäuser Kautabak

**Textilerzeugnisse**

Aachener Tuche, Augsburger Stoffe, Barmer Artikel (Bänder, Besätze, Litzen, Spitzen, Geflechte), Bayerischer Loden, Bielefelder Leinen, -Wäsche, Blaubeurener Leinen, Dürener Teppiche, Erzgebirgische Klöppelarbeit, Gögginger Nähfäden, Krefelder Krawatten, -Samt, -Seide, Laichinger Leinen,-Wäsche, Lindener Samt, -Tuch, Münchener Loden, -Trachten, Rosenheimer Gummimäntel, Schlitzer Leinen, Steinhuder Leinen, Westfälisches Haustuch

**Uhren**

Glashütter Uhren, Schwarzwälder Uhren, Schwenninger Uhren

**Verschiedenes**

Dürener Feinpapier, Füssen-Immenstädter Hanferzeugnisse, -Bindfaden, Webgarne

1956

Schweiz                                              **Herkunftsabkommen**

                                                           Anlage B
                          I. Weine

**A. Westschweiz**

Regionale Herkunftsangabe: Oeil de Perdrix

**1. Kanton Wallis**

Regionale Herkunftsangaben:
Amigne, Dôle, Fendant, Goron, Heidenwein, Höllenwein, Johannisberg, Vin du Glacier
Gemeinde-, Lage- und Weingutnamen:
Ardon, Ayent, Bramois (Brämis), Branson, Chamoson, Charrat, Chermignon, Clavoz, Conthey, Coquimpex, Fully, Granges, Grimisuat, Leuk (Loèche), Leytron, Magnot, Martigny (Martinach), Miège, Molignon, Montagnon, Montana, Muraz, Raron (Rarogne), Riddes, Saillon, Salquenen (Salgesch), Savièse, Saxon, Sierre (Siders), Sion (Sitten), St. Léonard, St. Pierre de Clages, Uvrier, Varen (Varone), Vétroz, Visp (Viège), Visperterminen

**2. Kanton Waadt**

Gebietsnamen:
Chablais, Coteaux du Jura, La Côte, Lavaux, Vully
Regionale Herkunftsangaben:
Dorin, Salvagning
Gemeinde-, Lage- und Weingutnamen:
Chablais
Aigle, Bex, Ollon, Villeneuve, Yvorne

Coteaux du Jura
Arnex, Bonvillars, Concise, Corcelle, Grandson, Onnens, Orbe

La Côte
Aubonne, Begnins, Bougy-Villars, Bursinel, Bursins, Château de Luins, Coinsins, Féchy, Founex, Gilly, Luins, Mont S. Rolle, Morges, Nyon, Perroy, Rolle, Tartegnin, Vinzel, Vufflens le Château

Lavaux
Blonay, Burignon, Chardonne, Chexbres, Corseaux, Corsier, Cully, Cure d'Attalens, Dézaley, Apesses, Faverges, Grandvaux, Lutry, Montreux, Paudex, Pully, Riex, Rivaz, St. Légier, St. Saphorin, Trytorrens, Vevey, Villette

Vully
Vallamand

**3. Kanton Genf**

Gebietsname:
Mandement

Gemeinde-, Lage- und Weingutnamen:
Bernex, Bourdigny, Dardagny, Essertines, Jussy, Lully, Meinier, Peissy, Russin, Satigny

**4. Kanton Neuenburg**

Gemeinde-, Lage- und Weingutnamen:
Auvernier, Bevaix, Boudry, Champréveyres Colombier, Corcelles, Cormondrèche, Cornaux, Cortaillod, Cressier, Hauterive, La Coudre, Le Landeron, St. Aubin, St. Blaise

**5. Kanton Freiburg**

Gebietsname:
Vully

Gemeinde-, Lage- und Weingutnamen:
Cheyres, Môtier, Mur, Nant, Praz, Sugiez

**6. Kanton Bern**

Gebietsname:
Bielersee

Gemeinde-, Lage- und Weingutnamen:
Alfermée, Chavannes (Schafis), Erlach (Cerlier), La Neuveville (Neuenstadt), Ligerz (Gléresse), Oberhofen, Schernelz (Cergnaux), St. Peterinsel, Spiez, Tüscherz (Daucher), Twann (Douanne), Vingelz (Vigneule)

1957

# Herkunftsabkommen        Schweiz

## B. Ostschweiz

Regionale Herkunftsangabe
Clevner

### 1. Kanton Zürich

Gebietsnamen:
Zürichsee, Limmattal, Zürcher Unterland, Weinland Kanton Zürich (nicht Weinland ohne Zusatz)
Regionale Herkunftsangaben:
Weinlandwein, Zürichseewein
Gemeinde-, Lage- und Weingutnamen:
Zürichsee
Appenhalde, Erlenbach, Feldbach, Herrliberg, Hombrechtikon, Küsnacht, Lattenberg, Männedorf, Mariahalde, Meilen, Schipfgut, Stäfa, Sternenhalde, Trumgut, Uetikon a. See, Wädenswil
Limmattal
Weinigen
Zürcher Unterland
Bachenbülach, Boppelsen, Buchs, Bülach, Dättlikon, Dielsdorf, Eglisau, Freienstein, Heiligberg, Hüntwangen, Oberembrach, Otelfingen, Rafz, Regensberg, Schloß Teufen, Steig-Wartberg, Wasterkingen, Wil, Winkel
Weinland/Kanton Zürich (nicht Weinland ohne Zusatz)
Andelfingen, Benken, Berg am Irchel, Dachsen, Dinhard, Dorf, Flaach, Flurlingen, Henggart, Hettlingen, Humlikon, Neftenbach, Osingen, Rheinau, Rickenbach, Rudolfingen, Schiterberg, Schloß Goldenberg, Stammheim, Trüllikon, Trüllisberg, Truttikon, Uhwiesen, Wiesendangen, Winterthur-Wülflingen, Worrenberg, Volken

### 2. Kanton Schaffhausen

Gemeinde-, Lage- und Weingutnamen:
Beringen, Blaurock, Buchberg, Chäferstei, Dörflingen, Eisenhalde, Gächlingen, Hallau, Heerenberg, Löhningen, Munot, Oberhallau, Osterfingen, Rheinhalde, Rüdlingen, Siblingen, Stein a. Rhein, Thayngen, Trasadingen, Wilchingen

### 3. Kanton Thurgau

Gemeinde-, Lage- und Weingutnamen:
Amlikon, Arenenberg, Bachtobel, Burghof, Ermatingen, Götighofen, Herdern, Hüttwilen, Iselisberg, Kalchrain, Karthause Ittingen, Neunforn, Nussbaumen, Ottenberg, Schlattingen, Sonnenberg, Warth, Weinfelden

### 4. Kanton St. Gallen

Gemeinde-, Lage- und Weingutnamen:
Altstätten, Au, Balgach, Berneck, Buchberg, Eichberg, Forst, Freudenberg, Marbach, Mels, Monstein, Pfäfers, Pfauenhalde, Ragaz, Rapperswil, Rebstein, Rosenberg, Sargans, Thal, Walenstadt, Wartau, Werdenberg, Wil

### 5. Kanton Graubünden

Gemeinde-, Lage- und Weingutnamen:
Chur, Costams, Fläsch, Igis, Jenins, Malans, Maienfeld, St. Luzisteig, Trimmis, Zizers

### 6. Kanton Aargau

Gemeinde-, Lage- und Weingutnamen:
Baden, Birmensdorf, Bözen, Brestenberg, Döttingen, Effingen, Elfingen, Ennetbaden, Goldwand, Herrenberg, Hornussen, Klingnau, Mandach, Remigen, Rüfenach, Schinznach, Schlossberg, Seengen, Steinbruck, Tegerfelden, Villigen, Wettingen

## C. Übrige Schweiz

### 1. Kanton Baselland

Gemeinde-, Lage- und Weingutnamen:
Aesch, Arlesheim, Benken, Biel, Buus, Klus, Maisprach, Muttenz, Pratteln, Tschäpperli, Wintersingen

### 2. Kanton Luzern

Gebietsname:
Heidegg

1958

Schweiz **Herkunftsabkommen**

**3. Kanton Schwyz**
Gemeindename:
Leutschen

**4. Kanton Tessin**
Regionale Herkunftsangabe:
Bondola, Nostrano

## II. Ernährung und Landwirtschaft

**Back- und Süßwaren**
Badener Kräbeli, Emmentaler Bretzeli, Engadiner Nußtorte, Hegnauer Bauernbrot, Jura Waffeln, Jura Züngli (Biscuits), Biscuits du Léman, Toggenburger Waffeln und Biscuits, Willisauer Ringli, Winterthurer Kekse

**Bier**
Birra Bellinzona, Churer Bier, Engadiner Bier, Frauenfelder Bier, Hochdorfer Bier, Bière d'Orbe, Schwander Bier, Uetliberg-Märzen, Uster Bier, Uto-Bock, Wadenswiler Bier, Weinfelder Bier

**Delikatessen**
Escargots d'Areuse

**Fischwaren**
Hallwiler Balchen, Sempacher Balchen

**Fleischwaren**
Saucisses d'Ajoie, Bassersdorfer Schüblig, Emmentaler Würstchen (nicht Emmentalerli), Hallauer Schüblig, Schinkenwurst, Charcuterie Payernoise

**Gartenbauerzeugnisse**
Oensinger Steckzwiebeln

**Konserven**
Bischofzeller Konserven, Lenzburger Konserven, Rorschacher Konserven, Sarganser Konserven, Walliseller Konserven

**Milch- und Käseprodukte**
Bagnes, Bellelay Käse (Tête de Moine), Brienzer Mutschli, Emmentaler Käse, Gomser Käse, Greyerzerkäse (Gruyère) (nicht „Gruyère de Comté" oder Gruyère französischen Ursprungs oder Gruyère mit Angabe des Herstellungslandes in nach Schriftart, Größe und Farbe gleichen Buchstaben), Vacherin Mont d'Or, Piora Käse, Saanenkäse, Sbrinzkäse, Ursernkäse

**Mineralwasser**
Adelbodner, Aproz, Eglisauer, Elmer, Eptinger, Henniez, Knutwiler, Lostorfer, Meltinger, Nendaz, Passugger, Rhäzünser, Romanel, Sassal, Sissacher, Weissenburger, Zurzacher

**Spirituosen**
Kirsch de la Béroche, Marc de Dôle, Fricktaler Kirsch, Fricktaler Pflümliwasser, Innerschwyzer Kräuterbranntwein, Jura Enzian, Rigi Kirsch, Schwarzbuben Kirsch, Seeländer Pflümliwasser, Spiezer Kirsch, Urschwyzer Kirsch

**Tabak**
Brissago

## III. Gewerbliche Wirtschaft

**Glas- und Porzellanwaren**
Bülacher Glas, Langenthal, Verre de St. Prex

**Kunstgewerbliche Erzeugnisse**
Brienzer Holzschnitzereien, Brienzer Uhren, Lötschentaler Masken, Saaser Möbel

**Maschinen, Stahl- und Eisenwaren**
Choindez-Röhren, Gerlafinger Spezialprofile, Kluser Armaturen, Kochgeschirre, Öfen, Menziken-Maschinen, Leichtmetallwaren, Netstaler Spritzgußmaschinen, -Pressen, Oerlikoner Maschinen, -elektrische Apparate, Rondez-Schachtguß

# Herkunftsabkommen  Spanien

**Papierwaren**
Chamer Papier

**Spiele, Spielwaren und Musikinstrumente**
Boîtes à musique de Ste. Croix

**Steinzeug, Steine, Erden**
Lägern Kalk, Weiacher-Kies

**Textilerzeugnisse**
Aegeri Garne, Lorze-Garne, Saaser Handgewebe

## V. Spanien

### Vertrag über den Schutz von Herkunftsangaben, Ursprungsbezeichnungen und anderen geographischen Bezeichnungen

vom 11. September 1970
(BGBl. II 1972 S. 109)

**Schrifttum.** *Krieger,* Möglichkeiten für eine Verstärkung des Schutzes deutscher Herkunftsangaben im Ausland, GRUR Int 1960, 400; *Krieger,* Zur Auslegung der zweiseitigen Abkommen über den Schutz geographischer Bezeichnungen, GRUR Int 1964, 499.

S. auch die Schrifttumsangaben Vorb zu den §§ 126 bis 139 MarkenG, zu den Herkunftsabkommen allgemein (vor Rn 1) sowie vor den einzelnen Herkunftsabkommen.

### Vorbemerkung

17  Der Vertrag wurde durch Gesetz vom 3. März 1972 ratifiziert (BGBl. II S. 109) und ist am 27. September 1973 in Kraft getreten. Die Verordnung über die Inkraftsetzung einer Änderung der Anlage B des Vertrages vom 11. September 1970 zwischen der Bundesrepublik Deutschland und dem Spanischen Staat über den Schutz von Herkunftsangaben, Ursprungsbezeichnungen und anderen geographischen Bezeichnungen vom 10. Oktober 1994 (BGBl. II S. 3534) ist mit Wirkung vom 15. Februar 1994 in Kraft getreten (Bekanntmachung der Verordnung BGBl. II 1995 S. 492).

Art. 1 Jeder der Vertragsstaaten verpflichtet sich, alle notwendigen Maßnahmen zu ergreifen, um in wirksamer Weise
1. die aus dem Gebiet des anderen Vertragsstaates stammenden Naturerzeugnisse und Erzeugnisse der gewerblichen Wirtschaft gegen unlauteren Wettbewerb im geschäftlichen Verkehr und
2. die in den Artikeln 2 und 3 erwähnten Namen und Bezeichnungen sowie die in den Anlagen A und B dieses Vertrages aufgeführten Bezeichnungen nach Maßgabe dieses Vertrages und des Protokolls zu diesem Vertrag
zu schützen.

Art. 2 (1) Der Name „Bundesrepublik Deutschland", die Bezeichnung „Deutschland" und die Namen deutscher Länder sowie die in der Anlage A dieses Vertrages aufgeführten Bezeichnungen sind, soweit sich nicht aus den Absätzen 2 bis 4 etwas anderes ergibt, im Gebiet Spaniens ausschließlich deutschen Erzeugnissen oder Waren vorbehalten und dürfen dort nur unter denselben Voraussetzungen benutzt werden, wie sie in der Gesetzgebung der Bundesrepublik Deutschland vorgesehen sind, soweit nicht gewisse Vorschriften dieser Gesetzgebung durch das Protokoll zu diesem Vertrag für nicht anwendbar erklärt sind.

(2) Wird eine der in der Anlage A dieses Vertrages aufgeführten Bezeichnungen mit Ausnahme der in Absatz 1 bezeichneten Staats- und Ländernamen für andere als die Erzeugnisse oder Waren, denen sie in der Anlage A zugeordnet ist, benutzt, so ist Absatz 1 nur anzuwenden, wenn

Spanien  **Herkunftsabkommen**

1. die Benutzung geeignet ist, den Unternehmen, die die Bezeichnung für die in der Anlage A angegebenen deutschen Erzeugnisse oder Waren rechtmäßig benutzen, Nachteile im Wettbewerb zuzufügen, es sei denn, daß an der Benutzung der Bezeichnung im Gebiet Spaniens für nichtdeutsche Erzeugnisse oder Waren ein schutzwürdiges Interesse besteht,
oder
2. die Benutzung der Bezeichnung geeignet ist, den besonderen Ruf oder die besondere Werbekraft der Bezeichnung zu beeinträchtigen.

(3) Stimmt eine der nach Absatz 1 geschützten Bezeichnungen mit der Bezeichnung eines Gebiets oder Ortes außerhalb des Gebiets der Bundesrepublik Deutschland überein, so darf diese Bezeichnung im Zusammenhang mit nichtdeutschen Erzeugnissen oder Waren nur als Angabe über die Herkunft und nur in einer Weise benutzt werden, die jede Irreführung über die Herkunft und den Charakter der Erzeugnisse oder Waren ausschließt.

(4) Durch Absatz 1 wird ferner niemand gehindert, auf Erzeugnissen oder Waren, ihrer Verpackung, in den Geschäftspapieren oder in der Werbung seinen Namen, seine Firma, soweit sie den Namen einer natürlichen Person enthält, und seinen Wohnsitz oder Sitz anzugeben, sofern diese Angaben nicht als Kennzeichen der Erzeugnisse oder Waren benutzt werden. Die kennzeichenmäßige Benutzung des Namens und der Firma ist jedoch zulässig, wenn ein schutzwürdiges Interesse an dieser Benutzung besteht.

(5) Artikel 5 bleibt vorbehalten.

Art. 3 (1) Der Name „Spanien", die Bezeichnungen „Hispania" und „Iberia" und die Namen der spanischen Provinzen und Regionen sowie die in der Anlage B dieses Vertrages aufgeführten Bezeichnungen sind, soweit sich nicht aus den Absätzen 2 bis 4 etwas anderes ergibt, im Gebiet der Bundesrepublik Deutschland ausschließlich spanischen Erzeugnissen oder Waren vorbehalten und dürfen dort nur unter denselben Voraussetzungen benutzt werden, wie sie in der spanischen Gesetzgebung vorgesehen sind, soweit nicht gewisse Vorschriften dieser Gesetzgebung durch das Protokoll zu diesem Vertrag für nicht anwendbar erklärt sind.

(2) Wird eine der in der Anlage B dieses Vertrages aufgeführten Bezeichnungen, mit Ausnahme der in Absatz 1 bezeichneten Staats-, Provinz- und Regionalnamen, für andere als die Erzeugnisse oder Waren, denen sie in der Anlage B zugeordnet ist, benutzt, so ist Absatz 1 nur anzuwenden, wenn

1. die Benutzung geeignet ist, den Unternehmen, die die Bezeichnung für die in der Anlage B angegebenen spanischen Erzeugnisse oder Waren rechtmäßig benutzen, Nachteile im Wettbewerb zuzufügen, es sei denn, daß an der Benutzung der Bezeichnung im Gebiet der Bundesrepublik Deutschland für nichtspanische Erzeugnisse oder Waren ein schutzwürdiges Interesse besteht,
oder
2. die Benutzung geeignet ist, den besonderen Ruf oder die besondere Werbekraft der Bezeichnung zu beeinträchtigen.

(3) Stimmt eine der nach Absatz 1 geschützten Bezeichnungen mit der Bezeichnung eines Gebiets oder Ortes außerhalb des Gebiets Spaniens überein, so darf diese Bezeichnung im Zusammenhang mit den in diesem Gebiet oder Ort hergestellten Erzeugnissen oder Waren nur als Angabe über die Herkunft und nur in einer Weise benutzt werden, die jede Irreführung über die Herkunft und den Charakter der Erzeugnisse oder Waren ausschließt.

(4) Durch Absatz 1 wird ferner niemand gehindert, auf Erzeugnissen oder Waren, ihrer Verpackung, in den Geschäftspapieren oder in der Werbung seinen Namen, seine Firma, soweit sie den Namen einer natürlichen Person enthält, und seinen Wohnsitz oder Sitz anzugeben, sofern diese Angaben nicht als Kennzeichen der Erzeugnisse oder Waren benutzt werden. Die kennzeichenmäßige Benutzung des Namens und der Firma ist jedoch zulässig, wenn ein schutzwürdiges Interesse an dieser Benutzung besteht.

(5) Artikel 5 bleibt vorbehalten.

Art. 4 (1) Werden die nach den Artikeln 2 und 3 geschützten Bezeichnungen diesen Bestimmungen zuwider im geschäftlichen Verkehr für Erzeugnisse oder Waren oder deren Aufmachung oder Verpackung oder auf Rechnungen, Transportpapieren oder anderen Geschäftspapieren oder in der Werbung benutzt, so wird die Benutzung auf

# Herkunftsabkommen Spanien

Grund des Vertrages selbst durch alle gerichtlichen oder behördlichen Maßnahmen einschließlich der Beschlagnahme unterdrückt, die nach der Gesetzgebung des Vertragsstaates, in dem der Schutz in Anspruch genommen wird, für die Bekämpfung unlauteren Wettbewerbs oder sonst für die Unterdrückung unzulässiger Bezeichnungen in Betracht kommen.

(2) Die Bestimmungen dieses Artikels sind auch dann anzuwenden, wenn diese Namen oder Bezeichnungen in Übersetzung oder mit einem Hinweis auf die tatsächliche Herkunft oder mit Zusätzen wie „Art", „Typ", „Fasson", „Stil", „Nachahmung" oder dergleichen benutzt werden. Die Anwendung der Bestimmungen dieses Artikels wird insbesondere dadurch nicht ausgeschlossen, daß die nach den Artikeln 2 und 3 geschützten Bezeichnungen in abweichender Form benutzt werden, sofern trotz der Abweichung die Gefahr einer Verwechslung im Verkehr besteht.

(3) Die Bestimmungen dieses Artikels sind auf Erzeugnisse oder Waren bei der Durchfuhr nicht anzuwenden.

Art. 5 Die Bestimmungen des Artikels 4 sind auch anzuwenden, wenn für Erzeugnisse oder Waren oder deren Aufmachung oder Verpackung oder auf Rechnungen, Transportpapieren oder sonstigen Geschäftspapieren oder in der Werbung Kennzeichnungen, Marken, Namen, Aufschriften oder Abbildungen benutzt werden, die unmittelbar oder mittelbar falsche oder irreführende Angaben über Herkunft, Ursprung, Natur, Sorte oder wesentliche Eigenschaften der Erzeugnisse oder Waren enthal-ten.

Art. 6 Ansprüche wegen Zuwiderhandlungen gegen die Bestimmungen dieses Vertrages können vor den Gerichten der Vertragsstaaten außer von Personen und Gesellschaften, die nach der Gesetzgebung der Vertragsstaaten hierzu berechtigt sind, auch von Verbänden, Vereinigungen und Einrichtungen geltend gemacht werden, welche die beteiligten Erzeuger, Hersteller, Händler oder Verbraucher vertreten und in einem der Vertragsstaaten ihren Sitz haben, sofern sie nach der Gesetzgebung des Vertragsstaates, in dem sie ihren Sitz haben, als solche in bürgerlichen Rechtsstreitigkeiten klagen können. Sie können unter diesen Voraussetzungen auch im Strafverfahren Ansprüche oder Rechtsbehelfe geltend machen, soweit die Gesetzgebung des Vertragsstaates, in dem das Strafverfahren durchgeführt wird, solche Ansprüche oder Rechtsbehelfe vorsieht.

Art. 7 (1) Jeder der Vertragsstaaten ist berechtigt, von dem anderen Vertragsstaat zu verlangen, Erzeugnisse oder Waren, die mit einer der in den Anlagen A und B dieses Vertrages aufgeführten Bezeichnungen versehen sind, nur dann zur Einfuhr zuzulassen, wenn den Erzeugnissen oder Waren eine Bescheinigung über die Berechtigung zur Benutzung der Bezeichnung beigefügt ist. In diesem Fall unterliegen die Erzeugnisse oder Waren bei ihrer Einfuhr der Zurückweisung, wenn ihnen die Bescheinigung nicht beigefügt ist.

(2) Mit dem Ersuchen nach Absatz 1 hat der Vertragsstaat dem anderen Vertragsstaat die Behörden mitzuteilen, die zur Ausstellung der Bescheinigung berechtigt sind. Der Mitteilung ist ein Muster der Bescheinigung beizufügen.

Art. 8 (1) Erzeugnisse und Waren, Verpackungen, Rechnungen, Transportpapiere und sonstige Geschäftspapiere sowie Werbemittel, die sich bei Inkrafttreten dieses Vertrages im Gebiet eines der Vertragsstaaten befinden und rechtmäßig mit Angaben versehen worden sind, die nach diesem Vertrag nicht benutzt werden dürfen, können bis zum Ablauf von zwei Jahren nach Inkrafttreten dieses Vertrages abgesetzt oder aufgebraucht werden.

(2) Ist eine der nach den Artikeln 2 und 3 geschützten Bezeichnungen Bestandteil einer Firma, die bereits vor dem 25. März 1969 rechtmäßig benutzt worden ist, so sind die Bestimmungen des Artikels 2 Absatz 4 Satz 1 und des Artikels 3 Absatz 4 Satz 1 auch dann anzuwenden, wenn die Firma nicht den Namen einer natürlichen Person enthält. Das Benutzungsrecht kann nur mit dem Geschäftsbetrieb vererbt oder veräußert werden.

(3) Artikel 5 bleibt vorbehalten.

Art. 9 (1) Die Listen der Anlagen A und B dieses Vertrages können durch Notenwechsel geändert oder erweitert werden. Jedoch kann jeder Vertragsstaat die Liste der Bezeichnungen für Erzeugnisse oder Waren aus seinem Gebiet ohne Zustimmung des anderen Vertragsstaates einschränken.

Spanien                              **Herkunftsabkommen**

(2) Im Falle der Änderung oder Erweiterung der Liste der Bezeichnungen für Erzeugnisse oder Waren aus dem Gebiet eines der Vertragsstaaten sind die Bestimmungen des Artikels 8 anzuwenden; jedoch ist statt der in Artikel 8 genannten Zeitpunkte der Zeitpunkt der Bekanntmachung der Änderung oder Erweiterung durch den anderen Vertragsstaat maßgebend.

Art. 10 Die Bestimmungen dieses Vertrages schließen nicht den weitergehenden Schutz aus, der in einem der Vertragsstaaten für die nach den Artikeln 2 und 3 geschützten Bezeichnungen des anderen Vertragsstaates auf Grund innerstaatlicher Rechtsvorschriften oder anderer internationaler Vereinbarungen besteht oder künftig gewährt wird.

Art. 11 (1) Zur Erleichterung der Durchführung dieses Vertrages wird aus Vertretern der Regierung jedes der Vertragsstaaten eine Gemischte Kommission gebildet.

(2) Die Gemischte Kommission hat die Aufgabe, Vorschläge zur Änderung oder Erweiterung der Listen der Anlagen A und B dieses Vertrages, die der Zustimmung der Vertragsstaaten bedürfen, zu prüfen sowie alle mit der Anwendung dieses Vertrages zusammenhängenden Fragen zu erörtern.

(3) Jeder der Vertragsstaaten kann das Zusammentreten der Gemischten Kommission verlangen.

Art. 12 Dieser Vertrag gilt auch für das Land Berlin, sofern nicht die Regierung der Bundesrepublik Deutschland gegenüber der Spanischen Regierung innerhalb von drei Monaten nach Inkrafttreten dieses Vertrages eine gegenteilige Erklärung abgibt.

Art. 13 (1) Dieser Vertrag bedarf der Ratifikation; die Ratifikationsurkunden werden so bald wie möglich in Madrid ausgetauscht.

(2) Dieser Vertrag tritt drei Monate nach Austausch der Ratifikationsurkunden in Kraft und bleibt zeitlich unbegrenzt in Kraft.

(3) Dieser Vertrag kann jederzeit von jedem der beiden Vertragsstaaten mit einer Frist von einem Jahr gekündigt werden.

Protokoll vom 11. 9. 1970

DIE VERTRAGSSTAATEN, VON DEM WUNSCHE GELEITET, die Anwendung gewisser Vorschriften des Vertrages vom heutigen Tage über den Schutz von Herkunftsangaben, Ursprungsbezeichnungen und anderen geographischen Bezeichnungen näher zu regeln,

HABEN DIE NACHSTEHENDEN BESTIMMUNGEN VEREINBART, welche einen integrierenden Bestandteil des Vertrages bilden:

1. Die Artikel 2 und 3 des Vertrages verpflichten die Vertragsstaaten nicht, in ihrem Gebiet beim Inverkehrbringen von Erzeugnissen oder Waren, die mit den nach Artikeln 2 und 3 des Vertrages geschützten Bezeichnungen versehen sind, die Rechts- und Verwaltungsvorschriften des anderen Vertragsstaates anzuwenden, die sich auf die verwaltungsmäßige Kontrolle dieser Erzeugnisse oder Waren beziehen, wie zum Beispiel diejenigen Vorschriften, die die Führung von Eingangs- und Ausgangsbüchern und den Verkehr dieser Erzeugnisse oder Waren betreffen.

2. Durch den Vertrag werden die in jedem der Vertragsstaaten bestehenden Bestimmungen über die Einfuhr von Erzeugnissen oder Waren vorbehaltlich der Bestimmungen des Artikels 7 des Vertrages nicht berührt.

3. Durch die Aufnahme der Bezeichnung „Iberia" in Artikel 3 des Vertrages wird nicht ausgeschlossen, daß diese Bezeichnung in der Bundesrepublik Deutschland für portugiesische Erzeugnisse oder Waren benutzt wird.

4. Angaben über wesentliche Eigenschaften im Sinne des Artikels 5 des Vertrages sind insbesondere folgende Bezeichnungen:
    a) bei spanischen Weinen
       amontillado, generoso, noble de mesa, oloroso, solera;
    b) bei deutschen Weinen
       Auslese, Beerenauslese, Eiswein, Kabinett, Spätlese, Trockenbeerenauslese.

Die Aufstellung dieser Bezeichnungen kann von einem Vertragsstaat durch eine schriftliche Mitteilung vorbehaltlich der Zustimmung des anderen Vertragsstaates

# Herkunftsabkommen  Spanien

geändert oder erweitert werden. Jedoch kann jeder Vertragsstaat die Aufstellung der Bezeichnungen für Erzeugnisse oder Waren aus seinem Gebiet ohne Zustimmung des anderen Vertragsstaates einschränken.

5. Die Artikel 2 und 3 des Vertrages finden auf Bezeichnungen von Tierrassen keine Anwendung.
6. Die in Artikel 8 Absatz 1 vorgesehene Frist wird für Behältnisse aus Glas oder Keramik, in die eine nach dem Vertrag geschützte Bezeichnung eingraviert ist, auf acht Jahre verlängert.

## Anlage A

### I. Weine
(Vinos)

**A. Gebietsnamen**
1. Ahr
2. Baden
   a) Bodensee
   b) Markgräflerland
   c) Kaiserstuhl
   d) Breisgau
   e) Ortenau
   f) Kraichgau
   g) Bad. Bergstraße
   h) Bad. Frankenland
3. Bergstraße
4. Franken
5. Lahn
6. Mittelrhein
7. Mosel – Saar – Ruwer
(zur näheren Kennzeichnung auch als zusätzliche Bezeichnung erlaubt: Mosel oder Saar oder Ruwer)
8. Nahe
9. Rheingau
10. Rheinhessen
11. Rheinpfalz
12. Siebengebirge
13. Württemberg

**B. Namen der Weinbaugemeinden**
(Gemarkungen)
**1. Ahr**
Ahrweiler, Altenahr, Bachem b. Ahrweiler, Bad Neuenahr, Bodendorf, Dernau, Heimersheim, Kreuzberg, Lantershofen, Mayschoß, Rech, Walporzheim

**2. Baden**
**a) Bodensee**
Erzingen, Hagnau, Konstanz, Meersburg, Singen, Überlingen

**b) Markgräflerland**
Auggen, Badenweiler, Ballrechten, Britzingen, Buggingen, Dottingen, Ebringen, Efringen-Kirchen, Ehrenstetten, Grunern, Haltingen, Heitersheim, Hügelheim, Kirchhofen, Laufen, Müllheim, Niederweiler, Norsingen, Pfaffenweiler, Schallstadt, Scherzingen, Schliengen, Staufen, Vögisheim, Wolfenweiler

**c) Kaiserstuhl**
Achkarren, Amoltern, Bahlingen, Bickensohl, Bischoffingen, Breisach, Burkheim, Eichstetten, Endingen, Ihringen, Jechtingen, Kiechlingsbergen, Leiselheim, Merdingen, Munzingen, Niederrimsingen, Oberbergen, Oberrotweil, Opfingen, Sasbach, Wasenweiler

Spanien **Herkunftsabkommen**

**d) Breisgau**
Freiburg, Glottertal, Hecklingen, Herbolzheim, Kenzingen, Köndringen, Münchweiler

**e) Ortenau**
Bühlertal, Diersburg, Durchbach, Eisental, Fessenbach, Gengenbach, Kappelrodeck, Lahr, Neuweier, Oberkirch, Offenburg, Ortenberg, Rammersweier, Reichenbach, Sasbachwalden, Sinzheim, Steinbach, Tiergarten, Varnhalt, Waldulm, Zell-Weierbach

**f) Kraichgau**
Bruchsal, Eichelberg, Obergrombach, Sulzfeld, Weingarten

**g) Bad. Bergstraße**
Großsachsen, Leutershausen, Malsch, Rauenberg, Weinheim, Wiesloch

**h) Bad. Frankenland**
Beckstein, Dertingen

**3. Bergstraße**
Bensheim, Bensheim-Auerbach, Groß Umstadt, Hambach, Hemsbach, Heppenheim, Schriesheim, Zwingenberg

**4. Franken**
Abtswind, Astheim, Bullenheim, Bürgstadt, Castell, Dettelbach, Eibelstadt, Escherndorf, Frickenhausen, Großheubach, Großlangheim, Großostheim, Hammelburg, Handthal, Hasloch, Homburg, Höstein, Hüttenheim, Iphofen, Ippesheim, Kitzingen, Klingenberg, Köhler, Michelbach, Nordheim, Obereisenheim, Randersacker, Repperndorf, Retzstadt, Rödelsee, Schloß Saaleck, Sommerach, Sommerhausen, Stetten, Sulzfeld, Thüngersheim, Untereisenheim, Veitshöchheim, Volkach, Wiesenbronn, Würzburg

**5. Lahn**
Nassau, Oberhof, Weinähr

**6. Mittelrhein**
Bacharach, Bad Salzig, Boppard, Bornich, Braubach, Breitscheid, Damscheid, Dattenberg, Dellhofen, Dörscheid, Erpel, Hammerstein, Hirzenach, Hönningen, Kamp, Kasbach, Kaub, Kestert, Langscheid, Leubsdorf, Leutesdorf, Linz, Manubach, Niederburg, Niederheimbach, Nochern, Oberdiebach, Oberheimbach, Oberlahnstein, Oberspay, Oberwesel, Ockenfels, Osterspai, Patersberg, Perscheid, Remagen, Rheinbreitbach, Rheinbrohl, Rhens, Steeg, St. Goar, St. Goarshausen, Trechtingshausen, Unkel, Urbar, Vallendar, Wellmich, Werlau

**7. Mosel – Saar – Ruwer**
St. Aldegund, Alf, Alken, Andel, Ayl, Bausendorf, Beilstein, Bekond, Bernkastel-Kues, Biebelhausen, Bilzingen, Brauneberg, Bremm, Briedern, Briedel, Brodenbach, Bruttig, Bullay, Burg, Burgen (Kreis Bernkastel), Burgen (Kreis St. Goar), Cochem, Detzem, Dhron, Dieblich, Dreis, Ediger, Eitelsbach, Ellenz-Poltersdorf, Eller, Enkirch, Ensch, Erden, Ernst, Fankel, Fastrau, Fell, Fellerich, Filsch, Filzen (Mosel), Filzen (Saar), Franzenheim, Godendorf, Gondorf, Graach, Grewenich, Güls, Hamm bei Filzen, Hatzenport, Helfant, Hockweiler, Hupperath, Igel, Irsch (Mosel), Irsch (Saar), Kanzem, Karden, Kasel, Kastel-Staadt, Kattenes, Kenn, Kernscheid, Kesten, Kinheim, Klotten, Klüsserath, Kobern, Koblenz-Stadt, Kommlingen, Konz, Köllig, Könen, Köwerich, Krettnach-Obermennig, Kröv, Krutweiler, Langsur, Lay, Lehmen, Leiwen, Liersberg, Lieser, Longen, Longuich-Kirsch, Löf, Lörsch, Lösnich, Maring-Noviand, Mehring, Merl, Mertesdorf, Mesenich (Kreis Zell), Mesenich (Kreis Trier), Metzdorf, Minden, Minheim, Monzel, Morscheid, Moselkern, Müden, Mülheim a. d. Mosel, Neef, Nehren, Nennig, Neumagen, Niederemmel, Niederfell, Niedermennig, Nittel, Oberbillig, Oberemmel, Ockfen, Olkenbach, Onsdorf, Osann, Palzem, Pellingen, Perl, Piesport, Platten, Pommern, Pölich, Pünderich, Ralingen, Rehlingen, Reil, Riol, Riverls, Rivenich, Ruwer, Saarburg-Beurig, Schleich, Schoden, Schweich, Sehndorf, Senheim, Serrig, Soest, Starkenburg, Tarforst, Tawern, Temmels, Thörnich, Traben-Trarbach, Treis, Trier-Stadt, Trittenheim, Uerzig, Valwig, Veldenz, Waldrach, Wasserliesch, Wawern, Wehlen, Wehr, Wellen, Wiltingen, Wincheringen, Winningen, Wintersdorf, Wintrich, Wittlich, Wolf, Zell, Zeltingen-Rachtig

**8. Nahe**
Argenschwang, Auen, Bad Kreuznach, Bad Münster am Stein, Bärweiler, Bingerbrück, Bockenau, Boos, Braunenweiler, Breitenheim, Bretzenheim (Nahe), Burgsponheim, Dalberg, Desloch, Dorsheim, Eckenroth, Genheim, Gutenberg, Hargesheim, Hausweiler, Heddesheim, Heimberg, Hergenfeld, Hochstetten, Hüffelsheim, Jeckenbach, Kappeln, Katzenbach, Kirschroth, Krebsweiler, Langenlonsheim, Langenthal, Langweiler, Laubenheim (Nahe), Lauschied, Löllbach, Mandel, Martinstein,

1965

# Herkunftsabkommen  Spanien

Medard, Meddersheim, Meisenheim, Merxheim, Monzingen, Münster-Sarmsheim, Niedereisenbach, Niederhausen, Norheim, Nußbaum, Oberstreit, Offenbach (Glan), Pferdsfeld, Ransweiler, Raumbach, Roxheim, Rüdesheim, Rümmelsheim, Sankt Katharinen, Schloßböckelheim, Schöneberg, Schweppenhausen, Simmern unter Dhaun, Sobernheim, Sommerloch, Spabrücken, Sponheim, Staudernheim, Stromberg, Traisen, Waldalgesheim, Waldböckelheim, Waldhilbersheim, Waldlaubersheim, Wallhausen, Weiler bei Bingerbrück, Weiler bei Monzingen, Weinsheim, Wiesweiler, Windesheim, Winzenheim

## 9. Rheingau

Aßmannshausen, Aulhausen, Eltville, Erbach/Rhg., Frauenstein, Geisenheim, Hallgarten, Hattenheim, Hochheim, Johannisberg, Kiedrich, Lorch/Rh., Lorchhausen, Martinsthal, Mittelheim, Niederwalluf, Oberwalluf, Oestrich, Rauenthal, Rüdesheim, Schloß Johannisberg, Schloß Vollrads, Steinberg, Wicker, Wiesbaden, Winkel

## 10. Rheinhessen

Abenheim, Albig, Alsheim, Alzey, Appenheim, Armsheim, Aspisheim, Bechtheim, Bingen, Bodenheim, Bosenheim, Bubenheim, Dalheim, Dalsheim, Dexheim, Dienheim, Dorn-Dürkheim, Dromersheim, Ebersheim, Eckelsheim, Elsheim, Ensheim, Essenheim, Flonheim, Framersheim, Gau-Algesheim, Gau-Bickelheim, Gau-Bischofsheim, Gau-Heppenheim, Gau-Odernheim, Gau-Weinheim, Groß-Winternheim, Gundersheim, Gundheim, Guntersblum, Hackenheim, Hahnheim, Harxheim, Heimersheim, Hillesheim, Hohen-Sülzen, Horrweiler, Ingelheim, Jugenheim, Laubenheim, Ludwigshöhe, Mainz-Stadt, Mettenheim, Mommenheim, Mölsheim, Monsheim, Monzernheim, Nackenheim, Nieder-Flörsheim, Nieder-Saulheim, Nierstein, Ober-Ingelheim, Ockenheim, Oppenheim, Osthofen, Partenheim, Pfaffen-Schwabenheim, Pfeddersheim, Planig, Schwabenheim, Schwabsburg, Selzen, Spiesheim, Sprendlingen, Stadecken, St. Johann, Sulzheim, Udenheim, Uelversheim, Uffhofen, Vendersheim, Volxheim, Wachenheim, Wallertheim, Weinheim, Weinolsheim, Westhofen, Wolfsheim, Wöllstein, Worms (Stadt und Vororte), Wörrstadt, Zornheim, Zotzenheim

## 11. Rheinpfalz

Albersweiler, Albisheim/Pfrimm, Albsheim a. d. Eis, Alsenz, Altdorf, Altenbamberg, Appenhofen, Arzheim, Asselheim, Bad Dürkheim, Bayerfeld-Stockweiler, Berghausen, Bergzabern, Billigheim, Birkweiler, Bissersheim, Böbingen, Bobenheim am Berg, Böchingen, Bolanden, Bornheim, Burrweiler, Callbach, Dackenheim, Dammheim, Deidesheim, Diedesfeld, Dielkirchen, Dirmstein, Dörrenbach, Duchroth-Oberhausen, Duttweiler, Ebernburg, Edenkoben, Edesheim, Einselthum, Ellerstadt, Erpolzheim, Eschbach, Essingen, Feilbingert, Flemlingen, Forst, Frankweiler, Freimersheim, Freinsheim, Friedelsheim, Gerolsheim, Gimmeldingen, Gleisweiler, Gleiszellen-Gleishorbach, Godramstein, Göcklingen, Gönnheim, Großbockenheim, Großfischlingen, Großkarlbach, Grünstadt, Haardt, Hainfeld, Hallgarten, Hambach, Harxheim, Heiligenstein, Herxheim am Berg, Heuchelheim, Hochstätten, Ilbesheim, Ilbesheim bei Landau, Impflingen, Kalkhofen, Kallstadt, Kapellen-Drusweiler, Kindenheim, Kirchheim an der Weinstraße, Kirchheimbolanden, Kirrweiler, Kleinkarlbach, Klingen, Klingenmünster, Knöringen, Königsbach, Lachen-Speyerdorf, Landau/Pfalz, Laumersheim, Lauterecken, Leinsweiler, Leistadt, Lettweiler, Maikammer, Mechtersheim, Meckenheim, Mörzheim, Mußbach, Mühlheim a. d. Eis, Münsterappel, Neuleiningen, Neustadt a. d. Weinstraße, Niederhochstadt, Niederhorbach, Niederhausen a. d. Appel, Niederkirchen, Niedermoschel, Niefernheim, Nußdorf, Oberhochstadt, Oberlustadt, Obermoschel, Oberndorf, Oberotterbach, Odernheim, Pleisweiler-Oberhofen, Ranschbach, Rechtenbach, Rehborn, Rhodt unter Rietburg, Rockenhausen, Roschbach, Ruppertsberg, Sankt Martin, Sausenheim, Schweigen, Schweighofen, Siebeldingen, Steinweiler, Ungstein, Unkenbach, Venningen, Wachenheim a. d. Weinstraße, Walsheim, Weingarten, Weisenheim am Berg, Weisenheim am Sand, Weyher, Winden, Winterborn, Wolfstein, Wollmesheim, Zell

## 12. Siebengebirge

Honnef, Königswinter, Niederdollendorf, Oberdollendorf, Rhöndorf

## 13. Württemberg

Adolzfurt, Affaltrach, Auenstein, Beilstein, Besigheim, Beutelsbach, Bönnigheim, Botenheim, Brackenheim, Cleebronn, Criesbach, Derdingen, Dürrenzimmern, Eberstadt, Endersbach, Erlenbach, Eschelbach, Eschenau, Esslingen, Fellbach, Flein, Gellmersbach, Gemmrigheim, Grantschen, Geradstetten, Großbottwar, Großgartach, Großheppach, Grunbach, Haberschlacht, Harsberg, Hausen a. d. Z., Heilbronn, Hessigheim, Hohenhaslach, Hölzern, Horrheim, Hößlinsülz, Ingelfingen, Kirchheim/Neckar, Kleinbottwar, Kleingartach, Kleinheppach, Knittlingen, Korb, Lauffen a. N., Lehrensteinsfeld, Löchgau, Löwenstein, Markelsheim, Meimsheim, Michelbach a. W., Mundelsheim, Neckarsulm, Neipperg, Niederhall, Nordheim, Oberstenfeld, Pfedelbach, Roßwag, Schnait, Schwaigern, Stetten a. H., Stetten i. R., Stockheim, Strümpfelbach, Stuttgart, Talheim, Verrenberg, Walheim, Weikersheim, Weiler b. Weinsberg, Weinsberg, Willsbach, Winzerhausen

Spanien                                           **Herkunftsabkommen**

**C. Sonstige Herkunftsangaben**
Deutscher Weißwein, Deutscher Rotwein, Deutscher Sekt

**D. Regionale Herkunftsangaben**
Liebfrauenmilch, Liebfraumilch

## II. Ernährung und Landwirtschaft
(Alimentaciòn y agricultura)

**Backwaren** *(Panadería)*
Aachener Printen, Bremer Klaben, Dresdner Christstollen, Freiburger Brezeln, Friedrichsdorfer Zwieback, Liegnitzer Bomben, Nürnberger Lebkuchen, Rheinisches Schwarzbrot, Rheinisches Vollkornbrot, Westfälischer Pumpernickel, Westfälisches Schwarzbrot

**Fischwaren** *(Pesca)*
Büsumer Krabben, Husumer Krabben, Flensburger Aal, Kieler Sprotten

**Fleischwaren** *(Cárnicos)*
Ammerländer Dielenrauchschinken, – Dielenrauchwurst, Braunschweiger Mettwurst, Coburger Kernschinken, Frankfurter Würstchen (nicht „Salchichas de Francfort"), Halberstädter Würstchen, Holsteiner Katenschinken, -Wurst, Münchener Weißwürste, Nürnberger Bratwürste, Regensburger Würste, Rügenwalder Teewurst, Schwarzwälder Speck, Thüringer Wurst, Westfälischer Schinken

**Bier** *(Cerveza)*
Allgäuer Bier, Augsburger Bier, Bayerisches Bier, Berliner Weiße, Bitburger Bier, Dortmunder Bier, Düsseldorfer Alt-Bier, Frankfurter Bier, Hamburger Bier, Herrenhäuser Bier, Hofer Bier, Kemptener Bier, Kölsch-Bier, Kulmbacher Bier, Münchener Bier, Nürnberger Bier, Regensburger Bier, Stuttgarter Bier, Würzburger Bier

**Mineralwasser** *(Aguas minerales)*
Adelholzner Primusquelle, Birresborner Sprudel, Dauner Sprudel, Fachinger Wasser, Gerolsteiner Mineralwasser, Hölle-Sprudel, Kondrauer Mineral-Brunnen, Offenbacher Sprudel, Pyrmonter Säuerling, Rhenser Sprudel, Roisdorfer (Wasser), Selters, Teinacher Sprudel, Tönnissteiner Sprudel, Wildunger Wasser

**Spirituosen** *(Bebidas alcohólicas)*
Bayerischer Gebirgsenzian, Berliner Kümmel, Chiemseer Klosterlikör, Deutscher Korn, Deutscher Kornbrand, Deutscher Weinbrand, Ettaler Klosterlikör, Hamburger Kümmel, Königsberger Bärenfang, Münchener Kümmel, Ostpreußischer Bärenfang, Schwarzwälder Himbeergeist, Schwarzwälder Kirsch Steinhäger, Stonsdorfer

**Hopfen** *(Lúpulo)*
Badischer Hopfen, Hallertauer Hopfen, Hersbrucker Hopfen, Jura Hopfen, Rheinpfälzer Hopfen, Rottenburg-Herrenberg-Weil-der-Stadt Hopfen, Spalter Hopfen, Tettnanger Hopfen

**Saatgut** *(Semillas)*
Eckendorfer Runkelrüben, Erfurter Samenbauerzeugnisse, Erfurter Sämereien

*Gelbklee:*
Alb-Schwedenklee

*Rotklee:*
Alt Eifler Rotklee, Probsteier Rotklee

*Weißklee:*
Probsteier Weißklee

*Luzerne:*
Alt Eifler Luzerne

**Süßwaren** *(Pastelería)*
Bayerisches Blockmalz, Kölner Zucker, Königsberger Marzipan, Lübecker Marzipan, Neißer Konfekt, Schwartauer Süßwaren, -Marmelade, -Bonbons

**Verschiedenes** *(Varios)*
Allgäuer (Käse, Käseerzeugnisse), Bayerische Pfifferlinge, Bayerische Steinpilze, Braunschweiger Konserven, Bremer Kaffee, Deutsches Bodenseeobst, Düsseldorfer Senf, Filder Sauerkraut, Hamburger Kaffee, Neußer Sauerkraut, Rheinisches Sauerkraut, Schwetzinger Spargel

# Herkunftsabkommen                                    Spanien

### III. Gewerbliche Wirtschaft
(Industria)

**Glas- und Porzellanwaren** *(Vidrio y porcelana)*
Bavaria (Bayerisches) Glas, Bavaria Prozellan, Berliner Porzellan, Dresdner Porzellan, Fürstenberg Porzellan, Höchster Porzellan, Ludwigsburger Porzellan, Nymphenburger Porzellan

**Heilmittel** *(Medicamentos)*
Emser Pastillen, -Salz, -Balsam, -Kränchen, Kissinger Pillen, -Tabletten, -Salz, Regensburger Karmelitengeist, Tölzer Jod-Tabletten, -Quellsalz, -Seife

**Kohle, Koks** *(Carbones, coque)*
Rheinische Braunkohle, Ruhrkohle, Saarkohle, Westfalen-Koks

**Kunstgewerbliche Erzeugnisse** *(Artesanía)*
Münchener Wachsfiguren, Oberammergauer Holzschnitzereien

**Lederwaren** *(Artículos de piel)*
Offenbacher Lederwaren

**Maschinen, Stahl- und Eisenwaren** *(Maquinaria siderúrgicos)*
Aachener Nadeln, Bergische Achsen, Bielefelder Fahrräder, Deutz(er) Motoren, Friedrichstaler Handarbeitsgeräte, Hamborner Kipper, Heidelberg(er) (-Druckmaschine, -Druckautomat, -Zylinder), Hildener Kessel, Königsbronner Walzen, Musbach Metall, Quint-Öfen, Remscheider Werkzeug, Rottweiler Jagdpatronen, Schwabacher Textilnadeln, Schweinfurter Kugellager, Siegener Fallkipper, Siegener Puffer, Solinger Stahl- und Schneidwaren, Tuttlinger Instrumente, Wasseralfinger Stähle, Wiehler Achsen

**Parfümeriewaren** *(Parfumaría)*
Kölnisch Wasser (nicht „Eau de Cologne" oder „Agua de Colonia")

**Schmuckwaren** *(Bisutería, joyería)*
Neu-Gablonzer Schmuck-, Glaswaren, Gmünder Silber(-waren), Idar-Obersteiner Schmuck(-waren), Pforzheimer Schmuck(-waren)

**Spiele, Spielwaren und Musikinstrumente** *(Juegos, juguetes e instrumentos musicales)*
Bielefelder Spielkarten, Erzgebirgische Spielwaren, Mittenwalder Geigen, Nürnberger Spielwaren, Ravensburger Spiele, -Werkkästen, Trossinger Musikinstrumente

**Steinzeug, Steine, Erden** *(Cerámica, piedras, tierras)*
Deutsches Steinzeug, Hunsrücker Schiefer, Karlsruher Majolika, Kiefersfelder Marmor, -Zement, Klingenberger Ton, Mettlacher Fliesen, Moselschiefer, Solnhofener Lithographiersteine, -Platten, Taunus-Quarzit, Taunus-Hart-Quarzit, Taunus-Fels-Hart-Quarzit, Trierer Gips, -Kalk, -Zement, Ulmer Keramik, Westerwälder Steinzeug

**Tabakwaren** *(Tabacos)*
Bremer Zigarren, Bünder Zigarren, Hamburger Zigarren, Nordhäuser Kautabak

**Textilerzeugnisse** *(Textiles)*
Aachener Tuche, Augsburger Stoffe, Barmer Artikel (Bänder, Besätze, Litzen, Spitzen, Geflechte), Bayerischer Loden, Bielefelder Leinen, -Wäsche, Blaubeurener Leinen, Dürener Teppiche, Ergebirgische Klöppelarbeit, Gögginger Nähfaden, Krefelder Krawatten, -Samt, -Seide, Laichinger Leinen,-Wäsche, Lindener Samt, -Tuch, Münchener Loden, -Trachten, Rosenheimer Gummimäntel, Schlitzer Leinen, Steinhuder Leinen, Westfälisches Haustuch

**Uhren** *(Relojería)*
Glashütter Uhren, Pforzheimer Uhren, Schwarzwälder Uhren, Schwenninger Uhren

**Verschiedenes** *(Varios)*
Dürener Feinpapier, Füssen-Immenstadter Hanferzeugnisse, -Bindfaden, - Webgarne

Spanien

# Herkunftsabkommen

Anlage B

## I. Municipios y zonas vitícolas con derecho a utilizar las denominaciones de origen que se expresan al margen
(Gemeinden und Weinbaugebiete, die berechtigt sind, die nebenstehenden Ursprungsbezeichnungen zu benutzen)

**Jerez-Xérès-Sherry**
**Manzanilla-Sanlúcar de Barrameda**
Chiclana de la Frontera, Chipiona, Jerez de la Frontera, Puerto de Santa María, Puerto Real, Rota, Sanlúcar de Barrameda, Trebujena

**Málaga**
Archidona, Cómpeta, Cuevas de San Marcos, Málaga, Montes de Málaga, Ronda, Torrox, Vélez Málaga

**Montilla y Moriles**
Aguilar de la Frontera, Cabra, Córdoba, Doña Mencía, Los Moriles, Lucena, Montemayor, Montilla, Monturque, Nueva Carteya, Puente Genil

**Rioja**
Rioja Alta:
Abalos, Alesanco, Alesón, Anguciana, Arenzana de Abajo, Arenzana de Arriba, Azofra, Badarán, Baños de Río Tobía, Bobadilla, Briñas, Briones, Camprovin, Cañas, Canillas, Cárdenas, Casalarreina, Cellórigo, Cenicero, Cihuri, Cordovín, Cuzcurrita, Entrena, Fonzaleche, Fuenmayor, Gimileo, Haro, Herramélluri, Hormilla, Hormilleja, Hornos de Moncalvillo, Huércanos, Leiva, Logroño, Manjarrés, Medrano, Nájera, Navarrete, Ochanduri, Ollauri, Rodezno, San Asensio, San Vicente, Sojuela, Sotés, Tirgo, Treviana, Tricio, Uruñuela, Ventosa, Villalba de Rioja, Villar de Torre, Zarratón
Rioja Alavesa:
Baños de Ebro, Barriobusto, Cripán, Elciego, Elvillar, Labastida, Labraza, Laguardia, Lanciego, La Puebla de Labarca, Leza, Moreda de Alava, Navaridas, Oyón, Salinillas de Buradón, Samaniego, Villabuena de Alava, Yécora
Rioja Baja:
Agoncillo, Alberite, Alcanadre, Aldeanueva de Ebro, Alfaro, Andosilla, Arnedo, Ausejo, Autol, Azagra, Bergasa, Calahorra, Corera, El Redal, El Villar de Arnedo, Galilea de Rioja (España), Grávalos, Lagunilla de Jubera, Mendavía, Murillo de Río Leza, Ocón, Pradejón, Quel, Ribafrecha, Rincón de Soto, San Adrián, Santa Engracia de Jubera, Sartaguda, Tudelilla, Viana, Villamediana de Iregua

**Tarragona, Tarragona, clásico, Tarragona, campo**
Alcover, Aleixar, Alforja, Alió, Almóster, Altafulla, Argentera, Ascó, Benisanet, Borjas del Campo, Botarell, Bráfin, Cabacés, Cambrils, Capsanes, Castellvell, Catllar, Colldejón, Constantí, Corbera, Cornulleda, Dosaiguas, Gandesa, García, Garidells, Ginestar, Guiaméts, La Canonja, La Figuera, La Nou de Gayá, La Riera, La Secuita, La Selva, Marsá, Maslloréns, Masó, Maspujols, Masroig, Milá, Miravet, Montbrió de Tarragona, Montferrí, Montroig, Mora la Nueva, Morell, Nulles, Pallaresos, Perafort, Pobla de Mafumet, Pobla de Montornés, Prades, Pratdip, Puigplat, Renau, Riudecañas, Riudecóls, Rodañá, Rourell, Ruidóns, Salomó, Tarragona, Tivisa, Torre de Fontambella, Torre del Español, Torredembara, Vallmell, Valls, Vandellós, Vespella, Vilabella, Vilallonga, Vilanova de Escornalbou, Vilaplana, Vilarredona, Vilaseca, Vinebre, Viñol y Archas

**Priorato**
Bellmunt, Falset, Gratallops, La Morera de Montsant, Lloá, Mola, Poboleda, Porrera, Reus, Torroja, Valls, Vilella Alta, Vilella Baja

**Ribero**
Arnoya, Beade, Carballeda de Avia, Castrelo de Miño, Cenlle, Leiro, Ribadavia

**Valdeorras**
El Barco, El Bollo, Carballeda de Valdeorras, Laroco, La Rúa, Petín, Rubiana, Villamartín

**Alella**
Alella, Cabrils, Martorellas, Masnou, Mongat, Premiá de Mar, San Ginés de Vilasar, San Fausto de Campcentellas, San Pedro de Premia, Santa Maria de Martorellas, Teyá, Tiana, Vallromanas

**Alicante**
Agost, Alicante, Aspe, Bañeres, Benejama, Biar, Campo de Mirra, Cañada de Alicante (España), Castalla, Elda, Hondón de las Nieves, Hondón de los Frailes, Ibi, La Algueña, Monforte del Cid,

1969

# Herkunftsabkommen  Spanien

Monóvar, Novelda, Onil, Petrel, Pinoso, Salinas, Sax, Tibi, Villena, Alcalalí, Beniarbeig, Benichembla, Benidoleig, Benimeli, Benisa, Benitachell, Calpe, Castell de Castells, Denia, Gata de Gorgos, Jalón, Jávea, Lliber, Miraflor, Murla, Ondara, Orba, Parcent, Pedreguer, Sagra, Sanet y Negrals, Senija, Setla y Mirarrosa, Teulada, Tormos, Vall de Laguart, Vergel

**Valencia**

Albaida, Carlet, Casinos, Chelva, Játiva, Liria, Onteniente, Pedralba, Sagunto, Torrente, Valencia, Villar del Arzobispo, Agullent, Albaida, Alcublas, Alfarrasi, Alpuente, Aras de Alpuente, Ayelo Malferit, Baldovar, Belgida, Bellus, Benaguacil, Benicolet, Beniganim, Benisano, Betera, Bufali, Bugarra, Castellón de Rugat, Catadau, Cuatretonda, Chulilla, Guadasequies, La Yesa, Loriguilla, Losa del Obispo, Luchente, Llombay, Mogente, Moncada, Monserrat, Montaverner, Montesa, Montichelvo, Montroy, Olleria, Onteniente, Otos, Palomas, Picasent, Puebla del Duch, Real de Montroy, Ribarroja, Rugat, Terrateig, Titaguas, Vallada, Villamarchante

**Utiel-Requena**

Camporrobles, Caudete de las Fuentes, Fuenterrobles, Requena, Siete Aguas, Sinareas, Utiel, Venta del Moro, Villargordo del Cabriel, Calderón, Campo Arcis, Casas Eufemia, Casas de Moya, Casas de Pradas, Casas del Rey, Casas de Soto, Hortunas, Jaraguas, La Portera, La Torre, Las Cuevas, Las Monjas, Los Cojos, Los Corrales, Los Duques, Los Isidros, Los Mancos, Los Pedrones, Los Ruices, Pontón, Rebollar, San Antonio, San Juan, Sardineros

**Cheste**

Alborache, Buñol, Cheste, Chiva, Dos Agus, Godolleta, Macastre, Turís, Yátova

**Cariñena**

Aguarón, Alfamén, Almonacid de la Sierra, Alpartir, Cariñena, Cosuenda, Encinacorba, Longares, Paniza, Tosos, Villanueva del Huerva

**Navarra**

Ribera Baja:
Ablitas, Arguedas, Barillas, Cascante, Cintruénigo, Corella, Fitero, Monteagudo, Murchante, Tudela, Tulebras

Ribera Alta:
Allo, Arellano, Armañanzas, Arroniz, Barbarin, Bargota, Bervinzana, Caparroso, Carcar, Carcastillo, Cáseda, Dicastillo, Desojo, El Busto, Faloes, Funes, Gallipienzo, Lárraga, Lazagurria, Lerín, Losada, Los Arcos, Luquín, Marcilla, Mélida, Miranda de Arga, Morentin, Murillo el Cuende, Murillo el Fruto, Olite, Oteiza, Peralta, Pitillas, San Martín de Unx, Sansoain, Sansol, Santacara, Sesma, Tafalla, Tores del Rio, Ujué, Villafranca

Valdizarbe:
Aberín, Adios, Añorbe, Artajona, Artazu, Ayegui, Barasoain, Biurrun, Cirauqui, Enériz, Estella, Garinoain, Legarda, Leoz, Mendigorria, Muruzabal, Obanos, Oloriz, Orisoain, Pueyo, Puente la Reina, Tiebas, Tirabo, Ucar, Unzue, Uterga, Villatuerta

Montaña:
Aibar, Esclava, Exprogui, Javier, Leache, Lerga, Liédana, Lumbier, Sada, Sangüesa

**Panadés**

Aiguamurcia, Albiñana, Arbós, Aviñonet, Bañeras, Begas, Bellvey, Cabrera de Igualada, Calafell, Cañellas, Castellet y Cornal, Castelvi de la Marca, Creixell, Cubellas, Cunit, Fontrubí, Gelida, La Bisbal del Panadés, La Granada, La Llanuca, Las Cabañas, Lloréns del Panadés, Mediona, Montmell, Olérdola, Olesa de Bonesvalls, Olivella, Pachs, Pla del Panadés, Pontons, Puigdalba, Roda de Bará, San Cugat Sasgarrigas, San Jaime dels Domenys, San Martín Sarroca, San Pedro de Ribas, San Pedro de Riudevitlles, San Quintín de Mediona, San Sadurni de Noya, Santa Fé de Panadés (España), Santa Margarita y Monjos, Santa Oliva, San Vicente de Calders, Sitges, Subirats, Torrelavid, Torellas de Foix, Vendrell, Villafranca del Panadés, Villanueva y Geltrú, Vilovi

**Jumilla**

Albatana, Fuente Alamo, Hellín-Tobarra, Jumilla, Montealegre, Ontur

**Huelva**

Almonte, Beas, Bollulos Par del Condado, Bonares, Chucena, Hinojos, La Palma del Condado, Lucena del Puerto, Manzanilla, Moguer, Niebla, Palos de la Frontera, Rociana del Condado, San Juan del Puerto, Trigueros, Villalba del Alcor, Vilarrasa

**Mancha**

Barrax, El Bonillo, Fuensanta, La Herrera, La Roda, Lezuza, Minaya, Montalvo, Munera, Ossa de Montiel, Villarrobledo, Albaladejo, Alcazar de San Juán, Alcolea de Calatrava, Aldea del Rey, Alham-

Spanien                                              **Herkunftsabkommen**

bra, Almagro, Almedina, Almodóvar del Campo, Arenas de San Juan, Argamasilla de Alba, Argamasilla de Calatrava, Ballesteros de Calatrava, Bolaños de Calatrava, Calzada de Calatrava, Campo de Criptana, Caracuel, Carrión de Calatrava, Carrizosa, Castellar de Santiago, Ciudad Real, Daimiel, Fernáncaballero, Fuenllana, Fuente el Fresno, Granátula de Calatrava, Herencia, La Solana, Las Labores, Malagón, Manzanares, Membrilla, Miguelturra, Montiel, Pedro Muñoz, Piedrabuena, Poblete, Porzuna, Pozuelo de Calatrava, Puebla del Príncipe, Puerto Lápice, San Carlos del Valle, Sante Cruz de Mudela, Socuéllamos, Terrinches, Tomelloso, Torre de Juan Abad, Torrenueva, Torralba de Calatrava, Valenzuela de Calatrava, Villahermosa, Villamanrique, Villamayor de Calatrava, Villanueva de la Fuente, Villar del Pozo, Villarta de San Juan, Villarrubia de los Ojos, Acebrón, Alberca de Záncara, Alcázar del Rey, Alconchel de la Estrella, Almendros, Almonacid del Marquesado, Atalaya de Cañavate, Barajas de Melo, Belinchón, Belmonte, Cañadajuncosa, Carrascosa de Haro, Casas de Fernando Alonso, Casas de Guijarro, Casas de Haro, Casas de los Pinos, Castillo de Garcimuñoz, Cervera del Llano, El Cañavate, El Hito, El Pedernoso, El Provencio, Fuente de Pedro Naharro, Fuentelespino de Haro, Honrubia, Hontanaya, Horcajo de Santiago (España), Huelves, La Almarcha, La Hinojosa, Las Mesas, Las Pedroñeras, Leganiel, Los Hinojosos, Monreal del Llano, Montalbanejo, Mota del Cuervo, Olivares del Júcar, Osa de la Vega, Paredes, Pinarejo, Pozoamargo, Pozorrubio, Puebla de Almenara, Rada de Haro, Rozalén del Monte, Saelices, San Clemente, Sante Maria del Campo Rus, Santa Maria de los Llanos, Sisante, Tarancón, Torrubia del Castillo, Tresjuncos, Tribaldos, Uclés, Vara del Rey, Villaescusa de Haro, Villalgardo del Marquesado, Villamayor de Santiago (España), Villar de Cañas, Villar de la Encina, Villarejo de Fuentes, Villares del Saz, Villarrubio, Zarza del Tajo, Ajofrín, Almonacid de Toledo, Cabañas de Yepes, Cabezamesada, Camuñas, Consuegra, Corral de Almaguer, Chueca, Dosbarrios, El Toboso, Huerta de Valdeca-rábanos, La Guardia, La Puebla de Almoradiel, La Villa de Don Fadrique, Lillo, Los Yébenes, Madridejos, Manzaneque, Marjaliza, Mascaraque, Miguel Esteban, Mora, Nambroca, Noblejas, Ocaña, Ontígola con Oreja, Orgaz con Arísgotas, Quero, Quintanar de la Orden, Romeral, Santa Cruz de la Zarza, Sonseca con Casalgordo, Tembleque, Turleque, Urda, Villacañas, Villafranca de los Caballeros, Villaminaya, Villamuelas, Villanueva de Alcardete, Villanueva de Bogas, Villarrubia de Santiago, Villatobas, Yepes

**Manchuela**

Abengibre, Alatoz, Albacete, Alborea, Alcalá del Júcar, Balsa de Ves, Carcelén, Casas de Júan Núñez, Casas de Ves, Casas-Ibañez, Genizate, Fuentealbilla, Golosalvo, Jorquera, La Gineta, La Recueja, Madrigueras, Mahora, Motilleja, Navas de Jorquera, Pozo-Lorente, Tarazona de la Mancha, Valdeganga, Villa de Ves, Villalgordo del Júcar, Villamalea, Villatoya, Villavaliente, Alarcón, Aliaguilla, Almodóvar del Pinar, Barchín del Hoyo, Buenacho de Alarcón, Campillo de Altobuey, Cardenete, Casasimarro, Castillejo de Iniesta, Chumillas, El Herrumblar, El Peral, El Picazo, Enguídanos, Gabaldón, Garaballa, Graja de Iniesta, Granja de Campalbo, Hontecillas, Iniesta, Landete, La Pesquera, Ledaña, Minglanilla, Mira, Motilla de Palancar, Narboneta, Olmedilla de Alarcón, Paracuellos, Piqueras del Castillo, Pozoseco, Puebla del Salvador, Quintanar del Rey, Rubielos Altos, Rubielos Bajos, Solera del Gabaldón, Talayuelas, Tébar, Valhermoso de la Fuente, Valverdejo, Villagarcía del Llano, Villalpardo, Villanueva de la Jara, Villarta, Villora, Yémeda

**Almansa**

Almansa, Alpera, Bonete, Caudete, Chinchilla, Corral Rubio, Higueruela, Hoya Gonzalo, Pétrola, Pozohondo, Villar de Chinchilla

**Mentrida**

Alcabón, Aldeaencabo, Almorox, Arcicollar, Camarena, Camarenilla, Cardiel de los Montes, Carmena, Carpio de Tajo, Casarrubios del Monte, Castillo de Bayuela, Chozas de Canales, Domingo Pérez, El Casar de Escalona, Escalona, Escalonilla, Fuensalida, Garciatún, Hinojosa de San Vicente, Hormigos, Huecas, Los Cerralbos, Maqueda, Méntrida, Nombela, Noves, Nuño Gómez, Otero, Paredes, Pelahustán, Portillo, Puebla de Montalbán, Quismondo, Real de San Vicente, Santa Cruz de Retamar, Santa Olalla, Torre de Esteban Hambrán, Torrijos, Val de Santo Domingo (España), Valmojado, Venta de Retamosa, Villamiel

**Valdepeñas**

Santa Cruz de Mudela, Valdepeñas

**II. Nombres geográficos de municipios y zonas vitícolas típicas**
(Geographische Bezeichnungen von Gemeinden und typischen Weinbaugebieten)

| Provincias (Provinzen) | Municipios (Gemeinden) | Zonas (Gebiete) |
|---|---|---|
| La Coruña | Betanzos | |
|  | Santiago de Compostela | |

1971

# Herkunftsabkommen  Spanien

| Provincias (Provinzen) | Municipios (Gemeinden) | Zonas (Gebiete) |
|---|---|---|
| Lugo | Amandi<br>Chantada<br>Monforte de Lemos<br>Navia de Suarna<br>Quiroga<br>San Clodio | |
| Orense | Carballino<br>Los Peares<br>Manzaneda<br>Monterrey<br>Puebla de Trives<br>Verin | Valle de Monterrey<br>Valle de Arnoya |
| Pontevedra | Cambados<br>Pontevedra<br>Puenteareas<br>Tuy<br>Vigo | Tierra de Cambados<br>Valle del Rosal |
| Oviedo | Cangas del Narcea | |
| Vizcaya | Baquio<br>Ondárroa (España) | |
| León | Cacabelos<br>León<br>Ponferrada<br>Sahagún<br>Valencia de D. Juán<br>Villafranca del Bierzo | El Bierzo<br>La Bañeza |
| Zamora | Benavente<br>Bermillo de Sayago<br>Fuentesauco<br>Toro<br>Villalpando<br>Zamora | |
| Salamanca | Peñaranda de Bracamonte<br>Sequeros | |
| Avila | Arévalo<br>Cebreros | Tierra de Cebreros |
| Burgos | Aranda de Duero<br>Roa | Ribera del Duero |
| Palencia | Palencia | El Cerrato |
| Valladolid | La Seca<br>Medina del Campo<br>Medina de Rioseco<br>Nava del Rey<br>Olmedo<br>Rueda<br>Tordesillas<br>Valoria la Buena<br>Valladolid<br>Villalón de Campos | Ribera del Duero<br>Tierra de Medina<br>La Nava |
| Huesca | Barbastro<br>Huesca | Somontano |
| Zaragoza | Almunia de Doña Godina<br>Ateca | Campo de Borja |

1972

Spanien                                                                                    **Herkunftsabkommen**

| **Provincias** (Provinzen) | **Municipios** (Gemeinden) | **Zonas** (Gebiete) |
|---|---|---|
| | Borja | |
| | Calatayud | |
| | Daroca | |
| | Tarazona | |
| Teruel | Alcañiz | |
| | Calamocha | |
| | Hijar | |
| | Valderrobles | |
| Lerida | Borjas Blancas | |
| | Cervera | |
| Gerona | Cadaqués | Ampurdán-Costa Brava |
| | Capmany | |
| | Espolla | |
| | Garrigella | |
| | La Bisbal | |
| | Mollet de Perelada | |
| | Perelada | |
| | Pont de Molins | |
| | Rabós | |
| | Rosas | |
| | Vilajuiga | |
| | Vilamaniscle | |
| Barcelona | Arenys de Mar | San Sadurni de Noya |
| | Barcelona | Malvasia de Sitges |
| | Granollers | |
| | Igualada | |
| | Manresa | |
| | Martorell | |
| | Mataró | |
| | Plá de Bajes | |
| | Sabadell | |
| | S. Feliú de Llobregat | |
| | Tarrasa | |
| Baleares | Benisalem | |
| | Felanitx | |
| | Inca | |
| | Mallorca | |
| | Manacor | |
| | Menorca | |
| Càceres | Cañameros | Montánchez |
| | Montánchez | |
| Badajoz | Alburquerque (España) | Tierra de Barros |
| | Almendralejo | Almendralejo |
| | Badajoz | La Serena |
| | Guareña | |
| | Los Santos de Maimona | |
| | Mérida (España) | |
| | Zafra | |
| Madrid | Cadalso de los Vidrios | Arganda |
| | Cenicientos | Tierra de Cebreros |
| | Chinchón | |
| | Colmenar de Oreja | |
| | Navalcarnero | |
| | San Martin de Valdeiglesias | |
| | Valmojado | |
| | Villa del Prado | |

1973

# Herkunftsabkommen                                                                 Spanien

| Provincias (Provinzen) | Municipios (Gemeinden) | Zonas (Gebiete) |
|---|---|---|
| Alicante | Alcoy<br>Benejama<br>Callosa de Ensarriá<br>Jijona | |
| Almeria | Laujar | |
| Castellón de la Plana | Albocácer<br>Castellón<br>San Mateo<br>Vinaroz | |
| Granada | Albondón<br>Albuñol<br>Santa Fé de Granada (España) | Costa de Granada |
| Huelva | | El Condado |
| Málaga | | Montes de Málaga |
| Murcia | Yecla | |
| Tarragona | | Terra Alta<br>Conca de Barbará |
| Islas Canarias | | Malvasía de Tenerife<br>Malvasía de Lanzarote |

### III. Vinos espumosos
(Schaumweine)

Cava española

### IV. Nombres geográficos de otras bebidas alcohólicas
(Geographische Bezeichnungen anderer alkoholischer Getränke)

Aguardiente de caña de Motril, Anís de Cazalla (protegido con Denominación de Origen), Anís de Chinchón, Anís de la Costa Brava, Anís de Ojén, Anís de Rute, Palo de Mallorca, Ron canario, Sidra de Asturias, Sidra de Berriatúa, Sidra de Ondárroa (España)

### V. Nombres geográficos de aguas minerales
(Geographische Bezeichnungen für Mineralwasser)

Agua de Betelú , Agua de Carabaña, Agua de Fontenova, Agua de Lanjarón, Agua de Malavella, Agua de Mondariz, Agua de Solares

### VI. Nombres geográficos de frutos, productos hortícolas y otros productos agrícolas y pecuarios y sus elaboraciones
(Geographische Bezeichnungen für Früchte, Gartenbauerzeugnisse und andere landwirtschaftliche Erzeugnisse sowie für deren Verarbeitungsprodukte)

**Frutos y productos hortícolas** *(Früchte und Gartenbauerzeugnisse)*
Aceituna gordal de Sevilla, Aceituna manzanilla de Sevilla, Alcaparras de Mallorca, Alcaparras de Murcia, Almendras de Mallorca, Almendras de Tarragona, Avellanas de Tarragona, Cebollas de Liria, Cebollas de Valencia, Cerezas del Jerte, Ciruelas claudias de Tolosa, Dátiles de Elche, Espárragos de Aranjuez, Fresas y fresones de Aranjuez, Higos secos de Fraga, Higos secos de Huelva, Limones de Murcia, Melocotones de Aragón, Melocotones de Lérida, Melocotones de Murcia, Melones de Elche, Melones tendrales de Valencia, Melones de Villaconejos, Naranja amarga de Sevilla, Pasas de Denia, Pasas de Málaga, Pepinos de Calahorra, Pepinos de Gran Canaria, Peras de Aranjuez, Peras limoneras de Extremadura, Peras limoneras de Lérida, Pimiento de Murcia, Pimiento de La Rioja, Plátanos de Canarias, Tomate de Alicante, Tomate de Canarias, Uvas de Aledo, Uvas de Almería, Uvas de Málaga

**Otros productos agrícolas** *(Andere landwirtschaftliche Erzeugnisse)*
Azafrán de La Mancha, Claveles de La Maresma, Pimentón de Murcia, Pimentón de La Vera

Österreich  **Herkunftsabkommen**

**Productos pecuarios y apícolas** *(Erzeugnisse der Viehwirtschaft und Imkerei)*
Butifarra catalana, Chorizo de Cantimpalos, Chorizo de Pamplona, Jamón de Jabugo, Jamón de Trévelez, Lacón de Galicia, Miel de La Alcarria, Morcilla de Burgos, Queso de Burgos, Queso de Cabrales, Queso gallego, Queso de Idiazábal, Queso de Mahón (España), Queso manchego, Queso del Roncal, Queso de Villalón, Salchichón de Vich, Sobreasada de Mallorca

**Elaboraciones y conservas** *(Verarbeitungsprodukte und Konserven)*
Almendras de Alcalá, Callos madrileña (exclusivamente en conserva), Callos riojana (exclusivamente en conserva), Cigarrillos de Canarias, Cocido madrileño (exclusivamente en conserva), Dulce de membrillo de Puente Genil, Fabada asturiana (exclusivamente en conserva), Frutas confitadas de Aragón, Mazapán de Toledo, Paella Valenciana (exclusivamente en conserva), Puros de Canarias, Turrón de Alicante, Turrón de Guirlache de Zaragoza, Turrón de Jijona

### VII. Nombres geográficos de productos industriales
(Geographische Bezeichnungen für Erzeugnisse der gewerblichen Wirtschaft)

**Artículos de piel** *(Lederwaren)*
Artículos de piel de Ubrique, Calzado de Elda, Calzado de Inca, Calzado de Menorca

**Artículos textiles** *(Textilerzeugnisse)*
Alfombras de La Alpujarra, Alfombras de esparto de Ubeda, Bordados de Lagartera, Bordados de Mallorca, Goyescas, mantillas y velos de Granada, Mantas de Palencia, Paños de Sabadell, Paños de Tarrasa

**Cerámica** *(Steinzeug und Porzellan)*
Cerámica de Manises, Cerámica de Talavera, Porcelana del Bidasoa

**Muebles** *(Möbel)*
Muebles de Manacor, Muebles de Sonseca

**Orfebrería, joyería, filigrana, forja** *(Schmuckwaren und kunstgewerbliche Erzeugnisse)*
Artesanía de Eibar, Artesanía de Toledo, Bisutería de Menorca, Filigrana de Córdoba, Filigrana charra (Salamanca), Hierros artísticos de Toledo, Perlas de Las Islas Baleares

**Armas** *(Waffen)*
Armas de fuego de Eibar, Espadas y cuchillos de Toledo, Navajas y cuchillos de Albacete

## VI. Österreich

### Vertrag über den Schutz von Herkunftsangaben, Ursprungsbezeichnungen und anderen geographischen Bezeichnungen samt Zusatzvereinbarung
vom 6. Oktober 1981

**Schrifttum.** *Krieger,* Der internationale Schutz von geographischen Bezeichnungen aus deutscher Sicht, GRUR Int 1984, 71.

S. auch die Schrifttumsangaben Vorb zu den §§ 126 bis 139 MarkenG, zu den Herkunftsabkommen allgemein (vor Rn 1) sowie vor den einzelnen Herkunftsabkommen.

### Vorbemerkung

Der Vertrag ist noch nicht ratifiziert worden (Regierungsvorlage der Republik Österreich vom 7. Dezember 1982, Nr. 1357 der Beilagen zu den Stenographischen Protokollen des Nationalrates XV. GP).

**Art. 1** Jeder der Vertragsstaaten verpflichtet sich, alle notwendigen Maßnahmen zu ergreifen, um in wirksamer Weise aus dem Gebiet des anderen Vertragsstaates stammende Erzeugnisse oder Waren der Landwirtschaft und der gewerblichen Wirtschaft gegen unlauteren Wettbewerb im geschäftlichen Verkehr zu schützen sowie nach Maßgabe dieses Vertrages und des Protokolls zu diesem Vertrag den Schutz von Bezeichnungen für solche Erzeugnisse oder Waren zu gewährleisten.

# Herkunftsabkommen
Österreich

Art. 2 Nach dem Vertrag sind der Name „Bundesrepublik Deutschland", die Bezeichnung „Deutschland" und die Namen deutscher Länder für deutsche Erzeugnisse oder Waren, der Name „Republik Österreich", die Bezeichnung „Österreich" und die Namen der österreichischen Bundesländer für österreichische Erzeugnisse oder Waren geschützt.

Art. 3 (1) Nach dem Vertrag sind ferner die Bezeichnungen geschützt, die in dem Protokoll näher bezeichnet sind, das von den jeweils innerstaatlich zuständigen Stellen vereinbart wird. Das Protokoll enthält in einer Liste A die für deutsche und in einer Liste B die für österreichische Erzeugnisse oder Waren geschützten Bezeichnungen. Die Listen werden in die Bereiche „Ernährung und Landwirtschaft" und „Gewerbliche Wirtschaft" unterteilt. Innerhalb dieser Bereiche sind die Bezeichnungen für die Erzeugnisse oder Waren nach ihrer Art aufgeführt. Eine Zusatzvereinbarung zu diesem Vertrag enthält ergänzende Regelungen.

(2) Herkunftsangaben und andere geographische Bezeichnungen im Sinne dieses Vertrages sind alle Angaben, die unmittelbar oder mittelbar auf die Herkunft eines Erzeugnisses oder einer Ware aus einem der Vertragsstaaten hinweisen.

Art. 4 (1) Die auf Grund der Artikel 2 und 3 des Vertrages und des Protokolls geschützten deutschen Bezeichnungen sind, soweit sich nicht aus der Zusatzvereinbarung etwas anderes ergibt, im Gebiet der Republik Österreich ausschließlich deutschen Erzeugnissen oder Waren vorbehalten und dürfen dort nur unter denselben Voraussetzungen benutzt werden, wie sie in der Gesetzgebung der Bundesrepublik Deutschland vorgesehen sind.

(2) Wird eine der in der Liste A des Protokolls aufgeführten Bezeichnungen für andere als die Erzeugnisse oder Waren, denen sie in der Liste A zugeordnet ist, benutzt, so ist Absatz 1, soweit es sich nicht um die in Artikel 2 bezeichneten Staats- und Ländernamen handelt, nur anzuwenden, wenn

1. die Benutzung geeignet ist, den Unternehmen Nachteile im Wettbewerb zuzufügen, die die Bezeichnung für die in der Liste A angegebenen deutschen Erzeugnisse oder Waren rechtmäßig benutzen, es sei denn, daß an der Benutzung der Bezeichnung im Gebiet der Republik Österreich für nichtdeutsche Erzeugnisse oder Waren ein schutzwürdiges Interesse besteht, oder
2. die Benutzung der Bezeichnung geeignet ist, den besonderen Ruf oder die besondere Werbekraft der Bezeichnung zu beeinträchtigen.

(3) Stimmt eine der nach Absatz 1 geschützten Bezeichnungen mit der Bezeichnung eines Gebietes oder Ortes außerhalb des Gebietes der Bundesrepublik Deutschland überein, so wird durch Absatz 1 nicht ausgeschlossen, daß die Bezeichnung für Erzeugnisse oder Waren benutzt wird, die in diesem Gebiet oder Ort hergestellt worden sind. Jedoch können in der Zusatzvereinbarung ergänzende Bestimmungen getroffen werden.

(4) Durch Absatz 1 wird ferner niemand gehindert, auf Erzeugnissen oder Waren, insbesondere auf deren Aufmachung oder Verpackung, oder auf Rechnungen, Frachtbriefen oder anderen Geschäftspapieren oder in der Werbung seinen Namen, seine Firma, soweit sie den Namen einer natürlichen Person enthält, und seinen Wohnsitz oder Sitz anzugeben, sofern diese Angaben nicht als Kennzeichen der Erzeugnisse oder Waren benutzt werden. Die kennzeichenmäßige Benutzung des Namens und der Firma ist jedoch zulässig, wenn ein schutzwürdiges Interesse an dieser Benutzung besteht.

(5) Artikel 7 bleibt unberührt.

Art. 5 (1) Die auf Grund der Artikel 2 und 3 des Vertrages und des Protokolls geschützten österreichischen Bezeichnungen sind, soweit sich nicht aus der Zusatzvereinbarung etwas anderes ergibt, im Gebiet der Bundesrepublik Deutschland ausschließlich österreichischen Erzeugnissen oder Waren vorbehalten und dürfen dort nur unter denselben Voraussetzungen benutzt werden, wie sie in der Gesetzgebung der Republik Österreich vorgesehen sind.

(2) Wird eine der in der Liste B des Protokolls aufgeführten Bezeichnungen für andere als die Erzeugnisse oder Waren, denen sie in der Liste B zugeordnet ist, benutzt, so ist Absatz 1, soweit es sich nicht um die in Artikel 2 bezeichneten Staats- und Ländernamen handelt, nur anzuwenden, wenn

1. die Benutzung geeignet ist, den Unternehmen Nachteile im Wettbewerb zuzufügen, die die Bezeichnung für die in der Liste B angegebenen österreichischen Er-

zeugnisse oder Waren rechtmäßig benutzen, es sei denn, daß an der Benutzung der Bezeichnung im Gebiet der Bundesrepublik Deutschland für nichtösterreichische Erzeugnisse oder Waren ein schutzwürdiges Interesse besteht, oder

2. die Benutzung der Bezeichnung geeignet ist, den besonderen Ruf oder die besondere Werbekraft der Bezeichnung zu beeinträchtigen.

(3) Stimmt eine der nach Absatz 1 geschützten Bezeichnungen mit der Bezeichnung eines Gebietes oder Ortes außerhalb des Gebietes der Republik Österreich überein, so wird durch Absatz 1 nicht ausgeschlossen, daß die Bezeichnung für Erzeugnisse oder Waren benutzt wird, die in diesem Gebiet oder Ort hergestellt worden sind. Jedoch können in der Zusatzvereinbarung ergänzende Bestimmungen getroffen werden.

(4) Durch Absatz 1 wird ferner niemand gehindert, auf Erzeugnissen oder Waren, insbesondere auf deren Aufmachung oder Verpackung, oder auf Rechnungen, Frachtbriefen oder anderen Geschäftspapieren oder in der Werbung seinen Namen, seine Firma, soweit sie den Namen einer natürlichen Person enthält, und seinen Wohnsitz oder Sitz anzugeben, sofern diese Angaben nicht als Kennzeichen der Erzeugnisse oder Waren benutzt werden. Die kennzeichenmäßige Benutzung des Namens und der Firma ist jedoch zulässig, wenn ein schutzwürdiges Interesse an dieser Benutzung besteht.

(5) Artikel 7 bleibt unberührt.

Art. 6 (1) Wird eine der auf Grund der Artikel 2 und 3 des Vertrages und des Protokolls geschützten Bezeichnungen im geschäftlichen Verkehr entgegen den Bestimmungen dieses Vertrages für Erzeugnisse oder Waren, insbesondere für deren Aufmachung oder Verpackung, oder auf Rechnungen, Frachtbriefen oder anderen Geschäftspapieren oder in der Werbung benutzt, so finden alle gerichtlichen und behördlichen Maßnahmen einschließlich der Beschlagnahme Anwendung, die nach der Gesetzgebung des Vertragsstaates, in dem der Schutz in Anspruch genommen wird, für die Bekämpfung unlauteren Wettbewerbs oder sonst für die Unterdrückung unzulässiger Bezeichnungen in Betracht kommen.

(2) Die Bestimmungen des Absatzes 1 sind auch dann anzuwenden, wenn die auf Grund der Artikel 2 und 3 des Vertrages und des Protokolls geschützten Bezeichnungen in Übersetzung oder mit einem Hinweis auf die tatsächliche Herkunft oder mit Zusätzen wie „Art", „Typ", „Fasson", „Nachahmung" oder dergleichen benutzt werden. Die Anwendung der Bestimmungen des Absatzes 1 wird insbesondere nicht dadurch ausgeschlossen, daß die geschützten Bezeichnungen in abweichender Form benutzt werden, sofern trotz der Abweichung die Gefahr einer Verwechslung im geschäftlichen Verkehr besteht.

Art. 7 Die Bestimmungen des Artikels 6 dieses Vertrages sind auch anzuwenden, wenn für Erzeugnisse oder Waren, insbesondere für deren Aufmachung oder Verpackung, oder auf Rechnungen, Frachtbriefen oder anderen Geschäftspapieren oder in der Werbung Kennzeichnungen, Marken, Namen, Aufschriften oder Abbildungen benutzt werden, die unmittelbar oder mittelbar falsche oder irreführende Angaben über Herkunft, Ursprung, Natur, Sorte oder wesentliche Eigenschaften der Erzeugnisse oder Waren enthalten.

Art. 8 (1) Namen oder Abbildungen von Orten, Gebieten, Gebäuden, Denkmälern, Flüssen, Bergen oder dergleichen, die nach Auffassung eines wesentlichen Teiles der beteiligten Verkehrskreise des Vertragsstaates, in dem der Schutz in Anspruch genommen wird, auf den anderen Vertragsstaat oder auf einen Ort oder ein Gebiet dieses Vertragsstaates hinweisen, gelten als falsche oder irreführende Angaben über die Herkunft im Sinne des Artikels 7, wenn sie für Erzeugnisse oder Waren benutzt werden, die nicht aus diesem Vertragsstaat stammen, sofern nicht der Name oder die Abbildung unter den gegebenen Umständen vernünftigerweise nur als Beschaffenheitsangabe oder Phantasiebezeichnung aufgefaßt werden kann.

(2) Die Bestimmungen des Artikels 4 Absätze 3 und 4 und des Artikels 5 Absätze 3 und 4 sind sinngemäß anzuwenden.

(3) Absatz 1 gilt auch für spracheigentümliche und für mundartliche Bezeichnungen, die nach Auffassung eines wesentlichen Teiles der beteiligten Verkehrskreise des Vertragsstaates, in dem der Schutz in Anspruch genommen wird, ausschließlich auf den anderen Vertragsstaat hinweisen.

Art. 9 (1) Ansprüche wegen Zuwiderhandlungen gegen diesen Vertrag können vor den Gerichten der Vertragsstaaten außer von natürlichen Personen, Personengesellschaften

# Herkunftsabkommen   Österreich

des Handelsrechts und juristischen Personen, die nach der Gesetzgebung der Vertragsstaaten hierzu berechtigt sind, auch von Verbänden und Vereinigungen geltend gemacht werden, die die beteiligten Erzeuger, Hersteller und Händler vertreten und in einem Vertragsstaat ihren Sitz haben, sofern sie nach der Gesetzgebung des Vertragsstaates, in dem sie ihren Sitz haben, als solche in bürgerlichen Rechtsstreitigkeiten klagen können.

(2) Darüber hinaus können Verbände und Vereinigungen, insbesondere auch jene, die die Interessen der Verbraucher vertreten, Ansprüche wegen Zuwiderhandlungen gegen diesen Vertrag geltend machen, wenn sie nach dem Gesetz gegen den unlauteren Wettbewerb des Vertragsstaates, in dem der Anspruch geltend gemacht wird, klagen können.

Art. 10 (1) Erzeugnisse oder Waren, Verpackungen, Rechnungen, Frachtbriefe und andere Geschäftspapiere sowie Werbemittel, die sich bei Inkrafttreten dieses Vertrages im Gebiet eines der Vertragsstaaten befinden und rechtmäßig mit Bezeichnungen versehen worden sind, die nach diesem Vertrag nicht benutzt werden dürfen, können bis zum Ablauf von zwei Jahren nach Inkrafttreten dieses Vertrages abgesetzt oder aufgebraucht werden.

(2) Darüber hinaus dürfen natürliche Personen, Personengesellschaften des Handelsrechts und juristische Personen, die eine Bezeichnung, die mit einer der auf Grund der Artikel 2 und 3 des Vertrages und des Protokolls geschützten Bezeichnungen übereinstimmt, bereits im Zeitpunkt der Unterzeichnung des Vertrages rechtmäßig benutzt haben, oder Inhaber eines vor diesem Zeitpunkt rechtmäßig eingetragenen Warenzeichens sind, das eine solche Bezeichnung enthält, diese Bezeichnung oder das Warenzeichen bis zum Ablauf von zehn Jahren nach Inkrafttreten dieses Vertrages weiterbenutzen. Das Weiterbenutzungsrecht kann nur mit dem Geschäftsbetrieb oder dem Teil des Geschäftsbetriebes, zu dem die Bezeichnung oder das Warenzeichen gehört, vererbt oder veräußert werden.

(3) Ist eine solche Bezeichnung Bestandteil einer Firma, die bereits im Zeitpunkt der Unterzeichnung des Vertrages rechtmäßig benutzt worden ist, so sind die Bestimmungen des Artikels 4 Absatz 4 Satz 1 und des Artikels 5 Absatz 4 Satz 1 auch dann anzuwenden, wenn die Firma nicht den Namen einer natürlichen Person enthält. Absatz 2 Satz 2 ist sinngemäß anzuwenden.

(4) Artikel 7 bleibt unberührt.

Art. 11 (1) Das Protokoll gemäß Artikel 3 kann von den jeweils innerstaatlich zuständigen Stellen der Vertragsstaaten im Einvernehmen geändert oder erweitert werden. Jedoch bedürfen Einschränkungen der Liste der Bezeichnungen für Erzeugnisse oder Waren aus dem Gebiet eines Vertragsstaates nicht der Zustimmung des anderen Vertragsstaates.

(2) Im Falle der Änderung oder Erweiterung der Listen sind die Bestimmungen des Artikels 10 anzuwenden. Jedoch ist statt des Zeitpunktes der Unterzeichnung des Vertrages der Zeitpunkt der Bekanntmachung der Änderung oder Erweiterung durch den anderen Vertragsstaat, statt des Zeitpunktes des Inkrafttretens des Vertrages der Zeitpunkt des Inkrafttretens der Änderung oder Erweiterung maßgebend.

Art. 12 Dieser Vertrag ist nicht anzuwenden, wenn Erzeugnisse oder Waren durch das Gebiet eines der Vertragsstaaten lediglich durchgeführt werden.

Art. 13 Durch diesen Vertrag werden die in jedem der Vertragsstaaten bestehenden Bestimmungen über die Einfuhr von Erzeugnissen oder Waren nicht berührt.

Art. 14 Die Bestimmungen dieses Vertrages schließen nicht den weitergehenden Schutz aus, der in den Vertragsstaaten für die auf Grund des Vertrages und des Protokolls geschützten Bezeichnungen auf Grund anderer zwischenstaatlicher Übereinkünfte oder innerstaatlicher Rechtsvorschriften besteht oder künftig gewährt wird.

Art. 15 Die zuständigen Stellen der Vertragsstaaten werden miteinander in Verbindung treten, um Vorschläge zur Änderung oder Erweiterung des in Artikel 3 Absatz 1 vorgesehenen Protokolls und Fragen zu beraten, die sich bei der Anwendung des Vertrages ergeben könnten.

Art. 16 Dieser Vertrag gilt auch für das Land Berlin, sofern nicht die Regierung der Bundesrepublik Deutschland gegenüber der Regierung der Republik Österreich innerhalb von drei Monaten nach Inkrafttreten dieses Vertrages eine gegenteilige Erklärung abgibt.

Österreich **Herkunftsabkommen**

Art. 17 (1) Dieser Vertrag bedarf der Ratifikation; die Ratifikationsurkunden werden so bald wie möglich in Bonn ausgetauscht.

(2) Dieser Vertrag tritt 60 Tage nach Austausch der Ratifikationsurkunden in Kraft und ist unbefristet.

(3) Dieser Vertrag kann jederzeit von jedem der beiden Vertragsstaaten unter Einhaltung einer Frist von mindestens einem Jahr schriftlich gekündigt werden. Artikel 11 Absatz 1 Satz 2 bleibt unberührt.

(4) Das Protokoll gemäß Artikel 3 kann schon vor dem Inkrafttreten des Vertrages vereinbart werden, tritt jedoch erst unter der Voraussetzung der Ratifikation des Vertrages 60 Tage nach Austausch der Ratifikationsurkunden dieses Vertrages in Kraft.

ZU URKUND DESSEN haben die Bevollmächtigten der beiden Vertragsstaaten diesen Vertrag unterzeichnet und mit Siegeln versehen.

GESCHEHEN ZU Wien, am 6. Oktober 1981, in zwei Urschriften in deutscher Sprache.

## ZUSATZVEREINBARUNG

DIE VERTRAGSPARTEIEN, VON DEM WUNSCHE GELEITET, die Anwendung gewisser Vorschriften des Vertrages vom heutigen Tage über den Schutz von Herkunftsangaben und anderen geographischen Bezeichnungen näher zu regeln, HABEN DIE NACHSTEHENDEN BESTIMMUNGEN VEREINBART, welche einen integrierenden Bestandteil des Vertrages bilden:

1. Die Artikel 2 und 3 des Vertrages verpflichten keinen der beiden Vertragsstaaten, in seinem Gebiet beim Inverkehrbringen von Erzeugnissen oder Waren, die mit geschützten Bezeichnungen versehen sind, die Vorschriften des anderen Vertragsstaates anzuwenden, die sich auf die verwaltungsmäßige Kontrolle dieser Erzeugnisse oder Waren beziehen, zum Beispiel diejenigen Vorschriften, die die Führung von Eingangs- und Ausgangsbüchern und den Verkehr dieser Erzeugnisse oder Waren betreffen.

2. Die Artikel 2 und 3 des Vertrages sind auf Bezeichnungen von Tierrassen nicht anzuwenden. Das gleiche gilt für Bezeichnungen, die nach dem Internationalen Übereinkommen vom 2. Dezember 1961 zum Schutz von Pflanzenzüchtungen als Sortenbezeichnungen benutzt werden müssen, sobald dieses Übereinkommen im Verhältnis zwischen den beiden Vertragsstaaten in Kraft getreten sein wird.

3. Durch die Artikel 2 und 4 des Vertrages wird insbesondere die Benutzung österreichischer geographischer Bezeichnungen, die das Wort „Deutsch" als Bestandteil enthalten, nicht ausgeschlossen.

4. a) Wird eine durch den Vertrag geschützte Bezeichnung, die im anderen Vertragsstaat für dort hergestellte Erzeugnisse oder Waren im Zeitpunkt der Unterzeichnung des Vertrages in beteiligten Verkehrskreisen benutzt wurde, für Frischspeisen benutzt, so ist der Vertrag insoweit nicht anzuwenden.
   b) Als Frischspeisen sind Gerichte und andere Eßwaren anzusehen, die in einer Gaststätte, einer Konditorei oder einem ähnlichen Betrieb zubereitet und unmittelbar zum sofortigen Verzehr verabreicht oder unmittelbar an den Letztverbraucher verkauft werden.

5. a) Die Bezeichnungen „Neu-Gablonzer Schmuckwaren" und „Neu-Gablonzer Glaswaren" dürfen für in Neu-Gablonz (Bundesrepublik Deutschland) hergestellte Erzeugnisse in der Republik Österreich benutzt werden, wenn sie nur als Angabe über die Herkunft und nur in einer Weise, insbesondere durch die Angabe des Herkunftslandes, benutzt werden, die jede Irreführung über die Herkunft und den Charakter der Erzeugnisse ausschließt.
   b) Die Bezeichnungen „Gablonzer Waren", „Gablonzer Bijouterie", „Gablonzer Schmuck", „Gablonzer Schmuckwaren", „Gablonzer Kristallerie" und „Gablonzer Schmucksteine" dürfen für österreichische Erzeugnisse in der Bundesrepublik Deutschland benutzt werden, sofern die österreichische Herkunft gekennzeichnet ist.

6. a) Geographische Bezeichnungen für Käse, die durch von den beiden Vertragsstaaten angenommene Standards im Rahmen der Organisation der Vereinten Nationen für Ernährung und Landwirtschaft und der Weltgesundheitsorganisation (FAO/WHO) geregelt worden sind, dürfen entsprechend dem jeweiligen

# Herkunftsabkommen     Österreich

Standard und nach Maßgabe der Annahmebedingungen in beiden Vertragsstaaten benutzt werden.

b) Die Bezeichnung „Emmentaler" darf in der Bundesrepublik Deutschland für österreichischen Käse benutzt werden, wenn der Bezeichnung die Angabe des Herstellungslandes in nach Schriftart, Größe und Farbe gleichen Buchstaben hinzugefügt wird.

c) Absatz b gilt auch für die Bezeichnungen „Murtaler Kleinemmentaler" und „Amertaler".

7. Durch Artikel 2 des Vertrages wird nicht ausgeschlossen, daß die Bezeichnung „Hamburger" in der Republik Österreich für österreichische Hackfleischerzeugnisse (Faschiertes) und für österreichischen Speck sowie die Bezeichnung „Wiener" in der Bundesrepublik Deutschland für deutsche Wurstwaren benutzt wird.

8. Durch die Aufnahme der Bezeichnungen „Schwarzwälder Speck", „Schwarzwälder Schinken" und „Westfälischer Schinken" in die Liste A des Protokolls zu diesem Vertrag wird nicht ausgeschlossen, daß in der Republik Österreich Bezeichnungen unter Verwendung der Bestandteile „Schwarzwälder" und „Westfäler" für österreichische Fleischwaren benutzt werden, wenn den Bezeichnungen auf der Verpackung die Angabe des Herstellungslandes deutlich sichtbar und lesbar hinzugefügt wird. Nr. 4 der Zusatzvereinbarung bleibt unberührt.

9. Durch die Aufnahme der Bezeichnungen „Braunschweiger Mettwurst", „Frankfurter Würstchen" und „Thüringer Wurst" in die Liste A des Protokolls zu diesem Vertrag wird nicht ausgeschlossen, daß Bezeichnungen unter Verwendung der Bestandteile „Braunschweiger", „Frankfurter" und „Thüringer" für österreichische Wurstwaren benutzt werden, wenn den Bezeichnungen auf der Verpackung die Angabe des Herstellungslandes deutlich sichtbar und lesbar hinzugefügt wird. Nr. 4 der Zusatzvereinbarung bleibt unberührt.

10. Durch die Aufnahme der Bezeichnung „Bayerisches Blockmalz" in die Liste A des Protokolls zu diesem Vertrag werden in der Republik Österreich bestehende Markenrechte an der Bezeichnung „Blockmalz" nicht beeinträchtigt.

11. Durch die Aufnahme der Bezeichnung „Schwarzwälder Kirschwasser" in die Liste A des Protokolls zu diesem Vertrag wird nicht ausgeschlossen, daß die Bezeichnungen „Schwarzwälder Kirschtorte", „Schwarzwälder Kirscheis" und „Schwarzwälder Kirschschnitten" in der Republik Österreich für österreichische Erzeugnisse benutzt werden.

12. Durch die Aufnahme der Bezeichnung „Steinhäger" in die Liste A des Protokolls zu diesem Vertrag wird nicht ausgeschlossen, daß diese Bezeichnung in der Republik Österreich für österreichische Spirituosen benutzt wird, wenn der Bezeichnung die Angabe des Herstellungslandes deutlich sichtbar und lesbar hinzugefügt wird. Zusätze wie „echt" oder „original" sind ausschließlich deutschen Erzeugnissen vorbehalten.

13. Durch die Aufnahme der Bezeichnung „Kölnisch Wasser" in die Liste A des Protokolls zu diesem Vertrag wird nicht ausgeschlossen, daß diese Bezeichnung für Parfümeriewaren benutzt wird, die in der Republik Österreich auf der Grundlage eines Lizenzvertrages mit einem Unternehmen, das nach dem Recht der Bundesrepublik Deutschland berechtigt ist, die Bezeichnung zu benutzen, unter Verwendung von Originalessenzen fertiggestellt werden.

14. Zu den in die Liste B des Protokolls zu diesem Vertrag aufgenommenen Bezeichnungen
Deutschmeisterbonbons, Inländer Rum, Jagertee, Kaiserbirn, Krachmandeln, Marillenbrand, Marillenlikör, Mozartkugeln, Mozarttorteletts, Mozartrollen, Ribiselbrand, Ribisellikör, Ribiselsaft, Ribiselwein
wird einvernehmlich festgestellt, daß diese Bezeichnungen mittelbar auf eine Herkunft der Erzeugnisse oder Waren aus der Republik Österreich hinweisen.

15. Durch die Aufnahme der Bezeichnung „Krachmandeln" in die Liste B des Protokolls zu diesem Vertrag wird nicht ausgeschlossen, daß diese Bezeichnung in der Bundesrepublik Deutschland für karamelisierte Mandeln benutzt wird.

16. Durch die Aufnahme der Bezeichnung „Mozartkugeln" in die Liste B des Protokolls zu diesem Vertrag wird nicht ausgeschlossen, daß diese Bezeichnung in der Bundesrepublik Deutschland für deutsche Erzeugnisse benutzt wird, wenn der Bezeichnung die Angabe des Herstellungslandes in nach Schriftart, Größe und Farbe gleichen Buchstaben hinzugefügt wird.

17. Die in die Liste B des Protokolls zu diesem Vertrag aufgenommene Bezeichnung „Königsberger Wurst" darf in der Bundesrepublik Deutschland für österreichische Wurstwaren nur benutzt werden, wenn der Bezeichnung die Angabe des Herstellungslandes in nach Schriftart, Größe und Farbe gleichen Buchstaben hinzugefügt wird.
18. Die Bezeichnung „Ungarische Salami" darf für eine Salami österreichischer Herkunft in der Bundesrepublik Deutschland benutzt werden, wenn dieser Bezeichnung die Angabe des Herstellungslandes in nach Schriftart, Größe und Farbe gleichen Buchstaben hinzufügt und der Hersteller mit Name und Sitz angegeben wird.
19. Zu den Regelungen in Nr. 8 und 16 dieser Zusatzvereinbarung wird einvernehmlich festgestellt, daß die Befugnis zur Benutzung der dort aufgeführten Bezeichnungen, die nur unter Hinzufügung von Zusätzen benutzt werden dürfen, nicht für die Ausfuhr von Erzeugnissen oder Waren, die mit einer dieser Bezeichnungen mit oder ohne Hinzufügung von Zusätzen versehen sind, in Drittstaaten gilt. Auch insoweit ist Artikel 6 des Vertrages anzuwenden.
20. Artikel 7 des Vertrages bleibt durch diese Zusatzvereinbarung unberührt, soweit nicht in der Zusatzvereinbarung ausdrücklich besondere Regelungen getroffen worden sind.

GESCHEHEN ZU Wien, am 6. Oktober 1981, in zwei Urschriften in deutscher Sprache.

# Dritter Teil
# Gesetzestexte

## Übersicht

I. Nationale Rechtsvorschriften; Marken und sonstige Kennzeichen ..................... 1987
II. Europäische Rechtsvorschriften; Gemeinschaftsmarken und sonstige Kennzeichen........................................................................................................................... 2091
III. Staatsvertragsrecht; Mehrseitige Abkommen ....................................................... 2303

## Inhaltsübersicht

### I. Nationale Rechtsvorschriften; Marken und sonstige Kennzeichen

1. Gesetz zur Reform des Markenrechts und zur Umsetzung der Ersten Richtlinie 89/104/EWG des Rates vom 21. Dezember 1988 zur Angleichung der Rechtsvorschriften der Mitgliedstaaten über die Marken (Markenrechtsreformgesetz) vom 25. Oktober 1994 ........................................................ 1987
   Gesetzesbegründung (s. 1. Auflage des Kommentars, 3. Teil, I 1) ............... 1998
2. Markenrechtsänderungsgesetz 1996 vom 19. Juli 1996 ............................ 1999
   Gesetzesbegründung (s. 1. Auflage des Kommentars, 3. Teil, I 2) ............... 1999
3. Verordnung zur Ausführung des Markengesetzes (Markenverordnung – MarkenV) vom 30. November 1994 ........................................................ 2000
4. Verordnung über die Wahrnehmung einzelner den Prüfungsstellen, der Gebrauchsmusterstelle, den Markenstellen und den Abteilungen des Patentamts obliegender Geschäfte (Wahrnehmungsverordnung – WahrnV) vom 14. Dezember 1994 ................................................................................... 2026
5. Gesetz über die Gebühren des Patentamts und des Patentgerichts (PatGebG) vom 18. August 1976 ........................................................................ 2032
6. Verordnung über die Zahlung der Gebühren des Deutschen Patent- und Markenamts und des Bundespatentgerichts (PatGebZV) vom 15. Oktober 1991 ............................................................................................. 2039
7. Verordnung über Verwaltungskosten beim Deutschen Patent- und Markenamt (DPMA VwKostV) vom 15. Oktober 1991 ........................................ 2040
8. Verordnung über das Deutsche Patent- und Markenamt (DPMAV) vom 5. September 1968 ............................................................................. 2046
9. Warenzeichengesetz in der Fassung der Bekanntmachung vom 2. Januar 1968 .... 2050
10. Gesetz der Deutschen Demokratischen Republik über Warenkennzeichen vom 30. November 1984 .................................................................... 2064
11. Gesetz zur Änderung des Patentgesetzes und des Gesetzes über Warenkennzeichen vom 29. Juni 1990 ................................................................ 2074
12. Gesetz über die Erstreckung von gewerblichen Schutzrechten (Erstreckungsgesetz – ErstrG) vom 23. April 1992 .................................................. 2075
13. Verordnung zum Schutz des Namens Solingen (Solingenverordnung – SolingenV) vom 16. Dezember 1994 ..................................................... 2089

### II. Europäische Rechtsvorschriften; Gemeinschaftsmarke und sonstige Kennzeichen

1. Erste Richtlinie des Rates zur Angleichung der Rechtsvorschriften der Mitgliedstaaten über die Marken (89/104/EWG) vom 21. Dezember 1988 ......... 2091
2. Verordnung (EG) Nr. 40/94 des Rates über die Gemeinschaftsmarke vom 20. Dezember 1993 ............................................................................ 2100
3. Verordnung (EG) Nr. 2868/95 der Kommission zur Durchführung der Verordnung (EG) Nr. 40/94 des Rates über die Gemeinschaftsmarke vom 13. Dezember 1995 ............................................................................ 2145
4. Verordnung (EG) Nr. 2869/95 der Kommission über die an das Harmonisierungsamt für den Binnenmarkt (Marken, Muster und Modelle) zu entrichtenden Gebühren vom 13. Dezember 1995 ..................................... 2185
5. Verordnung (EG) Nr. 216/96 der Kommission über die Verfahrensordnung vor den Beschwerdekammern des Harmonisierungsamtes für den Binnenmarkt (Marken, Muster und Modelle) vom 5. Februar 1996 ....................... 2190
6. Verordnung (EWG) Nr. 2081/92 des Rates zum Schutz von geographischen Angaben und Ursprungsbezeichnungen für Agrarerzeugnisse und Lebensmittel vom 14. Juli 1992 ...................................................................... 2194
   Anhang zu Art. 38 Abs. 3 EGV ........................................................... 2203

# Gesetzestexte

7. Verordnung (EWG) Nr. 2037/93 der Kommission mit Durchführungsbestimmungen zur Verordnung (EWG) Nr. 2081/92 zum Schutz von geographischen Angaben und Ursprungsbezeichnungen für Agrarerzeugnisse und Lebensmittel vom 27. Juli 1993 .................................................................. 2206
8. Verordnung (EWG) Nr. 1576/89 des Rates zur Festlegung der allgemeinen Regeln für die Begriffsbestimmung, Bezeichnung und Aufmachung von Spirituosen vom 29. Mai 1989 ............................................................................. 2208
9. Verordnung (EWG) Nr. 2392/89 des Rates zur Aufstellung allgemeiner Regeln für die Bezeichnung und Aufmachung der Weine und der Traubenmoste vom 24. Juli 1989 ....................................................................................... 2227
10. Verordnung (EWG) Nr. 2332/92 des Rates über in der Gemeinschaft hergestellte Schaumweine vom 13. Juli 1992 ........................................................ 2260
11. Verordnung (EWG) Nr. 2333/92 des Rates zur Festlegung der Grundregeln für die Bezeichnung und Aufmachung von Schaumwein und Schaumwein mit zugesetzter Kohlensäure vom 13. Juli 1992 ............................................. 2270
12. Verordnung (EWG) Nr. 4252/88 des Rates über die Herstellung und Vermarktung von in der Gemeinschaft erzeugten Likörweinen vom 21. Dezember 1988 ................................................................................................ 2286
13. Verordnung (EG) Nr. 3295/94 des Rates über Maßnahmen, welche das Verbringen von Waren, die bestimmte Rechte am geistigen Eigentum verletzen, in die Gemeinschaft sowie ihre Ausfuhr und Wiederausfuhr aus der Gemeinschaft vom 22. Dezember 1994 ................................................................. 2294

## III. Staatsvertragsrecht; Mehrseitige Abkommen

1. Übereinkommen zur Errichtung der Weltorganisation für geistiges Eigentum vom 14. Juli 1967 ............................................................................. 2303
2. Pariser Verbandsübereinkunft zum Schutz des gewerblichen Eigentums vom 20. März 1883 ............................................................................................ 2314
3. Madrider Abkommen über die internationale Registrierung von Marken vom 14. April 1891 ..................................................................................... 2315
4. Protokoll zum Madrider Abkommen über die internationale Registrierung von Marken vom 27. Juni 1989 ............................................................... 2316
5. Gemeinsame Ausführungsordnung zum Madrider Abkommen über die internationale Registrierung von Marken und zum Protokoll zu diesem Abkommen vom 18. Januar 1996 ............................................................... 2328
6. Madrider Abkommen über die Unterdrückung falscher oder irreführender Herkunftsangaben vom 14. April 1891 ........................................................ 2369
7. Stockholmer Zusatzvereinbarung zum Madrider Abkommen über die Unterdrückung falscher oder irreführender Herkunftsangaben auf Waren vom 14. April 1891 vom 14. Juli 1967 ................................................................ 2371
8. Abkommen von Nizza über die internationale Klassifikation von Waren und Dienstleistungen für die Eintragung von Marken vom 15. Juni 1957 ............. 2373
9. Lissaboner Abkommen über den Schutz der Ursprungsbezeichnungen und ihre internationale Registrierung vom 31. Oktober 1958 ............................ 2381
10. Übereinkommen über handelsbezogene Aspekte der Rechte des geistigen Eigentums (TRIPS) vom 15. April 1994 ....................................................... 2384
11. Markenrechtsvertrag (TLT) vom 27. Oktober 1994 ..................................... 2410
12. Ausführungsordnung zum Markenrechtsvertrag (AusfO TLT) vom 27. Oktober 1994 ......................................................................................................... 2426

## I. Nationale Rechtsvorschriften; Marken und sonstige Kennzeichen

### 1. Gesetz zur Reform des Markenrechts und zur Umsetzung der Ersten Richtlinie 89/104/EWG des Rates vom 21. Dezember 1988 zur Angleichung der Rechtsvorschriften der Mitgliedstaaten über die Marken (Markenrechtsreformgesetz)

vom 25. Oktober 1994*

(BGBl. I S. 3082, ber. 1995 I S. 156)

**Art. 1** Gesetz über den Schutz von Marken und sonstigen Kennzeichen (Markengesetz – MarkenG). Siehe erster Teil des Kommentars, 1.

**Art. 2** Änderung der Verordnung zur Durchführung und Ergänzung des Gesetzes zum Schutze des Wappens der Schweizerischen Eidgenossenschaft (1131-1-1). § 2 der Verordnung zur Durchführung und Ergänzung des Gesetzes zum Schutze des Wappens der Schweizerischen Eidgenossenschaft in der im Bundesgesetzblatt Teil III, Gliederungsnummer 1131-1-1, veröffentlichten bereinigten Fassung wird wie folgt geändert:
1. In Absatz 2 wird das Wort „Warenzeichen" durch das Wort „Marken" ersetzt.
2. In Absatz 3 werden das Wort „Warenzeichen" durch das Wort „Marken" und die Wörter „die Zeichenrolle" durch die Wörter „das Register" ersetzt.

**Art. 3** Änderung des Gesetzes über die Werbung auf dem Gebiete des Heilwesens (2121-20). In Artikel 1 § 4 Abs. 6 Satz 2 des Gesetzes über die Werbung auf dem Gebiete des Heilwesens in der Fassung der Bekanntmachung vom 19. Oktober 1994 (BGBl. I S. 3068) werden die Wörter „dem Warenzeichen" durch die Wörter „der Marke" ersetzt.

**Art. 4** Änderung der Wein-Verordnung (2125-5-1). Die Wein-Verordnung in der Fassung der Bekanntmachung vom 1. September 1993 (BGBl. I S. 1538, 1699; 1994 S. 1307) wird wie folgt geändert:
1. In § 18 Abs. 4 werden die Wörter „ein Warenzeichen (Wort- oder Bildzeichen)" durch die Wörter „eine Marke" und das Wort „es" durch das Wort „sie" ersetzt.
2. In § 27 Abs. 2 Nr. 6 werden die Wörter „ein Warenzeichen" durch die Wörter „eine Marke" ersetzt.

**Art. 5** Änderung der Bedarfsgegenständeverordnung (2125-40-46). In § 10 Abs. 1 Nr. 3 Buchstabe b der Bedarfsgegenständeverordnung vom 10. April 1992 (BGBl. I S. 866), die zuletzt durch Artikel 1 der Verordnung vom 15. Juli 1994 (BGBl. I S. 1670) geändert worden ist, werden die Wörter „das eingetragene Warenzeichen" durch die Wörter „die eingetragene Marke" ersetzt.

**Art. 6** Änderung der Pflichtstückverordnung (224-5-2-2). In § 4 Abs. 1 Nr. 10 Buchstabe d der Pflichtstückverordnung vom 14. Dezember 1982 (BGBl. I S. 1739) wird das Wort „Warenzeichen" durch das Wort „Marken" ersetzt.

---

\* Nach Art. 50 MRRG gilt für das Inkrafttreten: Die §§ 65, 130 bis 139, 140 Abs. 2, § 144 Abs. 6 und § 145 Abs. 2 und 3 des Art. 1 MRRG sind am 1. November 1994 in Kraft getreten. Die §§ 119 bis 125 des Art. 1 MRRG sind am 20. März 1996, dem Tag, an dem das am 27. Juni 1989 in Madrid unterzeichnete Protokoll zum Abkommen von Madrid über die internationale Registrierung von Marken für die Bundesrepublik Deutschland in Kraft trat, in Kraft getreten. Im übrigen ist das MRRG am 1. Januar 1995 in Kraft getreten.

**Art. 7 Änderung des Gerichtsverfassungsgesetzes (300-2).** In § 74 c Abs. 1 Nr. 1 des Gerichtsverfassungsgesetzes in der Fassung der Bekanntmachung vom 9. Mai 1975 (BGBl. I S. 1077), das zuletzt durch Artikel 12 des Gesetzes vom 5. Oktober 1994 (BGBl. I S. 2911) geändert worden ist, wird das Wort „Warenzeichengesetz" durch das Wort „Markengesetz" ersetzt.

**Art. 8 Änderung des Rechtspflegergesetzes (302-2).** § 23 Abs. 1 des Rechtspflegergesetzes vom 5. November 1969 (BGBl. I S. 2065), das zuletzt durch Artikel 14 des Gesetzes vom 5. Oktober 1994 (BGBl. I S. 2911) geändert worden ist, wird wie folgt geändert:

1. In Nummer 4 wird die Angabe „§ 13 Abs. 2 des Warenzeichengesetzes" durch die Angabe „§ 66 Abs. 5 des Markengesetzes" ersetzt.
2. In Nummer 5 wird die Angabe „§ 13 Abs. 3 des Warenzeichengesetzes" durch die Angabe „§ 81 Abs. 2 Satz 3 des Markengesetzes" ersetzt.
3. In Nummer 7 wird die Angabe „§ 35 Abs. 2 des Warenzeichengesetzes" durch die Angabe „§ 96 des Markengesetzes" ersetzt.
4. In Nummer 8 wird die Angabe „§ 13 Abs. 3 des Warenzeichengesetzes" durch die Angabe „§ 94 Abs. 1 des Markengesetzes" ersetzt.
5. In den Nummern 9 und 10 wird die Angabe „§ 13 Abs. 3 des Warenzeichengesetzes" jeweils durch die Angabe „§ 82 Abs. 1 des Markengesetzes" ersetzt.
6. In Nummer 11 wird die Angabe „§ 13 Abs. 3 des Warenzeichengesetzes" durch die Angabe „§ 82 Abs. 3 des Markengesetzes" ersetzt.
7. In Nummer 12 wird die Angabe „§ 13 Abs. 3 des Warenzeichengesetzes" durch die Angabe „§ 71 Abs. 5, § 82 Abs. 1 des Markengesetzes" ersetzt.

**Art. 9 Änderung des Rechtsberatungsgesetzes (303-12).** In Artikel 1 § 3 Nr. 5 des Rechtsberatungsgesetzes in der im Bundesgesetzblatt Teil III, Gliederungsnummer 303-12, veröffentlichten bereinigten Fassung, das zuletzt durch Artikel 17 des Gesetzes vom 5. Oktober 1994 (BGBl. I S. 2911) geändert worden ist, wird das Wort „Warenzeichenwesens" durch das Wort „Markenwesens" ersetzt.

**Art. 10 Änderung der Strafprozeßordnung (312-2).** Die Strafprozeßordnung in der Fassung der Bekanntmachung vom 7. April 1987 (BGBl. I S. 1074, 1319), zuletzt geändert durch Artikel 2 Abs. 1 des Gesetzes vom 10. Oktober 1994 (BGBl. I S. 2954), wird wie folgt geändert:

1. In § 374 Abs. 1 Nr. 8 wird die Angabe „§ 25 d Abs. 1 und § 26 des Warenzeichengesetzes" durch die Angabe „§ 143 Abs. 1 und § 144 Abs. 1 und 2 des Markengesetzes" ersetzt.
2. In § 395 Abs. 2 Nr. 3 wird die Angabe „§ 25 d Abs. 2 des Warenzeichengesetzes" durch die Angabe „§ 143 Abs. 2 des Markengesetzes" ersetzt.

**Art. 11 Änderung der Bundesgebührenordnung für Rechtsanwälte (368-1).** § 66 Abs. 2 der Bundesgebührenordnung für Rechtsanwälte in der im Bundesgesetzblatt Teil III, Gliederungsnummer 368-1, veröffentlichten bereinigten Fassung, die zuletzt durch Artikel 31 des Gesetzes vom 5. Oktober 1994 (BGBl. I S. 2911) geändert worden ist, wird wie folgt gefaßt:

„(2) Der Rechtsanwalt erhält die in § 31 bestimmten Gebühren im Beschwerdeverfahren vor dem Patentgericht

1. über die in § 23 Abs. 4, § 50 Abs. 1 und 2, § 73 Abs. 3 des Patentgesetzes, § 18 Abs. 2 des Gebrauchsmustergesetzes, § 4 Abs. 4 Satz 3 des Halbleiterschutzgesetzes in Verbindung mit § 18 Abs. 2 des Gebrauchsmustergesetzes und § 34 Abs. 1 des Sortenschutzgesetzes genannten Angelegenheiten,
2. nach dem Geschmacksmustergesetz, wenn sich die Beschwerde gegen einen Beschluß richtet, durch den die Anmeldung eines Geschmacksmusters zurückgewiesen oder durch den über einen Löschungsantrag entschieden worden ist,

Markenrechtsreformgesetz                                          Art. 12–15   MRRG

3. nach dem Markengesetz, wenn sich die Beschwerde gegen einen Beschluß richtet,

   a) durch den über die Anmeldung einer Marke, einen Widerspruch oder einen Antrag auf Löschung oder über die Erinnerung gegen einen solchen Beschluß entschieden worden ist oder

   b) durch den ein Antrag auf Eintragung einer geographischen Angabe oder einer Ursprungsbezeichnung (§ 130 Abs. 5 des Markengesetzes) zurückgewiesen worden ist.

In den übrigen Beschwerdeverfahren vor dem Patentgericht bestimmen sich die Gebühren nach § 61."

**Art. 12 Änderung des Produkthaftungsgesetzes (400-8).** In § 4 Abs. 1 Satz 2 des Produkthaftungsgesetzes vom 15. Dezember 1989 (BGBl. I S. 2198), das durch Artikel 4 des Gesetzes vom 30. September 1994 (BGBl. 1994 II S. 2658) geändert worden ist, werden die Wörter „seines Warenzeichens" durch die Wörter „seiner Marke" ersetzt.

**Art. 13 Änderung des Patentgesetzes und des Geschmacksmustergesetzes (420-1, 442-1).** (1) § 41 des Patentgesetzes in der Fassung der Bekanntmachung vom 16. Dezember 1980 (BGBl. 1981 I S. 1), das zuletzt durch Artikel 12 des Gesetzes vom 2. September 1994 (BGBl. I S. 2278) geändert worden ist, wird wie folgt geändert:

1. Der bisherige Wortlaut wird Absatz 1.

2. Folgender Absatz 2 wird angefügt:

   „(2) Ist die frühere ausländische Anmeldung in einem Staat eingereicht worden, mit dem kein Staatsvertrag über die Anerkennung der Priorität besteht, so kann der Anmelder ein dem Prioritätsrecht nach der Pariser Verbandsübereinkunft entsprechendes Prioritätsrecht in Anspruch nehmen, soweit nach einer Bekanntmachung des Bundesministeriums der Justiz im Bundesgesetzblatt der andere Staat aufgrund einer ersten Anmeldung beim Patentamt ein Prioritätsrecht gewährt, das nach Voraussetzungen und Inhalt dem Prioritätsrecht nach der Pariser Verbandsübereinkunft vergleichbar ist; Absatz 1 ist anzuwenden."

(2) Das Geschmacksmustergesetz in der im Bundesgesetzblatt Teil III, Gliederungsnummer 442-1, veröffentlichten bereinigten Fassung, zuletzt geändert durch Artikel 17 des Gesetzes vom 2. September 1994 (BGBl. I S. 2278), wird wie folgt geändert:

1. § 7 b wird wie folgt geändert:

   a) Nach Absatz 1 wird folgender Absatz 2 eingefügt:

   „(2) Ist die frühere ausländische Anmeldung in einem Staat eingereicht worden, mit dem kein Staatsvertrag über die Anerkennung der Priorität besteht, so kann der Anmelder ein dem Prioritätsrecht nach der Pariser Verbandsübereinkunft entsprechendes Prioritätsrecht in Anspruch nehmen, soweit nach einer Bekanntmachung des Bundesministeriums der Justiz im Bundesgesetzblatt der andere Staat aufgrund einer ersten Anmeldung beim Patentamt ein Prioritätsrecht gewährt, das nach Voraussetzungen und Inhalt dem Prioritätsrecht nach der Pariser Verbandsübereinkunft vergleichbar ist; Absatz 1 ist anzuwenden."

   b) Absatz 2 wird Absatz 3.

2. In § 12 a Abs. 1 Nr. 1 wird die Angabe „§ 7 b Abs. 2 Satz 2" durch die Angabe „§ 7 b Abs. 3 Satz 2" ersetzt.

**Art. 14 Änderung der Patentanmeldeverordnung (420-1-6).** § 8 Abs. 7 der Patentanmeldeverordnung vom 29. Mai 1981 (BGBl. I S. 521), die zuletzt durch Artikel 2 der Verordnung vom 1. April 1993 (BGBl. I S. 426) geändert worden ist, wird wie folgt geändert:

1. In Satz 3 wird das Wort „Warenzeichen" durch das Wort „Marken" ersetzt.

2. In Satz 4 werden die Wörter „eines Warenzeichens" durch die Wörter „einer Marke" und das Wort „Warenzeichen" durch das Wort „Marke" ersetzt.

**Art. 15 Änderung des Gesetzes über den Beitritt des Reichs zu dem Madrider Abkommen über die internationale Registrierung von Fabrik- oder Handelsmar-**

ken (423-3). Die §§ 2 bis 4 des Gesetzes über den Beitritt des Reichs zu dem Madrider Abkommen über die internationale Registrierung von Fabrik- oder Handelsmarken in der im Bundesgesetzblatt Teil III, Gliederungsnummer 423-3, veröffentlichten bereinigten Fassung werden aufgehoben.

**Art. 16 Änderung des Gesetzes über die am 14. Juli 1967 in Stockholm unterzeichneten Übereinkünfte auf dem Gebiet des geistigen Eigentums.** Artikel 2 des Gesetzes über die am 14. Juli 1967 in Stockholm unterzeichneten Übereinkünfte auf dem Gebiet des geistigen Eigentums vom 5. Juni 1970 (BGBl. 1970 II S. 293) wird wie folgt gefaßt:

„Artikel 2

Änderungen der Ausführungsordnung und Festsetzungen der Höhe von Gebühren, die die Versammlung des Verbandes für die internationale Registrierung von Marken gemäß Artikel 10 Abs. 2 Buchstabe a Ziffer iii der Stockholmer Fassung des Madrider Abkommens vom 14. April 1891 über die internationale Registrierung von Marken beschließt, sind im Bundesgesetzblatt bekanntzumachen."

**Art. 17 Änderung des Gesetzes betreffend den Schutz von Mustern und Warenzeichen auf Ausstellungen (424-2-1).** Das Gesetz betreffend den Schutz von Mustern und Warenzeichen auf Ausstellungen in der im Bundesgesetzblatt Teil III, Gliederungsnummer 424-2-1, veröffentlichten bereinigten Fassung, geändert durch Artikel VI des Gesetzes vom 21. Juni 1976 (BGBl. 1976 II S. 649), wird wie folgt geändert:

1. In der Überschrift werden die Wörter „und Warenzeichen" gestrichen.
2. In Satz 1 werden die Wörter „sowie Warenzeichen, die auf einer daselbst zur Schau gestellten Ware angebracht sind," gestrichen.
3. In Nummer 2 werden die Wörter „oder des Warenzeichens" gestrichen und die Wörter „Muster- oder Zeichenschutzes" durch das Wort „Musterschutzes" ersetzt.

**Art. 18 Änderung des Gesetzes über die Eingliederung des Saarlandes auf dem Gebiet des gewerblichen Rechtsschutzes (424-3-5).** Der Siebente Abschnitt des Gesetzes über die Eingliederung des Saarlandes auf dem Gebiet des gewerblichen Rechtsschutzes in der im Bundesgesetzblatt Teil III, Gliederungsnummer 424-3-5, veröffentlichten bereinigten Fassung wird aufgehoben.

**Art. 19 Änderung des Sechsten Gesetzes zur Änderung und Überleitung von Vorschriften auf dem Gebiet des gewerblichen Rechtsschutzes (424-3-6-2).** Artikel 6 § 17 Abs. 1 Satz 1 des Sechsten Gesetzes zur Änderung und Überleitung von Vorschriften auf dem Gebiet des gewerblichen Rechtsschutzes in der im Bundesgesetzblatt Teil III, Gliederungsnummer 424-3-6-2, veröffentlichten bereinigten Fassung wird wie folgt geändert:

1. Das Komma nach dem Wort „Patentgesetzes" wird durch das Wort „und" ersetzt.
2. Die Angabe „und § 9 Abs. 2 und 3, § 17 Abs. 3 des Warenzeichengesetzes" wird gestrichen.

**Art. 20 Änderung des Patentgebührengesetzes (424-4-5).** Das Patentgebührengesetz vom 18. August 1976 (BGBl. I S. 2188), zuletzt geändert durch Artikel 1 des Gesetzes vom 25. Juli 1994 (BGBl. I S. 1739, 2263), wird wie folgt geändert:

1. In § 6 Abs. 2 Satz 1 werden das Wort „Warenzeichens" durch die Wörter „einer Marke" und die Angabe „§ 9 Abs. 2 des Warenzeichengesetzes" durch die Angabe „§ 47 Abs. 3 des Markengesetzes" ersetzt.
2. § 7 wird wie folgt geändert:

a) An Absatz 1 wird folgender Satz 2 angefügt:

„In den Fällen der Nummern 131 100 bis 136 200 (Abschnitt A., Unterabschnitt III.) der Anlage zu § 1 (Gebührenverzeichnis) treten die in der Zusatzspalte aufgeführten Gebühren an die Stelle der bisherigen Gebührensätze im Sinne des Satzes 1."

Markenrechtsreformgesetz                    Art. 20  **MRRG**

b) In Absatz 3 wird die Angabe „§ 9 Abs. 2 des Warenzeichengesetzes" durch die Angabe „§ 47 Abs. 3 des Markengesetzes" ersetzt.

3. Die Anlage zu § 1 (Gebührenverzeichnis) des Patentgebührengesetzes wird wie folgt geändert:

a) Im Abschnitt „A. Gebühren des Patentamts" wird der Unterabschnitt III wie folgt gefaßt:

| Nummer | Gebührentatbestand | Gebühr in Deutsche Mark | Zusatzspalte* |
|---|---|---|---|
| | *III. Marken; geographische Angaben und Ursprungsbezeichnungen* | | |
| | 1. Eintragungsverfahren | | |
| 131 100 | Anmeldegebühr bei Marken einschließlich der Klassengebühr bis zu drei Klassen (§ 32 Abs. 4 MarkenG) | 500 | 420 |
| 131 150 | Klassengebühr bei Anmeldung einer Marke für jede Klasse ab der vierten Klasse (§ 32 Abs. 4 MarkenG) | 150 | 120 |
| 131 200 | Anmeldegebühr bei Kollektivmarken einschließlich der Klassengebühr bis zu drei Klassen (§ 97 Abs. 2, § 32 Abs. 4 MarkenG) | 1500 | 1200 |
| 131 250 | Klassengebühr bei Anmeldung einer Kollektivmarke für jede Klasse ab der vierten Klasse (§ 97 Abs. 2, § 32 Abs. 4 MarkenG) | 250 | 210 |
| 131 300 | Zuschlag für die verspätete Zahlung einer Gebühr der Nummern 131 100 bis 131 250 (§ 36 Abs. 3 MarkenG) | 100 | 80 |
| 131 400 | Für die Erhebung des Widerspruchs (§ 42 Abs. 3 MarkenG) | 200 | 170 |
| 131 600 | Für den Antrag auf beschleunigte Prüfung (§ 38 Abs. 2 MarkenG) | 420 | 350 |
| 131 700 | Für den Antrag auf Teilung einer Anmeldung (§ 40 Abs. 2, §§ 31, 27 Abs. 4 MarkenG) | 500 | 420 |
| | 2. Verlängerung der Schutzdauer | | |
| 132 100 | Verlängerungsgebühr bei Marken einschließlich der Klassengebühr bis zu drei Klassen (§ 47 Abs. 3 MarkenG) | 1000 | 840 |
| 132 150 | Klassengebühr bei Verlängerung der Schutzdauer einer Marke für jede Klasse ab der vierten Klasse (§ 47 Abs. 3 MarkenG) | 450 | 380 |
| 132 200 | Verlängerungsgebühr bei Kollektivmarken einschl. der Klassengebühr bis zu drei Klassen (§ 97 Abs. 2, § 47 Abs. 3 MarkenG) | 3000 | 2500 |
| 132 250 | Klassengebühr bei Verlängerung der Schutzdauer einer Kollektivmarke für jede Klasse ab der vierten Klasse (§ 97 Abs. 2, § 47 Abs. 3 MarkenG) | 450 | 380 |
| 132 300 | Zuschlag für die verspätete Zahlung einer Gebühr der Nummern 132 100 bis 132 250 (§ 36 Abs. 3 MarkenG) | 10% der Gebühren | 10% der Gebühren |
| | 3. Sonstige Anträge | | |
| 133 400 | Für den Antrag auf Teilung einer Eintragung (§ 46 Abs. 3, § 27 Abs. 4 MarkenG) | 600 | 500 |
| 133 600 | Für den Antrag auf Löschung (§ 54 Abs. 2 MarkenG) | 600 | 500 |
| | 4. Internationale Registrierung | | |
| 134 100 | Nationale Gebühr für den Antrag auf internationale Registrierung nach dem Madrider Markenabkommen (§ 109 Abs. 1 MarkenG) oder | 300 | 250 |
| 134 200 | Nationale Gebühr für den Antrag auf internationale Registrierung nach dem Protokoll zum Madrider Markenabkommen (§ 121 Abs. 1 MarkenG) | 300 | 250 |
| 134 300 | Gemeinsame nationale Gebühr für den Antrag auf internationale Registrierung sowohl nach dem Madrider Markenabkommen als auch nach dem Protokoll zum Madrider Markenabkommen (§ 121 Abs. 2 MarkenG) | 300 | 250 |

| Nummer | Gebührentatbestand | Gebühr in Deutsche Mark | Zusatzspalte* |
|---|---|---|---|
| 134 400 | Nationale Gebühr für den Antrag auf nachträgliche Schutzerstreckung nach dem Madrider Markenabkommen (§ 111 Abs. 1 MarkenG) | 200 | 170 |
| 134 500 | Nationale Gebühr für den Antrag auf nachträgliche Schutzerstreckung nach dem Protokoll zum Madrider Abkommen (§ 123 Abs. 1 Satz 2 MarkenG) | 200 | 170 |
| 134 600 | Gemeinsame nationale Gebühr für den Antrag auf nachträgliche Schutzerstreckung sowohl nach dem Madrider Markenabkommen als auch nach dem Protokoll zum Madrider Markenabkommen (§ 123 Abs. 2 Satz 2 MarkenG) | 200 | 170 |
| | 5. Umwandlung einer international registrierten Marke | | |
| 135 100 | Für den Antrag auf Umwandlung einer Marke einschl. der Klassengebühr bis zu drei Klassen (§ 125 Abs. 2, § 32 Abs. 4 MarkenG) | 500 | 420 |
| 135 150 | Klassengebühr bei Umwandlung einer Marke für jede Klasse ab der vierten Klasse (§ 125 Abs. 2, § 32 Abs. 4 MarkenG) | 150 | 120 |
| 135 200 | Für den Antrag auf Umwandlung einer Kollektivmarke einschließlich der Klassengebühr bis zu drei Klassen (§ 125 Abs. 2, § 97 Abs. 2, § 32 Abs. 4 MarkenG) | 1500 | 1200 |
| 135 250 | Klassengebühr bei Umwandlung einer Kollektivmarke für jede Klasse ab der vierten Klasse (§ 125 Abs. 2, § 97 Abs. 2, § 32 Abs. 4 MarkenG) | 250 | 210 |
| 135 300 | Zuschlag für die verspätete Zahlung einer Gebühr der Nummern 135 100 bis 135 250 (§ 125 Abs. 2, § 36 Abs. 3 MarkenG) | 100 | 80 |
| | 6. Geographische Angaben und Ursprungsbezeichnungen | | |
| 136 100 | Für den Antrag auf Eintragung einer geographischen Angabe oder Ursprungsbezeichnung (§ 130 Abs. 2 MarkenG) | 1500 | 1200 |
| 136 200 | Für den Einspruch gegen die Eintragung einer geographischen Angabe oder Ursprungsbezeichnung (§ 132 Abs. 2 MarkenG) | 200 | 170 |

* Gemäß § 7 Abs. 1 Satz 2 des PatGebG (s. 3. Teil des Kommentars, I 5).

b) Im Abschnitt „B. Gebühren des Patentgerichts" wird der Unterabschnitt III wie folgt gefaßt:

| Nummer | Gebührentatbestand | Gebühr in Deutsche Mark |
|---|---|---|
| | *III. Marken; geographische Angaben und Ursprungsbezeichnungen* | |
| 234 100 | Für die Einlegung der Beschwerde außer dem Fall der Nummer 234 600 (§ 66 Abs. 5 MarkenG) | 300 |
| 234 600 | Beschwerdegebühr in Löschungssachen (§ 66 Abs. 5, §§ 53 und 54 MarkenG) | 520 |

**Art. 21 Änderung der Patentanwaltsordnung (424-5-1).** Die Patentanwaltsordnung vom 7. September 1966 (BGBl. I S. 557), zuletzt geändert durch Artikel 57 des Gesetzes vom 5. Oktober 1994 (BGBl. I S. 2911), wird wie folgt geändert:

1. § 3 wird wie folgt geändert:
   a) Absatz 2 Nr. 1 wird wie folgt gefaßt:
   „1. in Angelegenheiten der Erlangung, Aufrechterhaltung, Verteidigung und Anfechtung eines Patents, eines ergänzenden Schutzzertifikats, eines Gebrauchsmusters, des Schutzes einer Topographie, einer Marke oder eines anderen nach dem Markengesetz geschützten Kennzeichens (gewerbliche Schutzrechte) oder eines Sortenschutzrechts andere zu beraten und Dritten gegenüber zu vertreten;"
   b) In Absatz 3 Nr. 2 werden die Wörter „Anmeldung und bei" gestrichen.

Markenrechtsreformgesetz   Art. 22–25 **MRRG**

2. In § 4 Abs. 1 wird das Wort „Warenzeichengesetz" durch das Wort „Markengesetz" ersetzt.
3. In § 43 Abs. 1 Nr. 1 wird nach dem Wort „Gebrauchsmustergesetzes" die Angabe „ , des § 10 b des Geschmacksmustergesetzes" eingefügt.
4. In § 155 Abs. 2 wird die Angabe „und des § 35 Abs. 2 des Warenzeichengesetzes" durch die Angabe „ , des § 16 des Geschmacksmustergesetzes und des § 96 des Markengesetzes" ersetzt.
5. In § 165 Abs. 1 Satz 2 wird die Angabe „oder des § 35 Abs. 2 des Warenzeichengesetzes" durch die Angabe „ , des § 16 des Geschmacksmustergesetzes oder des § 96 des Markengesetzes" ersetzt.
6. § 178 wird wie folgt geändert:
   a) In Absatz 1 wird die Angabe „oder des § 35 Abs. 2 des Warenzeichengesetzes" durch die Angabe „ , des § 16 des Geschmacksmustergesetzes oder des § 96 des Markengesetzes" ersetzt.
   b) In Absatz 3 wird das Wort „Befugnis" durch die Wörter „Befugnisse nach § 16 des Geschmacksmustergesetzes und" ersetzt.

**Art. 22 Änderung der Ausbildungs- und Prüfungsordnung nach § 12 der Patentanwaltsordnung und Prüfungsordnung nach § 10 des Gesetzes über die Eignungsprüfung für die Zulassung zur Patentanwaltschaft (424-5-2).** Die Ausbildungs- und Prüfungsordnung nach § 12 der Patentanwaltsordnung und Prüfungsordnung nach § 10 des Gesetzes über die Eignungsprüfung für die Zulassung zur Patentanwaltschaft in der Fassung der Bekanntmachung vom 8. Dezember 1977 (BGBl. I S. 2491), zuletzt geändert durch Artikel 9 des Gesetzes vom 2. September 1994 (BGBl. I S. 2278), wird wie folgt geändert:

1. In § 16 Abs. 2 Nr. 2 und 4 wird das Wort „Warenzeichenrechts" jeweils durch das Wort „Markenrechts" ersetzt.
2. § 36 Abs. 3 wird wie folgt geändert:
   a) In Nummer 3 wird das Wort „Warenzeichenrecht" durch das Wort „Markenrecht" ersetzt.
   b) In Nummer 6 wird das Wort „Warenzeichenrechts" durch das Wort „Markenrechts" ersetzt.

**Art. 23 Änderung des Gesetzes über die Beiordnung von Patentanwälten bei Prozeßkostenhilfe (424-5-3).** § 1 des Gesetzes über die Beiordnung von Patentanwälten bei Prozeßkostenhilfe in der Fassung des § 187 der Patentanwaltsordnung vom 7. September 1966 (BGBl. I S. 557), das zuletzt durch § 15 des Gesetzes vom 22. Oktober 1987 (BGBl. I S. 2294) geändert worden ist, wird wie folgt geändert:

1. In Absatz 1 wird das Wort „Warenzeichengesetz" durch das Wort „Markengesetz" ersetzt.
2. In Absatz 2 werden die Wörter „ein Warenzeichen" durch die Wörter „eine Marke oder ein sonstiges nach dem Markengesetz geschütztes Kennzeichen" ersetzt.

**Art. 24 Änderung des Gesetzes über die Eignungsprüfung für die Zulassung zur Patentanwaltschaft (424-5-5).** In § 5 Abs. 2 Nr. 1 des Gesetzes über die Eignungsprüfung für die Zulassung zur Patentanwaltschaft vom 6. Juli 1990 (BGBl. I S. 1349, 1351), das zuletzt durch Artikel 2 der Verordnung vom 16. Februar 1994 (BGBl. I S. 305) geändert worden ist, werden die Wörter „eines Warenzeichens" durch die Wörter „einer eingetragenen Marke" ersetzt.

**Art. 25 Änderung des Gesetzes gegen den unlauteren Wettbewerb (43-1).** Das Gesetz gegen den unlauteren Wettbewerb in der im Bundesgesetzblatt Teil III, Gliederungsnummer 43-1, veröffentlichten bereinigten Fassung, zuletzt geändert durch Artikel 58 des Gesetzes vom 5. Oktober 1994 (BGBl. I S. 2911), wird wie folgt geändert:

**MRRG** Art. 26–31

1. § 5 wird wie folgt geändert:
   a) Absatz 1 wird aufgehoben.
   b) Die Absatzbezeichnung „(2)" wird gestrichen.
2. Die §§ 16 und 28 werden aufgehoben.

**Art. 26 Änderung des Gesetzes über den Beitritt des Reichs zu dem Madrider Abkommen betreffend die Unterdrückung falscher Herkunftsangaben auf Waren (43-6).** § 2 des Gesetzes über den Beitritt des Reichs zu dem Madrider Abkommen betreffend die Unterdrückung falscher Herkunftsangaben auf Waren in der im Bundesgesetzblatt Teil III, Gliederungsnummer 43-6, veröffentlichten bereinigten Fassung, das zuletzt durch Artikel 143 des Gesetzes vom 2. März 1974 (BGBl. I S. 469) geändert worden ist, wird aufgehoben.

**Art. 27 Änderung des Urheberrechtsgesetzes (440-1).** In § 69 g Abs. 1 des Urheberrechtsgesetzes vom 9. September 1965 (BGBl. I S. 1273), das zuletzt durch Artikel 16 des Gesetzes vom 2. September 1994 (BGBl. I S. 2278) geändert worden ist, wird das Wort „Warenzeichen" durch das Wort „Marken" ersetzt.

**Art. 28 Änderung der Einkommensteuer-Durchführungsverordnung (611-1-1).** In § 73 a Abs. 3 der Einkommensteuer-Durchführungsverordnung in der Fassung der Bekanntmachung vom 28. Juli 1992 (BGBl. I S. 1418), die zuletzt durch Artikel 2 des Gesetzes vom 21. Dezember 1993 (BGBl. I S. 2310) geändert worden ist, werden die Wörter „Warenzeichengesetzes in der Fassung der Bekanntmachung vom 2. Januar 1968 (BGBl. I S. 1, 29)" durch die Wörter „Markengesetzes vom 25. Oktober 1994 (BGBl. I S. 3082)" ersetzt.

**Art. 29 Änderung des Umsatzsteuergesetzes (611-10-14).** In § 3 a Abs. 4 Nr. 1 des Umsatzsteuergesetzes in der Fassung der Bekanntmachung vom 27. April 1993 (BGBl. I S. 565), das zuletzt durch Artikel 12 Abs. 44 des Gesetzes vom 14. September 1994 (BGBl. I S. 2325) geändert worden ist, wird das Wort „Warenzeichenrechten" durch das Wort „Markenrechten" ersetzt.

**Art. 30 Änderung des Gesetzes zum Schutze des Bernsteins (7127-2).** Das Gesetz zum Schutze des Bernsteins in der im Bundesgesetzblatt Teil III, Gliederungsnummer 7127-2, veröffentlichten bereinigten Fassung, geändert durch Artikel 179 des Gesetzes vom 2. März 1974 (BGBl. I S. 469), wird wie folgt geändert:

1. In § 1 Abs. 1 werden die Wörter „einem entsprechenden Warenzeichen" durch die Wörter „einer entsprechenden Marke" ersetzt.
2. In § 2 werden die Wörter „ein für ihn eingetragenes Warenzeichen" durch die Wörter „eine für ihn eingetragene Marke" ersetzt.

**Art. 31 Änderung des Waffengesetzes (7133-3).** Das Waffengesetz in der Fassung der Bekanntmachung vom 8. März 1976 (BGBl. I S. 432), zuletzt geändert durch Artikel 2 § 8 des Gesetzes vom 19. Oktober 1994 (BGBl. I S. 2978), wird wie folgt geändert:

1. § 13 wird wie folgt geändert:
   a) In Absatz 1 Nr. 1 werden die Wörter „ein eingetragenes Warenzeichen" durch die Wörter „eine eingetragene Marke" ersetzt.
   b) In Absatz 3 Satz 3 wird das Wort „Warenzeichen" durch das Wort „Marke" ersetzt.
2. In § 27 Abs. 3 Nr. 3 werden die Wörter „Hersteller- oder Warenzeichens" durch die Wörter „Herstellerzeichens oder der Marke" ersetzt.
3. In § 34 Abs. 3 Satz 1 und Abs. 6 Satz 2, § 58 Abs. 2 Satz 1, § 59 Abs. 1 Satz 1 und § 59 b Abs. 2 Satz 1 werden die Wörter „Hersteller- oder Warenzeichen" jeweils durch die Wörter „Herstellerzeichen oder Marke" ersetzt.

Markenrechtsreformgesetz  Art. 32–36  **MRRG**

**Art. 32 Änderung der Ersten Verordnung zum Waffengesetz (7133-3-2-4).** Die Erste Verordnung zum Waffengesetz in der Fassung der Bekanntmachung vom 10. März 1987 (BGBl. I S. 777), zuletzt geändert durch Artikel 1 der Verordnung vom 20. Oktober 1994 (BGBl. I S. 3073), wird wie folgt geändert:

1. In § 9 Abs. 4 werden die Wörter „Hersteller- oder Warenzeichen" durch die Wörter „Herstellerzeichen oder Marke" ersetzt.

2. In § 11 Abs. 2 Satz 1 werden die Wörter „einem eingetragenen Warenzeichen" durch die Wörter „einer eingetragenen Marke" ersetzt.

3. § 15 wird wie folgt geändert:
   a) In Absatz 1 Satz 2 werden die Wörter „das Warenzeichen" durch die Wörter „die Marke" ersetzt.
   b) In Absatz 2 wird in Nummer 4 der mit der Angabe „Linke Seite:" überschriebenen Spalte das Wort „Warenzeichen" durch das Wort „Marke" ersetzt.

4. In § 16 Abs. 1 Satz 5 werden die Wörter „das Warenzeichen" durch die Wörter „die Marke" ersetzt.

5. In § 17 Abs. 1 Nr. 3 werden die Wörter „Hersteller- oder Warenzeichen" durch die Wörter „Herstellerzeichen oder Marke" ersetzt.

6. In § 20 Abs. 3 Satz 1 und Abs. 4 Satz 1 werden die Wörter „sein Warenzeichen" jeweils durch die Wörter „seine Marke" ersetzt.

7. § 27 wird wie folgt geändert:
   a) In Satz 1 werden die Wörter „ein Warenzeichen" durch die Wörter „eine Marke" und die Wörter „des Warenzeichens" durch die Wörter „der Marke" ersetzt.
   b) In Satz 2 werden die Wörter „das Warenzeichen" durch die Wörter „die Marke" und die Wörter „dieses Zeichen" durch die Wörter „diese Marke" ersetzt.

8. In § 28 Abs. 2 Satz 1 Nr. 2 werden die Wörter „eingetragenes Warenzeichen" durch die Wörter „eingetragene Marke" ersetzt.

9. In § 28 a Abs. 1 Satz 2 werden die Wörter „Hersteller- oder Warenzeichen" durch die Wörter „Herstellerzeichen oder Marke" ersetzt.

**Art. 33 Änderung der Dritten Verordnung zum Waffengesetz (7133-3-2-9).** Die Dritte Verordnung zum Waffengesetz in der Fassung der Bekanntmachung vom 2. September 1991 (BGBl. I S. 1872), geändert durch Artikel 2 der Verordnung vom 20. Oktober 1994 (BGBl. I S. 3073), wird wie folgt geändert:

1. In § 5 Abs. 2 Nr. 1 werden die Wörter „sein eingetragenes Warenzeichen" durch die Wörter „seine eingetragene Marke" ersetzt.

2. In § 11 Abs. 1 Nr. 2 werden die Wörter „das eingetragene Warenzeichen, das" durch die Wörter „die eingetragene Marke, die" ersetzt.

3. In § 22 Abs. 1 Satz 1 Nr. 1 und § 23 Abs. 1 Satz 1 und Abs. 2 Nr. 2 wird das Wort „Warenzeichen" jeweils durch das Wort „Marke" ersetzt.

**Art. 34 Änderung der Ersten Verordnung zum Sprengstoffgesetz (7134-2-1).** In Nummer 4 der Anlage 3 zur Ersten Verordnung zum Sprengstoffgesetz in der Fassung der Bekanntmachung vom 31. Januar 1991 (BGBl. I S. 169), die durch Artikel 2 der Verordnung vom 26. Oktober 1993 (BGBl. I S. 1782, 2049) geändert worden ist, wird das Wort „Warenzeichen" durch das Wort „Marke" ersetzt.

**Art. 35 Änderung der Elektrozulassungs-Bergverordnung (750-15-6).** In Nummer 1.5 des Anhangs 2 zu Anlage 2 zur Elektrozulassungs-Bergverordnung in der Fassung der Bekanntmachung vom 10. März 1993 (BGBl. I S. 316) werden die Wörter „sein Warenzeichen" durch die Wörter „seine Marke" ersetzt.

**Art. 36 Änderung des Textilkennzeichnungsgesetzes (772-1).** In § 9 Abs. 2 Satz 5 des Textilkennzeichnungsgesetzes in der Fassung der Bekanntmachung vom 14. August

**MRRG** Art. 37–45                                                                  Markenrechtsreformgesetz

1986 (BGBl. I S. 1285) wird das Wort „Warenzeichenrechts" durch das Wort „Markenrechts" ersetzt.

**Art. 37 Änderung des Kristallglaskennzeichnungsgesetzes (772-2).** In § 5 des Kristallglaskennzeichnungsgesetzes vom 25. Juni 1971 (BGBl. I S. 857), das zuletzt durch das Gesetz vom 29. August 1975 (BGBl. I S. 2307) geändert worden ist, werden in dem einleitenden Satzteil die Wörter „ein Warenzeichen" durch die Wörter „eine Marke" ersetzt.

**Art. 38 Änderung der Düngemittelverordnung (7820-6).** In Anlage 2 Nr. 2.4 zu den §§ 2 und 5 Abs. 4 der Düngemittelverordnung vom 9. Juli 1991 (BGBl. I S. 1450), die zuletzt durch Artikel 3 Nr. 8 der Verordnung vom 26. Oktober 1993 (BGBl. I S. 1782, 2049) geändert worden ist, wird das Wort „Warenzeichen" durch das Wort „Marken" ersetzt.

**Art. 39 Änderung des Saatgutverkehrsgesetzes (7822-6).** In § 42 Abs. 5 Satz 1 und 2 des Saatgutverkehrsgesetzes vom 20. August 1985 (BGBl. I S. 1633), das zuletzt durch Artikel 12 des Gesetzes vom 2. August 1994 (BGBl. I S. 2018) geändert worden ist, werden das Wort „Warenzeichen" durch das Wort „Marke" und die Wörter „des Warenzeichens" jeweils durch die Wörter „der Marke" ersetzt.

**Art. 40 Änderung des Sortenschutzgesetzes (7822-7).** In § 23 Abs. 3 Satz 1 und 2 des Sortenschutzgesetzes vom 11. Dezember 1985 (BGBl. I S. 2170), das zuletzt durch Artikel 18 des Gesetzes vom 2. September 1994 (BGBl. I S. 2278) geändert worden ist, werden das Wort „Warenzeichen" durch das Wort „Marke" und die Wörter „des Warenzeichens" jeweils durch die Wörter „der Marke" ersetzt.

**Art. 41 Änderung der Futtermittelverordnung (7825-1-4).** In § 6 Abs. 5 Nr. 1 und in § 14 Abs. 1 Satz 1 Nr. 1 der Futtermittelverordnung in der Fassung der Bekanntmachung vom 11. November 1992 (BGBl. I S. 1898), die zuletzt durch Artikel 1 der Verordnung vom 3. März 1994 (BGBl. I S. 398) geändert worden ist, werden die Wörter „das Warenzeichen oder die Handelsmarke" jeweils durch die Wörter „die Marke" ersetzt.

**Art. 42 Änderung der Bundesartenschutzverordnung (791-1-2).** In § 7 Satz 1 Nr. 2 der Bundesartenschutzverordnung in der Fassung der Bekanntmachung vom 18. September 1989 (BGBl. I S. 1677, 2011), die durch die Verordnung vom 9. Juli 1994 (BGBl. I S. 1523) geändert worden ist, werden die Wörter „einem Warenzeichen" durch die Wörter „einer Marke" ersetzt.

**Art. 43 Änderung der Sicherheitsfilmverordnung (8053-3-1).** In § 2 Abs. 1 Nr. 1 und § 3 der Sicherheitsfilmverordnung in der im Bundesgesetzblatt Teil III, Gliederungsnummer 8053-3-1, veröffentlichten bereinigten Fassung werden die Wörter „das Warenzeichen" jeweils durch die Wörter „die Marke" ersetzt.

**Art. 44 Änderung der Verordnung über die Berufsausbildung zum Hauswirtschafter/zur Hauswirtschafterin (806-21-1-72).** Die Nummer 1.3 der Anlage zu § 4 der Verordnung über die Berufsausbildung zum Hauswirtschafter/zur Hauswirtschafterin vom 14. August 1979 (BGBl. I S. 1435) wird wie folgt geändert:
1. In Buchstabe a werden die Wörter „Güte- und Warenzeichen" durch die Wörter „Gütezeichen und Marken" ersetzt.
2. In Buchstabe k werden die Wörter „Warenzeichen, Markennamen" durch das Wort „Marken" ersetzt.

**Art. 45 Änderung der Verordnung über die Berufsausbildung zum Schauwerbegestalter/zur Schauwerbegestalterin (806-21-1-82).** In Abschnitt II Nr. 12 Buchstabe f der Anlage 1 zu § 5 der Verordnung über die Berufsausbildung zum Schauwerbegestalter/zur Schauwerbegestalterin vom 6. Oktober 1980 (BGBl. I S. 1918, 2064) wird das Wort „Warenzeichengesetz" durch das Wort „Markengesetz" ersetzt.

**Art. 46 Änderung der ReNoPat-Ausbildungsverordnung (806-21-1-147).** Die ReNoPat-Ausbildungsverordnung vom 23. November 1987 (BGBl. I S. 2392) wird wie folgt geändert:

1. In § 8 Nr. 5 wird das Wort „Warenzeichen" durch das Wort „Marken" ersetzt.
2. Abschnitt II. Buchstabe D. der Anlage zu § 9 wird wie folgt geändert:
    a) In Nummer 2 Buchstabe a wird das Wort „Warenzeichengesetzes" durch das Wort „Markengesetzes" ersetzt.
    b) In Nummer 3 Buchstabe a werden die Wörter „Warenzeichen einschließlich Dienstleistungsmarken und Verbandszeichen sowie" durch die Wörter „Marken und" ersetzt.
    c) In Nummer 6 Buchstabe c werden die Wörter „Warenzeichen, Dienstleistungsmarken und IR-Marken" durch die Wörter „Marken einschließlich IR-Marken" ersetzt.
    d) In Nummer 9 Buchstabe c werden die Wörter „ein Warenzeichen" durch die Wörter „eine Marke" ersetzt.

**Art. 47 Änderung des Gesetzes über Fernmeldeanlagen (9020-1).** In § 5 b Abs. 1 Nr. 2 Buchstabe h und i und Nr. 3 des Gesetzes über Fernmeldeanlagen in der Fassung der Bekanntmachung vom 3. Juli 1989 (BGBl. I S. 1455), das zuletzt durch Artikel 5 des Gesetzes vom 14. September 1994 (BGBl. I S. 2325) geändert worden ist, werden die Wörter „Hersteller- oder Warenzeichen" jeweils durch die Wörter „Herstellerzeichen oder Marke" ersetzt.

**Art. 48 Aufhebung von Gesetzen und Verordnungen (423-1, 423-2, 423-3-1, 43-3, 43-3-1).** Folgende Gesetze und Verordnungen werden aufgehoben:

1. das Warenzeichengesetz in der Fassung der Bekanntmachung vom 2. Januar 1968 (BGBl. I S. 1, 29), zuletzt geändert durch Artikel 14 des Gesetzes vom 2. September 1994 (BGBl. I S. 2278),
2. die Verordnung über den Warenzeichenschutz für Kabelkennfäden in der im Bundesgesetzblatt Teil III, Gliederungsnummer 423-2, veröffentlichten bereinigten Fassung,
3. die Verordnung über die internationale Registrierung von Fabrik- oder Handelsmarken vom 5. September 1968 (BGBl. I S. 1001), geändert durch § 2 der Verordnung vom 17. September 1970 (BGBl. II S. 991),
4. das Gesetz zum Schutze des Namens „Solingen" in der im Bundesgesetzblatt Teil III, Gliederungsnummer 43-3, veröffentlichten bereinigten Fassung, geändert durch Artikel 140 des Gesetzes vom 2. März 1974 (BGBl. I S. 469),
5. die Verordnung zur Durchführung und Ergänzung des Gesetzes zum Schutze des Namens „Solingen" in der im Bundesgesetzblatt Teil III, Gliederungsnummer 43-3-1, veröffentlichten bereinigten Fassung.

**Art. 49 Rückkehr zum einheitlichen Verordnungsrang.** Die auf den Artikeln 2, 4 bis 6, 14, 22, 28, 32 bis 35, 38 und 41 bis 46 beruhenden Teile der dort geänderten Rechtsverordnungen können aufgrund der jeweils einschlägigen Ermächtigung durch Rechtsverordnung geändert werden.

**Art. 50 Inkrafttreten.** (1) Die §§ 65, 130 bis 139, 140 Abs. 2, § 144 Abs. 6 und § 145 Abs. 2 und 3 des Artikels 1 treten am 1. November 1994 in Kraft.

(2) Die §§ 119 bis 125 des Artikels 1 treten an dem Tage in Kraft, an dem das am 27. Juni 1989 in Madrid unterzeichnete Protokoll zum Abkommen von Madrid über die internationale Registrierung von Marken für die Bundesrepublik Deutschland in Kraft tritt. Der Tag des Inkrafttretens ist im Bundesgesetzblatt bekanntzumachen.*

(3) Im übrigen tritt das Gesetz am 1. Januar 1995 in Kraft.

---

\* Das PMMA ist für die Bundesrepublik Deutschland am 20. März 1996 in Kraft getreten (BGBl. II S. 557).

# Amtliche Begründung zum Entwurf eines Gesetzes zur Reform des Markenrechts und zur Umsetzung der Ersten Richtlinie 89/104/EWG des Rates vom 21. Dezember 1988 zur Angleichung der Rechtsvorschriften der Mitgliedstaaten über die Marken (Markenrechtsreformgesetz)

vom 23. Februar 1996*

---

* Der vollständige Text der amtlichen Begründung zum MRRG ist abgedruckt in der 1. Auflage des Kommentars, 3. Teil, I 1 (BT-Drucks. 12/6581 vom 14. Januar 1994, S. 53).

## 2. Markenrechtsänderungsgesetz 1996
vom 19. Juli 1996*
(BGBl. I S. 1014)

**Art. 1 Änderung des Markengesetzes.** Die Änderungen sind bereits im Gesetzestext im ersten Teil des Kommentars berücksichtigt.

**Art. 2 Änderung des Gerichtsverfassungsgesetzes.** In § 95 Abs. 1 Nr. 4 Buchstabe c des Gerichtsverfassungsgesetzes in der Fassung der Bekanntmachung vom 9. Mai 1975 (BGBl. I S. 1077), das zuletzt durch Artikel 2 des Gesetzes vom 16. Juni 1995 (BGBl. I S. 818) geändert worden ist, werden die Worte „der Warenbezeichnungen, Muster und Modelle" durch die Worte „der Marken und sonstigen Kennzeichen sowie der Muster und Modelle" ersetzt.

**Art. 3 Änderung der Strafprozeßordnung.** In § 374 Abs. 1 Nr. 8 der Strafprozeßordnung in der Fassung der Bekanntmachung vom 7. April 1987 (BGBl. I S. 1074, 1319), die zuletzt durch Artikel 9 Abs. 2 des Gesetzes vom 21. August 1995 (BGBl. I S. 1050) geändert worden ist, wird nach der Angabe „§ 143 Abs. 1" die Angabe „und 1 a" eingefügt.

**Art. 4 Änderung des Patentgebührengesetzes.** Die Änderungen sind bereits im Gebührenverzeichnis (GebVerz) zu § 1 PatGebG (3. Teil des Kommentars, I 5) berücksichtigt.

**Art. 5 Änderung des Urheberrechtsgesetzes.** § 111a des Urheberrechtsgesetzes vom 9. September 1965 (BGBl. I S. 1273), das zuletzt durch Artikel 1 des Gesetzes vom 23. Juni 1995 (BGBl. I S. 842) geändert worden ist, wird wie folgt geändert:

1. In Absatz 1 Satz 1 werden nach den Worten „die Vervielfältigungsstücke" die Worte eingefügt „ ‚soweit nicht die Verordnung (EG Nr. 3295/94 des Rates vom 22. Dezember 1994 über Maßnahmen zum Verbot der Überführung nachgeahmter Waren und unerlaubt hergestellter Vervielfältigungsstücke oder Nachbildungen in den zollrechtlich freien Verkehr oder in ein Nichterhebungsverfahren sowie zum Verbot ihrer Ausfuhr und Wiederausfuhr (ABl. EG Nr. L 341 S. 8) in ihrer jeweils geltenden Fassung anzuwenden ist,".
2. Es wird folgender neuer Absatz 8 angefügt:
„(8) In Verfahren nach der Verordnung (EG) Nr. 3295/94 sind die Absätze 1 bis 7 entsprechend anzuwenden, soweit in der Verordnung nichts anderes bestimmt ist."

**Art. 6 Inkrafttreten.** (1) Artikel 1 Nr. 2 dieses Gesetzes tritt am 1. Januar 1999 in Kraft.

(2) Im übrigen tritt dieses Gesetz am Tage nach der Verkündung in Kraft.

Die verfassungsmäßigen Rechte des Bundesrates sind gewahrt.
Das vorstehende Gesetz wird hiermit ausgefertigt und wird im Bundesgesetzblatt verkündet.

## Amtliche Begründung zum Entwurf eines Markenrechtsänderungsgesetzes 1996
vom 23. Februar 1996**

---

\* Nach Art. 6 MarkenRÄndG gilt für das Inkrafttreten: Art. 1 Nr. 2 MarkenRÄndG tritt am 1. Januar 1999 in Kraft. Im übrigen ist das MarkenRÄndG am 20. Juli 1996 in Kraft getreten
\*\* Der vollständige Text der amtlichen Begründung zum Markenrechtsänderungsgesetz ist abgedruckt in der 1. Auflage des Kommentars, 3. Teil, I 2 (BT-Drucks. 13/3841 vom 23. Februar 1996, S. 7).

**MarkenV**

## 3. Verordnung zur Ausführung des Markengesetzes (Markenverordnung – MarkenV)

vom 30. November 1994\*

(BGBl. I S. 3555; zuletzt geändert durch Verordnung vom 21. Dezember 1998, BGBl. I S. 3893)

Auf Grund des § 65 Abs. 1 Nr. 2 bis 10 und des § 138 Abs. 1 des Markengesetzes vom 25. Oktober 1994 (BGBl. I S. 3082; 1995 I S. 156), von denen § 65 Abs. 1 Nr. 14 durch Artikel 13 Nr. 2 Buchstabe b des Gesetzes vom 22. Juni 1998 (BGBl. I S. 1474) eingefügt worden ist, in Verbindung mit § 20 Abs. 2 der Verordnung über das Deutsche Patentamt vom 5. September 1968 (BGBl. I S. 997), der zuletzt durch Artikel 1 Nr. 5 der Verordnung vom 13. November 1998 (BGBl. I S. 3427) geändert worden ist, verordnet der Präsident des Deutschen Patent- und Markenamts:

### Inhaltsübersicht

| | §§ |
|---|---|
| **Teil 1. Anwendungsbereich** | |
| Verfahren in Markenangelegenheiten | 1 |
| **Teil 2. Anmeldungen** | |
| Form der Anmeldung | 2 |
| Inhalt der Anmeldung | 3 |
| Anmeldung von Kollektivmarken | 4 |
| Angaben zum Anmelder und zu seinem Vertreter | 5 |
| Angaben zur Markenform | 6 |
| Wortmarken | 7 |
| Bildmarken | 8 |
| Dreidimensionale Marken | 9 |
| Kennfadenmarken | 10 |
| Hörmarken | 11 |
| Sonstige Markenformen | 12 |
| Muster und Modelle | 13 |
| Verzeichnis der Waren und Dienstleistungen | 14 |
| Veröffentlichung der Anmeldung | 14 a |
| **Teil 3. Klasseneinteilung von Waren und Dienstleistungen** | |
| Klasseneinteilung | 15 |
| Änderung der Klasseneinteilung | 16 |
| **Teil 4. Register; Urkunde; Veröffentlichung** | |
| Ort und Form des Registers | 17 |
| Inhalt des Registers | 18 |
| Urkunde; Bescheinigungen | 19 |
| Ort und Form der Veröffentlichung | 20 |
| Inhalt der Veröffentlichung | 21 |

---

\* Nach § 79 MarkenV gilt für das Inkrafttreten: Die §§ 54 bis 77 MarkenV sind am 7. Dezember 1994 in Kraft getreten. Im übrigen ist die MarkenV am 1. Januar 1995 in Kraft getreten. Für die durch die Erste Verordnung zur Änderung der MarkenV vom 3. Dezember 1996 vorgenommenen Änderungen der MarkenV gilt für das Inkrafttreten: Die in Art. 1 der Ersten Verordnung zur Änderung der MarkenV vorgenommenen Änderungen der Anlage zu § 15 Abs. 1 MarkenV (Klasseneinteilung von Waren und Dienstleistungen) sind nach Art. 2 der Ersten Verordnung zur Änderung der MarkenV am 1. Januar 1997 in Kraft getreten. Für die durch die Zweite Verordnung zur Änderung der MarkenV vom 1. Juli 1998 vorgenommenen Änderungen der MarkenV gilt für das Inkrafttreten: Die in Art. 1 der Zweiten Verordnung zur Änderung der MarkenV vorgenommenen Änderungen der §§ 18, 21, 32, 35 Abs. 4, 39, 41 und 71 MarkenV, sowie die Einfügung des § 14 a MarkenV und die Aufhebung des § 30 MarkenV sind nach Art. 2 der Zweiten Verordnung zur Änderung der MarkenV am 7. Juli 1998 in Kraft getreten. Für die durch die Dritte Verordnung zur Änderung der MarkenV vom 21. Dezember 1998 vorgenommenen Änderungen gilt für das Inkrafttreten: Die in Art. 1 der Dritten Verordnung zur Änderung der MarkenV vorgenommenen Änderungen der §§ 1 und 71 MarkenV sind nach Art. 2 der Dritten Verordnung zur Änderung der MarkenV am 22. Dezember 1998 in Kraft getreten.

## Teil 5. Einzelne Verfahren

### Abschnitt 1. Verfahren bis zur Eintragung

| | §§ |
|---|---|
| Aktenzeichen; Empfangsbescheinigung | 22 |
| Klassifizierung | 23 |
| Berufung auf eine im Ursprungsland eingetragene Marke | 24 |
| Verschiebung des Zeitrangs bei Verkehrsdurchsetzung | 25 |

### Abschnitt 2. Widerspruchsverfahren

| | |
|---|---|
| Form des Widerspruchs | 26 |
| Inhalt des Widerspruchs | 27 |
| Gemeinsame Entscheidung über mehrere Widersprüche | 28 |
| Aussetzung | 29 |
| (aufgehoben) | 30 |

### Abschnitt 3. Rechtsübergang und sonstige Rechte

| | |
|---|---|
| Eintragung eines Rechtsübergangs | 31 |
| Teilübergang | 32 |
| Eintragung von dinglichen Rechten | 33 |
| Maßnahmen der Zwangsvollstreckung; Konkursverfahren | 34 |
| Entsprechende Anwendung auf Anmeldungen | 35 |

### Abschnitt 4. Teilung von Anmeldungen und von Eintragungen

| | |
|---|---|
| Teilung von Anmeldungen | 36 |
| Teilung von Eintragungen | 37 |

### Abschnitt 5. Verlängerung

| | |
|---|---|
| Verlängerung durch Gebührenzahlung | 38 |
| Antrag auf Verlängerung | 39 |
| Berechnung der Fristen | 40 |

### Abschnitt 6. Verzicht

| | |
|---|---|
| Verzicht | 41 |
| Zustimmung Dritter | 42 |

### Abschnitt 7. Löschung

| | |
|---|---|
| Löschung wegen Verfalls | 43 |
| Löschung wegen absoluter Schutzhindernisse | 44 |

### Abschnitt 8. Berichtigungen; Änderungen

| | |
|---|---|
| Berichtigungen | 45 |
| Änderungen von Namen oder Anschriften | 46 |

### Abschnitt 9. Akteneinsicht

| | |
|---|---|
| Zuständigkeit | 47 |
| Durchführung der Akteneinsicht | 48 |

### Abschnitt 10. Internationale Registrierungen

| | |
|---|---|
| Antrag auf internationale Registrierung nach dem Madrider Markenabkommen | 49 |
| Antrag auf internationale Registrierung nach dem Protokoll zum Madrider Markenabkommen | 50 |
| Antrag auf internationale Registrierung nach dem Madrider Markenabkommen und nach dem Protokoll zum Madrider Markenabkommen | 51 |
| Schutzverweigerung | 52 |
| Unterrichtung über international registrierte Marken | 53 |

## Teil 6. Verfahren nach der Verordnung (EWG) Nr. 2081/92 des Rates vom 14. Juli 1992 zum Schutz von geographischen Angaben und Ursprungsbezeichnungen für Agrarerzeugnisse und Lebensmittel

| | |
|---|---|
| Eintragungsantrag | 54 |
| Prüfung des Antrags | 55 |
| Veröffentlichung des Antrags | 56 |
| Akteneinsicht | 57 |
| Stellungnahmen; erneute Prüfung | 58 |

| | §§ |
|---|---|
| Entscheidung über den Antrag | 59 |
| Einspruch | 60 |
| Einspruchsverfahren | 61 |
| Änderungen der Spezifikation | 62 |

### Teil 7. Allgemeine Verfahrensvorschriften

#### Abschnitt 1. Formblätter

| | |
|---|---|
| Formblätter | 63 |

#### Abschnitt 2. Form der Anträge und Eingaben

| | |
|---|---|
| Originale | 64 |
| Übermittlung durch Telekopierer | 65 |
| Übermittlung durch Telegramm oder Telex | 66 |
| Fremdsprachige Formblätter | 67 |
| Fremdsprachige Anmeldungen | 68 |
| Schriftstücke in fremden Sprachen | 69 |
| Sonstige Erfordernisse für Anträge und Eingaben | 70 |

#### Abschnitt 3. Beschlüsse, Bescheide und Mitteilungen des Patentamts

| | |
|---|---|
| Form der Ausfertigungen | 71 |
| Zustellung und formlose Übersendung | 72 |
| Mehrere Beteiligte; mehrere Vertreter | 73 |

#### Abschnitt 4. Fristen; Entscheidungen nach Lage der Akten

| | |
|---|---|
| Fristen | 74 |
| Entscheidung nach Lage der Akten | 75 |

#### Abschnitt 5. Vertretung; Vollmacht

| | |
|---|---|
| Vertretung | 76 |
| Vollmacht | 77 |

### Teil 8. Schlußvorschriften

| | |
|---|---|
| Aufhebung von Rechtsvorschriften | 78 |
| Inkrafttreten | 79 |

## Teil 1. Anwendungsbereich

**§ 1 Verfahren in Markenangelegenheiten.** Für die im Markengesetz geregelten Verfahren vor dem Patentamt (Markenangelegenheiten) gelten ergänzend zu den Bestimmungen des Markengesetzes und der Verordnung über das Deutsche Patent- und Markenamt die Bestimmungen dieser Verordnung.

## Teil 2. Anmeldungen

**§ 2 Form der Anmeldung.** (1) Die Anmeldung zur Eintragung einer Marke soll unter Verwendung des vom Patentamt herausgegebenen Formblatts eingereicht werden.

(2) Marken können für Waren und für Dienstleistungen angemeldet werden.

(3) Für jede Marke ist eine gesonderte Anmeldung erforderlich.

**§ 3 Inhalt der Anmeldung.** (1) Die Anmeldung muß enthalten:
1. Angaben zum Anmelder und gegebenenfalls zu seinem Vertreter gemäß § 5,
2. eine Angabe zur Form der Marke gemäß § 6 sowie eine Wiedergabe der Marke gemäß den §§ 7 bis 12,
3. das Verzeichnis der Waren und Dienstleistungen, für die die Marke eingetragen werden soll, gemäß § 14.

Die Vorschriften über die Zuerkennung des Anmeldetags nach § 33 Abs. 1 und § 32 Abs. 2 des Markengesetzes bleiben unberührt.

(2) Wird in der Anmeldung

1. die Priorität einer früheren ausländischen Anmeldung in Anspruch genommen, so ist eine entsprechende Erklärung anzugeben sowie der Tag und der Staat dieser Anmeldung anzugeben,
2. eine Ausstellungspriorität in Anspruch genommen, so ist eine entsprechende Erklärung abzugeben sowie der Tag der erstmaligen Zurschaustellung und die Ausstellung anzugeben.

Die Möglichkeit, die Prioritätserklärung innerhalb von zwei Monaten abzugeben (§ 34 Abs. 3, § 35 Abs. 4 des Markengesetzes), bleibt unberührt.

**§ 4 Anmeldung von Kollektivmarken.** Falls die Eintragung als Kollektivmarke beantragt wird, muß eine entsprechende Erklärung abgegeben werden.

**§ 5 Angaben zum Anmelder und zu seinem Vertreter.** (1) Die Anmeldung muß zum Anmelder folgende Angaben enthalten:

1. ist der Anmelder eine natürliche Person, seinen Vornamen und Familiennamen oder, falls die Eintragung unter der Firma des Anmelders erfolgen soll, die Firma, wie sie im Handelsregister eingetragen ist,
2. ist der Anmelder ein juristische Person oder eine Personengesellschaft, den Namen dieser Person oder dieser Gesellschaft; die Bezeichnung der Rechtsform kann auf übliche Weise abgekürzt werden,
3. die Anschrift des Anmelders (Straße, Hausnummer, Postleitzahl, Ort).

(2) In der Anmeldung sollen eine von der Anschrift des Anmelders abweichende Postanschrift, wie eine Postfachanschrift, sowie Telefonnummern, vorhandene Anschlüsse zur elektronischen Datenübermittlung, wie zum Beispiel Telekopierer oder Telex, angegeben werden.

(3) Wird die Anmeldung von mehreren Personen eingereicht, so gelten die Absätze 1 und 2 für alle Personen. Satz 1 gilt auch für Gesellschaften bürgerlichen Rechts.

(4) Hat der Anmelder seinen Wohnsitz oder Sitz im Ausland, so sind die Absätze 1 bis 3 entsprechend anzuwenden. Bei der Angabe der Anschrift nach Absatz 1 Nr. 3 ist außer dem Ort auch der Staat anzugeben. Außerdem können gegebenenfalls Angaben zum Bezirk, zur Provinz oder zum Bundesstaat gemacht werden, in dem der Anmelder seinen Wohnsitz oder Sitz hat oder dessen Rechtsordnung er unterliegt.

(5) Hat das Patentamt dem Anmelder eine Anmeldernummer zugeteilt, so soll diese in der Anmeldung genannt werden.

(6) Falls ein Vertreter bestellt ist, so gelten die Absätze 1 und 2 hinsichtlich der Angabe des Namens und der Anschrift des Vertreters entsprechend. Hat das Patentamt dem Vertreter eine Vertreternummer oder die Nummer einer Allgemeinen Vollmacht zugeteilt, so soll diese angegeben werden.

**§ 6 Angaben zur Markenform.** In der Anmeldung ist anzugeben, ob die Marke als

1. Wortmarke (§ 7),
2. Bildmarke (§ 8),
3. dreidimensionale Marke (§ 9),
4. Kennfadenmarke (§ 10),
5. Hörmarke (§ 11) oder
6. sonstige Markenform (§ 12)

in das Register eingetragen werden soll.

**§ 7 Wortmarken.** Wenn der Anmelder angibt, daß die Marke in der vom Patentamt verwendeten üblichen Druckschrift eingetragen werden soll, so ist die Marke in der Anmeldung in üblichen Schriftzeichen (Buchstaben, Zahlen oder sonstige Zeichen) wiederzugeben.

**MarkenV   §§ 8–11**  Markenverordnung

**§ 8 Bildmarken.** (1) Wenn der Anmelder angibt, daß die Marke in der von ihm gewählten graphischen Wiedergabe einer Wortmarke im Sinne des § 7, als zweidimensionale Wort-Bild-Marke, Bildmarke oder in Farbe eingetragen werden soll, so sind der Anmeldung vier übereinstimmende zweidimensionale graphische Wiedergaben der Marke beizufügen. Wenn die Marke in Farbe eingetragen werden soll, so sind die Farben zusätzlich in der Anmeldung zu bezeichnen.

(2) Die Wiedergabe der Marke muß auf Papier dauerhaft dargestellt und in Farbtönen und Ausführung so beschaffen sein, daß sie die Bestandteile der Marke in allen Einzelheiten auch bei schwarz-weißer Wiedergabe in einem Format mit höchstens 9 cm Breite deutlich erkennen läßt. Überklebungen, Durchstreichungen und mit nicht dauerhafter Farbe hergestellte Überdeckungen sind unzulässig.

(3) Die Blattgröße der Wiedergabe darf das Format DIN A4 (29,7 cm Höhe, 21 cm Breite) nicht überschreiten. Die für die Darstellung benutzte Fläche (Satzspiegel) darf nicht größer als 26,2 cm × 17 cm sein. Das Blatt ist nur einseitig zu bedrucken. Vom linken Seitenrand ist ein Randabstand vom mindestens 2,5 cm einzuhalten.

(4) Die richtige Stellung der Marke ist durch den Vermerk „oben" auf jeder Wiedergabe zu kennzeichnen, soweit sich dies nicht von selbst ergibt.

(5) Die Anmeldung kann eine Beschreibung der Marke enthalten.

**§ 9 Dreidimensionale Marken.** (1) Wenn der Anmelder angibt, daß die Marke als dreidimensionale Marke eingetragen werden soll, so sind der Anmeldung vier übereinstimmende zweidimensionale graphische Wiedergaben der Marke beizufügen. Es können Darstellungen von bis zu sechs verschiedenen Ansichten eingereicht werden. Wenn die Marke in Farbe eingetragen werden soll, so sind die Farben in der Anmeldung zu bezeichnen.

(2) Für die Wiedergabe sind Lichtbilder als Positivabzüge oder graphische Strichzeichnungen zu verwenden, die die darzustellende Marke dauerhaft wiedergeben und als Vorlage für den Foto-Offsetdruck, die Mikroverfilmung einschließlich der Herstellung konturenscharfer Rückvergrößerungen und die elektronische Bildspeicherung geeignet sind.

(3) Wird die Marke durch eine graphische Strichzeichnung wiedergegeben, so muß die Darstellung in gleichmäßig schwarzen, nicht verwischbaren und scharf begrenzten Linien ausgeführt sein. Die Darstellung kann Schraffuren und Schattierungen zur Wiedergabe plastischer Einzelheiten enthalten.

(4) Für die Form der Wiedergabe gilt § 8 Abs. 2 bis 4 entsprechend.

(5) Die Anmeldung kann eine Beschreibung der Marke enthalten.

**§ 10 Kennfadenmarken.** (1) Wenn der Anmelder angibt, daß die Marke als Kennfadenmarke eingetragen werden soll, ist § 9 Abs. 1 bis 4 entsprechend anzuwenden.

(2) Die Anmeldung kann eine Beschreibung der Marke mit Angaben zur Art des Kennfadens enthalten.

**§ 11 Hörmarken.** (1) Wenn der Anmelder angibt, daß die Marke als Hörmarke eingetragen werden soll, so sind der Anmeldung vier übereinstimmende zweidimensionale graphische Wiedergaben der Marke beizufügen.

(2) Hörmarken sind in einer üblichen Notenschrift oder, falls dies wegen der Art der Marke nicht möglich ist, durch ein Sonagramm darzustellen. Für die Form der Wiedergabe gilt § 8 Abs. 2 bis 4 entsprechend.

(3) Der Anmelder muß eine klangliche Wiedergabe der Marke einreichen.

(4) Die Anmeldung kann eine Beschreibung der Marke enthalten.

(5) Der Präsident des Patentamts bestimmt die Form der Darstellung durch Sonagramm und die für die klangliche Wiedergabe zu verwendenden Datenträger sowie die Einzelheiten der klanglichen Wiedergabe wie Formatierung, Abtastfrequenz, Auflösung und Spieldauer.

**§ 12 Sonstige Markenformen.** (1) Wenn der Anmelder angibt, daß die Marke als sonstige Markenform eingetragen werden soll, so sind der Anmeldung vier übereinstimmende zweidimensionale graphische Wiedergaben der Marke beizufügen. Wenn die Marke in Farbe eingetragen werden soll, so sind die Farben in der Anmeldung zu bezeichnen.

(2) Für die Form der Wiedergabe gelten § 8 Abs. 2 bis 4, § 9 Abs. 1 bis 3 sowie § 11 Abs. 2 Satz 1, Abs. 3 und 5 entsprechend.

(3) Die Anmeldung kann eine Beschreibung der Marke enthalten.

**§ 13 Muster und Modelle.** Der Anmeldung dürfen keine Muster oder Modelle der mit der Marke versehenen Gegenstände oder in den Fällen der §§ 9, 10 und 12 der Marke selbst beigefügt werden. § 11 Abs. 3 bleibt unberührt.

**§ 14 Verzeichnis der Waren und Dienstleistungen.** (1) Die Waren und Dienstleistungen sind so zu bezeichnen, daß die Klassifizierung jeder einzelnen Ware oder Dienstleistung in eine Klasse der Klasseneinteilung (§ 15) möglich ist.

(2) Soweit möglich sollen die Bezeichnungen der Klasseneinteilung, falls diese nicht erläuterungsbedürftig sind, und die Begriffe der in § 15 Abs. 2 bezeichneten Alphabetischen Liste verwendet werden. Im übrigen sollen möglichst verkehrsübliche Begriffe verwendet werden.

(3) Die Waren und Dienstleistungen sollen in der Reihenfolge der Klasseneinteilung geordnet werden.

**§ 14 a Veröffentlichung der Anmeldung.** (1) Die Veröffentlichung der Anmeldung einer Marke, deren Anmeldetag feststeht (§ 33 Abs. 3 des Markengesetzes), umfaßt folgende Angaben:
1. das Aktenzeichen der Anmeldung,
2. das Datum des Eingangs der Anmeldung,
3. Angaben über die Marke,
4. Angaben zu einer vom Markeninhaber beanspruchten ausländischen Priorität (§ 34 des Markengesetzes), Ausstellungspriorität (§ 35 des Markengesetzes) oder zu einem nach Artikel 35 der Verordnung (EG) Nr. 40/94 des Rates vom 20. Dezember 1993 über die Gemeinschaftsmarke (Abl. EG Nr. L 11 S. 1) in Anspruch genommenen Zeitrang,
5. den Namen und Wohnsitz oder Sitz des Anmelders,
6. wenn ein Vertreter bestellt ist, den Namen und Sitz des Vertreters,
7. die Zustellungsanschrift mit einer Angabe zum Zustellungsempfänger,
8. die Leitklasse und gegebenenfalls weitere Klassen des Verzeichnisses der Waren und Dienstleistungen.

(2) Die Veröffentlichung kann in elektronischer Form erfolgen.

## Teil 3. Klasseneinteilung von Waren und Dienstleistungen

**§ 15 Klasseneinteilung.** (1) Die Klassifizierung der Waren und Dienstleistungen richtet sich nach der in der Anlage zu dieser Verordnung enthaltenen Klasseneinteilung von Waren und Dienstleistungen.

(2) Ergänzend kann die „Alphabetische Liste der Waren und Dienstleistungen nach dem Nizzaer Abkommen über die internationale Klassifikation von Waren und Dienstleistungen für die Eintragung von Marken" zur Klassifizierung verwendet werden.

**§ 16 Änderung der Klasseneinteilung.** (1) Ändert sich die Klasseneinteilung zwischen dem Zeitpunkt der Eintragung einer Marke und dem Wirksamwerden der Verlängerung der Schutzdauer, so wird die Klassifizierung der Waren und Dienstleistungen bei der Verlängerung der Schutzdauer von Amts wegen geändert. Die Klassifizierung kann in diesem Fall auch auf Antrag des Inhabers jederzeit angepaßt werden.

(2) Soweit sich die Änderung der Klassifizierung auf die Höhe der für die Verlängerung der Schutzdauer zu zahlenden Gebühren auswirkt, sind die zusätzlichen Klassengebühren innerhalb der Fristen des § 47 Abs. 3 des Markengesetzes zu zahlen, ohne daß bei einer Zahlung erst nach Fälligkeit der in § 47 Abs. 3 Satz 4 des Markengesetzes genannte Zuschlag gezahlt werden muß.

## Teil 4. Register; Urkunde; Veröffentlichung

**§ 17 Ort und Form des Registers.** (1) Das Register wird beim Patentamt geführt.
(2) Das Register kann in Form einer elektronischen Datenbank betrieben werden.

**§ 18 Inhalt des Registers.** In das Register werden eingetragen:
1. die Registernummer der Marke,
2. das Aktenzeichen der Anmeldung, sofern es nicht mit der Registernummer übereinstimmt,
3. die Wiedergabe der Marke,
4. die Angabe der Markenform, wenn es sich um eine dreidimensionale Marke, eine Kennfadenmarke, eine Hörmarke oder um eine sonstige Markenform handelt,
5. bei farbig eingetragenen Marken die entsprechende Angabe und die Bezeichnung der Farben,
6. ein Hinweis auf eine bei den Akten befindliche Beschreibung der Marke,
7. bei Marken, die wegen nachgewiesener Verkehrsdurchsetzung (§ 8 Abs. 3 des Markengesetzes) eingetragen sind, die entsprechende Angabe,
8. bei Marken, die aufgrund einer im Ursprungsland eingetragenen Marke gemäß Art. 6$^{quinquies}$ der Pariser Verbandsübereinkunft eingetragen sind, eine entsprechende Angabe,
9. gegebenenfalls die Angabe, daß es sich um eine Kollektivmarke handelt,
10. bei einer Marke, deren Zeitrang nach Artikel 34 oder 35 der Verordnung (EG) Nr. 40/94 des Rates vom 20. Dezember 1993 über die Gemeinschaftsmarke (Abl. EG Nr. L 11 S. 1) für eine angemeldete oder eingetragene Gemeinschaftsmarke in Anspruch genommen wurde, die entsprechende Angabe und im Falle der Löschung der Marke die Bezeichnung des Löschungsgrundes,
11. (aufgehoben),
12. der Anmeldetag der Marke,
13. gegebenenfalls der Tag, der für die Bestimmung des Zeitrangs einer Marke nach § 37 Abs. 2 des Markengesetzes maßgeblich ist,
14. der Tag, der Staat und das Aktenzeichen einer vom Markeninhaber beanspruchten ausländischen Priorität (§ 34 des Markengesetzes),
15. Angaben zu einer vom Markeninhaber beanspruchten Ausstellungspriorität (§ 35 des Markengesetzes),
16. der Name und Wohnsitz oder Sitz des Inhabers der Marke,
17. wenn ein Vertreter bestellt ist, der Name und Sitz des Vertreters,
18. die Zustellungsanschrift mit einer Angabe zum Zustellungsempfänger,
19. das Verzeichnis der Waren und Dienstleistungen unter Angabe der Leitklasse und der weiteren Klassen,
20. der Tag der Eintragung in das Register,
21. der Tag der Veröffentlichung der Eintragung,
22. wenn nach Ablauf der Widerspruchsfrist kein Widerspruch gegen die Eintragung der Marke erhoben worden ist, eine entsprechende Angabe,
23. wenn Widerspruch erhoben worden ist,
    a) eine entsprechende Angabe,

b) der Tag des Abschlusses des Widerspruchsverfahrens,
c) bei vollständiger Löschung der Marke eine entsprechende Angabe,
d) bei teilweiser Löschung der Marke die Waren und Dienstleistungen, auf die sich die Löschung bezieht,

24. die Verlängerung der Schutzdauer,
25. wenn ein Dritter Antrag auf Löschung einer eingetragenen Marke gestellt hat,
    a) im Fall eines Antrags auf Löschung gemäß § 50 des Markengesetzes eine entsprechende Angabe,
    b) im Fall eines Antrags auf Löschung gemäß § 50 des Markengesetzes der Abschluß des Löschungsverfahrens,
    c) bei vollständiger Löschung der Marke eine entsprechende Angabe,
    d) bei teilweiser Löschung der Marke die Waren und Dienstleistungen, auf die sich die Löschung bezieht,
26. wenn ein Löschungsverfahren von Amts wegen eingeleitet wird,
    a) bei vollständiger Löschung der Marke eine entsprechende Angabe,
    b) bei teilweiser Löschung der Marke die Waren und Dienstleistungen, auf die sich die Löschung bezieht,
27. bei vollständiger oder teilweiser Löschung der Marke aufgrund einer entsprechenden Erklärung des Inhabers der Marke, wie insbesondere einer teilweisen Verlängerung der Schutzdauer oder einem Teilverzicht, die entsprechende Angabe unter Bezeichnung des Löschungsgrunds und, soweit es sich um eine teilweise Löschung handelt, das Verzeichnis der Waren und Dienstleistungen in der Fassung, wie es sich nach dem Vollzug der Löschung ergibt,
28. Angaben über eine Eintragungsbewilligungsklage nach § 44 des Markengesetzes, soweit sie dem Patentamt mitgeteilt worden sind,
29. der Tag des Eingangs einer Teilungserklärung,
30. bei der Stammeintragung der Hinweis auf die Registernummer der infolge einer Teilungserklärung abgetrennten Eintragung,
31. bei der infolge einer Teilungserklärung abgetrennten Eintragung die entsprechende Angabe und die Registernummer der Stammeintragung,
32. der Tag und die Nummer der internationalen Registrierung (§§ 110, 122 Abs. 2 des Markengesetzes),
33. der Rechtsübergang einer Marke zusammen mit Angaben über den Rechtsnachfolger und gegebenenfalls seinen Vertreter gemäß den Nummern 16, 17 und 18,
34. bei einem Rechtsübergang der Marke für einen Teil der Waren und Dienstleistungen außerdem die Angaben nach den Nummern 30 und 31,
35. Angaben über dingliche Rechte (§ 29 des Markengesetzes),
36. Angaben über Maßnahmen der Zwangsvollstreckung (§ 29 Abs. 1 Nr. 2 des Markengesetzes) und ein Konkursverfahren (§ 29 Abs. 3 des Markengesetzes),
37. Änderungen der in den Nummern 16, 17 und 18 aufgeführten Angaben,
38. Berichtigungen von Eintragungen im Register (§ 45 Abs. 1 des Markengesetzes).

**§ 19 Urkunde; Bescheinigungen.** (1) Der Inhaber der Marke erhält eine Urkunde über die Eintragung einer Marke in das Register nach § 41 des Markengesetzes.

(2) Der Inhaber der Marke erhält außerdem eine Bescheinigung über die in das Register eingetragenen Angaben, soweit er hierauf nicht ausdrücklich verzichtet hat.

**§ 20 Ort und Form der Veröffentlichung.** (1) Angaben über eingetragene Marken werden in dem vom Patentamt herausgegebenen Markenblatt veröffentlicht.

(2) Das Patentamt kann die Veröffentlichung zusätzlich auch in anderer Form, insbesondere auf Datenträgern, zur Verfügung stellen.

**§ 21 Inhalt der Veröffentlichung der Eintragung.** (1) Die Veröffentlichung der Eintragung umfaßt alle in das Register eingetragenen Angaben mit Ausnahme der in § 18 Nr. 21 und 32 bezeichneten Angaben. Farbig eingetragene Marken werden in Farbe veröffentlicht.

(2) Der erstmaligen Veröffentlichung eingetragener Marken ist ein Hinweis auf die Möglichkeit des Widerspruchs (§ 42 des Markengesetzes) beizufügen. Die Wiederholung dieses Hinweises ist erforderlich, wenn die eingetragene Marke wegen erheblicher Mängel der Erstveröffentlichung erneut veröffentlicht wird. Der Hinweis kann für alle nach den Sätzen 1 und 2 veröffentlichten Marken gemeinsam erfolgen.

(3) Im Falle einer Teillöschung kann die Eintragung der Marke insgesamt neu veröffentlicht werden.

## Teil 5. Einzelne Verfahren

### Abschnitt 1. Verfahren bis zur Eintragung

**§ 22 Aktenzeichen; Empfangsbescheinigung.** (1) Das Patentamt vermerkt auf der Anmeldung den Tag des Eingangs und das Aktenzeichen der Anmeldung.

(2) Das Patentamt übermittelt dem Anmelder unverzüglich eine Empfangsbescheinigung, die die angemeldete Marke bezeichnet und das Aktenzeichen der Anmeldung sowie den Tag des Eingangs der Anmeldung angibt.

**§ 23 Klassifizierung.** (1) Sind die Waren und Dienstleistungen in der Anmeldung nicht zutreffend klassifiziert, so entscheidet das Patentamt über die Klassifizierung.

(2) Das Patentamt legt als Leitklasse die Klasse der Klasseneinteilung fest, auf der der Schwerpunkt der Anmeldung liegt. Es ist insoweit an die Angabe des Anmelders über die Leitklasse nicht gebunden. Das Patentamt berücksichtigt eine vom Anmelder angegebene Leitklasse bei der Gebührenzahlung.

**§ 24 Berufung auf eine im Ursprungsland eingetragene Marke.** (1) Beruft sich der Anmelder auf eine im Ursprungsland eingetragene Marke nach Artikel $6^{quinquies}$ der Pariser Verbandsübereinkunft, so kann die entsprechende Erklärung auch noch nach der Anmeldung abgegeben werden.

(2) Der Anmelder hat eine von der zuständigen Behörde ausgestellte Bescheinigung über die Eintragung im Ursprungsland vorzulegen.

**§ 25 Verschiebung des Zeitrangs bei Verkehrsdurchsetzung.** Ergibt sich bei der Prüfung, daß die Voraussetzungen für die Verschiebung des Zeitrangs im Sinne des § 37 Abs. 2 des Markengesetzes gegeben sind, so unterrichtet das Patentamt den Anmelder entsprechend. In den Akten der Anmeldung wird der Tag vermerkt, der für die Bestimmung des Zeitrangs maßgeblich ist. Der Anmeldetag im Sinne des § 33 Abs. 1 des Markengesetzes bleibt im übrigen unberührt.

### Abschnitt 2. Widerspruchsverfahren

**§ 26 Form des Widerspruchs.** (1) Für jede Marke, aufgrund der gegen die Eintragung einer Marke Widerspruch erhoben wird (Widerspruchsmarke), ist ein Widerspruch erforderlich. Auf mehrere Widerspruchsmarken desselben Widersprechenden gestützte Widersprüche können in einem Widerspruchsschriftsatz zusammengefaßt werden.

(2) Der Widerspruch soll unter Verwendung des vom Patentamt herausgegebenen Formblatts eingereicht werden.

**§ 27 Inhalt des Widerspruchs.** (1) Der Widerspruch hat Angaben zu enthalten, die es erlauben, die Identität der angegriffenen Marke, der Widerspruchsmarke sowie des Widersprechenden festzustellen.

(2) In dem Widerspruch sollen angegeben werden:
1. die Registernummer der Marke, gegen deren Eintragung der Widerspruch sich richtet,
2. die Registernummer der eingetragenen Widerspruchsmarke oder das Aktenzeichen der angemeldeten Widerspruchsmarke,
3. in den Fällen des § 42 Abs. 2 Nr. 2 und 3 des Markengesetzes die Wiedergabe und die Bezeichnung der Art der Widerspruchsmarke,
4. falls es sich bei der Widerspruchsmarke um eine international registrierte Marke handelt, die Registernummer der Widerspruchsmarke sowie bei international registrierten Widerspruchsmarken, die vor dem 3. Oktober 1990 mit Wirkung sowohl für die Bundesrepublik Deutschland als auch für die Deutsche Demokratische Republik registriert worden sind, die Erklärung, auf welchen Länderteil der Widerspruch gestützt wird,
5. der Name und die Anschrift des Inhabers der Widerspruchsmarke,
6. falls der Widerspruch von einer Person erhoben wird, die nicht im Register eingetragen ist, der Name und die Anschrift des Widersprechenden sowie der Zeitpunkt, zu dem ein Antrag auf Eintragung des Rechtsübergangs gestellt worden ist,
7. falls der Widersprechende einen Vertreter bestellt hat, der Name und die Anschrift des Vertreters,
8. der Name des Inhabers der Marke, gegen deren Eintragung der Widerspruch sich richtet,
9. die Wiedergabe der Widerspruchsmarke in der Form, wie sie eingetragen oder angemeldet worden ist,
10. die Waren und Dienstleistungen, für die die Widerspruchsmarke eingetragen oder angemeldet worden ist; es müssen nur die Waren und Dienstleistungen angegeben werden, auf die der Widerspruch gestützt wird,
11. die Waren und Dienstleistungen, für die die Marke, gegen deren Eintragung der Widerspruch sich richtet, eingetragen worden ist; es müssen nur die Waren und Dienstleistungen angegeben werden, gegen die der Widerspruch sich richtet.

**§ 28 Gemeinsame Entscheidung über mehrere Widersprüche.** (1) Über mehrere Widersprüche desselben Widersprechenden soll soweit sachdienlich gemeinsam entschieden werden.

(2) Auch in anderen als in den in Absatz 1 genannten Fällen kann über mehrere Widersprüche gemeinsam entschieden werden.

**§ 29 Aussetzung.** (1) Das Patentamt kann das Verfahren über einen Widerspruch außer in den in § 43 Abs. 3 des Markengesetzes genannten Fällen auch dann aussetzen, wenn dies sachdienlich ist.

(2) Eine Aussetzung kommt insbesondere dann in Betracht, wenn dem Widerspruch voraussichtlich stattzugeben wäre und der Widerspruch auf eine angemeldete Marke gestützt worden ist oder vor dem Patentamt ein Verfahren zur Löschung der Widerspruchsmarke anhängig ist.

**§ 30** *(aufgehoben)*

### Abschnitt 3. Rechtsübergang und sonstige Rechte

**§ 31 Eintragung eines Rechtsübergangs.** (1) Der Antrag auf Eintragung des Übergangs des durch die Eintragung einer Marke begründeten Rechts nach § 27 Abs. 3 des Markengesetzes soll unter Verwendung des vom Patentamt herausgegebenen Formblatts gestellt werden.

(2) In dem Antrag sind anzugeben:
1. die Registernummer der Marke,

2. Angaben entsprechend § 5 über den Rechtsnachfolger,
3. falls der Rechtsnachfolger einen Vertreter bestellt hat, der Name und die Anschrift des Vertreters.

(3) Für den Nachweis des Rechtsübergangs reicht es aus,
1. daß der Antrag vom eingetragenen Inhaber oder seinem Vertreter und vom Rechtsnachfolger oder seinem Vertreter unterschrieben ist oder
2. daß dem Antrag, wenn er vom Rechtsnachfolger gestellt wird,
   a) eine vom eingetragenen Inhaber oder seinem Vertreter unterschriebene Erklärung beigefügt ist, daß er der Eintragung des Rechtsnachfolgers zustimmt, oder
   b) Unterlagen beigefügt sind, aus denen sich die Rechtsnachfolge ergibt, wie zum Beispiel ein Übertragungsvertrag oder eine Erklärung über die Übertragung, wenn die entsprechenden Unterlagen vom eingetragenen Inhaber oder seinem Vertreter und vom Rechtsnachfolger oder seinem Vertreter unterschrieben sind.

(4) Für die in Absatz 3 Nr. 2 genannten Erklärungen sollen die vom Patentamt herausgegebenen Formblätter verwendet werden. Für den in Absatz 3 Nr. 2 Buchstabe b genannten Übertragungsvertrag kann ebenfalls das vom Patentamt herausgegebene Formblatt verwendet werden.

(5) In den Fällen des Absatzes 3 ist eine Beglaubigung der Erklärung oder der Unterschriften nicht erforderlich.

(6) Das Patentamt kann in den Fällen des Absatzes 3 weitere Nachweise nur dann verlangen, wenn sich begründete Zweifel an dem Rechtsübergang ergeben.

(7) Der Nachweis des Rechtsübergangs auf andere Weise als nach Absatz 3 bleibt unberührt.

(8) Der Antrag auf Eintragung des Übergangs kann für mehrere Marken gemeinsam gestellt werden, wenn der eingetragene Inhaber und der Rechtsnachfolger bei allen Marken dieselben Personen sind.

**§ 32 Teilübergang.** (1) Betrifft der Übergang des durch die Eintragung einer Marke begründeten Rechts nur einen Teil der eingetragenen Waren und Dienstleistungen, so sind in dem Antrag auf Eintragung des Rechtsübergangs die Waren und Dienstleistungen anzugeben, auf die sich der Rechtsübergang bezieht.

(2) Im übrigen ist § 37 Abs. 1 bis 5 und 7 mit der Maßgabe entsprechend anzuwenden, daß die für die Einreichung von Unterlagen in Absatz 5 bestimmte Frist nicht gilt.

**§ 33 Eintragung von dinglichen Rechten.** (1) Der Antrag auf Eintragung einer Verpfändung oder eines sonstigen dinglichen Rechts an dem durch die Eintragung einer Marke begründeten Recht nach § 29 Abs. 2 des Markengesetzes soll unter Verwendung des vom Patentamt herausgegebenen Formblatts gestellt werden.

(2) § 31 Abs. 2 bis 8 ist entsprechend anzuwenden.

**§ 34 Maßnahmen der Zwangsvollstreckung; Konkursverfahren.** (1) Der Antrag auf Eintragung einer Maßnahme der Zwangsvollstreckung nach § 29 Abs. 2 des Markengesetzes kann vom Inhaber der eingetragenen Marke oder von demjenigen, der die Zwangsvollstreckung betreibt, gestellt werden. Dem Antrag sind die erforderlichen Nachweise beizufügen.

(2) Dem Antrag auf Eintragung eines Konkursverfahrens nach § 29 Abs. 3 des Markengesetzes sind die erforderlichen Nachweise beizufügen.

**§ 35 Entsprechende Anwendung auf Anmeldungen.** (1) Die §§ 31 bis 34 gelten für angemeldete Marken entsprechend. Ein gemeinsamer Antrag nach § 31 Abs. 8 kann auch für angemeldete und eingetragene Marken gestellt werden.

(2) Der Rechtsübergang, das dingliche Recht, die Maßnahme der Zwangsvollstreckung oder das Konkursverfahren werden in den Akten der Anmeldung vermerkt.

(3) Im Falle von Rechtsübergängen wird nur diejenige Person in das Register eingetragen, die zum Zeitpunkt der Eintragung Inhaberin der Marke ist. Ein zum Zeitpunkt der Eintragung bestehendes dingliches Recht, eine zu diesem Zeitpunkt bestehende Maßnahme der Zwangsvollstreckung oder ein zu diesem Zeitpunkt anhängiges Konkursverfahren wird auch in das Register eingetragen.

(4) Betrifft der Übergang des durch die Anmeldung einer Marke begründeten Rechts nur einen Teil der Waren und Dienstleistungen, für die die Marke angemeldet worden ist, so sind in dem Antrag auf Vermerk eines Teilübergangs die Waren und Dienstleistungen anzugeben, auf die sich der Rechtsübergang bezieht. Im übrigen ist § 36 Abs. 1 bis 5 und 7 mit der Maßgabe entsprechend anzuwenden, daß die für die Einreichung von Unterlagen in Absatz 5 bestimmte Frist nicht gilt.

## Abschnitt 4. Teilung von Anmeldungen und von Eintragungen

**§ 36 Teilung von Anmeldungen.** (1) Eine angemeldete Marke kann nach § 40 Abs. 1 des Markengesetzes in zwei oder mehrere Anmeldungen geteilt werden. Für jeden abgetrennten Teil ist eine gesonderte Teilungserklärung erforderlich. Die Teilungserklärung soll unter Verwendung des vom Patentamt herausgegebenen Formblatts eingereicht werden.

(2) In der Teilungserklärung sind die Waren und Dienstleistungen anzugeben, die in die abgetrennte Anmeldung aufgenommen werden.

(3) Das Verzeichnis der Waren und Dienstleistungen der verbleibenden Stammanmeldung und das Verzeichnis der Waren und Dienstleistungen der abgetrennten Anmeldung müssen insgesamt mit dem im Zeitpunkt des Zugangs der Teilungserklärung bestehenden Verzeichnis der Waren und Dienstleistungen der Ausgangsanmeldung deckungsgleich sein. Betrifft die Teilung Waren und Dienstleistungen, die unter einen Oberbegriff fallen, so ist der Oberbegriff sowohl in der Stammanmeldung als auch in der abgetrennten Anmeldung zu verwenden und durch entsprechende Zusätze so einzuschränken, daß sich keine Überschneidungen der Verzeichnisse der Waren und Dienstleistungen ergeben.

(4) Das Patentamt fertigt eine vollständige Kopie der Akten der Ausgangsanmeldung. Diese Kopie wird zusammen mit der Teilungserklärung Bestandteil der Akten der abgetrennten Anmeldung. Die abgetrennte Anmeldung erhält ein neues Aktenzeichen. Eine Kopie der Teilungserklärung wird zu den Akten der Stammanmeldung genommen.

(5) Enthält die Ausgangsanmeldung eine Wiedergabe der Marke nach den §§ 8 bis 12, so sind innerhalb der Dreimonatsfrist des § 40 Abs. 2 Satz 3 des Markengesetzes vier weitere übereinstimmende zweidimensionale graphische Wiedergaben der Marke einzureichen, bei Hörmarken zusätzlich eine klangliche Wiedergabe der Marke gemäß § 11 Abs. 3.

(6) Ein für die Ausgangsanmeldung benannter Vertreter des Anmelders gilt auch als Vertreter des Anmelders für die abgetrennte Anmeldung. Die Vorlage einer neuen Vollmacht ist nicht erforderlich.

(7) In bezug auf die ursprüngliche Anmeldung gestellte Anträge gelten auch für die abgetrennte Anmeldung fort.

**§ 37 Teilung von Eintragungen.** (1) Eine eingetragene Marke kann nach § 46 Abs. 1 des Markengesetzes in zwei oder mehrere Eintragungen geteilt werden. Für jeden abgetrennten Teil ist eine gesonderte Teilungserklärung einzureichen. Die Teilungserklärung soll unter Verwendung des vom Patentamt herausgegebenen Formblatts eingereicht werden.

(2) In der Teilungserklärung sind die Waren und Dienstleistungen anzugeben, die in die abgetrennte Eintragung aufgenommen werden.

(3) Das Verzeichnis der Waren und Dienstleistungen der verbleibenden Stammeintragung und das Verzeichnis der Waren und Dienstleistungen der abgetrennten Eintragung müssen insgesamt mit dem im Zeitpunkt des Zugangs der Teilungserklärung bestehenden Verzeichnis der Waren und Dienstleistungen der Ausgangseintragung deckungsgleich sein. Betrifft die Teilung Waren und Dienstleistungen, die unter einen Oberbegriff fallen, so ist der Oberbegriff sowohl in der Stammeintragung als auch in der abgetrennten Eintragung zu

verwenden und durch entsprechende Zusätze so einzuschränken, daß sich keine Überschneidungen der Verzeichnisse der Waren und Dienstleistungen ergeben.

(4) Das Patentamt fertigt eine vollständige Kopie der Akten der Ausgangseintragung. Diese Kopie wird zusammen mit der Teilungserklärung Bestandteil der Akten der abgetrennten Eintragung. Die abgetrennte Eintragung erhält eine neue Registernummer. Eine Kopie der Teilungserklärung wird zu den Akten der Stammeintragung genommen.

(5) Enthält die Ausgangseintragung eine Wiedergabe der Marke nach den §§ 8 bis 12, so sind innerhalb der Dreimonatsfrist des § 46 Abs. 3 Satz 3 des Markengesetzes vier weitere übereinstimmende zweidimensionale graphische Wiedergaben dieser Marke einzureichen, bei Hörmarken zusätzlich eine klangliche Wiedergabe der Marke gemäß § 11 Abs. 3.

(6) Ein für die Ausgangseintragung benannter Vertreter des Inhabers der Marke gilt auch als Vertreter des Inhabers der Marke für die abgetrennte Eintragung. Die Vorlage einer neuen Vollmacht ist nicht erforderlich.

(7) In bezug auf die ursprüngliche Eintragung gestellte Anträge gelten auch für die abgetrennte Eintragung fort.

(8) Ist gegen die Eintragung einer Marke, deren Teilung nach § 46 des Markengesetzes erklärt worden ist, Widerspruch erhoben worden, so fordert das Patentamt den Widersprechenden zu einer Erklärung darüber auf, gegen welche Teile der ursprünglichen Eintragung der Widerspruch sich richtet. Der Inhaber der eingetragenen Marke kann auch von sich aus eine entsprechende Erklärung des Widersprechenden beibringen. Wird eine solche Erklärung nicht abgegeben, so wird die Teilungserklärung als unzulässig zurückgewiesen.

### Abschnitt 5. Verlängerung

**§ 38 Verlängerung durch Gebührenzahlung.** (1) Bei der Zahlung der Verlängerungsgebühren nach § 47 Abs. 3 des Markengesetzes sind die Registernummer und der Name des Inhabers der Marke sowie der Verwendungszweck anzugeben.

(2) Für die Bewirkung der Verlängerung durch Gebührenzahlung ist die Bestellung eines Inlandvertreters nach § 96 des Markengesetzes nicht erforderlich.

**§ 39 Antrag auf teilweise Verlängerung.** (1) Soll die Verlängerung der Schutzdauer einer eingetragenen Marke nur für einen Teil der Waren und Dienstleistungen bewirkt werden, für die die Marke eingetragen ist, so kann der Inhaber der Marke auch einen entsprechenden Antrag stellen.

(2) In dem Antrag sind anzugeben:
1. die Registernummer der Marke, deren Schutzdauer verlängert werden soll,
2. der Name und die Anschrift des Inhabers der Marke,
3. falls ein Vertreter bestellt ist, der Name und die Anschrift des Vertreters,
4. die Waren und Dienstleistungen, für die die Schutzdauer verlängert werden soll.

**§ 40 Berechnung der Fristen.** Für die Berechnung der Fristen des § 47 Abs. 1, 3, 4, 5 und 6 des Markengesetzes gilt, daß die Schutzdauer jeweils am letzten Tag eines Monats endet und daß die Sechsmonatsfrist des § 47 Abs. 3 Satz 4 des Markengesetzes ebenfalls jeweils am letzten Tag eines Monats endet.

### Abschnitt 6. Verzicht

**§ 41 Verzicht.** (1) Der Antrag auf vollständige oder teilweise Löschung einer Marke nach § 48 Abs. 1 des Markengesetzes soll unter Verwendung des vom Patentamt herausgegebenen Formblatts gestellt werden.

(2) In dem Antrag sind anzugeben:
1. die Registernummer der Marke, die ganz oder teilweise gelöscht werden soll,

2. der Name und die Anschrift des Inhabers der Marke,
3. falls ein Vertreter bestellt ist, der Name und die Anschrift des Vertreters,
4. falls eine Teillöschung beantragt wird, entweder die Waren und Dienstleistungen, die gelöscht werden sollen, oder die Waren und Dienstleistungen, für die die Marke nicht gelöscht werden soll.

**§ 42 Zustimmung Dritter.** Für die nach § 48 Abs. 2 des Markengesetzes erforderliche Zustimmung eines im Register eingetragenen Inhabers eines Rechts an der Marke reicht die Abgabe einer von dieser Person oder ihrem Vertreter unterschriebenen Zustimmungserklärung aus. Eine Beglaubigung der Erklärung oder der Unterschrift ist nicht erforderlich. Der Nachweis der Zustimmung auf andere Weise als nach Satz 1 bleibt unberührt.

### Abschnitt 7. Löschung

**§ 43 Löschung wegen Verfalls.** (1) Der Antrag auf Löschung einer Marke wegen Verfalls nach § 53 Abs. 1 des Markengesetzes soll unter Verwendung des vom Patentamt herausgegebenen Formblatts gestellt werden.

(2) In dem Antrag sind anzugeben:
1. die Registernummer der Marke, deren Löschung beantragt wird,
2. der Name und die Anschrift des Antragstellers,
3. falls der Antragsteller einen Vertreter bestellt hat, der Name und die Anschrift des Vertreters,
4. falls die Löschung nur für einen Teil der Waren und Dienstleistungen beantragt wird, für die die Marke eingetragen ist, entweder die Waren und Dienstleistungen, für die die Löschung beantragt wird, oder die Waren und Dienstleistungen, für die die Löschung nicht beantragt wird,
5. der Löschungsgrund nach § 49 des Markengesetzes.

**§ 44 Löschung wegen absoluter Schutzhindernisse.** Für den Antrag auf Löschung wegen absoluter Schutzhindernisse nach § 54 Abs. 1 des Markengesetzes gilt § 43 entsprechend.

### Abschnitt 8. Berichtigungen; Änderungen

**§ 45 Berichtigungen.** (1) Der Antrag auf Berichtigung von Fehlern nach § 45 Abs. 1 des Markengesetzes soll unter Verwendung des vom Patentamt herausgegebenen Formblatts gestellt werden.

(2) In dem Antrag sind anzugeben:
1. die Registernummer der Marke,
2. der Name und die Anschrift des Inhabers der Marke,
3. falls der Inhaber der Marke einen Vertreter bestellt hat, der Name und die Anschrift des Vertreters,
4. die Bezeichnung des Fehlers, der berichtigt werden soll,
5. die einzutragende Berichtigung.

(3) Enthalten mehrere Eintragungen von Marken desselben Inhabers denselben Fehler, so kann der Antrag auf Berichtigung dieses Fehlers für alle Eintragungen gemeinsam gestellt werden.

(4) Die Absätze 1 bis 3 sind auf Anträge zur Berichtigung von Fehlern in Veröffentlichungen nach § 45 Abs. 2 des Markengesetzes entsprechend anzuwenden.

(5) Die Absätze 1 bis 3 sind auf Anträge zur Berichtigung von Fehlern in Anmeldungen nach § 39 Abs. 2 des Markengesetzes entsprechend anzuwenden. Unter den Voraussetzun-

gen des Absatzes 3 kann ein gemeinsamer Antrag auch für die Berichtigung von Fehlern in Eintragungen und in Anmeldungen gestellt werden.

**§ 46 Änderungen von Namen oder Anschriften.** (1) Der Antrag auf Eintragung einer Änderung des Namens oder der Anschrift des Inhabers einer eingetragenen Marke soll unter Verwendung des vom Patentamt herausgegebenen Formblatts gestellt werden.

(2) In dem Antrag sind anzugeben:
1. die Registernummer der Marke,
2. der Name und die Anschrift des Inhabers der Marke in der im Register eingetragenen Form,
3. der Name oder die Anschrift in der neu in das Register einzutragenden Form,
4. falls der Inhaber der Marke einen Vertreter bestellt hat, der Name und die Anschrift des Vertreters.

(3) Betrifft die Änderung des Namens oder der Anschrift mehrere Eintragungen von Marken desselben Inhabers, so kann der Antrag auf Eintragung der Änderung für alle Eintragungen gemeinsam gestellt werden.

(4) Die Absätze 1 bis 3 sind entsprechend auf Anträge zur Eintragung von Änderungen des Namens oder der Anschrift eines Vertreters oder des Inhabers eines nach § 29 des Markengesetzes eingetragenen Rechts anzuwenden.

(5) Die Absätze 1 bis 4 sind auf Anträge zur Änderung des Namens oder der Anschrift in den Akten angemeldeter Marken entsprechend anzuwenden. Unter den Voraussetzungen des Absatzes 3 kann ein gemeinsamer Antrag auch für die Änderung von Namen oder Anschriften hinsichtlich Eintragungen und Anmeldungen gestellt werden.

### Abschnitt 9. Akteneinsicht

**§ 47 Zuständigkeit.** Über den Antrag auf Einsicht in die Akten von Anmeldungen entscheidet die Markenstelle, die für die Durchführung des Eintragungsverfahrens zuständig ist. Ist das Eintragungsverfahren abgeschlossen, entscheidet eine Markenabteilung.

**§ 48 Durchführung der Akteneinsicht.** (1) Die Einsicht in die Akten von Anmeldungen und von eingetragenen Marken wird in das Original oder in eine Kopie der Akten gewährt.

(2) Die Akteneinsicht in das Original der Akten wird nur im Dienstgebäude des Patentamts gewährt.

(3) Auf Antrag wird Akteneinsicht durch die Erteilung von Kopien der gesamten Akten oder von Teilen der Akten gewährt. Auf Antrag werden beglaubigte Kopien ausgefertigt.

### Abschnitt 10. Internationale Registrierungen

**§ 49 Antrag auf internationale Registrierung nach dem Madrider Markenabkommen.** (1) Für den Antrag auf internationale Registrierung einer in das Register eingetragenen Marke nach Artikel 3 des Madrider Markenabkommens beim Patentamt soll das vom Internationalen Büro der Weltorganisation für geistiges Eigentum herausgegebene Formblatt verwendet werden.

(2) Die nach § 108 Abs. 3 des Markengesetzes erforderliche Übersetzung des Verzeichnisses der Waren und Dienstleistungen ist in französischer Sprache einzureichen.

**§ 50 Antrag auf internationale Registrierung nach dem Protokoll zum Madrider Markenabkommen.** (1) Für den Antrag auf internationale Registrierung einer beim Patentamt angemeldeten oder einer in das Register eingetragenen Marke nach Artikel 3 des Protokolls zum Madrider Markenabkommen gilt § 49 entsprechend.

(2) Die nach § 120 Abs. 3 und § 108 Abs. 3 des Markengesetzes erforderliche Übersetzung des Verzeichnisses der Waren und Dienstleistungen ist nach Wahl des Antragstellers entweder in französischer Sprache oder in englischer Sprache einzureichen.

**§ 51 Antrag auf internationale Registrierung nach dem Madrider Markenabkommen und nach dem Protokoll zum Madrider Markenabkommen.** (1) Für den Antrag auf internationale Registrierung einer in das Register eingetragenen Marke sowohl nach Artikel 3 des Madrider Markenabkommens als auch nach Artikel 3 des Protokolls zum Madrider Markenabkommen gilt § 49 entsprechend.

(2) Die nach § 120 Abs. 3 und § 108 Abs. 3 des Markengesetzes erforderliche Übersetzung des Verzeichnisses der Waren und Dienstleistungen ist nach Wahl des Antragstellers entweder in französischer Sprache oder in englischer Sprache einzureichen.

**§ 52 Schutzverweigerung.** (1) Wird einer international registrierten Marke, deren Schutz nach Artikel 3$^{ter}$ des Madrider Markenabkommens oder nach Artikel 3$^{ter}$ des Protokolls zum Madrider Markenabkommen auf das Gebiet der Bundesrepublik Deutschland erstreckt worden ist, der Schutz ganz oder teilweise verweigert und wird diese Schutzverweigerung dem Internationalen Büro der Weltorganisation für geistiges Eigentum zur Weiterleitung an den Inhaber der internationalen Registrierung übermittelt, so wird die Frist, innerhalb derer ein Inlandsvertreter bestellt werden muß, damit der Schutz nicht endgültig verweigert wird, auf vier Monate ab dem Tag der Absendung der Mitteilung der Schutzverweigerung durch das Internationale Büro der Weltorganisation für geistiges Eigentum festgesetzt.

(2) Wird die Schutzverweigerung endgültig, weil der Inhaber der international registrierten Marke keinen Inlandsvertreter bestellt hat, so ist eine gegen die Schutzverweigerung gegebene Erinnerung oder Beschwerde beim Patentamt innerhalb eines weiteren Monats nach der in Absatz 1 genannten Frist von vier Monaten ab dem Tag der Absendung der Mitteilung der Schutzverweigerung durch das Internationale Büro der Weltorganisation für geistiges Eigentum einzulegen. Der Schutzverweigerung muß eine entsprechende Rechtsmittelbelehrung beigefügt sein. § 61 Abs. 2 des Markengesetzes ist entsprechend anzuwenden.

**§ 53 Unterrichtung über international registrierte Marken.** (1) Ein Register über die international registrierten Marken, deren Schutz auf das Gebiet der Bundesrepublik Deutschland erstreckt worden ist, wird nicht geführt.

(2) Auskünfte über international registrierte Marken, deren Schutz auf das Gebiet der Bundesrepublik Deutschland erstreckt worden ist, werden aufgrund der im Patentamt geführten Datensammlung erteilt.

### Teil 6. Verfahren nach der Verordnung (EWG) Nr. 2081/92 des Rates vom 14. Juli 1992 zum Schutz von geographischen Angaben und Ursprungsbezeichnungen für Agrarerzeugnisse und Lebensmittel

**§ 54 Eintragungsantrag.** (1) Der Antrag auf Eintragung einer geographischen Angabe oder einer Ursprungsbezeichnung nach der Verordnung (EWG) Nr. 2081/92 soll unter Verwendung des vom Patentamt herausgegebenen Formblatts eingereicht werden.

(2) In dem Antrag sind anzugeben:
1. der Name und die Anschrift des Antragstellers im Sinne des Artikels 5 Abs. 1 der Verordnung (EWG) Nr. 2081/92,
2. falls ein Vertreter bestellt worden ist, der Name und die Anschrift des Vertreters,
3. die geographische Angabe oder die Ursprungsbezeichnung, deren Eintragung beantragt wird,
4. die Spezifikation mit den nach Artikel 4 der Verordnung (EWG) Nr. 2081/92 erforderlichen Angaben.

**§ 55 Prüfung des Antrags.** (1) Bei der Prüfung des Antrags holt das Patentamt die Stellungnahmen der interessierten öffentlichen Körperschaften einschließlich der Bundesministerien für Ernährung, Landwirtschaft und Forsten und für Gesundheit sowie der interessierten Verbände, Organisationen und Institutionen der Wirtschaft ein.

(2) Ergibt sich aus dem Antrag oder aus der Prüfung, daß die geographische Angabe oder die Ursprungsbezeichnung mit einer Bezeichnung übereinstimmt, mit der auch ein in einem anderen Mitgliedstaat gelegenes geographisches Gebiet bezeichnet wird, so unterrichtet das Patentamt im unmittelbaren Verkehr die zuständige Stelle des anderen Mitgliedstaats und gibt ihr Gelegenheit zur Stellungnahme.

**§ 56 Veröffentlichung des Antrags.** (1) Ergibt die Prüfung des Antrags, daß die geographische Angabe oder die Ursprungsbezeichnung den Voraussetzungen der Verordnung (EWG) Nr. 2081/92 und den zu ihrer Durchführung erlassenen Vorschriften entspricht, so veröffentlicht das Patentamt den Antrag im Markenblatt und unterrichtet außerdem die beteiligten Verbände, Organisationen und Institutionen der Wirtschaft entsprechend.

(2) In der Veröffentlichung sind anzugeben:
1. der Name und die Anschrift des Antragstellers,
2. falls ein Vertreter bestellt worden ist, der Name und die Anschrift des Vertreters,
3. die geographische Angabe oder die Ursprungsbezeichnung,
4. der wesentliche Inhalt der Spezifikation.

(3) In der Veröffentlichung ist auf die Gelegenheit zur Stellungnahme nach § 58 hinzuweisen.

**§ 57 Akteneinsicht.** (1) Das Patentamt gewährt auf Antrag Einsicht in die Akten von zur Eintragung angemeldeten geographischen Angaben und Ursprungsbezeichnungen, wenn ein berechtigtes Interesse glaubhaft gemacht wird.

(2) Nach der Veröffentlichung gemäß § 56 wird auf Antrag Einsicht in die Akten gewährt.

**§ 58 Stellungnahmen; erneute Prüfung.** (1) Innerhalb von drei Monaten ab der Veröffentlichung des Antrags gemäß § 56 kann von jeder Person beim Patentamt eine Stellungnahme zur Schutzfähigkeit der geographischen Angabe oder der Ursprungsbezeichnung, die Gegenstand des Antrags ist, eingereicht werden.

(2) Falls Stellungnahmen eingereicht werden, prüft das Patentamt den Antrag unter Berücksichtigung dieser Stellungnahmen erneut.

**§ 59 Entscheidung über den Antrag.** (1) Sind keine Stellungnahmen nach § 58 Abs. 1 eingegangen oder ergibt die erneute Prüfung nach § 58 Abs. 2, daß der Antrag den Voraussetzungen der Verordnung (EWG) Nr. 2081/92 und den zu ihrer Durchführung erlassenen Vorschriften entspricht, so faßt das Patentamt hierüber Beschluß und übermittelt das Original der Akten dem Bundesministerium der Justiz.

(2) Dem Antragsteller wird der nach Absatz 1 gefaßte Beschluß zugestellt.

**§ 60 Einspruch.** (1) Einsprüche nach Artikel 7 Abs. 3 der Verordnung (EWG) Nr. 2081/92 sind innerhalb von vier Monaten ab der Veröffentlichung im Amtsblatt der Europäischen Gemeinschaften gemäß Artikel 6 Abs. 2 der Verordnung (EWG) Nr. 2081/92 beim Patentamt zu erheben. Einsprüche gelten nur dann als rechtzeitig eingegangen, wenn vor Ablauf der Frist des Satzes 1 die Einspruchsgebühr gezahlt worden ist. Eine Wiedereinsetzung in die Frist zum Einreichen des Einspruchs und in die Frist zur Gebührenzahlung findet nicht statt.

(2) In dem Einspruch sind anzugeben:
1. der Name und die Anschrift des Einsprechenden,
2. die geographische Angabe oder Ursprungsbezeichnung, gegen deren Eintragung der Einspruch sich richtet,

3. Umstände, aus denen sich das berechtigte Interesse ergibt, in dem der Einsprechende betroffen ist.

(3) Der Einspruch ist innerhalb der Einspruchsfrist zu begründen. Er kann nur darauf gestützt werden, daß

1. die Voraussetzungen einer Ursprungsbezeichnung oder geographischen Angabe im Sinne des Artikels 2 der Verordnung (EWG) Nr. 2081/92 nicht gegeben sind,

2. sich die Eintragung der vorgeschlagenen Bezeichnung nachteilig auf das Bestehen einer ganz oder teilweise gleichlautenden Bezeichnung oder einer Marke oder auf das Bestehen von Erzeugnissen auswirken würde, die sich am 24. Juli 1992 rechtmäßig im Verkehr befanden, oder

3. die Bezeichnung, deren Eintragung beantragt wurde, eine Gattungsbezeichnung ist; hierzu sind ausreichende Angaben zu machen.

**§ 61 Einspruchsverfahren.** (1) Das Patentamt unterrichtet unverzüglich nach Ablauf der Frist des § 60 Abs. 1 das Bundesministerium der Justiz über die eingegangenen Einsprüche und übersendet diesem das Original des Einspruchs und des übrigen Akteninhalts.

(2) In dem Verfahren nach Artikel 7 Abs. 5 der Verordnung (EWG) Nr. 2081/92 gibt das Patentamt der zuständigen Stelle des Mitgliedstaats, der Einspruch nach Artikel 7 Abs. 1 der Verordnung (EWG) Nr. 2081/92 erhoben hat, und der Person, die nach Artikel 7 Abs. 3 der Verordnung (EWG) Nr. 2081/92 Einspruch erhoben hat, sowie dem Antragsteller Gelegenheit zur Stellungnahme.

(3) Das Patentamt unterrichtet das Bundesministerium der Justiz über das Ergebnis des Verfahrens nach Artikel 7 Abs. 5 der Verordnung (EWG) Nr. 2081/92 und übersendet diesem das Original der Akten.

**§ 62 Änderungen der Spezifikation.** Anträge auf Änderung der Spezifikation sind beim Patentamt zu stellen. Für das weitere Verfahren gelten § 54 Abs. 2 und die §§ 55 bis 61 entsprechend.

## Teil 7. Allgemeine Verfahrensvorschriften

### Abschnitt 1. Formblätter

**§ 63 Formblätter.** (1) Das Patentamt gibt die in dieser Verordnung vorgesehenen Formblätter heraus. Anstelle dieser Formblätter können Kopien dieser Formblätter oder Formblätter gleichen Inhalts und vergleichbaren Formats verwendet werden, wie zum Beispiel mittels elektronischer Datenverarbeitung erstellte oder bearbeitete Formblätter.

(2) Formblätter sollen so ausgefüllt sein, daß sie die maschinelle Erfassung und Bearbeitung gestatten.

### Abschnitt 2. Form der Anträge und Eingaben

**§ 64 Originale.** (1) Originale von Anträgen und Eingaben sind unterschrieben einzureichen.

(2) Für die Schriftstücke ist dauerhaftes, nicht durchscheinendes Papier im Format DIN A 4 zu verwenden. Die Schrift muß leicht lesbar und dokumentenecht sein. Vom linken Seitenrand jedes Blattes ist ein Randabstand von mindestens 2,5 cm einzuhalten. Die Blätter eines Schriftstücks sollen fortlaufend numeriert und zusammengeheftet sein.

**§ 65 Übermittlung durch Telekopierer.** (1) Das unterschriebene Original kann auch durch Telekopierer übermittelt werden.

(2) Das Patentamt kann die Wiederholung der Übermittlung durch Telekopierer oder das Einreichen des Originals verlangen, wenn es begründete Zweifel an der Vollständigkeit der

Übermittlung oder der Übereinstimmung des Originals mit der übermittelten Telekopie hat oder wenn die Qualität der Wiedergabe den Bedürfnissen des Patentamts nicht entspricht.

(3) Aufforderungen des Patentamts nach Absatz 2 berühren einen infolge des Zugangs durch Telekopierer zuerkannbaren Anmeldetag oder die durch den Zugang gewahrten Fristen nicht.

**§ 66 Übermittlung durch Telegramm oder Telex.** (1) Anträge und Eingaben können auch durch Telegramm, Telex oder ähnliche Formen der Datenübermittlung übermittelt werden. In diesen Fällen tritt die Namensangabe an die Stelle der Unterschrift.

(2) Betrifft der Antrag oder die Eingabe in den Fällen des Absatzes 1 eine durch Telegramm, Telex oder ähnliche Formen der Datenübermittlung nicht wiedergebbare Mitteilung, wie zum Beispiel die Wiedergabe einer Marke oder von Anlagen, so sind diese Mitteilungen im Original oder durch Übermittlung durch Telekopierer nachzuholen.

(3) § 65 Abs. 2 ist entsprechend anzuwenden. Die Vorschriften über die Zuerkennung eines Anmeldetags bleiben unberührt.

**§ 67 Fremdsprachige Formblätter.** (1) Für das Einreichen von Anmeldungen können außer den vom Patentamt herausgegebenen Formblättern und damit übereinstimmenden Formblättern (§ 63 Abs. 1 Satz 2) auch in deutscher Sprache ausgefüllte fremdsprachige Formblätter verwendet werden, wenn sie international standardisiert sind und nach Form und Inhalt den deutschsprachigen Formblättern entsprechen. Das Patentamt kann nähere Erläuterungen verlangen, wenn Zweifel an dem Inhalt einzelner Angaben in dem fremdsprachigen Formblatt bestehen. Die Zuerkennung eines Anmeldetags nach § 33 Abs. 1 des Markengesetzes bleibt von solchen Nachforderungen unberührt.

(2) Absatz 1 gilt entsprechend für andere Verfahren, für die in dieser Verordnung vom Patentamt herausgegebene Formblätter vorgesehen sind.

**§ 68 Fremdsprachige Anmeldungen.** (1) Anmeldungen, die in fremden Sprachen eingereicht werden, wird, wenn die Voraussetzungen des § 32 Abs. 2 des Markengesetzes erfüllt sind, ein Anmeldetag nach § 33 Abs. 1 des Markengesetzes zuerkannt.

(2) Innerhalb eines Monats ab Eingang der Anmeldung beim Patentamt ist eine deutsche Übersetzung des fremdsprachigen Inhalts der Anmeldung, insbesondere des Verzeichnisses der Waren und Dienstleistungen, einzureichen. Die Übersetzung muß von einem Rechtsanwalt oder Patentanwalt beglaubigt oder von einem öffentlich bestellten Übersetzer angefertigt sein.

(3) Die Übersetzung des Verzeichnisses der Waren und Dienstleistungen gilt als an dem nach § 33 Abs. 1 des Markengesetzes zuerkannten Anmeldetag zugegangen. Wird die Übersetzung nach Absatz 2 nicht innerhalb der dort genannten Frist eingereicht, so gilt die Anmeldung als nicht eingereicht. Wird die Übersetzung nach Ablauf dieser Frist, jedoch vor einer Festsetzung nach Satz 2 eingereicht, so wird die Anmeldung weiterbehandelt. Betrifft die Übersetzung das Verzeichnis der Waren und Dienstleistungen, so wird der Anmeldung der Tag des Eingangs der Übersetzung als Anmeldetag zuerkannt.

(4) Die Prüfung der Anmeldung und alle weiteren Verfahren vor dem Patentamt finden auf der Grundlage der deutschen Übersetzung statt.

**§ 69 Schriftstücke in fremden Sprachen.** (1) Das Patentamt kann die folgenden fremdsprachigen Schriftstücke berücksichtigen:

1. Prioritätsbelege,
2. Belege über eine im Ursprungsland eingetragene Marke,
3. Unterlagen zur Glaubhaftmachung oder zum Nachweis von Tatsachen,
4. Stellungnahmen und Bescheinigungen Dritter,
5. Gutachten,
6. Nachweise aus Veröffentlichungen.

(2) Ist das fremdsprachige Schriftstück nicht in englischer, französischer, italienischer oder spanischer Sprache abgefaßt, so ist innerhalb eines Monats nach Eingang des Schriftstücks eine von einem Rechtsanwalt oder Patentanwalt beglaubigte oder von einem öffentlich bestellten Übersetzer angefertigte Übersetzung einzureichen. Wird die Übersetzung nicht innerhalb dieser Frist eingereicht, so gilt das Schriftstück als nicht zugegangen. Wird die Übersetzung nach Ablauf dieser Frist eingereicht, so gilt das Schriftstück als zum Zeitpunkt des Eingangs der Übersetzung zugegangen.

(3) Ist das fremdsprachige Schriftstück in englischer, französischer, italienischer oder spanischer Sprache abgefaßt, so kann das Patentamt verlangen, daß innerhalb einer von ihm bestimmten Frist eine Übersetzung eingereicht wird. Das Patentamt kann verlangen, daß die Übersetzung von einem Rechtsanwalt oder Patentanwalt beglaubigt oder von einem öffentlich bestellten Übersetzer angefertigt wird. Wird die Übersetzung nicht fristgerecht eingereicht, so gilt das Schriftstück als nicht zugegangen. Wird die Übersetzung nach Ablauf der Frist eingereicht, so gilt das Schriftstück als zum Zeitpunkt des Eingangs der Übersetzung zugegangen.

**§ 70 Sonstige Erfordernisse für Anträge und Eingaben.** (1) Nach Mitteilung des Aktenzeichens ist dieses auf allen Anträgen und Eingaben anzugeben. Auf allen Bestandteilen einer an das Patentamt gerichteten Sendung ist anzugeben, zu welchem Antrag oder zu welcher Eingabe sie gehören.

(2) Anträge und Eingaben, die mehrere Vorgänge betreffen, sind in der erforderlichen Stückzahl einzureichen. Die Anwendung der Bestimmungen über die Zusammenfassung mehrerer Widersprüche in einem Schriftsatz (§ 26 Abs. 1 Satz 2) und über gemeinsame Anträge für die Eintragung oder den Vermerk von Rechtsübergängen (§ 31 Abs. 8), von Berichtigungen (§ 45 Abs 3) und von Änderungen von Namen und Anschriften (§ 46 Abs. 3) bleibt unberührt.

(3) Sind beglaubigte Unterlagen einzureichen, kann anstelle einer öffentlichen Beglaubigung auch eine von einem Rechtsanwalt oder Patentanwalt beglaubigte Kopie eingereicht werden.

(4) Sind in dem Verfahren vor dem Patentamt mehrere Personen beteiligt, so sind allen Schriftstücken Abschriften für die übrigen Beteiligten beizufügen. Kommt ein Beteiligter dieser Verpflichtung nicht nach, so steht es im Ermessen des Patentamts, ob es die erforderliche Zahl von Abdrucken auf Kosten des Beteiligten anfertigt oder ihn dazu auffordert, sie nachzureichen.

### Abschnitt 3. Beschlüsse, Bescheide und Mitteilungen des Patentamts

**§ 71 Form der Ausfertigungen.** (1) Die Ausfertigungen der Beschlüsse, der Bescheide und der sonstigen Mitteilungen erhalten in der Kopfzeile die Angabe „Deutsches Patent- und Markenamt" und am Schluß die Bezeichnung der Markenstelle oder Markenabteilung.

(2) Die Ausfertigungen der Beschlüsse erhalten den Namen und die Dienstbezeichnung des Unterzeichnenden. Sie sind mit der Unterschrift des Ausfertigenden zu versehen; dem steht es gleich, wenn sie mit einem Abdruck des Namens des Ausfertigenden und einem Abdruck des Dienstsiegels des Patentamts versehen werden.

(3) Bescheide und sonstige Mitteilungen sind entweder mit Unterschrift oder mit einem Abdruck des Namens des Zeichnungsberechtigten oder mit einem Abdruck des Dienstsiegels des Patentamts zu versehen.

**§ 72 Zustellung und formlose Übersendung.** (1) Soweit eine Zustellung durch Rechtsvorschrift oder behördliche Anordnung bestimmt ist, richtet sich diese nach § 94 des Markengesetzes.

(2) Im übrigen werden Bescheide und sonstige Mitteilungen des Patentamts formlos übersandt.

(3) Als formlose Übermittlung gilt auch die Übersendung durch Telekopierer oder durch Telex oder ähnliche Formen der Datenübermittlung.

**§ 73 Mehrere Beteiligte; mehrere Vertreter.** (1) Falls mehrere Personen ohne gemeinsamen Vertreter gemeinschaftlich an einem Verfahren beteiligt sind, ist anzugeben, welche dieser Personen als Zustellungsbevollmächtigter und Empfangsbevollmächtigter für alle Beteiligten bestimmt ist. Fehlt eine solche Angabe, so gilt die Person als Zustellungsbevollmächtigter und Empfangsbevollmächtigter, die als erste genannt ist.

(2) Falls von einem Beteiligten mehrere Vertreter bestellt sind, ist anzugeben, welcher dieser Vertreter als Zustellungsbevollmächtigter und Empfangsbevollmächtigter bestimmt ist. Fehlt eine solche Bestimmung, so ist derjenige Vertreter Zustellungsbevollmächtigter und Empfangsbevollmächtigter, der als erster genannt ist.

(3) Absatz 2 gilt entsprechend, wenn mehrere gemeinschaftlich an einem Verfahren beteiligte Personen mehrere Vertreter als gemeinsame Vertreter bestimmt haben.

(4) Die Absätze 2 und 3 gelten nicht, wenn ein Zusammenschluß von Vertretern mit der Vertretung beauftragt worden ist. In diesem Fall reicht die Angabe des Namens des Zusammenschlusses aus. Hat ein solcher Zusammenschluß mehrere Anschriften, so ist anzugeben, welche Anschrift maßgebend ist. Fehlt eine solche Angabe, so ist diejenige Anschrift maßgebend, die als erste genannt ist.

## Abschnitt 4. Fristen; Entscheidungen nach Lage der Akten

**§ 74 Fristen.** (1) Die vom Patentamt bestimmten oder auf Antrag gewährten Fristen betragen bei Beteiligten mit Wohnsitz, Sitz oder Niederlassung im Inland in der Regel einen Monat, bei Personen mit Wohnsitz, Sitz oder Niederlassung im Ausland in der Regel zwei Monate. Das Patentamt kann, wenn die Umstände dies rechtfertigen, eine kürzere oder längere Frist bestimmen oder gewähren.

(2) Bei Angabe von zureichenden Gründen können Fristverlängerungen bis zum Zweifachen der Regelfrist nach Absatz 1 gewährt werden.

(3) Weitere Fristverlängerungen werden nur gewährt, wenn ein berechtigtes Interesse glaubhaft gemacht wird. In Verfahren mit mehreren Beteiligten ist außerdem das Einverständnis der anderen Beteiligten glaubhaft zu machen.

**§ 75 Entscheidung nach Lage der Akten.** (1) Über Anträge oder Erinnerungen ohne Begründung kann im einseitigen Verfahren nach Ablauf von einem Monat nach Eingang nach Lage der Akten entschieden werden, wenn in dem Antrag oder der Erinnerung keine spätere Begründung oder eine spätere Begründung ohne Antrag auf Gewährung einer Frist nach § 74 angekündigt worden ist.

(2) Über Anträge, Widersprüche oder Erinnerungen ohne Begründung kann im mehrseitigen Verfahren nach Lage der Akten entschieden werden, wenn in dem Antrag, dem Widerspruch oder der Erinnerung keine spätere Begründung oder eine spätere Begründung ohne Antrag auf Gewährung einer Frist nach § 74 angekündigt worden ist und wenn der andere Beteiligte innerhalb der Fristen des § 74 Abs. 1 keine Stellungnahme abgibt oder eine spätere Stellungnahme ohne Antrag auf Gewährung einer Frist nach § 74 ankündigt. Wird der Antrag, der Widerspruch oder die Erinnerung zurückgewiesen, muß eine Stellungnahme der anderen Beteiligten nicht abgewartet werden.

## Abschnitt 5. Vertretung; Vollmacht

**§ 76 Vertretung.** (1) Ein Beteiligter kann sich in jeder Lage des Verfahrens durch einen Bevollmächtigten vertreten lassen. Das Erfordernis der Bestellung eines Inlandvertreters nach § 96 des Markengesetzes bleibt unberührt.

(2) Die Bevollmächtigung eines Zusammenschlusses von Vertretern gilt, wenn nicht einzelne Personen, die in dem Zusammenschluß tätig sind, ausdrücklich als Vertreter bezeichnet sind, als Bevollmächtigung aller in dem Zusammenschluß tätigen Vertreter.

(3) Die Wahrnehmung der Interessen eines Beteiligten durch einen Arbeitnehmer dieses Beteiligten ist keine Bevollmächtigung im Sinne des Absatzes 1. Die Berechtigung des Arbeitnehmers, für den Beteiligten zu handeln, wird vom Patentamt nicht geprüft.

**§ 77 Vollmacht.** (1) Bevollmächtigte, soweit sie nicht nur zum Empfang von Zustellungen oder Mitteilungen ermächtigt sind, haben beim Patentamt eine vom Auftraggeber unterschriebene Vollmachtsurkunde einzureichen. Eine Beglaubigung der Vollmachtsurkunde oder der Unterschrift ist nicht erforderlich.

(2) Die Vollmacht kann sich auf mehrere Anmeldungen, auf mehrere eingetragene Marken oder auf mehrere Verfahren erstrecken. Die Vollmacht kann sich auch als „Allgemeine Vollmacht" auf die Bevollmächtigung zur Vertretung in allen Markenangelegenheiten erstrecken. In den in den Sätzen 1 und 2 genannten Fällen muß die Vollmachtsurkunde nur in einem Exemplar eingereicht werden.

(3) Vollmachtsurkunden müssen auf prozeßfähige, mit ihrem bürgerlichen Namen bezeichnete Personen lauten. Die Bevollmächtigung eines Zusammenschlusses von Vertretern unter Angabe des Namens dieses Zusammenschlusses ist zulässig.

(4) Der Mangel der Vollmacht kann in jeder Lage des Verfahrens geltend gemacht werden. Das Patentamt hat das Fehlen einer Vollmacht oder Mängel der Vollmacht von Amts wegen zu berücksichtigen, wenn nicht ein Mitglied einer Rechtsanwaltskammer, ein Patentanwalt, ein Erlaubnisscheininhaber oder in den Fällen des § 155 der Patentanwaltsordnung ein Patentassessor als Bevollmächtigter auftritt.

## Teil 8. Schlußvorschriften

**§ 78 Aufhebung von Rechtsvorschriften.** Es werden aufgehoben:
1. die Verordnung über die Anmeldung von Warenzeichen und Dienstleistungsmarken vom 9. April 1979 (BGBl. I S. 570), zuletzt geändert durch die Verordnung vom 13. Oktober 1992 (BGBl. I S. 1764),
2. die Bestimmung über die Form des Widerspruchs im Warenzeicheneintragungsverfahren in der im Bundesgesetzblatt Teil III, Gliederungsnummer 423-1-2, veröffentlichten bereinigten Fassung, geändert durch die Verordnung vom 20. April 1967 (BAnz. Nr. 117 vom 28. Juni 1967),
3. die Bestimmungen über die Anmeldung von Kennfäden vom 5. Februar 1940 (Blatt für Patent-, Muster- und Zeichenwesen 1940, S. 32) sowie die Ergänzung der Bestimmung über die Anmeldung von Kennfäden vom 22. April 1942 (Blatt für Patent- Muster- und Zeichenwesen 1942, S. 68),
4. die Bestimmung betreffend die Einrichtung der Rolle für die Verbandszeichen in der im Bundesgesetzblatt Teil III, Gliederungsnummer 423-1-4, veröffentlichten bereinigten Fassung.

**§ 79 Inkrafttreten.** Die §§ 54 bis 77 treten am 7. Dezember 1994 in Kraft. Im übrigen tritt diese Verordnung am 1. Januar 1995 in Kraft.

**MarkenV**  Anlage zu § 15 Abs. 1     Markenverordnung

Anlage
(zu § 15 Abs.1)

## Klasseneinteilung von Waren und Dienstleistungen*

### I. Waren

**Klasse 1**
Chemische Erzeugnisse für gewerbliche, wissenschaftliche, photographische, land-, garten- und forstwirtschaftliche Zwecke;
Kunstharze im Rohzustand, Kunststoffe im Rohzustand;
Düngemittel;
Feuerlöschmittel;
Mittel zum Härten und Löten von Metallen;
chemische Erzeugnisse zum Frischhalten und Haltbarmachen von Lebensmitteln;
Gerbmittel;
Klebstoffe für gewerbliche Zwecke.

**Klasse 2**
Farben, Firnisse, Lacke;
Rostschutzmittel, Holzkonservierungsmittel;
Färbemittel;
Beizen;
Naturharze im Rohzustand;
Blattmetalle und Metalle in Pulverform für Maler, Dekorateure, Drucker und Künstler.

**Klasse 3**
Wasch- und Bleichmittel;
Putz-, Polier-, Fettentfernungs- und Schleifmittel;
Seifen;
Parfümerien, ätherische Öle, Mittel zur Körper- und Schönheitspflege, Haarwässer;
Zahnputzmittel.

**Klasse 4**
Technische Öle und Fette;
Schmiermittel;
Staubabsorbierungs-, Staubbenetzungs- und Staubbindemittel;
Brennstoffe (einschließlich Motorentreibstoffe) und Leuchtstoffe;
Kerzen, Dochte.

**Klasse 5**
Pharmazeutische und veterinärmedizinische Erzeugnisse sowie Präparate für die Gesundheitspflege;
diätetische Erzeugnisse für medizinische Zwecke, Babykost;
Pflaster, Verbandmaterial;
Zahnfüllmittel und Abdruckmassen für zahnärztliche Zwecke;
Desinfektionsmittel;
Mittel zur Vertilgung von schädlichen Tieren;
Fungizide, Herbizide.

**Klasse 6**
Unedle Metalle und deren Legierungen;
Baumaterialien aus Metall;
transportable Bauten aus Metall;
Schienenbaumaterial aus Metall;
Kabel und Drähte aus Metall (nicht für elektrische Zwecke);
Schlosserwaren und Kleineisenwaren;
Metallrohre;
Geldschränke;
Waren aus Metall, soweit sie nicht in anderen Klassen enthalten sind;
Erze.

**Klasse 7**
Maschinen und Werkzeugmaschinen;
Motoren (ausgenommen Motoren für Landfahrzeuge);
Kupplungen und Vorrichtungen zur Kraftübertragung (ausgenommen solche für Landfahrzeuge);
nicht handbetätigte landwirtschaftliche Geräte;
Brutapparate für Eier.

---

* S. dazu die Empfehlungsliste vom 1. November 1997 (s. 4. Teil des Kommentars, II 6).

Markenverordnung  Anlage zu § 15 Abs. 1  **MarkenV**

**Klasse 8**
Handbetätigte Werkzeuge und Geräte;
Messerschmiedewaren, Gabeln und Löffel;
Hieb- und Stichwaffen;
Rasierapparate.

**Klasse 9**
Wissenschaftliche, Schiffahrts-, Vermessungs-, elektrische, photographische, Film-, optische, Wäge-, Meß-, Signal-, Kontroll-, Rettungs- und Unterrichtsapparate und -instrumente;
Geräte zur Aufzeichnung, Übertragung und Wiedergabe von Ton und Bild;
Magnetaufzeichnungsträger, Schallplatten;
Verkaufsautomaten und Mechaniken für geldbetätige Apparate;
Registrierkassen, Rechenmaschinen, Datenverarbeitungsgeräte und Computer;
Feuerlöschgeräte.

**Klasse 10**
Chirurgische, ärztliche, zahn- und tierärztliche Instrumente und Apparate, künstliche Gliedmaßen, Augen und Zähne;
orthopädische Artikel;
chirurgisches Nahtmaterial.

**Klasse 11**
Beleuchtungs-, Heizungs-, Dampferzeugungs-, Koch-, Kühl-, Trocken-, Lüftungs- und Wasserleitungsgeräte sowie sanitäre Anlagen.

**Klasse 12**
Fahrzeuge;
Apparate zur Beförderung auf dem Lande, in der Luft oder auf dem Wasser.

**Klasse 13**
Schußwaffen;
Munition und Geschosse;
Sprengstoffe;
Feuerwerkskörper.

**Klasse 14**
Edelmetalle und deren Legierungen sowie daraus hergestellte oder damit plattierte Waren, soweit sie nicht in anderen Klassen enthalten sind;
Juwelierwaren, Schmuckwaren, Edelsteine;
Uhren und Zeitmeßinstrumente.

**Klasse 15**
Musikinstrumente.

**Klasse 16**
Papier, Pappe (Karton) und Waren aus diesen Materialien, soweit sie nicht in anderen Klassen enthalten sind;
Druckereierzeugnisse;
Buchbinderartikel;
Photographien;
Schreibwaren;
Klebstoffe für Papier- und Schreibwaren oder für Haushaltszwecke;
Künstlerbedarfsartikel;
Pinsel;
Schreibmaschinen und Büroartikel (ausgenommen Möbel);
Lehr- und Unterrichtsmittel (ausgenommen Apparate);
Verpackungsmaterial aus Kunststoff, sie nicht in anderen Klassen enthalten sind;
Spielkarten;
Drucklettern;
Druckstöcke.

**Klasse 17**
Kautschuk, Guttapercha, Gummi, Asbest, Glimmer und Waren daraus, soweit sie nicht in anderen Klassen enthalten sind;
Waren aus Kunststoffen (Halbfabrikate);
Dichtungs-, Packungs- und Isoliermaterial;
Schläuche (nicht aus Metall).

**Marken V** Anlage zu § 15 Abs. 1   Markenverordnung

**Klasse 18**
Leder und Lederimitationen sowie Waren daraus, soweit sie nicht in anderen Klassen enthalten sind;
Häute und Felle;
Reise- und Handkoffer;
Regenschirme, Sonnenschirme und Spazierstöcke;
Peitschen, Pferdegeschirre und Sattlerwaren.

**Klasse 19**
Baumaterialien (nicht aus Metall);
Rohre (nicht aus Metall) für Bauzwecke;
Asphalt, Pech und Bitumen;
transportable Bauten (nicht aus Metall);
Denkmäler (nicht aus Metall).

**Klasse 20**
Möbel, Spiegel, Rahmen;
Waren, soweit sie nicht in anderen Klassen enthalten sind, aus Holz, Kork, Rohr, Binsen, Weide, Horn, Knochen, Elfenbein, Fischbein, Schildpatt, Bernstein, Perlmutter, Meerschaum und deren Ersatzstoffen oder aus Kunststoffen.

**Klasse 21**
Geräte und Behälter für Haushalt und Küche (nicht aus Edelmetall oder plattiert);
Kämme und Schwämme;
Bürsten (mit Ausnahme von Pinseln);
Bürstenmachermaterial;
Putzzeug;
Stahlspäne;
rohes oder teilweise bearbeitetes Glas (mit Ausnahme von Bauglas);
Glaswaren, Porzellan und Steingut, soweit sie nicht in anderen Klassen enthalten sind.

**Klasse 22**
Seile, Bindfaden, Netze, Zelte, Planen, Segel, Säcke, soweit sie nicht in anderen Klassen enthalten sind;
Polsterfüllstoffe (außer aus Kautschuk und Kunststoffen);
rohe Gespinstfasern.

**Klasse 23**
Garne und Fäden für textile Zwecke.

**Klasse 24**
Webstoffe und Textilwaren, soweit sie nicht in anderen Klassen enthalten sind;
Bett- und Tischdecken.

**Klasse 25**
Bekleidungsstücke, Schuhwaren, Kopfbedeckungen.

**Klasse 26**
Spitzen und Stickereien, Bänder und Schnürbänder;
Knöpfe, Haken und Ösen, Nadeln;
künstliche Blumen.

**Klasse 27**
Teppiche, Fußmatten, Matten, Linoleum und andere Bodenbeläge;
Tapeten (ausgenommen aus textilem Material).

**Klasse 28**
Spiele, Spielzeug;
Turn- und Sportartikel, soweit sie nicht in anderen Klassen enthalten sind;
Christbaumschmuck.

**Klasse 29**
Fleisch, Fisch, Geflügel und Wild;
Fleischextrakte;
konserviertes, getrocknetes und gekochtes Obst und Gemüse;
Gallerten (Gelees), Konfitüren, Fruchtmuse;
Eier, Milch und Milchprodukte;
Speiseöle und -fette.

**Klasse 30**
Kaffee, Tee, Kakao, Zucker, Reis, Tapioka, Sago, Kaffee-Ersatzmittel;
Mehle und Getreidepräparate, Brot, feine Backwaren und Konditorwaren, Speiseeis;
Honig, Melassesirup;
Hefe, Backpulver;

Markenverordnung  Anlage zu § 15 Abs. 1  **MarkenV**

Salz, Senf;
Essig, Saucen (Würzmittel);
Gewürze;
Kühleis.

**Klasse 31**
Land-, garten- und forstwirtschaftliche Erzeugnisse sowie Samenkörner, soweit sie nicht in anderen Klassen enthalten sind;
lebende Tiere;
frisches Obst und Gemüse;
Sämereien, lebende Pflanzen und natürliche Blumen;
Futtermittel, Malz.

**Klasse 32**
Biere;
Mineralwässer, kohlensäurehaltige Wässer und andere alkoholfreie Getränke;
Fruchtgetränke und Fruchtsäfte;
Sirupe und andere Präparate für die Zubereitung von Getränken.

**Klasse 33**
Alkoholische Getränke (ausgenommen Biere).

**Klasse 34**
Tabak;
Raucherartikel;
Streichhölzer.

## II. Dienstleistungen

**Klasse 35**
Werbung;
Geschäftsführung;
Unternehmensverwaltung;
Büroarbeiten.

**Klasse 36**
Versicherungswesen;
Finanzwesen;
Geldgeschäfte;
Immobilienwesen.

**Klasse 37**
Bauwesen;
Reparaturwesen;
Installationsarbeiten.

**Klasse 38**
Telekommunikation.

**Klasse 39**
Transportwesen;
Verpackung und Lagerung von Waren;
Veranstaltung von Reisen.

**Klasse 40**
Materialbearbeitung.

**Klasse 41**
Erziehung;
Ausbildung;
Unterhaltung;
sportliche und kulturelle Aktivitäten.

**Klasse 42**
Verpflegung;
Beherbergung von Gästen;
ärztliche Versorgung, Gesundheits- und Schönheitspflege;
Dienstleistungen auf dem Gebiet der Tiermedizin und der Landwirtschaft;
Rechtsberatung und -vertretung;
wissenschaftliche und industrielle Forschung;
Erstellen von Programmen für die Datenverarbeitung;
Dienstleistungen, die nicht in andere Klassen eingeordnet werden können.

## 4. Verordnung über die Wahrnehmung einzelner den Prüfungsstellen, der Gebrauchsmusterstelle, den Markenstellen und den Abteilungen des Patentamts obliegender Geschäfte (Wahrnehmungsverordnung – WahrnV)

vom 14. Dezember 1994*

(BGBl. I S. 3812)

Auf Grund des § 27 Abs. 5 des Patentgesetzes in der Fassung der Bekanntmachung vom 16. Dezember 1980 (BGBl. 1981 I S. 1), der zuletzt durch Artikel 1 des Gesetzes vom 23. März 1993 (BGBl. I S. 366) geändert worden ist, des § 10 Abs. 2 des Gebrauchsmustergesetzes in der Fassung der Bekanntmachung vom 28. April 1986 (BGBl. I S. 1455), der zuletzt durch Artikel 3 des Gesetzes vom 23. März 1993 (BGBl. I S. 366) geändert worden ist, des § 4 Abs. 4 des Halbleiterschutzgesetzes vom 22. Oktober 1987 (BGBl. I S. 2294), des § 12 a Abs. 1 des Geschmacksmustergesetzes in der im Bundesgesetzblatt Teil III, Gliederungsnummer 442-1, veröffentlichten bereinigten Fassung, der durch das Gesetz vom 18. Dezember 1986 (BGBl. I S. 2501) eingefügt und durch Artikel 4 des Gesetzes vom 23. März 1993 (BGBl. I S. 366) geändert worden ist, des Artikels 2 Abs. 2 Satz 1 des Schriftzeichengesetzes vom 6. Juli 1981 (BGBl. II S. 382) sowie des § 65 Abs. 1 Nr. 11 und 12 des Markengesetzes vom 25. Oktober 1994 (BGBl. I S. 3082), jeweils in Verbindung mit § 20 der Verordnung über das Deutsche Patentamt vom 5. September 1968 (BGBl. I S. 997), der zuletzt durch Verordnung vom 15. November 1994 (BGBl. I S. 3462) geändert worden ist, verordnet der Präsident des Deutschen Patentamts:

### Inhaltsübersicht

| | § |
|---|---|
| Prüfungsstellen für Patente und Patentabteilungen | 1 |
| Gebrauchsmustermodelle und Gebrauchsmusterabteilungen | 2 |
| Topographiestelle und Topographieabteilung | 3 |
| Musterregister | 4 |
| Markenabteilungen | 5 |
| Markenstellen | 6 |
| Gemeinsame Vorschriften | 7 |
| Aufhebung der Verordnung vom 22. Mai 1970 | 8 |
| Inkrafttreten | 9 |

**§ 1 Prüfungsstellen für Patente und Patentabteilungen.** (1) Mit der Wahrnehmung folgender Geschäfte der Prüfungsstellen und Patentabteilungen werden auch Beamte des gehobenen Dienstes und vergleichbare Angestellte betraut.

1. Entscheidung über Anträge auf
    a) Hinausschiebung des Absenders der Nachricht nach § 17 Abs. 4 oder Stundung der Gebühr und des Zuschlags nach § 17 Abs. 5 des Patentgesetzes,
    b) Stundung oder Erlaß von Erteilungs- und Jahresgebühren nach § 18 Abs. 1 des Patentgesetzes,
    c) Erstattung von Auslagen gemäß § 18 Abs. 2 des Patentgesetzes,
    d) Stundung der Gebühr nach § 23 Abs. 4 Satz 5 des Patentgesetzes,
    
    sofern dem Antrag entsprochen wird oder der zuständige Prüfer (§ 27 Abs. 2 und 4 des Patentgesetzes) der Entscheidung zugestimmt hat;

2. Entscheidung über Anträge auf Rückzahlung von nicht fällig gewordenen Gebühren nach § 19 des Patentgesetzes;

3. Feststellung, daß das Patent wegen nicht rechtzeitig erfolgter Abgabe der Erfinderbenennung oder wegen nicht rechtzeitiger Zahlung der Jahresgebühr mit dem Zuschlag erloschen ist;

---

* Nach Art. 9 WahrnV gilt für das Inkrafttreten: Die WahrnV ist am 1. Januar 1995 in Kraft getreten.

4. Bearbeitung von Lizenzbereitschaftserklärungen und ihrer Rücknahme mit Ausnahme der Festsetzung oder Änderung der angemessenen Vergütung;
5. Entscheidung über Anträge auf
   a) Änderung einer Rolleneintragung, die die Person, den Namen oder Wohnort des Anmelders oder Patentinhabers oder des Vertreters betrifft,
   b) Eintragung oder Löschung eines Rollenvermerks über die Einräumung eines Rechts zur ausschließlichen Benutzung der Erfindung;
6. Bearbeitung von Verfahren der Akteneinsicht
   a) in vollem Umfang, soweit die Einsicht in die Akten jedermann freisteht oder der Anmelder dem Antrag zugestimmt hat,
   b) hinsichtlich formeller Erfordernisse, soweit die Einsicht in die Akten oder die Erfinderbenennung nur bei Glaubhaftmachung eines berechtigten Interesses gewährt wird;
7. formelle Bearbeitung von Patentanmeldungen, insbesondere
   a) Aufforderung zur Beseitigung formeller Mängel und zur Einreichung der Erfinderbenennung,
   b) Zurückweisung der Anmeldung, wenn der Anmelder auf eine Aufforderung nach Buchstabe a die Mängel nicht beseitigt hat, es sei denn aus Gründen, denen der Anmelder widersprochen hat,
   c) Aufforderung, die für die Inanspruchnahme einer Priorität erforderlichen Angaben zu machen und entsprechende Unterlagen einzureichen,
   d) Feststellung, daß die Anmeldung wegen Nichtzahlung der Anmeldegebühr, einer Jahresgebühr mit Zuschlag oder der Erteilungsgebühr, wegen nicht fristgerechter Stellung des Prüfungsantrags oder wegen Inanspruchnahme einer inländischen Priorität als zurückgenommen gilt,
   e) Feststellung, daß die Prioritätserklärung als nicht abgegeben gilt oder der Prioritätsanspruch verwirkt ist,
   f) Feststellung, daß die Teilungserklärung als nicht abgegeben gilt;
8. formelle Bearbeitung von Recherchen- und Prüfungsanträgen, einschließlich der Feststellung, daß der Antrag wegen Nichtzahlung der Gebühr oder wegen eines früher eingegangenen Antrags als nicht gestellt gilt;
9. formelle Bearbeitung des Einspruchsverfahrens;
10. formelle Bearbeitung des Beschränkungsverfahrens, einschließlich der Feststellung, daß der Antrag auf Beschränkung des Patents wegen Nichtzahlung der Gebühr als nicht gestellt gilt;
11. Bearbeitung internationaler Anmeldungen, soweit das Patentamt als Anmeldeamt nach dem Patentzusammenarbeitsvertrag tätig wird, einschließlich der Feststellung, daß die internationale Anmeldung als zurückgenommen gilt, mit Ausnahme der Entscheidung über Anträge auf Wiedereinsetzung.

(2) Mit der Wahrnehmung folgender Geschäfte der Prüfungsstellen und Patentabteilungen werden auch Beamte des mittleren Dienstes und vergleichbare Angestellte betraut:
1. Gewährung der Akteneinsicht, einschließlich der Erteilung von Auskünften über den Akteninhalt und von Abschriften und Auszügen aus den Akten, soweit die Einsicht in die Akten jedermann freisteht oder der Anmelder dem Antrag zugestimmt hat;
2. Aufforderung, Mängel der Patentanmeldung zu beseitigen, soweit die Mängel nur formeller Art und ohne weitere technische oder rechtliche Beurteilung feststellbar sind, soweit Aufforderung, die Zusammenfassung, die Erfinderbenennung und die für geteilte oder ausgeschiedene Anmeldungen erforderlichen Anmeldungsunterlagen einzureichen;
3. Aufforderung, die für die Inanspruchnahme einer inländischen oder ausländischen Priorität erforderlichen Angaben zu machen und entsprechende Unterlagen einzureichen;
4. Aufforderung, einen Recherchen- oder Prüfungsantrag auch für die Anmeldung eines Hauptpatents zu stellen;
5. Bearbeitung von Anträgen auf Aussetzung des Erteilungsbeschlusses;

6. formelle Bearbeitung der Akten im Einspruchsverfahren, einschließlich der Aufforderung, formelle Mängel bei der Einreichung von Schriftsätzen zu beseitigen, soweit diese ohne weitere technische oder rechtliche Beurteilung feststellbar sind.

(3) Absatz 1 Nr. 1 bis 7 sowie Absatz 2 Nr. 1 und 2 sind in Verfahren über ergänzende Schutzzertifikate und Anmeldungen von ergänzenden Schutzzertifikaten entsprechend anzuwenden.

**§ 2 Gebrauchsmusterstelle und Gebrauchsmusterabteilungen.** (1) Mit der Wahrnehmung folgender Geschäfte der Gebrauchsmusterstelle und der Gebrauchsmusterabteilungen werden auch Beamte des gehobenen Dienstes und vergleichbare Angestellte betraut.
1. Bearbeitung von Gebrauchsmusteranmeldungen, insbesondere
    a) Aufforderung zur Beseitigung sachlicher und formeller Mängel,
    b) Aufforderung, die für die Inanspruchnahme einer Priorität oder des Anmeldetages einer Patentanmeldung erforderlichen Angaben zu machen und entsprechende Unterlagen einzureichen,
    c) Feststellung, daß die Erklärung der Inanspruchnahme des Anmeldetages einer Patentanmeldung oder die Prioritätserklärung als nicht abgegeben gilt oder daß der Prioritätsanspruch verwirkt ist,
    d) Feststellung, daß die Anmeldung wegen Nichtzahlung der Anmeldegebühr oder wegen Inanspruchnahme einer inländischen Priorität als zurückgenommen gilt,
    e) Gewährung von Anhörungen,
    f) Zurückweisung der Anmeldung aus formellen Gründen, denen der Anmelder nicht widersprochen hat,
    g) Zurückweisung der Anmeldung aus sachlichen Gründen, denen der Anmelder nicht widersprochen hat, sofern der Leiter der Gebrauchsmusterstelle der Zurückweisung zugestimmt hat,
    h) Verfügung der Eintragung des Gebrauchsmusters;
2. formelle Bearbeitung von Recherchenanträgen einschließlich der Feststellung, daß der Antrag wegen Nichtzahlung der Gebühr als nicht gestellt gilt;
3. Entscheidung über Anträge auf Änderung einer Rolleneintragung, die die Person des Anmelders oder Inhabers des Gebrauchsmusters oder seines Vertreters betrifft;
4. Bearbeitung von Verfahren der Akteneinsicht
    a) in vollem Umfang, soweit die Einsicht jedermann freisteht oder der Anmelder dem Antrag zugestimmt hat,
    b) hinsichtlich formeller Erfordernisse, soweit die Einsicht in die Akten nur bei Glaubhaftmachung eines berechtigten Interesses gewährt wird;
5. formelle Bearbeitung des Löschungsverfahrens, insbesondere
    a) Aufforderung, formelle Mängel des Löschungsantrags oder des Antrags auf Feststellung der Unwirksamkeit des Gebrauchsmusters zu beseitigen sowie im Feststellungsverfahren das besondere Rechtsschutzinteresse nachzuweisen,
    b) Feststellung, daß der Löschungsantrag wegen Nichtzahlung der Gebühr als nicht gestellt gilt,
    c) Festsetzung der Höhe der Sicherheitsleistung,
    d) Löschung, wenn der Inhaber des Gebrauchsmusters dem Löschungsantrag nicht widersprochen, den Widerspruch zurückgenommen oder in die Löschung eingewilligt hat;
6. Entscheidung über Anträge auf
    a) Hinausschiebung des Absenders der Nachricht nach § 23 Abs. 3 des Gebrauchsmustergesetzes,
    b) Stundung von Verlängerungsgebühren nach § 23 Abs. 4 des Gebrauchsmustergesetzes,
sofern dem Antrag entsprochen wird oder der Leiter der Gebrauchsmusterstelle der Ablehnung des Antrags zugestimmt hat.

(2) Mit der Wahrnehmung folgender Geschäfte der Gebrauchsmusterstelle und der Gebrauchsmusterabteilungen werden auch Beamte des mittleren Dienstes und vergleichbare Angestellte betraut:
1. Aufforderung, Mängel der Gebrauchsmusteranmeldung zu beseitigen, soweit die Mängel nur formeller Art und ohne weitere technische oder rechtliche Beurteilung feststellbar sind;
2. Aufforderung, im Falle der Inanspruchnahme einer Priorität oder des Anmeldetages einer Patentanmeldung die erforderlichen Angaben zu machen und entsprechende Unterlagen einzureichen;
3. formelle Bearbeitung von Rechercheanträgen einschließlich der Feststellung, daß der Antrag wegen Nichtzahlung der Gebühr als nicht gestellt gilt;
4. Bearbeitung von Anträgen auf Aussetzung der Eintragung des Gebrauchsmusters;
5. Gewährung von Akteneinsicht, einschließlich der Erteilung von Auskünften über den Akteninhalt und von Abschriften und Auszügen aus den Akten, soweit die Einsicht jedermann freisteht oder der Anmelder dem Antrag zugestimmt hat;
6. formelle Bearbeitung der Akten im Löschungsverfahren, einschließlich der Aufforderung, formelle Mängel bei der Einreichung von Schriftsätzen zu beseitigen, soweit diese ohne weitere technische oder rechtliche Beurteilung feststellbar sind.

**§ 3 Topographiestelle und Topographieabteilung.** Auf die Wahrnehmung der Geschäfte der Topographiestelle und der Topographieabteilung durch Beamte des gehobenen und mittleren Dienstes sowie vergleichbare Angestellte ist § 2 entsprechend anzuwenden.

**§ 4 Musterregister.** (1) Mit der Wahrnehmung der Geschäfte des Musterregisters werden auch Beamte des gehobenen Dienstes und vergleichbare Angestellte betraut.

(2) Dies gilt nicht
1. für Geschäfte, die nach § 12a Abs. 1 Satz 2 Nr. 1 bis 5 des Geschmacksmustergesetzes dem rechtskundigen Mitglied (§ 10 Abs. 1 Satz 1 des Geschmacksmustergesetzes) vorbehalten sind;
2. für die Entscheidung über Anträge auf Hinausschiebung des Absenders der Nachricht nach § 9 Abs. 4 oder auf Stundung der Verlängerungsgebühr und des Zuschlags nach § 9 Abs. 5 des Geschmacksmustergesetzes, sofern dem Antrag nicht entsprochen wird oder das rechtskundige Mitglied der Ablehnung des Antrags nicht zugestimmt hat.

(3) Für die Bearbeitung von Anträgen auf Wiedereinsetzung in den vorigen Stand und auf Verfahrenskostenhilfe gilt § 7 Abs. 1 und 2.

**§ 5 Markenabteilungen.** (1) Mit der Wahrnehmung folgender Aufgaben der Markenabteilungen werden auch Beamte des gehobenen Dienstes und vergleichbare Angestellte betraut.
1. Bearbeitung von Anträgen auf Eintragung des Übergangs des durch die Eintragung der Marke begründeten Rechts in das Register,
2. Bearbeitung von Anträgen auf Eintragung einer Verpfändung, eines sonstigen dinglichen Rechts, von Maßnahmen der Zwangsvollstreckung oder eines Konkursverfahrens in das Register, soweit das durch die Eintragung begründete Recht betroffen ist;
3. Bearbeitung von Anträgen auf Berichtigung von Eintragungen im Register oder von Veröffentlichungen;
4. Bearbeitung von Anträgen auf Eintragung von Änderungen des Namens oder der Anschrift des Inhabers der Marke oder anderer Personen in das Register;
5. Bearbeitung von Erklärungen auf Teilung einer eingetragenen Marke, einschließlich der Feststellung des Verzichts auf die abgetrennte Eintragung;
6. Bearbeitung von Verfahren der Verlängerung der Schutzdauer, einschließlich der Löschung, wenn nach Ablauf der Schutzdauer die Verlängerung der Schutzdauer unterblieben ist;

7. formelle Bearbeitung von Löschungsverfahren, einschließlich der Feststellung, daß der Löschungsantrag wegen fehlender Zahlung der Antragsgebühr als nicht gestellt gilt;
8. Bearbeitung von Anträgen auf internationale Registrierung von Marken;
9. Bearbeitung von Verfahren, die international registrierte Marken betreffen, insbesondere von
   a) Anträgen auf nachträgliche territoriale Schutzerstreckung von international registrierten Marken inländischer Inhaber,
   b) Anträgen auf Ersatz der nationalen Eintragung durch die internationale Registrierung,
   c) Anträgen auf Löschung von international registrierten Marken wegen Wegfalls des Schutzes der Basismarke,
   d) Anträgen auf Eintragung von Änderungen bei international registrierten Marken inländischer Inhaber;
10. Bearbeitung von international registrierten Marken, deren Schutz auf das Gebiet der Bundesrepublik Deutschland erstreckt worden ist;
11. Bearbeitung von Anträgen auf Eintragung einer geographischen Angabe oder Ursprungsbezeichnung und von Einsprüchen nach der Verordnung (EWG) Nr. 2081/92, mit Ausnahme der in diesen Verfahren zu treffenden Entscheidungen, jedoch einschließlich der Feststellung, daß der Einspruch wegen fehlender Zahlung der Einspruchsgebühr als nicht eingegangen gilt, sowie der Weiterleitung von Anträgen und Einsprüchen an das Bundesministerium der Justiz;
12. Bearbeitung von Verfahren der Akteneinsicht;
13. formelle Bearbeitung von Anträgen auf Wiedereinsetzung in den vorigen Stand.

(2) Mit der Wahrnehmung folgender Aufgaben der Markenabteilungen werden auch Beamte des mittleren Dienstes und vergleichbare Angestellte betraut:
1. Aufforderung, formelle Mängel von Erklärungen auf Teilung einer eingetragenen Marke zu beseitigen;
2. formelle Bearbeitung der Akten in Löschungsverfahren, einschließlich der Aufforderung, formelle Mängel bei der Einreichung von Schriftsätzen zu beseitigen;
3. Gewährung von Einsicht in die Akten eingetragener Marken, einschließlich der Erteilung von Auskünften über den Akteninhalt und von Abschriften und Auszügen aus den Akten;
4. Sachbearbeitung bei Übertragung von international registrierten Marken.

**§ 6 Markenstellen.** Mit der Wahrnehmung folgender Aufgaben der Markenstellen werden auch Beamte des mittleren Dienstes oder vergleichbare Angestellte betraut:
1. Aufforderung, formelle Mängel von Anmeldungen oder von Erklärungen auf Teilung angemeldeter Marken zu beseitigen;
2. Gewährung von Einsicht in die Akten von Anmeldungen von Marken einschließlich der Erteilung von Auskünften über den Akteninhalt und von Abschriften und Auszügen aus den Akten, soweit der Anmelder dem Antrag zugestimmt hat;
3. Aufforderung, die für die Inanspruchnahme einer Priotität erforderlichen Angaben zu machen und entsprechende Unterlagen einzureichen;
4. Aufforderung, die für die Berufung auf eine im Ursprungsland eingetragene Marke erforderlichen Angaben zu machen und entsprechende Unterlagen einzureichen.

**§ 7 Gemeinsame Vorschriften.** (1) Zusätzlich zu den in den §§ 1 bis 4 aufgeführten Geschäften werden Beamte des gehobenen Dienstes und vergleichbare Angestellte mit der Wahrnehmung folgender Geschäfte betraut.
1. formelle Bearbeitung von Anträgen auf Wiedereinsetzung in den vorigen Stand;
2. formelle Bearbeitung von Anträgen auf Verfahrenskostenhilfe, insbesondere
   a) Zurückweisung des Antrags auf Verfahrenskostenhilfe, einschließlich des Antrags auf Beiordnung eines Vertreters, wenn der Antragsteller trotz Aufforderung keine oder eine offensichtlich unvollständige Erklärung über seine persönlichen und wirtschaftli-

chen Verhältnisse mit unzureichenden Belegen eingereicht hat oder einem sonstigen Auflagenbescheid nicht nachgekommen ist,
b) Bestimmung des Zeitpunkts für die Einstellung und die Wiederaufnahme der Zahlungen bei bewilligter Verfahrenskostenhilfe,
c) Festsetzung der Kosten des beigeordneten Vertreters.

(2) Zusätzlich zu den in den §§ 1 bis 6 aufgeführten Geschäften werden Beamte des gehobenen Dienstes und vergleichbare Angestellte mit der Wahrnehmung folgender Geschäfte betraut:

1. Erlaß von Kostenfestsetzungsbeschlüssen;
2. Entscheidung über Einwendungen gegen den Kostenansatz oder gegen Maßnahmen nach den §§ 7 und 8 der Verordnung über Verwaltungskosten beim Deutschen Patentamt (§ 10 Abs. 2 der Verordnung über Verwaltungskosten beim Deutschen Patentamt);
3. Entscheidung nach § 9 der Verordnung über Verwaltungskosten beim Deutschen Patentamt (§ 10 Abs. 3 der Verordnung über Verwaltungsbehörden beim Deutschen Patentamt);
4. Bewilligung von Vorschüssen und Berechnung der Entschädigung für Zeugen und Sachverständige sowie Bewilligung von Reisekostenentschädigung für mittellose Beteiligte.

**§ 8 Aufhebung der Verordnung vom 22. Mai 1970.** Die Wahrnehmungsverordnung vom 22. Mai 1970 (BGBl. I S. 663), geändert durch Artikel 1 der Verordnung vom 3. Juni 1993 (BGBl. I S. 814), wird aufgehoben.

**§ 9 Inkrafttreten.** Diese Verordnung tritt am 1. Januar 1995 in Kraft.

## 5. Gesetz über die Gebühren des Patentamts und des Patentgerichts (PatGebG)

vom 18. August 1976*

(BGBl. I S. 2188; zuletzt geändert durch Gesetz vom 16. Juli 1998, BGBl. I S. 1827)

**§ 1 Gebührenverzeichnis.** Die Gebühren des Deutschen Patentamts und des Bundespatentgerichts bestimmen sich, soweit sie nicht anderweitig gesetzlich festgesetzt sind, nach dem anliegenden Gebührenverzeichnis.

**§ 2** *(aufgehoben)*

**§ 3 Ermächtigung.** Das Bundesministerium der Justiz wird ermächtigt, durch Rechtsverordnung für die Gebühren des Patentamts und des Patentgerichts Bestimmungen darüber zu erlassen, welche Zahlungsformen der Barzahlung gleichgestellt werden.

**§ 4 Anwendung der bisherigen Gebührensätze.** (1) Geänderte Gebührensätze sind von dem Tage an anzuwenden, an dem sie in Kraft treten.

(2) Auch nach dem Inkrafttreten eines geänderten Gebührensatzes bleiben die vor diesem Zeitpunkt geltenden Gebührensätze anzuwenden,

1. wenn der für die Entrichtung einer Gebühr durch Gesetz festgelegte Zeitpunkt vor dem Inkrafttreten des geänderten Gebührensatzes liegt oder,
2. wenn für die Entrichtung einer Gebühr durch Gesetz eine Zahlungsfrist festgelegt ist und das für den Beginn der Frist maßgebliche Ereignis vor dem Inkrafttreten des geänderten Gebührensatzes liegt.

(3) Bei Prüfungsanträgen nach § 44 des Patentgesetzes und Rechercheanträgen nach § 43 des Patentgesetzes bleiben die bisherigen Gebührensätze nur anzuwenden, wenn der Antrag und die Gebührenzahlung bis zum Inkrafttreten eines geänderten Gebührensatzes eingegangen sind.

**§ 5 Vorauszahlung.** Sind Jahresgebühren gemäß § 16a Abs. 1 Satz 2 und § 17 des Patentgesetzes und Gebühren für die Verlängerung der Schutzdauer gemäß § 23 Abs. 2 des Gebrauchsmustergesetzes und § 9 Abs. 2 des Warenzeichengesetzes, die nach dem 1. August 1994 fällig werden, vor dem 25. Juli 1994 vorausgezahlt worden, so gilt die Gebührenschuld als mit dieser Zahlung getilgt.

**§ 6 Nach bisherigen Sätzen gezahlte Gebühren.** (1) Wird eine innerhalb von drei Monaten nach dem Inkrafttreten eines geänderten Gebührensatzes fällig werdende Gebühr, die mit einem Antrag oder Rechtsmittel zu entrichten ist, nach den bisherigen Gebührensätzen rechtzeitig entrichtet, so kann der Unterschiedsbetrag bis zum Ablauf einer vom Patentamt oder Patentgericht zu setzenden Frist von einem Monat nach Zustellung nachgezahlt werden. Wird der Unterschiedsbetrag innerhalb der gesetzten Frist nachgezahlt, so gilt die Gebühr als rechtzeitig entrichtet.

---

* Nach § 8 PatGebG gilt für das Inkrafttreten: Das PatGebG ist am 1. November 1976 in Kraft getreten. Für die durch das MarkenRÄndG (BGBl. I S. 1014) vorgenommenen Änderungen des PatGebG gilt für das Inkrafttreten: Die in Art. 4 MarkenRÄndG vorgenommenen Änderungen der Nummern 131 700 und 133 400 des Gebührenverzeichnisses (Anlage zu § 1 PatGebG) sind nach Art. 6 Abs. 2 MarkenRÄndG am 25. Juli 1996 in Kraft getreten. Für die durch das Zweite Gesetz zur Änderung des Patentgesetzes und anderer Gesetze (2. PatGÄndG) (BGBl. I S.1827) vorgenommenen Änderungen des PatGebG gilt für das Inkrafttreten: Die in Art. 8 des 2. PatGÄndG vorgenommenen Änderungen der Nummern 111 100, 113 400, 121 100, 215 110, 215 110 und 225 110 sowie der Streichung der Nummern 215 120, 215 220, 225 120 und 225 220 des Gebührenverzeichnisses (Anlage zu § 1 PatGebG) sind nach Art. 29 des 2. PatGÄndG am 1. November 1998 in Kraft getreten.

Patentgebührengesetz §§ 7, 8 **PatGebG**

(2) Wird eine innerhalb von drei Monaten nach dem Inkrafttreten eines geänderten Gebührensatzes fällig werdende Erteilungsgebühr, Jahresgebühr oder Gebühr für die Verlängerung der Schutzdauer eines Gebrauchsmusters oder einer Marke nach den bisherigen Gebührensätzen rechtzeitig entrichtet, so ergeht die nach § 17 Abs. 3 und § 57 des Patentgesetzes, § 23 Abs. 2 des Gebrauchsmustergesetzes und § 47 Abs. 3 des Markengesetzes vorgesehene Nachricht nur für den Unterschiedsbetrag. Ein Zuschlag für die Verspätung der Zahlung wird nicht erhoben.

**§ 7 Ausnahmevorschriften für die neuen Bundesländer.** (1) Für natürliche und juristische Personen sowie Personenhandelsgesellschaften, die ihren Wohnsitz oder Sitz oder ihre Hauptniederlassung im Zeitpunkt der Fälligkeit einer Gebühr in dem in Artikel 3 des Einigungsvertrages genannten Gebiet haben, bleiben die vor dem 1. Oktober 1994 geltenden Gebührensätze bis zum 1. Januar 1998 anwendbar. In den Fällen der Nummern 131 100 bis 136 200 (Abschnitt A., Unterabschnitt III.) der Anlage zu § 1 (Gebührenverzeichnis) treten die in der Zusatzspalte aufgeführten Gebühren an die Stelle der bisherigen Gebührensätze im Sinne des Satzes 1.

(2) Auf Verlangen sind die Voraussetzungen des Absatzes 1 glaubhaft zu machen. Geschieht dies nicht, ist der Differenzbetrag nachzuzahlen. Bei Handlungen, deren Wirksamkeit von der Zahlung einer Gebühr abhängig ist, läßt eine Nachzahlungspflicht nach Satz 2 die Wirksamkeit unberührt.

(3) Sind Jahresgebühren gemäß § 17 des Patentgesetzes und Gebühren für die Verlängerung der Schutzdauer gemäß § 23 des Gebrauchsmustergesetzes und § 47 Abs. 3 des Markengesetzes vorausgezahlt worden, verbleibt es bei einem nachträglichen Wechsel des Wohnsitzes oder Sitzes oder der Hauptniederlassung bei den vorausgezahlten Gebühren.

**§ 8 Inkrafttreten.** Dieses Gesetz tritt am 1. November 1976 in Kraft.

**Anlage zu § 1**

### Gebührenverzeichnis

| Nummer | Gebührentatbestand | Gebühr in Deutsche Mark |
|---|---|---|
| 100 000 | **A. Gebühren des Patentamts** | |
| 110 000 | *I. Patentsachen* | |
| 111 000 | 1. Erteilungsverfahren | |
| 111 100 | a) Für die Anmeldung § 34 Abs. 6 (des Patentgesetzes) | 100 |
| 111 200 | b) Für den Antrag auf Ermittlung der in Betracht zu ziehenden Druckschriften (§ 43 Abs. 2), | |
| 111 201 | wenn ein Antrag nach § 43 Abs. 1 Satz 1 gestellt worden ist | 200 |
| 111 202 | wenn ein Antrag nach § 43 Abs. 1 Satz 2 gestellt worden ist | 850 |
| 111 300 | c) Für den Antrag auf Prüfung der Anmeldung (§ 44 Abs. 3), | |
| 111 301 | wenn ein Antrag nach § 43 bereits gestellt worden ist, | 250 |
| 111 302 | wenn ein Antrag nach § 43 nicht gestellt worden ist | 400 |
| 111 500 | d) Für die Erteilung des Patents (§ 57) | 150 |
| 111 600 | e) Für die Anmeldung eines ergänzenden Schutzzertifikats § 49a Abs. 4) | 500 |
| 112 000 | 2. Verwaltung eines Patents oder einer Anmeldung | |
| 112 100 | a) Patentjahresgebühr | |
| 112 103 | für das 3. Patentjahr (§ 17 Abs. 1) | 100 |
| 112 104 | für das 4. Patentjahr (§ 17 Abs. 1) | 100 |
| 112 105 | für das 5. Patentjahr (§ 17 Abs. 1) | 150 |
| 112 106 | für das 6. Patentjahr (§ 17 Abs. 1) | 225 |
| 112 107 | für das 7. Patentjahr (§ 17 Abs. 1) | 300 |
| 112 108 | für das 8. Patentjahr (§ 17 Abs. 1) | 400 |
| 112 109 | für das 9. Patentjahr (§ 17 Abs. 1) | 500 |
| 112 110 | für das 10. Patentjahr (§ 17 Abs. 1) | 600 |
| 112 111 | für das 11. Patentjahr (§ 17 Abs. 1) | 800 |

**PatGebG** Anlage zu § 1 　　　　　　　　　　　　　　　　Patentgebührengesetz

| Nummer | Gebührentatbestand | Gebühr in Deutsche Mark |
|---|---|---|
| 112 112 | für das 12. Patentjahr (§ 17 Abs. 1) | 1 050 |
| 112 113 | für das 13. Patentjahr (§ 17 Abs. 1) | 1 300 |
| 112 114 | für das 14. Patentjahr (§ 17 Abs. 1) | 1 550 |
| 112 115 | für das 15. Patentjahr (§ 17 Abs. 1) | 1 800 |
| 112 116 | für das 16. Patentjahr (§ 17 Abs. 1) | 2 100 |
| 112 117 | für das 17. Patentjahr (§ 17 Abs. 1) | 2 400 |
| 112 118 | für das 18. Patentjahr (§ 17 Abs. 1) | 2 700 |
| 112 119 | für das 19. Patentjahr (§ 17 Abs. 1) | 3 000 |
| 112 120 | für das 20. Patentjahr (§ 17 Abs. 1) | 3 300 |
| 112 121 | für das 1. Jahr des ergänzenden Schutzes (§ 16 a) | 4 500 |
| 112 122 | für das 2. Jahr des ergänzenden Schutzes (§ 16 a) | 5 000 |
| 112 123 | für das 3. Jahr des ergänzenden Schutzes (§ 16 a) | 5 600 |
| 112 124 | für das 4. Jahr des ergänzenden Schutzes (§ 16 a) | 6 200 |
| 112 125 | für das 5. Jahr des ergänzenden Schutzes (§ 16 a) | 7 000 |
| 112 200 | b) Zuschlag für die Verspätung der Zahlung einer Gebühr der Nrn. 111 500 und 112 103 bis 112 125 (§ 57 Abs. 1 Satz 3, § 17 Abs. 3 Satz 2), auch in Verbindung mit § 16 a Abs. 1 Satz 2) | 10 vom Hundert der nachzuzahlenden Gebühr |
| 113 000 | 3. Sonstige Anträge | |
| 113 100 | a) Für den Antrag auf Festsetzung der angemessenen Vergütung für die Benutzung der Erfindung (§ 23 Abs. 4) | 100 |
| 113 200 | b) Für den Antrag auf Änderung der festgesetzten Vergütung für die Benutzung der Erfindung (§ 23 Abs. 5) | 200 |
| 113 300 | c) Für den Antrag auf Eintragung einer Änderung in der Person des Anmelders oder Patentinhabers (§ 30 Abs. 3) | 60 |
| 113 400 | d) Für den Antrag auf Eintragung der Einräumung eines Rechts zur ausschließlichen Benutzung der Erfindung oder auf Löschung dieser Eintragung (§ 30 Abs. 5) | 40 |
| 113 500 | e) Für den Antrag auf Beschränkung des Patents (§ 64 Abs. 2) | 200 |
| 113 800 | f) Für die Veröffentlichung von Übersetzungen oder berichtigten Übersetzungen der Patentansprüche europäischer Patentanmeldungen (Artikel II § 2 Abs. 1 Satz 2 des Gesetzes über internationale Patentübereinkommen) | 100 |
| 113 815 | g) Für die Veröffentlichung von Übersetzungen oder berichtigten Übersetzungen der Patentansprüche europäischer Patentanmeldungen, in denen die Vertragsstaaten der Vereinbarung über Gemeinschaftspatente benannt sind (Artikel 4 Abs. 2 Satz 2 des Zweiten Gesetzes über das Gemeinschaftspatent) | 100 |
| 113 820 | h) Für die Veröffentlichung von Übersetzung oder berichtigten Übersetzungen europäischer Patentschriften (Artikel II § 3 Abs. 1, Abs. 4 Satz 3 des Gesetzes über internationale Patentübereinkommen) | 250 |
| 113 900 | i) Für die Behandlung der internationalen Anmeldung beim Deutschen Patentamt als Anmeldeamt (Artikel III § 1 Abs. 3 des Gesetzes über internationale Patentübereinkommen) | 150 |
| 114 000 | 4. Anträge im Zusammenhang mit der Erstreckung gewerblicher Schutzrechte | |
| 114 100 | a) Für die Veröffentlichung von Übersetzungen oder berichtigten Übersetzungen von erstreckten Patenten (§ 8 Abs. 1 und 3 des Erstreckungsgesetzes) | 250 |
| 114 200 | b) Für den Antrag auf Ermittlung der in Betracht zu ziehenden Druckschriften für ein erstrecktes Patent (§ 11 des Erstreckungsgesetzes) | 200 |
| 120 000 | II. *Gebrauchsmustersachen* | |
| 121 000 | 1. Erteilungsverfahren | |
| 121 100 | a) Für die Anmeldung (§ 4 Abs. 5 GebrMG) | 50 |
| 121 200 | b) Für den Antrag auf Ermittlung der in Betracht zu ziehenden Druckschriften (§ 7 Abs. 2) | 450 |

Patentgebührengesetz    Anlage zu § 1    **PatGebG**

| Nummer | Gebührentatbestand | Gebühr in Deutsche Mark |
|---|---|---|
| 122 000 | 2. Aufrechterhaltung eines Gebrauchsmusters | |
| 122 100 | a) Verlängerungsgebühr | |
| 122 101 | für die erste Verlängerung der Schutzdauer (§ 23 Abs. 2) | 350 |
| 122 102 | für die zweite Verlängerung der Schutzdauer (§ 23 Abs. 2) | 600 |
| 122 103 | für die dritte Verlängerung der Schutzdauer (§ 23 Abs. 2) | 900 |
| 122 200 | b) Zuschlag für die Verspätung der Zahlung einer Gebühr der Nrn. 122 101 und 122 103 (§ 23 Abs. 2 Satz 4 und 6) | 10 vom Hundert der nachzuzahlenden Gebühr |
| 123 000 | 3. Sonstige Anträge | |
| 123 300 | a) Für den Antrag auf Eintragung einer Änderung in der Person des Rechtsinhabers (§ 8 Abs. 4) | 60 |
| 123 600 | b) Für den Antrag auf Löschung (§ 16) | 300 |

| Nummer | Gebührentatbestand | Gebühr in Deutsche Mark | Zusatzspalte |
|---|---|---|---|
| | *III. Marken; geographische Angaben und Ursprungsbezeichnungen* | | |
| | 1. Eintragungsverfahren | | |
| 131 100 | Anmeldegebühr bei Marken einschließlich der Klassengebühr bis zu drei Klassen (§ 32 Abs. 4 MarkenG) | 500 | 420 |
| 131 150 | Klassengebühr bei Anmeldung einer Marke für jede Klasse ab der vierten Klasse (§ 32 Abs. 4 MarkenG) | 150 | 120 |
| 131 200 | Anmeldegebühr bei Kollektivmarken einschließlich der Klassengebühr bis zu drei Klassen (§ 97 Abs. 2, § 32 Abs. 4 MarkenG) | 1500 | 1200 |
| 131 250 | Klassengebühr bei Anmeldung einer Kollektivmarke für jede Klasse ab der vierten Klasse (§ 97 Abs. 2, § 32 Abs. 4 MarkenG) | 250 | 210 |
| 131 300 | Zuschlag für die verspätete Zahlung einer Gebühr der Nummern 131 100 bis 131 250 (§ 36 Abs. 3 MarkenG) | 100 | 80 |
| 131 400 | Für die Erhebung des Widerspruchs (§ 42 Abs. 3 MarkenG) | 200 | 170 |
| 131 600 | Für den Antrag auf beschleunigte Prüfung (§ 38 Abs. 2 MarkenG) | 420 | 350 |
| 131 700 | Für den Antrag auf Teilung oder Teilübertragung einer Anmeldung (§ 40 Abs. 2, §§ 31, 27 Abs. 4 MarkenG) | 500 | 420 |
| | 2. Verlängerung der Schutzdauer | | |
| 132 100 | Verlängerungsgebühr bei Marken einschließlich der Klassengebühr bis zu drei Klassen (§ 47 Abs. 3 MarkenG) | 1000 | 840 |
| 132 150 | Klassengebühr bei Verlängerung der Schutzdauer einer Marke für jede Klasse ab der vierten Klasse (§ 47 Abs. 3 MarkenG) | 450 | 380 |
| 132 200 | Verlängerungsgebühr bei Kollektivmarken einschließlich der Klassengebühr bis zu drei Klassen (§ 97 Abs. 2, § 47 Abs. 3 MarkenG) | 3000 | 2500 |
| 132 250 | Klassengebühr bei Verlängerung der Schutzdauer einer Kollektivmarke für jede Klasse ab der vierten Klasse (§ 97 Abs. 2, § 47 Abs. 3 MarkenG) | 450 | 380 |
| 132 300 | Zuschlag für die verspätete Zahlung einer Gebühr der Nummern 132 100 bis 132 250 (§ 36 Abs. 3 MarkenG) | 10% der Gebühren | 10% der Gebühren |
| | 3. Sonstige Anträge | | |
| 133 400 | Für den Antrag auf Teilung oder Teilübertragung einer Eintragung (§ 46 Abs. 3, § 27 Abs. 4 MarkenG) | 600 | 500 |
| 133 600 | Für den Antrag auf Löschung (§ 54 Abs. 2 MarkenG) | 600 | 500 |
| | 4. Internationale Registrierung | | |
| 134 100 | Nationale Gebühr für den Antrag auf internationale Registrierung nach dem Madrider Markenabkommen (§ 109 Abs. 1 MarkenG) oder | 300 | 250 |
| 134 200 | Nationale Gebühr für den Antrag auf internationale Registrierung nach dem Protokoll zum Madrider Markenabkommen (§ 121 Abs. 1 MarkenG) | 300 | 250 |

**PatGebG**  Anlage zu § 1                                    Patentgebührengesetz

| Nummer | Gebührentatbestand | Gebühr in Deutsche Mark | Zusatzspalte |
|---|---|---|---|
| 134 300 | Gemeinsame nationale Gebühr für den Antrag auf internationale Registrierung sowohl nach dem Madrider Markenabkommen als auch nach dem Protokoll zum Madrider Markenabkommen (§ 121 Abs. 2 MarkenG) | 300 | 250 |
| 134 400 | Nationale Gebühr für den Antrag auf nachträgliche Schutzerstreckung nach dem Madrider Markenabkommen (§ 111 Abs. 1 MarkenG) | 200 | 170 |
| 134 500 | Nationale Gebühr für den Antrag auf nachträgliche Schutzerstreckung nach dem Protokoll zum Madrider Abkommen (§ 123 Abs. 1 Satz 2 MarkenG) | 200 | 170 |
| 134 600 | Gemeinsame nationale Gebühr für den Antrag auf nachträgliche Schutzerstreckung sowohl nach dem Madrider Markenabkommen als auch nach dem Protokoll zum Madrider Markenabkommen (§ 123 Abs. 2 Satz 2 MarkenG) | 200 | 170 |
|  | 5. Umwandlung einer international registrierten Marke oder einer Gemeinschaftsmarke |  |  |
| 135 100 | Für den Antrag auf Umwandlung einer Marke einschließlich der Klassengebühr bis zu drei Klassen (§ 125 Abs. 2, § 125 d Abs. 1, § 32 Abs. 4 MarkenG) | 500 | 420 |
| 135 150 | Klassengebühr bei Umwandlung einer Marke für jede Klasse ab der vierten Klasse (§ 125 Abs. 2, § 125 d Abs. 1, § 32 Abs. 4 MarkenG) | 150 | 120 |
| 135 200 | Für den Antrag auf Umwandlung einer Kollektivmarke einschließlich der Klassengebühr bis zu drei Klassen (§ 125 Abs. 2, § 125 d Abs. 1, § 97 Abs. 2, § 32 Abs. 4 MarkenG) | 1500 | 1200 |
| 135 250 | Klassengebühr bei Umwandlung einer Kollektivmarke für jede Klasse ab der vierten Klasse (§ 125 Abs. 2, § 125 d Abs. 1, § 97 Abs. 2, § 32 Abs. 4 MarkenG) | 250 | 210 |
| 135 300 | Zuschlag für die verspätete Zahlung einer Gebühr der Nummern 135 100 bis 135 250 (§ 125 Abs. 2, § 125 d Abs. 1, § 36 Abs. 3 MarkenG) | 100 | 80 |
|  | 6. Geographische Angaben und Ursprungsbezeichnungen |  |  |
| 136 100 | Für den Antrag auf Eintragung einer geographischen Angabe oder Ursprungsbezeichnung (§ 130 Abs. 2 MarkenG) | 1500 | 1200 |
| 136 200 | Für den Einspruch gegen die Eintragung einer geographischen Angabe oder Ursprungsbezeichnung (§ 132 Abs. 2 MarkenG) | 200 | 170 |

| Nummer | Gebührentatbestand | Gebühr in Deutsche Mark |
|---|---|---|
|  | *IV. Musterregistersachen* |  |
| 141 000 | 1. Anmeldeverfahren |  |
| 141 100 | a) Anmeldegebühr (§ 8 c) |  |
| 141 110 | (1) bei Anmeldung eines Musters oder Modells für die Schutzdauer nach § 9 Abs. 1 des Geschmacksmustergesetzes | 100 |
| 141 120 | (2) bei Sammelanmeldung (§ 7 Abs. 9) für die Schutzdauer nach § 9 Abs. 1 für jedes Muster oder Modell | 10 |
| 141 121 | mindestens jedoch | 100 |
| 141 130 | (3) bei Aufschiebung der Bekanntmachung einer Abbildung der Darstellung des Musters oder Modells |  |
| 141 131 | (i) bei Anmeldung eines Musters oder Modells | 40 |
| 141 132 | (ii) bei Sammelanmeldung für jedes Muster oder Modell | 4 |
| 141 133 | mindestens jedoch | 40 |
| 141 134 | (iii) zusätzlich zu den Gebühren der Nummern 141 131 bis 141 133 für den Antrag auf Aufschiebung (§ 8 c Abs. 1 Satz 2) | 15 |

Patentgebührengesetz    Anlage zu § 1   **PatGebG**

| Nummer | Gebührentatbestand | Gebühr in Deutsche Mark |
|---|---|---|
| 141 140 | (4) bei Darstellung durch das Erzeugnis selbst oder eines Teils davon (§ 7 Abs. 6) zusätzlich zu den Gebühren der Nummern 141 110 bis 141 134 | 400 |
| 141 200 | b) Für die Erstreckung des Schutzes bei Aufschiebung der Bildbekanntmachung (§ 8 b Abs. 2) | |
| 141 210 | (1) bei Zahlung innerhalb der ersten zwölf Monate der Aufschiebungsfrist | |
| 141 211 | (i) für ein angemeldetes Einzelmuster | 100 |
| 141 212 | (ii) für jedes Muster einer Sammelanmeldung, für das der Schutz nach § 8 b Abs. 2 erstreckt werden soll, | 10 |
| 141 213 | mindestens jedoch | |
| 141 220 | (2) Zuschlag zu den Gebühren der Nummern 141 211 bis 141 213 bei Zahlung nach den ersten zwölf Monaten der Aufschiebungsfrist (§ 8 b Abs. 2) | 20% der Gebühren |
| 142 000 | 2. Verlängerung der Schutzdauer (§ 9 Abs. 2 und 3) | |
| 142 100 | a) Für die Verlängerung der Schutzdauer um fünf Jahre für jedes Muster oder Modell, auch in einer Sammelanmeldung (§ 7 Abs. 9), | |
| 142 110 | (i) vom 6. bis 10. Schutzjahr | 150 |
| 142 120 | (ii) vom 11. bis 15. Schutzjahr | 200 |
| 142 130 | (iii) vom 16. bis 20. Schutzjahr | 300 |
| 142 140 | (iv) vom 21. bis 25. Schutzjahr (Artikel 2 Abs. 1 Nr. 4 des Schriftzeichengesetzes) | 500 |
| 142 150 | b) Für die Verlängerung der Schutzdauer eines Modells, das durch das Erzeugnis selbst oder einen Teil davon dargestellt wird (§ 7 Abs. 6), zusätzlich zu den Gebühren der Nummern 142 100 bis 142 130 jeweils | 400 |
| 142 200 | c) Zuschlag zu den Gebühren der Nummern 142 110 bis 142 150 für die verspätete Zahlung der Verlängerungsgebühren (§ 9 Abs. 3 Satz 2) je Muster oder Modell | 10% der Gebühren |
| 143 000 | 3. Sonstige Gebühren | |
| 143 100 | Für den Antrag auf Eintragung einer Änderung in der Person des Anmelders oder Inhabers des Musters oder Modells | 60 |
| 150 000 | V. Topographieschutzsachen | |
| 151 000 | 1. Anmeldeverfahren | |
| 151 100 | Anmeldegebühr (§ 3 Abs. 5 des Halbleiterschutzgesetzes) | 500 |
| 153 000 | 2. Sonstige Anträge | |
| | a) Für den Antrag auf Eintragung einer Änderung in der Person des Rechtsinhabers (§ 4 Abs. 2 des Halbleiterschutzgesetzes in Verbindung mit § 8 Abs. 4 des Gebrauchsmustergesetzes) | 60 |
| 153 600 | b) Für den Antrag auf Löschung (§ 8 Abs. 4 des Halbleiterschutzgesetzes) | 300 |

**B. Gebühren des Patentgerichts**

*I. Patentsachen*

| | | |
|---|---|---|
| | 1. Beschwerdeverfahren | |
| 214 100 | Für die Einlegung der Beschwerde (§ 73 Abs. 3 PatG) | 300 |
| | 2. Nichtigkeits- und Zwangslizenzverfahren | |
| 215 110 | Für die Klage auf Erklärung der Nichtigkeit oder auf Erteilung oder Zurücknahme einer Zwangslizenz oder wegen der Anpassung der durch Urteil festgesetzten Vergütung für eine Zwangslizenz (§ 81 Abs. 6 PatG) | 750 |
| 215 210 | Für den Antrag auf Erlaß einer einstweiligen Verfügung (§ 85 Abs. 2 PatG) | 600 |

**PatGebG** Anlage zu § 1                                           Patentgebührengesetz

| Nummer | Gebührentatbestand | Gebühr in Deutsche Mark |
|---|---|---|
| | *II. Gebrauchsmustersachen* | |
| | 1. Beschwerdeverfahren | |
| | Für die Einlegung der Beschwerde (§ 18 Abs. 2 GebrMG) | |
| 224 110 | gegen den Beschluß der Gebrauchsmusterstelle | 300 |
| 224 120 | gegen den Beschluß der Gebrauchsmusterabteilung | 520 |
| | 2. Zwangslizenzverfahren | |
| 225 110 | Für die Klage auf Erteilung oder Zurücknahme einer Zwangslizenz oder wegen der Anpassung der durch Urteil festgesetzten Vergütung für eine Zwangslizenz (§ 20 GebrMG in Verbindung mit § 81 Abs. 6 PatG) | 520 |
| 225 210 | Für den Antrag auf Erlaß einer einstweiligen Verfügung (§ 20 GebrMG in Verbindung mit § 85 Abs. 2 PatG) | 410 |
| | *III. Marken; geographische Angaben und Ursprungsbezeichnungen* | |
| 234 100 | Für die Einlegung der Beschwerde außer dem Fall der Nummer 234 600 (§ 66 Abs. 5 MarkenG) | 300 |
| 234 600 | Beschwerdegebühr in Löschungssachen (§ 66 Abs. 5, §§ 53 und 54 MarkenG) | 520 |
| | *IV. Musterregistersachen* | |
| | Für die Einlegung der Beschwerde (§ 10a GeschmMG) | |
| 244 110 | gegen die Entscheidung des Patentamts, die ein einzelnes Muster oder Modell betrifft | 300 |
| 244 120 | gegen die Entscheidung des Patentamts, die eine Sammelanmeldung (§ 7 Abs. 9 GeschmMG) betrifft | 520 |
| | *V. Topographieschutzsachen* | |
| | Für die Einlegung der Beschwerde | |
| 254 110 | gegen den Beschluß der Topographiestelle (§ 4 Abs. 4 Satz 3 HalblSchG in Verbindung mit § 18 Abs. 2 GebrMG) | 300 |
| 254 120 | gegen den Beschluß der Topographieabteilung (§ 4 Abs. 4 Satz 3 HalblSchG in Verbindung mit § 18 Abs. 2 GebrMG) | 520 |
| | *VI. Sortenschutzsachen* | |
| 264 100 | Für die Einlegung der Beschwerde gegen Beschlüsse der Widerspruchsausschüsse beim Bundessortenamt (§ 34 Abs. 2 des Sortenschutzgesetzes) | 300 |

## 6. Verordnung über die Zahlung der Gebühren des Deutschen Patent- und Markenamts und des Bundespatentgerichts (PatGebZV)

vom 15. Oktober 1991*

(BGBl. I S. 2012; zuletzt geändert durch Verordnung vom 14. September 1998, BGBl. I S. 2875)

Auf Grund des § 3 Abs. 1 des Gesetzes über die Gebühren des Patentamts und des Patentgerichts vom 18. August 1976 (BGBl. I S. 2188) verordnet der Bundesminister der Justiz:

**§ 1.** Gebühren des Patentamts und des Patentgerichts können außer durch Barzahlung entrichtet werden

1. durch Übergabe oder Übersendung
   a) von Gebührenmarken,
   b) von Schecks, die auf ein Kreditinstitut im Geltungsbereich dieser Verordnung gezogen und nicht mit Indossament versehen sind,
   c) eines Auftrags zur Abbuchung von einem Konto bei einem Kreditinstitut, das nach einer Bekanntmachung des Präsidenten des Deutschen Patent- und Markenamts ermächtigt ist, solche Konten zu führen;
2. durch Überweisung;
3. durch Einzahlung auf ein Konto der Zahlstelle des Deutschen Patent- und Markenamts.[1)]

**§ 2.** Die Gebühren sind, soweit nicht Gebührenmarken verwendet werden, an die Zahlstelle des Deutschen Patent- und Markenamts zu entrichten.

**§ 3.** Als Einzahlung gilt

1. bei Übergabe oder Übersendung von Gebührenmarken der Tag des Eingangs;
2. bei Übergabe oder Übersendung von Schecks oder Abbuchungsaufträgen (§ 1 Nr. 1 Buchstabe b und c) der Tag des Eingangs beim Deutschen Patentamt oder Bundespatentgericht, sofern die Einlösung bei Vorlage erfolgt;
3. bei Einzahlung auf ein Konto (§ 1 Nr. 3) der Tag der Einzahlung;
4. im übrigen der Tag, an dem der Betrag bei der Zahlstelle des Deutschen Patent- und Markenamts eingeht oder deren Konto gutgeschrieben wird.

**§ 4.** Diese Verordnung tritt am Tage nach der Verkündung in Kraft. Gleichzeitig tritt die Verordnung über die Zahlung der Gebühren des Deutschen Patentamts und des Bundespatentgerichts vom 5. September 1968 (BGBl. I S. 1000), geändert durch die Verordnung vom 7. Dezember 1989 (BGBl. I S. 2167), außer Kraft.

---

* Nach § 4 PatGebZV gilt für das Inkrafttreten: Die PatGebZV ist am 26. Oktober 1991 in Kraft getreten. Für die durch die Verordnung zur Änderung der Verordnung über die Zahlung der Gebühren des Deutschen Patentamts und des Bundespatentgerichts vom 17. März 1994 (BGBl. I S. 612) vorgenommene Änderung der PatGebZV gilt für das Inkrafttreten: Die in Art. 1 der Verordnung zur Änderung der Verordnung über die Zahlung der Gebühren des Deutschen Patentamts und des Bundespatentgerichts vorgenommene Änderung des § 3 Nr. 2 PatGebZV ist nach Art. 2 der Verordnung zur Änderung der Verordnung über die Zahlung der Gebühren des Deutschen Patentamts und des Bundespatentgerichts am 1. April 1994 in Kraft getreten. Für die durch die Zweite Verordnung zur Änderung der Verordnung über die Zahlung der Gebühren des Deutschen Patentamts und des Bundespatentgerichts vom 14. September 1998 (BGBl. I S. 2875) vorgenommene Änderung der PatGebZV gilt für das Inkrafttreten: Die in Art. 1 der Zweiten Verordnung zur Änderung der Verordnung über die Zahlung der Gebühren des Deutschen Patentamts und des Bundespatentgerichts vorgenommene Änderung der §§ 1 Nr. 1c, 1 Nr. 3, 2, 3 Nr. 4 PatGebZV ist nach Art. 2 der Zweiten Verordnung zur Änderung der Verordnung über die Zahlung der Gebühren des Deutschen Patentamts und des Bundespatentgerichts am 1. November 1998 in Kraft getreten.

[1)] Die Postbank-Girokonten der Zahlstellen München und Berlin wurden zum 31. Dezember 1998 aufgelöst. Seit dem 1. Januar 1999 sind Gebühren und Auslagen gemäß § 1 Ziff. 3 PatGebZV nur noch auf das LZB-Konto der Zahlstelle München 70001054 (BLZ 700 000 00) einzuzahlen (Mitteilung Nr. 5/98 des Präsidenten des DPA vom 30. März 1998, BlPMZ 1998, 209).

## 7. Verordnung über Verwaltungskosten beim Deutschen Patent- und Markenamt (DPMA VwKostV)

vom 15. Oktober 1991*

(BGBl. I S. 2013; zuletzt geändert durch Verordnung vom 13. November 1998, BGBl. I S. 3426)

**§ 1 Geltungsbereich.** Für Amtshandlungen des Patentamts in Patentsachen, Gebrauchsmustersachen, Topographieschutzsachen, Markensachen, Schriftzeichensachen, Geschmacksmustersachen und Urheberrechtssachen werden Kosten (Gebühren und Auslagen), über die nicht anderweitig durch Gesetz oder auf Grund gesetzlicher Ermächtigungen Bestimmungen getroffen sind, nur nach den Vorschriften dieser Verordnung erhoben.

**§ 2 Kosten.** (1) Die Kosten bestimmen sich nach dem anliegenden Kostenverzeichnis.

(2) Soweit sich aus dem Ersten Teil des Kostenverzeichnisses (Gebührenverzeichnis) nichts anderes ergibt, werden neben den Gebühren Auslagen nach dem Zweiten Teil des Kostenverzeichnisses (Auslagenverzeichnis) nicht besonders erhoben. Auslagen für Telekommunikationsdienstleistungen (Nummer 102 410) werden in jedem Fall erhoben. Auslagen sind auch dann zu erheben, wenn eine Gebühr für die Amtshandlung nicht vorgesehen ist.

**§ 3 Mindestbetrag einer Gebühr, Aufrundung.** Der Mindestbetrag einer Gebühr ist 20 Deutsche Mark. Pfennigbeträge sind auf volle zehn Deutsche Pfennig aufzurunden.

**§ 4 Kostenbefreiung.** (1) Von der Zahlung der Kosten sind befreit

1. die Bundesrepublik Deutschland und die bundesunmittelbaren juristischen Personen des öffentlichen Rechts, deren Ausgaben ganz oder teilweise auf Grund gesetzlicher Verpflichtung aus dem Haushalt des Bundes getragen werden;
2. die Länder und die juristischen Personen des öffentlichen Rechts, die nach den Haushaltsplänen eines Landes für Rechnung eines Landes verwaltet werden;
3. die Gemeinden und Gemeindeverbände, soweit die Amtshandlungen nicht ihre wirtschaftlichen Unternehmen betreffen;

---

* Nach Art. 4 DPA VwKostV gilt für das Inkrafttreten: Die DPA VwKostV ist mit Ausnahme der Art. 1 und 2 am 16. Oktober 1991 in Kraft getreten. Die Art. 1 und 2 DPA VwKostV sind am 1. Januar 1992 in Kraft getreten. Für die durch die Erste Verordnung zur Änderung der DPA VwKostV vom 1. April 1993 (BGBl. 1993 I S. 490) vorgenommenen Änderungen gilt für das Inkrafttreten: Die in Art. 1 der Ersten Verordnung zur Änderung der DPA VwKostV vorgenommenen Änderungen in der Überschrift des § 5 DPA VwKostV und in den Nummern 101 200 und 101 210 des Kostenverzeichnisses (Anlage zu § 2 Abs. 1 DPA VwKostV) sind nach Art. 2 der Ersten Verordnung zur Änderung der DPA VwKostV am 29. April 1993 in Kraft getreten. Für die durch die Zweite Verordnung zur Änderung der DPA VwKostV vom 12. September 1994 (BGBl. 1994 I S. 2400) vorgenommenen Änderungen gilt für das Inkrafttreten: Die in Art. 1 der Zweiten Verordnung zur Änderung der DPA VwKostV vorgenommenen Änderungen des § 4 DPA VwKostV sind nach Art. 2 der Zweiten Verordnung zur Änderung der DPA VwKostV am 23. September 1994 in Kraft getreten. Für die durch die Dritte Verordnung zur Änderung der DPA VwKostV vom 1. Februar 1995 (BGBl. 1995 I S. 144) vorgenommenen Änderungen gilt für das Inkrafttreten: Die in Art. 1 der Dritten Verordnung zur Änderung der DPA VwKostV vorgenommenen Änderungen der §§ 1, 2 Abs. 2 Satz 2, 3 und 10 Abs. 3 DPA VwKostV sowie die Neufassung des gesamten Kostenverzeichnisses (Anlage zu § 2 Abs. 1 DPA VwKostV) sind nach Art. 2 der Dritten Verordnung zur Änderung der DPA VwKostV am 1. April 1995 in Kraft getreten. Für die durch die Vierte Verordnung zur Änderung der DPA VwKostV vom 19. November 1995 (BGBl. 1995 I S. 1526) vorgenommenen Änderungen gilt für das Inkrafttreten: Die in Art. 1 der Vierten Verordnung zur Änderung der DPA VwKostV vorgenommenen Änderungen in der Nummer 101 130 des Kostenverzeichnisses (Anlage zu § 2 Abs. 1 DPA VwKostV) sind nach Art. 2 der Vierten Verordnung zur Änderung der DPA VwKostV am 1. Februar 1996 in Kraft getreten. Für die durch die Fünfte Verordnung zur Änderung der DPA VwKostV vom 11. Oktober 1996 (BGBl. 1996 I S. 1515) vorgenommenen Änderungen gilt für das Inkrafttreten: Die in Art. 1 der Fünften Verordnung zur Änderung der DPA VwKostV vorgenommenen Änderungen in der Nummer 101 500 des Kostenverzeichnisses (Anlage zu § 2 Abs. 1 DPA VwKostV) sind nach Art. 2 der Fünften Verordnung zur Änderung der DPA VwKostV am 1. Januar 1997 in Kraft getreten. Für die durch die Sechste Verordnung zur Änderung der DPA VwKostV vom 13. November 1998 (BGBl. 1998 I S. 3426) vorgenommenen Änderungen gilt für das Inkrafttreten: Die in Art. 1 der Sechsten Verordnung zur Änderung der DPA VwKostV vorgenommenen Änderungen in der Überschrift sind nach Art. 2 der Sechsten Verordnung zur Änderung der DPA VwKostV am 1. Dezember 1998 in Kraft getreten.

4. die Weltorganisation für geistiges Eigentum nach Maßgabe von Verwaltungsvereinbarungen des Bundesministeriums der Justiz im Rahmen der internationalen Zusammenarbeit auf dem Gebiet des gewerblichen Rechtsschutzes.

(2) Die Befreiung tritt nicht ein, soweit die in Absatz 1 Nr. 1 bis 3 Genannten berechtigt sind, die Kosten Dritten aufzuerlegen.

(3) Kostenfreiheit nach Absatz 1 besteht nicht für Sondervermögen und Bundesbetriebe im Sinne des Artikels 110 Abs. 1 des Grundgesetzes, für gleichartige Einrichtungen der Länder sowie für öffentlich-rechtliche Unternehmen, an denen der Bund oder ein Land beteiligt ist.

(4) Für die Leistung von Amtshilfe wird eine Gebühr nicht erhoben. Auslagen sind von der ersuchenden Behörde auf Anforderung zu erstatten, wenn sie fünfzig Deutsche Mark übersteigen. Die Absätze 2 und 3 sind entsprechend anzuwenden.

**§ 5 Kostenschuldner.** (1) Zur Zahlung der Kosten ist verpflichtet,
1. wer die Amtshandlung veranlaßt oder zu wessen Gunsten sie vorgenommen wird;
2. wem durch Entscheidung des Patentamts oder des Patentgerichts die Kosten auferlegt sind;
3. wer die Kosten durch eine gegenüber dem Patentamt abgegebene oder dem Patentamt mitgeteilte Erklärung übernommen hat;
4. wer für die Kostenschuld eines anderen kraft Gesetzes haftet.

(2) Mehrere Kostenschuldner haften als Gesamtschuldner.

**§ 6 Fälligkeit.** (1) Gebühren werden mit der Beendigung der gebührenpflichtigen Amtshandlung, Auslagen sofort nach ihrer Entstehung fällig.

(2) Die Pauschalgebühr Nummer 101 500 wird erstmals mit der Einstellung der Benutzerkennung, im übrigen mit dem Beginn eines jeden Kalenderjahres fällig. Gebühren für zusätzliche Abfragen werden mit der Pauschalgebühr für das nächste Kalenderjahr fällig.

**§ 7 Vorauszahlung, Rücknahme von Anträgen.** (1) Das Patentamt kann die Zahlung eines Kostenvorschusses verlangen. Es kann die Vornahme der Amtshandlung von der Zahlung oder Sicherstellung des Vorschusses abhängig machen. Bei Verrichtungen von Amts wegen kann ein Vorschuß nur zur Deckung der Auslagen erhoben werden.

(2) Wird ein Antrag zurückgenommen, bevor die beantragte Amtshandlung vorgenommen wurde, so wird, soweit nichts anderes bestimmt ist, ein Viertel der für die Vornahme bestimmten Gebühr erhoben.

(3) Das Patentamt kann bei Rücknahme eines Antrags von der Erhebung von Kosten absehen, wenn der Antrag auf unverschuldeter Unkenntnis der tatsächlichen und rechtlichen Verhältnisse beruht.

**§ 8 Zurückbehaltungsrecht.** Bescheinigungen, Ausfertigungen und Abschriften sowie vom Antragsteller anläßlich der Amtshandlung eingereichte Unterlagen können zurückbehalten werden, bis die in der Angelegenheit erwachsenen Kosten bezahlt sind. Von der Zurückbehaltung ist abzusehen,
1. wenn der Eingang der Kosten mit Sicherheit zu erwarten ist,
2. wenn glaubhaft gemacht wird, daß die Verzögerung der Herausgabe einem Beteiligten einen nicht oder nur schwer zu ersetzenden Schaden bringen würde, und nicht anzunehmen ist, daß sich der Schuldner seiner Pflicht zur Zahlung der Kosten entziehen wird oder
3. wenn es sich um Unterlagen eines Dritten handelt, demgegenüber die Zurückbehaltung eine unbillige Härte wäre.

**§ 9 Unrichtige Sachbehandlung, Kostenermäßigung.** (1) Kosten, die bei richtiger Behandlung der Sache nicht entstanden wären, werden nicht erhoben. Das gleiche gilt für

Auslagen, die durch eine von Amts wegen veranlaßte Verlegung eines Termins oder Vertagung einer Verhandlung entstanden sind.

(2) Das Patentamt kann ausnahmsweise, wenn dies mit Rücksicht auf die wirtschaftlichen Verhältnisse des Zahlungspflichtigen oder sonst aus Billigkeitsgründen geboten erscheint, Ratenzahlung oder Stundung der Kosten gewähren, die Kosten unter die Sätze des Kostenverzeichnisses ermäßigen oder von der Erhebung der Kosten absehen.

(3) Das Patentamt kann vom Ansatz von Kosten ganz oder teilweise absehen, wenn Ausfertigungen, Abschriften, Beglaubigungen oder Bescheinigungen für Zwecke verlangt werden, deren Verfolgung überwiegend im öffentlichen Interesse liegt, oder wenn Abschriften amtlicher Bekanntmachungen anderen Tageszeitungen oder Zeitschriften als den amtlichen Bekanntmachungsblättern auf Antrag zum unentgeltlichen Abdruck überlassen werden.

**§ 10 Kostenansatz, gerichtliche Entscheidung.** (1) Die Kosten werden beim Patentamt angesetzt, auch wenn sie bei einem ersuchten Gericht oder einer ersuchten Behörde entstanden sind.

(2) Über Einwendungen gegen den Kostenansatz oder gegen Maßnahmen nach den §§ 7 und 8 entscheidet die Stelle des Patentamts, die für die Angelegenheit zuständig ist, in der die Kosten erwachsen sind. Das Patentamt kann seine Entscheidung von Amts wegen ändern.

(3) Die in Absatz 2 bezeichnete Stelle trifft auch die Entscheidungen nach § 9. Die Anordnung nach § 9 Abs. 1, daß Kosten nicht erhoben werden, kann in Patent-, Gebrauchsmuster-, Topographieschutz-, Marken-, Schriftzeichen- und Geschmacksmustersachen auch im Aufsichtsweg erlassen werden, solange nicht das Patentgericht entschieden hat.

(4) In Urheberrechtssachen kann der Kostenschuldner gegen eine Entscheidung des Patentamts nach Absatz 2 innerhalb einer Frist von zwei Wochen nach Zustellung gerichtliche Entscheidung beantragen. Der Antrag ist beim Patentamt einzureichen; dieses kann dem Antrag abhelfen. Über den Antrag entscheidet das nach § 138 Abs. 2 Satz 2 des Urheberrechtsgesetzes zuständige Gericht.

**§ 11 Kostenzahlung.** Für die Zahlung der Kosten sind die Vorschriften der Verordnung über die Zahlung der Gebühren des Deutschen Patentamts und des Bundespatentgerichts entsprechend anzuwenden.

**§ 12 Verjährung.** Für die Verjährung der Kostenforderungen und der Ansprüche auf Rückzahlung zuviel gezahlter Kosten gilt § 17 der Kostenordnung entsprechend.

**§ 13 Anwendbarkeit der bisherigen Vorschriften.** Bei Amtshandlungen, die vor Inkrafttreten dieser Verordnung beantragt worden sind, bestimmen sich die Kosten weiterhin nach den bisherigen Vorschriften.

**Anlage zu § 2 Abs. 1**

## Kostenverzeichnis

| Nummer | Gebührentatbestand | Gebührenbetrag in Deutscher Mark |
|---|---|---|
| | **A. Gebühren** | |
| | *I. Register- und Rollenauszüge* | |
| 101 000 | Erteilung von beglaubigten Register- oder Rollenauszügen | 40 |
| 101 010 | Erteilung von unbeglaubigten Register- oder Rollenauszügen | 20 |
| | *II. Beglaubigungen* | |
| 101 050 | Beglaubigung von Abschriften | |
| | für jede angefangene Seite | 1 |
| | mindestens | 20 |

Verwaltungskosten beim DPMA  **Anl. zu § 2 Abs. 1 DPMA VwKostV**

| Nummer | Gebührentatbestand | Gebührenbetrag in Deutscher Mark |
|---|---|---|
| | Für die Beglaubigung von Abschriften der vom Patentamt erlassenen Entscheidungen und Bescheide werden Gebühren nicht erhoben. Auslagen werden zusätzlich erhoben. | |
| | *III. Bescheinigungen* | |
| 101 100 | Erteilung eines Prioritätsbelegs, einer Auslandsbescheinigung oder Heimatbescheinigung Auslagen werden zusätzlich erhoben. | 35 |
| 101 120 | Erteilung einer sonstigen Bescheinigung oder schriftlichen Auskunft Auslagen werden zusätzlich erhoben. | 30 |
| 101 130 | Erteilung einer Schmuckurkunde mit angehefteten Unterlagen Die Erteilung von Patenturkunden (§ 5a DPAV), Gebrauchsmusterurkunden (§ 8 DPAV), Topographieurkunden (§ 8b DPAV), Markenurkunden (§ 11 DPAV) und Geschmacksmuster- und Schriftzeichenurkunden (§ 11b DPAV) ist gebührenfrei. | 40 |
| | *IV. Akteneinsicht* | |
| 101 200 | Verfahren über Anträge auf Einsicht in Akten, soweit der Antrag nicht betrifft – solche Akten, deren Einsicht jedermann freisteht, – die Akten der eigenen Anmeldung oder des eigenen Schutzrechts. | 50 |
| 101 210 | Verfahren über Anträge auf Erteilung von Abschriften aus Akten, soweit der Antrag nicht betrifft – solche Akten, deren Einsicht jedermann freisteht, – die Akten der eigenen Anmeldung oder des eigenen Schutzrechts oder der Antrag im Anschluß an ein Akteneinsichtsverfahren gestellt wird, für das die Gebühr nach Nummer 101 200 entrichtet worden ist. Auslagen werden zusätzlich erhoben. | 50 |
| | *V. Auskünfte* | |
| 101 400 | Mitteilung der öffentlichen Druckschriften, die das Patentamt in Verfahren nach § 43 oder § 44 des Patentgesetzes oder nach § 7 des Gebrauchsmustergesetzes ermittelt hat. Die Mitteilungen gemäß § 43 Abs. 7 des Patentgesetzes und § 7 Abs. 2 Satz 4 des Gebrauchsmustergesetzes sind gebührenfrei. | 20 |
| 101 410 | Erteilung einer schriftlichen Auskunft aus dem Namensverzeichnis zum Musterregister | 30 |
| 101 420 | Erteilung einer Auskunft zum Stand der Technik gemäß § 29 Abs. 3 des Patentgesetzes | 850 |
| | *VI. Elektronische Rollenauskunft* | |
| 101 500 | Abfragen gespeicherter Patent-, Gebrauchsmuster-, Marken- und Geschmacksmusterdaten pro Kalenderjahr für bis zu 60 Abfragen, für jede weitere Abfrage innerhalb eines Kalenderjahres Abfragen in den Patentinformationszentren sind gebührenfrei. | 150 4 |
| | *VII. Rücknahme* | |
| 101 600 | Antragsrücknahme, bevor die beantragte Amtshandlung vorgenommen wurde (§ 7 Abs. 2) | ¼ des Betrages der für die Vornahme bestimmten Gebühr, mindestens 20 |

# DPMA VwKostV  Anl. zu § 2 Abs. 1  Verwaltungskosten beim DPMA

| Nummer | Auslagen | Höhe |
|---|---|---|
| | **B. Auslagen** | |
| | *I. Auslagen für die Erteilung je einer Abschrift der Druckschriften,* | |
| 102 010 | a) die gemäß § 43 des Patentgesetzes oder § 7 des Gebrauchsmustergesetzes ermittelt wurden, an<br>– den Patentanmelder,<br>– den Gebrauchsmusteranmelder oder -inhaber oder<br>– den antragstellenden Dritten, | 30 DM |
| 102 020 | b) die im Prüfungsverfahren entgegengehalten oder im Einspruchsverfahren hinzugezogen worden sind, an<br>– den Patentinhaber,<br>– den Patentanmelder oder<br>– den antragstellenden Dritten,<br>sofern der Antrag auf Erteilung der Abschriften in dem jeweiligen Verfahren gestellt worden ist. | 20 DM |
| | *II. Schreibauslagen* | |
| 102 100 | Die Schreibauslagen betragen für jede Seite unabhängig von der Art der Herstellung in derselben Angelegenheit<br>a) für die ersten 50 Seiten,<br>b) für jede weitere Seite. | 1 DM<br>0,30 DM |
| | 1. Schreibauslagen werden erhoben für<br>a) Ausfertigungen und Abschriften, die auf Antrag erteilt, angefertigt oder als Telefax übermittelt werden,<br>b) Abschriften, die angefertigt worden sind, weil die Beteiligten es unterlassen haben, einem von Amts wegen zuzustellenden Schriftstück die erforderliche Zahl von Abschriften beizufügen,<br>c) Abschriften, die für die Akten angefertigt werden, weil die vorgelegten Schriftstücke zurückgefordert werden,<br>d) Ausfertigungen und Abschriften, die angefertigt werden, weil Schriftstücke, die mehrere Anmeldungen oder Schutzrechte betreffen, nicht in der erforderlichen Zahl eingereicht wurden,<br>e) Ausfertigungen und Abschriften, deren Kosten nach § 4 Abs. 4 zu erstatten sind. | |
| | 2. Frei von Schreibauslagen sind für jeden Beteiligten<br>a) eine vollständige Ausfertigung oder Abschrift der Entscheidungen und Bescheide des Patentamts,<br>b) eine weitere vollständige Ausfertigung oder Abschrift bei Vertretung durch einen Bevollmächtigten,<br>c) eine Abschrift jeder Niederschrift über eine Sitzung. | |
| | *III. Auslagen für Fotos, graphische Darstellungen* | |
| | 1. Schwarzweißfotografien<br>a) bei Anfertigung durch das Patentamt: | |
| 102 210 | Aufnahme eines Modells oder Anfertigung eines Filmnegativs | 10 DM |
| 102 210 | Auslagen für das Filmnegativ | 2 DM |
| 102 220 | Auslagen für jeden Abzug | 2 DM |
| 102 250 | Anfertigung durch Dritte im Auftrag des Patentamts | in voller Höhe |
| | 2. Farbige Fotografien<br>Anfertigung durch Dritte im Auftrag des Patentamts | in voller Höhe |
| 102 280 | 3. Graphische Darstellungen<br>Anfertigung durch Dritte im Auftrag des Patentamts | in voller Höhe |
| | *IV. Öffentliche Bekanntmachungen, Druckkosten* | |
| 102 300 | Kosten für die öffentliche Bekanntmachung gemäß § 36a des Patentgesetzes in der Fassung vom 2. Januar 1968<br>pro Zeile,<br>mindestens | 5 DM<br>50 DM |

Verwaltungskosten beim DPMA  Anl. zu § 2 Abs. 1  **DPMA VwKostV**

| Nummer | Auslagen | Höhe |
|---|---|---|
| 102 310 | Kosten für die öffentliche Bekanntmachung in Geschmacksmustersachen | in voller Höhe |
| 102 320 | Kosten für die öffentliche Bekanntmachung in Urheberrechtssachen | in voller Höhe |
| | Kosten für zusätzliche Bekanntmachungen im Patentblatt, im Markenblatt oder im Geschmacksmusterblatt, soweit sie durch den Anmelder veranlaßt sind: | |
| 102 330 | a) in Geschmacksmusterverfahren | in voller Höhe |
| 102 340 | b) in allen übrigen Verfahren | |
| | pro Zeile, | 5 DM |
| | mindestens | 50 DM |
| 102 350 | Kosten für den Neudruck oder die Änderung einer Offenlegungs- oder Patentschrift, soweit sie durch den Anmelder veranlaßt sind: | |
| | pro Zeile, | 5 DM |
| | mindestens | 50 DM |
| | *V. Sonstige Auslagen* | |
| | Als Auslagen werden ferner erhoben: | |
| 102 410 | Entgelte für Telekommunikationsdienstleistungen außer für den Telefondienst | in voller Höhe |
| 102 420 | die nach dem Gesetz über die Entschädigung von Zeugen und Sachverständigen zu zahlenden Beträge; erhält ein Sachverständiger auf Grund des § 1 Abs. 3 des Gesetzes über die Entschädigung von Zeugen und Sachverständigen keine Entschädigung, so ist der Betrag zu erheben, der ohne diese Vorschrift nach dem Gesetz über die Entschädigung von Zeugen und Sachverständigen zu zahlen wäre; sind die Aufwendungen durch mehrere Geschäfte veranlaßt, die sich auf verschiedene Verfahren beziehen, so werden die Aufwendungen auf die mehreren Geschäfte unter Berücksichtigung der auf die einzelnen Geschäfte verwendeten Zeit angemessen verteilt; | in voller Höhe |
| 102 430 | die bei Geschäften außerhalb des Patentamts den Bediensteten auf Grund gesetzlicher Vorschriften gewährten Vergütungen (Reisekostenvergütung, Auslagenersatz) und die Kosten für die Bereitstellung von Räumen; sind die Aufwendungen durch mehrere Geschäfte veranlaßt, die sich auf verschiedene Angelegenheiten beziehen, so werden die Aufwendungen auf die mehreren Geschäfte unter Berücksichtigung der Entfernungen und der auf die einzelnen Geschäfte verwendeten Zeit angemessen verteilt; | in voller Höhe |
| 102 440 | die Kosten einer Beförderung von Personen sowie Beträge, die mittellosen Personen für die Reise zum Ort einer Verhandlung, Vernehmung oder Untersuchung und für die Rückreise gewährt werden; | in voller Höhe |
| 102 450 | die Kosten der Beförderung von Tieren und Sachen, mit Ausnahme der hierbei erwachsenden Postgebühren, der Verwahrung von Sachen sowie der Verwahrung und Fütterung von Tieren; | in voller Höhe |
| 102 460 | die Beträge, die anderen inländischen Behörden, öffentlichen Einrichtungen oder Beamten als Ersatz für Auslagen der in den Nummern 102 410 bis 102 450 bezeichneten Art zustehen, und zwar auch dann, wenn aus Gründen der Gegenseitigkeit, der Verwaltungsvereinfachung und dergleichen keine Zahlungen zu leisten sind; diese Beträge sind durch die Höchstsätze für die bezeichneten Auslagen begrenzt; | in voller Höhe |
| 102 470 | Beträge, die ausländischen Behörden, Einrichtungen oder Personen im Ausland zustehen, sowie Kosten des Rechtshilfeverkehrs mit dem Ausland, und zwar auch dann, wenn aus Gründen der Gegenseitigkeit, der Verwaltungsvereinfachung und dergleichen keine Zahlungen zu leisten sind. | in voller Höhe |

## 8. Verordnung über das Deutsche Patent- und Markenamt (DPMAV)

vom 5. September 1968*

(BGBl. I S. 997; zuletzt geändert durch Verordnung vom 13. November 1998, BGBl. I S. 3427)

Auf Grund des § 18 Abs. 5, der §§ 22, 26 Abs. 3 und des § 36 Abs. 4 des Patentgesetzes in der Fassung vom 2. Januar 1968 (BGBl. I S. 1, 2), zuletzt geändert durch Gesetz vom 25. Juni 1968 (BGBl. I S. 741), des § 2 Abs. 4, des § 4 Abs. 2 und des § 21 des Gebrauchsmustergesetzes in der Fassung vom 2. Januar 1968 (BGBl. I S. 1, 24), geändert durch Gesetz vom 25. Juni 1968 (BGBl. I S. 741), des § 2 Abs. 2, des § 5 Abs. 9, des § 12 Abs. 5 und des § 36 des Warenzeichengesetzes in der Fassung vom 2. Januar 1968 (BGBl. I S. 1, 29), geändert durch Gesetz vom 20. Mai 1968 (BGBl. I S. 429), sowie auf Grund des § 4 Abs. 2 des Fünften Gesetzes zur Änderung und Überleitung von Vorschriften auf dem Gebiet des gewerblichen Rechtsschutzes vom 18. Juli 1953 (BGBl. I S. 615) in der Fassung des Sechsten Gesetzes zur Änderung und Überleitung von Vorschriften auf dem Gebiet des gewerblichen Rechtsschutzes vom 23. März 1961 (BGBl. I S. 274, 316) wird verordnet:

### Erster Abschnitt. Patentabteilungen und Prüfungsstellen für Patente

**§ 1.** (1) Den Geschäftskreis der Patentabteilungen und Prüfungsstellen bestimmt der Präsident.

(2) Über die Zugehörigkeit der einzelnen Sachen zu den Patentklassen und Unterklassen entscheidet der Präsident.

**§ 2.** Die Geschäftsleitung im Verfahren vor der Patentabteilung steht dem Vorsitzenden zu.

---

* Nach § 23 DPAV gilt für das Inkrafttreten: Die DPAV ist am 1. Oktober 1968 in Kraft getreten. Für die durch die Erste Verordnung zur Änderung der Verordnung über das Deutsche Patentamt vom 19. Dezember 1986 (BGBl. I S. 2666) vorgenommenen Änderungen gilt für das Inkrafttreten: Die in Art. 1 der Ersten Verordnung zur Änderung der Verordnung über das Deutsche Patentamt vorgenommene Streichung des § 13 Abs. 2 der Verordnung über das Deutsche Patentamt ist nach Art. 3 der Ersten Verordnung zur Änderung der Verordnung über das Deutsche Patentamt am 1. Januar 1987 in Kraft getreten. Für die durch die Zweite Verordnung zur Änderung der Verordnung über das Deutsche Patentamt vom 2. November 1987 (BGBl. I S. 2349) vorgenommenen Änderungen gilt für das Inkrafttreten: Die in Art. 1 der Zweiten Verordnung zur Änderung der Verordnung über das Deutsche Patentamt vorgenommene Einfügung eines neuen dritten Abschnitts, § 8 a, und eines neuen fünften Abschnitts, § 11 a, die Änderung des dritten, vierten, fünften und sechsten Abschnittes sowie die Änderungen der §§ 15 Abs. 1, 17 und 20 der Verordnung über das Deutsche Patentamt sind nach Art. 3 der Zweiten Verordnung zur Änderung der Verordnung über das Deutsche Patentamt am 2. November 1987 in Kraft getreten. Für die durch die Dritte Verordnung zur Änderung der Verordnung über das Deutsche Patentamt vom 24. Juni 1988 (BGBl. I S. 914) vorgenommenen Änderungen gilt für das Inkrafttreten: Die in Art. 1 der Dritten Verordnung zur Änderung der Verordnung über das Deutsche Patentamt vorgenommene Einfügung der §§ 5 a, 8 b und 11 b der Verordnung über das Deutsche Patentamt ist nach Art. 3 der Dritten Verordnung zur Änderung der Verordnung über das Deutsche Patentamt am 1. Juli 1988 in Kraft getreten. Für die durch die Vierte Verordnung zur Änderung der Verordnung über das Deutsche Patentamt vom 6. Mai 1994 (BGBl. I S. 997) vorgenommenen Änderungen gilt für das Inkrafttreten: Die in Art. 1 der Vierten Verordnung zur Änderung der Verordnung über das Deutsche Patentamt vorgenommene Ergänzung der Überschrift und Änderung des § 14 der Verordnung über das Deutsche Patentamt sind nach Art. 3 der Vierten Verordnung zur Änderung der Verordnung über das Deutsche Patentamt am 1. Juli 1994 in Kraft getreten. Für die durch die Fünfte Verordnung zur Änderung der Verordnung über das Deutsche Patentamt vom 15. November 1994 (BGBl. I S. 3462) vorgenommenen Änderungen gilt für das Inkrafttreten: Die in Art. 1 der Fünften Verordnung zur Änderung der Verordnung über das Deutsche Patentamt vorgenommene Änderung des vierten und fünften Abschnitts, die Änderungen der §§ 15 Abs. 1 und 17, die Einfügung des § 19 a und die Änderung des § 20 der Verordnung über das Deutsche Patentamt sind nach Art. 2 der Fünften Verordnung zur Änderung der Verordnung über das Deutsche Patentamt am 1. Januar 1995 in Kraft getreten. Für die durch die Sechste Verordnung zur Änderung der Verordnung über das Deutsche Patentamt vom 27. Juni 1998 (BGBl. I S. 1659) vorgenommenen Änderungen gilt für das Inkrafttreten: Die in Art. 1 der Sechsten Verordnung zur Änderung der Verordnung über das Deutsche Patentamt vorgenommene Änderung des § 20 Abs. 2 sowie die Streichung der §§ 21 und 22 der Verordnung über das Deutsche Patentamt sind nach Art. 2 der Sechsten Verordnung zur Änderung der Verordnung über das Deutsche Patentamt am 1. Juli 1998 in Kraft getreten. Für die durch das Zweite Gesetz zur Änderung des Patentgesetzes und anderer Gesetze (2. PatGÄndG) vom 16.7.1998 (BGBl. I S. 1827) vorgenommenen Änderungen gilt für das Inkrafttreten: Die in Art. 23 des 2. PatGÄndG vorgenommenen Änderungen der Überschrift und des § 20 Abs. 1 der Verordnung über das Deutsche Patentamt sind nach Art. 30 des 2. PatGÄndG am 1. November 1998 in Kraft getreten. Für die durch die Siebte Verordnung zur Änderung der Verordnung über das Deutsche Patentamt vom 13. November 1998 (BGBl. I S. 3427) vorgenommenen Änderungen gilt für das Inkrafttreten: Die in Art. 1 der Siebten Verordnung zur Änderung der Verordnung über das Deutsche Patentamt vorgenommenen Änderungen der Überschrift und der §§ 16 Abs.1 und 20 Abs. 1 sind nach Art. 2 der Siebten Verordnung zur Änderung der Verordnung über das Deutsche Patentamt am 1. Dezember 1998 in Kraft getreten.

**§ 3.** Im Verfahren vor der Patentabteilung übernimmt, soweit der Vorsitzende nichts anderes bestimmt, der Prüfer die Berichterstattung. Der Berichterstatter hält den Vortrag in der Sitzung und entwirft die Beschlüsse und Gutachten. Der Vorsitzende prüft die Entwürfe und stellt sie fest. Über sachliche Meinungsverschiedenheiten beschließt die Patentabteilung.

**§ 4.** (1) Für die Beschlußfassung im Verfahren vor der Patentabteilung bedarf es der Beratung und Abstimmung in einer Sitzung

1. für Beschlüsse, durch die über die Erteilung oder Beschränkung des Patents entschieden wird,
2. für Gutachten und Beschlüsse, durch welche die Abgabe eines Gutachtens abgelehnt wird.

Von einer Sitzung kann ausnahmsweise abgesehen werden, sofern der Vorsitzende sie nicht für erforderlich hält.

(2) In den Fällen des Absatzes 1 Nr. 2 soll zu der Beratung und Abstimmung, sofern keiner der Mitwirkenden zu den rechtskundigen Mitgliedern gehört, ein der Patentabteilung angehörendes rechtskundiges Mitglied hinzutreten.

**§ 5.** Die Patentabteilung entscheidet nach Stimmenmehrheit; bei Stimmengleichheit gibt die Stimme des Vorsitzenden den Ausschlag.

**§ 5a.** Über die Erteilung des Patents wird für den Inhaber eine Urkunde ausgefertigt.

### Zweiter Abschnitt. Gebrauchsmusterabteilungen und Gebrauchsmusterstelle

**§ 6.** Für die Gebrauchsmusterabteilungen und die Gebrauchsmusterstelle sowie für das Verfahren vor der Gebrauchsmusterabteilung gelten die §§ 1 bis 3 und § 5 entsprechend.

**§ 7.** Für die Beschlußfassung im Verfahren vor der Gebrauchsmusterabteilung bedarf es der Beratung und Abstimmung in einer Sitzung

1. für Beschlüsse, durch die über den Lösungsantrag entschieden wird,
2. für Gutachten und Beschlüsse, durch welche die Abgabe eines Gutachtens abgelehnt wird.

Von einer Sitzung kann ausnahmsweise abgesehen werden, sofern der Vorsitzende sie nicht für erforderlich hält.

**§ 8.** Über die Eintragung des Gebrauchsmusters in die Rolle wird für den Inhaber eine Urkunde ausgefertigt.

### Dritter Abschnitt. Topographieabteilung und Topographiestelle

**§ 8a.** (1) Für die Topographiestelle ist § 1 entsprechend anzuwenden.

(2) Für die Topographieabteilung sowie für das Verfahren vor der Topographieabteilung sind die §§ 1 bis 3, 5 und 7 entsprechend anzuwenden.

**§ 8b.** Über die Eintragung des Schutzes der Topographie in der Rolle wird für den Inhaber eine Urkunde ausgefertigt.

### Vierter Abschnitt. Markenabteilungen und Markenstellen

**§ 9.** Der Präsident bestimmt den Geschäftskreis der Markenstellen und der Markenabteilungen sowie die Vorsitzenden und die stellvertretenden Vorsitzenden der Markenabteilungen.

**§ 10.** (1) Die Geschäftsleitung in Verfahren vor einer Markenabteilung steht dem Vorsitzenden zu, im Falle seiner Verhinderung seinem Stellvertreter.

(2) Werden Aufgaben einer Markenabteilung in der Besetzung mit mindestens drei Mitgliedern wahrgenommen und besteht die Markenabteilung aus mehr als drei Mitgliedern, bestimmt der Vorsitzende dieser Markenabteilung oder gegebenenfalls sein Stellvertreter die weiteren Mitglieder und den Berichterstatter, soweit sich diese nicht unmittelbar aus der Geschäftsverteilung nach § 9 oder § 12 ergeben.

(3) Für die Beschlußfassung in den Fällen des Absatzes 2 bedarf es der Beratung und der Abstimmung. Von der Beratung kann abgesehen werden, wenn der Vorsitzende sie nicht für erforderlich hält. Entscheidungen ergehen nach Stimmenmehrheit. Bei Stimmengleichheit gibt die Stimme des Vorsitzenden den Ausschlag.

### Fünfter Abschnitt. Musterregister

**§ 11.** (1) Für das Musterregister ist § 1 entsprechend anzuwenden.

(2) Über die Eintragung des Geschmacksmusters und die Eintragung des Schutzes typographischer Schriftzeichen in das Musterregister wird für den Inhaber eine Urkunde ausgefertigt.

### Sechster Abschnitt. Allgemeine Vorschriften

**§ 12.** Der Präsident leitet und beaufsichtigt den gesamten Geschäftsbetrieb des Patentamts. Er hat auf eine gleichmäßige Behandlung der Geschäfte und auf die Beobachtung gleicher Grundsätze hinzuwirken.

**§ 13.** (1) Auf den Geschäftssachen wird der Tag des Eingangs vermerkt.

(2) *(gestrichen)*

**§ 14.** (1) Sind in dem Verfahren vor dem Patentamt mehrere Personen beteiligt, so sind allen Schriftsätzen Abschriften für die übrigen Beteiligten beizufügen. Kommt ein Beteiligter dieser Verpflichtung nicht nach, so steht es im Ermessen des Patentamts, ob es die erforderliche Zahl von Abschriften auf Kosten des Beteiligten anfertigt oder ihn dazu auffordert, sie nachzureichen.

(2) Schriftsätze sind den übrigen Beteiligten formlos zu übersenden, soweit nicht eine Zustellung durch Rechtsvorschrift oder behördliche Anordnung bestimmt ist.

**§ 15.** (1) Über den Antrag auf Einsicht in die Akten sowie in die zu den Akten gehörenden Muster, Modelle und Probestücke nach § 31 Abs. 1 Satz 1 des Patentgesetzes, § 8 Abs. 5 S. 2 des Gebrauchsmustergesetzes, § 4 Abs. 3 des Halbleiterschutzgesetzes, § 11 Satz 2 Nr. 3 des Geschmacksmustergesetzes und Artikel 2 Abs. 1 des Schriftzeichengesetzes in Verbindung mit § 11 Satz 2 Nr. 3 des Geschmacksmustergesetzes entscheidet die Stelle des Patentamts, die für die Bearbeitung der Sache, über welche die Akten geführt werden, zuständig ist oder, sofern die Bearbeitung abgeschlossen ist, zuletzt zuständig war, sofern nicht der Präsident etwas anderes bestimmt.

(2) In den Fällen des Absatzes 1 und in den Fällen, in denen die Akteneinsicht jedermann freisteht, wird, soweit der Inhalt von Akten des Patentamts auf Mikrofilm aufgenommen ist, Einsicht in die Akten dadurch gewährt, daß der Mikrofilm zur Verfügung gestellt wird.

**§ 16.** (1) Die Ausfertigung der Beschlüsse und die Bescheide erhalten die Kopfschrift „Deutsches Patent- und Markenamt" und am Schluß die Bezeichnung der Prüfungsstelle oder der Abteilung.

(2) Die Bescheide des Patentamts sind mit der Unterschrift, mit einem Abdruck oder Stempelaufdruck des Namens des Zeichnungsberechtigten oder mit dem Abdruck des Dienstsiegels des Patentamts zu versehen.

**§ 17.** Über Muster, Modelle, Probestücke und ähnliche der Anmeldung beigefügte Unterlagen, deren Rückgabe nicht beantragt worden ist, verfügt der Präsident,

1. wenn die Anmeldung des Patents, des Gebrauchsmusters, der Topographie, der Marke, des Geschmacksmusters oder der typographischen Schriftzeichen zurückgewiesen oder zurückgenommen worden ist, nach Ablauf eines Jahres nach unanfechtbarer Zurückweisung oder Zurücknahme;
2. wenn das Patent erteilt oder versagt worden ist, nach Ablauf eines Jahres nach Eintritt der Unanfechtbarkeit des Erteilungs- oder Versagungsbeschlusses;
3. wenn das Gebrauchsmuster eingetragen worden ist, nach Ablauf von drei Jahren nach Beendigung der Schutzfrist;
3a. wenn die Topographie eingetragen worden ist, nach Ablauf von drei Jahren nach Beendigung der Schutzfrist;
4. wenn die Marke eingetragen worden ist, nach Ablauf eines Jahres nach der Eintragung oder, wenn Widerspruch eingelegt worden ist, nach Ablauf eines Jahres nach dem Eintritt der Unanfechtbarkeit der Entscheidung über den Widerspruch;
5. wenn das Geschmacksmuster oder die typographischen Schriftzeichen eingetragen worden sind, nach Ablauf von drei Jahren nach Beendigung der Schutzfrist.

**§ 18.** (1) Bevollmächtigte haben dem Patentamt eine schriftliche Vollmacht einzureichen.

(2) Die Vollmachten müssen, sowie sie nicht nur zum Empfang von Zustellungen ermächtigen, auf prozeßfähige, mit ihrem bürgerlichen Namen bezeichnete Personen lauten.

(3) Der Mangel der Vollmacht kann in jeder Lage des Verfahrens geltend gemacht werden. Das Patentamt hat den Mangel der Vollmacht von Amts wegen zu berücksichtigen, wenn nicht als Bevollmächtigter ein Rechts- oder ein Patentanwalt auftritt.

**§ 19.** Zeugen und Sachverständige werden entsprechend dem Gesetz über die Entschädigung von Zeugen und Sachverständigen in der Fassung vom 26. September 1963 (Bundesgesetzbl. I S. 757, 758), geändert durch Gesetz vom 20. Dezember 1967 (Bundesgesetzbl. I S. 1246), entschädigt.

**§ 19a.** Die §§ 13, 14, 16 und 18 gelten nicht in Verfahren vor dem Patentamt in Markenangelegenheiten.

### Siebenter Abschnitt. Übertragung von Ermächtigungen

**§ 20.** (1) Die in § 27 Abs. 5, § 34 Abs. 7 und 9 sowie § 63 Abs. 4 des Patentgesetzes, in § 4 Abs. 4 und 8 sowie § 10 Abs. 2 des Gebrauchsmustergesetzes, in § 3 Abs. 3 und § 4 Abs. 4 des Halbleiterschutzgesetzes in Verbindung mit § 10 Abs. 2 des Gebrauchsmustergesetzes, in § 12 Abs. 1 und § 12a Abs. 1 und 2 des Geschmacksmustergesetzes, in Artikel 2 Abs. 2 des Schriftzeichengesetzes sowie in Artikel 2 Abs. 1 des Schriftzeichengesetzes in Verbindung mit § 12a Abs. 1 und 2 des Geschmacksmustergesetzes enthaltenen Ermächtigungen werden auf den Präsidenten des Patentamts übertragen.

(2) Die in § 65 Abs. 1 Nr. 2 bis 12 und 14 sowie § 138 Abs. 1 des Markengesetzes vom 25. Oktober 1994 (BGBl. I S. 3082) enthaltenen Ermächtigungen werden auf den Präsidenten des Patentamts übertragen.

### Achter Abschnitt. Schlußvorschriften

**§ 21.** Diese Verordnung tritt am 1. Oktober 1968 in Kraft.

## 9. Warenzeichengesetz*
in der Fassung der Bekanntmachung vom 2. Januar 1968
(BGBl. I S. 29; zuletzt geändert durch Gesetz vom 2. September 1994, BGBl. I S. 2278)

### Inhaltsübersicht

| | §§ |
|---|---|
| Begriff der Marke | 1 |
| Zeichenanmeldung | 2 |
| Eintragung und Zeichenrolle | 3 |
| Unbedingte Versagungsgründe | 4 |
| Früher angemeldete Zeichen | 5 |
| Eintragung und Eintragungsbewilligungsklage | 6 |
| Beschleunigte Eintragung | 6 a |
| (aufgehoben) | 7 |
| Rechtsnachfolge | 8 |
| Schutzdauer Verlängerung | 9 |
| Löschung auf Antrag des Inhabers, Amtslöschung | 10 |
| Zeichenrechtliche Löschungsklage | 11 |
| Verfahren und Aufbau des PA | 12 |
| Erinnerung | 12 a |
| Beschwerde | 13 |
| Gutachten des PA | 14 |
| Inhalte des Markenrechts | 15 |
| Grenzen des Zeichenschutzes | 16 |
| Zulässigkeit | 17 |
| Anmeldung | 18 |
| Zeichenrolle | 19 |
| Übertragung | 20 |
| Löschungsklage | 21 |
| Zivilansprüche | 22 |
| Ausländische Verbandszeichen | 23 |
| Zeichenschutz | 24 |
| Ausstattung | 25 |
| Vernichtung | 25 a |
| Auskunftsanspruch | 25 b |
| Verjährung | 25 c |
| Strafbestimmung | 25 d |
| Strafe für falsche Herkunftsangaben usw. | 26 |
| Mißbrauch von Hoheitszeichen usw. | 27 |
| Grenzbeschlagnahme und Einziehung | 28 |
| (aufgehoben) | 29 |
| (aufgehoben) | 30 |
| Verwechslungsgefahr | 31 |
| Streitwertbegünstigung | 31 a |
| Gerichte für Warenzeichenstreitsachen | 32 |
| Örtliche Zuständigkeit | 33 |
| Vergeltungsrecht | 34 |
| Ausländerschutz | 35 |
| Ausführungsvorschriften | 36 |

**§ 1 Begriff der Marke.** (1) Wer sich in seinem Geschäftsbetrieb zur Unterscheidung seiner Waren von den Waren anderer eines Warenzeichens bedienen will, kann dieses Zeichen zur Eintragung in die Zeichenrolle anmelden.

(2) Auf Dienstleistungsmarken und Ausstattungen für Dienstleistungen sind die Vorschriften über Warenzeichen und Ausstattungen für Waren entsprechend anzuwenden mit

---

* Das WZG ist durch Art. 48 Nr. 1 MRRG mit Wirkung vom 1. Januar 1995 aufgehoben.

der Maßgabe, daß Gleichartigkeit auch zwischen Waren und Dienstleistungen bestehen kann.

**§ 2 Zeichenanmeldung.** (1) Die Zeichenrolle wird beim Patentamt geführt. Die Anmeldung eines Warenzeichens ist dort schriftlich einzureichen. Jeder Anmeldung muß ein Verzeichnis der Waren, für die das Zeichen bestimmt ist, sowie eine deutliche Darstellung und, soweit erforderlich, eine Beschreibung des Zeichens beigefügt sein.

*Fassung des § 2 Abs. 1 Satz 3 vor Inkrafttreten des ErstrG:*

*Jeder Anmeldung muß die Bezeichnung des Geschäftsbetriebs, in dem das Zeichen verwendet werden soll, ein Verzeichnis der Waren, für die es bestimmt ist, sowie eine deutliche Darstellung und, soweit erforderlich, eine Beschreibung der Zeichnung beigefügt sein.*

(2) Der Bundesminister der Justiz wird ermächtigt, durch Rechtsverordnung Bestimmungen über die sonstigen Erfordernisse der Anmeldung zu erlassen. Er kann diese Ermächtigung durch Rechtsverordnung auf den Präsidenten des Patentamts übertragen.

(3) Bei der Anmeldung jedes Zeichens ist eine Anmeldegebühr und für jede Klasse der in der Anlage beigefügten Klasseneinteilung von Waren und Dienstleistungen, für die der Schutz begehrt wird, eine Klassengebühr nach dem Tarif zu entrichten. Unterbleibt die Zahlung, so gibt das Patentamt dem Anmelder Nachricht, daß die Anmeldung als zurückgenommen gilt, wenn die Gebühren nicht bis zum Ablauf eines Monats nach Zustellung der Nachricht entrichtet werden.

(4) Wird die Anmeldung zurückgenommen oder die Eintragung versagt, so wird ein im Tarif festgesetzter Betrag erstattet.

(5) Der Bundesminister der Justiz wird ermächtigt, durch Rechtsverordnung die Klasseneinteilung von Waren und Dienstleistungen zu ändern.

**§ 3 Eintragung und Zeichenrolle.** (1) Die Zeichenrolle soll enthalten
1. den Zeitpunkt der Anmeldung,
2. die nach § 2 Abs. 1 der Anmeldung beizufügenden Angaben,
3. Namen und Wohnort des Zeicheninhabers und seines etwa bestellten Vertreters (§ 35 Abs. 2) sowie Änderungen in der Person, im Namen oder im Wohnort des Inhabers oder des Vertreters,
4. Verlängerungen der Schutzdauer,
5. den Zeitpunkt der Löschung des Zeichens.

(2) Die Einsicht in die Zeichenrolle steht jedermann frei. Das Patentamt gewährt jedermann auf Antrag Einsicht in die Akten, wenn und soweit ein berechtigtes Interesse glaubhaft gemacht wird.

(3) Jede Eintragung und jede Löschung wird vom Patentamt in regelmäßig erscheinenden Übersichten veröffentlicht (Warenzeichenblatt).

**§ 4 Unbedingte Versagungsgründe.** (1) Freizeichen können nicht in die Rolle eingetragen werden.

(2) Ferner sind von der Eintragung solche Zeichen ausgeschlossen,
1. die keine Unterscheidungskraft haben oder ausschließlich aus Zahlen, Buchstaben oder solchen Wörtern bestehen, die Angaben über Art, Zeit und Ort der Herstellung, über die Beschaffenheit, über die Bestimmung, über Preis-, Mengen- oder Gewichtsverhältnisse oder Waren enthalten,
2. die Staatswappen, Staatsflaggen oder andere staatliche Hoheitszeichen oder Wappen eines inländischen Ortes, eines inländischen Gemeinde- oder weiteren Kommunalverbandes enthalten,
3. die amtliche Prüf- und Gewährzeichen enthalten, die nach einer Bekanntmachung im Bundesgesetzblatt im Inland oder in einem ausländischen Staate für bestimmte Waren eingeführt sind,

a) die Wappen, Flaggen oder andere Kennzeichen, Siegel oder Bezeichnungen der internationalen zwischenstaatlichen Organisationen enthalten, die nach einer Bekanntmachung im Bundesgesetzblatt von der Eintragung als Warenzeichen ausgeschlossen sind.
4. die ärgerniserregende Darstellungen oder solche Angaben enthalten, die ersichtlich den tatsächlichen Verhältnissen nicht entsprechen und die Gefahr einer Täuschung begründen,
5. die nach allgemeiner Kenntnis innerhalb der beteiligten inländischen Verkehrskreise bereits von einem anderen als Warenzeichen für gleiche oder gleichartige Waren benutzt werden.

(3) Die Eintragung wird jedoch in den Fällen des Absatzes 2 Nr. 1 zugelassen, wenn sich das Zeichen im Verkehr als Kennzeichen der Waren des Anmelders durchgesetzt hat.

(4) Die Vorschriften des Absatzes 2 Nr. 2, 3 und 3a gelten nicht für einen Anmelder, der befugt ist, in dem Warenzeichen das Hoheitszeichen, das Prüf- und Gewährzeichen oder die sonstige Bezeichnung zu führen, selbst wenn es mit der Bezeichnung eines anderen Staates oder einer anderen internationalen zwischenstaatlichen Organisation im Verkehr verwechselt werden kann. Die Vorschrift des Absatzes 2 Nr. 3 gilt ferner insoweit nicht, als die Waren, für die das Zeichen angemeldet ist, weder gleich noch gleichartig mit denen sind, für die das Prüf- und Gewährzeichen eingeführt ist.

(5) Die Vorschrift des Absatzes 2 Nr. 5 wird nicht angewendet, wenn der Anmelder von dem anderen zur Anmeldung ermächtigt worden ist.

**§ 5 Früher angemeldete Zeichen.** (1) Entspricht die Anmeldung den gesetzlichen Anforderungen (§§ 1 und 2) und liegt kein Eintragungshindernis nach § 4 vor, so beschließt das Patentamt die Bekanntmachung der Anmeldung.

(2) Die Anmeldung wird dadurch bekanntgemacht, daß das angemeldete Zeichen, der Zeitpunkt der Anmeldung, Name und Wohnort des Anmelders und seines etwa bestellten Vertreters (§ 35 Abs. 2) sowie die nach § 2 Abs. 1 der Anmeldung beizufügenden Angaben und das Aktenzeichen der Anmeldung einmal im Warenzeichenblatt veröffentlicht werden.

(3) Ist dem Prüfer bekannt, daß das angemeldete Zeichen mit einem anderen für gleiche oder gleichartige Waren früher angemeldeten Zeichen übereinstimmt, so kann er den Inhaber dieses Zeichens auf die Bekanntmachung hinweisen.

(4) Gegen die Eintragung des neu angemeldeten Zeichens kann auf Grund des früheren Zeichens innerhalb von drei Monaten nach der Bekanntmachung Widerspruch erheben, wer
1. für gleiche oder gleichartige Waren ein mit dem angemeldeten Zeichen übereinstimmendes Zeichen (§ 31) früher angemeldet hat,
2. in einem anderen Staat für gleiche oder gleichartige Waren auf Grund einer früheren Anmeldung oder Benutzung Rechte an einem mit dem angemeldeten Zeichen übereinstimmenden Zeichen erworben hat und nachweist, daß der Anmelder auf Grund eines Arbeits- oder sonstigen Vertragsverhältnisses zu dem Widersprechenden dessen Interessen im geschäftlichen Verkehr wahrzunehmen hat und das Zeichen ohne dessen Zustimmung während des Bestehens dieses Vertragsverhältnisses angemeldet hat,
3. eine mit dem angemeldeten Zeichen übereinstimmende Sortenbezeichnung früher dem Bundessortenamt zur Eintragung in die Sortenschutzrolle sowie hieraus gewonnene Erzeugnisse von Sorgen derselben oder verwandten Art sind.

Gegen die Versäumnis der Frist zur Erhebung des Widerspruchs gibt es keine Wiedereinsetzung in den vorigen Stand.

(5) Innerhalb der Widerspruchsfrist ist eine Gebühr nach dem Tarif zu entrichten. Wird die Gebühr nicht gezahlt, so gilt der Widerspruch als nicht erhoben.

(6) Wird Widerspruch erhoben, so entscheidet das Patentamt durch Beschluß, ob die Zeichen übereinstimmen. § 62 des Patentgesetzes ist entsprechend anzuwenden mit der Maßgabe, daß das Patentamt auch bestimmen kann, daß die den Beteiligten erwachsenen sonstigen Kosten des Widerspruchsverfahrens, soweit sie nach billigem Ermessen zur zweck-

entsprechenden Wahrung der Ansprüche und Rechte notwendig waren, von einem Beteiligten ganz oder teilweise zu erstatten sind.

(7) Ist das Zeichen, auf Grund dessen Widerspruch erhoben wird, im Zeitpunkt der Bekanntmachung des angemeldeten Zeichens mindestens fünf Jahre in der Warenzeichenkontrolle eingetragen, so hat der Widersprechende, wenn der Anmelder die Benutzung des Zeichens bestreitet, glaubhaft zu machen, daß er das Zeichen innerhalb der letzten fünf Jahre vor der Bekanntmachung des angemeldeten Zeichens benutzt hat. Einer Benutzung des Zeichens durch den Widersprechenden steht es gleich, wenn das Zeichen mit seiner Zustimmung durch einen Dritten benutzt worden ist. Bei der Entscheidung, ob die Zeichen übereinstimmten, berücksichtigt das Patentamt nur die Waren, für die der Widersprechende die Benutzung glaubhaft gemacht hat. Ist das Zeichen, auf Grund dessen Widerspruch erhoben wird, nach § 6a eingetragen worden und ist gegen die Eintragung dieses Zeichens Widerspruch erhoben worden, so ist Satz 1 bis 3 nur anzuwenden, wenn seit Abschluß des Widerspruchsverfahrens fünf Jahre verstrichen sind.

(8) Wird kein Widerspruch erhoben, so wird das Zeichen eingetragen.

(9) Der Bundesminister der Justiz wird ermächtigt, durch Rechtsverordnung Bestimmungen über die Form des Widerspruchs zu erlassen, namentlich die Verwendung eines Formblatts vorzuschreiben. Er kann diese Ermächtigung durch Rechtsverordnung auf den Präsidenten des Patentamts übertragen.

**§ 6 Eintragung und Eintragungsbewilligungsklage.** (1) Wird die Übereinstimmung der Zeichen verneint, so wird das neu angemeldete Zeichen eingetragen.

(2) Wird die Übereinstimmung der Zeichen festgestellt, so wird die Eintragung versagt. Sofern der Anmelder geltend machen will, daß ihm trotz der Feststellung ein Anspruch auf die Eintragung zustehe, hat er den Anspruch im Wege der Klage gegen den Widersprechenden zur Anerkennung zu bringen. Die Klage ist innerhalb eines Jahres nach Rechtskraft des Beschlusses, durch den die Übereinstimmung der Zeichen festgestellt wird, zu erheben. Die Eintragung auf Grund einer Entscheidung, die zugunsten des Anmelders ergeht, wird unter dem Zeitpunkt der ursprünglichen Anmeldung bewirkt.

(3) Hat das Patentamt die Übereinstimmung des angemeldeten Zeichens mit einem oder mehreren Zeichen, auf Grund deren Widerspruch erhoben worden ist, festgestellt, so kann es das Verfahren über weitere Widersprüche bis zur rechtskräftigen Entscheidung über die Eintragung des angemeldeten Zeichens aussetzen.

(4) Wird nach der Bekanntmachung (§ 5 Abs. 2) die Anmeldung zurückgenommen oder wird die Eintragung versagt, so ist dies bekanntzumachen.

**§ 6a Beschleunigte Eintragung.** (1) Anstatt die Bekanntmachung der Anmeldung nach § 5 Abs. 1 zu beschließen oder, falls die Bekanntmachung der Anmeldung bereits beschlossen ist, anstatt die Anmeldung nach § 5 Abs. 2 bekanntzumachen, trägt das Patentamt auf Antrag des Anmelders das Zeichen ein, wenn dieser ein berechtigtes Interesse an der beschleunigten Eintragung des Zeichens glaubhaft macht.

(2) Der Antrag ist spätestens zwei Wochen nach Zugang des Beschlusses über die Bekanntmachung schriftlich beim Patentamt einzureichen. Innerhalb dieser Frist ist eine Gebühr nach dem Tarif zu entrichten; wird sie nicht gezahlt, so gilt der Antrag als nicht gestellt.

(3) Das eingetragene Zeichen wird nach § 5 Abs. 2 bekanntgemacht. Gegen die Eintragung des Zeichens kann Widerspruch erhoben werden. Auf das Widerspruchsverfahren ist § 5 Abs. 3 bis 7 und 9 entsprechend anzuwenden.

(4) Wird die Übereinstimmung der Zeichen verneint, so wird der Widerspruch zurückgewiesen. Wird die Übereinstimmung der Zeichen festgestellt, so wird das nach Absatz 1 eingetragene Zeichen gelöscht. Die Löschung des Zeichens hat die Wirkung, daß das Zeichen als von Anfang an nicht eingetragen gilt. Die Bestimmungen des § 6 Abs. 2 Satz 2 bis 4 bleiben unberührt. § 6 Abs. 3 ist entsprechend anzuwenden.

**§ 7** (*aufgehoben*)

**§ 8 Rechtsnachfolge.** (1) Das durch die Anmeldung oder Eintragung eines Warenzeichens begründete Recht kann unabhängig von der Übertragung oder dem Übergang des Geschäftsbetriebs oder des Teils des Geschäftsbetriebs, zu dem das Warenzeichen gehört, auf andere übertragen werden oder übergehen. Dieses Recht wird im Zweifel von der Übertragung oder dem Übergang des Geschäftsbetriebs oder des Teils des Geschäftsbetriebs, zu dem das Warenzeichen gehört, erfaßt. Der Übergang wird auf Antrag des Rechtsnachfolgers in der Zeichenrolle vermerkt, wenn er dem Patentamt nachgewiesen wird. Mit dem Antrag ist eine Gebühr nach dem Tarif zu zahlen. Wird die Gebühr nicht gezahlt, so gilt der Antrag als nicht gestellt.

*Fassung des § 8 Abs. 1 vor Inkrafttreten des ErstrG:*

*Das durch die Anmeldung oder Eintragung eines Warenzeichens begründete Recht geht auf die Erben über und kann auf andere übertragen werden. Das Recht kann jedoch nur mit dem Geschäftsbetrieb oder dem Teil des Geschäftsbetriebs, zu dem das Warenzeichen gehört, auf einen anderen übergehen. Eine Vereinbarung, die eine andere Übertragung zum Gegenstand hat, ist unwirksam. Der Übergang wird auf Antrag des Rechtsnachfolgers in der Zeichenrolle vermerkt, wenn er dem Patentamt nachgewiesen wird. Mit dem Antrag ist eine Gebühr nach dem Tarif zu zahlen; wird sie nicht gezahlt, so gilt der Antrag als nicht gestellt.*

(2) Solange der Übergang in der Zeichenrolle nicht vermerkt ist, kann der Rechtsnachfolger sein Recht aus der Eintragung des Warenzeichens nicht geltend machten.

(3) Verfügungen und Beschlüsse des Patentamts, die der Zustellung an den Inhaber des Zeichens bedürfen, sind stets an den als Inhaber Eingetragenen zu richten. Ergibt sich, daß dieser verstorben ist, so kann das Patentamt nach seinem Ermessen die Zustellung als bewirkt ansehen oder zum Zwecke der Zustellung an die Erben deren Ermittlung veranlassen.

**§ 9 Schutzdauer Verlängerung.** (1) Der Schutz des eingetragenen Zeichens dauert zehn Jahre, die mit dem Tag beginnen, der auf die Anmeldung folgt.

(2) Die Schutzdauer kann um jeweils zehn Jahre verlängert werden. Die Verlängerung wird dadurch bewirkt, daß nach Ablauf von neun Jahren seit dem Tag der Anmeldung oder, bei Zeichen, deren Schutzdauer bereits verlängert worden ist, seit der letzten Verlängerung eines Verlängerungsgebühr und für jede Klasse, für die weiterhin Schutz begehrt wird, eine Klassengebühr nach dem Tarif entrichtet wird. Die Gebühren sind am letzten Tag des Monats fällig, in dem die Schutzdauer endet. Werden die Gebühren nicht bis zum Ablauf des letzten Tages des zweiten Monats nach Fälligkeit entrichtet, so muß der tarifmäßige Zuschlag entrichtet werden. Nach Ablauf der Frist gibt das Patentamt dem Zeicheninhaber Nachricht, daß das Zeichen gelöscht wird, wenn die Gebühren mit dem Zuschlag nicht innerhalb von vier Monaten nach Ablauf des Monats, in dem die Nachricht zugestellt worden ist, entrichtet werden.

(3) Das Patentamt kann die Absendung der Nachricht auf Antrag des Zeicheninhabers hinausschieben, wenn er nachweist, daß ihm die Zahlung nach Lage seiner Mittel zur Zeit nicht zuzumuten ist. Es kann die Hinausschiebung davon abhängig machen, daß innerhalb bestimmter Fristen Teilzahlungen geleistet werden. Erfolgt eine Teilzahlung nicht fristgemäß, so benachrichtigt das Patentamt den Zeicheninhaber, daß das Zeichen gelöscht wird, wenn der Restbetrag nicht innerhalb eines Monats nach Zustellung gezahlt wird.

(4) Ist ein Antrag, die Absendung der Nachricht hinauszuschieben, nicht gestellt worden, so können Gebühren und Zuschlag beim Nachweis, daß die Zahlung nicht zuzumuten ist, noch nach Zustellung der Nachricht gestundet werden, wenn dies innerhalb von vierzehn Tagen nach der Zustellung beantragt und die bisherige Säumnis genügend entschuldigt wird. Die Stundung kann auch unter Auferlegung von Teilzahlungen bewilligt werden. Wird ein gestundeter Betrag nicht rechtzeitig entrichtet, so wiederholt das Patentamt die Nachricht, wobei der gesamte Restbetrag eingefordert wird. Nach Zustellung der zweiten Nachricht ist eine weitere Stundung unzulässig.

(5) Die Nachricht, die auf Antrag hinausgeschoben worden ist (Absatz 3) oder die nach gewährter Stundung erneut zu ergehen hat (Absatz 4) muß spätestens zwei Jahre nach Fälligkeit der Gebühren abgesandt werden. Geleistete Teilzahlungen werden nicht erstattet, wenn das Zeichen wegen Nichtzahlung des Restbetrags gelöscht wird.

**§ 10 Löschung auf Antrag des Inhabers, Amtslöschung.** (1) Auf Antrag des Inhabers wird das Zeichen jederzeit in der Rolle gelöscht.

(2) Vom Amts wegen erfolgt die Löschung,
1. wenn nach Ablauf der Schutzdauer die Verlängerung des Schutzes (§ 9) unterblieben ist,
2. wenn die Eintragung des Zeichens hätte versagt werden müssen. Wird von einem Dritten aus diesem Grund die Löschung beantragt, so ist gleichzeitig eine Gebühr nach dem Tarif zu entrichten; sie kann erstattet oder dem Zeicheninhaber auferlegt werden, wenn der Antrag für berechtigt befunden wird. Bei Nichtzahlung der Gebühr gilt der Antrag als nicht gestellt.

(3) Soll das Zeichen nach Abs. 2 Nr. 2 gelöscht werden, so gibt das Patentamt dem Inhaber zuvor Nachricht. Widerspricht er innerhalb eines Monats nach der Zustellung nicht, so erfolgt die Löschung. Widerspricht er, so faßt das Patentamt Beschluß. Ist die Löschung von einem Dritten beantragt, so gilt für die durch eine Anhörung oder eine Beweisaufnahme verursachten Kosten § 62 des Patentgesetzes entsprechend.

**§ 11 Zeichenrechtliche Löschungsklage.** (1) Ein Dritter kann die Löschung eines Warenzeichens beantragen,
1. wenn das Zeichen für ihn auf Grund einer früheren Anmeldung für gleiche oder gleichartige Waren in der Zeichenrolle eingetragen steht,
   a) wenn er in einem anderen Staat auf Grund einer früheren Anmeldung oder Benutzung für gleiche oder gleichartige Waren Rechte an dem Zeichen erworben hat und nachweist, daß der als Inhaber des Zeichens Eingetragene auf Grund eines Arbeits- oder sonstigen Vertragsverhältnisses seine Interessen im geschäftlichen Verkehr wahrzunehmen hat und das Zeichen ohne seine Zustimmung während des Bestehens des Vertragsverhältnisses angemeldet hat,
   b) wenn er gegen die Eintragung des Zeichens nach § 5 Abs. 4 Nr. 3 hätte Widerspruch erheben können,
2. (aufgehoben)

*Fassung des § 11 Absatz 1 Nr. 2 vor Inkrafttreten des ErstrG:*

2. *wenn der Geschäftsbetrieb, zu dem das Warenzeichen gehört, von dem Inhaber des Zeichens nicht mehr fortgeführt wird,*

3. wenn Umstände vorliegen, aus denen sich ergibt, daß der Inhalt des Warenzeichens den tatsächlichen Verhältnissen nicht entspricht und die Gefahr einer Täuschung begründet,
4. wenn das Warenzeichen mindestens fünf Jahre in der Warenzeichenrolle eingetragen ist und der Zeicheninhaber das Zeichen innerhalb der letzten fünf Jahre vor dem Antrag auf Löschung nicht benutzt hat, es sei denn, daß Umstände vorlagen, unter denen die Benutzung in diesem Zeitraum nicht zumutbar war. § 5 Abs. 7 Satz 2 bis 4 ist entsprechend anzuwenden.

(2) Der Antrag auf Löschung ist durch Klage geltend zu machen und gegen den als Inhaber des Zeichens Eingetragenen oder seinen Rechtsnachfolger zu richten.

(3) Ist vor oder nach Erhebung der Klage das Warenzeichen auf einen anderen übergegangen, so ist die Entscheidung in der Sache selbst auch gegen den Rechtsnachfolger wirksam und vollstreckbar. Für die Befugnis des Rechtsnachfolgers, in den Rechtsstreit einzutreten, gelten die Bestimmungen der §§ 66 bis 69 und 76 der Zivilprozeßordnung entsprechend.

(4) In den Fällen des Absatzes 1 Nr. 4 kann der Antrag auf Löschung zunächst beim Patentamt angebracht werden. Es gibt dem als Inhaber des Warenzeichens Eingetragenen davon Nachricht. Widerspricht er innerhalb eines Monats nach der Zustellung nicht, so erfolgt die Löschung. Widerspricht er, so wird dem Antragsteller anheimgegeben, den Anspruch auf Löschung durch Klage zu verfolgen.

(5) Ist das Warenzeichen nach seiner Eintragung oder in den Fällen des § 6a nach Abschluß des Widerspruchsverfahrens innerhalb von fünf Jahren nicht benutzt worden, so kann

sich der Zeicheninhaber gegenüber einem Antrag auf Löschung nach Absatz 1 Nr. 4 auf eine Benutzung des Zeichens nicht berufen, wenn

1. die Benutzung erst nach Androhung des Löschungsantrags aufgenommen worden ist oder
2. die Benutzung erst nach Bekanntmachung eines für gleiche oder gleichartige Waren später angemeldeten übereinstimmenden Zeichens (§ 5 Abs. 2, § 6 a Abs. 3) aufgenommen worden ist und der Anmelder dieses Zeichens oder sein Rechtsnachfolger den Löschungsantrag innerhalb einer Frist von sechs Monaten nach der Bekanntmachung gestellt hat.

(6) Absatz 1 Nr. 1 ist nicht anzuwenden, wenn im Zeitpunkt der Bekanntmachung des Warenzeichens des Antragsgegners (§ 5 Abs. 2, § 6 a Abs. 3) die Voraussetzungen für die Löschung des Warenzeichens des Antragstellers nach Absatz 1 Nr. 4 vorlagen.

**§ 12 Verfahren und Aufbau des PA.** (1) Anmeldungen, Anträge auf Umschreibung, Widersprüche gegen die Löschung von Warenzeichen und Anträge auf Wiedereinsetzung in den vorigen Stand werden nach den Vorschriften des Patentgesetzes über das Verfahren vor dem Patentamt erledigt, soweit nicht in diesem Gesetz etwas anderes bestimmt ist. Die Bestimmungen des § 123 Abs. 5 des Patentgesetzes gelten für Warenzeichen nicht.

(2) Im Patentamt werden gebildet:

1. Prüfungsstellen für die Prüfung der Warenzeichenanmeldungen und für die Beschlußfassung nach § 5 Abs. 1, 6 und 8, §§ 6 und 6 a,
2. Warenzeichenabteilungen für Angelegenheiten, die nicht gesetzlich anderen Stellen zugewiesen sind, wie für Umschreibungen und Löschungen in der Zeichenrolle; innerhalb ihres Geschäftskreises obliegt jeder Warenzeichenabteilung auch die Abgabe von Gutachten (§ 14).

(3) Die Geschäfte der Prüfungsstelle nimmt ein rechtskundiges oder technisches Mitglied (Prüfer) oder ein Beamter des gehobenen Dienstes wahr. Der Beamte des gehobenen Dienstes ist jedoch nicht befugt, eine Beeidigung vorzunehmen, einen Eid abzunehmen oder ein Ersuchen nach § 128 Abs. 2 des Patentgesetzes an das Patentgericht zu richten.

(4) Die Warenzeichenabteilung ist bei Mitwirkung von mindestens drei Mitgliedern beschlußfähig. Der Vorsitzende der Warenzeichenabteilung kann alle Angelegenheiten der Warenzeichenabteilung mit Ausnahme der Beschlußfassung über die Löschung von Warenzeichen im Falle des § 10 Abs. 3 Satz 3 allein bearbeiten oder diese Aufgaben einem Mitglied der Warenzeichenabteilung übertragen.

(5) Der Bundesminister der Justiz wird ermächtigt, durch Rechtsverordnung

1. Beamte des gehobenen Dienstes mit der Wahrnehmung einzelner den Warenzeichenabteilungen obliegender Geschäfte, die rechtlich keine Schwierigkeiten bieten, zu betrauen mit Ausnahme der Beschlußfassung über die Löschung von Warenzeichen im Falle des § 10 Abs. 3 Satz 3, der Abgabe von Gutachten (§ 14) und der Beschlüsse, durch welche die Abgabe eines Gutachtens abgelehnt wird;
2. Beamte des mittleren Dienstes mit der Wahrnehmung einzelner der Prüfungsstellen und Warenzeichenabteilungen obliegender Geschäfte, die rechtlich keine Schwierigkeiten bieten, zu betrauen; ausgeschlossen davon ist jedoch die Entscheidung über Anmeldungen, Widersprüche und sonstige Anträge.

Der Bundesminister der Justiz kann diese Ermächtigung durch Rechtsverordnung auf den Präsidenten des Patentamts übertragen.

(6) Für die Ausschließung und Ablehnung der Prüfer und der Mitglieder der Warenzeichenabteilungen gelten die §§ 41 bis 44, 45 Abs. 2 Satz 2, §§ 47 bis 49 der Zivilprozeßordnung über Ausschließung und Ablehnung der Gerichtspersonen sinngemäß. Das gleiche gilt für die Beamten des gehobenen und des mittleren Dienstes, soweit sie mit der Wahrnehmung von Geschäften, die den Prüfungsstellen oder den Warenzeichenabteilungen obliegen, betraut worden sind. § 27 Abs. 6 Satz 3 des Patentgesetzes gilt entsprechend.

**§ 12 a Erinnerung.** (1) Gegen die Beschlüsse der Prüfungsstellen und der Warenzeichenabteilungen, die von einem Beamten des gehobenen Dienstes erlassen worden sind, findet die Erinnerung statt. Die Erinnerung ist innerhalb eines Monats nach Zustellung schriftlich beim Patentamt einzulegen. § 47 Abs. 2 des Patentgesetzes ist entsprechend anzuwenden.

(2) Über die Erinnerung entscheidet ein rechtskundiges oder technisches Mitglied durch Beschluß. § 73 Abs. 4 Satz 1 und Abs. 5 des Patentgesetzes ist sinngemäß anzuwenden.

**§ 13 Beschwerde.** (1) Gegen die Beschlüsse der Prüfungsstellen und der Warenzeichenabteilungen findet, soweit gegen sie nicht die Erinnerung gegeben ist (§ 12a Abs. 1), die Beschwerde an das Patentgericht statt.

(2) Richtet sich die Beschwerde gegen einen Beschluß, durch den über

1. die Anmeldung eines Warenzeichens, einen Widerspruch oder einen Löschungsantrag oder
2. die Erinnerung gegen einen in Nummer 1 bezeichneten Beschluß

entschieden wird, so ist innerhalb der Beschwerdefrist eine Gebühr nach dem Tarif zu zahlen; wird sie nicht gezahlt, so gilt die Beschwerde als nicht erhoben.

(3) Im übrigen sind die Vorschriften des Patentgesetzes über das Beschwerdeverfahren entsprechend anzuwenden.

(4) Über Beschwerden gegen Beschlüsse der Prüfungsstellen und Warenzeichenabteilungen entscheidet ein Beschwerdesenat des Patentgerichts in der Besetzung mit drei rechtskundigen Mitgliedern. Die Verhandlung über Beschwerden gegen die Beschlüsse der Prüfungsstellen ist öffentlich, sofern die Anmeldung bekanntgemacht worden ist. Die §§ 172 bis 175 des Gerichtsverfassungsgesetzes gelten entsprechend mit der Maßgabe, daß

1. die Öffentlichkeit für die Verhandlung auf Antrag eines Beteiligten auch dann ausgeschlossen werden kann, wenn sie eine Gefährdung schutzwürdiger Interessen des Antragstellers besorgen läßt,
2. die Öffentlichkeit für die Verkündung der Beschlüsse bis zur Bekanntmachung der Anmeldung ausgeschlossen ist.

Für die Verhandlung über Beschwerden gegen die Beschlüsse der Warenzeichenabteilungen gilt § 69 Abs. 2 des Patentgesetzes entsprechend.

(5) Gegen den Beschluß des Beschwerdesenats des Patentgerichts, durch den über eine Beschwerde nach Abs. 1 entschieden wird, findet die Rechtsbeschwerde an den Bundesgerichtshof statt, wenn der Beschwerdesenat in dem Beschluß die Rechtsbeschwerde zugelassen hat. § 100 Abs. 2 und 3 sowie die §§ 101 bis 109 des Patentgesetzes sind anzuwenden.

**§ 14 Gutachten des PA.** (1) Das Patentamt ist verpflichtet, auf Ersuchen der Gerichte oder der Staatsanwaltschaften über Fragen, die eingetragene Warenzeichen betreffen, Gutachten abzugeben, wenn in dem Verfahren voneinander abweichende Gutachten mehrerer Sachverständiger vorliegen.

(2) Im übrigen ist das Patentamt nicht befugt, ohne Genehmigung des Bundesministers der Justiz außerhalb seines gesetzlichen Geschäftskreises Beschlüsse zu fassen oder Gutachten abzugeben.

**§ 15 Inhalt des Markenrechts.** (1) Die Eintragung eines Warenzeichens hat die Wirkung, daß allein seinem Inhaber das Recht zusteht, Waren der angemeldeten Art oder ihre Verpackung oder Umhüllung mit dem Warenzeichen zu versehen, die so bezeichneten Waren in Verkehr zu setzen sowie auf Ankündigung, Preislisten, Geschäftsbriefen, Empfehlungen, Rechnungen oder dergleichen das Zeichen anzubringen.

(2) Wird das Zeichen gelöscht, so können Rechte aus der Eintragung für die Zeit nicht mehr geltend gemacht werden, in der bereits ein Rechtsgrund für die Löschung vorgelegen hat.

**§ 16 Grenzen des Zeichenschutzes.** Durch die Eintragung eines Warenzeichens wird niemand gehindert, seinen Namen, seine Firma, seine Wohnung sowie Angaben über Art, Zeit und Ort der Herstellung, über die Beschaffenheit, über die Bestimmung, über Preis-, Mengen- oder Gewichtsverhältnisse von Waren, sei es auch in abgekürzter Gestalt, auf

Waren, auf ihrer Verpackung oder Umhüllung anzubringen und derartige Angaben im Geschäftsverkehr zu gebrauchen, sofern der Gebrauch nicht warenzeichenmäßig erfolgt.

**§ 17 Zulässigkeit.** (1) Rechtsfähige Verbände, die gewerbliche Zwecke verfolgen, können, auch wenn sie keinen auf Herstellung oder Vertrieb von Waren gerichteten Geschäftsbetrieb haben, Warenzeichen anmelden, die in den Geschäftsbetrieben ihrer Mitglieder zur Kennzeichnung der Waren dienen sollen (Verbandszeichen).

(2) Die juristischen Personen des öffentlichen Rechts stehen den bezeichneten Verbänden gleich.

(3) Für die Verbandszeichen gelten die Vorschriften über Warenzeichen, soweit nicht in den §§ 17 bis 23 etwas anderes bestimmt ist.

**§ 18 Anmeldung.** Der Anmeldung des Verbandszeichens muß eine Zeichensatzung beigefügt sein, die über Namen, Sitz, Zweck und Vertretung des Verbandes, über den Kreis der zur Benutzung des Zeichen Berechtigten, die Bedingungen der Benutzung des Zeichens Berechtigten, die Bedingungen der Benutzung und die Rechte und Pflichten der Beteiligten im Falle der Verletzung des Zeichens Auskunft gibt. Spätere Änderungen sind dem Patentamt mitzuteilen. Die Einsicht in die Satzung steht jedermann frei.

**§ 19 Zeichenrolle.** Über die Einrichtung der Rolle für die Verbandszeichen bestimmt der Präsident des Patentamts.

**§ 20 Übertragung.** Das durch die Anmeldung oder Eintragung des Verbandszeichens begründete Recht kann als solches nicht auf einen anderen übertragen werden.

**§ 21 Löschungsklage.** (1) Ein Dritter kann unbeschadet der Vorschriften des § 11 Abs. 1 Nr. 1, 1a, 3 und 4 die Löschung des Verbandszeichens beantragen,
1. wenn der Verband, für den das Zeichen eingetragen ist, nicht mehr besteht,
2. wenn der Verband duldet, daß das Zeichen in einer den allgemeinen Verbandszwecken oder der Zeichensatzung widersprechenden Weise benutzt wird. Als eine solche mißbräuchliche Benutzung ist es anzusehen, wenn die Überlassung der Benutzung des Zeichens an andere zu einer Irreführung des Verkehrs Anlaß gibt.

(2) Für die Fälle des Absatzes 1 Nr. 1 gilt § 11 Abs. 4.

(3) Für die Fälle des § 5 Abs. 7 und des § 11 Abs. 1 Nr. 4 und Abs. 5 gilt als Benutzung des Verbandszeichens nur die Benutzung durch mindestens zwei Mitglieder des Verbandes.

**§ 22 Zivilansprüche.** Der Anspruch des Verbandes auf Entschädigung wegen unbefugter Benutzung des Verbandszeichens (§ 24) umfaßt auch den Schaden, der einem Mitglied erwächst.

**§ 23 Ausländische Verbandszeichen.** Die Vorschriften über Verbandszeichen gelten für ausländische Zeichen nur dann, wenn nach einer Bekanntmachung im Bundesgesetzblatt die Gegenseitigkeit verbürgt ist.

**§ 24 Zeichenschutz.** (1) Wer im geschäftlichen Verkehr Waren oder ihre Verpackung oder Umhüllung, oder Ankündigungen, Preislisten, Geschäftsbriefe, Empfehlungen, Rechnungen oder dergleichen mit dem Namen oder der Firma eines anderen oder mit einem nach diesem Gesetz geschützten Warenzeichen widerrechtlich versieht, oder wer derart widerrechtlich gekennzeichnete Waren in Verkehr bringt oder feilhält, kann von dem Verletzten auf Unterlassung in Anspruch genommen werden.

(2) Wer die Handlung vorsätzlich oder fahrlässig vornimmt, ist dem Verletzten zum Ersatz des daraus entstandenen Schadens verpflichtet.

(3) *(aufgehoben)*

**§ 25 Ausstattung.** (1) Der Verletzte kann in den Fällen der §§ 24 und 25 verlangen, daß die im Besitz oder Eigentum des Verletzers befindlichen widerrechtliche gekennzeichneten

Gegenstände vernichtet werden, es sei denn, daß der durch die Rechtsverletzung verursachte Zustand der Gegenstände auf andere Weise beseitigt werden kann und die Vernichtung für den Verletzer oder Eigentümer im Einzelfall unverhältnismäßig ist.

(2) Die Bestimmungen des Absatzes 1 sind entsprechend auf die im Eigentum des Verletzers stehenden ausschließlich oder nahezu ausschließlich zur widerrechtlichen Kennzeichnung benutzten oder bestimmten Vorrichtungen anzuwenden.

**§ 25a Vernichtung.** (1) Der Verletzte kann in den Fällen der §§ 24 und 25 verlangen, daß die im Besitz oder Eigentum des Verletzten befindlichen widerrechtlich gekennzeichneten Gegenstände vernichtet werden, es sei denn, daß der durch die Rechtsverletzung verursachte Zustand der Gegenstände auf andere Weise beseitigt werden kann und die Vernichtung für den Verletzer oder Eigentümer im Einzelfall unverhältnismäßig ist.

(2) Die Bestimmungen des Absatzes 1 sind entsprechend auf die im Eigentum des Verletzers stehenden, ausschließlich oder nahezu ausschließlich zur widerrechtlichen Kennzeichnung benutzten oder bestimmten Vorrichtungen anzuwenden.

**§ 25b Auskunftsanspruch.** (1) Wer im geschäftlichen Verkehr Waren oder ihre Verpackung oder Umhüllung, oder Ankündigungen, Preislisten, Geschäftsbriefe, Empfehlungen, Rechnungen oder dergleichen widerrechtlich mit einer nach diesem Gesetz geschützten Kennzeichnung versieht oder wer derart widerrechtlich gekennzeichnete Ware in Verkehr bringt oder feilhält, kann vom Verletzten auf unverzügliche Auskunft über die Herkunft und den Vertriebsweg dieser Waren in Anspruch genommen werden, es sei denn, daß dies im Einzelfall unverhältnismäßig ist.

(2) Der nach Absatz 1 zur Auskunft Verpflichtete hat Angaben zu machen über Namen und Anschrift des Herstellers, des Lieferanten und anderer Vorbesitzer der Waren, des gewerblichen Abnehmers oder Auftraggebers sowie über die Menge der hergestellten, ausgelieferten, erhaltenen oder bestellten Waren.

(3) In Fällen offensichtlicher Rechtsverletzung kann die Verpflichtung zur Erteilung der Auskunft im Wege der einstweiligen Verfügung nach den Vorschriften der Zivilprozeßordnung angeordnet werden.

(4) Die Auskunft darf in einem Strafverfahren oder in einem Verfahren nach dem Gesetz über Ordnungswidrigkeiten wegen einer vor der Erteilung der Auskunft begangenen Tat gegen den zur Auskunft Verpflichteten oder gegen einen in § 52 Abs. 1 der Strafprozeßordnung bezeichneten Angehörigen nur mit Zustimmung des zur Auskunft Verpflichteten verwertet werden.

(5) Weitergehende Ansprüche auf Auskunft bleiben unberührt.

**§ 25c Verjährung.** Die Ansprüche wegen Verletzung eines nach diesem Gesetz geschützten Rechts verjähren in drei Jahren von dem Zeitpunkt an, in dem der Berechtigte von der Verletzung und der Person des Verpflichteten Kenntnis erlangt, ohne Rücksicht auf diese Kenntnis in dreißig Jahren von der Verletzung an. § 852 Abs. 2 des Bürgerlichen Gesetzbuchs ist entsprechend anzuwenden. Hat der Verpflichtete durch die Verletzung auf Kosten des Berechtigten etwas erlangt, so ist er auch nach Vollendung der Verjährung zur Herausgabe nach den Vorschriften über die Herausgabe einer ungerechtfertigten Bereicherung verpflichtet.

**§ 25d Strafbestimmung.** (1) Wer im geschäftlichen Verkehr Waren oder ihre Verpackung oder Umhüllung oder Ankündigungen, Preislisten, Geschäftsbriefe, Empfehlungen, Regungen oder dergleichen widerrechtlich

1. mit dem Namen oder der Firma eines anderen oder mit einem nach diesem Gesetz geschützten Warenzeichen oder
2. mit einer Ausstattung, die innerhalb beteiligter Verkehrskreise als Kennzeichen gleicher oder gleichartiger Waren eines anderen gilt,

versieht oder wer derart widerrechtlich gekennzeichnete Waren in Verkehr bringt oder feilhält, wird mit einer Freiheitsstrafe bis zu drei Jahren oder mit Geldstrafe bestraft.

(2) Handelt der Täter gewerbsmäßig, so ist die Strafe Freiheitsstrafe bis zu fünf Jahren oder Geldstrafe.

(3) Der Versuch ist strafbar.

(4) In den Fällen des Absatzes 1 wird die Tat nur auf Antrag verfolgt, es sei denn, daß die Strafverfolgungsbehörde wegen des besonderen öffentlichen Interesses an der Strafverfolgung ein Einschreiten von Amts wegen für geboten hält.

(5) Gegenstände, auf die sich die Straftat bezieht, können eingezogen werden. § 74a des Strafgesetzbuches ist anzuwenden. Soweit den in § 25a bezeichneten Ansprüchen im Verfahren nach den Vorschriften der Strafprozeßordnung über die Entschädigung des Verletzten (§§ 403 bis 406c) stattgegeben wird, sind die Vorschriften über die Einziehung nicht anzuwenden.

(6) Wird auf Strafe erkannt, so ist, wenn der Verletzte es beantragt und ein berechtigtes Interesse daran dartut, anzuordnen, daß die Verurteilung auf Verlangen öffentlich bekanntgemacht wird. Die Art der Bekanntmachung ist im Urteil zu bestimmen.

**§ 26 Strafe für falsche Herkunftsangaben usw.** (1) Wer im geschäftlichen Verkehr Waren oder ihre Verpackung oder Umhüllung mit einer falschen Angabe über den Ursprung, die Beschaffenheit oder den Wert der Waren versieht, die geeignet ist, einen Irrtum zu erregen, oder wer vorsätzlich die so bezeichneten Waren in Verkehr bringt oder feilhält oder die irreführende Angabe auf Ankündigungen, Geschäftspapieren oder dergleichen anbringt, wird mit Freiheitsstrafe bis zu zwei Jahren oder mit Geldstrafe bestraft.

(2) Der Versuch ist strafbar.

(3) Bei einer Verurteilung bestimmt das Gericht, daß die widerrechtliche Kennzeichnung der im Besitz des Verurteilten befindlichen Gegenstände beseitigt wird oder, wenn dies nicht möglich ist, die Gegenstände vernichtet werden.

(4) Als falsche Angaben über den Ursprung im Sinne des Absatzes 1 sind Bezeichnungen nicht anzusehen, die zwar einen geographischen Namen enthalten oder von ihm abgeleitet sind, in Verbindung mit der Ware jedoch ihre ursprüngliche Bedeutung verloren haben und im geschäftlichen Verkehr ausschließlich als Warenname oder Beschaffenheitsangabe dienen.

**§ 27 Mißbrauch von Hoheitszeichen usw.** (1) Ordnungswidrig handelt, wer unbefugt die in § 4 Abs. 2 Nr. 2, 3 und 3a bezeichneten Wappen, Flaggen, Hoheitszeichen, amtlichen Prüf- und Gewährzeichen oder sonstigen Bezeichnungen zur Kennzeichnung von Waren benutzt.

(2) Die Ordnungswidrigkeit kann mit einer Geldbuße geahndet werden.

(3) § 26 Abs. 3 ist entsprechend anzuwenden.

**§ 28 Grenzbeschlagnahme und Einziehung.** (1) Waren, die widerrechtlich mit einer nach diesem Gesetz geschützten Kennzeichnung versehen sind, unterliegen, soweit nicht die Verordnung (EWG) Nr. 3842/85 des Rates vom 1. Dezember 1986 über Maßnahmen zum Verbot der Überführung nachgeahmter Waren in den zollrechtlich freien Verkehr (Abl. EG Nr. L 357 S. 1) anzuwenden ist, auf Antrag und gegen Sicherheitsleistung des Rechtsinhabers bei ihrer Einfuhr oder Ausfuhr der Beschlagnahme durch die Zollbehörde, sofern die Rechtsverletzung offensichtlich ist. Dies gilt für den Verkehr mit anderen Mitgliedstaaten der Europäischen Wirtschaftsgemeinschaft nur, soweit Kontrollen durch die Zollbehörden stattfinden.

(2) Ordnet die Zollbehörde die Beschlagnahme an, so unterrichtet sie unverzüglich den Verfügungsberechtigten sowie den Antragsteller. Dem Antragsteller sind Herkunft, Menge und Lagerort der Waren sowie Namen und Anschrift des Verfügungsberechtigten mitzuteilen; das Brief- und Postgeheimnis (Artikel 10 des Grundgesetzes) wird insoweit eingeschränkt. Dem Antragsteller wird Gelegenheit gegeben, die Waren zu besichtigen, soweit hierdurch nicht in Geschäfts- oder Betriebsgeheimnisse eingegriffen wird.

(3) Wird der Beschlagnahme nicht spätestens nach Ablauf von zwei Wochen nach Zustellung der Mitteilung nach Absatz 2 Satz 1 widersprochen, so ordnet die Zollbehörde die Einziehung der beschlagnahmten Ware an.

(4) Widerspricht der Verfügungsberechtigte der Beschlagnahme, so unterrichtet die Zollbehörde hiervon unverzüglich den Antragsteller. Dieser hat gegenüber der Zollbehörde unverzüglich zu erklären, ob er den Antrag nach Absatz 1 in bezug auf die beschlagnahmten Waren aufrechterhält.

1. Nimmt der Antragsteller den Antrag zurück, hebt die Zollbehörde die Beschlagnahme unverzüglich auf.
2. Hält der Antragsteller den Antrag aufrecht und legt er eine vollziehbare gerichtliche Entscheidung vor, die die Verwahrung der beschlagnahmten Waren oder eine Verfügungsbeschränkung anordnet, trifft die Zollbehörde die erforderlichen Maßnahmen.

Liegen die Fälle der Nummern 1 oder 2 nicht vor, hebt die Zollbehörde die Beschlagnahme nach Ablauf von zwei Wochen nach Zustellung der Mitteilung an den Antragsteller nach Satz 1 auf; weist der Antragsteller nach, daß die gerichtliche Entscheidung nach Nummer 2 beantragt, ihm aber noch nicht zugegangen ist, wird die Beschlagnahme für längstens zwei weitere Wochen aufrechterhalten.

(5) Erweist sich die Beschlagnahme als von Anfang an ungerechtfertigt und hat der Antragsteller den Antrag nach Absatz 1 in bezug auf die beschlagnahmten Waren aufrechterhalten oder sich nicht unverzüglich erklärt (Absatz 4 Satz 2), so ist er verpflichtet, den dem Verfügungsberechtigten durch die Beschlagnahme entstandenen Sachschaden zu ersetzen.

(6) Der Antrag nach Absatz 1 ist bei der Oberfinanzdirektion zu stellen und hat Wirkung für zwei Jahre, sofern keine kürzere Geltungsdauer beantragt wird; er kann wiederholt werden. Für die mit dem Antrag verbundenen Amtshandlungen werden vom Antragsteller Kosten nach Maßgabe des § 178 der Abgabenordnung erhoben.

(7) Die Beschlagnahme und die Einziehung können mit den Rechtsmitteln angefochten werden, die im Bußgeldverfahren nach dem Gesetz über Ordnungswidrigkeiten gegen die Beschlagnahme und Einziehung zulässig sind. Im Rechtsmittelverfahren ist der Antragsteller zu hören. Gegen die Entscheidung des Amtsgerichts ist die sofortige Beschwerde zulässig; über sie entscheidet das Oberlandesgericht.

(8) In Verfahren nach der in Absatz 1 genannten Verordnung sind die vorstehenden Absätze entsprechend anzuwenden, soweit in der Verordnung nichts anderes bestimmt ist.

## §§ 29, 30 *(aufgehoben)*

**§ 31 Verwechslungsgefahr.** Die Anwendung der Bestimmungen dieses Gesetzes wird weder durch Verschiedenheit der Zeichenform (Bild- und Wortzeichen) noch durch sonstige Abweichungen ausgeschlossen, mit denen Zeichen, Wappen, Namen, Firmen und andere Kennzeichnungen von Waren wiedergegeben werden, sofern trotz dieser Abweichungen die Gefahr einer Verwechslung im Verkehr vorliegt.

**§ 31 a Streitwertbegünstigung.** (1) Macht in bürgerlichen Rechtsstreitigkeiten, in denen durch Klage ein Anspruch aus einem der in diesem Gesetz geregelten Rechtsverhältnisse geltend gemacht wird, eine Partei glaubhaft, daß die Belastung mit den Prozeßkosten nach dem vollen Streitwert ihre wirtschaftliche Lage erheblich gefährden würde, so kann das Gericht auf ihren Antrag anordnen, daß die Verpflichtung dieser Partei zur Zahlung von Gerichtskosten sich nach einem ihrer Wirtschaftslage angepaßten Teil des Streitwerts bemißt. Die Anordnung hat zur Folge, daß die begünstigte Partei zur Zahlung von Gerichtskosten sich nach einem ihrer Wirtschaftslage angepaßten Teil des Streitwerts bemißt. Die Anordnung hat zur Folge, daß die begünstigte Partei die Gebühren ihres Rechtsanwalts ebenfalls nur nach diesem Teil des Streitwerts zu entrichten hat. Soweit ihr Kosten des Rechtsstreits auferlegt werden oder soweit sie diese übernimmt, hat sie die von dem Gegner entrichteten Gerichtsgebühren und die Gebühren seines Rechtsanwalts nur nach dem Teil des Streitwerts zu erstatten. Soweit die außergerichtlichen Kosten dem Gegner auferlegt oder von ihm übernommen werden, kann der Rechtsanwalt der begünstigten Partei seine Gebühren von dem Gegner nach dem für diesen geltenden Streitwert beitreiben.

(2) Der Antrag nach Absatz 1 kann vor der Geschäftsstelle des Gerichts zur Niederschrift erklärt werden. Er ist vor der Verhandlung zur Hauptsache anzubringen. Danach ist er nur

zulässig, wenn der angenommene oder festgesetzte Streitwert später durch das Gericht heraufgesetzt wird. Vor der Entscheidung über den Antrag ist der Gegner zu hören.

**§ 32 Gerichte für Warenzeichenstreitsachen.** (1) Für alle Klagen, durch die ein Anspruch aus einem der in diesem Gesetz geregelten Rechtsverhältnisse geltend gemacht wird (Warenzeichenstreitsachen), sind die Landgerichte ohne Rücksicht auf den Streitwert ausschließlich zuständig.

(2) Die Landesregierungen werden ermächtigt, durch Rechtsverordnung die Warenzeichenstreitsachen für die Bezirke mehrerer Landgerichte einem von ihnen zuzuweisen, sofern dies der sachlichen Förderung oder schnelleren Erledigung der Verfahren dient. Die Landesregierungen können diese Ermächtigung auf die Landesverwaltungen übertragen.

*Fassung des Abs. 3 bis 31. 12. 1999 bzw. 31. 12. 2004:*

(3) Vor dem Gericht für Warenzeichenstreitsachen können sich die Parteien auch durch Rechtsanwälte vertreten lassen, die bei dem Landgericht zugelassen sind, vor das die Klage ohne die Regelung nach Absatz 2 gehören würde. Das Entsprechende gilt für die Vertretung vor dem Berufungsgericht.

*Fassung des Abs. 3 ab 1. 1. 2000 bzw. 1. 1. 2005:*

(3) Wird gegen eine Entscheidung des Gerichts für Warenzeichenstreitsachen Berufung eingelegt, so können sich die Parteien vor dem Berufungsgericht auch von Rechtsanwälten vertreten lassen, die bei dem Oberlandesgericht zugelassen sind, vor das die Berufung ohne eine Regelung nach Absatz 2 gehören würde.

(4) Die Mehrkosten, die einer Partei dadurch erwachsen, daß sie sich nach Absatz 3 durch einen nicht beim Prozeßgericht zugelassenen Rechtsanwalt vertreten läßt, sind nicht zu erstatten.

(5) Von den Kosten, die durch die Mitwirkung eines Patentanwalts in einer Warenzeichenstreitsache entstehen, sind die Gebühren bis zur Höhe einer vollen Gebühr nach § 11 der Bundesgebührenverordnung für Rechtsanwälte und außerdem die notwendigen Auslagen des Patentanwalts zu erstatten.

**§ 33 Örtliche Zuständigkeit.** Ansprüche, welche die in diesem Gesetz geregelten Rechtsverhältnisse betreffen und auf die Vorschriften des Gesetzes gegen den unlauteren Wettbewerb gegründet werden, brauchen nicht im Gerichtsstand des § 24 des Gesetzes gegen den unlauteren Wettbewerb geltend gemacht zu werden.

**§ 34 Vergeltungsrecht.** Wenn deutsche Waren im Ausland bei der Einfuhr oder Durchfuhr der Verpflichtung unterliegen, eine Bezeichnung zu tragen, die ihre deutsche Herkunft erkennen läßt, oder wenn sie bei der Zollabfertigung in bezug auf Warenbezeichnungen ungünstiger als die Waren anderer Länder behandelt werden, so kann der Bundesminister der Finanzen den fremden Waren bei ihrem Eingang in das Bundesgebiet zur Einfuhr oder Durchfuhr eine entsprechende Auflage machen und anordnen, daß sie bei Zuwiderhandlung beschlagnahmt und eingezogen werden. Beschlagnahme und Einziehung werden von der Zollbehörde angeordnet; § 28 Abs. 7 gilt entsprechend.

**§ 35 Ausländerschutz.** (1) Wer weder deutscher Staatsangehöriger ist noch im Inland eine Niederlassung besitzt, hat auf den Schutz dieses Gesetzes nur Anspruch, wenn in dem Staat, in dem sich eine Niederlassung befindet, nach einer Bekanntmachung im Bundesgesetzblatt deutsche Warenbezeichnungen in demselben Umfang wie inländische zum gesetzlichen Schutz zugelassen werden.

(2) Der Anmelder oder Zeicheninhaber, der im Inland keine Niederlassung hat, kann den Anspruch auf Schutz eines Warenzeichens und das durch die Eintragung begründete Recht nur geltend machen, wenn er im Inland einen Patentanwalt oder einen Rechtsanwalt als Vertreter bestellt hat. Dieser ist im Verfahren vor dem Patentamt und dem Patentgericht und in bürgerlichen Rechtsstreitigkeiten, die das Zeichen betreffen, zur Vertretung befugt. Für Klagen gegen den Zeicheninhaber ist das Gericht zuständig, in dessen Bezirk der Ver-

treter seinen Wohnsitz, und in Ermangelung eines solchen der Ort, wo das Patentamt seinen Sitz hat.

(3) Wer ein ausländisches Warenzeichen anmeldet, hat damit den Nachweis zu verbinden, daß er in dem Staate, in dem sich seine Niederlassung befindet, für dieses Zeichen den Markenschutz nachgesucht und erhalten hat. Der Nachweis ist nicht erforderlich, wenn nach einer Bekanntmachung im Bundesgesetzblatt deutsche Warenzeichen in dem anderen Staat ohne einen Nachweis dieser Art eingetragen werden. Die Eintragung ist nur zulässig, wenn das Zeichen den Anforderungen dieses Gesetzes entspricht, soweit nicht Staatsverträge anderes bestimmen.

(4) Die Vorschriften der Staatsverträge über das Prioritätsrecht für Fabrik- oder Handelsmarken sind auf Dienstleistungsmarken entsprechend anzuwenden, wenn nach einer Bekanntmachung im Bundesgesetzblatt der Vertragsstaat, in dem die frühere Anmeldung der Dienstleistungsmarke eingereicht worden ist, oder das Ursprungsland der internationalen Registrierung der Dienstleistungsmarke ist, Gegenseitigkeit gewährt.

**§ 36 Ausführungsvorschriften.** (1) Der Bundesminister der Justiz regelt die Einrichtung und den Geschäftsvorgang des Patentamts und bestimmt durch Rechtsverordnung die Form des Verfahrens, soweit nicht durch das Gesetz Bestimmungen darüber getroffen sind.

(2) Der Bundesminister der Justiz wird ermächtigt, durch Rechtsverordnung zur Deckung der durch eine Inanspruchnahme des Patentamts entstehenden Kosten, soweit nicht durch Gesetz Bestimmungen darüber getroffen sind, die Erhebung von Verwaltungskosten anzuordnen, insbesondere

1. zu bestimmen, daß Gebühren für Bescheinigungen, Akteneinsicht und Auskünfte sowie Auslagen erhoben werden,
2. Bestimmungen über den Kostenschuldner, die Fälligkeit von Kosten, die Kostenvorschußpflicht, Kostenbefreiungen, die Verjährung und das Kostenfestsetzungsverfahren zu treffen.

# 10. Gesetz der Deutschen Demokratischen Republik über Warenkennzeichen*

vom 30. November 1984

(GBl. I Nr. 33 S. 397; geändert durch Gesetz vom 29. Juni 1990, GBl. I Nr. 40 S. 571)

## Inhaltsübersicht

Präambel

### 1. Abschnitt. Geltungsbereich

|  | §§ |
|---|---|
| (ohne amtliche Überschrift) | 1 |

### 2. Abschnitt. Grundsätze

| (ohne amtliche Überschrift) | 2 |
|---|---|

### 3. Abschnitt. Kennzeichnungspflicht

| (ohne amtliche Überschrift) | 3 |
|---|---|
| (ohne amtliche Überschrift) | 4 |
| (ohne amtliche Überschrift) | 5 |
| (ohne amtliche Überschrift) | 6 |
| Verbände | 7 |

### 4. Abschnitt. Rechtsschutz für Warenkennzeichen

#### 1. Unterabschnitt. Aufgaben des Rechtsschutzes

| (ohne amtliche Überschrift) | 8 |
|---|---|

#### 2. Unterabschnitt. Rechtsschutz für Marken

| Marken | 9 |
|---|---|
| Anmeldung | 10 |
| Eintragung in das Register | 11 |
| Ausschluß von der Eintragung | 12 |
| Berücksichtigung älterer Rechte | 13 |
| Rechte aus der Eintragung in das Register für Marken | 14 |
| (ohne amtliche Überschrift) | 15 |
| (ohne amtliche Überschrift) | 16 |
| Übertragung einer Marke und Gestattung der Benutzung einer Marke | 17 |
| Löschung | 18 |

#### 3. Unterabschnitt. Rechtsschutz für Herkunftsangaben

| Herkunftsangaben | 19 |
|---|---|
| Anmeldung | 20 |
| Eintragung in das Register | 21 |
| Ausschluß von der Eintragung | 22 |
| Rechte aus der Eintragung in das Register für Herkunftsangaben | 23 |
| Löschung und Berichtigung | 24 |

#### 4. Unterabschnitt. Verfahren vor dem Patentamt

| Verfahrensbestimmungen | 25 |
|---|---|
| Vertretung | 26 |
| Gebühren | 27 |

### 5. Abschnitt. Entscheidung von Streitigkeiten

| (ohne amtliche Überschrift) | 28 |
|---|---|
| (ohne amtliche Überschrift) | 29 |
| (ohne amtliche Überschrift) | 30 |

---

* Das WKG ist durch Art. 8 EinigV mit Wirkung vom 3. Oktober 1990 aufgehoben.

### 6. Abschnitt. Besondere Bestimmungen

(gestrichen) .................................................................................................... 31
(gestrichen) .................................................................................................... 32

### 7. Abschnitt. Übergangs- und Schlußbestimmungen

(ohne amtliche Überschrift) ............................................................................ 33
(ohne amtliche Überschrift) ............................................................................ 34
(ohne amtliche Überschrift) ............................................................................ 35

*Fassung der Präambel und der §§ 1 bis 6 vor Inkrafttreten des Gesetzes zur Änderung des Patentgesetzes und des Gesetzes über Warenkennzeichen:*

#### Präambel

Die Kennzeichnung von Waren ist ein gesellschaftliches Erfordernis. Mit ihr verbindet sich ein hoher Anspruch an die Qualität der Erzeugnisse und an die Leistungsfähigkeit der Kombinate, Betriebe, Genossenschaften und Einrichtungen. Die Warenkennzeichnung fördert ihren Ruf auf den Märkten. Sie trägt zur Sicherung stabiler Marktpositionen und zur Erhöhung der Effektivität des Außenhandels bei.

Der sozialistische Staat schützt Warenkennzeichen. Er gewährleistet die Wahrnehmung der internationalen Verpflichtungen der Deutschen Demokratischen Republik auf diesem Gebiet.

#### 1. Abschnitt. Geltungsbereich

**§ 1** *(1) Dieses Gesetz regelt*

– *die Pflicht zur Kennzeichnung der Herkunft von Waren durch Marken, durch geographische Angaben über die Herkunft von Waren (im folgenden Herkunftsangaben genannt) oder durch die Namen der Betriebe;*
– *die Voraussetzungen, den Inhalt und die Gewährleistung des Rechtsschutzes für Marken und Herkunftsangaben (im folgenden Warenkennzeichen genannt);*
– *den Schutz der Namen der Betriebe, soweit sie zur Kennzeichnung von Waren oder Dienstleistungen benutzt werden.*

*(2) Dieses Gesetz gilt für*

– *staatliche Organe;*
– *Kombinate, wirtschaftsleitende Organe, Betriebe, Genossenschaften und Einrichtungen (im folgenden Betriebe genannt) sowie für*
– *Verbände zur Warenkennzeichnung.*

*(3) Dieses Gesetz findet auf Betriebe, Einrichtungen und Verbände zur Warenkennzeichnung anderer Staaten in Übereinstimmung mit den Regelungen internationaler Verträge oder nach dem Grundsatz der Gegenseitigkeit Anwendung.*

*(4) In anderen Rechtsvorschriften vorgesehene weitergehende Verpflichtungen zur Kennzeichnung von Waren werden von diesem Gesetz nicht berührt.*

#### 2. Abschnitt. Grundsätze

**§ 2** *(1) Die staatlichen Organe leiten die Betriebe bei der Arbeit mit Warenkennzeichen an und verallgemeinern bewährte Erfahrungen auf diesem Gebiet. Sie nehmen insbesondere auf eine konzeptionell begründete, volkswirtschaftlich effektive Arbeit mit Warenkennzeichen in ihrem Bereich Einfluß.*

*(2) Die Leiter der Betriebe sichern eine aktive Arbeit mit Warenkennzeichen. Sie fördern hierdurch die Entwicklung des Verantwortungsbewußtseins der Werktätigen für eine hohe Qualität und den guten Ruf der Waren oder Dienstleistungen ihres Betriebes. Sie nutzen die Warenkennzeichen auf den Märkten als Symbol für anerkannte Qualitätsarbeit. (3) Im Interesse einer hohen Effektivität der Warenkennzeichnung nutzen die Betriebe die kollektive Kennzeichnung von Waren oder Dienstleistun-*

gen. Sie verbinden die Kennzeichnung von Waren oder Dienstleistungen mit einer wirksamen Qualitätskontrolle.

(4) Die Leiter der Betriebe entscheiden über die Auswahl und Benutzung vorhandener und erforderlichenfalls über die Entwicklung neuer Warenkennzeichen. Bei der Schaffung neuer Warenkennzeichen haben sie zu gewährleisten, daß diese Kennzeichen die Anforderungen an den Rechtsschutz im In- und Ausland erfüllen und eine hohe Werbewirksamkeit erreichen. Die Leiter der Betriebe sind dafür verantwortlich, daß die erforderlichen Maßnahmen zur Sicherung des Rechtsschutzes für Warenkennzeichen durchgeführt werden.

(5) Die Leiter der Handelsbetriebe nehmen darauf Einfluß, daß die in ihrem Betrieb angebotenen Waren in Übereinstimmung mit den sich aus diesem Gesetz ergebenden Anforderungen gekennzeichnet sind. Erforderlichenfalls sind in den Lieferverträgen Vereinbarungen zur Art und Weise der Kennzeichnung zu treffen.

(6) Exporterzeugnisse sind in einer den internationalen Anforderungen entsprechenden werbewirksamen Weise zu kennzeichnen. Es sind Maßnahmen festzulegen, die auf die Förderung des Exports durch Warenkennzeichnung und auf die Nutzung der Warenkennzeichen als Symbol für den guten Ruf moderner und qualitativ hochwertiger Waren gerichtet sind. Dazu sind die Koordinierungsverträge beim Export zu nutzen. Die Leiter der Betriebe haben auf den Grundlage der geltenden Rechtsvorschriften für den erforderlichen rechtlichen Schutz der Warenkennzeichen im Ausland Sorge zu tragen.

### 3. Abschnitt. Kennzeichnungspflicht

**§ 3** (1) Die Betriebe sind verpflichtet, alle von ihnen hergestellten Waren so zu kennzeichnen, daß der Herstellerbetrieb – möglichst auch während des Gebrauchs der Waren – festgestellt werden kann. Das kann durch Verwendung eines geeigneten Warenkennzeichens oder des Namens des Betriebes erfolgen. Sollen bestimmte Waren mit einem Warenkennzeichen oder dem Namen des Handelsbetriebes gekennzeichnet werden, so ist zwischen Hersteller und Handelsbetrieb darüber eine Vereinbarung zu treffen.

(2) Die Kennzeichnung erfolgt unmittelbar an der Ware. Lassen Form, Größe, Herstellungsprozeß oder Zustand der Waren eine derartige Kennzeichnung nicht zu, so hat die Kennzeichnung an der Verpackung, sofern diese handelsüblich ist, oder in anderer geeigneter Weise zu erfolgen. Teile einer Ware bedürfen keiner gesonderten Kennzeichnung, wenn die Ware an einem wesentlichen Teil gekennzeichnet ist.

**§ 4** Die Handelsbetriebe sind berechtigt, das Amt für Erfindungs- und Patentwesen (nachfolgend Patentamt genannt) über Verletzungen der Kennzeichnungspflicht durch die Hersteller zu informieren. Das Patentamt veranlaßt die erforderlichen Maßnahmen zur Wiederherstellung des gesetzlich geforderten Zustandes.

**§ 5** (1) Für den Export bestimmte Waren haben zusätzlich zur Kennzeichnung gemäß § 3 die Bezeichnung „Hergestellt in der Deutschen Demokratischen Republik", „Hergestellt in der DDR" oder „DDR" in der für den Export erforderlichen Handelssprache zu tragen. Darüber hinaus sind die in den anderen Staaten bestehenden Kennzeichnungsvorschriften zu beachten.

(2) Waren, die in die Deutsche Demokratische Republik importiert und im Handel angeboten werden, müssen mindestens durch Angabe des Herkunftslandes gekennzeichnet sein. Einzelheiten haben der Außenhandelsbetrieb und der Importbetrieb im Einfuhrvertrag festzulegen.

**§ 6** Die Minister und Leiter der anderen zentralen Staatsorgane treffen erforderliche Maßnahmen zur Durchsetzung der Kennzeichnungspflicht. Sie können in Abstimmung mit dem Präsidenten des Patentamtes Festlegungen über Ausnahmen von der Pflicht zur Warenkennzeichnung treffen. Bei Exporterzeugnissen entscheidet über Ausnahmen von der Kennzeichnungspflicht der Minister für Außenhandel.

**§ 7 Verbände.** (1) Zur gemeinsamen Verwendung von Warenkennzeichen durch mehrere Betriebe können Verbände gebildet werden. Die Bildung der Verbände zur Warenkennzeichnung erfolgt durch Beschluß der Gründungsversammlung der an ihnen beteiligten Betriebe.

Warenkennzeichengesetz (DDR) §§ 7–10 **WKG**

(2) Die Verbände sind in das beim Patentamt bestehende Verbandsregister einzutragen, wenn eine Satzung vorgelegt wird, die über Namen, Sitz, Zweck und Vertretung des Verbandes Auskunft gibt.

(3) Die Verbände werden mit der Eintragung in das Verbandsregister rechtsfähig.

*Fassung des § 7 vor Inkrafttreten des Gesetzes zur Änderung des Patentgesetzes und des Gesetzes über Warenkennzeichen:*

*§ 7 Verbände.* (1) *Zur gemeinsamen Verwendung von Warenkennzeichen durch mehrere Betriebe können Verbände gebildet werden. Die Bildung der Verbände zur Warenkennzeichnung erfolgt durch Beschluß der Gründungsversammlung der an ihnen beteiligten Betriebe und Anweisung des Leiters des staatlichen Organs, dem die beteiligten Betriebe unterstellt oder zugeordnet sind. Sind die beteiligten Betriebe verschiedenen staatlichen Organen unterstellt oder zugeordnet, haben die Leiter der staatlichen Organe gemeinsam darüber zu entscheiden, welcher Leiter die Anweisung über die Bildung des Verbandes erläßt.*

(2) *Mit dem in der Anweisung über die Bildung des Verbandes genannten Zeitpunkt wird dieser rechtsfähig.*

(3) *Die Verbände sind in das beim Patentamt bestehende Verbandsregister einzutragen.*

### 4. Abschnitt. Rechtsschutz für Warenkennzeichen

#### 1. Unterabschnitt. Aufgaben des Rechtsschutzes

**§ 8** (1) Der Rechtsschutz für Warenkennzeichen ist darauf gerichtet, eine unterscheidungskräftige Kennzeichnung der Waren und Dienstleistungen zu gewährleisten, dadurch eine den wachsenden Anforderungen entsprechende Qualität der Waren und Dienstleistungen zu fördern, eine bedarfsgerechte Auswahl von Waren zu unterstützen und zur Entwicklung des Exports beizutragen.

(2) Der Rechtsschutz für Warenkennzeichen trägt dazu bei, auf der Grundlage der Gleichberechtigung und der Gegenseitigkeit die internationalen wirtschaftlichen Beziehungen zu anderen Staaten zu entwickeln. Warenkennzeichen von Betrieben und Einrichtungen anderer Staaten werden auf der Grundlage der in der Deutschen Demokratischen Republik geltenden Gesetze und der sich aus internationalen Abkommen ergebenden Verpflichtungen geschützt.

(3) Als Warenkennzeichen werden Marken und Herkunftsangaben geschützt. Die Namen der Betriebe genießen den Schutz nach den Bestimmungen der §§ 28 und 30 dieses Gesetzes, wenn sie zur Kennzeichnung von Waren oder Dienstleistungen benutzt werden.

#### 2. Unterabschnitt. Rechtsschutz für Marken

**§ 9 Marken.** Marken sind Zeichen, die dazu bestimmt sind, die Waren oder Dienstleistungen eines Betriebes zu kennzeichnen, um sie von den Waren oder Dienstleistungen anderer Betriebe zu unterscheiden. Als Marken können insbesondere einzelne oder mehrere Worte, Bilder, Verbindungen von Wort und Bild, die besondere Ausstattung oder Verpackung einer Ware sowie Kennfäden geschützt werden. Sie können zur Kennzeichnung einzelner oder aller Waren oder Dienstleistungen eines Betriebes oder mehrerer Betriebe bestimmt sein.

**§ 10 Anmeldung.** (1) Zur Eintragung in das Register sind Marken beim Patentamt schriftlich anzumelden. Der Anmeldung ist ein Verzeichnis der Waren oder Dienstleistungen beizufügen, für die die Marke benutzt werden soll. Weitere Erfordernisse der Anmeldung von Marken legt der Präsident des Patentamtes durch Rechtsvorschrift fest.

(2) Zur einheitlichen Kennzeichnung der von mehreren Betrieben hergestellten Waren oder ausgeführten Dienstleistungen kann eine Kollektivmarke angemeldet werden. Zur Anmeldung sind Verbände, staatliche Organe und internationale Wirtschaftsorganisationen

berechtigt. Der Anmeldung ist eine Satzung beizufügen, die insbesondere über die Betriebe Auskunft gibt, die zur Benutzung der Kollektivmarke berechtigt sind.

**§ 11 Eintragung in das Register.** (1) Das Patentamt prüft die Anmeldung und trägt die Marken in das Register für Marken ein, wenn die Anmeldung den Anmeldeerfordernissen entspricht und die Eintragung in das Register nach den §§ 12 und 13 nicht auszuschließen ist.

(2) Mit der Eintragung in das Register für Marken werden festgestellt:
– die Marke,
– das Verzeichnis der Waren oder Dienstleistungen,
– der Inhaber,
– der Tag der Anmeldung und der Tag der Eintragung.

(3) Das Register für Marken enthält die im Abs. 2 genannten Angaben sowie weitere rechtserhebliche Angaben und eingetretene Veränderungen. Die Eintragung in das Register wird vom Patentamt veröffentlicht.

**§ 12 Ausschluß von der Eintragung.** (1) Von der Eintragung in das Register für Marken sind Kennzeichen ausgeschlossen, die

1. im Widerspruch zur sozialistischen Moral stehen;
2. nicht geeignet sind, die Waren oder Dienstleistungen zu kennzeichnen oder sie zu unterscheiden, insbesondere wenn sie ausschließlich aus Zahlen, Buchstaben, Angaben über Art, Zeit und Ort der Herstellung, über die Bestimmung oder Beschaffenheit von Waren oder Dienstleistungen bestehen;
3. die Gefahr einer Täuschung, insbesondere über Herstellung, Herkunft oder Beschaffenheit von Waren oder Dienstleistungen, bewirken;
4. aus Staatswappen, Staatsflaggen und anderen Hoheitszeichen, aus in der DDR bekanntgemachten in- oder ausländischen amtlichen Prüf-, Güte- und Gewährzeichen sowie Kennzeichen oder Bezeichnungen internationaler zwischenstaatlicher Organisationen bestehen oder die vorgenannten Zeichen oder Bezeichnungen als Bestandteile aufweisen, – sofern die vorgenannten Zeichen nach internationalen Verträgen nicht verwendet werden dürfen;
5. aus den olympischen Symbolen, Emblemen oder Bezeichnungen bestehen oder solche enthalten;
6. mit einer Sortenbezeichnung übereinstimmen, die für einen Dritten früher zur Sortenprüfung angemeldet und in das Sortenregister eingetragen ist, soweit die Marke für Kulturpflanzen verwendet werden soll;
7. nach allgemeiner Kenntnis bei den in Frage kommenden Verbrauchern oder Anwendern der DDR bereits von einem anderen als Marke für gleiche oder gleichartige Waren oder Dienstleistungen benutzt werden (notorische Marke).

(2) In den Fällen des Abs. 1 Ziff. 2 wird die Eintragung zugelassen, wenn sich das Kennzeichen bei den in Frage kommenden Verbrauchern oder Anwendern als Marke für die Waren oder Dienstleistungen des Anmelders durchgesetzt hat.

(3) Die Bestimmungen des Abs. 1 Ziffern 4, 5 und 7 finden keine Anwendung, wenn der Anmelder von den dafür jeweils Berechtigten die Zustimmung erhalten hat und nicht die Gefahr einer Täuschung besteht.

**§ 13 Berücksichtigung älterer Rechte.** Das Patentamt schließt eine Marke von der Eintragung in das Register für Marken aus, wenn das gleiche oder ein verwechselbar ähnliches Warenkennzeichen für einen anderen für gleiche oder gleichartige Waren oder Dienstleistungen früher angemeldet wurde und im Register für Marken oder im Register für Herkunftsangaben eingetragen ist (älteres Recht).

**§ 14 Rechte aus der Eintragung in das Register für Marken.** Durch die Eintragung einer Marke gemäß § 11 wird das ausschließliche Recht des Inhabers begründet, die Marke zur Kennzeichnung für Waren oder Dienstleistungen zu benutzen, die in dem registrierten Verzeichnis genannt sind.

**§ 15** Der Schutz der eingetragenen Marke dauert 10 Jahre und beginnt am Tag der Anmeldung. Der Schutz kann um jeweils weitere 10 Jahre verlängert werden.

**§ 16** Durch die Eintragung einer Marke wird niemand gehindert, seinen Namen, den Namen eines Betriebes, Angaben über den Sitz eines Betriebes sowie Angaben über Art, Zeit und Ort der Herstellung, über die Beschaffenheit von Waren, über die Ausführung von Dienstleistungen und dergleichen zu verwenden, sofern die Benutzung dieser Angaben nicht als Marke erfolgt.

**§ 17 Übertragung einer Marke und Gestattung der Benutzung einer Marke.**
(1) Die sich aus der Anmeldung und aus dem Rechtsschutz einer Marke ergebenden Rechte können übertragen werden. Voraussetzung für die Wirksamkeit der Übertragung ist eine entsprechende Eintragung im Register auf Antrag. Der Antrag kann zurückgewiesen werden, wenn durch die Übertragung bei Benutzung der Marke einer Täuschung der Verbraucher oder Anwender zu befürchten ist.
(2) Der Inhaber einer Marke kann anderen die Benutzung durch eine schriftliche Vereinbarung gestatten.

**§ 18 Löschung.** (1) Eine eingetragene Marke wird ganz oder für einzelne der registrierten Waren oder Dienstleistungen im Register gelöscht:
1. wenn der Inhaber einer Marke schriftlich auf das Warenzeichen verzichtet;
2. auf schriftlichen Antrag oder von Amts wegen, wenn
   a) die Schutzdauer nicht verlängert wurde,
   b) Gründe vorliegen, die nach § 12 die Eintragung der Marke ausschließen,
   c) der Inhaber der Marke seine Wirtschaftstätigkeit nicht mehr fortsetzt oder der Verband aufgelöst wird,
   d) durch die Eintragung einer Marke ältere Rechte gemäß § 13 verletzt werden;
3. auf schriftlichen Antrag des Inhabers eines Betriebsnamens, wenn zum Zeitpunkt der Anmeldung der Marke der Betriebsname nach allgemeiner Kenntnis in der Deutschen Demokratischen Republik zur Kennzeichnung von Waren oder Dienstleistungen benutzt wird und die Gefahr einer Täuschung besteht.

(2) Der Antrag auf Löschung kann von jedem gestellt werden, der ein berechtigtes Interesse nachweist, nachdem er den Inhaber einer Marke erfolglos zur Löschung aufgefordert hat. Wird ein Antrag auf Löschung zurückgenommen, so kann das Verfahren von Amts wegen fortgesetzt werden.

(3) Wird eine Marke gelöscht, so können Rechte aus der Eintragung für die Zeit nicht mehr geltend gemacht werden, in der bereits ein Rechtsgrund für die Löschung vorgelegen hat.

(4) Die Löschung wird vom Patentamt veröffentlicht.

### 3. Unterabschnitt. Rechtsschutz für Herkunftsangaben

**§ 19 Herkunftsangaben.** Herkunftsangaben sind Bezeichnungen oder Zeichen, die dazu bestimmt sind, die Herkunft bestimmter Waren aus einem Land, einer Gegend oder einem Ort direkt oder indirekt zu bezeichnen. Sie können zur Kennzeichnung von Waren einzelner oder mehrerer Betriebe bestimmt sein, sofern diese Waren aus dem bezeichneten Territorium stammen.

**§ 20 Anmeldung.** (1) Zur Eintragung in das Register sind Herkunftsangaben beim Patentamt schriftlich anzumelden. Der Anmeldung ist ein Verzeichnis der Waren beizufügen, für die die Herkunftsangabe benutzt werden soll.

(2) Der Anmeldung sind weiterhin beizufügen
- eine genaue Angabe des Territoriums, auf dem die betreffenden Waren hergestellt werden,
- die Angabe der Benutzungsberechtigten sowie
- gegebenenfalls Angaben über die spezifischen Eigenschaften der Waren oder über die spezifische Art und Weise ihrer Herstellung oder andere Bedingungen für die Benutzung der Herkunftsangabe.

(3) Für eine Herkunftsangabe der DDR ist eine Zustimmung der zuständigen staatlichen Organe zur Verwendung der geographischen Bezeichnung als Herkunftsangabe beizufügen. Für kollektive Herkunftsangaben gilt § 10 Abs. 2 entsprechend. Weitere Erfordernisse der Anmeldung von Herkunftsangaben legt der Präsident des Patentamtes durch Rechtsvorschrift fest.

**§ 21 Eintragung in das Register.** (1) Das Patentamt prüft die Anmeldung und trägt die Herkunftsangabe sowie die Waren, für die sie bestimmt ist, in das Register für Herkunftsangaben ein, wenn die Anmeldung den vorgeschriebenen Anmeldeerfordernissen entspricht und die Eintragung in das Register nicht nach § 22 ausgeschlossen ist.

(2) Mit der Eintragung in das Register für Herkunftsangaben werden festgestellt:
- die Herkunftsangabe und das Verzeichnis der Waren, für die sie benutzt werden soll;
- die zur Benutzung Berechtigten;
- das Territorium, auf dem die betreffenden Waren hergestellt werden;
- gegebenenfalls die spezifischen Eigenschaften der Waren oder die spezifische Art und Weise ihrer Herstellung oder andere Bedingungen für die Benutzung der Herkunftsangabe;
- der Tag der Anmeldung und der Tag der Eintragung.

(3) Vom Patentamt kann im Einvernehmen mit den zuständigen staatlichen Organen für die Herkunftsangabe der DDR ein Verantwortlicher für die Herkunftsangabe festgelegt werden. Er ist verpflichtet, für den Schutz der Herkunftsangabe im In- und Ausland zu sorgen, zu kontrollieren, daß die Herkunftsangabe nur von Berechtigten benutzt wird und daß die Benutzungsbedingungen eingehalten werden. Er nimmt das Recht wahr, gegen Verletzungen vorzugehen. Der Verantwortliche für die Herkunftsangabe wird in das Register für Herkunftsangaben eingetragen.

(4) Das Register für Herkunftsangaben enthält die im Abs. 2 genannten Angaben sowie weitere rechtserhebliche Angaben und eingetretene Veränderungen. Die Eintragung in das Register wird vom Patentamt veröffentlicht.

**§ 22 Ausschluß von der Eintragung.** (1) Von der Eintragung in das Register für Herkunftsangaben sind solche Herkunftsangaben ausgeschlossen,
1. die nicht den im § 19 genannten Anforderungen entsprechen oder lediglich den Sitz des Betriebes angeben;
2. die von den in Frage kommenden Verbrauchern oder Anwendern als Bezeichnung einer Sorte oder Art eines Erzeugnisses aufgefaßt werden.

(2) Der § 12 Abs. 1 Ziffern 1, 3, 4 und 6 finden entsprechend Anwendung.

**§ 23 Rechte aus der Eintragung in das Register für Herkunftsangaben.** (1) Durch die Eintragung einer Herkunftsangabe gemäß § 21 wird ein ausschließliches Recht der Benutzungsberechtigten begründet, die Herkunftsangabe zur Kennzeichnung von Waren zu benutzten, die im registrierten Verzeichnis genannt sind.

(2) Auf Antrag wird vom Patentamt weiteren Betrieben die Berechtigung zur Benutzung eingetragen, wenn sie nachweisen, daß die Voraussetzungen dafür gegeben sind.

(3) Die Bestimmungen der §§ 15 und 16 finden entsprechend Anwendung.

**§ 24 Löschung und Berichtigung.** (1) Eine eingetragene Herkunftsangabe wird auf Antrag oder von Amts wegen gelöscht, wenn

– Gründe vorliegen, die nach § 22 die Eintragung einer Herkunftsangabe ausschließen;
– die Schutzdauer nicht verlängert wurde.

(2) Auf begründeten Antrag werden die Angaben im Register berichtigt oder geändert. Soweit gemäß § 21 Abs. 3 ein Verantwortlicher festgelegt ist, ist dieser – wenn der Antrag nicht von ihm gestellt wurde – vor der Berichtigung oder Änderung zu hören.

### 4. Unterabschnitt. Verfahren vor dem Patentamt

**§ 25 Verfahrensbestimmungen.** (1) Für die im Zusammenhang mit der Gewährung des Rechtsschutzes für Warenkennzeichen vom Patentamt durchzuführenden Verfahren sind die Bestimmungen über die Verfahren zur Sicherung des Rechtsschutzes für Erfindungen anzuwenden, soweit sich aus diesem Gesetz nicht etwas anderes ergibt.

(2) Beim Patentamt bestehen Prüfungsstellen für die Prüfung der Anmeldungen und Eintragung der Warenkennzeichen in die Register und Spruchstellen für die Löschung von Warenkennzeichen.

(3) Gegen die Entscheidung der Prüfungsstellen und der Spruchstellen für die Löschung kann innerhalb einer Frist von 2 Monaten nach Zustellung der Entscheidung Beschwerde eingelegt werden. Zur Entscheidung über diese Beschwerden bestehen beim Patentamt Beschwerdespruchstellen.

(4) Zur Sicherung einer einheitlichen Rechtsanwendung in den Verfahren vor dem Patentamt kann der Präsident des Patentamtes Entscheidungen der Beschwerdespruchstellen durch den Senat des Patentamtes in einem Kassationsverfahren überprüfen lassen. Das Kassationsverfahren kann nur innerhalb 1 Jahres nach der Entscheidung über die Beschwerde eingeleitet werden.

**§ 26 Vertretung.** (1) In den Verfahren vor dem Patentamt kann sich jeder vertreten lassen. Erfolgt die Vertretung gegen Entgelt, dann muß der Vertreter beim Patentamt zugelassen sein.

(2) Wer in der Deutschen Demokratischen Republik weder Wohnsitz noch Niederlassung hat, muß sich in einem in diesem Gesetz geregelten Verfahren vor dem Patentamt und vor den Gerichten von einem vom Patentamt zugelassenen Vertreter vertreten lassen. In einem Verfahren vor einem Gericht kann zusätzlich ein in der Deutschen Demokratischen Republik zugelassener Rechtsanwalt als Vertreter bestellt werden. Der Präsident des Patentamtes kann nach dem Grundsatz der Gegenseitigkeit Ausnahmen von Satz 1 zulassen.

*Fassung des § 26 Abs. 2 vor Inkrafttreten des Gesetzes zur Änderung des Patentgesetzes und des Gesetzes über Warenkennzeichen:*
*(2) Wer in der Deutschen Demokratischen Republik weder Wohnsitz noch Niederlassung hat, muß sich in einem in diesem Gesetz geregelten Verfahren vor dem Patentamt und vor den Gerichten von einem vom Patentamt zugelassenen Vertreter vertreten lassen. In einem Verfahren vor einem Gericht kann zusätzlich ein in der Deutschen Demokratischen Republik zugelassener Rechtsanwalt als Vertreter bestellt werden.*

**§ 27 Gebühren.** (1) In den Verfahren vor dem Patentamt sind Gebühren nach einer Gebührenordnung zu entrichten.

(2) Die Gebührenordnung wird vom Präsidenten des Patensamtes im Einvernehmen mit dem Minister der Finanzen durch Rechtsvorschrift erlassen.

### 5. Abschnitt. Entscheidung von Streitigkeiten

**§ 28** (1) Wird ein eingetragenes Warenkennzeichen oder der Name eines Betriebes widerrechtlich zur Kennzeichnung von Waren oder Dienstleistungen im Rahmen der Wirtschaftstätigkeit benutzt, so können die Berechtigten Ansprüche auf Unterlassung und Schadensersatz durch Klage beim Bezirksgericht Leipzig geltend machen. Verbände zur Warenkennzeichnung können Ansprüche auf Ersatz des Schadens geltend machen, der einem Mitglied des Verbandes entstanden ist.

(2) Ansprüche auf Ersatz des Schadens verjähren innerhalb einer Frist von 4 Jahren von dem Zeitpunkt an gerechnet, an dem die gemäß Abs. 1 Berechtigten von der Rechtsverletzung Kenntnis erlangt haben. Ohne Rücksicht auf diese Kenntnis verjähren die Ansprüche in 10 Jahren vor dem Zeitpunkt der rechtswidrigen Benutzung an.

(3) Wird eine nicht registrierte Marke, die bei den Anwendern oder Verbrauchern als Kennzeichnung der Waren oder Dienstleistungen eines anderen allgemein bekannt ist, zur Kennzeichnung von Waren oder Dienstleistungen verwendet, so stehen dem anderen die Ansprüche nach Abs. 1 zu.

**§ 29** (1) Eine widerrechtliche Benutzung eines Warenkennzeichens im Sinne des § 28 liegt vor, wenn unter Verletzung der Bestimmungen der §§ 14 und 23 Waren, Verpackungen oder Ausstattungen von Waren mit dem Warenkennzeichen gekennzeichnet werden, derartig gekennzeichnete Waren angeboten oder vertrieben werden oder dieses Warenkennzeichen auf Geschäftspapieren verwendet wird. Das gilt für Dienstleistungen entsprechend.

(2) Eine widerrechtliche Benutzung einer Marke liegt auch vor, wenn
- die eingetragene Marke von einem Nichtberechtigten für Waren oder Dienstleistungen benutzt wird, die mit den im registrierten Verzeichnis genannten Waren oder Dienstleistungen gleichartig sind,
- eine mit der eingetragenen Marke verwechselbare oder derart ähnliche Marke für gleichartige Erzeugnisse benutzt wird,

so daß dadurch die in Frage kommenden Verbraucher oder Anwender über die Herkunft der Waren oder Dienstleistungen getäuscht werden können.

(3) Eine widerrechtliche Benutzung einer Herkunftsangabe liegt auch vor, wenn die eingetragenen Herkunftsangaben von einem Nichtberechtigten in einer Übersetzung oder zusammen mit Ausdrücken wie Art, Typ, Fassung, Nachahmung, einer anderen täuschenden Abwandlung oder dergleichen gebraucht wird, selbst wenn die wahre Herkunft der Waren angegeben ist.

**§ 30** Eine widerrechtliche Benutzung eines Namens eines Betriebes im Sinne des § 28 liegt vor, wenn der Name eines bereits gegründeten Betriebes oder dessen allgemein bekannte Kurzbezeichnung oder eine ähnliche Bezeichnung von einem anderen Betrieb in einer Weise benutzt wird, daß dadurch die Gefahr einer Täuschung über die Herkunft der Waren oder Dienstleistungen besteht.

## 6. Abschnitt. Besondere Bestimmungen

**§§ 31 und 32** *(gestrichen)*

*Fassung der §§ 31 und 32 vor Inkrafttreten des Gesetzes zur Änderung des Patentgesetzes und des Gesetzes über Warenkennzeichen:*

**§ 31** *Ablehnung der Ausfuhr.* Die Ausfuhr von Waren kann durch die Dienststellen der Zollverwaltung der Deutschen Demokratischen Republik abgelehnt werden, wenn die Kennzeichnung nicht den Bestimmungen des 3. Abschnittes dieses Gesetzes entspricht. Die Dienststellen der Zollverwaltung können die Durchführung eines Ordnungsverfahrens durch das Patentamt anregen.

**§ 32** *Ordnungsstrafbestimmung.* (1) Wer vorsätzlich als Leiter eines Betriebes gegen die in den §§ 3 und 5 dieses Gesetzes festgelegte Pflicht zur Warenkennzeichnung verstößt, kann mit Verweis oder Ordnungsstrafe bis 500 Markt belegt werden.

(2) Die Durchführung der Ordnungsstrafverfahren obliegt dem Präsidenten des Patentamtes.

(3) Für die Durchführung der Ordnungsstrafverfahren und den Ausspruch von Ordnungsstrafmaßnahmen gilt das Gesetz vom 12. Januar 1968 zur Bekämpfung von Ordnungswidrigkeiten – OWG – (GBl. I Nr. 3 S. 101).

## 7. Abschnitt. Übergangs- und Schlußbestimmungen

**§ 33** Die Bestimmungen dieses Gesetzes finden auf die Anmeldungen, die vor Inkrafttreten dieses Gesetzes eingereicht werden, Anwendung, soweit eine Eintragung des Warenkennzeichens in das Register noch nicht erfolgt ist.

**§ 34** Durchführungsbestimmungen zu diesem Gesetz erläßt der Präsident des Patentamtes im Einvernehmen mit den Leitern der zuständigen zentralen Staatsorgane.

**§ 35** (1) Dieses Gesetz tritt am 1. April 1985 in Kraft.

(2) Gleichzeitig treten in Kraft:
1. Warenzeichengesetz vom 17. Februar 1954 (GBl. Nr. 23 S. 216, Ber. GBl. Nr. 27 S. 267);
2. Gesetz vom 15. November 1968 zur Änderung des Warenzeichengesetzes (GBl. I Nr. 21 S. 357);
3. Bekanntmachung vom 15. November 1968 der Neufassung des Warenzeichengesetzes (GBl. I Nr. 21 S. 360);
4. der § 12 Ziff. 3 des Einführungsgesetzes vom 19. Juni 1975 zum Zivilgesetzbuch der Deutschen Demokratischen Republik (GBl. I Nr. 27 S. 517);
5. Verordnung vom 7. Mai 1970 über die Kennzeichnung der Herkunft von Waren (GBl. II Nr. 50 S. 359);
6. Dritte Durchführungsbestimmung vom 1. März 1971 zum Warenzeichengesetz – Bildung und Tätigkeit von Warenzeichenverbänden – (GBl. II Nr. 33 S. 269);
7. Erste Durchführungsbestimmung vom 1. August 1972 zur Verordnung über die Kennzeichnung der Herkunft von Waren (GBl. II Nr. 48 S. 548);
8. Zweite Durchführungsbestimmung vom 15. Juni 1977 zur Schutzrechtsverordnung – Gestaltung von Warenzeichen – (GBl. I Nr. 19 S. 252).

## 11. Gesetz zur Änderung des Patentgesetzes und des Gesetzes über Warenkennzeichen

vom 29. Juni 1990*

(GBl. I Nr. 40 S. 571)

– Auszug –

**Art. 2 Änderung des Gesetzes über Warenkennzeichen.** Das Gesetz über Warenkennzeichen vom 30. November 1984 (GBl. I Nr. 33 S. 397) wird wie folgt geändert:
1. Die Präambel und die in §§ 1 bis 6 werden gestrichen.
2. Der § 7 enthält folgende Fassung:

„**§ 7 Verbände.** (1) Zur gemeinsamen Verwendung von Warenkennzeichen durch mehrere Betriebe können Verbände gebildet werden. Die Bildung der Verbände zur Warenkennzeichnung erfolgt durch Beschluß der Gründungsversammlung der an ihnen beteiligten Betriebe.

(2) Die Verbände sind in das beim Patentamt bestehende Verbandsregister einzutragen, wenn eine Satzung vorgelegt wird, die über Namen, Sitz, Zweck und Vertretung des Verbandes Auskunft gibt.

(3) Die Verbände werden mit der Eintragung in das Verbandsregister rechtsfähig."
3. Der § 26 Abs. 2 wird wie folgt ergänzt:

„Der Präsident des Patentamtes kann nach dem Grundsatz der Gegenseitigkeit Ausnahmen von Satz 1 zulassen." Die §§ 31 und 32 werden gestrichen.

**Art. 4 Inkrafttreten.** Dieses Gesetz tritt am 1. Juli 1990 in Kraft.

---

* Nach Art. 4 WKGÄndG gilt für das Inkrafttreten: Das WKGÄndG ist am 1. Juli 1990 in Kraft getreten. Das WKGÄndG ist durch Art. 8 EinigV mit Wirkung vom 3. Oktober 1990 aufgehoben.

## 12. Gesetz über die Erstreckung von gewerblichen Schutzrechten (Erstreckungsgesetz – ErstrG)

vom 23. April 1992*

(BGBl. I S. 938; zuletzt geändert durch Gesetz vom 16. Juli 1998, BGBl. II S. 1827)**

### Inhaltsübersicht

**Teil 1. Erstreckung** §§

#### Abschnitt 1. Erstreckung auf das in Artikel 3 des Einigungsvertrages genannte Gebiet

| | |
|---|---|
| Erstreckung von gewerblichen Schutzrechten und Schutzrechtsanmeldungen.... | 1 |
| Löschung von eingetragenen Warenzeichen.............................................. | 2 |
| Widerspruch gegen angemeldete Warenzeichen........................................ | 3 |

#### Abschnitt 2. Erstreckung der in dem in Artikel 3 des Einigungsvertrages genannten Gebiet bestehenden gewerblichen Schutzrechte auf das übrige Bundesgebiet

##### Unterabschnitt 1. Allgemeine Vorschriften

| | |
|---|---|
| Erstreckung von gewerblichen Schutzrechten und Schutzrechtsanmeldungen.... | 4 |
| Anzuwendendes Recht................................................................................ | 5 |

##### Unterabschnitt 2. Besondere Vorschriften für Patente

| | |
|---|---|
| Wirkung erteilter Patente ........................................................................... | 6 |
| Patentdauer ................................................................................................ | 6a |
| Wirtschaftspatente ..................................................................................... | 7 |
| Nicht in deutscher Sprache vorliegende Patente........................................ | 8 |
| Benutzungsrechte an Ausschließungspatenten.......................................... | 9 |
| Patentanmeldungen ................................................................................... | 10 |
| Recherche .................................................................................................. | 11 |
| Prüfung erteilter Patente ............................................................................ | 12 |
| Einspruchsverfahren in besonderen Fällen ............................................... | 13 |
| Überleitung von Berichtigungsverfahren .................................................. | 14 |
| Abzweigung................................................................................................ | 15 |

##### Unterabschnitt 3. Besondere Vorschriften für Urheberscheine und Patente für industrielle Muster

| | |
|---|---|
| Urheberscheine und Patente für industrielle Muster ................................ | 16 |
| Anspruch auf Vergütung............................................................................ | 17 |
| Benutzungsrechte an Urheberscheinen..................................................... | 18 |
| Anmeldungen von Patenten für industrielle Muster.................................. | 19 |

##### Unterabschnitt 4. Besondere Vorschriften für Marken

| | |
|---|---|
| Löschung eingetragener Marken nach § 10 Abs. 2 des Warenzeichengesetzes.... | 20 |
| Löschung eingetragener Marken nach § 11 des Warenzeichengesetzes................ | 21 |
| Prüfung angemeldeter Marken................................................................... | 22 |
| Bekanntmachung angemeldeter Marken; Widerspruch............................. | 23 |
| Schutzdauer................................................................................................ | 24 |
| Übertragung einer Marke; Warenzeichenverbände.................................... | 25 |

#### Abschnitt 3. Übereinstimmende Rechte; Vorbenutzungs- und Weiterbenutzungsrechte

##### Unterabschnitt 1. Erfindungen, Muster und Modelle

| | |
|---|---|
| Zusammentreffen von Rechten ................................................................. | 26 |

---

\* Nach § 55 ErstrG gilt für das Inkrafttreten: Das ErstrG ist am 1. Mai 1992 in Kraft getreten.
\*\* Für die durch das 2. PatGÄndG vom 16. Juli 1998 (BGBl. I S. 1827) vorgenommenen Änderungen des ErstrG gilt für das Inkrafttreten: Die in Art. 7 2. PatGÄndG vorgenommenen Änderungen des 3. Teils des ErstrG treten nach Art. 30 Abs. 1 PatGÄndG am 1. Januar 2000 in Kraft.

|  | §§ |
|---|---|
| Vorbenutzungsrechte | 27 |
| Weiterbenutzungsrechte | 28 |
| Zusammentreffen mit Benutzungsrechten nach § 23 des Patentgesetzes | 29 |

*Unterabschnitt 2. Warenzeichen, Marken und sonstige Kennzeichen*

| | |
|---|---|
| Warenzeichen und Marken | 30 |
| Sonstige Kennzeichenrechte | 31 |
| Weiterbenutzungsrecht | 32 |

### Teil 2. Umwandlung von Herkunftsangaben in Verbandszeichen

| | |
|---|---|
| Umwandlung | 33 |
| Antrag auf Umwandlung | 34 |
| Anwendung des Warenzeichengesetzes | 35 |
| Zusammentreffen von umgewandelten Herkunftsangaben und Warenzeichen | 36 |
| Schutzfähigkeit umgewandelter Herkunftsangaben | 37 |
| Weiterbenutzungsrecht | 38 |

### Teil 3. Einigungsverfahren

| | |
|---|---|
| Einigungsstelle | 39 |
| Besetzung der Einigungsstelle | 40 |
| Ehrenamt; Dienstaufsicht | 41 |
| Verfahren vor der Einigungsstelle | 42 |
| Einigungsvorschlag; Vergleich | 43 |
| Unterbrechung der Verjährung | 44 |
| Kosten des Einigungsverfahrens | 45 |
| Entschädigung der Mitglieder der Einigungsstelle | 46 |

### Teil 4. Änderung von Gesetzen

| | |
|---|---|
| Änderung des Warenzeichengesetzes | 47 |
| Änderung des Gesetzes über die Gebühren des Patentamtes und des Patentgerichts | 48 |

### Teil 5. Übergangs- und Schlußvorschriften

| | |
|---|---|
| Arbeitnehmererfindungen | 49 |
| Überleitung von Schlichtungsverfahren | 50 |
| Überleitung von Beschwerde- und Nichtigkeitsverfahren | 51 |
| Fristen | 52 |
| Gebühren | 53 |
| Anwendung des Gesetzes gegen den unlauteren Wettbewerb und sonstiger Rechtsvorschriften | 54 |
| Inkrafttreten | 55 |

## Teil 1. Erstreckung

### Abschnitt 1. Erstreckung auf das in Artikel 3 des Einigungsvertrages genannte Gebiet

**§ 1 Erstreckung von gewerblichen Schutzrechten und Schutzrechtsanmeldungen.**
(1) Die am 1. Mai 1992 in der Bundesrepublik Deutschland mit Ausnahme des in Artikel 3 des Einigungsvertrages genannten Gebiets bestehenden gewerblichen Schutzrechte (Patente, Gebrauchsmuster, Halbleiterschutzrechte, Geschmacksmuster und typographische Schriftzeichen, Warenzeichen und Dienstleistungsmarken) und Anmeldungen von solchen Schutzrechten werden unter Beibehaltung ihres Zeitrangs auf das in Artikel 3 des Einigungsvertrages genannte Gebiet erstreckt.

(2) Das gleiche gilt für die auf Grund internationaler Abkommen mit Wirkung für die Bundesrepublik Deutschland mit Ausnahme des in Artikel 3 des Einigungsvertrages genannten Gebiets eingereichten Anmeldungen und eingetragenen oder erteilten Schutzrechte.

**§ 2 Löschung von eingetragenen Warenzeichen.** (1) Die Löschung eines nach § 1 erstreckten Warenzeichens, das auf Grund einer in der Zeit vom 1. Juli bis zum Ablauf des 2. Oktober 1990 eingereichten Anmeldung eingetragen worden ist, kann ein Dritter nach § 11 Abs. 1 Nr. 1 des Warenzeichengesetzes auch dann beantragen, wenn das Zeichen für ihn auf Grund einer beim ehemaligen Patentamt der Deutschen Demokratischen Republik eingereichten Anmeldung mit älterem Zeitrang für gleiche oder gleichartige Waren oder Dienstleistungen eingetragen und nach § 4 erstreckt worden ist. Einer solchen Eintragung steht eine nach § 4 erstreckte international registrierte Marke nach dem Madrider Abkommen über die internationale Registrierung von Marken gleich.

(2) Absatz 1 ist auf Anträge auf Entziehung des Schutzes einer nach § 1 erstreckten international registrierten Marke gemäß § 10 der Verordnung über die internationale Registrierung von Fabrik- oder Handelsmarken entsprechend anzuwenden.

**§ 3 Widerspruch gegen angemeldete Warenzeichen.** (1) Gegen die Eintragung eines in der Zeit vom 1. Juli bis zum Ablauf des 2. Oktober 1990 beim Deutschen Patentamt angemeldeten Zeichens, das nach § 1 erstreckt worden ist, kann Widerspruch nach § 5 Abs. 4 oder § 6a Abs. 3 des Warenzeichengesetzes auch erheben, wer für gleiche oder gleichartige Waren oder Dienstleistungen ein mit dem angemeldeten Zeichen übereinstimmendes Zeichen (§ 31 des Warenzeichengesetzes) mit älterem Zeitrang, das nach § 4 erstreckt worden ist, beim ehemaligen Patentamt der Deutschen Demokratischen Republik angemeldet hat. Einer solchen Anmeldung steht eine nach § 4 erstreckte international registrierte Marke nach dem Madrider Abkommen über die internationale Registrierung von Marken gleich.

(2) Hat das Deutsche Patentamt ein in Absatz 1 genanntes Zeichen nach § 5 Abs. 2 des Warenzeichengesetzes bekanntgemacht und ist die Widerspruchsfrist nach § 5 Abs. 4 oder § 6a Abs. 3 des Warenzeichengesetzes am 1. Mai 1992 noch nicht abgelaufen, so kann Widerspruch auf Grund eines in Absatz 1 genannten früheren Zeichens noch bis zum Ablauf von drei Monaten nach diesem Zeitpunkt erhoben werden.

(3) Die Absätze 1 und 2 sind auf Widersprüche nach § 2 der Verordnung über die internationale Registrierung von Fabrik- oder Handelsmarken, die gegen eine nach § 1 erstreckte international registrierte Marke erhoben werden, entsprechend anzuwenden.

### Abschnitt 2. Erstreckung der in dem in Artikel 3 des Einigungsvertrages genannten Gebiet bestehenden gewerblichen Schutzrechte auf das übrige Bundesgebiet

#### Unterabschnitt 1. Allgemeine Vorschriften

**§ 4 Erstreckung von gewerblichen Schutzrechten und Schutzrechtsanmeldungen.**
(1) Die am 1. Mai 1992 in dem in Artikel 3 des Einigungsvertrages genannten Gebiet bestehenden gewerblichen Schutzrechte (Ausschließungspatente und Wirtschaftspatente, Urheberscheine und Patent für industrielle Muster, Marken) und Anmeldungen von solchen Schutzrechten werden unter Beibehaltung ihres Zeitrangs auf das übrige Bundesgebiet erstreckt.

(2) Das gleiche gilt für die auf Grund internationaler Abkommen mit Wirkung für das in Artikel 3 des Einigungsvertrages genannte Gebiet eingereichten Anmeldungen und eingetragenen oder erteilten Schutzrechte.

(3) Für Herkunftsangaben, die mit Wirkung für das in Artikel 3 des Einigungsvertrages genannte Gebiet eingetragen oder angemeldet sind, gelten die §§ 33 bis 38.

**§ 5 Anzuwendendes Recht.** Unbeschadet der nachfolgenden Bestimmungen sind auf die nach § 4 erstreckten gewerblichen Schutzrechte und Schutzrechtsanmeldungen die bisher für sie geltenden Rechtsvorschriften (Anlage I Kapitel III Sachgebiet E Abschnitt II Nr. 1 § 3 Abs. 1 des Einigungsvertrages vom 31. August 1990, BGBl. 1990 II S. 885, 961) nur noch anzuwenden, soweit es sich um die Voraussetzungen der Schutzfähigkeit und die Schutzdauer handelt. Im übrigen unterliegen sie den mit dem Einigungsvertrag übergeleiteten Vorschriften des Bundesrechts.

### Unterabschnitt 2. Besondere Vorschriften für Patente

**§ 6 Wirkung erteilter Patente.** Die Erteilung eines Patents nach den Rechtsvorschriften der Deutschen Demokratischen Republik steht der Veröffentlichung der Erteilung des Patents nach § 58 Abs. 1 des Patentgesetzes gleich.

**§ 6a Patentdauer.** Die Dauer der nach § 4 erstreckten Patente, die am 31. Dezember 1995 noch nicht abgelaufen sind, beträgt 20 Jahre, die mit dem auf die Anmeldung folgenden Tag beginnen.

**§ 7 Wirtschaftspatente.** (1) Nach § 4 erstreckte Wirtschaftspatente gelten als Patente, für die eine Lizenzbereitschaftserklärung nach § 23 Abs. 1 Satz 1 des Patentgesetzes abgegeben worden ist. Dies gilt auch für Wirtschaftspatente, die auf Grund des Abkommens vom 18. Dezember 1976 über die gegenseitige Anerkennung von Urheberscheinen und anderen Schutzdokumenten für Erfindungen (GBl. II 77 Nr. 15 S. 327) mit Wirkung für das in Artikel 3 des Einigungsvertrages genannte Gebiet anerkannt worden sind.

(2) Der Inhaber eines auf das Vorliegen aller Schutzvoraussetzungen geprüften Patents kann zu jedem Zeitpunkt schriftlich gegenüber dem Deutschen Patentamt erklären, daß die Lizenzbereitschaftserklärung nach Absatz 1 als widerrufen gelten soll. Ein Hinweis auf diese Erklärung wird im Patentblatt veröffentlicht. Der Betrag, um den sich die seit dem 1. Mai 1992 fällig gewordenen Jahresgebühren ermäßigt haben, ist innerhalb eines Monats nach der Veröffentlichung des Hinweises zu entrichten. § 17 Abs. 3 Satz 2 und 3 des Patentgesetzes ist entsprechend anzuwenden mit der Maßgabe, daß an die Stelle der Fälligkeit der Ablauf der Monatsfrist des Satzes 3 tritt.

(3) Wer vor der Veröffentlichung des Hinweises auf die Erklärung nach Absatz 2 Satz 2 dem Patentinhaber die Absicht mitgeteilt hat, die Erfindung zu benutzen, und diese in Benutzung genommen oder die zur Benutzung erforderlichen Veranstaltungen getroffen hat, bleibt auch weiterhin zur Benutzung in der von ihm in der Anzeige angegebenen Weise berechtigt.

**§ 8 Nicht in deutscher Sprache vorliegende Patente.** (1) Ist ein nach § 4 erstrecktes Patent nicht in deutscher Sprache veröffentlicht worden, so kann der Patentinhaber die Rechte aus dem Patent erst von dem Tag an geltend machen, an dem eine von ihm eingereichte deutsche Übersetzung der Patentschrift auf seinen Antrag vom Deutschen Patentamt veröffentlicht worden ist. Mit dem Antrag ist eine Gebühr nach dem Tarif zu zahlen. Wird die Gebühr nicht gezahlt, so gilt der Antrag als nicht gestellt.

(2) Ein Hinweis auf die Veröffentlichung der Übersetzung ist im Patentblatt zu veröffentlichen und in der Patentrolle zu vermerken.

(3) Ist die Übersetzung der Patentschrift fehlerhaft, so kann der Patentinhaber die Veröffentlichung einer von ihm eingereichten berichtigten Übersetzung beantragen. Absatz 1 Satz 2 und 3 und Absatz 2 sind entsprechend anzuwenden.

(4) Der Wortlaut der Patentschrift stellt die verbindliche Fassung dar. Ist die Übersetzung der Patentschrift fehlerhaft, so darf derjenige, der in gutem Glauben die Erfindung in Benutzung genommen oder wirkliche und ernsthafte Veranstaltungen zur Benutzung der Erfindung getroffen hat, auch nach Veröffentlichung der berichtigten Übersetzung die Benutzung für die Bedürfnisse seines eigenen Betriebs in eigenen oder fremden Werkstätten im gesamten Bundesgebiet unentgeltlich fortsetzen, wenn die Benutzung keine Verletzung des Patents in der fehlerhaften Übersetzung der Patentschrift darstellen würde.

§ 9 **Benutzungsrechte an Ausschließungspatenten.** Das in Artikel 3 Abs. 4 Satz 1 des Gesetzes zur Änderung des Patentgesetzes und des Gesetzes über Warenkennzeichen der Deutschen Demokratischen Republik vom 29. Juni 1990 (GBl. I Nr. 40 S. 571) vorgesehene Recht, eine durch ein in ein Ausschließungspatent umgewandeltes Wirtschaftspatent geschützte Erfindung weiterzubenutzen, bleibt bestehen und wird auf das übrige Bundesgebiet erstreckt. Der Patentinhaber hat Anspruch auf eine angemessene Vergütung.

§ 10 **Patentanmeldungen.** (1) Ist für eine nach § 4 erstreckte Patentanmeldung eine der Offensichtlichkeitsprüfung nach § 42 des Patentgesetzes entsprechende Prüfung noch nicht erfolgt, so ist die Offensichtlichkeitsprüfung nachzuholen.

(2) Liegt die Anmeldung nicht in deutscher Sprache vor, so fordert das Deutsche Patentamt den Anmelder auf, eine deutsche Fassung der Anmeldung innerhalb von drei Monaten nachzureichen. Wird die deutsche Fassung nicht innerhalb der Frist vorgelegt, so gilt die Anmeldung als zurückgenommen.

(3) Bei einer nach § 4 erstreckten Patentanmeldung wird, sofern die Erteilung des Patents noch nicht beschlossen worden ist, die freie Einsicht in die Akten nach § 31 Abs. 2 Nr. 2 des Patentgesetzes gewährt und die Anmeldung als Offenlegungsschrift veröffentlicht.

(4) Ist für eine nach § 4 erstreckte Patentanmeldung ein Prüfungsantrag wirksam gestellt worden, so wird er weiterbehandelt. Ist die Prüfung von Amts wegen begonnen worden, so wird die Prüfung nur fortgesetzt, wenn der Anmelder den Prüfungsantrag nach § 44 Abs. 1 bis 3 des Patentgesetzes stellt.

§ 11 **Recherche.** Auf Antrag des Patentinhabers oder eines Dritten ermittelt das Deutsche Patentamt zu einem nach § 4 erstreckten Patent die öffentlichen Druckschriften, die für die Beurteilung der Patentfähigkeit der Erfindung in Betracht zu ziehen sind. Mit dem Antrag ist eine Gebühr nach dem Tarif zu zahlen. Wird die Gebühr nicht gezahlt, so gilt der Antrag als nicht gestellt. § 43 Abs. 3 bis 6 und 7 Satz 1 des Patentgesetzes ist entsprechend anzuwenden.

§ 12 **Prüfung erteilter Patente.** (1) Ein nach § 4 erstrecktes Patent, das nicht auf das Vorliegen aller Schutzvoraussetzungen geprüft ist, wird auf Antrag von der Prüfungsstelle des Deutschen Patentamts geprüft. Der Antrag kann vom Patentinhaber und jedem Dritten gestellt werden. § 44 Abs. 1, 3 und 5 Satz 1 und § 45 des Patentgesetzes sind entsprechend anzuwenden; § 44 Abs. 4 Satz 1 und 2 des Patentgesetzes ist entsprechend anzuwenden, wenn ein Antrag nach § 11 gestellt worden ist.

(2) Ein für ein nach § 4 erstrecktes Patent bereits wirksam gestellter Prüfungsantrag wird von der Prüfungsstelle weiterbehandelt. Eine von Amts wegen bereits begonnene Prüfung eines Patents wird fortgesetzt.

(3) Die Prüfung nach den Absätzen 1 und 2 führt zur Aufrechterhaltung oder zum Widerruf des Patents. § 58 Abs. 1 Satz 1 und 2 des Patentgesetzes ist entsprechend anzuwenden. Gegen die Aufrechterhaltung kann Einspruch nach § 59 des Patentgesetzes erhoben werden.

(4) Auf Patente im Sinne des Absatzes 1 ist § 81 Abs. 2 des Patentgesetzes nicht anzuwenden.

(5) § 130 des Patentgesetzes ist auf Prüfungsverfahren nach den Absätzen 1 und 2 entsprechend anzuwenden.

§ 13 **Einspruchsverfahren in besonderen Fällen.** Ist vom Deutschen Patentamt ein nach § 4 erstrecktes Patent nach § 18 Abs. 1 oder 2 des Patentgesetzes der Deutschen Demokratischen Republik bestätigt oder erteilt worden, so kann bis zum Ablauf des 31. Juli 1992 noch Einspruch beim Deutschen Patentamt erhoben werden. Die §§ 59 bis 62 des Patentgesetzes sind anzuwenden.

§ 14 **Überleitung von Berichtigungsverfahren.** Berichtigungsverfahren nach § 19 des Patentgesetzes der Deutschen Demokratischen Republik, die am 1. Mai 1992 beim Deutschen Patentamt noch anhängig sind, werden in der Lage, in der sie sich befinden, als Beschränkungsverfahren nach § 64 des Patentgesetzes weitergeführt.

**§ 15 Abzweigung.** (1) Die Erklärung nach § 5 Abs. 1 Satz 1 des Gebrauchsmustergesetzes kann auch in bezug auf nach § 4 erstreckte Patente oder Patentanmeldungen abgegeben werden. Dies gilt nicht für Patente, die vom ehemaligen Patentamt der Deutschen Demokratischen Republik nach Prüfung auf das Vorliegen aller Schutzvoraussetzungen erteilt oder bestätigt worden sind.

(2) Bei den in Absatz 1 genannten Patenten kann die Erklärung bis zum Ablauf von zwei Monaten nach dem Ende des Monats, in dem ein etwaiges Prüfungsverfahren oder ein etwaiges Einspruchsverfahren abgeschlossen ist, jedoch längstens bis zum Ablauf des zehnten Jahres nach dem Anmeldetag des Patents abgegeben werden.

(3) Rechte nach § 9 oder auf Grund von § 7 Abs. 1 und 3, die Erfindung gegen Zahlung einer angemessenen Vergütung zu benutzen, und Weiterbenutzungsrechte nach § 28 gelten auch gegenüber einem nach Absatz 1 abgezweigten Gebrauchsmuster.

### Unterabschnitt 3. Besondere Vorschriften für Urheberscheine und Patente für industrielle Muster

**§ 16 Urheberscheine und Patente für industrielle Muster.** (1) Nach § 4 erstreckte Urheberscheine und Patente für industrielle Muster gelten als Geschmacksmuster im Sinne des Geschmacksmustergesetzes. § 5 Satz 1 bleibt unberührt.

(2) Bei nach § 4 erstreckten Urheberscheinen gilt der Ursprungsbetrieb im Sinne des § 4 der Verordnung über industrielle Muster vom 17. Januar 1974 (GBl. I Nr. 15 S. 140), die durch Verordnung vom 9. Dezember 1988 (GBl. I Nr. 28 S. 333) geändert worden ist, oder dessen Rechtsnachfolger als Inhaber des Schutzrechts.

**§ 17 Anspruch auf Vergütung.** Ist der Anspruch des Urhebers eines Musters oder Modells auf Vergütung nach den bisher anzuwendenden Rechtsvorschriften bereits entstanden, so ist die Vergütung noch nach diesen Vorschriften zu zahlen.

**§ 18 Benutzungsrechte an Urheberscheinen.** Wer ein Muster oder Modell, das durch einen nach § 4 erstreckten Urheberschein geschützt ist oder das zur Erteilung eines Urheberscheins angemeldet wurde, nach den bisher anzuwendenden Rechtsvorschriften rechtmäßig in Benutzung genommen hat, kann dieses im gesamten Bundesgebiet weiterbenutzen. Der Inhaber des Schutzrechts kann von dem Benutzungsberechtigten eine angemessene Vergütung für die Weiterbenutzung verlangen.

**§ 19 Anmeldungen von Patenten für industrielle Muster.** (1) Ist eine nach § 4 erstreckte Anmeldung eines Patents für ein industrielles Muster nach § 10 Abs. 1 der Verordnung über industrielle Muster bekanntgemacht worden, so steht dies der Bekanntmachung der Eintragung der Anmeldung in das Musterregister nach § 8 Abs. 2 des Geschmacksmustergesetzes gleich. Ist die Anmeldung eingetragen, aber noch nicht bekanntgemacht worden, so erfolgt die Bekanntmachung nach § 8 Abs. 2 des Geschmacksmustergesetzes.

(2) Ist die Anmeldung noch nicht eingetragen worden, so erfolgt die Behandlung der Anmeldung und ihre Eintragung, auch soweit die Prüfung der Anmeldeerfordernisse nach § 9 der Verordnung über industrielle Muster bereits stattgefunden hat, nach den Vorschriften des Geschmacksmustergesetzes; § 10 Abs. 3 Satz 2 und 3 des Geschmacksmustergesetzes ist nicht anzuwenden.

(3) Ist die Bekanntmachung einer Anmeldung nach § 10 Abs. 2 der Verordnung über industrielle Muster ausgesetzt worden und ist die Aussetzungsfrist am 1. Mai 1992 noch nicht abgelaufen, so wird nach Ablauf der Aussetzungsfrist, spätestens jedoch nach Ablauf von achtzehn Monaten nach dem 3. Oktober 1990, die Bekanntmachung entsprechend § 8b Abs. 3 des Geschmacksmustergesetzes nachgeholt, sofern nicht der Inhaber des Musters oder Modells die Löschung der Eintragung des Musters oder Modells beantragt. Das Deutsche

Patentamt gibt dem eingetragenen Inhaber Nachricht, daß die Bekanntmachung nachgeholt wird, wenn nicht innerhalb von einem Monat nach Zustellung der Nachricht ein Antrag auf Löschung der Eintragung des Musters oder Modells gestellt wird.

(4) Eine noch nicht abgeschlossene Prüfung der materiellen Schutzvoraussetzungen nach § 11 der Verordnung über industrielle Muster wird eingestellt. Die für einen Antrag auf Prüfung der materiellen Schutzvoraussetzungen entrichtete Gebühr wird erstattet.

(5) Einsprüche nach § 10 Abs. 3 der Verordnung über industrielle Muster, die noch nicht erledigt sind, werden vom Deutschen Patentamt nicht weiterbehandelt.

### Unterabschnitt 4. Besondere Vorschriften für Marken

**§ 20 Löschung eingetragener Marken nach § 10 Abs. 2 des Warenzeichengesetzes.** (1) Die Löschung einer nach § 4 erstreckten Marke erfolgt von Amts wegen oder auf Antrag nach § 10 Abs. 2 Nr. 2 des Warenzeichengesetzes nur dann, wenn die Marke sowohl nach den bisher anzuwendenden Rechtsvorschriften als auch nach den Vorschriften des Warenzeichengesetzes nicht schutzfähig ist.

(2) Absatz 1 ist auf Anträge auf Entziehung des Schutzes einer nach § 4 erstreckten international registrierten Marke gemäß § 10 der Verordnung über die internationale Registrierung von Fabrik- oder Handelsmarken entsprechend anzuwenden.

**§ 21 Löschung eingetragener Marken nach § 11 des Warenzeichengesetzes.** (1) Die Löschung einer nach § 4 erstreckten Marke, die auf Grund einer in der Zeit vom 1. Juli bis zum Ablauf des 2. Oktober 1990 eingereichten Anmeldung eingetragen worden ist, kann ein Dritter nach § 11 Abs. 1 Nr. 1 des Warenzeichengesetzes auch dann beantragen, wenn das Zeichen für ihn auf Grund einer Anmeldung mit älterem Zeitrang für gleiche oder gleichartige Waren in der Zeichenrolle eingetragen steht und nach § 1 erstreckt worden ist. Einer solchen Eintragung steht eine nach § 1 erstreckte international registrierte Marke nach dem Madrider Abkommen über die internationale Registrierung von Marken gleich.

(2) Absatz 1 ist auf Anträge auf Entziehung des Schutzes einer nach § 4 erstreckten international registrierten Marke gemäß § 10 der Verordnung über die internationale Registrierung von Fabrik- oder Handelsmarken entsprechend anzuwenden.

**§ 22 Prüfung angemeldeter Marken.** (1) Auf nach § 4 erstreckte Markenanmeldungen sind die Vorschriften des Warenzeichengesetzes anzuwenden, soweit nachfolgend nichts anderes bestimmt ist.

(2) Die Versagung der Eintragung kann nicht darauf gestützt werden, daß es sich bei dem angemeldeten Zeichen um eine nach dem Warenzeichengesetz nicht eintragbare Markenform handelt.

(3) Die Absätze 1 und 2 sind auf nach § 4 erstreckte international registrierte Marken nach dem Madrider Abkommen über die internationale Registrierung von Marken entsprechend anzuwenden.

**§ 23 Bekanntmachung angemeldeter Marken; Widerspruch.** (1) Nach § 4 erstreckte Markenanmeldungen werden, auch soweit eine Prüfung nach den bisher anzuwendenden Rechtsvorschriften bereits stattgefunden hat, nach § 5 Abs. 2 oder § 6a Abs. 3 des Warenzeichensetzes bekanntgemacht.

(2) Gegen die Eintragung der in Absatz 1 genannten angemeldeten Zeichen kann nach § 5 Abs. 4 Satz 1 Nr. 1 des Warenzeichengesetzes Widerspruch nur erheben,
1. wer für gleiche oder gleichartige Waren oder Dienstleistungen ein mit dem angemeldeten Zeichen übereinstimmendes Zeichen (§ 31 des Warenzeichengesetzes) mit älterem Zeitrang, das nach § 4 erstreckt worden ist, beim ehemaligen Patentamt der Deutschen Demokratischen Republik angemeldet hat oder
2. wer, soweit das bekanntgemachte Zeichen in der Zeit vom 1. Juli bis zum Ablauf des 2. Oktober 1990 beim ehemaligen Patentamt der Deutschen Demokratischen Republik

angemeldet worden ist, für gleiche oder gleichartige Waren ein mit dem angemeldeten Zeichen übereinstimmendes Zeichen (§ 31 des Warenzeichengesetzes) mit älterem Zeitrang, das nach § 1 erstreckt worden ist, beim Deutschen Patentamt angemeldet hat.

Den in Nummer 1 und Nummer 2 bezeichneten früheren Anmeldungen stehen nach § 1 oder § 4 erstreckte international registrierte Marken nach dem Madrider Abkommen über die internationale Registrierung von Marken gleich.

(3) Die Absätze 1 und 2 sind auf Widersprüche nach § 2 der Verordnung über die internationale Registrierung von Fabrik- oder Handelsmarken, die gegen eine nach § 4 erstreckte international registrierte Marke erhoben werden, entsprechend anzuwenden.

**§ 24 Schutzdauer.** Auf die Berechnung der Dauer des Schutzes von nach § 4 erstreckten Marken ist § 9 Abs. 1 des Warenzeichengesetzes anzuwenden.

**§ 25 Übertragung einer Marke; Warenzeichenverbände.** (1) Eine vor dem 1. Mai 1992 vorgenommene Übertragung der sich aus einer Marke oder Markenanmeldung, die nach § 4 erstreckt worden ist, ergebenden Rechte ist abweichend von § 17 Abs. 1 Satz 2 des Gesetzes über Warenkennzeichen vom 30. November 1984 (GBl. I Nr. 33 S. 397), das durch Artikel 2 des Gesetzes vom 29. Juni 1990 (GBl. I Nr. 40 S. 571) geändert worden ist, auch ohne entsprechende Eintragung im Register wirksam.

(2) Die Löschung eines nach § 1 erstreckten Verbandszeichens oder einer nach § 4 erstreckten Kollektivmarke oder die Versagung der Eintragung eines solchen Zeichens kann nicht darauf gestützt werden, daß der Verband, für den das Zeichen eingetragen oder angemeldet ist, nicht rechtsfähig ist, wenn dieser am 1. Mai 1992 in das Verbandsregister nach § 7 des Gesetzes über Warenkennzeichen eingetragen war und er oder derjenige, dem das durch die Anmeldung oder Eintragung des Zeichens begründete Recht von dem Verband übertragen worden ist, dem Deutschen Patentamt bis zum Ablauf des 30. April 1993 nachweist, daß er die Voraussetzungen für die Anmeldung eines Verbandszeichens nach § 17 Abs. 1 oder 2 und § 18 Satz 1 des Warenzeichengesetzes erfüllt; § 20 des Warenzeichengesetzes ist insoweit nicht anzuwenden.

### Abschnitt 3. Übereinstimmende Rechte; Vorbenutzungs- und Weiterbenutzungsrechte

#### Unterabschnitt 1. Erfindungen, Muster und Modelle

**§ 26 Zusammentreffen von Rechten.** (1) Soweit Patente, Patentanmeldungen oder Gebrauchsmuster, die nach diesem Gesetz auf das in Artikel 3 des Einigungsvertrages genannte Gebiet oder das übrige Bundesgebiet erstreckt werden, in ihrem Schutzbereich übereinstimmen und infolge der Erstreckung zusammentreffen, können die Inhaber dieser Schutzrechte oder Schutzrechtsanmeldungen ohne Rücksicht auf deren Zeitrang Rechte aus den Schutzrechten oder Schutzrechtsanmeldungen weder gegeneinander noch gegen die Personen, denen der Inhaber des anderen Schutzrechts oder der anderen Schutzrechtsanmeldung die Benutzung gestattet hat, geltend machen.

(2) Der Gegenstand des Schutzrechts oder der Schutzrechtsanmeldung darf jedoch in dem Gebiet, auf das das Schutzrecht oder die Schutzrechtsanmeldung erstreckt worden ist, nicht oder nur unter Einschränkungen benutzt werden, soweit die uneingeschränkte Benutzung zu einer wesentlichen Beeinträchtigung des Inhabers des anderen Schutzrechts oder der anderen Schutzrechtsanmeldung oder der Personen, denen er die Benutzung des Gegenstands seines Schutzrechts oder seiner Schutzrechtsanmeldung gestattet hat, führen würde, die unter Berücksichtigung aller Umstände des Falles und bei Abwägung der berechtigten Interessen der Beteiligten unbillig wäre.

(3) Die Absätze 1 und 2 gelten entsprechend, wenn infolge der Erstreckung übereinstimmende Geschmacksmuster, Urheberscheine oder Patente für industrielle Muster oder Anmeldungen von solchen Schutzrechten zusammentreffen.

Erstreckungsgesetz §§ 27–30 **ErstrG**

**§ 27 Vorbenutzungsrechte.** (1) Ist die Wirkung eines nach § 1 oder § 4 erstreckten Patents oder Gebrauchsmusters durch ein Vorbenutzungsrecht eingeschränkt (§ 12 des Patentgesetzes, § 13 Abs. 3 des Gebrauchsmustergesetzes, § 13 Abs. 1 des Patentgesetzes der Deutschen Demokratischen Republik), so gilt dieses Vorbenutzungsrecht mit den sich aus § 12 des Patentgesetzes ergebenden Schranken im gesamten Bundesgebiet.

(2) Absatz 1 ist entsprechend anzuwenden, wenn die Voraussetzungen für die Anerkennung eines Vorbenutzungsrechts in dem Gebiet vorliegen, in dem das Schutzrecht bisher nicht galt.

**§ 28 Weiterbenutzungsrechte.** (1) Die Wirkung eines nach § 1 oder § 4 erstreckten Patents oder Gebrauchsmusters tritt gegen denjenigen nicht ein, der die Erfindung in dem Gebiet, in dem das Schutzrecht bisher nicht galt, nach dem für den Zeitrang der Anmeldung maßgeblichen Tag und vor dem 1. Juli 1990 rechtmäßig in Benutzung genommen hat. Dieser ist befugt, die Erfindung im gesamten Bundesgebiet für die Bedürfnisse seines eigenen Betriebs in eigenen oder fremden Werkstätten mit den sich aus § 12 des Patentgesetzes ergebenden Schranken auszunutzen, soweit die Benutzung nicht zu einer wesentlichen Beeinträchtigung des Inhabers des Schutzrechts oder der Personen, denen er die Benutzung des Gegenstands seines Schutzrechts gestattet hat, führt, die unter Berücksichtigung aller Umstände des Falles und bei Abwägung der berechtigten Interessen der Beteiligten unbillig wäre.

(2) Bei einem im Ausland hergestellten Erzeugnis steht dem Benutzer ein Weiterbenutzungsrecht nach Absatz 1 nur zu, wenn durch die Benutzung im Inland ein schutzwürdiger Besitzstand begründet worden ist, dessen Nichtanerkennung unter Berücksichtigung aller Umstände des Falles für den Benutzer eine unbillige Härte darstellen würde.

(3) Die Absätze 1 und 2 sind auf nach § 1 oder § 4 erstreckte Geschmacksmuster, Urheberscheine und Patente für industrielle Muster und Halbleiterschutzrechte entsprechend anzuwenden.

**§ 29 Zusammentreffen mit Benutzungsrechten nach § 23 des Patentgesetzes.** Soweit Patente oder Patentanmeldungen, für die eine Lizenzbereitschaftserklärung nach § 23 des Patentgesetzes abgegeben worden ist oder nach § 7 als abgegeben gilt, mit Patenten, Patentanmeldungen oder Gebrauchsmustern in ihrem Schutzbereich übereinstimmen und infolge der Erstreckung nach diesem Gesetz zusammentreffen, können die Inhaber der zuletzt genannten Patente, Patentanmeldungen oder Gebrauchsmuster die Rechte aus diesen Schutzrechten oder Schutzrechtsanmeldungen ohne Rücksicht auf deren Zeitrang gegen denjenigen geltend machen, der nach § 23 Abs. 3 Satz 4 des Patentgesetzes berechtigt ist, die Erfindung zu benutzen. § 28 bleibt unberührt.

### Unterabschnitt 2. Warenzeichen, Marken und sonstige Kennzeichen

**§ 30 Warenzeichen und Marken.** (1) Trifft ein Warenzeichen, das nach § 1 auf das in Artikel 3 des Einigungsvertrages genannte Gebiet erstreckt wird, infolge der Erstreckung mit einer übereinstimmenden Marke zusammen, die nach § 4 auf das übrige Bundesgebiet erstreckt wird, so darf jedes der Zeichen in dem Gebiet, auf das es erstreckt wird, nur mit Zustimmung des Inhabers des anderen Zeichens benutzt werden.

(2) Das Zeichen darf auch ohne Zustimmung des Inhabers des anderen Zeichens in dem Gebiet, auf das es erstreckt wird, benutzt werden

1. zur Werbung in öffentlichen Bekanntmachungen oder in Mitteilungen, die für einen größeren Kreis von Personen bestimmt sind, wenn die Verbreitung dieser öffentlichen Bekanntmachungen oder Mitteilungen nicht in zumutbarer Weise auf das Gebiet beschränkt werden kann, in dem das Zeichen bisher schon galt,
2. wenn der Inhaber des Zeichens glaubhaft macht, daß ihm nach den Vorschriften des Vermögensgesetzes ein Anspruch auf Rückübertragung des anderen Zeichens oder des Unternehmens, zu dem das andere Zeichen gehört, zusteht,

3. soweit sich der Ausschluß von der Benutzung des Zeichens in diesem Gebiet unter Berücksichtigung aller Umstände des Falles und bei Abwägung der berechtigten Interessen der Beteiligten und der Allgemeinheit als unbillig erweist.

(3) In den Fällen des Absatzes 2 Nr. 1 und 3 kann der Zeicheninhaber von demjenigen, der das andere Zeichen benutzt, eine angemessene Entschädigung verlangen, soweit er durch die Benutzung über das zumutbare Maß hinaus beeinträchtigt wird.

(4) Erweist sich im Falle des Absatzes 2 Nr. 2 der Rückübertragungsanspruch als unbegründet, so ist der Inhaber des Warenzeichens verpflichtet, den Schaden zu ersetzen, der dem Inhaber der übereinstimmenden Marke dadurch entstanden ist, daß das Zeichen in dem Gebiet, auf das es erstreckt worden ist, ohne seine Zustimmung benutzt worden ist.

**§ 31 Sonstige Kennzeichenrechte.** Treffen Warenzeichen oder Marken, die nach diesem Gesetz auf das in Artikel 3 des Einigungsvertrages genannte Gebiet oder auf das übrige Bundesgebiet erstreckt werden, infolge der Erstreckung mit einem Namen, einer Firma, einer besonderen Bezeichnung eines Unternehmens oder einem sonstigen durch Benutzung erworbenen Kennzeichenrecht zusammen, so ist § 30 entsprechend anzuwenden.

**§ 32 Weiterbenutzungsrecht.** Die Wirkung einer nach § 4 auf das übrige Bundesgebiet erstreckten eingetragenen Marke oder Markenanmeldung, die nach § 1 oder § 4 Abs. 1 oder Abs. 2 Nr. 1 des Warenzeichengesetzes von der Eintragung ausgeschlossen wäre, tritt gegen denjenigen nicht ein, der ein mit der Marke übereinstimmendes Zeichen für gleiche oder gleichartige Waren oder Dienstleistungen im übrigen Bundesgebiet bereits vor dem 1. Juli 1990 rechtmäßig benutzt hat. Dieser ist befugt, das Zeichen im gesamten Bundesgebiet zu benutzen, soweit die Benutzung nicht zu einer wesentlichen Beeinträchtigung des Markeninhabers oder der Personen, denen er die Benutzung der Marke gestattet hat, führt, die unter Berücksichtigung aller Umstände des Falles und bei Abwägung der berechtigten Interessen der Beteiligten und der Allgemeinheit unbillig wäre.

## Teil 2. Umwandlung von Herkunftsangaben in Verbandszeichen

**§ 33 Umwandlung.** (1) Die in das Register für Herkunftsangaben eingetragenen Herkunftsangaben und die zur Eintragung in dieses Register angemeldeten Herkunftsangaben werden auf Antrag gemäß den nachfolgenden Bestimmungen in Verbandszeichen (§§ 17 bis 23 des Warenzeichengesetzes) umgewandelt.

(2) Die in Verbandszeichen umgewandelten Herkunftsangaben erhalten im übrigen Bundesgebiet denselben Zeitrang wie in dem in Artikel 3 des Einigungsvertrages genannten Gebiet.

**§ 34 Antrag auf Umwandlung.** (1) Der Antrag auf Umwandlung kann nur von den in § 17 des Warenzeichengesetzes aufgeführten rechtsfähigen Verbänden oder juristischen Personen des öffentlichen Rechts gestellt werden.

(2) Der Antrag auf Umwandlung ist bis zum Ablauf des 30. April 1993 zu stellen. Der Antrag ist gebührenfrei. Gegen die Versäumung der Frist findet keine Wiedereinsetzung in den vorigen Stand statt.

(3) Wird der Antrag nicht innerhalb der in Absatz 2 genannten Frist gestellt, so erlischt das Recht aus der Eintragung in das Register für Herkunftsangaben oder das mit der Anmeldung der Herkunftsangabe begründete Recht. Das Erlöschen ist in dem Register oder in den Akten der Anmeldung zu vermerken.

(4) Das Erlöschen von Rechten gemäß Absatz 3 beeinträchtigt nicht die Befugnis, Ansprüche hinsichtlich der betroffenen Herkunftsangaben nach den allgemeinen Vorschriften geltend zu machen.

**§ 35 Anwendung des Warenzeichengesetzes.** Der Antrag auf Umwandlung wird, soweit nachfolgend nichts anderes bestimmt ist, als Anmeldung eines Verbandszeichens nach den §§ 17 bis 23 des Warenzeichengesetzes behandelt.

**§ 36 Zusammentreffen von umgewandelten Herkunftsangaben und Warenzeichen.** Die §§ 2 und 3, 20 bis 24 und 30 bis 32 sind auf Anträge auf Umwandlung von Herkunftsangaben in Verbandszeichen und als Verbandszeichen eingetragene umgewandelte Herkunftsangaben entsprechend anzuwenden.

**§ 37 Schutzfähigkeit umgewandelter Herkunftsangaben.** Liegen die Voraussetzungen für die Eintragung eines Verbandszeichens im übrigen vor, so kann die Umwandlung einer eingetragenen oder angemeldeten Herkunftsangabe in ein Verbandszeichen nicht mit der Begründung abgelehnt werden, daß es sich nicht um eine Herkunftsangabe handelt, es sei denn, daß die Bezeichnung ihre ursprüngliche Bedeutung als geographische Angabe verloren hat und von den in Betracht kommenden Verkehrskreisen im gesamten Bundesgebiet ausschließlich als Warenname oder als Bezeichnung einer Sorte oder Art eines Erzeugnisses aufgefaßt wird.

**§ 38 Weiterbenutzungsrecht.** (1) Trifft eine in ein Verbandszeichen umgewandelte Herkunftsangabe im übrigen Bundesgebiet auf eine übereinstimmende Bezeichnung, die dort vor dem 1. Juli 1990 rechtmäßig als Gattungsbezeichnung benutzt worden ist, so darf die Bezeichnung zur Kennzeichnung von Waren oder Verpackungen oder in Ankündigungen, Preislisten, Geschäftsbriefen, Empfehlungen, Rechnungen und dergleichen noch bis zum Ablauf von zwei Jahren nach der Eintragung des Verbandszeichens benutzt werden. Nach Ablauf dieser Frist noch vorhandene, so gekennzeichnete Waren oder Verpackungen oder vorhandene Ankündigungen, Preislisten, Geschäftsbriefe, Empfehlungen, Rechnungen oder dergleichen dürfen noch bis zum Ablauf von weiteren zwei Jahren abgesetzt und aufgebraucht werden.

(2) Trifft eine in ein Verbandszeichen umgewandelte Herkunftsangabe im übrigen Bundesgebiet auf eine übereinstimmende Bezeichnung, die dort vor dem 1. Juli 1990 rechtmäßig von einem Unternehmen benutzt worden ist, das hinsichtlich der Benutzung dieser Bezeichnung die Tradition eines ursprünglich in dem in Artikel 3 des Einigungsvertrages genannten Gebiet ansässigen Geschäftsbetriebs fortführt, so ist Absatz 1 entsprechend anzuwenden mit der Maßgabe, daß die Frist zur Weiterbenutzung nach Satz 1 zehn Jahre beträgt.

### Teil 3. Einigungsverfahren*

**§ 39 Einigungsstelle.** (1) In bürgerlichen Rechtsstreitigkeiten, die sich aus dem Zusammentreffen von nach diesem Gesetz erstreckten gewerblichen Schutzrechten oder Benutzungsrechten ergeben, kann jede der Parteien zu jeder Zeit die Einigungsstelle anrufen.

(2) Die Einigungsstelle hat die Aufgabe, in Streitigkeiten der in Absatz 1 bezeichneten Art eine gütliche Einigung zwischen den Parteien zu vermitteln.

(3) Die Einigungsstelle wird beim Deutschen Patentamt errichtet. Sie kann auch außerhalb ihres Sitzes zusammentreten.

**§ 40 Besetzung der Einigungsstelle.** (1) Die Einigungsstelle besteht aus einem Vorsitzenden oder seinem Vertreter und zwei Beisitzern.

(2) Der Vorsitzende und sein Vertreter müssen die Befähigung zum Richteramt nach dem Deutschen Richtergesetz besitzen und auf dem Gebiet des gewerblichen Rechtsschutzes erfahren sein. Sie werden vom Bundesminister der Justiz zum Beginn des Kalenderjahres für dessen Dauer berufen.

(3) Die Beisitzer werden vom Vorsitzenden für den jeweiligen Streitfall aus einer vom Präsidenten des Deutschen Patentamts alljährlich für das Kalenderjahr aufzustellenden Liste der Beisitzer berufen.

Die Berufung soll im Einvernehmen mit den Parteien erfolgen. Einem einvernehmlichen Vorschlag der Parteien soll der Vorsitzende in der Regel entsprechen, auch wenn die vorgeschlagenen Personen nicht in der Liste aufgeführt sind.

---

* Teil 3 wird gemäß § 7 in Verbindung mit § 30 Abs,. 1 2. PatGÄndG vom 16. Juli 1998 (BGBl. I S. 1827) am 1. Januar 200 aufgehoben.

(4) Für die Ausschließung und Ablehnung von Mitgliedern der Einigungsstelle sind die §§ 41 bis 43 und § 44 Abs. 2 bis 4 der Zivilprozeßordnung entsprechend anzuwenden. Über das Ablehnungsgesuch entscheidet das Bundespatentgericht.

**§ 41 Ehrenamt; Dienstaufsicht.** (1) Die Mitglieder der Einigungsstelle üben ihre Tätigkeit ehrenamtlich aus. Der Vorsitzende und sein Vertreter können auch hauptamtlich berufen werden.

(2) Der Vorsitzende und sein Vertreter werden vom Bundesminister der Justiz, die Beisitzer vom Vorsitzenden vor ihrer ersten Dienstleistung zur gewissenhaften und unparteiischen Wahrnehmung ihres Amtes und zur Verschwiegenheit über die ihnen bei ihrer amtlichen Tätigkeit bekanntgewordenen Tatsachen verpflichtet.

(3) Die Dienstaufsicht über die Einigungsstelle führt der Vorsitzende, die Dienstaufsicht über den Vorsitzenden der Bundesminister der Justiz.

**§ 42 Verfahren vor der Einigungsstelle.** (1) Die Anrufung der Einigungsstelle erfolgt durch schriftlichen Antrag. Der Antrag soll eine kurze Darstellung des Sachverhalts sowie Namen und Anschrift der anderen Partei enthalten.

(2) Auf das Verfahren vor der Einigungsstelle sind die §§ 1042 Abs. 1 und 1050 der Zivilprozeßordnung entsprechend anzuwenden. § 1042 Abs. 2 der Zivilprozeßordnung ist entsprechend anzuwenden mit der Maßgabe, daß auch Patentanwälte, Erlaubnisscheininhaber und im Rahmen des § 156 der Patentanwaltsordnung auch Patentassessoren von der Einigungsstelle nicht zurückgewiesen werden dürfen.

(3) Im übrigen bestimmt die Einigungsstelle das Verfahren selbst. Sie kann das persönliche Erscheinen der Parteien anordnen.

**§ 43 Einigungsvorschlag; Vergleich.** (1) Die Einigungsstelle faßt ihre Beschlüsse mit Stimmenmehrheit. § 196 Abs. 2 des Gerichtsverfassungsgesetzes ist anzuwenden.

(2) Die Einigungsstelle kann den Parteien einen schriftlichen Einigungsvorschlag unterbreiten. Der Einigungsvorschlag darf nur mit Zustimmung der Parteien veröffentlicht werden.

(3) Aus einem vor der Einigungsstelle geschlossenen Vergleich findet die Zwangsvollstreckung statt, wenn er in einem besonderen Schriftstück niedergelegt und unter Angabe des Tages seines Zustandekommens von den Mitgliedern der Einigungsstelle, welche in der Verhandlung mitgewirkt haben, sowie von den Parteien unterschrieben ist. § 797a der Zivilprozeßordnung ist entsprechend anzuwenden.

**§ 44 Unterbrechung der Verjährung.** Durch die Anrufung der Einigungsstelle wird die Verjährung in gleicher Weise wie durch Klageerhebung unterbrochen. Die Unterbrechung dauert bis zur Beendigung des Verfahrens vor der Einigungsstelle fort. Kommt ein Vergleich nicht zustande, so ist der Zeitpunkt, zu dem das Verfahren beendet ist, von der Einigungsstelle festzustellen. Der Vorsitzende hat dies den Parteien mitzuteilen. Wird die Anrufung der Einigungsstelle zurückgenommen, so gilt die Unterbrechung der Verjährung als nicht erfolgt.

**§ 45 Kosten des Einigungsverfahrens.** (1) Mit dem Antrag auf Anrufung der Einigungsstelle ist eine Gebühr vom 300 DM zu entrichten. Wird die Gebühr nicht gezahlt, so gilt der Antrag als nicht gestellt.

(2) Für die Entrichtung der Gebühr nach Absatz 1 und die Erhebung von Auslagen gilt die Verordnung über Verwaltungskosten beim Deutschen Patentamt entsprechend.

(3) Die Einigungsstelle hat eine gütliche Einigung der Parteien über die Pflicht zur Tragung der durch das Verfahren entstandenen Kosten anzustreben. Dies gilt auch dann, wenn eine Einigung in der Sache selbst nicht erzielt wird. Kommt eine Einigung über die Kostenverteilung nicht zustande, so entscheidet die Einigungsstelle über die Verteilung der nach Absatz 2 zu erhebenden Auslagen nach billigem Ermessen; im übrigen trägt jede Partei die ihr entstandenen Kosten selbst.

Erstreckungsgesetz §§ 46–48 ErstrG

(4) Gegen Entscheidungen nach Absatz 2 und Absatz 3 Satz 3 findet die Beschwerde an das Bundespatentgericht statt. Die Vorschriften des Patentgesetzes über das Beschwerdeverfahren sind mit Ausnahme der §§ 76 bis 78 entsprechend anzuwenden.

**§ 46 Entschädigung der Mitglieder der Einigungsstelle.** Die ehrenamtlich tätigen Mitglieder der Einigungsstelle erhalten eine Entschädigung nach Maßgabe der §§ 2 bis 5 und 9 bis 11 des Gesetzes über die Entschädigung der ehrenamtlichen Richter; die Maßgabe nach Anlage I Kapitel III Sachgebiet A Abschnitt III Nr. 24 des Einigungsvertrages vom 31. August 1990 (BGBl. 1990 II S. 885, 936) findet keine Anwendung. Die Entschädigung wird vom Präsidenten des Deutschen Patentamts festgesetzt. § 12 des Gesetzes über die Entschädigung der ehrenamtlichen Richter gilt entsprechend. Für die gerichtliche Festsetzung ist das Bundespatentgericht zuständig.

## Teil 4. Änderung von Gesetzen

**§ 47 Änderung des Warenzeichengesetzes.** Das Warenzeichengesetz in der Fassung der Bekanntmachung vom 2. Januar 1968 (BGBl. I S. 1, 29), zuletzt geändert durch Artikel 1 des Gesetzes vom 7. März 1990 (BGBl. I S. 422), wird wie folgt geändert:

Der Überschrift des Gesetzes wird die Abkürzung „(WZG)" angefügt.

§ 2 Abs. 1 Satz 3 wird wie folgt gefaßt:

„Jeder Anmeldung muß ein Verzeichnis der Waren, für die das Zeichen bestimmt ist, sowie eine deutliche Darstellung und, soweit erforderlich, eine Beschreibung des Zeichens beigefügt sein."

§ 8 Abs. 1 wird wie folgt gefaßt:

„(1) Das durch die Anmeldung oder Eintragung eines Warenzeichens begründete Recht kann unabhängig von der Übertragung oder dem Übergang des Geschäftsbetriebs oder des Teils des Geschäftsbetriebs, zu dem das Warenzeichen gehört, auf andere übertragen werden oder übergehen. Dieses Recht wird im Zweifel von der Übertragung oder dem Übergang des Geschäftsbetriebs oder des Teils des Geschäftsbetriebs, zu dem das Warenzeichen gehört, erfaßt. Der Übergang wird auf Antrag des Rechtsnachfolgers in der Zeichenrolle vermerkt, wenn er dem Patentamt nachgewiesen wird. Mit dem Antrag ist eine Gebühr nach dem Tarif zu zahlen. Wird die Gebühr nicht gezahlt, so gilt der Antrag als nicht gestellt."

§ 11 wird wie folgt geändert:

Absatz 1 Nr. 2 wird gestrichen.

In Absatz 4 Satz 1 wird die Angabe „2 und" gestrichen.

**§ 48 Änderung des Gesetzes über die Gebühren des Patentamts und des Patentgerichts.** Das Gesetz über die Gebühren des Patentamts und des Patentgerichts vom 18. August 1976 (BGBl. I S. 2188), zuletzt geändert durch Artikel 9 des Gesetzes vom 20. Dezember 1991 (BGBl. 1991 II S. 1354), wird wie folgt geändert:

Der Überschrift des Gesetzes werden die folgende Kurzbezeichnung und Abkürzung angefügt:

„(Patentgebührengesetz – PatGebG)".

Nach Nummer 113900 des Gebührenverzeichnisses (Anlage zu § 1) werden folgende Nummern eingefügt:

| Nummer | Gebührentatbestand | Gebühr in Deutsche Mark |
|---|---|---|
| 114 000<br>114 100 | 4. Anträge im Zusammenhang mit der Erstreckung gewerblicher Schutzrechte<br>a) Für die Veröffentlichung von Übersetzungen oder berichtigten Übersetzungen von erstreckten Patenten (§ 8 Abs. 1 und 3 des Erstreckungsgesetzes) | 250 |

**ErstrG §§ 49–55**     Erstreckungsgesetz

| Nummer | Gebührentatbestand | Gebühr in Deutsche Mark |
|---|---|---|
| 114 200 | b) Für den Antrag auf Ermittlung der in Betracht zu ziehenden Druckschriften für ein erstrecktes Patent (§ 11 des Erstreckungsgesetzes) | 200 |

In Nummer 133 300 des Gebührenverzeichnisses (Anlage zu § 1) wird die Angabe „§ 8 Abs. 1 Satz 5" durch die Angabe „§ 8 Abs. 1 Satz 4" ersetzt.

## Teil 5. Übergangs- und Schlußvorschriften

**§ 49 Arbeitnehmererfindungen.** Auf Erfindungen, die vor dem 3. Oktober 1990 in dem in Artikel 3 des Einigungsvertrages genannten Gebiet gemacht worden sind, sind die Vorschriften des Gesetzes über Arbeitnehmererfindungen über das Entstehen und die Fälligkeit des Vergütungsanspruchs bei unbeschränkter Inanspruchnahme einer Diensterfindung, soweit bis zum 1. Mai 1992 der Vergütungsanspruch noch nicht entstanden ist, sowie die Vorschriften über das Schiedsverfahren und das gerichtliche Verfahren anzuwenden. Im übrigen verbleibt es bei den bisher für sie geltenden Vorschriften (Anlage I Kapitel III Sachgebiet E Abschnitt II Nr. 1 § 11 des Einigungsvertrages vom 31. August 1990, BGBl. 1990 II S. 885, 962).

**§ 50 Überleitung von Schlichtungsverfahren.** Verfahren, die am 1. Mai 1992 bei der Schlichtungsstelle für Vergütungsstreitigkeiten des Deutschen Patentamts noch anhängig sind, gehen in der Lage, in der sie sich befinden, auf die beim Deutschen Patentamt nach dem Gesetz über Arbeitnehmererfindungen errichtete Schiedsstelle über.

**§ 51 Überleitung von Beschwerde- und Nichtigkeitsverfahren.** (1) Verfahren, die am 1. Mai 1992 bei einer Beschwerdespruchstelle oder einer Spruchstelle für Nichtigerklärung des Deutschen Patentamts noch anhängig sind, gehen in der Lage, in der sie sich befinden, auf das Bundespatentgericht über.

(2) Verfahren, die am 1. Mai 1992 bei einer Spruchstelle für die Löschung von Warenkennzeichen des Deutschen Patentamts noch anhängig sind, werden von der Warenzeichenabteilung des Deutschen Patentamts fortgeführt.

**§ 52 Fristen.** Ist Gegenstand des Verfahrens ein nach § 4 erstrecktes Schutzrecht oder eine nach § 4 erstreckte Schutzrechtsanmeldung, so richtet sich der Lauf einer verfahrensrechtlichen Frist, der vor dem 1. Mai 1992 begonnen hat, nach den bisher anzuwendenden Rechtsvorschriften.

**§ 53 Gebühren.** (1) Gebühren für nach § 4 erstreckte Schutzrechte und Schutzrechtsanmeldungen, die vor dem 1. Mai 1992 fällig geworden sind, sind nach den bisher anzuwendenden Rechtsvorschriften zu entrichten.

(2) Ist eine Gebühr, die ab dem 1. Mai 1992 fällig wird, bereits vor diesem Zeitpunkt nach den bisherigen Gebührensätzen wirksam entrichtet worden, so gilt die Gebührenschuld als getilgt.

**§ 54 Anwendung des Gesetzes gegen den unlauteren Wettbewerb und sonstiger Rechtsvorschriften.** Die Anwendung des Gesetzes gegen den unlauteren Wettbewerb und der allgemeinen Vorschriften über den Erwerb oder die Ausübung von Rechten, wie insbesondere über den Rechtsmißbrauch, wird durch die Bestimmungen dieses Gesetzes nicht berührt.

**§ 55 Inkrafttreten.** Dieses Gesetz tritt am ersten Tage des auf die Verkündung folgenden Kalendermonats in Kraft.

## 13. Verordnung zum Schutz des Namens Solingen (Solingenverordnung – SolingenV)

vom 16. Dezember 1994*

(BGBl. I S. 3833)

Auf Grund des § 137 des Markengesetzes vom 25. Oktober 1994 (BGBl. I S. 3082) verordnet das Bundesministerium der Justiz im Einvernehmen mit den Bundesministerien für Wirtschaft, für Ernährung, Landwirtschaft und Forsten und für Gesundheit:

**§ 1 Grundsatz.** Der Name Solingen darf im geschäftlichen Verkehr nur für solche Schneidwaren benutzt werden, die
1. in allen wesentlichen Herstellungsstufen innerhalb des Solinger Industriegebiets bearbeitet und fertiggestellt worden sind und
2. nach Rohstoff und Bearbeitung geeignet sind, ihren arteigenen Verwendungszweck zu erfüllen.

**§ 2 Herkunftsgebiet.** Das Solinger Industriegebiet umfaßt das Gebiet der kreisfreien Stadt Solingen und das Gebiet der im Kreis Mettmann gelegenen Stadt Haan.

**§ 3 Begriff der Schneidwaren.** Schneidwaren im Sinne des § 1 sind insbesondere:
1. Scheren, Messer und Klingen aller Art,
2. Bestecke aller Art und Teile von solchen,
3. Tafelhilfsgeräte, wie Tortenheber, Gebäckzangen, Zuckerzangen, Traubenscheren und Vorleger,
4. Tafelwerkzeuge, wie Zigarrenabschneider, Brieföffner, Nußknacker und Korkenzieher, sowie schneidende Küchenwerkzeuge, wie Dosenöffner und Messerschärfer,
5. Rasiermesser, Rasierklingen und Rasierapparate,
6. Haarschneidemaschinen und Schermaschinen,
7. Hand- und Fußpflegegeräte, wie Nagelfeilen, Haut- und Nagelzangen, Nagelknipser und Pinzetten,
8. blanke Waffen aller Art.

**§ 4 Inkrafttreten.** Diese Verordnung tritt am 1. Januar 1995 in Kraft.

---

* Nach Art. 4 SolingenV gilt für das Inkrafttreten: Die SolingenV ist am 1. Januar 1995 in Kraft getreten.

## 73. Verordnung zum Schutz des Namens Solingen (Solingen-Verordnung — Solingen)

Vom Dezember 1938
(RGBl. I S. 1742)

Auf Grund des § 19 des Ausübe-Gesetz vom 25. Februar 1935 (RGBl. I S. 305) ... in Übereinkommen mit dem zuständigen Reichsminister und dem Reichsminister des Innern folgendes verordnet:

§ 1 Grundsatz. Der Name "Solingen" darf im geschäftlichen Verkehr nur für Waren
Schneidwaren benutzt werden,

1. die in ihren wesentlichen für zahlreiche innerhalb des Solinger Industriebezirks bearbeitet
und fertig gestellt worden sind.

2. nach Rohstoff und Fabrikation sowie nach ihrer Ausgestaltung Anforderungen genügen.

§ 2 Herkunftsgebiet. Als Solinger Industriebezirk im Sinne dieser Verordnung gelten die Stadtkreise Solingen und Remscheid sowie die Kreis Amtsgebieten der Stadt Wupper.

§ 3 Begriff der Schneidwaren. Schneidwaren im Sinne der § 1 sind insbesondere

1. Scheren, Messer und Zangen aller Art,
2. Besteck aller Art und Teile von solchen,
3. Taschenmesser und Tortenkelle, Bestecken, für Zuckerzangen, Tortenschieber und Vorlegen.

4. Waffen aller Art, Jagd- und Sportmesser, Fleischer-, Handwerker- und Küchenbestecke sowie zahnärztliche Instrumente, mit Ausnahme Bestecke und Sicherheits-,
Rasiermesser, Rasierklingen und Rasierapparate,

5. Haar-, Bart-, Augenbrauen-, Baum- und Sicherheitssscheren.

6. Haar- und Kopfhautkratzer sowie Haargeräte, eine: und Messersysteme, sowie Messer- und Pinsettenen.

7. bühne Werkzeuge aller Art

§ 4 Unbeachten. Für Verzichtserklärung nach Ausübung 1938 in Kraft.

## II. Europäische Rechtsvorschriften; Gemeinschaftsmarke und sonstige Kennzeichen

## 1. Erste Richtlinie des Rates zur Angleichung der Rechtsvorschriften der Mitgliedstaaten über die Marken (89/104/EWG)

vom 21. Dezember 1988*

(ABl. EG Nr. L 40 vom 11. Februar 1989, S. 1; berichtigt in ABl. Nr. L 159 vom 10. Juni 1989, S. 60)

### Inhaltsübersicht

| | Art. |
|---|---|
| Anwendungsbereich | 1 |
| Markenformen | 2 |
| Eintragungshindernisse – Ungültigkeitsgründe | 3 |
| Weitere Eintragungshindernisse oder Ungültigkeitsgründe bei Kollision mit älteren Rechten | 4 |
| Rechte aus der Marke | 5 |
| Beschränkung der Wirkungen der Marke | 6 |
| Erschöpfung des Rechts aus der Marke | 7 |
| Lizenz | 8 |
| Verwirkung durch Duldung | 9 |
| Benutzung der Marke | 10 |
| Sanktionen in Gerichts- oder Verwaltungsverfahren für die Nichtbenutzung einer Marke | 11 |
| Verfallsgründe | 12 |
| Zurückweisung, Verfall oder Ungültigkeit nur für einen Teil der Waren oder Dienstleistungen | 13 |
| Nachträgliche Feststellung der Ungültigkeit oder des Verfalls einer Marke | 14 |
| Besondere Bestimmungen für Kollektiv-, Garantie- und Gewährleistungsmarken | 15 |
| Einzelstaatliche Durchführungsvorschriften aufgrund dieser Richtlinie | 16 |
| Adressaten | 17 |

DER RAT DER EUROPÄISCHEN GEMEINSCHAFTEN –

gestützt auf den Vertrag zur Gründung der Europäischen Wirtschaftsgemeinschaft, insbesondere auf Artikel 100a,
auf Vorschlag der Kommission[1],
in Zusammenarbeit mit dem Europäischen Parlament[2],
nach Stellungnahme des Wirtschafts- und Sozialausschusses[3],
in Erwägung nachstehender Gründe:

Das gegenwärtig in den Mitgliedstaaten geltende Markenrecht weist Unterschiede auf, durch die der freie Warenverkehr und der freie Dienstleistungsverkehr behindert und die Wettbewerbsbedingungen im Gemeinsamen Markt verfälscht werden können. Zur Errichtung und zum Funktionieren des Binnenmarktes ist folglich eine Angleichung der Rechtsvorschriften der Mitgliedstaaten erforderlich.

Die Möglichkeiten und Vorzüge, die das Markensystem der Gemeinschaft den Unternehmen bieten kann, die Marken erwerben möchten, dürfen nicht außer acht gelassen werden.

Es erscheint gegenwärtig nicht notwendig, die Markenrechte der Mitgliedstaaten vollständig anzugleichen. Es ist ausreichend, wenn sich die Angleichung auf diejenigen innerstaatlichen Rechtsvorschriften beschränkt, die sich am unmittelbarsten auf das Funktionieren des Binnenmarktes auswirken.

---

* Nach Art. 16 MarkenRL gilt für die Umsetzungsfrist: Nach Art. 16 Abs. 1 MarkenRL hatten die Mitgliedstaaten der MarkenRL spätestens am 28. Dezember 1991 nachzukommen. Der Rat hat nach Art. 16 Abs. 2 MarkenRL den Zeitpunkt bis zum 31. Dezember 1992 verschoben.
[1] ABl. EG Nr. C 351 vom 31. 12. 1980, S. 1, und ABl. EG Nr. C 351 vom 31. 12. 1985, S. 4.
[2] ABl. EG Nr. C 307 vom 14. 11. 1983, S. 66, und ABl. EG Nr. C 309 vom 5. 12. 1988.
[3] ABl. EG Nr. C 310 vom 30. 11. 1981, S. 22.

# MarkenRL  Erste Markenrechtsrichtlinie Nr. 89/104/EWG

Die vorliegende Richtlinie beläßt den Mitgliedstaaten das Recht, die durch Benutzung erworbenen Marken weiterhin zu schützen; diese Marken werden lediglich in ihrer Beziehung zu den durch Eintragung erworbenen Marken berücksichtigt.

Den Mitgliedstaaten stehe es weiterhin frei, Verfahrensbestimmungen für die Eintragung, den Verfall oder die Ungültigkeit der durch Eintragung erworbenen Marken zu erlassen. Es steht ihnen beispielsweise zu, die Form der Verfahren für die Eintragung und die Ungültigerklärung festzulegen, zu bestimmen, ob ältere Rechte im Eintragungsverfahren oder im Verfahren zur Ungültigerklärung oder in beiden Verfahren geltend gemacht werden müssen, und – wenn ältere Rechte im Eintragungsverfahren geltend gemacht werden dürfen – ein Widerspruchsverfahren oder eine Prüfung von Amts wegen oder beides vorzusehen. Die Mitgliedstaaten können weiterhin festlegen, welche Rechtswirkung dem Verfall oder der Ungültigerklärung einer Marke zukommt.

Diese Richtlinie schließt nicht aus, daß auf die Marken andere Rechtsvorschriften der Mitgliedstaaten als die des Markenrechts, wie die Vorschriften gegen den unlauteren Wettbewerb, über die zivilrechtliche Haftung oder den Verbraucherschutz, Anwendung finden.

Die Verwirklichung der mit der Angleichung verfolgten Ziele setzt voraus, daß für den Erwerb und die Aufrechterhaltung einer eingetragenen Marke in allen Mitgliedstaaten grundsätzlich gleiche Bedingungen gelten. Zu diesem Zweck sollte eine Beispielliste der Zeichen erstellt werden, die geeignet sind, Waren oder Dienstleistungen eines Unternehmens von denjenigen anderer Unternehmen zu unterscheiden, und die somit eine Marke darstellen können. Die Eintragungshindernisse und Ungültigkeitsgründe betreffend die Marke selbst, wie fehlende Unterscheidungskraft, oder betreffend Kollisionen der Marke mit älteren Rechten sind erschöpfend aufzuführen, selbst wenn einige dieser Gründe für die Mitgliedstaaten fakultativ aufgeführt sind und es diesen folglich freisteht, die betreffenden Gründe in ihren Rechtsvorschriften beizubehalten oder dort aufzunehmen. Die Mitgliedstaaten können in ihrem Recht Eintragungshindernisse oder Ungültigkeitsgründe beibehalten oder einführen, die an die Bedingungen des Erwerbs oder der Aufrechterhaltung der Marke gebunden sind, für die keine Angleichungsbestimmungen bestehen und die sich beispielsweise auf die Markeninhaberschaft, auf die Verlängerung der Marke, auf die Vorschriften über die Gebühren oder auf die Nichteinhaltung von Verfahrensvorschriften beziehen.

Um die Gesamtzahl der in der Gemeinschaft eingetragenen und geschützten Marken und damit die Anzahl der zwischen ihnen möglichen Konflikte zu verringern, muß verlangt werden, daß eingetragene Marken tatsächlich benutzt werden, um nicht zu verfallen. Außerdem muß vorgesehen werden, daß wegen des Bestehens einer älteren Marke, die nicht benutzt worden ist, eine Marke nicht für ungültig erklärt werden kann, wobei es den Mitgliedstaaten unbenommen bleibt, den gleichen Grundsatz hinsichtlich der Eintragung einer Marke anzuwenden oder vorzusehen, daß eine Marke in einem Verletzungsverfahren nicht wirksam geltend gemacht werden kann, wenn im Wege der Einwendung Nachweise erbracht werden, daß die Marke für verfallen erklärt werden könnte. In allen diesen Fällen sind die jeweiligen Verfahrensvorschriften von den Mitgliedstaaten festzulegen.

Zur Erleichterung des freien Waren- und Dienstleistungsverkehrs ist es von wesentlicher Bedeutung, zu erreichen, daß die eingetragenen Marken in Zukunft im Recht aller Mitgliedstaaten einen einheitlichen Schutz genießen. Hiervon bleibt jedoch die Möglichkeit der Mitgliedstaaten unberührt, bekannten Marken einen weitergehenden Schutz zu gewähren.

Zweck des durch die eingetragene Marke gewährten Schutzes ist es, insbesondere die Herkunftsfunktion der Marke zu gewährleisten; dieser Schutz ist absolut im Falle der Identität zwischen der Marke und dem Zeichen und zwischen den Waren oder Dienstleistungen. Der Schutz erstreckt sich ebenfalls auf Fälle der Ähnlichkeit von Zeichen und Marke und der jeweiligen Waren oder Dienstleistungen. Es ist unbedingt erforderlich, den Begriff der Ähnlichkeit im Hinblick auf die Verwechslungsgefahr auszulegen. Die Verwechslungsgefahr stellt die spezifische Voraussetzung für den Schutz dar; ob sie vorliegt, hängt von einer Vielzahl von Umständen ab, insbesondere dem Bekanntheitsgrad der Marke im Markt, der gedanklichen Verbindung, die das benutzte oder eingetragene Zeichen zu ihr hervorrufen kann, sowie dem Grad der Ähnlichkeit zwischen der Marke und dem Zeichen und zwischen den damit gekennzeichneten Waren oder Dienstleistungen. Bestimmungen über die Art und Weise der Feststellung der Verwechslungsgefahr, insbesondere über die Beweislast, sind Sache nationaler Verfahrensregeln, die von der Richtlinie nicht berührt werden.

Aus Gründen der Rechtssicherheit und ohne in die Interessen der Inhaber älterer Marken in unangemessener Weise einzugreifen, muß vorgesehen werden, daß diese nicht mehr die Ungültigerklärung einer jüngeren Marke beantragen oder sich deren Benutzung widersetzen können, wenn sie deren Benutzung während einer längeren Zeit geduldet haben, es sei denn, daß die Anmeldung der jüngeren Marke bösgläubig vorgenommen worden ist.

Da alle Mitgliedstaaten der Gemeinschaft durch die Pariser Verbandsübereinkunft zum Schutz des gewerblichen Eigentums gebunden sind, ist es erforderlich, daß sich die Vorschriften dieser Richtlinie mit denen der erwähnten Pariser Verbandsübereinkunft in vollständiger Übereinstimmung befinden. Die Verpflichtungen der Mitgliedstaaten, die sich aus dieser Übereinkunft ergeben, werden durch diese Richtlinie nicht berührt. Gegebenenfalls findet Artikel 234 Absatz 2 des Vertrages Anwendung –
HAT FOLGENDE RICHTLINIE ERLASSEN:

Erste Markenrechtsrichtlinie Nr. 89/104/EWG   Art. 1–3   **MarkenRL**

**Art. 1 Anwendungsbereich.** Diese Richtlinie findet auf Individual-, Kollektiv-, Garantie- und Gewährleistungsmarken für Waren oder Dienstleistungen Anwendung, die in einem Mitgliedstaat oder beim Benelux-Markenamt eingetragen oder angemeldet oder mit Wirkung für einen Mitgliedstaat international registriert worden sind.

**Art. 2 Markenformen.** Marken können alle Zeichen sein, die sich graphisch darstellen lassen, insbesondere Wörter einschließlich Personennamen, Abbildungen, Buchstaben, Zahlen und die Form oder Aufmachung der Ware, soweit solche Zeichen geeignet sind, Waren oder Dienstleistungen eines Unternehmens von denjenigen anderer Unternehmen zu unterscheiden.

**Art. 3 Eintragungshindernisse – Ungültigkeitsgründe.** (1) Folgende Zeichen oder Marken sind von der Eintragung ausgeschlossen oder unterliegen im Falle der Eintragung der Ungültigkeitserklärung:
a) Zeichen, die nicht als Marke eintragungsfähig sind,
b) Marken, die keine Unterscheidungskraft haben,
c) Marken, die ausschließlich aus Zeichen oder Angaben bestehen, welche im Verkehr zur Bezeichnung der Art, der Beschaffenheit, der Menge, der Bestimmung, des Wertes, der geographischen Herkunft oder der Zeit der Herstellung der Ware oder der Erbringung der Dienstleistung oder zur Bezeichnung sonstiger Merkmale der Ware oder Dienstleistung dienen können,
d) Marken, die ausschließlich aus Zeichen oder Angaben bestehen, die im allgemeinen Sprachgebrauch oder in den redlichen und ständigen Verkehrsgepflogenheiten üblich sind,
e) Zeichen, die ausschließlich bestehen
  – aus der Form, die durch die Art der Ware selbst bedingt ist, oder
  – aus der Form der Ware, die zur Erreichung einer technischen Wirkung erforderlich ist, oder
  – aus der Form, die der Ware einen wesentlichen Wert verleiht,
f) Marken, die gegen die öffentliche Ordnung oder gegen die guten Sitten verstoßen,
g) Marken, die geeignet sind, das Publikum zum Beispiel über die Art, die Beschaffenheit oder die geographische Herkunft der Ware oder Dienstleistung zu täuschen,
h) Marken, die mangels Genehmigung durch die zuständigen Stellen gemäß Artikel 6$^{ter}$ der Pariser Verbandsübereinkunft zum Schutz des gewerblichen Eigentums, nachstehend „Pariser Verbandsübereinkunft" genannt, zurückzuweisen sind.

(2) Jeder Mitgliedstaat kann vorsehen, daß eine Marke von der Eintragung ausgeschlossen ist oder im Falle der Eintragung der Ungültigerklärung unterliegt, wenn und soweit
a) die Benutzung dieser Marke nach anderen Rechtsvorschriften als des Markenrechts des jeweiligen Mitgliedstaats oder der Gemeinschaft untersagt werden kann;
b) die Marke ein Zeichen mit hoher Symbolkraft enthält, insbesondere ein religiöses Symbol;
c) die Marke nicht unter Artikel 6$^{ter}$ der Pariser Verbandsübereinkunft fallende Abzeichen, Embleme oder Wappen enthält, denen ein öffentliches Interesse zukommt, es sei denn, daß die zuständigen Stellen nach den Rechtsvorschriften des Mitgliedstaats ihrer Eintragung zugestimmt haben;
d) der Antragsteller die Eintragung der Marke bösgläubig beantragt hat.

(3) Eine Marke wird nicht gemäß Absatz 1 Buchstabe b), c) oder d) von der Eintragung ausgeschlossen oder für ungültig erklärt, wenn sie vor der Anmeldung infolge ihrer Benutzung Unterscheidungskraft erworben hat. Die Mitgliedstaaten können darüber hinaus vorsehen, daß die vorliegende Bestimmung auch dann gilt, wenn die Unterscheidungskraft erst nach der Anmeldung oder Eintragung erworben wurde.

(4) Jeder Mitgliedstaat kann vorsehen, daß abweichend von den Absätzen 1, 2 und 3 die Eintragungshindernisse oder Ungültigkeitsgründe, die in diesem Staat vor dem Zeitpunkt

gegolten haben, zu dem die zur Durchführung dieser Richtlinie erforderlichen Bestimmungen in Kraft treten, auf Marken Anwendung finden, die vor diesem Zeitpunkt angemeldet worden sind.

**Art. 4 Weitere Eintragungshindernisse oder Ungültigkeitsgründe bei Kollision mit älteren Rechten.** (1) Eine Marke ist von der Eintragung ausgeschlossen oder unterliegt im Falle der Eintragung der Ungültigerklärung,

a) wenn sie mit einer älteren Marke identisch ist und die Waren oder Dienstleistungen, für die die Marke angemeldet oder eingetragen worden ist, mit den Waren oder Dienstleistungen identisch sind, für die die ältere Marke Schutz genießt;

b) wenn wegen ihrer Identität oder Ähnlichkeit mit der älteren Marke und der Identität oder Ähnlichkeit der durch die beiden Marken erfaßten Waren oder Dienstleistungen für das Publikum die Gefahr von Verwechslungen besteht, die die Gefahr einschließt, daß die Marke mit der älteren Marke gedanklich in Verbindung gebracht wird.

(2) „Ältere Marken" im Sinne von Absatz 1 sind

a) Marken mit einem früheren Anmeldetag als dem Tag der Anmeldung der Marke, gegebenenfalls mit der für diese Marken in Anspruch genommenen Priorität, und die den nachstehenden Kategorien angehören:

   i) Gemeinschaftsmarken;

   ii) in dem Mitgliedstaat oder, soweit Belgien, Luxemburg und die Niederlande betroffen sind, beim Benelux-Markenamt eingetragene Marken;

   iii) mit Wirkung für den Mitgliedstaat international registrierte Marken;

b) Gemeinschaftsmarken, für die wirksam der Zeitrang gemäß der Verordnung über die Gemeinschaftsmarke aufgrund einer unter Buchstabe a) Ziffern ii) und iii) genannten Marke in Anspruch genommen wird, auch wenn letztere Marke Gegenstand eines Verzichts gewesen oder verfallen ist;

c) Anmeldungen von Marken nach Buchstaben a) und b), vorbehaltlich ihrer Eintragung;

d) Marken, die am Tag der Anmeldung der Marke, gegebenenfalls am Tag der für die Anmeldung der Marke in Anspruch genommenen Priorität, in dem Mitgliedstaat im Sinne des Artikels 6$^{bis}$ der Pariser Verbandsübereinkunft notorisch bekannt sind.

(3) Eine Marke ist auch dann von der Eintragung ausgeschlossen oder unterliegt im Falle der Eintragung der Ungültigkeitserklärung, wenn sie mit einer älteren Gemeinschaftsmarke im Sinne des Absatzes 2 identisch ist oder dieser ähnlich ist und für Waren oder Dienstleistungen eingetragen werden soll oder eingetragen worden ist, die nicht denen ähnlich sind, für die die ältere Gemeinschaftsmarke eingetragen ist, falls diese ältere Gemeinschaftsmarke in der Gemeinschaft bekannt ist und die Benutzung der jüngeren Marke die Unterscheidungskraft oder die Wertschätzung der älteren Gemeinschaftsmarke ohne rechtfertigenden Grund in unlauterer Weise ausnutzen oder beeinträchtigen würde.

(4) Jeder Mitgliedstaat kann ferner vorsehen, daß eine Marke von der Eintragung ausgeschlossen ist oder im Falle der Eintragung der Ungültigerklärung unterliegt, wenn und soweit

a) sie mit einer älteren nationalen Marke im Sinne des Absatzes 2 identisch ist oder dieser ähnlich ist und für Waren oder Dienstleistungen eingetragen werden soll oder eingetragen worden ist, die nicht denen ähnlich sind, für die die ältere Marke eingetragen ist, falls diese ältere Marke in dem Mitgliedstaat bekannt ist und die Benutzung der jüngeren Marke die Unterscheidungskraft oder die Wertschätzung der älteren Marke ohne rechtfertigenden Grund in unlauterer Weise ausnutzen oder beeinträchtigen würde;

b) Rechte an einer nicht eingetragenen Marke oder einem sonstigen im geschäftlichen Verkehr benutzten Kennzeichenrecht vor dem Tag der Anmeldung der jüngeren Marke oder gegebenenfalls vor dem Tag der für die Anmeldung der jüngeren Marke in Anspruch genommenen Priorität erworben worden sind und diese nicht eingetragene Marke oder dieses sonstige Kennzeichenrecht dem Inhaber das Recht verleiht, die Benutzung einer jüngeren Marke zu untersagen;

c) die Benutzung der Marke aufgrund eines sonstigen, nicht in Absatz 2 oder in vorliegendem Absatz unter Buchstabe b) genannten älteren Rechts untersagt werden kann, insbesondere aufgrund eines
   i) Namensrechts,
   ii) Rechts an der eigenen Abbildung,
   iii) Urheberrechts,
   iv) gewerblichen Schutzrechts;
d) die Marke mit einer älteren Kollektivmarke identisch ist oder dieser ähnlich ist, die ein Recht verliehen hat, das längstens drei Jahre vor der Anmeldung erloschen ist;
e) die Marke mit einer älteren Garantie- oder Gewährleistungsmarke identisch ist oder dieser ähnlich ist, die ein Recht verliehen hat, das in einem vom Mitgliedstaat festzulegenden Zeitraum vor der Anmeldung erloschen ist;
f) die Marke mit einer älteren Marke identisch ist oder dieser ähnlich ist, die die für identische oder ähnliche Waren oder Dienstleistungen eingetragen war und ein Recht verliehen hat, das innerhalb eines Zeitraums von höchstens zwei Jahren vor der Anmeldung wegen Nichtverlängerung erloschen ist, es sei denn, daß der Inhaber der älteren Marke der Eintragung der jüngeren Marke zugestimmt hat oder seine Marke nicht benutzt hat;
g) die Marke mit einer Marke verwechselt werden kann, die zum Zeitpunkt der Einreichung der Anmeldung im Ausland benutzt wurde und weiterhin dort benutzt wird, wenn der Anmelder die Anmeldung bösgläubig eingereicht hat.

(5) Die Mitgliedstaaten können zulassen, daß in geeigneten Umständen die Eintragung nicht versagt oder die Marke nicht für ungültig erklärt wird, wenn der Inhaber der älteren Marke oder des älteren Rechts der Eintragung der jüngeren Marke zustimmt.

(6) Jeder Mitgliedstaat kann vorsehen, daß abweichend von den Absätzen 1 bis 5 die Eintragungshindernisse oder Ungültigkeitsgründe, die in diesem Staat vor dem Zeitpunkt gegolten haben, zu dem die zur Durchführung dieser Richtlinie erforderlichen Bestimmungen in Kraft treten, auf Marken Anwendung finden, die vor diesem Zeitpunkt angemeldet worden sind.

**Art. 5 Rechte aus der Marke.** (1) Die eingetragene Marke gewährt ihrem Inhaber ein ausschließliches Recht. Dieses Recht gestattet es dem Inhaber, Dritten zu verbieten, ohne seine Zustimmung im geschäftlichen Verkehr

a) ein mit der Marke identisches Zeichen für Waren oder Dienstleistungen zu benutzen, die mit denjenigen identisch sind, für die sie eingetragen ist;
b) ein Zeichen zu benutzen, wenn wegen der Identität oder der Ähnlichkeit des Zeichens mit der Marke und der Identität oder Ähnlichkeit der durch die Marke und das Zeichen erfaßten Waren oder Dienstleistungen für das Publikum die Gefahr von Verwechslungen besteht, die die Gefahr einschließt, daß das Zeichen mit der Marke gedanklich in Verbindung gebracht wird.

(2) Die Mitgliedstaaten können ferner bestimmen, daß es dem Inhaber gestattet ist, Dritten zu verbieten, ohne seine Zustimmung im geschäftlichen Verkehr ein mit der Marke identisches oder ihr ähnliches Zeichen für Waren oder Dienstleistungen zu benutzen, die nicht denen ähnlich sind, für die die Marke eingetragen ist, wenn diese in dem betreffenden Mitgliedstaat bekannt ist und die Benutzung des Zeichens die Unterscheidungskraft oder die Wertschätzung der Marke ohne rechtfertigenden Grund in unlauterer Weise ausnutzt oder beeinträchtigt.

(3) Sind die Voraussetzungen der Absätze 1 und 2 erfüllt, so kann insbesondere verboten werden:
a) das Zeichen auf Waren oder deren Aufmachung anzubringen;
b) unter dem Zeichen Waren anzubieten, in den Verkehr zu bringen oder zu den genannten Zwecken zu besitzen oder unter dem Zeichen Dienstleistungen anzubieten oder zu erbringen;
c) Waren unter dem Zeichen einzuführen oder auszuführen;
d) das Zeichen in den Geschäftspapieren und in der Werbung zu benutzen.

(4) Konnte vor dem Zeitpunkt, zu dem die zur Durchführung dieser Richtlinie erforderlichen Vorschriften in einem Mitgliedstaat in Kraft treten, nach dem Recht dieses Mitgliedstaats die Benutzung eines Zeichens gemäß Absatz 1 Buchstabe b) und Absatz 2 nicht verboten werden, so kann das Recht aus der Marke der Weiterbenutzung dieses Zeichens nicht entgegengehalten werden.

(5) Die Absätze 1 bis 4 berühren nicht die in einem Mitgliedstaat geltenden Bestimmungen über den Schutz gegenüber der Verwendung eines Zeichens zu anderen Zwecken als der Unterscheidung von Waren oder Dienstleistungen, wenn die Benutzung dieses Zeichens die Unterscheidungskraft oder die Wertschätzung der Marke ohne rechtfertigenden Grund in unlauterer Weise ausnutzt oder beeinträchtigt.

**Art. 6 Beschränkung der Wirkungen der Marke.** (1) Die Marke gewährt ihrem Inhaber nicht das Recht, einem Dritten zu verbieten,

a) seinen Namen oder seine Anschrift,

b) Angaben über die Art, die Beschaffenheit, die Menge, die Bestimmung, den Wert, die geographische Herkunft oder die Zeit der Herstellung der Ware oder der Erbringung der Dienstleistung oder über andere Merkmale der Ware oder Dienstleistung,

c) die Marke, falls dies notwendig ist, als Hinweis auf die Bestimmung einer Ware, insbesondere als Zubehör oder Ersatzteil, oder einer Dienstleitung

im geschäftlichen Verkehr zu benutzen, sofern die Benutzung den anständigen Gepflogenheiten in Gewerbe oder Handel entspricht.

(2) Ist in einem Mitgliedstaat nach dessen Rechtsvorschriften ein älteres Recht von örtlicher Bedeutung anerkannt, so gewährt die Marke ihrem Inhaber nicht das Recht, einem Dritten die Benutzung dieses Rechts im geschäftlichen Verkehr in dem Gebiet, in dem es anerkannt ist, zu verbieten.

**Art. 7 Erschöpfung des Rechts aus der Marke.** (1) Die Marke gewährt ihrem Inhaber nicht das Recht, einem Dritten zu verbieten, die Marke für Waren zu benutzen, die unter dieser Marke von ihm oder mit seiner Zustimmung in der Gemeinschaft in den Verkehr gebracht worden sind.

(2) Absatz 1 findet keine Anwendung, wenn berechtigte Gründe es rechtfertigen, daß der Inhaber sich dem weiteren Vertrieb der Waren widersetzt, insbesondere wenn der Zustand der Waren nach ihrem Inverkehrbringen verändert oder verschlechtert ist.

**Art. 8 Lizenz.** (1) Die Marke kann für alle oder einen Teil der Waren oder Dienstleistungen, für die sie eingetragen ist, und für das gesamte Gebiet oder einen Teil des Gebietes eines Mitgliedstaats Gegenstand von Lizenzen sein. Eine Lizenz kann ausschließlich oder nicht ausschließlich sein.

(2) Gegen einen Lizenznehmer, der hinsichtlich der Dauer der Lizenz, der von der Eintragung erfaßten Form, in der die Marke verwendet werden darf, der Art der Waren oder Dienstleistungen, für die die Lizenz erteilt wurde, des Gebietes, in dem die Marke angebracht werden darf, oder der Qualität der vom Lizenznehmer hergestellten Waren oder erbrachten Dienstleistungen gegen eine Bestimmung des Lizenzvertrags verstoße, kann der Inhaber einer Marke die Rechte aus der Marke geltend machen.

**Art. 9 Verwirkung durch Duldung.** (1) Hat in einem Mitgliedstaat der Inhaber einer älteren Marke im Sinne von Artikel 4 Absatz 2 die Benutzung einer jüngeren eingetragenen Marke in diesem Mitgliedstaat während eines Zeitraums von fünf aufeinanderfolgen-den Jahren in Kenntnis dieser Benutzung geduldet, so kann er für die Waren oder Dienstleistungen, für die die jüngere Marke benutzt worden ist, aufgrund der älteren Marke weder die Ungültigerklärung der jüngeren Marke verlangen noch sich ihrer Benutzung widersetzen, es sei denn, daß die Anmeldung der jüngeren Marke bösglaubig vorgenommen worden ist.

(2) Die Mitgliedstaaten können vorsehen, daß Absatz 1 auch für den Inhaber einer in Artikel 4 Absatz 4 Buchstabe a) genannten älteren Marke oder eines sonstigen in Artikel 4 Absatz 4 Buchstabe b) oder c) genannten älteren Rechts gilt.

(3) In den Fällen der Absätze 1 oder 2 kann der Inhaber der jüngeren eingetragenen Marke sich der Benutzung des älteren Rechts nicht widersetzen, obwohl dieses Recht gegenüber der jüngeren Marke nicht mehr geltend gemacht werden kann.

**Art. 10 Benutzung der Marke.** (1) Hat der Inhaber der Marke diese für die Waren oder Dienstleistungen, für die sie eingetragen ist, innerhalb von fünf Jahren nach dem Tag des Abschlusses des Eintragungsverfahrens nicht ernsthaft in dem betreffenden Mitgliedstaat benutzt, oder wurde eine solche Benutzung während eines ununterbrochenen Zeitraums von fünf Jahren ausgesetzt, so unterliegt die Marke den in dieser Richtlinie vorgesehenen Sanktionen, es sei denn, daß berechtigte Gründe für die Nichtbenutzung vorliegen.

(2) Folgendes gilt ebenfalls als Benutzung im Sinne des Absatzes 1:
a) Benutzung der Marke in einer Form, die von der Eintragung nur in Bestandteilen abweicht, ohne daß dadurch die Unterscheidungskraft der Marke beeinflußt wird;
b) Anbringungen der Marke auf Waren oder deren Aufmachung in dem betreffenden Mitgliedstaat ausschließlich für den Export.

(3) Die Benutzung der Marke mit Zustimmung des Inhabers oder durch eine zur Benutzung einer Kollektivmarke, Garantiemarke oder Gewährleistungsmarke befugte Person gilt als Benutzung durch den Inhaber.

(4) In bezug auf Marken, die vor dem Zeitpunkt eingetragen werden, zu dem die zur Durchführung dieser Richtlinie erforderlichen Vorschriften in dem betreffenden Mitgliedstaat in Kraft treten, gilt folgendes:
a) Ist vor dem genannten Zeitpunkt eine Vorschrift in Kraft, die für die Nichtbenutzung einer Marke während eines ununterbrochenen Zeitraums Sanktionen vorsieht, so gilt als Beginn des in Absatz 1 genannten fünfjährigen Zeitraums der Tag, an dem ein Zeitraum der Nichtbenutzung begonnen hat;
b) ist vor dem genannten Zeitpunkt keine Vorschrift über die Benutzung in Kraft, so gilt als Beginn der in Absatz 1 genannten fünfjährigen Zeiträume frühestens der genannte Zeitpunkt.

**Art. 11 Sanktionen in Gerichts- oder Verwaltungsverfahren für die Nichtbenutzung einer Marke.** (1) Eine Marke kann wegen des Bestehens einer kollidierenden älteren Marke nicht für ungültig erklärt werden, wenn die ältere Marke nicht den Benutzungsbedingungen des Artikels 10 Absätze 1, 2 und 3 oder gegebenenfalls des Artikels 10 Absatz 4 entspricht.

(2) Die Mitgliedstaaten können vorsehen, daß die Eintragung einer Marke aufgrund des Bestehens einer kollidierenden älteren Marke, die den Benutzungsbedingungen des Artikels 10 Absätze 1, 2 und 3 oder gegebenenfalls des Artikels 10 Absatz 4 nicht entspricht, nicht zurückgewiesen werden kann.

(3) Unbeschadet der Anwendung des Artikels 12 in den Fällen, in denen eine Widerklage auf Erklärung des Verfalls erhoben wird, können die Mitgliedstaaten vorsehen, daß eine Marke in einem Verletzungsverfahren nicht wirksam geltend gemacht werden kann, wenn im Wege der Einwendung Nachweise erbracht werden, daß die Marke gemäß Artikel 12 Absatz 1 für verfallen erklärt werden könnte.

(4) Wurde die ältere Marke lediglich für einen Teil der Waren oder Dienstleistungen, für die sie eingetragen ist, benutzt, so gilt sie im Sinne der Absätze 1, 2 und 3 lediglich für diesen Teil der Waren oder Dienstleistungen als eingetragen.

**Art. 12 Verfallsgründe.** (1) Eine Marke wird für verfallen erklärt, wenn sie innerhalb eines ununterbrochenen Zeitraums von fünf Jahren in dem betreffenden Mitgliedstaat für die Waren oder Dienstleistungen, für die sie eingetragen ist, nicht ernsthaft benutzt worden ist und keine berechtigten Gründe für die Nichtbenutzung vorliegen; der Verfall einer Marke kann jedoch nicht geltend gemacht werden, wenn nach Ende dieses Zeitraums und vor Stellung des Antrags auf Verfallserklärung die Benutzung der Marke ernsthaft begon-nen oder wieder aufgenommen worden ist; wird die Benutzung jedoch innerhalb eines nicht vor Ablauf des ununterbrochenen Zeitraums von fünf Jahren der Nichtbenutzung beginnenden

Zeitraums von drei Monaten vor Stellung des Antrags auf Verfallserklärung begonnen oder wieder aufgenommen, so bleibt sie unberücksichtigt, sofern die Vorbereitungen für die erstmalige oder die erneute Benutzung erst stattgefunden haben, nachdem der Inhaber Kenntnis davon erhalten hat, daß der Antrag auf Verfallserklärung gestellt werden könnte.

(2) Eine Marke wird ferner für verfallen erklärt, wenn sie nach dem Zeitpunkt ihrer Eintragung

a) infolge des Verhaltens oder der Untätigkeit ihres Inhabers im geschäftlichen Verkehr zur gebräuchlichen Bezeichnung einer Ware oder Dienstleistung, für die sie eingetragen ist, geworden ist;

b) infolge ihrer Benutzung durch den Inhaber oder mit seiner Zustimmung für Waren oder Dienstleistungen, für die sie eingetragen ist, geeignet ist, das Publikum insbesondere über die Art, die Beschaffenheit oder die geographische Herkunft dieser Waren oder Dienstleistungen irrezuführen.

**Art. 13 Zurückweisung, Verfall oder Ungültigkeit nur für einen Teil der Waren oder Dienstleistungen.** Liegt ein Grund für die Zurückweisung einer Marke von der Eintragung oder für ihre Verfalls- oder Ungültigerklärung nur für einen Teil der Waren oder Dienstleistungen vor, für die die Marke angemeldet oder eingetragen ist, so wird sie nur für diese Waren oder Dienstleistungen zurückgewiesen, für verfallen oder für ungültig erklärt.

**Art. 14 Nachträgliche Feststellung der Ungültigkeit oder des Verfalls einer Marke.** Wird bei einer Gemeinschaftsmarke der Zeitrang einer älteren Marke in Anspruch genommen, die Gegenstand eines Verzichts gewesen oder erloschen ist, so kann die Ungültigkeit oder der Verfall der Marke nachträglich festgestellt werden.

**Art. 15 Besondere Bestimmungen für Kollektiv-, Garantie- und Gewährleistungsmarken.** (1) Unbeschadet des Artikels 4 können die Mitgliedstaaten, nach deren Rechtsvorschriften die Eintragung von Kollektiv-, Garantie- oder Gewährleistungsmarken zulässig ist, vorsehen, daß diese Marken aus weiteren als den in den Artikeln 3 und 12 genannten Gründen von der Eintragung ausgeschlossen oder für verfallen oder ungültig erklärt werden, soweit es die Funktion dieser Marken erfordert.

(2) Abweichend von Artikel 3 Absatz 1 Buchstabe c) können die Mitgliedstaaten vorsehen, daß Zeichen oder Angaben, welche im Verkehr zur Bezeichnung der geographischen Herkunft der Ware oder Dienstleistung dienen können, Kollektiv-, Garantie- oder Gewährleistungsmarken darstellen können. Eine solche Marke berechtigt den Inhaber nicht dazu, einem Dritten die Benutzung solcher Zeichen oder Angaben im geschäftlichen Verkehr zu untersagen, sofern die Benutzung den anständigen Gepflogenheiten in Gewerbe oder Handel entspricht; insbesondere kann eine solche Marke einem Dritten, der zur Benutzung einer geographischen Bezeichnung berechtigt ist, nicht entgegengehalten werden.

**Art. 16 Einzelstaatliche Durchführungsvorschriften aufgrund dieser Richtlinie.**
(1) Die Mitgliedstaaten erlassen die erforderlichen Rechts- und Verwaltungsvorschriften, um dieser Richtlinie spätestens am 28. Dezember 1991 nachzukommen. Sie setzen die Kommission unverzüglich davon in Kenntnis.

(2) Der Rat kann mit qualifizierter Mehrheit auf Vorschlag der Kommission den in Absatz 1 genannten Zeitpunkt bis spätestens zum 31. Dezember 1992 verschieben.[1)]

(3) Die Mitgliedstaaten teilen der Kommission den Wortlaut der wichtigsten innerstaatlichen Rechtsvorschriften mit, die sie auf dem unter diese Richtlinie fallenden Gebiet erlassen.

**Art. 17 Adressaten.** Diese Richtlinie ist an die Mitgliedstaaten gerichtet.

---

[1)] ABl. EG Nr. L 40 vom 11. 2. 1989, S. 1.

Erste Markenrechtsrichtlinie Nr. 89/104/EWG                                    **MarkenRL**

### Entscheidung des Rates über die Verschiebung des Zeitpunktes, bis zu dem die Mitgliedstaaten der Richtlinie 89/104/EWG zur Angleichung der Rechtsvorschriften der Mitgliedstaaten über die Marken spätestens nachkommen müssen
### vom 19. Dezember 1991
### (92/10/EWG)

DER RAT DER EUROPÄISCHEN GEMEINSCHAFTEN –
gestützt auf den Vertrag zur Gründung der Europäischen Wirtschaftsgemeinschaft,
gestützt auf die Erste Richtlinie 89/104/EWG des Rates vom 21. Dezember 1988 zur Angleichung der Rechtsvorschriften der Mitgliedstaaten über die Marken[1], insbesondere auf Artikel 16 Absatz 2,
auf Vorschlag der Kommission,
in Erwägung nachstehender Gründe:
Nach Artikel 16 Absatz 1 der Richtlinie 89/104/EWG haben die Mitgliedstaaten die erforderlichen Rechts- und Verwaltungsvorschriften zu erlassen, um dieser Richtlinie spätestens am 28. Dezember 1991 nachzukommen.
Nach Artikel 16 Absatz 2 derselben Richtlinie kann der Rat mit qualifizierter Mehrheit auf Vorschlag der Kommission den in Artikel 16 Absatz 1 genannten Zeitpunkt bis spätestens zum 31. Dezember 1992 verschieben.
Die letztgenannte Bestimmung ist deshalb in die Richtlinie 89/104/EWG aufgenommen worden, um nötigenfalls zu gewährleisten, daß der Zeitpunkt des Inkrafttretens der nach der Richtlinie erforderlichen einzelstaatlichen Vorschriften so weit wie möglich auf den Zeitpunkt abgestimmt wird, ab dem Gemeinschaftsmarken angemeldet werden können.
Der Vorschlag der Kommission für eine Verordnung des Rates über die Gemeinschaftsmarke[2] ist noch nicht angenommen worden. Es ist zu erwarten, daß diese Verordnung demnächst erlassen wird.
Zur leichteren Verfolgung des genannten Ziels erscheint es daher zweckmäßig, den in Artikel 16 Absatz 1 der Richtlinie 89/104/EWG festgesetzten Zeitpunkt bis zum 31. Dezember 1992 hinauszuschieben.
Trotz dieser Verschiebung werden die zur Vollendung des Binnenmarktes gesetzten Ziele eingehalten –
HAT FOLGENDE ENTSCHEIDUNG ERLASSEN:

**Art. 1** Der in Artikel 16 Absatz 1 der Richtlinie 89/104/EWG genannte Zeitpunkt wird durch den Zeitpunkt des 31. Dezember 1992 ersetzt.

**Art. 2** Diese Entscheidung ist an die Mitgliedstaaten gerichtet.

---

[1] ABl. EG Nr. L 40 vom 11. 2. 1989, S. 1.
[2] ABl. EG Nr. C 351 vom 31. 12. 1980, S. 1 und ABl. EG Nr. C 230 vom 31. 8. 1984, S. 1.

**GMarkenV**  Gemeinschaftsmarkenverordnung (EG) Nr. 40/94

## 2. Verordnung (EG) Nr. 40/94 des Rates über die Gemeinschaftsmarke
### vom 20. Dezember 1993*

(ABl. EG Nr. L 11 vom 14. Januar 1994, S. 1; geändert durch Verordnung (EG) Nr. 3288/94 vom 22. Dezember 1994, ABl. EG Nr. L 349 vom 31. Dezember 1994, S. 83)

### Inhaltsübersicht

| | Art. |
|---|---|
| **Titel I. Allgemeine Bestimmungen** | |
| Gemeinschaftsmarke | 1 |
| Amt | 2 |
| Rechtsfähigkeit | 3 |
| **Titel II. Materielles Markenrecht** | |
| **1. Abschnitt. Begriff und Erwerb der Gemeinschaftsmarke** | |
| Markenformen | 4 |
| Inhaber von Gemeinschaftsmarken | 5 |
| Erwerb der Gemeinschaftsmarke | 6 |
| Absolute Eintragungshindernisse | 7 |
| Relative Eintragungshindernisse | 8 |
| **2. Abschnitt. Wirkungen der Gemeinschaftsmarke** | |
| Recht aus der Gemeinschaftsmarke | 9 |
| Wiedergabe der Gemeinschaftsmarke in Wörterbüchern | 10 |
| Untersagung der Benutzung der Gemeinschaftsmarke, die für einen Agenten oder Vertreter eingetragen ist | 11 |
| Beschränkung der Wirkungen der Gemeinschaftsmarke | 12 |
| Erschöpfung des Rechts aus der Gemeinschaftsmarke | 13 |
| Ergänzende Anwendung des einzelstaatlichen Rechts bei Verletzung | 14 |
| **3. Abschnitt. Benutzung der Gemeinschaftsmarke** | |
| Benutzung der Gemeinschaftsmarke | 15 |
| **4. Abschnitt. Die Gemeinschaftsmarke als Gegenstand des Vermögens** | |
| Gleichstellung der Gemeinschaftsmarke mit der nationalen Marke | 16 |
| Rechtsübergang | 17 |
| Übertragung einer Agentenmarke | 18 |
| Dingliche Rechte | 19 |
| Zwangsvollstreckung | 20 |
| Konkursverfahren oder konkursähnliches Verfahren | 21 |
| Lizenz | 22 |
| Wirkung gegenüber Dritten | 23 |
| Die Anmeldung der Gemeinschaftsmarke als Gegenstand des Vermögens | 24 |
| **Titel III. Die Anmeldung der Gemeinschaftsmarke** | |
| **1. Abschnitt. Einreichung und Erfordernisse der Anmeldung** | |
| Einreichung der Anmeldung | 25 |
| Erfordernisse der Anmeldung | 26 |
| Anmeldetag | 27 |
| Klassifizierung | 28 |

---

* Nach Art. 143 gilt für das Inkrafttreten: Die Verordnung (EG) Nr. 40/94 ist am 15. März 1994 in Kraft getreten. Für die durch die Verordnung (EG) Nr. 3288/94 vom 22. Dezember 1994 (ABl. EG Nr. L 349 vom 31. Dezember 1994, S. 83) vorgenommenen Änderungen der Verordnung (EG) Nr. 3288/94 gilt für das Inkrafttreten: Die in Art. 1 der Verordnung (EG) Nr. 3288/94 vorgenommenen Änderungen der Art. 5 Abs. 1 b) und d), 7 Abs. 1 und 29 Abs. 1 und 5 sind nach Art. 2 der Verordnung (EG) Nr. 3288/94 am 1. Januar 1995 in Kraft getreten. Die GMarkenV gilt seit dem 1. Januar 1996.

## 2. Abschnitt. Priorität

| | Art. |
|---|---|
| Prioritätsrecht | 29 |
| Inanspruchnahme der Priorität | 30 |
| Wirkung des Prioritätsrechts | 31 |
| Wirkung einer nationalen Hinterlegung der Anmeldung | 32 |

## 3. Abschnitt. Ausstellungspriorität

| | |
|---|---|
| Ausstellungspriorität | 33 |

## 4. Abschnitt. Inanspruchnahme des Zeitrangs einer nationalen Marke

| | |
|---|---|
| Inanspruchnahme des Zeitrangs einer nationale Marke | 34 |
| Inanspruchnahme des Zeitrangs nach Eintragung der Gemeinschaftsmarke | 35 |

## Titel IV. Eintragungsverfahren

### 1. Abschnitt. Prüfung der Anmeldung

| | |
|---|---|
| Prüfung der Anmeldungserfordernisse | 36 |
| Prüfung der Voraussetzungen der Inhaberschaft | 37 |
| Prüfung auf absolute Eintragungshindernisse | 38 |

### 2. Abschnitt. Recherche

| | |
|---|---|
| Recherche | 39 |

### 3. Abschnitt. Veröffentlichung der Anmeldung

| | |
|---|---|
| Veröffentlichung der Anmeldung | 40 |

### 4. Abschnitt. Bemerkungen Dritter und Widerspruch

| | |
|---|---|
| Bemerkungen Dritter | 41 |
| Widerspruch | 42 |
| Prüfung des Widerspruchs | 43 |

### 5. Abschnitt. Zurücknahme, Einschränkung und Änderung der Anmeldung

| | |
|---|---|
| Zurücknahme, Einschränkung und Änderung der Anmeldung | 44 |

### 6. Abschnitt. Eintragung

| | |
|---|---|
| Eintragung | 45 |

## Titel V. Dauer, Verlängerung und Änderung der Gemeinschaftsmarke

| | |
|---|---|
| Dauer der Eintragung | 46 |
| Verlängerung | 47 |
| Änderung | 48 |

## Titel VI. Verzicht, Verfall und Nichtigkeit

### 1. Abschnitt. Verzicht

| | |
|---|---|
| Verzicht | 49 |

### 2. Abschnitt. Verfallsgründe

| | |
|---|---|
| Verfallsgründe | 50 |

### 3. Abschnitt. Nichtigkeitsgründe

| | |
|---|---|
| Absolute Nichtigkeitsgründe | 51 |
| Relative Nichtigkeitsgründe | 52 |
| Verwirkung durch Duldung | 53 |

# GMarkenV  Gemeinschaftsmarkenverordnung (EG) Nr. 40/94

| | Art. |
|---|---|
| **4. Abschnitt. Wirkungen des Verfalls und der Nichtigkeit** | |
| Wirkungen des Verfalls und der Nichtigkeit | 54 |

**5. Abschnitt. Verfahren zur Erklärung des Verfalls oder der Nichtigkeit vor dem Amt**

| | |
|---|---|
| Antrag auf Erklärung des Verfalls oder der Nichtigkeit | 55 |
| Prüfung des Antrags | 56 |

**Titel VII. Beschwerdeverfahren**

| | |
|---|---|
| Beschwerdefähige Entscheidungen | 57 |
| Beschwerdeberechtigte und Verfahrensbeteiligte | 58 |
| Frist und Form | 59 |
| Abhilfe | 60 |
| Prüfung der Beschwerde | 61 |
| Entscheidung über die Beschwerde | 62 |
| Klage beim Gerichtshof | 63 |

**Titel VIII. Gemeinschaftskollektivmarken**

| | |
|---|---|
| Gemeinschaftskollektivmarken | 64 |
| Markensatzung | 65 |
| Zurückweisung der Anmeldung | 66 |
| Bemerkungen Dritter | 67 |
| Benutzung der Marke | 68 |
| Änderung der Markensatzung | 69 |
| Erhebung der Verletzungsklage | 70 |
| Verfallsgründe | 71 |
| Nichtigkeitsgründe | 72 |

**Titel IX. Verfahrensvorschriften**

**1. Abschnitt. Allgemeine Vorschriften**

| | |
|---|---|
| Begründung der Entscheidungen | 73 |
| Ermittlung des Sachverhalts von Amts wegen | 74 |
| Mündliche Verhandlung | 75 |
| Beweisaufnahme | 76 |
| Zustellung | 77 |
| Wiedereinsetzung in den vorigen Stand | 78 |
| Heranziehung allgemeiner Grundsätze | 79 |
| Beendigung von Zahlungsverpflichtungen | 80 |

**2. Abschnitt. Kosten**

| | |
|---|---|
| Kostenverteilung | 81 |
| Vollstreckung der Entscheidungen, die Kosten festsetzen | 82 |

**3. Abschnitt. Unterrichtung der Öffentlichkeit und der Behörden der Mitgliedstaaten**

| | |
|---|---|
| Register für Gemeinschaftsmarken | 83 |
| Akteneinsicht | 84 |
| Regelmäßig erscheinende Veröffentlichungen | 85 |
| Amtshilfe | 86 |
| Austausch von Veröffentlichung | 87 |

**4. Abschnitt. Vertretung**

| | |
|---|---|
| Allgemeine Grundsätze der Vertretung | 88 |
| Zugelassene Vertreter | 89 |

## Titel X. Zuständigkeit und Verfahren für Klagen, die Gemeinschaftsmarken betreffen

### 1. Abschnitt. Anwendung des Gerichtsstands- und Vollstreckungsübereinkommens

| | Art. |
|---|---|
| Anwendung des Gerichtsstands- und Vollstreckungsübereinkommens | 90 |

### 2. Abschnitt. Streitigkeiten über die Verletzung und Rechtsgültigkeit der Gemeinschaftsmarken

| | |
|---|---|
| Gemeinschaftsmarkengerichte | 91 |
| Zuständigkeit für Verletzung und Rechtsgültigkeit | 92 |
| Internationale Zuständigkeit | 93 |
| Reichweite der Zuständigkeit | 94 |
| Vermutung der Rechtsgültigkeit; Einreden | 95 |
| Widerklage | 96 |
| Anwendbares Recht | 97 |
| Sanktionen | 98 |
| Einstweilige Maßnahmen einschließlich Sicherungsmaßnahmen | 99 |
| Besondere Vorschriften über im Zusammenhang stehende Verfahren | 100 |
| Zuständigkeit der Gemeinschaftsmarkengerichte zweiter Instanz; weitere Rechtsmittel | 101 |

### 3. Abschnitt. Sonstige Streitigkeiten über Gemeinschaftsmarken

| | |
|---|---|
| Ergänzende Vorschriften über die Zuständigkeit der nationalen Gerichte, die keine Gemeinschaftsmarkengerichte sind | 102 |
| Bindung des nationalen Gerichts | 103 |

### 4. Abschnitt. Übergangsbestimmung

| | |
|---|---|
| Übergangsbestimmung betreffend die Anwendung des Gerichtsstands- und Vollstreckungsübereinkommens | 104 |

## Titel XI. Auswirkungen auf das Recht der Mitgliedsstaaten

### 1. Abschnitt. Zivilrechtliche Klagen aufgrund mehrerer Marken

| | |
|---|---|
| Gleichzeitige und aufeinanderfolgende Klagen aus Gemeinschaftsmarken und aus nationalen Marken | 105 |

### 2. Abschnitt. Anwendung des einzelstaatlichen Rechts zum Zweck der Untersagung der Benutzung von Gemeinschaftsmarken

| | |
|---|---|
| Untersagung der Benutzung von Gemeinschaftsmarken | 106 |
| Ältere Rechte von örtlicher Bedeutung | 107 |

### 3. Abschnitt. Umwandlung in eine Anmeldung für eine nationale Marke

| | |
|---|---|
| Antrag auf Einleitung des nationalen Verfahrens | 108 |
| Einreichung, Veröffentlichung und Übermittlung des Umwandlungsantrags | 109 |
| Formschriften für die Umwandlung | 110 |

## Titel XII. Das Amt

### 1. Abschnitt. Allgemeine Bestimmungen

| | |
|---|---|
| Rechtsstellung | 111 |
| Personal | 112 |
| Vorrechte und Immunitäten | 113 |
| Haftung | 114 |
| Sprachen | 115 |
| Veröffentlichung, Eintragung | 116 |
| | 117 |
| Rechtsaufsicht | 118 |

### 2. Abschnitt. Leitung des Amtes

| | |
|---|---|
| Befugnisse des Präsidenten | 119 |
| Ernennung hoher Beamter | 120 |

## GMarkenV  Gemeinschaftsmarkenverordnung (EG) Nr. 40/94

Art.

### 3. Abschnitt. Verwaltungsrat

| | |
|---|---|
| Errichtung und Befugnisse | 121 |
| Zusammensetzung | 122 |
| Vorsitz | 123 |
| Tagungen | 124 |

### 4. Abschnitt. Durchführung der Verfahren

| | |
|---|---|
| Zuständigkeit | 125 |
| Prüfer | 126 |
| Widerspruchsabteilungen | 127 |
| Markenverwaltungs- und Rechtsabteilung | 128 |
| Nichtigkeitsabteilungen | 129 |
| Beschwerdekammern | 130 |
| Unabhängigkeit der Mitglieder der Beschwerdekammern | 131 |
| Ausschließung und Ablehnung | 132 |

### 5. Abschnitt. Haushalt und Finanzkontrolle

| | |
|---|---|
| Haushaltsausschuß | 133 |
| Haushalt | 134 |
| Feststellung des Haushaltsplans | 135 |
| Finanzkontrolle | 136 |
| Rechnungsprüfung | 137 |
| Finanzvorschriften | 138 |
| Gebührenordnung | 139 |

### Titel XIII. Schlußbestimmungen

| | |
|---|---|
| Gemeinschaftliche Durchführungsvorschriften | 140 |
| Einsetzung eines Ausschusses und Verfahren für die Annahme der Durchführungsvorschriften | 141 |
| Vereinbarkeit mit anderen Bestimmungen des Gemeinschaftsrechts | 142 |
| Inkrafttreten | 143 |

DER RAT DER EUROPÄISCHEN UNION –

gestützt auf den Vertrag zur Gründung der Europäischen Gemeinschaft, insbesondere auf Artikel 235, auf Vorschlag der Kommission[1],
nach Stellungnahme des Europäischen Parlaments[2],
nach Stellungnahme des Wirtschafts- und Sozialausschusses[3],
in Erwägung nachstehender Gründe:

Die harmonische Entwicklung des Wirtschaftslebens innerhalb der Gemeinschaft und eine beständige und ausgewogene Wirtschaftsausweitung sind durch die Vollendung und das reibungslose Funktionieren des Binnenmarktes zu fördern, der mit einem einzelstaatlichen Markt vergleichbare Bedingungen bietet. Um einen solchen Markt zu verwirklichen und seine Einheit zu stärken, müssen nicht nur die Hindernisse für den freien Waren- und Dienstleistungsverkehr beseitigt und ein System des unverfälschten Wettbewerbs innerhalb des gemeinschaftlichen Marktes errichtet, sondern auch rechtliche Bedingungen geschaffen werden, die es den Unternehmen ermöglichen, ihre Tätigkeiten in den Bereichen der Herstellung und der Verteilung von Waren und des Dienstleistungsverkehrs an die Dimensionen eines gemeinsamen Marktes anzupassen. Eine der besonders geeigneten rechtlichen Möglichkeiten, über die die Unternehmen zu diesem Zweck verfügen müßten, ist die Verwendung von Marken, mit denen sie ihre Waren oder Dienstleistungen in der gesamten Gemeinschaft ohne Rücksicht auf Grenzen kennzeichnen können.

Für die Verwirklichung der oben erwähnten Ziele der Gemeinschaft ist ein Tätigwerden der Gemeinschaft erforderlich. Es ist ein Markensystem der Gemeinschaft zu schaffen, das den Unternehmen ermöglicht, in einem einzigen Verfahren Gemeinschaftsmarken zu erwerben, die einen einheitlichen Schutz genießen und im gesamten Gebiet der Gemeinschaft wirksam sind. Der hier aufgestellte Grundsatz der Einheitlichkeit der Gemeinschaftsmarke gilt, sofern in dieser Verordnung nichts anderes bestimmt ist.

---

[1] ABl. EG Nr. C 351 vom 31. 12. 1980, S. 1, und ABl. EG Nr. C 230 vom 31. 8. 1984, S. 1.
[2] ABl. EG Nr. C 307 vom 14. 11. 1983, S. 46, und Nr. C 280 vom 28. 10. 1991, S. 153.
[3] ABl. EG Nr. C 310 vom 30. 11. 1981, S. 22.

Im Wege der Angleichung der Rechtsvorschriften kann das Hindernis der territorialen Beschränkung der Rechte, die den Markeninhabern nach den Rechtsvorschriften der Mitgliedstaaten zustehen, nicht beseitigt werden. Um den Unternehmen eine unbehinderte Wirtschaftstätigkeit im gesamten gemeinsamen Markt zu ermöglichen, müssen Marken eingeführt werden, die einem einheitlichen, unmittelbar in allen Mitgliedstaaten geltenden Gemeinschaftsrecht unterliegen.

Da im Vertrag keine spezifischen Befugnisse für die Schaffung eines derartigen Rechtsinstruments vorgesehen sind, ist Artikel 235 des Vertrages heranzuziehen.

Das gemeinschaftliche Markenrecht tritt jedoch nicht an die Stelle der Markenrechte der Mitgliedstaaten, denn es erscheint nicht gerechtfertigt, die Unternehmen zu zwingen, ihre Marken als Gemeinschaftsmarken anzumelden, da die innerstaatlichen Marken nach wie vor für diejenigen Unternehmen notwendig sind, die keinen Schutz ihrer Marken auf Gemeinschaftsebene wünschen.

Das Recht aus der Gemeinschaftsmarke kann nur durch Eintragung erworben werden, die insbesondere dann verweigert wird, wenn die Marke keine Unterscheidungskraft besitzt, wenn sie rechtswidrig ist oder wenn ihr ältere Rechte entgegenstehen.

Zweck des durch die eingetragene Marke gewährten Schutzes ist es, insbesondere die Herkunftsfunktion der Marke zu gewährleisten; dieser Schutz ist absolut im Falle der Identität zwischen der Marke und dem Zeichen und zwischen den Waren oder Dienstleistungen. Der Schutz erstreckt sich ebenfalls auf Fälle der Ähnlichkeit von Zeichen und Marke sowie Waren und Dienstleistungen. Der Begriff der Ähnlichkeit ist im Hinblick auf die Verwechslungsgefahr auszulegen. Die Verwechslungsgefahr stellt die spezifische Voraussetzung für den Schutz dar; ob sie vorliegt, hängt von einer Vielzahl von Umständen ab, insbesondere dem Bekanntheitsgrad der Marke auf dem Markt, der gedanklichen Verbindung, die das benutzte oder eingetragene Zeichen zu ihr hervorrufen kann, sowie dem Grad der Ähnlichkeit zwischen der Marke und dem Zeichen und zwischen den damit gekennzeichneten Waren oder Dienstleistungen.

Aus dem Grundsatz des freien Warenverkehrs folgt, daß der Inhaber der Gemeinschaftsmarke einem Dritten die Benutzung der Marke für Waren, die in der Gemeinschaft unter der Marke von ihm oder mit seiner Zustimmung in den Verkehr gebracht worden sind, nicht untersagen kann, außer wenn berechtigte Gründe es rechtfertigen, daß der Inhaber sich dem weiteren Vertrieb der Waren widersetzt.

Der Schutz der Gemeinschaftsmarke sowie jeder eingetragenen älteren Marke, die ihr entgegensteht, ist nur insoweit berechtigt, als diese Marken tatsächlich benutzt werden.

Die Gemeinschaftsmarke ist als ein von dem Unternehmen, dessen Waren oder Dienstleistungen sie bezeichnet, unabhängiger Gegenstand des Vermögens zu behandeln. Sie kann unter der Bedingung, daß das Publikum durch den Rechtsübergang nicht irregeführt wird, übertragen werden. Sie kann außerdem an Dritte verpfändet werden oder Gegenstand von Lizenzen sein.

Das mit dieser Verordnung geschaffene Markenrecht bedarf für jede einzelne Marke des administrativen Vollzugs auf der Ebene der Gemeinschaft. Deshalb ist es erforderlich, unter Wahrung des bestehenden organisatorischen Aufbaus der Gemeinschaft und des Gleichgewichts ein fachlich unabhängiges sowie rechtlich, organisatorisch und finanziell hinreichend selbständiges Harmonisierungsamt für den Binnenmarkt (Marken, Muster und Modelle) zu schaffen. Hierfür ist die Form einer Einrichtung der Gemeinschaft mit eigener Rechtspersönlichkeit erforderlich und geeignet, welche ihre Tätigkeit gemäß den ihr in dieser Verordnung zugewiesenen Ausführungsbefugnissen im Rahmen des Gemeinschaftsrechts und unbeschadet der von den Organen der Gemeinschaft wahrgenommenen Befugnisse ausübt.

Den von den Entscheidungen des Amtes in Markensachen Betroffenen ist ein rechtlicher Schutz zu gewährleisten, welcher der Eigenart des Markenrechts voll gerecht wird. Zu diesem Zweck ist vorgesehen, daß die Entscheidungen der Prüfer und der verschiedenen Abteilungen des Amtes mit der Beschwerde anfechtbar sind. Sofern die Dienststelle, deren Entscheidung angefochten wird, der Beschwerde nicht abhilft, legt sie die Beschwerde einer Beschwerdekammer des Amtes vor, die darüber entscheidet. Die Entscheidungen der Beschwerdekammern sind ihrerseits mit der Klage beim Gerichtshof der Europäischen Gemeinschaften anfechtbar; dieser kann die angefochtene Entscheidung aufheben oder abändern.

Aufgrund des Beschlusses 88/591/EGKS, EWG, Euratom des Rates vom 24. Oktober 1988 zur Errichtung eines Gerichts erster Instanz der Europäischen Gemeinschaften[1], geändert durch den Beschluß 93/350/Euratom, EGKS, EWG vom 8. Juni 1993[2], übt das Gericht im ersten Rechtszug die Zuständigkeiten aus, die dem Gerichtshof durch die Verträge zur Gründung der Gemeinschaften, insbesondere bei Klagen gemäß Artikel 173 Absatz 2 des EG-Vertrags, und durch die zur Durchführung dieser Verträge erlassenen Rechtsakte übertragen worden sind, sofern nicht in dem Akt zur Errichtung einer Einrichtung der Gemeinschaft etwas anderes bestimmt ist. Die dem Gerichtshof durch diese Verordnung übertragenen Befugnisse zur Aufhebung und Abänderung der Beschlüsse der Beschwerdekammern werden infolgedessen im ersten Rechtszug vom Gericht erster Instanz gemäß dem oben genannten Beschluß ausgeübt.

---

[1] ABl. EG Nr. L 319 vom 25. 11. 1988, S. 1 und Berichtigung in ABl. EG Nr. L 241 vom 17. 8. 1989, S. 4.
[2] ABl. EG Nr. L 144 vom 16. 6. 1993, S. 21.

Zum besseren Schutz der Gemeinschaftsmarken sollten die Mitgliedstaaten gemäß ihrer innerstaatlichen Regelung eine möglichst begrenzte Anzahl nationaler Gerichte erster und zweiter Instanz benennen, die für Fragen der Verletzung und der Gültigkeit von Gemeinschaftsmarken zuständig sind.

Die Entscheidungen über die Gültigkeit und die Verletzung der Gemeinschaftsmarke müssen sich wirksam auf das gesamte Gebiet der Gemeinschaft erstrecken, da nur so widersprüchliche Entscheidungen der Gerichte und des Markenamtes und eine Beeinträchtigung des einheitlichen Charakters der Gemeinschaftsmarke vermieden werden können. Die Vorschriften des Brüsseler Übereinkommens über die gerichtliche Zuständigkeit und die Vollstreckung gerichtlicher Entscheidungen in Zivil- und Handelssachen gelten für alle gerichtlichen Klagen im Zusammenhang mit den Gemeinschaftsmarken, es sei denn, daß diese Verordnung davon abweicht.

Es soll vermieden werden, daß sich in Rechtsstreitigkeiten über denselben Tatbestand zwischen denselben Parteien voneinander abweichende Gerichtsurteile aus einer Gemeinschaftsmarke und aus parallelen nationalen Marken ergeben. Zu diesem Zweck soll, sofern Klagen in demselben Mitgliedstaat erhoben werden, sich nach nationalem Verfahrensrecht – das durch diese Verordnung nicht berührt wird – bestimmen, wie dies erreicht wird; hingegen erscheinen, sofern Klagen in verschiedenen Mitgliedstaaten erhoben werden, Bestimmungen angebracht, die sich an den Vorschriften des obengenannten Brüsseler Vollstreckungsübereinkommens über Rechtshängigkeit und im Zusammenhang stehenden Verfahren orientieren.

Es wird für notwendig erachtet, dem Amt einen eigenen Haushalt zuzubilligen, um eine völlige Selbständigkeit und Unabhängigkeit zu gewährleisten. Die Einnahmen des Haushalts umfassen in erster Linie das Aufkommen an Gebühren, die von den Benutzern des Systems zu zahlen sind. Das Haushaltsverfahren der Gemeinschaft findet jedoch auf eventuelle Zuschüsse aus dem Gesamthaushaltsplan der Europäischen Gemeinschaften Anwendung. Außerdem ist es angezeigt, daß die Überprüfung der Kontenabschlüsse vom Rechnungshof vorgenommen wird.

Zur Durchführung der Verordnung, insbesondere hinsichtlich der Annahme und Änderung einer Gebührenordnung und einer Durchführungsverordnung, sind Durchführungsmaßnahmen erforderlich. Diese Maßnahmen sollten von der Kommission, unterstützt von einem Ausschuß der Vertreter der Mitgliedstaaten, nach den Verfahrensvorschriften von Artikel 2, Verfahren III Variante b) des Beschlusses 87/373/EWG des Rates vom 13. Juli 1987 zur Festlegung der Modalitäten für die Ausübung der der Kommission übertragenen Durchführungsbefugnisse[1] erlassen werden –

HAT FOLGENDE VERORDNUNG ERLASSEN:

## Titel I. Allgemeine Bestimmungen

**Art. 1 Gemeinschaftsmarke.** (1) Die entsprechend den Voraussetzungen und Einzelheiten dieser Verordnung eingetragenen Marken für Waren oder Dienstleistungen werden nachstehend Gemeinschaftsmarken genannt.

(2) Die Gemeinschaftsmarke ist einheitlich. Sie hat einheitliche Wirkung für die gesamte Gemeinschaft: Sie kann nur für dieses gesamte Gebiet eingetragen oder übertragen werden oder Gegenstand eines Verzichts oder einer Entscheidung über den Verfall der Rechte des Inhabers oder die Nichtigkeit sein, und ihre Benutzung kann nur für die gesamte Gemeinschaft untersagt werden. Dieser Grundsatz gilt, sofern in dieser Verordnung nichts anderes bestimmt ist.

**Art. 2 Amt.** Es wird ein Harmonisierungsamt für den Binnenmarkt (Marken, Muster und Modelle), nachstehend „Amt" genannt, errichtet.

**Art. 3 Rechtsfähigkeit.** Für die Anwendung dieser Verordnung werden Gesellschaften und andere juristische Einheiten, die nach dem für sie maßgebenden Recht die Fähigkeit haben, im eigenen Namen Träger von Rechten und Pflichten jeder Art zu sein, Verträge zu schließen oder andere Rechtshandlungen vorzunehmen und vor Gericht zu stehen, juristischen Personen gleichgestellt.

---

[1] ABl. EG Nr. L 197 vom 18. 7. 1987, S. 33.

## Titel II. Materielles Markenrecht

### 1. Abschnitt. Begriff und Erwerb der Gemeinschaftsmarke

**Art. 4 Markenformen.** Gemeinschaftsmarken können alle Zeichen sein, die sich graphisch darstellen lassen, insbesondere Wörter einschließlich Personennamen, Abbildungen, Buchstaben, Zahlen und die Form oder Aufmachung der Ware, soweit solche Zeichen geeignet sind, Waren oder Dienstleistungen eines Unternehmens von denjenigen anderer Unternehmen zu unterscheiden.

**Art. 5[1) Inhaber von Gemeinschaftsmarken.** (1) Inhaber von Gemeinschaftsmarken können folgende natürliche oder juristische Personen, einschließlich Körperschaften des öffentlichen Rechts, sein:

a) Angehörige der Mitgliedstaaten oder

b) Angehörige anderer Vertragsstaaten der Pariser Verbandsübereinkunft zum Schutz des gewerblichen Eigentums, nachstehend „Pariser Verbandsübereinkunft" genannt, oder des Übereinkommens zur Errichtung der Welthandelsorganisation oder

c) Angehörige von Staaten, die nicht Verbandsländer der Pariser Verbandsübereinkunft sind, wenn die Angehörigen dieser Staaten ihren Wohnsitz oder Sitz oder eine tatsächliche und nicht nur zum Schein bestehende gewerbliche oder Handelsniederlassung im Gebiet der Gemeinschaft oder eines Verbandslands der Pariser Verbandsübereinkunft haben, oder

d) nicht unter Buchstabe c) fallende Angehörige von Staaten, die nicht zu den Vertragsstaaten der Pariser Verbandsübereinkunft oder des Übereinkommens zur Errichtung der Welthandelsorganisation gehören und die gemäß einer veröffentlichten Feststellung den Angehörigen eines jeden der Mitgliedstaaten für Marken den gleichen Schutz gewähren wie ihren eigenen Angehörigen und die, wenn die Angehörigen der Mitgliedstaaten den Nachweis der Eintragung der Marken im Ursprungsland erbringen müssen, die Eintragung von Gemeinschaftsmarken als einen solchen Nachweis anerkennen.

(2) Für die Anwendung von Absatz 1 werden Staatenlose im Sinne des Artikels 1 des am 28. September 1954 in New York unterzeichneten Übereinkommens über die Rechtsstellung der Staatenlosen und Flüchtlinge im Sinne des Artikels 1 des am 28. Juli 1951 in Genf unterzeichneten Übereinkommens über die Rechtsstellung der Flüchtlinge in der Fassung des am 31. Januar 1967 in New York unterzeichneten Protokolls über die Rechtsstellung der Flüchtlinge den Staatsangehörigen des Staates gleichgestellt, in dem sie ihren gewöhnlichen Aufenthalt haben.

(3) Angehörige eines Staates nach Absatz 1 Buchstabe d) haben den Nachweis zu erbringen, daß die Marke, die als Gemeinschaftsmarke angemeldet wurde, im Ursprungsland eingetragen ist, es sei denn, daß gemäß einer veröffentlichten Feststellung Marken von Angehörigen der Mitgliedstaaten in dem betreffenden Ursprungsland eingetragen werden, ohne daß der Nachweis der vorherigen Eintragung als Gemeinschaftsmarke oder als nationale Marke in einem Mitgliedstaat erbracht werden muß.

**Art. 6 Erwerb der Gemeinschaftsmarke.** Die Gemeinschaftsmarke wird durch Eintragung erworben.

**Art. 7 Absolute Eintragungshindernisse.**[2) (1) Von der Eintragung ausgeschlossen sind

a) Zeichen, die nicht unter Artikel 4 fallen,

b) Marken, die keine Unterscheidungskraft haben,

c) Marken, die ausschließlich aus Zeichen oder Angaben bestehen, welche im Verkehr zur Bezeichnung der Art, der Beschaffenheit, der Menge, der Bestimmung, des Wertes, der geographischen Herkunft oder der Zeit der Herstellung der Ware oder der Erbringung

---

[1) Art. 5 Abs. 1 Buchstabe b) und d) neu gefaßt durch Verordnung vom 22. 12. 1994 (ABl. EG Nr. L 349/83).
[2) Art. 7 Abs. 1 Buchstabe j) eingefügt durch Verordnung vom 22. 12. 1994 (ABl. EG Nr. L 349/83).

der Dienstleistung oder zur Bezeichnung sonstiger Merkmale der Ware oder Dienstleistung dienen können,

d) Marken, die ausschließlich aus Zeichen oder Angaben zur Bezeichnung der Ware oder Dienstleistung bestehen, die im allgemeinen Sprachgebrauch oder in den redlichen und ständigen Verkehrsgepflogenheiten üblich geworden sind,

e) Zeichen, die ausschließlich bestehen

  i) aus der Form, die durch die Art der Ware selbst bedingt ist, oder

  ii) aus der Form der Ware, die zur Erreichung einer technischen Wirkung erforderlich ist, oder

  iii) aus der Form, die der Ware einen wesentlichen Wert verleiht,

f) Marken, die gegen die öffentliche Ordnung oder gegen die guten Sitten verstoßen,

g) Marken, die geeignet sind, das Publikum zum Beispiel über die Art, die Beschaffenheit oder die geographische Herkunft der Ware oder Dienstleistung zu täuschen,

h) Marken, die mangels Genehmigung durch die zuständigen Stellen gemäß Artikel 6$^{ter}$ der Pariser Verbandsübereinkunft zurückzuweisen sind,

i) Marken, die nicht unter Artikel 6$^{ter}$ der Pariser Verbandsübereinkunft fallende Abzeichen, Embleme und Wappen, die von besonderem öffentlichem Interesse sind, enthalten, es sei denn, daß die zuständigen Stellen ihrer Eintragung zugestimmt haben.

j) Marken, die eine geographische Angabe enthalten oder aus ihr bestehen, durch die Weine gekennzeichnet werden, oder Marken, die eine geographische Angabe enthalten oder aus ihr bestehen, durch die Spirituosen gekennzeichnet werden, in bezug auf Weine oder Spirituosen, die diesen Ursprung nicht haben.

(2) Die Vorschriften des Absatzes 1 finden auch dann Anwendung, wenn die Eintragungshindernisse nur in einem Teil der Gemeinschaft vorliegen.

(3) Die Vorschriften des Absatzes 1 Buchstaben b), c) und d) finden keine Anwendung, wenn die Marke für die Waren oder Dienstleistungen, für die die Eintragung beantragt wird, infolge ihrer Benutzung Unterscheidungskraft erlangt hat.

**Art. 8 Relative Eintragungshindernisse.** (1) Auf Widerspruch des Inhabers einer älteren Marke ist die angemeldete Marke von der Eintragung ausgeschlossen

a) wenn sie mit der älteren Marke identisch ist und die Waren oder Dienstleistungen, für die die Marke angemeldet worden ist, mit den Waren oder Dienstleistungen identisch sind, für die die ältere Marke Schutz genießt;

b) wenn wegen ihrer Identität oder Ähnlichkeit mit der älteren Marke und der Identität oder Ähnlichkeit der durch die beiden Marken erfaßten Waren oder Dienstleistungen für das Publikum die Gefahr von Verwechslungen in dem Gebiet besteht, in dem die ältere Marke Schutz genießt; dabei schließt die Gefahr von Verwechslungen die Gefahr ein, daß die Marke mit der älteren Marke gedanklich in Verbindung gebracht wird.

(2) „Ältere Marken" im Sinne von Absatz 1 sind

a) Marken mit einem früheren Anmeldetag als dem Tag der Anmeldung der Gemeinschaftsmarke, gegebenenfalls mit der für diese Marken in Anspruch genommenen Priorität, die den nachstehenden Kategorien angehören:

  i) Gemeinschaftsmarken;

  ii) in einem Mitgliedstaat oder, soweit Belgien, Luxemburg und die Niederlande betroffen sind, beim BENELUX-Markenamt eingetragene Marken;

  iii) mit Wirkung für einen Mitgliedstaat international registrierte Marken;

b) Anmeldungen von Marken nach Buchstabe a), vorbehaltlich ihrer Eintragung;

c) Marken, die am Tag der Anmeldung der Gemeinschaftsmarke, gegebenenfalls am Tag der für die Anmeldung der Gemeinschaftsmarke in Anspruch genommenen Priorität, in einem Mitgliedstaat im Sinne des Artikels 6$^{bis}$ der Pariser Verbandsübereinkunft notorisch bekannt sind.

(3) Auf Widerspruch des Markeninhabers ist von der Eintragung auch eine Marke ausgeschlossen, die der Agent oder Vertreter des Markeninhabers ohne dessen Zustimmung auf seinen eigenen Namen anmeldet, es sei denn, daß der Agent oder Vertreter seine Handlungsweise rechtfertigt.

(4) Auf Widerspruch des Inhabers einer nicht eingetragenen Marke oder eines sonstigen im geschäftlichen Verkehr benutzten Kennzeichenrechts von mehr als lediglich örtlicher Bedeutung ist die angemeldete Marke von der Eintragung ausgeschlossen, wenn und soweit nach dem für den Schutz des Kennzeichens maßgeblichen Recht des Mitgliedstaats

a) Rechte an diesem Kennzeichen vor dem Tag der Anmeldung der Gemeinschaftsmarke, gegebenenfalls vor dem Tag der für die Anmeldung der Gemeinschaftsmarke in Anspruch genommenen Priorität, erworben worden sind,

b) dieses Kennzeichen seinem Inhaber das Recht verleiht, die Benutzung einer jüngeren Marke zu untersagen.

(5) Auf Widerspruch des Inhabers einer älteren Marke im Sinne des Absatzes 2 ist die angemeldete Marke auch dann von der Eintragung ausgeschlossen, wenn sie mit der älteren Marke identisch ist oder dieser ähnlich ist und für Waren oder Dienstleistungen eingetragen werden soll, die nicht denen ähnlich sind, für die die ältere Marke eingetragen ist, wenn es sich im Falle einer älteren Gemeinschaftsmarke um eine in der Gemeinschaft bekannte Marke und im Falle einer älteren nationalen Marke um eine in dem betreffenden Mitgliedstaat bekannte Marke handelt und die Benutzung der angemeldeten Marke die Unterscheidungskraft oder die Wertschätzung der älteren Marke ohne rechtfertigenden Grund in unlauterer Weise ausnutzen oder beeinträchtigen würde.

## 2. Abschnitt. Wirkungen der Gemeinschaftsmarke

**Art. 9** Recht aus der Gemeinschaftsmarke. (1) Die Gemeinschaftsmarke gewährt ihrem Inhaber ein ausschließliches Recht. Dieses Recht gestattet es dem Inhaber, Dritten zu verbieten, ohne seine Zustimmung im geschäftlichen Verkehr

a) ein mit der Gemeinschaftsmarke identisches Zeichen für Waren oder Dienstleistungen zu benutzen, die mit denjenigen identisch sind, für die sie eingetragen ist;

b) ein Zeichen zu benutzen, wenn wegen der Identität oder Ähnlichkeit des Zeichens mit der Gemeinschaftsmarke und der Identität oder Ähnlichkeit der durch die Gemeinschaftsmarke und das Zeichen erfaßten Waren oder Dienstleistungen für das Publikum die Gefahr von Verwechslungen besteht; dabei schließt die Gefahr von Verwechslungen die Gefahr ein, daß das Zeichen mit der Marke gedanklich in Verbindung gebracht wird;

c) ein mit der Gemeinschaftsmarke identisches oder ihr ähnliches Zeichen für Waren oder Dienstleistungen zu benutzen, die nicht denen ähnlich sind, für die die Gemeinschaftsmarke eingetragen ist, wenn diese in der Gemeinschaft bekannt ist und die Benutzung des Zeichens die Unterscheidungskraft oder die Wertschätzung der Gemeinschaftsmarke ohne rechtfertigenden Grund in unlauterer Weise ausnutzt oder beeinträchtigt.

(2) Sind die Voraussetzungen des Absatzes 1 erfüllt, so kann insbesondere verboten werden:

a) das Zeichen auf Waren oder deren Aufmachung anzubringen;

b) unter dem Zeichen Waren anzubieten, in den Verkehr zu bringen oder zu den genannten Zwecken zu besitzen oder unter dem Zeichen Dienstleistungen anzubieten oder zu erbringen;

c) Waren unter dem Zeichen einzuführen oder auszuführen;

d) das Zeichen in den Geschäftspapieren und in der Werbung zu benutzen.

(3) Das Recht aus der Gemeinschaftsmarke kann Dritten erst nach der Veröffentlichung der Eintragung der Marke entgegengehalten werden. Jedoch kann eine angemessene Entschädigung für Handlungen verlangt werden, die nach Veröffentlichung der Anmeldung einer Gemeinschaftsmarke vorgenommen werden und die nach Veröffentlichung der Eintra-

gung aufgrund der Gemeinschaftsmarke verboten wären. Das angerufene Gericht darf bis zur Veröffentlichung der Eintragung keine Entscheidung in der Hauptsache treffen.

**Art. 10 Wiedergabe der Gemeinschaftsmarke in Wörterbüchern.** Erweckt die Wiedergabe einer Gemeinschaftsmarke in einem Wörterbuch, Lexikon oder ähnlichen Nachschlagewerk den Eindruck, als sei sie eine Gattungsbezeichnung der Waren oder Dienstleistungen, für die sie eingetragen ist, so stellt der Verleger des Werkes auf Antrag des Inhabers der Gemeinschaftsmarke sicher, daß der Wiedergabe der Marke spätestens bei einer Neuauflage des Werkes der Hinweis beigefügt wird, daß es sich um eine eingetragene Marke handelt.

**Art. 11 Untersagung der Benutzung der Gemeinschaftsmarke, die für einen Agenten oder Vertreter eingetragen ist.** Ist eine Gemeinschaftsmarke für einen Agenten oder Vertreter dessen, der Inhaber der Marke ist, ohne Zustimmung des Markeninhabers eingetragen worden, so ist der Markeninhaber berechtigt, sich dem Gebrauch seiner Marke durch seinen Agenten oder Vertreter zu widersetzen, wenn er diesen Gebrauch nicht gestattet hat, es sei denn, daß der Agent oder Vertreter seine Handlungsweise rechtfertigt.

**Art. 12 Beschränkung der Wirkungen der Gemeinschaftsmarke.** Die Gemeinschaftsmarke gewährt ihrem Inhaber nicht das Recht, einem Dritten zu verbieten,

a) seinen Namen oder seine Anschrift,

b) Angaben über die Art, die Beschaffenheit, die Menge, die Bestimmung, den Wert, die geographische Herkunft oder die Zeit der Herstellung der Ware oder der Erbringung der Dienstleistung oder über andere Merkmale der Ware oder Dienstleistung,

c) die Marke, falls dies notwendig ist, als Hinweis auf die Bestimmung einer Ware, insbesondere als Zubehör oder Ersatzteil, oder einer Dienstleistung

im geschäftlichen Verkehr zu benutzen, sofern die Benutzung den anständigen Gepflogenheiten in Gewerbe oder Handel entspricht.

**Art. 13 Erschöpfung des Rechts aus der Gemeinschaftsmarke.** (1) Die Gemeinschaftsmarke gewährt ihrem Inhaber nicht das Recht, einem Dritten zu verbieten, die Marke für Waren zu benutzen, die unter dieser Marke von ihm oder mit seiner Zustimmung in der Gemeinschaft in den Verkehr gebracht worden sind.

(2) Absatz 1 findet keine Anwendung, wenn berechtigte Gründe es rechtfertigen, daß der Inhaber sich dem weiteren Vertrieb der Waren widersetzt, insbesondere wenn der Zustand der Waren nach ihrem Inverkehrbringen verändert oder verschlechtert ist.

**Art. 14 Ergänzende Anwendung des einzelstaatlichen Rechts bei Verletzung.**
(1) Die Wirkung der Gemeinschaftsmarke bestimmt sich ausschließlich nach dieser Verordnung. Im übrigen unterliegt die Verletzung einer Gemeinschaftsmarke dem für die Verletzung nationaler Marken geltenden Recht gemäß den Bestimmungen des Titels X.

(2) Diese Verordnung läßt das Recht unberührt, Klagen betreffend eine Gemeinschaftsmarke auf innerstaatliche Rechtsvorschriften insbesondere über die zivilrechtliche Haftung und den unlauteren Wettbewerb zu stützen.

(3) Das anzuwendende Verfahrensrecht bestimmt sich nach den Vorschriften des Titels X.

### 3. Abschnitt. Benutzung der Gemeinschaftsmarke

**Art. 15 Benutzung der Gemeinschaftsmarke.** (1) Hat der Inhaber die Gemeinschaftsmarke für die Waren oder Dienstleistungen, für die sie eingetragen ist, innerhalb von fünf Jahren, gerechnet von der Eintragung an, nicht ernsthaft in der Gemeinschaft benutzt, oder hat er eine solche Benutzung während eines ununterbrochenen Zeitraums von fünf Jahren ausgesetzt, so unterliegt die Gemeinschaftsmarke den in dieser Verordnung vorgesehenen Sanktionen, es sei denn, daß berechtigte Gründe für die Nichtbenutzung vorliegen.

(2) Folgendes gilt ebenfalls als Benutzung im Sinne des Absatzes 1:

a) Benutzung der Gemeinschaftsmarke in einer Form, die von der Eintragung nur in Bestandteilen abweicht, ohne daß dadurch die Unterscheidungskraft der Marke beeinflußt wird;

b) Anbringen der Gemeinschaftsmarke auf Waren oder deren Aufmachung in der Gemeinschaft ausschließlich für den Export.

(3) Die Benutzung der Gemeinschaftsmarke mit Zustimmung des Inhabers gilt als Benutzung durch den Inhaber.

### 4. Abschnitt. Die Gemeinschaftsmarke als Gegenstand des Vermögens

#### Art. 16 Gleichstellung der Gemeinschaftsmarke mit der nationalen Marke.

(1) Soweit in den Artikeln 17 bis 24 nichts anderes bestimmt ist, wird die Gemeinschaftsmarke als Gegenstand des Vermögens im ganzen und für das gesamte Gebiet der Gemeinschaft wie eine nationale Marke behandelt, die in dem Mitgliedstaat eingetragen ist, in dem nach dem Gemeinschaftsmarkenregister

a) der Inhaber zum jeweils maßgebenden Zeitpunkt seinen Wohnsitz oder Sitz hat, oder

b) wenn Buchstabe a) nicht anwendbar ist, der Inhaber zum jeweils maßgebenden Zeitpunkt eine Niederlassung hat.

(2) Liegen die Voraussetzungen des Absatzes 1 nicht vor, so ist der nach Absatz 1 maßgebende Mitgliedstaat der Staat, in dem das Amt seinen Sitz hat.

(3) Sind mehrere Personen als gemeinsame Inhaber in das Gemeinschaftsmarkenregister eingetragen, so ist für die Anwendung des Absatzes 1 der zuerst genannte gemeinsame Inhaber maßgebend; liegen die Voraussetzungen des Absatzes 1 für diesen Inhaber nicht vor, so ist der jeweils nächstgenannte gemeinsame Inhaber maßgebend. Liegen die Voraussetzungen des Absatzes 1 für keinen der gemeinsamen Inhaber vor, so ist Absatz 2 anzuwenden.

#### Art. 17 Rechtsübergang.

(1) Die Gemeinschaftsmarke kann, unabhängig von der Übertragung des Unternehmens, für alle oder einen Teil der Waren oder Dienstleistungen, für die sie eingetragen ist, Gegenstand eines Rechtsübergangs sein.

(2) Die Übertragung des Unternehmens in seiner Gesamtheit erfaßt die Gemeinschaftsmarke, es sei denn, daß in Übereinstimmung mit dem auf die Übertragung anwendbaren Recht etwas anderes vereinbart ist oder eindeutig aus den Umständen hervorgeht. Dies gilt entsprechend für die rechtsgeschäftliche Verpflichtung zur Übertragung des Unternehmens.

(3) Vorbehaltlich der Vorschriften des Absatzes 2 muß die rechtsgeschäftliche Übertragung der Gemeinschaftsmarke schriftlich erfolgen und bedarf der Unterschrift der Vertragsparteien, es sei denn, daß sie auf einer gerichtlichen Entscheidung beruht; anderenfalls ist sie nichtig.

(4) Ergibt sich aus den Unterlagen über den Rechtsübergang in offensichtlicher Weise, daß die Gemeinschaftsmarke aufgrund des Rechtsübergangs geeignet ist, das Publikum insbesondere über die Art, die Beschaffenheit oder die geographische Herkunft der Waren oder Dienstleistungen, für die die Marke eingetragen ist, irrezuführen, so weist das Amt die Eintragung des Rechtsübergangs zurück, falls nicht der Rechtsnachfolger damit einverstanden ist, die Eintragung der Gemeinschaftsmarke auf Waren und Dienstleistungen zu beschränken, hinsichtlich deren sie nicht irreführend ist.

(5) Der Rechtsübergang wird auf Antrag eines Beteiligten in das Register eingetragen und veröffentlicht.

(6) Solange der Rechtsübergang nicht in das Register eingetragen ist, kann der Rechtsnachfolger seine Rechte aus der Eintragung der Gemeinschaftsmarke nicht geltend machen.

(7) Sind gegenüber dem Amt Fristen zu wahren, so können, sobald der Antrag auf Eintragung des Rechtsübergangs beim Amt eingegangen ist, die entsprechenden Erklärungen gegenüber dem Amt von dem Rechtsnachfolger abgegeben werden.

(8) Alle Dokumente, die gemäß Artikel 77 der Zustellung an den Inhaber der Gemeinschaftsmarke bedürfen, sind an den als Inhaber Eingetragenen zu richten.

**Art. 18 Übertragung einer Agentenmarke.** Ist eine Gemeinschaftsmarke für den Agenten oder Vertreter dessen, der Inhaber der Marke ist, ohne Zustimmung des Markeninhabers eingetragen worden, so ist der Markeninhaber berechtigt, die Übertragung der Eintragung zu seinen Gunsten zu verlangen, es sei denn, daß der Agent oder Vertreter seine Handlungsweise rechtfertigt.

**Art. 19 Dingliche Rechte.** (1) Die Gemeinschaftsmarke kann unabhängig vom Unternehmen verpfändet werden oder Gegenstand eines sonstigen dinglichen Rechts sein.

(2) Die in Absatz 1 genannten Rechte werden auf Antrag eines Beteiligten in das Register eingetragen und veröffentlicht.

**Art. 20 Zwangsvollstreckung.** (1) Die Gemeinschaftsmarke kann Gegenstand von Maßnahmen der Zwangsvollstreckung sein.

(2) Für die Zwangsvollstreckungsmaßnahmen sind die Gerichte und Behörden des nach Artikel 16 maßgebenden Mitgliedstaats ausschließlich zuständig.

(3) Die Zwangsvollstreckungsmaßnahmen werden auf Antrag eines Beteiligten in das Register eingetragen und veröffentlicht.

**Art. 21 Konkursverfahren oder konkursähnliches Verfahren.** (1) Bis zum Inkrafttreten gemeinsamer Vorschriften für die Mitgliedstaaten auf diesem Gebiet wird eine Gemeinschaftsmarke von einem Konkursverfahren oder einem konkursähnlichen Verfahren nur in dem Mitgliedstaat erfaßt, in dem nach seinen Rechtsvorschriften oder nach den geltenden einschlägigen Übereinkünften das Verfahren zuerst eröffnet wird.

(2) Wird die Gemeinschaftsmarke von einem Konkursverfahren oder einem konkursähnlichen Verfahren erfaßt, so wird dies auf Ersuchen der zuständigen nationalen Stellen in das Register eingetragen und veröffentlicht.

**Art. 22 Lizenz.** (1) Die Gemeinschaftsmarke kann für alle oder einen Teil der Waren oder Dienstleistungen, für die sie eingetragen ist, und für das gesamte Gebiet oder einen Teil der Gemeinschaft Gegenstand von Lizenzen sein. Eine Lizenz kann ausschließlich oder nicht ausschließlich sein.

(2) Gegen einen Lizenznehmer, der hinsichtlich der Dauer der Lizenz, der von der Eintragung erfaßten Form, in der die Marke verwendet werden darf, der Art der Waren oder Dienstleistungen, für die die Lizenz erteilt wurde, des Gebiets, in dem die Marke angebracht werden darf, oder der Qualität der vom Lizenznehmer hergestellten Waren oder erbrachten Dienstleistungen gegen eine Bestimmung des Lizenzvertrags verstößt, kann der Inhaber einer Gemeinschaftsmarke die Rechte aus der Gemeinschaftsmarke geltend machen.

(3) Unbeschadet der Bestimmungen des Lizenzvertrags kann der Lizenznehmer ein Verfahren wegen Verletzung einer Gemeinschaftsmarke nur mit Zustimmung ihres Inhabers abhängig machen. Jedoch kann der Inhaber einer ausschließlichen Lizenz ein solches Verfahren anhängig machen, wenn der Inhaber der Gemeinschaftsmarke nach Aufforderung nicht selber innerhalb einer angemessenen Frist die Verletzungsklage erhoben hat.

(4) Jeder Lizenznehmer kann einer vom Inhaber der Gemeinschaftsmarke erhobenen Verletzungsklage beitreten, um den Ersatz seines eigenen Schadens geltend zu machen.

(5) Die Erteilung oder der Übergang einer Lizenz an einer Gemeinschaftsmarke wird auf Antrag eines Beteiligten in das Register eingetragen und veröffentlicht.

**Art. 23 Wirkung gegenüber Dritten.** (1) Die in Artikel 17, 19 und 22 bezeichneten Rechtshandlungen hinsichtlich einer Gemeinschaftsmarke haben gegenüber Dritten in allen Mitgliedstaaten erst Wirkung, wenn sie eingetragen worden sind. Jedoch kann eine Rechtshandlung, die noch nicht eingetragen ist, Dritten entgegengehalten werden, die Rechte an der Marke nach dem Zeitpunkt der Rechtshandlung erworben haben, aber zum Zeitpunkt des Erwerbs dieser Rechte von der Rechtshandlung wußten.

(2) Absatz 1 ist nicht in bezug auf eine Person anzuwenden, die die Gemeinschaftsmarke oder ein Recht an der Gemeinschaftsmarke im Wege des Rechtsübergangs des Unternehmens in seiner Gesamtheit oder einer anderen Gesamtrechtsnachfolge erwirbt.

(3) Die Wirkung einer in Artikel 20 bezeichneten Rechtshandlung gegenüber Dritten richtet sich nach dem Recht des nach Artikel 16 maßgebenden Mitgliedstaats.

(4) Bis zum Inkrafttreten gemeinsamer Vorschriften für die Mitgliedstaaten betreffend das Konkursverfahren richtet sich die Wirkung eines Konkursverfahrens oder eines konkursähnlichen Verfahrens gegenüber Dritten nach dem Recht des Mitgliedstaats, in dem nach seinen Rechtsvorschriften oder nach den geltenden einschlägigen Übereinkünften das Verfahren zuerst eröffnet wird.

**Art. 24 Die Anmeldung der Gemeinschaftsmarke als Gegenstand des Vermögens.** Die Artikel 16 bis 23 gelten entsprechend für die Anmeldungen von Gemeinschaftsmarken.

## Titel III. Die Anmeldung der Gemeinschaftsmarke

### 1. Abschnitt. Einreichung und Erfordernisse der Anmeldung

**Art. 25 Einreichung der Anmeldung.** (1) Die Anmeldung der Gemeinschaftsmarke kann nach Wahl des Anmelders eingereicht werden:

a) beim Amt oder

b) bei der Zentralbehörde für den gewerblichen Rechtsschutz eines Mitgliedstaats[1]) oder beim BENELUX-Markenamt. Eine in dieser Weise eingereichte Anmeldung hat dieselbe Wirkung, wie wenn sie an demselben Tag beim Amt eingereicht worden wäre.

(2) Wird die Anmeldung bei der Zentralbehörde für den gewerblichen Rechtsschutz eines Mitgliedstaats oder beim BENELUX-Markenamt eingereicht, so trifft diese Behörde oder dieses Markenamt alle erforderlichen Maßnahmen, damit die Anmeldung binnen zwei Wochen nach Einreichung an das Amt weitergeleitet wird. Die Zentralbehörde beziehungsweise das BENELUX-Markenamt kann vom Anmelder eine Gebühr erheben, die die Verwaltungskosten für Entgegennahme und Weiterleitung der Anmeldung nicht übersteigen darf.

(3) Anmeldungen nach Absatz 2, die beim Amt nach Ablauf einer Frist von einem Monat nach ihrer Einreichung eingehen, gelten als zurückgenommen.

(4) Zehn Jahre nach Inkrafttreten dieser Verordnung erstellt die Kommission einen Bericht über das Funktionieren des Systems zur Einreichung von Anmeldungen für Gemeinschaftsmarken und unterbreitet etwaige Vorschläge zur Änderung dieses Systems.

**Art. 26 Erfordernisse der Anmeldung.** (1) Die Anmeldung der Gemeinschaftsmarke muß enthalten:

a) einen Antrag auf Eintragung einer Gemeinschaftsmarke;

b) Angaben, die es erlauben, die Identität des Anmelders festzustellen;

c) ein Verzeichnis der Waren oder Dienstleistungen, für die die Eintragung begehrt wird;

d) eine Wiedergabe der Marke.

(2) Für die Anmeldung der Gemeinschaftsmarke sind die Anmeldegebühr und gegebenenfalls eine oder mehrere Klassengebühren zu entrichten.

(3) Die Anmeldung der Gemeinschaftsmarke muß den in der Durchführungsverordnung nach Artikel 140 vorgesehenen Erfordernissen entsprechen.

**Art. 27 Anmeldetag.** Der Anmeldetag einer Gemeinschaftsmarke ist der Tag, an dem die die Angaben nach Artikel 26 Absatz 1 enthaltenden Unterlagen vom Anmelder beim Amt oder, wenn die Anmeldung bei der Zentralbehörde für den gewerblichen Rechtsschutz eines

---

[1]) Das DMA ist nur berechtigt, die Anmeldung einer Gemeinschaftsmarke entgegenzunehmen. Weitere Eingaben hat der Anmelder der Gemeinschaftsmarke unmittelbar an das HABM zu richten. Beim DMA eingehender Schriftverkehr wird unter Hinweis auf die Unzuständigkeit des DMA unverzüglich zurückgesandt. Eine Weiterleitung von an das HABM gerichteten Eingaben findet somit nicht statt (Mitteilung Nr. 3/97 des Präsidenten des DPA vom 13. März 1997, BlPMZ 1997, 125).

Mitgliedstaats oder beim BENELUX-Markenamt eingereicht worden ist, bei der Zentralbehörde beziehungsweise beim BENELUX-Markenamt eingereicht worden sind, sofern binnen eines Monats nach Einreichung der genannten Unterlagen die Anmeldegebühr gezahlt wird.

**Art. 28 Klassifizierung.** Die Waren und Dienstleistungen, für die Gemeinschaftsmarken angemeldet werden, werden nach der in der Durchführungsverordnung festgelegten Klassifizierung klassifiziert.

## 2. Abschnitt. Priorität

**Art. 29 Prioritätsrecht.**[1] (1) Jedermann, der in einem oder mit Wirkung für einen Vertragsstaat der Pariser Verbandsübereinkunft oder des Übereinkommens zur Errichtung der Welthandelsorganisation eine Marke vorschriftsmäßig angemeldet hat, oder sein Rechtsnachfolger genießt hinsichtlich der Anmeldung derselben Marke als Gemeinschaftsmarke für die Waren oder Dienstleistungen, die mit denen identisch sind, für welche die Marke angemeldet ist, oder die von diesen Waren oder Dienstleistungen umfaßt werden, während einer Frist von sechs Monaten nach Einreichung der ersten Anmeldung ein Prioritätsrecht.

(2) Als prioritätsbegründend wird jede Anmeldung anerkannt, der nach dem innerstaatlichen Recht des Staates, in dem sie eingereicht worden ist, oder nach zwei- oder mehrseitigen Verträgen die Bedeutung einer vorschriftsmäßigen nationalen Anmeldung zukommt.

(3) Unter vorschriftsmäßiger nationaler Anmeldung ist jede Anmeldung zu verstehen, die zur Festlegung des Tages ausreicht, an dem sie eingereicht worden ist, wobei das spätere Schicksal der Anmeldung ohne Bedeutung ist.

(4) Als die erste Anmeldung, von deren Einreichung an die Prioritätsfrist läuft, wird auch eine jüngere Anmeldung angesehen, die dieselbe Marke und dieselben Waren oder Dienstleistungen betrifft wie eine erste ältere in demselben oder für denselben Staat eingereichte Anmeldung, sofern diese ältere Anmeldung bis zur Einreichung der jüngeren Anmeldung zurückgenommen, fallengelassen oder zurückgewiesen worden ist, und zwar bevor sie öffentlich ausgelegt worden ist und ohne daß Rechte bestehen geblieben sind; ebensowenig darf diese ältere Anmeldung schon Grundlage für die Inanspruchnahme des Prioritätsrechts gewesen sein. Die ältere Anmeldung kann in diesem Fall nicht mehr als Grundlage für die Inanspruchnahme des Prioritätsrechts dienen.

(5) Ist die erste Anmeldung in einem Staat eingereicht worden, der nicht zu den Vertragsstaaten der Pariser Verbandsübereinkunft oder des Übereinkommens zur Errichtung der Welthandelsorganisation gehört, so finden die Vorschriften der Absätze 1 bis 4 nur insoweit Anwendung, als dieser Staat gemäß einer veröffentlichten Feststellung aufgrund einer ersten Anmeldung beim Amt ein Prioritätsrecht gewährt, und zwar unter Voraussetzungen und mit Wirkungen, die denen dieser Verordnung vergleichbar sind.

**Art. 30 Inanspruchnahme der Priorität.** Der Anmelder, der die Priorität einer früheren Anmeldung in Anspruch nehmen will, hat eine Prioritätserklärung und eine Abschrift der früheren Anmeldung einzureichen. Ist die frühere Anmeldung nicht in einer der Sprachen des Amtes abgefaßt, so hat der Anmelder eine Übersetzung der früheren Anmeldung in einer dieser Sprachen einzureichen.

**Art. 31 Wirkung des Prioritätsrechts.** Das Prioritätsrecht hat die Wirkung, daß für die Bestimmung des Vorrangs von Rechten der Prioritätstag als Tag der Anmeldung der Gemeinschaftsmarke gilt.

**Art. 32 Wirkung einer nationalen Hinterlegung der Anmeldung.** Die Anmeldung der Gemeinschaftsmarke, deren Anmeldetag feststeht, hat in den Mitgliedstaaten die Wirkung einer vorschriftsmäßigen nationalen Hinterlegung, gegebenenfalls mit der für die Anmeldung der Gemeinschaftsmarke in Anspruch genommenen Priorität.

---

[1] Art. 29 Abs. 1 und 5 neu gefaßt durch Verordnung vom 22. 12. 1994 (ABl. EG Nr. L 349/83).

## 3. Abschnitt. Ausstellungspriorität

**Art. 33 Ausstellungspriorität.** (1) Hat der Anmelder der Gemeinschaftsmarke Waren oder Dienstleistungen unter der angemeldeten Marke auf einer amtlichen oder amtlich anerkannten internationalen Ausstellung im Sinne des am 22. November 1928 in Paris unterzeichneten und zuletzt am 30. November 1972 revidierten Übereinkommens über internationale Ausstellungen zur Schau gestellt, kann er, wenn er die Anmeldung innerhalb einer Frist von sechs Monaten seit der erstmaligen Zurschaustellung der Waren oder Dienstleistungen unter der angemeldeten Marke einreicht, von diesem Tag an ein Prioritätsrecht im Sinne des Artikels 31 in Anspruch nehmen.

(2) Der Anmelder, der die Priorität gemäß Absatz 1 in Anspruch nehmen will, hat gemäß den in der Durchführungsverordnung geregelten Einzelheiten Nachweise für die Zurschaustellung der Waren oder Dienstleistungen unter der angemeldeten Marke einzureichen.

(3) Eine Ausstellungspriorität, die in einem Mitgliedstaat oder einem Drittland gewährt wurde, verlängert die Prioritätsfrist des Artikels 29 nicht.

## 4. Abschnitt. Inanspruchnahme des Zeitrangs einer nationalen Marke

**Art. 34 Inanspruchnahme des Zeitrangs einer nationalen Marke.** (1) Der Inhaber einer in einem Mitgliedstaat, einschließlich des Benelux-Gebiets, oder einer mit Wirkung für einen Mitgliedstaat international registrierten älteren Marke, der eine identische Marke zur Eintragung als Gemeinschaftsmarke für Waren oder Dienstleistungen anmeldet, die mit denen identisch sind, für welche die ältere Marke eingetragen ist, oder die von diesen Waren oder Dienstleistungen umfaßt werden, kann für die Gemeinschaftsmarke den Zeitrang der älteren Marke in bezug auf den Mitgliedstaat, in dem oder für den sie eingetragen ist, in Anspruch nehmen.

(2) Der Zeitrang hat nach dieser Verordnung die alleinige Wirkung, daß dem Inhaber der Gemeinschaftsmarke, falls er auf die ältere Marke verzichtet oder sie erlöschen läßt, weiter dieselben Rechte zugestanden werden, die er gehabt hätte, wenn die ältere Marke weiterhin eingetragen gewesen wäre.

(3) Der für die Gemeinschaftsmarke in Anspruch genommene Zeitrang erlischt, wenn die ältere Marke, deren Zeitrang in Anspruch genommen worden ist, für verfallen oder für nichtig erklärt wird oder wenn auf sie vor der Eintragung der Gemeinschaftsmarke verzichtet worden ist.

**Art. 35 Inanspruchnahme des Zeitrangs nach Eintragung der Gemeinschaftsmarke.** (1) Der Inhaber einer Gemeinschaftsmarke, der Inhaber einer in einem Mitgliedstaat, einschließlich des Benelux-Gebiets, oder einer mit Wirkung für einen Mitgliedstaat international registrierten identischen älteren Marke für identische Waren oder Dienstleistungen ist, kann den Zeitrang der älteren Marke in bezug auf den Mitgliedstaat, in dem oder für den sie eingetragen ist, in Anspruch nehmen.

(2) Artikel 34 Absätze 2 und 3 sind entsprechend anzuwenden.

## Titel IV. Eintragungsverfahren

### 1. Abschnitt. Prüfung der Anmeldung

**Art. 36 Prüfung der Anmeldungserfordernisse.** (1) Das Amt prüft, ob
a) die Anmeldung der Gemeinschaftsmarke den Erfordernissen für die Zuerkennung eines Anmeldetages nach Artikel 27 genügt;
b) die Anmeldung der Gemeinschaftsmarke den in der Durchführungsverordnung vorgesehenen Erfordernissen genügt;

c) gegebenenfalls die Klassengebühren innerhalb der vorgeschriebenen Frist entrichtet worden sind.

(2) Entspricht die Anmeldung nicht den in Absatz 1 genannten Erfordernissen, so fordert das Amt den Anmelder auf, innerhalb der vorgeschriebenen Frist die festgestellten Mängel zu beseitigen oder die ausstehende Zahlung nachzuholen.

(3) Werden innerhalb dieser Fristen die nach Absatz 1 Buchstabe a) festgestellten Mängel nicht beseitigt oder wird die nach Absatz 1 Buchstabe a) festgestellte ausstehende Zahlung nicht nachgeholt, so wird die Anmeldung nicht als Anmeldung einer Gemeinschaftsmarke behandelt. Kommt der Anmelder der Aufforderung des Amtes nach, so erkennt das Amt der Anmeldung als Anmeldetag den Tag zu, an dem die festgestellten Mängel beseitigt werden oder die festgestellte ausstehende Zahlung nachgeholt wird.

(4) Werden innerhalb der vorgeschriebenen Fristen die nach Absatz 1 Buchstabe b) festgestellten Mängel nicht beseitigt, so weist das Amt die Anmeldung zurück.

(5) Wird die nach Absatz 1 Buchstabe c) festgestellte ausstehende Zahlung nicht innerhalb der vorgeschriebenen Fristen nachgeholt, so gilt die Anmeldung als zurückgenommen, es sei denn, daß eindeutig ist, welche Waren- oder Dienstleistungsklassen durch den gezahlten Gebührenbetrag gedeckt werden sollen.

(6) Wird den Vorschriften über die Inanspruchnahme der Priorität nicht entsprochen, so erlischt der Prioritätsanspruch für die Anmeldung.

(7) Sind die Voraussetzungen für die Inanspruchnahme des Zeitrangs einer nationalen Marke nicht erfüllt, so kann deren Zeitrang für die Anmeldung nicht mehr beansprucht werden.

**Art. 37 Prüfung der Voraussetzungen der Inhaberschaft.** (1) Kann der Anmelder nicht nach Artikel 5 Inhaber einer Gemeinschaftsmarke sein, so wird die Anmeldung zurückgewiesen.

(2) Die Anmeldung kann nur zurückgewiesen werden, wenn dem Anmelder zuvor Gelegenheit gegeben worden ist, die Anmeldung zurückzunehmen oder eine Stellungnahme einzureichen.

**Art. 38 Prüfung auf absolute Eintragungshindernisse.** (1) Ist die Marke nach Artikel 7 für alle oder einen Teil der Waren oder Dienstleistungen, für die die Gemeinschaftsmarke angemeldet worden ist, von der Eintragung ausgeschlossen, so wird die Anmeldung für diese Waren oder Dienstleistungen zurückgewiesen.

(2) Enthält die Marke einen Bestandteil, der nicht unterscheidungskräftig ist, und kann die Aufnahme dieses Bestandteils in die Marke zu Zweifeln über den Schutzumfang der Marke Anlaß geben, so kann das Amt als Bedingung für die Eintragung der Marke verlangen, daß der Anmelder erklärt, daß er an dem Bestandteil kein ausschließliches Recht in Anspruch nehmen wird. Diese Erklärung wird mit der Anmeldung oder gegebenenfalls mit der Eintragung der Gemeinschaftsmarke veröffentlicht.

(3) Die Anmeldung kann nur zurückgewiesen werden, wenn dem Anmelder zuvor Gelegenheit gegeben worden ist, die Anmeldung zurückzunehmen, zu ändern oder eine Stellungnahme einzureichen.

## 2. Abschnitt. Recherche

**Art. 39 Recherche.** (1) Hat das Amt für die Anmeldung einer Gemeinschaftsmarke einen Anmeldetag festgelegt und festgestellt, daß der Anmelder die Bedingungen nach Artikel 5 erfüllt, so erstellt es einen Gemeinschaftsrecherchenbericht, in dem diejenigen ermittelten älteren Gemeinschaftsmarken oder Anmeldungen von Gemeinschaftsmarken aufgeführt werden, die gemäß Artikel 8 gegen die Eintragung der angemeldeten Gemeinschaftsmarke geltend gemacht werden können.

(2) Sobald der Anmeldetag einer Anmeldung einer Gemeinschaftsmarke feststeht, übermittelt das Amt der Zentralbehörde für den gewerblichen Rechtsschutz eines jeden Mit-

gliedstaates, die dem Amt mitgeteilt hat, daß sie für Anmeldungen von Gemeinschaftsmarken in ihrem eigenen Markenregister eine Recherche durchführt, ein Exemplar der Anmeldung.

(3) Jede Zentralbehörde für den gewerblichen Rechtsschutz im Sinne des Absatzes 2 übermittelt dem Amt innerhalb von drei Monaten nach dem Tag, an dem die Anmeldung einer Gemeinschaftsmarke bei ihr eingegangen ist, einen Recherchenbericht, in dem entweder diejenigen ermittelten älteren Marken oder Markenanmeldungen aufgeführt sind, die nach Artikel 8 gegen die Eintragung der angemeldeten Gemeinschaftsmarke geltend gemacht werden können, oder in dem mitgeteilt wird, daß solche Rechte bei der Recherche nicht festgestellt worden sind.

(4) Das Amt zahlt jeder Zentralbehörde für den gewerblichen Rechtsschutz einen Betrag für jeden Recherchenbericht, den diese Behörde gemäß Absatz 3 vorlegt. Dieser Betrag, der für jede Zentralbehörde gleich hoch zu sein hat, wird vom Haushaltsausschuß durch mit Dreiviertelmehrheit der Vertreter der Mitgliedstaaten gefaßten Beschluß festgesetzt.

(5) Das Amt übermittelt dem Anmelder der Gemeinschaftsmarke unverzüglich den Gemeinschaftsrecherchenbericht und die innerhalb der Frist nach Absatz 3 eingegangen nationalen Recherchenberichte.

(6) Bei der Veröffentlichung der Anmeldung einer Gemeinschaftsmarke, die erst nach Ablauf von einem Monat nach dem Tag, an dem das Amt dem Anmelder die Recherchenberichte übermittelt hat, vorgenommen werden darf, unterrichtet das Amt die Inhaber älterer Gemeinschaftsmarken oder Anmeldungen von Gemeinschaftsmarken, die in dem Gemeinschaftsrecherchenbericht genannt sind, von der Veröffentlichung der Anmeldung der Gemeinschaftsmarke.

(7) Die Kommission unterbreitet dem Rat fünf Jahre nach dem Zeitpunkt, von dem an beim Amt Anmeldungen eingereicht werden können, einen Bericht über das Funktionieren des Recherchensystems im Sinne dieses Artikels, einschließlich des Systems der Zahlungen an die Mitgliedstaaten gemäß Absatz 4, sowie erforderlichenfalls geeignete Vorschläge zur Änderung dieser Verordnung, um das Recherchensystem unter Berücksichtigung der gemachten Erfahrungen und der Entwicklungen auf dem Gebiet der Recherche anzupassen.

### 3. Abschnitt. Veröffentlichung der Anmeldung

**Art. 40 Veröffentlichung der Anmeldung.** (1) Sind die Erfordernisse für die Anmeldung der Gemeinschaftsmarke erfüllt und ist die Frist nach Artikel 39 Absatz 6 abgelaufen, wird die Anmeldung veröffentlicht, soweit sie nicht gemäß den Artikeln 37 und 38 zurückgewiesen wird.

(2) Wird die Anmeldung nach ihrer Veröffentlichung gemäß den Artikel 37 und 38 zurückgewiesen, so wird die Entscheidung über die Zurückweisung veröffentlicht, sobald sie unanfechtbar geworden ist.

### 4. Abschnitt. Bemerkungen Dritter und Widerspruch

**Art. 41 Bemerkungen Dritter.** (1) Natürliche oder juristische Personen sowie die Verbände der Hersteller, Erzeuger, Dienstleistungsunternehmer, Händler und Verbraucher können beim Amt nach der Veröffentlichung der Anmeldung der Gemeinschaftsmarke schriftliche Bemerkungen mit der Begründung einreichen, daß die Marke von Amts wegen und insbesondere nach Artikel 7 von der Eintragung auszuschließen ist. Sie sind an dem Verfahren vor dem Amt nicht beteiligt.

(2) Die in Absatz 1 genannten Bemerkungen werden dem Anmelder mitgeteilt, der dazu Stellung nehmen kann.

**Art. 42 Widerspruch.** (1) Innerhalb einer Frist von drei Monaten nach Veröffentlichung der Anmeldung der Gemeinschaftsmarke kann gegen die Eintragung der Gemeinschaftsmarke Widerspruch mit der Begründung erhoben werden, daß die Marke nach Artikel 8 von der Eintragung auszuschließen ist; der Widerspruch kann erhoben werden

a) in den Fällen des Artikels 8 Absätze 1 und 5 von den Inhabern der in Artikel 8 Absatz 2 genannten älteren Marken sowie von Lizenznehmern, die von den Inhabern dieser Marken hierzu ausdrücklich ermächtigt worden sind;
b) in den Fällen des Artikels 8 Absatz 3 von den Inhabern der dort genannten Marken;
c) in den Fällen des Artikels 8 Absatz 4 von den Inhabern der dort genannten älteren Marken oder Kennzeichenrechte sowie von den Personen, die nach dem anzuwendenden nationalen Recht berechtigt sind, diese Rechte geltend zu machen.

(2) Gegen die Eintragung der Marke kann unter den Voraussetzungen des Absatzes 1 ebenfalls Widerspruch erhoben werden, falls eine geänderte Anmeldung gemäß Artikel 44 Absatz 2 Satz 2 veröffentlicht worden ist.

(3) Der Widerspruch ist schriftlich einzureichen und zu begründen. Er gilt erst als erhoben, wenn die Widerspruchsgebühr entrichtet worden ist. Der Widerspruch kann innerhalb einer vom Amt bestimmten Frist zur Stützung des Widerspruchs Tatsachen, Beweismittel und Bemerkungen vorbringen.

**Art. 43 Prüfung des Widerspruchs.** (1) Bei der Prüfung des Widerspruchs fordert das Amt die Beteiligten so oft wie erforderlich auf, innerhalb einer von ihm zu bestimmenden Frist eine Stellungnahme zu seinen Bescheiden oder zu den Schriftsätzen anderer Beteiligter einzureichen.

(2) Auf Verlangen des Anmelders hat der Inhaber einer älteren Gemeinschaftsmarke, der Widerspruch erhoben hat, den Nachweis zu erbringen, daß er innerhalb der letzten fünf Jahre vor der Veröffentlichung der Anmeldung der Gemeinschaftsmarke die ältere Gemeinschaftsmarke in der Gemeinschaft für die Waren oder Dienstleistungen, für die sie eingetragen ist und auf die er sich zur Begründung seines Widerspruchs beruft, ernsthaft benutzt hat, oder daß berechtigte Gründe für die Nichtbenutzung vorliegen, sofern zu diesem Zeitpunkt die ältere Gemeinschaftsmarke seit mindestens fünf Jahren eingetragen ist. Kann er diesen Nachweis nicht erbringen, so wird der Widerspruch zurückgewiesen. Ist die ältere Gemeinschaftsmarke nur für einen Teil der Waren oder Dienstleistungen, für die sie eingetragen ist, benutzt worden, so gilt sie zum Zwecke der Prüfung des Widerspruchs nur für diese Waren oder Dienstleistungen als eingetragen.

(3) Absatz 2 ist auf ältere nationale Marken im Sinne von Artikel 8 Absatz 2 Buchstabe a) mit der Maßgabe entsprechend anzuwenden, daß an die Stelle der Benutzung in der Gemeinschaft die Benutzung in dem Mitgliedstaat tritt, in dem die ältere Marke geschützt ist.

(4) Das Amt kann die Beteiligten ersuchen, sich zu einigen, wenn es dies als sachdienlich erachtet.

(5) Ergibt die Prüfung, daß die Marke für alle oder einen Teil der Waren oder Dienstleistungen, für die die Gemeinschaftsmarke beantragt worden ist, von der Eintragung ausgeschlossen ist, so wird die Anmeldung für diese Waren oder Dienstleistungen zurückgewiesen. Ist die Marke von der Eintragung nicht ausgeschlossen, so wird der Widerspruch zurückgewiesen.

(6) Die Entscheidung über die Zurückweisung der Anmeldung wird veröffentlicht, sobald sie unanfechtbar geworden ist.

## 5. Abschnitt. Zurücknahme, Einschränkung und Änderung der Anmeldung

**Art. 44 Zurücknahme, Einschränkung und Änderung der Anmeldung.** (1) Der Anmelder kann seine Anmeldung jederzeit zurücknehmen oder das in der Anmeldung enthaltene Verzeichnis der Waren und Dienstleistungen einschränken. Ist die Anmeldung bereits veröffentlicht, so wird auch die Zurücknahme oder Einschränkung veröffentlicht.

(2) Im übrigen kann die Anmeldung der Gemeinschaftsmarke auf Antrag des Anmelders nur geändert werden, um Name und Adresse des Anmelders, sprachliche Fehler, Schreibfehler oder offensichtliche Unrichtigkeiten zu berichtigen, soweit durch eine solche Berichtigung der wesentliche Inhalt der Marke nicht berührt oder das Verzeichnis der Waren oder Dienstleistungen nicht erweitert wird. Betreffen die Änderungen die Wiedergabe der Marke

oder das Verzeichnis der Waren oder Dienstleistungen und werden sie nach Veröffentlichung der Anmeldung vorgenommen, so wird die Anmeldung in der geänderten Fassung veröffentlicht.

### 6. Abschnitt. Eintragung

**Art. 45 Eintragung.** Entspricht die Anmeldung den Vorschriften dieser Verordnung und wurde innerhalb der Frist gemäß Artikel 42 Absatz 1 kein Widerspruch erhoben oder wurde ein Widerspruch rechtskräftig zurückgewiesen, so wird die Marke als Gemeinschaftsmarke eingetragen, sofern die Gebühr für die Eintragung innerhalb der vorgeschriebenen Frist entrichtet worden ist. Wird die Gebühr nicht innerhalb dieser Frist entrichtet, so gilt die Anmeldung als zurückgenommen.

## Titel V. Dauer, Verlängerung und Änderung der Gemeinschaftsmarke

**Art. 46 Dauer der Eintragung.** Die Dauer der Eintragung der Gemeinschaftsmarke beträgt zehn Jahre gerechnet vom Tag der Anmeldung an. Die Eintragung kann gemäß Artikel 47 um jeweils zehn Jahre verlängert werden.

**Art. 47 Verlängerung.** (1) Die Eintragung der Gemeinschaftsmarke wird auf Antrag des Inhabers oder einer hierzu ausdrücklich ermächtigten Person verlängert, sofern die Gebühren entrichtet worden sind.

(2) Das Amt unterrichtet den Inhaber der Gemeinschaftsmarke und die im Register eingetragenen Inhaber von Rechten an der Gemeinschaftsmarke rechtzeitig vor dem Ablauf der Eintragung. Das Amt haftet nicht für unterbliebene Unterrichtung.

(3) Der Antrag auf Verlängerung ist innerhalb eines Zeitraums von sechs Monaten vor Ablauf des letzten Tages des Monats, in dem die Schutzdauer endet, einzureichen. Innerhalb dieses Zeitraums sind auch die Gebühren zu entrichten. Der Antrag und die Gebühren können noch innerhalb einer Nachfrist von sechs Monaten nach Ablauf des in Satz 1 genannten Tages eingereicht oder gezahlt werden, sofern innerhalb dieser Nachfrist eine Zuschlagsgebühr entrichtet wird.

(4) Beziehen sich der Antrag auf Verlängerung oder die Entrichtung der Gebühren nur auf einen Teil der Waren oder Dienstleistungen, für die die Marke eingetragen ist, so wird die Eintragung nur für diese Waren oder Dienstleistungen verlängert.

(5) Die Verlängerung wird am Tage nach dem Ablauf der Eintragung wirksam. Sie wird eingetragen.

**Art. 48 Änderung.** (1) Die Gemeinschaftsmarke darf weder während der Dauer der Eintragung noch bei ihrer Verlängerung im Register geändert werden.

(2) Enthält jedoch die Gemeinschaftsmarke den Namen und die Adresse ihres Inhabers, so kann die Änderung dieser Angaben, sofern dadurch die ursprünglich eingetragene Marke in ihrem wesentlichen Inhalt nicht beeinträchtigt wird, auf Antrag des Inhabers eingetragen werden.

(3) Die Veröffentlichung der Eintragung der Änderung enthält eine Wiedergabe der geänderten Gemeinschaftsmarke. Innerhalb einer Frist von drei Monaten nach Veröffentlichung können Dritte, deren Rechte durch die Änderung beeinträchtigt werden können, die Eintragung der Änderung der Marke anfechten.

## Titel VI. Verzicht, Verfall und Nichtigkeit

### 1. Abschnitt. Verzicht

**Art. 49 Verzicht.** (1) Die Gemeinschaftsmarke kann Gegenstand eines Verzichts für alle oder einen Teil der Waren oder Dienstleistungen sein, für die sie eingetragen ist.

(2) Der Verzicht ist vom Markeninhaber dem Amt schriftlich zu erklären. Er wird erst wirksam, wenn er eingetragen ist.

(3) Ist im Register eine Person als Inhaber eines Rechts eingetragen, so wird der Verzicht nur mit Zustimmung dieser Person eingetragen. Ist eine Lizenz im Register eingetragen, so wird der Verzicht erst eingetragen, wenn der Markeninhaber glaubhaft macht, daß er den Lizenznehmer von seiner Verzichtsabsicht unterrichtet hat; die Eintragung wird nach Ablauf der in der Durchführungsverordnung vorgeschriebenen Frist vorgenommen.

## 2. Abschnitt. Verfallsgründe

**Art. 50 Verfallsgründe.** (1) Die Gemeinschaftsmarke wird auf Antrag beim Amt oder auf Widerklage im Verletzungsverfahren für verfallen erklärt:

a) wenn die Marke innerhalb eines ununterbrochenen Zeitraums von fünf Jahren in der Gemeinschaft für die Waren oder Dienstleistungen, für die sie eingetragen ist, nicht ernsthaft benutzt worden ist und keine berechtigten Gründe für die Nichtbenutzung vorliegen; der Verfall der Rechte des Inhabers kann jedoch nicht geltend gemacht werden, wenn nach Ende dieses Zeitraums und vor Antragstellung oder vor Erhebung der Widerklage die Benutzung der Marke ernsthaft begonnen oder wieder aufgenommen worden ist; wird die Benutzung jedoch innerhalb eines nicht vor Ablauf des ununterbrochenen Zeitraums von fünf Jahren der Nichtbenutzung beginnenden Zeitraums von drei Monaten vor Antragstellung oder vor Erhebung der Widerklage begonnen oder wieder aufgenommen, so bleibt sie unberücksichtigt, sofern die Vorbereitungen für die erstmalige oder die erneute Benutzung erst stattgefunden haben, nachdem der Inhaber Kenntnis davon erhalten hat, daß der Antrag gestellt oder die Widerklage erhoben werden könnte;

b) wenn die Marke infolge des Verhaltens oder der Untätigkeit ihres Inhabers im geschäftlichen Verkehr zur gebräuchlichen Bezeichnung einer Ware oder einer Dienstleistung, für die sie eingetragen ist, geworden ist;

c) wenn die Marke infolge ihrer Benutzung durch den Inhaber oder mit seiner Zustimmung für Waren oder Dienstleistungen, für die sie eingetragen ist, geeignet ist, das Publikum insbesondere über die Art, die Beschaffenheit oder die geographische Herkunft dieser Waren oder Dienstleistungen irrezuführen;

d) wenn der Inhaber der Marke nicht mehr die in Artikel 5 genannten Voraussetzungen erfüllt.

(2) Liegt ein Verfallsgrund nur für einen Teil der Waren oder Dienstleistungen vor, für die die Gemeinschaftsmarke eingetragen ist, so wird sie nur für diese Waren oder Dienstleistungen für verfallen erklärt.

## 3. Abschnitt. Nichtigkeitsgründe

**Art. 51 Absolute Nichtigkeitsgründe.** (1) Die Gemeinschaftsmarke wird auf Antrag beim Amt oder auf Widerklage im Verletzungsverfahren für nichtig erklärt,

a) wenn sie den Vorschriften des Artikels 5 oder des Artikels 7 zuwider eingetragen worden ist;

b) wenn der Anmelder bei der Anmeldung der Marke bösgläubig war.

(2) Ist die Gemeinschaftsmarke entgegen Artikel 7 Absatz 1 Buchstaben b), c) oder d) eingetragen worden, kann sie nicht für nichtig erklärt werden, wenn sie durch Benutzung im Verkehr Unterscheidungskraft für die Waren oder Dienstleistungen, für die sie eingetragen ist, erlangt hat.

(3) Liegt ein Nichtigkeitsgrund nur für einen Teil der Waren oder Dienstleistungen vor, für die die Gemeinschaftsmarke eingetragen ist, so kann sie nur für diese Waren oder Dienstleistungen für nichtig erklärt werden.

**Art. 52 Relative Nichtigkeitsgründe.** (1) Die Gemeinschaftsmarke wird auf Antrag beim Amt oder auf Widerklage im Verletzungsverfahren für nichtig erklärt,

a) wenn eine in Artikel 8 Absatz 2 genannte ältere Marke besteht und die Voraussetzungen des Artikels 8 Absatz 1 oder Absatz 5 erfüllt sind;

b) wenn eine in Artikel 8 Absatz 3 genannte Marke besteht und die Voraussetzungen dieses Absatzes erfüllt sind;

c) wenn ein in Artikel 8 Absatz 4 genanntes älteres Kennzeichenrecht besteht und die Voraussetzungen dieses Absatzes erfüllt sind.

(2) Die Gemeinschaftsmarke wird auf Antrag beim Amt oder auf Widerklage im Verletzungsverfahren ebenfalls für nichtig erklärt, wenn ihre Benutzung aufgrund der nationalen Rechtsvorschriften über den Schutz eines sonstigen älteren Rechts und insbesondere eines

a) Namensrechts,

b) Rechts an der eigenen Abbildung,

c) Urheberrechts,

d) gewerblichen Schutzrechts,

gemäß dem für dessen Schutz maßgebenden nationalen Recht untersagt werden kann.

(3) Die Gemeinschaftsmarke kann nicht für nichtig erklärt werden, wenn der Inhaber eines der in Absatz 1 oder 2 genannten Rechte der Eintragung der Gemeinschaftsmarke vor der Stellung des Antrags auf Nichtigerklärung oder der Erhebung der Widerklage ausdrücklich zustimmen.

(4) Hat der Inhaber eines der in Absatz 1 oder 2 genannten Rechts bereits einen Antrag auf Nichtigerklärung der Gemeinschaftsmarke gestellt oder im Verletzungsverfahren Widerklage erhoben, so darf er nicht aufgrund eines anderen dieser Rechte, das er zur Unterstützung seines ersten Begehrens hätte geltend machen können, einen neuen Antrag auf Nichtigerklärung stellen oder Widerklage erheben.

(5) Artikel 51 Absatz 3 ist entsprechend anzuwenden.

**Art. 53 Verwirkung durch Duldung.** (1) Hat der Inhaber einer Gemeinschaftsmarke die Benutzung einer jüngeren Gemeinschaftsmarke in der Gemeinschaft während eines Zeitraums von fünf aufeinanderfolgenden Jahren in Kenntnis dieser Benutzung geduldet, so kann er für die Waren oder Dienstleistungen, für die die jüngere Marke benutzt worden ist, aufgrund dieser älteren Marke weder die Nichtigerklärung dieser jüngeren Marke verlangen noch sich ihrer Benutzung widersetzen, es sei denn, daß die Anmeldung der jüngeren Gemeinschaftsmarke bösgläubig vorgenommen worden ist.

(2) Hat der Inhaber einer in Artikel 8 Absatz 2 genannten älteren nationalen Marke oder eines in Artikel 8 Absatz 4 genannten sonstigen älteren Kennzeichenrechts die Benutzung einer jüngeren Gemeinschaftsmarke in dem Mitgliedstaat, in dem diese ältere Marke oder dieses sonstige ältere Kennzeichenrecht geschützt ist, während eines Zeitraums von fünf aufeinanderfolgenden Jahren in Kenntnis dieser Benutzung geduldet, so kann er für die Waren oder Dienstleistungen, für die die jüngere Gemeinschaftsmarke benutzt worden ist, aufgrund dieser älteren Marke oder dieses sonstigen älteren Kennzeichenrechts weder die Nichtigerklärung der Gemeinschaftsmarke verlangen noch sich ihrer Benutzung widersetzen, es sei denn, daß die Anmeldung der jüngeren Gemeinschaftsmarke bösgläubig vorgenommen worden ist.

(3) In den Fällen der Absätze 1 und 2 kann der Inhaber der jüngeren Gemeinschaftsmarke sich der Benutzung des älteren Rechts nicht widersetzen, obwohl dieses Recht gegenüber der jüngeren Gemeinschaftsmarke nicht mehr geltend gemacht werden kann.

## 4. Abschnitt. Wirkungen des Verfalls und der Nichtigkeit

**Art. 54 Wirkungen des Verfalls und der Nichtigkeit.** (1) Die in dieser Verordnung vorgesehenen Wirkungen der Gemeinschaftsmarke gelten in dem Umfang, in dem die Marke für verfallen erklärt wird, als von dem Zeitpunkt der Antragstellung oder der Erhebung der Widerklage an nicht eingetreten. In der Entscheidung kann auf Antrag einer Partei ein früherer Zeitpunkt, zu dem einer der Verfallsgründe eingetreten ist, festgesetzt werden.

(2) Die in dieser Verordnung vorgesehenen Wirkungen der Gemeinschaftsmarke gelten in dem Umfang, in dem die Marke für nichtig erklärt worden ist, als von Anfang an nicht eingetreten.

(3) Vorbehaltlich der nationalen Rechtsvorschriften über Klagen auf Ersatz des Schadens, der durch fahrlässiges oder vorsätzliches Verhalten des Markeninhabers verursacht worden ist, sowie vorbehaltlich der nationalen Rechtsvorschriften über ungerechtfertigte Bereicherung berührt die Rückwirkung des Verfalls oder der Nichtigkeit der Marke nicht:

a) Entscheidungen in Verletzungsverfahren, die vor der Entscheidung über den Verfall oder die Nichtigkeit rechtskräftig geworden und vollstreckt worden sind;

b) vor der Entscheidung über den Verfall oder die Nichtigkeit geschlossene Verträge insoweit, als sie vor dieser Entscheidung erfüllt worden sind; es kann jedoch verlangt werden, daß in Erfüllung des Vertrages gezahlte Beträge aus Billigkeitsgründen insoweit zurückerstattet werden, als die Umstände dies rechtfertigen.

### 5. Abschnitt. Verfahren zur Erklärung des Verfalls oder der Nichtigkeit vor dem Amt

**Art. 55 Antrag auf Erklärung des Verfalls oder der Nichtigkeit.** (1) Ein Antrag auf Erklärung des Verfalls oder der Nichtigkeit der Gemeinschaftsmarke kann beim Amt gestellt werden:

a) in den Fällen der Artikel 50 und 51 vor jeder natürlichen oder juristischen Person sowie jedem Interessenverband von Herstellern, Erzeugern, Dienstleistungsunternehmen, Händlern oder Verbrauchern, der nach dem für ihn maßgebenden Recht prozeßfähig ist;

b) in den Fällen des Artikels 52 Absatz 1 von den in Artikel 42 Absatz 1 genannten Personen;

c) in den Fällen des Artikels 52 Absatz 2 von den Inhabern der dort genannten älteren Rechte sowie von den Personen, die nach dem anzuwendenden nationalen Recht berechtigt sind, diese Rechte geltend zu machen.

(2) Der Antrag ist schriftlich einzureichen und zu begründen. Er gilt erst als gestellt, wenn die Gebühr entrichtet worden ist.

(3) Der Antrag auf Erklärung des Verfalls oder der Nichtigkeit ist unzulässig, wenn das Gericht eines Mitgliedstaats über einen Antrag wegen desselben Anspruchs zwischen denselben Parteien bereits rechtskräftig entschieden hat.

**Art. 56 Prüfung des Antrags.** (1) Bei der Prüfung des Antrags auf Erklärung des Verfalls oder der Nichtigkeit fordert das Amt die Beteiligten so oft wie erforderlich auf, innerhalb einer von ihm zu bestimmenden Frist eine Stellungnahme zu seinen Bescheiden oder zu den Schriftsätzen der anderen Beteiligten einzureichen.

(2) Auf Verlangen des Inhabers der Gemeinschaftsmarke hat der Inhaber einer älteren Gemeinschaftsmarke, der am Nichtigkeitsverfahren beteiligt ist, den Nachweis zu erbringen, daß er innerhalb der letzten fünf Jahre vor Stellung des Antrags auf Erklärung der Nichtigkeit die ältere Gemeinschaftsmarke in der Gemeinschaft für die Waren oder Dienstleistungen, für die sie eingetragen ist und auf die er sich zur Begründung seines Antrags beruft, ernsthaft benutzt hat oder daß berechtigte Gründe für die Nichtbenutzung vorliegen, sofern zu diesem Zeitpunkt die ältere Gemeinschaftsmarke seit mindestens fünf Jahren eingetragen ist. War die ältere Gemeinschaftsmarke am Tage der Veröffentlichung der Anmeldung der Gemeinschaftsmarke bereits mindestens fünf Jahre eingetragen, so hat der Inhaber der älteren Gemeinschaftsmarke auch den Nachweis zu erbringen, daß die in Artikel 43 Absatz 2 genannten Bedingungen an diesem Tage erfüllt waren. Kann er diesen Nachweis nicht erbringen, so wird der Antrag auf Erklärung der Nichtigkeit zurückgewiesen. Ist die ältere Gemeinschaftsmarke nur für einen Teil der Waren oder Dienstleistungen, für die sie eingetragen ist, benutzt worden, so gilt sie zum Zwecke der Prüfung des Antrags auf Erklärung der Nichtigkeit nur für diesen Teil der Waren oder Dienstleistungen als eingetragen.

(3) Absatz 2 ist auf ältere nationale Marken im Sinne des Artikels 8 Absatz 2 Buchstabe a) mit der Maßgabe entsprechend anzuwenden, daß an die Stelle der Benutzung in der Gemeinschaft die Benutzung in dem Mitgliedstaat tritt, in dem die ältere Marke geschützt ist.

(4) Das Amt kann die Beteiligten ersuchen, sich zu einigen, wenn es dies als sachdienlich erachtet.

(5) Ergibt die Prüfung des Antrags auf Erklärung des Verfalls oder der Nichtigkeit, daß die Marke für alle oder einen Teil der Waren oder Dienstleistungen, für die sie eingetragen ist, von der Eintragung ausgeschlossen ist, so wird die Marke für diese Waren oder Dienstleistungen für verfallen oder für nichtig erklärt. Ist die Marke von der Eintragung nicht ausgeschlossen, so wird der Antrag zurückgewiesen.

(6) Die Entscheidung, durch die die Gemeinschaftsmarke für verfallen oder für nichtig erklärt wird, wird in das Register eingetragen, nachdem sie unanfechtbar geworden ist.

## Titel VII. Beschwerdeverfahren

**Art. 57 Beschwerdefähige Entscheidungen.** (1) Die Entscheidungen der Prüfer, der Widerspruchsabteilungen, der Markenverwaltungs- und Rechtsabteilung und der Nichtigkeitsabteilungen sind mit der Beschwerde anfechtbar. Die Beschwerde hat aufschiebende Wirkung.

(2) Eine Entscheidung, die ein Verfahren gegenüber einem Beteiligten nicht abschließt, ist nur zusammen mit der Endentscheidung anfechtbar, sofern nicht in der Entscheidung die gesonderte Beschwerde zugelassen ist.

**Art. 58 Beschwerdeberechtigte und Verfahrensbeteiligte.** Die Beschwerde steht denjenigen zu, die an einem Verfahren beteiligt waren, das zu einer Entscheidung geführt hat, soweit sie durch die Entscheidung beschwert sind. Die übrigen an diesem Verfahren Beteiligten sind am Beschwerdeverfahren beteiligt.

**Art. 59 Frist und Form.** Die Beschwerde ist innerhalb von zwei Monaten nach Zustellung der Entscheidung schriftlich beim Amt einzulegen. Die Beschwerde gilt erst als eingelegt, wenn die Beschwerdegebühr entrichtet worden ist. Innerhalb von vier Monaten nach Zustellung der Entscheidung ist die Beschwerde schriftlich zu begründen.

**Art. 60 Abhilfe.** (1) Erachtet die Dienststelle, deren Entscheidung angefochten wird, die Beschwerde als zulässig und begründet, so hat sie ihr abzuhelfen. Dies gilt nicht, wenn dem Beschwerdeführer ein anderer an dem Verfahren Beteiligter gegenübersteht.

(2) Wird der Beschwerde innerhalb eines Monats nach Eingang der Begründung nicht abgeholfen, so ist sie unverzüglich ohne sachliche Stellungnahme der Beschwerdekammer vorzulegen.

**Art. 61 Prüfung der Beschwerde.** (1) Ist die Beschwerde zulässig, so prüft die Beschwerdekammer, ob die Beschwerde begründet ist.

(2) Bei der Prüfung der Beschwerde fordert die Beschwerdekammer die Beteiligten so oft wie erforderlich auf, innerhalb einer von ihr zu bestimmenden Frist eine Stellungnahme zu ihren Bescheiden oder zu den Schriftsätzen der anderen Beteiligten einzureichen.

**Art. 62 Entscheidung über die Beschwerde.** (1) Nach der Prüfung, ob die Beschwerde begründet ist, entscheidet die Beschwerdekammer über die Beschwerde. Die Beschwerdekammer wird entweder im Rahmen der Zuständigkeit der Dienststelle tätig, die die angefochtene Entscheidung erlassen hat, oder verweist die Angelegenheit zur weiteren Entscheidung an diese Dienststelle zurück.

(2) Verweist die Beschwerdekammer die Angelegenheit zur weiteren Entscheidung an die Dienststelle zurück, die die angefochtene Entscheidung erlassen hat, so ist diese Dienststelle durch die rechtliche Beurteilung der Beschwerdekammer, die der Entscheidung zugrundegelegt ist, gebunden, soweit der Tatbestand derselbe ist.

(3) Die Entscheidungen der Beschwerdekammern werden erst mit Ablauf der in Artikel 63 Absatz 5 vorgesehenen Frist oder, wenn innerhalb dieser Frist eine Klage beim Gerichtshof eingelegt worden ist, mit deren Abweisung wirksam.

**Art. 63 Klage beim Gerichtshof.** (1) Die Entscheidungen der Beschwerdekammern, durch die über eine Beschwerde entschieden wird, sind mit der Klage beim Gerichtshof anfechtbar.

(2) Die Klage ist zulässig wegen Unzuständigkeit, Verletzung wesentlicher Formvorschriften, Verletzung des Vertrages, dieser Verordnung oder einer bei ihrer Durchführung anzuwendenden Rechtsnorm oder wegen Ermessensmißbrauchs.

(3) Der Gerichtshof kann die angefochtene Entscheidung aufheben oder abändern.

(4) Die Klage steht den an dem Verfahren vor der Beschwerdekammer Beteiligten zu, soweit sie durch die Entscheidung beschwert sind.

(5) Die Klage ist innerhalb von zwei Monaten nach Zustellung der Entscheidung der Beschwerdekammer beim Gerichtshof einzulegen.

(6) Das Amt hat die Maßnahmen zu ergreifen, die sich aus dem Urteil des Gerichtshofs ergeben.

## Titel VIII. Gemeinschaftskollektivmarken

**Art. 64 Gemeinschaftskollektivmarken.** (1) Eine Gemeinschaftskollektivmarke ist eine Gemeinschaftsmarke, die bei der Anmeldung als solche bezeichnet wird und dazu dienen kann, Waren und Dienstleistungen der Mitglieder des Verbands, der Markeninhaber ist, von denen anderer Unternehmen zu unterscheiden. Verbände von Herstellern, Erzeugern, Dienstleistungserbringern oder Händlern, die nach dem für sie maßgebenden Recht die Fähigkeit haben, im eigenen Namen Träger von Rechten und Pflichten jeder Art zu sein, Verträge zu schließen oder andere Rechtshandlungen vorzunehmen und vor Gericht zu stehen, sowie juristische Personen des öffentlichen Rechts können Gemeinschaftskollektivmarken anmelden.

(2) Abweichend von Artikel 7 Absatz 1 Buchstabe c) können Gemeinschaftskollektivmarken im Sinne des Absatzes 1 aus Zeichen oder Angaben bestehen, die im Verkehr zur Bezeichnung der geographischen Herkunft der Waren oder der Dienstleistungen dienen können. Die Gemeinschaftskollektivmarke gewährt ihrem Inhaber nicht das Recht, einem Dritten zu verbieten, solche Zeichen oder Angaben im geschäftlichen Verkehr zu benutzen, sofern die Benutzung den anständigen Gepflogenheiten in Gewerbe und Handel entspricht; insbesondere kann eine solche Marke einem Dritten, der zur Benutzung einer geographischen Bezeichnung berechtigt ist, nicht entgegengehalten werden.

(3) Auf Gemeinschaftskollektivmarken sind die Vorschriften dieser Verordnung anzuwenden, soweit in den Artikeln 65 bis 72 nicht etwas anderes bestimmt ist.

**Art. 65 Markensatzung.** (1) Der Anmelder einer Gemeinschaftskollektivmarke muß innerhalb der vorgeschriebenen Frist eine Satzung vorlegen.

(2) In der Satzung sind die zur Benutzung der Marke befugten Personen, die Voraussetzungen für die Mitgliedschaft im Verband und gegebenenfalls die Bedingungen für die Benutzung der Marke, einschließlich Sanktionen, anzugeben. Die Satzung einer Marke nach Artikel 64 Absatz 2 muß es jeder Person, deren Waren oder Dienstleistungen aus dem betreffenden geographischen Gebiet stammen, gestatten, Mitglied des Verbandes zu werden, der Inhaber der Marke ist.

**Art. 66 Zurückweisung der Anmeldung.** (1) Außer aus den in den Artikeln 36 und 38 genannten Gründen für die Zurückweisung der Anmeldung der Gemeinschaftsmarke wird die Anmeldung für eine Gemeinschaftskollektivmarke zurückgewiesen, wenn den Vorschriften der Artikel 64 oder 65 nicht Genüge getan ist oder die Satzung gegen die öffentliche Ordnung oder die guten Sitten verstößt.

(2) Die Anmeldung einer Gemeinschaftskollektivmarke wird außerdem zurückgewiesen, wenn die Gefahr besteht, daß das Publikum über den Charakter oder die Bedeutung der Marke irregeführt wird, insbesondere wenn diese Marke den Eindruck erwecken kann, als wäre sie etwas anderes als eine Kollektivmarke.

(3) Die Anmeldung wird nicht zurückgewiesen, wenn der Anmelder aufgrund einer Änderung der Markensatzung die Erfordernisse der Absätze 1 und 2 erfüllt.

**Art. 67 Bemerkungen Dritter.** Außer in den Fällen des Artikels 41 können die in Artikel 41 genannten Personen und Verbände beim Amt auch schriftliche Bemerkungen mit der Begründung einreichen, daß die Anmeldung der Gemeinschaftskollektivmarke gemäß Artikel 66 zurückzuweisen ist.

**Art. 68 Benutzung der Marke.** Die Benutzung der Gemeinschaftskollektivmarke durch eine hierzu befugte Person genügt den Vorschriften dieser Verordnung, sofern die übrigen Bedingungen, denen die Benutzung der Gemeinschaftsmarke aufgrund dieser Verordnung zu entsprechen hat, erfüllt sind.

**Art. 69 Änderung der Markensatzung.** (1) Der Inhaber der Gemeinschaftskollektivmarke hat dem Amt jede Änderung der Satzung zu unterbreiten.

(2) Auf die Änderung wird im Register nicht hingewiesen, wenn die geänderte Satzung den Vorschriften des Artikels 65 nicht entspricht oder einen Grund für eine Zurückweisung nach Artikel 66 bildet.

(3) Artikel 67 gilt für geänderte Satzungen.

(4) Zum Zwecke der Anwendung dieser Verordnung wird die Satzungsänderung erst ab dem Zeitpunkt wirksam, zu dem der Hinweis auf die Änderung ins Register eingetragen worden ist.

**Art. 70 Erhebung der Verletzungsklage.** (1) Die Vorschriften des Artikels 22 Absätze 3 und 4 über die Rechte der Lizenznehmer gelten für jede zur Benutzung einer Gemeinschaftskollektivmarke befugte Person.

(2) Der Inhaber der Gemeinschaftskollektivmarke kann im Namen der zur Benutzung der Marke befugten Personen Ersatz des Schadens verlangen, der diesen Personen aus der unberechtigten Benutzung der Marke entstanden ist.

**Art. 71 Verfallsgründe.** Außer aus den in Artikel 50 genannten Verfallsgründen wird die Gemeinschaftskollektivmarke auf Antrag beim Amt oder auf Widerklage im Verletzungsverfahren für verfallen erklärt, wenn

a) ihr Inhaber keine angemessenen Maßnahmen ergreift, um eine Benutzung der Marke zu verhindern, die nicht im Einklang stünde mit den Benutzungsbedingungen, wie sie in der Satzung vorgesehen sind, auf deren Änderung gegebenenfalls im Register hingewiesen worden ist;

b) die Art der Benutzung der Marke durch ihren Inhaber bewirkt hat, daß die Gefahr besteht, daß das Publikum im Sinne von Artikel 66 Absatz 2 irregeführt wird;

c) entgegen den Vorschriften von Artikel 69 Absatz 2 im Register auf eine Änderung der Satzung hingewiesen worden ist, es sei denn, daß der Markeninhaber aufgrund einer erneuten Satzungsänderung den Erfordernissen des Artikels 69 Absatz 2 genügt.

**Art. 72 Nichtigkeitsgründe.** Außer aus den in den Artikeln 51 und 52 genannten Nichtigkeitsgründen wird die Gemeinschaftskollektivmarke auf Antrag beim Amt oder auf Widerklage im Verletzungsverfahren für nichtig erklärt, wenn sie entgegen den Vorschriften des Artikels 66 eingetragen worden ist, es sei denn, daß der Markeninhaber aufgrund einer Satzungsänderung den Erfordernissen des Artikels 66 genügt.

## Titel IX. Verfahrensvorschriften

### 1. Abschnitt. Allgemeine Vorschriften

**Art. 73 Begründung der Entscheidungen.** Die Entscheidungen des Amtes sind mit Gründen zu versehen. Sie dürfen nur auf Gründe gestützt werden, zu denen die Beteiligten sich äußern konnten.

**Art. 74 Ermittlung des Sachverhalts von Amts wegen.** (1) In dem Verfahren vor dem Amt ermittelt das Amt den Sachverhalt von Amts wegen. Soweit es sich jedoch um Verfahren bezüglich relativer Eintragungshindernisse handelt, ist das Amt bei dieser Ermittlung auf das Vorbringen und die Anträge der Beteiligten beschränkt.

(2) Das Amt braucht Tatsachen und Beweismittel, die von den Beteiligten verspätet vorgebracht werden, nicht zu berücksichtigen.

**Art. 75 Mündliche Verhandlung.** (1) Das Amt ordnet von Amts wegen oder auf Antrag eines Verfahrensbeteiligten eine mündliche Verhandlung an, sofern es dies für sachdienlich erachtet.

(2) Die mündliche Verhandlung vor den Prüfern, vor der Widerspruchsabteilung und vor der Markenverwaltungs- und Rechtsabteilung ist nicht öffentlich.

(3) Die mündliche Verhandlung, einschließlich der Verkündung der Entscheidung, ist vor der Nichtigkeitsabteilung und den Beschwerdekammern öffentlich, sofern die angerufene Dienststelle nicht in Fällen anderweitig entscheidet, in denen insbesondere für eine am Verfahren beteiligte Partei die Öffentlichkeit des Verfahrens schwerwiegende und ungerechtfertigte Nachteile zur Folge haben könnte.

**Art. 76 Beweisaufnahme.** (1) In den Verfahren vor dem Amt sind insbesondere folgende Beweismittel zulässig:

a) Vernehmung der Beteiligten,

b) Einholung von Auskünften,

c) Vorlegung von Urkunden und Beweisstücken,

d) Vernehmung von Zeugen,

e) Begutachtung durch Sachverständige,

f) schriftliche Erklärungen, die unter Eid oder an Eides statt abgegeben werden oder nach den Rechtsvorschriften des Staates, in dem sie abgegeben werden, eine ähnliche Wirkung haben.

(2) Die befaßte Dienststelle kann eines ihrer Mitglieder mit der Durchführung der Beweisaufnahme beauftragen.

(3) Hält das Amt die mündliche Vernehmung eines Beteiligten, Zeugen oder Sachverständigen für erforderlich, so wird der Betroffene zu einer Vernehmung vor dem Amt geladen.

(4) Die Beteiligten werden von der Vernehmung eines Zeugen oder eines Sachverständigen vor dem Amt benachrichtigt. Sie sind berechtigt, an der Zeugenvernehmung teilzunehmen und Fragen an den Zeugen oder Sachverständigen zu richten.

**Art. 77 Zustellung.** Das Amt stellt von Amts wegen alle Entscheidungen und Ladungen sowie die Bescheide und Mitteilungen zu, durch die eine Frist in Lauf gesetzt wird oder die nach anderen Vorschriften dieser Verordnung oder nach der Durchführungsverordnung zuzustellen sind oder für die der Präsident des Amtes die Zustellung vorgeschrieben hat.

**Art. 78 Wiedereinsetzung in den vorigen Stand.** (1) Der Anmelder, der Inhaber der Gemeinschaftsmarke oder jeder andere an einem Verfahren vor dem Amt Beteiligte, der trotz Beachtung aller nach den gegebenen Umständen gebotenen Sorgfalt verhindert worden ist, gegenüber dem Amt eine Frist einzuhalten, wird auf Antrag wieder in den vorigen

Stand eingesetzt, wenn die Verhinderung nach dieser Verordnung den Verlust eines Rechts oder eines Rechtsmittels zur unmittelbaren Folge hat.

(2) Der Antrag ist innerhalb von zwei Monaten nach Wegfall des Hindernisses schriftlich einzureichen. Die versäumte Handlung ist innerhalb dieser Frist nachzuholen. Der Antrag ist nur innerhalb eines Jahres nach Ablauf der versäumten Frist zulässig. Ist der Antrag auf Verlängerung der Eintragung nicht eingereicht worden oder sind die Verlängerungsgebühren nicht entrichtet worden, so wird die in Artikel 47 Absatz 3 Satz 3 vorgesehene Frist von sechs Monaten in die Frist von einem Jahr eingerechnet.

(3) Der Antrag ist zu begründen, wobei die zur Begründung dienenden Tatsachen glaubhaft zu machen sind. Er gilt erst als gestellt, wenn die Wiedereinsetzungsgebühr entrichtet worden ist.

(4) Über den Antrag entscheidet die Dienststelle, die über die versäumte Handlung zu entscheiden hat.

(5) Dieser Artikel ist nicht anzuwenden auf die Fristen des Absatzes 2 sowie des Artikels 29 Absatz 1 und des Artikels 42 Absatz 1.

(6) Wird dem Anmelder oder dem Inhaber der Gemeinschaftsmarke die Wiedereinsetzung in den vorigen Stand gewährt, so kann er Dritten gegenüber, die in der Zeit zwischen dem Eintritt des Rechtsverlusts an der Anmeldung oder der Gemeinschaftsmarke und der Bekanntmachung des Hinweises auf die Wiedereinsetzung in den vorigen Stand unter einem mit der Gemeinschaftsmarke identischen oder ihr ähnlichen Zeichen gutgläubig Waren in den Verkehr gebracht oder Dienstleistungen erbracht haben, keine Rechte geltend machen.

(7) Dritte, die sich auf Absatz 6 berufen können, können gegen die Entscheidung über die Wiedereinsetzung des Anmelders oder des Inhabers der Gemeinschaftsmarke in den vorigen Stand binnen zwei Monaten nach dem Zeitpunkt der Bekanntmachung des Hinweises auf die Wiedereinsetzung in den vorigen Stand Drittwiderspruch einlegen.

(8) Dieser Artikel läßt das Recht eines Mitgliedstaats unberührt, Wiedereinsetzung in den vorigen Stand in bezug auf Fristen zu gewähren, die in dieser Verordnung vorgesehen und den Behörden dieses Staats gegenüber einzuhalten sind.

**Art. 79 Heranziehung allgemeiner Grundsätze.** Soweit diese Verordnung, die Durchführungsverordnung, die Gebührenordnung oder die Verfahrensordnung der Beschwerdekammern Vorschriften über das Verfahren nicht enthält, berücksichtigt das Amt die in den Mitgliedstaaten im allgemeinen anerkannten Grundsätze des Verfahrensrechts.

**Art. 80 Beendigung von Zahlungsverpflichtungen.** (1) Ansprüche des Amts auf Zahlung von Gebühren erlöschen nach vier Jahren nach Ablauf des Kalenderjahrs, in dem die Gebühr fällig geworden ist.

(2) Ansprüche gegen das Amt auf Rückerstattung von Gebühren oder von Geldbeträgen, die bei der Entrichtung einer Gebühr zuviel gezahlt worden sind, erlöschen nach vier Jahren nach Ablauf des Kalenderjahrs, in dem der Anspruch entstanden ist.

(3) Die in Absatz 1 vorgesehene Frist wird durch eine Aufforderung zur Zahlung der Gebühr und die Frist des Absatzes 2 durch eine schriftliche Geltendmachung des Anspruchs unterbrochen. Diese Frist beginnt mit der Unterbrechung erneut zu laufen und endet spätestens sechs Jahre nach Ablauf des Jahres, in dem sie ursprünglich zu laufen begonnen hat, es sei denn, daß der Anspruch gerichtlich geltend gemacht worden ist; in diesem Fall endet die Frist frühestens ein Jahr nach der Rechtskraft der Entscheidung.

## 2. Abschnitt. Kosten

**Art. 81 Kostenverteilung.** (1) Der im Widerspruchsverfahren, im Verfahren zur Erklärung des Verfalls oder der Nichtigkeit oder im Beschwerdeverfahren unterliegende Beteiligte trägt die von dem anderen Beteiligten zu entrichtenden Gebühren sowie – unbeschadet des Artikels 115 Absatz 6 – alle für die Durchführung der Verfahren notwendigen Kosten, die dem anderen Beteiligten entstehen, einschließlich der Reise- und Aufenthaltskosten und der Kosten der Bevollmächtigten, Beistände und Anwälte im Rahmen der Tarife, die für jede Kostengruppe gemäß der Durchführungsverordnung festgelegt werden.

(2) Soweit jedoch die Beteiligten jeweils in einem oder mehreren Punkten unterliegen oder soweit es die Billigkeit erfordert, beschließt die Widerspruchsabteilung, die Nichtigkeitsabteilung oder die Beschwerdekammer eine andere Kostenverteilung.

(3) Der Beteiligte, der ein Verfahren dadurch beendet, daß er die Anmeldung der Gemeinschaftsmarke, den Widerspruch, den Antrag auf Erklärung des Verfalls oder der Nichtigkeit oder die Beschwerde zurücknimmt oder die Eintragung der Gemeinschaftsmarke nicht verlängert oder auf diese verzichtet, trägt die Gebühren sowie die Kosten der anderen Beteiligten gemäß den Absätzen 1 und 2.

(4) Im Falle der Einstellung des Verfahrens entscheidet die Widerspruchsabteilung, die Nichtigkeitsabteilung oder die Beschwerdekammer über die Kosten nach freiem Ermessen.

(5) Vereinbaren die Beteiligten vor der Widerspruchsabteilung, der Nichtigkeitsabteilung oder der Beschwerdekammer eine andere als die in den vorstehenden Absätzen vorgesehene Kostenregelung, so nimmt die betreffende Abteilung diese Vereinbarung zur Kenntnis.

(6) Die Geschäftsstelle der Widerspruchsabteilung oder der Nichtigkeitsabteilung oder der Beschwerdekammer setzt auf Antrag den Betrag der nach den vorstehenden Absätzen zu erstattenden Kosten fest. Gegen die Kostenfestsetzung der Geschäftsstelle ist der fristgerechte Antrag auf Entscheidung durch die Widerspruchsabteilung oder die Nichtigkeitsabteilung oder die Beschwerdekammer zulässig.

**Art. 82 Vollstreckung der Entscheidungen, die Kosten festsetzen.** (1) Jede Entscheidung des Amtes, die Kosten festsetzt, ist ein vollstreckbarer Titel.

(2) Die Zwangsvollstreckung erfolgt nach den Vorschriften des Zivilprozeßrechts des Staates, in dessen Hoheitsgebiet sie stattfindet. Die Vollstreckungsklausel wird nach einer Prüfung, die sich lediglich auf die Echtheit des Titels erstrecken darf, von der staatlichen Behörde erteilt, welche die Regierung jedes Mitgliedstaats zu diesem Zweck bestimmt und dem Amt und dem Gerichtshof benennt.

(3) Sind diese Formvorschriften auf Antrag der die Vollstreckung betreibenden Partei erfüllt, so kann diese Zwangsvollstreckung nach innerstaatlichem Recht betreiben, indem sie die zuständige Stelle unmittelbar anruft.

(4) Die Zwangsvollstreckung kann nur durch eine Entscheidung des Gerichtshofs ausgesetzt werden. Für die Prüfung der Ordnungsmäßigkeit der Vollstreckungsmaßnahmen sind jedoch die Rechtsprechungsorgane des betreffenden Staates zuständig.

### 3. Abschnitt. Unterrichtung der Öffentlichkeit und der Behörden der Mitgliedstaaten

**Art. 83 Register für Gemeinschaftsmarken.** Das Amt führt ein Register mit der Bezeichnung „Register für Gemeinschaftsmarken", in dem alle Angaben vermerkt werden, deren Eintragung oder Angabe in dieser Verordnung oder der Durchführungsverordnung vorgeschrieben ist. Jedermann kann in das Register Einsicht nehmen.

**Art. 84 Akteneinsicht.** (1) Einsicht in die Akten von Anmeldungen für Gemeinschaftsmarken, die noch nicht veröffentlicht worden sind, wird nur mit Zustimmung des Anmelders gewährt.

(2) Wer nachweist, daß der Anmelder behauptet hat, daß die Gemeinschaftsmarke nach ihrer Eintragung gegen ihn geltend gemacht werden würde, kann vor der Veröffentlichung dieser Anmeldung und ohne Zustimmung des Anmelders Akteneinsicht verlangen.

(3) Nach der Veröffentlichung der Anmeldung der Gemeinschaftsmarke wird auf Antrag Einsicht in die Akten der Anmeldung und der darauf eingetragenen Marke gewährt.

(4) Im Falle einer Akteneinsicht entsprechend Absatz 2 oder 3 können Teile der Akten jedoch gemäß der Durchführungsverordnung von der Einsicht ausgeschlossen werden.

**Art. 85 Regelmäßig erscheinende Veröffentlichungen.** Das Amt gibt regelmäßig folgende Veröffentlichungen heraus:

a) ein Blatt für Gemeinschaftsmarken, das die Eintragungen in das Register für Gemeinschaftsmarken wiedergibt sowie sonstige Angaben enthält, deren Veröffentlichung in dieser Verordnung oder in der Durchführungsverordnung vorgeschrieben ist;

b) ein Amtsblatt, das allgemeine Bekanntmachungen und Mitteilungen des Präsidenten des Amtes sowie sonstige diese Verordnung und seine Anwendung betreffende Veröffentlichungen enthält.

**Art. 86 Amtshilfe.** Das Amt und die Gerichte oder Behörden der Mitgliedstaaten unterstützen einander auf Antrag durch die Erteilung von Auskünften oder die Gewährung von Akteneinsicht, soweit nicht Vorschriften dieser Verordnung oder des nationalen Rechts dem entgegenstehen. Gewährt das Amt Gerichten, Staatsanwaltschaften oder Zentralbehörden für den gewerblichen Rechtsschutz Akteneinsicht, so unterliegt diese nicht den Beschränkungen des Artikels 84.

**Art. 87 Austausch von Veröffentlichungen.** (1) Das Amt und die Zentralbehörden für den gewerblichen Rechtsschutz der Mitgliedstaaten übermitteln einander auf entsprechendes Ersuchen kostenlos für ihre eigenen Zwecke ein oder mehrere Exemplare ihrer Veröffentlichungen.

(2) Das Amt kann Vereinbarungen über den Austausch oder die Übermittlung von Veröffentlichungen treffen.

## 4. Abschnitt. Vertretung

**Art. 88 Allgemeine Grundsätze der Vertretung.** (1) Vorbehaltlich des Absatzes 2 ist niemand verpflichtet, sich vor dem Amt vertreten zu lassen.

(2) Unbeschadet des Absatzes 3 Satz 2 müssen natürliche oder juristische Personen, die weder Wohnsitz noch Sitz noch eine tatsächliche und nicht nur zum Schein bestehende gewerbliche oder Handelsniederlassung in der Gemeinschaft haben, in jedem durch diese Verordnung geschaffenen Verfahren mit Ausnahme der Einreichung einer Anmeldung für eine Gemeinschaftsmarke gemäß Artikel 89 Absatz 1 vor dem Amt vertreten sein; in der Durchführungsverordnung können weitere Ausnahmen zugelassen werden.

(3) Natürliche oder juristische Personen mit Wohnsitz oder Sitz oder einer tatsächlichen und nicht nur zum Schein bestehenden gewerblichen oder Handelsniederlassung in der Gemeinschaft können sich vor dem Amt durch einen ihrer Angestellten vertreten lassen, der eine unterzeichnete Vollmacht zu den Akten einzureichen hat; die entsprechenden Einzelheiten sind in der Durchführungsverordnung geregelt. Angestellte einer juristischen Person im Sinne dieses Absatzes können auch andere juristische Personen, die mit der erstgenannten Person wirtschaftlich verbunden sind, vertreten, selbst wenn diese anderen juristischen Personen weder Wohnsitz noch Sitz noch eine tatsächliche und nicht nur zum Schein bestehende gewerbliche oder Handelsniederlassung in der Gemeinschaft haben.

**Art. 89 Zugelassene Vertreter.** (1) Die Vertretung natürlicher oder juristischer Personen vor dem Amt kann nur wahrgenommen werden

a) durch einen Rechtsanwalt, der in einem der Mitgliedstaaten zugelassen ist und seinen Geschäftssitz in der Gemeinschaft hat, soweit er in diesem Staat die Vertretung auf dem Gebiet des Markenwesens ausüben kann, oder

b) durch zugelassene Vertreter, die in einer beim Amt geführten Liste eingetragen sind.

Die vor dem Amt auftretenden Vertreter haben eine unterzeichnete Vollmacht zu den Akten einzureichen; die entsprechenden Einzelheiten sind in der Durchführungsverordnung geregelt.

(2) In die Liste der zugelassenen Vertreter kann jede natürliche Person eingetragen werden, die folgende Voraussetzungen erfüllt:

a) sie muß die Staatsangehörigkeit eines Mitgliedstaats besitzen;

b) sie muß ihren Geschäftssitz oder Arbeitsplatz in der Gemeinschaft haben;

c) sie muß befugt sein, natürliche oder juristische Personen auf dem Gebiet des Markenwesens vor der Zentralbehörde für den gewerblichen Rechtsschutz des Mitgliedstaats zu vertreten, in dem sie ihren Geschäftssitz oder Arbeitsplatz hat. Unterliegt in diesem Staat die Befugnis nicht dem Erfordernis einer besonderen beruflichen Befähigung, so muß die Person, die die Eintragung in die Liste beantragt, die Vertretung auf dem Gebiet des Markenwesens vor der Zentralbehörde für den gewerblichen Rechtsschutz dieses Staates mindestens fünf Jahre lang regelmäßig ausgeübt haben. Die Voraussetzung der Berufsausübung ist jedoch nicht erforderlich für Personen, deren berufliche Befähigung, natürliche oder juristische Personen auf dem Gebiet des Markenwesens vor der Zentralbehörde für den gewerblichen Rechtsschutz eines Mitgliedstaats zu vertreten, nach den Vorschriften dieses Staates amtlich festgestellt worden ist.

(3) Die Eintragung erfolgt auf Antrag, dem eine Bescheinigung der Zentralbehörde für den gewerblichen Rechtsschutz des betreffenden Mitgliedstaats beizufügen ist, aus der sich die Erfüllung der in Absatz 2 genannten Voraussetzungen ergibt.

(4) Der Präsident des Amtes kann Befreiung erteilen

a) vom Erfordernis nach Absatz 2 Buchstabe c) Satz 2, wenn der Antragsteller nachweist, daß er die erforderliche Befähigung auf andere Weise erworben hat;

b) in besonders gelagerten Fällen vom Erfordernis nach Absatz 2 Buchstabe a).

(5) In der Durchführungsverordnung wird festgelegt, unter welchen Bedingungen eine Person von der Liste der zugelassenen Vertreter gestrichen werden kann.

## Titel X. Zuständigkeit und Verfahren für Klagen, die Gemeinschaftsmarken betreffen

### 1. Abschnitt. Anwendung des Gerichtsstands- und Vollstreckungsübereinkommens

**Art. 90 Anwendung des Gerichtsstands- und Vollstreckungsübereinkommens.**

(1) Soweit in dieser Verordnung nichts anderes bestimmt ist, ist das am 27. September 1968 in Brüssel unterzeichnete Übereinkommen über die gerichtliche Zuständigkeit und die Vollstreckung gerichtlicher Entscheidungen in Zivil- und Handelssachen mit den Änderungen, die durch die Übereinkommen über den Beitritt der den Europäischen Gemeinschaften beitretenden Staaten zu diesem Übereinkommen vorgenommen worden sind, – dieses Übereinkommen und diese Beitrittsübereinkommen zusammen werden nachstehend „Gerichtsstands- und Vollstreckungsübereinkommen" genannt – auf Verfahren betreffend Gemeinschaftsmarken und Anmeldungen von Gemeinschaftsmarken sowie auf Verfahren, die gleichzeitige oder aufeinanderfolgende Klagen aus Gemeinschaftsmarken und aus nationalen Marken betreffen, anzuwenden.

(2) Auf Verfahren, welche durch die in Artikel 92 genannten Klagen und Widerklagen anhängig gemacht werden,

a) sind Artikel 2, Artikel 4, Artikel 5 Nummern 1, 3, 4 und 5 sowie Artikel 24 des Gerichtsstands- und Vollstreckungsübereinkommens nicht anzuwenden;

b) sind Artikel 17 und 18 des Gerichtsstands- und Vollstreckungsübereinkommens vorbehaltlich der Einschränkungen in Artikel 93 Absatz 4 dieser Verordnung anzuwenden;

c) sind die Bestimmungen des Titels II des Gerichtsstands- und Vollstreckungsübereinkommens, die für die in einem Mitgliedstaat wohnhaften Personen gelten, auch auf Personen anzuwenden, die keinen Wohnsitz, jedoch eine Niederlassung in einem Mitgliedstaat haben.

## 2. Abschnitt. Streitigkeiten über die Verletzung und Rechtsgültigkeit der Gemeinschaftsmarken

**Art. 91 Gemeinschaftsmarkengerichte.** (1) Die Mitgliedstaaten benennen für ihr Gebiet eine möglichst geringe Anzahl nationaler Gerichte erster und zweiter Instanz, nachstehend „Gemeinschaftsmarkengerichte" genannt, die die ihnen durch diese Verordnung zugewiesenen Aufgaben wahrnehmen.

(2) Jeder Mitgliedstaat übermittelt der Kommission innerhalb von drei Jahren ab Inkrafttreten dieser Verordnung eine Aufstellung der Gemeinschaftsmarkengerichte mit Angabe ihrer Bezeichnungen und örtlichen Zuständigkeit.

(3) Änderungen der Anzahl, der Bezeichnung oder der örtlichen Zuständigkeit der Gerichte, die nach der in Absatz 2 genannten Übermittlung der Aufstellung eintreten, teilt der betreffende Mitgliedstaat unverzüglich der Kommission mit.

(4) Die in den Absätzen 2 und 3 genannten Angaben werden von der Kommission den Mitgliedstaaten notifiziert und im *Amtsblatt der Europäischen Gemeinschaften* veröffentlicht.

(5) Solange ein Mitgliedstaat die in Absatz 2 vorgesehene Übermittlung nicht vorgenommen hat, sind Verfahren, welche durch die in Artikel 92 genannten Klagen und Widerklagen anhängig gemacht werden und für die die Gerichte dieses Mitgliedstaats nach Artikel 93 zuständig sind, vor demjenigen Gericht dieses Mitgliedstaats anhängig zu machen, das örtlich und sachlich zuständig wäre, wenn es sich um Verfahren handeln würde, die eine in diesem Staat eingetragene nationale Marke betreffen.

**Art. 92 Zuständigkeit für Verletzung und Rechtsgültigkeit.** Die Gemeinschaftsmarkengerichte sind ausschließlich zuständig

a) für alle Klagen wegen Verletzung und – falls das nationale Recht dies zuläßt – wegen drohender Verletzung einer Gemeinschaftsmarke,

b) für Klagen auf Feststellung der Nichtverletzung, falls das nationale Recht diese zuläßt,

c) für Klagen wegen Handlungen im Sinne des Artikels 9 Absatz 3 Satz 2,

d) für die in Artikel 96 genannten Widerklagen auf Erklärung des Verfalls oder der Nichtigkeit der Gemeinschaftsmarke.

**Art. 93 Internationale Zuständigkeit.** (1) Vorbehaltlich der Vorschriften dieser Verordnung sowie der nach Artikel 90 anzuwendenden Bestimmungen des Gerichtsstands- und Vollstreckungsübereinkommens sind für die Verfahren, welche durch eine in Artikel 92 genannte Klage oder Widerklage anhängig gemacht werden, die Gerichte des Mitgliedstaats zuständig, in dem der Beklagte seinen Wohnsitz oder – in Ermangelung eines Wohnsitzes in einem Mitgliedstaat – eine Niederlassung hat.

(2) Hat der Beklagte weder einen Wohnsitz noch eine Niederlassung in einem der Mitgliedstaaten, so sind für diese Verfahren die Gerichte des Mitgliedstaats zuständig, in dem der Kläger seinen Wohnsitz oder – in Ermangelung eines Wohnsitzes in einem Mitgliedstaat – eine Niederlassung hat.

(3) Hat weder der Beklagte noch der Kläger einen Wohnsitz oder eine Niederlassung in einem der Mitgliedstaaten, so sind für diese Verfahren die Gerichte des Mitgliedstaats zuständig, in dem das Amt seinen Sitz hat.

(4) Ungeachtet der Absätze 1, 2 und 3 ist

a) Artikel 17 des Gerichtsstands- und Vollstreckungsübereinkommens anzuwenden, wenn die Parteien vereinbaren, daß ein anderes Gemeinschaftsmarkengericht zuständig sein soll,

b) Artikel 18 des Gerichtsstands- und Vollstreckungsübereinkommens anzuwenden, wenn der Beklagte sich auf das Verfahren vor einem anderen Gemeinschaftsmarkengericht einläßt.

(5) Die Verfahren, welche durch die in Artikel 92 genannten Klagen und Widerklagen anhängig gemacht werden – ausgenommen Klagen auf Feststellung der Nichtverletzung einer Gemeinschaftsmarke –, können auch bei den Gerichten des Mitgliedstaats anhängig gemacht werden, in dem eine Verletzungshandlung begangen worden ist oder droht oder in dem eine Handlung im Sinne des Artikels 9 Absatz 3 Satz 2 begangen worden ist.

**Art. 94 Reichweite der Zuständigkeit.** (1) Ein Gemeinschaftsmarkengericht, dessen Zuständigkeit auf Artikel 93 Absätze 1 bis 4 beruht, ist zuständig für
– die in einem jeden Mitgliedstaat begangenen oder drohenden Verletzungshandlungen,
– die in einem jeden Mitgliedstaat begangenen Handlungen im Sinne des Artikels 9 Absatz 3 Satz 2.

(2) Ein nach Artikel 93 Absatz 5 zuständiges Gemeinschaftsmarkengericht ist nur für die Handlungen zuständig, die in dem Mitgliedstaat begangen worden sind oder drohen, in dem das Gericht seinen Sitz hat.

**Art. 95 Vermutung der Rechtsgültigkeit; Einreden.** (1) Die Gemeinschaftsmarkengerichte haben von der Rechtsgültigkeit der Gemeinschaftsmarke auszugehen, sofern diese nicht durch den Beklagten mit einer Widerklage auf Erklärung des Verfalls oder der Nichtigkeit angefochten wird.

(2) Die Rechtsgültigkeit einer Gemeinschaftsmarke kann nicht durch eine Klage auf Feststellung der Nichtverletzung angefochten werden.

(3) Gegen Klagen gemäß Artikel 92 Buchstaben a) und c) ist der Einwand des Verfalls oder der Nichtigkeit der Gemeinschaftsmarke, der nicht im Wege der Widerklage erhoben wird, insoweit zulässig, als sich der Beklagte darauf beruft, daß die Gemeinschaftsmarke wegen mangelnder Benutzung für verfallen oder wegen eines älteren Rechts des Beklagten für nichtig erklärt werden könnte.

**Art. 96 Widerklage.** (1) Die Widerklage auf Erklärung des Verfalls oder der Nichtigkeit kann nur auf die in dieser Verordnung geregelten Verfalls- oder Nichtigkeitsgründe gestützt werden.

(2) Ein Gemeinschaftsmarkengericht weist eine Widerklage auf Erklärung des Verfalls oder der Nichtigkeit ab, wenn das Amt über einen Antrag wegen desselben Anspruchs zwischen denselben Parteien bereits eine unanfechtbar gewordene Entscheidung erlassen hat.

(3) Wird die Widerklage in einem Rechtsstreit erhoben, in dem der Markeninhaber noch nicht Partei ist, so ist er hiervon zu unterrichten und kann dem Rechtsstreit nach Maßgabe des nationalen Rechts beitreten.

(4) Das Gemeinschaftsmarkengericht, bei dem Widerklage auf Erklärung des Verfalls oder der Nichtigkeit einer Gemeinschaftsmarke erhoben worden ist, teilt dem Amt den Tag der Erhebung der Widerklage mit. Das Amt vermerkt diese Tatsache im Register für Gemeinschaftsmarken.

(5) Die Vorschriften des Artikels 56 Absätze 3, 4, 5 und 6 sind anzuwenden.

(6) Ist die Entscheidung des Gemeinschaftsmarkengerichts über eine Widerklage auf Erklärung des Verfalls oder der Nichtigkeit rechtskräftig geworden, so wird eine Ausfertigung dieser Entscheidung dem Amt zugestellt. Jede Partei kann darum ersuchen, von der Zustellung unterrichtet zu werden. Das Amt trägt nach Maßgabe der Durchführungsverordnung einen Hinweis auf die Entscheidung im Register für Gemeinschaftsmarken ein.

(7) Das mit einer Widerklage auf Erklärung des Verfalls oder der Nichtigkeit befaßte Gemeinschaftsmarkengericht kann auf Antrag des Inhabers der Gemeinschaftsmarke nach Anhörung der anderen Parteien das Verfahren aussetzen und den Beklagten auffordern, innerhalb einer zu bestimmenden Frist beim Amt die Erklärung des Verfalls oder der Nichtigkeit zu beantragen. Wird der Antrag nicht innerhalb der Frist gestellt, wird das Verfahren fortgesetzt; die Widerklage gilt als zurückgenommen. Die Vorschriften des Artikels 100 Absatz 3 sind anzuwenden.

**Art. 97 Anwendbares Recht.** (1) Die Gemeinschaftsmarkengerichte wenden die Vorschriften dieser Verordnung an.

(2) In allen Fragen, die nicht durch diese Verordnung erfaßt werden, wenden die Gemeinschaftsmarkengerichte ihr nationales Recht einschließlich ihres internationalen Privatrechts an.

(3) Soweit in dieser Verordnung nichts anderes bestimmt ist, wendet das Gemeinschaftsmarkengericht die Verfahrensvorschriften an, die in dem Mitgliedstaat, in dem es seinen Sitz hat, auf gleichartige Verfahren betreffend nationale Marken anwendbar sind.

**Art. 98 Sanktionen.** (1) Stellt ein Gemeinschaftsmarkengericht fest, daß der Beklagte eine Gemeinschaftsmarke verletzt hat oder zu verletzen droht, so verbietet es dem Beklagten, die Handlungen, die die Gemeinschaftsmarke verletzen oder zu verletzen drohen, fortzusetzen, sofern dem nicht besondere Gründe entgegenstehen. Es trifft ferner nach Maßgabe seines innerstaatlichen Rechts die erforderlichen Maßnahmen, um sicherzustellen, daß dieses Verbot befolgt wird.

(2) In bezug auf alle anderen Fragen wendet das Gemeinschaftsmarkengericht das Recht des Mitgliedstaats, einschließlich dessen internationalen Privatrechts, an, in dem die Verletzungshandlungen begangen worden sind oder drohen.

**Art. 99 Einstweilige Maßnahmen einschließlich Sicherungsmaßnahmen.** (1) Bei den Gerichten eines Mitgliedstaats – einschließlich der Gemeinschaftsmarkengerichte – können in bezug auf eine Gemeinschaftsmarke oder die Anmeldung einer Gemeinschaftsmarke alle einstweiligen Maßnahmen einschließlich Sicherungsmaßnahmen beantragt werden, die in dem Recht dieses Staates für eine nationale Marke vorgesehen sind, auch wenn für die Entscheidung in der Hauptsache aufgrund dieser Verordnung ein Gemeinschaftsmarkengericht eines anderen Mitgliedstaats zuständig ist.

(2) Ein Gemeinschaftsmarkengericht, dessen Zuständigkeit auf Artikel 93 Absätze 1, 2, 3 oder 4 beruht, kann einstweilige Maßnahmen einschließlich Sicherungsmaßnahmen anordnen, die vorbehaltlich des gegebenenfalls gemäß Titel III des Gerichtsstands- und Vollstreckungsübereinkommens erforderlichen Anerkennungs- und Vollstreckungsverfahrens in einem jeden Mitgliedstaat anwendbar sind. Hierfür ist kein anderes Gericht zuständig.

**Art. 100 Besondere Vorschriften über im Zusammenhang stehende Verfahren.**
(1) Ist vor einem Gemeinschaftsmarkengericht eine Klage im Sinne des Artikels 92 – mit Ausnahme einer Klage auf Feststellung der Nichtverletzung – erhoben worden, so setzt es das Verfahren, soweit keine besonderen Gründe für dessen Fortsetzung bestehen, von Amts wegen nach Anhörung der Parteien oder auf Antrag einer Partei nach Anhörung der anderen Parteien aus, wenn die Rechtsgültigkeit der Gemeinschaftsmarke bereits vor einem anderen Gemeinschaftsmarkengericht im Wege der Widerklage angefochten worden ist oder wenn beim Amt bereits ein Antrag auf Erklärung des Verfalls oder der Nichtigkeit gestellt worden ist.

(2) Ist beim Amt ein Antrag auf Erklärung des Verfalls oder der Nichtigkeit gestellt worden, so setzt es das Verfahren, soweit keine besonderen Gründe für dessen Fortsetzung bestehen, von Amts wegen nach Anhörung der Parteien oder auf Antrag einer Partei nach Anhörung der anderen Parteien aus, wenn die Rechtsgültigkeit der Gemeinschaftsmarke im Wege der Widerklage bereits vor einem Gemeinschaftsmarkengericht angefochten worden ist. Das Gemeinschaftsmarkengericht kann jedoch auf Antrag einer Partei des bei ihm anhängigen Verfahrens nach Anhörung der anderen Parteien das Verfahren aussetzen. In diesem Fall setzt das Amt das bei ihm anhängige Verfahren fort.

(3) Setzt das Gemeinschaftsmarkengericht das Verfahren aus, kann es für die Dauer der Aussetzung einstweilige Maßnahmen einschließlich Sicherungsmaßnahmen treffen.

**Art. 101 Zuständigkeit der Gemeinschaftsmarkengerichte zweiter Instanz; weitere Rechtsmittel.** (1) Gegen Entscheidungen der Gemeinschaftsmarkengerichte erster Instanz über Klagen und Widerklagen nach Artikel 92 findet die Berufung bei den Gemeinschaftsmarkengerichten zweiter Instanz statt.

(2) Die Bedingungen für die Einlegung der Berufung bei einem Gemeinschaftsmarkengericht zweiter Instanz richten sich nach dem nationalen Recht des Mitgliedstaats, in dem dieses Gericht seinen Sitz hat.

(3) Die nationalen Vorschriften über weitere Rechtsmittel sind auf Entscheidungen der Gemeinschaftsmarkengerichte zweiter Instanz anwendbar.

### 3. Abschnitt. Sonstige Streitigkeiten über Gemeinschaftsmarken

**Art. 102 Ergänzende Vorschriften über die Zuständigkeit der nationalen Gerichte, die keine Gemeinschaftsmarkengerichte sind.** (1) Innerhalb des Mitgliedstaats, dessen Gerichte nach Artikel 90 Absatz 1 zuständig sind, sind andere als die in Artikel 92 genannten Klagen vor den Gerichten zu erheben, die örtlich und sachlich zuständig wären, wenn es sich um Klagen handeln würde, die eine in diesem Staat eingetragene nationale Marke betreffen.

(2) Ist nach Artikel 90 Absatz 1 und Artikel 102 Absatz 1 kein Gericht für die Entscheidung über andere als die in Artikel 92 genannten Klagen, die eine Gemeinschaftsmarke betreffen, zuständig, so kann die Klage vor den Gerichten des Mitgliedstaats erhoben werden, in dem das Amt seinen Sitz hat.

**Art. 103 Bindung des nationalen Gerichts.** Das nationale Gericht, vor dem eine nicht unter Artikel 92 fallende Klage betreffend eine Gemeinschaftsmarke anhängig ist, hat von der Rechtsgültigkeit der Gemeinschaftsmarke auszugehen.

### 4. Abschnitt. Übergangsbestimmung

**Art. 104 Übergangsbestimmung betreffend die Anwendung des Gerichtsstands- und Vollstreckungsübereinkommens.** Die Vorschriften des Gerichtsstands- und Vollstreckungsübereinkommens, die aufgrund der vorstehenden Artikel anwendbar sind, gelten für einen Mitgliedstaat nur in der Fassung des Übereinkommens, die für diesen Staat jeweils in Kraft ist.

## Titel XI. Auswirkungen auf das Recht der Mitgliedstaaten

### 1. Abschnitt. Zivilrechtliche Klagen aufgrund mehrerer Marken

**Art. 105 Gleichzeitige und aufeinanderfolgende Klagen aus Gemeinschaftsmarken und aus nationalen Marken.** (1) Werden Verletzungsklagen zwischen denselben Parteien wegen derselben Handlungen bei Gerichten verschiedener Mitgliedstaaten anhängig gemacht, von denen das eine Gericht wegen Verletzung einer Gemeinschaftsmarke und das andere Gericht wegen Verletzung einer nationalen Marke angerufen wird,

a) so hat sich das später angerufene Gericht von Amts wegen zugunsten des zuerst angerufenen Gerichts für unzuständig zu erklären, wenn die betreffenden Marken identisch sind und für identische Waren oder Dienstleistungen gelten. Das Gericht, das sich für unzuständig zu erklären hätte, kann das Verfahren aussetzen, wenn der Mangel der Zuständigkeit des anderen Gerichts geltend gemacht wird;

b) so kann das später angerufene Gericht das Verfahren aussetzen, wenn die betreffenden Marken identisch sind und für ähnliche Waren oder Dienstleistungen gelten oder wenn sie ähnlich sind und für identische oder ähnliche Waren oder Dienstleistungen gelten.

(2) Das wegen Verletzung einer Gemeinschaftsmarke angerufene Gericht weist die Klage ab, falls wegen derselben Handlungen zwischen denselben Parteien ein rechtskräftiges Urteil in der Sache aufgrund einer identischen nationalen Marke für identische Waren oder Dienstleistungen ergangen ist.

(3) Das wegen Verletzung einer nationalen Marke angerufene Gericht weist die Klage ab, falls wegen derselben Handlungen zwischen denselben Parteien ein rechtskräftiges Urteil in der Sache aufgrund einer identischen Gemeinschaftsmarke für identische Waren oder Dienstleistungen ergangen ist.

(4) Die Absätze 1, 2 und 3 gelten nicht für einstweilige Maßnahmen einschließlich solcher, die auf eine Sicherung gerichtet sind.

## 2. Abschnitt. Anwendung des einzelstaatlichen Rechts zum Zweck der Untersagung der Benutzung von Gemeinschaftsmarken

**Art. 106 Untersagung der Benutzung von Gemeinschaftsmarken.** (1) Diese Verordnung läßt, soweit nichts anderes bestimmt ist, das nach dem Recht der Mitgliedstaaten bestehende Recht unberührt, Ansprüche wegen Verletzung älterer Rechte im Sinne des Artikels 8 oder des Artikels 52 Absatz 2 gegenüber der Benutzung einer jüngeren Gemeinschaftsmarke geltend zu machen. Ansprüche wegen Verletzung älterer Rechte im Sinne des Artikels 8 Absätze 2 und 4 können jedoch nicht mehr geltend gemacht werden, wenn der Inhaber des älteren Rechts nach Artikel 53 Absatz 2 nicht mehr die Nichtigerklärung der Gemeinschaftsmarke verlangen kann.

(2) Diese Verordnung läßt, soweit nichts anderes bestimmt ist, das Recht unberührt, aufgrund des Zivil-, Verwaltungs- oder Strafrechts eines Mitgliedstaats oder aufgrund von Bestimmungen des Gemeinschaftsrechts Klagen oder Verfahren zum Zweck der Untersagung der Benutzung einer Gemeinschaftsmarke anhängig zu machen, soweit nach dem Recht dieses Mitgliedstaats oder dem Gemeinschaftsrecht die Benutzung einer nationalen Marke untersagt werden kann.

**Art. 107 Ältere Rechte von örtlicher Bedeutung.** (1) Der Inhaber eines älteren Rechts von örtlicher Bedeutung kann sich der Benutzung der Gemeinschaftsmarke in dem Gebiet, in dem dieses ältere Recht geschützt ist, widersetzen, sofern dies nach dem Recht des betreffenden Mitgliedstaats zulässig ist.

(2) Absatz 1 findet keine Anwendung, wenn der Inhaber des älteren Rechts die Benutzung der Gemeinschaftsmarke in dem Gebiet, in dem dieses ältere Recht geschützt ist, während fünf aufeinanderfolgender Jahre in Kenntnis dieser Benutzung geduldet hat, es sei denn, daß die Anmeldung der Gemeinschaftsmarke bösgläubig vorgenommen worden ist.

(3) Der Inhaber der Gemeinschaftsmarke kann sich der Benutzung des in Absatz 1 genannten älteren Rechts nicht widersetzen, auch wenn dieses ältere Recht gegenüber der Gemeinschaftsmarke nicht mehr geltend gemacht werden kann.

## 3. Abschnitt. Umwandlung in eine Anmeldung für eine nationale Marke

**Art. 108 Antrag auf Einleitung des nationalen Verfahrens.** (1) Der Anmelder oder Inhaber einer Gemeinschaftsmarke kann beantragen, daß seine Anmeldung oder seine Gemeinschaftsmarke in eine Anmeldung für eine nationale Marke umgewandelt wird,

a) soweit die Anmeldung der Gemeinschaftsmarke zurückgewiesen wird oder zurückgenommen worden ist oder als zurückgenommen gilt;

b) soweit die Gemeinschaftsmarke ihre Wirkung verliert.

(2) Die Umwandlung findet nicht statt,

a) wenn die Gemeinschaftsmarke wegen Nichtbenutzung für verfallen erklärt worden ist, es sei denn, daß in dem Mitgliedstaat, für den die Umwandlung beantragt wird, die Gemeinschaftsmarke benutzt worden ist und dies als eine ernsthafte Benutzung im Sinne der Rechtsvorschriften dieses Mitgliedstaats gilt;

b) wenn Schutz in einem Mitgliedstaat begehrt wird, in dem gemäß der Entscheidung des Amtes oder des einzelstaatlichen Gerichts der Anmeldung oder der Gemeinschaftsmarke ein Eintragungshindernis oder ein Verfalls- oder Nichtigkeitsgrund entgegensteht.

(3) Die nationale Anmeldung, die aus der Umwandlung einer Anmeldung oder einer Gemeinschaftsmarke hervorgeht, genießt in dem betreffenden Mitgliedstaat den Anmeldetag oder den Prioritätstag der Anmeldung oder der Gemeinschaftsmarke sowie gegebenenfalls den nach Artikel 34 oder Artikel 35 beanspruchten Zeitrang einer Marke dieses Staates.

(4) Für den Fall, daß

– die Anmeldung der Gemeinschaftsmarke als zurückgenommen gilt oder vom Amt durch eine unanfechtbar gewordene Entscheidung zurückgewiesen wird,

– die Gemeinschaftsmarke ihre Wirkung aufgrund einer unanfechtbar gewordenen Entscheidung des Amtes oder aufgrund der Eintragung eines Verzichts auf die Gemeinschaftsmarke verliert,

teilt das Amt dies dem Anmelder oder Inhaber mit und setzt ihm dabei eine Frist von drei Monaten nach dieser Mitteilung für die Einreichung des Umwandlungsantrags.

(5) Wird die Anmeldung der Gemeinschaftsmarke zurückgenommen oder verliert die Gemeinschaftsmarke ihre Wirkung, weil die Eintragung nicht verlängert wurde, so ist der Antrag auf Umwandlung binnen drei Monaten nach dem Tag einzureichen, an dem die Anmeldung der Gemeinschaftsmarke zurückgenommen wurde oder die Eintragung der Gemeinschaftsmarke ihre Gültigkeit verloren hat.

(6) Verliert die Gemeinschaftsmarke ihre Wirkung aufgrund einer Entscheidung eines einzelstaatlichen Gerichts, so ist der Umwandlungsantrag binnen drei Monaten nach dem Tag einzureichen, an dem diese Entscheidung rechtskräftig geworden ist.

(7) Die in Artikel 32 genannte Wirkung erlischt, wenn der Antrag nicht innerhalb der vorgeschriebenen Zeit eingereicht wurde.

**Art. 109 Einreichung, Veröffentlichung und Übermittlung des Umwandlungsantrags.** (1) Der Umwandlungsantrag ist beim Amt zu stellen; im Antrag sind die Mitgliedstaaten zu bezeichnen, in denen die Einleitung des Verfahrens zur Eintragung einer nationalen Marke gewünscht wird. Der Antrag gilt erst als gestellt, wenn die Umwandlungsgebühr entrichtet worden ist.

(2) Falls die Anmeldung der Gemeinschaftsmarke veröffentlicht worden ist, wird ein Hinweis auf den Eingang des Antrags im Register für Gemeinschaftsmarken eingetragen und der Antrag veröffentlicht.

(3) Das Amt überprüft, ob die Umwandlung gemäß Artikel 108 Absatz 1 beantragt werden kann, ob der Antrag innerhalb der Frist nach Artikel 108 Absatz 4, 5 oder 6 gestellt worden und ob die Umwandlungsgebühr entrichtet worden ist. Sind diese Bedingungen erfüllt, so übermittelt das Amt den Antrag den Zentralbehörden für den gewerblichen Rechtsschutz der im Antrag bezeichneten Staaten. Das Amt erteilt der Zentralbehörde für den gewerblichen Rechtsschutz eines betroffenen Staates auf Antrag alle Auskünfte, die diese Behörde benötigt, um über die Zulässigkeit des Antrags zu entscheiden.

**Art. 110 Formvorschriften für die Umwandlung.** (1) Die Zentralbehörde für den gewerblichen Rechtsschutz, der der Umwandlungsantrag übermittelt worden ist, entscheidet über seine Zulässigkeit.

(2) Eine Anmeldung bzw. Gemeinschaftsmarke, die nach Artikel 109 übermittelt worden ist, darf nicht solchen Formerfordernissen des nationalen Rechts unterworfen werden, die von denen abweichen, die in der Verordnung oder in der Durchführungsverordnung vorgesehen sind, oder über sie hinausgehen.

(3) Die Zentralbehörde für den gewerblichen Rechtsschutz, der der Umwandlungsantrag übermittelt worden ist, kann verlangen, daß der Anmelder innerhalb einer Frist, die nicht weniger als zwei Monate betragen darf,

a) die nationale Anmeldegebühr entrichtet,

b) eine Übersetzung – in einer der Amtssprachen des betreffenden Staats – des Umwandlungsantrags und der ihm beigefügten Unterlagen einreicht,

c) eine Anschrift angibt, unter der er in dem betreffenden Staat zu erreichen ist,

d) in der von dem betreffenden Staat genannten Anzahl eine bildliche Darstellung der Marke übermittelt.

## Titel XII. Das Amt

### 1. Abschnitt. Allgemeine Bestimmungen

**Art. 111 Rechtsstellung.** (1) Das Amt ist eine Einrichtung der Gemeinschaft und besitzt Rechtspersönlichkeit.

(2) Es besitzt in jedem Mitgliedstaat die weitestgehende Rechts- und Geschäftsfähigkeit, die juristischen Personen nach dessen Rechtsvorschriften zuerkannt ist; es kann insbesondere bewegliches und unbewegliches Vermögen erwerben oder veräußern und vor Gericht auftreten.

(3) Das Amt wird von seinem Präsidenten vertreten.

**Art. 112 Personal.** (1) Die Vorschriften des Statuts der Beamten der Europäischen Gemeinschaften, der Beschäftigungsbedingungen für die sonstigen Bediensteten der Europäischen Gemeinschaften und der von den Organen der Europäischen Gemeinschaften im gegenseitigen Einvernehmen erlassenen Regelungen zur Durchführung dieser Vorschriften gelten für das Personal des Amtes unbeschadet der Anwendung des Artikels 131 auf die Mitglieder der Beschwerdekammern.

(2) Das Amt übt unbeschadet der Anwendung des Artikels 120 die der Anstellungsbehörde durch das Statut und die Beschäftigungsbedingungen für die sonstigen Bediensteten übertragenen Befugnisse gegenüber seinem Personal aus.

**Art. 113 Vorrechte und Immunitäten.** Das Protokoll über die Vorrechte und Befreiungen der Europäischen Gemeinschaften gilt für das Amt.

**Art. 114 Haftung.** (1) Die vertragliche Haftung des Amtes bestimmt sich nach dem Recht, das auf den betreffenden Vertrag anzuwenden ist.

(2) Der Gerichtshof der Europäischen Gemeinschaften ist für Entscheidungen aufgrund einer Schiedsklausel zuständig, die in einem vom Amt abgeschlossenen Vertrag enthalten ist.

(3) Im Bereich der außervertraglichen Haftung ersetzt das Amt den durch seine Dienststellen oder Bediensteten in Ausübung ihrer Amtstätigkeit verursachten Schaden nach den allgemeinen Rechtsgrundsätzen, die den Rechtsordnungen der Mitgliedstaaten gemeinsam sind.

(4) Der Gerichtshof ist für Streitsachen über den in Absatz 3 vorgesehenen Schadensersatz zuständig.

(5) Die persönliche Haftung der Bediensteten gegenüber dem Amt bestimmt sich nach den Vorschriften ihres Statuts oder der für sie geltenden Beschäftigungsbedingungen.

**Art. 115 Sprachen.** (1) Anmeldungen von Gemeinschaftsmarken sind in einer der Amtssprachen der Europäischen Gemeinschaft einzureichen.

(2) Die Sprachen des Amtes sind Deutsch, Englisch, Französisch, Italienisch und Spanisch.

(3) Der Anmelder hat eine zweite Sprache, die eine Sprache des Amtes ist, anzugeben, mit deren Benutzung als möglicher Verfahrenssprache er in Widerspruchs-, Verfalls- und Nichtigkeitsverfahren einverstanden ist.

Ist die Anmeldung in einer Sprache, die nicht eine Sprache des Amtes ist, eingereicht worden, so sorgt das Amt dafür, daß die in Artikel 26 Absatz 1 vorgesehene Anmeldung in die vom Anmelder angegebene Sprache übersetzt wird.

(4) Ist der Anmelder der Gemeinschaftsmarke in einem Verfahren vor dem Amt der einzige Beteiligte, so ist Verfahrenssprache die Sprache, in der die Anmeldung der Gemeinschaftsmarke eingereicht worden ist. Ist die Anmeldung in einer Sprache, die nicht eine Sprache des Amtes ist, eingereicht worden, so kann das Amt für schriftliche Mitteilungen an den Anmelder auch die zweite Sprache wählen, die dieser in der Anmeldung angegeben hat.

(5) Widersprüche und Anträge auf Erklärung des Verfalls oder der Nichtigkeit sind in einer der Sprachen des Amtes einzureichen.

(6) Ist die nach Absatz 5 gewählte Sprache des Widerspruchs oder des Antrags auf Erklärung des Verfalls oder der Nichtigkeit die Sprache, in der die Anmeldung der Gemeinschaftsmarke eingereicht wurde, oder die bei der Einreichung dieser Anmeldung angegebene zweite Sprache, so ist diese Sprache Verfahrenssprache.

Ist die nach Absatz 5 gewählte Sprache des Widerspruchs oder des Antrags auf Erklärung des Verfalls oder der Nichtigkeit weder die Sprache, in der die Anmeldung der Gemeinschaftsmarke eingereicht wurde, noch die bei der Einreichung der Anmeldung angegebene zweite Sprache, so hat der Widersprechende oder derjenige, der einen Antrag auf Erklärung des Verfalls oder der Nichtigkeit gestellt hat, eine Übersetzung des Widerspruchs oder des Antrags auf eigene Kosten entweder in der Sprache, in der die Anmeldung der Gemeinschaftsmarke eingereicht wurde – sofern sie eine Sprache des Amtes ist –, oder in der bei der Einreichung der Anmeldung der Gemeinschaftsmarke angegebenen zweiten Sprache vorzulegen. Die Übersetzung ist innerhalb der in der Durchführungsverordnung vorgesehenen Frist vorzulegen. Die Sprache, in der die Übersetzung vorliegt, wird dann Verfahrenssprache.

(7) Die an den Widerspruchs-, Verfalls-, Nichtigkeits- oder Beschwerdeverfahren Beteiligten können vereinbaren, daß eine andere Amtssprache der Europäischen Gemeinschaft als Verfahrenssprache verwendet wird.

**Art. 116 Veröffentlichung, Eintragung.** (1) Die in Artikel 26 Absatz 1 beschriebene Anmeldung der Gemeinschaftsmarke und alle sonstigen Informationen, deren Veröffentlichung in dieser Verordnung oder in der Durchführungsverordnung vorgeschrieben ist, werden in allen Amtssprachen der Europäischen Gemeinschaft veröffentlicht.

(2) Sämtliche Eintragungen in das Gemeinschaftsmarkenregister werden in allen Amtssprachen der Europäischen Gemeinschaft vorgenommen.

(3) In Zweifelsfällen ist der Wortlaut in der Sprache des Amtes maßgebend, in der die Anmeldung der Gemeinschaftsmarke eingereicht wurde. Wurde die Anmeldung in einer Amtssprache der Europäischen Gemeinschaft eingereicht, die nicht eine Sprache des Amtes ist, so ist der Wortlaut in der vom Anmelder angegebenen zweiten Sprache verbindlich.

**Art. 117.** Die für die Arbeit des Amtes erforderlichen Übersetzungen werden von der Übersetzungszentrale für die Einrichtungen der Union angefertigt, sobald diese Zentrale ihre Tätigkeit aufnimmt.

**Art. 118 Rechtsaufsicht.** (1) Die Kommission überwacht die Rechtmäßigkeit derjenigen Handlungen des Präsidenten des Amtes, über die im Gemeinschaftsrecht keine Rechtsaufsicht durch ein anderes Organ vorgesehen ist, sowie der Handlungen des nach Artikel 133 beim Amt eingesetzten Haushaltsausschusses.

(2) Sie verlangt die Änderung oder Aufhebung von Handlungen nach Absatz 1, die das Recht verletzen.

(3) Jede ausdrückliche oder stillschweigende Handlung nach Absatz 1 kann von jedem Mitgliedstaat oder jeder dritten Person, die hiervon unmittelbar und individuell betroffen ist, zur Kontrolle ihrer Rechtmäßigkeit vor die Kommission gebracht werden. Die Kommission muß innerhalb von fünfzehn Tagen nach dem Zeitpunkt, zu dem der Beteiligte von der betreffenden Handlung erstmals Kenntnis erlangt hat, damit befaßt werden. Die Kommission trifft innerhalb eines Monats eine Entscheidung. Wird innerhalb dieser Frist keine Entscheidung getroffen, so gilt dies als Ablehnung.

## 2. Abschnitt. Leitung des Amtes

**Art. 119 Befugnisse des Präsidenten.** (1) Das Amt wird von einem Präsidenten geleitet.

(2) Zu diesem Zweck hat der Präsident insbesondere folgende Aufgaben und Befugnisse:

a) Er trifft alle für die Tätigkeit des Amtes zweckmäßigen Maßnahmen, einschließlich des Erlasses interner Verwaltungsvorschriften und der Veröffentlichung von Mitteilungen;

b) er kann der Kommission Entwürfe für Änderungen dieser Verordnung, der Durchführungsverordnung, der Verfahrensordnung der Beschwerdekammern und der Gebührenordnung sowie jeder anderen Regelung betreffend die Gemeinschaftsmarke vorlegen, nachdem er den Verwaltungsrat sowie zu der Gebührenordnung und den Haushaltsvorschriften dieser Verordnung den Haushaltsausschuß angehört hat;

c) er stellt den Voranschlag der Einnahmen und Ausgaben des Amtes auf und führt den Haushaltsplan des Amtes aus;

d) er legt der Kommission, dem Europäischen Parlament und dem Verwaltungsrat jedes Jahr einen Tätigkeitsbericht vor;

e) er übt gegenüber dem Personal die in Artikel 112 Absatz 2 vorgesehenen Befugnisse aus;

f) er kann seine Befugnisse übertragen.

(3) Der Präsident wird von einem oder mehreren Vizepräsidenten unterstützt. Ist der Präsident abwesend oder verhindert, so wird er nach dem vom Verwaltungsrat festgelegten Verfahren vom Vizepräsidenten oder von einem der Vizepräsidenten vertreten.

**Art. 120 Ernennung hoher Beamter.** (1) Der Präsident des Amtes wird anhand einer Liste von höchstens drei Kandidaten, die der Verwaltungsrat aufstellt, vom Rat ernannt. Er wird auf Vorschlag des Verwaltungsrates vom Rat entlassen.

(2) Die Amtszeit des Präsidenten beläuft sich auf höchstens fünf Jahre. Wiederernennung ist zulässig.

(3) Der oder die Vizepräsidenten des Amtes werden nach Anhörung des Präsidenten entsprechend dem Verfahren nach Absatz 1 ernannt und entlassen.

(4) Der Rat übt die Disziplinargewalt über die in den Absätzen 1 und 3 genannten Beamten aus.

### 3. Abschnitt. Verwaltungsrat

**Art. 121 Errichtung und Befugnisse.** (1) Beim Amt wird ein Verwaltungsrat errichtet. Unbeschadet der Befugnisse, die dem Haushaltsausschuß im fünften Abschnitt – Haushalt und Finanzkontrolle – übertragen werden, übt er die nachstehend bezeichneten Befugnisse aus.

(2) Der Verwaltungsrat stellt die in Artikel 120 genannte Liste von Kandidaten auf.

(3) Er legt gemäß Artikel 143 Absatz 3 den Stichtag fest, ab dem Anmeldungen von Gemeinschaftsmarken eingereicht werden können.

(4) Er berät den Präsidenten im Zuständigkeitsbereich des Amtes.

(5) Er wird vor der Genehmigung von Richtlinien für die vom Amt durchgeführte Prüfung sowie in den übrigen in dieser Verordnung vorgesehenen Fällen gehört.

(6) Soweit er es für notwendig erachtet, kann er Stellungnahmen abgeben und den Präsidenten und die Kommission um Auskunft ersuchen.

**Art. 122 Zusammensetzung.** (1) Der Verwaltungsrat besteht aus je einem Vertreter jedes Mitgliedstaats und einem Vertreter der Kommission sowie aus je einem Stellvertreter.

(2) Die Mitglieder des Verwaltungsrates können nach Maßgabe seiner Geschäftsordnung Berater oder Sachverständige hinzuziehen.

**Art. 123 Vorsitz.** (1) Der Verwaltungsrat wählt aus seinen Mitgliedern einen Präsidenten und einen Vizepräsidenten. Der Vizepräsident tritt im Falle der Verhinderung des Präsidenten von Amts wegen an dessen Stelle.

(2) Die Amtszeit des Präsidenten und des Vizepräsidenten beträgt drei Jahre. Wiederwahl ist zulässig.

**Art. 124 Tagungen.** (1) Der Verwaltungsrat wird von seinem Präsidenten einberufen.

(2) Der Präsident des Amtes nimmt an den Beratungen teil, sofern der Verwaltungsrat nicht etwas anderes beschließt.

(3) Der Verwaltungsrat hält jährlich eine ordentliche Tagung ab; außerdem tritt er auf Veranlassung seines Präsidenten oder auf Antrag der Kommission oder eines Drittels der Mitgliedstaaten zusammen.

(4) Der Verwaltungsrat gibt sich eine Geschäftsordnung.

(5) Der Verwaltungsrat faßt seine Beschlüsse mit der einfachen Mehrheit der Vertreter der Mitgliedstaaten. Beschlüsse, zu denen der Verwaltungsrat nach Artikel 120 Absätze 1 und 3

befugt ist, bedürfen jedoch der Dreiviertelmehrheit der Vertreter der Mitgliedstaaten. In beiden Fällen verfügt jeder Mitgliedstaat über eine Stimme.

(6) Der Verwaltungsrat kann Beobachter zur Teilnahme an den Tagungen einladen.

(7) Die Sekretariatsgeschäfte des Verwaltungsrates werden vom Amt wahrgenommen.

## 4. Abschnitt. Durchführung der Verfahren

**Art. 125 Zuständigkeit.** Für Entscheidungen im Zusammenhang mit den in dieser Verordnung vorgeschriebenen Verfahren sind zuständig:

a) die Prüfer;
b) die Widerspruchsabteilungen;
c) die Markenverwaltungs- und Rechtsabteilung;
d) die Nichtigkeitsabteilungen;
e) die Beschwerdekammern.

**Art. 126 Prüfer.** Die Prüfer sind zuständig für namens des Amtes zu treffende Entscheidungen im Zusammenhang mit einer Anmeldung einer Gemeinschaftsmarke, einschließlich der in den Artikeln 36, 37, 38 und 66 genannten Angelegenheiten, sofern nicht eine Widerspruchsabteilung zuständig ist.

**Art. 127 Widerspruchsabteilungen.** (1) Die Widerspruchsabteilungen sind zuständig für Entscheidungen im Zusammenhang mit Widersprüchen gegen eine Anmeldung einer Gemeinschaftsmarke.

(2) Eine Widerspruchsabteilung setzt sich aus drei Mitgliedern zusammen. Mindestens ein Mitglied muß rechtskundig sein.

**Art. 128 Markenverwaltungs- und Rechtsabteilung.** (1) Die Markenverwaltungs- und Rechtsabteilung ist zuständig für Entscheidungen aufgrund dieser Verordnung, die nicht in die Zuständigkeit eines Prüfers, einer Widerspruchs- oder einer Nichtigkeitsabteilung fallen. Sie ist insbesondere zuständig für Entscheidungen über Eintragungen und Löschungen von Angaben im Register für Gemeinschaftsmarken.

(2) Die Markenverwaltungs- und Rechtsabteilung ist ferner zuständig für die Führung der in Artikel 89 genannten Liste der zugelassenen Vertreter.

(3) Entscheidungen der Abteilung ergehen durch eines ihrer Mitglieder.

**Art. 129 Nichtigkeitsabteilungen.** (1) Die Nichtigkeitsabteilungen sind zuständig für Entscheidungen im Zusammenhang mit einem Antrag auf Erklärung des Verfalls oder der Nichtigkeit einer Gemeinschaftsmarke.

(2) Eine Nichtigkeitsabteilung setzt sich aus drei Mitgliedern zusammen. Mindestens ein Mitglied muß rechtskundig sein.

**Art. 130 Beschwerdekammern.** (1) Die Beschwerdekammern sind zuständig für Entscheidungen über Beschwerden gegen Entscheidungen der Prüfer, der Widerspruchsabteilungen, der Markenverwaltungs- und Rechtsabteilung und der Nichtigkeitsabteilungen.

(2) Die Beschwerdekammern entscheiden in der Besetzung von drei Mitgliedern. Mindestens zwei Mitglieder müssen rechtskundig sein.

**Art. 131 Unabhängigkeit der Mitglieder der Beschwerdekammern.** (1) Die Mitglieder der Beschwerdekammern einschließlich ihrer Vorsitzenden werden nach den in Artikel 120 für die Ernennung des Präsidenten des Amtes vorgesehenen Verfahren für einen Zeitraum von fünf Jahren ernannt. Sie können während dieses Zeitraums ihrer Funktion nicht enthoben werden, es sei denn, daß schwerwiegende Gründe vorliegen und der Gerichtshof auf Antrag des Organs, das sie ernannt hat, einen entsprechenden Beschluß faßt. Wiederernennung ist zulässig.

(2) Die Mitglieder der Kammern genießen Unabhängigkeit. Bei ihren Entscheidungen sind sie an keinerlei Weisung gebunden.

(3) Die Mitglieder der Kammern dürfen weder Prüfer sein noch einer Widerspruchsabteilung, der Markenverwaltungs- und Rechtsabteilung oder einer Nichtigkeitsabteilung angehören.

**Art. 132 Ausschließung und Ablehnung.** (1) Die Prüfer, die Mitglieder der im Amt gebildeten Abteilungen und die Mitglieder der Beschwerdekammern dürfen nicht an der Erledigung einer Sache mitwirken, an der sie ein persönliches Interesse haben oder in der sie vorher als Vertreter eines Beteiligten tätig gewesen sind. Zwei der drei Mitglieder einer Widerspruchsabteilung dürfen nicht bei der Prüfung der Anmeldung mitgewirkt haben. Die Mitglieder der Nichtigkeitsabteilungen dürfen nicht an der Erledigung einer Sache mitwirken, wenn sie an deren abschließender Entscheidung im Verfahren zur Eintragung der Marke oder im Widerspruchsverfahren mitgewirkt haben. Die Mitglieder der Beschwerdekammern dürfen nicht an einem Beschwerdeverfahren mitwirken, wenn sie an der abschließenden Entscheidung in der Vorinstanz mitgewirkt haben.

(2) Glaubt ein Mitglied einer Abteilung oder einer Beschwerdekammer, aus einem der in Absatz 1 genannten Gründe oder aus einem sonstigen Grund an einem Verfahren nicht mitwirken zu können, so teilt es dies der Abteilung oder der Kammer mit.

(3) Die Prüfer und die Mitglieder der Abteilungen oder einer Beschwerdekammer können von jedem Beteiligten aus einem der in Absatz 1 genannten Gründe oder wegen Besorgnis der Befangenheit abgelehnt werden. Die Ablehnung ist nicht zulässig, wenn der Beteiligte im Verfahren Anträge gestellt oder Stellungnahmen abgegeben hat, obwohl er bereits den Ablehnungsgrund kannte. Die Ablehnung kann nicht mit der Staatsangehörigkeit der Prüfer oder der Mitglieder begründet werden.

(4) Die Abteilungen und die Beschwerdekammern entscheiden in den Fällen der Absätze 2 und 3 ohne Mitwirkung des betreffenden Mitglieds. Bei dieser Entscheidung wird das Mitglied, das sich der Mitwirkung enthält oder das abgelehnt worden ist, durch seinen Vertreter ersetzt.

## 5. Abschnitt. Haushalt und Finanzkontrolle

**Art. 133 Haushaltsausschuß.** (1) Beim Amt wird ein Haushaltsausschuß eingesetzt. Der Haushaltsausschuß übt die Befugnisse aus, die ihm in diesem Abschnitt sowie in Artikel 39 Absatz 4 übertragen werden.

(2) Artikel 121 Absatz 6, die Artikel 122 und 123, sowie Artikel 124 Absätze 1 bis 4 und Absätze 6 und 7 finden auf den Haushaltsausschuß entsprechend Anwendung.

(3) Der Haushaltsausschuß faßt seine Beschlüsse mit der einfachen Mehrheit der Vertreter der Mitgliedstaaten. Beschlüsse, zu denen der Haushaltsausschuß nach Artikel 39 Absatz 4, Artikel 135 Absatz 3 und Artikel 138 befugt ist, bedürfen jedoch der Dreiviertelmehrheit der Vertreter der Mitgliedstaaten. In beiden Fällen verfügen die Mitgliedstaaten über je eine Stimme.

**Art. 134 Haushalt.** (1) Alle Einnahmen und Ausgaben des Amtes werden für jedes Haushaltsjahr veranschlagt und in den Haushaltsplan des Amtes eingesetzt. Haushaltsjahr ist das Kalenderjahr.

(2) Der Haushaltsplan ist in Einnahmen und Ausgaben auszugleichen.

(3) Die Einnahmen des Haushalts umfassen unbeschadet anderer Einnahmen das Aufkommen an Gebühren, die aufgrund der Gebührenordnung zu zahlen sind, und, soweit erforderlich, einen Zuschuß, der in den Gesamthaushaltsplan der Europäischen Gemeinschaften, Einzelplan Kommission, unter einer besonderen Haushaltslinie eingesetzt wird.

**Art. 135 Feststellung des Haushaltsplans.** (1) Der Präsident stellt jährlich für das folgende Haushaltsjahr einen Vorschlag der Einnahmen und Ausgaben des Amtes auf und übermittelt ihn sowie einen Stellenplan spätestens am 31. März jedes Jahres dem Haushaltsausschuß.

(2) Ist in den Haushaltsvoranschlägen ein Gemeinschaftszuschuß vorgesehen, so übermittelt der Haushaltsausschuß den Voranschlag bezüglich der Kommission, die ihn an die Haushaltsbehörde der Gemeinschaften weiterleitet. Die Kommission kann diesem Voranschlag eine Stellungnahme mit abweichenden Voranschlägen beifügen.

(3) Der Haushaltsausschuß stellt den Haushaltsplan fest, der auch den Stellenplan des Amtes umfaßt. Enthalten die Haushaltsvoranschläge einen Zuschuß zu Lasten des Gesamthaushaltsplans der Gemeinschaften, so wird der Haushaltsplan des Amtes gegebenenfalls angepaßt.

**Art. 136 Finanzkontrolle.** Die Kontrolle der Mittelbindung und der Auszahlung aller Ausgaben sowie die Kontrolle der Feststellung und der Einziehung aller Einnahmen des Amtes erfolgen durch den vom Haushaltsausschuß ernannten Finanzkontrolleur.

**Art. 137 Rechnungsprüfung.** (1) Der Präsident übermittelt der Kommission, dem Europäischen Parlament, dem Haushaltsausschuß und dem Rechnungshof spätestens am 31. März jedes Jahres die Rechnung für alle Einnahmen und Ausgaben des Amtes im abgelaufenen Haushaltsjahr. Der Rechnungshof prüft die Rechnung nach Artikel 188 c des Vertrages.

(2) Der Haushaltsausschuß erteilt dem Präsidenten des Amtes Entlastung zur Ausführung des Haushaltsplans.

**Art. 138 Finanzvorschriften.** Der Haushaltsausschuß erläßt nach Stellungnahme der Kommission und des Rechnungshofs der Europäischen Gemeinschaften die internen Finanzvorschriften, in denen insbesondere die Einzelheiten der Aufstellung und Ausführung des Haushaltsplans des Amtes festgelegt werden. Die Finanzvorschriften lehnen sich, soweit dies mit der Besonderheit des Amtes vereinbar ist, an die Haushaltsordnungen anderer von der Gemeinschaft geschaffener Einrichtungen an.

**Art. 139 Gebührenordnung.** (1) Die Gebührenordnung bestimmt insbesondere die Höhe der Gebühren und die Art und Weise, wie sie zu entrichten sind.

(2) Die Höhe der Gebühren ist so zu bemessen, daß die Einnahmen hieraus grundsätzlich den Ausgleich des Haushaltsplans des Amtes gewährleisten.

(3) Die Gebührenordnung wird nach dem in Artikel 141 vorgesehenen Verfahren angenommen und geändert.

## Titel XIII. Schlußbestimmungen

**Art. 140 Gemeinschaftliche Durchführungsvorschriften.** (1) Die Einzelheiten der Anwendung dieser Verordnung werden in einer Durchführungsverordnung geregelt.

(2) Außer den in den vorstehenden Artikeln vorgesehenen Gebühren werden Gebühren für die nachstehend aufgeführten Tatbestände nach Maßgabe der Durchführungsverordnung erhoben:

1. Änderung der Wiedergabe einer Gemeinschaftsmarke;
2. verspätete Zahlung der Eintragungsgebühr;
3. Ausstellung einer Ausfertigung der Eintragungsurkunde;
4. Eintragung des Übergangs eines Rechts an einer Gemeinschaftsmarke;
5. Eintragung einer Lizenz oder eines anderen Rechts an einer Gemeinschaftsmarke;
6. Eintragung einer Lizenz oder eines anderen Rechts an der Anmeldung einer Gemeinschaftsmarke;
7. Löschung der Eintragung einer Lizenz oder eines anderen Rechts;
8. Änderung einer eingetragenen Gemeinschaftsmarke;
9. Erteilung eines Auszugs aus dem Register;

10. Einsicht in die Akten;
11. Erteilung von Kopien;
12. Ausstellung von beglaubigten Kopien der Anmeldung;
13. Auskunft aus den Akten;
14. Überprüfung der Festsetzung zu erstattender Verfahrenskosten.

(3) Die Durchführungsverordnung und die Verfahrensordnung der Beschwerdekammern werden nach dem Verfahren des Artikels 141 angenommen und geändert.

**Art. 141 Einsetzung eines Ausschusses und Verfahren für die Annahme der Durchführungsvorschriften.** (1) Der Kommission wird ein Ausschuß für Gebühren, Durchführungsvorschriften und das Verfahren der Beschwerdekammern des Harmonisierungsamtes für den Binnenmarkt (Marken, Muster und Modelle) zur Seite gestellt, der sich aus Vertretern der Mitgliedstaaten zusammensetzt und in dem ein Vertreter der Kommission den Vorsitz führt.

(2) Der Vertreter der Kommission unterbreitet dem Ausschuß einen Entwurf der zu treffenden Maßnahmen. Der Ausschuß gibt seine Stellungnahme zu diesem Entwurf innerhalb einer Frist ab, die der Vorsitzende unter Berücksichtigung der Dringlichkeit der betreffenden Frage festsetzen kann. Die Stellungnahme wird mit der Mehrheit abgegeben, die in Artikel 148 Absatz 2 des Vertrages für die Annahme der vom Rat auf Vorschlag der Kommission zu fassenden Beschlüsse vorgesehen ist. Bei der Abstimmung im Ausschuß werden die Stimmen der Vertreter der Mitgliedstaaten gemäß dem vorgenannten Artikel gewogen. Der Vorsitzende nimmt an der Abstimmung nicht teil.

Die Kommission erläßt die beabsichtigten Maßnahmen, wenn sie mit der Stellungnahme des Ausschusses übereinstimmen.

Stimmen die beabsichtigten Maßnahmen mit der Stellungnahme des Ausschusses nicht überein oder liegt keine Stellungnahme vor, so unterbreitet die Kommission dem Rat unverzüglich einen Vorschlag für die zu treffenden Maßnahmen. Der Rat beschließt mit qualifizierter Mehrheit.

Hat der Rat nach Ablauf von drei Monaten nach seiner Anrufung keinen Beschluß gefaßt, so werden die vorgeschlagenen Maßnahmen von der Kommission erlassen, es sei denn, der Rat hat sich mit einfacher Mehrheit gegen die genannten Maßnahmen ausgesprochen.

**Art. 142 Vereinbarkeit mit anderen Bestimmungen des Gemeinschaftsrechts.** Die Verordnung (EWG) Nr. 2081/92 des Rates vom 14. Juli 1992 zum Schutz von geographischen Angaben und Ursprungsbezeichnungen für Agrarerzeugnisse und Lebensmittel[1], insbesondere Artikel 14, bleibt von der vorliegenden Verordnung unberührt.

**Art. 143 Inkrafttreten.** (1) Diese Verordnung tritt am 60. Tag nach ihrer Veröffentlichung im *Amtsblatt der Europäischen Gemeinschaften* in Kraft.

(2) Die Mitgliedstaaten treffen die nach den Artikeln 91 und 110 erforderlichen Maßnahmen innerhalb einer Frist von drei Jahren nach Inkrafttreten dieser Verordnung und setzen die Kommission hiervon unverzüglich in Kenntnis.

(3) Anmeldungen von Gemeinschaftsmarken können von dem durch den Verwaltungsrat auf Empfehlung des Präsidenten des Amts festgelegten Tag an beim Amt eingereicht werden.

(4) Anmeldungen von Gemeinschaftsmarken, die in den letzten drei Monaten vor dem gemäß Absatz 3 festgelegten Tag eingereicht werden, gelten als an diesem Tag eingereicht.

Diese Verordnung ist in allen ihren Teilen verbindlich und gilt unmittelbar in jedem Mitgliedstaat.

---

[1] ABl. EG Nr. L 208 vom 24. 7. 1992, S. 1 (s. 3. Teil des Kommentars, II 6).

**GMarkenV** Gemeinschaftsmarkenverordnung (EG) Nr. 40/94

## Erklärung des Rates und der Kommission zum Sitz des Harmonisierungsamtes für den Binnenmarkt (Marken, Muster und Modelle)

Anläßlich der Annahme der Verordnung über die Gemeinschaftsmarke nehmen der Rat und die Kommission zur Kenntnis,
- daß die auf Ebene der Staats- und Regierungschefs vereinigten Vertreter der Regierungen der Mitgliedstaaten am 29. Oktober 1993 beschlossen haben, daß das Harmonisierungsamt für den Binnenmarkt (Marken, Muster und Modelle) seinen Sitz in Spanien in einer von der spanischen Regierung zu benennenden Stadt haben wird;
- daß die spanische Regierung Alicante als Sitz dieses Amtes benannt hat.

Durchführungsverordnung  VO (EG) Nr. 2868/95

## 3. Verordnung (EG) Nr. 2868/95 der Kommission zur Durchführung der Verordnung (EG) Nr. 40/94 des Rates über die Gemeinschaftsmarke

vom 13. Dezember 1995*

(ABl. EG Nr. L 303 vom 15. Dezember 1995, S. 1)

### Inhaltsübersicht

### Artikel 1

#### Titel I. Anmeldeverfahren

| | Regel |
|---|---|
| Inhalt der Anmeldung | 1 |
| Verzeichnis der Waren und Dienstleistungen | 2 |
| Wiedergabe der Marke | 3 |
| Anmeldegebühren | 4 |
| Einreichung der Anmeldung | 5 |
| Inanspruchnahme der Priorität | 6 |
| Ausstellungspriorität | 7 |
| Inanspruchnahme des Zeitrangs einer nationalen Marke | 8 |
| Prüfung der Erfordernisse in bezug auf den Anmeldetag und die Anmeldung | 9 |
| Prüfung der Voraussetzungen für die Inhaberschaft | 10 |
| Prüfung auf absolute Eintragungshindernisse | 11 |
| Veröffentlichung der Anmeldung | 12 |
| Änderung der Anmeldung | 13 |
| Berichtigung von Fehlern in Veröffentlichungen | 14 |

#### Titel II. Widerspruchsverfahren und Benutzungsnachweis

| | |
|---|---|
| Inhalt der Widerspruchsschrift | 15 |
| Tatsachen, Beweismittel und Bemerkungen zur Stützung des Widerspruchs | 16 |
| Sprachenregelung für den Widerspruch | 17 |
| Zurückweisung des Widerspruchs als unzulässig | 18 |
| Eröffnung des Widerspruchsverfahrens | 19 |
| Prüfung des Widerspruchs | 20 |
| Mehrfache Widersprüche | 21 |
| Benutzungsnachweis | 22 |

#### Titel III. Eintragungsverfahren

| | |
|---|---|
| Eintragung der Marke | 23 |
| Eintragungsurkunde | 24 |
| Änderung der Eintragung | 25 |
| Änderung des Namens oder der Anschrift des Inhabers der Gemeinschaftsmarke oder seines eingetragenen Vertreters | 26 |
| Berichtigung von Fehlern im Register und in der Veröffentlichung der Eintragung | 27 |
| Inanspruchnahme des Zeitrangs nach Eintragung der Gemeinschaftsmarke | 28 |

#### Titel IV. Verlängerung

| | |
|---|---|
| Unterrichtung vor Ablauf | 29 |
| Verlängerung der Eintragung | 30 |

#### Titel V. Rechtsübergang, Lizenzen und andere Rechte, Änderungen

| | |
|---|---|
| Rechtsübergang | 31 |
| Teilweiser Rechtsübergang | 32 |

---

* Nach Art. 3 gilt für das Inkrafttreten: Die Verordnung (EG) Nr. 2868/95 ist am 22. Dezember 1995 in Kraft getreten.

# VO (EG) Nr. 2868/95          Durchführungsverordnung

|  | Regel |
|---|---|
| Eintragung von Lizenzen und anderen Rechten | 33 |
| Besondere Angaben bei der Eintragung von Lizenzen | 34 |
| Löschung oder Änderung der Eintragung von Lizenzen und anderen Rechten | 35 |

### Titel VI. Verzicht

|  |  |
|---|---|
| Verzicht | 36 |

### Titel VII. Verfall und Nichtigkeit

|  |  |
|---|---|
| Antrag auf Erklärung des Verfalls oder der Nichtigkeit | 37 |
| Sprachenregelung im Verfalls- oder Nichtigkeitsverfahren | 38 |
| Zurückweisung des Antrags auf Erklärung des Verfalls oder der Nichtigkeit als unzulässig | 39 |
| Prüfung des Antrags auf Erklärung des Verfalls oder der Nichtigkeit | 40 |
| Mehrere Anträge auf Erklärung des Verfalls oder der Nichtigkeit | 41 |

### Titel VIII. Gemeinschaftskollektivmarke

|  |  |
|---|---|
| Anwendbare Vorschriften | 42 |
| Satzung für die Gemeinschaftskollektivmarke | 43 |

### Titel IX. Umwandlung

|  |  |
|---|---|
| Umwandlungsantrag | 44 |
| Prüfung des Umwandlungsantrags | 45 |
| Veröffentlichung des Umwandlungsantrags | 46 |
| Übermittlung des Antrags an die Zentralbehörden für den gewerblichen Rechtsschutz der Mitgliedstaaten | 47 |

### Titel X. Beschwerdeverfahren

|  |  |
|---|---|
| Inhalt der Beschwerdeschrift | 48 |
| Zurückweisung der Beschwerde als unzulässig | 49 |
| Prüfung der Beschwerde | 50 |
| Rückzahlung der Beschwerdegebühr | 51 |

### Titel XI. Allgemeine Bestimmungen

#### Teil A. Entscheidungen, Bescheide und Mitteilungen des Amtes

|  |  |
|---|---|
| Form der Entscheidungen | 52 |
| Berichtigung von Fehlern in Entscheidungen | 53 |
| Feststellung eines Rechtsverlustes | 54 |
| Unterschrift, Name, Dienstsiegel | 55 |

#### Teil B. Mündliche Verhandlung und Beweisaufnahme

|  |  |
|---|---|
| Ladung zur mündlichen Verhandlung | 56 |
| Beweisaufnahme durch das Amt | 57 |
| Beauftragung von Sachverständigen | 58 |
| Kosten der Beweisaufnahme | 59 |
| Niederschrift über mündliche Verhandlungen und Beweisaufnahme | 60 |

#### Teil C. Zustellungen

|  |  |
|---|---|
| Allgemeine Vorschriften über Zustellungen | 61 |
| Zustellung durch die Post | 62 |
| Zustellung durch eigenhändige Übergabe | 63 |
| Zustellung durch Hinterlegung im Abholfach beim Amt | 64 |
| Zustellung durch Fernkopierer oder andere technische Kommunikationsmittel | 65 |
| Öffentliche Zustellung | 66 |
| Zustellung an Vertreter | 67 |
| Zustellungsmängel | 68 |
| Zustellung von Schriftstücken bei mehreren Beteiligten | 69 |

#### Teil D. Fristen

|  |  |
|---|---|
| Berechnung der Fristen | 70 |
| Dauer der Fristen | 71 |
| Fristablauf in besonderen Fällen | 72 |

Durchführungsverordnung　　　　　　　　　　　　　　　　**VO (EG) Nr. 2868/95**

　　　　　　　　　　　　　　　　　　　　　　　　　　　　　　Regel
### Teil E. Unterbrechung des Verfahrens
Unterbrechung des Verfahrens .................................................................. 73

### Teil F. Verzicht auf Beitreibung
Verzicht auf Beitreibung ........................................................................... 74

### Teil G. Vertretung
Bestellung eines gemeinsamen Vertreters .................................................. 75
Vollmacht .................................................................................................. 76
Vertretung ................................................................................................. 77
Änderung in der Liste der zugelassenen Vertreter ..................................... 78

### Teil H. Schriftliche Mitteilungen und Formblätter
Schriftliche und andere Übermittlungen ................................................... 79
Übermittlung durch Fernkopierer .............................................................. 80
Übermittlung durch Fernschreiber oder Telegramm ................................. 81
Übermittlung durch elektronische Mittel ................................................... 82
Formblätter ............................................................................................... 83

### Teil I. Unterrichtung der Öffentlichkeit
Register für Gemeinschaftsmarken ............................................................ 84

### Teil J. Blatt für Gemeinschaftsmarken und Amtsblatt des Amtes
Blatt für Gemeinschaftsmarken ................................................................. 85
Amtsblatt des Amtes .................................................................................. 86
Datenbank ................................................................................................. 87

### Teil K. Akteneinsicht und Aufbewahrung der Akten
Von der Einsicht ausgeschlossene Aktenteile ............................................ 88
Durchführung der Akteneinsicht ............................................................... 89
Auskunft aus den Akten ............................................................................. 90
Aufbewahrung der Akten .......................................................................... 91

### Teil L. Amtshilfe
Gegenseitige Unterrichtung und Verkehr des Amtes mit Behörden der Mitgliedstaaten ............................................................................................... 92
Akteneinsicht durch Gerichte und Behörden der Mitgliedstaaten oder durch deren Vermittlung ..................................................................................... 93

### Teil M. Kosten
Kostenverteilung und Kostenfestsetzung ................................................... 94

### Teil N. Sprachenregelung
Anträge und Anmeldungen ........................................................................ 95
Schriftliche Verfahren ................................................................................ 96
Mündliche Verfahren ................................................................................. 97
Beglaubigung von Übersetzungen .............................................................. 98
Glaubwürdigkeit der Übersetzung ............................................................. 99

### Teil O. Organisation des Amtes
Geschäftsverteilung .................................................................................. 100

## Titel XII. Gegenseitigkeit
Veröffentlichung der Gegenseitigkeit ....................................................... 101

## Artikel 2. Übergangsbestimmungen

## Artikel 3. Inkrafttreten

**VO (EG) Nr. 2868/95** Art. 1, Regel 1     Durchführungsverordnung

DIE KOMMISSION DER EUROPÄISCHEN GEMEINSCHAFTEN –

gestützt auf den Vertrag zur Gründung der Europäischen Gemeinschaft,
gestützt auf die Verordnung (EG) Nr. 40/94 des Rates vom 20. Dezember 1993 über die Gemeinschaftsmarke, geändert durch die Verordnung (EG) Nr. 3288/94, insbesondere auf Artikel 140,
in Erwägung nachstehender Gründe:

Durch die Verordnung (EG) Nr. 40/94, nachstehend „die Verordnung" genannt, wird ein neues Markensystem geschaffen, das es ermöglicht, aufgrund einer Anmeldung beim Harmonisierungsamt für den Binnenmarkt (Marken, Muster und Modelle), nachstehend „das Amt" genannt, eine Marke mit Wirkung für das gesamte Gebiet der Gemeinschaft zu erlangen.

Zu diesem Zweck enthält die Verordnung insbesondere die notwendigen Vorschriften für ein Verfahren, das zur Eintragung einer Gemeinschaftsmarke führt, für die Verwaltung der Gemeinschaftsmarken, für ein Beschwerdeverfahren gegen die Entscheidungen des Amtes sowie für ein Verfahren zur Erklärung des Verfalls oder der Nichtigkeit einer Gemeinschaftsmarke.

In Artikel 140 der Verordnung ist festgelegt, daß die Einzelheiten der Anwendung der Verordnung in einer Durchführungsverordnung geregelt werden.

Die Durchführungsverordnung wird gemäß dem in Artikel 141 der Verordnung festgelegten Verfahren erlassen.

Diese Durchführungsverordnung sollte deshalb diejenigen Bestimmungen enthalten, die zur Durchführung der Vorschriften der Verordnung erforderlich sind.

Diese Bestimmungen sollen den reibungslosen und effizienten Ablauf der Markenverfahren vor dem Amt gewährleisten.

Gemäß Artikel 116 Absatz 1 der Verordnung sollten sämtliche in Artikel 26 Absatz 1 der Verordnung aufgeführten Bestandteile der Anmeldung einer Gemeinschaftsmarke und alle sonstigen Informationen, deren Veröffentlichung in dieser Durchführungsverordnung vorgeschrieben ist, in allen Amtssprachen der Gemeinschaft veröffentlicht werden.

Die Marke selbst, Namen, Anschriften, Zeitangaben und ähnliche Angaben sind jedoch nicht zur Übersetzung und Veröffentlichung in allen Amtssprachen der Gemeinschaft geeignet.

Das Amt sollte für die Verfahren vor dem Amt Formulare in allen Amtssprachen zur Verfügung stellen.

Die in dieser Verordnung vorgesehenen Maßnahmen entsprechen der Stellungnahme des gemäß Artikel 141 der Verordnung eingesetzten Ausschusses –

HAT FOLGENDE VERORDNUNG ERLASSEN:

**Art. 1.** Die Einzelheiten der Anwendung der Verordnung werden wie folgt geregelt:

### Titel I. Anmeldeverfahren

**Regel 1 Inhalt der Anmeldung.** (1) Die Anmeldung für eine Gemeinschaftsmarke muß enthalten:

a) einen Antrag auf Eintragung einer Gemeinschaftsmarke;

b) den Namen, die Anschrift und die Staatsangehörigkeit sowie den Staat des Wohnsitzes, des Sitzes oder der Niederlassung des Anmelders. Bei natürlichen Personen sind Familienname und Vornamen anzugeben. Bei juristischen Personen sowie bei Gesellschaften und anderen in den Anwendungsbereich des Artikels 3 der Verordnung fallenden juristischen Einheiten sind die amtliche Bezeichnung, wobei deren gewöhnliche Abkürzung ausreicht, und das Recht des Staates anzugeben, dem sie unterliegen. Telegramm- und Telexanschriften, Telefon- und Telefaxnummern sowie sonstige Einzelheiten für die Nachrichtenübermittlung sollten angegeben werden. Für jeden Anmelder soll nur eine Anschrift angegeben werden; werden mehrere Anschriften angegeben, so wird nur die zuerst genannte Anschrift berücksichtigt, es sei denn, der Anmelder benennt eine Anschrift als Zustellanschrift;

c) gemäß Regel 2 ein Verzeichnis der Waren und Dienstleistungen, für welche die Marke eingetragen werden soll;

d) gemäß Regel 3 eine Wiedergabe der Marke;

e) falls ein Vertreter bestellt ist, seinen Namen und seine Geschäftsanschrift gemäß Buchstabe b). Hat der Vertreter mehrere Geschäftsanschriften oder wurden zwei oder mehr Vertreter mit verschiedenen Geschäftsanschriften bestellt, so ist die Anschrift anzugeben, die als Zustellanschrift gelten soll. Ohne diese Angabe wird nur die zuerst genannte Anschrift als Zustellanschrift berücksichtigt;

f) falls die Priorität einer früheren Anmeldung gemäß Artikel 30 der Verordnung in Anspruch genommen wird, eine entsprechende Erklärung, in der der Tag dieser Anmeldung und der Staat angegeben sind, in dem oder für den sie eingereicht worden ist;

g) falls die Priorität der Zurschaustellung auf einer Ausstellung gemäß Artikel 33 der Verordnung in Anspruch genommen wird, eine entsprechende Erklärung, in der der Name der Ausstellung und der Tag der ersten Zurschaustellung der Waren oder Dienstleistungen angegeben sind;

h) falls der Zeitrang einer oder mehrerer älterer in einem Mitgliedstaat eingetragenen Marken, einschließlich einer im Benelux-Gebiet oder einer mit Wirkung für einen Mitgliedstaat international registrierten Marke (nachstehend „eingetragene ältere Marke gemäß Artikel 34 der Verordnung") gemäß Artikel 34 der Verordnung in Anspruch genommen wird, eine entsprechende Erklärung, in der der Mitgliedstaat oder die Mitgliedstaaten, in denen oder für die diese Marken eingetragen sind, der Zeitpunkt des Beginns des Schutzes dieser Marken und die Nummern der Eintragungen sowie die eingetragenen Waren und Dienstleistungen angegeben sind;

i) gegebenenfalls eine Erklärung, daß die Eintragung als Gemeinschaftskollektivmarke gemäß Artikel 64 der Verordnung beantragt wird;

j) die Angabe der Sprache, in der die Anmeldung eingereicht wurde, und einer zweiten Sprache gemäß Artikel 115 Absatz 3 der Verordnung;

k) die Unterschrift des Anmelders oder Vertreters.

(2) Die Anmeldung einer Gemeinschaftskollektivmarke kann die Satzung enthalten.

(3) Die Anmeldung kann eine Erklärung des Anmelders enthalten, daß er das ausschließliche Recht an einem von ihm anzugebenden Bestandteil der Marke, der nicht unterscheidungskräftig ist, nicht in Anspruch nimmt.

(4) Im Fall mehrerer Anmelder sollte die Anmeldung die Bezeichnung eines Anmelders oder Vertreters als gemeinsamer Vertreter enthalten.

**Regel 2 Verzeichnis der Waren und Dienstleistungen.** (1) Die Klassifizierung der Waren und Dienstleistungen richtet sich nach der gemeinsamen Klassifikation des Artikels 1 des geänderten Nizzaer Abkommens vom 15. Juni 1957 über die internationale Klassifikation von Waren und Dienstleistungen für die Eintragung von Marken.

(2) Das Verzeichnis der Waren und Dienstleistungen ist so zu formulieren, daß sich die Art der Waren und Dienstleistungen klar erkennen läßt und es die Klassifizierung der einzelnen Waren und Dienstleistungen in nur jeweils einer Klasse der Nizzaer Klassifikation gestattet.

(3) Die Waren und Dienstleistungen sollten möglichst nach den Klassen der Nizzaer Klassifikation zusammengefaßt werden. Dabei wird jeder Gruppe von Waren und Dienstleistungen die Nummer der einschlägigen Klasse in der Reihenfolge dieser Klassifikation vorangestellt.

(4) Die Klassifikation der Waren und Dienstleistungen dient ausschließlich Verwaltungszwecken. Daher dürfen Waren und Dienstleistungen nicht deswegen als ähnlich angesehen werden, weil sie in derselben Klasse der Nizzaer Klassifikation genannt werden, und dürfen Waren und Dienstleistungen nicht deswegen als verschieden angesehen werden, weil sie in verschiedenen Klassen der Nizzaer Klassifikation genannt werden.

**Regel 3 Wiedergabe der Marke.** (1) Beansprucht der Anmelder keine besondere graphische Darstellung oder Farbe, so ist die Marke in üblicher Schreibweise, insbesondere zum Beispiel durch maschinenschriftliches Aufdrucken der Buchstaben, Zahlen und Zeichen in der Anmeldung wiederzugeben. Der Gebrauch von Klein- und Großbuchstaben ist zulässig und wird entsprechend bei den Veröffentlichungen der Marke und bei der Eintragung durch das Amt übernommen.

**VO (EG) Nr. 2868/95** Art. 1, Regel 4–6     Durchführungsverordnung

(2) In allen anderen als den in Absatz 1 genannten Fällen ist, getrennt vom Textblatt der Anmeldung, die Marke auf einem besonderen Blatt wiederzugeben. Die Blattgröße der Markenwiedergabe darf nicht größer als Format DIN A 4 (29,7 cm Höhe, 21 cm Breite) und die für die Wiedergabe benutzte Fläche (Satzspiegel) nicht größer als 26,2 cm × 17 cm sein. Vom linken Seitenrand ist ein Randabstand von mindestens 2,5 cm einzuhalten. Die richtige Stellung der Marke ist durch Hinzufügen des Wortes „oben" auf jeder Wiedergabe anzugeben, soweit sich diese nicht von selbst ergibt. Die Wiedergabe der Marke muß von einer Qualität sein, die die Verkleinerung oder Vergrößerung auf das Format für die Veröffentlichung im Blatt für Gemeinschaftsmarken von höchstens 8 cm in der Breite und 16 cm in der Höhe zuläßt. Außerdem sind auf diesem besonderen Blatt Name und Anschrift des Anmelders anzugeben. Dieses besondere Blatt mit der Wiedergabe ist vierfach einzureichen.

(3) Wird die Eintragung gemäß Absatz 2 beantragt, so muß die Anmeldung eine entsprechende Angabe enthalten. Die Anmeldung kann eine Beschreibung der Marke enthalten.

(4) Wird die Eintragung einer dreidimensionalen Marke beantragt, muß die Anmeldung eine entsprechende Angabe enthalten. Die Wiedergabe muß aus einer fotografischen Darstellung oder einer graphischen Wiedergabe der Marke bestehen. Es können bis zu sechs verschiedene Perspektiven der Marke wiedergegeben werden.

(5) Wird die Eintragung in Farbe beantragt, so muß die Anmeldung eine entsprechende Angabe enthalten. Außerdem sind die Farben anzugeben, aus denen sich die Marke zusammensetzt. Die Wiedergabe gemäß Absatz 2 muß aus der farbigen Wiedergabe bestehen.

(6) In bezug auf die Erfordernisse des Absatzes 2 kann der Präsident des Amtes bestimmen, daß die Marke nicht auf einem besonderen Blatt, sondern im Text der Anmeldung selbst wiedergegeben werden kann und daß die Zahl der Blätter der Darstellungen auf weniger als vier reduziert wird.

**Regel 4 Anmeldegebühren.** Für die Anmeldung sind folgende Gebühren zu entrichten:
a) eine Grundgebühr
und
b) eine Klassengebühr ab der vierten Klasse für jede Klasse, für die Waren oder Dienstleistungen gemäß Regel 2 in Anspruch genommen werden.

**Regel 5 Einreichung der Anmeldung.** (1) Das Amt vermerkt auf den Unterlagen der Anmeldung den Tag ihres Eingangs und das Aktenzeichen der Anmeldung. Es übermittelt dem Anmelder unverzüglich eine Empfangsbescheinigung, die mindestens das Aktenzeichen, eine Wiedergabe, eine Beschreibung oder sonstige Identifizierung der Marke, die Art und Zahl der Unterlagen und den Tag ihres Eingangs enthält.

(2) Wird die Anmeldung gemäß Artikel 25 der Verordnung bei einer Zentralbehörde für den gewerblichen Rechtsschutz eines Mitgliedstaates oder beim Benelux-Markenamt eingereicht, so numeriert diese Behörde alle Blätter der Anmeldung mit arabischen Zahlen. Sie vermerkt auf den Unterlagen, aus denen sich die Anmeldung zusammensetzt, vor ihrer Weiterleitung das Eingangsdatum und die Zahl der Blätter. Sie übermittelt dem Anmelder unverzüglich eine Empfangsbescheinigung, in der mindestens die Art und Zahl der Unterlagen und der Tag ihres Eingangs angegeben werden.

(3) Hat das Amt eine Anmeldung durch Vermittlung einer Zentralbehörde für den gewerblichen Rechtsschutz eines Mitgliedstaates oder des Benelux-Markenamtes erhalten, so vermerkt es auf der Anmeldung das Eingangsdatum und das Aktenzeichen und übermittelt dem Anmelder unverzüglich eine Empfangsbescheinigung gemäß Absatz 1 Satz 2 unter Angabe des Tages des Eingangs beim Amt.

**Regel 6 Inanspruchnahme der Priorität.** (1) Wird in der Anmeldung die Priorität einer oder mehrerer früherer Anmeldungen gemäß Artikel 30 der Verordnung in Anspruch genommen, so muß der Anmelder innerhalb einer Frist von drei Monaten nach dem Anmeldetag das Aktenzeichen der früheren Anmeldung angeben und eine Abschrift von ihr einreichen. Die Abschrift muß von der Behörde, bei der die frühere Anmeldung eingereicht worden ist, als mit der früheren Anmeldung übereinstimmend beglaubigt sein; der Abschrift ist eine Bescheinigung dieser Behörde über den Tag der Einreichung der früheren Anmeldung beizufügen.

(2) Möchte der Anmelder die Priorität einer oder mehrerer früherer Anmeldungen gemäß Artikel 30 der Verordnung nach Einreichung der Anmeldung in Anspruch nehmen, so ist die Prioritätserklärung unter Angabe des Datums, an dem, und des Landes, in dem die frühere Anmeldung erfolgt ist, innerhalb einer Frist von zwei Monaten nach dem Anmeldetag vorzulegen. Die in Absatz 1 verlangten Angaben und Unterlagen sind dem Amt innerhalb einer Frist von drei Monaten nach Empfang der Prioritätserklärung vorzulegen.

(3) Ist die frühere Anmeldung nicht in einer der Sprachen des Amtes abgefaßt, so fordert das Amt den Anmelder auf, innerhalb einer vom Amt festgesetzten Frist von mindestens drei Monaten eine Übersetzung der früheren Anmeldung in einer dieser Sprachen vorzulegen.

(4) Der Präsident des Amtes kann bestimmen, daß der Anmelder weniger als die gemäß Absatz 1 zu erbringenden Nachweise vorzulegen hat, wenn die erforderliche Information dem Amt aus anderen Quellen zur Verfügung steht.

**Regel 7 Ausstellungspriorität.** (1) Wird die Ausstellungspriorität gemäß Artikel 33 der Verordnung in der Anmeldung in Anspruch genommen, so muß der Anmelder innerhalb einer Frist von drei Monaten nach dem Anmeldetag eine Bescheinigung einreichen, die während der Ausstellung von der für den Schutz des gewerblichen Eigentums auf dieser Ausstellung zuständigen Stelle erteilt worden ist. Diese Bescheinigung muß bestätigen, daß die Marke für die entsprechenden Waren oder Dienstleistungen tatsächlich benutzt worden ist, und sie muß außerdem den Tag der Eröffnung der Ausstellung und, wenn die erste öffentliche Benutzung nicht mit dem Eröffnungstag der Ausstellung zusammenfällt, den Tag der ersten öffentlichen Benutzung angeben. Der Bescheinigung ist eine Darstellung über die tatsächliche Benutzung der Marke beizufügen, die mit einer Bestätigung der vorerwähnten Stelle versehen ist.

(2) Will der Anmelder eine Ausstellungspriorität nach Einreichung der Anmeldung in Anspruch nehmen, so ist die Prioritätserklärung unter Angabe der Ausstellung und des Datums der ersten Zurschaustellung der Waren und Dienstleistungen innerhalb einer Frist von zwei Monaten nach dem Anmeldetag vorzulegen. Die gemäß Absatz 1 erforderlichen Angaben und Nachweise sind dem Amt innerhalb einer Frist von drei Monaten nach Empfang der Prioritätserklärung vorzulegen.

**Regel 8 Inanspruchnahme des Zeitrangs einer nationalen Marke.** (1) Wird der Zeitrang einer oder mehrerer eingetragener älterer Marken gemäß Artikel 34 der Verordnung in der Anmeldung in Anspruch genommen, so hat der Anmelder innerhalb einer Frist von drei Monaten nach dem Anmeldetag eine Abschrift der diesbezüglichen Eintragung vorzulegen. Die Abschrift muß von der zuständigen Stelle als die genaue Abschrift der Eintragung beglaubigt sein.

(2) Will der Anmelder den Zeitrang einer oder mehrerer eingetragener älterer Marken gemäß Artikel 34 der Verordnung nach Einreichung der Anmeldung in Anspruch nehmen, so ist die Erklärung über den Zeitrang unter Angabe des Mitgliedstaates oder der Mitgliedstaaten, in denen oder für die die Marke eingetragen ist, des Datums, von dem ab die entsprechende Eintragung wirksam war, der Nummer der entsprechenden Eintragung sowie der Waren und Dienstleistungen, für die die Marke eingetragen ist, innerhalb einer Frist von zwei Monaten nach dem Anmeldetag vorzulegen. Der in Absatz 1 verlangte Nachweis ist dem Amt innerhalb einer Frist von drei Monaten nach Empfang der Erklärung über den Zeitrang vorzulegen.

(3) Das Amt unterrichtet die für den gewerblichen Rechtsschutz zuständige Zentralbehörde des betreffenden Mitgliedstaats und das Benelux-Markenamt über die wirksame Inanspruchnahme des Zeitrangs.

(4) Der Präsident des Amtes kann bestimmen, daß der Anmelder weniger als die gemäß Absatz 1 zu erbringenden Nachweise vorzulegen hat, wenn die erforderliche Information dem Amt aus anderen Quellen zur Verfügung steht.

VO (EG) Nr. 2868/95 Art. 1, Regel 9

**Regel 9 Prüfung der Erfordernisse in bezug auf den Anmeldetag und die Anmeldung.** (1) Erfüllt die Anmeldung die Erfordernisse für die Zuerkennung eines Anmeldetages nicht, weil

a) die Anmeldung folgendes nicht enthält:

   i) einen Antrag auf Eintragung einer Gemeinschaftsmarke,

   ii) Angaben, die es erlauben, die Identität des Anmelders festzustellen,

   iii) ein Verzeichnis der Waren oder Dienstleistungen, für die die Marke eingetragen werden soll,

   iv) eine Wiedergabe der Marke; oder

b) die Grundgebühr für die Anmeldung nicht innerhalb eines Monats nach der Anmeldung beim Amt oder, im Fall der Anmeldung bei der für den gewerblichen Rechtsschutz zuständigen Zentralbehörde eines Mitgliedstaates oder beim Benelux-Markenamt, bei diesem Amt entrichtet worden ist,

so teilt das Amt dem Anmelder mit, daß aufgrund dieser Mängel kein Anmeldetag zuerkannt werden kann.

(2) Werden die in Absatz 1 erwähnten Mängel innerhalb einer Frist von zwei Monaten nach Empfang der Mitteilung behoben, so ist für den Anmeldetag der Tag maßgeblich, an dem alle Mängel beseitigt sind. Werden die Mängel nicht fristgemäß behoben, so wird die Anmeldung nicht als Anmeldung einer Gemeinschaftsmarke behandelt. In diesem Fall werden alle bereits entrichteten Gebühren erstattet.

(3) Ergibt die Prüfung trotz der Zuerkennung eines Anmeldetages, daß

a) die Erfordernisse der Regeln 1, 2 und 3 oder die anderen formalen Anmeldeerfordernisse der Verordnung oder dieser Regeln nicht erfüllt sind,

b) die gemäß Regel 4 Buchstabe b) in Verbindung mit der Verordnung (EG) Nr. 2868/95 der Kommission, nachstehend Gebührenordnung genannt, zu zahlende Klassengebühr nicht in voller Höhe beim Amt eingegangen ist,

c) im Fall der Inanspruchnahme der Priorität gemäß der Regeln 6 und 7 entweder in der Anmeldung oder innerhalb von zwei Monaten nach dem Anmeldetag die übrigen Erfordernisse der betreffenden Regeln nicht erfüllt sind, oder

d) im Fall der Inanspruchnahme des Zeitrangs gemäß Regel 8 entweder in der Anmeldung oder innerhalb von zwei Monaten nach dem Anmeldetag die übrigen Erfordernisse der Regel 8 nicht erfüllt sind,

so fordert das Amt den Anmelder auf, die festgestellten Mängel innerhalb einer vom Amt festgelegten Frist abzustellen.

(4) Werden die in Absatz 3 Buchstabe a) erwähnten Mängel nicht fristgemäß beseitigt, so weist das Amt die Anmeldung zurück.

(5) Werden die ausstehenden Klassengebühren nicht fristgemäß entrichtet, so gilt die Anmeldung als zurückgenommen, es sei denn, daß eindeutig ist, welche Waren- oder Dienstleistungsklassen durch den gezahlten Gebührenbetrag gedeckt werden sollen. Liegen keine anderen Kriterien vor, um zu bestimmen, welche Klassen durch den gezahlten Gebührenbetrag gedeckt werden sollen, so trägt das Amt den Klassen in der Reihenfolge der Klassifikation Rechnung. Die Anmeldung gilt für diejenigen Klassen als zurückgekommen, für die die Klassengebühren nicht oder nicht in voller Höhe gezahlt worden sind.

(6) Betreffen die in Absatz 3 erwähnten Mängel die Inanspruchnahme der Priorität, so erlischt der Prioritätsanspruch für die Anmeldung.

(7) Betreffen die in Absatz 3 erwähnten Mängel die Inanspruchnahme des Zeitrangs, so kann der Zeitrang für diese Anmeldung nicht mehr in Anspruch genommen werden.

(8) Betreffen die in Absatz 3 erwähnten Mängel lediglich einige Waren und Dienstleistungen, so weist das Amt die Anmeldung nur in bezug auf diese Waren oder Dienstleistungen zurück, oder es erlischt der Anspruch in bezug auf die Priorität oder den Zeitrang nur in bezug auf diese Waren und Dienstleistungen.

**Regel 10 Prüfung der Voraussetzungen für die Inhaberschaft.** Kann der Anmelder gemäß Artikel 5 der Verordnung nicht Inhaber einer Gemeinschaftsmarke sein, so teilt das Amt dies dem Anmelder mit. Das Amt setzt eine Frist, innerhalb der der Anmelder die Anmeldung zurücknehmen oder seine Stellungnahme abgeben muß. Kann der Anmelder die Einwände gegen die Eintragung nicht widerlegen, so weist das Amt die Anmeldung zurück.

**Regel 11 Prüfung auf absolute Eintragungshindernisse.** (1) Ist die Marke gemäß Artikel 7 der Verordnung für alle oder einen Teil der Waren oder Dienstleistungen, für die sie angemeldet ist, von der Eintragung ausgeschlossen, so teilt das Amt dem Anmelder mit, welche Hindernisse der Eintragung entgegenstehen. Das Amt setzt dem Anmelder eine Frist zur Zurücknahme oder Änderung der Anmeldung oder zur Abgabe einer Stellungnahme.

(2) Wird die Eintragung der Gemeinschaftsmarke gemäß Artikel 38 Absatz 2 der Verordnung von der Erklärung des Anmelders abhängig gemacht, daß er ein ausschließliches Recht an nicht unterscheidungskräftigen Bestandteilen der Marke nicht in Anspruch nimmt, so teilt das Amt dies dem Anmelder unter Angabe der Gründe mit und fordert ihn auf, die entsprechende Erklärung innerhalb einer vom Amt festgelegten Frist abzugeben.

(3) Beseitigt der Anmelder die der Eintragung entgegenstehenden Hindernisse oder erfüllt er die in Absatz 2 genannte Bedingung nicht fristgemäß, so weist das Amt die Anmeldung ganz oder teilweise zurück.

**Regel 12 Veröffentlichung der Anmeldung.** Die Veröffentlichung der Anmeldung enthält:
a) den Namen und die Anschrift des Anmelders;
b) gegebenenfalls den Namen und die Geschäftsanschrift des vom Anmelder bestellten Vertreters, soweit es kein Vertreter im Sinne des Artikels 88 Absatz 3 Satz 1 der Verordnung ist; bei mehreren Vertretern mit derselben Geschäftsanschrift werden nur Name und Geschäftsanschrift des zuerst genannten Vertreters, gefolgt von den Worten „und andere", veröffentlicht; bei mehreren Vertretern mit verschiedenen Geschäftsanschriften wird nur die Zustellanschrift gemäß Regel 1 Absatz 1 Buchstabe e) angegeben; im Fall eines Zusammenschlusses von Vertretern gemäß Regel 76 Absatz 9 werden nur Name und Geschäftsanschrift des Zusammenschlusses veröffentlicht;
c) die Wiedergabe der Marke mit Angaben und Beschreibungen gemäß Regel 3; wird die Eintragung in Farbe beantragt, so enthält die Veröffentlichung die Angabe „in Farbe" und gibt die Farben an, aus denen sich die Marke zusammensetzt;
d) das Verzeichnis der in Übereinstimmung mit den Klassen der Nizzaer Klassifikation in Gruppen zusammengefaßten Waren und Dienstleistungen, wobei jeder Gruppe die Zahl der einschlägigen Klasse in der Reihenfolge der Klassifikation vorangestellt wird;
e) den Anmeldetag und das Aktenzeichen;
f) gegebenenfalls Angaben über die Inanspruchnahme einer Priorität gemäß Artikel 30 der Verordnung;
g) gegebenenfalls Angaben über die Inanspruchnahme der Ausstellungspriorität gemäß Artikel 33 der Verordnung;
h) gegebenenfalls Angaben über die Inanspruchnahme des Zeitranges gemäß Artikel 34 der Verordnung;
i) gegebenenfalls eine Angabe, daß die Marke gemäß Artikel 7 Absatz 3 der Verordnung durch ihre Benutzung Unterscheidungskraft erlangt hat;
j) gegebenenfalls eine Erklärung, daß die Anmeldung für eine Gemeinschaftskollektivmarke erfolgt;
k) gegebenenfalls die Erklärung des Anmelders, daß er das ausschließliche Recht an einem Bestandteil der Marke gemäß Regel 1 Absatz 3 oder Regel 11 Absatz 2 nicht in Anspruch nimmt;
l) die Sprache, in der die Anmeldung eingereicht wurde, und die zweite Sprache, die der Anmelder in seiner Anmeldung gemäß Artikel 115 Absatz 3 der Verordnung angegeben hat.

**Regel 13 Änderung der Anmeldung.** (1) Der Antrag auf Änderung der Anmeldung gemäß Artikel 44 der Verordnung muß folgende Angaben enthalten:
a) das Aktenzeichen der Anmeldung;
b) den Namen und die Anschrift des Anmelders gemäß Regel 1 Absatz 1 Buchstabe b);
c) hat der Anmelder einen Vertreter bestellt, den Namen und die Geschäftsanschrift des Vertreters gemäß Regel 1 Absatz 1 Buchstabe e);
d) den Teil der Anmeldung, der berichtigt oder geändert werden soll, und denselben Teil in seiner berichtigten oder geänderten Fassung;
e) betrifft die Änderung die Wiedergabe der Marke, die Wiedergabe der geänderten Marke gemäß Regel 3.

(2) Ist in Verbindung mit dem Änderungsantrag eine Gebühr zu zahlen, so gilt der Antrag erst als gestellt, wenn die betreffende Gebühr gezahlt worden ist. Wird die Gebühr nicht oder nicht vollständig entrichtet, so teilt das Amt dem Anmelder dies mit.

(3) Sind die Erfordernisse für den Antrag auf Änderung der Anmeldung nicht erfüllt, so teilt das Amt dem Anmelder den Mangel mit. Wird der Mangel nicht innerhalb einer vom Amt festgelegten Frist behoben, so weist es den Antrag auf Änderung der Anmeldung zurück.

(4) Wird die Änderung gemäß Artikel 44 Absatz 2 der Verordnung veröffentlicht, so gelten die Regeln 15 bis 22 entsprechend.

(5) Für die Änderung desselben Bestandteils in zwei oder mehreren Anmeldungen desselben Anmelders kann ein einziger Änderungsantrag gestellt werden. Muß im Zusammenhang mit dem Änderungsantrag eine Gebühr gezahlt werden, so ist diese für jede einzelne zu ändernde Anmeldung zu zahlen.

(6) Die Absätze 1 bis 5 gelten entsprechend für Anträge auf Berichtigung des Namens oder der Geschäftsanschrift eines vom Anmelder bestellten Vertreters. Diese Anträge sind nicht gebührenpflichtig.

**Regel 14 Berichtigung von Fehlern in Veröffentlichungen.** (1) Enthält die Veröffentlichung der Anmeldung einen dem Amt zuzuschreibenden Fehler, so berichtigt das Amt den Fehler von Amts wegen oder auf Antrag des Anmelders.

(2) Stellt der Anmelder einen solchen Antrag, so gilt Regel 13 entsprechend. Dieser Antrag ist gebührenfrei.

(3) Die aufgrund dieser Regel vorgenommenen Berichtigungen werden veröffentlicht.

(4) Betrifft die Berichtigung das Verzeichnis der Waren oder Dienstleistungen oder die Wiedergabe der Marke, so gelten Artikel 42 Absatz 2 der Verordnung und die Regeln 15 bis 22 entsprechend.

### Titel II. Widerspruchsverfahren und Benutzungsnachweis

**Regel 15 Inhalt der Widerspruchsschrift.** (1) Widerspruch kann aufgrund einer oder mehrerer älterer Marken im Sinne des Artikels 8 Absatz 2 der Verordnung („ältere Marken") oder eines oder mehrerer sonstiger älterer Rechte im Sinne des Artikels 8 Absatz 4 der Verordnung („ältere Rechte") erhoben werden.

(2) Die Widerspruchsschrift muß enthalten:
a) in bezug auf die Anmeldung, gegen die sich der Widerspruch richtet,
 i) das Aktenzeichen der Anmeldung, gegen die sich der Widerspruch richtet;
 ii) die Angabe der Waren und Dienstleistungen, die in der Anmeldung, gegen die sich der Widerspruch richtet, genannt werden;
 iii) den Namen des Anmelders der Gemeinschaftsmarke;
b) in bezug auf die ältere Marke oder das ältere Recht, auf denen der Widerspruch beruht,
 i) beruht der Widerspruch auf einer älteren Marke, ein diesbezüglicher Hinweis und die Angabe, daß die ältere Marke eine Gemeinschaftsmarke ist, oder die Angabe des Mit-

Durchführungsverordnung  **Art. 1, Regel 16  VO (EG) Nr. 2868/95**

gliedstaates oder der Mitgliedstaaten, gegebenenfalls einschließlich der Benelux-Staaten, wo die ältere Marke eingetragen oder angemeldet wurde, oder wenn es sich bei der älteren Marke um eine international registrierte Marke handelt, die Angabe des Mitgliedstaates oder der Mitgliedstaaten, gegebenenfalls einschließlich der Benelux-Staaten, auf die der Schutz der älteren Marken ausgedehnt wurde;

ii) nach Möglichkeit das Aktenzeichen der Anmeldung oder die Nummer der Eintragung sowie den Anmeldetag, einschließlich des Prioritätstags, der älteren Marke;

iii) beruht der Widerspruch auf einer älteren Marke, die im Sinne des Artikels 8 Absatz 2 Buchstabe c) der Verordnung notorisch bekannt ist, ein diesbezüglicher Hinweis und die Angabe des Mitgliedstaates oder der Mitgliedstaaten, wo die ältere Marke notorisch bekannt ist;

iv) beruht der Widerspruch auf einer älteren Marke, die Wertschätzung im Sinne des Artikels 8 Absatz 5 der Verordnung genießt, einen diesbezüglichen Hinweis und gemäß Ziffer i) die Angabe, wo diese ältere Marke eingetragen oder angemeldet wurde;

v) beruht der Widerspruch auf einem älteren Recht, einen diesbezüglichen Hinweis und die Angabe des Mitgliedstaates oder der Mitgliedstaaten, wo dieses ältere Recht besteht;

vi) eine Wiedergabe und gegebenenfalls eine Beschreibung der älteren Marke oder des älteren Rechts;

vii) die Waren und Dienstleistungen, für die die ältere Marke eingetragen oder angemeldet wurde oder die ältere Marke im Sinne des Artikels 8 Absatz 2 Buchstabe c) der Verordnung notorisch bekannt ist oder im Sinne des Artikels 8 Absatz 5 der Verordnung Wertschätzung genießt. Der Widersprechende hat für den Fall, daß er sämtliche Waren und Dienstleistungen, für die ein älterer Markenschutz besteht, angibt, auch die Waren und Dienstleistungen anzugeben, auf denen der Widerspruch beruht;

c) in bezug auf den Widersprechenden,

i) wird der Widerspruch vom Inhaber der älteren Marke oder des älteren Rechts erhoben, seinen Namen und seine Anschrift gemäß Regel 1 Absatz 1 Buchstabe b) und die Angabe, daß er der Inhaber dieser Marke oder dieses Rechts ist;

ii) erhebt ein Lizenznehmer Widerspruch, seinen Namen und seine Anschrift gemäß Regel 1 Absatz 1 Buchstabe b) sowie Angaben, aus denen hervorgeht, daß er zur Erhebung des Widerspruchs ermächtigt worden ist;

iii) wird der Widerspruch vom Rechtsnachfolger des Inhabers einer Gemeinschaftsmarke erhoben, der noch nicht als neuer Inhaber eingetragen worden ist, ein diesbezüglicher Hinweis, den Namen und die Anschrift des Widersprechenden gemäß Regel 1 Absatz 1 Buchstabe b) und die Angabe des Datums, an dem der Antrag auf Eintragung des neuen Inhabers beim Amt eingegangen ist oder, wenn diese Information fehlt, dem Amt zugeschickt wurde;

iv) erhebt jemand aufgrund eines älteren Rechts Widerspruch, der nicht Inhaber dieses Rechts ist, seinen Namen und seine Anschrift gemäß Regel 1 Absatz 1 Buchstabe b) sowie Angaben, aus denen hervorgeht, daß er nach dem einschlägigen nationalen Recht berechtigt ist, dieses Recht wahrzunehmen;

v) ist ein Vertreter des Widersprechenden bestellt, seinen Namen und seine Geschäftsanschrift gemäß Regel 1 Absatz 1 Buchstabe e);

d) die Angabe der Gründe, auf denen der Widerspruch beruht.

(3) Die Absätze 1 und 2 gelten entsprechend für einen Widerspruch gemäß Artikel 8 Absatz 3 der Verordnung.

**Regel 16 Tatsachen, Beweismittel und Bemerkungen zur Stützung des Widerspruchs.** (1) Die Widerspruchsschrift kann Einzelheiten der zur Stützung des Widerspruchs vorgebrachten Tatsachen, Beweismittel und Bemerkungen unter Beifügung einschlägiger Unterlagen enthalten.

(2) Beruht der Widerspruch auf einer älteren Marke, die keine Gemeinschaftsmarke ist, so ist der Widerspruchsschrift nach Möglichkeit ein Nachweis über die Eintragung oder An-

meldung, z. B. eine Urkunde der Eintragung, beizufügen. Beruht der Widerspruch auf einer im Sinne des Artikels 8 Absatz 2 Buchstabe c) der Verordnung notorisch bekannten Marke oder auf einer Marke, die im Sinne des Artikels 8 Absatz 5 der Verordnung Wertschätzung genießt, so ist der Widerspruchsschrift nach Möglichkeit ein Nachweis über die Notorietät oder Wertschätzung beizufügen. Wird der Widerspruch aufgrund eines sonstigen älteren Rechts erhoben, so sind der Widerspruchsschrift nach Möglichkeit sachdienliche Nachweise in bezug auf den Erwerb und den Schutzbereich dieses Rechts beizufügen.

(3) Die in Absatz 1 genannten Tatsachen, Beweismittel und Bemerkungen sowie einschlägigen Unterlagen und der in Absatz 2 erwähnte Nachweis können, wenn sie nicht zusammen mit der Widerspruchsschrift oder anschließend übermittelt werden, innerhalb einer vom Amt gemäß Regel 20 Absatz 2 festgelegten Frist nach Beginn des Widerspruchsverfahrens vorgelegt werden.

**Regel 17 Sprachenregelung für den Widerspruch.** (1) Wird die Widerspruchsschrift nicht in der Sprache der Anmeldung der Gemeinschaftsmarke, wenn diese Sprache eine der Sprachen des Amtes ist, oder in der anläßlich der Anmeldung angegebenen zweiten Sprache verfaßt, so muß der Widersprechende eine Übersetzung der Widerspruchsschrift in einer dieser Sprachen innerhalb einer Frist von einem Monat nach Ablauf der Widerspruchsfrist vorlegen.

(2) Werden die in Regel 16 Absätze 1 und 2 vorgesehenen Nachweise zur Stützung des Widerspruchs nicht in der Sprache des Widerspruchsverfahrens erbracht, so muß der Widersprechende eine Übersetzung in der betreffenden Sprache innerhalb einer Frist von einem Monat nach Ablauf der Widerspruchsfrist oder gegebenenfalls innerhalb der vom Amt gemäß Regel 16 Absatz 3 festgelegten Frist vorlegen.

(3) Unterrichtet der Widersprechende oder der Anmelder das Amt vor dem Tag, an dem das Widerspruchsverfahren nach Regel 19 Absatz 1 beginnt, davon, daß sich beide nach Artikel 115 Absatz 7 der Verordnung auf eine andere Sprache geeinigt haben, so muß der Widersprechende, wenn die Widerspruchsschrift nicht in dieser Sprache eingereicht worden war, eine Übersetzung der Widerspruchsschrift in dieser Sprache innerhalb eines Monats nach diesem Tag einreichen.

**Regel 18 Zurückweisung des Widerspruchs als unzulässig.** (1) Stellt das Amt fest, daß der Widerspruch nicht Artikel 42 der Verordnung entspricht, oder läßt die Widerspruchsschrift nicht eindeutig erkennen, gegen welche Anmeldung sich der Widerspruch richtet oder welches die ältere Marke oder welches das ältere Zeichen ist, aufgrund deren Widerspruch erhoben wird, so weist das Amt den Widerspruch als unzulässig zurück, sofern die Mängel nicht vor Ablauf der Widerspruchsfrist beseitigt worden sind. Ist die Widerspruchsgebühr nicht innerhalb der Widerspruchsfrist entrichtet worden, so gilt der Widerspruch als nicht erhoben. Ist die Widerspruchsgebühr nach Ablauf der Widerspruchsfrist entrichtet worden, wird sie dem Widersprechenden zurückgezahlt.

(2) Stellt das Amt fest, daß der Widerspruch sonstigen Vorschriften der Verordnung oder dieser Regeln nicht entspricht, so teilt es dies dem Widersprechenden mit und fordert ihn auf, innerhalb einer Frist von zwei Monaten die festgestellten Mängel zu beseitigen. Werden die Mängel nicht fristgerecht beseitigt, so weist das Amt den Widerspruch als unzulässig zurück.

(3) Jede Entscheidung, durch die ein Widerspruch gemäß Absatz 1 oder 2 zurückgewiesen wird, wird dem Anmelder mitgeteilt.

**Regel 19 Eröffnung des Widerspruchsverfahrens.** (1) Weist das Amt den Widerspruch nicht gemäß Regel 18 zurück, so teilt es dem Anmelder den Widerspruch mit und fordert ihn auf, innerhalb einer vom Amt festgesetzten Frist seine Stellungnahme abzugeben. Es weist den Anmelder darauf hin, daß das Widerspruchsverfahren zwei Monate nach Empfang dieser Mitteilung beginnt, es sei denn, daß der Anmelder dem Amt vor Ablauf dieser Frist mitteilt, daß er die Anmeldung zurücknimmt oder auf die Waren und Dienstleistungen beschränkt, die nicht Gegenstand des Widerspruchs sind.

(2) Das Amt kann gemäß Regel 71 die in Absatz 1 Satz 2 genannte Frist auf gemeinsamen Antrag des Anmelders und des Widersprechenden verlängern.

(3) Wird die Anmeldung innerhalb der in Absatz 1 Satz 2 genannten Frist oder der gemäß Absatz 2 verlängerten Frist zurückgenommen oder eingeschränkt, so teilt das Amt dies dem Widersprechenden mit und erstattet ihm die Widerspruchsgebühr.

**Regel 20 Prüfung des Widerspruchs.** (1) Wird die Anmeldung nicht gemäß Regel 19 zurückgenommen oder eingeschränkt, so muß der Anmelder seine Stellungnahme innerhalb der vom Amt in seiner Mitteilung gemäß Regel 19 Absatz 1 Satz 1 festgelegten Frist abgeben.

(2) Enthält die Widerspruchsschrift keine Einzelheiten der Tatsachen, Beweismittel und Bemerkungen gemäß Regel 16 Absätze 1 und 2, so fordert das Amt den Widersprechenden auf, diese Unterlagen innerhalb einer vom Amt festgesetzten Frist vorzulegen. Alle Vorlagen des Widersprechenden werden dem Anmelder mitgeteilt, der innerhalb einer vom Amt festgesetzten Frist Gelegenheit zur Äußerung erhält.

(3) Gibt der Anmelder keine Stellungnahme ab, so kann das Amt anhand der ihm vorliegenden Beweismittel über den Widerspruch entscheiden.

(4) Die Stellungnahme des Anmelders wird dem Widersprechenden mitgeteilt, der gegebenenfalls vom Amt aufgefordert wird, sich zu dieser Stellungnahme innerhalb einer vom Amt festgesetzten Frist zu äußern.

(5) Schränkt der Anmelder gemäß Artikel 44 Absatz 1 der Verordnung das Verzeichnis der Waren und Dienstleistungen ein, so teilt das Amt dies dem Widersprechenden mit und fordert ihn auf, innerhalb einer vom Amt festzulegenden Frist seine Stellungnahme abzugeben und zu erklären, ob er den Widerspruch aufrechterhält und bejahendenfalls gegen welche der verbleibenden Waren und Dienstleistungen.

(6) Das Amt kann jedes Widerspruchsverfahren in den Fällen, in denen der Widerspruch auf einer Anmeldung gemäß Artikel 8 Absatz 2 Buchstabe b) der Verordnung beruht, bis zu einer abschließenden Entscheidung in dem betreffenden Verfahren oder in Fällen aussetzen, wo diese Aussetzung aufgrund anderer Umstände zweckmäßig ist.

**Regel 21 Mehrfache Widersprüche.** (1) Wurden mehrere Widersprüche gegen dieselbe Anmeldung einer Gemeinschaftsmarke erhoben, so kann das Amt diese im Rahmen desselben Verfahrens behandeln. Das Amt kann anschließend beschließen, anders zu verfahren.

(2) Ergibt eine Vorprüfung, daß die angemeldete Gemeinschaftsmarke für alle oder einen Teil der Waren oder Dienstleistungen, für die die Eintragung beantragt worden ist, aufgrund eines oder mehrerer Widersprüche möglicherweise von der Eintragung ausgeschlossen ist, so kann das Amt die anderen Widerspruchsverfahren aussetzen. Das Amt unterrichtet die verbleibenden Widersprechenden über jede sie betreffende Entscheidung, die in den Verfahren ergeht, die fortgeführt werden.

(3) Sobald eine Entscheidung über die Zurückweisung der Anmeldung rechtskräftig geworden ist, gelten die Widersprüche, über die eine Entscheidung gemäß Absatz 2 zurückgestellt wurde, als erledigt. Die Widersprechenden werden hiervon in Kenntnis gesetzt. Eine derartige Erledigung wird als eine Einstellung des Verfahrens im Sinne des Artikels 81 Absatz 4 der Verordnung angesehen.

(4) Das Amt erstattet jedem Widersprechenden, dessen Widerspruch gemäß den vorstehenden Absätzen als erledigt angesehen wird, 50% der von ihm entrichteten Widerspruchsgebühr.

**Regel 22 Benutzungsnachweis.** (1) Hat der Widersprechende gemäß Artikel 43 Absatz 2 oder 3 der Verordnung den Nachweis der Benutzung oder den Nachweis zu erbringen, daß berechtigte Gründe für die Nichtbenutzung vorliegen, so fordert das Amt ihn auf, die angeforderten Beweismittel innerhalb einer vom Amt festgesetzten Frist vorzulegen. Legt der Widersprechende diese Beweismittel nicht fristgemäß vor, so weist das Amt den Widerspruch zurück.

(2) Die Angaben und Beweismittel, die zum Nachweis der Benutzung vorgelegt werden, bestehen gemäß Absatz 3 aus Angaben über Ort, Zeit, Umfang und Art der Benutzung der Widerspruchsmarke für die Waren und Dienstleistungen, für die sie eingetragen wurde und auf denen der Widerspruch beruht, sowie aus Beweisen für diese Angaben.

(3) Die Beweismittel beschränken sich nach Möglichkeit auf die Vorlage von Urkunden und Beweisstücken, wie Verpackungen, Etiketten, Preislisten, Kataloge, Rechnungen, Photographien, Zeitungsanzeigen und auf die in Artikel 76 Absatz 1 Buchstabe f) der Verordnung genannten schriftlichen Erklärungen.

(4) Werden die gemäß den Absätzen 1, 2 und 3 vorgelegten Beweismittel nicht in der Sprache des Widerspruchsverfahrens vorgelegt, so kann das Amt den Widersprechenden auffordern, eine Übersetzung dieser Beweismittel in dieser Sprache innerhalb einer vom Amt festgesetzten Frist vorzulegen.

## Titel III. Eintragungsverfahren

**Regel 23 Eintragung der Marke.** (1) Die Eintragungsgebühr gemäß Artikel 45 der Verordnung setzt sich zusammen aus
a) einer Grundgebühr
und
b) einer Klassengebühr ab der vierten Klasse für jede Klasse, für die die Marke eingetragen werden soll.

(2) Ist kein Widerspruch erhoben worden oder hat sich ein erhobener Widerspruch durch Zurücknahme, Zurückweisung oder auf andere Weise endgültig erledigt, so fordert das Amt den Anmelder auf, die Eintragungsgebühr innerhalb von zwei Monaten nach Zugang der Aufforderung zu entrichten.

(3) Wird die Eintragungsgebühr nicht rechtzeitig entrichtet, so kann sie noch innerhalb einer Frist von zwei Monaten nach Zustellung einer Mitteilung, in der auf die Fristüberschreitung hingewiesen wird, rechtswirksam entrichtet werden, sofern innerhalb dieser Frist die in der Gebührenordnung festgelegte zusätzliche Gebühr entrichtet wird.

(4) Nach Eingang der Eintragungsgebühr wird die angemeldete Marke mit den in Regel 84 Absatz 2 genannten Angaben in das Register für Gemeinschaftsmarken eingetragen.

(5) Die Eintragung wird im Blatt für Gemeinschaftsmarken veröffentlicht.

(6) Die Eintragungsgebühr wird erstattet, wenn die angemeldete Marke nicht eingetragen wird.

**Regel 24 Eintragungsurkunde.** (1) Das Amt stellt dem Markeninhaber eine Eintragungsurkunde aus, die alle in Regel 84 Absatz 2 vorgesehenen Eintragungen in das Register und die Erklärung enthält, daß die betreffenden Angaben in das Register eingetragen worden sind.

(2) Der Markeninhaber kann gegen Entrichtung einer Gebühr beglaubigte oder unbeglaubigte Abschriften der Eintragungsurkunde anfordern.

**Regel 25 Änderung der Eintragung.** (1) Der Antrag auf Änderung der Eintragung gemäß Artikel 48 Absatz 2 der Verordnung muß enthalten:
a) die Nummer der Eintragung;
b) den Namen und die Anschrift des Markeninhabers gemäß Regel 1 Absatz 1 Buchstabe b);
c) hat der Markeninhaber einen Vertreter bestellt, den Namen und die Geschäftsanschrift dieses Vertreters gemäß Regel 1 Absatz 1 Buchstabe e);
d) die Angabe des zu ändernden Bestandteils der Wiedergabe der Marke und denselben Bestandteil in seiner geänderten Fassung;
e) eine Wiedergabe der geänderten Marke gemäß Regel 3.

(2) Der Antrag gilt erst als gestellt, wenn die diesbezügliche Gebühr gezahlt worden ist. Wird die Gebühr nicht oder nicht vollständig entrichtet, so teilt das Amt dies dem Antragsteller mit.

(3) Sind die Erfordernisse für den Antrag auf Änderung der Eintragung nicht erfüllt, so teilt das Amt dem Antragsteller den Mangel mit. Wird der Mangel nicht innerhalb einer vom Amt festgelegten Frist behoben, so weist es den Antrag zurück.

(4) Wird die Eintragung der Änderung gemäß Artikel 48 Absatz 3 der Verordnung angefochten, so gelten die in der Verordnung und in diesen Regeln vorgesehenen Vorschriften für den Widerspruch entsprechend.

(5) Für die Änderung desselben Bestandteils in zwei oder mehreren Eintragungen desselben Markeninhabers kann ein einziger Änderungsantrag gestellt werden. Die diesbezügliche Gebühr muß für jede zu ändernde Eintragung entrichtet werden.

**Regel 26 Änderung des Namens oder der Anschrift des Inhabers der Gemeinschaftsmarke oder seines eingetragenen Vertreters.** (1) Eine Änderung des Namens oder der Anschrift des Inhabers der Gemeinschaftsmarke, die nicht die Änderung einer Eintragung gemäß Artikel 48 Absatz 2 der Verordnung darstellt und nicht die Folge eines völligen oder teilweisen Übergangs der eingetragenen Marke ist, wird auf Antrag des Inhabers in das Register eingetragen.

(2) Ein Antrag auf Änderung des Namens oder der Anschrift des Inhabers der eingetragenen Marke muß folgende Angaben enthalten:

a) die Nummer der Eintragung der Marke;

b) den Namen und die Anschrift des Markeninhabers, wie sie im Register stehen;

c) die Änderung des Namens und der Anschrift des Markeninhabers gemäß Regel 1 Absatz 1 Buchstabe b);

d) hat der Markeninhaber einen Vertreter bestellt, den Namen und die Geschäftsanschrift dieses Vertreters gemäß Regel 1 Absatz 1 Buchstabe e).

(3) Der Antrag ist gebührenfrei.

(4) Für die Änderung des Namens oder der Anschrift in bezug auf zwei oder mehrere Eintragungen desselben Markeninhabers genügt ein einziger Antrag.

(5) Sind die Voraussetzungen für die Eintragung einer Änderung nicht erfüllt, teilt das Amt dem Antragsteller den Mangel mit. Wird dieser Mangel nicht innerhalb einer vom Amt festgesetzten Frist beseitigt, so weist das Amt den Antrag zurück.

(6) Die Absätze 1 bis 5 gelten entsprechend für eine Änderung des Namens oder der Anschrift des eingetragenen Vertreters.

(7) Die Absätze 1 bis 6 gelten entsprechend für Anmeldungen von Gemeinschaftsmarken. Die Änderung wird in der vom Amt geführten Anmeldungsakte vermerkt.

**Regel 27 Berichtigung von Fehlern im Register und in der Veröffentlichung der Eintragung.** (1) Enthält die Eintragung der Marke oder die Veröffentlichung der Eintragung einen dem Amt zuzuschreibenden Fehler, so berichtigt das Amt den Fehler von Amts wegen oder auf Antrag des Markeninhabers.

(2) Stellt der Markeninhaber einen solchen Antrag, so gilt Regel 26 entsprechend. Der Antrag ist gebührenfrei.

(3) Das Amt veröffentlicht die aufgrund dieser Regel vorgenommenen Berichtigungen.

**Regel 28 Inanspruchnahme des Zeitrangs nach Eintragung der Gemeinschaftsmarke.** (1) Ein gemäß Artikel 35 der Verordnung gestellter Antrag auf Inanspruchnahme des Zeitrangs einer oder mehrerer registrierter älterer Marken gemäß Artikel 34 der Verordnung muß folgende Angaben enthalten:

a) die Nummer der Eintragung der Gemeinschaftsmarke;

b) den Namen und die Anschrift des Inhabers der Gemeinschaftsmarke gemäß Regel 1 Absatz 1 Buchstabe b);

c) hat der Markeninhaber einen Vertreter bestellt, den Namen und die Geschäftsanschrift dieses Vertreters gemäß Regel 1 Absatz 1 Buchstabe e);

d) die Angabe des Mitgliedstaats oder der Mitgliedstaaten, in denen oder für die die ältere Marke eingetragen ist, des Datums, von dem ab die entsprechende Eintragung wirksam war, der Nummer dieser Eintragung sowie der Waren und Dienstleistungen, für die die ältere Marke eingetragen ist;

e) die Angabe der Waren und Dienstleistungen, für die der Zeitrang in Anspruch genommen wird;

f) eine Abschrift der betreffenden Eintragung; die Abschrift muß von der zuständigen Stelle als die genaue Abschrift der nationalen Eintragung beglaubigt werden.

(2) Sind die Erfordernisse für den Antrag auf Inanspruchnahme des Zeitrangs nicht erfüllt, so teilt das Amt dem Antragsteller den Mangel mit. Wird der Mangel nicht innerhalb einer vom Amt festgesetzten Frist beseitigt, so weist es den Antrag zurück.

(3) Das Amt unterrichtet die für den gewerblichen Rechtsschutz zuständige Zentralbehörde des betreffenden Mitgliedstaats und das Benelux-Markenamt über die wirksame Inanspruchnahme des Zeitrangs.

(4) Der Präsident des Amtes kann bestimmen, daß der Anmelder weniger als die gemäß Absatz 1 Buchstabe f) zu erbringenden Nachweise vorzulegen hat, wenn die erforderliche Information dem Amt aus anderen Quellen zur Verfügung steht.

### Titel IV. Verlängerung

**Regel 29 Unterrichtung vor Ablauf.** Mindestens sechs Monate vor Ablauf der Eintragung unterrichtet das Amt den Inhaber der Gemeinschaftsmarke und die Inhaber von im Register eingetragenen Rechten an der Gemeinschaftsmarke, einschließlich von Lizenzen, von dem bevorstehenden Ablauf der Eintragung. Unterbleibt die Unterrichtung, so beeinträchtigt dies nicht den Ablauf der Eintragung.

**Regel 30 Verlängerung der Eintragung.** (1) Der Antrag auf Verlängerung muß folgende Angaben enthalten:

a) wird der Antrag vom Markeninhaber gestellt, seinen Namen und seine Anschrift gemäß Regel 1 Absatz 1 Buchstabe b);

b) falls der Antrag von einer hierzu vom Markeninhaber ausdrücklich ermächtigten Person gestellt wird, den Namen und die Anschrift dieser Person sowie den Nachweis seiner Ermächtigung zur Antragstellung;

c) hat der Antragsteller einen Vertreter bestellt, den Namen und die Geschäftsanschrift des Vertreters gemäß Regel 1 Absatz 1 Buchstabe e);

d) die Nummer der Eintragung der Marke;

e) die Angabe, daß die Verlängerung für alle Waren und Dienstleistungen beantragt wird, auf die sich die Eintragung erstreckt, oder, falls die Verlängerung nicht für alle Waren und Dienstleistungen beantragt wird, für die die Marke eingetragen ist, eine Angabe der Klassen oder der Waren und Dienstleistungen, für die die Verlängerung beantragt wird, oder der Klassen oder der Waren und Dienstleistungen, für die die Verlängerung nicht beantragt wird. Zu diesem Zweck werden die Waren und Dienstleistungen in Übereinstimmung mit den Klassen der Nizzaer Klassifikation in Gruppen zusammengefaßt und wird jeder Gruppe die Nummer der einschlägigen Klasse in der Reihenfolge der Klassifikation vorangestellt.

(2) Die gemäß Artikel 47 der Verordnung für die Verlängerung einer Gemeinschaftsmarke zu entrichtenden Gebühren sind:

a) eine Grundgebühr;

b) eine Klassengebühr ab der vierten Klasse für jede Klasse des Verzeichnisses, für die die Verlängerung gemäß Absatz 1 Buchstabe e) beantragt wird, und

c) gegebenenfalls eine Zuschlagsgebühr für die verspätete Zahlung der Grundgebühr oder die verspätete Vorlage des Verlängerungsantrags gemäß Artikel 47 Absatz 3 der Verordnung in Übereinstimmung mit der Gebührenordnung.

(3) Wird der Antrag auf Verlängerung innerhalb der in Artikel 47 Absatz 3 der Verordnung vorgesehenen Fristen gestellt, werden aber die anderen in Artikel 47 der Verordnung

und in diesen Regeln genannten Voraussetzungen für den Antrag auf eine Verlängerung nicht erfüllt, so teilt das Amt dem Antragsteller die festgestellten Mängel mit. Ist der Antrag von einer hierzu vom Markeninhaber ausdrücklich ermächtigten Person gestellt worden, so erhält der Markeninhaber eine Abschrift dieser Mitteilung.

(4) Wird ein Antrag auf Verlängerung nicht oder nach Ablauf der Frist gemäß Artikel 47 Absatz 3 Satz 3 der Verordnung gestellt oder werden die Gebühren nicht oder erst nach Ablauf dieser Frist entrichtet oder werden die festgestellten Mängel nicht fristgemäß abgestellt, so stellt das Amt fest, daß die Eintragung abgelaufen ist, und teilt dies dem Inhaber der Gemeinschaftsmarke sowie gegebenenfalls dem Antragsteller und den im Register eingetragenen Inhabern von Rechten mit. Reichen die entrichteten Gebühren nicht für alle Klassen von Waren und Dienstleistungen aus, für die die Verlängerung beantragt wird, so erfolgt keine derartige Feststellung, wenn klar ist, welche Klassen durch die Gebühren gedeckt werden sollen. Liegen keine anderen Kriterien vor, so trägt das Amt den Klassen in der Reihenfolge der Klassifikation Rechnung.

(5) Ist die Feststellung des Amtes gemäß Absatz 4 rechtskräftig geworden, so löscht das Amt die Marke im Register. Die Löschung wird an dem Tag wirksam, der auf den Tag folgt, an dem die Eintragung abgelaufen ist.

(6) Wenn die Verlängerungsgebühren gemäß Absatz 2 entrichtet wurden, die Eintragung aber nicht verlängert wird, so werden diese Gebühren zurückerstattet.

## Titel V. Rechtsübergang, Lizenzen und andere Rechte, Änderungen

**Regel 31 Rechtsübergang.** (1) Der Antrag auf Eintragung eines Rechtsübergangs gemäß Artikel 17 der Verordnung muß folgende Angaben enthalten:

a) die Nummer der Eintragung der Gemeinschaftsmarke;
b) Angaben über den neuen Inhaber gemäß Regel 1 Absatz 1 Buchstabe b);
c) die Angabe der eingetragenen Waren und Dienstleistungen, auf die sich der Rechtsübergang bezieht, falls nicht alle eingetragenen Waren und Dienstleistungen Gegenstand des Rechtsübergangs sind;
d) Unterlagen, aus denen sich der Rechtsübergang gemäß Artikel 17 Absätze 2 und 3 der Verordnung ergibt.

(2) Der Antrag kann gegebenenfalls den Namen und die Geschäftsanschrift des Vertreters des neuen Markeninhabers gemäß Regel 1 Absatz 1 Buchstabe e) enthalten.

(3) Ein Rechtsübergang auf eine natürliche oder eine juristische Person, die nicht Inhaber einer Gemeinschaftsmarke gemäß Artikel 5 der Verordnung sein kann, wird nicht in das Register eingetragen.

(4) Der Antrag gilt erst als gestellt, wenn die diesbezügliche Gebühr entrichtet worden ist. Wird die Gebühr nicht oder nicht vollständig entrichtet, so teilt das Amt dies dem Antragsteller mit.

(5) Als Beweis für den Rechtsübergang im Sinne von Absatz 1 Buchstabe d) reicht aus, daß

a) der Antrag auf Eintragung des Rechtsübergangs vom eingetragenen Markeninhaber oder seinem Vertreter und vom Rechtsnachfolger oder seinem Vertreter unterschrieben ist,
b) der Antrag, falls er vom Rechtsnachfolger gestellt wird, mit einer vom eingetragenen Markeninhaber oder seinem Vertreter unterzeichneten Erklärung einhergeht, die besagt, daß der eingetragene Markeninhaber der Eintragung des Rechtsnachfolgers zustimmt,
c) dem Antrag ein ausgefülltes Formblatt oder Dokument gemäß Regel 83 Absatz 1 Buchstabe d) beigefügt ist. Der Antrag muß vom eingetragenen Markeninhaber oder seinem Vertreter und vom Rechtsnachfolger oder seinem Vertreter unterzeichnet sein.

(6) Sind die Voraussetzungen für den Antrag auf Eintragung des Rechtsübergangs gemäß Artikel 17 Absätze 1 bis 4 der Verordnung und der obigen Absätze 1 bis 4 sowie der sonstigen Regeln für einen solchen Antrag nicht erfüllt, so teilt das Amt dem Antragsteller den Mangel mit. Wird der Mangel nicht innerhalb einer vom Amt festgelegten Frist beseitigt, so weist es den Antrag auf Eintragung des Rechtsübergangs zurück.

(7) Für zwei oder mehrere Marken kann ein einziger Antrag auf Eintragung eines Rechtsübergangs gestellt werden, sofern der eingetragene Markeninhaber und der Rechtsnachfolger in jedem Fall dieselbe Person ist.

(8) Die Absätze 1 bis 7 gelten entsprechend für Anmeldungen von Gemeinschaftsmarken. Der Rechtsübergang wird in der vom Amt geführten Anmeldungsakte eingetragen.

**Regel 32 Teilweiser Rechtsübergang.** (1) Betrifft der Antrag auf Eintragung eines Rechtsübergangs nur einige Waren und Dienstleistungen, für die die Marke eingetragen ist, so sind im Antrag die Waren und Dienstleistungen anzugeben, die Gegenstand des teilweisen Rechtsübergangs sind.

(2) Die Waren und Dienstleistungen der ursprünglichen Eintragung sind auf die restliche und die neue Eintragung so zu verteilen, daß sich die Waren und Dienstleistungen der restlichen und der neuen Eintragung nicht überschneiden.

(3) Regel 31 gilt entsprechend für Anträge auf Eintragung eines teilweisen Rechtsübergangs.

(4) Das Amt legt für die neue Eintragung eine getrennte Akte an, die aus einer vollständigen Abschrift der Akte der ursprünglichen Eintragung und des Antrags auf Eintragung des teilweisen Rechtsübergangs besteht. In die Akte der verbleibenden Eintragung wird eine Abschrift dieses Antrags aufgenommen. Das Amt erteilt außerdem für die neue Eintragung eine neue Nummer.

(5) Ein Antrag des ursprünglichen Markeninhabers, über den in bezug auf die ursprüngliche Eintragung noch nicht entschieden ist, gilt in bezug auf die verbleibende Eintragung und die neue Eintragung als noch nicht erledigt. Müssen für einen solchen Antrag Gebühren gezahlt werden und hat der ursprüngliche Markeninhaber diese Gebühren entrichtet, so ist der neue Inhaber nicht verpflichtet, zusätzliche Gebühren für diesen Antrag zu entrichten.

**Regel 33 Eintragung von Lizenzen und anderen Rechten.** (1) Regel 31 Absatz 1 Buchstaben a), b) und c), Absätze 2, 4 und 7 gelten entsprechend für die Eintragung der Erteilung oder des Übergangs einer Lizenz, der Begründung oder Übertragung eines dinglichen Rechts an einer Gemeinschaftsmarke sowie von Zwangsvollstreckungsmaßnahmen. Wird jedoch eine Gemeinschaftsmarke von einem Konkursverfahren oder konkursähnlichen Verfahren erfaßt, so ist der Antrag der zuständigen nationalen Behörde auf einen entsprechenden Vermerk im Register nicht gebührenpflichtig.

(2) Wurde die Lizenz an einer Gemeinschaftsmarke nur für einen Teil der Waren und Dienstleistungen, für die die Marke eingetragen ist, oder nur für einen Teil der Gemeinschaft oder für einen begrenzten Zeitraum erteilt, so werden im Eintragungsantrag die Waren und Dienstleistungen bzw. der Teil der Gemeinschaft oder der Zeitraum angegeben, für die die Lizenz erteilt wurde.

(3) Werden die Erfordernisse für den Antrag einer Eintragung gemäß Artikel 19, 20 oder 22 der Verordnung und der obigen Absätze 1 und 2 sowie der sonstigen Regeln für einen solchen Antrag nicht erfüllt, so teilt das Amt dem Antragsteller den Mangel mit. Wird der Mangel nicht innerhalb einer vom Amt festgelegten Frist abgestellt, so weist es den Eintragungsantrag zurück.

(4) Die Absätze 1, 2 und 3 gelten entsprechend für Anmeldungen von Gemeinschaftsmarken. Lizenzen, dingliche Rechte und Zwangsvollstreckungsmaßnahmen werden in der beim Amt geführten Anmeldungsakte vermerkt.

**Regel 34 Besondere Angaben bei der Eintragung von Lizenzen.** (1) Eine Lizenz an einer Gemeinschaftsmarke wird im Register als ausschließliche Lizenz bezeichnet, wenn der Markeninhaber oder der Lizenznehmer dies beantragt.

(2) Eine Lizenz an einer Gemeinschaftsmarke wird im Register als Unterlizenz bezeichnet, wenn sie von einem Lizenznehmer erteilt wird, dessen Lizenz im Register eingetragen ist.

(3) Eine Lizenz an einer Gemeinschaftsmarke wird im Register als eine auf Waren und Dienstleistungen beschränkte oder als räumlich begrenzte Lizenz bezeichnet, wenn sie nur

für einen Teil der Waren oder Dienstleistungen, für die die Marke eingetragen ist, oder nur für einen Teil der Gemeinschaft erteilt wurde.

(4) Eine Lizenz an einer Gemeinschaftsmarke wird im Register als eine zeitlich begrenzte Lizenz eingetragen, wenn sie nur für einen bestimmten Zeitraum erteilt wurde.

**Regel 35 Löschung oder Änderung der Eintragung von Lizenzen und anderen Rechten.** (1) Die Eintragung gemäß Regel 33 Absatz 1 wird auf Antrag eines der Beteiligten gelöscht.

(2) Der Antrag muß folgende Angaben enthalten:

a) die Nummer der Eintragung der Gemeinschaftsmarke
und

b) die Bezeichnung des Rechts, dessen Eintragung gelöscht werden soll.

(3) Der Antrag auf Löschung der Eintragung einer Lizenz oder eines anderen Rechts gilt erst als gestellt, wenn die diesbezügliche Gebühr entrichtet worden ist. Wird die Gebühr nicht oder nicht vollständig entrichtet, so teilt das Amt dies dem Antragsteller mit. Der Antrag der zuständigen nationalen Behörde auf Löschung einer Eintragung im Fall einer von einem Konkursverfahren oder konkursähnlichen Verfahren erfaßten Gemeinschaftsmarke ist jedoch nicht gebührenpflichtig.

(4) Dem Antrag sind Urkunden beizufügen, aus denen hervorgeht, daß das eingetragene Recht nicht mehr besteht, oder eine Erklärung des Lizenznehmers oder des Inhabers eines anderen Rechts, daß er in die Löschung der Eintragung einwilligt.

(5) Werden die Erfordernisse für den Antrag auf Löschung der Eintragung nicht erfüllt, so teilt das Amt dem Antragsteller den Mangel mit. Wird der Mangel nicht innerhalb einer vom Amt festgelegten Frist beseitigt, so weist es den Antrag auf Löschung der Eintragung zurück.

(6) Die Absätze 1, 2, 4 und 5 gelten entsprechend für einen Antrag auf Änderung einer Eintragung gemäß Regel 33 Absatz 1.

(7) Die Absätze 1 bis 6 gelten entsprechend für Vermerke, die gemäß Regel 33 Absatz 4 in die Akte aufgenommen werden.

## Titel VI. Verzicht

**Regel 36 Verzicht.** (1) Eine Verzichtserklärung gemäß Artikel 49 der Verordnung muß folgende Angaben enthalten:

a) die Nummer der Eintragung der Gemeinschaftsmarke;

b) den Namen und die Anschrift des Markeninhabers gemäß Regel 1 Absatz 1 Buchstabe b);

c) wurde ein Vertreter bestellt, den Namen und die Geschäftsanschrift dieses Vertreters gemäß Regel 1 Absatz 1 Buchstabe e);

d) wird der Verzicht nur für einen Teil der Waren und Dienstleistungen, für die die Marke eingetragen ist, erklärt, die Bezeichnung der Waren und Dienstleistungen, für die der Verzicht erklärt wird, oder der Waren und Dienstleistungen, für die die Marke weiterhin eingetragen ist.

(2) Ist im Register ein Recht eines Dritten an der Gemeinschaftsmarke eingetragen, so reicht als Beweis für seine Zustimmung zu dem Verzicht, daß der Inhaber dieses Rechts oder sein Vertreter eine schriftliche Zustimmung zu dem Verzicht unterzeichnet. Ist eine Lizenz im Register eingetragen, so wird der Verzicht drei Monate nach dem Tag eingetragen, an dem der Inhaber der Gemeinschaftsmarke gegenüber dem Amt glaubhaft gemacht hat, daß er den Lizenznehmer von seiner Verzichtsabsicht unterrichtet hat. Weist der Inhaber vor Ablauf dieser Frist dem Amt die Zustimmung des Lizenznehmers nach, so wird der Verzicht sofort eingetragen.

(3) Sind die Voraussetzungen für den Verzicht nicht erfüllt, so teilt das Amt dem Markeninhaber den Mangel mit. Wird dieser Mangel nicht innerhalb einer vom Amt festgesetzten Frist beseitigt, so lehnt das Amt die Eintragung des Verzichts in das Register ab.

## Titel VII. Verfall und Nichtigkeit

**Regel 37 Antrag auf Erklärung des Verfalls oder der Nichtigkeit.** Der Antrag beim Amt auf Erklärung des Verfalls oder der Nichtigkeit einer Gemeinschaftsmarke gemäß Artikel 55 der Verordnung muß folgende Angaben enthalten:

a) hinsichtlich der Eintragung, für die eine Verfalls- oder Nichtigkeitserklärung beantragt wird,

   i) die Nummer der Eintragung der Gemeinschaftsmarke, für die eine Verfalls- oder Nichtigkeitserklärung beantragt wird;

   ii) den Namen und die Anschrift des Inhabers der Gemeinschaftsmarke, für die eine Verfalls- oder Nichtigkeitserklärung beantragt wird;

   iii) eine Erklärung darüber, für welche eingetragenen Waren und Dienstleistungen die Verfalls- oder die Nichtigkeitserklärung beantragt wird;

b) hinsichtlich der Gründe für den Antrag,

   i) bei Anträgen gemäß Artikel 50 oder 51 der Verordnung die Angabe der Verfalls- oder Nichtigkeitsgründe, auf die sich der Antrag stützt;

   ii) bei Anträgen gemäß Artikel 52 Absatz 1 der Verordnung Angaben, aus denen hervorgeht, auf welches Recht sich der Antrag auf Erklärung der Nichtigkeit stützt, und erforderlichenfalls Angaben, die belegen, daß der Antragsteller berechtigt ist, das ältere Recht als Nichtigkeitsgrund geltend zu machen;

   iii) bei Anträgen gemäß Artikel 52 Absatz 2 der Verordnung Angaben, aus denen hervorgeht, auf welches Recht sich der Antrag auf Erklärung der Nichtigkeit stützt, und Angaben, die beweisen, daß der Antragsteller Inhaber eines in Artikel 52 Absatz 2 der Verordnung genannten älteren Rechts ist oder daß er nach einschlägigem nationalen Recht berechtigt ist, dieses Recht geltend zu machen;

   iv) die Angabe der zur Begründung vorgebrachten Tatsachen, Beweismittel und Bemerkungen;

c) hinsichtlich des Antragstellers

   i) seinen Namen und seine Anschrift gemäß Regel 1 Absatz 1 Buchstabe b);

   ii) hat der Antragsteller einen Vertreter bestellt, den Namen und die Geschäftsanschrift dieses Vertreters gemäß Regel 1 Absatz 1 Buchstabe e).

**Regel 38 Sprachenregelung im Verfalls- oder Nichtigkeitsverfahren.** (1) Wird der Antrag auf Erklärung des Verfalls oder der Nichtigkeit nicht in der Sprache des Antrags auf Eintragung der Gemeinschaftsmarke, wenn diese Sprache eine der Sprachen des Amtes ist, oder in der anläßlich der Anmeldung angegebenen zweiten Sprache gestellt, so muß der Antragsteller eine Übersetzung seines Antrags in einer dieser beiden Sprachen innerhalb einer Frist von einem Monat nach Einreichung seines Antrags vorlegen.

(2) Werden die zur Begründung des Antrags vorgebrachten Beweismittel nicht in der Sprache des Verfalls- oder des Nichtigkeitsverfahrens eingereicht, so muß der Antragsteller eine Übersetzung der betreffenden Beweismittel in dieser Sprache innerhalb einer Frist von zwei Monaten nach Einreichung der Beweismittel vorlegen.

(3) Teilt der Antragsteller auf Erklärung des Verfalls oder der Nichtigkeit oder der Inhaber der Gemeinschaftsmarke dem Amt vor Ablauf einer Frist von zwei Monaten nach Empfang der in Regel 40 Absatz 1 erwähnten Mitteilung durch den Markeninhaber mit, daß sich beide gemäß Artikel 115 Absatz 7 der Verordnung auf eine andere Verfahrenssprache geeinigt haben, so muß der Antragsteller in den Fällen, wo der Antrag nicht in der betreffenden Sprache gestellt wurde, innerhalb einer Frist von einem Monat nach dem besagten Zeitpunkt eine Übersetzung des Antrags in dieser Sprache einreichen.

**Regel 39 Zurückweisung des Antrags auf Erklärung des Verfalls oder der Nichtigkeit als unzulässig.** (1) Stellt das Amt fest, daß der Antrag auf Erklärung des Verfalls oder der Nichtigkeit Artikel 55 der Verordnung, Regel 37 oder anderen Vorschriften der

Verordnung oder dieser Regeln nicht entspricht, so teilt es dies dem Antragsteller mit und fordert ihn auf, die Mängel innerhalb einer vom Amt festgesetzten Frist zu beseitigen. Werden die Mängel nicht fristgemäß behoben, so weist das Amt den Antrag als unzulässig zurück.

(2) Stellt das Amt fest, daß die Gebühren nicht entrichtet worden sind, so teilt es dies dem Antragsteller mit dem Hinweis mit, daß der Antrag als nicht gestellt gilt, wenn die Gebühren nicht innerhalb der vom Amt festgelegten Frist entrichtet worden sind. Werden die Gebühren nach Ablauf dieser Frist gezahlt, so werden sie dem Antragsteller erstattet.

(3) Jede Entscheidung, durch die ein Antrag auf Erklärung des Verfalls oder der Nichtigkeit gemäß Absatz 1 zurückgewiesen wird, wird dem Antragsteller mitgeteilt. Gilt ein Antrag gemäß Absatz 2 als nicht gestellt, so wird dies dem Antragsteller ebenfalls mitgeteilt.

**Regel 40 Prüfung des Antrags auf Erklärung des Verfalls oder der Nichtigkeit.**
(1) Weist das Amt den Antrag auf Erklärung des Verfalls oder der Nichtigkeit nicht gemäß Regel 39 zurück, so übermittelt es dem Inhaber der Gemeinschaftsmarke den Antrag und fordert ihn innerhalb einer vom Amt festgesetzten Frist zur Stellungnahme auf.

(2) Gibt der Inhaber der Gemeinschaftsmarke keine Stellungnahme ab, so kann das Amt anhand der ihm vorliegenden Beweismittel über den Verfall oder die Nichtigkeit entscheiden.

(3) Das Amt teilt die Stellungnahme des Inhabers der Gemeinschaftsmarke dem Antragsteller mit und fordert ihn erforderlichenfalls auf, sich hierzu innerhalb einer vom Amt festgesetzten Frist zu äußern.

(4) Alle Bescheide oder Schriftsätze gemäß Artikel 56 Absatz 1 der Verordnung und alle hierzu eingehenden Stellungnahmen werden den Beteiligten übermittelt.

(5) Hat der Antragsteller gemäß Artikel 56 Absatz 2 oder 3 der Verordnung den Nachweis der Benutzung oder den Nachweis zu erbringen, daß berechtigte Gründe für die Nichtbenutzung vorliegen, so gilt Regel 22 entsprechend.

**Regel 41 Mehrere Anträge auf Erklärung des Verfalls oder der Nichtigkeit.**
(1) Das Amt kann mehrere bei ihm anhängige Anträge auf Erklärung des Verfalls oder der Nichtigkeit, die dieselbe Gemeinschaftsmarke betreffen, innerhalb desselben Verfahrens bearbeiten. Das Amt kann anschließend entscheiden, die Anträge wieder getrennt zu bearbeiten.

(2) Regel 21 Absätze 2, 3 und 4 gilt entsprechend.

## Titel VIII. Gemeinschaftskollektivmarke

**Regel 42 Anwendbare Vorschriften.** Vorbehaltlich der Regel 43 gelten für Gemeinschaftskollektivmarken die Vorschriften dieser Regeln.

**Regel 43 Satzung für die Gemeinschaftskollektivmarke.** (1) Enthält die Anmeldung einer Gemeinschaftskollektivmarke nicht die für ihre Benutzung maßgebliche Satzung gemäß Artikel 65 der Verordnung, so muß diese Satzung dem Amt innerhalb einer Frist von zwei Monaten nach dem Anmeldetag vorgelegt werden.

(2) Die Satzung für die Gemeinschaftskollektivmarke muß folgende Angaben enthalten:
a) den Namen des Anmelders und die Anschrift seiner (eingetragenen) Niederlassung;
b) den Zweck des Verbandes oder den Gründungszweck der juristischen Person des öffentlichen Rechts;
c) die zur Vertretung des Verbandes oder der juristischen Person befugten Organe;
d) die Voraussetzungen für die Mitgliedschaft;
e) die zur Benutzung der Marke befugten Personen;
f) gegebenenfalls die Bedingungen für die Benutzung der Marke, einschließlich Sanktionen;
g) gegebenenfalls die Möglichkeit gemäß Artikel 65 Absatz 2 Satz 2 der Verordnung, Mitglied des Verbandes zu werden.

## Titel IX. Umwandlung

**Regel 44 Umwandlungsantrag.** (1) Der Antrag auf Umwandlung einer Anmeldung einer Gemeinschaftsmarke oder einer Gemeinschaftsmarke in eine Anmeldung für eine nationale Marke gemäß Artikel 108 der Verordnung muß folgende Angaben enthalten:

a) den Namen und die Anschrift des Antragstellers der Umwandlung gemäß Regel 1 Absatz 1 Buchstabe b);

b) hat der Antragsteller der Umwandlung einen Vertreter bestellt, den Namen und die Geschäftsanschrift dieses Vertreters gemäß Regel 1 Absatz 1 Buchstabe e);

c) das Aktenzeichen der Anmeldung oder die Nummer der Eintragung der Gemeinschaftsmarke;

d) den Anmeldetag der Gemeinschaftsmarke und gegebenenfalls Angaben zur Inanspruchnahme der Priorität für die Gemeinschaftsmarke gemäß Artikel 30 und 33 der Verordnung und Angaben zur Inanspruchnahme des Zeitrangs gemäß Artikel 34 und 35 der Verordnung;

e) eine Wiedergabe der Marke in Übereinstimmung mit der Anmeldung oder Eintragung;

f) die Angabe des Mitgliedstaats oder der Mitgliedstaaten, für die die Umwandlung beantragt wird;

g) betrifft der Antrag nicht alle Waren und Dienstleistungen, für die die Anmeldung eingereicht oder die Marke eingetragen wurde, die Angabe der Waren und Dienstleistungen, für die die Umwandlung beantragt wird, und, wird die Umwandlung für mehrere Mitgliedstaaten beantragt und ist das Verzeichnis der Waren und Dienstleistungen nicht für alle Mitgliedstaaten dasselbe, die Angabe der jeweiligen Waren und Dienstleistungen für die einzelnen Mitgliedstaaten;

h) wird die Umwandlung gemäß Artikel 108 Absatz 4 der Verordnung beantragt, eine diesbezügliche Angabe;

i) wird die Umwandlung gemäß Artikel 108 Absatz 5 der Verordnung im Anschluß an die Zurücknahme einer Anmeldung beantragt, eine diesbezügliche Angabe und die Angabe des Datums, an dem die Anmeldung zurückgenommen wurde;

j) wird die Umwandlung gemäß Artikel 108 Absatz 5 der Verordnung im Anschluß an die Nichtverlängerung der Eintragung beantragt, eine diesbezügliche Angabe und die Angabe des Datums, an dem der Schutz abgelaufen ist. Die in Artikel 108 Absatz 5 der Verordnung vorgesehene Frist von drei Monaten beginnt an dem Tage, der auf den letzten Tag folgt, an dem der Verlängerungsantrag gemäß Artikel 47 Absatz 3 der Verordnung gestellt werden kann;

k) wird die Umwandlung gemäß Artikel 108 Absatz 6 der Verordnung beantragt, eine diesbezügliche Angabe und die Angabe des Datums, an dem die Entscheidung des nationalen Gerichts rechtskräftig geworden ist, sowie eine Abschrift dieser Entscheidung.

(2) Wird die Abschrift einer gerichtlichen Entscheidung gemäß Absatz 1 Buchstabe k) verlangt, so kann diese Abschrift in der Sprache vorgelegt werden, in der die Entscheidung ergangen ist.

**Regel 45 Prüfung des Umwandlungsantrags.** (1) Erfüllt der Umwandlungsantrag nicht die Voraussetzungen des Artikels 108 Absatz 1 der Verordnung oder wurde er nicht innerhalb einer Frist von drei Monaten gestellt, so weist das Amt ihn zurück.

(2) Wurde die Umwandlungsgebühr nicht innerhalb einer Frist von drei Monaten gezahlt, so teilt das Amt dem Antragsteller mit, daß der Umwandlungsantrag als nicht gestellt gilt.

(3) Erfüllt der Umwandlungsantrag nicht die sonstigen Voraussetzungen der Regel 44 und anderer Regeln für einen solchen Antrag, so teilt das Amt dies dem Antragsteller mit und fordert ihn auf, diesen Mangel innerhalb einer vom Amt festgelegten Frist zu beseitigen. Wird der Mangel nicht fristgemäß beseitigt, so weist das Amt den Umwandlungsantrag zurück.

**Regel 46 Veröffentlichung des Umwandlungsantrags.** (1) Betrifft der Umwandlungsantrag eine Anmeldung, die bereits im *Blatt für Gemeinschaftsmarken* gemäß Artikel 40 der Verordnung veröffentlicht worden ist, oder betrifft der Umwandlungsantrag eine Gemeinschaftsmarke, so wird der Umwandlungsantrag im *Blatt für Gemeinschaftsmarken* veröffentlicht.

(2) Die Veröffentlichung des Umwandlungsantrags enthält:

a) das Aktenzeichen oder die Eintragungsnummer der Marke, für die die Umwandlung beantragt wird;

b) einen Hinweis auf die frühere Veröffentlichung der Anmeldung oder der Eintragung im *Blatt für Gemeinschaftsmarken;*

c) die Angabe des Mitgliedstaates oder der Mitgliedstaaten, für die die Umwandlung beantragt worden ist;

d) betrifft der Antrag nicht alle Waren und Dienstleistungen, für die die Anmeldung eingereicht oder die Marke eingetragen wurde, die Angabe der Waren und Dienstleistungen, für die die Umwandlung beantragt wird;

e) wird die Umwandlung für mehrere Mitgliedstaaten beantragt und ist das Verzeichnis der Waren und Dienstleistungen nicht für alle Mitgliedstaaten dasselbe Verzeichnis, die Angabe der jeweiligen Waren und Dienstleistungen für die einzelnen Mitgliedstaaten;

f) das Datum des Umwandlungsantrags.

**Regel 47 Übermittlung des Antrags an die Zentralbehörden für den gewerblichen Rechtsschutz der Mitgliedstaaten.** Erfüllt der Umwandlungsantrag die Erfordernisse der Verordnung und dieser Regeln, so übermittelt das Amt den Umwandlungsantrag unverzüglich an die im Antrag genannten Zentralbehörden für den gewerblichen Rechtsschutz der Mitgliedstaaten einschließlich des Benelux-Markenamts. Das Amt teilt dem Antragsteller das Datum der Weiterleitung seines Antrags mit.

## Titel X. Beschwerdeverfahren

**Regel 48 Inhalt der Beschwerdeschrift.** (1) Die Beschwerdeschrift muß folgende Angaben enthalten:

a) den Namen und die Anschrift des Beschwerdeführers gemäß Regel 1 Absatz 1 Buchstabe b);

b) hat der Beschwerdeführer einen Vertreter bestellt, den Namen und die Geschäftsanschrift dieses Vertreters gemäß Regel 1 Absatz 1 Buchstabe e);

c) eine Erklärung, in der die angefochtene Entscheidung und der Umfang genannt werden, in dem ihre Änderung oder Aufhebung begehrt wird.

(2) Die Beschwerdeschrift muß in der Verfahrenssprache eingereicht werden, in der die Entscheidung, die Gegenstand der Beschwerde ist, ergangen ist.

**Regel 49 Zurückweisung der Beschwerde als unzulässig.** (1) Entspricht die Beschwerde nicht den Artikeln 57 bis 59 der Verordnung sowie Regel 48 Absatz 1 Buchstabe c) und Absatz 2, so weist die Beschwerdekammer sie als unzulässig zurück, sofern der Mangel nicht bis zum Ablauf der gemäß Artikel 59 der Verordnung festgelegten Frist beseitigt worden ist.

(2) Stellt die Beschwerdekammer fest, daß die Beschwerde sonstigen Vorschriften der Verordnung oder sonstigen Vorschriften dieser Regeln und insbesondere Regel 48 Absatz 1 Buchstaben a) und b) nicht entspricht, so teilt sie dies dem Beschwerdeführer mit und fordert ihn auf, die festgestellten Mängel innerhalb einer von ihr festgelegten Frist zu beseitigen. Werden die Mängel nicht fristgemäß beseitigt, so weist die Beschwerdekammer die Beschwerde als unzulässig zurück.

(3) Wurde die Beschwerdegebühr nach Ablauf der Frist für die Einlegung der Beschwerde gemäß Artikel 59 der Verordnung entrichtet, so gilt die Beschwerde als nicht eingelegt und wird dem Beschwerdeführer die Gebühr erstattet.

**Regel 50 Prüfung der Beschwerde.** (1) Die Vorschriften für das Verfahren vor der Dienststelle, die die mit der Beschwerde angefochtene Entscheidung erlassen hat, sind im Beschwerdeverfahren entsprechend anwendbar, soweit nichts anderes vorgesehen ist.

(2) Die Entscheidung der Beschwerdekammer muß enthalten:

a) die Feststellung, daß sie von der Beschwerdekammer erlassen ist;

b) das Datum, an dem die Entscheidung erlassen worden ist;

c) die Namen des Vorsitzenden und der übrigen Mitglieder der Beschwerdekammer, die bei der Entscheidung mitgewirkt haben;

d) die Namen des zuständigen Bediensteten der Geschäftsstelle;

e) die Namen der Beteiligten und ihrer Vertreter;

f) die Anträge der Beteiligten;

g) eine kurze Darstellung des Sachverhalts;

h) die Entscheidungsgründe;

i) den Tenor der Entscheidung der Beschwerdekammer, einschließlich – soweit erforderlich – der Entscheidung über die Kosten.

(3) Die Entscheidung wird vom Vorsitzenden und den anderen Mitgliedern der Beschwerdekammer und von dem Bediensteten der Geschäftsstelle der Beschwerdekammer unterschrieben.

**Regel 51 Rückzahlung der Beschwerdegebühr.** Die Rückzahlung der Beschwerdegebühr wird angeordnet, wenn der Beschwerde abgeholfen oder ihr durch die Beschwerdekammer stattgegeben wird und die Rückzahlung wegen eines wesentlichen Verfahrensmangels der Billigkeit entspricht. Die Rückzahlung wird, falls der Beschwerde abgeholfen wird, von der Dienststelle, deren Entscheidung angefochten wurde, und in den übrigen Fällen von der Beschwerdekammer angeordnet.

## Titel XI. Allgemeine Bestimmungen

### Teil A. Entscheidungen, Bescheide und Mitteilungen des Amtes

**Regel 52 Form der Entscheidungen.** (1) Entscheidungen des Amtes werden schriftlich abgefaßt und begründet. Findet eine mündliche Verhandlung vor dem Amt statt, so können die Entscheidungen verkündet werden. Anschließend werden sie schriftlich abgefaßt und den Beteiligten zugestellt.

(2) Die Entscheidungen des Amtes, die mit der Beschwerde angefochten werden können, sind mit einer schriftlichen Belehrung darüber zu versehen, daß die Beschwerdeschrift beim Amt innerhalb von zwei Monaten nach dem Datum der Zustellung der Entscheidung, von dem ab die Beschwerde eingelegt werden muß, schriftlich eingereicht werden muß. In der Belehrung sind die Beteiligten auch auf Artikel 57, 58 und 59 der Verordnung aufmerksam zu machen. Die Beteiligten können aus der Unterlassung der Rechtsmittelbelehrung keine Ansprüche herleiten.

**Regel 53 Berichtigung von Fehlern in Entscheidungen.** In Entscheidungen des Amtes können nur sprachliche Fehler, Schreibfehler und offenbare Unrichtigkeiten berichtigt werden. Sie werden von Amts wegen oder auf Antrag eines Beteiligten von der Dienststelle berichtigt, die die Entscheidung erlassen hat.

**Regel 54 Feststellung eines Rechtsverlustes.** (1) Stellt das Amt fest, daß ein Rechtsverlust aufgrund der Verordnung oder dieser Regeln eingetreten ist, ohne daß eine Entscheidung ergangen ist, so teilt es dies dem Betroffenen gemäß Artikel 77 der Verordnung mit und macht ihn auf den wesentlichen Inhalt des Absatzes 2 dieser Regeln aufmerksam.

(2) Ist der Betroffene der Auffassung, daß die Feststellung des Amtes nicht zutrifft, so kann er innerhalb von zwei Monaten nach Zustellung der Mitteilung gemäß Absatz 1 eine dies-

bezügliche Entscheidung des Amtes beantragen. Eine solche Entscheidung wird nur erlassen, wenn das Amt die Auffassung des Antragstellers nicht teilt; anderenfalls berichtigt das Amt seine Feststellung und unterrichtet den Antragsteller.

**Regel 55 Unterschrift, Name, Dienstsiegel.** (1) Alle Entscheidungen, Mitteilungen oder Bescheide des Amtes geben die zuständige Dienststelle oder Abteilung des Amtes sowie die Namen der zuständigen Bediensteten an. Sie werden von den Bediensteten unterzeichnet oder statt dessen mit einem vorgedruckten oder aufgestempelten Dienstsiegel des Amtes versehen.

(2) Der Präsident des Amtes kann beschließen, daß andere Mittel zur Feststellung der zuständigen Dienststelle oder Abteilung des Amtes und der Namen der zuständigen Bediensteten oder eine andere Identifizierung als das Siegel verwendet werden können, wenn Entscheidungen, Mitteilungen oder Bescheide durch Fernkopierer oder andere technische Kommunikationsmittel übermittelt werden.

## Teil B. Mündliche Verhandlung und Beweisaufnahme

**Regel 56 Ladung zur mündlichen Verhandlung.** (1) Die Beteiligten werden unter Hinweis auf Absatz 3 zur mündlichen Verhandlung gemäß Artikel 75 der Verordnung geladen. Die Ladungsfrist beträgt mindestens einen Monat, sofern die Beteiligten nicht mit einer kürzeren Frist einverstanden sind.

(2) Mit der Ladung weist das Amt auf die Fragen hin, die seiner Ansicht nach im Hinblick auf die Entscheidung erörterungsbedürftig sind.

(3) Ist ein zu einer mündlichen Verhandlung ordnungsgemäß geladener Beteiligter vor dem Amt nicht erschienen, so kann das Verfahren ohne ihn fortgesetzt werden.

**Regel 57 Beweisaufnahme durch das Amt.** (1) Hält das Amt die Vernehmung von Beteiligten, Zeugen oder Sachverständigen oder eine Augenscheinseinnahme für erforderlich, so erläßt es eine entsprechende Entscheidung, in der das betreffende Beweismaterial, die rechtserheblichen Tatsachen sowie Tag, Uhrzeit und Ort angegeben werden. Hat ein Beteiligter die Vernehmung von Zeugen oder Sachverständigen beantragt, so ist in der Entscheidung des Amtes die Frist festzusetzen, in der der antragstellende Beteiligte dem Amt Name und Anschrift der Zeugen und Sachverständigen mitteilen muß, die er vernehmen zu lassen wünscht.

(2) Die Frist zur Ladung von Beteiligten, Zeugen und Sachverständigen zur Beweisaufnahme beträgt mindestens einen Monat, sofern diese nicht mit einer kürzeren Frist einverstanden sind. Die Ladung muß enthalten:
a) einen Auszug aus der in Absatz 1 genannten Entscheidung, aus der insbesondere Tag, Uhrzeit und Ort der angeordneten Beweisaufnahme sowie die Tatsachen hervorgehen, über die die Beteiligten, Zeugen und Sachverständigen vernommen werden sollen;
b) die Namen der am Verfahren Beteiligten sowie die Ansprüche, die den Zeugen und Sachverständigen gemäß Regel 59 Absätze 2 bis 5 zustehen.

**Regel 58 Beauftragung von Sachverständigen.** (1) Das Amt entscheidet, in welcher Form das Gutachten des von ihm beauftragten Sachverständigen zu erstatten ist.

(2) Der Auftrag an den Sachverständigen muß enthalten:
a) die genaue Beschreibung des Auftrags;
b) die Frist für die Erstattung des Gutachtens;
c) die Namen der am Verfahren Beteiligten;
d) einen Hinweis auf die Ansprüche, die er gemäß Regel 59 Absätze 2, 3 und 4 geltend machen kann.

(3) Die Beteiligten erhalten eine Abschrift des schriftlichen Gutachtens.

(4) Die Beteiligten können den Sachverständigen wegen Unfähigkeit oder aus denselben Gründen ablehnen, die zur Ablehnung eines Prüfers oder Mitglieds einer Abteilung oder

Beschwerdekammer gemäß Artikel 132 Absätze 1 und 3 der Verordnung berechtigen. Über die Ablehnung entscheidet die zuständige Dienststelle des Amtes.

**Regel 59 Kosten der Beweisaufnahme.** (1) Das Amt kann die Beweisaufnahme davon abhängig machen, daß der Beteiligte, der sie beantragt hat, beim Amt einen Vorschuß hinterlegt, dessen Höhe nach den voraussichtlichen Kosten bestimmt wird.

(2) Zeugen und Sachverständige, die vom Amt geladen worden sind und vor diesem erscheinen, haben Anspruch auf Erstattung angemessener Reise- und Aufenthaltskosten. Das Amt kann ihnen einen Vorschuß auf diese Kosten gewähren. Satz 1 ist auch auf Zeugen und Sachverständige anwendbar, die ohne Ladung vor dem Amt erscheinen und als Zeugen oder Sachverständige vernommen werden.

(3) Zeugen, denen gemäß Absatz 2 ein Erstattungsanspruch zusteht, haben Anspruch auf eine angemessene Entschädigung für Verdienstausfall; Sachverständige haben Anspruch auf Vergütung ihrer Tätigkeit. Diese Entschädigung oder Vergütung wird den Zeugen und Sachverständigen gezahlt, nachdem sie ihrer Pflicht oder ihrem Auftrag genügt haben, wenn sie das Amt aus eigener Initiative geladen hat.

(4) Die aufgrund der vorstehenden Absätze zahlbaren Beträge und Kostenvorschüsse werden vom Präsidenten des Amtes festgelegt und im Amtsblatt des Amtes entsprechend veröffentlicht. Die Beträge werden auf derselben Grundlage berechnet wie die Dienstbezüge und Kostenerstattungen der Beamten der Besoldungsgruppen A 4 bis A 8 gemäß dem Statut der Beamten der Europäischen Gemeinschaften und dessen Anhang VII.

(5) Für die aufgrund der vorstehenden Absätze geschuldeten oder gezahlten Beträge haftet ausschließlich

a) das Amt in den Fällen, in denen es aus eigener Initiative Zeugen oder Sachverständige zur Vernehmung geladen hat, oder

b) der Beteiligte in den Fällen, in denen er die Vernehmung von Zeugen oder Sachverständigen beantragt hat, vorbehaltlich der Entscheidung über die Kostenverteilung und Kostenfestsetzung gemäß Artikel 81 und 82 der Verordnung und Regel 94. Der Beteiligte erstattet dem Amt alle ordnungsgemäß gezahlten Vorschüsse.

**Regel 60 Niederschrift über mündliche Verhandlungen und Beweisaufnahme.**
(1) Über die mündliche Verhandlung oder Beweisaufnahme wird eine Niederschrift aufgenommen, die den wesentlichen Gang der mündlichen Verhandlung oder Beweisaufnahme, die rechtserheblichen Erklärungen der Beteiligten und die Aussagen der Beteiligten, Zeugen oder Sachverständigen sowie das Ergebnis eines Augenscheins enthalten soll.

(2) Die Niederschrift über die Aussage eines Zeugen, Sachverständigen oder Beteiligten wird diesem vorgelesen oder zur Durchsicht vorgelegt. In der Niederschrift wird vermerkt, daß dies geschehen und die Niederschrift von der Person genehmigt ist, die ausgesagt hat. Wird die Niederschrift nicht genehmigt, so werden die Einwendungen vermerkt.

(3) Die Niederschrift wird von dem Bediensteten, der die Niederschrift aufnimmt, und von dem Bediensteten, der die mündliche Verhandlung oder Beweisaufnahme leitet, unterzeichnet.

(4) Die Beteiligten erhalten eine Abschrift der Niederschrift.

(5) Das Amt stellt auf Antrag für die Beteiligten Abschriften der Aufzeichnungen der mündlichen Verhandlung in schriftlicher oder einer maschinenlesbaren Form zur Verfügung. Für diese Bereitstellung müssen dem Amt die für die Anfertigung der Abschriften entstandenen Kosten erstattet werden. Die Höhe der Kosten wird vom Präsidenten des Amts festgelegt.

## Teil C. Zustellungen

**Regel 61 Allgemeine Vorschriften über Zustellungen.** (1) In den Verfahren vor dem Amt wird entweder das Originalschriftstück, eine vom Amt beglaubigte oder mit Dienstsiegel versehene Abschrift dieses Schriftstücks oder ein mit Dienstsiegel versehener Computerausdruck zugestellt. Abschriften von Schriftstücken, die von Beteiligten eingereicht werden, bedürfen keiner solchen Beglaubigung.

(2) Die Zustellung erfolgt:

a) durch die Post gemäß Regel 62;

b) durch eigenhändige Übergabe gemäß Regel 63;

c) durch Hinterlegung im Abholfach beim Amt gemäß Regel 64;

d) durch Fernkopierer oder andere technische Kommunikationsmittel gemäß Regel 65;

e) durch öffentliche Zustellung gemäß Regel 66.

**Regel 62 Zustellung durch die Post.** (1) Entscheidungen, durch die eine Beschwerdefrist in Lauf gesetzt wird, Ladungen und andere vom Präsidenten des Amtes bestimmte Schriftstücke werden durch eingeschriebenen Brief mit Rückschein zugestellt. Entscheidungen und Mitteilungen, durch die eine andere Frist in Lauf gesetzt wird, werden durch eingeschriebenen Brief zugestellt, soweit der Präsident des Amtes nichts anderes bestimmt. Alle anderen Mitteilungen erfolgen durch gewöhnlichen Brief.

(2) Zustellungen an Empfänger, die weder Wohnsitz noch Sitz oder eine Niederlassung in der Gemeinschaft haben und einen Vertreter gemäß Artikel 88 Absatz 2 der Verordnung nicht bestellt haben, werden dadurch bewirkt, daß das zuzustellende Schriftstück als gewöhnlicher Brief unter der dem Amt bekannten letzten Anschrift des Empfängers zur Post gegeben wird. Die Zustellung gilt mit der Aufgabe zur Post als bewirkt.

(3) Bei der Zustellung durch eingeschriebenen Brief mit oder ohne Rückschein gilt dieser mit dem zehnten Tag nach der Aufgabe zur Post als zugestellt, es sei denn, daß das zuzustellende Schriftstück nicht oder an einem späteren Tag eingegangen ist; im Zweifel hat das Amt den Zugang des Schriftstücks und gegebenenfalls den Tag des Zugangs nachzuweisen.

(4) Die Zustellung durch eingeschriebenen Brief mit oder ohne Rückschein gilt auch dann als bewirkt, wenn der Empfänger die Annahme des Briefes verweigert.

(5) Soweit die Zustellung durch die Post nicht in den Absätzen 1 bis 4 geregelt ist, gilt das Recht des Staates, in dessen Hoheitsgebiet die Zustellung erfolgt.

**Regel 63 Zustellung durch eigenhändige Übergabe.** Die Zustellung kann in den Dienstgebäuden des Amtes durch eigenhändige Übergabe des Schriftstücks an den Empfänger bewirkt werden, der dabei den Empfang zu bescheinigen hat.

**Regel 64 Zustellung durch Hinterlegung im Abholfach beim Amt.** Die Zustellung an Empfänger, denen beim Amt ein Abholfach eingerichtet worden ist, kann dadurch erfolgen, daß das Schriftstück im Abholfach des Empfängers hinterlegt wird. Über die Hinterlegung ist eine schriftliche Mitteilung zu den Akten zu geben. Auf dem Schriftstück ist zu vermerken, an welchem Tag es hinterlegt worden ist. Die Zustellung gilt am fünften Tag nach Hinterlegung im Abholfach als bewirkt.

**Regel 65 Zustellung durch Fernkopierer oder andere technische Kommunikationsmittel.** (1) Die Zustellung durch Fernkopierer erfolgt durch Übermittlung des Originalschriftstücks oder einer Abschrift dieses Schriftstücks gemäß Regel 61 Absatz 1. Die Einzelheiten dieser Übermittlung werden vom Präsidenten des Amtes festgelegt.

(2) Die Zustellung durch andere technische Kommunikationsmittel wird vom Präsidenten des Amtes geregelt.

**Regel 66 Öffentliche Zustellung.** (1) Kann die Anschrift des Empfängers nicht festgestellt werden oder war eine Zustellung gemäß Regel 62 Absatz 1 auch nach einem zweiten Versuch des Amtes nicht möglich, so wird die Zustellung durch eine öffentliche Bekanntmachung bewirkt. Diese Bekanntmachung ist zumindest im Blatt für Gemeinschaftsmarken zu veröffentlichen.

(2) Der Präsident des Amtes bestimmt, in welcher Weise die öffentliche Bekanntmachung erfolgt und wann die Frist von einem Monat zu laufen beginnt, nach deren Ablauf das Schriftstück als zugestellt gilt.

**Regel 67 Zustellung an Vertreter.** (1) Ist ein Vertreter bestellt worden oder gilt der zuerst genannte Anmelder bei einer gemeinsamen Anmeldung als der gemeinsame Vertreter gemäß Regel 75 Absatz 1, so erfolgen Zustellungen an den bestellten oder an den gemeinsamen Vertreter.

(2) Sind mehrere Vertreter für einen Beteiligten bestellt worden, so genügt die Zustellung an einen von ihnen, sofern eine bestimmte Zustellanschrift gemäß Regel 1 Absatz 1 Buchstabe e) angegeben worden ist.

(3) Haben mehrere Beteiligte einen gemeinsamen Vertreter bestellt, so genügt die Zustellung nur eines Schriftstücks an den gemeinsamen Vertreter.

**Regel 68 Zustellungsmängel.** Hat der Adressat das Schriftstück erhalten, obwohl das Amt nicht nachweisen kann, daß es ordnungsgemäß zugestellt wurde oder die Zustellungsvorschriften befolgt wurden, so gilt das Schriftstück als an dem Tag zugestellt, den das Amt als Tag des Zugangs nachweist.

**Regel 69 Zustellung von Schriftstücken bei mehreren Beteiligten.** Von den Beteiligten eingereichte Schriftstücke, die Sachanträge oder die Erklärung der Rücknahme eines Sachantrags enthalten, sind den übrigen Beteiligten von Amts wegen zuzustellen. Von der Zustellung kann abgesehen werden, wenn das Schriftstück kein neues Vorbringen enthält und die Sache entscheidungsreif ist.

## Teil D. Fristen

**Regel 70 Berechnung der Fristen.** (1) Die Fristen werden nach vollen Jahren, Monaten, Wochen oder Tagen berechnet.

(2) Bei der Fristberechnung wird mit dem Tag begonnen, der auf den Tag folgt, an dem das Ereignis eingetreten ist, aufgrund dessen der Fristbeginn festgestellt wird; dieses Ereignis kann eine Handlung oder der Ablauf einer früheren Frist sein. Besteht die Handlung in einer Zustellung, so ist das maßgebliche Ereignis der Zugang des zugestellten Schriftstücks, sofern nichts anderes bestimmt ist.

(3) Ist als Frist ein Jahr oder eine Anzahl von Jahren bestimmt, so endet die Frist in dem maßgeblichen folgenden Jahr in dem Monat und an dem Tag, die durch ihre Benennung oder Zahl dem Monat oder Tag entsprechen, an denen das Ereignis eingetreten ist; hat der betreffende nachfolgende Monat keinen Tag mit der entsprechenden Zahl, so läuft die Frist am letzten Tag dieses Monats ab.

(4) Ist als Frist ein Monat oder eine Anzahl von Monaten bestimmt, so endet die Frist in dem maßgeblichen folgenden Monat an dem Tag, der durch seine Zahl dem Tag entspricht, an dem das Ereignis eingetreten ist. War der Tag, an dem das Ereignis eingetreten ist, der letzte Tag des Monats oder hat der betreffende nachfolgende Monat keinen Tag mit der entsprechenden Zahl, so läuft die Frist am letzten Tag dieses Monats ab.

(5) Ist als Frist eine Woche oder eine Anzahl von Wochen bestimmt, so endet die Frist in der maßgeblichen Woche an dem Tag, der durch seine Benennung dem Tag entspricht, an dem das Ereignis eingetreten ist.

**Regel 71 Dauer der Fristen.** (1) Ist in der Verordnung oder in diesen Regeln eine Frist vorgesehen, die vom Amt festzulegen ist, so beträgt diese Frist, wenn der Beteiligte seinen Wohnsitz oder seinen Hauptgeschäftssitz oder eine Niederlassung in der Gemeinschaft hat, nicht weniger als einen Monat und, wenn diese Bedingungen nicht vorliegen, nicht weniger als zwei Monate und nicht mehr als sechs Monate. Das Amt kann, wenn dies unter den gegebenen Umständen angezeigt ist, eine bestimmte Frist verlängern, wenn der Beteiligte dies beantragt und der betreffende Antrag vor Ablauf der ursprünglichen Frist gestellt wird.

(2) Bei zwei oder mehreren Beteiligten kann das Amt die Verlängerung einer Frist von der Zustimmung der anderen Beteiligten abhängig machen.

**Regel 72 Fristablauf in besonderen Fällen.** (1) Läuft eine Frist an einem Tag ab, an dem das Amt zur Entgegennahme von Schriftstücken nicht geöffnet ist oder an dem gewöhnliche Postsendungen aus anderen als den in Absatz 2 genannten Gründen am Sitz des Amtes nicht zugestellt werden, so erstreckt sich die Frist auf den nächstfolgenden Tag, an dem das Amt zur Entgegennahme von Schriftstücken geöffnet ist und an dem gewöhnliche Postsendungen zugestellt werden. Vor Beginn eines jeden Kalenderjahres werden die in Satz 1 genannten Tage durch den Präsidenten des Amtes festgelegt.

(2) Läuft eine Frist an einem Tag ab, an dem die Postzustellung in einem Mitgliedstaat oder zwischen einem Mitgliedstaat und dem Amt allgemein unterbrochen oder im Anschluß an eine solche Unterbrechung gestört ist, so erstreckt sich die Frist für Beteiligte, die in diesem Staat ihren Wohnsitz oder Sitz haben oder einen Vertreter mit Geschäftssitz in diesem Staat bestellt haben, auf den ersten Tag nach Beendigung der Unterbrechung oder Störung. Ist der betreffende Mitgliedstaat der Sitzstaat des Amtes, so gilt diese Vorschrift für alle Beteiligten. Die Dauer der Unterbrechung oder Störung der Postzustellung wird durch den Präsidenten des Amtes festgelegt.

(3) Die Absätze 1 und 2 gelten entsprechend für die Fristen, die in der Verordnung oder in diesen Regeln für Handlungen bei der zuständigen Behörde im Sinne des Artikels 25 Absatz 1 Buchstabe b) der Verordnung vorgesehen sind.

(4) Ist der ordnungsgemäße Dienstbetrieb des Amtes durch ein außerordentliches Ereignis, zum Beispiel eine Naturkatastrophe oder einen Streik, unterbrochen oder gestört und verzögern sich dadurch amtliche Benachrichtigungen über den Ablauf von Fristen, so können die innerhalb dieser Fristen vorzunehmenden Handlungen noch innerhalb eines Monats nach Zustellung der verspäteten Benachrichtigung wirksam vorgenommen werden. Der Beginn und das Ende einer solchen Unterbrechung oder Störung werden vom Präsidenten des Amts festgelegt.

### Teil E. Unterbrechung des Verfahrens

**Regel 73 Unterbrechung des Verfahrens.** (1) Das Verfahren vor dem Amt wird unterbrochen:

a) im Fall des Todes oder der Geschäftsunfähigkeit des Anmelders oder Inhabers der Gemeinschaftsmarke oder der Person, die nach nationalem Recht zu dessen Vertretung berechtigt ist. Solange die genannten Ereignisse die Vertretungsbefugnis eines gemäß Artikel 89 der Verordnung bestellten Vertreters nicht berühren, wird das Verfahren jedoch nur auf Antrag dieses Vertreters unterbrochen;

b) wenn der Anmelder oder Inhaber der Gemeinschaftsmarke aufgrund eines gegen sein Vermögen gerichteten Verfahrens aus rechtlichen Gründen verhindert ist, das Verfahren vor dem Amt fortzusetzen;

c) wenn der Vertreter des Anmelders oder Inhabers der Gemeinschaftsmarke stirbt, seine Geschäftsfähigkeit verliert oder aufgrund eines gegen sein Vermögen gerichteten Verfahrens aus rechtlichen Gründen verhindert ist, das Verfahren vor dem Amt fortzusetzen.

(2) Wird dem Amt bekannt, wer in den Fällen des Absatzes 1 Buchstaben a) und b) die Berechtigung erlangt hat, das Verfahren vor dem Amt fortzusetzen, so teilt es dieser Person und gegebenenfalls den übrigen Beteiligten mit, daß das Verfahren nach Ablauf einer von ihm festgesetzten Frist wiederaufgenommen wird.

(3) In dem in Absatz 1 Buchstabe c) genannten Fall wird das Verfahren wiederaufgenommen, wenn dem Amt die Bestellung eines neuen Vertreters des Anmelders angezeigt wird oder das Amt die Anzeige über die Bestellung eines neuen Vertreters des Inhabers der Gemeinschaftsmarke den übrigen Beteiligten zugestellt hat. Hat das Amt drei Monate nach Beginn der Unterbrechung des Verfahrens noch keine Anzeige über die Bestellung eines neuen Vertreters erhalten, so teilt es dem Anmelder oder Inhaber der Gemeinschaftsmarke folgendes mit:

a) im Falle der Anwendung des Artikels 88 Absatz 2 der Verordnung, daß die Anmeldung der Gemeinschaftsmarke als zurückgenommen gilt, wenn die Anzeige nicht innerhalb von zwei Monaten nach Zustellung dieser Mitteilung erfolgt, oder

b) im Falle der Nichtanwendung des Artikels 88 Absatz 2 der Verordnung, daß das Verfahren vom Tag der Zustellung dieser Mitteilung an mit dem Anmelder oder Inhaber der Gemeinschaftsmarke wiederaufgenommen wird.

(4) Die am Tag der Unterbrechung für den Anmelder oder Inhaber der Gemeinschaftsmarke laufenden Fristen, mit Ausnahme der Frist für die Entrichtung der Verlängerungsgebühren, beginnen an dem Tag von neuem zu laufen, an dem das Verfahren wiederaufgenommen wird.

## Teil F. Verzicht auf Beitreibung

**Regel 74 Verzicht auf Beitreibung.** Der Präsident des Amtes kann davon absehen, geschuldete Geldbeträge beizutreiben, wenn der beizutreibende Betrag unbedeutend oder die Beitreibung zu ungewiß ist.

## Teil G. Vertretung

**Regel 75 Bestellung eines gemeinsamen Vertreters.** (1) Wird eine Gemeinschaftsmarke von mehreren Personen angemeldet, und kein gemeinsamer Vertreter bezeichnet, so gilt der Anmelder, der in der Anmeldung als erster genannt ist, als gemeinsamer Vertreter. Ist einer der Anmelder jedoch verpflichtet, einen zugelassenen Vertreter zu bestellen, so gilt dieser Vertreter als gemeinsamer Vertreter, sofern nicht der in der Anmeldung an erster Stelle genannte Anmelder einen zugelassenen Vertreter bestellt hat. Entsprechendes gilt für gemeinsame Inhaber von Gemeinschaftsmarken und mehrere Personen, die gemeinsam Widerspruch erheben oder einen Antrag auf Erklärung des Verfalls oder der Nichtigkeit stellen.

(2) Erfolgt im Laufe des Verfahrens ein Rechtsübergang auf mehrere Personen und haben diese Personen keinen gemeinsamen Vertreter bezeichnet, so gilt Absatz 1 entsprechend. Ist eine entsprechende Anwendung nicht möglich, so fordert das Amt die genannten Personen auf, innerhalb von zwei Monaten einen gemeinsamen Vertreter zu bestellen. Wird dieser Aufforderung nicht entsprochen, so bestimmt das Amt den gemeinsamen Vertreter.

**Regel 76 Vollmacht.** (1) Vertreter, die vor dem Amt auftreten, haben eine unterzeichnete Vollmacht zu den Akten einzureichen. Die Vollmacht kann sich auf eine oder mehrere Anmeldungen oder eine oder mehrere eingetragene Marken erstrecken.

(2) Es kann eine allgemeine Vollmacht eingereicht werden, die einen Vertreter berechtigt, in allen Markenangelegenheiten des Vollmachtgebers tätig zu werden.

(3) Die Vollmacht kann in jeder Sprache des Amtes und in der Sprache des Verfahrens eingereicht werden, wenn letztere keine Sprache des Amtes ist.

(4) Wird dem Amt die Bestellung eines Vertreters mitgeteilt, so ist die Vollmacht für diesen Vertreter innerhalb einer vom Amt festgesetzten Frist einzureichen. Wird die Vollmacht nicht fristgemäß eingereicht, so wird das Verfahren mit dem Vertretenen fortgesetzt. Die Handlungen des Vertreters mit Ausnahme der Einreichung der Anmeldung gelten als nicht erfolgt, wenn sie der Vertretene nicht genehmigt. Artikel 88 Absatz 2 der Verordnung bleibt unberührt.

(5) Die Absätze 1, 2 und 3 gelten entsprechend für Schriftstücke über den Widerruf von Vollmachten.

(6) Der Vertreter, dessen Vollmacht erloschen ist, wird weiter als Vertreter angesehen, bis dem Amt das Erlöschen der Vollmacht angezeigt worden ist.

(7) Sofern in der Vollmacht nichts anderes vorgesehen ist, erlischt diese gegenüber dem Amt nicht mit dem Tod des Vollmachtgebers.

(8) Hat ein Beteiligter mehrere Vertreter bestellt, so sind diese ungeachtet einer abweichenden Bestimmung in der Vollmacht berechtigt, sowohl gemeinschaftlich als auch einzeln zu handeln.

(9) Die Bevollmächtigung eines Zusammenschlusses von Vertretern gilt als Bevollmächtigung für jeden Vertreter, der nachweist, daß er in diesem Zusammenschluß tätig ist.

**Regel 77 Vertretung.** Alle Zustellungen oder anderen Mitteilungen des Amtes an den ordnungsgemäß bevollmächtigten Vertreter haben dieselbe Wirkung, als wären sie an die vertretene Person gerichtet. Alle Mitteilungen des ordnungsgemäß bevollmächtigten Vertreters an das Amt haben dieselbe Wirkung, als wären sie von der vertretenen Person an das Amt gerichtet.

**Regel 78 Änderung in der Liste der zugelassenen Vertreter.** (1) Die Eintragung des zugelassenen Vertreters in der Liste der zugelassenen Vertreter gemäß Artikel 89 der Verordnung wird auf dessen Antrag gelöscht.

(2) Die Eintragung in der Liste der zugelassenen Vertreter wird von Amts wegen gelöscht:

a) im Fall des Todes oder der Geschäftsunfähigkeit des zugelassenen Vertreters;

b) wenn der zugelassene Vertreter nicht mehr die Staatsangehörigkeit eines Mitgliedstaates besitzt, sofern der Präsident des Amtes nicht eine Befreiung gemäß Artikel 89 Absatz 4 Buchstabe b) der Verordnung erteilt hat;

c) wenn der zugelassene Vertreter seinen Geschäftssitz oder Arbeitsplatz nicht mehr in der Gemeinschaft hat;

d) wenn der zugelassene Vertreter die Befugnis gemäß Artikel 89 Absatz 2 Buchstabe c) Satz 1 der Verordnung nicht mehr besitzt.

(3) Die Eintragung eines zugelassenen Vertreters wird auf Antrag des Amtes gestrichen, wenn dessen Befugnis zur Vertretung einer natürlichen oder juristischen Person vor der Zentralbehörde für den gewerblichen Rechtsschutz des Mitgliedstaates gemäß Artikel 89 Absatz 2 Buchstabe c) Satz 1 der Verordnung aufgehoben wurde.

(4) Eine Person, deren Eintragung gelöscht worden ist, wird auf Antrag gemäß Artikel 89 Absatz 3 der Verordnung in die Liste der zugelassenen Vertreter wieder eingetragen, wenn die Voraussetzungen für die Löschung nicht mehr gegeben sind.

(5) Das Benelux-Markenamt und die betreffende Zentralbehörde für den gewerblichen Rechtsschutz des Mitgliedstaates teilen dem Amt unverzüglich alle in den Absätzen 2 und 3 erwähnten Vorkommnisse mit, soweit sie ihnen bekannt sind.

(6) Die Änderungen der Liste der zugelassenen Vertreter werden im Amtsblatt des Amtes veröffentlicht.

### Teil H. Schriftliche Mitteilungen und Formblätter

**Regel 79 Schriftliche und andere Übermittlungen.** Anmeldungen einer Gemeinschaftsmarke sowie alle anderen in der Verordnung vorgesehenen Anträge und Mitteilungen sind dem Amt wie folgt zu übermitteln:

a) das unterzeichnete Originalschriftstück durch die Post, durch eigenhändige Übergabe oder andere Mittel; die Anhänge zu den jeweiligen Schriftstücken brauchen nicht unterzeichnet zu werden;

b) das unterzeichnete Originalschriftstück durch Fernkopierer gemäß Regel 80;

c) durch Fernschreiben oder Telegramm gemäß Regel 81;

d) durch Übertragung des Inhalts auf elektronischem Wege gemäß Regel 82.

**Regel 80 Übermittlung durch Fernkopierer.** (1) Wird die Anmeldung einer Marke dem Amt durch Fernkopierer übermittelt und enthält die Anmeldung eine Wiedergabe der Marke, die nicht die Voraussetzungen der Regel 3 Absatz 2 erfüllt, so wird dem Amt gemäß Regel 79 Buchstabe a) die vorgeschriebene Zahl an Originalwiedergaben übermittelt. Erhält das Amt die Wiedergaben innerhalb eines Monats nach dem Datum des Empfangs der Fernkopie durch das Amt, so gilt die Anmeldung als vom Amt an dem Tag erhalten, an dem die Fernkopie beim Amt eingegangen ist. Erhält das Amt die Wiedergabe nach Ablauf dieser Frist und ist die Wiedergabe für die Zuerkennung eines Anmeldetags notwendig, so gilt die Anmeldung als vom Amt an dem Tage erhalten, an dem die Wiedergaben beim Amt eingegangen sind.

(2) Ist eine durch Fernkopierer erhaltene Mitteilung unvollständig oder unleserlich oder hat das Amt ernste Zweifel in bezug auf die Richtigkeit der Übermittlung, so teilt das Amt

dies dem Absender mit und fordert ihn auf, innerhalb einer vom Amt festgelegten Frist das Originalschriftstück durch Fernkopierer nochmals zu übermitteln oder das Originalschriftstück gemäß Regel 79 Buchstabe a) vorzulegen. Wird dieser Aufforderung fristgemäß nachgekommen, so gilt der Tag des Eingangs der nochmaligen Übermittlung oder des Originalschriftstücks als der Tag des Eingangs der ursprünglichen Mitteilung, wobei jedoch die Vorschriften über den Anmeldetag angewandt werden, wenn der Mangel an Zuerkennung eines Anmeldetags betrifft. Wird der Aufforderung nicht fristgemäß nachgekommen, so gilt die Mitteilung als nicht eingegangen.

(3) Jede dem Amt durch Fernkopierer übermittelte Mitteilung gilt als ordnungsgemäß unterzeichnet, wenn die Wiedergabe der Unterschrift auf dem Ausdruck des Fernkopierers erscheint.

(4) Der Präsident des Amtes kann zusätzliche Bedingungen für Übermittlungen durch Fernkopierer festlegen, die die zu verwendenden Geräte, die technischen Einzelheiten der Übermittlung und die Methoden zur Identifizierung des Absenders betreffen können.

**Regel 81 Übermittlung durch Fernschreiber oder Telegramm.** (1) Wird dem Amt eine Anmeldung durch Fernschreiber oder Telegramm übermittelt und enthält die Anmeldung eine Wiedergabe der Marke gemäß Regel 3 Absatz 2, so gilt Regel 80 Absatz 1 entsprechend.

(2) Wird eine Mitteilung durch Fernschreiber oder Telegramm übermittelt, so gilt Regel 80 Absatz 2 entsprechend.

(3) Wird eine Mitteilung durch Fernschreiber oder Telegramm übermittelt, so ist die Angabe des Namens des Absenders gleichbedeutend mit der Unterschrift.

**Regel 82 Übermittlung durch elektronische Mittel.** (1) Wird eine Anmeldung elektronisch übermittelt und enthält die Anmeldung eine Wiedergabe der Marke gemäß Regel 3 Absatz 2, so gilt Regel 80 Absatz 1 entsprechend.

(2) Wird eine Mitteilung elektronisch übermittelt, so gilt Regel 80 Absatz 2 entsprechend.

(3) Wird dem Amt eine Mitteilung elektronisch übermittelt, so ist die Angabe des Namens des Absenders gleichbedeutend mit der Unterschrift.

(4) Der Präsident des Amtes legt die Bedingungen für die Übermittlung durch elektronische Mittel fest, die die zu verwendenden Geräte, die technischen Einzelheiten der Übermittlung und die Methoden zur Identifizierung des Absenders betreffen können.

**Regel 83 Formblätter.** (1) Das Amt stellt gebührenfrei Formblätter zur Verfügung für:
a) die Anmeldung einer Gemeinschaftsmarke;
b) die Erhebung eines Widerspruchs gegen die Eintragung einer Gemeinschaftsmarke;
c) den Antrag auf Änderung einer Anmeldung oder einer Eintragung sowie auf Berichtigung von Namen und Anschriften sowie Fehlern;
d) den Antrag auf Eintragung eines Rechtsübergangs sowie das Formblatt und die Urkunde des Rechtsübergangs gemäß Regel 31 Absatz 5;
e) den Antrag auf Eintragung einer Lizenz;
f) den Antrag auf Verlängerung der Eintragung einer Gemeinschaftsmarke;
g) den Antrag auf Erklärung des Verfalls oder der Nichtigkeit einer Gemeinschaftsmarke;
h) den Antrag auf Wiedereinsetzung in den vorigen Stand;
i) die Einlegung einer Beschwerde;
j) die Bevollmächtigung eines Vertreters in Form einer Einzel- oder einer allgemeinen Vollmacht.

(2) Das Amt kann weitere Formblätter gebührenfrei zur Verfügung stellen.

(3) Das Amt stellt die in den Absätzen 1 und 2 genannten Formblätter in allen Amtssprachen der Gemeinschaft zur Verfügung.

(4) Das Amt stellt dem Benelux-Markenamt und den Zentralbehörden für den gewerblichen Rechtsschutz der Mitgliedstaaten die Formblätter gebührenfrei zur Verfügung.

(5) Das Amt kann auch maschinenlesbare Formblätter zur Verfügung stellen.

(6) Die am Verfahren vor dem Amt Beteiligten sollten die vom Amt bereitgestellten Formblätter oder Kopien dieser Formblätter oder Formblätter desselben Inhalts und Formats wie durch elektronische Datenverarbeitung erzeugte Formblätter verwenden.

(7) Die Formblätter sollen so ausgefüllt werden, daß der Inhalt automatisch in einen Computer eingegeben werden kann, z. B. durch Zeichenerkennung oder Abtasten.

## Teil I. Unterrichtung der Öffentlichkeit

**Regel 84 Register für Gemeinschaftsmarken.** (1) Das Register für Gemeinschaftsmarken kann in Form einer elektronischen Datenbank geführt werden.

(2) In das Register für Gemeinschaftsmarken sind einzutragen:
a) der Anmeldetag;
b) das Aktenzeichen der Anmeldung;
c) der Tag der Veröffentlichung der Anmeldung;
d) der Name, die Anschrift, die Staatsangehörigkeit und der Staat des Wohnsitzes, des Sitzes oder der Niederlassung des Anmelders;
e) der Name und die Geschäftsanschrift des Vertreters, soweit es sich nicht um einen Vertreter im Sinne des Artikels 88 Absatz 3 Satz 1 der Verordnung handelt; bei mehreren Vertretern werden nur Name und Geschäftsanschrift des zuerst genannten Vertreters, gefolgt von den Worten „und andere", eingetragen; im Fall eines Zusammenschlusses von Vertretern werden nur Name und Anschrift des Zusammenschlusses eingetragen;
f) die Wiedergabe der Marke mit Angaben über ihren Charakter, sofern die Marke nicht in den Anwendungsbereich der Regel 3 Absatz 1 fällt; bei Eintragung der Marke in Farbe der Vermerk „farbig" und die Angabe der Farben, aus denen sich die Marke zusammensetzt; gegebenenfalls eine Beschreibung der Marke;
g) die Bezeichnung der in Gruppen in Übereinstimmung mit den Klassen der Nizzaer Klassifikation zusammengefaßten Waren und Dienstleistungen; jeder Gruppe wird die Nummer der einschlägigen Klasse in der Reihenfolge der Klassifikation vorangestellt;
h) Angaben über die Inanspruchnahme einer Priorität gemäß Artikel 30 der Verordnung;
i) Angaben über die Inanspruchnahme einer Ausstellungspriorität gemäß Artikel 33 der Verordnung;
j) Angaben über die Inanspruchnahme des Zeitrangs einer eingetragenen älteren Marke gemäß Artikel 34 der Verordnung;
k) die Erklärung, daß die Marke gemäß Artikel 7 Absatz 3 der Verordnung infolge ihrer Benutzung Unterscheidungskraft erlangt hat;
l) die Erklärung des Anmelders, daß er das ausschließliche Recht an einem Bestandteil der Marke gemäß Artikel 38 Absatz 2 der Verordnung nicht in Anspruch nehmen wird;
m) die Angabe, daß es sich um eine Gemeinschaftskollektivmarke handelt;
n) die Sprache, in der die Anmeldung eingereicht wurde, und die zweite Sprache, die der Anmelder in seiner Anmeldung gemäß Artikel 115 Absatz 3 der Verordnung angegeben hat;
o) der Tag der Eintragung der Anmeldung in das Register und die Nummer der Eintragung.

(3) In das Register für Gemeinschaftsmarken sind außerdem unter Angabe des Tages der jeweiligen Eintragung einzutragen:
a) Änderungen des Namens, der Anschrift, der Staatsangehörigkeit oder des Staates des Wohnsitzes, des Sitzes oder der Niederlassung des Inhabers der Gemeinschaftsmarke;
b) Änderungen des Namens oder der Geschäftsanschrift des Vertreters, soweit es sich nicht um einen Vertreter im Sinne des Artikels 88 Absatz 3 Satz 1 der Verordnung handelt;

c) wird ein neuer Vertreter bestellt, den Namen und die Geschäftsanschrift dieses Vertreters;

d) Änderungen der Marke gemäß Artikel 48 der Verordnung und Berichtigungen von Fehlern;

e) der Hinweis auf die Änderungen der Satzung gemäß Artikel 69 der Verordnung;

f) Angaben über die Inanspruchnahme des Zeitrangs einer eingetragenen älteren Marke nach Artikel 34 der Verordnung gemäß Artikel 35 der Verordnung;

g) der vollständige oder teilweise Rechtsübergang gemäß Artikel 17 der Verordnung;

h) die Begründung oder Übertragung eines dinglichen Rechts gemäß Artikel 19 der Verordnung und die Art des dinglichen Rechts;

i) Zwangsvollstreckungsmaßnahmen nach Artikel 20 der Verordnung sowie Konkursverfahren und konkursähnliche Verfahren gemäß Artikel 21 der Verordnung;

j) die Erteilung oder Übertragung einer Lizenz gemäß Artikel 22 der Verordnung und gegebenenfalls die Art der Lizenz gemäß Regel 34;

k) die Verlängerung einer Eintragung gemäß Artikel 47 der Verordnung und der Tag, an dem sie wirksam wird, sowie etwaige Einschränkungen gemäß Artikel 47 Absatz 4 der Verordnung;

l) ein Vermerk über die Feststellung des Ablaufs der Eintragung gemäß Artikel 47 der Verordnung;

m) die Erklärung des Verzichts des Markeninhabers gemäß Artikel 49 der Verordnung;

n) der Tag der Stellung eines Antrags gemäß Artikel 55 der Verordnung oder der Erhebung einer Widerklage auf Erklärung des Verfalls oder der Nichtigkeit gemäß Artikel 96 Absatz 4 der Verordnung;

o) der Tag und der Inhalt der Entscheidung über den Antrag oder die Widerklage gemäß Artikel 56 Absatz 6 oder Artikel 96 Absatz 6 Satz 3 der Verordnung;

p) ein Hinweis auf den Eingang des Umwandlungsantrags gemäß Artikel 109 Absatz 2 der Verordnung;

q) die Löschung des gemäß Absatz 2 Buchstabe e) eingetragenen Vertreters;

r) die Löschung des Zeitranges einer eingetragenen älteren Marke;

s) die Änderung oder die Löschung der nach den Buchstaben h), i) und j) eingetragenen Angaben.

(4) Der Präsident des Amtes kann bestimmen, daß noch andere als die in den Absätzen 2 und 3 vorgesehenen Angaben eingetragen werden.

(5) Der Markeninhaber erhält über jede Änderung im Register eine Mitteilung.

(6) Das Amt liefert auf Antrag gegen Entrichtung einer Gebühr beglaubigte oder unbeglaubigte Auszüge aus dem Register.

## Teil J. Blatt für Gemeinschaftsmarken und Amtsblatt des Amtes

**Regel 85 Blatt für Gemeinschaftsmarken.** (1) Das Blatt für Gemeinschaftsmarken wird in regelmäßigen gedruckten Ausgaben veröffentlicht. Das Amt kann der Öffentlichkeit Ausgaben des Blattes auf CD-ROM oder in einer anderen maschinenlesbaren Form zur Verfügung stellen.

(2) Das Blatt für Gemeinschaftsmarken enthält Veröffentlichungen der Anmeldungen und Eintragungen in das Register sowie andere Angaben im Zusammenhang mit Anmeldungen oder Eintragungen, deren Veröffentlichung die Verordnung oder diese Regeln vorschreiben.

(3) Werden Angaben, deren Veröffentlichung die Verordnung oder diese Regeln vorschreiben, im Blatt für Gemeinschaftsmarken veröffentlicht, so ist das auf dem Blatt angegebene Datum der Ausgabe des Blatts als das Datum der Veröffentlichung der Angaben anzusehen.

Durchführungsverordnung      Art. 1, Regel 86–89   VO (EG) Nr. 2868/95

(4) Beinhalten die Eintragungen im Zusammenhang mit der Eintragung einer Marke keine Änderungen im Vergleich zu der Veröffentlichung der Anmeldung, so werden diese Eintragungen unter Hinweis auf die in der Veröffentlichung der Anmeldung enthaltenen Angaben veröffentlicht.

(5) Die Bestandteile der Anmeldung einer Gemeinschaftsmarke gemäß Artikel 26 Absatz 1 der Verordnung sowie gegebenenfalls jede weitere Angabe, deren Veröffentlichung nach Regel 12 vorgeschrieben ist, werden in allen Amtssprachen der Gemeinschaft veröffentlicht.

(6) Das Amt trägt jeder vom Anmelder vorgelegten Übersetzung Rechnung. Ist die Sprache der Anmeldung nicht eine der Sprachen des Amtes, so wird die Übersetzung dem Anmelder in der von ihm angegebenen zweiten Sprache mitgeteilt. Der Anmelder kann Änderungen an der Übersetzung innerhalb einer vom Amt festzulegenden Frist vorschlagen. Bleibt eine Antwort des Anmelders innerhalb dieser Frist aus oder vertritt das Amt die Auffassung, daß die vorgeschlagenen Änderungen unangebracht sind, so wird die vom Amt vorgeschlagene Übersetzung veröffentlicht.

**Regel 86 Amtsblatt des Amtes.** (1) Das Amtsblatt des Amtes wird in regelmäßigen Ausgaben veröffentlicht. Das Amt kann der Öffentlichkeit das Amtsblatt auf CD-ROM oder in einer anderen maschinenlesbaren Form zur Verfügung stellen.

(2) Das Amtsblatt wird in den Sprachen des Amtes veröffentlicht. Der Präsident des Amtes kann festlegen, daß bestimmte Mitteilungen in allen Amtssprachen der Gemeinschaft veröffentlicht werden.

**Regel 87 Datenbank.** (1) Das Amt unterhält eine elektronische Datenbank mit Angaben über die Anmeldungen von Gemeinschaftsmarken und Eintragungen in das Register. Das Amt kann den Inhalt dieser Datenbank auch auf CD-ROM oder in einer anderen maschinenlesbaren Form zur Verfügung stellen.

(2) Der Präsident des Amtes legt die Bedingungen für den Zugang zur Datenbank und die Art und Weise fest, in der der Inhalt dieser Datenbank in maschinenlesbarer Form bereitgestellt werden kann, einschließlich der Preise für diese Leistungen.

## Teil K. Akteneinsicht und Aufbewahrung der Akten

**Regel 88 Von der Einsicht ausgeschlossene Aktenteile.** Von der Akteneinsicht sind gemäß Artikel 84 Absatz 4 der Verordnung folgende Aktenteile ausgeschlossen:

a) Vorgänge über die Frage der Ausschließung oder Ablehnung gemäß Artikel 132 der Verordnung;

b) Entwürfe zu Entscheidungen und Bescheiden sowie alle sonstigen inneramtlichen Schriftstücke, die der Vorbereitung von Entscheidungen und Bescheiden dienen;

c) Aktenteile, an deren Geheimhaltung der Beteiligte vor der Stellung des Antrags auf Akteneinsicht ein besonderes Interesse dargelegt hat, sofern die Einsicht in diese Aktenteile nicht durch vorrangig berechtigte Interessen der um Einsicht nachsuchenden Partei begründet wird.

**Regel 89 Durchführung der Akteneinsicht.** (1) Die Einsicht in die Akten angemeldeter und eingetragener Gemeinschaftsmarken wird in das Originalschriftstück oder dessen Kopie oder in die elektronischen Datenträger gewährt, wenn die Akten in dieser Weise gespeichert werden. Die Art der Einsichtnahme wird vom Präsidenten des Amtes festgelegt. Der Antrag auf Einsichtnahme gilt erst als gestellt, wenn die diesbezügliche Gebühr entrichtet worden ist.

(2) Wird Einsicht in die Akten einer Gemeinschaftsmarkenanmeldung beantragt, so muß der Antrag die Angabe und den Nachweis enthalten, daß der Anmelder

a) der Akteneinsicht zugestimmt hat; oder

b) erklärt hat, daß er nach Eintragung der Marke gegen die um Akteneinsicht nachsuchende Partei seine Rechte aus der Marke geltend machen wird.

(3) Die Akteneinsicht findet im Dienstgebäude des Amtes statt.

(4) Die Akteneinsicht wird auf Antrag durch Erteilung von Kopien gewährt. Diese Kopien sind gebührenpflichtig.

(5) Das Amt erteilt auf Antrag gegen Entrichtung einer Gebühr beglaubigte oder unbeglaubigte Kopien der Anmeldung der Gemeinschaftsmarke oder des Akteninhalts gemäß Absatz 4.

**Regel 90 Auskunft aus den Akten.** Das Amt kann vorbehaltlich der in Artikel 84 der Verordnung und Regel 88 vorgesehenen Beschränkungen auf Antrag und gegen Entrichtung einer Gebühr Auskünfte aus den Akten angemeldeter oder eingetragener Gemeinschaftsmarken erteilen. Das Amt kann jedoch verlangen, daß von der Möglichkeit der Akteneinsicht Gebrauch gemacht wird, wenn dies im Hinblick auf den Umfang der zu erteilenden Auskünfte zweckmäßig erscheint.

**Regel 91 Aufbewahrung der Akten.** (1) Das Amt bewahrt die Akten angemeldeter und eingetragener Gemeinschaftsmarken mindestens für die Dauer von fünf Jahren ab dem Ende des Jahres auf, in dem

a) die Anmeldung zurückgewiesen oder zurückgenommen worden ist oder als zurückgenommen gilt;

b) die Eintragung der Gemeinschaftsmarke gemäß Artikel 47 der Verordnung vollständig abgelaufen ist;

c) der vollständige Verzicht auf die Gemeinschaftsmarke gemäß Artikel 49 der Verordnung eingetragen worden ist;

d) die Gemeinschaftsmarke gemäß Artikel 56 Absatz 6 oder Artikel 96 Absatz 6 der Verordnung vollständig im Register gelöscht worden ist.

(2) Der Präsident des Amtes bestimmt, in welcher Form die Akten aufbewahrt werden.

## Teil L. Amtshilfe

**Regel 92 Gegenseitige Unterrichtung und Verkehr des Amtes mit Behörden der Mitgliedstaaten.** (1) Das Amt und die Zentralbehörden für den gewerblichen Rechtsschutz der Mitgliedstaaten sowie das Benelux-Markenamt übermitteln einander auf Ersuchen sachdienliche Angaben über Anmeldungen von Gemeinschaftsmarken oder nationalen Marken und über Verfahren, die diese Anmeldungen und die darauf eingetragenen Marken betreffen. Diese Übermittlungen von Angaben unterliegen nicht den Beschränkungen des Artikels 84 der Verordnung.

(2) Bei Mitteilungen, die sich aus der Anwendung der Verordnung oder dieser Regeln ergeben, verkehren das Amt und die Gerichte oder Behörden der Mitgliedstaaten unmittelbar miteinander. Diese Unterrichtungen können auch durch die Zentralbehörden für den gewerblichen Rechtsschutz der Mitgliedstaaten und das Benelux-Markenamt erfolgen.

(3) Ausgaben, die durch die in den Absätzen 1 und 2 genannten Mitteilungen entstehen, sind von der Behörde zu tragen, die die Mitteilung gemacht hat; diese Mitteilungen sind gebührenfrei.

**Regel 93 Akteneinsicht durch Gerichte und Behörden der Mitgliedstaaten oder durch deren Vermittlung.** (1) Die Einsicht in die Akten einer angemeldeten oder eingetragenen Gemeinschaftsmarke durch Gerichte und Behörden der Mitgliedstaaten wird in das Originalschriftstück oder in eine Kopie gewährt; ansonsten findet Regel 89 keine Anwendung.

(2) Gerichte und Staatsanwaltschaften der Mitgliedstaaten können in Verfahren, die bei ihnen anhängig sind, Dritten Einsicht in die vom Amt übermittelten Akten oder Kopien gewähren. Diese Akteneinsicht unterliegt Artikel 84 der Verordnung. Das Amt erhebt für diese Akteneinsicht keine Gebühr.

(3) Das Amt weist die Gerichte und Staatsanwaltschaften der Mitgliedstaaten bei der Übermittlung der Akten oder Kopien der Akten auf die Beschränkungen hin, denen die

Durchführungsverordnung    **Art. 1, Regel 94**    **VO (EG) Nr. 2868/95**

Gewährung der Einsicht in die Akten einer angemeldeten oder eingetragenen Gemeinschaftsmarke gemäß Artikel 84 der Verordnung und Regel 88 unterliegt.

## Teil M. Kosten

**Regel 94 Kostenverteilung und Kostenfestsetzung.** (1) Die Kostenverteilung gemäß Artikel 81 Absätze 1 und 2 der Verordnung wird in der Entscheidung über den Widerspruch, in der Entscheidung über den Antrag auf Erklärung des Verfalls oder der Nichtigkeit einer Gemeinschaftsmarke oder in der Entscheidung über die Beschwerde angeordnet.

(2) Die Kostenverteilung gemäß Artikel 81 Absätze 3 und 4 der Verordnung wird in einer Kostenentscheidung der Widerspruchsabteilung, der Nichtigkeitsabteilung oder der Beschwerdekammer angeordnet.

(3) Dem Antrag auf Kostenfestsetzung gemäß Artikel 81 Absatz 6 Satz 1 der Verordnung sind eine Kostenberechnung und die Belege beizufügen. Der Antrag ist erst zulässig, wenn die Entscheidung, für die die Kostenfestsetzung beantragt wird, rechtskräftig ist. Zur Festsetzung der Kosten genügt es, daß sie glaubhaft gemacht werden.

(4) Der Antrag gemäß Artikel 81 Absatz 6 Satz 2 der Verordnung auf Überprüfung der Entscheidung über die Kostenfestsetzung der Geschäftsstelle ist innerhalb eines Monats nach Zustellung der Kostenfestsetzung beim Amt einzureichen und zu begründen. Der Antrag gilt erst als gestellt, wenn die Gebühr für die Überprüfung der Kostenfestsetzung entrichtet worden ist.

(5) Die Widerspruchsabteilung, die Nichtigkeitsabteilung oder die Beschwerdekammer entscheidet über den in Absatz 4 genannten Antrag ohne mündliche Verhandlung.

(6) Die gemäß Artikel 81 Absatz 1 der Verordnung von dem unterliegenden Beteiligten zu tragenden Gebühren beschränken sich auf die vom anderen Beteiligten entrichtete Gebühr für den Widerspruch, für den Antrag auf Erklärung des Verfalls oder der Nichtigkeit der Gemeinschaftsmarke und für die Beschwerde.

(7) Die für die Durchführung des Verfahrens notwendigen Kosten, die dem obsiegenden Beteiligten tatsächlich entstanden sind, hat der unterliegende Beteiligte nach Artikel 81 Absatz 1 der Verordnung im Rahmen der folgenden Höchstsätze zu tragen:

a) Reisekosten eines Beteiligten für die Hin- und Rückfahrt zwischen dem Wohnort oder dem Geschäftsort und dem Ort der mündlichen Verhandlung oder der Beweisaufnahme

   i) in Höhe des Eisenbahnfahrpreises 1. Klasse einschließlich der übrigen Beförderungszuschläge, falls die Gesamtentfernung bis 800 Eisenbahnkilometer einschließlich beträgt;

   ii) in Höhe des Flugpreises der Touristenklasse, falls die Gesamtentfernung mehr als 800 Eisenbahnkilometer beträgt oder der Seeweg benutzt werden muß;

b) Aufenthaltskosten eines Beteiligten in Höhe der in Artikel 13 des Anhangs VII zum Statut der Beamten der Europäischen Gemeinschaften festgelegten Tagegelder für Beamte der Besoldungsgruppe A 4 bis A 8;

c) Reisekosten der Vertreter im Sinne des Artikels 89 Absatz 1 der Verordnung, der Zeugen und der Sachverständigen in der sich aus Buchstabe a) ergebenden Höhe;

d) Aufenthaltskosten der Vertreter im Sinne des Artikels 89 Absatz 1 der Verordnung, der Zeugen und der Sachverständigen in der sich aus Buchstabe b) ergebenden Höhe;

e) Kosten einer Beweisaufnahme, einer Zeugenvernehmung, einer Begutachtung durch Sachverständige oder einer Einnahme des Augenscheins

   in Höhe von 300 ECU je Verfahren;

f) Kosten für die Vertretung – im Sinne des Artikels 89 Absatz 1 der Verordnung –

   i) des Widersprechenden im Widerspruchsverfahren

      in Höhe von 250 ECU;

   ii) des Anmelders in Widerspruchsverfahren

      in Höhe von 250 ECU;

iii) des Antragstellers im Verfahren zur Erklärung des Verfalls oder der Nichtigkeit der Gemeinschaftsmarke
    in Höhe von 400 ECU;
iv) des Markeninhabers im Verfahren zur Erklärung des Verfalls oder der Nichtigkeit der Gemeinschaftsmarke
    in Höhe von 400 ECU;
v) des Beschwerdeführers im Beschwerdeverfahren
    in Höhe von 500 ECU;
vi) des Beschwerdegegners im Beschwerdeverfahren
    in Höhe von 500 ECU.

Findet in einem der genannten Verfahren eine Beweisaufnahme in Form einer Zeugenvernehmung, einer Begutachtung durch Sachverständige oder einer Einnahme des Augenscheins statt, so beläuft sich ein zusätzlicher Höchstsatz für die Vertretung auf 600 ECU je Verfahren;

g) ist der obsiegende Beteiligte von mehreren Vertretern im Sinne des Artikels 89 Absatz 1 der Verordnung vertreten worden, so hat der unterliegende Beteiligte die in den Buchstaben c), d) und f) genannten Kosten für einen Vertreter zu tragen;

h) andere als die in den Buchstaben a) bis g) genannten Kosten, Aufwendungen oder Honorare hat der unterliegende Beteiligte dem obsiegenden Beteiligten nicht zu erstatten.

## Teil N. Sprachenregelung

**Regel 95 Anträge und Anmeldungen.** Unbeschadet der Anwendung des Artikels 115 Absatz 5 der Verordnung

a) können alle Anträge oder Erklärungen, die sich auf die Anmeldung einer Gemeinschaftsmarke beziehen, in der Sprache der Anmeldung der Gemeinschaftsmarke oder in der vom Anmelder in seiner Anmeldung angegebenen zweiten Sprache gestellt werden;

b) können alle Anträge oder Erklärungen, die sich auf eine eingetragene Gemeinschaftsmarke beziehen, in einer Sprache des Amtes gestellt bzw. abgegeben werden. Wird für den Antrag jedoch eines der vom Amt gemäß Regel 83 bereitgestellten Formblätter verwendet, so genügen die Formblätter in einer der Amtssprachen der Gemeinschaft, vorausgesetzt, daß das Formblatt, soweit es Textbestandteile betrifft, in einer der Sprachen des Amtes ausgefüllt ist.

**Regel 96 Schriftliche Verfahren.** (1) Unbeschadet Artikel 115 Absätze 4 und 7 der Verordnung und sofern diese Regeln nichts anderes vorsehen, kann jeder Beteiligte im schriftlichen Verfahren vor dem Amt jede Sprache des Amtes benutzen. Ist die von einem Beteiligten gewählte Sprache nicht die Verfahrenssprache, so legt dieser innerhalb eines Monats nach Vorlage des Originalschriftstücks eine Übersetzung in der Verfahrenssprache vor. Ist der Anmelder einer Gemeinschaftsmarke der einzige Beteiligte an einem Verfahren vor dem Amt und ist die für die Anmeldung der Gemeinschaftsmarke benutzte Sprache keine Sprache des Amtes, so kann die Übersetzung auch in der vom Anmelder in seiner Anmeldung angegebenen zweiten Sprache vorgelegt werden.

(2) Sofern diese Regeln nichts anderes vorsehen, können Schriftstücke, die in Verfahren vor dem Amt verwendet werden sollen, in jeder Amtssprache der Gemeinschaft eingereicht werden. Soweit die Schriftstücke nicht in der Verfahrenssprache abgefaßt sind, kann das Amt jedoch verlangen, daß eine Übersetzung innerhalb einer von ihm festgelegten Frist in dieser Verfahrenssprache oder nach der Wahl des Beteiligten in einer der Sprachen des Amtes nachgereicht wird.

**Regel 97 Mündliche Verfahren.** (1) Jeder an einem mündlichen Verfahren vor dem Amt Beteiligte kann anstelle der Verfahrenssprache eine der anderen Amtssprachen der Gemeinschaft benutzen, sofern er für die Übersetzung in die Verfahrenssprache sorgt. Findet das mündliche Verfahren im Zusammenhang mit der Anmeldung einer Gemeinschaftsmarke statt, so kann der Anmelder entweder die Sprache der Anmeldung oder die von ihm angegebene zweite Sprache verwenden.

(2) Im mündlichen Verfahren betreffend die Anmeldung einer Gemeinschaftsmarke kann das Amtspersonal entweder die Sprache der Anmeldung oder die vom Anmelder angegebene zweite Sprache benutzen. In allen anderen Verfahren kann das Amtspersonal anstelle der Verfahrenssprache eine der anderen Sprachen des Amtes verwenden, sofern die am Verfahren Beteiligten hiermit einverstanden sind.

(3) In der Beweisaufnahme können sich die zu vernehmenden Beteiligten, Zeugen oder Sachverständigen, die sich in der Verfahrenssprache nicht hinlänglich ausdrücken können, jeder Amtssprache der Gemeinschaft bedienen. Ist die Beweisaufnahme auf Antrag eines Beteiligten angeordnet worden, so werden die zu vernehmenden Beteiligten, Zeugen oder Sachverständigen mit Erklärungen, die sie in einer anderen Sprache als der Verfahrenssprache abgeben, nur gehört, sofern der antragstellende Beteiligte selbst für die Übersetzung in die Verfahrenssprache sorgt. In Verfahren betreffend die Anmeldung einer Gemeinschaftsmarke kann anstelle der Sprache der Anmeldung die vom Anmelder angegebene zweite Sprache verwendet werden. In allen Verfahren mit nur einem Beteiligten kann das Amt auf Antrag des Beteiligten Abweichungen von dieser Regel gestatten.

(4) Mit Einverständnis aller Beteiligten und des Amtes kann jede Amtssprache der Gemeinschaft verwendet werden.

(5) Falls notwendig, trifft das Amt auf eigene Kosten Vorkehrungen für die Übersetzung in die Verfahrenssprache oder in eine andere Sprache des Amtes, sofern diese Übersetzung nicht einem der Verfahrensbeteiligten obliegt.

(6) Erklärungen der Bediensteten des Amtes, der Beteiligten, Zeugen und Sachverständigen in einem mündlichen Verfahren, die in einer Sprache des Amtes abgegeben werden, werden in dieser Sprache in die Niederschrift aufgenommen. Erklärungen, die in einer anderen Sprache abgegeben werden, werden in der Verfahrenssprache in die Niederschrift aufgenommen. Änderungen am Text der Anmeldung einer Gemeinschaftsmarke oder einer eingetragenen Gemeinschaftsmarke werden in der Verfahrenssprache in die Niederschrift aufgenommen.

**Regel 98 Beglaubigung von Übersetzungen.** (1) Ist die Übersetzung eines Schriftstücks einzureichen, so kann das Amt innerhalb einer von ihm bestimmten Frist eine Beglaubigung darüber verlangen, daß die Übersetzung mit dem Urtext übereinstimmt. Ist die Übersetzung einer früheren Anmeldung gemäß Artikel 30 der Verordnung zu beglaubigen, so muß diese Frist mindestens drei Monate ab dem Tag der Anmeldung betragen. Wird die Beglaubigung nicht fristgemäß eingereicht, so gilt das Schriftstück als nicht eingegangen.

(2) Der Präsident des Amtes legt fest, wie die Übersetzungen beglaubigt werden.

**Regel 99 Glaubwürdigkeit der Übersetzung.** Das Amt kann, sofern nicht der Beweis des Gegenteils erbracht wird, davon ausgehen, daß eine Übersetzung mit dem jeweiligen Urtext übereinstimmt.

## Teil O. Organisation des Amtes

**Regel 100 Geschäftsverteilung.** (1) Der Präsident des Amtes bestimmt die Prüfer und ihre Anzahl und die Mitglieder der Widerspruchsabteilungen und der Nichtigkeitsabteilungen. Er verteilt die Geschäfte auf die Prüfer und diese Abteilungen.

(2) Der Präsident des Amtes kann vorsehen, daß die Prüfer Mitglieder der Widerspruchs- und der Nichtigkeitsabteilungen sowie der Markenverwaltungs- und Rechtsabteilung und daß Mitglieder dieser Abteilungen Prüfer sein können.

(3) Der Präsident des Amtes kann den Prüfern und den Mitgliedern der Widerspruchs- und der Nichtigkeitsabteilungen sowie der Markenverwaltungs- und Rechtsabteilung über die Zuständigkeit hinaus, die ihnen durch die Verordnung zugewiesen ist, weitere Aufgaben übertragen.

(4) Der Präsident des Amtes kann mit der Wahrnehmung einzelner den Prüfern, den Widerspruchsabteilungen, den Nichtigkeitsabteilungen und der Markenverwaltungs- und Rechtsabteilung obliegender Geschäfte, die keine besonderen Schwierigkeiten bereiten, andere Bedienstete betrauen, die nicht Prüfer oder Mitglieder der in Absatz 1 erwähnten Abteilungen sind.

## Titel XII. Gegenseitigkeit

**Regel 101 Veröffentlichung der Gegenseitigkeit.** (1) Falls erforderlich, beantragt der Präsident des Amtes bei der Kommission, Schritte einzuleiten, um festzustellen, ob ein Staat, der der Pariser Verbandsübereinkunft oder dem Abkommen zur Errichtung der Welthandelsorganisation nicht angehört, hinsichtlich der Anwendung des Artikels 5 Absatz 1 Buchstabe d), des Artikels 5 Absatz 3 und des Artikels 29 Absatz 5 der Verordnung die Gegenseitigkeit gewährt.
(2) Stellt die Kommission fest, daß die in Absatz 1 genannte Gegenseitigkeit gewährt wird, so veröffentlicht sie eine entsprechende Mitteilung im *Amtsblatt der Europäischen Gemeinschaften*.
(3) Artikel 5 Absatz 1 Buchstabe d), Artikel 5 Absatz 3 und Artikel 29 Absatz 5 der Verordnung entfalten gegenüber den Angehörigen der betreffenden Staaten ihre Wirkung ab dem Datum der Veröffentlichung der in Absatz 2 erwähnten Mitteilung im *Amtsblatt der Europäischen Gemeinschaften*, sofern die Mitteilung kein früheres Datum nennt, von dem ab sie gültig ist. Ihre Wirkung erlischt mit dem Datum, zu dem die Kommission im *Amtsblatt der Europäischen Gemeinschaften* eine Mitteilung über die Einstellung der Gegenseitigkeit veröffentlicht, sofern die Mitteilung kein früheres Datum nennt, von dem ab sie gültig ist.
(4) Mitteilungen im Rahmen der Absätze 2 und 3 werden auch im Amtsblatt des Amtes veröffentlicht.

**Art. 2 Übergangsbestimmungen.** (1) Anmeldungen von Gemeinschaftsmarken, die innerhalb von drei Monaten vor dem gemäß Artikel 143 Absatz 3 der Verordnung festgelegten Tag eingereicht werden, werden vom Amt mit dem gemäß dieser Vorschrift festgelegten Anmeldetag oder dem tatsächlichen Datum des Eingangs der Anmeldung versehen.
(2) Die in Artikel 29 und 33 der Verordnung vorgesehene Prioritätsfrist von sechs Monaten wird bei einer derartigen Anmeldung von dem gemäß Artikel 143 Absatz 3 der Verordnung festgelegten Tag an gerechnet.
(3) Das Amt kann dem Anmelder vor dem gemäß Artikel 143 Absatz 3 der Verordnung festgelegten Tag eine Empfangsbestätigung übermitteln.
(4) Das Amt kann derartige Anmeldungen vor dem gemäß Artikel 143 Absatz 3 der Verordnung festgelegten Tag prüfen und sich mit dem Anmelder in Verbindung setzen, um etwaige Mängel vor diesem Tag zu beseitigen. Entscheidungen in bezug auf derartige Anmeldungen können nur nach diesem Tag erlassen werden.
(5) Das Amt führt für eine derartige Anmeldung, gleich ob für sie eine Priorität gemäß Artikel 29 oder 33 der Verordnung in Anspruch genommen wurde oder nicht, keine Recherche gemäß Artikel 39 Absatz 1 der Verordnung durch.
(6) Liegt der Tag des Eingangs der Anmeldung einer Gemeinschaftsmarke beim Amt, der Zentralbehörde für den gewerblichen Rechtsschutz eines Mitgliedstaats oder beim Benelux-Markenamt vor dem Beginn der Dreimonatsfrist des Artikels 143 Absatz 4 der Verordnung, so gilt die Anmeldung als nicht eingereicht. Der Anmelder wird hiervon unterrichtet und erhält die Anmeldeunterlagen zurück.

**Art. 3 Inkrafttreten.** Diese Verordnung tritt am siebten Tag nach ihrer Veröffentlichung im *Amtsblatt der Europäischen Gemeinschaften* in Kraft.

## 4. Verordnung (EG) Nr. 2869/95 der Kommission über die an das Harmonisierungsamt für den Binnenmarkt (Marken, Muster und Modelle) zu entrichtenden Gebühren

vom 13. Dezember 1995*

(ABl. EG Nr. L 303 vom 15. Dezember 1995, S. 33)

DIE KOMMISSION DER EUROPÄISCHEN GEMEINSCHAFTEN –

gestützt auf den Vertrag zur Gründung der Europäischen Gemeinschaft,
gestützt auf die Verordnung (EG) Nr. 40/94 des Rates vom 20. Dezember 1993 über die Gemeinschaftsmarke, geändert durch die Verordnung (EG) Nr. 3288/94, insbesondere auf Artikel 139,
gestützt auf die Verordnung (EG) Nr. 2868/95 der Kommission vom 13. Dezember 1995 zur Durchführung der Verordnung (EG) Nr. 40/94 des Rates über die Gemeinschaftsmarke,
in Erwägung nachstehender Gründe:

Gemäß Artikel 139 Absatz 3 der Verordnung (EG) Nr. 40/94, nachstehend „die Verordnung" genannt, wird die Gebührenordnung nach dem in Artikel 141 der Verordnung vorgesehenen Verfahren angenommen.

Gemäß Artikel 139 Absatz 1 der Verordnung bestimmt die Gebührenordnung insbesondere die Höhe der Gebühren und die Art und Weise, wie sie zu entrichten sind.

Gemäß Artikel 139 Absatz 2 der Verordnung ist die Höhe der Gebühren so zu bemessen, daß die Einnahmen hieraus grundsätzlich den Ausgleich des Haushaltsplans des Harmonisierungsamts für den Binnenmarkt (Marken, Muster und Modelle), nachstehend „das Amt" genannt, gewährleisten.

In der Anlaufphase des Amts ist ein Ausgleich nur möglich, wenn das Amt einen Zuschuß gemäß Artikel 134 Absatz 3 der Verordnung aus dem Gesamthaushalt der Europäischen Gemeinschaften erhält.

Die Grundgebühr für die Anmeldung einer Gemeinschaftsmarke enthält auch den Betrag, den das Amt gemäß Artikel 39 Absatz 4 der Verordnung jeder Zentralbehörde für den gewerblichen Rechtsschutz der Mitgliedstaaten für jeden Recherchenbericht zu zahlen hat.

Um die erforderliche Flexibilität zu gewährleisten, ist der Präsident des Amts (nachstehend „der Präsident") zu ermächtigen, unter bestimmten Voraussetzungen die Preise für Leistungen des Amts, für den Zugang zur Datenbank des Amts und für den Erhalt des Inhalts dieser Datenbank in maschinenlesbarer Form sowie für die Publikationen des Amtes zu bestimmen.

Um eine mühelose Zahlung der Gebühren und Preise zu ermöglichen, ist der Präsident zu ermächtigen, auch andere als die in dieser Verordnung ausdrücklich vorgesehenen Zahlungsarten zuzulassen.

Die Gebühren und Preise sollten in derselben Rechnungseinheit festgelegt werden, in der der Haushalt des Amts aufgestellt wird.

Der Haushalt des Amts wird in Ecu aufgestellt.

Durch die Festsetzung der Beträge in Ecu werden etwaige Unterschiede durch Wechselkursschwankungen vermieden.

Barzahlungen sollten in der Währung des Mitgliedstaats möglich sein, in dem das Amt seinen Sitz hat.

Die in dieser Verordnung vorgesehenen Maßnahmen entsprechen der Stellungnahme des mit Artikel 141 der Verordnung eingesetzten Ausschusses –

HAT FOLGENDE VERORDNUNG ERLASSEN:

### Art. 1 Allgemeines.
Nach Maßgabe dieser Verordnung werden erhoben:

a) die gemäß der Verordnung und der Verordnung (EG) Nr. 2868/95 an das Amt zu entrichtenden Gebühren;

b) die vom Präsidenten nach Artikel 3 Absätze 1 und 2 festgesetzten Preise.

### Art. 2 Gebühren nach Maßgabe der Verordnung und der Verordnung (EG) Nr. 2868/95.
Die nach Artikel 1 Buchstabe a an das Amt zu entrichtenden Gebühren werden wie folgt festgesetzt:

---

* Nach Art. 11 gilt für das Inkrafttreten: Die Verordnung (EG) Nr. 2869/95 ist am 22. Dezember 1995 in Kraft getreten.

VO (EG) Nr. 2869/95 Art. 2　　　　　　　　　　　　　　　　　Gebührenverordnung

| | ECU |
|---|---:|
| 1. Grundgebühr für die Anmeldung einer Gemeinschaftsmarke (Artikel 26 Absatz 2, Regel 4 Buchstabe a) ) | 975 |
| 2. Gebühr für jede Waren- und Dienstleistungsklasse ab der vierten Klasse für eine Gemeinschaftsmarke (Artikel 26 Absatz 2, Regel 4 Buchstabe b) ) | 200 |
| 3. Grundgebühr für die Anmeldung einer Gemeinschaftskollektivmarke (Artikel 26 Absatz 2, Artikel 64 Absatz 3, Regel 4 Buchstabe a) und Regel 42) | 1675 |
| 4. Gebühr für jede Waren- und Dienstleistungsklasse ab der vierten Klasse für eine Gemeinschaftskollektivmarke (Artikel 26 Absatz 2, Artikel 64 Absatz 3, Regel 4 Buchstabe b) und Regel 42) | 400 |
| 5. Widerspruchsgebühr (Artikel 42 Absatz 3, Regel 18 Absatz 1) | 350 |
| 6. Gebühr für die Änderung der Wiedergabe einer Gemeinschaftsmarke (Artikel 140 Absatz 2 Nummer 1, Artikel 44 Absatz 2, Regel 13 Absatz 2) | 200 |
| 7. Grundgebühr für die Eintragung einer Gemeinschaftsmarke (Artikel 45, Regel 23 Absatz 1 Buchstabe a)) | 1100 |
| 8. Gebühr für jede Waren- und Dienstleistungsklasse ab der vierten Klasse für eine Gemeinschaftsmarke (Artikel 45, Regel 23 Absatz 1 Buchstabe b)) | 200 |
| 9. Grundgebühr für die Eintragung einer Gemeinschaftskollek-tivmarke (Artikel 45, Artikel 64 Absatz 3, Regel 23 Absatz 1 Buchstabe a) und Regel 42) | 2200 |
| 10. Gebühr für jede Waren- und Dienstleistungsklasse ab der vierten Klasse für eine Gemeinschaftskollektivmarke (Artikel 45, Artikel 64 Absatz 3, Regel 23 Absatz 1 Buchstabe b) und Regel 42) | 400 |
| 11. Zuschlagsgebühr für die verspätete Zahlung der Eintragungsgebühr (Artikel 140 Absatz 2 Nummer 2, Regel 23 Absatz 3) | 25% der nachzuzahlenden Eintragungsgebühr, jedoch nicht mehr als 750 |
| 12. Grundgebühr für die Verlängerung einer Gemeinschaftsmarke (Artikel 47 Absatz 1, Regel 30 Absatz 2 Buchstabe a)) | 2500 |
| 13. Gebühr für jede Waren- und Dienstleistungsklasse ab der vierten Klasse für eine Gemeinschaftsmarke (Artikel 47 Absatz 1, Regel 30 Absatz 2 Buchstabe b)) | 500 |
| 14. Grundgebühr für die Verlängerung einer Gemeinschaftskollektivmarke (Artikel 47 Absatz 1, Artikel 64 Absatz 3, Regel 30 Absatz 2 Buchstabe a) und Regel 42) | 5000 |
| 15. Gebühr für jede Waren- und Dienstleistungsklasse ab der vierten Klasse für eine Gemeinschaftskollektivmarke (Artikel 47 Absatz 1, Artikel 64 Absatz 3, Regel 30 Absatz 2 Buchstabe b) und Regel 42) | 1000 |
| 16. Zuschlagsgebühr wegen verspäteter Zahlung der Verlängerungsgebühr oder wegen verspäteter Stellung des Verlängerungsantrags (Artikel 47 Absatz 3, Regel 30 Absatz 2 Buchstabe c)) | 25% der nachzuzahlenden Verlängerungsgebühr, jedoch nicht mehr als 1500 |
| 17. Gebühr für den Antrag auf Erklärung des Verfalls oder der Nichtigkeit (Artikel 55 Absatz 2, Regel 39 Absatz 2) | 700 |
| 18. Beschwerdegebühr (Artikel 59, Regel 49 Absatz 1) | 800 |
| 19. Wiedereinsetzungsgebühr (Artikel 78 Absatz 3) | 200 |
| 20. Umwandlungsgebühr (Artikel 109 Absatz 1, Regel 45 Absatz 2) | 200 |
| 21. Gebühr für die Eintragung des teilweisen oder vollständigen Übergangs des Rechts an der Anmeldung einer Gemeinschaftsmarke (Artikel 24, Artikel 140 Absatz 2 Nummer 4, Regel 31 Absätze 4 und 8) | 200 je Eintragung, werden mehrere Anträge in einem gemeinsamen Antrag oder gleichzeitig gestellt, nicht mehr als insgesamt 1000 |
| 22. Gebühr für die Eintragung des teilweisen oder vollständigen Übergangs des Rechts an einer Gemeinschaftsmarke (Artikel 140 Absatz 2 Nummer 4, Regel 31 Absatz 4) | 200 je Eintragung, werden mehrere Anträge in einem gemeinsamen Antrag oder gleichzeitig gestellt, nicht mehr als insgesamt 1000 |

Gebührenverordnung    Art. 3–5  VO (EG) Nr. 2869/95

| | ECU |
|---|---|
| 23. Gebühr für die Eintragung einer Lizenz oder eines anderen Rechts an einer Gemeinschaftsmarke (Artikel 140 Absatz 2 Nummer 5, Regel 33 Absatz 1) oder an der Anmeldung einer Gemeinschaftsmarke (Artikel 140 Absatz 2 Nummer 6, Regel 33 Absatz 4)<br>a) Erteilung einer Lizenz<br>b) Übergang einer Lizenz<br>c) Bestellung eines dinglichen Rechts<br>d) Übertragung eines dinglichen Rechts<br>e) Zwangsvollstreckungsmaßnahmen | 200 je Eintragung, werden mehrere Anträge in einem gemeinsamen Antrag oder gleichzeitig gestellt, nicht mehr als insgesamt 1000 |
| 24. Gebühr für die Löschung der Eintragung einer Lizenz oder eines anderen Rechts (Artikel 140 Absatz 2 Nummer 7, Regel 35 Absatz 3) | 200 je Löschung, werden mehrere Anträge in einem gemeinsamen Antrag oder gleichzeitig gestellt, nicht mehr als insgesamt 1000 |
| 25. Gebühr für die Änderung einer eingetragenen Gemeinschaftsmarke (Artikel 140 Absatz 2 Nummer 8, Regel 25 Absatz 2) | 200 |
| 26. Gebühr für die Ausstellung einer Kopie der Anmeldung einer Gemeinschaftsmarke (Artikel 140 Absatz 2 Nummer 12, Regel 89 Absatz 5), einer Kopie der Eintragungsurkunde (Artikel 140 Absatz 2 Nummer 3, Regel 25 Absatz 2) oder eines Auszugs aus dem Register (Artikel 140 Absatz 2 Nummer 9, Regel 84 Absatz 6)<br>a) unbeglaubigte Kopie oder Auszug<br>b) beglaubigte Kopie oder Auszug | <br><br><br><br>10<br>30 |
| 27. Gebühr für die Akteneinsicht (Artikel 140 Absatz 2 Nummer 10, Regel 89 Absatz 1) | 30 |
| 28. Gebühr für Kopien aus den Akten (Artikel 140 Absatz 2 Nummer 11, Regel 89 Absatz 5)<br>a) unbeglaubigte Kopie<br>b) beglaubigte Kopie<br>zusätzlich für jede Zahl 10 überschreitende Seite | <br><br>10<br>30<br>1 |
| 29. Gebühr für die Aktenauskunft (Artikel 140 Absatz 2 Nummer 13, Regel 90)<br>zusätzlich für jede die Zahl 10 überschreitende Seite | 10<br><br>1 |
| 30. Gebühr für die Überprüfung der Kostenfestsetzung (Artikel 140 Absatz 2 Nummer 14, Regel 94 Absatz 4) | 100 |

**Art. 3 Vom Präsidenten festgesetzte Preise.** (1) Der Präsident setzt die Beträge fest, die für andere als die in Artikel 2 genannten Leistungen des Amts zu entrichten sind.

(2) Der Präsident setzt außerdem die Beträge fest, die für das Blatt für Gemeinschaftsmarken, für das Amtsblatt und für sonstige Veröffentlichungen des Amts zu entrichten sind.

(3) Die Höhe der Beträge wird in Ecu festgesetzt.

(4) Die Höhe der Preise, die vom Präsidenten gemäß den Absätzen 1 und 2 festgesetzt worden sind, wird im Amtsblatt des Amts veröffentlicht.

**Art. 4 Fälligkeit der Gebühren und Preise.** (1) Gebühren und Preise, deren Fälligkeit sich nicht aus der Verordnung oder der Verordnung (EG) Nr. 2868/95 ergibt, werden mit dem Eingang des Antrags auf Vornahme der entgeltlichen Leistung fällig.

(2) Der Präsident kann davon absehen, die Leistungen nach Absatz 1 von der vorherigen Zahlung der entsprechenden Gebühren oder Preise abhängig zu machen.

**Art. 5 Zahlung der Gebühren und Preise.** (1) Die an das Amt zu zahlenden Gebühren[1]) und Preise sind zu entrichten:

---

[1]) Zahlungen sind unmittelbar an das HABM zu richten. Das DMPA ist nicht berechtigt, Gebührenzahlungen, die für das HABM bestimmt sind, entgegenzunehmen. Beim DPMA eingehende Zahlungsmittel werden unter Hinweis auf die Unzuständigkeit des DPMA unverzüglich an den Einreichenden zurückgeleitet. Auch eine Weiterleitung von überwiesenen Beträgen findet somit an das HABM nicht statt (Mitteilung Nr. 8/97 des Präsidenten des DPA vom 20. Juni 1997, BlPMZ 1997, 241).

a) durch Einzahlung oder Überweisung auf ein Bankkonto des Amts,
b) durch Übergabe oder Übersendung von Schecks, die auf das Amt ausgestellt sind, oder
c) durch Barzahlung.

(2) Der Präsident kann andere als die in Absatz 1 genannten Zahlungsarten zulassen, insbesondere mit Hilfe laufender Konten beim Amt.

(3) Entscheidungen des Präsidenten gemäß Absatz 2 werden im Amtsblatt des Amtes veröffentlicht.

**Art. 6 Währungen.** (1) Zahlungen durch Einzahlung oder Überweisung auf ein Bankkonto nach Artikel 5 Absatz 1 Buchstabe a), durch Übergabe oder Übersendung von Schecks nach Artikel 5 Absatz 1 Buchstabe b) oder mittels jeder anderen Zahlungsart, die der Präsident nach Artikel 5 Absatz 2 zugelassen hat, sind in Ecu zu leisten.

(2) Barzahlungen gemäß Artikel 5 Absatz 1 Buchstabe c) sind in der Währung des Mitgliedstaats, in dem das Amt seinen Sitz hat, zu leisten. Der Präsident berechnet den Ecu-Gegenwert auf der Grundlage der jeweiligen Wechselkurse, die täglich von der Kommission festgelegt und gemäß Verordnung (EG) Nr. 3320/94 des Rates[1] im *Amtsblatt der Europäischen Gemeinschaften* veröffentlicht werden.

**Art. 7 Zahlungsmodalitäten.** (1) Jede Zahlung muß den Namen des Einzahlers und die notwendigen Angaben enthalten, die es dem Amt ermöglichen, den Zweck der Zahlung ohne weiteres zu erkennen. Insbesondere ist anzugeben:
a) bei der Zahlung der Anmeldegebühr der Zweck der Zahlung, d. h. „Anmeldegebühr",
b) bei Zahlung der Eintragungsgebühr das Aktenzeichen der Anmeldung, die der Eintragung zugrunde liegt, und der Zweck der Zahlung, d. h. „Eintragungsgebühr",
c) bei Zahlung der Widerspruchsgebühr das Aktenzeichen der Anmeldung und der Name des Anmelders der Gemeinschaftsmarke, gegen deren Eintragung Widerspruch eingelegt wird, und der Zweck der Zahlung, d. h. „Widerspruchsgebühr",
d) bei Zahlung der Gebühr für die Erklärung des Verfalls oder der Nichtigkeit die Nummer der Eintragung und der Name des Inhabers der Gemeinschaftsmarke, gegen die sich der Antrag richtet, und der Zweck der Zahlung, d. h. „Verfallsgebühr" oder „Nichtigkeitsgebühr".

(2) Ist der Zweck der Zahlung nicht ohne weiteres erkennbar, so fordert das Amt den Einzahler auf, innerhalb einer vom Amt bestimmten Frist diesen Zweck schriftlich mitzuteilen. Kommt der Einzahler der Aufforderung nicht fristgemäß nach, so gilt die Zahlung als nicht erfolgt. Der gezahlte Betrag wird zurückerstattet.

**Art. 8 Maßgebender Zahlungstag.** (1) Als Tag des Eingangs einer Zahlung beim Amt gilt:
a) im Fall des Artikels 5 Absatz 1 Buchstabe a) der Tag, an dem der eingezahlte oder überwiesene Betrag auf einem Bankkonto des Amts tatsächlich gutgeschrieben ist;
b) im Fall des Artikels 5 Absatz 1 Buchstabe b) der Tag, an dem der Scheck beim Amt eingeht, sofern er eingelöst wird;
c) im Fall des Artikels 5 Absatz 1 Buchstabe c) der Tag des Eingangs der Barzahlung.

(2) Läßt der Präsident gemäß Artikel 5 Absatz 2 andere als in Artikel 5 Absatz 1 genannte Zahlungsarten zu, so bestimmt er auch den Tag, an dem diese Zahlungen als eingegangen gelten.

(3) Gilt eine Gebührenzahlung im Sinne der Absätze 1 und 2 erst nach Ablauf der Frist, innerhalb deren sie fällig war, als eingegangen, so gilt diese Frist als gewahrt, wenn gegenüber dem Amt nachgewiesen wird, daß der Einzahler
a) innerhalb der Zahlungsfrist in einem Mitgliedstaat
   i) die Zahlung bei einer Bank veranlaßt hat oder

---

[1] ABl. EG Nr. L 350 vom 31. Dezember 1994, S. 27.

ii) einer Bank einen ordnungsgemäßen Überweisungsauftrag erteilt hat oder

iii) beim Postamt oder auf anderem Wege einen an das Amt gerichteten Brief mit einem Scheck im Sinne von Artikel 5 Absatz 1 Buchstabe b) aufgegeben hat, sofern dieser Scheck eingelöst wird, und

b) einen Zuschlag von 10% der entsprechenden Gebühr(en), jedoch nicht mehr als 200 Ecu, entrichtet hat; der Zuschlag entfällt, wenn eine der unter Buchstabe a) genannten Voraussetzungen spätestens zehn Tage vor Ablauf der Zahlungsfrist erfüllt wird.

(4) Das Amt kann den Einzahler auffordern nachzuweisen, an welchem Tag eine der in Absatz 3 Buchstabe a) genannten Voraussetzungen erfüllt worden ist, und gegebenenfalls den Zuschlag innerhalb einer vom Amt festgesetzten Frist nach Absatz 3 Buchstabe b) zu entrichten. Kommt der Einzahler dieser Aufforderung nicht nach, ist der Nachweis unzureichend oder wird der Zuschlag nicht fristgemäß entrichtet, so gilt die Zahlungsfrist als versäumt.

**Art. 9 Nicht ausreichender Gebührenbetrag.** (1) Eine Zahlungsfrist gilt grundsätzlich nur dann als eingehalten, wenn der volle Gebührenbetrag rechtzeitig gezahlt worden ist. Ist die Gebühr nicht in voller Höhe gezahlt worden, so wird der gezahlte Betrag nach Ablauf der Zahlungsfrist erstattet.

(2) Das Amt kann jedoch, soweit es die laufende Frist erlaubt, dem Einzahler Gelegenheit geben, den fehlenden Betrag nachzuzahlen oder, wenn dies gerechtfertigt erscheint, geringfügige Fehlbeträge ohne Rechtsnachteil für den Einzahler unberücksichtigt lassen.

**Art. 10 Erstattung geringfügiger Beträge.** (1) Zuviel gezahlte Gebühren oder Preise werden nicht zurückerstattet, wenn der überschüssige Betrag geringfügig ist und der Einzahler die Erstattung nicht ausdrücklich beantragt hat. Der Präsident bestimmt, was unter einem geringfügigen Betrag zu verstehen ist.

(2) Entscheidungen des Präsidenten nach Absatz 1 werden im Amtsblatt des Amtes veröffentlicht.

**Art. 11 Inkrafttreten.** Diese Verordnung tritt am siebten Tag nach ihrer Veröffentlichung im *Amtsblatt der Europäischen Gemeinschaften* in Kraft.

## 5. Verordnung (EG) Nr. 216/96 der Kommission über die Verfahrensordnung vor den Beschwerdekammern des Harmonisierungsamts für den Binnenmarkt (Marken, Muster und Modelle)

vom 5. Februar 1996*

(ABl. EG Nr. L 28 vom 6. Februar 1996, S. 11)

DIE KOMMISSION DER EUROPÄISCHEN GEMEINSCHAFTEN –

gestützt auf den Vertrag zur Gründung der Europäischen Gemeinschaft,
gestützt auf die Verordnung (EG) Nr. 40/94 des Rates vom 20. Dezember 1993 über die Gemeinschaftsmarke[1], geändert durch die Verordnung (EG) Nr. 3288/94[2], insbesondere auf Artikel 140 Absatz 3,
in Erwägung nachstehender Gründe:

Mit der Verordnung (EG) Nr. 40/94 („die Verordnung") ist ein neues Markensystem eingeführt worden, durch das eine beim Harmonisierungsamt für den Binnenmarkt (Marken, Muster und Modelle) („das Amt") angemeldete Marke gemeinschaftsweite Geltung erlangt.

Die Verordnung enthält unter anderem Verfahrensvorschriften für die Eintragung einer Gemeinschaftsmarke, für die Markenverwaltung, für Beschwerden gegen Entscheidungen des Amtes und für die Erklärung des Verfalls oder der Nichtigkeit einer Gemeinschaftsmarke.

Nach Artikel 130 der Verordnung entscheiden die Beschwerdekammern über Beschwerden gegen Entscheidungen des Prüfers, der Widerspruchsabteilungen, der Markenverwaltungs- und Rechtsabteilung und der Nichtigkeitsabteilungen.

Titel VII der Verordnung enthält Grundbestimmungen für Beschwerden gegen Entscheidungen der Prüfer, der Widerspruchsabteilungen der Markenverwaltungs- und Rechtsabteilung und der Nichtigkeitsabteilung.

Die Durchführungsvorschriften zu Titel VII der Verordnung sind in Titel X der Verordnung (EG) Nr. 2868/95 der Kommission vom 13. Dezember 1995 zur Durchführung der Verordnung (EG) Nr. 40/94 des Rates[3] über die Gemeinschaftsmarke niedergelegt.

Die vorliegende Verordnung ergänzt die vorgenannten Bestimmungen insbesondere im Hinblick auf die Organisation der Beschwerdekammern und das mündliche Verfahren.

Zu Beginn eines jeden Geschäftsjahres sollte vor einem hierzu eingesetzten Präsidium für die Beschwerdekammern ein Geschäftsverteilungsplan nach objektiven Kriterien wie Waren- und Dienstleistungsklassen oder Anfangsbuchstaben der Beschwerdeführer aufgestellt werden.

Um die Bearbeitung und Erledigung von Beschwerden zu erleichtern, ist für jede Beschwerde ein Berichterstatter zu bestimmen, der unter anderem die Mitteilungen an die Parteien vorbereitet und die Entscheidungen entwirft.

Die an Beschwerdeverfahren Beteiligten sind unter Umständen nicht in der Lage oder willens, den Beschwerdekammern Fragen von allgemeinem Interesse im Zusammenhang mit einem anhängigen Fall zur Kenntnis zu bringen. Die Beschwerdekammern sollten deshalb das Recht haben, den Präsidenten des Amts wegen oder auf dessen Wunsch einzuladen, um sich zu Fragen von allgemeinem Interesse zu äußern, die einen vor den Beschwerdekammern anhängigen Fall betreffen.

Die in dieser Verordnung vorgesehenen Maßnahmen entsprechen der Stellungnahme des durch Artikel 141 der Verordnung eingesetzten Ausschusses –

HAT FOLGENDE VERORDNUNG ERLASSEN:

**Art. 1. Geschäftsverteilung und Präsidium.** (1) Vor Beginn eines jeden Geschäftsjahres wird der Geschäftsverteilungsplan für die Beschwerdekammern nach objektiven Kriterien aufgestellt, und es werden die Mitglieder der einzelnen Beschwerdekammern und ihre Vertreter bestimmt. Jedes Mitglied einer Beschwerdekammer kann zum Mitglied mehrerer Beschwerdekammern oder zum Vertreter in mehreren Beschwerdekammern bestimmt werden. Falls erforderlich, können diese Maßnahmen im Laufe des Geschäftsjahres geändert werden.

---

\* Nach Art. 14 gilt für das Inkrafttreten: Die Verordnung (EG) Nr. 216/96 ist am 9. Februar 1996 in Kraft getreten.
[1] ABl. EG Nr. L 11 vom 14. 1. 1994, S. 1.
[2] ABl. EG Nr. L 349 vom 31. 12. 1994, S. 83.
[3] ABl. EG Nr. L 303 vom 15. 12. 1995, S. 1.

(2) Die in Absatz 1 genannten Maßnahmen werden vom Präsidium getroffen, das sich zusammensetzt aus dem Präsidenten des Amts als Vorsitzenden, dem für die Beschwerdekammern zuständigen Vizepräsidenten des Amts, den Vorsitzenden der Beschwerdekammern und drei weiteren Mitgliedern der Beschwerdekammern, die von der Gesamtheit der Mitglieder der Beschwerdekammern mit Ausnahme der Vorsitzenden für das betreffende Geschäftsjahr gewählt werden. Das Präsidium ist beschlußfähig, wenn mindestens fünf seiner Mitglieder einschließlich des Präsidenten oder des Vizepräsidenten des Amts und zwei der Kammervorsitzenden anwesend sind. Das Präsidium entscheidet mit Stimmenmehrheit. Bei Stimmengleichheit gibt die Stimme des Vorsitzenden den Ausschlag. Das Präsidium kann sich eine Verfahrensordnung geben.

(3) Bei Meinungsverschiedenheiten über die Geschäftsverteilung zwischen den Beschwerdekammern entscheidet das in Absatz 2 bezeichnete Präsidium.

(4) Solange nicht mehr als drei Beschwerdekammern eingerichtet sind, setzt sich das in Absatz 2 bezeichnete Präsidium zusammen aus dem Präsidenten des Amts als Vorsitzenden, dem für die Beschwerdekammern zuständigen Vizepräsidenten des Amts, dem oder den Vorsitzenden der bereits bestehenden Beschwerdekammern und einem weiteren Mitglied der Beschwerdekammern, das von der Gesamtheit der Mitglieder der Beschwerdekammern mit Ausnahme des oder der Vorsitzenden für das betreffende Geschäftsjahr gewählt wird. Das Präsidium ist beschlußfähig, wenn mindestens drei seiner Mitglieder einschließlich des Präsidenten oder des Vizepräsidenten des Amts anwesend sind.

**Art. 2. Vertretung der Mitglieder.** (1) Vertretungsgründe sind insbesondere Urlaub, Krankheit, unabweisbare Verpflichtungen sowie die Ausschlußgründe nach Artikel 132 der Verordnung.

(2) Will ein Mitglied vertreten werden, so unterrichtet es unverzüglich den betreffenden Kammervorsitzenden von seiner Verhinderung.

**Art. 3. Ausschließung und Ablehnung.** (1) Hat eine Beschwerdekammer von einem möglichen Ausschließungs- oder Ablehnungsgrund nach Artikel 132 Absatz 3 der Verordnung auf anderem Wege als durch ein Mitglied oder einen Verfahrensbeteiligten Kenntnis erhalten, so wird das Verfahren nach Artikel 132 Absatz 4 der Verordnung angewendet.

(2) Das betreffende Mitglied wird aufgefordert, sich zu dem Ausschließungs- oder Ablehnungsgrund zu äußern.

(3) Bis zur Entscheidung nach Artikel 132 Absatz 4 der Verordnung wird das Verfahren in der Sache ausgesetzt.

**Art. 4. Berichterstatter.** (1) Der Vorsitzende jeder Beschwerdekammer bestimmt für jede Beschwerde eines der Kammermitglieder oder sich selbst als Berichterstatter.

(2) Der Berichterstatter führt eine erste Untersuchung der Beschwerde durch. Er kann auf Anordnung des Kammervorsitzenden Mitteilungen an die Beteiligten abfassen. Die Mitteilungen werden vom Berichterstatter im Namen der Beschwerdekammer unterzeichnet.

(3) Der Berichterstatter bereitet die Sitzungen und mündlichen Verhandlungen der Beschwerdekammer vor.

(4) Der Berichterstatter entwirft die Entscheidungen.

**Art. 5. Geschäftsstellen.** (1) Bei den Beschwerdekammern werden Geschäftsstellen eingerichtet. Die Aufgaben der Geschäftsstellen werden von Geschäftsstellenbeamten wahrgenommen. Einer der Geschäftsstellenbeamten kann zum Leiter der Geschäftsstelle bestellt werden.

(2) Das in Artikel 1 Absatz 2 bezeichnete Präsidium kann den Geschäftsstellenbeamten Aufgaben übertragen, die keine technischen oder rechtlichen Schwierigkeiten bereiten, insbesondere Vertretung, Vorlage von Übersetzungen, Gewährung von Akteneinsicht und Zustellungen.

(3) Die Geschäftsstelle legt dem Kammervorsitzenden zu jeder neu eingegangenen Beschwerde einen Bericht über die Zulässigkeit der Beschwerde vor.

(4) Niederschriften über mündliche Verhandlungen und Beweisaufnahmen werden von einem Geschäftsstellenbeamten oder mit Zustimmung des Präsidenten des Amts von einem anderen Bediensteten des Amts, den der Kammervorsitzende dazu bestimmt, angefertigt.

**Art. 6. Änderungen in der Zusammensetzung einer Beschwerdekammer.** (1) Ändert sich die Zusammensetzung einer Beschwerdekammer nach einer mündlichen Verhandlung, so wird den Beteiligten mitgeteilt, daß auf Antrag eine neue mündliche Verhandlung vor der Beschwerdekammer in ihrer neuen Zusammensetzung stattfindet. Eine neue mündliche Verhandlung findet auch dann statt, wenn dies von dem neuen Mitglied beantragt wird und die übrigen Mitglieder der Beschwerdekammer damit einverstanden sind.

(2) Das neue Mitglied ist wie die übrigen Mitglieder an bereits getroffene Zwischenentscheidungen gebunden.

(3) Ist ein Mitglied verhindert, nachdem die Beschwerdekammer bereits zu einer abschließenden Entscheidung gelangt ist, so wird kein Vertreter bestellt. Ist der Vorsitzende verhindert, so wird die Entscheidung vom dienstältesten Mitglied der Beschwerdekammer und bei gleichem Dienstalter vom ältesten Mitglied im Namen des Vorsitzenden unterzeichnet.

**Art. 7. Verbindung von Beschwerdeverfahren.** (1) Sind gegen eine Entscheidung mehrere Beschwerden erhoben worden, so werden sie in einem gemeinsamen Verfahren behandelt.

(2) Sind Beschwerden gegen verschieden Entscheidungen erhoben worden und ist für deren Behandlung eine Beschwerdekammer in derselben Zusammensetzung zuständig, so kann die Beschwerdekammer die Beschwerden mit Zustimmung der Beteiligten in einem gemeinsamen Verfahren behandeln.

**Art. 8. Zurückverweisung an die erste Instanz.** Weist das Verfahren vor der ersten Instanz, deren Entscheidung mit der Beschwerde angefochten wird, wesentliche Mängel auf, so hebt die Beschwerdekammer die Entscheidung auf und verweist die Angelegenheit entweder an die erste Instanz zurück oder entscheidet selbst darüber, sofern dem nicht besondere Gründe entgegenstehen.

**Art. 9. Mündliche Verhandlung.** (1) Ist eine mündliche Verhandlung vorgesehen, so sorgt die Beschwerdekammer dafür, daß die Beteiligten vor der Verhandlung alle entscheidungserheblichen Informationen und Unterlagen vorgelegt haben.

(2) Die Beschwerdekammer kann der Ladung zur mündlichen Verhandlung ein Mitteilung beifügen, in der auf Punkte, die besonders bedeutsam erscheinen, oder auf die Tatsache hingewiesen wird, daß bestimmte Fragen nicht mehr strittig zu sein scheinen; die Mitteilung kann auch andere Bemerkungen enthalten, die es erleichtern, die mündliche Verhandlung auf das Wesentliche zu konzentrieren.

(3) Die Beschwerdekammer sorgt dafür, daß die Sache am Ende der mündlichen Verhandlung entscheidungsreif ist, sofern dem nicht besondere Gründe entgegenstehen.

**Art. 10. Mitteilungen an die Beteiligten.** Hält eine Beschwerdekammer es für zweckmäßig, den Beteiligten ihre Ansicht über die mögliche Beurteilung tatsächlicher oder rechtlicher Fragen mitzuteilen, so hat das so zu geschehen, daß die Mitteilung nicht als bindend für die Beschwerdekammer verstanden werden kann.

**Art. 11. Äußerung zu Fragen von allgemeinem Interesse.** Die Beschwerdekammer kann den Präsidenten des Amts von Amts wegen oder auf dessen schriftlichen, begründeten Antrag hin auffordern, sich zu Fragen von allgemeinem Interesse, die sich im Rahmen eines vor der Beschwerdekammer anhängigen Verfahrens stellen, schriftlich oder mündlich zu äußern. Die Beteiligten sind berechtigt, zu diesen Äußerungen Stellung zu nehmen.

**Art. 12. Beratung vor der Entscheidung.** Der Berichterstatter legt den übrigen Mitgliedern der Beschwerdekammer den Entscheidungsentwurf vor und setzt eine angemessene Frist, in der Einwände erhoben oder Änderungen vorgeschlagen werden können. Sind nicht alle Mitglieder der Beschwerdekammer der gleichen Ansicht über die zu treffende Entscheidung, so findet eine Beratung statt. An der Beratung nehmen nur die Mitglieder der Beschwerdekammer teil. Der Vorsitzende der Beschwerdekammer kann jedoch die Anwesenheit anderer Bediensteter wie Geschäftsstellenbeamte oder Dolmetscher zulassen. Die Beratungen sind geheim.

**Art. 13. Reihenfolge bei der Abstimmung.** (1) Bei den Beratungen der Beschwerdekammer wird zuerst der Berichterstatter gehört; der Vorsitzende äußert sich, wenn er nicht Berichterstatter ist, zuletzt.

(2) Ist eine Abstimmung notwendig, so werden die Stimmen in der gleichen Reihenfolge abgegeben; der Kammervorsitzende stimmt jedoch, auch wenn er Berichterstatter ist, zuletzt ab. Stimmenthaltungen sind nicht zulässig.

**Art. 14. Inkrafttreten.** Diese Verordnung tritt am dritten Tag nach ihrer Veröffentlichung im *Amtsblatt der Europäischen Gemeinschaften* in Kraft.

Diese Verordnung ist in allen ihren Teilen verbindlich und gilt unmittelbar in jedem Mitgliedstaat.

## 6. Verordnung (EWG) Nr. 2081/92 des Rates zum Schutz von geographischen Angaben und Ursprungsbezeichnungen für Agrarerzeugnisse und Lebensmittel

vom 14. Juli 1992*

(ABl. EG Nr. L 208 vom 24. Juli 1992, S. 1; zuletzt geändert durch Verordnung (EG) Nr. 1068/97 vom 12. Juni 1997, ABl. EG Nr. L 156 vom 13. Juni 1997, S. 10)

DER RAT DER EUROPÄISCHEN GEMEINSCHAFTEN –

gestützt auf den Vertrag zur Gründung der Europäischen Wirtschaftsgemeinschaft, insbesondere auf Artikel 43,
auf Vorschlag der Kommission[1],
nach Stellungnahme des Europäischen Parlaments[2],
nach Stellungnahme des Wirtschafts- und Sozialausschusses[3],
in Erwägung nachstehender Gründe:

Herstellung, Verarbeitung und Vertrieb von Agrarerzeugnissen und Lebensmitteln spielen für die Wirtschaft der Gemeinschaft eine wichtige Rolle.

Bei der Neuausrichtung der gemeinsamen Agrarpolitik sollte der Schwerpunkt auf der Diversifizierung der Agrarproduktion liegen, damit das Angebot besser an die Nachfrage angepaßt wird. Die Förderung von Erzeugnissen mit bestimmten Merkmalen kann vor allem in den benachteiligten oder abgelegenen Gebieten von großem Vorteil für die ländliche Entwicklung sein, und zwar sowohl durch die Steigerung des Einkommens der Landwirte als auch durch die Verhinderung der Abwanderung der ländlichen Bevölkerung aus diesen Gebieten.

Darüber hinaus hat sich in den letzten Jahren gezeigt, daß die Verbraucher für ihre Ernährung die Qualität der Quantität vorziehen. Dieses Interesse an Erzeugnissen mit besonderen Merkmalen kommt insbesondere in der steigenden Nachfrage nach Agrarerzeugnissen oder Lebensmitteln mit bestimmbarer geographischer Herkunft zum Ausdruck.

Angesichts der Vielfalt der im Handel befindlichen Erzeugnisse und der Vielzahl der entsprechenden Informationen benötigt der Verbraucher eine klar und knapp formulierte Auskunft über die Herkunft des Erzeugnisses, um so besser seine Wahl treffen zu können.

Für die Etikettierung von Agrarerzeugnissen und Lebensmitteln gelten die in der Gemeinschaft aufgestellten allgemeinen Vorschriften, insbesondere die Richtlinie 79/112/EWG des Rates vom 18. Dezember 1978 zur Angleichung der Rechtsvorschriften der Mitgliedstaaten über die Etikettierung und Aufmachung von Lebensmitteln sowie die Werbung hierfür[4]. Aufgrund der Spezifität von Agrarerzeugnissen und Lebensmitteln aus einem begrenzten geographischen Gebiet sollten für diese ergänzende Sonderbestimmungen erlassen werden.

In dem Bemühen um den Schutz von landwirtschaftlichen Erzeugnissen oder Lebensmitteln, die nach ihrer geographischen Herkunft identifizierbar sind, haben einige Mitgliedstaaten „kontrollierte Ursprungsbezeichnungen" eingeführt. Diese haben sich nicht nur zur Zufriedenheit der Erzeuger entwickelt, die als Gegenleistung für echte Qualitätsanstrengungen ein höheres Einkommen erzielen, sondern auch der Verbraucher, die so auf spezifische Erzeugnisse mit Garantien für Herstellungsmethode und Herkunft zurückgreifen können.

Allerdings gelten derzeit unterschiedliche einzelstaatliche Verfahren zum Schutz von Ursprungsbezeichnungen und geographischen Angaben. Es ist daher ein gemeinschaftliches Konzept erforderlich. Gemeinschaftliche Rahmenvorschriften über den Schutz geographischer Angaben und von Ursprungsbezeichnungen wären diesen förderlich, da sie über ein einheitlicheres Vorgehen gleiche Wettbewerbs-

---

* Nach Art. 18 gilt für das Inkrafttreten: Die Verordnung (EWG) Nr. 2081/92 ist am 24. Juli 1993 in Kraft getreten. Für die durch die Verordnung (EG) Nr. 535/97 vom 17. März 1997 (ABl. EG Nr. L 88 vom 25. März 1997, S. 3) vorgenommenen Änderungen der Verordnung (EWG) Nr. 2081/92 gilt für das Inkrafttreten: Die in Art. 1 der Verordnung (EG) Nr. 535/97 vorgenommenen Änderungen der Art. 1 Abs. 1, 5 Abs. 5, 7 Abs. 4, 13 Abs. 2 und 13 Abs. 4 der Verordnung (EWG) Nr. 2081/92 sind nach Art. 2 der Verordnung (EG) Nr. 535/97 am 28. März 1997 in Kraft getreten. Für die durch die Verordnung (EG) Nr. 1068/97 vom 12. Juni 1997 (ABl. EG Nr. L 156 vom 13. Juni 1997, S. 10) vorgenommenen Änderungen der Verordnung (EWG) Nr. 2081/92 gilt für das Inkrafttreten: Die in Art. 1 der Verordnung (EG) Nr. 1068/97 vorgenommenen Änderungen des Anhangs II der Verordnung (EWG) Nr. 2081/92 sind nach Art. 2 der Verordnung (EG) Nr. 1068/97 am 13. Juni 1997 in Kraft getreten.
[1] ABl. EG Nr. C 30 vom 6. 2. 1991, S. 9, und ABl. EG Nr. C 69 vom 18. 3. 1992, S. 1.
[2] ABl. EG Nr. C 326 vom 16. 12. 1991, S. 3.
[3] ABl. EG Nr. C 269 vom 14. 10. 1991, S. 62.
[4] ABl. EG Nr. L 33 vom 8. 2. 1979, S. 1, Richtlinie zuletzt geändert durch die Richtlinie 91/72/EWG (ABl. EG Nr. L 42 vom 15. 2. 1991, S. 27).

bedingungen für die Hersteller derart gekennzeichneter Erzeugnisse sicherstellen und dazu führen, daß solche Erzeugnisse beim Verbraucher mehr Vertrauen genießen.

Die geplante Regelung beeinträchtigt nicht die bereits geltenden Gemeinschaftsbestimmungen für Weine und Spirituosen, die ein höheres Schutzniveau bieten.

Der Geltungsbereich dieser Verordnung ist begrenzt auf Agrarerzeugnisse und Lebensmittel, bei denen ein Zusammenhang zwischen den Eigenschaften der Produkte und ihrer geographischen Herkunft besteht. Dieser Geltungsbereich kann jedoch erforderlichenfalls auf andere Agrarerzeugnisse oder Lebensmittel ausgedehnt werden.

Aufgrund der bestehenden Gepflogenheiten empfiehlt es sich, zwei verschiedene Kategorien von geographischen Angaben festzulegen, und zwar die geschützten geographischen Angaben und die geschützten Ursprungsbezeichnungen.

Ein Agrarerzeugnis oder Lebensmittel, das mit einer solchen Angabe gekennzeichnet ist, muß bestimmte Bedingungen erfüllen, die in einer Spezifikation aufgeführt sind.

Um den Schutz geographischer Angaben und von Ursprungsbezeichnungen in allen Mitgliedstaaten zu gewährleisten, müssen diese auf Gemeinschaftsebene eingetragen sein. Diese Eintragung in ein Verzeichnis dient auch der Unterrichtung der Fachkreise und der Verbraucher.

Das Eintragungsverfahren muß jedem persönlich und unmittelbar Betroffenen die Möglichkeit geben, seine Rechte durch einen über den Mitgliedstaat geleiteten Einspruch bei der Kommission geltend zu machen.

Es sollten Verfahren bestehen, die es ermöglichen, nach der Eintragung die Spezifikation dem Stand der Technik anzupassen oder die geographische Angabe oder Ursprungsbezeichnung eines Agrarerzeugnisses oder Lebensmittels aus dem Verzeichnis zu streichen, wenn dieses Erzeugnis oder Lebensmittel die Bedingungen der Spezifikation nicht mehr erfüllt, aufgrund derer es mit der geographischen Angabe oder Ursprungsbezeichnung gekennzeichnet werden durfte.

Der Handelsverkehr mit Drittländern, die gleichwertige Garantien für die Vergabe und Kontrolle der in ihrem Hoheitsgebiet erteilten geographischen Angaben oder Ursprungsbezeichnungen bieten, sollte ermöglicht werden.

Es ist ein Verfahren für eine enge Zusammenarbeit der Mitgliedstaaten und der Kommission vorzusehen. Zu diesem Zweck wird ein Regelungsausschuß eingesetzt –

HAT FOLGENDE VERORDNUNG ERLASSEN:

**Art. 1.** (1) Diese Verordnung regelt den Schutz der Ursprungsbezeichnungen und der geographischen Angaben der in Anhang II des Vertrages genannten, zum menschlichen Verzehr bestimmten Agrarerzeugnisse und der in Anhang I der vorliegenden Verordnung genannten Lebensmittel sowie der in Anhang II der vorliegenden Verordnung genannten Agrarerzeugnisse.

Diese Verordnung gilt jedoch nicht für Weinbauerzeugnisse und alkoholische Getränke.

Die Anhänge I und II können nach dem Verfahren des Artikels 15 geändert werden.

(2) Diese Verordnung gilt unbeschadet sonstiger besonderer Gemeinschaftsvorschriften.

(3) Die Richtlinie 83/189/EWG des Rates vom 28. März 1983 über ein Informationsverfahren auf dem Gebiet der Normen und technischen Vorschriften[1)] gilt weder für Ursprungsbezeichnungen noch für geographische Angaben nach dieser Verordnung.

**Art. 2.** (1) Ursprungsbezeichnungen und geographische Angaben von Agrarerzeugnissen und Lebensmitteln werden nach Maßgabe dieser Verordnung auf Gemeinschaftsebene geschützt.

(2) Im Sinne dieser Verordnung bedeutet

a) „Ursprungsbezeichnung" der Name einer Gegend, eines bestimmten Ortes oder in Ausnahmefällen eines Landes, der zur Bezeichnung eines Agrarerzeugnisses oder eines Lebensmittels dient,
 – das aus dieser Gegend, diesem bestimmten Ort oder diesem Land stammt und
 – das seine Güte oder Eigenschaften überwiegend oder ausschließlich den geographischen Verhältnissen einschließlich der natürlichen und menschlichen Einflüsse verdankt und das in dem begrenzten geographischen Gebiet erzeugt, verarbeitet und hergestellt wurde;

---

[1)] ABl. EG Nr. L 109 vom 26. 4. 1983, S. 8. Richtlinie zuletzt geändert durch die Entscheidung 90/230/EWG (ABl. EG Nr. L 128 vom 18. 5. 1990, S. 15).

b) „geographische Angabe" der Name einer Gegend, eines bestimmten Ortes oder in Ausnahmefällen eines Landes, der zur Bezeichnung eines Agrarerzeugnisses oder eines Lebensmittels dient,
- das aus dieser Gegend, diesem bestimmten Ort oder diesem Land stammt und
- bei dem sich eine bestimmte Qualität, das Ansehen oder eine andere Eigenschaft aus diesem geographischen Ursprung ergibt und das in dem begrenzten geographischen Gebiet erzeugt und/oder verarbeitet und/oder hergestellt wurde.

(3) Als Ursprungsbezeichnungen gelten auch bestimmte traditionelle geographische oder nichtgeographische Bezeichnungen, wenn sie ein Agrarerzeugnis oder ein Lebensmittel bezeichnen, das aus einer bestimmten Gegend oder einem bestimmten Ort stammt und das die Anforderungen nach Absatz 2 Buchstabe a) zweiter Gedankenstrich erfüllt.

(4) Abweichend von Absatz 2 Buchstabe a) werden bestimmte geographische Bezeichnungen Ursprungsbezeichnungen gleichgestellt, wenn die Grunderzeugnisse der betreffenden Erzeugnisse aus einem anderen geographischen Gebiet oder aus einem Gebiet stammen, das größer als das Verarbeitungsgebiet ist, sofern
- das Gebiet, in dem das Grunderzeugnis hergestellt wird, begrenzt ist und
- besondere Bedingungen für die Erzeugung der Grunderzeugnisse bestehen und
- ein Kontrollsystem die Einhaltung dieser Bedingungen sicherstellt.

(5) Im Sinne des Absatzes 4 gelten als Grunderzeugnisse lediglich lebende Tiere, Fleisch und Milch. Die Verwendung anderer Grunderzeugnisse kann nach dem Verfahren des Artikels 15 zugelassen werden.

(6) Voraussetzung für die Abweichung nach Absatz 4 ist, daß die betreffende Bezeichnung von dem betreffenden Mitgliedstaat als geschützte Ursprungsbezeichnung anerkannt wird oder bereits anerkannt ist oder daß, wenn eine solche Regelung nicht besteht, ihre Tradition sowie die Außergewöhnlichkeit ihres Ansehens und ihrer Bekanntheit nachgewiesen sind.

(7) Voraussetzung für die Abweichung nach Absatz 4 ist, daß die Anträge auf Eintragung innerhalb einer Frist von zwei Jahren nach Inkrafttreten dieser Verordnung gestellt werden. Für Österreich, Finnland und Schweden läuft die vorstehend genannte Frist ab dem Zeitpunkt ihres Beitritts.

**Art. 3.** (1) Bezeichnungen, die zu Gattungsbezeichnungen geworden sind, dürfen nicht eingetragen werden.
Im Sinne dieser Verordnung gilt als „Bezeichnung, die zur Gattungsbezeichnung geworden ist", der Name eines Agrarerzeugnisses oder eines Lebensmittels, der sich zwar auf einen Ort oder ein Gebiet bezieht, wo das betreffende Agrarerzeugnis oder Lebensmittel ursprünglich hergestellt oder vermarktet wurde, der jedoch der gemeinhin übliche Name für ein Agrarerzeugnis oder ein Lebensmittel geworden ist.
Bei der Feststellung, ob ein Name zur Gattungsbezeichnung geworden ist, sind alle Faktoren und insbesondere folgendes zu berücksichtigen:
- die bestehende Situation in dem Mitgliedstaat, aus dem der Name stammt, und in den Verbrauchsgebieten;
- die Situation in anderen Mitgliedstaaten;
- die einschlägigen nationalen oder gemeinschaftlichen Rechtsvorschriften.

Wird ein Antrag auf Eintragung nach dem Verfahren der Artikel 6 und 7 abgelehnt, weil aus einer Bezeichnung eine Gattungsbezeichnung geworden ist, so veröffentlicht die Kommission diesen Beschluß im *Amtsblatt der Europäischen Gemeinschaften*.

(2) Ein Name kann nicht als Ursprungsbezeichnung oder als geographische Angabe eingetragen werden, wenn er mit dem Namen einer Pflanzensorte oder einer Tierrasse kollidiert und deshalb geeignet ist, das Publikum in bezug auf den tatsächlichen Ursprung des Erzeugnisses irrezuführen.

(3) Vor dem Inkrafttreten dieser Verordnung erstellt der Rat auf Vorschlag der Kommission mit qualifizierter Mehrheit ein nicht erschöpfendes, informatives Verzeichnis der Namen von dieser Verordnung unterfallenden Agrarerzeugnissen und Lebensmitteln, die im Sinne von Absatz 1 als Gattungsbezeichnungen anzusehen und somit nicht nach dieser Ver-

ordnung eintragungsfähig sind; der Rat veröffentlicht dieses Verzeichnis im *Amtsblatt der Europäischen Gemeinschaften.*

**Art. 4.** (1) Um eine geschützte Ursprungsbezeichnung (g.U.) oder eine geschützte geographische Angabe (g.g.A.) führen zu können, müssen die Agrarerzeugnisse oder Lebensmittel einer Spezifikation entsprechen.

(2) Die Spezifikation enthält mindestens folgende Angaben:

a) den Namen des Agrarerzeugnisses oder des Lebensmittels einschließlich der Ursprungsbezeichnung oder der geographischen Angabe;

b) die Beschreibung des Agrarerzeugnisses oder des Lebensmittels anhand der gegebenenfalls verarbeiteten Grunderzeugnisse, der wichtigsten physikalischen, chemischen, mikrobiologischen und/oder organoleptischen Eigenschaften des Erzeugnisses oder des Lebensmittels;

c) die Abgrenzung des geographischen Gebiets und gegebenenfalls die Angaben über die Erfüllung der Bedingungen gemäß Artikel 2 Absatz 4;

d) Angaben, aus denen sich ergibt, daß das Agrarerzeugnis oder das Lebensmittel aus dem geographischen Gebiet im Sinne von Artikel 2 Absatz 2 Buchstabe a) oder Buchstabe b) stammt;

e) die Beschreibung des Verfahrens zur Gewinnung des Agrarerzeugnisses oder Lebensmittels und gegebenenfalls die redlichen und ständigen örtlichen Verfahren;

f) Angaben, aus denen sich der Zusammenhang mit den geographischen Verhältnissen oder dem geographischen Ursprung im Sinne von Artikel 2 Absatz 2 Buchstabe a) oder Buchstabe b) ergibt;

g) Angaben zu der Kontrolleinrichtung oder den Kontrolleinrichtungen nach Artikel 10;

h) besondere Angaben zur Etikettierung, die sich auf den Zusatz „g.U." oder „g.g.A." oder die entsprechenden traditionellen einzelstaatlichen Zusätze beziehen;

i) gegebenenfalls zu erfüllende Anforderungen, die aufgrund gemeinschaftlicher und/oder einzelstaatlicher Rechtsvorschriften bestehen.

**Art. 5.** (1) Ein Antrag auf Eintragung kann nur von einer Vereinigung oder – unter bestimmten Bedingungen, die nach dem Verfahren des Artikels 15 festzulegen sind – von einer natürlichen oder juristischen Person gestellt werden.

„Vereinigung" im Sinne dieses Artikels bedeutet ungeachtet der Rechtsform oder Zusammensetzung jede Art des Zusammenschlusses von Erzeugern und/oder Verarbeitern des gleichen Agrarerzeugnisses oder Lebensmittels. Andere Beteiligte können sich der Vereinigung anschließen.

(2) Eine Vereinigung oder eine natürliche oder juristische Person kann die Eintragung nur für die Agrarerzeugnisse oder Lebensmittel beantragen, die sie im Sinne von Artikel 2 Absatz 2 Buchstabe a) oder b) erzeugt oder gewinnt.

(3) Der Eintragungsantrag umfaßt insbesondere die Spezifikation gemäß Artikel 4.

(4) Dieser Antrag ist an den Mitgliedstaat zu richten, in dessen Hoheitsgebiet sich das geographische Gebiet befindet.

(5) Der Mitgliedstaat prüft, ob der Antrag gerechtfertigt ist, und übermittelt ihn zusammen mit der in Artikel 4 genannten Spezifikation und den übrigen Dokumenten, auf die er seine Entscheidung gestützt hat, der Kommission, wenn er der Auffassung ist, daß die Anforderungen dieser Verordnung erfüllt sind.

Der Mitgliedstaat kann auf nationaler Ebene einen Schutz im Sinne dieser Verordnung sowie gegebenenfalls eine Anpassungsfrist für die übermittelte Bezeichnung lediglich übergangsweise vom Zeitpunkt der Übermittlung an gewähren; entsprechend kann übergangsweise auch bei Anträgen auf Änderung der Spezifikation verfahren werden.

Der übergangsweise gewährte nationale Schutz endet mit dem Zeitpunkt, zu dem nach dieser Verordnung über die Eintragung beschlossen wird. Im Rahmen dieses Beschlusses kann gegebenenfalls eine Übergangsfrist von höchstens fünf Jahren vorgesehen werden, sofern die betreffenden Unternehmen die Erzeugnisse mindestens fünf Jahre lang vor der in Artikel 6 Absatz 2 genannten Veröffentlichung unter ständiger Verwendung der betreffenden Bezeichnungen rechtmäßig vertrieben haben.

Für den Fall, daß die Bezeichnung nicht nach dieser Verordnung eingetragen wird, trägt allein der betreffende Mitgliedstaat die Verantwortung für die Folgen eines solchen nationalen Schutzes.

Maßnahmen der Mitgliedstaaten nach Unterabsatz 2 sind nur auf nationaler Ebene wirksam und dürfen nicht den innergemeinschaftlichen Handel beeinträchtigen.

Bezieht sich der Antrag auf eine Bezeichnung, mit der auch ein in einem anderen Mitgliedstaat gelegenes geographisches Gebiet bezeichnet wird, so ist dieser Mitgliedstaat vor der Entscheidung zu hören.

(6) Die Mitgliedstaaten erlassen die erforderlichen Rechts- und Verwaltungsvorschriften, um diesem Artikel nachzukommen.

**Art. 6.** (1) Innerhalb von sechs Monaten prüft die Kommission förmlich, ob der Eintragungsantrag sämtliche in Artikel 4 vorgesehenen Angaben enthält.

Die Kommission teilt die Ergebnisse dem betroffenen Mitgliedstaat mit.

(2) Gelangt die Kommission in Anwendung des Absatzes 1 zu dem Ergebnis, daß die Bezeichnung schutzwürdig ist, so veröffentlicht sie den Namen und die Anschrift des Antragstellers, den Namen des Erzeugnisses, die wichtigsten Teile des Antrags, die Verweise auf die einzelstaatlichen Vorschriften für Erzeugung, Herstellung oder Verarbeitung des Erzeugnisses und, falls erforderlich, die Erwägungsgründe ihres Befunds im *Amtsblatt der Europäischen Gemeinschaften*.

(3) Sofern bei der Kommission kein Einspruch gemäß Artikel 7 eingelegt wird, wird die Bezeichnung in das von der Kommission geführte „Verzeichnis der geschützten Ursprungsbezeichnungen und der geschützten geographischen Angaben" eingetragen, das die Namen der Vereinigungen und der betroffenen Kontrolleinrichtungen enthält.

(4) Die Kommission veröffentlicht im *Amtsblatt der Europäischen Gemeinschaften* folgende Angaben:
– die in das Verzeichnis eingetragenen Bezeichnungen,
– die gemäß den Artikeln 9 und 11 vorgenommenen Änderungen des Verzeichnisses.

(5) Gelangt die Kommission aufgrund der Prüfung nach Absatz 1 zu der Ansicht, daß die Bezeichnung nicht schutzwürdig ist, so beschließt sie nach dem Verfahren des Artikels 15, die Veröffentlichung gemäß Absatz 2 des vorliegenden Artikels nicht vorzunehmen.

Vor den Veröffentlichungen nach den Absätzen 2 und 4 und der Eintragung nach Absatz 3 kann die Kommission den in Artikel 15 genannten Ausschuß anhören.

**Art. 7.** (1) Innerhalb von sechs Monaten ab der Veröffentlichung im *Amtsblatt der Europäischen Gemeinschaften* gemäß Artikel 6 Absatz 2 kann jeder Mitgliedstaat Einspruch gegen die beabsichtigte Eintragung einlegen.

(2) Die zuständigen Behörden der Mitgliedstaaten sorgen dafür, daß der Antrag von allen Personen, die ein berechtigtes wirtschaftliches Interesse geltend machen können, eingesehen werden darf. Darüber hinaus können die Mitgliedstaaten entsprechend ihren jeweiligen Gegebenheiten sonstigen Dritten mit einem berechtigten Interesse die Einsichtnahme gestatten.

(3) Jede in ihrem berechtigten Interesse betroffene natürliche oder juristische Person kann durch eine ordnungsgemäß begründete Erklärung bei der zuständigen Behörde des Mitgliedstaats, in dem sie ihren gewöhnlichen Aufenthalt oder ihren Hauptverwaltungssitz oder eine Niederlassung hat, Einspruch gegen die beabsichtigte Eintragung einlegen. Die zuständige Behörde trifft die erforderlichen Maßnahmen, damit diese Bemerkungen oder dieser Einspruch fristgerecht berücksichtigt werden.

(4) Ein Einspruch ist nur zulässig, wenn
– entweder dargelegt wird, daß die Bedingungen gemäß Artikel 2 nicht eingehalten werden,
– oder dargelegt wird, daß sich die Eintragung der vorgeschlagenen Bezeichnung nachteilig auf das Bestehen einer ganz oder teilweise gleichlautenden Bezeichnung oder einer Mar-

ke oder auf das Bestehen von Erzeugnissen auswirken würde, die sich zum Zeitpunkt der in Artikel 6 Absatz 2 genannten Veröffentlichung bereits seit mindestens fünf Jahren rechtmäßig in Verkehr befinden,
– oder ausreichende Angaben darin enthalten sind, die den Schluß zulassen, daß die Bezeichnung, deren Eintragung beantragt wurde, eine Gattungsbezeichnung ist.

(5) Ist ein Einspruch im Sinne des Absatzes 4 zulässig, so ersucht die Kommission die betroffenen Mitgliedstaaten, innerhalb von drei Monaten entsprechend ihren internen Verfahren zu einer einvernehmlichen Regelung zu gelangen.

a) Wird eine solche einvernehmliche Regelung erzielt, so teilen die Mitgliedstaaten der Kommission alle Einzelheiten mit, die das Zustandekommen dieser Regelung ermöglicht haben, sowie die Stellungnahmen des Antragstellers und des Einspruchsführers. Bleiben die gemäß Artikel 5 erhaltenen Angaben unverändert, so verfährt die Kommission nach Artikel 6 Absatz 4. Im gegenteiligen Fall leitet sie erneut das Verfahren des Artikels 7 ein.

b) Wird keine einvernehmliche Regelung erzielt, so trifft die Kommission gemäß dem Verfahren des Artikels 15 eine Entscheidung, die den redlichen und traditionellen Gebräuchen und der tatsächlichen Verwechslungsgefahr Rechnung trägt. Wird die Eintra-gung beschlossen, so nimmt die Kommission die Veröffentlichung nach Artikel 6 Absatz 4 vor.

**Art. 8.** Die Angaben „g.U." und „g.g.A." oder die entsprechenden traditionellen einzelstaatlichen Angaben dürfen nur für Agrarerzeugnisse und Lebensmittel verwendet werden, die dieser Verordnung entsprechen.

**Art. 9.** Der betroffene Mitgliedstaat kann insbesondere zur Berücksichtigung des Stands von Wissenschaft und Technik oder im Hinblick auf eine neue Abgrenzung des geographischen Gebiets eine Änderung der Spezifikation beantragen.

Das Verfahren des Artikels 6 findet entsprechende Anwendung.

Die Kommission kann jedoch nach dem Verfahren des Artikels 15 entscheiden, das Verfahren des Artikels 6 nicht anzuwenden, wenn es sich um eine geringfügige Änderung handelt.

**Art. 10.** (1) Die Mitgliedstaaten stellen sicher, daß spätestens sechs Monate nach Inkrafttreten dieser Verordnung die Kontrolleinrichtungen geschaffen sind, die gewährleisten sollen, daß die Agrarerzeugnisse und Lebensmittel, die mit einer geschützten Bezeichnung versehen sind, die Anforderungen der Spezifikation erfüllen. Für Österreich, Finnland und Schweden läuft die vorstehend genannte Frist ab dem Zeitpunkt ihres Beitritts.

(2) Die Kontrolleinrichtung kann eine oder mehrere dafür benannte Kontrollbehörden und/oder zu diesem Zweck von dem Mitgliedstaat zugelassene private Kontrollstellen umfassen. Die Mitgliedstaaten teilen der Kommission die Liste der Behörden und/oder zugelassenen Stellen sowie deren Zuständigkeit mit. Die Kommission veröffentlicht diese Angaben im *Amtsblatt der Europäischen Gemeinschaften*.

(3) Die benannten Kontrollbehörden und/oder die privaten Kontrollstellen müssen ausreichende Gewähr für Objektivität und Unparteilichkeit gegenüber jedem zu kontrollierenden Erzeuger oder Verarbeiter bieten und jederzeit über die Sachverständigen und die Mittel verfügen, die zur Durchführung der Kontrollen der mit einer geschützten Bezeichnung versehenen Agrarerzeugnisse und Lebensmittel notwendig sind.

Zieht die Kontrolleinrichtung für einen Teil der Kontrollen eine dritte Stelle hinzu, so muß diese die gleiche Gewähr bieten. In diesem Fall bleiben die benannten Kontrollbehörden und/oder die zugelassenen privaten Kontrollstellen jedoch gegenüber dem Mitgliedstaat für die Gesamtheit der Kontrollen verantwortlich.

Vom 1. Januar 1998 an müssen die Kontrollstellen die in der Norm EN 45011 vom 26. Juni 1989 festgelegten Anforderungen erfüllen, um von den Mitgliedstaaten für die Zwecke dieser Verordnung zugelassen zu werden.

(4) Stellt eine benannte Kontrollbehörde und/oder eine private Kontrollstelle eines Mitgliedstaats fest, daß ein mit einer geschützten Bezeichnung versehenes Agrarerzeugnis oder Lebensmittel mit Ursprung in ihrem Mitgliedstaat die Anforderungen der Spezifikation nicht erfüllt, so trifft sie die erforderlichen Maßnahmen, um die Einhaltung dieser Verord-

nung zu gewährleisten. Die Kontrollbehörde oder die Kontrollstelle unterrichtet den Mitgliedstaat über die im Rahmen der Kontrollen getroffenen Maßnahmen. Die Betroffenen müssen über alle Entscheidungen unterrichtet werden.

(5) Ein Mitgliedstaat muß den Kontrollstellen die Zulassung entziehen, falls die in den Absätzen 2 und 3 genannten Voraussetzungen nicht mehr erfüllt sind. Er unterrichtet darüber die Kommission, die sodann eine geänderte Liste der zugelassenen Stellen im *Amtsblatt der Europäischen Gemeinschaften* veröffentlicht.

(6) Die Mitgliedstaaten erlassen die notwendigen Maßnahmen, um sicherzustellen, daß ein Erzeuger, der die Bestimmungen dieser Verordnung einhält, Zugang zum Kontrollsystem hat.

(7) Die Kosten der in dieser Verordnung vorgesehenen Kontrollen gehen zu Lasten der Hersteller, die die geschützte Bezeichnung verwenden.

**Art. 11.** (1) Jeder Mitgliedstaat kann geltend machen, daß eine Anforderung der Spezifikation für ein Agrarerzeugnis oder Lebensmittel mit einer geschützten Bezeichnung nicht erfüllt ist.

(2) Der in Absatz 1 genannte Mitgliedstaat richtet seine Beanstandung an den zuständigen Mitgliedstaat. Der zuständige Mitgliedstaat prüft die Beanstandung und unterrichtet den Mitgliedstaat von seinen Feststellungen und den von ihm getroffenen Maßnahmen.

(3) Treten wiederholt Unregelmäßigkeiten auf und können die betroffenen Mitgliedstaaten keine Einigung erzielen, so muß ein ordnungsgemäß begründeter Antrag an die Kommission gerichtet werden.

(4) Die Kommission prüft den Antrag, indem sie die Stellungnahme der betroffenen Mitgliedstaaten einholt. Gegebenenfalls trifft die Kommission nach Anhörung des in Artikel 15 genannten Ausschusses die erforderlichen Maßnahmen. Dazu kann auch die Löschung der Eintragung gehören.

**Art. 12.** (1) Unbeschadet internationaler Übereinkünfte ist diese Verordnung auch auf Agrarerzeugnisse oder Lebensmittel mit Ursprung in einem Drittland anzuwenden, sofern
— das Drittland imstande ist, den in Artikel 4 genannten Garantien entsprechende oder gleichwertige Garantien zu bieten;
— in dem betroffenen Drittland eine Kontrollregelung besteht, die der Regelung nach Artikel 10 gleichwertig ist;
— das betroffene Drittland bereit ist, für ein entsprechendes Agrarerzeugnis oder Lebensmittel, das aus der Gemeinschaft stammt, einen Schutz zu gewähren, der dem in der Gemeinschaft bestehenden Schutz gleichwertig ist.

(2) Bei einer geschützten Bezeichnung eines Drittlands, die mit einer geschützten Bezeichnung der Gemeinschaft gleichlautend ist, wird die Eintragung unter angemessener Berücksichtigung der örtlichen und traditionellen Gebräuche und der tatsächlichen Verwechslungsgefahr gewährt.

Die Verwendung dieser Bezeichnungen ist nur gestattet, wenn das Ursprungsland des Erzeugnisses deutlich erkennbar auf dem Etikett genannt wird.

**Art. 13.** (1) Eingetragene Bezeichnungen werden geschützt gegen

a) jede direkte oder indirekte kommerzielle Verwendung einer eingetragenen Bezeichnung für Erzeugnisse, die nicht unter die Eintragung fallen, sofern diese Erzeugnisse mit den unter dieser Bezeichnung eingetragenen Erzeugnissen vergleichbar sind oder sofern durch diese Verwendung das Ansehen der geschützten Bezeichnung ausgenutzt wird;

b) jede widerrechtliche Aneignung, Nachahmung oder Anspielung, selbst wenn der wahre Ursprung des Erzeugnisses angegeben ist oder wenn die geschützte Bezeichnung in Übersetzung oder zusammen mit Ausdrücken wie „Art", „Typ", „Verfahren", „Fasson", „Nachahmung" oder dergleichen verwendet wird;

c) alle sonstigen falschen oder irreführenden Angaben, die sich auf Herkunft, Ursprung, Natur oder wesentliche Eigenschaften der Erzeugnisse beziehen und auf der Aufmachung oder der äußeren Verpackung, in der Werbung oder in Unterlagen zu den betreffenden

Erzeugnissen erscheinen, sowie die Verwendung von Behältnissen, die geeignet sind, einen falschen Eindruck hinsichtlich des Ursprungs zu erwecken;
d) alle sonstigen Praktiken, die geeignet sind, das Publikum über den wahren Ursprung des Erzeugnisses irrezuführen.

Enthält ein eingetragener Name den als Gattungsbezeichnung angesehenen Namen eines Agrarerzeugnisses oder Lebensmittels, so gilt die Verwendung dieser Gattungsbezeichnung für das betreffende Agrarerzeugnis oder Lebensmittel nicht als Verstoß gegen Unterabsatz 1 Buchstabe a) oder Buchstabe b).

(2) Abweichend von Absatz 1 Buchstaben a) und b) können die Mitgliedstaaten einzelstaatliche Regelungen, die die Verwendung von gemäß Artikel 17 eingetragenen Bezeichnungen zulassen, während eines Zeitraums von höchstens fünf Jahren nach dem Zeitpunkt der Veröffentlichung der Eintragung beibehalten, sofern
– die Erzeugnisse mindestens fünf Jahre lang vor dem Zeitpunkt der Veröffentlichung dieser Verordnung rechtmäßig unter der Bezeichnung in den Verkehr gebracht worden sind;
– die Unternehmen die betreffenden Erzeugnisse rechtmäßig in den Verkehr gebracht haben und dabei die Bezeichnung während des unter dem ersten Gedankenstrich genannten Zeitraums ständig verwendet haben;
– aus der Etikettierung der tatsächliche Ursprung des Erzeugnisses deutlich hervorgeht.

Diese Ausnahme darf allerdings nicht dazu führen, daß die Erzeugnisse unbeschränkt im Hoheitsgebiet eines Mitgliedstaats in den Verkehr gebracht werden, in dem diese Bezeichnungen untersagt waren.

(3) Geschützte Bezeichnungen können nicht zu Gattungsbezeichnungen werden.

(4) Für Bezeichnungen, deren Eintragung gemäß Artikel 5 beantragt wird, kann im Rahmen des Artikels 7 Absatz 5 Buchstabe b) eine Übergangszeit von höchstens fünf Jahren vorgesehen werden; dies gilt ausschließlich für den Fall eines Einspruchs, der für zulässig erklärt wurde, weil die Eintragung des vorgeschlagenen Namens sich nachteilig auf das Bestehen einer ganz oder teilweise gleichlautenden Bezeichnung oder auf das Bestehen von Erzeugnissen auswirken würde, die sich zum Zeitpunkt der in Artikel 6 Absatz 2 genannten Veröffentlichung bereits seit mindestens fünf Jahren rechtmäßig im Verkehr befinden.

Diese Übergangszeit kann nur dann vorgesehen werden, wenn die Unternehmen die betreffenden Erzeugnisse rechtmäßig in den Verkehr gebracht und dabei seit mindestens fünf Jahren vor der in Artikel 6 Absatz 2 genannten Veröffentlichung ständig die betreffenden Bezeichnungen verwendet haben.

**Art. 14.** (1) Ist eine Ursprungsbezeichnung oder eine geographische Angabe gemäß dieser Verordnung eingetragen, so wird der Antrag auf Eintragung einer Marke, auf den einer der in Artikel 13 aufgeführten Tatbestände zutrifft und der die gleiche Art von Erzeugnis betrifft, zurückgewiesen, sofern der Antrag auf Eintragung der Marke nach dem Zeitpunkt der in Artikel 6 Absatz 2 vorgesehenen Veröffentlichung eingereicht wird.

Entgegen Unterabsatz 1 eingetragene Marken werden für ungültig erklärt.

Dieser Absatz findet auch dann Anwendung, wenn der Antrag auf Eintragung einer Marke vor dem Zeitpunkt der in Artikel 6 Absatz 2 vorgesehenen Veröffentlichung des Antrags auf Eintragung eingereicht wird, sofern diese Veröffentlichung vor der Eintragung der Marke erfolgt.

(2) Unter Wahrung des Gemeinschaftsrechts darf eine Marke, die vor dem Zeitpunkt des Antrags auf Eintragung der Ursprungsbezeichnung oder der geographischen Angabe in gutem Glauben eingetragen worden ist und auf die einer der in Artikel 13 aufgeführten Tatbestände zutrifft, ungeachtet der Eintragung der Ursprungsbezeichnung oder der geographischen Angabe weiter verwendet werden, wenn die Marke nicht einem der in Artikel 3 Absatz 1 Buchstaben c) und g) und Artikel 12 Absatz 2 Buchstabe b) der Richtlinie 89/104/EWG des Rates vom 21. Dezember 1988 zur Angleichung der Rechtsvorschriften der Mitgliedstaaten über die Marken[1]) genannten Gründe für die Ungültigkeit oder den Verfall unterliegt.

---

[1]) ABl. EG Nr. L 40 vom 11. 2. 1989, S. 1 (s. 3. Teil des Kommentars, II 1). Richtlinie geändert durch die Entscheidung 92/10/EWG (ABl. EG Nr. L 6 vom 11. 1. 1992, S. 35).

(3) Eine Ursprungsbezeichnung oder eine geographische Angabe wird nicht eingetragen, wenn in Anbetracht des Ansehens, das eine Marke genießt, ihres Bekanntheitsgrads und der Dauer ihrer Verwendung die Eintragung geeignet ist, die Verbraucher über die wirkliche Identität des Erzeugnisses irrezuführen.

**Art. 15.** Die Kommission wird von einem Ausschuß unterstützt, der sich aus Vertretern der Mitgliedstaaten zusammensetzt und in dem der Vertreter der Kommission den Vorsitz führt.

Der Vertreter der Kommission unterbreitet dem Ausschuß einen Entwurf der zu treffenden Maßnahmen. Der Ausschuß gibt seine Stellungnahme zu diesem Entwurf innerhalb einer Frist ab, die der Vorsitzende unter Berücksichtigung der Dringlichkeit der betreffenden Frage festsetzen kann. Die Stellungnahme wird mit der Mehrheit abgegeben, die in Artikel 148 Absatz 2 des Vertrages für die Annahme der vom Rat auf Vorschlag der Kommission zu fassenden Beschlüsse vorgesehen ist. Bei der Abstimmung im Ausschuß werden die Stimmen der Vertreter der Mitgliedstaaten gemäß dem vorgenannten Artikel gewogen. Der Vorsitzende nimmt an der Abstimmung nicht teil.

Die Kommission erläßt die beabsichtigten Maßnahmen, wenn sie mit der Stellungnahme des Ausschusses übereinstimmen.

Stimmen die beabsichtigten Maßnahmen mit der Stellungnahme des Ausschusses nicht überein oder liegt keine Stellungnahme vor, so unterbreitet die Kommission dem Rat unverzüglich einen Vorschlag für die zu treffenden Maßnahmen. Der Rat beschließt mit qualifizierter Mehrheit.

Hat der Rat innerhalb einer Frist von drei Monaten seit der Befassung des Rates keinen Beschluß gefaßt, so werden die vorgeschlagenen Maßnahmen von der Kommission erlassen.

**Art. 16.** Die Durchführungsvorschriften zu dieser Verordnung werden nach dem Verfahren des Artikels 15 erlassen.

**Art. 17.** (1) Innerhalb von sechs Monaten nach Inkrafttreten dieser Verordnung teilen die Mitgliedstaaten der Kommission mit, welche ihrer gesetzlich geschützten oder, falls in einem Mitgliedstaat ein Schutzsystem nicht besteht, durch Benutzung üblich gewordenen Bezeichnungen sie nach Maßgabe dieser Verordnung eintragen lassen wollen. Für Österreich, Finnland und Schweden läuft die vorstehend genannte Frist ab dem Zeitpunkt ihres Beitritts.

(2) Die Kommission trägt die Bezeichnungen im Sinne des Absatzes 1, die den Artikeln 2 und 4 entsprechen, nach dem Verfahren des Artikels 15 ein. Artikel 7 findet keine Anwendung. Gattungsbezeichnungen sind jedoch nicht eintragungsfähig.

(3) Die Mitgliedstaaten können den einzelstaatlichen Schutz der gemäß Absatz 1 mitgeteilten Bezeichnungen bis zu dem Zeitpunkt beibehalten, zu dem über die Eintragung entschieden worden ist.

**Art. 18.** Diese Verordnung tritt zwölf Monate nach ihrer Veröffentlichung im *Amtsblatt der Europäischen Gemeinschaften* in Kraft.

Diese Verordnung ist in allen ihren Teilen verbindlich und gilt unmittelbar in jedem Mitgliedstaat.

## ANHANG I

### Lebensmittel im Sinne des Artikels 1 Absatz 1

- Bier,
- natürliches Mineralwasser und Quellwasser,
- Getränke auf der Grundlage von Pflanzenextrakten,
- Backwaren, feine Backwaren, Süßwaren oder Kleingebäck,
- natürliche Gummen und Harze.

## ANHANG II
### Agrarerzeugnisse im Sinne des Artikels 1 Absatz 1

- Heu,
- ätherische Öle,
- Kork,
- Koschenille (Grunderzeugnis tierischen Ursprungs).

### Anhang zu Art. 38 Abs. 3 EGV

| Nummer des Brüsseler Zolltarifschemas | Warenbezeichnung |
|---|---|
| Kapitel 1: | Lebende Tiere |
| Kapitel 2: | Fleisch und genießbarer Schlachtabfall |
| Kapitel 3: | Fische, Krebstiere und Weichtiere |
| Kapitel 4: | Milch und Milcherzeugnisse; Vogeleier; natürlicher Honig |
| Kapitel 5: | |
| 05.04: | Därme, Blasen und Magen von anderen Tieren als Fischen, ganz oder geteilt |
| 05.15: | Waren tierischen Ursprungs, anderweit weder genannt noch inbegriffen; nicht lebende Tiere des Kapitels 1 oder 3, ungenießbar |
| Kapitel 6: | Lebende Pflanzen und Waren des Blumenhandels |
| Kapitel 7: | Gemüse, Pflanzen, Wurzeln und Knollen, die zu Ernährungszwecken verwendet werden |
| Kapitel 8: | Genießbare Früchte; Schalen von Zitrusfrüchten oder von Melonen |
| Kapitel 9: | Kaffee, Tee und Gewürze, ausgenommen Mate (Position 09.03) |
| Kapitel 10: | Getreide |
| Kapitel 11: | Müllereierzeugnisse; Malz; Stärke; Kleber; Inulin |
| Kapitel 12: | Ölsaaten und ölhaltige Früchte; verschiedene Samen und Früchte; Pflanzen zum Gewerbe- oder Heilgebrauch; Stroh und Futter |
| Kapitel 13: | |
| ex 13,03: | Pektin |
| Kapitel 15: | |
| 15.01: | Schweineschmalz; Geflügelfett, ausgepreßt oder ausgeschmolzen |
| 15.02: | Talg von Rindern, Schafen oder Ziegen, roh oder ausgeschmolzen, einschließlich Premier Jus |
| 15.03: | Schmalzstearin; Oleostearin; Schmalzöl, Oleomargarine und Talgöl, weder emulgiert, vermischt noch anders verarbeitet |
| 15.04: | Fette und Öle von Fischen oder Meeressäugetieren, auch raffiniert |
| 15.07: | Fette pflanzliche Öle, flüssig oder fest, roh, gereinigt oder raffiniert |
| 15.12: | Tierische und pflanzliche Fette und Öle, gehärtet, auch raffiniert, jedoch nicht weiter verarbeitet |
| 15.13: | Margarine, Kunstspeisefett und andere genießbare verarbeitete Fette |
| 15.17: | Rückstände aus der Verarbeitung von Fettstoffen oder von tierischen oder pflanzlichen Wachsen |
| Kapitel 16: | Zubereitungen von Fleisch, Fischen, Krebstieren und Weichtieren |
| Kapitel 17: | |
| 17.01: | Rüben- und Rohzucker, fest |
| 17.02: | Andere Zucker; Sirupe; Kunsthonig, auch mit natürlichem Honig vermischt; Zucker und Melassen, karamelisiert |
| 17.03: | Melassen, auch entfärbt |
| Kapitel 18: | |
| 18.01: | Kakaobohnen, auch Bruch, roh oder geröstet |
| 18.02: | Kakaoschalen, Kakaohäutchen und anderer Kakaoabfall |
| Kapitel 20: | Zubereitungen von Gemüse, Küchenkräutern, Früchten und anderen Pflanzen oder Pflanzenteilen |

**VO (EWG) Nr. 2081/92**   Übersicht                                        Schutz geographischer Angaben

Kapitel 22:
    22.04:    Traubenmost, teilweise vergoren, auch ohne Alkohol stummgemacht
    22.05:    Wein aus frischen Weintrauben; mit Alkohol stummgemachter Most aus frischen Weintrauben
    22.07:    Apfelwein, Birnenwein, Met und andere gegorene Getränke
Kapitel 23:    Rückstände und Abfälle der Lebensmittelindustrie; zubereitetes Futter
Kapitel 24:
    24.01:    Tabak, unverarbeitet; Tabakabfälle
Kapitel 45:
    45.01:    Naturkork, unbearbeitet, und Korkabfälle; Korkschrot, Korkmehl
Kapitel 54:
    54.01:    Flachs, roh, geröstet, geschwungen, gehechelt oder anders bearbeitet, jedoch nicht versponnen; Werg und Abfälle (einschließlich Reißspinnstoff)
Kapitel 57:
    57.01:    Hanf (Cannabis sativa), roh, geröstet, geschwungen, gehechelt oder anders bearbeitet, jedoch nicht versponnen; Werg und Abfälle (einschließlich Reißspinnstoff)

### Übersicht über die EG-Verordnungen in den Verfahren nach den Art. 5 und 17 VO*

**I. Verordnungen zur Eintragung von Ursprungsbezeichnungen und geographischen Angaben in dem Verfahren nach Art. 17 VO**

1. Verordnung (EG) Nr. 1107/96 der Kommission zur Eintragung geographischer Angaben und Ursprungsbezeichnungen gemäß dem Verfahren nach Artikel 17 der Verordnung (EWG) Nr. 2081/92 des Rates vom 12. Juni 1996

2. Verordnung (EG) Nr. 1263/96 der Kommission zur Ergänzung des Anhangs der Verordnung (EG) Nr. 1107/96 über die Eintragung der geographischen Angaben und Ursprungsbezeichnungen gemäß dem in Artikel 17 der Verordnung (EWG) Nr. 2081/92 vorgesehenen Verfahren vom 1. Juli 1996

3. Verordnung (EG) Nr. 123/97 der Kommission zur Ergänzung des Anhangs der Verordnung (EG) Nr. 1107/96 der Kommission über die Eintragung der geographischen Angaben und Ursprungsbezeichnungen gemäß dem in Artikel 17 der Verordnung (EWG) Nr. 2081/92 vorgesehenen Verfahren vom 23. Januar 1997

4. Verordnung (EG) Nr. 1065/97 der Kommission zur Ergänzung des Anhangs der Verordnung (EG) Nr. 1107/96 der Kommission zur Eintragung geographischer Angaben und Ursprungsbezeichnungen gemäß dem Verfahren nach Artikel 17 der Verordnung (EWG) Nr. 2081/92 des Rates vom 12. Juni 1997

5. Verordnung (EG) Nr. 2325/97 der Kommission zur Ergänzung des Anhangs der Verordnung (EG) Nr. 1107/96 zur Eintragung geographischer Angaben und Ursprungsbezeichnungen gemäß dem Verfahren nach Artikel 17 der Verordnung (EWG) Nr. 2081/92 des Rates vom 24. November 1997

6. Verordnung (EG) Nr. 134/98 der Kommission zur Ergänzung des Anhangs der Verordnung (EG) Nr. 1107/96 zur Eintragung geographischer Angaben und Ursprungsbezeichnungen gemäß dem Verfahren nach Artikel 17 der Verordnung (EWG) Nr. 2081/92 des Rates vom 20. Januar 1998

7. Verordnung (EG) Nr. 644/98 der Kommission zur Ergänzung des Anhangs der Verordnung (EG) Nr. 1107/96 zur Eintragung geographischer Angaben und Ursprungsbezeichnungen gemäß dem Verfahren nach Artikel 17 der Verordnung (EWG) Nr. 2081/92 des Rates vom 20. März 1998

8. Verordnung (EG) Nr. 1549/98 der Kommission zur Ergänzung des Anhangs der Verordnung (EG) Nr. 1107/96 zur Eintragung geographischer Angaben und Ursprungsbezeichnungen gemäß dem Verfahren nach Artikel 17 der Verordnung (EWG) Nr. 2081/92 des Rates vom 17. Juli 1998

9. Verordnung (EG) Nr. 83/1999 der Kommission zur Änderung des Anhangs der Verordnung (EG) Nr. 1107/96 zur Eintragung geographischer Angaben und Ursprungsbezeichnungen gemäß dem Verfahren nach Artikel 17 der Verordnung (EWG) Nr. 2081/92 des Rates vom 13. Januar 1999

10. Verordnung (EG) Nr. 590/1999 der Kommission zur Änderung des Anhangs der Verordnung (EG) Nr. 1107/96 zur Eintragung geographischer Angaben und Ursprungsbezeichnungen gemäß dem Verfahren nach Artikel 17 der Verordnung (EWG) Nr. 2081/92 des Rates vom 18. März 1999

---

\* S. die nach Mitgliedstaaten geordnete Übersicht der Ursprungsbezeichnungen und geographischen Angaben mit gemeinschaftsweitem Schutz, 1. Teil des Kommentars, 2, Vorb § 130, Rn 22 ff..

## II. Verordnungen zur Eintragung von Ursprungsbezeichnungen und geographischen Angaben in dem Verfahren nach Art. 5 VO

1. Verordnung (EG) Nr. 2400/96 der Kommission zur Eintragung bestimmter Bezeichnungen in das Verzeichnis der geschützten Ursprungsbezeichnungen und der geschützten geographischen Angaben für Agrarerzeugnisse und Lebensmittel gemäß Verordnung (EWG) Nr. 2081/92 des Rates vom 17. Dezember 1996

2. Verordnung (EG) Nr. 1875/97 der Kommission zur Ergänzung des Anhangs der Verordnung (EG) Nr. 2400/96 der Kommission zur Eintragung bestimmter Bezeichnungen in das Verzeichnis der geschützten Ursprungsbezeichnungen und der geschützten geographischen Angaben für Agrarerzeugnisse und Lebensmittel gemäß Verordnung (EWG) Nr. 2081/92 des Rates vom 26. September 1997

3. Verordnung (EG) Nr. 2396/97 der Kommission zur Ergänzung des Anhangs der Verordnung (EG) Nr. 2400/96 der Kommission zur Eintragung bestimmter Bezeichnungen in das Verzeichnis der geschützten Ursprungsbezeichnungen und der geschützten geographischen Angaben für Agrarerzeugnisse und Lebensmittel gemäß der Verordnung (EWG) Nr. 2081/92 vom 2. Dezember 1997

4. Verordnung (EG) Nr. 195/98 der Kommission zur Ergänzung des Anhangs der Verordnung (EG) Nr. 2400/96 zur Eintragung bestimmter Bezeichnungen in das Verzeichnis der geschützten Ursprungsbezeichnungen und der geschützten geographischen Angaben für Agrarerzeugnisse und Lebensmittel gemäß der Verordnung (EWG) Nr. 2081/92 des Rates zum Schutz von geographischen Angaben und Ursprungsbezeichnungen für Agrarerzeugnisse und Lebensmittel vom 26. Januar 1998

5. Verordnung (EG) Nr. 1265/98 der Kommission zur Ergänzung des Anhangs der Verordnung (EG) Nr. 2400/96 zur Eintragung bestimmter Bezeichnungen in das Verzeichnis der geschützten Ursprungsbezeichnungen und der geschützten geographischen Angaben für Agrarerzeugnisse und Lebensmittel gemäß der Verordnung (EWG) Nr. 2081/92 des Rates zum Schutz von geographischen Angaben und Ursprungsbezeichnungen für Agrarerzeugnisse und Lebensmittel vom 18. Juni 1998

6. Verordnung (EG) Nr. 1576/98 der Kommission zur Ergänzung des Anhangs der Verordnung (EG) Nr. 2400/96 zur Eintragung bestimmter Bezeichnungen in das Verzeichnis der geschützten Ursprungsbezeichnungen und der geschützten geographischen Angaben für Agrarerzeugnisse und Lebensmittel gemäß der Verordnung (EWG) Nr. 2081/92 des Rates zum Schutz von geographischen Angaben und Ursprungsbezeichnungen für Agrarerzeugnisse und Lebensmittel vom 22. Juli 1998

7. Verordnung (EG) Nr. 2088/98 der Kommission zur Ergänzung des Anhangs der Verordnung (EG) Nr. 2400/96 zur Eintragung bestimmter Bezeichnungen in das Verzeichnis der geschützten Ursprungsbezeichnungen und der geschützten geographischen Angaben für Agrarerzeugnisse und Lebensmittel gemäß der Verordnung (EWG) Nr. 2081/92 des Rates zum Schutz von geographischen Angaben und Ursprungsbezeichnungen für Agrarerzeugnisse und Lebensmittel vom 30. September 1998

8. Verordnung (EG) Nr. 2139/98 der Kommission zur Ergänzung des Anhangs der Verordnung (EG) Nr. 2400/96 zur Eintragung bestimmter Bezeichnungen in das Verzeichnis der geschützten Ursprungsbezeichnungen und der geschützten geographischen Angaben für Agrarerzeugnisse und Lebensmittel gemäß der Verordnung (EWG) Nr. 2081/92 des Rates zum Schutz von geographischen Angaben und Ursprungsbezeichnungen für Agrarerzeugnisse und Lebensmittel vom 6. Oktober 1998

9. Verordnung (EG) Nr. 2784/98 der Kommission zur Ergänzung des Anhangs der Verordnung (EG) Nr. 2400/96 zur Eintragung bestimmter Bezeichnungen in das Verzeichnis der geschützten Ursprungsbezeichnungen und der geschützten geographischen Angaben für Agrarerzeugnisse und Lebensmittel gemäß der Verordnung (EWG) Nr. 2081/92 des Rates zum Schutz von geographischen Angaben und Ursprungsbezeichnungen für Agrarerzeugnisse und Lebensmittel vom 22. Dezember 1998

10. Verordnung (EG) Nr. 38/1999 der Kommission zur Ergänzung des Anhangs der Verordnung (EG) Nr. 2400/96 zur Eintragung bestimmter Bezeichnungen in das Verzeichnis der geschützten Ursprungsbezeichnungen und der geschützten geographischen Angaben für Agrarerzeugnisse und Lebensmittel gemäß der Verordnung (EWG) Nr. 2081/92 des Rates zum Schutz von geographischen Angaben und Ursprungsbezeichnungen für Agrarerzeugnisse und Lebensmittel vom 8. Januar 1999

11. Verordnung (EG) Nr. 378/1999 der Kommission zur Ergänzung des Anhangs der Verordnung (EG) Nr. 2400/96 zur Eintragung bestimmter Bezeichnungen in das Verzeichnis der geschützten Ursprungsbezeichnungen und der geschützten geographischen Angaben für Agrarerzeugnisse und Lebensmittel gemäß der Verordnung (EWG) Nr. 2081/92 des Rates zum Schutz von geographischen Angaben und Ursprungsbezeichnungen für Agrarerzeugnisse und Lebensmittel vom 19. Februar 1999

## 7. Verordnung (EWG) Nr. 2037/93 der Kommission mit Durchführungsbestimmungen zur Verordnung (EWG) Nr. 2081/92 zum Schutz von geographischen Angaben und Ursprungsbezeichnungen für Agrarerzeugnisse und Lebensmittel

vom 27. Juli 1993\*

(ABl. EG Nr. L 185 vom 28. Juli 1993, S. 5; berichtigt in ABl. EG Nr. L 15 vom 18. Januar 1994, S. 20; zuletzt geändert durch Verordnung (EG) Nr. 1726/98 vom 22. Juni 1998, ABl. EG Nr. L 224 vom 11. August 1998, S. 1)

DIE KOMMISSION DER EUROPÄISCHEN GEMEINSCHAFTEN –

gestützt auf den Vertrag zur Gründung der Europäischen Wirtschaftsgemeinschaft,
gestützt auf die Verordnung EWG Nr. 2081/92 des Rates vom 14. Juli 1992 zum Schutz von geographischen Angaben und Ursprungsbezeichnungen für Agrarerzeugnisse und Lebensmittel, insbesondere auf Artikel 16,
in Erwägung nachstehender Gründe:

Es sind die Bedingungen festzulegen, unter denen in Ausnahmefällen von einer natürlichen oder juristischen Person ein Antrag auf Eintragung in ein Register gestellt werden kann.

Um den verschiedenen Rechtslagen in den Mitgliedstaaten gerecht zu werden, kann von einer Gruppe von Personen, die ein gemeinsames Interesse miteinander verbindet, Einspruch im Sinne von Artikel 7 der Verordnung EWG Nr. 2081/92 erhoben werden.

Im Hinblick auf eine einheitliche Durchführung der Verordnung EWG Nr. 2081/92 ist genau festzulegen, welche Stichtage hinsichtlich des Einspruchs im Rahmen des Eintragungsverfahrens gelten sollen.

Zur Bestimmung der Fälle gemäß Artikel 3 Absatz 1 der Verordnung EWG Nr. 2081/92 sowie von den Verbraucher möglicherweise irreführenden Situationen in den Mitgliedstaaten im Sinne der genannten Verordnung kann die Kommission geeignete Maßnahmen treffen.

Zum Schutz von Ursprungsbezeichnungen und geographischen Angaben wurde ein neues gemeinschaftliches System eingeführt, das neue unterscheidungskräftige Angaben zur Verfügung stellt. Deren Bedeutung muß der Öffentlichkeit unbedingt erläutert werden, ohne jedoch die Erzeuger und Verarbeiter aus der Notwendigkeit zu entlassen, den Absatz ihrer jeweiligen Erzeugnisse selbst zu fördern.

Die in dieser Verordnung vorgesehenen Maßnahmen entsprechen der Stellungnahme des Ausschusses für geographische Angaben und Ursprungsbezeichnungen –

HAT FOLGENDE VERORDNUNG ERLASSEN:

**Art. 1.** (1) In ordnungsgemäß begründeten Ausnahmefällen kann die Eintragung gemäß Art. 5 der Verordnung EWG Nr. 2081/92 von einer nicht unter die Bestimmung des Art. 5 Abs. 1 zweiter Unterabsatz der Verordnung EWG Nr. 2081/92 fallenden natürlichen oder juristischen Person beantragt werden, wenn sie zum Zeitpunkt der Antragstellung in dem jeweiligen begrenzten Gebiet der einzige Erzeuger ist.

Ein Antrag ist nur gültig, wenn

a) redliche und ständige örtliche Verfahren von dieser Person allein befolgt werden; und

b) das begrenzte Gebiet Merkmale aufweist, die sich grundsätzlich von denen der angrenzenden Gebiete unterscheiden, und/oder wenn sich die Erzeugnismerkmale unterscheiden.

(2) In dem in Abs. 1 genannten Fall gilt die natürliche oder juristische Person, die die Eintragung beantragt, als Vereinigung im Sinne von Art. 5 der Verordnung EWG Nr. 2081/92.

---

\* Nach Art. 7 gilt für das Inkrafttreten: Die Verordnung (EWG) Nr. 2037/93 ist am 26. Juli 1993 in Kraft getreten. Für die durch die Verordnung (EG) Nr. 1428/97 vom 23. Juni 1997 (ABl. EG Nr. L 196 vom 24. Juli 1997, S. 39) vorgenommenen Änderungen der Verordnung (EWG) Nr. 2037/93 gilt für das Inkrafttreten: Die in Art. 1 der Verordnung (EG) Nr. 1428/97 vorgenommene Änderung des Art. 5 und die Einfügung des Art. 5a der Verordnung (EWG) Nr. 2037/93 sind nach Art. 2 der Verordnung (EG) Nr. 1428/97 am 31. Juli 1997 in Kraft getreten. Für die durch die Verordnung (EG) Nr. 1726/98 vom 22. Juli 1998 (ABl. EG Nr. L 224 vom 11. August 1998, S. 1) vorgenommenen Änderungen der Verordnung (EWG) Nr. 2037/93 gilt für das Inkrafttreten: Die in Art. 1 der Verordnung (EG) Nr. 1726/98 vorgenommene Einfügung der Art. 5b und 6a sowie die Anfügung von Anhang I und II der Verordnung (EWG) Nr. 2037/93 mit Abbildungen des Gemeinschaftszeichens (Logo) und einem graphischen Handbuch sind nach Art. 2 der Verordnung (EG) Nr. 1726/98 am 18. August 1998 in Kraft getreten.

**Art. 2.** Wird eine Personengruppe, die keine juristische Person ist, nach einzelstaatlichem Recht einer juristischen Person gleichgestellt, darf diese Gruppe einen Antrag gemäß Art. 1 stellen, den Antrag gemäß Art. 7 Abs. 2 der Verordnung EWG Nr. 2081/92 einsehen und Einspruch gemäß Art. 7 Abs. 3 der letztgenannten Verordnung erheben.

**Art. 3.** Im Zusammenhang mit dem in Art. 7 Abs. 1 der Verordnung EWG Nr. 2081/92 vorgesehenen Zeitraum werden folgende Stichtage berücksichtigt:
– entweder das Versanddatum des Einspruchs, wobei das Datum des Poststempels maßgeblich ist,
– oder das Eingangsdatum, wenn der Einspruch der Kommission unmittelbar übergeben oder fernschriftlich oder durch Telekopie übermittelt wird.

**Art. 4.** Zur Bestimmung der Fälle, in denen eine Bezeichnung zu einem Gattungsbegriff im Sinne des Art. 3 Abs. 1 der Verordnung EWG Nr. 2081/92 geworden ist, sowie der Situationen, die den Verbraucher irreführen könnten, und über die gemäß Art. 15 der genannten Verordnung zu entscheiden ist, kann die Kommission geeignete Maßnahmen treffen.

**Art. 5.** In den fünf Jahren nach dem Inkrafttreten dieser Verordnung trifft die Kommission die Maßnahmen – ausgenommen jeglicher Beihilfe für die Erzeuger und/oder Verarbeiter – die unerläßlich sind, um der Öffentlichkeit die Bedeutung der Angaben „g.U.", „g.g.A.", „geschützte Ursprungsbezeichnung" und „geschützte geographische Angabe" in den Sprachen der Gemeinschaft bekanntzumachen.
Die im vorstehenden Unterabsatz genannte Frist von fünf Jahren wird um vier Jahre verlängert. Es wird eine Bewertung der Werbemaßnahmen durchgeführt.

**Art. 5a.** (1) Die als geschützte Ursprungsbezeichnung (g.U.) bzw. geschützte geographische Angabe (g.g.A.) eingetragenen Bezeichnungen können durch ein Gemeinschaftszeichen ergänzt werden, das nach dem Verfahren des Artikels 15 der Verordnung (EWG) Nr. 2081/92 festzulegen ist.
(2) Das Gemeinschaftszeichen darf nur auf Erzeugnissen angebracht werden, die der Verordnung (EWG) Nr. 2081/92 entsprechen.
(3) Die Angaben „geschützte Ursprungsbezeichnung" („g.U.") bzw. „geschützte geographische Angabe" („g.g.A.") oder die ihnen gleichgestellte in den Mitgliedstaaten traditionellerweise verwendeten Angaben dürfen auch ohne das Gemeinschaftszeichen verwendet werden.

**Art. 5b.** Das in Art. 5a genannte Gemeinschaftszeichen entspricht einem der in Anhang I Teil A genannten Modelle. Auf diesem Zeichen dürfen die in Anhang I Teil B vorgegebenen und die ihnen gleichgestellten und traditionellerweise verwendeten Angaben gemacht werden.
Das Gemeinschaftszeichen und die genannten Angaben sind gemäß den Reproduktionsanweisungen des Anhangs II anzuwenden.

**Art. 6.** Die in Art. 7 Abs. 5 der Verordnung EWG Nr. 2081/92 vorgesehene Frist von drei Monaten läuft ab dem Tag, an dem die Kommission die Mitgliedstaaten zum Abschluß einer Vereinbarung auffordert.

**Art. 6a.** Der Mitgliedstaat kann die Eintragung der in Artikel 10 der Verordnung (EWG) Nr. 2081/92 genannten und ihm unterstehenden Kontrollbehörde bzw. -stelle auf dem Etikett des landwirtschaftlichen Erzeugnisses oder des Lebensmittels vorschreiben.

**Art. 7.** Diese Verordnung tritt am 26. Juli 1993 in Kraft.
Diese Verordnung ist in allen ihren Teilen verbindlich und gilt unmittelbar in jedem Mitgliedstaat.

VO (EWG) Nr. 1576/89                                           SpirituosenVO

## 8. Verordnung (EWG) Nr. 1576/89 des Rates zur Festlegung der allgemeinen Regeln für die Begriffsbestimmung, Bezeichnung und Aufmachung von Spirituosen

vom 29. Mai 1989*

(ABl. EG Nr. L 160 vom 12. Juni 1989, S. 1; zuletzt geändert durch Beitrittsakte von 1994, ABl. EG Nr. L 1 vom 1. Januar 1995, S. 1, 78)

DER RAT DER EUROPÄISCHEN GEMEINSCHAFTEN –

gestützt auf den Vertrag zur Gründung der Europäischen Wirtschaftsgemeinschaft, insbesondere auf die Artikel 43 und 100a,
auf Vorschlag der Kommission[1],
in Zusammenarbeit mit dem Europäischen Parlament[2],
nach Stellungnahme des Wirtschafts- und Sozialausschusses[3],
in Erwägung nachstehender Gründe:

Besondere Gemeinschaftsvorschriften für Spirituosen gibt es zur Zeit nicht; dies gilt insbesondere für die Begriffsbestimmung dieser Erzeugnisse und die Bestimmungen bezüglich ihrer Bezeichnung und ihrer Aufmachung. Angesichts der wirtschaftlichen Bedeutung dieser Erzeugnisse ist es angezeigt, gemeinsame Bestimmungen in diesem Bereich zu erlassen, um zum reibungslosen Funktionieren des Gemeinsamen Marktes beizutragen.

Spirituosen sind ein wichtiger Markt für die gemeinschaftliche Landwirtschaft. Dieser Markt beruht zum großen Teil auf dem hohen Ansehen, das diese Erzeugnisse in der Gemeinschaft und auf dem Weltmarkt genießen und das auf der Qualität der traditionellen Erzeugnisse beruht. Um diesen Markt zu erhalten, muß ein bestimmtes Qualitätsniveau dieser Erzeugnisse gewahrt bleiben. Zu diesem Zweck sollten die Erzeugnisse unter Berücksichtigung der überlieferten Herstellungsverfahren definiert werden, die die Grundlage für ihren guten Ruf sind. Außerdem sollten die so definierten Bezeichnungen Erzeugnissen vorbehalten bleiben, deren Qualitätsniveau dem der traditionellen Erzeugnisse entspricht, um eine Abwertung dieser Bezeichnungen zu verhindern.

Das Gemeinschaftsrecht muß bestimmten Gebieten, zu denen ausnahmsweise auch einige Länder gehören können, die Verwendung auf sie bezüglicher geographischer Bezeichnungen vorbehalten, sofern diejenigen Phasen des Produktionsprozesses, in denen das Enderzeugnis entsteht und die diesem seinen Charakter und seine endgültigen Eigenschaften verleihen, in dem betreffenden geographischen Gebiet stattgefunden haben. Indem die Gemeinschaftsvorschriften den Erzeugern auf diese Weise ausschließliche Rechte zuerkennen, wahren die betreffenden Bezeichnungen ihren Charakter von Herkunftsbezeichnungen und verhindern damit, daß sie öffentliches Eigentum und somit zu allgemeinen Bezeichnungen werden. Die betreffenden Angaben sollen zudem den Verbraucher über die Herkunft eines durch die verwendeten Ausgangsstoffe oder die besonderen Herstellungsverfahren gekennzeichneten Erzeugnisses unterrichten.

Zur Information des Verbrauchers wird gewöhnlich das Etikett mit einer Reihe von Angaben versehen. Spirituosen unterliegen hinsichtlich ihrer Etikettierung den allgemeinen Bestimmungen der Richtlinie 79/112/EWG des Rates vom 18. Dezember 1978 zur Angleichung der Rechtsvorschriften der Mitgliedstaaten über die Etikettierung und Aufmachung von Lebensmitteln sowie die Werbung hierfür[4], zuletzt geändert durch die Richtlinie 86/197/EWG[5]. Angesichts der Besonderheit dieser Erzeugnisse empfiehlt es sich zur besseren Unterrichtung des Verbrauchers, diese allgemeinen Regeln

---
* Nach Art. 18 gilt für das Inkrafttreten: Die Verordnung (EWG) Nr. 1576/89 ist am 15. Juni 1989 in Kraft getreten. Sie gilt seit dem 15. Dezember 1989, mit Ausnahme der Artikel 13 bis 16, die ab Inkrafttreten dieser Verordnung gelten. Für die durch die Verordnung (EWG) Nr. 3280/92 vom 9. November 1992 (ABl. EG Nr. L 327 vom 13. November 1992, S. 3) vorgenommene Änderung der Verordnung (EWG) Nr. 1576/89 gilt für das Inkrafttreten: Die in Art. 1 der Verordnung (EWG) Nr. 3280/92 vorgenommene Änderung des Art. 7 Abs. 2 der Verordnung (EWG) Nr. 1576/89 ist nach Art. 2 der Verordnung (EWG) Nr. 3280/92 am 16. November 1992 in Kraft getreten. Für die durch die Beitrittsakte 1994 (ABl. EG Nr. L 1 vom 1. Januar 1995, S. 1, 78) vorgenommene Änderung der Verordnung (EWG) Nr. 1576/89 gilt für das Inkrafttreten: Die im Anhang I, V., B., VII., Nr. 4b) bis d) des Beschlusses des Rates der Europäischen Union Nr. 95/1/EG, Euratom, EGKS vom 1. Januar 1995 vorgenommenen Änderungen der Art. 1 Abs. 4 und 4 Abs. 5 der Verordnung (EWG) Nr. 1576/89 sowie des Anhangs II sind am 1. Januar 1995 in Kraft getreten.
[1] ABl. EG Nr. C 189 vom 23. 7. 1982, S. 7, und ABl. EG Nr. C 269 vom 25. 10. 1986, S. 4.
[2] ABl. EG Nr. C 127 vom 14. 5. 1984, S. 175, und Beschluß vom 24. 5. 1989 (noch nicht im Amtsblatt veröffentlicht).
[3] ABl. EG Nr. C 124 vom 9. 5. 1983, S. 16.
[4] ABl. EG Nr. L 33 vom 8. 2. 1979, S. 1.
[5] ABl. EG Nr. L 144 vom 29. 5. 1986, S. 38.

durch besondere Vorschriften zu ergänzen und insbesondere in die Begriffsbestimmung der Erzeugnisse Angaben bezüglich der Reifung und des Mindestalkoholgehalts für das Inverkehrbringen zum menschlichen Verzehr aufzunehmen.

Auch wenn die Richtlinie 79/112/EWG gewisse Angaben in der Etikettierung vorschreibt, ist sie verhältnismäßig ungenau bezüglich des Herstellungsorts. Diesem Begriff kommt jedoch wegen der gedanklichen Verbindung, die der Verbraucher oftmals zwischen dem jeweiligen Getränk und seinem Herstellungsort vornimmt, eine ganz besondere Bedeutung zu. Ohne eine derartige Angabe könnte bei dem Verbraucher der Eindruck entstehen, daß der Ursprung ein anderer ist. Diese Gefahr sollte dadurch vermieden werden, daß in bestimmten Fällen die Angabe des Herstellungsorts in der Etikettierung vorgeschrieben wird.

Darüber hinaus sind in einigen Fällen zusätzliche Bestimmungen erforderlich. Wird beispielsweise Äthylalkohol verwendet, so sollte die ausschließliche Verwendung von Äthylalkohol landwirtschaftlichen Ursprungs vorgeschrieben werden, wie es in der Gemeinschaft bereits üblich ist, um den landwirtschaftlichen Grunderzeugnissen auch weiterhin einen wichtigen Absatzmarkt zu sichern.

Die Richtlinie 80/778/EWG des Rates vom 15. Juli 1980 über die Qualität von Wasser für den menschlichen Gebrauch[1] und die Richtlinie 80/777/EWG des Rates vom 15. Juli 1980 zur Angleichung der Rechtsvorschriften der Mitgliedstaaten über die Gewinnung von und den Handel mit natürlichen Mineralwässern[2], beide zuletzt geändert durch die Akte über den Beitritt Spaniens und Portugals, legen die Eigenschaften des Wassers fest, das für die menschliche Ernährung verwendet werden kann. Es empfiehlt sich, auf diese Richtlinien Bezug zu nehmen.

Die Richtlinie 88/388/EWG des Rates vom 22. Juni 1988 zur Angleichung der Rechtsvorschriften der Mitgliedstaaten über Aromen zur Verwendung in Lebensmitteln und über Ausgangsstoffe für ihre Herstellung[3] enthält Definitionen der verschiedenen Begriffe, die im Zusammenhang mit der Aromatisierung verwendet werden können. Es erscheint zweckmäßig, sich hier derselben Terminologie zu bedienen.

Es ist angebracht, besondere Vorschriften für die Bezeichnung und Anpassung von importierten Spirituosen zu erlassen, wobei den Verpflichtungen der Gemeinschaft bei ihren Beziehungen mit den Drittländern Rechnung zu tragen ist.

Zur Aufrechterhaltung des guten Rufs der Gemeinschaftserzeugnisse auf dem Weltmarkt sollten die gleichen Regeln für die exportierten Erzeugnisse gelten, es sei denn, daß wegen der herkömmlichen Gewohnheiten und Gebräuche eine abweichende Regelung erforderlich ist.

Die einheitliche und gleichzeitige Anwendung der vorgeschlagenen Maßnahmen kann am besten durch Erlaß einer Verordnung erreicht werden.

Im Interesse der Vereinfachung und Beschleunigung des Verfahrens sollte die Kommission beauftragt werden, die technischen Durchführungsbestimmungen zu erlassen. Zu diesem Zweck erscheint es angebracht, Verfahren vorzusehen, mit denen eine Zusammenarbeit zwischen den Mitgliedstaaten und der Kommission im Rahmen eines Ausschusses für die Durchführung der Bestimmungen herbeigeführt wird.

Schließlich sind Übergangsmaßnahmen erforderlich, um den Übergang zu der mit dieser Verordnung eingeführten Regelung zu erleichtern –

HAT FOLGENDE VERORDNUNG ERLASSEN:

**Art. 1.** (1) In dieser Verordnung werden allgemeine Regeln für die Begriffsbestimmung, Bezeichnung und Aufmachung von Spirituosen festgelegt.

(2) Für die Zwecke dieser Verordnung gilt als Spirituose die alkoholische Flüssigkeit, die
– zum menschlichen Verbrauch bestimmt ist,
– besondere organoleptische Eigenschaften und, abgesehen von den Erzeugnissen in Anhang III Nummer 1, einen Mindestalkoholgehalt von 15 % vol aufweist und
– wie folgt gewonnen wird:
  – entweder unmittelbar durch Destillieren – mit oder ohne Zusatz von Aromastoffen – aus natürlichen vergorenen Erzeugnissen und/oder durch Einmaischen von pflanzlichen Stoffen und/oder durch Zusatz von Aromastoffen, Zucker oder sonstigen Süßstoffen gemäß Absatz 3 Buchstabe a) und/oder sonstigen landwirtschaftlichen Erzeugnissen in Äthylalkohol landwirtschaftlichen Ursprungs und/oder in Destillaten landwirtschaftlichen Ursprungs und/oder in Brand im Sinne dieser Verordnung
  – oder durch Mischung einer Spirituose mit
    – einer oder mehreren anderen Spirituosen,

---
[1] ABl. EG Nr. L 229 vom 30. 8. 1980, S. 11.
[2] ABl. EG Nr. L 229 vom 30. 8. 1980, S. 1.
[3] ABl. EG Nr. L 184 vom 15. 7. 1988, S. 61.

# VO (EWG) Nr. 1576/89 Art. 1 SpirituosenVO

- Äthylalkohol landwirtschaftlichen Ursprungs, Destillaten landwirtschaftlichen Ursprungs oder Brand,
- einem oder mehreren alkoholischen Getränken,
- einem oder mehreren Getränken.

Als Spirituosen gelten jedoch nicht die Getränke der KN-Code 2203 00, 2204, 2205, 2206 00 und 2207.

(3) Allgemeine Begriffsbestimmungen.

Für die Zwecke dieser Verordnung gelten als

a) Süßung:
Verfahren, bei dem zur Herstellung von Spirituosen eines oder mehrere der folgenden Erzeugnisse verwendet werden:
Halbweißzucker, Weißzucker, raffinierter Weißzucker, Dextrose, Fruktose, Glukosesirup, flüssiger Zucker, flüssiger Invertzucker, Sirup von Invertzucker, rektifiziertes Traubenmostkonzentrat, konzentrierter Traubenmost, frischer Traubenmost, karamelisierter Zucker (burned sugar), Honig, Johannisbrotsirup sowie andere natürliche Zuckerstoffe, die eine ähnliche Wirkung wie die vorstehend genannten Erzeugnisse haben.
Karamelisierter Zucker ist das Erzeugnis, das ausschließlich durch kontrolliertes Erhitzen von Saccharose ohne Zusatz von Basen, Mineralsäuren oder anderen chemischen Zusatzstoffen gewonnen wird.

b) Mischung:
Verfahren, bei dem zwei oder mehr verschiedene Getränke zur Gewinnung eines neuen Getränks miteinander vermischt werden.

c) Zusatz von Alkohol, Verschnitt:
Verfahren, bei dem eine Spirituose Äthylalkohol landwirtschaftlichen Ursprungs zugesetzt wird.

d) Zusammenstellung, Blend, Blending:
Verfahren, bei dem zwei oder mehr Spirituosen ein und derselben Kategorie zusammengebracht werden, die in ihrer Zusammensetzung jedoch nur geringfügige Abweichungen aufweisen, wobei diese Abweichungen durch ein oder mehrere der folgenden Kriterien bedingt sind:
- Herstellungsverfahren,
- verwendete Destillationsgeräte,
- Reifungsdauer,
- Erzeugungsgebiet.

Das gewonnene Getränk gehört derselben Kategorie an wie die ursprünglichen Getränke vor dem Zusammenstellen.

e) Reifung:
Verfahren, bei dem in geeigneten Behältern Vorgänge natürlich ablaufen können, durch welche die betreffende Spirituose neue organoleptische Merkmale erhält.

f) Aromatisierung:
Verfahren, bei dem zur Herstellung von Spirituosen ein oder mehrere aromatisierende Stoffe im Sinne von Artikel 1 Absatz 2 Buchstabe a) der Richtlinie 88/388/EWG verwendet werden.

g) Färbung:
Verfahren, bei dem zur Herstellung von Spirituosen ein oder mehrere Farbstoffe verwendet werden.

h) Äthylalkohol landwirtschaftlichen Ursprungs:
Äthylalkohol, der die in Anhang I dieser Verordnung aufgeführten Merkmale aufweist und durch Destillation nach alkoholischer Gärung aus in Anhang II des Vertrages genannten landwirtschaftlichen Erzeugnissen hergestellt wird; ausgenommen sind die in Absatz 2 genannten Spirituosen. Wenn auf die verwendeten Ausgangsstoffe Bezug genommen wird, muß der Alkohol ausschließlich aus dem betreffenden Ausgangsstoff gewonnen werden.

i) Destillat landwirtschaftlichen Ursprungs:
Die alkoholische Flüssigkeit, die durch Destillation nach alkoholischer Gärung aus in Anhang II des Vertrages genannten landwirtschaftlichen Erzeugnissen hergestellt wird und weder die Merkmale des unter Buchstabe h) genannten Äthylalkohols noch diejenigen einer Spirituose aufweist, jedoch ein Aroma und einen Geschmack bewahrt hat, die von den verwendeten Ausgangsstoffen stammen. Wenn auf den verwendeten Ausgangsstoff Bezug genommen wird, muß das Destillat ausschließlich aus dem betreffenden Ausgangsstoff gewonnen werden.

j) Alkoholgehalt:
Das Verhältnis des in dem betreffenden Erzeugnis enthaltenen Volumens an reinem Alkohol bei einer Temperatur von 20 °C zum Gesamtvolumen dieses Erzeugnisses bei derselben Temperatur.

k) Gehalt an flüchtigen Bestandteilen:
Gehalt einer ausschließlich durch Destillieren hergestellten Spirituose an flüchtigen Bestandteilen außer Äthylalkohol und Methanol, und zwar ausschließlich aus der Destillation bzw. erneuten Destillation der verwendeten Ausgangsstoffe.

l) Herstellungsort:
Der Ort oder die Region, wo die Phase des Herstellungsprozesses des Fertigerzeugnisses stattgefunden hat, in der die Spirituose ihren Charakter und ihre wesentlichen endgültigen Eigenschaften erhalten hat.

m) Kategorie von Spirituosen:
Sämtliche Spirituosen, die ein und derselben Begriffsbestimmung entsprechen.

(4) Begriffsbestimmungen einzelner Arten von Spirituosen.
Für die Zwecke dieser Verordnung gelten als

a) Rum:
1. Die Spirituose, die ausschließlich durch alkoholische Gärung und Destillation von aus der Herstellung von Rohrzucker stammender Melasse oder Sirup oder aber von dem Saft des Zuckerrohrs selbst gewonnen und auf weniger als 96 % vol destilliert wird, so daß das Destillationserzeugnis in wahrnehmbarem Maße die besonderen organoleptischen Merkmale von Rum aufweist.
2. Die ausschließlich aus der alkoholischen Gärung und der Destillation von Saft aus Zuckerrohr gewonnene Spirituose, die die besonderen Aromamerkmale von Rum sowie einen Gehalt an flüchtigen Stoffen von mindestens 225 g/hl r. A. aufweist. Diese Spirituose darf mit der Bezeichnung „landwirtschaftlich" als Ergänzung der Bezeichnung „Rum" zusammen mit einer der geographischen Bezeichnungen der französischen überseeischen Departements gemäß Anhang II vermarktet werden.

b) *Whisky* oder *Whiskey*:
Die Spirituose, die durch Destillieren von Getreidemaisch gewonnen wird,
– die durch die in ihr enthaltenen Malzamylasen mit oder ohne andere natürliche Enzyme verzuckert,
– mit Hefe vergoren,
– zu weniger als 94,8 % vol so destilliert worden ist, daß das Destillationserzeugnis das Aroma und den Geschmack der verwendeten Ausgangsstoffe aufweist,
und die mindestens drei Jahre lang in Holzfässern mit einem Fassungsvermögen von 700 Litern oder weniger gereift ist.

c) Getreidespirituose:
1. Die Spirituose, die durch Destillieren aus vergorener Getreidemaisch gewonnen wird und die organoleptischen Merkmale der Ausgangsstoffe aufweist.
Die Bezeichnung „Getreidespirituose" kann für das in Deutschland sowie in den Gebieten der Gemeinschaft mit Deutsch als eine der Amtssprachen hergestellte Getränk durch die Bezeichnung „*Korn*" oder „*Kornbrand*" ersetzt werden, sofern dieses Getränk in diesen Regionen herkömmlicherweise hergestellt wird und wenn die Getreidespirituose ohne Zugabe von Zusatzstoffen dort wie folgt gewonnen wird:

- entweder ausschließlich durch Destillieren von vergorener Maische aus dem vollen Korn von Weizen, Gerste, Hafer, Roggen oder Buchweizen mit allen seinen Bestandteilen
- oder durch erneutes Destillieren eines gemäß dem ersten Gedankenstrich gewonnenen Destillats.
2. Um die Bezeichnung „Getreidebrand" führen zu können, muß die Getreidespirituose durch Destillieren zu weniger als 95 % vol aus vergorener Getreidemaische gewonnen werden und die organoleptischen Merkmale der Ausgangsstoffe aufweisen.

d) Branntwein:
Die Spirituose,
- die ausschließlich durch Destillieren zu weniger als 86 % vol von Wein oder Brennwein oder durch erneutes Destillieren zu weniger als 86 % vol eines Weindestillats gewonnen wird;
- die einen Gehalt an flüchtigen Bestandteilen von 125 g/hl r. A. oder mehr und
- einen Höchstgehalt an Methanol von 200 g/hl r. A. aufweist.

Gereifter Branntwein kann weiterhin unter der Bezeichnung „Branntwein" vermarktet werden, wenn seine Reifezeit mindestens der Reifezeit für das in Buchstabe e) genannte Erzeugnis entspricht.

e) *Brandy* oder *Weinbrand*:
Die Spirituose,
- die aus Branntwein mit oder ohne Weindestillat, das zu weniger als 94,8 % vol destilliert ist, gewonnen wird, sofern dieses Destillat höchstens 50 % des Alkoholgehalts des Fertigerzeugnisses nicht übersteigt und
- die in Eichenholzbehältern mindestens ein Jahr oder aber mindestens sechs Monate, wenn das Fassungsvermögen der Eichenfässer unter 1000 Litern liegt, gereift ist;
- die einen Gehalt an flüchtigen Bestandteilen von 125 g/hl r. A. oder mehr ausschließlich aus der Destillation bzw. der erneuten Destillation der verwendeten Ausgangsstoffe aufweist;
- einen Höchstgehalt an Methanol von 200 g/hl r. A. aufweist.

f) Tresterbrand oder Trester:
1. a) Die Spirituose,
- die aus vergorenem und destilliertem Traubentrester – entweder unmittelbar durch Wasserdampf oder nach Zusatz von Wasser – gewonnen wird, dem in einem nach dem Verfahren des Artikels 15 zu bestimmenden Umfang Trub zugesetzt worden sein kann, wobei die Destillation unter Beigabe des Tresters zu weniger als 86 % vol vorgenommen wird; eine erneute Destillation auf denselben Alkoholgehalt ist zulässig;
- die einen Gehalt an flüchtigen Bestandteilen von 140 g/hl r. A. oder mehr und einen Höchstgehalt an Methanol von 1000 g/hl r. A. aufweist.
b) Während der Übergangszeit, die für Portugal in der Beitrittsakte von 1985 vorgesehen ist, kann in Portugal jedoch Tresterbrand vermarktet werden, der dort erzeugt wurde und einen Höchstgehalt an Methanol von 1500 g/hl r. A. aufweist.
2. Die Bezeichnung „Trester" oder „Tresterbrand" kann nur für die in Italien hergestellte Spirituose durch die Bezeichnung *Grappa* ersetzt werden.

g) Brand aus Obsttrester:
Die Spirituose, die durch Gärung und Destillieren von Obsttrester gewonnen wird. Die Destillationsbedingungen, die Merkmale des Erzeugnisses und weitere Einzelheiten werden nach dem Verfahren des Artikels 15 festgelegt.

h) Korinthenbrand oder *Raisin Brandy*:
Die Spirituose, die durch Destillieren des durch alkoholische Gärung des Extraktes von getrockneten Beeren der Reben „Schwarze Korinth" oder „Malaga Muskat" gewonnenen Erzeugnisses hergestellt wird, das zu weniger als 94,5 % vol so destilliert wird, daß das Destillat das Aroma und den Geschmack der verwendeten Ausgangsstoffe behält.

i) Obstbrand:
1. a) Die Spirituose,
   - die ausschließlich durch alkoholische Gärung und Destillieren einer frischen fleischigen Frucht oder des frischen Mosts dieser Frucht – mit oder ohne Steine – gewonnen wird,
   - die zu weniger als 86 % vol so destilliert wird, daß das Destillat das Aroma und den Geschmack der verwendeten Frucht behält,
   - die einen Gehalt an flüchtigen Bestandteilen von 200 g/hl r. A. oder mehr aufweist,
   - die einen Höchstgehalt an Methanol von 1000 g/hl r. A. aufweist und
   - deren Blausäuregehalt bei Steinobstbrand 10 g/hl r. A. nicht überschreiten darf.

   b) Ausnahmen von den Bestimmungen des Buchstabens a) dritter, vierter und fünfter Gedankenstrich können nach dem Verfahren des Artikels 15 beschlossen werden, insbesondere für die herkömmlichen Erzeugnisse, deren Herstellung und Verkauf einen wesentlichen Bestandteil des Einkommens bestimmter Obsterzeuger der Gemeinschaft ausmachen.

   c) Die so definierte Spirituose wird unter Voranstellung des Namens der verwendeten Frucht als „-brand" bezeichnet: Kirschbrand oder *Kirsch*, Pflaumenbrand oder Slibowitz, Mirabellenbrand, Pfirsichbrand, Apfelbrand, Birnenbrand, Aprikosenbrand, Feigenbrand, Brand aus Zitrusfrüchten, Brand aus Weintrauben oder Brand aus sonstigen Früchten. Sie kann auch unter Voranstellung des Namens der verwendeten Frucht als *-wasser* bezeichnet werden.
   Der Ausdruck *Williams* ist Birnenbrand vorbehalten, der ausschließlich aus Birnen der Sorte „Williams" gewonnen wird.
   Werden die Maischen zweier oder mehrerer Obstarten zusammen destilliert, so wird das Erzeugnis als „Obstbrand" bezeichnet. Ergänzend können die einzelnen Arten in absteigender Reihenfolge der verwendeten Mengen angeführt werden.

   d) Die Fälle, in denen die Bezeichnung der Frucht an die Stelle der Bezeichnung „-brand" unter Voranstellung des Namens der betreffenden Frucht treten kann, und die Voraussetzungen, unter denen dies geschehen kann, werden nach dem Verfahren des Artikels 15 festgelegt.

2. Als „-brand" unter Voranstellung des Namens der verwendeten Frucht können ferner Spirituosen bezeichnet werden, die durch Einmaischen bestimmter Beeren und sonstiger Früchte wie z.B. Himbeeren, Brombeeren, Heidelbeeren und anderen, die teilweise vergoren oder nichtvergoren sind, in Äthylalkohol landwirtschaftlichen Ursprungs oder in Brand oder in einem Destillat entsprechend den Definitionen in dieser Verordnung und anschließendes Destillieren bei einer Mindestmenge von 100 kg Früchten auf 20 l r. A. gewonnen werden.
Um eine Verwechslung mit den Obstbränden nach Nummer 1 zu vermeiden, werden die Bedingungen für die Verwendung der Bezeichnung „-brand" unter Voranstellung des Namens der verwendeten Frucht sowie die betreffenden Früchte nach dem Verfahren des Artikels 15 festgelegt.

3. Die durch Einmaischen ganzer, nicht vergorener Früchte im Sinne der Nummer 2 in Äthylalkohol landwirtschaftlichen Ursprungs und durch anschließendes Destillieren gewonnenen Getränke können als *-geist* unter Voranstellung des Namens der verwendeten Frucht bezeichnet werden.

j) Brand aus Apfel- oder Birnenwein:
Die Spirituose,
- die durch ausschließliches Destillieren von Apfel- oder Birnenwein hergestellt wird und
- die den unter Buchstabe i) Nummer 1 Buchstabe a) zweiter, dritter und vierter Gedankenstrich genannten Anforderungen für Obstbrand entspricht.

k) Enzian:
Die aus einem Enziandestillat hergestellte Spirituose, die durch Gärung von Enzianwurzeln mit oder ohne Zusatz von Äthylalkohol landwirtschaftlichen Ursprungs gewonnen wird.

l) Obstspirituose:
  1. Die Spirituose, die durch Einmaischen einer Frucht in Äthylalkohol landwirtschaftlichen Ursprungs und/oder in Destillaten landwirtschaftlichen Ursprungs und/oder in Brand entsprechend den Definitionen in dieser Verordnung in einem gemäß dem Verfahren nach Artikel 15 zu bestimmenden Mindestverhältnis gewonnen wird.
  Zur Aromatisierung können dieser Spirituose Aromastoffe und/oder Aromaextrakte zugesetzt werden, die nicht von der verarbeiteten Frucht herrühren. Diese Aromastoffe und Aromaextrakte sind in Artikel 1 Absatz 2 Buchstabe b) Ziffer i) bzw. Buchstabe c) der Richtlinie 88/388/EWG definiert. Jedoch muß der charakteristische Geschmack des Getränks sowie dessen Färbung ausschließlich von der verarbeiteten Frucht stammen.
  2. Das so definierte Getränk wird als „Spirituose" unter Voranstellung des Namens der verwendeten Frucht bezeichnet. Gemäß dem Verfahren des Artikels 15 wird bestimmt, in welchen Fällen und unter welchen Bedingungen diese Bezeichnung durch den Namen der Frucht ersetzt werden kann.
  Als *Pacharán* kann jedoch nur die Obstspirituose bezeichnet werden, die in Spanien durch Einmaischen von Schlehen (Prunus espinosa) mit einer Fruchtmindestmenge von 250 g je Liter reinen Alkohols gewonnen wird.

m) Spirituose mit Wacholder:
  1. a) Die Spirituose, die durch Aromatisieren von Äthylalkohol landwirtschaftlichen Ursprungs und/oder Getreidebrand und/oder Getreidedestillat mit Wacholderbeeren (Juniperus communis) gewonnen wird.
  Andere natürliche Aromastoffe und/oder naturidentische Aromastoffe nach Artikel 1 Absatz 2 Buchstabe b) Ziffern i) und ii) der Richtlinie 88/388/EWG und/oder Aromaextrakte nach Artikel 1 Absatz 2 Buchstabe c) derselben Richtlinie und/oder Duftstoffpflanzen oder Teile davon können zusätzlich verwendet werden, wobei die organoleptischen Merkmale der Wacholderbeeren wahrnehmbar bleiben müssen, wenn auch zuweilen in abgeschwächter Form.
    b) Das Getränk trägt eine der folgenden Bezeichnungen: *Wacholder, Ginebra* oder *Genebra*. Über die Verwendung dieser Bezeichnungen ist nach dem Verfahren des Artikels 15 zu entscheiden.
    c) Der für die als *Genièvre, Jenever, Genever* und *Peket* bezeichneten Spirituosen verwendete Alkohol muß die entsprechenden organoleptischen Eigenschaften für die Herstellung der genannten Erzeugnisse aufweisen und darf einen Methanolgehalt von höchstens 5 g/hl r. A. und einen Gehalt an Aldehyden, ausgedrückt in Azetaldehyd, von höchstens 0,2 g/hl r. A. haben. Der Wacholderbeerengeschmack muß bei diesen Erzeugnissen nicht wahrnehmbar sein.
  2. a) Das Getränk kann als *Gin* bezeichnet werden, wenn es durch Aromatisieren von Äthylalkohol landwirtschaftlichen Ursprungs, der die entsprechenden organoleptischen Merkmale aufweist, mit natürlichen Aromastoffen und/oder naturidentischen Aromastoffen nach Artikel 1 Absatz 2 Buchstabe b) Ziffern i) und ii) der Richtlinie 88/388/EWG und/oder Aromaextrakten nach Artikel 1 Absatz 2 Buchstabe c) derselben Richtlinie gewonnen wird, wobei der Wacholderbeergeschmack vorherrschend bleiben muß.
    b) Das Getränk kann auch als „destillierter *Gin*" bezeichnet werden, wenn es ausschließlich durch die erneute Destillation von Äthylalkohol landwirtschaftlichen Ursprungs von angemessener Qualität mit den gewünschten organoleptischen Merkmalen und einem ursprünglichen Alkoholgehalt von mindestens 96 % vol in Destillierapparaten, die herkömmlicherweise für *Gin* verwendet werden, unter Zusetzen von Wacholderbeeren und anderen natürlichen pflanzlichen Stoffen hergestellt wird, wobei der Wacholdergeschmack vorherrschend bleiben muß. Die Bezeichnung „destillierter *Gin*" darf auch für eine Mischung der Erzeugnisse dieser Destillation mit Äthylalkohol landwirtschaftlichen Ursprungs von gleicher Zusammensetzung und Reinheit und gleichem Alkoholgehalt verwendet werden. Zur Aromatisierung von destilliertem *Gin* können zusätzlich auch natürliche und/oder

SpirituosenVO  Art. 1  VO (EWG) Nr. 1576/89

naturidentische Aromastoffe und/oder Aromaextrakte nach Buchstabe a) verwendet werden. *London Gin* gehört zur Getränkeart destillierter *Gin*.

*Gin*, der durch einen einfachen Zusatz von Essenzen oder Aromastoffen zu Äthylalkohol landwirtschaftlichen Ursprungs gewonnen wird, darf nicht die Bezeichnung destillierter *Gin* tragen.

n) „Kümmel" oder „Spirituosen mit Kümmel":

1. Die Spirituose, die durch Aromatisieren von Äthylalkohol landwirtschaftlichen Ursprungs mit Kümmel (Carum carvi L.) gewonnen wird.

   Andere natürliche und/oder naturidentische Aromastoffe nach Artikel 1 Absatz 2 Buchstabe b) Ziffern i) und ii) der Richtlinie 88/388/EWG und/oder Aromaextrakte nach Artikel 1 Absatz 2 Buchstabe c) derselben Richtlinie können zusätzlich verwendet werden, der Kümmelgeschmack muß aber vorherrschend bleiben.

2. a) Für die Spirituose im Sinne von Nummer 1 ist auch die Bezeichnung *Akvavit* oder *Aquavit* zulässig, wenn die Aromatisierung mit einem Kräuterdestillat oder Gewürzdestillat vorgenommen wurde.

   Andere Aromastoffe gemäß Nummer 1 Unterabsatz 2 können zusätzlich verwendet werden, aber ein wesentlicher Teil des Aromas muß aus der Destillation von Kümmelsamen und/oder Dillsamen (Anethum graveolens L.) stammen, wobei der Zusatz ätherischer Öle unzulässig ist.

   b) Der Geschmack von Bitterstoffen darf nicht dominierend sein. Der Extraktgehalt darf nicht mehr als 1,5 g/100 ml betragen.

o) Spirituose mit Anis:

1. Die Spirituose, die durch Aromatisieren von Äthylalkohol landwirtschaftlichen Ursprungs mit natürlichen Extrakten von Sternanis (Illicium verum), Anis (Pimpinella anisum), Fenchel (Foeniculum vulgare) oder anderen Pflanzen, die im wesentlichen das gleiche Aroma aufweisen, nach einem der folgenden Verfahren hergestellt wird:
   – Einmaischen und/oder Destillation,
   – erneute Destillation des Alkohols unter Zusatz von Samen oder anderen Teilen der vorgenannten Pflanzen,
   – Beigabe von natürlichen destillierten Extrakten von Anispflanzen,
   – Kombination der drei vorgenannten Methoden.

   Andere natürliche Pflanzenextrakte oder würzende Samen können ergänzend verwendet werden, jedoch muß der Anisgeschmack vorherrschend bleiben.

2. Eine Spirituose mit Anis darf *Pastis* genannt werden, wenn sie außerdem natürliche Extrakte aus Süßholz (Glycyrrhiza glabra) und damit auch sogenannte „Chalkone" (Farbstoffe) sowie Glycyrrhizinsäure enthält; der Glycyrrhizinsäuregehalt muß mindestens 0,05 Gramm pro Liter betragen und 0,5 Gramm pro Liter nicht übersteigen

   *Pastis* hat einen Zuckergehalt von weniger als 100 Gramm pro Liter und einen Anetholgehalt von mindestens 1,5 Gramm und höchstens 2 Gramm pro Liter.

3. Eine Spirituose mit Anis darf als *Ouzo* bezeichnet werden, wenn sie
   – ausschließlich in Griechenland hergestellt wird;
   – durch Zusammenstellung von Alkoholen gewonnen wird, die durch Destillation oder Einmaischen unter Zusatz von Anis- und/gegebenenfalls Fenchelsamen, des Mastix eines auf der Insel Chios beheimateten Mastixbaums (Pistacia lentiscus Chia oder latifolia) und von anderen würzenden Samen, Pflanzen und Früchten aromatisiert werden, wobei der durch Destillation aromatisierte Alkohol mindestens 20 % des Alkoholgehalts des *Ouzo* ausmachen muß.

   Dieses Destillat muß
   – durch Destillation in herkömmlichen, nicht-kontinuierlich arbeitenden Destillationsgeräten aus Kupfer mit einem Fassungsvermögen von 1000 Litern oder weniger gewonnen werden;
   – einen Alkoholgehalt von mindestens 55 % vol und höchstens 80 % vol aufweisen.

   *Ouzo* muß farblos sein und darf einen Zuckergehalt von bis zu 50 Gramm pro Liter haben.

# VO (EWG) Nr. 1576/89 Art. 1        SpirituosenVO

4. Eine Spirituose mit Anis darf als *Anis* bezeichnet werden, wenn ihr charakteristisches Aroma ausschließlich von Anis (Pimpinella anisum) und/oder Sternanis (Illicium verum) und/oder Fenchel (Foeniculum vulgare) herrührt. Das Getränk darf die Bezeichnung „destillierter *Anis*" tragen, wenn sein Alkoholgehalt zu mindestens 20 % aus Alkohol besteht, der unter Beigabe der genannten Samen destilliert wurde.

p) Spirituose mit bitterem Geschmack oder *Bitter:*
Die Spirituose mit vorherrschend bitterem Geschmack, die durch Aromatisieren von Äthylalkohol landwirtschaftlichen Ursprungs mit natürlichen und/oder naturidentischen Aromastoffen nach Artikel 1 Absatz 2 Buchstabe b) Ziffern i) und ii) der Richtlinie 88/388/EWG und/oder Aromaextrakten nach Artikel 1 Absatz 2 Buchstabe c) derselben Richtlinie gewonnen wurde.
Diese Spirituose darf auch unter der Bezeichnung *Bitter* allein oder in Verbindung mit einem anderen Begriff vermarktet werden.
Die Möglichkeit, den Begriff *Bitter* auch für nicht in vorliegendem Artikel genannte Erzeugnisse zu verwenden, bleibt unberührt.

q) Wodka:
Die Spirituose, die aus Äthylalkohol landwirtschaftlichen Ursprungs entweder durch Rektifikation oder durch Filtrieren über Aktivkohle – gegebenenfalls mit anschließender einfacher Destillation – oder eine gleichwertige Behandlung gewonnen wird, welche die organoleptischen Merkmale der verwendeten Ausgangsstoffe selektiv abschwächt. Durch Zusatz von Aromastoffen können dem Erzeugnis besondere organoleptische Eigenschaften, insbesondere ein weicher Geschmack, verliehen werden.

r) Likör:
  1. Die Spirituose,
     – die einen Mindestzuckergehalt, ausgedrückt als Invertzucker, von 100 g/l aufweist, sofern nach dem Verfahren des Artikels 15 nichts anderes beschlossen wird,
     – die durch Aromatisieren von Äthylalkohol landwirtschaftlichen Ursprungs oder eines Destillats landwirtschaftlichen Ursprungs oder einer oder mehrerer Spirituosen im Sinne dieser Verordnung oder einer Mischung der genannten gesüßten Erzeugnisse, denen gegebenenfalls Erzeugnisse landwirtschaftlichen Ursprungs wie Rahm, Milch oder andere Milcherzeugnisse, Obst, Wein sowie aromatisierter Wein beigegeben werden, gewonnen wird.
  2. Die Bezeichnung „-creme" mit vorangestellter Bezeichnung der betreffenden Frucht oder des verwendeten Ausgangsstoffes mit Ausnahme von Milcherzeugnissen ist Likören mit einem Mindestzuckergehalt, ausgedrückt als Invertzucker, von 250 g/l vorbehalten.
    Jedoch ist die Bezeichnung „Cassiscreme" den Likören aus schwarzen Johannisbeeren mit einem Mindestzuckergehalt, ausgedrückt als Invertzucker, von 400 g/l vorbehalten.
  3. Die Bezeichnungen „Jägertee", „Jagertee" und „Jagatee" sind Likören mit Ursprung in Österreich vorbehalten, die unter Verwendung von Äthylalkohol landwirtschaftlichen Ursprungs, von Essenzen aus bestimmten Spirituosen oder von Tee gewonnen und denen mehrere natürliche Aromastoffe im Sinne des Artikels 1 Absatz 2 Buchstabe b Ziffer i der Richtlinie 88/388/EWG hinzugefügt werden. Der Alkoholgehalt beträgt mindestens 22,5 % vol. Der Mindestzuckergehalt, ausgedrückt als Invertzucker, beträgt 100 g/l.

s) Eierlikör oder *Advokat/Advocaat/Avocat:*
Die Spirituose, aromatisiert oder nicht, die aus Äthyalalkohol landwirtschaftlichen Ursprungs gewonnen wird und als Bestandteile hochwertiges Eigelb, Eiweiß und Zucker oder Honig enthält. Sie enthält mindestens 150 g Zucker oder Honig pro Liter. Das Enderzeugnis enthält mindestens 140 g Eigelb pro Liter.

t) Likör mit Eizusatz:
Die Spirituose, aromatisiert oder nicht, die aus Äthylalkohol landwirtschaftlichen Ursprungs gewonnen wird und als charakteristische Bestandteile hochwertiges Eigelb, Eiweiß und Zucker oder Honig enthält. Sie enthält mindestens 150 Zucker oder Honig pro Liter. Das Enderzeugnis enthält mindestens 70 g Eigelb pro Liter.

u) Väkevä glögi/Spritglögg:
Die Spirituosen, die durch Aromatisierung von Äthyalalkohol landwirtschaftlichen Ursprungs mit natürlichem oder naturidentischem Aroma von Gewürznelken und/oder Zimt unter Verwendung eines der nachstehenden Herstellungsverfahren gewonnen wird: Einweichen und/oder Destillieren, erneutes Destillieren des Alkohols unter Beigabe von Teilen der vorstehend genannten Pflanzen, Zusatz von natürlichem oder naturidentischem Aroma von Gewürznelken oder Zimt oder eine Kombination dieser Methoden.

Andere natürliche oder naturidentische pflanzliche Aromaextrakte im Sinne der Richtlinie 88/388/EWG können zusätzlich veredelt werden, der Geschmack der genannten Gewürze muß aber vorherrschend bleiben. Der Gehalt an Wein oder weinhaltigen Erzeugnissen darf nicht 50 v.H. übersteigen.

**Art. 2.** Vorbehaltlich der Artikel 3, 4 und 12 muß eine Spirituose, die unter einer der Bezeichnungen nach Artikel 1 Absatz 4 an den Endverbraucher abgegeben werden soll, für ihre Zulassung zum Verkehr der Begriffsbestimmung und den Vorschriften für die Kategorie, der sie angehört, entsprechen.

**Art. 3.** (1) Mit Ausnahme der Spirituose mit Wacholder im Sinne des Artikels 1 Absatz 4 Buchstabe m) Nummer 1 müssen für die Zulassung zur Abgabe an den Endverbraucher in der Gemeinschaft unter einer in Artikel 1 Absatz 4 genannten Bezeichnung die nachstehend aufgeführten alkoholischen Getränke mit Ausnahme bestimmter Erzeugnisse, deren Alkoholgehalt in Anhang III angegeben ist, folgenden Mindestalkoholgehalt aufweisen:

- 40 %   Whisky/Whiskey
         Pastis
- 37,5 % Rum
         Rum-Verschnitt
         Branntwein
         Tresterbrand
         Brand aus Obsttrester
         Korinthenbrand
         Obstbrand
         Brand aus Apfel- oder Birnenwein
         Enzian
         *Gin*/destillierter *Gin*
         Akvavit
         *Aquavit*
         Wodka
         *Grappa*
         *Ouzo*
         Kornbrand
- 36 %   Brandy/Weinbrand
- 35 %   Getreidespirituose/Getreidebrand
         *Anis*
- 32 %   Korn
- 30 %   Kümmel oder Spirituose mit Kümmel
         (ausgenommen *Akvavit*/*Aquavit*)
- 25 %   Obstspirituose
- 15 %   Spirituose mit Anis (ausgenommen *Ouzo, Pastis, Anis*);
         die übrigen, vorstehend nicht genannten Erzeugnisse des Artikels 1 Absatz 4.

(2) Nach den einzelstaatlichen Bestimmungen kann für die in Anhang II aufgeführten Spirituosen ein höherer Mindestalkoholgehalt als nach Absatz 1 festgelegt werden. Die Mitgliedstaaten teilen der Kommission diese Alkoholgehalte binnen drei Monaten mit, und zwar

– nach Inkrafttreten dieser Verordnung, wenn entsprechende Bestimmungen bereits bestehen;

– nach dem Erlaß entsprechender Bestimmungen, die gegebenenfalls nach Inkrafttreten dieser Verordnung erlassen werden.

Die Kommission sorgt für ihre Veröffentlichung im *Amtsblatt der Europäischen Gemeinschaften,* Ausgabe C.

(3) Der Rat kann auf Vorschlag der Kommission mit qualifizierter Mehrheit Mindestalkoholgehalte für andere als die in Absatz 1 genannten Getränkekategorien festsetzen.

(4) Vor dem 31. Dezember 1992 überprüft der Rat den Mindestalkoholgehalt für *Whisky/Whiskey* anhand einer Marktstudie der Kommission.

**Art. 4.** (1) Unbeschadet der gemäß den Absätzen 2 bis 5 getroffenen Maßnahmen verliert die betreffende Spirituose durch die Zugabe anderer als der nach den gemeinschaftlichen Rechtsvorschriften oder, falls solche nicht bestehen, nach den einzelstaatlichen Bestimmungen zulässigen Stoffe den Anspruch auf die vorbehaltene Bezeichnung.

(2) Die Liste der zugelassenen Lebensmittelzusatzstoffe, die Bestimmungen über ihre Verwendung sowie die betreffenden Spirituosen werden nach dem Verfahren der Richtlinie 89/107/EWG des Rates vom 21. Dezember 1988 zur Angleichung der Rechtsvorschriften der Mitgliedstaaten über Zusatzstoffe, die in Lebensmitteln verwendet werden dürfen[1], festgelegt.

(3) Die Liste der zugelassenen technischen Hilfsstoffe, die Bestimmungen über ihre Verwendung sowie die betreffenden Spirituosen können nach dem Verfahren des Artikels 15 festgelegt werden.

(4) Unbeschadet der strengeren Bestimmungen des Artikels 1 Absatz 4 ist die Färbung von Spirituosen gemäß den einzelstaatlichen Bestimmungen zulässig, die gemäß der Richtlinie des Rates vom 23. Oktober 1962 zur Angleichung der Rechtsvorschriften der Mitgliedstaaten für färbende Stoffe, die in Lebensmitteln verwendet werden dürfen[2], zuletzt geändert durch die Akte über den Beitritt Spaniens und Portugals, erlassen wurden.

(5) Bei der Herstellung der in Artikel 1 Absatz 4 definierten Spirituosen dürfen nur natürliche Aromastoffe und Aromaextrakte im Sinne von Artikel 1 Absatz 2 Buchstabe b) Ziffer i) und Buchstabe c) der Richtlinie 88/388/EWG zugesetzt werden; ausgenommen sind hiervon die in Artikel 1 Absatz 4 Buchstaben m), n) und p) definierten Spirituosen.

Die Aromastoffe, die mit natürlichen Stoffen im Sinne von Artikel 1 Absatz 2 Buchstabe b) Ziffer ii) der Richtlinie 88/388/EWG identisch sind, sind jedoch für Liköre mit Ausnahme der nachstehend genannten zugelassen.

a) Liköre (oder Cremes) aus folgenden Früchten:
– Ananas
– schwarze Johannisbeeren
– Kirschen
– Himbeeren
– Brombeeren
– Heidelbeeren
– Zitrusfrüchte
– Moltebeeren
– Amerikanische Taubeeren
– Moosbeeren
– Preiselbeeren
– Sanddorn

b) Liköre aus folgenden Pflanzen:
– Minze
– Enzian
– Anis
– Beifuß
– Wundklee.

---

[1] ABl. EG Nr. L 40 vom 11. 2. 1989, S. 27.
[2] ABl. EG Nr. 115 vom 11. 11. 1962, S. 2645/62.

(6) Für die Herstellung von Spirituosen ist der Zusatz von Wasser zulässig, sofern es den in Anwendung der Richtlinien 80/777/EWG und 80/778/EWG erlassenen einzelstaatlichen Bestimmungen entspricht, gegebenenfalls destilliert oder entmineralisiert ist und durch diesen Zusatz die Eigenschaften des Erzeugnisses nicht verändert werden.

(7) a) Für die Herstellung von Spirituosen darf der verwendete Äthylalkohol nur landwirtschaftlichen Ursprungs sein.

b) Wird zur Vermischung oder Auflösung von Farbstoffen, Aromastoffen oder anderen zulässigen Zusatzstoffen bei der Herstellung von Spirituosen Äthylalkohol verwendet, so darf es sich nur um Äthylalkohol landwirtschaftlichen Ursprungs handeln.

c) Unbeschadet strengerer Bestimmungen von Artikel 1 Absatz 4 Buchstabe m) Nummer 1 muß die Qualität des Äthylalkohols landwirtschaftlichen Ursprungs den in Anhang 1 angegebenen Werten entsprechen.

(8) Die Durchführungsbestimmungen, insbesondere die bei Spirituosen anzuwendenden Analysemethoden, werden nach dem Verfahren des Artikels 14 festgelegt.

Die Verzeichnisse der Liköre in Absatz 5 Unterabsatz 2 können gegebenenfalls vom Rat mit qualifizierter Mehrheit auf Vorschlag der Kommission ergänzt werden.

**Art. 5.** (1) Unbeschadet der aufgrund von Artikel 6 erlassenen Bestimmungen sind die in Artikel 1 Absatz 4 aufgeführten Bezeichnungen den darin definierten Spirituosen unter Berücksichtigung der in den Artikeln 2, 3, 4 und 12 genannten Erfordernissen vorbehalten. Diese Bezeichnungen müssen als Namen für diese Getränke verwendet werden.

Spirituosen, die nicht den Spezifikationen für die in Artikel 1 Absatz 4 definierten Erzeugnisse entsprechen, dürfen die dort genannten Bezeichnungen nicht tragen. Sie müssen als „Spirituose" oder „alkoholisches Getränk" bezeichnet werden.

(2) Die in Absatz 1 genannten Bezeichnungen können durch andere geographische Angaben als die in Absatz 3 genannten ergänzt werden, vorausgesetzt, der Verbraucher wird nicht irregeführt.

(3) a) Die in dem Verzeichnis des Anhangs II aufgeführten geographischen Angaben können die in Absatz 1 genannten Bezeichnungen ersetzen bzw. ergänzen, wobei zusammengesetzte Bezeichnungen geschaffen werden. Diese zusammengesetzten oder nichtzusammengesetzten Bezeichnungen können gegebenenfalls um weitere Angaben ergänzt werden, sofern diese vom Erzeugermitgliedstaat geregelt werden. Abweichend vom ersten Absatz ersetzt die Bezeichnung *marque nationale luxembourgeoise* die geographische Angabe und kann die in Anhang II enthaltenen Bezeichnungen der im Großherzogtum Luxemburg hergestellten Spirituosen ergänzen.

b) Diese geographischen Angaben sind den Spirituosen vorbehalten, bei denen die Produktionsphase, in der sie ihren Charakter und ihre endgültigen Eigenschaften erhalten, in dem genannten geographischen Gebiet stattgefunden hat.

c) Die Mitgliedstaaten können die spezifschen einzelstaatlichen Vorschriften betreffend die Erzeugung, den inneren Warenverkehr, die Bezeichnung und die Aufmachung der in ihrem Gebiet hergestellten Erzeugnisse anwenden, soweit sie mit dem Gemeinschaftsrecht vereinbar sind. Wird eine Qualitätspolitik verfolgt, so kann mit diesen Vorschriften die Erzeugung in einem bestimmten geographischen Gebiet auf die Qualitätserzeugnisse, die diesen spezifischen Vorschriften entsprechen, beschränkt werden.

**Art. 6.** (1) Besondere Vorschriften können zusätzliche Angaben zur Verkehrsbezeichnung regeln, und zwar:
– die Verwendung von Bezeichnungen, Abkürzungen und Zeichen,
– die Verwendung zusammengesetzter Bezeichnungen in Verbindung mit einer der in Artikel 1 Absätze 2 und 4 aufgeführten Gattungsbezeichnungen.

(2) Besondere Vorschriften können die Bezeichnung von Mischungen von Spirituosen und von mit Spirituosen gemischten Getränken regeln.

(3) Die in den Absätzen 1 und 2 genannten Vorschriften werden nach dem Verfahren des Artikels 15 erlassen. Sie sollen vor allem verhindern, daß die in diesen Absätzen genannten Bezeichnungen, insbesondere in Anbetracht der bei Inkrafttreten dieser Verordnung bereits bestehenden Erzeugnisse, zu Verwechslungen führen.

**Art. 7.** (1) Über die der Richtlinie 79/112/EWG entsprechenden einzelstaatlichen Vorschriften hinaus müssen Etikettierung und Aufmachung der in Artikel 1 Absatz 4 definierten, für den Endverbraucher bestimmten Spirituosen sowie die Werbung für diese Getränke den Absätzen 2 und 3 des vorliegenden Artikels entsprechen.

(2) a) Als Verkehrsbezeichnung der in Artikel 1 Absätze 2 und 4 genannten Erzeugnisse ist eine der ihnen gemäß Artikel 5 und Artikel 6 Absatz 2 vorbehaltenen Bezeichnungen zu verwenden.

b) Wird auf dem Etikett der für die Herstellung des Äthylalkohols landwirtschaftlichen Ursprungs verwendete Ausgangsstoff erwähnt, so ist jeder verwendete Alkohol landwirtschaftlichen Ursprungs in abnehmender Reihenfolge seines Mengenanteils aufzuführen.

c) Die Verkehrsbezeichnung der in Absatz 1 genannten Spirituosen kann durch die Angabe „Zusammenstellung" (blend) ergänzt werden, wenn das Erzeugnis dieser Behandlung unterzogen worden ist.

d) Von Ausnahmen abgesehen, darf eine Reifezeit nur angegeben werden, wenn sie den jüngsten alkoholischen Bestandteil betrifft und wenn das Erzeugnis unter Steuerkontrolle oder unter einer gleichwertige Garantien bietenden Kontrolle gereift ist.

e) Die in dieser Verordnung genannten und in Flaschen abgefüllten Spirituosen dürfen ab 1. Januar 1993 nur in Behältnissen zum Verkauf bereitgestellt oder in den Verkehr gebracht werden, die nicht mit aus Blei hergestellten Kapseln oder Folien versehen sind. Spirituosen, die vor dem genannten Zeitpunkt auf Flaschen gefüllt und mit solchen Kapseln oder Folien versehen worden sind, können jedoch bis zur Erschöpfung der Bestände vermarktet werden.

(3) Für die in Artikel 1 Absatz 4 genannten Erzeugnisse kann nach dem Verfahren des Artikels 14 folgendes festgelegt werden:

a) Die Voraussetzungen, unter denen bei der Etikettierung die Reifezeit und die verwendeten Ausgangsstoffe angegeben werden können;

b) die Voraussetzungen für die Verwendung von Verkehrsbezeichnungen, mit denen indirekt eine Angabe über die Reifung gemacht wird, sowie etwaige Ausnahmen und die Einzelheiten einer gleichwertigen Kontrolle;

c) besondere Bestimmungen für Angaben über eine bestimmte Qualität des Erzeugnisses wie Hinweise auf seine Geschichte oder das Herstellungsverfahren;

d) Etikettierungsvorschriften für Erzeugnisse in nicht für den Endverbraucher bestimmten Behältnissen einschließlich etwaiger Ausnahmen von den Etikettierungsvorschriften, um insbesondere der Lagerung und dem Transport Rechnung zu tragen.

(4) Die Angaben nach dieser Verordnung erfolgen in einer oder mehreren Amtssprachen der Gemeinschaften, so daß der Endverbraucher jede dieser Angaben leicht verstehen kann, es sei denn, die Unterrichtung des Käufers wird durch andere Maßnahmen sichergestellt.

(5) Die geographischen Bezeichnungen nach Anhang II, die kursiv gedruckten Bezeichnungen in Artikel 1 Absatz 4 sowie die Bezeichnung *Rum-Verschnitt* dürfen nicht übersetzt werden.

Auf Antrag eines Verbrauchermitgliedstaats kann jedoch nach dem Verfahren des Artikels 14 beschlossen werden, daß diese kursiv gedruckten Begriffe und insbesondere *Raisin Brandy* durch gleichbedeutende Begriffe ergänzt werden, damit die Verbraucher dieses Mitgliedstaats nicht irregeführt werden.

(6) Bei Erzeugnissen mit Ursprung in Drittländern ist die Verwendung einer Amtssprache des Drittlandes, in dem das Erzeugnis hergestellt wurde, zulässig, sofern die Angaben im Sinne dieser Verordnung außerdem in einer Amtssprache der Gemeinschaft erfolgen, so daß der Endverbraucher jede dieser Angaben leicht verstehen kann.

(7) Unbeschadet des Artikels 12 können die Angaben im Sinne dieser Verordnung bei Erzeugnissen mit Ursprung in der Gemeinschaft, die für die Ausfuhr bestimmt sind, in einer anderen Sprache wiederholt werden, mit Ausnahme der in Absatz 5 genannten Begriffe.

(8) Die Kommission kann nach dem Verfahren des Artikels 15 bestimmen, in welchen Fällen und/oder bei welchen Spirituosen der Herstellungs- und/oder der Ursprungs- und/oder der Herkunftsort angegeben werden muß, und die Einzelheiten einer solchen Angabe festlegen.

**Art. 8.** Für Spirituosen, die in der Gemeinschaft zwecks Abgabe an den Endverbraucher in den Verkehr gebracht werden sollen, dürfen keine Bezeichnungen verwendet werden, bei denen einer in dieser Verordnung vorgesehenen Verkehrsbezeichnung Worte wie „Art", „Typ", „façon", „Stil", „Marke", „Geschmack" oder andere ähnliche Angaben beigegeben werden.

**Art. 9.** (1) Die Spirituosen
- Rum
- *Whisky* und *Whiskey*
- Getreidespirituosen/Getreidebrand
- Branntwein und *Brandy*
- Tresterbrand
- Korinthenbrand
- Obstbrand, mit Ausnahme der in Artikel 1 Absatz 4 Buchstabe i) Nummer 2 definierten Erzeugnisse
- Brand aus Apfel- oder Birnenwein

dürfen in der Aufmachung in keinerlei Form den den genannten Spirituosen vorbehaltenen Gattungsbegriff führen, wenn ihnen Äthylalkohol landwirtschaftlichen Ursprungs zugesetzt wurde.

(2) Absatz 1 steht jedoch der Vermarktung eines in Deutschland durch den Verschnitt von Rum und Alkohol hergestellten Erzeugnisses, das zur Abgabe an den Endverbraucher in der Gemeinschaft bestimmt ist, nicht entgegen. Der Anteil an Alkohol aus Rum in diesem als *Rum-Verschnitt* bezeichneten Erzeugnis muß mindestens 5 % des Gesamtalkohols des Fertigerzeugnisses betragen. Beim Verkauf außerhalb des deutschen Marktes muß die alkoholische Zusammensetzung in der Etikettierung angegeben sein.

Bei der Etikettierung und Aufmachung des als *Rum-Verschnitt* bezeichneten Erzeugnisses ist das Wort *Verschnitt* in der Ausstattung (auf der Flasche, Verpackung oder Umhüllung) in der gleichen Schriftart und in der gleichen Größe und Farbe wie das Wort *Rum* zu halten; es muß sich zusammen mit diesem auf derselben Zeile befinden und ist bei Flaschen auf dem Frontetikett anzubringen.

**Art. 10.** (1) Die Mitgliedstaaten treffen die erforderlichen Maßnahmen, um sicherzustellen, daß die gemeinschaftlichen Vorschriften für Spirituosen eingehalten werden. Sie bezeichnen eine oder mehrere Stellen, die sie mit der Überwachung der Einhaltung dieser Vorschriften beauftragen.

Bei den Erzeugnissen des Anhangs II kann nach dem Verfahren des Artikels 14 beschlossen werden, daß die Überwachung und der Schutz beim innergemeinschaftlichen Verkehr durch von der Verwaltung zu kontrollierende Handelspapiere und durch die Führung von geeigneten Registern gewährleistet werden.

(2) Für die in Anhang II genannten und aus der Gemeinschaft ausgeführten Spirituosen richtet der Rat mit qualifizierter Mehrheit auf Vorschlag der Kommission ein System von Echtheitsbescheinigungen ein, um Betrug und Fälschungen vorzubeugen. Dieses System soll an die Stelle der bestehenden einzelstaatlichen Systeme treten. Unter Wahrung der Rechtsvorschriften der Gemeinschaft, insbesondere der Wettbewerbsregeln, muß es zumindest die gleichen Garantien wie die einzelstaatlichen Systeme bieten.

Bis zur Einführung des in Unterabsatz 1 genannten Systems können die Mitgliedstaaten ihre eigenen Systeme zum Nachweis der Echtheit beibehalten, sofern diese im Einklang mit den Rechtsvorschriften der Gemeinschaft stehen.

(3) Der Rat erläßt mit qualifizierter Mehrheit auf Vorschlag der Kommission die Maßnahmen, die erforderlich sind, um eine einheitliche Anwendung der Gemeinschaftsvorschriften auf dem Spirituosensektor, insbesondere hinsichtlich der Kontrolle und der Beziehungen zwischen den zuständigen Stellen der Mitgliedstaaten, zu gewährleisten.

(4) Die Mitgliedstaaten und die Kommission teilen sich gegenseitig die zur Durchführung dieser Verordnung erforderlichen Angaben mit. Die Einzelheiten der Mitteilung und der Bekanntgabe dieser Angaben werden nach dem Verfahren des Artikels 14 festgelegt.

**Art. 11.** (1) Vorbehaltlich des Absatzes 2 können bei eingeführten Spirituosen, die zur Abgabe an den Endverbraucher in der Gemeinschaft bestimmt und mit einer geographischen Angabe oder anders als gemäß Artikel 1 Absatz 4 bezeichnet sind, bei ihrer Vermarktung die Überwachung und der Schutz nach Artikel 10 gewährt werden, sofern die Gegenseitigkeit verbürgt ist.

Das Nähere zu Unterabsatz 1 regeln Abkommen mit den betreffenden Drittländern, die nach dem Verfahren des Artikels 113 des Vertrages ausgehandelt und geschlossen werden.

Die Durchführungsbestimmungen sowie das Verzeichnis der in Unterabsatz 1 genannten Erzeugnisse werden nach dem Verfahren des Artikels 15 festgelegt.

(2) Diese Verordnung berührt nicht die Einfuhr und die Vermarktung von besonderen zur Abgabe an den Endverbraucher in der Gemeinschaft bestimmten Spirituosen unter ihrer Ursprungsbezeichnung, die ihren Ursprung in Drittländern haben, für die die Gemeinschaft entweder im Rahmen des GATT oder im Wege bilateraler Übereinkünfte Zollzugeständnisse eingeräumt hat und bei denen die Zulassungsbedingungen durch Gemeinschaftsvorschriften geregelt worden sind.

**Art. 12.** (1) Zur Ausfuhr bestimmte Spirituosen müssen den Bestimmungen dieser Verordnung entsprechen.

(2) Die Mitgliedstaaten können jedoch Ausnahmeregelungen in bezug auf Artikel 4 Absätze 2, 3, 4 und 6 beschließen, ausgenommen die in den Anhängen II und III enthaltenen Spirituosen und die Spirituosen mit vorbehaltener Bezeichnung.

(3) Ferner können auf Antrag des Erzeugermitgliedstaats nach dem Verfahren des Artikels 14 Ausnahmeregelungen für die Bestimmungen des Artikels 3 betreffend den für die Zulassung zur Abgabe an den Endverbraucher erforderlichen Alkoholgehalt beschlossen werden:
– für die Spirituosen im Sinne des Artikels 1 Absätze 2 und 4;
– für die in Anhang II aufgeführten Spirituosen, insbesondere wenn die Rechtsvorschriften des Einfuhrdrittlandes dies erforderlich machen.

(4) Abweichungen von den Vorschriften für die Bezeichnung und Aufmachung, mit Ausnahme der in Artikel 1 Absätze 2 und 4 sowie der in den Anhängen II und III vorgesehenen Bezeichnungen und Angaben, können unbeschadet der Artikel 8 und 9 von den Mitgliedstaaten zugelassen werden,
– wenn die geltenden Rechtsvorschriften des Einfuhrdrittlandes dies erforderlich machen,
– in den Fällen, die nicht von dem ersten Gedankenstrich erfaßt werden, mit Ausnahme einiger Angaben, über die nach dem Verfahren des Artikels 14 zu entscheiden ist.

(5) Die von den Mitgliedstaaten zugelassenen Abweichungen werden den Dienststellen der Kommission und den übrigen Mitgliedstaaten mitgeteilt.

**Art. 13.** (1) Es wird ein Ausschuß für die Durchführung der Bestimmungen über Spirituosen, nachstehend „Ausschuß" genannt, eingesetzt, der aus Vertretern der Mitgliedstaaten besteht und in dem ein Vertreter der Kommission den Vorsitz führt.

(2) Die Stimmen der Mitgliedstaaten im Ausschuß werden nach dem in Artikel 148 Absatz 2 des Vertrages vorgesehenen Verfahren gewogen. Der Vorsitzende nimmt an der Abstimmung nicht teil.

**Art. 14.** (1) Wird auf das Verfahren dieses Artikels Bezug genommen, so befaßt der Vorsitzende des Ausschusses diesen von sich aus oder auf Antrag des Vertreters eines Mitgliedstaats.

(2) Der Vertreter der Kommission unterbreitet dem Ausschuß einen Entwurf der zu treffenden Maßnahmen. Der Ausschuß nimmt dazu innerhalb einer Frist Stellung, die der Vorsitzende entsprechend der Dringlichkeit der zu prüfenden Fragen festlegen kann. Die Stellungnahme kommt mit einer Mehrheit von 54 Stimmen zustande.

(3) Die Kommission erläßt Maßnahmen, die unmittelbar gelten. Stimmen sie jedoch mit der Stellungnahme des Ausschusses nicht überein, so werden diese Maßnahmen sofort von der Kommission dem Rat mitgeteilt. In diesem Fall kann die Kommission die Durchführung dieser Maßnahmen um einen Monat verschieben.

Der Rat kann innerhalb eines Monats mit qualifizierter Mehrheit einen anderslautenden Beschluß fassen.

**Art. 15.** (1) Wird auf das Verfahren dieses Artikels Bezug genommen, so befaßt der Vorsitzende des Ausschusses diesen von sich aus oder auf Antrag des Vertreters eines Mitgliedstaats.

(2) Der Vertreter der Kommission unterbreitet dem Ausschuß einen Entwurf der zu treffenden Maßnahmen. Der Ausschuß gibt seine Stellungnahme zu diesem Entwurf innerhalb einer Frist ab, die der Vorsitzende unter Berücksichtigung der Dringlichkeit der betreffenden Frage festsetzen kann. Die Stellungnahme wird mit der Mehrheit abgegeben, die in Artikel 148 Absatz 2 des Vertrages für die Annahme der vom Rat auf Vorschlag der Kommission zu fassenden Beschlüsse vorgesehen ist. Bei der Abstimmung im Ausschuß werden die Stimmen der Vertreter der Mitgliedstaaten gemäß dem vorgenannten Artikel gewogen. Der Vorsitzende nimmt an der Abstimmung nicht teil.

(3) a) Die Kommission erläßt die beabsichtigten Maßnahmen, wenn sie mit der Stellungnahme des Ausschusses übereinstimmen.

b) Stimmen die beabsichtigten Maßnahmen mit der Stellungnahme des Ausschusses nicht überein oder liegt keine Stellungnahme vor, so unterbreitet die Kommission dem Rat unverzüglich einen Vorschlag für die zu treffenden Maßnahmen. Der Rat beschließt mit qualifizierter Mehrheit.

Hat der Rat nach Ablauf einer Frist von 3 Monaten ab der Befassung des Rates keinen Beschluß gefaßt, so werden die vorgeschlagenen Maßnahmen von der Kommission erlassen.

**Art. 16.** Der Ausschuß kann auch Fragen anderer Art prüfen, mit denen der Vorsitzende diesen entweder von sich aus oder auf Antrag des Vertreters eines Mitgliedstaats befaßt.

**Art. 17.** (1) Um den Übergang von der bestehenden zu der mit dieser Verordnung eingeführten Regelung zu erleichtern, werden nach dem Verfahren des Artikels 14 Übergangsmaßnahmen erlassen.

(2) Diese Übergangsmaßnahmen dürfen höchstens zwei Jahre ab Beginn der Anwendung dieser Verordnung gelten.

**Art. 18.** Diese Verordnung tritt am dritten Tag nach ihrer Veröffentlichung im *Amtsblatt der Europäischen Gemeinschaften* in Kraft.

Sie gilt ab 15. Dezember 1989, mit Ausnahme der Artikel 13 bis 16, die ab Inkrafttreten dieser Verordnung gelten.

Diese Verordnung ist in allen ihren Teilen verbindlich und gilt unmittelbar in jedem Mitgliedstaat.

# VO (EWG) Nr. 1576/89 Anhang

## ANHANG I

**Eigenschaften des Äthylalkohols landwirtschaftlichen Ursprungs nach Artikel 1 Absatz 3 Buchstabe h)**

1. Organoleptische Eigenschaften — Kein feststellbarer Fremdgeschmack
2. Mindestalkoholgehalt — 96,0 % vol
3. Höchstwerte an Nebenbestandteilen
   - Gesamtsäuregehalt, ausgedrückt als Essigsäure in g/hl r. A. — 1,5
   - Ester, ausgedrückt als Äthylazetat in g/hl r. A. — 1,3
   - Aldehyde, ausgedrückt als Azetaldehyd in g/hl r. A. — 0,5
   - Höhere Alkohole, ausgedrückt als Methyl-2 Propanol-1 in g/hl r. A. — 0,5
   - Methanol in g/hl r. A. — 50
   - Abdampfrückstand in g/hl r. A. — 1,5
   - Flüchtige Stickstoffbasen, ausgedrückt als Stickstoff in g/hl r. A. — 0,1
   - Furfural — nicht nachweisbar

## ANHANG II

### SPIRITUOSEN

**Geographische Angaben nach Artikel 5 Absatz 3**

| Kategorie | Geographische Angaben |
|---|---|
| 1. Rum | Rhum de la Martinique; Rhum de la Guadeloupe; Rhum de la Réunion; Rhum de la Guyane (Diese Angaben können durch den Zusatz „traditionnell" ergänzt werden); Ron de Malaga; Ron de Granada; Rum da Madeira |
| 2. a) Whisky | Scotch Whisky; Irish Whisky; Whisky español (Diese Angaben können durch die Zusätze „Malt" oder „Grain" ergänzt werden); |
| b) Whiskey | Irish Whiskey; Uisce Beatha Eireannach/Irish Whiskey (Diese Angaben können durch den Zusatz „Pot Still" ergänzt werden) |
| 3. Getreidespirituose | Eau de vie de seigle, marque nationale luxembourgeoise |
| 4. Branntwein | Eau-de-vie de Cognac; Eau-de-vie des Charentes; Cognac (Dieser Angabe kann eine der folgenden Angaben beigefügt sein: Fine; Grande Fine Champagne; Grande Champagne; Petite Fine Champagne; Petite Champagne, Fine Champagne; Borderies; Fins Bois; Bons Bois); Fine Bordeaux; Armagnac; Bas-Armagnac; Haut-Armagnac; Ténarèse; Eau-de-vie de vin de la Marne; Eau-de-vie de vin originaire d'Aquitaine; Eau-de-vie de Bourgogne; Eau-de-vie de vin originaire du Centre-Est; Eau-de-vie de vin originaire de Franche-Comté; Eau-de-vie de vin originaire du Bugey; Eau-de-vie de vin de Savoie; Eau-de-vie de vin originaire des Coteaux de la Loire; Eau-de-vie de vin des Côtes-du Rhone; Eau-de-vie de vin originaire de Provence; Faugères oder Eau-de-vie de Faugères; Eau-de-vie de vin originaire du Languedoc; Aguardente do Minho; Aguardente do Douro; Aguardente da Beira Interior; Aguardente da Bairrada; Aguardente do Oeste; Aguardente do Ribatejo; Aguardente do Alentejo; Aguardente do Algarve |

SpirituosenVO                    Anhang  VO (EWG) Nr. 1576/89

| Kategorie | Geographische Angaben |
|---|---|
| 5. Brandy | Brandy de Jerez; Brandy de Penedés, Brandy italiano; Brandy Αττικής/Brandy aus Attika; Brandy Πελοποήσου/Brandy vom Peloponnes; Brandy Κεντρικής Ελλάδας/Brandy aus Mittelgriechenland, Deutscher Weinbrand; Wachauer Weinbrand; Weinbrand Dürnstein |
| 6. Tresterbrand | Eau-de-vie de marc de Champagne ou marc de Champagne; Eau-de-vie de marc originaire d´Aquitaine; Eau-de-vie de marc de Bourgogne; Eau-de-vie de marc originaire du Centre-Est; Eau-de-vie de marc originaire de Franche-Comté; Eau-de-vie de marc originaire de Bugey; Eau-de-vie de marc originaire de Savoie; Marc de Bourgogne; Marc de Savoi; Marc d´Auvergne; Eau-de-vie de marc originaire des Coteau de la Loire; Eau-de-vie de marc des Côtes du Rhône; Eau-de-vie de marc originaire de Provence; Eau-de-vie de marc originaire du Languedoc; Marc d'Alsace Gewürztraminer; Marc de Lorraine; Bagaceira do Minho; Bagaceira do Douro; Bagaceira da Beira Interior; Bagaceira da Bairrada; Bagaceira do Oeste; Bagaceira do Ribatejo; Bagaceira do Alentejo; Bagaceira do Algarve; Orujo gallego; Grappa di Barolo; Grappa piemontese oder del Piemonte; Grappa lombarda oder di Lombardia; Grappa trentina oder del Trentino; Grappa friulana oder del Friuli; Grappa veneta oder del Veneto; Südtiroler Grappa/Grappa dell'Alto Adige; Τσικουδία Κρήτης/Tsikoudia aus Kreta; Τσίπουρο Μακεδονίας/Tsipouro aus Mazedonien; Τσίπουρο Θεσσαλίας/Tsipouro aus Thessalien; Τσίπουρο Τυρνάβου/ Tsipouro aus Tyrnavos; Eau-de-vie de marc marque nationale luxembourgeoise |
| 7. Obstbrand | Schwarzwälder Kirschwasser; Schwarzwälder Himbeergeist; Schwarzwälder Mirabellenwasser; Schwarzwälder Williamsbirne; Schwarzwälder Zwetschgenwasser; Fränkisches Zwetschgenwasser; Fränkisches Kirschwasser; Fränkischer Obstler; Mirabelle de Lorraine; Kirsch d'Alsace; Quetsch d'Alsace; Framboise d'Alsace; Mirabelle d'Alsace; Kirsch de Fougerolles; Südtiroler Williams/Williams dell´Alto Adige; Südtiroler Aprikot oder Südtiroler; Marille/Aprikot dell'Alto Adige oder Marille dell´Alto Adige; Südtiroler Kirsch/Kirsch dell'Alto Adige; Südtiroler Zwetschgeler/Zwetschgeler dell'Alto Adige; Südtiroler Obstler/Obstler dell'Alto Adige; Südtiroler Gravensteiner/Gravensteiner dell'Alto Adige; Südtiroler Golden Delicious/ Golden Delicious dell'Alto Adige; Williams friulano oder del Friuli; Sliwovitz del Veneto; <br><br>Sliwovitz del Friuli-Venezia Giulia; Sliwovitz del Trentino-Alto Adige; Distillato di mele trentino oder del Trentino; Williams trentino oder del Trentino; Sliwovitz trentino oder del Trentino; <br><br>Aprikot trentino oder del Trentino; Medronheira do Algarve; Medronheira do Bucaco; Kirsch/Kirschwasser friulano; Kirsch/Kirschwasser trentino; Kirsch/Kirschwasser veneto; Aguardente de pêra da Lousa; Eau-de-vie de pommes marque nationale luxembourgeoise; Eau-de-vie de poires marque nationale luxembourgeoise; Eau-de-vie de kirsch marque nationale luxembourgeoise; ; Eau-de-vie de quetsch marque nationale luxembourgeoise; Eau-de-vie de mirabelle marque nationale luxembourgeoise; Eau-de-vie de prunelles marque nationale luxembourgeoise; Wachauer Marillenbrand |
| 8. Brand aus Apfel- oder Birnenwein | Calvados du Pays d'Auge; Calvados; Eau-de-vie de cidre de Bretagne; Eau-de-vie de poiré de Btetagne; Eau-de-vie de cidre de Normandie; Eau-de-vie de poiré de Normandie; Eau-de-vie de cidre du Maine; Aguardiente de sidra de Asturias; Eau-de-vie de poiré du Maine |

# VO (EWG) Nr. 1576/89 Anhang

| Kategorie | Geographische Angaben |
|---|---|
| 9. Enzian | Bayerischer Gebirgsenzian; Südtiroler Enzian/Genziana dell'Alto Adige; Genziana trentina oder del Trentino |
| 10. Obstspirituosen | Pacharán navarro |
| 11. Spirituosen mit Wacholder | Ostfriesischer Korngenever; Genièvre Flandres Artois; Hasseltse jenever; Balegemse jenever; Péket de Wallonie; Steinhäger; Plymouth Gin; Gin de Mahon |
| 12. Spirituosen mit Kümmel | Dansk Akvavit/Dansk Aquavit; Svensk Aquavit/Svensk Akvavit/Swedish Akvavit |
| 13. Spirituosen mit Anis | Anís español; Evora anisada; Cazalla; Chinchón; Ojén; Rute |
| 14. Likör | Berliner Kümmel; Hamburger Kümmel; Münchener Kümmel; Chiemseer Klosterlikör; Bayerischer Kräuterlikör; Cassis de Dijon; Cassis de Beaufort; Irish Cream; Palo de Mallorca; Ginjinha portuguêsa; Licor de Singeverga; Benediktbeurer Klosterlikör; Ettaler Klosterlikör; Ratafia de Champagne; Ratafia catalana; Anis português; Finnischer Beeren/Obstlikör; Großglockner Alpenbitter; Mariazeller Magenlikör; Mariazeller Jagasaftl; Puchheimer Bitter; Puchheimer Schloßgeist; Steinfelder Magenbitter; Wachauer Marillenlikör |
| 15. Gemischte Spirituosen | Pommeau de Bretagne; Pommeau du Maine; Pommeau de Normandie; Svensk Punsch/Swedish Punsch |
| 16. Wodka | Svensk Vodka/Swedish Vodka; Suomalainen Vodka/Finsk Vodka/Vodka of Finland |

## ANHANG III

Ausnahmen von den allgemeinen Bestimmungen in

1. Artikel 1 Absatz 2:
   Eierlikör oder *Advokat/Advocaat/Avocat*: Mindestalkohogehalt 14 % vol;

2. Artikel 5 Absatz 3 (nicht konforme geographische Angaben):
   Königsberger Bärenfang; Ostpreußischer Bärenfang.

## 9. Verordnung (EWG) Nr. 2392/89 des Rates zur Aufstellung allgemeiner Regeln für die Bezeichnung und Aufmachung der Weine und der Traubenmoste*

vom 24. Juli 1989**

(ABl. EG Nr. L 232 vom 9. August 1989, S. 13; zuletzt geändert durch Verordnung (EG) Nr. 1427/96 vom 26. Juni 1996, ABl. EG Nr. L 184 vom 24. Juli 1996, S. 3)

DER RAT DER EUROPÄISCHEN GEMEINSCHAFTEN –

gestützt auf den Vertrag zur Gründung der Europäischen Wirtschaftsgemeinschaft,
gestützt auf die Verordnung (EWG) Nr. 822/87 des Rates vom 16. März 1987 über die gemeinsame Marktorganisation für Wein[1], zuletzt geändert durch die Verordnung (EWG) Nr. 1236/89[2], insbesondere auf Artikel 72 Absatz 1, und Artikel 79 Absatz 2,
auf Vorschlag der Kommission[3],
in Erwägung nachstehender Gründe:
Die Verordnung (EWG) Nr. 355/79 des Rates vom 5. Februar 1979 zur Aufstellung allgemeiner Regeln für die Bezeichnung und Aufmachung der Weine und der Traubenmoste[4], zuletzt geändert durch die Verordnung (EWG) Nr. 1237/89[5], hat mehrfache erhebliche Änderungen erfahren; im Interesse der Rechtsklarheit ist es daher angebracht, eine Kodifizierung der betreffenden Bestimmungen vorzunehmen.
Artikel 72 der Verordnung (EWG) Nr. 822/87, die die Bezeichnung bestimmter Weine in besonderen Fällen regelt, sieht auch den Erlaß allgemeiner Vorschriften für die Bezeichnung und Aufmachung bestimmter Erzeugnisse dieses Sektors vor.
Der Zweck jeder Bezeichnung und jeder Aufmachung muß eine so zutreffende und genaue Unterrichtung sein, wie sie der etwaige Käufer oder die mit der verwaltungsmäßigen Abwicklung und Überwachung des Handels mit diesen Erzeugnissen betrauten öffentlichen Stellen für ihre Beurteilung benötigen.
Die verschiedenen Gemeinschaftsvorschriften betreffend die Bezeichnung und Aufmachung von Lebensmitteln, insbesondere solcher des Weinsektors, müssen so weit wie möglich harmonisiert werden.
Die Gemeinschaftsregeln für die Bezeichnung und Aufmachung der Weine und der Traubenmoste folgen weitgehend den zuvor angewandten einzelstaatlichen Vorschriften. Diesen einzelstaatlichen Vorschriften lagen erheblich voneinander abweichende Zielvorstellungen zugrunde. Manche Mitgliedstaaten räumten der korrekten Unterrichtung der Verbraucher und der Handlungsfreiheit für den Handel Vorrang ein, während sich andere darum bemühten, diese Aspekte mit dem Erfordernis zu verbinden, die Erzeuger in ihrem Gebiet vor Wettbewerbsverzerrungen zu schützen. Um diese unterschiedlichen Konzeptionen weitestmöglich miteinander in Einklang zu bringen und zu stark abweichende Auslegungen zu vermeiden, ist es zweckmäßig, möglichst umfassende Bezeichnungsregeln aufzustellen. Um die Wirksamkeit dieser Regeln zu gewährleisten, sollte ferner der Grundsatz aufgestellt werden, daß für die Bezeichnung der Weine und Traubenmoste nur die Angaben zulässig sind, die in diesen Regeln oder in den entsprechenden Durchführungsbestimmungen vorgesehen sind.
Bei der Bezeichnung sollte unterschieden werden zwischen vorgeschriebenen Angaben, die für die Identifizierung des Erzeugnisses erforderlich sind, und wahlweise zu verwendenden Angaben, die mehr zur Kennzeichnung seiner besonderen Eigenschaften oder zu seiner gütemäßigen Einordnung dienen.

---

* S. dazu VO (EWG) Nr. 3201/90 vom 16. Oktober 1990 über Durchführungsbestimmungen für die Bezeichnung und Aufmachung der Weine und der Traubenmoste (ABl. EG Nr. L 309 vom 8. November 1990, S.1), zuletzt geändert durch VO Nr. 2770/98 vom 21. Dezember 1998 (ABl. EG Nr. L 346 vom 22. Dezember 1998, S. 25).
** Nach Art. 46 gilt für das Inkrafttreten: Die Verordnung (EWG) Nr. 2392/89 ist am 4. September 1989 in Kraft getreten. Für die durch die Verordnung (EG) Nr. 1427/96 vom 26. Juni 1996 (ABl. EG Nr. L 184 vom 24. Juli 1996, S. 3) vorgenommenen Änderungen der Verordnung (EWG) Nr. 2392/89 gilt für das Inkrafttreten: Die in Art. 1 der Verordnung (EG) Nr. 1427/96 vorgenommenen Änderungen der Art. 2 Abs. 2 h) und i), 4 Abs. 4, 8. Abs. 1, 8 Abs. 2 e) und f), 11 Abs. 2, 13 Abs. 3, 17, 25 Abs. 1, 26 Abs. 1 und 2, 28 Abs. 6, 29 Abs. 1, 32 Abs. 1 und 2, 33 der Verordnung (EWG) Nr. 3292/89 sind nach Art. 2 der Verordnung (EG) Nr. 1427/96 am 31. Juli 1996 in Kraft getreten. Hinsichtlich der Änderungen in Art. 2 Abs. 3 i) dritter Gedankenstrich, Art. 4 Abs. 4 Unterabsatz 1 erster Gedankenstrich und Art. 13 Abs. 3 Unterabsatz 2 b) gilt die Verordnung (EG) Nr. 1427/96 seit dem 1. September 1995, hinsichtlich der Änderungen in Art. 25 Abs. 1, 26 Abs. 1, 26 Abs. 2 b), 29 Abs. 1, 32 Abs. 1 und 2, 33 a) und b), 40 Abs. 2 gilt sie seit dem 1. September 1997.
[1] ABl. EG Nr. L 84 vom 27. 3. 1987, S. 1.
[2] ABl. EG Nr. L 128 vom 11. 5. 1989, S. 31.
[3] ABl. EG Nr. C 214 vom 16. 8. 1988, S. 37.
[4] ABl. EG Nr. L 54 vom 5. 3. 1979, S. 99.
[5] ABl. EG Nr. L 128 vom 11. 5. 1989, S. 32.

# VO (EWG) Nr. 2392/89

Angesichts der erheblichen Bedeutung der Frage und des ausgedehnten Anwendungsgebiets empfiehlt es sich, die bestmögliche Unterrichtung der Beteiligten anzustreben, wobei den Gepflogenheiten und Traditionen in den Mitgliedstaaten wie auch in Drittländern sowie der Entwicklung des Gemeinschaftsrechts Rechnung zu tragen ist.

Unter Berücksichtigung der besonderen Produktionsbedingungen in den einzelnen Weinbaugebieten und in Anbetracht der Traditionen in einigen Mitgliedstaaten ist vorzusehen, daß die Mitgliedstaaten für die in ihrem Gebiet gewonnenen Erzeugnisse bestimmte Angaben, die nach den Gemeinschaftsvorschriften fakultativ sind, entweder bindend vorschreiben oder sie untersagen oder auch ihre Verwendung einschränken können. Zur Sicherstellung des freien Warenverkehrs ist jedoch klarzustellen, daß jeder Mitgliedstaat die Bezeichnung von Erzeugnissen aus anderen Mitgliedstaaten, die in seinem Gebiet in Verkehr gebracht werden, dann zulassen muß, wenn diese den Gemeinschaftsvorschriften entspricht und im Erzeugermitgliedstaat aufgrund dieser Verordnung zugelassen ist.

Im Hinblick auf eine einheitliche Bezeichnung und Aufmachung der Weine und Traubenmoste der Gemeinschaft, die zur Ausfuhr nach Drittländern bestimmt sind, ist für diese Erzeugnisse vorzusehen, daß ergänzende oder abweichende Bestimmungen erlassen werden können, sofern die Rechtsvorschriften des betreffenden Drittlandes dies erforderlich machen.

Es sind die Fälle festzulegen, in denen die Angabe des Abfüllers und des Versenders auf der Etikettierung mittels eines Code zwingend ist, um beim Verbraucher Verwechslungen hinsichtlich des wahren Ursprung des Weins auszuschließen. Weiterhin müssen die Fälle geregelt werden, in denen zur Vereinfachung der Handelsgeschäfte Code auf freiwilliger Grundlage verwendet werden können, um Informationen hinsichtlich der Abfüllung und des Versenders anzugeben.

Die Richtlinie 79/112/EWG des Rates vom 18. Dezember 1978 zur Angleichung der Rechtsvorschriften der Mitgliedstaaten über die Etikettierung und Aufmachung von für den Endverbraucher bestimmten Lebensmitteln sowie die Werbung[1], zuletzt geändert durch die Richtlinie 89/395/EWG[2], sieht grundsätzlich vor, daß bei allen alkoholischen Getränken die Angabe des vorhandenen Alkoholgehalts zwingend vorzuschreiben ist. Eine Unterrichtung über den vorhandenen Alkoholgehalt der Weine und Traubenmoste erscheint erforderlich, um in der Etikettierung die Art des Erzeugnisses zu beschreiben und so dem Verbraucher die Wahl zu erleichtern. Deshalb sollte die Angabe des vorhandenen Alkoholgehalts bei diesen Erzeugnissen zwingend vorgeschrieben werden.

Die Bezeichnung der Weine und der Traubenmoste sollte in der Gemeinschaft in jeder Amtssprache der Gemeinschaft erfolgen können, um den Grundsatz des freien Warenverkehrs im gesamten Gemeinschaftsgebiet zur Geltung zu bringen. Es ist gleichwohl erforderlich, daß die zwingenden Angaben in der Weise erfolgen, daß sie der Endverbraucher selbst dann verstehen kann, wenn sie auf der Etikettierung in einer Sprache erscheinen, die nicht die Amtssprache seines Landes ist. Es empfiehlt sich, die Namen der geographischen Einheiten nur in der Amtssprache des Mitgliedstaats anzugeben, in dem die Erzeugung des Weines oder des Traubenmostes erfolgt ist, damit das in dieser Weise bezeichnete Erzeugnis nur unter seiner herkömmlichen Bezeichnung im Verkehr ist. Wegen der besonderen Schwierigkeiten des Verständnisses der Angaben in griechischer Sprache aufgrund der Tatsache, daß keine lateinischen Buchstaben verwendet werden, sollte die Wiederholung dieser Angaben in einer oder mehreren anderen Amtssprachen der Gemeinschaft zulässig sein.

Für die Qualität des Weins oder Mostes sind die natürlichen Bedingungen des Weinbaugebietes entscheidend, aus dem die Trauben stammen, die zur Bereitung dieser Erzeugnisse dienen, ferner sind die Rebsorte, zu der die verarbeiteten Trauben gehören, sowie die in dem Erntejahr herrschenden Witterungsverhältnisse von Bedeutung. Die Bezeichnung des Weinbaugebiets oder der geographischen Einheit, zu dem dieses Gebiet gehört, sowie die Bezeichnung der Rebsorte oder des Jahr, in dem die verarbeiteten Trauben geerntet wurden, sind für den Käufer des Erzeugnisses besonders wertvolle Informationen. Es erscheint daher angezeigt, die Verwendung dieser Angaben in der Bezeichnung der Weine und der Traubenmoste zu regeln.

Um einen lauteren Wettbewerb zwischen den einzelnen Weinen und Traubenmosten zu ermöglichen, sollten bei der Bezeichnung und der Aufmachung dieser Erzeugnisse solche Bestandteile verboten werden, die zu Verwechslungen oder einer Irreführung bei den Adressaten führen können. Es ist insbesondere erforderlich, solche Verbote für die bei der Bezeichnung der Weine und Traubenmoste verwendeten Marken vorzusehen. Um einen wirksamen Schutz der für die Bezeichnung eines Erzeugnisses des Weinsektors verwendeten geographischen Namen zu gewährleisten, sollten Marken ausscheiden, die Wörter enthalten, welche mit einem geographischen Namen identisch sind, der zur Bezeichnung eines Tafelweines, eines Qualitätsweines bestimmter Anbaugebiete, nachstehend „Qualitätswein b.A." genannt, oder eines Importweines, dessen Bezeichnung von Gemeinschaftsvorschriften geregelt ist, verwendet wird, ohne daß das durch die betreffende Marke gekennzeichnete Erzeugnis Anspruch auf eine solche Bezeichnung hat.

Um dabei eine allzu strenge Handhabung zu vermeiden, ist es angebracht, während einer Übergangszeit in bestimmten Fällen die Verwendung von bis zum 31. Dezember 1985 registrierten Marken zuzu-

---

[1] ABl. EG Nr. L 33 vom 8. 2. 1979, S. 1.
[2] ABl. EG Nr. L 186 vom 30. 6. 1989, S. 17.

lassen, die mit dem Namen einer geografischen Einheit identisch sind, welche kleiner ist als ein für die Bezeichnung eines Qualitätsweines b.A. verwendetes bestimmtes Anbaugebiet, oder die identisch sind mit dem Namen einer gemäß Artikel 72 Absatz 2 der Verordnung (EWG) Nr. 822/87 für die Bezeichnung eines Tafelweins verwendeten geografischen Einheit.

Zum Zweck der Harmonisierung sollte ferner eine bessere Koordinierung der Vorschriften über die Rolle der Kontrollinstanzen erfolgen, die im Weinsektor bei Verstößen gegen die Gemeinschaftsvorschriften über die Bezeichnung und die Aufmachung der Erzeugnisse dieses Sektors tätig werden.

Die für die Aufmachung der unter diese Verordnung fallenden Erzeugnisse zu erlassenden Vorschriften müssen gleichzeitig die Erhaltung der einwandfreien Qualität der Erzeugnisse gewährleisten –

HAT FOLGENDE VERORDNUNG ERLASSEN:

## Titel I. Bezeichnung

**Art. 1.** (1) Dieser Titel enthält die allgemeinen Regeln für die Bezeichnung folgender Erzeugnisse:

a) Erzeugnisse mit Ursprung in der Gemeinschaft:
- Erzeugnisse des KN-Code 2204 und
- Traubenmost, auch konzentriert, im Sinne der Nummern 2 und 6 des Anhangs I der Verordnung (EWG) Nr. 822/87 des KN-Code ex 2009;

b) Erzeugnisse mit Ursprung in Drittländern, die den Artikeln 9 und 10 des Vertrages entsprechen:
- Erzeugnisse des KN-Code 2204,
- Traubenmost im Sinne der Nummer 2 des Anhangs I der Verordnung (EWG) Nr. 822/87 des KN-Code ex 2009 und
- konzentrierter Traubenmost im Sinne des Artikels 2 der Verordnung (EWG) Nr. 2391/89 des Rates vom 24. Juli 1989 zur Definition bestimmter aus Drittländern stammender Erzeugnisse der KN-Code 2009 und 2204 des KN-Code ex 2009.

Dieser Titel findet jedoch keine Anwendung auf:
- Likörweine, Schaumweine, Schaumweine mit zugesetzter Kohlensäure, Perlweine und Perlweine mit zugesetzter Kohlensäure im Sinne des Anhangs I der Verordnung (EWG) Nr. 822/87 einschließlich Qualitätsschaumweine sowie Schaumweine bestimmter Anbaugebiete, Likörweine bestimmter Anbaugebiete und Perlweine bestimmter Anbaugebiete,
- Schaumweine, Schaumweine mit zugesetzter Kohlensäure, Perlweine und Perlweine mit zugesetzter Kohlensäure im Sinne des Artikels 2 der Verordnung (EWG) Nr. 2391/89.

(2) Die Vorschriften des Absatzes 1 gelten für die Bezeichnung der Erzeugnisse

a) in der Etikettierung,

b) in den Ein- und Ausgangsbüchern sowie in den Begleitpapieren für den Transport der in Absatz 1 genannten Erzeugnisse und den übrigen von den Gemeinschaftsbestimmungen vorgeschriebenen Dokumenten, im folgenden „amtliche Dokumente" genannt, mit Ausnahme der Zollpapiere,

c) in den Geschäftspapieren, und zwar insbesondere auf Rechnungen und Lieferscheinen, und

d) in der Werbung, soweit diese Verordnung eine besondere Bestimmung hierüber enthält.

(3) Die Vorschriften des Absatzes 1 gelten für die zum Verkauf bestimmten und für die in den Verkehr gebrachten Erzeugnisse.

Von der Anwendung der Vorschriften über die Angaben in der Etikettierung können die Mitgliedstaaten jedoch befreien:

a) die Erzeugnisse,
- die zwischen zwei oder mehreren Anlagen,
- zwischen den Rebpflanzen und den Weinbereitungsanlagen
ein und desselben Betriebs in der gleichen Gemeinde befördert werden;

b) die Traubenmost- und Weinmengen bis zu 15 Litern je Partie, die nicht zum Verkauf bestimmt sind;

c) die Traubenmost- und Weinmengen, die zum Eigenverbrauch in der Familie des Erzeugers und seiner Angestellten bestimmt sind.

Werden die in Unterabsatz 2 unter den Buchstaben a) und b) genannten Traubenmoste und Weine etikettiert, so müssen die verwendeten Etiketten den Bestimmungen dieser Verordnung entsprechen.

## Kapitel I. Bezeichnung der Erzeugnisse mit Ursprung in der Gemeinschaft

### Abschnitt A. Bezeichnung der Tafelweine

#### A I: Etikettierung

**Art. 2.** (1) Bei Tafelwein muß die Etikettierung folgende Angaben enthalten:

a) die Angabe „Tafelwein", unbeschadet des Absatzes 3 Ziffer i) zweiter Unterabsatz;

b) das Nennvolumen des Tafelweins nach den Vorschriften der Richtlinie 75/106/EWG des Rates vom 19. Dezember 1974 zur Angleichung der Rechtsvorschriften der Mitgliedstaaten über die Abfüllung bestimmter Flüssigkeiten nach Volumen in Fertigpackungen[1], zuletzt geändert durch die Richtlinie 88/316/EWG[2];

c) im Falle von
- Behältnissen mit einem Nennvolumen bis zu 60 Litern: den Namen oder den Firmennamen des Abfüllers sowie der Gemeinde oder des Ortsteils und den Mitgliedstaat, in der oder in dem er seinen Hauptsitz hat;
- anderen Behältnissen: den Namen oder den Firmennamen des Versenders sowie der Gemeinde oder des Ortsteils und den Mitgliedstaat, in der oder in dem er seinen Hauptsitz hat.

Erfolgt die Abfüllung oder der Versand in anderen als den vorerwähnten Gemeinden oder Ortsteilen oder einer Gemeinde in deren Umgebung, so müssen die Angaben nach dem vorliegenden Buchstaben auch einen Hinweis auf die Gemeinde oder den Ortsteil enthalten, in der oder in dem die Abfüllung oder der Versand erfolgt; erfolgt die Abfüllung oder der Versand in einem anderen Mitgliedstaat, so ist auch dieser anzugeben;

d) i) bei Versand in einen anderen Mitgliedstaat oder bei der Ausfuhr: den Mitgliedstaat, auf dessen Hoheitsgebiet die Trauben geerntet worden sind und der Wein bereitet worden ist, jedoch nur dann, wenn beide Maßnahmen im gleichen Mitgliedstaat stattgefunden haben;

ii) bei Tafelwein, der nicht in demselben Mitgliedstaat bereitet wurde, in dem die Trauben geerntet worden sind, den Satz „In ... aus in ... geernteten Trauben hergestellter Wein", ergänzt durch die Angabe der betreffenden Mitgliedstaaten;

iii) bei Tafelwein
- aus einem Verschnitt von Trauben oder einem Verschnitt von Erzeugnissen mit Ursprung in mehreren Mitgliedstaaten oder
- aus einem Verschnitt eines Tafelweins im Sinne des ersten Gedankenstrichs und eines Tafelweins im Sinne von Ziffer ii)

den Satz „Verschnitt von Weinen aus mehreren Ländern der Europäischen Gemeinschaft";

e) bei Tafelwein im Sinne des Anhangs I Nummer 13 dritter Unterabsatz der Verordnung (EWG) Nr. 822/87: die Angabe „Retsina";

f) bei Tafelwein, der aus dem Verschnitt von Rotwein und Weißwein in Spanien hervorgegangen ist: die Angabe „vino tinto de mezcla" im spanischen Hoheitsgebiet;

g) den vorhandenen Alkoholgehalt in Volumenprozenten.

(2) Bei Tafelweinen kann die Etikettierung durch folgende Angaben ergänzt werden:

a) die Angabe, ob es sich um Rotwein, Roséwein oder Weißwein oder, in bezug auf Spanien, um einen Verschnitt von rotem und weißem Tafelwein handelt;

---

[1] ABl. EG Nr. L 42 vom 15. 2. 1975, S. 1.
[2] ABl. EG Nr. L 143 vom 10. 6. 1988, S. 26.

b) eine Marke nach Maßgabe des Artikels 40;

c) den Namen bzw. Firmennamen der natürlichen oder juristischen Personen oder der Personenvereinigungen, die an der Vermarktung des Tafelweins beteiligt waren, sowie die Gemeinde oder den Ortsteil, in der oder in dem sie ihren Hauptsitz haben;

d) eine von einer amtlichen oder einer hierfür amtlich anerkannten Stelle einer der unter Buchstabe c) genannten Personen oder Personenvereinigungen zuerkannte Bezeichnung, durch die das Ansehen des Tafelweins gehoben werden kann, sofern diese Bezeichnung in den Durchführungsbestimmungen oder, wenn solche fehlen, durch den betreffenden Mitgliedstaat geregelt ist;

e) falls der Tafelwein nicht nach einem anderen Mitgliedstaat versandt oder ausgeführt wird und die Bedingungen des Absatzes 1 Buchstabe d) Ziffern ii) und iii) nicht erfüllt sind: die Angabe des Mitgliedstaats, in dessen Hoheitsgebiet die Trauben geerntet worden sind und der Wein bereitet worden ist;

f) außer dem vorhandenen Alkoholgehalt in Volumenprozenten bestimmte Angaben über die Zusammensetzung, sofern solche Angaben in den Durchführungsbestimmungen geregelt sind;

g) eine an den Verbraucher gerichtete Empfehlung für die Verwendung des Weines;

h) Hinweis auf:
   – die Art des Erzeugnisses,
   – eine besondere Farbe des Tafelweins,
   sofern für diese Angaben Durchführungsbestimmungen oder, wenn solche fehlen, Vorschriften des betreffenden Mitgliedstaats gelten. Die Verwendung dieser Angaben kann jedoch den in Absatz 3 genannten Tafelweinen vorbehalten werden;
   – andere, insbesondere organoleptische Eigenschaften, die für das Erzeugnis charakteristisch sind;

i) den Kleinbuchstaben „e", sofern die Fertigpackungen den Einfüllvorschriften der Richtlinie 75/106/EWG entsprechen.

(3) Bei den in Anwendung von Artikel 72 Absätze 2 und 3 der Verordnung (EWG) Nr. 822/87 bezeichneten Tafelweinen kann die Bezeichnung ferner durch folgende Angaben ergänzt werden:

a) den Namen einer kleineren geographischen Einheit als des Mitgliedstaats nach Maßgabe des Artikels 4;

b) den Namen einer Rebsorte oder zweier Rebsorten nach Maßgabe des Artikels 5;

c) den Jahrgang nach Maßgabe des Artikels 6;

d) einen Hinweis auf die Art der Herstellung des Tafelweins gemäß einer noch festzulegenden Liste. Diese Liste darf lediglich Hinweise enthalten, deren Verwendungsbedingungen in Vorschriften des Erzeugermitgliedstaats festgelegt sind;

e) eine Auszeichnung, die einer bestimmten Menge eines Tafelweins von einer amtlichen oder einer hierfür amtlich anerkannten Stelle erteilt worden ist, sofern gleichzeitig das Erntejahr angegeben wird und die Auszeichnung durch ein Dokument nachgewiesen werden kann.
Die Mitgliedstaaten teilen der Kommission mit, welche Auszeichnungen in ihrem Hoheitsgebiet Tafelwein zuerkannt werden können und nach welchen Vorschriften dies geschieht;

f) einen Vermerk, daß der Wein wie folgt abgefüllt worden ist:
   – in dem Weinbaubetrieb, in dem die für diesen Wein verwendeten Trauben geerntet und zu Wein bereitet wurden, oder
   – in einem Zusammenschluß von Weinbaubetrieben, sofern der betreffende Wein von den Weinbaubetrieben dieses Zusammenschlusses oder dem Zusammenschluß selbst aus Trauben oder Traubenmosten bereitet worden ist, die in den betreffenden Weinbaubetrieben erzeugt worden sind, oder
   – in einem in dem angegebenen Weinbaugebiet gelegenen Betrieb, mit welchem Weinbaubetriebe, die die verwendeten Trauben geerntet haben, im Rahmen eines Zusam-

menschlusses von Weinbaubetrieben verbunden sind und der diese Trauben zu Wein bereitet hat;

g) den Namen des Weinbaubetriebs bzw. des Erzeugerzusammenschlusses, der den Tafelwein hergestellt hat und durch den das Ansehen des Tafelweins gehoben werden kann, sofern für diese Angabe Durchführungsbestimmungen oder, wenn solche fehlen, Vorschriften des Erzeugermitgliedstaats gelten;

h) Informationen:
- zur Geschichte des betreffenden Weines, des Abfüllbetriebs oder eines sonstigen Betriebs einer natürlichen oder juristischen Person oder Personenvereinigung, der bei der Vermarktung des Weines beteiligt war,
- zu den natürlichen oder technischen Weinbaubedingungen, die diesem Wein zugrunde liegen, sowie gegebenenfalls zu den verwendeten Rebsorten, selbst wenn es sich um drei oder mehr Sorten handelt, sofern in diesem Fall die angegebenen Rebsorten mindestens 85% der für die Bereitung des betreffenden Weins insgesamt verwendeten Rebsorten ausmachen,
- zu der durch die Lagerung erreichten Reife des betreffenden Weines,

sofern diese Informationen unter den in den Durchführungsbestimmungen vorgesehenen Bedingungen verwendet werden;

i) die Angabe:
- „Landwein" für Tafelwein mit Ursprung in der Bundesrepublik Deutschland,
- „vin de pays" für Tafelwein mit Ursprung in Frankreich und in Luxemburg,
- „indicazione geografica tipica" für Tafelwein mit Ursprung in Italien oder – entweder ergänzend oder anstelle dieser Angabe – die Angabe
  - „Landwein" für Tafelwein mit Ursprung in der Provinz Bozen,
  - „vin de pays" für Tafelwein mit Ursprung in der Region Aostatal,
- „ονομαδία κατά παράδοση", „οίνος τοπικός", für Tafelwein mit Ursprung in Griechenland,
- „vino de la tierra" für Tafelwein mit Ursprung in Spanien,
- „Vinho regional" für Tafelwein mit Ursprung in Portugal,
- „Regional wine" für Tafelwein mit Ursprung im Vereinigten Königreich,

sofern die betreffenden Erzeugermitgliedstaaten deren Verwendung unter den Bedingungen des Artikels 4 Absatz 3 geregelt haben; sehen diese Vorschriften auch eine Kontrollnummer vor, so ist diese anzugeben.
- Bei Tafelweinen, die mit einer der im vorstehenden Unterabsatz genannten Angaben bezeichnet sind, ist die Angabe „Tafelwein" nicht vorgeschrieben.

**Art. 3.** (1) Für die Bezeichnung der Tafelweine in der Etikettierung sind nur die in Artikel 2 genannten Angaben zulässig.

Jedoch
- können für die zur Ausfuhr bestimmten Tafelweine zusätzliche oder abweichende Vorschriften vorgesehen werden, wenn dies aufgrund der Rechtsvorschriften der Drittländer erforderlich ist,
- können die Mitgliedstaaten für die in ihrem Hoheitsgebiet in den Handel gebrachten Tafelweine bis zum Beginn der Anwendung gemeinschaftlicher Vorschriften über diätetische Lebensmittel Angaben in bezug auf eine Verwendung dieser Erzeugnisse zu diätetischen Zwecken gestatten.

(2) Die Mitgliedstaaten können für die in ihrem Hoheitsgebiet gewonnenen Tafelweine einige der in Artikel 2 Absätze 2 und 3 genannten Angaben vorschreiben, verbieten oder ihre Verwendung einschränken.

(3) Jeder Mitgliedstaat läßt die Bezeichnung der in seinem Hoheitsgebiet in den Verkehr gebrachten Tafelweine mit Ursprung in anderen Mitgliedstaaten zu, wenn sie im Einklang mit den gemeinschaftlichen Bestimmungen steht und aufgrund dieser Verordnung in dem Erzeugermitgliedstaat zugelassen ist.

(4) Ein Code – nach noch festzulegenden Modalitäten –

a) wird verwendet, um auf der Etikettierung von Tafelweinen nach Artikel 2 Absatz 1 Buchstabe d) Ziffern ii) und iii) den Hauptsitz des Abfüllers oder des Versenders und gegebenenfalls den Abfüll- oder Versandort anzugeben;

b) wird verwendet, um auf der Etikettierung eines Tafelweins Informationen anzugeben, die sich ganz oder teilweise auf den Namen eines bestimmten Anbaugebiets im Sinne von Artikel 3 der Verordnung (EWG) Nr. 823/87 des Rates vom 16. März 1987 zur Festlegung besonderer Vorschriften für Qualitätsweine bestimmter Anbaugebiete[1]), in der Fassung der Verordnung (EWG) Nr. 2043/89[2]) , beziehen. Jedoch können die Mitgliedstaaten für ihr Hoheitsgebiet andere geeignete Maßnahmen vorschreiben, um Verwechslungen mit dem genannten bestimmten Anbaugebiet auszuschließen;

c) kann unbeschadet der Buchstaben a) und b) für die Angaben nach Artikel 2 Absatz 1 Buchstabe c) verwendet werden, sofern der Mitgliedstaat, in dessen Hoheitsgebiet der Tafelwein abgefüllt wird, es gestattet hat. Diese Verwendung eines Code ist an die Bedingung geknüpft, daß der Name oder der Firmenname einer Person oder einer Personenvereinigung, die nicht der Abfüller ist, jedoch an der Vermarktung des Tafelweins beteiligt war, sowie die Gemeinde oder der Ortsteil, in der oder dem die Person bzw. die Personenvereinigung ihren Sitz hat, im vollen Wortlaut auf dem Etikett angegeben werden.

(5) Die Angaben
- nach Artikel 2 Absatz 1 müssen in einer oder mehreren anderen Amtssprachen der Gemeinschaften erfolgen, so daß der Endverbraucher jede dieser Angaben ohne weiteres verstehen kann;
- nach Artikel 2 Absätze 2 und 3 müssen in einer oder mehreren anderen Amtssprachen der Gemeinschaften erfolgen.

Abweichend von Unterabsatz 1

a) muß die Angabe
- des Namens einer kleineren geographischen Einheit als der des Mitgliedstaats nach Artikel 2 Absatz 3 Buchstabe a),
- eines Vermerks über die Abfüllung nach Artikel 2 Absatz 3 Buchstabe f) und
- des Namens des Weinbaubetriebs oder des Erzeugerzusammenschlusses nach Artikel 2 Absatz 3 Buchstabe g)

in einer der Amtssprachen des Ursprungsmitgliedstaats erfolgen.

Diese Angaben können
- bei Tafelwein mit Ursprung in Griechenland in einer oder mehreren anderen Amtssprachen der Gemeinschaft wiederholt werden oder
- nur in einer anderen Amtssprache der Gemeinschaft erfolgen, wenn diese der Amtssprache in dem Teil des Hoheitsgebiets des Ursprungsmitgliedstaats, in dem die genannte geographische Einheit liegt, gleichgestellt ist, sofern dies in dem Mitgliedstaat herkömmlich und üblich ist;

b) erfolgt die Angabe einer der Bezeichnungen nach Artikel 2 Absatz 3 Buchstabe i) nach den dort festgelegten Bestimmungen.

Diese Angabe kann bei Tafelwein mit Ursprung in Griechenland in einer oder mehreren anderen Amtssprachen der Gemeinschaft wiederholt werden;

c) kann beschlossen werden, daß
- Hinweise auf die Art des Erzeugnisses oder eine besondere Farbe nach Artikel 2 Absatz 2 Buchstabe h),
- Hinweise auf die Art der Herstellung des Tafelweins nach Artikel 2 Absatz 3 Buchstabe d) und
- Informationen zu den natürlichen oder technischen Weinbaubedingungen oder zu der durch die Lagerung erreichten Reife des Tafelweins nach Artikel 2 Absatz 3 Buchstabe h)

---

[1]) ABl. EG Nr. L 84 vom 27. 3. 1987, S. 59.
[2]) ABl. EG Nr. L 202 vom 14. 7. 1989, S. 1.

nur in einer der Amtssprachen des Ursprungsmitgliedstaats erfolgen dürfen;

d) können die Mitgliedstaaten zulassen, daß
- die Angaben nach Buchstabe a) erster Gedankenstrich und Buchstabe b) Satz 1 bei Tafelwein, der in ihrem Hoheitsgebiet hergestellt und in den Verkehr gebracht wird,
- die anderen Angaben nach Unterabsatz 1 bei Tafelwein, der in ihrem Hoheitsgebiet in den Verkehr gebracht wird,

zusätzlich in einer anderen Sprache als einer Amtssprache der Gemeinschaft erfolgen, wenn die Verwendung dieser Sprache in dem betreffenden Mitgliedstaat oder einem Teil seines Hoheitsgebietes herkömmlich und üblich ist.

Für die Bezeichnung der zur Ausfuhr bestimmten Tafelweine können die Durchführungsbestimmungen die Verwendung anderer Sprachen zulassen.

**Art. 4.** (1) Bei der Bezeichnung eines Tafelweins in der Etikettierung ist unter dem „Namen einer kleineren geographischen Einheit als des Mitgliedstaats" gemäß Artikel 2 Absatz 3 Buchstabe a) zu verstehen:
- der Name einer Lage oder einer Einheit, die mehrere Lagen umfaßt,
- der Name einer Gemeinde oder eines Ortsteils,
- der Name eines Untergebiets oder des Teils eines Untergebiets,
- der Name eines anderen Anbaugebiets als eines bestimmten Anbaugebiets.

Die in Unterabsatz 1 genannten geographischen Einheiten sind Weinbaugebiete im Sinne des Artikels 72 Absatz 3 Unterabsatz 1 der Verordnung (EWG) Nr. 822/87.

(2) Die Erzeugermitgliedstaaten können für Tafelweine, die in ihrem Hoheitsgebiet gewonnen und nach Artikel 72 Absätze 2 und 3 der Verordnung (EWG) Nr. 822/87 bezeichnet werden, die Verwendung eines oder mehrerer der in Absatz 1 genannten Namen einer kleineren geographischen Einheit als des Mitgliedstaats untersagen.

(3) Die in Artikel 2 Absatz 3 Buchstabe i) genannten Regeln für die Verwendung müssen vorschreiben, daß diese Angaben an die Verwendung einer bestimmten geographischen Bezeichnung geknüpft und Tafelwein vorbehalten sind, der insbesondere hinsichtlich der Rebsorten, des natürlichen Mindestalkoholgehalts in Volumenprozenten und der organoleptischen Eigenschaften bestimmten Produktionsbedingungen genügt.

Bei diesen Regeln für die Verwendung kann jedoch gestattet werden, daß die Bezeichnung „ονομαδία κατά παράδοση" – soweit sie die Bezeichnung „Retsina" ergänzt – nicht zwingend an die Verwendung einer bestimmten geographischen Angabe geknüpft wird.

(4) Die Verwendung eines in Absatz 1 genannten Namens für die Bezeichnung eines Tafelweins ist nur zulässig, wenn dieser Name
- weder mit dem Namen eines Weinbaugebiets eines anderen Tafelweins, dem der Mitgliedstaat den Begriff „Landwein", „vin de pays", „indicazione geografica tipica", „ονομαδία κατά παράδοση", „οίνος τοπικός", „vino de la tierra", „Regional wine", „vinho regional" zuerkannt hat,
- noch mit der Gesamtheit der geographischen Bezeichnung eines Qualitätsweins b.A., die sich aus der Angabe des bestimmten Anbaugebiets und gegebenenfalls eines oder mehrerer in Artikel 13 Absatz 1 genannter Namen zusammensetzt,
- noch mit der Bezeichnung eines in Artikel 26 genannten eingeführten Weines übereinstimmt und die Gefahr einer Verwechslung mit einem Qualitätswein b.A. oder einem eingeführten Wein ausgeschlossen ist.

In Übereinstimmung mit Artikel 15 Absatz 4 Unterabsatz 3 der Verordnung (EWG) Nr. 823/87 kann jedoch die Verwendung des Namens des bestimmten Anbaugebiets vorgesehen werden.

**Art. 5.** (1) Die Angabe des Namens einer Rebsorte nach Artikel 2 Absatz 3 Buchstabe b) ist bei Tafelwein in der Etikettierung nur zulässig, wenn

a) diese Sorte für die Verwaltungseinheit, in der die zur Herstellung des Tafelweins verwendeten Trauben geerntet worden sind, in der Klassifizierung der Rebsorten nach Artikel 13 der Verordnung (EWG) Nr. 822/87 als empfohlene oder zugelassene Sorte aufgeführt ist;

b) die Sorte mit dem Namen angegeben wird, der enthalten ist
- in der Klassifizierung der Rebsorten für die Verwaltungseinheit nach Buchstabe a),
- gegebenenfalls in einer noch festzulegenden Liste der Synonyme. In dieser Liste kann vorgesehen werden, daß ein bestimmtes Synonym nur für die Bezeichnung eines Tafelweins verwendet werden darf, der in den Erzeugungsgebieten erzeugt wird, in denen es herkömmlich verwendet wird und üblich ist;
c) der Tafelwein – außer den Erzeugnissen, die gegebenenfalls zum Süßen verwendet wurden – vollständig aus Trauben der Sorte gewonnen wurde, deren Angabe vorgesehen ist;
d) diese Rebsorte die Art des Tafelweins bestimmt;
e) gleichzeitig eine kleinere geographische Einheit als die des Mitgliedstaats im Sinne des Artikels 4 Absatz 1 angegeben wird;
f) der Name dieser Rebsorte nicht zu Verwechslungen mit dem Namen eines bestimmten Anbaugebiets oder einer geographischen Einheit führt, der für die Bezeichnung eines Qualitätsweins b.A. oder eines eingeführten Weines verwendet wird.

Dies gilt nicht hinsichtlich der Verwendung des Sortennamens „Barbera" im Verhältnis zu dem Namen des bestimmten Anbaugebiets „Conca de Barberá".

(2) Abweichend von Absatz 1 und vorbehaltlich des Artikels 7 können die Erzeugermitgliedstaaten folgende Angaben zulassen:
- die Angabe des Namens zweier Rebsorten für ein und denselben Tafelwein, sofern dieser vollständig aus den angegebenen Sorten gewonnen wurde, mit Ausnahme der Erzeugnisse, die gegebenenfalls zum Süßen verwendet wurden, oder
- die Angabe des Namens einer Rebsorte, sofern das Erzeugnis nach Abzug der Menge der Erzeugnisse, die gegebenenfalls zum Süßen verwendet wurden, zu mindestens 85 % aus Trauben der Sorte gewonnen wurde, deren Angabe vorgesehen ist, und diese die Art des Erzeugnisses bestimmt, oder
- die Angabe des Namens einer Rebsorte, die gemäß Artikel 11 Absatz 2 Buchstabe b) der Verordnung (EWG) Nr. 2389/89 des Rates vom 24. Juli 1989 über die Grundregeln für die Klassifizierung der Rebsorten als vorübergehend zugelassen eingestuft worden ist, für die Dauer von 15 Jahren oder weniger ab dem Datum der vorgenannten Einstufung, sofern die Angabe des Namens dieser Rebsorten in dem betroffenen Mitgliedstaat herkömmlich war, oder
- während eines von dem betroffenen Mitgliedstaat festzulegenden Zeitraums von höchstens fünf Jahren – sofern nicht dieser Zeitraum nach Maßgabe der Gemeinschaftsvorschriften für die Prüfung der Anbaueignung der Rebsorten verlängert wird – die Angabe des Namens einer in Artikel 13 Absatz 2 erster Gedankenstrich der Verordnung (EWG) Nr. 2389/89 genannten Rebsorte sofern
- der Anbau dieser Rebsorte nur für eine begrenzte Fläche genehmigt wird,
- die zuständigen Behörden des Mitgliedstaats, die den Anbau dieser Rebsorte genehmigt haben, die Kontrolle gemäß Artikel 13 Absatz 3 der genannten Verordnung durchführen,
- die Angabe dieser Rebsorte auf dem Etikett zusammen mit einem erläuternden Hinweis auf den Versuchscharakter des Anbaus dieser Sorte erfolgt.

**Art. 6.** (1) Die Angabe eines Jahrgangs nach Artikel 2 Absatz 3 Buchstabe c) ist in der Etikettierung für Tafelweine nur zulässig, wenn alle bei der Bereitung des Tafelweins verwendeten Trauben in dem betreffenden Jahr geerntet worden sind.

(2) Abweichend von Absatz 1 und vorbehaltlich des Artikels 7 können die Erzeugermitgliedstaaten die Angabe des Jahrgangs für zulässig erklären, sofern der Tafelwein nach Abzug der Menge der Erzeugnisse, die gegebenenfalls zum Süßen verwendet wurden, zu mindestens 85 % aus Trauben gewonnen wurde, die in dem Jahr geerntet wurden. dessen Angabe vorgesehen ist.

**Art. 7.** Artikel 72 Absatz 3 Unterabsatz 1 der Verordnung (EWG) Nr. 822/87 sowie Artikel 5 Absatz 2 und Artikel 6 Absatz 2 der vorliegenden Verordnung können nur dann gleichzeitig Anwendung finden, wenn mindestens 85 % des aus der Mischung hervorgegangenen Tafelweins aus dem Weinbaugebiet, von der Rebsorte und aus dem Jahrgang stammen, die in der Bezeichnung dieses Tafelweins angegeben sind.

## A II: Amtliche Dokumente und Ein- und Ausgangsbücher

**Art. 8.** (1) Bei Tafelwein muß die Bezeichnung in den amtlichen Dokumenten folgende Angaben enthalten:

a) die Angabe „Tafelwein" oder, bei Tafelwein, der in Spanien aus dem Verschnitt von rotem und weißem Tafelwein hervorgegangen ist, die Angabe „vino tinto de mezcla";

b) die Angabe, ob es sich um Rotwein, Roséwein oder Weißwein oder, in bezug auf Spanien, um einen Verschnitt von rotem und weißem Tafelwein handelt;

c) i) bei Versand in einen anderen Mitgliedstaat oder bei der Ausfuhr: den Mitgliedstaat, in dessen Hoheitsgebiet die Trauben geerntet worden sind und der Wein bereitet worden ist, jedoch nur dann, wenn beide Maßnahmen im selben Mitgliedstaat stattgefunden haben,

ii) bei Tafelwein, der nicht in demselben Mitgliedstaat bereitet wurde, in dem die Trauben geerntet worden sind, den Satz „In . . . aus in . . . geernteten Trauben hergestellter Wein", ergänzt durch die Angabe der betreffenden Mitgliedstaaten;

iii) bei Tafelwein
– aus dem Verschnitt von Trauben oder Verschnitt von Erzeugnissen mit Ursprung in mehreren Mitgliedstaaten oder
– aus dem Verschnitt eines Tafelweins im Sinne des ersten Gedankenstrichs und eines Tafelweins im Sinne von Ziffer ii)

den Satz „Verschnitt von Weinen aus mehreren Ländern der Europäischen Gemeinschaft";

d) bei Tafelwein im Sinne des Anhangs I Nummer 13 dritter Unterabsatz der Verordnung (EWG) Nr. 822/87: die Angabe „Retsina",

e) die Angabe des vorhandenen Alkoholgehalts in Volumenprozenten und des Nennvolumens, sofern diese Angaben in den nach Artikel 71 Absatz 3 der Verordnung (EWG) Nr. 822/87 erlassenen Durchführungsbestimmungen vorgesehen sind.

(2) Die Bezeichnung von Tafelwein in den amtlichen Dokumenten muß außerdem die in Artikel 2 Absätze 2 und 3 genannten und nachstehend aufgeführten Angaben enthalten, soweit diese in der Etikettierung verwendet werden oder verwendet worden sollen:

a) den Jahrgang,

b) den Namen einer kleineren geographischen Einheit als des Mitgliedstaats,

c) den Namen einer Rebsorte oder zweier Rebsorten,

d) die Hinweise auf die Herstellungsart oder die Art des Erzeugnisses, mit Ausnahme der Angabe des Restzuckergehalts,

e) je nach Fall den Begriff „Landwein", „vin de pays", „vin de pays", „indicazione geografica tipica", „ονομαδία κατά παράδοση", „οίνος τοπικός", „vino de la tierra", vinho regional" sowie „Regional wine" oder einen entsprechenden Begriff in einer Amtssprache der Gemeinschaft,

f) gemäß Artikel 2 Absatz 3 Buchstabe h) zweiter Gedankenstrich die Informationen über die natürlichen und technischen Weinbaubedingungen, die diesem Wein zugrunde liegen.

**Art. 9.** (1) Bei Tafelwein muß die Bezeichnung in den von den Erzeugern geführten Ein- und Ausgangsbüchern die in folgenden Artikeln genannten Angaben enthalten:
– die Angaben nach Artikel 8 Absatz 1 Buchstaben a) und b),
– die Angaben nach Artikel 8 Absatz 2, soweit sie in der Etikettierung oder, wenn eine solche fehlt, im Begleitpapier für den Transport verwendet werden sollen.

(2) Bei Tafelwein muß die Bezeichnung in den Ein- und Ausgangsbüchern, die nicht von den Erzeugern geführt werden, folgende Angaben enthalten:
– die Angaben nach Artikel 8 Absatz 1,
– die Nummer und das Ausstellungsdatum des Begleitpapiers für den Transport.

## A III: Die Geschäftspapiere

**Art. 10.** (1) Wird für einen Tafelwein kein Begleitdokument ausgestellt, so muß die Bezeichnung in den Geschäftspapieren nach Artikel 1 Absatz 2 Buchstabe c) folgende Angaben enthalten:
- die Angaben nach Artikel 8 Absatz 1 und
- die Angaben nach Artikel 8 Absatz 2, sofern sie in der Etikettierung verwendet werden.

(2) Enthält die Bezeichnung des Tafelweins in den Geschäftspapieren zusätzlich Angaben nach Artikel 2, so müssen diese den Artikeln 4 bis 7 und dem Artikel 40 entsprechen.

(3) Die Mitgliedstaaten können für Tafelwein, der in ihrem Hoheitsgebiet in den Verkehr gebracht wird, zulassen, daß in den Geschäftspapieren die Angaben gemäß Artikel 2 mittels eines Code erfolgen. Dieser Code muß es der mit der Überwachung beauftragten Stelle ermöglichen, die Bezeichnung des Tafelweins schnell festzustellen.

## Abschnitt B. Bezeichnung der Qualitätsweine bestimmter Anbaugebiete

### B I: Etikettierung

**Art. 11.** (1) Bei Qualitätswein b.A. muß die Etikettierung folgende Angaben enthalten:
a) den Namen des bestimmten Anbaugebiets, aus dem der Qualitätswein stammt;
b) einen der in Artikel 15 Absatz 7 Unterabsatz 1 zweiter Gedankenstrich der Verordnung (EWG) Nr. 823/87 vorgesehenen Begriffe;
c) das Nennvolumen des Qualitätsweins b.A. nach den Vorschriften der Richtlinie 75/106/EWG;
d) im Fall von
- Behältnissen mit einem Nennvolumen bis zu 60 Litern: den Namen oder den Firmennamen des Abfüllers sowie der Gemeinde oder des Ortsteils und des Mitgliedstaats, in der oder in dem er seinen Hauptsitz hat,
- anderen Behältnissen: den Namen oder den Firmennamen des Versenders sowie der Gemeinde oder des Ortsteils und des Mitgliedstaats, in der oder in dem er seinen Hauptsitz hat.

Erfolgt die Abfüllung oder der Versand in anderen als den vorerwähnten Gemeinden oder Ortsteilen oder einer Gemeinde in deren Umgebung, so müssen die Angaben nach dem vorliegenden Buchstaben auch einen Hinweis auf die Gemeinde oder den Ortsteil enthalten, in der oder in dem die Abfüllung oder der Versand erfolgt; erfolgt die Abfüllung oder der Versand in einem anderen Mitgliedstaat, so ist auch dieser anzugeben;

e) bei Versand in einen anderen Mitgliedstaat oder bei der Ausfuhr: den Mitgliedstaat, zu dem das bestimmte Anbaugebiet gehört;
f) den vorhandenen Alkoholgehalt in Volumenprozenten.

(2) Bei Qualitätswein b.A. kann die Etikettierung durch folgende Angaben ergänzt werden:

a) die Angabe, ob es sich um Rotwein, Roséwein oder Weißwein handelt;
b) den Jahrgang nach Maßgabe des Artikels 15;
c) eine Marke nach Maßgabe des Artikels 40;
d) den Namen bzw. Firmennamen der natürlichen oder juristischen Personen oder der Personenvereinigungen, die an der Vermarktung des Qualitätsweins b.A. beteiligt waren, sowie die Gemeinde oder den Ortsteil, in der oder in dem sie ihren Hauptsitz haben;
e) eine von einer amtlichen oder einer hierfür amtlich anerkannten Stelle einer der unter Buchstabe d) genannten Personen oder Personenvereinigungen zuerkannte Bezeichnung, durch die das Ansehen des Qualitätsweins b.A. gehoben werden kann, sofern diese Bezeichnung in Durchführungsbestimmungen oder, wenn solche fehlen, durch den betreffenden Mitgliedstaat geregelt ist;

f) den Ursprungsmitgliedstaat, sofern die Angabe des Mitgliedstaats nicht bereits durch Absatz 1 Buchstabe e) vorgeschrieben ist;
g) außer dem vorhandenen Alkoholgehalt in Volumenprozenten bestimmte Angaben über die Zusammensetzung, sofern solche Angaben in den Durchführungsbestimmungen geregelt sind;
h) eine an den Verbraucher gerichtete Empfehlung für die Verwendung des Weines;
i) ergänzende traditionelle Begriffe, sofern sie nach den Rechtsvorschriften des Erzeugermitgliedstaats verwendet werden und in einer noch festzulegenden Liste aufgeführt sind;
j) – den gemeinschaftlichen Begriff „Qualitätswein bestimmter Anbaugebiete" oder „Qualitätswein b.A.", sofern er nicht bereits aufgrund von Absatz 1 Buchstabe b) angegeben ist, oder
– einen traditionellen und üblichen spezifischen Begriff, sofern er nicht bereits aufgrund von Absatz 1 Buchstabe b) angegeben ist;
k) Hinweise auf
– die Herstellungsart,
– die Art des Erzeugnisses,
– eine besondere Farbe des Qualitätsweins b.A., sofern diese Angaben in Vorschriften der Gemeinschaft oder des Erzeugermitgliedstaats festgelegt sind. Die Verwendung solcher Angaben kann jedoch für die Bezeichnung von Qualitätswein b.A. aus einem bestimmten Anbaugebiet untersagt werden, wenn sie dort nicht herkömmlich und üblich sind,
– andere, insbesondere organoleptische Eigenschaften, die für das Erzeugnis charakteristisch sind;
l) den Namen einer kleineren geographischen Einheit als des bestimmten Anbaugebiets nach Maßgabe des Artikels 13;
m) den Namen des Weinbaubetriebs oder des Erzeugerzusammenschlusses, der den Qualitätswein b.A. hergestellt hat und durch den das Ansehen des Qualitätsweins b.A. gehoben werden kann, sofern für diese Angabe Durchführungsbestimmungen oder, wenn solche fehlen, Vorschriften des Erzeugermitgliedstaats gelten;
n) den Namen einer Rebsorte oder zweier Rebsorten nach Maßgabe des Artikels 14;
o) eine Qualitätskontrollnummer, die dem Qualitätswein b.A. von einer amtlichen Stelle erteilt worden ist;
p) eine Auszeichnung, die dem Qualitätswein b.A. von einer amtlichen oder einer für amtlich anerkannten Stelle erteilt worden ist, sofern die Auszeichnung durch ein Dokument nachgewiesen werden kann;
q) einen Vermerk, daß der Wein wie folgt abgefüllt worden ist:
– in dem Weinbaubetrieb, in dem die für diesen Wein verwendeten Trauben geerntet und zu Wein bereitet wurden, oder
– in einem Zusammenschluß von Weinbaubetrieben, sofern der betreffende Wein von den Weinbaubetrieben dieses Zusammenschlusses oder dem Zusammenschluß selbst aus Trauben oder Traubenmosten bereitet worden ist, die in den betreffenden Weinbaubetrieben erzeugt worden sind, oder
– in einem in dem angegebenen bestimmten Anbaugebiet oder in unmittelbarer Nähe dieses Gebietes gelegenen Betrieb, mit dem die Weinbaubetriebe, die die verwendeten Trauben geerntet haben, im Rahmen eines Zusammenschlusses von Weinbaubetrieben verbunden sind und der diese Trauben zu Wein bereitet hat;
r) eine Angabe über die Abfüllung in dem bestimmten Anbaugebiet, sofern diese Angabe in dem Anbaugebiet herkömmlich und üblich ist;
s) die Nummer des Behältnisses oder die Nummer der Partie;
t) Informationen:
– zur Geschichte des betreffenden Weines, des Abfüllbetriebs oder eines sonstigen Betriebs einer natürlichen oder juristischen Person oder Personenvereinigung, der bei der Vermarktung des Weines beteiligt war,

- zu den natürlichen oder technischen Weinbaubedingungen, die diesem Wein zugrunde liegen, sowie gegebenenfalls zu den verwendeten Rebsorten, selbst wenn es sich um drei oder mehr Sorten handelt, sofern in diesem Fall die angegebenen Rebsorten mindestens 85% der für die Bereitung des betreffenden Weins insgesamt verwendeten Rebsorten ausmachen,
- zu der durch die Lagerung erreichten Reife des betreffenden Weines,

sofern diese Informationen unter den in den Durchführungsbestimmungen vorgesehenen Bedingungen verwendet werden;

u) den Kleinbuchstaben „e", sofern die Fertigpackungen den Einfüllvorschriften der Richtlinie 75/106/EWG entsprechen.

**Art. 12.** (1) Für die Bezeichnung der Qualitätsweine b.A. in der Etikettierung sind nur die in Artikel 11 genannten Angaben zulässig.
Jedoch
- können für die zur Ausfuhr bestimmten Qualitätsweine b.A. zusätzliche oder abweichende Vorschriften vorgesehen werden, wenn dies aufgrund der Rechtsvorschriften der Drittländer erforderlich ist,
- können die Mitgliedstaaten für die in ihrem Hoheitsgebiet in den Handel gebrachten Qualitätsweine b.A. bis zum Beginn der Anwendung gemeinschaftlicher Vorschriften über diätetische Lebensmittel Angaben in bezug auf eine Verwendung dieser Erzeugnisse zu diätetischen Zwecken gestatten,
- können die Mitgliedstaaten gestatten, daß die Angabe des Namens des bestimmten Anbaugebiets nach Artikel 11 Absatz 1 Buchstabe a) durch die Angabe des Namens einer größeren geographischen Einheit, zu der dieses bestimmte Anbaugebiet gehört, ergänzt wird, um dessen Lage genauer zu bestimmen, sofern die Bedingungen für die Verwendung des Namens dieses Anbaugebiets wie auch des Namens dieser geographischen Einheit eingehalten werden.

(2) Die Mitgliedstaaten können für die in ihrem Hoheitsgebiet gewonnenen Qualitätsweine b.A. einige der in Artikel 11 Absatz 2 genannten Angaben, mit Ausnahme der Angabe nach Buchstabe j) erster Gedankenstrich, vorschreiben, verbieten oder ihre Verwendung einschränken.

(3) Jeder Mitgliedstaat läßt die Bezeichnung der in seinem Hoheitsgebiet in den Verkehr gebrachten Qualitätsweine b.A. mit Ursprung in anderen Mitgliedstaaten zu, wenn sie im Einklang mit den gemeinschaftlichen Bestimmungen steht und aufgrund dieser Verordnung in dem Erzeugermitgliedstaat zugelassen ist.

(4) Ein Code – nach noch festzulegenden Modalitäten –
a) wird verwendet, um auf der Etikettierung eines Qualitätsweines b.A. Informationen anzugeben, die sich ganz oder teilweise auf den Namen eines bestimmten Anbaugebiets im Sinne von Artikel 3 der Verordnung (EWG) Nr. 823/87 beziehen, das nicht dasjenige ist, das für den betreffenden Qualitätswein b.A. verwendet werden darf. Jedoch können die Mitgliedstaaten für ihr Hoheitsgebiet andere geeignete Maßnahmen vorschreiben, um Verwechslungen mit dem genannten bestimmten Anbaugebiet auszuschließen;
b) kann unbeschadet des Buchstaben a) für die Angaben nach Artikel 11 Absatz 1 Buchstabe d) verwendet werden, sofern der Mitgliedstaat, in dessen Hoheitsgebiet der Qualitätswein b.A. abgefüllt wird, es gestattet hat. Diese Verwendung eines Code ist an die Bedingung geknüpft, daß der Name oder der Firmenname einer Person oder einer Personenvereinigung, die nicht der Abfüller ist, jedoch an der Vermarktung des Qualitätsweins b.A. beteiligt war, sowie die Gemeinde oder der Ortsteil, in der oder in dem die Personen bzw. die Personenvereinigung ihren Sitz hat, im vollen Wortlaut auf dem Etikett angegeben werden.

(5) Die Angaben
- nach Artikel 11 Absatz 1 müssen in einer oder mehreren anderen Amtssprachen der Gemeinschaft erfolgen, so daß der Endverbraucher jede dieser Angaben ohne weiteres verstehen kann;

— nach Artikel 11 Absatz 2 müssen in einer oder mehreren anderen Amtssprachen der Gemeinschaft erfolgen.

Abweichend von Unterabsatz 1

a) muß die Angabe
- des Namens des bestimmten Anbaugebiets, aus dem der Qualitätswein b.A. stammt,
- des Namens einer kleineren geographischen Einheit als des bestimmten Anbaugebiets nach Artikel 11 Absatz 2 Buchstabe l,
- des Namens des Weinbaubetriebs oder des Erzeugerzusammenschlusses nach Artikel 11 Absatz 2 Buchstabe m),
- eines Vermerks über die Abfüllung nach Artikel 11 Absatz 2 Buchstabe q)

in einer der Amtssprachen des Ursprungsmitgliedstaats erfolgen.
Diese Angaben können:
- bei Qualitätswein b.A. mit Ursprung in Griechenland in einer oder mehreren der Amtssprachen der Gemeinschaft wiederholt werden oder
- nur in einer anderen Amtssprache der Gemeinschaft erfolgen, wenn diese der Amtssprache in dem Teil des Hoheitsgebiets des Ursprungsmitgliedstaats, in dem das bestimmte Anbaugebiet liegt, gleichgestellt ist, sofern dies in dem Mitgliedstaat herkömmlich und üblich ist;

b) darf die Angabe eines der traditionellen spezifischen Begriffe nach Artikel 15 Absatz 2 der Verordnung (EWG) Nr. 823/87 nur in der Amtssprache erfolgen, die nach den dort festgelegten Bestimmungen verwendet wird.
Die Angabe kann bei Qualitätswein b.A. mit Ursprung in Griechenland in einer oder mehreren anderen Amtssprachen der Gemeinschaft wiederholt werden;

c) kann beschlossen werden, daß
- Hinweise auf die Herstellungsart, die Art des Erzeugnisses oder eine besondere Farbe nach Artikel 11 Absatz 2 Buchstabe k) und
- Informationen zu den natürlichen oder technischen Weinbaubedingungen und der Herstellung oder zu der durch die Lagerung erreichten Reife des Qualitätsweins b.A. nach Artikel 11 Absatz 2 Buchstabe t)

nur in einer der Amtssprachen des Ursprungsmitgliedstaats erfolgen dürfen;

d) können die Mitgliedstaaten zulassen, daß:
- die Angaben nach Buchstabe a) erster und zweiter Gedankenstrich und Buchstabe b) Satz 1 bei Qualitätswein b.A., der in ihrem Hoheitsgebiet hergestellt und in den Verkehr gebracht wird,
- die anderen Angaben nach Unterabsatz 1 bei Qualitätswein b.A., der in ihrem Hoheitsgebiet in den Verkehr gebracht wird,

zusätzlich in einer anderen Sprache als einer Amtssprache der Gemeinschaft erfolgen, wenn die Verwendung dieser Sprache in dem betreffenden Mitgliedstaat oder einem Teil seines Hoheitsgebietes herkömmlich und üblich ist.
Für die Bezeichnung der zur Ausfuhr bestimmter Qualitätsweine b.A. können die Durchführungsbestimmungen die Verwendung anderer Sprachen zulassen.

**Art. 13.** (1) Bei der Bezeichnung eines Qualitätsweins b.A. in der Etikettierung ist unter dem „Namen einer kleineren geographischen Einheit als des bestimmten Anbaugebiets" gemäß Artikel 11 Absatz 2 Buchstabe l) zu verstehen:
- der Name einer Lage oder einer Einheit, die mehrere Lagen umfaßt,
- der Name einer Gemeinde oder eines Ortsteils,
- der Name eines Untergebiets, oder des Teils eines Untergebiets.

(2) Die Erzeugermitgliedstaaten können Qualitätsweinen b.A. den Namen einer kleineren geographischen Einheit als des bestimmten Anbaugebiets zuerkennen, sofern
- diese geographische Einheit genau abgegrenzt ist,
- alle Trauben, aus denen diese Weine gewonnen wurden, aus dieser geographischen Einheit stammen.

(3) Wenn ein Qualitätswein b.A. von Erzeugnissen stammt, die aus Trauben gewonnen wurden, die in verschiedenen der in Absatz 1 genannten geographischen Einheiten inner-

halb desselben bestimmten Anbaugebiets geerntet worden sind, ist als zusätzliche Angabe zum Namen des bestimmten Anbaugebiets nur der Name einer größeren geographischen Einheit zulässig, der alle betroffenen Rebflächen angehören.

Die Erzeugermitgliedstaaten können jedoch vorbehaltlich des Artikels 16 bei der Bezeichnung eines Qualitätsweins b.A. die Verwendung folgender Angaben genehmigen:

a) den Namen einer in Absatz 1 genannten geographischen Einheit, wenn der Wein mit einem Erzeugnis gesüßt worden ist, das in dem gleichen bestimmten Anbaugebiet gewonnen wurde;

b) den Namen einer geographischen Einheit gemäß Absatz 1, wenn der Wein aus einer Mischung von Trauben, Traubenmosten, noch in Gärung befindlichen Jungweinen oder – bis zum 31. August 2003 – von Weinen, die aus der geographischen Einheit stammen, deren Name für die Bezeichnung vorgesehen ist, mit einem Erzeugnis gewonnen wurde, das zwar in dem gleichen bestimmten Anbaugebiet, aber außerhalb der genannten geographischen Einheit gewonnen wurde, sofern der Qualitätswein b.A. zu mindestens 85 % aus Trauben gewonnen wurde, die in der geographischen Einheit geerntet wurden, deren Namen er trägt; was die 2003 auslaufende Ausnahmeregelung anbelangt, so muß eine solche Bestimmung bereits vor dem 1. September 1995 in den Vorschriften des betreffenden Erzeugermitgliedstaats bestanden haben;

c) den Namen einer in Absatz 1 genannten geographischen Einheit zusammen mit dem Namen einer Gemeinde oder eines Ortsteils oder einer von mehreren Gemeinden, über deren Gebiet sich die geographische Einheit erstreckt, sofern:
 – eine solche Bestimmung vor dem 1. September 1976 herkömmlich und üblich sowie in den Vorschriften des betreffenden Mitgliedstaats vorgesehen war und
 – ein Gemeindename oder Name eines Ortsteils oder einer von mehreren in einem Verzeichnis genannten Gemeinden als stellvertretend verwendet wird für alle Gemeinden, über deren Gebiet sich diese geographische Einheit erstreckt.

Die Erzeugermitgliedstaaten erstellen das Verzeichnis der in der bis zum 31. August 2003 geltenden Ausnahmeregelung nach Buchstabe b) vorgesehenen Typen der geographischen Einheiten und Namen der bestimmten Anbaugebiete, zu denen diese geographischen Einheiten gehören; dieses Verzeichnis wird der Kommission übermittelt, die es im *Amtsblatt der Europäischen Gemeinschaften,* Reihe C, veröffentlicht;

Die Erzeugermitgliedstaaten stellen das im zweiten Gedankenstrich genannte Verzeichnis der Gemeindenamen auf und übermitteln es der Kommission.

(4) Der Name eines bestimmten Anbaugebiets und einer in Absatz 1 genannten geographischen Einheit kann
– einem Wein, der aus einer Mischung eines Qualitätsweins b.A. mit einem außerhalb des bestimmten Anbaugebiets gewonnenen Erzeugnis bereitet wurde,
– einem Qualitätswein b.A., der mit einem außerhalb des bestimmten Anbaugebiets gewonnenen Erzeugnis gesüßt wurde,
nicht zuerkannt werden, wenn diese Weine nicht in dem nach Artikel 6 Absatz 5 der Verordnung (EWG) Nr. 823/87 aufzustellenden Verzeichnis aufgeführt sind.

**Art. 14.** (1) Die Angabe des Namens einer Rebsorte nach Artikel 11 Absatz 2 Buchstabe n) ist bei Qualitätswein b.A. in der Etikettierung nur zulässig, wenn

a) diese Sorte in dem Verzeichnis enthalten ist, das die Mitgliedstaaten nach Artikel 4 Absatz 1 der Verordnung (EWG) Nr. 823/87 aufstellen, um die für die Erzeugung jedes einzelnen Qualitätsweins b.A. in ihrem Hoheitsgebiet geeigneten Rebsorten zu bezeichnen;

b) die Sorte mit dem Namen angegeben wird, der enthalten ist
 – in der Klasse der empfohlenen oder zugelassenen Sorten der Klassifizierung der Rebsorten für die betreffende Verwaltungseinheit,
 – gegebenenfalls in einer noch festzulegenden Liste der Synonyme. In dieser Liste kann vorgesehen werden, daß ein bestimmtes Synonym nur für die Bezeichnung eines Qualitätsweins b.A. verwendet werden darf, der in den Erzeugungsgebieten erzeugt wird, in denen es herkömmlich verwendet wird und üblich ist;

c) Der Qualitätswein b.A. – außer den Erzeugnissen, die gegebenenfalls zum Süßen verwendet wurden – vollständig aus Trauben der Sorte gewonnen wurde, deren Angabe vorgesehen ist;

d) diese Rebsorte die Art des Qualitätsweins b.A. bestimmt;

e) der Name dieser Rebsorte nicht zu Verwechslungen mit dem Namen eines bestimmten Anbaugebiets oder einer geographischen Einheit führt, der für die Bezeichnung eines anderen Qualitätsweins b.A. oder eines eingeführten Weines verwendet wird.

Dies gilt nicht hinsichtlich der Verwendung des Sortennamens „Barbera" im Verhältnis zu dem Namen des bestimmten Anbaugebiets „Conca de Barberá".

(2) Abweichend von Absatz 1 und vorbehaltlich des Artikels 16 können die Erzeugermitgliedstaaten folgende Angaben zulassen:

– die Angabe des Namens zweier Rebsorten für ein und denselben Qualitätswein b.A., sofern dieser vollständig aus den angegebenen Sorten gewonnen wurde, mit Ausnahme der Erzeugnisse, die gegebenenfalls zum Süßen verwendet wurden, oder

– die Angabe des Namens einer Rebsorte, sofern das Erzeugnis nach Abzug der Menge der Erzeugnisse, die gegebenenfalls zum Süßen verwendet wurden, zu mindestens 85 % aus Trauben der Sorte gewonnen wurde, deren Angabe vorgesehen ist, und diese Art des Erzeugnisses bestimmt, oder

– die Angabe des Namens einer Rebsorte, die gemäß Artikel 11 Absatz 2 Buchstabe b) der Verordnung (EWG) Nr. 2389/89 als vorübergehend zugelassen eingestuft worden ist, für die Dauer von 15 Jahren oder weniger ab dem Datum der vorgenannten Einstufung, sofern die Angabe des Namens dieser Rebsorte in dem betroffenen Mitgliedstaat herkömmlich war, oder

– während eines von dem betroffenen Mitgliedstaat festzulegenden Zeitraums von höchstens fünf Jahren – sofern nicht dieser Zeitraum nach Maßgabe der Gemeinschaftsvorschriften für die Prüfung der Anbaueignung der Rebsorten verlängert wird – die Angabe des Namens einer in Artikel 13 Absatz 2 erster Gedankenstrich der Verordnung (EWG) Nr. 2389/89 genannten Rebsorte, sofern
  – es sich um eine Rebsorte der Art „Vitis vinifera" handelt,
  – der Anbau dieser Rebsorte nur für eine begrenzte Fläche genehmigt wird,
  – die zuständigen Behörden des Mitgliedstaats, die den Anbau dieser Rebsorte genehmigt haben, die Kontrolle gemäß Artikel 13 Absatz 3 der genannten Verordnung durchführen,
  – die Angabe dieser Rebsorte auf dem Etikett zusammen mit einem erläuternden Hinweis auf den Versuchscharakter des Anbaus dieser Sorte erfolgt.

**Art. 15.** (1) Die Angabe eines Jahrgangs nach Artikel 11 Absatz 2 Buchstabe b) ist in der Etikettierung für Qualitätswein b.A. nur zulässig, wenn alle bei der Bereitung des Qualitätsweins b.A. verwendeten Trauben in dem betreffenden Jahr geerntet worden sind.

(2) Abweichend von Absatz 1 und vorbehaltlich des Artikels 16 können die Erzeugermitgliedstaaten die Angabe des Jahrgangs für zulässig erklären, sofern der Qualitätswein b.A. nach Abzug der Menge der Erzeugnisse, die gegebenenfalls zum Süßen verwendet wurden, zu mindestens 85 % aus Trauben gewonnen wurde, die in dem Jahr geerntet wurden, dessen Angabe vorgesehen ist.

**Art. 16.** Artikel 13 Absatz 3 Unterabsatz 2 Buchstabe a), Artikel 14 Absatz 2 zweiter Gedankenstrich und Artikel 15 Absatz 2 können nur dann gleichzeitig Anwendung finden, wenn mindestens 85 % des aus der Mischung hervorgegangenen Qualitätsweins b.A. aus der kleineren geographischen Einheit als dem bestimmten Anbaugebiet, von der Rebsorte und aus dem Jahrgang stammen, die in der Bezeichnung dieses Qualitätsweins b.A. angegeben sind.

**B II: Amtliche Dokumente und Eingangs- und Ausgangsbücher**

**Art. 17.** (1) Bei Qualitätswein b.A. muß die Bezeichnung in den amtlichen Dokumenten folgende Angaben enthalten:

a) die Angabe „Qualitätswein b.A.",

b) gegebenenfalls einen der in Artikel 15 Absatz 7 Unterabsatz 1 zweiter Gedankenstrich der Verordnung (EWG) Nr. 823/87 genannten Begriffe,

c) den Namen des bestimmten Anbaugebiets,

d) die Angabe, ob es sich um Rotwein, Roséwein oder Weißwein handelt,

e) bei Versand in einen anderen Mitgliedstaat oder bei der Ausfuhr: den Mitgliedstaat, zu dem das bestimmte Anbaugebiet gehört,

f) die Angabe des vorhandenen Alkoholgehalts in Volumenprozenten und des Nennvolumens, sofern diese Angaben in den nach Artikel 71 Absatz 3 der Verordnung (EWG) Nr. 822/87 erlassenen Durchführungsbestimmungen vorgesehen sind.

(2) Die Bezeichnung von Qualitätswein b.A. in den amtlichen Dokumenten muß außerdem die in Artikel 11 Absatz 2 genannten und nachstehend aufgeführten Angaben enthalten, soweit diese in der Etikettierung verwendet werden oder verwendet werden sollen:

a) den Jahrgang,

b) einen traditionellen spezifischen Begriff zur Bezeichnung der Qualität,

c) die Hinweise auf die Herstellungsart, eine besondere Farbe oder die Art des Erzeugnisses, mit Ausnahme der Angabe des Restzuckergehalts,

d) den Namen einer kleineren geographischen Einheit als des bestimmten Anbaugebiets,

e) den Namen einer Rebsorte oder zweier Rebsorten,

f) gemäß Artikel 1 Absatz 2 Buchstabe t) zweiter Gedankenstrich die Informationen über die natürlichen und technischen Weinbaubedingungen, die diesem Wein zugrunde liegen.

**Art. 18.** (1) Bei Qualitätswein b.A. muß die Bezeichnung in den von den Erzeugern geführten Ein- und Ausgangsbüchern die in folgenden Artikeln genannten Angaben enthalten:
– die Angaben nach Artikel 17 Absatz 1 Buchstaben a), b), c) und d),
– die Angaben nach Artikel 17 Absatz 2, soweit sie in der Etikettierung oder, wenn eine solche fehlt, im Begleitpapier für den Transport verwendet werden sollen.

(2) Bei Qualitätswein b.A muß die Bezeichnung in den Ein- und Ausgangsbüchern, die nicht von den Erzeugern geführt werden, folgende Angaben enthalten:
– die Angaben nach Artikel 17 Absatz 1,
– die Nummer und das Ausstellungsdatum des Begleitpapiers für den Transport.

### B III: Die Geschäftspapiere

**Art. 19.** (1) Wird für einen Qualitätswein b.A. kein Begleitpapier für den Transport ausgestellt, so muß die Bezeichnung in den Geschäftspapieren nach Artikel 1 Absatz 2 Buchstabe c) folgende Angaben enthalten:
– die Angaben nach Artikel 17 Absatz 1 und
– die Angaben nach Artikel 17 Absatz 2, sofern sie in der Etikettierung verwendet werden.

(2) Enthält die Bezeichnung der Qualitätsweine b.A. in den Geschäftspapieren zusätzlich Angaben nach Artikel 11, so müssen diese den Artikeln 13 bis 16 und dem Artikel 40 entsprechen.

(3) Die Mitgliedstaaten können für Qualitätswein b.A., der in ihrem Hoheitsgebiet in den Verkehr gebracht wird, zulassen, daß in den Geschäftspapieren die Angaben nach Artikel 11 mittels eines Code erfolgen. Dieser Code muß es der mit der Überwachung beauftragten Stelle ermöglichen, die Bezeichnung des Qualitätsweins b.A. schnell festzustellen.

## Abschnitt C. Bezeichnung von Erzeugnissen, die weder Tafelwein noch Qualitätswein b.A. sind

### C I: Etikettierung

**Art. 20.** (1) Werden Erzeugnisse etikettiert, die weder Tafelwein noch Qualitätswein b.A. sind, muß die Etikettierung folgende Angaben enthalten:

a) die Art des Erzeugnisses; diese Angabe
 - erfolgt unter Verwendung der Definition aus den Gemeinschaftsvorschriften, die das Erzeugnis am genauesten beschreibt,
 - erfolgt bei Erzeugnissen, die im Hoheitsgebiet des betreffenden Mitgliedstaats in Verkehr sind, unter Verwendung anderer als der in den Gemeinschaftsvorschriften definierten Begriffe, deren Verwendung in dem betreffenden Mitgliedstaat herkömmlich und üblich ist;

b) im Fall von
 - Traubenmost und konzentriertem Traubenmost: die Dichte,
 - teilweise gegorenem Traubenmost und Jungwein: den vorhandenen Alkoholgehalt und/oder den Gesamtalkoholgehalt,
 - anderem Wein: den vorhandenen Alkoholgehalt und/oder den Gesamtalkoholgehalt;

c) das Nennvolumen des Erzeugnisses nach den Vorschriften der Richtlinie 75/106/EWG;

d) im Fall von
 - Behältnissen mit einem Nennvolumen bis zu 60 Litern: den Namen oder den Firmennamen des Abfüllers sowie der Gemeinde oder des Ortsteils und den Mitgliedstaat, in der oder in dem er seinen Hauptsitz hat,
 - anderen Behältnissen: den Namen oder den Firmennamen des Versenders sowie der Gemeinde oder des Ortsteils und den Mitgliedstaat, in der oder in dem er seinen Hauptsitz hat;

e) bei Versand in einen anderen Mitgliedstaat oder bei der Ausfuhr:
 - bei Wein: den Mitgliedstaat, in dessen Hoheitsgebiet die Trauben geerntet worden sind und in dem der Wein bereitet worden ist, jedoch nur dann, wenn beide Maßnahmen im selben Mitgliedstaat stattgefunden haben,
 - bei Traubenmost: den Mitgliedstaat, in dessen Hoheitsgebiet die Trauben geerntet und verarbeitet worden sind, jedoch nur dann, wenn beide Maßnahmen im selben Mitgliedstaat stattgefunden haben;

f) bei Wein und Traubenmost,
 - die aus dem Verschnitt von Erzeugnissen mit Ursprung in mehreren Mitgliedstaaten hervorgegangen sind: die Angabe „Aus Erzeugnissen verschiedener Mitgliedstaaten der Europäischen Gemeinschaft",
 - die – im Fall von Traubenmost – nicht in dem Mitgliedstaat verarbeitet oder – im Fall von Wein – nicht in dem Mitgliedstaat bereitet wurden, in dem die verwendeten Trauben geerntet worden sind: die Angabe „EWG";

g) eine durch die Gemeinschaftsbestimmungen gegebenenfalls vorgeschriebene Beschränkung des Verwendungszwecks.

(2) Die Etikettierung der in Absatz 1 genannten Erzeugnisse kann durch folgende Angaben ergänzt werden:

a) den Jahrgang;

b) den Namen oder Firmennamen der natürlichen oder juristischen Personen oder der Personenvereinigungen, die an der Vermarktung des Erzeugnisses beteiligt waren, sowie der Gemeinde oder des Ortsteils, in der oder in dem sie ihren Hauptsitz haben;

c) falls das Erzeugnis nicht nach einem anderen Mitgliedstaat versandt oder ausgeführt wird und die Bedingungen des Absatzes 1 Buchstabe f) nicht erfüllt sind: den Mitgliedstaat, in dessen Hoheitsgebiet die Trauben geerntet und verarbeitet worden sind;

d) den Kleinbuchstaben „e", sofern die Fertigpackungen den Einfüllvorschriften der Richtlinie 75/106/EWG entsprechen;

e) neben den Angaben nach Absatz 1 Buchstabe b) durch weitere Angaben über die Zusammensetzung, sofern eine solche Angabe in den Durchführungsbestimmungen geregelt ist;

f) eine Marke nach Maßgabe des Artikels 40.

(3) Bei teilweise gegorenem Traubenmost, der zum unmittelbaren menschlichen Verbrauch bestimmt ist, darf die Bezeichnung in der Etikettierung ferner durch folgende Angaben ergänzt werden:

a) den Namen der geographischen Einheit im Sinne von Artikel 4 Absatz 1, aus der dieses Erzeugnis stammt, sofern die für Tafelwein in Artikel 4 Absatz 3 genannten Bedingungen eingehalten werden,

b) den Namen einer Rebsorte,

c) die Angabe, ob es sich um einen roten Most, einen Rosémost oder einen weißen Most handelt.

**Art. 21.** (1) Für die Bezeichnung der Erzeugnisse, die weder Tafelwein noch Qualitätswein b.A. sind, sind in der Etikettierung nur die in Artikel 20 genannten Angaben zulässig. Jedoch können Durchführungsbestimmungen für Erzeugnisse, die weder Tafelwein noch Qualitätswein b.A. sind und die zur Ausfuhr bestimmt sind, zusätzliche Vorschriften vorsehen, wenn dies aufgrund der Rechtsvorschriften der Drittländer erforderlich ist.

(2) Aufgrund dieser Verordnung läßt jeder Mitgliedstaat die Bezeichnung der in seinem Hoheitsgebiet in den Verkehr gebrachten Erzeugnisse, die weder Tafelwein noch Qualitätswein b.A. sind, mit Ursprung in anderen Mitgliedstaaten zu, wenn sie im Einklang mit den gemeinschaftlichen Bestimmungen steht und in dem Erzeugermitgliedstaat zugelassen ist.

Die Mitgliedstaaten können jedoch
- für die in ihrem Hoheitsgebiet gewonnenen Erzeugnisse, die weder Tafelwein noch Qualitätswein b.A. sind, einige der in Artikel 20 Absätze 2 und 3 genannten Angaben vorschreiben, verbieten oder ihre Verwendung einschränken;
- für den in ihrem Hoheitsgebiet in den Handel gebrachten Traubenmost bis zum Beginn der Anwendung gemeinschaftlicher Vorschriften über diätetische Lebensmittel Angaben in bezug auf eine Verwendung dieser Erzeugnisse zu diätetischen Zwecken gestatten.

(3) Die Angabe des Jahrgangs nach Artikel 20 Absatz 2 Buchstabe a) in der Etikettierung ist bei einem Erzeugnis, das weder Tafelwein noch Qualitätswein b.A. ist, nur zulässig, wenn alle bei der Bereitung des Erzeugnisses verwendeten Trauben in dem betreffenden Jahr geerntet worden sind.

Die Angabe einer Rebsorte nach Artikel 20 Absatz 3 Buchstabe b) ist in der Etikettierung bei einem Erzeugnis, das weder Tafelwein noch Qualitätswein b.A. ist, nur zulässig, wenn die in Artikel 5 Absatz 1 vorgesehenen Bedingungen eingehalten werden.

(4) Zur Bezeichnung von Erzeugnissen, die weder Tafelwein noch Qualitätswein b.A. sind, müssen in der Etikettierung
- die Angaben nach Artikel 20 Absatz 1 in einer oder mehreren anderen Amtssprachen der Gemeinschaft erfolgen, so daß der Endverbraucher jede dieser Angaben ohne weiteres verstehen kann,
- die Angaben nach Artikel 20 Absatz 2 in einer oder mehreren anderen Amtssprachen der Gemeinschaft erfolgen.

Bei diesen Erzeugnissen, die in ihrem Hoheitsgebiet in den Verkehr gebracht werden, können die Mitgliedstaaten zulassen, daß diese Angaben zusätzlich in einer anderen Sprache als einer Amtssprache der Gemeinschaft erfolgen, wenn die Verwendung dieser Sprache in dem Mitgliedstaat oder einem Teil seines Hoheitsgebiets herkömmlich und üblich ist.

Für die Bezeichnung von zur Ausfuhr bestimmten Erzeugnissen, die weder Tafelwein noch Qualitätswein b.A. sind, können die Durchführungsbestimmungen die Verwendung anderer Sprachen zulassen.

## C II: Amtliche Dokumente und Eingangs- und Ausgangsbücher

**Art. 22.** (1) Bei Erzeugnissen, die weder Tafelwein noch Qualitätswein b.A. sind, muß die Bezeichnung in den amtlichen Dokumenten folgende Angaben enthalten:

a) die Angabe, ob es sich um ein Rotwein-, Rosewein- oder Weißweinerzeugnis handelt;

b) die Art des Erzeugnisses; diese Angabe
- erfolgt unter Verwendung der Definition aus den Gemeinschaftsvorschriften, die das Erzeugnis am genauesten beschreibt, oder
- erfolgt bei Erzeugnissen, die im Hoheitsgebiet des betreffenden Mitgliedstaats im Verkehr sind, unter Verwendung anderer als der in den Gemeinschaftsvorschriften definierten Begriffe, deren Verwendung in dem betreffenden Mitgliedstaat herkömmlich und üblich ist;

c) bei Versand in einen anderen Mitgliedstaat oder bei der Ausfuhr:
- bei Wein: den Mitgliedstaat, in dessen Hoheitsgebiet die Trauben geerntet worden sind und der Wein bereitet worden ist, jedoch nur dann, wenn beide Maßnahmen im selben Mitgliedstaat stattgefunden haben,
- bei Traubenmost: den Mitgliedstaat, in dessen Hoheitsgebiet die Trauben geerntet und verarbeitet worden sind, jedoch nur dann, wenn beide Maßnahmen im selben Mitgliedstaat stattgefunden haben;

d) bei Wein und Traubenmost,
- die aus dem Verschnitt von Erzeugnissen mit Ursprung in mehreren Mitgliedstaaten hervorgegangen sind: die Angabe „Aus Erzeugnissen verschiedener Mitgliedstaaten der Europäischen Gemeinschaft",
- die – im Fall von Traubenmost – nicht in dem Mitgliedstaat verarbeitet oder – im Fall von Wein – nicht in dem Mitgliedstaat bereitet wurden, in dem die verwendeten Trauben geerntet worden sind: die Angabe „EWG".

(2) Die Bezeichnung der Erzeugnisse, die weder Tafelweine noch Qualitätsweine b.A. sind, in den amtlichen Dokumenten muß außerdem folgende Angaben enthalten:

a) bei den zur Verarbeitung zu Tafelwein bestimmten Erzeugnissen sowie bei zur Gewinnung von Tafelwein geeignetem Wein die in Artikel 8 Absatz 2 genannten Angaben,

b) bei den zur Verarbeitung zu Qualitätswein b.A. bestimmten Erzeugnissen die in Artikel 17 Absatz 1 Buchstabe c) und gegebenenfalls die in Buchstabe b) und Absatz 2 genannten Angaben,

c) die in Artikel 20 Absatz 2 Buchstaben a) und c) und Absatz 3 genannten Angaben,

soweit sie in der Etikettierung der Tafelweine und Qualitätsweine b.A., die aus den unter den Buchstaben a) und b) des vorliegenden Absatzes genannten Erzeugnissen gewonnen werden, oder in der Etikettierung der unter Buchstabe c) genannten Erzeugnisse verwendet werden oder verwendet werden sollen.

**Art. 23.** (1) Bei den Erzeugnissen, die weder Tafelwein noch Qualitätswein b.A. sind, muß die Bezeichnung in den von den Erzeugern geführten Ein- und Ausgangsbüchern folgende Angaben enthalten:
- die Angaben nach Artikel 22 Absatz 1 Buchstaben a) und b),
- die Angaben nach Artikel 22 Absatz 2, soweit sie in der Etikettierung oder, wenn eine solche fehlt, im Begleitpapier für den Transport verwendet werden sollen.

(2) In den Ein- und Ausgangsbüchern, die nicht von den Erzeugern geführt werden, muß die Bezeichnung dieser Erzeugnisse folgende Angaben enthalten:
- die Angaben nach Artikel 22 Absatz 1,
- die Nummer und das Ausstellungsdatum des Begleitpapiers für den Transport.

## C III: Geschäftspapiere

**Art. 24.** (1) Wird für ein Erzeugnis, das weder Tafelwein noch Qualitätswein b.A. ist, kein Begleitpapier für den Transport ausgestellt, so muß die Bezeichnung in den Geschäftspapieren nach Artikel 1 Absatz 2 Buchstabe c) mindestens die Angaben nach Artikel 22 Absatz 1 enthalten.

(2) Bei zusätzlicher Angabe des Jahrgangs oder der Rebsorte gilt Artikel 21 Absatz 3 entsprechend.

(3) Enthält die Bezeichnung in den Geschäftspapieren bei zur Verarbeitung zu Tafelwein bestimmten Traubenmosten, teilweise gegorenen Traubenmosten und Jungweinen sowie bei zur Gewinnung von Tafelwein geeigneten Weinen zusätzlich Angaben nach Artikel 2, so müssen diese den Artikeln 4 bis 7 und dem Artikel 40 entsprechen.

(4) Enthält die Bezeichnung in den Geschäftspapieren bei zur Verarbeitung zu Qualitätswein b.A. bestimmten Traubenmosten, teilweise gegorenen Traubenmosten und Jungweinen zusätzlich Angaben nach Artikel 11, so müssen diese den Artikeln 13 bis 16 und dem Artikel 40 entsprechen.

(5) Die Angaben, die in den Geschäftspapieren für die in den Absätzen 3 und 4 genannten Erzeugnisse enthalten sind, müssen den in den Begleitpapieren für den Transport enthaltenen Angaben entsprechen.

(6) Die Mitgliedstaaten können für in ihrem Hoheitsgebiet in den Verkehr gebrachte Erzeugnisse, die weder Tafelwein noch Qualitätswein b.A. sind, zulassen, daß in den Geschäftspapieren die Angaben nach Artikel 20 mittels eines Code erfolgen. Dieser Code muß es der mit der Überwachung beauftragten Stelle ermöglichen, die Bezeichnung des Erzeugnisses schnell festzustellen.

## Kapitel II. Bezeichnung der Erzeugnisse mit Ursprung in Drittländern

### Abschnitt A. Etikettierung

**Art. 25.** (1) Bei eingeführten Weinen, die zum unmittelbaren menschlichen Verbrauch bestimmt und nicht durch eine geographische Angabe gemäß Artikel 26 Absatz 1 bezeichnet sind, muß die Bezeichnung in der Etikettierung folgende Angaben enthalten:

a) die Angabe „Wein";

b) das Nennvolumen des eingeführten Weins nach den Vorschriften der Richtlinie 75/106/EWG;

c) falls diese Weine
   - in der Gemeinschaft in Behältnisse mit einem Nennvolumen bis zu 60 Litern abgefüllt worden sind: den Namen oder den Firmennamen des Abfüllers sowie der Gemeinde oder des Ortsteils und den Mitgliedstaat, in der oder in dem er seinen Hauptsitz hat. Erfolgt die Abfüllung jedoch in anderen als den vorerwähnten Gemeinden oder Ortsteilen oder einer Gemeinde in deren Umgebung, so muß der Hauptsitz des Abfüllers durch die Angabe der Gemeinde oder des Ortsteils, in der oder in dem die Abfüllung erfolgt, ergänzt werden; erfolgt die Abfüllung in einem anderen Mitgliedstaat, so ist auch dieser anzugeben;
   - außerhalb der Gemeinschaft in Behältnissen mit einem Nennvolumen bis zu 60 Litern abgefüllt worden sind: den Namen oder den Firmennamen des Importeurs sowie der Gemeinde oder des Ortsteils, in der oder in dem er seinen Hauptsitz hat;
   - in anderen Behältnissen angeboten werden:
     - den Namen oder den Firmennamen des Importeurs sowie der Gemeinde oder des Ortsteils, in der oder in dem er seinen Hauptsitz hat, oder
     - wenn Importeur und Versender nicht identisch sind, den Namen oder den Firmennamen des Versenders sowie der Gemeinde oder des Ortsteils und den Mitgliedstaat, in der oder in dem er seinen Hauptsitz hat;

d) das Ursprungsland, wie es in den Dokumenten nach der Verordnung (EWG) Nr. 2390/89 des Rates vom 24. Juli 1989 zur Feststellung allgemeiner Einfuhrbestimmungen für Wein, Traubensaft und Traubenmost, die den Wein bei der Einfuhr begleiten, angegeben ist;

e) den vorhandenen Alkoholgehalt in Volumenprozenten.

(2) Bei den in Absatz 1 genannten Weinen kann die Etikettierung durch folgende Angaben ergänzt werden:
a) die Angabe, ob es sich um Rotwein, Roséwein oder Weißwein handelt;
b) eine Marke nach Maßgabe des Artikels 40;
c) den Namen bzw. Firmennamen der natürlichen oder juristischen Personen oder der Personenvereinigungen, die an der Vermarktung des eingeführten Weines beteiligt waren, sowie der Gemeinde, in der sie ihren Hauptsitz haben;
d) außer dem vorhandenen Alkoholgehalt in Volumenprozenten bestimmte Angaben über die Zusammensetzung, sofern solche Angaben in den Durchführungsbestimmungen geregelt sind;
e) eine an den Verbraucher gerichtete Empfehlung für die Verwendung des Weines;
f) Informationen
 – zur Geschichte des betreffenden Weines, des Abfüllbetriebs oder eines sonstigen Betriebes einer natürlichen oder juristischen Person oder Personenvereinigung, der bei der Vermarktung des Weines beteiligt war,
 – zu den natürlichen oder technischen Weinbaubedingungen, die diesem Wein zugrunde liegen,
 – zu der durch die Lagerung erreichten Reife des betreffenden Weines,
sofern diese Informationen unter den in den Durchführungsbestimmungen vorgesehenen Bedingungen verwendet werden;
g) eine Bezeichnung, die von einer amtlichen oder einer hierfür amtlich anerkannten Stelle einer der unter Buchstabe c) genannten Personen oder Personenvereinigungen zuerkannt wurde und durch die das Ansehen des betreffenden eingeführten Weines gehoben werden kann, sofern für diese Bezeichnung gemeinschaftliche Durchführungsbestimmungen oder, falls solche fehlen, Vorschriften des Ursprungsdrittlandes gelten;
h) den Kleinbuchstaben „e" sofern die Fertigpackungen den Einfüllvorschriften der Richtlinie 75/106/EWG entsprechen;
i) einen Hinweis über die Art des Erzeugnisses, sofern diese Angabe in Durchführungsbestimmungen der Gemeinschaft geregelt ist.

**Art. 26.** (1) Bei eingeführten, zum unmittelbaren menschlichen Verbrauch bestimmten Weinen, die mit einer geographischen Angabe bezeichnet sind, muß die Bezeichnung in der Etikettierung folgende Angaben enthalten:
a) den Namen einer in dem Drittland gelegenen geographischen Einheit nach Maßgabe des Artikels 29;
b) das Nennvolumen des eingeführten Weines nach den Vorschriften der Richtlinie 75/106/EWG;
c) falls diese Weine
 – in der Gemeinschaft in Behältnisse mit einem Nennvolumen bis zu 60 Litern abgefüllt worden sind: den Namen oder den Firmennamen des Abfüllers sowie der Gemeinde oder des Ortsteils und den Mitgliedstaat, in der oder in dem er seinen Hauptsitz hat. Erfolgt die Abfüllung jedoch in anderen als den vorerwähnten Gemeinden oder Ortsteilen oder einer Gemeinde in deren Umgebung, so muß der Hauptsitz des Abfüllers durch die Angabe der Gemeinde oder des Ortsteils, in der oder in dem die Abfüllung erfolgt, ergänzt werden; erfolgt die Abfüllung in einem anderen Mitgliedstaat, so ist auch dieser anzugeben;
 – außerhalb der Gemeinschaft in Behältnisse mit einem Nennvolumen bis zu 60 Litern abgefüllt worden sind: den Namen oder den Firmennamen des Importeurs sowie der Gemeinde oder des Ortsteils, in der oder in dem er seinen Hauptsitz hat;
 – in anderen Behältnissen angeboten werden:
  – den Namen oder den Firmennamen des Importeurs sowie der Gemeinde oder des Ortsteils, in der oder in dem er seinen Hauptsitz hat, oder
  – wenn Importeur und Versender nicht identisch sind, den Namen oder den Firmennamen des Versenders sowie der Gemeinde oder des Ortsteils und des Mitgliedstaats, in der oder in dem er seinen Hauptsitz hat;

d) das Ursprungsland, wie es in den nach der Verordnung (EWG) Nr. 2390/89 vorgeschriebenen Dokumenten angegeben ist, die den Wein bei der Einfuhr begleiten;

e) den vorhandenen Alkoholgehalt in Volumenprozenten.

In dieser Liste dürfen nur die eingeführten Weine enthalten sein, bei denen die Gleichwertigkeit der Produktionsbedingungen für jeden dieser Weine mit denen eines Qualitätsweins b.A. oder eines Tafelweins mit geographischer Angabe anerkannt ist.

(2) Bei den in Absatz 1 genannten Weinen kann die Etikettierung durch folgende Angaben ergänzt werden:

a) die Angabe „Wein" mit oder ohne Hinweis darauf, ob es sich um Rotwein, Roséwein oder Weißwein handelt;

b) *gestrichen*[1])

c) Angaben
   - zusätzlich zu der geographischen Angabe, mit denen der typisch regionale Charakter des betreffenden Weines unterstrichen wird, oder
   - über eine gehobene Qualität,

   sofern diese Angaben in den Vorschriften des Drittlandes, aus dem der Wein stammt, für den Binnenmarkt vorgesehen sind und von der Gemeinschaft anerkannt werden;

d) den Namen einer Rebsorte oder zweier Rebsorten nach Maßgabe des Artikels 30;

e) den Jahrgang nach Maßgabe des Artikels 31;

f) außer dem vorhandenen Alkoholgehalt in Volumenprozenten bestimmte Angaben über die Zusammensetzung, sofern solche Angaben in den Durchführungsbestimmungen geregelt sind;

g) eine Marke nach Maßgabe des Artikels 40;

h) den Namen bzw. Firmennamen der natürlichen oder juristischen Personen oder der Personenvereinigungen, die an der Vermarktung des eingeführten Weines beteiligt waren, sowie die Gemeinde oder den Ortsteil, in der oder in dem sie ihren Hauptsitz haben;

i) eine an den Verbraucher gerichtete Empfehlung für die Verwendung des Weines;

k) Hinweise auf
   - die Herstellungsart,
   - die Art des Erzeugnisses,
   - eine besondere Farbe des Erzeugnisses,

   sofern diese Angaben in Durchführungsbestimmungen der Gemeinschaft oder in Vorschriften des Ursprungsdrittlandes geregelt sind. Die Verwendung derartiger Angaben kann jedoch für die Bezeichnung bestimmter eingeführter Weine untersagt werden, sofern sie nicht herkömmlich sind oder zu Mißverständnissen in bezug auf die Art oder den Ursprung des Weines führen können;
   - andere, insbesondere organoleptische Eigenschaften, die für das Erzeugnis charakteristisch sind;

l) den Namen eines Weinbaubetriebs oder eines Erzeugerzusammenschlusses, der den Wein hergestellt hat, durch den das Ansehen des Weines gehoben werden kann, sofern für diese Angabe Vorschriften des Ursprungsdrittlands gelten;

m) eine Qualitätskontrollnummer, die dem Wein von einer amtlichen Stelle erteilt worden ist;

n) eine Auszeichnung, die dem Wein von einer amtlichen oder einer hierfür amtlich anerkannten Stelle zuerkannt worden ist, sofern die Auszeichnung durch ein Dokument nachgewiesen werden kann;

o) einen Vermerk, daß der Wein wie folgt abgefüllt worden ist:
   - in dem Weinbaubetrieb, in dem die für diesen Wein verwendeten Trauben geerntet und zu Wein bereitet wurden, oder

---

[1]) Gestrichen nach Art. 1 Nr. 11 lit. a der VO (EG) Nr. 1427/96 vom 26. Juni 1996, ABl. EG Nr. L 184 vom 24. Juli 1996, S. 3, mit Wirkung vom 1. September 1997; zur alten Fassung s. 1. Auflage des Kommentars, 3. Teil, II 10.

- von einem Erzeugerzusammenschluß oder
- in einem in dem angegebenen Weinbaugebiet gelegenen Betrieb, mit dem die Weinbaubetriebe, die die verwendeten Trauben geerntet haben, im Rahmen eines Erzeugerzusammenschlusses verbunden sind und der diese Trauben zu Wein bereitet hat;

p) Informationen
- zur Geschichte des betreffenden Weines, des Abfüllbetriebes oder eines sonstigen Betriebes einer natürlichen oder juristischen Person oder Personenvereinigung, der bei der Vermarktung des Weines beteiligt war,
- zu den natürlichen oder technischen Weinbaubedingungen, die diesem Wein zugrunde liegen, sowie gegebenenfalls zu den verwendeten Rebsorten, selbst wenn es sich um drei oder mehr Sorten handelt, sofern in diesem Fall die angegebenen Rebsorten mindestens 85% der für die Bereitung des betreffenden Weins insgesamt verwendeten Rebsorten ausmachen,
- zu der durch die Lagerung erreichten Reife des betreffenden Weines,

sofern diese Informationen unter den in den Durchführungsbestimmungen vorgesehenen Bedingungen verwendet werden;

q) eine Bezeichnung, die von einer amtlichen oder einer hierfür amtlich anerkannten Stelle einer der unter Buchstabe h) genannten Personen oder Personenvereinigungen zuerkannt wurde und durch die das Ansehen des betreffenden eingeführten Weines gehoben werden kann, sofern für diese Bezeichnung gemeinschaftliche Durchführungsbestimmungen oder, falls solche fehlen, Vorschriften des Ursprungsdrittlandes gelten;

r) den Kleinbuchstaben „e", sofern die Fertigpackungen den Einfüllvorschriften der Richtlinie 75/106/EWG entsprechen;

s) die Nummer des Behältnisses oder die Nummer der Partie.

**Art. 27.** (1) Werden andere als in den Artikeln 25 und 26 genannte eingeführte Erzeugnisse etikettiert, so muß die Etikettierung folgende Angaben enthalten:

a) die Art des Erzeugnisses; hierbei ist die Definition aus den Gemeinschaftsvorschriften zu verwenden, die das Erzeugnis am genauesten beschreibt;

b) im Falle von
- Traubenmost und konzentriertem Traubenmost: die Dichte,
- Wein: den vorhandenen und/oder den Gesamtalkoholgehalt;

c) das Nennvolumen des eingeführten Erzeugnisses nach den Vorschriften der Richtlinie 75/106/EWG, gegebenenfalls in Verbindung mit dem Kleinbuchstaben „e", sofern die Fertigpackungen den Einfüllvorschriften dieser Richtlinie entsprechen;

d) den Namen bzw. Firmennamen des Importeurs sowie der Gemeinde oder des Ortsteils, in der oder in dem er seinen Hauptsitz hat, oder, wenn das eingeführte Erzeugnis in Behältnissen mit einem Nennvolumen von mehr als 60 Litern angeboten wird und Importeur und Versender nicht identisch sind, den Namen oder den Firmennamen des Versenders sowie der Gemeinde oder des Ortsteils und den Mitgliedstaat, in der oder in dem er seinen Hauptsitz hat;

e) falls
- die Weine oder Traubenmoste in dem Drittland gewonnen wurden, in dem alle verwendeten Trauben geerntet worden sind: das betreffende Drittland,
- die Bedingungen des ersten Gedankenstrichs nicht erfüllt sind: die Angabe „Eingeführtes Erzeugnis".

(2) Die Bezeichnung der in Absatz 1 genannten Erzeugnisse kann in der Etikettierung durch die Angabe des Namens bzw. Firmennamens der natürlichen oder juristischen Personen oder der Personenvereinigungen, die an der Vermarktung des Erzeugnisses beteiligt waren, sowie der Gemeinde oder des Ortsteils, in der oder in dem sie ihren Hauptsitz haben, ergänzt werden.

Neben den Angaben nach Absatz 1 Buchstabe b) darf die Bezeichnung durch andere Angaben über die Zusammensetzung ergänzt werden, sofern solche Angaben in den Durchführungsbestimmungen geregelt sind. Ferner darf die Bezeichnung durch die Angabe einer Marke nach Maßgabe des Artikels 40 ergänzt werden.

**Art. 28.** (1) Für die Bezeichnung der Erzeugnisse mit Ursprung in Drittländern sind in der Etikettierung nur die Angaben nach den Artikeln 25, 26 und 27 zulässig.

(2) Die in Absatz 1 genannten Angaben können durch andere wahlweise zu verwendende Angaben ergänzt werden, die nach dem Verfahren des Artikels 83 der Verordnung (EWG) Nr. 822/87 anhand der Erfahrung und der entsprechenden Vorschriften für die aus der Gemeinschaft stammenden Erzeugnisse festgelegt werden.

(3) Nach demselben Verfahren können
- die Angaben nach Artikel 25 Absatz 2, Artikel 26 Absatz 2 und Artikel 27 Absatz 2 vorgeschrieben, verboten oder ihre Verwendung eingeschränkt werden;
- kleine Weinmengen mit Ursprung in Drittländern von der Anwendung des Artikels 25 Absatz 1 und des Artikels 26 Absatz 1 Buchstaben b), c) und d) befreit werden.

(4) Für die Überwachung der Einhaltung der Vorschriften über die Bezeichnung der eingeführten Erzeugnisse in der Etikettierung können besondere Bedingungen vorgesehen werden, insbesondere über den geographischen Ursprung, eine gehobene Qualität, die Rebsorte und den Abfüller.

(5) Nach noch festzulegenden Modalitäten kann für die Angaben nach Artikel 25 Absatz 1 Buchstabe c) erster Gedankenstrich und Artikel 26 Absatz 1 Buchstabe c) erster Gedankenstrich ein Code verwendet werden, sofern der Mitgliedstaat, in dessen Hoheitsgebiet der eingeführte Wein abgefüllt wird, es gestattet hat. Diese Verwendung eines Code ist an die Bedingung geknüpft, daß der Name oder der Firmenname einer Person oder einer Personenvereinigung, die nicht der Abfüller ist, jedoch an der Vermarktung des eingeführten Weins beteiligt war, sowie der Gemeinde oder des Ortsteils, in der oder in dem die Person bzw. die Personenvereinigung ihren Sitz hat, im vollen Wortlaut auf dem Etikett angegeben werden.

(6) Zur Bezeichnung der eingeführten Erzeugnisse in der Etikettierung müssen
- die Angaben nach Artikel 25 Absatz 1, Artikel 26 Absatz 1 und Artikel 27 Absatz 1 in einer oder mehreren Amtssprachen der Gemeinschaft erfolgen, so daß der Endverbraucher jede dieser Angaben ohne weiteres verstehen kann;
- die Angaben nach Artikel 25 Absatz 2, Artikel 26 Absatz 2 und Artikel 27 Absatz 2 in einer oder mehreren anderen Amtssprachen der Gemeinschaft erfolgen.

Bei den eingeführten Erzeugnissen, die in ihrem Hoheitsgebiet in den Verkehr gebracht werden, können die Mitgliedstaaten zulassen, daß diese Angaben zusätzlich in einer anderen Sprache als in einer Amtssprache der Gemeinschaft erfolgen, sofern die Verwendung dieser Sprache in dem Mitgliedstaat oder in einem Teil seines Hoheitsgebiets herkömmlich und üblich ist.

Die Angabe
- des Namens einer in dem Drittland gelegenen geographischen Einheit nach Artikel 26 Absatz 1 Buchstabe a) und Absatz 2 Buchstabe b),
- von Bezeichnungen für eine gehobene Qualität nach Artikel 26 Absatz 2 Buchstabe c),
- von Hinweisen über die Herstellungsart, die Art des Erzeugnisses oder eine besondere Farbe des Erzeugnisses nach Artikel 26 Absatz 2 Buchstabe k),
- des Namens eines Weinbaubetriebs oder eines Erzeugerzusammenschlusses nach Artikel 26 Absatz 2 Buchstabe l),
- eines Vermerks nach Artikel 26 Absatz 2 Buchstabe o) über die Abfüllung

muß jedoch in einer der Amtssprachen des Ursprungsdrittlandes erfolgen. Diese Angaben können zusätzlich in einer Amtssprache der Gemeinschaft erfolgen.

Die Verwendung bestimmter Begriffe, die sich aus der Übersetzung der im Unterabsatz 3 genannten Angaben ergeben, kann in Durchführungsbestimmungen geregelt werden.

Die Namen von Rebsorten nach Artikel 26 Absatz 2 Buchstaben d) und p) und ihre Synonyme sind so anzugeben, wie sie in der Liste nach Artikel 30 Absatz 1 Buchstabe a) aufgeführt sind.

(7) Die Angabe
a) des Namens oder des Firmennamens der natürlichen oder juristischen Personen oder der Personenvereinigungen, die an der Vermarktung des eingeführten Erzeugnisses beteiligt

waren, einschließlich des Namens des Abfüllers und des Namens des Importeurs, sowie des Namens der Gemeinde oder des Ortsteils, in der oder in dem sie ihren Hauptsitz haben, nach
- Artikel 25 Absatz 1 Buchstabe c),
- Artikel 25 Absatz 2 Buchstabe c),
- Artikel 26 Absatz 1 Buchstabe c),
- Artikel 26 Absatz 2 Buchstabe h),
- Artikel 27 Absatz 1 Buchstabe d),
- Artikel 27 Absatz 2,

b) von Bezeichnungen nach Artikel 26 Absatz 2 Buchstabe c) für eine gehobene Qualität,

c) des Namens eines Weinbaubetriebs oder eines Erzeugerzusammenschlusses nach Artikel 26 Absatz 2 Buchstabe l)

darf nicht zu Verwechslungen mit dem für die Bezeichnung eines Qualitätsweins b.A. oder eines anderen eingeführten Weines verwendeten Namen eines Gebietes führen.

(8) Die Mitgliedstaaten können für die in ihrem Hoheitsgebiet in den Handel gebrachten eingeführten Weine bis zum Beginn der Anwendung gemeinschaftlicher Vorschriften über diätetische Lebensmittel Angaben in bezug auf eine Verwendung dieser Erzeugnisse zu diätetischen Zwecken gestatten.

**Art. 29.** (1) Bei der Bezeichnung eines eingeführten Weins in der Etikettierung mit einer geographischen Angabe nach Artikel 26 Absatz 1 Buchstabe a) darf der Name einer geographischen Einheit nur unter folgenden Bedingungen angegeben werden:

a) Bei Weinen mit Ursprung im Hoheitsgebiet eines Drittlands, das der Welthandelsorganisation angehört, oder einer Region oder einer Ortschaft in diesem Hoheitsgebiet muß diese geographische Angabe im Einklang mit dem dem Übereinkommen zur Errichtung der Welthandelsorganisation beigefügten Übereinkommen über handelsbezogene Aspekte der Rechte des geistigen Eigentums, im folgenden „TRIPS-Übereinkommen" genannt, verwendet werden.
Zu diesem Zweck wird das betreffende Drittland in einer noch festzulegenden Liste geführt. Es legt der Kommission zuvor seine Rechtsvorschriften über die Anwendung der Bestimmungen des in Unterabsatz 1 genannten TRIPS-Übereinkommens vor;

b) Im Fall von Drittländern, die Teil II Abschnitt 3 des TRIPS-Übereinkommens nicht anwenden, müssen folgende Bedingungen erfüllt sein:
1. Die betreffende geographische Angabe bezeichnet ein genau abgegrenztes Weinbaugebiet, das kleiner ist als das gesamte Anbaugebiet des betreffenden Drittlands;
2. die Trauben, aus denen das Erzeugnis gewonnen wurde, stammen aus dieser geographischen Einheit;
3. die Trauben, aus denen Weine mit typischen Qualitätseigenschaften gewonnen werden, werden in dieser geographischen Einheit geerntet;
4. die geographische Angabe wird auf dem Binnenmarkt des Ursprungsdrittlands für die Bezeichnung der Weine verwendet und ist hierfür in den Vorschriften dieses Landes vorgesehen.

Zu diesem Zweck wird das betreffende Drittland in einer noch festzulegenden Liste geführt. Es legt der Kommission zuvor seine einschlägigen Rechtsvorschriften vor.

Die geographischen Angaben gemäß den Buchstaben a) und b) dürfen nicht mit einer Angaben verwechselbar sein, die für die Bezeichnung eines Qualitätsweins b.A. aus der Liste gemäß Artikel 1 Absatz 3 der Verordnung (EWG) Nr. 823/87, eines Tafelweins aus der im Zusammenhang mit Artikel 2 Absatz 3 Ziffer i) dieser Verordnung erstellten Liste oder eines anderen eingeführten Weins aus den Listen der zwischen Drittländern und der Gemeinschaft geschlossenen Abkommen verwendet wird.

(2) Zur Bezeichnung eines eingeführten Weines darf der Name einer für einen Tafelwein oder Qualitätswein b.A. verwendeten geographischen Einheit oder eines bestimmten Anbaugebiets in der Gemeinschaft weder in der Sprache des Erzeugerlandes, in dem sich diese Einheit oder dieses Gebiet befindet, noch in einer anderen Sprache angegeben werden.

(3) Abweichungen von Absatz 1 Buchstabe a) können für die Verwendung des Namens einer geographischen Einheit für die Bezeichnung eines durch Mischung entstandenen Weines beschlossen werden, sofern
- sie den Vorschriften des Ursprungsdrittlandes entsprechen und
- sie den für Qualitätswein b.A. nach Artikel 13 Absatz 3 zulässigen Abweichungen annähernd gleichwertig sind.

Abweichungen von Absatz 2 können beschlossen werden, wenn der geographische Name eines in der Gemeinschaft erzeugten Weines mit dem geographischen Namen eines in einem Drittland gelegenen Weinbaugebiets identisch und die Verwendung dieses Namens für einen Wein in diesem Lande herkömmlich und üblich ist, unter der Voraussetzung, daß seine Verwendung von diesem Land geregelt ist.

**Art. 30.** (1) Die Angabe des Namens einer Rebsorte nach Artikel 26 Absatz 2 Buchstabe d) zur Bezeichnung eines eingeführten Weines in der Etikettierung ist nur zulässig, wenn
a) der Name dieser Sorte und gegebenenfalls ein Synonym in einer für jedes Drittland aufzustellenden Liste enthalten ist; auf dieser Liste dürfen jedoch keine Namen von Sorten stehen, deren Anbau nach den Vorschriften des Drittlandes unzulässig ist oder bei denen eine Verwechslung eintreten könnte mit:
- dem Namen eines bestimmten Anbaugebiets oder einer geographischen Einheit, der zur Bezeichnung eines Qualitätsweins b.A., eines Tafelweins oder eines anderen eingeführten Weines verwendet wird,
- dem Namen einer anderen, genetisch verschiedenen Rebsorte, die in der Gemeinschaft angebaut wird;
b) das Erzeugnis vollständig aus Trauben der Sorte gewonnen wurde, deren Angabe vorgesehen ist.

(2) Abweichungen von Absatz 1 können beschlossen werden, sofern sie den Bestimmungen des Ursprungsdrittlandes entsprechen und
- sich hinsichtlich des Buchstabens a) auf eine auf dem Markt des betreffenden Drittlandes besonders bekannte Sorte beziehen,
- hinsichtlich des Buchstabens b) den für Tafelwein und Qualitätswein b.A. nach Artikel 5 Absatz 2 und Artikel 14 Absatz 2 zulässigen Abweichungen annähernd gleichwertig sind.

**Art. 31.** (1) Die Angabe eines Jahrgangs nach Artikel 26 Absatz 2 Buchstabe e) ist bei eingeführtem Wein in der Etikettierung nur zulässig, wenn
a) alle für die Bereitung des Weines verwendeten Trauben in dem betreffenden Jahr geerntet worden sind,
b) sie zusammen mit der Angabe einer geographischen Einheit erfolgt,
c) sie nach den Vorschriften des Drittlandes zugelassen ist.

(2) Abweichungen von Absatz 1 Buchstabe a) können in bestimmten Fällen beschlossen werden, sofern sie
- den Vorschriften des Ursprungsdrittlandes entsprechen und
- sie den für Tafelwein und Qualitätswein b.A. nach Artikel 6 Absatz 2 und Artikel 15 Absatz 2 zulässigen Abweichungen annähernd gleichwertig sind.

### Abschnitt B. Amtliche Dokumente und Ein- und Ausgangsbücher

**Art. 32.** (1) Bei eingeführten Weinen gemäß Artikel 25 muß die Bezeichnung in den amtlichen Dokumenten folgende Angaben enthalten:
a) die Angabe „Wein",
b) die Angabe, ob es sich um Rotwein, Roséwein oder Weißwein handelt,
c) das Ursprungsdrittland, wie es in den nach der Verordnung (EWG) Nr. 2390/89 vorgeschriebenen Dokumenten angegeben ist, die den Wein bei der Einfuhr begleiten,
d) die Angabe des vorhandenen Alkoholgehalts in Volumenprozenten und des Nennvolumens, sofern diese Angaben in den nach Artikel 70 Absatz 8 und Artikel 71 Absatz 3 der

Verordnung (EWG) Nr. 822/87 erlassenen Durchführungsbestimmungen vorgesehen sind.

(2) Bei den zum unmittelbaren menschlichen Verbrauch bestimmten eingeführten Weinen gemäß Artikel 26, die mit einer geographischen Angabe gekennzeichnet sind, muß die Bezeichnung in den amtlichen Dokumenten folgende Angaben enthalten:

a) den Namen einer geographischen Einheit nach Artikel 26 Absatz 1 Buchstabe a),

b) die Angabe, ob es sich um Rotwein, Roséwein oder Weißwein handelt,

c) das Ursprungsdrittland,

d) die Angabe des vorhandenen Alkoholgehalts in Volumenprozenten und des Nennvolumens, sofern diese Angaben in den nach Artikel 70 Absatz 8 und Artikel 71 Absatz 3 der Verordnung (EWG) Nr. 822/87 erlassenen Durchführungsbestimmungen vorgesehen sind.

Die Bezeichnung dieses Weines in den amtlichen Dokumenten muß außerdem die nachstehenden, in Artikel 26 Absatz 2 genannten Angaben enthalten, soweit diese in der Etikettierung verwendet werden oder verwendet werden sollen:

a) *gestrichen,*[1]

b) die Bezeichnung für eine gehobene Qualität,

c) den Namen einer Rebsorte oder zweier Rebsorten,

d) den Jahrgang,

e) die Hinweise auf die Herstellungsart oder die Art des Erzeugnisses, mit Ausnahme der Angabe des Restzuckergehalts,

f) gemäß Artikel 26 Absatz 2 Buchstabe p) zweiter Gedankenstrich die Informationen über die natürlichen und technischen Weinbaubedingungen, die diesem Wein zugrunde liegen.

(3) Bei anderen als in den Artikeln 25 und 26 genannten eingeführten Erzeugnissen muß die Bezeichnung in den amtlichen Dokumenten folgende Angaben enthalten:

a) Art des Erzeugnisses; hierbei wird die Angabe aus den Definitionen der gemeinschaftlichen Vorschriften verwendet, die das Erzeugnis am genauesten beschreibt;

b) falls
 – die Weine oder Traubenmoste in dem Drittland gewonnen wurden, in dem alle verwendeten Trauben geerntet worden sind: das Drittland,
 – die Bedingungen des ersten Gedankenstrichs nicht erfüllt sind: die Angabe „Eingeführtes Erzeugnis".

**Art. 33.** Die Bezeichnung in den Ein- und Ausgangsbüchern muß folgendes enthalten:

a) bei den zum unmittelbaren menschlichen Verbrauch bestimmten eingeführten Weinen gemäß Artikel 25:
 – die Angaben nach Artikel 32 Absatz 1 Buchstaben a), b) und c),
 – die Nummer und das Ausstellungsdatum des Begleitpapiers für den Transport;

b) bei den zum unmittelbaren menschlichen Verbrauch bestimmten eingeführten Weinen gemäß Artikel 26 Absatz 1, die mit einer geographischen Angabe gekennzeichnet sind:
 – die Angaben nach Artikel 32 Absatz 2 Unterabsatz 1 Buchstaben a), b) und c),
 – die Nummer und das Ausstellungsdatum des Begleitpapiers für den Transport;

c) bei anderen als in den Artikeln 25 und 26 genannten eingeführten Erzeugnissen:
 – die Angaben nach Artikel 32 Absatz 3,
 – die Nummer und das Ausstellungsdatum des Begleitpapiers für den Transport.

**Art. 34.** Die Bezeichnung von zum unmittelbaren menschlichen Verbrauch bestimmtem Wein mit Ursprung in Drittländern in den von den zuständigen Stellen und Laboratorien des betreffenden Drittlandes ausgestellten Dokumenten, die nach der Verordnung (EWG) Nr. 822/87, insbesondere nach Artikel 70, bei der Einfuhr vorzulegen sind, muß alle erfor-

---

[1] Gestrichen nach Art. 1 Nr. 15 lit. b der VO (EG) Nr. 1427/96 vom 26. Juni 1996, ABl. EG Nr. L 184 vom 24. Juli 1996, S. 3, mit Wirkung vom 1. September 1997; zur alten Fassung s. 1. Auflage des Kommentars, 3. Teil, II 10.

derlichen Angaben enthalten, damit die zuständigen Stellen der Mitgliedstaaten oder die für sie handelnden natürlichen oder juristischen Personen oder Personenvereinigungen ein Begleitpapier für den Transport nach Artikel 32 ausstellen können.

### Abschnitt C. Geschäftspapiere

**Art. 35.** (1) Wird für einen eingeführten Wein im Sinne des Artikels 25 kein Begleitdokument ausgestellt, so muß die Bezeichnung in den Geschäftspapieren nach Artikel 1 Absatz 2 Buchstabe c) die in Artikel 32 Absatz 1 genannten Angaben enthalten.

Enthält die Bezeichnung dieses Weines in den Geschäftspapieren zusätzlich die Angabe einer Marke nach Artikel 25 Absatz 2 Buchstabe b), so muß diese Artikel 40 entsprechen.

(2) Wird für einen eingeführten Wein im Sinne des Artikels 26 kein Begleitpapier für den Transport ausgestellt, so muß die Bezeichnung in den Geschäftspapieren nach Artikel 1 Absatz 2 Buchstabe c) die in Artikel 32 Absatz 2 genannten Angaben enthalten.

Enthält die Bezeichnung dieses Weines in den Geschäftspapieren zusätzlich Angaben nach Artikel 26 Absatz 2, so müssen diese den Artikeln 29, 30, 31 und 40 entsprechen.

(3) Bei anderen als in den Artikeln 25 und 26 genannten eingeführten Erzeugnissen muß die Bezeichnung in den Geschäftspapieren nach Artikel 1 Absatz 2 Buchstabe c) mindestens die Angaben nach Artikel 32 Absatz 3 enthalten.

(4) Die Mitgliedstaaten können für die eingeführten Erzeugnisse, die in ihrem Hoheitsgebiet in Verkehr gebracht werden, zulassen, daß in den Geschäftspapieren die in den Artikeln 25, 26 und 27 genannten Angaben mittels eines Code erfolgen. Dieser Code muß es der mit der Überwachung beauftragten Stelle ermöglichen, die Bezeichnung des Erzeugnisses schnell festzustellen.

### Titel II. Aufmachung

**Art. 36.** (1) Dieser Artikel enthält die allgemeinen Regeln über Behältnisse, Etikettierung und Verpackung für folgende Erzeugnisse:

a) Erzeugnisse mit Ursprung in der Gemeinschaft:
 – Erzeugnisse des KN-Code 2204 und
 – Traubenmost, auch konzentriert, im Sinne der Nummern 2 und 6 des Anhangs I der Verordnung (EWG) Nr. 822/87 des KN-Code ex 2009.

b) Erzeugnisse mit Ursprung in Drittländern, die den Artikeln 9 und 10 des Vertrages entsprechen:
 – Erzeugnisse des KN-Code 2204,
 – Traubenmost im Sinne der Nummer 2 des Anhangs I der Verordnung (EWG) Nr. 822/87 des KN-Code ex 2009 und
 – konzentrierter Traubenmost im Sinne des Artikels 2 der Verordnung (EWG) Nr. 2391/89 des KN-Code ex 2009.

Dieser Titel findet jedoch keine Anwendung auf:
– Likörweine, Schaumweine, Schaumweine mit zugesetzter Kohlensäure, Perlweine und Perlweine mit zugesetzter Kohlensäure im Sinne des Anhangs I der Verordnung (EWG) Nr. 822/87 einschließlich Qualitätsschaumweine sowie Schaumweine bestimmter Anbaugebiete, Likörweine bestimmter Anbaugebiete und Perlweine bestimmter Anbaugebiete,
– Schaumweine, Schaumweine mit zugesetzter Kohlensäure, Perlweine und Perlweine mit zugesetzter Kohlensäure im Sinne des Artikels 2 der Verordnung (EWG) Nr. 2391/89.

(2) Die Vorschriften des Absatzes 1 gelten für die Erzeugnisse, die für den Verkauf bestimmt sind, sowie für die in den Verkehr gebrachten Erzeugnisse.

**Art. 37.** (1) Die unter diesen Titel fallenden Erzeugnisse dürfen nur in Behältnissen gelagert oder transportiert werden,
 a) die innen sauber sind,

b) die ohne schädlichen Einfluß auf Geruch, Geschmack oder Zusammensetzung des Erzeugnisses sind,

c) die aus Material bestehen oder damit ausgekleidet sind, das mit Lebensmitteln in Berührung kommen darf,

d) die nur für die Lagerung oder den Transport von Nahrungsmitteln dienen,

e) deren Verschluß nicht mit einer unter Verwendung von Blei hergestellten Kapsel ummantelt ist.

(2) Die Verwendung der Behältnisse kann von noch festzulegenden Bedingungen abhängig gemacht werden, durch die insbesondere sichergestellt werden soll:

a) die Erhaltung der organoleptischen Merkmale und der Zusammensetzung der Erzeugnisse oder

b) die Unterscheidung der Qualität und des Ursprungs der Erzeugnisse.

(3) Die Behältnisse für die Lagerung der in diesem Titel genannten Erzeugnisse sind unverwischbar zu beschriften, so daß die mit der Überwachung beauftragte Stelle ihren Inhalt schnell mit Hilfe der Bücher oder der an ihrer Stelle geltenden Unterlagen identifizieren kann.

Bei Behältnissen mit einem Nennvolumen bis zu 60 Litern, die mit demselben Erzeugnis gefüllt sind und als eine Partie gelagert werden, kann jedoch die Einzelkennzeichnung der Behältnisse durch die Kennzeichnung der gesamten Partie ersetzt werden, sofern diese Partie von den übrigen Partien deutlich getrennt gelagert wird.

(4) Es kann vorgeschrieben werden, daß bei Transportbehältnissen, insbesondere bei Tanklastkraftwagen, Kesselwagen der Eisenbahn und Tankschiffen an deutlich sichtbarer Stelle und in unverwischbarer Schrift anzubringen sind:

a) ein Vermerk, aus dem hervorgeht, daß diese Behältnisse für den Transport von Getränken oder sonstigen Lebensmitteln zugelassen sind;

b) besondere Anweisungen für die Reinigung.

**Art. 38.** (1) Für die Zwecke der Titel I und II gelten als Etikettierung alle Bezeichnungen und anderen Begriffe, Zeichen, Abbildungen oder Marken, die das Erzeugnis kennzeichnen, auf ein und demselben Behältnis einschließlich seines Verschlusses oder auf dem am Behältnis befestigten Anhänger.

Zur Etikettierung gehören nicht die Angaben, Zeichen und anderen Marken, die
– in den Steuervorschriften der Mitgliedstaaten vorgesehen sind,
– den Hersteller oder das Volumen des Behältnisses betreffen und unverwischbar unmittelbar auf diesem angebracht sind,
– zur Kontrolle der Abfüllung verwendet und in noch festzulegenden Anwendungsvorschriften näher beschrieben werden,
– zur Identifizierung des Erzeugnisses mittels einer Artikelnummer und/oder eines maschinenlesbaren Symbols verwendet werden,
– sich auf den Preis des betreffenden Erzeugnisses beziehen,
– nach den Bestimmungen der Mitgliedstaaten für die Quantitäts- oder die Qualitätskontrolle der einer systematischen amtlichen Kontrolle unterliegenden Erzeugnisse vorgesehen sind,
– von den Mitgliedstaaten zur Anwendung der Richtlinie 85/339/EWG des Rates vom 27. Juni 1985 über Verpackungen für flüssige Lebensmittel[1]) vorgeschrieben sind.

(2) Unbeschadet der Abweichungen nach Artikel 1 Absatz 3 Unterabsatz 2 muß jedes Behältnis mit einem Nennvolumen von 60 Litern oder weniger vom Zeitpunkt des Inverkehrbringens des Erzeugnisses an etikettiert werden. Diese Etikettierung muß den Vorschriften dieser Verordnung entsprechen; das gleiche gilt für Behältnisse mit einem Nennvolumen von mehr als 60 Litern, sofern sie etikettiert sind.

(3) Diese Etikettierung erfolgt unter noch festzulegenden Bedingungen.

Diese Bedingungen, die je nach Erzeugnis unterschiedlich sein können, betreffen insbesondere:

---

[1]) ABl. EG Nr. L 176 vom 6. 7. 1985, S. 18.

a) den Platz des Etiketts auf dem Behältnis,
b) die Mindestabmessungen des Etiketts,
c) die Verteilung der Angaben zur Bezeichnung auf dem Etikett,
d) die Größe der Druckbuchstaben auf dem Etikett,
e) die Verwendung von Zeichen, Abbildungen oder Marken,
f) die Sprache, in der das Etikett beschriftet wird, soweit sie nicht bereits durch diese Verordnung vorgeschrieben ist.

**Art. 39.** (1) Für die Zwecke der Titel I und II gilt als Verpackung die als Schutz während des Transports für ein oder mehrere Behältnisse verwendete Umschließung wie Papier, Hülsen aller Art, Kartons und Kisten.

(2) Abgesehen von den zum Versand notwendigen Angaben und den Angaben auf der Verpackung, die beim Einzelhändler in Anwesenheit der Käufers aufgebracht werden, darf die Verpackung keine Angaben über das verpackte Erzeugnis enthalten, die den Artikeln 2, 11, 20, 25, 26 und 27 nicht entsprechen.

## Titel III. Allgemeine Bestimmungen

**Art. 40.** (1) Die Bezeichnung und Aufmachung der in dieser Verordnung genannten Erzeugnisse sowie jegliche Werbung für diese Erzeugnisse dürfen nicht falsch oder geeignet sein, Verwechslungen oder eine Irreführung von Personen, an die sie sich richten, hervorzurufen, insbesondere hinsichtlich
– der in den Artikeln 2, 11, 20, 25, 26 und 27 geregelten Angaben; dies gilt selbst dann, wenn diese Angaben in Übersetzung oder mit einem Hinweis auf die tatsächliche Herkunft oder mit Zusätzen wie „Art", „Typ", „Fasson", „Nachahmung", „Marke" oder dergleichen verwendet werden;
– der Eigenschaften der Erzeugnisse wie insbesondere der Art, der Zusammensetzung, des Alkoholgehalts, der Farbe, des Ursprungs oder der Herkunft, der Qualität, der Rebsorte, des Jahrgangs oder des Nennvolumens der Behältnisse;
– der Identität und der Eigenschaft der natürlichen oder juristischen Personen oder Personenvereinigungen, die an der Herstellung oder der Vermarktung des Erzeugnisses beteiligt sind oder waren, insbesondere des Abfüllers.
Die geographische Bezeichnung eines bestimmten Anbaugebiets muß hinreichend genau und bekanntermaßen an das Produktionsgebiet gebunden sein, damit angesichts der gegebenen Umstände Verwechslungen vermieden werden können.

(2) Wird eine sich auf die in dieser Verordnung genannten Erzeugnisse beziehende Bezeichnung, Aufmachung und Werbung durch Marken ergänzt, so dürfen diese keine Worte, Wortteile, Zeichen oder Abbildungen enthalten, die
a) geeignet sind, Verwechslungen oder eine Irreführung der Personen, an die sie sich richten, im Sinne von Absatz 1 hervorzurufen oder
b) die
– entweder von Personen, an die sie sich richten, mit der gesamten oder einem Teil der Bezeichnung eines Tafelweins, eines Qualitätsweins b.A. oder eines eingeführten Weines, dessen Bezeichnung durch Gemeinschaftsvorschriften geregelt ist, oder mit der Bezeichnung eines anderen in Artikel 1 Absatz 1 Unterabsatz 1 sowie in Artikel 36 Absatz 1 Unterabsatz 1 genannten Erzeugnisses verwechselt werden können oder
– mit der Bezeichnung eines solchen Erzeugnisses identisch sind, ohne daß die für die Herstellung der obengenannten Enderzeugnisse verwendeten Erzeugnisse eine solche Bezeichnung oder Aufmachung beanspruchen können.
Bei der Bezeichnung eines Tafelweins, eines Qualitätsweins b.A. oder eines eingeführten Weines in der Etikettierung dürfen ferner keine Marken verwendet werden, die Worte, Wortteile, Zeichen oder Abbildungen enthalten, die
a) im Fall von
– Tafelweinen den Namen eines Qualitätsweines b.A. enthalten,
– Qualitätsweinen b.A. den Namen eines Tafelweins enthalten,

— eingeführten Weinen den Namen eines Tafelweins oder eines Qualitätsweins b.A. enthalten;
b) bei gemäß Artikel 72 Absätze 2 und 3 der Verordnung (EWG) Nr. 822/87 bezeichneten Tafelweinen, bei Qualitätswein b.A. oder eingeführtem Wein falsche Angaben, insbesondere über den geographischen Ursprung, die Rebsorte, den Jahrgang oder eine gehobene Qualität, enthalten;
c) bei anderen Tafelweinen als solche nach Buchstabe b) Angaben über einen geographischen Ursprung, eine Rebsorte, einen Jahrgang oder eine gehobene Qualität enthalten;
d) bei eingeführten Weinen mit einer charakteristischen Darstellung für einen Tafelwein, einen Qualitätswein b.A. oder einen in Artikel 26 Absatz 1 genannten eingeführten Wein verwechselbar sind.

(3) Abweichend von Absatz 2 Unterabsatz 1 Buchstabe b) kann der Inhaber einer für Wein oder Traubenmost registrierten Marke, die identisch ist
— mit dem zur Bezeichnung eines Qualitätsweins b.A. verwendeten Namen einer kleineren geographischen Einheit als ein bestimmtes Anbaugebiet oder
— mit dem Namen einer geographischen Einheit, der zur Bezeichnung eines in Artikel 72 Absatz 2 der Verordnung (EWG) Nr. 822/87 genannten Tafelweins verwendet wird, oder
— mit dem Namen eines mittels einer geographischen Angabe bezeichneten Importweins nach Artikel 26 Absatz 1,
selbst wenn er nach Absatz 2 Unterabsatz 1 kein Anrecht auf diesen Namen hat, diese Marke bis zum 31. Dezember 2002 weiterverwenden, und zwar unter der Bedingung, daß sie:
a) spätestens am 31. Dezember 1985 entsprechend dem zu diesem Zeitpunkt geltenden Recht von der zuständigen Behörde eines Mitgliedstaats registriert worden ist und
b) seit ihrer Registrierung ohne Unterbrechung bis zum 31. Dezember 1986 oder, wenn die Registrierung vor dem 1. Januar 1984 erfolgte, zumindest seit diesem letzten Zeitpunkt tatsächlich verwendet worden ist.

Ferner kann der Inhaber einer für Wein oder Traubenmost registrierten und verkehrsüblichen Marke, die Worte enthält, die mit der Bezeichnung eines bestimmten Anbaugebiets oder einer kleineren geographischen Einheit als ein bestimmtes Anbaugebiet identisch sind, diese Marke auch dann, wenn das Erzeugnis diese Bezeichnung gemäß Absatz 2 nicht führen darf, weiterverwenden, wenn sie der Identität des ursprünglichen Inhabers oder des ursprünglichen Namensgebers entspricht, sofern die Registrierung der Marke bei Qualitätsweinen b.A. mindestens 25 Jahre vor der offiziellen Anerkennung der betreffenden geographischen Bezeichnung gemäß Artikel 1 Absatz 3 der Verordnung (EWG) Nr. 823/87 durch den Erzeugermitgliedstaat erfolgt ist und die Marke effektiv ohne Unterbrechung verwendet wurde.

Marken, die die Bedingungen der Unterabsätze 1 und 2 erfüllen, können der Verwendung von Namen geographischer Einheiten für die Bezeichnung eines Qualitätsweines b.A. oder eines Tafelweins nicht entgegengehalten werden.

Der Rat beschließt auf Vorschlag der Kommission vor dem 31. Dezember 2002 mit qualifizierter Mehrheit über eine etwaige Verlängerung der in Unterabsatz 1 genannten Frist.

(4) Die Mitgliedstaaten teilen der Kommission die Marken im Sinne von Absatz 3 mit, sobald sie ihnen jeweils zur Kenntnis gebracht werden.

Die Kommission unterrichtet hiervon die mit der Überwachung der Einhaltung der Gemeinschaftsvorschriften auf dem Weinsektor beauftragten zuständigen Stellen der Mitgliedstaaten.

**Art. 41.** Erforderlichenfalls können für die Verwendung der Kontrollnummern nach Artikel 11 Absatz 2 Vorschriften erlassen werden.

**Art. 42.** Zur Überwachung und Kontrolle der unter diese Verordnung fallenden Erzeugnisse können die dafür zuständigen Stellen unter Beachtung der allgemeinen Verfahrensregeln der einzelnen Mitgliedstaaten von dem Abfüller oder einer Person, die an der Vermarktung beteiligt ist und auf die ein Hinweis entweder in der Bezeichnung oder der Aufmachung dieser Erzeugnisse erscheint, den Nachweis der Richtigkeit der für die Bezeichnung oder Aufmachung verwendeten Angaben betreffend die Art, die Nämlichkeit, die Qualität, die Zusammensetzung, den Ursprung oder die Herkunft des betreffenden Erzeugnisses oder der bei seiner Herstellung verwendeten Erzeugnisse verlangen.

Wenn diese Aufforderung ausgeht von
- der zuständigen Stelle des Mitgliedstaats, in dem der Abfüller oder die Person, die an der Vermarktung beteiligt ist und auf die ein Hinweis entweder in der Bezeichnung oder der Aufmachung dieser Erzeugnisse erscheint, niedergelassen ist, wird der Nachweis von dieser Stelle unmittelbar bei diesem verlangt;
- der zuständigen Stelle eines anderen Mitgliedstaats, so erteilt diese im Rahmen ihrer unmittelbaren Zusammenarbeit der zuständigen Stelle des Landes, in dem der Abfüller oder die Person niedergelassen ist, die an der Vermarktung beteiligt ist und auf die ein Hinweis entweder in der Bezeichnung oder der Aufmachung dieser Erzeugnisse erscheint, alle sachdienlichen Angaben, damit die letztgenannte Stelle den entsprechenden Nachweis verlangen kann; die ersuchende Stelle wird von der Behandlung ihres Ersuchens unterrichtet.

Stellen die zuständigen Stellen fest, daß ein solcher Nachweis nicht erbracht wird, so gelten diese Angaben als nicht mit dieser Verordnung in Einklang stehend.

**Art. 43.** (1) Die Bezeichnung
a) „Wein" darf nur für Erzeugnisse verwendet werden, die der Definition in Nummer 10 des Anhangs I der Verordnung (EWG) Nr. 822/87 entsprechen;
b) „Tafelwein" darf nur für Erzeugnisse verwendet werden, die der Definition in Nummer 13 des genannten Anhangs entsprechen.

(2) Unbeschadet der Bestimmungen über die Harmonisierung der Rechtsvorschriften wird jedoch die Befugnis der Mitgliedstaaten,
- die Verwendung des Wortes „Wein" in Verbindung mit dem Namen einer Frucht als zusammengesetzten Ausdruck zur Bezeichnung von Erzeugnissen, die durch Gärung anderer Früchte als Weintrauben gewonnen werden,
- die Verwendung anderer zusammengesetzter Ausdrücke, die das Wort „Wein" enthalten, zuzulassen, durch Absatz 1 nicht berührt.

Bei Verwendung dieser zusammengesetzten Ausdrücke muß jede Verwechslung mit den in Absatz 1 genannten Erzeugnissen ausgeschlossen sein.

**Art. 44.** (1) Die Erzeugnisse, deren Bezeichnung oder Aufmachung nicht den Vorschriften dieser Verordnung oder den diesbezüglichen Durchführungsbestimmungen entspricht, dürfen in der Gemeinschaft weder zum Verkauf vorrätig gehalten noch in den Verkehr gebracht noch ausgeführt werden.

Abweichungen von den Vorschriften dieser Verordnung können jedoch bei zur Ausfuhr bestimmten Erzeugnissen
- von den Mitgliedstaaten zugelassen werden, wenn die Rechtsvorschriften des Einfuhrdrittlandes dies erfordern,
- in den Durchführungsbestimmungen für die Fälle vorgesehen werden, die nicht unter den ersten Gedankenstrich fallen.

(2) Der Mitgliedstaat, in dessen Hoheitsgebiet sich das Erzeugnis befindet, dessen Bezeichnung oder Aufmachung nicht den Bestimmungen des Absatzes 1 entspricht, trifft die erforderlichen Maßnahmen, um die Verstöße je nach ihrer Schwere zu ahnden.

Der Mitgliedstaat kann jedoch erlauben, das betreffende Erzeugnis in der Gemeinschaft zum Verkauf vorrätig zu halten oder in den Verkehr zu bringen oder es auszuführen, sofern die Bezeichnung oder Aufmachung dieses Erzeugnisses so geändert wird, daß sie den Bestimmungen des Absatzes 1 entspricht.

**Art. 45.** (1) Die Verordnung (EWG) Nr. 355/79 wird aufgehoben.

(2) Bezugnahmen auf die aufgehobene Verordnung gelten als Bezugnahmen auf die vorliegende Verordnung und sind anhand der Übereinstimmungstabelle im Anhang zu lesen.

**Art. 46.** Diese Verordnung tritt am 4. September 1989 in Kraft.

Diese Verordnung ist in allen ihren Teilen verbindlich und gilt unmittelbar in jedem Mitgliedstaat.

# VO (EWG) Nr. 2332/92

## 10. Verordnung (EWG) Nr. 2332/92 des Rates über in der Gemeinschaft hergestellte Schaumweine

vom 13. Juli 1992*

(ABl. EG Nr. L 231 vom 13. August 1992, S. 1; zuletzt geändert durch Verordnung (EG) Nr. 1629/98 vom 20. Juli 1998, ABl. EG Nr. L 210 vom 28. Juli 1998, S. 11)

DER RAT DER EUROPÄISCHEN GEMEINSCHAFTEN –

gestützt auf den Vertrag zur Gründung der Europäischen Wirtschaftsgemeinschaft, insbesondere auf Artikel 43,
auf Vorschlag der Kommission,
nach Stellungnahme des Europäischen Parlaments[1],
in Erwägung nachstehender Gründe:

Die Verordnung (EWG) Nr. 358/79 des Rates vom 5. Februar 1979 über in der Gemeinschaft hergestellte Schaumweine von Nummer 13 des Anhangs II der Verordnung (EWG) Nr. 337/79[2] ist in wesentlichen Punkten geändert worden. Infolge zahlreicher Kodifizierungen von Rechtsvorschriften der Gemeinschaft im Weinsektor empfiehlt es sich aus Gründen der Rationalität und der Klarheit, die genannte Verordnung ebenfalls zu kodifizieren.

Die Verordnung (EWG) Nr. 822/87 des Rates vom 16. März 1987 über die gemeinsame Marktorganisation für Wein[3] enthält Regeln für die Bereitung und Vermarktung von Tafelwein. Diese Regelung ist dadurch zu ergänzen, daß entsprechende Bestimmungen für alle in der Gemeinschaft hergestellten Schaumweine unter Berücksichtigung der Tatsache erlassen werden, daß es sich bei Qualitätsschaumweinen bestimmter Anbaugebiete (Qualitätsschaumweine b.A.) um schäumende Qualitätsweine b.A. handelt, die damit ebenfalls den Bestimmungen der Verordnung (EWG) Nr. 823/87 des Rates vom 16. März 1987 zur Festlegung besonderer Vorschriften für Qualitätsweine bestimmter Anbaugebiete[4] entsprechen müssen. Für die Bereitung und Vermarktung dieser Schaumweine sind besondere Vorschriften festzulegen.

Es empfiehlt sich, für diese Schaumweine ein System mit gemeinsamen Regeln für die Herstellung, Vermarktung und Kontrolle einzurichten, das es unter Beibehaltung der Qualitätsmerkmale ermöglicht, Wettbewerbsverzerrungen zu vermeiden und den Schutz des Verbrauchers zu gewährleisten.

---

\* Nach Art. 24 gilt für das Inkrafttreten: Die Verordnung (EWG) Nr. 2332/92 ist am 13. August 1992 in Kraft getreten. Für die durch die Verordnung (EG) Nr. 1568/93 vom 14. Juni 1993 (ABl. EG Nr. L 154 vom 25. Juni 1996, S. 42) vorgenommenen Änderungen der Verordnung (EWG) Nr. 2332/92 gilt für das Inkrafttreten: Die in Art. 1 der Verordnung (EG) Nr. 1568/93 vorgenommenen Änderungen der Art. 11 Abs. 3, 16 Abs. 3 und 17 Abs. 3 der Verordnung (EWG) Nr. 2332/92 sind nach Art. 3 der Verordnung (EG) Nr. 1568/93 am 28. Juni 1993 in Kraft getreten. Die Verordnung (EG) Nr. 1568/93 gilt seit dem 1. September 1993. Für die durch die Verordnung (EG) Nr. 1893/94 vom 27. Juli 1994 (ABl. EG Nr. L 197 vom 30. Juli 1994, S. 45) vorgenommenen Änderungen der Verordnung (EWG) Nr. 2332/92 gilt für das Inkrafttreten: Die in Art. 1 der Verordnung (EG) Nr. 1893/94 vorgenommenen Änderungen der Art. 11 Abs. 3, 16 Abs. 3 und 17 Abs. 3 der Verordnung (EWG) Nr. 2332/92 sind nach Art. 3 der Verordnung (EG) Nr. 1893/94 am 30. Juli 1994 in Kraft getreten. Die Verordnung (EG) Nr. 1893/94 gilt seit dem 1. September 1994. Für die durch die Verordnung (EG) Nr. 1547/95 vom 29. Juni 1995 (ABl. EG Nr. L 148 vom 30. Juni 1995, S. 35) vorgenommenen Änderungen der Verordnung (EWG) Nr. 2332/92 gilt für das Inkrafttreten: Die in Art. 1 der Verordnung (EG) Nr. 1547/95 vorgenommenen Änderungen der Art. 11 Abs. 3, 16 Abs. 3 und 17 Abs. 3 der Verordnung (EWG) Nr. 2332/92 sind nach Art. 3 der Verordnung (EG) Nr. 1547/95 am 30. Juni 1995 in Kraft getreten. Die Verordnung (EG) Nr. 1547/95 gilt seit dem 1. September 1995. Für die durch die Verordnung (EG) Nr. 1594/96 vom 30. Juli 1996 (ABl. EG Nr. L 206 vom 30. Juli 1996, S. 35) vorgenommenen Änderungen der Verordnung (EWG) Nr. 2332/92 gilt für das Inkrafttreten: Die in Art. 1 der Verordnung (EG) Nr. 1594/96 vorgenommenen Änderungen der Art. 11 Abs. 3 und 16 Abs. 3 der Verordnung (EWG) Nr. 2332/92 sind nach Art. 3 der Verordnung (EG) Nr. 1594/96 am 30. Juni 1996 in Kraft getreten. Die Verordnung (EG) Nr. 1419/97 vom 22. Juli 1997 (ABl. EG Nr. L 196 vom 24. Juli 1997, S. 13) vorgenommenen Änderungen der Verordnung (EWG) Nr. 2332/92 gilt für das Inkrafttreten: Die in Art. 1 der Verordnung (EG) Nr. 1419/97 vorgenommenen Änderungen der Art. 11 Abs. 3 und 16 Abs. 3 der Verordnung (EWG) Nr. 2332/92 sind nach Art. 3 der Verordnung (EG) Nr. 1419/97 am 27. Juli 1997 in Kraft getreten. Für die durch die Verordnung (EG) Nr. 1629/98 vom 20. Juli 1998 (ABl. EG Nr. L 210 vom 28. Juli 1998, S. 11) vorgenommenen Änderungen der Verordnung (EWG) Nr. 2332/92 gilt für das Inkrafttreten: Die in Art. 1 der Verordnung (EG) Nr. 1629/98 vorgenommenen Änderungen der Art. 11 Abs. 3 und 16 Abs. 3 der Verordnung (EWG) Nr. 2332/92 sind nach Art. 3 der Verordnung (EG) Nr. 1629/98 am 31. Juli 1998 in Kraft getreten.

[1] ABl. EG Nr. C 149 vom 18. 6. 1990, S. 263.
[2] ABl. Nr. L 54 vom 5. 3. 1979, S. 130. Verordnung zuletzt geändert durch die Verordnung (EWG) Nr. 1759/92 (ABl. Nr. L 180 vom 1. 7. 1992, S. 31).
[3] ABl. Nr. L 84 vom 27. 3. 1987, S. 1. Verordnung zuletzt geändert durch die Verordnung (EWG) Nr. 1756/92 (ABl. Nr. L 180 vom 1. 7. 1992, S. 27).
[4] ABl. Nr. L 84 vom 27. 3. 1987, S. 59. Verordnung zuletzt geändert durch die Verordnung (EWG) Nr. 3896/91 (ABl. Nr. L 368 vom 31. 12. 1991, S. 3).

Eine solche Maßnahme würde dazu beitragen, dem Verbraucher bei der Auswahl behilflich zu sein, indem ihm die Sicherheit gegeben wird, daß jedes ihm angebotene Erzeugnis besonderen Qualitätsanforderungen entspricht. Dadurch würde diese Maßnahme die Interessen des Herstellers schützen, den innergemeinschaftlichen Handel fördern, die Nachfrage steigern und damit eine Erweiterung der Weinabsatzmöglichkeiten sichern.

Alle Schaumweine sowie die zu ihrer Herstellung verwendeten Traubenmoste und Weine müssen Mindestqualitätsanforderungen entsprechen. Daher ist vorzusehen, daß es sich bei den genannten Grunderzeugnissen um Tafelweine oder um für die Gewinnung von Tafelweinen geeignete Erzeugnisse bzw um Qualitätsweine b.A. oder um für die Gewinnung von Qualitätsweinen b.A. geeignete Erzeugnisse handelt.

Die Qualitätsanforderungen sollten neben den Grunderzeugnissen die Bereitungsverfahren sowie das Enderzeugnis umfassen. Es liegt ferner im Interesse des Herstellers und Verbrauchers, eine angemessene Aufmachung vorzusehen.

Unter Berücksichtigung der Tatsache, daß die Verordnung (EWG) Nr. 822/87 rektifiziertes Traubenmostkonzentrat zur Weinbereitung zuläßt, und mit dem Ziel, als Grundstoff für die Herstellung von Schaumwein Erzeugnissen der Weinrebe den Vorzug zu geben, ist vorzusehen, daß die Schaumweinhersteller rektifiziertes Traubenmostkonzentrat verwenden dürfen. Um ungünstige Auswirkungen auf die Qualität zu vermeiden, ist vorzusehen, daß die Mitgliedstaaten die Verwendung von konzentriertem Traubenmost für die Herstellung von Schaumwein untersagen können.

Die Erfahrung hat gezeigt, daß die Zusammensetzung der bei der Schaumweinherstellung verwendeten Fülldosagen, insbesondere bei Qualitätswein b.A., genauer präzisiert werden muß. Der zur Herstellung einer Hefesuspension verwendete Wein muß nicht unbedingt den gleichen Ursprung haben wie der Wein, dem diese Suspension zur Schaumerzeugung hinzugefügt wird.

Die Merkmale eines Qualitätsschaumweins b.A. werden in großem Maße durch den Standort der Rebfläche und die dort jedes Jahr herrschenden Witterungsbedingungen sowie die Weinbaumaßnahmen, insbesondere die sofort nach der Traubenernte angewandten önologischen Verfahren und Behandlungen bestimmt. Deshalb, jedoch auch um die Gefahr betrügerischer Praktiken bei aufeinanderfolgenden Änderungen der Besitzverhältnisse der Grundstoffe zu verringern, ist vorzuschreiben, daß die Verarbeitung der Trauben zu Traubenmost und des hierbei gewonnenen Traubenmosts zu Wein sowie die Herstellung von Schaumwein aus diesen Erzeugnissen innerhalb oder in unmittelbarer Nachbarschaft des bestimmten Weinbaugebiets, in dem die dabei verwendeten Trauben geerntet wurden, zu erfolgen hat.

Um zu vermeiden, daß den Herstellern der betreffenden Qualitätsschaumweine b.A. aufgrund einer Störung der traditionellen Handelsbräuche Verluste entstehen, sollten die Mitgliedstaaten die Möglichkeit erhalten, ausnahmsweise zu erlauben, daß bei der Herstellung von Qualitätsschaumwein b.A. eine Berichtigung vorgenommen wird und der Cuvée ein oder mehrere Weinbauerzeugnisse mit Ursprung in einem anderen als dem bestimmten Anbaugebiet, dessen Name der Schaumwein trägt, zugesetzt werden. Im übrigen müssen die Mitgliedstaaten in bestimmten Fällen zulassen können, daß ein Qualitätsschaumwein b.A. außerhalb des bestimmten Anbaugebiets hergestellt wird, dessen Name er trägt.

Die Anwendung moderner Herstellungsmethoden, die Empfindlichkeit bestimmter bei der Zusammensetzung der Cuvée verwendeter Weine und die Qualität der Erzeugung rechtfertigen es, die Mindestdauer des Herstellungsverfahrens bei Qualitätsschaumwein von neun Monaten auf sechs Monate zu verkürzen, wenn die Gärung, durch die Kohlensäure entwickelt werden soll, im Cuvéefaß stattfindet. Dagegen sollte die Dauer der Gärung, durch die Kohlensäure entwickelt werden soll, und die Dauer der Nichttrennung der Cuvée vom Trub verlängert werden, um die Qualität dieser Schaumweine zu erhöhen.

Damit die Herstellung von aromatischem Qualitätsschaumwein und von aromatischem Qualitätsschaumwein b.A. auf die Verwendung herkömmlicher Verfahren beschränkt bleibt, ist vorzuschreiben, daß diese Schaumweine nur aus Traubenmost oder teilweise gegorenem Traubenmost, bestimmter Rebsorten hergestellt werden dürfen. Für die Gewinnung aromatischer Qualitätsschaumweine sollte jedoch die Verwendung von Weinen aus Trauben der Rebsorte „Prosecco" zulässig sein, die in bestimmten Regionen Italiens geerntet worden sind, da diese Weine herkömmlicherweise zur Herstellung von aromatischem Schaumwein verwendet werden.

Um die Qualität von aromatischen Qualitätsschaumweinen und von aromatischem Qualitätsschaumwein b.A. zu gewährleisten, sollte klargestellt werden, daß der Gebrauch herkömmlicher Herstellungsverfahren die Steuerung des Gärungsprozesses durch Kühlung oder durch andere physikalische Verfahren voraussetzt —

HAT FOLGENDE VERORDNUNG ERLASSEN:

**Art. 1.** In dieser Verordnung werden ergänzend zu der Verordnung (EWG) Nr. 822/87 Bestimmungen für die Herstellung und die Vermarktung von Schaumweinen im Sinne von Nummer 15 des Anhangs 1 der genannten Verordnung festgelegt.

Diese ergänzenden Bestimmungen gelten für
a) „Schaumwein", der der Definition von Anhang I Nummer 15 der Verordnung (EWG) Nr. 822/87 und den Vorschriften der Titel I und II der vorliegenden Verordnung entspricht;
b) „Qualitätsschaumwein", einschließlich aromatischem Qualitätsschaumwein, der der Definition von Anhang I Nummer 15 der Verordnung (EWG) Nr. 822/87 und den Vorschriften der Titel I und III der vorliegenden Verordnung entspricht;
c) „Qualitätsschaumwein bestimmter Anbaugebiete", einschließlich aromatischem Qualitätsschaumwein b.A., der in Artikel 1 Absatz 2 Unterabsatz 2 zweiter Gedankenstrich der Verordnung (EWG) Nr. 823/87 aufgeführt ist und den Vorschriften der Titel I und III der vorliegenden Verordnung entspricht. Dieser Wein wird im folgenden „Qualitätsschaumwein b.A." genannt.

## Titel I. Allgemeine Vorschriften für alle Kategorien von Schaumweinen

**Art. 2.** Im Sinne dieser Verordnung ist
a) „Cuvée":
- der Traubenmost,
- der Wein oder
- die Mischung von Traubenmost oder Weinen mit verschiedenen Merkmalen,
die zur Herstellung einer bestimmten Art von Schaumweinen bestimmt sind;
b) „Fülldosage":
das Erzeugnis, das der Cuvée zur Einleitung der Schaumbildung zugesetzt wird;
c) „Versanddosage":
das Erzeugnis, das den Schaumweinen zugesetzt wird, um einen bestimmten Geschmack zu erzielen.

**Art. 3.** Die Versanddosage darf nur bestehen aus
— Saccharose,
— Traubenmost,
— teilweise gegorenem Traubenmost,
— konzentriertem Traubenmost,
— rektifiziertem Traubenmostkonzentrat,
— Wein oder
— ihrer Mischung,
gegebenenfalls mit Zusatz von Weindestillat.

**Art. 4.** (1) Unbeschadet der nach der Verordnung (EWG) Nr. 822/87 und gegebenenfalls nach der Verordnung (EWG) Nr. 823/87 gestatteten Anreicherung der Bestandteile der Cuvée ist jede Anreicherung der Cuvée verboten.

Jedoch kann jeder Mitgliedstaat, sofern die Witterungsbedingungen in seinem Hoheitsgebiet dies erfordern, die Anreicherung der Cuvée am Herstellungsort der Schaumweine gestatten, wenn
a) keiner der Bestandteile der Cuvée bereits angereichert wurde;
b) diese Bestandteile ausschließlich aus Trauben bestehen, die in seinem Hoheitsgebiet geerntet wurden;
c) die Anreicherung in einem Arbeitsgang erfolgt;
d) die nachstehenden Grenzwerte nicht überschritten werden:
— 3,5% vol bei einer Cuvée aus Bestandteilen aus der Weinbauzone A, sofern der natürliche Alkoholgehalt der einzelnen Bestandteile mindestens 5% vol beträgt.

In Jahren mit außergewöhnlich ungünstigen Witterungsbedingungen kann die Begrenzung von 3,5 % vol indessen auf 4,5 % vol erhöht werden, sofern der natürliche Alkoholgehalt der einzelnen Bestandteile der Cuvée mindestens 5 % vol beträgt

– 2,5 % vol bei einer Cuvée aus Bestandteilen aus der Weinbauzone B, sofern der natürliche Alkoholgehalt der einzelnen Bestandteile mindestens 6 % vol beträgt.

In Jahren mit außergewöhnlich ungünstigen Witterungsbedingungen kann die Begrenzung von 2,5% vol indessen auf 3,5% vol erhöht werden, sofern der natürliche Alkoholgehalt der einzelnen Bestandteile der Cuvée mindestens 6% vol beträgt;

– 2 % vol bei einer Cuvée aus Bestandteilen aus den Weinbauzonen C I a), C I b), C II, C III a) oder C III b), sofern der natürliche Alkoholgehalt der einzelnen Bestandteile mindestens 7,5 % vol, 8 % vol, 8,5 % vol bzw. 9 % vol beträgt.

Die vorstehenden Grenzwerte beeinträchtigen nicht die Anwendung von Artikel 67 Absatz 2 Unterabsatz 2 der Verordnung (EWG) Nr. 822/87 auf Cuvées, die zur Herstellung von Schaumweinen im Sinne des Artikels 1 Absatz 2 Buchstabe a) bestimmt sind;

e) als Methode der Zusatz von Saccharose, von konzentriertem Traubenmost oder von rektifiziertem Traubenmostkonzentrat verwendet wird.

Die Anreicherung kann durch den Zusatz von Saccharose oder konzentriertem Traubenmost erfolgen, wenn diese Methode in dem betreffenden Mitgliedstaat herkömmlicherweise oder ausnahmsweise entsprechend der am 24. November 1974 gültigen Regelung durchgeführt wird. Die Mitgliedstaaten können die Verwendung von konzentriertem Traubenmost jedoch ausschließen.

(2) Der Zusatz von Fülldosage und der Zusatz von Versanddosage gelten weder als Anreicherung noch als Süßung.

Der Zusatz von Fülldosage darf den Gesamtalkoholgehalt der Cuvée um höchstens 1,5 % vol erhöhen.

Der Zusatz von Versanddosage darf den vorhandenen Alkoholgehalt der Schaumweine um höchstens 0,5 % vol erhöhen.

(3) Die Süßung der Cuvée und ihrer Bestandteile ist untersagt.

(4) Abgesehen von etwaigen Säuerungen oder Entsäuerungen ihrer Bestandteile nach der Verordnung (EWG) Nr. 822/87 darf die Cuvée eine Säuerung oder eine Entsäuerung erfahren.

Die Säuerung und die Entsäuerung der Cuvée schließen sich gegenseitig aus.

Die Säuerung darf nur bis zu einer Höchstgrenze von 1,5 g je Liter, ausgedrückt in Weinsäure, d. h. von 20 Milliäquivalenten je Liter, erfolgen.

In Jahren mit außergewöhnlichen Witterungsbedingungen kann die Höchstgrenze von 1,5 g je Liter, d. h. 20 Miliäquivalente je Liter, auf 2,5 g je Liter, d. h. 34 Milliäquivalente je Liter, angehoben werden, sofern die natürliche Säure nicht unter 3 g je Liter, ausgedrückt in Weinsäure, d. h. 40 Milliäquivalenten je Liter, liegt.

(5) Die Durchführungsbestimmungen zu diesem Artikel und insbesondere die Zulassung außergewöhnlicher Anreicherung und Säuerung nach Absatz 1 Buchstabe d) erster Gedankenstrich Unterabsatz 2 und zweiter Gedankenstrich Unterabsatz 2 sowie Absatz 4 Unterabsatz 4 werden nach dem Verfahren des Artikels 83 der Verordnung (EWG) Nr. 822/87 festgelegt.

**Art. 5.** (1) Das Kohlendioxid in den Schaumweinen darf nur aus der alkoholischen Gärung der Cuvée stammen, aus der die Weine bereitet werden.

(2) Diese Gärung darf nur durch den Zusatz von Fülldosage ausgelöst werden, sofern sie nicht zur direkten Verarbeitung von Trauben, Traubenmost oder teilweise gegorenem Traubenmost zu Schaumwein dient.

Sie darf nur in Flaschen oder in Tanks stattfinden.

(3) Die Verwendung von Kohlendioxid bei der Umfüllung durch Gegendruck ist gestattet, sofern dies unter Aufsicht geschieht und sich der Druck des Kohlendioxids in den Schaumweinen nicht erhöht.

(4) Die Durchführungsbestimmungen zu diesem Artikel werden nach dem Verfahren des Artikels 83 der Verordnung (EWG) Nr. 822/ 87 festgelegt.

**Art. 6.** (1) Herstellung und Vermarktung der Schaumweine sind von den Mitgliedstaaten zu kontrollieren.

(2) Jeder Hersteller von Schaumweinen ist verpflichtet, der zuständigen Behörde des Mitgliedstaats, in dessen Hoheitsgebiet die betreffenden Weine hergestellt werden, Meldung zu erstatten.

Jeder Hersteller von Schaumweinen ist unbeschadet des Artikels 71 der Verordnung (EWG) Nr. 822/87 verpflichtet, ein Verzeichnis der Rohstoffe, der Cuvées und der Herstellung zu führen.

(3) Die Durchführungsbestimmungen zu diesem Artikel und insbesondere die Art der Kontrollen werden nach dem Verfahren des Artikels 83 der Verordnung (EWG) Nr. 822/87 festgelegt.

**Art. 7.** (1) Diese Verordnung gilt, mit Ausnahme der Bestimmungen des Artikels 6, nicht für Diätschaumweine.

(2) Die Regeln für die Vermarktung der Diätschaumweine, durch die eine Verwechslung zwischen diesen Weinen und den Schaumweinen verhindert werden soll, werden nach dem Verfahren des Artikels 83 der Verordnung (EWG) Nr. 822/87 festgelegt.

### Titel II. Besondere Vorschriften für Schaumwein im Sinne des Artikels 1 Absatz 2 Buchstabe a)

**Art. 8.** Die zur Herstellung von Schaumwein bestimmte Cuvée muß einen Gesamtalkoholgehalt von mindestens 8,5 % vol haben.

**Art. 9.** Die Fülldosage für Schaumweine darf nur aus Hefe bestehen, und zwar Trockenhefe oder in Wein suspendierte Hefe, und
- Traubenmost,
- teilweise gegorenem Traubenmost,
- konzentriertem Traubenmost,
- rektifiziertem Traubenmostkonzentrat oder
- Saccharose und Wein.

**Art. 10.** Unbeschadet des Artikels 67 Absatz 2 Unterabsatz 2 der Verordnung (EWG) Nr. 822/87 muß Schaumwein einschließlich des Alkohols, der in der gegebenenfalls zugesetzten Versanddosage enthalten ist, einen vorhandenen Alkoholgehalt von mindestens 9,5 % vol haben.

**Art. 11.** (1) Unbeschadet der strengeren Vorschriften, welche die Mitgliedstaaten bei Schaumweinen anwenden können, die in ihrem Hoheitsgebiet hergestellt werden, darf der Gesamtschwefeldioxidgehalt der Schaumweine 235 mg/l nicht überschreiten.

(2) Die betreffenden Mitgliedstaaten können, falls dies aufgrund der Witterungsverhältnisse in bestimmten Weinbauzonen der Gemeinschaft erforderlich ist, bei den in Absatz 1 genannten, in ihrem Hoheitsgebiet erzeugten Weinen eine Erhöhung des höchstzulässigen Gesamtschwefeldioxidgehalts um höchstens 40 mg/l zulassen, sofern die Weine, für die diese Genehmigung erteilt worden ist, nicht aus den betreffenden Mitgliedstaaten in ein anderes Land versandt werden.

(3) Die Kommission legt dem Europäischen Parlament und dem Rat vor dem 1. April 1999 aufgrund der gewonnenen Erfahrung einen Bericht über die Höchstwerte für den Schwefeldioxidgehalt gegebenenfalls zusammen mit Vorschlägen vor, über die der Rat nach dem Verfahren des Artikels 43 Absatz 2 des Vertrages vor dem 1. September 1999 beschließt.

(4) Die Durchführungsbestimmungen zu diesem Artikel werden nach dem Verfahren des Artikels 83 der Verordnung (EWG) Nr. 822/87 erlassen.

## Titel III. Besondere Bestimmungen für Qualitätsschaumwein und Qualitätsschaumwein b.A.

**Art. 12.** (1) Der Gesamtalkoholgehalt

a) der zur Herstellung von Qualitätsschaumwein bestimmten Cuvées, beträgt mindestens 9 % vol;

b) der zur Herstellung von Qualitätsschaumwein b.A. bestimmten Cuvées, beträgt
- in den Weinbauzonen C III mindestens 9,5 % vol,
- in den übrigen Weinbauzonen mindestens 9 % vol.

Jedoch dürfen Cuvées, die zur Herstellung von bestimmten in einem noch zu erstellenden Verzeichnis enthaltenen und aus einer einzigen Rebsorte gewonnenen Qualitätsschaumweinen b.A. bestimmt sind, einen Gesamtalkoholgehalt von mindestens 8,5 % vol aufweisen.

(2) Das Verzeichnis der in Absatz 1 Buchstabe b) Unterabsatz 2 genannten Qualitätsschaumweine b.A. wird nach dem Verfahren des Artikels 83 der Verordnung (EWG) Nr. 822/87 festgelegt.

**Art. 13.** Qualitätsschaumwein und Qualitätsschaumwein b.A. müssen einschließlich des Alkohols, der in der gegebenenfalls zugesetzten Versanddosage enthalten ist, einen vorhandenen Alkoholgehalt von mindestens 10% vol haben.

**Art. 14.** (1) Qualitätsschaumweine b.A. dürfen nur
- aus innerhalb des bestimmten Anbaugebiets geernteten Trauben der im Verzeichnis nach Artikel 4 Absatz 1 der Verordnung (EWG) Nr. 823/87 aufgeführten Rebsorten,
- durch Verarbeitung der im ersten Gedankenstrich genannten Trauben zu Traubenmost und des so gewonnenen Mostes zu Wein sowie durch Verarbeitung dieser Erzeugnisse zu Schaumwein innerhalb des bestimmten Anbaugebiets, in dem die hierzu verwendeten Trauben geerntet worden sind,

gewonnen oder hergestellt werden.

(2) Abweichend von Absatz 1 erster Gedankenstrich kann ein Erzeugermitgliedstaat, wenn es sich um eine durch besondere Bestimmungen dieses Mitgliedstaats geregeltes herkömmliches Verfahren handelt, bis zum 31. Dezember 1995 durch ausdrückliche Genehmigungen und vorbehaltlich einer geeigneten Kontrolle zulassen, daß ein Qualitätsschaumwein b.A. dadurch gewonnen wird, daß das Grunderzeugnis für diesen Wein durch Hinzufügen eines oder mehrerer Weinbauerzeugnisse verbessert wird, die nicht aus dem bestimmten Anbaugebiet stammen, dessen Name dieser Wein trägt, sofern

- diese zugesetzten Weinbauerzeugnisse nicht innerhalb dieses bestimmten Anbaugebiets erzeugt werden und dieselben Merkmale besitzen wie die nicht aus dem bestimmten Anbaugebiet stammenden Erzeugnisse;
- diese Verbesserung den önologischen Verfahren und den Definitionen der Verordnung (EWG) Nr. 822/87 entspricht;
- das Gesamtvolumen der zugesetzten Weinbauerzeugnisse, die nicht aus dem bestimmten Anbaugebiet stammen, 10 % des Gesamtvolumens der verwendeten Erzeugnisse mit Ursprung aus dem bestimmten Anbaugebiet nicht überschreiten. Die Kommission kann jedoch den Mitgliedstaat nach dem Verfahren des Artikels 83 der Verordnung (EWG) Nr. 822/87 ermächtigen, in Ausnahmefällen Vomhundertsätze zugesetzter Erzeugnisse von mehr als 10 %, jedoch höchstens 15 %, zuzulassen.

(3) Abweichend von Absatz 1 zweiter Gedankenstrich kann ein Qualitätsschaumwein b.A. in einem Gebiet in unmittelbarer Nähe des betreffenden bestimmten Anbaugebiets hergestellt werden, wenn der betreffende Mitgliedstaat dies durch ausdrückliche Genehmigung und unter bestimmten Bedingungen vorgesehen hat.

Ferner können die Mitgliedstaaten durch Einzelgenehmigungen oder durch weniger als fünf Jahre lang geltende ausdrückliche Genehmigungen und vorbehaltlich einer geeigneten Kontrolle erlauben, daß ein Qualitätsschaumwein b.A. auch außerhalb eines Gebiets in unmittelbaren Nähe des betreffenden bestimmten Anbaugebiets hergestellt wird,

a) wenn es sich um ein herkömmliches Verfahren handelt, das mindestens seit dem 24. November 1974 besteht oder das, im Falle der der Gemeinschaft nach diesem Zeitpunkt beigetretenen Mitgliedstaaten, vor dem Wirksamwerden des Beitritts bestand;
b) in den anderen Fällen während einer am 31. August 1992 ablaufenden Übergangszeit, sofern es sich um ein Verfahren handelt, das vor dem 1. September 1989 bestand.

(4) Die Durchführungsbestimmungen zu diesem Artikel werden nach dem Verfahren des Artikels 83 der Verordnung (EWG) Nr. 822/87 festgelegt. Sie betreffen insbesondere die Abgrenzung der Gebiete in unmittelbarer Nähe eines bestimmten Anbaugebiets, wobei insbesondere der geographischen Lage und den Verwaltungsstrukturen Rechnung zu tragen ist.

**Art. 15.** (1) Für die Zubereitung der Fülldosage zur Herstellung von Qualitätsschaumwein dürfen außer Trockenhefe oder in Wein suspendierter Hefe, Saccharose und rektifiziertem bzw. nicht rektifiziertem Traubenmostkonzentrat nur
– Traubenmost oder teilweise gegorener Traubenmost, aus denen ein zur Gewinnung von Tafelwein geeigneter Wein gewonnen werden kann,
– zur Gewinnung von Tafelwein geeigneter Wein,
– Tafelwein oder
– Qualitätswein b.A.
verwendet werden.
Für die Zubereitung der Fülldosage zur Herstellung von Qualitätsschaumwein b.A. dürfen außer Trockenhefe oder in Wein suspendierter Hefe, Saccharose und rektifiziertem bzw. nicht rektifiziertem Traubenmostkonzentrat nur
– Traubenmost,
– teilweise gegorener Traubenmost,
– Wein,
– Qualitätswein b.A.
verwendet werden, die den gleichen Qualitätsschaumwein b.A. ergeben können wie derjenige, dem die Fülldosage zugefügt wird.

(2) Abweichend von Anhang I Nummer 15 der Verordnung (EWG) Nr. 822/87 müssen Qualitätsschaumweine und Qualitätsschaumweine b.A. in geschlossenen Behältnissen bei einer Temperatur von 20 °C einen Überdruck von mindestens 3,5 bar aufweisen.
Bei Qualitätsschaumweinen und Qualitätsschaumweinen b.A. in Behältnissen mit einem Inhalt von weniger als 25 cl muß der Überdruck jedoch mindestens 3 bar betragen.

(3) Die Durchführungsbestimmungen zu diesem Artikel werden nach dem Verfahren des Artikels 83 der Verordnung (EWG) Nr. 822/87 festgelegt.

**Art. 16.** (1) Unbeschadet der strengeren Vorschriften, welche die Mitgliedstaaten bei Qualitätsschaumweinen und Qualitätsschaumweinen b.A. anwenden können, die in ihrem Hoheitsgebiet hergestellt werden, darf der Gesamtschwefeldioxidgehalt dieser Schaumweine 185 mg/l nicht überschreiten.

(2) Die betreffenden Mitgliedstaaten können, falls dies aufgrund der Witterungsverhältnisse in bestimmten Weinbauzonen der Gemeinschaft erforderlich ist, bei den in Absatz 1 genannten, in ihrem Hoheitsgebiet erzeugten Weinen eine Erhöhung des höchstzulässigen Gesamtschwefeldioxidgehalts um höchstens 40 mg/l zulassen, sofern die Weine, für die diese Genehmigung erteilt worden ist, nicht aus den betreffenden Mitgliedstaaten in ein anderes Land versandt werden.

(3) Die Kommission legt dem Europäischen Parlament und dem Rat vor dem 1. April 1999 aufgrund der gewonnenen Erfahrung einen Bericht über die Höchstwerte für den Schwefeldioxidgehalt gegebenenfalls zusammen mit Vorschlägen vor, über die der Rat nach dem Verfahren des Artikels 43 Absatz 2 des Vertrags vor dem 1. September 1999 beschließt.

(4) Die Durchführungsbestimmungen zu diesem Artikel werden nach dem Verfahren des Artikels 83 der Verordnung (EWG) Nr. 822/87 erlassen.

**Art. 17.** (1) Die Herstellungsdauer einschließlich der Alterung im Herstellungsbetrieb muß bei Qualitätsschaumwein und Qualitätsschaumwein b.A. vom Beginn der Gärung an, durch die Kohlensäure entwickelt werden soll,
a) mindestens sechs Monate betragen, wenn die Gärung, durch die Kohlensäure entwickelt werden soll, im Cuvéefaß stattfindet;
b) mindestens neun Monate betragen, wenn die Gärung, durch die Kohlensäure entwickelt werden soll, in der Flasche stattfindet.

(2) Die Dauer der Gärung, durch die in der Cuvée Kohlensäure entwickelt werden soll, und die Dauer der Nichttrennung der Cuvée vom Trub beträgt mindestens:
a) bei der Methode der Gärung im Cuvéefaß:
– 80 Tage;
– 30 Tage, wenn die Gärung in Behältnissen mit Rührvorrichtung stattfindet;
b) bei der Methode der Gärung in der Flasche: 60 Tage.

(3) Vor dem 1. September 1996 kann der Rat mit qualifizierter Mehrheit auf Vorschlag der Kommission die in Absatz 2 vorgeschriebene Dauer der Gärung und der Nichttrennung vom Trub entsprechend dem Stand der wissenschaftlichen Kenntnisse und der technischen Entwicklung ändern.

(4) Die Durchführungsbestimmungen zu diesem Artikel werden nach dem Verfahren des Artikels 83 der Verordnung (EWG) Nr. 822/87 festgelegt.

**Art. 18.** (1) Aromatischer Qualitätsschaumwein darf nur gewonnen werden, indem zur Zusammensetzung der Cuvée ausschließlich Traubenmost oder teilweise gegorener Traubenmost verwendet wird, der aus den im Verzeichnis in Anhang 1 aufgeführten Rebsorten hergestellt wurde. Gleiches gilt für aromatischen Qualitätsschaumwein b.A., sofern diese Rebsorten als geeignet für die Erzeugung von Qualitätswein b.A. in dem bestimmten Anbaugebiet anerkannt sind, dessen Namen der Qualitätsschaumwein b.A. trägt.

Ein aromatischer Qualitätsschaumwein kann jedoch gewonnen werden, indem zur Zusammensetzung der Cuvée Weine aus Trauben der Rebsorte „Prosecco" verwendet werden, die in den Regionen Trentino-Alto Adige, Veneto und Friuli-Venezia Giulia geerntet worden sind.

Die Steuerung des Gärungsprozesses vor und nach der Bildung der Cuvée kann, damit in der Cuvée Kohlensäure entwickelt wird, nur durch Kühlung oder durch andere physikalische Verfahren erfolgen. Das Zusetzen einer Versanddosage ist verboten.

(2) Abweichend von Artikel 13 müssen aromatischer Qualitätsschaumwein und aromatischer Qualitätsschaumwein b.A. einen vorhandenen Alkoholgehalt von mindestens 6 % vol haben.

Der Gesamtalkoholgehalt von aromatischem Qualitätsschaumwein und aromatischem Qualitätsschaumwein b.A. muß mindestens 10 % vol betragen.

(3) Abweichend von Artikel 15 Absatz 2 Unterabsatz 1 müssen aromatischer Qualitätsschaumwein und aromatischer Qualitätsschaumwein b.A. in geschlossenen Behältnissen bei einer Temperatur von 20 °C einen Überdruck von mindestens 3 bar aufweisen.

(4) Abweichend von Artikel 17 muß die Herstellungsdauer bei aromatischem Qualitätsschaumwein und aromatischer Qualitätsschaumwein b.A. mindestens einen Monat betragen.

**Art. 19.** Die Erzeugermitgliedstaaten können für Qualitätsschaumweine, die unter diesen Titel fallen und in ihrem Hoheitsgebiet hergestellt werden, zusätzliche Merkmale und Bedingungen für die Herstellung und den Verkehr festlegen oder die hierfür bestehenden Merkmale und Bedingungen strenger gestalten.

### Titel IV. Schlußbestimmungen

**Art. 20.** Für die Anwendung dieser Verordnung gelten die in Artikel 74 der Verordnung (EWG) Nr. 822/87 genannten Analysemethoden.

VO (EWG) Nr. 2332/92   Anhang                                    SchaumweinVO

**Art. 21.** Die Mitgliedstaaten und die Kommission teilen sich gegenseitig die zur Anwendung dieser Verordnung erforderlichen Angaben mit. Die Einzelheiten der Mitteilung und der Bekanntgabe dieser Angaben werden nach dem Verfahren des Artikels 83 der Verordnung (EWG) Nr. 822/87 festgelegt.

**Art. 22.** Schaumweine jeder Kategorie gemäß Artikel 1, die den zum Zeitpunkt ihrer Bereitung geltenden Bestimmungen der vorliegenden Verordnung bzw. der Verordnung (EWG) Nr. 358/79 entsprachen, bei denen jedoch die Bedingungen für die Bereitung oder bestimmte analytische Merkmale der vorliegenden Verordnung infolge einer Änderung derselben nicht mehr entsprechen, dürfen bis zum Aufbrauchen der Vorräte zum Verkauf vorrätig gehalten, in Verkehr gebracht und ausgeführt werden.

**Art. 23.** (1) Die Verordnung (EWG) Nr. 358/79 wird aufgehoben.

(2) Verweisungen auf die durch Absatz 1 aufgehobene Verordnung gelten als Verweisungen auf die vorliegende Verordnung und sind nach Maßgabe der Übereinstimmungstabelle in Anhang II zu lesen.

**Art. 24.** Diese Verordnung tritt am Tag ihrer Veröffentlichung im Amtsblatt der Europäischen Gemeinschaften in Kraft. Sie gilt am 1. September 1992.

Diese Verordnung ist in allen ihren Teilen verbindlich und gilt unmittelbar in jedem Mitgliedstaat.

### ANHANG I

**Verzeichnis der Rebsorten aus denen aromatische Qualitätsschaumweine und aromatische Qualitätsschaumweine b.A. hergestellt werden dürfen**

Aleatico N
Ασύρτικο (Assyrtiko)
Bourboulenc
Branchetto N
Clairette
Colombard
Freisa N
Gamay
Gewürztraminer
Girä N
Γλυκέρυδρα (Glykerythra)
Huxelrebe
Macabeu

Alle Malvasia-Sorten
Mauzac blanc und rosé
Monica N
Μοσχοφίλερο (Moschofilero)
Müller-Thurgau
Alle Muskat-Sorten
Parellada
Perle
Picpoul
Poulsard
Prosecco
Ροδίτης (Roditis)
Scheurebe

## ANHANG II

### Übereinstimmungstabelle

| Verordnung (EWG) Nr. 358/79 | Diese Verordnung |
|---|---|
| Artikel 1 | Artikel 1 Absatz 1 |
| Artikel 2 Absatz 1 Nummer 1 | Artikel 1 Absatz 2 Buchstabe a) |
| Artikel 2 Absatz 1 Nummer 2 | Artikel 1 Absatz 2 Buchstabe b) |
| Artikel 2 Absatz 2 | Artikel 1 Absatz 2 Buchstabe c) |
| Artikel 3 | Artikel 2 |
| Artikel 4 Absatz 2 | Artikel 3 |
| Artikel 5 | Artikel 4 |
| Artikel 6 | Artikel 5 |
| Artikel 7 | Artikel 6 |
| Artikel 9 | Artikel 7 |
| Artikel 10 | Artikel 8 |
| Artikel 10a | Artikel 9 |
| Artikel 11 | Artikel 10 |
| Artikel 12 | Artikel 11 |
| Artikel 13 | Artikel 12 |
| Artikel 14 | Artikel 13 |
| Artikel 14a | Artikel 14 |
| Artikel 15 | Artikel 15 |
| Artikel 16 | Artikel 16 |
| Artikel 17 | Artikel 17 |
| Artikel 18 | Artikel 18 |
| Artikel 19 | Artikel 19 |
| Artikel 20 | Artikel 20 |
| Artikel 21 | Artikel 21 |
| Artikel 22 | Artikel 22 |
| Artikel 23 | Artikel 23 |
| Artikel 24 | Artikel 24 |
| Anhang I | Anhang I |

# VO (EWG) Nr. 2333/92  SchaumweinVO (Bezeichnung)

## 11. Verordnung (EWG) Nr. 2333/92 des Rates zur Festlegung der Grundregeln für die Bezeichnung und Aufmachung von Schaumwein und Schaumwein mit zugesetzter Kohlensäure

vom 13. Juli 1992*

(ABl. EG Nr. L 231 vom 13. August 1992, S. 9; zuletzt geändert durch Verordnung (EG) Nr. 1429/96 vom 26. Juni 1996, ABl. EG Nr. L 184 vom 24. Juli 1997, S. 9)

DER RAT DER EUROPÄISCHEN GEMEINSCHAFTEN –

gestützt auf den Vertrag zur Gründung der Europäischen Wirtschaftsgemeinschaft,
gestützt auf die Verordnung (EWG) Nr. 822/87 des Rates vom 16. März 1987 über die gemeinsame Marktorganisation für Wein[1]), insbesondere Artikel 72 Absatz 1 und Artikel 70 Absatz 2,
auf Vorschlag der Kommission,
in Erwägung nachstehender Gründe:

Die Verordnung (EWG) Nr. 3309/85 des Rates vom 18. November 1985 zur Festlegung der Grundregeln für die Bezeichnung und Aufmachung von Schaumwein und Schaumwein mit zugesetzter Kohlensäure[2]) ist in wesentlichen Punkten geändert worden. Angesichts zahlreicher Kodifizierungen von Rechtsvorschriften der Gemeinschaft im Weinsektor und insbesondere infolge der Kodifizierung der allgemeinen Regeln für die Bezeichnung und Aufmachung der Weine und Traubenmoste aufgrund der Verordnung (EWG) Nr. 2392/89[3]) empfiehlt es sich aus Gründen der Rationalität und der Klarheit, die Verordnung (EWG) Nr. 3309/85 ebenfalls zu kodifizieren.

Das Ziel jeder Bezeichnung und Aufmachung muß sein so zutreffende und genauere Unterrichtung sein, die der Endverbraucher oder die mit der verwaltungsmäßigen Abwicklung und Überwachung des Handels mit diesen Erzeugnissen betrauten öffentlichen Stellen für ihre Beurteilung benötigen. Zur Erreichung dieses Zieles empfiehlt es sich, geeignete Regeln aufzustellen.

Bei der Bezeichnung unterscheidet man zweckmäßigerweise zwischen vorgeschriebenen Angaben, die für die Identifizierung eines Schaumweins oder eines Schaumweins mit zugesetzter Kohlensäure erforderlich sind, und wahlweise zu verwendeten Angaben, die mehr zur Kennzeichnung der besonderen Eigenschaften des Erzeugnisses oder zu einer deutlichen Unterscheidung von anderen Erzeugnissen der gleichen Kategorie, die mit ihm auf dem Markt im Wettbewerb stehen, dienen.

Es empfiehlt sich, ein vollständiges Verzeichnis der vorgeschriebenen Angaben zu erstellen und die erforderlichen Voraussetzungen für die Verwendung dieser Angaben zur Bezeichnung von Schaumwein und Schaumwein mit zugesetzter Kohlensäure zu regeln.

Eine Unterrichtung über den vorhandenen Alkoholgehalt in Volumenprozenten bei Schaumwein und Schaumwein mit zugesetzter Kohlensäure erscheint erforderlich, um in der Etikettierung die Art des Erzeugnisses zu beschreiben und so dem Verbraucher die Wahl zu erleichtern. Deshalb sollte die Angabe des vorhandenen Alkoholgehalts in Volumenprozenten bei den genannten Erzeugnissen zwingend vorgeschrieben werden.

In der Gemeinschaft werden für die Verkehrsbezeichnung von Qualitätsschaumwein herkömmlicherweise unterschiedliche Angaben verwendet. Um dem Endverbraucher die Wahl zu erleichtern, soll vorgesehen werden, daß als Verkehrsbezeichnung für diese Erzeugnisse eine dieser Angaben verwendet wird; die Angabe „Sekt" darf dabei nicht indirekt als Angabe der Herkunft eines Schaumweins dienen.

Aufgrund der Erfahrung muß klargestellt werden, daß zur Unterrichtung des Verbrauchers über die Art des Erzeugnisses nach Maßgabe seines Restzuckergehalts die Etikettierung von Schaumwein und Schaumwein mit zugesetzter Kohlensäure nur die in den Gemeinschaftsvorschriften vorgesehenen Angaben enthalten darf.

---

* Nach Art. 19 gilt für das Inkrafttreten: Die Verordnung (EWG) Nr. 2333/92 ist am 13. August 1989 in Kraft getreten. Sie gilt seit dem 1. September 1992, mit Ausnahme des Art. 10 Unterabsatz 2, der seit dem 1. Januar 1993 gilt. Für die durch die Verordnung (EG) Nr. 1429/96 vom 26. Juni 1996 (ABl. EG Nr. L 184 vom 24. Juli 1996, S. 9) vorgenommenen Änderungen der Verordnung (EWG) Nr. 2333/92 gilt für das Inkrafttreten: Die in Art. 1 der Verordnung (EG) Nr. 1429/96 vorgenommenen Änderungen der Art. 1 Abs. 1, 5 Abs. 5, 7 Abs. 4, 13 Abs. 2 und 13 Abs. 4 der Verordnung (EWG) Nr. 2333/92 sind nach Art. 2 der Verordnung (EG) Nr. 1429/96 am 31. Juli 1996 in Kraft getreten. Art. 1 Nummer 3 Buchstabe b) und Nummer 5 gelten seit 1. September 1997.

[1]) ABl. EG Nr. L 84 vom 27.3.1987, S. 1. Verordnung zuletzt geändert durch die Verordnung (EWG) Nr. 1756/92 (ABl. Nr. L 180 vom 1.7.1992, S. 27).

[2]) ABl. EG Nr. L 320 vom 29. 11. 1985, S. 9. Verordnung zuletzt geändert durch die Verordnung (EWG) Nr. 3899/91 (ABl. Nr. L 368 vom 31. 12.1991, S. 9).

[3]) ABl. EG Nr. L 232 vom 9.8. 1989, S. 13. Verordnung zuletzt geändert durch die Verordnung (EWG) Nr. 3897/91 (ABl. Nr. L 368 vom 31. 12. 1991, S. 5).

Um den Handel mit den genannten Erzeugnissen zu erleichtern, ist den Beteiligten die Wahl der nicht zwingend vorgeschriebenen Angaben, die sie verwenden sollen, zu überlassen und also kein erschöpfendes Verzeichnis dieser Angaben zu erstellen. Diese Wahl muß sich jedoch auf Angaben beschränken, die nicht falsch sind und die Endverbraucher oder andere Personen, für die sie bestimmt sind, nicht irreführen können.

Es erweckt Vertrauen beim Verbraucher, wenn die einzelnen Phasen der Herstellung eines Qualitätsschaumweins eines bestimmten Anbaugebiets (Qualitätsschaumwein b.A.), d. h. der Rebanbau, die Weinbereitung, die Kellerbehandlung und die Schaumbildung, von ein und derselben natürlichen oder juristischen Person kontrolliert wurden. Die auf diese Weise gewonnenen Qualitätsschaumweine b.A. sollten sich durch eine besondere Angabe von anderen Schaumweinen unterscheiden können.

Die besonderen Vorschriften für Qualitätsweine bestimmter Anbaugebiete (Qualitätsweine b.A.) sind mit der Verordnung (EWG) Nr. 823/87[1]) festgelegt worden. Mit diesen Vorschriften sind die Regeln für die Verwendung des Namens eines bestimmten Anbaugebiets für die Bezeichnung der Qualitätsweine b.A., einschließlich der Qualitätsschaumweine b.A., genauer erfaßt worden. Entsprechend diesen Regeln darf nur der geographische Name einer Weinbaueinheit, in der Wein erzeugt wird, der besondere qualitative Eigenschaften hat, zur Bezeichnung eines Qualitätsschaumweins b.A. verwendet werden. Diese Regeln sehen ferner vor, daß der Name eines bestimmten Anbaugebiets mit einer Angabe betreffend die Art der Herstellung oder die Art der Erzeugung kombiniert werden kann. Um solche herkömmlichen Angaben, die für andere Erzeugnisarten genau festgelegter Herkunft verwendet werden, zu schützen, empfiehlt es sich, den Begriff „crémant" bestimmten in Frankreich und Luxemburg hergestellten Qualitätsschaumweinen b.A. vorzubehalten. Um es den Schaumweinherstellern, die herkömmlicherweise den Begriff „crémant" zur Bezeichnung ihres Schaumweins verwendet haben, zu ermöglichen, sich schrittweise an die vorgenannten Regeln während einer Übergangszeit vorzusehen.

Im Hinblick auf die Bedingungen für einen lauteren Wettbewerb auf dem Markt für Schaumwein und Schaumwein mit zugesetzter Kohlensäure ist es wichtig, besondere Regeln für die Verwendung bestimmter nicht zwingend vorgeschriebener Güteangaben, die ein so bezeichnetes Erzeugnis aufwerten können, aufzustellen und außerdem vorzusehen, daß mittels der Durchführungsbestimmungen zusätzliche Regeln auf Gemeinschaftsebene aufgestellt werden können.

Einerseits ist der Hersteller oder der Verkäufer normalerweise ohne weiteres in der Lage, den zuständigen Stellen den Nachweis für die Richtigkeit der Angaben auf dem Etikett zu erbringen. Andererseits haben diese Stellen nicht immer unmittelbaren Zugang zu den Informationsquellen des Herstellers oder des Verkäufers. Damit die zuständigen Stellen die Einhaltung der Gemeinschaftsbestimmungen für Schaumwein wirksamer überwachen und kontrollieren können, ist somit vorzusehen, daß die genannten Stellen im Rahmen der Verfahren, die in dem Mitgliedstaat anwendbar sind, in dem sie ihre Tätigkeit ausüben, von dem Hersteller oder dem Verkäufer, der für die Angaben auf dem Etikett verantwortlich ist, den Nachweis für die Richtigkeit der für die Bezeichnung verwendeten Angaben verlangen können, und zwar gegebenenfalls in Zusammenarbeit mit den zuständigen Stellen der anderen Mitgliedstaaten. Ferner ist vorgesehen, daß Angaben, für die der Nachweis der Richtigkeit nicht erbracht werden kann, als Angaben betrachtet werden, die nicht im Einklang mit den Gemeinschaftsbestimmungen stehen.

Angesichts der internationalen Verpflichtungen der Gemeinschaft und der Mitgliedstaaten auf dem Gebiet des Schutzes der Ursprungsbezeichnungen oder Angaben der geographischen Herkunft bei Wein ist vorzusehen, daß bei der Verwendung von Angaben über die Herstellungsmethode nur dann auf den Namen einer geographischen Einheit Bezug genommen werden darf, wenn das betreffende Erzeugnis mit diesem Namen bezeichnet werden kann.

Die Merkmale von Schaumwein und Schaumwein mit zugesetzter Kohlensäure werden hauptsächlich durch natürliche und technische Faktoren bestimmt, und zwar vom Anbau des Weinstocks und der Weinbereitung an. Folglich sind im Hinblick auf eine einheitliche Anwendung für diese Erzeugnisse die Bedingungen zu bestimmen, unter denen, wie für Wein, der Schaumwein mit dem Namen des Mitgliedstaats bzw. des betreffenden Drittlands oder mit seinem abgeleiteten Adjektiv verbunden werden kann.

Es ist wichtig, daß die Bezeichnung Schaumwein oder Schaumwein mit zugesetzter Kohlensäure in der Gemeinschaft in jeder der Amtssprachen der Gemeinschaft erfolgen kann, damit den Grundsatz des freien Warenverkehrs in der ganzen Gemeinschaft gewährleistet ist. Die vorgeschriebenen Angaben müssen jedoch so geartet sein, daß der Endverbraucher sie verstehen kann, selbst wenn sie auf dem Etikett in einer Sprache erscheinen, die nicht Amtssprache seines Landes ist. Die Namen der geographischen Einheiten sollten ausschließlich in der Amtssprache des Mitgliedstaats angegeben werden, in dem der Schaumwein hergestellt wurde, damit der so bezeichnete Schaumwein nur unter seiner traditionellen Bezeichnung in den Verkehr kommt. Angesicht der besonderen Schwierigkeiten für das Verständnis von Angaben in griechischer Sprache, die entstehen, weil keine lateinischen Buchstaben dafür verwen-

---

[1]) ABl. Nr. L 84 vom 27. 3. 1987, S. 59. Verordnung zuletzt geändert durch die Verordnung (EWG) Nr. 3896/91 (ABl. Nr. L 368 vom 31. 12. 1991, S. 3).

**VO (EWG) Nr. 2333/92** Art. 1  SchaumweinVO (Bezeichnung)

det werden, muß die Wiederholung dieser Angaben in einer oder mehreren Amtssprachen der Gemeinschaft zulässig sein.

Die Aufmachung von Schaumwein oder Schaumwein mit zugesetzter Kohlensäure umfaßt herkömmlicherweise typische Elemente wie Verschlüsse, die diese Erzeugnisse von anderen Getränken unterscheiden. Es sind also bestimmte Aufmachungsregeln für diese typischen Elemente vorzusehen.

Es empfiehlt sich, daß die zum Kauf angebotenen Verpackungen, die Flaschen mit Schaumwein oder Schaumwein mit zugesetzter Kohlensäure enthalten, zur Unterrichtung des Verbrauchers eine Etikettierung gemäß den Gemeinschaftsvorschriften tragen. Für besondere Verpackungen mit kleinen Mengen solcher Weine können jedoch Ausnahmen vorgesehen werden.

Im Hinblick auf die Bedingungen für einen lauteren Wettbewerb bei Schaumwein oder Schaumwein mit zugesetzter Kohlensäure ist es angezeigt, bei der Bezeichnung oder Aufmachung dieser Weine Elemente zu verbieten, die die Personen, für die sie bestimmt sind, irreführen können. Ähnliche Verbote sind insbesondere für die Markenbezeichnungen für Schaumwein oder Schaumwein mit zugesetzter Kohlensäure vorzusehen.

Die Erfahrung hat gezeigt, daß eine geographische Bezeichnung eines bestimmten Anbaugebiets eines Qualitätsschaumweins b.A. hinreichend genau sein muß, um jede Verwechslungsmöglichkeit auszuschließen.

Zum wirksamen Schutz geographischer Namen für Weinbauerzeugnisse sollte untersagt werden, daß zur Bezeichnung und bei der Aufmachung von Schaumwein oder Schaumwein mit zugesetzter Kohlensäure Marken verwendet werden, die Worte enthalten, die mit einem geographischen Namen für einen anderen Wein identisch sind, wenn der betreffende Schaumwein einen solchen Namen nicht führen darf. Es gibt jedoch verkehrsübliche Marken, deren Identität des ursprünglichen Inhabers oder des ursprünglichen Namensgebers entsprechen und die zum Zeitpunkt der offiziellen Anerkennung des betreffenden geographischen Namens durch den Erzeugermitgliedstaat mindestens 25 Jahre lang ohne Unterbrechung eingetragen waren und verwendet wurden. Es empfiehlt sich, die Weiterverwendung solcher Marken zuzulassen.

Schaumwein oder Schaumwein mit zugesetzter Kohlensäure stehen auf dem Markt im Wettbewerb mit anderen schäumenden Getränken, so daß es angebracht ist, Bestimmungen zu erlassen, durch die Irrtümer in bezug auf diese verschiedenen Kategorien von Erzeugnissen vermieden werden. Da die Gefahr derartiger Irrtümer besonders groß ist, wenn bestimmte Amtssprachen der Gemeinschaft, insbesondere diejenigen, die vom Latein abgeleitet sind, verwendet werden, ist es zweckmäßig, die Verwendung der Begriffe „Schaumwein" in zusammengesetzten Bezeichnungen nur für den Fall zuzulassen, daß eine solche Bezeichnung zum Zeitpunkt des Inkrafttretens dieser Verordnung in dem Herstellermitgliedstaat üblich ist.

Es ist die Möglichkeit vorgesehen, Übergangsmaßnahmen zu erlassen, um den Übergang von den einzelstaatlichen Regeln zu den Gemeinschaftsregeln für die Bezeichnung und Aufmachung zu erleichtern und insbesondere den Absatz von Erzeugnissen zu ermöglichen, deren Bezeichnung und Aufmachung gemäß den vor dem Inkrafttreten dieser Verordnung geltenden einzelstaatlichen Bestimmungen vorgenommen wurde und die daher den neuen Gemeinschaftsbestimmungen möglicherweise nicht entsprechen –

HAT FOLGENDE VERORDNUNG ERLASSEN:

**Art. 1.** (1) Mit dieser Verordnung werden die Grundregeln festgelegt für die Bezeichnung und Aufmachung von

a) in der Gemeinschaft hergestellten Schaumwein im Sinne von Angang I Nummer 15 der Verordnung (EWG) Nr. 822/87,

b) aus der Gemeinschaft stammenden Schaumwein oder Schaumwein mit zugesetzter Kohlensäure im Sinne von Anhang I Nummer 16 der Verordnung (EWG) Nr. 822/87,

c) Schaumwein im Sinne von Artikel 2 der Verordnung (EWG) Nr. 2391/89 des Rates vom 24. Juli 1989 zur Definition bestimmter aus Drittländern stammender Erzeugnisse des Weinsektors der KN-Codes 2009 und 2204[1]),

d) aus Drittländern stammenden Schaumwein oder Schaumwein mit zugesetzter Kohlensäure im Sinne des Artikels 2 der Verordnung (EWG) Nr. 2391/89.

Der im Unterabsatz 1 Buchstabe a) genannte Schaumwein umfaßt
– Schaumwein gemäß Artikel 1 Absatz 2 Buchstabe a) der Verordnung (EWG) Nr. 2332/92 des Rates vom 13. Juli 1992 über in der Gemeinschaft hergestellte Schaumweine[2]);

---

[1]) ABl. Nr. L 232 vom 9.8.1989, S. 10.
[2]) Siehe Seite 1 dieses Amtsblattes.

– Qualitätsschaumwein gemäß Artikel 1 Absatz 2 Buchstabe d) der Verordnung (EWG) Nr. 2332/92 und
– Qualitätsschaumwein bestimmter Anbaugebiete (Qualitätsschaumwein b.A. gemäß Artikel 2 Buchstabe c) der Verordnung (EWG) Nr. 232/92.

(2) Die Regeln des Absatzes 1 gelten für die Bezeichnung der dort genannten Erzeugnisse
  a) in der Etikettierung
  b) in den Ein- und Ausgangsbüchern sowie in den Begleitdokumenten und den übrigen durch die Gemeinschaftsbestimmungen vorgeschriebenen Dokumenten, im folgenden „amtliche Dokumente" genannt, mit Ausnahme der Zollpapiere,
  c) in den Geschäftspapieren, und zwar insbesondere auf Rechnungen und Lieferscheinen, und
  d) in der Werbung, soweit diese Verordnung besondere Bestimmungen hierüber enthält.

(3) Die Regeln des Absatzes 1 gelten für die Aufmachung der dort genannten Erzeugnisse hinsichtlich
  a) des Behältnisses, einschließlich des Verschlusses,
  b) der Etikettierung,
  c) der Verpackung.

(4) Die Regeln des Absatzes 1 gelten für die Erzeugnisse, die für den Verkauf bestimmt sind, sowie für die in den Verkehr gebrachten Erzeugnisse.

**Art. 2.** Im Sinne dieser Verordnung gelten
– als „Etikettierung": sämtliche Begriffe, Zeichen, Abbildungen oder Marken oder andere Bezeichnungen, die das Erzeugnis kennzeichnen und auf ein und demselben Behältnis einschließlich seines Verschlusses sowie des am Behältnis befestigten Anhängers und der Umhüllung des Flaschenhalses angebracht sind;
– als „Verpackung": die als Schutz während des Transports für ein oder mehrere Behältnisse und/oder für ihre Aufmachung für den Verkauf an den Endverbraucher verwendete Umschließung wie Papier, Hülsen aller Art, Kartons und Kisten;
– als „Hersteller" eines in Artikel 1 Absatz 1 genannten Erzeugnisses: die natürliche oder juristische Person oder Personenvereinigung, welche die Herstellung durchführt oder für ihre Rechnung durchführen läßt;
– als „Herstellung": die Verarbeitung von frischen Trauben, Traubenmost und Wein zu einem in Artikel 1 Absatz 1 genannten Erzeugnis.

## Titel I. Bezeichnung

**Art. 3.** (1) Bei den in Artikel 1 Absatz 1 genannten Erzeugnissen muß die Etikettierung folgende Angaben enthalten:
  a) die genaue Angabe der Verkehrsbezeichnung nach Maßgabe des Artikels 5, Absatz 2,
  b) das Nennvolumen des Erzeugnisses,
  c) eine Angabe über die Art des Erzeugnisses nach Maßgabe des Artikels 5 Absatz 3,
  d) den vorhandenen Alkoholgehalt in Volumenprozenten gemäß Durchführungsbestimmungen, die noch zu erlassen sind.

(2) Bei den in Artikel 1 Absatz 1 Buchstaben a) und b) genannten Erzeugnissen muß die Etikettierung zusätzlich zu den in Absatz 1 aufgeführten Angaben folgendes enthalten:
– den Namen oder den Firmennamen des Herstellers oder eines in der Gemeinschaft ansässigen Verkäufers sowie
– den Namen einer Gemeinde oder des Gemeindeteils und des Mitgliedstaats, in der bzw. dem die obengenannte Person ihren Sitz hat,
nach Maßgabe des Artikels 5 Absätze 4 und 5.
  Die Erzeugermitgliedstaaten können jedoch vorschreiben, daß der ausgeschriebene Name oder Firmenname des Herstellers anzugeben ist.

Wird auf dem Etikett der Name oder die Firma des Herstellers angegeben und erfolgt die Herstellung in einer anderen Gemeinde oder einem anderen Gemeindeteil oder in einem anderen Mitgliedstaat als nach Untersatz 1 zweiter Gedankenstrich, so werden die dort genannten Angaben durch die Angabe des Namens der Gemeinde oder des Gemeindeteils, in dem die Herstellung erfolgt ist, sowie – im Falle der Herstellung in einem anderen Mitgliedstaat – durch die Angabe dieses Mitgliedstaats ergänzt.

(3) Bei den in Artikel 1 Absatz 1 Buchstaben c) und d) genannten Erzeugnisse muß die Etikettierung außer den in Absatz 1 aufgeführten Angaben folgende Angaben enthalten:

a) den Namen oder den Firmennamen des Einführers sowie der Gemeinde und des Mitgliedstaats, in der bzw. dem dieser seinen Sitz hat,

b) den Namen oder den Firmennamen des Herstellers sowie der Gemeinde und des Drittlands, in der bzw. dem dieser seinen Sitz hat, nach Maßgabe des Artikels 5 Absätze 4 und 5.

(4) Die Etikettierung muß in folgenden Fällen zusätzliche Angaben enthalten:
– bei Erzeugnissen im Sinne von Artikel 68 der Verordnung (EWG) Nr. 822/87, die aus Wein mit Ursprung in Drittländern hergestellt sind, muß die Etikettierung die Angabe, daß das Erzeugnis aus eingeführtem Wein hergestellt ist, sowie den Namen des Drittlandes enthalten, aus dem der für die Bereitung der Cuvée verwendeten Wein stammt;
– bei Qualitätsschaumwein b.A. ist auf der Etikettierung der Name des bestimmten Anbaugebiets anzugeben, in dem die bei der Herstellung verwendeten Trauben geerntet worden sind;
– bei aromatischen Qualitätsschaumweinen gemäß Artikel 1 Absatz 2 Buchstabe b) der Verordnung (EWG) Nr. 2332/92 muß die Etikettierung entweder den Namen der Rebsorte, aus der sie hergestellt wurden, oder die Angabe „aus Trauben aromatischer Sorten hergestellt" enthalten.

**Art. 4.** (1) Bei den in Artikel 1 Absatz 1 genannten Erzeugnissen kann die Etikettierung durch andere Angaben ergänzt werde, sofern
– nicht die Gefahr besteht, daß sie Personen irreführen kann, für die sie bestimmt sind, insbesondere hinsichtlich der vorgeschriebenen Angaben gemäß Artikel 3 und der zulässigen Angaben gemäß Artikel 6,
– Artikel 6 gegebenenfalls eingehalten wird.

(2) Zur Qualitätsüberwachung und -kontrolle auf dem Schaumweinsektor können die dafür zuständigen Stellen unter Beachtung der allgemeinen Verfahrensregeln der einzelnen Mitgliedstaaten von den in Artikel 3 Absatz 2 Untersatz 1 erster Gedankenstrich genannten Hersteller oder Verkäufer den Nachweis für die Richtigkeit der für die Bezeichnung verwendeten Angaben betreffend die Art, die Nämlichkeit, die Qualität, die Zusammensetzung, den Ursprung oder die Herkunft des betreffenden Erzeugnisses oder der bei seiner Bereitung verwendeten Erzeugnisse verlangen.

Wenn diese Aufforderung ausgeht von
– der zuständigen Stelle des Mitgliedstaats, in dem der Hersteller oder der Verkäufer niedergelassen ist, wird der Nachweis von dieser Stelle unmittelbar bei diesem verlangt;
– der zuständigen Stelle eines anderen Mitgliedstaats, so erteilt diese der zuständigen Stelle des Niederlassungslandes des Herstellers oder des Verkäufers im Rahmen ihrer unmittelbaren Zusammenarbeit alle sachdienlichen Angaben, damit die letztgenannte Stelle den entsprechenden Nachweis verlangen kann; die ersuchende Stelle wird von der Behandlung ihres Ersuchens unterrichtet.

Stellen die zuständigen Stellen fest, daß ein solcher Nachweis nicht erbracht wird, so gelten diese Angaben als nicht mit dieser Verordnung in Einklang stehend.

**Art. 5.** (1) Die in Artikel 3 genannten Angaben sind
– zusammen im gleichen Sichtbereich auf dem Behältnis selbst anzubringen und
– in leicht lesbaren, unverwischbaren und ausreichend großen Schriftzeichen so anzubringen, daß sie sich vor dem Hintergrund, auf dem sie aufgedruckt sind, von allen anderen schriftlichen Angaben und Zeichnungen deutlich abheben.

Jedoch dürfen die vorgeschriebenen Angaben über den Importeur außerhalb des Sichtbereichs, in dem sich die anderen vorgeschriebenen Angaben befinden, angebracht werden.

(2) Die Verkehrsbezeichnung gemäß Artikel 3 Absatz 1 Buchstabe a) wird durch einen der folgenden Begriffe angegeben:

a) bei einem Schaumwein gemäß Artikel 1 Absatz 2 Buchstabe a) der Verordnung (EWG) Nr. 2332/92 durch „Schaumwein";

b) bei einem Qualitätsschaumwein gemäß Artikel 1 Absatz 2 Buchstabe b) der Verordnung (EWG) Nr. 2332/92, mit Ausnahme des Schaumweins im Sinne des Buchstabens d) des vorliegenden Absatzes, durch „Qualitätsschaumwein" oder „Sekt";

c) bei einem Qualitätsschaumwein b.A. gemäß Artikel 1 Absatz 2 Buchstabe c) der Verordnung (EWG) Nr. 2332/92 durch
- „Qualitätsschaumwein bestimmter Anbaugebiete" oder „Qualitätsschaumwein b.A." oder „Sekt bestimmter Anbaugebiete" oder „Sekt b.A." oder durch
- einen der herkömmlichen spezifischen Begriffe im Sinne von Artikel 15 Absatz 2 der Verordnung (EWG) Nr. 823/87, deren Verzeichnis noch aufzustellen ist und unter denen der Mitgliedstaat, in dem die Herstellung stattgefunden hat, die Auswahl trifft, oder durch
- einen der Namen der bestimmten Anbaugebiete für Qualitätsschaumweine b.A. nach Artikel 15 Absatz 7 Unterabsatz 3 der Verordnung (EWG) Nr. 823/87 oder durch
- die gleichzeitige Verwendung dieser beiden Angaben.

Die Mitgliedstaaten können jedoch für bestimmte auf ihrem Hoheitsgebiet hergestellte Qualitätsschaumweine b.A. vorschreiben, daß bestimmte im ersten Unterabsatz genannte Angaben allein oder zusammen zu verwenden sind.

d) bei einem aromatischen Qualitätsschaumwein gemäß Artikel 1 Absatz 2 Buchstabe b) der Verordnung (EWG) Nr. 2332/92 durch „aromatischen Qualitätsschaumwein";

e) bei einem aus einem Drittland stammenden Schaumwein durch
- „Schaumwein" oder
- „Qualitätsschaumwein" oder „Sekt", wenn die für seine Herstellung festgelegten Bedingungen als den in Titel III der Verordnung (EWG) Nr. 2332/92 aufgeführten Bedingungen gleichwertig anerkannt worden sind.

Bei diesem Schaumwein gehört zu der Verkehrsbezeichnung ein Hinweis auf das Drittland, in dem die verarbeiteten Weintrauben geerntet, zu Wein verarbeitet und zu Schaumwein weiterverarbeitet worden sind. Sind die zur Herstellung des Schaumweins verwendeten Erzeugnisse in einem anderen Land gewonnen worden als dem Land, in dem die Herstellung stattgefunden hat, so muß sich die Angabe des Herstellungslands gemäß Artikel 3 Absatz 3 deutlich von den Angaben auf der Etikettierung abheben;

f) bei einem aus der Gemeinschaft oder einem Drittland stammenden Schaumwein mit zugesetzter Kohlensäure durch „Schaumwein mit zugesetzter Kohlensäure". Wird in der für diese Angabe verwendeten Sprache nicht deutlich, daß Kohlensäure zugesetzt worden ist, so wird die Etikettierung nach festzulegenden Einzelheiten durch den Hinweis „durch Zusatz von Kohlensäure hergestellt" ergänzt.

(3) Die in Artikel 3 Absatz 1 Buchstabe c) vorgeschriebene Angabe der Art des Erzeugnisses nach Maßgabe seines Zuckergehalts erfolgt durch einen der folgenden Begriffe, der in dem Mitgliedstaat oder dem Drittland, für den bzw. das das Erzeugnis bestimmt ist und in dem es zum unmittelbaren menschlichen Verbrauch angeboten wird, verständlich ist:
- „brut nature", „naturherb", „bruto natural", „pas dosé", „dosage zézo" oder „dosaggio zero":
wenn sein Zuckergehalt unter 3 g je Liter liegt; diese Angaben dürfen nur für Erzeugnisse verwendet werden, denen nach der Schaumbildung kein Zucker zugesetzt wurde;
- „extra brut", „extra herb" oder „extra bruto":
wenn sein Zuckergehalt zwischen 0 und 6 g je Liter liegt;
- „brut", „herb" oder „bruto":
wenn sein Zuckergehalt unter 15 g je Liter liegt;
- „extra dry", „extra trocken" oder „extra seco":
wenn sein Zuckergehalt zwischen 12 und 20 g je Liter liegt;

**VO (EWG) Nr. 2333/92** Art. 6  SchaumweinVO (Bezeichnung)

- „sec", „trocken", „secco" oder „asciutto", „dry", „t☐r", „ξηρός", „secoc", „torr" oder „kuiva":
  wenn der Zuckergehalt zwischen 17 und 35 g je Liter liegt;
- „demi-sec", „halbtrocken", „abboccato", „medium dry", „halvt☐r", „ημίξερος", „semi seco", „meio seco", „halvtorr" oder „puolikuiva":
  wenn der Zuckergehalt zwischen 33 und 50 g je Liter liegt;
- „doux", „mild", „dolce", „sweet", „s☐d", „γλυκύς",„dulce", „doce", „söt" oder „makea":
  wenn der Zuckergehalt höher als 50 g je Liter ist.

Ermöglicht der Zuckergehalt des Erzeugnisses die Angabe von zwei in Unterabsatz 1 aufgeführten Begriffen, so darf der Hersteller oder Einführer nur einen davon nach seiner Wahl verwenden.

Abweichend von Artikel 3 Absatz 1 Buchstabe c) kann die Angabe der Art des Erzeugnisses gemäß Unterabsatz 1 bei aromatischen Qualitätsschaumweinen und bei aromatischen Qualitätsschaumweinen b.A. im Sinne des Artikels 1 Absatz 2 Buchstabe b) bzw. c) der Verordnung (EWG) Nr. 2332/92 durch die Angabe des durch die Analyse ermittelten Zuckergehalts in Gramm je Liter ersetzt werden.

Zur Angabe der Art des Erzeugnisses nach Maßgabe seines Zuckergehalts sind auf der Etikettierung nur die in den Unterabsätzen 1 und 3 vorgesehenen Angaben zulässig.

(4) Der Name oder der Firmenname des Herstellers sowie der Name der Gemeinde oder des Gemeindeteils und des Mitgliedstaats, in der bzw. dem er seinen Sitz hat, werden folgendermaßen angegeben:
– entweder im vollen Wortlaut,
– oder bei in der Gemeinschaft hergestellten Erzeugnissen anhand einer Kennziffer, sofern der Name oder der Firmenname der Person oder Personenvereinigung, die nicht Hersteller ist, jedoch an der Vermarktung des Erzeugnisses beteiligt war, sowie der Name der Gemeinde oder des Gemeindeteils und des Mitgliedstaats, in der bzw. dem diese Person oder Personenvereinigung ihren Sitz hat, im vollen Wortlaut angegeben werden.

(5) Wird auf dem Etikett der Name einer Gemeinde oder eines Gemeindeteils angegeben, um entweder den Sitz des Herstellers oder einer anderen Person, die an der Vermarktung des Erzeugnisses beteiligt war, oder den Ort der Herstellung zu bezeichnen, und enthält diese Angabe den Namen eines bestimmten Anbaugebiets im Sinne des Artikels 3 der Verordnung (EWG) Nr. 823/87, bei dem es sich nicht um den Namen handelt, der für die Bezeichnung des betreffenden Erzeugnisses verwendet werden darf, so wird dieser Name anhand einer Kennziffer angegeben.

Die Mitgliedstaaten können jedoch für die Bezeichnung der in ihrem Hoheitsgebiet hergestellten Erzeugnisse andere geeignete Maßnahmen vorschreiben, insbesondere hinsichtlich der Größe der Schriftzeichen für diese Angaben, mit denen sich Verwechslungen in bezug auf den geographischen Ursprung des Weines vermeiden lassen.

(6) Die zur Angabe der Herstellungsweise verwendeten Begriffe können in den Durchführungsbestimmungen vorgeschrieben werden.

**Art. 6.** (1) Der Name einer geographischen Einheit, die kein bestimmtes Anbaugebiet ist und kleiner als ein Mitgliedstaat oder ein Drittland ist, darf nur verwendet werden, um die Bezeichnung folgender Schaumweine zu ergänzen:
– eines Qualitätsschaumweins b.A.,
– eines Qualitätsschaumweins, dem der Name einer solchen geographischen Einheit mit den Durchführungsbestimmungen zugewiesen worden ist, oder
– eines aus einem Drittland stammenden Schaumweins, bei dem anerkannt worden ist, daß die für die Herstellung festgelegten Bedingungen denen entsprechen, die in Titel III der Verordnung (EWG) Nr. 2332/92 für Qualitätsschaumwein festgelegt sind, der den Namen einer geographischen Einheit trägt.

Diese Angabe darf nur verwendet werden, wenn

a) sie den Bestimmungen des Mitgliedstaats oder des Drittlands entspricht, in dem der Schaumwein hergestellt worden ist;

b) die betreffende geographische Einheit genau abgegrenzt ist;

c) alle Trauben, aus denen dieses Erzeugnis gewonnen worden ist, aus dieser geographischen Einheit stammen, ausgenommen die in der Fülldosage oder der Versanddosage enthaltenen Erzeugnisse;

d) diese geographische Einheit bei einem Qualitätsschaumwein b.A. innerhalb des bestimmten Anbaugebiets liegt, dessen Name dieser Wein trägt;

e) der Name dieser geographischen Einheit bei Qualitätsschaumwein nicht für die Bezeichnung eines Qualitätsschaumweins b.A. vorgesehen ist.

Abweichend von Unterabsatz 2 Buchstabe c) können die Mitgliedstaaten die Angabe des Namens einer geographischen Einheit, die kleiner als ein bestimmtes Anbaugebiet ist, zulassen, um die Bezeichnung eines Qualitätsschaumweins b.A. zu ergänzen, wenn dieses Erzeugnis zu mindestens 85 % aus Trauben gewonnen wurde, die in dieser geographischen Einheit geerntet worden sind.

(2) Der Name einer Rebsorte darf nur verwendet werden, um die Bezeichnung eines Erzeugnisses zu ergänzen, das genannt wird in Artikel 1 Absatz 1
— unter Buchstabe a) oder
— unter Buchstabe c), wobei anerkannt worden ist, daß die für die Herstellung dieses Erzeugnisses festgelegten Bedingungen denen des Titels III der Verordnung (EWG) Nr. 2332/92 entsprechen.

Die Angabe des Namens einer Rebsorte oder eines Synonyms dieses Namens ist nur zulässig, wenn

a) der Anbau dieser Sorte und die Verwendung der daraus gewonnenen Erzeugnisse den Gemeinschaftsbestimmungen oder den Bestimmungen des Drittlands, in dem die verarbeiteten Trauben geerntet worden sind, entsprechen;

b) diese Sorte auf einer Liste steht, die von dem Mitgliedstaat, in dem die für die Betreibung der Cuvée verwendeten Erzeugnisse gewonnen werden, aufzustellen ist; in bezug auf die Qualitätsschaumweine b.A. wird diese Liste gemäß Artikel 4 Absatz 1 der Verordnung (EWG) Nr. 823/87 oder gemäß Artikel 18 Absatz 1 der Verordnung (EWG) Nr. 2332/92 erstellt;

c) der Name dieser Rebsorte nicht zu Verwechslungen mit dem Namen eines bestimmten Anbaugebiets oder einer geographischen Einheit führt, die für die Bezeichnung eines anderen in der Gemeinschaft erzeugten oder eingeführten Weines verwendet wird;

ca) der Name dieser Rebsorte nicht im selben Ausdruck wiederholt wird, es sei denn, es gibt mehrere Sorten, die un und denselben Namen tragen, und dieser Name erscheint in einer von dem Erzeugermitgliedstaat festzulegenden Liste. Diese Liste wird der Kommission bekanntgegeben, die die übrigen Mitgliedstaaten davon unterrichtet;

d) das Erzeugnis vollständig aus der betreffenden Rebsorte gewonnen wurde, ausgenommen die in der Fülldosage oder der Versanddosage enthaltenen Erzeugnisse, und wenn diese Rebsorte für die Art des betreffenden Erzeugnisses bestimmend ist.

Abweichend von Unterabsatz 2 können die Erzeugermitgliedstaaten
— die Angabe des Namens einer Rebsorte zulassen, wenn das Erzeugnis zu mindestens 85 % aus Trauben gewonnen ist, die von der betreffenden Rebsorte stammen, ausgenommen die in der Fülldosage oder der Versanddosage enthaltenen Erzeugnisse, und wenn diese Rebsorte für die Art des betreffenden Erzeugnisses bestimmend ist;
— die Angabe der Namen von zwei oder drei Rebsorten zulassen, soweit es die Rechtsvorschriften des Erzeugermitgliedstaats vorsehen, und wenn alle Trauben, aus denen dieses Erzeugnis gewonnen wurde, von diesen beiden oder diesen drei Rebsorten stammen, ausgenommen die in der Fülldosage oder der Versanddosage enthaltenen Erzeugnisse, und wenn die Mischung dieser Rebsorten für die Art des betreffenden Erzeugnisses bestimmend ist;
— die Angabe auf einige Namen von Rebsorten nach Unterabsatz 2 begrenzen.

e) die Herstellungsdauer einschließlich der Alterung im Herstellungsbetrieb vom Beginn der Gärung an, durch die in der Cuvée Kohlensäure entwickelt werden soll, mindestens 90 Tage beträgt und sofern die Dauer der Gärung, durch die in der Cuvée Kohlensäure entwickelt werden soll, und die Dauer der Nichttrennung der Cuvée vom Trub
— mindestens 60 Tage beträgt;

## VO (EWG) Nr. 2333/92 Art. 6      SchaumweinVO (Bezeichnung)

— mindestens 30 Tage beträgt, wenn die Gärung in Behältnissen mit Rührvorrichtung erfolgt.

Diese Bestimmung gilt jedoch nicht für aromatische Schaumweine im Sinne des Artikels 18 der Verordnung (EWG) Nr. 2332/92 des Rates vom 13. Juli 1992 über in der Gemeinschaft hergestellte Schaumweine.

(3) Die Angabe des Begriffs „Flaschengärung" darf nur verwendet werden für die Bezeichnung
- eines Qualitätsschaumweins b.A.,
- eines Qualitätsschaumweins oder
- eines aus einem Drittland stammenden Schaumweins, bei dem anerkannt worden ist, daß die für die Herstellung festgelegten Bedingungen denen des Titel III der Verordnung (EWG) Nr. 2332/92 entsprechen.

Die Verwendung des in Unterabsatz 1 genannten Begriffs ist nur dann zulässig, wenn

a) das verarbeitete Erzeugnis durch eine zweite alkoholische Gärung in der Flasche zu Schaumwein geworden ist;

b) die Herstellungsdauer einschließlich der Alterung im Herstellungsbetrieb vom Beginn der Gärung an, durch die in der Cuvée Kohlensäure entwickelt werden soll, mindestens neun Monate beträgt;

c) die Dauer der Gärung, durch die in der Cuvée Kohlensäure entwickelt werden soll, und die Dauer der Nichttrennung der Cuvée vom Trub mindestens 90 Tage beträgt;

d) das verarbeitete Erzeugnis durch Abzug oder durch Degorgieren von seinem Trub getrennt worden ist.

(4) Die Angabe „Flaschengärung nach dem traditionellen Verfahren", „traditionelles Verfahren", „klassische Flaschengärung" oder „traditionelles klassisches Verfahren" sowie der Begriffe, die sich aus einer Übersetzung dieser Worte ergeben, darf nur verwendet werden für die Bezeichnung:
- eines Qualitätsschaumweins b.A.,
- eines Qualitätsschaumweins oder
- eines aus einem Drittland stammenden Schaumweins, bei dem anerkannt worden ist, daß die für die Herstellung festgesetzten Bedingungen denen von Titel III der Verordnung (EWG) Nr. 2332/92 entsprechen.

Die Verwendung eines der in Unterabsatz 1 genannten Begriffe ist nur zulässig, wenn das verarbeitete Erzeugnis

a) durch eine zweite alkoholische Gärung in der Flasche zu Schaumwein gemacht worden ist,

b) vom Zeitpunkt der Bereitung der Cuvée an mindestens neun Monate lang ununterbrochen in demselben Betrieb auf seinem Trub gelagert hat,

c) durch Degorgieren von seinem Trub getrennt worden ist.

(5) Die Angabe eines Begriffs betreffend ein Herstellungsverfahren, der den Namen eines bestimmten Gebiets oder einer anderen geographischen Einheit oder eines aus einem dieser Namen abgeleiteten Ausdrucks beinhaltet, darf nur verwendet werden für die Bezeichnung
- eines Qualitätsschaumweins b.A.,
- eines Qualitätsschaumweins oder
- eines aus einem Drittland stammenden Qualitätsschaumweins, bei dem anerkannt worden ist, daß die für die Herstellung festgesetzten Bedingungen denen von Titel III der Verordnung (EWG) Nr. 2332/92 entsprechend.

Dieser Begriff ist nur zur Bezeichnung eines Erzeugnisses zulässig, bei dem die in Unterabsatz 1 genannte geographische Angabe gemacht werden darf.

Jedoch ist bei Weinen, die nicht die Ursprungsbezeichnung „Champagne" tragen dürfen, die Bezugnahme auf das „méthode champenoise" genannte Herstellungsverfahren, soweit es traditionell gebräuchlich war, in Verbindung mit einem gleichwertigen Begriff für dieses Herstellungsverfahren noch fünf Weinwirtschaftsjahre lang ab dem 1. September 1989 zulässig.

Die Verwendung eines Begriffs nach Unterabsatz 3 ist ferner nur zulässig, wenn die in Absatz 4 Unterabsatz 2 genannten Bedingungen erfüllt sind.

(6) Für Qualitätsschaumweine b.A., die die in Absatz 4 Unterabsatz 2 genannten Bedingungen erfüllen, sind vorbehalten

a) der Begriff „Winzersekt" den in Deutschland hergestellten Qualitätsschaumweinen b.A., die folgende Voraussetzung erfüllen:
– Sie müssen aus Trauben gewonnen sein, die in demselben Weinbaubetrieb geerntet wurden, in dem der Hersteller im Sinne des Artikels 5 Absatz 4 die Verarbeitung der Trauen zu Wein durchführt, die zur Herstellung der Qualitätsschaumweine b.A. bestimmt sind; dies gilt auch für Erzeugergemeinschaften.
– Sie müssen von dem unter dem ersten Gedankenstrich genannten Hersteller vermarktet und mit Etiketten angeboten werden, die Angaben über den Weinbaubetrieb, die Rebsorte und den Jahrgang enthalten.

Nach dem Verfahren des Artikels 83 der Verordnung (EWG) Nr. 822/87 können zusätzliche Bedingungen für die Verwendung des Begriffs „Winzersekt" und gleichwertiger Begriffe in den anderen Gemeinschaftssprachen festgelegt werden.

Nach dem gleichen Verfahren kann ein Mitgliedstaat ermächtigt werden, besondere und vor allem restriktivere Einzelheiten vorzusehen.

Begriffe im Sinne der vorhergehenden Unterabsätze dürfen nur in ihrer Ursprungssprache verwendet werden;

b) der Begriff „Crémant" für Qualitätsschaumweine b.A., die
– diese Bezeichnung von dem Mitgliedstaat, in dem sie hergestellt werden, in Verbindung mit dem Namen des bestimmten Anbaugebiets zugeordnet bekommen,
– aus dem Most aus der Kelterung von - im Fall von weißen Qualitätsschaumweinen b.A. - ganzen Trauben gewonnen wurden, wobei ein Grenzwert von 100 Litern für 150 Kilogramm Lesegut gilt,
– einen Höchstgehalt an Schwefeldioxyd von 150 mg/Liter aufweisen,
– eine Zuckergehalt von unter 50 Gramm/Liter aufweisen und
– gegebenenfalls unter Einhaltung der besonderen zusätzlichen Regeln gewonnen sind, die für ihre Herstellung und Bezeichnung von dem Mitgliedstaat festgesetzt wurden, in dem die Herstellung stattgefunden hat.

Abweichend vom ersten Gedankenstrich können die Hersteller von Qualitätsschaumweinen b.A., denen der betreffende Mitgliedstaat nicht den Begriff „Crémant" nach dieser Vorschrift zugeordnet hat, diesen Begriff unter der Voraussetzung verwenden, daß sie ihn mindestens 10 Jahre vor dem 1. Juli 1996 traditionell verwendet haben.

Der betreffende Mitgliedstaat teilt der Kommission die Fälle mit, in denen er von dieser Ausnahme Gebrauch macht.

(7) Der Jahrgang darf nur angegeben werden, um die Bezeichnung
– eines Qualitätsschaumweins b.A.,
– eines Qualitätsschaumweins oder
– eines aus einem Drittland stammenden Schaumweins, bei dem anerkannt worden ist, daß die für die Herstellung festgesetzten Bedingungen denen von Titel III der Verordnung (EWG) Nr. 2332/92 entsprechen,

zu ergänzen.

Die Angabe des Jahrgangs ist nur zulässig, wenn das Erzeugnis zu mindestens 85 % aus Trauben gewonnen wurde, die in dem betreffenden Jahr geerntet worden sind, ausgenommen die in der Fülldosage oder der Versanddosage enthaltenen Erzeugnisse.

Die Mitgliedstaaten können für den in ihrem Hoheitsgebiet hergestellten Qualitätsschaumwein b.A. jedoch vorschreiben, daß die Angabe des Jahrgangs nur zulässig ist, wenn das Erzeugnis vollständig aus Trauben gewonnen wurde, die in dem betreffenden Jahr geerntet worden sind, ausgenommen die in der Fülldosage oder der Versanddosage enthaltenen Erzeugnisse.

(8) Die Angabe eines Begriffs betreffend eine gehobene Qualität ist nur zulässig für
– einen Qualitätsschaumwein b.A.,
– einen Qualitätsschaumwein oder

– einen aus einem Drittland stammenden Schaumwein, bei dem anerkannt worden ist, daß die für die Herstellung festgelegten Bedingungen denen von Titel III der Verordnung (EWG) Nr. 2332/92 entsprechen.

(9) Die Bezeichnung eines Mitgliedstaats oder eines Drittlands durch die Verwendung des Namens dieses Staates oder seines abgeleiteten Adjektivs in Verbindung mit der in Artikel 5 Absatz 2 genannten Verkehrsbezeichnung darf nur erfolgen, wenn dieses Erzeugnis ausschließlich von Trauben stammt, die in dem Hoheitsgebiet des Mitgliedstaats oder Drittlands geerntet und zu Wein verarbeitet wurden, in dem die Herstellung des Erzeugnisses stattfindet.

(10) Die Bezeichnung eines in Artikel 1 Absatz 1 genannten Erzeugnisses darf durch einen Begriff oder ein Zeichen, das sich auf eine bei einem Wettbewerb gewonnene Medaille oder einen entsprechenden Preis oder jede andere Auszeichnung bezieht, nur dann ergänzt werden, wenn dieser Preis bzw. diese Auszeichnung durch eine offizielle oder zu diesem Zweck offiziell anerkannte Stelle für eine bestimmte Menge des betreffenden Erzeugnisses verliehen worden ist.

(11) Die Begriffe „Premium" oder „Reserve" dürfen nur verwendet werden zur Ergänzung
– der Angabe „Qualitätsschaumwein" oder
– der Angabe einer der in Artikel 5 Absatz 2 Buchstabe c) genannten Begriffe.
Der Begriff „Reserve" kann unter den vom Erzeugermitgliedstaat festgelegten Bedingungen gegebenenfalls durch eine nähere Bezeichnung ergänzt werden.

(12) Erforderlichenfalls können die Durchführungsbestimmungen folgendes umfassen:
a) Bedingungen für die Verwendung
– des in Absatz 8 genannten Begriffs;
– der Begriffe betreffend eine andere als die in den Absätzen 3 bis 6 genannten Herstellungsarten;
– der Begriffe zur Bezeichnung besonderer Eigenschaften der Rebsorten, aus denen das betreffende Erzeugnis gewonnen wurde;
b) eine Liste der unter Buchstabe a) genannten Begriffe.

**Art. 7.** Die Angaben gemäß
– Artikel 3 werden in einer oder mehreren Amtssprachen der Gemeinschaft gemacht, so daß der Endverbraucher jede dieser Angaben ohne weiteres verstehen kann;
– Artikel 4 werden in einer oder mehreren Amtssprachen der Gemeinschaft gemacht.
Bei den in ihrem Hoheitsgebiet in den Verkehr gebrachten Erzeugnissen können die Mitgliedstaaten zulassen, daß diese Angaben zusätzlich in einer anderen Sprache als einer Amtssprache der Gemeinschaft gemacht werden, wenn die Verwendung dieser Sprache in dem betreffenden Mitgliedstaat oder einem Teil seines Hoheitsgebiets herkömmlich und üblich ist.
Jedoch
a) wird bei Qualitätsschaumwein b.A. oder bei Qualitätsschaumwein die Angabe
– des Namens des bestimmten Anbaugebiets nach Maßgabe des Artikels 3 Absatz 2 Unterabsatz 2,
– des Namens einer anderen geographischen Einheit nach Maßgabe des Artikels 6 Absatz 1 allein in der Amtssprache des Mitgliedstaats gemacht, in dessen Hoheitsgebiet die Herstellung stattgefunden hat; bei den vorgenannten, in Griechenland hergestellten Erzeugnissen können diese Angaben in einer oder mehreren der Amtssprachen der Gemeinschaft wiederholt werden;
b) wird bei den aus Drittländern stammenden Erzeugnissen
– die Verwendung einer Amtssprache des Drittlands, in dem die Herstellung stattgefunden hat, unter der Bedingung zugelassen, daß die Angaben gemäß Artikel 3 Absatz 1 zusätzlich in einer Amtssprache der Gemeinschaft gemacht werden;
– kann die Übersetzung bestimmter in Artikel 4 genannter Angaben in eine Amtssprache der Gemeinschaft durch Durchführungsbestimmungen geregelt werden;

c) können bei den für die Ausfuhr bestimmten Erzeugnissen mit Ursprung in der Gemeinschaft die Angaben gemäß Artikel 3 Absatz 1, die in einer der Amtssprachen der Gemeinschaft erscheinen, in einer anderen Sprache wiederholt werden.

**Art. 8.** (1) Bei den in Artikel 1 Absatz 1 genannten Erzeugnissen muß die Bezeichnung in den von den Herstellern geführten Ein- und Ausgangsbüchern, den amtlichen Dokumenten, und, wenn kein Begleitdokument ausgestellt wird, den Geschäftspapieren mindestens folgende Angaben enthalten:
- die in Artikel 3 Absatz 1 Buchstaben a) und c) und gegebenenfalls Absatz 2 oder Absatz 3 genannten vorgeschriebenen Angaben,
- die in Artikel 6 genannten Angaben, sofern sie in der Etikettierung verwendet werden oder verwendet werden sollen.

Die Bezeichnung in den von anderen Personen als den Herstellern geführten Ein- und Ausgangsbüchern muß mindestens die in Unterabsatz 1 genannten Angaben enthalten. In diesem Fall können die im zweiten Gedankenstrich genannten Angaben in den Ein- und Ausgangsbüchern durch die Nummer des Begleitdokuments und sein Ausstellungsdatum ersetzt werden.

(2) Die in Absatz 1 genannten Angaben werden nach Maßgabe der Artikel 4, 5 und 6 gemacht.

## Titel II. Aufmachung

**Art. 9.** Die Behältnisse für die Herstellung und Lagerung der in Artikel 1 Absatz 1 genannten Erzeugnisses sind unverwischbar zu beschriften, so daß die mit der Überwachung beauftragte Stelle ihren Inhalt schnell mit Hilfe der Bücher oder der an ihrer Stelle geltenden Unterlagen identifizieren kann.

Bei Behältnissen mit einem Nennvolumen bis zu 60 Litern, die mit demselben Erzeugnis gefüllt sind und als eine Partie gelagert werden, kann jedoch die Einzelkennzeichnung der Behältnisse durch die Kennzeichnung der gesamten Partie ersetzt werden, sofern diese Partie von den übrigen Partien deutlich getrennt gelagert wird.

**Art. 10.** (1) Die in Artikel 1 Absatz 1 genannten Erzeugnisse dürfen nur in Glasflaschen abgefüllt sein, zum Verkauf vorrätig gehalten und in den Verkehr gebracht werden, die

a) folgendermaßen verschlossen sind:
- mit einem pilzförmigen Stopfen aus Kork oder einem anderen für den Kontakt mit Lebensmitteln zugelassenen Stoff mit Haltevorrichtung, gegebenenfalls mit einem Plättchen bedeckt, wobei der Stopfen ganz und der Flaschenhals ganz oder teilweise mit Folien umkleidet ist,
- mit einem sonstigen geeigneten Verschluß, wenn es sich um Flaschen mit einem Nennvolumen bis zu 0,20 Litern handelt, und

b) gemäß den Vorschriften dieser Verordnung etikettiert sind.

Hinsichtlich der Erzeugnisse des Artikels 1 Absatz 1, die gemäß Artikel 6 Absätze 3 und 4 durch zweite Gärung in der Flasche gewonnen werden, können für die noch im Herstellungsprozeß befindlichen Schaumweine in nicht etikettierten, vorläufig verschlossenen Behältnissen Ausnahmen

a) vom Erzeugermitgliedstaat festgelegt werden, sofern die betreffenden Weine
- Qualitätsschaumweine b.A. werden sollen
- nur zwischen Herstellern innerhalb des betreffenden bestimmten Anbaugebiets in Verkehr sind,
- mit Begleitpapieren versehen werden und
- Gegenstand besonderer Kontrollen sind;

b) bis zum 31. Dezember 2001 auf Hersteller von Qualitätsschaumweinen angewandt werden, die von dem betreffenden Mitgliedstaat eine ausdrückliche Erlaubnis erhalten haben, und die von diesem festgelegte Bedingungen, insbesondere in Bezug auf die Kontrolle, einhalten.

Die betreffenden Mitgliedstaaten übermitteln der Kommission vor dem 30. Juni 2000 einen Bericht über die Anwendung dieser Ausnahmen. Die Kommission legt gegebenenfalls die erforderlichen Vorschläge für eine Verlängerung dieser Regelung vor.

Der Verschluß nach Unterabsatz 1 Buchstabe a) erster und zweiter Gedankenstrich darf nicht mit einer unter Verwendung von Blei hergestellten Kapsel oder Folie umkleidet sein.

(1a) In Flaschen von der Art der „Schaumwein-Flaschen oder ähnlichen Flaschen mit einem in Absatz 1 Buchstabe a) genannten Verschluß zum Verkauf, zum Inverkehrbringen oder zur Ausfuhr dürfen lediglich folgende Produkte abgefüllt werden:
– Erzeugnisse gemäß Artikel 1 Absatz 1;
– Getränke, für die diese Aufmachung traditionell gebräuchlich ist, und die
  – den Definitionen für Perlwein oder Perlwein mit zugesetzter Kohlensäure in den Nummern 17 und 18 des Anhangs I der Verordnung (EWG) Nr. 822/87 entsprechen oder
  – aus der alkoholischen Gärung von Obst oder eines anderen landwirtschaftlichen Grundstoffs gewonnen wurden, insbesondere die Erzeugnisse des Artikels 43 Absatz 2 der Verordnung (EWG) Nr. 2392/89 und die unter die Verordnung (EWG) Nr. 1601/91 fallenden Erzeugnisse oder
  – einen vorhandenen Alkoholgehalt von höchstens 1,2 % vol. haben;
– Produkte, bei denen es trotz dieser Aufmachung nicht zu Verwechslungen oder zu einer Irreführung des Verbrauchers hinsichtlich der wirklichen Art des Produkts kommen kann.

Die Durchführungsbestimmungen zu Unterabsatz 1 werden nach dem Verfahren des Artikels 83 der Verordnung (EWG) Nr. 822/87 festgelegt.

(2) Insoweit die Einzelheiten der Etikettierung nicht durch diese Verordnung geregelt sind, können sie durch die Durchführungsbestimmungen geregelt werden, insbesondere betreffend

a) den Platz des Etiketts auf dem Behältnis,
b) die Mindestabmessungen des Etiketts,
c) die Verteilung der Angaben zur Bezeichnung auf dem Etikett,
d) die Größe der Schriftzeichen auf dem Etikett,
e) die Verwendung von Zeichen, Abbildungen oder Marken.

**Art. 11.** (1) Weist die Verpackung eines in Artikel 1 Absatz 1 genannten Erzeugnisses eine oder mehrere Angaben auf, die sich auf das verpackte Erzeugnis beziehen, so müssen diese unbeschadet des Absatzes 2 den Vorschriften dieser Verordnung entsprechen.

(2) Wenn die Behältnisse, die ein Erzeugnis im Sinne von Artikel 1 Absatz 1 enthalten, dem Endverbraucher in einer Verpackung zum Kauf angeboten werden, so muß diese eine den Vorschriften dieser Verordnung entsprechende Etikettierung aufweisen.

Vorkehrungen zur Vermeidung übermäßiger Härten bei besonderen Verpackungen mit kleinen Mengen der in Artikel 1 Absatz 1 genannten Erzeugnisse, die allein oder zusammen mit anderen Erzeugnissen verpackt sind, werden nach dem Verfahren des Artikels 83 der Verordnung (EWG) Nr. 822/87 getroffen.

### Titel III. Allgemeine Bestimmungen

**Art. 12.** Unbeschadet von Artikel 7 Absatz 1 läßt jeder Mitgliedstaat die Bezeichnung und die Aufmachung von in seinem Hoheitsgebiet in den Verkehr gebrachten in Artikel 1 Absatz 1 genannten Erzeugnissen mit Ursprung in anderen Mitgliedstaaten zu, soweit sie im Einklang mit den gemeinschaftlichen Bestimmungen stehen und gemäß dieser Verordnung in dem Mitgliedstaat zugelassen sind, in dem das Erzeugnis hergestellt worden ist.

**Art. 13.** (1) Die Bezeichnung und Aufmachung der in Artikel 1 Absatz 1 genannten Erzeugnisse sowie jegliche Werbung für diese Erzeugnisse dürfen nicht falsch oder geeignet sein, Verwechslungen oder eine Irreführung von Personen, an die sie sich richten, hervorzurufen, insbesondere hinsichtlich

– der in den Artikeln 3 und 6 geregelten Angaben; dies gilt auch, wenn diese Angaben in Übersetzung oder mit einem Hinweis auf die tatsächliche Herkunft oder mit Zusätzen wie „Art", „Typ", „Fasson", „Nachahmung", „Marke" oder dergleichen verwendet werden;
– der Eigenschaften der Erzeugnisse wie insbesondere der Art, Zusammensetzung, Alkoholgehalt, Farbe, des Ursprungs oder der Herkunft, der Qualität, der Rebsorte, des Jahrgangs oder des Nennvolumens der Behältnisse;
– der Identität und der Eigenschaft der natürlichen oder juristischen Personen oder Personenvereinigungen, die an der Herstellung oder der Vermarktung des Erzeugnisses beteiligt sind oder waren.

Die geographische Bezeichnung eines bestimmten Anbaugebiets eines Qualitätsschaumweins b.A. muß hinreichend genau und bekanntermaßen an das Produktionsgebiet gebunden sein, damit angesichts der gegebenen Umstände Verwechslungen vermieden werden können.

(2) Wird eine sich auf die in Artikel 1 Absatz 1 genannten Erzeugnisse beziehende Bezeichnung, Aufmachung und Werbung durch Marken ergänzt, so dürfen diese keine Worte, Wortteile, Zeichen oder Abbildungen enthalten, die

a) geeignet sind, Verwechslungen oder eine Irreführung der Personen, an die sie sich richten, im Sinne von Absatz 1 hervorzurufen, oder

b) mit der gesamten oder einem Teil der Bezeichnung eines Tafelweins, eines Qualitätsweins b.A., einschließlich eines Qualitätsschaumweins b.A., oder eines eingeführten Weins, dessen Bezeichnung durch Gemeinschaftsvorschriften geregelt wird, oder mit der Bezeichnung eines anderen in Artikel 1 Absatz 1 genannten Erzeugnisses verwechselt werden können bzw. mit der Bezeichnung eines solchen Erzeugnisses identisch sind, ohne daß die für die Bereitung der Cuvée des betreffenden Schaumweins verwendeten Erzeugnisse eine solche Bezeichnung oder Aufmachung beanspruchen können.

(3) Abweichend von Absatz 2 Buchstabe b) kann der Inhaber einer für ein Erzeugnis im Sinne des Artikels 1 Absatz 1 registrierten und verkehrsüblichen Marke, die Worte enthält, die mit der Bezeichnung eines bestimmten Anbaugebiets oder einer kleineren geographischen Einheit als einem bestimmten Anbaugebiet identisch sind, diese Marke auch dann, wenn das Erzeugnis diese Bezeichnung gemäß Absatz 2 nicht führen darf, weiterverwenden, wenn sie der Identität des ursprünglichen Inhabers oder des ursprünglichen Namensgebers entspricht, sofern die Registrierung der Marke bei Qualitätsweinen b.A. mindestens 25 Jahre vor der offiziellen Anerkennung der betreffenden geographischen Bezeichnung gemäß Artikel 1 Absatz 3 der Verordnung (EWG) Nr. 823/87 durch einen Erzeugermitgliedstaat erfolgt ist und die Marke effektiv ohne Unterbrechung verwendet wurde.

Marken, die die Bedingungen des Unterabsatzes 1 erfüllen, können der Verwendung von Namen geographischer Einheiten für die Bezeichnung eines Qualitätsweins b.A. nicht entgegengehalten werden.

(4) Bezeichnung, Aufmachung und Werbung für andere Produkte als diejenigen des Artikels 1 Absatz 1 dürfen nicht den Eindruck vermitteln, daß es sich bei dem betreffenden Produkt um Schaumwein handelt.

**Art. 14.** (1) Die in Artikel 5 Absatz 2 genannten Verkehrsbezeichnungen dürfen nur für die in Artikel 1 Absatz 1 genannten Erzeugnisse verwendet werden.

Die Mitgliedstaaten können jedoch für die Bezeichnung eines Getränks den KN-Codes 2206 00 91, das durch alkoholische Gärung aus einer Frucht oder aus einem anderen landwirtschaftlichen Ausgangserzeugnis gewonnen worden ist, die Verwendung des Begriffs „Schaumwein" in zusammengesetzten Ausdrücken zulassen, wenn diese nach dem 29. November 1985 geltenden Rechtsvorschriften üblich waren.

(2) Die in Absatz 1 Unterabsatz 2 genannten zusammengesetzten Ausdrücke werden in der Etikettierung in Schriftzeichen derselben Art und derselben Farbe und von einer Größe angegeben, die es ermöglicht, sie deutlich von anderen Angaben abzuheben.

**Art. 15.** (1) Qualitätsschaumweine b.A. dürfen nur in Verkehr gebracht werden, wenn der Name des bestimmten Anbaugebiets, der ihnen zusteht, auf dem Stopfen angegeben ist und die Flaschen bereits am Herstellungsort mit einem Etikett versehen werden.

Bei der Etikettierung können jedoch Ausnahmen zugelassen werden, sofern eine angemessene Kontrolle gewährleistet ist.

(2) Die Durchführungsbestimmungen zu diesem Artikel werden nach dem Verfahren des Artikels 83 der Verordnung (EWG) Nr. 822/87 festgelegt.

Nach demselben Verfahren werden die Ausnahmen betreffend die in Absatz 1 Unterabsatz 1 genannten Angaben auf dem Stopfen für den Fall festgelegt, daß ein Schaumwein bei der Kontrolle durch die zuständige Behörde nicht als Qualitätsschaumwein b.A. anerkannt wird.

**Art. 16.** (1) Die in Artikel 1 Absatz 1 genannten Erzeugnisse, deren Bezeichnung oder Aufmachung nicht den Vorschriften dieser Verordnung oder den diesbezüglichen Durchführungsbestimmungen entspricht, dürfen in der Gemeinschaft weder zum Verkauf vorrätig gehalten noch in den Verkehr gebracht noch ausgeführt werden.

Abweichungen von den Vorschriften dieser Verordnung können jedoch bei zur Ausfuhr bestimmten Erzeugnissen
– von den Mitgliedstaaten zugelassen werden, wenn die Rechtsvorschriften des Einfuhrdrittlands dies erfordern,
– in den Durchführungsbestimmungen für die Fälle vorgesehen werden, die nicht unter den ersten Gedankenstrich fallen.

(2) Der Mitgliedstaat, in dessen Hoheitsgebiet sich das Erzeugnis befindet, dessen Bezeichnung oder Aufmachung nicht Absatz 1 entspricht, trifft die erforderlichen Maßnahmen, um die Verstöße je nach ihrer Schwere zu ahnden.

Der Mitgliedstaat kann jedoch erlauben, das betreffende Erzeugnis in der Gemeinschaft zum Verkauf vorrätig zu halten oder in den Verkehr zu bringen oder es auszuführen, sofern die Bezeichnung oder Aufmachung dieses Erzeugnisses so geändert wird, daß sie Absatz 1 entspricht.

**Art. 17.** Mit den Durchführungsbestimmungen werden Übergangsbestimmungen erlassen für
– das Inverkehrbringen von Erzeugnissen, deren Bezeichnung und Aufmachung nicht den Vorschriften dieser Verordnung entsprechen;
– die Verwendung von Vorräten an Etiketten und sonstigen Hilfsmitteln für die Etikettierung, die dem 1. September 1986 gedruckt bzw herstellt worden sind.

**Art. 18.** (1) Die Verordnung (EWG) Nr. 3309/85 wird aufgehoben.

(2) Verweisungen auf die durch Absatz 1 aufgehobene Verordnung gelten als Verweisungen auf die vorliegende Verordnung und sind nach Maßgabe der Übereinstimmungstabelle im Anhang zu lesen.

**Art. 19.** Diese Verordnung tritt am Tag ihrer Veröffentlichung im Amtsblatt der Europäischen Gemeinschaften in Kraft. Sie gilt am 1. September 1992, mit Ausnahme des Artikels 10 Absatz 1 Unterabsatz 2, der ab 1. Januar 1993 gilt.

Diese Verordnung ist in allen ihren Teilen verbindlich und gilt unmittelbar in jedem Mitgliedstaat.

SchaumweinVO (Bezeichnung)     **Anhang VO (EWG) Nr. 2333/92**

## ANHANG

### Übereinstimmungstabelle

| Verordnung (EWG) Nr. 358/79 | Diese Verordnung |
|---|---|
| Artikel 1 | Artikel 1 |
| Artikel 2 erster Gedankenstrich | Artikel 2 erster Gedankenstrich |
| Artikel 2 zweiter Gedankenstrich | Artikel 2 zweiter Gedankenstrich |
| Artikel 5 Absatz 4 Unterabsatz 1 | Artikel 2 dritter Gedankenstrich |
| Artikel 5 Absatz 4 Unterabsatz 1 | Artikel 2 vierter Gedankenstrich |
| Artikel 3 | Artikel 3 |
| Artikel 4 | Artikel 4 |
| Artikel 5 Absatz 1 | Artikel 5 Absatz 1 |
| Artikel 5 Absatz 2 | Artikel 5 Absatz 2 |
| Artikel 5 Absatz 3 | Artikel 5 Absatz 3 |
| Artikel 5 Absatz 4 Unterabsatz 2 | Artikel 5 Absatz 4 |
| Artikel 5 Absatz 5 | Artikel 5 Absatz 5 |
| Artikel 5 Absatz 6 | Artikel 5 Absatz 6 |
| Artikel 6 Absatz 1 | Artikel 6 Absatz 1 |
| Artikel 6 Absatz 2 | Artikel 6 Absatz 2 |
| Artikel 6 Absatz 3 | Artikel 6 Absatz 3 |
| Artikel 6 Absatz 4 | Artikel 6 Absatz 4 |
| Artikel 6 Absatz 5 | Artikel 6 Absatz 5 |
| Artikel 6 Absatz 5a | Artikel 6 Absatz 6 |
| Artikel 6 Absatz 6 | Artikel 6 Absatz 7 |
| Artikel 6 Absatz 7 | Artikel 6 Absatz 8 |
| Artikel 6 Absatz 8 | Artikel 6 Absatz 9 |
| Artikel 6 Absatz 9 | Artikel 6 Absatz 10 |
| Artikel 6 Absatz 10 | Artikel 6 Absatz 11 |
| Artikel 6 Absatz 11 | Artikel 6 Absatz 12 |
| Artikel 7 | Artikel 7 |
| Artikel 8 | Artikel 8 |
| Artikel 9 | Artikel 9 |
| Artikel 10 | Artikel 10 |
| Artikel 11 | Artikel 11 |
| Artikel 12 | Artikel 12 |
| Artikel 13 | Artikel 13 |
| Artikel 14 | Artikel 14 |
| Artikel 14a | Artikel 15 |
| Artikel 15 | Artikel 16 |
| Artikel 16 | – |
| Artikel 17 | Artikel 17 |
| – | Artikel 18 |
| Artikel 18 | Artikel 19 |

VO (EWG) Nr. 4252/88                                                                    LikörweinVO

## 12. Verordnung (EWG) Nr. 4252/88 des Rates über die Herstellung und Vermarktung von in der Gemeinschaft erzeugten Likörweinen

vom 21. Dezember 1988*

(ABl. EG Nr. L 373 vom 31. Dezember 1988, S. 59; zuletzt geändert durch Verordnung (EG) Nr. 1629/98 vom 20. Juli 1998, ABl. EG Nr. L 210 vom 28. Juli 1998, S. 11)

DER RAT DER EUROPÄISCHEN GEMEINSCHAFTEN –

gestützt auf den Vertrag zur Gründung der Europäischen Wirtschaftsgemeinschaft, insbesondere auf Artikel 43,
auf Vorschlag der Kommission[1],
nach Stellungnahme des Europäischen Parlaments[2],
nach Stellungnahme des Wirtschafts- und Sozialausschusses[3],
in Erwägung nachstehender Gründe:
Derzeit sind die Herstellung und die Vermarktung von Likörweinen nicht durch Gemeinschaftsvorschriften geregelt. Angesichts der wirtschaftlichen Bedeutung dieser Erzeugnisse sind jedoch gemeinsame Bestimmungen für diesen Bereich erforderlich, um das Funktionieren des gesamten Weinmarktes zu gewährleisten.
Mit der Verordnung (EWG) Nr. 822/87 des Rates vom 16. März 1987 über die gemeinsame Marktorganisation für Wein[4], zuletzt geändert durch die Verordnung (EWG) Nr. 4250/ 88[5], sind die Herstellung und Vermarktung von Tafelweinen geregelt worden. Diese Regelung ist durch entsprechende Vorschriften für alle in der Gemeinschaft hergestellten Likörweine zu ergänzen. Bei Qualitätslikörweinen bestimmter Anbaugebiete (Qualitätslikörweine b.A.) ist zu berücksichtigen, daß es sich um Qualitätsweine b.A handelt, so daß sie mit der Verordnung (EWG) Nr. 823 / 87 des Rates vom 16.

---

* Nach Art. 23 gilt für das Inkrafttreten: Die Verordnung (EWG) Nr. 4252/88 ist am 1. September 1989 in Kraft getreten. Für die durch die Verordnung (EWG) Nr. 1735/91 vom 13. Juni 1991 (ABl. EG Nr. L 163 vom 26. Juni 1991, S. 9) vorgenommene Änderung der Verordnung (EWG) Nr. 4252/88 gilt für das Inkrafttreten: Die in Art. 2 der Verordnung (EWG) Nr. 1735/91 vorgenommene Änderung des Art. 6 Abs. 2 der Verordnung (EWG) Nr. 4252/88 ist nach Art. 3 der Verordnung (EWG) Nr. 1735/91 am 29. Juni 1991 in Kraft getreten. Für die durch die Verordnung (EWG) Nr. 1759/92 vom 30. Juni 1992 (ABl. EG Nr. L 180 vom 1. Juli 1992, S. 31) vorgenommene Änderung der Verordnung (EWG) Nr. 4252/88 gilt für das Inkrafttreten: Die in Art. 2 der Verordnung (EWG) Nr. 1759/92 vorgenommene Änderung des Art. 6 Abs. 2 der Verordnung (EWG) Nr. 4252/88 ist nach Art. 3 der Verordnung (EWG) Nr. 1759/92 am 1. Juli 1992 in Kraft getreten. Für die durch die Verordnung (EWG) Nr. 1568/93 vom 14. Juni 1993 (ABl. EG Nr. L 154 vom 25. Juni 1993, S. 42) vorgenommene Änderung der Verordnung (EWG) Nr. 4252/88 gilt für das Inkrafttreten: Die in Art. 2 der Verordnung (EWG) Nr. 1568/93 vorgenommene Änderung des Art. 6 Abs. 2 der Verordnung (EWG) Nr. 4252/88 ist nach Art. 3 der Verordnung (EWG) Nr. 1568/93 am 28. Juni 1993 in Kraft getreten. Die Verordnung (EWG) Nr. 1568/93 gilt seit dem 1. September 1993. Für die durch die Verordnung (EWG) Nr. 1893/94 vom 27. Juli 1994 (ABl. EG Nr. L 197 vom 30. Juli 1994, S. 45) vorgenommene Änderung der Verordnung (EWG) Nr. 4252/88 gilt für das Inkrafttreten: Die in Art. 2 der Verordnung (EWG) Nr. 1893/94 vorgenommene Änderung des Art. 6 Abs. 2 der Verordnung (EWG) Nr. 4252/88 ist nach Art. 3 der Verordnung (EWG) Nr. 1893/94 am 30. Juli 1994 in Kraft getreten. Die Verordnung (EWG) Nr. 1893/94 gilt seit dem 1. September 1994. Für die durch die Verordnung (EWG) Nr. 1547/95 vom 29. Juni 1995 (ABl. EG Nr. L 148 vom 30. Juni 1995, S. 35) vorgenommene Änderung der Verordnung (EWG) Nr. 4252/88 gilt für das Inkrafttreten: Die in Art. 2 der Verordnung (EWG) Nr. 1547/95 vorgenommene Änderung des Art. 6 Abs. 2 der Verordnung (EWG) Nr. 4252/88 ist nach Art. 3 der Verordnung (EWG) Nr. 1547/95 am 30. Juni 1995 in Kraft getreten. Die Verordnung (EWG) Nr. 1547/95 gilt seit dem 1. September 1995. Für die durch die Verordnung (EWG) Nr. 1594/96 vom 30. Juli 1996 (ABl. EG Nr. L 206 vom 16. August 1996, S. 35) vorgenommene Änderung der Verordnung (EWG) Nr. 4252/88 gilt für das Inkrafttreten: Die in Art. 2 der Verordnung (EWG) Nr. 1594/96 vorgenommenen Änderungen des Art. 4 Abs. 2 und des Art. 6 Abs. 2 der Verordnung (EWG) Nr. 4252/88 sind nach Art. 3 der Verordnung (EWG) Nr. 1594/96 am 19. August 1996 in Kraft getreten. Für die durch die Verordnung (EWG) Nr. 1419/97 vom 22. Juli 1997 (ABl. EG Nr. L 196 vom 24. Juli 1997, S. 13) vorgenommene Änderung der Verordnung (EWG) Nr. 4252/88 gilt für das Inkrafttreten: Die in Art. 2 der Verordnung (EWG) Nr. 1419/97 vorgenommenen Änderungen des Art. 4 Abs. 2 und des Art. 6 Abs. 2 der Verordnung (EWG) Nr. 4252/88 sind nach Art. 3 der Verordnung (EWG) Nr. 1419/97 am 27. Juli 1997 in Kraft getreten. Für die durch die Verordnung (EWG) Nr. 1629/98 vom 20. Juli 1998 (ABl. EG Nr. L 210 vom 28. Juli 1998, S. 11) vorgenommene Änderung der Verordnung (EWG) Nr. 4252/88 gilt für das Inkrafttreten: Die in Art. 2 der Verordnung (EWG) Nr. 1629/98 vorgenommenen Änderungen des Art. 4 Abs. 2 und des Art. 6 Abs. 2 der Verordnung (EWG) Nr. 4252/88 sind nach Art. 3 der Verordnung (EWG) Nr. 1629/98 am 31. Juli 1998 in Kraft getreten.
[1] ABl. Nr. C 87 vom 2. 4. 1987, S. 10 und ABl. Nr. C 11 vom 16. 1. 1988, S. 7.
[2] ABl. Nr. C 318 vom 30. 11. 1987, S. 55.
[3] ABl. Nr. C 232 vom 31. 8. 1987, S. 14.
[4] ABl. Nr. L 84 vom 27. 3. 1987, S. 1.
[5] Siehe Seite 55 des Amtsblatts.

März 1987 zur Festlegung besonderer Vorschriften für Qualitätsweine bestimmter Anbaugebiete[1)] in Einklang stehen müssen.

Es empfiehlt sich, für diese Likörweine ein System mit gemeinsamen Regeln für Erzeugung, Herstellung, Vermarktung und Kontrolle einzurichten, das es unter Beibehaltung der Qualitätsmerkmale ermöglicht, Wettbewerbsverzerrungen zu vermeiden, den freien Verkehr dieser Erzeugnisse zu erleichtern und den Schutz des Verbrauchers zu gewährleisten.

Eine solche Maßnahme würde dem Verbraucher bei seiner Wahl helfen, indem ihm die Gewähr geboten wird, daß das ihm angebotene Erzeugnis besonderen Qualitätsanforderungen entspricht. Sie würde zugleich die Interessen des Erzeugers schützen, den innergemeinschaftlichen Handel fördern, die Nachfrage steigern und damit größere Absatzmöglichkeiten für Weinbauerzeugnisse schaffen helfen.

Alle Likörweine sowie die zu ihrer Herstellung verwendeten Erzeugnisse müssen Mindestqualitätsanforderungen genügen. Es sind also Mindestqualitätsmerkmale festzulegen.

Außerdem bedarf es ergänzender Vorschriften betreffend die analytischen Merkmale der bei der Herstellung von Likörweinen verwendeten Erzeugnisse für den Fall, daß Weindestillat oder getrocknete Weintrauben verwendet werden.

Um die Verwendung von Saccharose bei der Süßung von Likörweinen zu vermeiden, empfiehlt es sich, zusätzlich zur Verwendung von konzentriertem Traubenmost diejenige von rektifiziertem konzentriertem Traubenmost zu gestatten.

Als Folge des Verfahrens zur Herstellung von Likörweinen besitzen die Beteiligten zahlreiche verschiedene Grundstoffe, insbesondere Alkohol, der namentlich zur Herstellung von künstlichen Weinen dienen kann. Um diese Tätigkeit besser zu kontrollieren und insbesondere eine solche Herstellung auszuschließen, ist vorzuschreiben, daß die Beteiligten der zuständigen Behörde Meldung erstatten und daß sie über den Eingang und die Verwendung der eingesetzten Erzeugnisse Buch führen.

Zur Berücksichtigung bestimmter herkömmlicher Verfahren ist es angezeigt, bei den Qualitätslikörweinen b.A. „Malaga" und „Jerez-Xérès-Sherry" vorübergehend zuzulassen, daß die Süßung auch mit konzentriertem Traubenmost oder mit teilweise gegorenem Traubenmost aus eingetrockneten Weintrauben der Rebsorte Pedro Ximenez aus den bestimmten Anbaugebieten „Montilla-Moriles" erfolgt.

Unter Berücksichtigung der herkömmlichen Verwendungen, die zum guten Ruf des „Porto" genannten Qualitätslikörweins b.A. beigetragen haben, sollte als Ausnahme anerkannt werden, daß die betreffende geographische Bezeichnung für ein begrenztes Gebiet gilt, das sich von dem unterscheidet, aus dem die verwendeten Grundstoffe stammen.

Bestimmte Qualitätslikörweine b.A., für die eine besondere Erzeugungsdisziplin gilt, werden mit herkömmlichen besonderen Bezeichnungen vermarktet. Es ist deshalb ein gemeinschaftlicher Rahmen zur Bestimmung dieser Erzeugnisse festzulegen.

Die Bezeichnungen „vin doux naturel", „griechischer Wein", „vino dulce natural", „vino dolce naturale", „vinho doce natural" sind mit herkömmlichen Herstellungsverfahren verknüpft, die je nach Mitgliedstaat verschieden sind. Zur Vermeidung von Verwechslungen sollte der Gebrauch dieser Bezeichnungen nur in der Sprache des Erzeugungslandes zulässig sein; es sollte allerdings gestattet werden, daß ihnen eine erläuternde Bezeichnung in einer anderen Sprache beigefügt wird, die der Endverbraucher versteht bzw. bei der in Griechenland traditionell geregelten Bezeichnung „vin doux naturel" die Bezeichnung „griechischer Wein", wenn es sich um einen in diesem Mitgliedstaat erzeugten und im Verkehr befindlichen „vin doux naturel" handelt.

Die Herstellung bestimmter Qualitätslikörweine b.A. erfordert ein besonderes Verfahren der Alterung unter Oberflächeneinfluß von Hefe. Dieses Verfahren sollte definiert werden.

Zur Erhaltung des besonderen qualitativen Charakters der Qualitätsweine b.A. ist den Mitgliedstaaten zu erlauben, unter Berücksichtigung der herkömmlichen Gepflogenheiten ergänzende oder strengere Regeln für die Erzeugung, Herstellung, Alterung und Vermarktung der Qualitätsweine b.A. anzuwenden —

HAT FOLGENDE VERORDNUNG ERLASSEN:

## Titel I. Allgemeine Vorschriften

**Art. 1.** In dieser Verordnung werden Bestimmungen für die Herstellung und die Vermarktung von Likörweinen im Sinne von Nummer 14 des Anhangs I der Verordnung (EWG) Nr. 822/87 festgelegt.

Qualitätslikörweine bestimmter Anbaugebiete (Qualitätslikörweine b.A.) sind Weine, die der Definition für Likörweine nach Anhang I Nummer 14 der Verordnung (EWG) Nr. 822/87 sowie der Verordnung (EWG) Nr. 823/87 und den besonderen Bestimmungen der vorliegenden Verordnung entsprechen.

---

[1)] ABl. Nr. L 84 vom 27. 3. 1987, S. 59.

**Art. 2.** Die Bezeichnungen „Likörwein" und „Qualitätslikörwein eines bestimmten Anbaugebietes" oder „Qualitätslikörwein b.A." sind den in Artikel 1 genannten Erzeugnissen vorbehalten.

**Art. 3.** (1) Für die Herstellung der in Artikel 1 genannten Likörweine werden die nachstehenden Erzeugnisse verwendet:
- in Gärung stehender Traubenmost oder
- Wein oder
- die Mischung der unter den vorstehenden Gedankenstrichen genannten Erzeugnisse oder
- Traubenmost oder die Mischung dieses Erzeugnisses mit Wein für bestimmte Qualitätslikörweine b.A. nach einem noch zu erstellenden Verzeichnis.

(2) Außerdem werden beigegeben
  a) bei Likörweinen und Qualitätslikörweinen b.A., ausgenommen die unter Buchstabe b) genannten Qualitätslikörweine b.A.:
- die folgenden Erzeugnisse (jeweils für sich oder als Mischung):
  - neutraler Alkohol, der aus der Destillation von Weinbauerzeugnissen, einschließlich getrockneter Weintrauben, stammt, dessen Alkoholgehalt mindestens 96 % vol beträgt und der den in den Gemeinschaftsvorschriften vorgesehenen Merkmalen entspricht;
  - Destillat aus Wein oder getrockneten Weintrauben, dessen Alkoholgehalt mindestens 52 % vol und höchstens 86 % vol beträgt und das den Merkmalen des Anhangs 1 entspricht;
- sowie gegebenenfalls eines oder mehrere der nachstehenden Erzeugnisse:
  - konzentrierter Traubenmost;
  - das Erzeugnis, das durch Mischen eines der unter dem ersten Gedankenstrich genannten Erzeugnisse mit einem in Absatz 1 erster oder vierter Gedankenstrich genannten Traubenmost gewonnen wird;
  
  b) bei bestimmten Qualitätslikörweinen b.A. nach einem noch zu erstellenden Verzeichnis:
- entweder die unter Buchstabe a) erster Gedankenstrich genannten Erzeugnisse (jeweils für sich oder als Mischung),
- oder eines oder mehrere der nachstehenden Erzeugnisse:
  - Alkohol aus Wein oder getrockneten Weintrauben, dessen Alkoholgehalt mindestens 95 % vol und höchstens 96 % vol beträgt und der den Merkmalen entspricht, die in den Gemeinschaftsvorschriften oder, wo solche nicht vorliegen, den betreffenden einzelstaatlichen Bestimmungen vorgesehen sind;
  - Branntwein oder Tresterbrand, dessen Alkoholgehalt mindestens 52 % vol und höchstens 86 % vol beträgt und der den Merkmalen entspricht, die in den Gemeinschaftsvorschriften oder, wo solche nicht vorliegen, den betreffenden einzelstaatlichen Bestimmungen vorgesehen sind;
  - Brand aus getrockneten Weintrauben, dessen Alkoholgehalt mindestens 52 % vol und weniger als 94,5 % vol beträgt und der den Merkmalen entspricht, die in den Gemeinschaftsvorschriften oder, wo solche nicht vorliegen, den betreffenden einzelstaatlichen Bestimmungen vorgesehen sind;
- sowie gegebenenfalls eines oder mehrere der nachstehenden Erzeugnisse:
  - teilweise gegorener Traubenmost aus eingetrockneten Weintrauben;
  - durch die unmittelbare Einwirkung von Feuerwärme gewonnener konzentrierter Traubenmost, der – abgesehen von diesem Vorgang – der Definition von konzentriertem Traubenmost entspricht;
  - konzentrierter Traubenmost;
  - das Erzeugnis, das durch Mischen eines der unter dem zweiten Gedankenstrich genannten Erzeugnisse mit einem in Absatz 1 erster oder vierter Gedankenstrich genannten Traubenmost gewonnen wird.

**Art. 4.** (1) Die zur Herstellung der Likörweine und der Qualitätslikörweine b.A. dienenden Erzeugnisse gemäß Artikel 3 Absatz 1 dürfen gegebenenfalls nur Gegenstand der önologischen Verfahren und Behandlungen gemäß Titel II der Verordnung (EWG) Nr. 822/87 oder Anhang VI der genannten Verordnung gewesen sein.

Jedoch
- darf sich die Erhöhung des natürlichen Alkoholgehalts nur aus der Verwendung der unter Artikel 3 Absatz 2 fallenden Erzeugnisse ergeben;
- kann für die zur Herstellung von „Vino generoso" gemäß Artikel 14 oder zur Herstellung von „Vino generoso de licor" gemäß Artikel 16 bestimmten Erzeugnisse von dem betreffenden Mitgliedstaat die Verwendung von Kalziumsulfat zugelassen werden, sofern es sich hierbei um ein herkömmliches Verfahren handelt und der Sulfatgehalt des derart behandelten Erzeugnisses 2,5 g/l, ausgedrückt in Kalziumsulfat, nicht übersteigt. Außerdem können diese Erzeugnisse einer zusätzlichen Säuerung mit Weinsäure bis zu 1,50 g/l unterzogen werden.

(2) Die Kommission legt dem Rat vor dem 1. April 1999 aufgrund der gewonnenen Erfahrung einen Bericht über die Verwendung von Kalziumsulfat nach Absatz 1 zweiter Gedankenstrich sowie über die durch die Verwendung dieses Erzeugnisses bedingte zusätzliche Säuerung gegebenenfalls zusammen mit Vorschlägen vor, über die der Rat vor dem 1. September 1999 beschließt.

**Art. 5.** Unbeschadet strengerer Vorschriften, welche die Mitgliedstaaten für die in ihrem Hoheitsgebiet hergestellten Likörweine und Qualitätslikörweine b.A. erlassen dürfen, werden bei diesen Erzeugnissen die önologischen Verfahren und Behandlungen gemäß Anhang VI der Verordnung (EWG) Nr. 822/87 zugelassen.

Ferner sind zugelassen:

a) die Süßung – sofern die verwendeten Erzeugnisse nicht mit konzentriertem Traubenmost angereichert worden sind – anhand von
- konzentriertem Traubenmost oder rektifiziertem konzentriertem Traubenmost, sofern die Erhöhung des gesamten Alkoholgehalts des betreffenden Weines nicht mehr als 3 % vol beträgt;
- konzentriertem Traubenmost oder rektifiziertem konzentriertem Traubenmost oder teilweise gegorenem Traubenmost aus eingetrockneten Weintrauben im Falle des „Vino generoso de licor" gemäß Artikel 16, sofern die Erhöhung des gesamten Alkoholgehalts des betreffenden Weines nicht mehr als 8 % vol beträgt; dies gilt unbeschadet des Artikels 20;
- konzentriertem Traubenmost oder rektifiziertem konzentriertem Traubenmost im Falle des Qualitätslikörweins b.A. „Madeira", sofern die Erhöhung des Gesamtalkoholgehalts des betreffenden Weines nicht mehr als 8 % vol beträgt.

Die Süßung muß Gegenstand einer Meldung und der Buchführung gemäß den Gemeinschaftsvorschriften sein, die in Anwendung der Verordnung (EWG) Nr. 822/87 erlassen worden sind;

b) der Zusatz von Alkohol, Destillat oder Branntwein gemäß Artikel 3, um die Verluste auszugleichen, die sich aus der Verdunstung während der Reifung ergeben;

c) die Reifung in Behältnissen bei einer Temperatur bis zu 50 °C im Falle des Qualitätslikörweins b.A. „Madeira".

**Art. 6.** (1) Unbeschadet der strengeren Vorschriften, welche die Mitgliedstaaten für in ihrem Hoheitsgebiet erzeugte Likörweine und Qualitätslikörweine b.A. erlassen können, darf der Gesamtschwefeldioxidgehalt der Likörweine und der Qualitätslikörweine b.A. zum Zeitpunkt des Inverkehrbringens zum unmittelbaren menschlichen Verbrauch folgende Werte nicht überschreiten:
- 150 mg/l, sofern der Restzuckergehalt weniger als 5 g/l beträgt;
- 200 mg/l, sofern der Restzuckergehalt mehr als 5 g/l beträgt.

(2) Die Kommission legt dem Rat vor dem 1. April 1999 aufgrund der gewonnenen Erfahrung einen Bericht über die Höchstwerte für den Schwefeldioxidgehalt von Likörwein und Qualitätslikörwein b.A. gegebenenfalls zusammen mit Vorschlägen vor, über die der Rat nach dem Verfahren des Artikels 43 Absatz 2 des Vertrages vor dem 1. September 1999 beschließt.

**Art. 7.** Die Rebsorten, von denen die bei der Herstellung der Likörweine und der Qualitätslikörweine b.A. verwendeten Erzeugnisse nach Artikel 3 Absatz 1 stammen, werden unter den in Artikel 69 der Verordnung (EWG) Nr. 822/87 genannten Rebsorten ausgewählt.

**Art. 8.** Jeder Hersteller von Likörweinen oder Qualitätslikörweinen b.A. ist verpflichtet, der zuständigen Behörde des Mitgliedstaats, in dessen Hoheitsgebiet die Weine hergestellt werden, Meldung zu erstatten.

Unbeschadet des Artikels 71 der Verordnung (EWG) Nr. 822/87 muß jeder Hersteller von Likörweinen oder Qualitätslikörweinen b.A. über den Eingang und die Verwendung der in Artikel 3 genannten Erzeugnisse Buch führen.

**Art. 9.** Unbeschadet der Bestimmungen, die gemäß Artikel 72 Absatz 1 der Verordnung (EWG) Nr. 822/87 erlassen werden, muß jedes Behältnis mit einem Nennvolumen von 60 Litern oder weniger, in dem ein Likörwein oder ein Qualitätslikörwein b.A. in den Verkehr gebracht wird, unter Angabe der Bezeichnung des Erzeugnisses, gegebenenfalls ergänzt durch den Namen des bestimmten Anbaugebiets, etikettiert werden; das gleiche gilt für Behältnisse mit einem Nettovolumen von mehr als 60 Litern, sofern sie etikettiert sind.

Außerdem sind den vorgenannten Erzeugnissen Geschäfts- oder amtliche Unterlagen beizufügen, die die Angaben nach Absatz 1 enthalten.

## Kapitel II. Vorschriften für Likörweine

**Art. 10.** Der natürliche Alkoholgehalt der bei der Herstellung eines Likörweins verwendeten Erzeugnisse nach Artikel 3 Absatz 1 darf nicht weniger als 12 % vol betragen.

## Titel III. Vorschriften für Qualitätslikörweine bestimmter Anbaugebiete

**Art. 11.** (1) Die in Artikel 3 Absatz 1 genannten Erzeugnisse sowie der konzentrierte Traubenmost und der teilweise gegorene Traubenmost aus eingetrockneten Weintrauben nach Artikel 3 Absatz 2, die zur Herstellung eines Qualitätslikörweins b.A. verwendet werden, müssen aus dem bestimmten Anbaugebiet stammen, dessen Namen der betreffende Qualitätslikörwein b.A. trägt.

Was die Qualitätslikörweine b.A. „Malaga" und „Jerez-Xérès-Sherry" anbelangt, so können der konzentrierte Traubenmost und nach Artikel 67 Absatz 7 der Verordnung (EWG) Nr. 822/87, auch der teilweise gegorene Traubenmost aus eingetrockneten Weintrauben nach Artikel 3 Absatz 2 der Rebsorte Pedro Ximenez aus dem bestimmten Anbaugebiet „Montilla-Moriles" kommen.

(2) Die in den Artikeln 4 und 5 genannten Arbeitsvorgänge zur Herstellung eines Qualitätslikörweins b.A. dürfen nur innerhalb des bestimmten Anbaugebiets nach Absatz 1 durchgeführt werden.

Was den Qualitätslikörwein b.A. „Porto" anbelangt, dessen Bezeichnung dem Erzeugnis vorbehalten ist, das aus Trauben hergestellt wird, die aus dem begrenzten Anbaugebiet „Douro" stammen, so können die zusätzlichen Herstellungs- und Reifungsverfahren in diesem Falle entweder in dem vorgenannten begrenzten Anbaugebiet oder aber in Vila Nova de Gaia bei Porto durchgeführt werden.

**Art. 12.** Unbeschadet der strengeren Vorschriften, welche die Mitgliedstaaten für die in ihrem Hoheitsgebiet hergestellten Qualitätslikörweine b.A. erlassen können, darf
 a) der natürliche Alkoholgehalt der bei der Herstellung eines Qualitätslikörweins b.A. verwendeten Erzeugnisse nach Artikel 3 Absatz 1 nicht weniger als 12 % vol betragen.

Bestimmte Qualitätslikörweine b.A. nach einem noch zu erstellenden Verzeichnis dürfen jedoch gewonnen werden
- aus Traubenmost mit einem natürlichen Alkoholgehalt von mindestens 10 % vol im Falle von Qualitätslikörweinen b.A., die durch Zusatz von Branntwein aus Wein oder Trau-

bentrester mit Ursprungsbezeichnung, der gegebenenfalls aus demselben Betrieb stammt, gewonnen werden,
- oder aus in Gärung stehendem Traubenmost oder im Falle des nachstehenden zweiten Doppelgedankenstrichs aus Wein mit einem ursprünglichen natürlichen Alkoholgehalt von mindestens
  - 11 % vol, wenn es sich um Qualitätslikörweine b.A. handelt, die durch Zusatz von neutralem Alkohol oder einem Weindestillat mit einem vorhandenen Alkoholgehalt von mindestens 70 % vol oder Branntwein aus dem Weinbau gewonnen wurden,
  - 10,5 % vol, wenn es sich um „Vino generoso" gemäß Artikel 14 oder um „Vino generoso de licor" gemäß Artikel 16 handelt, die aus weißem Traubenmost gewonnen wurden,
  - 9 % vol, wenn es sich um einen Qualitätslikörwein b.A. handelt, der gemäß den einzelstaatlichen Rechtsvorschriften, die dies ausdrücklich vorsehen, auf traditionelle und übliche Weise hergestellt wird;

b) der vorhandene Alkoholgehalt eines Qualitätslikörweins b.A. nicht weniger als 15 % vol und nicht mehr als 22 % vol betragen;

c) der Gesamtalkoholgehalt eines Qualitätslikörweins b.A. nicht weniger als 17,5 % vol betragen.

Der Gesamtalkoholgehalt darf jedoch bei bestimmter Qualitätslikörweinen b.A. nach einem noch zu erstellenden Verzeichnis weniger als 17,5 % vol, jedoch nicht weniger als 15 % vol betragen, wenn die vor dem 1. Januar 1985 dafür geltenden einzelstaatlichen Rechtsvorschriften dies ausdrücklich vorsehen.

**Art. 13.** (1) Die herkömmlichen besonderen Bezeichnungen „οίνος φυσικόσ γλυκύς", „vino dulce natural", „vino dolce naturale", „vinho doce natural" sind Qualitätslikörweinen b.A. vorbehalten, die
- aus Lesegut gewonnen werden, das mindestens zu 85 % aus den Rebsorten des Verzeichnisses in Anhang 11 besteht,
- aus Most erzeugt werden, der einen ursprünglichen natürlichen Zuckergehalt von mindestens 212 g/l aufweist,
- ohne jede weitere Anreicherung durch Zusatz von Alkohol, Destillat oder Branntwein gemäß Artikel 3 gewonnen werden.

(2) Sofern es die herkömmlichen Herstellungsverfahren erforderlich machen, können die Mitgliedstaaten für die auf ihrem Hoheitsgebiet hergestellten Qualitätslikörweine b.A, versehen, daß die herkömmliche besondere Bezeichnung „vin doux naturel" Qualitätslikörweinen vorbehalten ist, die
- vom Winzer selbst bereitet werden und ausschließlich aus dessen Muskat-, Grenache-, Maccabeo- und Malvoisie-Ernte stammen; es kann jedoch auch Lesegut von Parzellen verwendet werden, deren Gesamtbestand an Rebstöcken höchstens 10 % andere Rebsorten als die vorstehend bezeichneten aufweist;
- aus Traubenmost von Rebflächen mit einem Maximalertrag von 40 hl je Hektar gewonnen werden; bei Überschreiten dieser Ertragsgrenze ist die Bezeichnung „vin doux naturel" für die Gesamternte nicht mehr zulässig;
- aus Traubenmost erzeugt werden, der einen ursprünglichen natürlichen Zuckergehalt von mindestens 252 g je Liter aufweist,
- ohne jede weitere Anreicherung durch den Zusatz von Alkohol aus dem Weinbau gewonnen werden, dessen Gehalt an reinem Alkohol mindestens 5 % des Volumens des verwendeten, in Gärung stehenden Traubenmostes und höchstens dem niedrigeren der beiden nachstehenden Gehalte entspricht:
  - 10 % des Volumens des verwendeten, vorstehend genannten Traubenmostes
  - oder 40 % des Gesamtalkoholgehalts des Enderzeugnisses, der sich ergibt aus der Summe des vorhandenen Alkoholgehalts und des Äquivalents des potentiellen Alkoholgehalts, der auf der Basis von 1 % vol reinem Alkohol bei 17,5 g Restzucker je Liter berechnet wird.

(3) Die Bezeichnungen gemäß den Absätzen 1 und 2 dürfen nicht übersetzt werden. Ihnen kann jedoch

— eine erläuternde Bezeichnung in einer Sprache beigefügt werden, die der Endverbraucher versteht;
— bei den gemäß Absatz 2 in Griechenland hergestellten und sich im Hoheitsgebiet dieses Mitgliedstaats im Verkehr befindlichen Erzeugnissen zusätzlich zu der Bezeichnung „vin doux naturel" die Bezeichnung „οίνος φυσικόσ γλυκύς" beigefügt werden.

**Art. 14.** (1) Die herkömmliche besondere Bezeichnung „Vino generoso" ist dem trockenen Qualitätslikörwein b.A. vorbehalten, der unter dem Oberflächeneinfluß von Hefe hergestellt wird und
— aus weißen Trauben der Rebsorten Palomino de Jerez, Palomino fino, Pedro Ximenez, Verdejo, Zalema und Garrido Fino gewonnen wird,
— in den Verkehr gebracht wird, nachdem er im Durchschnitt zwei Jahre in Eichenfässern gereift ist.
Mit der in Unterabsatz 1 genannten Herstellung unter dem Oberflächeneinfluß von Hefe ist ein biologischer Vorgang gemeint, der bei der spontanen Bildung eines typischen Hefeschleiers auf der freien Oberfläche des Weines nach vollständiger alkoholischer Gärung des Traubenmostes abläuft und dem Erzeugnis seine spezifischen analytischen und organoleptischen Merkmale verleiht.

(2) Die Bezeichnung gemäß Absatz 1 darf nicht übersetzt werden. Ihr kann jedoch eine erläuternde Bezeichnung in einer Sprache beigefügt werden, die der Endverbraucher versteht.

**Art. 15.** Die herkömmliche besondere Bezeichnung „Vinho generoso" ist den Qualitätslikörweinen b.A. „Porto", „Madeira", „Moscatel de Setúbal" und „Carcavelos" in Verbindung mit der jeweiligen Ursprungsbezeichnung vorbehalten.

**Art. 16.** (1) Die herkömmliche besondere Bezeichnung „Vino generoso de licor" ist Qualitätslikörwein b.A. vorbehalten, der
— aus „Vino generoso" gemäß Artikel 14 oder aus einem unter dem Oberflächeneinfluß von Hefe erzeugten Wein, aus dem ein solcher „Vino generoso" hergestellt werden kann, gewonnen wird, dem entweder teilweise gegorener Traubenmost aus eingetrockneten Weintrauben oder konzentrierter Traubenmost zugesetzt worden ist;
— in den Verkehr gebracht wird, nachdem er im Durchschnitt zwei Jahre in Eichenfässern gereift ist.

(2) Die Bezeichnung gemäß Absatz 1 darf nicht übersetzt werden. Ihr kann jedoch eine erläuternde Bezeichnung in einer Sprache beigefügt werden, die der Endverbraucher versteht.

**Art. 17.** Abgesehen von den in dieser Verordnung vorgesehenen Bestimmungen können die erzeugenden Mitgliedstaaten für Qualitätslikörweine b.A. gemäß diesem Titel, die innerhalb ihres Hoheitsgebiets erzeugt werden, unter Berücksichtigung der ständigen und der Verkehrssitte entsprechenden Gepflogenheiten zusätzliche oder strengere Bedingungen für die Erklärungen über die berufliche Tätigkeit sowie für die Erzeugung, die Herstellung, die Reifung und das Inverkehrbringen festlegen.

### Titel IV. Schluß- und Übergangsbestimmungen

**Art. 18.** Für die Anwendung dieser Verordnung gelten die in Artikel 74 der Verordnung (EWG) Nr. 822/87 festgelegten Analysemethoden.

**Art. 19.** Die Mitgliedstaaten und die Kommission teilen sich gegenseitig die zur Anwendung dieser Verordnung erforderlichen Angaben mit.

**Art. 20.** Abweichend von Artikel 5 Buchstabe a) zweiter Gedankenstrich darf die Süßung von „Vino generoso de licor" bis zum 31. Dezember 1990 mit Hilfe von Saccharose vorgenommen werden.

LikörweinVO  Art. 20–23  **VO (EWG) Nr. 4252/88**

**Art. 21.** Likörweine, bei denen die Herstellungsbedingungen oder bestimmte analytische Merkmale nicht dieser Verordnung, jedoch den früheren einzelstaatlichen Rechtsvorschriften entsprechen, dürfen bis zur Erschöpfung der Bestände zum Verkauf vorrätig gehalten, in den Verkehr gebracht und ausgeführt werden.

**Art. 22.** Die Durchführungsbestimmungen zu dieser Verordnung, insbesondere zu Artikel 8, werden nach dem Verfahren des Artikels 83 der Verordnung (EWG) Nr. 822/87 festgelegt.

Nach dem gleichen Verfahren werden die Verzeichnisse von Qualitätslikörweinen b.A. im Sinne der Artikel 3 und 12 erstellt.

**Art. 23.** Diese Verordnung tritt am 1. September 1989 in Kraft.

Diese Verordnung ist in allen ihren Teilen verbindlich und gilt unmittelbar in jedem Mitgliedstaat.

## ANHANG I

**Merkmale des Destillats gemäß Artikel 3 Absatz 2 Buchstabe a) erster Gedankenstrich zweiter doppelter Gedankenstrich**

| | |
|---|---|
| 1. Organoleptische Merkmale | Kein feststellbarer Fremdgeschmack |
| 2. Mindestalkoholgehalt | 52% vol |
| Höchstalkoholgehalt | 86% vol |
| 3. Gesamtmenge an anderen flüchtigen Stoffen als Äthylalkohol und Methylalkohol | mehr als 125 g/hl r.A. |
| 4. Höchstgehalt an Methylalkohol | 200 g/hl r.A. |

## ANHANG II

**Verzeichnis der Rebsorten gemäß Artikel 13**

Muskat, Grenache, Maccabeo, Malvoisie, Mavrodophne, Assirtiko, Liatiko, Garnacha tintorera, Monastrell, Pedro Ximenez, Albarola, Aleatico, Bosco, Cannonau, Corinto nero, Girb, Monica, Nasco, Primitivo, Vermentino, Zibibbo.

VO (EG) Nr. 3295/94                                                BeschlagnahmeVO

## 13. Verordnung (EG) Nr. 3295/94 des Rates vom 22. Dezember 1994 über Maßnahmen, welche das Verbringen von Waren, die bestimmte Rechte am geistigen Eigentum verletzen, in die Gemeinschaft sowie ihre Ausfuhr und Wiedereinfuhr aus der Gemeinschaft betreffen

vom 22. Dezember 1994*

(ABl. EG Nr. L 341 vom 30. Dezember 1994, S. 8, zuletzt geändert durch Verordnung (EG) Nr. 241/1999 vom 25. Januar 1999, ABl. EG Nr. L 27 vom 2. Februar 1999, S. 1)**

*Erwägungsgründe des Rates hinsichtlich der Verordnung (EG) Nr. 3295/94:*

DER RAT DER EUROPÄISCHEN UNION

gestützt auf den Vertrag zur Gründung der Europäischen Gemeinschaft, insbesondere auf Artikel 113, auf Vorschlag der Kommission[1],
nach Stellungnahme des Europäischen Parlaments[2],
nach Stellungnahme des Wirtschafts- und Sozialausschusses[3],
in Erwägung nachstehender Gründe:

Die Verordnung (EWG) Nr. 3842/86 des Rates vom 1. Dezember 1986 über Maßnahmen zum Verbot der Überführung nachgeahmter Waren in den zollrechtlich freien Verkehr[4] ist seit dem 1. Januar 1988 in Kraft. Es ist den Erfahrungen der ersten Jahre der Anwendung dieser Verordnung Rechnung zu tragen, um die Wirksamkeit des eingeführten Systems zu verbessern.

Durch das Inverkehrbringen nachgeahmter Waren und unerlaubt hergestellter Vervielfältigungsstücke oder Nachbildungen wird den gesetzestreuen Herstellern und Händlern sowie den Inhabern von Urheberrechten und verwandten Schutzrechten erheblicher Schaden zugefügt und der Verbraucher getäuscht. Es ist daher notwendig, so weit wie möglich zu verhindern, daß solche Waren auf den Markt gelangen; zu diesem Zweck sind Maßnahmen zur wirksamen Bekämpfung dieser illegalen Praktiken zu ergreifen, ohne jedoch dadurch den rechtmäßigen Handel in seiner Freiheit zu behindern. Diese Zielsetzung steht im übrigen im Einklang mit gleichgerichteten Anstrengungen auf internationaler Ebene.

Soweit die nachgeahmten Waren, die unerlaubt hergestellten Vervielfältigungsstücke oder Nachbildungen sowie ihnen gleichgestellte Waren aus Drittländern eingeführt werden, muß ihre Überführung in den zollrechtlich freien Verkehr oder in ein Nichterhebungsverfahren in der Gemeinschaft verboten und ein geeignetes Verfahren für das Tätigwerden der Zollbehörden eingeführt werden, um bestmögliche Voraussetzungen für die Beachtung dieses Verbots zu schaffen.

Das Tätigwerden der Zollbehörden im Hinblick auf das Verbot der Überführung nachgeahmter Waren und unerlaubt hergestellter Vervielfältigungsstücke oder Nachbildungen in den zollrechtlich freien Verkehr oder in ein Nichterhebungsverfahren muß sich auch auf die Ausfuhr und die Wiederausfuhr dieser Waren erstrecken.

Im Rahmen eines Nichterhebungsverfahrens oder bei einer Wiederausfuhr, für die die Mitteilung genügt, werden die Zollbehörden nur in den Fällen tätig, in denen mutmaßlich nachgeahmte Waren und unerlaubt hergestellte Vervielfältigungsstücke oder Nachbildungen im Rahmen einer zollamtlichen Prüfung entdeckt werden.

Die Gemeinschaft berücksichtigt die Bestimmungen des im Rahmen des GATT ausgehandelten Übereinkommens über die handelsrelevanten Aspekte der Rechte des geistigen Eigentums einschließlich des Handels mit nachgeahmten Waren und insbesondere die Maßnahmen beim Grenzübergang.

Es muß festgelegt werden, daß die Zollbehörden befugt sind, Anträge auf Tätigwerden entgegenzunehmen und darüber zu entscheiden.

---

\* Nach Art. 17 gilt für das Inkrafttreten: Die Verordnung (EG) Nr. 3295/94 ist am 2. Januar 1995 in Kraft getreten. Sie gilt seit dem 1. Juli 1995.
\*\* Für die durch die Verordnung (EG) Nr. 241/1999 vom 25. Januar 1999 (ABl. EG Nr. L 27 vom 2. Februar 1999, S. 1) vorgenommenen Änderungen der Verordnung (EG) Nr. 3295/94 gilt für das Inkrafttreten: Die in Art. 1 der Verordnung (EG) Nr. 241/1999 vorgenommenen Änderungen der Verordnung (EWG) Nr. 3295/94 sind nach Art. 2 der Verordnung (EG) Nr. 241/1999 am 3. Februar 1999 in Kraft getreten. Sie gelten ab dem 1. Juli 1999.
[1] ABl. EG Nr. C 238 vom 2. 9. 1993, S. 9.
[2] ABl. EG Nr. C 61 vom 28. 2. 1994.
[3] ABl. EG Nr. C 52 vom 19. 2. 1994, S. 37.
[4] ABl. EG Nr. L 357 vom 18. 12. 1986, S. 1.

BeschlagnahmeVO                                          **VO (EG) Nr. 3295/94**

Das Tätigwerden der Zollbehörden muß darin bestehen, im Falle von Waren, bei denen der Verdacht besteht, daß sie nachgeahmte Waren oder unerlaubt hergestellte Vervielfältigungsstücke oder Nachbildungen sind, für die Zeit, die für die Prüfung der Frage, ob es sich tatsächlich um solche Waren handelt, erforderlich ist, entweder die Überlassung dieser Waren im Rahmen der Überführung in den zollrechtlich freien Verkehr, der Ausfuhr oder der Wiederausfuhr auszusetzen oder diese Waren zurückzuhalten, wenn sie im Rahmen eines Nichterhebungsverfahrens oder bei einer Wiederausfuhr, für die die Mitteilung genügt, entdeckt werden.

Den Mitgliedstaaten ist die Möglichkeit einzuräumen, die betreffenden Waren vorübergehend zurückzuhalten, noch bevor ein Antrag vom Rechtsinhaber gestellt oder genehmigt worden ist, damit der Rechtsinhaber innerhalb einer bestimmten Frist einen Antrag auf Tätigwerden bei den Zollbehörden stellen kann.

Es ist angezeigt, daß die zuständige Stelle über die ihr vorgelegten Fälle nach denselben Kriterien entscheidet, die auch bei der Prüfung der Frage zugrunde gelegt werden, ob in dem betreffenden Mitgliedstaat hergestellte Waren Rechte des geistigen Eigentums verletzen. Die Rechtsvorschriften der Mitgliedstaaten über die Zuständigkeit der Justizbehörden und die gerichtlichen Verfahren bleiben unberührt.

Es muß festgelegt werden, welche Maßnahmen zu ergreifen sind, wenn festgestellt wird, daß es sich bei den betreffenden Waren um nachgeahmte Waren oder unerlaubt hergestellte Vervielfältigungsstücke oder Nachbildungen handelt. Diese Maßnahmen sollen nicht nur die für den Handel mit diesen Waren Verantwortlichen um den daraus erwachsenden wirtschaftlichen Gewinn bringen und ihr Handeln ahnden, sondern auch eine wirksame Abschreckung für künftige dieser Art darstellen.

Um eine ernstliche Beeinträchtigung der Zollabfertigung von im persönlichen Gepäck der Reisenden enthaltenen Waren zu vermeiden, sollen Waren, bei denen es sich möglicherweise um nachgeahmte Waren oder unerlaubt hergestellte Vervielfältigungsstücke oder Nachbildungen handelt und die innerhalb der in der Gemeinschaftsregelung für Zollbefreiungen vorgesehenen Grenzen aus Drittländern eingeführt werden, aus dem Anwendungsbereich dieser Verordnung ausgeschlossen werden.

Die einheitliche Anwendung der in dieser Verordnung vorgesehenen gemeinsamen Regeln ist zu gewährleisten, und zu diesem Zweck muß ein Gemeinschaftsverfahren festgelegt werden, aufgrund dessen die Einzelheiten der Anwendung dieser Regeln innerhalb angemessener Fristen festgelegt werden können; außerdem ist die gegenseitige Amtshilfe zwischen den Mitgliedstaaten sowie zwischen den Mitgliedstaaten und der Kommission zu fördern, um deren größtmögliche Wirksamkeit zu gewährleisten.

Anhand der Erfahrungen mit der Durchführung dieser Verordnung wird die Möglichkeit zu prüfen sein, die Liste der unter diese Verordnung fallenden Rechte des geistigen Eigentums zu erweitern.

Die Verordnung (EWG) Nr. 3842/86 ist aufzuheben. –

*Erwägungsgründe des Rates hinsichtlich der Verordnung (EG) Nr. 241/1999 zur Änderung der Verordnung (EG) Nr. 3295/94:*

(1) Nach Artikel 15 der Verordnung (EG) Nr. 3295/94 sind die in den ersten Jahren der Anwendung der genannten Verordnung gesammelten Erfahrungen auszuwerten, um das Funktionieren des mit ihr eingerichteten Systems zu verbessern.

(2) Das Inverkehrbringen von Waren, die Patente oder ergänzende Schutzzertifikate für Arzneimittel gemäß der Verordnung (EWG) Nr. 1768/92 des Rates vom 18. Juni 1992 über die Schaffung eines ergänzenden Schutzzertifikats für Arzneimittel oder ergänzende Schutzzertifikate für Pflanzenschutzmittel gemäß der Verordnung (EG) Nr. 1610/96 des Europäischen Parlaments und des Rates vom 23. Juli 1996 über die Schaffung eines ergänzenden Schutzzertifikats für Pflanzenschutzmittel verletzen, fügt den Inhabern der betreffenden Patente erheblichen Schaden zu und stellt eine unlautere und illegale Handelspraktik dar. Es sollte daher soweit wie möglich verhindert werden, daß solche Waren auf den Markt gelangen; zu diesem Zweck sollten Maßnahmen zur wirksamen Bekämpfung dieser illegalen Praktiken ergriffen werden, ohne jedoch dadurch den rechtmäßigen Handel in seiner Freiheit zu behindern. Diese Zielsetzung steht im Einklang mit gleichgerichteten Anstrengungen auf internationaler Ebene.

(3) Zur Gewährleistung der völligen Geschlossenheit der Außengrenzen der Gemeinschaft sollte den Zollbehörden die Möglichkeit gegeben werden, in bezug auf sämtliche zollrechtliche Sachverhalte tätig zu werden, in denen Waren, die bestimmte Rechte am geistigen Eigentum verletzen, und damit gleichzustellende Waren, angetroffen werden können. Daher sollten ihre Überführung in den zollrechtlich freien Verkehr der Gemeinschaft oder in ein Nichterhebungsverfahren, ihre Wiederausfuhr sowie ihr Verbringen in eine Freizone oder in ein Freilager verboten werden. Ferner sollte ein Tätigwerden der Zollbehörden bereits im Stadium des Verbringens der Waren in die Gemeinschaft ermöglicht werden.

(4) Bei Nichterhebungsverfahren, bei Waren in Freizonen oder Freilagern, bei der Mitteilung der Wiederausfuhr und bei vorübergehender Verwahrung werden die Zollbehörden nur tätig, wenn im Rahmen einer zollamtlichen Prüfung Waren entdeckt werden, bei denen der Verdacht besteht, daß sie bestimmte Rechte am geistigen Eigentum verletzen.

2295

(5) Mit der Verordnung (EG) Nr. 40/94 des Rates vom 20. Dezember 1993 über die Gemeinschaftsmarke ist ein Markensystem der Gemeinschaft geschaffen worden, das den Rechtsinhabern ermöglicht, in einem einzigen Verfahren Gemeinschaftsmarken zu erwerben, die einheitlichen Schutz genießen und in der gesamten Gemeinschaft wirksam sind.

(6) Damit die Gemeinschaftsmarke ihre volle Wirkung entfalten kann, sollte der Zollschutz von Gemeinschaftsmarken administrativ vereinfacht werden.

(7) Für die Inhaber solcher Marken sollte ein Verfahren ermöglicht werden, in dem die zuständige Behörde eines Mitgliedstaats eine einmalige Entscheidung über ein Tätigwerden trifft, die für einen oder mehrere andere Mitgliedstaaten verbindlich ist. Die Entwicklungen im Bereich der elektronischen Datenübermittlung bei der administrativen Abwicklung, insbesondere im Zusammenhang mit der Übermittlung von Entscheidungen und Informationen, zu berücksichtigen.

(8) Um die einheitliche Anwendung einer solchen Entscheidung in den betreffenden Mitgliedstaaten zu gewährleisten, sollte für diese Entscheidung eine einheitliche Geltungsdauer festgelegt werden -

HAT FOLGENDE VERORDNUNG ERLASSEN:

## Kapitel I. Allgemeines

**Art. 1.** (1) Diese Verordnung regelt
a) die Voraussetzungen für ein Tätigwerden der Zollbehörden hinsichtlich der Waren, bei denen der Verdacht besteht, daß es sich um Waren im Sinne von Absatz 2 Buchstabe a) handelt,
- wenn sie im Sinne von Artikel 61 der Verordnung (EWG) Nr. 2913/92 des Rates vom 12. Oktober 1992 zur Festlegung des Zollkodex der Gemeinschaften[1] zur Überführung in den zollrechtlich freien Verkehr, zur Ausfuhr oder zur Wiederausfuhr angemeldet werden;
- wenn sie im Zusammenhang mit ihrer zollamtlichen Überwachung gemäß Artikel 37 der Verordnung (EWG) Nr. 2913/92 mit ihrer Überführung in ein Nichterhebungsverfahren im Sinne des Artikels 84 Absatz 1 Buchstabe a) jener Verordnung oder anläßlich der Mitteilung ihrer Wiederausfuhr oder Verbringung in eine Freizone oder ein Freilager im Sinne des Artikels 166 jener Verordnung im Rahmen einer zollamtlichen Prüfung endeckt werden;

und

b) die von den zuständigen Stellen zu treffenden Maßnahmen, wenn festgestellt ist, daß die betreffenden Waren tatsächlich Waren im Sinne von Absatz 2 Buchstabe a) sind.

(2) Im Sinne dieser Verordnung bedeutet
a) „Waren, die ein Recht am geistigen Eigentum verletzen":
– nachgeahmte Waren, d. h.
  - die Waren einschließlich ihrer Verpackungen, auf denen ohne Zustimmung Marken oder Zeichen angebracht sind, die mit Marken oder Zeichen identisch sind, die für derartige Waren rechtsgültig eingetragen sind oder die in ihren wesentlichen Merkmalen nicht von solchen Marken oder Zeichen zu unterscheiden sind und damit nach den Rechtsvorschriften der Gemeinschaft oder denjenigen des Mitgliedstaats, bei dem der Antrag auf Tätigwerden der Zollbehörden gestellt wird, die Rechte des Inhabers der betreffenden Marken verletzen;
  - alle gegebenenfalls auch gesondert gestellten Kennzeichnungsmittel (wie Embleme, Anhänger, Aufkleber, Prospekte, Bedienungs- oder Gebrauchsanweisungen, Garantiedokumente), auf die die im ersten Punkt genannten Umstände zutreffen;
  - die mit Marken oder Zeichen nachgeahmter Waren versehenen Verpackungen, die gesondert gestellt werden und auf die die im ersten Gedankenstrich genannten Umstände zutreffen;
– „unerlaubt hergestellte Vervielfältigungsstücke oder Nachbildungen", d. h. Waren, welche Vervielfältigungsstücke oder Nachbildungen sind oder solche enthalten und die ohne Zustimmung des Inhabers des Urheberrechts oder verwandter Schutzrechte oder ohne

---

[1] ABl. EG Nr. L 302 vom 19. 10. 1992, S. 1.

Zustimmung des Inhabers eines nach einzelstaatlichem Recht eingetragenen oder nicht eingetragenen Geschmacksmusterrechts oder ohne Zustimmung einer von dem Rechtsinhaber im Herstellungsland ordnungsgemäß ermächtigten Person angefertigt werden, sofern die Herstellung dieser Vervielfältigungsstücke oder Nachbildungen nach den Rechtsvorschriften der Gemeinschaft oder denjenigen des Mitgliedstaats, bei dem der Antrag auf Tätigwerden der Zollbehörden gestellt wird, die betroffenen Rechte verletzt;
– Waren, die nach den Rechtsvorschriften des Mitgliedstaats, bei dem der Antrag auf Tätigwerden der Zollbehörden gestellt wird, ein Patent oder ein ergänzendes Schutzzertifikat gemäß der Verordnung (EG) Nr. 1768/92[1]) des Rates oder der Verordnung (EWG) Nr. 1610/96 des Europäischen Parlaments und des Rates[2]) verletzen;

b) „Rechtsinhaber": der Inhaber einer Marke oder eines Zeichens, eines Patents, eines Zertifikats und/oder eines der Rechte im Sinne des Buchstabens a) sowie jede andere zur Benutzung dieser Marke oder dieses Patents, dieses Zertifikats und/oder zur Wahrnehmung dieser Rechte befugte Person oder deren Vertreter;

c) „Gemeinschaftsmarke": die Marke im Sinne des Artikel 1 der Verordnung (EG) Nr. 40/94 des Rates[3]).

d) „Zertifikat": Das ergänzende Schutzzertifikat gemäß der Verordnung (EWG) Nr. 1768/92 oder gemäß der Verordnung (EG) Nr. 1610/96.

(3) Waren im Sinne von Absatz 2 Buchstabe a) gleichgestellt sind Formen oder Matrizen, die speziell zur Herstellung einer nachgeahmten Marke oder einer Ware, die eine derartige Marke trägt, zur Herstellung einer Ware, die ein Patent oder ein Zertifikat verletzt, oder zur unerlaubten Herstellung von Vervielfältigungsstücken oder Nachbildungen bestimmt oder im Hinblick darauf angepaßt worden sind, sofern die Verwendung dieser Formen oder Matrizen nach den Rechtsvorschriften der Gemeinschaft oder des Mitgliedstaats, bei dem der Antrag auf Tätigwerden der Zollbehörden gestellt wird, die Rechte des Rechtsinhabers verletzt.

(4) Diese Verordnung findet keine Anwendung auf Waren, die mit Zustimmung des Markeninhabers mit der Marke versehen sind oder die durch ein Patent oder ein Zertifikat, ein Urheberrecht oder ein verwandtes Schutzrecht oder ein Geschmacksmusterrecht geschützt und mit Zustimmung des Rechtsinhabers hergestellt worden sind, für die jedoch ohne dessen Zustimmung einer der in Absatz 1 Buchstabe a) genannten Tatbestände vorliegt.

Gleiches gilt für die in Unterabsatz 1 genannten Waren, die unter anderen als den mit dem Inhaber der betreffenden Rechte vereinbarten Bedingungen hergestellt oder mit der Marke versehen worden sind.

**Kapitel II. Verbot des Verbringens von Waren, die bestimmte Rechte am geistigen Eigentum verletzen, sowie ihrer Überführung in den zollrechtlich freien Verkehr oder in ein Nichterhebungsverfahren ihre Verbringung in eine Freizone oder ein Freilager sowie Verbot ihrer Ausfuhr und Wiederausfuhr**

**Art. 2.** Waren, die aufgrund des Verfahrens nach Artikel 6 als Waren im Sinne von Artikel 1 Absatz 2 Buchstabe a) erkannt werden, dürfen nicht in die Gemeinschaft verbracht, in den zollrechtlich freien Verkehr oder in ein Nichterhebungsverfahren überführt, in eine Freizone oder ein Freilager verbracht, ausgeführt oder wiederausgeführt werden.

**Kapitel III. Antrag auf Tätigwerden der Zollbehörden**

**Art. 3.** (1) In jedem Mitgliedstaat kann der Rechtsinhaber bei den zuständigen Zollbehörden einen schriftlichen Antrag auf Tätigwerden der Zollbehörden für den Fall stellen, daß für Waren einer der in Artikel 1 Absatz 1 Buchstabe a) genannten Tatbestände vorliegt.

---

[1]) ABl. EG Nr. L 182 vom 2. 7. 1992, S. 1.
[2]) ABl. EG Nr. L 198 vom 8. 8. 1996, S. 30.
[3]) ABl. EG Nr. L 11 vom 4. 1. 1994, S. 1.

Ist der Antragsteller Inhaber einer Gemeinschaftsmarke, so kann Gegenstand dieses Antrags außer dem Tätigwerden der Zollbehörden des Mitgliedstaats, bei dem der Antrag gestellt wird, auch das Tätigwerden der Zollbehörden eines anderen Mitgliedstaats oder mehrerer anderer Mitgliedstaaten sein.

Wenn Systeme zur elektronischen Datenübermittlung bestehen, können die Mitgliedstaaten vorsehen, daß der Antrag auf Tätigwerden der Zollbehörden mittels Datenverarbeitung gestellt wird.

(2) Der Antrag nach Absatz 1 muß folgendes enthalten:
– eine hinreichend genaue Beschreibung der Waren, die es den Zollbehörden ermöglicht, diese zu erkennen;
– einen Nachweis darüber, daß der Antragsteller der Inhaber des Schutzrechtes für die betreffenden Waren ist.

Außerdem hat der Rechtsinhaber alle sonstigen zweckdienlichen Informationen beizubringen, über die er verfügt, damit die zuständige Zollbehörde in voller Kenntnis der Sachlage entscheiden kann, wobei diese Informationen keine Bedingung für die Zulässigkeit des Antrags darstellen.

Bezüglich unerlaubt hergestellter Vervielfältigungsstücke oder Nachbildungen oder Waren, die Patente oder Zertifikate verletzen, geben die Informationen so weit wie möglich Auskunft beispielsweise über
– den Ort, an dem sich die Waren befinden, oder den vorgesehenen Bestimmungsort;
– die Nämlichkeitszeichen der Sendung oder der Packstücke;
– das vorgesehene Ankunfts- oder Abgangsdatum der Waren;
– das benutzte Beförderungsmittel;
– die Person des Einführers, des Ausführers oder des Besitzers.

(3) In dem Antrag ist außer im Falle eines Antrags nach Absatz 1 Unterabsatz 2 der Zeitraum anzugeben, für den das Tätigwerden der Zollbehörden beantragt wird.

In dem Antrag nach Absatz 1 Unterabsatz 2 ist anzugeben, für welchen Mitgliedstaat oder für welche Mitgliedstaaten das Tätigwerden der Zollbehörden beantragt wird.

(4) Von dem Antragsteller kann die Entrichtung einer Gebühr zur Deckung der durch die Bearbeitung des Antrags verursachten Verwaltungskosten verlangt werden.

Ferner kann von dem Antragsteller oder seinem Vertreter in jedem Mitgliedstaat, in dem die dem Antrag stattgebende Entscheidung Anwendung findet, die Entrichtung einer Gebühr zur Deckung der durch die Durchführung der Entscheidung verursachten Kosten verlangt werden.

Die Höhe dieser Gebühr darf nicht in einem unangemessenen Verhältnis zur erbrachten Leistung stehen.

(5) Die mit einem Antrag nach Absatz 2 befaßte Zollbehörde bearbeitet diesen Antrag und unterrichtet den Antragsteller unverzüglich schriftlich über ihre Entscheidung.

Gibt sie dem Antrag statt, so legt sie den Zeitraum fest, innerhalb dessen die Zollbehörden tätig werden. Dieser Zeitraum kann auf Antrag des Rechtsinhabers von der Zollbehörde, die die erste Entscheidung getroffen hat, verlängert werden.

Die Zurückweisung eines Antrags ist angemessen zu begründen; gegen sie kann ein Rechtsbehelf eingelegt werden.

Im Falle eines Antrags nach Absatz 1 Unterabsatz 2 wird dieser Zeitraum auf ein Jahr festgesetzt und kann auf Antrag des Rechtsinhabers von der Zollbehörde, die die erste Entscheidung getroffen hat, um ein Jahr verlängert werden.

(6) Ist dem Antrag des Rechtsinhabers stattgegeben worden oder sind nach Maßgabe des Artikels 6 Absatz 1 Maßnahmen zum Tätigwerden gemäß Artikel 1 Absatz 1 Buchstabe a) ergriffen worden, so können die Mitgliedstaaten vom Rechtsinhaber die Leistung einer Sicherheit verlangen,
– um seine etwaige Haftung gegenüber den von einer Maßnahme nach Artikel 1 Absatz 1 Buchstabe a) betroffenen Personen zu decken, falls das nach Artikel 6 Absatz 1 eröffnete Verfahren aufgrund einer Handlung oder Unterlassung des Rechtsinhabers nicht fortgesetzt wird oder sich später herausstellt, daß die fraglichen Waren keine Waren im Sinne des Artikels 1 Absatz 2 Buchstabe a) sind;

– um die Bezahlung der Kosten sicherzustellen, die gemäß dieser Verordnung im Falle des Verbleibens der Waren unter zollamtlicher Überwachung gemäß Artikel 6 entstehen.

Im Falle eines Antrags nach Absatz 1 Unterabsatz 2 ist die Sicherheit jeweils in jenem Mitgliedstaat zu entrichten, wo sie verlangt wird und wo die dem Antrag stattgebende Entscheidung zur Anwendung kommt.

(7) Der Rechtsinhaber ist verpflichtet, die in Absatz 1 bezeichnete Zollbehörde oder gegebenenfalls die in Artikel 5 Absatz 2 Unterabsatz 2 bezeichneten Behörden zu unterrichten, wenn sein Recht nicht mehr rechtsgültig eingetragen ist oder nicht mehr besteht.

(8) Die Mitgliedstaaten benennen die Zollbehörden, die befugt sind, den in diesem Artikel genannten Antrag entgegenzunehmen und zu bearbeiten.

(9) Die Absätze 1 bis 8 finden auf die Verlängerung der Entscheidung über den ersten Antrag entsprechend Anwendung.

**Art. 4.** Ist es für die Zollstelle bei einer Prüfung im Rahmen eines der Zollverfahren gemäß Artikel 1 Absatz 1 Buchstabe a) vor Einreichung eines Antrags durch den Rechtsinhaber oder vor einer positiven Entscheidung über diesen Antrag offensichtlich, daß es sich bei den Waren um Waren im Sinne des Artikels 1 Absatz 2 Buchstabe a) handelt, so können die Zollbehörden den Rechtsinhaber, sofern er bekannt ist, gemäß den in dem betreffenden Mitgliedstaat geltenden Rechtsvorschriften darüber unterrichten, daß möglicherweise ein Verstoß vorliegt. In diesem Falle sind die Zollbehörden ermächtigt, die Überlassung drei Arbeitstage auszusetzen oder die betreffenden Waren während der gleichen Frist zurückzuhalten, damit der Rechtsinhaber einen Antrag auf Tätigwerden gemäß Artikel 3 stellen kann.

**Art. 5.** (1) Die dem Antrag des Rechtsinhabers stattgebende Entscheidung wird den Zollstellen des Mitgliedstaats, bei denen die in dem Antrag beschriebenen mutmaßlichen Waren im Sinne des Artikels 1 Absatz 2 Buchstabe a) abgefertigt werden könnten, unverzüglich mitgeteilt.

(2) Im Falle eines Antrags nach Artikel 3 Absatz 1 Unterabsatz 2 findet Artikel 250 erster Gedankenstrich der Verordnung (EWG) Nr. 2913/92 auf die dem Antrag stattgebende Entscheidung sowie auf die Entscheidung zu ihrer Verlängerung oder Aufhebung entsprechend Anwendung.

Im Falle einer dem Antrag stattgebenden Entscheidung obliegt es dem Antragsteller, diese Entscheidung und gegebenenfalls weitere zweckdienliche Unterlagen sowie Übersetzungen den in Artikel 3 Absatz 1 Unterabsatz 1 genannten Zollbehörden jener Mitgliedstaaten zu übermitteln, in denen er das Tätigwerden der Zollbehörden beantragt hat. Im Einvernehmen mit dem Antragsteller kann jedoch diese Übermittlung direkt von der Dienststelle der Zollbehörde vorgenommen werden, die die dem Antrag stattgebende Entscheidung getroffen hat. Auf Aufforderung der Zollbehörden der betroffenen Mitgliedstaaten übermittelt der Antragsteller die Zusatzinformationen, die sich für die Ausführung der genannten Entscheidung als erforderlich erweisen.

Der in Artikel 3 Absatz 5 Unterabsatz 3 genannte Zeitraum beginnt an dem Tag, an dem die dem Antrag stattgebende Entscheidung getroffen wird. Dies Entscheidung tritt jedoch in den Mitgliedstaaten, an die die Entscheidung gerichtet ist, erst in Kraft, wenn die Übermittlung nach Unterabsatz 2 erfolgt ist und gegebenenfalls die in Artikel 3 Absatz 4 Unterabsatz 2 vorgesehene Gebühr entrichtet sowie die in Artikel 3 Absatz 6 vorgesehene Sicherheit geleistet worden ist. Die Gültigkeitsdauer der Entscheidung darf aber keinesfalls die Dauer von einem Jahr ab dem Tag überschreiten, an dem die dem Antrag stattgebende Entscheidung getroffen worden ist.

Die betreffende Entscheidung wird danach unverzüglich den nationalen Zollstellen mitgeteilt, bei denen die mutmaßlich nachgeahmten Waren, die Gegenstand der Entscheidung sind, abgefertigt werden könnten.

Dieser Absatz findet auf die Entscheidung zur Verlängerung der Entscheidung über der ersten Antrag entsprechend Anwendung.

## Kapitel IV. Voraussetzungen für ein Tätigwerden der Zollbehörden und der für Entscheidungen in der Sache zuständigen Stellen

**Art. 6.** (1) Stellt eine Zollstelle, der eine positive Entscheidung über den Antrag des Rechtsinhabers nach Maßgabe von Artikel 5 mitgeteilt worden ist, gegebenenfalls nach Konsultierung des Antragstellers fest, daß Waren, für die einer der in Artikel 1 Absatz 1 Buchstabe a) genannten Tatbestände vorliegt, den in der genannten Entscheidung beschriebenen Waren im Sinne des Artikels 1 Absatz 2 Buchstabe a) entsprechen, so setzt sie die Überlassung dieser Waren aus oder hält sie zurück.

Die Zollstelle setzt unverzüglich die Zollbehörde, die den Antrag nach Artikel 3 bearbeitet hat, hiervon in Kenntnis. Diese Zollbehörde oder die Zollstelle setzt unverzüglich den Anmelder sowie den Antragsteller vom Tätigwerden in Kenntnis. Die Zollstelle oder die Zollbehörde, die den Antrag bearbeitet hat, teilt dem Rechtsinhaber nach Maßgabe der nationalen Rechtsvorschriften über den Schutz von personenbezogenen Daten, von Geschäfts- und Betriebsgeheimnissen sowie Berufs- und Amtsgeheimnissen auf Antrag Namen und Anschrift des Anmelders und, soweit bekannt, des Empfängers mit, damit der Rechtsinhaber die für Entscheidungen in der Sache zuständigen Stellen befassen kann. Die Zollstelle räumt dem Antragsteller und den von einer Maßnahme nach Artikel 1 Absatz 1 Buchstabe a) betroffenen Personen die Möglichkeit ein, die Waren, deren Überlassung ausgesetzt ist oder die zurückgehalten worden sind, zu beschauen.

Bei der Prüfung der Waren kann die Zollstelle Proben entnehmen, um das weitere Verfahren zu erleichtern.

(2) Die Rechtsvorschriften des Mitgliedstaats, in dessen Hoheitsgebiet für Waren einer der in Artikel 1 Absatz 1 Buchstabe a) genannten Tatbestände vorliegt, gelten für

a) die Befassung der für Entscheidungen in der Sache zuständigen Stellen und die unverzügliche Unterrichtung der in Absatz 1 dieses Artikels genannten Zollbehörde oder Zollstelle über die Befassung, sofern diese Befassung nicht von der Zollbehörde oder der Zollstelle selbst vorgenommen wird;

b) die Entscheidungsfindung dieser Stellen; in Ermangelung einer gemeinschaftlichen Regelung sind der Entscheidung die gleichen Kriterien zugrunde zu legen, die auch für eine Entscheidung darüber gelten, ob in dem betreffenden Mitgliedstaat hergestellte Waren die Rechte des Rechtsinhabers verletzen. Die von der zuständigen Stelle getroffenen Entscheidungen sind zu begründen.

**Art. 7.** (1) Wenn die in Artikel 6 Absatz 1 genannte Zollstelle nicht innerhalb von zehn Arbeitstagen nach Mitteilung der Aussetzung der Überlassung oder der Zurückhaltung von der Befassung der gemäß Artikel 6 Absatz 2 für die Entscheidung in der Sache zuständigen Stelle oder über die von der hierzu befugten Stelle getroffenen einstweiligen Maßnahmen in Kenntnis gesetzt worden ist, erfolgt die Überlassung, sofern alle Zollformalitäten erfüllt sind, oder wird die Zurückhaltung aufgehoben.

Erforderlichenfalls kann diese Frist um höchstens zehn Arbeitstage verlängert werden.

(2) Bei Waren, bei denen der Verdacht besteht, daß sie ein Patent oder Zertifikat oder ein Geschmacksmusterrecht verletzen, kann der Eigentümer, der Einführer oder der Empfänger der Waren die Überlassung der Waren oder die Aufhebung der Zurückhaltung derselben erwirken, sofern er eine Sicherheit leistet und

a) die in Artikel 6 Absatz 1 bezeichnete Zollbehörde oder Zollstelle innerhalb der in Absatz 1 genannten Frist von der Befassung der dort vorgesehenen, für die Entscheidung in der Sache zuständigen Stelle in Kenntnis gesetzt worden ist,

b) bei Ablauf dieser Frist keine einstweiligen Maßnahmen von der hierzu befugten Stelle getroffen worden sind und

c) sämtliche Zollformalitäten erfüllt sind.

Die Sicherheit muß so bemessen sein, daß die Interessen des Rechtsinhabers ausreichend geschützt sind. Die Leistung dieser Sicherheit steht der Möglichkeit des Rechtsinhabers, andere Rechtsbehelfe einzuleiten, nicht entgegen. Wurde die für die Entscheidung in der Sache zuständige Stelle auf andere Weise als auf Betreiben des Inhabers des Patents, des Inhabers des Zertifikats oder des Inhabers des Geschmacksmusterrechts befaßt, so wird die Sicherheit freigegeben, falls der Rechtsinhaber von der Möglichkeit, den Rechtsweg zu beschreiten, nicht innerhalb von 20 Arbeitstagen nach seiner Benachrichtigung von der Aussetzung der Überlassung oder der Zurückhaltung Gebrauch macht. Kommt Absatz 1 Unterabsatz 2 zur Anwendung, so kann diese Frist auf höchstens 30 Arbeitstage verlängert werden.

(3) Die Bedingungen für die Lagerung der Waren während der Dauer der Aussetzung der Überlassung oder der Zurückhaltung werden von jedem Mitgliedstaat festgelegt.

### Kapitel V. Bestimmungen über die Waren, die als ein Recht am geistigen Eigentum verletzend anerkannt sind

**Art. 8.** (1) Unbeschadet der sonstigen Rechtsbehelfe, die der Rechtsinhaber einlegen kann, treffen die Mitgliedstaaten die erforderlichen Maßnahmen, damit die zuständigen Stellen

a) in der Regel die als Waren im Sinne des Artikels 1 Absatz 2 Buchstabe a) erkannten Waren gemäß den einschlägigen innerstaatlichen Rechtsvorschriften ohne Entschädigung und ohne Kosten für die Staatskasse vernichten oder aus dem Marktkreislauf nehmen können, um eine Schädigung des Rechtsinhabers zu verhindern;

b) im Hinblick auf diese Waren jede andere Maßnahme treffen können, die zur Folge hat, daß die betreffenden Personen tatsächlich um den wirtschaftlichen Gewinn aus diesem Geschäft gebracht werden.

Von Ausnahmefällen abgesehen gilt als derartige Maßnahme nicht das einfache Entfernen der Marken oder Zeichen, mit denen die nachgeahmten Waren rechtswidrig versehen sind.

(2) Auf die Waren im Sinne des Artikels 1 Absatz 2 Buchstabe a) kann zugunsten der Staatskasse verzichtet werden. In diesem Fall gilt Absatz 1 Buchstabe a).

(3) Neben den Informationen, die gemäß Artikel 6 Absatz 1 Unterabsatz 2 unter den dort vorgesehenen Bedingungen übermittelt werden, teilt die betreffende Zollstelle oder die zuständige Zollbehörde dem Rechtsinhaber auf Antrag den Namen und die Anschrift des Versenders, des Einführers, des Ausführers und des Herstellers der als Waren im Sinne des Artikels 1 Absatz 2 Buchstabe a) erkannten Waren sowie die Warenmenge mit.

### Kapitel VI. Schlußbestimmungen

**Art. 9.** (1) Die Annahme eines Antrags nach Artikel 3 Absatz 2 verleiht dem Rechtsinhaber für den Fall, daß Waren im Sinne des Artikels 1 Absatz 2 Buchstabe a) der Kontrolle einer Zollstelle mangels Aussetzung der Überlassung oder Zurückhaltung der Waren nach Artikel 6 Absatz 1 entgehen, nur unter den Voraussetzungen, die in den Rechtsvorschriften des Mitgliedstaats vorgesehen sind, in dem der Antrag gestellt wurde oder im Falle eines Antrages nach Artikel 3 Absatz 1 Unterabsatz 2 nur unter den Voraussetzungen, die in den Rechtsvorschriften des Mitgliedstaats, vorgesehen sind, in dem die Waren der Kontrolle der Zollstelle entgangen sind, einen Anspruch auf Entschädigung.

(2) Die Ausübung der jeweils übertragenen Zuständigkeiten für die Bekämpfung des Handels mit Waren im Sinne des Artikels 1 Absatz 2 Buchstabe a) durch eine Zollstelle oder eine andere hierzu befugte Stelle begründet nur unter den Voraussetzungen, die in den Rechtsvorschriften des Mitgliedstaats vorgesehen sind, in dem der Antrag gestellt wurde, oder im Falle eines Antrags nach Artikel 3 Absatz 1 Unterabsatz 2 nur unter den Voraussetzungen, die in den Rechtsvorschriften des Mitgliedstaats vorgesehen sind, in dem der Schaden entstanden ist, eine Haftung dieser Zollstelle oder Stelle für Schäden, die den von den Maßnahmen nach Artikel 1 Absatz 1 Buchstabe a) und Artikel 4 betroffenen Personen aus dem Tätigwerden der Zollstelle oder Stelle entstehen.

(3) Die etwaige zivilrechtliche Haftung des Rechtsinhabers bestimmt sich nach dem Recht desjenigen Mitgliedstaats, in dem für die betreffenden Waren einer der in Artikel 1 Absatz 1 Buchstabe a) genannten Tatbestände vorliegt.

**Art. 10.** Vom Anwendungsbereich dieser Verordnung ausgenommen sind Waren ohne kommerziellen Charakter, die im persönlichen Gepäck der Reisenden enthalten sind, und zwar in den Grenzen, die für die Gewährung einer Zollbefreiung festgelegt sind.

**Art. 11.** Jeder Mitgliedstaat setzt Sanktionen für den Fall fest, daß gegen Artikel 2 verstoßen wird. Diese Sanktionen müssen wirksam, verhältnismäßig und abschreckend sein.

**Art. 12.** Die erforderlichen Durchführungsvorschriften zu dieser Verordnung werden nach dem in Artikel 13 Absätze 3 und 4 bestimmten Verfahren erlassen.

**Art. 13.** (1) Die Kommission wird durch den gemäß Artikel 247 der Verordnung (EWG) Nr. 2913/92 eingesetzten Ausschuß unterstützt.

(2) Der Ausschuß prüft alle Fragen im Zusammenhang mit der Anwendung dieser Verordnung, die dessen Vorsitzender von sich aus oder auf Antrag des Vertreters eines Mitgliedstaats zur Sprache bringen kann.

(3) Der Vertreter der Kommission unterbreitet dem Ausschuß einen Entwurf der zu treffenden Maßnahmen. Der Ausschuß gibt eine Stellungnahme zu diesem Entwurf innerhalb einer Frist ab, die der Vorsitzende unter Berücksichtigung der Dringlichkeit der betreffenden Fragen festsetzen kann. Die Stellungnahme wird mit der Mehrheit abgegeben, die in Artikel 148 Absatz 2 des Vertrags für die Annahme der vom Rat auf Vorschlag der Kommission zu fassenden Beschlüsse vorgesehen ist. Bei der Abstimmung im Ausschuß werden die Stimmen der Vertreter der Mitgliedstaaten gemäß dem vorgenannten Artikel gewogen. Der Vorsitzende nimmt an der Abstimmung nicht teil.

(4) Die Kommission erläßt Maßnahmen, die unmittelbar gelten. Stimmen sie jedoch mit der Stellungnahme des Ausschusses nicht überein, so werden sie sofort von der Kommission dem Rat mitgeteilt. In diesem Fall gilt folgendes:
- Die Kommission verschiebt die Durchführung der von ihr beschlossenen Maßnahmen um einen Zeitraum von höchstens drei Monaten von dieser Mitteilung an.
- Der Rat kann innerhalb des im ersten Gedankenstrich genannten Zeitraums mit qualifizierter Mehrheit einen anderslautenden Beschluß fassen.

**Art. 14.** Die Mitgliedstaaten übermitteln der Kommission alle zweckdienlichen Angaben im Zusammenhang mit der Anwendung dieser Verordnung.

Die Kommission übermittelt diese Angaben an die übrigen Mitgliedstaaten.

Zur Durchführung dieser Verordnung gelten die Vorschriften der Verordnung (EWG) Nr. 1468/81 des Rates vom 19. Mai 1981 betreffend die gegenseitige Unterstützung der Verwaltungsbehörden der Mitgliedstaaten und die Zusammenarbeit dieser Behörden mit der Kommission, um die ordnungsgemäße Anwendung der Zoll- und Agrarregelung zu gewährleisten[1]), entsprechend.

Die Einzelheiten des Verfahrens für den Informationsaustausch werden im Rahmen der Durchführungsvorschriften gemäß Artikel 13 Absätze 2, 3 und 4 festgelegt.

**Art. 15.** Die Kommission erstattet dem Europäischen Parlament und dem Rat anhand der in Artikel 14 genannten Angaben regelmäßig Bericht über das Funktionieren des Systems, insbesondere über die wirtschaftlichen und sozialen Folgen der Nachahmung, und schlägt binnen 2 Jahren nach dem Beginn der Anwendung dieser Verordnung notwendige Änderungen und Ergänzungen vor.

**Art. 16.** Die Verordnung (EWG) Nr. 3842/86 des Rates wird mit Beginn der Anwendung dieser Verordnung aufgehoben.

**Art. 17.** Diese Verordnung tritt am dritten Tag nach ihrer Veröffentlichung im *Amtsblatt der Europäischen Gemeinschaften* in Kraft.

Sie gilt ab dem 1. Juli 1995.

Diese Verordnung ist in allen ihren Teilen verbindlich und gilt unmittelbar in jedem Mitgliedstaat.

---

[1]) ABl. EG Nr. L 144 vom 2. 6. 1981, S. 1. Verordnung geändert durch die Verordnung (EWG) Nr. 945/87 (ABl. EG Nr. L 90 vom 2. 4. 1987, S. 3).

## III. Staatsvertragsrecht; mehrseitige Abkommen

## 1. Übereinkommen zur Errichtung der Weltorganisation für geistiges Eigentum unterzeichnet in Stockholm am 14. Juli 1967*

(BGBl. 1970 II S. 295; geändert am 2. Oktober 1979, BGBl. 1984 II S. 799)

**Art. 1 Errichtung der Organisation.** Die Weltorganisation für geistiges Eigentum wird durch dieses Übereinkommen errichtet.

**Art. 2 Begriffsbestimmungen.** Im Sinn dieses Übereinkommens bedeutet:
 i) „Organisation" die Weltorganisation für geistiges Eigentum (WIPO/OMPI);
 ii) „Internationales Büro" das Internationale Büro für geistiges Eigentum;
 iii) „Pariser Verbandsübereinkunft" die Verbandsübereinkunft zum Schutz des gewerblichen Eigentums vom 20. März 1883 einschließlich aller revidierten Fassungen;
 iv) „Berner Übereinkunft" die Übereinkunft zum Schutz von Werken der Literatur und Kunst vom 9. September 1886 einschließlich aller revidierten Fassungen;
 v) „Pariser Verband" der durch die Pariser Verbandsübereinkunft errichtete internationale Verband;
 vi) „Berner Verband" der durch die Berner Übereinkunft errichtete internationale Verband;
 vii) „Verbände" der Pariser Verband, die im Rahmen dieses Verbandes errichteten besonderen Verbände und Sonderabkommen, der Berner Verband sowie jede andere internationale Vereinbarung zur Förderung des Schutzes des geistigen Eigentums, deren Verwaltung durch die Organisation nach Artikel 4 Ziffer iii übernommen wird;
 viii) „geistiges Eigentum" die Rechte betreffend
  – die Werke der Literatur, Kunst und Wissenschaft,
  – die Leistungen der ausübenden Künstler, die Tonträger und Funksendungen,
  – die Erfindungen auf allen Gebieten der menschlichen Tätigkeit,
  – die wissenschaftlichen Entdeckungen,
  – die gewerblichen Muster und Modelle,
  – die Fabrik-, Handels- und Dienstleistungsmarken sowie die Handelsnamen und Geschäftsbezeichnungen,
  – den Schutz gegen unlauteren Wettbewerb
  und alle anderen Rechte, die sich aus der geistigen Tätigkeit auf gewerblichem, wissenschaftlichem, literarischem oder künstlerischem Gebiet ergeben.

**Art. 3 Zweck der Organisation.** Zweck der Organisation ist es
i) den Schutz des geistigen Eigentums durch Zusammenarbeit der Staaten weltweit zu fördern, gegebenenfalls im Zusammenwirken mit jeder anderen internationalen Organisation,
ii) die verwaltungsmäßige Zusammenarbeit zwischen den Verbänden zu gewährleisten.

**Art. 4 Aufgaben.** Zur Erreichung des in Artikel 3 bezeichneten Zwecks nimmt die Organisation durch ihre zuständigen Organe und vorbehaltlich der Zuständigkeit der einzelnen Verbände folgende Aufgaben wahr:

---

* Amtlicher Deutscher Text gemäß Artikel 20 Abs. 2.

i) Sie fördert Maßnahmen zur weltweiten Verbesserung des Schutzes des geistigen Eigentums und zur Angleichung der innerstaatlichen Rechtsvorschriften auf diesem Gebiet;
ii) sie erfüllt die Verwaltungsaufgaben des Pariser Verbandes, der im Rahmen dieses Verbandes errichteten besonderen Verbände und des Berner Verbandes;
iii) sie kann sich damit einverstanden erklären, die Verwaltung jeder anderen internationalen Vereinbarung zur Förderung des Schutzes des geistigen Eigentums zu übernehmen oder sich an einer solchen Verwaltung zu beteiligen;
iv) sie unterstützt das Zustandekommen internationaler Vereinbarungen zur Förderung des Schutzes des geistigen Eigentums;
v) sie bietet den Staaten, die um juristisch-technische Hilfe auf dem Gebiet des geistigen Eigentums ersuchen, ihre Mitarbeit an;
vi) sie sammelt und verbreitet alle Informationen über den Schutz des geistigen Eigentums, unternimmt und fördert Untersuchungen auf diesem Gebiet und veröffentlicht deren Ergebnisse;
vii) sie unterhält Einrichtungen zur Erleichterung des internationalen Schutzes des geistigen Eigentums, nimmt gegebenenfalls Registrierungen auf diesem Gebiet vor und veröffentlicht Angaben über diese Registrierungen;
viii) sie trifft alle anderen geeigneten Maßnahmen.

**Art. 5 Mitgliedschaft.** (1) Mitglied der Organisation kann jeder Staat werden, der Mitglied eines der in Artikel 2 Ziffer vii bezeichneten Verbände ist.

(2) Mitglied der Organisation kann ferner jeder Staat werden, der nicht Mitglied eines der Verbände ist, sofern er

i) Mitglied der Vereinten Nationen, einer der mit den Vereinten Nationen in Beziehung gebrachten Sonderorganisationen oder der Internationalen Atomenergie-Organisation oder Vertragspartei des Statuts des Internationalen Gerichtshofs ist oder
ii) von der Generalversammlung eingeladen wird, Vertragspartei dieses Übereinkommens zu werden.

**Art. 6 Generalversammlung.** (1) a) Es wird eine Generalversammlung gebildet, bestehend aus den Vertragsstaaten dieses Übereinkommens, die Mitglied mindestens eines der Verbände sind.

b) Die Regierung jedes Staates wird durch einen Delegierten vertreten, der von Stellvertretern, Beratern und Sachverständigen unterstützt werden kann.

c) Die Kosten jeder Delegation werden von der Regierung getragen, die sie entsandt hat.

(2) Die Generalversammlung
 i) ernennt den Generaldirektor auf Vorschlag des Koordinierungsausschusses;
ii) prüft und billigt die Berichte des Generaldirektors betreffend die Organisation und erteilt ihm alle erforderlichen Weisungen;
iii) prüft und billigt die Berichte und die Tätigkeit des Koordinierungsausschusses und erteilt ihm Weisungen;
iv) beschließt den Zweijahres-Haushaltsplan für die gemeinsamen Ausgaben der Verbände;
v) billigt die vom Generaldirektor vorgeschlagenen Maßnahmen betreffend die Verwaltung der in Artikel 4 Ziffer iii vorgesehenen internationalen Vereinbarungen;
vi) beschließt die Finanzvorschriften der Organisation;
vii) bestimmt die Arbeitssprachen des Sekretariats unter Berücksichtigung der Praxis der Vereinten Nationen;
viii) lädt die in Artikel 5 Absatz 2 Ziffer ii bezeichneten Staaten ein, Vertragspartei dieses Übereinkommens zu werden;
ix) bestimmt, welche Nichtmitgliedstaaten der Organisation, welche zwischenstaatlichen und welche internationalen nichtstaatlichen Organisationen zu ihren Sitzungen als Beobachter zugelassen werden;

Weltorganisation für geistiges Eigentum Art. 7 **WIPO**

x) nimmt alle anderen im Rahmen dieses Übereinkommens zweckdienlichen Aufgaben wahr.

(3) a) Jeder Staat, gleichgültig ob er Mitglied eines oder mehrerer Verbände ist, verfügt in der Generalversammlung über eine Stimme.

b) Die Hälfte der Mitgliedstaaten der Generalversammlung bildet das Quorum (die für die Beschlußfähigkeit erforderliche Mindestzahl).

c) Ungeachtet des Buchstaben b kann die Generalversammlung Beschlüsse fassen, wenn während einer Tagung die Zahl der vertretenen Staaten zwar weniger als die Hälfte, aber mindestens ein Drittel der Mitgliedstaaten der Generalversammlung beträgt; jedoch werden diese Beschlüsse mit Ausnahme der Beschlüsse über das Verfahren der Generalversammlung nur dann wirksam, wenn die folgenden Bedingungen erfüllt sind: Das Internationale Büro teilt diese Beschlüsse den Mitgliedstaaten der Generalversammlung mit, die nicht vertreten waren, und lädt sie ein, innerhalb einer Frist von drei Monaten vom Zeitpunkt dieser Mitteilung an schriftlich ihre Stimme oder Stimmenthaltung bekanntzugeben. Entspricht nach Ablauf der Frist die Zahl der Staaten, die auf diese Weise ihre Stimme oder Stimmenthaltung bekanntgegeben haben, mindestens der Zahl der Staaten, die für die Erreichung des Quorums während der Tagung gefehlt hatte, so werden die Beschlüsse wirksam, sofern gleichzeitig die erforderliche Mehrheit noch vorhanden ist.

d) Vorbehaltlich der Buchstaben e und f faßt die Generalversammlung ihre Beschlüsse mit einer Mehrheit von zwei Dritteln der abgegebenen Stimmen.

e) Die Billigung von Maßnahmen betreffend die Verwaltung der in Artikel 4 Ziffer iii bezeichneten internationalen Vereinbarungen bedarf der Mehrheit von drei Vierteln der abgegebenen Stimmen.

f) Die Billigung eines Abkommens mit den Vereinten Nationen nach den Artikeln 57 und 63 der Charta der Vereinten Nationen bedarf einer Mehrheit von neun Zehnteln der abgegebenen Stimmen.

g) Für die Ernennung des Generaldirektors (Absatz 2 Ziffer i), die Billigung der vom Generaldirektor vorgeschlagenen Maßnahmen betreffend die Verwaltung der internationalen Vereinbarungen (Absatz 2 Ziffer v) und für die Verlegung des Sitzes (Artikel 10) ist die vorgesehene Mehrheit nicht nur in der Generalversammlung, sondern auch in der Versammlung des Pariser Verbandes und in der Versammlung des Berner Verbandes erforderlich.

h) Stimmenthaltung gilt nicht als Stimmabgabe.

i) Ein Delegierter kann nur einen Staat vertreten und nur in dessen Namen abstimmen.

(4) a) Die Generalversammlung tritt nach Einberufung durch den Generaldirektor alle zwei Jahre einmal zu einer ordentlichen Tagung zusammen.

b) Die Generalversammlung tritt nach Einberufung durch den Generaldirektor zu einer außerordentlichen Tagung zusammen, wenn der Koordinierungsausschuß oder ein Viertel der Mitgliedstaaten der Generalversammlung es verlangt.

c) Die Sitzungen finden am Sitz der Organisation statt.

(5) Die Mitgliedstaaten dieses Übereinkommens, die nicht Mitglied eines Verbandes sind, werden zu den Sitzungen der Generalversammlung als Beobachter zugelassen.

(6) Die Generalversammlung gibt sich eine Geschäftsordnung.

**Art. 7 Konferenz.** (1) a) Es wird eine Konferenz gebildet, bestehend aus den Vertragstaaten dieses Übereinkommens, gleichgültig ob sie Mitglied eines der Verbände sind oder nicht.

b) Die Regierung jedes Staates wird durch einen Delegierten vertreten, der von Stellvertretern, Beratern und Sachverständigen unterstützt werden kann.

c) Die Kosten jeder Delegation werden von der Regierung getragen, die sie entsandt hat.

(2) Die Konferenz

i) erörtert Fragen von allgemeinem Interesse auf dem Gebiet des geistigen Eigentums und kann Empfehlungen zu diesen Fragen beschließen, wobei die Zuständigkeit und die Unabhängigkeit der Verbände zu wahren sind;

ii) beschließt den Zweijahres-Haushaltsplan der Konferenz;
iii) stellt im Rahmen dieses Haushaltsplans das Zweijahres-Programm für die juristisch-technische Hilfe auf;
iv) beschließt Änderungen dieses Übereinkommens nach dem in Artikel 17 vorgesehenen Verfahren;
v) bestimmt, welche Nichtmitgliedstaaten der Organisation, welche zwischenstaatlichen und welche internationalen nichtstaatlichen Organisationen zu ihren Sitzungen als Beobachter zugelassen werden;
vi) nimmt alle anderen im Rahmen dieses Übereinkommens zweckdienlichen Aufgaben wahr.

(3) a) Jeder Mitgliedstaat verfügt in der Konferenz über eine Stimme.
b) Ein Drittel der Mitgliedstaaten bildet das Quorum.
c) Vorbehaltlich des Artikels 17 faßt die Konferenz ihre Beschlüsse mit einer Mehrheit von zwei Dritteln der abgegebenen Stimmen.
d) Die Höhe der Beiträge der Vertragsstaaten dieses Übereinkommens, die nicht Mitglied eines Verbandes sind, wird durch eine Abstimmung festgesetzt, an der teilzunehmen nur die Delegierten dieser Staaten berechtigt sind.
e) Stimmenthaltung gilt nicht als Stimmabgabe.
f) Ein Delegierter kann nur einen Staat vertreten und nur in dessen Namen abstimmen.

(4) a) Die Konferenz tritt nach Einberufung durch den Generaldirektor zu derselben Zeit und an demselben Ort wie die Generalversammlung zu einer ordentlichen Tagung zusammen.
b) Die Konferenz tritt nach Einberufung durch den Generaldirektor zu einer außerordentlichen Tagung zusammen, wenn die Mehrheit der Mitgliedstaaten es verlangt.

(5) Die Konferenz gibt sich eine Geschäftsordnung.

**Art. 8 Koordinierungsausschuß.** (1) a) Es wird ein Koordinierungsausschuß gebildet, bestehend aus den Vertragsstaaten dieses Übereinkommens, die Mitglied des Exekutivausschusses des Pariser Verbandes, des Exekutivausschusses des Berner Verbandes oder beider Ausschüsse sind. Besteht jedoch einer dieser Exekutivausschüsse aus mehr als einem Viertel der Mitgliedländer der Versammlung, die ihn gewählt hat, so bestimmt dieser Ausschuß aus dem Kreis seiner Mitglieder die Staaten, die Mitglied des Koordinierungsausschusses sein sollen, in der Weise, daß ihre Zahl dieses Viertel nicht übersteigt; das Land, in dessen Hoheitsgebiet die Organisation ihren Sitz hat, bleibt bei der Berechnung dieses Viertels außer Betracht.
b) Die Regierung jedes Mitgliedstaates des Koordinierungsausschusses wird durch einen Delegierten vertreten, der von Stellvertretern, Beratern und Sachverständigen unterstützt werden kann.
c) Behandelt der Koordinierungsausschuß Fragen, die unmittelbar das Programm oder den Haushaltsplan der Konferenz und ihre Tagesordnung betreffen, oder behandelt er Vorschläge zur Änderung dieses Übereinkommens, die die Rechte oder Verpflichtungen der Vertragsstaaten dieses Übereinkommens berühren, die nicht Mitglied eines der Verbände sind, so nimmt ein Viertel dieser Staaten an den Sitzungen des Koordinierungsausschusses mit den gleichen Rechten teil, wie sie den Mitgliedern dieses Ausschusses zustehen. Die Konferenz bestimmt bei jeder ordentlichen Tagung die Staaten, die zur Teilnahme an solchen Sitzungen einzuladen sind.
d) Die Kosten jeder Delegation werden von der Regierung getragen, die sie entsandt hat.

(2) Wünschen die anderen Verbände, die von der Organisation verwaltet werden, als solche im Koordinierungsausschuß vertreten zu sein, so sind ihre Vertreter aus dem Kreis der Mitgliedstaaten des Koordinierungsausschusses zu bestimmen.

(3) Der Koordinierungsausschuß
i) äußert sich den Organen der Verbände, der Generalversammlung, der Konferenz und dem Generaldirektor gegenüber zu allen Verwaltungs- und Finanzfragen und zu allen

anderen Fragen, die entweder für zwei oder mehrere Verbände oder für einen oder mehrere Verbände und die Organisation von gemeinsamem Interesse sind, und insbesondere zu Fragen des Haushaltsplans für die gemeinsamen Ausgaben der Verbände;

ii) bereitet den Entwurf der Tagesordnung der Generalversammlung vor;

iii) bereitet die Entwürfe der Tagesordnung, des Programms und des Haushaltsplans der Konferenz vor;

iv) [1)]

v) schlägt der Generalversammlung einen Kandidaten für das Amt des Generaldirektors vor, wenn die Amtszeit des Generaldirektors abläuft oder dessen Posten nicht besetzt ist; ernennt die Generalversammlung den vorgeschlagenen Kandidaten nicht, so schlägt der Koordinierungsausschuß einen anderen Kandidaten vor; dieses Verfahren wird wiederholt, bis der zuletzt vorgeschlagene Kandidat von der Generalversammlung ernannt ist;

vi) ernennt einen geschäftsführenden Generaldirektor für die Zeit bis zur Amtsübernahme durch den neuen Generaldirektor, wenn der Posten des Generaldirektors zwischen zwei Tagungen der Generalversammlung frei wird;

vii) nimmt alle anderen Aufgaben wahr, die ihm im Rahmen dieses Übereinkommens übertragen werden.

(4) a) Der Koordinierungsausschuß tritt nach Einberufung durch den Generaldirektor jedes Jahr einmal zu einer ordentlichen Tagung zusammen. Er tritt in der Regel am Sitz der Organisation zusammen.

b) Der Koordinierungsausschuß tritt nach Einberufung durch den Generaldirektor zu einer außerordentlichen Tagung zusammen, entweder auf Initiative des Generaldirektors oder wenn der Vorsitzende oder ein Viertel der Mitglieder des Koordinierungsausschusses es verlangt.

(5) a) Jeder Staat, gleichgültig ob er Mitglied eines oder beider in Absatz 1 Buchstabe a bezeichneten Exekutivausschüsse ist, verfügt im Koordinierungsausschuß über eine Stimme.

b) Die Hälfte der Mitglieder des Koordinierungsausschusses bildet das Quorum.

c) Ein Delegierter kann nur einen Staat vertreten und nur in dessen Namen abstimmen.

(6) a) Der Koordinierungsausschuß nimmt Stellung und faßt seine Beschlüsse mit einfacher Mehrheit der abgegebenen Stimmen. Stimmenthaltung gilt nicht als Stimmabgabe.

b) Selbst wenn eine einfache Mehrheit erreicht ist, kann jedes Mitglied des Koordinierungsausschusses unmittelbar nach der Abstimmung verlangen, daß eine besondere Stimmenzählung nach folgendem Verfahren stattfindet: Es werden zwei getrennte Listen angelegt, von denen eine die Namen der Mitgliedstaaten des Exekutivausschusses des Pariser Verbandes und die andere die Namen der Mitgliedstaaten des Exekutivausschusses des Berner Verbandes enthält; die Stimmabgabe jedes Staates wird in jeder Liste, in der er aufgeführt ist, neben seinem Namen eingetragen. Ergibt diese besondere Zählung, daß eine einfache Mehrheit nicht auf jeder dieser Listen erreicht worden ist, so gilt der Vorschlag nicht als angenommen.

(7) Jeder Mitgliedstaat der Organisation, der nicht Mitglied des Koordinierungsausschusses ist, kann bei den Sitzungen dieses Ausschusses durch Beobachter vertreten sein; diese sind berechtigt, an den Beratungen teilzunehmen, haben jedoch kein Stimmrecht.

(8) Der Koordinierungsausschuß gibt sich eine Geschäftsordnung.

**Art. 9** Internationales Büro. (1) Das Internationale Büro ist das Sekretariat der Organisation.

(2) Das Internationale Büro wird von dem Generaldirektor geleitet, der von zwei oder mehreren Stellvertretenden Generaldirektoren unterstützt wird.

---

[1)] Art. 8 Abs. 3 iv) gestrichen durch Beschl. v. 2. 10. 1979, in Kraft am 1. 6. 1984 (Bek. v. 20. 8. 1984, BGBl. II S. 799, ber. BGBl. 1985 II S. 975).

(3) Der Generaldirektor wird für einen bestimmten Zeitabschnitt von nicht weniger als sechs Jahren ernannt. Seine Ernennung kann für bestimmte Zeitabschnitte wiederholt werden. Die Dauer des ersten Zeitabschnitts und der etwa folgenden Zeitabschnitte sowie alle anderen Bedingungen der Ernennung werden von der Generalversammlung festgesetzt.

(4) a) Der Generaldirektor ist der höchste Beamte der Organisation.

b) Er vertritt die Organisation.

c) Er legt der Generalversammlung Rechenschaft ab und befolgt ihre Weisungen in den inneren und äußeren Angelegenheiten der Organisation.

(5) Der Generaldirektor bereitet die Entwürfe der Haushaltspläne und der Programme sowie periodische Tätigkeitsberichte vor. Er übermittelt sie den Regierungen der beteiligten Staaten sowie den zuständigen Organen der Verbände und der Organisation.

(6) Der Generaldirektor und die von ihm bestimmten Mitglieder des Personals nehmen ohne Stimmrecht an allen Sitzungen der Generalversammlung, der Konferenz, des Koordinierungsausschusses sowie aller anderen Ausschüsse oder Arbeitsgruppen teil. Der Generaldirektor oder ein von ihm bestimmtes Mitglied des Personals ist von Amts wegen Sekretär dieser Organe.

(7) Der Generaldirektor ernennt das für die ordnungsgemäße Erfüllung der Aufgaben des Internationalen Büros erforderliche Personal. Er ernennt nach Billigung durch den Koordinierungsausschuß die Stellvertretenden Generaldirektoren. Die Anstellungsbedingungen werden durch das Personalstatut festgelegt, das vom Generaldirektor vorgeschlagen wird und der Billigung durch den Koordinierungsausschuß bedarf. Der entscheidende Gesichtspunkt bei der Auswahl des Personals und der Festlegung der Anstellungsbedingungen ist die Notwendigkeit, Personal zu gewinnen, das hinsichtlich seiner Leistungsfähigkeit, Fachkenntnis und persönlichen Integrität hervorragend qualifiziert ist. Die Bedeutung, die einer Auswahl des Personals auf möglichst breiter geographischer Grundlage zukommt, ist dabei gebührend zu berücksichtigen.

(8) Die Stellung des Generaldirektors und der Mitglieder des Personals hat ausschließlich internationalen Charakter. Sie dürfen bei der Ausübung ihrer Dienstobliegenheiten Weisungen von einer Regierung oder einer Behörde außerhalb der Organisation weder einholen noch annehmen. Sie haben sich aller Handlungen zu enthalten, die ihre Stellung als internationale Beamte beeinträchtigen könnten. Jeder Mitgliedstaat verpflichtet sich, den ausschließlich internationalen Charakter der Stellung des Generaldirektors und der Mitglieder des Personals zu achten und von jedem Versuch abzusehen, sie bei der Ausübung ihrer Dienstobliegenheiten zu beeinflussen.

**Art. 10 Sitz.** (1) Die Organisation hat ihren Sitz in Genf.

(2) Die Verlegung des Sitzes kann nach den Bestimmungen des Artikels 6 Absatz 3 Buchstaben d und g beschlossen werden.

**Art. 11 Finanzen.** (1) Die Organisation hat zwei getrennte Haushaltspläne: den Haushaltsplan für die gemeinsamen Ausgaben der Verbände und den Haushaltsplan der Konferenz.

(2) a) Der Haushaltsplan für die gemeinsamen Ausgaben der Verbände enthält Voranschläge für die Ausgaben, die für mehrere Verbände von Interesse sind.

b) Dieser Haushaltsplan umfaßt folgende Einnahmen:

    i) Beiträge der Verbände mit der Maßgabe, daß die Höhe des Beitrages jedes Verbandes von seiner Versammlung unter Berücksichtigung des Interesses festgesetzt wird, das der Verband an den gemeinsamen Ausgaben hat;

    ii) Gebühren und Beträge für Dienstleistungen des Internationalen Büros, die weder in unmittelbarem Zusammenhang mit einem der Verbände stehen noch auf dem Gebiet der juristisch-technischen Hilfe liegen;

    iii) Verkaufserlöse und andere Einkünfte aus Veröffentlichungen des Internationalen Büros, die nicht unmittelbar einen der Verbände betreffen;

Weltorganisation für geistiges Eigentum **Art. 11 WIPO**

iv) Schenkungen, Vermächtnisse und Zuwendungen an die Organisation, soweit sie nicht in Absatz 3 Buchstabe b Ziffer iv bezeichnet sind;

v) Mieten, Zinsen und andere verschiedene Einkünfte der Organisation.

(3) a) Der Haushaltsplan der Konferenz enthält Ausgabenvoranschläge für die Durchführung der Tagungen der Konferenz und für das Programm der juristisch-technischen Hilfe.

b) Dieser Haushaltsplan umfaßt folgende Einnahmen:

i) Beiträge der Vertragsstaaten dieses Übereinkommens, die nicht Mitglied eines der Verbände sind;

ii) Beträge, die von den Verbänden für diesen Haushaltsplan zur Verfügung gestellt werden, mit der Maßgabe, daß die Höhe des von jedem Verband zur Verfügung gestellten Betrages von der Versammlung dieses Verbandes festgesetzt wird und es jedem Verband freisteht, zu diesem Haushaltsplan keine solchen Beträge zu leisten;

iii) Beträge, die das Internationale Büro für Dienstleistungen auf dem Gebiet der juristisch-technischen Hilfe erhält;

iv) Schenkungen, Vermächtnisse und Zuwendungen, die der Organisation für die unter Buchstabe a bezeichneten Zwecke gewährt werden.

(4) a) Jeder Vertragsstaat dieses Übereinkommens, der nicht Mitglied eines der Verbände ist, wird zur Bestimmung seines Beitrags zum Haushaltsplan der Konferenz in eine Klasse eingestuft und zahlt seine Jahresbeiträge auf der Grundlage einer Zahl von Einheiten, die wie folgt festgesetzt wird:

Klasse A .................................................................................................. 10
Klasse B .................................................................................................. 3
Klasse C .................................................................................................. 1

b) Jeder dieser Staaten gibt, wenn er eine der in Artikel 14 Absatz 1 bezeichneten Handlungen vornimmt, gleichzeitig die Klasse an, in die er eingestuft zu werden wünscht. Er kann die Klasse wechseln. Wählt er eine niedrigere Klasse, so hat er dies der Konferenz auf einer ihrer ordentlichen Tagungen mitzuteilen. Ein solcher Wechsel wird zu Beginn des auf diese Tagung folgenden Kalenderjahrs wirksam.

c) Der Jahresbeitrag jedes dieser Staaten besteht aus einem Betrag, der in demselben Verhältnis zu der Summe der Beiträge aller dieser Staaten zum Haushaltsplan der Konferenz steht wie die Zahl der Einheiten der Klasse, in die der Staat eingestuft ist, zur Summe der Einheiten aller dieser Staaten.

d) Die Beiträge werden am 1. Januar jedes Jahres fällig.

e) Wird der Haushaltsplan nicht vor Beginn eines neuen Rechnungsjahres beschlossen, so wird der Haushaltsplan des Vorjahres nach Maßgabe der Finanzvorschriften übernommen.

(5) Jeder Vertragsstaat dieses Übereinkommens, der nicht Mitglied eines der Verbände ist und der mit der Zahlung seiner nach diesem Artikel zu leistenden Beiträge im Rückstand ist, sowie jeder Vertragsstaat dieses Übereinkommens, der Mitglied eines der Verbände ist und mit der Zahlung seiner Beiträge an diesen Verband im Rückstand ist, kann sein Stimmrecht in keinem der Organe der Organisation, denen er als Mitglied angehört, ausüben, wenn der rückständige Betrag die Summe der von ihm für die zwei vorhergehenden vollen Jahre geschuldeten Beiträge erreicht oder übersteigt. Jedoch kann jedes dieser Organe einem solchen Staat gestatten, das Stimmrecht in diesem Organ weiter auszuüben, wenn und solange es überzeugt ist, daß der Zahlungsrückstand eine Folge außergewöhnlicher und unabwendbarer Umstände ist.

(6) Die Höhe der Gebühren und Beträge für Dienstleistungen des Internationalen Büros auf dem Gebiet der juristisch-technischen Hilfe wird vom Generaldirektor festgesetzt, der dem Koordinierungsausschuß darüber berichtet.

(7) Die Organisation kann mit Billigung des Koordinierungsausschusses alle Schenkungen, Vermächtnisse und Zuwendungen annehmen, die unmittelbar von Regierungen, öffentlichen oder privaten Einrichtungen, Vereinigungen oder Privatpersonen stammen.

(8) a) Die Organisation hat einen Betriebsmittelfonds, der durch eine einmalige Zahlung der Verbände und jedes Vertragsstaates dieses Übereinkommens, der nicht Mitglied eines der Verbände ist, gebildet wird. Reicht der Fonds nicht mehr aus, so wird er erhöht.

b) Die Höhe der einmaligen Zahlung jedes Verbandes und gegebenenfalls ein Anteil an jeder Erhöhung werden von der Versammlung dieses Verbandes beschlossen.

c) Die Höhe der einmaligen Zahlung jedes Vertragsstaates dieses Übereinkommens, der nicht Mitglied eines der Verbände ist, und sein Anteil an jeder Erhöhung sind proportional zu dem Beitrag dieses Staates für das Jahr, in dem der Fonds gebildet oder die Erhöhung beschlossen wird. Dieses Verhältnis und die Zahlungsbedingungen werden von der Konferenz auf Vorschlag des Generaldirektors und nach Äußerung des Koordinierungsausschusses festgesetzt.

(9) a) Das Abkommen über den Sitz der Organisation, das mit dem Staat geschlossen wird, in dessen Hoheitsgebiet die Organisation ihren Sitz hat, sieht vor, daß dieser Staat Vorschüsse gewährt, wenn der Betriebsmittelfonds nicht ausreicht. Die Höhe dieser Vorschüsse und die Bedingungen, unter denen sie gewährt werden, sind in jedem Fall Gegenstand besonderer Vereinbarungen zwischen diesem Staat und der Organisation. Solange dieser Staat verpflichtet ist, Vorschüsse zu gewähren, hat er ex officio einen Sitz im Koordinierungsausschuß.

b) Der unter Buchstabe a bezeichnete Staat und die Organisation sind berechtigt, die Verpflichtung zur Gewährung von Vorschüssen durch schriftliche Notifikation zu kündigen. Die Kündigung wird drei Jahre nach Ablauf des Jahres wirksam, in dem sie notifiziert worden ist.

(10) Die Rechnungsprüfung wird nach Maßgabe der Finanzvorschriften von einem oder mehreren Mitgliedstaaten oder von außenstehenden Rechnungsprüfern vorgenommen, die mit ihrer Zustimmung von der Generalversammlung bestimmt werden.

**Art. 12 Rechtsfähigkeit, Vorrechte und Immunitäten.** (1) Die Organisation genießt im Hoheitsgebiet jedes Mitgliedstaates gemäß den Gesetzen dieses Staates die zur Erreichung ihres Zwecks und zur Wahrnehmung ihrer Aufgaben erforderliche Rechtsfähigkeit.

(2) Die Organisation schließt mit der Schweizerischen Eidgenossenschaft und mit jedem anderen Staat, in den der Sitz gegebenenfalls verlegt wird, ein Abkommen über den Sitz.

(3) Die Organisation kann mit den anderen Mitgliedstaaten zwei- oder mehrseitige Übereinkünfte schließen, um sich sowie ihren Beamten und den Vertretern aller Mitgliedstaaten die zur Erreichung des Zwecks und zur Wahrnehmung der Aufgaben der Organisation erforderlichen Vorrechte und Immunitäten zu sichern.

(4) Der Generaldirektor kann Verhandlungen über die in den Absätzen 2 und 3 bezeichneten Übereinkünfte führen; nach Billigung durch den Koordinierungsausschuß schließt und unterzeichnet er sie im Namen der Organisation.

**Art. 13 Beziehungen zu anderen Organisationen.** (1) Die Organisation stellt, wenn sie es für zweckmäßig hält, Beziehungen zur Zusammenarbeit mit anderen zwischenstaatlichen Organisationen her und arbeitet mit ihnen zusammen. Jedes zu diesem Zweck mit diesen Organisationen vereinbarte allgemeine Abkommen wird vom Generaldirektor nach Billigung durch den Koordinierungsausschuß geschlossen.

(2) Die Organisation kann für die in ihre Zuständigkeit fallenden Fragen alle geeigneten Maßnahmen für eine Konsultation und Zusammenarbeit mit internationalen nichtstaatlichen Organisationen und, sofern die beteiligten Regierungen zustimmen, mit nationalen staatlichen oder nichtstaatlichen Organisationen treffen. Solche Maßnahmen werden vom Generaldirektor nach Billigung durch den Koordinierungsausschuß getroffen.

**Art. 14 Möglichkeiten, Vertragspartei zu werden.** (1) Die in Artikel 5 bezeichneten Staaten können Vertragspartei dieses Übereinkommens und Mitglied der Organisation werden durch

i) Unterzeichnung ohne Vorbehalt der Ratifikation oder

ii) Unterzeichnung unter Vorbehalt der Ratifikation und nachfolgende Hinterlegung der Ratifikationsurkunde oder

iii) Hinterlegung einer Beitrittsurkunde.

(2) Ungeachtet aller anderen Bestimmungen dieses Übereinkommens kann ein Vertragsstaat der Pariser Verbandsübereinkunft, der Berner Übereinkunft oder beider Übereinkünfte nur dann Vertragspartei dieses Übereinkommens werden, wenn er durch Ratifikation oder Beitritt gleichzeitig oder vorher Vertragspartei

entweder der Stockholmer Fassung der Pariser Verbandsübereinkunft in ihrer Gesamtheit oder mit der in Artikel 20 Absatz 1 Buchstabe b Ziffer i dieser Fassung vorgesehenen Einschränkung

oder der Stockholmer Fassung der Berner Übereinkunft in ihrer Gesamtheit oder mit der in Artikel 28 Absatz 1 Buchstabe b Ziffer i dieser Fassung vorgesehenen Einschränkung

wird oder geworden ist.

(3) Die Ratifikations- oder Beitrittsurkunden werden beim Generaldirektor hinterlegt.

**Art. 15 Inkrafttreten des Übereinkommens.** (1) Dieses Übereinkommen tritt drei Monate, nachdem zehn Mitgliedstaaten des Pariser Verbandes und sieben Mitgliedstaaten des Berner Verbandes eine der in Artikel 14 Absatz 1 vorgesehenen Handlungen vorgenommen haben, in Kraft, wobei ein Staat, der Mitglied beider Verbände ist, in beiden Gruppen gezählt wird. Zu diesem Zeitpunkt tritt dieses Übereinkommen auch für die Staaten in Kraft, die, ohne Mitglied eines der beiden Verbände zu sein, drei Monate vor diesem Zeitpunkt oder früher eine der in Artikel 14 Absatz 1 vorgesehenen Handlungen vorgenommen haben.

(2) Für jeden anderen Staat tritt dieses Übereinkommen drei Monate nach dem Zeitpunkt in Kraft, zu dem dieser Staat eine der in Artikel 14 Absatz 1 vorgesehenen Handlungen vorgenommen hat.

**Art. 16 Vorbehalte.** Vorbehalte zu diesem Übereinkommen sind nicht zulässig.

**Art. 17 Änderungen.** (1) Vorschläge zur Änderung dieses Übereinkommens können von jedem Mitgliedstaat, vom Koordinierungsausschuß oder vom Generaldirektor vorgelegt werden. Diese Vorschläge werden vom Generaldirektor mindestens sechs Monate, bevor sie in der Konferenz beraten werden, den Mitgliedstaaten mitgeteilt.

(2) Jede Änderung wird von der Konferenz beschlossen. Berühren die Änderungen die Rechte und Verpflichtungen der Vertragsstaaten dieses Übereinkommens, die nicht Mitglied eines der Verbände sind, so nehmen diese Staaten auch an der Abstimmung teil. Über alle anderen Änderungsvorschläge stimmen nur die Vertragsstaaten dieses Übereinkommens ab, die Mitglied mindestens eines der Verbände sind. Die Änderungen werden mit einfacher Mehrheit der abgegebenen Stimmen beschlossen unter der Voraussetzung, daß die Konferenz nur über solche Änderungsvorschläge abstimmt, die vorher von der Versammlung des Pariser Verbandes und von der Versammlung des Berner Verbandes nach den Bestimmungen beschlossen worden sind, die diese Übereinkünfte für die Änderung ihrer Verwaltungsvorschriften vorsehen.

(3) Jede Änderung tritt einen Monat nach dem Zeitpunkt in Kraft, zu dem die schriftlichen Notifikationen der verfassungsmäßig zustande gekommenen Annahme des Änderungsvorschlags von drei Vierteln der Mitgliedstaaten der Organisation, die im Zeitpunkt der Beschlußfassung der Konferenz über die Änderung nach Absatz 2 stimmberechtigt waren, beim Generaldirektor eingegangen sind. Jede auf diese Weise angenommene Änderung bindet alle Staaten, die im Zeitpunkt des Inkrafttretens der Änderung Mitglied der Organisation sind oder später Mitglied werden; jedoch bindet eine Änderung, die die finanziellen Verpflichtungen der Mitgliedstaaten erweitert, nur die Staaten, die die Annahme dieser Änderung notifiziert haben.

**Art. 18 Kündigung.** (1) Jeder Mitgliedstaat kann dieses Übereinkommen durch eine an den Generaldirektor gerichtete Notifikation kündigen.

(2) Die Kündigung wird sechs Monate nach dem Zeitpunkt wirksam, zu dem die Notifikation beim Generaldirektor eingegangen ist.

**Art. 19 Notifikationen.** Der Generaldirektor notifiziert den Regierungen aller Mitgliedstaaten
  i) den Zeitpunkt des Inkrafttretens des Übereinkommens,
  ii) die Unterzeichnungen und die Hinterlegungen von Ratifikations- oder Beitrittsurkunden,
  iii) die Annahmen von Änderungen dieses Übereinkommens und den Zeitpunkt, zu dem diese Änderungen in Kraft treten,
  iv) die Kündigungen dieses Übereinkommens.

**Art. 20 Schlußbestimmungen.** (1) a) Dieses Übereinkommen wird in einer Urschrift in englischer, französischer, russischer und spanischer Sprache unterzeichnet, wobei jeder Wortlaut gleichermaßen verbindlich ist, und bei der schwedischen Regierung hinterlegt.

b) Dieses Übereinkommen liegt bis zum 13. Januar 1968 in Stockholm zur Unterzeichnung auf.

(2) Amtliche Texte werden vom Generaldirektor nach Konsultierung der beteiligten Regierungen in deutscher, italienischer und portugiesischer Sprache sowie in anderen Sprachen hergestellt, die die Konferenz bestimmen kann.

(3) Der Generaldirektor übermittelt zwei beglaubigte Abschriften dieses Übereinkommens und jeder von der Konferenz beschlossenen Änderung den Regierungen der Mitgliedstaaten des Pariser Verbandes und des Berner Verbandes sowie der Regierung jedes anderen Staates, wenn er diesem Übereinkommen beitritt, und der Regierung jedes anderen Staates, die es verlangt. Die Abschriften des unterzeichneten Textes des Übereinkommens, die den Regierungen übermittelt werden, werden von der schwedischen Regierung beglaubigt.

(4) Der Generaldirektor läßt dieses Übereinkommen beim Sekretariat der Vereinten Nationen registrieren.

**Art. 21 Übergangsbestimmungen.** (1) Bis zur Amtsübernahme durch den ersten Generaldirektor gelten Bezugnahmen in diesem Übereinkommen auf das Internationale Büro oder den Generaldirektor als Bezugnahmen auf die Vereinigten Internationalen Büros zum Schutz des gewerblichen, literarischen und künstlerischen Eigentums (auch Vereinigte Internationale Büros zum Schutz des geistigen Eigentums – BIRPI – genannt) oder ihren Direktor.

(2) a) Staaten, die Mitglied eines der Verbände sind, aber noch nicht Vertragspartei dieses Übereinkommens geworden sind, können, wenn sie dies wünschen, während eines Zeitraums von fünf Jahren, gerechnet vom Zeitpunkt des Inkrafttretens dieses Übereinkommens an, die gleichen Rechte ausüben, die sie als Vertragspartei dieses Übereinkommens hätten. Jeder Staat, der diese Rechte auszuüben wünscht, hinterlegt zu diesem Zweck beim Generaldirektor eine schriftliche Notifikation, die im Zeitpunkt ihres Eingangs wirksam wird. Solche Staaten gelten bis zum Ablauf der genannten Frist als Mitglied der Generalversammlung und der Konferenz.

b) Mit Ablauf der fünfjährigen Frist sind diese Staaten in der Generalversammlung, in der Konferenz und im Koordinierungsausschuß nicht mehr stimmberechtigt.

c) Werden diese Staaten Vertragspartei dieses Übereinkommens, so sind sie wieder stimmberechtigt.

(3) a) Solange nicht alle Mitgliedstaaten des Pariser und des Berner Verbandes Vertragspartei dieses Übereinkommens geworden sind, nehmen das Internationale Büro und der Generaldirektor auch die Aufgaben der Vereinigten Internationalen Büros zum Schutz des gewerblichen, literarischen und künstlerischen Eigentums und ihres Direktors wahr.

b) Das bei den genannten Büros im Zeitpunkt des Inkrafttretens dieses Übereinkommens beschäftigte Personal gilt während der unter Buchstabe a bezeichneten Übergangszeit auch als beim Internationalen Büro beschäftigt.

(4) a) Sobald alle Mitgliedstaaten des Pariser Verbandes Mitglied der Organisation geworden sind, gehen die Rechte und Verpflichtungen sowie das Vermögen des Büros dieses Verbandes auf das Internationale Büro der Organisation über.

b) Sobald alle Mitgliedstaaten des Berner Verbandes Mitglied der Organisation geworden sind, gehen die Rechte und Verpflichtungen sowie das Vermögen des Büros dieses Verbandes auf das Internationale Büro der Organisation über.

## 2. Pariser Verbandsübereinkunft zum Schutz des gewerblichen Eigentums

vom 20. März 1883

revidiert in Brüssel am 14. Dezember 1900,
in Washington am 2. Juni 1911,
im Haag am 6. November 1925,
in London am 2. Juni 1934,
in Lissabon am 31. Oktober 1958
und in Stockholm am 14. Juli 1967

(BGBl. 1970 II S. 391; geändert am 2. Oktober 1979, BGBl. 1984 II S. 799)

Der deutsche Text der PVÜ ist abgedruckt im zweiten Teil des Kommentars, 1. Abschnitt, A. Die Urschrift ist nach Art. 29 Abs. 1 lit. a PVÜ in französischer Sprache unterzeichnet. Der abgedruckte deutsche Text stellt nach Art. 29 Abs. 1 lit. b PVÜ eine amtliche Fassung dar.

## 3. Madrider Abkommen über die internationale Registrierung von Marken

vom 14. April 1891

revidiert in Brüssel am 14. Dezember 1900,
in Washington am 2. Juli 1911,
im Haag am 6. November 1925,
in London am 2. Juni 1934,
in Nizza am 15. Juni 1957
und in Stockholm am 14. Juli 1967

(BGBl. 1970 II S. 418; geändert am 2. Oktober 1979, BGBl. 1984 II S. 799)

Der deutsche Text des MMA ist abgedruckt im zweiten Teil des Kommentars, 1. Abschnitt, B. Die Urschrift ist nach Art. 17 Abs. 1 lit. a MMA in französischer Sprache unterzeichnet. Der abgedruckte deutsche Text stellt nach Art. 17 Abs. 1 lit. b MMA eine amtliche Fassung dar.

# 4. Protokoll zum Madrider Abkommen über die internationale Registrierung von Marken

vom 27. Juni 1989*

(BGBl. 1995 II S. 1017)**

### Inhaltsübersicht

| | Art. |
|---|---|
| Mitgliedschaft im Madrider Verband.................................................................. | 1 |
| Erwerb des Schutzes durch internationale Registrierung................................. | 2 |
| Internationales Gesuch........................................................................................ | 3 |
| Territoriale Wirkung............................................................................................ | 3bis |
| Gesuch um „territoriale Ausdehnung"................................................................ | 3ter |
| Wirkungen der internationalen Registrierung................................................... | 4 |
| Ersetzung einer nationalen oder regionalen Eintragung durch eine internationale Registrierung................................................................................. | 4bis |
| Schutzverweigerung und Ungültigerklärung der Wirkungen der internationalen Registrierung in bezug auf bestimmte Vertragsparteien............................ | 5 |
| Belege für die Rechtmäßigkeit des Gebrauchs gewisser Markenbestandteile...... | 5bis |
| Abschriften der im internationalen Register eingetragenen Angaben; Recherchen nach älteren Registrierungen; Auszüge aus dem internationalen Register..... | 5ter |
| Dauer der Gültigkeit der internationalen Registrierung; Abhängigkeit und Unabhängigkeit der internationalen Registrierung................................................ | 6 |
| Erneuerung der internationalen Registrierung................................................... | 7 |
| Gebühren für das internationale Gesuch und die internationale Registrierung.... | 8 |
| Eintragung einer Änderung des Inhabers einer internationalen Registrierung...... | 9 |
| Bestimmte Eintragungen bei einer internationalen Registrierung.................... | 9bis |
| Gebühren für bestimmte Eintragungen ............................................................... | 9ter |
| Gemeinsame Behörde für mehrere Vertragsstaaten........................................... | 9quater |
| Umwandlung einer internationalen Registrierung in nationale oder regionale Gesuche ................................................................................................................ | 9quinquies |
| Sicherung des Madrider Abkommens (Stockholmer Fassung) ........................ | 9sexies |
| Versammlung........................................................................................................ | 10 |
| Internationales Büro ............................................................................................ | 11 |
| Finanzen ............................................................................................................... | 12 |
| Änderung bestimmter Artikel des Protokolls .................................................... | 13 |
| Möglichkeiten, Vertragspartei des Protokolls zu werden; Inkrafttreten............... | 14 |
| Kündigung............................................................................................................ | 15 |
| Unterzeichnung; Sprachen; Aufgaben des Verwahrers...................................... | 16 |

**Art. 1 Mitgliedschaft im Madrider Verband.** Die Staaten, die Vertragsparteien dieses Protokolls sind (im folgenden als „Vertragsstaaten" bezeichnet), auch wenn sie nicht Vertragsparteien des Madrider Abkommens über die internationale Registrierung von Marken in der Stockholmer Fassung von 1967 mit den Änderungen von 1979 (im folgenden als „Madrider Abkommen (Stockholmer Fassung)" bezeichnet) sind, und die in Artikel 14 Absatz 1 Buchstabe b bezeichneten Organisationen, die Vertragsparteien dieses Protokolls sind (im folgenden als „Vertragsorganisationen" bezeichnet), sind Mitglieder desselben Verbands, dem die Vertragsparteien des Madrider Abkommens (Stockholmer Fassung) als Mitglieder angehören. Jede Bezugnahme in diesem Protokoll auf „Vertragsparteien" ist als Bezugnahme sowohl auf die Vertragsstaaten als auch auf die Vertragsorganisationen auszulegen.

---

* Der englische und französische Text des PMMA ist abgedruckt in der 1. Auflage des Kommentars, 3. Teil, III 4
** Nach der Bekanntmachung über das Inkrafttreten des Protokolls über die internationale Registrierung von Marken vom 29. März 1996 (BGBl. I S. 557) gilt für das Inkrafttreten: Das PMMA ist für die Bundesrepublik Deutschland am 20. März 1996 in Kraft getreten.

**Art. 2 Erwerb des Schutzes durch internationale Registrierung.** (1) Wurde ein Gesuch um Eintragung einer Marke bei der Behörde einer Vertragspartei eingereicht oder eine Marke im Register der Behörde einer Vertragspartei eingetragen, so kann sich die Person, auf deren Namen das Gesuch (im folgenden als „Basisgesuch" bezeichnet) oder die Eintragung (im folgenden als „Basiseintragung" bezeichnet) lautet, nach diesem Protokoll den Schutz dieser Marke im Gebiet der Vertragsparteien dadurch sichern, daß sie die Eintragung der Marke im Register des Internationalen Büros der Weltorganisation für geistiges Eigentum (im folgenden als „internationale Registrierung", „internationales Register", „Internationales Büro" und „Organisation" bezeichnet) herbeiführt, vorausgesetzt, daß

  i) wenn das Basisgesuch bei der Behörde eines Vertragsstaats eingereicht oder die Basiseintragung von einer solchen Behörde vorgenommen wurde, die Person, auf deren Namen das Gesuch oder die Eintragung lautet, Angehöriger des betreffenden Vertragsstaats ist oder in diesem Vertragsstaat ihren Wohnsitz oder eine tatsächliche und nicht nur zum Schein bestehende gewerbliche oder Handelsniederlassung hat;

  ii) wenn das Basisgesuch bei der Behörde einer Vertragsorganisation eingereicht oder die Basiseintragung von einer solchen Behörde vorgenommen wurde, die Person, auf deren Namen das Gesuch oder die Eintragung lautet, Angehöriger eines Mitgliedstaats dieser Vertragsorganisation ist oder im Gebiet dieser Vertragsorganisation ihren Wohnsitz oder eine tatsächliche und nicht nur zum Schein bestehende gewerbliche oder Handelsniederlassung hat.

(2) Das Gesuch um internationale Registrierung (im folgenden als „Internationales Gesuch" bezeichnet) ist beim Internationalen Büro durch Vermittlung der Behörde einzureichen, bei der das Basisgesuch eingereicht beziehungsweise von der die Basiseintragung vorgenommen wurde (im folgenden als „Ursprungsbehörde" bezeichnet).

(3) Jede Bezugnahme in diesem Protokoll auf eine „Behörde" oder eine „Behörde einer Vertragspartei" ist als Bezugnahme auf die Behörde, die namens einer Vertragspartei für die Eintragung von Marken zuständig ist, und jede Bezugnahme in diesem Protokoll auf „Marken" ist als Bezugnahme auf Warenmarken und Dienstleistungsmarken auszulegen.

(4) Für die Zwecke dieses Protokolls bedeutet „Gebiet einer Vertragspartei", wenn es sich bei der Vertragspartei um einen Staat handelt, das Hoheitsgebiet des betreffenden Staates, und wenn es sich bei der Vertragspartei um eine zwischenstaatliche Organisation handelt, das Gebiet, in dem der Gründungsvertrag der betreffenden zwischenstaatlichen Organisation Anwendung findet.

**Art. 3 Internationales Gesuch.** (1) Jedes internationale Gesuch aufgrund dieses Protokolls ist auf dem von der Ausführungsordnung vorgeschriebenen Formular einzureichen. Die Ursprungsbehörde bescheinigt, daß die Angaben im internationalen Gesuch den Angaben entsprechen, die zum Zeitpunkt der Bescheinigung im Basisgesuch beziehungsweise in der Basiseintragung enthalten sind. Die Behörde gibt außerdem folgendes an:

  i) bei einem Basisgesuch das Datum und die Nummer des Gesuchs,

  ii) bei einer Basiseintragung das Datum und die Nummer der Eintragung sowie das Datum und die Nummer des Gesuchs, aus dem die Basiseintragung hervorging.

  iii) Die Ursprungsbehörde gibt außerdem das Datum des internationalen Gesuchs an.

(2) Der Hinterleger hat die Waren und Dienstleistungen, für die der Schutz der Marke beansprucht wird, anzugeben sowie, wenn möglich, die Klasse oder die Klassen entsprechend der Klassifikation, die durch das Abkommen von Nizza über die Internationale Klassifikation von Waren und Dienstleistungen für die Eintragung von Marken festgelegt wurde. Macht der Hinterleger diese Angabe nicht, so ordnet das Internationale Büro die Waren und Dienstleistungen in die entsprechenden Klassen der erwähnten Klassifikation ein. Die vom Hinterleger angegebene Einordnung unterliegt der Prüfung durch das Internationale Büro, das hierbei im Zusammenwirken mit der Ursprungsbehörde vorgeht. Im Fall einer Meinungsverschiedenheit zwischen dieser Behörde und dem Internationalen Büro ist die Ansicht des letzteren maßgebend.

(3) Beansprucht der Hinterleger die Farbe als unterscheidendes Merkmal seiner Marke, so ist er verpflichtet,

i) dies ausdrücklich zu erklären und seinem internationalen Gesuch einen Vermerk beizufügen, der die beanspruchte Farbe oder Farbenzusammenstellung angibt;

ii) seinem internationalen Gesuch farbige Darstellungen der Marke beizulegen, die den Mitteilungen des Internationalen Büros beigefügt werden; die Anzahl dieser Darstellungen wird in der Ausführungsordnung bestimmt.

(4) Das Internationale Büro trägt die gemäß Artikel 2 hinterlegten Marken sogleich in ein Register ein. Die internationale Registrierung erhält das Datum, an dem das internationale Gesuch bei der Ursprungsbehörde eingegangen ist, sofern das internationale Gesuch innerhalb von zwei Monaten nach diesem Zeitpunkt beim Internationalen Büro eingegangen ist. Ist das internationale Gesuch nicht innerhalb dieser Frist eingegangen, so erhält die internationale Registrierung das Datum, an dem das betreffende internationale Gesuch beim Internationalen Büro eingegangen ist. Das Internationale Büro teilt den beteiligten Behörden unverzüglich die internationale Registrierung mit. Die im internationalen Register eingetragenen Marken werden in einem regelmäßig erscheinenden, vom Internationalen Büro herausgegebenen Blatt auf der Grundlage der im internationalen Gesuch enthaltenen Angaben veröffentlicht.

(5) Um die im internationalen Register eingetragenen Marken zur allgemeinen Kenntnis zu bringen, erhält jede Behörde vom Internationalen Büro unentgeltlich eine Anzahl von Stücken des genannten Blattes sowie eine Anzahl von Stücken zu ermäßigtem Preis zu den Bedingungen, die von der in Artikel 10 genannten Versammlung (im folgenden als „Versammlung" bezeichnet) festgelegt werden. Diese Bekanntgabe gilt für die Zwecke aller Vertragsparteien als ausreichend; eine weitere Bekanntgabe darf vom Inhaber der internationalen Registrierung nicht verlangt werden.

**Art. 3bis Territoriale Wirkung.** Der Schutz aus der internationalen Registrierung erstreckt sich auf eine Vertragspartei nur auf Antrag der Person, die das internationale Gesuch einreicht oder Inhaber der internationalen Registrierung ist. Ein solcher Antrag kann jedoch nicht für die Vertragspartei gestellt werden, deren Behörde die Ursprungsbehörde ist.

**Art. 3ter Gesuch um „territoriale Ausdehnung".** (1) Jedes Gesuch um Ausdehnung des Schutzes aus der internationalen Registrierung auf eine Vertragspartei ist im internationalen Gesuch besonders zu erwähnen.

(2) Ein Gesuch um territoriale Ausdehnung kann auch nach der internationalen Registrierung gestellt werden. Ein solches Gesuch ist auf dem in der Ausführungsordnung vorgeschriebenen Formulare einzureichen. Das Internationale Büro trägt es sogleich im Register ein und teilt diese Eintragung unverzüglich der oder den beteiligten Behörden mit. Die Eintragung wird in dem regelmäßig erscheinenden Blatt des Internationalen Büros veröffentlicht. Diese territoriale Ausdehnung wird von dem Datum an wirksam, an dem sie im internationalen Register eingetragen wird; sie verliert ihre Wirkung mit dem Erlöschen der internationalen Registrierung, auf die sie sich bezieht.

**Art. 4 Wirkungen der internationalen Registrierung.**

(1) a) Von dem Datum der Registrierung oder der Eintragung nach den Bestimmungen der Artikel 3 und 3ter an ist die Marke in jeder der beteiligten Vertragsparteien ebenso geschützt, wie wenn sie unmittelbar bei der Behörde dieser Vertragspartei hinterlegt worden wäre. Wurde dem Internationalen Büro keine Schutzverweigerung nach Artikel 5 Absätze 1 und 2 mitgeteilt oder wurde eine nach jenem Artikel mitgeteilte Schutzverweigerung später zurückgenommen, so ist die Marke in der beteiligten Vertragspartei von dem genannten Datum an ebenso geschützt, wie wenn sie von der Behörde dieser Vertragspartei eingetragen worden wäre.

b) Die in Artikel 3 vorgesehene Angabe der Klassen der Waren und Dienstleistungen bindet die Vertragsparteien nicht hinsichtlich der Beurteilung des Schutzumfangs der Marke.

(2) Jede internationale Registrierung genießt das durch Artikel 4 der Pariser Verbandsübereinkunft zum Schutz des gewerblichen Eigentums festgelegte Prioritätsrecht, ohne daß

es erforderlich ist, die unter Buchstabe D jenes Artikels vorgesehenen Förmlichkeiten zu erfüllen.

**Art. 4bis Ersetzung einer nationalen oder regionalen Eintragung durch eine internationale Registrierung.** (1) Ist eine Marke, die Gegenstand einer nationalen oder regionalen Eintragung bei der Behörde einer Vertragspartei ist, auch Gegenstand einer internationalen Registrierung und lauten sowohl die Eintragung als auch die Registrierung auf den Namen derselben Person, so gilt die internationale Registrierung als an die Stelle der nationalen oder regionalen Eintragung getreten, unbeschadet der durch die letzteren erworbenen Rechte, sofern

i) der Schutz aus der internationalen Registrierung sich nach Artikel 3ter Absatz 1 oder 2 auf die betreffende Vertragspartei erstreckt,

ii) alle in der nationalen oder regionalen Eintragung aufgeführten Waren und Dienstleistungen auch in der internationalen Registrierung in bezug auf die betreffende Vertragspartei aufgeführt sind,

iii) diese Ausdehnung nach dem Datum der nationalen oder regionalen Eintragung wirksam wird.

(2) Die in Absatz 1 bezeichnete Behörde hat auf Antrag die internationale Registrierung in ihrem Register zu vermerken.

**Art. 5 Schutzverweigerung und Ungültigerklärung der Wirkungen der internationalen Registrierung in bezug auf bestimmte Vertragsparteien.** (1) Soweit die geltenden Rechtsvorschriften sie dazu ermächtigen, hat die Behörde einer Vertragspartei, der das Internationale Büro eine Ausdehnung des sich aus der internationalen Registrierung ergebenden Schutzes auf die Vertragspartei nach Artikel 3ter Absatz 1 oder 2 mitgeteilt hat, das Recht, in einer Mitteilung der Schutzverweigerung zu erklären, daß der Marke, die Gegenstand dieser Ausdehnung ist, der Schutz in der betreffenden Vertragspartei nicht gewährt werden kann. Eine solche Schutzverweigerung kann nur auf Gründe gestützt werden, die nach der Pariser Verbandsübereinkunft zum Schutz des gewerblichen Eigentums im Fall einer unmittelbar bei der Behörde, welche die Schutzverweigerung mitteilt, hinterlegten Marke anwendbar wären. Der Schutz darf jedoch weder ganz noch teilweise allein deshalb verweigert werden, weil die geltenden Rechtsvorschriften die Eintragung nur für eine beschränkte Anzahl von Klassen oder für eine beschränkte Anzahl von Waren oder Dienstleistungen zulassen.

(2) a) Die Behörden, die von diesem Recht Gebrauch machen wollen, teilen dem Internationalen Büro ihre Schutzverweigerung unter Angabe aller Gründe innerhalb der Frist mit, die in den für diese Behörden geltenden Rechtsvorschriften vorgesehen ist, spätestens jedoch, vorbehaltlich der Buchstaben b und c, vor Ablauf eines Jahres nach dem Zeitpunkt, zu dem die in Absatz 1 genannte Mitteilung der Ausdehnung dieser Behörde vom Internationalen Büro übersandt worden ist.

b) Ungeachtet des Buchstabens a kann jede Vertragspartei erklären, daß für internationale Registrierungen aufgrund dieses Protokolls die unter Buchstabe a genannte Frist von einem Jahr durch 18 Monate ersetzt wird.

c) In dieser Erklärung kann außerdem festgelegt werden, daß eine Schutzverweigerung, die sich aus einem Widerspruch gegen die Schutzgewährung ergeben kann, von der Behörde der betreffenden Vertragspartei dem Internationalen Büro nach Ablauf der Frist von 18 Monaten mitgeteilt werden kann. Eine solche Behörde kann hinsichtlich einer vorgenommenen internationalen Registrierung eine Schutzverweigerung nach Ablauf der Frist von 18 Monaten nur dann mitteilen, wenn

i) sie vor Ablauf der Frist von 18 Monaten das Internationale Büro über die Möglichkeit unterrichtet hat, daß Widersprüche nach Ablauf der Frist von 18 Monaten eingelegt werden können, und

ii) die Mitteilung der auf einen Widerspruch gestützten Schutzverweigerung innerhalb einer Frist von nicht mehr als sieben Monaten nach dem Zeitpunkt gemacht wird, zu dem die Widerspruchsfrist beginnt; läuft die Widerspruchsfrist vor dieser

Frist von sieben Monaten ab, so muß die Mitteilung innerhalb einer Frist von einem Monat nach Ablauf der Widerspruchsfrist erfolgen.

d) Eine Erklärung nach den Buchstaben b oder c kann in den in Artikel 14 Absatz 2 genannten Urkunden abgegeben werden; der Zeitpunkt des Wirksamwerdens der Erklärung ist derselbe wie der Zeitpunkt des Inkrafttretens dieses Protokolls für den Staat oder die zwischenstaatliche Organisation, welche die Erklärung abgegeben haben. Eine solche Erklärung kann auch später abgegeben werden; in diesem Fall wird die Erklärung drei Monate nach ihrem Eingang beim Generaldirektor der Organisation (im folgenden als „Generaldirektor" bezeichnet) oder zu einem in der Erklärung angegebenen späteren Zeitpunkt in bezug auf jede internationale Registrierung wirksam, deren Datum mit dem Zeitpunkt des Wirksamwerdens der Erklärung übereinstimmt oder deren Datum nach diesem Zeitpunkt liegt.

e) Nach Ablauf von zehn Jahren nach Inkrafttreten dieses Protokolls prüft die Versammlung die Arbeitsweise des unter den Buchstaben a bis d errichteten Systems. Danach können die Bestimmungen dieser Buchstaben durch einstimmigen Beschluß der Versammlung geändert werden.

(3) Das Internationale Büro übermittelt dem Inhaber der internationalen Registrierung unverzüglich ein Exemplar der Mitteilung der Schutzverweigerung Der betreffende Inhaber hat dieselben Rechtsmittel, wie wenn er die Marke unmittelbar bei der Behörde hinterlegt hätte, die ihre Schutzverweigerung mitgeteilt hat. Ist das Internationale Büro nach Absatz 2 Buchstabe c Ziffer i unterrichtet worden, so leitet es diese Information unverzüglich an den Inhaber der internationalen Registrierung weiter.

(4) Das Internationale Büro teilt jeder interessierten Person auf Antrag die Gründe für die Schutzverweigerung mit. internationale Registrierung die Vergünstigung des in Absatz 1 vorgesehenen Rechts.

(5) Die Behörden, die hinsichtlich einer vorgenommenen internationalen Registrierung dem Internationalen Büro keine vorläufige oder endgültige Schutzverweigerung nach Absatz 1 oder 2 mitgeteilt haben, verlieren für diese internationale Registrierung die Vergünstigung des in Absatz 1 vorgesehenen Rechts.

(6) Die zuständigen Behörden einer Vertragspartei dürfen die Wirkung einer internationalen Registrierung im Gebiet einer Vertragspartei nicht für ungültig erklären, ohne dem Inhaber der internationalen Registrierung Gelegenheit gegeben zu haben, seine Rechte rechtzeitig geltend zu.

**Art. 5bis Belege für die Rechtmäßigkeit des Gebrauchs gewisser Markenbestandteile.** Die Belege für die Rechtmäßigkeit des Gebrauchs gewisser Markenbestandteile, wie Wappen, Wappenschilde, Bildnisse, Auszeichnungen, Titel, Handels- oder Personennamen, die anders lauten als der des Hinterlegers, oder andere Inschriften ähnlicher Art, die von den Behörden der Vertragsparteien etwa angefordert werden, sind von jeder Beglaubigung sowie von jeder anderen Bestätigung als der der Ursprungsbehörde befreit.

**Art. 5ter Abschriften der im internationalen Register eingetragenen Angaben; Recherchen nach älteren Registrierungen; Auszüge aus dem internationalen Register.** (1) Das Internationale Büro übermittelt auf Antrag jedermann gegen Zahlung einer in der Ausführungsordnung festgesetzten Gebühr eine Abschrift der im Register eingetragenen Angaben über eine bestimmte Marke.

(2) Das Internationale Büro kann gegen Entgelt auch Recherchen nach älteren Marken vornehmen, die Gegenstand internationaler Registrierungen sind.

(3) Die zur Vorlage bei einer der Vertragsparteien beantragten Auszüge aus dem internationalen Register sind von jeder Beglaubigung befreit.

**Art. 6 Dauer der Gültigkeit der internationalen Registrierung; Abhängigkeit und Unabhängigkeit der internationalen Registrierung.** (1) Die Registrierung einer Marke beim Internationalen Büro erfolgt für zehn Jahre mit der Möglichkeit der Erneuerung unter den in Artikel 7 festgesetzten Bedingungen.

(2) Mit dem Ablauf einer Frist von fünf Jahren von dem Datum der internationalen Registrierung an wird diese, vorbehaltlich der folgenden Bestimmungen, vom Basisgesuch oder der sich aus ihr ergebenden Eintragung beziehungsweise von der Basiseintragung unabhängig.

(3) Der durch die internationale Registrierung erlangte Schutz, gleichgültig ob die Registrierung Gegenstand einer Übertragung gewesen ist oder nicht, kann nicht mehr in Anspruch genommen werden, wenn vor Ablauf von fünf Jahren von dem Datum der internationalen Registrierung an das Basisgesuch oder die sich aus ihr ergebende Eintragung beziehungsweise die Basiseintragung in bezug auf alle oder einige der in der internationalen Registrierung aufgeführten Waren und Dienstleistungen zurückgenommen wurde, verfallen ist, auf sie verzichtet wurde oder Gegenstand der rechtskräftigen Zurückweisung, Nichtigerklärung, Löschung oder Ungültigerklärung gewesen ist. Dasselbe gilt, wenn

i) ein Rechtsmittel gegen eine Entscheidung, welche die Wirkung des Basisgesuchs zurückweist,

ii) ein Verfahren, in dem die Rücknahme des Basisgesuchs oder die Nichtigerklärung, Löschung oder Ungültigerklärung der sich aus dem Basisgesuch ergebenden Eintragung oder der Basiseintragung beantragt wird, oder

iii) ein Widerspruch gegen das Basisgesuch

nach Ablauf der Fünfjahresfrist zu einer rechtskräftigen Zurückweisung, Nichtigerklärung, Löschung oder Ungültigerklärung oder zu der Anordnung der Rücknahme des Basisgesuchs oder der sich aus ihr ergebenden Eintragung beziehungsweise der Basiseintragung führt, sofern ein solches Rechtsmittel, ein solches Verfahren oder ein solcher Widerspruch vor Ablauf der genannten Frist eingeleitet wurde. Dasselbe gilt auch, wenn nach Ablauf der Fünfjahresfrist das Basisgesuch zurückgenommen oder auf die sich aus dem Basisgesuch ergebende Eintragung oder auf die Basiseintragung verzichtet wird, sofern zum Zeitpunkt der Rücknahme oder des Verzichts das betreffende Gesuch oder die Eintragung Gegenstand eines unter der Ziffer i, ii oder iii genannten Verfahrens war und ein solches Verfahren vor Ablauf der genannten Frist eingeleitet worden war.

(4) Die Ursprungsbehörde teilt dem Internationalen Büro entsprechend der Ausführungsordnung die nach Absatz 3 maßgeblichen Tatsachen und Entscheidungen mit, und das Internationale Büro unterrichtet entsprechend der Ausführungsordnung die Beteiligten und veranlaßt entsprechende Veröffentlichungen. Die Ursprungsbehörde fordert gegebenenfalls das Internationale Büro auf, die internationale Registrierung im anwendbaren Umfang zu löschen, und das Internationale Büro verfährt demgemäß.

**Art. 7 Erneuerung der internationalen Registrierung.** (1) Die internationale Registrierung kann für einen Zeitraum von zehn Jahren nach Ablauf des vorangegangenen Zeitraums durch einfache Zahlung der Grundgebühr und, vorbehaltlich des Artikels 8 Absatz 7, der Zusatz- und Ergänzungsgebühren, die in Artikel 8 Absatz 2 vorgesehen sind, erneuert werden.

(2) Die Erneuerung darf nicht zu einer Änderung der internationalen Registrierung in ihrer letzten Fassung führen.

(3) Sechs Monate vor Ablauf der Schutzfrist erinnert das Internationale Büro den Inhaber der internationalen Registrierung und gegebenenfalls seinen Vertreter durch Zusendung einer offiziösen Mitteilung an den genauen Zeitpunkt dieses Ablaufs.

(4) Gegen Zahlung einer in der Ausführungsordnung festgesetzten Zuschlagsgebühr wird eine Nachfrist von sechs Monaten für die Erneuerung der internationalen Registrierung gewährt.

**Art. 8 Gebühren für das internationale Gesuch und die internationale Registrierung.** (1) Die Ursprungsbehörde kann nach eigenem Ermessen eine Gebühr festsetzen und zu ihren Gunsten vom Hinterleger oder dem Inhaber der internationalen Registrierung im Zusammenhang mit dem Einreichen des internationalen Gesuchs oder der Erneuerung der internationalen Registrierung erheben.

(2) Vor der Registrierung einer Marke beim Internationalen Büro ist eine internationale Gebühr zu entrichten, die sich, vorbehaltlich des Absatzes 7 Buchstabe a, zusammensetzt aus
  i) einer Grundgebühr,
  ii) einer Zusatzgebühr für jede die dritte Klasse übersteigende Klasse der internationalen Klassifikation, in welche die Waren oder Dienstleistungen eingeordnet werden, auf die sich die Marke bezieht,
  iii) einer Ergänzungsgebühr für jedes Gesuch um Ausdehnung des Schutzes gemäß Artikel 3$^{ter}$.

(3) Die in Absatz 2 Ziffer ii geregelte Zusatzgebühr kann jedoch, ohne daß sich dies auf das Datum der internationalen Registrierung auswirkt, innerhalb der in der Ausführungsordnung festgesetzten Frist entrichtet werden, wenn die Anzahl der Klassen der Waren oder Dienstleistungen vom Internationalen Büro festgesetzt oder bestritten worden ist. Ist bei Ablauf der genannten Frist die Zusatzgebühr nicht entrichtet oder das Verzeichnis der Waren oder Dienstleistungen vom Hinterleger nicht in dem erforderlichen Umfang eingeschränkt worden, so gilt das internationale Gesuch als zurückgenommen.

(4) Der jährliche Gesamtbetrag der verschiedenen Einnahmen aus der internationalen Registrierung, mit Ausnahme der Einnahmen aus den in Absatz 2 Ziffern ii und iii genannten Gebühren, wird durch Abzug der durch die Durchführung dieses Protokolls verursachten Kosten und Aufwendungen vom internationalen Büro zu gleichen Teilen unter die Vertragsparteien verteilt.

(5) Die sich aus den Zusatzgebühren gemäß Absatz 2 Ziffer ii ergebenden Beträge werden nach Ablauf jedes Jahres unter den beteiligten Vertragsparteien im Verhältnis zur Anzahl der Marken verteilt, für die während des abgelaufenen Jahres in jeder dieser Vertragsparteien der Schutz beantragt worden ist; soweit es sich um Vertragsparteien mit einer Prüfung handelt, wird diese Anzahl mit einem Koeffizienten vervielfacht, der in der Ausführungsordnung festgesetzt wird.

(6) Die sich aus den Ergänzungsgebühren gemäß Absatz 2 Ziffer iii ergebenden Beträge werden nach den Regeln des Absatzes 5 verteilt.

(7) a) Jede Vertragspartei kann erklären, daß sie im Zusammenhang mit der internationalen Registrierung, in der sie nach Artikel 3$^{ter}$ genannt wird, und im Zusammenhang mit jeder Erneuerung einer solchen internationalen Registrierung anstelle eines Anteils an den Einnahmen aus den Zusatz- und Ergänzungsgebühren eine Gebühr zu erhalten wünscht (im folgenden als „individuelle Gebühr" bezeichnet), deren Betrag in der Erklärung anzugeben ist und in weiteren Erklärungen geändert werden kann; dieser Betrag darf nicht höher sein als der Gegenwert des Betrags, den die Behörde der betreffenden Vertragspartei vom Hinterleger für eine zehnjährige Eintragung oder vom Inhaber einer Eintragung für eine zehnjährige Erneuerung der Eintragung der Marke im Register dieser Behörde zu erhalten berechtigt wäre, wobei der Betrag um die Einsparungen verringert wird, die sich aus dem internationalen Verfahren ergeben. Ist eine individuelle Gebühr zu zahlen, so sind
  i) keine der in Absatz 2 Ziffer ii genannten Zusatzgebühren zu zahlen, falls nur solche Vertragsparteien nach Artikel 3$^{ter}$ genannt worden sind, die eine Erklärung nach diesem Buchstaben abgegeben haben, und
  ii) keine der in Absatz 2 Ziffer iii genannten Ergänzungsgebühren in bezug auf eine Vertragspartei zu zahlen, die eine Erklärung nach diesem Buchstaben abgegeben hat.

b) Eine Erklärung nach Buchstabe a kann in den in Artikel 14 Absatz 2 genannten Urkunden abgegeben werden; der Zeitpunkt des Wirksamwerdens der Erklärung ist derselbe wie der Zeitpunkt des Inkrafttretens dieses Protokolls für den Staat oder die zwischenstaatliche Organisation, welche die Erklärung abgegeben haben. Eine solche Erklärung kann auch später abgegeben werden; in diesem Fall wird die Erklärung drei Monate nach ihrem Eingang beim Generaldirektor oder zu einem in der Erklärung angegebenen späteren Zeitpunkt in bezug auf jede internationale Registrierung wirksam, deren Datum mit dem Zeitpunkt des Wirksamwerdens der Erklärung übereinstimmt oder deren Datum nach diesem Zeitpunkt liegt.

**Art. 9 Eintragung einer Änderung des Inhabers einer internationalen Registrierung.** Auf Antrag der Person, auf deren Namen die internationale Registrierung lautet, oder auf Antrag einer beteiligten Behörde, der von Amts wegen oder auf Antrag eines Beteiligten gestellt wird, trägt das Internationale Büro im internationalen Register jede Änderung des Inhabers der betreffenden Registrierung in bezug auf alle oder einige der Vertragsparteien ein, in deren Gebiet die Registrierung wirksam ist, und in bezug auf alle oder einige der in der Registrierung aufgeführten Waren und Dienstleistungen, sofern der neue Inhaber eine Person ist, die nach Artikel 2 Absatz 1 berechtigt ist, internationale Gesuche einzureichen.

**Art. 9$^{bis}$ Bestimmte Eintragungen bei einer internationalen Registrierung.** Das Internationale Büro trägt folgendes im internationalen Register ein:
  i) jede Änderung des Namens oder der Anschrift des Inhabers der internationalen Registrierung,
  ii) die Bestellung eines Vertreters des Inhabers der internationalen Registrierung und alle sonstigen maßgeblichen Angaben bezüglich des Vertreters,
  iii) jede Einschränkung der in der internationalen Registrierung aufgeführten Waren und Dienstleistungen in bezug auf alle oder einige Vertragsparteien,
  iv) jeden Verzicht, jede Löschung oder jede Ungültigerklärung der internationalen Registrierung in bezug auf alle oder einige Vertragsparteien,
  v) alle sonstigen in der Ausführungsordnung festgelegten maßgeblichen Angaben über die Rechte an einer Marke, die Gegenstand einer internationalen Registrierung ist.

**Art. 9$^{ter}$ Gebühren für bestimmte Eintragungen.** Jede Eintragung aufgrund des Artikels 9 oder 9$^{bis}$ kann von der Zahlung einer Gebühr abhängig gemacht werden.

**Art. 9$^{quater}$ Gemeinsame Behörde für mehrere Vertragsstaaten.** (1) Kommen mehrere Vertragsstaaten überein, ihre innerstaatlichen Gesetze auf dem Gebiet des Markenrechts zu vereinheitlichen, so können sie dem Generaldirektor notifizieren,
  i) daß eine gemeinsame Behörde an die Stelle der nationalen Behörde jedes dieser Länder tritt und
  ii) daß die Gesamtheit ihrer Hoheitsgebiete für die vollständige oder teilweise Anwendung der diesem Artikel vorhergehenden Bestimmungen sowie der Artikel 9$^{quinquies}$ und 9$^{sexies}$ als ein Staat gilt.

(2) Diese Notifikation wird erst drei Monate nach dem Zeitpunkt der Benachrichtigung wirksam, die der Generaldirektor den anderen Vertragsparteien darüber zugehen läßt.

**Art. 9$^{quinquies}$ Umwandlung einer internationalen Registrierung in nationale oder regionale Gesuche.** Wird eine internationale Registrierung auf Antrag der Ursprungsbehörde nach Artikel 6 Absatz 4 für alle oder einige der in der Registrierung aufgeführten Waren und Dienstleistungen gelöscht, und reicht die Person, die Inhaber der internationalen Registrierung war, ein Gesuch um Eintragung derselben Marke bei der Behörde einer der Vertragsparteien ein, in deren Gebiet die internationale Registrierung wirksam war, so wird dieses Gesuch so behandelt, als sei es zum Datum der internationalen Registrierung nach Artikel 3 Absatz 4 oder zum Datum der Eintragung der territorialen Ausdehnung nach Artikel 3$^{ter}$ Absatz 2 eingereicht worden, und genießt, falls die internationale Registrierung Priorität genoß, dieselbe Priorität, sofern
  i) das Gesuch innerhalb von drei Monaten nach dem Zeitpunkt eingereicht wird, zu dem die internationale Registrierung gelöscht wurde,
  ii) die im Gesuch aufgeführten Waren und Dienstleistungen in bezug auf die betroffene Vertragspartei tatsächlich von der in der internationalen Registrierung enthaltenen Liste der Waren und Dienstleistungen erfaßt sind und
  iii) dieses Gesuch allen Vorschriften des geltenden Rechts einschließlich der Gebührenvorschriften entspricht.

**Art. 9sexies Sicherung des Madrider Abkommens (Stockholmer Fassung).** (1) Ist in bezug auf ein bestimmtes internationales Gesuch oder eine bestimmte internationale Registrierung die Ursprungsbehörde die Behörde eines Staates, der Vertragspartei sowohl dieses Protokolls als auch des Madrider Abkommens (Stockholmer Fassung) ist, so hat dieses Protokoll keine Wirkung im Hoheitsgebiet eines anderen Staates, der ebenfalls Vertragspartei sowohl dieses Protokolls als auch des Madrider Abkommens (Stockholmer Fassung) ist.

(2) Die Versammlung kann nach Ablauf von zehn Jahren nach Inkrafttreten dieses Protokolls, jedoch nicht vor Ablauf von fünf Jahren nach dem Zeitpunkt, zu dem die Mehrheit der Länder, die Vertragsparteien des Madrider Abkommens (Stockholmer Fassung) sind, Vertragsparteien dieses Protokolls geworden sind, mit Dreiviertelmehrheit Absatz 1 aufheben oder den Anwendungsbereich des Absatzes 1 einschränken. Bei der Abstimmung in der Versammlung haben nur solche Staaten das Recht auf Teilnahme an der Abstimmung, die Vertragsparteien sowohl des genannten Abkommens als auch dieses Protokolls sind.

**Art. 10 Versammlung.** (1) a) Die Vertragsparteien sind Mitglieder derselben Versammlung wie die Länder, die Vertragsparteien des Madrider Abkommens (Stockholmer Fassung) sind.

a) Jede Vertragspartei wird in dieser Versammlung durch einen Delegierten vertreten, der von Stellvertretern, Beratern und Sachverständigen unterstützt werden kann.

b) Die Kosten jeder Delegation werden von der Vertragspartei getragen, die sie entsandt hat, mit Ausnahme der Reisekosten und der Aufenthaltsentschädigung für einen Delegierten jeder Vertragspartei, die zu Lasten des Verbands gehen.

(2) Die Versammlung hat zusätzlich zu den Aufgaben, die sie nach dem Madrider Abkommen (Stockholmer Fassung) wahrnimmt, folgende Aufgaben:

i) Sie behandelt alle Angelegenheiten betreffend die Durchführung dieses Protokolls;

ii) sie erteilt dem Internationalen Büro Weisungen für die Vorbereitung von Konferenzen zur Revision dieses Protokolls unter gebührender Berücksichtigung der Stellungnahmen der Länder des Verbands, die nicht Vertragsparteien dieses Protokolls sind;

iii) sie beschließt und ändert die Bestimmungen der Ausführungsordnung über die Durchführung dieses Protokolls;

iv) sie nimmt sonstige Aufgaben wahr, die sich aus diesem Protokoll ergeben.

(3) a) Jede Vertragspartei hat in der Versammlung eine Stimme. In Angelegenheiten, die nur Länder betreffen, die Vertragsparteien des Madrider Abkommens (Stockholmer Fassung) sind, haben Vertragsparteien, die nicht Vertragsparteien jenes Abkommens sind, kein Stimmrecht, während in Angelegenheiten, die nur die Vertragsparteien betreffen, nur diese Stimmrecht haben.

b) Die Hälfte der Mitglieder der Versammlung, die in einer bestimmten Angelegenheit Stimmrecht haben, bildet das Quorum für die Zwecke der Abstimmung über diese Angelegenheit.

c) Ungeachtet des Buchstabens b kann die Versammlung Beschlüsse fassen, wenn während einer Tagung die Anzahl der in der Versammlung vertretenen Mitglieder, die in einer bestimmten Angelegenheit Stimmrecht haben, zwar weniger als die Hälfte, aber mindestens ein Drittel der in dieser Angelegenheit stimmberechtigten Mitglieder der Versammlung beträgt; jedoch werden diese Beschlüsse mit Ausnahme der Beschlüsse über das Verfahren der Versammlung nur dann wirksam, wenn die folgenden Bedingungen erfüllt sind. Das Internationale Büro benachrichtigt die Mitglieder der Versammlung, die in der genannten Angelegenheit Stimmrecht haben und nicht vertreten waren, über diese Beschlüsse und lädt sie ein, innerhalb einer Frist von drei Monaten vom Zeitpunkt der Benachrichtigung an ihre Stimme oder Stimmenthaltung schriftlich bekanntzugeben. Entspricht nach Ablauf der Frist die Anzahl dieser Mitglieder, die auf diese Weise ihre Stimme oder Stimmenthaltung bekanntgegeben haben, mindestens der Anzahl der Mitglieder, die für das Erreichen des Quorums während der Tagung gefehlt hatte, so werden diese Beschlüsse wirksam, sofern gleichzeitig die erforderliche Mehrheit noch vorhanden ist.

d) Vorbehaltlich des Artikels 5 Absatz 2 Buchstabe e, des Artikels 9$^{sexies}$ Absatz 2 sowie der Artikel 12 und 13 Absatz 2 faßt die Versammlung ihre Beschlüsse mit einer Mehrheit von zwei Dritteln der abgegebenen Stimmen.

e) Stimmenthaltung gilt nicht als Stimmabgabe.

f) Ein Delegierter kann nur ein Mitglied der Versammlung vertreten und in dessen Namen abstimmen.

(4) Zusätzlich zu dem Zusammentreten zu den im Madrider Abkommen (Stockholmer Fassung) vorgesehenen ordentlichen oder außerordentlichen Tagungen tritt die Versammlung nach Einberufung durch den Generaldirektor zu einer außerordentlichen Tagung zusammen, wenn ein Viertel der Mitglieder der Versammlung, die Stimmrecht in den Angelegenheiten haben, deren Aufnahme in die Tagesordnung der Tagung vorgeschlagen wird, dies verlangt. Die Tagesordnung einer solchen außerordentlichen Tagung wird vom Generaldirektor vorbereitet.

**Art. 11 Internationales Büro.** (1) Die Aufgaben hinsichtlich der internationalen Registrierung sowie die anderen Verwaltungsaufgaben aufgrund oder bezüglich dieses Protokolls werden vom Internationalen Büro wahrgenommen.

(2) a) Das Internationale Büro bereitet nach den Weisungen der Versammlung die Konferenzen zur Revision dieses Protokolls vor.

b) Das Internationale Büro kann bei der Vorbereitung solcher Revisionskonferenzen zwischenstaatliche sowie internationale nichtstaatliche Organisationen konsultieren.

c) Der Generaldirektor und die von ihm bestimmten Personen nehmen ohne Stimmrecht an den Beratungen dieser Revisionskonferenzen teil.

(3) Das Internationale Büro nimmt alle anderen Aufgaben wahr, die ihm bezüglich dieses Protokolls übertragen werden.

**Art. 12 Finanzen.** Soweit die Vertragsparteien betroffen sind, werden die Finanzen des Verbands nach denselben Bestimmungen geregelt, die in Artikel 12 des Madrider Abkommens (Stockholmer Fassung) enthalten sind, wobei jede Bezugnahme auf Artikel 8 jenes Abkommens als Bezugnahme auf Artikel 8 dieses Protokolls gilt. Außerdem gelten, vorbehaltlich eines gegenteiligen einstimmigen Beschlusses der Versammlung, Vertragsorganisationen für die Zwecke des Artikels 12 Absatz 6 Buchstabe b jenes Abkommens als der Beitragsklasse I (eins) nach der Pariser Verbandsübereinkunft zum Schutz des gewerblichen Eigentums zugehörig.

**Art. 13 Änderung bestimmter Artikel des Protokolls.** (1) Vorschläge zur Änderung der Artikel 10, 11, 12 und dieses Artikels können von jeder Vertragspartei oder vom Generaldirektor vorgelegt werden. Die Vorschläge werden vom Generaldirektor mindestens sechs Monate, bevor sie in der Versammlung beraten werden, den Vertragsparteien mitgeteilt.

(2) Jede Änderung der in Absatz 1 bezeichneten Artikel wird vor der Versammlung beschlossen. Der Beschluß erfordert drei Viertel der abgegebenen Stimmen; jede Änderung des Artikels 10 und dieses Absatzes erfordert jedoch vier Fünftel der abgegebenen Stimmen.

(3) Jede Änderung der in Absatz 1 bezeichneten Artikel tritt einen Monat nach dem Zeitpunkt in Kraft, zu dem die schriftlichen Notifikationen der verfassungsmäßig zustande gekommenen Annahme des Änderungsvorschlags von drei Vierteln der Staaten und zwischenstaatlichen Organisationen, die im Zeitpunkt der Beschlußfassung über die Änderung Mitglieder der Versammlung waren und das Recht zur Abstimmung über die Änderung hatten, beim Generaldirektor eingegangen sind. Jede auf diese Weise angenommene Änderung der genannten Artikel bindet alle Staaten und zwischenstaatlichen Organisationen, die im Zeitpunkt des Inkrafttretens der Änderung Vertragsparteien sind oder später werden.

**Art. 14 Möglichkeiten, Vertragspartei des Protokolls zu werden; Inkrafttreten.**

(1) a) Jeder Staat, der Vertragspartei der Pariser Verbandsübereinkunft zum Schutz des gewerblichen Eigentums ist, kann Vertragspartei dieses Protokolls werden.

b) Ferner kann auch jede zwischenstaatliche Organisation Vertragspartei dieses Protokolls werden, wenn die folgenden Voraussetzungen erfüllt sind:
  i) mindestens einer der Mitgliedstaaten der betreffenden Organisation ist Vertragspartei der Pariser Verbandsübereinkunft zum Schutz des gewerblichen Eigentums;
  ii) die betreffende Organisation hat eine regionale Behörde für die Zwecke der Eintragung von Marken mit Wirkung im Gebiet der Organisation, soweit diese Behörde nicht Gegenstand einer Notifikation nach Artikel $9^{quater}$ ist.

(2) Jeder Staat oder jede Organisation nach Absatz 1 kann dieses Protokoll unterzeichnen. Jeder dieser Staaten oder jede dieser Organisationen kann, wenn sie das Protokoll unterzeichnet haben, eine Ratifikations-, Annahme- oder Genehmigungsurkunde zu dem Protokoll oder, falls sie dieses Protokoll nicht unterzeichnet haben, eine Beitrittsurkunde zu dem Protokoll hinterlegen.

(3) Die in Absatz 2 bezeichneten Urkunden werden beim Generaldirektor hinterlegt.

(4) a) Dieses Protokoll tritt drei Monate nach der Hinterlegung von vier Ratifikations-, Annahme-, Genehmigungs- oder Beitrittsurkunden in Kraft; jedoch muß mindestens eine dieser Urkunden von einem Land, das Vertragspartei des Madrider Abkommens (Stockholmer Fassung) ist, und mindestens eine weitere dieser Urkunden von einem Staat, der nicht Vertragspartei des Madrider Abkommens (Stockholmer Fassung) ist, oder von einer der in Absatz 1 Buchstabe b bezeichneten Organisationen hinterlegt worden sein.

b) Für jeden anderen Staat oder jede andere Organisation nach Absatz 1 tritt dieses Protokoll drei Monate nach dem Zeitpunkt in Kraft, zu dem seine Ratifikation, Annahme, Genehmigung oder der Beitritt dazu durch den Generaldirektor notifiziert worden ist.

(5) Die in Absatz 1 bezeichneten Staaten oder Organisationen können bei der Hinterlegung ihrer Ratifikations-, Annahme-, Genehmigungs- oder Beitrittsurkunde zu diesem Protokoll erklären, daß der Schutz aus einer internationalen Registrierung, die vor Inkrafttreten des Protokolls für sie aufgrund des Protokolls bewirkt wurde, auf sie nicht ausgedehnt werden kann.

**Art. 15 Kündigung.** (1) Dieses Protokoll bleibt ohne zeitliche Begrenzung in Kraft.

(2) Jede Vertragspartei kann dieses Protokoll durch eine an den Generaldirektor gerichtete Notifikation kündigen.

(3) Die Kündigung wird ein Jahr nach dem Tag wirksam, an dem die Notifikation beim Generaldirektor eingegangen ist.

(4) Das in diesem Artikel vorgesehene Kündigungsrecht kann von einer Vertragspartei nicht vor Ablauf von fünf Jahren nach dem Zeitpunkt ausgeübt werden, zu dem dieses Protokoll für sie in Kraft getreten ist.

(5) a) Ist eine Marke zum Zeitpunkt des Wirksamwerdens der Kündigung Gegenstand einer internationalen Registrierung mit Wirkung in dem kündigenden Staat oder der kündigenden zwischenstaatlichen Organisation, so kann der Inhaber dieser Registrierung bei der Behörde des kündigenden Staates oder der kündigenden zwischenstaatlichen Organisation ein Gesuch um Eintragung derselben Marke einreichen, das so behandelt wird, als sei es zum Datum der internationalen Registrierung nach Artikel 3 Absatz 4 oder zum Datum der Eintragung der territorialen Ausdehnung nach Artikel $3^{ter}$ Absatz 2 eingereicht worden; es genießt, falls die internationale Registrierung Priorität genoß, dieselbe Priorität, sofern
  i) dieses Gesuch innerhalb von zwei Jahren nach dem Zeitpunkt eingereicht wird, zu dem die Kündigung wirksam wurde,
  ii) die im Gesuch aufgeführten Waren und Dienstleistungen in bezug auf den kündigenden Staat oder die kündigende zwischenstaatliche Organisation tatsächlich von der in der internationalen Registrierung enthaltenen Liste der Waren und Dienstleistungen erfaßt sind und

iii) dieses Gesuch allen Vorschriften des geltenden Rechts einschließlich der Gebührenvorschriften entspricht.

b) Die Bestimmungen des Buchstabens a finden ebenfalls in bezug auf Marken Anwendung, die im Zeitpunkt des Wirksamwerdens der Kündigung Gegenstand einer internationalen Registrierung mit Wirkung in anderen Vertragsparteien als dem kündigenden Staat oder der kündigenden zwischenstaatlichen Organisation sind und deren Inhaber wegen der Kündigung nicht mehr berechtigt sind, internationale Gesuche nach Artikel 2 Absatz 1 einzureichen.

**Art. 16 Unterzeichnung; Sprachen, Aufgaben des Verwahrers.** (1) a) Dieses Protokoll wird in einer Urschrift in englischer, französischer und spanischer Sprache unterzeichnet und beim Generaldirektor hinterlegt, wenn es in Madrid nicht mehr zur Unterzeichnung aufliegt. Der Wortlaut ist in den drei Sprachen gleichermaßen verbindlich.

b) Amtliche Fassungen dieses Protokolls werden vom Generaldirektor nach Beratung mit den beteiligten Regierungen und Organisationen in arabischer, chinesischer, deutscher, italienischer, japanischer, portugiesischer und russischer Sprache sowie in anderen Sprachen hergestellt, welche die Versammlung bestimmen kann.

(2) Dieses Protokoll liegt bis zum 31. Dezember 1989 in Madrid zur Unterzeichnung auf.

(3) Der Generaldirektor übermittelt zwei von der spanischen Regierung beglaubigte Abschriften des unterzeichneten Wortlauts dieses Protokolls allen Staaten und zwischenstaatlichen Organisationen, die Vertragspartei des Protokolls werden können.

(4) Der Generaldirektor läßt dieses Protokoll beim Sekretariat der Vereinten Nationen registrieren.

(5) Der Generaldirektor notifiziert allen Staaten und internationalen Organisationen, die Vertragsparteien dieses Protokolls werden können oder sind, die Unterzeichnungen, Hinterlegungen von Ratifikations-, Annahme-, Genehmigungs- oder Beitrittsurkunden, das Inkrafttreten des Protokolls und etwaiger Änderungen desselben, jede Notifikation einer Kündigung und jede in dem Protokoll vorgesehene Erklärung.

# AusfO MMA/PMMA

## 5. Gemeinsame Ausführungsordnung zum Madrider Abkommen über die internationale Registrierung von Marken und zum Protokoll zu diesem Abkommen*

vom 18. Januar 1996**

(BGBl. 1996 II S. 563; geändert am 19. Dezember 1997, BGBl. 1997 II S. 2206)

### Inhaltsübersicht

| | |
|---|---|
| **Allgemeine Bestimmungen** | **Kapitel 1** |
| Abkürzungen | Regel 1 |
| Mitteilungen an das Internationale Büro; Unterschrift | Regel 2 |
| Vertretung vor dem Internationalen Büro | Regel 3 |
| Berechnung der Fristen | Regel 4 |
| Störungen im Post- und Zustelldienst | Regel 5 |
| Sprachen | Regel 6 |
| Notifikation bestimmter besonderer Erfordernisse | Regel 7 |
| **Internationale Gesuche** | **Kapitel 2** |
| Mehrere Hinterleger | Regel 8 |
| Erfordernisse bezüglich des internationalen Gesuchs | Regel 9 |
| Gebühren für das internationale Gesuch | Regel 10 |
| Andere als die Klassifikation der Waren und Dienstleistungen betreffende Mängel | Regel 11 |
| Mängel in bezug auf die Klassifikation der Waren und Dienstleistungen | Regel 12 |
| Mängel in bezug auf die Angabe der Waren und Dienstleistungen | Regel 13 |
| **Internationale Registrierungen** | **Kapitel 3** |
| Eintragung der Marke im internationalen Register | Regel 14 |
| Datum der internationalen Registrierung in besonderen Fällen | Regel 15 |
| **Sachverhalte bei den Vertragsparteien, die internationale Registrierungen berühren** | **Kapitel 4** |
| Frist für die Schutzverweigerung bei Widersprüchen | Regel 16 |
| Mitteilung der Schutzverweigerung | Regel 17 |
| Nicht vorschriftsmäßige Schutzverweigerungen | Regel 18 |
| Ungültigerklärungen in den benannten Vertragsparteien | Regel 19 |
| Einschränkung des Verfügungsrechts des Inhabers | Regel 20 |
| Ersetzung einer nationalen oder regionalen Eintragung durch eine internationale Registrierung | Regel 21 |
| Erlöschen der Wirkung des Basisgesuchs, der sich aus ihm ergebenden Eintragung oder der Basiseintragung | Regel 22 |
| Teilung des Basisgesuchs, der sich aus ihm ergebenden Eintragung oder der Basiseintragung | Regel 23 |
| **Nachträgliche Benennungen, Änderungen** | **Kapitel 5** |
| Benennung im Anschluß an die internationale Registrierung | Regel 24 |
| Antrag auf Eintragung einer Änderung; Antrag auf Eintragung einer Löschung | Regel 25 |
| Mängel in den Anträgen auf Eintragung einer Änderung und auf Eintragung einer Löschung | Regel 26 |
| Eintragung und Mitteilung einer Änderung oder einer Löschung; Erklärung über die Unwirksamkeit einer Änderung des Inhabers | Regel 27 |
| Berichtigungen im internationalen Register | Regel 28 |

---

\* Der englische und französische Text der AusfO MMA/PMMA ist abgedruckt in der 1. Auflage des Kommentars, 3. Teil, III 5.
\*\* Nach Regel 40 gilt für das Inkrafttreten: Die AusfO MMA/PMMA ist am 1. April 1996 in Kraft getreten. Für die durch die Verordnung über die Inkraftsetzung der Änderungen der AusfO MMA/PMMA vom 19. Dezember 1997 (BGBl. II S. 2206) vorgenommenen Änderungen gilt für das Inkrafttreten: Die in § 1 der Verordnung über die Inkraftsetzung der Änderungen der AusfO MMA/PMMA vorgenommenen Änderungen der Regeln 6, 15, 17, 24, 25, 27 und 35 sind nach § 2 der Verordnung am 1. Januar 1998 in Kraft getreten.

| **Erneuerungen** | **Kapitel 6** |
| Offiziöse Mitteilung über den Schutzablauf | Regel 29 |
| Einzelheiten betreffend die Erneuerung | Regel 30 |
| Eintragung der Erneuerung; Mitteilung und Bescheinigung | Regel 31 |

| **Blatt und Datenbank** | **Kapitel 7** |
| Blatt | Regel 32 |
| Elektronische Datenbank | Regel 33 |

| **Gebühren** | **Kapitel 8** |
| Zahlung der Gebühren | Regel 34 |
| Währung, in der die Zahlungen zu entrichten sind | Regel 35 |
| Gebührenfreiheit | Regel 36 |
| Verteilung der Zusatz- und Ergänzungsgebühren | Regel 37 |
| Gutschrift individueller Gebühren auf den Konten der beteiligten Vertragsparteien | Regel 38 |

| **Verschiedenes** | **Kapitel 9** |
| Fortdauer der Wirkungen internationaler Registrierungen in bestimmten Nachfolgestaaten | Regel 39 |
| Inkrafttreten; Übergangsbestimmungen | Regel 40 |

## Kapitel 1. Allgemeine Bestimmungen

**Regel 1 Abkürzungen.** Im Sinne dieser Ausführungsordnung bedeutet

i) „Abkommen" das Madrider Abkommen über die internationale Registrierung von Marken vom 14. April 1891, revidiert in Stockholm am 14. Juli 1967 und geändert am 2. Oktober 1979;

ii) „Protokoll" das Protokoll zum Madrider Abkommen über die internationale Registrierung von Marken, angenommen in Madrid am 27. Juni 1989;

iii) „Vertragspartei" jedes Land, das Vertragspartei des Abkommens ist, oder jeder Staat oder jede zwischenstaatliche Organisation, die Vertragspartei des Protokolls sind;

iv) „Vertragsstaat" eine Vertragspartei, bei der es sich um einen Staat handelt;

v) „Vertragsorganisation" eine Vertragspartei, bei der es sich um eine zwischenstaatliche Organisation handelt;

vi) „internationale Registrierung" die nach dem Abkommen und/oder dem Protokoll vorgenommene Registrierung einer Marke;

vii) „internationales Gesuch" ein nach dem Abkommen und/oder dem Protokoll eingereichtes Gesuch um internationale Registrierung;

viii) „internationales Gesuch, für das ausschließlich das Abkommen maßgebend ist" ein internationales Gesuch, bei dem die Ursprungsbehörde die Behörde

– eines Staates ist, der durch das Abkommen, jedoch nicht durch das Protokoll gebunden ist, oder

– eines Staates ist, der sowohl durch das Abkommen als auch durch das Protokoll gebunden ist, wenn alle im internationalen Gesuch benannten Staaten durch das Abkommen gebunden sind (gleichviel, ob diese Staaten auch durch das Protokoll gebunden sind);

ix) „internationales Gesuch, für das ausschließlich das Protokoll maßgebend ist" ein internationales Gesuch, bei dem die Ursprungsbehörde die Behörde

– eines Staates ist, der durch das Protokoll, jedoch nicht durch das Abkommen gebunden ist, oder

– einer Vertragsorganisation ist oder

– eines Staates ist, der sowohl durch das Abkommen als auch durch das Protokoll gebunden ist, wenn das internationale Gesuch nicht die Benennung eines Staates enthält, der durch das Abkommen gebunden ist;

**AusfO MMA/PMMA**  Regel 1   AusführungsO zum MMA und PMMA

- x) „internationales Gesuch", für das sowohl das Abkommen als auch das Protokoll maßgebend sind" ein internationales Gesuch, bei dem die Ursprungsbehörde die Behörde eines Staates ist, der sowohl durch das Abkommen als auch durch das Protokoll gebunden ist, und das sich auf eine Eintragung stützt und die Benennungen
  - mindestens eines durch das Abkommen gebundenen Staates (unabhängig davon, ob dieser Staat ebenfalls durch das Protokoll gebunden ist) und
  - mindestens eines durch das Protokoll, jedoch nicht durch das Abkommen gebundenen Staates oder mindestens einer Vertragsorganisation
  
  enthält;
- xi) „Hinterleger" die natürliche oder juristische Person, auf deren Namen das internationale Gesuch eingereicht wird;
- xii) „juristische Person" eine Vereinigung, Gesellschaft oder eine sonstige Gruppe oder Organisation, die nach dem für sie geltenden Recht Rechte erwerben, Verpflichtungen eingehen und vor Gericht klagen und verklagt werden kann;
- xiii) „Basisgesuch" das Gesuch um Eintragung einer Marke, das bei der Behörde einer Vertragspartei eingereicht wurde und die Grundlage für das internationale Gesuch um Eintragung dieser Marke bildet;
- xiv) „Basiseintragung" die Eintragung einer Marke, die von der Behörde einer Vertragspartei vorgenommen wurde und die Grundlage für das internationale Gesuch um Eintragung dieser Marke bildet;
- xv) „Benennung" das Gesuch um Ausdehnung des Schutzes („territoriale Ausdehnung") nach Artikel $3^{ter}$ Absatz 1 oder 2 des Abkommens beziehungsweise Artikel $3^{ter}$ Absatz 1 oder 2 des Protokolls; es bedeutet auch eine im internationalen Register eingetragene derartige Ausdehnung;
- xvi) „benannte Vertragspartei" eine Vertragspartei, für welche die Ausdehnung des Schutzes („territoriale Ausdehnung") nach Artikel $3^{ter}$ Absatz 1 oder 2 des Abkommens beziehungsweise Artikel $3^{ter}$ Absatz 1 oder 2 des Protokolls beantragt oder für die eine Ausdehnung im internationalen Register eingetragen worden ist;
- xvii) „nach dem Abkommen benannte Vertragspartei" eine benannte Vertragspartei, für welche die nach Artikel $3^{ter}$ Absatz 1 oder 2 des Abkommens beantragte Ausdehnung des Schutzes („territoriale Ausdehnung") im internationalen Register eingetragen worden ist;
- xviii) „nach dem Protokoll benannte Vertragspartei" eine benannte Vertragspartei, für welche die nach Artikel $3^{ter}$ Absatz 1 oder 2 des Protokolls beantragte Ausdehnung des Schutzes („territoriale Ausdehnung") im internationalen Register eingetragen worden ist;
- xix) „Schutzverweigerung" eine Mitteilung der Behörde einer benannten Vertragspartei nach Artikel 5 Absatz 1 des Abkommens oder Artikel 5 Absatz 1 des Protokolls, daß in der betreffenden Vertragspartei der Schutz nicht gewährt werden kann;
- xx) „Blatt" das in Regel 32 genannte regelmäßig erscheinende Blatt;
- xxi) „Inhaber" die natürliche oder juristische Person, auf deren Namen die internationale Registrierung im internationalen Register eingetragen ist;
- xxii) „Internationale Klassifikation der Bildbestandteile" die durch das Wiener Abkommen vom 12. Juni 1973 über die Errichtung einer internationalen Klassifikation der Bildbestandteile von Marken geschaffene Klassifikation;
- xxiii) „Internationale Klassifikation von Waren und Dienstleistungen" die durch das Abkommen von Nizza vom 15. Juni 1957 über die internationale Klassifikation von Waren und Dienstleistungen für die Eintragung von Marken, revidiert in Stockholm am 14. Juli 1967 und in Genf am 13. Mai 1977, geschaffene Klassifikation;
- xxiv) „internationales Register" die beim Internationalen Büro geführte amtliche Sammlung von Daten über internationale Registrierungen, welche aufgrund des Abkommens, des Protokolls oder der Ausführungsordnung eingetragen werden müssen oder dürfen, ungeachtet des Mediums, in dem die Daten gespeichert sind;

xxv) „Behörde" die für die Eintragung von Marken zuständige Behörde einer Vertragspartei oder die in Artikel 9$^{quater}$ des Abkommens oder Artikel 9$^{quater}$ des Protokolls beziehungsweise in beiden Artikeln genannte gemeinsame Behörde;

xxvi) „Ursprungsbehörde" die Behörde des in Artikel 1 Absatz 3 des Abkommens bezeichneten Ursprungslandes oder die in Artikel 2 Absatz 2 des Protokolls bezeichnete Ursprungsbehörde beziehungsweise beide;

xxvii) „amtliches Formblatt" das vom Internationalen Büro erstellte Formblatt oder jedes Formblatt gleichen Inhalts und Formats;

xxviii) „vorgeschriebene Gebühr" die im Gebührenverzeichnis festgesetzte geltende Gebühr;

xxix) „Generaldirektor" den Generaldirektor der Weltorganisation für geistiges Eigentum;

xxx) „Internationales Büro" das Internationale Büro der Weltorganisation für geistiges Eigentum.

**Regel 2 Mitteilungen an das Internationale Büro; Unterschrift.** (1) (Schriftliche Mitteilungen; Mehrere Schriftstücke in einem Umschlag)

a) Vorbehaltlich des Absatzes 6 sind Mitteilungen an das Internationale Büro schriftlich mit Schreibmaschine oder einem sonstigen Gerät abzufassen und, mit Ausnahme der Mitteilung durch Fernschreiben oder Telegramm, zu unterschreiben.

b) Werden mehrere Schriftstücke in einem Umschlag versandt, so sollte eine Liste beigefügt sein, in der diese genau bezeichnet sind.

(2) (Unterschrift) Die Unterschrift muß handschriftlich erfolgen oder muß aufgedruckt oder aufgestempelt sein; sie kann durch Anbringung eines Siegels oder bei den in Absatz 6 genannten elektronischen Mitteilungen durch eine zwischen dem Internationalen Büro und der betreffenden Behörde vereinbarte Kennzeichnungsart ersetzt werden.

(3) (Mitteilungen durch Telefax)

a) Jede Mitteilung kann durch Telefax an das Internationale Büro gerichtet werden mit der Maßgabe, daß,

i) wenn die Mitteilung auf einem amtlichen Formblatt eingereicht werden muß, das amtliche Formblatt für die Mitteilung durch Telefax verwendet wird, und daß,

ii) wenn die Mitteilung aus dem internationalen Gesuch besteht, das Original der Seite des amtlichen Formblatts mit der Wiedergabe oder den Wiedergaben der Marke von den Ursprungsbehörde unterschrieben und mit den für die Kennzeichnung des internationalen Gesuchs, auf das sie sich bezieht, ausreichenden Angaben an das Internationale Büro gesandt wird.

b) Geht das unter Buchstabe a Ziffer ii genannte Original innerhalb eines Monats ab dem Datum des Eingangs der Mitteilung durch Telefax beim Internationalen Büro ein, so gilt das Original als am Datum des Eingangs der Mitteilung durch Telefax beim Internationalen Büro eingegangen.

c) Wird ein internationales Gesuch durch Telefax an das Internationale Büro gerichtet, so beginnt die Prüfung durch das Internationale Büro auf Übereinstimmung des internationalen Gesuchs mit den maßgeblichen Erfordernissen

i) mit dem Eingang des unter Buchstabe a Ziffer ii genannten Originals, wenn dieses Original innerhalb eines Monats ab dem Datum des Eingangs der Mitteilung durch Telefax eingeht, oder

ii) mit Ablauf der unter Buchstabe b genannten Frist von einem Monat, wenn das entsprechende Original nicht innerhalb dieser Frist beim Internationalen Büro eingeht.

(4) (Mitteilungen durch Fernschreiben oder Telegramm)

a) Andere Mitteilungen als das internationale Gesuch oder eine der internationalen Registrierung nachfolgende Benennung können durch Fernschreiben oder Telegramm an das Internationale Büro gerichtet werden mit der Maßgabe, daß, wenn die Verwendung eines amtlichen Formblatts vorgeschrieben ist, das ordnungsgemäß unterschriebene und inhaltlich mit dem Inhalt des Fernschreibens oder Telegramms übereinstimmende amtliche Formblatt innerhalb eines Monats ab dem Datum des Eingangs der Mitteilung durch Fernschreiben oder Telegramm beim Internationalen Büro eingeht.

b) Sind die Erfordernisse nach Buchstabe a erfüllt, so gilt das amtliche Formblatt als am Datum des Eingangs der Mitteilung durch Fernschreiben oder Telegramm beim Internationalen Büro eingegangen. Sind die Erfordernisse nach Buchstabe a nicht erfüllt, so gilt die Mitteilung durch Fernschreiben oder Telegramm als nicht erfolgt.

(5) (Bestätigung des Eingangs eines Telefaxes durch das Internationale Büro und Tag des Eingangs)

a) Das Internationale Büro benachrichtigt den Absender einer Mitteilung durch Telefax umgehend und durch Telefax über den Eingang der Mitteilung und benachrichtigt ihn ebenfalls, wenn die erhaltene Mitteilung durch Telefax unvollständig oder unleserlich ist, sofern der Absender identifiziert werden kann und durch Telefax erreichbar ist.

b) Wird eine Mitteilung durch Telefax übermittelt und stimmt aufgrund der Zeitverschiebung zwischen dem Ort, von dem aus die Mitteilung übermittelt wird, und Genf das Datum des Tages, an dem die Übermittlung begonnen wird, mit dem Datum des Tages, an dem die vollständige Mitteilung beim Internationalen Büro eingeht, nicht überein, so gilt das frühere Datum als Tag des Eingangs beim Internationalen Büro.

(6) (Elektronische Mitteilungen; Bestätigung des Eingangs einer elektronischen Mitteilung durch das Internationale Büro und Tag des Eingangs)

a) Auf Wunsch einer Behörde erfolgt der Austausch von Mitteilungen zwischen dieser Behörde und dem Internationalen Büro, einschließlich der Einreichung des internationalen Gesuchs, mit elektronischen Mitteln, wie zwischen dem Internationalen Büro und der betreffenden Behörde vereinbart.

b) Das Internationale Büro benachrichtigt den Absender einer elektronischen Übermittlung umgehend und durch elektronische Übermittlung über den Eingang der Übermittlung und benachrichtigt ihn ebenfalls, wenn die elektronische Übermittlung unvollständig oder auf sonstige Weise unbrauchbar ist, sofern er identifiziert werden kann und erreichbar ist.

c) Erfolgt eine Mitteilung mit elektronischen Mitteln und stimmt aufgrund der Zeitverschiebung zwischen dem Ort, von dem aus die Mitteilung übermittelt wird, und Genf das Datum des Tages, an dem der Sendevorgang begonnen wird, mit dem Datum des Tages, an dem die vollständige Mitteilung beim Internationalen Büro eingeht, nicht überein, so gilt das frühere Datum als Tag des Eingangs beim Internationalen Büro.

**Regel 3 Vertretung vor dem Internationalen Büro.** (1) (Vertreter; Anschrift des Vertreters; Anzahl der Vertreter)

a) Der Hinterleger oder der Inhaber kann sich durch einen Vertreter vor dem Internationalen Büro vertreten lassen.

b) Die Anschrift des Vertreters muß

i) bei einem internationalen Gesuch, für das ausschließlich das Abkommen maßgebend ist, im Gebiet einer durch das Abkommen gebundenen Vertragspartei liegen;

ii) bei einem internationalen Gesuch, für das ausschließlich das Protokoll maßgebend ist, im Gebiet einer durch das Protokoll gebundenen Vertragspartei liegen;

iii) bei einem internationalen Gesuch, für das sowohl das Abkommen als auch das Protokoll maßgebend sind, im Gebiet einer Vertragspartei liegen;

iv) bei einer internationalen Registrierung im Gebiet einer Vertragspartei liegen.

c) Der Hinterleger oder der Inhaber kann nur einen Vertreter haben. Werden in der Bestellung mehrere Vertreter angegeben, so gilt nur der zuerst genannte Vertreter als Vertreter und wird als solcher eingetragen.

d) Ist eine Kanzlei oder Kanzleigemeinschaft von Rechtsanwälten, Patentanwälten oder Markenanwälten als Vertreterin beim Internationalen Büro angegeben worden, so gilt diese als ein Vertreter.

(2) (Bestellung des Vertreters)

a) Die Bestellung eines Vertreters kann in dem internationalen Gesuch, in einer nachträglichen Benennung oder in einem Antrag nach Regel 25 erfolgen, wenn eine solche nachträgliche Benennung oder ein solcher Antrag über eine Behörde vorgenommen wird.

b) Die Bestellung eines Vertreters kann auch in einer getrennten Mitteilung erfolgen, die sich auf eine oder mehrere bestimmte internationale Gesuche oder internationale Registrierungen oder auf alle künftigen internationalen Gesuche und internationalen Registrierungen desselben Hinterlegers oder Inhabers beziehen kann. Einzureichen ist diese Mitteilung beim Internationalen Büro

　　i) von dem Hinterleger, dem Inhaber oder dem bestellten Vertreter,

　　ii) von der Ursprungsbehörde oder

　　iii) von einer sonstigen beteiligten Behörde, wenn der Hinterleger, der Inhaber oder der bestellte Vertreter die Einreichung beantragt und die Behörde sie zuläßt.

Die Mitteilung ist vom Hinterleger, vom Inhaber oder von der einreichenden Behörde zu unterschreiben.

(3) (Nicht vorschriftsmäßige Bestellung)

a) Befindet sich die Anschrift des angeblichen Vertreters nicht in dem maßgeblichen Gebiet nach Absatz 1 Buchstabe b, so behandelt das Internationale Büro diese Bestellung so, als sei sie nicht erfolgt und benachrichtigt den Hinterleger oder Inhaber, den angeblichen Vertreter und, falls es sich bei dem Absender oder Übermittler um eine Behörde handelt, diese Behörde entsprechend.

b) Ist nach Auffassung des Internationalen Büros die Bestellung des Vertreters nach Absatz 2 nicht vorschriftsmäßig, so benachrichtigt es den Hinterleger oder den Inhaber, den angeblichen Vertreter und, falls es sich bei dem Absender oder Übermittler um eine Behörde handelt, diese Behörde entsprechend.

c) Solange die maßgeblichen Erfordernisse nach Absatz 1 Buchstabe b und Absatz 2 nicht erfüllt sind, übersendet das Internationale Büro alle diesbezüglichen Mitteilungen an den Hinterleger oder Inhaber persönlich.

(4) (Eintragung der Bestellung eines Vertreters und Mitteilung darüber; Datum des Wirksamwerdens der Bestellung)

a) Stellt das Internationale Büro fest, daß die Bestellung eines Vertreters den geltenden Erfordernissen entspricht, so trägt es die Tatsache, daß der Hinterleger oder Inhaber einen Vertreter hat, sowie Namen und Anschrift des Vertreters im Internationalen Register ein. In diesem Fall ist das Datum des Wirksamwerdens der Bestellung das Datum, an dem das Internationale Büro das internationale Gesuch, die nachträgliche Benennung, den Antrag oder eine getrennte Mitteilung, in welcher der Vertreter bestellt worden ist, erhalten hat.

b) Das Internationale Büro unterrichtet sowohl den Hinterleger oder den Inhaber als auch den Vertreter von der Eintragung nach Buchstabe a. Erfolgte die Bestellung in einer getrennten Mitteilung über eine Behörde, so unterrichtet das Internationale Büro auch diese Behörde von der Eintragung.

(5) (Wirkung der Bestellung eines Vertreters)

a) Sofern diese Ausführungsordnung nicht ausdrücklich etwas anderes vorsieht, ersetzt die Unterschrift eines nach Absatz 4 Buchstabe a eingetragenen Vertreters die Unterschrift des Hinterlegers oder des Inhabers.

b) Sofern in dieser Ausführungsordnung nicht ausdrücklich eine Aufforderung, Unterrichtung oder sonstige Mitteilung sowohl an den Hinterleger oder Inhaber als auch an den Vertreter verlangt wird, richtet das Internationale Büro alle Aufforderungen, Unterrichtungen oder sonstigen Mitteilungen, die in Ermangelung eines Vertreters an den Hinterleger oder Inhaber gesandt werden müßten, an den nach Absatz 4 Buchstabe a eingetragenen Vertreter; jede Aufforderung, Unterrichtung oder sonstige Mitteilung, die auf diese Weise an den genannten Vertreter gerichtet wird, hat dieselbe Wirkung, als sei sie an den Hinterleger oder den Inhaber gerichtet worden.

c) Jede von dem nach Absatz 4 Buchstabe a eingetragenen Vertreter an das Internationale Büro gerichtete Mitteilung hat dieselbe Wirkung, als sei sie vom Hinterleger oder vom Inhaber an das Büro gerichtet worden.

(6) (Löschung der Eintragung; Datum des Wirksamwerdens der Löschung)

a) Jede Eintragung nach Absatz 4 Buchstabe a wird gelöscht, wenn die Löschung in einer vom Hinterleger, vom Inhaber oder vom Vertreter unterzeichneten Mitteilung beantragt wird. Die Eintragung wird vom Internationalen Büro von Amts wegen gelöscht, wenn ein neuer Vertreter bestellt wird oder wenn eine Änderung des Inhabers eingetragen und vom neuen Inhaber der internationalen Registrierung kein Vertreter bestellt worden ist.

b) Vorbehaltlich des Buchstabens c ist die Löschung ab dem Datum des Eingangs der entsprechenden Mitteilung beim Internationalen Büro wirksam.

c) Wird die Löschung vom Vertreter beantragt, so wird sie ab dem früheren der folgenden Daten wirksam:
   i) dem Datum des Eingangs einer Mitteilung beim Internationalen Büro über die Bestellung eines neuen Vertreters;
   ii) dem Datum, an dem eine Frist von zwei Monaten nach Eingang des Antrags des Vertreters auf Löschung der Eintragung abläuft.

Bis zum Datum des Wirksamwerdens der Löschung richtet das Internationale Büro alle in Absatz 5 Buchstabe b genannten Mitteilungen sowohl an den Hinterleger oder den Inhaber als auch an den Vertreter.

d) Das Internationale Büro unterrichtet nach Eingang eines vom Vertreter gestellten Antrags auf Löschung den Hinterleger oder den Inhaber entsprechend und fügt der Unterrichtung Kopien aller Mitteilungen bei, die in den sechs Monaten vor dem Zeitpunkt der Unterrichtung an den Vertreter übersandt worden sind oder die das Internationale Büro in diesem Zeitraum vom Vertreter erhalten hat.

e) Sobald der Zeitpunkt des Wirksamwerdens der Löschung bekannt ist, unterrichtet das Internationale Büro den Vertreter, dessen Eintragung gelöscht worden ist, den Hinterleger oder den Inhaber, und, wenn die Bestellung des Vertreters über eine Behörde eingereicht worden ist, diese Behörde über die Löschung und das Datum des Wirksamwerdens.

**Regel 4 Berechnung der Fristen.** (1) (Nach Jahren bemessene Fristen) Jede nach Jahren bemessene Frist endet im maßgeblichen folgenden Jahr in dem Monat, der dieselbe Bezeichnung, und an dem Tag, der dieselbe Zahl trägt wie der Monat und der Tag des Ereignisses, an dem die Frist begann; hat sich das Ereignis jedoch am 29. Februar zugetragen, und endet der Februar des maßgeblichen folgenden Jahres am 28., so endet die Frist am 28. Februar.

(2) (Nach Monaten bemessene Fristen) Jede nach Monaten bemessene Frist endet im maßgeblichen folgenden Monat an dem Tag, der dieselbe Zahl trägt wie der Tag des Ereignisses, an dem die Frist begann; hat der maßgebliche folgende Monat jedoch keinen Tag mit der entsprechenden Zahl, so endet die Frist am letzten Tag des betreffenden Monats.

(3) (In Tagen bemessene Fristen) Jede in Tagen bemessene Frist beginnt an dem auf den Eintritt des betreffenden Ereignisses folgenden Tag und endet entsprechend.

(4) (Ablauf an einem Tag, an dem das Internationale Büro oder eine Behörde für die Öffentlichkeit nicht geöffnet ist) Endet eine Frist an einem Tag, an dem das Internationale Büro oder die betreffende Behörde für die Öffentlichkeit nicht geöffnet ist, so endet die Frist, ungeachtet der Absätze 1 bis 3, am ersten darauf folgenden Tag, an dem das Internationale Büro oder die betreffende Behörde für die Öffentlichkeit geöffnet ist.

(5) (Angabe des Datums des Ablaufs) Das Internationale Büro gibt in allen Fällen, in denen es eine Frist setzt, das Datum des Ablauf der entsprechenden Frist nach den Absätzen 1 bis 3 an.

**Regel 5 Störungen im Post- und Zustelldienst.** (1) (Durch einen Postdienst übersandte Mitteilungen) Versäumt ein Beteiligter, die Frist für eine Mitteilung, die an das Internationale Büro gerichtet ist und über einen Postdienst versandt wird, einzuhalten, so wird dies entschuldigt, wenn der Beteiligte dem Internationalen Büro überzeugend nachweist,

  i) daß die Mitteilung mindestens fünf Tage vor Ablauf der Frist aufgegeben wurde oder daß die Mitteilung nicht später als fünf Tage nach Wiederaufnahme des Postdienstes aufgegeben worden ist, nachdem der Postdienst an einem der letzten zehn Tage vor Ablauf der Frist infolge eines Krieges, einer Revolution, einer Störung der öffentlichen Ordnung, eines Streiks, einer Naturkatastrophe oder ähnlicher Ursachen unterbrochen war;

  ii) daß die Mitteilung mit Einschreiben aufgegeben wurde, oder Einzelheiten der Versendung im Zeitpunkt der Aufgabe vom Postdienst eingetragen worden sind und

  iii) daß in den Fällen, in denen die Post üblicherweise in keiner Versandart innerhalb von zwei Tagen nach Aufgabe beim Internationalen Büro eingeht, die Mitteilung in einer Versandart, mit der sie üblicherweise innerhalb von zwei Tagen nach Aufgabe beim Internationalen Büro eingeht, oder mit Luftpost befördert wurde.

(2) (Durch einen Zustelldienst übersandte Mitteilungen) Versäumt ein Beteiligter, die Frist für eine Mitteilung, die an das Internationale Büro gerichtet ist und durch einen Zustelldienst übersandt wird, einzuhalten, so wird dies entschuldigt, wenn der Beteiligte dem Internationalen Büro überzeugend nachweist,

  i) daß die Mitteilung mindestens fünf Tage vor Ablauf der Frist übersandt wurde oder daß die Mitteilung nicht später als fünf Tage nach Wiederaufnahme des Zustelldienstes übersandt wurde, wenn der Zustelldienst an einem der letzten zehn Tage vor Ablauf der Frist infolge eines Krieges, einer Revolution, einer Störung der öffentlichen Ordnung, eines Streiks, einer Naturkatastrophe oder ähnlicher Ursachen unterbrochen war, und

  ii) daß Einzelheiten der Versendung zum Zeitpunkt der Aufgabe vom Zustelldienst eingetragen worden sind.

(3) (Einschränkung der Entschuldigung) Ein Fristversäumnis wird aufgrund dieser Regel nur entschuldigt, wenn der in Absatz 1 oder 2 bezeichnete Nachweis und die Mitteilung oder eine Abschrift davon spätestens sechs Monate nach Ablauf der Frist beim Internationalen Büro eingehen.

(4) (Internationales Gesuch und nachträgliche Benennung) Erhält das Internationale Büro ein internationales Gesuch oder eine nachträgliche Benennung nach Ablauf der in Artikel 3 Absatz 4 des Abkommens, in Artikel 3 Absatz 4 des Protokolls und in Regel 24 Absatz 6 Buchstabe b vorgesehenen Frist von zwei Monaten und gibt die beteiligte Behörde an, daß der verspätete Eingang auf die in Absatz 1 oder 2 genannten Umstände zurückzuführen ist, so finden Absatz 1 oder 2 und Absatz 3 Anwendung.

**Regel 6 Sprachen.** (1) (Internationales Gesuch)

  a) Internationale Gesuche, für die ausschließlich das Abkommen maßgebend ist, sind in Französisch abzufassen.

  b) Internationale Gesuche, für die ausschließlich das Protokoll oder sowohl das Abkommen als auch das Protokoll maßgebend sind, sind je nach Vorschrift der Ursprungsbehörde in Englisch oder Französisch abzufassen, wobei die Ursprungsbehörde dem Hinterleger die Wahl zwischen Englisch und Französisch freistellen kann.

(2) (Andere Mitteilungen als internationale Gesuche)

  a) Mitteilungen, die ein internationales Gesuch betreffen, für das ausschließlich das Abkommen maßgebend ist, oder die sich daraus ergebende internationale Registrierung sind, vorbehaltlich der Regel 17 Absatz 2 Ziffer v und Absatz 3, in Französisch abzufassen; jedoch findet Buchstabe b Anwendung, wenn die sich aus einem internationalen Gesuch, für das ausschließlich das Abkommen maßgebend ist, ergebende internationale Registrierung Gegenstand einer nachträglichen Benennung nach Regel 24 Absatz 1 Buchstabe b ist oder gewesen ist.

b) Mitteilungen über ein internationales Gesuch, für das ausschließlich das Protokoll oder sowohl das Abkommen als auch das Protokoll maßgebend sind, oder über eine sich daraus ergebende internationale Registrierung sind, vorbehaltlich der Regel 17 Absatz 2 Ziffer v und Absatz 3, wie folgt abzufassen:
  i) in Englisch oder Französisch, wenn die Mitteilung vom Hinterleger oder vom Inhaber oder von einer Behörde an das Internationale Büro gerichtet ist;
  ii) in der nach Regel 7 Absatz 2 anwendbaren Sprache, wenn die Mitteilung aus der Erklärung über die beabsichtigte Benutzung einer Marke besteht, die dem internationalen Gesuch nach Regel 9 Absatz 6 Buchstabe d Ziffer i oder der nachträglichen Benennung nach Regel 24 Absatz 3 Buchstabe b Ziffer i beigefügt ist;
  iii) in der Sprache des internationalen Gesuchs, wenn es sich bei der Mitteilung um eine vom Internationalen Büro an eine Behörde gerichtete Benachrichtigung handelt, es sei denn, diese Behörde hat dem Internationalen Büro mitgeteilt, daß alle derartigen Benachrichtigungen in Englisch oder in Französisch abzufassen sind; betrifft die Mitteilung des Internationalen Büros die Eintragung einer internationalen Registrierung in das internationale Register, so ist in der Mitteilung anzugeben, in welcher Sprache das entsprechende internationale Gesuch beim Internationalen Büro eingegangen ist;
  iv) in der Sprache des internationalen Gesuchs, wenn es sich bei der Mitteilung um eine vom Internationalen Büro an den Hinterleger oder den Inhaber gerichtete Mitteilung handelt, es sei denn, dieser Hinterleger oder Inhaber hat den Wunsch geäußert, diese Mitteilungen in Englisch zu erhalten, obwohl die Sprache des internationalen Gesuchs Französisch ist, oder in Französisch, obwohl die Sprache des internationalen Gesuchs Englisch ist.

(3) (Eintragung und Veröffentlichung)
a) Ist für das internationale Gesuch ausschließlich das Abkommen maßgebend, so sind die Eintragung in das internationale Register und die im Blatt vorzunehmende Veröffentlichung der sich daraus ergebenden internationalen Registrierung und aller Angaben, die aufgrund dieser Ausführungsordnung in bezug auf diese internationale Registrierung sowohl einzutragen als auch zu veröffentlichen sind, in Französisch abzufassen.
b) Sind für das internationale Gesuch ausschließlich das Protokoll oder sowohl das Abkommen als auch das Protokoll maßgebend, so sind die Eintragung in das internationale Register und die im Blatt vorzunehmende Veröffentlichung der sich daraus ergebenden internationalen Registrierung und aller Angaben, die aufgrund dieser Ausführungsordnung in bezug auf diese internationale Registrierung sowohl einzutragen als auch zu veröffentlichen sind, in Englisch und Französisch abzufassen. In der Eintragung und in der Veröffentlichung der internationalen Registrierung ist die Sprache anzugeben, in der das internationale Gesuch beim Internationalen Büro eingegangen ist.
c) Handelt es sich bei der nachträglichen Benennung nach Regel 24 Absatz 1 Buchstabe b um die erste nachträgliche Benennung nach jener Regel in bezug auf eine bestimmte internationale Registrierung, so veröffentlicht das Internationale Büro zusammen mit der Veröffentlichung dieser nachträglichen Benennung im Blatt die internationale Registrierung in Englisch und veröffentlicht sie erneut in Französisch. Anschließend ist diese nachträgliche Benennung in Englisch und in Französisch in das internationale Register einzutragen. Die Eintragung in das internationale Register und die im Blatt vorzunehmende Veröffentlichung aller Angaben, die aufgrund dieser Ausführungsordnung in bezug auf die betreffende internationale Registrierung sowohl einzutragen als auch zu veröffentlichen sind, sind in Englisch und Französisch abzufassen.

(4) (Übersetzung)
a) Die Übersetzungen aus dem Englischen ins Französische oder aus dem Französischen ins Englische, die für die Mitteilungen nach Absatz 2 Buchstabe b Ziffern iii und iv und die Eintragungen und Veröffentlichungen nach Absatz 3 Buchstaben b und c erforderlich sind, werden vom Internationalen Büro gefertigt. Der Hinterleger beziehungsweise der Inhaber kann dem internationalen Gesuch oder einem Antrag auf Eintragung einer nachträglichen Benennung oder einer Änderung einen Übersetzungsvorschlag für jeden

im internationalen Gesuch oder dem Antrag enthaltenen Text beifügen. Wird der Übersetzungsvorschlag vom Internationalen Büro nicht für richtig befunden, so wird er vom Internationalen Büro berechtigt, nachdem der Hinterleger oder der Inhaber aufgefordert worden ist, innerhalb eines Monats nach der Aufforderung zu den vorgeschlagenen Berichtigungen Stellung zu nehmen.

b) Ungeachtet des Buchstabens a übersetzt das Internationale Büro die Marke nicht. Gibt der Hinterleger oder der Inhaber in Übereinstimmung mit Regel 9 Absatz 4 Buchstabe b Ziffer iii oder Regel 24 Absatz 3 Buchstabe c eine oder mehrere Übersetzungen der Marke an, so wird die Richtigkeit dieser Übersetzungen vom Internationalen Büro nicht geprüft.

**Regel 7 Notifikation bestimmter besonderer Erfordernisse.** (1) (Einreichung nachträglicher Benennungen durch die Ursprungsbehörde) Sind auf Verlangen der Vertragspartei, falls es sich bei ihrer Behörde um die Ursprungsbehörde handelt und die Anschrift des Inhabers sich im Gebiet der betreffenden Vertragspartei befindet, Benennungen, die nachträglich zur internationalen Registrierung vorgenommen werden, von dieser Behörde beim Internationalen Büro einzureichen, so notifiziert sie dem Generaldirektor dieses Erfordernis.

(2) (Absicht, die Marke zu benutzen) Verlangt eine Vertragspartei als eine nach dem Protokoll benannte Vertragspartei eine Erklärung über die beabsichtigte Benutzung der Marke, so notifiziert sie dem Generaldirektor dieses Erfordernis. Verlangt diese Vertragspartei, daß die Erklärung vom Hinterleger selbst zu unterschreiben und auf einem dem internationalen Gesuch beigefügten besonderen amtlichen Formblatt vorzunehmen ist, so hat die Notifikation eine diesbezügliche Aussage zu enthalten und den genauen Wortlaut der erforderlichen Erklärung anzugeben. Verlangt die Vertragspartei ferner, daß die Erklärung in Englisch abgefaßt wird, auch wenn das internationale Gesuch in Französisch abgefaßt ist, oder in Französisch abgefaßt wird, auch wenn das internationale Gesuch in Englisch abgefaßt ist, so ist die verlangte Sprache in der Notifikation anzugeben.

(3) (Notifikation)

a) Notifikationen nach Absatz 1 oder 2 können von der Vertragspartei zum Zeitpunkt der Hinterlegung ihrer Ratifizierungs-, Annahme-, Genehmigungs- oder Beitrittsurkunde zu dem Protokoll vorgenommen werden; das Datum des Wirksamwerdens der Notifikation ist dasselbe wie das Datum des Inkrafttretens des Protokolls für die Vertragspartei, welche die Notifikation vorgenommen hat. Die Notifikation kann auch zu einem späteren Zeitpunkt erfolgen; in diesem Fall wird sie drei Monate nach ihrem Eingang beim Generaldirektor oder zu einem in der Notifikation angegebenen späteren Datum in bezug auf internationale Registrierungen mit demselben oder einem späteren Datum ab dem Datum des Wirksamwerdens der Notifikation wirksam.

b) Notifikationen nach Absatz 1 oder 2 können jederzeit zurückgenommen werden. Die Rücknahmeanzeige ist an den Generaldirektor zu richten. Die Rücknahme wird mit dem Eingang der Rücknahmeanzeige beim Generaldirektor oder an einem in der Anzeige angegebenen späteren Datum wirksam.

## Kapitel 2. Internationale Gesuche

**Regel 8 Mehrere Hinterleger.** (1) (Zwei oder mehr Hinterleger, die ausschließlich nach dem Abkommen oder sowohl nach dem Abkommen als auch nach dem Protokoll hinterlegen) Zwei oder mehr Hinterleger können ein internationales Gesuch, für das ausschließlich das Abkommen oder sowohl das Abkommen als auch das Protokoll maßgebend sind, gemeinsam einreichen, wenn sie gemeinsam Inhaber der Basiseintragung sind und für jeden von ihnen das in Artikel 1 Absatz 3 des Abkommens bezeichnete Ursprungsland dasselbe ist.

(2) (Zwei oder mehr Hinterleger, die ausschließlich nach dem Protokoll hinterlegen) Zwei oder mehr Hinterleger können ein internationales Gesuch, für das ausschließlich das Protokoll maßgebend ist, gemeinsam einreichen, wenn das Basisgesuch von ihnen gemeinsam eingereicht worden ist oder wenn sie gemeinsam Inhaber der Basiseintragung sind und

jeder von ihnen berechtigt ist, im Hinblick auf die Vertragspartei, deren Behörde die Ursprungsbehörde ist, ein internationales Gesuch nach Artikel 2 Absatz 1 des Protokolls einzureichen.

**Regel 9 Erfordernisse bezüglich des internationalen Gesuchs.** (1) (Einreichung) Das internationale Gesuch ist von der Ursprungsbehörde beim Internationalen Büro einzureichen.

(2) (Formblatt und Unterschrift)
a) Das internationale Gesuch ist auf dem amtlichen Formblatt in einem Exemplar einzureichen.
b) Das internationale Gesuch ist von der Ursprungsbehörde und, falls die Ursprungsbehörde dies verlangt, auch vom Hinterleger zu unterschreiben. Verlangt die Ursprungsbehörde nicht, läßt es aber zu, daß der Hinterleger das internationale Gesuch unterschreibt, so kann der Hinterleger das internationale Gesuch unterschreiben.

(3) (Gebühren) Die für das internationale Gesuch geltenden vorgeschriebenen Gebühren sind nach den Regeln 10, 34 und 35 zu entrichten.

(4) (Inhalt aller internationalen Gesuche)
a) Vorbehaltlich der Absätze 5, 6 und 7 muß das internationale Gesuch folgendes enthalten oder angeben:
  i) den Namen des Hinterlegers; ist der Hinterleger eine natürliche Person, so sind der Familienname oder der Hauptname und der Vorname oder Beiname beziehungsweise die Vor- und Beinamen der natürlichen Person anzugeben; ist der Hinterleger eine juristische Person, so ist die volle amtliche Bezeichnung der juristischen Person anzugeben; ist der Name des Hinterlegers nicht in lateinischen Schriftzeichen angegeben, so muß die Angabe des Namens aus einer Transliteration in lateinische Schriftzeichen bestehen, die sich nach der Phonetik der Sprache des internationalen Gesuchs richtet; ist der Hinterleger eine juristische Person und ist der Name in anderen als lateinischen Schriftzeichen angegeben, so kann die Transliteration durch eine Übersetzung in die Sprache des internationalen Gesuchs ersetzt werden,
  ii) die Anschrift des Hinterlegers; die Anschrift ist so anzugeben, daß sie den üblichen Erfordernissen für eine schnelle Postzustellung entspricht; sie hat zumindest alle maß- geblichen Verwaltungseinheiten, gegebenenfalls einschließlich der Hausnummer, zu enthalten; zusätzlich können die Telefon- und Telefaxnummer sowie eine abweichende Zustellungsanschrift angegeben werden; bei zwei oder mehr Hinterlegern mit unterschiedlichen Anschriften ist eine Zustellungsanschrift anzugeben; ist keine Zustellungsanschrift angegeben, so gilt die Anschrift des im internationalen Gesuch an erster Stelle genannten Hinterlegers als Zustellungsanschrift,
  iii) gegebenenfalls den Namen und die Anschrift des Vertreters; zusätzlich können die Telefon- und Telefaxnummer angegeben werden; ist der Name des Vertreters in anderen als lateinischen Schriftzeichen angegeben, so muß die Angabe des Namens aus einer Transliteration in lateinische Schriftzeichen bestehen, die sich nach der Phonetik der Sprache des internationalen Gesuchs richtet; ist der Vertreter eine juristische Person und der Name in anderen als lateinischen Schriftzeichen angegeben, so kann die Transliteration durch eine Übersetzung in die Sprache des internationalen Gesuchs ersetzt werden,
  iv) falls der Hinterleger sich aufgrund der Pariser Verbandsübereinkunft zum Schutz des gewerblichen Eigentums die Priorität einer früheren Anmeldung zunutze zu machen wünscht, eine Erklärung, in der die Priorität dieser früheren Anmeldung beansprucht wird, zusammen mit der Angabe des Namens der Behörde, bei der die Anmeldung eingereicht wurde, und des Datums sowie, falls vorhanden, die Nummer dieser Anmeldung und, falls sich der Prioritätsanspruch nicht auf alle in dem internationalen Gesuch aufgeführten Waren und Dienstleistungen bezieht, die Angabe der Waren und Dienstleistungen, auf die sich der Prioritätsanspruch bezieht,

- v) eine Wiedergabe der Marke, die in das dafür vorgesehene Feld im amtlichen Formblatt passen muß; die Wiedergabe muß deutlich und in Schwarzweiß oder in Farbe sein, je nachdem, ob die Wiedergabe in dem Basisgesuch oder der Basiseintragung in Schwarzweiß oder in Farbe ist,
- vi) falls der Hinterleger wünscht, daß die Marke als Marke in Standardschriftzeichen angesehen wird, eine dahin gehende Erklärung,
- vii) falls der Hinterleger nach Artikel 3 Absatz 3 des Abkommens oder Artikel 3 Absatz 3 des Protokolls Farbe als unterscheidendes Merkmal der Marke beansprucht, die Angabe dieser Tatsache und die Angabe der beanspruchten Farbe oder Farbenzusammenstellung in Worten und, falls die unter Ziffer v eingereichte Wiedergabe in Schwarzweiß ist, eine Wiedergabe der Marke in Farbe,
- viii) falls sich das Basisgesuch oder die Basiseintragung auf eine dreidimensionale Marke bezieht, die Angabe „three-dimensional mark"/„marque tridimensionnelle" („dreidimensionale Marke"),
- ix) falls sich das Basisgesuch oder die Basiseintragung auf ein Hörzeichen bezieht, die Angabe „sound mark"/marque sonore" („Hörzeichen"),
- x) falls sich das Basisgesuch oder die Basiseintragung auf eine Kollektivmarke, eine Gütemarke oder eine Garantiemarke bezieht, eine dahin gehende Angabe,
- xi) falls das Basisgesuch oder die Basiseintragung eine Beschreibung der Marke in Worten enthält, diese Beschreibung; liegt diese Beschreibung in einer anderen Sprache als der des internationalen Gesuchs vor, so ist sie in der Sprache des internationalen Gesuchs abzufassen,
- xii) falls die Marke insgesamt oder teilweise aus anderen als lateinischen Schriftzeichen oder aus anderen als arabischen oder römischen Zahlen besteht, eine Transliteration der Schriftzeichen in lateinische Schriftzeichen und der Zahlen in arabische Zahlen; die Transliteration in lateinische Schriftzeichen hat sich nach der Phonetik der Sprache des internationalen Gesuchs zu richten,
- xiii) die Namen der Waren und Dienstleistungen, für die um internationale Registrierung der Marke nachgesucht wird, gruppiert in die entsprechenden Klassen der internationalen Klassifikation der Waren und Dienstleistungen, wobei jeder Gruppe die Nummer der entsprechenden Klasse vorangestellt und jede Gruppe in der Reihenfolge der Klassen der Klassifikation angeordnet wird; die Waren und Dienstleistungen sind in genauen Begriffen anzugeben, vorzugsweise unter Verwendung der Wörter aus dem alphabetischen Verzeichnis der genannten Klassifikation; das internationale Gesuch kann Einschränkungen des Verzeichnisses der Waren und Dienstleistungen in bezug auf eine oder mehrere benannte Vertragsparteien enthalten; die Einschränkung in bezug auf einzelne Vertragsparteien kann unterschiedlich sein, und
- xiv) den Betrag der gezahlten Gebühren und die gewählte Zahlungsweise oder den Auftrag zur Abbuchung des geforderten Gebührenbetrags von einem beim Internationalen Büro eröffneten Konto sowie den Namen des Einzahlers oder Auftraggebers der Zahlung.

b) Das internationale Gesuch kann ferner folgendes enthalten:
- i) falls der Hinterleger eine natürliche Person ist, eine Angabe des Staates, dessen Angehöriger der Hinterleger ist;
- ii) falls der Hinterleger eine juristische Person ist, Angaben über die Rechtsnatur der juristischen Person sowie über den Staat und gegebenenfalls die Gebietseinheit innerhalb des Staates, nach dessen Recht die juristische Person gegründet wurde;
- iii) falls die Marke ganz oder teilweise aus einem oder mehreren Worten besteht, die übersetzt werden können, eine Übersetzung dieses Wortes oder dieser Worte ins Französische, wenn für das internationale Gesuch ausschließlich das Abkommen maßgebend ist, oder ins Englische oder Französische oder in beide Sprachen, wenn für das internationale Gesuch ausschließlich das Protokoll oder das Abkommen und das Protokoll maßgebend sind;

iv) falls der Hinterleger Farbe als unterscheidendes Merkmal der Marke beansprucht, für jede Farbe eine in Worten ausgedrückte Angabe der wesentlichen Teile der Marke, die in dieser Farbe gehalten sind.

(5) (Zusätzlicher Inhalt eines internationalen Gesuchs, für das ausschließlich das Abkommen maßgebend ist)

a) Ist für ein internationales Gesuch ausschließlich das Abkommen maßgebend, so muß das internationale Gesuch zusätzlich zu den in Absatz 4 Buchstabe a genannten Angaben folgendes enthalten oder angeben:

  i) den Vertragsstaat des Abkommens, in dem der Hinterleger eine tatsächliche und nicht nur zum Schein bestehende gewerbliche oder Handelsniederlassung hat; gibt es keinen derartigen Vertragsstaat, den Vertragsstaat des Abkommens, in dem der Hinterleger seinen Wohnsitz hat; gibt es keinen derartigen Vertragsstaat, den Vertragsstaat des Abkommens, dessen Angehöriger der Hinterleger ist,

  ii) ist die nach Absatz 4 Buchstabe a Ziffer ii angegebene Anschrift des Hinterlegers in einem anderen Staat als dem, dessen Behörde die Ursprungsbehörde ist, die unter Ziffer i genannte Anschrift der Niederlassung oder des Wohnsitzes,

  iii) die Staaten, die nach dem Abkommen benannt sind,

  iv) das Datum und die Nummer der Basiseintragung und

  v) die unter Buchstabe b beschriebene Erklärung der Ursprungsbehörde.

b) Die in Absatz a Ziffer v genannte Erklärung bestätigt

  i) das Datum, an dem der Antrag des Hinterlegers um Einreichung des internationalen Gesuchs beim Internationalen Büro bei der Ursprungsbehörde eingegangen ist oder nach Regel 11 Absatz 1 bei ihr als eingegangen gilt,

  ii) daß der in dem internationalen Gesuch genannte Hinterleger und der Inhaber der Basiseintragung dieselbe Person ist,

  iii) daß jede in Absatz 4 Buchstabe a Ziffern viii bis xi genannte und im internationalen Gesuch gemachte Angabe auch in der Basiseintragung gemacht wurde,

  iv) daß die Marke, die Gegenstand des internationalen Gesuchs ist, dieselbe ist wie in der Basiseintragung,

  v) daß bei der Beanspruchung von Farben in dem internationalen Gesuch der Farbenanspruch derselbe ist wie in der Basiseintragung und

  vi) daß die im internationalen Gesuch angegebenen Waren und Dienstleistungen von dem Verzeichnis der Waren und Dienstleistungen der Basiseintragung erfaßt sind.

c) Stützt sich das internationale Gesuch auf zwei oder mehr Basiseintragungen derselben Marke bei der Ursprungsbehörde, so gilt die unter Buchstabe a Ziffer v genannte Erklärung als auf alle jene Basiseintragungen anwendbar.

(6) (Zusätzlicher Inhalt eines internationalen Gesuchs, für das ausschließlich das Protokoll maßgebend ist)

a) Ist für ein internationales Gesuch ausschließlich das Protokoll maßgebend, so muß das internationale Gesuch zusätzlich zu den in Absatz 4 Buchstabe a genannten Angaben folgendes enthalten oder angeben:

  i) im Fall der Einreichung des Basisgesuchs oder der Registrierung der Basiseintragung bei der Behörde eines Vertragsstaats, dessen Angehöriger der Hinterleger ist oder in dem er seinen Wohnsitz oder seine tatsächliche und nicht nur zum Schein bestehende gewerbliche oder Handelsniederlassung hat, den betreffenden Vertragsstaat,

  ii) ist die nach Absatz 4 Buchstabe a Ziffer ii angegebene Anschrift des Hinterlegers in einem anderen Staat als dem, dessen Behörde die Ursprungsbehörde ist, den nach Ziffer i genannten Wohnsitz oder die dort genannte Anschrift der Niederlassung,

  iii) im Fall der Einreichung des Basisgesuchs oder der Registrierung der Basiseintragung bei der Behörde einer Vertragsorganisation, die Organisation und den Mitgliedstaat der Organisation, dessen Angehöriger der Hinterleger ist, oder eine Erklärung, daß der Hinterleger in dem Gebiet seinen Wohnsitz hat, in dem der Gründungsvertrag dieser Organisation gilt, oder eine Erklärung, daß der Hinterleger in diesem Gebiet eine tatsächliche und nicht nur zum Schein bestehende gewerbliche oder Handelsniederlassung hat,

iv) ist die nach Absatz 4 Buchstabe a Ziffer ii angegebene Anschrift des Hinterlegers nicht in dem Gebiet, in dem der Gründungsvertrag der Vertragsorganisation, deren Behörde die Ursprungsbehörde ist, gilt, den nach Ziffer iii genannten Wohnsitz oder die dort genannte Anschrift der Niederlassung,

v) die nach dem Protokoll benannten Vertragsparteien,

vi) das Datum und die Nummer des Basisgesuchs beziehungsweise das Datum und die Nummer der Basiseintragung und

vii) die unter Buchstabe b beschriebene Erklärung der Ursprungsbehörde.

b) Die unter Buchstabe a Ziffer vii genannte Erklärung bestätigt

i) das Datum, an dem die Ursprungsbehörde den Antrag des Hinterlegers auf Einreichung des internationalen Gesuchs beim Internationalen Büro erhalten hat,

ii) daß der im internationalen Gesuch genannte Hinterleger und der im Basisgesuch genannte Hinterleger beziehungsweise der in der Basiseintragung genannte Inhaber dieselbe Person ist,

iii) daß jede in Absatz 4 Buchstabe a Ziffern viii bis xi genannte und im internationalen Gesuch gemachte Angabe auch in dem Basisgesuch beziehungsweise in der Basiseintragung gemacht wurde,

iv) daß die Marke, die Gegenstand des internationalen Gesuchs ist, dieselbe ist wie in dem Basisgesuch beziehungsweise in der Basiseintragung,

v) daß bei der Beanspruchung von Farben im internationalen Gesuch der Farbenanspruch derselbe ist wie in dem Basisgesuch beziehungsweise in der Basiseintragung und

vi) daß die im internationalen Gesuch angegebenen Waren und Dienstleistungen von dem Verzeichnis der Waren und Dienstleistungen des Basisgesuchs beziehungsweise der Basiseintragung erfaßt sind.

c) Stützt sich das internationale Gesuch auf zwei oder mehr Basisgesuche oder Basiseintragungen derselben Marke bei der Ursprungsbehörde, so gilt die unter Buchstabe a Ziffer vii genannte Erklärung auf alle jene Basisgesuche und Basiseintragungen anwendbar.

d) Betrifft eine Benennung eine Vertragspartei, die eine Notifikation nach Regel 7 Absatz 2 vorgenommen hat, so muß das internationale Gesuch auch eine Erklärung über die beabsichtigte Benutzung der Marke in dem Gebiet dieser Vertragspartei enthalten; die Erklärung wird als Teil der Benennung der Vertragspartei betrachtet, die sie verlangt, und ist, wie von der Vertragspartei verlangt,

i) entweder von dem Hinterleger selbst zu unterschreiben und auf einem dem internationalen Gesuch beigefügten besonderen amtlichen Formblatt einzureichen, oder

ii) in das internationale Gesuch aufzunehmen.

(7) (Inhalt eines internationalen Gesuchs, für das sowohl das Abkommen als auch das Protokoll maßgebend sind) Sind für ein internationales Gesuch sowohl das Abkommen als auch das Protokoll maßgebend, so muß das internationale Gesuch zusätzlich zu den in Absatz 4 Buchstabe a genannten Angaben die in den Absätzen 5 und 6 genannten Angaben enthalten oder angeben, wobei lediglich eine Basiseintragung, aber kein Basisgesuch, nach Absatz 6 Buchstabe a Ziffer vi angegeben werden kann und diese Basiseintragung dieselbe ist wie die in Absatz 5 Buchstabe a Ziffer iv genannte.

**Regel 10 Gebühren für das internationale Gesuch.** (1) (Internationale Gesuche, für die ausschließlich das Abkommen maßgebend ist) Für ein internationales Gesuch, für das ausschließlich das Abkommen maßgebend ist, ist die Zahlung der unter Nummer 1 des Gebührenverzeichnisses angegebenen Grundgebühr, Ergänzungsgebühr und gegebenenfalls

Zusatzgebühr erforderlich. Diese Gebühren sind in zwei Raten für jeweils zehn Jahre zu entrichten. Auf die Zahlung der zweiten Rate findet Regel 30 Anwendung.

(2) (Internationale Gesuche, für die ausschließlich das Protokoll maßgebend ist) Für ein internationales Gesuch, für das ausschließlich das Protokoll maßgebend ist, ist die Zahlung der unter Nummer 2 des Gebührenverzeichnisses angegebenen oder genannten Grundgebühr, Ergänzungsgebühr und/oder individuellen Gebühr und gegebenenfalls Zusatzgebühr erforderlich. Diese Gebühren sind für zehn Jahre zu entrichten.

(3) (Internationale Gesuche, für die sowohl das Abkommen als auch das Protokoll maßgebend sind) Für internationale Gesuche, für die sowohl das Abkommen als auch das Protokoll maßgebend sind, ist die Zahlung der unter Nummer 3 des Gebührenverzeichnisses angegebenen oder genannten Grundgebühr, Ergänzungsgebühr und gegebenenfalls individuellen Gebühr und Zusatzgebühr erforderlich. Auf die nach dem Abkommen benannten Vertragsparteien findet Absatz 1 Anwendung. Auf die nach dem Protokoll benannten Vertragsparteien findet Absatz 2 Anwendung.

**Regel 11 Andere als die Klassifikation der Waren und Dienstleistungen betreffende Mängel.** (1) (Vorzeitiger Antrag an die Ursprungsbehörde)

a) Geht bei der Ursprungsbehörde ein Antrag ein, ein internationales Gesuch, für das ausschließlich das Abkommen maßgebend ist, beim Internationalen Büro einzureichen, bevor die Marke, auf die in dem Antrag Bezug genommen wird, im Register der betreffenden Behörde eingetragen ist, so gilt dieser Antrag für die Zwecke des Artikels 3 Absatz 4 des Abkommens als bei der Ursprungsbehörde am Tag der Eintragung der Marke im Register der betreffenden Behörde eingegangen.

b) Geht vorbehaltlich des Buchstabens c bei der Ursprungsbehörde ein Antrag ein, ein internationales Gesuch, für das sowohl das Abkommen als auch das Protokoll maßgebend sind, beim Internationalen Büro einzureichen, bevor die Marke, auf die in dem Antrag Bezug genommen wird, im Register der betreffenden Behörde eingetragen ist, so wird das internationale Gesuch als internationales Gesuch behandelt, für das ausschließlich das Protokoll maßgebend ist, und die Ursprungsbehörde streicht die Benennung jeder durch das Abkommen gebundenen Vertragspartei.

c) Ist der unter Buchstabe b genannte Antrag von einem ausdrücklichen Antrag begleitet, das internationale Gesuch nach Eintragung der Marke im Register der Ursprungsbehörde als ein internationales Gesuch zu behandeln, für das sowohl das Abkommen als auch das Protokoll maßgebend sind, so streicht die betreffende Behörde die Benennung jeder durch das Abkommen gebundenen Vertragspartei nicht und der Antrag auf Einreichung des internationalen Gesuchs gilt für die Zwecke des Artikels 3 Absatz 4 des Abkommens und des Artikels 3 Absatz 4 des Protokolls bei der betreffenden Behörde am Tag der Eintragung der Marke in das Register dieser Behörde eingegangen.

(2) (Vom Hinterleger zu behebende Mängel)

a) Enthält das internationale Gesuch nach Auffassung des Internationalen Büros andere als die in den Absätzen 3, 4 und 6 und in den Regeln 12 und 13 genannten Mängel, so teilt es dem Hinterleger den Mangel mit und benachrichtigt gleichzeitig die Ursprungsbehörde.

b) Diese Mängel können vom Hinterleger innerhalb von drei Monaten nach dem Datum behoben werden, an dem das Internationale Büro den Mangel mitgeteilt hat. Wird ein Mangel nicht innerhalb von drei Monaten nach dem Datum behoben, an dem das Internationale Büro den Mangel mitgeteilt hat, so gilt das internationale Gesuch als zurückgenommen, und das Internationale Büro benachrichtigt davon gleichzeitig den Hinterleger und die Ursprungsbehörde.

(3) (Von dem Hinterleger oder der Ursprungsbehörde zu behebende Mängel)

a) Sind ungeachtet des Absatzes 2 die nach Regel 10 zu entrichtenden Gebühren von der Ursprungsbehörde an das Internationale Büro entrichtet worden und liegt der eingegangene Gebührenbetrag nach Auffassung des Internationalen Büros unter dem erforderlichen Betrag, so teilt es dies gleichzeitig der Ursprungsbehörde und dem Hinterleger mit. Der Fehlbetrag wird in der Mitteilung angegeben.

b) Der Fehlbetrag kann von der Ursprungsbehörde oder vom Hinterleger innerhalb von drei Monaten nach dem Datum der Mitteilung durch das Internationale Büro entrichtet werden. Wird der Fehlbetrag nicht innerhalb von drei Monaten nach dem Datum entrichtet, an dem das Internationale Büro den Mangel mitgeteilt hat, so gilt das internationale Gesuch als zurückgenommen, und das Internationale Büro benachrichtigt davon gleichzeitig die Ursprungsbehörde und den Hinterleger.

(4) (Von der Ursprungsbehörde zu behebende Mängel)
a) Wenn das Internationale Büro

    i) feststellt, daß das internationale Gesuch die Erfordernisse der Regel 2 Absatz 1 Buchstabe a nicht erfüllt oder nicht auf dem nach Regel 9 Absatz 2 Buchstabe a vorgeschriebenen amtlichen Formblatt eingereicht worden ist,

    ii) feststellt, daß das internationale Gesuch einen der in Regel 15 Absatz 1 Buchstabe a genannten Mängel aufweist,

    iii) der Auffassung ist, daß das internationale Gesuch Mängel aufweist, die sich auf die Berechtigung des Hinterlegers zur Einreichung eines internationalen Gesuchs beziehen,

    iv) der Auffassung ist, daß das internationale Gesuch Mängel aufweist, die sich auf die in Regel 9 Absatz 5 Buchstabe a Ziffer v oder Absatz 6 Buchstabe a Ziffer vii genannte Erklärung der Ursprungsbehörde beziehen,

    v) feststellt, daß das in Regel 2 Absatz 3 Buchstabe a Ziffer ii genannte Original nicht innerhalb der in Regel 2 Absatz 3 Buchstabe b genannten Frist von einem Monat eingegangen ist, oder

    vi) feststellt, daß das internationale Gesuch nicht von der Ursprungsbehörde unterschrieben ist, so teilt es dies der Ursprungsbehörde mit und benachrichtigt gleichzeitig den Hinterleger.

b) Mängel dieser Art können von der Ursprungsbehörde innerhalb von drei Monaten nach dem Datum behoben werden, an dem das Internationale Büro den Mangel mitgeteilt hat. Wird ein Mangel nicht innerhalb von drei Monaten nach dem Datum behoben, an dem das Internationale Büro ihn mitgeteilt hat, so gilt das internationale Gesuch als zurückgenommen, und das Internationale Büro benachrichtigt davon gleichzeitig die Ursprungsbehörde und den Hinterleger.

(5) (Erstattung von Gebühren) Gilt das internationale Gesuch nach Absatz 2 Buchstabe b, Absatz 3 oder Absatz 4 Buchstabe c als zurückgenommen, so erstattet das Internationale Büro dem Einzahler die für das Gesuch entrichteten Gebühren nach Abzug eines Betrags in Höhe der halben unter Nummer 1.1.1, 2.1.1 oder 3.1.1 des Gebührenverzeichnisses genannten Grundgebühr zurück.

(6) (Andere Mängel in bezug auf die Benennung einer Vertragspartei nach dem Protokoll)

a) Geht ein internationales Gesuch nach Artikel 3 Absatz 4 des Protokolls beim Internationalen Büro innerhalb von zwei Monaten nach Eingang desselben internationalen Gesuchs bei der Ursprungsbehörde ein, und ist das Internationale Büro der Auffassung, daß eine Erklärung über die beabsichtigte Benutzung der Marke nach Regel 9 Absatz 6 Buchstabe d Ziffer i oder Absatz 7 erforderlich ist, diese jedoch fehlt oder den geltenden Erfordernissen nicht entspricht, so teilt das Internationale Büro dies umgehend und gleichzeitig dem Hinterleger und der Ursprungsbehörde mit.

b) Die Erklärung über die beabsichtigte Benutzung der Marke gilt als zusammen mit dem internationalen Gesuch beim Internationalen Büro eingegangen, wenn die fehlende oder berichtigte Erklärung beim Internationalen Büro innerhalb des unter Buchstabe a genannten Zeitraums von zwei Monaten eingeht.

c) Das internationale Gesuch gilt als ohne die Benennung einer Vertragspartei hinterlegt, für welche eine Erklärung über die beabsichtigte Benutzung der Marke erforderlich ist, wenn die fehlende oder berichtigte Erklärung nach Ablauf des unter Buchstabe b genannten Zeitraums von zwei Monaten eingeht. Das Internationale Büro teilt dies gleichzeitig dem Hinterleger und der Ursprungsbehörde mit, erstattet die für diese Vertragspartei bereits entrichtete Benennungsgebühr und weist darauf hin, daß die Benennung dieser Vertragspartei als nachträgliche Benennung nach Regel 24 erfolgen kann, sofern dieser Benennung die erforderliche Erklärung beigefügt ist.

(7) (Internationales Gesuch, das nicht als solches betrachtet wird) Wird das internationale Gesuch vom Hinterleger unmittelbar beim Internationalen Büro eingereicht oder entspricht es nicht dem Erfordernis der Regel 6 Absatz 1, so wird das internationale Gesuch nicht als solches betrachtet und wird an den Absender zurückgesandt.

### Regel 12 Mängel in bezug auf die Klassifikation der Waren und Dienstleistungen.

(1) (Klassifikationsvorschlag)
  a) Sind nach Auffassung des Internationalen Büros die Erfordernisse der Regel 9 Absatz 4 Buchstabe a Ziffer xiii nicht erfüllt, so unterbreitet das Internationale Büro für die Klassifikation und Gruppierung einen eigenen Vorschlag, übersendet der Ursprungsbehörde eine Mitteilung über seinen Vorschlag und benachrichtigt gleichzeitig den Hinterleger.
  b) In der Mitteilung wird gegebenenfalls auch der Betrag der aufgrund der vorgeschlagenen Klassifikation und Gruppierung fälligen Gebühren angegeben.

(2) (Von dem Vorschlag abweichende Stellungnahme) Die Ursprungsbehörde kann dem Internationalen Büro innerhalb von drei Monaten nach dem Datum der Mitteilung über den Vorschlag eine Stellungnahme zu der vorgeschlagenen Klassifikation und Gruppierung übermitteln.

(3) (Anmahnung bezüglich des Vorschlags) Hat die Ursprungsbehörde innerhalb von zwei Monaten nach dem Datum der in Absatz 1 Buchstabe a genannten Mitteilung keine Stellungnahme zu der Klassifikation und Gruppierung übermittelt, so übersendet das Internationale Büro der Ursprungsbehörde und dem Hinterleger eine Mitteilung, in welcher der Vorschlag wiederholt wird. Die in Absatz 2 genannte Frist von drei Monaten bleibt von der Übersendung einer solchen Mitteilung unberührt.

(4) (Zurücknahme des Vorschlags) Nimmt das Internationale Büro aufgrund der nach Absatz 2 übermittelten Stellungnahme seinen Vorschlag zurück, so teilt es dies der Ursprungsbehörde mit und benachrichtigt gleichzeitig den Hinterleger.

(5) (Änderung des Vorschlags) Ändert das Internationale Büro aufgrund der nach Absatz 2 übermittelten Stellungnahme seinen Vorschlag, so teilt es dies der Ursprungsbehörde mit und benachrichtigt gleichzeitig den Hinterleger über diese Änderung und die sich daraus ergebenden Änderungen des in Absatz 1 Buchstabe b angegebenen Betrags.

(6) (Bestätigung des Vorschlags) Bestätigt das Internationale Büro ungeachtet der in Absatz 2 genannten Stellungnahme seinen Vorschlag, so teilt es dies der Ursprungsbehörde mit und benachrichtigt gleichzeitig den Hinterleger.

(7) (Gebühren)
  a) Ist dem Internationalen Büro keine Stellungnahme nach Absatz 2 übermittelt worden, so ist der in Absatz 1 Buchstabe b genannte Betrag innerhalb von vier Monaten nach dem Datum der in Absatz 1 Buchstabe a genannten Mitteilung zu zahlen; anderenfalls gilt das internationale Gesuch als zurückgenommen, und das Internationale Büro teilt dies der Ursprungsbehörde mit und benachrichtigt gleichzeitig den Hinterleger.
  b) Ist dem Internationalen Büro eine Stellungnahme nach Absatz 2 übermittelt worden, so ist der in Absatz 1 Buchstabe b oder gegebenenfalls in Absatz 5 genannte Betrag innerhalb von drei Monaten nach dem Datum der Mitteilung des Internationalen Büros über die Änderung oder Bestätigung seines Vorschlags nach Absatz 5 beziehungsweise Absatz 6 zu zahlen; anderenfalls gilt das internationale Gesuch als zurückgenommen, und das Internationale Büro teilt dies der Ursprungsbehörde mit und benachrichtigt gleichzeitig den Hinterleger.
  c) Ist dem Internationalen Büro eine Stellungnahme nach Absatz 2 übermittelt worden und nimmt das Internationale Büro aufgrund dieser Stellungnahme seinen Vorschlag nach Absatz 4 zurück, so wird der in Absatz 1 Buchstabe b genannte Betrag nicht fällig.

(8) (Erstattung der Gebühren) Gilt das internationale Gesuch nach Absatz 7 als zurückgenommen, so erstattet das Internationale Büro dem Einzahler die für dieses Gesuch entrichteten Gebühren nach Abzug eines Betrags in Höhe der halben unter Nummer 1.1.1, 2.1.1 oder 3.1.1 des Gebührenverzeichnisses genannten Grundgebühr zurück.

(9) (Klassifikation in der Eintragung) Vorbehaltlich der Übereinstimmung des internationalen Gesuchs mit den sonstigen maßgeblichen Erfordernissen wird die Marke mit der Klassifikation und Gruppierung eingetragen, die das Internationale Büro für richtig erachtet.

### Regel 13 Mängel in bezug auf die Angabe der Waren und Dienstleistungen.

(1) (Mitteilung von Mängeln durch das Internationale Büro an die Ursprungsbehörde) Ist das Internationale Büro der Auffassung, daß Waren oder Dienstleistungen im internationalen Gesuch mit einem Begriff angegeben sind, der für die Zwecke der Klassifikation zu unbestimmt beziehungsweise unverständlich oder sprachlich unrichtig ist, so teilt es dies der Ursprungsbehörde mit und benachrichtigt gleichzeitig den Hinterleger. Das Internationale Büro kann in derselben Mitteilung einen Ersatzbegriff oder die Streichung des Begriffs vorschlagen.

(2) (Frist für die Behebung von Mängeln)

a) Die Ursprungsbehörde kann innerhalb von drei Monaten nach dem Datum der in Absatz 1 genannten Mitteilung einen Vorschlag zur Behebung des Mangels machen.

b) Wird innerhalb der unter Buchstabe a angegebenen Frist ein für das Internationale Büro annehmbarer Vorschlag zur Behebung des Mangels nicht gemacht, so nimmt das Internationale Büro den Begriff wie im internationalen Gesuch angegeben in die internationale Registrierung auf, sofern die Ursprungsbehörde die Klasse angegeben hat, in die dieser Begriff eingeordnet werden soll; die internationale Registrierung hat eine Angabe dahin gehend zu enthalten, daß nach Auffassung des Internationalen Büros der angegebene Begriff für die Zwecke der Klassifikation zu unbestimmt beziehungsweise unverständlich oder sprachlich unrichtig ist. Ist von der Ursprungsbehörde keine Klasse angegeben worden, so streicht das Internationale Büro den betreffenden Begriff von Amts wegen, teilt dies der Ursprungsbehörde mit und benachrichtigt gleichzeitig den Hinterleger.

### Kapitel 3. Internationale Registrierungen

### Regel 14 Eintragung der Marke im internationalen Register.

(1) (Eintragung der Marke im internationalen Register) Stellt das Internationale Büro fest, daß das internationale Gesuch den maßgeblichen Erfordernissen entspricht, so trägt es die Marke im internationalen Register ein, teilt den Behörden der benannten Vertragsparteien die internationale Registrierung mit, benachrichtigt davon die Ursprungsbehörde und übersendet dem Inhaber eine Bescheinigung.

(2) (Inhalt der Registrierung) Die internationale Registrierung enthält folgendes:

i) alle im internationalen Gesuch enthaltenen Angaben mit Ausnahme eines Prioritätsanspruchs nach Regel 9 Absatz 4 Buchstabe a Ziffer iv, wenn das Datum der früheren Anmeldung mehr als sechs Monate vor dem der internationalen Registrierung liegt,

ii) das Datum der internationalen Registrierung,

iii) die Nummer der internationalen Registrierung,

iv) wenn die Marke nach der internationalen Klassifikation von Bildbestandteilen klassifiziert werden kann und sofern das internationale Gesuch keine Erklärung dahin gehend enthält, daß der Hinterleger wünscht, daß die Marke als Marke in Standardschriftzeichen angesehen wird, die maßgeblichen Klassifikationssymbole der genannten Klassifikation wie vom Internationalen Büro bestimmt,

v) für jede benannte Vertragspartei die Angabe, ob es sich um eine nach dem Abkommen oder nach dem Protokoll benannte Vertragspartei handelt.

**Regel 15 Datum der internationalen Registrierung in besonderen Fällen.** (1) (Nicht vorschriftsmäßiges internationales Gesuch)
  a) Enthält das beim Internationalen Büro eingegangene internationale Gesuch nicht sämtliche der folgenden Bestandteile:
      i) Angaben, welche die Feststellung der Identität des Hinterlegers gestatten und ausreichen, um mit dem Hinterleger oder gegebenenfalls seinem Vertreter in Verbindung zu treten,
      ii) Angaben, die den Schluß zulassen, daß der Hinterleger berechtigt ist, ein internationales Gesuch einzureichen,
      iii) die benannten Vertragsparteien,
      iv) das Datum und die Nummer des Basisgesuchs beziehungsweise der Basiseintragung,
      v) die in Regel 9 Absatz 5 Buchstabe a Ziffer v oder in Regel 9 Absatz 6 Buchstabe a Ziffer vii genannte Erklärung der Ursprungsbehörde,
      vi) eine Wiedergabe der Marke,
      vii) die genaue Angabe der Waren und Dienstleistungen, für die um Registrierung der Marke nachgesucht wird,
          so trägt die internationale Registrierung das Datum des Tages, an dem der letzte fehlende Bestandteil beim Internationalen Büro eingegangen ist; geht der letzte der fehlenden Bestandteile jedoch innerhalb der in Artikel 3 Absatz 4 des Abkommens und Artikel 3 Absatz 4 des Protokolls genannten Frist von zwei Monaten beim Internationalen Büro ein, so trägt die internationale Registrierung das Datum des Tages, an dem das fehlerhafte internationale Gesuch bei der Ursprungsbehörde eingegangen ist.
  b) Entspricht das beim Internationalen Büro eingegangene internationale Gesuch keinem anderen außer den unter Buchstabe a genannten maßgeblichen Erfordernissen, sind diese Mängel jedoch sämtlich innerhalb von drei Monaten nach dem Datum der in Regel 11 Absatz 2 Buchstabe a, Absatz 3 Buchstabe a oder Absatz 4 Buchstabe a genannten Mitteilung behoben worden, so trägt die internationale Registrierung
      i) das Datum des Tages, an dem das fehlerhafte internationale Gesuch bei der Ursprungsbehörde eingegangen ist, sofern das Internationale Büro das internationale Gesuch innerhalb der in Artikel 3 Absatz 4 des Abkommens und in Artikel 3 Absatz 4 des Protokolls genannten Frist von zwei Monaten erhalten hat;
      ii) das Datum des Tages, an dem das fehlerhafte internationale Gesuch beim Internationalen Büro eingegangen ist, sofern das Internationale Büro das internationale Gesuch nach Ablauf der in Artikel 3 Absatz 4 des Abkommens und in Artikel 3 Absatz 4 des Protokolls genannten Frist von zwei Monaten erhalten hat.

(2) (Nicht vorschriftsmäßige Klassifikation) Das Datum der internationalen Registrierung wird von einem Mangel in bezug auf die Klassifikation der Waren und Dienstleistungen nicht berührt, sofern der in Regel 12 Absatz 1 Buchstabe b genannte Betrag innerhalb der in Regel 12 Absatz 7 Buchstaben a und b genannten maßgeblichen Frist an das Internationale Büro gezahlt wird.

### Kapitel 4. Sachverhalte bei den Vertragsparteien, die internationale Registrierungen berühren

**Regel 16 Frist für die Schutzverweigerung bei Widersprüchen.** (1) (Mitteilung bezüglich möglicher Widersprüche)
  a) Hat eine Vertragspartei eine Erklärung nach Artikel 5 Absatz 2 Buchstaben b und c Satz 1 des Protokolls abgegeben, so teilt die Behörde dieser Vertragspartei gegebenenfalls dem Internationalen Büro die Nummer und den Namen des Inhabers der internationalen Registrierung mit, gegen die nach Ablauf der in Artikel 5 Absatz 2 Buchstabe b des Protokolls genannten Frist von 18 Monaten Widerspruch eingelegt werden kann.

b) Sind zum Zeitpunkt der Benachrichtigung über die unter Buchstabe a genannte Mitteilung die Daten des Beginns und des Endes der Widerspruchsfrist bekannt, so werden diese in der Benachrichtigung angegeben. Sind die Daten zu dem betreffenden Zeitpunkt noch nicht bekannt, so werden sie, sobald sie bekannt sind, dem Internationalen Büro mitgeteilt. Regel 17

c) Findet Buchstabe a Anwendung und hat die dort genannte Behörde vor Ablauf der dort genannten Frist von 18 Monaten dem Internationalen Büro mitgeteilt, daß die Frist zur Einlegung von Widersprüchen innerhalb von 30 Tagen vor Ablauf der Frist von 18 Monaten abläuft und daß während dieser 30 Tage die Möglichkeit zur Einlegung von Widersprüchen besteht, so kann dem Internationalen Büro innerhalb eines Monats nach Einlegung des Widerspruchs eine Schutzverweigerung, die sich auf einen innerhalb dieser 30 Tage eingelegten Widerspruch stützt, mitgeteilt werden.

(2) (Eintragung und Übermittlung der Mitteilung) Das Internationale Büro trägt die nach Absatz 1 eingegangene Mitteilung im internationalen Register ein und übermittelt sie an die Ursprungsbehörde, falls diese gegenüber dem Internationalen Büro den Wunsch nach einer solchen Mitteilung geäußert hat, sowie gleichzeitig an den Inhaber.

**Regel 17 Mitteilung der Schutzverweigerung.** (1) (Mitteilung der Schutzverweigerung) Die Mitteilung einer Schutzverweigerung nach Artikel 5 des Abkommens und Artikel 5 des Protokolls bezieht sich auf eine einzige internationale Registrierung; sie ist mit einem Datum zu versehen und von der mitteilenden Behörde zu unterschreiben.

(2) (Nicht auf einen Widerspruch gestützte Schutzverweigerungen) Stützt sich die Schutzverweigerung nicht auf einen Widerspruch, so hat die in Absatz 1 genannte Mitteilung folgendes zu enthalten oder anzugeben:

    i) die mitteilende Behörde,

    ii) die Nummer der internationalen Registrierung, vorzugsweise versehen mit anderen Angaben, die die Identifizierung der internationalen Registrierung erlauben, wie zum Beispiel Wortbestandteile der Marke oder die Nummer des Basisgesuchs oder der Basiseintragung,

    iii) (gestrichen),

    iv) alle Gründe, auf die sich die Schutzverweigerung stützt, mit einem Hinweis auf die entsprechenden wesentlichen Bestimmungen des Gesetzes,

    v) beziehen sich die Gründe, auf die sich die Schutzverweigerung stützt, auf eine Marke, die Gegenstand einer Anmeldung oder einer Eintragung gewesen ist und mit der die Marke, die Gegenstand der internationalen Registrierung ist, offenbar kollidiert, das Anmeldedatum und die Anmeldenummer, gegebenenfalls das Prioritätsdatum, das Datum und die Nummer der Eintragung, den Namen und die Anschrift des Inhabers sowie eine Wiedergabe der früheren Marke zusammen mit einem Verzeichnis sämtlicher oder der betroffenen Waren und Dienstleistungen in der Anmeldung oder der Eintragung der früheren Marke, wobei dieses Verzeichnis in der Sprache dieser Anmeldung oder dieser Eintragung abgefaßt sein kann,

    vi) betrifft die Schutzverweigerung nicht alle Waren und Dienstleistungen, diejenigen, die davon berührt beziehungsweise nicht berührt sind,

    vii) ob die Schutzverweigerung Gegenstand einer Überprüfung oder Beschwerde sein kann und bejahendenfalls die unter den Umständen angemessene Frist zur Einreichung des Antrags auf Überprüfung oder der Beschwerde gegen die Schutzverweigerung und die für den Antrag auf Überprüfung oder die Beschwerde zuständige Behörde, gegebenenfalls mit dem Hinweis, daß der Antrag auf Überprüfung oder die Beschwerde über einen Vertreter einzureichen ist, dessen Anschrift sich innerhalb des Gebiets der Vertragspartei befindet, deren Behörde die Schutzverweigerung ausgesprochen hat, und

    viii) das Datum, an dem die Schutzverweigerung ausgesprochen wurde.

(3) (Auf einen Widerspruch gestützte Schutzverweigerungen) Stützt sich die Schutzverweigerung auf einen Widerspruch oder auf einen Widerspruch und andere Gründe, so hat

die in Absatz 1 genannte Mitteilung nicht nur die in Absatz 2 genannten Erfordernisse zu erfüllen, sondern auch einen dahin gehenden Hinweis und den Namen und die Anschrift des Widersprechenden zu enthalten; ungeachtet des Absatzes 2 Ziffer v muß jedoch die Behörde, welche die Schutzverweigerung übermittelt, im Fall eines Widerspruchs, der sich auf eine Marke stützt, die Gegenstand einer Anmeldung oder einer Eintragung war, das Verzeichnis der Waren und Dienstleistungen übermitteln, auf die sich der Widerspruch stützt, und kann zusätzlich das vollständige Verzeichnis der Waren und Dienstleistungen einer früheren Anmeldung oder dieser früheren Eintragung mitteilen, wobei diese Verzeichnisse in der Sprache der früheren Anmeldung oder der früheren Eintragung abgefaßt sein können.

(4) (Eintragung; Überprüfung oder Beschwerde)

a) Das Internationale Büro trägt die Schutzverweigerung im internationalen Register zusammen mit den in der Mitteilung enthaltenen Angaben und mit einem Hinweis auf das Datum ein, an dem die Mitteilung der Schutzverweigerung an das Internationale Büro abgesandt wurde oder nach Regel 18 Absatz 1 Buchstabe c als an das Internationale Büro abgesandt betrachtet wird.

b) Wird in der Mitteilung der Schutzverweigerung nach Absatz 2 oder 3 darauf hingewiesen, daß die Verweigerung Gegenstand einer Überprüfung oder Beschwerde sein kann, so wird die Behörde, welche die Schutzverweigerung übermittelt hat,

   i) falls Antrag auf Überprüfung gestellt oder Beschwerde eingelegt wurde oder falls die geltende Frist abgelaufen ist, ohne daß Überprüfung beantragt oder Beschwerde eingelegt wurde und die Behörde davon Kenntnis hat, dem Internationalen Büro auf die zwischen dem Internationalen Büro und der Behörde vereinbarte Weise diese Tatsache mitteilen;

   ii) falls sie dem Internationalen Büro mitgeteilt hat, daß ein Antrag auf Überprüfung gestellt oder eine Beschwerde eingelegt wurde, oder falls ein Antrag auf Überprüfung gestellt oder eine Beschwerde eingelegt wurde, ohne daß dies dem Internationalen Büro mitgeteilt wurde, dem Internationalen Büro so bald wie möglich die rechtskräftige Entscheidung über die Überprüfung oder die Beschwerde oder, falls der Antrag auf Überprüfung oder die Beschwerde zurückgenommen wurde, die Zurücknahme mitteilen.

c) Das Internationale Büro trägt die unter Buchstabe b genannten rechtserheblichen Tatsachen und Angaben, über die es unterrichtet wurde, im internationalen Register ein.

(5) (Übermittlung von Kopien der Mitteilungen) Das Internationale Büro übermittelt Kopien der Mitteilungen, die nach den Absätzen 2 bis 4 eingegangen sind, an die Ursprungsbehörde, falls diese gegenüber dem Internationalen Büro den Wunsch nach solchen Kopien geäußert hat, sowie gleichzeitig an den Inhaber.

**Regel 18 Nicht vorschriftsmäßige Schutzverweigerungen.** (1) (Nach dem Abkommen benannte Vertragspartei)

a) Im Fall einer Schutzverweigerung in bezug auf die Wirkung der internationalen Registrierung in einer nach dem Abkommen benannten Vertragspartei wird die Mitteilung der Schutzverweigerung vom Internationalen Büro nicht als solche betrachtet,

   i) wenn sie die Nummer der betreffenden internationalen Registrierung nicht angibt, es sei denn andere in der Mitteilung enthaltene Angaben erlauben die Identifizierung der Registrierung,

   ii) wenn sie keine Gründe für die Schutzverweigerung nennt oder

   iii) wenn sie dem Internationalen Büro zu spät, d. h. wenn sie nach Ablauf eines Jahres nach dem Datum zugesandt wurde, an dem die internationale Registrierung oder die im Anschluß an die internationale Registrierung erfolgte Benennung eingetragen wurde, mit der Maßgabe, daß das genannte Datum dem der Versendung der Mitteilung über die internationale Registrierung oder die nachträgliche Benennung entspricht. Bei Versendung einer Mitteilung der Schutzverweigerung durch einen Postdienst gilt als Absendedatum das Datum des Poststempels. Ist der Poststempel unleserlich oder nicht vorhanden, so behandelt das Internationale Büro die

Mitteilung so, als sei sie 20 Tage vor dem Eingangsdatum beim Internationalen Büro abgesandt worden. Liegt das derart festgelegte Absendedatum jedoch vor dem Datum, an dem die Schutzverweigerung ausgesprochen wurde, so behandelt das Internationale Büro die Mitteilung so, als sei das letztere Datum das Absendedatum. Bei Versendung der Mitteilung der Schutzverweigerung durch einen Zustelldienst bestimmen dessen Angaben anhand des Versandprotokolls das Absendedatum.

b) Findet Absatz a Anwendung, so übermittelt das Internationale Büro dem Inhaber dennoch eine Kopie der Mitteilung und benachrichtigt gleichzeitig den Inhaber und die mitteilende Behörde davon, daß die Mitteilung der Schutzverweigerung vom Internationalen Büro nicht als solche betrachtet wird, und gibt hierfür die Gründe an.

c) Falls die Mitteilung der Schutzverweigerung

    i) nicht im Namen der Behörde unterschrieben ist, welche die Schutzverweigerung mitgeteilt hat, oder sonst nicht den Erfordernissen der Regel 2 Absatz 1 Buchstabe a oder dem Erfordernis der Regel 6 Absatz 2 entspricht,

    ii) gegebenenfalls nicht die Einzelheiten der Marke enthält, mit der die Marke, die Gegenstand der internationalen Registrierung ist, offenbar kollidiert (Regel 17 Absatz 2 Ziffer v und Absatz 3),

    iii) bei einer Schutzverweigerung, die nicht alle Waren und Dienstleistungen betrifft, nicht die Angabe der Waren und Dienstleistungen enthält, die von der Schutzverweigerung betroffen beziehungsweise nicht betroffen sind (Regel 17 Absatz 2 Ziffer vi),

    iv) gegebenenfalls nicht die Angabe der für einen Antrag auf Überprüfung oder eine Beschwerde zuständigen Behörde sowie der unter den Umständen angemessenen maßgeblichen Frist zur Einreichung des Antrags oder der Beschwerde (Regel 17 Absatz 2 Ziffer vii) enthält,

    v) nicht die Angabe des Datums enthält, an dem die Schutzverweigerung ausgesprochen wurde (Regel 17 Absatz 2 Ziffer viii), oder

    vi) gegebenenfalls nicht den Namen und die Anschrift des Widersprechenden sowie die Angabe der Waren und Dienstleistungen enthält, auf die sich der Widerspruch stützt (Regel 17 Absatz 3),

so fordert das Internationale Büro die Behörde, welche die Schutzverweigerung übermittelt hat, auf, ihre Mitteilung innerhalb von zwei Monaten nach der Aufforderung zu berichtigen, und übermittelt Kopien der nicht vorschriftsmäßigen Mitteilung und der der beteiligten Behörde zugeleiteten Aufforderung an den Inhaber. Wird die Mitteilung entsprechend berichtigt, so gilt sie als an dem Datum dem Internationalen Büro zugeleitet, an dem die fehlerhafte Mitteilung an dieses abgesandt wurde. Das Internationale Büro übermittelt Kopien der berichtigten Mitteilung an die Ursprungsbehörde, falls diese gegenüber dem Internationalen Büro den Wunsch nach solchen Kopien geäußert hat, sowie an den Inhaber. Wird die Mitteilung nicht entsprechend berichtigt, so wird sie nicht als Mitteilung der Schutzverweigerung betrachtet. Im letzteren Fall unterrichtet das Internationale Büro gleichzeitig den Inhaber und die Behörde, welche die Schutzverweigerung mitgeteilt hat, daß die Mitteilung der Schutzverweigerung vom Internationalen Büro nicht als solche betrachtet wird, und gibt die Gründe hierfür an.

(2) (Nach dem Protokoll benannte Vertragspartei)

a) Absatz 1 gilt auch im Fall einer Schutzverweigerung in bezug auf die Wirkung einer internationalen Registrierung in einer nach dem Protokoll benannten Vertragspartei, wobei die in Absatz 1 Buchstabe a Ziffer iii genannte Frist die nach Artikel 5 Absatz 2 Buchstabe a, b oder c Ziffer ii des Protokolls geltende Frist ist.

b) Absatz 1 Buchstabe a wird angewendet, um festzustellen, ob die Frist eingehalten wurde, bis zu deren Ablauf die Behörde der beteiligten Vertragspartei dem Internationalen Büro die in Artikel 5 Absatz 2 Buchstabe c Ziffer i des Protokolls genannte Information erteilen muß. Wird die Information nach Ablauf dieser Frist erteilt, so wird sie als nicht erteilt betrachtet, und das Internationale Büro unterrichtet die beteiligte Behörde entsprechend.

c) Erfolgt die Mitteilung der Schutzverweigerung nach Artikel 5 Absatz 2 Buchstabe c Ziffer ii des Protokolls, ohne daß die Erfordernisse des Artikels 5 Absatz 2 Buchstabe c Ziffer i des Protokolls erfüllt sind, so wird sie nicht als Mitteilung der Schutzverweigerung betrachtet. In diesem Fall übermittelt das Internationale Büro dem Inhaber dennoch eine Kopie der Mitteilung, teilt dem Inhaber und der Behörde, welche die Mitteilung übersandt hat, gleichzeitig mit, daß die Mitteilung der Schutzverweigerung vom Internationalen Büro nicht als solche betrachtet wird, und gibt die Gründe hierfür an.

**Regel 19 Ungültigerklärungen in den benannten Vertragsparteien.** (1) (Inhalt der Mitteilung der Ungültigerklärung) Werden die Wirkungen einer internationalen Registrierung in einer benannten Vertragspartei nach Artikel 5 Absatz 6 des Abkommens oder nach Artikel 5 Absatz 6 des Protokolls für ungültig erklärt und kann die Ungültigerklärung nicht mehr einem Rechtsmittel unterliegen, so benachrichtigt die Behörde der Vertragspartei, deren zuständige Behörde die Ungültigerklärung ausgesprochen hat, das Internationale Büro davon. Die Mitteilung hat folgendes zu enthalten oder anzugeben:

    i) die Behörde, welche die Ungültigerklärung ausgesprochen hat,

    ii) die Tatsache, daß die Ungültigerklärung nicht mehr einem Rechtsmittel unterliegt,

    iii) die Nummer der internationalen Registrierung,

    iv) den Namen des Inhabers,

    v) falls die Ungültigerklärung nicht alle Waren und Dienstleistungen betrifft, die Waren und Dienstleistungen, für welche die Ungültigkeit erklärt beziehungsweise nicht erklärt worden ist, und

    vi) das Datum, an dem die Ungültigerklärung ausgesprochen wurde und soweit möglich das Datum des Wirksamwerdens der Erklärung.

(2) (Eintragung der Ungültigerklärung sowie Benachrichtigung der Ursprungsbehörde und des Inhabers) Das Internationale Büro trägt die Ungültigerklärung zusammen mit den in der Mitteilung der Ungültigerklärung enthaltenen Angaben im internationalen Register ein und benachrichtigt davon die Ursprungsbehörde, falls diese gegenüber dem Internationalen Büro den Wunsch nach solcher Benachrichtigung geäußert hat, sowie gleichzeitig den Inhaber.

**Regel 20 Einschränkung des Verfügungsrechts des Inhabers.** (1) (Übermittlung von Informationen) Die Behörde einer benannten Vertragspartei kann dem Internationalen Büro mitteilen, daß das Verfügungsrecht des Inhabers in bezug auf die internationale Registrierung in dem Gebiet dieser Vertragspartei eingeschränkt wurde. Erfolgt eine solche Mitteilung, so muß sie aus einer kurzen Übersicht über den wesentlichen Sachverhalt bezüglich dieser Einschränkung bestehen.

(2) (Teilweise oder völlige Aufhebung der Einschränkung) Wurde dem Internationalen Büro eine Einschränkung des Verfügungsrechts des Inhabers nach Absatz 1 mitgeteilt, so teilt die Behörde der Vertragspartei, welche die Information übermittelt hat, auch dem Internationalen Büro eine teilweise oder völlige Aufhebung dieser Einschränkung mit.

(3) (Eintragung) Das Internationale Büro trägt die nach den Absätzen 1 und 2 übermittelte Information im internationalen Register ein und benachrichtigt davon den Inhaber.

(4) (Lizenzen) Die vorliegende Regel findet keine Anwendung auf Lizenzen.

**Regel 21 Ersetzung einer nationalen oder regionalen Eintragung durch eine internationale Registrierung.** (1) (Mitteilung) Hat die Behörde einer benannten Vertragspartei nach Artikel 4$^{bis}$ Absatz 2 des Abkommens oder Artikel 4$^{bis}$ Absatz 2 des Protokolls in ihrem Register vermerkt, daß eine nationale oder regionale Eintragung aufgrund eines unmittelbar vom Inhaber bei dieser Behörde gestellten Antrags durch eine internationale Registrierung ersetzt wurde, so benachrichtigt diese Behörde das Internationale Büro davon. Die Mitteilung hat folgendes anzugeben:

    i) die Nummer der betreffenden internationalen Registrierung,

ii) betrifft die Ersetzung lediglich eine oder mehrere der in der internationalen Registrierung angegebenen Waren und Dienstleistungen, diese Waren und Dienstleistungen und

iii) das Anmeldedatum und die Nummer, das Eintragungsdatum und die Nummer sowie gegebenenfalls das Prioritätsdatum der nationalen oder regionalen Eintragung, die durch die internationale Registrierung ersetzt wurde.

(2) (Eintragung) Das Internationale Büro trägt die nach Absatz 1 mitgeteilten Angaben im internationalen Register ein und benachrichtigt davon den Inhaber.

**Regel 22 Erlöschen der Wirkung des Basisgesuchs, der sich aus ihm ergebenden Eintragung oder der Basiseintragung.** (1) (Mitteilung über das Erlöschen der Wirkung des Basisgesuchs, der sich aus ihm ergebenden Eintragung oder der Basiseintragung)

a) Finden Artikel 6 Absätze 3 und 4 des Abkommens und/oder Artikel 6 Absätze 3 und 4 des Protokolls Anwendung, so benachrichtigt die Ursprungsbehörde davon das Internationale Büro und gibt folgendes an:

i) die Nummer der internationalen Registrierung,

ii) den Namen des Inhabers,

iii) die die Basiseintragung berührenden Tatsachen und Entscheidungen oder, falls die betreffende internationale Registrierung auf einem Basisgesuch beruht, das nicht zu einer Eintragung geführt hat, die das Basisgesuch berührenden Tatsachen und Entscheidungen, oder, falls die internationale Registrierung auf einem Basisgesuch beruht, das zu einer Eintragung geführt hat, die diese Eintragung berührenden Tatsachen und Entscheidungen sowie das Datum des Wirksamwerdens dieser Tatsachen und Entscheidungen und,

iv) falls die genannten Tatsachen und Entscheidungen die internationale Registrierung nur in bezug auf einige der Waren und Dienstleistungen berühren, diejenigen Waren und Dienstleistungen, die von den Tatsachen und Entscheidungen berührt beziehungsweise nicht berührt werden.

b) Hat ein in Artikel 6 Absatz 4 des Abkommens genanntes gerichtliches Verfahren oder ein in Artikel 6 Absatz 3 Ziffer i, ii oder iii des Protokolls genanntes Verfahren vor Ablauf der Frist von fünf Jahren begonnen, hat es aber vor Ablauf dieser Frist nicht zu dem in Artikel 6 Absatz 4 des Abkommens genannten rechtskräftigen Urteil oder zu der in Artikel 6 Absatz 3 Satz 2 des Protokolls genannten rechtskräftigen Entscheidung oder zu der Rücknahme oder dem Verzicht nach Artikel 6 Absatz 3 Satz 3 des Protokolls geführt, so teilt die Ursprungsbehörde, wenn sie davon Kenntnis hat und so bald wie möglich nach Ablauf der genannten Frist, dies dem Internationalen Büro mit.

c) Sobald das unter Buchstabe b genannte gerichtliche oder sonstige Verfahren zu dem in Artikel 6 Absatz 4 des Abkommens genannten rechtskräftigen Urteil, zu der in Artikel 6 Absatz 3 Satz 2 genannten rechtskräftigen Entscheidung oder zu der Rücknahme oder dem Verzicht nach Artikel 6 Absatz 3 Satz 3 des Protokolls geführt hat, teilt die Ursprungsbehörde, wenn sie davon Kenntnis hat, dies umgehend dem Internationalen Büro mit und macht die unter Buchstabe a Ziffern i bis iv genannten Angaben.

(2) (Eintragung und Übermittlung der Mitteilung; Löschung der internationalen Registrierung)

a) Das Internationale Büro trägt jede in Absatz 1 genannte Mitteilung im internationalen Register ein und übermittelt eine Kopie der Mitteilung an die Behörden der benannten Vertragsparteien und an den Inhaber.

b) Wird in einer in Absatz 1 Buchstabe a oder c genannten Mitteilung die Löschung der internationalen Registrierung beantragt und entspricht sie den Erfordernissen dieses Absatzes, so löscht das Internationale Büro im maßgeblichen Umfang die internationale Registrierung im internationalen Register.

c) Ist die internationale Registrierung nach Buchstabe b im internationalen Register gelöscht worden, so teilt das Internationale Büro den Behörden der benannten Vertragsparteien und dem Inhaber folgendes mit:

i) das Datum, an dem die internationale Registrierung im internationalen Register gelöscht wurde;

ii) wenn die Löschung alle Waren und Dienstleistungen betrifft, diese Tatsache;

iii) wenn die Löschung nur einige der Waren und Dienstleistungen betrifft, die nach Absatz 1 Buchstabe a Ziffer iv angegebenen Waren und Dienstleistungen.

**Regel 23 Teilung des Basisgesuchs, der sich aus ihm ergebenden Eintragung oder der Basiseintragung.** (1) (Mitteilung der Teilung des Basisgesuchs) Wird innerhalb der in Artikel 6 Absatz 3 des Protokolls genannten Fünfjahresfrist das Basisgesuch in zwei oder mehr Gesuche geteilt, so unterrichtet die Ursprungsbehörde das Internationale Büro entsprechend und gibt folgendes an:

i) die Nummer der internationalen Registrierung oder die Nummer des Basisgesuchs, falls die internationale Registrierung noch nicht erfolgt ist,

ii) den Namen des Inhabers oder Hinterlegers,

iii) die Nummer jedes Gesuchs.

(2) (Eintragung und Benachrichtigung durch das Internationale Büro) Das Internationale Büro trägt die in Absatz 1 genannte Mitteilung im internationalen Register ein und benachrichtigt die Behörden der benannten Vertragsparteien und gleichzeitig den Inhaber.

(3) (Teilung der sich aus dem Basisgesuch ergebenden Eintragung oder der Basiseintragung) Die Absätze 1 und 2 gelten sinngemäß für die Teilung von Eintragungen, die sich aus dem in Artikel 6 Absatz 3 des Protokolls genannten Basisgesuch ergeben haben, und für die Teilung der in Artikel 6 Absatz 3 des Abkommens und Artikel 6 Absatz 3 des Protokolls genannten Basiseintragung.

### Kapitel 5. Nachträgliche Benennungen; Änderungen

**Regel 24 Benennung im Anschluß an die internationale Registrierung.** (1) (Berechtigung)

a) Eine Vertragspartei kann Gegenstand einer Benennung im Anschluß an die internationale Registrierung (im folgenden als „nachträgliche Benennung" bezeichnet) sein, sofern der Inhaber zum Zeitpunkt der Benennung nach Artikel 1 Absatz 2 und Artikel 2 des Abkommens oder Artikel 2 des Protokolls und vorbehaltlich des Artikels 9[sexies] des Protokolls berechtigt ist, eine solche Vertragspartei zu benennen.

b) Der Inhaber einer internationalen Registrierung, die sich aus einem internationalen Gesuch ergeben hat, für das ausschließlich das Abkommen maßgebend ist, kann Vertragsparteien benennen, die durch das Protokoll, nicht jedoch durch das Abkommen gebunden sind, sofern die Vertragspartei, deren Behörde die Ursprungsbehörde ist, zum Zeitpunkt der Benennung durch das Protokoll gebunden ist oder, falls eine Änderung des Inhabers eingetragen wurde, die Vertragspartei oder zumindest eine der Vertragsparteien, für die der neue Inhaber die Voraussetzungen für die Inhaberschaft einer internationalen Registrierung erfüllt, durch das Protokoll gebunden ist.

c) Der Inhaber einer internationalen Registrierung, die sich aus einem internationalen Gesuch ergeben hat, für das ausschließlich das Protokoll maßgebend ist, kann durch das Abkommen gebundene Vertragsparteien benennen, unabhängig davon, ob diese Vertragsparteien auch durch das Protokoll gebunden sind, sofern zum Zeitpunkt der Benennung die Vertragspartei, deren Behörde die Ursprungsbehörde ist, durch das Abkommen gebunden ist, oder falls eine Änderung des Inhabers eingetragen wurde, die Vertragspartei oder zumindest eine der Vertragsparteien, für die der neue Inhaber die Voraussetzungen für die Inhaberschaft einer internationalen Registrierung erfüllt, durch das Abkommen gebunden ist, und sofern entweder die internationale Registrierung auf einer Basiseintragung beruht oder, falls sie auf einem Basisgesuch beruht, sich aus diesem eine Eintragung ergeben hat.

(2) (Einreichung; Formblatt und Unterschrift)
- a) Eine nachträgliche Benennung ist vom Inhaber, von der Ursprungsbehörde oder von einer anderen beteiligten Behörde beim Internationalen Büro einzureichen, falls der Inhaber dies verlangt und die betreffende Behörde dies zuläßt; sofern jedoch
    - i) Regel 7 Absatz 1 Anwendung findet, muß sie von der Ursprungsbehörde eingereicht werden;
    - ii) eine der Vertragsparteien nach dem Abkommen benannt ist, muß die nachträgliche Benennung von der Ursprungsbehörde oder einer anderen beteiligten Behörde eingereicht werden.
- b) Die nachträgliche Benennung ist auf dem amtlichen Formblatt in einem Exemplar einzureichen. Wird sie von dem Inhaber eingereicht, so ist sie vom Inhaber zu unterschreiben. Wird sie von einer Behörde eingereicht, so ist sie von der betreffenden Behörde und auf Verlangen der Behörde ebenfalls vom Inhaber zu unterschreiben. Wird sie von einer Behörde eingereicht, die nicht verlangt, daß der Inhaber sie unterschreibt, die aber gestattet, daß der Inhaber sie auch unterschreibt, so kann der Inhaber so verfahren.

(3) (Inhalt)
- a) Die nachträgliche Benennung hat folgendes zu enthalten oder anzugeben:
    - i) die Nummer der betreffenden internationalen Registrierung,
    - ii) den Namen und die Anschrift des Inhabers,
    - iii) die Vertragspartei, die benannt worden ist,
    - iv) falls die nachträgliche Benennung für alle in der betreffenden internationalen Registrierung angegebenen Waren und Dienstleistungen gilt, diese Tatsache, oder, wenn die nachträgliche Benennung lediglich für einen Teil der in der betreffenden internationalen Registrierung angegebenen Waren und Dienstleistungen gilt, diese Waren und Dienstleistungen,
    - v) die Höhe der zu zahlenden Gebühren und die gewählte Zahlungsweise oder den Auftrag zur Abbuchung des erforderlichen Gebührenbetrags von einem beim Internationalen Büro eröffneten Konto sowie die Bezeichnung des Einzahlers oder Auftraggebers und,
    - vi) falls die nachträgliche Benennung von einer Behörde eingereicht wird, das Datum, an dem diese bei der Behörde eingegangen ist.
- b) Betrifft die nachträgliche Benennung eine Vertragspartei, die eine Notifikation nach Regel 7 Absatz 2 vorgenommen hat, so hat die nachträgliche Benennung ebenfalls eine Erklärung über die beabsichtigte Benutzung der Marke im Gebiet dieser Vertragspartei zu enthalten; auf Verlangen dieser Vertragspartei ist die Erklärung
    - i) vom Inhaber persönlich zu unterschreiben und auf einem der nachträglichen Benennung beigefügten gesonderten amtlichen Formblatt abzugeben oder
    - ii) in die nachträgliche Benennung aufzunehmen.
- c) Die nachträgliche Benennung kann außerdem enthalten:
    - i) die in Regel 9 Absatz 4 Buchstabe b genannten Angaben und die dort genannte Übersetzung beziehungsweise genannten Übersetzungen,
    - ii) einen Antrag, daß die nachträgliche Benennung nach der Eintragung einer Änderung oder einer Löschung in bezug auf die betreffende internationale Registrierung oder nach der Erneuerung der internationalen Registrierung wirksam wird.
- d) Beruht die internationale Registrierung auf einem Basisgesuch, so ist der nachträglichen Benennung eine von der Ursprungsbehörde unterschriebene Erklärung beizufügen, die bestätigt, daß sich aus diesem Gesuch eine Eintragung ergeben hat, und die das Datum und die Nummer dieser Eintragung angibt, es sei denn, das Internationale Büro hat bereits eine solche Erklärung erhalten.

(4) (Gebühren) Die nachträgliche Benennung unterliegt der Zahlung der unter Nummer 5 des Gebührenverzeichnisses angegebenen oder genannten Gebühren.

(5) (Mängel)
a) Entspricht die nachträgliche Benennung nicht den geltenden Erfordernissen, so teilt vorbehaltlich des Absatzes 9 das Internationale Büro diese Tatsache dem Inhaber und, falls die nachträgliche Benennung durch eine Behörde eingereicht wurde, dieser Behörde mit.
b) Wird der Mangel nicht innerhalb von drei Monaten nach dem Datum behoben, an dem das Internationale Büro den Mangel mitgeteilt hat, so wird die nachträgliche Benennung als zurückgenommen betrachtet, und das Internationale Büro benachrichtigt davon den Inhaber und, im Fall der Einreichung der nachträglichen Benennung durch eine Behörde, gleichzeitig diese Behörde und erstattet dem Einzahler die entrichteten Gebühren nach Abzug eines Betrags in Höhe der Hälfte der unter Nummer 5.1 des Gebührenverzeichnisses genannten Grundgebühr zurück.
c) Wird ungeachtet der Buchstaben a und b eine nachträgliche Benennung nach Absatz 1 Buchstabe b oder c eingereicht und sind die Erfordernisse des Absatzes 1 Buchstabe b beziehungsweise Buchstabe c in bezug auf eine oder mehrere benannte Vertragsparteien nicht erfüllt, so gilt die Benennung dieser Vertragsparteien als in der nachträglichen Benennung nicht enthalten, und für diese Vertragsparteien bereits gezahlte Ergänzungsgebühren oder individuelle Gebühren werden erstattet. Sind die Erfordernisse des Absatzes 1 Buchstabe b oder c in bezug auf alle benannten Vertragsparteien nicht erfüllt, so findet Buchstabe b Anwendung.

(6) (Datum der nachträglichen Benennung)
a) Eine vom Inhaber beim Internationalen Büro unmittelbar eingereichte nachträgliche Benennung trägt vorbehaltlich des Buchstabens c Ziffer i das Datum ihres Eingangs beim Internationalen Büro.
b) Eine von einer Behörde beim Internationalen Büro eingereichte nachträgliche Benennung trägt vorbehaltlich des Buchstabens c Ziffer i das Datum ihres Eingangs bei der betreffenden Behörde, sofern diese Benennung innerhalb von zwei Monaten nach diesem Datum beim Internationalen Büro eingegangen ist. Geht die nachträgliche Benennung nicht innerhalb dieser Frist beim Internationalen Büro ein, so trägt sie vorbehaltlich des Buchstabens c Ziffer i das Datum ihres Eingangs beim Internationalen Büro.
c) Entspricht die nachträgliche Benennung nicht den maßgeblichen Erfordernissen und wird der Mangel innerhalb von drei Monaten nach dem Datum der in Absatz 5 Buchstabe a genannten Mitteilung behoben,
  i) so trägt die nachträgliche Benennung, sofern der Mangel eines der in Absatz 3 Buchstabe a Ziffern i, iii und iv sowie Buchstabe b Ziffer i genannten Erfordernisse betrifft, das Datum, an dem die Benennung berichtigt wurde, sofern die Benennung nicht von einer Behörde beim Internationalen Büro eingereicht und der Mangel in der unter Buchstabe b genannten Frist von zwei Monaten behoben wurde; im letzteren Fall trägt die nachträgliche Benennung das Datum, an dem sie bei der genannten Behörde eingegangen ist;
  ii) so bleibt das nach Buchstabe a beziehungsweise Buchstabe b geltende Datum von einem Mangel, der andere als die in Absatz 3 Buchstabe a Ziffern i, iii und iv sowie Buchstabe b Ziffer i genannten Erfordernisse betrifft, unberührt.
d) Enthält die nachträgliche Benennung einen Antrag nach Absatz 3 Buchstabe c Ziffer ii, so kann sie, ungeachtet der Buchstaben a, b, und c, ein späteres Datum als das sich aus den Buchstaben a, b oder c ergebende tragen.

(7) (Eintragung und Mitteilung) Stellt das Internationale Büro fest, daß die nachträgliche Benennung den maßgeblichen Erfordernissen entspricht, so trägt es die Benennung im internationalen Register ein und benachrichtigt davon die Behörde der in der nachträglichen Benennung benannten Vertragspartei und teilt dies gleichzeitig dem Inhaber und gegebenenfalls der Behörde mit, welche die nachträgliche Benennung eingereicht hat.

(8) (Zurückweisung) Die Regeln 16 bis 18 gelten sinngemäß.

(9) (Nachträgliche Benennung, die nicht als solche betrachtet wird) Werden die Erfordernisse des Absatzes 2 Buchstabe a nicht erfüllt, so wird die nachträgliche Benennung nicht als solche betrachtet, und das Internationale Büro teilt dies dem Einsender mit.

**Regel 25 Antrag auf Eintragung einer Änderung; Antrag auf Eintragung einer Löschung.** (1) (Einreichung des Antrags)
a) Ein Antrag auf Eintragung ist beim Internationalen Büro auf dem entsprechenden amtlichen Formblatt in einem Exemplar einzureichen, falls sich der Antrag auf folgendes bezieht:
  i) eine Änderung des Inhabers der internationalen Registrierung in bezug auf alle oder einige Waren und Dienstleistungen und alle oder einige benannte Vertragsparteien;
  ii) eine Einschränkung des Verzeichnisses der Waren und Dienstleistungen in bezug auf alle oder einige benannte Vertragsparteien;
  iii) einen Verzicht in bezug auf einige benannte Vertragsparteien bezüglich aller Waren und Dienstleistungen;
  iv) eine Änderung des Namens oder der Anschrift des Inhabers;
  v) die Löschung der internationalen Registrierung in bezug auf alle benannten Vertragsparteien bezüglich aller oder einiger der Waren und Dienstleistungen.
b) Der Antrag ist von dem Inhaber, von der Ursprungsbehörde oder von einer anderen beteiligten Behörde einzureichen; allerdings
  i) muß der Antrag auf Eintragung einer anderen als den Namen oder die Anschrift des Inhabers oder Vertreters betreffenden Änderung von der Ursprungsbehörde oder einer anderen beteiligten Behörde eingereicht werden, falls die Änderung eine nach dem Abkommen benannte Vertragspartei betrifft, und
  ii) muß der Antrag auf Eintragung einer Löschung von der Ursprungsbehörde oder einer anderen beteiligten Behörde eingereicht werden, falls eine von der zu löschenden internationalen Registrierung betroffene benannte Vertragspartei nach dem Abkommen benannt wurde.
c) Wird der Antrag vom Inhaber eingereicht, so ist er vom Inhaber zu unterschreiben. Wird er von einer Behörde eingereicht, so ist er von dieser Behörde und auf Verlangen der Behörde ebenfalls vom Inhaber zu unterschreiben. Wird der Antrag von einer Behörde eingereicht, die nicht verlangt, daß der Inhaber ihn unterschreibt, die aber gestattet, daß der Inhaber ihn auch unterschreibt, so kann der Inhaber so verfahren.

(2) (Inhalt des Antrags)
a) Der Antrag auf Eintragung einer Änderung oder der Antrag auf Eintragung einer Löschung hat neben der beantragten Änderung oder Löschung folgendes zu enthalten oder anzugeben:
  i) die Nummer der betreffenden internationalen Registrierung,
  ii) den Namen des Inhabers, sofern die Änderung nicht den Namen oder die Anschrift des Vertreters betrifft,
  iii) im Fall einer Änderung des Inhabers der internationalen Registrierung den nach Regel 9 Absatz 4 Buchstabe a Ziffern i und ii angegebenen Namen und die Anschrift der natürlichen oder juristischen Person, die im Antrag als neuer Inhaber der internationalen Registrierung genannt wird (im folgenden als „Erwerber" bezeichnet),
  iv) im Fall einer Änderung des Inhabers der internationalen Registrierung die Vertragspartei oder die Vertragsparteien, für die der Erwerber die Voraussetzungen nach Artikel 1 Absatz 2 und Artikel 2 des Abkommens oder nach Artikel 2 Absatz 1 des Protokolls für die Inhaberschaft einer internationalen Registrierung erfüllt,
  v) im Fall einer Änderung des Inhabers der internationalen Registrierung, wenn die nach Buchstabe a Ziffer iii angegebene Anschrift des Erwerbers nicht im Gebiet der nach Buchstabe a Ziffer iv angegebenen Vertragspartei oder einer der Vertragsparteien liegt und sofern der Erwerber nicht angegeben hat, daß er Angehöriger eines Vertragsstaats oder eines Staates ist, der Mitglied einer Vertragsorganisation ist, die Anschrift der Niederlassung oder des Wohnsitzes des Erwerbers in der Vertragspar-

tei oder in einer der Vertragsparteien, für die der Erwerber die Voraussetzungen für die Inhaberschaft einer internationalen Registrierung erfüllt,

vi) im Fall einer Änderung des Inhabers der internationalen Registrierung, die nicht alle Waren und Dienstleistungen und nicht alle benannten Vertragsparteien betrifft, die Waren und Dienstleistungen und die benannten Vertragsparteien, auf die sich die Änderung des Inhabers bezieht, und

vii) die Höhe der zu zahlenden Gebühren und die gewählte Zahlungsweise oder den Auftrag zur Abbuchung des erforderlichen Gebührenbetrags von einem beim Internationalen Büro eröffneten Konto und die Bezeichnung des Einzahlers oder Auftraggebers.

b) Der Antrag auf Eintragung einer Änderung des Inhabers der internationalen Registrierung kann ebenfalls folgendes enthalten:

i) ist der Erwerber eine natürliche Person, die Angabe des Staates, dessen Angehöriger der Erwerber ist;

ii) ist der Erwerber eine juristische Person, Angaben über die Rechtsnatur der juristischen Person sowie den Staat und gegebenenfalls die Gebietseinheit innerhalb des Staates, nach dessen oder deren Recht die juristische Person gegründet ist.

c) Der Antrag auf Eintragung einer Änderung oder einer Löschung kann auch einen Antrag enthalten, diese Eintragung vor oder nach der Eintragung einer anderen Änderung oder Löschung oder einer nachträglichen Benennung in bezug auf die betreffende internationale Registrierung oder nach der Erneuerung der internationalen Registrierung vorzunehmen.

(3) (Nicht zulässiger Antrag) Eine Änderung des Inhabers einer internationalen Registrierung kann nicht für eine bestimmte benannte Vertragspartei eingetragen werden, wenn diese Vertragspartei

i) durch das Abkommen, jedoch nicht durch das Protokoll gebunden ist und die in Absatz 2 Buchstabe a Ziffer iv genannte Vertragspartei nicht durch das Abkommen gebunden ist oder keine der in diesem Absatz genannten Vertragsparteien durch das Abkommen gebunden ist;

ii) durch das Protokoll, jedoch nicht durch das Abkommen gebunden ist und die in Absatz 2 Buchstabe a Ziffer iv genannte Vertragspartei nicht durch das Protokoll gebunden ist oder keine der in diesem Absatz genannten Vertragsparteien durch das Protokoll gebunden ist.

(4) (Mehrere Erwerber) Sind in dem Antrag auf Eintragung einer Änderung des Inhabers der internationalen Registrierung mehrere Erwerber genannt, so darf die Änderung nicht für eine bestimmte benannte Vertragspartei eingetragen werden, wenn einer der Erwerber die Voraussetzungen für die Inhaberschaft der Internationalen Registrierung in bezug auf diese Vertragspartei nicht erfüllt.

**Regel 26 Mängel in den Anträgen auf Eintragung einer Änderung und auf Eintragung einer Löschung.** (1) (Nicht vorschriftsmäßiger Antrag) Erfüllt der in Regel 25 Absatz 1 Buchstabe a genannte Antrag auf Eintragung einer Änderung oder der dort genannte Antrag auf Eintragung einer Löschung nicht die maßgeblichen Erfordernisse, so teilt vorbehaltlich des Absatzes 3 das Internationale Büro dies dem Inhaber und, falls der Antrag von einer Behörde gestellt wurde, dieser Behörde mit.

(2) (Frist zur Behebung des Mangels) Der Mangel kann innerhalb von drei Monaten nach dem Datum behoben werden, an dem das Internationale Büro den Mangel mitgeteilt hat. Wird der Mangel nicht innerhalb von drei Monaten nach dem Datum der Mitteilung des Internationalen Büros behoben, so gilt der Antrag als zurückgenommen; das Internationale Büro teilt dies gleichzeitig dem Inhaber und, falls der Antrag auf Eintragung einer Änderung oder der Antrag auf Eintragung einer Löschung von einer Behörde eingereicht wurde, dieser Behörde mit und erstattet dem Einzahler die entrichteten Gebühren nach Abzug eines Betrags in Höhe der Hälfte der entsprechenden unter Nummer 7 des Gebührenverzeichnisses genannten Gebühren zurück.

(3) (Anträge, die nicht als solche betrachtet werden) Sind die Erfordernisse der Regel 25 Absatz 1 Buchstabe b nicht erfüllt, so wird der Antrag nicht als solcher betrachtet, und das Internationale Büro teilt dies dem Einsender mit.

**Regel 27 Eintragung und Mitteilung einer Änderung oder einer Löschung; Erklärung über die Unwirksamkeit einer Änderung des Inhabers.** (1) (Eintragung und Mitteilung einer Änderung oder einer Löschung)
- a) Ist der in Regel 25 Absatz 1 Buchstabe a genannte Antrag in Ordnung, so trägt das Internationale Büro die Änderung oder Löschung umgehend im internationalen Register ein, teilt dies den Behörden der benannten Vertragsparteien, in denen die Änderung wirksam wird, oder, im Fall einer Löschung, den Behörden aller benannten Vertragsparteien mit und benachrichtigt gleichzeitig den Inhaber und, falls der Antrag von einer Behörde eingereicht wurde, die betreffende Behörde. Bezieht sich die Eintragung auf eine Änderung des Inhabers, so benachrichtigt das internationale Büro bei einer vollständigen Änderung des Inhabers auch den früheren Inhaber und bei einer teilweisen Änderung des Inhabers den Inhaber des Teils der internationalen Registrierung, der abgetreten oder auf andere Weise übertragen worden ist. Wurde der Antrag auf Eintragung einer Löschung vom Inhaber oder einer beteiligten Behörde innerhalb der in Artikel 6 Absatz 3 des Abkommens und Artikel 6 Absatz 3 des Protokolls genannten Fünfjahresfrist eingereicht, so unterrichtet das Internationale Büro auch die Ursprungsbehörde.
- b) Die Änderung oder die Löschung wird mit dem Datum des Tages eingetragen, an dem ein den geltenden Erfordernissen entsprechender Antrag beim Internationalen Büro eingeht; bei Antragstellung nach Regel 25 Absatz 2 Buchstabe c kann sie jedoch mit einem späteren Datum eingetragen werden.

(2) (Eintragung einer teilweisen Änderung des Inhabers) Eine Abtretung oder eine sonstige Übertragung der internationalen Registrierung in bezug auf nur einige der Waren und Dienstleistungen oder nur einige der benannten Vertragsparteien wird im internationalen Register unter der Nummer der internationalen Registrierung eingetragen, die teilweise abgetreten oder auf andere Weise übertragen worden ist; der abgetretene oder auf andere Weise übertragene Teil wird unter der Nummer der betreffenden internationalen Registrierung gelöscht und als eigenständige internationale Registrierung eingetragen. Die eigenständige internationale Registrierung trägt die Nummer der teilweise abgetretenen oder auf andere Weise übertragenen Registrierung mit einem Großbuchstaben.

(3) (Eintragung der Zusammenführung internationaler Registrierungen) Ist dieselbe natürliche oder juristische Person aufgrund einer teilweisen Änderung des Inhabers nach Absatz 2 als Inhaber von zwei oder mehr internationalen Registrierungen eingetragen worden, so werden die Registrierungen auf Antrag dieser natürlichen oder juristischen Person, der entweder unmittelbar oder über die Ursprungsbehörde oder eine andere beteiligte Behörde gestellt worden ist, zusammengeführt. Die aus der Zusammenführung hervorgegangene internationale Registrierung trägt die Nummer der teilweise abgetretenen oder auf andere Weise übertragenen internationalen Registrierung, gegebenenfalls mit einem Großbuchstaben.

(4) (Erklärung der Unwirksamkeit einer Änderung des Inhabers)
- a) Die Behörde einer benannten Vertragspartei, der das Internationale Büro eine diese Vertragspartei betreffende Änderung des Inhabers mitgeteilt hat, kann erklären, daß die Änderung des Inhabers für diese Vertragspartei unwirksam ist. Diese Erklärung bewirkt, daß die betreffende internationale Registrierung für diese Vertragspartei weiterhin auf den Namen des Übertragenden lautet.
- b) Die unter Buchstabe a genannte Erklärung hat folgendes anzugeben:
    - i) die Gründe für die Unwirksamkeit der Änderung des Inhabers,
    - ii) die wesentlichen einschlägigen Gesetzesbestimmungen und
    - iii) ob die Erklärung Gegenstand einer Überprüfung oder Beschwerde sein kann.

c) Die unter Buchstabe a genannte Erklärung wird dem Internationalen Büro mitgeteilt, das die Partei (Inhaber oder Behörde), die den Antrag auf Eintragung einer Änderung des Inhabers eingereicht hat, und den neuen Inhaber entsprechend unterrichtet.

d) Jede rechtskräftige Entscheidung betreffend die unter Buchstabe a genannte Erklärung wird dem Internationalen Büro mitgeteilt, das die Partei (Inhaber oder Behörde), die den Antrag auf Eintragung einer Änderung des Inhabers eingereicht hat, und den neuen Inhaber entsprechend unterrichtet.

e) Das Internationale Büro trägt jede unter Buchstabe a genannte Erklärung, die nicht der Überprüfung unterliegt oder durch Beschwerde angefochten werden kann, sowie jede unter Buchstabe d genannte rechtskräftige Entscheidung beziehungsweise den Teil der internationalen Registrierung, der Gegenstand dieser Erklärung oder rechtskräftigen Entscheidung ist, als eigenständige internationale Registrierung im internationalen Register ein. Die eigenständige internationale Registrierung trägt die Nummer der teilweise abgetretenen oder auf andere Weise übertragenen Registrierung mit einem Großbuchstaben.

**Regel 28 Berichtigungen im internationalen Register.** (1) (Berichtigung) Ist das Internationale Büro, das von Amts wegen oder auf Antrag des Inhabers oder einer Behörde tätig wird, der Auffassung, daß hinsichtlich einer internationalen Registrierung ein Fehler im internationalen Register vorliegt, so ändert es das Register entsprechend.

(2) (Mitteilung) Das Internationale Büro teilt dies dem Inhaber und gleichzeitig den Behörden der benannten Vertragsparteien mit, in denen die Berichtigung wirksam ist.

(3) (Nichtanerkennung der Wirkungen der Berichtigung) Jede in Absatz 2 genannte Behörde ist berechtigt, in einer Mitteilung an das Internationale Büro zu erklären, daß sie die Wirkungen der Berichtigung nicht anerkennt. Artikel 5 des Abkommens oder Artikel 5 des Protokolls und die Regeln 16 und 18 finden sinngemäß Anwendung mit der Maßgabe, daß das Absendedatum der Mitteilung über die Berichtigung das Datum darstellt, von dem an die Frist zur Erklärung der Nichtanerkennung berechnet wird.

## Kapitel 6. Erneuerungen

**Regel 29 Offiziöse Mitteilung über den Schutzablauf.** Die Tatsache, daß die in Artikel 7 Absatz 4 des Abkommens und Artikel 7 Absatz 3 des Protokolls genannte offiziöse Mitteilung nicht eingegangen ist, stellt keine Entschuldigung für die Nichteinhaltung einer Frist nach Regel 30 dar.

**Regel 30 Einzelheiten betreffend die Erneuerung.** (1) (Gebühren)

a) Die internationale Registrierung wird durch die Zahlung folgender Gebühren erneuert, die spätestens an dem Datum, an dem die Erneuerung der internationalen Registrierung fällig ist, erfolgt:
   i) der Grundgebühr,
   ii) gegebenenfalls der Zusatzgebühr und
   iii) der Ergänzungsgebühr bzw. der individuellen Gebühr für jede benannte Vertragspartei, für die im internationalen Register keine Schutzverweigerung oder Ungültigerklärung in bezug auf alle betroffenen Waren und Dienstleistungen eingetragen ist,

   wie unter Nummer 6 des Gebührenverzeichnisses angegeben oder genannt. Die Zahlung kann jedoch innerhalb von sechs Monaten nach dem Datum erfolgen, an dem die Erneuerung der internationalen Registrierung fällig ist, sofern gleichzeitig die unter Nummer 6.5 des Gebührenverzeichnisses angegebene Zuschlagsgebühr entrichtet wird.

b) Gehen Zahlungen zum Zweck der Erneuerung beim Internationalen Büro mehr als drei Monate vor dem Datum ein, an dem die Erneuerung der internationalen Registrierung fällig ist, so gelten sie als drei Monate vor dem Fälligkeitsdatum der Erneuerung eingegangen.

(2) (Weitere Einzelheiten)

a) Beabsichtigt der Inhaber nicht, die internationale Registrierung für eine benannte Vertragspartei, für die im internationalen Register keine Schutzverweigerung in bezug auf alle betroffenen Waren und Dienstleistungen eingetragen ist, zu erneuern, so ist der Zahlung der erforderlichen Gebühren eine Erklärung beizufügen, daß die Erneuerung der internationalen Registrierung für diese Vertragspartei im internationalen Register nicht einzutragen ist.

b) Beabsichtigt der Inhaber, die internationale Registrierung für eine benannte Vertragspartei ungeachtet der Tatsache zu erneuern, daß für diese Vertragspartei im internationalen Register eine Schutzverweigerung in bezug auf alle betroffenen Waren und Dienstleistungen eingetragen ist, so ist der Zahlung der erforderlichen Gebühren einschließlich der Ergänzungsgebühr beziehungsweise der individuellen Gebühr für diese Vertragspartei eine Erklärung beizufügen, daß die Erneuerung der internationalen Registrierung für diese Vertragspartei im internationalen Register einzutragen ist.

c) Die internationale Registrierung kann für eine benannte Vertragspartei, für die eine Ungültigerklärung hinsichtlich aller Waren und Dienstleistungen nach Regel 19 Absatz 2 oder ein Verzicht nach Regel 27 Absatz 1 Buchstabe a eingetragen worden ist, nicht erneuert werden. Die internationale Registrierung kann in bezug auf eine benannte Vertragspartei nicht für diejenigen Waren und Dienstleistungen erneuert werden, für die eine Ungültigerklärung der Wirkungen der internationalen Registrierung in dieser Vertragspartei nach Regel 19 Absatz 2 oder eine Einschränkung nach Regel 27 Absatz 1 Buchstabe a eingetragen worden ist.

d) Die Tatsache, daß die internationale Registrierung nicht für alle benannten Vertragsparteien erneuert wird, gilt nicht als Änderung für die Zwecke des Artikels 7 Absatz 2 des Abkommens oder des Artikels 7 Absatz 2 des Protokolls.

(3) (Nicht ausreichende Gebühren)

a) Liegt der eingegangene Gebührenbetrag unter dem für die Erneuerung erforderlichen Gebührenbetrag, so teilt das Internationale Büro dies gleichzeitig dem Inhaber und gegebenenfalls dem Vertreter umgehend mit. In der Mitteilung wird der Fehlbetrag angegeben.

b) Liegt der bei Ablauf der in Absatz 1 Buchstabe a genannten Frist von sechs Monaten eingegangene Gebührenbetrag unter dem nach Absatz 1 erforderlichen Betrag, so trägt das Internationale Büro, vorbehaltlich des Buchstabens c, die Erneuerung nicht ein, erstattet dem Einzahler den eingegangenen Betrag zurück und teilt dies dem Inhaber sowie gegebenenfalls dem Vertreter mit.

c) Wurde die unter Buchstabe a genannte Mitteilung innerhalb von drei Monaten vor Ablauf der in Absatz 1 Buchstabe a genannten Frist von sechs Monaten abgesandt und liegt der eingegangene Gebührenbetrag bei Ablauf dieser Frist unter dem nach Absatz 1 erforderlichen Betrag, beläuft sich jedoch auf mindestens 70 v.H. dieses Betrags, so verfährt das Internationale Büro wie in Regel 31 Absätze 1 und 3 vorgesehen. Wird der erforderliche Betrag nicht innerhalb von drei Monaten nach dieser Mitteilung vollständig entrichtet, so löscht das Internationale Büro die Erneuerung, teilt dies dem Inhaber, gegebenenfalls dem Vertreter, und den Behörden mit, denen die Erneuerung mitgeteilt worden war, und erstattet dem Einzahler den eingegangenen Betrag zurück.

(4) (Zeitraum, für den die Erneuerungsgebühren entrichtet werden) Die für jede Erneuerung erforderlichen Gebühren werden für einen Zeitraum von zehn Jahren entrichtet, und zwar unabhängig davon, ob die internationale Registrierung in der Liste der benannten Vertragsparteien nur nach dem Abkommen benannte Vertragsparteien, nur nach dem Protokoll benannte Vertragsparteien oder sowohl nach dem Abkommen als auch nach dem Protokoll benannte Vertragsparteien enthält. Bei Zahlungen nach dem Abkommen gilt die Zahlung für zehn Jahre als Zahlung einer Zehnjahresrate.

**Regel 31 Eintragung der Erneuerung; Mitteilung und Bescheinigung.** (1) (Eintragung und Erneuerungsdatum) Die Erneuerung wird im internationalen Register am Fälligkeitstag der Erneuerung eingetragen, und zwar auch dann, wenn die für die Erneuerung erforderlichen Gebühren innerhalb der in Artikel 7 Absatz 5 des Abkommens und Artikel 7 Absatz 4 des Protokolls genannten Nachfrist entrichtet werden.

(2) (Erneuerungsdatum bei nachträglichen Benennungen) Alle in der internationalen Registrierung enthaltenen Benennungen tragen unabhängig von dem Datum, an dem die Benennungen im internationalen Register eingetragen werden, dasselbe Datum.

(3) (Mitteilung und Bescheinigung) Das Internationale Büro teilt die Erneuerung den Behörden der beteiligten benannten Vertragsparteien mit und übersendet dem Inhaber eine Bescheinigung.

(4) (Mitteilung bei Nichterneuerung)
a) Wird eine internationale Registrierung nicht erneuert, so teilt das Internationale Büro dies den Behörden aller in der internationalen Registrierung benannten Vertragsparteien mit.
b) Wird eine internationale Registrierung in bezug auf eine benannte Vertragspartei nicht erneuert, so teilt das Internationale Büro dies der Behörde der betreffenden Vertragspartei mit.

## Kapitel 7. Blatt und Datenbank

**Regel 32 Blatt.** (1) (Information über internationale Registrierungen)
a) Das Internationale Büro veröffentlicht im Blatt die maßgeblichen Daten über
  i) die nach Regel 14 vorgenommenen internationalen Registrierungen;
  ii) die nach Regel 16 Absatz 1 mitgeteilten Informationen;
  iii) die nach Regel 17 Absatz 4 eingetragenen Schutzverweigerungen mit der Angabe, ob die Möglichkeit einer Überprüfung oder Beschwerde besteht, jedoch ohne Angabe der Gründe für die Schutzverweigerung;
  iv) die nach Regel 31 Absatz 1 eingetragenen Erneuerungen;
  v) die nach Regel 24 Absatz 7 eingetragenen nachträglichen Benennungen;
  vi) die Fortdauer der Wirkungen internationaler Registrierungen nach Regel 39;
  vii) die nach Regel 27 eingetragenen Änderungen des Inhabers, Beschränkungen, Verzichte sowie Änderungen des Namens oder der Anschrift des Inhabers;
  viii) die nach Regel 22 Absatz 2 vorgenommenen oder nach Regel 27 Absatz 1 eingetragenen Löschungen;
  ix) die nach Regel 28 vorgenommenen Berichtigungen;
  x) die nach Regel 19 Absatz 2 eingetragenen Ungültigerklärungen;
  xi) die nach den Regeln 20, 21, 22 Absatz 2 Buchstabe a, 23, 27 Absatz 4 und 40 Absatz 3 eingetragenen Informationen;
  xii) die nicht erneuerten internationalen Registrierungen.
b) Die Wiedergabe der Marke wird in der im internationalen Gesuch erscheinenden Form veröffentlicht. Hat der Hinterleger die in Regel 9 Absatz 4 Buchstabe a Ziffer vi genannte Erklärung abgegeben, so wird in der Veröffentlichung darauf hingewiesen.
c) Wird eine farbige Wiedergabe der Marke nach Regel 9 Absatz 4 Buchstabe a Ziffer v oder vii eingereicht, so enthält das Blatt sowohl eine Wiedergabe der Marke in Schwarzweiß als auch eine Wiedergabe in Farbe.

(2) (Informationen über besondere Erfordernisse und bestimmte Erklärungen von Vertragsparteien sowie andere allgemeine Informationen) Das Internationale Büro veröffentlicht im Blatt
  i) jede Notifikation nach Regel 7;
  ii) Erklärungen nach Artikel 5 Absatz 2 Buchstabe b oder Artikel 5 Absatz 2 Buchstabe b und Buchstabe c Satz 1 des Protokolls;
  iii) Erklärungen nach Artikel 8 Absatz 7 des Protokolls;
  iv) jede Mitteilung nach Regel 34 Absatz 1 Buchstabe b;

v) eine Aufstellung der Tage, an denen das Internationale Büro im laufenden und im folgenden Kalenderjahr für die Öffentlichkeit nicht geöffnet hat, sowie eine Aufstellung dieser Art für jede Behörde, die diese dem Internationalen Büro übermittelt hat.

(3) (Jährliches Verzeichnis) Das Internationale Büro veröffentlicht für jedes Jahr ein Verzeichnis, in dem in alphabetischer Reihenfolge die Namen der Inhaber der internationalen Registrierungen angegeben sind, für die im Laufe des Jahres eine oder mehrere Eintragungen im Blatt veröffentlicht wurden. Mit dem Namen des Inhabers werden die Nummer der internationalen Registrierung, die Seitenzahl der Ausgabe des Blattes, in der die die internationale Registrierung betreffende Eintragung veröffentlicht wurde, sowie die Art der Eintragung, wie Registrierung, Erneuerung, Schutzverweigerung, Ungültigerklärung, Löschung oder Änderung angegeben.

(4) (Anzahl der Exemplare für die Behörden der Vertragsparteien)

a) Das Internationale Büro übersendet jeder Behörde Exemplare des Blattes. Jede Behörde hat Anspruch auf zwei kostenlose Exemplare und, falls die Anzahl der in einem bestimmten Kalenderjahr für diese Vertragspartei eingetragenen Benennungen die Zahl 2000 übersteigt, auf ein weiteres Exemplar im darauffolgenden Jahr sowie auf weitere zusätzliche Exemplare für je 1000 Benennungen, welche die Zahl von 2000 Benennungen übersteigen. Jede Vertragspartei kann jährlich dieselbe Anzahl von Exemplaren, auf die sie kostenlos Anspruch hat, zum halben Abonnementpreis beziehen.

b) Ist das Blatt in mehreren Formen erhältlich, so können die Behörden die Form wählen, in der sie die Exemplare, auf die sie Anspruch haben, zu beziehen wünschen.

**Regel 33 Elektronische Datenbank.** (1) (Inhalt der Datenbank) Die Angaben, die sowohl im internationalen Register eingetragen als auch im Blatt nach Regel 32 veröffentlicht sind, werden in eine elektronische Datenbank eingegeben.

(2) (Daten betreffend anhängige internationale Gesuche und nachträgliche Benennungen) Ist ein internationales Gesuch oder eine Benennung nach Regel 24 nicht innerhalb von drei Arbeitstagen nach Eingang des internationalen Gesuchs oder der Benennung im internationalen Register eingetragen worden, so gibt das Internationale Büro, ungeachtet möglicher Fehler in dem eingereichten internationalen Gesuch oder der eingereichten Benennung, alle in dem internationalen Gesuch oder der Benennung enthaltenen Daten in die elektronische Datenbank ein.

(3) (Zugang zur elektronischen Datenbank) Die elektronische Datenbank wird den Behörden der Vertragsparteien und gegebenenfalls gegen Zahlung der vorgeschriebenen Gebühr der Öffentlichkeit online oder durch andere geeignete und vom Internationalen Büro festgelegte Mittel zugänglich gemacht. Die Kosten für den Zugang werden vom Benutzer getragen. Nach Absatz 2 eingegebene Daten werden mit dem Hinweis versehen, daß das Internationale Büro noch nicht über das internationale Gesuch oder die Benennung nach Regel 24 entschieden hat.

### Kapitel 8. Gebühren

**Regel 34 Zahlung der Gebühren.** (1) (Zahlungen)

a) Die im Gebührenverzeichnis angegebenen Gebühren können vom Hinterleger oder Inhaber oder, falls die Ursprungsbehörde oder eine andere beteiligte Behörde den Einzug und die Weiterleitung dieser Gebühren übernommen hat und der Hinterleger oder Inhaber dies wünscht, von dieser Behörde an das Internationale Büro gezahlt werden.

b) Vertragsparteien, deren Behörde den Einzug und die Weiterleitung von Gebühren übernommen hat, teilen dies dem Generaldirektor mit.

(2) (Zahlungsweise) Die im Gebührenverzeichnis angegebenen Gebühren können an das Internationale Büro gezahlt werden

i) durch Abbuchung von einem beim Internationalen Büro bestehenden laufenden Konto,

ii) durch Einzahlung auf das Schweizer Postscheckkonto oder eines der angegebenen Bankkonten des Internationalen Büros,
iii) durch Bankscheck,
iv) durch Barzahlung beim Internationalen Büro.

(3) (Angaben bei der Zahlung) Bei jeder Gebührenzahlung an das Internationale Büro ist folgendes anzugeben:
   i) vor der internationalen Registrierung der Name des Hinterlegers, die betreffende Marke sowie der Zweck der Zahlung;
   ii) nach der internationalen Registrierung der Name des Inhabers, die Nummer der betreffenden internationalen Registrierung und der Zweck der Zahlung.

(4) (Datum der Zahlung)
a) Vorbehaltlich der Regel 30 Absatz 1 Buchstabe b und des Buchstabens b des vorliegenden Absatzes gilt jede Gebühr als an dem Tag an das Internationale Büro gezahlt, an dem der erforderliche Betrag beim Internationalen Büro eingeht.
b) Ist der erforderliche Betrag auf einem beim Internationalen Büro bestehenden Konto verfügbar und hat das Internationale Büro vom Kontoinhaber den Auftrag zur Abbuchung des Betrags von diesem Konto erhalten, so gilt die Gebühr als an dem Tag an das Internationale Büro gezahlt, an dem ein internationales Gesuch, eine nachträgliche Benennung, ein Antrag auf Eintragung einer Änderung oder ein Auftrag zur Erneuerung einer internationalen Registrierung beim Internationalen Büro eingeht.

(5) (Änderung des Gebührenbetrags)
a) Tritt zwischen dem Datum, an dem bei der Ursprungsbehörde der Antrag auf Einreichung des internationalen Gesuchs beim Internationalen Büro eingeht oder nach Regel 11 Absatz 1 Buchstabe a oder c als bei der Ursprungsbehörde eingegangen gilt, und dem Eingangsdatum des internationalen Gesuchs beim Internationalen Büro hinsichtlich des für die Einreichung eines internationalen Gesuchs zu entrichtenden Gebührenbetrags eine Änderung ein, so findet die Gebühr Anwendung, die am ersteren Datum gilt.
b) Wird von der Ursprungsbehörde oder von einer anderen beteiligten Behörde eine Benennung nach Regel 24 eingereicht und tritt zwischen dem Eingangsdatum des Antrags des Inhabers auf Einreichung dieser Benennung bei der Behörde und dem Eingangsdatum der Benennung beim Internationalen Büro hinsichtlich des für diese Benennung zu entrichtenden Gebührenbetrags eine Änderung ein, so findet die Gebühr Anwendung, die am ersteren Datum gilt.
c) Tritt zwischen dem Datum der Zahlung und dem Fälligkeitsdatum der Erneuerung hinsichtlich des für die Erneuerung einer internationalen Registrierung zu entrichtenden Gebührenbetrags eine Änderung ein, so findet die Gebühr Anwendung, die am Datum der Zahlung oder an dem Tag gilt, der nach Regel 30 Absatz 1 Buchstabe b als Datum der Zahlung betrachtet wird. Erfolgt die Zahlung nach dem Fälligkeitsdatum, so findet die am Fälligkeitsdatum geltende Gebühr Anwendung.
d) Ändert sich der Betrag einer anderen als der in den Absätzen a, b und c genannten Gebühren, so findet der am Datum des Eingangs der Gebühr beim Internationalen Büro geltende Betrag Anwendung.

**Regel 35 Währung, in der die Zahlungen zu entrichten sind.** (1) (Verpflichtung zur Zahlung in Schweizer Währung) Alle aufgrund dieser Ausführungsordnung fälligen Zahlungen sind in Schweizer Währung an das Internationale Büro zu entrichten, und zwar unabhängig davon, ob bei der Zahlung der Gebühren durch die Ursprungsbehörde oder eine andere beteiligte Behörde diese die Gebühren in einer anderen Währung eingezogen hat.

(2) (Festsetzung des Betrags der individuellen Gebühren in Schweizer Währung)
a) Erklärt eine Vertragspartei nach Artikel 8 Absatz 7 Buchstabe a des Protokolls, daß sie eine individuelle Gebühr zu erhalten wünscht, so ist der gegenüber dem Internationalen Büro genannte Betrag der individuellen Gebühr in der von ihrer Behörde verwendeten Währung anzugeben.

b) Ist die Gebühr in der unter Buchstabe a genannten Erklärung nicht in Schweizer Währung angegeben, so legt der Generaldirektor nach Beratung mit der Behörde der beteiligten Vertragspartei den Betrag der individuellen Gebühr in Schweizer Währung auf der Grundlage des amtlichen Wechselkurses der Vereinten Nationen fest.

c) Liegt der amtliche Wechselkurs der Vereinten Nationen für die Schweizer Währung und die andere Währung, in der eine Vertragspartei den Betrag der individuellen Gebühr angegeben hat, während eines Zeitraums von mehr als drei aufeinanderfolgenden Monaten mindestens 5 v.H. über oder unter dem letzten Wechselkurs, der bei der Festsetzung des Betrags der individuellen Gebühr in Schweizer Währung zugrunde gelegt wurde, so kann die Behörde dieser Vertragspartei den Generaldirektor ersuchen, den Betrag der individuellen Gebühr in Schweizer Währung auf der Grundlage des am Tag vor der Einreichung des Antrags geltenden amtlichen Wechselkurses der Vereinten Nationen erneut festzulegen. Der Generaldirektor handelt entsprechend. Der neue Betrag gilt von einem vom Generaldirektor festgelegten Datum an, das jedoch zwischen einem Monat und zwei Monaten nach dem Datum der Veröffentlichung dieses Betrags im Blatt liegen muß.

d) Liegt der amtliche Wechselkurs der Vereinten Nationen für die Schweizer Währung und die andere Währung, in der eine Vertragspartei den Betrag der individuellen Gebühr angegeben hat, während eines Zeitraums von mehr als drei aufeinanderfolgenden Monaten mindestens 10 v.H. unter dem letzten Wechselkurs, der bei der Festsetzung des Betrags der individuellen Gebühr in Schweizer Währung zugrunde gelegt wurde, so legt der Generaldirektor einen neuen Betrag der individuellen Gebühr in Schweizer Währung nach dem gegenwärtigen amtlichen Wechselkurs der Vereinten Nationen fest. Der neue Betrag gilt von einem vom Generaldirektor festgelegten Datum an, das jedoch zwischen einem Monat und zwei Monaten nach dem Datum der Veröffentlichung dieses Betrags im Blatt liegen muß.

**Regel 36 Gebührenfreiheit.** Die nachstehenden Eintragungen sind gebührenfrei:

i) die Bestellung eines Vertreters, jede Änderung betreffend einen Vertreter und die Löschung der Eintragung des Vertreters,

ii) jede Änderung betreffend die Telefon- und Telefaxnummern des Inhabers,

iii) die Löschung der internationalen Registrierung,

iv) jeder Verzicht nach Regel 25 Absatz 1 Buchstabe a Ziffer iii,

v) jede Einschränkung im internationalen Gesuch selbst nach Regel 9 Absatz 4 Buchstabe a Ziffer xiii oder in einer nachträglichen Benennung nach Regel 24 Absatz 3 Buchstabe a Ziffer iv,

vi) jedes Ersuchen einer Behörde nach Artikel 6 Absatz 4 Satz 1 des Abkommens oder Artikel 6 Absatz 4 Satz 1 des Protokolls,

vii) ein gerichtliches Verfahren oder rechtskräftiges Urteil, welches das Basisgesuch der die sich aus ihm ergebende Eintragung oder die Basiseintragung betrifft,

viii) jede Schutzverweigerung nach den Regeln 17, 24 Absatz 8 oder 28 Absatz 3, jede Erklärung nach Regel 27 Absatz 4 oder jede Mitteilung nach Regel 17 Absatz 4 Buchstabe b,

ix) die Ungültigerklärung der internationalen Registrierung,

x) nach Regel 20 übermittelte Informationen,

xi) jede Mitteilung nach Regel 21 oder 23,

xii) jede Berichtigung im internationalen Register.

**Regel 37 Verteilung der Zusatz- und Ergänzungsgebühren.** (1) Der in Artikel 8 Absätze 5 und 6 des Abkommens und Artikel 8 Absätze 5 und 6 des Protokolls genannte Koeffizient ist folgender:

bei Vertragsparteien, die eine Prüfung nur auf absolute Schutzverweigerungsgründe durchführen .................................................................................................................. zwei

bei Vertragsparteien, die darüber hinaus eine Prüfung auf ältere Rechte durchführen
 a) aufgrund eines Widerspruchs Dritter ................................................................. drei
 b) von Amts wegen ............................................................................................... vier

(2) Der Koeffizient vier wird auch auf Vertragsparteien angewendet, die von Amts wegen Recherchen nach älteren Rechten unter Angabe der besonders in Betracht kommenden älteren Rechte vornehmen.

**Regel 38 Gutschrift Individueller Gebühren auf den Konten der betroffenen Vertragsparteien.** Jede in bezug auf eine Vertragspartei, die eine Erklärung nach Artikel 8 Absatz 7 Buchstabe a des Protokolls abgegeben hat, an das Internationale Büro entrichtete individuelle Gebühr wird dem Konto dieser Vertragspartei beim Internationalen Büro in dem Monat gutgeschrieben, der auf den Monat folgt, in dessen Verlauf die Eintragung der internationalen Registrierung, der nachträglichen Benennung oder der Erneuerung erfolgt ist, für die diese Gebühr entrichtet wurde.

## Kapitel 9. Verschiedenes

**Regel 39 Fortdauer der Wirkungen internationaler Registrierungen in bestimmten Nachfolgestaaten.** (1) Hat ein Staat („Nachfolgestaat"), dessen Hoheitsgebiet vor der Unabhängigkeit des Staates Teil des Hoheitsgebiets eines Vertragsstaats („Vorgängerland") war, beim Generaldirektor eine Weitergeltungserklärung hinterlegt, welche die Anwendung des Abkommens durch den Nachfolgestaat bewirkt, so wirkt sich eine internationale Registrierung mit einer im Vorgängerland vor dem in Absatz 2 festgesetzten Datum wirksamen Ausdehnung des Schutzes im Nachfolgestaat erst aus, wenn folgende Voraussetzungen erfüllt sind:
 i) Hinterlegung eines Gesuchs beim Internationalen Büro um Fortdauer der Wirkungen der betreffenden internationalen Registrierung im Nachfolgestaat innerhalb von sechs Monaten nach dem Datum einer vom Internationalen Büro zu diesem Zweck an den Inhaber der internationalen Registrierung übersandten Mitteilung und
 ii) Zahlung an das Internationale Büro innerhalb derselben Frist einer Gebühr von 23 Schweizer Franken, die diese an die Behörde des Nachfolgestaats überweist, und einer Gebühr von 41 Schweizer Franken zugunsten des Internationalen Büros.

(2) Das in Absatz 1 genannte Datum ist das vom Nachfolgestaat dem Internationalen Büro für die Zwecke dieser Regel notifizierte Datum; allerdings darf dieses Datum nicht vor dem Datum der Unabhängigkeit des Nachfolgestaats liegen.

(3) Nach Eingang des Gesuchs und der in Absatz 1 genannten Gebühren teilt das Internationale Büro dies der Behörde des Nachfolgestaats mit und nimmt die entsprechende Eintragung im internationalen Register vor.

(4) Die Behörde des Nachfolgestaats kann einer internationalen Registrierung den Schutz nach Erhalt einer Mitteilung nach Absatz 3 nur dann verweigern, wenn die in Artikel 5 Absatz 2 des Abkommens genannte Frist bezüglich der territorialen Ausdehnung des Schutzes auf das Vorgängerland nicht abgelaufen ist und das Internationale Büro die Mitteilung über die Schutzverweigerung innerhalb dieser Frist erhalten hat.

(5) Diese Regel findet auf die Russische Föderation keine Anwendung.

**Regel 40 Inkrafttreten; Übergangsbestimmungen.** (1) (Inkrafttreten) Diese Ausführungsordnung tritt am 1. April 1996 in Kraft und ersetzt von diesem Zeitpunkt an die am 31. März 1996 geltende Ausführungsordnung zum Abkommen (im folgenden als „Ausführungsordnung zum Abkommen" bezeichnet).

(2) (Allgemeine Übergangsbestimmungen)
 a) Ungeachtet des Absatzes 1
  i) gilt ein internationales Gesuch, für das ein Antrag auf Einreichung beim Internationalen Büro bei der Ursprungsbehörde vor dem 1. April 1996 eingegangen ist oder

nach Regel 11 Absatz 1 Buchstabe a oder c als eingegangen gilt, in dem Umfang, in dem es die Erfordernisse der Ausführungsordnung zum Abkommen erfüllt, als mit den maßgeblichen Erfordernissen für die Zwecke der Regel 14 übereinstimmend;

ii) gilt ein Antrag auf Eintragung einer Änderung nach Regel 20 der Ausführungsordnung zum Abkommen, der von der Ursprungsbehörde oder einer anderen beteiligten Behörde vor dem 1. April 1996 an das Internationale Büro gesandt worden ist, oder, wenn ein solches Datum festgestellt werden kann, dessen Eingangsdatum bei der Ursprungsbehörde oder bei einer anderen beteiligten Behörde zur Einreichung beim Internationalen Büro vor dem 1. April 1996 liegt, in dem Umfang, in dem es die Erfordernisse der Ausführungsordnung zum Abkommen erfüllt, als mit den geltenden Erfordernissen für die Zwecke der Regel 24 Absatz 7 übereinstimmend oder als für die Zwecke der Regel 27 in Ordnung;

iii) wird ein internationales Gesuch oder ein Antrag auf Eintragung einer Änderung nach Regel 20 der Ausführungsordnung zum Abkommen, die vor dem 1. April 1996 Gegenstand eines Verfahrens beim Internationalen Büro nach der Regel 11, 12, 13 oder 21 der Ausführungsordnung zum Abkommen gewesen sind, weiterhin vom Internationalen Büro nach diesen Regeln behandelt; das Datum der daraus hervorgehenden internationalen Registrierung oder Eintragung in das internationale Register bestimmt sich nach Regel 15 oder 22 der Ausführungsordnung zum Abkommen;

iv) gilt eine Mitteilung über die Schutzverweigerung oder eine Mitteilung der Ungültigerklärung, die durch die Behörde einer benannten Vertragspartei vor dem 1. April 1996 übersandt worden ist, in dem Umfang, in dem sie die Erfordernisse der Ausführungsordnung zum Abkommen erfüllt, als mit den maßgeblichen Erfordernissen für die Zwecke der Regel 17 Absätze 4 und 5 oder Regel 19 Absatz 2 übereinstimmend.

b) Für die Zwecke der Regel 34 Absatz 5 gelten die in Regel 32 der Ausführungsordnung zum Abkommen festgesetzten Gebühren als die vor dem 1. April 1996 gültigen Gebühren.

c) Ungeachtet der Regel 10 Absatz 1 wird eine zweite Rate nicht fällig, wenn in Übereinstimmung mit Regel 34 Absatz 5 Buchstabe a die für die Einreichung des internationalen Gesuchs entrichteten Gebühren die in Regel 32 der Ausführungsordnung zum Abkommen für einen Zeitraum von zwanzig Jahren festgesetzten Gebühren sind.

d) Absatz 3 ist nicht anwendbar, wenn in Übereinstimmung mit Regel 34 Absatz 5 Buchstabe b die für eine nachträgliche Benennung entrichteten Gebühren die in Regel 32 der Ausführungsordnung zum Abkommen festgesetzten Gebühren sind.

(3) (Übergangsbestimmungen für internationale Registrierungen, für die Gebühren für einen Zeitraum von 20 Jahren entrichtet worden sind)

a) Ist eine internationale Registrierung, für welche die erforderlichen Gebühren für einen Zeitraum von 20 Jahren entrichtet worden sind, Gegenstand einer nachträglichen Benennung nach Regel 24 und endet die laufende Schutzdauer mehr als zehn Jahre nach dem gemäß Regel 24 Absatz 6 festgelegten Datum der nachträglichen Benennung, so finden die Buchstaben b und c Anwendung.

b) Sechs Monate vor Ablauf des ersten Zeitabschnitts von 10 Jahren der laufenden Schutzdauer für die internationale Registrierung übersendet das Internationale Büro dem Inhaber und gegebenenfalls seinem Vertreter eine Mitteilung mit Angabe des genauen Datums des Ablaufs des ersten Zeitabschnitts von zehn Jahren und der Vertragsparteien, die Gegenstand der unter Buchstabe a genannten nachträglichen Benennung waren. Regel 29 gilt sinngemäß.

c) Für die unter Buchstabe a genannten nachträglichen Benennungen ist die Zahlung der Ergänzungsgebühr und der individuellen Gebühr entsprechend den in Regel 30 Absatz 1 Ziffer iii genannten Gebühren für den zweiten Zeitabschnitt von zehn Jahren erforderlich. Regel 30 Absätze 1 und 3 gilt sinngemäß.

d) Das Internationale Büro trägt die für den zweiten Zeitabschnitt von zehn Jahren erfolgte Zahlung an das Internationale Büro im internationalen Register ein. Das Eintragungsdatum ist das Datum des Ablaufs des ersten Zeitabschnitts von zehn Jahren, und zwar auch dann, wenn die erforderlichen Gebühren innerhalb der in Artikel 7 Absatz 5 des Abkommens und in Artikel 7 Absatz 4 des Protokolls genannten Nachfrist gezahlt werden.

e) Das Internationale Büro teilt den Behörden der beteiligten benannten Vertragsparteien die erfolgte Zahlung oder die Nichtzahlung für den zweiten Zeitabschnitt von zehn Jahren mit und benachrichtigt gleichzeitig den Inhaber.

### Gebührenverzeichnis

*Schweizer Franken*

1. **Internationale Gesuche, für die ausschließlich das Abkommen maßgebend ist**

   Folgende Gebühren sind zu zahlen; sie umfassen einen Zeitraum von 10 Jahren:

   1.1 Grundgebühr (Artikel 8 Absatz 2 Buchstabe a des Abkommens)
       1.1.1 wenn keine der Wiedergaben der Marke in Farbe ist     653
       1.1.2 wenn eine der Wiedergaben der Marke in Farbe ist     903

   1.2 Zusatzgebühr für jede die dritte Klasse übersteigende Klasse der Waren oder Dienstleistungen (Artikel 8 Absatz 2 Buchstabe b des Abkommens)     73

   1.3 Ergänzungsgebühr für die Benennung eines jeden benannten Vertragsstaats (Artikel 8 Absatz 2 Buchstabe c des Abkommens)     73

2. **Internationale Gesuche, für die ausschließlich das Protokoll maßgebend ist**

   Folgende Gebühren sind zu zahlen; sie umfassen einen Zeitraum von 10 Jahren:

   2.1 Grundgebühr (Artikel 8 Absatz 2 Ziffer i des Protokolls)
       2.1.1 wenn keine der Wiedergaben der Marke in Farbe ist     653
       2.1.2 wenn eine der Wiedergaben der Marke in Farbe ist     903

   2.2 Zusatzgebühr für jede die dritte Klasse übersteigende Klasse der Waren oder Dienstleistungen (Artikel 8 Absatz 2 Ziffer ii des Protokolls), sofern nicht ausschließlich Vertragsparteien benannt werden, für die individuelle Gebühren (siehe Nummer 2.4) zu zahlen sind (siehe Artikel 8 Absatz 7 Buchstabe a Ziffer i des Protokolls)     73

   2.3 Ergänzungsgebühr für die Benennung jeder benannten Vertragspartei (Artikel 8 Absatz 2 Ziffer iii des Protokolls), sofern es sich bei der benannten Vertragspartei nicht um eine Vertragspartei handelt, für die eine individuelle Gebühr (siehe Nummer 2.4) zu zahlen ist (siehe Artikel 8 Absatz 7 Buchstabe a Ziffer ii des Protokolls)     73

   2.4 Individuelle Gebühr für die Benennung jeder Vertragspartei, für die eine individuelle Gebühr (anstatt einer Ergänzungsgebühr) zu zahlen ist (siehe Artikel 8 Absatz 7 Buchstabe a des Protokolls): der Betrag der individuellen Gebühr wird von jeder betroffenen Vertragspartei festgesetzt

3. **Internationale Gesuche, für die sowohl das Abkommen als auch das Protokoll maßgebend sind**

   Folgende Gebühren sind zu zahlen; sie umfassen einen Zeitraum von 10 Jahren:

   3.1 Grundgebühr
       3.1.1 wenn keine der Wiedergaben der Marke in Farbe ist     653
       3.1.2 wenn eine der Wiedergaben der Marke in Farbe ist     903

AusführungsO zum MMA und PMMA  **Gebühren**  AusfO MMA/PMMA

3.2 Zusatzgebühr für jede die dritte Klasse übersteigende Klasse der Waren oder Dienstleistungen ........................................................... 73

3.3 Ergänzungsgebühr für die Benennung jeder benannten Vertragspartei, für die keine individuelle Gebühr zu zahlen ist ........................ 73

3.4 Individuelle Gebühr für die Benennung jeder Vertragspartei, für die eine individuelle Gebühr zu zahlen ist (siehe Artikel 8 Absatz 7 Buchstabe a des Protokolls), sofern es sich bei dem benannten Staat nicht um einen Staat handelt, der (auch) durch das Abkommen gebunden ist, und es sich bei der Ursprungsbehörde um die Behörde eines Staates handelt, der (auch) durch das Abkommen gebunden ist (für einen solchen Staat ist eine Ergänzungsgebühr zu zahlen): der Betrag der individuellen Gebühr wird von jeder betroffenen Vertragspartei festgesetzt

4. **Mängel in bezug auf die Klassifikation der Waren und Dienstleistungen**

Folgende Gebühren sind zu zahlen (Regel 12 Absatz 1 Buchstabe b),

4.1 wenn die Waren und Dienstleistungen nicht nach Klassen gruppiert sind ........................................................... 77 sowie 4 für jeden den zwanzigsten Begriff übersteigenden Begriff

4.2 wenn die im Gesuch angegebene Klassifikation einer oder mehrerer Begriffe unzutreffend ist ........................................................... 20 sowie 4 für jeden unzutreffend klassifizierten Begriff

allerdings sind keine Gebühren zu zahlen, wenn der aufgrund dieser Nummer fällige Gesamtbetrag für ein internationales Gesuch weniger als 150 Schweizer Franken beträgt

5. **Benennung nach der internationalen Registrierung**

Folgende Gebühren sind zu zahlen; sie umfassen den Zeitraum zwischen dem Datum des Wirksamwerdens der Benennung und dem Ablauf der laufenden Schutzfrist für die internationale Registrierung:

5.1 Grundgebühr ........................................................... 300

5.2 Ergänzungsgebühr für jede benannte Vertragspartei, die in demselben Gesuch angegeben wird, wenn in bezug auf diese Vertragspartei eine individuelle Gebühr nicht zu zahlen ist (die Gebühr umfaßt die verbleibenden 10 Jahre) ........................................................... 73

5.3 Individuelle Gebühr für die Benennung jeder Vertragspartei, für die eine individuelle Gebühr (anstatt einer Ergänzungsgebühr) zu zahlen ist (siehe Artikel 8 Absatz 7 Buchstabe a des Protokolls): der Betrag der individuellen Gebühr wird von jeder betroffenen Vertragspartei festgesetzt

6. **Erneuerung**

Folgende Gebühren sind zu zahlen; sie umfassen einen Zeitraum von 10 Jahren:

6.1 Grundgebühr ........................................................... 653

6.2 Zusatzgebühr, sofern die Erneuerung nicht nur für benannte Vertragsparteien erfolgt, für die individuelle Gebühren zu zahlen sind ........................................................... 73

| | |
|---|---:|
| 6.3 Ergänzungsgebühr für jede benannte Vertragspartei, für die eine individuelle Gebühr nicht zu zahlen ist | 73 |
| 6.4 Individuelle Gebühr für die Benennung jeder Vertragspartei, für die eine individuelle Gebühr (anstatt einer Ergänzungsgebühr) zu zahlen ist (siehe Artikel 8 Absatz 7 Buchstabe a des Protokolls): der Betrag der individuellen Gebühr wird von jeder betroffenen Vertragspartei festgesetzt | |
| 6.5 Zuschlagsgebühr für die Inanspruchnahme der Nachfrist | 50 v. H. des Betrags der nach Nummer 6.1 zu zahlenden Gebühren |

## 7. Änderungen

| | |
|---|---:|
| 7.1 Vollständige Übertragung einer internationalen Registrierung | 177 |
| 7.2 Teilübertragung (für einen Teil der Waren oder Dienstleistungen oder einen Teil der Vertragsparteien) einer internationalen Registrierung | 177 |
| 7.3 nach der internationalen Registrierung vom Inhaber beantragte Einschränkung, sofern diese, wenn sie mehrere Vertragsparteien betrifft, für alle Vertragsparteien dieselbe ist | 177 |
| 7.4 Änderung des Namens und/oder der Anschrift des Inhabers einer oder mehrerer internationaler Registrierungen, für die dieselbe Änderung in demselben Antrag beantragt wird | 150 |

## 8. Informationen über internationale Registrierungen

| | |
|---|---:|
| 8.1 Anfertigung eines beglaubigten Auszugs aus dem internationalen Register mit Sachstandsanalyse einer internationalen Registrierung (detaillierter beglaubigter Auszug) | |
| bis zu drei Seiten | 155 |
| für jede über die dritte hinausgehende Seite | 10 |
| 8.2 Anfertigung eines beglaubigten Auszugs aus dem internationalen Register bestehend aus einer Kopie sämtlicher Veröffentlichungen und sämtlicher Mitteilungen über die Schutzverweigerung, die sich auf eine internationale Registrierung beziehen (einfacher beglaubigter Auszug) | |
| bis zu drei Seiten | 77 |
| für jede über die dritte hinausgehende Seite | 2 |
| 8.3 eine einzelne schriftliche Bestätigung oder Auskunft | |
| für eine einzelne internationale Registrierung | 77 |
| für jede weitere internationale Registrierung, wenn dieselbe Auskunft in demselben Antrag beantragt wird | 10 |
| 8.4 Sonderdruck oder Fotokopie der Veröffentlichung einer internationalen Registrierung, je Seite | 5 |

## 9. Besondere Dienstleistungen

Das Internationale Büro ist ermächtigt, für eilige Vorgänge und für Dienstleistungen, die in diesem Gebührenverzeichnis nicht erfaßt sind, eine Gebühr zu verlangen, deren Betrag es selbst festsetzen kann.

## 6. Madrider Abkommen über die Unterdrückung falscher oder irreführender Herkunftsangaben

vom 14. April 1891
revidiert in Washington am 2. Juni 1911,
im Haag am 6. November 1925,
in London am 2. Juni 1934
und in Lissabon am 31. Oktober 1958
(BGBl. 1961 II S. 293)

**Art. 1 [Beschlagnahme von Erzeugnissen].**(1) Jedes Erzeugnis, das eine falsche oder irreführende Angabe trägt, durch die eines der Länder, auf die dieses Abkommen Anwendung findet, oder ein in diesen Ländern befindlicher Ort unmittelbar oder mittelbar als Land oder Ort des Ursprungs angegeben ist, wird bei der Einfuhr in diese Länder beschlagnahmt.

(2) Die Beschlagnahme erfolgt sowohl in dem Land, in dem die falsche oder irreführende Herkunftsangabe angebracht, als auch in dem Land, in welches das mit dieser falschen oder irreführenden Angabe versehene Erzeugnis eingeführt worden ist.

(3) Läßt die Gesetzgebung eines Landes die Beschlagnahme bei der Einfuhr nicht zu, so tritt an die Stelle dieser Beschlagnahme das Einfuhrverbot.

(4) Läßt die Gesetzgebung eines Landes weder die Beschlagnahme bei der Einfuhr noch das Einfuhrverbot noch die Beschlagnahme im Inland zu, so treten an die Stelle dieser Maßnahmen bis zu einer entsprechenden Änderung der Gesetzgebung diejenigen Klagen und Rechtsbehelfe, die das Gesetz dieses Landes im gleichen Fall den eigenen Staatsangehörigen gewährt.

(5) Fehlen besondere Zwangsvorschriften zur Unterdrückung falscher oder irreführender Herkunftsangaben, so sind die entsprechenden Zwangsvorschriften der Gesetze über die Marken oder die Handelsnamen anzuwenden.

**Art. 2 [Verfahren bei Beschlagnahme].**(1) Die Beschlagnahme erfolgt auf Betreiben der Zollbehörde, die den Beteiligten, sei er eine natürliche oder eine juristische Person, sogleich benachrichtigt, damit er die vorsorglich vorgenommene Beschlagnahme in Ordnung bringen kann, falls er dies beabsichtigt; die Staatsanwaltschaft oder jede andere zuständige Behörde kann jedoch auf Verlangen der verletzten Partei oder von Amts wegen die Beschlagnahme beantragen; das Verfahren nimmt alsdann seinen gewöhnlichen Lauf.

(2) Im Fall der Durchfuhr sind die Behörden nicht zur Beschlagnahme verpflichtet.

**Art. 3.** Diese Bestimmungen hindern den Verkäufer nicht, seinen Namen oder seine Anschrift auf den Erzeugnissen anzugeben, die aus einem anderen als dem Land des Verkaufs stammen; in diesem Fall ist jedoch der Anschrift oder dem Namen die genaue und in deutlichen Schriftzeichen wiedergegebene Bezeichnung des Landes oder des Ortes der Herstellung oder Erzeugung oder eine andere Angabe hinzuzufügen, die geeignet ist, jeden Irrtum über den wahren Ursprung der Waren auszuschließen.

**Art. 3bis [Verpflichtungen der Länder].** Die Länder, auf die dieses Abkommen Anwendung findet, verpflichten sich ferner zu verbieten, daß beim Verkauf, Feilhalten oder Anbieten von Erzeugnissen irgendwelche Angaben gebraucht werden, die den Charakter einer öffentlichen Bekanntmachung haben und geeignet sind, das Publikum über die Herkunft der Erzeugnisse zu täuschen, gleichgültig ob sie auf Geschäftsschildern, Ankündigungen, Rechnungen, Weinkarten, Geschäftsbriefen oder Geschäftspapieren oder in irgendeiner anderen geschäftlichen Mitteilung verwendet werden.

**Art. 4 [Entscheidungen durch die Gerichte].** Die Gerichte jedes Landes haben zu entscheiden, welche Bezeichnungen wegen ihrer Eigenschaft als Gattungsbezeichnung nicht unter die Bestimmungen dieses Abkommens fallen; der Vorbehalt dieses Artikels bezieht sich jedoch nicht auf die regionalen Bezeichnungen der Herkunft von Weinbauerzeugnissen.

**Art. 5 [Beitritt weiterer Länder].** (1) Die dem Verband zum Schutz des gewerblichen Eigentums angehörenden Länder, die an diesem Abkommen nicht teilgenommen haben, werden auf ihren Antrag und in der durch Artikel 16 der Hauptübereinkunft vorgeschriebenen Form zum Beitritt zugelassen.

(2) Die Bestimmungen der Artikel 16bis und 17bis der Hauptübereinkunft sind auf dieses Abkommen anzuwenden.

**Art. 6 [Ratifizierung].** (1) Dieses Abkommen bedarf der Ratifizierung; die Ratifikationsurkunden sollen spätestens am 1. Mai 1963 in Bern hinterlegt werden. Das Abkommen tritt unter den Ländern, in deren Namen es ratifiziert worden ist, einen Monat nach diesem Zeitpunkt in Kraft. Sollte es jedoch schon früher im Namen von mindestens sechs Ländern ratifiziert werden, so tritt es unter diesen Ländern einen Monat, nachdem ihnen die Hinterlegung der sechsten Ratifikationsurkunde von der Regierung der Schweizerischen Eidgenossenschaft angezeigt worden ist, in Kraft, und für die Länder, in deren Namen es danach ratifiziert wird, jeweils einen Monat nach der Anzeige jeder dieser Ratifikationen.

(2) Den Ländern, in deren Namen die Ratifikationsurkunde nicht innerhalb der im vorhergehenden Absatz vorgesehenen Frist hinterlegt worden ist, steht der Beitritt gemäß Artikel 16 der Hauptübereinkunft offen.

(3) Dieses Abkommen tritt in den Beziehungen zwischen den Ländern, auf die es Anwendung findet, an die Stelle des in Madrid am 14. April 1891 geschlossenen Abkommens und der nachfolgenden Revisionsakte.

(4) Für die Länder, auf die dieses Abkommen nicht Anwendung findet, wohl aber das in London im Jahre 1934 revidierte Madrider Abkommen, bleibt das letztere in Kraft.

(5) Ebenso bleibt für die Länder, auf die weder dieses Abkommen noch das in London revidierte Madrider Abkommen Anwendung findet, das im Haag im Jahre 1925 revidierte Madrider Abkommen in Kraft.

(6) Ebenso bleibt für die Länder, auf die weder dieses Abkommen noch das in London revidierte Madrider Abkommen noch das im Haag revidierte Madrider Abkommen Anwendung findet, das in Washington im Jahre 1911 revidierte Madrider Abkommen in Kraft.

Geschehen in Lissabon am 31. Oktober 1958.

# 7. Stockholmer Zusatzvereinbarung zum Madrider Abkommen über die Unterdrückung falscher oder irreführender Herkunftsangaben auf Waren

vom 14. April 1891
revidiert in Washington am 2. Juni 1911,
im Haag am 6. November 1925,
in London am 2. Juni 1934
und in Lissabon am 31. Oktober 1958
vom 14. Juli 1967
(BGBl. 1970 II S. 444)

**Art. 1 Übertragung der Aufgaben der Verwahrstelle hinsichtlich des Madrider Abkommens.** Die Beitrittsurkunden zum Madrider Abkommen über die Unterdrückung falscher oder irreführender Herkunftsangaben auf Waren vom 14. April 1891 (im folgenden als „das Madrider Abkommen" bezeichnet), revidiert in Washington am 2. Juni 1911, im Haag am 6. November 1925, in London am 2. Juni 1934 und in Lissabon am 31. Oktober 1958 (im folgenden als „die Lissaboner Fassung" bezeichnet), werden beim Generaldirektor der Weltorganisation für geistiges Eigentum (im folgenden als „der Generaldirektor" bezeichnet) hinterlegt, der diese Hinterlegungen den Vertragsländern des Abkommens notifiziert.

**Art. 2 Anpassung der Bezugnahmen im Madrider Abkommen auf einzelne Bestimmungen der Pariser Verbandsübereinkunft.** Die Bezugnahmen in den Artikeln 5 und 6 Absatz 2 der Lissaboner Fassung auf die Artikel 16, $16^{bis}$ und $17^{bis}$ der Hauptübereinkunft gelten als Bezugnahmen auf die diesen Artikeln entsprechenden Bestimmungen der Stockholmer Fassung der Pariser Verbandsübereinkunft zum Schutz des gewerblichen Eigentums.

**Art. 3 Unterzeichnung und Ratifikation der Zusatzvereinbarung und Beitritt zu dieser Zusatzvereinbarung.** (1) Jedes Vertragsland des Madrider Abkommens kann diese Zusatzvereinbarung unterzeichnen, und jedes Land, das die Lissaboner Fassung ratifiziert hat oder ihr beigetreten ist, kann diese Zusatzvereinbarung ratifizieren oder ihr beitreten.

(2) Die Ratifikations- oder Beitrittsurkunden werden beim Generaldirektor hinterlegt.

**Art. 4 Automatische Annahme der Artikel 1 und 2 durch die der Lissaboner Fassung beitretenden Länder.** Jedes Land, das die Lissaboner Fassung weder ratifiziert hat noch ihr beigetreten ist, wird von dem Zeitpunkt an, zu dem sein Beitritt zur Lissaboner Fassung wirksam wird, gleichzeitig durch die Artikel 1 und 2 dieser Zusatzvereinbarung gebunden; jedoch wird dieses Land, wenn zu diesem Zeitpunkt diese Zusatzvereinbarung noch nicht gemäß Artikel 5 Absatz 1 in Kraft getreten ist, durch die Artikel 1 und 2 dieser Zusatzvereinbarung erst von dem Zeitpunkt an gebunden, zu dem diese Zusatzvereinbarung gemäß Artikel 5 Absatz 1 in Kraft tritt.

**Art. 5 Inkrafttreten der Zusatzvereinbarung.** (1) Diese Zusatzvereinbarung tritt zu dem Zeitpunkt in Kraft, zu dem das Stockholmer Übereinkommen vom 14. Juli 1967 zur Errichtung der Weltorganisation für geistiges Eigentum in Kraft tritt; jedoch tritt diese Zusatzvereinbarung, wenn zu diesem Zeitpunkt nicht mindestens zwei Ratifikationsurkunden oder zwei Beitrittsurkunden zu dieser Zusatzvereinbarung hinterlegt worden sind, erst zu dem Zeitpunkt in Kraft, zu dem zwei Ratifikationsurkunden oder zwei Beitrittsurkunden zu dieser Zusatzvereinbarung hinterlegt worden sind.

(2) Für jedes Land, das seine Ratifikations- oder Beitrittsurkunde nach dem Zeitpunkt, zu dem diese Zusatzvereinbarung gemäß Absatz 1 in Kraft tritt, hinterlegt, tritt diese Zusatzver-

einbarung drei Monate nach dem Zeitpunkt der Notifizierung seiner Ratifikation oder seines Beitritts durch den Generaldirektor in Kraft.

**Art. 6 Unterzeichnung usw. der Zusatzvereinbarung.** (1) Diese Zusatzvereinbarung wird in einer Urschrift in französischer Sprache unterzeichnet und bei der schwedischen Regierung hinterlegt.

(2) Diese Zusatzvereinbarung liegt bis zu ihrem Inkrafttreten gemäß Artikel 5 Absatz 1 in Stockholm zur Unterzeichnung auf.

(3) Der Generaldirektor übermittelt zwei von der schwedischen Regierung beglaubigte Abschriften des unterzeichneten Textes dieser Zusatzvereinbarung den Regierungen aller Vertragsländer des Madrider Abkommens und der Regierung jedes anderen Landes, die es verlangt.

(4) Der Generaldirektor läßt diese Zusatzvereinbarung beim Sekretariat der Vereinten Nationen registrieren.

(5) Der Generaldirektor notifiziert den Regierungen aller Vertragsländer des Madrider Abkommens die Unterzeichnungen, die Hinterlegungen von Ratifikations- oder Beitrittsurkunden, das Inkrafttreten und alle anderen erforderlichen Mitteilungen.

**Art. 7 Übergangsbestimmung.** Bis zur Amtsübernahme durch den ersten Generaldirektor gelten Bezugnahmen in dieser Zusatzvereinbarung auf den Generaldirektor als Bezugnahmen auf den Direktor der Vereinigten Internationalen Büros zum Schutz des geistigen Eigentums.

ZU URKUND DESSEN haben die hierzu gehörig bevollmächtigten Unterzeichneten diese Zusatzvereinbarung unterschrieben.

GESCHEHEN zu Stockholm am 14. Juli 1967.

## 8. Abkommen von Nizza über die internationale Klassifikation von Waren und Dienstleistungen für die Eintragung von Marken*

vom 15. Juni 1957
revidiert in Stockholm am 14. Juli 1967
und in Genf am 13. Mai 1977
(BGBl. 1981 II S. 359; geändert am 2. Oktober 1979, BGBl. 1984 II S. 799) **

**Art. 1 Bildung eines besonderen Verbandes; Annahme einer internationalen Klassifikation; Begriffsbestimmung und Sprachen der Klassifikation.** (1) Die Länder, auf die dieses Abkommen Anwendung findet, bilden einen besonderen Verband und nehmen eine gemeinsame Klassifikation von Waren und Dienstleistungen für die Eintragung von Marken (im folgenden als „die Klassifikation" bezeichnet) an.

(2) Die Klassifikation besteht aus

i) einer Klasseneinteilung, gegebenenfalls mit erläuternden Anmerkungen;

ii) einer alphabetischen Liste der Waren und Dienstleistungen (im folgenden als „alphabetische Liste" bezeichnet) mit Angabe der Klasse, in welche die einzelne Ware oder Dienstleistung eingeordnet ist.

(3) Die Klassifikation umfaßt

i) die Klassifikation, die 1971 von dem im Übereinkommen zur Errichtung der Weltorganisation für geistiges Eigentum vorgesehenen Internationalen Büro für geistiges Eigentum (im folgenden als „Internationales Büro" bezeichnet) veröffentlicht wurde, wobei jedoch davon auszugehen ist, daß die der Klasseneinteilung in dieser Veröffentlichung beigefügten erläuternden Anmerkungen solange als vorläufig und als Empfehlungen anzusehen sind, bis erläuternde Anmerkungen zur Klasseneinteilung von dem in Artikel 3 erwähnten Sachverständigenausschuß erstellt werden;

ii) die Änderungen und Ergänzungen, die nach Artikel 4 Absatz 1 des Abkommens von Nizza vom 15. Juni 1957 und der Stockholmer Fassung dieses Abkommens vom 14. Juli 1967 vor Inkrafttreten der gegenwärtigen Fassung in Kraft getreten sind;

iii) alle nach Artikel 3 dieser Fassung des Abkommens erfolgenden Abänderungen, die nach Artikel 4 Absatz 1 dieser Fassung in Kraft treten.

(4) Die Klassifikation ist in englischer und in französischer Sprache abgefaßt, wobei beide Texte gleichermaßen verbindlich sind.

(5) a) Die in Absatz 3 Ziffer i bezeichnete Klassifikation mit den in Absatz 3 Ziffer ii bezeichneten Änderungen und Ergänzungen, die vor dem Zeitpunkt, zu dem die Fassung des Abkommens zur Unterzeichnung aufgelegt wird, in Kraft getreten sind, ist in einer beim Generaldirektor der Weltorganisation für geistiges Eigentum (im folgenden als „Generaldirektor" und als „Organisation" bezeichnet) hinterlegten Urschrift in französischer Sprache enthalten. Die in Absatz 3 Ziffer ii bezeichneten Änderungen und Ergänzungen, die nach dem Zeitpunkt, zu dem diese Fassung des Abkommens zur Unterzeichnung aufgelegt wird, in Kraft treten, werden ebenfalls in einer Urschrift in französischer Sprache beim Generaldirektor hinterlegt.

b) Der englische Wortlaut der in Buchstabe a bezeichneten Texte wird von dem in Artikel 3 bezeichneten Sachverständigenausschuß unverzüglich nach Inkrafttreten dieser Fassung des Abkommens erstellt. Seine Urschrift wird beim Generaldirektor hinterlegt.

c) Die in Absatz 3 Ziffer iii bezeichneten Abänderungen werden in einer Urschrift in englischer und französischer Sprache beim Generaldirektor hinterlegt.

---

* Zum Wiener Klassifikationsabkommen s. 2. Teil des Kommentars, Einführung in das Recht der internationalen Verträge, Rn 8.
** Amtlicher deutscher Text gemäß Artikel 14 Abs. 1 Buchstabe c.

(6) Amtliche Texte der Klassifikation werden vom Generaldirektor nach Beratung mit den beteiligten Regierungen entweder auf Grund einer von diesen Regierungen vorgeschlagenen Übersetzung oder unter Zuhilfenahme anderer Mittel, die keine finanziellen Auswirkungen auf den Haushalt des besonderen Verbandes oder auf die Organisation haben, in arabischer, deutscher, italienischer, portugiesischer, russischer und spanischer Sprache sowie in anderen Sprachen erstellt, welche die in Artikel 5 genannte Versammlung bestimmen kann.

(7) Die alphabetische Liste gibt bei jeder Waren- oder Dienstleistungsbezeichnung eine der Sprache, in der sie abgefaßt ist, entsprechende Ordnungsnummer an sowie

i) bei der in englischer Sprache abgefaßten alphabetischen Liste die Ordnungsnummer, die dieselbe Bezeichnung in der in französischer Sprache abgefaßten alphabetischen Liste hat, und umgekehrt;

ii) bei einer nach Absatz 6 abgefaßten alphabetischen Liste die Ordnungsnummer, die dieselbe Bezeichnung in der in englischer Sprache abgefaßten, alphabetischen Liste oder in der in französischer Sprache abgefaßten alphabetischen Liste hat.

**Art. 2 Rechtliche Bedeutung und Anwendung der Klassifikation.** (1) Vorbehaltlich der sich aus diesem Abkommen ergebenden Verpflichtungen hat die Klassifikation die Wirkung, die ihr jedes Land des besonderen Verbandes beilegt. Insbesondere bindet die Klassifikation die Länder des besonderen Verbandes weder hinsichtlich der Beurteilung des Schutzumfangs der Marke noch hinsichtlich der Anerkennung der Dienstleistungsmarken.

(2) Jedes Land des besonderen Verbandes behält sich vor, die Klassifikation als Haupt- oder Nebenklassifikation anzuwenden.

(3) Die zuständigen Behörden der Länder des besonderen Verbandes werden in den Urkunden und amtlichen Veröffentlichungen über die Eintragung von Marken die Nummern der Klassen der Klassifikation angeben, in welche die Waren oder Dienstleistungen gehören, für welche die Marke eingetragen ist.

(4) Die Tatsache, daß eine Benennung in die alphabetische Liste aufgenommen ist, berührt in keiner Weise die Rechte, die an dieser Benennung etwa bestehen.

**Art. 3 Sachverständigenausschuß.** (1) Es wird ein Sachverständigenausschuß gebildet, in dem jedes Land des besonderen Verbandes vertreten ist.

(2) a) Der Generaldirektor kann und, wenn der Sachverständigenausschuß es beantragt, wird Länder außerhalb des besonderen Verbandes, die Mitglieder der Organisation oder Vertragsparteien der Pariser Verbandsübereinkunft zum Schutz des gewerblichen Eigentums sind, einladen, sich in den Sitzungen des Sachverständigenausschusses durch Beobachter vertreten zu lassen.

b) Der Generaldirektor lädt die auf dem Gebiet der Marken spezialisierten zwischenstaatlichen Organisationen, von deren Mitgliedländern mindestens eines dem besonderen Verband angehört, ein, sich in den Sitzungen des Sachverständigenausschusses durch Beobachter vertreten zu lassen.

c) Der Generaldirektor kann und, wenn der Sachverständigenausschuß es beantragt, wird Vertreter anderer zwischenstaatlicher und internationaler nichtstaatlicher Organisationen einladen, an den sie interessierenden Beratungen teilzunehmen.

(3) Der Sachverständigenausschuß

i) entscheidet über Abänderungen der Klassifikation;

ii) richtet an die Länder des besonderen Verbandes Empfehlungen, um den Gebrauch der Klassifikation zu erleichtern und ihre einheitliche Anwendung zu fördern;

iii) trifft alle sonstigen Maßnahmen, die, ohne finanzielle Auswirkungen auf den Haushalt des besonderen Verbandes oder auf die Organisation zu haben, zur Erleichterung der Anwendung der Klassifikation durch die Entwicklungsländer beitragen;

iv) ist berechtigt, Unterausschüsse und Arbeitsgruppen einzusetzen.

(4) Der Sachverständigenausschuß gibt sich eine Geschäftsordnung. Darin wird den in Absatz 2 Buchstabe b bezeichneten zwischenstaatlichen Organisationen, die zur Weiterentwicklung der Klassifikation maßgeblich beitragen können, die Möglichkeit eingeräumt, an den Sitzungen der Unterausschüsse und Arbeitsgruppen teilzunehmen.

(5) Vorschläge für Abänderungen in der Klassifikation können von der zuständigen Behörde jedes Landes des besonderen Verbandes, vom Internationalen Büro, von jeder nach Absatz 2 Buchstabe b im Sachverständigenausschuß vertretenen zwischenstaatlichen Organisation und von jedem Land oder jeder Organisation, das oder die vom Sachverständigenausschuß eigens dazu aufgefordert worden ist, unterbreitet werden. Die Vorschläge werden dem Internationalen Büro übermittelt, das sie den Mitgliedern des Sachverständigenausschusses und den Beobachtern spätestens zwei Monate vor der Tagung des Sachverständigenausschusses, in deren Verlauf sie geprüft werden sollen, unterbreitet.

(6) Jedes Land des besonderen Verbandes verfügt über eine Stimme.

(7) a) Vorbehaltlich des Buchstabens b faßt der Sachverständigenausschuß seine Beschlüsse mit einfacher Mehrheit der vertretenen und abstimmenden Länder des besonderen Verbandes.

b) Beschlüsse über die Annahme von Änderungen der Klassifikationen bedürfen einer Mehrheit von vier Fünfteln der vertretenen und abstimmenden Länder des besonderen Verbandes. Als Änderung ist jede Überführung von Waren oder Dienstleistungen aus einer Klasse in eine andere oder jede Bildung einer neuen Klasse anzusehen.

c) Die in Absatz 4 genannte Geschäftsordnung sieht, außer in besonderen Fällen, vor, daß die Annahme von Änderungen der Klassifikation am Ende bestimmter Zeiträume erfolgt; die Länge jedes Zeitraums wird vom Sachverständigenausschuß festgesetzt.

(8) Stimmenthaltung gilt nicht als Stimmabgabe.

**Art. 4 Notifikation, Inkrafttreten und Veröffentlichung der Abänderungen.**
(1) Das Internationale Büro notifiziert den zuständigen Behörden der Länder des besonderen Verbandes die vom Sachverständigenausschuß beschlossenen Abänderungen sowie die Empfehlungen des Sachverständigenausschusses. Die Änderungen treten sechs Monate nach dem Zeitpunkt der Absendung der Notifikation in Kraft. Jede andere Abänderung tritt zu dem Zeitpunkt in Kraft, den der Sachverständigenausschuß bei der Annahme der Abänderung festlegt.

(2) Das Internationale Büro nimmt die in Kraft getretenen Abänderungen in die Klassifikation auf. Diese Abänderungen werden in den Zeitschriften veröffentlicht, die von der in Artikel 5 genannten Versammlung bestimmt werden.

**Art. 5 Versammlung des besonderen Verbandes.** (1) a) Der besondere Verband hat eine Versammlung, die sich aus den Ländern zusammensetzt, die diese Frist des Abkommens ratifiziert haben oder ihr beigetreten sind.

b) Die Regierung jedes Landes wird durch einen Delegierten vertreten, der von Stellvertretern, Beratern und Sachverständigen unterstützt werden kann.

c) Die Kosten jeder Delegation werden von der Regierung getragen, die sie entsandt hat.

(2) a) Die Versammlung, vorbehaltlich der Artikel 3 und 4,

i) behandelt alle Fragen betreffend die Erhaltung und die Entwicklung des besonderen Verbandes sowie die Anwendung dieses Abkommens;

ii) erteilt dem Internationalen Büro Weisungen für die Vorbereitung der Revisionskonferenzen unter gebührender Berücksichtigung der Stellungnahmen der Länder des besonderen Verbandes, die diese Fassung des Abkommens weder ratifiziert haben noch ihr beigetreten sind;

iii) prüft und billigt die Berichte und die Tätigkeit des Generaldirektors der Organisation (im folgenden als „Generaldirektor" bezeichnet) betreffend den besonderen Verband und erteilt ihm alle zweckdienlichen Weisungen in Fragen, die in die Zuständigkeit des besonderen Verbandes fallen;

iv) legt das Programm fest, beschließt den Zweijahres-Haushaltsplan des besonderen Verbandes und billigt seine Rechnungsabschlüsse;

v) beschließt die Finanzvorschriften des besonderen Verbandes;

vi) bildet, außer dem in Artikel 3 genannten Sachverständigenausschuß, die anderen Sachverständigenausschüsse und Arbeitsgruppen, die sie zur Verwirklichung der Ziele des besonderen Verbandes für zweckdienlich hält;

vii) bestimmt, welche Nichtmitgliedländer des besonderen Verbandes, welche zwischenstaatlichen und welche internationalen nichtstaatlichen Organisationen zu ihren Sitzungen als Beobachter zugelassen werden;

viii) beschließt Änderungen der Artikel 5 bis 8;

ix) nimmt jede andere Handlung vor, die zur Erreichung der Ziele des besonderen Verbandes geeignet ist;

x) nimmt alle anderen Aufgaben wahr, die sich aus diesem Abkommen ergeben.

b) Über Fragen, die auch für andere von der Organisation verwaltete Verbände von Interesse sind, entscheidet die Versammlung nach Anhörung des Koordinierungsausschusses der Organisation.

(3) a) Jedes Mitgliedland der Versammlung verfügt über eine Stimme.

b) Die Hälfte der Mitgliedsländer der Versammlung bildet das Quorum (die für die Beschlußfähigkeit erforderliche Mindestzahl).

c) Ungeachtet des Buchstabens b kann die Versammlung Beschlüsse fassen, wenn während einer Tagung die Zahl der vertretenen Länder zwar weniger als die Hälfte, aber mindestens ein Drittel der Mitgliedländer der Versammlung beträgt; jedoch werden diese Beschlüsse mit Ausnahme der Beschlüsse über das Verfahren der Versammlung nur dann wirksam, wenn die folgenden Bedingungen erfüllt sind: Das Internationale Büro teilt diese Beschlüsse den Mitgliedländern der Versammlung mit, die nicht vertreten waren, und lädt sie ein, innerhalb einer Frist von drei Monaten vom Zeitpunkt der Mitteilung an schriftlich ihre Stimme oder Stimmenthaltung bekanntzugeben. Entspricht nach Ablauf der Frist die Zahl der Länder, die auf diese Weise ihre Stimme oder Stimmenthaltung bekanntgegeben haben, mindestens der Zahl der Länder, die für die Erreichung des Quorums während der Tagung gefehlt hatte, so werden die Beschlüsse wirksam, sofern gleichzeitig die erforderliche Mehrheit noch vorhanden ist.

d) Vorbehaltlich des Artikels 8 Absatz 2 faßt die Versammlung ihre Beschlüsse mit einer Mehrheit von zwei Dritteln der abgegebenen Stimmen.

e) Stimmenthaltung gilt nicht als Stimmabgabe.

f) Ein Delegierter kann nur ein Land vertreten und nur in dessen Namen abstimmen.

g) Die Länder des besonderen Verbandes, die nicht Mitglied der Versammlung sind, werden zu den Sitzungen der Versammlung als Beobachter zugelassen.

(4) a) Die Versammlung tritt nach Einberufung durch den Generaldirektor alle zwei Jahre einmal zu einer ordentlichen Tagung zusammen, und zwar, abgesehen von außergewöhnlichen Fällen, zu derselben Zeit und an demselben Ort wie die Generalversammlung der Organisation.

b) Die Versammlung tritt nach Einberufung durch den Generaldirektor zu einer außerordentlichen Tagung zusammen, wenn ein Viertel der Mitgliedländer der Versammlung es verlangt.

c) Die Tagesordnung jeder Tagung wird vom Generaldirektor vorbereitet.

(5) Die Versammlung gibt sich eine Geschäftsordnung.

**Art. 6 Internationales Büro.** (1) a) Die Verwaltungsaufgaben des besonderen Verbandes werden vom Internationalen Büro wahrgenommen.

b) Das Internationale Büro bereitet insbesondere die Sitzungen der Versammlung und des Sachverständigenausschusses sowie aller anderen Sachverständigenausschüsse und Arbeitsgruppen, die die Versammlung oder der Sachverständigenausschuß bilden kann, vor und besorgt das Sekretariat dieser Organe.

c) Der Generaldirektor ist der höchste Beamte des besonderen Verbandes und vertritt diesen Verband.

(2) Der Generaldirektor und die von ihm bestimmten Mitglieder des Personals nehmen ohne Stimmrecht teil an allen Sitzungen der Versammlung und des Sachverständigenausschusses sowie aller anderen Sachverständigenausschüsse oder Arbeitsgruppen, die die Versammlung oder der Sachverständigenausschuß bilden kann. Der Generaldirektor oder ein von ihm bestimmtes Mitglied des Personalrats ist von Amts wegen Sekretär dieser Organe.

(3) a) Das internationale Büro bereitet nach den Weisungen der Versammlung die Konferenzen zur Revision der Bestimmungen des Abkommens mit Ausnahme der Artikel 5 bis 8 vor.

b) Das Internationale Büro kann bei der Vorbereitung der Revisionskonferenzen zwischenstaatliche sowie internationale nichtstaatliche Organisationen konsultieren.

c) Der Generaldirektor und die von ihm bestimmten Personen nehmen ohne Stimmrecht an den Beratungen dieser Konferenzen teil.

(4) Das Internationale Büro nimmt alle anderen Aufgaben wahr, die ihm übertragen werden.

**Art. 7 Finanzen.** (1) a) Der besondere Verband hat einen Haushaltsplan.

b) Der Haushaltsplan des besonderen Verbandes umfaßt die eigenen Einnahmen und Ausgaben des besonderen Verbandes, dessen Beitrag zum Haushaltsplan der gemeinsamen Ausgaben der Verbände sowie gegebenenfalls den dem Haushaltsplan der Konferenz der Organisation zur Verfügung gestellten Betrag.

c) Als gemeinsame Ausgaben der Verbände gelten die Ausgaben, die nicht ausschließlich dem besonderen Verband, sondern auch einem oder mehreren anderen von der Organisation verwalteten Verbänden zuzurechnen sind. Der Anteil des besonderen Verbandes an diesen gemeinsamen Ausgaben entspricht dem Interesse, das der besondere Verband an ihnen hat.

(2) Der Haushaltsplan des besonderen Verbandes wird unter Berücksichtigung der Notwendigkeit seiner Abstimmung mit den Haushaltsplänen der anderen von der Organisation verwalteten Verbände aufgestellt.

(3) Der Haushaltsplan des besonderen Verbandes umfaßt folgende Einnahmen:

i) Beiträge der Länder des besonderen Verbandes;

ii) Gebühren und Beträge für Dienstleistungen des Internationalen Büros im Rahmen des besonderen Verbandes;

iii) Verkaufserlöse und andere Einkünfte aus Veröffentlichungen des Internationalen Büros, die den besonderen Verband betreffen;

iv) Schenkungen, Vermächtnisse und Zuwendungen;

v) Mieten, Zinsen und andere verschiedene Einkünfte.

(4) a) Jedes Land des besonderen Verbandes wird zur Bestimmung seines Beitrags im Sinne des Absatzes 3 Ziffer i in die Klasse eingestuft, in die es im Pariser Verband zum Schutz des gewerblichen Eigentums eingestuft ist, und zahlt seine Jahresbeiträge auf der Grundlage der für diese Klasse im Pariser Verband festgesetzten Zahl von Einheiten.

b) Der Jahresbeitrag jedes Landes des besonderen Verbandes besteht aus einem Betrag, der in demselben Verhältnis zu der Summe der Jahresbeiträge aller Länder zum Haushaltsplan des besonderen Verbandes steht wie die Zahl der Einheiten der Klasse, in die das Land eingestuft ist, zur Summe der Einheiten aller Länder.

c) Die Beiträge werden am 1. Januar jedes Jahres fällig.

d) Ein Land, das mit der Zahlung seiner Beiträge im Rückstand ist, kann sein Stimmrecht in keinem der Organe des besonderen Verbandes ausüben, wenn der rückständige Betrag die Summe der von ihm für die zwei vorhergehenden vollen Jahre geschuldeten Beträge erreicht oder übersteigt. Jedoch kann jedes dieser Organe einem solchen Land gestatten, das Stimmrecht in diesem Organ weiter auszuüben, wenn und solange es überzeugt ist, daß der Zahlungsrückstand eine Folge außergewöhnlicher und unabwendbarer Umstände ist.

e) Wird der Haushaltsplan nicht vor Beginn eines neuen Rechnungsjahres beschlossen, so wird der Haushaltsplan des Vorjahres nach Maßgabe der Finanzvorschriften übernommen.

(5) Die Höhe der Gebühren und Beträge für Dienstleistungen des Internationalen Büros im Rahmen des besonderen Verbandes wird vom Generaldirektor festgesetzt, der der Versammlung darüber berichtet.

(6) a) Der Verband hat einen Betriebsmittelfonds, der durch eine einmalige Zahlung jedes Landes des besonderen Verbandes gebildet wird. Reicht der Fonds nicht mehr aus, so beschließt die Versammlung eine Erhöhung.

b) Die Höhe der erstmaligen Zahlung jedes Landes zu diesem Fonds oder sein Anteil an dessen Erhöhung ist proportional zu dem Beitrag dieses Landes für das Jahr, in dem der Fonds gebildet oder die Erhöhung beschlossen wird.

c) Dieses Verhältnis und die Zahlungsbedingungen werden von der Versammlung auf Vorschlag des Generaldirektors und nach Äußerung des Koordinierungsausschusses der Organisation festgesetzt.

(7) a) Das Abkommen über den Sitz, das mit dem Land geschlossen wird, in dessen Hoheitsgebiet die Organisation ihren Sitz hat, sieht vor, daß dieses Land Vorschüsse gewährt, wenn der Betriebsmittelfonds nicht ausreicht. Die Höhe dieser Vorschüsse und die Bedingungen, unter denen sie gewährt werden, sind in jedem Fall Gegenstand besonderer Vereinbarungen zwischen diesem Land und der Organisation.

b) Das unter Buchstabe a bezeichnete Land und die Organisation sind berechtigt, die Verpflichtung zur Gewährung von Vorschüssen durch schriftliche Notifikation zu kündigen. Die Kündigung wird drei Jahre nach Ablauf des Jahres wirksam, in dem sie notifiziert worden ist.

(8) Die Rechnungsprüfung wird nach Maßgabe der Finanzvorschriften von einem oder mehreren Ländern des besonderen Verbandes oder von außenstehenden Rechnungsprüfern vorgenommen, die mit ihrer Zustimmung von der Versammlung bestimmt werden.

**Art. 8 Änderungen der Artikel 5 bis 8.** (1) Vorschläge zur Änderung der Artikel 5, 6, 7 und dieses Artikels können von jedem Mitgliedland der Versammlung oder vom Generaldirektor vorgelegt werden. Diese Vorschläge werden vom Generaldirektor mindestens sechs Monate, bevor sie in der Versammlung beraten werden, den Mitgliedländern der Versammlung mitgeteilt.

(2) Jede Änderung der in Absatz 1 bezeichneten Artikel wird von der Versammlung beschlossen. Der Beschluß erfordert drei Viertel der abgegebenen Stimmen; jede Änderung des Artikels 5 und dieses Absatzes erfordert jedoch vier Fünftel der abgegebenen Stimmen.

(3) Jede Änderung der in Absatz 1 bezeichneten Artikel tritt einen Monat nach dem Zeitpunkt in Kraft, zu dem die schriftlichen Notifikationen der verfassungsmäßig zustandegekommenen Annahme des Änderungsvorschlags von drei Vierteln der Länder, die im Zeitpunkt der Beschlußfassung über die Änderung Mitglied der Versammlung waren, beim Generaldirektor eingegangen sind. Jede auf diese Weise angenommene Änderung der genannten Artikel bindet alle Länder, die im Zeitpunkt des Inkrafttretens der Änderung Mitglied der Versammlung sind oder später Mitglied werden; jedoch bindet die Änderung, die die finanziellen Verpflichtungen der Länder des besonderen Verbandes erweitert, nur die Länder, die die Annahme dieser Änderung notifiziert haben.

**Art. 9 Ratifikation und Beitritt; Inkrafttreten.** (1) Jedes Land des besonderen Verbandes kann diese Fassung des Abkommens ratifizieren, wenn es sie unterzeichnet hat, oder ihr beitreten, wenn es sie nicht unterzeichnet hat.

(2) Jedes dem besonderen Verband nicht angehörende Vertragsland der Pariser Verbandsübereinkunft zum Schutz des gewerblichen Eigentums kann dieser Fassung des Abkommens beitreten und dadurch ein Land des besonderen Verbandes werden.

(3) Ratifikations- und Beitrittsurkunden werden beim Generaldirektor hinterlegt.

(4) a) Diese Fassung des Abkommens tritt drei Monate, nachdem die folgenden Bedingungen erfüllt sind, in Kraft:
  i) sechs oder mehr Länder haben ihre Ratifikations- oder Beitrittsurkunden hinterlegt;
  ii) mindestens drei dieser Länder sind Länder, die zu dem Zeitpunkt, zu dem diese Fassung zur Unterzeichnung aufgelegt wird, Länder des besonderen Verbandes sind.

b) Das Inkrafttreten nach Buchstabe a ist für die Länder wirksam, die mindestens drei Monate vor diesem Inkrafttreten Ratifikations- oder Beitrittsurkunden hinterlegt haben.

c) Für jedes Land, das nicht unter Buchstabe b fällt, tritt diese Fassung des Abkommens drei Monate nach dem Zeitpunkt der Notifizierung seiner Ratifikation oder seines Beitritts durch den Generaldirektor in Kraft, sofern in der Ratifikations- oder Beitrittsurkunde nicht ein späterer Zeitpunkt angegeben ist. In diesem Fall tritt diese Fassung des Abkommens für das betreffende Land zu dem angegebenen Zeitpunkt in Kraft.

(5) Die Ratifikation oder der Beitritt bewirkt von Rechts wegen die Annahme aller Bestimmungen und die Zulassung zu allen Vorteilen dieser Fassung des Abkommens.

(6) Nach dem Inkrafttreten dieser Fassung des Abkommens kann ein Land frühere Fassungen dieses Abkommens nicht mehr ratifizieren oder ihnen beitreten.

**Art. 10 Geltungsdauer.** Dieses Abkommen hat dieselbe Geltungsdauer wie die Pariser Verbandsübereinkunft zum Schutz des gewerblichen Eigentums.

**Art. 11 Revision.** (1) Dieses Abkommen kann von Zeit zu Zeit von Konferenzen der Länder des besonderen Verbandes Revisionen unterzogen werden.

(2) Die Einberufung einer Revisionskonferenz wird von der Versammlung beschlossen.

(3) Die Artikel 5 bis 8 können entweder durch eine Revisionskonferenz oder nach Artikel 8 geändert werden.

**Art. 12 Kündigung.** (1) Jedes Land kann diese Fassung des Abkommens durch eine an den Generaldirektor gerichtete Notifikation kündigen. Diese Kündigung bewirkt zugleich die Kündigung aller früheren Fassungen dieses Abkommens, die das kündigende Land ratifiziert hat oder denen es beigetreten ist, und hat nur Wirkung für das Land, das sie erklärt hat; für die übrigen Länder des besonderen Verbandes bleibt das Abkommen in Kraft und wirksam.

(2) Die Kündigung wird ein Jahr nach dem Tag wirksam, an dem die Notifikation beim Generaldirektor eingegangen ist.

(3) Das in diesem Artikel vorgesehene Kündigungsrecht kann von einem Land nicht vor Ablauf von fünf Jahren nach dem Zeitpunkt ausgeübt werden, zu dem es Mitglied des besonderen Verbandes geworden ist.

**Art. 13 Verweisung auf Artikel 24 der Pariser Verbandsübereinkunft.** Die Bestimmungen des Artikels 24 der Stockholmer Fassung von 1967 der Pariser Verbandsübereinkunft zum Schutz des gewerblichen Eigentums sind auf dieses Abkommen anzuwenden; falls jedoch diese Bestimmungen in Zukunft geändert werden, so ist die letzte Änderung auf dieses Abkommen für die Länder des besonderen Verbandes anzuwenden, die durch diese Änderung gebunden sind.

**Art. 14 Unterzeichnung; Sprachen; Aufgaben der Hinterlegungsstelle; Notifikationen.** (1) a) Diese Fassung des Abkommens wird in einer Urschrift in englischer und französischer Sprache unterzeichnet, wobei beide Texte gleichermaßen verbindlich sind, und beim Generaldirektor hinterlegt.

b) Amtliche Texte dieser Fassung des Abkommens werden vom Generaldirektor nach Beratung mit den beteiligten Regierungen und innerhalb von zwei Monaten nach der Unterzeichnung dieser Fassung in den beiden anderen Sprachen, Russisch und Spanisch, erstellt, in denen, neben den in Buchstabe a genannten Sprachen, verbindliche Texte des

Übereinkommens zur Errichtung der Weltorganisation für geistiges Eigentum unterzeichnet wurden.

c) Amtliche Texte dieser Fassung des Abkommens werden vom Generaldirektor nach Beratung mit den beteiligten Regierungen in arabischer, deutscher, italienischer und portugiesischer Sprache sowie in anderen Sprachen erstellt, welche die Versammlung bestimmen kann.

(2) Diese Fassung des Abkommens liegt bis zum 31. Dezember 1977 zur Unterzeichnung auf.

(3) a) Der Generaldirektor übermittelt zwei von ihm beglaubigte Abschriften des unterzeichneten Textes dieser Fassung des Abkommens den Regierungen aller Länder des besonderen Verbandes sowie der Regierung jedes anderen Landes, die es verlangt.

b) Der Generaldirektor übermittelt zwei von ihm beglaubigte Abschriften jeder Änderung dieser Fassung des Abkommens den Regierungen aller Länder des besonderen Verbandes sowie der Regierung jedes anderen Landes, die es verlangt.

(4) Der Generaldirektor läßt diese Fassung des Abkommens beim Sekretariat der Vereinten Nationen registrieren.

(5) Der Generaldirektor notifiziert den Regierungen aller Vertragsländer der Pariser Verbandsübereinkunft zum Schutz des gewerblichen Eigentums

i) die Unterzeichnungen nach Absatz 1;
ii) die Hinterlegungen von Ratifikations- oder Beitrittsurkunden nach Artikel 9 Absatz 3;
iii) den Zeitpunkt des Inkrafttretens dieser Fassung des Abkommens nach Artikel 9 Absatz 4 Buchstabe a;
iv) die Annahme der Änderungen dieser Fassung nach Artikel 8 Absatz 3;
v) die Zeitpunkte, zu denen diese Änderungen in Kraft treten;
vi) die Kündigungen, die nach Artikel 12 eingehen.

## 9. Lissaboner Abkommen über den Schutz der Ursprungsbezeichnungen und ihre internationale Registrierung*

vom 31. Oktober 1958
revidiert in Stockholm am 14. Juli 1967
und geändert am 2. Oktober 1979
(GRUR 1959, 135)

Kuba, Spanien, Frankreich, die Volksrepublik Ungarn, Israel, Italien, Portugal, die Volksrepublik Rumänien und die Tschechoslowakische Republik,
in gleicher Weise von dem Wunsch beseelt, die Ursprungsbezeichnungen möglichst wirksam und einheitlich zu schützen,
im Hinblick auf Artikel 15 der Pariser Verbandsübereinkunft vom 20. März 1883 zum Schutz des gewerblichen Eigentums, revidiert in Brüssel am 14. Dezember 1900, in Washington am 2. Juni 1911, im Haag am 6. November 1925, in London am 2. Juni 1934 und in Lissabon am 31. Oktober 1958,
haben in gegenseitigem Einverständnis und unter dem Vorbehalt der Ratifizierung das folgende Abkommen vereinbart:

**Art. 1.** Die Länder, auf die dieses Abkommen Anwendung findet, bilden einen besonderen Verband innerhalb des Verbandes zum Schutz des gewerblichen Eigentums.
Sie verpflichten sich, in ihrem Gebiet gemäß den Bestimmungen dieses Abkommens diejenigen Ursprungsbezeichnungen der Erzeugnisse der anderen Länder des besonderen Verbandes zu schützen, die im Ursprungsland als solche anerkannt und geschützt und beim Büro des Verbandes zum Schutz des gewerblichen Eigentums registriert sind.

**Art. 2.** (1) Unter Ursprungsbezeichnung im Sinn dieses Abkommens ist die geographische Benennung eines Landes, einer Gegend oder eines Ortes zu verstehen, die zur Kennzeichnung eines Erzeugnisses dient, das dort seinen Ursprung hat und das seine Güte oder Eigenschaften ausschließlich oder überwiegend den geographischen Verhältnissen einschließlich der natürlichen und menschlichen Einflüsse verdankt.

(2) Ursprungsland ist das Land, dessen Name, oder das Land, in dem die Gegend oder der Ort liegt, deren Name die Ursprungsbezeichnung bildet, die den Ruf des Erzeugnisses begründet.

**Art. 3.** Der Schutz wird gegen jede widerrechtliche Aneignung oder Nachahmung gewährt, selbst wenn der wahre Ursprung des Erzeugnisses angegeben ist oder wenn die Bezeichnung in Übersetzung oder zusammen mit Ausdrücken wie „Art", „Typ", „Fasson", „Nachahmung" oder dergleichen gebraucht wird.

**Art. 4.** Die Bestimmungen dieses Abkommens schließen keineswegs den Schutz aus, der für Ursprungsbezeichnungen in jedem Land des besonderen Verbandes bereits auf Grund anderer internationaler Verträge, wie der Pariser Verbandsübereinkunft vom 20. März 1883 zum Schutz des gewerblichen Eigentums, des Madrider Abkommens vom 14. April 1891 über die Unterdrückung falscher oder irreführender Herkunftsangaben, beide zuletzt revidiert in Lissabon am 31. Oktober 1958, oder auf Grund der Landesgesetzgebung oder der Rechtsprechung besteht.

**Art. 5.** (1) Die Ursprungsbezeichnungen werden beim Internationalen Büro zum Schutz des gewerblichen Eigentums auf Antrag der Behörden der Länder des besonderen Verbandes auf den Namen natürlicher oder juristischer Personen des öffentlichen oder Privatrechts

---

* Der französische Text des LUA ist abgedruckt in der 1. Auflage des Kommentars, 3. Teil, III 9.

registriert, die gemäß ihrer Landesgesetzgebung Inhaber des Rechts zur Benutzung dieser Bezeichnungen sind.

(2) Das Internationale Büro teilt die Registrierungen den Behörden der verschiedenen Länder des besonderen Verbandes unverzüglich mit und veröffentlicht sie in einem regelmäßig erscheinenden Blatt.

(3) Die Behörden der Länder können erklären, daß sie einer Ursprungsbezeichnung, deren Registrierung ihnen mitgeteilt worden ist, den Schutz nicht gewähren können; die Erklärung muß jedoch dem Internationalen Büro unter Angabe der Gründe innerhalb eines Jahres vom Zeitpunkt des Empfangs der Mitteilung über die Registrierung an mitgeteilt werden; sie darf in dem betreffenden Land die anderen Formen des Schutzes der Bezeichnung nicht beeinträchtigen, die der Inhaber der Bezeichnung gemäß Artikel 4 in Anspruch nehmen kann.

(4) Nach Ablauf der in dem vorhergehenden Absatz vorgesehenen Frist von einem Jahr kann diese Erklärung von den Behörden der Verbandsländer nicht mehr abgegeben werden.

(5) Das Internationale Büro unterrichtet die Behörde des Ursprungslandes innerhalb kürzester Frist über jede von der Behörde eines anderen Landes nach den Bestimmungen des Absatzes 3 abgegebene Erklärung. Der Beteiligte kann, sobald er von seiner nationalen Behörde über die von einem anderen Land abgegebene Erklärung unterrichtet worden ist, in diesem anderen Land im Gerichts- oder Verwaltungsweg alle Rechtsbehelfe geltend machen, die den Angehörigen dieses Landes zustehen.

(6) Wurde eine Bezeichnung, die auf Grund der Mitteilung ihrer internationalen Registrierung in einem Land zum Schutz zugelassen ist, in diesem Land bereits zu einem vor dieser Mitteilung liegenden Zeitpunkt von Dritten benutzt, so kann die zuständige Behörde dieses Landes diesem Dritten zur Einstellung dieser Benutzung eine Frist von höchstens zwei Jahren gewähren, sofern sie das Internationale Büro innerhalb von drei Monaten nach Ablauf der in Absatz 3 festgesetzten Frist von einem Jahr davon unterrichtet.

**Art. 6.** Eine in einem Land des besonderen Verbandes nach dem in Artikel 5 vorgesehenen Verfahren zum Schutz zugelassene Bezeichnung kann dort solange nicht als Gattungsbezeichnung angesehen werden, als sie im Ursprungsland geschützt ist.

**Art. 7.** (1) Die nach Artikel 5 beim Internationalen Büro bewirkte Registrierung gewährleistet ohne Erneuerung den Schutz für die gesamte im vorhergehenden Artikel genannte Dauer.

(2) Für die Registrierung jeder Ursprungsbezeichnung ist eine einmalige Gebühr zu zahlen.

Die Höhe der zu erhebenden Gebühr wird durch einstimmigen Beschluß des gemäß Artikel 9 eingesetzten Rates festgesetzt.

Der Gesamtbetrag der vom Internationalen Büro erhobenen Gebühren ist dazu bestimmt, die Kosten des Dienstes für die internationale Registrierung der Ursprungsbezeichnungen zu decken; die Anwendung des Artikels 13 Absatz 8 der Pariser Verbandsübereinkunft auf die Länder des besonderen Verbandes bleibt vorbehalten.

**Art. 8.** Die für die Sicherung des Schutzes der Ursprungsbezeichnungen erforderliche Rechtsverfolgung kann in jedem Land des besonderen Verbandes gemäß der Landesgesetzgebung eingeleitet werden:
1. auf Betreiben der zuständigen Behörde oder auf Antrag der Staatsanwaltschaft;
2. durch jede beteiligte Partei, sei es eine natürliche oder juristische Person des öffentlichen oder Privatrechts.

**Art. 9.** (1) Für die Durchführung dieses Abkommens wird beim Internationalen Büro ein Rat gebildet, der sich aus Vertretern aller dem besonderen Verband angehörenden Länder zusammensetzt.

(2) Dieser Rat gibt sich selbst eine Satzung sowie eine Verfahrensordnung und stimmt sie mit den Organen des Verbandes zum Schutz des gewerblichen Eigentums und den Organen

Lissaboner Ursprungsabkommen  Art. 10–14  LUA

der internationalen Organisationen ab, die mit dem Internationalen Büro Vereinbarungen über eine Zusammenarbeit getroffen haben.

**Art. 10.** (1) Die Einzelheiten der Ausführung dieses Abkommens werden durch eine Ausführungsordnung bestimmt, die gleichzeitig mit dem Abkommen unterzeichnet wird.

(2) Dieses Abkommen sowie die Ausführungsordnung können nach Artikel 14 der Hauptübereinkunft revidiert werden.

**Art. 11.** (1) Die Mitgliedstaaten des Verbandes zum Schutz des gewerblichen Eigentums, die an diesem Abkommen nicht teilgenommen haben, werden auf ihren Antrag und in der durch die Artikel 16 und 16$^{bis}$ der Pariser Verbandsübereinkunft vorgeschriebenen Form zum Beitritt zugelassen.

(2) Die Anzeige des Beitritts gewährleistet als solche im Gebiet des beitretenden Landes den Ursprungsbezeichnungen, die im Zeitpunkt des Beitritts international registriert sind, die Vergünstigungen der vorhergehenden Bestimmungen.

(3) Jedoch kann jedes Land, das diesem Abkommen beitritt, innerhalb einer Frist von einem Jahr erklären, für welche der beim Internationalen Büro bereits registrierten Ursprungsbezeichnungen es von der in Artikel 5 Absatz 3 vorgesehenen Befugnis Gebrauch macht.

(4) Für die Kündigung dieses Abkommens ist Artikel 17$^{bis}$ der Pariser Verbandsübereinkunft maßgebend.

**Art. 12.** Dieses Abkommens bleibt solange in Kraft, als ihm mindestens fünf Länder angehören.

**Art. 13.** Dieses Abkommens bedarf der Ratifizierung; die Ratifizierungsurkunden sollen bei der Regierung der Schweizerischen Eidgenossenschaft hinterlegt werden.

Es tritt nach der Ratifizierung durch fünf Länder in Kraft, und zwar einen Monat, nachdem die Hinterlegung der fünften Ratifikationsurkunde durch die Regierung der Schweizerischen Eidgenossenschaft angezeigt worden ist, und für die Länder, in deren Namen es danach ratifiziert wird, einen Monat nach der Anzeige jeder dieser Ratifikationen.

**Art. 14.** (1) Dieses Abkommen wird in einem einzigen Stück in französischer Sprache unterzeichnet, das im Archiv der Regierung der Schweizerischen Eidgenossenschaft hinterlegt wird. Eine beglaubigte Abschrift wird von dieser den Regierungen der Länder des besonderen Verbandes übermittelt.

(2) Dieses Abkommen steht zur Unterzeichnung durch die Länder des Verbandes zum Schutz des gewerblichen Eigentums bis zum 31. Dezember 1959 offen.

(3) Amtliche Übersetzungen dieses Abkommens werden in deutscher, englischer, spanischer, italienischer und portugiesischer Sprache hergestellt.

Zu Urkund dessen haben die Bevollmächtigten der oben genannten Staaten dieses Abkommen unterzeichnet.

Geschehen in Lissabon am 31. Oktober 1958.

## 10. Übereinkommen über handelsbezogene Aspekte der Rechte des geistigen Eigentums* (TRIPS)

vom 15. April 1994
(BGBl. II S. 1730)

### Inhaltsübersicht

Art.

#### Teil I. Allgemeine Bestimmungen und Grundprinzipien

| | |
|---|---|
| Wesen und Umfang der Pflichten | 1 |
| Übereinkünfte über geistiges Eigentum | 2 |
| Inländerbehandlung | 3 |
| Meistbegünstigung | 4 |
| Mehrseitige Übereinkünfte über den Erwerb oder die Aufrechterhaltung des Schutzes | 5 |
| Erschöpfung | 6 |
| Ziele | 7 |
| Grundsätze | 8 |

#### Teil II. Normen betreffend die Verfügbarkeit, den Umfang und die Ausübung von Rechten des geistigen Eigentums

##### Abschnitt 1. Urheberrecht und verwandte Schutzrechte

| | |
|---|---|
| Verhältnis zur Berner Übereinkunft | 9 |
| Computerprogramme und Zusammenstellung von Daten | 10 |
| Vermietrechte | 11 |
| Schutzdauer | 12 |
| Beschränkungen und Ausnahmen | 13 |
| Schutz von ausübenden Künstlern, Herstellern von Tonträgern (Tonaufnahmen) und Sendeunternehmen | 14 |

##### Abschnitt 2. Marken

| | |
|---|---|
| Gegenstand des Schutzes | 15 |
| Rechte aus der Marke | 16 |
| Ausnahmen | 17 |
| Schutzdauer | 18 |
| Erfordernis der Benutzung | 19 |
| Sonstige Erfordernisse | 20 |
| Lizenzen und Übertragungen | 21 |

##### Abschnitt 3. Geographische Angaben

| | |
|---|---|
| Schutz geographischer Angaben | 22 |
| Zusätzlicher Schutz für geographische Angaben für Weine und Spirituosen | 23 |
| Internationale Verhandlungen; Ausnahmen | 24 |

##### Abschnitt 4. Gewerbliche Muster und Modelle

| | |
|---|---|
| Schutzvoraussetzungen | 25 |
| Schutz | 26 |

##### Abschnitt 5. Patente

| | |
|---|---|
| Patentfähige Gegenstände | 27 |
| Rechte aus dem Patent | 28 |

---

* Das Übereinkommen über handelsbezogene Aspekte der Rechte des geistigen Eigentums (TRIPS) ist als Anhang 1 C des Übereinkommens zur Errichtung der Welthandelsorganisation (WTO) zum 1. Januar 1995 in Kraft getreten (BGBl. II S. 1625).

| | Art. |
|---|---|
| Bedingungen für Patentanmelder | 29 |
| Ausnahmen von den Rechten aus dem Patent | 30 |
| Sonstige Benutzung ohne Zustimmung des Rechtsinhabers | 31 |
| Widerruf/Verfall | 32 |
| Schutzdauer | 33 |
| Verfahrenspatente: Beweislast | 34 |

### Abschnitt 6. Layout-Designs (Topographien) integrierter Schaltkreise

| | |
|---|---|
| Verhältnis zum IPIC-Vertrag | 35 |
| Schutzumfang | 36 |
| Handlungen, die keiner Erlaubnis durch den Rechtsinhaber bedürfen | 37 |
| Schutzdauer | 38 |

### Abschnitt 7. Schutz nicht offenbarter Informationen

| | |
|---|---|
| (ohne amtliche Überschrift) | 39 |

### Abschnitt 8. Kontrolle wettbewerbswidriger Praktiken in vertraglichen Lizenzen

| | |
|---|---|
| (ohne amtliche Überschrift) | 40 |

## Teil III. Durchsetzung der Rechte des geistigen Eigentums
### Abschnitt 1. Allgemeine Pflichten

| | |
|---|---|
| (ohne amtliche Überschrift) | 41 |

### Abschnitt 2. Zivil- und Verwaltungsverfahren und Rechtsbehelfe

| | |
|---|---|
| Faire und gerechte Verfahren | 42 |
| Beweise | 43 |
| Unterlassungsanordnungen | 44 |
| Schadensersatz | 45 |
| Sonstige Rechtsbehelfe | 46 |
| Recht auf Auskunft | 47 |
| Entschädigung des Beklagten | 48 |
| Verwaltungsverfahren | 49 |

### Abschnitt 3. Einstweilige Maßnahmen

| | |
|---|---|
| (ohne amtliche Überschrift) | 50 |

### Abschnitt 4. Besondere Erfordernisse bei Grenzmaßnahmen

| | |
|---|---|
| Aussetzung der Freigabe durch die Zollbehörden | 51 |
| Antrag | 52 |
| Kaution oder gleichwertige Sicherheitsleistung | 53 |
| Mitteilung der Aussetzung | 54 |
| Dauer der Aussetzung | 55 |
| Entschädigung des Einführers und des Eigentümers der Waren | 56 |
| Recht auf Untersuchung und Auskunft | 57 |
| Vorgehen von Amts wegen | 58 |
| Rechtsbehelfe | 59 |
| Einfuhren in Kleinstmengen | 60 |

### Abschnitt 5. Strafverfahren

| | |
|---|---|
| (ohne amtliche Überschrift) | 61 |

## Teil IV. Erwerb und Aufrechterhaltung von Rechten des geistigen Eigentums und damit im Zusammenhang stehende Inter-partes-Verfahren

| | |
|---|---|
| (ohne amtliche Überschrift) | 62 |

**TRIPS** Übereinkommen Rechte des geistigen Eigentums

### Teil V. Streitvermeidung und -beilegung

| | Art. |
|---|---|
| Transparenz | 63 |
| Streitbeilegung | 64 |

### Teil VI. Übergangsregelungen

| | |
|---|---|
| Übergangsregelungen | 65 |
| Am wenigsten entwickelte Länder, die Mitglieder sind | 66 |
| Technische Zusammenarbeit | 67 |

### Teil VII. Institutionelle Regelungen; Schlußbemerkungen

| | |
|---|---|
| Rat für handelsbezogene Aspekte der Rechte des geistigen Eigentums | 68 |
| Internationale Zusammenarbeit | 69 |
| Schutz bestehender Gegenstände des Schutzes | 70 |
| Überprüfung und Änderung | 71 |
| Vorbehalte | 72 |
| Ausnahmen zur Wahrung der Sicherheit | 73 |

Die Mitglieder –
von dem Wunsch geleitet, Verzerrungen und Behinderungen des internationalen Handels zu verringern, und unter Berücksichtigung der Notwendigkeit, einen wirksamen und angemessenen Schutz der Rechte des geistigen Eigentums zu fördern sowie sicherzustellen, daß die Maßnahmen und Verfahren zur Durchsetzung der Rechte des geistigen Eigentums nicht selbst zu Schranken für den rechtmäßigen Handel werden,
in der Erkenntnis, daß es zu diesem Zweck neuer Regeln und Disziplinen bedarf im Hinblick auf

a) die Anwendbarkeit der Grundprinzipien des GATT 1994 und der einschlägigen internationalen Übereinkünfte über geistiges Eigentum,

b) die Aufstellung angemessener Normen und Grundsätze betreffend die Verfügbarkeit, den Umfang und die Ausübung handelsbezogener Rechte des geistigen Eigentums,

c) die Bereitstellung wirksamer und angemessener Mittel für die Durchsetzung handelsbezogener Rechte des geistigen Eigentums unter Berücksichtigung der Unterschiede in den Rechtssystemen der einzelnen Länder,

d) die Bereitstellung wirksamer und zügiger Verfahren für die multilaterale Vermeidung und Beilegung von Streitigkeiten zwischen Regierungen und

e) Übergangsregelungen, die auf eine möglichst umfassende Beteiligung an den Ergebnissen der Verhandlungen abzielen,

in Erkenntnis der Notwendigkeit eines multilateralen Rahmens von Grundsätzen, Regeln und Disziplinen betreffend den internationalen Handel mit gefälschten Waren,
in der Erkenntnis, daß Rechte an geistigem Eigentum private Rechte sind,
in Erkenntnis der dem öffentlichen Interesse dienenden grundsätzlichen Ziele der Systeme der einzelnen Länder für den Schutz des geistigen Eigentums, einschließlich der entwicklungs- und technologiepolitischen Ziele,
sowie in Erkenntnis der besonderen Bedürfnisse der am wenigsten entwickelten Länder, die Mitglieder sind, in bezug auf größtmögliche Flexibilität bei der Umsetzung von Gesetzen und sonstigen Vorschriften im Inland, um es ihnen zu ermöglichen, eine gesunde und tragfähige technologische Grundlage zu schaffen,
unter Betonung der Bedeutung des Abbaus von Spannungen durch die verstärkte Verpflichtung, Streitigkeiten betreffend handelsbezogene Fragen des geistigen Eigentums durch multilaterale Verfahren zu lösen,
in dem Wunsch, eine der gegenseitigen Unterstützung dienende Beziehung zwischen der Welthandelsorganisation und der Weltorganisation für geistiges Eigentum (in diesem Übereinkommen als „WIPO" bezeichnet) sowie anderen einschlägigen internationalen Organisationen aufzubauen –
kommen hiermit wie folgt überein:

## Teil I. Allgemeine Bestimmungen und Grundprinzipien

**Art. 1 Wesen und Umfang der Pflichten.** (1) Die Mitglieder wenden die Bestimmungen dieses Übereinkommens an. Die Mitglieder dürfen in ihr Recht einen umfassenderen Schutz als den durch dieses Übereinkommen geforderten aufnehmen, vorausgesetzt, dieser Schutz läuft diesem Übereinkommen nicht zuwider, sie sind dazu aber nicht verpflichtet. Es steht den Mitgliedern frei, die für die Umsetzung dieses Übereinkommens in ihrem eigenen Rechtssystem und in ihrer Rechtspraxis geeignete Methode festzulegen.

(2) Der Begriff „geistiges Eigentum" im Sinne dieses Übereinkommens umfaßt alle Arten des geistigen Eigentums, die Gegenstand der Abschnitte 1 bis 7 des Teils II sind.

(3) Die Mitglieder gewähren die in diesem Übereinkommen festgelegte Behandlung den Angehörigen der anderen Mitglieder.[1] In bezug auf das einschlägige Recht des geistigen Eigentums sind unter den Angehörigen anderer Mitglieder diejenigen natürlichen oder juristischen Personen zu verstehen, die den Kriterien für den Zugang zum Schutz nach der Pariser Verbandsübereinkunft (1967), der Berner Übereinkunft (1971), dem Rom-Abkommen und dem Vertrag über den Schutz des geistigen Eigentums im Hinblick auf integrierte Schaltkreise entsprächen, wenn alle Mitglieder der Welthandelsorganisation Vertragsparteien dieser Übereinkünfte wären.[2] Ein Mitglied, das von den in Artikel 5 Absatz 3 oder Artikel 6 Absatz 2 des Rom-Abkommens vorgesehenen Möglichkeiten Gebrauch macht, hat eine Notifikation gemäß den genannten Bestimmungen an den Rat für handelsbezogene Aspekte der Rechte des geistigen Eigentums (den „Rat für TRIPS") vorzunehmen.

**Art. 2 Übereinkünfte über geistiges Eigentum.** (1) In bezug auf die Teile II, III und IV dieses Übereinkommens befolgen die Mitglieder die Artikel 1 bis 12 sowie Artikel 19 der Pariser Verbandsübereinkunft (1967).

(2) Die in den Teilen I bis IV dieses Übereinkommens enthaltenen Bestimmungen setzen die nach der Pariser Verbandsübereinkunft, der Berner Übereinkunft, dem Rom-Abkommen und dem Vertrag über den Schutz des geistigen Eigentums im Hinblick auf integrierte Schaltkreise bestehenden Verpflichtungen der Mitglieder untereinander nicht außer Kraft.

**Art. 3 Inländerbehandlung.** (1) Die Mitglieder gewähren den Angehörigen der anderen Mitglieder eine Behandlung, die nicht weniger günstig ist als die, die sie ihren eigenen Angehörigen in bezug auf den Schutz[3] des geistigen Eigentums gewähren, vorbehaltlich der jeweils bereits in der Pariser Verbandsübereinkunft (1967), der Berner Übereinkunft (1971), dem Rom-Abkommen oder dem Vertrag über den Schutz des geistigen Eigentums im Hinblick auf integrierte Schaltkreise vorgesehenen Ausnahmen. In bezug auf ausübende Künstler, Hersteller von Tonträgern und Sendeunternehmen gilt diese Verpflichtung nur in bezug auf die durch dieses Übereinkommen vorgesehenen Rechte. Ein Mitglied, das von den in Artikel 6 der Berner Übereinkunft (1971) oder in Artikel 16 Absatz 1 Buchstabe b des Rom-Abkommens vorgesehenen Möglichkeiten Gebrauch macht, hat eine Notifikation gemäß den genannten Bestimmungen an den Rat für TRIPS vorzunehmen.

---

[1] Soweit in diesem Übereinkommen der Begriff „Angehörige" verwendet wird, bedeutet dieser Begriff im Fall eines gesonderten Zollgebiets, das Mitglied der WTO ist, natürliche oder juristische Personen mit Wohnsitz oder einer wirklichen und tatsächlichen gewerblichen oder Handelsniederlassung in diesem Zollgebiet.

[2] In diesem Übereinkommen bedeutet „Pariser Verbandsübereinkunft" die Pariser Verbandsübereinkunft zum Schutz des gewerblichen Eigentums, „Pariser Verbandsübereinkunft (1967)" die Stockholmer Fassung dieser Übereinkunft vom 14. Juli 1967, „Berner Übereinkunft" die Berner Übereinkunft zum Schutz von Werken der Literatur und Kunst, „Berner Übereinkunft (1971)" die Pariser Fassung dieser Übereinkunft vom 24. Juli 1971, „Rom-Abkommen" das Internationale Abkommen über den Schutz der ausübenden Künstler, der Hersteller von Tonträgern und der Sendeunternehmen, angenommen in Rom am 26. Oktober 1961, „Vertrag über den Schutz des geistigen Eigentums im Hinblick auf integrierte Schaltkreise (IPIC-Vertrag)" den am 26. Mai 1989 in Washington angenommenen Vertrag über den Schutz des geistigen Eigentums im Hinblick auf integrierte Schaltkreise, „WTO-Übereinkommen" das Übereinkommen zur Errichtung der Welthandelsorganisation.

[3] In Sinne der Artikel 3 und 4 schließt „Schutz" Angelegenheiten ein, welche die Verfügbarkeit, den Erwerb, den Umfang, die Aufrechterhaltung und die Durchsetzung von Rechten des geistigen Eigentums betreffen, sowie diejenigen Angelegenheiten, welche die Ausübung von Rechten des geistigen Eigentums betreffen, die in diesem Übereinkommen ausdrücklich behandelt werden.

(2) Die Mitglieder dürfen in bezug auf Gerichts- und Verwaltungsverfahren, einschließlich der Bestimmung einer Anschrift für die Zustellung oder der Ernennung eines Vertreters innerhalb des Hoheitsgebiets eines Mitglieds, von den in Absatz 1 vorgesehenen Ausnahmen nur Gebrauch machen, wenn diese Ausnahmen notwendig sind, um die Einhaltung von Gesetzen und sonstigen Vorschriften sicherzustellen, die mit den Bestimmungen dieses Übereinkommens nicht unvereinbar sind, und wenn diese Praktiken nicht in einer Weise angewendet werden, die eine verschleierte Handelsbeschränkung bilden würde.

**Art. 4 Meistbegünstigung.** In bezug auf den Schutz des geistigen Eigentums werden Vorteile, Vergünstigungen, Sonderrechte und Befreiungen, die von einem Mitglied den Angehörigen eines anderen Landes gewährt werden, sofort und bedingungslos den Angehörigen aller anderen Mitglieder gewährt. Von dieser Verpflichtung ausgenommen sind von einem Mitglied gewährte Vorteile, Vergünstigungen, Sonderrechte und Befreiungen,

a) die sich aus internationalen Übereinkünften über Rechtshilfe oder Vollstreckung ableiten, die allgemeiner Art sind und sich nicht speziell auf den Schutz des geistigen Eigentums beschränken;

b) die gemäß den Bestimmungen der Berner Übereinkunft (1971) oder des Rom-Abkommens gewährt werden, in denen gestattet wird, daß die gewährte Behandlung nicht vor der Inländerbehandlung, sondern von der in einem anderen Land gewährten Behandlung abhängig gemacht wird;

c) die sich auf die in diesem Übereinkommen nicht geregelten Rechte von ausübenden Künstlern, Herstellern von Tonträgern und Sendeunternehmen beziehen;

d) die sich aus internationalen Übereinkünften betreffend den Schutz des geistigen Eigentums ableiten, die vor dem Inkrafttreten des WTO-Übereinkommens in Kraft getreten sind, vorausgesetzt, daß diese Übereinkünfte dem Rat für TRIPS notifiziert werden und keine willkürliche oder ungerechtfertigte Diskriminierung von Angehörigen anderer Mitglieder darstellen.

**Art. 5 Mehrseitige Übereinkünfte über den Erwerb oder die Aufrechterhaltung des Schutzes.** Die in den Artikeln 3 und 4 aufgeführten Verpflichtungen finden keine Anwendung auf Verfahren, die in im Rahmen der Weltorganisation für geistiges Eigentum geschlossenen mehrseitigen Übereinkünften betreffend den Erwerb oder die Aufrechterhaltung von Rechten des geistigen Eigentums enthalten sind.

**Art. 6 Erschöpfung.** Für die Zwecke der Streitbeilegung im Rahmen dieses Übereinkommens darf vorbehaltlich der Artikel 3 und 4 dieses Übereinkommen nicht dazu verwendet werden, die Frage der Erschöpfung von Rechten des geistigen Eigentums zu behandeln.

**Art. 7 Ziele.** Der Schutz und die Durchsetzung von Rechten des geistigen Eigentums sollen zur Förderung der technischen Innovation sowie zur Weitergabe und Verbreitung von Technologie beitragen, dem beiderseitigen Vorteil der Erzeuger und Nutzer technischen Wissens dienen, in einer dem gesellschaftlichen und wirtschaftlichen Wohl zuträglichen Weise erfolgen und einen Ausgleich zwischen Rechten und Pflichten herstellen.

**Art. 8 Grundsätze.** (1) Die Mitglieder dürfen bei der Abfassung oder Änderung ihrer Gesetze und sonstigen Vorschriften die Maßnahmen ergreifen, die zum Schutz der öffentlichen Gesundheit und Ernährung sowie zur Förderung des öffentlichen Interesses in den für ihre sozio-ökonomische und technische Entwicklung lebenswichtigen Sektoren notwendig sind; jedoch müssen diese Maßnahmen mit diesem Übereinkommen vereinbar sein.

(2) Geeignete Maßnahmen, die jedoch mit diesem Übereinkommen vereinbar sein müssen, können erforderlich sein, um den Mißbrauch von Rechten des geistigen Eigentums durch die Rechtsinhaber oder den Rückgriff auf Praktiken, die den Handel unangemessen beschränken oder den internationalen Technologietransfer nachteilig beeinflussen, zu verhindern.

## Teil II. Normen betreffend die Verfügbarkeit, den Umfang und die Ausübung von Rechten des geistigen Eigentums

### Abschnitt 1. Urheberrecht und verwandte Schutzrechte

**Art. 9 Verhältnis zur Berner Übereinkunft.** (1) Die Mitglieder befolgen die Artikel 1 bis 21 der Berner Übereinkunft (1971) und den Anhang dazu. Die Mitglieder haben jedoch aufgrund dieses Übereinkommens keine Rechte oder Pflichten in bezug auf die in Artikel 6$^{bis}$ der Übereinkunft gewährten oder die daraus abgeleiteten Rechte.

(2) Der urheberrechtliche Schutz erstreckt sich auf Ausdrucksformen und nicht auf Ideen, Verfahren, Arbeitsweisen oder mathematische Konzepte als solche.

**Art. 10 Computerprogramme und Zusammenstellung von Daten.** (1) Computerprogramme, gleichviel, ob sie in Quellcode oder in Maschinenprogrammcode ausgedrückt sind, werden als Werke der Literatur nach der Berner Übereinkunft (1971) geschützt.

(2) Zusammenstellungen von Daten oder sonstigem Material, gleichviel, ob in maschinenlesbarer oder anderer Form, die aufgrund der Auswahl oder Anordnung ihres Inhalts geistige Schöpfungen bilden, werden als solche geschützt. Dieser Schutz, der sich nicht auf die Daten oder das Material selbst erstreckt, gilt unbeschadet eines an den Daten oder dem Material selbst bestehenden Urheberrechts.

**Art. 11 Vermietrechte.** Zumindest in bezug auf Computerprogramme und Filmwerke gewähren die Mitglieder den Urhebern und ihren Rechtsnachfolgern das Recht, die gewerbliche Vermietung von Originalen oder Vervielfältigungsstücken ihrer urheberrechtlich geschützten Werke an die Öffentlichkeit zu gestatten oder zu verbieten. Ein Mitglied ist in bezug auf Filmwerke von dieser Pflicht befreit, es sei denn, diese Vermietung hat zu weit verbreiteter Vervielfältigung dieser Werke geführt, die das den Urhebern und ihren Rechtsnachfolgern in diesem Mitglied gewährte ausschließliche Vervielfältigungsrecht erheblich beeinträchtigt. In bezug auf Computerprogramme findet diese Verpflichtung keine Anwendung auf Vermietungen, bei denen das Programm selbst nicht der wesentliche Gegenstand der Vermietung ist.

**Art. 12 Schutzdauer.** Wird die Dauer des Schutzes eines Werkes, das kein photographisches Werk und kein Werk der angewandten Kunst ist, auf einer anderen Grundlage als der Lebensdauer einer natürlichen Person berechnet, so darf die Schutzdauer nicht weniger als 50 Jahre ab dem Ende des Kalenderjahrs der gestatteten Veröffentlichung und, wenn es innerhalb von 50 Jahren ab der Herstellung des Werkes zu keiner gestatteten Veröffentlichung kommt, nicht weniger als 50 Jahre ab dem Ende des Kalenderjahrs der Herstellung betragen.

**Art. 13 Beschränkungen und Ausnahmen.** Die Mitglieder begrenzen Beschränkungen und Ausnahmen von ausschließlichen Rechten auf bestimmte Sonderfälle, die weder die normale Auswertung des Werkes beeinträchtigen noch die berechtigten Interessen des Rechtsinhabers unzumutbar verletzen.

**Art. 14 Schutz von ausübenden Künstlern, Herstellern von Tonträgern (Tonaufnahmen) und Sendeunternehmen.** (1) In bezug auf die Festlegung ihrer Darbietung auf einem Tonträger haben ausübende Künstler die Möglichkeit, folgende Handlungen zu verhindern, wenn diese ohne ihre Erlaubnis vorgenommen werden: die Festlegung ihrer nicht festgelegten Darbietung und die Vervielfältigung einer solchen Festlegung. Ausübende Künstler haben auch die Möglichkeit, folgende Handlungen zu verhindern, wenn diese ohne ihre Erlaubnis vorgenommen werden: die Funksendung auf drahtlosem Weg und die öffentliche Wiedergabe ihrer lebenden Darbietung.

(2) Die Hersteller von Tonträgern haben das Recht, die unmittelbare oder mittelbare Vervielfältigung ihrer Tonträger zu gestatten oder zu verbieten.

(3) Sendeunternehmen haben das Recht, folgende Handlungen zu verbieten, wenn diese ohne ihre Erlaubnis vorgenommen werden: die Festlegung, die Vervielfältigung von Festle-

gungen und die drahtlose Weitersendung von Funksendungen sowie die öffentliche Wiedergabe von Fernsehsendungen solcher Funksendungen. Mitglieder, die den Sendeunternehmen solche Rechte nicht gewähren, müssen den Inhabern des Urheberrechts an dem Gegenstand von Funksendungen die Möglichkeit gewähren, die genannten Handlungen vorbehaltlich der Berner Übereinkunft (1971) zu verhindern.

(4) Die Bestimmungen des Artikels 11 betreffend Computerprogramme gelten, wie im innerstaatlichen Recht des Mitglieds bestimmt, sinngemäß auch für Hersteller von Tonträgern und sonstige Inhaber der Rechte an Tonträgern. Ist am 15. April 1994 in einem Mitglied ein System der angemessenen Vergütung für die Inhaber von Rechten in bezug auf die Vermietung von Tonträgern in Kraft, so kann das Mitglied dieses System beibehalten, sofern die gewerbliche Vermietung von Tonträgern die ausschließlichen Vervielfältigungsrechte der Rechtsinhaber nicht erheblich beeinträchtigt.

(5) Die nach diesem Übereinkommen ausübenden Künstlern und Herstellern von Tonträgern gewährte Schutzdauer läuft mindestens bis zum Ende eines Zeitraums von 50 Jahren, gerechnet ab dem Ende des Kalenderjahrs, in dem die Festlegung vorgenommen wurde oder die Darbietung stattgefunden hat. Die Dauer des nach Absatz 3 gewährten Schutzes beträgt mindestens 20 Jahre ab dem Ende des Kalenderjahrs, in dem die Funksendung stattgefunden hat.

(6) Die Mitglieder können in bezug auf die nach den Absätzen 1, 2 und 3 gewährten Rechte in dem durch das Rom-Abkommen gestatteten Umfang Bedingungen, Beschränkungen, Ausnahmen und Vorbehalte vorsehen. Jedoch findet Artikel 18 der Berner Übereinkunft (1971) sinngemäß auch auf die Rechte der ausübenden Künstler und der Hersteller von Tonträgern an Tonträgern Anwendung.

### Abschnitt 2. Marken

**Art. 15 Gegenstand des Schutzes.** (1) Alle Zeichen und alle Zeichenkombinationen, die geeignet sind, die Waren oder Dienstleistungen eines Unternehmens von denen anderer Unternehmen zu unterscheiden, können eine Marke darstellen. Solche Zeichen, insbesondere Wörter einschließlich Personennamen, Buchstaben, Zahlen, Abbildungen und Farbverbindungen, sowie alle Verbindungen solcher Zeichen sind als Marken eintragungsfähig. Sind Zeichen nicht ihrer Natur nach geeignet, die betreffenden Waren oder Dienstleistungen zu unterscheiden, so können die Mitglieder ihre Eintragungsfähigkeit von ihrer durch Benutzung erworbenen Unterscheidungskraft abhängig machen. Die Mitglieder können die visuelle Wahrnehmbarkeit von Zeichen als Eintragungsvoraussetzung festlegen.

(2) Absatz 1 ist nicht so zu verstehen, daß er ein Mitglied daran hindert, die Eintragung einer Marke aus anderen Gründen zu verweigern, wenn diese nicht im Widerspruch zu der Pariser Verbandsübereinkunft (1967) stehen.

(3) Die Mitglieder können die Eintragungsfähigkeit von der Benutzung abhängig machen. Die tatsächliche Benutzung einer Marke darf jedoch keine Voraussetzung für die Einreichung eines Antrags auf Eintragung sein. Ein Antrag darf nicht allein aus dem Grund abgelehnt werden, daß die beabsichtigte Benutzung nicht vor Ablauf einer Frist von drei Jahren, gerechnet ab dem Tag der Antragstellung, stattgefunden hat.

(4) Die Art der Waren oder Dienstleistungen, für die eine Marke verwendet werden soll, darf keinesfalls ein Hindernis für die Eintragung der Marke bilden.

(5) Die Mitglieder veröffentlichen alle Marken entweder vor ihrer Eintragung oder sofort nach ihrer Eintragung und sehen eine angemessene Gelegenheit für Anträge auf Löschung der Eintragung vor. Darüber hinaus können die Mitglieder die Gelegenheit vorsehen, gegen die Eintragung einer Marke Widerspruch einzulegen.

**Art. 16 Rechte aus der Marke.** (1) Dem Inhaber einer eingetragenen Marke steht das ausschließliche Recht zu, Dritten zu verbieten, ohne seine Zustimmung im geschäftlichen Verkehr identische oder ähnliche Zeichen für Waren oder Dienstleistungen, die identisch oder ähnlich denen sind, für welche die Marke eingetragen ist, zu benutzen, wenn diese Benutzung die Gefahr von Verwechslungen nach sich ziehen würde. Bei der Benutzung identischer Zeichen für identische Waren oder Dienstleistungen wird die Verwechslungsgefahr vermutet. Die vorstehend beschriebenen Rechte beeinträchtigen bestehende ältere Rechte nicht; sie beeinträchtigen auch nicht die Möglichkeit, daß die Mitglieder Rechte aufgrund von Benutzung vorsehen.

(2) Artikel 6$^{bis}$ der Pariser Verbandsübereinkunft (1967) findet sinngemäß auf Dienstleistungen Anwendung. Bei der Bestimmung, ob eine Marke notorisch bekannt ist, berücksichtigen die Mitglieder die Bekanntheit der Marke im maßgeblichen Teil der Öffentlichkeit, einschließlich der Bekanntheit der Marke im betreffenden Mitglied, die aufgrund der Werbung für die Marke erreicht wurde.

(3) Artikel 6$^{bis}$ der Pariser Verbandsübereinkunft (1967) findet sinngemäß auf Waren oder Dienstleistungen Anwendung, die denen nicht ähnlich sind, für die eine Marke eingetragen ist, wenn die Benutzung der betreffenden Marke im Zusammenhang mit diesen Waren oder Dienstleistungen auf eine Verbindung zwischen diesen Waren oder Dienstleistungen und dem Inhaber der eingetragenen Marke hinweisen würde und wenn den Interessen des Inhabers der eingetragenen Marke durch eine solche Benutzung wahrscheinlich Schaden zugefügt würde.

**Art. 17 Ausnahmen.** Die Mitglieder können begrenzte Ausnahmen von den Rechten aus einer Marke vorsehen, wie etwa eine lautere Benutzung beschreibender Angaben, wenn diese Ausnahmen die berechtigten Interessen des Inhabers der Marke und Dritter berücksichtigen.

**Art. 18 Schutzdauer.** Die Laufzeit der ursprünglichen Eintragung und jeder Verlängerung der Eintragung einer Marke beträgt mindestens sieben Jahre. Die Eintragung einer Marke kann unbegrenzt verlängert werden.

**Art. 19 Erfordernis der Benutzung.** (1) Wenn die Benutzung für die Aufrechterhaltung einer Eintragung vorausgesetzt wird, darf die Eintragung erst nach einem ununterbrochenen Zeitraum der Nichtbenutzung von mindestens drei Jahren gelöscht werden, sofern der Inhaber der Marke nicht auf das Vorhandensein von Hindernissen für eine solche Benutzung gestützte triftige Gründe nachweist. Umstände, die unabhängig vom Willen des Inhabers der Marke eintreten und die ein Hindernis für die Benutzung der Marke bilden, wie zum Beispiel Einfuhrbeschränkungen oder sonstige staatliche Auflagen für durch die Marke geschützte Waren oder Dienstleistungen, werden als triftige Gründe für die Nichtbenutzung anerkannt.

(2) Die Benutzung einer Marke durch einen Dritten wird als Benutzung der Marke zum Zweck der Erhaltung der Eintragung anerkannt, wenn sie der Kontrolle durch ihren Inhaber unterliegt.

**Art. 20 Sonstige Erfordernisse.** Die Benutzung einer Marke im geschäftlichen Verkehr darf nicht ungerechtfertigt durch besondere Erfordernisse erschwert werden, wie die Benutzung zusammen mit einer anderen Marke, die Benutzung in einer besonderen Form oder die Benutzung in einer Weise, die ihre Fähigkeit beeinträchtigt, die Waren oder Dienstleistungen eines Unternehmens von denen anderer Unternehmen zu unterscheiden. Dies schließt die Verpflichtung nicht aus, die Marke, welche das die Waren oder Dienstleistungen herstellende Unternehmen kennzeichnet, zusammen, aber ohne Verknüpfung, mit der Marke zu benutzen, welche die konkret betroffenen Waren oder Dienstleistungen dieses Unternehmens unterscheidet.

**Art. 21 Lizenzen und Übertragungen.** Die Mitglieder können die Bedingungen für die Vergabe von Lizenzen und für die Übertragung von Marken festlegen, wobei davon ausgegangen wird, daß die Zwangslizenzierung von Marken nicht zulässig ist und daß der Inhaber einer eingetragenen Marke berechtigt ist, seine Marke mit oder ohne den Geschäftsbetrieb, zu dem die Marke gehört, zu übertragen.

## Abschnitt 3. Geographische Angaben

**Art. 22 Schutz geographischer Angaben.** (1) Geographische Angaben im Sinne dieses Übereinkommens sind Angaben, die eine Ware als aus dem Hoheitsgebiet eines Mitglieds oder aus einer Gegend oder aus einem Ort in diesem Gebiet stammend kennzeichnen, wenn eine bestimmte Qualität, der Ruf oder eine sonstige Eigenschaft der Ware im wesentlichen auf ihrer geographischen Herkunft beruht.

(2) In bezug auf geographische Angaben bieten die Mitglieder den beteiligten Parteien die rechtlichen Mittel für ein Verbot

a) der Benutzung irgendeines Mittels in der Bezeichnung oder Aufmachung einer Ware, das auf eine das Publikum hinsichtlich der geographischen Herkunft der Ware irreführende Weise angibt oder nahelegt, daß die fragliche Ware ihren Ursprung in einem anderen geographischen Gebiet als dem wahren Ursprungsort hat;

b) jeder Benutzung, die eine unlautere Wettbewerbshandlung im Sinne des Artikels 10$^{bis}$ der Pariser Verbandsübereinkunft (1967) darstellt.

(3) Die Mitglieder weisen von Amts wegen, sofern ihr Recht dies erlaubt, oder auf Antrag einer beteiligten Partei die Eintragung einer Marke, die eine geographische Angabe enthält oder aus ihr besteht, für Waren, die ihren Ursprung nicht in dem angegebenen Hoheitsgebiet haben, zurück oder erklären sie für ungültig, wenn die Benutzung der Angabe in der Marke für solche Waren in diesem Mitglied derart ist, daß das Publikum hinsichtlich des wahren Ursprungsorts irregeführt wird.

(4) Der Schutz nach den Absätzen 1, 2 und 3 ist auch gegen eine geographische Angabe anwendbar, die zwar in bezug auf das Hoheitsgebiet, die Gegend oder den Ort, aus dem die Waren stammen, tatsächlich zutreffend ist, aber dem Publikum gegenüber fälschlich die Herkunft der Waren aus einem anderen Hoheitsgebiet darstellt.

**Art. 23 Zusätzlicher Schutz für geographische Angaben für Weine und Spirituosen.** (1) Die Mitglieder bieten beteiligten Parteien die rechtlichen Mittel für ein Verbot der Verwendung geographischer Angaben zur Kennzeichnung von Weinen für Weine, die ihren Ursprung nicht an dem durch die fragliche geographische Angabe bezeichneten Ort haben, oder zur Kennzeichnung von Spirituosen für Spirituosen, die ihren Ursprung nicht an dem durch die fragliche geographische Angabe bezeichneten Ort haben, selbst wenn der wahre Ursprung der Waren angegeben oder die geographische Angabe in Übersetzung oder zusammen mit Ausdrücken wie „Art", „Typ", „Stil", „Imitation" oder dergleichen benutzt wird.[1]

(2) Die Eintragung einer Marke, die eine geographische Angabe enthält oder aus ihr besteht, durch die Weine gekennzeichnet werden, für Weine oder die Eintragung einer Marke, die eine geographische Angabe enthält oder aus ihr besteht, durch die Spirituosen gekennzeichnet werden, für Spirituosen, wird in bezug auf solche Weine oder Spirituosen, die diesen Ursprung nicht haben, von Amts wegen, wenn das Recht eines Mitglieds dies erlaubt, oder auf Antrag einer beteiligten Partei zurückgewiesen oder für ungültig erklärt.

(3) Im Fall homonymer geographischer Angaben für Weine wird vorbehaltlich des Artikels 22 Absatz 4 jeder Angabe Schutz gewährt. Jedes Mitglied legt die praktischen Bedingungen fest, unter denen die fraglichen homonymen Angaben voneinander unterschieden werden, wobei die Notwendigkeit berücksichtigt wird, sicherzustellen, daß die betroffenen Erzeuger angemessen behandelt und die Verbraucher nicht irregeführt werden.

(4) Um den Schutz geographischer Angaben für Weine zu erleichtern, werden im Rat für TRIPS Verhandlungen über die Errichtung eines mehrseitigen Systems der Notifikation und Eintragung geographischer Angaben für Weine, die in den an dem System beteiligten Mitgliedern schutzfähig sind, geführt.

---

[1] Ungeachtet des Artikels 42 Satz 1 sind die Mitglieder befugt, in bezug auf diese Verpflichtungen statt dessen die Durchsetzung durch Verwaltungsmaßnahmen vorzusehen.

**Art. 24 Internationale Verhandlungen; Ausnahmen.** (1) Die Mitglieder vereinbaren, in Verhandlungen einzutreten, die darauf abzielen, den Schutz einzelner geographischer Angaben nach Artikel 23 zu stärken. Die Absätze 4 bis 8 dürfen von einem Mitglied nicht dazu verwendet werden, die Führung von Verhandlungen oder den Abschluß zweiseitiger oder mehrseitiger Übereinkünfte zu verweigern. Im Rahmen solcher Verhandlungen sind die Mitglieder bereit, die weitere Anwendbarkeit dieser Bestimmungen auf einzelne geographische Angaben, deren Benutzung Gegenstand solcher Verhandlungen war, in Betracht zu ziehen.

(2) Der Rat für TRIPS überprüft laufend die Anwendung dieses Abschnitts; die erste Überprüfung findet innerhalb von zwei Jahren nach Inkrafttreten des WTO-Übereinkommens statt. Alle Angelegenheiten, welche die Erfüllung der sich aus diesen Bestimmungen ergebenden Pflichten betreffen, können dem Rat zur Kenntnis gebracht werden, der sich auf Ersuchen eines Mitglieds mit einem oder mehreren Mitgliedern in bezug auf eine solche Angelegenheit berät, hinsichtlich deren es nicht möglich war, durch zweiseitige oder mehrseitige Konsultationen zwischen den betroffenen Mitgliedern eine befriedigende Lösung zu finden. Der Rat ergreift die vereinbarten Maßnahmen, um die Anwendung dieses Abschnitts zu erleichtern und seine Ziele zu fördern.

(3) Bei der Umsetzung dieses Abschnitts vermindern die Mitglieder nicht den Schutz geographischer Angaben, der in dem jeweiligen Mitglied unmittelbar vor dem Zeitpunkt des Inkrafttretens des WTO-Übereinkommens gegeben war.

(4) Dieser Abschnitt verpflichtet die Mitglieder nicht, die fortgesetzte und gleichartige Benutzung einer bestimmten geographischen Angabe eines anderen Mitglieds zu verbieten, durch die Weine oder Spirituosen im Zusammenhang mit Waren oder Dienstleistungen durch seine Angehörigen oder Personen, die in dem Land ihren Wohnsitz haben, gekennzeichnet werden, wenn sie diese geographische Angabe laufend für dieselben oder verwandten Waren oder Dienstleistungen im Hoheitsgebiet dieses Mitglieds entweder a) mindestens zehn Jahre lang vor dem 15. April 1994 oder b) gutgläubig vor diesem Tag benutzt haben.

(5) Wenn entweder

a) vor dem Zeitpunkt der Anwendung dieser Bestimmungen in einem Mitglied gemäß Teil VI oder

b) bevor die geographische Angabe in ihrem Ursprungsland geschützt wird,

eine Marke gutgläubig angemeldet oder eingetragen wurde oder Rechte an einer Marke durch gutgläubige Benutzung erworben wurden, beeinträchtigen zur Umsetzung dieses Abschnitts ergriffene Maßnahmen nicht die Eintragungsfähigkeit oder die Gültigkeit der Eintragung einer Marke oder das Recht zur Benutzung einer Marke aufgrund der Tatsache, daß eine solche Marke mit einer geographischen Angabe identisch oder ihr ähnlich ist.

(6) Dieser Abschnitt verpflichtet die Mitglieder nicht, ihre Bestimmungen in bezug auf eine geographische Angabe eines anderen Mitglieds in bezug auf Waren oder Dienstleistungen anzuwenden, für die diese Angabe identisch mit dem Begriff ist, der in der allgemeinen Sprache der übliche Name solcher Waren oder Dienstleistungen im Hoheitsgebiet dieses Mitglieds ist. Dieser Abschnitt verpflichtet die Mitglieder nicht, ihre Bestimmungen in bezug auf eine geographische Angabe eines anderen Mitglieds in bezug auf Erzeugnisse des Weinbaus anzuwenden, für die diese Angabe identisch mit dem üblichen Namen einer Rebsorte ist, die im Hoheitsgebiet dieses Mitglieds zum Zeitpunkt des Inkrafttretens des WTO-Übereinkommens vorhanden ist.

(7) Jedes Mitglied kann vorsehen, daß ein nach diesem Abschnitt im Zusammenhang mit der Benutzung oder Eintragung einer Marke gestellter Antrag innerhalb von fünf Jahren, nachdem die entgegenstehende Benutzung der geschützten Angabe in diesem Mitglied allgemein bekannt geworden ist oder nach dem Tag der Eintragung der Marke in diesem Mitglied, sofern die Marke zu diesem Zeitpunkt veröffentlicht ist, wenn dieser Zeitpunkt vor dem Tag liegt, an dem die entgegenstehende Benutzung in diesem Mitglied allgemein bekannt geworden ist, eingereicht werden muß, sofern die geographische Angabe nicht bösgläubig benutzt oder eingetragen wird.

(8) Dieser Abschnitt beeinträchtigt nicht das Recht einer Person, im geschäftlichen Verkehr ihren Namen oder den Namen ihres Geschäftsvorgängers zu benutzen, sofern dieser Namen nicht in einer das Publikum irreführenden Weise benutzt wird.

(9) Dieses Übereinkommen begründet keine Verpflichtung, geographische Angaben zu schützen, die in ihrem Ursprungsland nicht oder nicht mehr geschützt sind oder die in diesem Land außer Gebrauch gekommen sind.

### Abschnitt 4. Gewerbliche Muster und Modelle

**Art. 25 Schutzvoraussetzungen.** (1) Die Mitglieder sehen den Schutz unabhängig geschaffener gewerblicher Muster und Modelle vor, die neu sind oder Eigenart haben. Die Mitglieder können bestimmen, daß Muster oder Modelle nicht neu sind oder keine Eigenart haben, wenn sie sich von bekannten Mustern oder Modellen oder Kombinationen bekannter Merkmale von Mustern oder Modellen nicht wesentlich unterscheiden. Die Mitglieder können bestimmen, daß sich dieser Schutz nicht auf Muster oder Modelle erstreckt, die im wesentlichen aufgrund technischer oder funktionaler Überlegungen vorgegeben sind.

(2) Jedes Mitglied stellt sicher, daß die Voraussetzungen für die Gewährung des Schutzes von Textilmustern, insbesondere hinsichtlich Kosten, Prüfung oder Bekanntmachung, die Möglichkeit, diesen Schutz zu begehren und zu erlangen, nicht unangemessen beeinträchtigen. Es steht den Mitgliedern frei, dieser Verpflichtung durch musterrechtliche oder urheberrechtliche Bestimmungen nachzukommen.

**Art. 26 Schutz.** (1) Der Inhaber eines geschützten gewerblichen Musters oder Modells ist berechtigt, Dritten zu verbieten, ohne seine Zustimmung Gegenstände herzustellen, zu verkaufen oder einzuführen, die ein Muster oder Modell tragen oder in die ein Muster oder Modell aufgenommen wurde, das eine Nachahmung oder im wesentlichen eine Nachahmung des geschützten Musters oder Modells ist, wenn diese Handlungen zu gewerblichen Zwecken vorgenommen werden.

(2) Die Mitglieder können begrenzte Ausnahmen vom Schutz gewerblicher Muster oder Modelle vorsehen, sofern solche Ausnahmen nicht unangemessen im Widerspruch zur normalen Verwertung geschützter gewerblicher Muster oder Modelle stehen und die berechtigten Interessen des Inhabers des geschützten Musters oder Modells nicht unangemessen beeinträchtigen, wobei auch die berechtigten Interessen Dritter zu berücksichtigen sind.

(3) Die erhältliche Schutzdauer beträgt mindestens zehn Jahre.

### Abschnitt 5. Patente

**Art. 27 Patentfähige Gegenstände.** (1) Vorbehaltlich der Absätze 2 und 3 ist vorzusehen, daß Patente für Erfindungen auf allen Gebieten der Technik erhältlich sind, sowohl für Erzeugnisse als auch für Verfahren, vorausgesetzt, daß sie neu sind, auf einer erfinderischen Tätigkeit beruhen und gewerblich anwendbar sind.[1]) Vorbehaltlich des Artikels 65 Absatz 4, des Artikels 70 Absatz 8 und des Absatzes 3 dieses Artikels sind Patente erhältlich und können Patentrechte ausgeübt werden, ohne daß hinsichtlich des Ortes der Erfindung, des Gebiets der Technik oder danach, ob die Erzeugnisse eingeführt oder im Land hergestellt werden, diskriminiert werden darf.

(2) Die Mitglieder können Erfindungen von der Patentierbarkeit ausschließen, wenn die Verhinderung ihrer gewerblichen Verwertung innerhalb ihres Hoheitsgebiets zum Schutz der öffentlichen Ordnung oder der guten Sitten einschließlich des Schutzes des Lebens oder der Gesundheit von Menschen, Tieren oder Pflanzen oder zur Vermeidung einer ernsten Schädigung der Umwelt notwendig ist, vorausgesetzt, daß ein solcher Ausschluß nicht nur deshalb vorgenommen wird, weil die Verwertung durch ihr Recht verboten ist.

---

[1]) Im Sinne dieses Artikels kann ein Mitglied die Begriffe „erfinderische Tätigkeit" und „gewerblich anwendbar" als Synonyme der Begriffe „nicht naheliegend" beziehungsweise „nützlich" auffassen.

(3) Die Mitglieder können von der Patentierbarkeit auch ausschließen

a) diagnostische, therapeutische und chirurgische Verfahren für die Behandlung von Menschen oder Tieren;

b) Pflanzen und Tiere, mit Ausnahme von Mikroorganismen, und im wesentlichen biologische Verfahren für die Züchtung von Pflanzen oder Tieren mit Ausnahme von nichtbiologischen und mikrobiologischen Verfahren. Die Mitglieder sehen jedoch den Schutz von Pflanzensorten entweder durch Patente oder durch ein wirksames System sui generis oder durch eine Kombination beider vor. Die Bestimmungen dieses Buchstabens werden vier Jahre nach dem Inkrafttreten des WTO-Übereinkommens überprüft.

**Art. 28 Rechte aus dem Patent.** (1) Ein Patent gewährt seinem Inhaber die folgenden ausschließlichen Rechte:

a) wenn der Gegenstand des Patents ein Erzeugnis ist, es Dritten zu verbieten, ohne die Zustimmung des Inhabers folgende Handlungen vorzunehmen: Herstellung, Gebrauch, Anbieten zum Verkauf, Verkauf oder diesen Zwecken dienende Einfuhr[1]) dieses Erzeugnisses;

b) wenn der Gegenstand des Patents ein Verfahren ist, es Dritten zu verbieten, ohne die Zustimmung des Inhabers das Verfahren anzuwenden und folgende Handlungen vorzunehmen: Gebrauch, Anbieten zum Verkauf, Verkauf oder Einfuhr zu diesen Zwecken zumindest in bezug auf das unmittelbar durch dieses Verfahren gewonnene Erzeugnis.

(2) Der Patentinhaber hat auch das Recht, das Patent rechtsgeschäftlich oder im Weg der Rechtsnachfolge zu übertragen und Lizenzverträge abzuschließen.

**Art. 29 Bedingungen für Patentanmelder.** (1) Die Mitglieder sehen vor, daß der Anmelder eines Patents die Erfindung so deutlich und vollständig zu offenbaren hat, daß ein Fachmann sie ausführen kann, und können vom Anmelder verlangen, die dem Erfinder am Anmeldetag oder, wenn eine Priorität in Anspruch genommen wird, am Prioritätstag bekannte beste Art der Ausführung der Erfindung anzugeben.

(2) Die Mitglieder können vom Anmelder eines Patents verlangen, Angaben über seine entsprechenden ausländischen Anmeldungen und Erteilungen vorzulegen.

**Art. 30 Ausnahmen von den Rechten aus dem Patent.** Die Mitglieder können begrenzte Ausnahmen von den ausschließlichen Rechten aus einem Patent vorsehen, sofern solche Ausnahmen nicht unangemessen im Widerspruch zur normalen Verwertung des Patents stehen und die berechtigten Interessen des Inhabers des Patents nicht unangemessen beeinträchtigen, wobei auch die berechtigten Interessen Dritter zu berücksichtigen sind.

**Art. 31 Sonstige Benutzung ohne Zustimmung des Rechtsinhabers.** Läßt das Recht eines Mitglieds die sonstige Benutzung[2]) des Gegenstands eines Patents ohne die Zustimmung des Rechtsinhabers zu, einschließlich der Benutzung durch die Regierung oder von der Regierung ermächtigte Dritte, so sind folgende Bestimmungen zu beachten:

a) die Erlaubnis zu einer solchen Benutzung wird aufgrund der Umstände des Einzelfalls geprüft;

b) eine solche Benutzung darf nur gestattet werden, wenn vor der Benutzung derjenige, der die Benutzung plant, sich bemüht hat, die Zustimmung des Rechtsinhabers zu angemessenen geschäftsüblichen Bedingungen zu erhalten, und wenn diese Bemühungen innerhalb einer angemessenen Frist erfolglos geblieben sind. Auf dieses Erfordernis kann ein Mitglied verzichten, wenn ein nationaler Notstand oder sonstige Umstände von äußerster Dringlichkeit vorliegen oder wenn es sich um eine öffentliche, nicht gewerbliche Benutzung handelt. Bei Vorliegen eines nationalen Notstands oder sonstiger Umstände von äußerster Dringlichkeit ist der Rechtsinhaber gleichwohl so bald wie zumutbar und durch-

---

[1]) Dieses Recht unterliegt ebenso wie alle sonstigen nach diesem Übereinkommen gewährten Rechte in bezug auf Gebrauch, Verkauf, Einfuhr oder sonstigen Vertrieb von Waren Artikel 6.
[2]) Mit „sonstiger Benutzung" ist eine andere als die nach Artikel 30 erlaubte Benutzung gemeint.

führbar zu verständigen. Wenn im Fall öffentlicher, nicht gewerblicher Benutzung die Regierung oder der Unternehmer, ohne eine Patentrecherche vorzunehmen, weiß oder nachweisbaren Grund hat zu wissen, daß ein gültiges Patent von der oder für die Regierung benutzt wird oder werden wird, ist der Rechtsinhaber umgehend zu unterrichten;

c) Umfang und Dauer einer solchen Benutzung sind auf den Zweck zu begrenzen, für den sie gestattet wurde, und im Fall der Halbleitertechnik kann sie nur für den öffentlichen, nicht gewerblichen Gebrauch oder zur Beseitigung einer in einem Gerichts- oder Verwaltungsverfahren festgestellten wettbewerbswidrigen Praktik vorgenommen werden;

d) eine solche Benutzung muß nicht ausschließlich sein;

e) eine solche Benutzung kann nur zusammen mit dem Teil des Unternehmens oder des Goodwill, dem diese Benutzung zusteht, übertragen werden;

f) eine solche Benutzung ist vorwiegend für die Versorgung des Binnenmarkts des Mitglieds zu gestatten, das diese Benutzung gestattet;

g) die Gestattung einer solchen Benutzung ist vorbehaltlich eines angemessenen Schutzes der berechtigten Interessen der zu ihr ermächtigten Personen zu beenden, sofern und sobald die Umstände, die zu ihr geführt haben, nicht mehr vorliegen und wahrscheinlich nicht wieder eintreten werden. Die zuständige Stelle muß die Befugnis haben, auf begründeten Antrag hin die Fortdauer dieser Umstände zu überprüfen;

h) dem Rechtsinhaber ist eine nach den Umständen des Falles angemessene Vergütung zu leisten, wobei der wirtschaftliche Wert der Erlaubnis in Betracht zu ziehen ist;

i) die Rechtsgültigkeit einer Entscheidung im Zusammenhang mit der Erlaubnis zu einer solchen Benutzung unterliegt der Nachprüfung durch ein Gericht oder einer sonstigen unabhängigen Nachprüfung durch eine gesonderte übergeordnete Behörde in dem betreffenden Mitglied;

j) jede Entscheidung betreffend die in bezug auf eine solche Benutzung vorgesehene Vergütung unterliegt der Nachprüfung durch ein Gericht oder einer sonstigen unabhängigen Nachprüfung durch eine gesonderte übergeordnete Behörde in dem betreffenden Mitglied;

k) die Mitglieder sind nicht verpflichtet, die unter den Buchstaben b und f festgelegten Bedingungen anzuwenden, wenn eine solche Benutzung gestattet ist, um eine in einem Gerichts- oder Verwaltungsverfahren festgestellte wettbewerbswidrige Praktik abzustellen. Die Notwendigkeit, eine wettbewerbswidrige Praktik abzustellen, kann in solchen Fällen bei der Festsetzung des Betrags der Vergütung berücksichtigt werden. Die zuständigen Stellen sind befugt, eine Beendigung der Erlaubnis abzulehnen, sofern und sobald die Umstände, die zur Gewährung der Erlaubnis geführt haben, wahrscheinlich wieder eintreten werden;

l) wenn eine solche Benutzung gestattet ist, um die Verwertung eines Patents („zweites Patent") zu ermöglichen, das nicht verwertet werden kann, ohne eine anderes Patent („erstes Patent") zu verletzen, kommen die folgenden zusätzlichen Bedingungen zur Anwendung:

  i) die im zweiten Patent beanspruchte Erfindung muß gegenüber der im ersten Patent beanspruchten Erfindung einen wichtigen technischen Fortschritt von erheblicher Bedeutung aufweisen;

  ii) der Inhaber des ersten Patents muß das Recht auf eine Gegenlizenz zu angemessenen Bedingungen für die Benutzung der im zweiten Patent beanspruchten Erfindung haben, und

  iii) die Benutzungserlaubnis in bezug auf das erste Patent kann nur zusammen mit dem zweiten Patent übertragen werden.

**Art. 32 Widerruf/Verfall.** Es ist eine Möglichkeit zur gerichtlichen Überprüfung von Entscheidungen, mit denen Patente widerrufen oder für verfallen erklärt werden, vorzusehen.

**Art. 33 Schutzdauer.** Die erhältliche Schutzdauer endet nicht vor dem Ablauf einer Frist von 20 Jahren, gerechnet ab dem Anmeldetag.[1]

**Art. 34 Verfahrenspatente: Beweislast.** (1) Ist Gegenstand des Patentes ein Verfahren zur Herstellung eines Erzeugnisses, so sind in zivilrechtlichen Verfahren wegen einer Verletzung der in Artikel 28 Absatz 1 Buchstabe b genannten Rechte des Inhabers die Gerichte befugt, dem Beklagten den Nachweis aufzuerlegen, daß sich das Verfahren zur Herstellung eines identischen Erzeugnisses von dem patentierten Verfahren unterscheidet. Daher sehen die Mitglieder, wenn zumindest einer der nachstehend aufgeführten Umstände gegeben ist, vor, daß ein identisches Erzeugnis, das ohne die Zustimmung des Patentinhabers hergestellt wurde, mangels Beweises des Gegenteils als nach dem patentierten Verfahren hergestellt gilt,

a) wenn das nach dem patentierten Verfahren hergestellte Erzeugnis neu ist;

b) wenn mit erheblicher Wahrscheinlichkeit das identische Erzeugnis nach dem Verfahren hergestellt wurde und es dem Inhaber des Patents bei Aufwendung angemessener Bemühungen nicht gelungen ist, das tatsächlich angewendete Verfahren festzustellen.

(2) Den Mitgliedern steht es frei, vorzusehen, daß die in Absatz 1 angegebene Beweislast dem angeblichen Verletzer auferlegt wird, wenn nur die unter Buchstabe a genannte Bedingung oder wenn nur die unter Buchstabe b genannte Bedingung erfüllt ist.

(3) Bei der Führung des Beweises des Gegenteils sind die berechtigten Interessen des Beklagten am Schutz seiner Herstellungs- und Geschäftsgeheimnisse zu berücksichtigen.

## Abschnitt 6. Layout-Designs (Topographien) integrierter Schaltkreise

**Art. 35 Verhältnis zum IPIC-Vertrag.** Die Mitglieder vereinbaren nach den Artikeln 2 bis 7 (mit Ausnahme des Artikels 6 Absatz 3), Artikel 12 und Artikel 16 Absatz 3 des Vertrags über den Schutz des geistigen Eigentums im Hinblick auf integrierte Schaltkreise den Layout-Designs (Topographien) integrierter Schaltkreise (in diesem Übereinkommen als „Layout-Designs" bezeichnet) Schutz zu gewähren und darüber hinaus die nachstehenden Bestimmungen zu befolgen.

**Art. 36 Schutzumfang.** Vorbehaltlich des Artikels 37 Absatz 1 erachten die Mitglieder folgende Handlungen, wenn sie ohne Erlaubnis des Rechtsinhabers[2] vorgenommen werden, für rechtswidrig: Einfuhr, Verkauf oder sonstiger Vertrieb zu kommerziellen Zwecken in bezug auf ein geschütztes Layout-Design oder einen integrierten Schaltkreis, in den ein geschütztes Layout-Design aufgenommen ist, oder einen Gegenstand, in den ein derartiger integrierter Schaltkreis aufgenommen ist, nur insoweit, als er weiterhin ein rechtswidrig nachgebildetes Layout-Design enthält.

**Art. 37 Handlungen, die keiner Erlaubnis durch den Rechtsinhaber bedürfen.**
(1) Ungeachtet des Artikels 36 betrachtet kein Mitglied die Vornahme einer der in jenem Artikel genannten Handlungen in bezug auf einen integrierten Schaltkreis, in den ein rechtswidrig nachgebildetes Layout-Design aufgenommen ist, oder einen Gegenstand, in den ein derartiger integrierter Schaltkreis aufgenommen ist, als rechtswidrig, wenn die Person, die diese Handlungen vorgenommen oder veranlaßt hat, beim Erwerb des integrierten Schaltkreises oder des Gegenstands, in den ein derartiger integrierter Schaltkreis aufgenommen ist, nicht wußte und keinen hinreichenden Grund zu der Annahme hatte, daß darin ein rechtswidrig nachgebildetes Layout-Design aufgenommen war. Die Mitglieder sehen vor, daß diese Person nach dem Zeitpunkt, zu dem sie ausreichende Kenntnis davon erlangt hat, daß das Layout-Design rechtswidrig nachgebildet wurde, zwar alle genannten Handlungen in bezug auf die vorhandenen oder vor diesem Zeitpunkt bestellten Bestände vornehmen darf, aber an den Rechtsinhaber einen Betrag zu entrichten hat, der einer angemessenen Li-

---

[1] Es besteht Einigkeit darüber, daß Mitglieder, die kein System der eigenständigen Erteilung kennen, festlegen können, daß die Schutzdauer ab dem Anmeldetag im System der ursprünglichen Erteilung gerechnet wird.
[2] Der Begriff „Rechtsinhaber" ist als bedeutungsgleich mit dem im IPIC-Vertrag verwendeten Begriff „Inhaber des Rechts" zu verstehen.

zenzgebühr, wie sie aufgrund eines frei ausgehandelten Lizenzvertrags über ein solches Layout-Design zu zahlen wäre, entspricht.

(2) Die in Artikel 31 Buchstaben a bis k aufgeführten Bedingungen sind auf Zwangslizenzen an einem Layout-Design oder seiner Benutzung durch oder für die Regierung ohne Erlaubnis des Rechtsinhabers sinngemäß anzuwenden.

**Art. 38 Schutzdauer.** (1) In Mitgliedern, welche die Eintragung als Voraussetzung des Schutzes verlangen, endet die Schutzdauer für Layout-Designs nicht vor Ablauf eines Zeitraums von zehn Jahren, gerechnet ab dem Anmeldetag oder ab der ersten geschäftlichen Verwertung, gleichviel, an welchem Ort der Welt sie stattfindet.

(2) In Mitgliedern, welche die Eintragung als Voraussetzung des Schutzes nicht verlangen, werden Layout-Designs während eines Zeitraums von nicht weniger als zehn Jahren geschützt, gerechnet ab dem Tag der ersten geschäftlichen Verwertung, gleichviel, an welchem Ort der Welt sie stattfindet.

(3) Ungeachtet der Absätze 1 und 2 können die Mitglieder vorsehen, daß der Schutz fünfzehn Jahre nach der Schaffung des Layout-Designs erlischt.

## Abschnitt 7. Schutz nicht offenbarter Informationen

**Art. 39.** (1) Bei der Sicherung eines wirksamen Schutzes gegen unlauteren Wettbewerb, wie er in Artikel 10$^{bis}$ der Pariser Verbandsübereinkunft (1967) vorgesehen ist, schützen die Mitglieder nicht offenbarte Informationen nach Maßgabe des Absatzes 2 und Regierungen oder Regierungsstellen vorgelegte Daten nach Maßgabe des Absatzes 3.

(2) Natürliche und juristische Personen haben die Möglichkeit zu verhindern, daß Informationen, die rechtmäßig unter ihrer Kontrolle stehen, ohne ihre Zustimmung auf eine Weise, die den anständigen Gepflogenheiten in Gewerbe und Handel zuwiderläuft,[1]) Dritten offenbart, von diesen erworben oder benutzt werden, solange diese Informationen

a) in dem Sinne geheim sind, daß sie entweder in ihrer Gesamtheit oder in der genauen Anordnung und Zusammenstellung ihrer Bestandteile Personen in den Kreisen, die üblicherweise mit den fraglichen Informationen zu tun haben, nicht allgemein bekannt oder leicht zugänglich sind,

b) wirtschaftlichen Wert haben, weil sie geheim sind, und

c) Gegenstand von den Umständen nach angemessenen Geheimhaltungsmaßnahmen seitens der Person waren, unter deren Kontrolle sie rechtmäßig stehen.

(3) Mitglieder, in denen die Vorlage nicht offenbarter Test- oder sonstiger Daten, deren Erstellung beträchtlichen Aufwand verursacht, Voraussetzung für die Marktzulassung pharmazeutischer oder agrochemischer Erzeugnisse ist, in denen neue chemische Stoffe verwendet werden, schützen diese Daten vor unlauterem gewerblichen Gebrauch. Darüber hinaus schützen die Mitglieder solche Daten vor Offenbarung, es sei denn, daß diese zum Schutz der Öffentlichkeit notwendig ist oder daß Maßnahmen ergriffen werden, um sicherzustellen, daß die Daten vor unlauterem gewerblichen Gebrauch geschützt werden.

## Abschnitt 8. Kontrolle wettbewerbswidriger Praktiken in vertraglichen Lizenzen

**Art. 40.** (1) Die Mitglieder sind sich darin einig, daß gewisse Praktiken oder Bestimmungen bei der Vergabe von Lizenzen an Rechten des geistigen Eigentums, die den Wettbewerb beschränken, nachteilige Auswirkungen auf den Handel haben können und die Weitergabe und Verbreitung von Technologie behindern können.

(2) Dieses Übereinkommen hindert die Mitglieder nicht daran, in ihren Rechtsvorschriften Lizenzierungspraktiken und Lizenzbedingungen aufzuführen, die in bestimmten Fällen

---

[1]) Im Sinne dieser Bestimmung bedeutet „eine Weise, die den anständigen Gepflogenheiten in Gewerbe und Handel zuwiderläuft" zumindest Handlungen wie Vertragsbruch, Vertrauensbruch und Verleitung dazu und schließt den Erwerb nicht offenbarter Informationen durch Dritte ein, die wußten oder grob fahrlässig nicht wußten, daß solche Handlungen beim Erwerb eine Rolle spielten.

einen Mißbrauch von Rechten des geistigen Eigentums mit nachteiligen Auswirkungen auf den Wettbewerb auf dem entsprechenden Markt bilden können. Wie vorstehend vorgesehen, kann ein Mitglied im Einklang mit den sonstigen Bestimmungen dieses Übereinkommens geeignete Maßnahmen ergreifen, um solche Praktiken, zu denen zum Beispiel Bestimmungen über exklusive Rücklizenzen, über die Verhinderung von Angriffen auf die Gültigkeit sowie erzwungene Paketlizenzen gehören können, unter Berücksichtigung seiner einschlägigen Gesetze und sonstigen Vorschriften zu verhindern oder zu kontrollieren.

(3) Auf Ersuchen tritt ein Mitglied mit einem anderen Mitglied, das Grund zur Annahme hat, daß der Inhaber eines Rechts des geistigen Eigentums, der Angehöriger des Mitglieds ist, an welches das Ersuchen um Konsultationen gerichtet wurde, oder der dort seinen Wohnsitz hat, Praktiken betreibt, mit denen die den Gegenstand dieses Abschnitts betreffenden Gesetze und sonstigen Vorschriften des ersuchenden Mitglieds verletzt werden, und das die Einhaltung dieser Rechtsvorschriften wünscht, in Konsultationen ein unbeschadet jeder Maßnahme nach dem Recht des jeweiligen Mitglieds und der völligen Freiheit einer abschließenden Entscheidung des jeweiligen Mitglieds. Das Mitglied, an welches das Ersuchen gerichtet wurde, prüft die Frage von Konsultationen mit dem ersuchenden Mitglied umfassend und wohlwollend, bietet angemessene Gelegenheit für solche Konsultationen und wirkt dadurch mit, daß es öffentlich verfügbare nicht vertrauliche Informationen, die für die fragliche Angelegenheit von Bedeutung sind, sowie andere ihm zugängliche Informationen zur Verfügung stellt, vorbehaltlich innerstaatlicher Rechtsvorschriften und des Abschlusses beide Seiten zufriedenstellender Vereinbarungen über die Wahrung ihrer Vertraulichkeit durch das ersuchende Mitglied.

(4) Einem Mitglied, dessen Angehörige oder Gebietsansässige in Verfahren in einem anderen Mitglied wegen einer angeblichen Verletzung der Gesetze und sonstigen Vorschriften dieses anderen Mitglieds in bezug auf den Gegenstand dieses Abschnitts verwickelt sind, ist auf Ersuchen durch das andere Mitglied Gelegenheit zur Konsultationen unter den in Absatz 3 aufgeführten Bedingungen zu geben.

## Teil III. Durchsetzung der Rechte des geistigen Eigentums

### Abschnitt 1. Allgemeine Pflichten

**Art. 41.** (1) Die Mitglieder stellen sicher, daß die in diesem Teil aufgeführten Durchsetzungsverfahren in ihrem Recht vorgesehen werden, um ein wirksames Vorgehen gegen jede Verletzung von unter dieses Übereinkommen fallenden Rechten des geistigen Eigentums einschließlich Eilverfahren zur Verhinderung von Verletzungshandlungen und Rechtsbehelfe zur Abschreckung von weiteren Verletzungshandlungen zu ermöglichen. Diese Verfahren sind so anzuwenden, daß die Einrichtung von Schranken für den rechtmäßigen Handel vermieden wird und die Gewähr gegen ihren Mißbrauch gegeben ist.

(2) Die Verfahren zur Durchsetzung von Rechten des geistigen Eigentums müssen fair und gerecht sein. Sie dürfen nicht unnötig kompliziert oder kostspielig sein und keine unangemessenen Fristen oder ungerechtfertigten Verzögerungen mit sich bringen.

(3) Sachentscheidungen sind vorzugsweise schriftlich abzufassen und mit Gründen zu versehen. Sie müssen zumindest den Verfahrensparteien ohne ungebührliche Verzögerung zur Verfügung gestellt werden. Sachentscheidungen dürfen sich nur auf Beweise stützen, zu denen die Parteien Gelegenheit zur Stellungnahme hatten.

(4) Die Parteien eines Verfahrens erhalten Gelegenheit zur Nachprüfung von Endentscheidungen der Verwaltungsbehörden durch ein Gericht und, vorbehaltlich der Bestimmungen über die gerichtliche Zuständigkeit im innerstaatlichen Recht des Mitglieds in bezug auf die Bedeutung einer Rechtssache, zumindest auch der Rechtsfragen erstinstanzlicher Sachentscheidungen der Gerichte. Es besteht jedoch keine Verpflichtung, eine Gelegenheit zur Nachprüfung von Freisprüchen in Strafverfahren vorzusehen.

(5) Es besteht Einvernehmen darüber, daß dieser Teil weder eine Verpflichtung begründet, ein gerichtliches System für die Durchsetzung von Rechten des geistigen Eigentums

getrennt von dem für die Durchsetzung des Rechts im allgemeinen zu errichten, noch die Fähigkeit der Mitglieder berührt, ihr Recht allgemein durchzusetzen. Dieser Teil schafft keine Verpflichtung hinsichtlich der Aufteilung von Mitteln für Zwecke der Durchsetzung von Rechten des geistigen Eigentums und für Zwecke der Durchsetzung des Rechts im allgemeinen.

### Abschnitt 2. Zivil- und Verwaltungsverfahren und Rechtsbehelfe

**Art. 42 Faire und gerechte Verfahren.** Die Mitglieder stellen den Rechtsinhabern[1]) zivilprozessuale Verfahren für die Durchsetzung aller unter dieses Übereinkommen fallenden Rechte des geistigen Eigentums zur Verfügung. Die beklagte Partei hat Anspruch auf rechtzeitige schriftliche Benachrichtigung, die genügend Einzelheiten einschließlich der Grundlage für den Anspruch enthält. Den Parteien ist zu gestatten, sich durch einen unabhängigen Rechtsanwalt vertreten zu lassen, und im Verfahren dürfen keine übermäßig erschwerten Anforderungen hinsichtlich der Notwendigkeit des persönlichen Erscheinens gestellt werden. Alle Parteien solcher Verfahren sind berechtigt, ihre Ansprüche zu begründen und alle sachdienlichen Beweismittel vorzulegen. Das Verfahren muß Möglichkeiten vorsehen, vertrauliche Informationen festzustellen und zu schützen, sofern dies nicht bestehenden verfassungsrechtlichen Erfordernissen zuwiderlaufen würde.

**Art. 43 Beweise.** (1) Hat eine Partei alle vernünftigerweise verfügbaren Beweismittel zur hinreichenden Begründung ihrer Ansprüche vorgelegt und rechtserhebliche Beweismittel zur Begründung ihrer Ansprüche, die sich in der Verfügungsgewalt der gegnerischen Partei befinden, bezeichnet, so sind die Gerichte befugt anzuordnen, daß diese Beweismittel von der gegnerischen Partei vorgelegt werden, gegebenenfalls unter Bedingungen, die den Schutz vertraulicher Informationen gewährleisten.

(2) In Fällen, in denen eine Prozeßpartei aus eigenem Willen und ohne stichhaltigen Grund den Zugang zu notwendigen Informationen verweigert oder diese nicht innerhalb einer angemessenen Frist vorlegt oder ein Verfahren zur Durchsetzung eines Rechts wesentlich behindert, kann ein Mitglied die Gerichte ermächtigen, auf der Grundlage der ihnen vorgelegten Informationen, einschließlich der Klageschrift oder des Vorbringens der durch die Verweigerung des Zugangs zu den Informationen beschwerten Partei, bestätigende oder abweisende Entscheidungen vorläufiger und endgültiger Art zu treffen, sofern die Parteien die Gelegenheit hatten, zu dem Vorbringen und den Beweisen Stellung zu nehmen.

**Art. 44 Unterlassungsanordnungen.** (1) Die Gerichte sind befugt, gegenüber einer Partei anzuordnen, daß eine Rechtsverletzung zu unterlassen ist, unter anderem um zu verhindern, daß eingeführte Waren, die eine Verletzung eines Rechts des geistigen Eigentums mit sich bringen, unmittelbar nach der Zollfreigabe in die in ihrem Zuständigkeitsbereich liegenden Vertriebswege gelangen. Die Mitglieder sind nicht verpflichtet, diese Befugnisse auch in bezug auf einen geschützten Gegenstand zu gewähren, der von einer Person erworben oder bestellt wurde, bevor sie wußte oder vernünftigerweise hätte wissen müssen, daß der Handel mit diesem Gegenstand die Verletzung eines Rechts des geistigen Eigentums nach sich ziehen würde.

(2) Ungeachtet der anderen Bestimmungen dieses Teils und unter der Voraussetzung, daß die Bestimmungen des Teils II, in denen es speziell um die Benutzung durch Regierungen oder durch von einer Regierung ermächtigte Dritte ohne Zustimmung des Rechtsinhabers geht, eingehalten werden, können die Mitglieder die gegen eine solche Benutzung zur Verfügung stehenden Ansprüche auf die Zahlung einer Vergütung nach Artikel 31 Buchstabe h beschränken. In anderen Fällen finden die in diesem Teil festgelegten Rechtsbehelfe Anwendung oder sind, wenn diese Rechtsbehelfe nicht im Einklang mit dem Recht eines Mitglieds stehen, Feststellungsurteile und angemessene Entschädigungen vorzusehen.

---

[1]) Im Sinne dieses Teils schließt der Begriff „Rechtsinhaber" auch Verbände und Vereinigungen ein, die gesetzlich zur Geltendmachung solcher Rechte befugt sind.

**Art. 45 Schadensersatz.** (1) Die Gerichte sind befugt anzuordnen, daß der Verletzer dem Rechtsinhaber zum Ausgleich des von diesem wegen einer Verletzung seines Rechts des geistigen Eigentums durch einen Verletzer, der wußte oder vernünftigerweise hätte wissen müssen, daß er eine Verletzungshandlung vornahm, erlittenen Schadens angemessenen Schadensersatz zu leisten hat.

(2) Die Gerichte sind ferner befugt anzuordnen, daß der Verletzer dem Rechtsinhaber die Kosten zu erstatten hat, zu denen auch angemessene Anwaltshonorare gehören können. In geeigneten Fällen können die Mitglieder die Gerichte ermächtigen, die Herausgabe der Gewinne und/oder die Zahlung eines festgelegten Schadensersatzbetrags selbst dann anzuordnen, wenn der Verletzer nicht wußte oder nicht vernünftigerweise hätte wissen müssen, daß er eine Verletzungshandlung vornahm.

**Art. 46 Sonstige Rechtsbehelfe.** Um wirksam von Verletzungen abzuschrecken, sind die Gerichte befugt anzuordnen, daß über Waren, die nach ihren Feststellungen ein Recht verletzen, ohne Entschädigung irgendwelcher Art außerhalb der Vertriebswege so verfügt wird, daß dem Rechtsinhaber kein Schaden entstehen kann, oder daß sie vernichtet werden, sofern dies nicht bestehenden verfassungsrechtlichen Erfordernissen zuwiderlaufen würde. Die Gerichte sind ferner befugt anzuordnen, daß über Material und Werkzeuge, die vorwiegend zur Herstellung der rechtsverletzenden Waren verwendet wurden, ohne Entschädigung irgendwelcher Art außerhalb der Vertriebswege so verfügt wird, daß die Gefahr weiterer Rechtsverletzungen möglichst gering gehalten wird. Bei der Prüfung derartiger Anträge sind die Notwendigkeit eines angemessenen Verhältnisses zwischen der Schwere der Rechtsverletzung und den angeordneten Maßnahmen sowie die Interessen Dritter zu berücksichtigen. Bei nachgeahmten Markenwaren reicht das einfache Entfernen der rechtswidrig angebrachten Marke außer in Ausnahmefällen nicht aus, um eine Freigabe der Waren in die Vertriebswege zu gestatten.

**Art. 47 Recht auf Auskunft.** Die Mitglieder können vorsehen, daß die Gerichte befugt sind anzuordnen, daß der Verletzer dem Rechtsinhaber Auskunft über die Identität Dritter, die an der Herstellung und am Vertrieb der rechtsverletzenden Waren oder Dienstleistungen beteiligt waren, und über ihre Vertriebswege erteilen muß, sofern diese nicht außer Verhältnis zur Schwere der Verletzung steht.

**Art. 48 Entschädigung des Beklagten.** (1) Die Gerichte sind befugt anzuordnen, daß eine Partei, auf deren Antrag hin Maßnahmen ergriffen wurden und die Durchsetzungsverfahren mißbräuchlich benutzt hat, einer zu Unrecht mit einem Verbot oder einer Beschränkung belegten Partei angemessene Entschädigung für den durch einen solchen Mißbrauch erlittenen Schaden zu leisten hat. Die Gerichte sind ferner befugt anzuordnen, daß der Antragsteller dem Antragsgegner die Kosten zu erstatten hat, zu denen auch angemessene Anwaltshonorare gehören können.

(2) In bezug auf die Anwendung von Rechtsvorschriften über den Schutz oder die Durchsetzung von Rechten des geistigen Eigentums dürfen die Mitglieder sowohl Behörden als auch Beamte von der Haftung auf angemessene Wiedergutmachung nur freistellen, wenn ihre Handlungen in gutem Glauben bei der Anwendung dieser Rechtsvorschriften vorgenommen oder unternommen werden.

**Art. 49 Verwaltungsverfahren.** Soweit zivilrechtliche Ansprüche als Ergebnis von Sachentscheidungen im Verwaltungsverfahren zuerkannt werden können, müssen diese Verfahren Grundsätzen entsprechen, die im wesentlichen den in diesem Abschnitt dargelegten gleichwertig sind.

### Abschnitt 3. Einstweilige Maßnahmen

**Art. 50** (1) Die Gerichte sind befugt, schnelle und wirksame einstweilige Maßnahmen anzuordnen,

a) um die Verletzung eines Rechts des geistigen Eigentums zu verhindern, und insbesondere, um zu verhindern, daß Waren, einschließlich eingeführter Waren unmittelbar nach der Zollfreigabe, in die innerhalb ihres Zuständigkeitsbereichs liegenden Vertriebswege gelangen;

b) um einschlägige Beweise hinsichtlich der behaupteten Rechtsverletzung zu sichern.

(2) Die Gerichte sind befugt, gegebenenfalls einstweilige Maßnahmen ohne Anhörung der anderen Partei zu treffen, insbesondere dann, wenn durch eine Verzögerung dem Rechtsinhaber wahrscheinlich ein nicht wiedergutzumachender Schaden entstünde oder wenn nachweislich die Gefahr besteht, daß Beweise vernichtet werden.

(3) Die Gerichte sind befugt, dem Antragsteller aufzuerlegen, alle vernünftigerweise verfügbaren Beweise vorzulegen, um sich mit ausreichender Sicherheit davon überzeugen zu können, daß der Antragsteller der Rechtsinhaber ist und daß das Recht des Antragstellers verletzt wird oder daß eine solche Verletzung droht, und anzuordnen, daß der Antragsteller eine Kaution zu stellen oder eine entsprechende Sicherheit zu leisten hat, die ausreicht, um den Antragsgegner zu schützen und einem Mißbrauch vorzubeugen.

(4) Wenn einstweilige Maßnahmen ohne Anhörung der anderen Partei getroffen wurden, sind die betroffenen Parteien spätestens unverzüglich nach der Vollziehung der Maßnahmen davon in Kenntnis zu setzen. Auf Antrag des Antragsgegners findet eine Prüfung, die das Recht zur Stellungnahme einschließt, mit dem Ziel statt, innerhalb einer angemessenen Frist nach der Mitteilung der Maßnahmen zu entscheiden, ob diese abgeändert, aufgehoben oder bestätigt werden sollen.

(5) Der Antragsteller kann aufgefordert werden, weitere Informationen vorzulegen, die für die Identifizierung der betreffenden Waren durch die Behörde, welche die einstweiligen Maßnahmen vollzieht, notwendig sind.

(6) Unbeschadet des Absatzes 4 werden aufgrund der Absätze 1 und 2 ergriffene einstweilige Maßnahmen auf Antrag des Antragsgegners aufgehoben oder auf andere Weise außer Kraft gesetzt, wenn das Verfahren, das zu einer Sachentscheidung führt, nicht innerhalb einer angemessenen Frist eingeleitet wird, die entweder von dem die Maßnahmen anordnenden Gericht festgelegt wird, sofern dies nach dem Recht des Mitglieds zulässig ist, oder, wenn es nicht zu einer solchen Festlegung kommt, 20 Arbeitstage oder 31 Kalendertage, wobei der längere der beiden Zeiträume gilt, nicht überschreitet.

(7) Werden einstweilige Maßnahmen aufgehoben oder werden sie aufgrund einer Handlung oder Unterlassung des Antragstellers hinfällig oder wird in der Folge festgestellt, daß keine Verletzung oder drohende Verletzung eines Rechts des geistigen Eigentums vorlag, so sind die Gerichte befugt, auf Antrag des Antragsgegners anzuordnen, daß der Antragsteller dem Antragsgegner angemessenen Ersatz für durch diese Maßnahmen entstandenen Schaden zu leisten hat.

(8) Soweit einstweilige Maßnahmen aufgrund von Verwaltungsverfahren angeordnet werden können, müssen diese Verfahren Grundsätzen entsprechen, die im wesentlichen den in diesem Abschnitt dargelegten gleichwertig sind.

### Abschnitt 4. Besondere Erfordernisse bei Grenzmaßnahmen[1])

**Art. 51 Aussetzung der Freigabe durch die Zollbehörden.** Die Mitglieder sehen gemäß den nachstehenden Bestimmungen Verfahren[2]) vor, die es dem Rechtsinhaber, der den begründeten Verdacht hat, daß es zur Einfuhr von nachgeahmten Markenwaren oder unerlaubt hergestellten urheberrechtlich geschützten Waren[3]) kommen kann, ermöglichen,

---

[1]) Hat ein Mitglied im wesentlichen alle Kontrollen über den Verkehr von Waren über seine Grenze mit einem anderen Mitglied, mit dem es Teil einer Zollunion bildet, abgebaut, so braucht es die Bestimmungen dieses Abschnitts an der betreffenden Grenze nicht anzuwenden.
[2]) Es besteht Einvernehmen, daß keine Verpflichtung besteht, solche Verfahren auf die Einfuhr von Waren, die in einem anderen Land vom Rechtsinhaber oder mit seiner Zustimmung in den Verkehr gebracht wurden, oder auf Waren im Transit anzuwenden.
[3]) Im Sinne dieses Übereinkommens sind
a) „nachgeahmte Markenwaren" Waren einschließlich Verpackungen, auf denen unbefugt eine Marke angebracht ist, die mit einer rechtsgültig für solche Waren eingetragenen Marke identisch ist oder die sich in ihren wesentlichen Merkmalen nicht von einer solchen Marke unterscheiden läßt und die dadurch nach Maßgabe des Rechts des Einfuhrlands die Rechte des Inhabers der betreffenden Marke verletzt;

bei den zuständigen Gerichten oder Verwaltungsbehörden schriftlich zu beantragen, daß die Zollbehörden die Freigabe dieser Waren in den freien Verkehr aussetzen. Die Mitglieder können vorsehen, daß ein solcher Antrag auch in bezug auf Waren gestellt werden kann, bei denen es um andere Verletzungen von Rechten des geistigen Eigentums geht, sofern die Erfordernisse dieses Abschnitts beachtet werden. Die Mitglieder können ferner entsprechende Verfahren betreffend die Aussetzung der Freigabe rechtsverletzender Waren, die für die Ausfuhr aus ihren Hoheitsgebieten bestimmt sind, vorsehen.

**Art. 52 Antrag.** Ein Rechtsinhaber, der die in Artikel 51 aufgeführten Verfahren in Gang bringt, muß ausreichende Beweise vorlegen, um die zuständigen Behörden davon zu überzeugen, daß nach Maßgabe des Rechts des Einfuhrlands prima facie eine Verletzung des Rechts des geistigen Eigentums des Rechtsinhabers vorliegt, sowie eine hinreichend genaue Beschreibung der Waren, um sie für die Zollbehörden leicht erkennbar zu machen. Die zuständigen Stellen setzen innerhalb einer angemessenen Frist den Antragsteller davon in Kenntnis, ob sie den Antrag angenommen haben, und davon, innerhalb welchen Zeitraums die Zollbehörden Maßnahmen ergreifen werden, sofern ein solcher von den zuständigen Stellen festgelegt worden ist.

**Art. 53 Kaution oder gleichwertige Sicherheitsleistung.** (1) Die zuständigen Stellen sind befugt, vom Antragsteller eine Kaution oder eine gleichwertige Sicherheitsleistung zu verlangen, die ausreicht, um den Antragsgegner und die zuständigen Stellen zu schützen und einem Mißbrauch vorzubeugen. Eine solche Kaution oder gleichwertige Sicherheitsleistung darf nicht unangemessen von der Inanspruchnahme dieser Verfahren abschrecken.

(2) Wenn aufgrund eines Antrags nach diesem Abschnitt von den Zollbehörden auf der Grundlage einer nicht von einem Gericht oder einer sonstigen unabhängigen Stelle getroffenen Entscheidung die Freigabe von Waren, welche die Rechte an gewerblichen Mustern und Modellen, Patenten, Layout-Designs oder nicht offenbarten Informationen betreffen, in den freien Verkehr ausgesetzt wurde und wenn die in Artikel 55 festgelegte Frist verstrichen ist, ohne daß die hierzu befugte Stelle eine einstweilige Maßnahme getroffen hat, und sofern alle anderen Einfuhrvoraussetzungen erfüllt sind, hat der Eigentümer, der Einführer oder der Empfänger solcher Waren das Recht auf deren Freigabe nach Leistung einer Sicherheit in Höhe eines Betrags, der zum Schutz des Rechtsinhabers vor einer Verletzung ausreicht. Die Leistung einer solchen Sicherheit darf nicht den Rückgriff des Rechtsinhabers auf andere Rechtsbehelfe beeinträchtigen, wobei davon ausgegangen wird, daß die Sicherheit freigegeben wird, wenn der Rechtsinhaber nicht innerhalb einer angemessenen Frist seinen Anspruch geltend macht.

**Art. 54 Mitteilung der Aussetzung.** Der Einführer und der Antragsteller werden umgehend von der Aussetzung der Freigabe von Waren nach Artikel 51 in Kenntnis gesetzt.

**Art. 55 Dauer der Aussetzung.** Sind die Zollbehörden nicht innerhalb einer Frist von zehn Arbeitstagen nach der Mitteilung der Aussetzung an den Antragsteller davon in Kenntnis gesetzt worden, daß ein zu einer Sachentscheidung führendes Verfahren von einer anderen Partei als dem Antragsgegner in Gang gesetzt worden ist oder daß die hierzu befugte Stelle einstweilige Maßnahmen getroffen hat, um die Aussetzung der Freigabe der Waren zu verlängern, so sind die Waren freizugeben, sofern alle anderen Voraussetzungen für die Einfuhr oder Ausfuhr erfüllt sind; in geeigneten Fällen kann diese Frist um weitere zehn Arbeitstage verlängert werden. Ist ein zu einer Sachentscheidung führendes Verfahren eingeleitet worden, so findet auf Antrag des Antragsgegners eine Prüfung, die das Recht zur Stellungnahme einschließt, mit dem Ziel statt, innerhalb einer angemessenen Frist zu entscheiden, ob diese Maßnahmen abgeändert, aufgehoben oder bestätigt werden sollen. Ungeachtet der vorstehenden Bestimmungen findet Artikel 50 Absatz 6 Anwendung, wenn die

---

b) „unerlaubt hergestellte urheberrechtlich geschützte Waren" Waren, die ohne Zustimmung des Rechtsinhabers oder der vom Rechtsinhaber im Land der Herstellung ordnungsgemäß ermächtigten Person hergestellte Vervielfältigungsstücke sind und die unmittelbar oder mittelbar von einem Gegenstand gemacht wurden, dessen Vervielfältigung die Verletzung eines Urheberrechts oder eines verwandten Schutzrechts nach Maßgabe des Rechts des Einfuhrlands dargestellt hätte.

Aussetzung der Freigabe von Waren nach Maßgabe einer einstweiligen gerichtlichen Maßnahme durchgeführt oder fortgeführt wird.

**Art. 56 Entschädigung des Einführers und des Eigentümers der Waren.** Die zuständigen Stellen sind befugt anzuordnen, daß der Antragsteller dem Einführer, dem Empfänger und dem Eigentümer der Waren angemessenen Ersatz für alle Schäden zu leisten hat, die sie aufgrund der unrechtmäßigen Zurückhaltung von Waren oder aufgrund der Zurückhaltung von nach Artikel 55 freigegebenen Waren erlitten haben.

**Art. 57 Recht auf Untersuchung und Auskunft.** Unbeschadet des Schutzes vertraulicher Informationen ermächtigen die Mitglieder die zuständigen Stellen, dem Rechtsinhaber ausreichend Gelegenheit zu geben, die von den Zollbehörden zurückgehaltenen Waren untersuchen zu lassen, um seine Ansprüche begründen zu können. Die zuständigen Stellen haben ferner die Befugnis, dem Einführer eine gleichwertige Gelegenheit zu bieten, solche Waren untersuchen zu lassen. Ist eine Sachentscheidung zugunsten des Rechtsinhabers ergangen, so können die Mitglieder die zuständigen Stellen ermächtigen, dem Rechtsinhaber die Namen und Anschriften des Absenders, des Einführers und des Empfängers und die Menge der fraglichen Waren mitzuteilen.

**Art. 58 Vorgehen von Amts wegen.** Sofern Mitglieder verlangen, daß die zuständigen Stellen von sich aus tätig werden und die Freigabe der Waren aussetzen, hinsichtlich deren ihnen eine Prima-facie-Beweis für eine Verletzung eines Rechts des geistigen Eigentums vorliegt,

a) können die zuständigen Stellen jederzeit vom Rechtsinhaber Auskünfte einholen, die ihnen bei der Ausübung dieser Befugnisse helfen können,

b) werden Einführer und Rechtsinhaber umgehend von der Aussetzung in Kenntnis gesetzt. Hat der Einführer bei den zuständigen Stellen ein Rechtsmittel gegen die Aussetzung eingelegt, so unterliegt die Aussetzung sinngemäß den in Artikel 55 festgelegten Bedingungen,

c) stellen die Mitglieder sowohl Behörden als auch Beamte von der Haftung auf angemessene Wiedergutmachung nur frei, wenn Handlungen in gutem Glauben vorgenommen oder unternommen werden.

**Art. 59 Rechtsbehelfe.** Unbeschadet anderer Rechte des Rechtsinhabers und vorbehaltlich des Rechts des Antragsgegners, die Überprüfung durch ein Gericht zu beantragen, sind die zuständigen Stellen befugt, die Vernichtung oder Beseitigung der rechtsverletzenden Waren im Einklang mit den in Artikel 46 aufgeführten Grundsätzen anzuordnen. In bezug auf nachgeahmte Markenwaren gestatten die zuständigen Stellen nur ausnahmsweise die Wiederausfuhr der rechtsverletzenden Waren in unverändertem Zustand und unterwerfen sie nur in Ausnahmefällen einem anderen Zollverfahren.

**Art. 60 Einfuhren in Kleinstmengen.** Die Mitglieder können kleine Mengen von Waren ohne gewerblichen Charakter, die sich im persönlichen Gepäck von Reisenden oder in kleinen Sendungen befinden, von der Anwendung der vorstehenden Bestimmungen ausnehmen.

### Abschnitt 5. Strafverfahren

**Art. 61.** Die Mitglieder sehen Strafverfahren und Strafen vor, die zumindest bei vorsätzlicher Nachahmung von Markenwaren oder vorsätzlicher unerlaubter Herstellung urheberrechtlich geschützter Waren in gewerbsmäßigem Umfang Anwendung finden. Die vorgesehenen Sanktionen umfassen zur Abschreckung ausreichende Haft- und/oder Geldstrafen entsprechend dem Strafmaß, das auf entsprechend schwere Straftaten anwendbar ist. In geeigneten Fällen umfassen die vorzusehenden Sanktionen auch die Beschlagnahme, die Einziehung und die Vernichtung der rechtsverletzenden Waren und allen Materials und aller Werkzeuge, die überwiegend dazu verwendet wurden, die Straftat zu begehen. Die Mitglieder können Strafverfahren und Strafen für andere Fälle der Verletzung von Rechten des geistigen Eigentums vorsehen, insbesondere wenn die Handlungen vorsätzlich und in gewerbsmäßigem Umfang begangen werden.

## Teil IV. Erwerb und Aufrechterhaltung von Rechten des geistigen Eigentums und damit im Zusammenhang stehende Inter-partes-Verfahren

**Art. 62.** (1) Die Mitglieder sind befugt, als Voraussetzung für den Erwerb oder die Aufrechterhaltung der in den Abschnitten 2 bis 6 des Teils II vorgesehenen Rechte des geistigen Eigentums die Beachtung angemessener Verfahren und Förmlichkeiten vorzuschreiben. Solche Verfahren und Förmlichkeiten müssen mit den Bestimmungen dieses Übereinkommens in Einklang stehen.

(2) Wenn der Erwerb eines Rechts des geistigen Eigentums die Erteilung oder Eintragung des Rechts voraussetzt, stellen die Mitglieder sicher, daß die Verfahren für die Erteilung oder Eintragung, vorbehaltlich der Erfüllung der materiellrechtlichen Bedingungen für den Erwerb des Rechts, die Erteilung oder Eintragung innerhalb einer angemessenen Frist möglich machen, um eine ungerechtfertigte Verkürzung der Schutzdauer zu vermeiden.

(3) Artikel 4 der Pariser Verbandsübereinkunft (1967) findet sinngemäß auf Dienstleistungsmarken Anwendung.

(4) Die Verfahren betreffend den Erwerb oder die Aufrechterhaltung von Rechten des geistigen Eigentums und, sofern das Recht eines Mitglieds solche Verfahren vorsieht, der Widerruf im Verwaltungsweg und Inter-partes-Verfahren wie zum Beispiel Einspruch, Widerruf und Löschung, unterliegen den in Artikel 41 Absätze 2 und 3 dargelegten allgemeinen Grundsätzen.

(5) Verwaltungsgerichtliche Endentscheidungen in einem der in Absatz 4 genannten Verfahren unterliegen der Nachprüfung durch ein Gericht oder eine gerichtsähnliche Einrichtung. Es besteht jedoch keine Verpflichtung, die Gelegenheit zu einer solchen Überprüfung von Entscheidungen in Fällen eines erfolglosen Einspruchs oder Widerrufs im Verwaltungsweg vorzusehen, sofern die Gründe für solche Verfahren Gegenstand von Nichtigkeitsverfahren sein können.

## Teil V. Streitvermeidung und -beilegung

**Art. 63 Transparenz.** (1) Gesetze und sonstige Vorschriften sowie allgemein anwendbare rechtskräftige gerichtliche Entscheidungen und Verwaltungsverfügungen in bezug auf den Gegenstand dieses Übereinkommens (die Verfügbarkeit, den Umfang, den Erwerb und die Durchsetzung von Rechten des geistigen Eigentums sowie die Verhütung ihres Mißbrauchs), die in einem Mitglied rechtswirksam geworden sind, sind in einer Amtssprache zu veröffentlichen oder, wenn eine solche Veröffentlichung nicht durchführbar ist, in einer Weise öffentlich zugänglich zu machen, die es Regierungen und Rechtsinhabern ermöglicht, sich damit vertraut zu machen. Zwischen der Regierung oder einer Regierungsbehörde eines Mitglieds und der Regierung oder einer Regierungsbehörde eines anderen Mitglieds in Kraft befindliche Übereinkünfte über den Gegenstand dieses Übereinkommens sind gleichfalls zu veröffentlichen.

(2) Die Mitglieder notifizieren dem Rat für TRIPS die in Absatz 1 genannten Gesetze und sonstigen Vorschriften, um den Rates bei der Überprüfung der Wirkungsweise dieses Übereinkommens zu unterstützen. Der Rat versucht, die im Zusammenhang mit der Erfüllung dieser Pflicht entstehende Belastung der Mitglieder möglichst gering zu halten, und kann beschließen, auf die Pflicht zur Notifikation dieser Gesetze und sonstigen Vorschriften unmittelbar an den Rat zu verzichten, wenn Konsultationen mit der WIPO über die Einrichtung eines gemeinsamen Registers dieser Gesetze und sonstigen Vorschriften erfolgreich sind. In diesem Zusammenhang berücksichtigt der Rat auch die im Hinblick auf die Notifikation erforderlichen Maßnahmen, die sich in Erfüllung der aus diesem Übereinkommen erwachsenden Verpflichtungen aus Artikel 6$^{ter}$ der Pariser Verbandsübereinkunft (1967) ergeben.

(3) Die Mitglieder sind bereit, in Beantwortung eines schriftlichen Ersuchens eines anderen Mitglieds Informationen der in Absatz 1 angeführten Art zur Verfügung zu stellen. Ein Mitglied, das Grund zu der Annahme hat, daß eine bestimmte gerichtliche Entscheidung oder Verwaltungsverfügung oder zweiseitige Übereinkunft auf dem Gebiet der Rechte des geistigen Eigentums seine Rechte nach diesem Übereinkommen berührt, kann auch schriftlich darum ersuchen, Zugang zu solchen bestimmten Entscheidungen oder Verwaltungsverfügungen oder zweiseitigen Übereinkünften zu erhalten oder davon ausreichend genau in Kenntnis gesetzt zu werden.

(4) Die Absätze 1, 2 und 3 verpflichten die Mitglieder nicht, vertrauliche Informationen zu offenbaren, wenn dies die Durchsetzung der Gesetze behindern oder sonst dem öffentlichen Interesse zuwiderlaufen oder den berechtigten kommerziellen Interessen bestimmter öffentlicher oder privater Unternehmen schaden würde.

**Art. 64 Streitbeilegung.** (1) Die Artikel XXII und XXIII des GATT 1994, wie sie durch die Vereinbarung über Streitbeilegung im einzelnen ausgeführt und angewendet werden, finden auf Konsultationen und die Streitbeilegung nach diesem Übereinkommen Anwendung, sofern hierin nicht ausdrücklich etwas anderes vorgesehen ist.

(2) Artikel XXIII Absatz 1 Buchstaben b und c des GATT 1994 findet während eines Zeitraums von fünf Jahren, gerechnet ab dem Zeitpunkt des Inkrafttretens des WTO-Übereinkommens, keine Anwendung auf die Streitbeilegung im Rahmen dieses Übereinkommens.

(3) Während des in Absatz 2 genannten Zeitraums untersucht der Rat für TRIPS den Anwendungsbereich und die Modalitäten für Beschwerden der in Artikel XXIII Absatz 1 Buchstaben b und c des GATT 1994 vorgesehenen Art, die nach diesem Übereinkommen erhoben werden, und legt seine Empfehlungen der Ministerkonferenz zur Billigung vor. Entscheidungen der Ministerkonferenz, diese Empfehlungen zu billigen oder den in Absatz 2 genannten Zeitraum zu verlängern, können nur durch Konsens getroffen werden, und die gebilligten Empfehlungen werden für alle Mitglieder ohne einen weiteren förmlichen Annahmevorgang rechtswirksam.

## Teil VI. Übergangsregelungen

**Art. 65 Übergangsregelungen.** (1) Vorbehaltlich der Absätze 2, 3 und 4 ist kein Mitglied verpflichtet, dieses Übereinkommen vor Ablauf einer allgemeinen Frist von einem Jahr nach dem Zeitpunkt des Inkrafttretens des WTO-Übereinkommens anzuwenden.

(2) Ein Entwicklungsland, das Mitglied ist, ist berechtigt, den in Absatz 1 festgelegten Zeitpunkt der Anwendung der Bestimmungen dieses Übereinkommens mit Ausnahme der Artikel 3, 4 und 5 um eine weitere Frist von vier Jahren zu verschieben.

(3) Andere Mitglieder, die sich im Prozeß des Übergangs von der Planwirtschaft zur freien Marktwirtschaft befinden und die eine Strukturreform ihres Systems des geistigen Eigentums unternehmen und bei der Erarbeitung und Umsetzung von Gesetzen und sonstigen Vorschriften über das geistige Eigentum auf besondere Probleme stoßen, können ebenfalls die in Absatz 2 vorgesehene Aufschubfrist in Anspruch nehmen.

(4) Soweit ein Entwicklungsland, das Mitglied ist, durch dieses Übereinkommen verpflichtet wird, den Schutz von Stoffpatenten auf Gebiete der Technik auszudehnen, die in seinem Hoheitsgebiet zum Zeitpunkt der allgemeinen Anwendung dieses Übereinkommens auf dieses Mitglied nach Absatz 2 nicht schutzfähig waren, kann es die Anwendung der Bestimmungen über Stoffpatente im Teil II Abschnitt 5 auf solche Gebiete der Technik um eine weitere Frist von fünf Jahren verschieben.

(5) Ein Mitglied, das eine Übergangsfrist nach Absatz 1, 2, 3 oder 4 in Anspruch nimmt, stellt sicher, daß während dieser Frist vorgenommene Änderungen seiner Gesetze, seiner sonstigen Vorschriften und seiner Praxis nicht zu einem geringeren Grad der Vereinbarkeit mit diesem Übereinkommen führen.

**Art. 66 Am wenigsten entwickelte Länder, die Mitglieder sind.** (1) In Anbetracht der besonderen Bedürfnisse und Erfordernisse der am wenigsten entwickelten Länder, die

Mitglieder sind, ihrer wirtschaftlichen, finanziellen und administrativen Engpässe und ihres Bedarfs an Flexibilität bei der Schaffung einer tragfähigen technologischen Grundlage sind solche Mitglieder während einer Frist von zehn Jahren ab dem Zeitpunkt der Anwendung nach Artikel 65 Absatz 1 nicht verpflichtet, die Bestimmungen dieses Übereinkommens mit Ausnahme der Artikel 3, 4 und 5 anzuwenden. Der Rat für TRIPS gewährt auf ordnungsgemäß begründeten Antrag eines der am wenigsten entwickelten Länder, das Mitglied ist, Verlängerungen dieser Frist.

(2) Entwickelte Länder, die Mitglieder sind, sehen für Unternehmen und Institutionen in ihrem Hoheitsgebiet Anreize vor, um den Technologietransfer in die am wenigsten entwickelten Länder, die Mitglieder sind, zu fördern und zu unterstützen, damit diese in die Lage versetzt werden, eine gesunde und tragfähige technologische Grundlage zu schaffen.

**Art. 67 Technische Zusammenarbeit.** Um die Umsetzung dieses Übereinkommens zu erleichtern, sehen die entwickelten Länder, die Mitglieder sind, auf Antrag und zu gegenseitig vereinbarten Bedingungen technische und finanzielle Zusammenarbeit zugunsten der Entwicklungsländer und der am wenigsten entwickelten Länder vor, die Mitglieder sind. Diese Zusammenarbeit schließt die Unterstützung bei der Erarbeitung von Gesetzen und sonstigen Vorschriften zum Schutz und zur Durchsetzung von Rechten des geistigen Eigentums sowie zur Verhütung ihres Mißbrauchs ein und umfaßt auch die Unterstützung bei der Errichtung und Stärkung der für diese Angelegenheiten zuständigen nationalen Ämter und Dienststellen, einschließlich der Ausbildung der Mitarbeiter.

### Teil VII. Institutionelle Regelungen; Schlußbemerkungen

**Art. 68 Rat für handelsbezogene Aspekte der Rechte des geistigen Eigentums.**
Der Rat für TRIPS überwacht die Wirkungsweise dieses Übereinkommens und insbesondere die Erfüllung der hieraus erwachsenden Verpflichtungen durch die Mitglieder und bietet den Mitgliedern Gelegenheit zur Konsultationen über Angelegenheiten im Zusammenhang mit den handelsbezogenen Aspekten der Rechte des geistigen Eigentums. Er nimmt die sonstigen Obliegenheiten wahr, die ihm von den Mitgliedern übertragen werden, und bietet insbesondere jede von ihnen angeforderte Unterstützung im Rahmen der Streitbeilegung. Der Rat für TRIPS ist befugt, bei der Ausübung seiner Aufgaben jede Stelle, die er für geeignet hält, zu konsultieren und von dort Informationen einzuholen. In Konsultationen mit der WIPO ist der Rat bestrebt, innerhalb eines Jahres nach seinem ersten Zusammentreten geeignete Vereinbarungen für eine Zusammenarbeit mit Gremien der genannten Organisation zu treffen.

**Art. 69 Internationale Zusammenarbeit.** Die Mitglieder sind sich darin einig, mit dem Ziel zusammenzuarbeiten, den internationalen Handel mit Waren, die Rechte des geistigen Eigentums verletzen, zu beseitigen. Zu diesem Zweck errichten sie Kontaktstellen in ihren Verwaltungen, die sie einander notifizieren, und sind zum Austausch von Informationen über den Handel mit rechtsverletzenden Waren bereit. Insbesondere fördern sie den Informationsaustausch und die Zusammenarbeit zwischen den Zollbehörden in bezug auf den Handel mit nachgeahmten Markenwaren und unerlaubt hergestellten urheberrechtlich geschützten Waren.

**Art. 70 Schutz bestehender Gegenstände des Schutzes.** (1) Aus diesem Übereinkommen ergeben sich keine Verpflichtungen in bezug auf Handlungen, die vor dem Zeitpunkt der Anwendung dieses Übereinkommens auf das betreffende Mitglied stattfanden.

(2) Sofern in diesem Übereinkommen nichts anderes vorgesehen ist, ergeben sich daraus Verpflichtungen in bezug auf sämtliche Gegenstände des Schutzes, die zum Zeitpunkt der Anwendung dieses Übereinkommens auf das betreffende Mitglied vorhanden und zu diesem Zeitpunkt in diesem Mitglied geschützt sind oder die Schutzvoraussetzungen nach Maßgabe dieses Übereinkommens erfüllen oder in der Folge erfüllen werden. Hinsichtlich dieses Absatzes und der Absätze 3 und 4 bestimmen sich urheberrechtliche Verpflichtungen in bezug auf vorhandene Werke ausschließlich nach Artikel 18 der Berner Übereinkunft (1971) und

Verpflichtungen in bezug auf die Rechte der Hersteller von Tonträgern und der ausübenden Künstler an vorhandenen Tonträgern ausschließlich nach Artikel 18 der Berner Übereinkunft (1971), wie er durch Artikel 14 Absatz 6 dieses Übereinkommens für anwendbar erklärt wurde.

(3) Es besteht keine Verpflichtung, den Schutz eines Gegenstands wiederherzustellen, der zum Zeitpunkt der Anwendung dieses Übereinkommens auf das betreffende Mitglied Gemeingut geworden ist.

(4) In bezug auf Handlungen betreffend bestimmte, einen geschützten Gegenstand enthaltende Gegenstände, die nach Maßgabe der diesem Übereinkommen entsprechenden Rechtsvorschriften rechtsverletzend werden und die vor dem Zeitpunkt der Annahme des WTO-Übereinkommens durch dieses Mitglied begonnen waren oder in bezug auf die eine bedeutende Investition vorgenommen worden war, kann jedes Mitglied eine Begrenzung der dem Rechtsinhaber zustehenden Rechtsbehelfe hinsichtlich der weiteren Vornahme solcher Handlungen nach dem Zeitpunkt der Anwendung dieses Übereinkommens auf das betreffende Mitglied vorsehen. In solchen Fällen sehen die Mitglieder jedoch zumindest die Zahlung einer angemessenen Vergütung vor.

(5) Ein Mitglied ist nicht verpflichtet, Artikel 11 und Artikel 14 Abs. 4 in bezug auf Originale oder Kopien anzuwenden, die vor dem Zeitpunkt der Anwendung dieses Übereinkommens auf das betreffende Mitglied gekauft wurden.

(6) Die Mitglieder sind nicht verpflichtet, Artikel 31 oder das Erfordernis in Artikel 27 Absatz 1, wonach Patentrechte ohne Diskriminierung aufgrund des Gebiets der Technik ausgeübt werden können, auf eine Benutzung ohne die Zustimmung des Rechtsinhabers anzuwenden, wenn die Ermächtigung zu einer solchen Benutzung von der Regierung vor dem Zeitpunkt, zu dem dieses Übereinkommen bekannt wurde, erteilt wurde.

(7) Bei Rechten des geistigen Eigentums, deren Schutz vor der Eintragung abhängig ist, dürfen Anträge auf Schutz, die zum Zeitpunkt der Anwendung dieses Übereinkommens auf das betreffende Mitglied anhängig sind, so geändert werden, daß ein nach Maßgabe dieses Übereinkommens vorgesehener erweiterter Schutz beansprucht wird. Solche Änderungen dürfen keine neuen Gegenstände einschließen.

(8) Sieht ein Mitglied zum Zeitpunkt des Inkrafttretens des WTO-Übereinkommens keinen seinen Verpflichtungen nach Artikel 27 entsprechenden Patentschutz für pharmazeutische und agrochemische Erzeugnisse vor, so muß dieses Mitglied

a) ungeachtet des Teils VI ab dem Zeitpunkt des Inkrafttretens des WTO-Übereinkommens eine Möglichkeit für das Einreichen von Anmeldungen von Patenten für solche Erfindungen vorsehen,

b) auf diese Anmeldungen vom Zeitpunkt der Anwendung dieses Übereinkommens an die in diesem festgelegten Voraussetzungen für die Patentfähigkeit so anwenden, als würden sie am Tag der Anmeldung in diesem Mitglied oder, sofern Priorität zur Verfügung steht und in Anspruch genommen wird, am Prioritätstag der Anmeldung angewendet, und

c) Patentschutz nach Maßgabe dieses Übereinkommens ab der Erteilung des Patents und für die verbleibende Schutzdauer des Patents, gerechnet ab dem Anmeldetag im Sinne des Artikels 33, für diejenigen Anmeldungen vorsehen, die den unter Buchstabe b genannten Schutzvoraussetzungen entsprechen.

(9) Ist ein Erzeugnis Gegenstand einer Patentanmeldung in einem Mitglied nach Absatz 8 Buchstabe a, so werden ungeachtet des Teils VI ausschließliche Vermarktungsrechte für eine Frist von fünf Jahren nach der Erlangung der Marktzulassung in diesem Mitglied oder bis zur Erteilung oder Zurückweisung eines Stoffpatents in diesem Mitglied gewährt, wobei die jeweils kürzere Frist gilt, vorausgesetzt, daß nach dem Inkrafttreten des WTO-Übereinkommens in einem anderen Mitglied für das betreffende Erzeugnis eine Patentanmeldung eingereicht und ein Patent erteilt und die Marktzulassung in diesem anderen Mitglied erlangt wurde.

**Art. 71 Überprüfung und Änderung.** (1) Der Rat für TRIPS überprüft die Umsetzung dieses Übereinkommens nach Ablauf der in Artikel 65 Absatz 2 genannten Übergangsfrist. Der Rat überprüft es unter Berücksichtigung der bei seiner Umsetzung gesammelten Erfahrungen zwei Jahre nach diesem Zeitpunkt und danach in gleichen zeitlichen Abständen. Der Rat kann Überprüfungen auch in Anbetracht einschlägiger neuer Entwicklungen vornehmen, die eine Ergänzung oder Änderung dieses Übereinkommens rechtfertigen könnten.

(2) Änderungen, die lediglich einer Anpassung an ein höheres Niveau des Schutzes von Rechten des geistigen Eigentums dienen, das in anderen mehrseitigen Übereinkünften erreicht wurde und in Kraft ist und das nach Maßgabe jener Übereinkünfte von allen Mitgliedern der WTO angenommen wurde, können auf der Grundlage eines im Weg des Konsenses vom Rat für TRIPS vorgelegten Vorschlags an die Ministerkonferenz für ein Tätigwerden nach Artikel X Absatz 6 des WTO-Übereinkommens überwiesen werden.

**Art. 72 Vorbehalte.** Vorbehalte zu irgendeiner Bestimmung dieses Übereinkommens können nicht ohne die Zustimmung der anderen Mitglieder angebracht werden.

**Art. 73 Ausnahmen zur Wahrung der Sicherheit.** Dieses Übereinkommen ist nicht dahingehend auszulegen,
a) daß ein Mitglied Informationen zur Verfügung stellen muß, deren Offenbarung nach seiner Auffassung seinen wesentlichen Sicherheitsinteressen zuwiderläuft, oder
b) daß ein Mitglied daran gehindert wird, Maßnahmen zu treffen, die es zum Schutz seiner wesentlichen Sicherheitsinteressen für notwendig hält
  i) in bezug auf spaltbares Material oder das Material, aus dem dieses gewonnen wird,
  ii) in bezug auf den Handel mit Waffen, Munition und Kriegsgerät und auf den Handel mit anderen Waren oder anderem Material, der unmittelbar oder mittelbar der Versorgung einer militärischen Einrichtung dient,
  iii) in Kriegszeiten oder bei sonstigen Krisen in internationalen Beziehungen,
  oder
c) daß ein Mitglied daran gehindert wird, Maßnahmen in Erfüllung seiner Pflichten im Rahmen der Charta der Vereinten Nationen zur Wahrung des Weltfriedens und der internationalen Sicherheit zu treffen.

## 11. Markenrechtsvertrag

vom 27. Oktober 1994
(WIPO-Dokument Nr. 225 (G) 1996)*

**Inhaltsübersicht**

| | Art. |
|---|---|
| Abkürzungen | 1 |
| Marken, auf die der Vertrag Anwendung findet | 2 |
| Anmeldung | 3 |
| Vertretung; Zustellungsanschrift | 4 |
| Anmeldedatum | 5 |
| Einzige Eintragung für Waren und/oder Dienstleistungen in mehreren Klassen | 6 |
| Teilung der Anmeldung und der Eintragung | 7 |
| Unterschrift | 8 |
| Klassifikation von Waren und/oder Dienstleistungen | 9 |
| Änderungen des Namens oder der Anschrift | 10 |
| Änderung der Inhaberschaft | 11 |
| Berichtigung eines Fehlers | 12 |
| Laufzeit und Verringerung der Eintragung | 13 |
| Stellungnahme im Fall einer beabsichtigten Zurückweisung | 14 |
| Verpflichtung zur Einhaltung der Pariser Verbandsübereinkunft | 15 |
| Dienstleistungsmarken | 16 |
| Ausführungsordnung | 17 |
| Revision; Protokolle | 18 |
| Möglichkeiten, Vertragspartei zu werden | 19 |
| Tag des Wirksamwerdens der Ratifikation und des Beitritts | 20 |
| Vorbehalte | 21 |
| Übergangsbestimmungen | 22 |
| Kündigung des Vertrags | 23 |
| Vertragssprachen; Unterzeichnung | 24 |
| Verwahrer | 25 |

**Art. 1 Abkürzungen.** Im Sinne dieses Vertrags und sofern nicht ausdrücklich etwas anderes bestimmt ist,

- i) bedeutet „Amt" die von einer Vertragspartei mit der Eintragung von Marken beauftragte Behörde;
- ii) bedeutet „Eintragung" die Eintragung einer Marke durch ein Amt;
- iii) bedeutet „Anmeldung" eine Anmeldung zur Eintragung
- iv) ist eine Bezugnahme auf eine „Person" als Bezugnahme sowohl auf eine natürliche als auch auf eine juristische Person zu verstehen;
- v) bedeutet „Inhaber" die Person, die im Markenregister als Inhaber der Eintragung ausgewiesen ist;
- vi) bedeutet „Markenregister" die von einem Amt geführte Sammlung von Daten, die den Inhalt aller Eintragungen sowie alle für diese Eintragungen aufgeführten Angaben enthält, und zwar unabhängig von dem Träger, auf dem diese Daten gespeichert sind;
- vii) bedeutet „Pariser Übereinkunft" die am 20. März 1883 in Paris unterzeichnete Pariser Verbandsübereinkunft zum Schutz des gewerblichen Eigentums in ihrer revidierten und geänderten Fassung
- viii) bedeutet „Nizzaer Klassifikation" die durch das am 15. Juni 1957 in Nizza unterzeichnete Abkommen von Nizza über die internationale Klassifikation von Waren und

---

\* Die Muster der internationalen Formblätter Nr. 1 bis 8 sind abgedruckt im ABl. HABM 1998, 288.

Dienstleistungen für die Eintragung von Marken in seiner revidierten und geänderten Fassung geschaffene Klassifikation;

ix) bedeutet „Vertragspartei" jeden Staat oder jede zwischenstaatliche Organisation, die Vertragspartei dieses Vertrages sind;

x) ist eine Bezugnahme auf eine „Ratifikationsurkunde" auch als Bezugnahme auf Annahme- und Genehmigungsurkunden zu verstehen;

xi) bedeutet „Organisation" die Weltorganisation für geistiges Eigentum;

xii) bedeutet „Generaldirektor" den Generaldirektor der Organisation;

xiii) bedeutet „Ausführungsordnung die in Artikel 17 genannte Ausführungsordnung dieses Vertrags.

**Art. 2 Marken, auf die der Vertrag Anwendung findet.** (1) [*Wesen der Marken*]

a) Dieser Vertrag findet auf Marken Anwendung, die aus sichtbaren Zeichen bestehen, mit der Maßgabe, daß nur Vertragsparteien, die dreidimensionale Marken zur Eintragung annehmen, verpflichtet sind, den Vertrag auf solche Marken anzuwenden.

b) Dieser Vertrag findet keine Anwendung auf Hologrammarken und auf Marken, die nicht aus sichtbaren Zeichen bestehen, insbesondere akustische und olfaktorische Marken.

(2) [ *Arten von Marken* ] a) Dieser Vertrag findet auf Marken für Waren (Warenmarken) oder für Dienstleistungen (Dienstleistungsmarken) oder sowohl für Waren als auch für Dienstleistungen Anwendung.

b) Dieser Vertrag findet keine Anwendung auf Kollektivmarken, Gewährleistungsmarken und Garantiemarken.

**Art. 3 Anmeldung.** (1) [*Angaben oder Bestandteile, die in der Anmeldung enthalten oder dieser beigefügt sind; Gebühr*] a) Jede Vertragspartei kann verlangen, daß eine Anmeldung einige oder alle der folgenden Angaben oder Bestandteile enthält:

i) einen Antrag auf Eintragung;

ii) den Namen und die Anschrift des Anmelders;

iii) den Namen eines Staates, dessen Angehöriger der Anmelder ist, falls er Angehöriger eines Staates ist, gegebenenfalls den Namen eines Staates, in dem der Anmelder seinen Wohnsitz hat, sowie gegebenenfalls den Namen eines Staates, in dem der Anmelder eine tatsächliche und nicht nur zum Schein bestehende gewerbliche oder Handelsniederlassung hat;

iv) ist der Anmelder eine juristische Person, die Rechtsform dieser juristischen Person und den Staat sowie gegebenenfalls die Gebietseinheit innerhalb dieses Staates, nach deren Recht die juristische Person gegründet wurde;

v) den Namen und die Anschrift des Vertreters, wenn der Anmelder einen Vertreter bestellt hat;

vi) die Zustellungsanschrift, falls nach Artikel 4 Absatz 2 Buchstabe b eine solche Anschrift verlangt wird;

vii) beabsichtigt der Anmelder, sich die Priorität einer früheren Anmeldung zunutze zu machen, eine Erklärung, in der die Priorität dieser früheren Anmeldung beansprucht wird, mit den Angaben und Nachweisen, die zur Stützung der Prioritätserklärung nach Artikel 4 der Pariser Verbandsübereinkunft verlangt werden können;

viii) beabsichtigt der Anmelder, sich den Schutz aus der Zurschaustellung von Waren und/oder Dienstleistungen auf einer Ausstellung zunutze zu machen, eine diesbezügliche Erklärung mit den nach dem Recht der Vertragspartei erforderlichen Angaben zur Stützung dieser Erklärung;

ix) verwendet das Amt der Vertragspartei Schriftzeichen (Buchstaben und Ziffern), die es als üblich ansieht, und wünscht der Anmelder die Eintragung und Veröffentlichung der Marke in den üblichen Schriftzeichen, eine diesbezügliche Erklärung;

- x) beabsichtigt der Anmelder, eine Farbe als Unterscheidungsmerkmal der Marke zu beanspruchen, eine diesbezügliche Erklärung sowie die Bezeichnung oder Bezeichnungen der beanspruchten Farbe oder Farben und für jede Farbe die Angabe der wesentlichen Teile der Marke, die in dieser Farbe erscheinen;
- xi) handelt es sich bei der Marke um eine dreidimensionale Marke, eine diesbezügliche Erklärung;
- xii) eine oder mehrere Wiedergaben der Marke;
- xiii) eine Transliteration der Marke oder bestimmter Teile der Marke;
- xiv) eine Übersetzung der Marke oder bestimmter Teile der Marke;
- xv) die Bezeichnungen der Waren und/oder Dienstleistungen, um deren Eintragung ersucht wird, zusammengefaßt in Gruppen nach den Klassen der Nizzaer Klassifikation, wobei jeder Gruppe die Nummer der Klasse dieser Klassifikation vorangestellt wird, zu welcher die jeweilige Gruppe von Waren oder Dienstleistungen gehört, und angeordnet in der Reihenfolge der Klassen der genannten Klassifikation;
- xvi) die Unterschrift der in Absatz 4 bezeichneten Person;
- xvii) eine Erklärung über die beabsichtigte Benutzung der Marke entsprechend dem Recht der Vertragspartei.

b) Anstelle oder neben der unter Buchstabe a Ziffer xvii genannten Erklärung über die beabsichtigte Benutzung der Marke kann der Anmelder eine Erklärung über die tatsächliche Benutzung der Marke sowie einen diesbezüglichen Nachweis entsprechend dem Recht der Vertragspartei einreichen.

c) Jede Vertragspartei kann verlangen, daß für die Anmeldung Gebühren an das Amt entrichtet werden.

(2) [*Formerfordernisse*] Hinsichtlich der Formerfordernisse für die Anmeldung weist eine Vertragspartei die Anmeldung nicht zurück,
- i) wenn die Anmeldung schriftlich auf Papier eingereicht wird, sofern sie nach Maßgabe des Absatzes 3 auf einem Formblatt eingereicht wird, das dem in der Ausführungsordnung vorgesehenen Anmeldeformblatt entspricht,
- ii) wenn die Vertragspartei die Übermittlung von Mitteilungen an das Amt durch Telefax gestattet und die Anmeldung auf diese Weise übermittelt wird, sofern die aufgrund dieser Übermittlung entstandene Papierausfertigung nach Maßgabe des Absatzes 3 dem unter Ziffer i genannten Anmeldeformblatt entspricht.

(3) [*Sprache*] Jede Vertragspartei kann verlangen, daß die Anmeldung in der Sprache oder in einer der Sprachen abgefaßt ist, die von dem Amt zugelassen sind. Läßt das Amt mehr als eine Sprache zu, so kann vom Anmelder verlangt werden, daß er andere für das Amt geltende Spracherfordernisse erfüllt; allerdings darf nicht verlangt werden, daß die Anmeldung in mehr als einer Sprache abgefaßt wird.

(4) [*Unterschrift*] a) Die in Absatz 1 Buchstabe a Ziffer xvi genannte Unterschrift kann die Unterschrift des Anmelders oder die seines Vertreters sein,

b) Ungeachtet des Buchstabens a kann jede Vertragspartei verlangen, daß die in Absatz 1 Buchstabe a Ziffer xvii und Buchstabe b genannten Erklärungen vom Anmelder selbst unterschrieben sie, auch wenn dieser einen Vertreter bestellt hat.

(5) [*Einzige Anmeldung für Waren und/oder Dienstleistungen in mehreren Klassen*] Ein und dieselbe Anmeldung kann sich auf mehrere Waren und/oder Dienstleistungen beziehen, unabhängig davon, ob diese zu einer oder mehreren Klassen der Nizzaer Klassifikation gehören.

(6) [*Tatsächliche Benutzung*] Jede Vertragspartei kann verlangen, daß in dem Fall, in dem eine Erklärung über die beabsichtigte Benutzung nach Absatz 1 Buchstabe a Ziffer xvii eingereicht worden ist, der Anmelder bei dem Amt innerhalb der in ihrem Recht festgesetzten Frist, vorbehaltlich der in der Ausführungsordnung vorgeschriebenen Mindestfrist, einen Nachweis über die tatsächliche Benutzung der Marke entsprechend den Vorschriften dieses Rechts vorlegt.

(7) [*Ausschluß anderer Erfordernisse*] Eine Vertragspartei darf nicht verlangen, daß für die Anmeldung andere als die in den Absätzen 1 bis 4 und 6 genannten Erfordernisse erfüllt werden. Insbesondere darf für die Anmeldung, solange sie anhängig ist, folgendes nicht verlangt werden:

i) die Vorlage einer Bestätigung oder eines Auszugs aus einem Handelsregister;

ii) eine Angabe über die Ausübung einer gewerblichen oder Handelstätigkeit des Anmelders sowie die Vorlage eines entsprechenden Nachweises;

iii) eine Angabe über die Ausübung einer Tätigkeit des Anmelders, die den in der Anmeldung aufgeführten Waren und/oder Dienstleistungen entspricht, sowie die Vorlage eines entsprechenden Nachweis;

iv) die Vorlage eines Nachweises, daß die Marke im Markenregister einer anderen Vertragspartei oder eines Staates eingetragen ist, der Vertragspartei der Pariser Verbandsübereinkunft, aber nicht Vertragspartei dieses V ist, soweit der Anmelder nicht die Anwendung des Artikels 6$^{quinquies}$ der Pariser Verbandsübereinkunft beansprucht.

(8) [*Nachweise*] Jede Vertragspartei kann verlangen, daß dem Amt während der Prüfung der Anmeldung Nachweise vorgelegt werden, wenn das Amt begründeten Zweifel an der Glaubhaftigkeit von Angaben oder Bestandteilen hat, die in der Anmeldung enthalten sind.

## Art. 4 Vertretung; Zustellungsanschrift.

(1) [*Zugelassene Vertreter*] Jede Vertragspartei kann verlangen, daß eine als Vertreter für ein Verfahren vor dem Amt bestellte Person ein vor dem Amt zugelassener Vertreter ist.

(2) [*Vertretungszwang; Zustellungsanschrift*] a) Jede Vertragspartei kann verlangen, daß Personen, die in ihrem Gebiet weder einen Wohnsitz noch eine tatsächliche und nicht nur zum Schein bestehende gewerbliche oder Handelsniederlassung haben, für Verfahren vor dem Amt einen Vertreter bestellen.

b) Soweit sie nicht die Vertretung nach Buchstabe a verlangt, kann jede Vertragspartei verlangen, daß für Verfahren vor dem Amt Personen, die in ihrem Gebiet weder einen Wohnsitz noch eine tatsächliche und nicht nur zum Schein bestehende gewerbliche oder Handelsniederlassung haben, eine Zustellungsanschrift in dem Gebiet haben.

(3) [*Vollmacht*] a) Gestattet oder verlangt eine Vertragspartei, daß ein Anmelder, ein Inhaber oder eine andere beteiligte Person vor dem Amt durch einen Vertreter vertreten ist, so kann sie die Bestellung des Vertreters in einer gesonderten Mitteilung (im folgenden als „Vollmacht" bezeichnet) verlangen, die, je nach Fall, den Namen und die Unterschrift des Anmelders, des Inhabers oder der anderen Person enthält.

b) Die Vollmacht kann sich auf eine oder mehrere in der Vollmacht bezeichnete Anmeldungen und/oder Eintragungen oder, vorbehaltlich der von der bestellenden Person angegebenen Ausnahmen, auf alle bestehenden oder zukünftigen Anmeldungen und/oder Eintragungen jener Person beziehen.

c) In der Vollmacht können die Befugnisse des Vertreters auf bestimmte Handlungen beschränkt werden. Jede Vertragspartei kann verlangen, daß eine Vollmacht, derzufolge der Vertreter berechtigt ist, eine Anmeldung zurückzunehmen oder auf eine Eintragung zu verzichten, eine ausdrückliche diesbezügliche Angabe enthält.

d) Wird dem Amt eine Mitteilung von einer Person vorgelegt, die sich in der Mitteilung als Vertreter bezeichnet, ohne daß das Amt im Zeitpunkt des Eingangs der Mitteilung im Besitz der erforderlichen Vollmacht ist, so kann die Vertragspartei verlangen, daß die Vollmacht bei dem Amt innerhalb der von der Vertragspartei festgesetzten Frist, vorbehaltlich der in der Ausführungsordnung vorgeschriebenen Mindestfrist, nachgereicht wird. Jede Vertragspartei kann vorsehen, daß die Mitteilung der genannten Person ohne Wirkung bleibt, wenn die Vollmacht nicht innerhalb der von der Vertragspartei festgesetzten Frist nachgereicht worden ist.

e) Hinsichtlich der Erfordernisse in bezug auf Form und Inhalt der Vollmacht kann eine Vertragspartei die Wirkung der Vollmacht nicht versagen,

i) wenn die Vollmacht schriftlich auf Papier eingereicht wird, sofern sie nach Maßgabe des Absatzes 4 auf einem Formblatt eingereicht wird, das dem in der Ausführungsordnung vorgesehenen Vollmachtsformblatt entspricht,

ii) wenn die Vertragspartei die Übermittlung von Mitteilungen an das Amt durch Telefax gestattet und die Vollmacht auf diese Weise übermittelt wird, sofern die aufgrund dieser Übermittlung entstandene Papierausfertigung nach Maßgabe des Absatzes 4 dem unter Ziffer i genannten Vollmachtsformblatt entspricht.

(4) [*Sprache*] Jede Vertragspartei kann verlangen, daß die Vollmacht in der Sprache oder in einer der Sprachen abgefaßt ist, die von dem Amt zugelassen sind.

(5) [*Bezugnahme auf die Vollmacht*] Jede Vertragspartei kann verlangen, daß jede Mitteilung eines Vertreters an das Amt für die Zwecke eines Verfahrens vor dem Amt auf die Vollmacht Bezug nimmt, auf deren Grundlage der Vertreter tätig wird.

(6) [*Ausschluß anderer Erfordernisse*] Eine Vertragspartei darf nicht verlangen, daß für die in den Absätzen 3 bis 5 geregelten Angelegenheiten andere als die dort genannten Erfordernisse erfüllt werden.

(7) [*Nachweise*] Jede Vertragspartei kann verlangen, daß dem Amt Nachweise vorgelegt werden, wenn das Amt begründeten Zweifel an der Glaubhaftigkeit von Angaben in einer der in den Absätzen 2 bis 5 bezeichneten Mitteilungen hat.

**Art. 5 Anmeldedatum.** (1) [*Zulässige Erfordernisse*] a) Vorbehaltlich des Buchstabens b und des Absatzes 2 weist jede Vertragspartei einer Anmeldung als Anmeldedatum das Datum des Tages zu, an dem folgende Angaben und Bestandteile in der nach Artikel 3 Absatz 3 vorgeschriebenen Sprache bei dem Amt eingegangen sind:

i) eine ausdrückliche oder stillschweigende Angabe, daß um Eintragung einer Marke ersucht wird;

ii) Angaben, aufgrund deren die Identität des Anmelders festgestellt werden kann;

iii) ausreichende Angaben, um mit dem Anmelder oder gegebenenfalls seinem Vertreter auf dem Postweg in Verbindung zu treten;

iv) eine ausreichend deutliche Wiedergabe der Marke, um deren Eintragung ersucht wird;

v) die Liste der Waren und/oder Dienstleistungen, für welche um Eintragung ersucht wird;

vi) findet Artikel 3 Absatz 1 Buchstabe a Ziffer xvii oder Buchstabe b Anwendung, die nach dem Recht der Vertragspartei in Artikel 3 Absatz 1 Buchstabe a Ziffer xvii bezeichnete Erklärung oder die in Artikel 3 Absatz 1 Buchstabe b bezeichnete Erklärung und die dort bezeichneten Nachweise; sofern das Recht der Vertragspartei dies vorsieht, sind diese Erklärungen vom Anmelder selbst zu unterschreiben, auch wenn dieser einen Vertreter bestellt hat.

b) Jede Vertragspartei kann der Anmeldung als Anmeldedatum das Datum des Tages zuweisen, an dem nicht alle, sondern nur bestimmte der unter Buchstabe a genannten Angaben und Bestandteile bei dem Amt eingegangen sind, oder an dem sie in einer anderen als der nach Artikel 3 Absatz 3 vorgeschriebenen Sprache eingegangen sind.

(2) [*Zulässige zusätzliche Erfordernisse*] a) Eine Vertragspartei kann bestimmen, daß ein Anmeldedatum erst zugewiesen wird, wenn die erforderlichen Gebühren entrichtet sind.

b) Eine Vertragspartei darf das unter Buchstabe a genannte Erfordernis nur dann anwenden, wenn sie es bereits zu dem Zeitpunkt angewendet hat, in dem sie Vertragspartei dieses Vertrags wurde.

(3) [*Berichtigungen und Fristen*] Die Modalitäten und Fristen für Berichtigungen nach den Absätzen 1 und 2 sind in der Ausführungsordnung festgelegt.

(4) [*Ausschluß anderer Erfordernisse*] Eine Vertragspartei darf nicht verlangen, daß für das Anmeldedatum andere als die in den Absätzen 1 und 2 genannten Erfordernisse erfüllt werden.

**Art. 6 Einzige Eintragung für Waren und/oder Dienstleistungen in mehreren Klassen** Sind Waren und/oder Dienstleistungen, die zu mehreren Klassen der Nizzaer Klassifikation gehören, in derselben Anmeldung enthalten, so führt diese Anmeldung zu einer einzigen Eintragung.

**Art. 7 Teilung der Anmeldung und der Eintragung.** (1) [*Teilung der Anmeldung*]
a) Jede Anmeldung, in der mehrere Waren und/oder Dienstleistungen aufgeführt sind (im folgenden als „Erstanmeldung" bezeichnet), kann
  i) zumindest bis zur Entscheidung des Amtes über die Eintragung der Marke,
  ii) während eines Widerspruchsverfahrens gegen die Entscheidung des Amtes, die Marke einzutragen,
  iii) während eines Rechtsmittelverfahrens gegen die Entscheidung über die Eintragung der Marke vom Anmelder oder auf seinen Antrag in zwei oder mehr Anmeldungen geteilt werden (im folgenden als „Teilanmeldungen" bezeichnet), indem die in der Erstanmeldung aufgeführten Waren und/oder Dienstleistungen auf diese verteilt werden. Die Teilanmeldungen behalten das Anmeldedatum der Erstanmeldung und gegebenenfalls den Vorteil des Prioritätsrechts.
b) Jeder Vertragspartei steht es vorbehaltlich des Buchstabens a frei, für die Teilung von Anmeldungen Erfordernisse festzulegen, einschließlich der Zahlung von Gebühren.

(2) [*Teilung der Eintragung*] Absatz 1 findet auf die Teilung einer Eintragung sinngemäß Anwendung. Diese Teilung ist zulässig
  i) während eines Verfahrens, in dem die Rechtswirksamkeit der Eintragung vor dem Amt von einem Dritten angefochten wird,
  ii) zumindest während eines Rechtsmittelverfahrens gegen eine vom Amt in den früheren Verfahren getroffene Entscheidung mit der Maßgabe, daß eine Vertragspartei die Möglichkeit der Teilung von Eintragungen ausschließen kann, wenn nach ihrem Recht Dritte die Möglichkeit haben, der Eintragung einer Marke zu widersprechen, bevor die Marke eingetragen wird.

**Art. 8 Unterschrift.** (1) [*Mitteilung auf Papier*] Erfolgt eine Mitteilung an das Amt einer Vertragspartei auf Papier und ist eine Unterschrift erforderlich, so
  i) erkennt die Vertragspartei vorbehaltlich der Ziffer iii eine von Hand geleistete Unterschrift an,
  ii) ist der Vertragspartei freigestellt, anstelle einer von Hand geleisteten Unterschrift andere Formen der Unterschrift, zum Beispiel eine gedruckte oder gestempelte Unterschrift oder die Benutzung eines Siegels, zuzulassen,
  iii) kann die Vertragspartei, wenn die natürliche Person, welche die Mitteilung unterschreibt, ihre Staatsangehörige ist und die Anschrift dieser Person sich in ihrem Gebiet befindet, verlangen, daß anstelle einer von Hand geleisteten Unterschrift ein Siegel benutzt wird,
  iv) kann die Vertragspartei bei Benutzung eines Siegels verlangen, daß neben dem Siegel der Name der natürlichen Person, deren Siegel benutzt wird, in Buchstaben angegeben ist.

(2) [*Mitteilung durch Telefax*] a) Gestattet eine Vertragspartei die Übermittlung von Mitteilungen an das Amt durch Telefax, so betrachtet sie die Übermittlung als unterschrieben, wenn auf dem durch Telefax erstellten Ausdruck die Wiedergabe der Unterschrift oder des Siegels und, soweit nach Absatz 1 Ziffer iv vorgeschrieben, die Angabe des Namens der natürlichen Person, deren Siegel benutzt wird, in Buchstaben erscheint.

b) Die unter Buchstabe a bezeichnete Vertragspartei kann verlangen, daß das Schriftstück, dessen Wiedergabe durch Telefax übermittelt wurde, bei dem Amt innerhalb einer bestimmten Frist, vorbehaltlich der in der Ausführungsordnung vorgeschriebenen Mindestfrist, eingereicht wird.

(3) [*Übermittlung durch elektronische Mittel*] Läßt eine Vertragspartei die Übermittlung von Mitteilungen an das Amt durch elektronische Mittel zu, so betrachtet sie die Mitteilung als unterschrieben, wenn das Amt den Absender der elektronisch übermittelten Mitteilung wie von der Vertragspartei vorgeschrieben identifiziert.

(4) [*Ausschluß des Erfordernisses der Beglaubigung*] Eine Vertragspartei darf nicht die Bestätigung, die notarielle Beglaubigung, die Bescheinigung der Echtheit, die Legalisation oder eine andere Beurkundung einer Unterschrift oder eines anderen in den vorhergehenden Absätzen genannten Mittels der Selbstidentifizierung verlangen, außer in dem im Recht der Vertragspartei vorgesehenen Fall, daß die Unterschrift den Verzicht auf eine Eintragung betrifft.

**Art. 9 Klassifikation von Waren und/oder Dienstleistungen.** (1) [*Angabe der Waren und/oder Dienstleistungen*] Jede von einem Amt vorgenommene Eintragung und Veröffentlichung, die eine Anmeldung oder eine Eintragung betrifft und in der Waren und/oder Dienstleistungen angegeben sind, gibt die Waren und/oder Dienstleistungen mit ihrer Bezeichnung an, zusammengefaßt in Gruppen nach den Klassen der Nizzaer Klassifikation, wobei jeder Gruppe die Nummer der Klasse dieser Klassifikation vorangestellt wird, zu welcher die jeweilige Gruppe von Waren oder Dienstleistungen gehört, und jede Gruppe in der Reihenfolge der Klassen der genannten Klassifikation angeordnet wird.

(2) [*Waren oder Dienstleistungen in derselben Klasse oder in unterschiedlichen Klassen*] a) Waren oder Dienstleistungen können nicht aus dem Grund als einander ähnlich angesehen werden, weil sie in einer Eintragung oder Veröffentlichung des Amtes in derselben Klasse der Nizzaer Klassifikation erscheinen.

b) Waren oder Dienstleistungen können nicht aus dem Grund als einander unähnlich angesehen werden, weil sie in einer Eintragung oder Veröffentlichung des Amtes in unterschiedlichen Klassen der Nizzaer Klassifikation erscheinen.

**Art. 10 Änderungen des Namens oder der Anschrift.** (1) [*Änderungen des Namens oder der Anschrift des Inhabers*] a) Tritt nicht in der Person des Inhabers, jedoch in seinem Namen und/oder seiner Anschrift eine Änderung ein, so erklärt jede Vertragspartei ihr Einverständnis, daß der Antrag auf Eintragung der Änderung durch das Amt in seinem Markenregister in einer vom Inhaber oder seinem Vertreter unterschriebenen Mitteilung unter Angabe der Nummer der betreffenden Eintragung und der einzutragenden Änderung gestellt werden kann. Hinsichtlich der Formerfordernisse für den Antrag weist eine Vertragspartei den Antrag nicht zurück,

   i) wenn der Antrag schriftlich auf Papier eingereicht wird, sofern er nach Maßgabe des Buchstabens c auf einem Formblatt eingereicht wird, das dem in der Ausführungsordnung vorgesehenen Antragsformblatt entspricht,

   ii) wenn die Vertragspartei die Übermittlung von Mitteilungen an das Amt durch Telefax gestattet und der Antrag auf diese Weise übermittelt wird, sofern die aufgrund dieser Übermittlung entstandene Papierausfertigung nach Maßgabe des Buchstabens c dem unter Ziffer i genannten Antragsformblatt entspricht.

b) Jede Vertragspartei kann folgende Angaben im Antrag verlangen:

   i) den Namen und die Anschrift des Inhabers;

   ii) den Namen und die Anschrift des Vertreters, wenn der Inhaber einen Vertreter bestellt hat;

   iii) die Zustellungsanschrift des Inhabers, falls vorhanden.

c) Jede Vertragspartei kann verlangen, daß der Antrag in der Sprache oder in einer der Sprachen abgefaßt ist, die von dem Amt zugelassen sind.

d) Jede Vertragspartei kann verlangen, daß für den Antrag eine Gebühr an das Amt entrichtet wird.

e) Ein einziger Antrag ist ausreichend, auch wenn die Änderung mehr als eine Eintragung betrifft; allerdings müssen die Eintragungsnummern aller betroffenen Eintragungen im Antrag angegeben sein.

(2) [*Änderung des Namens oder der Anschrift des Anmelders*] Absatz 1 gilt sinngemäß, wenn die Änderung eine oder mehrere Anmeldungen oder sowohl eine oder mehrere Anmeldungen als auch eine oder mehrere Eintragungen betrifft; allerdings muß, falls die Anmeldenummer einer betroffenen Anmeldung noch nicht erteilt oder dem Anmelder oder seinem Vertreter nicht bekannt ist, der Antrag die Anmeldung auf andere Weise bezeichnen, wie in der Ausführungsordnung vorgeschrieben.

(3) [*Änderung des Namens oder der Anschrift des Vertreters oder der Zustellungsanschrift*] Absatz 1 gilt gegebenenfalls sinngemäß für Änderungen des Namens oder der Anschrift des Vertreters und gegebenenfalls für Änderungen der Zustellungsanschrift.

(4) [*Ausschluß anderer Erfordernisse*] Eine Vertragspartei darf nicht verlangen, daß in bezug auf den in diesem Artikel genannten Antrag andere als die in den Absätzen 1 bis 3 genannten Erfordernisse erfüllt werden. Insbesondere darf die Vorlage einer Bescheinigung über die Änderung nicht verlangt werden.

(5) [*Nachweise*] Jede Vertragspartei kann verlangen, daß dem Amt Nachweise vorgelegt werden, wenn das Amt begründeten Zweifel an der Glaubhaftigkeit von im Antrag enthaltenen Angaben hat.

### Art. 11 Änderung der Inhaberschaft. (1) [*Änderung der Inhaberschaft einer Eintragung*]

a) Tritt in der Person des Inhabers eine Änderung ein, so erklärt jede Vertragspartei ihr Einverständnis, daß der Antrag auf Eintragung der Änderung durch das Amt in seinem Markenregister in einer vom Inhaber oder seinem Vertreter oder von demjenigen, der die Inhaberschaft erworben hat (im folgenden als „neuer Inhaber" bezeichnet), oder dessen Vertreter unterschriebenen Mitteilung unter Angabe der betreffenden Eintragung und der einzutragenden Änderung gestellt werden kann. Hinsichtlich der Formerfordernisse für den Antrag weist eine Vertragspartei den Antrag nicht zurück,
  i) wenn der Antrag schriftlich auf Papier eingereicht wird, sofern er nach Maßgabe des Absatzes 2 Buchstabe a auf einem Formblatt eingereicht wird, das dem in der Ausführungsordnung vorgesehenen Antragsformblatt entspricht,
  ii) wenn die Vertragspartei die Übermittlung von Mitteilungen an das Amt durch Telefax gestattet und der Antrag auf diese Weise übermittelt wird, sofern die aufgrund dieser Übermittlung entstandene Papierausfertigung nach Maßgabe des Absatzes 2 Buchstabe a dem unter Ziffer i genannten Antragsformblatt entspricht.

b) Ergibt sich die Änderung der Inhaberschaft aus einem Vertrag, so kann jede Vertragspartei verlangen, daß diese Tatsache im Antrag angegeben ist und daß dem Antrag nach Wahl des Antragstellers eines der folgenden Schriftstücke beigefügt wird:
  i) eine Kopie des Vertrags, hinsichtlich derer verlangt werden kann, daß ihre Übereinstimmung mit dem Originalvertrag notariell oder von einer anderen zuständigen Behörde beglaubigt wird;
  ii) ein Auszug aus dem Vertrag, aus dem die Änderung der Inhaberschaft ersichtlich ist und hinsichtlich dessen die notariell oder von einer anderen zuständigen Behörde beglaubigte Bestätigung verlangt werden kann, daß es sich um einen mit dem Vertrag übereinstimmenden Auszug handelt;
  iii) eine unbeglaubigte Bestätigung des Rechtsübergangs in der in der Ausführungsordnung vorgeschriebenen Form und mit dem dort vorgeschriebenen Inhalt, die sowohl vom Inhaber als auch vom neuen Inhaber unterschrieben ist;
  iv) ein unbeglaubigtes Schriftstück über den Rechtsübergang in der in der Ausführungsordnung vorgeschriebenen Form und mit dem dort vorgeschriebenen Inhalt, das sowohl vom Inhaber als auch vom neuen Inhaber unterschrieben ist.

c) Ergibt sich die Änderung der Inhaberschaft aus einem Unternehmenszusammenschluß, so kann jede Vertragspartei verlangen, daß diese Tatsache im Antrag angegeben ist und daß dem Antrag die Kopie eines von der zuständigen Behörde ausgestellten Schriftstücks beigefügt wird, aus dem der Zusammenschluß ersichtlich ist, wie z.B. die Kopie eines Auszugs aus dem Handelsregister, und daß die Übereinstimmung der Kopie mit dem Original von der Behörde, die das Schriftstück ausgestellt hat, oder notariell oder von einer anderen zuständigen Behörde beglaubigt wird.

d) Erfolgt eine Änderung der Person des einen Mitinhabers oder mehrerer, jedoch nicht aller Mitinhaber und ergibt sich diese Änderung der Inhaberschaft aus einem Vertrag oder einem Unternehmenszusammenschluß, so kann jede Vertragspartei verlangen, daß jeder Mitinhaber, für den eine Änderung der Inhaberschaft nicht eingetreten ist, seine ausdrückliche Zustimmung zu der Änderung der Inhaberschaft in einem von ihm unterschriebenen Schriftstück erteilt.

e) Ergibt sich die Änderung der Inhaberschaft nicht aus einem Vertrag oder einem Unternehmenszusammenschluß, sondern aus einem anderen Grund, z.B. aus der Rechtsanwendung oder aus einer Gerichtsentscheidung, so kann jede Vertragspartei verlangen, daß diese Tatsache im Antrag angegeben ist und daß dem Antrag die Kopie eines Schriftstücks beigefügt wird, aus dem die Änderung ersichtlich ist, und daß die Übereinstimmung der Kopie mit dem Original von der Behörde, die das Schriftstück ausgestellt hat, oder notariell oder von einer anderen zuständigen Behörde beglaubigt wird.

f) Jede Vertragspartei kann folgende Angaben im Antrag verlangen:
   i) den Namen und die Anschrift des Inhabers;
   ii) den Namen und die Anschrift des neuen Inhabers;
   iii) den Namen eines Staates, dessen Angehöriger der neue Inhaber ist, falls er Angehöriger eines Staates ist, gegebenenfalls den Namen eines Staates, in dem der neue Inhaber seinen Wohnsitz hat, sowie gegebenenfalls den Namen eines Staates, in dem der neue Inhaber eine tatsächliche und nicht nur zum Schein bestehende gewerbliche oder Handelsniederlassung hat;
   iv) ist der neue Inhaber eine juristische Person, die Rechtsform dieser juristischen Person und den Staat sowie gegebenenfalls die Gebietseinheit des Staates, nach deren Recht diese juristische Person gegründet wurde;
   v) den Namen und die Anschrift des Vertreters, wenn der Inhaber einen Vertreter bestellt hat;
   vi) die Zustellungsanschrift des Inhabers, falls vorhanden;
   vii) den Namen und die Anschrift des Vertreters, wenn der neue Inhaber einen Vertreter bestellt hat;
   viii) die Zustellungsanschrift, wenn der neue Inhaber nach Artikel 4 Absatz 2 Buchstabe b eine solche Anschrift haben muß.

g) Jede Vertragspartei kann verlangen, daß für den Antrag eine Gebühr an das Amt entrichtet wird.

h) Ein einziger Antrag ist ausreichend, auch wenn die Änderung mehr als eine Eintragung betrifft; allerdings müssen der Inhaber und der neue Inhaber für jede Eintragung dieselben sein und die Eintragungsnummern aller betroffenen Eintragungen im Antrag angegeben sein.

i) Betrifft die Änderung der Inhaberschaft nicht alle in der Eintragung des Inhabers aufgeführten Waren und/oder Dienstleistungen und gestattet das geltende Recht die Eintragung einer solchen Änderung, so nimmt das Amt eine gesonderte Eintragung für die Waren und/oder Dienstleistungen vor, für die sich die Inhaberschaft geändert hat.

(2) [*Sprache; Übersetzung*] a) Jede Vertragspartei kann verlangen, daß der Antrag, die Bestätigung des Rechtsübergangs oder das Schriftstück über den Rechtsübergang, die in Absatz 1 genannt sind, in der Sprache oder in einer der Sprachen abgefaßt ist, die von dem Amt zugelassen sind.

b) Jede Vertragspartei kann verlangen, daß, wenn die in Absatz 1 Buchstabe b Ziffern i und ii, Buchstaben c und e genannten Schriftstücke nicht in der Sprache oder in einer der Sprachen abgefaßt sind, die von dem Amt zugelassen sind, dem Antrag eine Übersetzung oder eine beglaubigte Übersetzung des erforderlichen Schriftstücks in die Sprache oder in eine der Sprachen beigefügt wird, die von dem Amt zugelassen sind.

(3) [*Änderung der Inhaberschaft einer Anmeldung*] Die Absätze 1 und 2 gelten sinngemäß, wenn die Änderung der Inhaberschaft eine oder mehrere Anmeldungen oder sowohl eine oder mehrere Anmeldungen als auch eine oder mehrere Eintragungen betrifft; allerdings

muß, falls die Anmeldenummer einer betroffenen Anmeldung noch nicht erteilt oder dem Anmelder oder seinem Vertreter nicht bekannt ist, der Antrag die Anmeldung auf andere Weise bezeichnen, wie in der Ausführungsordnung vorgeschrieben.

(4) [*Ausschluß anderer Erfordernisse*] Eine Vertragspartei darf nicht verlangen, daß in bezug auf den in diesem Artikel genannten Antrag andere als die in den Absätzen 1 bis 3 genannten Erfordernisse erfüllt werden. Insbesondere darf folgendes nicht verlangt werden:
  i) vorbehaltlich des Absatzes 1 Buchstabe c die Vorlage einer Bestätigung oder eines Auszugs aus dem Handelsregister;
  ii) die Angabe, daß der neue Inhaber eine gewerbliche oder Handelstätigkeit ausübt, und die Vorlage eines entsprechenden Nachweises;
  iii) die Angabe, daß der neue Inhaber eine Tätigkeit ausübt, die den von der Änderung der Inhaberschaft betroffenen Waren und/oder Dienstleistungen entspricht, und die Vorlage eines entsprechenden Nachweises;
  iv) die Angabe, daß der Inhaber sein Geschäft oder den maßgeblichen Firmenwert (goodwill) ganz oder teilweise auf den neuen Inhaber übertragen hat, und die Vorlage eines entsprechenden Nachweises.

(5) [*Nachweise*] Jede Vertragspartei kann die Vorlage eines Nachweises oder, wenn Absatz 1 Buchstabe c oder e) Anwendung findet, weiterer Nachweise bei dem Amt verlangen, wenn das Amt begründeten Zweifel an der Glaubhaftigkeit von Angaben im Antrag oder in einem in diesem Artikel genannten Schriftstück hat.

**Art. 12 Berichtigung eines Fehlers.** (1) [*Berichtigung eines Fehlers in bezug auf eine Eintragung*] a) Jede Vertragspartei erklärt ihr Einverständnis, daß der Antrag auf Berichtigung eines Fehlers, der in der Anmeldung oder in einem dem Amt übermittelten anderen Antrag gemacht wurde und der in dessen Markenregister und/oder einer Veröffentlichung des Amtes erscheint, in einer vom Inhaber oder seinem Vertreter unterschriebenen Mitteilung unter Angabe der Eintragungsnummer der betreffenden Eintragung, des zu berichtigenden Fehlers und der einzutragenden Berichtigung gestellt werden kann. Hinsichtlich der Formerfordernisse für den Antrag weist eine Vertragspartei den Antrag nicht zurück,
  i) wenn der Antrag schriftlich auf Papier eingereicht wird, sofern er nach Maßgabe des Buchstabens c auf einem Formblatt eingereicht wird, das dem in der Ausführungsordnung vorgesehenen Antragsformblatt entspricht,
  ii) wenn die Vertragspartei die Übermittlung von Mitteilungen an das Amt durch Telefax gestattet und der Antrag auf diese Weise übermittelt wird, sofern die aufgrund dieser Übermittlung entstandene Papierausfertigung nach Maßgabe des Buchstabens c dem unter Ziffer i genannten Antragsformblatt entspricht.

b) Jede Vertragspartei kann folgende Angaben im Antrag verlangen:
  i) den Namen und die Anschrift des Inhabers;
  ii) den Namen und die Anschrift des Vertreters, wenn der Inhaber einen Vertreter bestellt hat;
  iii) die Zustellungsanschrift des Inhabers, falls vorhanden.

c) Jede Vertragspartei kann verlangen, daß der Antrag in der Sprache oder in einer der Sprachen abgefaßt ist, die von dem Amt zugelassen sind.

d) Jede Vertragspartei kann verlangen, daß für den Antrag eine Gebühr an das Amt entrichtet wird.

e) Ein einziger Antrag ist ausreichend, auch wenn die Berichtigung mehr als eine Eintragung derselben Person betrifft; allerdings müssen der Fehler und die beantragte Berichtigung für jede Eintragung dieselben sein und die Eintragungsnummern aller betroffenen Eintragungen im Antrag angegeben sein.

(2) [*Berichtigung eines Fehlers in bezug auf eine Anmeldung*] Absatz 1 gilt sinngemäß, wenn der Fehler eine oder mehrere Anmeldungen oder sowohl eine oder mehrere Anmeldungen als auch eine oder mehrere Eintragungen betrifft; allerdings muß, falls die Anmeldenummer

einer betroffenen Anmeldung noch nicht erteilt oder dem Anmelder oder seinem Vertreter nicht bekannt ist, der Antrag die Anmeldung auf andere Weise bezeichnen, wie in der Ausführungsordnung vorgeschrieben.

(3) [*Ausschluß anderer Erfordernisse*] Eine Vertragspartei darf nicht verlangen, daß in bezug auf den in diesem Artikel genannten Antrag andere als die in den Absätzen 1 und 2 genannten Erfordernisse erfüllt werden.

(4) [*Nachweise*] Jede Vertragspartei kann verlangen, daß dem Amt Nachweise vorgelegt werden, wenn das Amt begründeten Zweifel hat, daß der angebliche Fehler tatsächlich ein Fehler ist.

(5) [*Fehler des Amtes*] Das Amt einer Vertragspartei berichtigt eigene Fehler von Amts wegen oder auf Antrag gebührenfrei.

(6) [*Nicht zu berichtigende Fehler*] Eine Vertragspartei ist nicht verpflichtet, die Absätze 1, 2 und 5 auf Fehler anzuwenden, die nach ihrem Recht nicht berichtigt werden können.

**Art. 13 Laufzeit und Verlängerung der Eintragung.** (1) [*Angaben oder Bestandteile, die im Antrag auf Verlängerung enthalten oder diesem beigefügt sind; Gebühr*] a) Jede Vertragspartei kann verlangen, daß für die Verlängerung ein Antrag einzureichen ist, der einige oder alle der folgenden Angaben enthält:

i) die Angabe, daß um Verlängerung ersucht wird;

ii) den Namen und die Anschrift des Inhabers;

iii) die Eintragungsnummer der betreffenden Eintragung;

iv) nach Wahl der Vertragspartei das Anmeldedatum der Anmeldung, die zu der betreffenden Eintragung führte, oder das Datum des Tages, an dem die betreffende Eintragung erfolgte;

v) den Namen und die Anschrift des Vertreters, wenn der Inhaber einen Vertreter bestellt hat;

vi) die Zustellungsanschrift des Inhabers, falls vorhanden;

vii) läßt die Vertragspartei die Verlängerung einer Eintragung lediglich für einige der Waren und/oder Dienstleistungen zu, die im Markenregister eingetragen sind, und wird diese Verlängerung beantragt, die Bezeichnung der eingetragenen Waren und/oder Dienstleistungen, für welche die Verlängerung beantragt wird, oder die Bezeichnung der Waren und/oder Dienstleistungen, für welche die Verlängerung nicht beantragt wird, zusammengefaßt in Gruppen nach den Klassen der Nizzaer Klassifikation, wobei jeder Gruppe die Nummer der Klasse dieser Klassifikation vorangestellt wird, zu welcher die jeweilige Gruppe von Waren und Dienstleistungen gehört, und angeordnet in der Reihenfolge der Klassen der genannten Klassifikation;

viii) läßt eine Vertragspartei zu, daß der Antrag auf Verlängerung von einer anderen Person als dem Inhaber oder seinem Vertreter eingereicht wird, und wird der Antrag von dieser Person eingereicht, den Namen und die Anschrift dieser Person;

ix) eine Unterschrift des Inhabers oder seines Vertreters oder, falls Ziffer viii Anwendung findet, die Unterschrift der unter jener Ziffer genannten Person.

b) Jede Vertragspartei kann verlangen, daß für den Antrag auf Verlängerung eine Gebühr an das Amt entrichtet wird. Wurde die Gebühr für die Laufzeit der ersten Eintragung oder einer Verlängerung entrichtet, so darf für die Aufrechterhaltung der Eintragung in bezug auf den betreffenden Zeitraum eine weitere Zahlung nicht verlangt werden. Gebühren im Zusammenhang mit der Vorlage einer Benutzungserklärung und/oder einem Benutzungsnachweis werden für die Zwecke dieses Buchstabens nicht als zur Aufrechterhaltung der Eintragung erforderliche Zahlungen betrachtet und bleiben von diesem Buchstaben unberührt.

c) Jede Vertragspartei kann verlangen, daß innerhalb einer nach ihrem Recht festgesetzten Frist, vorbehaltlich der in der Ausführungsordnung vorgeschriebenen Mindestfristen, der Antrag auf Verlängerung bei dem Amt eingereicht und die unter Buchstabe b genannte Gebühr an das Amt entrichtet wird.

(2) [*Formerfordernisse*] Hinsichtlich der Formerfordernisse für den Antrag auf Verlängerung weist eine Vertragspartei den Antrag nicht zurück,
  i) wenn der Antrag schriftlich auf Papier eingereicht wird, sofern er nach Maßgabe des Absatzes 3 auf einem Formblatt eingereicht wird, das dem in der Ausführungsordnung vorgesehenen Antragsformblatt entspricht,
  ii) wenn die Vertragspartei die Übermittlung von Mitteilungen an das Amt durch Telefax gestattet und der Antrag auf diese Weise übermittelt wird, sofern die aufgrund dieser Übermittlung entstandene Papierausfertigung nach Maßgabe des Absatzes 3 dem unter Ziffer i genannten Antragsformblatt entspricht.

(3) [*Sprache*] Jede Vertragspartei kann verlangen, daß der Antrag auf Verlängerung in der Sprache oder in einer der Sprachen abgefaßt ist, die von dem Amt zugelassen sind.

(4) [*Ausschluß anderer Erfordernisse*] Eine Vertragspartei darf nicht verlangen, daß in bezug auf den Antrag auf Verlängerung andere als die in den Absätzen 1 bis 3 genannten Erfordernisse erfüllt werden. Insbesondere darf folgendes nicht verlangt werden:
  i) eine Wiedergabe oder sonstige Bezeichnung der Marke;
  ii) die Vorlage eines Nachweises, daß die Marke im Markenregister einer anderen Vertragspartei eingetragen oder ihre dortige Eintragung verlängert worden ist;
  iii) die Vorlage einer Erklärung und/oder eines Nachweises über die Benutzung der Marke.

(5) [*Nachweise*] Jede Vertragspartei kann verlangen, daß dem Amt während der Prüfung des Antrags auf Verlängerung Nachweise vorgelegt werden, wenn das Amt begründeten Zweifel an der Glaubhaftigkeit von Angaben oder Bestandteilen hat, die in dem Antrag auf Verlängerung enthalten sind.

(6) [*Ausschluß der Sachprüfung*] Ein Amt einer Vertragspartei darf zum Zweck einer Verlängerung die Eintragung nicht dem Grunde nach prüfen.

(7) [*Laufzeit*] Die Laufzeit der ersten Eintragung und die Laufzeit jeder Verlängerung beträgt zehn Jahre.

**Art. 14 Stellungnahme im Fall einer beabsichtigten Zurückweisung.** Eine Anmeldung oder ein Antrag nach den Artikeln 10 bis 13 darf von einem Amt nicht als Ganzes oder zum Teil zurückgewiesen werden, ohne daß, je nach Fall, dem Anmelder oder dem Antragsteller die Gelegenheit gegeben wird, zu der beabsichtigten Zurückweisung innerhalb einer angemessenen Frist Stellung zu nehmen.

**Art. 15 Verpflichtung zur Einhaltung der Pariser Verbandsübereinkunft.** Die Vertragsparteien halten die Bestimmungen der Pariser Verbandsübereinkunft, welche die Marken betreffen, ein.

**Art. 16 Dienstleistungsmarken.** Die Vertragsparteien tragen Dienstleistungsmarken ein und wenden auf diese Marken die Bestimmungen der Pariser Verbandsübereinkunft, welche Warenmarken betreffen, an.

**Art. 17 Ausführungsordnung.** (1) [*Inhalt*] a) Die diesem Vertrag beigefügte Ausführungsordnung enthält Regeln über
  i) Angelegenheiten, die in diesem Vertrag ausdrücklich als „in der Ausführungsordnung vorgeschrieben" genannt sind;
  ii) Einzelheiten, die für die Durchführung des Vertrags zweckdienlich sind;
  iii) verwaltungstechnische Erfordernisse, Angelegenheiten oder Verfahren.
b) Die Ausführungsordnung enthält ferner Muster internationaler Formblätter.

(2) [*Widerspruch zwischen dem Vertrag und der Ausführungsordnung*] Im Fall eines Widerspruchs zwischen dem Vertrag und der Ausführungsordnung geht der Vertrag vor.

**Art. 18 Revision; Protokolle.** (1) [*Revision*] Dieser Vertrag kann von einer diplomatischen Konferenz revidiert werden.

(2) [*Protokolle*] Zur weiteren Harmonisierung des Markenrechts können von einer diplomatischen Konferenz Protokolle angenommen werden, soweit diese Protokolle nicht gegen diesen Vertrag verstoßen.

**Art. 19 Möglichkeiten, Vertragspartei zu werden.** (1) [*Voraussetzungen*] Folgende Rechtsträger können den Vertrag unterzeichnen und vorbehaltlich der Absätze 2 und 3 und des Artikels 20 Absätze 1 und 3 Vertragspartei werden:
  i) jeder Mitgliedstaat der Organisation, für den Marken bei dessen eigenem Amt eingetragen werden können;
  ii) jede zwischenstaatliche Organisation, die ein Amt unterhält, in dem Marken mit Wirkung für das Gebiet, auf das der Gründungsvertrag der zwischenstaatlichen Organisation Anwendung findet, eingetragen werden können, sei es in allen Mitgliedstaaten oder in denjenigen Mitgliedstaaten, die zu diesem Zweck in der entsprechenden Anmeldung genannt worden sind, sofern alle Mitgliedstaaten der zwischenstaatlichen Organisation Mitglieder der Organisation sind;
  iii) jeder Mitgliedstaat der Organisation, für den Marken nur über das Amt eines anderen bezeichneten Staates, der Mitglied der Organisation ist, eingetragen werden können;
  iv) jeder Mitgliedstaat der Organisation, für den Marken nur über das von einer zwischenstaatlichen Organisation unterhaltene Amt, deren Mitglied dieser Staat ist, eingetragen werden können;
  v) jeder Mitgliedstaat der Organisation, für den Marken nur über ein gemeinsames Amt einer Gruppe von Staaten, die Mitglieder der Organisation sind, eingetragen werden können.

(2) [*Ratifikation oder Beitritt*] Jeder in Absatz 1 genannte Rechtsträger kann
  i) eine Ratifikationsurkunde hinterlegen, sofern er diesen Vertrag unterzeichnet hat,
  ii) eine Beitrittsurkunde hinterlegen, sofern er diesen Vertrag nicht unterzeichnet hat.

(3) [*Tag des Wirksamwerdens der Hinterlegung*] a) Vorbehaltlich des Buchstabens b ist der Tag des Wirksamwerdens einer Ratifikations- oder Beitrittsurkunde
  i) bei einem in Absatz 1 Ziffer i genannten Staat der Tag, an dem die Urkunde des Staates hinterlegt wird;
  ii) bei einer zwischenstaatlichen Organisation der Tag, an dem die Urkunde dieser zwischenstaatlichen Organisation hinterlegt wird;
  iii) bei einem in Absatz 1 Ziffer iii genannten Staat der Tag, an dem folgende Voraussetzung erfüllt ist: die Urkunde dieses Staates und die Urkunde des anderen bezeichneten Staates sind hinterlegt;
  iv) bei einem in Absatz 1 Ziffer iv genannten Staat der nach Ziffer ii geltende Tag;
  v) bei einem Mitgliedstaat einer in Absatz 1 Ziffer v genannten Gruppe von Staaten der Tag, an dem die Urkunden sämtlicher Mitglieder der Gruppe hinterlegt sind.

b) Jeder Ratifikations- oder Beitrittsurkunde (unter diesem Buchstaben als „Urkunde" bezeichnet) eines Staates kann eine Erklärung beigefügt werden, in der zur Bedingung gemacht wird, daß die Urkunde erst dann als hinterlegt gilt, wenn die Urkunde eines anderen Staates oder einer zwischenstaatlichen Organisation, die Urkunden von zwei anderen Staaten oder die Urkunden eines anderen Staates und einer zwischenstaatlichen Organisation, die namentlich genannt und zum Beitritt zu diesem Vertrag berechtigt sind, ebenfalls hinterlegt sind. Die Urkunde, die eine derartige Erklärung enthält gilt als an dem Tag hinterlegt, an dem die in der Erklärung genannte Bedingung erfüllt ist. Ist der Hinterlegung einer in der Erklärung bezeichneten Urkunde jedoch selbst eine Erklärung der genannten Art beigefügt, so gilt diese Urkunde als an dem Tag hinterlegt, an dem die in der letzteren Erklärung genannte Bedingung erfüllt ist.

c) Jede nach Buchstabe b abgegebene Erklärung kann jederzeit ganz oder teilweise zurückgenommen werden. Eine Rücknahme wird an dem Tag wirksam, an dem die Notifikation der Rücknahme beim Generaldirektor eingeht.

**Art. 20 Tag des Wirksamwerdens der Ratifikation und des Beitritts.** (1) [*In Betracht zu ziehende Urkunden*] Für die Zwecke dieses Artikels werden nur Ratifikations- oder Beitrittsurkunden in Betracht gezogen, die von den in Artikel 19 Absatz 1 bezeichneten Rechtsträgern hinterlegt worden sind und deren Tag des Wirksamwerdens in Artikel 19 Absatz 3 vorgesehen ist.

(2) [*Inkrafttreten des Vertrags*] Dieser Vertrag tritt drei Monate nach Hinterlegung der Ratifikations- oder Beitrittsurkunden von fünf Staaten in Kraft.

(3) [*Inkrafttreten der Ratifikation und des Beitritts nach Inkrafttreten des Vertrags*] Jeder nicht unter Absatz 2 fallende Rechtsträger wird durch diesen Vertrag drei Monate nach dem Tag gebunden, zu dem er seine Ratifikations- oder Beitrittsurkunde hinterlegt hat.

**Art. 21 Vorbehalte.** (1) [*Besondere Arten von Marken*] Jeder Staat oder jede zwischenstaatliche Organisation kann durch einen Vorbehalt erklären, daß ungeachtet des Artikels 2 Absatz 1 Buchstabe a und Absatz 2 Buchstabe a die Bestimmungen des Artikels 3 Absätze 1 und 2, der Artikel 5, 7, 11 und 13 nicht auf verbundene Marken, Defensivmarken oder abgeleitete Marken Anwendung finden. In dem Vorbehalt sind die Bestimmungen anzugeben, auf die sich der Vorbehalt bezieht.

(2) [*Modalitäten*] Vorbehalte nach Absatz 1 sind von dem Staat oder der zwischenstaatlichen Organisation, die den Vorbehalt erklären, in einer der Ratifikations- oder Beitrittsurkunde zu diesem Vertrag beigefügten Erklärung abzugeben.

(3) [*Rücknahme*] Vorbehalte nach Absatz 1 können jederzeit zurückgenommen werden.

(4) [*Ausschluß anderer Vorbehalte*] Andere als die in Absatz 1 gestatteten Vorbehalte zu diesem Vertrag sind nicht zulässig.

**Art. 22 Übergangsbestimmungen.** (1) [*Einzige Anmeldung für Waren und Dienstleistungen in mehreren Klassen; Teilung der Anmeldung*] a) Jeder Staat oder jede zwischenstaatliche Organisation kann erklären, daß ungeachtet des Artikels 3 Absatz 5 eine Anmeldung bei dem Amt nur für Waren oder Dienstleistungen eingereicht werden kann, die zu einer einzigen Klasse der Nizzaer Klassifikation gehören.

b) Jeder Staat oder jede zwischenstaatliche Organisation kann erklären, daß ungeachtet des Artikels 6 in den Fällen, in denen Waren und/oder Dienstleistungen zu mehreren Klassen der Nizzaer Klassifikation gehören und in ein und derselben Anmeldung enthalten sind, eine Anmeldung zu zwei oder mehr Eintragungen im Markenregister führt, sofern jede einzelne derartige Eintragung eine Bezugnahme auf sämtliche anderen aus der genannten Anmeldung hervorgegangenen Eintragungen enthält.

c) Jeder Staat oder jede zwischenstaatliche Organisation, die eine Erklärung nach Buchstabe a abgegeben haben, kann erklären, daß ungeachtet des Artikels 7 Absatz 1 eine Teilung der Anmeldung nicht zulässig ist.

(2) [*Einzelvollmacht für mehr als eine Anmeldung und/oder Eintragung*] Jeder Staat oder jede zwischenstaatliche Organisation kann erklären, daß ungeachtet des Artikels 4 Absatz 3 Buchstabe b eine Vollmacht sich nur auf eine Anmeldung oder nur auf eine Eintragung beziehen darf.

(3) [*Ausschluß des Erfordernisses einer Beglaubigung der Unterschrift der Vollmacht und der Unterschrift der Anmeldung*] Jeder Staat oder jede zwischenstaatliche Organisation kann erklären, daß ungeachtet des Artikels 8 Absatz 4 die Unterschrift unter einer Vollmacht oder die Unterschrift des Anmelders unter einer Anmeldung einer Bestätigung, notariellen Beglaubigung, Bescheinigung der Echtheit, Legalisation oder anderen Beurkundung bedarf.

(4) [*Einziger Antrag für mehr als eine Anmeldung und/oder Eintragung bezüglich einer Änderung des Namens und/oder der Anschrift, der Inhaberschaft oder der Berichtigung eines Fehlers*] Jeder Staat oder jede zwischenstaatliche Organisation kann erklären, daß ungeachtet des Artikels 10 Absatz 1 Buchstabe e und der Absätze 2 und 3, des Artikels 11 Absatz 1 Buchstabe h und Absatz 3 sowie des Artikels 12 Absatz 1 Buchstabe e und Absatz 2, der Antrag auf Eintragung einer Änderung des Namens und/oder der Anschrift, der Antrag auf Eintragung einer

Änderung der Inhaberschaft und der Antrag auf Berichtigung eines Fehlers sich nur auf eine Anmeldung oder nur auf eine Eintragung beziehen dürfen.

(5) [*Vorlage einer Erklärung und/oder eines Nachweises über die Benutzung anläßlich dir Verlängerung*] Jeder Staat oder jede zwischenstaatliche Organisation kann erklären, daß sie ungeachtet des Artikels 13 Absatz 4 Ziffer iii anläßlich der Verlängerung die Vorlage einer Erklärung und/oder eines Nachweises über die Benutzung der Marke verlangen.

(6) [*Materielle Prüfung anläßlich der Verlängerung*] Jeder Staat oder jede zwischenstaatliche Organisation kann erklären, daß ungeachtet des Artikels 13 Absatz 6 das Amt anläßlich der ersten Verlängerung einer Eintragung, die sich auf Dienstleistungen erstreckt, diese Eintragung dem Grunde nach prüfen kann, sofern sich die Prüfung auf die Beseitigung von Mehrfacheintragungen beschränkt, denen Anmeldungen zugrunde liegen, die innerhalb von sechs Monaten nach Inkrafttreten des Gesetzes des Staates oder der zwischenstaatlichen Organisation eingereicht wurden, mit dem vor dem Inkrafttreten dieses Vertrags die Möglichkeit der Eintragung von Dienstleistungsmarken eingeführt wurde.

(7) [*Gemeinsame Bestimmungen*] a) Ein Staat oder eine zwischenstaatliche Organisation kann nur dann eine Erklärung nach den Absätzen 1 bis 6 abgeben, wenn zu dem Zeitpunkt der Hinterlegung der Ratifikations- oder Beitrittsurkunde zu diesem Vertrag die weitere Anwendung seines/ihres Rechts ohne eine solche Erklärung den einschlägigen Bestimmungen dieses Vertrags widersprechen würde.

b) Jede nach den Absätzen 1 bis 6 abgegebene Erklärung ist der Ratifikations- oder Beitrittsurkunde des Staates oder der zwischenstaatlichen Organisation zu diesem Vertrag beizufügen, die diese Erklärung abgeben.

c) Jede nach den Absätzen 1 bis 6 abgegebene Erklärung kann jederzeit zurückgenommen werden.

(8) [*Verlust der Wirkung von Erklärungen*] a) Vorbehaltlich des Buchstabens c verliert jede Erklärung, die nach den Absätzen 1 bis 5 von einem Staat, der im Einklang mit der ständigen Praxis der Generalversammlung der Vereinten Nationen als Entwicklungsland betrachtet wird, oder von einer zwischenstaatlichen Organisation abgegeben wird, deren jeder einzelne Mitgliedstaat ein solcher Staat ist, acht Jahre nach Inkrafttreten dieses Vertrags ihre Wirkung.

b) Vorbehaltlich des Buchstabens c verliert jede Erklärung, die nach den Absätzen 1 bis 5 von einem anderen als dem unter Buchstabe a bezeichneten Staat oder einer anderen als der unter Buchstabe a bezeichneten zwischenstaatlichen Organisation abgegeben wird, sechs Jahre nach Inkrafttreten dieses Vertrags ihre Wirkung.

c) Ist eine nach den Absätzen 1 bis 5 abgegebene Erklärung nicht nach Absatz 7 Buchstabe c zurückgenommen worden oder hat sie ihre Wirkung nicht nach Buchstabe a oder b vor dem 28. Oktober 2004 verloren, so verliert sie ihre Wirkung am 28. Oktober 2004.

(9) [*Möglichkeit, Vertragspartei zu werden*] Bis zum 31. Dezember 1999 kann jeder Staat, der am Tag der Annahme dieses Vertrags Mitglied des Internationalen (Pariser) Verbands zum Schutz des gewerblichen Eigentums ist, ohne Mitglied der Organisation zu sein, ungeachtet des Artikels 19 Absatz 1 Ziffer i Vertragspartei dieses Vertrags werden, wenn in seinem eigenen Amt Marken eingetragen werden können.

**Art. 23 Kündigung des Vertrags.** (1) [*Notifikation*] Jede Vertragspartei kann diesen Vertrag durch eine an den Generaldirektor gerichtete Notifikation kündigen.

(2) [*Tag des Wirksamwerdens*] Die Kündigung wird ein Jahr nach dem Tag wirksam, zu dem der Generaldirektor die Notifikation erhalten hat. Sie läßt die Anwendung dieses Vertrags auf die im Zeitpunkt des Ablaufs dieser Einjahresfrist anhängigen Anmeldungen oder eingetragenen Marken in bezug auf die kündigende Vertragspartei unberührt; allerdings kann die kündigende Vertragspartei nach Ablauf dieser Einjahresfrist die Anwendung des Vertrags auf eine Eintragung zu dem Zeitpunkt beenden, zu dem die Verlängerung dieser Eintragung fällig ist.

**Art. 24 Vertragssprachen; Unterzeichnung.** (1) [*Urschriften; amtliche Fassungen*]
a) Dieser Vertrag wird in einer Urschrift in arabischer, chinesischer, englischer, französischer, russischer und spanischer Sprache unterzeichnet, wobei jeder Wortlaut gleichermaßen verbindlich ist.

b) Auf Antrag einer Vertragspartei wird vom Generaldirektor eine amtliche Fassung in einer der unter Buchstabe a nicht genannten Sprachen, welche die Amtssprache dieser Vertragspartei ist, nach Beratung mit der genannten Vertragspartei und jeder anderen beteiligten Vertragspartei hergestellt.

(2) [ *Unterzeichnungsfrist* ] Dieser Vertrag liegt nach seiner Annahme ein Jahr lang am Sitz der Organisation zur Unterzeichnung aus.

**Art. 25 Verwahrer.** Der Generaldirektor ist Verwahrer dieses Vertrags.

## 12. Ausführungsordnung zum Markenrechtsvertrag

vom 27. Oktober 1994
(WIPO Veröffentlichung Nr. 225(G) 1996)*

**Inhaltsübersicht**

|  | Regel |
|---|---|
| Abkürzungen | 1 |
| Angabe von Namen und Anschriften | 2 |
| Einzelheiten bezüglich der Anmeldung | 3 |
| Einzelheiten bezüglich der Vertretung | 4 |
| Einzelheiten bezüglich des Anmeldedatums | 5 |
| Einzelheiten bezüglich der Unterschrift | 6 |
| Bezeichnung einer Anmeldung bei fehlender Anmeldenummer | 7 |
| Einzelheiten bezüglich Laufzeit und Verlängerung | 8 |

**Regel 1 Abkürzungen.** (1) [„*Vertrag*"; „*Artikel*"] a) In dieser Ausführungsordnung bezeichnet das Wort „Vertrag" den Markenrechtsvertrag.

b) In dieser Ausführungsordnung verweist das Wort „Artikel" auf den jeweils bezeichneten Artikel des Vertrags.

(2) [*Im Vertrag definierte Abkürzungen*] Die in Artikel 1 für die Zwecke des Vertrags definierten Abkürzungen haben für die Zwecke der Ausführungsordnung dieselbe Bedeutung.

**Regel 2 Angabe von Namen und Anschriften.** (1) [*Namen*] a) Ist der Name einer Person anzugeben, so kann jede Vertragspartei verlangen,

    i) daß bei einer natürlichen Person als Name der Familienname oder der Hauptname und der Vor- oder Beiname beziehungsweise die Vor- oder Beinamen der Person, oder, nach Wahl dieser Person, der Name oder die Namen, die von der betreffenden Person üblicherweise benutzt werden, anzugeben sind;

    ii) daß bei einer juristischen Person als Name die volle amtliche Bezeichnung der juristischen Person anzugeben ist.

b) Ist der Name eines Vertreters anzugeben, bei dem es sich um eine Kanzlei oder Kanzleigemeinschaft handelt, so erkennt jede Vertragspartei als Namensangabe die Bezeichnung an, welche die Kanzlei oder Kanzleigemeinschaft üblicherweise benutzt.

(2) [*Anschriften*] a) Ist die Anschrift einer Person anzugeben, so kann jede Vertragspartei verlangen, daß die Anschrift in einer Weise angegeben wird, die den üblichen Erfordernissen für eine schnelle Postzustellung an die angegebene Anschrift entspricht, und in jedem Fall die maßgeblichen Verwaltungseinheiten, gegebenenfalls einschließlich der Haus- oder Gebäudenummer, enthält.

b) Erfolgt eine an das Amt einer Vertragspartei gerichtete Mitteilung im Namen von zwei oder mehr Personen mit unterschiedlichen Anschriften, so kann die Vertragspartei verlangen, daß in der betreffenden Mitteilung eine einzige Anschrift als Anschrift für den Schriftwechsel angegeben wird.

c) Die Angabe einer Anschrift kann eine Telefon- und eine Telefaxnummer sowie für die Zwecke des Schriftwechsels eine von der unter Buchstabe a angegebenen Anschrift abweichende Anschrift enthalten.

d) Die Buchstaben a und c gelten sinngemäß für die Zustellungsanschriften.

(3) [*Zu benutzende Schrift*] Jede Vertragspartei kann verlangen, daß die in den Absätzen 1 und 2 genannten Angaben in der von dem Amt benutzten Schrift gemacht werden.

---

* Die Muster der internationalen Formblätter Nr. 1 bis 8 sind abgedruckt im ABl. HABM 1998, 288.

**Regel 3 Einzelheiten bezüglich der Anmeldung.** (1) [*Übliche Schriftzeichen*] Enthält die Anmeldung eine Erklärung nach Artikel 3 Absatz 1 Buchstabe a Ziffer ix dahin gehend, daß auf Wunsch des Anmelders die Marke in den von dem Amt der Vertragspartei benutzten üblichen Schriftzeichen eingetragen und veröffentlicht wird, so wird das Amt die Marke in diesen üblichen Schriftzeichen eintragen und veröffentlichen.

(2) [*Anzahl der Wiedergaben*] a) Enthält die Anmeldung keine Erklärung dahin gehend, daß auf Wunsch des Anmelders Farbe als unterscheidendes Merkmal der Marke beansprucht wird, so darf eine Vertragspartei nicht mehr als folgendes verlangen:

> i) fünf Wiedergaben der Marke in Schwarzweiß, wenn nach dem Recht der Vertragspartei die Anmeldung keine Erklärung dahin gehend enthalten darf oder eine Erklärung dahin gehend nicht enthält, daß auf Wunsch des Anmelders die Marke in den von dem Amt der Vertragspartei benutzten üblichen Schriftzeichen einzutragen und zu veröffentlichen ist;
>
> ii) eine Wiedergabe der Marke in Schwarzweiß, wenn die Anmeldung eine Erklärung dahin gehend enthält, daß auf Wunsch des Anmelders die Marke in den von dem Amt der Vertragspartei benutzten üblichen Schriftzeichen einzutragen und zu veröffentlichen ist.

b) Enthält die Anmeldung eine Erklärung dahin gehend, daß auf Wunsch des Anmelders Farbe als unterscheidendes Merkmal der Marke beansprucht wird, so darf eine Vertragspartei nicht mehr als fünf Wiedergaben der Marke in Schwarzweiß und fünf Wiedergaben der Marke in Farbe verlangen.

(3) [*Wiedergabe einer dreidimensionalen Marke*] a) Enthält die Anmeldung eine Erklärung nach Artikel 3 Absatz 1 Buchstabe a Ziffer xi dahin gehend, daß es sich bei der Marke um eine dreidimensionale Marke handelt, so besteht die Wiedergabe der Marke aus einer zweidimensionalen graphischen oder photographischen Wiedergabe.

b) Die nach Buchstabe a vorgelegte Wiedergabe kann nach Wahl des Anmelders aus einer einzigen Ansicht der Marke oder aus mehreren verschiedenen Ansichten der Marke bestehen.

c) Ist das Amt der Auffassung, daß die vom Anmelder nach Buchstabe a eingereichte Wiedergabe der Marke die Einzelheiten der dreidimensionalen Marke nicht ausreichend wiedergibt, so kann es den Anmelder auffordern, innerhalb einer angemessenen, in der Aufforderung festgesetzten Frist bis zu sechs verschiedene Ansichten der Marke und/oder eine Beschreibung der Marke in Worten vorzulegen.

d) Ist das Amt der Auffassung, daß die unter Buchstabe c bezeichneten verschiedenen Ansichten und/oder die dort genannte Beschreibung der Marke in Worten die Einzelheiten der dreidimensionalen Marke immer noch nicht ausreichend wiedergeben, so kann es den Anmelder auffordern, innerhalb einer angemessenen, in der Aufforderung festgesetzten Frist ein Muster der Marke vorzulegen.

e) Absatz 2 Buchstabe a Ziffer i und Buchstabe b gilt sinngemäß.

(4) [*Transliteration der Marke*] Besteht die Marke ganz oder teilweise aus einer anderen als der von dem Amt benutzten Schrift oder aus anderen als den von dem Amt benutzten Ziffern, so kann für die Zwecke des Artikels 3 Absatz 1 Buchstabe a Ziffer xiii eine Transliteration dieser Schrift und dieser Ziffern in die von dem Amt benutzte Schrift und in die von dem Amt benutzten Ziffern verlangt werden.

(5) [*Übersetzung der Marke*] Besteht die Marke ganz oder teilweise aus einem Wort oder aus Wörtern in einer anderen als der von dem Amt zugelassenen Sprache oder einer der von dem Amt zugelassenen Sprachen, so kann für die Zwecke des Artikels 3 Absatz 1 Buchstabe a Ziffer xiv eine Übersetzung dieses Wortes oder dieser Wörter in die zugelassene Sprache oder eine der zugelassenen Sprachen verlangt werden.

(6) [*Frist für die Vorlage des Nachweises über die tatsächliche Benutzung der Marke*] Die in Artikel 3 Absatz 6 genannte Frist darf nicht weniger als sechs Monate betragen, gerechnet ab dem Datum der Zulassung der Anmeldung durch das Amt der Vertragspartei, bei dem die Anmeldung eingereicht wurde. Der Anmelder oder der Inhaber hat nach Maßgabe der im

Recht dieser Vertragspartei vorgesehenen Voraussetzungen Anspruch auf Verlängerung dieser Frist um einen Zeitraum von jeweils mindestens sechs Monaten bis zu einer Gesamtverlängerung von mindestens zweieinhalb Jahren.

**Regel 4 Einzelheiten bezüglich der Vertretung.** Die in Artikel 4 Absatz 3 Buchstabe d genannte Frist wird ab dem Datum des Eingangs der in jenem Artikel genannten Mitteilung bei dem Amt der betreffenden Vertragspartei gerechnet und beträgt mindestens einen Monat, wenn sich die Anschrift der Person, in deren Namen die Mitteilung erfolgt, im Gebiet dieser Vertragspartei befindet, und beträgt mindestens zwei Monate, wenn sich die Anschrift außerhalb des Gebiets dieser Vertragspartei befindet.

**Regel 5 Einzelheiten bezüglich des Anmeldedatums.** (1) [*Verfahren im Fall der Nichterfüllung von Erfordernissen*] Erfüllt die Anmeldung zum Zeitpunkt ihres Eingangs bei dem Amt eines der anzuwendenden Erfordernisse des Artikels 5 Absatz 1 Buchstabe a oder Absatz 2 Buchstabe a nicht, so fordert das Amt den Anmelder umgehend auf, diese Erfordernisse innerhalb einer in der Aufforderung angegebenen Frist zu erfüllen, die mindestens einen Monat ab dem Datum der Aufforderung beträgt, wenn sich die Anschrift des Anmelders im Gebiet der betreffenden Vertragspartei befindet, und mindestens zwei Monate, wenn sich die Anschrift des Anmelders außerhalb des Gebiets der betreffenden Vertragspartei befindet. Die Befolgung der Aufforderung kann der Zahlung einer besonderen Gebühr unterworfen werden. Selbst wenn das Amt es unterläßt, die genannte Aufforderung zu übersenden, so bleiben die genannten Erfordernisse unberührt.

(2) [*Anmeldedatum im Fall einer Berichtigung*] Kommt der Anmelder innerhalb der in der Aufforderung angegebenen Frist der in Absatz 1 genannten Aufforderung nach und entrichtet er eine etwa erforderliche besondere Gebühr, so gilt als Anmeldedatum das Datum des Tages, an dem alle in Artikel 5 Absatz 1 Buchstabe a genannten erforderlichen Angaben und Bestandteile bei dem Amt eingegangen sind und gegebenenfalls die in Artikel 5 Absatz 2 Buchstabe a genannte erforderliche Gebühr an das Amt entrichtet worden ist. Anderenfalls wird die Anmeldung als nicht eingereicht betrachtet.

(3) [*Eingangsdatum*] Jeder Vertragspartei steht es frei zu bestimmen, unter welchen Umständen der Eingang eines Schriftstücks oder die Zahlung einer Gebühr als Eingang bei dem Amt oder Zahlung an das Amt gilt, wenn das Schriftstück oder die Zahlung tatsächlich eingegangen ist

   i) bei einer Zweigstelle oder Dienststelle des Amtes,

   ii) bei einem nationalen Amt für das Amt der Vertragspartei, soweit es sich bei der Vertragspartei um eine in Artikel 19 Absatz 1 Ziffer ii bezeichnete zwischenstaatliche Organisation handelt,

   iii) bei einem amtlichen Postdienst,

   iv) bei einem von der Vertragspartei angegebenen anderen Zustellungsdienst als dem amtlichen Postdienst.

(4) [*Benutzung von Telefax*] Gestattet eine Vertragspartei die Einreichung einer Anmeldung durch Telefax und wird die Anmeldung durch Telefax eingereicht, so stellt das Datum des Eingangs des Telefaxes bei dem Amt der Vertragspartei das Datum des Eingangs der Anmeldung dar; die betreffende Vertragspartei kann jedoch verlangen, daß das Original dieser Anmeldung innerhalb einer Frist von mindestens einem Monat nach dem Datum bei ihr eingeht, zu dem das Telefax bei dem betreffenden Amt eingegangen ist.

**Regel 6 Einzelheiten bezüglich der Unterschrift.** (1) [*Juristische Personen*] Wird eine Mitteilung im Namen einer juristischen Person unterschrieben, so kann jede Vertragspartei verlangen, daß der Unterschrift oder dem Siegel der natürlichen Person, die unterschreibt oder deren Siegel benutzt wird, eine Angabe des Familien- oder Hauptnamens und des Vor- oder Beinamens oder der Vor- oder Beinamen dieser Person oder, nach Wahl dieser Person, des Namens oder der Namen, den oder die diese Person üblicherweise benutzt, in Buchstaben beigefügt wird.

(2) [*Mitteilung durch Telefax*] Die in Artikel 8 Absatz 2 Buchstabe b genannte Frist darf nicht weniger als einen Monat ab dem Datum des Eingangs einer Übermittlung durch Telefax betragen.

(3) [ *Datum* ] Jede Vertragspartei kann verlangen, daß einer Unterschrift oder einem Siegel eine Angabe über das Datum des Tages beigefügt wird, an dem die Unterschriftsleistung oder das Anbringen des Siegels erfolgte. Wird diese Angabe verlangt, ist aber nicht beigebracht worden, so gilt das Datum des Tages, an dem die Mitteilung mit der Unterschrift oder dem Siegel bei dem Amt eingegangen ist, als das Datum der Unterschriftsleistung oder des Anbringens des Siegels, beziehungsweise ein früheres Datum, sofern die Vertragspartei dies gestattet.

**Regel 7 Bezeichnung einer Anmeldung bei fehlender Anmeldenummer.** (1) [ *Art der Bezeichnung* ] Wird verlangt, eine Anmeldung anhand ihrer Anmeldenummer zu bezeichnen, ist eine solche Nummer aber noch nicht erteilt oder dem Anmelder oder seinem Vertreter nicht bekannt, so gilt die Anmeldung als bezeichnet, wenn folgendes vorgelegt wird:

    i) die von dem Amt gegebenenfalls vergebene vorläufige Anmeldenummer, oder

    ii) eine Kopie der Anmeldung oder

    iii) eine Wiedergabe der Marke mit einer Angabe des Datums des Tages, an dem nach bestem Wissen des Anmelders oder des Vertreters die Anmeldung bei dem Amt eingegangen ist, und ein der Anmeldung vom Anmelder oder dem Vertreter vergebenes Aktenzeichen.

(2) [ *Ausschluß anderer Erfordernisse* ] Eine Vertragspartei darf nicht verlangen, daß andere als die in Absatz 1 bezeichneten Erfordernisse erfüllt werden, um eine Anmeldung zu bezeichnen, wenn deren Anmeldenummer noch nicht erteilt oder dem Anmelder oder seinem Vertreter nicht bekannt ist.

**Regel 8 Einzelheiten bezüglich Laufzeit und Verlängerung.** Für die Zwecke des Artikels 13 Absatz 1 Buchstabe c beginnt die Frist, in welcher der Antrag auf Verlängerung gestellt und die Verlängerungsgebühr entrichtet werden kann, mindestens sechs Monate vor dem Tag, an dem die Verlängerung vorzunehmen ist, und endet frühestens sechs Monate nach diesem Tag. Wird der Antrag auf Verlängerung nach dem Tag, an dem die Verlängerung vorzunehmen war gestellt und/oder wurden die Verlängerungsgebühren nach diesem Tag entrichtet, so kann jede Vertragspartei die Verlängerung von der Zahlung einer Zuschlagsgebühr abhängig machen.

# Vierter Teil
# Amtliche Veröffentlichungen

## Übersicht

| | |
|---|---|
| I. Allgemeine Veröffentlichungen | 2435 |
| II. Nationale Marken und sonstige Kennzeichen | 2451 |
| III. Gemeinschaftsmarke | 2587 |
| IV. International registrierte Marken | 2615 |

# Vierter Teil
## Amtliche Veröffentlichungen

### Übersicht

I. Allgemeine Verlautbarungen
II. Dienstl. Nachr. und sonstige Verlautbarungen
III. Dienstenthebung
IV. Internationale Katholische Information

# Amtl. Veröffentlichungen

## Inhaltsübersicht

### I. Allgemeine Veröffentlichungen

1. Anschriften von Behörden für gewerblichen Rechtsschutz .................... 2435
2. Verzeichnis der Patentinformationszentren ................................ 2439

### II. Nationale Marken und sonstige Kennzeichen

1. Richtlinie für die Prüfung von Markenanmeldungen (Richtlinie Markenanmeldungen) vom 27. Oktober 1995 .................... 2451
2. Formblatt zur Anmeldung einer Marke zur Eintragung in das Register ........ 2478
3. Merkblatt: Wie melde ich eine Marke an? .................................. 2480
4. Mitteilung Nr. 16/94 des Präsidenten des Deutschen Patentamts über die Form der Darstellung von Hörmarken durch Sonagramm und ihre klangliche Wiedergabe gemäß § 11 Abs. 5 der Markenverordnung (MarkenV) vom 16. Dezember 1994 .................... 2486
5. Klasseneinteilung von Waren und Dienstleistungen ........................ 2488
6. Empfehlungsliste zur Klasseneinteilung der Waren und Dienstleistungen für die Eintragung von Marken .................... 2493
7. Richtlinie für das markenrechtliche Widerspruchsverfahren (Richtlinie Widerspruchsverfahren) vom 17. November 1997 .................... 2514
8. Formblatt zum Widerspruch gegen die Eintragung einer Marke ............. 2531
9. Formblatt zur Erklärung über die Übertragung des Rechts an einer Marke ... 2535
10. Richtlinien für die Umschreibung von Schutzrechten und Schutzrechtsanmeldungen in der Patentrolle, der Gebrauchsmusterrolle, dem Markenregister, dem Musterregister und der Topographierolle (Umschreibungsrichtlinien) vom 15. November 1996 .................... 2538
11. Mitteilung Nr. 9/94 des Präsidenten des Deutschen Patentamts über die Hinterlegung Allgemeiner Vollmachten und Angestelltenvollmachten beim Deutschen Patentamt vom 4. August 1994 .................... 2544
12. Formblatt zur Zustimmungserklärung zur Eintragung eines dinglichen Rechts an der Marke .................... 2547
13. Formblatt zum Antrag auf Eintragung einer Verpfändung, eines sonstigen dinglichen Rechts, einer Maßnahme der Zwangsvollstreckung oder eines Konkursverfahrens .................... 2549
14. Formblatt zur Erklärung der Teilung der Anmeldung bzw der Eintragung einer Marke .................... 2551
15. Formblatt zum Antrag auf Verlängerung der Schutzdauer einer eingetragenen Marke .................... 2555
16. Formblatt: Verlängerung der Schutzdauer einer eingetragenen Marke ........ 2558
17. Formblatt zum Antrag auf vollständige bzw teilweise Löschung einer Marke wegen Verzichts .................... 2561
18. Formblatt zum Antrag auf vollständige bzw teilweise Löschung einer Marke wegen Verfalls .................... 2563
19. Formblatt zum Antrag auf vollständige bzw teilweise Löschung einer Marke wegen absoluter Schutzhindernisse .................... 2565
20. Formblatt zum Antrag auf Berichtigung von Fehlern in der Eintragung im Register, von Fehlern in der Veröffentlichung oder von Fehlern im Inhalt der Anmeldung .................... 2569
21. Formblatt zum Antrag auf Eintragung von Änderungen von Namen oder Anschriften .................... 2571
22. Formblatt zum Antrag auf Eintragung einer geographischen Angabe bzw Ursprungsbezeichnung .................... 2573
23. Merkblatt über den Schutz von geographischen Angaben und Ursprungsbezeichnungen für Agrarerzeugnisse und Lebensmittel gemäß Verordnung (EWG) Nr. 2081/92 .................... 2575

# Amtl. Veröffentlichungen

24. Kostenmerkblatt: Gebühren und Auslagen des Deutschen Patentamts und des Bundespatentgerichts .................................................................................... 2578
25. RAL – Grundsätze für Gütezeichen ................................................................ 2580

## III. Gemeinschaftsmarke

1. Formblatt zur Anmeldung einer Gemeinschaftsmarke ................................... 2587
2. Hinweise zum Anmeldeformular Anmeldung einer Gemeinschaftsmarke ...... 2593
3. Formblatt zur Erhebung eines Widerspruchs gegen die Anmeldung einer Gemeinschaftsmarke ............................................................................................ 2597
4. Hinweise zum Widerspruchsformblatt .......................................................... 2603
5. Formblatt zur Einlegung einer Beschwerde gegen die Anmeldung einer Gemeinschaftsmarke ............................................................................................ 2607
6. Hinweise zum Beschwerdeformblatt .............................................................. 2610
7. Weitere Formblätter und Hinweise zur Gemeinschaftsmarke ........................ 2613

## IV. International registrierte Marken

1. OMPI-Vordruck: Demande d'enregistrement international relevant exclusivement de l'Arrangement de Madrid concernant l'enregistrement international des Marques .......................................................................................................... 2615
2. WIPO-Vordruck: Application for international registration governed exclusively by the Protocol relating to the Madrid Agreement concerning the international registration of Marks ................................................................................... 2621
3. WIPO-Vordruck: Application for international registration governed by both the Madrid Agreement concerning the international registration of Marks and the Protocol relating to that Agreement ........................................................ 2628
4. Mitteilung Nr. 15/94 des Präsidenten des Deutschen Patentamts über die Schutzfähigkeitsprüfung der Markenform bei international registrierten Marken mit Zeitrang vor dem 1. Januar 1995 vom 6. Dezember 1994 ........................ 2635
5. Merkblatt: Die internationale Registrierung deutscher Marken sowie Schutzbewilligungsverfahren für international registrierte ausländische Marken nach dem Madrider Markenabkommen (MMA) und nach dem Protokoll zum Madrider Markenabkommen (PMMA) ........................................................................... 2636
6. Vordruck: Gesuch um internationale Registrierung der Warenmarke/der Dienstleistungsmarke .................................................................................... 2645
7. Gebührenmerkblatt: Gebühren des Internationalen Büros nach dem Madrider Abkommen (MMA) und nach dem Protokoll zum Madrider Markenabkommen (PMMA) ......................................................................................................... 2646

# Behörden

## I. Allgemeine Veröffentlichungen

## 1. Anschriften von Behörden für gewerblichen Rechtsschutz

### Bundesrepublik Deutschland

**Deutsches Patent- und Markenamt (DPMA)**
Zweibrückenstraße 12
D-80331 München
Telefon: 089/2195-0
Telefax: 089/2195-2221

**Deutsches Patent- und Markenamt (DPMA)**
**Dienststelle Jena**
Goethestraße 1
D-07743 Jena
Telefon: 03641/40-54
Telefax: 03641/40-5690

**Deutsches Patent- und Markenamt (DPMA)**
**Technisches Informationszentrum Berlin**
Gitschiner Str. 97
D-10969 Berlin
Telefon: 030/25992-0
Telefax: 030/25992-404

**Bundespatentgericht**
Balanstr. 59
D-81541 München
Telefon: (089) 4 17 67 – 0
Telefax: (089) 4 17 67 – 2 99

**Bundessortenamt**
Osterfelddamm 80
D-30627 Hannover
Telefon: (05 11) 5 70 41
Telefax: (05 11) 56 33 62

### Internationale Ämter

**WIPO/OMPI**
World Intellectual Property Organization
Organisation Mondiale de la Propriété Intellectuelle (Weltorganisation für geistiges Eigentum)
34, chemin des Colombettes
CH-1211 Genève 20
Telefon: (022) 7 30 91 11
Telefax: (41 22) 7 33 54 28

**EPA/EPO/OEB Europäisches Patentamt**
Erhardtstraße 27
D-80331 München
Telefon: (089) 23 99 – 0
Telefax: (089) 23 99 – 65 22

**Benelux-Markenamt**
Benelux-Merkenbureau
Bureau Benelux des marques
Bordewijklaan 15
NL-2591 XR Den Haag
Telefon: (31 70) 3 49 11 11
Telefax: (31 70) 3 47 57 08

**Harmonisierungsamt für den Binnenmarkt**
(Marken, Muster und Modelle)
20, Avenida de Aguilera
E-03080 Alicante
Telefon: (34-96) 5 13 91 00
Telefax: (34-96) 5 13 13 44

**ARIPO**
African Regional Industrial Property Organization
P.O. Box 4228, Harare/Zimbabwe
Telefon: (26 34) 79 43 38; 79 43 39
Telefax: (26 34) 79 43 38

**OAPI**
Organisation Africaine de la Propriété Intellectuelle
B.P. 887, Yaoundé/Kamerun
Telefon: (237) 20 29 90; 20 39 11
Telefax: (237) 20 18 44

### Ausländische Ämter

**Australien**
Australian Industrial Property Organization (AIPO)
P.O. Box 200
Woden – A. C. T. 2606
Telefon: (616) 2 83 22 11
Telefax: (616) 2 81 18 41

**Belgien**
Office de la Propriété industrielle
Administration de la Politique comerciale
Ministère des Affaires économiques
Boulevard Emile Jacqmain 154
B-1000 Bruxelles
Telefon: (322) 2 06 41 11
Telefax: (322) 2 06 57 50

**Brasilien**
Instituto Nacional da Propriedade Industrial (INPI)
Praça Mauá 7
20081 – 240 Rio de Janeiro – R. J.
Telefon: (55 21) 2 23 41 82
Telefax: (55 21) 2 63 25 39; 2 33 03 34

**Bulgarien**
Patent Office of the Republic of Bulgaria
52 B, Dr. G. M. Dimitrov Blvd.
1113 Sofia
Telefon: (35 92) 71 01 52
Telefax: (35 92) 70 83 25

**China**
Chinese Patent Office (CPO) *(Patente)*
P.O. Box 8020
100088 Beijing
Telefon: (86 10) 2 09 36 77
Telefax: (86 10) 2 01 94 51

# Behörden

Anschriften von Behörden für gewerblichen Rechtsschutz

Trademark Office *(Marken)*
State Administration for Industry and Commerce
8, Sanlihe Donglu
Xichengqu
100820 Beijing
Telefon: (861) 8 03 11 33; 8 03 35 10
Telefax: (861) 8 01 36 23

## Dänemark
Patentdirektoratet
Danish Patent Office
Helgeshøj Allé 81
DK-2630 Taastrup
Telefon: (45-43) 50 80 00
Telefax: (45-43) 50 80 01

## Estland
The Estonian Patent Office
Toompuiestee 7
EE-0110 Tallinn
Telefon: (37 26) 31 17 32

## Finnland
Patentti-ja rekisterihallitus
Patent- och registerstyrelsen
National Board of Patents and Registration of Finnland
Arkadiankatu 6 A
FIN-00100 Helsinki
Telefon: (358-9) 693 95 00
Telefax: (358-9) 693 95 204

## Frankreich
Institut National de la Propriété Industrielle (INPI)
26 *bis*, rue de St-Pétersbourg
F-75800 Paris Cédex 08
Telefon: (33-1) 53 04 53 04
Telefax: (33-1) 42 93 59 30

## Griechenland
Ministère du Développement
Sekrétariat Général du Commerce
Direction Général du Commerce Intérieur
Direction de la Prorièté Commerciale et Industrielle
Place de Kanning
GR-101 81 ATHÈNES
Telefon: (30-1) 38 43 550
Telefax: (30-1) 38 21 717

## Großbritannien
The Patent Office
Concept House
Tredegar Park
Cardiff Road
Newport
GB-Gwent NP 9 1RH
Telefon: (44-16 33) 81 40 00
Telefax: (44-16 33) 81 10 55

## Irland
Patents Office
Government Buildings
Hebron Road
IRL-Kilkenny
Telefon: (35 3-56) 20 111
Telefax: (35 3-56) 20 100

## Italien
Ufficio Italiano brevetti e marchi
via Molise, 19
I-00187 Roma
Telefon: (39-06) 48 27 188
Telefax: (39-06) 47 05 30 17

## Japan
Japanese Patent Office (JPO)
4–3 Kasumigaseki 3–chome
Chiyoda-ku
J-Tokyo 100
Telefon: (813) 35 81 11 01/9; 13 41/4
Telefax: (813) 35 93 23 97; 35 93 04 36

## Kanada
Canadian Intellectual Property Office (CIPO/OPIC)
Place du Portage I
50 Victoria Street
Hull, Québec K1A OC9
Telefon: (819) 9 97 – 10 57
Telefax: (819) 9 97 – 18 90

## Kasachstan
The Kazakh Patent Office
92, Maulenova Street
480012 Almaty
Telefon: (7 32 72) 62 44 69, 62 46 91
Telefax: (7 32 72) 62 39 90

## Korea (Republik)
Korean Industrial Property Office
823, Yeoksam-dong
Seoul 135-784
Telefon: (822) 5 68 – 81 50/ 64
Telefax: (822) 5 53 – 95 84

## Kroatien
State Patent Office
Drzavni Zavod za Patente
Ulica grada Vukovara 78
HR-10000 Zagreb
Telefon: (3 85 01) 53 66 57
Telefax: (3 85 01) 53 65 97

## Lettland
Patent Office of the Republic of Latvia
P.O. Box 210
LV-1047 Riga
Telefon: (37 19) 34 11 78
Telefax: (37 19) 34 89 82

## Litauen
State Patent Bureau
Valstybinis Patentu Biuras
Algirdo g. 31
Vilnius 2600
Telefon: (37 02) 66 03 49; 66 03 40
Telefax: (37 02) 26 34 69

## Luxemburg
Service de la Propriété Intellectuelle
Ministère de l`Economie
19.21, boulevard Royal
L-2449 Luxemburg
Adresse postale: L-2914 Luxemburg
Telefon: (352) 47 84 11 0
Telefax: (352) 46 04 08

Anschriften von Behörden für gewerblichen Rechtsschutz **Behörden**

**Mazedonien (Ehemalige jugoslawische Republik Mazedonien)**
Industrial Property Office
Ministry of Development
Bote Bocevski 9
9100 Skopje
Telefon: (3 89 91) 23 63 18
Telefax: (3 89 91) 22 30 27

**Niederlande**
Bureau voor de Industriële Eigendom
Netherlands Industrial Property Office
P.O. Box 5820
NL-2280 HV Rijswijk (2H)
Telefon: (31 70) 3 98 66 55
Telefax: (31 70) 3 90 01 90

**Norwegen**
Norwegian Patent Office
Styret for det Industrielle Rettsvern
Postboks 8160 – Dep.
N-0033 Oslo 1
Telefon: (472) 2 38 73 00
Telefax: (472) 2 38 73 01

**Österreich**
Österreichisches Patentamt
Kohlmarkt 8-10
A-1014 Wien
Telefon: (43-1) 5 34 24 – 0
Telefax: (43-1) 5 34 24 – 520

**Polen**
Patent Office of the Republic of Poland
Urzad Patentowy Rzeczypospolitej Polskiej
P.O. Box 203
00-950 Warszawa
Telefon: (48 22) 25 80 01
Telefax: (48 22) 25 05 81

**Portugal**
Instituto Nacional da Propriedade Industrial (INPI)
Campo das Cebolas
P-1100 Lisboa
Telefon: (351-1) 8 88 11 01
Telefax: (351-1) 8 87 53 08

**Rumänien**
State Office for Inventions and Trademarks
Officiul de Stat pentru Inventii si Märci
B.P. 52
70018 Bucarest
Telefon: (401) 6 15 90 66; 6 14 92 56
Telefax: (401) 3 12 38 19, 3 12 32 41

**Russische Föderation**
Committee of the Russian Federation
for Patents and Trademarks (ROSPATENT)
M. Cherkassky per. 2/6
Moscow 103621
Telefon: (70 95) 2 06 62 03; 2 06 88 06
Telefax: (70 95) 9 23 40 93

**Slowenien**
Slovenian Intellectual Property Office (SIPO)
P.O. Box 206
61000 Ljubljana
Telefon: (3 86 61) 1 31 23 22
Telefax: (3 86 61) 31 89 83

**Slowakische Republik**
Industrial Property Office of the Slovak Republic
Department of Patent Documentation
Partizánska cesta 9
97401 Banská Bystrica
Telefon: (42 88) 74 15 18
Telefax: (42 88) 74 15 19

**Schweden**
Patent- och registreringsverket
Swedish Patent and Registration Office
Valhallavägen 136
P.O. Box 5055
S-102 42 Stockholm
Telefon: (46-8) 7 82 25 00
Telefax: (46-8) 6 66 02 86

**Schweiz**
Bundesamt für geistiges Eigentum
Einsteinstr. 2
CH-3003 Bern
Telefon: (41 31) 3 22 49 67
Telefax: (41 31) 3 22 48 95

**Spanien**
Spanish Patent and Trademark Office
Oficina Española de Patentes y Marcas
Panamá 1
E-28071 Madrid
Telefon: (34) 913 49 53 00
Telefax: (34) 913 49 55 97

**Thailand**
Department of Intellectual Property
336 Ratchadapisek Road
Huai Kwang
Bangkok 10310
Telefon: (662) 2 76 00 58, 2 75 48 58
Telefax: (662) 2 76 00 55, 2 76 00 59

**Tschechische Republik**
Industrial Property Office
Úrad prumyslového vlastnictví
Antonína Cermáka 2 a
16068 Praha 6 – Bubenec
Telefon: (422) 24 31 15 55
Telefax: (422) 32 00 13

**Türkei**
Ministry of Industry and Trade
Industrial Property Department
Izmir cad. No. 26–28
06440 Kizilay
Ankara
Telefon: (9 03 12) 4 19 02 30
Telefax: (9 03 12) 4 19 02 48

**Ukraine**
State Patent Office of Ukraine
8 Lvov Square
254655 Kiev-53, GSP-655
Telefon: (70 44) 2 12 50 82
Telefax: (70 44) 2 12 34 49

**Ungarn**
National Office of Inventions
Országos Találmányi Hivatal
P.O. Box 552
H-1370 Budapest 5
Telefon: (361) 1 31 67 80
Telefax: (361) 1 31 25 96

# Behörden

Anschriften von Behörden für gewerblichen Rechtsschutz

**Vereinigte Staaten von Amerika**
Patent and Trademark Office
Box 4
U.S. Department of Commerce
Washington, D.C. 20231
Telefon: (17 03) 3 05 86 00
Telefax: (17 03) 3 05 88 85

**Weißrußland**
Belarus Patent Office
66, pr. F. Skoriny
Minsk 220072
Telefon: (7 01 72) 39 58 40; 39 50 53
Telefax: (7 01 72) 39 41 30

## 2. Verzeichnis der Patentinformationszentren
### vom 1. Januar 1999
#### (BlPMZ 1999, 3)*

Dieses Verzeichnis enthält die Patentinformationszentren des Bundesgebiets, die laufend Veröffentlichungen des Deutschen Patentamts erhalten und während der angegebenen Öffnungszeiten zur Einsichtnahme bereithalten.
Welche Veröffentlichungen bereitgehalten werden, ist bei den einzelnen Patentinformationszentren jeweils angegeben. Dabei verwendete Abkürzungen haben nachstehende Bedeutung:[1]

| | |
|---|---|
| OS | = Offenlegungsschriften |
| AS | = Auslegeschriften |
| PS | = Patentschriften |
| AltPS | = Patentschriften des Reichspatentamts, soweit sie unbeschädigt erhalten sind |
| EP | = Patentdokumente des Europäischen Patentamts, München |
| DE-EP | = Patentansprüche europäischer Patentanmeldungen mit Benennung der Bundesrepublik Deutschland in deutscher Übersetzung |
| WO | = Patentdokumente der Weltorganisation für geistiges Eigentum (WIPO), Genf, nach dem Patentzusammenarbeitsvertrag (PCT) |
| DE-WO | = Internationale Patentanmeldungen nach PCT mit Bestimmung der Bundesrepublik Deutschland in deutscher Übersetzung |
| GM | = Unterlagen eingetragener Gebrauchsmuster |
| ....* | = in Form von Mikrofilmlochkarten. Die Patentinformationszentren in den neuen Bundesländern verfügen grundsätzlich über Mikrofiches. Darüber hinaus verfügen alle Patentinformationszentren über die deutschen Patentdokumente auf CD-ROM ESPACE-DE, sowie DEPAROM ACT, -U und T2 ff. |
| MF | = Mikrofilmlochkarten |
| Auszüge aus den ... | = Auszüge, die den wichtigsten Schutzanspruch und die wichtigste Zeichnung enthalten, in Heft- oder Karteiform |

Ab der ersten Veröffentlichungswoche 1995 erhalten alle Patentinformationszentren die Patentdokumente vom Deutschen Patentamt einheitlich auf CD-ROM anstatt auf Papier und Mikroformen. Die Recherchierbarkeit nach sachlichen Gesichtspunkten wird dabei durch die nach IPC-Einheiten gegliederten, kumulierten Ausgaben von CD-CLASS gewährleistet, mit denen die Patentinformationszentren ebenfalls beliefert werden.
Außerdem liegen bei allen Patentinformationszentren folgende amtlichen Veröffentlichungen auf:
1. Band 1–9 der Internationalen Patentklassifikation (IPC) sowie Stich- und Schlagwörterverzeichnis,
2. Patentblatt des Deutschen Patent- und Markenamts,
3. Geschmacksmusterblatt des Deutschen Patent- und Markenamts,
4. Markenblatt (Warenzeichenblatt I und II) des Deutschen Patent- und Markenamts,
5. Blatt für Patent-, Muster- und Zeichenwesen (Bl. f. PMZ),
6. Patentblatt des Europäischen Patentamtes,
7. Amtsblatt des Europäischen Patentamtes,
8. Amtsblatt des Harmonisierungsamtes für den Binnenmarkt (Marken, Muster und Modelle).

Weitere Veröffentlichungen auf dem Gebiet des gewerblichen Rechtsschutzes sind bei den einzelnen Patentinformationszentren aufgeführt oder dort jeweils zu erfragen.
Die kostenlose Erfinderberatung erfolgt durch Patentanwälte. Ort und Zeit weiterer kostenloser Erstberatung für Erfinder können bei der Patentanwaltskammer in München, Tel. (089) 22 61 41, in Erfahrung gebracht werden. Weitere Dienstleistungsangebote sind bei den einzelnen Patentinformationszentren aufgeführt.
Dieses Verzeichnis enthält auch die Patentinformationsstellen mit ihrem Dienstleistungsangebot, die mit dem Einsatz neuer Medien und in Zusammenarbeit mit jeweils einem Patentinformationszentrum das regionale Angebot an Patentinformation erweitern.

**Aachen.** Hochschulbibliothek der RWTH Aachen, Patentinformationszentrum, Jägerstraße zw. 17 u. 19, 52066 Aachen, *Brief-, Paketadresse: 52056 Aachen*. Internetadresse: http://www.bth.rwth-aachen.de/

---

* Internetadresse: http./ www.patent-und-markenamt.de
[1] Zu weiteren Abkürzungen und Begriffen siehe die Benutzerinformation 17 „Schriftartencode bei deutschen Patentdokumenten" und 18 „Schriftartencode bei ausländischen Patentdokumenten" sowie das Verzeichnis der Patentliteratur der Bibliothek des Deutschen Patent- und Markenamts.

# PatInfZentren

piz.html, Lesesaal: Tel. (0241) 80 44 80, Schriftenbeschaffung, Auftragsrecherchen: Tel. (0241) 80 36 01, Telefax (0241) 88 88 239, E-mail postmaster@piz.rwth-aachen.de, Mo–Mi 9.00–16.00, Do 9.00–18.30, Fr 9.00–13.00.
Dokumentenbestand: OS, AS, PS, AltPS, DE-EP, DE-WO, Auszüge aus den GM, (1964–1996), EP-A★ (-1994), EP-B★ (-33. WO 1993), WO★ (-1987), Auszüge aus den US-PS (1881–1996), Auszüge aus den brit. Anm. und PS (1929–1982).
CD-ROM-Bestände: Patentdokumente: DE (7/1991 -), EP-A, EP-B, WO, US (1974 -); Gebrauchsmuster: DE (7/1991 -). Marken: DE (DEMAS), IR (ROMARIN), EU (CDCom).
Erschließungs-CD-ROMs: IPC-CLASS, Patents ASSIST, DE: PATOS, DEPAROM-KOMPAKT; EP, WO: ACCESS-A u. B; US: CASSIS-CLASS, CASSIS-BIBLIO.
Literatur zum gewerblichen Rechtsschutz: Präsenzbestand an Lit. zum gewerblichen Rechtsschutz, Periodika (zusätzlich zum Grundbestand aller PIZen): Gewerblicher Rechtsschutz und Urheberrecht (GRUR) GRUR international, Entscheidungen des Bundespatentgerichts, Mitteilungen der deutschen Patentanwälte.
*Zugang zu Online-Datenbanken:* Verfügbar sind Datenbanken u.a. der folgenden Anbieter: DPA, EPA, STN, QUESTEL, IMSMARQ.
*Dienstleistungsangebot:* (Entgelte gemäß der jeweils gültigen Entgeltordnung) Seminare zu Patentinformation und Patentrecherchen; Schriftenlieferung von in- und ausländische Patentdokumenten, Marken u.a.; Auftragsrecherchen: Rechtsstands-, Familien-, Namens-, Patentrecherchen, Überwachungsrecherchen, Markenrecherchen, Literaturrecherchen Tel. (0241) 803601.
Kostenlose Erfinderberatung jeden 2. Donnerstag im Monat von 14.15–17.00 nach telefonischer Voranmeldung, Tel. (0241) 80 44 80.

**Berlin.** Deutsches Patent- und Markenamt, Technisches Informationszentrum Berlin, Gitschiner Straße 97, 10969 Berlin, *Briefadresse: 10958 Berlin,* Tel. (030) 25 992–220/221, Telefax (030) 25 992–404, Mo–Mi 7.30–15.30, Do 7.30–19.00, Fr 7.30–14.00.
*Dokumentenbestand:* Klassifikatorisch geordnet: OS, AS, PS, AltPS, Auszüge aus den GM in Karteiform, AT, BG, CH, CS, CU, DD, EP, DE-EP, FR, GB, HU, PL, RO, SE, SU, US, WO, DE-WO und YU. 23 numerisch geordnete Sammlungen in- und ausländischer Patentdokumente.
In- und ausländische Amtsblätter und Literatur zum gewerblichen Rechtsschutz: Patentblatt, Geschmacksmusterblatt, Markenblatt, Warenlexikon. EPIDOS/INPADOC[2] -Mikrofiche-Dienste sowie zahlreiche Register und Recherchehilfsmittel. Patent- und Gebrauchsmusterrolle, Topographierolle, Geschmacksmusterrolle, Markenregister, Rollen zu Alt-Pat/-GM und -WZ. Nach Warenklassen geordnete Karteien zu beim Deutschen Patentamt und international hinterlegten Mustern und Modellen (Geschmacksmuster). Kartei der Warenzeichen mit Schutzwirkung in Deutschland. CD-ROM zu in Deutschland und international registrierten Marken sowie zu EU-Marken (DEMAS/ROMARIN/CEDELEX).
DIN-Normen-Auslegestelle: DIN-Normen einschließlich EN, ISO, VDI/VDE, ETS, IEC.
*Zugang zu Online-Datenbanken*: Vermittlung von Online-Recherchen in den Patentdatenbanken PATDPA und PATDD sowie im EPO-Patentregister; Patentfamilienrecherchen in der EPIDOS/INPADOC-Datenbank (einschließlich Rechtsstandsauskünfte).
*Dienstleistungsangebot:* Lizenzdatenbank RALF sowie CD-ROM-Patentdatenbanken; CD-ROM Informations- und Faksimiledienste zu deutschen und internationalen Erfindungsschutzrechten aus 19 Staaten und Regionen.
Telefonische und schriftliche Auskünfte zu angemeldeten und eingetragenen Wortzeichen sowie zum Rechtsstand der beim Deutschen Patent- und Markenamt eingetragenen Schutzrechte. Unentgeltliche Einweisung in die Recherche zu gewerblichen Schutzrechten. Kostenlose Erfinderberatung jeden Donnerstag von 10.00–14.00 Uhr sowie jeden zweiten Dienstag von 13.30–15.30 Uhr nach telefonischer Voranmeldung unter (030) 25 992–230 oder 231.

**Bielefeld.** Patent- und Innovations-Centrum (PIC) Bielefeld e.V., Nikolaus-Dürkopp-Straße 11–13, 33602 Bielefeld, Tel. (0521) 96 50 50, Telefax: (0521) 96 50 519, E-mail: pic@pic.de, Mo–Fr 9.00–15.30, Do 9.00–18.00.
*Dokumentenbestand*: DE-OS, DE-GM, DE-PS aller Klassen, EP-A komplett, EP-B ab 1992, US-PS, Geschmacksmusterregisterkartei, CD-ROM DEMAS (eingetragene deutsche Marken), Deutsches und Europäisches Patentblatt, Markenblatt, Geschmacksmusterblatt, Blatt für PMZ, Merkblätter des Deutschern Patent- und Markenamts, DIN-Katalog auf CD-ROM, DIN-Normen, DIN IEC, DIN ISO, DIN EN, VDI-Richtlinien und VDE-Vorschriften.
*Zugang zu Online-Datenbanken*: Für Recherchen stehen Datenbanken des DPA, EPA, STN, Dialog und Questel zur Verfügung.
*Dienstleistungsangebot*: Rechtsstandsauskünfte, Recherchen zu technischen Sachverhalten, Namensrecherchen, Patentfamilienrecherchen, Überwachungsrecherchen, Literaturrecherchen, Markenrecherchen, Geschmacksmusterrecherchen, Literaturbeschaffung, Verkauf von Richtlinien, allgemeine Informations-

---

[2] Informationsdienst der Dienststelle Wien des Europäischen Patentamts (früher INPADOC).

## Patentinformationszentren — PatInfZentren

leistungen zum Patentwesen, Hilfestellung bei konventionellen oder CD-ROM-Recherchen. Kostenlose Erfindererstberatung durch Patentanwälte an jedem 1. Donnerstag im Monats zwischen 16.00 und 18.00 Uhr nach telefonischer Anmeldung. Für die Dienstleistungen werden Gebühren nach einer bestehenden Entgeltordnung erhoben.

**Bremen.** Patent- und Normen-Zentrum, Hochschule Bremen, Neustadtswall 30, 28195 Bremen. Tel. (0421) 5905-225, Telefax (0421) 5905-625, Mo–Do 9.00–15.30, Fr 9.00–14.30.
*Dokumentenbestand:* AltPS aller Klassen, DE-OS, -AS, -PS, EP komplett, WO ab 1989, Auszüge aus den DE-GM ab 1964, DIN-Normen, Deutsches Patentblatt ab 1894, Deutsches Namensverzeichnis ab 1895, Europäisches Patentblatt, Europ. Namensverzeichnis, Amtsblatt des Europ. Patentamtes, Markenblatt, Geschmacksmusterblatt, DIN-Katalog, PATOS-CD (DE ab 1980), DE-Kompakt, DE-CLASS, EP-ACCESS
*Zugang zu Online-Datenbanken:* Nutzerbetreuung, Rechercheanleitung, Datenbankenrecherchen, Patentüberwachung, Auskunft zum Verfahrensstand/Rechtsstand, Stand der Technik, Namensrecherchen, Patentfamilienrecherchen, Patentstatistik, Markenrecherchen, Literatur-Recherchen, Innovationsbörse BUSINESS.
*Dienstleistungsangebot:* Kostenlose Erfinderberatung jeden 1. Donnerstag im Monat von 15.30–17.00 in der Handelskammer, Hinter dem Schütting, 28195 Bremen, Tel. (0421) 36 37–236, telefonische Voranmeldung erforderlich.

**Chemnitz.** Technische Universität Chemnitz-Zwickau, Universitätsbibliothek, Patentinformationszentrum, Bahnhofstraße 8, 09111 Chemnitz, *Briefadresse:* 09107 Chemnitz, *Paketadresse:* Straße der Nationen 62, 09111 Chemnitz. Tel. (0371) 531 1880; Fax: (0371) 531 1890, Internet-Adresse: http://www.tu-chemnitz.de~jem/bibliothek/ser.html#piz, E-mail: Leiterin PIZ: petra.zimmermann@bibliothek.tu-chemnitz.de; Bestellungen: silke.hammerschmidt@bibliothek.tu-chemnitz.de, Mo, Mi, Do, Fr 9.00–16.00, Di 9.00–18.00; Leiterin PIZ: Petra Zimmermann, Dipl.-Dok. (FH).
*Dokumentenbestand:* DD★, DE-OS★, AS, PS, AltPS, GM, EP-A★, SU-PS★ und UHSch★, WO★; EPIDOS-Dienste; Auszüge und Referate nach IPC geordnet aus DD, DE-OS, -GM, EP, WO; Patentdokumente auf CD-ROM: DE (ab 7/91), EPA (1989), EP-B (1998), PCT (1990), US (1976), RU (1995), DD (ausgewählte Patentlösungen der ehemaligen DDR); Patentblätter und Zeitschriften: Patentblätter von AT, CH, DD, DE, EP, FR, JP, SU/RU, US, WO; Warenzeichenblatt I und II (fortgef. u.d.T. Markenblatt), DD-Warenzeichen- und Musterblatt, Les Marques Internationales (fortgef. u.d.T. WIPO Gazette of International Marks), Blatt für Gemeinschaftsmarken, Warenzeichenlexika und -index, Geschmacksmusterblatt, Geschmacksmusterregister nach Warenklassen, International Designs Bulletin, GRUR, GRUR International, Mitteilungen der deutschen Patentanwälte, Blatt für PMZ, Amtsblatt Harmonisierungsamt für den Binnenmarkt; Handbibliothek zum gewerblichen Rechtsschutz.
CD-ROM-Datenbanken: DE; PATOS, DEPAROM-Kompakt, EP/WO: ESPACE-ACCESS, ESPACE-ACCESS B, US: APS/US-Patent Search, JP: Patent Abstracts of Japan; Global PAT, DEMAS, ROMARIN.
*Zugang zu Online-Datenbanken:* STN-INTERNATIONAL, FIZ Karlsruhe, Questel, DPINFO des DPMA, Rolle des Europäischen Patentamtes.
*Dienstleistungsangebot:* Betreuung bei selbständigen Recherchen, Durchführung von Seminaren, Schulungen und Vorträgen; Durchführung von Auftragsrecherchen; Technische Informationsrecherchen, Patentstatistische Analysen, Namensrecherchen (Erfinder bzw. Anmelder), Überwachungsrecherchen, Verletzungsrecherchen, Neuheitsrecherchen, Analog-/ Patentfamilienrecherchen, Auskünfte zum Verfahrensstand von Patent-, Gebrauchsmuster- und Geschmacksmusteranmeldungen aus den Datenbanken des Deutschen Patent- und Markenamts bzw. Europäischen Patentamtes.
Kostenlose Erfinderberatung jeden 2. und 4. Mittwoch im Monat durch Patentanwälte 13.00–16.00 Uhr; für die Benutzung und Dienstleistungen gilt die vorläufige Entgeltordnung des Patentinformationszentrums der TU Chemnitz.

**Leipzig.** Agentur für Innovationsförderung und Technologietransfer GmbH, Patentinformationsstelle, Goerdelerring 5, 04109 Leipzig, Tel.: (0341) 12 67–456, Telefax: (0341) 12 67–486, Leiter: Herr Pat.-Ass, Dipl.-Ing. (FH) Bartholomäus, Tel.: (0341) 1267–456; E-mail: agil@leipzig.ihk.de, Mo, Mi, Do 8.00–16.00, Di 8.00–18.00, Fr 8.00–12.00.
*Dokumentenbestand:* CD-ROM: ESPACE-DE (DE-OS, -PS, -GM), DEPAROM ACT, U, T2 (DE-PS, -GM, dt. Übers. EP), PATOS (DE-OS, -PS, -GM), ESPACE-ACCESS und FIRST (EP, WO), DD-Ausgewählte Patentlösungen der ehemaligen DDR, ROMARIN (internat. Marken); DEMAS (DE-Marken); Patent- und Merkblätter sowie Zeitschriften und Fachliteratur: DE-Patentblatt ab 1992, DE-Warenzeichenblatt I und II ab 1992, DE-Markenblatt ab 1995, Warenzeichen- bzw. Markenlexikon, DE-Geschmacksmusterblatt, Blatt für Patent-, Muster- und Zeichenwesen ab 1994, Merkblätter des Deutschen Patent- und Markenamts, Internationale Patentklassifikation, Internationale Klassifikation von Waren und Dienstleistungen.

# PatInfZentren

Patentinformationszentren

*Zugang zu Online-Datenbanken:* PATDPA, INPADOC (EPA) und weitere internationale Patentdatenbanken sowie die Markendatenbanken, DMARK, TMINT und CTMAR; INTERNET-Patentdatenbanken des DPMA und EPA.
*Dienstleistungsangebot:* Auftragsrecherchen: Patentrecherchen (Übersichts-, Neuheits-, Namens-, Familienrecherchen); Patentstatistische Recherchen und Analysen; Überwachungsrecherchen für Patentklassen, Patentinhaber und Erfinder; Bereitstellung und Beschaffung von Patentdokumenten; Zugriff auf den Schriftenbestand des Patentinformationszentrums Chemnitz; Rechts- und Verfahrensstandsermittlungen; Warenzeichenrecherchen; Geschmacksmusterrecherchen, Nutzerbetreuung; Inhaltliche Vorbereitung von selbständigen Recherchen; Nutzerberatungen zu CD-ROM- und Online-Recherchen; Organisation von Schulungen auf dem Gebiet des gewerblichen Rechtsschutzes.
Kostenlose Erfindererstberatung durch Patentanwälte an jedem 2. Und 4. Donnerstag im Monat, zwischen 15 und 18 Uhr nach telefonischer Voranmeldung.

**Darmstadt.** Hessische Landes- und Hochschulbibliothek, Patentinformationszentrum, Schöfferstraße 8, 64295 Darmstadt, Tel. Auskunft (06151) 16 54 27, Recherche 16 55 27, Telefax: (06151) 16 55 28, E-mail: patent@fh-darmstadt.de. Internet: http://www.patent.fh-darmstadt.de, Mo, Di, Do, Fr 9.00–16.00, Mi 9.00–13.00.
*Dokumentenbestand:* MF/Papier: DE-OS*, -AS, -PS, -AltPS, -GM*, EP-OS*, EP-PS*, US-PS (ab Mitte 1981), DE-EP, DE-WO ab 1990. CD-ROM Volltexte: DE-OS/PS/GM (ab 7/1991), EP-OS (ab1989), EP-PS (ab 1988), WO (ab 1990), T2 (ab 1992), US-PS ( ab 1991), GB-OS (1990-1995), DPAROM-Class (DE-OS/PS/GM, EP-OS, WO ab 1995), DEMAS (DE-Marken, ROMARIN (IR-Marken), CDCOM (EU- Marken). Auszüge: WO (1978-1993), US-PS (1950-1994), Patents Abstracts of Japan (ab 1976). Präsenzbibliothek (Bücher, Zeitschriften) zum Themenbereich der gewerblichen Schutzrechte sowie DE- und EP-Patentblatt. Marken: Warenzeichenblatt I, II, III/Markenblatt; Les Marques Internationales/WIPO Gazette of international Marks, Blatt für Gemeinschaftsmarken; DDR-Warenzeichblatt 1955-1992 (Mikrofiches); Markenlexikon; Internationale Klassifikation von Waren und Dienstleistungen ; Geschmacksmusterblatt. EPIDOS-INPADOC- Dienste: Numerische Datenbank und Erfinderdienst 1968-1987, Anmelderdienst 1968-1987. Warenzeichenblatt I, II und III = Markenblatt ab 1995, Les Marques Internationales = WIPO Gazette of international Marks ab 1996, DDR-Warenzeichnblatt (Mikrofiches), Markenlexikon/Geschmacksmusterblatt ab 10/1988.
DIN-Normen-Auslegestelle: DIN-Normen (sowie DIN-IEC, DIN-EN, DIN-ISO, DIN-VDE), VDI-Richtlinien, ASTM-Standards und weitere technische Regelwerke. PCT-Gazette ab 1978 bis 1993, DE-WO, US-PS ab 1991 (CD-ROM), Auszüge aus US-PS ab 1950 bis 1994 (Official Gazette), GB-OS ab 1990–1995 (CD-ROM), JP-Abstracts (CD-ROM), alle DE-OS, DE-GM, DE-PS, EP-OS und WO-OS ab 1995 auf DEPAROM-CLASS. CD-ROM-Dienste (recherchierbare Daten): ACCESS-A (EP-OS/EP-WO mit Abstract), BULLETIN (EP-Rechtsstände), CDPatentblatt (DE-Patentblatt auf CD), DEPAROM-Kompakt (DE-OS/GM/T mit Abstract), GlobalPAT (CH/DE/EP/FR/GB/US/WO mit Abstract/tw. Zeichnungen), PATOS (DE-OS/PS/GM mit Hauptanspruch), Patent Abstracts of Japan (ungeprüfte OS mit englischem Abstract), DEMAS (deutsche Marken), ROMARIN (internationsale Marken), CDCOM (Gemeinschaftsmarken).
*Zugang zu Online-Datenbanken:* Online-Auftragsrecherchen in nationalen und internationalen Patent-, Markendatenbanken über die Datenbankanbieter: STN, Questel, DPMA, EPA, AvantelQ.
*Dienstleistungsangebot:* Einsicht in Normensammlung und Verkauf von DIN-Normen. Kostenlose Erfinderberatung jeden 1. und 3. Dienstag im Monat nach telefonischer Anmeldung unter (06151) 16 54 27. Kostenlose Beratung mit Hilfestellung beim selbständigen Recherchieren im Archiv und in CD-ROMs. Auftragsrecherchen: Technische Kurz/Informationsrecherchen, Namens-, Patentfamilienrecherchen, Rechtsstandsauskünfte, Patentstatistische Konkurrenzanalysen, Markenrecherchen, Überwachungen (Patente/Marken); Versand von Patentdokumenten, Marken, Geschmacksmuster. Bestellungen und Auftragsvergabe auch über das Internet möglich. Durchführung von Veranstaltungen zum Themenbereich der gewerblichen Schutzrechte. Erfinderforum; Partner im INSTI-Projekt des BMBF. Für unsere Dienstleistungen gilt die jeweils aktuelle Gebührenordnung.

**Dortmund.** Universitätsbibliothek Dortmund, Informationszentrum Technik und Patente, Vogelpothsweg 76, D-44227 Dortmund (Eichlinghofen), *Postadresse:* D-44222 Dortmund, HOMEPAGE: http://www.ub.uni-dortmund.de/itp/itp.htm, Tel. (0231) 755-40 14, Telefax: (0231) 75 69 02, Auftragsrecherchen und Literaturbeschaffungsdienst, Tel. (0231) 755-40 68, E-mail: Recherche@itp.ub.uni-dortmund.de, Mo–Fr 9.00–16.00.
*Dokumentenbestand:* OS*, AS, PS, AltPS, GM*, EP-A*, EP-B*, DE-EP*, WO (- März 1990), DE-T, Originaldokumente auf Papier und Mikrofilmlochkarten in klassifizierten Sammlungen nur bis 31.12.1994. Auszüge aus US-PS (Official Gazette 1872 ff.), PCT Gazette; EPIDOS Dienste (1968 ff.): NDB, PAS, PIS, PCS.
CD-ROM: ACCESS EP-A/WO; ACCESS EP-B; BULLETIN; PATOS; US Patents BIB, CLASS, ASSIST; DEMAS; ROMARIN; Eurolex/Celex; EC References; PERINORM; IPC CLASS; (Diese CDs sind an allen Arbeitsstationen über das Kommunikationsnetz simultan verfügbar). ESPACE EP-A (1989/90, 1994 ff.), ESPACE-B (1980 ff.); ESPACE WORLD (1978 ff.); ESPACE DE (1991–1994);

Patentinformationszentren **PatInfZentren**

ESPACE AT, CH, NL, BE, LU, UK 1979 ff.; ESPACE PRECES BG, RO, HU, CZ, LT, LV; DEPAROM KOMPAKT, ACT (1995 ff.), T2 (1992 ff.), U (1995 ff.), CLASS (1995 ff.); US PatentImages (1964 ff.); PAJ, RU (1998 ff.); (von diesen CDs sind die aktuellen über das Kommunikationsnetz und eine Client-Server LAN-CD Software an allen Arbeitsstationen aus Jukeboxen verfügbar, wobei die DEPAROM-CLASS CDs komplett bereitstehen und alle Arten von Patentrecherchen ermöglichen. Als Ergänzung für eine gezielte Anzeige von Dokumenten und deren Ausdruck dient das Programm PAPYRUS).
Patentblätter: DE, EP, US Offizial Gazette (1872–1991); DD (1978–1990); (PCT Gazette 1978–1990); Markenblätter, Markenlexika mit Rechtsstandsnachweisen, Les Marques Internationales; Geschmacksmusterblatt, Geschmacksmusterregister nach Warenklassen.
Technische Regelwerke (DIN Auslegestelle): Normen (DIN EC, DIN EN, DIN ISO, DIN VDE, ISO in Auswahl, EN, IEC, ETS), VDI Richtlinien, VDE Vorschriften; Technisches Recht auf Mikrofilm; Handbibliothek und Zeitschriften zum gewerblichen Rechtsschutz.
Auskünfte zum Verfahrensstand von Patent- Gebrauchsmuster- und Geschmacksmusteranmeldungen aus den Datenbanken des Deutschen Patent- und Markenamts bzw. Europäischen Patentamtes; Einführung von Benutzern in Recherchetechniken, Betreuung bei der selbständigen Recherche, Seminare, Workshops, Schulungen. *Zugang zu Online-Datenbanken:* Intern verfügbar sind Datenbanken folgender Anbieter: DPMA, EPA, STN.
*Dienstleistungsangebot:* Auftragsrecherchen in internen CD-ROM-Datenbanken und in ONLINE-Datenbanken; Patentfamilienrecherchen, Namensrecherchen (Anmelder bzw. Erfinder), Überwachungsrecherchen, Stichwortrecherchen, Markenrecherchen; Literaturbeschaffungsdienst.
Kostenlose Erfinderberatung an jedem Mittwoch von 14.00 bis gegen 16.00 Uhr nach telefonischer Anmeldung unter (0231) 755-40 14.

**Dresden.** Technische Universität Dresden, Patentinformationszentrum, Nöthnitzer Straße, Flachbau 46 *Postadresse: 01062 Dresden,* Leiterin: Dipl.-Gwl. Gesine Kluge, Tel. (0351) 463-2791; Telefax: (0351) 463-7136. E-Mail: pizkluge@rcs.urz.tu-dresden.de, Internet: http://www.tu-dresden.de/piz/; Mo, Di, Mi, Fr 8.00–16.00, Do 8.00–19.00.
*Dokumentenbestand:* DD★, DE-Alt-PS, -OS★, erstveröffentlichte PS, -GM, EP-A, EP-B, SU-PS★, US★, WO★, Auszüge und Referate aus DD, DE-OS, -GM, EP, WO.
Auf CD-ROM: DE, EP-A, EP-B, Russische, US, WO sowie DE-PATOS, EP/WO-ACCESS, US-CAPS, DE-CLASS, Japanische Referate, DEMAS; Patentblätter von DD, DE, EP, FR, JP, SU, US; Warenzeichenblatt I und II, Markenblatt, Warenzeichen- und Musterblatt der DDR, Les Marques Internationales, Blatt für Gemeinschaftsmarken, Markenzeichenlexikon und -index, Geschmacksmusterblatt, Blatt für PMZ, GRUR, Innovation & Management (Der Neuerer), Handbibliothek und Zeitschriften zum gewerblichen Rechtsschutz.
*Zugang zu Online-Datenbanken:* Patent-, Marken- und Literaturdatenbanken von STN International und Questel; Patentregister (Rolle) des Deutschen Patent- und Markenamts und Europäischen Patentamtes für Auskünfte zum Verfahrensstand von Patenten, Gebrauchsmustern, Geschmacksmustern und Marken.
*Dienstleistungsangebot:* Kostenlose Beratung mit Hilfestellung beim selbständigen Recherchieren in der Schriftensammlung, in den CD-ROMs; Durchführung von Seminaren und Schulungen; Beratung zu Recherenplanung und- strategie; Patentschriftenbeschaffung und Kopierdienst; Technische Informationsrecherchen (Stand der Technik), Patent-, Namens-, Familien- und Überwachungsrecherchen, Warenzeichen-/Markenrecherchen. Online-Recherchen in Patentdatenbanken und patentstatistische Analysen werden als Auftragsrecherchen durchgeführt. Unterstützung bei der Anbahnung von Patentverwertungen.
Kostenlose Erfinder-Erstberatung jeden Donnerstag von 16.00–19.00 Uhr nach telefonischer Voranmeldung. Kostenberechnung nach Entgeltordnung.

**Halle.** GmbH (Tochter d. IHK Halle-Dessau), Patentinformationszentrum, MIPO-GmbH; Mitteldeutsche Informations-, Patent-, Online-Service GmbH, Rudolf-Ernst-Weise-Straße 18, 06112 Halle (Saale) HRB-1834; Tel: (0345) 50 21 67; 50 21 68; 50 21 69; 50 21 70; Telefax: (0345) 202 47 28; E-mail: andrick@mipo.hal-eunet.de; Internet: http://www.mda.de/mipo-halle/; Mo–Fr 8.00–16.00 (sonst nach Vereinbarung).
*Dokumentenbestand:* DE-A, DE-C, DD, EP-A, WO, CH, FR, GB, US, SU, RU; CD-ROM: DEPAROM: DE-A, DE-C, DE-U, DE-T; ESPACE: DE-A, DE-C, DE-U, EP-A, EP-B, WO, CH; PATENT IMAGES/US; RU-C1;
LITERATUR: DERWENT-Referate: Basic, Sect.A-K (engl.); DE-Patentblatt; EP-Patentblatt; Auszüge aus aus den Gebrauchsmustern; Referatezeitschriften: DD, SU, US; Warenzeichenblatt I und II; DD-Warenzeichen- und Musterblatt; Markenblatt; Les Marques Internationales; GAZ/WIPO Gazette of International Marks; Blatt für Gemeinschaftamarken; Geschmacksmusterblatt; Markenlexikon; Warenzeichenindex; Amtsblatt EPA; Amtsblatt des Harmonisierungsamtes; Blatt für PMZ; GRUR; GRUR Int; Mitteilungen der deutschen Patentanwälte Handbibliothek zum Gewerblichen Rechtsschutz.
DIN-Auslegestelle: DIN-Normen (incl. DIN EN, DIN IEC, DIN ISO, DIN VDE), Technisches Recht, VDI-Richtlinien.

# PatInfZentren

Patentinformationszentren

*Zugang zu Online-Datenbanken:* Online-Datenbanken: DERWENT-WPI, INPADOC, PATDPA, PATOS, EPIDOS, DPA/EPA-Rollen, CAS, u. alle anderen Datenbanken der Hosts: QUESTEL, STN, FIZ-TECHNIK, GENIOS, GBI, ORBIT, DIALOG, CORPORATION, DIMDI, ECHO, DBI, AVANTIQ, CREDITREFORM.
CD-ROM Datenbanken (recherchierbar): PATOS, PATOS-IMAGE (DE-Patente und DE-Gebrauchsmuster); FIRST, ACCESS (EP- und WO-Patentanmeldungen), EP-BULLETIN (Rechtsstand von EP-Patenten), APS/US, U.S. PatentSearch (US-Patente); PAJ (japan. Patentanmeldungen, englisch); PERINORM (Normen, Verwaltungs-Richtlinien und technische Regeln); WLW (Firmeninformation); DEMAS (deutsche Marken); ROMARIN (internationale Marken); GLOBALPAT (Titelseiten von CH, DE, EP, FR, GB, US, WO); ASEANPAT (ostasiatische Patentschriften); DEPAROM-CLASS (DE-, EP- und WO-Patente nach IPC); JOPAL (patentbezogene Wissenschaftsberichte).
*Dienstleistungsangebot:* Nutzerbetreuung-Beratung zu Recherche und Datenbankproblemen, Einzelrecherchen retrospektiv, lfd. Überwachung, Analogrecherchen, Recherchen zum Stand der Technik, schutzrechtsrelevante Recherchen und Rechtsstandsauskünfte, patentstatistische Recherchen, Analysen und grafische Übersichten; Wirtschaftsinformation, Bonitätsauskünfte, Analysen/Managementinformation: Marktbeobachtung, Trend-, Länder- und Wettbewerberanalysen, Innovationsinformation aufgrund patentstatistischer Daten; Fachliteratur; Patentschriftenbeschaffung und Kopierdienst; Anmeldeunterlagen und Merkblätter des DPMA. Erfinderberatungen durch Patentanwälte: jeden 3. Mittwoch eines Monats 15.00 Uhr, kostenlos; Erfinderschulen, Erfinderclub; Host- und DB-Trainingskurse. Partner im INSTI-Projekt des BMBF.

**Hamburg.** Handelskammer, IPC Innovations- und Patent-Centrum, Börse, Adolphsplatz 1, 20457 Hamburg, *Briefadresse: Postfach 11 14 49, 20414 Hamburg,*
Internet: http://www.handelskammer.de/hamburg, Tel. (040) 36138-376, Telefax (040) 36138-270, E-mail: service@hamburg.handelskammer.de, Mo–Fr 9.00–14.00.
*Dokumentenbestand:* OS, AS, PS, AltPS, GM★, EP★, DE-EP, DE-WO, US★ ab 1985, PCT ab 1990, Warenzeichenblatt I u. II, Markenblatt, Warenzeichenlexikon, Les Marques Internationales, Warenzeichenblatt DDR; Geschmacksmusterblatt, Patentschriftenbeschaffung möglich; Literatur zum gewerblichen Rechtsschutz.
*Zugang zu Online-Datenbanken:* STN, Questel, DPMA-Rolle, EPA-Rolle.
*Dienstleistungsangebot:* Durchführung von Patent-, Namens- und Literaturrecherchen, Auskünfte zum Verfahrensstand, Patentstatistische Konkurrenzanalysen, Technische Informationsrecherchen, Kooperations- und Lizenzvermittlung. Durchführung von Seminaren im Patentwesen.
Kostenlose Erfinderberatung durch einen Patentanwalt jeden Donnerstag ab 14.00 Uhr–nach vorheriger Anmeldung. Tagesgebühr für die Einsichtnahme in die Patentdokumentation: 30,- DM (Rentner, Arbeitslose und Studenten 10,- DM).

**Kiel.** Technologie-Transfer-Zentrale Schleswig-Holstein GmbH, ttz SH, Patentinformationsstelle, Lorentzendamm 22, 24103 Kiel, Tel. (0431) 519 62-22, Telefax: (0431) 519 62-33, Homepage: http://www..ttz-sh.de, E-mail: binjung @ttz-sh.de, Mo–Do 8.00–16.30, Fr 8.00–14.00. Um telefonische Voranmeldung wird gebeten.
*Dokumentenbestand:* Patentdokumente auf CD-ROM (Faximile): ESPACE-Reihen: DE (ab 1994), EP-A (ab 1994), DEPAROM-Reihen: ACT: DE-OS (A), DE-PS (C), Ansprüche der europ. Patentanmeldungen in deutscher Übersetzung und Veröffentlichungen der internationalen Anmeldungen in deutscher Übersetzung (T1); -U Gebrauchsmuster (U1).
Recherche-CD-Reihen (Bibliographische Daten): ESPACE-ACCESS; PATOS (1980-1990); KOMPAKT (1991-); DEMAS (Marken); GLOBALPAT (1971-); PAJ (1976-).
Zugriff auf den Dokumentenbestand des Patentinformationszentrums Hamburg.
Patentblätter: PMZ, Warenzeichenblatt I und II (1992–1994), Markenblatt (1995-), Geschmacksmusterblatt (1992-), Europäisches Patentblatt (1992-), Gemeinschaftsmarkenblatt..
*Zugang zu Online-Datenbanken:* Online-Zugriffsmöglichkeiten auf Patent-, Literatur- und Wirtschaftsdatenbanken. Durchführung von Patentrecherchen, Patentstatistische Konkurrenzanalysen, Technische Informationsrecherchen, Namensrecherchen, Patentfamilienrecherchen, Literaturrecherchen, Markt- und Produktinformationen, laufende Überwachungen, Auskünfte zum Verfahrensstand von Schutzrechten.
*Dienstleistungsangebot:* Individuelle Nutzerbetreuung; Kostenlose Erfinderberatung durch einen Patentanwalt jeden letzten Donnerstag im Monat von 15.00 bis 17.00 Uhr nach telefonischer Voranmeldung; Kooperations- und Lizenzvermittlung; Patentschriftenbeschaffung möglich; Kosten für Auftragsrecherchen gemäß Entgeltordnung.

**Hannover.** Universitätsbibliothek Hannover und TIB (UB/TIB), PIN (Patente, Informationen, Normen), Welfengarten 1 B, 30167 Hannover, *Briefadresse: Postfach 60 80, 30060 Hannover,* Tel. (0511) 762-3414/3415, Telex: 9 22 168 (tibhn d), Telefax: (0511) 71 59 36, Mo–Fr 9.00–19.30, Sa 9.00–14.00. Keine Benutzungsgebühren, Münzkopierer.
*Dokumentenbestand:* OS (Auszüge -1991), OS★ (1988-1994) AS, PS, AltPS, GM auf CD-ROM (07.1991-) EP-A auf CD-ROM (1978-); EP-B auf CD-ROM (1980-); GB-A auf CD-ROM (1979-), RU

Patentinformationszentren  **PatInfZentren**

auf CD-ROM (1994-), US auf CD-ROM (1976-); WO auf CD-ROM (1978-), Warenzeichenlexikon; Auszüge DD, SU (zusätzl. Soviet Patents Abstracts, Derwent), EPIDOS-INPADOC[2] (NDB, PAS, PCS, PIS) 1974-1996; Handbibliothek zum gewerblichen Rechtsschutz; in- und ausländische Normen.
*Zugang zu Online-Datenbanken:* Zu DE, EP, RU; US, WO Dokumenten stehen CD-ROM Datenbanken mit bibliographischen Angaben in deutscher oder englischer Sprache für Recherchen zur Verfügung. Kostenpflichtige Online-Recherchen in Patent- und Literaturdatenbanken.
*Dienstleistungsangebot:* Kostenlose Erfinderberatung bei der IHK Hannover-Hildesheim, Schiffgraben 49, 30175 Hannover, jeden 1. u. 3. Mittwoch im Monat von 14.00–16.00. Voranmeldung unter Tel. (0511) 31 07-275. Erfinderförderung und -beratung durch das Erfinderzentrum Norddeutschland, Hindenburgstraße 27, 30175 Hannover, Tel. (0511) 813051.

**Hof.** (nähere Angaben unter Nürnberg).

**Ilmenau.** Technische Universität Ilmenau.
P A T O N Patentinformationszentrum und Online-Dienste, offizielle Patentauslegestelle des Freistaates Thüringen, INSTI-Partner im Freistaat Thüringen. Sitzadresse: Campus-Center, Langewiesener Straße 37, D-98693 Ilmenau, *Briefadresse: PATON, Postfach 100565, 98684 Ilmenau,* Internetadresse: http://www.patent-inf.tu-ilmenau.de; E-mail: paton@patent-int.tu-ilmenau.de. Zentrales Tel.: (03677) 69 45 72, FAX: (03677) 69 45 38. Mo.–Fr. 8.00–16.00 Uhr; Di. bis 18.00 Uhr, jeden Di. 14.00–16.00 Uhr kostenlose Erfindererstberatung durch Patentanwälte; Leiter Prof. Dr.-Ing. habil. Reinhard Schramm Tel.: (03677) 694 573. Patentbibliothek Tel. (03677) 65 45 10, Online-Dienste Tel. (03677) 69 45 05, Schulungszentrum Tel. (03677) 69 45 07, Host/Netzbetrieb Tel. (03677) 69 45 08, Elektronischer Volltextlieferdienst http://www.patent-inf.tu-ilmenau.de/patonline
*Dokumentenbestand:* DD, DE-OS, DE-PS, DE-GM, EP, RU/SU, US, WO sowie BG, CS, CZ, HU, LT, LV, PL, RO, SK und JP (engl. Titelseiten); Referatezeitschriften von SU, US; zusätzliche Literatur: EP-Amtsblatt des EPA, EU-Amtsblatt des HABM, DE-Patentblatt, DE-Warenzeichenblatt I und II, DD-Warenzeichen- und Musterblatt, EU-Blatt für Gemeinschaftmarken, IR-Les Marques Internationales, DE-Geschmacksmusterblatt, Blatt für Patent-, Muster- und Zeichenwesen, Mitteilungen der deutschen Patentanwälte, Gewerblicher Rechtsschutz und Urheberrecht (GRUR), GRUR International, World Patent Information, Transpatent, Handbibliothek zum Gewerblichen Rechtsschutz.
CD-ROM-Datenbanken: Patente (bibliographische Daten): PATOS (recherchierbare DE-Patente und Gebrauchsmuster), ESPACE-ACCESS (recherchierbare EP- und WO-Patente), CAPS/US (recherchierbare US-Patente), DE-Patentblatt, EP-BULLETIN (Rechtsstand EP-Patente), ESPACE-FIRST (Titelseiten EP-Patente), PAJ (JP-Abstracts, englisch), PRECES (Osteuropa), DIAPAT (RU, SU). Patente (Volltexte): DEPAROM (Volltexte DE-Patente und Gebrauchsmuster), ESPACE-EP A und B (Volltexte EP-Patente), ESPACE-WORLD (Volltexte WO-Patente), ESPACE-DE (Volltexte DE-Patente), US PATENT-IMAGES (Volltexte US-Patente), PRECES (Osteuropäische Patente ab 1991), DIAPAT (RU, SU); Recht, Klassifikation: IPC-CLASS (Internationale Patentklassifikation), PATENTBIBLE/US (US-Patentklassifikation), ESPACE-LEGAL (Europäisches Patentrecht und Verträge), IPLEX (Internationales Patentrecht), JURIS (Bundesrecht, Urteile Wettbewerbs- und Immaterialgüterrecht); Marken: DEMAS (Deutsche Marken), CEDELEX (Deutsche Marken), CDCOM (EU-Gemeinschaftsmarken), ROMARIN (Internationale Marken), US-Trademarkchecker (US-Bundesmarken), TRACE (Osteuropäische Marken); Wirtschaftsdatenbanken: Hoppenstedt (Firmen), MARKUS (Firmen), KOMPASS-DE und -Europa (Produkte und Firmen), Wer liefert was (Produkte); Literaturdatenbanken: FIZ-Technik, WISO (Betriebswirtschaft).
*Zugang zu Online-Datenbanken:* Online-Recher-chen in Patent-, Wirtschafts-, Literatur- und juristische Datenbanken der Hosts STN International, FIZ Technik F./M., datastar, Questel, Crebon, GBI, Juris einschließlich Erstellen von Rechercheberichten: Patentrecherchen und -analysen, besonders Recherchen zum Stand der Technik, inhaltliche und patentstatistische Fachgebiets- und Unternehmensanalysen, Rechtsstandsauskünfte (Patent- und Gebrauchsmusterrolle (DPMA), Markenregister (DPMA), Musterregister (DPMA), Europäisches Patentregister), Patentfamilienrecherchen, laufende Überwachungen (SDI). Recherchen in Markendatenbanken, besonders deutsche, internationale und EU- Marken. Recherchen in Wirtschaftsdatenbanken, besonders deutsche und internationale Firmenprofile und -verflechtungen, Bonitätsauskünfte, Markt- und Produktinformationen, Management know how, Auswertung nationaler und internationaler Wirtschaftspresse. Recherchen in Literaturdatenbanken, Informationen zu deutschen und internationalen Förderprogrammen und wissenschaftlichen Einrichtungen. Juristische Informationen zur Rechtsprechung, zu Verwaltungsvorschriften und Normen sowie juristischer Literatur.
*Dienstleistungsangebot:* Nutzerbetreuung; Auftragsrecherchen; kostenlose Erfindererstberatung durch Patentanwälte; Patentvolltextbereitstellung über das Internet (http://www. patent-inf.tu-ilmenau.de/patonline); geförderte Patentrecherchen im Rahmen der INSTI-KMU-Patentaktion und der "Beratungs-Richtlinie" zur Förderung von KMU und freien Erfindern des Freistaates Thüringen; Schulungen zu Patent- und Literaturdatenbanken, zu Fach- und Patentinformation und zum gewerblichen Rechtsschutz; autorisierter STN-Schulungspartner.

2445

# PatInfZentren

Patentinformationszentren

**Jena.** Friedrich-Schiller-Universität, *Patentinformationsstelle*, Leutragraben 1, Universitätshochhaus 4. OG. *Briefadresse: Fürstengraben 6, 07740 Jena; Paketadresse*: Fürstengraben 1, 07740 Jena, *ab Mitte 1999* voraussichtlich neue Anschrift: Tel.: (03641) 94 70 21, 94 70 24, 94 70 20 oder 94 70 25, Telefax: (03641) 94 70 22, Internet-Adresse: http://www.uni-jena.de/Patente, E-mail: patmail@rz.uni-jena.de, Leiter: Dr. Wolfgang Ziegler (03641) 94 70 20, Mo, Di, Do 8.00–16.00, Mi 8.00–18.00, Fr 8.00– 15.00.
*Dokumentenbestand:* umfangreiche Patentreferatesammlung zu den IPC-Sektionen G und H (ab 1978). Patentreferatesammlung zu allen IPC-Sektionen von DE und EP ab 1.1.1991. Patentblatt des Deutschen Patent- und Markenamts (ab 1950), Warenzeichenblatt I und II, jetzt Markenblatt (ab 1992), Geschmacksmusterblatt (ab 1988), Blatt für Patent-, Muster- und Zeichenwesen PMZ (ab 1958), Warenzeichenlexikon, Amtsblatt v. Harmonisierungsamt für den Binnenmarkt (ab 1996), DD-Volltexte (Papier) zu allen IPC-Sektionen, DE-Volltexte (Filmlochkarten) zu den Sekt. G und H.
CD-ROM-Datenbanken: PATOS, ESPACE-ACCESS, US-APS, FIRST EP-A/WO, ESPACE-DE, ESPACE-EP/WO, US PATENT-IMAGES, DEMAS, ROMARIN, CEDELEX, IPCCLASS, MPCLASS(US); PAJ, GLOBALPAT, FIZ-Technik, MARKUS, Wer liefert was.
DIN-Normen-Auslegestelle: DIN, DIN-IEC, DIN-ISO, DIN-EN, IN EN ISO, DIN EN ISO/IEC, DIN VDE, VDI-Richtlinien; DIN-Mitteilungen, Europäisches Recht der Technik, DITR-Info; DIN Katalog, PERINORM (CD-ROM).
*Zugang zu OnlineDatenbanken:* Online-Recherchen in Patent-, Literatur- und Wirtschaftsdatenbanken; Rechercheberatung und -durchführung; Zugriff auf den Schriftenbestand des Patentinformationszentrums *Ilmenau* online und über Fernkopierer. Online-Zugriff auf EDV-ROLLE DPMA und EPA. Schulungen zu Online-Recherchen und CD-ROM-Nutzung. Beschaffung von Patentdokumenten. Host (Auswahl) STN, DATASTAR, DIALOG, FIZ-Technik, GBI, QUESTEL-ORBIT.

**Jena.** Deutsches Patent- und Markenamt, Dienststelle Jena, Goethestr. 1 (Goethegalerie), 07743 Jena, *Postanschrift: 07738 Jena,* Tel.: Auskunftsstelle (03641) 40-55 55, Telefonzentrale (03641) 40-51, Telefax: (03641) 40-56 90, Auskunftsstelle, Annahmestelle, Zahlstelle, Öffnungszeiten der Auskunftsstelle Mo.–Do. 9.00–15.30, Fr. 9.00–14.00.
Literatur zum gewerblichen Rechtsschutz, Patent-, Gebrauchsmuster- und Geschmacksmusterrolle, Markenregister, CD-ROM zu in Deutschland und international registrierten Marken sowie zu EU-Marken (DEMAS/ROMARIN/CEDELEX).
*Dienstleistungsangebot:* Telefonische Auskünfte zu eingetragenen Wortzeichen, zu angemeldeten Wortzeichen, sowie zum Rechtsstand der beim Deutschen Patent- und Markenamt eingetragenen Schutzrechte.

**Kaiserslautern.** Kontaktstelle für Information und Technologie (KIT) an der Universität Kaiserslautern, Patentinformationszentrum, Gebäude 32, Paul-Ehrlich-Straße, 67653 Kaiserslautern, *Briefadresse: Postfach 3049, 67653 Kaiserslautern,* Tel. (0631) 205-2172, Telefax: (0631) 205-2925, Internet-Adresse: http://www.uni-kl.de/KIT/PIZ, E-mail: piz@kit.uni-kl.de, Mo–Do 8.00–16.00, Fr 8.00–14.00.
*Dokumentenbestand:* OS★, AS★, PS★, AltPS, GM★, EP★, DE-EP, DE-WO, EP-CD-ROM, CD-ROM-Bestand: DE, EP-A, EP-B, EP-ACCESS, EP/WO-FIRST, WO/PCT, US ab 1976.
Geschmacksmusterblatt, Warenzeichenblatt I und II, Markenblatt, Markenlexikon, Literatur zum gewerblichen Rechtsschutz. DIN-, DIN-ISO-, DIN-EN- und DIN-IEC-Normen, VDI-Richtlinien (in der Universitätsbibliothek).
*Zugang zu Online-Datenbanken:* Datenbankrecherchen in mehreren deutschen, europäischen und internationalen Datenbanken und in internationalen Datenbanken, Recherchen zum Stand der Technik und Rechtsstandsinformation. Recherchen wie Patentfamilienrecherchen, Namensrecherchen, Überwachungsrecherchen. Patentstatistische Analysen wie Konkurrenzanalysen, Unternehmensprofile, Trends, Herkunftsländer, Zielmärkte. Markenrecherchen, Geschmacksmusterrecherchen, Beratung und Hilfestellung bei selbständigem Recherchieren in der Schriftensammlung.
*Dienstleistungsangebot:* Beschaffung von Patentdokumenten (auch über Telefax), Vermittlung von technischer Information (Recherchen in der Schriftensammlung). Kostenlose Erfinderberatung bei einem Patentanwalt jeden 1. Donnerstag im Monat nach telefonischer Voranmeldung.

**Karlsruhe.** (nähere Angaben unter Stuttgart).

**Kassel.** Gesamthochschul-Bibliothek, Patentinformationszentrum, Diagonale 10, 34127 Kassel, *Briefadresse: 34111 Kassel,* Tel. (0561) 804-34 80 und 804-34 82, Fax (0561) 804-34 27, Internet-Adresse: http://www.uni-kassel.de/piz, Mo–Do 9.00–16.00, Fr 9.00–13.00. Tel. Voranmeldung erwünscht.
*Dokumentenbestand:* OS★, AS★, PS★, AltPS, GM★, EP★, DE-EP★, DE-WO★.
CD-ROM-Bestand: DE ab 07/1991, EP ab 1978, WO ab 1978, US ab 1964, DE-Auszüge ab 1980, EP-OS-Auszüge ab 1978, JP-Abstracts in engl. Übersetzung ab 1976, Deutsches Patentblatt, EP-Rechtsstandsdatenbank, Global-Pat ab 1971, Marken, IR-Marken, Internationale Patentklassifikation; Patentblatt des Deutschen Patent- und Markenamts, Patentblatt des Europäischen Patentamtes, Markenblatt, Les Marques International, WIPO Gazette of International Marks, Geschmacksmusterblatt, Markenlexikon, Blatt für Patent-, Muster- und Zeichenwesen, Amtsblatt des Europäischen Patentamtes,

Patentinformationszentren                                           **PatInfZentren**

Amtsblatt des Harmonisierungsamtes für den Binnenmarkt, Bd. 1–9 der Internationalen Patentklassifikation sowie Stich- und Schlagwortverzeichnis.
*Zugang zu Online Datenbanken.*
*Dienstleistungsangebot:* Beratung und Hilfestellung bei selbständigem Recherchieren im Schriften- und CD-ROM-Bestand. Kostenfreie Beratung zu Patentdatenbanken und Recherchenfragen.
Auftragsrecherchen: Online Recherchen in Patent-, Marken- und Literaturdatenbanken, Technische Informationsrecherchen, Patentstatistische Konkurrenzanalysen, Auskunft zum Verfahrensstand, Überwachungsrecherchen. Kostenlose Erfinderberatung durch Patentanwälte nach telefonischer Voranmeldung. Es gilt die Gebührenordnung für die Patentinformationszentren Kassel und Darmstadt.

**Kiel.** (nähere Angaben unter Hamburg).

**Krefeld.** Fachhochschule Niederrhein, Mönchengladbach. Fachbibliothek Chemie, Frankenring 20, 47798 Krefeld, ab Juni 1999 Patentinformationszentrum Niederrhein Krefeld/Mönchengladbach Hochschulbibliothek, Webschulstr. 41-43, 41065 Mönchengladbach, Tel. (02151) 822-179 u. 822-199, E-mail: PIZ-Krefeld@FH-Niederrhein.de, Mo-Do 8.00-17.45, Fr 8.00- 15.45. In der vorlesungsfreien Zeit (ca. Mitte Feb. – Mitte März, Mitte Juli – Ende Sep.) 8.00–15.45.
*Dokumentenbestand:* Patentdokumente (Textilpatente) ca. 1881–1994: OS★, AS★ und PS★ der Klassen A 41, A 61, B 32 B, B 41 F, B 65 H, C 11 D, D 01 bis D 06, F 26 B.
CD-ROM: ESPACE DE (ab 91, Nr. 27-94), DEPAROM ACT (ab 95), DEPAROM U (ab 95), DEPAROM T2 (ab 92), DEPAROM CLASS (ab 95): A 41-46, A 61 K, A 63; B 28, 29, 31, 32, 41-44, B 65 F, G, H, B 66-68; C 09-14, 21, 22, 23, 25; D 01-07; F 21-28, DEPAROM KOMPAKT (ab 96), DEMAS (ab 96.6), Globalpat (1971–1998); Patentblätter und Zeitschriften: Patentblatt, 1950 ff.; Blatt für PMZ, 1969 ff.; Markenblatt, 1995 ff.; Warenzeichenblatt I u. II, 1969–1994; Geschmacksmusterblatt 1995 ff.; Auszüge aus den Patentschriften, 1877, Juli–1941; Europäisches Patentblatt, Amtsblatt 1988 ff.; Harmonisierungsamt für den Binnenmarkt, Amtsblatt, 1995 ff.; Blatt für Gemeinschaftsmarken 1997 ff.
*Zugang zu Online-Datenbanken:* STN, FIZ Technik, DIMDI, DataStar.
*Dienstleistungsangebot:* Nutzerbetreuung, Auftragsrecherchen, Hinweis auf Entgeltordnung.

**Leipzig.** (nähere Angaben unter Chemnitz).

**Magdeburg.** Otto-von-Guericke-Universität Magdeburg, Universitätsbibliothek, Patentinformationszentrum und DIN-Auslegestelle, 39106 Magdeburg, Universitätsbibliothek, Pfälzer Straße, *Briefadresse: Postfach 4120, 39016 Magdeburg*, Tel. (0391) 67-12979 (Patente), 67 12596 (Normen), Fax (0391) 67 12 913. Leiterin: Dipl.-Bibl. Rita Lotsch, Tel. (0391) 67-12712; Patentlesesaal -12979, Patentrechercheure -12714, -18637, Patentassessor -18840, DIN-Lesesaal -12596. Internet: http://comserv.urz.uni-magdeburg.de/ ~ub/piz/html.,http://www.uni-magdeburg.de/uni/ze.html; E-mail: rita.lotsch@bibliothek-uni.magdeburg.de, Mo 9.00–19.00 (Am 3. Montag im Monat ab 13.00 Uhr geöffnet), Fr 9.00–16.00, Sa 9.00–13.00.
*Dokumentenbestand:* Patentdokumente: DD★, DE★, EP★, WO★, US★, SU★, GB★, RU★, JP (Hinweis★ = Bestand auf Mikrofiches), Auszüge aus Referatediensten nach IPC geordnet: DD.
CD-ROM-Datenbanken: PATOS-DE Deutsche Patente u. Gebrauchsmuster; DEPAROM-KOMPAKT Deutsche Patente und Gebrauchsmuster u. internationale Patente mit Benennung DE; ACCESS-EP/WO Internationale Patentveröffentlichungen nach PVÜ u. PCT; ACCESS-EUROPE Patentveröffentlichungen aus BE, CH, GB, LU, NL; GLOBALPat Patentveröffentlichungen aus CH, DE, EP, GB, US, WO; CAPS US-amerikanische Patentveröffentlichungen; PAJ Nation, japanische Patentanmeldungen; DIAPAT Russische erteilte Patente; DEMAS Deutsche Marken; ROIMARIN Internationale Marken (IR); CDCOM Gemeinschaftsmarken (GM); BULLETIN rechtsstand zu EP-Patentanmeldungen; PERINORM Nat. und internat. Normen u. Richtlinien; TECHNISCHES RECHT.
Patentblätter und Zeitschriften: Deutsches Patentblatt, Europäisches Patentblatt, Markenblatt (DE), DD-Warenzeichen- und Musterblatt, Geschmacksmusterblatt (DE), Bekanntmachungen d. AfEP, Blatt für Gemeinschaftsmarken (HABM), Markenlexikon, Internationale Patentklassifikation (IPC), Blatt für PMZ des DPMA, Amtsblatt des EPA, Amtsblatt des Harmonisierungsamts für den Binnenmarkt in Alicante, GRUR (nat. und internat.), Mitteilungen der deutschen Patentanwälte, DIN-Mitteilungen.
Technische Regelwerke: DIN-Normen, TGL-Standards, VDI-Richtlinien, Europäisches Recht der Technik (EG-Richtlinien, Bekanntmachungen), Verzeichnisse: DIN-Katalog, DDR, RGW, GOST, PERINORM-International.
*Zugang zu Online-Datenbanken:* Online-Recherchen in den bekannten nationalen und internationalen Patent- und Markendatenbanken werden über Host's STN und QUESTEL durchgeführt.
Die Rechtsstandsermittlung erfolgt direkt in den Patent-, Gebrauchsmuster-, Marken- und Geschmacksmusterrolle des DPMA sowie im Patentregister des Europäischen Patentamtes.
*Dienstleistungsangebot:* Nutzerbetreuung: Bereitstellung von Patentkopien, Beratung und Unterstützung beim selbständigen Recherchieren, Schulungen und Seminare zu Fragen der Patentinformation, Leistungen von Spezialbibliotheken, Bereitstellung einzelner nationaler und internationaler amtlicher Anmeldeformulare, Merkblätter und Kostenübersichten für Schutzrechtsanmeldungen.

2447

# PatInfZentren  Patentinformationszentren

Auftragsrecherchen: Technische Informationsrecherchen (Recherchen zum Stand der Technik), Patentfamilienrecherchen, Namensrecherchen, Überwachungsrecherchen (Profile nach Sachworten, IPC, Anmelder, Erfinder), Rechtsstandsinformationen.
Kostenlose Erfinder-Erstberatung durch Patentanwälte, jeden Mittwoch 16.00–19.00 Uhr. Für die Kosten der Auftragsbearbeitung und Bereitstellung der Kopien gilt die Entgeltordnung der UB/PIZ-DAS der Otto-von-Guericke-Universität Magdeburg.

**München.** Deutsches Patent- und Markenamt, Zweibrückenstraße 12, 80331 München, *Briefadresse:* *80297 München,* Tel. (089) 21 95-3402; Fax: (089) 21 95-2221, Internet: http://www. patent-und-markenamt.de
Öffnungszeiten: Mo–Mi 7.30–15.45, Do 7.30–18.00, Fr 7.30–14.15.
*Dokumentenbestand:* Papier und Mikroformen: OS, AS, PS, AltPS, GM, Auszüge aus den GM in Karteiform; ausländische Patentdokumente aus 36 Ländern und den regionalen bzw. internationalen Behörden EPA, ARIPO, OAPI, WIPO.
CD-ROM-Ausgaben: ESPACE-Reihen: AT, CH, DE, DK, EP-A, EP-B, ES, IT, OA, SI, US (PATENT IMAGES, USAPAT), WO, Benelux (= BE, LU, NL), Preces (= BG, CS (CZ), HU, LT, LU, LV, PL, RO, SK).
DEPAROM-Reihen: ACT: DE-OS (A), -PS (C), Ansprüche der europ. Patentanmeldungen in deutscher Übersetzung und Veröffentlichungen der internationalen Anmeldungen in deutscher Übersetzung (T1); -U Gebrauchsmuster (U1); -T2 Deutsche Übersetzungen europäischer Patentschriften (T2, T3, T4).
Andere Reihen: DEMAS, JP (JMSCD3), FR (COSMOS), CN (CDEC). Recherche-CD-Reihen (bibliographische Daten): ESPACE-FIRST, -BULLETIN, -ACCESS; PATOS, CASSIS, Trademarks, OG+ (US-Patentblatt), ESPACE-Legal, IPC-CLASS, ASSIST (US-Class. IPC), SNAP (US-Konkordanz Anm.-Nr. Publ.-Nr.), BANAPA (MX), JOPAL.
Patent-, Warenzeichen-, Geschmacksmusterblätter aus 58 Ländern, in- und ausländische Amtsblätter. DE: PMZ, Warenzeichenblatt I und II (-1994), Markenblatt (1995-), Warenzeichenlexikon, Warenzeichen- und Musterblatt der ehem. DDR, Geschmacksmusterkartei nach Warenklassen.
Normen-Auslegestelle: DIN-Normen (einschließlich DIN-IEC, -EN, -ETS, -ISO, -VDE); VDE/VDI-Richtlinien, ISO-Standards, ASTM-Standards u.a.
*Zugang zu Online-Datenbanken:* Vermittlung von Online-Recherchen für Benutzer der Auslegehalle in folgenden Datenbanken: PATDPA; PATDD; Patentfamilienrecherche einschließlich Rechtsstandsinformation in der EPIDOS INPADOC-Datenbank, EPIDOS-Patentregisterrecherche, Musterregister, Markenrolle, Markenkartei (Warenzeichen).
Andere Recherchenhilfsmittel: EPIDOS-INPADOC-MIKROFICHEDIENSTE: NDB (Numerische Datenbank), PAS und PAP (Anmelderverzeichnisse), PIS (Erfinderdienst), PCS (Klassifikationsdienst), IPG (INPADOC-Gazette) sowie andere Register und Recherchehilfsmittel.
*Dienstleistungsangebot:* Kostenloser Auskunftsdienst über Anmeldungsfragen und Verfahrensabläufe (Tel. 089/2195-3402); Zusendung von Merkblättern und Antragsformularen (Tel. 089/2195-2354); DE- und DD-Patentverfahrensstände (=Rolle), Musterregister, Topographierolle (Tel. 089/2195-2291, -2292, -2293); Gebrauchsmusterrolle (Tel. 089/2195-4460); Markenregister, Markenkartei (bisher öffentliche Warenzeichenkartei) (Tel. 089/2195-0); Beratung bei der Benutzung der Patentdokumentensammlungen sowie der Recherchenhilfsmittel.
Kostenlose Erfinderberatung jeden Mittwoch von 9.30–12.00 Uhr und donnerstags von 16.00–18.00 Uhr nach telefonischer Voranmeldung unter Tel. (089) 2195-2354.

**Nürnberg.** LGA Landesgewerbeanstalt Bayern, Patentinformationszentrum, Tillystraße 2, 90431 Nürnberg, *Briefadresse: Postfach 3022, 90014 Nürnberg,* Tel. (0911) 655-4938 oder 655-4939, Telefax: (0911) 655-4929, Telex 622 229; Homepage: www.lga.de; Leiterin: Dipl.-Ing. Heidrun Krestel (0911) 655-4920, E-mail: idkr@gw.lga.de, Mo–Mi 9.00–16.00, Do 9.00–19.00, Fr 9.00–13.00.
*Dokumentenbestand:* OS★, AS, PS, AltPS, GM★, EP★, DE-EP, DE-WO, Auszüge aus PCT bis 1991, US★, AT-PS, CH-PS; Patentdokumente auf CD-ROM: (ab 7.91), EP-A (1989), EP-B (1980), PCT (1990), US (1991), AT (1992); CH (1995), DEPAROM-CLASS (1995) österreichische und schweizerische PS, Warenzeichen- und Musterblatt der DDR, WIPO Gazette of International Marks, International Designs Bulletin, Geschmacksmusterkartei, Erfinderdienst und Numerische Datenbank von EPIDOS-INPADOC[2], GRUR, Mitteilungen der deutschen Patentanwälte.
CD-ROM Datenbanken: Deparom-Kompakt, Espace-Access, Espace Access-B, Espace-Bulletin, APS/US-Patent Search, Globalpat, Patent Abstracts of Japan, Demas, ROMARIN.
DIN-Normen, Standards, technische Regelwerke usw., CD-ROM-PERINORM.
*Zugang zu Online-Datenbanken:* Zugriffsmöglichkeit über Datenterminal zu Datenbanken (Patentwesen, Ingenieurwesen und Naturwissenschaften, Bauwesen, Wirtschaft, Recht usw.).
*Dienstleistungsangebot:* Nutzerbetreuung durch qualifiziertes TIZ-Personal.
Durchführung von Patent-, Warenzeichen-, Namens- und Literaturrecherchen, Auskünfte zum Verfahrensstand, Patentstatistische Konkurrenzanalysen, Technische Informationsrecherchen.
Kostenlose Erfinderberatung jeden 1. Donnerstag im Monat ab 17.00 nach telefonischer/schriftlicher Voranmeldung. Abrechnung nach Preis-/Leistungsverzeichnis.

Patentinformationszentren  **PatInfZentren**

**Hof.** TIZ–Technisches Informations-Zentrum Patentschriften- und Normenauslage 95028 Hof, Fabrikzeile 21, *Briefadresse: Postfach 3048, 95006 Hof,* Tel. (09281) 73 75 55 Herr Rietsch (Normen und Patente), 73 75 51 Herr Klier (Patente und Literatur), 73 75 0 Telefonzentrale, Telefax: (09281) 400 50 (TIZ direkt), 73 75 90 Telefax in der LGA-Zentrale, Homepage: HTTP://WWW.LGA.DE, E-mail: Manfred Klier: HOKL@GW.LGA.DE; Harald Rietsch: HORH@GW.LGA.DE; Petra Leupold: HOPL@GW.LGA.DE; Angela Spörl: HOSP@GW.LGA.DE, Mo–Fr 8.30–12.00, nachmittags nach telef. Vereinbarung.
*Dokumentenbestand:* auf CD-ROM: deutsche Patente und Gebrauchsmuster, Europa-Offenlegungen, Europa-Patente, PCT-Anmeldungen, US-Patente, deutsche Marken (DEMAS). Patentblätter und Zeitschriften: Internationale Patentklassifikation Bd. 1 bis 9, Patentblatt des Deutschen Patent- und Markenamts, Geschmacksmusterblatt, Markenblatt, Blatt für Patent-, Muster- und Zeichenwesen, Patentblatt des Europäischen Patentamtes, Amtsblatt des Harmonisierungsamtes, Geschmacksmusterkartei, GRUR, Les Marques Internationales, Markenlexika, Fachwörterbücher. Technische Regelwerke: DIN-Regelwerk (komplett), inklusiver aller DIN EN-, DIN IEC-, DIN ISO-, DIN ISO/IEC-, DIN EN ISO-, DIN EN ISO/IEC-, DIN ETS-, DIN EN ISP-, DIN VDE-Dokumente *sowie*: VDI-, VDI/VDE-, VDI/VDE/DGQ-Blätter, RAL-, RAL-GZ-, RAL-RG, VDMA-Blätter *sowie*: Europäisches Recht der Technik, Landes- und Musterbauordnungen, VBG-Sammelwerk u.a.
*Online-Datenbanken:* Zugriff zu ca. 1.100 Online-Datenbanken u.a. bei den Hosts STN, Questel, FIZ Technik, Creditform, Romarin, Global-Pat, Patent Abstracts of Japan. Zugriff auf die Deutsche und Europäische Patentrolle.
*Dienstleistungsangebot:* Kostenlose Benutzerbetreuung im Auftrag (nach LGA-Gebührenordnung): Patent-, Marken-, Geschmacksmuster-, Literatur-, Normen und Seriositätsrecherchen, sowie regelmäßige -überwachungen. Ermittlung des Stands der Technik, Rechtstandsauszüge, Familien-, Anmelder- und Erfinderrecherchen, Patent- und Markenstatistiken. Normenrecherchen und -überwachungen, Aktualisierungsdienste. Regelmäßige, kostenlose Erfinderberatung durch Patentanwälte (1. Donnerstag in geradzahligen Monaten), Schulungen.

**Rostock.** Universität Rostock, Universitätsbibliothek, Patentinformationszentrum, Richard-Wagner-Str. 31, Haus 1, 18119 Rostock-Warnemünde, Tel. (0381) 498 23 87, Telefax: (0381) 498 23 89, Recherchen: (0381) 498 23 88, Normen: (0381) 498 23 79. http://www.uni-rostock.de/ub/PIZ.HTM; e-mail: patente@ub.uni-rostock.de; Leiterin: Dipl.-Ing. Marianne Krempien (0381) 498 23 90; Mo, Mi, Do 9.00–16.00, Di 9.00–18.00, Fr nach tel. Vereinbarung.
*Dokumentenbestand:* DD★, DE★, EP★, WO★, US★, SU★, RU★; Auszüge und Referate nach IPC geordnet aus DD, DE, EP, WO.
CD-ROM-Datenbanken: PATOS, ESPACE-ACCESS, US-APS (CAPS), PAJ (Abstracts of Japan), Volltexte: ESPACE-DE bzw. DEPAROM-DE, ESPACE-EP (A + B), ESPACE-WORLD, US-Patent-Images, RU-C1 (Patents of Russia). Marken: DEMAS, ROMARIN, CEDELEX. Sonstige: IPC: Class, US-Patentbible, JOPAL, GRUR, Fördererdatenbank Forschung und Innovation.
Deutsches Patentblatt, Europäisches Patentblatt, Warenzeichenblatt I und II, Markenblatt, Warenzeichen- und Musterblatt DD, Markenlexika, WIPO Gazette of International Marks, Blatt für Gemeinschaftsmarken, Geschmacksmusterblatt, Amtsblatt des EPA, Amtsblatt des HABM, Blatt für PMZ, GRUR u. GRUR international, Rechtsprechungskartei Gewerblicher Rechtsschutz, Handbibliothek.
Normen und Regeln: DIN, DIN EN, DIN ISO, DIN IEC, DIN ETS; TGL; VDI-Richtlinien, VDE-Vorschriften, DIN-Fachberichte, DIN-Mitteilungen, DIN-Taschenbücher, CD-ROM: PERINORM u. Techn. Recht.
*Zugang zu Online-Datenbanken:* STN International: alle Patentdatenbanken; Questel: Patentdatenbanken, Markendatenbanken, Firmendatenbanken, Patent-u. Marken-Rechtsprechung; FIZ-Technik: Patent- und Literaturdatenbanken; Patentrollen des DPMA und EPA.
*Dienstleistungsangebot:* Betreuung der Nutzer bei eigenen Recherchen; Nutzerschulungen und -seminare; Durchführung von Patent-, Marken-, Namens- und Literaturrecherchen im Auftrag der Nutzer: Auskünfte zum Verfahrensstand, Recherchen zum Stand der Technik, zu Patentfamilien und Namen, technische Informationsrecherchen, patentstatistische Konkurrenzanalysen, Überwachungen. Schriftenbeschaffung, Kopierdienst.
Kostenlose Erfinderberatung jeden 1. Dienstag des Monats nach telefonischer Anmeldung.

**Schwerin.** Technologie- und Gewerbezentrum e.V. Schwerin/Wismar, Patent-Informationsstelle, Hagenower Str. 73, 19061 Schwerin, Tel.: (0385) 399 31 40, Telefax: (0385) 399 32 40.
*Dokumentenbestand:* Deutsches Patentblatt, Warenzeichen- und Markenblatt, Markenlexikon, Geschmacksmusterblatt, Blatt für PMZ, Amtsblätter EPA und HABM, Mitt.dt.PAnwälte, GRUR, Rechtsprechungskartei und weitere Literatur zum gewerblichen Rechtsschutz.
CD-ROM: DEPAROM, PATOS, ESPACE-ACCESS; USPatentSearch, DEMAS, PERINORM.
*Dienstleistungsangebot:* Recherchen nach Schutzdokumenten und Normen, Vermittlung der Leistungen und Bestände anderer Patentinformationszentren insbesondere von Rostock, Zugang zu Online-Datenbanken STN und Amtsregister (Rollenauskünfte). Bereitstellung von Vordrucken und Schutz-

# PatInfZentren

Patentinformationszentren

rechtsliteratur. Kostenlose Erfinderberatung durch Patentanwälte jeden 1. Donnerstag im Monat 14 bis 17 Uhr.

**Saarbrücken.** Zentrale für Produktivität und Technologie Saar e.V., Patentinformationszentrum, Franz-Josef-Röder-Str. 9, 66119 Saarbrücken, Tel.: (0681) 520 04 u. 95 20 461, Telefax: (0681) 583150, Leiter: Dr. Robert Reichhart (0681) 9520-462, Mo–Do 9.00–16.00, Fr 9.00–14.00.
*Dokumentenbestand:* OS★, AS, AS★, PS, PS★, GM★, DE-WO★, DE-EP★, FR-A★, FR-B★.
CD-ROM: DE, DE-CLASS, DE-KOMPAKT, EP-A, EP-B, EP-ACCESS, EP/WO-FIRST, WO (1989), US (1991), FR-A (1994), PAJ (Abstracts of Japan), DEMAS, DIN-PERINORM.
Deutsches Patentblatt, Warenzeichenblatt I und II, Markenblatt, Warenzeichenlexikon, Les Marques Internationales (ab 1970), WIPO Gazette of International Marks, Amtsblatt Harmonisierungsamt, Geschmacksmusterblatt, International Designs Bulletin, Literatur zum gewerblichen Rechtsschutz.
*Zugang zu Online-Datenbanken:* Online-Recherchen in Patent-, Marken- und Literaturdatenbanken (Naturwissenschaften, Ingenieurwesen, Medizin etc.).
*Dienstleistungsangebot:* Informationen zum gewerblichen Rechtsschutz, Durchführung von Patent-, Warenzeichen-, Geschmacksmuster- und Literaturrecherchen, Auskünfte zum Verfahrensstand von Schutzrechten, Patentfamilienrecherchen, Namensrecherchen, Überwachungsrecherchen, Neuheitsrecherchen, Beratung bei eigenen Recherchen im Schriftenbestand, Neuheitendienst.
Kostenlose Erfinderberatung nach telefonischer Vereinbarung.

**Schwerin.** (nähere Angaben unter Rostock).

**Stuttgart.** Landesgewerbeamt Baden-Württemberg, Informationszentrum Patente, Haus der Wirtschaft, Willi-Bleicher-Str. 19, 70174 Stuttgart, *Briefadresse: Postfach 10 29 63, 70025 Stuttgart,* Tel. (0711) 123-25 58/25 55, Telefax: (0711) 123-25 60, Mo–Mi 9.00–16.00, Do 9.00–19.00, Fr 9.00–15.00.
*Dokumentenbestand:* OS, AS, PS, AltPS, GM, DE-EP, DE-WO (in Form von: Papier bis 1970, Mikrofilmlochkarten ab 1970, CD-ROM ab 1991); EP (in Form von: Mikrofilmlochkarten ab 1978, CD-ROM ab 1989); US (in Form von: CD-ROM ab 1991); WO (in Form von: CD-ROM ab 1990); Österreichische PS (in Form von: CD-ROM ab 1992); Schweizerische PS (in Form von: Papier).
CD-ROM-Datenbanken: PATOS, ESPACE-ACCESS, ESPACE-BULLETIN, CAPS.
Patentblätter: AT, CH, DE, EP, PCT-Gazette, US-Official Gazette ab 1923, Warenzeichenblatt I und II, Warenzeichenlexikon, Les Marques Internationales, CD-ROM-Datenbank ROMARIN.
Geschmacksmusterblatt, Geschmacksmusterkartei, International Designs Bulletin, EPIDOS-INPADOC (NDB (AT, CH, DE, EP), PAS, PCS, PIS), Handbibliothek: 200 Fachzeitschriften aus den Bereichen: Technik, Wirtschaft, Handwerk.
DIN-Normen Auslegestelle: DIN-, DIN ISO-, DIN EN-, DIN IEC-Normen, VDI/VDE-Richtlinien, CD-ROM Datenbank Perinorm.
*Zugang zu Online-Datenbanken:* DPA/EPA-Rolle, alle Datenbanken der Hosts: QUESTEL, STN, DATASTAR, FIZ-TECHNIK; DIALOG.
*Dienstleistungsangebot:* Beratung und Anleitung beim Recherchieren, Bibliographische Schutzrechtsrecherchen.
Rechtsstandsauskünfte: Patent- und Gebrauchsmusterrolle, Markenregister, Musterregister, Online-Recherchen in Patent-, Technik- und Wirtschaftsdatenbanken, Schriftenvertrieb, Informationsveranstaltungen, Informationsbroschüren.
Kostenlose Erfinderberatung jeden Donnerstag von 10.00–11.30.

**Karlsruhe.** Landesgewerbeamt Baden-Württemberg, Direktion Karlsruhe, Patentinformationsstelle, Karl-Friedrich-Str. 17, 76133 Karlsruhe, *Briefadresse: Postfach 41 69, 76026 Karlsruhe,* Tel. (0721) 926-40 57, Telefax (0721) 926-40 55, e- Mail: 54ho@mail.lgabw.de, Internet: http://www.lgabw.de/erz; Di, Mi, Fr, 9.00–16.00, Do 9.00–18.00; Leiter: Jürgen Hohaus (0721) 926-40 54.
*Dokumentenbestand:* Patentblatt, Warenzeichenblatt I und II, Markenblatt, Warenzeichenlexikon, Geschmacksmusterblatt, Bl. f. PMZ, Amtsblatt HABM, Blatt für Gemeinschaftsmarken HABM.
CD-ROM-Datenbanken: DEPAROM kompakt, DEMAS.
DIN-Normen, VDI/VDE-Richtlinien, CD-ROM-Datenbank: Perinorm.
Zugriff auf den Schriftenbestand des Patentinformationszentrums Stuttgart.
*Zugang zu Online-Datenbanken:* Online-Recherchen in Patent- und Literaturdatenbanken.
*Dienstleistungsangebot:* Kostenlose Erfinderberatung an jedem 1. Donnerstag im Monat von 14.00–16.00 Uhr, Voranmeldung erforderlich.

## II. Nationale Marken und sonstige Kennzeichen

## 1. Richtlinie für die Prüfung von Markenanmeldungen (Richtlinie Markenanmeldungen)

vom 27. Oktober 1995
(BlPMZ 1995, 378)

**Inhaltsverzeichnis**

| | |
|---|---|
| I. Vorbemerkung | 2452 |
| II. Eingangsbearbeitung | 2453 |
|    1. Erfassung der Anmeldung | 2453 |
|    2. Mindesterfordernisse/Feststellung des Anmeldetages | 2453 |
|    3. Klassifizierung | 2454 |
|    4. Anmeldegebühren/Klassengebühren | 2455 |
|    5. Empfangsbescheinigung | 2455 |
| III. Bearbeitung in den Markenstellen | 2455 |
|    1. Zuständigkeiten der Markenstellen | 2455 |
|    2. Zuständigkeiten in den Markenstellen | 2456 |
|      a) Aufgabenbereich der Sachbearbeiter I | 2456 |
|      b) Aufgabenbereich der Prüfer | 2456 |
|      c) Aufgabenbereiche der Erinnerungsprüfer | 2456 |
|    3. Prüfung der Anmeldungserfordernisse | 2456 |
|      a) Anmelder | 2456 |
|      b) Vertreter | 2457 |
|      c) Form und Wiedergabe der Marke | 2458 |
|      d) Waren-/Dienstleistungsverzeichnis | 2458 |
|      e) Gebührenzahlung | 2459 |
|      f) Inanspruchnahme einer ausländischen Priorität | 2460 |
|    4. Prüfung auf absolute Schutzhindernisse | 2460 |
|      a) Grundsätze der Prüfung auf absolute Schutzhindernisse | 2460 |
|      b) Reihenfolge der Prüfung auf absolute Schutzhindernisse | 2462 |
|      c) Markenfähigkeit | 2462 |
|         (1) zweidimensionale Zeichen | 2462 |
|         (2) dreidimensionale Zeichen | 2462 |
|         (3) Hörmarken | 2463 |
|         (4) sonstige Markenformen | 2463 |
|         (5) Ausnahmen | 2463 |
|      d) Abhängigkeit vom Waren-/Dienstleistungsverzeichnis | 2463 |
|      e) Beschreibende Angaben | 2463 |
|      f) Eintragungsfähiger Bestandteil | 2464 |
|      g) Zusammenstellungen beschreibender Angaben | 2464 |
|      h) Abwandlungen beschreibender Angaben | 2465 |
|      i) Wortneubildungen | 2465 |
|      j) Fremdsprachige Wörter | 2465 |
|      k) Bezeichnungen der geographischen Herkunft | 2465 |
|      l) Unterscheidungskraft | 2466 |
|      m) Eignung zur Täuschung | 2467 |
|      n) Notorisch bekannte Marken | 2468 |
|      o) Verschiebung des Zeitranges | 2468 |
|    5. Beanstandungsbescheid | 2469 |
|    6. Verfahren vor dem Prüfer | 2469 |
|      a) Eintragung | 2469 |
|      b) Weitere Ermittlungen | 2469 |
|      c) Zurückweisungsbeschluß | 2469 |
|      d) Abhilfeentscheidung | 2470 |
|    7. Verfahren vor dem Erinnerungsprüfer | 2470 |
|      a) Erinnerungsprüfung | 2470 |
|      b) Erinnerungsbeschluß | 2470 |
|      c) Abhilfeentscheidung | 2471 |

|  |  |
|---|---|
| 8. Allgemeine Regelungen | 2471 |
| a) Reihenfolge der Bearbeitung | 2471 |
| b) Rückstände | 2471 |
| c) Beschlüsse | 2471 |
| d) Fristen | 2472 |
| e) Anhörung | 2472 |
| f) Telefonische Rücksprachen | 2473 |
| g) Aktenvermerke | 2473 |
| 9. Besondere Verfahren | 2473 |
| a) Verkehrsdurchsetzung | 2473 |
| b) Wiedereinsetzung | 2475 |
| c) Teilung der Anmeldung | 2476 |
| IV. Schlußbemerkung | 2477 |

## I. Vorbemerkung

Die Richtlinie für Markenanmeldungen dient der sachgerechten Durchführung des Verfahrens in Markensachen, insbesondere der Vereinheitlichung, Straffung, Beschleunigung und Gleichbehandlung. Dies erfordert jedoch auch die Mitwirkung der Verfahrensbeteiligten, in deren eigenem Interesse es liegt, den Ablauf des Verfahrens verzögernde Umstände zu vermeiden. Das Patentamt wirkt unter anderem besonders darauf hin, daß einheitliche, an der neuesten Rechtsprechung orientierte Beurteilungsmaßstäbe unter Berücksichtigung der waren- und dienstleistungsspezifischen Besonderheiten angewandt werden. Den rechtlichen Rahmen des Verfahrens in Markensachen bilden im wesentlichen die Vorschriften
- der Ersten Richtlinie des Rates der EG Nr. 89/104 zur Angleichung der Rechtsvorschriften der Mitgliedstaaten über die Marken vom 21. Dezember 1988[1];
- des Gesetzes über den Schutz von Marken und sonstigen Kennzeichen (Markengesetz – MarkenG)[2];
- der Verordnung zur Ausführung des Markengesetzes (Markenverordnung – MarkenV)[3];
- des Madrider Abkommens über die internationale Registrierung von Marken (Madrider Markenabkommen MMA)[4];
- der Pariser Verbandsübereinkunft zum Schutze des gewerblichen Eigentums (Pariser Verbandsübereinkunft PVÜ)[5];
- der Verordnung über das Deutsche Patentamt (DPAV)[6];
- der Verordnung über die Wahrnehmung einzelner den Prüfungsstellen, der Gebrauchsmusterstelle, den Markenstellen und den Abteilungen des Patentamts obliegender Geschäfte (Wahrnehmungsverordnung – WahrnV)[7];
- des Patentgebührengesetzes (PatGebG)[8];
- der Verordnung über die Zahlung der Gebühren des Deutschen Patentamtes und des Bundespatentgerichts (PatGebZV)[9] sowie
- der Verordnung über Verwaltungskosten beim Deutschen Patentamt (DPAVwKostV)[10].

Die Richtlinie setzt die Kenntnis der genannten Bestimmungen voraus. Sie wiederholt deren Inhalt nur schwerpunktmäßig. Die Richtlinie kann nicht sämtliche Fragen der Praxis behandeln, sondern soll den Gang des Verfahrens im wesentlichen vorgeben und transparent machen. Auf Rechtsprechung und Fachliteratur ist weiterhin zurückzugreifen. Es ist jedoch eine regelmäßige Überprüfung und Ergänzung sowie eine Überarbeitung in etwa zwei Jahren vorgesehen. Die Richtlinie wird veröffentlicht, um über die Arbeitsweise des Patentamts zu unterrichten und es den Anmeldern zu erleichtern, sich auf die Praxis der Markenabteilungen und Markenstellen des Patentamts einzustellen.

---

[1] S. 3. Teil des Kommentars, II 1.
[2] S. 1. Teil des Kommentars, 1.
[3] S. 3. Teil des Kommentars, I 3.
[4] S. 2. Teil des Kommentars, 1. Abschnitt, B.
[5] S. 2. Teil des Kommentars, 1. Abschnitt, A.
[6] S. 3. Teil des Kommentars, I 8.
[7] S. 3. Teil des Kommentars, I 4.
[8] S. 3. Teil des Kommentars, I 5.
[9] S. 3. Teil des Kommentars, I 6.
[10] S. 3. Teil des Kommentars, I 7.

Die Richtlinie geht nicht auf die Besonderheiten der internationalen Registrierung deutscher Marken sowie der Schutzbewilligungsverfahren für international registrierte ausländische Marken ein, da insofern auf das vom Deutschen Patentamt herausgegebene, umfassende und ausführliche Merkblatt M 8940 – 3.95 (abgedruckt in BlPMZ 1995, 230 ff.) verwiesen werden kann. Im übrigen werden international registrierte Marken in gleicher Weise wie zur Eintragung in das Register angemeldete Marken auf absolute Schutzhindernisse geprüft (§ 113 MarkenG).

## II. Eingangsbearbeitung

### 1. Erfassung der Anmeldung

Die Annahmestellen des Patent- und Markenamts in München, Jena und Berlin vermerken auf den Markenanmeldungen den Tag des Eingangs (in der Regel durch Datumsperforierung), und die Annahmestelle in München vergibt jeweils ein Aktenzeichen (§ 22 Abs. 1 MarkenV). Anschließend werden sämtliche Daten der Anmeldungen in der zentralen Eingangsbearbeitung erfaßt.

Anmeldungen in fremden Sprachen sind zulässig (§ 68 MarkenV). Die Erfassung erfolgt erst nach Einreichung der deutschen Übersetzung des fremdsprachigen Inhalts der Anmeldung, da die Prüfung der Anmeldung auf der Grundlage der deutschen Übersetzung stattfindet (§ 68 Abs. 4 MarkenV). Gilt die Anmeldung als nicht eingereicht, weil die deutsche Übersetzung nicht oder nicht rechtzeitig eingegangen ist (§ 68 Abs. 3 Satz 2 und 3 MarkenV), bedarf es keiner Erfassung sämtlicher Daten der Anmeldung. Weist lediglich der Inhalt der Marke (§ 32 Abs. 2 Nr. 2 MarkenG) fremdsprachige Angaben auf, so handelt es sich nicht um eine fremdsprachige Anmeldung im Sinne des § 68 MarkenV.

### 2. Mindesterfordernisse/Feststellung des Anmeldetages

Die zentrale Eingangsbearbeitung der Markenstellen prüft, ob die Anmeldung der Marke den Erfordernissen für die Zuerkennung eines Anmeldetages genügt (§ 36 Abs. 1 Nr. 1 MarkenG), indem sie die Mindesterfordernisse erfüllt, nämlich

(1) Angaben, die es erlauben, die Identität des Anmelders festzustellen,

(2) eine Wiedergabe der Marke und

(3) ein Verzeichnis der Waren und Dienstleistungen, für die die Eintragung beantragt wird,

enthält (§ 32 Abs. 2 MarkenG).

Nicht alle unter den umfassenden Markenbegriff des § 3 MarkenG fallende Zeichenformen erfüllen die zur Eintragbarkeit erforderliche graphisch darstellbare Wiedergabe der Marke (§§ 8 Abs. 1; 32 Abs. 2 Nr. 2 MarkenG); die allgemeine Definition der Marke in § 3 MarkenG, in der auch der herkömmliche Begriff der „Ausstattung" aufgegangen ist, erfaßt nicht nur eintragbare Marken, sondern alle Markenkategorien, deren Erwerbstatbestände in § 4 MarkenG geregelt sind (vgl. Begründung zu § 3, 1. und 3. Absatz).

Bei der Wiedergabe der Marke im Sinne des § 32 Abs. 2 Nr. 2 MarkenG muß es sich um die nach Form und Inhalt konkrete Darstellung eines im Sinne des § 3 MarkenG schutzfähigen Zeichens handeln, das sich graphisch wiedergeben läßt (§ 8 Abs. 1 MarkenG). Dem Erfordernis der Wiedergabe einer konkreten Marke genügt weder allein eine schriftliche Beschreibung der Marke noch allein die abstrakte Angabe von Eigenschaften. Bis zu einer abschließenden Klärung durch die Rechtsprechung wird davon ausgegangen, daß Zeichen, die hinsichtlich ihrer Form nicht bestimmt sind, keine Markenfähigkeit besitzen, weil sie keine „Aufmachung" im Sinne des § 3 Abs. 1 MarkenG darstellen, dem Erfordernis der Wiedergabe der Marke (§ 32 Abs. 2 Nr. 2 MarkenG) nicht genügen und somit auch nicht als „sonstige Markenform" im Sinne des § 12 MarkenV angesehen werden können.

# MarkenanmeldungenRL

Entspricht die Markenanmeldung den Mindesterfordernissen, wird als Anmeldetag der Tag festgestellt, an dem die Markenanmeldung beim Patentamt eingegangen ist (§ 33 Abs. 1 MarkenG).

Erfüllt die Anmeldung nicht die Mindesterfordernisse (§ 32 Abs. 2 MarkenG), fordert die zentrale Eingangsbearbeitung den Anmelder auf, die festgestellten, genau zu bezeichnenden Mängel innerhalb einer bestimmten Frist zu beseitigen, und zwar mit dem ausdrücklichen Hinweis, daß sonst gemäß § 36 Abs. 2 Satz 1 MarkenG die Anmeldung als nicht eingereicht gilt.

Kommt der Anmelder der Aufforderung des Patentamts nach, wird als Anmeldetag (§ 33 Abs. 1 MarkenG) der Tag festgestellt, an dem die Beseitigung aller beanstandeten Mängel beim Patentamt eingegangen ist (§ 36 Abs. 2 Satz 2 MarkenG), dem Anmelder wird der nach § 36 Abs. 2 Satz 2 MarkenG anerkannte Anmeldetag mitgeteilt.

Werden die Mängel der Mindesterfordernisse nicht fristgerecht behoben, erhält der Anmelder die Nachricht, daß die Anmeldung gemäß § 36 Abs. 2 Satz 1 MarkenG als nicht eingereicht gilt.

Bei Markenanmeldungen in fremden Sprachen sind die besonderen Bestimmungen des § 68 MarkenV zu beachten. Erfüllt eine fremdsprachige Anmeldung die Mindesterfordernisse gemäß § 32 Abs. 2 MarkenG, wird ein Anmeldetag nach § 33 Abs. 1 MarkenG nur dann zuerkannt, wenn rechtzeitig eine deutsche Übersetzung des fremdsprachigen Inhalts der Anmeldung, insbesondere des Waren-/Dienstleistungsverzeichnisses, eingereicht worden ist (§ 68 Abs. 2 und 3 MarkenV).

### 3. Klassifizierung

Erfaßte Anmeldungen werden der zentralen Auszeichnungsstelle zur Einordnung der Waren und Dienstleistungen in bestimmte Klassen der Klasseneinteilung oder zur Überprüfung der vom Anmelder vorgenommenen Einteilung zugeleitet. Die Feststellung der Klassen (Klassifizierung) richtet sich nach der in der Anlage zur Markenverordnung enthaltenen Klasseneinteilung von Waren und Dienstleistungen (§ 15 Abs. 1 MarkenV). Ergänzend kann die „Alphabetische Liste der Waren und Dienstleistungen nach dem Nizzaer Abkommen über die internationale Klassifikation von Waren und Dienstleistungen für die Eintragung von Marken" zur Klassifizierung verwendet werden (§ 15 Abs. 2 MarkenV). Waren oder Dienstleistungen, die nicht bereits bekannt und in der Praxis des Patentamts bestimmten Klassen zugeordnet sind, werden unter Berücksichtigung der „erläuternden Anmerkungen" sowie der „allgemeinen Hinweise" zur Alphabetischen Liste des Nizzaer Abkommens klassifiziert. Eine bestimmte Klasse ist festzustellen, sobald einer der im Waren-/Dienstleistungsverzeichnis enthaltenen Waren- oder Dienstleistungsbegriffe dieser Klasse zuzuordnen ist. Sind die Waren und Dienstleistungen in der Anmeldung nicht zutreffend klassifiziert (§ 14 MarkenV), so entscheidet das Patentamt über die Klassifizierung (§ 23 Abs. 1 MarkenV). Wenn einzelne Waren oder Dienstleistungen nicht so bezeichnet sind, daß die Klassifizierung in eine Klasse der Klasseneinteilung möglich ist (§ 14 Abs. 1 MarkenV), wird der Anmelder aufgefordert, eine klassifizierbare Bezeichnung innerhalb einer vom Patentamt bestimmten Frist zu wählen (§ 36 Abs. 4 MarkenG iVm §§ 36 Abs. 1 Nr. 2; 32 Abs. 3 MarkenG, 14 Abs. 1 MarkenV).

Die Auszeichnungsstelle legt als Leitklasse die Klasse der Klasseneinteilung fest, auf der der Schwerpunkt der Anmeldung liegt (§ 23 Abs. 2 Satz 1 MarkenV). Die Angabe des Anmelders über die Leitklasse ist nicht bindend (§ 23 Abs. 2 Satz 2 MarkenV), ihr soll aber möglichst entsprochen werden. Die Bestimmung der Leitklasse richtet sich nach denjenigen Waren oder Dienstleistungen, die den Schwerpunkt des Waren-/Dienstleistungsverzeichnisses bilden. Die Auszeichnungsstelle legt eine neue Leitklasse fest, wenn die Waren oder Dienstleistungen der Leitklasse entfallen sind, beispielsweise infolge Einschränkung des Waren-/Dienstleistungsverzeichnisses, Teilung oder Änderung der Klassifizierung.

Dem Anmelder wird in der Empfangsbescheinigung (§ 22 Abs. 2 MarkenV) die von der Auszeichnungsstelle vorgenommene Klassifizierung, die Zuordnung der Waren oder Dienstleistungen zu bestimmten Klassen (Gruppierung) sowie die festgelegte Leitklasse mitgeteilt. Wendet der Anmelder ein, eine bestimmte Klasse sei nicht angefallen, so ist ihm mit einer Begründung mitzuteilen, weshalb Waren oder Dienstleistungen zu dieser Klasse gehören. Verbleibt der Anmelder bei seiner von der Klassifizierung der Auszeichnungsstelle abweichenden Auffassung, so ergeht ein anfechtbarer Klassenfestsetzungsbeschluß.

Zur Verfahrensbeschleunigung und Arbeitsentlastung der Auszeichnungsstelle haben die Markenabteilungen und Markenstellen durch geeignete Informationen darauf hinzuwirken, daß die Markenanmeldungen bereits zutreffend in der Reihenfolge der Klasseneinteilung gruppierte Waren-/Dienstleistungsverzeichnisse enthalten (§ 14 Abs. 3 MarkenV). Hierbei ist zu empfehlen, soweit möglich die in der Klasseneinteilung (§ 15 Abs. 1 MarkenV) sowie in der Alphabetischen Liste der Nizzaer Klassifikation (vgl. § 15 Abs. 2 MarkenV) enthaltenen Begriffe zu verwenden, weil nur im Thesaurus (EDV-Speicher klassifizierter Waren- und Dienstleistungsbegriffe) bereits bekannte Begriffe die rasche, datenverarbeitungstechnisch automatische Klassifizierung und Gruppierung erlauben.

### 4. Anmeldegebühren/Klassengebühren

Für die Zahlung der Gebühren gelten die Bestimmungen des Patentgebührengesetzes, der Verordnung über die Zahlung der Gebühren des Deutschen Patentamts und des Bundespatentgerichts (PatGebZV) und der Verordnung über Verwaltungskosten beim Deutschen Patentamt (DPAVwKostV).

Die zentrale Eingangsbearbeitung stellt fest, ob und inwieweit die Anmeldegebühren und gegebenenfalls die Klassengebühren entrichtet worden sind (§ 36 Abs. 1 Nr. 3 MarkenG iVm § 32 Abs. 4 MarkenG).

Mit der Anmeldung ist eine Gebühr nach dem Tarif zu zahlen (§ 32 Abs. 4 Satz 1 MarkenG).

Nur dann, wenn die Eintragung für Waren oder Dienstleistungen beantragt wird, die in mehr als drei Klassen fallen, ist außerdem für jede weitere Klasse eine Klassengebühr zu zahlen (§ 32 Abs. 4 Satz 2 MarkenG).

### 5. Empfangsbescheinigung

Die zentrale Eingangsbearbeitung übermittelt dem Anmelder unverzüglich eine Empfangsbescheinigung (§ 22 Abs. 2 MarkenV), die alle wesentlichen erfaßten Daten der Anmeldung beinhaltet, insbesondere die angemeldete Marke bezeichnet, das Aktenzeichen der Anmeldung nennt, den Tag des Eingangs der Anmeldung, die Leitklasse und die zunächst festgestellten Klassen angibt, das klassifizierte Waren-/Dienstleistungsverzeichnis aufführt sowie die bereits gezahlten und noch zu entrichtenden Gebühren beziffert.

## III. Bearbeitung in den Markenstellen

### 1. Zuständigkeiten der Markenstellen

Den Geschäftskreis der Markenstellen bestimmt der Präsident (§ 9 DPAV).

Die Zuständigkeit der Markenstellen (§ 56 Abs. 1, 2 MarkenG) richten sich nach den Leitklassen, die vom Patentamt festgelegt worden sind (§§ 23 Abs. 2; 18 Nr. 19 MarkenV; vgl. auch §§ 36 Abs. 3 Satz 3; 47 Abs. 4 Satz 3 MarkenG). Bei einer Änderung der Leitklasse wechselt die Zuständigkeit der Markenstelle. Für jede Klasse der Klasseneinteilung (§ 15 Abs. 1 MarkenV) besteht eine eigene Markenstelle. Die Bezeichnung der zuständigen Markenstelle (§ 71 MarkenV) lautet: „Markenstelle für Klasse . . .".

Für Markenanmeldungen, in denen keine Leitklasse festgelegt werden kann, weil sie beispielsweise kein Verzeichnis der Waren oder Dienstleistungen enthalten, ist eine durch die Geschäftsordnung bestimmte Markenstelle zuständig (z. Z. in der Abteilung 3.4.).

Die Markenstellen sind für die Prüfung von angemeldeten Marken und für die Beschlußfassung im Eintragungsverfahren zuständig (§ 56 Abs. 2 Satz 1 MarkenG). Das Eintragungsverfahren umfaßt auch die gleichzeitig laufenden Nebenverfahren wie die Teilung der An-

# MarkenanmeldungenRL  Richtlinie Markenanmeldungen

meldung (§ 40 MarkenG, § 36 MarkenV) und die Akteneinsicht (§ 62 MarkenG, § 47 Satz 1 MarkenV).

## 2. Zuständigkeiten in den Markenstellen

Die Aufgaben einer Markenstelle nimmt zumindest ein Mitglied des Patentamts (vgl. § 26 PatG) – normalerweise ein rechtskundiges Mitglied – wahr (§ 56 Abs. 2 Satz 2 MarkenG). In der Regel sind die Markenstellen mit Prüfern des gehobenen Dienstes (sog. Erstprüfer) gem. § 56 Abs. 2 Satz 3 MarkenG sowie mit Mitgliedern des Patentamts als Erinnerungsprüfer gemäß § 64 Abs. 4 MarkenG besetzt und werden durch Sachbearbeiter I aus dem gehobenen Dienst unterstützt. Wird jedoch ein Mitglied des Patentamts als Prüfer eingesetzt, entfällt in der Markenstelle der Erinnerungsprüfer (vgl. § 64 Abs. 1 MarkenG).

### a) Aufgabenbereich der Sachbearbeiter I

Der Sachbearbeiter I (zuständig für Aufgaben vor der Markeneintragung) führt die entscheidungsvorbereitende Bearbeitung durch, insbesondere die Prüfung der Anmeldungserfordernisse, die Recherche und Vorprüfung auf absolute Schutzhindernisse sowie die Abfassung von Mitteilungen und Beanstandungen.

### b) Aufgabenbereich der Prüfer

Nach umfassender Prüfung der Markenanmeldung entscheidet der Prüfer (§ 56 Abs. 2 Satz 2 oder 3 MarkenG) über die Eintragung (§ 41 MarkenG) oder Zurückweisung (§§ 36 Abs. 4 und 5; 37 MarkenG). Der Prüfer ist im übrigen auch für alle anderen Aufgaben im Eintragungsverfahren zuständig, die während seiner Bearbeitung auftreten.

### c) Aufgabenbereiche der Erinnerungsprüfer

Ein Mitglied des Patentamts (§ 26 PatG) entscheidet über die Erinnerung gegen Beschlüsse, die von einem Beamten des gehobenen Dienstes oder einem vergleichbaren Angestellten als Prüfer (Erstprüfer) erlassen worden sind, es sei denn, der Erstprüfer hat der Erinnerung abgeholfen (§ 64 MarkenG). Mit der Abgabe durch den Erstprüfer geht das gesamte Eintragungsverfahren auf den Erinnerungsprüfer über.

Das Erinnerungsverfahren stellt keine eigenständige Instanz dar, sondern ist lediglich Teil des zweistufigen Verfahrens in den Markenstellen, sofern Aufgaben einer Markenstelle von Beamten des gehobenen Dienstes oder von vergleichbaren Angestellten wahrgenommen werden. Da der Erinnerungsprüfer ebenso wie der Erstprüfer zur „Markenstelle" gehört, ist eine Zurückverweisung in keinem Fall zulässig. Verfahrensfehler, insbesondere eine Verletzung des rechtlichen Gehörs, sind regelmäßig heilbar. Der Erinnerungsprüfer kann die Anmeldung auch wegen anderer Gründe oder in weiterem Umfang zurückweisen. Auch dann, wenn ein Mitglied des Patentamts zum Erinnerungsprüfer bestellt worden ist, bleibt dieser befugt, Aufgaben eines Erstprüfers wahrzunehmen (vgl. § 56 Abs. 2 Satz 2 MarkenG).

## 3. Prüfung der Anmeldungserfordernisse

### a) Anmelder

Inhaber von angemeldeten Marken können nur natürliche Personen, juristische Personen (einschließlich der des öffentlichen Rechts) oder solche Personengesellschaften sein, die in eigenem Namen Träger von Rechten und Pflichten sein können (z.B.: OHG, KG) (§§ 7, 36 Abs. 1 Nr. 4 MarkenG). Der Anmelder braucht keinen Geschäftsbetrieb zu besitzen.

Inhaber von angemeldeten Kollektivmarken können nur rechtsfähige Verbände (z.B. rechtsfähige Vereine, Genossenschaften, GmbH) sein; diesen Verbänden sind die juristischen Personen des öffentlichen Rechts (z.B. Gebietskörperschaften wie Gemeinden; Körperschaften des öffentlichen Rechts) gleichgestellt (§ 98 MarkenG).

Kann der Anmelder nicht Inhaber einer Marke sein, wird ihm dies mit der Gelegenheit, sich hierzu innerhalb einer bestimmten Frist zu äußern, und dem Hinweis, daß die Anmeldung zurückzuweisen sein wird, mitgeteilt (§§ 36 Abs. 5; 59 Abs. 2 MarkenG).

Die Erfordernisse der Angaben zum Anmelder bestimmt sich nach § 5 Abs. 1 bis 5 MarkenV (iVm §§ 32 Abs. 3; 36 Abs. 1 Nr. 2 MarkenG). Fehlen Angaben, wird der Anmelder um Ergänzung gebeten.

Bei Unstimmigkeiten hinsichtlich der Bezeichnung des Anmelders, seiner Anschrift oder seiner Rechtsform ist der Anmelder zur Klärung und Berichtigung (gegebenenfalls unter Vorlage geeigneter Belege) aufzufordern.

Sind Unternehmensbezeichnungen ausländischer Anmelder ohne Hinweis auf die Gesellschaftsform (beispielsweise Ltd., Inc., S. A., B. V.) angegeben, so wird der Anmelder aufgefordert, die Rechtsform seines Unternehmens mitzuteilen. Für Unternehmen, deren Rechtsform einer Gesellschaft bürgerlichen Rechts entspricht, sind die Gesellschafter als Anmelder zu benennen.

### b) Vertreter

Ein Beteiligter kann sich in jeder Lage des Verfahrens durch einen Bevollmächtigten vertreten lassen (§ 76 Abs. 1 Satz 1 MarkenV). Für Anmelder mit Wohnsitz, Sitz oder Niederlassung im Inland besteht aber kein Anwaltszwang.

Anmelder, die im Inland weder einen Wohnsitz oder Sitz noch eine Niederlassung haben, können an Verfahren in Markenangelegenheiten nur teilnehmen, wenn sie im Inland einen Rechtsanwalt oder Patentanwalt als Vertreter bestellt haben (§ 96 Abs. 1 MarkenG). § 96 MarkenG wird ergänzt durch § 155 Abs. 2 und § 178 der Patentanwaltsordnung, nach denen unter den dort genannten Voraussetzungen auch Patentassessoren und Erlaubnisscheininhaber zu Inlandsvertretern bestellt werden können. Rechtsanwälte und Patentanwälte, die sich gemäß § 206 der Bundesrechtsanwaltsordnung oder § 154a der Patentanwaltsordnung in Deutschland niedergelassen haben, können jedoch nicht zum Inlandsvertreter bestellt werden, weil sich ihre Befugnis zur Rechtsbesorgung in Deutschland nur auf das ausländische und internationale Recht erstreckt (Begründung des MarkenG zu § 96).

Wenn ein notwendiger Vertreter (Inlandsvertreter) nicht alsbald nach der Anmeldung bestimmt wird oder sein Mandat entfällt, wird der Anmelder unter Fristsetzung zur Bestellung aufgefordert mit dem Hinweis, daß bei nicht fristgerechter Bestellung eines Anwalts als Vertreter die Anmeldung zurückgewiesen wird. Dieser Aufforderung soll das von der Patentanwaltskammer herausgegebene „Verzeichnis der deutschen Patentanwälte" sowie das von der Bundesrechtsanwaltskammer herausgegebene „Verzeichnis von Rechtsanwälten, die in Patent- oder Warenzeichensachen vor dem Deutschen Patentamt tätig werden" beigefügt werden. Hinsichtlich der Zustellung ist insbesondere § 94 Abs. 1 Nr. 1 MarkenG zu beachten (vgl. auch: BGH BlPMZ 1993, 227 ff.).

Die Erfordernisse der Angaben zum Vertreter bestimmen sich nach § 5 Abs. 6 MarkenV (iVm §§ 32 Abs. 3; 36 Abs. 1 Nr. 2 MarkenG).

Das Fehlen einer Vollmacht oder Mängel der Vollmacht werden von Amts wegen nicht mehr berücksichtigt, wenn als Bevollmächtigter ein Rechtsanwalt (Mitglied einer Rechtsanwaltskammer), ein Patentanwalt, ein Erlaubnisscheininhaber oder – in den Fällen des § 155 der Patentanwaltsordnung – ein Patentassessor auftritt (§ 77 Abs. 4 Satz 2 MarkenV). Dies gilt auch für den Inlandsvertreter gemäß § 96 MarkenG.

In allen übrigen Fällen der Vertretung sowie in den Fällen, in denen der Mangel der Vollmacht geltend gemacht wird (§ 77 Abs. 4 Satz 1 MarkenV), haben Bevollmächtigte eine vom Auftraggeber unterschriebene Vollmachtsurkunde einzureichen (§ 77 Abs. 1 Satz 1 MarkenV). Die Vollmacht kann sich auf mehrere Anmeldungen oder auf mehrere eingetragene Marken oder auf mehrere Verfahren erstrecken (§ 77 Abs. 2 Satz 1 MarkenV); die Prüfung der Vollmacht ist in allen Akten zu vermerken, in denen sich die Vollmachtsurkunde nicht befindet. Die Vollmachtsurkunde muß den Aussteller genau bezeichnen; der Aussteller muß mit der Bezeichnung des Anmelders übereinstimmen. Die Vollmacht kann sich auch als „Allgemeine Vollmacht" auf die Bevollmächtigung zur Vertretung in allen Markenangelegenheiten erstrecken (§ 77 Abs. 2 Satz 2 MarkenV); aufgrund der Mitteilung Nr. 9/94 des Präsidenten des Deutschen Patentamts über die Hinterlegung Allgemeiner

Vollmachten und Angestelltenvollmachten beim Deutschen Patentamt vom 4. August 1994 (BlPMZ 1994, 301 f.) muß sich eine Allgemeine Vollmacht jedoch auf alle Angelegenheiten erstrecken, die zum Geschäftsbereich des Deutschen Patentamts gehören. Hat das Patentamt dem Vertreter die Nummer einer Allgemeinen Vollmacht zugeteilt, so soll diese angegeben werden (§ 5 Abs. 6 Satz 2 MarkenV).

Liegt eine von Amts wegen zu berücksichtigende Vollmacht bis zur Reife der Eintragungsverfügung nicht vor, so ist der Mangel mit dem Hinweis zu beanstanden, daß bei weiterem Ausbleiben innerhalb einer bestimmten Frist (mindestens Regelfrist gemäß § 74 Abs. 1 Satz 1 MarkenV) die Zurückweisung der Anmeldung erfolgen wird.

### c) Form und Wiedergabe der Marke

In der Anmeldung muß die Markenform angegeben sein, also die Bezeichnung als Wortmarke, Bildmarke, dreidimensionale Marke, Kennfadenmarke, Hörmarke oder sonstige Markenform (§§ 3 Abs. 1 Nr. 2; 6 MarkenV). Die Bezeichnung „Wortmarke" (§§ 6 Nr. 1; 7 MarkenV) umfaßt alle üblichen Schriftzeichen, die in der vom Patentamt verwendeten üblichen Druckschrift eingetragen werden sollen, also auch Buchstaben, Zahlen oder sonstige Zeichen wie beispielsweise +, -, &, !, ?. Unter „sonstige Markenformen" (§§ 6 Nr. 6; 12 MarkenV) fallen diejenigen Formen, die sich nicht oder nicht allein den Kategorien „Wortmarken", „Bildmarken", „Dreidimensionale Marken", „Kennfadenmarken" zuordnen lassen, – beispielsweise Kombinationsformen wie Wort-Hörmarken oder Bild-Hörmarken.

Die Anforderungen an die Wiedergaben der angemeldeten Marken bestimmen sich je nach Markenform nach §§ 7 bis 12 MarkenV.

Die wörtliche Bezeichnung der Farben (§§ 8 Abs. 1 Satz 2; 9 Abs. 1 Satz 3, 12 Abs. 1 Satz 2 MarkenV) hat lediglich deklaratorische Bedeutung, bestimmt nicht die Wiedergabe und den Schutzbereich der Marke und kann auch nicht die Farbigkeit der Wiedergabe ersetzen. Die Farben sollen mit einfachen üblichen Farbennamen wie „rot", „grün", „blau" in der Reihenfolge ihres Gewichtes im Gesamteindruck bezeichnet werden. Enthält die farbige Marke mehr als vier Farben, so reicht es aus, die den Gesamteindruck hauptsächlich prägenden zu benennen – beispielsweise: „hauptsächlich: rot-grün-blau".

Die Mitteilung Nr. 16/94 vom 16. Dezember 1994 des Präsidenten des Deutschen Patentamts über die Form der Darstellung von Hörmarken durch Sonagramm und ihre klangliche Wiedergabe gemäß § 11 Abs. 5 MarkenV (BlPMZ 1994 Sonderheft „Das neue Markengesetz", S. 180) ergänzt die Vorschriften über die Wiedergabe von Hörmarken (§ 11 MarkenV).

Fehlt in der Anmeldung die Angabe zur Markenform oder eine den weiteren Anmeldungserfordernissen entsprechenden Wiedergabe der Marke – beispielsweise die weiteren übereinstimmenden graphischen Wiedergaben der Marke oder die klangliche Wiedergabe einer Hörmarke oder die Bezeichnung der Farben einer farbig angemeldeten Marke – so wird der Anmelder aufgefordert, die genau bezeichneten Mängel innerhalb einer bestimmten Frist zu beseitigen (§§ 32 Abs. 3; 36 Abs. 1 Nr. 2, Abs. 4 MarkenG iVm §§ 3 Abs. 1 Nr. 2; 6 bis 12 MarkenV).

### d) Waren-/Dienstleistungsverzeichnis

Das Verzeichnis der Waren oder Dienstleistungen, für die die Eintragung beantragt wird, bildet einen notwendigen und wesentlichen Bestandteil jeder Markenanmeldung (§ 32 Abs. 2 Nr. 3 MarkenG, § 3 Abs. 1 Nr. 3 MarkenV). Das Waren-/Dienstleistungsverzeichnis muß daher im Interesse der Rechtssicherheit so gefaßt sein, daß es eine klare Bestimmung ermöglicht, für welche Waren oder Dienstleistungen der Marke Schutz gewährt werden soll. Soweit möglich sollen die Bezeichnungen der Klasseneinteilung, falls diese nicht erläuterungsbedürftig sind, und die Begriffe der „Alphabetischen Liste der Waren und Dienstleistungen nach dem Nizzaer Abkommen über die internationale Klassifikation von Waren und Dienstleistungen für die Eintragung von Marken" verwendet werden (§ 14 Abs. 2 Satz 1 MarkenV). Im übrigen sollen möglichst verkehrsübliche Begriffe verwendet werden (§ 14 Abs. 2 Satz 2 MarkenV). Fremdsprachige Begriffe können nur dann zugelassen werden, wenn sie sich im deutschen Sprachgebrauch eingebürgert haben (vgl. § 93 MarkenG, § 68 Abs. 2 Satz 1 MarkenV). Abkürzungen, die sich nicht zu eigenständigen Begriffen entwickelt haben, sind zu vermeiden oder zu erläutern. Die Waren- oder Dienstleistungsbezeichnungen sollen sich nach der „Empfehlungsliste zur Klasseneinteilung der Waren und Dienstleistungen für die Eintragung von Marken" (BlPMZ 1995, 283 ff.) richten. Sind in einem Verzeichnis Markennamen enthalten, so sind diese durch die entsprechenden Gattungsbezeichnungen zu ersetzen. Klassenangaben oder Klassenzuordnungsvermerke („... soweit in Klasse ... enthalten") sollen auf die Fälle beschränkt werden, in denen eine andere Klärung der Klassenzugehörigkeit einer Bezeichnung nicht möglich ist.

Beinhaltet das Waren-/Dienstleistungsverzeichnis nicht hinreichend bestimmte, erläuterungsbedürftige oder unzulässige Begriffe, wird der Anmelder zur Berichtigung aufgefordert, und zwar grundsätzlich mit einem Formulierungsvorschlag (§§ 32 Abs. 2 Nr. 3, Abs. 3; 36 Abs. 1 Nr. 2, Abs. 4 MarkenG iVm § 14 MarkenV). Im Interesse der Verfahrensbeschleunigung können Mängel der Waren-/Dienstleistungsverzeichnisse auch telefonisch mit dem Anmelder oder seinem Vertreter geklärt werden; über Änderungen sind genaue Aktenvermerke anzufertigen, und zumindest bei wesentlichen Änderungen ist eine schriftliche Bestätigung des Anmelders anzufordern.

Einschränkungen des Waren-/Dienstleistungsverzeichnisses sind zulässig (§ 39 Abs. 1 MarkenG), nicht hingegen Erweiterungen. Daher ist bei Änderungen besonders darauf zu achten, daß sie keine Erweiterungen enthalten. Werden Erweiterungen festgestellt (beispielsweise, weil „...,  nämlich..." durch „..., insbesondere..." ersetzt wurde), so ist auf ihre Beseitigung hinzuwirken. Die Einreichung eines eingeschränkten Waren-/Dienstleistungsverzeichnisses kann als Zurücknahme der darin nicht mehr enthaltenen Waren oder Dienstleistungen auszulegen sein, sofern sich nicht aus den Gesamtumständen etwas anderes ergibt; auf früher geltende Fassungen des Waren-/Dienstleistungsverzeichnisses kann danach wegen des Erweiterungsverbotes nicht mehr zurückgegriffen werden (vgl. BPatG Mitt 1994, 137 ff.).

Die Waren und Dienstleistungen werden in der Reihenfolge der Klasseneinteilung geordnet, sofern dies nicht bereits in der Anmeldung (zutreffend) geschehen ist (§ 14 Abs. 3 MarkenV).

Kann lediglich für einen Teil der Waren oder Dienstleistungen eine Priorität (§§ 34, 35 MarkenG) beansprucht werden oder werden für eine Anmeldung unterschiedliche Prioritäten beansprucht, so ist das Waren-/Dienstleistungsverzeichnis so zu gliedern, insbesondere durch den vorangestellten Hinweis „Waren/Dienstleistungen mit Zeitrang vom..", daß der Umfang der durch den Prioritätsanspruch gedeckten Waren oder Dienstleistungen klar bestimmt ist.

Auf die Behebung von Mängeln des Waren-/Dienstleistungsverzeichnisses wird im Interesse der Verfahrensökonomie verzichtet, insofern und solange die Anmeldung höchstwahrscheinlich wegen absoluter Schutzhindernisse (§ 37 MarkenG) oder aus anderen Gründen (§ 36 Abs. 4, 5 MarkenG) zu beanstanden und zurückzuweisen sein wird. Soll die Anmeldung wegen absoluter Schutzhindernisse (§ 8 MarkenG) beanstandet und zurückgewiesen werden, muß das Waren-/Dienstleistungsverzeichnis jedoch zumindest so konkret bestimmt sein, daß eine Beurteilung der absoluten Schutzfähigkeit zweifelsfrei möglich ist (vgl. beispielsweise: BPatG BlPMZ 1995, 418 - Hotshower).

#### e) Gebührenzahlung

Wenn der Anmelder versäumt hat, mit der Anmeldung oder innerhalb eines Monats nach der Gebührennachricht in der Empfangsbescheinigung die erforderlichen Gebühren zu zahlen, wird dem Anmelder mitgeteilt, daß die Anmeldung als zurückgenommen gilt, wenn die Gebühren mit dem Zuschlag nach dem Tarif nicht bis zum Ablauf eines Monats nach Zustellung der Mitteilung gezahlt werden (§ 36 Abs. 3 Satz 1 MarkenG, Begründung des MarkenG zu § 36). Die genaue Bezeichnung (Anmeldegebühr, Klassengebühr) und die Höhe der Gebühren und des Zuschlags sind in der Mitteilung anzugeben.

Werden innerhalb dieser Monatsfrist zwar die Anmeldegebühr und der Zuschlag, nicht aber (alle) erforderlichen Klassengebühren bezahlt, so gilt die Anmeldung insofern nicht als zurückgenommen, als der Anmelder angibt, welche Waren- oder Dienstleistungsklassen durch den gezahlten Gebührenbetrag gedeckt werden sollen (§ 36 Abs. 3 Satz 2 MarkenG).

Fehlt es an der Bestimmung des Anmelders, welche Waren- oder Dienstleistungsklassen durch den gezahlten Gebührenbetrag gedeckt werden sollen, so werden zunächst die Leitklasse und sodann die übrigen Klassen in der Reihenfolge der Klasseneinteilung berücksichtigt (§ 36 Abs. 3 Satz 3 MarkenG). Weicht eine vom Anmelder vorgeschlagene Leitklasse von der vom Patentamt festgelegten Leitklasse ab, so wird zunächst die vom Anmelder angegebene Leitklasse berücksichtigt (§ 23 Abs. 2 Satz 3 MarkenV). Im Umfang der übrigen Klassen, für die keine Klassengebühr bezahlt worden ist, gilt die Anmeldung als zurückgenommen.

Zahlt der Anmelder Gebühren und gegebenenfalls den Zuschlag nicht oder nicht rechtzeitig, so wird er benachrichtigt, in welchem Umfang seine Anmeldung als zurückgenommen gilt

Eine lediglich teilweise gezahlte Gebühr wird erstattet, weil eine Teilzahlung als Nichtzahlung gilt.

#### f) Inanspruchnahme einer ausländischen Priorität

Nimmt der Anmelder die Priorität einer früheren ausländischen Anmeldung in Anspruch (§ 34 MarkenG) und hat er Tag und Staat der früheren Anmeldung angegeben (§ 3 Abs. 2 Nr. 1 MarkenV) oder nachträglich fristgemäß innerhalb von zwei Monaten nach dem Anmeldetag mitgeteilt, so wird er aufgefordert, innerhalb von zwei Monaten das Aktenzeichen der früheren Anmeldung anzugeben und eine Abschrift der früheren Anmeldung einzureichen (§ 34 Abs. 3 MarkenG). Als Abschrift der früheren Anmeldung genügt eine einfache Kopie. Grundsätzlich wird keine Bescheinigung der Übereinstimmung durch die Behörde verlangt, die diese frühere ausländische Anmeldung empfangen hat. Ein Prioritätsbeleg im Sinne des Art. 4 D. Abs. 3 Satz 2 PVÜ kann jedoch nachzureichen sein, wenn es auf die Rechtmäßigkeit der Inanspruchnahme der Priorität ankommt, beispielsweise im Widerspruchsverfahren.

Die Priorität nach der Pariser Verbandsübereinkunft (Art. 4 PVÜ) kann auch für Dienstleistungen in Anspruch genommen werden (§ 34 Abs. 1 MarkenG).

Hinsichtlich der Zweimonatsfrist für die Einreichung einer Abschrift der früheren Anmeldung gemäß § 34 Abs. 3 Satz 2 MarkenG ist zu beachten, daß der Prioritätsanspruch – über die Vorschrift des § 34 Abs. 3 Satz 4 MarkenG hinausgehend – auch dann verwirkt ist, wenn eine notwendige oder von der Markenstelle angeforderte Übersetzung nicht rechtzeitig eingegangen ist (§ 69 Abs. 1 Nr. 1 und 2, Abs. 2 und 3 MarkenV iVm § 65 Abs. 1 Nr. 10 MarkenG).

Die Übersetzung einer englisch-, französisch-, italienisch- oder spanischsprachigen Abschrift der früheren Anmeldung wird vom Anmelder nur in den Fällen gemäß § 69 Abs. 3 MarkenV verlangt, in denen unter Berücksichtigung der Fremdsprachenkenntnisse der zuständigen Prüfer eine Übersetzung zu zweifelsfreien Prüfung erforderlich ist. Im Interesse der Arbeitsökonomie, aber auch um dem Anmelder den Aufwand der Übersetzung und das Risiko einer Verwirkung des Prioritätsanspruchs zu ersparen, soll möglichst von der Anforderung einer Übersetzung abgesehen werden.

### 4. Prüfung auf absolute Schutzhindernisse

#### a) Grundsatz der Prüfung auf absolute Schutzhindernisse

Die Prüfung auf absolute Schutzhindernisse hat immer von dem Grundsatz auszugehen, daß der Anmelder einen Anspruch auf Eintragung besitzt, wenn die Anmeldungserfordernisse erfüllt sind und ein absolutes Eintragungshindernis nicht konkret festgestellt werden kann (§ 33 Abs. 2 MarkenG).

Eine sachgerechte Ermittlung etwaiger absoluter Schutzhindernisse, die der Markeneintragung entgegenstehen, hat sich an den tatsächlichen Gegebenheiten und der Auffassung der beteiligten Verkehrskreise zu orientieren unter Berücksichtigung der jeweiligen Fachsprache, der Fachliteratur und der einschlägigen, insbesondere der jüngeren Rechtsprechung. Neben den im Markengesetz normierten Schutzhindernissen (§§ 3, 8, 10 MarkenG) sind auch andere Vorschriften als die des Kennzeichenrechts zu berücksichtigen, insbesondere öffentlich-rechtliche Bestimmungen wie beispielsweise des Lebensmittelrechts, wenn die Benutzung der Marke ersichtlich im öffentlichen Interesse untersagt werden kann (§ 8 Abs. 2 Nr. 9 MarkenG).

Die Recherche ist in engem Bezug auf die konkret angemeldeten Waren oder Dienstleistungen mit großer Sorgfalt und Umsicht durchzuführen. Sie erstreckt sich auf die den Markenstellen zur Verfügung stehenden Materialien, insbesondere Wörterbücher, Lexika und Fachliteratur, und bezieht die Rechtsprechung sowie die Amtspraxis ein. Ermittlungen außerhalb des Patentamtes sind im Regelfall für einen Beanstandungsbescheid nicht anzustellen.

Im Interesse der Rechtssicherheit bedarf es einer einheitlichen Prüfungspraxis, für die alle zur Verfügung stehenden Möglichkeiten der elektronischen Datenverarbeitung zu nutzen sind. Stellt sich im Rahmen der Prüfung auf absolute Schutzhindernisse heraus, daß derselben Marke für vergleichbare Waren oder Dienstleistungen bereits früher Markenschutz gewährt wurde, so darf nur dann beanstandet werden wenn die frühere Eintragung zu Unrecht erfolgt ist, wenn sich seit der Eintragung der älteren Marke die rechtliche oder tatsächliche Betrachtung geändert hat oder wenn die angemeldeten Waren oder Dienstleistungen in sonstiger Weise eine andere Beurteilung erfordern. In Zweifelsfällen ist eine schriftliche Stellungnahme des Prüfers einzuholen.

Wird nach Würdigung der Gesamtumstände trotz einer erst kürzere Zeit zurückliegenden früheren Eintragung derselben Marke die Anmeldung wegen absoluter Schutzhindernisse beanstandet, so soll in dem Bescheid auf die frühere Eintragung hingewiesen und begründet werden, weshalb von der früheren Beurteilung abgewichen wird. Ist eine Anmeldung derselben Marke für vergleichbare Waren oder Dienstleistungen bereits unanfechtbar zurückgewiesen worden, so ist zunächst zu prüfen, ob sich die Sach- und Rechtslage seitdem geändert hat und die Eintragbarkeit nunmehr bejaht werden kann. Liegen dieselben Schutzhindernisse weiterhin vor, wird der Anmelder in der Beanstandung auf die frühere Zurückweisung unter Angabe der Fundstelle oder des Aktenzeichens der Entscheidung hingewiesen. Wenn sich herausstellt, daß dieselben Zeichen für vergleichbare Waren oder Dienstleistungen innerhalb der Markenstellen unterschiedlich beurteilt werden, ist eine einheitliche Beurteilung herbeizuführen, insbesondere durch Mitwirkung der Abteilungsleiter und Gruppenleiter.

Das Markengesetz ist in Art. 1 des „Gesetzes zur Reform des Markenrechts und zur Umsetzung der Ersten Richtlinie 89/104/EWG des Rates vom 21. Dezember 1988 zur Angleichung der Rechtsvorschriften der Mitgliedstaaten über die Marken (Markenrechtsreformgesetz)" vom 25. Oktober 1994[1]) enthalten. Die Verwirklichung der mit der (im Markengesetz vollzogenen) Angleichung verfolgten Ziele setzt voraus, daß für den Erwerb einer eingetragenen Marke in allen Mitgliedstaaten grundsätzlich gleiche Bedingungen gelten (Erwägungsgrund 7 der Markenrechtsrichtlinie[2]) ). Daher muß eine europäisch einheitliche Beurteilung der Schutzfähigkeit von Marken auf Grund einer harmonisierten Auslegung und Anwendung der aus der Markenrechtsrichtlinie übernommenen Begriffe angestrebt werden. Auch im deutschen Recht herkömmlich bekannte Rechtsbegriffe werden möglicherweise bei markenrichtlinienkonformer Auslegung neu zu bestimmen sein. Der Rechtsprechung, insbesondere der des Europäischen Gerichtshofes, die sich in dieser Hinsicht erst nach und nach entwickeln wird, muß die maßgebliche Vorbildrolle zukommen. Da es in der Praxis der Markenstellen kaum möglich sein wird, die rechtliche Handhabung der aus der Markenrechtsrichtlinie stammenden Rechtsbegriffe in den übrigen europäischen Ländern zu verfolgen und eine vergleichende Beurteilung und Rechtsanwendung zu finden, bedarf es vor allem der Berücksichtigung der neuesten Rechtsprechung zu diesen Fragen. Auf ältere Rechtsprechung kann nur noch insofern zurückgegriffen werden, als sie mit den Zielen der Markenrechtsrichtlinie vereinbar ist.

---

[1]) S. 3. Teil des Kommentars, I 1.
[2]) S. 3. Teil des Kommentars, II 1.

### b) Reihenfolge der Prüfung auf absolute Schutzhindernisse

Zunächst wird festgestellt, ob es sich bei der angemeldeten Marke um ein gemäß § 3 MarkenG schutzfähiges Zeichen handelt, das sich graphisch darstellen läßt (§ 8 Abs. 1 MarkenG).

Sodann ist zu ermitteln, ob die angemeldete Marke – gegebenenfalls auch hinsichtlich ihrer einzelnen Bestandteile eine Bedeutung besitzt. Wenn dies der Fall ist, wird untersucht, ob der Bedeutungsgehalt der Marke als unmittelbar beschreibende Angabe im Sinne des § 8 Abs. 2 Nr. 2 und 3 MarkenG anzusehen ist. Die Prüfung der Unterscheidungskraft (§ 8 Abs. 2 Nr. 1 MarkenG) erfolgt in der Regel erst anschließend, weil die Beurteilung der Unterscheidungskraft in erheblichem Maße davon abhängt, ob der Verkehr die Marke als beschreibende Angabe auffaßt (vgl. beispielsweise: BGH GRUR 1995, 408, 409 – PROTECH; BGH GRUR 1995, 410, 411 – TURBO).

### c) Markenfähigkeit

Als Marke können grundsätzlich alle Zeichen geschützt werden, die geeignet sind, Waren oder Dienstleistungen eines Unternehmens von denjenigen anderer Unternehmen zu unterscheiden (§ 3 Abs. 1 MarkenG). Dabei ist die Eignung zur Unterscheidung nur abstrakt zu prüfen; die konkrete Prüfung der Unterscheidungskraft in bezug auf die angemeldeten Waren oder Dienstleistungen findet nach §§ 8 Abs. 2 Nr. 1 iVm 37 MarkenG statt (Begründung zu § 3 MarkenG).

Der Markenschutz durch Eintragung eines Zeichens als Marke in das vom Patentamt geführte Register (§ 4 Nr. 1 MarkenG) setzt jedoch außerdem voraus, daß sich die Marke graphisch darstellen läßt (§ 8 Abs. 1 MarkenG). Die Bedeutung des Erfordernisses der graphischen Darstellbarkeit ergibt sich daraus, daß nach der weiten Definition der als Marke schutzfähigen Zeichen und Zeichenformen in § 3 Abs. 1 MarkenG im Gegensatz zum alten Warenzeichenrecht nunmehr auch Markenformen eingetragen werden können, die selbst nicht oder nicht nur aus einer graphischen Darstellung bestehen, wie Hörmarken oder dreidimensionale Marken. Diese müssen sich aber graphisch darstellen lassen – beispielsweise in Notenschrift, durch Sonagramm, Zeichnungen etc. –, um sie in das Register eintragen zu können (Begründung zu § 8 Abs. 1 MarkenG).

Die Definition einer Marke in § 3 Abs. 1 MarkenG nennt bereits Beispiele, die sich in die Markenform-Kategorien der zweidimensionalen Zeichen, der dreidimensionalen Zeichen und der Hörmarken einteilen lassen. Weitere mögliche schutzfähige Markenformen werden in der Kategorie der sonstigen Markenformen zusammengefaßt.

**(1) Zweidimensionale Zeichen.** In die Kategorie der zweidimensionalen Zeichen fallen alle graphischen Wiedergaben, die selbst die Marke sind und nicht nur die Marke beschreiben. Dazu gehören Wörter, Zahlen, Buchstaben und sonstige Schriftzeichen unabhängig davon ob sie in der vom Patentamt verwendeten üblichen Druckschrift (§ 7 MarkenV) oder in einer vom Anmelder gewählten graphischen Wiedergabe (§ 8 MarkenV) eingetragen werden sollen, sowie bildliche Darstellungen, Abbildungen, graphische Gestaltungen, farbig oder schwarzweiß, sowie Kombinationen aus Schrift- und Bildelementen (§ 8 MarkenV). Eintragbar ist immer nur die graphische Wiedergabe der Marke (§§ 8 Abs. 1; 32 Abs. 2 Nr. 2, Abs. 3 MarkenG iVm §§ 3 Abs. 1 Nr. 2; 7, 8 MarkenV) und nicht etwa nur eine schriftliche Beschreibung. Zweidimensionale Zeichen müssen als Wortmarke oder Bildmarke bezeichnet werden (§ 6 Nr. 1 und 2 MarkenV), zumal einige Arten von Wiedergaben einer Marke auch als Darstellung einer dreidimensionalen Marke oder Hörmarke aufgefaßt werden können.

**(2) Dreidimensionale Zeichen.** Dreidimensionale Marken müssen als solche bezeichnet (§ 6 Nr. 3 MarkenV) und graphisch (zweidimensional) wiedergegeben sein (§§ 3 Abs. 1, 8 Abs. 1; 32 Abs. 2 Nr. 2 MarkenG; iVm § 9 MarkenV), wobei es sich bei der graphischen Wiedergabe um eine beschreibende Darstellung der dreidimensionalen Marke handelt. Die graphische Wiedergabe einer dreidimensionalen Marke muß auch die räumliche Dimension erkennbar werden lassen. Als dreidimensionale Marke kommen alle dreidimensionalen Formen und Gestaltungen – farbig oder schwarzweiß – einschließlich der Form einer Ware oder ihrer Verpackung in Betracht (§ 3 Abs. 1 MarkenG). Einen Sonderfall der dreidimensionalen Marke stellt die Kennfadenmarke dar (§§ 6 Nr. 4; 10 MarkenV).

**(3) Hörmarken.** Hörmarken müssen als solche bezeichnet (§ 6 Nr. 5 MarkenV) und nicht nur klanglich, sondern auch graphisch (zweidimensional) wiedergegeben sein (§§ 3 Abs. 1; 8 Abs. 1; 32 Abs. 2 Nr. 2 MarkenG iVm § 11 MarkenV). Die graphische Wiedergabe einer Hörmarke kann nur in einer üblichen Notenschrift oder, falls dies wegen der Art der Marke nicht möglich ist, durch ein Sonagramm erfolgen (§ 11 Abs. 2 MarkenV). Bei der graphischen Wiedergabe handelt es sich um eine beschreibende Darstellung der Hörmarke. Die Klangdauer einer Hörmarke kann nicht allgemein begrenzt werden, sie muß jedoch abstrakt noch die Eignung zur Unterscheidung im Sinne des § 3 Abs. 1 MarkenG besitzen und darf somit nicht eine für den Charakter einer Marke angemessene Dauer überschreiten (vgl. Mitteilung Nr. 16/94 des Präsidenten des Deutschen Patentamts vom 16. Dezember 1994[1], Ziff. 3).

**(4) Sonstige Markenformen.** In die Kategorie der sonstigen Markenformen gehören Marken, die sich zwar graphisch darstellen lassen, aber nicht oder nicht allein den oben genannten Markenformen zugeordnet werden können. Möglich sind vor allem insbesondere aus verschiedenen Markenformen kombinierte Marken wie beispielsweise Bild-Hörmarken oder Wort-Hörmarken.

**(5) Ausnahmen.** Von der Markenfähigkeit sind nach § 3 Abs. 2 MarkenG diejenigen Zeichen ausgenommen, die ausschließlich aus einer Form bestehen,
– die durch die Art der Ware selbst bedingt ist,
– die zur Erreichung einer technischen Wirkung erforderlich ist oder
– die der Ware einen wesentlichen Wert verleiht.
Der Begriff „Form" meint in erster Linie dreidimensionale Formen (vgl. Begründung zu § 3 Abs. 2 MarkenG).

### d) Abhängigkeit vom Waren-/Dienstleistungsverzeichnis

Die Ermittlungen zur Prüfung auf absolute Schutzhindernisse, insbesondere nach § 8 Abs. 2 Nr. 1 bis 4 MarkenG, sind auf die konkret angemeldeten Waren oder Dienstleistungen abzustellen. Denn die Eintragung einer angemeldeten Marke kann nur insofern versagt werden, als ein Schutzhindernis im unmittelbaren Zusammenhang mit bestimmten angemeldeten Waren oder Dienstleistungen gegeben ist (vgl. z. B.: BGH GRUR 1990, 517 f. – SMARTWARE; GRUR 1994, 730, 731 – VALUE; GRUR 1995, 410, 411 –TURBO). Insbesondere bei Anmeldungen mit umfangreichen Waren-/Dienstleistungsverzeichnissen ist genau darauf zu achten, in welchem Umfang eine ermittelte Bedeutung der Marke ein absolutes Schutzhindernis darstellt. Steht einer Eintragung ohne weiteres ersichtlich nur für einen Teil der Waren oder Dienstleistungen ein Schutzhindernis entgegen, so soll die Anmeldung auch nur hinsichtlich dieses Teils beanstandet werden (vgl. § 37 Abs. 5 MarkenG).

### e) Beschreibende Angaben

Der im Markengesetz nicht verwendete Ausdruck „beschreibende Angaben" dient als Oberbegriff für alle gemäß § 8 Abs. 2 Nr. 2 und 3 MarkenG nicht eintragungsfähige Zeichen und Angaben. Als Zeichen oder Angaben kommen auch insbesondere Bilder, Skizzen, Piktogramme, Symbole, Buchstaben und Zahlen in Betracht. Die in § 8 Abs. 2 Nr. 2 und 3 MarkenG aufgeführten Kriterien der Schutzunfähigkeit beschreibender Angaben sind als abschließend anzusehen; für die Annahme eines weitergehenden Freihaltungsbedürfnisses fehlt die Rechtsgrundlage (vgl. § 33 Abs. 2 MarkenG). Unter die eintragungsunfähigen beschreibenden Zeichen oder Angaben fallen im Prinzip auch fremdsprachige.

Zeichen oder Angaben sind nur dann eintragungsunfähig im Sinne des § 8 Abs. 2 Nr. 2 MarkenG, wenn sie Merkmale der Waren oder Dienstleistungen in üblicher Art und Weise sowie unmittelbar beschreiben, d.h. ohne daß sie einer analysierenden Betrachtung oder besonderer Gedankenschritte bedürfen. Auffällige Abweichungen lassen die Unmittelbarkeit und Üblichkeit einer beschreibenden Angabe entfallen; dies schließt jedoch das Fehlen jeglicher Unterscheidungskraft (§ 8 Abs. 2 Nr. 1 MarkenG) nicht aus.

---

[1] BlPMZ 1994 Sonderdruck, 180.

Die Vorschrift des § 8 Abs. 2 Nr. 2 MarkenG ist so gefaßt, daß es auf ein im Einzelfall tatsächlich vorhandenes, aktuelles und konkretes Freihaltebedürfnis ankommt (vgl. Begründung zu § 8 MarkenG). Das Freihaltebedürfnis muß auch für die konkret angemeldete Marke – und nicht etwa für Abwandlungen davon – bestehen (vgl. Begründung zu § 8 und zu § 23 a. E. MarkenG).

Die Regelung des § 8 Abs. 2 Nr. 2 MarkenG („... dienen können") läßt die Versagung der Eintragung allerdings auch dann zu, wenn zwar eine Benutzung als beschreibende Angabe (noch) nicht nachweisbar ist, eine solche jedoch nach den gegebenen Umständen in Zukunft erfolgen wird. Bei einem derartigen auf einer Zukunftsprognose beruhenden Freihaltebedürfnis kommt es nicht lediglich darauf an, daß eine Entwicklung theoretisch denkbar ist, die zum beschreibenden Gebrauch der Marke führen kann. Die Berücksichtigung der zukünftigen Entwicklung setzt vielmehr die Feststellung von Tatsachen voraus, die einen konkreten Anhalt für die vorausgesetzte Entwicklung bieten sowie hierauf gegründeter sicherer Erwägungen, wobei auch die Gründe, die die Entwicklung fraglich erscheinen lassen können, sorgfältig geprüft werden müssen (BGH GRUR 1995, 408, 409f. – PROTECH).

Da Buchstaben und Zahlen nicht grundsätzlich von der Eintragung ausgeschlossen sind, kommt es bei der Prüfung dieser Zeichen – abgesehen von der Frage der Unterscheidungskraft – darauf an, ob sie im konkreten Fall freihaltebedürftig sind. Dies ist für einzelne Buchstaben oder einzelne niedrige Zahlen wahrscheinlich eher zu bejahen als für zusammengesetzte Buchstaben- oder Zahlenzeichen. Das Freihaltebedürfnis hängt jedoch von der Einzelfallprüfung ab. Bestimmte Regeln lassen sich nicht aufstellen zumal der beschreibende Gebrauch von Buchstaben und Zahlen je nach Ware oder Dienstleistung sehr unterschiedlich ist. (Vgl. Begründung zu § 8 MarkenG.)

Nach § 8 Abs. 2 Nr. 3 MarkenG sind Gattungsbezeichnungen von der Eintragung ausgeschlossen und außerdem solche Bezeichnungen, die zur Kennzeichnung von Waren oder Dienstleistungen der angemeldeten Art im Verkehr üblich geworden sind. Zur Klarstellung ist die Bezugnahme auf die angemeldeten Waren oder Dienstleistungen aufgenommen worden, da Bezeichnungen, die für bestimmte Waren oder Dienstleistungen Gattungsbezeichnungen oder sonst üblich gewordene Bezeichnungen darstellen, für andere Waren oder Dienstleistungen durchaus als Marke geeignet sein können (vgl. Begründung zu § 8 MarkenG). Ob dieses Kriterium „zur Bezeichnung der Waren oder Dienstleistungen", das der Wortlaut des Art. 3 Abs. 1 d) Markenrechtsrichtlinie (und auch des Art. 6$^{quinquies}$ lit. B. Nr. 2 PVÜ) nicht enthält, tatsächlich richtlinienkonform ist oder gegenüber der Markenrechtsrichtlinie eine Einschränkung enthält, wird noch einer Entscheidung des Gesetzgebers oder der Rechtsprechung bedürfen.

#### f) Eintragungsfähiger Bestandteil

Enthält eine Marke neben beschreibenden Angaben zumindest einen eintragbaren Bestandteil, so ist die Marke eintragbar, und zwar grundsätzlich auch dann, wenn der eintragbare Bestandteil im Gesamteindruck der Marke deutlich zurücktritt. Der die Eintragbarkeit begründende Bestandteil muß jedoch auch in einer Größe der Marke, die der verkehrsüblichen Benutzung entspricht, noch erkennbar sein.

#### g) Zusammenstellungen beschreibender Angaben

Setzt sich eine Marke aus zwei oder mehreren einzelnen Bestandteilen zusammen, die jeweils für sich allein gesehen als beschreibende Angaben anzusehen sind, bedarf es maßgeblich einer Beurteilung des Gesamteindruckes der Marke die vor allem eine gegenseitige Abhängigkeit der Bestandteile, die Eigenart der Zusammenstellung sowie ihre Gesamtaussage berücksichtigt. Ausschließlich im Sinne des § 8 Abs. 2 Nr. 2 MarkenG aus beschreibenden Angaben besteht eine Marke nur dann, wenn sie auch in der Gesamtbetrachtung keinerlei Besonderheit aufweist, die von verkehrsüblichen Erscheinungsformen beschreibender Zusammenstellungen abweicht, sowie inhaltlich oder begrifflich keine kombinatorische Aussage enthält, die den typischen Bereich einer rein beschreibenden Angabe überschreitet.

#### h) Abwandlungen beschreibender Angaben

Abwandlungen beschreibender Angaben sind grundsätzlich eintragbar (vgl. Begründung zu § 8 und zu § 23 a. E. MarkenG), es sei denn, die angesprochenen Verkehrskreise fassen die Abwandlung als wesensgleich mit der beschreibenden Angabe auf, beispielsweise weil die Abweichung von Orthographie oder normaler Schreibweise im Rahmen eines werbe- und gebrauchsgraphisch üblichen Stils liegt.

#### i) Wortneubildungen

Wortschöpfungen aus bekannten Bestandteilen sind nicht schon wegen ihrer Neuheit eintragbar. Ebenso wie lexikalisch oder im verkehrsüblichen Gebrauch nachweisbare Ausdrücke können auch Wortneuschöpfungen eintragungsunfähig sein wenn sie sprachüblich, insbesondere im Vergleich mit der gewöhnlichen, jeweils waren- oder dienstleistungsspezifischen Fach-, Umgangs- oder Werbesprache, gebildet sind und ihr Sinngehalt eindeutig rein beschreibend ist.

#### j) Fremdsprachige Wörter

Wörter fremder Sprachen stehen prinzipiell den entsprechenden deutschen Ausdrücken gleich und sind freihaltebedürftig im Sinne des § 8 Abs. 2 Nr. 2 und 3 MarkenG, wenn sie eine beschreibende Angabe darstellen und

a) entweder von beachtlichen deutschen Verkehrskreisen ohne weiteres als solche verstanden werden

b) oder für die an der Ausfuhr, Einfuhr und am inländischen Absatz beteiligten Verkehrskreise ein Freihaltebedürfnis besteht.

Von der Rechtsprechung wird im allgemeinen ein bestehendes Bedürfnis der Mitbewerber anerkannt, einen fremdsprachigen, dem deutschen Verkehr nicht geläufigen Sachhinweis sowohl im Import und Export als auch – wegen der Üblichkeit mehrsprachiger Sachhinweise auf Waren, Ankündigungen und dergleichen – beim inländischen Absatz der Waren zu verwenden. Die Eigenart eines solchen Freihaltebedürfnisses erfordert jedoch besondere Maßstäbe für die Annahme seines tatsächlichen Vorliegens und seiner rechtlichen Beachtlichkeit. Ist ein fremdsprachiger Begriff zur Beschreibung von Eigenschaften im maßgeblichen Verkehr weithin ungeeignet, weil seine entsprechende Bedeutung in den maßgeblichen inländischen Verkehrskreisen nicht verstanden wird, und wird er deshalb nicht generell beim Absatz von Waren oder bei der Erbringung von Dienstleistungen, auf die seine Bedeutung sich bezieht, sondern nur in begrenztem Umfang für deren Import, Export oder ihren Vertrieb mit zusätzlicher fremdländischer Bezeichnung auch im Inland benötigt, so ist das Bedürfnis an seiner Freihaltung – jedenfalls quantitativ – geringer als im Falle eines allgemein verständlichen deutschen Begriffs mit gleicher Bedeutung. Wegen dieses begrenzten Anwendungsbereiches in einem allenfalls kleinen Kreis des maßgeblichen Verkehrs müssen für die Bejahung eines Freihaltebedürfnisses deutliche Hinweise darauf ermittelt werden, daß der Begriff nicht nur in einem allgemeinen Sinn zur Beschreibung geeignet ist, sondern tatsächlich zur Beschreibung verwendet oder jedenfalls benötigt wird (BGH GRUR 1994, 370 ff. – rigidite III).

Bei der Ermittlung ob ein fremdsprachiger, im deutschen Sprachgebrauch unbekannter Begriff überhaupt eine unmittelbar beschreibende Angabe ist, stellt die Voreintragung in einem Staat, aus dessen Muttersprache der fremdsprachige Begriff stammt, ein beachtliches Indiz gegen die Feststellung einer beschreibenden Angabe dar, wenn in dem Staat der Voreintragung bereits eine vergleichbare materielle Schutzfähigkeitsprüfung stattgefunden hat.

#### k) Bezeichnungen der geographischen Herkunft

Als Zeichen oder Angaben, die im Verkehr zur Bezeichnung der geographischen Herkunft der Waren oder der Erbringung der Dienstleistungen dienen können (§ 8 Abs. 2 Nr. 2 MarkenG), kommen in erster Linie Namen von Orten, Ländern, Gegenden, Flüssen und dergleichen in Betracht, aber auch gebräuchliche Kurzbezeichnungen, Abkürzungen oder Bilder und Symbole (vgl. Definition des Begriffs „geographische Herkunftsangabe" in § 126 Abs. 1 MarkenG).

Das konkrete, aktuelle Freihaltebedürfnis einer geographischen Bezeichnung als Herkunftsangabe setzt jedoch folgende Bedingungen voraus:

Zunächst muß die geographische Bezeichnung verkehrsüblich sein und eindeutig einen ganz bestimmten Ort oder geographischen Bereich angeben. Abwandlungen oder geographisch mehrdeutige Bezeichnungen sind nicht freihaltebedürftig.

Ferner reicht die denkbare Möglichkeit oder Wahrscheinlichkeit einer geographischen Herkunftsbezeichnung oder eine mittelbare Assoziation nicht aus; vielmehr muß nachgewiesen werden, daß angemeldete Waren oder Dienstleistungen gerade aus diesem genannten geographischen Ort oder Gebiet stammen.

Außerdem können im Verkehr geographische Bezeichnungen nur dann als Herkunftsangabe dienen, wenn sie von den angesprochenen Verkehrskreisen überhaupt als geographische Herkunftsangabe aufgefaßt werden können. Dies hängt unter anderem davon ab, ob geographische Herkunftsangaben in Verbindung mit den jeweils betroffenen Waren oder Dienstleistungen verkehrsüblich sind, insbesondere weil die Herkunft als verkehrswesentliche Eigenschaft oder Qualitätsmerkmal angesehen wird, oder eine geographische Herkunft bestimmter Waren oder Dienstleistungen bereits besonders bekannt ist oder aber, ob geographische Angaben für einzelne Waren oder Dienstleistungen regelmäßig als Phantasiebezeichnung benutzt werden.

Zu beachten ist jedoch, daß das absolute Schutzhindernis der geographischen Herkunftsbezeichnung gemäß § 8 Abs. 2 Nr. 2 MarkenG nicht für Kollektivmarken gilt (§ 99 MarkenG). Das sonst bei geographischen Herkunftsbezeichnungen zu berücksichtigende Freihaltebedürfnis (§ 8 Abs. 2 Nr. 2 MarkenG) steht der Schutzfähigkeit solcher Angaben als Kollektivmarken nicht entgegen, da in diesen Fällen eine Fehlmonopolisierung nicht gesehen wird (Begründung zu § 99 MarkenG).

Erweist sich eine angemeldete Marke als eintragungsunfähige geographische Herkunftsbezeichnung im Sinne des § 8 Abs. 2 Nr. 2 MarkenG, soll der Anmelder gegebenenfalls auf den Schutz geographischer Herkunftsangaben gemäß § 127 MarkenG und die Möglichkeit des Schutzes von geographischen Angaben und Ursprungsbezeichnungen für Agrarerzeugnisse und Lebensmittel gemäß der Verordnung Nr. 2081/92 EWG des Rates (BlPMZ 1993, 105 ff.; BlPMZ 1994 Sonderheft „Das neue Markengesetz", S. 150 ff.) iVm §§ 130 bis 139 MarkenG hingewiesen werden.

## l) Unterscheidungskraft

Unterscheidungskraft besitzt eine Marke, wenn sie geeignet ist, Waren oder Dienstleistungen eines Unternehmens von denjenigen anderer Unternehmen zu unterscheiden (§§ 3 Abs. 1; 8 Abs. 2 Nr. 1 MarkenG). Maßgeblich sind der Gesamteindruck der Marke, nicht dessen Einzelteile, sowie die Auffassung der angesprochenen inländischen Verkehrskreise. Nach § 8 Abs. 2 Nr. 1 MarkenG sind nur solche Marken von der Eintragung ausgeschlossen, denen jegliche Unterscheidungskraft fehlt; das Adjektiv „jegliche" stellt klar, daß schon eine geringe Unterscheidungskraft ausreicht. Eine Zurückweisung wegen fehlender Unterscheidungskraft kommt daher nur in eindeutigen Fällen in Betracht, zumal der Begriff der fehlenden Unterscheidungskraft als bindender Richtlinienmaßstab „europäisch" also mit Blick auf die Markenrechtsrichtlinie auszulegen ist (vgl. Begründung zu § 8 Abs. 2 Nr. 1 MarkenG).

Gegenstand der Beurteilung ist grundsätzlich allein die Marke in ihrer angemeldeten Form, sind jedoch nicht diejenigen Bestandteile, aus denen sie bei analysierender Betrachtung als zusammengesetzt erscheinen mag. Denn der angesprochene Verkehr, auf dessen Verständnis es allein ankommt, nimmt erfahrungsgemäß eine Marke in der Regel so auf, wie sie ihm entgegentritt, ohne daß er eine analysierende, möglichen Bestandteilen oder deren Begriffsbedeutung nachgehende Betrachtungsweise vornimmt (BGH GRUR 1995, 408, 409 – PROTECH; GRUR 1995, 269, 270 – U-KEY).

Beschreibenden Angaben, die den angesprochenen Verkehrskreisen ohne weiteres verständlich sind, fehlt in aller Regel auch jegliche Unterscheidungskraft. Kann eine unmittelbar beschreibende Bedeutung verneint werden, ist zu prüfen, ob die beteiligten Verkehrskreise die Marke als individuelles betriebliches Unterscheidungsmerkmal und Kennzeichen auffassen werden. Jegliche Unterscheidungskraft kann insbesondere denjenigen Marken fehlen, die in der Art werbeüblicher Form und Graphik lediglich beschreibende Hinweise wiedergeben oder bloß allgemein anpreisende Werbesprüche oder Werbeschlagwörter enthalten.

Kann einer Marke kein im Vordergrund stehender beschreibender Begriffsinhalt zugeordnet werden und handelt es sich auch sonst nicht um ein gebräuchliches Wort der deutschen oder einer bekannten Fremdsprache, das nur als solches und nicht als Kennzeichnungsmittel verstanden wird, so gibt es keinen tatsächlichen Anhalt dafür, daß der maßgebliche inländische Verkehr einer als Marke verwendeten Kennzeichnung ihre spezifische Unterscheidungsfunktion und damit die Unterscheidungskraft abspricht (BGH GRUR 1995, 408, 409 – PROTECH; GRUR 1995, 269, 270 - U-KEY).

Buchstaben und Zahlen kann die Unterscheidungskraft grundsätzlich nicht abgesprochen werden (Begründung zu § 8 Abs. 2 Nr. 2 MarkenG). Der Mangel jeglicher Unterscheidungskraft kommt insbesondere in Betracht bei Einzelbuchstaben, geläufigen Abkürzungen oder bei Zahlen, die lediglich als Jahreszahl, Preis- oder Mengenangabe, technisch beschreibende Bezeichnung oder dergleichen aufgefaßt werden.

Eine Marke braucht nicht unbedingt in allen beteiligten Verkehrskreisen die erforderliche Unterscheidungskraft zu besitzen. Grundsätzlich ist zur Beurteilung der Unterscheidungskraft die Auffassung aller beteiligter Verkehrskreise zu berücksichtigen. Besteht aber keine einheitliche Verkehrsauffassung, sondern ist diese nach bestimmten Bereichen wie die der Fachleute und Endabnehmer geteilt, so kann die Frage der Unterscheidungskraft nicht ohne weitere Differenzierung dieses Grundsatzes beurteilt werden. Zwar reicht es für die Versagung der Eintragung wegen fehlender Unterscheidungskraft normalerweise nicht aus, daß nur ein geringfügiger Teil des Gesamtverkehrs der Marke keine Unterscheidungskraft beimißt. Ein geringfügiger Teil ergibt sich jedoch nicht nur aus zahlenmäßigen Verhältnissen, sondern in erster Linie aus einer wertenden Betrachtung, wobei es darauf ankommt, ob der geringere Teil als rechtlich beachtlich anzusehen ist. Dies ist insbesondere dann der Fall, wenn Fachkreise den Kaufentschluß mitbestimmen und die Hauptadressaten der Werbung sind, da ohne deren Markenverständnis eine Bezeichnung ihre unterscheidungskräftige Funktion in der Regel nicht hinreichend erfüllen kann. (vgl. z. B.: BGH GRUR 1982, 49 f. – Insulin Semitard) Für die Beurteilung, ob wegen der geteilten Verkehrsauffassung der Marke der Schutz zu versagen ist, kommt es neben dem Verhältnis der Verkehrsteile zueinander insbesondere auch darauf an, in welchem Maße ein Interesse der Allgemeinheit besteht, die Bezeichnung für die beanspruchten Waren oder Dienstleistungen freizuhalten. Je geringer ein allgemeines Interesse an der Freihaltung ist, um so eher kann ein verbleibender Teil des Verkehrs, der die Marke nicht als Herkunftshinweis auffaßt, vernachlässigt werden. (vgl. BGH GRUR 1992, 515 f. – Vamos)

### m) Eignung zur Täuschung

Nach § 8 Abs. 2 Nr. 4 MarkenG sind täuschende Marken von der Eintragung ausgeschlossen. Im Eintragungsverfahren wird jedoch nur geprüft, ob eine ersichtliche Eignung zur Täuschung vorliegt (§ 37 Abs. 3 MarkenG); die volle Prüfung findet nur im Löschungsverfahren statt (vgl. Begründung zu § 8 Abs. 2 Nr. 4 MarkenG).

Ersichtlich zur Täuschung geeignet ist eine Marke nur dann, wenn sich schon aus ihrem Inhalt selbst ohne weiteres ergibt, daß sie von Haus aus ungeeignet ist, bei der Kennzeichnung der angemeldeten Waren oder Dienstleistungen in einer Weise benutzt zu werden, die eine Täuschungsgefahr ausschließt. Dagegen ist im registerrechtlichen Eintragungsverfahren nicht zu prüfen, ob eine inhaltlich nicht offenkundig in jedem Fall unrichtige Marke bei ihrer Verwendung im geschäftlichen Verkehr möglicherweise Anlaß zu einer Täuschung geben könnte. Die Beurteilung konkreter Verwendungsformen der Marke bleibt ausschließlich der gerichtlichen Nachprüfung nach Wettbewerbsrecht vorbehalten. Die bloße Möglichkeit, daß die Marke unter Umständen für andere, ebenfalls unter einen Oberbegriff fallende Waren oder Dienstleistungen benutzt wird, die vom Markeninhalt nicht gedeckt sind, begründet keine bereits im Eintragungsverfahren zu berücksichtigende „ersichtliche" Eignung zur Täuschung. (vgl. BPatG GRUR 1989, 593 ff. – Molino)

### n) Notorisch bekannte Marken

Gemäß § 10 MarkenG iVm § 37 Abs. 1 und 4 MarkenG stellt die Identität oder Ähnlichkeit der angemeldeten Marke mit einer älteren, im Inland im Sinne des Art. 6$^{bis}$ PVÜ notorisch bekannten Marke, wenn auch die weiteren Voraussetzungen des § 9 Abs. 1 Nr. 1 oder 2 MarkenG gegeben sind und die Notorietät der älteren Marke amtsbekannt ist, ein von Amts wegen zu beachtendes absolutes Schutzhindernis dar, das den Grundsatz durchbricht, daß ältere Markenrechte durch Widerspruch geltend gemacht werden müssen (vgl. § 42 MarkenG).

Durch die Bezugnahme auf Art. 6$^{bis}$ PVÜ ist der Begriff der notorischen Bekanntheit im Sinne dieser konventionsrechtlichen Bestimmung auszulegen. Die Bezugnahme auf Art. 6 PVÜ beschränkt sich aber auf den Begriff der notorischen Bekanntheit, während die übrigen Voraussetzungen des Art. 6$^{bis}$ PVÜ nicht vorzuliegen brauchen. So umfaßt die notorisch bekannte Marke im Sinne des § 10 MarkenG auch Dienstleistungsmarken, Marken von Inländern sowie Marken von Ausländern, die im Inland nicht benutzt werden, oder Marken von Ausländern, die sich nicht auf den Schutz nach der Pariser Verbandsübereinkunft berufen können (vgl. Begründung zu § 4 Nr. 3 MarkenG). Die Berücksichtigung notorisch bekannter Marken als absolutes Schutzhindernis ist allerdings auf den Bereich der Identität oder Ähnlichkeit der Waren oder Dienstleistungen beschränkt (§ 10 MarkenG iVm §§ 37 Abs. 4; 9 Abs. 1 Nr. 1 und 2 MarkenG).

Notorietät setzt die allgemeine Kenntnis der Marke innerhalb der beteiligten Verkehrskreise voraus. In der internationalen Rechtspraxis läßt sich keine einheitliche Handhabung des Notorietätsbegriffes feststellen. Das Erfordernis der Notorietät wird vorwiegend als quantitatives Kriterium angesehen. Ein allgemeinverbindlicher Richtwert für den erforderlichen Bekanntheitsgrad läßt sich aus Art. 6$^{bis}$ PVÜ nicht ableiten. Jedenfalls erfordert notorische Bekanntheit einen höheren Bekanntheitsgrad als Verkehrsgeltung im Sinne des Ausstattungsschutzes (vgl. § 4 Nr. 2 MarkenG) und als Bekanntheit im Sinne der §§ 9 Abs. 1 Nr. 3; 14 Abs. 2 Nr. 3 MarkenG. Für die notorische Bekanntheit einer Marke kann jedoch nicht der Bekanntheitsgrad verlangt werden, der für die Anerkennung einer berühmten Marke notwendig ist.

Die Prüfung auf das absolute Schutzhindernis notorisch bekannter Marken erstreckt sich nur auf die Fälle, in denen die Notorietät „amtsbekannt" ist (§ 37 Abs. 4 MarkenG). Das Patentamt muß also bereits die sichere Kenntnis besitzen, daß eine Marke im Inland allgemein bekannt ist. Damit soll das Patentamt in die Lage versetzt werden, offenkundigen Fällen der Markenpiraterie entgegenzutreten (vgl. Begründung zu § 10 MarkenG). Das Patentamt ist also nicht gezwungen, Recherchen über die Bekanntheit einer Marke anzustellen oder sonst zweifelhaften Fällen nachzugehen; es wird nur dann tätig, wenn der Umstand, daß eine Anmeldung mit einem notorisch bekannten Zeichen kollidiert, evident ist. Notorietät einer Marke darf von den Markenstellen nicht allein auf Grund eigener Erfahrung oder Einschätzung angenommen werden, sondern bedarf der Feststellung auf der Grundlage von dem Patentamt vorliegenden neueren zweifelsfreien Nachweisen und Unterlagen – wie etwa Marktuntersuchungen, Gutachten oder Erhebungen eines anerkannten Meinungsforschungsinstitutes –, die gegebenenfalls in den Markenabteilungen auch archiviert und bei Bedarf den Markenstellen als Prüfstoff zur Verfügung gestellt werden.

### o) Verschiebung des Zeitranges

Die Zurückweisung der Anmeldung setzt voraus, daß das Schutzhindernis im Zeitpunkt der Entscheidung gegeben ist. Fällt es nach dem Anmeldetag fort – beispielsweise aufgrund Verkehrsdurchsetzung (§ 8 Abs. 3 MarkenG) – so ist die Marke eintragbar. Der Grundsatz, daß es für die Beurteilung der Schutzhindernisse auf den Zeitpunkt der Entscheidung über die Eintragung ankommt, gilt aber nicht für die Fälle des § 8 Abs. 2 Nr. 1 bis 3 MarkenG. Ergibt die Prüfung, daß die Marke zwar am Anmeldetag nicht den Voraussetzungen des § 8 Abs. 2 Nr. 1, 2 oder 3 MarkenG entsprach, daß das Schutzhindernis aber nach dem Anmeldetag weggefallen ist, so ist der Anmelder aufzufordern, sein Einverständnis damit zu erklären, daß der Tag, an dem das Schutzhindernis weggefallen ist, als Anmeldetag gilt und für die Bestimmung des Zeitranges im Sinne des § 6 Abs. 2 MarkenG maßgeblich ist (§ 37

Abs. 2 MarkenG, § 25 MarkenV). Erteilt er sein Einverständnis mit der Verschiebung des Zeitranges nicht, so muß die Anmeldung zurückgewiesen werden.

## 5. Beanstandungsbescheid

Alle Mängel der Anmeldungserfordernisse sowie absolute Schutzhindernisse sind dem Anmelder mit einer Erläuterung der Gründe zur Stellungnahme innerhalb einer bestimmten Frist möglichst in einem einzigen Beanstandungsbescheid mitzuteilen. Eine Entscheidung des Patentamts darf nur auf Umstände gestützt werden, die den betroffenen Verfahrensbeteiligten mit Gelegenheit zur Äußerung mitgeteilt worden sind (§ 59 Abs. 2 MarkenG). Beanstandungsbescheide ergehen schriftlich (§§ 71, 72 MarkenV). Geringfügige Mängel oder Bedenken können, insbesondere wenn ein Anwalt als Vertreter bestellt ist, auch telefonisch beanstandet werden, sofern mit der baldigen Behebung zu rechnen ist.

Der Beanstandungsbescheid enthält in kurzer und gedrängter sowie in sprachlich korrekter und verständlicher Form eine möglichst fallbezogene Darstellung aller ermittelten Gründe, die der Eintragung entgegenstehen. Die Vorschriften, auf die sich die Gründe der Beanstandung beziehen, sind ausdrücklich anzugeben. Soweit ein Eintragungshindernis ersichtlich ausgeräumt werden kann, ist darauf hinzuweisen, wie dies geschehen sollte. Fundstellen aus Literatur und Rechtsprechung sind so zu zitieren, daß ein Auffinden ohne weiteres möglich ist. Hinweise auf unveröffentlichte Entscheidungen müssen zumindest das Aktenzeichen enthalten, um dem Anmelder die Gelegenheit zur Akteneinsicht zu geben. Unveröffentliche Entscheidungen der Rechtsprechung, auf die sich die Beanstandung grundlegend stützt, sowie besonders schwierig zu beschaffende oder nicht allgemein zugängliche Fundstellen sind dem Beanstandungsbescheid in Kopie beizufügen. Kopien von Literatur und anonymisierter Rechtsprechung sind dem Anmelder auf Anfrage auch nachträglich gegen Zahlung der Gebühren zur Verfügung zu stellen.

## 6. Verfahren vor dem Prüfer

### a) Eintragung

Entspricht nach Auffassung des Sachbearbeiters I die Anmeldung den Anmeldungserfordernissen (§§ 32, 36 MarkenG) und liegen keine absoluten Schutzhindernisse (§§ 3, 8, 10, 37 MarkenG) vor, so leitet der Sachbearbeiter I die Anmeldung an den zuständigen Prüfer, der verantwortlich die abschließende formelle und materiell-rechtliche Prüfung der Anmeldung vornimmt.

Entspricht die Anmeldung den Anmeldungserfordernissen und liegen keine absoluten Schutzhindernisse vor, so verfügt der Prüfer die Eintragung (§ 41 MarkenG). War die Anmeldung zuvor beanstandet worden, soll in der Eintragungsverfügung darauf hingewiesen werden, daß die Beanstandung fallengelassen wird.

Wenn die Zurückweisung der Anmeldung im Erinnerungsverfahren vollständig aufgehoben worden ist oder wenn eine teilweise Zurückweisung nach einer Teilung der Anmeldung die Stammanmeldung oder die abgetrennte Anmeldung nicht mehr betrifft, überprüft der Erstprüfer vor der Eintragungsverfügung erneut die Anmeldungserfordernisse.

Der Inhalt der Markeneintragung in das Register ist in § 18 MarkenV aufgeführt. Die Veröffentlichung erfolgt nach §§ 20, 21 MarkenV, 41 Satz 2 MarkenG.

### b) Weitere Ermittlungen

Hält der Prüfer in einer ihm vorgelegten Sache die bisherigen Ermittlungen für unzureichend oder zweifelhaft, so stellt er weitere Recherchen grundsätzlich selbst an. Nur in Ausnahmefällen kann der Prüfer die Akte an den Sachbearbeiter mit einem Vermerk zurückreichen, in welcher Hinsicht er weitere Ermittlungen für erforderlich hält.

### c) Zurückweisungsbeschluß

Wenn nach Ablauf der Äußerungsfrist die im Beanstandungsbescheid aufgeführten Mängel der Anmeldungserfordernisse oder absoluten Schutzhindernisse weiterhin vorliegen,

## MarkenanmeldungenRL

weist die Markenstelle die Anmeldung durch Beschluß zurück (§§ 36 Abs. 4, 5; 37; 56 Abs. 2; 61 MarkenG, 71 bis 73 MarkenV).

### d) Abhilfeentscheidung

Hat der Anmelder in dem Verfahren vor Eintragung der Marke Erinnerung gegen einen Beschluß des Erstprüfers eingelegt (§§ 56 Abs. 2 Satz 3; 64 Abs. 1 MarkenG), so wird die Akte nach Eingang der Erinnerungsbegründung oder nach Ablauf der zur Erinnerungsbegründung gewährten Frist dem Erstprüfer zur Prüfung der Abhilfe (§ 64 Abs. 3 MarkenG) vorgelegt. Erachtet der Erstprüfer die Erinnerung für begründet, so hat er ihr abzuhelfen (§ 64 Abs. 3 MarkenG), indem er den angegriffenen Beschluß durch einen Abhilfebeschluß aufhebt. Hilft er der Erinnerung nicht ab, vermerkt er dies in der Akte und leitet die Sache an den zuständigen Erinnerungsprüfer. Mit der Vorlage geht das Verfahren als Ganzes auf den Erinnerungsprüfer über.

Im Fall der Beschwerde gegen den Beschluß eines Mitglieds des Patentamtes (§§ 56 Abs. 2 Satz 2; 66 Abs. 1 MarkenG) gilt 7. c) entsprechend.

### 7. Verfahren vor dem Erinnerungsprüfer

#### a) Erinnerungsprüfung

Erinnerungen im Verfahren vor der Markeneintragung sind möglichst vorrangig und chronologisch nach dem Tag der Erinnerungseinlegung zu bearbeiten. Eine zulässige Durchgriffsbeschwerde gemäß § 66 Abs. 3 MarkenG ist unter allen Umständen zu vermeiden. Besteht wegen erhöhter Rückstände die Gefahr einer zulässigen Durchgriffsbeschwerde, muß dies dem Leiter der Markenabteilung oder dem Gruppenleiter frühzeitig mitgeteilt werden.

Bei Vorlage einer Erinnerung stellt der Erinnerungsprüfer unverzüglich fest, ob die Erinnerung zulässig ist. Ist der Anmelder auf eine fehlende Zulässigkeitsvoraussetzung noch nicht hingewiesen worden, so veranlaßt der Erinnerungsprüfer die Nachholung. Nach Ablauf der Äußerungsfrist verwirft er die Erinnerung sogleich durch Beschluß, wenn die Erinnerung weiterhin unzulässig ist. Wird der Antrag auf Wiedereinsetzung in die Erinnerungsfrist (§ 91 MarkenG) zurückgewiesen, so wird in dem Beschluß gleichzeitig die Erinnerung als unzulässig verworfen.

Hat der Anmelder anstelle einer statthaften Erinnerung Beschwerde eingelegt und die Beschwerdegebühr bezahlt, so wird die „Beschwerde" als Erinnerung behandelt und die Beschwerdegebühr zurückgezahlt.

Im Erinnerungsverfahren wird die gesamte Sach- und Rechtslage unter allen entscheidungserheblichen Gesichtspunkten und unter Würdigung der Erinnerungsbegründung erneut geprüft. Unabhängig vom Vorbringen des Anmelders und Erinnerungsführers führt der Erinnerungsprüfer weitere notwendige oder sachdienlich erscheinende Ermittlungen von Amts wegen durch (§ 59 Abs. 1 MarkenG).

#### b) Erinnerungsbeschluß

Der Erinnerungsbeschluß enthält in seinen Gründen die Darlegung, Würdigung und Beurteilung aller entscheidungserheblichen Umstände, insbesondere im Hinblick auf das Vorbringen des Erinnerungsführers. Allerdings soll auf die zutreffenden Gründe des Erstbeschlusses soweit wie möglich Bezug genommen werden, um unnötige Wiederholungen zu vermeiden. Wenn der Erinnerungsführer seine Erinnerung nicht oder nicht mit neuem Vortrag begründet hat und sich der Erstbeschluß nach nochmaliger Prüfung der Sach- und Rechtslage als rechtsfehlerfrei erweist, kann zur Begründung des Erinnerungsbeschlusses in vollem Umfang auf die Gründe des Erstbeschlusses verwiesen werden. Soweit es gemäß § 61 Abs. 1 Satz 3 MarkenG keiner Begründung bedarf, also insbesondere wenn der Zurückweisungsbeschluß des Erstprüfers aufgehoben wird, sollte der Beschluß trotzdem zur Information des Anmelders sowie des Erstprüfers eine kurze Begründung geben.

Den Erinnerungsbeschlüssen ist immer eine Rechtsmittelbelehrung beizufügen, es sei denn, der Anmelder ist schriftlich belehrt worden, daß (wie im Fall des § 91 Abs. 7

MarkenG) ein Rechtsmittel nicht gegeben sei (§ 61 Abs. 2 MarkenG). Da das Patentgericht über die Zulässigkeit einer Beschwerde zu entscheiden hat und auch unzulässige Beschwerden gegen Erinnerungsbeschlüsse statthaft sind (§ 66 Abs. 1 MarkenG), bedürfen auch diejenigen Erinnerungsbeschlüsse einer Rechtsmittelbelehrung, die zugunsten des Anmelders den Zurückweisungsbeschluß des Erstprüfers aufheben.

### c) Abhilfeentscheidung

Hat der Anmelder in dem Verfahren vor Eintragung der Marke Beschwerde gegen einen Beschluß des Erinnerungsprüfers eingelegt (§§ 64 Abs. 4; 66 MarkenG), so wird die Akte dem Erinnerungsprüfer zur Prüfung der Abhilfe (§ 66 Abs. 6 MarkenG) vorgelegt. Erachtet der Erinnerungsprüfer die Beschwerde für begründet, so hat er ihr abzuhelfen (§ 66 Abs. 6 Satz 1 MarkenG), indem er den angegriffenen Beschluß durch einen Abhilfebeschluß aufhebt. Wird der Beschwerde nicht abgeholfen, wird dies auf der Abgabeverfügung vermerkt und die Beschwerde mit der Anmeldeakte vor Ablauf von einem Monat ohne sachliche Stellungnahme dem Patentgericht vorgelegt (§ 66 Abs. 6 Satz 4 MarkenG). Zur Prüfung der Abhilfe darf nur solange auf eine angekündigte Beschwerdebegründung gewartet werden, wie die Vorlage beim Patentgericht vor Ablauf der Monatsfrist gemäß § 66 Abs. 6 Satz 4 MarkenG noch möglich ist.

## 8. Allgemeine Regelungen

### a) Reihenfolge der Bearbeitung

Anmeldungen werden von der jeweils zuständigen Stelle grundsätzlich in der chronologischen Reihenfolge ihres Eingangs beim Patentamt bearbeitet. In begründeten Ausnahmefällen kann von dieser Reihenfolge abgewichen werden. Hat der Anmelder Antrag auf beschleunigte Prüfung gestellt und die dafür vorgesehene Gebühr bezahlt (§ 38 MarkenG), werden diese Verfahren vorrangig bearbeitet. Wenn ein Anmelder eine besondere Eilbedürftigkeit vorträgt und um vorgezogene Bearbeitung bittet, ist er auf die Möglichkeit des gebührenpflichtigen Antrags auf beschleunigte Prüfung gemäß § 38 MarkenG zu verweisen.

### b) Rückstände

Die Leiter der Markenabteilungen bestimmen je nach allgemeiner Arbeitsbelastung und Personalsituation Obergrenzen für die Zahl unerledigter Bearbeitungen in den jeweiligen Verfahrensabschnitten. Sobald Rückstände eine vorgegebene Obergrenze überschreiten, ist dies dem zuständigen Abteilungsleiter oder Gruppenleiter unverzüglich zu melden. Durch Änderung der Geschäftsverteilung oder durch vorübergehende anderweitige Zuweisungen wird für eine gleichmäßige Auslastung und Verfahrensdauer in den Markenstellen gesorgt.

### c) Beschlüsse

Die Form der Beschlüsse entspricht § 61 MarkenG iVm § 71 MarkenV. Die Beschlüsse der Markenstellen enthalten darüber hinaus zumindest die Bezeichnung des Anmelders, das Aktenzeichen, die Bezeichnung oder Wiedergabe der angemeldeten Marke, die Beschlußformel (Tenor) sowie, wenn erforderlich, die Gründe der Entscheidung (§ 61 Abs. 1 MarkenG) und die Rechtsmittelbelehrung (§ 61 Abs. 2 MarkenG).

Der Tenor enthält die eigentliche Entscheidung. Der Tenor muß den gesamten Inhalt und Umfang der Entscheidung genau bestimmen. Er muß aus sich heraus ohne Bezugnahme verständlich sein. Im Falle einer teilweisen Zurückweisung ist darauf zu achten, daß der Tenor den Umfang der Zurückweisung präzise beinhaltet.

Die Entscheidungsgründe enthalten eine kurze Zusammenfassung der Erwägungen, auf denen die Entscheidung in tatsächlicher und rechtlicher Hinsicht beruht (§ 313 Abs. 3 ZPO analog). Die Begründung muß sich auf alle entscheidungserheblichen Punkte tatsächlicher und rechtlicher Art erstrecken und eine Nachprüfung ermöglichen. Alle Ausführungen, die nicht geeignet sind, die getroffene Entscheidung zu stützen, sind fehl am Platz, verkennen das Wesen der Entscheidungsgründe und nehmen ihnen die klare Linie. Zur Beschlußbegründung gehört in Gewährung des rechtlichen Gehörs die sachliche und logische Auseinandersetzung mit allen vom Anmelder vorgetragenen wesentlichen Tatsachenbehauptungen und Einwendungen. Neues erhebliches Vorbringen des Anmelders ist auch noch nach Fristablauf bis zur Unterschrift und Abgabe zwecks Zustellung zu berücksichtigen.

Zur Begründung reicht es aus, auf den Beanstandungsbescheid Bezug zu nehmen, wenn sich der Anmelder nicht geäußert hat und der beanstandete Mangel der Anmeldungserfordernisse oder das beanstandete absolute Schutzhindernis fortbesteht. Diese Überprüfung hat in dem Beschluß zum Ausdruck zu kommen. Teilt der Prüfer die Gründe des Beanstandungsbescheides nicht in vollem Umfang, so ist in dem Beschluß anzugeben, auf welchen Gründen die Zurückweisung beruht.

Eine Wiedergabe des Tatbestandes ist in einen Beschluß nur insofern aufzunehmen, als er zum Verständnis der Entscheidung notwendig ist.

Die Beschlüsse ebenso wie alle anderen Bescheide und Mitteilungen haben sich einer unpolemischen, sachlichen Sprache auch dann zu bedienen, wenn dies in den Äußerungen des Anmelders nicht der Fall ist. Schriftsätze mit herabsetzenden oder beleidigenden Äußerungen sind auf dem Dienstweg der Amtsleitung vorzulegen.

Wenn ein Beschluß ohne oder mit einer unrichtigen Rechtsmittelbelehrung zugestellt und kein Rechtsbehelf (Erinnerung oder Beschwerde) eingelegt worden ist, wird der Beschluß mit der zutreffenden Rechtsmittelbelehrung erneut zugestellt, es sei denn, der Ablauf der Jahresfrist gemäß § 61 Abs. 2 Satz 3 MarkenG ist bereits eingetreten oder steht demnächst bevor.

### d) Fristen

Fristen dienen dem Ziel, das Anmelde- und Prüfungsverfahren vor allem auch im Interesse des Anmelders zu beschleunigen und möglichst zügig abzuschließen.

Die vom Patentamt bestimmten oder auf Antrag gewährten Fristen betragen bei inländischen Anmeldern in der Regel einen Monats bei ausländischen Anmeldern in der Regel zwei Monate (§ 74 Abs. 1 Satz 1 MarkenV).

Kürzere oder längere Fristen können bestimmt oder gewährt werden, wenn die Umstände dies rechtfertigen (§ 74 Abs. 1 Satz 2 MarkenV). Längere Fristen kommen insbesondere in Betracht, wenn mit einer baldigen Bearbeitung in den Markenstellen ohnehin nicht zu rechnen ist oder die erforderliche Zeitdauer für die Beschaffung von Unterlagen wie beispielsweise zum Nachweis der Verkehrsdurchsetzung amtsbekannt ist.

Bei Angabe von zureichenden Gründen können Fristverlängerungen bis zum Zweifachen der Regelfrist gewährt werden (§ 74 Abs. 2 MarkenV). Pauschale Hinweise stellen normalerweise keinen zureichenden Grund dar.

Weitere Fristverlängerungen werden nur gewährt, wenn ein berechtigtes Interesse glaubhaft gemacht wird (§ 74 Abs. 3 MarkenV). Die Glaubhaftmachung eines berechtigten Interesses bedarf in der Regel zumindest der Darlegung eines triftigen Grundes sowie der Vorlage geeigneter Belege.

Werden vom Anmelder beantragte Fristen oder Fristverlängerungen nicht gewährt, so ist dies dem Anmelder baldmöglichst mitzuteilen – gegebenenfalls telefonisch oder durch Telefax. Das Fristgesuch kann ausnahmsweise in der Sachentscheidung abgelehnt werden, wenn für den Anmelder offensichtlich sein mußte, daß die Frist nicht gewährt werden kann.

Nach Ablauf einer Frist ist vor einer Entscheidung abzuwarten, ob eine beim Patentamt fristgerecht eingegangene Äußerung des Anmelders bedingt durch den amtsinternen Verteilungsweg verzögert in der Markenstelle ankommt.

### e) Anhörung

Die Prüfer der Markenstelle können zur Aufklärung der Sache jederzeit Anmelder laden und anhören (§ 60 Abs. 1 iVm § 56 Abs. 2 MarkenG).

Bis zum Beschluß, mit dem das Verfahren abgeschlossen wird, ist der Anmelder auf Antrag anzuhören, wenn dies sachdienlich ist (§ 60 Abs. 2 Satz 1 MarkenG). Hält der Prüfer die Anhörung nicht für sachdienlich, so weist er den Antrag zurück (§ 60 Abs. 2 Satz 2 MarkenG). Der Beschluß, durch den der Antrag zurückgewiesen wird, ist selbständig nicht anfechtbar (§ 60 Abs. 2 Satz 3 MarkenG).

Die Regelung der beantragten mündlichen Anhörung in § 60 Abs. 2 MarkenG betrifft eine Art der allgemeinen Verpflichtung zur Gewährung des rechtlichen Gehörs gemäß § 59 Abs. 2 MarkenG, der auch im schriftlichen Verfahren entsprochen werden kann (Begründung zu § 60 MarkenG).

Erfahrungsgemäß sind *formelle* Anhörungen (§ 60 Abs. 3 MarkenG) in der Regel nicht sachdienlich, weil sie zu erheblichen Verfahrensverzögerungen und Mehrbelastungen der Prüfer führen, die Anmelder die Gelegenheit erhalten, ihre Tatsachenbehauptungen und Auffassungen umfassend schriftlich darzulegen und andere Möglichkeiten einer nicht formellen mündlichen Besprechung der Sach- und Rechtslage zur Verfügung stehen.

Beantragt der Anmelder schriftsätzlich eine Anhörung, so soll der Prüfer mit ihm telefonisch die Sach- und Rechtslage besprechen und ihm möglichst konkrete Hinweise darauf geben wie die Anmeldungserfordernisse erfüllt oder die absolute, Schutzhindernisse – insbesondere durch Einschränkung des Waren-/Dienstleistungsverzeichnisses – ausgeräumt werden können.

Ein Antrag auf Anhörung, dessen Sachdienlichkeit vor Anmelder nicht begründet worden ist und dem Prüfer ausgeschlossen erscheint, wird mit der Sachentscheidung zurückgewiesen.

### f) Telefonische Rücksprachen

Fragen, die nicht unbedingt einer schriftlichen Mitteilung oder eines schriftlichen Bescheides bedürfen, sollen mit dem Anmelder telefonisch geklärt werden. Sofern sich Änderungen der Anmeldung ergeben, die nicht lediglich ganz geringfügig sind, ist eine schriftliche Bestätigung des Anmelders anzufordern.

### g) Aktenvermerke

Alle Umstände, die das Eintragungsverfahren in irgendeiner Weise betreffen und die nicht bereits schriftlich in der Akte enthalten sind – beispielsweise Gespräche mit dem Anmelder und ihre Ergebnisse –, müssen unverzüglich in der Akte vermerkt werden.

## 9. Besondere Verfahren

### a) Verkehrsdurchsetzung

Marken, die nach § 8 Abs. 2 Nr. 1, 2 oder 3 MarkenG an sich von der Eintragung ausgeschlossen sind, werden zur Eintragung zugelassen, wenn sich die Marke infolge ihrer Benutzung für die Waren und Dienstleistungen, für die sie angemeldet worden ist, in den beteiligten Verkehrskreisen durchgesetzt hat (§ 8 Abs. 3 MarkenG).

Die Verkehrsdurchsetzung gemäß § 8 Abs. 3 MarkenG verlangt nicht, daß sich die Marke für die angemeldeten Waren und Dienstleistungen gerade des Anmelders durchgesetzt hat. Da die Marke infolge der Benutzung auch Unterscheidungskraft im Sinne des § 3 Abs. 1 MarkenG erlangt haben muß, ist lediglich zu prüfen, ob sich die Marke für irgendein bestimmtes, wenn auch nicht unbedingt namentlich genanntes Unternehmen durchgesetzt hat, so daß in Verkehrsbefragungen eine unrichtige Benennung des Unternehmens des Anmelders unerheblich ist.

Zuständig für die Durchführung des Verkehrsdurchsetzungsverfahrens ist der Prüfer, in dessen Verfahrensabschnitt die Verkehrsdurchsetzung erstmals geltend gemacht wird.

Der Nachweis der Verkehrsdurchsetzung obliegt dem Anmelder; etwaige hierfür erforderliche Kosten hat der Anmelder zu tragen.

Macht der Anmelder die Verkehrsdurchsetzung seiner Marke geltend, so hat er zunächst die Möglichkeit einer Verkehrsdurchsetzung für die angemeldeten Waren oder Dienstleistungen schlüssig darzulegen und zu belegen (sog. Glaubhaftmachung). Die Markenstelle teilt dem Anmelder mit, welche Angaben und Unterlagen im Regelfall geeignet sind, die Verkehrsdurchsetzung zu belegen (Nachweise über Art, Umfang und Dauer der Markenbenutzung wie beispielsweise Werbematerial, Umsatzzahlen, Bescheinigungen von Abnehmern, Werbeaufwand), und fordert ihn auf, das Waren-/Dienstleistungsverzeichnis auf diejenigen Waren oder Dienstleistungen zu beschränken, für die die Marke tatsächlich verwen-

# MarkenanmeldungenRL       Richtlinie Markenanmeldungen

det worden ist, sowie diejenigen Verkehrskreise genau zu beschreiben, an die sich die Waren oder Dienstleistungen wenden. Kommen als beteiligte Verkehrskreise auch Endverbraucher in Betracht, so ist der Anmelder darauf hinzuweisen, daß die Einholung eines demoskopischen Gutachtens unumgänglich sein wird.

Wenn sich bereits aus dem Vortrag des Anmelders und gegebenenfalls den eingereichten Unterlagen ergibt, daß die Möglichkeit einer Verkehrsdurchsetzung ausgeschlossen ist, wird die Anmeldung zurückgewiesen.

Erscheint nach dem schlüssigen Vortrag und nach den eingereichten Unterlagen eine Verkehrsdurchsetzung möglich, tritt das Verkehrsdurchsetzungsverfahren in das Stadium des Nachweises ein.

In allen beteiligten Verkehrskreisen im gesamten Gebiet der Bundesrepublik Deutschland (vgl. Begründung zu § 8 Abs. 3 MarkenG) ist eine Verkehrsbefragung durchzuführen, die über den Bekanntheitsgrad der angemeldeten Marke für die angemeldeten Waren und Dienstleistungen hinsichtlich eines bestimmten Unternehmens Aufschluß gibt. Die Anerkennung der Verkehrsdurchsetzung setzt einen Bekanntheitsgrad von mindestens der Hälfte aller jeweilig beteiligten Verkehrskreise voraus. Ein darüber hinausgehender Bekanntheitsgrad ist in Abhängigkeit von der Stärke eines erhöhten Freihaltebedürfnisses zu fordern.

Auf freiwilliger Grundlage bietet der Deutsche Industrie- und Handelstag (DIHT) den Anmeldern durch Vermittlung des Deutschen Patentamts Verkehrsbefragungen der einzelnen Industrie- und Handelskammern in den Kreisen ihrer Mitglieder an. Gehören zu den beteiligten Verkehrskreisen, an die sich die angemeldeten Waren oder Dienstleistungen richten, (auch) industrielle Hersteller und Händler, so ist zunächst der DIHT zu ersuchen, eine Verkehrsbefragung durchführen zu lassen, es sei denn, der Anmelder hat ausdrücklich auf eine Verkehrsbefragung durch den DIHT verzichtet. Ergibt die Stellungnahme des DIHT aufgrund der Verkehrsbefragung in den gewerblichen Verkehrskreisen der Mitglieder der Industrie- und Handelskammern keinen Bekanntheitsgrad (Durchsetzungsgrad) von 50% oder darüber und hat der Anmelder nach einer Äußerungsmöglichkeit keine erheblichen neuen Gesichtspunkte vorgetragen oder keine anderweitigen erfolgversprechenden Nachweise der Verkehrsdurchsetzung angekündigt, ist die Anmeldung ohne weitere Ermittlungen zurückzuweisen. Bescheinigt die Stellungnahme des DIHT die Verkehrsdurchsetzung in den gewerblichen Verkehrskreisen, reicht dies zur Eintragung der Marke gemäß § 8 Abs. 3 MarkenG nur dann aus, wenn die angemeldeten Waren und Dienstleistungen sich nicht auch an den (noch nicht befragten) Verkehrskreis der Endabnehmer wenden.

Rechnen nach Art und Bestimmungszweck der Waren oder Dienstleistungen andere als die durch die Ermittlungen des DIHT erfaßte Verkehrskreise zu den beteiligten Kreisen (beispielsweise Endverbraucher, Endabnehmer), so hat der Anmelder in diesem Bereich auf seine Kosten eine Verkehrsbefragung durchführen zu lassen, die den erforderlichen Anforderungen eines Nachweises genügt. Hierfür ist in der Regel ein demoskopisches Gutachten eines anerkannten Meinungsforschungsinstitutes erforderlich. Die Art des Fragebogens und der Umfang der Verkehrsbefragung sollten zuvor mit dem Prüfer abgestimmt werden, um die Verwertbarkeit des Gutachtens als entscheidungserheblichen Nachweis der Verkehrsdurchsetzung sicherzustellen.

Der bei einer Verkehrsbefragung zu verwendende Fragebogen umfaßt sinngemäß zumindest folgende Fragen:

1. Ist Ihnen diese Bezeichnung
    (Wiedergabe der angemeldeten Marke)
  im Zusammenhang mit den Waren/Dienstleistungen
    (Nennung der angemeldeten Waren oder Dienstleistungen)
  bekannt?
      ☐ ja     ☐ nein

2. (Nur zu beantworten, wenn Frage 1 bejaht wurde):
  Weist nach Ihrer Auffassung diese Bezeichnung
    (Wiedergabe der angemeldeten Marke)
  für die genannten Waren/Dienstleistungen
  – auf *ein* ganz bestimmtes Unternehmen hin

oder
- auf *mehrere* verschiedene Unternehmen hin

oder
- bloß auf eine Sachangabe (z. B. hinsichtlich: Beschaffenheit, Verwendungszweck, Qualität, geographische Herkunft o. ä.) hin

oder
- können Sie dazu nichts sagen?

a) Die Bezeichnung weist auf *ein* ganz bestimmtes Unternehmen hin:
   ☐ ja

Wenn „ja" können Sie den Namen dieses Unternehmens nennen?
..............................

b) Die Bezeichnung weist auf *mehrere* verschiedene Unternehmen hin:
   ☐ ja

Wenn „ja", können Sie Namen dieser Unternehmen nennen?
..............................
..............................
..............................

(Wenn nur *ein* Unternehmen genannt wird, Rückfrage):
  (1) Ist dieser Name ein Beispiel und fallen Ihnen weitere nicht ein?
      ☐ Beispiel, weitere fallen mir nicht ein
  (2) Oder gibt es nach Ihrer Ansicht nur dieses eine Unternehmen, auf das die Bezeichnung hinweist?
      ☐ nur dieses eine

c) Die Bezeichnung weist bloß auf eine Sachangabe hin:
   ☐ ja

d) Dazu kann ich nichts sagen:
   ☐

(Die Aussagen unter a), b), c) und d) dürfen insgesamt *nur einmal bejaht* werden.)

Bei der Beantwortung der Fragebogen sind nur solche Befragungen positiv dem Bekanntheitsgrad zuzurechnen, die die Fragen 1 und 2 a) mit „ja" oder die Fragen 1 und 2 b) mit „ja" mit der Angabe unter 2 b) (2), es gebe nur dieses eine Unternehmen, beantwortet haben (Durchsetzungsgrad). Die Nennung eines vom Anmelder abweichenden Namens in Frage 2 a) oder 2 b) (2) ist unschädlich. Werden in Frage 2 b) mehrere Unternehmen namentlich genannt, ist zu prüfen, ob nicht tatsächlich nur ein einziges Unternehmen gemeint ist.

Weitere Formulierungen, die suggestiv auf eine vom Anmelder erwünschte Beantwortung hinlenken können, darf der Fragebogen nicht enthalten. Gegebenenfalls sind Fragen zulässig, die objektiv die tatsächlich in Betracht kommenden Verkehrskreise einzugrenzen in der Lage sind.

Bei der Prüfung der Verkehrsdurchsetzung ist darauf zu achten, daß der erforderliche Bekanntheitsgrad (Durchsetzungsgrad) in allen einzelnen Verkehrskreisen erreicht sein muß; eine Verrechnung in Durchschnittswerten ist nicht zulässig.

Wenn klar ersichtlich ist, daß eine Verkehrsdurchsetzung zwar noch nicht am Anmeldetag gegeben war, aber für einen späteren Zeitpunkt nachgewiesen worden ist, so kann die Anmeldung nur dann zurückgewiesen werden, wenn der Anmelder sich nicht mit der Verschiebung des Anmeldetages auf diesen späteren Zeitpunkt einverstanden erklärt (§ 37 Abs. 2 MarkenG, Begründung zu § 37 Abs. 2 MarkenG). Eine Anmeldung darf nicht allein mit der Begründung zurückgewiesen werden, eine Verkehrsdurchsetzung sei am Anmeldetag nicht möglich, wenn die Verkehrsdurchsetzung inzwischen eingetreten sein kann.

### b) Wiedereinsetzung

Die Markenstellen prüfen bei Eingaben des Anmelders unverzüglich, ob die gesetzlichen Fristen eingehalten worden sind. Ist eine Eingabe verspätet beim Patentamt eingegangen oder nicht rechtswirksam – beispielsweise ohne Unterschrift –, wird dies dem Anmelder sofort mitgeteilt.

Auf Antrag ist der Anmelder wieder in den vorigen Stand einzusetzen, wenn er ohne Verschulden verhindert war, eine gesetzliche Frist einzuhalten (§ 91 Abs. 1 Satz 1 MarkenG).

Als Wiedereinsetzungsantrag ist jede Äußerung des Anmelders zu werten, die seinen Willen erkennen läßt, daß seine Anmeldung trotz der versäumten Frist weiterbehandelt werden soll.

Der Wiedereinsetzungsantrag ist nur innerhalb von zwei Monaten nach Wegfall des Hindernisses und eines Jahres nach Ablauf der versäumten Frist zulässig (§ 91 Abs. 2 und 5 MarkenG) und muß die Angabe der die Wiedereinsetzung begründenden Tatsachen enthalten (§ 91 Abs. 3 Satz 1 MarkenG). Innerhalb dieser Antragsfrist ist die versäumte Handlung nachzuholen (§ 91 Abs. 4 Satz 1, Abs. 5 MarkenG).

Die die Wiedereinsetzung begründenden Tatsachen müssen vom Antragsteller glaubhaft gemacht werden (§ 91 Abs. 3 Satz 2 MarkenG iVm § 294 ZPO). Die Glaubhaftmachung kann auch noch nach Ablauf der Antragsfristen erfolgen (§ 91 Abs. 3 Satz 2 MarkenG).

Über den Wiedereinsetzungsantrag entscheidet der Prüfer, der auch für die Sachentscheidung zuständig ist (§ 91 Abs. 6 MarkenG).

In dem Beschluß, der den Wiedereinsetzungsantrag zurückweist, wird auch über die Rechtsfolgen entschieden (beispielsweise: Erinnerung wird als unzulässig verworfen).

Wird dem Wiedereinsetzungsantrag stattgegeben, so ist gleichzeitig auch in der Sache zu entscheiden, wenn das Verfahren in der Sache bereits entscheidungsreif ist.

Auf Antrag des Anmelders ergeht vorab allein eine Entscheidung über den Wiedereinsetzungsantrag, wenn diesem stattgegeben werden kann und das Verfahren in der Sache noch nicht entscheidungsreif ist – beispielsweise, weil die Erinnerungsbegründung noch nicht vorliegt und sie zur Vermeidung unnötigen Aufwands erst nach Gewährung der Wiedereinsetzung eingereicht werden soll.

### c) Teilung der Anmeldung

Erklärt der Anmelder, daß er die Anmeldung teilt, so ist zu prüfen, ob die Teilungserklärung rechtswirksam und vollständig abgegeben worden ist. Die Teilungserklärung muß beinhalten, daß die genau bezeichnete Anmeldung einer Marke für die im einzelnen aufgeführten Waren oder Dienstleistungen als abgetrennte Anmeldung weiterbehandelt werden soll (§ 40 Abs. 1 Satz 1 MarkenG). In der Teilungserklärung müssen die Waren und Dienstleistungen angegeben sein, die in die abgetrennte Anmeldung aufgenommen werden (§ 36 Abs. 2 MarkenV). Besonders zu achten ist darauf, daß im Zeitpunkt der Teilungserklärung die Verzeichnisse der Waren und Dienstleistungen der verbleibenden Stammanmeldung sowie der abgetrennten Anmeldung insgesamt deckungsgleich sein müssen mit dem im Zeitpunkt des Zugangs der Teilungserklärung bestehenden Verzeichnis der Waren und Dienstleistungen der Ausgangsanmeldung (§ 36 Abs. 3 Satz 1 MarkenV). Soweit die Anmeldung in einem Oberbegriff für Waren oder Dienstleistungen geteilt wird, muß der Oberbegriff sowohl in der verbleibenden Stammanmeldung als auch in der abgetrennten Anmeldung verwendet und durch entsprechende Zusätze so eingeschränkt werden, daß sich keine Überschneidungen der Waren/Dienstleistungsverzeichnisse ergeben (§ 36 Abs. 3 Satz 2 MarkenV). Die Zulässigkeit der Einschränkung eines Waren-/Dienstleistungsverzeichnisses (§ 39 Abs. 1 MarkenG) vor, nach oder mit der Teilungserklärung bleibt unberührt.

Eine Markenanmeldung kann auch in mehrere Anmeldungen geteilt werden. Für jeden abgetrennten Teil ist eine gesonderte Teilungserklärung erforderlich (§ 36 Abs. 1 MarkenV).

Die Teilungserklärung kann nicht – auch nicht teilweise widerrufen werden (§ 40 Abs. 2 Satz 4 MarkenG); ein Widerruf ist rechtlich unerheblich.

Liegt eine ordnungsgemäße Teilungserklärung vor, so hat der Sachbearbeiter für jede abgetrennte Anmeldung eine vollständige Kopie der Akte der Ausgangsanmeldung zu fertigen (§ 36 Abs. 4 Satz 1 MarkenV). Insofern braucht der Anmelder nicht gemäß § 40 Abs. 2 Satz 1 MarkenG die für die abgetrennte Anmeldung erforderlichen Anmeldungsunterlagen (§ 32 MarkenG) einzureichen.

Mit der Kopie und der Teilungserklärung wird die neue Akte der abgetrennten Anmeldung angelegt. Die abgetrennte Anmeldung erhält ein neues Aktenzeichen. Eine Kopie der Teilungserklärung wird zu den Akten der Stammanmeldung genommen (§ 36 Abs. 4 MarkenV).

Soweit erforderlich werden für die Ausgangsanmeldung sowie für die abgetrennte Anmeldung neue Leitklassen festgelegt.

Enthält die Ausgangsanmeldung die Wiedergabe einer Bildmarke, dreidimensionalen Marke, Kennfadenmarke, Hörmarke oder sonstigen Markenform (§§ 8 bis 12 MarkenV), so sind innerhalb der Frist von drei Monaten nach dem Zugang der Teilungserklärung (§ 40 Abs. 2 Satz 3 MarkenG) vier weitere übereinstimmende zweidimensionale graphische Wiedergaben der Marke einzureichen, bei Hörmarken zusätzlich die klangliche Wiedergabe der Marke (§ 36 Abs. 5 MarkenV). Fehlen diese, so ist der Anmelder unverzüglich aufzufordern sie fristgerecht nachzureichen.

Werden die Anmeldungsunterlagen für die abgetrennte Anmeldung, soweit sie nicht vom Patentamt selbst anzufertigen sind, nicht innerhalb von drei Monaten nach dem Zugang der Teilungserklärung eingereicht oder wird die Gebühr (§ 40 Abs. 2 Satz 2 MarkenG) nicht innerhalb dieser Frist gezahlt, so gilt die abgetrennte Anmeldung als zurückgenommen (§ 40 Abs. 2 Satz 3 MarkenG). Soweit die abgetrennte Anmeldung als zurückgenommen gilt, wird dies dem Anmelder mitgeteilt. Wiedereinsetzung gemäß § 91 MarkenG ist möglich.

Nach der Anlage der neuen Akte für die abgetrennte Anmeldung ermittelt der Sachbearbeiter unverzüglich, ob absolute Schutzhindernisse hinsichtlich der Stammanmeldung oder der abgetrennten Anmeldung noch vorliegen.

## IV. Schlußbemerkung

Soweit diese Richtlinie in der Verfahrenspraxis der Markenstellen auftretende Zweifelsfragen nicht klärt, empfiehlt es sich, eine Stellungnahme des Vorgesetzten einzuholen.

Die Angehörigen der Markenstellen werden gebeten, Anregungen zur Ergänzung oder Korrektur der Richtlinie schriftlich ihrem Abteilungsleiter mitzuteilen.

# Anmeldung

Anmeldung einer Marke zur Eintragung

## 2. Formblatt zur Anmeldung einer Marke zur Eintragung in das Register*

An das
Deutsche Patent- und Markenamt
80297 München

**DEUTSCHES PATENT- UND MARKENAMT**

(1) Sendungen des Deutschen Patent- und Markenamts sind zu richten an:

Name/Firma
Str./Haus-Nr.
PLZ/Ort
ggf. Postf.

Anmeldung zur Eintragung einer Marke in das Register

**3**

☐ TELEFAX vorab am

Aktenzeichen *(wird vom Deutschen Patent- und Markenamt vergeben)*

(2) Zeichen des Anmelders/Vertreters (max. 20 Stellen) | Telefon-Nr. des Anm./Vertr. | Telefax-Nr. des Anm./Vertr. | Datum

(3) Der obengenannte Empfänger in Feld (1) ist | ggf. Nr. der Allgemeinen Vollmacht
☐ Anmelder ☐ Zustellungsbevollmächtigter ☐ Vertreter

(4) Anmelder | Vertreter

Name/Firma
Str./Haus-Nr.
PLZ/Ort
ggf. Postf.,
wenn abweichend
von
Feld (1)

Anmeldercode-Nr. | Vertretercode-Nr. | Zustelladreßcode-Nr.

(5) **Wiedergabe der Marke**
☐ s. Anlage
☐ Farbige Eintragung mit folgenden Farben: ☐ Eintragung schwarz/weiß

(6) **Zur Markenform werden folgende Angaben gemacht** *(bitte nur ein Feld ankreuzen)*:
☐ Wortmarke (in der vom Patent- und Markenamt verwendeten Druckschrift) ☐ Dreidimensionale Marke
☐ Bildmarke; Wort-/Bildmarke (in der vom Anmelder gewählten graphischen Wiedergabe) ☐ Hörmarke
☐ Kennfadenmarke ☐ Sonstige Markenform

(7) ☐ Antrag auf beschleunigte Prüfung (§ 38 MarkenG)

(8) **Verzeichnis der Waren/Dienstleistungen** *(in der Reihenfolge der Klasseneinteilung geordnet)* ☐ s. Anlage
Klasse: Bezeichnung:

Leitklassenvorschlag des Anmelders:

(9) ☐ Es wird die Eintragung als Kollektivmarke beantragt

(10) **Priorität** ☐ ausländische Priorität *(Datum, Staat, Aktenzeichen)* ☐ Ausstellungspriorität *(Bezeichn. d. Ausstellg., Messe und Tag der erstmaligen Zurschaustellung)*

(11) ☐ Die Anmeldung wird auf Artikel 6 quinquies der PVÜ (Telle-quelle-Marke) gestützt

(12) **Gebührenzahlung**

Erläuterung und Kostenhinweise s. Rückseite

☐ Scheck ist beigefügt *(Nur auf inländisches Kreditinstitut bezogen)*

DM _____ Anmeldegebühr (einschl. bis zu 3 Klassen)
☐ Überweisung *(nach Erhalt der Empfangsbescheinigung)*

DM _____ Klassengebühr(en) (für jede weitere ab der vierten Klasse)
☐ Gebührenmarken sind beigefügt *(bitte nicht auf d. Rückseite des Anmeldevordrucks kleben, ggf. auf gesondertes Blatt)*

DM _____ Beschleunigungsgebühr
☐ Abbuchung von meinem/unserem Abbuchungskonto b.d. Dresdner Bank AG, München

(13) DM _____ Insgesamt
☐ Nr.:

**Anlagen**
1. ☐ Vier übereinstimmende zweidimensionale graphische Wiedergaben der Marke (außer bei der Anmeldung einer Wortmarke)
2. ☐ Klangliche Wiedergabe bei Anmeldung der Hörmarke
3. ☐ Beschreibung der Marke
4. ☐ Verzeichnis der Waren/Dienstleistungen (sofern die Aufzählung nicht bereits in Feld 8 wiedergegeben ist)
5. ☐ Markensatzung (bei Kollektivmarke)
6. ☐ Prioritätsbescheinigung
7. ☐ Vertretervollmacht
8. ☐ Scheck
9. ☐

Unterschrift(en) (ggf. Firmenstempel)

W 7005
11.98 (online)

---

* Internetadresse: http://www.patent-und-markenamt.de/formular/li_mark.htm (Dok.-Nr. W 7005).

Anmeldung einer Marke zur Eintragung

# Anmeldung

**DEUTSCHES PATENT- UND MARKENAMT**
80297 München
Telefon: (0 89) 21 95 - 0
Telefax: (0 89) 21 95 - 22 21
Telefonische Auskünfte: (0 89) 21 95 - 34 02
Internet: http://www.patent-und-markenamt.de
Konto der Zahlstelle:
Landeszentralbank München 700 010 54 (BLZ 700 000 00)

Deutsches Patent- und Markenamt
- Dienststelle Jena -
07738 Jena
Telefon: (0 36 41) 40 - 54
Telefax: (0 36 41) 40 - 56 90
Telefonische Auskünfte: (0 36 41) 40 - 55 55

## Kostenhinweise*)

Mit der Anmeldung einer Marke sind gemäß § 32 Abs. 4 des Markengesetzes folgende Gebühren zu entrichten:

**Anmeldegebühr bei Marken**
einschließlich der Klassengebühr bis zu drei Klassen        500,-- DM

**Klassengebühr bei Anmeldung einer Marke**
für jede Klasse ab der vierten Klasse                       150,-- DM

**Anmeldegebühr bei Kollektivmarken**
einschließlich der Klassengebühr bis zu drei Klassen      1 500,-- DM

**Klassengebühr bei Anmeldung einer Kollektivmarke**
für jede Klasse ab der vierten Klasse                       250,-- DM

Mit dem **Antrag auf beschleunigte Prüfung** ist gemäß
§ 38 Abs. 2 des Markengesetzes folgende Gebühr zu entrichten:   420,-- DM

Bei der Zahlung geben Sie bitte an:
- den **Verwendungszweck** (z. B. Anmeldegebühr) und
- das **Aktenzeichen** (soweit bereits bekannt)

Solange die Gebühren nicht oder nicht vollständig entrichtet sind, erfolgt **keine Bearbeitung der Anmeldung**.

## Erläuterung zu Feld (13)

**Abbuchung** erfolgt nur von eigens für diesen Zweck bei der Dresdner Bank AG München, 80273 München, eingerichteten Abbuchungskonten nach den Bedingungen gemäß MittPräsDPA Nr 2/90 vom 15. Dezember 1989 (Bl. f. PMZ 1990,1).

### *) Wichtiger Hinweis

Die weiteren Gebühren für Marken, geographische Angaben und Ursprungsbezeichnungen können dem **Kostenmerkblatt** (A 9510) entnommen werden.

W 7005
11.98 (online)

**Merkblatt**

## 3. Merkblatt: Wie melde ich eine Marke an?*

*Vorbemerkung*
Die Voraussetzungen der Anmeldung einer Marke und sonstiger Kennzeichen sind in den nachfolgend genannten Normen geregelt:
1. in dem Gesetz über den Schutz von Marken und sonstigen Kennzeichen (Markengesetz – MarkenG) vom 25. Oktober 1994 (BGBl I 3082; BlPMZ 1994, Sonderheft),
2. in dem Gesetz über die Gebühren des Patentamts und des Patentgerichts vom 18. August 1976 (BGBl I S. 2188; BlPMZ 1976, 257); zuletzt geändert durch Art. 20 des Gesetzes zur Reform des Markenrechts und zur Umsetzung der Ersten Richtlinie 89/104/EWG des Rates vom 21. Dezember 1988 zur Angleichung der Rechtsvorschriften der Mitgliedstaaten über die Marken (Markenrechtsreformgesetz) vom 25. Oktober 1994 (BGBl I 3082; BlPMZ 1994, Sonderheft),
3. in der Verordnung zur Ausführung des Markengesetzes (Markenverordnung – MarkenV) vom 30. November 1994 (BGBl I 3555; BlPMZ 1994, Sonderheft).

*Was ist eine Marke?*
Die *Marke* ist ein Zeichen, das geeignet ist, die Waren und Dienstleistungen eines Unternehmens von den Waren und Dienstleistungen eines anderen Unternehmens zu unterscheiden. Als Kennzeichen dieser Art können grundsätzlich nicht nur Worte, Buchstaben, Zahlen und Abbildungen, sondern auch Hörzeichen, dreidimensionale Gestaltungen und sonstige Aufmachungen geschützt werden.

*Welche Voraussetzungen sind zu erfüllen, damit die Marke geschützt wird?*
Voraussetzung für den Schutz einer Marke ist die Vorlage eines entsprechenden Antrags beim Patent- und Markenamt. Hierzu sollte das vom Patent- und Markenamt herausgegebene Formblatt verwendet werden. Beim Ausfüllen des Anmeldeformulars ist den nachfolgend genannten Punkten, die sich auf die entsprechenden Felder des Formblatts beziehen, besondere Aufmerksamkeit zu widmen:

*Anmelder der Marke (4)*
Der *Anmelder* (§ 7 MarkenG) ist unabhängig davon, ob es sich um eine Einzelperson (natürliche oder juristische Person, einschließlich einer juristischen Person des öffentlichen Rechts), eine Personengesellschaft, die im eigenen Namen Träger von Rechten und Pflichten sein kann, oder um mehrere Personen handelt, genau zu benennen (§ 5 MarkenV).

*Wiedergabe der Marke (5) (6)*
Im Antrag ist die Marke, für die Schutz begehrt wird, in der Weise wiederzugeben, in der sie zukünftig geschützt werden soll.
Bei *Wortmarken* (§ 7 MarkenV), die nicht in den vom Patent- und Markenamt verwendeten üblichen Schriftzeichen wiedergegeben werden sollen, insbesondere *graphisch ausgestalteten Wortmarken*, ist ebenso wie bei Wortbildmarken, Bildmarken (§ 8 MarkenV) oder Marken, die in einer besonderen farblichen Ausgestaltung verwendet werden sollen, exakt die gewünschte Darstellung vierfach einzureichen. Die Blattgröße der Wiedergabe darf das Format DIN A 4 (29,7 cm Höhe, 21 cm Breite) nicht überschreiten. Die für die Darstellung benutzte Fläche (Satzspiegel) darf nicht größer als 26,2 cm x 17 cm sein. Das Blatt ist nur einseitig zu bedrucken. Vom linken Seitenrand ist ein Randabstand von mindestens 2,5 cm einzuhalten. Soweit sich die vom Anmelder gewünschte Stellung der Marke aus der Abbildung nicht von selbst ergibt, ist durch einen entsprechenden Vermerk auf jeder Wiedergabe zu kennzeichnen, wo „oben" bzw. „unten" sein soll.
Soll die *Marke in Farbe* eingetragen werden (§ 8 Abs. 1 MarkenV), muß/müssen die Farbe(n) in der Anmeldung benannt werden.

---

* Ausgabe 1999.

Wie melde ich eine Marke an? **Merkblatt**

Die Anmeldung einer *dreidimensionalen Marke* (§ 9 MarkenV) setzt voraus, daß vier übereinstimmende zweidimensionale graphische Wiedergaben der Marke beim Patent- und Markenamt vorgelegt werden, wobei die Möglichkeit besteht, bis zu sechs verschiedene Ansichten der Marke (jeweils vierfach) einzureichen. Für die Wiedergabe sind Lichtbilder als Positivabzüge oder graphische Strichzeichnungen zu verwenden, die die darzustellende Marke dauerhaft wiedergeben und als Vorlage für den Foto-Offsetdruck, die Mikroverfilmung einschließlich der Herstellung konturenscharfer Rückvergrößerungen und für die elektronische Bildspeicherung geeignet sind. Wird die Marke durch eine graphische Strichzeichnung wiedergegeben, so muß die Darstellung in gleichmäßig schwarzen, nicht verwischbaren und scharf begrenzten Linien ausgeführt sein, die Darstellung kann Schraffuren und Schattierungen zur Wiedergabe plastischer Einzelheiten enthalten. Auch in diesem Falle ist die Größe der Darstellung beschränkt (vgl. graphisch ausgestaltete Wortmarken etc.).

Die Voraussetzungen für die Darstellung einer *Kennfadenmarke* (§ 10 MarkenV) entsprechen den Anforderungen, die an die Darstellung einer dreidimensionalen Marke gestellt werden.

Bei Anmeldung einer *Hörmarke* (§ 11 MarkenV) sind neben der klanglichen Wiedergabe der Marke auch vier übereinstimmende Darstellungen derselben in Notenschrift, oder, sofern dies nicht möglich sein sollte, vier Sonagramme einzureichen. Es wird darauf aufmerksam gemacht, daß sich der Schutzumfang der Hörmarke nach dem klanglichen Erscheinungsbild bestimmt.

Mit der Anmeldung sonstiger Markenformen (§ 12 MarkenV) sind vier übereinstimmende zweidimensionale Wiedergaben der Marke einzureichen.

Der Anmeldung einer Marke in einer der vorstehend beschriebenen Formen kann eine Beschreibung beigefügt werden.

*Verzeichnis der Waren und Dienstleistungen (8)*
An dieser Stelle sind alle Waren und Dienstleistungen zu benennen, die mit der angemeldeten Marke gekennzeichnet werden sollen. Die Waren und Dienstleistungen sollten in der Reihenfolge der Klasseneinteilung geordnet werden. Es empfiehlt sich, in erster Linie die Begriffe der alphabetischen Liste der Internationalen Klassifikation von Waren und Dienstleistungen für die Eintragung von Marken nach dem Abkommen von Nizza und die Empfehlungsliste zur Klasseneinteilung der Waren und Dienstleistungen für die Eintragung von Marken (Mitteilung Nr. 17/92 des Präsidenten; BlPMZ 1992, 442), die Sie beim Patent- und Markenamt erhalten, zu verwenden. Falls dies nicht möglich sein sollte, sind allgemein gebräuchliche, verkehrsübliche Begriffe zu gebrauchen. Fremdsprachige Begriffe können nur dann zugelassen werden, wenn sie sich im allgemeinen Sprachgebrauch eingebürgert haben. Das Waren-/Dienstleistungsverzeichnis darf keine Markennamen enthalten. Diese sind durch entsprechende Gattungsbegriffe zu ersetzen. Soweit das Waren-/Dienstleistungsverzeichnis erläuterungsbedürftige Bezeichnungen enthält, werden Sie vom Patent- und Markenamt darüber informiert und zur Klärung aufgefordert. Rückfragen betreffend die Abfassung des Waren-/Dienstleistungsverzeichnisses können jederzeit an das Patent- und Markenamt gerichtet werden. Beim Erstellen des Waren-/Dienstleistungsverzeichnisses ist zu bedenken, daß nach Eingang der Anmeldung beim Patent- und Markenamt keine weiteren Waren und Dienstleistungen mehr aufgenommen werden können *(keine nachträgliche Erweiterung des Waren-/Dienstleistungsverzeichnisses!)*. Eine Einschränkung ist hingegen jederzeit möglich. Als Anmelder haben Sie die Möglichkeit, eine Leitklasse vorzuschlagen mit der Folge, daß diese bei einer nicht ausreichenden Gebührenzahlung zuerst berücksichtigt wird.

*Antrag auf beschleunigte Prüfung (7)*
Der Antrag auf beschleunigte Prüfung (§ 38 MarkenG) dient dazu, eine rasche Entscheidung bei der Prüfung der Anmeldungserfordernisse (§ 36 MarkenG) und der Prüfung auf absolute Schutzhindernisse (§ 37 MarkenG) herbeizuführen. Gegenwärtig ist dies noch insoweit von Bedeutung, als in den Mitgliedstaaten der Pariser Verbandsübereinkunft unter Inanspruchnahme der Priorität der deutschen Marke innerhalb von sechs Monaten dieselbe Marke als IR-Marke international registriert werden kann. Ab Inkrafttreten des Protokolls zum Madrider Markenabkommen wird es allerdings schon aufgrund einer nationalen An-

# Merkblatt

Wie melde ich eine Marke an?

meldung möglich sein, deren Priorität in Anspruch zu nehmen. Für die beschleunigte Prüfung ist eine gesonderte Gebühr zu entrichten.

*Ausländische Priorität (10)*

Der Zeitrang der Anmeldung wird grundsätzlich durch den Zeitpunkt des Eingangs der Anmeldung beim Patent- und Markenamt bestimmt. Sollte die Marke bereits in einem Verbandsland der Pariser Verbandsübereinkunft angemeldet oder eingetragen sein (Erstanmeldung), so besteht die Möglichkeit, innerhalb von 6 Monaten (Prioritätsfrist) den Zeitrang der ausländischen Anmeldung auch für die spätere deutsche Anmeldung (Nachanmeldung) zu beanspruchen. Dies setzt voraus, daß die Nachanmeldung mit der Erstanmeldung übereinstimmt und eine entsprechende Erklärung – Inanspruchnahme der Priorität – binnen einer Frist von zwei Monaten, die mit dem Tage nach der Anmeldung beim Patent- und Markenamt zu laufen beginnt, abgegeben wird. In ihr sind Zeit und Staat der Erstanmeldung genau anzugeben. Andernfalls wird der Prioritätsanspruch für diese Anmeldung verwirkt (§ 34 Abs. 3 Satz 3 MarkenG).

Ist die frühere ausländische Anmeldung in einem Staat eingereicht worden, mit dem kein Staatsvertrag über die Anerkennung der Priorität besteht, so kann der Anmelder ein dem Prioritätsrecht nach der Pariser Verbandsübereinkunft entsprechendes Prioritätsrecht in Anspruch nehmen, soweit nach einer Bekanntmachung des Bundesministeriums der Justiz im Bundesgesetzblatt der andere Staat aufgrund einer ersten Anmeldung beim Patent- und Markenamt ein Prioritätsrecht gewährt, das nach Voraussetzungen und Inhalt dem Prioritätsrecht nach der Pariser Verbandsübereinkunft vergleichbar ist. Hierzu können Sie Näheres beim Patent- und Markenamt erfahren.

*Ausstellungspriorität (10)*

Sollte die Marke, die Gegenstand der Anmeldung ist, innerhalb der letzten sechs Monate vor dem Anmeldetag auf einer amtlichen oder amtlich anerkannten internationalen Ausstellung oder einer sonstigen inländischen oder ausländischen Ausstellung (zu den Voraussetzungen vgl. § 35 MarkenG) zur Schau gestellt worden sein, kann der Tag der Zurschaustellung als Prioritätstag beansprucht werden. Die Frage, ob die Ausstellung, auf der die Marke erstmals verwendet wurde, zu den Ausstellungen zählt, durch die ein Prioritätsrecht begründet werden kann, ist den Bekanntmachungen des Bundesministeriums der Justiz im Bundesgesetzblatt zu entnehmen. Daneben können Sie jederzeit beim Patent- und Markenamt Informationen zu diesem Bereich erhalten. Die Ausstellungspriorität kann unter Vorlage eines Nachweises für die Zurschaustellung, z. B. einer Bestätigung der Messeleitung über die Ausstellung der Marke, die dem Antrag beizufügen ist, geltend gemacht werden.

*Telle-quelle-Schutz (11)*

Sollte die Marke, „so wie sie ist" (franz.: telle-quelle), bereits in einem Mitgliedstaat der Pariser Verbandsübereinkunft (PVÜ) vorschriftsmäßig eingetragen sein, besteht die Möglichkeit, dies geltend zu machen, mit anderen Worten, Telle-quelle-Schutz zu beantragen. Dies führt dazu, daß der angemeldeten Marke nunmehr nur noch unter besonderen Voraussetzungen (vgl. insbesondere Art. 6$^{quinquies}$ PVÜ) die Eintragung versagt werden kann.

*Gebühren, Gebührenzahlung (12), (13)*

Die für die Anmeldung einer Marke zu entrichtenden Gebühren setzen sich aus der Anmeldegebühr und den Gebühren für mehr als drei in der Anmeldung benannte Waren/--Dienstleistungsklassen zusammen. Als Pauschalgebühr umfaßt die Anmeldegebühr neben den Gebühren für drei Waren-/Dienstleistungsklassen nicht nur den Druckkostenbeitrag für die Veröffentlichung der Marke im Markenblatt, sondern auch die Gebühr für die Eintragung in das Register. Die *Anmelde- und Klassengebühren* können weder gestundet noch erlassen werden. Sie sind *mit der Antragstellung in voller Höhe zu entrichten*. Unterbleibt die Zahlung der Gebühren, so teilt das Patent- und Markenamt mit, daß die Anmeldung als zurückgenommen gilt, sollten die Gebühren und der nunmehr fällig werdende *Zuschlag* nicht bis zum Ablauf eines Monats nach Zustellung dieser Mitteilung gezahlt werden. Die *Zahlung der Gebühren* richtet sich nach den Bestimmungen des Patentgebührengesetzes und der Verordnung über die Zahlung der Gebühren des Deutschen Patent- und Markenamts

Wie melde ich eine Marke an? **Merkblatt**

und des Bundespatentgerichts vom 15. Oktober 1991 (BGBl. I S. 2012; BlPMZ 1991, 362\*\*). Danach können Gebühren außer durch Barzahlung in der nachfolgend genannten Weise entrichtet werden:

1. durch Übergabe oder Übersendung

   a) von *Gebührenmarken* des Patent- und Markenamts,

   b) von *Schecks*, die auf ein Kreditinstitut im Geltungsbereich dieser Verordnung gezogen und nicht mit Indossament versehen sind,

   c) eines Auftrags zur *Abbuchung* von einem Konto bei einem Kreditinstitut, das nach einer Bekanntmachung des Präsidenten des Patent- und Markenamts ermächtigt ist, solche Konten zu führen;

2. durch *Überweisung*,

3. durch *Einzahlung* auf ein Konto der Zahlstelle des Patent- und Markenamts in München.

Gebühren sollen möglichst durch die Verwendung von Gebührenmarken entrichtet werden, da diese Zahlungsweise dem Einzahler Unkosten und Zeit erspart, die Einhaltung von Fristen erleichtert und das Verfahren beim Patent- und Markenamt beschleunigt. Die Gebührenmarken sind auf die Vorderseite des Anmeldeformulars – Raum für Gebührenmarken – aufzukleben. Gebührenmarken können gegen Barzahlung bei der Zahlstelle des Deutschen Patent- und Markenamts, Zweibrückenstr. 12, 80331 München und bei der Geldannahmestelle der Dienststelle Jena, Goethestr. 1, 07743 Jena und er Geldannahmestelle beim Technischen Informationszentrum Berlin, Gitschiner Straße 97, 10969 Berlin, bezogen werden. Schriftliche Bestellungen können nur auf Beträge über mindestens 100,– DM lauten und nur an die Zahlstelle des Deutschen Patent- und Markenamts in München gerichtet werden; der Gegenwert ist auf eines der oben angegebenen Konten in München mit der Angabe „Gebührenmarken" zu überweisen.

Gebühren können auf das oben angegebene Konto der Zahlstelle des Deutschen Patent- und Markenamts in München, unter Angabe des Aktenzeichens eingezahlt werden. Bankschecks sind mit dem Vermerk „Nur zur Verrechnung" zu versehen. Bei Zahlung der Anmeldegebühr ist die Anmeldung mangels Aktenzeichen genau zu bezeichnen und der Tag anzugeben, an dem die Markenanmeldung eingereicht wurde. Weitere Zahlungen sind unter Angabe des *Verwendungszwecks*, des Aktenzeichens sowie des Namens des Einzahlers zu leisten. Das Beifügen von Bargeld als Anlage zu Schriftstücken ist zu vermeiden.

*Unterschrift*

Das Original der Anmeldung zur Eintragung einer Marke ist von dem Anmelder bzw. den Anmeldern unterschrieben (ein Faksimilestempel genügt nicht!) einzureichen. Ist eine Firma Anmelder der Marke, so bedarf es der Unterschrift der Person, die seitens der Firma dazu ermächtigt wurde. Durch Hinzufügen des Firmenstempels und eines entsprechenden Zusatzes (z. B. pp oder ppa) sollte dies erkennbar gemacht werden.

*Muß man zur Anmeldung einer Marke einen Anwalt nehmen? (4)*

Wer im Inland wohnt, einen (Geschäfts-)Sitz oder eine Niederlassung hat, kann grundsätzlich alle eine Marke betreffenden Angelegenheiten vor dem Patent und Markenamt und dem Bundespatentgericht selbständig erledigen. Jeder (auch deutsche Staatsangehörige), der weder in Deutschland wohnt, noch einen (Geschäfts-)Sitz oder eine Niederlassung hat, muß sich von einem im Inland bestellten Patent- oder Rechtsanwalt vertreten lassen (§ 96 Abs. 1 MarkenG).

Hat der Anmelder einen Vertreter für die Anmeldung bestellt, so muß er ihm eine unterschriebene Vollmachtsurkunde zur Vorlage beim Patent- und Markenamt ausstellen. Eine Beglaubigung der Vollmacht oder der Unterschrift ist nicht erforderlich. Die Vollmacht kann sich nicht nur auf mehrere Anmeldungen, sondern auch auf mehrere eingetragene Marken oder auf mehrere Verfahren erstrecken. Die Vollmacht kann sich auch als „Allgemeine Vollmacht" auf die Bevollmächtigung zur Vertretung in allen Angelegenheiten vor dem Patent- und Markenamt erstrecken. In den vorgenannten Fällen braucht die Vollmacht nur in einem Exemplar eingereicht zu werden. Diese Allgemeinen Vollmachten werden beim Patent- und Markenamt unter Vergabe einer Nummer registriert. Vollmachten

---

\*\* zuletzt geändert durch Verordnung vom 14. September 1998, s. 3. Teil des Kommentars, I 6.

# Merkblatt                   Wie melde ich eine Marke an?

müssen auf prozeßfähige, mit ihrem bürgerlichen Namen bezeichnete Personen lauten. Die Bevollmächtigung eines Zusammenschlusses von Vertretern unter Angabe des Namens dieses Zusammenschlusses ist zulässig.

*Was geschieht nach der Anmeldung?*

Ist die Anmeldung beim Patent- und Markenamt eingegangen, wird ein Aktenzeichen vergeben und der Anmeldetag (Tag des Eingangs der Anmeldung beim Patent- und Markenamt) festgestellt. Im Anschluß daran wird unverzüglich eine Empfangsbescheinigung an Sie versandt. Im weiteren Verfahren werden regelmäßig keine Empfangsbescheinigungen erteilt, es sei denn, sie sind der Eingabe beigefügt.

*Prüfung der Anmeldung auf absolute Schutzhindernisse*

Nach der Vergabe des Aktenzeichens und der Feststellung der gebührenpflichtigen Klassen werden die formellen Voraussetzungen einer Anmeldung (Anmeldungserfordernisse) für die Eintragung einer Marke geprüft. Sollten die Anmeldungserfordernisse nicht erfüllt sein, ergeht ein Bescheid, der Sie über die festgestellten Mängel informiert, die zu beheben sind. Werden die Mängel innerhalb der gesetzten Frist beseitigt, so kann die Anmeldung weiter bearbeitet werden. Andernfalls muß die Anmeldung zurückgewiesen werden. Bei Mängeln gemäß § 32 Absatz 2 MarkenG, d. h.

1. keine feststellbare Identität des Anmelders;
2. fehlende Wiedergabe der Marke;
3. fehlendes Verzeichnis der Waren oder Dienstleistungen

erkennt das Patent- und Markenamt den Tag als Anmeldetag zu, an dem die festgestellten Mängel fristgerecht beseitigt worden sind.

Eine Marke kann nur eingetragen werden, wenn der Eintragung unter anderem keine absoluten Schutzhindernisse (§ 8 MarkenG) entgegenstehen. Werden solche festgestellt – so z. B. das Fehlen jeglicher Unterscheidungskraft, weil es sich nur um eine rein sachbezogene Angabe handelt, wird Ihnen dieses in einem Beanstandungsbescheid mitgeteilt. Es besteht dann die Möglichkeit, sich innerhalb einer vom Amt gesetzten Frist zur Beanstandung zu äußern.

Kann die Beanstandung auch unter Berücksichtigung der Stellungnahme zu den aufgezeigten absoluten Schutzhindernissen nicht fallengelassen werden, entscheidet je nach Geschäftsverteilung ein Beamter des gehobenen oder höheren Dienstes oder ein vergleichbarer Angestellter als Prüfer/in über die Schutzfähigkeit der Marke. Hat ein Beamter des gehobenen Dienstes oder ein vergleichbarer Angestellter die Entscheidung getroffen, kann gegen diese Entscheidung *Erinnerung* eingelegt werden, über die dann ein Beamter des höheren Dienstes oder ein vergleichbarer Angestellter als Erinnerungsprüfer/in entscheiden wird. Gegen diese Entscheidung ist die *Beschwerde* zum Bundespatentgericht möglich.

Die Frist zur Einlegung der Erinnerung und der Beschwerde beträgt jeweils einen Monat ab Zustellung des Zurückweisungsbeschlusses. Die Erinnerung ist als ein Bestandteil des Verfahrens vor dem Patent- und Markenamt kostenfrei, während für die Beschwerde eine Gebühr nach dem Tarif zu entrichten ist. Näheres ergibt sich aus der Rechtsmittelbelehrung, die dem Zurückweisungsbeschluß beigefügt ist. Wird über die Erinnerung nicht innerhalb von sechs Monaten nach Einlegung entschieden, besteht die Möglichkeit, einen Antrag auf Entscheidung zu stellen. Sollte innerhalb von zwei Monaten nach Eingang dieses Antrags nicht entschieden werden, kann gegen den mit der Erinnerung angefochtenen Beschluß unmittelbar Beschwerde – Durchgriffsbeschwerde – eingelegt werden.

Stehen dem Antrag auf Eintragung einer Marke weder formelle Mängel noch Schutzhindernisse entgegen, wird die Eintragung in das beim Patent- und Markenamt geführte Register und die Veröffentlichung der Eintragung veranlaßt.

*Welche Möglichkeit bietet die eingetragene Marke?*

Mit der Eintragung der Marke entsteht ein ausschließliches Recht (§ 14 Abs. 1 MarkenG), das dem Markeninhaber unter anderem die Möglichkeit bietet, im Verletzungsfall Schadensersatzansprüche geltend zu machen oder die Unterlassung der beeinträchtigenden Handlung zu verlangen (vgl. §§ 14ff. MarkenG). *Allerdings ist zu beachten, daß die Marke im Falle eines sich anschließenden Widerspruchsverfahrens aufgrund älterer Markenrechte gelöscht werden kann. Es handelt sich insoweit zunächst um ein vorläufig eingetragenes Recht.*

Wie melde ich eine Marke an? **Merkblatt**

*Widerspruch*

Nachdem die angemeldete Marke zur Eintragung gelangt ist, besteht für die Inhaber älterer angemeldeter oder eingetragener Marken innerhalb von drei Monaten nach Veröffentlichung der Eintragung die Möglichkeit, Widerspruch einzulegen (§ 42 MarkenG). Der Widerspruch ist im Hinblick auf die Markenverordnung § 70 Abs. 4 in zweifacher Ausfertigung einzureichen. Dem Widerspruch ist grundsätzlich mit der Löschung der angegriffenen jüngeren Marke stattzugeben, insoweit wegen ihrer Identität oder Ähnlichkeit mit der älteren Widerspruchsmarke und der Identität oder Ähnlichkeit der durch die beiden Marken erfaßten Waren oder Dienstleistungen die Gefahr von Verwechslungen besteht (§ 9 Abs. 1 Nr. 2 MarkenG). Das Patent- und Markenamt nimmt von Amts wegen keine Prüfung auf möglicherweise entgegenstehende ältere Rechte vor. Sollte festgestellt werden, daß der eingetragenen Marke ältere Rechte entgegenstehen, wird die Eintragung gelöscht. Anderenfalls wird der Widerspruch zurückgewiesen. Die Eintragung ist in diesem Falle insoweit endgültig, als sie nur noch im Wege der Löschung, insbesondere durch Einleitung eines Löschungsverfahrens beseitigt werden kann.

*Wie lange ist die Marke geschützt?*

Die Schutzdauer einer eingetragenen Marke beginnt mit dem Anmeldetag (§ 33 Abs. 1 MarkenG) und endet zehn Jahre nach Ablauf des Monats, in den der Anmeldetag fällt. Die Schutzdauer kann um jeweils zehn Jahre verlängert werden. Die Verlängerung der Schutzdauer wird dadurch bewirkt, daß spätestens am letzten Tag der Schutzdauer die Verlängerungsgebühr bezahlt wird. Werden die Gebühren nicht rechtzeitig gezahlt, so teilt das Patent- und Markenamt dem Inhaber der eingetragenen Marke mit, daß die Eintragung der Marke gelöscht wird, wenn die Gebühren mit einem Zuschlag nach dem Tarif nicht innerhalb von sechs Monaten nach Ablauf des Monats, in dem die Mitteilung zugestellt worden ist, gezahlt werden. Aus Gründen der Kostenersparnis und der Verfahrensvereinfachung wird dem Markeninhaber dringend empfohlen, von der Möglichkeit der rechtzeitigen zuschlagsfreien Zahlung Gebrauch zu machen bzw. selbst den (teilweisen) Verzicht auf die Marke zu erklären (§ 48 Abs. 1 MarkenG), soweit eine Verlängerung der Schutzdauer nicht beabsichtigt ist.

*Löschung der Marke im Register*

Als Inhaber einer eingetragenen Marke können Sie jederzeit auf die Marke in ihrer Gesamtheit oder auf Teile, d. h. einzelne Waren/Dienstleistungen, verzichten (§ 48 MarkenG). Darüber hinaus kann die eingetragene Marke wegen Verfalls (§§ 49, 53 MarkenG) oder Nichtigkeit aufgrund absoluter Schutzhindernisse (§§ 50, 54 MarkenG) auf Antrag gelöscht werden. Daneben besteht die Möglichkeit, daß die im Register eingetragene Marke nach Abschluß eines vor den ordentlichen Gerichten durchgeführten Löschungsverfahrens gelöscht wird (§ 55 MarkenG).

*Hinweis*

Im Verfahren vor dem Patent- und Markenamt kann die Anmeldung jederzeit zurückgenommen werden. Darüber hinaus besteht auch die Möglichkeit, das Waren-/Dienstleistungsverzeichnis einzuschränken oder die Teilung der angemeldeten oder eingetragenen Marke zu erklären. Damit gelangt die Marke für die Waren und Dienstleistungen, bezüglich derer keine absoluten Schutzhindernisse bestehen, schneller zur Eintragung. Hinsichtlich weiterer Möglichkeiten zur Anmeldung einer Marke, insbesondere zu der Anmeldung per *Telefax* und zu der Anmeldung in einer fremden Sprache, sind die §§ 65 ff. MarkenV zu beachten. Das *Formular* zur Anmeldung einer Marke ist beim Patent- und Markenamt erhältlich.

Haben Sie noch *Fragen*, wenden Sie sich bitte an:

*Auskunftsstelle des Deutschen Patent- und Markenamts in München*
Telefon: (089) 21 95 – 34 02
*Auskunftsstelle Technischen Informationszentrum Berlin des Deutschen Patent- und Markenamts*
Telefon: (030) 2 59 92 – 2 20
*Auskunftsstelle Dienststelle Jena des Deutschen Patent- und Markenamts*
Telefon: (03641) 40 – 54

## 4. Mitteilung Nr. 16/94 des Präsidenten des Deutschen Patentamts über die Form der Darstellung von Hörmarken durch Sonagramm und ihre klangliche Wiedergabe gemäß § 11 Abs. 5 der Markenverordnung (MarkenV)

vom 16. Dezember 1994

(BlPMZ 1994, Sonderheft, S. 156; geändert durch Mitteilung Nr. 15/96 vom 12. August 1996, BlPMZ 1996, 392)

Nach dem neuen Markengesetz können mit Wirkung vom 1. Januar 1995 Hörzeichen durch Eintragung als Marke in das vom Deutschen Patentamt geführte Register geschützt werden. Gemäß § 11 Abs. 5 der Markenverordnung vom 30. November 1994 (BGBl. I S. 3555 ff.) trifft der Präsident des Deutschen Patentamts nähere Bestimmungen zur Form der Darstellung einer Hörmarke durch Sonagramm und die für die klangliche Wiedergabe zu verwendenden Datenträger sowie Einzelheiten der klanglichen Wiedergabe. Dementsprechend gilt bei der Anmeldung von Hörmarken folgendes:

1. *Zur Form der Darstellung einer Hörmarke durch Sonagramm*

Hörzeichen, die wegen der Art der Marke nicht in einer üblichen Notenschrift dargestellt werden können, sind durch ein Sonagramm wiederzugeben. Hierbei handelt es sich um ein zeitabhängiges Frequenz-Amplitudenspektrum. In einem Koordinatensystem werden die jeweiligen Amplituden von sinusförmigen Schallschwingungen mit ihren Frequenzen zeitabhängig wiedergegeben. Auf der horizontalen Achse wird die Zeit und auf der vertikalen Achse die Frequenz der Hörmarke aufgetragen. Die in Dezibel (dB) gemessene Höhe der Amplitude der jeweiligen Schallschwingung bestimmt den Schwärzungsgrad im Sonagramm. Die Darstellung der Werte erfolgt linear.

Auf der horizontalen Achse soll einem Zeitintervall von 20 ms eine Länge von einem Millimeter oder einem Zeitintervall von einer Sekunde eine Länge von 5 cm entsprechen. Auf der vertikalen Achse soll einem Frequenzintervall von 50 Hz eine Länge von einem halben Millimeter zugeordnet werden.

Es wird empfohlen, die Amplitude so wiederzugeben, daß einem Schalldruckpegel von 140 dB ein Schwärzungsgrad von 100 Prozent, einem Schalldruckpegel von -10 dB ein Schwärzungsgrad von 0 Prozent entspricht.

Auf die weiteren Bestimmungen des § 11 Abs. 2 Satz 2 iVm § 8 Abs. 2 bis 4 MarkenV zur Form der Wiedergabe wird hingewiesen. Das Sonagramm ist im Querformat darzustellen.

2. *Zur klanglichen Wiedergabe einer Hörmarke*

Ungeachtet der Kapazität des Tonträgers soll in jedem Fall die klangliche Wiedergabe eine für den Charakter einer Marke angemessene Dauer nicht überschreiten. Bei der Aufnahme der Hörmarke dürfen klangverändernde Verfahren nicht zum Einsatz kommen. Auf dem Tonträger ist der Name und die Anschrift des Anmelders zu vermerken. Für die klangliche Wiedergabe können folgende Tonträger verwendet werden:

a) Diskette

Die Hörmarke darf auf einer 3,5 Zoll Diskette im MS-DOS-Format mit einer Speicherkapazität von 1,44 Mbyte eingereicht werden. Für jede Hörmarke wird nur jeweils eine einzige Diskette zugelassen. Komprimierungsverfahren dürfen nicht zur Anwendung kommen. Der Dateiname, unter dem die Hörmarke zu finden ist, muß auf der Diskette angegeben sein.

Die Abtastfrequenz muß mindestens 22,05 kHz, die Auflösung mindestens acht Bit betragen. Die Wiedergabe kann in Mono oder Stereo erfolgen.

Die Hörmarke muß in einem der folgenden Formate auf der Diskette abgespeichert werden:
- VOC-Format (*.VOC)
- WAVE-Format (*.WAV)
- MIDI-Format (*.MID)

Form der Darstellung von Hörmarken      **Mitteilung Nr. 16/94**

b) Kompaktkassette
 Für die klangliche Wiedergabe einer Hörmarke kann auch eine handelsübliche, mit Analogsignalen bespielte Kompaktkassette (z. B. MC 60) verwendet werden.
c) Compact Disc (CD)
 Als Tonträger ist weiterhin eine Compact Disc in normaler Ausführung zugelassen.

# Klasseneinteilung

## 5. Klasseneinteilung von Waren und Dienstleistungen
### vom 1. Januar 1997[*]

### I. Waren

**Klasse 1**
Chemische Erzeugnisse für gewerbliche, wissenschaftliche, photographische, land-, garten- und forstwirtschaftliche Zwecke; Kunstharze im Rohzustand, Kunststoffe im Rohzustand;
Düngemittel;
Feuerlöschmittel;
Mittel zum Härten und Löten von Metallen;
chemische Erzeugnisse zum Frischhalten und Haltbarmachen von Lebensmitteln;
Gerbmittel;
Klebstoffe für gewerbliche Zwecke.

**Klasse 2**
Farben, Firnisse, Lacke;
Rostschutzmittel, Holzkonservierungsmittel;
Färbemittel;
Beizen;
Naturharze im Rohzustand;
Blattmetalle und Metalle in Pulverform für Maler, Dekorateure, Drucker und Künstler.

**Klasse 3**
Wasch- und Bleichmittel
Putz-, Polier-, Fettentfernungs- und Schleifmittel;
Seifen;
Parfümeriewaren, ätherische Öle, Mittel zur Körper- und Schönheitspflege, Haarwässer;
Zahnputzmittel.

**Klasse 4**
Technische Öle und Fette;
Schmiermittel;
Staubabsorbierungs-, Staubbenetzungs und Staubbindemittel;
Brennstoffe (einschließlich Motorentreibstoffe) und Leuchtstoffe;
Kerzen, Dochte.

**Klasse 5**
Pharmazeutische und veterinärmedizinische Erzeugnisse sowie Präparate für die Gesundheitspflege;
diätetische Erzeugnisse für medizinische Zwecke, Babykost;
Pflaster, Verbandmaterial;
Zahnfüllmittel und Abdruckmassen für zahnärztliche Zwecke;
Desinfektionsmittel;
Mittel zur Vertilgung von schädlichen Tieren;
Fungizide, Herbizide.

**Klasse 6**
Unedle Metalle und deren Legierungen;
Baumaterialien aus Metall;
transportable Bauten aus Metall;
Schienenbaumaterial aus Metall;
Kabel und Drähte aus Metall (nicht für elektrische Zwecke);
Schlosserwaren und Kleineisenwaren;

---

[*] Internetadresse: http://www.patent-und-markenamt.de/verfahren/verf_8a.htm (Dok.-Nr. W 7732).

Metallrohre;
Geldschränke;
Waren aus Metall, soweit sie nicht in anderen Klassen enthalten sind;
Erze.

**Klasse 7**
Maschinen und Werkzeugmaschinen;
Motoren (ausgenommen Motoren für Landfahrzeuge);
Kupplungen und Vorrichtungen zur Kraftübertragung (ausgenommen solche für Landfahrzeuge);
nicht handbetätigte landwirtschaftliche Geräte;
Brutapparate für Eier.

**Klasse 8**
Handbetätigte Werkzeuge und Geräte;
Messerschmiedewaren, Gabeln und Löffel;
Hieb- und Stichwaffen;
Rasierapparate.

**Klasse 9**
Wissenschaftliche, Schiffahrts-, Vermessungs-, elektrische, photographische, Film-, optische, Wäge-, Meß-, Signal-, Kontroll-, Rettungs- und Unterrichtsapparate und -instrumente;
Geräte zur Aufzeichnung, Übertragung und Wiedergabe von Ton und Bild;
Magnetaufzeichnungsträger, Schallplatten;
Verkaufsautomaten und Mechaniken für geldbetätigte Apparate;
Registrierkassen, Rechenmaschinen, Datenverarbeitungsgeräte und Computer;
Feuerlöschgeräte.

**Klasse 10**
Chirurgische, ärztliche, zahn- und tierärztliche Instrumente und Apparate, künstliche Gliedmaßen, Augen und Zähne;
orthopädische Artikel;
chirurgisches Nahtmaterial.

**Klasse 11**
Beleuchtungs-, Heizungs-, Dampferzeugungs-, Koch-, Kühl-, Trocken-, Lüftungs- und Wasserleitungsgeräte sowie sanitäre Anlagen.

**Klasse 12**
Fahrzeuge;
Apparate zur Beförderung auf dem Lande, in der Luft oder auf dem Wasser.

**Klasse 13**
Schußwaffen;
Munition und Geschosse;
Sprengstoffe;
Feuerwerkskörper.

**Klasse 14**
Edelmetalle und deren Legierungen sowie daraus hergestellte oder damit plattierte Waren, soweit sie nicht in anderen Klassen enthalten sind;
Juwelierwaren, Schmuckwaren, Edelsteine;
Uhren und Zeitmeßinstrumente.

**Klasse 15**
Musikinstrumente.

**Klasse 16**
Papier, Pappe (Karton) und Waren aus diesen Materialien, soweit sie nicht in anderen Klassen enthalten sind;

# Klasseneinteilung

Klasseneinteilung von Waren und Dienstleistungen

Druckereierzeugnisse;
Buchbinderartikel;
Photographien;
Schreibwaren;
Klebstoffe für Papier- und Schreibwaren oder für Haushaltszwecke;
Künstlerbedarfsartikel;
Pinsel;
Schreibmaschinen und Büroartikel (ausgenommen Möbel);
Lehr- und Unterrichtsmittel (ausgenommen Apparate);
Verpackungsmaterial aus Kunststoff, soweit sie nicht in anderen Klassen enthalten sind;
Spielkarten;
Drucklettern;
Druckstöcke.

### Klasse 17
Kautschuk, Guttapercha, Gummi, Asbest, Glimmer und Waren daraus, soweit sie nicht in anderen Klassen enthalten sind;
Waren aus Kunststoffen (Halbfabrikate);
Dichtungs-, Packungs- und Isoliermaterial;
Schläuche (nicht aus Metall).

### Klasse 18
Leder und Lederimitationen sowie Waren daraus, soweit sie nicht in anderen Klassen enthalten sind;
Häute und Felle;
Reise- und Handkoffer;
Regenschirme, Sonnenschirme und Spazierstöcke;
Peitschen, Pferdegeschirre und Sattlerwaren.

### Klasse 19
Baumaterialien (nicht aus Metall);
Rohre (nicht aus Metall) für Bauzwecke;
Asphalt, Pech und Bitumen;
transportable Bauten (nicht aus Metall);
Denkmäler (nicht aus Metall).

### Klasse 20
Möbel, Spiegel, Rahmen;
Waren, soweit sie nicht in anderen Klassen enthalten sind, aus Holz, Kork, Rohr, Binsen, Weide, Horn, Knochen, Elfenbein, Fischbein, Schildpatt, Bernstein, Perlmutter, Meerschaum und deren Ersatzstoffen oder aus Kunststoffen.

### Klasse 21
Geräte und Behälter für Haushalt und Küche (nicht aus Edelmetall oder plattiert);
Kämme und Schwämme;
Bürsten (mit Ausnahme von Pinseln);
Bürstenmachermaterial;
Putzzeug;
Stahlspäne;
rohes oder teilweise bearbeitetes Glas (mit Ausnahme von Bauglas);
Glaswaren, Porzellan und Steingut, soweit sie nicht in anderen Klassen enthalten sind.

### Klasse 22
Seile, Bindfaden, Netze, Zelte, Planen, Segel, Säcke (soweit sie nicht in anderen Klassen enthalten sind);
Polsterfüllstoffe (außer aus Kautschuk oder Kunststoffen);
rohe Gespinstfasern.

### Klasse 23
Garne und Fäden für textile Zwecke.

Klasseneinteilung von Waren und Dienstleistungen  **Klasseneinteilung**

**Klasse 24**
Webstoffe und Textilwaren, soweit sie nicht in anderen Klassen enthalten sind;
Bett- und Tischdecken.

**Klasse 25**
Bekleidungsstücke, Schuhwaren, Kopfbedeckungen.

**Klasse 26**
Spitzen und Stickereien, Bänder und Schnürbänder;
Knöpfe, Haken und Ösen, Nadeln;
künstliche Blumen.

**Klasse 27**
Teppiche, Fußmatten, Matten, Linoleum und andere Bodenbeläge;
Tapeten (ausgenommen aus textilem Material).

**Klasse 28**
Spiele, Spielzeug;
Turn- und Sportartikel, soweit sie nicht in anderen Klassen enthalten sind;
Christbaumschmuck.

**Klasse 29**
Fleisch, Fisch, Geflügel und Wild;
Fleischextrakte;
konserviertes, getrocknetes und gekochtes Obst und Gemüse;
Gallerten (Gelees), Konfitüren, Fruchtmuse;
Eier, Milch und Milchprodukte;
Speiseöle und -fette.

**Klasse 30**
Kaffee, Tee, Kakao, Zucker, Reis, Tapioka, Sago, Kaffee-Ersatzmittel;
Mehle und Getreidepräparate, Brot, feine Backwaren und Konditorwaren, Speiseeis;
Honig, Melassesirup;
Hefe, Backpulver;
Salz, Senf;
Essig, Saucen (Würzmittel);
Gewürze;
Kühleis.

**Klasse 31**
Land-, garten- und forstwirtschaftliche Erzeugnisse sowie Samenkörner, soweit sie nicht in anderen Klassen enthalten sind;
lebende Tiere;
frisches Obst und Gemüse;
Sämereien, lebende Pflanzen und natürliche Blumen;
Futtermittel, Malz.

**Klasse 32**
Biere;
Mineralwässer und kohlensäurehaltige Wässer und andere alkoholfreie Getränke;
Fruchtgetränke und Fruchtsäfte;
Sirupe und andere Präparate für die Zubereitung von Getränken.

**Klasse 33**
Alkoholische Getränke (ausgenommen Biere).

**Klasse 34**
Tabak;
Raucherartikel;
Streichhölzer.

# Klasseneinteilung

Klasseneinteilung von Waren und Dienstleistungen

## II. Dienstleistungen

**Klasse 35**
Werbung;
Geschäftsführung;
Unternehmensverwaltung;
Büroarbeiten.

**Klasse 36**
Versicherungswesen;
Finanzwesen;
Geldgeschäfte;
Immobilienwesen.

**Klasse 37**
Bauwesen;
Reparaturwesen;
Installationsarbeiten.

**Klasse 38**
Telekommunikation.

**Klasse 39**
Transportwesen;
Verpackung und Lagerung von Waren;
Veranstaltung von Reisen.

**Klasse 40**
Materialbearbeitung.

**Klasse 41**
Erziehung;
Ausbildung;
Unterhaltung;
sportliche und kulturelle Aktivitäten.

**Klasse 42**
Verpflegung;
Beherbergung von Gästen;
ärztliche Versorgung, Gesundheits- und Schönheitspflege;
Dienstleistungen auf dem Gebiet der Tiermedizin und der Landwirtschaft;
Rechtsberatung und -vertretung;
wissenschaftliche und industrielle Forschung;
Erstellen von Programmen für die Datenverarbeitung;
Dienstleistungen, die nicht in andere Klassen eingeordnet werden können.

## 6. Empfehlungsliste zur Klasseneinteilung der Waren und Dienstleistungen für die Eintragung von Marken

vom 1. November 1997
(BlPMZ 1998, 9)

### Vorwort

1. Bei der Anmeldung zur Eintragung einer Marke muß ein Verzeichnis der Waren und/oder Dienstleistungen angeben werden, für die die Eintragung beantragt wird (§ 32 Abs. 2 Nr. 3 MarkenG).

Die Waren und Dienstleistungen sind so zu bezeichnen, daß die Klassifizierung jeder einzelnen Ware und Dienstleistung in eine Klasse der Klasseneinteilung möglich ist (§ 14 Abs. 1 MarkenV). Die Waren/Dienstleistungen sollen in der Reihenfolge der Klasseneinteilung geordnet werden (§ 14 Abs. 3 MarkenV).

Es sind, soweit wie möglich, Begriffe der Klasseneinteilung selbst zu verwenden, da es sich um standardisierte, weitgehend zulässige Angaben handelt. Die Klasseneinteilung (Anlage zu § 15 Abs. 1 MarkenV) wird nachstehend wiedergegeben. Sie entspricht im Wortlaut der „Internationalen Klassifikation", die Gegenstand des „Nizzaer Abkommens für die internationale Klassifikation von Waren und Dienstleistungen für die Eintragung von Marken" (NKA) ist.

2. Bestimmte Waren und Dienstleistungen werden ihrer speziellen Funktion oder Bestimmung nach abweichend von den allgemeinen Oberbegriffen in andere Klassen eingeordnet (z. B. Kl. 20 Möbel, aber Spezialmobiliar für Laboratorien: Kl. 9; Spezialmobiliar für den ärztlichen Gebrauch: Kl. 10; Billardtische: Kl. 28 usw.; Kl. 25 Bekleidungsstücke, Schuhwaren und Kopfbedeckungen; aber Schutz- und Sicherheitskleidung: Kl. 9; Schutzhelme: Kl. 9; orthopädische Bekleidungsstücke und Schuhwaren: Kl. 10; Spezialbekleidung für bestimmte Sportarten, wie z. B. Baseball-, Boxhandschuhe: Kl. 28 usw.; Kl. 30 Tee, medizinischer Tee aber Kl. 5). Die Angaben erheben keinen Anspruch auf Vollständigkeit.

Im Einzelfall sollte die alphabetische Liste der Waren und Dienstleistungen (siehe unter Nr. 5) zu Rate gezogen werden, die ergänzend zur Nizzaer Klassifikation herausgegeben wurden. Diese Liste enthält zusätzliche Klassifizierungshinweise für eine Vielzahl einzelner Waren- und Dienstleistungsangaben sowie „Allgemeine Hinweise" und „Erläuternde Anmerkungen" zu den verschiedenen Klassen.

3. Das Patentamt setzt bei Eingang der Anmeldung entsprechend Nr. 1 für die genannten Waren- und Dienstleistungen die betreffenden Schwerpunktklassen fest, sofern die Begriffe hinreichend bestimmt sind. Wenn das nicht der Fall ist, wird mit dem Anmelder im Laufe des Verfahrens eine Klärung herbeigeführt.

Mit der Eintragung der Marke wird die Klassifizierung verbindlich und kann später nicht erweitert werden. Dies gilt auch für das Gesuch um internationale Registrierung der Marke gemäß Artikel 3 MMA/PMMA.

Die Schwerpunkt- bzw. endgültige Klassifizierung dient der Gebührenberechnung und ist ein Hilfsmittel für die Recherche. Darüber hinaus ist sie aber ein Kriterium für die spätere Auslegung der Waren- und Dienstleistungsangaben, z. B. bei der Subsumtionsprüfung im Zusammenhang mit den Fragen einer rechtserhaltenden Benutzung der Marke. Für die Beurteilung der Ähnlichkeit der Waren/Dienstleistungen hat sie dagegen keine Bedeutung.

4. Einige oberbegriffliche Angaben der Klasseneinteilung sind zum Zwecke einer hinreichenden Abgrenzung des Schutzbereichs der Anmeldungen (unabhängig von der Frage der Klassenzuordnung) beim Deutschen Patentamt zu konkretisieren. Die betreffenden Begriffe sind in der nachstehenden Empfehlungsliste durch Kursivdruck und grau unterlegten Untergrund kenntlich gemacht. Zulässige Erläuterungshinweise sind jeweils nachfolgend eingerückt.

# Empfehlungsliste

5. Die alphabetische Liste der Waren oder Dienstleistungen (Deutsch/Englisch/Französisch) ist unter dem Titel *Internationale Klassifikation von Waren und Dienstleistungen für die Eintragung von Marken* in ihrer derzeit 7. Auflage bei der „Weltorganisation für geistiges Eigentum, OMPI/WIPO", 34, chemin des Colombettes, CH-1211 Genf 20 (Best.-Nr. WIPO Veröffentlichung No. 500.1 GEF) zu beziehen.

Das Werk umfaßt zwei Bände. Teil I enthält die Liste der Waren und Dienstleistungen in alphabetischer Reihenfolge sowie die „Allgemeinen Anmerkungen" und die „Erläuternden Hinweise" zu den einzelnen Klassen, ferner den Text des „Nizzaer Klassifikationsabkommens". Teil II enthält die Liste der Waren und Dienstleistungen in alphabetischer Reihenfolge, geordnet nach Klassen. Beide Bände sind erforderlich, um einen zutreffenden Überblick in Fragen der Klassifikation zu erhalten.

Im übrigen sind bei der WIPO in Genf die englische und französische Originalliste sowie die Übersetzungen zahlreicher anderer Sprachen erhältlich. Die verschiedenen Bände werden durch eine Konkordanzliste ergänzt, nach der über die Basisnummer der einzelnen Positionen die Übersetzungen in den verschiedenen Sprachen ermittelt werden können (Best.-Nr. WIPO Publication No. 500.4).

Empfehlungsliste zur Klasseneinteilung

# Empfehlungsliste

## WAREN UND DIENSTLEISTUNGEN
### Synopse

# Empfehlungsliste

Empfehlungsliste zur Klasseneinteilung

## WAREN

**Klasse 1.**
Chemische Erzeugnisse für gewerbliche, wissenschaftliche, photographische, land-, garten- und forstwirtschaftliche Zwecke;
Kunstharze im Rohzustand, Kunststoffe im Rohzustand;
Düngemittel;
Feuerlöschmittel;
Mittel zum Härten und Löten von Metallen;
chemische Erzeugnisse zum Frischhalten und Haltbarmachen von Lebensmitteln;
Gerbmittel;
Klebstoffe für gewerbliche Zwecke.

**Klasse 2.**
Farben, Firnisse, Lacke;
Rostschutzmittel, Holzkonservierungsmittel;
Färbemittel;
Beizen;
Naturharze im Rohzustand;
Blattmetalle und Metalle in Pulverform für Maler, Dekorateure, Drucker und Künstler.

**Klasse 3.**
Wasch- und Bleichmittel;
Putz-, Polier-, Fettentfernungs- und Schleifmittel;
Seifen;
Parfümeriewaren, ätherische Öle, Mittel zur Körper- und Schönheitspflege, Haarwässer;
Zahnputzmittel.

**Klasse 4.**
Technische Öle und Fette;
Schmiermittel;
Staubabsorbierungs-, Staubbenetzungs- und Staubbindemittel;
Brennstoffe (einschließlich Motorentreibstoffe) und Leuchtstoffe;
Kerzen, Dochte.

Empfehlungsliste zur Klasseneinteilung

Empfehlungsliste

## PRODUITS

### Classe 1.
Produits chimiques destinés à l'industrie, aux sciences, à la photographie, ainsi qu'à l'agriculture, l'horticulture et la sylviculture;

résines artificielles à l'état brut, matières plastiques à l'état brut;

engrais pour les terres;

compositions extinctrices;

préparations pour la trempe et la soudure des métaux;

produits chimiques destinés à conserver les aliments;

matières tannantes;

adhésifs (matières collantes) destinés à l'industrie.

### Classe 2.
Couleurs, vernis, laques;

préservatifs contre la rouille et contre la détérioration du bois;

matières tinctoriales;

mordants;

résines naturelles à l'état brut;

métaux en feuilles et en poudre pour peintres, décorateurs, imprimeurs et artistes.

### Classe 3.
Préparations pour blanchir et autres substances pour lessiver;

préparations pour nettoyer, polir, dégraisser et abraser;

savons;

parfumerie, huiles essentielles, cosmétiques, lotions pour les cheveux;

dentifrices.

### Classe 4.
Huiles et graisses industrielles;

lubrifiants;

produits pour absorber, arroser et lier la poussière;

combustibles (y compris les essences pour moteurs) et matières éclairantes;

bougies, mèches.

## GOODS

### Class 1.
Chemicals used in industry, science and photography, as well as in agriculture, horticulture and forestry;

unprocessed artificial resins, unprocessed plastics;

manures;

fire extinguishing compositions;

tempering and soldering preparations;

chemical substances for preserving foodstuffs;

tanning substances;

adhesives used in industry.

### Class 2.
Paints, varnishes, lacquers;

preservatives against rust and against deterioration of wood;

colorants;

mordants;

raw natural resins;

metals in foil and powder form for painters, decorators, printers and artists.

### Class 3.
Bleaching preparations and other substances for laundry use;

cleaning, polishing, scouring and abrasive preparations;

soaps;

perfumery, essential oils, cosmetics, hair lotions;

dentifrices.

### Class 4.
Industrial oils and greases;

lubricants;

dust absorbing, wetting and binding compositions;

fuels (including motor spirit) and illuminants;

candles, wicks.

# Empfehlungsliste

Empfehlungsliste zur Klasseneinteilung

**Klasse 5.**
**Pharmazeutische und veterinärmedizinische Erzeugnisse sowie Präparate für die Gesundheitspflege;**
**diätetische Erzeugnisse für medizinische Zwecke, Babykost;**
**Pflaster, Verbandmaterial;**
**Zahnfüllmittel und Abdruckmassen für zahnärztliche Zwecke;**
**Desinfektionsmittel;**
**Mittel zur Vertilgung von schädlichen Tieren;**
**Fungizide, Herbizide.**

**Klasse 6.**
**Unedle Metalle und deren Legierungen;**
**Baumaterialien aus Metall;**
**transportable Bauten aus Metall;**
**Schienenbaumaterial aus Metall;**
**Kabel und Drähte aus Metall (nicht für elektrische Zwecke);**
**Schlosserwaren und Kleineisenwaren;**
**Metallrohre;**
**Geldschränke;**
**Waren aus Metall, soweit in Klasse 6 enthalten;**
**Erze.**

**Klasse 7.**
*Maschinen*
*Erläuterung durch:*
a) *Angabe des Verwendungszwecks oder des Industriezweiges, z. B.:*
   Maschinen für die Metall-, Holz-, Kunststoffverarbeitung,
   Maschinen für die chemische Industrie, die Landwirtschaft, den Bergbau,
   Textilmaschinen,
   Maschinen für die Getränkeindustrie,
   Baumaschinen,
   Verpackungsmaschinen
   *oder*

Empfehlungsliste zur Klasseneinteilung

# Empfehlungsliste

Classe 5.
Produits pharmaceutiques, vétérinaires et hygiéniques;
substances diététiques à usage médical, aliments pour bébés;
emplâtres, matériel pour pansements;
matières pour plomber les dents et pour empreintes dentaires;
désinfectants;
produits pour la destruction des animaux nuisibles;
fongicides, herbicides.

Class 5.
Pharmaceutical, veterinary and sanitary preparations;
dietic substances adapted for medical use, food for babies;
plasters, materials for dressings;
material for stopping teeth, dental wax;
disinfectants;
preparations for destroying vermin;
fungicides, herbicides.

Classe 6.
Métaux communs et leurs alliages;
matériaux de construction métalliques;
constructions transportables métalliques;
matériaux métalliques pour les voies ferrées;
câbles et fils métalliques non électriques;
serrurerie et quincaillerie métalliques;
tuyaux métalliques;
coffres-forts;
produits métalliques (compris dans la classe 6);
minerais.

Class 6.
Common metals and their alloys;
metal building materials;
transportable buildings of metal;
materials of metal for railway tracks;
non-electric cables and wires of common metal;
ironmongery, small items of metal hardware;
pipes and tubes of metal;
safes;
goods of common metal, included in class 6;
ores.

Classe 7.
*Machines*
*Précision par:*
a) *Indication de l'utilisation ou de la branche de l'industrie, p. ex.:*
Machines a travailler les métaux, le bois, les matières plastiques,
machines pour l'industrie chimique, agricole, minière,
textile,
des boissons,
machines de construction,
machines d'emballage
*ou*

Class 7.
*Machines*
*Specification by:*
a) *Indication of use or of the branch of industry, e. g.:*
Metal-, wood-, plastics working machines,
machines for the chemical industry, for agriculture, mining,
textile machines,
machines for the beverage industry,
construction machines,
packaging machines
*or*

# Empfehlungsliste

Empfehlungsliste zur Klasseneinteilung

b) *Einzelbenennungen, vgl. „Alphabetische Liste der Waren und Dienstleistungen", Teil II, Klasse 7*

**und Werkzeugmaschinen;**
**Motoren (ausgenommen Motoren für Landfahrzeuge);**
**Kupplungen und Vorrichtungen zur Kraftübertragung (ausgenommen solche für Landfahrzeuge);**
**Nicht handbetätigte landwirtschaftliche Geräte;**
**Brutapparate für Eier.**

**Klasse 8.**
**Handbetätigte Werkzeuge** *und Geräte;*

*Erläuterung durch:*
a) *Angabe des Verwendungszwecks, z. B.:*
   *handbetätigte Geräte für land-, garten- und forstwirtschaftliche Zwecke, für den Maschinen-, Apparate- und Fahrzeugbau sowie für die Bautechnik;*

*oder*
b) *Einzelbenennungen, vgl. „Alphabetische Liste der Waren und Dienstleistungen", Teil II, Klasse 8*

**Messerschmiedewaren, Gabeln und Löffel;**
**Hieb- und Stichwaffen;**
**Rasierapparate.**

**Klasse 9.**
**Wissenschaftliche, Schiffahrts-, Vermessungs-,** *elektrische*\*, **photographische, Film-, optische, Wäge-, Meß-, Signal-, Kontroll-, Rettungs- und Unterrichts***apparate und -instrumente;*

\* *Erläuterung durch:*
a) Apparate und Instrumente für die Starkstromtechnik, nämlich für die Leitung, Umwandlung, Speicherung, Regelung und Steuerung;
   Apparate und Instrumente für die Schwachstromtechnik, nämlich für die Nachrichten-, Hochfrequenz- und Regelungstechnik;

*oder*

Empfehlungsliste zur Klasseneinteilung  Empfehlungsliste

b) *Indications individuelles, voir „Liste alphabétique des produits et des services", Partie II, Classe 7*

et machines-outils;

moteurs (à l'exception des moteurs pour véhicules terrestres);

accouplements et organes de transmission (à l'exception de ceux pour véhicules terrestres);

instruments agricoles non entraînés manuellement;

couveuses pour les œufs.

**Classe 8.**

Outils *et instruments à main* entraînés manuellement;

*Précision par:*

*a) indication de l'utilisation, p. ex.:*

instruments actionnés à main pour l'agriculture, l'horticulture et la sylviculture, pour la construction de machines, d'appareils et de véhicules ainsi que pour la technique de construction;

*ou*

b) *Indications individuelles, voir „Liste alphabétique des produits et des services", Partie II, Classe 8*

coutellerie, fourchettes et cuillers;

armes blanches;

rasoirs.

**Classe 9.**

*Appareils et instruments* scientifiques, nautiques, géodésiques, *électriques*\*, photographiques, cinématographiques, optiques, de pesage, de mesurage, de signalisation, de contrôle (inspection), de secours (sauvetage) et d'enseignement;

\**Précision par:*

a) appareils et instruments pour la technique de courants forts, à savoir pour la conduite, la transformation, l'accumulation, le réglage et la commande;

appareils et instruments pour la technique des courants faibles, à savoir pour la télécommunication, pour la technique de la haute fréquence et la technique du réglage;

*ou*

b) *Individual designations, see „Alphabetical list of goods and services", Part II, Class 7*

and machine tools;

motors and engines (except for land vehicles);

machine coupling and transmission components (except for land vehicles);

agricultural implements (not hand operated);

incubators for eggs.

**Class 8.**

Hand tools *and implements* (hand operated);

*Specification by:*

*a) Indication of use, e. g.:*

hand operated implements for use in agriculture, horticulture and forestry, for the construction of machines, apparatus and vehicles, for the building industry;

*or*

b) *Individual designations, see „Alphabetical list of goods and services", Part II, Class 8*

cutlery;

side arms;

razors.

**Class 9.**

Scientific, nautical, surveying, *electric*\*, photographic, cinematographic, optical, weighing, measuring, signalling, checking (supervision), life-saving and teaching *apparatus and instruments;*

\**Specification by:*

a) heavy current engineering, namely for the fields of conduction, transformation, storage, regulation and control;

apparatus and instruments for light current engineering, namely the fields of telecommunication, high frequency and regulation;

*or*

**Empfehlungsliste**   Empfehlungsliste zur Klasseneinteilung

b) elektrische Apparate und Instrumente (soweit in Klasse 9 enthalten)

*oder*

c) *Einzelbenennungen, vgl. „Alphabetische Liste der Waren und Dienstleistungen", Teil II, Klasse 9*

**Geräte zur Aufzeichnung, Übertragung und Wiedergabe von Ton und Bild;
Magnetaufzeichnungsträger, Schallplatten;
Verkaufsautomaten und Mechaniken für geldbetätigte Apparate;
Registrierkassen, Rechenmaschinen, Datenverarbeitungsgeräte und Computer;
Feuerlöschgeräte.**

**Klasse 10.
Chirurgische, ärztliche, zahn- und tierärztliche Instrumente und Apparate, künstliche Gliedmaßen, Augen und Zähne;
orthopädische Artikel;
chirurgisches Nahtmaterial.**

**Klasse 11.
Beleuchtungs-, Heizungs-, Dampferzeugungs-, Koch-, Kühl-, Trocken-, Lüftungs- und Wasserleitungsgeräte sowie sanitäre Anlagen.**

**Klasse 12.
Fahrzeuge;
Apparate zur Beförderung auf dem Lande, in der Luft oder auf dem Wasser.**

**Klasse 13.
Schußwaffen;
Munition und Geschosse;
Sprengstoffe;
Feuerwerkskörper.**

Empfehlungsliste zur Klasseneinteilung

b) appareils et instruments électriques (compris dans la classe 9);
   ou
c) Indications individuelles, voir „Liste alphabétique des produits et des services", Partie II, Classe 9

appareils pour l'enregistrement, la transmission, la reproduction du son ou des images;

supports d'enregistrement magnétiques, disques acoustiques;

distributeurs automatiques et mécanismes pour appareils à prépaiement;

caisses enregistreuses, machines à calculer, équipement pour le traitement de l'information et les ordinateurs;

extincteurs.

Classe 10.
Appareils et instruments chirurgicaux, médicaux, dentaires et vétérinaires, membres, yeux et dents artificiels;

articles orthopédiques;

matériel de suture.

Classe 11.
Appareils d'éclairage, de chauffage, de production de vapeur, de cuisson, de réfrigération, de séchage, de ventilation, de distribution d'eau et installations sanitaires.

Classe 12.
Véhicules;
appareils de locomotion par terre, par air ou par eau.

Classe 13.
Armes à feu;
munitions et projectiles;
explosifs;
feux d'artifice.

# Empfehlungsliste

b) electric apparatus and instruments (included in class 9)
   or
c) Individual designations, see „Alphabetical list of goods and services", Part II, Class 9

apparatus for recording, transmission or reproduction of sound or images;

magnetic data carriers, recording discs;

automatic vending machines and mechanisms for coin operated apparatus;

cash registers, calculating machines, data processing equipment and computers;

fire-extinguishing apparatus.

Class 10.
Surgical, medical, dental and veterinary apparatus and instruments, artificial limbs, eyes and teeth;

orthopedic articles;

suture materials.

Class 11.
Apparatus for lighting, heating, steam generating, cooking, refrigerating, drying, ventilating, water supply and sanitary purposes.

Class 12.
Vehicles;
apparatus for locomotion by land, air or water.

Class 13.
Firearms;
ammunition and projectiles;
explosives;
fireworks.

# Empfehlungsliste

Empfehlungsliste zur Klasseneinteilung

**Klasse 14.**
**Edelmetalle und deren Legierungen sowie daraus hergestellte oder damit plattierte Waren, soweit in Klasse 14 enthalten;**
**Juwelierwaren, Schmuckwaren, Edelsteine;**
**Uhren und Zeitmeßinstrumente.**

**Klasse 15.**
**Musikinstrumente.**

**Klasse 16.**
**Papier, Pappe (Karton) und Waren aus diesen Materialien, soweit in Klasse 16 enthalten;**
**Druckereierzeugnisse;**
**Buchbinderartikel;**
**Photographien;**
**Schreibwaren;**
**Klebstoffe für Papier- und Schreibwaren oder für Haushaltszwecke;**
**Künstlerbedarfsartikel;**
**Pinsel;**
**Schreibmaschinen und Büroartikel (ausgenommen Möbel);**
**Lehr- und Unterrichtsmittel (ausgenommen Apparate);**
**Verpackungsmaterial aus Kunststoff, soweit in Klasse 16 enthalten;**
**Spielkarten;**
**Drucklettern;**
**Druckstöcke.**

**Klasse 17.**
**Kautschuk, Guttapercha, Gummi, Asbest, Glimmer und** Waren daraus, soweit in Klasse 17 enthalten;

*Ersetzung durch:*

a) Waren aus Kautschuk, Guttapercha oder Gummi, in Form von Blöcken, Platten, Stangen, Folien, Schnüren oder Bändern (sämtlich als Halbfabrikate);

*oder*

b) Einzelbenennungen, vgl. „Alphabetische Liste der Waren und Dienstleistungen", Teil II, Klasse 17

## Classe 14.

Métaux précieux et leurs alliages et produits en ces matières ou en plaqué (compris dans la classes 14);

joaillerie bijouterie, pierres précieuses;

horlogerie et instruments chronométriques.

## Classe 15.
Instruments de musique.

## Classe 16.
Papier, carton et produits en ces matières (compris dans la classe 16);

produits d'imprimerie;
articles pour reliures;
photographies;
papeterie;
adhésifs (matières collantes) pour la papeterie ou le ménage;
matériel pour les artistes;
pinceaux;
machines à écrire et articles de bureau (à l'exception des meubles);
matériel d'instruction ou d'enseignement (à l'exception des appareils);
matières plastiques pour l'emballage (comprises dans la classe 16);
cartes à jouer;
caractères d'imprimerie;
clichés.

## Classe 17.
Caoutchouc, gutta-percha, gomme, amiante, mica et *produits en ces matières (compris dans la classe 17);*

*Remplacement par:*
a) produits en caoutchouc, gutta-percha ou gomme, sous forme de blocs, plaques, barres, feuilles, cordes ou bandes (tous comme produits semi-finis);
   *ou*
b) *Indications individuelles, voir „Liste alphabétique des produits et des services", Partie II, Classe 17*

## Class 14.

Precious metals and their alloys and goods of precious metals or coated therewith (included in class 14);

jewellery, precious stones;

horological and chronometric instruments.

## Class 15.
Musical instruments.

## Class 16.
Paper, cardboard and goods made from these materials (included in class 16);

printed matter;
bookbinding material;
photographs;
stationery;
adhesives for stationery or household purposes;
artists' materials;
paint brushes;
typewriters and office requisites (except furniture);
instructional and teaching material (except apparatus);
plastic materials for packaging (included in class 16);
playing cards;
printers' type;
printing blocks.

## Class 17.
Rubber, gutta-percha, gum, asbestos, mica and *goods made form these materials (included in class 17);*

*Substitution by:*
a) goods made of rubber, gutta-percha or gum, in form of blocks, plates, bars, sheets, cords or bands (all semi-worked);
   *or*
b) *Individual designation, see „List of goods and services", Part II, Class 17*

## Empfehlungsliste

Empfehlungsliste zur Klasseneinteilung

Waren aus Kunststoffen (Halbfabrikate);
Dichtungs-, Packungs- und Isoliermaterial;
Schläuche (nicht aus Metall).

Klasse 18.
Leder und Lederimitationen sowie Waren daraus, soweit in Klasse 18 enthalten;
Häute und Felle;
Reise- und Handkoffer;
Regenschirme, Sonnenschirme und Spazierstöcke;
Peitschen, Pferdegeschirre und Sattlerwaren.

Klasse 19.
Baumaterialien (nicht aus Metall);
Rohre (nicht aus Metall) für Bauzwecke;
Asphalt, Pech und Bitumen;
transportable Bauten (nicht aus Metall);
Denkmäler (nicht aus Metall).

Klasse 20
Möbel, Spiegel, Rahmen;
Waren, soweit in Klasse 20 enthalten, aus Holz, Kork, Rohr, Binsen, Weide, Horn, Knochen, Elfenbein, Fischbein, Schildpatt, Bernstein, Perlmutter, Meerschaum und deren Ersatzstoffe oder aus Kunststoffen.

Klasse 21.
Geräte und Behälter für Haushalt und Küche (nicht aus Edelmetall oder plattiert);
Kämme und Schwämme;
Bürsten (mit Ausnahme von Pinseln);
Bürstenmachermaterial;
Putzzeug;
Stahlspäne;
rohes oder teilweise bearbeitetes Glas (mit Ausnahme von Bauglas);
Glaswaren, Porzellan und Steingut, soweit in Klasse 21 enthalten.

Empfehlungsliste zur Klasseneinteilung

Produits en matières plastiques miouvrées;

matières à calfeutrer, à étouper et à isoler;

tuyaux flexibles non métalliques.

plastics in extruded form for use in manufacture;

packing, stopping and insulating materials;

flexible pipes, not of metal.

Classe 18.

Cuir et imitations de cuir, produits en ces matières (compris dans la classe 18);

peaux d'animaux;

malles et valises;

parapluies, parasols et cannes;

fouets et sellerie.

Class 18.

Leather and imitations of leather, and goods made of these materials (included in class 18);

Animal skins, hides;

trunks and travelling bags;

umbrellas, parasols and walking sticks;

whips, harness and saddlery.

Classe 19.

Matériaux de construction non métalliques;

tuyaux rigides non métalliques pour la construction;

asphalte, poix et bitume;

constuctions transportables non métalliques;

monuments non métalliques.

Class 19.

Building materials (non-metallic);

non-metallic rigid pipes for building;

asphalt, pitch and bitumen;

non-metallic transportable buildings;

monuments, not of metal.

Classe 20.

Meubles, glaces (miroirs), cadres;

produits (compris dans la classe 20) en bois, liège, roseau, jonc, osier, corne, os, ivoire, baleine, écaille, ambre, nacre, écume de mer, succédanés de toutes ces matières ou en matières plastiques.

Class 20.

Furniture, mirrors, picture frames;

goods (included in class 20) of wood, cork, reed, cane, wicker, horn, bone, ivory, whalebone, shell, amber, mother-of-pearl, meerschaum and substitutes for all these materials, or of plastics.

Classe 21.

Ustensiles et récipients pour le ménage ou la cuisine (ni en métaux précieux, ni en plaqué);

peignes et éponges;

brosses (à l'exception des pinceaux);

matériaux pour la brosserie;

matériel de nettoyage;

paille de fer;

verre brut ou mi-ouvré (à l'exception du verre de construction);

verrerie, porcelaine et faience (comprises dans la classe 21).

Class 21.

Household or kitchen utensils and containers (not of precious metal or coated therewith);

combs and sponges;

brushes (except paint brushes);

brush-making materials;

articles for cleaning purposes;

steelwool;

unworked or semi-worked glass (except glass used in building);

glassware, porcelain and earthenware (included in class 21).

# Empfehlungsliste

Empfehlungsliste zur Klasseneinteilung

**Klasse 22.**
Seile, Bindfaden, Netze, Zelte, Planen, Segel, Säcke (soweit in Klasse 22 enthalten);
Polsterfüllstoffe (außer aus Kautschuk oder Kunststoffen);
rohe Gespinstfasern.

**Klasse 23.**
Garne und Fäden für textile Zwecke.

**Klasse 24.**
Webstoff und Textilwaren, soweit in Klasse 24 enthalten;
Bett- und Tischdecken.

**Klasse 25.**
Bekleidungsstücke, Schuhwaren, Kopfbedeckungen.

**Klasse 26.**
Spitzen und Stickereien, Bänder und Schnürbänder;
Knöpfe, Haken und Ösen, Nadeln;
künstliche Blumen.

**Klasse 27.**
Teppiche, Fußmatten, Matten, Linoleum und andere Bodenbeläge;
Tapeten (ausgenommen aus textilem Material).

**Klasse 28.**
Spiele, Spielzeug;
Turn- und Sportartikel, soweit in Klasse 28 enthalten;
Christbaumschmuck.

**Klasse 29.**
Fleisch, Fisch, Geflügel und Wild;
Fleischextrakte;
konserviertes, getrocknetes und gekochtes Obst und Gemüse;
Gallerten (Gelees);
Konfitüren, Fruchtmuse;
Eier, Milch und Milchprodukte;
Speiseöle und -fette.

Empfehlungsliste zur Klasseneinteilung

# Empfehlungsliste

Classe 22.

Cordes, ficelles, filets, tentes, bâches, voiles, sacs (compris dans la classe 22);

matières de rembourrage (à l'exception du caoutchouc ou des matières plastiques);

matières textiles fibreuses brutes.

Class 22.

Ropes, string, nets, tents, awnings, tarpaulins, sails, sacks and bags (included in class 22);

Padding and stuffing materials (except of rubber or plastics);

raw fibrous textile materials.

Classe 23.

Fils à usage textile.

Class 23.

Yarns and threads, for textile use.

Classe 24.

Tissus et produits textiles (compris dans la classe 24);

couvertures de lit et de table.

Class 24.

Textiles and textile goods (included in class 24);

bed and table covers.

Classe 25.

Vêtements, chaussures, chapellerie.

Class 25.

Clothing, footwear, headgear.

Classe 26.

Dentelles et broderies, rubans et lacets;

boutons, crochets et oeillets, épingles et aiguilles;

fleurs artificielles.

Class 26.

Lace and embroidery, ribbons and braid;

buttons, hooks and eyes, pins and needles;

artificial flowers.

Classe 27.

Tapis, paillassons, nattes, linoléum et autres revêtements de sols;

tentures murales non en matières textiles.

Class 27.

Carpets, rugs, mats and matting, linoleum and other materials for covering existing floors;

wall hangings (non-textile).

Classe 28.

Jeux, jouets;

articles de gymnastique et de sport (compris dans la classe 28);

décorations pour arbres de Noël.

Class 28.

Games and playthings;

gymnastics and sporting articles (included in class 28);

decorations for Christmas trees.

Classe 29.

Viande, paisson, volaille et gibier;
extraits de viande;
fruits et légumes conservés, séchés et cuits;
gelées; confitures, compotes;
œufs, lait et produits laitiers;
huiles et graisses comestibles.

Class 29.

Meat, fish, poultry and game;
meat extracts;
preserved, dried and cooked fruits and vegetables;
jellies; jams, fruit sauces;
eggs, milk and milk products;
edible oils and fats.

# Empfehlungsliste

Empfehlungsliste zur Klasseneinteilung

**Klasse 30.**
Kaffee, Tee, Kakao, Zucker, Reis, Tapioka, Sago, Kaffee-Ersatzmittel;
Mehle und Getreidepräparate;
Brot, feine Backwaren und Konditorwaren, Speiseeis;
Honig, Melassesirup;
Hefe, Backpulver;
Salz;
Senf;
Essig, Saucen (Würzmittel);
Gewürze;
Kühleis.

**Klasse 31.**
Land-, garten- und forstwirtschaftliche Erzeugnisse sowie Samenkörner, soweit in Klasse 31 enthalten;
lebende Tiere;
frisches Obst und Gemüse;
Sämereien, lebende Pflanzen und natürliche Blumen;
Futtermittel, Malz.

**Klasse 32.**
Biere;
Mineralwässer und kohlensäurehaltige Wässer und andere alkoholfreie Getränke;
Fruchtgetränke und Fruchtsäfte;
Sirupe und andere Präparate für die Zubereitung von Getränken.

**Klasse 33.**
Alkoholische Getränke (ausgenommen Biere).

**Klasse 34.**
Tabak;
Raucherartikel;
Streichhölzer.

## DIENSTLEISTUNGEN

**Klasse 35.**
Werbung;
Geschäftsführung;
Unternehmensverwaltung;
Büroarbeiten.

Empfehlungsliste zur Klasseneinteilung

# Empfehlungsliste

Classe 30.
Café, thé, cacao, sucre, riz, tapioca, sagou, succédanés de café;
farines et préparations faites de céréales;
pain, pâtisserie et confiserie, glaces comestibles;
miel, sirop de mélasse;
levure, poudre pour faire lever;
sel;
moutarde;
vinaigre, sauces (condiments);
épices;
glace à rafraîchir.

Classe 31.
Produits agricoles, horticoles, forestiers et graines, (compris dans la classe 31);
animaux vivants;
fruits et légumes frais;
semences, plantes et fleurs naturelles;
aliments pour les animaux, malt.

Classe 32.
Bières;
eaux minérales et gazeuses et autres boissons non alcooliques;
boissons de fruits et jus de fruits;
sirops et autres préparations pour faire des boissons.

Classe 33.
Boissons alcooliques (à l'exception des bières).

Classe 34.
Tabac;
articles pour fumeurs;
allumettes.

## SERVICES

Classe 35.
Publicité;
gestion des affaires commerciales;
administration commerciale;
travaux de bureau.

Class 30.
Coffee, tea, cocoa, sugar, rice, tapioca, sago, artificial coffee;
flour and preparations made from cereals;
bread, pastry and confectionery, ices;
honey, treacle;
yeast, baking-powder;
salt;
mustard;
vinegar, sauces (condiments);
spices;
ice.

Class 31.
Agricultural, horticultural and forestry products and grains (included in class 31);
live animals;
fresh fruits and vegetables;
seeds, natural plants and flowers;
foodstuffs for animals, malt.

Class 32.
Beers;
mineral and aereated waters and other non-alcoholic drinks;
fruit drinks and fruit juices;
syrups and other preparations for making beverages.

Class 33.
Alcoholic beverages (except beers).

Class 34.
Tobacco;
smokers' articles;
matches.

## SERVICES

Class 35.
Advertising;
business management;
business administration;
office functions.

# Empfehlungsliste

Empfehlungsliste zur Klasseneinteilung

**Klasse 36.**
Versicherungswesen;
Finanzwesen;
Geldgeschäfte;
Immobilienwesen.

**Klasse 37.**
Bauwesen;
*Reparaturwesen;*
*Erläuterung durch Angabe der Art der Reparaturdienste (z. B. Angabe der Warenbereiche), vgl. „Alphabetische Liste der Waren und Dienstleistungen", Teil II, Klasse 37*

**Installationsarbeiten.**

**Klasse 38.**
Telekommunikation.

**Klasse 39.**
Transportwesen;
Verpackung und Lagerung von Waren;
Veranstaltung von Reisen.

**Klasse 40.**
Materialbearbeitung.

**Klasse 41.**
Erziehung;
Ausbildung;
Unterhaltung;
sportliche und kulturelle Aktivitäten.

**Klasse 42.**
Verpflegung;
Beherbergung von Gästen;
ärztliche Versorgung, Gesundheits- und Schönheitspflege;
Dienstleistungen auf dem Gebiet der Tiermedizin und der Landwirtschaft;
Rechtsberatung und -vertretung;
wissenschaftliche und industrielle Forschung;
Erstellen von Programmen für die Datenverarbeitung;
*Dienstleistungen, die nicht in Klasse 35–41 fallen,*
vgl. „Alphabetische Liste der Waren und Dienstleistungen", Teil II, Klasse 42.

## Empfehlungsliste

**Classe 36.**
Assurances;
affaires financières;
affaires monétaires;
affaires immobilières.

**Classe 37.**
Construction;
*réparation;*
Précision par indication du type des services de réparation (p. ex. indicaton du secteur des produits), voir „Liste alphabétique des produits et des services", Partie II, Classe 37
services d'installation.

**Classe 38.**
Télécommunications.

**Classe 39.**
Transport;
emballage et entreposage de marchandises;
organisation de voyages.

**Classe 40.**
Traitement de matériaux.

**Classe 41.**
Education;
formation;
divertissement;
activités sportives et culturelles.

**Classe 42.**
Restauration (alimentation);
hébergement temporaire;
soins médicaux, d'hygiène et de beauté;
services vétérinaires et d'agriculture;
services juridiques;
recherche scientifique et industrielle;
programmation pour ordinateurs;
*services qui ne peuvent pas être rangés dans les classes 35–41,*
voir „Liste alphabétique des produits et des services", Partie II, Classe 42.

**Class 36.**
Insurance;
financial affairs;
monetary affairs;
real estate affairs.

**Class 37.**
Building construction;
*repair;*
Specification by designation of the type of service (e. g. cite the field of goods), see „Alphabetical list of goods and services", Part II, Class 37
installation services.

**Class 38.**
Telecommunications.

**Class 39.**
Transport;
packaging and storage of goods;
travel arrangement.

**Class 40.**
Treatment of materials.

**Class 41.**
Education;
providing of training;
entertainment;
sporting and cultural activities.

**Class 42.**
Providing of food and drink;
temporary accommodation;
medical, hygienic and beauty care;
veterinary and agricultural services;
legal services;
scientific and industrial research;
computer programming;
*services that cannot be placed in classes 35–41,*
see „Alphabetical list of goods and services", Part II, Class 42.

# 7. Richtlinie für das markenrechtliche Widerspruchsverfahren (Richtlinie Widerspruchsverfahren)

vom 17. November 1997

(BlPMZ 1998, 1)*

## Inhaltsübersicht

| | |
|---|---|
| Vorbemerkung | 2514 |
| A. Zuständigkeiten | 2515 |
| B. Verfahrensbeteiligte | 2515 |
|    I. Berechtigung zum Widerspruch; Löschungsgründe | 2516 |
|    II. Rechtsinhaberschaft und Übertragung bei den Marken, dingliche Rechte | 2516 |
|    III. Konkurs oder Tod eines Beteiligten | 2517 |
| C. Prüfung des Widerspruchs | 2517 |
|    I. Frist, Form und Gebühr | 2518 |
|    II. Schutz der älteren Marke | 2518 |
|       1. Identität der Marken und Waren oder Dienstleistungen | 2518 |
|       2. Verwechslungsgefahr | 2518 |
|          a) Komplexer Prüfungsmaßstab | 2518 |
|          b) Arten der Verwechslungsgefahr | 2519 |
|          c) Allgemeine Beurteilungsgrundsätze | 2520 |
|          d) Ähnlichkeit der Waren und Dienstleistungen | 2520 |
|          e) Ähnlichkeit der Marken | 2522 |
|             aa) Kollision bei mehrteiligen Marken | 2522 |
|             bb) Zahlen- und Buchstabenmarken, dreidimensionale Marken und Hörmarken | 2523 |
|          f) Kennzeichnungskraft der älteren Marke | 2524 |
|          g) Gedankliches Inverbindungbringen der Marken (assoziative Verwechslungsgefahr) | 2525 |
|       3. Einrede der Nichtbenutzung | 2525 |
|          a) Zulässigkeit | 2525 |
|          b) Materielle Voraussetzungen der rechtserhaltenden Benutzung | 2526 |
|       4. Unbeachtliches Vorbringen | 2527 |
|          a) Einwendungen des Inhabers der angegriffenen Marke | 2527 |
|          b) Vorbringen des Widersprechenden | 2527 |
| D. Entscheidung im Widerspruchsverfahren | 2528 |
|    I. Herbeiführen der Entscheidungsreife | 2528 |
|       1. Ermittlungen | 2528 |
|       2. Fristen, rechtliches Gehör | 2528 |
|    II. Entscheidung in der Hauptsache | 2529 |
|    III. Kostenentscheidung | 2529 |
|    IV. Aussetzung | 2529 |

## Vorbemerkung

Das Widerspruchsverfahren ist durch das Gesetz über den Schutz von Marken und sonstigen Kennzeichen vom 25. Oktober 1994, berichtigt am 27. Januar 1995, geändert am 24. Juli 1996 (Markengesetz – MarkenG) grundlegend umgestaltet worden. Insbesondere ist das Widerspruchsverfahren jetzt der Eintragung „nachgeschaltet" (§ 42 Abs. 1 MarkenG; §§ ohne Angabe des Gesetzes beziehen sich auf das MarkenG). Allerdings bleibt es Teil des Eintragungsverfahrens, da Teil 3 Abschnitt 1 dieses Verfahren einschließlich der Bearbeitung von Widersprüchen regelt.

---

* Internetadresse: http://www.patent-und-markenamt.de/pmz/h9712151.htm.

Das Markengesetz (Bl. f. PMZ 1994, Sonderheft „Das neue Markengesetz"; hier als „Bl. f. PMZ Sonderheft" zitiert) ist grundsätzlich auch auf diejenigen Widerspruchsverfahren anzuwenden, die vor seinem Inkrafttreten am 1. Januar 1995 anhängig waren (§ 152). Das Gesetz trifft außerdem ergänzende Regelungen über den Markenschutz nach dem MMA (§§ 107 bis 128). Der Schutz von Marken nach dem Protokoll zum MMA ist ebenfalls geregelt (§§ 119 bis 125); diese Bestimmungen sind mit dem Protokoll zum MMA (Bl. f. PMZ 1996, 49 ff.) in Kraft getreten (Artikel 50 Abs. 2 Satz 1 Markenrechtsreformgesetz – MRRG), das seit dem 1. April 1996 angewendet wird (Bl. f. PMZ 1996, 110: s. auch Bl. f. PMZ 1996, 271). Zu den weiteren neuen Rechtsgrundlagen für das Widerspruchsverfahren gehört vor allem die Verordnung zur Ausführung des Markengesetzes vom 30. November 1994 (Markenverordnung – MarkenV; Bl. f. PMZ Sonderheft, 156 ff.). Im Markengesetz sind außerdem die Regelungen der §§ 125a bis 125h betreffend Gemeinschaftsmarken eingefügt worden (Bl. f. PMZ 1996, 393 ff.).

Mit dem Markengesetz wird die Erste Richtlinie des Rates der EG Nr. 89/104 zur Angleichung der Rechtsvorschriften der Mitgliedsstaaten über die Marken vom 21. Dezember 1988 (Bl. f. PMZ Sonderheft, 146 ff.) umgesetzt (hier als „EG-Markenrechtsrichtlinie" zitiert). Das Gesetz ist daher unter Berücksichtigung der EG-Markenrechtsrichtlinie, ihrer Erwägungsgründe und der Rechtsprechung des Gerichtshofs der Europäischen Gemeinschaften (EuGH), also „europäisch" auszulegen (Regierungsbegründung zum Gesetzentwurf, Bl. f. PMZ Sonderheft, 45, 52 re. Sp.; hier als „Regierungsbegründung" zitiert).

Mit der umfassenden Neugestaltung des Markenrechts soll ein neuer Anfang gemacht werden (Regierungsbegründung in Bl. f. PMZ Sonderheft, S. 53). Dies schließt es andererseits nicht aus, im Einzelfall zu erwägen, ob an die bisherige Rechtsprechung und Spruchpraxis angeknüpft werden kann. Für eine Anknüpfung können Gründe der Rechtssicherheit und Vorhersehbarkeit sprechen. Die frühere Rechtsprechung und Praxis müssen aber immer daraufhin überprüft werden, ob sie mit Wortlaut und Sinn des neuen Rechts vereinbar sind.

Bei der hier vorgelegten Richtlinie ist zu berücksichtigen, daß mit dem neuen Recht noch weitere Erfahrungen gesammelt werden müssen. Es ist daher beabsichtigt, die Richtlinie von Zeit zu Zeit zu überprüfen und sie der Rechtsentwicklung anzupassen.

## A. Zuständigkeiten

Zuständig für die Entscheidung über Widersprüche sind die Markenstellen (§ 56 Abs. 2 Satz 1), deren Geschäftskreis der Präsident des Deutschen Patentamts bestimmt (§ 9 DPAV). Beschlüsse werden in der Regel von einem Beamten des gehobenen Dienstes oder einem vergleichbaren Angestellten (§ 56 Abs. 2 Satz 3) gefaßt (Erstprüfer). Dessen Entscheidungen können mit der Erinnerung angefochten werden (§ 64 Abs. 1 Satz 1), über die ein Mitglied des Patentamts entscheidet (§ 64 Abs. 4). Es kann sich um ein rechtskundiges, aber auch um ein technisches Mitglied des Patentamts handeln, das auf dem Gebiet des Markenrechts die erforderliche Sachkunde besitzt (Regierungsbegründung zu § 56, Bl. f. PMZ Sonderheft, 92 f.). Erinnerungsbeschlüsse sind mit der Beschwerde anfechtbar (§ 66 Abs. 1; zur sog. Durchgriffsbeschwerde s. § 66 Abs. 3). Ist die Markenstelle mit einem Mitglied des Patentamts besetzt, ist gegen dessen Beschlüsse sogleich die Beschwerdemöglichkeit eröffnet (§ 66 Abs. 1 Satz 1).

Bei der Vorbereitung der Beschlußfassung werden die Prüfer von den Sachbearbeitern (SB II) unterstützt, die für die formelle Bearbeitung im Widerspruchsverfahren zuständig sind. Die Aufgaben des SB II werden von Beamten des gehobenen Dienstes bzw. vergleichbaren Angestellten wahrgenommen (vgl. § 56 Abs. 2 Satz 3).

## B. Verfahrensbeteiligte

Beteiligte des Widerspruchsverfahrens sind der Widersprechende und der Inhaber der angegriffenen Marke. Ein Beteiligter kann sich durch einen Bevollmächtigten vertreten lassen (§ 76 Abs. 1 Satz 1 MarkenV; zur Vollmacht s. § 77 MarkenV). Zur geschäftsmäßigen Ver-

**WiderspruchsverfahrenRL**  Richtlinie Widerspruchsverfahren

tretung befugt sind Rechtsanwälte, Patentanwälte, Patentassessoren (im Rahmen des § 155 PatanwO) und Erlaubnisscheininhaber (im Rahmen des § 177 PatanwO). Beteiligte ohne Wohnsitz, Sitz oder Niederlassung im Inland müssen einen Inlandsvertreter bestellen (§ 96 Abs. 1). Ergänzend wird auf Nr. III 3b der Richtlinie Markenanmeldungen (Bl. f. PMZ 1995, 378, 381) hingewiesen.

## I. Berechtigung zum Widerspruch; Löschungsgründe

Die Aktivlegitimation des Widersprechenden ist in § 42 Abs. 1 und 2 und in § 28 geregelt (s. auch oben B I. und II.). In den meisten Fällen wird der Widerspruch vom Inhaber einer angemeldeten oder eingetragenen älteren Marke eingelegt (§§ 42 Abs. 2 Nr. 1, 9 Abs. 1 oder 2). Diese Vorschriften sind auch auf Widerspruchsverfahren anzuwenden, die bereits bei Inkrafttreten des Markengesetzes anhängig waren (§§ 152, 158 Abs. 2 Satz 2).

Widerspruchsberechtigt ist der Inhaber einer Marke mit älterem Zeitrang (§ 42 Abs. 1).

Zeitranggleiche Rechte begründen keine gegenseitigen Ansprüche (§ 6 Abs. 4). Nach § 42 Abs. 2 kann der Widerspruch nur darauf gestützt werden, daß die jüngere Marke aus folgenden Gründen zu löschen ist:
– wegen einer älteren angemeldeten oder eingetragenen deutschen Marke (§ 9 Abs. 1 Nr. 1 und 2; zur Aussetzung bei älteren Anmeldungen s. § 9 Abs. 2 und unten D IV.),
– wegen einer älteren notorisch bekannten Marke (§§ 10, 9 Abs. 1 Nr. 1 und 2),
– wegen der Eintragung einer Marke ohne Zustimmung des Markeninhabers für dessen Agenten oder Vertreter (§ 11),
– wegen einer älteren international registrierten Marke (§§ 107, 116 Abs. 1),
– wegen einer älteren IR-Protokollmarke (§§ 119, 124, 116 Abs. 1),
– wegen einer älteren Gemeinschaftsmarke (vgl. § 125b Nr. 1 und 4, Bl. f. PMZ 1996, 393 und Regierungsbegründung, Bl. f. PMZ Sonderheft, 53 li.Sp.)

## II. Rechtsinhaberschaft und Übertragung bei den Marken, dingliche Rechte

Die Zulässigkeit fristgebundener Handlungen bemißt sich nach dem zum Zeitpunkt der Vornahme der Handlung, allenfalls nach dem zur Zeit des Fristablaufes geltenden Rechts. Für die Widerspruchsbefugnis ist (für den bis zum 31. Dezember 1994 geltenden Rechtszustand) allein die materielle Berechtigung entscheidend (BPatG in Mitt. 1996, 51 – quickslide).

§ 28 Abs. 1 stellt die Vermutung auf, daß dem im Register als Inhaber der Marke Eingetragenen das durch die Eintragung begründete Recht zusteht und er nicht nur formell, sondern auch materiell berechtigt ist. Die sachliche Berechtigung des Eingetragenen wird nicht von Amts wegen geprüft, wenn der andere Beteiligte die Aktivlegitimation nicht bestreitet. Dem Einwand der fehlenden Aktivlegitimation ist aber nachzugehen, wenn ernsthafte Zweifel bestehen und der vorliegende Sachverhalt eine abschließende und erschöpfende Beurteilung ermöglicht (vgl. BPatGE 16, 184, 186).

Die verfahrensrechtliche Stellung des Rechtsnachfolgers wird durch § 28 Abs. 2 geregelt.

Tritt während des Widerspruchsverfahrens eine Rechtsnachfolge ein, gelten nach der Rechtsprechung des Bundespatentgerichts (BPatG in Mitt. 97, 162) die §§ 265 und 325 ZPO entgegen der Regierungsbegründung zu § 28, S. 79 li. Sp. nicht.

Der Rechtsnachfolger selbst kann die erworbene Rechtsposition im Verfahren ausüben, sobald der Antrag auf Eintragung des Rechtsübergangs dem Patentamt zugegangen ist (§ 28 Abs. 2 Satz 1). In § 28 Abs. 2 Satz 1 ist ein Zustimmungserfordernis nicht vorgesehen. Hinzu kommt, daß das Widerspruchsverfahren als kursorisches Registerverfahren auf die rasche Erledigung einer Vielzahl von Fällen angelegt ist (siehe unten C vor I.), und die Notwendigkeit einer Zustimmung das Verfahren erheblich verzögern würde.

Liegt dem Patentamt ein Antrag auf Eintragung des Rechtsübergangs vor, sind Verfügungen und Beschlüsse nicht nur dem als Inhaber der Marke Eingetragenen zuzustellen, sondern auch dem Rechtsnachfolger (§ 28 Abs. 3 Satz 2).

Das durch die Eintragung einer Marke begründete Recht kann Gegenstand eines Pfandrechts oder sonstigen dinglichen Rechts sein (§ 29 Abs. 1 Nr. 1). Diese Rechte werden auf Antrag eines Beteiligten in das Register eingetragen, wenn sie dem Patentamt nachgewiesen werden (§ 29 Abs. 2). Bei einem vollständigen oder teilweisen Verzicht auf die Marke wird die Eintragung, falls dingliche Rechte eingetragen sind, nur mit Zustimmung des Inhabers eines solchen Rechts gelöscht (§ 48 Abs. 2). Daher bedarf beispielsweise die Beschränkung des Warenverzeichnisses der jüngeren Marke im Widerspruchsverfahren der Zustimmung des dinglich Berechtigten. Beizubringen ist die Zustimmung vom Inhaber der jüngeren Marke.

### III. Konkurs oder Tod eines Beteiligten

Mit der Eröffnung eines inländischen Konkursverfahrens über das Vermögen eines Beteiligten verliert der Gemeinschuldner die Befugnis, über die zur Konkursmasse gehörende Marke zu verfügen (§ 6 Abs. 1 KO). Dennoch vorgenommene Verfügungen sind den Konkursgläubigern gegenüber unwirksam (§ 7 Abs. 1 KO).

Nach § 240 ZPO unterbricht die Eröffnung des inländischen (nicht eines ausländischen, BPatG in Mitt. 1997, 160 – ULTRA GLOW) Konkursverfahrens das Widerspruchsverfahren, bis es nach den für den Konkurs geltenden Vorschriften (z.B. durch den Konkursverwalter, § 10 Abs. 1 Satz 1 KO) aufgenommen oder das Konkursverfahren aufgehoben wird.

Die Unterbrechung hat Auswirkungen auf den Lauf von Fristen (§ 249 Abs. 1 ZPO). Handlungen des Patentamts oder eines Beteiligten während der Unterbrechung sind unwirksam (§ 249 Abs. 2 ZPO). Ist das durch die Eintragung einer Marke begründete Recht von einem Konkursverfahren betroffen, wird dies auf Antrag des Konkursverwalters oder auf Ersuchen des Konkursgerichts in das Register eingetragen (§ 29 Abs. 3).

An die Stelle der Konkursordnung wird die Insolvenzordnung (InsO) vom 5. Oktober 1994 treten (BGBl. I, 2866), die grundsätzlich am 1. Januar 1999 in Kraft tritt (§ 335 InsO i.V.m. Art. 110 Abs. 1 Einführungsgesetz zur Insolvenzordnung – EGInsO, BGBl. 1994 I, 2911).

Der Tod eines Beteiligten unterbricht das Widerspruchsverfahren ebenfalls. Die Unterbrechung endet mit der Aufnahme des Verfahrens durch die Rechtsnachfolger (§ 239 Abs. 1 ZPO; zur Wirkung der Unterbrechung s. auch hier § 249 Abs. 1 und 2 ZPO).

### C. Prüfung des Widerspruchs

Im Widerspruchsverfahren gilt der Grundsatz der Amtsermittlung (§ 59 Abs. 1 Satz 1). Andererseits hat es auch kontradiktorischen Charakter. In gewissem Umfang gelten der Verhandlungs- und der Verfügungsgrundsatz (zu diesen Begriffen s. Thomas-Putzo, Zivilprozeßordnung, 18. Auflage, Einl. I, Rdn. 1 ff.). So wird beispielsweise die Nichtbenutzung der Widerspruchsmarke nur dann berücksichtigt, wenn der Inhaber der angegriffenen Marke die entsprechende Einrede erhebt (§ 43).

Außerdem ist das Widerspruchsverfahren ein kursorisches registerrechtliches Verfahren, das ebenso wie das Verfahren zur Prüfung auf das Vorliegen absoluter Schutzhindernisse der raschen Erledigung einer großen Zahl von Eintragungsanträgen dient. Daher kann eine Reihe von Fragen, die für die endgültige Berechtigung der Eintragung von Bedeutung ist, im Widerspruchsverfahren nicht untersucht werden. Insbesondere für umfangreiche und zeitraubende Beweiserhebungen – beispielsweise zur Kennzeichnungskraft aufgrund der Benutzungslage – ist das registerrechtliche Verfahren wenig geeignet (vgl. Regierungsbegründung zu § 9 und zu § 42, Bl. f. PMZ Sonderheft, 67 bzw. 86 li. Sp.; vgl. auch BGH in Bl. f. PMZ 1967, 57, 60 – Vitapur). Eine in die Einzelheiten gehende Klärung des Sachverhalts bleibt also häufig dem Zivilprozeß vorbehalten (vgl. auch C II. 4. Unbeachtliches Vorbringen).

# WiderspruchsverfahrenRL

## I. Frist, Form und Gebühr

Die Widerspruchsfrist beträgt drei Monate seit dem Veröffentlichungstag der Eintragung der jüngeren Marke (§ 42 Abs. 1). Richtet sich der Widerspruch gegen die Schutzbewilligung für eine international registrierte Marke, beginnt die Widerspruchsfrist mit dem ersten Tag des Monats, der dem Monat folgt, der als Ausgabemonat des Heftes des Veröffentlichungsblatts angegeben ist, in dem die Veröffentlichung der international registrierten Marke enthalten ist (§ 114 Abs. 2).

Bestimmungen zu Form und Inhalt des Widerspruchs sind in §§ 26 und 27 MarkenV getroffen. Zu beachten sind außerdem die allgemeinen Formvorschriften für Anträge und Eingaben (§§ 63 bis 67, 69 und 70 MarkenV). Insbesondere ist die Widerspruchsschrift doppelt einzureichen, auch von allen weiteren Eingaben sind Abschriften beizufügen (§ 70 Abs. 4 MarkenV). Eine Begründung des Widerspruchs ist nicht erforderlich.

Die Widerspruchsgebühr beträgt 200,- DM bzw. übergangsweise bis zum 31. Dezember 1997 170,- DM für Widersprechende aus den neuen Bundesländern (§ 42 Abs. 3 Satz 1 i.V.m. Nr. 131.400 der Anlage zu § 1 des Patentgebührengesetzes, § 7 Abs. 1 Patentgebührengesetz). Wird die vollständige Gebühr nicht fristgerecht gezahlt, gilt der Widerspruch als nicht erhoben (§ 42 Abs. 3 Satz 2). Die Wiedereinsetzung in die versäumten Fristen zur Einlegung des Widerspruchs oder Bezahlung der Widerspruchsgebühr ist ausgeschlossen (§ 91 Abs. 1 Satz 2).

## II. Schutz der älteren Marke

### 1. Identität der Marken und Waren oder Dienstleistungen

Der Widerspruch des Inhabers einer älteren angemeldeten oder eingetragenen Marke hat zum einen dann Erfolg, wenn die Marken und die von ihnen erfaßten Waren oder Dienstleistungen identisch sind (§§ 43 Abs. 2 Satz 1, 42 Abs. 2 Nr. 1, 9 Abs. 1 Nr. 1). In diesen Fällen, die in der Praxis nur selten auftreten, besteht für die ältere Marke ein absoluter Schutz (Regierungsbegründung zu § 9, Bl. f. PMZ Sonderheft, 65 re. Sp.), ohne daß es einer Prüfung der Verwechslungsgefahr bedarf (BPatG in GRUR 1996, 204, 206 – Swing).

### 2. Verwechslungsgefahr

Der Widerspruch ist zum anderen dann begründet (§ 9 Abs. 1 Nr. 2), wenn wegen der Identität oder Ähnlichkeit der jüngeren Marke mit einer angemeldeten oder eingetragenen älteren Marke und wegen der Identität oder Ähnlichkeit der von beiden Marken erfaßten Waren oder Dienstleistungen die Gefahr von Verwechslungen besteht, einschließlich der Gefahr, daß die Marken gedanklich miteinander in Verbindung gebracht werden.

#### a) Komplexer Prüfungsmaßstab

Die von § 9 Abs. 1 Nr. 2 geregelten Kollisionstatbestände stellen in der Praxis die Regelfälle dar. Im Mittelpunkt der Entscheidung steht hier die Verwechslungsgefahr. § 9 Abs. 1 Nr. 2 entspricht Art. 4 Abs. 1b der EG-Markenrechtsrichtlinie. Deren Erwägungsgrund 10 (Bl. f. PMZ Sonderheft, 146 re. Sp.) ist daher für die Auslegung des neuen Begriffs der Verwechslungsgefahr von erheblicher Bedeutung. Erwägungsgrund 10 lautet wörtlich:

„Zweck des durch die eingetragene Marke gewährten Schutzes ist es, insbesondere die Herkunftsfunktion der Marke zu gewährleisten ... Der Schutz erstreckt sich ebenfalls auf Fälle der Ähnlichkeit von Zeichen und Marke und der jeweiligen Waren oder Dienstleistungen. Es ist unbedingt erforderlich, den Begriff der Ähnlichkeit im Hinblick auf die Verwechslungsgefahr auszulegen. Die Verwechslungsgefahr stellt die spezifische Voraussetzung für den Schutz dar; ob sie vorliegt, hängt von einer Vielzahl von Umständen ab, insbesondere dem Bekanntheitsgrad der Marke im Markt, der gedanklichen Verbindung, die das benutzte oder eingetragene Zeichen zu ihr hervorrufen kann, sowie dem Grad der Ähnlichkeit zwischen der Marke und dem Zeichen und zwischen den damit gekennzeichneten Waren oder Dienstleistungen. Bestimmungen über die Art und Weise der Feststellung der Verwechslungsgefahr, insbesondere über die Beweislast, sind Sache nationaler Verfahrensregeln, die von der Richtlinie nicht berührt werden."

Der neue Rechtsbegriff der Verwechslungsgefahr führt somit zu einem einheitlichen, komplexen Prüfungsmaßstab, der eine Vielzahl von Kriterien umfaßt. Wesentliche, im Gesetz bzw. in Erwägungsgrund 10 ausdrücklich hervorgehobene Faktoren sind der Grad der Ähnlichkeit zwischen den Marken und zwischen den Waren oder Dienstleistungen und die Kennzeichnungskraft der älteren Marke. Die Kriterien der Verwechslungsgefahr stehen zueinander in einer *Wechselwirkung* und sind deshalb von Fall zu Fall *unterschiedlich zu gewichten* (BGH in Bl. f. PMZ 1995, 168, 171 – Oxygenol II). Dementsprechend können Abweichungen zwischen den Marken durch die Nähe der Waren oder Dienstleistungen ausgeglichen werden; umgekehrt kann eine starke Ähnlichkeit der Marken die Unterschiede zwischen den Waren und Dienstleistungen aufwiegen.

Bei Beurteilung der Markenähnlichkeit können die zur Verwechslungsgefahr i.S. des Warenzeichengesetzes angewendeten Grundsätze als Orientierungshilfe herangezogen werden (vgl. BGH in Bl. f. PMZ 1996, 180, 181 – Springende Raubkatze). Das Gemeinschaftsrecht gebietet keine enge Auslegung des Begriffs der Verwechslungsgefahr (EuGH in GRUR 1994, 286, 287 – Quattro/Quadra; GRUR Int. 1994, 614, 615 – Ideal Standard II).

Eine Anknüpfung an die bisherige Praxis ist schließlich deshalb nicht ausgeschlossen, weil die Gewährung der Herkunftsfunktion, die nach früherem Recht eine Hauptfunktion der Marke war, auch im Markengesetz als wesentliches Ziel des Markenschutzes anerkannt ist (Erwägungsgrund 10). Die Bedeutung der Herkunftsfunktion wird also nicht in Frage gestellt (BGH in GRUR 1995, 583, 584 – MONTANA). Allerdings ist in jedem Fall kritisch zu prüfen, ob die bisherige Praxis mit Wortlaut und Sinn des Markengesetzes im Einklang steht.

Auch der Begriff der Warenähnlichkeit als eines der wesentlichen Kriterien der Verwechslungsgefahr ist ein – im Verhältnis zum „statischen" Gleichartigkeitsbegriff – neuer, eigenständiger Rechtsbegriff (BGH a.a.O.). Bei der Prüfung der Ähnlichkeit von Waren und Dienstleistungen sind alle relevanten Gesichtspunkte wie z.B. die Herstellungsbetriebe und Vertriebswege zu berücksichtigen, wobei grundsätzlich auch nach dem Regierungsentwurf die Stärke oder Schwäche der Marken Bedeutung gewinnen kann (vgl. Regierungsbegründung zu § 9, Bl. f. PMZ Sonderheft, 66 li. Sp.; anders nach früherem Recht BGH in Bl. f. PMZ 1965, 155 – Magirus). Ob allerdings wirklich die Bestimmung des Ähnlichkeitsbereichs der Waren und Dienstleistungen flexibel, d.h. nach Maßgabe des Einzelfalles unter Berücksichtigung des Ähnlichkeitsgrades der konkret im Streit stehenden Marken und einer im Einzelfall festgestellten Bekanntheit der älteren Marke zu erfolgen hat, wird von der Rechtsprechung verneint (vgl. BPatG in Bl. f. PMZ 1996, 371, 372 – Swing) und ist Gegenstand einer Richtervorlage an den EuGH (BGH in GRUR 1997, 221 – Canon).

Obwohl die Auslegung des Rechtsbegriffs der Warenähnlichkeit neu zu entwickeln ist, kann es je nach Lage des Einzelfalles auch in Zukunft erforderlich sein, auf die gleichen Kriterien zurückzugreifen wie bisher bei der Bestimmung des Gleichartigkeitsbereichs (BGH – Oxygenol II, a. a. O.).

### b) Arten der Verwechslungsgefahr

§ 9 Abs. 1 Nr. 2 regelt zunächst den Fall, daß wegen der Identität oder Ähnlichkeit der Marken und der Identität oder Ähnlichkeit der Waren oder Dienstleistungen die Gefahr von Verwechslungen zwischen den Marken selbst besteht, daß also die Verbraucher irrtümlich die jüngere Marke für die ältere halten. Diesem Tatbestand entspricht die bisherige unmittelbare Verwechslungsgefahr (siehe dazu Althammer/Ströbele/Klaka, Markengesetz, 5. Aufl., § 9 Rdn. 16).

Darüber hinaus erwähnt § 9 Abs. 1 Nr. 2, zweiter Halbsatz im Zusammenhang mit der Verwechslungsgefahr die Gefahr, daß die Marken gedanklich miteinander in Verbindung gebracht werden. Beispiele für diese „assoziative" Verwechslungsgefahr sind die Fälle, in denen bisher von mittelbarer Verwechslungsgefahr oder Verwechslungsgefahr im weiteren Sinne gesprochen worden ist (zum gedanklichen Inverbindungbringen siehe auch unten g)).

### c) Allgemeine Beurteilungsgrundsätze

Ob Verwechslungsgefahr besteht, ist nach den Umständen des jeweiligen Einzelfalles zu entscheiden. Zahlreiche Gesichtspunkte sind maßgebend (vgl. Erwägungsgrund 10 der EG-Richtlinie). Folgende schon bisher angewendete Bewertungsgrundsätze (vgl. Althammer/Ströbele/Klaka, Markengesetz, § 9 Rdn. 11 ff., 62 ff.) können auch in Zukunft eine Orientierungshilfe sein:

– Art der Waren (und Dienstleistungen)

Innerhalb des Ähnlichkeitsbereichs der Waren kann insbesondere die Warenart für die Beurteilung der Verwechslungsgefahr eine maßgebliche Rolle spielen.

Bei höherwertigen Gegenständen, die regelmäßig nach eingehender Überlegung und Prüfung erworben werden, ist die Verwechslungsgefahr grundsätzlich geringer als bei Waren des täglichen Bedarfs und bei Gegenständen von niedrigem Wert. Die Käufer von Arzneimitteln z.B. bringen im Interesse ihrer Gesundheit ein gewisses Maß an Aufmerksamkeit auf. Sind die Arzneimittel rezeptpflichtig, ist weitgehend das Verständnis des verordnenden Arztes und des Apothekers maßgebend (vgl. BGH in GRUR 1990, 453, 455 re. Sp. – L-Thyroxin), wodurch die Verwechslungsgefahr vermindert oder ganz beseitigt werden kann.

– Beteiligte Verkehrskreise

Der Kreis der Verkehrsbeteiligten umfaßt je nach Art und Zweckbestimmung der Waren oder Dienstleistungen unterschiedliche Personengruppen. Bei Fachleuten besteht regelmäßig ein hoher Kenntnisstand über die Produkte und Marken ihres Fachgebiets. Sie können daher die Marken im allgemeinen bereits aufgrund geringerer Unterschiede auseinanderhalten. Soweit die Waren für das allgemeine Publikum bestimmt sind, wird demgegenüber davon auszugehen sein, daß die Fähigkeit, die Marken zu unterscheiden, eher schwächer ausgeprägt ist.

– Gesamteindruck und Erinnerungsbild

Die Prüfung der Verwechslungsgefahr hat nach dem Gesamteindruck der sich gegenüberstehenden Marken und der von ihnen erfaßten Waren und Dienstleistungen zu erfolgen. Maßgebend ist die Durchschnittsauffassung der inländischen Abnehmerkreise, an die sich die Waren und Dienstleistungen wenden. Zu beachten ist, daß die Verbraucher die Marken regelmäßig nicht nebeneinander wahrnehmen. Vielmehr ist das Erinnerungsbild der Verkehrsbeteiligten entscheidend, das oft nur undeutlich ist (BGH in GRUR 1990, 450, 452 – St. Petersquelle). Manche Abweichung zwischen den Marken prägt sich dem Gedächtnis nicht ein, so daß sie nicht zur Unterscheidbarkeit beiträgt.

– Sinngehalt

Ein ohne weiteres erkennbarer Sinngehalt der Marken kann ihre Unterscheidbarkeit gewährleisten bzw. erleichtern. Beinhalten beide Marken unterschiedliche geläufige Begriffe, kann die Verwechslungsgefahr entfallen. Vermittelt nur die eine Marke einen Sinngehalt, kann die Verwechslungsgefahr ebenfalls ausgeschlossen, zumindest aber herabgesetzt sein.

– Ähnlichkeitsgrad der Marken und Waren oder Dienstleistungen, Kennzeichnungskraft

Zwischen diesen Faktoren besteht eine Wechselwirkung in der Weise, daß der Ähnlichkeitsgrad der Marken um so geringer sein kann, je größer deren Kennzeichnungskraft und/oder die Nähe der Waren bzw. Dienstleistungen ist (BGH in Bl. f. PMZ 1995, 251, 252 li.Sp – Indorektal/Indohexal).

### d) Ähnlichkeit der Waren und Dienstleistungen

Bei der Beurteilung des neuen Rechtsbegriffs der Ähnlichkeit von Waren und Dienstleistungen ist nach wie vor die Verkehrsauffassung zu berücksichtigen: Es ist also weiterhin zu untersuchen, ob zwischen den Waren oder Dienstleistungen aus der Sicht des angesprochenen Verbrauchers in solchem Maße Berührungspunkte bestehen, daß ein gemeinsamer betrieblicher Ursprung vermutet wird (vgl. EuGH in GRUR Int. 1994, 614, 615 re. Sp. – Ideal Standard II).

Auf die Kriterien für die Bestimmung des Warengleichartigkeitsbereichs kann weitgehend zurückgegriffen werden (BGH in Bl. f. PMZ 1995, 168, 171 – Oxygenol II). Da die Verkehrsauffassung auch von der bisherigen Spruchpraxis zur Gleichartigkeit geprägt wird (vgl. BGH in GRUR 1990, 361, 362 re. Sp. – Kronenthaler), kann im Einzelfall bei der Ähnlichkeitsprüfung zunächst an die Ergebnisse der vorhandenen Gleichartigkeitspraxis angeknüpft werden. Die bisherige Rechtsprechung zur Gleichartigkeit kann als Ausgangs- und Anhaltspunkt herangezogen werden (BPatG in Bl. f. PMZ 1995, 327, 328 – APISOL/ Aspisol). Gründe der Rechtssicherheit und des Vertrauensschutzes legen diesen ersten Schritt der Prüfung nahe.

Zunächst ist also zu untersuchen, ob die Waren regelmäßig von denselben Unternehmen hergestellt werden, ob sie in ihrer stofflichen Beschaffenheit Gemeinsamkeiten haben oder dem gleichen Verwendungszweck dienen, und ob sie im Vertrieb Berührungspunkte aufweisen (BPatG a. a. O.). In einem weiteren Schritt ist dann zu prüfen, ob wegen der Besonderheiten des Einzelfalles der Ähnlichkeitsbereich der Waren oder Dienstleistungen anders bestimmt werden muß (siehe auch oben a)). Es wird von Fall zu Fall immer neu zu entscheiden sein, ob die Spruchpraxis zur Gleichartigkeit noch den heutigen Verhältnissen entspricht, so daß eine geänderte Verkehrsauffassung rascher und *flexibler* als bisher zu berücksichtigen sein wird (BPatG a. a. O.). Hierbei ist auch zu berücksichtigen, daß der Ähnlichkeitsbegriff eher weiter als der frühere Begriff der Warengleichartigkeit auszulegen ist (BPatGE 35, 196).

Eine gesteigerte Kennzeichnungskraft der Widerspruchsmarke kann der Entscheidung über die Ähnlichkeit der Waren oder Dienstleistungen allerdings – wenn überhaupt – nur dann zugrunde gelegt werden, wenn sie „liquide", also unstreitig oder amtsbekannt ist (Regierungsbegründung zu § 9, Bl. f. PMZ Sonderheft, 67; vgl. auch BGH in Bl. f. PMZ 1967, 57, 60 – Vitapur). Bei Beurteilungen der Frage, ob sich auch der Abstand der Marken auf den Ähnlichkeitsbereich der Waren oder Dienstleistungen auswirkt, muß in Betracht gezogen werden, daß schon bei der Gleichartigkeitsentscheidung immer die Identität der Zeichen unterstellt wurde (BGH in Bl. f. PMZ 1970, 389 – Dolan). Sind also lediglich die Marken identisch, kann eine „Unähnlichkeit" der Waren oder Dienstleistungen in der Regel dadurch nicht ausgeglichen werden (BPatG in GRUR 1995, 739, 741 – GARIBALDI).

Bei Beurteilung der Ähnlichkeit zwischen Dienstleistungen oder zwischen Dienstleistungen und Waren sind die für die Warenähnlichkeit geltenden Grundsätze entsprechend anwendbar. Dienstleistungen sind also ähnlich, wenn sie aufgrund ihrer Art und wirtschaftlichen Bedeutung so enge Berührungspunkte aufweisen, daß sie derselben Ursprungsstätte zugeordnet werden (BPatGE 30, 112, 115 f.). Zwischen Dienstleistungen und Waren besteht eine Ähnlichkeitsbeziehung, wenn der Verkehr annimmt, der Inhaber der Marke befasse sich selbständig sowohl mit der Erbringung der Dienstleistung als auch mit der Herstellung bzw. dem Vertrieb der Waren (BGH in GRUR 1989, 347 f. – MICROTONIC).

Folgende Sonderfälle sind zu erwähnen: *Ersatzwaren* sind trotz unterschiedlicher Herstellungsstätten ähnlich, wenn sie aufgrund ihrer Verwandtschaft in der Zweckbestimmung austauschbar sind (vgl. BPatG in Mitt. 1994, 19 – PICO). *Sachgesamtheiten* und ihre Einzelteile sind nur ausnahmsweise ähnlich, nämlich insbesondere dann, wenn die einzelnen Teile das Wesen der Sachgesamtheit bestimmen und daher vom Verkehr als selbständige Waren des Herstellers der Sachgesamtheit angesehen werden (BPatG in GRUR 1994, 377, 378 – LITRONIC). Zurückhaltung ist angebracht bei der Annahme einer sogenannten mittelbaren Ähnlichkeit zwischen Vor- und Fertigprodukten im Sinne der Rechtsprechung zur begleitenden Marke (vgl. BGH in GRUR 1993, 912, 913 – BINA).

Der Grad der Ähnlichkeit zwischen den Waren und Dienstleistungen, der von ihrer wirtschaftlichen Nähe oder Ferne bestimmt wird, hat Auswirkungen auf den Grad der Ähnlichkeit zwischen den Marken, der für die Bejahung der Verwechslungsgefahr vorliegen muß. Diese Wechselwirkung hat zur Folge, daß bei *Warenferne* oder einer größeren Entfernung zwischen den Dienstleistungen schon geringere Unterschiede zwischen den Marken deren Ähnlichkeit und die Verwechselbarkeit entfallen lassen können (vgl. BGH in Bl. f. PMZ 1995, 251, 252 – Indorektal/Indohexal; BGH in Bl. f. PMZ 1969, 29, 31 -Poropan).

### e) Ähnlichkeit der Marken

Bei Wortmarken sind zunächst die klangliche und schriftbildliche Ähnlichkeit zu unterscheiden. Die bisher für die klangliche und schriftbildliche Verwechslungsgefahr geltenden Grundsätze können übernommen werden (Althammer/Ströbele/Klaka, Markengesetz, 5. Aufl., § 9 Rdn. 22, 79 ff.). Ebenso kann zur Beurteilung der Ähnlichkeit in begrifflicher Hinsicht auf die früheren Grundsätze zur begrifflichen Verwechslungsgefahr zurückgegriffen werden (siehe dazu Althammer/Ströbele/Klaka, a.a.O., § 9 Rdn. 92 ff.). Hinsichtlich der Ähnlichkeit zwischen Bildmarken bzw. zwischen Wort und Bild sind ebenfalls die bisherigen Grundsätze anwendbar (vgl. Althammer/Ströbele/Klaka, a.a.O., § 9 Rdn. 97 ff. 105 ff.).

Von großer praktischer Bedeutung ist die Frage, unter welchen Voraussetzungen die Ähnlichkeit zwischen den Marken bejaht werden kann, wenn sich nur bei einzelnen Bestandteilen eine Annäherung oder Übereinstimmung ergibt (vgl. dazu Althammer/Ströbele/Klaka, a.a.O., § 9 Rdn. 133 ff.).

#### aa) Kollision bei mehrteiligen Marken
– Schutzunfähige Bestandteile

Aus schutzunfähigen Teilen einer *älteren* Marke können keine Rechte hergeleitet werden. Werden Bestandteile einer älteren Marke geltend gemacht, die – wie z.B. reine Buchstaben- oder Zahlenfolgen – zwar nach dem Warenzeichengesetz, nicht aber auch nach dem Markengesetz schutzunfähig sind, gilt folgendes: Zwar findet das neue Recht grundsätzlich auch auf Widersprüche Anwendung, die vor seinem Inkrafttreten eingelegt worden sind (§ 152; siehe auch § 158 Abs. 2 Satz 2). Der Widersprechende darf andererseits nicht bessergestellt werden als der Anmelder einer nach dem Warenzeichengesetz schutzunfähigen, nach dem Markengesetz aber schutzfähigen Marke, dessen Anmeldung nur dann nach neuem Recht beurteilt werden kann, wenn sie einen Zeitrang seit dem 1. Januar 1995 hat (§ 156 Abs. 1 und 3). Daher können Bestandteile einer älteren Marke, die erst mit Inkrafttreten des Markengesetzes schutzfähig geworden sind, nur solchen jüngeren Marken entgegengehalten werden, die seit dem 1. Januar 1995 angemeldet wurden (BPatG in Bl. f. PMZ 1996, 464, 465 – ICPI # ICP; vgl. BGH in Bl. f. PMZ 1962, 157, 160 – Almglocke).

Bei schutzunfähigen Teilen einer *jüngeren* Marke ist auch im Widerspruchsverfahren § 23 Nr. 2 zu beachten (BPatG in GRUR 1996, 284, 285 – Fläminger/Fälinger). Danach kann der Markeninhaber einem Dritten nicht verbieten, ein mit der Marke identisches oder ihr ähnliches Zeichen als beschreibende Angabe zu benutzen, wenn die Benutzung nicht gegen die guten Sitten verstößt. Inwieweit eine kennzeichenmäßige Verwendung der beschreibenden Angabe unerheblich ist (so Regierungsbegründung zu § 23, Bl. f. PMZ Sonderheft, 74; a. A. BPatG a.a.O., 285 f.; Althammer/Ströbele/Klaka, a.a.O., § 9 Rdn. 141 ff.), bedarf noch einer weiteren Klärung durch die Rechtsprechung.

– Prägende Bestandteile

Bei der Beurteilung, ob in Fällen einer Teilkollision eine die Verwechslungsgefahr begründende Ähnlichkeit der Marken vorliegt, ist grundsätzlich von ihrem Gesamteindruck auszugehen (BGH in Bl. f. PMZ 1996, 180, 181 – Springende Raubkatze m. w. Nachw.). Eine Verwechslungsgefahr dem Gesamteindruck nach kann nur dann bejaht werden, wenn der ähnliche Bestandteil in der Marke eine selbständige und kennzeichnende Stellung behalten hat und nicht derart untergegangen ist, daß er aufgehört hat, für den Verkehr die Erinnerung an die ältere Marke wachzurufen (BGH a.a.O. – Springende Raubkatze). Da sich Inhalt und Umfang des Markenschutzes nach der eingetragenen Markenform richten, kann einem einzelnen Bestandteil ein selbständiger Schutz im übrigen nur dann zugebilligt werden, wenn er den Gesamteindruck der Marke prägt oder doch wesentlich mitbestimmt (BGH a.a.O. – Springende Raubkatze; BGH in Bl. f. PMZ 1976, 145 re. Sp. – COLORBOY). Dieser Grundsatz ist nicht nur auf die ältere, sondern auch auf die jüngere Marke anzuwenden (vgl. BGH in GRUR 1986, 72, 73 re. Sp. – Tabacco d'Harar). Bei Gleichwertigkeit der Markenelemente ist keines von ihnen geeignet, allein den Gesamteindruck der Marke zu prägen oder wesentlich mitzubestimmen (BGH a.a.O. – COLORBOY, S. 146 li. Sp.; BGH in GRUR 1991, 319, 320 re. Sp. – HURRICANE).

Die Meinung, einem Markenteil könne trotz prägender Bedeutung kollisionsbegründende Wirkung nur dann beigemessen werden, wenn die maßgeblichen Verkehrskreise den weiteren Bestandteilen daneben keinen besonderen Hinweis auf die Herkunftsstätte der gekennzeichneten Waren entnehmen, wird heute nicht mehr konsequent vertreten (vgl. BGH a. a. O. – Springende Raubkatze; Bl. f. PMZ 1996, 414, 415 – JUWEL von Klingel # JUWEL).

Dementsprechend bleiben beschreibende – insbesondere glatt beschreibende – Angaben häufig außer Betracht. Besondere Umstände können jedoch dazu führen, daß der Verkehr auch beschreibende Bestandteile als Teil einer insgesamt auf die betriebliche Herkunft hinweisenden Gesamtbezeichnung wertet (BGH in GRUR 1990, 367, 370 – Alpi/Alba Moda). Auch Elemente, die einer beschreibenden Angabe entnommen oder an einen Gattungsbegriff angelehnt sind, können zur Prägung des Gesamteindrucks einer Marke betragen, zumal berechtigte Interessen der Wirtschaft bestehen, ein Zeichen aus Begriffselementen zu bilden, die zugleich einen beschreibenden Hinweis auf die Ware geben (BGH in GRUR 1996, 200, 201 – Innovadiclophlont; vgl. auch BGH in GRUR 1995, 808, 8010 – P3-plastoclean).

Bei der Beurteilung, ob einem Bestandteil prägende Bedeutung für das Gesamtzeichen zukommt, ist auf die konkreten Umstände des jeweiligen Einzelfalles abzustellen.

Folgende Erfahrungssätze sind zu berücksichtigen:

Ergeben Markenwörter einen *Gesamtbegriff*, ist mit einer Verkürzung auf Einzelelemente regelmäßig nicht zu rechnen (vgl. Althammer/Ströbele/Klaka, a. a. O., § 9 Rdn. 160 ff.). Beim Zusammentreffen von Wort-Bildmarken und reinen Bildmarken orientiert sich der Verbraucher im allgemeinen eher an den Wortbestandteilen (BGH a. a. O. 250 – Springende Raubkatze).

Von praktischer Bedeutung sind auch die Fälle, daß die Marken neben einem Element, das in der Gegenmarke identisch oder ähnlich wiederkehrt, die Firmenbezeichnung oder den Namen des Inhabers (= Herstellerangabe) enthält. Häufig tritt die Herstellerangabe in den Hintergrund, weil sich der Verkehr an den sonstigen Merkmalen der Kennzeichnung als der eigentlichen Produktbezeichnung orientiert. Dies ist jedoch *kein Regelsatz*. Vielmehr ist *fallbezogen* zu entscheiden, ob der Herstellerangabe eine die Marke prägende Wirkung tatsächlich abgesprochen werden kann. So kann die Art der Zeichengestaltung, insbesondere die Verwendung der Herstellerangabe neben nur schwach kennzeichnenden Bestandteilen, dazu führen, daß Name oder Firma als zusätzliche Unterscheidungshilfe berücksichtigt werden. Dies kann der Fall sein, wenn auf dem betreffenden Warengebiet, z.B. auf dem Modesektor, der Verkehr aufgrund weit verbreiteter Übung daran gewöhnt ist, daß in der Marke auf einen Modeschöpfer, Designer oder ein gleichnamiges Unternehmen hingewiesen wird. Die Beurteilung, welche Bedeutung Name oder Firma für den Gesamteindruck einer Marke haben, ist außerdem davon abhängig, ob dem Verkehr *bekannt* ist, daß es sich um eine Herstellerangabe handelt (BGH in Bl. f. PMZ 1996, 412, 413 f. – Blendax Pep = PEP; BGH in Bl. f. PMZ 1996, 414, 415 – JUWEL von Klingel # JUWEL).

Insbesondere bei Arzneimitteln kann die Markenähnlichkeit unter dem Gesichtspunkt der sogenannten *Abspaltung* beschreibender Angaben zu bejahen sein (vgl. BPatG in Bl. f. PMZ 1994, 160 – BIONAPLUS = Bicona; Bl. f. PMZ 1993, 402 – Innovaaktiv = Eunova). Dieser Grundsatz, der höchstrichterlich noch nicht bestätigt wurde, kommt jedoch nur in Ausnahmefällen zur Anwendung.

### bb) Zahlen- und Buchstabenmarken, dreidimensionale Marken und Hörmarken

Auch bei Zahlen- und Buchstabenmarken sind vor allem die Kriterien der klanglichen und schriftbildlichen Ähnlichkeit maßgebend. Bei Buchstabenmarken ist zu unterscheiden, ob sie als einheitliches Kunstwort oder buchstabierend ausgesprochen werden.

Kollisionen sind nicht nur innerhalb derselben Markenform möglich, sondern auch zwischen Marken verschiedener Kategorien. Dies gilt auch für die neuen Markenformen. Insbesondere folgende Kollisionsfälle sind denkbar:
– Zwischen dreidimensionalen Marken untereinander
– zwischen dreidimensionalen Gestaltungen und zweidimensionalen Bildmarken (daß in einem solchen Kollisionsfall ein Widerspruch Erfolg hat, ist nicht von vornherein begrifflich ausgeschlossen),
– zwischen dreidimensionalen Gestaltungen und Wortmarken – zwischen Hörmarken mit Textbestandteilen und Wortmarken

# WiderspruchsverfahrenRL

Regelmäßig maßgebend ist der Gesamteindruck der Marken. Es gelten aber auch die weiteren bei einer Teilkollision anwendbaren Grundsätze. Einzelnen Gestaltungselementen kann eine selbständige kollisionsbegründende Wirkung also nur dann beigelegt werden, wenn sie (als Teil der älteren Marke) dem Schutz zugänglich sind, sie den Gesamteindruck der Marke prägen oder wesentlich mitbestimmen.

Bei der Ähnlichkeitsprüfung zwischen Hörmarken sind im wesentlichen die notenschriftliche Darstellung und die klangliche Wiedergabe (§ 11 Abs. 3 MarkenV) zu berücksichtigen. Ob wegen § 8 Abs. 1 die graphische Darstellung maßgeblich ist, die klangliche Wiedergabe also nur ein Ausführungsbeispiel darstellt, oder ob aufgrund des Wesens der Hörmarke der klanglichen Wiedergabe der Vorrang zukommt, muß der gerichtlichen Klärung vorbehalten bleiben.

### f) Kennzeichnungskraft der älteren Marke

Die Beurteilung der Verwechslungsgefahr wird wesentlich vom Schutzumfang mitbestimmt, der der älteren Marke zukommt. Der Schutzumfang steht in Beziehung zur Kennzeichnungskraft der Marke. Je größer die Kennzeichnungskraft ist, um so weiter reicht der Schutzumfang (BGH in Mitt. 1995, 248, 249 – Springende Raubkatze). Die Kennzeichnungskraft ist eine variable Größe, die von der von Haus aus bestehenden Kennzeichnungskraft und einer durch intensive Benutzung erlangten Verkehrsgeltung abhängt.

Normale Kennzeichnungskraft mit entsprechendem Schutzumfang besitzen insbesondere Marken, die ausreichend (durchschnittlich) unterscheidungskräftig sind und im Wirtschaftsverkehr noch keinen Bekanntheitsgrad erlangt haben. Im Widerspruchsverfahren ist dies der Regelfall. Einen engen Schutzumfang haben Marken von nur geringer Originalität, z.B. Angaben, die die Beschaffenheit oder Bestimmung der Ware für die angesprochenen Verkehrskreise erkennbar andeuten. Ein gesteigerter Schutzumfang kommt Marken zu, die durch intensive Benutzung eine überdurchschnittliche Kennzeichnungskraft erlangt haben.

Bei schwachen Marken reichen bereits geringere Unterschiede zur Verneinung der Ähnlichkeit bzw. Verwechslungsgefahr aus. Gegenüber einer starken Marke können selbst erhebliche Abweichung die Verwechslungsgefahr nicht ohne weiteres ausschließen (vgl. BGH in Bl. f. PMZ 1995, 251, 252 – Indorektal/Indohexal). Zu beachten ist, daß die Kennzeichnungskraft für die einzelnen eingetragenen Waren unterschiedlich ausgeprägt sein kann. Der erweiterte Schutzumfang einer Marke gilt grundsätzlich nur für die „Verkehrsgeltungswaren"; also für die Waren, für die eine intensive Benutzung erfolgt ist; aus der gesteigerten Kennzeichnungskraft für eine bestimmte Ware kann noch nicht auf eine ebenfalls gesteigerte Kennzeichnungskraft für eine andere ähnliche Ware des Warenverzeichnisses geschlossen werden (BGH in Bl. f. PMZ 1978, 326, 327 – SPAR m. w. Nachw.).

Eine Berücksichtigung der Benutzungslage im Widerspruchsverfahren ist jedoch nur möglich, wenn sie liquide ist, d.h. wenn alle für die Tatsache der Benutzung oder ihren Umfang maßgebenden Umstände unstreitig oder amtsbekannt sind (vgl. BGH in Bl. f. PMZ 1967, 57, 60 re. Sp. – Vitapur). Dies ist im Widerspruchsverfahren nur selten der Fall. „Liquide" ist ein Sachverhalt nicht nur, wenn die maßgeblichen Tatsachen unstreitig oder amtsbekannt sind, sondern auch dann, wenn diese Tatsachen durch präsente Beweis- bzw. Glaubhaftmachungsmittel belegt werden und ohne weitere Ermittlungen eine abschließende Beurteilung möglich ist (BPatG Beschluß vom 15. April 1997 – 24 W (pat) 255/95 – Lindora).

Die Kennzeichnungskraft kann durch die Eintragung mehrerer ähnlicher Drittmarken auf dem gleichen oder benachbarten Warengebiet (Althammer/Ströbele/Klaka, a.a.O., § 9 Rdn. 121) beeinträchtigt sein. Ferner kann eine Schwächung durch benutzte Drittmarken herbeigeführt werden. Soweit die Drittmarken unbenutzt sind, kann die Registerlage zumindest einen Hinweis auf die ursprünglich geringe Kennzeichnungskraft geben (vgl. BGH a. a. O., 62 re. Sp.).

Auch in den Fällen, in denen ein erweiterter Schutzumfang geltend gemacht wird, kann die Benutzungslage regelmäßig nur berücksichtigt werden, wenn sie liquide ist.

Nicht unterscheidungskräftige oder kennzeichnungsschwache selbständige und unselbständige Markenbestandteile dürfen bei der Kollisonsprüfung nicht außer Betracht bleiben. Allerdings widmet der Verkehr in diesen Fällen den übrigen Elementen in der Regel größere Aufmerksamkeit, so daß hier grundsätzlich schon geringere Abweichungen ausreichen, als dies bei reinen Phantasiewörtern der Fall ist. Annäherungen in einem schwachen Bestandteil begründen eine Verwechslungsgefahr der Marken dem Gesamteindruck nach jedenfalls dann nicht, wenn die Marken im übrigen beachtliche Unterschiede aufweisen (vgl. Althammer/Ströbele/Klaka, a. a. O., § 9 Rdn. 129).

### g) Gedankliches Inverbindungbringen der Marken (assoziative Verwechslungsgefahr)

§ 9 Abs. 1 Nr. 2 zweiter Halbsatz regelt als weiteren Fall der Verwechslungsgefahr die Gefahr, daß die Marken gedanklich miteinander in Verbindung gebracht werden ("assoziative" Verwechslungsgefahr). Dazu gehören zunächst die Fälle der bisherigen mittelbaren Verwechslungsgefahr und der Verwechslungsgefahr im weiteren Sinne (vgl. Regierungsbegründung, Bl. f. PMZ Sonderheft S. 65 re. Sp.). Eine assoziative Verwechslungsgefahr besteht also beispielsweise dann, wenn der Verkehr die Marken selbst unterscheidet, aber aufgrund ihrer Berührungspunkte und der Ähnlichkeit der Waren oder Dienstleistungen auf einen gemeinsamen betrieblichen Ursprung der Kennzeichnungen schließt (vgl. Althammer/Ströbele/Klaka, a. a. O., § 9 Rdn. 180 ff.). Es handelt sich unverändert um einen Ausnahmetatbestand (BPatG in Bl. f. PMZ 1996, 186, 188 – Assoziative Verwechslungsgefahr). Ein weiteres Beispiel der assoziativen Verwechslungsgefahr bildet die - noch seltener auftretende – Fallgestaltung, daß die Verbraucher zwar auch die Unternehmen auseinanderhalten können, aber zwischen ihnen aufgrund der Ähnlichkeit der Marken und Waren oder Dienstleistungen irrtümlich besondere wirtschaftliche, organisatorische oder rechtliche Beziehungen annehmen (vgl. Althammer/Ströbele/Klaka, a. a. O., § 9 Rdn. 196 ff.).

Ob über diese bisher geläufigen Fälle hinaus der Schutzbereich eingetragener Marken durch die neue Vorschrift erweitert wird (ablehnend BPatG a. a. O.; BPatG in Bl. f. PMZ 1995, 329, 330 – Rebenstolz; siehe aber auch BPatGE 35, 212, 217 – QUEEN'S CLUB = QUEEN's GARDEN), bedarf einer weiteren Klärung durch die Rechtsprechung (vgl. die dem EUGH vom BGH zur Vorabentscheidung vorgelegte Frage, ob bereits die Übereinstimmung zweier Bildelemente im Sinngehalt die assoziative Verwechslungsgefahr bejahen läßt; Bl. f. PMZ 1996, 180, 182 – Springende Raubkatze). Je bekannter eine Marke ist, desto eher kann auch die assoziative Verwechslungsgefahr in Betracht kommen. Zu berücksichtigen ist allerdings, daß nach dem Wortlaut der Bestimmung („... die Gefahr von Verwechslungen besteht, einschließlich der Gefahr ...") immer eine solche gedankliche Verbindung vorliegen muß, die eine *Verwechslungsgefahr* hervorruft. Nicht jede wie auch immer geartete Assoziation begründet bereits eine Verwechslungsgefahr (BGH in GRUR 1996, 200, 202 – Innovadiclophlont).

## 3. Einrede der Nichtbenutzung

Die verfahrensrechtliche Seite des Benutzungszwangs ist in § 43 Abs. 1 geregelt. § 26 enthält die Legaldefinition des Benutzungsbegriffs. Die Bestimmungen finden grundsätzlich auch auf Widersprüche Anwendung, die vor dem 1. Januar 1995 erhoben wurden (§ 158 Abs. 3 Satz 1).

### a) Zulässigkeit

Grundsätzlich ist die Einrede der Nichtbenutzung nur dann zulässig, wenn die Widerspruchsmarke seit mindestens fünf Jahren vor der Veröffentlichung der Eintragung der angegriffenen Marke eingetragen ist (§ 43 Abs. 1 Satz 1). Eine wesentliche Neuregelung liegt darin, daß die Nichtbenutzungseinrede auch dann erhoben werden kann, wenn die Benutzungsschonfrist erst nach Veröffentlichung der Eintragung der jüngeren Marke und vor der Entscheidung über den Widerspruch abläuft (§ 43 Abs. 1 Satz 2).

Der Wille, die Benutzung der Widerspruchsmarke zu bestreiten, muß eindeutig erklärt sein (BPatGE 32, 98, 100). Allgemeine Ausführungen zur Benutzung der älteren Marke genügen nicht. Eine vor Inkrafttreten des Markengesetzes erhobene Nichtbenutzungseinrede, die wegen noch nicht erfolgten Ablaufs der Benutzungsschonfrist (§ 5 Abs. 7 Satz 1 WZG) unzulässig war, kann regelmäßig nicht ohne weiteres als eine seit dem 1. Januar 1995 mögliche zulässige Einrede nach § 43 Abs. 1 Satz 2 MarkenG weiterbehandelt werden. Es ist vielmehr Aufgabe des Anmelders, nach diesem Zeitpunkt eindeutig zu erklären, ob er nunmehr von dieser durch das Markengesetz neu eingeführten Möglichkeit des Bestreitens der Benutzung Gebrauch machen will (BPatG in Bl. f. PMZ 1996, 369, 370).

Hat gegen die ältere Marke ein Widerspruchsverfahren stattgefunden, beginnt die Benutzungsschonfrist erst mit Abschluß dieses Verfahrens (§ 26 Abs. 5). Richtet sich der Widerspruch gegen eine international registrierte Marke, tritt an die Stelle der Veröffentlichung der Eintragung die Veröffentlichung im Veröffentlichungsblatt der WIPO (§ 114 Abs. 1). Bei ausländischen IR-Marken beginnt die Fünfjahresfrist für die Aufnahme der Benutzung grundsätzlich mit dem Ablauf eines Jahres nach der Eintragung in das internationale Register, oder, falls das Prüfungsverfahren nach §§ 113, 114 MarkenG zu diesem Zeitpunkt noch nicht abgeschlossen ist, mit dem Zugang der abschließenden Mitteilung über die Schutzbewilligung beim Internationalen Büro in Genf (§§ 116, 115 Abs. 2 und 124 MarkenG i.V.m. Art. 5 Abs. 2 MMA, Art. 5 Abs. 2 PMMA, Regel 17(1) GAusfOMMA/PMMA). Das letztere Datum wird im Markenblatt veröffentlicht.

### b) Materielle Voraussetzungen der rechtserhaltenden Benutzung

Die materiellen Kriterien für die Benutzung ergeben sich aus § 26.

Die Marke muß grundsätzlich von ihrem Inhaber benutzt worden sein. Die Benutzung durch einen Dritten mit Zustimmung des Inhabers wird als rechtserhaltend anerkannt (§ 26 Abs. 2). Die Marke muß „als Marke benutzt" werden. Erforderlich ist eine funktionsgerechte Verwendung (Regierungsbegründung zu § 26, Bl. f. PMZ Sonderheft, 77 li. Sp.; BGH in GRUR 1995, 583, 584 – MONTANA). Sie liegt jedenfalls dann vor, wenn die Ware selbst oder ihre Verpackung bzw. Umhüllung mit der Marke versehen werden (vgl. BGH in Bl. f. PMZ 1980, 159, 152 li. Sp. – Contiflex). Allerdings kann auch die Benutzung auf Geschäftspapieren, in Katalogen oder in der Werbung je nach den Umständen des Einzelfalles ausreichend sein (Regierungsbegründung a. a. O.). Das ist z.B. der Fall, wenn nach der Art der Waren, etwa bei einem flüssigen Chemieprodukt, eine unmittelbare körperliche Verbindung mit der Marke ungewöhnlich ist (so bereits zum alten Recht BGH in Bl. f. PMZ 1995, 415, 416 – TETRASIL).

Als Benutzung einer eingetragenen Marke gilt auch die Benutzung der Marke in einer Form, die von der Eintragung abweicht, wenn die Abweichungen den kennzeichnenden Charakter der Marke nicht verändern (§ 26 Abs. 3 Satz 1) bzw. deren Unterscheidungskraft nicht beeinflussen (Art. 10 Abs. 2 a der EG-Markenrechtsrichtlinie).

Bei der Anwendung dieses neuen Grundsatzes besteht nach der Regierungsbegründung (Bl. f. PMZ Sonderheft, 77 re. Sp.) für eine Rückkehr zu der früher gelegentlich sehr strengen Rechtsprechung (z.B. BGH in Bl. f. PMZ 1981, 159, 160 – Arthrexforte) keine Grundlage mehr, da das Markengesetz ausdrücklich bestimmt, daß abgewandelte Benutzungsformen zu berücksichtigen sind. Die Abwandlung ist anzuerkennen, wenn der Verkehr in ihr *keine wesentliche Veränderung* der Marke sieht (BPatG in Mitt. 1995, 226, 227 – Jeanette; vgl. BPatG in Bl. f. PMZ 1996, 28, 29 – MANHATTAN). Hier ist der von der Kennzeichnungskraft abhängige Schutzumfang der Marke von Bedeutung. Je enger der Schutzbereich ist, desto eher wird er von einer abgewandelten Benutzungsform überschritten. Der kennzeichnende Charakter der Marke wird damit verändert (BPatG a.a.O. – Jeanette).

Im Unterschied zum bisherigen Recht (BGH in Bl. f. PMZ 1986, 215 – COMBUR-TEST; BPatG in Mitt. 1983, 36 – Hertie) kann die rechtserhaltende Wirkung einer abgewandelten Benutzungsform nicht mehr deshalb verneint werden, weil sie ebenfalls als Marke eingetragen ist (§ 26 Abs. 3 Satz 2).

Die Marke muß wie bisher für diejenigen Waren oder Dienstleistungen benutzt worden sein, für die sie eingetragen ist (§ 26 Abs. 1). Auf die von der Rechtsprechung entwickelten Grundsätze zur Subsumtion und Integration (Althammer/Ströbele/Klaka, a.a.O., § 26 Rdn. 69 ff.) kann zurückgegriffen werden. Es muß eine ernsthafte Benutzung vorliegen (§ 26 Abs. 1). Scheinbenutzungshandlungen erfüllen diese Voraussetzungen nicht (Regierungsbegründung zu § 26, Bl. f. PMZ Sonderheft, 77 re. Sp.). Die bisherige Praxis kann insoweit herangezogen werden. Selbst geringe Umsätze sprechen nicht immer gegen die Ernsthaftigkeit der Benutzung, nämlich dann nicht, wenn der Vertrieb mit Stetigkeit erfolgt und wirtschaftlich noch sinnvoll erscheint (BPatG in GRUR 1995, 812, 813 – Dall'Opera).

Die Benutzung muß wie nach bisherigem Recht im Inland erfolgen (§ 26 Abs. 1). Das Anbringen der Marke auf Waren oder deren Aufmachung oder Verpackung im Inland genügt, wenn die Waren ausschließlich für die Ausfuhr bestimmt sind (§ 26 Abs. 4). Im Einzelfall kann sich aus internationalen Abkommen etwas anderes ergeben (Hauptfall: Abkommen mit der Schweiz vom 13. April 1892, RGBl 1894, 511; 1903, 181).

Eine wichtige Neuregelung besteht darin, daß sich der Inhaber der älteren Marke auf berechtigte Gründe für die Nichtbenutzung berufen kann (§ 26 Abs. 1). Daher kann in Zukunft beispielsweise die Verwendung einer Arzneimittelmarke nur im behördlichen Zulassungsverfahren, die bisher als rechtserhaltende Benutzungshandlung anerkannt war (BGH in Bl. f. PMZ 1978, 159, 161 – Orbicin), als Fall einer gerechtfertigten Nichtbenutzung angesehen werden. Die bisherige Rechtsprechung zur Unzumutbarkeit der Benutzung nach § 11 Abs. 1 Nr. 4 Satz 1 WZG (Althammer/Ströbele/Klaka, a. a. O., § 26 Rdn. 11 ff.) kann berücksichtigt werden.

### 4. Unbeachtliches Vorbringen

Im Widerspruchsverfahren unerheblich ist jedes Vorbringen, das sich gegen die Schutzfähigkeit der beteiligten Marken richtet oder auf außermarkenrechtliche Gesichtspunkte gestützt wird.

#### a) Einwendungen des Inhabers der angegriffenen Marke

**Unberücksichtigt bleiben insbesondere folgende Einwendungen:**
- fehlende Schutzfähigkeit der Widerspruchsmarke als Ganzes,
- die Widerspruchsmarke, die noch nicht dem Benutzungszwang unterliegt, sei ein Vorrats-, Defensiv- oder Wiederholungszeichen,
- der Inhaber der jüngeren Marke besitze bereits eine ältere, mit der Widerspruchsmarke identische Marke,
- der Einwand, er habe die Marke bereits vor dem Widersprechenden benutzt,
- rechtsmißbräuchliches oder unlauteres Verhalten i. S. d. UWG,
- der Einwand, der Widersprechende habe sein Recht nach Treu und Glauben verwirkt,
- die jüngere Marke habe sich bereits im Verkehr durchgesetzt,
- der Einwand, zwischen den Beteiligten bestehe eine Vereinbarung über die Benutzung der Marke.

#### b) Vorbringen des Widersprechenden

Folgender Vortrag findet beispielsweise keine Berücksichtigung:
- Ein schutzunfähiger Bestandteil der Widerspruchsmarke habe sich bereits im Verkehr durchgesetzt. Eine Ausnahme besteht nur dann, wenn im Eintragungsverfahren die Durchsetzung bereits förmlich festgestellt wurde.
- Die angegriffene Marke sei als Ganzes schutzunfähig.
- Die Eintragung der jüngeren Marke sei aus außermarkenrechtlichen Gesichtspunkten gegenüber dem Widersprechenden unzulässig, z. B. wegen vertraglicher Nichtbenutzungsabrede, aus urheberrechtlichen, wettbewerbsrechtlichen oder firmen- und namensrechtlichen Gründen.

## D. Entscheidung im Widerspruchsverfahren

### I. Herbeiführen der Entscheidungsreife

#### 1. Ermittlungen

Nach § 59 Abs. 1 Satz 1 ermittelt das Patentamt den Sachverhalt grundsätzlich von Amts wegen (zu den Ausnahmen vom Grundsatz der Amtsermittlung siehe oben C vor I.). Das Patentamt kann jederzeit die Beteiligten laden und anhören, Zeugen, Sachverständige und Beteiligte vernehmen und andere zur Aufklärung der Sache erforderliche Ermittlungen anstellen (§ 60 Abs. 1). Dazu gehören auch die Einholung von Auskünften aller Art, von schriftlichen Äußerungen der Beteiligten, Sachverständigen und Zeugen, die Beiziehung von Akten und Urkunden und die eidesstattliche Versicherung.

Vor der das Verfahren abschließenden Entscheidung sind die Beteiligten auf Antrag anzuhören, wenn dies sachdienlich ist (§ 60 Abs. 2 Satz 1). Die Sachdienlichkeit ist zu bejahen, wenn das Verfahren durch die Anhörung gefördert wird, z.B. wenn eine mündliche Erörterung eine raschere und bessere Klärung als die schriftliche Darstellung erwarten läßt. Im Regelfall ist keine Anhörung erforderlich.

#### 2. Fristen, rechtliches Gehör

Die Gewährung von Fristen ist in § 74 MarkenV geregelt. Fristverlängerungen bis zum Zweifachen der Regelfrist (ein Monat bei Beteiligten im Inland und zwei Monate bei Auslandsbezug, § 74 Abs. 1) können bei Angabe von zureichenden Gründen gewährt werden (§ 74 Abs. 2). Weitere Fristverlängerungen werden nur bei Glaubhaftmachung eines berechtigten Interesses bewilligt. Außerdem ist das Einverständnis der anderen Beteiligten glaubhaft zu machen (§ 74 Abs. 3). Ein berechtigtes Interesse kann z.B. darin gesehen werden, daß die Beteiligten in Vergleichsverhandlungen stehen. Über Fristgesuche ist im Regelfall *großzügig* zu entscheiden. Bei Fristüberschreitung kann nach Lage der Akten entschieden werden (§ 75 Abs. 2 MarkenV).

Zeichnet sich die Möglichkeit ab, daß die Benutzungsschonfrist vor der Entscheidung über den Widerspruch abläuft (§ 43 Abs. 1 Satz 2), wird mancher Inhaber einer angegriffenen Marke versuchen, die Entscheidung durch Fristgesuche so lange hinauszuschieben, bis er die Nichtbenutzungseinrede erheben kann. Die Markenstellen werden sich auch in diesen Fällen um eine zügige Durchführung des Widerspruchsverfahrens bemühen. Weitere Fristverlängerungen für den Inhaber der angegriffenen Marke können jedenfalls bei Einverständnis des Widersprechenden bewilligt werden (vgl. § 74 Abs. 3 MarkenV).

Bei Beurteilung der Frage, welche Eingaben den anderen Verfahrensbeteiligten vor der Beschlußfassung zu übermitteln sind, ist der – jetzt in § 59 Abs. 2 ausdrücklich geregelte – Grundsatz des rechtlichen Gehörs zu beachten.

Alle Mitteilungen, die zur Wahrung des rechtlichen Gehörs erforderlich sind, sind unverzüglich zu veranlassen. Insbesondere Schriftsätze mit einer (erheblichen) Nichtbenutzungseinrede, die Benutzungsunterlagen oder die Erinnerungsbegründung sind den Betroffenen unverzüglich zur Stellungnahme zu übermitteln. *Überraschende* Entscheidungen sind in jedem Fall zu vermeiden.

Dagegen kann die Übersendung aus Gründen der Verfahrensökonomie beispielsweise dann unterbleiben, wenn die Eingabe keine neuen entscheidungserheblichen Gesichtspunkte enthält. Von der Übermittlung an einen Beteiligten vor der Beschlußfassung kann auch dann abgesehen werden, wenn eine Entscheidung zu seinen Gunsten ergeht (vgl. § 75 Abs. 2 Satz 2 MarkenV).

Die Nichtbenutzungseinrede muß nicht zugesandt werden, wenn der Erstprüfer wegen fehlender Verwechslungsgefahr unabhängig von der Benutzungslage zurückweisen will. Dem Widersprechenden wird die Nichtbenutzungseinrede dann erst mit der den Widerspruch zurückweisenden Entscheidung übermittelt. Hält in einem darauf folgenden Erinnerungsverfahren der Prüfer die Nichtbenutzungseinrede für erheblich, hat er den Widersprechenden unter Fristsetzung zur Glaubhaftmachung der Benutzung aufzufordern.

Im Erinnerungsverfahren sind jedoch sämtliche Schriftsätze von Beteiligten zu übermitteln, auch wenn sie keine neuen Sachanträge und kein neues entscheidungsrelevantes Vorbringen enthalten, sofern die Übersendung der Schriftsätze von der jeweiligen Gegenseite ausdrücklich beantragt wurde.

## II. Entscheidung in der Hauptsache

Im Hauptfall des Widerspruchs aus einer angemeldeten oder eingetragenen älteren Marke nach § 9 Abs. 1 Nr. 2 kommen im wesentlichen folgende Entscheidungen bzw. Entscheidungsformeln in Betracht:

1. Hat der Widerspruch Erfolg, wird die Eintragung der Marke für alle oder einen Teil der eingetragenen Waren bzw. Dienstleistungen gelöscht (§§ 43 Abs. 2 Satz 1, 42 Abs. 2 Nr. 1, 9 Abs. 1 Nr. 2). Ein unbegründeter Widerspruch ist zurückzuweisen (§ 43 Abs. 2 Satz 2).
2. Ein erfolgreicher Widerspruch gegen eine IR-Marke führt zur Verweigerung des Schutzes (§§ 107, 114 Abs. 3, 42 Abs. 2 Nr. 1, 9 Abs. 1 Nr. 2 i. V. m. Art. 5 Abs. 1 Satz 2 MMA, Art. 6$^{quinquies}$ B Satz 1 Nr. 1 PVÜ).
3. Greift der Widerspruch gegen eine noch nach § 5 Abs. 2 WZG bekanntgemachte Anmeldung durch, wird die Eintragung versagt (§ 158 Abs. 5 Satz 1). Wird dem Widerspruch gegen eine noch nach § 6a Abs. 1 WZG eingetragene Marke stattgegeben, wird die Eintragung gelöscht (§§ 158 Abs. 5 Satz 2, 43 Abs. 2 Satz 1).

## III. Kostenentscheidung

Bei der Entscheidung über den Widerspruch wird im Regelfall wie bisher von einer Kostenauferlegung abgesehen (vgl. § 63 Abs. 1 Satz 3). Abweichend von dem Grundsatz, daß jeder Beteiligte seine Kosten selbst trägt, kann eine Kostenauferlegung ausgesprochen werden, wenn dies der Billigkeit entspricht (§ 63 Abs. 1 Satz 1). Anders als nach § 62 Abs. 1 Satz 1 PatG können *alle* notwendigen Kosten berücksichtigt werden, die den Beteiligten entstanden sind.

Die Voraussetzungen für eine Kostenauferlegung aus Gründen der Billigkeit entsprechen denen des bisherigen Rechts (siehe insoweit Althammer/Ströbele/Klaka, a. a. O., § 63 Rdn. 10; § 71 Rdn. 15 ff.).

Neu aufgenommen wurde die Bestimmung, daß die Rückzahlung der Widerspruchsgebühr angeordnet werden kann, wenn dies der Billigkeit entspricht (§ 63 Abs. 2). Dies kann etwa der Fall sein, wenn der Widerspruch durch eine fehlerhafte Veröffentlichung der Eintragung veranlaßt wurde und der Widerspruch ohne diese fehlerhafte Veröffentlichung unterblieben wäre (vgl. Althammer/Ströbele/Klaka, a.a.O., § 63 Rdn. 18).

## IV. Aussetzung

Die Widerspruchsentscheidung kann nach § 43 Abs. 3 ausgesetzt werden. Die Vorschrift stellt keine abschließende Regelung der Aussetzung dar (Regierungsbegründung zu § 43, Bl. f. PMZ Sonderheft, 87 li. Sp.). Dementsprechend ergeben sich weitere Möglichkeiten der Aussetzung aus § 29 MarkenV oder § 148 ZPO. Insbesondere kann das Verfahren über einen Widerspruch in allen Fällen ausgesetzt werden, in denen dies sachdienlich ist (§ 29 Abs. 1 MarkenV).

Sachdienlich ist die Aussetzung beispielsweise dann, wenn gegen die Widerspruchsmarke mit Aussicht auf Erfolg ein Löschungsverfahren vor dem Patentamt eingeleitet worden ist (§ 29 Abs. 2 MarkenV). Ausgesetzt werden muß bei älteren Marken, deren Schutzdauer abgelaufen ist, wenn sie noch verlängert werden kann, sofern der Widerspruch voraussichtlich Erfolg hat. Ist der Widerspruch auf eine ältere Anmeldung gestützt, darf eine ihm stattge-

## WiderspruchsverfahrenRL  Richtlinie Widerspruchsverfahren

bende Entscheidung erst nach Eintragung der angemeldeten Widerspruchsmarke ergehen (§ 9 Abs. 2).

Auch ohne Vorgreiflichkeit eines anderen Verfahrens (§ 148 ZPO) kann eine Aussetzung z.B. dann in Betracht kommen, wenn eine für die Entscheidung erhebliche Rechtsfrage im Beschwerdeverfahren anhängig ist. Hier kann eine Aussetzung bis zur Erledigung des Beschwerdeverfahrens sachdienlich sein.

Die Vorschriften, die die Aussetzung regeln, dienen der Verfahrensökonomie. Andererseits kann gerade die Aussetzung nach § 43 Abs. 3 zu erheblichen Verzögerungen des Verfahrens führen. Deshalb sollte bei der vollständigen oder teilweisen Löschung einer Eintragung wegen eines Widerspruchs möglichst über alle übrigen Widersprüche oder zumindest diejenigen Widersprüche mitentschieden werden, bei denen dies ohne weiteren Zeitaufwand – z.B. wegen ergänzender Ermittlungen zur Warenähnlichkeit oder Benutzungslage – möglich ist.

Jedenfalls ist es zur Vermeidung unangebrachter Verfahrensverzögerungen erforderlich, daß die Markenstellen von der Aussetzungsmöglichkeit überlegt Gebrauch machen. § 43 Abs. 3 bedarf einer Auslegung, die an den Interessen der Verfahrensbeteiligten einerseits und an den Erfordernissen der Verfahrensökonomie andererseits orientiert ist.

Widerspruch gegen die Eintragung einer Marke **Widerspruch**

## 8. Formblatt zum
## Widerspruch gegen die Eintragung einer Marke*

| An das<br>**Deutsche Patent- und Markenamt**<br>80297 München | | **M** |
|---|---|---|

**Widerspruch gegen die Eintragung einer Marke \*)**

(1) **Registernummer und Aktenzeichen (mit Prüfziffer) der Marke, gegen deren Eintragung sich der Widerspruch richtet**

(2) **Angaben zur Widerspruchsmarke**

Registernummer und Aktenzeichen (mit Prüfziffer) der eingetragenen Widerspruchsmarke:

Aktenzeichen mit Prüfziffer der angemeldeten Widerspruchsmarke:

Nummer der international registrierten Widerspruchsmarke:

(3) **Wiedergabe der Widerspruchsmarke**

☐ siehe Anlage

(4) **Bezeichnung der Art der Widerspruchsmarke**
(nur bei Widerspruch aus einer notorisch bekannten Marke oder gegen die Eintragung einer Marke für den Agenten oder Vertreter des Markeninhabers)

☐ Wortmarke
☐ Bildmarke
☐ Dreidimensionale Marke
☐ Kennfadenmarke
☐ Hörmarke
☐ Sonstige Aufmachung

(5) **Raum für Gebührenmarken** (siehe Feld 14)

(6) ☐ **Telefax vorab am:**

W 7202
12.98 (o) \*) Bitte ausfüllen in Maschinenschrift oder handschriftlich in Blockschrift und in zweifacher Ausfertigung einreichen

---

\* Internetadresse: http://www.patent-und-markenamt.de/formular/li_mark.htm (Dok.-Nr. W 7202).

# Widerspruch

Widerspruch gegen die Eintragung einer Marke

(7) **Der Widerspruch wird auf**
☐ alle Waren/Dienstleistungen gestützt.
☐ folgende Waren/Dienstleistungen der Widerspruchsmarke gestützt:

☐ siehe Anlage

(8) **Der Widerspruch stützt sich auf den Länderteil**
(bei international registrierten Widerspruchsmarken, die vor dem 3. Oktober 1990 mit Wirkung sowohl für die Bundesrepublik Deutschland als für die ehemalige Deutsche Demokratische Republik registriert worden sind)

☐ Alte Bundesländer
☐ Ehemalige DDR

(9) **Der im Register eingetragene Inhaber der Widerspruchsmarke**     Geschäftszeichen (max. 20 Stellen)

Name/Firma
Straße
PLZ und Ort
Staat/Bezirk
Provinz
Bundesstaat

Anmelder-Nr.     Telefon-Nr.     Telefax-Nr.

☐ Weitere Inhaber siehe Anlage

(10) **Widersprechender ist**     Geschäftszeichen (max. 20 Stellen)
(nur ausfüllen, wenn abweichend von Feld 9)

Name/Firma
Straße
PLZ und Ort
Staat

Anmelder-Nr.     Telefon-Nr.     Telefax-Nr.

Zeitpunkt, zu dem ein Antrag auf Eintragung des Rechtsübergangs gestellt wurde:

(11) **Vertreter des Widersprechenden**     Geschäftszeichen (max. 20 Stellen)

Name
Sozietät
Straße
PLZ und Ort

Vertreter-Nr.     Telefon-Nr.     Telefax-Nr.

Nr. der Allgemeinen Vollmacht

Widerspruch gegen die Eintragung einer Marke

# Widerspruch

(12) **Der Widerspruch richtet sich gegen**
- ☐ alle Waren/Dienstleistungen
- ☐ folgende Waren/Dienstleistungen der angegriffenen Marke::

☐ siehe Anlage

(13) **Inhaber der Marke, gegen deren Eintragung der Widerspruch sich richtet**
Name/
Firma
Straße
PLZ und
Ort
Staat

(14) **Die Gebühren in Höhe von DM     werden entrichtet durch:**
- ☐ Scheck ist beigefügt
 (Nur auf inländisches Kreditinstitut gezogen)
- ☐ Auf Blatt 1 aufgeklebte Gebührenmarken
- ☐ Überweisung
- ☐ Abbuchung von meinem/unserem Abbuchungskonto bei der Dresdner Bank AG, München, Nr.:

(15) **Anlagen**
- ☐ Wiedergabe der Widerspruchsmarke
- ☐ Verzeichnis der Waren/Dienstleistungen, auf die der Widerspruch gestützt wird
- ☐ Verzeichnis der Waren/Dienstleistungen, gegen die der Widerspruch sich richtet
- ☐ Vollmacht
- ☐ Doppelstücke der Widerspruchsunterlagen (§ 70 Abs. 4 MarkenV)
- ☐ Scheck
- ☐

(16)

      Datum        Unterschrift(en)
                     ggf. Firmenstempel

# Widerspruch

Widerspruch gegen die Eintragung einer Marke

**DEUTSCHES PATENT- UND MARKENAMT**
80297 München
**Telefon:** 0 89) 21 95 - 0
**Telefax:** (0 89) 21 95 - 22 21
**Telefonische Auskünfte:** (0 89) 21 95 - 34 02
**Internet:** http://www.patent-und-markenamt.de

Deutsches Patent- und Markenamt
- Dienststelle Jena -
07738 Jena
**Telefon:** (0 36 41) - 40 - 54
**Telefax:** (0 36 41) - 40 - 56 90
**Telefonische Auskünfte:** (0 36 41) - 40 - 55 55

**Konto der Zahlstelle:**
Landeszentralbank München 700 010 54 (BLZ 700 000 00)

## Kostenhinweise

Bei Widerspruch gegen die Eintragung einer Marke sind gemäß § 42 Abs. 4 des Markengesetzes folgende Gebühren zu entrichten:

200,-- DM

Die Zahlung muß innerhalb einer Frist von drei Monaten nach dem Tag der Veröffentlichung der Eintragung der Marke erfolgen. Wird die Gebühr nicht oder nicht vollständig gezahlt, so gilt der Widerspruch als nicht erhoben.

Bei der Zahlung geben Sie bitte an:
- den **Verwendungszweck** und
- die **Registernummer** der Marke, gegen die sich der Widerspruch richtet.

## Erläuterung zu Feld (14)

**Abbuchung** erfolgt nur von eigens für diesen Zweck bei der Dresdner Bank AG München, 80273 München, eingerichteten Abbuchungskonten (nach den Bedingungen gemäß MittPräsDPA Nr 2/90 vom 15. Dezember 1989, Bl. f. PMZ 1990,1)

Übertragung des Rechts an einer Marke                    **Rechtsübertragung**

## 9. Formblatt zur Erklärung über die (Teil-)Übertragung des Rechts an einer Marke

| An das<br>**Deutsche Patentamt**<br>80297 München | | **M** |
|---|---|---|

**Erklärung über die (Teil-) Übertragung des Rechts an einer Marke\*)**

Der unterzeichnende Anmelder/Inhaber der Marke
überträgt hiermit die in Ziffer (1) benannte Marke
an den Rechtsnachfolger -Ziffer (5)- in dem unter Ziffer (8) beschriebenen Umfang

(1) **Angaben zur Marke**
Registernummer

Wiedergabe der Marke

☐ siehe Anlage

(2) **Anmelder/Inhaber der Marke**
Name/Firma
Straße
PLZ und Ort
Staat/Bezirk
Provinz
Bundesstaat

Geschäftszeichen (max. 20 Stellen) _____

Anmelder-Nr.        Telefon-Nr.        Telefax-Nr.

(3) **Vertreter**
Name
Sozietät
Straße
PLZ und Ort

Geschäftszeichen (max. 20 Stellen) _____

Vertreter-Nr.        Telefon-Nr.        Telefax-Nr.

Nr. der Allgemeinen Vollmacht

(4) ☐ **Telefax vorab am:**

W 7616
5.95      \*) Bitte ausfüllen in Maschinenschrift oder handschriftlich in Blockschrift

2535

# Rechtsübertragung         Übertragung des Rechts an einer Marke

**(5) Rechtsnachfolger der Marke**

Name/Firma
Straße
PLZ und Ort
Staat/Bezirk
Provinz
Bundesstaat

Geschäftszeichen (max. 20 Stellen) _____

Anmelder-Nr.          Telefon-Nr.          Telefax-Nr.

**(6) Vertreter**

Geschäftszeichen (max. 20 Stellen) _____

Name
Sozietät
Straße
PLZ und Ort

Vertreter-Nr.          Telefon-Nr.          Telefax-Nr.

Nr. der Allgemeinen Vollmacht

**(7) Sendungen des Amts sind zu richten an**   ☐ **Rechtsnachfolger**   ☐ **Vertreter**

Name/Firma
Straße
PLZ und Ort

☐ **folgenden Zustellungsbevollmächtigten**   Geschäftszeichen (max. 20 Stellen) _____

Zustelladress-Nr.          Telefon-Nr.          Telefax-Nr.

**(8) Die Marke wird**

☐ mit allen Waren/Dienstleistungen übertragen.

☐ nur für folgende Waren/Dienstleistungen übertragen.

☐ siehe Anlage

Übertragung des Rechts an einer Marke    **Rechtsübertragung**

(9) **Anlagen**
- ☐ Wiedergabe der Marke
- ☐ Verzeichnis der Waren/Dienstleistungen
- ☐ Vollmacht
- ☐

(10)

Datum            Unterschrift(en)
                 ggf. Firmenstempel

## 10. Richtlinien für die Umschreibung von Schutzrechten und Schutzrechtsanmeldungen in der Patentrolle, der Gebrauchsmusterrolle, dem Markenregister, dem Musterregister und der Topographierolle (Umschreibungsrichtlinien)

vom 15. November 1996
(BlPMZ 1996, 426)

Die Umschreibungsrichtlinien führen die Fälle der Umschreibungen wegen Änderungen in der Person oder sonstigen Änderungen auf, die in der Patentrolle, der Gebrauchsmusterrolle, dem Markenregister, dem Musterregister und der Topographierolle des Deutschen Patentamts hinsichtlich der Anmelder bzw. Schutzrechtsinhaber oder ihrer Vertreter vorgenommen werden. Berichtigungen von Amts wegen bleiben hiervon unberührt.

Die Umschreibung von Schutzrechten bzw. Schutzrechtsanmeldungen setzt einen Antrag voraus, der vom eingetragenen Inhaber oder – bei Änderungen in der Person – auch vom Rechtsnachfolger gestellt werden kann. Wird die Umschreibung von Schutzrechten bzw. Anmeldungen aus unterschiedlichen Schutzrechtsarten (wenn z.B. bei Unternehmensverkäufen sowohl Patente und Gebrauchsmuster als auch Marken übertragen werden) beantragt, soll der Antragsteller nach Schutzrechtsarten getrennte Anträge und ggf. Umschreibungsbewilligungen einreichen. Sind für die Eintragung einer Änderung hinsichtlich eines Schutzrechts dem Deutschen Patentamt Nachweise vorgelegt worden, aus denen sich Änderungen auch hinsichtlich anderer Schutzrechte ergeben, genügt es zum Zweck des Nachweises, wenn bei Stellung des Antrags auf Umschreibung dieser anderen Schutzrechte konkret unter Angabe des Aktenzeichens auf die bereits vorgelegten Nachweise Bezug genommen wird.

Über die Richtigkeit der mit dem Antrag auf Umschreibung vorgetragenen Änderung in der Person des Inhabers bzw. Anmelders oder sonstigen Änderungen entscheidet das Deutsche Patentamt in freier Beweiswürdigung. Grundsätzlich ist zum Nachweis der jeweiligen Änderung die Vorlage von Urkunden erforderlich. Die Richtlinien führen im einzelnen auf, bei welcher Änderung welche Urkunden im Regelfall für den Nachweis ausreichen. Sind bei europäischen Patenten Änderungen vom Europäischen Patentamt bereits registriert worden, kann der Nachweis der Änderung gegenüber dem Deutschen Patentamt durch Vorlage einer Bescheinigung des Europäischen Patentamts (EPA Form 2544) geführt werden. Sofern nicht gesondert vermerkt (z.B. bei besonderen öffentlichen Urkunden wie Erbschein, Urteil, Vergleich, Konkursverwalterbestallung) genügt grundsätzlich die Einreichung von unbeglaubigten Kopien; daher können sowohl Umschreibungsantrag, als auch sonstige, zum Nachweis beizufügende Unterlagen dem Deutschen Patentamt mittels Telefax zugeleitet werden. Ergeben sich jedoch im Einzelfall begründete Zweifel (z.B. bei äußeren Mängeln der Kopie wie Durchstreichungen, erkennbare Radierungen; von bisherigen Rollen- bzw. Registereintragungen abweichende Angaben über den Inhaber wie z.B. „GmbH & Co KG" anstelle der – eingetragenen – „GmbH"), bleibt die Anforderung weiterer Nachweise einschließlich beglaubigter Abschriften vorbehalten.

Bei zu Nachweiszwecken eingereichten fremdsprachigen Urkunden, die in englischer, französischer, italienischer oder spanischer Sprache abgefaßt sind, kann das Deutsche Patentamt verlangen, daß eine Übersetzung der Urkunde oder von Auszügen aus der Urkunde vorgelegt wird; das Deutsche Patentamt kann im Einzelfall ferner verlangen, daß die Übersetzung von einem Rechts- oder Patentanwalt beglaubigt oder von einem öffentlich bestellten Übersetzer angefertigt wird. Bei Urkunden, die in einer anderen Fremdsprache abgefaßt sind, ist stets eine von einem Rechts- oder Patentanwalt beglaubigte oder von einem öffentlich bestellten Übersetzer angefertigte Übersetzung der gesamten Urkunden oder von Auszügen aus der Urkunde einzureichen. Umschreibungsantrag und Umschreibungsbewilligung sind als verfahrensbestimmende Erklärungen stets in deutscher Sprache einzureichen.

Richtlinien Schutzrechtsumschreibungen **Umschreibungsrichtlinien**

Die folgende Aufstellung weist ferner auf, ob und ggf. welche Gebühr für die jeweilige Umschreibung anfällt. Auf §§ 30 Abs. 3 Satz 2 PatG, 8 Abs. 4 Satz 2 GbmG, 27 Abs. 4 MarkenG, 5 Abs. 2 Satz 2 MusterregV und 4 Abs. 2 HalblSchG i.V.m. 8 Abs. 4 GbmG wird hingewiesen. Berichtigungen von Amts wegen bleiben gebührenfrei.

Im übrigen erhalten die Umschreibungsrichtlinien folgende Fassung:

| Lfd. Nr. | Umschreibungen (Änderungen in der Person) oder sonstige Änderungen<br>1. in der Patentrolle<br>2. in der Gebrauchsmusterrolle<br>3. im Markenregister<br>4. im Musterregister<br>5. in der Topographierolle | Nachweis | Gebühr/ Gebühren Codenummer |
|---|---|---|---|
| 1 | aufgrund rechtsgeschäftlicher Übertragung 1.1. gemäß § 15 Abs. 1 Satz 2 i.V.m. § 30 Abs. 3 PatG | 1.1.1. Nachweis durch Verfahrenserklärungen<br>1.1.1.1.<br>Vom eingetragenen Inhaber oder seinem Vertreter und vom Rechtsnachfolger oder seinem Vertreter unterschriebener Antrag auf Umschreibung<br><br>*oder*<br><br>1.1.1.2.<br>vom Rechtsnachfolger oder seinem Vertreter unterschriebener Antrag auf Umschreibung, dem eine vom eingetragenen Inhaber oder seinem Vertreter unterzeichnete Erklärung, daß er der Eintragung des Rechtsnachfolgers zustimmt (Umschreibungsbewilligung), beigefügt ist.<br><br>1.1.1.3.<br>In Fällen der Stellvertretung gilt insoweit für den Nachweis der Vertretungsmacht folgendes:<br><br>1.1.1.3.1.<br>Werden Umschreibungsantrag und/oder Umschreibungsbewilligung von einem Rechts- oder Patentanwalt oder Erlaubnisscheininhaber gestellt, ist dessen Bevollmächtigung von Amts wegen nicht zu prüfen, sofern der Mangel der Vollmacht nicht von einem Dritten gerügt wird. Das gleiche gilt, wenn der eingetragene Inhaber bzw. der Rechtsnachfolger in Fällen des § 155 PatAnwO von einem Patentassessor vertreten wird, mit der Maßgabe, daß der Patentassessor | 60,– DM<br>113 300 |

# Umschreibungsrichtlinien

Richtlinien Schutzrechtsumschreibungen

| Lfd. Nr. | Umschreibungen (Änderungen in der Person) oder sonstige Änderungen<br>1. in der Patentrolle<br>2. in der Gebrauchsmusterrolle<br>3. im Markenregister<br>4. im Musterregister<br>5. in der Topographierolle | Nachweis | Gebühr/ Gebühren Codenummer |
|---|---|---|---|
| | | eine schriftliche Vollmacht hinsichtlich der konkreten Umschreibung des eingetragenen Inhabers einzureichen hat, wenn er sowohl den Umschreibungsantrag namens des Inhabers stellt, als auch namens des Rechtsnachfolgers die Umschreibungsbewilligung erklärt.<br><br>1.1.1.3.2.<br>Die Vertretungsmacht für juristische Personen und Personengesellschaften kann im übrigen dadurch nachgewiesen werden, daß die Zeichnungsberechtigung durch Angabe der Stellung/Funktion des Unterzeichners innerhalb der juristischen Person bzw. Personengesellschaft (z. B. Geschäftsführer, Prokurist, Handlungsbevollmächtigter), wobei der Name des Unterzeichners in Druckschrift oder Maschinenschrift hinzuzufügen ist, schlüssig dargelegt wird. Ferner kann der Nachweis der Vertretungsmacht durch Auszug aus dem Handelsregister oder Bescheinigung nach § 21 BNotO geführt werden.<br><br>1.1.1.3.3.<br>In sonstigen Fällen der Bevollmächtigung ist der Nachweis der Vertretungsmacht durch Urkunden zu führen, aus denen sich die Bevollmächtigung ergibt.<br><br>1.1.1.3.4.<br>Beim Nachweis durch Verfahrenserklärungen findet eine Prüfung des § 181 BGB nicht statt.<br><br>1.1.2.<br>Sonstige Unterlagen, aus denen sich die rechtsgeschäftliche Übertragung ergibt (z.B. ein vom eingetragenen Inhaber und dem Rechtsnachfolger unterzeichneter | |

# Umschreibungsrichtlinien

| Lfd. Nr. | Umschreibungen (Änderungen in der Person) oder sonstige Änderungen<br>1. in der Patentrolle<br>2. in der Gebrauchsmusterrolle<br>3. im Markenregister<br>4. im Musterregister<br>5. in der Topographierolle | Nachweis | Gebühr/ Gebühren Codenummer |
|---|---|---|---|
| | | Vertrag). Für den Nachweis der Vertretungsmacht gelten im übrigen die Ziff. 1.1.1.3.2. und 1.1.1.3.3. entsprechend. Überträgt der Vertreter eines inländischen eingetragenen Inhabers das Patent bzw. die Patentanmeldung auf sich oder eine andere, ebenfalls von ihm vertretene Person, sind – soweit sich dies nicht bereits aus einer eingereichten Vollmachtsurkunde ergibt – ferner Unterlagen beizufügen, aus denen sich ergibt, daß der Vertreter von § 181 BGB befreit ist. | |
| | 1.2. gemäß § 22 Abs.1 Satz 2 i.V.m. § 8 Abs. 4 GbmG | Ziff. 1.1. gilt entsprechend | 60,– DM<br>123 300 |
| | 1.3. gemäß § 27 MarkenG i.V.m. § 31 MarkenV | Ziff. 1.1. gilt entsprechend | keine Gebühr jedoch wird hinsichtlich der Teilübertragung auf die Gebührentatbestände 133 400 und 131 700 hingewiesen. |
| | 1.4. gemäß § 5 Abs. 2 MusterregV | Ziff. 1.1. gilt entsprechend | 60,– DM<br>143 100 |
| | 1.5. gemäß §§ 4 Abs. 2, 11 Abs. 2 HalblSchG i.V.m. §§ 8 Abs. 4, 22 Abs.1 Satz 2 GbmG | Ziff. 1.1. gilt entsprechend | 60,– DM<br>153 300 |
| 2 | aufgrund Erbgangs 2.1. gemäß § 15 Abs. 1 Satz 1 PatG | Erbschein in Ausfertigung, ggf. bei Ausländern gegenständlich beschränkter Erbschein (§ 2369 Abs. 1 BGB) oder beglaubigte Testamentsabschrift mit einer Ausfertigung des Eröffnungsprotokolls | wie Ziff. 1.1. |
| | 2.2. gemäß § 22 Abs. 1 Satz 1 GbmG | Ziff. 2.1. gilt entsprechend | wie Ziff. 1.2. |
| | 2.3. gemäß § 27 MarkenG | Ziff. 2.1. gilt entsprechend | wie Ziff. 1.3. |

# Umschreibungsrichtlinien

Richtlinien Schutzrechtsumschreibungen

| Lfd. Nr. | Umschreibungen (Änderungen in der Person) oder sonstige Änderungen<br>1. in der Patentrolle<br>2. in der Gebrauchsmusterrolle<br>3. im Markenregister<br>4. im Musterregister<br>5. in der Topographierolle | Nachweis | Gebühr/ Gebühren Codenummer |
|---|---|---|---|
| | 2.4. gemäß § 5 Abs. 2 MusterregV | Ziff. 2.1. gilt entsprechend | wie Ziff. 1.4. |
| | 2.5. gemäß § 11 Abs. 2 HalblSchG i.V.m. § 22 Abs. 1 Satz 2 GbmG | Ziff. 2.1. gilt entsprechend | wie Ziff. 1.5. |
| 3 | aufgrund zivilrechtlichen Urteils oder Vergleichs 3.1.–3.5. | vollstreckbare Ausfertigung des rechts- bzw. bestandskräftigen Titels | wie Ziff. 1.1.–1.5. |
| 4 | Übertragung im Konkursverfahren 4.1.–4.5. | Umschreibungsbewilligung des Konkursverwalters; dieser hat seine Verfügungsbefugnis durch Vorlage seiner Bestallungsurkunde in Ausfertigung oder einer beglaubigten Kopie nachzuweisen | wie Ziff. 1.1.–1.5. |
| 5 | Verschmelzung gemäß §§ 2–122 UmwG 5.1.–5.5. | Auszug aus dem Register des Sitzes des übernehmenden bzw. neuen Rechtsträgers | wie Ziff. 1.1.–1.5. |
| 6 | Spaltung gemäß §§ 123–173 UmwG 6.1.–6.5. | Auszug aus dem Register des Sitzes des übernehmenden Rechtsträgers *und* Unterlagen, aus denen sich der Rechtshergang auf den jeweiligen übernehmenden Rechtsträger ergibt (z.B. Spaltungs- und Übernahmevertrag; Bescheinigung des den Spaltungs- und Übernahmevertrag aufnehmenden Notars, daß das jeweilige Schutzrecht auf den übernehmenden Rechtsträger übergeht). Soweit der übertragende Rechtsträger fortbesteht, kann der Nachweis durch Umschreibungsantrag des übernehmenden Rechtsträgers und Umschreibungsbewilligung des übertragenden Rechtsträgers geführt werden. Im übrigen gilt Ziff. 1.1. entsprechend. | wie Ziff. 1.1.–1.5. |
| 7 | Vermögensübertragung gemäß §§ 174–189 UmwG 7.1.–7.5. | Ziff. 6 gilt entsprechend | wie Ziff. 1.1.–1.5. |
| 8 | Formwechsel gemäß §§ 190–304 UmwG 8.1.-8.5. | Auszug aus dem Register, in dem der formwechselnde Rechtsträger eingetragen ist, bzw. aus dem für die neue Rechtsform maßgebenden Register | keine Gebühr |

Richtlinien Schutzrechtsumschreibungen  **Umschreibungsrichtlinien**

| Lfd. Nr. | Umschreibungen (Änderungen in der Person) oder sonstige Änderungen<br>1. in der Patentrolle<br>2. in der Gebrauchsmusterrolle<br>3. im Markenregister<br>4. im Musterregister<br>5. in der Topographierolle | Nachweis | Gebühr/ Gebühren Codenummer |
|---|---|---|---|
| 9 | Firmenänderung (ohne Inhaberwechsel) 9.1.–9.5. | Vom eingetragenen Inhaber oder seinem Vertreter unterzeichnete Anzeige der Firmenänderung an das DPA | keine Gebühr |
| 10 | Sitzverlegung 10.1.–10.5. | Ziff. 9 gilt entsprechend | keine Gebühr |
| 11 | Anschriftenänderung 11.1.–11.5. | Ziff. 9 gilt entsprechend | keine Gebühr |
| 12 | Namensänderung 12.1.–12.5. | Ziff. 9 gilt entsprechend | keine Gebühr |
| 13 | Wechsel des (Inlands-)Vertreters 13.1. gemäß § 25 PatG | Niederlegung der Vollmacht des bisherigen Vertreters oder Vollmachtsentzug und Anzeige der Bevollmächtigung des neuen Inlandsvertreters | 20,– DM für erteilte DE-Patente mit Anmeldetag vor dem 1.1.1981, ansonsten keine Gebühr |
|  | 13.2. gemäß § 28 GbmG | Ziff. 13.1. gilt entsprechend | keine Gebühr |
|  | 13.3. gemäß § 96 MarkenG, §§ 18 Nr. 18, 76 MarkenV | Ziff. 13.1. gilt entsprechend | keine Gebühr |
|  | 13.4. gemäß § 16 GeschmMG | Ziff. 13.1. gilt entsprechend | keine Gebühr |
|  | 13.5. gemäß § 11 Abs. 2 HalblSchG i.V.m. § 28 GbmG | Ziff. 13.1. gilt entsprechend | keine Gebühr |
| 14 | Namens- und Anschriftenänderung des Inlandsvertreters 14.1.–14.5. | Vom Inlandsvertreter unterzeichnete Anzeige der Namens- oder Anschriftenänderung an das DPA | keine Gebühr |

Diese Umschreibungsrichtlinien treten am 15. November 1996 in Kraft. Die bisher geltenden Umschreibungsrichtlinien, zuletzt geändert gemäß Mitteilung des Präsidenten Nr. 13/95 (Bl. f. PMZ 1995, 336 ff.), sind ab diesem Zeitpunkt aufgehoben. Vor diesem Zeitpunkt gestellte, aber noch nicht erledigte Umschreibungsanträge, sind ab diesem Zeitpunkt gemäß der Neufassung der Umschreibungsrichtlinien zu bearbeiten.

## 11. Mitteilung Nr. 9/94 des Präsidenten des Deutschen Patentamts über die Hinterlegung Allgemeiner Vollmachten und Angestelltenvollmachten beim Deutschen Patentamt

vom 4. August 1994
(BlPMZ 1994, 301)

Das Verfahren für die Hinterlegung Allgemeiner Vollmachten wird wie folgt geändert:

1. Mit Ablauf des 31. Dezember 1994 werden nur noch Allgemeine Vollmachten und Angestelltenvollmachten zur Hinterlegung angenommen, die der aus der Anlage 1 und 2 zu dieser Mitteilung ersichtlichen inhaltlichen Form entsprechen. Die Gattungsvollmachten „Allgemeine Vollmachten in Patent- und Gebrauchsmusterangelegenheiten", „– in Warenzeichen- und IR-Markenangelegenheiten" und „– in Geschmacksmusterangelegenheiten" entfallen und werden nicht mehr zur Hinterlegung angenommen.

2. Wie sich aus dem Vollmachtstext ergibt, erstreckt sich die Vollmacht auf alle Angelegenheiten, die zum Geschäftskreis des Deutschen Patentamts gehören. Einschränkungen bzw. Aufzählungen der damit verbundenen Rechtsgeschäfte sind auf der Vollmacht nicht zulässig. Diese Vollmachten gelten wie bisher auch für Verfahrenshandlungen nach dem Patentzusammenarbeitsvertrag (PCT) gegenüber dem Deutschen Patentamt als „Anmeldeamt, Bestimmungsamt und ausgewähltem Amt" und für Verfahrenshandlungen nach Art. II § 2 des Gesetzes über Internationale Patentübereinkommen (IntPatÜG) sowie in Angelegenheiten, die europäische Patente betreffen, soweit sie mit Wirkung für die Bundesrepublik Deutschland erteilt sind.

3. Sind mehrere Personen auf einer Allgemeinen Vollmacht als Bevollmächtigte/Vertreter benannt, werden diese jeweils im Rahmen dieser Vollmacht als einzeln vertretungsberechtigt angesehen. Die Vollmachten müssen auf prozeßfähige, mit ihrem bürgerlichen Namen bezeichnete Personen lauten (§ 18 Abs. 2 DPAV). Nicht angenommen werden Vollmachten, wenn mehr als eine Person – Anmeldergemeinschaften eingeschlossen – als Vollmachtgeber in der Allgemeinen Vollmacht/Angestelltenvollmacht auftreten, in diesem Fall kann jeder Vollmachtgeber gesondert eine Allgemeine Vollmacht einreichen.

4. Für die Hinterlegung und Registrierung ist die Vorlage des Vollmachtoriginals erforderlich. Die Vollmacht ist mit *gesondertem* Anschreiben (Registrierungsgesuch) dem Deutschen Patentamt – Referat für Patentanwalts- und Vertreterwesen – zum Zwecke der Hinterlegung zuzuleiten. Zur Akte eingereichte Vollmachten werden als Einzelvollmacht behandelt; es erfolgt keine Hinterlegung und Registrierung als Allgemeine Vollmacht. Nach Hinterlegung und Registrierung der Allgemeinen Vollmacht/Angestelltenvollmacht wird dem Antragsteller schriftlich die Registriernummer der Vollmacht mitgeteilt. Diese Registriernummer hat der Bevollmächtigte/Vertreter zum Nachweis seiner Vertretungsberechtigung bei den entsprechenden Eingaben zu Schutzrechtsakten unter seiner Unterschrift aufzuführen.

5. Falls der Vollmachtgeber nicht eine unter seinem bürgerlichen Namen handelnde Einzelperson ist, muß die Zeichnungsberechtigung des Unterzeichners durch die Angabe seiner Stellung/Funktion innerhalb der bevollmächtigenden Gesellschaft, Körperschaft, Verein schlüssig hervorgehen. Der Name des Unterzeichners ist in Maschinen- oder Druckschrift unter der Unterschrift hinzuzufügen. Der Nachweis der Zeichnungsberechtigung kann auch durch Vorlage unbeglaubigter Handelsregisterauszüge sowie durch entsprechende Erklärung im Registrierungsgesuch erbracht werden. Soweit ein Dritter aufgrund einer besonderen Vollmacht für eine juristische Person unterzeichnet, ist dies anzugeben und die besondere Vollmacht in Kopie beizufügen.

Bei Zweifeln an der Zeichnungsberechtigung wird das Deutsche Patentamt den Nachweis der Zeichnungsberechtigung in geeigneter, ggf. auch notariell beglaubigter Form fordern. Bei ausländischen Firmen ist die Vertretungsberechtigung des Vollmachtgebers in

Zweifelsfällen durch eine dem ausländischen Recht am Sitz des Vertretenen entsprechende Beurkundung nachzuweisen, die wiederum der Legalisation bzw. der Apostille nach dem Übereinkommen zur Befreiung ausländischer öffentlicher Urkunden von der Legalisation bedarf, soweit nicht die Bundesrepublik Deutschland in völkerrechtlichen Verträgen auf die Beibringung der Legalisation oder der Apostille verzichtet hat.

6. Sofern die Befugnis des Bevollmächtigten zur geschäftsmäßigen Beratung und Vertretung in Rechtsangelegenheiten Dritter aus der Allgemeinen Vollmacht/Angestelltenvollmacht nicht zweifelsfrei erkennbar ist, ist in dem Registrierungsgesuch zu erklären, ob sich der Bevollmächtigte in einem ständigen Dienstverhältnis zu dem Vollmachtgeber befindet oder freiberuflich tätig wird. Patentassessoren und Angestellte, die von einem anderen als dem Dienstherrn als Bevollmächtigte benannt sind, haben eine Erklärung vorzulegen, aus welcher das Verhältnis des Vollmachtgebers zum Dienstherrn des Bevollmächtigten hervorgeht. Diese Erklärung kann im Registrierungsgesuch abgegeben werden. Bei Zweifeln wird das Deutsche Patentamt geeignete Nachweise verlangen.

7. Zur Entlastung des Patentamts von überalterten Allgemeinen Vollmachten und um die Gültigkeit der registrierten Vollmachten transparenter zu machen, werden Inhaber von Allgemeinen Vollmachten im Turnus alle *zehn Jahre* um Angabe gebeten, ob die Registrierung noch aufrechterhalten werden soll.
Wer die Registrierung – auch formlos – bestätigt, bleibt registriert. Bei Mitteilung, daß die Allgemeine Vollmacht aufgegeben wird, wird die Registrierung gelöscht. Erhält das Patentamt auf seine Anfrage weder eine Bestätigung noch eine sonstige Mitteilung, wird die Anfrage einmal wiederholt, bleibt das Patentamt wiederum ohne jegliche Mitteilung, wird die Registrierung der Allgemeinen Vollmacht zum Ablauf des zehnten Kalenderjahres seit erfolgter Registrierung gelöscht. Die Registrierung kann auch in diesen Fällen wieder aufgenommen werden, falls der Inhaber sich zum Nachweis seiner Vertretungsberechtigung darauf berufen möchte und dies dem Patentamt mitteilt. Zu beachten ist hierbei, daß das Patentamt Unterlagen über gelöschte Allgemeine Vollmachten nur zehn Jahre lang aufbewahrt. Danach ist nur noch eine neue Registrierung unter Einreichung neuer Unterlagen möglich.
Soweit möglich, wird dieses Verfahren auch bei den zum 31. Dezember 1994 bereits registrierten Vollmachten durchgeführt.

8. Meine Mitteilungen

   Nr. 13/86 vom 21. August 1986 (BlPMZ 1986, 277)

   Nr. 16/86 vom 6. November 1986 (BlPMZ 1986, 349 ff.)

   Nr. 2/88 vom 12. Januar 1988 (BlPMZ 1988, 25)

   werden aufgehoben.

9. Diese Neuregelung tritt am 1. Januar 1995 in Kraft.

# Mitteilung Nr. 9/94

Vollmachten beim DMA

## ANLAGE 1

### ALLGEMEINE VOLLMACHT
### zur Hinterlegung beim Deutschen Patentamt

gemäß Mitteilung Nr. 9/94 (BlPMZ 1994, 301 f.)

Ich/Wir

(Name/Firma – Wohnort/Firmensitz)

bestelle(n) hiermit

zu meinem/unseren Vertreter(n) in allen Angelegenheiten, die zum Geschäftskreis des Deutschen Patentamts gehören. Diese Vollmacht schließt die Bestellung zum Inlandsvertreter gemäß § 25 PatG, § 28 GbmG, § 96 MarkenG, § 16 GeschmMG, § 11 HalblSchG ein.*

Der/die Vertreter kann/können Untervollmacht erteilen und Zahlungen für mich/uns in Empfang nehmen.

Ort: ............................................. Datum: .............................................
Name/Firma: ..............................................................................................
Unterschrift(en)**: ......................................................................................

---

\*) Gilt nur für ausländische Vollmachtgeber.
\*\*) Für die Unterzeichnung ist zu beachten:
    Bei Personen: Vor- und Familiennamen voll ausschreiben.
    Bei Firmen: Firma der Gesellschaft gemäß Eintragung im Handelsregister. Den Nachweis der Zeichnungsberechtigung durch Hinzufügen der Funktion (z. B. Prokurist, Geschäftsführer, Vorstandsmitglied, General, Direktor) unter dem Namen darlegen. Zusätzlich ist der Name des/der Unterzeichner(s) in Maschinen- oder Druckschrift unter der Unterschrift hinzuzufügen.

## ANLAGE 2

### ANGESTELLTENVOLLMACHT
### zur Hinterlegung beim Deutschen Patentamt

gemäß Mitteilung Nr. 9/94 (BlPMZ 1994, 301 f.)

Herr/Frau

ist im Rahmen unseres Unternehmens, der

(Firma, Firmensitz)

zur Bearbeitung aller Angelegenheiten, die zum Geschäftskreis des Deutschen Patentamts gehören, ermächtigt.

Die Vollmacht berechtigt nicht dazu, Zustellungen und Zahlungen des Deutschen Patentamts für uns in Empfang zu nehmen.

Die Erteilung von Untervollmachten ist ausgeschlossen.

Ort: ............................................. Datum: .............................................
Firma: ........................................................................................................
Unterschrift(en)*: .....................................................................................

---

\* Für die Unterzeichnung ist zu beachten:
    Firma der Gesellschaft gemäß Eintragung im Handelsregister. Der Nachweis der Zeichnungsberechtigung ist durch Hinzufügen der Funktion (z. B. Prokurist, Geschäftsführer, Vorstandsmitglied) unter dem Namen darzulegen. Zusätzlich ist der Name des/der Unterzeichner(s) in Maschinen- oder Druckschrift unter der Unterschrift hinzuzufügen.

Zustimmung zur Eintragung eines dinglichen Rechts

# Dingliche Rechte

**12. Formblatt zur Zustimmungserklärung zur Eintragung eines dinglichen Rechts an der Marke**

An das
**Deutsche Patentamt**
80297 München

**M**

**Zustimmungserklärung zur Eintragung eines dinglichen Rechts an der Marke*)**

Der unterzeichnende Anmelder/Inhaber der Marke stimmt hiermit der Eintragung eines dinglichen Rechts an der Marke zugunsten des in Ziffer (5) genannten dinglich Berechtigten in dem unter Ziffer (8) beschriebenen Umfang zu.

(1) **Angaben zur Marke**
Aktenzeichen/Registernummer

Wiedergabe der Marke

☐ siehe Anlage

(2) **Anmelder/Inhaber der Marke**

Name/Firma
Straße
PLZ und Ort
Staat/Bezirk
Provinz
Bundesstaat

Geschäftszeichen (max. 20 Stellen) _____

Anmelder-Nr.            Telefon-Nr.            Telefax-Nr.

(3) **Vertreter**

Name
Sozietät
Straße
PLZ und Ort

Geschäftszeichen (max. 20 Stellen) _____

Vertreter-Nr.            Telefon-Nr.            Telefax-Nr.

Nr. der Allgemeinen Vollmacht

(4) ☐ **Telefax vorab am:**

W 7024
6.95

*) Bitte ausfüllen in Maschinenschrift oder handschriftlich in Blockschrift

# Dingliche Rechte

Zustimmung zur Eintragung eines dinglichen Rechts

| | |
|---|---|
| (5) | **Dinglich Berechtigter** |

Name/Firma
Straße
PLZ und Ort
Staat/Bezirk
Provinz
Bundesstaat

Geschäftszeichen (max. 20 Stellen) _____

Anmelder-Nr.   Telefon-Nr.   Telefax-Nr.

(6) **Vertreter des dinglich Berechtigten**

Name
Sozietät
Straße
PLZ und Ort

Geschäftszeichen (max. 20 Stellen) _____

Vertreter-Nr.   Telefon-Nr.   Telefax-Nr.

Nr. der Allgemeinen Vollmacht

(7) **Das Recht an der Marke**

☐ wird verpfändet

☐ ist Gegenstand eines sonstigen dinglichen Rechts, nämlich

☐ ist Gegenstand von Maßnahmen der Zwangsvollstreckung.

(8) **Das dingliche Recht nach Ziffer (7) erfaßt**

☐ alle Waren/Dienstleistungen

☐ folgende Waren/Dienstleistungen

Klasse    Bezeichnung

☐ siehe Anlage

(9) **Anlagen**

☐ Wiedergabe der Marke

☐ Verzeichnis der Waren/Dienstleistungen

☐

(10)

Datum    Unterschrift(en)
         ggf. Firmenstempel

2548

Antrag auf Eintragung eines dinglichen Rechts

# Dingliche Rechte

**13. Formblatt zum Antrag auf Eintragung einer Verpfändung, eines sonstigen dinglichen Rechts, einer Maßnahme der Zwangsvollstreckung oder eines Konkursverfahrens**

An das
**Deutsche Patentamt**
80297 München

**M**

(1) **Antrag auf Eintragung \*)**
- [ ] einer Verpfändung
- [ ] eines sonstigen dinglichen Rechts
- [ ] einer Maßnahme der Zwangsvollstreckung
- [ ] eines Konkursverfahrens

(2) **Angaben zur Marke**

Registernummer

Wiedergabe der Marke

- [ ] siehe Anlage

(3) **Anmelder/Inhaber der Marke**

Name/Firma
Straße
PLZ und Ort
Staat

Geschäftszeichen (max. 20 Stellen) _____

Anmelder-Nr.          Telefon-Nr.          Telefax-Nr.

(4) **Vertreter**

Name
Sozietät
Straße
PLZ und Ort

Geschäftszeichen (max. 20 Stellen) _____

Vertreter-Nr.          Telefon-Nr.          Telefax-Nr.
Nr. der Allgemeinen Vollmacht

(5) **Konkursverwalter**

Name
Straße
PLZ und Ort

Telefon-Nr.          Telefax-Nr.

(6) [ ] **Telefax vorab am:**

W 7022
6.95  \*) Bitte ausfüllen in Maschinenschrift oder handschriftlich in Blockschrift

# Dingliche Rechte

Antrag auf Eintragung eines dinglichen Rechts

(7) ☐ Gemeinsamer Antrag des Inhabers der Marke und des Erwerbers des dinglichen Rechts
☐ Zustimmungserklärung des Inhabers der Marke zur Eintragung des dinglichen Rechts (siehe Formblatt W7024)
☐ Übertragungsvertrag oder vergleichbare Unterlagen

(8) ☐ Dinglich Berechtigter
☐ Betreiber der Zwangsvollstreckung/des Konkursverfahrens

Geschäftszeichen (max. 20 Stellen) _____

Name/Firma
Straße
PLZ und Ort
Staat/Bezirk
Provinz
Bundesstaat

Telefon-Nr.     Telefax-Nr.

(9) Vertreter

Geschäftszeichen (max. 20 Stellen) _____

Name
Sozietät
Straße
PLZ und Ort

Vertreter-Nr.     Telefon-Nr.     Telefax-Nr.
Nr. der Allgemeinen Vollmacht

(10) Sendungen des Amts sind weiterhin zu richten an den  ☐ bisherigen Inhaber der Marke
☐ Vertreter  ☐ folgenden Zustellungsbevollmächtigten

Geschäftszeichen (max. 20 Stellen) _____

Name/Firma
Straße
PLZ und Ort

Zustelladress-Nr.     Telefon-Nr.     Telefax-Nr.

(11) Anlagen
☐ Wiedergabe der Marke
☐ Vollmacht
☐ Zustimmungserklärung des Inhabers der Marke zur Eintragung des dinglichen Rechts
☐ Übertragungsvertrag oder vergleichbare Unterlagen (z.B. Pfändungsbeschluß)
☐

(12)

_____     _____
Datum Unterschrift(en)              Datum Unterschrift(en)
des Anmelders/Inhabers der Marke    des dinglich Berechtigten
ggf. Firmenstempel                  ggf. Firmenstempel

2550

Erklärung der Teilung eines Markenrechts

# Teilung

## 14. Formblatt zur Erklärung der Teilung der Anmeldung bzw der Eintragung einer Marke

An das
**Deutsches Patentamt**
80297 München

Aktenzeichen (wird vom Amt vergeben):

**M**

**Erklärung der Teilung**
☐ der Anmeldung
☐ der Eintragung
**einer Marke\*)**

(1) **Anmelder/Inhaber der Marke**

Name/Firma
Straße
PLZ und Ort
Staa/Bezirk
Provinz
Bundesstaat

Geschäftszeichen (max. 20 Stellen) _____

Anmelder-Nr.   Telefon-Nr.   Telefax-Nr.

(2) **Vertreter**

Name
Sozietät
Straße
PLZ und Ort

Geschäftszeichen (max. 20 Stellen) _____

Vertreter-Nr.   Telefon-Nr.   Telefax-Nr.
Nr. der allgemeinen Vollmacht

(3) **Sendungen des Amts sind zu richten an** ☐ Anmelder/Inhaber der Marke ☐ Vertreter
☐ **folgenden Zustellungsbevollmächtigten** Geschäftszeichen (max. 20 Stellen) _____

Name/Firma
Straße
PLZ und Ort
Staat/Bezirk

Telefon-Nr.   Telefax-Nr.

(4) **Raum für Gebührenmarken** (siehe Feld 10)

(5) ☐ **Telefax vorab am:**

W 7009
4.97   \*) Bitte ausfüllen in Maschinenschrift oder handschriftlich in Blockschrift

# Teilung

Erklärung der Teilung eines Markenrechts

(6) **Angaben zur ursprünglichen Anmeldung oder Eintragung**

Aktenzeichen/Registernummer

Wiedergabe der Marke

☐ siehe Anlage

(7) **Die Anmeldung/Eintragung der Marke soll für folgende Waren/Dienstleistungen als abgetrennte Anmeldung/Eintragung weiterbehandelt werden/fortbestehen:**

Klasse:        Bezeichnung:

☐ siehe Anlage

(8) ☐ **Antrag auf beschleunigte Prüfung** (nur bei Teilung einer Anmeldung)

(9) **Die Priorität wird in Anspruch genommen:**

☐ für alle abgetrennten Waren/Dienstleistungen

☐ für folgende Waren/Dienstleistungen

Klasse:        Bezeichnung:

☐ siehe Anlage

☐ **Ausländische Priorität**

Nummer:

Tag der Anmeldung:

Staat:

☐ **Ausstellungspriorität**

Tag der erstmaligen Zurschaustellung:

Bezeichnung der Ausstellung (Messe):

Erklärung der Teilung eines Markenrechts **Teilung**

(10) **Gebühren:**

DM       Teilungsgebühr      ☐ Scheck ist beigefügt
                                                (Nur auf inländisches Kreditinstitut gezogen)

DM       Beschleunigungsgebühr      ☐ Auf Blatt 1 aufgeklebte Gebührenmarken

DM       insgesamt      ☐ Überweisung (nach Erhalt der Empfangsbescheinigung)

                                               ☐ Abbuchung von meinem/unserem Abbuchungs-Konto bei der Dresdner Bank AG, München, Nr.:

(11) **Anlagen**

☐ Vier übereinstimmende zweidimensionale, graphische Wiedergaben der Marke (falls keine Wortmarke)
☐ Klangliche Wiedergabe der Marke (bei Teilung einer Hörmarke)
☐ Beschreibung der Marke
☐ Verzeichnis der Waren/Dienstleistungen der abgetrennten Anmeldung/Eintragung
☐ Scheck
☐

(12)

                         Datum                  Unterschrift(en)
                                                          ggf. Firmenstempel

# Teilung

Erklärung der Teilung eines Markenrechts

**DEUTSCHES PATENTAMT**
80297 München
Telefon: (0 89) 21 95 - 0; Telex: 5 23 534
Telefax: (0 89) 21 95 - 22 21
Telefonische Auskünfte: (0 89) 21 95 - 34 02
Konto der Zahlstelle:
Landeszentralbank München 700 010 54 (BLZ 700 000 00)

**Deutsches Patentamt - Dienststelle Berlin**
10958 Berlin
Telefon: (0 30) 25 992 - 0; Telex: 1 83 604
Telefax: (0 30) 25 992 - 404
Telefonische Auskünfte: (0 30) 25 992 - 2 20
Konto der Zahlstelle:
Landeszentralbank Berlin 100 010 10 (BLZ 100 000 00)

Internet-Adresse http://www.deutsches-patentamt.de

## Kostenhinweise

Für den Antrag auf Teilung der Anmeldung oder die Teilung der Eintragung einer Marke sind gemäß § 40 Abs. 2 bzw. § 46 Abs. 3 des Markengesetzes folgende Gebühren zu entrichten:

| | | |
|---|---|---|
| Antrag auf Teilung einer Anmeldung | 500.-- DM | 420.-- DM *) |
| Antrag auf Teilung einer Eintragung | 600.-- DM | 500.-- DM *) |
| Für den Antrag auf beschleunigte Prüfung (nur bei Teilung einer Anmeldung) | 420.-- DM | 350.-- DM *) |

*) Gebührensätze für die neuen Bundesländer gemäß § 7 Abs. 1 Satz 2 des Patentgebührengesetzes

### Berechnung der Höhe der Gebühren

Die Berechnung der Gebühren durch den Antragsteller in Feld (10) ist nicht erforderlich.

Auf der Empfangsbescheinigung erfolgt von Amts wegen eine Mitteilung über die fällig gewordenen Gebühren.

Die Zahlung muß innerhalb von drei Monaten nach Zugang der Teilungserklärung (sh. Empfangsbescheinigung) erfolgen. Werden die Gebühren nicht oder nicht vollständig innerhalb der Frist entrichtet, so gilt dies als Verzicht auf die abgetrennte Anmeldung/Eintragung.

Bei der Zahlung geben Sie bitte an:
- den **Verwendungszweck** (Teilungsgebühr) und
- das **Aktenzeichen** der Teil -Anmeldung/ -Eintragung (soweit bereits bekannt)

### Erläuterung zu Feld (10)

**Abbuchung** erfolgt nur von eigens für diesen Zweck bei der Dresdner Bank AG München, 80273 München, eingerichteten Abbuchungskonten (nach den Bedingungen gemäß MittPräsDPA Nr 2/90 vom 15. Dezember 1989, Bl. f. PMZ 1990,1).

---

Mit Wirkung vom 1. September 1998 wurde die Dienststelle Berlin nach Jena verlagert. Gleichzeitig wurde in Berlin ein Technisches Informationszentrum des DPMA eingerichtet (s. 2. Teil des Kommentars, § 56, Rn 1b sowie 3. Teil des Kommentars I, 1.).
Die Postbank-Girokonten der Zahlstellen München und Berlin sowie das LZB-Konto Berlin wurden mit dem 31. Dezember 1998 aufgelöst. Seit dem 1. Januar 1999 sind Gebühren und Auslagen nur noch auf das LZB-Konto der Zahlstelle München 70001054 (BLZ 700 000 00) einzuzahlen.

## 15. Formblatt zum Antrag auf Verlängerung der Schutzdauer einer eingetragenen Marke

An das
**Deutsche Patent- und Markenamt**
80297 München

**M**

### Antrag auf Verlängerung der Schutzdauer einer eingetragenen Marke*)

Bitte verwenden Sie dieses Formular nur, wenn Sie mit der Verlängerung gleichzeitig eine Änderung des Schutzumfangs bewirken wollen.

(1) **Angaben zur eingetragenen Marke**

Registernummer:

Bezeichnung der Marke:

☐ siehe Anlage

(2) **Inhaber der Marke**                    Geschäftszeichen (max. 20 Stellen)

Name/Firma
Straße
PLZ und Ort
Staat

Anmelder-Nr.          Telefon-Nr.                    Telefax-Nr.

(3) **Vertreter**                            Geschäftszeichen (max. 20 Stellen)

Name
Sozietät
Straße
PLZ und Ort

Vertreter-Nr.         Telefon-Nr.                    Telefax-Nr.

Nr. der allgemeinen Vollmacht

(4) **Feld für Gebührenmarken** (siehe Feld 8)

(5) ☐ **Telefax vorab am:**

W 7412
12.98 (o)  *) Bitte ausfüllen in Maschinenschrift oder handschriftlich in Blockschrift

# Schutzverlängerung

Antrag auf Verlängerung der Schutzdauer

(6) **Sendungen des Amts sind zu richten an den** ☐ Inhaber der Marke ☐ Vertreter
☐ **folgenden Zustellungsbevollmächtigten**

Name/Firma
Straße
PLZ und Ort

Geschäftszeichen (max. 20 Stellen)

Telefon-Nr.   Telefax-Nr.

(7) **Die Verlängerung der Schutzdauer der Marke soll nur für folgende Waren/Dienstleistungen gelten:**

Klasse:   Bezeichnung:

☐ siehe Anlage

(8) **Die Gebühren in Höhe von**   DM **werden entrichtet durch:**

☐ Scheck ist beigefügt
(Nur auf inländisches Kreditinstitut gezogen)
☐ Auf Blatt 1 aufgeklebte Gebührenmarken
☐ Überweisung
☐ Abbuchung von meinem/unserem Abbuchungskonto bei der Dresdner Bank AG, München, Nr.:

(9) **Anlagen**

☐ Bezeichnung der Marke
☐ Verzeichnis der Waren/Dienstleistungen
☐ Vollmacht
☐ Scheck
☐

(10)

Datum   Unterschrift(en)
ggf. Firmenstempel

Antrag auf Verlängerung der Schutzdauer

# Schutzverlängerung

**DEUTSCHES PATENT- UND MARKENAMT**
80297 München
Telefon: 0 89) 21 95 - 0
Telefax: (0 89) 21 95 - 22 21
Telefonische Auskünfte: (0 89) 21 95 - 34 02
Internet: http://www.patent-und-markenamt.de

**Deutsches Patent- und Markenamt**
- Dienststelle Jena -
07738 Jena
Telefon: (0 36 41) - 40 - 54
Telefax: (0 36 41) - 40 - 56 90
Telefonische Auskünfte: (0 36 41) - 40 - 55 55

**Konto der Zahlstelle:**
Landeszentralbank München 700 010 54 (BLZ 700 000 00)

## Kostenhinweise

Bei der Verlängerung einer **Marke** sind gemäß § 47 Abs. 3 des Markengesetzes folgende Gebühren zu entrichten:

| | |
|---|---|
| **Verlängerungsgebühr** einschließlich der Klassengebühr bis zu drei Klassen | 1 000.-- DM |
| **Klassengebühr** für jede Klasse ab der vierten Klasse | 450.-- DM |

Bei der Verlängerung einer **Kollektivmarke** sind gemäß § 97 Abs. 2 i.V.m. § 47 Abs. des Markengesetzes folgende Gebühren zu entrichten:

| | |
|---|---|
| **Verlängerungsgebühr** einschließlich der Klassengebühr bis zu drei Klassen | 3 000.-- DM |
| **Klassengebühr** für jede Klasse ab der vierten Klasse | 450.-- DM |

Bei verspäteter Zahlung der Verlängerungsgebühren ist ein Zuschlag von 10 % der vorstehenden Gebühren zu entrichten (§ 36 Abs. 3 Markengesetz).

Die Gebühren sind am letzten Tag der Schutzdauer fällig. Die Gebühren können innerhalb eines Zeitraums von einem Jahr vor Fälligkeit gezahlt werden. Werden die Gebühren nicht rechtzeitig gezahlt, so ergeht eine Mitteilung des Patent- und Markenamts an den Inhaber der eingetragenen Marke, daß die Eintragung der Marke gelöscht wird, wenn die Gebühren **und** der Verspätungszuschlag von 10 % nicht innerhalb von sechs Monaten gezahlt werden. Die Frist beginnt mit Ablauf des Monats in dem die Mitteilung zugestellt worden ist.

Bei der Zahlung geben Sie bitte an:
- den **Verwendungszweck** (Verlängerungsgebühr) und
- die **Registernummer**

## Erläuterung zu Feld (8)

**Abbuchung** erfolgt nur von eigens für diesen Zweck bei der Dresdner Bank AG München, 80273 München, eingerichteten Abbuchungskonten (nach den Bedingungen gemäß MittPräsDPA Nr 2/90 vom 15. Dezember 1989, Bl. f. PMZ 1990,1).

# Schutzverlängerung

Verlängerung der Schutzdauer

## 16. Formblatt: Verlängerung der Schutzdauer einer eingetragenen Marke

| Deutsches Patent- und Markenamt | Verlängerung der Schutzdauer einer eingetragenen Marke | M |

**Sendungen des Amts sind zu richten an**
(vom Einsender auszufüllen)

Geschäftszeichen

**Angaben zur eingetragenen Marke**
(nur eine Marke pro Formblatt)

**Inhaber der Marke**

Registernummer:

Bezeichnung der Marke:

Anmeldetag:

**Die Gebühren in Höhe von** _____ **DM wurden entrichtet durch:**

☐ Scheck ist beigefügt
(Nur auf inländisches Kreditinstitut gezogen)

☐ hier aufgeklebte Gebührenmarken

☐ Überweisung

☐ Abbuchung von meinem/unserem Konto
bei der Dresdner Bank AG, München,
Nr.:

### Hinweise

Dieses Formular dient lediglich der **vollständigen Verlängerung** der Schutzdauer einer eingetragenen Marke im Register. Für **Teilverlängerungen** steht ein gesonderter Vordruck (Nr. W 7412) zur Verfügung.

Bestätigung der Verlängerung durch das Deutsche Patent- und Markenamt erfolgt auf dem Doppelstück dieses Formulars

W 7413
12.98(o)

Verlängerung der Schutzdauer **Schutzverlängerung**

| **Deutsches Patent- und Markenamt** | **Mitteilung über die Verlängerung der Schutzdauer einer eingetragenen Marke** |  |
|---|---|---|

**Sendungen des Amts sind zu richten an**
(vom Einsender auszufüllen)

Geschäftszeichen

---

**Angaben zur eingetragenen Marke**
(nur eine Marke pro Formblatt)

Inhaber der Marke

Registernummer:

Bezeichnung der Marke:

Anmeldetag:

---

**Die Gebühren in Höhe von**     DM wurden entrichtet durch:

   Scheck ist beigefügt     hier aufgeklebte Gebührenmarken
   (Nur auf inländisches Kreditinstitut gezogen)

   Überweisung

   Abbuchung von meinem/unserem Konto
   bei der Dresdner Bank AG, München,
   Nr.:

---

### Hinweise

Dieses Formular dient lediglich der **vollständigen Verlängerung** der Schutzdauer einer eingetragenen Marke im Register. Für **Teilverlängerungen** steht ein gesonderter Vordruck (Nr. W 7412) zur Verfügung.

---

Bestätigung der Verlängerung durch das Deutsche Patent- und Markenamt

Die Schutzdauer der oben genannten Marke wurde verlängert. Die neue Schutzmarke endet zehn Jahre nach Ablauf des Monats, in den der Anmeldetag fällt.

Datum           Unterschrift oder Siegel
                        des Deutschen Patent- und Markenamts

# Schutzverlängerung

Verlängerung der Schutzdauer

**DEUTSCHES PATENT- UND MARKENAMT**
80297 München
**Telefon:** 0 89) 21 95 - 0
**Telefax:** (0 89) 21 95 - 22 21
**Telefonische Auskünfte:** (0 89) 21 95 - 34 02
**Internet:** http://www.patent-und-markenamt.de

Deutsches Patent- und Markenamt
- Dienststelle Jena -
07738 Jena
**Telefon:** (0 36 41) - 40 - 54
**Telefax:** (0 36 41) - 40 - 56 90
**Telefonische Auskünfte:** (0 36 41) - 40 - 55 55

**Konto der Zahlstelle:**
Landeszentralbank München 700 010 54 (BLZ 700 000 00)

## Kostenhinweise

Bei der Verlängerung einer **Marke** sind gemäß § 47 Abs. 3 des Markengesetzes folgende Gebühren zu entrichten:

| | |
|---|---|
| **Verlängerungsgebühr** einschließlich der Klassengebühr bis zu drei Klassen | 1 000.-- DM |
| **Klassengebühr** für jede Klasse ab der vierten Klasse | 450.-- DM |

Bei der Verlängerung einer **Kollektivmarke** sind gemäß § 97 Abs. 2 i.V.m. § 47 Abs. des Markengesetzes folgende Gebühren zu entrichten:

| | |
|---|---|
| **Verlängerungsgebühr** einschließlich der Klassengebühr bis zu drei Klassen | 3 000.-- DM |
| **Klassengebühr** für jede Klasse ab der vierten Klasse | 450.-- DM |

Bei verspäteter Zahlung der Verlängerungsgebühren ist ein Zuschlag von 10 % der vorstehenden Gebühren zu entrichten (§ 36 Abs. 3 Markengesetz).

Die Gebühren sind am letzten Tag der Schutzdauer fällig. Die Gebühren können innerhalb eines Zeitraums von einem Jahr vor Fälligkeit gezahlt werden. Werden die Gebühren nicht rechtzeitig gezahlt, so ergeht eine Mitteilung des Patent- und Markenamts an den Inhaber der eingetragenen Marke, daß die Eintragung der Marke gelöscht wird, wenn die Gebühren **und** der Verspätungszuschlag von 10 % nicht innerhalb von sechs Monaten gezahlt werden. Die Frist beginnt mit Ablauf des Monats in dem die Mitteilung zugestellt worden ist.

Bei der Zahlung geben Sie bitte an:
- den **Verwendungszweck** (Verlängerungsgebühr) und
- die **Registernummer**

**Abbuchung** erfolgt nur von eigens für diesen Zweck bei der Dresdner Bank AG München, 80273 München, eingerichteten Abbuchungskonten (nach den Bedingungen gemäß MittPräsDPA Nr 2/90 vom 15. Dezember 1989, Bl. f. PMZ 1990,1).

Antrag auf Löschung wegen Verzichts

# Löschung

## 17. Formblatt zum Antrag auf vollständige bzw teilweise Löschung einer Marke wegen Verzichts

An das
**Deutsche Patentamt**
80297 München

**M**

**Antrag auf**
☐ **vollständige**
☐ **teilweise**
**Löschung einer Marke wegen Verzicht*)**

**(1) Angaben zur Marke**
Registernummer:

Bezeichnung der Marke:

☐ siehe Anlage

**(2) Antragsteller** (Inhaber der Marke)
Name/Firma
Straße
PLZ und Ort
Staat/Bezirk
Provinz
Bundesstaat

Geschäftszeichen (max. 20 Stellen) _____

Anmelder-Nr.         Telefon-Nr.         Telefax-Nr.

**(3) Vertreter**

Name
Sozietät
Straße
PLZ und Ort

Geschäftszeichen (max. 20 Stellen) _____

Vertreter-Nr.         Telefon-Nr.         Telefax-Nr.

Nr. der allgemeinen Vollmacht

**(4) Sendungen des Amts sind zu richten an**   ☐ **Antragsteller** (Inhaber der Marke)   ☐ **Vertreter**
Name/Firma     ☐ **folgenden Zustellungsbevollmächtigten**   Geschäftszeichen (max. 20 Stellen) _____
Straße
PLZ und Ort

Telefon-Nr.         Telefax-Nr.

**(5)** ☐ **Telefax vorab am:**

W 7437
1.98   *) Bitte ausfüllen in Maschinenschrift oder handschriftlich in Blockschrift

# Löschung

Antrag auf Löschung wegen Verzichts

(6) **Zustimmungserklärung der im Register als Inhaber eines Rechts an der Marke eingetragenen Person(en):**

☐ hiermit stimme(n) ich/wir zu

Datum  Unterschrift(en)
ggf. Firmenstempel

☐ siehe Anlage

(7) **Der Antrag auf teilweise Löschung der Marke wegen Verzicht soll für folgende Waren/Dienstleistungen gelten:**

Klasse  Bezeichnung

☐ siehe Anlage

(8) **Anlagen**

☐ Bezeichnung der Marke
☐ Vollmacht
☐ Zustimmungserklärung
☐ Verzeichnis der Waren/Dienstleistungen
☐

(9)

Datum  Unterschrift(en)
ggf. Firmenstempel

Antrag auf Löschung wegen Verfalls    **Löschung**

## 18. Formblatt zum Antrag auf vollständige bzw teilweise Löschung einer Marke wegen Verfalls

An das
**Deutsche Patentamt**
80297 München

**M**

**Antrag auf**
☐ **vollständige**
☐ **teilweise**
**Löschung einer Marke wegen Verfalls*)**

(1) **Angaben zur Marke**
Registernummer:

**Wiedergabe der Marke:**

☐ siehe Anlage

(2) **Antragsteller**
Name/Firma
Straße
PLZ und Ort
Staat/Bezirk
Provinz
Bundesstaat

Geschäftszeichen (max. 20 Stellen) _____

Anmelder-Nr. _____  Telefon-Nr. _____  Telefax-Nr. _____

(3) **Vertreter**

Geschäftszeichen (max. 20 Stellen) _____

Name
Sozietät
Straße
PLZ und Ort

Vertreter-Nr. _____  Telefon-Nr. _____  Telefax-Nr. _____
Nr. der allgemeinen Vollmacht

(4) **Sendungen des Amts sind zu richten an**   ☐ **Antragsteller**   ☐ **Vertreter**

Name/Firma   ☐ **folgenden Zustellungsbevollmächtigten**   Geschäftszeichen (max. 20 Stellen) _____
Straße
PLZ und Ort

Telefon-Nr. _____  Telefax-Nr. _____

(5) ☐ **Telefax vorab am:**

W 7440
10.95

*) Bitte ausfüllen in Maschinenschrift oder handschriftlich in Blockschrift

# Löschung

Antrag auf Löschung wegen Verfalls

(6) **Der Antrag auf teilweise Löschung der Marke wegen Verfalls soll für folgende Waren/Dienstleistungen gelten:**

Klasse  Bezeichnung

☐ siehe Anlage

(7) **Löschungsgrund**

☐ Die Marke wurde nicht gemäß § 26 MarkenG benutzt (§ 49 Abs. 1 MarkenG).

☐ Die Marke hat sich nach der Eintragung zu einer Gattungsbezeichnung entwickelt (§ 49 Abs. 2 Nr.1 MarkenG).

☐ Die Marke hat sich nach der Eintragung zu einer inhaltlich täuschenden Marke entwickelt (§ 49 Abs. 2 Nr.2 MarkenG).

☐ Der Inhaber der Marke erfüllt die nach § 7 MarkenG geforderten Voraussetzungen nicht mehr (§ 49 Abs. 2 Nr.3 MarkenG).

(8) **Anlagen**

☐ Bezeichnung der Marke
☐ Vollmacht
☐ Verzeichnis der Waren/Dienstleistungen
☐

(9)

_____
Datum                    Unterschrift(en)
                         ggf. Firmenstempel

Antrag auf Löschung wegen absoluter Schutzhindernisse **Löschung**

## 19. Formblatt zum Antrag auf vollständige bzw teilweise Löschung einer Marke wegen absoluter Schutzhindernisse

An das
**Deutsches Patentamt**
80297 München

**M**

**Antrag auf**
☐ **vollständige**
☐ **teilweise**
**Löschung einer Marke wegen absoluter Schutzhindernisse \*)**

**(1) Angaben zur Marke**
Registernummer:

Bezeichnung der Marke:

☐ siehe Anlage

**(2) Antragsteller**
Name/Firma
Straße
PLZ und Ort
Staat/Bezirk
Provinz
Bundesstaat

Geschäftszeichen (max. 20 Stellen) _____

Anmelder-Nr.          Telefon-Nr.          Telefax-Nr.

**(3) Vertreter**

Geschäftszeichen (max. 20 Stellen) _____

Name
Sozietät
Straße
PLZ und Ort

Vertreter-Nr.          Telefon-Nr.          Telefax-Nr.

Nr. der allgemeinen Vollmacht

**(4) Raum für Gebührenmarken** (siehe Feld 9)

**(5)** ☐ **Telefax vorab am:**

W 7442
3.96     \*) Bitte ausfüllen in Maschinenschrift oder handschriftlich in Blockschrift

# Löschung

Antrag auf Löschung wegen absoluter Schutzhindernisse

(6) **Sendungen des Amts sind zu richten an** ☐ Antragsteller ☐ Vertreter
☐ **folgenden Zustellungsbevollmächtigten** Geschäftszeichen (max. 20 Stellen) _____

Name/Firma
Straße
PLZ und Ort

Telefon-Nr. Telefax-Nr.

(7) Der Antrag auf teilweise Löschung der Marke wegen absoluter Schutzhindernisse soll für folgende Waren/Dienstleistungen gelten:

Klasse Bezeichnung

☐ siehe Anlage

(8) **Löschungsgrund**
☐ Die Marke ist entgegen § 3 MarkenG eingetragen worden
(§ 50 Abs.1 Nr.1 MarkenG).
☐ Die Marke ist entgegen § 7 MarkenG eingetragen worden
(§ 50 Abs.1 Nr.2 MarkenG).
☐ Die Marke ist entgegen § 8 MarkenG eingetragen worden
(§ 50 Abs.1 Nr.3 MarkenG).
☐ Der Anmelder der Marke war bei der Anmeldung bösgläubig
(§ 50 Abs.1 Nr.4 MarkenG).

(9) **Gebühren**
☐ Scheck ist beigefügt
(Nur auf inländisches Kreditinstitut gezogen)
☐ Auf Blatt 1 aufgeklebte Gebührenmarken
☐ Überweisung
☐ Abbuchung von meinem/unserem Abbuchungskonto bei der Dresdner Bank AG, München, Nr.:

Antrag auf Löschung wegen absoluter Schutzhindernisse    **Löschung**

(10) **Anlagen**
- ☐ Bezeichnung der Marke
- ☐ Vollmacht
- ☐ Verzeichnis der Waren/Dienstleistungen
- ☐ Scheck
- ☐

(11)

Datum        Unterschrift(en)
             ggf. Firmenstempel

# Löschung

Antrag auf Löschung wegen absoluter Schutzhindernisse

**DEUTSCHES PATENTAMT**
80297 München
**Telefon:** (0 89) 21 95 - 0;   **Telex:** 5 23 534
**Telefax:** (0 89) 21 95 - 22 21
**Telefonische Auskünfte:** (0 89) 21 95 - 34 02
**Konten der Zahlstelle:**
Landeszentralbank München 700 010 54 (BLZ 700 000 00)
Postbank Niederlassung München
791 91-803 (BLZ 700 100 80)

**Deutsches Patentamt - Dienststelle Berlin**
10958 Berlin
**Telefon:** (0 30) 25 94 - 0;   **Telex:** 1 83 604
**Telefax:** (0 30) 25 94 - 6 93
**Telefonische Auskünfte:** (0 30) 25 94 - 6 77
**Konten der Zahlstelle:**
Landeszentralbank Berlin 100 010 10 (BLZ 100 000 00)
Postbank Niederlassung Berlin
75 00 - 100 (BLZ 100 100 10)

## Kostenhinweise

Für den Antrag auf Löschung/Teillöschung einer Marke sind gemäß § 54 Abs. 2 des Markengesetzes folgende Gebühren zu entrichten:

600,-- DM        500,-- DM *)

*) Gebührensätze für die neuen Bundesländer gemäß § 7 Abs. 1 Satz 2 des Patentgebührengesetzes

Die Gebühr ist mit dem Antrag zu entrichten. Wird die Gebühr nicht gezahlt, so gilt der Antrag als nicht gestellt.

Bei der Zahlung geben Sie bitte an:
- den **Verwendungszweck (Löschung/Teillöschung)** und
- die **Registernummer** der Marke.

## Erläuterung zu Feld (9)

**Abbuchung** erfolgt nur von eigens für diesen Zweck bei der Dresdner Bank AG München, 80273 München, eingerichteten Abbuchungskonten (nach den Bedingungen gemäß MittPräsDPA Nr 2/90 vom 15. Dezember 1989, Bl. f. PMZ 1990,1).

---

Mit Wirkung vom 1. September 1998 wurde die Dienststelle Berlin nach Jena verlagert. Gleichzeitig wurde in Berlin ein Technisches Informationszentrum des DPMA eingerichtet (s. 2. Teil des Kommentars, § 56, Rn 1b sowie 3. Teil des Kommentars I, 1.).
Die Postbank-Girokonten der Zahlstellen München und Berlin sowie das LZB-Konto Berlin wurden zum 31. D e- zember 1998 aufgelöst. Seit dem 1. Januar 1999 sind Gebühren und Auslagen nur noch auf das LZB-Konto der Zah l- stelle München 70001054 (BLZ 700 000 00) einzuzahlen.

Antrag auf Berichtigung von Fehlern                    **Berichtigung**

## 20. Formblatt zum Antrag auf Berichtigung von Fehlern in der Eintragung im Register, von Fehlern in der Veröffentlichung oder von Fehlern im Inhalt der Anmeldung

An das
**Deutsche Patentamt**
80297 München

**M**

(1) **Antrag auf Berichtigung von Fehlern \*)**
☐ in der Eintragung im Register
☐ in der Veröffentlichung
☐ im Inhalt der Anmeldung

(2) **Angaben zur Marke/Anmeldung**

Aktenzeichen:

Registernummer:

**Bezeichnung der Marke:**

☐ siehe Anlage

(3) **Inhaber der Marke**

Name/Firma
Straße
PLZ und Ort
Staat/Bezirk
Provinz
Bundesstaat

Geschäftszeichen (max. 20 Stellen) _____

Anmelder-Nr.            Telefon-Nr.            Telefax-Nr.

(4) **Vertreter**

Name
Sozietät
Straße
PLZ und Ort

Geschäftszeichen (max. 20 Stellen) _____

Vertreter-Nr.            Telefon-Nr.            Telefax-Nr.

Nr. der allgemeinen Vollmacht

(5) ☐ **Telefax vorab am:**

W 7026
1.95

\*) Bitte ausfüllen in Maschinenschrift oder handschriftlich in Blockschrift

# Berichtigung

Antrag auf Berichtigung von Fehlern

| | |
|---|---|
| (6) | **Sendungen des Amts sind zu richten an den** ☐ **Markeninhaber** ☐ **Vertreter** |
| Name/Firma<br>Straße<br>PLZ und Ort | ☐ **folgenden Zustellungsbevollmächtigten** Geschäftszeichen (max. 20 Stellen) _____ |

Telefon-Nr. Telefax-Nr.

(7) **Bezeichnung des Fehlers**

☐ siehe Anlage

(8) **Einzutragende Berichtigung**

☐ siehe Anlage

(9) **Anlagen**
   ☐ Bezeichnung der Marke
   ☐ Vollmacht
   ☐ Bezeichnung des Fehlers
   ☐ Bezeichnung der Berichtigung
   ☐

(10)

Datum    Unterschrift(en)
         ggf. Firmenstempel

Antrag auf Eintragung von Änderungen

# Änderung

## 21. Formblatt zum Antrag auf Eintragung von Änderungen von Namen oder Anschriften

An das
**Deutsche Patentamt**
80297 München

**M**

### Antrag auf Eintragung von Änderungen von Namen oder Anschriften*)

**(1) Angaben zur Marke**
Aktenzeichen:

Registernummer:

**Wiedergabe der Marke:**

☐ siehe Anlage

**(2) Anmelder/Inhaber der Marke**

Name/Firma
Straße
PLZ und Ort
Staat/Bezirk
Provinz
Bundesstaat

Geschäftszeichen (max. 20 Stellen) _____

Anmelder-Nr.   Telefon-Nr.   Telefax-Nr.

**(3) Vertreter**

Name
Sozietät
Str
PLZ und Ort

Geschäftszeichen (max. 20 Stellen) _____

Vertreter-Nr.   Telefon-Nr.   Telefax-Nr.

Nr. der allgemeinen Vollmacht

**(4) Sendungen des Amts sind zu richten an**   ☐ **Anmelder/Inhaber**   ☐ **Vertreter**

Name/Firma
Straße
PLZ und Ort

☐ folgenden Zustellungsbevollmächtigten   Geschäftszeichen (max. 20 Stellen) _____

Zustelladress-Nr.   Telefon-Nr.   Telefax-Nr.

**(5)** ☐ **Telefax vorab am:**

W 7614
6.95

*) Bitte ausfüllen in Maschinenschrift oder handschriftlich in Blockschrift

# Änderung

Antrag auf Eintragung von Änderungen

(6) **Änderungsgrund**

☐ Anmelder/Inhaber der Marke
☐ Vertreter
☐ Zustellungsbevollmächtigter

☐ sonstige Änderungen gemäß §29 MarkenG
☐ Verpfändung
☐ sonstiges dingliches Recht
☐ Zwangsvollstreckung
☐ Konkursverfahren
☐ siehe Anlage

(7) **Die einzutragende Änderung lautet:**

☐ siehe Anlage

(8) **Anlagen**

☐ Wiedergabe der Marken
☐ Vollmacht
☐ Liste der einzutragenden Änderungen
☐

(9)

Datum        Unterschrift(en)
             ggf. Firmenstempel

Antrag auf Eintragung einer geographischen Angabe     **Geographische Angabe**

## 22. Formblatt zum Antrag auf Eintragung einer geographischen Angabe bzw Ursprungsbezeichnung

| | | |
|---|---|---|
| An das **Deutsche Patentamt** 80297 München | Aktenzeichen (wird vom Amt vergeben): | **M** |

**(1) Antrag auf Eintragung einer *)**
☐ **geographischen Angabe**
☐ **Ursprungsbezeichnung**

in das Verzeichnis der geschützten Ursprungsbezeichnungen und der geschützten geographischen Angaben, das von der Kommission der Europäischen Gemeinschaften gemäß der Verordnung (EWG) Nr. 2081/92 des Rates vom 14. Juli 1992 zum Schutz von geographischen Angaben und Ursprungsbezeichnungen für Agrarerzeugnisse und Lebensmittel (ABl. EG Nr. L 208 S. 1) geführt wird.

**(2) Antragsteller**

Name
Straße
PLZ und Ort
Staat/Bezirk
Provinz
Bundesstaat

Der Antragsteller ist eine Vereinigung von
☐ Erzeugern     ☐ Verarbeitern     ☐ Anderen

Anmelder-Nr.     Telefon-Nr.     Telefax-Nr.

**(3) Vertreter**

Name
Sozietät
Straße
PLZ und Ort

Vertreter-Nr.     Telefon-Nr.     Telefax-Nr.

Nr. der Allgemeinen Vollmacht

**(4)** Sendungen des Amts sind zu richten an     ☐ Antragsteller     ☐ Vertreter
☐ folgenden Zustellungsbevollmächtigten     Geschäftszeichen (max. 20 Stellen) _____

Name/Firma
Straße
PLZ und Ort

Telefon-Nr.     Telefax-Nr.

**(5) Raum für Gebührenmarken** (siehe Feld 10)

**(6)** ☐ **Telefax vorab am:**

W 7007
10.94

*) Bitte ausfüllen in Maschinenschrift oder handschriftlich in Blockschrift

# Geographische Angabe    Antrag auf Eintragung einer geographischen Angabe

| | |
|---|---|
| (7) | **Ich/wir beantrage(n) die Eintragung folgender geographischer Angabe/Ursprungsbezeichnung :** |
| | ☐ siehe Anlage |
| (8) | **Die Eintragung wird für folgende Agrarerzeugnisse/Lebensmittel beantragt, die vom Antragsteller erzeugt, verarbeitet oder hergestellt werden:** |
| | ☐ siehe Anlage |
| (9) | **Mit der geographischen Angabe/Ursprungsbezeichnung wird auch ein in einem anderen Mitgliedstaat gelegenes geographisches Gebiet bezeichnet** |
| | ☐ nein |
| | ☐ ja, nämlich (Angabe des anderen Mitgliedstaats): |
| (10) | **Die Gebühren werden entrichtet durch:** |
| | ☐ Scheck ist beigefügt  (Nur auf inländisches Kreditinstitut gezogen) |
| | ☐ Auf Blatt 1 aufgeklebte Gebührenmarken |
| | ☐ Überweisung (nach Erhalt der Empfangsbestätigung) |
| | ☐ Abbuchung von meinem/unserem Abbuchungskonto bei der Dresdner Bank AG, München, Nr.: |
| (11) | **Anlagen** |
| | ☐ **Spezifikation mit den nach Artikel 4 der Verordnung (EWG) Nr. 2081/92 erforderlichen Angaben (als notwendige Anlage zu diesem Antrag)** |
| | ☐ Geographische Angabe/Ursprungsbezeichnung |
| | ☐ Verzeichnis der Agrarerzeugnisse/Lebensmittel, die vom Antragsteller erzeugt, verarbeitet oder hergestellt werden |
| | ☐ Vollmacht |
| | ☐ Scheck |
| | ☐ |
| (12) | |
| | Datum     Unterschrift(en) |
| |             ggf. Firmenstempel |

Schutz gemäß VO (EWG) Nr. 2081/92 **Merkblatt**

## 23. Merkblatt über den Schutz von geographischen Angaben und Ursprungsbezeichnungen für Agrarerzeugnisse und Lebensmittel gemäß Verordnung (EWG) Nr. 2081/92

Mit der am 24. Juli 1993 in Kraft getretenen Verordnung (EWG) Nr. 2081/92 des Rates vom 14. Juni 1992 zum Schutz von geographischen Angaben und Ursprungsbezeichnungen für Agrarerzeugnisse und Lebensmittel (ABl. EG Nr. L 208 S. 1; BlPMZ 1993, 105 ff.) – nachfolgend nur als „Verordnung" bezeichnet – ist für die Europäische Union ein neuer, gemeinschaftsweiter Schutz für geographische Herkunftsangaben geschaffen worden. Dieses neue Schutzsystem gilt zusätzlich zu dem Schutz nach den Rechtsvorschriften der Mitgliedstaaten und zusätzlich zu den weiterhin Anwendung findenden Vorschriften der multilateralen und bilateralen Verträge. Für die in den gemeinschaftlichen Schutz einbezogenen geographischen Angaben und Ursprungsbezeichnungen ersetzt das gemeinschaftliche Schutzsystem den Schutz nach den bislang anzuwendenden Rechtsvorschriften, tritt also an dessen Stelle.

Die Voraussetzungen für den Schutz geographischer Herkunftsangaben im Bereich der Europäischen Union ergeben sich aus der oben genannten Verordnung und den nachfolgenden Durchführungsbestimmungen.

– der Verordnung Nr. 2037 EWG der Kommission vom 27. Juli 1993 (ABl. EG Nr. L 185, S. 5; BlPMZ 1993, 437 f);
– dem Markengesetz vom 25. Oktober 1994 (BGBl. I, S. 3082; BlPMZ 1994, Sonderheft), nachfolgend als „MarkenG" bezeichnet, §§ 130 ff;
– der Markenverordnung vom 30. November 1994 (BGBl. I, S. 3555, BlPMZ 1994, Sonderheft), nachfolgend als „MarkenV" bezeichnet, §§ 54 ff.

Dieses Merkblatt soll den interessierten Kreisen Hinweise für die Vorbereitung und Einreichung eines Antrags auf Eintragung einer geographischen Angabe oder Ursprungsbezeichnung in das von der Kommission der Europäischen Union geführte Verzeichnis geben und darüber hinaus einen Überblick über das Eintragungsverfahren und den Schutz eingetragener Bezeichnungen vermitteln. Es kann beim Patentamt bezogen werden.

### I. Was kann geschützt werden?

Die Verordnung (EWG) Nr. 2081/92 gilt nur für Agrarerzeugnisse und Lebensmittel, nicht für Weine und alkoholische Getränke, für die Sonderregelungen bestehen, und auch nicht für gewerbliche Erzeugnisse.

Geschützt werden *„Ursprungsbezeichnungen"* (Artikel 2 Abs. 2a der Verordnung) und *„geographische Angaben"* (Artikel 2 Abs. 2b der Verordnung). „Ursprungsbezeichnungen" sind die Namen von Gebieten oder Orten, die für Agrarerzeugnisse oder Lebensmittel verwendet werden, die ihre Güte oder Eigenschaften überwiegend oder ausschließlich den geographischen Verhältnissen verdanken und die in dem Gebiet erzeugt, verarbeitet und hergestellt worden sind. „Geographische Angaben" sind die Namen von Gebieten oder Orten, die für Agrarerzeugnisse oder Lebensmittel verwendet werden, bei denen sich eine bestimmte Qualität, das Ansehen oder eine andere Eigenschaft aus dem geographischen Umfeld ergibt und die in diesem Gebiet erzeugt oder verarbeitet oder herstellt worden sind.

Kein Schutz wird für Gattungsbezeichnungen gewährt, die nicht mehr auf eine geographische Herkunft hindeuten, sondern der allgemein übliche Name für ein Agrarerzeugnis oder ein Lebensmittel geworden sind (Artikel 3 der Verordnung).

**Merkblatt**  Schutz gemäß VO (EWG) Nr. 2081/92

## II. Was ist bei der Antragstellung zu beachten?

Für die Schutzbegründung ist zunächst ein Antrag erforderlich, der an den Mitgliedstaat zu richten ist, in dessen Hoheitsgebiet sich das betreffende geographische Gebiet befindet (Art. 5 Abs. 4 der Verordnung). In der Bundesrepublik Deutschland ist das Deutsche Patentamt für die Entgegennahme dieser Anträge zuständig (§ 130 Abs. 1 MarkenG).

Für die Antragstellung soll das vom Patentamt vorgesehene Formblatt („Antrag auf Eintragung einer geographischen Angabe/Ursprungsbezeichnung"; W 7007) verwendet werden.

Für die Ausfüllung der Felder (2), (5) und (8) bis (11) des Antragsformblatts werden folgende Hinweise gegeben:

### (2) Antragsteller

Ein Antrag auf Eintragung kann nur von einer Vereinigung von Erzeugern oder Verarbeitern des gleichen Agrarerzeugnisses oder Lebensmittels oder – unter bestimmten Bedingungen – von einer natürlichen oder juristischen Person gestellt werden (Art. 5 Abs. 1 der Verordnung).

### (5) und (10) Gebühren

Die nach § 130 Abs. 2 Markengesetz mit dem Antrag zu zahlende Gebühr beträgt DM 1500,– (DM 1200,– für Antragsteller, die zum Zeitpunkt der Fälligkeit der Gebühr ihren Wohnsitz, Sitz oder ihre Hauptniederlassung in den neuen Bundesländern haben).

### (8) Einzutragende Agrarerzeugnisse/Lebensmittel

Die Eintragung kann nur für solche Agrarerzeugnisse oder Lebensmittel beantragt werden – die vom Antragsteller im Sinne von Art. 2 Abs. 2a) oder b) der Verordnung erzeugt oder gewonnen werden (Art. 5 Abs. 2 der Verordnung).

### (9) Anderer Mitgliedstaat betroffen

In diesem Fall ist der andere Mitgliedstaat vom Patentamt zu hören (Art. 5 Abs. 5 der Verordnung).

### (11) Anlagen

Dem Antrag ist *immer* eine *Spezifikation* gemäß Art. 4 der Verordnung beizufügen. In dieser Spezifikation sind alle maßgebenden Umstände, insbesondere die Bezeichnung und Beschreibung des Agrarerzeugnisses oder Lebensmittels, die Ursprungsbezeichnung oder geographische Angabe und Angaben über den Zusammenhang zwischen Herkunftsgebiet und Erzeugnis, aufzunehmen (Artikel 4 Abs. 2 der Verordnung).

*Weitere Hinweise* können dem Merkblatt „Wie melde ich eine Marke an?" entnommen werden.

## III. Was folgt nach der Antragstellung?

Ergibt die *Prüfung durch das Patentamt,* daß der Antrag den in der Verordnung und ihren Durchführungsbestimmungen festgelegten Voraussetzungen entspricht, so wird der Antrag im Markenblatt veröffentlicht (§ 56 MarkenV). Innerhalb von drei Monaten kann von jeder Person eine Stellungnahme zur Schutzfähigkeit der Bezeichnung eingereicht werden, die zu einer erneuten Überprüfung des Antrags führt (§ 58 MarkenV). Ergibt diese keine abweichende Beurteilung, so wird der Eintrag an das Bundesministerium der Justiz und von diesem an die EU-Kommission weitergeleitet (§ 130 Abs. 3 und 4 MarkenG, § 59 MarkenV).

Es folgt ein *Prüfungsverfahren auf Gemeinschaftsebene* (Artikel 6 der Verordnung). Die Kommission unternimmt eine Prüfung in formeller Hinsicht (Artikel 6 Abs. 1 der Verord-

Schutz gemäß VO (EWG) Nr. 2081/92 **Merkblatt**

nung) und veröffentlicht die angemeldete Bezeichnung mit den erforderlichen Einzelheiten im Amtsblatt, falls sie zu der Auffassung gelangt, daß es sich um eine schutzfähige Bezeichnung handelt (Artikel 6 Abs. 2 der Verordnung). Werden keine Einsprüche nach Artikel 7 der Verordnung eingelegt, so wird die Bezeichnung in das „Verzeichnis der geschützten Ursprungsbezeichnungen und geschützten geographischen Angaben" eingetragen und im Amtsblatt der Europäischen Union veröffentlicht (Artikel 6 Abs. 3 und 4 der Verordnung).

Gegen die beabsichtigte Eintragung kann **Einspruch** eingelegt werden. Einspruchsbefugt sind die Mitgliedstaaten (Artikel 7 Abs. 1 der Verordnung) und alle Personen, die ein berechtigtes Interesse geltend machen können (Artikel 7 Abs. 3 der Verordnung). Einsprüche nach Artikel 7 Abs. 3 der Verordnung sind innerhalb von vier Monaten ab der Veröffentlichung im Amtsblatt der Europäischen Union beim Patentamt zu erheben (§ 60 MarkenV). Hierfür ist eine Gebühr in Höhe von DM 200,– (DM 170,– für Personen, die zum Zeitpunkt der Fälligkeit der Gebühr ihren Wohnsitz, Sitz oder ihre Hauptniederlassung in den neuen Bundesländern haben) zu zahlen. Der Einspruch kann nur damit begründet werden, daß es sich um eine nicht schutzfähige Bezeichnung handelt (Artikel 7 Abs. 4 der Verordnung). Im Falle eines Einspruchs fordert die Kommission zunächst die betroffenen Mitgliedstaaten auf, zu einer einvernehmlichen Regelung zu gelangen (Artikel 7 Abs. 5 der Verordnung). Kommt es zu keiner Einigung, so trifft die Kommission im Rahmen des Regelungsausschußverfahrens eine Entscheidung über Aufnahme oder Ablehnung der Eintragung in das Verzeichnis der geschützten Bezeichnungen.

### IV. Welchen Schutz begründet die Eintragung?

Auf Gemeinschaftsebene geschützte Bezeichnungen können zusammen mit den Abkürzungen „g. U." (geschützte Ursprungsbezeichnung) und „g. g. A." (geschützte geographische Angabe) verwendet werden.

Die geschützten Bezeichnungen dürfen für die entsprechenden Produkte nur verwendet werden, wenn die Produkte die Anforderungen der Spezifikation erfüllen (Artikel 10 der Verordnung). Die Einhaltung der Spezifikation wird von Kontrolleinrichtungen der Mitgliedstaaten gewährleistet.

Die Verwendung der geschützten Bezeichnungen für Erzeugnisse anderer Herkunft ist unzulässig (Artikel 13 der Verordnung). Der Schutz ist umfassend und entspricht weitgehend dem Schutz, der Marken gewährt wird. Er richtet sich auch gegen die Verwendung der Bezeichnung für andere Produkte, wenn dadurch das Ansehen der geschützten Bezeichnung ausgenutzt wird, die Verwendung mit entlokalisierenden Zusätzen, in Übersetzung oder mit Zusätzen wie „Art", „Typ", „Verfahren", „Fasson", „Nachahmung" oder dergleichen und alle sonstigen irreführenden Praktiken.

Nach Artikel 13 Abs. 3 der Verordnung können geschützte Bezeichnungen nicht zu Gattungsbezeichnungen werden.

Rechte an älteren Marken bleiben gewahrt, während im übrigen Markenschutz im Verhältnis zu geschützten geographischen Herkunftsangaben nicht erworben werden kann (Artikel 14 der Verordnung).

# Kostenmerkblatt

## 24. Kostenmerkblatt: Gebühren und Auslagen des Deutschen Patent- und Markenamts und des Bundespatentgerichts*

**Allgemeines**

(1) Die Höhe der Kosten ergibt sich, soweit nicht anderweitig durch Gesetz oder auf Grund gesetzlicher Ermächtigungen Bestimmungen getroffen sind, aus
  - dem Gesetz über die Gebühren des Patentamts und des Patentgerichts (PatGebG) vom 18. August 1976 (BGBl. I S. 2188; BlPMZ 1976, 257, zuletzt geändert durch Gesetz vom 16. Juli 1998 (BGBl. I S. 1827; BlPMZ 1998, 382),
  - dem Gesetz über die Kosten in Angelegenheiten der freiwilligen Gerichtsbarkeit (Kostenordnung) vom 26. Juli 1957 (BGBl. I S. 861, 960), zuletzt geändert durch Gesetz vom 25. Juni 1998 (BGBl. I S. 1580),
  - der Verordnung über die Führung des Registers für Geschmacksmuster und typographische Schriftzeichen vom 8. Januar 1988 (BGBl. I S. 78; BlPMZ 1988, 37),
  - der Verordnung über Verwaltungskosten beim Deutschen Patent- und Markenamt vom 15. Oktober 1991 (BGBl. I S. 2013, BlPMZ 1991, 363), Zuletzt geändert durch Verordnung vom 13. November 1998 (BGBl. I S. 3426, BlPMZ 1999, 1),
  - Gerichtskostengesetz in der Fassung vom 15. Dezember 1975 (BGBl. I S. 3947; BlPMZ 1977, 215 ff.), zuletzt geändert durch Gesetz vom 16. Juli 1998 (BGBl. I S. 1827; BlPMZ 1998, 382), und
  - der Verordnung über die Ausstellung der Apostille nach Artikel 3 des Haager Übereinkommens vom 5. Dezember 1997 (BGBl. I S. 612; BlPMZ 1994, 165).

(2) Die Verkaufspreise für Druckschriften und sonstige Unterlagen sind in der Anlage abgedruckt.

(3) Bestimmungen über die der Barzahlung gleichgestellten Zahlungsformen enthält die Verordnung über die Zahlung der Gebühren des Deutschen Patent- und Markenamts und des Bundespatentgerichts vom 15. Oktober 1991 (BGBl. I S. 2012; BlPMZ 1991, 362), zuletzt geändert durch Verordnung vom 14. September 1998 (BGBl. I S. 2875).

Auch die Kosten des Bundespatentgerichts sind, sofern nicht Gebührenmarken des Patentamts verwendet werden, an die Zahlstelle des Deutschen Patentamts München oder die Zahlstelle der Dienststelle Berlin des Deutschen Patentamts zu entrichten**.

**Achtung!** Bei Überweisung mit Bank- oder Sparkassen-Zahlungsaufträgen gilt als Einzahlungstag der Tag, an dem der Betrag auf das Konto der Zahlstellen des Deutschen Patentamts gutgeschrieben wird.

---

* Ausgabe 1998
** Mit Wirkung vom 1. September 1998 wurde die Dienststelle Berlin nach Jena verlagert. Gleichzeitig wurde in Berlin ein Technisches Informationszentrum des DPMA eingerichtet (s. 2. Teil des Kommentars, § 56, Rn 1b sowie 3. Teil des Kommentars I, 1.).
Die Postbank-Girokonten der Zahlstellen München und Berlin sowie das LZB-Konto Berlin wurden zum 31. Dezember 1998 aufgelöst. Seit dem 1. Januar 1999 sind Gebühren und Auslagen nur noch auf das LZB-Konto der Zahlstelle München 70001054 (BLZ 700 000 00) einzuzahlen.

Kostenmerkblatt des DPMA und BPatG # Kostenmerkblatt

**Anlage: Kosten für den Bezug von Druckschriften und anderen Unterlagen des Deutschen Patentamts**

(1) Deutsche Offenlegungs-, Auslege- und Patentschriften sowie Unterlagen eingetragener deutscher Gebrauchsmuster, Veröffentlichungen der Patentansprüche europäischer Patentanmeldungen mit Benennung der Bundesrepublik Deutschland in deutscher Übersetzung und internationaler Patentanmeldungen mit Bestimmung der Bundesrepublik Deutschland in deutscher Übersetzung können durch den Schriftvertrieb der Dienststelle Berlin und der Lichtbildstelle in München des Deutschen Patentamts bezogen werden.

**Die Anschriften lauten:**
Deutsches Patent- und Markenamt, 80297 München, Telefon: (089) 21 95 – 32 05/22 86, oder
Deutsches Patent- und Markenamt Dienststelle Berlin – Schriftenvertrieb – 10958 Berlin, Telefon: (030) 25 99 92 – 2 20, Telex: 18 36 04**

(2) Der Bezugspreis für die in Abs. 1 genannten Veröffentlichungen beträgt für Druckschriften, Kopien oder Rückvergrößerungen je Stück 7,50 DM.

(3) Hinsichtlich des Erwerbs weiterer Unterlagen und der ermäßigten Preise für Abonnenten und Wiederverkäufer wird auf die jeweils aktuellen Bezugsbedingungen des Schriftenvertriebs der Dienststelle Berlin verwiesen, die auf Verlangen unentgeltlich übersandt werden.

---

** Mit Wirkung vom 1. September 1998 wurde die Dienststelle Berlin nach Jena verlagert. Gleichzeitig wurde in Berlin ein Technisches Informationszentrum des DPMA eingerichtet (s. 2. Teil des Kommentars, § 56, Rn 1 b sowie 3. Teil des Kommentars I, 1.).

## 25. RAL – Grundsätze für Gütezeichen
### vom 1. April 1996*

### Inhaltsübersicht

Einführung
Der RAL
Erläuterung der Hauptbegriffe
Grundsätze für Gütezeichen

| | Nr. |
|---|---|
| Allgemeines | 1 |
| Voraussetzungen für die RAL-Anerkennung | 2 |
| Verwendungsbereich für Gütezeichen | 2.1 |
| Gütezeichenträger | 2.2 |
| Rechtlicher Schutz | 2.3 |
| Gestaltung der Gütezeichen | 2.4 |
| Gütebedingungen | 2.5 |
| Zeichensatzung | 2.6 |
| Satzungsmäßige Sicherungs- und Überwachungsmaßnahmen der Gütegemeinschaft | 2.7 |
| Änderungen in Zeichengrundlagen | 2.8 |
| Anerkennungsverfahren | 3 |
| Sorgepflicht des RAL | 4 |
| Entzug der Anerkennung | 5 |
| Einspruchsverfahren | 6 |

### Einführung

Die Ordnung des Gütezeichenwesens in der Bundesrepublik Deutschland wird im wesentlichen durch die „Grundsätze für Gütezeichen" bestimmt, die im RAL erstmals 1953 von seinem damaligen Beirat beschlossen und veröffentlicht wurden. Dieser Ausgabe sind folgende Auszüge entnommen, die auch heute noch Gültigkeit haben:

Seit dem Jahre 1932 wird im Warenverkehr und im Schrifttum die Bezeichnung „Gütezeichen" für eine besondere Art von Warenzeichen verwendet.

Sie sollen die Güte von Erzeugnissen und Leistungen steigern, deren Ansehen heben sowie dem Verbraucher insofern einen verläßlichen Wegweiser für seine Bedarfsdeckung geben.

Diese im volkswirtschaftlichen Interesse liegenden Bestrebungen unterstützte seit 1932 der Reichsausschuß für Lieferbedingungen (RAL) beim Reichskuratorium für Wirtschaftlichkeit. Die im Jahre 1942 veröffentlichte Gütezeichen-Verordnung sollte einer zusätzlichen Unterbauung und planvollen Entwicklung dieser Zeichenart dienen. Ihre Rechtsgültigkeit wurde aber im Jahre 1951 von den zuständigen Bundesministerien verneint. Die Spitzenorganisationen der Wirtschaft schlossen sich dieser Auffassung an.

Um die im allseitigen Interesse liegende Zweckbestimmung und Zweckerfüllung von Gütezeichen sicherzustellen, haben die im RAL-Beirat vertretenen Organisationen und Behörden im Mai 1952 beschlossen, das Gütezeichenwesen daher wieder in die eigenverantwortliche Selbstverwaltung der Wirtschaft zu überführen und seine Betreuung dem wiedererrichteten RAL, Ausschuß für Lieferbedingungen und Gütesicherung, als Gemeinschaftsorgan zu übertragen.

Der RAL hat demnach die Aufgabe, alle an der Schaffung von Gütezeichen interessierten Kreise zu beraten, die Zeichengrundlagen zu begutachten, über die vom RAL anerkannten Zeichen eine „Gütezeichenliste" zu führen und den Gütegedanken ganz allgemein zu fördern. Als Richtschnur sollen ihm die in langjähriger Praxis entwickelten und altbewährten

---

* *Herausgeber:* RAL Deutsches Institut für Gütesicherung und Kennzeichnung e. V., Siegburger Straße 39, 53757 Sankt Augustin, Telefon (0 22 41) 16 05-0, Telefax (0 22 41) 16 05-11.

Methoden zur Einführung und Verwendung von Gütezeichen dienen. Hierfür sind die nachstehenden Richtlinien als Arbeitsgrundlage aufgestellt worden.

Die mit der Einführung und Verwendung von Gütezeichen verbundene hohe Verantwortung verpflichtet alle Beteiligten zu besonders umsichtiger und gewissenhafter Arbeit. Mit der Gründlichkeit und Sauberkeit aller Maßnahmen, insbesondere bei der Überwachung und bei Ahndungen von Verstößen, stehen und fallen der Wert und das Ansehen jedes Gütezeichens und damit der anzustrebende Erfolg. Gütezeichen einzuführen und durchzusetzen ist eine ständige freiwillige Erziehungsaufgabe aller Beteiligten. Die Erfolgssicherung bedarf der Beharrlichkeit und nicht zu unterschätzender laufender Werbeaufwendungen.

Auf der Grundlage dieser Gedanken haben die im RAL vertretenen Institutionen die seit 1973 gültigen Grundsätze für Gütezeichen neu überarbeitet und sie den seit dieser Zeit geänderten Anforderungen vor allem auch in wirtschaftspolitischer Hinsicht angepaßt.

Diese Grundsätze für Gütezeichen wurden auch vom Bundesministerium für Wirtschaft und dem Deutschen Patentamt geprüft und haben dem Bundeskartellamt zur Bestätigung der kartellrechtlichen Unbedenklichkeit vorgelegen. Von diesen Behörden wurden keine Einwände gegen die vom RAL beschlossenen Grundsätze erhoben. Der Bundesminister für Wirtschaft hat sie im Bundesanzeiger Nr. 146 vom 9. August 1985 bekanntgegeben.

## Der RAL

Bereits 1925 wurde der RAL als Gemeinschaftsorgan der Spitzenverbände der Wirtschaft und des Staates geschaffen, um auf der Grundlage der Selbstordnung der Wirtschaft notwendige Regelungen der Gütesicherung, der Warenkennzeichnung und des Bezeichnungswesens einheitlich und neutral vorzunehmen. Dieser Grundauftrag bildet auch heute noch die Basis der Aktivitäten im RAL. Über die Aufgaben des RAL heißt es in seiner Satzung:

„Zweck des RAL ist die Verbreitung des Gütegedankens und die im Zusammenhang stehende Ordnung des Kennzeichnungswesens in der Wirtschaft einschließlich der Landwirtschaft. In diesem Rahmen tritt er vor allem für die Durchsetzung der Gütesicherung in der Wirtschaft im Interesse der Aufrechterhaltung der Redlichkeit im Handelsverkehr und der Förderung des Verbraucherschutzes ein."

Die Ausgewogenheit und strikte Neutralität aller RAL-Arbeiten werden durch sein Kuratorium bestimmt, dem gemäß der Satzung des RAL folgende Institutionen als „geborene Mitglieder" angehören:

Arbeitsgemeinschaft der Verbraucher
Bundesarbeitsgemeinschaft der Mittel- und Großbetriebe des Einzelhandels
Bundesverband der Deutschen Industrie
Bundesverband des Deutschen Groß- und Außenhandels
Bundesvereinigung der Kommunalen Spitzenverbände
Deutsche Landwirtschafts-Gesellschaft
Deutscher Gewerkschaftsbund
Deutscher Handwerkskammertag
Deutscher Industrie- und Handelstag
DIN Deutsches Institut für Normung
Hauptgemeinschaft des Deutschen Einzelhandels
Rationalisierungs-Kuratorium der Deutschen Wirtschaft
Verband der Landwirtschaftskammern
Zentralverband des Deutschen Handwerks
Bundesminister für Wirtschaft
Bundesminister für Ernährung, Landwirtschaft und Forsten
Bundesminister der Justiz
Bundesminister für Arbeit und Sozialordnung
Präsident der Bundesanstalt für Materialforschung- und -prüfung
Präsident des Deutschen Patentamtes
Präsident des Instituts für Bautechnik

Außerdem gehören dem Kuratorium vier in turnusmäßigem Wechsel von der Mitgliederversammlung gewählte Vertreter der ordentlichen Mitglieder des RAL e. V. an.

# RAL

Grundsätze für Gütezeichen

## Erläuterung der Hauptbegriffe

*Gütesicherung* ist Ziel und Nutzeffekt überwachter Qualitätsanforderungen an Waren oder Leistungen. Sie umfaßt das Festlegen einer Gütegrundlage und die Organisation der Güteüberwachung (Eigen- und Fremdüberwachung) bis zur Ahndung von Verstößen sowie die Kennzeichnung von Güte, insonderheit die Errichtung und geregelte Anwendung von Gütezeichen.

*Gütezeichen* sind Ausweis der Gütesicherung. Sie werden nach Anerkennung durch den RAL vom Bundesminister für Wirtschaft im Bundesanzeiger bekanntgegeben und in das beim Deutschen Patentamt geführte Register eingetragen und zwar als Kollektivmarke, deren Träger Gütegemeinschaften sind. Im Zeichenbild müssen die Wörter „Gütezeichen" (im Baubereich auch „Güteschutz" gebräuchlich) und „RAL" enthalten sein.

*Gütegemeinschaft (Gütezeichengemeinschaft, Güteschutzgemeinschaft)* ist die vom RAL anerkannte Organisation zur Durchführung der Gütesicherung für eine bestimmte Warengruppe oder Leistung. Sie ist in der rechtlichen Form des eingetragenen Vereins der Gütezeichenträger und verleiht nach Maßgabe der Vereinssatzung das Recht zur Führung des Gütezeichens an Zeichenbenutzer, die sich freiwillig zur Erfüllung der Gütebedingungen verpflichten und der Güteüberwachung unterwerfen. Sie selbst ist verpflichtet, die Erfüllung der Gütebedingungen und die geregelte Anwendung des Gütezeichens zu überwachen, Verstöße nach den Satzungsbestimmungen zu ahnden und gegen mißbräuchliche Anwendung von Gütezeichen durch Unberechtigte vorzugehen.

*Gütegrundlage* bilden als Gütevorschriften die vom RAL anerkannten jeweiligen Güte- und Prüfbestimmungen. Diese werden von der Gütegemeinschaft der Anwendung von Gütezeichen verpflichtend zugrunde gelegt.

*Güteüberwachung* erstreckt sich auf die Innehaltung der als Gütegrundlage geltenden Festlegungen und auf die korrekte Anwendung der Gütezeichen. Sie beschreibt sowohl die selbstverständliche laufende Eigenkontrolle im Betrieb der zeichenbenutzenden Firmen (des Materials, der Fertigung und der Fertigerzeugnisse) als auch die von der Gütegemeinschaft geregelte kontinuierliche Überwachung durch neutrale Prüfstellen, Institute oder vereidigte Sachverständige.

*Gütezeichenliste* dient der Eintragung der anerkannten Gütezeichen. Sie wird beim RAL geführt und im Bundesanzeiger veröffentlicht.

*Satzungswerk* der Gütegemeinschaft besteht aus den zweckbestimmten Satzungs- und Zeichenunterlagen, deren die Errichtung und Anwendung eines Gütezeichens bedarf. Dieses sind

1. die Satzung der zeichentragenden Gütegemeinschaft als eines rechtsfähigen Vereins,
2. die Zeichensatzung gemäß § 102 Markengesetz, mit welcher das Gütezeichen als Kollektivmarke rechtlich errichtet wird,
3. die Durchführungsbestimmungen mit besonderen Bedingungen für die Verleihung und Führung des Gütezeichens, für die Überwachung und für die Ahndung von Verstößen. Sie dient der Handhabung der Gütesicherung in der Praxis,
4. die Gütegrundlage, bestehend aus den vom RAL anerkannten jeweiligen Güte- und Prüfbestimmungen, in denen das Qualitätsniveau der Gütesicherung festgelegt ist.

## Grundsätze für Gütezeichen

### 1 Allgemeines

Zweck der Gütezeichen ist die Qualität von Waren oder Leistungen zu kennzeichnen sowie im Rahmen des technischen Fortschrittes und der Markterwartung zu steigern und dem Verbraucher neutrale, verläßliche Informationen für seine Marktauswahl zu geben.

1.1 Die Gütezeichen sind in dem Gütezeichen-System des RAL zusammengefaßt. Sie entsprechen diesen „Grundsätzen für Gütezeichen".

Grundsätze für Gütezeichen **RAL**

1.2 Für „Gütezeichen" gilt folgende Begriffsbestimmung:
Gütezeichen sind Wort- oder Bildzeichen, oder beides, die als Garantieausweis zur Kennzeichnung von Waren oder Leistungen[1] Verwendung finden, die die wesentlichen, an objektiven Maßstäben gemessenen, nach der Verkehrsauffassung die Güte einer Ware oder Leistung bestimmenden Eigenschaften erfüllen, und

deren Träger Gütegemeinschaften sind, die im Rahmen der RAL-Gemeinschaftsarbeit jedermann zugänglich und vom RAL anerkannte und veröffentlichte Gütebedingungen aufstellen und deren Erfüllung überwachen, oder

die auf gesetzlichen Maßnahmen beruhen.

Soweit Gütegemeinschaften im RAL den Nachweis der Erfüllung der von der Bauaufsicht geforderten Zertifizierung und Fremdüberwachung für Bauprodukte nach den Landesbauordnungen der Länder dokumentieren (Übereinstimmungszertifikat im Sinne von § 24 b der Musterbauordnung in der Fassung vom 11. Dezember 1993), so bringt das Übereinstimmungszeichen (Ü-Zeichen) zum Ausdruck, daß die so gekennzeichneten Bauprodukte den in der Bauregelliste A Teil 1 bekanntgemachten technischen Regeln, der allgemeinen bauaufsichtlichen Zulassung, dem allgemeinen bauaufsichtlichen Prüfzeugnis oder der Zustimmung im Einzelfall entsprechen.

1.3 Die Sorgepflicht für die Ordnung im Gütezeichenwesen obliegt dem RAL. Er berät die am Schaffen von Gütezeichen sowie an der Gütesicherung interessierten Wirtschaftskreise, bearbeitet Anträge, leitet die Gemeinschaftsarbeit zur Entwicklung anerkennungsreifer Zeichengrundlagen, spricht die Anerkennung von Gütezeichen sowie Gütegemeinschaften aus, führt über die anerkannten Gütezeichen eine „Gütezeichenliste" und sorgt für die Bekanntmachung im Bundesanzeiger.

1.4 Gütezeichen sind interessenneutrale, objektive Ausweise der Gütesicherung, d. h. einer stetig überwachten Güte, die den in der RAL-Gemeinschaftsarbeit festgelegten, jedermann zugänglichen und jeweils vom RAL anerkannten und veröffentlichten Bedingungen gleichbleibend entspricht.

Die Gütegemeinschaften und die von ihnen mit dem Recht zur Führung der Gütezeichen Beliehenen haben sich daher zu verpflichten, den RAL in den Stand zu setzen, jederzeit seinen satzungsgemäßen Pflichten zu genügen und die Beachtung dieser Grundsätze zu überprüfen. Das Führen eines im Interesse der Allgemeinheit errichteten und vom Vertrauen der Öffentlichkeit getragenen Gütezeichens ist nur möglich, wenn sichergestellt wird, daß eine mißbräuchliche Verwendung des Gütezeichens ausgeschlossen ist.

## 2 Voraussetzungen für die RAL-Anerkennung

2.1 Verwendungsbereich für Gütezeichen
Gütezeichen dürfen nicht für Einzelerzeugnisse, sondern nur für Warenarten und Leistungskategorien geschaffen werden. Innerhalb einer Warenart oder Leistungskategorie kann nur jeweils ein Gütezeichen geschaffen werden.

2.2 Gütezeichenträger
Jede rechtsfähige Gemeinschaft (z. B. eingetragener Verein) mit dem Ziel der Gütesicherung kann Träger eines Gütezeichens sein, wenn sie den Nachweis der gesamtwirtschaftlichen Zweckmäßigkeit erbringt und als Mitglied des RAL die Gewähr einer korrekten Handhabung bietet.

2.3 Rechtlicher Schutz
Über den Schutz des Gesetzes gegen den unlauteren Wettbewerb hinaus ist der markenrechtliche Schutz des Gütezeichens durch Eintragung der Marke (Kollektivmarke) in das Register des Deutschen Patentamtes zu sichern. Dies erübrigt sich für Gütezeichen auf gesetzlicher Grundlage.

2.4 Gestaltung der Gütezeichen
2.4.1 Gütezeichen müssen das Wort „Gütezeichen" und in hervorgehobener Form den Namen „RAL" im Zeichenbild enthalten.
Die Gestaltung ist in Abstimmung mit dem RAL vorzunehmen.
2.4.2 Gütezeichen müssen erkennen lassen, für welche Ware oder Leistung sie gelten.

---

[1] Damit ist eine bestimmte Leistungsart weder gemeint noch ausgeschlossen – vielmehr handelt es sich um den im Wettbewerbsrecht (RabattG, ZugabeVO, UWG) allgemein verwendeten Leistungsbegriff.

## 2.5 Gütebedingungen

2.5.1 Die Gütemerkmale der mit Gütezeichen zu kennzeichnenden Waren oder Leistungen, die von den einschlägigen Fach- und Verkehrskreisen für die Beurteilung der Qualität als wesentlich angesehen werden, müssen in Gütebedingungen festgelegt sein. Dabei können nur objektiv meßbare Eigenschaften erfaßt werden.

Die für diese Eigenschaften in den Gütebedingungen festzulegenden Anforderungen und Prüfbestimmungen sind beim RAL-Anerkennungsverfahren im Wege der Gemeinschaftsarbeit der betreffenden Wirtschafts- und Verbraucherkreise sowie der zuständigen Behörden zu entwickeln.

2.5.2 Gütebedingungen können Verbands-Gütebedingungen oder das Ergebnis einer begrenzten Gemeinschaftsarbeit zwischen dem Gütezeichenträger und den an der betreffenden Ware oder Leistung interessierten Wirtschaftsstufen oder einer umfassenden Gemeinschaftsarbeit einer anerkannten gemeinnützigen Körperschaft (z. B. DIN) sein.

An der Aufstellung der Gütebedingungen werden die betroffenen Fach- und Verkehrskreise beteiligt (in der Regel die von der Gütesicherung betroffenen Verbände der anbietenden Wirtschaft und der Verbraucher/Anwender sowie Verbände des Prüfwesens, betroffene staatliche Stellen und gegebenenfalls sonstige fachkundige Institutionen).

2.5.3 Gütebedingungen sind als Bestandteil der Gütezeichensatzung niederzulegen.

2.5.4 Gütebedingungen müssen jedermann zugänglich und vom RAL anerkannt und veröffentlicht sein.

## 2.6 Zeichen-Satzung

2.6.1 Für jedes Gütezeichen ist eine Zeichen-Satzung zu errichten, deren Einsichtnahme jedermann freistellen muß.

2.6.2 Die Zeichen-Satzung muß die Bestimmungen des § 102 Abs. 2 Markengesetz erfüllen. Sie gibt insbesondere Auskunft über

Namen, Sitz, Zweck und Vertretung des das Gütezeichen tragenden Vereins,
den Kreis der zur Benutzung des Gütezeichens Berechtigten,
die Bedingungen der Benutzung,
die Rechte und Pflichten der Beteiligten im Falle der Verletzung des Gütezeichens.

2.6.3 Darüber hinaus ist in der Zeichen-Satzung zu regeln:

Die Berechtigung, das Gütezeichen zu führen, muß jedes Unternehmen erwerben können, das die Gütebedingungen erfüllt und bereit ist, die mit dem Gütezeichen verbundenen Pflichten zu übernehmen.

Zeichen-Satzung und Gütebedingungen müssen so gehalten sein, daß sie keine Wettbewerbsbeschränkungen im Sinne des GWB darstellen. Sie dürfen den technischen Fortschritt nicht hemmen und einer späteren Anhebung des Güteniveaus nicht hinderlich sein.

2.6.4 Die Berechtigung zur Führung eines Gütezeichens wird einem Unternehmen erteilt, wenn folgende Voraussetzungen erfüllt sind:

die Stellung eines Antrages beim Gütezeichenträger,
den Nachweis, daß der Antragsteller durch seine Einrichtungen und sein Fachpersonal für die gleichbleibende Güte der mit dem Gütezeichen gekennzeichneten Waren oder Leistungen entsprechend den Güte- und Prüfbestimmungen sowie den Durchführungsbestimmungen Gewähr bietet und daß die erste vollständige Überwachungsprüfung bestanden ist,
die rechtsverbindliche Anerkennung der Zeichen-Satzung durch den Antragsteller.

## 2.7 Satzungsmäßige Sicherungs- und Überwachungsmaßnahmen der Gütegemeinschaft

2.7.1 In das Satzungswerk der Gütegemeinschaft sind Bestimmungen aufzunehmen, die sicherstellen, daß durch laufende Prüfungen der Erzeugnisse oder Leistungen die lückenlose Einhaltung der Gütebedingungen gegeben ist und die Kontinuität der Überwachung dem RAL nachgewiesen werden kann, z. B. durch Vorlage von Prüfunterlagen. Der RAL ist seinerseits zur Nachprüfung berechtigt und verpflichtet. Die ihm hierbei entstehenden Auslagen sind zu erstatten.

2.7.2 Für den Fall von Verstößen gegen die Gütebedingungen und Satzungen sind Ahndungen durch Verwarnung, Geldbuße, befristeten oder dauernden Gütezeichenentzug mit Ausschluß aus der Gütegemeinschaft vorzusehen.

2.7.3 Bei Einsprüchen gegen Entscheidungen des Gütezeichenträgers kann zur schnelleren Erledigung von Streitfragen im Einzelfalle ein Schiedsverfahren unter Ausschluß des ordentlichen Rechtsweges (Schiedsgericht nach den Bestimmungen der ZPO) vereinbart werden.

Grundsätze für Gütezeichen **RAL**

2.7.4 Zu den Pflichten des Gütezeichenträgers und der einzelnen Gütezeichenbenutzer gehört die Zeichenpflege und Verteidigung des Gütezeichens, damit es nicht zum „schwachen" Zeichen wird. Jeder Gütezeichenbenutzer ist zur Mitarbeit durch Mitteilung bekanntwerdender Verstöße und der Gütezeichenträger zu deren Verfolgung im Satzungswerk zu verpflichten.

2.8 Änderungen in Zeichengrundlagen

Änderungen in den vom RAL anerkannten Zeichengrundlagen (Satzung des Zeichenträgers, Zeichensatzung, Gütebedingungen und Durchführungsbestimmungen nebst allen Anlagen), auch redaktioneller Art, bedürfen zu ihrer Wirksamkeit der schriftlichen Zustimmung des RAL.

## 3 Anerkennungsverfahren

Das zur Schaffung eines Gütezeichens erforderliche RAL-Anerkennungsverfahren wird folgendermaßen abgewickelt:

3.1 Nach Vorklärung des Gütezeichenvorhabens mit dem RAL über

den Zweck des Gütezeichens auch unter Berücksichtigung gesamtwirtschaftlicher Aspekte,

den technisch erfaßten und beanspruchten Wirkungsbereich,

Form und Verwendung des Gütezeichens,

das Satzungswerk (Vereinssatzung, Gütezeichensatzung, Durchführungsbestimmungen),

Gütebedingungen

übermittelt der RAL den Gütezeichen-Interessenten einen Gütezeichenantrag, der u. a. folgenden Text enthält:

„Wir beantragen die Anerkennung eines Gütezeichens auf der Grundlage der Grundsätze für Gütezeichen, die wir für uns als verbindlich anerkennen. Uns ist bekannt, daß das RAL-Anerkennungsverfahren bis auf eine allgemeine Antragspauschale gebührenfrei ist, aber Auslagen – auch beim Rücktritt vom Antrag – zu erstatten sind und jeweils im Etatjahr des RAL, in dem sie entstanden sind, abgerechnet werden. Zu diesem Zweck stellen wir dem RAL eine Vorauszahlung zur Verfügung. Wir beantragen zugleich die ordentliche Mitgliedschaft im RAL zum Zeitpunkt der Anerkennung des Gütezeichens und verpflichten uns in Erfüllung der RAL-Satzung zur Beitragsleistung gemäß Beitragsordnung."

3.2 Der Antragsteller erkennt die in dem Gütezeichen-Antrag enthaltenen Bedingungen an.

3.3 Gemeinsam mit dem RAL erarbeitet der Antragsteller Entwürfe für das Satzungswerk.

3.4 Die RAL-Geschäftsstelle übermittelt die Entwürfe der Gütebedingungen an die betroffenen Fach- und Verkehrskreise (in der Regel die von der Gütesicherung betroffenen Verbände der anbietenden Wirtschaft und der Verbraucher/Anwender sowie Verbände des Prüfwesens, betroffene staatliche Stellen und gegebenenfalls sonstige fachkundige Institutionen), den übrigen Teil des Satzungswerkes den jeweils zuständigen Stellen zur Stellungnahme.

3.5 Im Benehmen mit diesen Kreisen und nach Zustimmung des Bundesministers für Wirtschaft stellt der RAL das Vorliegen der Voraussetzungen für eine Eintragung in die RAL-Gütezeichenliste fest, erkennt das Gütezeichen an und bescheinigt dies der Gütegemeinschaft. Gleichzeitig übernimmt er das Gütezeichen in die Gütezeichenliste des RAL. Abschließend wird das Gütezeichen als vom RAL anerkannt im Bundesanzeiger bekanntgemacht.

## 4 Sorgepflicht des RAL

Die Sorgepflicht des RAL gegenüber seinem Gütezeichen-System und den die einzelnen Gütezeichen tragenden Gütegemeinschaften besteht insbesondere darin,

sich mit allen ihm zur Verfügung stehenden Möglichkeiten für ihren Schutz einzusetzen,

ihre satzungsgemäßen Aufgaben zu fördern,

ihre Tätigkeit zu überwachen,

die Gütegemeinschaften in der Vertretung ihrer Interessen, insbesondere bei dem Schutz des Gütezeichens gegenüber unberechtigter Verwendung sowie der Abwehr aller dem Güteschutz abträglichen Maßnahmen im Rahmen seiner Möglichkeiten zu unterstützen.

## 5 Entzug der Anerkennung

5.1 Der RAL soll die Anerkennung eines Gütezeichens und der betreffenden Gütegemeinschaft entziehen, wenn

5.1.1 die Gütegemeinschaft ihre Tätigkeit oder den Gebrauch des Gütezeichens einstellt oder

5.1.2 das in dem Register des Deutschen Patentamts eingetragene Zeichen gelöscht wird oder

5.1.3 das vom RAL anerkannte Satzungswerk ohne Verständigung mit ihm geändert wird oder

5.1.4 eine Gütegemeinschaft sich als unfähig erweist, ihre Aufgaben gemäß Abschnitt 2.7 dieser Grundsätze zu erfüllen oder

5.1.5 die an den RAL gemäß seiner Beitragsordnung abzuführenden Beiträge nicht geleistet werden.

5.2 Ist ein Gütezeichen entzogen, hat die Gütegemeinschaft sicherzustellen und dem RAL nachzuweisen, daß

5.2.1 das in der RAL-Gütezeichenliste gestrichene Zeichen unverzüglich aus dem Register beim Deutschen Patentamt gelöscht wurde,

5.2.2 sie von dem Gütezeichen keinerlei Gebrauch mehr macht,

5.2.3 die bisher zur Führung des Gütezeichens Berechtigten ebenfalls das Gütezeichen nicht mehr verwenden,

5.2.4 sämtliche Kennzeichnungsmittel des Gütezeichens für alle Verwendungszwecke (Prägestempel, Druckstöcke, Klischees, Matern, Siegelmarken, Etiketten, Gummistempel u. a.) sowie einschlägiges Werbematerial (Briefbogen, Drucksachen, Prospekte usw.) vernichtet wurden.

5.3 Die Gütegemeinschaft ist verpflichtet, im Falle des Verstoßes gegen die Abschnitte 5.2.3 und 5.2.4 nach erfolgloser Abmahnung auf dem ordentlichen Rechtsweg ein Unterlassen der Gütezeichenführung durchzusetzen. Ist sie dazu nicht in der Lage, erstattet sie dem RAL die Kosten für seine Ersatzmaßnahmen, die er zum Schutze des Gütezeichenwesens selbst durchführt.

## 6 Einspruchsverfahren

6.1 Gegen folgende Entscheidungen des RAL

Ablehnung einer Anerkennung

Ablehnung eines Widerspruches gegen eine Anerkennung

Entzug eines anerkannten Gütezeichens

kann innerhalb von 4 Wochen nach Erteilung des Entscheides Einspruch beim Präsidenten des RAL erhoben werden.

6.2 Der Präsident beruft im Einzelfall einen Prüfungsausschuß, bestehend aus zwei Mitgliedern des RAL-Kuratoriums und im Einvernehmen mit diesen zwei weitere Sachverständige, und entscheidet nach Vorliegen des Prüfberichtes dieses Ausschusses.

*Veröffentlichungen des RAL zu Gütezeichen:* Gütezeichen-Übersicht mit Abbildungen aller Gütezeichen, Faltblatt „Gütezeichen", Sonderdruck „Bundesanzeiger", 70 Jahre RAL-Gütezeichen, Die technischen Gütesicherungs-Grundlagen (Güte- und Prüfbestimmungen) zu allen Gütezeichen

*Veröffentlichungen des RAL aus weiteren RAL-Gebieten:* RAL-Vereinbarungen, RAL-Registrierungen, Technische Grundlagen für RAL-Testate, Grundlagen zur Umweltzeichenvergabe, Registrierte Grundlagen für geographische Herkunfts-Gewähr-Zeichen, Druckschriften-Verzeichnis.

Anmeldung einer Gemeinschaftsmarke

# Anmeldung

## III. Gemeinschaftsmarke

## 1. Formblatt zur Anmeldung einer Gemeinschaftsmarke

# Anmeldung

Anmeldung einer Gemeinschaftsmarke

HABM-Formular
1.2 DE

**Anmeldung einer Gemeinschaftsmarke**

## Anschrift(en) des/der Anmelder(s)

**23** Eines der Kästchen ankreuzen

**Anmelder** — **23** ☐ Juristische Person    ☐ Natürliche Person

Angaben auf dieser Seite sind nur dann zu machen, wenn entweder keine ID-Nummer angegeben wird oder, bei Angabe der ID-Nummer, wenn Änderungen im Vergleich zu den Angaben unter der ID-Nummer eingetreten sind.

- Name der juristischen Person **24**
- Art der juristischen Person **25**
- Staat, in dem die juristische Person ihren Sitz hat **26**
- Nachname **27**
- Vorname **28**
- Straße und Hausnummer oder vergleichbare Angaben **29**
- Postleitzahl und Ort **30**
- Staat **31**

**32** Falls anderslautend als oben

- Postanschrift **32**
- Postfach
- Postleitzahl
- Ort
- Telefonnummer(n) einschließlich Länder- und Ortsvorwahl **33**
- Telefaxnummer(n) einschließlich Länder- und Ortsvorwahl **34**
- E-Mail **35**
- Sonstige Angaben **36**
- Staatsangehörigkeit **37**

## Mehrere Anmelder

**38** Bei mehr als einem Anmelder Kästchen ankreuzen und erforderliche Angaben zu allen weiteren Anmeldern in einer Anlage machen; soweit nichts anderes angegeben ist, werden Name und Anschrift des Anmelders im Anmeldeformular als Anschrift für Schriftwechsel für alle Anmelder verwendet.

**Mehrere Anmelder** **38** ☐

**39** Wenn Angestellter einer juristischen Person mit wirtschaftlichen Verbindungen zum Anmelder, dieses Kästchen ankreuzen und Einzelheiten zu Namen, Anschrift usw. beifügen

**Wirtschaftliche Verbindungen** **39** ☐

2588

# Anmeldung einer Gemeinschaftsmarke — Anmeldung

HABM-Formular 1.3 DE

Anmeldung einer Gemeinschaftsmarke

## Anschrift(en) des/der Vertreter(s)

**40** Eines der Kästchen ankreuzen, aber nur wenn ein Vertreter benannt wurde

Angaben auf dieser Seite sind nur dann zu machen, wenn entweder keine ID-Nummer angegeben wird oder, bei Angabe der ID-Nummer, wenn Änderungen im Vergleich zu den Angaben unter der ID-Nummer eingetreten sind.

**Vertreter**

40 ☐ Zusammenschluß von Vertretern   ☐ Natürliche Person

41 Name des Zusammenschlusses

42 Nachname

43 Vorname

44 Straße und Hausnummer oder vergleichbare Angaben

45 Postleitzahl und Ort

46 Staat

**47** Falls anderslautend als oben

47 Postanschrift
   Postfach
   Postleitzahl
   Ort

48 Telefonnummer(n) einschließlich Länder- und Ortsvorwahl

49 Telefaxnummer(n) einschließlich Länder- und Ortsvorwahl

50 E-Mail

51 Sonstige Angaben

**52** Eines dieser Kästchen ankreuzen

**53** Nummer im Verzeichnis der zugelassenen Vertreter angeben

52 Art des Vertreters   ☐ Rechtsanwalt   ☐ Zugelassener Vertreter

53 Nummer im Verzeichnis der zugelassenen Vertreter

## Mehrere Vertreter

**54** Bei mehr als einem Vertreter Kästchen ankreuzen und erforderliche Angaben zu allen weiteren Vertretern in einer Anlage machen; soweit nichts anderes angegeben ist, werden Name und Anschrift des Anmelders im Anmeldeformular als Anschrift für Schriftwechsel für alle Anmelder verwendet.

54 Mehrere Vertreter ☐

M 8301
1.96

# Anmeldung

Anmeldung einer Gemeinschaftsmarke

HABM-Formular
1.4 DE

**Anmeldung einer Gemeinschaftsmarke**

## Wiedergabe der Marke

**Art der Marke**

- 55 ☐ Wortmarke

Wiedergabe der Wortmarke  56

52 Wiedergabe der Marke auf getrenntem Blatt, nicht größer als DIN A 4

- 57 ☐ Bildmarke
- 58 ☐ dreidimensional

58 Falls andere Marke, angeben welcher Art

Andere Art Marke

- 59 ☐ sonstiges

Erläuterung der anderen Art Marke  60

61 Hier ankreuzen, wenn Farbe beansprucht wird und

Farbe

- 61 ☐ wird beansprucht

62 Farben angeben, aus denen die Marke besteht

Angabe der Farben  62

63 Freigestellt

Übersetzung in zweite Sprache

- 63 ☐ beigefügt
- ☐ folgt

64 Freigestellt

Beschreibung der Marke  64

65 Freigestellt

Übersetzung in zweite Sprache

- 65 ☐ beigefügt
- ☐ folgt

66 Erklärung zu den Bestandteilen der Marke, für die keine Ausschlußrechte beansprucht werden (Disclaimer) (freigestellt)

Erklärung (Disclaimer)  66

67 Freigestellt

Übersetzung in zweite Sprache

- 67 ☐ beigefügt
- ☐ folgt

**Kollektivmarke**

- 68 ☐ Kollektivmarke

Satzung

- 69 ☐ beigefügt
- ☐ folgt

# Anmeldung einer Gemeinschaftsmarke

# Anmeldung

HABM-Formular
1.5 DE

Anmeldung einer Gemeinschaftsmarke

## Verzeichnis der Waren und Dienstleistungen

**70** Waren/Dienstleistungen sollten in numerischer Reihenfolge der Klassifikation (Nizzaer Klassifikationsabkommen) unter Angabe der Klassennummer aufgeführt werden und möglichst unter der Verwendung der Terminologie des Nizzaer Klassifikationsabkommens einschließlich der Alphabetischen Liste; wenn der Raum nicht ausreicht, statt dessen Anlage verwenden.

**70** Klasse Nr.   Verzeichnis

**71** Freigestellt

Übersetzung in zweite Sprache   **71** ☐ beigefügt   ☐ folgt

## Priorität

**72** Dieses Kästchen ankreuzen, wenn Priorität (Pariser Verbandsübereinkunft und TRIPS-Übereinkommen) in Anspruch genommen wird

Priorität   **72** ☐ in Anspruch genommen

Land der Erstanmeldung   **73**

Tag der Erstanmeldung   **74**

Aktenzeichen   **75**

**76** Wenn nicht für alle Waren/Dienstleistungen der Erstanmeldung Priorität in Anspruch genommen wird, Verzeichnis der Waren/Dienstleistungen wiedergeben, für welche die Priorität beansprucht wird; wenn der Raum nicht ausreicht, statt dessen Anlage verwenden.

Verzeichnis der Waren/ Dienstleistungen der Erstanmeldung   **76** Klasse Nr.   Verzeichnis

**77** Eines dieser Kästchen ankreuzen

Prioritätsunterlagen
Beglaubigte Abschrift der Erstanmeldung   **77** ☐ beigefügt   ☐ folgt

**78** Die HABM-Sprachen sind ES, DE, EN, FR, IT

Übersetzung der Erstanmeldung in eine der HABM-Sprachen   **78** ☐ beigefügt   ☐ folgt

**79** Wenn mehrere Prioritäten in Anspruch genommen werden, hier ankreuzen und entsprechende Angaben zu den weiteren Prioritäten in einer Anlage machen

Mehrere Prioritäten   **79** ☐ in Anspruch genommen

M 8302
1.96

**80** Bei Inanspruchnahme dieses Kästchens ankreuzen und Einzelheiten beifügen.

Ausstellungspriorität   **80** ☐ in Anspruch genommen

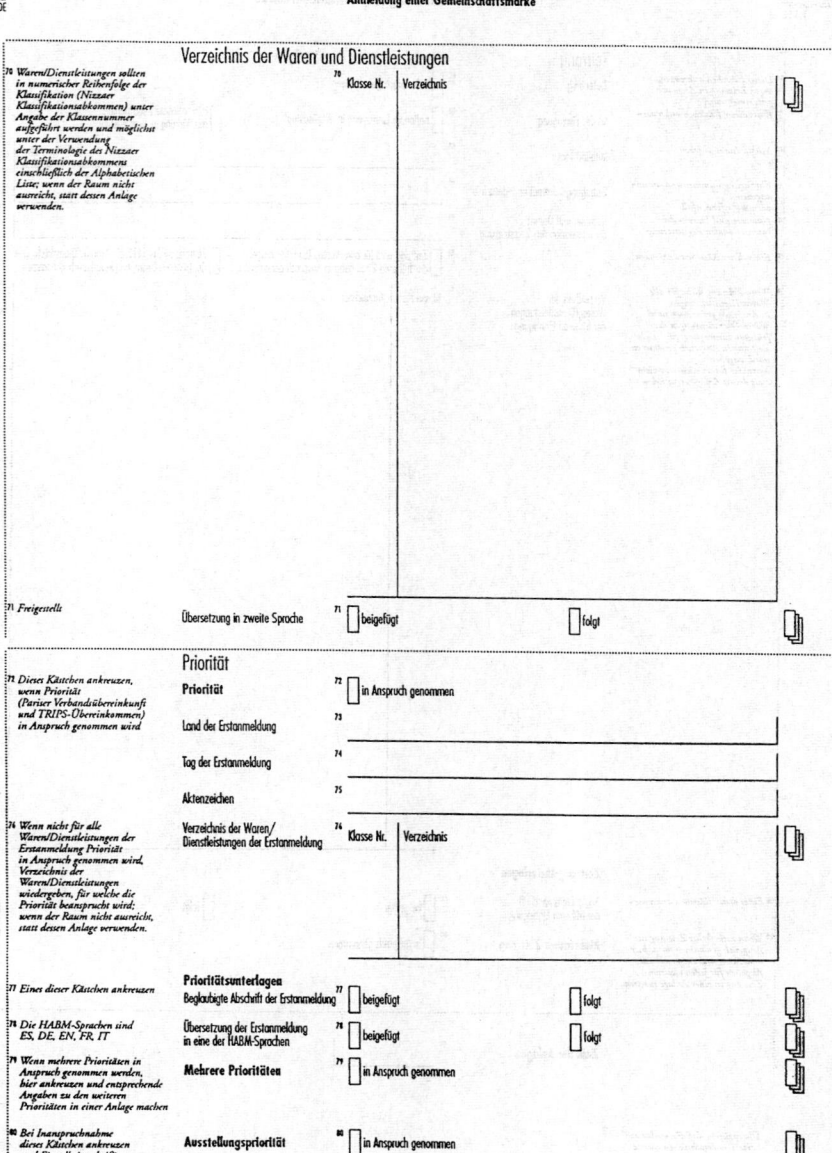

# Anmeldung

Anmeldung einer Gemeinschaftsmarke

HABM-Formular
1.6 DE

Anmeldung einer Gemeinschaftsmarke

## Zeitrang

*Dieses Kästchen ankreuzen, wenn Zeitrang in Anspruch genommen wird*

**Zeitrang**

- [ ] in Anspruch genommen

*Eines dieser Kästchen ankreuzen*

**Art der Eintragung**

- [ ] nationale Eintragung in Mitgliedstaat
- [ ] internationale Registrierung mit Wirkung in Mitgliedstaat

*Mitgliedstaat angeben und*

**Mitgliedstaat**

*Eintragungsnummer und -datum angeben oder, zutreffendenfalls, Nummer und Datum der internationalen Registrierung*

**Eintragungsnummer und -datum**

**Nummer und Datum der internationalen Registrierung**

*Eines dieser Kästchen ankreuzen*

- [ ] Zeitrang wird für alle Waren/Dienstleistungen der früheren Eintragung in Anspruch genommen
- [ ] Zeitrang wird nicht für alle Waren/Dienstleistungen der früheren Eintragung in Anspruch genommen

*Wenn Zeitrang nicht für alle Waren/Dienstleistungen in Anspruch genommen wird, Waren/Dienstleistungen der früheren Eintragung, für welche Zeitrang in Anspruch genommen wird, angeben; wenn der Raum nicht ausreicht, statt dessen Anlage verwenden.*

**Verzeichnis der Waren/Dienstleistungen der früheren Eintragung**

| Klasse Nr. | Verzeichnis |
|---|---|
|  |  |

### Zeitrang-Unterlagen

*Eines dieser Kästchen ankreuzen*

**Beglaubigte Abschrift der früheren Eintragung**

- [ ] beigefügt
- [ ] folgt

*Wenn mehrfacher Zeitrang in Anspruch genommen wird, hier ankreuzen und entsprechende Angaben für jeden weiteren Zeitrang in einer Anlage machen.*

**Mehrfacher Zeitrang**

- [ ] in Anspruch genommen

**Zahl der Anlagen**

*Überprüfen, daß Formular auf Seite 1 unterschrieben wurde*

## 2. Hinweise zum Anmeldeformular
## Anmeldung einer Gemeinschaftsmarke*

*Allgemeine Hinweise*

Das Anmeldeformular wird vom Harmonisierungsamt für den Binnenmarkt gemäß Regel 83 der Verordnung zur Durchführung der Verordnung über die Gemeinschaftsmarke zur Verfügung gestellt. Das Formular kann kostenlos vom Harmonisierungsamt sowie von den Zentralbehörden für den gewerblichen Rechtsschutz der Mitgliedstaaten, einschließlich dem Benelux-Markenamt bezogen werden. Das Formular kann auch beliebig kopiert werden. Die Verwendung des Formulars wird empfohlen. Anmelder oder ihre Vertreter können auch Formulare mit ähnlicher Struktur oder Ausgestaltung verwenden, wie z. B. durch Computer auf der Basis der im Anmeldeformular enthaltenen Angaben erstellte Formulare. Wenn solche automatisch erstellten Formulare verwendet werden, kann die Verwendung von Anlagen vermieden werden, indem dort, wo das Anmeldeformular selbst keinen ausreichenden Raum aufweist, einfach im Text fortgefahren wird. Anstelle des Anmeldeformulars können Anmelder auch die elektronische Anmeldung auf 3,5" Disketten verwenden, die kostenlos vom Harmonisierungsamt und von den Zentralbehörden für den gewerblichen Rechtsschutz der Mitgliedstaaten, einschließlich dem Benelux-Markenamt erhältlich sind.

Das Anmeldeformular besteht aus drei Spalten. Die linke Spalte enthält Anleitungen, die mittlere Spalte die erforderlichen Informationen, und die rechte Spalte muß mit den geforderten Angaben ausgefüllt werden. Auch wenn bestimmte Teile der Angaben später beigebracht werden können, wird gleichwohl empfohlen, das Anmeldeformular so weit wie möglich auszufüllen und diese Angaben zur Zeit des Einreichens der Anmeldungen zu machen, weil dies die Bearbeitung der Anmeldung erleichtern und beschleunigen wird.

*Ausgefüllte Anmeldungen können nach Wahl des Anmelders* entweder direkt an das Harmonisierungsamt nach Alicante oder an eine der Zentralbehörden für den gewerblichen Rechtsschutz der Mitgliedstaaten für Belgien, Luxemburg und die Niederlande das Benelux-Markenamt) gesandt werden. Anmeldungen und alle sonstigen Mitteilungen zu Verfahren vor dem Harmonisierungsamt, die mit der *Post* gesandt werden, sind wie folgt zu adressieren:

Harmonisierungsamt für den Binnenmarkt
Annahmestelle
Apartado de Correos 77
E-03080 Alicante, Spanien.

Mitteilungen, die durch *besondere Zustellformen*, wie z. B. private Zustelldienste, zugestellt werden, sind wie folgt zu adressieren:

Harmonisierungsamt für den Binnenmarkt
Annahmestelle
Avenida de Aguilera, 20
E-03080 Alicante, Spanien.

Mitteilungen, die *per Telefax* gesandt werden, sind nur an die folgende Telefaxnummer des Harmonisierungsamts zu richten:

+34-6-5 13 13 44**

Wenn Mitteilungen per Telefax gesandt werden, ist die Zusendung des Originals (Bestätigung) nicht erforderlich und nicht empfohlen. Das Amt wird, soweit es Anmeldungen betrifft, Empfangsbescheinigungen erteilen und wird zu weiteren Mitteilungen auffordern, falls die Mitteilung per Telefax nicht ausreichend sein sollte.

*Weitere Auskünfte* erteilt das Harmonisierungsamt unter folgender Telefonnummer:
+34-6-5 13 93 33.**

*Seiten 1, 2 und 3*
Seite 1 behandelt *Sprachen, den Anmelder, den Vertreter, die Gebühren* und *die Unterschrift*.

---

\* Internetadresse: http://oami.eu.int/de/marque/form.htm
\*\* Seit April 1998 gelten neue Telefon- und Faxnummern. Die neue Telefonnummer lautet 00-34-96-5139333, die neue Faxnummer lautet 00-34-96-5131344

# Hinweise

Hinweise zur Anmeldung einer Gemeinschaftsmarke

Der Anmelder oder sein Vertreter kann sein eigenes Geschäftszeichen oder Aktenzeichen an der entsprechenden Stelle oben auf Seite 1 angeben. Das Amt wird dieses Geschäfts- oder Aktenzeichen, das aus nicht mehr als 20 Stellen bestehen sollte, bei weiteren Mitteilungen verwenden.

Der Anmelder muß die *Sprache des Anmeldeverfahrens* („erste Sprache") auswählen, bei der es sich um eine beliebige der elf Amtssprachen der Europäischen Gemeinschaft handeln kann (Spanisch – ES, Dänisch – DA, Deutsch – DE, Griechisch – EL, Englisch – EN, Französisch – FR, Italienisch – IT, Holländisch – NL, Portugiesisch – PT, Finnisch – FI, Schwedisch – SV). Der Anmelder muß außerdem eine zweite Sprache auswählen, bei der es sich um eine der fünf Sprachen des Amtes (Spanisch, Deutsch, Englisch, Französisch, Italienisch) handeln muß und die sich von der ersten Sprache unterscheiden muß. Die zweite Sprache muß auch dann ausgewählt werden, wenn die erste Sprache eine der Sprachen des Amtes ist. Die zweite Sprache wird vom Amt für schriftliche Mitteilungen an den Anmelder oder seinen Vertreter verwendet werden, wenn die erste Sprache nicht eine der Amtssprachen des Amtes ist. Die zweite Sprache ist außerdem die Sprache (oder eine der Sprachen), die für Widerspruchs- und Löschungsverfahren zur Verfügung steht. Das Anmeldeformular kann in jeder Sprache verwendet werden, soweit die Textangaben, insbesondere das Verzeichnis der Waren und Dienstleistungen, in der Sprache des Anmeldeverfahrens abgefaßt sind.

Wenn das Amt dem Anmelder bereits eine *ID-Nummer* zugeteilt hat, ist es ausreichend, diese ID-Nummer und den Namen anzugeben. Anderenfalls muß Seite 2 ausgefüllt werden und alle nötigen Informationen enthalten. Die Angabe aller verfügbaren Kommunikationsmittel wird empfohlen, weil dies die Kommunikation zwischen dem Amt und dem Anmelder erleichtert. Wenn der Anmelder eine Zustellanschrift (Straße, Hausnummer usw.) hat und eine davon unterschiedliche Anschrift für Postzustellungen (wie z.B. Postfach usw.), sollten beide Anschriften angegeben werden. Das Amt wird je nachdem beide dieser Anschriften verwenden. Wenn es mehr als einen Anmelder gibt, sind das Kästchen auf Seite 2 anzukreuzen und die nötigen Angaben für alle weiteren Anwender in einer Anlage zu machen.

Die vorstehenden Bemerkungen gelten auch für Vertreter. Soweit erforderlich, sind die nötigen Angaben auf Seite 3 zu machen.

Anmelder, die weder Wohnsitz oder Sitz noch eine wirkliche und nicht nur zum Schein bestehende Niederlassung in der Europäischen Gemeinschaft haben, *müssen* – außer für das Einreichen der Anmeldung – durch einen Vertreter handeln. Wenn die Anmeldung vom Anmelder direkt eingereicht wird, muß jeder weitere Schriftwechsel über einen Vertreter stattfinden. Jeder andere Anmelder *kann* einen Vertreter ernennen.

Die Vertretung vor dem Amt kann nur durch *berufsmäßige Vertreter* ausgeübt werden, die in eine der beiden Kategorien fallen:
- Rechtsanwälte, die in einem Mitgliedstaat sind und dort die Befugnis haben, als Vertreter in Markenangelegenheiten tätig zu sein, und die ihren Geschäftssitz in der Europäischen Gemeinschaft haben,
- zugelassene Vertreter, die in der vom Amt geführten Liste eingetragen sind.

Vertreter müssen eine *Vollmacht* einreichen. Die Vollmacht kann in der Form einer Allgemeinen Vollmacht oder einer Einzelvollmacht erteilt werden. Vollmachtsformulare sind vom Harmonisierungsamt sowie von den Zentralbehörden für den gewerblichen Rechtsschutz der Mitgliedstaaten, einschließlich dem Benelux Markenamt erhältlich. Wenn für eine dem Amt bereits eingereichte Vollmacht eine ID-Nummer zugeteilt worden ist, ist es ausreichend, diese ID-Nummer anzugeben. Eine weitere Kopie der Vollmacht ist in diesen Fällen nicht erforderlich.

Natürliche oder juristische Personen können auch durch einen *Angestellten* handeln. Die auf Seite 3 zu Vertretern erforderlichen Angaben sind vom Angestelltenvertreter zu machen. Vielmehr wird das Amt mit dem Anmelder unter der Anschrift des Anmelders kommunizieren. Auch Angestelltenvertreter müssen eine Vollmacht einreichen. Das vom Amt zur Verfügung gestellte Vollmachtsformular kann auch für die Bestellung eines Angestelltenvertreters verwendet werden.

Angestellte von juristischen Personen mit Sitz oder Niederlassung innerhalb der Europäischen Gemeinschaft können auch andere juristische Personen vertreten, mit denen wirtschaftliche Verbindungen bestehen, wie z.B. gemeinsame Inhaberschaft oder Kontrolle. Dies gilt auch dann, wenn der Anmelder eine juristische Person von außerhalb der Europäischen Gemeinschaft ist. In diesen Fällen sind das Kästchen auf Seite 2 anzukreuzen und die erforderlichen Angaben zu der juristischen Person, deren Angestellter für den Anmelder tätig wird, in einer Anlage zu machen (Name, Anschrift usw.). Die Vollmacht muß in diesen Fällen vom Anmelder erteilt werden. Die Vollmacht sollte die erforderlichen Angaben über die juristische Person, die die Vollmacht erteilt, den Bevollmächtigten und die juristische Person, die mit dem Anmelder wirtschaftliche Verbindungen hat und die Arbeitgeber des Angestelltenvertreters ist, enthalten. Das Amt kann weitere Nachweise verlangen.

Die *Grundgebühr* für die Anmeldung einer Gemeinschaftsmarke beträgt ECU 975 und erfaßt bis zu drei Klassen der Waren und Dienstleistungen. Jede weitere Klasse kostet ECU 200. Die Grundgebühr für eine Kollektivmarke beträgt ECU 1 675, die Gebühr für jede weitere Klasse ECU 400.

*Zahlungen müssen in ECU geleistet werden.* Zahlungen können bewirkt werden durch
— Ermächtigung zur Belastung eines laufenden Kontos beim Amt, unter Angabe der Nummer dieses Kontos,
— eine Banküberweisung auf ein Konto des Amtes,
— Beifügung eines Schecks oder ähnlichen Instrumenten, in ECU, unter Angabe des Namens, der Anschrift und des Geschäfts- oder Aktenzeichens des Anmelders oder Vertreters und der Anmeldung, für die die Zahlung geleistet wird.

*Laufende Konten* können durch schriftlichen Antrag an das Amt unter der folgenden Anschrift errichtet werden.
Harmonisierungsamt für den Binnenmarkt
Finanzverwaltung
Avenida de Aguilera, 20
E-03080 Alicante, Spanien.
Telefon: +34-6-5 13 93 40
Telefax: +34-6-5 13 91 13.

*Banküberweisungen* können auf folgende Konten des Amtes bei den folgenden Banken geleistet werden:
Banco Alicante, Kontonr. 0127-2001-30/82 000 044-954
Banco Bilbao Vizcaya, Kontonr. 0182-55 96-201-222 222-8
BNP Españ, Kontonr. 0058-1700.21.0252 388 002

Bei der Überweisung ist Name, Anschrift und Geschäfts- oder Aktenzeichen des Anmelders oder Vertreters sowie die Anmeldung anzugeben, für die die Zahlung geleistet wird.

*Die Anmeldung muß am Ende der Seite 1 unterschrieben werden.* Falls ein Angestellter unterschreibt, muß sein Name angegeben werden.

*Seite 4*
Seite 4 behandelt die einzutragende *Marke*. Für andere Markenformen als Wortmarken muß eine Anlage zur Wiedergabe verwendet werden.

Die – fakultative – Übersetzung von Angaben zur Marke erleichtert und beschleunigt die Bearbeitung von Anmeldungen durch das Amt, weil dann, wenn die Sprache der Anmeldung nicht eine der fünf Sprachen des Amtes ist, das Amt mit dem Anmelder wegen dieser Übersetzungen in Verbindung treten muß. Solche Übersetzungen sind aber auch dann nützlich, wenn die erste Sprache eine der Sprachen des Amtes ist.

*Seite 5*
Seite 5 behandelt die *Waren und Dienstleistungen,* für die die Marke eingetragen werden soll, und die *Priorität.*

Für das Verzeichnis der *Waren und Dienstleistungen* empfiehlt das Amt die Verwendung der Terminologie der Nizzaer Klassifikation, einschließlich der nach dieser Klassifikation errichteten Alphabetischen Liste, weil dies die Bearbeitung von Anmeldungen erleichtert und beschleunigt, insbesondere soweit es erforderliche Übersetzungen betrifft.

Soweit es die *Priorität* betrifft, kann zwar ein Großteil der erforderlichen Informationen nach der Anmeldung nachgereicht werden. Es wird gleichwohl empfohlen, möglichst viele dieser Angaben oder Unterlagen schon mit der Anmeldung einzureichen, weil dies die Bearbeitung der Anmeldung erleichtert und beschleunigt. Die obligatorischen Elemente sind die Angabe des Landes der ersten Anmeldung und des Anmeldedatums.

# Hinweise

Bei einer *Teilpriorität* kann das Verzeichnis der Waren und Dienstleistungen, für die die Priorität in Anspruch genommen wird, in der Sprache des Anmeldeverfahrens (der „ersten Sprache" auf Seite 1) angegeben werden. Es kann aber auch eine der fünf Sprachen des Amtes verwendet werden. In diesen Fällen muß die ausgewählte Sprache dieselbe sein, in der die Übersetzung der ersten Anmeldung gleichzeitig oder später eingereicht wird.

*Seite 6*
Seite 6 behandelt den *Zeitrang*.

Zusätzlich zur Eintragungsnummer muß das zutreffende Datum angegeben werden. Hierbei handelt es sich immer um das Datum, von dem an die frühere Eintragung wirksam ist. Dies wird im allgemeinen das Anmeldedatum oder eine etwa in Anspruch genommene Priorität sein – und nicht das Eintragungsdatum, wenn dieses Datum sich vom Anmeldedatum unterscheidet. Wenn es sich bei der früheren Eintragung um eine internationale Registrierung nach dem Madrider Markenabkommen oder dem Protokoll zum Madrider Markenabkommen handelt, ist das internationale Registrierungsdatum (oder eine für die internationale Registrierung in Anspruch genommene Priorität anzugeben.

Im Falle eines *Teilzeitrangs* kann das Verzeichnis der Waren und Dienstleistungen, für die der Zeitrang beansprucht wird, in der Sprache des Anmeldeverfahrens (der „ersten Sprache" auf Seite 1) angegeben werden. Anstelle dieser Sprache kann das Verzeichnis auch in der Sprache der Eintragung, deren Zeitrang beansprucht wird, angegeben werden.

Widerspruch gegen eine Gemeinschaftsmarke                    **Widerspruch**

## 3. Formblatt zur Erhebung eines Widerspruchs gegen die Anmeldung einer Gemeinschaftsmarke

**Harmonisierungsamt für den Binnenmarkt**

Avenida de Aguilera, 20
E - 03080 Alicante
Apartado de Correos 77

Tel. + 34 - 6 - 513 93 33
Fax + 34 - 6 - 513 13 44

HABM-Form
2.1 DE

# Widerspruch

| Vorbehalten für das HABM | Für das HABM | Eingangstag | Anzahl der Seiten | Zeichen des Widersprechenden/Vertreters |
|---|---|---|---|---|

| | | | |
|---|---|---|---|
| 1 Eines dieser Kästchen ankreuzen | **Sprache** Sprache des Widerspruchs | 1 ☐ ES  ☐ DE  ☐ EN  ☐ FR  ☐ IT | |
| 2 Obligatorisch | **Angefochtene Anmeldung** Nummer der Anmeldung | 2 | |
| 3 Obligatorisch | Anmelder | 3 | |
| 4 Freigestellt | Datum der Veröffentlichung | 4 | |
| 5 ID-Nummer angeben, wenn zugeteilt; andernfalls Seite 2 ausfüllen | **Widersprechender** ID Nummer des Widersprechenden | 5 ☐ angegeben | |
| 6 Obligatorisch | Name des Widersprechenden | 6 | |
| 7 Obligatorisch, das entsprechende Kästchen ankreuzen | Berechtigung | 7 ☐ Inhaber  ☐ ermächtigter Lizenznehmer  ☐ nach dem nationalem Recht Ermächtigter | |
| | Nachweis der Berechtigung | 8 ☐ beigefügt  ☐ wird nachgereicht | |
| 9 Ankreuzen, wenn ein berufsmäßiger Vertreter bestellt wird | **Vertretung** Vertreter | 9 ☐ benannt | |
| 10 ID-Nummer angeben, wenn zugeteilt; andernfalls Seite 3 ausfüllen | ID Nummer des Vertreters | 10 ☐ angegeben | |
| | Name | 11 | |
| 12 Kästchen ankreuzen, wenn die Vollmacht schon beim HABM vorliegt, und | **Vollmacht** Vollmacht eingereicht | 12 ☐ bereits eingereicht | |
| 13 ID-Nummer angeben, wenn zugeteilt | ID Nummer der Vollmacht | 13 ☐ angegeben | |
| 14 Eines dieser Kästchen ankreuzen, wenn die Vollmacht nicht vorliegt | Vollmacht nicht eingereicht | 14 ☐ beigefügt  ☐ folgt | |
| 15 Siehe gültige Gebührenübersicht | **Gebühren** Widerspruchsgebühr | 15 | ECU |
| 16 Gebühr wird automatisch vom laufenden Konto abgebucht, es sei denn, eines der folgenden Kästchen ist angekreuzt, oder es wird eine ausdrückliche gegenteilige Anweisung gegeben | **Zahlung** Laufendes Konto | 16 ☐ Laufendes Konto Nr. | |
| 17 Bei Überweisung Bankkonto des HABM und | Überweisung auf Konto des HABM | 17 ☐ HABM - Konto Nr. | |
| 18 Tag der Überweisung angeben | Tag der Überweisung | 18 | |
| | Scheck | 19 ☐ beigefügt | |
| 20 Freigestellt | **Unterschrift** Datum | 20 | |
| 21 Obligatorisch | Unterschrift | 21 | |
| 22 Namen der unterzeichnenden Person angeben | Name | 22 | |
| 23 Zutreffendes ankreuzen, wenn Angestellter oder berufsmäßiger Vertreter unterzeichnet | | 23 ☐ Angestellter  ☐ Rechtsanwalt  ☐ zugelassener Vertreter | |
| 24 Gesamtzahl der Seiten, einschließlich Anlagen | **Zahl der Seiten** Zahl der Seiten | 24 | |

Seit 4. April gelten neue Telefon- und Faxnummern. Die neue Telefonnummer lautet 00-34-96-513 93 33, die neue Faxnummer lautet 00-34-96-513 13 44.

# Widerspruch

Widerspruch gegen eine Gemeinschaftsmarke

## Widerspruch

HABM-Form
2.2 DE

*Diese Seite nur ausfüllen, wenn die Angaben auf Seite 1 nicht ausreichen*

**Widersprechender**

25 *Zutreffendes Kästchen ankreuzen und*
26 *Name angeben*

Art der Person    25 ☐ juristische Person    ☐ natürliche Person

Name    26 _____

Bei natürlicher Person: Vorname    27 _____

**Anschrift**

Straße und Hausnummer oder vergleichbare Angaben    28 _____

Postleitzahl und Ort    29 _____

Staat    30 _____

31 *Falls andersiautend als oben, z.B. Postfach, Postleitzahl und Ort*

Postanschrift    31 _____

Telephonnummer (n)    32 _____

Telefaxnummer (n)    33 _____

e-Mail    34 _____

Sonstige Angaben    35 _____

**Mehrere Widersprechende**

36 *Bei mehr als einem Widersprechenden Kästchen ankreuzen und erforderliche Angaben zu allen weiteren Widersprechenden auf dieser Seite machen; wenn der Raum nicht ausreicht, Anlage verwenden*

Mehrere Widersprechende    36 ☐

*Soweit nichts anderes angegeben ist, werden Name und Anschrift des obengenannten Widersprechenden als Anschrift für Schriftwechsel für alle Widersprechenden verwendet*

**Wirtschaftliche Verbindungen**

37 *Wird ein Angestellter einer juristischen Person mit wirtschaftlichen Verbindungen zum Widersprechenden tätig, dieses Kästchen ankreuzen und Einzelheiten (Name und Anschrift der juristischen Person, die wirtschaftliche Verbindungen mit dem Widersprechenden hat; Grundlage der wirtschaftlichen Verbindungen) angeben; wenn der Raum nicht ausreicht, Anlage verwenden*

Wirtschaftliche Verbindungen    37 ☐

2598

Widerspruch gegen eine Gemeinschaftsmarke                                    **Widerspruch**

# Widerspruch

HABM-Form
2.3 DE

*Diese Seite nur ausfüllen, wenn die Angaben auf Seite 1 nicht ausreichen*

**Berufsmäßiger Vertreter**
Bezeichnung

38 Dieses Kästchen ankreuzen und
39 Name des Zusammenschlusses angeben
oder

Zusammenschluß von Vertretern   38 ☐ Zusammenschluß von Vertretern

Name des Zusammenschlusses   39 _____

40 dieses Kästchen ankreuzen und
41 Name des Vertreters angeben und
43 eines dieser Kästchen ankreuzen

Natürliche Person   40 ☐ natürliche Person
Familienname des Vertreters   41 _____
Vorname des Vertreters   42 _____
Art des Vertreters   43 ☐ Rechtsanwalt   ☐ zugelassener Vertreter

Anschrift
Straße und Hausnummer oder vergleichbare Angaben   44 _____
Postleitzahl und Ort   45 _____
Staat   46 _____

47 Falls anderslautend als oben z.B. Postfach, Postleitzahl und Ort

Postanschrift   47 _____

Telephonnummer(n)   48 _____
Telefaxnummer(n)   49 _____
e-Mail   50 _____
Sonstige Angaben   51 _____

52 Bei mehr als einem Vertreter Kästchen ankreuzen und erforderliche Angaben auf dieser Seite machen; wenn der Raum nicht ausreicht, Anlage verwenden.

Soweit nichts anderes angegeben ist, wird jeder Schriftverkehr mit Vertretern mit dem obengenannten Vertreter unter der dort angegebenen Anschrift geführt werden

**Mehrere Vertreter**
Mehrere Vertreter   52 ☐

# Widerspruch

Widerspruch gegen eine Gemeinschaftsmarke

## Widerspruch

HABM-Form 2.4 DE

**Grundlage des Widerspruchs**
Der Widerspruch beruht auf:

53 ☐ älterer Marke (Eintragung oder Anmeldung)
54 ☐ älterer bekannter Marke
55 ☐ älterer notorisch bekannter Marke
56 ☐ älterer nicht eingetragener Marke
57 ☐ älterem sonstigen im geschäftlichen Verkehr benutzten Kennzeichenrecht
58 ☐ vom Agenten angemeldeter Marke

53 *Zutreffendes ankreuzen und im folgenden erforderliche Informationen liefern; stützt sich der Widerspruch auf mehrere Marken/Rechte, je Marke/Recht ein Zusatzblatt (Kopien dieser Seite bzw. Seite 5) ausfüllen*

**Ältere Marke (Eintragung oder Anmeldung)**

Art der Marke
59 ☐ Gemeinschaftsmarke  ☐ nationale Marke  ☐ mit Wirkung für einen Mitgliedstaat international registrierte Marke

Mitgliedstaat(en)
60 [DK] [DE] [GR] [ES] [FR] [IE] [IT] [AT] [PT] [FI] [SE] [GB] [BENELUX]

Wiedergabe der Marke          61
Anmeldetag                    62
Aktenzeichen                  63
Tag der Eintragung            64
Nummer der Eintragung         65

Abschrift der Eintragung/Anmeldung
66 ☐ beigefügt   ☐ wird nachgereicht

Der Widerspruch beruht auf
67 ☐ allen Waren oder Dienstleistungen für die die ältere Marke angemeldet/eingetragen ist
68 ☐ weniger als allen Waren oder Dienstleistungen, und zwar:

59 *Eines dieser Kästchen ankreuzen*
60 *Ankreuzen, falls nationale Marke oder internationale Registrierung*
61 *Wortmarke angeben; für Wiedergabe von Marke anderer Art Anlage verwenden*
62-65 *Entsprechend ausfüllen; bei beanspruchter Priorität Einzelheiten in einer Anlage angeben*
66 *Abschrift nur erforderlich, falls ältere Marke nationale Marke oder internationale Registrierung ist*
67-68 *Eines der Kästchen ankreuzen; nur solche Waren/Dienstleistungen angeben, auf die der Widerspruch gestützt wird. Wenn der Raum nicht ausreicht, Anlage verwenden*

**Ältere bekannte Marke**

Bekanntheit
69 ☐ in der Gemeinschaft   ☐ in einem Mitgliedstaat (einschließlich Benelux)

Mitgliedstaat
70 [DK] [DE] [GR] [ES] [FR] [IE] [IT] [AT] [PT] [FI] [SE] [GB] [BENELUX]

Der Widerspruch beruht auf
71 ☐ allen Waren oder Dienstleistungen, für die die Marke eingetragen ist
72 ☐ weniger als allen Waren oder Dienstleistungen, und zwar:

Nachweis für Bekanntheit
73 ☐ beigefügt   ☐ wird nachgereicht

69 *Wenn der Widerspruch auf älterer bekannter Marke beruht, Zeilen 61-64-65 und Kästchen 66 ausfüllen und eines der folgenden Kästchen ankreuzen*
70 *Zutreffendes ankreuzen*
71-72 *Eines der Kästchen ankreuzen; nur solche Waren/Dienstleistungen angeben, für die die Bekanntheit beansprucht wird. Wenn der Raum nicht ausreicht, Anlage verwenden*

2600

Widerspruch gegen eine Gemeinschaftsmarke        **Widerspruch**

# Widerspruch

HABM-Form
2.5 DE

---

**Ältere notorisch bekannte Marke**

74 *Wortmarke angeben; für Wiedergabe von Marke anderer Art Anlage verwenden*
75 *Mitgliedstaat(en) angeben, in denen die Marke notorisch bekannt ist*
76 *Wenn der Raum nicht ausreicht, Anlage verwenden*

Wiedergabe der Marke  74 _____

Mitgliedstaat(en)  75 [BE] [DK] [DE] [GR] [ES] [FR] [IE] [IT] [LU] [NL] [AT] [PT] [FI] [SE] [GB]

Der Widerspruch beruht auf folgenden Waren oder Dienstleistungen  76 _____

Nachweis der notorischen Bekanntheit  77 ☐ beigefügt   ☐ wird nachgereicht

---

**Ältere nicht eingetragene Marke**

78 *Wortmarke angeben; für Wiedergabe von Marke anderer Art Anlage verwenden*
79 *Mitgliedstaat angeben, in dem die ältere nicht eingetragene Marke geschützt ist*
80 *Wenn der Raum nicht ausreicht, Anlage verwenden*

Wiedergabe der Marke  78 _____

Mitgliedstaat  79 [BE] [DK] [DE] [GR] [ES] [FR] [IE] [IT] [LU] [NL] [AT] [PT] [FI] [SE] [GB]

Der Widerspruch beruht auf folgenden Waren oder Dienstleistungen  80 _____

Nachweis des Schutzes  81 ☐ beigefügt   ☐ wird nachgereicht

---

**Älteres im geschäftlichen Verkehr benutztes Kennzeichenrecht**

82 *Kennzeichen angeben; falls nicht aus einem Wort bestehend, für Wiedergabe Anlage verwenden*
83 *Art der beanspruchten Rechte angeben*
84 *Mitgliedstaat angeben, in dem das Recht geschützt ist*
85 *Waren und Dienstleistungen/ Geschäftsbereich angeben; wenn der Raum nicht ausreicht, Anlage verwenden*

Wiedergabe des Kennzeichenrechts  82 _____

Art der Rechte  83 _____

Mitgliedstaat  84 [BE] [DK] [DE] [GR] [ES] [FR] [IE] [IT] [LU] [NL] [AT] [PT] [FI] [SE] [GB]

Der Widerspruch beruht auf folgenden Waren oder Dienstleistungen  85 _____

---

**Vom Agenten angemeldete Marke**

87 *Wortmarke angeben; für Wiedergabe von Marke anderer Art Anlage verwenden*
88 *Länder angeben, in denen Widersprechender Markeninhaber ist*

Wiedergabe der Marke  87 _____

Länder  88 _____

Nachweis der Inhaberschaft  89 ☐ beigefügt   ☐ wird nachgereicht

2601

# Widerspruch

Widerspruch gegen eine Gemeinschaftsmarke

## Widerspruch

HABM-Form
2.6 DE

| | Reichweite des Widerspruchs | | |
|---|---|---|---|
| **90-91** *Eines dieser Kästchen ankreuzen* | Der Widerspruch richtet sich | 90 ☐ | gegen alle Waren und Dienstleistungen der Anmeldung |
| | | 91 ☐ | gegen einen Teil der Waren und Dienstleistungen der Anmeldung, und zwar: |
| **92** *Waren und Dienstleistungen angeben, gegen die sich der Widerspruch richtet; wenn der Raum nicht ausreicht, Anlage verwenden* | | 92 | _____ _____ _____ |

| | Gründe | | |
|---|---|---|---|
| **93-94** *Ankreuzen, wenn der Widerspruch auf älterer eingetragener oder angemeldeter Marke oder älterer notorisch bekannter Marke beruht* | Der Widerspruch beruht auf älterer Marke und | 93 ☐ | Identität der Marken und der Waren/Dienstleistungen |
| | | 94 ☐ | Verwechslungsgefahr |
| **95** *Ankreuzen, wenn der Widerspruch auf älterer bekannter Marke beruht* | Der Widerspruch beruht auf älterer eingetragener Marke, und | 95 ☐ | unlauterer Ausnutzung oder Beeinträchtigung der Unterscheidungskraft oder Wertschätzung |
| **96** *Ankreuzen, wenn der Widerspruch auf einer älteren nicht eingetragenen Marke beruht* | Der Widerspruch beruht auf älterer nicht eingetragener Marke und | 96 ☐ | Recht zur Untersagung der Benutzung einer jüngeren Marke nach nationalem Recht |
| **97** *Ankreuzen, wenn der Widerspruch auf einem älteren im geschäftlichen Verkehr benutzten Kennzeichenrecht beruht* | Der Widerspruch beruht auf älterem Kennzeichenrecht und | 97 ☐ | Recht zur Untersagung der Benutzung einer jüngeren Marke nach nationalem Recht |
| **98** *Ankreuzen, wenn der Widerspruch auf einer von einem Agenten angemeldeten Marke beruht* | Der Widerspruch beruht auf einer von einem Agenten angemeldeten Marke und | 98 ☐ | die Marke ist ohne Zustimmung des Inhabers angemeldet worden |

| | | | |
|---|---|---|---|
| **99** *Wenn der Raum nicht ausreicht, Anlage verwenden* | Begründung | 99 | _____ _____ _____ _____ _____ _____ _____ _____ |

*Überprüfen, daß Formular auf Seite 1 unterschrieben wurde*

## 4. Hinweise zum Widerspruchsformblatt

*Allgemeine Hinweise*

Das Widerspruchsformblatt wird vom Harmonisierungsamt für den Binnenmarkt gemäß Regel 83 der Verordnung zur Durchführung der Verordnung über die Gemeinschaftsmarke zur Verfügung gestellt. Das Formblatt kann kostenlos vom Harmonisierungsamt sowie von den Zentralbehörden für den gewerblichen Rechtsschutz der Mitgliedstaaten, einschließlich dem Benelux-Markenamt bezogen werden. Das Formblatt kann auch beliebig kopiert werden. Widersprechende oder ihre Vertreter können auch Formblätter mit ähnlicher Struktur oder Ausgestaltung verwenden, wie z.B. durch Computer auf der Basis der im Widerspruchsformblatt enthaltenen Angaben erstellte Formblätter. Wenn solche automatisch erstellten Formblätter verwendet werden, kann die Verwendung von Anlagen vermieden werden, indem dort, wo das Widerspruchsformblatt selbst keinen ausreichenden Raum aufweist, einfach im Text fortgefahren wird.

Das Widerspruchsformblatt besteht aus drei Spalten. Die linke Spalte enthält Anleitungen, die mittlere Spalte die erforderlichen Informationen, und die rechte Spalte muß mit den geforderten Angaben ausgefüllt werden. Auch wenn bestimmte Teile der Angaben später beigebracht werden können, wird gleichwohl empfohlen, das Widerspruchsformblatt soweit wie möglich auszufüllen und diese Angaben zur Zeit des Einreichens des Widerspruchs zu machen, weil dies die Bearbeitung des Widerspruchs erleichtern und beschleunigen wird.

Ausgefüllte Widerspruchsformblätter sind an das Harmonisierungsamt in Alicante zu senden.

Widersprüche und alle sonstigen Mitteilungen zu Tatsachen, Beweismitteln und Bemerkungen der Beteiligten eines Widerspruchverfahrens, die mit der *Post* gesandt werden, sind wie folgt zu adressieren:

Harmonisierungsamt für den Binnenmarkt
Postannahmestelle (Widerspruchsabteilungen)
Apartado de Correos 77
E-03080 Alicante, Spanien

Mitteilungen, die durch *besondere Zustellformen*, wie z.B. private Zustelldienste, zugestellt werden, sind wie folgt zu adressieren:

Harmonisierungsamt für den Binnenmarkt
Postannahmestelle (Widerspruchsabteilungen)
Avenida de Aguilera, 20
E-03080 Alicante, Spanien

Mitteilungen, die per Telefax gesandt werden, sind nur an die folgende Telefaxnummer des Harmonisierungsamts zu richten:
+ 34-6-513 13 44*.

Wenn Mitteilungen per *Telefax* gesandt werden, ist die Zusendung des Originals (Bestätigung) nicht erforderlich und nicht empfohlen. Das Amt wird für eingegangene Widersprüche Empfangsbescheinigungen erteilen und wird den Widersprechenden zu weiteren Mitteilungen auffordern, falls die Mitteilung per Telefax nicht ausreichend sein sollte.

Es wird empfohlen, alle Mitteilungen an die Widerspruchsabteilung mit dem Hinweis „WIDERSPRUCHSABTEILUNGEN" zu versehen.

Weitere Auskünfte erteilt das Harmonisierungsamt unter folgender Telefonnummer:
+34-6-513 93 33*.

*Seiten 1, 2 und 3*
Seite 1 behandelt *Sprachen, die Anmeldung, gegen die sich der Widerspruch richtet, den Widersprechenden, den Vertreter, die Vollmacht, die Gebühren* und *die Unterschrift*:

Der Widersprechende oder sein Vertreter kann sein eigenes Geschäftszeichen oder Aktenzeichen an der entsprechenden Stelle oben auf Seite 1 angeben. Das Amt wird dieses

---

* Seit April 1998 gelten neue Telefon- und Faxnummern. Die neue Faxnummer lautet 00-34-96-513 13 44, die neue Telefonnummer lautet 00-34-96-513 93 33

# Hinweise

Hinweise zum Widerspruchsformblatt

Geschäfts- oder Aktenzeichen, das aus nicht mehr als 20 Stellen bestehen sollte, bei weiteren Mitteilungen verwenden.

*Sprache*: Der Widerspruch muß in einer der fünf Sprachen des Amtes (Spanisch – ES, Deutsch – DE, Englisch – EN, Französisch – FR, Italienisch – IT) eingereicht werden. Es können alle verschiedenen sprachlichen Versionen des Widerspruchsformulars verwendet werden, soweit die Textbestandteile in einer der Sprachen des Amtes abgefaßt sind. Diese Sprache kann die erste Sprache der angefochtenen Anmeldung sein, falls diese eine der Sprachen des Amtes ist, oder die zweite Sprache dieser Anmeldung, die auf jeden Fall eine Sprache des Amtes ist. Wenn das Widerspruchsformblatt in einer dieser Sprachen ausgefüllt wird, erleichtert und beschleunigt dies die Bearbeitung des Widerspruchs durch das Amt. Andernfalls muß der Widersprechende eine Übersetzung seines Widerspruchs innerhalb eines Monats nach Ablauf der Widerspruchsfrist einreichen.

*Angefochtene Anmeldung*: Es sind die vom Amt vergebene Nummer der Anmeldung, gegen die sich der Widerspruch richtet, der Name des Anmelders und das Datum der Veröffentlichung im Blatt für Gemeinschaftsmarken anzugeben.

*Widersprechender*: Wenn das Amt dem Widersprechenden bereits eine ID-Nummer zugeteilt hat, ist es ausreichend, diese ID-Nummer und den Namen anzugeben. Andernfalls muß Seite 2 ausgefüllt werden und alle nötigen Informationen enthalten. Die Angabe aller verfügbaren Kommunikationsmittel wird empfohlen, weil dies die Kommunikation zwischen dem Amt und dem Widersprechenden erleichtert. Wenn der Widersprechende eine Zustellanschrift (Straße, Hausnummer usw.) und eine davon verschiedene Anschrift für Postzustellungen (wie z.B. Postfach usw.) hat, sollten beide Anschriften angegeben werden. Das Amt wird je nachdem eine dieser Anschriften verwenden.

Auf jeden Fall muß der Widersprechende auf Seite 1 die geforderten Angaben bezüglich seiner Eigenschaft machen (Markeninhaber, Lizenznehmer mit Ermächtigung des Markeninhabers oder im Einklang mit dem nationalen Recht Berechtigter) und den Nachweis dafür erbringen.

Bei mehr als einem Widersprechenden sind das Kästchen auf Seite 2 anzukreuzen und die nötigen Angaben für alle weiteren Widersprechenden auf Seite 2 oder in einer Anlage zu machen.

*Vertretung*: Widersprechende, die weder Wohnsitz oder Sitz noch eine wirkliche und nicht nur zum Schein bestehende Niederlassung in der Europäischen Gemeinschaft haben, müssen durch einen Vertreter handeln. In diesem Fall muß der Widersprechende innerhalb von einer vom Amt gesetzten Zweimonatsfrist einen Vertreter bestellen. Sämtlicher weitere Schriftverkehr vom Amt oder an das Amt muß über den Vertreter stattfinden. Jeder andere Widersprechende kann einen Vertreter bestellen.

Die Vertretung vor dem Amt kann nur durch berufsmäßige Vertreter ausgeübt werden, die in eine der beiden Kategorien fallen:
– Rechtsanwälte, die in einem Mitgliedstaat zugelassen sind und dort die Befugnis haben, als Vertreter in Markenangelegenheiten tätig zu sein, und die ihren Geschäftssitz in der Europäischen Gemeinschaft haben,
– zugelassene Vertreter, die in der vom Amt geführten Liste eingetragen sind.

*Vollmacht*: Vertreter müssen eine Vollmacht einreichen. Die Vollmacht kann in der Form einer Allgemeinen Vollmacht oder einer Einzelvollmacht erteilt werden. Vollmachtsformulare sind beim Harmonisierungsamt sowie bei den Zentralbehörden für den gewerblichen Rechtsschutz der Mitgliedstaaten, einschließlich dem Benelux Markenamt erhältlich. Wenn für eine dem Amt bereits eingereichte Vollmacht eine ID-Nummer zugeteilt worden ist, ist es ausreichend, diese ID-Nummer anzugeben.

*Angestellte*: Natürliche und juristische Personen können auch durch einen Angestellten handeln. Die gegebenenfalls auf Seite 3 geforderten Angaben betreffen nur berufsmäßige Vertreter und sind vom Angestelltenvertreter nicht zu machen. Vielmehr wird das Amt mit dem Widersprechenden unter der Anschrift des Widersprechenden kommunizieren. Angestelltenvertreter benötigen allerdings eine Vollmacht. Das vom Amt zur Verfügung gestellte Vollmachtsformular kann auch für die Bestellung eines Angestelltenvertreters verwendet werden.

Angestellte von juristischen Personen mit Sitz oder Niederlassung innerhalb der Europäischen Gemeinschaft können auch andere juristische Personen vertreten, mit denen wirtschaftliche Verbindungen bestehen, wie z.B. gemeinsame Inhaberschaft oder Kontrolle. Dies gilt auch dann, wenn der Widersprechende eine juristische Person von außerhalb der Europäischen Gemeinschaft ist. In diesen Fällen sind das Kästchen auf Seite 2 anzukreuzen und auf dieser Seite oder in einer Anlage die erforderlichen Angaben zu der juristischen Person, deren Angestellter für den Widersprechenden tätig wird (Name, vollständige Anschrift, Telefon-, Telefax- oder e-mail-Nummer), zu machen sowie die Basis der bestehenden wirtschaftlichen Verbindungen anzugeben. Die Vollmacht muß in diesem Fall von dem Widersprechenden erteilt werden und sollte die erforderlichen Angaben über die juristische Person, die die Vollmacht erteilt, den Bevollmächtigten und die juristische Person, die mit dem Widersprechenden wirtschaftliche Verbindungen hat und die Arbeitgeber des Angestelltenvertreters ist, enthalten. Das Amt kann weitere Nachweise verlangen.

*Gebühren*: Die Widerspruchsgebühr beträgt 350 ECU unabhängig von der Anzahl der älteren Rechte (Marken oder Zeichen), auf die sich der Widerspruch stützt.

*Zahlungen müssen in ECU geleistet werden und können bewirkt werden durch*:
– ein laufendes Konto beim Amt, unter Angabe der Nummer dieses Kontos, wenn möglich,
– Banküberweisung in ECU auf ein Konto des Amtes,
– Beifügung eines Schecks oder ähnlichen Zahlungsmittels in ECU, unter Angabe des Namens, der Anschrift und des Geschäfts- oder Aktenzeichens des Anmelders oder Vertreters und des Widerspruchs, für den die Zahlung geleistet wird.

Wenn der Widersprechende das von ihm gewünschte Zahlungsmittel nicht angibt, wird der Betrag automatisch von seinem laufenden Konto abgebucht. Andernfalls wird das von ihm gewählte Zahlungsmittel genutzt.

*Laufende Konten* können durch schriftlichen Antrag an das Amt unter der folgenden Anschrift eingerichtet werden:
Harmonisierungsamt für den Binnenmarkt
Finanzverwaltung
Avenida de Aguilera, 20
E-03080 Alicante, Spanien
Telefon: +34-6-513 93 40*
Telefax: + 34-6-513 91 13

*Banküberweisungen* können auf folgende Konten des Amtes bei den folgenden Banken geleistet werden:
Banco Alicante, Konto Nr. 0127-2001-3082000445-90
Banco Bilbao Vizcaya, Konto Nr. 0182-5596-201-2222228-95

Bei der Überweisung sind Name, Anschrift und Geschäfts- oder Aktenzeichen des Widersprechenden oder Vertreters sowie der Widerspruch anzugeben, für den die Zahlung geleistet wird.

*Unterschrift*: Der Widerspruch muß vom Widersprechenden, seinem Vertreter oder einem Angestellten am Ende der Seite 1 unterschrieben werden. Der Name und die Funktion des Unterschreibenden sind ebenfalls anzugeben. Falls der Widerspruch von einem Angestellten einer juristischen Person, die mit dem Widersprechenden wirtschaftliche Verbindungen hat, unterschrieben wird, muß der Unterzeichner die ihn betreffenden Angaben auf Seite 2 machen.

*Seiten 4 und 5*
Seite 4 und 5 beziehen sich auf die älteren Rechte, auf die sich der Widerspruch stützt. Das erste Feld auf Seite 4 zählt die sechs Arten von älteren Rechten auf, auf denen der Widerspruch beruhen kann.

Die folgenden sechs Felder behandeln auf den Seiten 4 und 5 mehr im Detail jedes dieser älteren Rechte und sind je nach Art des Rechts, auf das sich der Widerspruch stützt, auszufüllen. Die anzugebenden Informationen betreffen zum einen das ältere Recht und zum anderen die Waren oder Dienstleistungen.

---

* Seit April 1998 gelten neue Telefon- und Faxnummern. Die neue Faxnummer lautet 00-34-96-51391 13, die neue Telefonnummer lautet 00-34-96-51 3 93 40

# Hinweise

Hinweise zum Widerspruchsformblatt

*Älteres Recht:*
Im Fall von *eingetragenen oder bekannten Marken oder angemeldeten Marken* sind der Name der Marke (Wiedergabe aller Nicht-Wortmarken in einer Anlage), ihre geographische Reichweite sowie das Datum und Aktenzeichen (Nummer) der Eintragung oder Anmeldung anzugeben.

Im Fall von *notorisch bekannten Marken (Artikel 6$^{bis}$ der Pariser Verbandsübereinkunft) oder nicht eingetragenen Marken* sind der Name der Marke (Wiedergabe aller Nicht-Wortmarken in einer Anlage) und ihre geographische Reichweite ( d.h. der Mitgliedstaat, in dem sie notorisch bekannt oder nicht eingetragen ist) anzugeben.

Im Fall von *älteren Kennzeichenrechten* muß der Name des Kennzeichens, (Wiedergabe aller nicht aus einem Wort bestehenden Kennzeichenrechte in einer Anlage) seine geographische Reichweite (d.h. der Mitgliedstaat, in dem das Kennzeichen geschützt ist) und die Rechtsnatur des Kennzeichens (Firma, Handelsname, geschäftliche Bezeichnung etc.) angegeben werden.

Auf jeden Fall ist zu empfehlen, daß der Widersprechende bereits mit dem Einreichen des Widerspruchs, selbst wenn er zu diesem Zeitpunkt noch nicht dazu verpflichtet ist, Kopien seiner älteren Marke oder Marken oder Nachweise seiner Rechte oder Kennzeichen oder andere sich auf seine älteren Rechte beziehende Informationen beifügt (Nachweise der Bekanntheit oder der Notorietät seiner Marke, des Bestehens seiner nicht eingetragenen Marke oder seines Kennzeichenrechts etc.), weil dies die 8earbeitung seines Widerspruchs durch das Amt erleichtern und beschleunigen wird.

*Waren und Dienstleistungen:*
Für jedes ältere Recht, auf das sich der Widerspruch stützt, muß der Widersprechende ein *Verzeichnis der Waren und Dienstleistungen angeben*, die als Grundlage für seinen Widerspruch dienen.

Im Fall *von eingetragenen Marken (einschließlich bekannten Marken) oder Anmeldungen*, bei denen der Widerspruch sich auf sämtliche eingetragenen oder angemeldeten Waren oder Dienstleistungen stützt, reicht ein einfacher Hinweis auf diese Sachlage aus. Andernfalls müssen die entsprechenden Waren und Dienstleistungen einzeln aufgeführt werden.

Im Fall von *notorisch bekannten Marken (Artikel 6$^{bis}$ der Pariser Verbandsübereinkunft). nicht eingetragenen Marken* und *älteren Kennzeichenrechten* müssen die Waren oder Dienstleistungen, auf denen der Widerspruch beruht, in jedem Fall namentlich aufgeführt werden.

*Ein Widerspruch kann sich auf mehrere ältere Rechte stützen*. In diesem Fall ist für jedes ältere Recht .eine gesonderte Seite einzureichen; dazu können die Seiten 4 und 5 für jedes weitere ältere Recht beliebig oft kopiert werden. Wenn ein älteres Recht in mehreren Mitgliedstaaten für die gleichen Waren und Dienstleistungen geschützt ist, z.B. im Fall einer internationalen Registrierung, kann es ausreichend sein, auf einer Seite die nötigen Informationen zusammenzufassen, einschließlich der Angabe der jeweiligen Mitgliedstaaten.

*Seite 6*
Seite 6 bezieht sich auf die *Reichweite* und die *Begründung* des Widerspruchs.

Was das *Reichweite des Widerspruchs* betrifft, wenn sich der Widerspruch gegen alle Waren und Dienstleistungen der angefochtenen Anmeldung richtet, ist es nicht erforderlich, alle Waren und Dienstleistungen genau aufzuführen. Wenn es sich dagegen um einen Teilwiderspruch handelt, müssen die Waren und Dienstleistungen, gegen die sich der Widerspruch richtet, im einzelnen aufgeführt werden. Wenn der Widerspruch sich gegen alle Waren und Dienstleistungen einer Klasse richtet, ist die Angabe der Klassennummer ausreichend.

Was die *Begründung des Widerspruchs* betrifft, müssen die im Formblatt geforderten Angaben gemacht werden. Außerdem sind auf dieser Seite oder in einer Anlage alle zur Stützung des Widerspruchs sachdienlichen Angaben, Begründungen und Erläuterungen aufzuführen. Es ist empfehlenswert, diese Informationen bereits mit der Einreichung des Widerspruchs zu liefern, weil dies die Bearbeitung des Widerspruchs erleichtern und beschleunigen wird.

Beschwerde gegen eine Gemeinschaftsmarke **Beschwerde**

## 5. Formblatt zur Einlegung einer Beschwerde gegen die Anmeldung einer Gemeinschaftsmarke

**Harmonisierungsamt für den Binnenmarkt**

Avenida de Aguilera, 20
E - 03080 Alicante
Apartado de Correos 77

Tel. + 34 - 6 - 513 91 00
Fax + 34 - 6 - 513 13 44

HABM-Form
9.1 DE

### Beschwerdeschrift

| Dieses Feld ist vorbehalten für das HABM | Für das HABM | Eingangstag | Anzahl der Seiten | Zeichen des Beschwerdeführers/Vertreters |
|---|---|---|---|---|

**Beschwerdeführer**

| | | | |
|---|---|---|---|
| [1] Wenn eine ID-Nummer vom Amt zugeteilt ist: freigestellt | ID-Nummer des Beschwerdeführers | 1 ☐ angegeben | |
| [2] Obligatorisch | Name des Beschwerdeführers | 2 | |
| [3] Obligatorisch, es sei denn, daß ID-Nummer angegeben wird und unter der ID-Nummer mitgeteilte Daten unverändert zutreffen | Anschrift des Beschwerdeführers Straße und Hausnummer oder vergleichbare Angaben | 3 | |
| | Postleitzahl und Ort | 4 | |
| | Staat | 5 | |

**Vertreter**

| | | | |
|---|---|---|---|
| [6] Eines dieser Kästchen ankreuzen, wenn ein Vertreter bestellt wurde; wenn der Vertreter neu bestellt wurde und keine ID-Nummer nachstehend angegeben wird, Seite 3 ausfüllen | Vertreter | 6 ☐ bereits bestellt | ☐ neu bestellt |
| [7] ID-Nummer angeben wenn zugeteilt | ID-Nummer des Vertreters | 7 ☐ angegeben | |
| [8] Obligatorisch | Name | 8 | |
| [9] Obligatorisch, es sei denn, daß ID-Nummer angegeben wird und unter der ID-Nummer mitgeteilte Daten unverändert zutreffen | Anschrift des Vertreters Straße und Hausnummer oder vergleichbare Angaben | 9 | |
| | Postleitzahl und Ort | 10 | |
| | Staat | 11 | |

**Vollmacht**

| | | | |
|---|---|---|---|
| [12] Kästchen ankreuzen, wenn die Vollmacht schon beim HABM vorliegt, und | Vollmacht eingereicht | 12 ☐ bereits eingereicht | |
| [13] ID-Nummer angeben, wenn zugeteilt | ID-Nummer der Vollmacht | 13 ☐ angegeben | |
| [14] Eines dieser Kästchen ankreuzen, wenn die Vollmacht nicht vorliegt | Vollmacht nicht eingereicht | 14 ☐ beigefügt | ☐ folgt |

**Gebühren**

| | | | |
|---|---|---|---|
| [15] Siehe gültige Gebührenübersicht | Beschwerdegebühr | 15 | ECU |
| [16] Gebühr wird automatisch vom laufenden Konto abgebucht, sofern die Beschwerdeschrift nicht ausdrücklich eine gegenteilige Anweisung enthält | Zahlung Laufendes Konto | 16 ☐ laufendes Konto Nr. | |
| [17] Bei Überweisung Bankkonto des HABM und | Überweisung auf Konto des HABM | 17 ☐ Konto des HABM Nr. | |
| [18] Tag der Überweisung angeben | Tag der Überweisung | 18 | |
| | Scheck | 19 ☐ Scheck beigefügt | |

**Unterschrift**

| | | | |
|---|---|---|---|
| [20] Freigestellt | Datum der Unterschrift | 20 | |
| [21] Obligatorisch | Unterschrift | 21 | |
| [22] Name des Unterschreibenden angeben | Name | 22 | |
| [23] Das entsprechende Kästchen ankreuzen, wenn ein Angestelltenvertreter oder ein berufsmäßiger Vertreter unterschreibt | | 23 ☐ Angestelltenvertreter | ☐ Rechtsanwalt ☐ zugelassener Vertreter |

**Anzahl der Blätter**

| | | | |
|---|---|---|---|
| [24] Gesamtzahl der Blätter, einschließlich Anlagen | Anzahl der Blätter | 24 | |

Seit April 1998 gelten neue Telefon- und Faxnummern. Die neue Telefonnummer lautet 00-34-96-513 91 00, die neue Faxnummer lautet 00-34-96-513 13 44.

**Beschwerde**  Beschwerde gegen eine Gemeinschaftsmarke

## Beschwerdeschrift

HABM-Form
9.2 DE

**Angabe der angefochtenen Entscheidung**

[25] *Aktenzeichen der Anmeldung oder der Entscheidung*
[26] *Datum der angefochtenen Entscheidung angeben*

Aktenzeichen — 25 _____

Datum der angefochtenen Entscheidung — 26 _____

[27-30] *Zutreffendes Kästchen ankreuzen*

Stelle, die die angefochtene Entscheidung getroffen hat

27 ☐ ein Prüfer
28 ☐ eine Widerspruchsabteilung
29 ☐ die Markenverwaltungs- und Rechtsabteilung
30 ☐ eine Nichtigkeitsabteilung

[31] *Angeben, in welchem Umfang die angefochtene Entscheidung geändert oder aufgehoben werden soll*

**Umfang der Beschwerde**

Umfang, in dem die angefochtene Entscheidung geändert oder aufgehoben werden soll

31 _____
_____
_____
_____
_____

[32] *Wenn der Raum nicht ausreicht, das Kästchen ankreuzen und Anlage verwenden*

32 ☐ siehe Anlage

**Begründung der Beschwerde**

[33] *Die Beschwerde ist innerhalb von vier Monaten nach Zustellung der angefochtenen Entscheidung schriftlich zu begründen*

Begründung der Beschwerde

33 ☐ beigefügt    ☐ folgt

2608

Beschwerde gegen eine Gemeinschaftsmarke **Beschwerde**

## Beschwerdeschrift

HABM-Form
9.3 DE

| | | | |
|---|---|---|---|
| *Diese Seite nur ausfüllen, wenn die Angaben auf Seite 1 nicht ausreichen* | **Berufsmäßiger Vertreter** | | |
| | Bezeichnung | | |
| ³⁴ *Dieses Kästchen ankreuzen und* | Zusammenschluß von Vertretern | ³⁴ ☐ Zusammenschluß von Vertretern | |
| ³⁵ *Name des Zusammenschlußes angeben* | Name des Zusammenschlußes | ³⁵ | |
| *oder* | | | |
| ³⁶ *dieses Kästchen ankreuzen und* | Natürliche Person | ³⁶ ☐ natürliche Person | |
| ³⁷ *Name des Vertreters angeben und* | Familienname des Vertreters | ³⁷ | |
| | Vorname des Vertreters | ³⁸ | |
| ³⁹ *Eines dieser Kästchen ankreuzen* | Art des Vertreters | ³⁹ ☐ Rechtsanwalt  ☐ zugelassener Vertreter | |
| | **Anschrift** | | |
| | Straße und Hausnummer oder vergleichbare Angaben | ⁴⁰ | |
| | Postleitzahl und Ort | ⁴¹ | |
| | Staat | ⁴² | |
| ⁴³ *Falls anderslautend als oben, z.B. Postfach, Postleitzahl und Ort* | Postanschrift | ⁴³ | |
| | Telefonnummer(n) | ⁴⁴ | |
| | Faxnummer(n) | ⁴⁵ | |
| | E-mail | ⁴⁶ | |
| | Sonstige Angaben | ⁴⁷ | |
| | **Mehrere Vertreter** | | |
| ⁴⁸ *Bei mehr als einem Vertreter Kästchen ankreuzen und erforderliche Angaben zu allen weiteren Vertretern auf dieser Seite machen; wenn der Raum nicht ausreicht, Anlage verwenden.* | Mehrere Vertreter | ⁴⁸ ☐ | |
| *Soweit nichts anderes ausgegeben ist, werden Name und Anschrift des obengenannten Vertreters als Anschrift für Schriftwechsel für alle Vertreter verwendet.* | | | |

*Überprüfen, daß Formular auf Seite 1 unterschrieben wurde*

2609

# Hinweise

## 6. Hinweise zum Beschwerdeformblatt

*Allgemeine Hinweise*

Das Beschwerdeformblatt wird vom Harmonisierungsamt für den Binnenmarkt (HABM) gemäß Regel 83 der Durchführungverordnung zur Verordnung über die Gemeinschaftsmarke zur Verfügung gestellt. Das Formblatt kann kostenlos vom Harmonisierungsamt oder von den Zentralbehörden der Mitgliedstaaten für den gewerblichen Rechtsschutz, einschließlich des Benelux-Markenamts, bezogen werden. Es kann auch beliebig kopiert werden. Beschwerdeführer oder ihre Vertreter können auch ähnlich strukturierte oder ausgestaltete Formblätter verwenden, z.B. auf der Grundlage der Angaben im Beschwerdeformblatt mittels Computer erstellte Formulare. Mit solchen elektronisch erstellten Formblattern kann die Verwendung von Anlagen vermieden werden, indem einfach, je nach Umfang des einzufügenden Textes, die Größe der entsprechenden Abschnitte des Formblatts verändert wird.

Das Beschwerdeformblatt weist drei Druckspalten auf: Links stehen Anleitungen für das Ausfüllen, aus der mittleren Druckspalte ergibt sich, welche Angaben zu machen sind, und in die rechte Druckspalte sind diese Angaben einzutragen.

Ausgefüllte Beschwerdeformblätter sind *unmittelbar* an das HABM in Alicante zu senden.

Mit der Post übersandte Beschwerdeformblätter (und alle sonstigen Mitteilungen im Zusammenhang mit Beschwerden) sind an folgende Anschrift zu richten:

Harmonisierungsamt für den Binnenmarkt
Postannahmestelle (Beschwerdekammern)
Apartado de Correos 77
E-03080 Alicante, Spanien

Mitteilungen, für die *besondere Zustellformen* (z.B. private Kurierdienste) verwendet werden, sind wie folgt zu adressieren:

Harmonisierungsamt für den Binnenmarkt
Postannahmestelle (Beschwerdekammern)
Avenida de Aguilera, 20
E-03080 Alicante, Spanien

Mitteilungen per *Telefax* sind an die nachstehende Telefaxnummer des Amtes zu richten:
+ 34-6-513 13 44*

Werden Mitteilungen per Telefax übermittelt, so ist die Übersendung des Originals (zur Bestätigung) mittels Post oder besonderer Zustellformen nicht erforderlich und wird nicht empfohlen. Weist eine per Telefax übersandte Mitteilung infolge einer technisch fehlerhaften Übertragung Mängel auf (z.B. Unvollständigkeit oder Unleserlichkeit), so fordert das Amt den Beschwerdeführer auf, den Mangel auszuräumen.

Weitere Auskünfte erteilt das Amt unter folgender Telefonnummer:
+ 34-6-513 93 06*

*Seiten 1 und 3*

Seite 1 sieht Angaben zu dem *Beschwerdeführer*, dem *Vertreter*, der *Vollmacht* und zur *Gebührenzahlung* vor; außerdem ist auf Seite 1 die *Unterschrift* anzubringen.

Der Beschwerdeführer oder sein Vertreter kann auf Seite 1 oben an der hierfür vorgesehenen Stelle sein eigenes *Geschäfts- oder Aktenzeichen* eintragen. Das Amt wird dieses Zeichen, das aus nicht als 20 Stellen bestehen sollte, bei allen seinen Mitteilungen angeben.

*Sprache:* Die Beschwerdeschrift ist in der Sprache des Verfahrens einzureichen, in dem die Entscheidung, die Gegenstand der Beschwerde ist, erlassen worden ist. Es kann jede Sprachfassung des Beschwerdeformblatts verwendet werden, sofern die Texteinträge in das Formblatt in der Verfahrenssprache vorgenommen werden.

*Beschwerdeführer:* Da der Beschwerdeführer an dem Verfahren, in dem die angefochtene Entscheidung erlassen wurde, beteiligt war, wird das Amt über die ihn betreffenden An-

---

* Seit April 1998 gelten neue Telefon- und Faxnummern. Die neue Faxnummer lautet 00-34-96-513 13 44, die neue Telefonnummer lautet 00-34-96-51 39 30 6

Hinweise zum Beschwerdeformblatt **Hinweise**

gaben im allgemeinen bereits verfügen. Wurde dem Beschwerdeführer vom Amt schon zuvor eine ID-Nummer zugeteilt, so brauchen nur diese Nummer und der Name angegeben zu werden. Wurde keine ID-Nummer vergeben, sind hingegen alle erforderlichen Angaben (Name, Anschrift usw.) einzutragen. Die erforderlichen Angaben sind auch zu machen, wenn sich die für die ID-Nummer angegebenen Daten zwischenzeitlich geändert haben.

*Vertretung:* Beschwerdeführer, die weder Wohnsitz noch Sitz noch eine tatsächliche und nicht nur zum Schein bestehende Niederlassung in der Europäischen Gemeinschaft haben, müssen – durch einen Vertreter handeln. Jedem anderen Beschwerdeführer steht es frei, einen Vertreter zu bestellen.

Als *Vertreter* vor dem Amt können nur Personen tätig werden, die einer der beiden folgenden Kategorien angehören:
- Rechtsanwälte, die in einem Mitgliedstaat zugelassen und dort befugt sind, als Vertreter in Markenangelegenheiten tätig zu sein, und die ihren Geschäftssitz in der Europäischen Gemeinschaft haben,
- zugelassene Vertreter, die in die vom Amt geführte Liste eingetragen sind.

*Vertreter:* Hat der Beschwerdeführer einen Vertreter bestellt, so sind die erforderlichen Angaben zu diesem zu machen. Ist im Beschwerdeverfahren derselbe Vertreter tätig wie in dem Verfahren, in dem die angefochtene Entscheidung erlassen wurde, genügt es, wenn hierauf hingewiesen und die vom Amt zugeteilte ID-Nummer angegeben wird. Ist eine ID-Nummer nicht verfügbar, sind auch zu dem bereits früher bestellten Vertreter die erforderlichen Angaben zu machen. Wird der Vertreter neu bestellt, so ist dies anzugeben. Besitzt der neu bestellte Vertreter eine ihm vom Amt zugeteilte ID-Nummer, so genügt die Angabe dieser Nummer und seines Namens. Ist eine solche Nummer nicht verfügbar, sind die Angaben zum neu bestellten Vertreter auf Seite 3 des Formblatts einzutragen.

*Vollmacht:* Vertreter müssen eine Vollmacht vorlegen. Sie kann in Form einer Allgemeinen Vollmacht oder als Einzelvollmacht erteilt werden. Vollmachtsformulare sind beim Harmonisierungsamt und bei den Zentralbehörden der Mitgliedstaaten für den gewerblichen Rechtsschutz (einschließlich des Benelux-Markenamts) erhältlich. Wurde für eine dem Amt bereits vorliegende Vollmacht eine ID-Nummer vergeben, genügt deren Angabe; eine neue Kopie der Vollmacht braucht nicht übersandt zu werden.

*Angestellte:* Der Beschwerdeführer (eine natürliche oder juristische Person)- kann durch einen Angestellten handeln. Die auf Seite 3 vorgesehenen Angaben betreffen nur berufsmäßige Vertreter; sie sind nicht erforderlich für einen die Vertretung wahrnehmenden Angestellten. In diesem Fall korrespondiert das Amt mit dem Beschwerdeführer vielmehr unter dessen Anschrift. Der als Vertreter auftretende Angestellte muß allerdings ebenfalls eine Vollmacht einreichen. Das vom Amt zur Verfügung gestellte Vollmachtsformular kann auch für die Bestellung eines Angestellten zum Vertreter verwendet werden.

Angestellte von juristischen Personen mit Sitz oder Niederlassung in der Europäischen Gemeinschaft können auch andere juristische Personen vertreten, wenn (und nur, wenn) beide juristischen Personen, etwa durch gemeinsame Inhaberschaft oder ein Kontrollverhältnis, wirtschaftlich miteinander verbunden sind. Dies ist auch möglich, wenn der Beschwerdeführer eine außerhalb der Gemeinschaft ansässige juristische Person ist. In diesen Fällen sind die nötigen Angaben (Name, vollständige Anschrift, Telefon-, Telefax- oder e-mail-Nummer) zu der juristischen Person, deren Angestellter für den Beschwerdeführer handelt, sowie zu der Grundlage der bestehenden wirtschaftlichen Verbundenheit (Muttergesellschaft, abhängige Gesellschaft usw.) in einer Anlage mitzuteilen. Die Vollmacht in diesen Fällen ist vom Beschwerdeführer zu erteilen. Sie muß die erforderlichen Informationen über die sie erteilende juristische Person, über die bevollmächtigte Person und über die letztere als Angestellten beschäftigende – und mit dem Beschwerdeführer wirtschaftlich verbundene juristische Person enthalten. Das Amt kann weitere Nachweise verlangen.

*Gebühren:* Die Beschwerdegebühr beträgt 800 ECU.
*Zahlungen sind in ECU zu leisten.* Sie können erfolgen
- über ein laufendes Konto beim Amt; die Kontonummer ist anzugeben;
- durch Banküberweisung in Ecu auf ein Konto des Amtes; bei der Überweisung sind der Name, die Anschrift und das Zeichen des Beschwerdeführers oder seines Vertreters sowie die Beschwerde anzugeben, für die die Gebühr gezahlt wird;

# Hinweise

Hinweise zum Beschwerdeformblatt

- durch Beifügung eines Schecks oder ähnlichen Zahlungsmittels in Ecu; die vorgenannten Angaben (Name usw.) sind auf dem Scheck oder sonstigen Zahlungsmittel zu vermerken.

Das Amt richtet sich nach der Zahlungsweise, die der Beschwerdeführer im Beschwerdeformblatt angibt. Wählt ein Beschwerdeführer, der ein laufendes Konto beim Amt besitzt, keine bestimmte Zahlungsweise, so wird der Betrag ohne weiteres von seinem Konto abgebucht.

Die Einrichtung eines *laufenden Konten* kann beim Amt schriftlich unter folgender Adresse beantragt werden:
Harmonisierungsamt für den Binnenmarkt
Finanzverwaltung
Avenida de Aguilera, 20
E-03080 Alicante, Spanien
Telefax: + 34-6-513 91 13*
Telefon:+34-6-513 93 40

*Banküberweisungen* können auf folgende Konten des Amtes bei den genannten Banken geleistet werden:
Banco Alicante, Konto Nr. 0127-2001-3082000445-90
Banco Bilbao Vizcaya, Konto Nr. 0182-5596-2012222228-95

*Unterschrift:* Die Beschwerdeschrift ist von dem Beschwerdeführer, dem berufsmäßigen Vertreter oder dem Angestellten auf Seite 1 unten zu unterzeichnen. Unter der Unterschrift ist der Name des Unterzeichners wiederzugeben und außerdem mitzuteilen, auf welcher Grundlage die Unterschriftsberechtigung beruht. Wird das Beschwerdeformblatt von einem Angestellten einer mit dem Beschwerdeführer wirtschaftlich verbundenen juristischen Person unterzeichnet, sind die erforderlichen Einzelheiten in einer Anlage mitzuteilen (siehe oben unter „Angestellte").

*Seite 2*
Seite 2 hat die *genaue Bezeichnung der angefochtenen Entscheidung,* den *Umfang der Beschwerde* und ihre *Begründung* zum Gegenstand.

*Angabe der angefochtenen Entscheidung:* Die angefochtene Entscheidung muß eindeutig bezeichnet werden. Es empfiehlt sich die Angabe ihres Aktenzeichens (z. B. das Aktenzeichen der Anmeldung oder des Widerspruchs), ihres Datums und der Person oder Stelle, die sie erlassen hat.

*Umfang der Beschwerde:* Der Beschwerdeführer muß angeben, in welchem Umfang er die Änderung oder Aufhebung der angefochtenen Entscheidung begehrt. Er muß insbesondere klarstellen, ob er die Entscheidung insgesamt oder nur teilweise anficht. Letzterenfalls ist anzugeben, welcher Teil angefochten wird.

*Beschwerdebegründung:* Die Begründung der Beschwerde ist entweder mit der Beschwerdeschrift oder innerhalb von vier Monaten nach Zustellung der angefochtenen Entscheidung gesondert einzureichen.

Die Begründung kann in einer der fünf Sprachen des Amtes (Deutsch, Englisch, Französisch, Italienisch und Spanisch) eingereicht werden. Ist die gewählte Sprache nicht die Verfahrenssprache (das heißt, die Sprache des Verfahrens, in dem die angefochtene Entscheidung ergangen ist), so ist innerhalb eines Monats nach Eingang des Originals der Begründung eine Übersetzung in die Verfahrenssprache nachzureichen. Ist der Beschwerdeführer der einzige Beteiligte des Beschwerdeverfahrens und bezieht sich die Entscheidung, die Gegenstand der Beschwerde ist, auf die Anmeldung einer Gemeinschaftsmarke, so kann die Übersetzung auch in der vom Anmelder angegebenen zweiten Sprache vorgelegt werden, wenn die Anmeldung nicht in einer der Sprachen des Amts eingereicht wurde.

---

* Seit April 1998 gelten neue Telefon- und Faxnummern. Die neue Faxnummer lautet 00-34-96-513 91 13, die neue Telefonnummer lautet 00-34-96-51 3 93 40

## 7. Weitere Formblätter und Hinweise zur Gemeinschaftsmarke

Formblatt zur Erteilung einer Allgemeinen Vollmacht bzw einer Einzelvollmacht[1]

Antrag zum Vollmachtsformular[2]

Antrag auf Erklärung der Nichtigkeit[3]

Hinweis zum Formblatt eines Antrags auf Erklärung der Nichtigkeit[4]

Antrag auf Eintragung in die Liste der zugelassenen Vertreter beim HABM und Erläuterungen

Antrag auf Eröffnung eines laufenden Kontos

---

[1] http://oami.eu.int/de/pdf/pouvoir.pdf
[2] http://oami.eu.int/de/marque/notepouv/note.htm
[3] http://oami.eu.int/de/pdf/inval.pdf
[4] http://oami.eu.int/de/marque/notenull/note.htm

Anmeldung MMA  OMPI-Vordruck

## IV. International registrierte Marken

## 1. OMPI-Vordruck: Demande d'enregistrement international relevant exclusivement de l'Arrangement de Madrid concernant l'enregistrement international des Marques

ARRANGEMENT DE MADRID

CONCERNANT L'ENREGISTREMENT

INTERNATIONAL DES MARQUES

DEMANDE D'ENREGISTREMENT INTERNATIONAL

RELEVANT EXCLUSIVEMENT DE L'ARRANGEMENT

DE MADRID CONCERNANT L'ENREGISTREMENT

INTERNATIONAL DES MARQUES

(Règle 9 du règlement d'exécution commun)

Organisation Mondiale de la Propriété Intellectuelle
34, chemin des Colombettes, Case Postale 18,
1211 Genève 20, Suisse
Tél. : (41-22) 730 9111
Télécopieur (Registre international des marques) : (41-22) 740 1429

MM1 - II.96

# OMPI-Vordruck

Anmeldung MMA

**DEMANDE D'ENREGISTREMENT INTERNATIONAL
RELEVANT EXCLUSIVEMENT DE L'ARRANGEMENT DE MADRID**

MM1

| À remplir par le déposant; la présente demande internationale comprend, outre le formulaire de demande, le nombre de feuilles suivant : | À remplir par le déposant/l'Office d'origine Référence du déposant : Référence de l'Office d'Origine : | Réservé au Bureau international : Nombre total de feuilles supplémentaires reçues : |
|---|---|---|

**1** ÉTAT CONTRACTANT DONT L'OFFICE EST L'OFFICE D'ORIGINE :

**2** DÉPOSANT                          Code d'identification
                                        (s'il a été attribué par l'OMPI) :

a) Nom :

b) Adresse :

c) Adresse pour la correspondance :

d) Téléphone :                          Télécopieur :

**3** QUALIFICATION POUR DÉPOSER

a) Indiquer dans la case appropriée :
   i) si le déposant a un établissement industriel ou commercial effectif et sérieux dans l'État contractant mentionné à la rubrique 1;
   ii) à défaut d'un tel établissement dans un État contractant, si le déposant est domicilié dans l'État contractant mentionné à la rubrique 1;
   iii) à défaut d'un tel établissement ou d'un tel domicile dans un État contractant, si le déposant est ressortissant de l'État contractant mentionné à la rubrique 1.

b) Lorsque l'adresse du déposant donnée à la rubrique 2.b) n'est pas dans l'État mentionné à la rubrique 1, indiquer dans l'espace prévu ci-dessous :
   i) si la case correspondant à l'alinéa a)i) de la présente rubrique a été cochée, l'adresse de l'établissement industriel ou commercial du déposant dans cet État, ou,
   ii) si la case correspondant à l'alinéa a)ii) de la présente rubrique a été cochée, le domicile du déposant dans cet État.

**4** MANDATAIRE (le cas échéant)       Code d'identification
                                        (s'il a été attribué par l'OMPI) :

Nom :

Adresse :

Téléphone :                             Télécopieur :

**5** ENREGISTREMENT DE BASE

Numéro de l'enregistrement de base :

Date de l'enregistrement de base :                                         (jj/mm/aaaa)

MM1 - II.96

Anmeldung MMA                                         **OMPI-Vordruck**

Page 2

### 6 PRIORITÉ REVENDIQUÉE

[ ] Le déposant revendique la priorité du dépôt antérieur mentionné ci-dessous.

Office auprès duquel le dépôt dont la priorité est revendiquée a été effectué :

Numéro du dépôt dont la priorité est revendiquée (s'il est disponible) :

Date du dépôt dont la priorité est revendiquée :                                         (jj/mm/aaaa)

Si la revendication de priorité ne s'applique pas à la totalité des produits et services énumérés à la rubrique 10 du présent formulaire, indiquer ci-dessous les produits et services pour lesquels la priorité est revendiquée.

### 7 LA MARQUE

a) Placer la reproduction de la marque, telle qu'elle figure dans l'enregistrement de base, dans le carré ci-dessous.

b) Si la reproduction au point a) est en noir et blanc et que la couleur est revendiquée à la rubrique 8 du présent formulaire, placer une reproduction couleur de la marque dans le carré ci-dessous.

c) [ ] Le déposant déclare qu'il souhaite que la marque soit considérée comme une marque en caractères standard.

Lorsque l'Office d'origine a adressé ce formulaire par télécopieur, le présent espace doit être complété avant d'adresser l'original de cette page au Bureau international.

Numéro de l'enregistrement de base ou numéro de référence de l'Office indiqué sur la première page du formulaire :

Signature par l'Office d'origine :

### 8 COULEUR(S) REVENDIQUÉE(S)

[ ] Le déposant revendique la couleur comme élément distinctif de la marque.

Couleur ou combinaison de couleurs revendiquée :

MM1 - II.96

# OMPI-Vordruck

Anmeldung MMA

**9 INDICATIONS DIVERSES**

a) Translittération de la marque (le cas échéant) :

b) Traduction de la marque en français (facultatif) :

c) Le cas échéant, cocher la ou les cases pertinentes ci-dessous :

☐ Marque tridimensionnelle ☐ Marque sonore ☐ Marque collective, marque de certification ou marque de garantie

d) Description de la marque lorsqu'une description figure dans l'enregistrement de base :

**10 PRODUITS ET SERVICES POUR LESQUELS L'ENREGISTREMENT INTERNATIONAL EST DEMANDÉ**

Classe        Produits et services

MM1 - II.96

Anmeldung MMA                                            **OMPI-Vordruck**

Page 4

## 11 ÉTATS CONTRACTANTS DÉSIGNÉS

Cocher les cases correspondantes pour désigner les États contractants

| | | | | | | | |
|---|---|---|---|---|---|---|---|
| ☐ AL | Albanie | ☐ CZ | République tchèque | ☐ KZ | Kazakstan | ☐ RO | Roumanie |
| ☐ AM | Arménie | ☐ DE | Allemagne | ☐ LI | Liechtenstein | ☐ RU | Fédération de Russie |
| ☐ AT | Autriche | ☐ DZ | Algérie | ☐ LR | Libéria | ☐ SD | Soudan |
| ☐ AZ | Azerbaïdjan | ☐ EG | Égypte | ☐ LV | Lettonie | ☐ SI | Slovénie |
| ☐ BA | Bosnie-Herzégovine | ☐ ES | Espagne | ☐ MA | Maroc | ☐ SK | Slovaquie |
| ☐ BG | Bulgarie | ☐ FR | France | ☐ MC | Monaco | ☐ SM | Saint-Marin |
| ☐ BX | Benelux | ☐ HR | Croatie | ☐ MD | Rép. de Moldova | ☐ TJ | Tadjikistan |
| ☐ BY | Bélarus | ☐ HU | Hongrie | ☐ MK | Ex-Rép. yougoslave de Macédoine | ☐ UA | Ukraine |
| ☐ CH | Suisse | ☐ IT | Italie | ☐ MN | Mongolie | ☐ UZ | Ouzbékistan |
| ☐ CN | Chine | ☐ KG | Kirghizistan | ☐ PL | Pologne | ☐ VN | Viet Nam |
| ☐ CU | Cuba | ☐ KP | République populaire démocratique de Corée | ☐ PT | Portugal | ☐ YU | Yougoslavie |

Autres :

## 12 SIGNATURE PAR LE DÉPOSANT OU SON MANDATAIRE
(Si exigé ou autorisé par l'Office d'origine)

(jj/mm/aaaa)

## 13 ATTESTATION ET SIGNATURE DE LA DEMANDE INTERNATIONALE PAR L'OFFICE D'ORIGINE

a) Attestation

L'Office d'origine certifie

i) qu'il a reçu du déposant une requête aux fins de la présentation de la présente demande, et que cette requête lui est parvenue, ou est réputée lui être parvenue en application de la règle 11.1), le                    (jj/mm/aaaa).

ii) que le déposant nommé à la rubrique 2 et le titulaire nommé dans l'enregistrement de base mentionné à la rubrique 5 sont une seule et même personne; que la marque à la rubrique 7.a) est la même que dans l'enregistrement de base; que la revendication de couleur, le cas échéant, à la rubrique 8 est la même que dans l'enregistrement de base; que toutes les indications données à la rubrique 9.c) et d) figurent aussi dans l'enregistrement de base; que les produits et services indiqués à la rubrique 10 sont couverts par la liste des produits et services figurant dans l'enregistrement de base. (Si la présente demande internationale est fondée sur plusieurs enregistrements de base concernant la même marque, l'attestation est réputée s'appliquer à tous ces enregistrements.)

b) Signature de l'Office :

Date de la signature :                                                        (jj/mm/aaaa)

MM1 - II.96

**OMPI-Vordruck**  Anmeldung MMA

## FEUILLE DE CALCUL DES ÉMOLUMENTS ET TAXES

a) INSTRUCTIONS À L'EFFET DE PRÉLEVER SUR UN COMPTE COURANT

☐ Par la présente, il est donné instruction au Bureau international de prélever le montant requis des émoluments et taxes sur un compte courant ouvert auprès du Bureau international (si cette case est cochée, il n'est pas nécessaire de compléter b)).

Titulaire du compte : _____   Numéro du compte : _____

Identité de l'auteur des instructions : _____

b) MONTANT DES ÉMOLUMENTS ET TAXES; MODE DE PAIEMENT

Émolument de base (653 francs suisses si la reproduction de la marque est en noir et blanc uniquement; 903 francs suisses s'il y a une reproduction en couleur)

Compléments d'émoluments et émoluments supplémentaires :

| Nombre de désignations | Complément d'émolument | Montant total des compléments d'émoluments |
|---|---|---|
| ____ x | 73 francs suisses = | ____ => |

| Nombre de classes de produits et services en sus de la troisième | Émolument supplémentaire | Montant total des émoluments supplémentaires |
|---|---|---|
| ____ x | 73 francs suisses = | ____ => |

**Total général** _____

Identité de l'auteur du paiement : _____

| | | Titulaire du compte | Numéro du compte |
|---|---|---|---|
| Prélèvement sur compte courant auprès de l'OMPI | ☐ | | |
| | | Numéro du reçu de l'OMPI | |
| Paiement reçu et confirmé par l'OMPI | ☐ | | |
| | | Références du chèque | jj/mm/aaaa |
| Paiement par chèque bancaire (ci-joint) | ☐ | | |
| | | Références du chèque | jj/mm/aaaa |
| Paiement par chèque bancaire (envoyé séparément) | ☐ | | |
| | | Références du paiement | jj/mm/aaaa |
| Versement sur le compte bancaire de l'OMPI N° 48 7080-81 auprès du Crédit Suisse, Genève | ☐ | | |
| | | Références du paiement | jj/mm/aaaa |
| Versement sur le compte de chèques postaux de l'OMPI N° 12-5000-8, Genève | ☐ | | |

MM1 - II.96

2620

Anmeldung PMMA

# WIPO-Vordruck

## 2. WIPO-Vordruck: Application for international registration governed exclusively by the Protocol relating to the Madrid Agreement concerning the international registration of Marks

vom 1. Februar 1996*

PROTOCOL RELATING TO THE MADRID AGREEMENT

CONCERNING THE INTERNATIONAL REGISTRATION OF MARKS

APPLICATION FOR INTERNATIONAL REGISTRATION

GOVERNED EXCLUSIVELY BY THE PROTOCOL

RELATING TO THE MADRID AGREEMENT

CONCERNING THE INTERNATIONAL REGISTRATION OF MARKS

(Rule 9 of the Common Regulations)

World Intellectual Property Organization
34, chemin des Colombettes, P.O. Box 18,
1211 Geneva 20, Switzerland
Tel.: (41-22) 730 9111
Fax (International Trademark Registry): (41-22) 740 1429

MM2(E) - II.96

---

* Internetadresse: http://www.wipo.int/eng/madrid/forms/index.htm

# WIPO-Vordruck

Anmeldung PMMA

**APPLICATION FOR INTERNATIONAL REGISTRATION GOVERNED EXCLUSIVELY BY THE PROTOCOL RELATING TO THE MADRID AGREEMENT**

MM2

| For use by the applicant; this international application contains, in addition to the application form, the following number of sheets: | For use by the applicant/Office of origin<br><br>Applicant's reference:<br><br>Office's reference: | For use by the International Bureau:<br><br>Total additional sheets received: |
|---|---|---|

**1** CONTRACTING PARTY WHOSE OFFICE IS THE OFFICE OF ORIGIN:

**2** APPLICANT

Identification code
(where supplied by WIPO):

(a) Name:

(b) Address:

(c) Address for correspondence:

(d) Telephone: Fax:

(e) Preferred language for correspondence: English ☐ French ☐

(f) Other indications (as may be required by certain designated Contracting Parties)

  (i) if the applicant is a natural person, nationality of applicant:

  (ii) if the applicant is a legal entity:

    - legal nature of the legal entity:

    - State and, where applicable, territorial unit within that State, under the law of which the legal entity is organized:

**3** ENTITLEMENT TO FILE

(a) Indicate in the appropriate box or space:

  (i) where the Contracting Party mentioned in item 1 is a State, whether the applicant is a national of that State; or ☐

  (ii) where the Contracting Party mentioned in item 1 is an organization, the name of the State of which the applicant is a national; or

  (iii) whether the applicant is domiciled in the territory of the Contracting Party mentioned in item 1; or ☐

  (iv) whether the applicant has a real and effective industrial or commercial establishment in the territory of the Contracting Party mentioned in item 1. ☐

(b) Where the address of the applicant, given in item 2(b), is not in the territory of the Contracting Party mentioned in item 1, indicate in the space provided below:

  (i) if the box corresponding to paragraph (a)(iii) of the present item has been checked, the domicile of the applicant in the territory of that Contracting Party, or;

  (ii) if the box corresponding to paragraph (a)(iv) of the present item has been checked, the address of the applicant's industrial or commercial establishment in the territory of that Contracting Party.

MM2(E) - II.96

Anmeldung PMMA                                   **WIPO-Vordruck**

**4** REPRESENTATIVE (if any)           Identification code
                                         (where supplied by WIPO):
Name:

Address:

Telephone:                               Fax:

**5** BASIC APPLICATION OR BASIC REGISTRATION
Basic application number:                Basic application date:           (dd/mm/yyyy)
Basic registration number:               Basic registration date:          (dd/mm/yyyy)

**6** PRIORITY CLAIMED

☐ The applicant claims the priority of the earlier filing mentioned below.
Office of priority filing:

Priority filing number (if available):
Priority filing date:                                                      (dd/mm/yyyy)
If the claiming of priority does not relate to all the goods and services listed in item 10 of this form, indicate in the space provided below the goods and services for which priority is claimed.

**7** THE MARK

(a) Place the reproduction of the mark, as it appears in the basic    (b) Where the reproduction in item (a) is in black and white
    application or the basic registration, in the square below.            and color is claimed in item 8 of this form, place a color
                                                                           reproduction of the mark in the square below.

(c) ☐ The applicant declares that he wishes the mark to be considered as a mark in standard characters.

Where the Office of origin has addressed this form by telefacsimile, the present space must be completed before addressing the original of this page to the International Bureau.
Basic application or basic registration number or Office reference number as shown on the first page of this form:

Signature by the Office of origin:

MM2(E) - 11.96

# WIPO-Vordruck                                    Anmeldung PMMA

Page 3

**8** COLOR(S) CLAIMED

☐ The applicant claims color as a distinctive feature of the mark.

Color or combination of colors claimed:


Indication, for each color, of the principal parts of the mark that are in that color (as may be required by certain designated Contracting Parties):


**9** MISCELLANEOUS INDICATIONS

(a) Transliteration of the mark (where applicable):


(b) Translation of the mark (as may be required by certain designated Contracting Parties)

    (i) into English:


    (ii) into French:


(c) Where applicable, check the relevant box or boxes below:

☐ Three-dimensional mark    ☐ Sound mark    ☐ Collective mark, certification mark, or guarantee mark

(d) Description of the mark where a description is contained in the basic application or the basic registration:


**10** GOODS AND SERVICES FOR WHICH INTERNATIONAL REGISTRATION IS SOUGHT

Class        Goods and services

MM2(E) - II.96

Anmeldung PMMA                                           WIPO-Vordruck

Page 4

**11** DESIGNATED CONTRACTING PARTIES

Check the corresponding boxes to designate Contracting Parties

- [ ] CN  China
- [ ] CU  Cuba
- [ ] DE  Germany
- [ ] DK  Denmark
- [ ] ES  Spain
- [ ] FI  Finland
- [ ] GB  United Kingdom*
- [ ] NO  Norway
- [ ] SE  Sweden

Others:

* By designating the United Kingdom, the applicant declares that he has the intention that the mark will be used by him or with his consent in the United Kingdom in connection with the goods and services identified in this application.

**12** SIGNATURE BY THE APPLICANT OR HIS REPRESENTATIVE
(If required or allowed by the Office of origin)

(dd/mm/yyyy)

**13** CERTIFICATION AND SIGNATURE OF THE INTERNATIONAL APPLICATION BY THE OFFICE OF ORIGIN

(a) Certification

The Office of origin certifies

(i) that it received from the applicant a request to present this application, and that this request was received on

(dd/mm/yyyy).

(ii) that the applicant named in item 2 is the same as the applicant named in the basic application or the holder named in the basic registration mentioned in item 5; that the mark in item 7(a) is the same as in the basic application or the basic registration; that, where applicable, the claim for color in item 8 is the same as in the basic application or the basic registration; that all the indications given in item 9(c) and (d) also appear in the basic application or the basic registration; that the goods and services listed in item 10 are covered by the list of goods and services appearing in the basic application or the basic registration. (If the present international application is based on two or more basic applications and/or basic registrations of the same mark, the certification shall be deemed to apply to all those basic applications and basic registrations.)

(b) Office's signature:

Date of the signature:                                    (dd/mm/yyyy)

MM2(E) - II.96

# WIPO-Vordruck  Anmeldung PMMA

Page 5

**FEE CALCULATION SHEET**

(a) INSTRUCTIONS TO DEBIT FROM A CURRENT ACCOUNT

☐ The International Bureau is hereby instructed to debit the required amount of fees from a current account opened with the International Bureau (if this box is checked, it is not necessary to complete (b)).

Holder of the account:                                Account number:

Identity of the party giving the instructions:

(b) AMOUNT OF FEES; METHOD OF PAYMENT

Basic fee (653 Swiss francs if the reproduction of the mark is in black and white only; 903 Swiss francs if there is a reproduction in color)

Complementary and supplementary fees:

| Number of designations for which complementary fee is applicable | | Complementary fee | | Total amount of the complementary fees | |
|---|---|---|---|---|---|
| | x | 73 Swiss francs | = | | => |

| Number of classes of goods and services beyond three | | Supplementary fee | | Total amount of the supplementary fees | |
|---|---|---|---|---|---|
| | x | 73 Swiss francs | = | | => |

Individual fees (Swiss francs):

| Designated Contracting Parties | Individual fee | Designated Contracting Parties | Individual fee |
|---|---|---|---|
| | | | |

Total individual fees   =>

**Grand total**

Identity of the party effecting the payment:

| | | | |
|---|---|---|---|
| Debit from a current account with WIPO | Holder of the account | | Account number |
| Payment received and acknowledged by WIPO | WIPO receipt number | | |
| Payment made by banker's check (attached) | Check identification | | dd/mm/yyyy |
| Payment made by banker's check (sent separately) | Check identification | | dd/mm/yyyy |
| Payment made to WIPO bank account N° 48 7080-81 with the Crédit Suisse, Geneva | Payment identification | | dd/mm/yyyy |
| Payment made to WIPO postal check account N° 12-5000-8, Geneva | Payment identification | | dd/mm/yyyy |

MM2(E) - II.96

Anmeldung PMMA

**CONTINUATION SHEET**  No: .......... of ..........

**WIPO-Vordruck**

# WIPO-Vordruck

Anmeldung MMA/PMMA

## 3. WIPO-Vordruck: Application for international registration governed by both the Madrid Agreement concerning the international registration of Marks and the Protocol relating to that Agreement

vom 1. Februar 1996*

MADRID AGREEMENT CONCERNING THE

INTERNATIONAL REGISTRATION OF MARKS

AND PROTOCOL RELATING TO THAT AGREEMENT

APPLICATION FOR INTERNATIONAL REGISTRATION

GOVERNED BY BOTH THE MADRID AGREEMENT

CONCERNING THE INTERNATIONAL REGISTRATION OF MARKS

AND THE PROTOCOL RELATING TO THAT AGREEMENT

(Rule 9 of the Common Regulations)

World Intellectual Property Organization
34, chemin des Colombettes, P.O. Box 18,
1211 Geneva 20, Switzerland
Tel.: (41-22) 730 9111
Fax (International Trademark Registry): (41-22) 740 1429

MM3(E) - II.96

---

* Internetadresse: http://www.wipo.int/eng/madrid/forms/index.htm

Anmeldung MMA/PMMA                                          **WIPO-Vordruck**

APPLICATION FOR INTERNATIONAL REGISTRATION
GOVERNED BY BOTH THE MADRID AGREEMENT AND THE PROTOCOL

MM3

| For use by the applicant; this international application contains, in addition to the application form, the following number of sheets: | For use by the applicant/Office of origin<br><br>Applicant's reference:<br><br>Office's reference: | For use by the International Bureau:<br><br>Total additional sheets received: |
|---|---|---|

**1** CONTRACTING STATE WHOSE OFFICE IS THE OFFICE OF ORIGIN:

**2** APPLICANT                                    Identification code
                                                  (where supplied by WIPO):

  (a) Name:

  (b) Address:

  (c) Address for correspondence:

  (d) Telephone:                          Fax:

  (e) Preferred language for correspondence:    English  ☐    French  ☐

  (f) Other indications (as may be required by certain designated Contracting Parties)

    (i) if the applicant is a natural person, nationality of applicant:

    (ii) if the applicant is a legal entity:

      - legal nature of the legal entity:

      - State and, where applicable, territorial unit within that State, under the law of which the legal entity is organized:

**3** ENTITLEMENT TO FILE

  (a) Indicate in the appropriate box:

    (i) whether the applicant has a real and effective industrial or commercial establishment in the Contracting State mentioned in item 1;   ☐

    (ii) if there is no such establishment in the Contracting State mentioned in item 1 or in any other Contracting State, that the applicant is domiciled in the Contracting State mentioned in item 1;   ☐

    (iii) if there is no such establishment or domicile in the Contracting State mentioned in item 1 or in any other Contracting State, that the applicant is a national of the Contracting State mentioned in item 1.   ☐

  (b) Where the address of the applicant, given in item 2(b), is not in the State mentioned in item 1, indicate in the space provided below:

    (i) if the box corresponding to paragraph (a)(i) of the present item has been checked, the address of the applicant's industrial or commercial establishment in that State, or,

    (ii) if the box corresponding to paragraph (a)(ii) of the present item has been checked, the domicile of the applicant in that State.

MM3(E) - II.96

2629

# WIPO-Vordruck                                    Anmeldung MMA/PMMA

Page 2

**4** REPRESENTATIVE (if any)         Identification code
                                     (where supplied by WIPO):

Name:

Address:

Telephone:                           Fax:

**5** BASIC REGISTRATION
Basic registration number:
Basic registration date:                                              (dd/mm/yyyy)

**6** PRIORITY CLAIMED

☐ The applicant claims the priority of the earlier filing mentioned below.

Office of priority filing:

Priority filing number (if available):
Priority filing date:                                                  (dd/mm/yyyy)

If the claiming of priority does not relate to all the goods and services listed in item 10 of this form, indicate in the space provided below the goods and services for which priority is claimed.

**7** THE MARK

(a) Place the reproduction of the mark, as it appears in the basic registration, in the square below.

(b) Where the reproduction in item (a) is in black and white and color is claimed in item 8 of this form, place a color reproduction of the mark in the square below.

(c) ☐ The applicant declares that he wishes the mark to be considered as a mark in standard characters.

Where the Office of origin has addressed this form by telefacsimile, the present space must be completed before addressing the original of this page to the International Bureau.
Basic registration number or Office reference number as shown on the first page of this form:

Signature by the Office of origin:

MM3(E) - II.96

Anmeldung MMA/PMMA                          **WIPO-Vordruck**

Page 3

**8** COLOR(S) CLAIMED

☐ The applicant claims color as a distinctive feature of the mark.
Color or combination of colors claimed:

Indication, for each color, of the principal parts of the mark that are in that color (as may be required by certain designated Contracting Parties):

**9** MISCELLANEOUS INDICATIONS

(a) Transliteration of the mark (where applicable):

(b) Translation of the mark (as may be required by certain designated Contracting Parties)

  (i) into English:

  (ii) into French:

(c) Where applicable, check the relevant box or boxes below:

  ☐ Three-dimensional mark     ☐ Sound mark     ☐ Collective mark, certification mark, or guarantee mark

(d) Description of the mark where a description is contained in the basic registration:

**10** GOODS AND SERVICES FOR WHICH INTERNATIONAL REGISTRATION IS SOUGHT

Class           Goods and services

MM3(E) - 11.96

# WIPO-Vordruck

Anmeldung MMA/PMMA

## 11 DESIGNATED CONTRACTING PARTIES

Check the corresponding boxes to designate Contracting Parties

| | | | | | | | |
|---|---|---|---|---|---|---|---|
| ☐ AL Albania | ☐ DK Denmark | ☐ KZ Kazakstan | ☐ RO Romania |
| ☐ AM Armenia | ☐ DZ Algeria | ☐ LI Liechtenstein | ☐ RU Russian Federation |
| ☐ AT Austria | ☐ EG Egypt | ☐ LR Liberia | ☐ SD Sudan |
| ☐ AZ Azerbaijan | ☐ ES Spain | ☐ LV Latvia | ☐ SE Sweden |
| ☐ BA Bosnia and Herzegovina | ☐ FI Finland | ☐ MA Morocco | ☐ SI Slovenia |
| ☐ BG Bulgaria | ☐ FR France | ☐ MC Monaco | ☐ SK Slovakia |
| ☐ BX Benelux | ☐ GB United Kingdom* | ☐ MD Rep. of Moldova | ☐ SM San-Marino |
| ☐ BY Belarus | ☐ HR Croatia | ☐ MK The Former Yugoslav Rep. of Macedonia | ☐ TJ Tajikistan |
| ☐ CH Switzerland | ☐ HU Hungary | ☐ MN Mongolia | ☐ UA Ukraine |
| ☐ CN China | ☐ IT Italy | ☐ NO Norway | ☐ UZ Uzbekistan |
| ☐ CU Cuba | ☐ KG Kyrgyzstan | ☐ PL Poland | ☐ VN Viet Nam |
| ☐ CZ Czech Republic | ☐ KP Democratic People's Republic of Korea | ☐ PT Portugal | ☐ YU Yugoslavia |
| ☐ DE Germany | | | |

Others:

* By designating the United Kingdom, the applicant declares that he has the intention that the mark will be used by him or with his consent in the United Kingdom in connection with the goods and services identified in this application.

## 12 SIGNATURE BY THE APPLICANT OR HIS REPRESENTATIVE
(If required or allowed by the Office of origin)

(dd/mm/yyyy)

## 13 CERTIFICATION AND SIGNATURE OF THE INTERNATIONAL APPLICATION BY THE OFFICE OF ORIGIN

(a) Certification

The Office of origin certifies

(i) that it received from the applicant a request to present this application, and that this request was received, or, as provided in Rule 11(1) of the Regulations, is deemed to have been received on     (dd/mm/yyyy).

(ii) that the applicant named in item 2 is the same as the holder named in the basic registration mentioned in item 5; that the mark in item 7(a) is the same as in the basic registration; that, where applicable, the claim for color in item 8 is the same as in the basic registration; that all the indications given in item 9(c) and (d) also appear in the basic registration; that the goods and services listed in item 10 are covered by the list of goods and services appearing in the basic registration. (If the present international application is based on two or more basic registrations of the same mark, the certification shall be deemed to apply to all those basic registrations.)

(b) Office's signature:

Date of the signature:     (dd/mm/yyyy)

MM3(E) - II.96

Anmeldung MMA/PMMA  **WIPO-Vordruck**

**FEE CALCULATION SHEET**

(a) INSTRUCTIONS TO DEBIT FROM A CURRENT ACCOUNT

☐ The International Bureau is hereby instructed to debit the required amount of fees from a current account opened with the International Bureau (if this box is checked, it is not necessary to complete (b)).

Holder of the account: _____ Account number: _____

Identity of the party giving the instructions: _____

(b) AMOUNT OF FEES; METHOD OF PAYMENT

Basic fee (653 Swiss francs if the reproduction of the mark is in black and white only; 903 Swiss francs if there is a reproduction in color)

Complementary and supplementary fees:

| Number of designations for which complementary fee is applicable | × | Complementary fee 73 Swiss francs | = | Total amount of the complementary fees | => | |

| Number of classes of goods and services beyond three | × | Supplementary fee 73 Swiss francs | = | Total amount of the supplementary fees | => | |

Individual fees (Swiss francs):

| Designated Contracting Parties | Individual fee | Designated Contracting Parties | Individual fee |
|---|---|---|---|
| | | | |
| | | | |
| | | | |

Total individual fees =>

**Grand total**

Identity of the party effecting the payment:

| Debit from a current account with WIPO | ☐ | Holder of the account | | Account number |
| Payment received and acknowledged by WIPO | ☐ | WIPO receipt number | | |
| Payment made by banker's check (attached) | ☐ | Check identification | | dd/mm/yyyy |
| Payment made by banker's check (sent separately) | ☐ | Check identification | | dd/mm/yyyy |
| Payment made to WIPO bank account N° 48 7080-81 with the Crédit Suisse, Geneva | ☐ | Payment identification | | dd/mm/yyyy |
| Payment made to WIPO postal check account N° 12-5000-8, Geneva | ☐ | Payment identification | | dd/mm/yyyy |

MM3(E) - II.96

# WIPO-Vordruck

Anmeldung MMA/PMMA

**CONTINUATION SHEET**　　　　　　No: ......... of .........

MM3(E) - II.96

## 4. Mitteilung Nr. 15/94 des Präsidenten des Deutschen Patentamts über die Schutzfähigkeitsprüfung der Markenform bei international registrierten Marken mit Zeitrang vor dem 1. Januar 1995

vom 6. Dezember 1994

1. Nach dem Warenzeichengesetz hat das Patentamt insbesondere für international registrierte dreidimensionale Marken in ständiger Praxis den Schutz in Deutschland versagt (Art. 5 Abs. 1 Satz 2 MMA, Art. 6$^{quinquies}$ B Satz 1 Nr. 3 zweite Variante PVÜ, § 1 Abs. 1 WZG). Dagegen ist die Dreidimensionalität einer Marke nach § 3 Abs. 1 MarkenG kein Schutzversagungsgrund mehr. Da diese Bestimmung am 1. Januar 1995 in Kraft tritt (Art. 50 Abs. 3 Markenrechtsreformgesetz), kann ausländischen international registrierten dreidimensionalen Marken Schutz in Deutschland nur dann gewährt werden, wenn ihr für den Zeitrang maßgebendes Registrierungsdatum (Art. 3 Abs. 4 Satz 2 und 3 MMA) auf einen Zeitpunkt seit dem 1. Januar 1995 fällt. Auch muß im Einzelfall auf eine in Anspruch genommene frühere Priorität der Heimatmarke für Deutschland verzichtet werden.

Zwar ist bei nationalen Marken, die vor dem 1. Januar 1995 angemeldet worden sind, die Schutzfähigkeit der Zeichenform nach dem Markengesetz zu beurteilen, wenn ihr Zeitrang auf den Zeitpunkt verschoben werden kann, zu dem das neue Recht in Kraft getreten ist (§ 156 Abs. 1 und 3 MarkenG). Bei international registrierten Marken ist eine Verschiebung des Zeitrangs dagegen nicht möglich (vgl. § 113 Abs. 1 Satz 2 MarkenG), da ihr Registrierungsdatum (Art. 3 Abs. 4, Art. 3$^{ter}$ Abs. 2, Art. 4 MMA) unveränderlich festliegt (BPatG BlPMZ 1980, 22, 23; Mitteilung Nr. 4/79 vom 22. Dezember 1978 des Präsidenten des Deutschen Patentamts in BlPMZ 1979, 37; DPA BlPMZ 1980, 182, 183; vgl. Abs. 2 der Regierungsbegründung zu § 113 MarkenG).

§ 156 MarkenG findet also auf vor dem 1. Januar 1995 international registrierte dreidimensionale Marken, für die Schutz in Deutschland beantragt worden ist, keine Anwendung. Daher kommt in diesen Fällen eine Schutzbewilligung mit Wirkung vom 1. Januar 1995 nicht in Betracht.

2. Die Inhaber von ausländischen international registrierten dreidimensionalen Marken mit Registrierungsdatum vor diesem Zeitpunkt haben jedoch die Möglichkeit, einen Antrag auf nachträgliche Schutzausdehnung zu stellen (Art. 3$^{ter}$ Abs. 2 MMA). Eine solche nachträgliche Schutzausdehnung ist möglich, wenn ihr Registrierungsdatum (Art. 3$^{ter}$ Abs. 2 Satz 4 MMA) nach dem Beginn des 1. Januar 1995 liegt (BPatG a. a. O; Mitteilung Nr. 4/79 des Präsidenten des Deutschen Patentamts, a.a.O.). Diese Möglichkeit besteht auch dann, wenn der Schutz in Deutschland bereits versagt oder auf den Schutz verzichtet worden ist. Auch hier kann jedoch eine vor dem 1. Januar 1995 liegende Priorität der Heimatmarke für Deutschland nicht anerkannt werden.

3. Soweit bei einer international registrierten dreidimensionalen Marke mit Zeitrang vor dem 1. Januar 1995 ein Antrag auf Zurückstellung der Entscheidung gestellt wird (Mitteilung Nr. 8/93 vom 4. Juli 1993 des Präsidenten des Deutschen Patentamts zur Frage der Anwendbarkeit der EG-Markenrechtsrichtlinie 1988 im Verfahren vor dem Patentamt in BlPMZ 1993, 238), ist ebenfalls zu beachten, daß im Unterschied zu nationalen Markenanmeldungen bei international registrierten Marken die Priorität nicht verschoben werden kann. Eine Zurückstellung der Entscheidung kann aber insbesondere bei international registrierten Marken mit Zeitrang seit dem 1. Januar 1993 sinnvoll sein. Denn ein solcher Zeitrang müßte dann anerkannt werden, wenn durch ein letztinstanzliches Gericht die Rechtsauffassung bestätigt würde, daß die EG-Markenrechtsrichtlinie 1988 seit dem 1. Januar 1993 (Art. 16 Abs. 2 der Richtlinie) unmittelbar anwendbar ist.

4. Diese Grundsätze gelten für alle international registrierten Marken, für die nach dem Warenzeichengesetz ein absolutes Schutzhindernis bestand, das nach dem erweiterten Markenbegriff des Markengesetzes entfallen ist.

## 5. Merkblatt: Die internationale Registrierung deutscher Marken sowie Schutzbewilligungsverfahren für international registrierte ausländische Marken nach dem Madrider Markenabkommen (MMA) und nach dem Protokoll zum Madrider Markenabkommen (PMMA)

vom 1. Juni 1997
(BlPMZ 1997, 242)*

### 1 – Grundlagen, Vertragsstaat

(1) Das MMA und das PMMA[1] ermöglichen den Angehörigen der Vertragsländer, für ihre im Vertragsstaat für Waren und Dienstleistungen eingetragenen bzw. hinterlegten (angemeldeten) Marken Schutz in den anderen Vertragsländern durch eine einzige Registrierung beim

Internationalen Büro der Weltorganisation
für geistiges Eigentum (OMPI/WIPO)[2] in Genf

zu erlangen. Als Vertragsstaat wird das Land des MMA/PMMA angesehen, in dem der Hinterleger eine tatsächliche und nicht nur zum Schein bestehende gewerbliche oder Handelsniederlassung hat; mangels einer solchen Niederlassung das Land des MMA/PMMA, in dem er seinen Wohnsitz hat; mangels eines solchen Wohnsitzes das Land des MMA/PMMA, dessen Staatsangehörigkeit er besitzt.

(2) Das Gesuch um internationale Registrierung ist durch die Behörde des Ursprungslandes zu vermitteln.

### 2 – Beteiligte Länder

(1) An dem System der internationalen Markenregistrierung (MMA und/oder PMMA) sind neben der Bundesrepublik Deutschland die folgenden Länder beteiligt:

(2) Vertragsstaaten nach dem MMA: Ägypten, Albanien, Algerien, Armenien, Aserbaidschan, Bosnien-Herzegowina, die Benelux-Staaten, Bulgarien, China (Volksrepublik), Frankreich, Italien, Jugoslawien, Kasachstan, Kirgisistan, Korea (Demokratische Volksrepublik), Kroatien, Kuba, Lettland, Liberia, Liechtenstein, Marokko, Mazedonien (frühere jugoslawische Republik), Moldawien, Monaco, Mongolei, Österreich, Polen, Portugal, Rumänien, Russische Föderation, San Marino, Schweiz, Sierra Leone, Slowakei, Slowenien, Spanien, Sudan, Tadschikistan, die tschechische Republik, Ukraine, Ungarn, Usbekistan, Vietnam, Weißrußland.

(3) Vertragsstaaten nach dem PMMA: China, Dänemark, Finnland, Island, Korea (Demokratische Volksrepublik), Kuba, Monaco, Norwegen, Polen, Portugal, Russische Föderation, Schweiz, Schweden, Spanien, die Tschechische Republik und das Vereinigte Königreich.

---

\* Internetadresse: http://www.patent-und-markenamt.de./formular/li_mark.htm (Dok.-Nr. M 8940).
[1] Gesetzliche Grundlagen
– Madrider Abkommen über die internationale Registrierung von Marken (MMA) vom 14. April 1891, zuletzt revidiert in Stockholm am 14. Juli 1967 und geändert am 2. Oktober 1979, BlPMZ 1970, 316; 1984, 319 (s. 2. Teil des Kommentars, 1. Abschnitt B).
– Protokoll zum Madrider Abkommen über die internationale Registrierung von Marken (PMMA), unterzeichnet in Madrid am 27. Juni 1989, BlPMZ 1996, 49, (s. 3. Teil des Kommentars, III 4).
– Gemeinsame Ausführungsordnung zum MMA und zum PMMA (GAusfOMMA/PMMA) mit Wirkung vom 1. April 1996, BlPMZ 1996, 247, (s. 3. Teil des Kommentars, III 5).
– Markengesetz (MarkenG) vom 25. Oktober 1994, BlPMZ 1994 Sonderheft, 1, (s. 1. Teil des Kommentars, 1).
– Verordnung zur Ausführung des Markengesetzes (Markenverordnung – MarkenV) vom 30. November 1994, BlPMZ 1994 Sonderheft, 156, (s. 3. Teil des Kommentars, I 3).
[2] OMPI/WIPO – Organisation Mondiale de la Propriété Intellectuelle/World Intellectual Property Organization, BlPMZ 1970, 232.

Internationale Registrierung nach dem MMA und PMMA **Merkblatt**

Hinsichtlich der Benennung (= Schutzerstreckung) gelten die Benelux-Länder (Belgien, Niederlande und Luxemburg) und das Vereinigte Königreich (England, Schottland, Wales und Nordirland) jeweils als Einheit.

(4) Nach amtlichen Verlautbarungen sehen alle Länder die Eintragung von Dienstleistungsmarken vor.

(5) Das Land China (Mitglied 4. 10. 89) hat die Möglichkeit einer nachträglichen Benennung auf Marken beschränkt, die nach ihrem Beitritt international registriert wurden, es sei denn, der Inhaber besitzt dort eine noch gültige nationale Eintragung. Für ältere IR-Marken muß bezüglich dieses Landes eine Neuregistrierung beantragt werden.

## Internationale Registrierung deutscher Marken

### 3 – Grundlagen, beteiligte Behörden

(1) Der Antrag auf Vermittlung des Gesuches um internationale Registrierung einer *eingetragenen* bzw. (bei Beanspruchung *nur* von Protokolländern) *hinterlegten* (= angemeldeten) deutschen Marke ist zu richten an

Deutsches Patentamt
– Markenabteilung 3.2. –
– IR-Referat –
80297 München

(2) Es können nur diejenigen eingetragenen bzw. hinterlegten deutschen Marken international registriert werden, deren Inhaber in der Bundesrepublik Deutschland eine Niederlassung bzw. ihren Wohnsitz haben oder deren Inhaber deutsche Staatsangehörige sind; die deutsche Marke muß entsprechend angemeldet sein.

### 4 – Antrag

(1) Da für das MMA und das PMMA verschiedene Vorschriften gelten, wurden für das Gesuch um internationale Registrierung drei verschiedene Formblätter (MM 1 – MM 3) erstellt: für MMA-Länder, für PMMA-Länder und ein Mischantrag. Es wird empfohlen, den jeweils zutreffenden internationalen Vordruck zu verwenden und in *einer* Ausfertigung (je nach Formblatt) auf französisch oder englisch ausgefüllt beim Deutschen Patentamt, IR-Referat, in München einzureichen. Auf zusätzlichen Seiten beigefügte Waren- und Dienstleistungsverzeichnisse bitten wir *zweifach* einzureichen. Das Gesuch wird nach Prüfung und Bestätigung der Übereinstimmung mit der deutschen Registereintragung bzw. -anmeldung vom Patentamt an das Internationale Büro weitergeleitet. Es darf weder Änderungen der Marke noch des Markeninhabers enthalten. Das Waren- und Dienstleistungsverzeichnis darf nicht erweitert werden. Einschränkungen sind jedoch möglich. Die Vordrucke, ein vorbereitetes Anschreiben und eine Anleitung zum Ausfüllen sind bei der Auskunftsstelle oder beim IR-Referat des Deutschen Patentamts erhältlich.

(2) Für jede Marke ist ein gesonderter Antrag zu stellen. Sollen mehrere identische deutsche Marken als Basismarken einer einzigen internationalen Registrierung dienen, so ist dies besonders kenntlich zu machen. In diesem Fall genügt *ein* internationaler Antrag.

(3) Antragsberechtigt ist der im Markenregister eingetragene bzw. in der hinterlegten deutschen Marke angegebene Markeninhaber. Firmenänderungen, Sitzverlegungen usw. sollen zuvor im Markenregister eingetragen bzw. in der deutschen Hinterlegung berücksichtigt sein.

### 5 – Dem Gesuch beizufügende Unterlagen

**(1) Zahlungsbeleg über die internationalen Gebühren.**

Da das Deutsche Patentamt sämtliche Angaben des Gesuches einschließlich der Zahlungsangaben bestätigen muß, ist dem internationalen Antrag (am besten bereits bei Antragstellung) ein Beleg (Original oder Kopie) über die Zahlung der internationalen Gebühren

# Merkblatt

Internationale Registrierung nach dem MMA und PMMA

(siehe Nr. 7) oder die Quittung des Internationalen Büros beizufügen bzw. nachzureichen. Dabei wird darauf hingewiesen, daß der Antrag zur Wahrung des Zeitranges der Anmeldung bzw. einer eventuellen Prioritätsfrist spätestens zwei Monate nach Antragstellung (s. auch Nr. 9) an OMPI weitergeleitet sein muß. Daher ist auf möglichst *frühzeitige* Vorlage der Zahlungsnachweise beim Deutschen Patentamt zu achten.

Ein Zahlungsbeleg ist nicht erforderlich, wenn die Gebühren von einem beim Internationalen Büro eingerichteten Kontokorrentkonto abgebucht werden können.

**(2) Abbildungen bei Bildmarken bzw. dreidimensionalen Marken.**

Enthält die Marke einen bildlichen Bestandteil oder ist eine Wortmarke in einer eigenen Schriftform zu registrieren, so sind dem Gesuch Abbildungen der Marke beizufügen, die die Größe von *8 × 8 cm in keinem Fall übersteigen* dürfen; die Mindestgröße beträgt 1,5 × 1,5 cm. Die Anzahl ergibt sich aus folgender Aufstellung:

a) bei *schwarz-weißen nationalen Marken:*
   **6 schwarz-weiße Abbildungen**

b) sofern bei *farbigen nationalen Marken* auch international der Schutz in Farbe angestrebt wird: in diesem Falle sind die *Angaben der Farben* auf französisch (bzw. englisch) erforderlich. (Die Veröffentlichung in der *Gazette des Marques Internationales* erfolgt ebenfalls farbig):
   **6 farbige Darstellungen.**

c) sofern ein national farbig geschütztes Zeichen international schwarz-weiß geschützt werden soll, ist wie bei 2 a) zu verfahren.

d) Handelt es sich bei der Marke um eine farbig eingetragene Wortmarke ohne grafische Ausgestaltung oder bildlichen Bestandteil, so ist wie bei 2 b) zu verfahren.

Die bisherige Möglichkeit, national farbig geschützte Marken international farbig zu schützen – unter Angabe der Farben –, jedoch in der *Gazette des Marques Internationales* schwarz-weiß zu veröffentlichen, besteht nicht mehr.

Bei dreidimensionalen Marken ist nur *eine* Ansicht des Bildes einzureichen; die Anzahl der Bildzeichen ist dieselbe wie bei 2 a) und b).

(3) Alle Abbildungen müssen frei von jedem Zusatz und von ausreichender Qualität sein, um eine klare Wiedergabe der Marke in schwarz-weiß in allen ihren Einzelheiten zu ermöglichen. Die Abbildungen dürfen insbesondere keine durchscheinenden rückseitigen Beschriftungen aufweisen. Fotokopien sollten von bester Qualität sein. Unscharfe oder graue Kopien sind nicht reproduzierbar und können deshalb nicht verwendet werden.

(4) Falls der Antragsteller die Darstellungen im vorgeschriebenen Format nicht einreichen kann, kann er diese auf Antrag auch auf eigene Rechnung durch Vermittlung des Deutschen Patentamts bei einem reprografischen Unternehmen in Auftrag geben.

## 6 – Nationale Gebühr

(1) Für den Antrag auf internationale Registrierung jeder Marke ist eine *nationale Gebühr von DM 300,– an die Zahlstelle des Deutschen Patentamts* zu entrichten. Bei einem Antrag nach dem MMA, der eine noch der Prüfung unterliegende nationale Marke betrifft, ist es zweckmäßig, die Gebühr erst einzuzahlen, wenn die internationale Registrierung der Marke erfolgen kann. Allerdings sollte die Zahlung nicht später erfolgen, da der internationale Antrag gemäß § 109 Abs. 1 Satz 3 MarkenG bei Nichtzahlung als nicht gestellt gilt.

(2) Gebühren sollten möglichst durch Verwendung von Gebührenmarken des Deutschen Patentamts entrichtet werden, da diese Zahlungsweise dem Einzahler Unkosten und Zeit erspart, die Einhaltung von Fristen erleichtert und das Verfahren beim Deutschen Patentamt beschleunigt.

(3) Die Gebühr kann nach § 1 der Verordnung über die Zahlung der Gebühren des Deutschen Patentamts und des Bundespatentgerichts außer durch Barzahlung entrichtet werden:

Internationale Registrierung nach dem MMA und PMMA **Merkblatt**

1. durch Übergabe oder Übersendung:
   a) von Schecks, die auf ein Kreditinstitut im Geltungsbereich dieser Verordnung gezogen und nicht mit Indossament versehen sind,
   b) eines Auftrages zur Abbuchung von einem Konto bei einem Kreditinstitut, das nach einer Bekanntmachung des Präsidenten des Deutschen Patentamts ermächtigt ist, solche Konten zu führen (s. BlPMZ 1990, S. 1),
2. durch Überweisung,
3. durch Einzahlung auf ein Konto der Zahlstelle des Deutschen Patentamts oder der Zahlstelle der Dienststelle Berlin des Deutschen Patentamts.*

(4) Gebühren können unter Angabe des Aktenzeichens auf das oben angegebene Konto der Zahlstelle des Deutschen Patentamts München oder der Nebenzahlstelle des Deutschen Patentamts, Dienststelle Berlin*, überwiesen werden. Bankschecks sind mit dem Vermerk „Nur zur Verrechnung" zu versehen.

(5) Bei allen Zahlungen sind (unter Angabe des Aktenzeichens) der Verwendungszweck des Geldes und der Name des Einzahlers sowie desjenigen anzugeben, für den der Betrag gezahlt wird. Anträge oder sonstige Mitteilungen sollen auf den Einzahlungsbelegen nicht vermerkt sein. Das Beifügen von Bargeld als Anlage zu Schriftstücken ist zu vermeiden.

### 7 – Internationale Gebühren

(1) Das Internationale Büro erhebt die aus beiliegendem Gebührenmerkblatt ersichtlichen Gebühren, die *unmittelbar, im voraus* und in *Schweizer Franken* an

OMPI
34, chemin des Colombettes
CH-1211 Genf (20)

zu zahlen sind.

Die Gebühren können wie folgt entrichtet werden:
1. durch Abbuchung von einem bei der OMPI bestehenden Kontokorrentkonto,
2. durch Überweisung auf das Konto der OMPI bei der Crédit Suisse, Genf, Nr. 48 70 80 – 81,
3. durch Bankscheck, lautend auf OMPI in Genf und in Schweizer Franken ausgestellt,
4. durch Überweisung auf das Postscheckkonto der OMPI, Genf, Nr. 12 – 5000.

*Bei jeder Zahlung sind Zweck der Zahlung, deutsche Registernummer der Marke, Name und Anschrift des Hinterlegers und des Einzahlers anzugeben.*

(2) Die Zahlung der internationalen Gebühren wird vom Deutschen Patentamt nicht vermittelt. Für ihren pünktlichen und vollständigen Eingang beim Internationalen Büro trägt der Antragsteller die alleinige Verantwortung. Jedoch benötigt das Deutsche Patentamt den unter Nr. 5 Abs. 1 genannten Beleg. Schecks sollten möglichst unmittelbar an die OMPI in Genf (s. Abs. 1) übersandt werden.

(3) Eine Gebühr gilt im Sinne der GAusfOMMA/PMMA als an dem Tag gezahlt, an dem der erforderliche Betrag beim Internationalen Büro eingeht, oder, wenn der erforderliche Betrag auf einem beim Internationalen Büro bestehenden Konto verfügbar ist, als an dem Tag gezahlt, an dem das Internationale Büro den Auftrag zur Entnahme des Betrags aus diesem Konto erhält.

---

* Mit Wirkung vom 1. September 1998 wurde die Dienststelle Berlin nach Jena verlagert. Gleichzeitig wurde in Berlin ein Technisches Informationszentrum des DMA eingerichtet (s. 2. Teil des Kommentars, § 56, Rn 1 b sowie 3. Teil des Kommentars I, 1.).
Die Postbank-Girokonten der Zahlstellen München und Berlin sowie das LZB-Konto Berlin wurden mit dem 31. Dezember 1998 aufgelöst. Seit dem 1. Januar 1999 sind Gebühren und Auslagen nur noch auf das LZB-Konto der Zahlstelle München 70001054 (BLZ 700 000 00) einzuzahlen.

**Merkblatt**  Internationale Registrierung nach dem MMA und PMMA

### 8 – Registrierung der Marke im internationalen Register

Sobald das Internationale Büro im Besitz eines dem MMA oder dem PMMA entsprechenden Gesuches um internationale Registrierung ist, trägt es die Marke mit den in Regel 14 GAusfOMMA/PMMA aufgeführten Angaben ins internationale Register ein, veröffentlicht sie in der Zeitschrift Gazette des Marques Internationales (siehe Nr. 16) und zeigt die Registrierung den Länderbehörden an. Die Bescheinigung des Internationalen Büros über die Registrierung wird dem Antragsteller direkt durch das Deutsche Patentamt übermittelt.

### 9 – Registrierungsdatum, Priorität

(1) Die internationale Registrierung erhält das Datum des Tages, an dem das Internationale Büro im Besitz eines dem Abkommen bzw. Protokoll und der GAusfOMMA/PMMA entsprechenden Gesuches ist.

(2) Hingegen

1. erhält die Registrierung das Datum des Tages, an dem das Gesuch bei der Behörde des Ursprungslandes eingegangen ist, sofern das Internationale Büro innerhalb von zwei Monaten nach diesem Datum im Besitz des Gesuches ist und das Gesuch den Abkommen und der GAusfOMMA/PMMA entspricht; (bei Anträgen nach dem Protokoll genügt die Hinterlegung (Anmeldung) der nationalen Marke, Punkt 1 gilt bei Gesuchen nach dem Protokoll also auch für Anträge, die vor Eintragung der nationalen Marke gestellt wurden);
2. wenn das Gesuch um internationale Registrierung nach dem MMA bei der nationalen Behörde vor Eintragung der Marke im nationalen Register eingegangen ist, so erhält die internationale Registrierung das Datum der Eintragung, sofern das Internationale Büro innerhalb von zwei Monaten nach diesem Datum im Besitz des Gesuches ist und das Gesuch dem Abkommen und der GAusfOMMA/PMMA entspricht.

(3) Die internationale Registrierung genießt gemäß Art. 4 der Pariser Verbandsübereinkunft zum Schutz des gewerblichen Eigentums die Priorität der Ursprungsmarke, wenn

1. bei einem Gesuch nach dem MMA die nationale Marke innerhalb von sechs Monaten nach der Anmeldung eingetragen und der internationale Antrag des Hinterlegers innerhalb derselben sechs Monate beim IR-Referat des Deutschen Patentamts eingegangen ist (unter Vorbehalt von Abs. 2 Nr. 1);
2. die IR-Marke bei einem Gesuch nur nach dem Protokoll unter einem Datum registriert wird, das innerhalb von sechs Monaten nach der Hinterlegung der nationalen Marke beim Deutschen Patentamt liegt.
3. Bei Mischanmeldungen gilt Punkt 1.

In diesen Fällen erhält die IR-Marke den Vermerk *Premier dépôt au sens de l'article 4 de la Convention de Paris selon déclaration du déposant* (Ersthinterlegung i. S. d. Art. 4 der Pariser Verbandsübereinkunft nach Angabe des Hinterlegers) = *Allemagne*, Datum und Registernummer der betroffenen nationalen Marke.

### 10 – Registrierungswirkung, Schutzverweigerung

(1) Von dem Zeitpunkt der erfolgten Registrierung an ist die Marke in jedem beteiligten Land ebenso geschützt, als wäre sie dort unmittelbar hinterlegt worden.

(2) Die Behörden der einzelnen Verbandsparteien können jedoch innerhalb eines Jahres (bzw. Vertragsstaaten des Protokolls ggfs. innerhalb von 18 Monaten) nach der Eintragung der Marke in das internationale Register gem. Regel 17 Abs. 1 GAusfOMMA/PMMA der international registrierten Marke nach Maßgabe der nationalen Gesetze den Schutz verweigern. Gegen einen Bescheid, der eine Schutzverweigerung ausspricht, steht dem Inhaber das gleiche Rechtsmittel zu, das ihm bei einer unmittelbaren Anmeldung der Marke in dem betreffenden Lande zustehen würde. Das Rechtsmittel ist weder beim Deutschen Patentamt noch beim Internationalen Büro einzulegen, sondern direkt bei der zuständigen Behörde des jeweiligen beanspruchten Verbandsmitgliedes.

Internationale Registrierung nach dem MMA und PMMA  **Merkblatt**

## 11 – Schutzdauer, Erneuerung

(1) Der durch die internationale Registrierung erworbene Schutz dauert zehn Jahre. Die Registrierung kann beliebig oft für jeweils weitere zehn Jahre erneuert werden, gerechnet vom Ablauf des vorhergehenden Zeitabschnitts an. Sechs Monate vor Ablauf der zehnjährigen Schutzdauer erinnert das Internationale Büro den Markeninhaber an das Datum des Schutzablaufs. Der Antrag auf Erneuerung ist vom Markeninhaber *unmittelbar an das Internationale Büro* zu richten. Die Erneuerung von internationalen Marken wird vom Deutschen Patentamt nicht weitervermittelt. Gehen Zahlungen zum Zweck der Erneuerung beim Internationalen Büro mehr als drei Monate vor dem Datum ein, an dem die Erneuerung der internationalen Registrierung fällig ist, so gelten sie als 3 Monate vor dem Fälligkeitsdatum der Erneuerung eingegangen.

(2) Die Erneuerung darf gegenüber dem vorhergehenden Stand der Registrierung keine Änderung enthalten (Artikel 7 Abs. 2 MMA und 7 Abs. 2 PMMA); jedoch ist die Einschränkung der beteiligten Länder keine unzulässige Änderung im Sinne obengenannter Bestimmung. Sofern jedoch vor der Erneuerung noch Änderungen im internationalen Register eingetragen werden sollen (z. B. Firmen- und Adressenänderungen oder Einschränkungen des Verzeichnisses der Waren und Dienstleistungen), so ist bezüglich IR-Marken mit deutschem Inhaber die Eintragung der Änderung *rechtzeitig* unter Zahlung der vorgeschriebenen Gebühren beim Deutschen Patentamt zu beantragen (siehe Nr. 13). Gesuche um Eintragung von Rechtsänderungen, die nicht spätestens *bis zum Erneuerungstermin* durch Vermittlung der nationalen Behörde beim Internationalen Büro eingehen, können vor der Erneuerung nicht mehr berücksichtigt werden.

(3) Gegen eine Zuschlagsgebühr von 50 v. H. der Grundgebühr gewährt das Internationale Büro eine Nachfrist von sechs Monaten für die Erneuerung der internationalen Registrierung.

(4) Seit dem 1. 4. 1996 kann eine *nachträgliche Benennung von Ländern* auch in einer nach altem Recht angemeldeten internationalen Marke mit Laufzeit von 20 Jahren nur für höchstens 10 Jahre erfolgen. Für diese Länder endet die Laufzeit mit *Vollendung der ersten 10 Jahres-Spanne der Marke*. Für die nachträglich benannten Länder muß die Marke sodann für die zweite 10-Jahres-Laufzeit verlängert werden.

## 12 – Abhängigkeit von der Ursprungsmarke

(1) Während einer Frist von fünf Jahren, gerechnet vom Zeitpunkt der internationalen Registrierung an, bleibt die IR-Marke von der vorher im Ursprungsland (vgl. Nr. 1 Abs. 1 dieses Merkblatts) eingetragenen Marke abhängig. Das bedeutet, daß der durch die internationale Registrierung erlangte Schutz ganz oder teilweise nicht mehr in Anspruch genommen werden kann, wenn die eingetragene Ursprungsmarke den gesetzlichen Schutz in der Bundesrepublik Deutschland innerhalb der genannten fünf Jahre ganz oder teilweise nicht mehr genießt. In einem solchen Fall ersucht das Deutsche Patentamt das Internationale Büro von Amts wegen um die volle oder teilweise Löschung der Marke.

(2) Das gleiche gilt, wenn der gesetzliche Schutz der Ursprungsmarke später infolge einer vor Ablauf der Fünfjahresfrist erhobenen Klage (oder eines Widerspruchs) erlischt.

(3) Von der Abhängigkeit der Marke bleibt jedoch die Möglichkeit unberührt, die IR-Marke weiterzuveräußern.

## 13 – Änderungen eingetragener Marken

(1) Gesuche um Eintragung von Änderungen, nämlich
a) – Übergang des Rechts an der Marke (Vollübertragungen),
 – Firmen- und/oder Anschriftenänderungen sowie
 – Vertreterbestellung, -wechsel, -niederlegung, Änderung der Anschrift des Vertreters
sind, sofern es sich um *IR-Marken mit deutschem Inhaber* handelt, seit dem 1. 4. 1997 wieder beim *Deutschen Patentamt – IR-Referat –* in München zu beantragen,

**Merkblatt**  Internationale Registrierung nach dem MMA und PMMA

b) – nachträgliche Benennungen,
- Teilübertragungen für Länder und/oder Waren und Dienstleistungen,
- Löschung der internationalen Registrierung,
- Verzicht auf einzelne Länderanteile,
- Einschränkungen des Verzeichnisses der Waren und Dienstleistungen

sind, sofern es sich um *IR-Marken mit deutschem Inhaber* handelt, bei *der Markenabteilung 3.2. – IR-Referat* des Deutschen Patentamts in München zu beantragen,

c) Änderungen von IR-Marken mit einer DD-Ursprungsmarke sind beim *Deutschen Patentamt, Dienststelle Berlin, Referat 5.3.2.* zu beantragen,

Berichtigungen zu o. a. Fällen werden stets von der Stelle erledigt, die für die Bearbeitung des betreffenden Antrags zuständig ist.

(2) In den Anträgen an das Deutsche Patentamt ist die Nummer der betreffenden IR-Marke sowie die zugehörige nationale Marke anzugeben.

Sofern *Änderungen für eine Serie von Marken* beantragt werden, sollten im Antrag an die Umschreibstelle die IR-Nummern in numerischer Reihenfolge aufgeführt werden. Den jeweiligen IR-Nummern ist in Klammern die Registernummer der deutschen Ursprungsmarke anzufügen.

(3) Für Umschreibungen von IR-Marken gelten die gleichen Formerfordernisse wie für nationale Marken.

(4) Hinsichtlich der Eintragung von Firmen- und/oder Adressenänderungen wird besonders darauf aufmerksam gemacht, daß nach Einführung der maschinellen Datenverarbeitung beim Internationalen Büro nur solche Marken in *einem* Gesuch bearbeitet werden können, deren Angaben bezüglich des Namens bzw. der Firma sowie des Wohnorts bzw. des Sitzes des bisherigen Markeninhabers *völlig identisch* sind!

(5) Anträge auf Vertreterbenennung oder -wechsel werden nach Markeninhabern getrennt erbeten, und zwar unter Angabe der IR-Marken in numerischer Reihenfolge und Beifügung der Registernummer der jeweiligen Ursprungsmarke.

Der Widerruf der Vollmacht oder die Niederlegung der Vertretung können auch auf Grund einer unmittelbar an das Internationale Büro gerichteten schriftlichen Mitteilung durch den Markeninhaber oder den Vertreter eingetragen werden.

(6) Dem Antrag an das Deutsche Patentamt ist ein Zahlungsbeleg (Kopie Überweisung, Quittung von OMPI o. ä.) über die an das Internationale Büro zu zahlende Gebühr beizufügen (siehe auch Nr. 7).

(7) Für die nachträgliche Benennung ist ab dem 1. 1. 1995 eine nationale Gebühr in Höhe von 200,– DM entrichten.

### 14 – Berichtigungen

Die neuen Richtlinien unterscheiden nicht mehr nach dem Verursacher von Fehlern. Sobald das Internationale Büro einen Fehler in der internationalen Registrierung erkennt, wird dieser gem. Regel 28 GAusfOMMA/PMMA berichtigt. Bei einer Berichtigung auf Antrag (über das Deutsche Patentamt) prüft das Internationale Büro jedoch, ob es sich um einen Fehler oder vielmehr um eine Meinungsänderung handelt. Eine Frist (bisher: 6 Monate) ist ebenfalls nicht mehr vorgesehen.

### 15 – Abschriften und Auszüge aus dem Register

Das internationale Büro erteilt Abschriften und Auszüge aus dem Markenregister. Hierfür erhebt das Internationale Büro die aus dem beiliegenden Gebührenmerkblatt ersichtlichen Gebühren.

Internationale Registrierung nach dem MMA und PMMA  **Merkblatt**

### 16 – Veröffentlichungen

(1) Die international registrierten Marken sowie deren Erneuerungen und Änderungen werden in der Zeitschrift *Gazette des Marques Internationales* veröffentlicht. Es erfolgt weder eine Eintragung in das deutsche Register noch eine Veröffentlichung im Markenblatt.

(2) Die Zeitschrift *Gazette des Marques Internationales* kann bezogen werden beim

Wila Verlag<br>
Wilhelm Lampl GmbH<br>
Landsberger Straße 191 a<br>
80687 München

oder bei der

Organisation Mondiale de la Propriété intellectuelle (OMPI),<br>
34, chemin des Colombettes<br>
CH- 1211 Genève 20 (Suisse)

### Schutzbewilligungsverfahren für international registrierte ausländische Marken

### 17 – Grundlage, Prüfung

(1) Die für Waren und Dienstleistungen international registrierten ausländischen Marken und deren nachträgliche Benennungen, bei denen die Bundesrepublik Deutschland unter den *Pays intéressés* genannt ist, unterliegen nach Maßgabe des deutschen Markengesetzes der Prüfung, ob ihnen der Schutz in der Bundesrepublik Deutschland gewährt werden kann.

(2) Eine Schutzverweigerung muß dem Internationalen Büro innerhalb eines Jahres nach der Eintragung der Marke im internationalen Register mitgeteilt werden.

(3) An die Stelle der Bekanntmachung im Markenblatt tritt für die international registrierten ausländischen Marken die Veröffentlichung in dem vom Internationalen Büro herausgegebenen Blatt *Gazette des Marques Internationales*. Der Veröffentlichungstag ist auf dem jeweiligen Heft angegeben.

### 18 – Widerspruch

(1) Gegen die Schutzgewährung der in Nr. 17 Abs. 1 genannten Marken und deren nachträglichen Benennungen kann auf Grund von entgegenstehenden älteren Marken beim

Deutschen Patentamt<br>
– Markenabteilung –

Widerspruch nach Maßgabe des § 114 Abs. 2 des Markengesetzes in Verbindung mit den §§ 26 ff. der MarkenV erhoben werden.

(2) Die Widerspruchsfrist beträgt 3 Monate und beginnt mit dem ersten Tag des Monats, der auf das jeweilige Veröffentlichungsdatum des Heftes der *Gazette des Marques Internationales* folgt, in dem die betreffende Marke bekanntgemacht worden ist, z.B. Heft 1/1989, veröffentlicht am 10. März 1989 (publié le 10 mars 1989): Widerspruchsfrist vom 1. April bis 30. Juni 1989.

### 19 – Schutzverweigerung

(1) Absolute Schutzversagungsgründe und evtl. Widersprüche werden dem Internationalen Büro nach Ablauf der Widerspruchsfrist durch einen Schutzverweigerungsbescheid (Avis de refus de protection) mitgeteilt. Das Internationale Büro stellt den Bescheid dem ausländischen Markeninhaber zu. In diesem Bescheid wird dem Markeninhaber zunächst Gele-

**Merkblatt** Internationale Registrierung nach dem MMA und PMMA

genheit gegeben, innerhalb von vier Monaten im Inland einen Vertreter (Rechts- oder Patentanwalt) zu bestellen. Kommt er der Aufforderung nicht nach, so wird der Schutzverweigerungsbescheid definitiv, kann dann aber noch innerhalb eines weiteren Monats mit dem angegebenen Rechtsmittel (Erinnerung oder Beschwerde) angegriffen werden. Nach fruchtlosem Ablauf dieser Frist wird der Bescheid rechtskräftig.

(2) Falls der ausländische Markeninhaber zur Geltendmachung seiner Rechte im Inland einen Vertreter bestellt, entscheidet das Deutsche Patentamt im Beschlußverfahren.

### 20 – Veröffentlichung des Rechtsstandes ausländischer IR-Marken

Im Markenblatt erscheint vierteljährlich, am 15. Januar, 15. April, 15. Juli und 15. Oktober eines jeden Jahres, eine Zusammenstellung der international registrierten ausländischen Marken,
1. denen der Schutz in vollem Umfang bewilligt worden ist,
2. denen der Schutz teilweise bewilligt worden ist,
3. denen der Schutz ganz versagt bzw. auf deren Schutz ganz verzichtet worden ist,
4. denen der Schutz entzogen worden ist,
5. denen der Schutz teilweise entzogen worden ist,
6. Berichtigungen.

### 21 – Frist für die Aufnahme der Benutzung

(1) Bei ausländischen IR-Marken beginnt die Fünfjahresfrist für die Aufnahme der Benutzung grundsätzlich mit dem Ablauf eines Jahres nach der Eintragung in das internationale Register, oder, falls das Prüfungsverfahren nach §§ 113, 114 MarkenG zu diesem Zeitpunkt noch nicht abgeschlossen ist, mit dem Zugang der abschließenden Mitteilung über die Schutzbewilligung beim Internationalen Büro in Genf (§§ 116, 115 Abs. 2 u. 124 MarkenG i.V.m. Art. 5 Abs. 2 MMA, Art. 5 Abs. 2 PMMA, Regel 17 (1) GAusfOMMA/PMMA). Das letztere Datum wird im Markenblatt veröffentlicht.

(2) Wird gegen eine ausländische IR-Marke Widerspruch erhoben, so ist gegenüber der Widerspruchsmarke der Einwand der Nichtbenutzung erst zulässig, wenn die Widerspruchsmarke zum Zeitpunkt der Veröffentlichung der IR-Marke in der *Gazette des Marques Internationales* (siehe oben Nr. 17 Abs. 3) länger als fünf Jahre im Markenregister eingetragen ist. Bei Widersprüchen aus älteren IR-Marken gilt insoweit die in Abs. 1 genannte Frist.

### 22 – Schutzentziehung

An die Stelle der Löschung tritt bei ausländischen IR-Marken die Schutzentziehung der Marke für das Gebiet der Bundesrepublik Deutschland gemäß § 115 MarkenG.

Gesuch um internationale Registrierung   **Vordruck**

## 6. Vordruck: Gesuch um internationale Registrierung der Warenmarke/der Dienstleistungsmarke*

vom 1. Juni 1996

An das
**Deutsches Patent- und Markenamt**
**80297 München**

Ort:
Datum:
Eigenes Zeichen:
Bei Rückfragen:
Telefon:
Bearbeiter:

Zutreffendes bitte ankreuzen oder ausfüllen!

**Antragsteller** (Name bzw. Firma und vollständige Anschrift):   **Vertreter:**

**Betr.:** Gesuch um internationale Registrierung der Warenmarke / der Dienstleistungsmarke
Registernummer:
Aktenzeichen der Anmeldung:
In der Anlage wird das ausgefüllte Formblatt der OMPI, Genf
☐ MM1,   ☐ MM2 (F),   ☐ MM2 (E),   ☐ MM3 (F),   ☐ MM3 (E)
zur Vermittlung an das Internationale Büro eingereicht.

Zum Nachweis der Zahlung der Gebühren an OMPI, Genf   ☐ ist Verr.-Scheck in sfr f. OMPI beigefügt
☐ ist OMPI-Quittung beigefügt.   ☐ wird OMPI-Quittung nachgereicht.   ☐ ist Post- bzw. Bankbestätigung beigefügt.
☐ Die Gebühren sollen abgebucht werden von meinem Kontokorrentkonto bei der OMPI Nr. _____

*Die nationale Gebühr* in Höhe von 300.- DM
☐ ist durch die unten aufgeklebten Gebührenmarken des Deutschen Patent- und Markenamts entrichtet worden.
☐ ist auf das Konto Nr. _____ der Zahlstelle des Deutschen Patent- und Markenamts am _____ überwiesen worden.
☐ ist durch beigefügten Scheck an das DMPA entrichtet worden.

*Bei Bildmarken bzw. dreidimensionalen Marken:*
**Es sind beigefügt:**

☐ 6 Abbildungen (schwarz/weiß) der Marke für die Einfügung in das Gesuch (Länge und Breite nicht mehr als 8 cm und nicht weniger als 1,5 cm, da national schwarz/weiß eingetragen).

☐ Die Marke soll **farbig** gedruckt werden in LMI (das nationale Zeichen ist farbig eingetragen), die 6 Abbildungen in Farbe sind beigefügt. (Länge und Breite nicht mehr als 8 cm)

**Anlagen:**
☐ Demande bzw. Application (1-fach)
☐ Übersetzung des Verzeichnisses der Waren/Dienstleistungen
☐ Quittungskarte des Internationalen Büros bzw. Bank- bzw. Postbestätigung über die Zahlung der Gebühren an OMPI
☐ Verrechnungs-Scheck in sfr für OMPI
☐ Verrechnungs-Scheck in DM für DPMA
☐ Abbildungen der Bildmarke bzw. dreidimensionale Marke schw./weiß
☐ 6 farbige Abbildungen der Bildmarke bzw. dreidimensionale Marke
☐ ggf. Kopie der Eintragungsurkunde der deutschen Marke
☐ Vorbereitete Empfangsbescheinigung auf freigemachter Postkarte bzw. mit freigemachtem Briefumschlag

Unterschrift

- Raum für Gebührenmarken -

M8005
1.99 (online)

* Internetadresse: http://www.patent-und-markenamt.de/formular/li_mark.htm (Dok.-Nr. M 8005).

2645

# Gebührenmerkblatt

## 7. Gebührenmerkblatt:
### Gebühren des Internationalen Büros nach dem Madrider Abkommen (MMA) und nach dem Protokoll zum Madrider Markenabkommen (PMMA)

vom 1. April 1996
(BlPMZ 1997, 248)

**A** – Das Internationale Büro erhebt für die internationale Registrierung von Marken nach dem obengenannten Abkommen bzw. dem Protokoll folgende im voraus in Schweizer Franken zu entrichtende Gebühren. Die Gebühren in der unter *A* angegebenen Liste bestehen vorbehaltlich der unter *B* angegebenen individuellen Gebühren, die einige Mitglieder des PMMA festgesetzt haben. Die Höhe der Gebühren ergibt sich aus Regel 10 der Gemeinsamen Ausführungsverordnung zum Madrider Markenabkommen und zum Protokoll zum Madrider Markenabkommen (GAusfOMMA/PMMA). Die ab 1. April 1996 gültigen Gebührensätze sind nachstehend aufgeführt. Wegen der Zahlungsweise und der Konten siehe „Merkblatt über die internationale Registrierung deutscher Marken sowie Schutzbewilligungsverfahren für international registrierte ausländische Marken nach dem Madrider Markenabkommen (MMA) und nach dem Protokoll zum Madrider Markenabkommen (PMMA)", Ziffer 7.

### 1. Internationale Gesuche ausschließlich nach dem Madrider Markenabkommen
für einen Zeitraum von 10 Jahren:

1.1 Grundgebühr (Art. 8 Abs. 2 Buchst. a MMA)
    1.1.1 wenn keine der Wiedergaben der Marke in Farbe ist .................... 653
    1.1.2 wenn eine der Wiedergaben der Marke in Farbe ist .................... 903
1.2 Zusatzgebühr für jede die dritte Klasse übersteigende Klasse der Waren u. Dienstleistungen (Art. 8 Abs. 2 Buchst. b MMA) .................... 73
1.3 Ergänzungsgebühr für die Benennung eines jeden benannten Vertragsstaats (Art. 8 Abs. 2 Buchst. c MMA) .................... 73

### 2. Internationale Gesuche ausschließlich nach dem Protokoll
für einen Zeitraum von 10 Jahren

2.1 Grundgebühr (Art. 8 Abs. 2 Ziffer i PMMA)
    2.1.1 wenn keine der Wiedergaben der Marke in Farbe ist .................... 653
    2.1.2 wenn eine der Wiedergaben der Marke in Farbe ist .................... 903
2.2 Zusatzgebühr für jede die dritte Klasse übersteigende Klasse der Waren und Dienstleistungen (Art. 8 Abs. 2 Ziffer ii PMMA), sofern nicht ausschließlich Vertragsparteien benannt werden, für die individuelle Gebühren (s. 2.4) zu zahlen sind .................... 73
2.3 Ergänzungsgebühr für die Benennung jeder Vertragspartei (Art. 8 Abs. 2 Ziffer iii PMMA), sofern es sich bei der benannten Vertragspartei nicht um eine Partei handelt, für die eine individuelle Gebühr (s. 2.4) zu zahlen ist (s. Art. 8 Abs. 7 Buchst. a Ziffer ii PMMA) .................... 73
2.4 Individuelle Gebühr für die Benennung jeder Vertragspartei, für die eine individuelle Gebühr (anstatt einer Ergänzungsgebühr) zu zahlen ist (s. Art. 8 Abs. 7 Buchst. a PMMA): der Betrag der individuellen Gebühr wird von jeder Vertragspartei festgesetzt    **s. unter B**

Gebühren des Internationalen Büros  **Gebührenmerkblatt**

### 3. Internationale Gesuche, für die sowohl das MMA als auch das Protokoll maßgebend sind
für einen Zeitraum von 10 Jahren:

3.1 Grundgebühr

    3.1.1 wenn keine der Wiedergaben der Marke in Farbe ist.................................... 653

    3.1.2 wenn eine der Wiedergaben in Farbe ist......................................................... 903

3.2 Zusatzgebühr für jede die dritte Klasse übersteigende Klasse der Waren oder Dienstleistungen............................................................................................................... 73

3.3 Ergänzungsgebühr für die Benennung jeder benannten Vertragspartei, für die keine individuelle Gebühr zu zahlen ist................................................................................ 73

3.4 Individuelle Gebühr für die Benennung jeder Vertragspartei, für die eine individuelle Gebühr zu zahlen ist, sofern es sich nicht um einen Staat handelt, der (auch) durch das Abkommen gebunden ist, und es sich auch bei der Ursprungsbehörde um die Behörde eines Staates handelt, der (auch) durch das Abkommen gebunden ist (für einen solchen Staat ist eine Ergänzungsgebühr zu zahlen): der Betrag der individuellen Gebühr wird von jeder betroffenen Vertragspartei festgesetzt  **s. unter B**

### 4. Mängel in Bezug auf die Klassifikation der Waren und Dienstleistungen
Folgende Gebühren sind zu zahlen (Regel 12 Abs. 1 Buchst. b)

4.1 wenn die Waren und Dienstleistungen nicht nach Klassen gruppiert sind............. 77

                                          sowie 4 für jeden den zwanzigsten Begriff übersteigenden Begriff.

4.2 wenn die im Gesuch angegebene Klassifikation eines oder mehrerer Begriffe unzutreffend ist ............................................................................................................... 20

                                          sowie 4 für jeden unzutreffend klassifizierten Begriff.

Allerdings sind keine Gebühren zu zahlen, wenn der aufgrund dieser Nummer fällige Gesamtbetrag für ein internationales Gesuch weniger als 150 sfrs beträgt.

### 5. Nachträgliche Benennung

Die Gebühren umfassen den Zeitraum zwischen dem Datum des Wirksamwerdens der Benennung und dem Ablauf der laufenden Schutzfrist für die internationale Registrierung:

5.1 Grundgebühr ....................................................................................................... 300

5.2 Ergänzungsgebühr für jede benannte Vertragspartei, die in demselben Gesuch angegeben wird, wenn in bezug auf diese Vertragspartei eine individuelle Gebühr nicht zu zahlen ist (die Gebühr umfaßt die verbleibenden 10 Jahre) ....................... 73

5.3 Individuelle Gebühr für die Benennung jeder Vertragspartei, für die eine individuelle Gebühr (anstatt einer Ergänzungsgebühr) zu zahlen ist: der Betrag der individuellen Gebühr wird von jeder betroffenen Vertragspartei festgesetzt  **s. unter B**

### 6. Erneuerung
Die Gebühren sind für einen Zeitraum von 10 Jahren zu zahlen

6.1 Grundgebühr ....................................................................................................... 653

6.2 Zusatzgebühr, sofern die Erneuerung nicht nur für benannte Vertragsparteien erfolgt, für die individuelle Gebühren zu zahlen sind................................................... 73

6.3 Ergänzungsgebühr für jede benannte Vertragspartei, für die eine individuelle Gebühr nicht zu bezahlen ist........................................................................................ 73

# Gebührenmerkblatt
Gebühren des Internationalen Büros

6.4 Individuelle Gebühr für die Benennung jeder Vertragspartei, für die eine individuelle Gebühr (anstatt einer Ergänzungsgebühr zu zahlen ist; der Betrag der individuellen Gebühr wird von jeder betroffenen Vertragspartei festgesetzt **s. unter B**

6.5 Zuschlagsgebühr für die Inanspruchnahme der Nachfrist    50 v. H. des Betrags der nach Nummer 6.1 zu zahlenden Gebühren.

## 7. Änderungen

7.1 Vollständige Übertragung einer internationalen Registrierung.................... 177

7.2 Teilübertragung (für einen Teil der Waren oder Dienstleistungen oder einen Teil der Vertragsparteien) einer internationalen Registrierung........................ 177

7.3 nach der internationalen Registrierung vom Inhaber beantragte Einschränkung, sofern diese, wenn sie mehrere Vertragsparteien betrifft, für alle Vertragsparteien dieselbe ist................................................................ 177

7.4 Änderungen des Namens und/oder der Anschrift des Inhabers einer oder mehrerer internationaler Registrierungen, für die dieselbe Änderung in demselben Antrag beantragt wird.................................................... 150

## 8. Informationen über internationale Registrierungen

8.1 Anfertigung eines beglaubigten Auszugs aus dem internationalen Register mit Sachstandsanalyse einer internationalen Registrierung (detaillierter beglaubigter Auszug)

    bis zu 3 Seiten...................................................... 155

    für jede über die dritte hinausgehende Seite ...................... 10

8.2 Anfertigung eines beglaubigten Auszugs aus dem internationalen Register, bestehend aus einer Kopie sämtlicher Veröffentlichungen und sämtlicher Mitteilungen über die Schutzverweigerung, die sich auf eine internationale Registrierung beziehen (einfacher beglaubigter Auszug)

    bis zu drei Seiten................................................... 77

    für jede über die dritte hinausgehende Seite ...................... 2

8.3 eine einzelne schriftliche Bestätigung oder Auskunft für eine einzelne internationale Registrierung........................................................... 77

    für jede weitere internationale Registrierung, wenn dieselbe Auskunft in demselben Antrag beantragt wird................................... 10

8.4 Sonderdruck oder Fotokopie der Veröffentlichung einer internationalen Registrierung, je Seite.................................................... 5

## 9. Besondere Dienstleistungen

Das internationale Büro ist ermächtigt, für eilige Vorgänge und für Dienstleistungen, die in diesem Gebührenverzeichnis nicht erfaßt sind, eine Gebühr zu verlangen, deren Betrag es selbst festsetzen kann.

## B – Individuelle Gebühren nach Art. 8.7) a) des Protokolls zum MMA

1. Entsprechend Art. 8.7) Protokoll zum MMA und Regel 35 der GAusfOMMA/PMMA fallen die in der untenstehenden Tabelle aufgeführten individuellen Gebühren ab 1. 4. 1996 für jede Benennung der u. g. Mitgliedsparteien des Protokolls an, sei es im Antrag zur internationalen Registrierung, sei es anläßlich einer nachträglichen Benennung, sei es anläßlich der Verlängerung. Für die in Frage kommenden Parteien kommen diese individuellen Gebühren anstelle der 73,– sfrs zur Anwendung sowie, falls zutreffend, die in den Absätzen 2.2, 2.3, 3.3, 5.2, 6.2 und 6.3 der Gebührenliste (Anlage zur AusfO) aufgeführte Zusatzgebühr.
2. Die unten angegebenen Beträge sind in sfrs. aufgeführt und müssen in sfrs. entrichtet werden.

Gebühren des Internationalen Büros **Gebührenmerkblatt**

| Individuelle Gebühr (sfrs) | Dänemark | Finnland | Norwegen | Schweden | Vereinigtes Königreich |
|---|---|---|---|---|---|
| Gebühr f. nachträgliche Benennung (in demande oder nachtr. Benennung) – für *eine* Klasse | 524 | 262 (340)* | 297 | 213 ((35))** | 408 |
| – für jede weitere Klasse | 84 | 97*** | 111 | 89 | 227 |
| Erneuerungsgebühr: | | | | | |
| – für *eine* Klasse | 524 | 280 (380)* | 297 | 213 | 454 |
| – für jede weitere Klasse | 84 | 146*** | 111 | 89 | 363 |

\* Der Betrag in Klammern ist bei Kollektivmarken zu zahlen.
\*\* Der Betrag in Doppelklammern ist fällig, wenn die internationale Registrierung nicht die Erklärung enthält, nach der der Hinterleger wünscht, daß die Marke als Wortmarke (Standardbuchstaben) anzusehen ist (gilt für Neuregistrierung, für nachträgliche Benennung wie auch für die Erneuerung einer IR-Marke).
\*\*\* Dieser Betrag gilt auch bei Kollektivmarken.

**C** – Falls die Höhe der Gebühren geändert wird, so ist der neue Betrag für die internationalen Registrierungen, die das Datum des Inkrafttretens der Änderung oder ein späteres Datum tragen, sowie für die Erneuerungen internationaler Registrierungen, für die der laufende Zeitabschnitt an diesem oder einem späteren Datum abläuft, maßgebend.

Für internationale Marken, die noch einen Zeitrang vor dem 1.4.1996 aufweisen: Hinsichtlich der für den zweiten Zeitabschnitt von zehn Jahren zu entrichtenden Restgrundgebühr ist der neue Betrag maßgebend, wenn die Restgrundgebühr nach Inkrafttreten der Änderung gezahlt wird.

**D – Gebührenfrei** sind:
  a) die vollständige Löschung einer internationalen Registrierung;
  b) der Verzicht auf den Schutz für einen Teil der Länder;
  c) die Einschränkung des Verzeichnisses der Waren und Dienstleistungen für einen Teil der Länder, wenn sie gleichzeitig mit dem Gesuch um internationale Registrierung erklärt wird;
  d) die von der nationalen Behörde gem. Art. 6 Abs. 4 Satz 1 MMA beantragte Einschränkung des Verzeichnisses der Waren und Dienstleistungen;
  e) der Vermerk eines die nationale Basismarke betreffenden gerichtlichen Verfahrens oder eines rechtskräftigen Urteils (Art. 6 Abs. 4 Satz 2 MMA) in das internationale Register;
  f) jede Eintragung in das internationale Register, die die Folge einer vorläufigen oder endgültigen Schutzverweigerung oder einer gerichtlichen Entscheidung ist;
  g) die Bestellung eines Vertreters, Vertreterwechsel, Änderung des Namens, der Anschrift oder einer sonstigen den Vertreter betreffenden Änderung.

# Fünfter Teil
# Register

## Übersicht

1. Chronologisches Fundstellenverzeichnis für Entscheidungen des Europäischen Gerichtshofs mit alphabetischem Entscheidungsregister .......................................... 2653
   a) Alphabetisches Entscheidungsregister ................................................. 2654
   b) Chronologisches Fundstellenverzeichnis ............................................. 2655
2. Chronologisches Fundstellenverzeichnis für Entscheidungen des Bundesgerichtshofs mit alphabetischem Entscheidungsregister ............................................. 2663
   a) Alphabetisches Entscheidungsregister ................................................. 2664
   b) Chronologisches Fundstellenverzeichnis ............................................. 2675
3. Chronologisches Fundstellenverzeichnis für Entscheidungen des Bundespatentgerichts mit alphabetischem Entscheidungsregister ........................................ 2717
   a) Alphabetisches Entscheidungsregister ................................................. 2718
   b) Chronologisches Fundstellenverzeichnis ............................................. 2733
4. Konkordanzlisten Markenrechtsrichtlinie, Markengesetz und Warenzeichengesetz ............................................................................................................. 2763
   a) Markenrechtsrichtlinie – Markengesetz ............................................... 2764
   b) Markengesetz – Markenrechtsrichtlinie ............................................... 2766
   c) Markengesetz – Warenzeichengesetz ................................................... 2769
5. Fälleverzeichnis ........................................................................................... 2775
6. Sachverzeichnis ........................................................................................... 2805

# Fünfter Teil
# Register

## Übersicht

1. Chronologische Tabelle der Entscheidungen des Bundestages
   a) Entscheidungen aufgrund von Enqueteergebnissen ............................. 2568
   b) Ablehnende Entscheidungen ................................................. 2654
   c) Technologische Entwicklungslinie ......................................... 2663

2. Übersicht der Entscheidungen nach der Stellungnahme der Bundesanstalt
   a) mit zustimmendem Ergebnis ................................................ 2665
   b) mit ablehnendem Ergebnis ................................................. 2671
   c) Chronologische Tafel der Entscheidungen .................................. 2676

3. Chronologische Enqueteübersicht für Entscheidungen des Bundestages
   a) Abhandlungen über Enqueteergebnisse ..................................... 2712
   b) Abnahme des Enqueteinhalts ............................................... 2716
   c) Chronologische Tafel der Entscheidungen .................................. 2718

4. Kommissioneller Art, Verluste, Kläger, Mitkläger und Vorsitzender .......... 2764
   a) Mitklagender Inhalt — Mitkläger ......................................... 2764
   b) Mitklagender Vorsitz und Mitkläger ....................................... 2766
   c) Mitklagender — Vorsitzender .............................................. 2769

5. Paragraphen .................................................................. 2785

6. Sachregister ................................................................. 2809

# 1. Chronologisches Fundstellenverzeichnis für Entscheidungen des Europäischen Gerichtshofs mit alphabetischem Entscheidungsregister

## Inhaltsübersicht

a) Alphabetisches Entscheidungsregister ...................................................... 2654
b) Chronologisches Fundstellenverzeichnis.................................................. 2655

# Fundstellenverzeichnis EuGH

## a) Alphabetisches Entscheidungsregister

Die Ziffern des alphabetischen Entscheidungsregisters bedeuten die laufenden Nummern des chronologischen Fundstellenverzeichnisses.

| | |
|---|---|
| Adalat | 35 |
| AEG | 23 |
| BMW | 65 |
| „BEGUELIN Import" | 4 |
| Bocksbeutel | 25 |
| Bristol-Myers Squibb/Paranova | 45 |
| Cabour/Arnor | 58 |
| Canon | 63 |
| Cartier | 39 |
| Cassis de Dijon | 15 |
| Centrafarm/American Home Products | 13 |
| Chatain | 16 |
| Chiciak | 57 |
| Clinique | 40 |
| Cotonelle | 48 |
| Dassonville | 7 |
| Delhaize | 33 |
| Deutsche Grammophon | 3 |
| Dior/Evora | 53 |
| Dori/Recreb | 42 |
| EMI | 9 |
| Eurim Pharma | 32 |
| Eurim-Pharm/Beiersdorf | 47 |
| Feta | 67 |
| Frilli | 5 |
| Goerres | 59 |
| Gorgonzola/Cambozola | 66 |
| Grundig/Consten | 1 |
| Gut Springenheide | 61 |
| HAG I | 6 |
| HAG II | 30 |
| Hermès International | 59 |
| Hoffmann La Roche/Centrafarm | 12 |
| Hünermund | 38 |
| Ideal-Standard | 41 |
| Isoglukose | 14 |
| Javico/Yves Saint Laurent | 56 |
| Keck und Mithouard | 36 |
| Klosterdoktor | 19 |
| L' Oréal | 18 |
| Lancôme | 17 |
| Leclerc | 43 |
| Les Rapides Savoyards | 26 |
| Loendersloot/Ballantine | 55 |
| Marleasing | 31 |
| Mars | 44 |
| Merck II | 49 |
| Metro I | 11 |
| Metro II | 29 |
| MPA Pharma/Rhône-Poulenc Pharma | 46 |
| Nachtbackverbot | 20 |
| NEGRAM III | 8 |
| Pharmon | 28 |
| Phyteron/Bourdon | 50 |
| Pistre | 52 |
| Polydor/Harlequin | 22 |
| quattro/Quadra | 37 |
| Sabèl/Puma (Springende Raubkatze II) | 54 |
| Schienenbefestigung | 24 |
| Sektkellerei Kessler | 64 |
| Silhouette | 62 |
| Sirena/Novimpex | 2 |
| Terranova/Terrapin | 10 |
| Toltecs/Dorcet II | 27 |
| Turrón de Alicante(Exportur) | 34 |
| V.A.G. | 51 |
| Vibramycin | 21 |

## b) Chronologisches Fundstellenverzeichnis

### Abkürzungen

| | |
|---|---|
| Rs | Rechtssache |
| Slg | Entscheidungen des Europäischen Gerichtshofs, Amtliche Sammlung |
| EuZW | Europäische Zeitschrift für Wirtschaftsrecht |
| GRUR Int | Gewerblicher Rechtsschutz und Urheberrecht, Internationaler Teil |
| GRUR | Gewerblicher Rechtsschutz und Urheberrecht |
| WRP | Wettbewerb in Recht und Praxis |
| NJW | Neue Juristische Wochenschrift |
| ZIP | Zeitschrift für Wirtschaftsrecht |
| RIW | Recht der Internationalen Wirtschaft |
| EuR | Europarecht |

# Fundstellenverzeichnis EuGH 1966–1982   Chronologisches

| Nr. | Datum | Rs | Slg | EuZW | GRUR Int | GRUR | WRP | NJW |
|---|---|---|---|---|---|---|---|---|
|   | **1966** | | | | | | | |
| 1 | 13. 7. | 56, 58/64 | 1966, 321 | | 66, 580 | | | |
|   | **1971** | | | | | | | |
| 2 | 18. 2. | 40/70 | 1971, 69 | | 71, 279 | | | |
| 3 | 8. 6. | 78/70 | 1971, 487 | | 71, 450 | | | |
| 4 | 25. 11. | 22/71 | 1971, 949 | | 72, 495 | | | |
|   | **1972** | | | | | | | |
| 5 | 22. 6. | 1/72 | 1972, 457 | | | | | |
|   | **1974** | | | | | | | |
| 6 | 3. 7. | 192/73 | 1974, 731 | | 74, 338 | | | |
| 7 | 11. 7. | 8/74 | 1974, 837 | | 74, 467 | | | 75, 515 |
| 8 | 31. 10. | 16/74 | 1974, 1183 | | 74, 456 | | | |
|   | **1976** | | | | | | | |
| 9 | 15. 6. | 51/75 | 1976, 811 | | 76, 398 | | | |
| 10 | 22. 6. | 119/75 | 1976, 1039 | | 76, 402 | | | |
|   | **1977** | | | | | | | |
| 11 | 25. 10. | 26/76 | 1977, 1875 | | 78, 254 | | 78, 234 | |
|   | **1978** | | | | | | | |
| 12 | 23. 5. | 102/77 | 1978, 1139 | | 78, 291 | 78, 599 | | 78, 1739 |
| 13 | 10. 10. | 3/78 | 1978, 1823 | | 79, 99 | 79, 69 | | 79, 484 |
| 14 | 25. 10. | 125/77 | 1978, 1991 | | | | | |
|   | **1979** | | | | | | | |
| 15 | 20. 2. | 120/78 | 1979, 649 | | 79, 468 | | | 79, 1766 |
|   | **1980** | | | | | | | |
| 16 | 24. 4. | 65/79 | 1980, 1345 | | | | | |
| 17 | 10. 7. | 99/79 | 1980, 2511 | | 80, 741 | | | 81, 1151 |
| 18 | 11. 12. | 31/80 | 1980, 3775 | | 81, 315 | | | |
|   | **1981** | | | | | | | |
| 19 | 25. 2. | 56/80 | 1981, 583 | | 81, 318 | 81, 430 | 81, 378 | 81, 1150 |
| 20 | 14. 7. | 15/80 | 1981, 1993 | | | | | 81, 1885 |
| 21 | 3. 12. | 1/81 | 1981, 2913 | | 80, 302 | | | 82, 1210 |
|   | **1982** | | | | | | | |
| 22 | 9. 2. | 270/80 | 1982, 329 | | 82, 372 | | | |
| 23 | | 107/82 | 1983, 3151 | | | | | |

**1966–1982 Fundstellenverzeichnis EuGH**

| ZIP | RIW | EuR | Vollständiger Entscheidungsname | Schlagwort |
|---|---|---|---|---|
| | | 66, 273 | Consten GmbH und Grundig-Verkaufs-GmbH/Kommission der EWG | Grundig/Consten |
| | | | Sirena S.r.l./Eda S.r.l. u. a. | Sirena/Novimpex |
| | | | Deutsche Grammophon GmbH/Kommanditgesellschaft Metro-SB-Großmärkte GmbH u. Co.KG | Deutsche Grammophon |
| | | | Béguelin Import Co./ S.A.G.L. Import Export | „BEGUELIN Import" |
| | | | Rita Frilli/Belgischer Staat | Frilli |
| | | | Van Zuylen Frères/HAG AG | HAG I |
| | | | Staatsanwaltschaft/Benoit und Gustave Dassonville | Dassonville |
| | | | Centrafarm B.V. u. a./ Wintrop B.V. | NEGRAM III |
| | | | EMI Records Limited/CBS United Kingdom Limited | EMI |
| | | | Firma Terrapin Overseas Ltd/ Firma Terranova Industrie | Terranova/Terrapin |
| | 78, 108 | | Metro SB- Großmärkte GmbH & Co. KG/Kommission der Europäischen Gemeinschaften | Metro I |
| | 78, 463 | | Hoffmann La Roche & Co. AG/ Centrafarm Vertriebsgesellschaft Pharmazeutischer Erzeugnisse mbH | Hoffmann La Roche/Centrafarm |
| | 79, 42 | | Centrafarm B.V./American Home Products Corp. | Centrafarm/American Home Products |
| | 79, 121 | | Koninklighe Scholten-Honig NV und De verenigde Zetmeelbedrigven „De Bigenkorf" BV/Hoofdproduktschap voor Akkerbouwprodukten | Isoglukose |
| | | | Rewe-Zentral-AG/Bundesmonopolverwaltung für Branntwein | Cassis de Dijon |
| | 80, 508 | | Strafverfahren gegen René Chatain | Chatain |
| | 80, 870 | | SA Lancôme und Cosparfrance Nederland BV/Etos BV und Albert Heyn Supermart BV | Lancôme |
| | 81, 487 | | NV L' Oréal und SA L'Oréal/ PVBA „De Nieuwe Amck" | L' Oréal |
| | 81, 330 | | Firma A. Weigand, Bingen/ Schutzverband Deutscher Wein e.V., Mannheim | Klosterdoktor |
| | | | Bußgeldverfahren gegen Sergius Oebel | Nachtbackverbot |
| | 82, 126 | | Pfizer Inc./Eurim-Pharm GmbH | Vibramycin |
| | | | Polydor Ltd. und RSO Records Inc./Harlequin Record Shops und Simons Records Ltd. | Polydor/Harlequin |
| | | | Allgemeine Elekticitäts-Gesellschaft AEG Telefunken AG/Kommission der Europäischen Gemeinschaften | AEG |

# Fundstellenverzeichnis EuGH 1983–1996

| Nr. | Datum | Rs | Slg | EuZW | GRUR Int | GRUR | WRP | NJW |
|---|---|---|---|---|---|---|---|---|
| 24 | **1983**<br>15. 11. | 288/82 | | | 84, 693 | | | |
| 25 | **1984**<br>13. 3. | 16/83 | 1984, 1299 | | 84, 291 | 84, 343 | | 84, 1291 |
| 26 | 12. 7. | 218/83 | 1984, 3105 | | | | | |
| 27 | **1985**<br>30. 1. | 35/83 | 1985, 363 | | 85, 399 | | | 85, 1278 |
| 28 | 9. 7. | 19/84 | 1985, 2281 | | 85, 822 | | | |
| 29 | **1986** | 75/84 | 1986, 3021 | | | | | 88, 1444 |
| 30 | **1990**<br>17. 10. | C–10/89 | 1990, I–3711 | 90, 545 | 90, 960 | | | 91, 626 |
| 31 | 13. 11. | C–106/89 | 1990, I–4135 | | | | | |
| 32 | **1991**<br>16. 4. | C–347/89 | 1991, I–1747 | 91, 409 | | | | 91, 2951 |
| 33 | **1992**<br>9. 6. | C–47/90 | 1992, I–3669 | | | | | |
| 34 | 10. 11. | C–3/91 | 1992, I–5553 | 93, 66 | 93, 76 | | | |
| 35 | **1993**<br>1. 7. | C–207/91 | 1993, I–3723 | 93, 515 | | | | 93, 2987 |
| 36 | 24. 11. | C–267/91,<br>C–268/91 | 1993, I–6126 | 93, 770 | 94, 56 | 94, 296 | 94, 99 | 94, 121 |
| 37 | 30. 11. | C–317/91 | 1993, I–6260 | 94, 27 | 94, 168 | 94, 286 | 94, 294 | |
| 38 | 15. 12. | C–292/92 | 1993, I–6816 | | 94, 170 | 94, 299 | 94, 297 | 94, 781 |
| 39 | **1994**<br>**13. 1.** | C–376/92 | 1994, I–15 | | | | | |
| 40 | 2. 2. | C–315/92 | 1994, I–317 | 94, 148 | 94, 231 | 94, 303 | 94, 380 | 94, 1207 |
| 41 | 22. 6. | C–9/93 | 1994, I–2789 | 94, 467 | 94, 614 | | | 95, 3244 |
| 42 | 14. | C–91/92 | 1994, I–3325 | 94, 498 | 94, 954 | | | 94, 2473 |
| 43 | **1995**<br>9. 2. | C–412/93 | 1995, I–209 | 95, 250 | | | | |
| 44 | 6. 7. | C–470/93 | 1995, I–1936 | 95, 611 | 95, 804 | | 95, 677 | 95, 3243 |
| 45 | **1996**<br>11. 7. | C–427/93,<br>C–429/93,<br>C–436/93 | 1996, I–3545 | 96, 526 | 96, 1144 | | 96, 880 | |
| 46 | 11. 7. | C–232/94 | 1996, I–3671 | 96, 544 | 96, 1151 | | 96, 874 | |

## 1983–1996 Fundstellenverzeichnis EuGH

| ZIP | RIW | EuR | Vollständiger Entscheidungsname | Schlagwort |
|---|---|---|---|---|
| | | | Duijnstee als Konkursverwalter der Firma Schroefboutenfabriek B.V./Goderbauer | Schienenbefestigung |
| | | | Strafverfahren gegen Karl Prantl Gesellschaft mit beschränkter Haftung „Les Rapides Savoyards" ua gegen Directeur général des duanes et droits indirects | Bocksbeutel<br>Les Rapides Savoyards |
| | | | BAG Cigaretten-Fabriken GmbH u. a./Kommission der Europäischen Gemeinschaften u. a. | Toltecs/Dorcet II |
| | | | Pharmon B.V./Hoechst AG | Pharmon |
| | | | Metro SB-Großmärkte/Kommission der Europäischen Gemeinschften | Metro II |
| | 90, 1026 | | SA CNL-SUCAL NV/HAG GF AG | HAG II |
| | | | Marleasing SA/La Comercial Internacional de Alimentación SA | Marleasing |
| | 91, 430 | | Freistaat Bayern/Eurim Pharma GmbH | Eurim Pharma |
| | 92, 768 | | Établissements Delhaize Frères und Compagnie Le Lion SA/Promotion SA und AGE Bodegas Unidas SA | Delhaize |
| | 93, 73 | | Asociatión de Empresas Exportadoras de Turrones de Jijona [Exportus]/ LOR SA und Confiserie du Tech | Turrón de Alicante(Exportur) |
| | 93, 857 | | Eurim-Pharm/Bundesgesundheitsamt | Adalat |
| 93, 1813 | 94, 76 | 94, 89 | Strafverfahren gegen Bernhard Keck und Daniel Mithouard | Keck und Mithouard |
| 93, 1810 | | | Deutsche Renault AG/Audi AG | quattro/Quadra |
| | | | Ruth Hünermund u. a./Landesapothekenkammer Baden-Württemberg | Hünermund |
| | | | Metro SB-Großmärkte GmbH & Co. KG/Cartier SA. | Cartier |
| 94, 394 | 94, 251 | | Verband sozialer Wettbewerb e. V./Clinique Laboratories SNL und Estée Lauder Cosmetics GmbH | Clinique |
| 94, 1299 | | | IHT [. . .] GmbH und Uwe Danzinger/Standard GmbH und Wabco Standard GmbH | Ideal-Standard |
| 94, 1187 | 94, 787 | | | Dori/Recreb |
| | | | Société d'Importation Edouard Lederc-Siplec TF 1 Publicité SA u. MG Publicité SA | Leclerc |
| 95, 1285 | 95, 687 | | Verein gegen Unwesen im Handel Gewerbe Köln e. V./Mars GmbH | Mars |
| | | | Bristol-Myers Squibb und C. H. Boehringer Sohn [. . .] und Bayer AG [. . .]/Paranova A/S | Bristol-Myers Squibb/Paranova |
| | | | MPA Pharma GmbH/Rhône-Poulenc Pharma GmbH | MPA Pharma/Rhône-Poulenc Pharma |

# Fundstellenverzeichnis EuGH 1997–1999     Chronologisches

| Nr. | Datum | Rs | Slg | EuZW | GRUR Int | GRUR | WRP | NJW |
|---|---|---|---|---|---|---|---|---|
| 47 | 11. 7. | C–71/94, C–72/94, C–73/94 | 1996, I–3603 | 96, 532 | 96, 1150 | | 96, 867 | |
| 48 | 26. 11. | C–313/94 | 1996, I–6051 | 97, 245 | 97, 546 | | 97, 546 | |
| 49 | 5. 12. | C–267/95 C–268/95 | 1996, I–6285 | 97, 87 | 97, 250 | | | 97, 135 EW |
| | **1997** | | | | | | | |
| 50 | 20. 3. | C–352/95 | 1997, I–1740 | 97, 310 | 97, 627 | | | 97, 154 EW |
| 51 | 5. 6. | C–41/96 | 1997, I–3133 | 97, 475 | 97, 907 | | 97, 841 | 97, 2667 |
| 52 | 7. 5. | C–321/94, C–322/94, C–323/94, C–324/94 | 1997, I–2360 | | 97, 737 | | | |
| 53 | 4. 11. | C–337/95 | 1997, I–6034 | 98, 22 | 98, 140 | | 98, 150 | 98, 107 EW |
| 54 | 11. 11. | C–251/95 | 1997, I–6214 | 98, 20 | 98, 56 | 98, 387 | 98, 39 | 98, 741 |
| 55 | 11. 11. | C–349/95 | 1997, I–6244 | 98, 16 | 98, 145 | | 98, 156 | 98, 113 EW |
| | **1998** | | | | | | | |
| 56 | 28. 4. | C–306/96 | | | 98, 598 | | | |
| 57 | 30. 4. | C–230/96 | 1998, I–2055 | | 98, 700 | | | |
| 58 | 9. 6. | C–129/97, C–130/97 | | | 98, 790 | | | |
| 59 | 14. 7. | C–385/96 | | 98, 636 | 98, 793 | | | |
| 60 | 16. 6. | C–53/96 | | 98, 572 | 98, 697 | | 99, 86 | 98, 252 EW |
| 61 | 16. 7. | C–210/96 | 1998, I–4681 | 98, 526 | | | 98, 848 | |
| 62 | 16. 7. | C–355/96 | | 98, 563 | 98, 695 | 98, 919 | 98, 851 | 98, 3185 98, 252 EW |
| 63 | 29. 9. | C–39/97 | | 98, 702 | 98, 875 | 98, 922 | 98, 1165 | 99, 12 EW |
| | **1999** | | | | | | | |
| 64 | 28. 1. | C–303/97 | | | | | 99, 307 | |
| 65 | 23. 2. | C–63/97 | | | | | 99, 407 | |
| 66 | 4. 3. | C–87/97 | | | | | | |
| 67 | 16. 3. | C–289/96 C–293/96 C–299/96 | | | | | | |

# Fundstellenverzeichnis EuGH

| ZIP | RIW | EuR | Vollständiger Entscheidungsname | Schlagwort |
|---|---|---|---|---|
| | 97, 78 | | Eurim-Pharm Arzneimittel GmbH/Beiersdorf AG und Boehringer Ingelheim KG und Farmitalia Carlo Erba GmbH | Eurim-Pharm/Beiersdorf |
| | | | F.lli Graffione SNC/Ditta Fransa | Cotonelle |
| | | | Merck & Co. Inc. Ltd u.a./ Primecrown und Beecham Group plc/Europharm of Worthing Ltd | Merck II |
| | 97, 430 | | Phyteron International SA/Jean Boudon SA | Phyteron/Bourdon |
| | | | V.A.G.-Händlerbeirat eV/ SYD-Consult | V.A.G. |
| | | | Strafverfahren gegen Jacques Pistre, Michèle Barthes, Yves Milhau und Didier Oberti | Pistre |
| | 98, 73 | | Parfums Christian Dior SA und Parfums Christian Dior BV/Evora BV | Dior/Evora |
| | 98, 244 | | Sabèl BV/Puma AG, Rudolf Dassler Sport | Sabèl/Puma (Springende Raubkatze II) |
| | 97, 163 | | Frits Loendersloot/George Ballantine & Son Ltd. | Loendersloot/Ballantine |
| | | | Javico International und Javico AG/Yves Saint Laurent Parfums SA (YSLP) | Javico/Yves Saint Laurent |
| | 98, 710 | | Cabour SA und Nord Distribution Automobile SA/Arnor „SOCO" SARL | Cabour/Arnor |
| | | | Strafverfahren gegen Yvon Chiciak, Fromagerie Chiciak und Jean-Pierre Fol | Chiciak |
| | 99, 133 | | Strafverfahren gegen Hermann Josef Goerres | Goerres |
| | 98, 715 | | Hermès International (KGaA)/FHT Marketing Choice BV | Hermès International |
| | | | Gut Springenheide und Rudolf Tusky/Oberkreisdirektor des Kreises Steinfurt – Amt für Lebensmittelüberwachung | Gut Springenheide |
| | 98, 798 | | Silhouette International Schmied GmbH & Co. KG/Hartlauer Handelsgesellschaft mbH | Silhouette |
| | | 99, 22 | Canon Kabushiki Kaisha/ Metro-Goldwyn-Mayer Inc. | Canon |
| | | | Verbraucherschutzverein e.V./Sektkellerei G. C. Kessler GmbH & Co. | Sektkellerei Kessler |
| | | 99, 84 | Bayerische Motorenwerke AG (BMW) und BMW Nederland BV/Ronald Karel Deenik | BMW |
| | | | Consorzio per la tutela del formaggio Gorgonzola/ Käserei Champignon Hofmeister GmbH & Co. KG | Gorgonzola/Cambozola |
| | | | Königreich Dänemark, Bundesrepublik Deutschland und Französische Republik/Kommission der Europäischen Gemeinschaften, unterstützt durch Griechische Republik | Feta |

## 2. Chronologisches Fundstellenverzeichnis für Entscheidungen des Bundesgerichtshofs mit alphabetischem Entscheidungsregister

### Inhaltsübersicht

a) Alphabetisches Entscheidungsregister ..................................................... 2664
b) Chronologisches Fundstellenverzeichnis ................................................. 2675

# Fundstellenverzeichnis BGH à la Carte

## a) Alphabetisches Entscheidungsregister

Die Ziffern des alphabetischen Entscheidungsregisters bedeuten die laufenden Nummern des chronologischen Fundstellenverzeichnisses.

| | |
|---|---|
| à la Carte | 1105 |
| Abbauhammer | 315 |
| Abbo/Abo | 864 |
| Abfangeinrichtung | 604 |
| Abmahnkostenverjährung | 951 |
| Abstandshalterstopfen | 548 |
| Achterdiek | 1180 |
| ac-pharma | 969 |
| Active Line | 1123 |
| Agyn | 338 |
| AjS-Schriftenreihe | 892 |
| Akkreditiv-Übertragung | 1089 |
| Akteneinsicht I | 307 |
| Akteneinsicht II | 306 |
| Akteneinsicht III | 362 |
| Akteneinsicht IV | 365 |
| Akteneinsicht Rechtsbeschwerdeakten | 739 |
| Akteneinsicht XIII | 1011 |
| Aktenzeichen | 538 |
| Akustische Wand | 506 |
| Alcacyl | 416 |
| Alemite | 434 |
| ALKA-SELTZER | 1161 |
| Alkoholfreies Bier | 1014 |
| ALLSTAR | 615 |
| Almglocke | 220 |
| Alpha | 67 |
| Alphaferon | 1042 |
| alpi/Alba Moda | 890 |
| Altenburger Spielkartenfabrik | 1069 |
| Alterswerbung für Filialen | 689 |
| Altpa-AlpaH | 43 |
| Aluminium-Trihydroxid | 1055 |
| Analgin | 1134 |
| Anginetten | 528 |
| Anker Export | 430 |
| Ankerzeichen | 153 |
| Ankündigungsrecht I | 829 |
| Ankündigungsrecht II | 830 |
| Anodenkorb | 319 |
| Anwaltszwang | 366 |
| Anzeigenauftrag | 908 |
| Anzeigenrubrik I | 942 |
| apetito/apitta | 988 |
| APISERUM | 1051 |
| Appetitzügler II | 464 |
| Appreturmittel | 440 |
| Apropos Film | 836 |
| Apropos Film II | 888 |
| Aqua | 1078 |
| AQUA KING | 728 |
| Aquavit | 946 |
| Arctos | 193 |
| Arctuvan/Artesan | 61 |
| arko | 226 |
| AROSTAR | 747 |
| Arthrexforte | 688 |
| Ärztliche Allgemeine | 928 |
| Asterix-Persiflagen | 994 |
| Astra | 184 |
| Astrawolle | 111 |
| Atmungsaktiver Klebestreifen | 637 |
| audio 1 | 654 |
| Aufhebung der Geheimhaltung | 496 |
| Auflaufbremse | 730 |
| Aufmachung von Qualitätsseifen | 724 |
| Aufwendungsersatz | 685 |
| Aufzeichnungsmaterial | 862 |
| Aus der Kurfürst-Quelle | 696 |
| Ausschreibungsunterlagen | 579 |
| Außenleuchte | 134 |
| Auto F. GmbH | 840 |
| Auto-Analyzer | 596 |
| Autofelge | 1113 |
| Avon | 938 |
| B.Z./Berliner Zeitung | 1111 |
| Baader | 512 |
| Bad Ems | 77 |
| badedas | 386 |
| Baelz | 893 |
| Bally/BALL | 953 |
| Bambi | 186 |
| Barbarossa | 955 |
| Bärenfang | 254 |
| Basoderm | 333 |
| Bausteine | 436 |
| Bayern-Expreß | 132 |
| BBC/DDC | 719 |
| BEKA Robusta | 732 |
| Benner | 894 |
| Benzinwerbung | 850 |
| Berliner Illustrierte | 88 |
| Berühmung | 815 |
| Beschwerdekosten | 238 |
| Beta | 1031 |
| Betonsteinelemente | 939 |
| Beton-Zusatzmittel | 232 |
| Bi Ba | 568 |
| Biene Maja | 692 |
| Bierbezug I | 437 |
| Billich | 657 |
| BINA | 1006 |
| Biovital | 581 |
| Bisotherm-Stein | 1154 |
| Bleiarbeiter | 263 |
| Bleicherde | 147 |
| Bleiphosphit | 379 |
| Bleistiftabsätze | 343 |
| Blendax Pep | 1085 |
| Blunazit | 395 |
| BMW | 809 |

| | |
|---|---:|
| BMW-Niere | 767 |
| Bodenwalze | 921 |
| Bohnergerät | 148 |
| BONUS | 1135 |
| BOUCHET | 566 |
| Boxin | 589 |
| Boy | 1015 |
| Branchenverzeichnis | 478 |
| Brauereidarlehen | 8 |
| Brillant | 448 |
| Brillen-Selbst-abgabestellen | 713 |
| Brückenlegepanzer | 738 |
| Brünova | 535 |
| BTR | 737 |
| Bücherdienst | 98 |
| Buchgemeinschaft | 51 |
| Buchgemeinschaft II | 159 |
| Buddelei | 565 |
| Buntstreifensatin I | 231 |
| Burkheimer Schloßberg | 715 |
| Busengrapscher | 1066 |
| | |
| Calciduran | 167 |
| Camel Tours | 826 |
| CAMPIONE del MONDO | 875 |
| Candahar | 421 |
| Canon | 1100 |
| Cantil-Flasche | 651 |
| Capital-Service | 676 |
| Capri-Sonne | 741 |
| Caren Pfleger | 934 |
| Carla | 316 |
| Cartier-Armreif | 1033 |
| Caterina Valente | 173 |
| Ceco | 1101 |
| Centra | 326 |
| Ceramix | 750 |
| Certo | 268 |
| Champagner -Weizenbier | 449 |
| Champi-Krone | 450 |
| Championne du Monde | 700 |
| Chanel No. 5 | 819 |
| CHANGE | 1146 |
| Charme & Chic | 514 |
| Chéri | 499 |
| Chinaherde | 1114 |
| Christopherus-Stiftung | 847 |
| CHURRASCO | 625 |
| Cinzano | 526 |
| Cirkulin | 1108 |
| City-Hotel | 1064 |
| Clarissa | 560 |
| Clementinen | 979 |
| Club-Pilsener | 542 |
| coffeinfrei | 260 |
| Cokies | 628 |
| Colonia | 151 |
| COLOURBOY | 580 |
| Columbus | 984 |
| COMBURTEST | 795 |
| Commerzbau | 877 |
| COMPO-SANA | 1156 |
| Concentra | 552 |
| Concordia | 671 |
| Concordia-Uhren | 733 |
| Conductor | 865 |
| Condux | 178 |
| CONNY | 368 |
| Consilia | 765 |
| Constanze II | 54 |
| Contiflex | 668 |
| Copolyester II | 1138 |
| Corrida | 404 |
| Corvaton/Corvasal | 983 |
| Coswig | 95 |
| COTTON LINE | 1073 |
| Crackkatalysator II | 962 |
| Cranpool | 952 |
| Cupresa-Kupferseide | 49 |
| Cuypers | 223 |
| | |
| D. Europa | 31 |
| Damenschuh-Absatz | 305 |
| Dampffrisierstab | 729 |
| Dampffrisierstab II | 763 |
| Darcy | 786 |
| Darmreinigungsmittel | 334 |
| Datacolor | 910 |
| Datatel | 993 |
| Datenverarbeitungsprogramme als „Ware" | 781 |
| Datenzentrale | 612 |
| Dauerdose | 7 |
| de Paris | 336 |
| Decker | 995 |
| Dentist | 164 |
| Der 7. Sinn | 620 |
| Der Fall Bittenbinder | 597 |
| Der größte Biermarkt der Welt | 704 |
| Der Heiligenhof | 192 |
| Der meistverkaufte Europas | 1084 |
| derma | 317 |
| Desinfektionsapparat | 82 |
| Deutsche Illustrierte | 161 |
| Deutsche Zeitung | 265 |
| Deutscher Sekt | 476 |
| Dia-Rähmchen II | 251 |
| Die gute Idee | 731 |
| Digesta | 267 |
| Dilactame | 474 |
| DILZEM | 1182 |
| Dimple | 771 |
| DIN-geprüft | 608 |
| dipa/dib | 957 |
| Discount-Geschäft | 482 |
| Disiloxan | 433 |
| Diskothek | 468 |
| Doktor-Firma | 460 |
| Doktortitel | 174 |
| Dolan | 445 |
| Dolex | 222 |
| Doppelkamp | 624 |
| DORMA | 1148 |
| Dortmund grüßt | 270 |
| Dos | 1004 |
| Dosiervorrichtung | 502 |
| Dr. S.-Arzneimittel | 903 |
| Dr. St... Nachf. | 1133 |
| Dr. Stein ... GmbH | 954 |

# Fundstellenverzeichnis BGH DRAGON — Alphabetisches

| | |
|---|---|
| DRAGON | 1159 |
| Drahtbewehrter Gummischlauch | 574 |
| Drahtbiegemaschine | 1120 |
| Drahtverschluß | 81 |
| DRANO | 1096 |
| Dreikern/Dreiring | 35 |
| Drei-Punkt-Urteil | 75 |
| Dreitannen | 202 |
| Dresdner Stollen IV | 858 |
| Dresdner Stollen V | 898 |
| DRIBECK's LIGHT | 1169 |
| D-Tracetten | 392 |
| Duft-Flacon | 913 |
| DUN-Europa | 28 |
| Düngekalkhandel | 293 |
| Duraflex | 466 |
| Düssel | 304 |
| DUZ | 10 |
| ECCO I | 1129 |
| ECCO II | 1168 |
| echt skai | 276 |
| Edeka-Schloß-Export | 363 |
| Effecten-Spiegel | 577 |
| Ei-fein | 136 |
| Ein Champagner unter den Mineralwässern | 831 |
| Ein Tannen-Zeichen | 457 |
| Einbauleuchten | 618 |
| Einbettungsmasse | 906 |
| Einbrandflaschen | 86 |
| Einsteckschloß | 722 |
| EKKO BLEIFREI | 1171 |
| ELECTROL | 285 |
| Elekrotechnik | 172 |
| Elektrode | 698 |
| Elektro-Handschleifgerät | 294 |
| Elektronenstrahlsignalspeicherung | 541 |
| Elektroschmelzverfahren | 593 |
| Elektrostatisches Ladungsbild | 661 |
| Elsässer Nudeln | 723 |
| Elzym | 570 |
| Emaillelack | 154 |
| Emilio Adani | 915 |
| Emilio Adani II | 1002 |
| English Lavender | 79 |
| Entfernung von Kontrollnummern I | 849 |
| Entfernung von Kontrollnummern IV | 852 |
| Entfernung von Kontrollnummern III | 853 |
| Entscheidungsformel | 491 |
| Entsorgungsverfahren | 971 |
| Epigran I | 353 |
| Epigran II | 475 |
| Epoxidations-Verfahren | 846 |
| Eppeleinsprung | 301 |
| ERBA | 545 |
| Erdener Teppchen | 273 |
| Ernst Abbe | 170 |
| Erotex | 525 |
| Ersatzzustellung | 407 |
| Erstes Kulmbacher | 119 |
| ESDE | 215 |
| Etirex | 532 |
| Ettaler-Klosterliqueur | 74 |
| Eucerin/Estarin | 126 |
| EUROCONSULT | 1012 |
| Eurodigina | 479 |
| euromarin | 501 |
| Euromint | 1102 |
| Euromint | 1144 |
| Europapost | 107 |
| Europharma | 458 |
| Euro-Spirituosen | 459 |
| Euro-Sport | 635 |
| f6/R6 | 1063 |
| Faber | 446 |
| Faber-Castell | 19 |
| Fahrradgepäckträger II | 640 |
| falke-run | 1090 |
| Faltbehälter | 452 |
| Familienname | 770 |
| FAN | 633 |
| Farbfernsehsignal II | 788 |
| Farbmarke gelb/schwarz | 1183 |
| Farina | 5 |
| Farina II | 53 |
| Farina III | 55 |
| Fe | 405 |
| FE | 904 |
| Fehlerortung | 639 |
| Felina-Britta | 471 |
| Fernschreibkennung | 800 |
| Fernschreibverzeichnisse | 591 |
| Fernsehinterview | 289 |
| Fernsprechnummer | 25 |
| Fersenabstützvorrichtung | 711 |
| Fertigbeton | 605 |
| Festival Europäischer Musik | 876 |
| feuerfest I | 401 |
| feuerfest II | 402 |
| Feuerzeug-Ausstattung | 190 |
| Filmfabrik Köpenick | 262 |
| Finanzkaufpreis „ohne Mehrkosten" | 1017 |
| Finnischer Schmuck | 918 |
| Firmenhandel | 71 |
| Fischereifahrzeug | 233 |
| Fischl | 165 |
| Flachdruckplatten | 312 |
| Flächentransistor | 348 |
| Flacon | 912 |
| Fläminger | 1160 |
| Flaschenkasten | 396 |
| Flaschenpfand | 1013 |
| FLASH | 871 |
| Flava-Erdgold | 101 |
| Fleischbezug | 26 |
| Fleischer-Fachgeschäft | 517 |
| Flexiole | 669 |
| FLUOSOL | 768 |
| Folgerecht bei Auslandsbezug | 1041 |
| Förderband | 310 |
| Forellenzeichen | 64 |
| Formfit | 255 |
| form-strip | 241 |
| Forschungskosten | 873 |
| Forster Jesuitengarten | 209 |
| Fotoleiter | 311 |

| | | | |
|---|---:|---|---:|
| Fotorabatt | 271 | Hamburger Volksbank | 418 |
| Frankfurter Römer | 50 | Handtuchspender | 822 |
| frei Öl | 932 | Hapol | 203 |
| Frischzellenkosmetik | 759 | Happy | 586 |
| Frisiersalon | 547 | Hauer's Auto-Zeitung | 842 |
| Frisium | 686 | Hausbücherei | 92 |
| FTOS | 1115 | Havana | 122 |
| Füllhalterclip | 171 | Heiltee | 137 |
| Füllkörper | 1070 | Heinzelmännchen | 447 |
| FUNNY-PAPER | 1071 | Heißläuferdetektor | 462 |
| Furniergitter | 244 | Hellige | 397 |
| Fürstenberg | 799 | Helopyrin | 833 |
| Fürstenthaler | 672 | Herba | 455 |
| Fußballkalender | 652 | Herstellerkennzeichen auf Unfallwagen | 905 |
| Fußball-Programmheft | 239 | Herzsymbol | 867 |
| Fußballstiefel | 177 | Heynemann | 66 |
| | | Hinterachse | 335 |
| Gabor/Caber | 754 | Hobby | 211 |
| Gaby | 843 | Hobby II | 650 |
| Garant-Möbel | 986 | Hochbau-Tiefbau | 24 |
| GARIBALDI | 1137 | Hochzeitsbild | 236 |
| GARONOR | 1104 | Hoffmann's Katze | 439 |
| Gaselan | 324 | Hollywood-Duftschaumbad | 264 |
| Gasglühkörper | 189 | Holtkamp | 1172 |
| Gaucho | 806 | Holzbauträger | 207 |
| GdP | 325 | Hopfenextrakt | 485 |
| Gebäudefassade | 617 | Hörzeichen | 841 |
| Gefa/Gewa | 772 | Hotel Krone | 748 |
| Gefärbte Jeans | 1079 | Hubertus | 123 |
| Gefäßimplantat | 895 | Hückel | 68 |
| GEMA | 57 | Hudson | 322 |
| GEMA-VERMUTUNG I | 783 | Hummelfiguren | 11 |
| Gentry | 519 | Hummelfiguren II | 229 |
| Germania | 930 | HURRICANE | 922 |
| Germataler Sprudel | 248 | Hydair | 775 |
| Germed | 1082 | | |
| Gesamtverband | 521 | Idarubicin | 1122 |
| GESCHÄFTSVERTEILUNG | 789 | IDEE-Kaffee | 764 |
| Getränke-Industrie | 83 | IFA | 578 |
| Gigi-Modelle | 699 | IG Bergbau | 212 |
| Gleichstromfernspeisung | 626 | Ihagee | 428 |
| Golden Toast | 398 | Ihr Funkberater | 97 |
| Goldene Karte I | 695 | Immo-Data | 1127 |
| Goldwell | 42 | Importvermerk | 569 |
| gold-zack | 20 | Impressumspflicht | 883 |
| Grand Marnier | 1028 | India-Gewürze | 785 |
| grau/magenta | 1107 | Individual | 1124 |
| Griffband | 839 | Indorektal I | 760 |
| Größtes Teppichhaus der Welt | 769 | Indorektal II | 1005 |
| Grundcommerz | 838 | Indorektal/Indohexal | 1044 |
| Grüne Vierkantflasche | 423 | Inlandsvertreter | 425 |
| Guldenburg | 985 | Innovadiclophlont | 1075 |
| Gumax-Gumosol | 13 | Insulin Semitard | 703 |
| Gummisohle | 6 | Interglas | 598 |
| Gummistrümpfe | 234 | Intermarkt II | 753 |
| Gymnastiksandale | 390 | Internes Aktenzeichen | 557 |
| Gyromat | 530 | Intraurbane Sozietät | 1038 |
| | | IONOFIL | 1128 |
| Hadef | 99 | Irus/Urus | 52 |
| Hähnel | 140 | Isoharnstoffäther | 381 |
| halazon | 417 | Isolierte Hand | 441 |
| Haller I | 664 | | |
| Haller II | 740 | J. C. Winter | 1081 |
| Hamburger Kinderstube | 63 | Jägerfürst/Jägermeister | 413 |

# Fundstellenverzeichnis BGH Jena

Alphabetisches

| | | | |
|---|---:|---|---:|
| Jena | 690 | Kronenthaler | 863 |
| Jenaer Glas | 230 | KSB | 584 |
| Jenny/Jennifer | 940 | KSÜD | 860 |
| Johannisbeerkonzentrat | 744 | Kühlvorrichtung | 682 |
| Johanniter-Bier | 920 | Kunststoffaufbereitung | 1118 |
| JOHN LOBB | 1174 | Kunststoffhohlprofil | 610 |
| JOY | 1094 | Kunststoffrad | 666 |
| Jubiläumsverkauf | 965 | Kupferberg | 345 |
| JuS-Steuerberatungsgesellschaft | 774 | Kupplungsgewinde | 670 |
| JUWEL | 1086 | Kyffhäuser | 599 |
| | | | |
| KABE | 645 | L'Orange | 1121 |
| Kabel-Kennzeichen | 21 | LA PERLA | 929 |
| Kabelrap | 622 | Ladegerät | 388 |
| Kaffee C | 321 | Ladegerät II | 562 |
| Kaffeetafelrunde | 303 | Lady Rose | 283 |
| Kalkstein | 37 | lamod | 656 |
| karo-as | 117 | Laternenflasche | 352 |
| Karolus-Magnus | 1173 | Leasing Partner | 936 |
| Kaskodeverstärker | 380 | Leckanzeigeeinrichtung | 614 |
| Kastanienmuster | 945 | LECO | 779 |
| Kaufausweis II | 564 | Lego | 152 |
| Kerlone | 1024 | Leistungshalbleiter | 1008 |
| KERLONE | 1109 | LEMONSODA | 550 |
| Kessler Hochgewächs | 1125 | Leona | 246 |
| KfA | 41 | Lesering | 282 |
| Kfz-Händler | 673 | Les-Paul-Gitarren | 1152 |
| Kilopreise III | 976 | Lewapur | 511 |
| Kim I | 337 | LIBERO | 1178 |
| Kim II | 431 | Lichtkuppeln | 249 |
| Kim/KING | 582 | LILA | 665 |
| KIM-Mohr | 558 | Lili | 355 |
| King | 543 | Lions | 1177 |
| King II | 805 | Liquiderma | 332 |
| King Size | 360 | LITAFLEX | 821 |
| KKB | 544 | Lizenzanalogie | 901 |
| Klarsichtbecher | 725 | Lockwell | 16 |
| Klasen-Möbel | 108 | Lomapect | 549 |
| Klebemax | 258 | Löscafé | 465 |
| Kleiderbügel | 1054 | L-Thyroxin | 897 |
| Klemmbausteine I | 291 | Lübecker Marzipan | 683 |
| Klemmbausteine II | 974 | Lunkerverhütungsmittel | 680 |
| Klettverschluß | 881 | Luppy | 3 |
| KLINGT | 818 | Lutin | 224 |
| Klinik | 1093 | Luxor/Luxus | 65 |
| Klix/Klick | 714 | | |
| Kochendwassergerät | 435 | MAC Dog | 1157 |
| Kodak | 195 | MADEIRA | 1077 |
| Kollektion Holiday | 997 | Maggi I | 298 |
| Kölsch-Bier | 473 | Maggi II | 393 |
| Koma | 56 | Magirus | 73 |
| Königl.-Bayerische Weisse | 933 | MAHAG | 594 |
| Konservenzeichen I | 330 | Mähmaschine | 641 |
| Konservenzeichen II | 484 | Maja | 299 |
| Konstruktionsbüro | 243 | Makalu | 1151 |
| Kontinent Möbel | 662 | Makol | 1117 |
| Kosaken-Kaffee | 183 | Malibu | 1022 |
| KOWOG | 1009 | Mampe Halb u. Halb I | 200 |
| Kraftfahrzeuggetriebe | 813 | MAN/G-man | 687 |
| Krankenwagen | 194 | Management-Seminare | 583 |
| Kräutermeister | 694 | Marbon | 563 |
| Kreuzbodenventilsäcke III | 247 | Maritim | 868 |
| Kroatzbeere | 559 | Markenbenzin | 327 |
| Kronenmarke | 158 | Markenqualität | 880 |

| | | | |
|---|---|---|---|
| Markenverunglimpfung I | 1029 | Nelkenstecklinge | 168 |
| Markenverunglimpfung II | 1048 | NENA | 816 |
| Marpin | 414 | NetCom | 1098 |
| Martinsberg | 182 | Neues aus der Medizin | 516 |
| Matern | 72 | NEUTREX | 1050 |
| Mausfigur | 734 | Nevada-Skibindung | 328 |
| McLaren | 1040 | NEW MAN | 911 |
| Mecki-Igel | 155 | Nicola | 967 |
| Medaillenwerbung | 210 | Nicoline | 1046 |
| MEDICE | 926 | Nitrangin | 1140 |
| MEGA | 1095 | Nocado | 495 |
| Meisterbrand | 94 | Nola | 261 |
| MEISTERBRAND | 1153 | Nordona | 30 |
| Mepiral | 660 | Noris | 718 |
| Merck | 359 | NSU-Fox/Auto-Fox | 39 |
| MERCOL | 611 | Nußknacker | 180 |
| Merkmalklötze | 592 | NZ | 403 |
| Messinetta | 504 | | |
| Meßkopf | 889 | Oberflächenprofilierung | 546 |
| Meßmer Tee | 218 | OCM | 810 |
| Meßmer-Tee II | 349 | Odol-Flasche | 288 |
| Metalloxyd | 621 | Odorex | 109 |
| Metallrahmen | 419 | Öffnungshinweis | 710 |
| Metallzeitung | 659 | Oil of.. | 834 |
| Metoproloc | 1047 | Ola | 798 |
| Metrix | 529 | Oldtimer | 483 |
| Mexitil | 1025 | Olé | 960 |
| MHZ | 121 | Opal | 176 |
| Micky-Maus-Orangen | 266 | Opium | 966 |
| MICRO CHANNEL | 999 | Orbicin | 632 |
| MICROTONIC | 870 | Original Maraschino | 707 |
| Migrol | 454 | Ostflüchtlinge | 424 |
| Milburan | 280 | Ostfriesische Tee-Gesellschaft | 606 |
| Mild-Abkommen | 990 | Ott International | 923 |
| Millionen trinken . . | 518 | Ovalumrandung | 444 |
| Mineralwolle | 667 | Oxygenol | 956 |
| Minimax | 17 | Oxygenol II | 1053 |
| Miss Petite | 527 | | |
| mit dem feinen Whipp | 142 | P3-plastoclin | 1065 |
| Mittelohr-Prothese | 824 | Pajero | 970 |
| Möbelentwürfe | 590 | Palettenbildzeichen | 235 |
| Möbelhaus des Handwerks | 225 | Palmolive | 290 |
| Modess | 356 | Panda-Bär | 823 |
| Mokka-Express | 432 | Paritätische Beteiligung | 663 |
| Mon Chéri I | 208 | Parkeinrichtung | 509 |
| Mon Chéri II | 217 | Parkhotel | 602 |
| MONTANA | 1067 | Passion | 567 |
| Monumenta Germaniae Historica | 675 | Pazifist | 23 |
| Mordoro | 757 | Pentavenon | 411 |
| Morgenpost | 968 | Personifizierte Kaffeekanne | 287 |
| Mozzarella I | 1023 | Peters | 778 |
| Mozzarella II | 1021 | Pharmamedan | 556 |
| MSI | 746 | Pharmazeutisches Präparat | 925 |
| multikord | 342 | Pic Nic | 998 |
| Muschi-Blix | 456 | PieK-Fein | 2 |
| Myoplastic | 369 | Piesporter Goldtröpfchen | 1003 |
| | | Pinguin | 630 |
| Naher Osten | 198 | Pizza & Pasta | 914 |
| Nährbier | 179 | Plasticummännchen | 120 |
| Nahtverlegung | 520 | Platzschutz | 534 |
| Napoléon I | 346 | Plym-Gin | 481 |
| Napoléon II | 370 | POINT | 716 |
| Napoléon III | 461 | Pökelvorrichtung | 693 |
| „natürlich in Revue" | 216 | Polyestra | 412 |

2669

# Fundstellenverzeichnis BGH Polymar   Alphabetisches

| | | | |
|---|---:|---|---:|
| Polymar | 279 | Rheinmetall-Borsig | 85 |
| Polytetrafluoräthylen | 515 | Rheumalind | 422 |
| Poropan | 408 | Rheumalind II | 935 |
| Porotex | 554 | Rialto | 916 |
| PowerPoint | 1116 | Ribana | 252 |
| PPC | 851 | Richterwechsel I | 492 |
| Praemix | 522 | Richterwechsel II | 539 |
| praliné | 399 | Richterwechsel III | 828 |
| Preisblätter | 678 | RIGIDITE | 845 |
| Preisvergleichsliste | 948 | RIGIDITE II | 1019 |
| Premiere | 1001 | RIGIDITE III | 1020 |
| Pressehaftung II | 973 | Rippenstreckmetall II | 314 |
| Prince Albert | 350 | ROAL | 780 |
| Prioritätsverlust | 505 | Rohrbogen | 36 |
| Prodont | 726 | Rohrhalterung | 385 |
| product-contact | 523 | Rolex-Uhr mit Diamanten | 1150 |
| Produktionsstätte | 1045 | Rollhocker | 697 |
| profil | 623 | Rolls-Royce | 736 |
| Programmhefte | 157 | Römer GmbH | 996 |
| Promonta | 201 | Römigberg | 975 |
| Prospekthalter | 1097 | Rosa-Weiß-Packung | 124 |
| PROTECH | 1056 | Rose | 361 |
| Protesan | 571 | Rosenheimer Gummimäntel | 139 |
| Prozeßrechner | 619 | Rosenthal-Vase | 169 |
| P-tronics | 585 | Rotaprint | 256 |
| Pudelzeichen | 313 | rote Herzwandvase | 62 |
| Pulloverbeschriftung | 1032 | Rote-Punkt-Garantie | 706 |
| pulp-wash | 943 | Roter mit Genever | 959 |
| Puma | 1155 | roter Punkt | 340 |
| | | Rotes Kreuz | 1043 |
| quattro | 958 | Roth-Händle | 442 |
| quattro II | 1058 | ROTH-HÄNDLE-KENTUCKY/ | |
| Quelle | 884 | Cenduggy | 861 |
| Quick | 166 | ROYALE | 848 |
| | | Rüben-Verladeeinrichtung | 451 |
| Rabe | 374 | Rücknahme der Patentanmeldung | 613 |
| Radio Stuttgart | 1000 | Rückstrahler-Dreieck | 272 |
| Radkappe | 250 | Rügenwalder Teewurst II | 1057 |
| Radschutz | 46 | Rügenwalder Teewurst | 76 |
| Raiffeisensymbol | 110 | Rüschenhaube | 409 |
| Ranger | 712 | | |
| Räuber | 536 | Sabotage | 493 |
| Raubkopien | 891 | Sali Toft | 1091 |
| Raupentin | 488 | Salomon | 924 |
| RBB | 1126 | salvent | 1149 |
| RBB/RBT | 658 | SAM | 1145 |
| Rechnungslegung | 125 | Samos | 463 |
| Rechtliches Gehör II | 1131 | san Remo | 507 |
| Rechtsbeschwerdekosten | 387 | Sana/Schosana | 1010 |
| Rechtsschutzbedürfnis | 674 | SANOPHARM | 1170 |
| Recrin | 438 | Sapen | 1139 |
| red white | 426 | Schablonen | 486 |
| Reduzier-Schrägwalzwerk | 647 | Schallplatte | 40 |
| Regensburger Karmelitengeist | 96 | Schallplattenexport | 702 |
| Registriersystem | 237 | Schaltungschassis | 648 |
| REHAB | 762 | Schamotte-Einsätze | 752 |
| REI-Chemie | 135 | Schauspieler | 89 |
| Reiherstieg | 197 | Schiffslukenverschluß | 185 |
| Reisebüro | 80 | Schlackenbad | 681 |
| Reiseverkäufer | 274 | Schlepper | 84 |
| Rekordspritzen | 410 | Schloßdoktor/Klosterdoktor | 709 |
| Reparaturversicherung | 553 | Schlüsselmühle | 885 |
| RE-WA-MAT | 797 | Schlußverkaufswerbung | 814 |
| REYNOLDS R1/EREINTZ | 859 | Scholl | 309 |

| | | | |
|---|---:|---|---:|
| Schrägliegeeinrichtung | 869 | Stahlexport | 297 |
| Schrankwand | 377 | Stahlrohrstuhl II | 705 |
| Schreibstift | 295 | Stallmeister | 494 |
| Schutzüberzug für Klosettbrillen | 1027 | Stangenglas II | 801 |
| Schutzverkleidung | 1083 | STAR/SPAR | 638 |
| Schwardmann | 146 | Star-Revue | 112 |
| Schwarze Liste | 1060 | Steinhäger | 103 |
| Schwarzer Kater | 308 | STELZER-MOTOR | 807 |
| Schwarzer Krauser | 899 | STEPHANSKRONE I | 1163 |
| Schwarzwald-Sprudel | 1030 | STEPHANSKRONE II | 1164 |
| Schweißelektrode I | 323 | Sternbild | 187 |
| Schweißelektrode II | 384 | Sternhaus | 588 |
| Schweißpistolenstromdüse II | 766 | Stoll | 812 |
| Schweizer | 284 | Stolper Jungchen | 127 |
| Scotch Whisky | 427 | Stonsdorfer | 533 |
| Seifenzusatz | 351 | Störche | 1 |
| Sektwerbung | 205 | Stoßwellen-Lithotripter | 1158 |
| Selbstbedienungsgroßhandel | 245 | Strahlenkranz | 47 |
| Senatsinterne Mitwirkungsgrundsätze | 1007 | Streckenausbau | 743 |
| Sermion | 1026 | Streichgarn | 825 |
| Sermion II | 1110 | Streifenmuster | 443 |
| Shamrock I | 776 | Stromrichter | 344 |
| Shamrock II | 777 | Strumpf-Zentrale | 253 |
| Shamrock III | 793 | Studentenversicherung | 595 |
| Sherlock Holmes | 149 | Stundung ohne Aufpreis | 972 |
| Shortening | 347 | Stute | 367 |
| Sieben-Schwaben-Motiv | 551 | Success | 1049 |
| Sihl | 429 | Sultan | 106 |
| Silberal | 60 | Sunkist | 277 |
| Silenta | 919 | Sunpearl I | 69 |
| SILVA | 644 | Sunpearl II | 188 |
| Simmenthal | 1034 | Sunsweet | 278 |
| Sintex | 286 | Superplanar | 866 |
| Sirax | 382 | Süßbier | 191 |
| Siroset | 372 | SWOPS | 490 |
| Sitex | 691 | Synochem/Firmochem | 87 |
| Sitzungsschild | 477 | | |
| skai-cubana | 371 | Tabacco d'Harar | 784 |
| Ski-Delial | 758 | Tabakdose | 1119 |
| SL | 927 | Tabelliermappe | 655 |
| Sleepover | 878 | Tabu I | 130 |
| Slip | 453 | Tabu II | 131 |
| SMARTWARE | 902 | Taeschner/Pertussin I | 114 |
| Smarty | 524 | Taeschner/Pertussin II | 115 |
| Sonnenhof | 575 | Tampax | 480 |
| Sortiergerät | 510 | Tampon | 601 |
| Spezialsalz II | 503 | Taschenstreifen | 133 |
| Spezialsatz | 375 | Taurus | 882 |
| Spiegel | 93 | Tchibo/Rolex II | 978 |
| Spiegel der Woche | 113 | Technika | 143 |
| Spiegelreflexkamera | 540 | Teekanne | 175 |
| Spielbankaffaire | 1132 | Teekanne II | 872 |
| Spielzeugautos | 1074 | Teerspritzmaschinen | 508 |
| Spitzenmuster | 150 | Teilzahlungspreis I | 977 |
| Sporthosen | 791 | Telefonnummer 4711 | 900 |
| Sportschuhe | 790 | Tennisbälle | 467 |
| Sprechstunden | 15 | Terminsladung | 341 |
| Springende Raubkatze | 1068 | Terranova/Terrapin | 627 |
| Spulenvorrichtung | 855 | Testfotos | 941 |
| SR | 415 | Testpreis-Angebot | 1147 |
| ß-Wollastonit | 649 | TETRASIL | 1059 |
| ST | 909 | Textilreiniger | 587 |
| St. Pauli-Nachrichten | 555 | THE HOME DEPOT | 1092 |
| St. Petersquelle | 857 | Thermalquelle | 576 |

# Fundstellenverzeichnis BGH Thymopect

| | | | |
|---|---|---|---|
| Thymopect | 141 | Valium Roche | 749 |
| TIAPRIDAL | 1130 | VALUE | 1036 |
| Tiefenfurter Bauernbrot | 90 | Vamos | 961 |
| TIFFANY | 1181 | Venostasin/Topostasin | 102 |
| TIGRESS | 643 | VENUS MULTI | 1142 |
| Tina-Spezialversand | 631 | Verankerungsteil | 721 |
| Tina-Spezialversand II | 751 | Verbandszeichen | 937 |
| Tintenkuli | 129 | Verbrauchsmaterialien | 1088 |
| Titelschutzanzeige | 879 | Verein d. Steuerberater | 27 |
| Titelschutzanzeigen für Dritte | 1165 | Vergleichen Sie | 1179 |
| Today | 1136 | Verjährungsunterbrechung | 646 |
| Toni's Hütten Glühwein | 684 | Verlängerungsgebühr | 634 |
| Top Selection | 1103 | Vernichtungsanspruch | 1112 |
| Topfgucker-Scheck | 950 | Verona-Gerät | 281 |
| Topfit Boonekamp | 679 | Verschenktexte | 854 |
| topfitz/topfit | 773 | Verschenktexte II | 987 |
| Torch | 653 | Verschlußvorrichtung für Gießpfannen | 856 |
| Torres | 1072 | Vertagungsantrag | 804 |
| Torsana | 227 | Vertriebsbindung | 782 |
| Tosca | 214 | Videofilmvorführung | 808 |
| Toscanella | 196 | Videorekorder-Vernichtung | 844 |
| Tour de culture | 1162 | VIDEO-RENT | 811 |
| Trainingsanzug | 498 | Vieraugengespräch | 1176 |
| TRANS-ATLANTISCHE | 944 | Vier-Streifen-Schuh | 817 |
| Transportbehälter | 803 | Virion | 1035 |
| Transportfahrzeug | 745 | VISPER | 931 |
| Treibladung | 717 | VITA-MALZ | 354 |
| Trend | 677 | Vitapur | 364 |
| Treppchen | 470 | Vitasulfal | 221 |
| TRIANGLE | 992 | Vogeler | 199 |
| Tribol/Liebol | 629 | Volksbank | 980 |
| Tricoline | 156 | Volks-Feuerbestattung | 204 |
| TRILOPIROX | 1037 | Voran | 406 |
| Triosorbin | 376 | Vorgetäuschter Vermittlungsauftrag | 963 |
| Triumph | 162 | Vorrasur/Nachrasur | 163 |
| Trockenrasierer | 616 | | |
| Troka-Dreika | 104 | W-5 | 78 |
| Trollinger | 513 | Wach und Schließ | 609 |
| Trumpf | 531 | Waldes-Koh-i-noor | 269 |
| TURBO I | 1062 | Wandsteckdose | 240 |
| Turbo II | 1106 | Wandsteckdose II | 497 |
| Turpo | 469 | Warenzeichenerwerb | 981 |
| Tylosin | 600 | Wärmeaustauscher | 835 |
| | | Warmpressen | 259 |
| UHF-Empfänger II | 378 | Warnhinweis | 1018 |
| UHF-Empfänger III | 394 | Warsteiner I | 1166 |
| UHQ II | 1076 | Warsteiner II | 1167 |
| Uhren-Applikation | 1087 | Wäschepresse | 18 |
| Uhrrohwerk | 100 | Waschmittel | 420 |
| U-KEY | 1052 | Wasserventil | 896 |
| Umberto Rosso | 228 | Weidepumpe | 257 |
| Umsatzauskunft | 318 | Weihnachtsbrief | 887 |
| Unbestimmter Unterlassungsantrag | 917 | Wella-Perla | 145 |
| Underberg | 105 | Wellplatten | 331 |
| Ungarische Salami | 701 | Werbeagent | 1016 |
| Ungarische Salami II | 727 | Werbegeschenke | 561 |
| UNIPLAST | 357 | Werbespiegel | 603 |
| Universitätsemblem | 982 | Werkstück-Verbindungsmaschinen | 572 |
| Unterkunde | 292 | Weserklause | 472 |
| Urköl'sch | 9 | Wettbewerbsverein I | 796 |
| Urselters | 787 | Wheels Magazine | 1175 |
| Urselters II | 907 | White Horse | 339 |
| | | Wickelsterne | 58 |
| Vakuumpumpen | 1080 | Widerspruchsunter-zeichnung | 874 |

| | | | |
|---|---:|---|---:|
| Widia/Ardia | 4 | Zahnbürsten | 213 |
| Wie hammas denn? | 837 | Zahnrad | 160 |
| Wie uns die Anderen sehen | 320 | Zamek | 181 |
| Wiedereinsetzung | 242 | Zamek II | 487 |
| Wiederholte Unterwerfung | 735 | Zappel-Fisch | 991 |
| WINCAD | 1143 | Zeiß | 138 |
| Windboy | 275 | Zeitplaner | 642 |
| WIR IM SÜDWESTEN | 1039 | Zentis | 792 |
| Wit/Wipp | 128 | Zentralschloßanlagen | 389 |
| WKS-Möbel | 302 | Ziegelfertigstütze | 755 |
| WKS-Möbel II | 383 | Ziegelsteinformling | 742 |
| WMF-Mondmännchen | 573 | Zinkenkreisel | 756 |
| Wodka, Woronoff | 827 | Zinnlot | 296 |
| Wörterbuch | 489 | Zonenbericht | 329 |
| Wunderbaum | 1141 | Z-TECH | 949 |
| Wurstmühle | 761 | Zurückverweisung | 500 |
| Wyeth | 144 | Zustellungsadressat | 947 |
| | | Zustellungswesen | 989 |
| Yellow Phone | 1099 | 2 für 1-Vorteil | 1061 |
| | | Zwilling | 14 |
| Zahl 17 | 708 | Zwillingsfrischbeutel | 391 |
| Zahl 55 | 59 | Zwillingskaffee | 400 |
| Zählkassetten | 38 | Zwillingspackung | 373 |

## b) Chronologisches Fundstellenverzeichnis

### Abkürzungen

| | |
|---|---|
| BGHZ | Entscheidungen des Bundesgerichtshofs, Amtliche Sammlung |
| LM | Nachschlagewerk des BGH, herausgegeben von Lindenmaier-Möhring |
| GRUR | Gewerblicher Rechtsschutz und Urheberrecht |
| GRUR Int | Gewerblicher Rechtsschutz und Urheberrecht, Internationaler Teil |
| WuW | Wirtschaft und Wettbewerb |
| EWiR | Entscheidungen zum Wirtschaftsrecht |
| WRP | Wettbewerb in Recht und Praxis |
| BlPMZ | Blatt für Patent-, Muster- und Zeichenwesen |
| WM | Wertpapiermitteilungen |
| MBl | Mitteilungsblatt der Deutschen Vereinigung für gewerblichen Rechtsschutz und Urheberrecht |
| NJW | Neue Juristische Wochenschrift |
| NJW-RR | NJW-Rechtsprechungsreport Zivilrecht |
| NJW-CoR | NJW-Computerreport |
| NJW EW | NJW-Entscheidungsdienst zum Wettbewerbsrecht (NJWE-WettbR) |
| DtZ | Deutsch-Deutsche Rechts-Zeitschrift |
| JZ | Juristenzeitung |
| MDR | Monatsschrift für Deutsches Recht |
| ZIP | Zeitschrift für Wirtschaftsrecht |
| ZIP A | Zeitschrift für Wirtschaftsrecht aktuell |
| BB | Der Betriebs-Berater |
| DB | Der Betrieb |

# Fundstellenverzeichnis BGH 1950–1955    Chronologisches

| Nr. | Datum | Az. | BGHZ | LM, Nr. zu § | GRUR | WuW | WRP |
|---|---|---|---|---|---|---|---|
|  | **1950** |  |  |  |  |  |  |
| 1 | 19. 12. | I ZR 62/50 | 1, 31 | 2, § 24 WZG | 51, 159 |  |  |
|  | **1951** |  |  |  |  |  |  |
| 2 | 6. 3. | I ZR 40/50 | 1, 241 | 1, § 8 WZG | 51, 324 |  |  |
| 3 | 16. 3. | I ZR 76/50 |  | 1, § 16 UWG | 51, 410 |  |  |
| 4 | 19. 6. | I ZR 77/50 | 2, 394 | 3, § 24 WZG | 52, 35 | 51, 452 |  |
| 5 | 9. 11. | I ZR 107/50 |  | 4, § 1 UWG | 52, 239 |  |  |
| 6 | 13. 11. | I ZR 111/50 | 3, 365 | 5, § 6 PatG | 52, 562 |  |  |
| 7 | 13. 11. | I ZR 44/51 |  | 3, § 1 UWG | 52, 416 |  |  |
| 8 | 23. 11. | I ZR 24/51 |  | 2, Art 5 MRV 78 |  | 52, 354 |  |
| 9 | 30. 11. | I ZR 9/50 | 4, 96 | 3, § 16 UWG | 52, 511 |  |  |
| 10 | 11. 12. | I ZR 21/51 | 4, 167 | 2, § 16 UWG | 52, 418 |  |  |
|  | **1952** |  |  |  |  |  |  |
| 11 | 22. 1. | I ZR 68/51 | 5, 1 | 2, § 25 WZG | 52, 516 |  |  |
| 12 | 22. 1. | IV ZB 82/51 | 4, 323 | 1, § 16 VerschG |  |  |  |
| 13 | 15. 2. | I ZR 135/51 |  | 5, § 24 WZG | 52, 419 |  |  |
| 14 | 22. 2. | I ZR 117/51 | 5, 189 | 4, § 24 WZG | 52, 577 |  |  |
| 15 | 8. 4. | I ZR 80/51 |  | 7, § 1 UWG | 52, 582 | 52, 855 |  |
| 16 | 9. 5. | I ZR 128/51 | 6, 137 | 1, § 1 WZG | 53, 34 |  |  |
| 17 | 16. 5. | I ZR 143/51 |  | 6, § 24 WZG | 52, 521 |  |  |
| 18 | 27. 5. | I ZR 138/51 |  |  | 52, 564 |  |  |
| 19 | 27. 5. | 1 StR 382/51 | 2, 370 (St) | 1, § 24 WZG (St) |  |  |  |
| 20 | 11. 7. | I ZR 129/51 |  | 3, § 31 WZG | 53, 40 |  |  |
| 21 | 16. 12. | I ZR 39/52 | 8, 202 | 4, § 31 WZG | 53, 175 |  |  |
|  | **1953** |  |  |  |  |  |  |
| 22 | 14. 1. | VI ZR 50/52 | 8, 303 | 1, § 310 ZPO |  |  |  |
| 23 | 15. 1. | IV ZR 76/52 | 8, 318 | 2, § 12 BGB |  |  |  |
| 24 | 27. 1. | I ZR 55/52 |  | 5, § 16 UWG | 53, 252 | 53, 364 |  |
| 25 | 30. 1. | I ZR 88/52 | 8, 387 | 4, § 16 UWG | 53, 290 |  |  |
| 26 | 17. 3. | I ZR 118/52 |  |  | 53, 293 |  |  |
| 27 | 30. 3. | IV ZR 176/52 |  | 6, § 16 UWG | 53, 446 | 53, 368 |  |
| 28 | 9. 6. | I ZR 97/51 | 10, 196 | 7, § 16 UWG | 54, 271 | 53, 629 |  |
| 29 | 17. 6. | VI ZR 51/52 | 10, 104 | 9, § 1004 BGB |  |  |  |
| 30 | 3. 7. | I ZR 91/52 | 10, 211 | 2, § 11 WZG | 53, 486 | 53, 699 |  |
| 31 | 9. 7. | I ZR 97/51 | 10, 96 |  |  |  |  |
| 32 | 9. 7. | III ZR 193/51 | 10, 220 | 2, § 839 (A) BGB |  |  |  |
| 33 | 9. 7. | III ZR 150/52 | 10, 181 | 1, § 22 BRÄndG |  |  |  |
| 34 | 9. 7. | IV ZR 242/51 | 10, 228 | 3, § 138 BGB |  |  |  |
| 35 | 9. 10. | I ZR 115/52 |  |  | 54, 192 | 54, 57 |  |
| 36 | 20. 10. | I ZR 134/52 |  | 8, § 16 UWG | 54, 70 | 54, 59 |  |
| 37 | 28. 10. | II ZR 149/52 | 10, 385 | 1, § 259 BGB |  |  |  |
| 38 | 30. 10. | I ZR 94/52 | 11, 129 | 5, § 25 WZG | 54, 121 | 54, 196 |  |
| 39 | 30. 10. | I ZR 147/52 |  |  | 54, 123 |  |  |
| 40 | 6. 11. | I ZR 97/52 | 11, 135 | 1, § 22a LUG | 54, 216 |  |  |
| 41 | 8. 12. | ZR 192/52 | 11, 214 | 9, § 16 UWG | 54, 195 | 54, 455 |  |
|  | **1954** |  |  |  |  |  |  |
| 42 | 22. 1. | I ZR 200/52 |  | 18, § 1 UWG | 54, 274 |  | 55, 458 |
| 43 | 26. 1. | I ZR 192/52 |  |  | 54, 331 |  |  |
| 44 | 16. 2. | V Blw 60/53 | 12, 286 | 12, § 7 HöfeO |  |  |  |
| 45 | 3. 3. | VI ZR 303/52 |  | 3, PreisstapVO |  |  |  |
| 46 | 12. 3. | I ZR 201/52 |  | 19, § 1 UWG | 54, 337 | 54, 540 |  |
| 47 | 30. 3. | I ZR 153/52 |  | 7, § 24 WZG | 54, 346 |  |  |
| 48 | 31. 3. | VI ZR 138/52 |  |  |  |  |  |
| 49 | 11. 5. | I ZR 178/52 | 13, 244 | 10, § 3 UWG | 55, 37 | 54, 668 |  |
| 50 | 11. 6. | I ZR 174/52 | 14, 15 | 5, § 31 WZG | 55, 91 |  |  |
| 51 | 18. 6. | I ZR 158/52 |  |  | 55, 95 | 54, 739 |  |
| 52 | 25. 6. | I ZR 7/53 |  | 8, § 24 WZG | 54, 457 |  |  |
| 53 | 6. 7. | I ZR 167/52 | 14, 155 | 11, § 16 UWG | 55, 42 | 54, 736 |  |
| 54 | 6. 7. | I ZR 38/53 | 14, 163 | 12, § 1004 BGB | 55, 97 |  |  |
| 55 | 13. 7. | I ZR 14/53 | 14, 286 | 12, § 16 UWG | 55, 105 |  |  |
| 56 | 22. 10. | I ZR 46/53 | 15, 107 | 7, § 15 WZG | 55, 299 | 55, 122 |  |
| 57 | 30. 11. | I ZR 143/52 | 15, 338 | 9, § 11 LitUrhG; 14, § 3 UWG | 55, 351 | 55, 267 |  |
| 58 | 21. 12. | I ZR 36/53 | 16, 82 | 6, § 25 WZG | 55, 406 | 55, 309 |  |
|  | **1955** |  |  |  |  |  |  |
| 59 | 11. 1. | I ZR 16/53 |  | 22, § 1 UWG | 55, 411 |  | 55, 43 |
| 60 | 18. 1. | I ZR 102/53 |  | 15, § 3 UWG | 55, 251 |  |  |
| 61 | 18. 1. | I ZR 142/53 |  | 10, § 24 WZG | 55, 415 | 55, 396 | 55, 50 |
| 62 | 15. 2. | I ZR 86/53 | 16, 296 | 7, § 25 WZG | 55, 418 | 55, 388 | 55, 80 |
| 63 | 25. 2. | I ZR 124/53 |  | 14, § 16 UWG | 55, 481 |  | 55, 98 |

2676

## 1950–1955 Fundstellenverzeichnis BGH

| BlPMZ | MBl | NJW | JZ | MDR | BB | DB | Schlagwort | Datum |
|---|---|---|---|---|---|---|---|---|
| | | | | | | | | **1950** |
| 51, 157 | 51, 39 | 51, 272 | 51, 222 | 51, 225 | 51, 206 | | Störche | 19. 12. |
| | | | | | | | | **1951** |
| | 51, 70 | 51, 521 | | 51, 348 | | 51, 344 | PieK-Fein | 6. 3. |
| | 51, 79 | 51, 520 | 51, 513 | 51, 349 | 51, 375 | 51, 404 | Luppy | 16. 3. |
| | 52, 15 | 51, 843 | | | 51, 684 | 51, 740 | Widia/Ardia | 19. 6. |
| | 52, 55 | 52, 222 | | | 52, 708 | 52, 57 | Farina | 9. 11. |
| 52, 195 | 53, 5 | 52, 302 | | | | 52, 163 | Gummisohle | 13. 11. |
| | 52, 87 | 52, 223 | | | 52, 708 | 52, 56 | Dauerdose | 13. 11. |
| | | 52, 344 | | 52, 366 | 52, 68 | 52, 120 | Brauereidarlehen | 23. 11. |
| | 52, 93 | | | | 52, 477 | 52, 205 | Urköl'sch | 30. 11. |
| | 52, 87 | 52, 503 | | | | 52, 122 | DUZ | 11. 12. |
| | | | | | | | | **1952** |
| 52, 354 | 52, 94 | 52, 784 | | | | 52, 707 | 52, 468 | Hummelfiguren | 22. 1. |
| | | 52, 579 | | | | | | 22. 1. |
| | 52, 85 | | | | | 52, 707 | 52, 591 | Gumax-Gumosol | 15. 2. |
| 52, 335 | 53, 14 | 52, 665 | 51, 9 | | | | 52, 448 | Zwilling | 22. 2. |
| | 53, 15 | | | | | | 52, 759 | Sprechstunden | 8. 4. |
| 52, 374 | 53, 22 | 52, 1055 | | | | 52, 707 | 52, 624 | Lockwell | 9. 5. |
| | 53, 7 | | | | | | 52, 591 | Minimax | 16. 5. |
| | | | | | | | Wäschepresse | 27. 5. |
| 52, 479 | | 52, 898 | | | | | 52, 592 | Faber-Castell | 27. 5. |
| | 53, 31 | | | | | | 52, 802 | gold-zack | 11. 7. |
| 53, 183 | 53, 54 | | | | | | 53, 188 | Kabel-Kennzeichen | 16. 12. |
| | | | | | | | | **1953** |
| | | 53, 577 | 53, 728 | | | | Pazifist | 14. 1. |
| | 53, 55 | | 53, 475 | | 53, 399 | | Hochbau-Tiefbau | 15. 1. |
| | 53, 86 | 53, 900 | | 53, 417 | 53, 337 | 53, 354 | Fernsprechnummer | 27. 1. |
| | 53, 87 | | | | | | Fleischbezug | 30. 1. |
| | 54, 7 | | 53, 474 | | 53, 368 | 53, 397 | Verein d. Steuerberater | 17. 3. |
| | 54, 82 | 53, 1348 | | 53, 733 | | 53, 669 | DUN-Europa | 30. 3. |
| | | | 53, 606 | | | 53, 733 | | 9. 6. |
| 54, 23 | 54, 14 | 53, 1626 | | 53, 671 | 53, 718 | 53, 760 | Nordona | 17. 6. |
| | | | | | | | D. Europa | 3. 7. |
| | | | | | | | | 9. 7. |
| | | | | | | | | 9. 7. |
| | | | | | | | | 9. 7. |
| | 54, 70 | | | | | | Dreikern/Dreiring | 9. 10. |
| | 54, 29 | | 54, 99 | | 53, 991 | 53, 1033 | Rohrbogen | 20. 10. |
| | | | 54, 168 | | 53, 989 | 53, 1013 | Kalkstein | 28. 10. |
| 54, 149 | 54, 38 | 54, 390 | | | | 54, 103 | Zählkassetten | 30. 10. |
| | 54, 46 | | | | | | NSU-Fox/Auto-Fox | 30. 10. |
| 54, 157 | 54, 63 | 54, 305 | | | 54, 114 | 54, 125 | Schallplatte | 6. 11. |
| | 54, 71 | 54, 388 | | | 54, 113 | 54, 127 | KfA | 8. 12. |
| | | | | | | | | **1954** |
| | 54, 82 | | | | 54, 243 | 51, 305 | Goldwell | 22. 1. |
| | | | | | | | Altpa-AlpaH | 26. 1. |
| | | | | | | | | 16. 2. |
| | | | | | 54, 329 | 54, 324 | | 3. 3. |
| | 54, 93 | | | | 54, 361 | 54, 369 | Radschutz | 12. 3. |
| 54, 275 | 54, 79 | | | | | 54, 411 | Strahlenkranz | 30. 3. |
| | | | | | 54, 457 | 54, 453 | | 31. 3. |
| | 55, 15 | 54, 1566 | 54, 644 | | 54, 699 | | Cupresa-Kupferseide | 11. 5. |
| 54, 336 | | 54, 1565 | 54, 644 | | | 54, 759 | Frankfurter Römer | 11. 6. |
| 55, 192 | | | | | | | Buchgemeinschaft | 18. 6. |
| 54, 374 | 54, 103 | | 54, 644 | | 54, 699 | 54, 695 | Irus/Urus | 25. 6. |
| 54, 444 | | 54, 1681 | | 54, 731 | | 54, 801 | Farina II | 6. 7. |
| | | 54, 1682 | 54, 747 | | 54, 786 | 54, 801 | Constanze II | 6. 7. |
| 55, 67 | | 54, 1931 | | 54, 731 | 54, 882 | 54, 865 | Farina III | 13. 7. |
| 55, 305 | 55, 70 | 55, 137 | 55, 332 | | 55, 6 | 55, 44 | Koma | 22. 10. |
| | 55, 99 | 55, 382 | | | 54, 1081 | 55, 165 | GEMA | 30. 11. |
| 55, 193 | 55, 89 | 55, 380 | | | | 55, 141 | Wickelsterne | 21. 12. |
| | | | | | | | | **1955** |
| | | | | 55, 286 | 55, 178 | 55, 213 | Zahl 55 | 11. 1. |
| | | | | | 55, 272 | | Silberal | 18. 1. |
| 55, 194 | 55, 97 | 55, 543 | | | 55, 237 | 55, 237 | Arctuvan/Artesan | 18. 1. |
| | 55, 90 | 55, 630 | | | 55, 271 | 55, 311 | rote Herzwandvase | 15. 2. |
| | 56, 4 | | | | 55, 394 | 55, 452 | Hamburger Kinderstube | 25. 2. |

# Fundstellenverzeichnis BGH  1956, 1957   Chronologisches

| Nr. | Datum | Az. | BGHZ | LM, Nr. zu § | GRUR | WuW | WRP |
|---|---|---|---|---|---|---|---|
| 64 | 25. 2. | I ZR 107/53 | | 1, § 4 WZG | 55, 421 | | 55, 104 |
| 65 | 10. 5. | I ZR 91/53 | | 1, § 16 UWG | 55, 484 | | 55, 193 |
| 66 | 10. 5. | I ZR 120/53 | | | 55, 490 | | |
| 67 | 10. 5. | I ZR 177/53 | | 15, § 16 UWG | 55, 487 | | 55, 162 |
| 68 | 7. 6. | I ZR 64/53 | 18, 1 | 3, Art 1 AHKG | 55, 575 | | |
| 69 | 28. 6. | I ZR 81/54 | | 8, § 31 WZG; 12, § 24 WZG | 55, 579 | | 55, 218 |
| 70 | 8. 7. | I ZR 201/53 | 18, 98 | 2, § 423 HGB | | | |
| 71 | 11. 7. | II ZR 96/54 | | | 57, 44 | | |
| 72 | 20. 9. | I ZR 194/53 | 18, 175 | 27, § 1 UWG; 13, § 11 LitUrhG | 55, 598 | 56, 155 | 55, 280 |
| 73 | 11. 11. | I ZR 157/53 | 19, 23 | 1, §§ 9, 5 WZG | 56, 172 | | 56, 73 |
| 74 | 18. 11. | I ZR 208/53 | | 10, § 15 WZG | 56, 179 | | 56, 135 |
| 75 | 29. 11. | I ZR 4/54 | | 11, § 15 WZG | 56, 183 | | 56, 171 |
| 76 | 13. 12. | I ZR 86/54 | | 16, § 3 UWG | 56, 270 | 56, 436 | 56, 127 |
| 77 | 20. 12. | I ZR 24/54 | 19, 299 | 30, § 1 UWG | 56, 216 | 56, 428 | 56, 105 |
| | **1956** | | | | | | |
| 78 | 20. 1. | I ZR 146/53 | 19, 367 | 2, § 4 WZG; 12, § 25 WZG; 12, § 31 WZG | 56, 219 | | 56, 199 |
| 79 | 31. 1. | I ZR 74/55 | | 17, § 3 UWG | 56, 187 | 56, 752 | 56, 108 |
| 80 | 10. 2. | I ZR 61/54 | | 25, § 1004 BGB | 56, 227 | 56, 428 | 56, 316 |
| 81 | 17. 2. | I ZR 57/54 | | 33, § 1 UWG | 56, 273 | 56, 430 | 56, 162 |
| 82 | 2. 3. | I ZR 161/54 | | 18, § 3 UWG | 56, 276 | 56, 519 | 56, 164 |
| 83 | 13. 3. | I ZR 49/54 | | | 57, 426 | 56, 793 | |
| 84 | 13. 3. | I ZR 132/54 | | 1, § 138 BGB | | 56, 793 | |
| 85 | 16. 3. | I ZR 62/55 | | | 56, 265 | | |
| 86 | 10. 4. | I ZR 165/54 | | 27, § 1004 BGB | 57, 84 | | 57, 156 |
| 87 | 13. 4. | I ZR 41/54 | | 16, § 16 UWG | 56, 321 | 56, 521 | 56, 221 |
| 88 | 4. 5. | I ZR 55/54 | | 14, § 31 WZG | 56, 376 | 56, 523 | 56, 219 |
| 89 | 8. 5. | I ZR 62/54 | 20, 345 | | 56, 427 | | |
| 90 | 15. 5. | I ZR 148/54 | | 19, § 3 UWG | 56, 550 | | 56, 251 |
| 91 | 29. 5. | V ZB 20/56 | 21, 168 | | | | |
| 92 | 15. 6. | I ZR 71/54 | 21, 66 | 16, § 24 WZG | 57, 25 | 56, 692 | 56, 279 |
| 93 | 15. 6. | I ZR 105/54 | 21, 85 | 17, § 16 UWG | 57, 29 | 57, 310 | 56, 275 |
| 94 | 15. 6. | I ZR 149/54 | | 14, § 12 BGB | 57, 87 | 57, 312 | 56, 302 |
| 95 | 29. 6. | I ZR 129/54 | | 36, § 1 UWG | 56, 553 | 57, 309 | 57, 257 |
| 96 | 29. 6. | I ZR 176/54 | | 2, § 23 UWG; 16, § 25 WZG | 56, 558 | 57, 312 | 57, 24 |
| 97 | 3. 7. | I ZR 137/54 | 21, 182 | 3, § 4 WZG; 14, § 25 WZG | 57, 88 | 57, 311 | |
| 98 | 10. 7. | I ZR 106/54 | | | 57, 428 | | |
| 99 | 13. 7. | I ZR 75/54 | | 17, § 24 WZG | 57, 34 | | 57, 122 |
| 100 | 13. 7. | I ZR 137/55 | 21, 266 | 15, § 25 WZG | 57, 37 | 56, 803 | 56, 333 |
| 101 | 2. 10. | I ZR 9/54 | 22, 1 | 3, Art 12 EGBGB | 57, 215 | | |
| 102 | 12. 10. | I ZR 171/54 | | 15, § 31 WZG | 57, 339 | 57, 311 | |
| 103 | 23. 10. | I ZR 76/54 | | 22, § 3 UWG | 57, 128 | 57, 309 | 57, 74 |
| 104 | 23. 10. | I ZR 8/55 | | 13, § 15 WZG | 57, 125 | 57, 311 | 57, 49 |
| 105 | 30. 10. | I ZR 199/55 | | 15, § 12 BGB | 57, 342 | 57, 42 | |
| 106 | 23. 11. | I ZR 104/55 | | 16, § 31 WZG | 57, 222 | 57, 310 | 57, 239 |
| 107 | 27. 11. | I ZR 57/55 | 22, 209 | 2, § 2 KUG | 57, 291 | | |
| 108 | 4. 12. | I ZR 106/55 | | 20, § 3 UWG | 57, 348 | | |
| 109 | 11. 12. | I ZR 61/55 | | 3, § 1 WZG | 57, 224 | 57, 310 | 57, 210 |
| 110 | 11. 12. | I ZR 93/55 | | 3, § 11 WZG | 57, 350 | 57, 310 | 57, 236 |
| 111 | 21. 12. | I ZR 68/55 | | 17, § 31 WZG | 57, 228 | 57, 360 | 57, 275 |
| | **1957** | | | | | | |
| 112 | 8. 1. | I ZR 58/55 | | 18, § 25 WZG | 57, 275 | | 57, 184 |
| 113 | 8. 1. | I ZR 65/55 | | | 58, 141 | | |
| 114 | 15. 1. | I ZR 39/55 | 23, 100 | 14, § 15 WZG | 57, 231 | | |
| 115 | 15. 1. | I ZR 56/55 | | 22, § 24 WZG | 57, 352 | | |
| 116 | 25. 1. | I ZR 45/55 | | | | | |
| 117 | 25. 1. | I ZR 158/55 | | 21, § 16 UWG | 57, 281 | | 57, 180 |
| 118 | 25. 1. | I ZR 66/56 | | | | | |
| 119 | 28. 1. | I ZR 88/55 | | 21, § 3 UWG | 57, 285 | | 57, 173 |
| 120 | 5. 2. | I ZR 168/55 | | | 57, 287 | | |
| 121 | 19. 2. | I ZR 13/55 | | | 57, 488 | | |

# Fundstellenverzeichnis 1956, 1957 Fundstellenverzeichnis BGH

| BlPMZ | MBl | NJW | JZ | MDR | BB | DB | Schlagwort | Datum |
|---|---|---|---|---|---|---|---|---|
| 55, 360 |  |  |  |  | 55, 430 | 55, 452 | Forellenzeichen | 25. 2. |
| 55, 331 |  | 55, 1152 |  |  |  | 55, 797 | Luxor/Luxus | 10. 5. |
|  |  |  |  |  |  |  | Heynemann | 10. 5. |
|  |  |  |  |  |  | 55, 869 | Alpha | 10. 5. |
|  |  | 55, 1435 |  |  | 55, 747 | 55, 893 | Hückel | 7. 6. |
| 55, 333 |  | 55, 1555 |  |  | 55, 776 | 55, 822 | Sunpearl I | 28. 6. |
|  |  |  |  |  |  |  |  | 8. 7. |
|  | 56, 19 |  |  |  |  | 55, 869 | Firmenhandel | 11. 7. |
|  | 56, 30 | 55, 1753 |  |  | 55, 976 | 55, 1038 | Matern | 20. 9. |
|  | 56, 53 | 56, 591 | 56, 565 |  |  | 56, 134 | Magirus | 11. 11. |
|  | 56, 54 |  |  |  |  | 56, 160 | Ettaler-Klosterliqueur | 18. 11. |
|  | 56, 54 |  |  |  | 56, 156 | 56, 181 | Drei-Punkt-Urteil | 29. 11. |
|  | 56, 71 | 56, 589 |  |  | 56, 223 | 56, 253 | Rügenwalder Teewurst | 13. 12. |
|  | 56, 62 | 56, 339 |  |  | 56, 126 | 56, 135 | Bad Ems | 20. 12. |
|  |  |  |  |  |  |  |  | **1956** |
| 56, 119 |  | 56, 828 |  |  | 56, 255 | 56, 302 | W-5 | 20. 1. |
|  | 56, 55 |  |  |  |  | 56, 254 | English Lavender | 31. 1. |
|  | 56, 70 |  |  |  |  | 56, 351 | Reisebüro | 10. 2. |
|  | 56, 71 | 56, 909 |  |  | 56, 383 | 56, 396 | Drahtverschluß | 17. 2. |
|  | 56, 82 | 56, 910 |  |  | 56, 382 | 56, 397 | Desinfektionsapparat | 2. 3. |
|  | 57, 117 |  |  |  |  |  | Getränke-Industrie | 13. 3. |
|  |  | 56, 1065 |  |  |  |  | Schlepper | 13. 3. |
|  |  |  |  |  |  |  | Rheinmetall-Borsig | 16. 3. |
|  | 57, 38 |  |  |  | 56, 737 | 56, 892 | Einbrandflaschen | 10. 4. |
| 56, 281 | 56, 90 |  |  |  | 56, 543 | 56, 619 | Synochem/ | 13. 4. |
|  |  |  |  |  |  |  | Firmochem |  |
| 56, 228 | 56, 90 | 56, 1920 |  |  |  | 56, 569 | Berliner Illustrierte | 4. 5. |
|  |  |  |  |  |  |  | Schauspieler | 8. 5. |
|  |  |  |  |  | 56, 703 | 56, 938 | Tiefenfurter Bauernbrot | 15. 5. |
|  |  |  |  |  |  |  |  | 29. 5. |
| 57, 131 | 57, 36 | 56, 1557 | 57, 93 |  | 56, 766 | 56, 794 | Hausbücherei | 15. 6. |
| 57, 23 | 57, 13 | 56, 1559 |  |  | 56, 766 | 56, 795 | Spiegel | 15. 6. |
| 57, 152 | 57, 45 | 56, 1713 |  |  | 56, 829 | 56, 891 | Meisterbrand | 15. 6. |
|  | 57, 7 |  |  |  |  | 56, 916 | Coswig | 29. 6. |
|  | 57, 12 |  |  |  | 56, 904 | 56, 937 | Regensburger | 29. 6. |
|  |  |  |  |  |  |  | Karmelitengeist |  |
| 56, 359 | 57, 44 | 56, 1595 |  |  | 56, 800 | 56, 865 | Ihr Funkberater | 3. 7. |
|  | 57, 117 |  |  |  |  |  | Bücherdienst | 10. 7. |
| 57, 23 | 57, 22 |  |  |  |  |  | Hadef | 13. 7. |
| 57, 131 | 57, 23 | 56, 1676 |  |  | 56, 938 | 56, 796 | Uhrrohwerk | 13. 7. |
| 57, 44 | 57, 68 | 57, 140 |  |  |  | 56, 1231 | Flava-Erdgold | 2. 10. |
| 57, 349 | 57, 88 | 57, 142 |  |  |  | 56, 1230 | Venostasin/ | 12. 10. |
|  |  |  |  |  |  |  | Topostasin |  |
| 57, 131 | 57, 47 | 57, 182 |  |  |  | 57, 65 | Steinhäger | 23. 10. |
| 57, 47 | 57, 36 |  |  |  | 57, 11 | 56, 1155 | Troka-Dreika | 23. 10. |
| 57, 349 | 57, 92 |  |  |  | 57, 55 | 57, 136 | Underberg | 30. 10. |
|  |  |  |  |  | 57, 413 |  |  |  |
| 57, 71 | 57, 53 | 57, 343 |  |  | 57, 55 | 57, 65 | Sultan | 23. 11. |
|  | 57, 57 | 57, 220 |  | 57, 177 | 57, 91 | 57, 20 | Europapost | 27. 11. |
|  |  |  |  |  | 57, 132 |  | Klasen-Möbel | 4. 12. |
| 57, 152 | 57, 53 | 57, 462 |  |  |  | 57, 186 | Odorex | 11. 12. |
|  | 57, 89 |  |  |  |  | 57, 88 | Raiffeisensymbol | 11. 12. |
| 57, 154 | 57, 78 |  |  |  |  | 57, 280 | Astrawolle | 21. 12. |
|  |  |  |  |  |  |  |  | **1957** |
| 57, 292 | 57, 71 | 57, 909 |  |  |  |  | Star-Revue | 8. 1. |
| 58, 136 | 58, 11 | 57, 1919 |  |  |  |  | Spiegel der Woche | 8. 1. |
| 57, 292 | 57, 79 | 57, 910 |  |  | 57, 380; |  | Taeschner/Pertussin I | 15. 1. |
|  |  |  |  |  | 57, 414 |  |  |  |
|  | 57, 90 |  |  |  |  | 57, 426; | Taeschner/Pertussin II | 15. 1. |
|  |  |  |  |  |  | 57, 715 |  |  |
|  |  |  |  |  |  |  |  | 25. 1. |
| 57, 325 | 57, 82 |  |  |  | 57, 348 |  | karo-as | 25. 1. |
|  |  |  |  |  |  |  |  | 25. 1. |
| 57, 293 | 57, 81 |  |  |  | 57, 691 | 57, 305 | Erstes Kulmbacher | 28. 1. |
| 57, 325 | 57, 80 |  |  |  |  |  | Plasticummännchen | 5. 2. |
|  |  |  |  |  |  |  | MHZ | 19. 2. |

# Fundstellenverzeichnis BGH  1958, 1959   Chronologisches

| Nr. | Datum | Az. | BGHZ | LM, Nr. zu § | GRUR | WuW | WRP |
|---|---|---|---|---|---|---|---|
| 122 | 15. 3. | I ZR 72/55 | | 5, § 4 WZG | 57, 430 | | |
| 123 | 15. 3. | I ZR 7/56 | | 18, § 31 WZG | 57, 433 | | 57, 241 |
| 124 | 29. 3. | I ZR 107/55 | | 17, § 25 WZG | 57, 369 | | 57, 306 |
| 125 | 2. 4. | I ZR 58/56 | | 5, § 47 PatG | 57, 336 | | |
| 126 | 5. 4. | I ZR 127/55 | | 25, § 24 WZG | 57, 435 | | |
| 127 | 5. 4. | I ZR 151/55 | | 6, § 1 UWG | 58, 78 | | |
| 128 | 10. 5. | I ZR 33/56 | | 5, § 1 WZG | 57, 499 | 58, 106 | |
| 129 | 14. 5. | I ZR 165/55 | 24, 257 | 19, § 31 WZG | 57, 553 | | 57, 304 |
| 130 | 14. 5. | I ZR 94/55 | 24, 238 | 16, § 12 BGB | 57, 547 | | 57, 265 |
| 131 | 14. 5. | I ZR 50/56 | | 17, § 12 BGB | 57, 550 | | 57, 264 |
| 132 | 21. 5. | I ZR 19/56 | | 1, PBefG | 57, 558 | | 57, 294 |
| 133 | 28. 5. | I ZR 231/55 | | 20, § 25 WZG | 57, 603 | | 57, 308 |
| 134 | 31. 5. | I ZR 163/55 | | 32, § 1004 BGB | 58, 30 | | |
| 135 | 31. 5. | I ZR 93/56 | | 24, § 16 UWG | 57, 561 | | 57, 269 |
| 136 | 12. 7. | I ZR 52/55 | | 20, § 823 (Bf) BGB | 58, 86 | | |
| 137 | 12. 7. | I ZR 8/56 | | 3, ArzneimittelVO | 57, 606 | 57, 666 | 57, 291 |
| 138 | 24. 7. | I ZR 21/56 | | 18, § 12 BGB | 58, 189 | 58, 166 | 58, 17 |
| 139 | 17. 9. | I ZR 105/56 | | 30, § 3 UWG | 58, 39 | 58, 105 | 57, 332 |
| 140 | 20. 9. | I ZR 14/56 | | 26, § 16 UWG | 58, 90 | 58, 105 | 58, 22 |
| 141 | 27. 9. | I ZR 140/56 | | 18, § 15 WZG | 58, 81 | | 58, 116 |
| 142 | 22. 10. | I ZR 96/56 | 25, 369 | 53, § 1 UWG | 58, 233 | 58, 344 | 58, 60 |
| 143 | 25. 10. | I ZR 38/56 | | 20, § 12 BGB | 58, 339 | 58, 345 | |
| 144 | 25. 10. | I ZR 136/56 | | 4, § 11 WZG | 58, 185 | | |
| 145 | 29. 10. | I ZR 108/56 | | 22, § 31 WZG | 58, 604 | | 58, 118 |
| 146 | 29. 10. | I ZR 116/56 | | 19, § 12 BGB | 58, 143 | 58, 105 | 58, 46 |
| 147 | 29. 10. | I ZR 192/56 | | 3, § 254 ZPO | 58, 149 | | |
| 148 | 12. 11. | I ZR 44/56 | | 55, § 1 UWG | 58, 343 | 58, 346 | 58, 206 |
| 149 | 15. 11. | I ZR 83/56 | 26, 52 | 27, § 16 UWG | 58, 354 | 58, 344 | 58, 243 |
| 150 | 22. 11. | I ZR 144/56 | | 6, § 260 BGB | 58, 346 | 58, 343 | 58, 210 |

**1958**

| Nr. | Datum | Az. | BGHZ | LM, Nr. zu § | GRUR | WuW | WRP |
|---|---|---|---|---|---|---|---|
| 151 | 31. 1. | I ZR 178/56 | | 8, § 1 WZG | 58, 544 | 58, 346 | 58, 221 |
| 152 | 4. 2. | I ZR 23/57 | | 21, § 12 BGB | 58, 302 | 58, 345 | |
| 153 | 14. 2. | I ZR 3/57 | | 4, § 5 WZG | 58, 393 | | 58, 154 |
| 154 | 28. 2. | I ZR 129/56 | 27, 1 | 33, § 3 UWG | 58, 444 | 58, 345 | 58, 140 |
| 155 | 1. 4. | I ZR 49/57 | | 1, § 16 KUG | 58, 500 | | |
| 156 | 18. 4. | I ZR 10/57 | | 5, § 5 WZG | 58, 437 | | 58, 278 |
| 157 | 22. 4. | I ZR 67/57 | 27, 264 | | | | |
| 158 | 6. 6. | I ZR 78/57 | | 6, § 5 WZG | 58, 606 | | 58, 311 |
| 159 | 6. 6. | I ZR 33/57 | 28, 1 | 37, § 3 UWG | 59, 38 | | 58, 337 |
| 160 | 27. 6. | I ZR 76/57 | | 30, § 28 WZG | 58, 610 | | 58, 314 |
| 161 | 11. 7. | I ZR 187/56 | | 30, § 16 UWG | 59, 45 | | 59, 54 |
| 162 | 11. 7. | I ZR 85/57 | | 5, § 11 WZG | 59, 25 | | 58, 383 |
| 163 | 23. 9. | I ZR 101/57 | | 23, § 31 WZG | 59, 130 | | 59, 120 |
| 164 | 26. 9. | I ZR 87/57 | | 2, Zahnheilk | 59, 84 | 59, 58 | 59, 27 |
| 165 | 28. 10. | I ZR 114/57 | | 22, § 12 BGB | 59, 87 | | 59, 58 |
| 166 | 11. 11. | I ZR 152/57 | 28, 320 | 25, § 31 WZG | 59, 182 | | 59, 93 |
| 167 | 14. 11. | I ZR 167/57 | | 24, § 31 WZG | 59, 134 | | 59, 95 |
| 168 | 21. 11. | I ZR 61/57 | 28, 387 | | 59, 240 | | 59, 79 |
| 169 | 9. 12. | I ZR 112/57 | 29, 62 | 23, § 25 WZG | 59, 289 | | 59, 122 |

**1959**

| Nr. | Datum | Az. | BGHZ | LM, Nr. zu § | GRUR | WuW | WRP |
|---|---|---|---|---|---|---|---|
| 170 | 6. 2. | I ZR 50/57 | | | 59, 367 | | |
| 171 | 3. 3. | I ZR 7/58 | | | 60, 124 | | |
| 172 | 17. 3. | I ZR 21/58 | | 26, § 31 WZG | 59, 360 | | 59, 189 |
| 173 | 18. 3. | IV ZR 182/58 | 30, 7 | 3, § 823 (Ah) BGB | 59, 430 | | 59, 234 |
| 174 | 13. 4. | II ZR 39/58 | | 1, § 18 HGB | 59, 375 | | 59, 180 |
| 175 | 21. 4. | I ZR 189/57 | | | 59, 599 | | |
| 176 | 8. 5. | I ZR 4/56 | | 28, § 31 WZG | 59, 420 | | |
| 177 | 8. 5. | I ZR 16/58 | | 24, § 25 WZG | 59, 423 | | 59, 239 |
| 178 | 5. 6. | I ZR 63/58 | | 38, § 16 UWG | 59, 484 | | 59, 273 |
| 179 | 30. 6. | I ZR 31/58 | 30, 357 | 25, § 25 WZG | 60, 83 | | 60, 318 |
| 180 | 7. 7. | I ZR 101/58 | | 39, § 16 UWG | 59, 541 | | 59, 276 |
| 181 | 18. 9. | I ZR 118/57 | | | 60, 33 | 60, 533 | |
| 182 | 25. 9. | I ZR 41/59 | | 3, § 18 HGB | 60, 93 | 59, 356 | 60, 225 |
| 183 | 2. 10. | I ZR 76/58 | | 40, § 24 WZG | 60, 183 | | 60, 163 |
| 184 | 2. 10. | I ZR 126/58 | | 40 a, § 16 UWG | 60, 137 | | 60, 23 |
| 185 | 6. 10. | I ZR 117/57 | | 2, PVÜ | 60, 506 Int | | |
| 186 | 9. 10. | I ZR 78/58 | | | 60, 144 | | |
| 187 | 13. 10. | I ZR 58/58 | | 38, § 24 WZG | 60, 126 | | 59, 351 |
| 188 | 16. 10. | I ZR 90/58 | | 31, § 31 WZG | 60, 130 | | |

# Fundstellenverzeichnis BGH 1958, 1959

| BlPMZ | MBl | NJW | JZ | MDR | BB | DB | Schlagwort | Datum |
|---|---|---|---|---|---|---|---|---|
| 57, 205 | 57, 113 | | | | 57, 380 | 57, 453 | Havana | 15. 3. |
| 57, 350 | | | 57, 479 | | 57, 450 | 57, 425 | Hubertus | 15. 3. |
| 57, 351 | 57, 114 | | | | 57, 490 | 57, 453 | Rosa-Weiß-Packung | 29. 3. |
| | | 57, 951 | | | 57, 490 | | Rechnungslegung | 2. 4. |
| | 57, 115 | | | | 57, 594 | 57, 578 | Eucerin/Estarin | 5. 4. |
| | | 57, 1837 | 58, 29 | | 57, 1054 | | Stolper Jungchen | 5. 4. |
| 57, 328 | | | | | 57, 727 | 57, 714 | Wit/Wipp | 10. 5. |
| 57, 331 | 57, 104 | 57, 1557 | | | 57, 945 | 57, 819 | Tintenkuli | 14. 5. |
| | 57, 106 | | | | 57, 690 | 57, 683 | Tabu I | 14. 5. |
| | 57, 106 | | | | 57, 690 | 57, 683 | Tabu II | 14. 5. |
| | 57, 107 | 57, 1319 | | | | 57, 819 | Bayern-Expreß | 21. 5. |
| 58, 34 | 57, 115 | | | | 57, 800 | 57, 771 | Taschenstreifen | 28. 5. |
| 58, 12 | | 57, 1676 | | | 57, 1015 | | Außenleuchte | 31. 5. |
| | | 57, 1762 | 58, 93 | | 57, 727 | 57, 796 | REI-Chemie | 31. 5. |
| | 57, 119 | | | | 57, 839 | | Ei-fein | 12. 7. |
| 58, 12 | 58, 15 | 58, 17 | 58, 241 | 58, 154 | 57, 800 | 57, 1125 | Heiltee | 12. 7. |
| | | | | | 57, 1120 | | Zeiß | 24. 7. |
| | 58, 3 | 57, 1676 | | | 57, 1016 | 57, 989 | Rosenheimer Gummimäntel | 17. 9. |
| 58, 136 | 58, 7 | 57, 1761 | | 58, 218 | 57, 1088 | 57, 1047 | Hähnel | 20. 9. |
| 58, 136 | 58, 6 | | | | | 57, 1125 | Thymopect | 27. 9. |
| 58, 162 | 58, 19 | 58, 300 | 58, 314 | 58, 214 | 58, 95 | 58, 75 | mit dem feinen Whipp | 22. 10. |
| 58, 137 | 58, 26 | | | 58, 213 | 58, 170 | | Technika | 25. 10. |
| 58, 138 | 58, 15 | 58, 383 | | 58, 212 | 58, 169 | 58, 163 | Wyeth | 25. 10. |
| 58, 64 | 58, 54 | | | | 58, 320 | | Wella-Perla | 29. 10. |
| | 58, 11 | 58, 217 | 58, 312 | | 58, 59 | | Schwardmann | 29. 10. |
| | | | | | 58, 4 | | Bleicherde | 29. 10. |
| 58, 192 | 58, 26 | | | 58, 213 | 58, 169 | 58, 222 | Bohnergerät | 12. 11. |
| 58, 200 | 58, 27 | 58, 459 | | | | 58, 193 | Sherlock Holmes | 15. 11. |
| 58, 193 | 58, 26 | 58, 377 | | 58, 214 | 58, 132 | 58, 135 | Spitzenmuster | 22. 11. |

**1958**

| BlPMZ | MBl | NJW | JZ | MDR | BB | DB | Schlagwort | Datum |
|---|---|---|---|---|---|---|---|---|
| 59, 38 | | | | 58, 404 | 58, 391 | 58, 425 | Colonia | 31. 1. |
| | | | | 58, 303 | 58, 318 | 58, 364 | Lego | 4. 2. |
| 58, 162 | | | | 58, 481 | 58, 426 | 58, 486 | Ankerzeichen | 14. 2. |
| 58, 262 | | 58, 866 | | 58, 405 | 58, 426 | 58, 515 | Emaillelack | 28. 2. |
| | | 58, 1587 | | 58, 749 | 58, 721 | 58, 833 | Mecki-Igel | 1. 4. |
| 58, 233 | | | | 58, 481 | 58, 538 | 58, 595 | Tricoline | 18. 4. |
| | | | | | | | Programmhefte | 22. 4. |
| 59, 38 | | | | 58, 748 | 58, 822 | 58, 926 | Kronenmarke | 6. 6. |
| | | 58, 1819 | | 58, 834 | 58, 1002 | | Buchgemeinschaft II | 6. 6. |
| 59, 41 | | | | 58, 748 | 58, 853 | 58, 980 | Zahnrad | 27. 6. |
| | | 58, 1777 | | 58, 836 | 58, 1035 | 58, 1155 | Deutsche Illustrierte | 11. 7. |
| 59, 122 | | 58, 1726 | 58, 666 | 58, 834 | 58, 963 | 58, 1096 | Triumph | 11. 7. |
| 59, 17 | | | | 59, 96 | 58, 1274 | 58, 1419 | Vorrasur/Nachrasur | 23. 9. |
| | | 58, 2112 | | 58, 902 | | 58, 1243 | Dentist | 26. 9. |
| 59, 174 | | | | 59, 184 | 58, 1223 | 58, 1339 | Fischl | 28. 10. |
| 59, 197 | | 59, 675 | 59, 484 | 59, 271 | 59, 135 | 59, 167 | Quick | 11. 11. |
| 59, 41 | | | | 59, 96 | | 59, 23 | Calciduran | 14. 11. |
| 59, 201 | | 59, 576 | | 59, 273 | | 59, 231, 258 | Nelkenstecklinge | 21. 11. |
| 59, 261 | | 59, 882 | 59, 486 | 59, 366 | 59, 322 | | Rosenthal-Vase | 9. 12. |

**1959**

| BlPMZ | MBl | NJW | JZ | MDR | BB | DB | Schlagwort | Datum |
|---|---|---|---|---|---|---|---|---|
| | | | | | | | Ernst Abbe | 6. 2. |
| 60, 283 | | | | | | | Füllhalterclip | 3. 3. |
| 59, 229 | | | | 59, 548 | | | Elekrotechnik | 17. 3. |
| | | 59, 1269 | 60, 570 | 59, 559 | 59, 576 | 59, 649 | Caterina Valente | 18. 3. |
| 60, 16 | | | | 59, 551 | 59, 464 | 59, 539 | Doktortitel | 13. 4. |
| | | | | 59, 633 | | | Teekanne | 21. 4. |
| 60, 16 | | | | 59, 634 | | 59, 678 | Opal | 8. 5. |
| 60, 19 | | 59, 1678 | | 59, 726 | 59, 755 | 59, 884 | Fußballstiefel | 8. 5. |
| 60, 264 | | 59, 2256 | | 60, 24 | 59, 1152 | 59, 1284 | Condux | 5. 6. |
| 60, 187 | | 59, 2015 | | 59, 909 | 59, 795 | 59, 913 | Nährbier | 30. 6. |
| | | | | | | | Nußknacker | 7. 7. |
| | | 59, 2209 | | | | | Zamek | 18. 9. |
| 60, 287 | | 60, 628 | | 60, 27 | 59, 1114 | 59, 1249 | Martinsberg | 25. 9. |
| 60, 317 | | 60, 39 | | 60, 201 | 60, 21 | 60, 58 | Kosaken-Kaffee | 2. 10. |
| | | | | | 59, 1185 | | Astra | 2. 10. |
| | | | | 60, 106 | 59, 1274 | | Schiffslukenverschluß | 6. 10. |
| | | | | | | | Bambi | 9. 10. |
| 60, 225 | | | | 60, 26 | | 60, 1272 | Sternbild | 13. 10. |
| 60, 188 | | | | 60, 105 | | 59, 1368 | Sunpearl II | 16. 10. |

# Fundstellenverzeichnis BGH 1960–1962    Chronologisches

| Nr. | Datum | Az. | BGHZ | LM, Nr. zu § | GRUR | WuW | WRP |
|---|---|---|---|---|---|---|---|
| 189 | 26. 10. | KZR 2/59 | 31, 105 | 1, § 1 GWB; 1, § 106 GWB | 60, 304 | 60, 295 | 60, 84 |
| 190 | 27. 10. | I ZR 55/58 | | 3, § 355 ZPO | 60, 232 | | |
| 191 | 27. 10. | I ZR 94/58 | | 1, BierstG | 60, 240 | | 60, 127 |
| 192 | 21. 11. | I ZR 98/57 | | | 59, 200 | | |
| 193 | 24. 11. | I ZR 88/58 | | 41, § 24 WZG | 60, 186 | | 60, 79 |
| 194 | 4. 12. | I ZR 135/58 | | 8, § 259 BGB | 60, 247 | | 60, 55 |
| 195 | 18. 12. | I ZR 62/58 | | 41, § 16 UWG; 42, § 16 UWG | 60, 372 | | 60, 249 |
| 196 | 18. 12. | I ZR 154/58 | 31, 374 | 3, MMA | 60, 235 | | |
|  | **1960** | | | | | | |
| 197 | 26. 1. | I ZR 5/59 | | | 60, 296 | | |
| 198 | 2. 2. | I ZR 137/58 | | 10, § 1 LUG | 60, 346 | | |
| 199 | 26. 2. | I ZR 159/58 | 32, 103 | 29, § 12 BGB | 60, 490 | | 60, 191 |
| 200 | 26. 2. | I ZR 166/58 | | | 60, 384 | | |
| 201 | 4. 3. | I ZR 43/59 | | 30, § 12 BGB | 60, 550 | | 60, 285 |
| 202 | 29. 3. | I ZR 89/58 | 32, 133 | 11, § 1 WZG | 61, 33 | | 60, 314 |
| 203 | 29. 3. | I ZR 132/58 | | | 61, 231 | | |
| 204 | 13. 5. | I ZR 33/59 | | | 60, 434 | | |
| 205 | 31. 5. | I ZR 16/59 | | 39, § 3 UWG | 60, 563 | | 60, 238 |
| 206 | 15. 6. | IV ZR 16/60 | 32, 370 | | | | |
| 207 | 5. 7. | I ZR 63/59 | | 15/16, § 9 PatG | 61, 27 | | |
| 208 | 17. 11. | I ZR 110/59 | 34, 1 | 28, § 15 WZG | 61, 181 | | |
| 209 | 22. 11. | I ZR 163/58 | | 1, § 6 WeinG | 61, 477 | | 61, 218 |
| 210 | 1. 12. | I ZR 6/59 | | 41, § 3 UWG | 61, 193 | | 61, 152 |
| 211 | 9. 12. | I ZR 98/60 | | 12, § 1 WZG | 61, 232 | | |
| 212 | 15. 12. | KVR 2/60 | 34, 47 | | 61, 203 | | |
| 213 | 19. 12. | I ZR 14/59 | | 11, § 13 UWG | 61, 288 | | 61, 113 |
| 214 | 19. 12. | I ZR 39/59 | | 30, § 15 WZG | 61, 280 | | 61, 167 |
| 215 | 19. 12. | I ZR 57/59 | 34, 91 | 45, § 16 UWG | 61, 294 | | 61, 192 |
|  | **1961** | | | | | | |
| 216 | 3. 1. | I ZR 118/59 | | | 61, 244 | | |
| 217 | 20. 1. | I ZR 110/59 | | 3, § 321 ZPO | 61, 283 | | |
| 218 | 27. 1. | I ZR 95/59 | | 9, § 5 WZG | 61, 343 | | 61, 226 |
| 219 | 30. 1. | III ZR 221/59 | | | | | |
| 220 | 17. 2. | I ZR 115/59 | 34, 299 | 34, § 31 WZG | 61, 347 | | 61, 248 |
| 221 | 24. 2. | I ZR 83/59 | 34, 320 | 46, § 24 WZG | 61, 354 | | 61, 228 |
| 222 | 24. 2. | I ZR 15/60 | | 13, § 1 WZG | 61, 413 | | |
| 223 | 7. 3. | I ZR 2/60 | 34, 345 | 44, Art 7 ff. EGBGB | 61, 420 | | 61, 254 |
| 224 | 7. 3. | I ZR 22/60 | | | 62, 241 | | |
| 225 | 10. 3. | I ZR 142/59 | | 47, § 3 UWG | 61, 425 | | 61, 188 |
| 226 | 25. 4. | I ZR 31/60 | | | 61, 535 | | |
| 227 | 16. 5. | I ZR 175/58 | | | 62, 34 | | |
| 228 | 26. 5. | I ZR 74/60 | | | 61, 628 | | |
| 229 | 23. 6. | I ZR 132/59 | | 108, § 1 UWG | 61, 581 | | 61, 343 |
| 230 | 30. 6. | I ZR 3/60 | | 49, § 16 UWG | 62, 91 | | 61, 347 |
| 231 | 14. 7. | I ZR 44/59 | 35, 341 | 1, § 7 GeschmMG | 62, 144 | | 62, 51 |
| 232 | 14. 7. | I ZR 40/60 | | 109, § 1 UWG | 62, 45 | | 61, 307 |
| 233 | 24. 10. | I ZR 92/58 | | 7, § 2 PatG | 62, 86 | | |
| 234 | 26. 10. | KZR 1/61 | 36, 91 | 1, § 98 GWB | 62, 263 | 62, 284 | 62, 60 |
| 235 | 27. 10. | I ZR 140/60 | | 35, § 31 WZG | 62, 195 | | 62, 49 |
| 236 | 10. 11. | I ZR 78/60 | | 5, § 23 KUG | 62, 211 | | |
| 237 | 28. 11. | I ZB 6/61 | | | 62, 163 | | |
| 238 | 28. 11. | I ZB 8/61 | | | 62, 273 | | |
| 239 | 19. 12. | I ZR 117/60 | | 112, § 1 UWG | 62, 254 | | 62, 163 |
|  | **1962** | | | | | | |
| 240 | 5. 1. | I ZR 107/60 | | | 62, 409 | | |
| 241 | 9. 1. | I ZR 142/60 | | | 62, 299 | | |
| 242 | 17. 1. | I ZB 12/61 | | 2, Art. 6 § 11 6. ÜberleitungsG gewerbl. Rechtsschutz | 62, 384 | | |
| 243 | 6. 2. | VI ZR 193/61 | | 4, § 824 BGB | 62, 382 | | 62, 175 |
| 244 | 23. 2. | I ZR 114/60 | | | 62, 354 | | |
| 245 | 8. 3. | KZR 8/61 | 37, 30 | 116, § 1 UWG | 62, 426 | 62, 613 | 62, 306 |
| 246 | 9. 3. | I ZR 149/60 | | 50, § 16 UWG | 62, 419 | | |
| 247 | 13. 3. | I ZR 18/61 | | 16, § 47 PatG | 62, 401 | | |
| 248 | 27. 4. | I ZB 4/61 | | | 62, 456 | | |

# 1960–1962 Fundstellenverzeichnis BGH

| BlPMZ | MBl | NJW | JZ | MDR | BB | DB | Schlagwort | Datum |
|---|---|---|---|---|---|---|---|---|
| 60, 317 | | 60, 145, 629 | | 60, 107 | 59, 1274 | 59, 1397 | Gasglühkörper | 26. 10. |
| 60, 265 | | 60, 145 | | 60, 107 | 60, 574 | 60, 58 | Feuerzeug-Ausstattung | 27. 10. |
| 60, 320 | | 60, 339 | | 60, 203 | 60, 202 | | Süßbier | 27. 10. |
| | | | | | | | Der Heiligenhof | 21. 11. |
| 60, 266 | | 60, 628 | | 60, 201 | 60, 67 | 60, 84 | Arctos | 24. 11. |
| | | | | 60, 200 | 60, 114 | 60, 85 | Krankenwagen | 4. 12. |
| 60, 320 | | | | 60, 375 | | 60, 350 | Kodak | 18. 12. |
| 60, 191 | | 60, 1103 | | 60, 372 | 60, 341 | 60, 381 | Toscanella | 18. 12. |
| | | | | | | | | **1960** |
| 60, 320 | | | | | | | Reiherstieg | 26. 1. |
| 60, 328 | | 60, 768 | | 60, 471 | 60, 341 | | Naher Osten | 2. 2. |
| | | 60, 1008 | | 60, 470 | 60, 421 | 60, 494 | Vogeler | 26. 2. |
| | | | | | | | Mampe Halb u. Halb I | 26. 2. |
| 61, 14 | | | | 60, 901 | 60, 801 | 60, 911 | Promonta | 4. 3. |
| 60, 320 | | 60, 1450 | 60, 746 | 60, 734 | 60, 718 | 60, 781 | Dreitannen | 29. 3. |
| | | | | | | | Hapol | 29. 3. |
| | | | | | | | Volks-Feuerbestattung | 13. 5. |
| 61, 63 | | 60, 1856 | | 60, 736 | 60, 804 | 60, 842 | Sektwerbung | 31. 5. |
| | | | | | | | | 15. 6. |
| | | | | 60, 997 | 60, 998 | | Holzbauträger | 5. 7. |
| 61, 270 | | 61, 508 | | 61, 293 | 61, 152 | 61, 198 | Mon Chéri I | 17. 11. |
| 61, 405 | | 61, 1160 | | 61, 571 | 61, 918 | | Forster Jesuitengarten | 22. 11. |
| 61, 300 | | | | 61, 295 | 61, 152 | 61, 197 | Medaillenwerbung | 1. 12. |
| 61, 329 | | | | 61, 388 | 61, 269 | 61, 434 | Hobby | 9. 12. |
| | | 61, 403 | | 61, 205 | 61, 155 | | IG Bergbau | 15. 12. |
| 61, 329 | | | | 61, 295 | 61, 268 | 61, 433 | Zahnbürsten | 19. 12. |
| 61, 405 | | | | 61, 294 | 61, 229 | 61, 266 | Tosca | 19. 12. |
| 61, 329 | | 61, 668 | | 61, 296 | 61, 267; 61, 305 | 61, 372 | ESDE | 19. 12. |
| | | | | | | | | **1961** |
| | | | | | | | „natürlich in Revue" | 3. 1. |
| | | 61, 829 | | 61, 386 | 61, 349 | | Mon Chéri II | 20. 1. |
| | | | | 61, 385 | 61, 384 | 61, 467 | Meßmer Tee | 27. 1. |
| 61, 407 | | | | 61, 349 | 61, 403 | | | 30. 1. |
| 62, 157 | | 61, 1018 | | 61, 479 | 61, 431 | 61, 533 | Almglocke | 17. 2. |
| 61, 407 | | 61, 1017 | 61, 384 | 61, 480 | 61, 431 | 61, 534 | Vitasulfal | 24. 2. |
| 61, 407 | | 61, 1206 | 61, 501 | 61, 570 | 61, 616 | 61, 739 | Dolex | 24. 2. |
| 61, 407 | | 61, 1205 | | 61, 569 | 61, 697 | 61, 703 | Cuypers | 7. 3. |
| | | | | | | | Lutin | 7. 3. |
| 62, 21 | | | | 61, 480 | 61, 502 | 61, 638 | Möbelhaus des Handwerks | 10. 3. |
| | | | | | 61, 1142 | 61, 1451 | arko | 25. 4. |
| | | | | | | | Torsana | 16. 5. |
| | | | | | | | Umberto Rosso | 26. 5. |
| | | | | 61, 829 | 61, 881 | 61, 1126 | Hummelfiguren II | 23. 6. |
| 62, 139 | | 61, 1919 | | 61, 912 | 61, 991 | 61, 1287 | Jenaer Glas | 30. 6. |
| 62, 164 | | 61, 2107 | 62, 412 | 61, 1001 | 61, 1104 | 61, 1350 | Buntstreifensatin I | 14. 7. |
| | | 61, 1916 | | 61, 913 | 61, 989 | 61, 1220 | Beton-Zusatzmittel | 14. 7. |
| | | | | 62, 30 | 61, 1295 | | Fischereifahrzeug | 24. 10. |
| | | | | 62, 195 | 61, 1339 | 61, 1691 | Gummistrümpfe | 26. 10. |
| 62, 182 | | 62, 196 | 62, 176 | | 61, 1349 | 61, 1689 | Palettenbildzeichen | 27. 10. |
| | | | | 62, 194 | 62, 158 | | Hochzeitsbild | 10. 11. |
| | | | | | | | Registriersystem | 28. 11. |
| | | | | | | | Beschwerdekosten | 28. 11. |
| | | 62, 629 | | 62, 369 | 62, 316 | | Fußball-Programmheft | 19. 12. |
| | | | | | | | | **1962** |
| | | | | | 62, 618 | 62, 797 | Wandsteckdose | 5. 1. |
| | | | | | | | form-strip | 9. 1. |
| 62, 166 | | | | | | | Wiedereinsetzung | 17. 1. |
| | | 62, 731 | | 62, 993 | 62, 315 | 62, 404 | Konstruktionsbüro | 6. 2. |
| | | | | | 62, 428 | | Furniergitter | 23. 2. |
| | | 62, 1105 | | 62, 493 | 62, 461 | 62, 498 | 62, 598 | Selbstbedienungsgroßhandel | 8. 3. |
| | | | | | 62, 543 | 62, 536 | | Leona | 9. 3. |
| | | | | | | 62, 467 | | Kreuzbodenventilsäcke III | 13. 3. |
| | | | | | | | Germataler Sprudel | 27. 4. |

# Fundstellenverzeichnis BGH  1963, 1964  Chronologisches

| Nr. | Datum | Az. | BGHZ | LM, Nr. zu § | GRUR | WuW | WRP |
|---|---|---|---|---|---|---|---|
| 249 | 11. 5. | I ZR 158/60 | | 33, § 25 WZG | 62, 459 | | 62, 261 |
| 250 | 24. 5. | KZR 4/61 | | 51, § 24 WZG | 62, 537 | 62, 677 | 62, 334 |
| 251 | 29. 5. | I ZR 132/60 | | 17, § 47 PatG | 62, 509 | | |
| 252 | 15. 6. | I ZR 15/61 | | | 62, 522 | | |
| 253 | 22. 6. | I ZR 27/61 | | 33, § 15 WZG | 62, 647 | | 62, 372 |
| 254 | 13. 7. | I ZR 43/61 | | 56, § 3 UWG | 63, 270 | | 62, 404 |
| 255 | 12. 10. | I ZR 99/61 | | 14, § 1 WZG | 63, 263 | | 63, 180 |
| 256 | 26. 10. | I ZR 21/61 | | 119, § 1 UWG | 63, 152 | | 63, 87 |
| 257 | 16. 11. | I ZB 12/62 | | 3, 6. ÜberleitungsG gewerbl. Rechtsschutz | 63, 279 | | |
| 258 | 13. 12. | I ZR 42/61 | | 4, § 5 GebrMG | 63, 519 | | |
| 259 | 21. 12. | I ZB 27/62 | 39, 333 | 1, § 41 p PatG | 63, 645 | | |
| | **1963** | | | | | | |
| 260 | 4. 1. | I b ZR 95/61 | | 120, § 1 UWG | 63, 423 | | 63, 198 |
| 261 | 14. 1. | I b ZB 29/62 | | 8, § 4 WZG | 63, 469 | | 63, 215 |
| 262 | 23. 1. | I b ZR 78/61 | | 50, Art 7 ff. EGBGB | 63, 473 | | |
| 263 | 30. 1. | I b ZR 118/61 | | 19, § 242 (Cc) BGB | 63, 478 | | 63, 247 |
| 264 | 30. 1. | I b ZR 183/61 | | | 63, 482 | | |
| 265 | 8. 2. | I b ZR 76/61 | | 52, § 16 UWG | 63, 378 | | 63, 211 |
| 266 | 27. 2. | I b ZR 180/61 | | 122, § 1 UWG | 63, 485 | | 63, 206 |
| 267 | 6. 3. | I b ZB 2/62 | | 10, § 5 WZG | 63, 524 | | |
| 268 | 6. 3. | I b ZB 13/62 | | 11, § 5 WZG | 63, 572 | | 63, 216 |
| 269 | 8. 3. | I b ZR 87/61 | 39, 220 | 2, § 6 WZG | 63, 527 | | |
| 270 | 15. 3. | I b ZR 98/61 | | 32, § 12 BGB | 64, 38 | | 63, 345 |
| 271 | 22. 3. | I b ZR 161/61 | | 1, § 12 RabattG | 63, 438 | | 63, 242 |
| 272 | 28. 3. | I a ZR 19/63 | | 1, § 7 GebrMG | 63, 494 | | |
| 273 | 3. 4. | I b ZR 162/61 | | 53, § 16 UWG | 63, 430 | | 63, 244 |
| 274 | 24. 4. | I b ZR 109/61 | | 14, § 13 UWG | 63, 434 | | 63, 240 |
| 275 | 24. 4. | I b ZR 2/62 | | 15, § 1 WZG | 63, 533 | | |
| 276 | 3. 5. | I b ZR 93/61 | | 60, § 3 UWG | 63, 539 | | |
| 277 | 3. 5. | I b ZR 119/61 | | 37, § 31 WZG | 63, 622 | | |
| 278 | 3. 5. | I b ZB 30/62 | 39, 266 | 12, § 5 WZG | 63, 626 | | |
| 279 | 10. 5. | I b ZB 24/62 | | 13, § 5 WZG; 39, § 31 WZG | 63, 630 | | |
| 280 | 19. 6. | I b ZB 7/62 | | 14, § 5 WZG | 64, 26 | | |
| 281 | 19. 6. | I b ZR 15/62 | | 2, § 12 RabattG | 64, 88 | | 63, 306 |
| 282 | 12. 7. | I b ZR 174/61 | | 128, § 1 UWG | 64, 82 | | |
| 283 | 12. 7. | I b ZR 187/61 | | | 63, 589 | | |
| 284 | 18. 9. | I b ZB 21/62 | | 2, § 10 WZG; 9, § 4 WZG | 64, 136 | | 64, 28 |
| 285 | 25. 9. | I b ZR 22/62 | | | 64, 28 | | |
| 286 | 27. 9. | I b ZR 24/62 | | 61, § 3 UWG | 64, 144 | | 63, 400 |
| 287 | 27. 9. | I b ZR 27/62 | | 54, § 16 UWG | 64, 71 | | 64, 60 |
| 288 | 9. 10. | I b ZR 46/62 | | 41, § 31 WZG | 64, 140 | | 63, 415 |
| 289 | 9. 10. | I b ZR 28/62 | | | 64, 208 | 64, 644 | 64, 237 |
| 290 | 23. 10. | I b ZB 40/62 | 41, 187 | 11, § 4 WZG; 16, § 1 WZG | 64, 454 | | 64, 213 |
| 291 | 6. 11. | I b ZR 37/62 | 41, 55 | 139, § 1 UWG | 64, 621 | | 64, 208 |
| 292 | 8. 11. | I b ZR 25/62 | | 15, § 13 UWG | 64, 263 | | 64, 171 |
| 293 | 27. 11. | I b ZR 49/62 | | 2, § 21 UWG | 64, 218 | | 64, 128 |
| 294 | 28. 11. | I a ZB 202/63 | | 2, § 41p PatG | 64, 201 | | |
| 295 | 28. 11. | I a ZB 204/63 | | 3, § 41 p PatG | 64, 259 | | |
| 296 | 28. 11. | I a ZB 213/63 | | 1, § 36 l PatG; 4, § 41 PatG | 64, 276 | | |
| 297 | 20. 12. | I b ZR 104/62 | 40, 391 | | 64, 316 | | |
| | **1964** | | | | | | |
| 298 | 10. 1. | I b ZR 78/62 | | 140, § 1 UWG | 64, 320 | 64, 507 | 64, 161 |
| 299 | 22. 1. | I b ZR 92/62 | 41, 84 | 55, § 24 WZG | 64, 372 | | |
| 300 | 22. 1. | VIII ZR 274/62 | | 5, § 138 (Bc) BGB | | | |
| 301 | 5. 2. | I b ZR 70/62 | | 42, § 31 WZG | 64, 376 | | |
| 302 | 13. 3. | I b ZR 119/62 | | 10, § 4 WZG | 64, 381 | | |
| 303 | 16. 3. | I b ZR 121/62 | | 5, § 16 WZG | 64, 385 | | 64, 420 |
| 304 | 16. 3. | I b ZR 129/62 | | 9, § 11 WZG | 64, 458 | | |
| 305 | 21. 4. | I a ZB 218/63 | 41, 360 | 5, § 41p PatG | 64, 519 | | |
| 306 | 26. 5. | I a ZB 18/63 | 42, 32 | 2, § 36 d PatG | 64, 602 | | |
| 307 | 26. 5. | I a ZB 233/63 | 42, 19 | 1, § 24 PatG | 64, 548 | | |
| 308 | 3. 6. | I b ZR 140/62 | | 18, § 1 WZG | 65, 86 | | |
| 309 | 3. 6. | I b ZB 4/63 | 42, 44 | 17, § 1 WZG | 65, 33 | | 64, 386 |
| 310 | 18. 6. | I a ZR 173/63 | | 27, § 6 PatG | 64, 606 | | |

Fundstellenverzeichnis  **1963, 1964  Fundstellenverzeichnis BGH**

| BlPMZ | MBl | NJW | JZ | MDR | BB | DB | Schlagwort | Datum |
|---|---|---|---|---|---|---|---|---|
| 62, 354 | | | | 62, 635 | 62, 659 | 62, 867 | Lichtkuppeln | 11. 5. |
| 62, 382 | | 62, 1567 | | 62, 799 | 62, 818 | 62, 1043 | Radkappe | 24. 5. |
| | | 62, 507 | | 62, 717 | 62, 734 | | Dia-Rähmchen II | 29. 5. |
| 62, 315 | | | | | | 62, 1043 | Ribana | 15. 6. |
| 63, 41 | | | | 62, 882 | 62, 856 | 62, 1107 | Strumpf-Zentrale | 22. 6. |
| | | 62, 2149 | | 62, 963 | 62, 1175 | 62, 1433 | Bärenfang | 13. 7. |
| 63, 179 | | 63, 348 | | 63, 194 | 63, 62 | 63, 129 | Formfit | 12. 10. |
| | | | | 63, 195 | 63, 60 | | Rotaprint | 26. 10. |
| 63, 124 | | | | 63, 379 | 63, 286 | | Weidepumpe | 16. 11. |
| | | | | | | | | |
| | | | | 63, 912 | 63, 996 | | Klebemax | 13. 12. |
| 63, 343 | | 63, 2272 | | 63, 823 | 63, 997 | | Warmpressen | 21. 12. |
| | | | | | | | | **1963** |
| 63, 348 | 63, 42 | 63, 855 | | 63, 472 | 63, 362 | 63, 449 | coffeinfrei | 4. 1. |
| 63, 162 | 63, 46 | | | 63, 471 | 63, 449 | | Nola | 14. 1. |
| 63, 348 | 63, 46 | 63, 1543 | | 63, 470 | 63, 533 | 63, 729 | Filmfabrik Köpenick | 23. 1. |
| 63, 349 | 63, 47 | | | 63, 469 | 63, 489 | 63, 515 | Bleiarbeiter | 30. 1. |
| | 63, 47 | | | | | | Hollywood-Duftschaumbad | 30. 1. |
| 63, 349 | 63, 35 | 63, 1004 | | 63, 474 | 63, 448 | 63, 548 | Deutsche Zeitung | 8. 2. |
| 63, 349 | 63, 47 | | | 63, 473 | 63, 532 | 63, 654 | Micky-Maus-Orangen | 27. 2. |
| 63, 184 | 63, 50 | | | 63, 472 | 63, 448 | 63, 548 | Digesta | 6. 3. |
| 63, 201 | 63, 54 | | | 63, 472 | | 63, 654 | Certo | 6. 3. |
| 63, 365 | 63, 50 | 63, 1541 | | 63, 656 | 63, 746 | 63, 861 | Waldes-Koh-i-noor | 8. 3. |
| 64, 72 | 63, 3 | 63, 2267 | | 63, 905 | 63, 993 | 63, 1182 | Dortmund grüßt | 15. 3. |
| | 63, 43 | | | 63, 563 | 63, 582 | 63, 761 | Fotorabatt | 22. 3. |
| | | 63, 1548 | | 63, 565 | 63, 583 | | Rückstrahler-Dreieck | 28. 3. |
| | 63, 42 | | | 63, 563 | 63, 582 | | Erdener Teppchen | 3. 4. |
| | 63, 42 | | | 63, 564 | 63, 623 | 63, 762 | Reiseverkäufer | 24. 4. |
| 63, 204 | 63, 50 | | | 63, 655 | 63, 708 | 63, 826 | Windboy | 24. 4. |
| | | | | 63, 657 | 63, 745 | | echt skai | 3. 5. |
| 63, 207 | 63, 58 | | | 63, 657 | 63, 788 | 63, 860 | Sunkist | 3. 5. |
| 63, 240 | 63, 58 | 63, 2122 | | 63, 739 | 63, 788 | 63, 1040 | Sunsweet | 3. 5. |
| 63, 306 | 63, 59 | | | 63, 906 | 63, 876 | 63, 1114 | Polymar | 10. 5. |
| | | | | | | | | |
| 64, 123 | 64, 2 | | | 63, 821 | 63, 955 | | Milburan | 19. 6. |
| | 64, 9 | | | 63, 910 | 63, 954 | 63, 1083 | Verona-Gerät | 19. 6. |
| 64, 72 | 64, 9 | | | 63, 906 | 63, 1032 | 63, 1497 | Lesering | 12. 7. |
| | 63, 55 | | | | | | Lady Rose | 12. 7. |
| 64, 181 | | | | 63, 987 | 63, 1276 | 63, 1495 | Schweizer | 18. 9. |
| | | | | | | | ELECTROL | 25. 9. |
| 64, 184 | 64, 15 | 64, 157 | | 64, 116 | 63, 1318 | 63, 1641 | Sintex | 27. 9. |
| 64, 125 | | | | 64, 26 | 63, 1319 | 63, 1568 | Personifizierte Kaffeekanne | 27. 9. |
| 64, 130 | 64, 15 | | | 64, 26 | 63, 1320 | 63, 1570 | Odol-Flasche | 9. 10. |
| | 64, 23 | 64, 818 | | | 63, 1274 | 63, 1533 | Fernsehinterview | 9. 10. |
| 64, 187 | 64, 46 | 64, 1370 | | 64, 570 | 64, 530 | 64, 694 | Palmolive | 23. 10. |
| | 64, 67 | 64, 920 | | 64, 389 | 64, 406 | 64, 544 | Klemmbausteine I | 6. 11. |
| | 64, 29 | | | 64, 211 | 64, 55 | 64, 102 | Unterkunde | 8. 11. |
| | 64, 23 | 64, 493 | | 64, 209 | 64, 193 | 64, 104 | Düngekalkhandel | 27. 11. |
| 64, 189 | | | | 64, 117 | | | Elektro-Handschleifgerät | 28. 11. |
| | | | | 64, 295 | | | Schreibstift | 28. 11. |
| 64, 236 | | | | 64, 393 | 64, 371 | | Zinnlot | 28. 11. |
| | | | | | | | | |
| | | 64, 969 RR | | | | | Stahlexport | 20. 12. |
| | | | | | | | | **1964** |
| | 64, 36 | 64, 917 | 64, 681 | 64, 391 | 64, 367 | 64, 472 | Maggi I | 10. 1. |
| 64, 277 | 64, 40 | 64, 972 | | 64, 388 | 64, 446 | 64, 581 | Maja | 22. 1. |
| | | | | 64, 474 | 64, 282 | | | 22. 1. |
| 64, 191 | 64, 40 | | | 64, 478 | 64, 446 | 64, 618 | Eppeleinsprung | 5. 2. |
| 64, 281 | 64, 41 | | | 64, 479 | 64, 491 | 64, 618 | WKS-Möbel | 13. 3. |
| 64, 281 | 64, 41 | | | 64, 479 | 64, 531 | 64, 728 | Kaffeetafelrunde | 16. 3. |
| 64, 317 | 64, 46 | | | 64, 571 | 64, 618 | 64, 801 | Düssel | 16. 3. |
| 65, 69 | | | | | 64, 618 | 64, 1369 | Damenschuh-Absatz | 21. 4. |
| 64, 283 | | 64, 1520 | | 64, 739 | | | Akteneinsicht II | 26. 5. |
| 64, 247 | | 64, 1728 | | 64, 738 | 64, 825 | | Akteneinsicht I | 26. 5. |
| | | 64, 1723 | | | | | | |
| 65, 171 | 64, 28 | 64, 2409 | | 64, 989 | 64, 1274 | 64, 1517 | Schwarzer Kater | 3. 6. |
| 64, 317 | 64, 20 | 64, 2252 | | 64, 824 | 64, 937 | 64, 1439 | Scholl | 3. 6. |
| | | | | 64, 826 | | | Förderband | 18. 6. |

# Fundstellenverzeichnis BGH 1965, 1966

| Nr. | Datum | Az. | BGHZ | LM, Nr. zu § | GRUR | WuW | WRP |
|---|---|---|---|---|---|---|---|
| 311 | 16. 7. | I a ZB 214/63 | | 6, § 41 p PatG | 64, 697 | | |
| 312 | 16. 7. | I a ZB 6/64 | | 1, § 41 p PatG | 64, 634 | | |
| 313 | 8. 7. | I b ZR 177/62 | | | 67, 490 | | 67, 444 |
| 314 | 8. 7. | I b ZB 7/63 | 42, 151 | 12, § 4 WZG | 65, 146 | | 64, 415 |
| 315 | 1. 10. | KZR 5/64 | | 1, 20 GWB | 65, 160 | | |
| 316 | 21. 10. | I b ZR 22/63 | | | 65, 504 Ausl | | |
| 317 | 13. 11. | I b ZB 11/63 | 42, 307 | 2, § 41 h PatG; 16, § 5 WZG | 65, 183 | | 65, 231 |
| 318 | 27. 11. | I b ZR 23/63 | | 144, § 1 UWG | 65, 313 | | 65, 104 |
| 319 | 3. 12. | I a ZB 22/64 | | 4, § 41 h PatG; 8, § 41 p PatG | | | |

## 1965

| Nr. | Datum | Az. | BGHZ | LM, Nr. zu § | GRUR | WuW | WRP |
|---|---|---|---|---|---|---|---|
| 320 | 15. 1. | I b ZR 44/63 | | | 65, 495 | | |
| 321 | 22. 1. | I b ZR 109/63 | | | 65, 368 | | |
| 322 | 27. 1. | I b ZR 5763 | | | 65, 540 | | |
| 323 | 18. 2. | I a ZB 235/63 | | 6, 6. ÜberleitungsG gewerbl. Rechtsschutz | 65, 416 | | |
| 324 | 19. 2. | I b ZB 6/63 | | 10, § 41p PatG | 65, 502 | | |
| 325 | 24. 2. | IV ZR 81/64 | 43, 245 | 33, § 12 BGB | 65, 377 | | |
| 326 | 17. 3. | I b ZR 58/63 | | 56, § 16 UWG | 66, 38 | | |
| 327 | 7. 4. | I b ZR 32/63 | | 158, § 1 UWG | 66, 45 | | |
| 328 | 7. 4. | I b ZR 1/64 | | 73, § 3 UWG | 65, 676 | | 65, 331 |
| 329 | 14. 4. | I b ZR 80/63 | | 18, Art. 5 GG | 65, 547 | | 65, 298 |
| 330 | 14. 4. | I b ZR 92/63 | | 45, § 31 WZG | 66, 30 | | 65, 261 |
| 331 | 29. 4. | I a ZR 260/63 | | 22, § 9 PatG | 65, 591 | | |
| 332 | 12. 5. | I b ZR 22/64 | | 46, § 31 WZG | 65, 665 | | 65, 401 |
| 333 | 12. 5. | I b ZR 59/63 | | | 65, 670 | | |
| 334 | 13. 5. | I a ZB 1/64 | | 1, § 41 w PatG; 19, § 1 PatG | 66, 28 | | |
| 335 | 13. 5. | I a ZB 27/64 | | 2, § 36 I PatG | 66, 50 | | |
| 336 | 19. 5. | I b ZR 36/63 | 44, 16 | 74, § 3 UWG | 65, 681 | | 65, 371 |
| 337 | 9. 6. | I b ZR 89/63 | | | 66, 150 | | |
| 338 | 25. 6. | I b ZB 1/64 | 44, 60 | 17, § 5 WZG | 65, 672 | | 65, 301 |
| 339 | 7. 7. | I b ZR 9/64 | | 56 a, § 16 UWG | 66, 267 | | |
| 340 | 9. 7. | I b ZR 70/63 | | | 65, 601 | | |
| 341 | 16. 7. | I a ZB 3/64 | | 11, § 41 p PatG | 66, 160 | | |
| 342 | 29. 9. | I b ZR 88/63 | | 5, ArzneimittelVO | 66, 35 | | |
| 343 | 6. 10. | I b ZR 4/64 | | 75, § 3 UWG | 66, 92 | | 66, 24 |
| 344 | 28. 10. | I a ZB 11/65 | | 3, § 36 PatG | 66, 280 | | |
| 345 | 10. 11. | I b ZR 101/63 | | 35, § 12 BGB | 66, 623 | | 66, 30 |
| 346 | 24. 11. | I b ZR 103/63 | | 48, § 31 WZG | 66, 259 | | 66, 145 |
| 347 | 24. 11. | I b ZR 4/64 | 45, 131 | 14, § 4 WZG; 50, § 31 WZG | 66, 676 | | 66, 254 |
| 348 | 25. 11. | I a ZB 13/64 | 44, 263 | 12, § 2 PatG; 3, Art. 4 Abschn. B VÜbk Paris | 66, 382 | | |

## 1966

| Nr. | Datum | Az. | BGHZ | LM, Nr. zu § | GRUR | WuW | WRP |
|---|---|---|---|---|---|---|---|
| 349 | 12. 1. | I b ZR 5/64 | 44, 372 | 58, § 24 WZG | 66, 375 | | 66, 262 |
| 350 | 28. 1. | I b ZR 29/64 | | 25, § 242 (Cc) BGB | 66, 427 | | 66, 270 |
| 351 | 3. 2. | I a ZB 4/65 | | 9, § 26 PatG | 66, 319 | | |
| 352 | 9. 2. | I b ZR 13/64 | | 49, § 31 WZG | 66, 681 | | |
| 353 | 25. 2. | I b ZB 7/64 | 45, 173 | 19, § 5 WZG | 66, 432 | | 66, 277 |
| 354 | 9. 3. | I b ZB 2/65 | | 15, § 4 WZG | 66, 436 | | 66, 310 |
| 355 | 16. 3. | I b ZB 11/64 | | 20, § 5 WZG | 66, 493 | | 66, 338 |
| 356 | 23. 3. | I b ZR 120/63 | 46, 130 | 179 a, § 1 UWG | 67, 298 | | 67, 49 |
| 357 | 15. 4. | I b ZR 85/64 | | 16, § 4 WZG | 66, 495 | | 66, 369 |
| 358 | 28. 4. | I a ZB 9/65 | | 2, § 29 PatG; 2, § 32 PatG; 2, § 33 PatG; 3, § 41 o PatG | 66, 583 | | |
| 359 | 11. 5. | I b ZB 8/65 | 45, 246 | 21, § 5 WZG | 66, 499 | | 66, 372 |
| 360 | 3. 6. | I b ZR 79/64 | | | 66, 615 | | |
| 361 | 8. 6. | I b ZR 74/64 | | 11, § 11 WZG | 67, 89 | | 67, 16 |
| 362 | 27. 6. | I a ZA 2/66 | | 2, § 24 PatG; 4, § 41 o PatG | 66, 639 | | |
| 363 | 29. 6. | I b ZR 99/64 | | | 67, 100 | | 67, 264 |
| 364 | 13. 7. | I b ZB 6/65 | 46, 152 | 22, § 5 WZG; 31 a, § 5 WZG; 54, § 31 WZG | 67, 246 | | 66, 400 |

Fundstellenverzeichnis  **1965, 1966 Fundstellenverzeichnis BGH**

| BlPMZ | MBl | NJW | JZ | MDR | BB | DB | Schlagwort | Datum |
|---|---|---|---|---|---|---|---|---|
| 65, 151 | | | | 64, 826 | | | Fotoleiter | 16. 7. |
| 64, 320 | | | | 64, 826 | | | Flachdruckplatten | 16. 7. |
| | | 64, 2255 | | | | | Pudelzeichen | 8. 7. |
| 64, 357 | 65, 35 | 64, 2410 | | 64, 990 | | 64, 1189 | Rippenstreckmetall II | 8. 7. |
| | | 65, 499 | | 65, 114 | 65, 1319 | | Abbauhammer | 1. 10. |
| | | | | | | | Carla | 21. 10. |
| 65, 152 | 65, 39 | 65, 498 | | 65, 190 | 65, 9 | 65, 103 | derma | 13. 11. |
| | 65, 50 | | | 65, 269 | 65, 101 | 65, 175 | Umsatzauskunft | 27. 11. |
| 65, 211 | | 65, 497 | | 65, 272 | | | Anodenkorb | 3. 12. |
| | | | | | | | | **1965** |
| | | | | | 65, 648 | | Wie uns die Anderen sehen | 15. 1. |
| | | | | | | | Kaffee C | 22. 1. |
| | | | | | 65, 761 | | Hudson | 27. 1. |
| 65, 324 | | | | 65, 552 | 65, 434 | | Schweißelektrode I | 18. 2. |
| 65, 213 | | 65, 1332 | | 65, 548 | 65, 515 | | Gaselan | 19. 2. |
| | 65, 56 | 65, 859 | 65, 524 | 65, 367 | 65, 392 | 65, 702 | GdP | 24. 2. |
| 66, 71 | 66, 16 | 65, 1856 | | 65, 807 | 65, 922 | 65, 1246 | Centra | 17. 3. |
| | | 65, 1963 | 65, 726 | 65, 806 | 65, 966 | | Markenbenzin | 7. 4. |
| | 66, 9 | 65, 2150 | | 65, 730 | 65, 801 | 65, 1358 | Nevada-Skibindung | 7. 4. |
| | 65, 71 | | 65, 680 | 65, 636 | 65, 723 | 65, 1090 | Zonenbericht | 14. 4. |
| 66, 127 | 66, 15 | | | 65, 637 | 65, 600 | 65, 886 | Konservenzeichen I | 14. 4. |
| | | 65, 1861 | 65, 502 | 65, 730 | 65, 803 | | Wellplatten | 29. 4. |
| 66, 56 | 66, 8 | 65, 1859 | | | 65, 843 | 65, 1475 | Liquiderma | 12. 5. |
| | 66, 8 | | | | | | Basoderm | 12. 5. |
| 65, 283 | | 65, 2014 | | 65, 807 | | | Darmreinigungsmittel | 13. 5. |
| 65, 311 | | 65, 1862 | | 65, 731 | | | Hinterachse | 13. 5. |
| | 66, 9 | 65, 1853 | | 65, 728 | 65, 842 | 65, 1284 | de Paris | 19. 5. |
| | | | | | 66, 6 | 66, 69 | Kim I | 9. 6. |
| 65, 284 | 66, 8 | 65, 1591 | | 65, 725 | 65, 763 | 65, 1090 | Agyn | 25. 6. |
| 67, 31 | 66, 33 | | | | | | White Horse | 7. 7. |
| | | | | | 65, 884 | 65, 1323 | roter Punkt | 9. 7. |
| 67, 31 | | 65, 2252 | | 66, 40 | | | Terminsladung | 16. 7. |
| | 66, 15 | | | | 65, 1202 | | multikord | 29. 9. |
| 67, 31 | 66, 20 | 66, 48 | | 65, 35 | 65, 1328 | 65, 1772 | Bleistiftabsätze | 6. 10. |
| 66, 131 | | 66, 1077 | | 66, 399 | | | Stromrichter | 28. 10. |
| 66, 283 | | 66, 343 | | 66, 118 | 66, 7 | 65, 1904 | Kupferberg | 10. 11. |
| 66, 133 | 66, 33 | | | 66, 303 | 66, 138 | 66, 226 | Napoléon I | 24. 11. |
| 66, 194 | | 66, 1122 | | 66, 574 | 66, 471 | | Shortening | 24. 11. |
| 66, 74 | | 66, 300 | | 66, 120 | 66, 177 | | Flächentransistor | 25. 11. |
| | | | | | | | | **1966** |
| 67, 133 | 66, 42 | 66, 823 | | 66, 393 | 66, 261 | 66, 375 | Meßmer-Tee II | 12. 1. |
| 67, 31 | 66, 48 | | | 66, 395 | 66, 515 | | Prince Albert | 28. 1. |
| 66, 197 | | | | 66, 399 | 66, 674 | | Seifenzusatz | 3. 2. |
| 67, 133 | | | | 66, 478 | 66, 473 | 66, 575 | Laternenflasche | 9. 2. |
| 66, 227 | 66, 48 | 66, 1314 | | 66, 573 | 66, 516 | 66, 696 | Epigran I | 25. 2. |
| 67, 32 | 66, 48 | | | 66, 573 | | | VITA-MALZ | 9. 3. |
| 67, 32 | 66, 52 | | | 66, 573 | | 66, 815 | Lili | 16. 3. |
| 67, 358 | 67, 34 | 67, 495 | | 67, 28 | 66, 1365 | 66, 1924 | Modess | 23. 3. |
| 67, 30 | 66, 52 | 66, 1560 | | 66, 736 | 66, 757 | | UNIPLAST | 15. 4. |
| 66, 234 | | 66, 1318 | | 66, 738 | 66, 674 | | | 28. 4. |
| 66, 284 | 66, 52 | 66, 1563 | | 66, 736 | 66, 717 | 66, 1013 | Merck | 11. 5. |
| | | | | | | | King Size | 3. 6. |
| 67, 133 | 67, 18 | 66, 2208 | | 66, 989 | 66, 1167 | 66, 1767 | Rose | 8. 6. |
| 66, 308 | | 66, 2060 | | 66, 907 | | | Akteneinsicht III | 27. 6. |
| 67, 159 | 67, 19 | | | | | 66, 1686 | Edeka-Schloß-Export | 29. 6. |
| 67, 57 | 67, 30 | 67, 1182 | | 67, 103 | 67, 55 | | Vitapur | 13. 7. |

# Fundstellenverzeichnis BGH 1967, 1968 — Chronologisches

| Nr. | Datum | Az. | BGHZ | LM, Nr. zu § | GRUR | WuW | WRP |
|---|---|---|---|---|---|---|---|
| 365 | 14. 7. | I a ZB 9/66 | | 1/2, PatentamtsVO | 66, 698 | | |
| 366 | 18. 10. | I a ZB 12/66 | | 1, § 41 r PatG | 67, 166 | | |
| 367 | 19. 10. | I b ZB 9/65 | | 6, § 13 WZG | 67, 94 | | 67, 23 |
| 368 | 19. 10. | I b ZB 10/95 | | | 67, 253 | | |
| 369 | 26. 10. | I b ZR 140/64 | | 2, § 7 GeschmMG | 67, 533 | | |
| 370 | 4. 11. | I b ZR 161/64 | | | 67, 199 | | |
| 371 | 4. 11. | I b ZR 77/65 | | 1, § 72 UrhG | 67, 315 | | |
| 372 | 11. 11. | I b ZR 91/64 | | 25, § 826 (Gd) BGB | 67, 304 | | 67, 90 |
| 373 | 18. 11. | I b ZR 12/65 | | 23, § 5 WZG | 67, 292 | | 67, 94 |
| 374 | 18. 11. | I b ZR 16/65 | | 7, § 16 WZG; 24, § 5 WZG | 67, 355 | | |
| 375 | 14. 12. | I b ZR 125/64 | 46, 305 | | 67, 362 | | |
| 376 | 16. 12. | I b ZB 11/65 | | 25, § 5 WZG; 57, § 31 WZG | 67, 294 | | |
| | **1967** | | | | | | |
| 377 | 18. 1. | I b ZR 64/65 | | 16, RabattG | 67, 433 | | |
| 378 | 26. 1. | I a ZB 19/65 | 47, 132 | 5, § 41 o PatG | 67, 477 | | |
| 379 | 31. 1. | I a ZB 6/66 | | 1, § 36 m PatG; 12, § 41 p PatG | 67, 543 | | |
| 380 | 9. 3. | I a ZB 25/65 | | 12, § 26 PatG | 67, 413 | | |
| 381 | 9. 3. | I a ZB 28/65 | | 2, § 34 PatG | 67, 435 | | |
| 382 | 5. 4. | I b ZB 13/65 | | 58, § 31 WZG | 67, 660 | | 67, 361 |
| 383 | 5. 4. | I b ZR 80/65 | | | 67, 482 | | |
| 384 | 11. 4. | I a ZB 5/66 | | 13, §41 p PatG | 67, 548 | | |
| 385 | 27. 4. | I a ZB 19/66 | | 3, § 32 PatG | 67, 586 | | |
| 386 | 3. 5. | I b ZR 18/65 | | 59, § 31 WZG | 67, 485 | | 67, 396 |
| 387 | 30. 5. | I a ZB 16/65 | | | 67, 553 | | |
| 388 | 30. 5. | I a ZB 24/65 | | 6, § 5 GebrMG; 7, § 1 GebrMG; 16, § 37 PatG | 68, 86 | | |
| 389 | 31. 5. | I b ZR 119/65 | | 183, § 1 UWG | 68, 49 | | 68, 54 |
| 390 | 8. 6. | KZR 2/66 | | | 67, 676 | | |
| 391 | 21. 6. | I b ZR 8/66 | | | 68, 148 | | |
| 392 | 23. 6. | I b ZR 18/66 | | 7, § 13 WZG | 67, 681 | | |
| 393 | 23. 6. | I b ZR 54/66 | | 42, § 25 WZG | 68, 371 | | 68, 18 |
| 394 | 27. 6. | I a ZB 19/65 | | 8, § 1 GebrMG | 68, 40 | | |
| 395 | 12. 7. | I b ZR 47/65 | | 43, § 25 WZG | 68, 581 | | 68, 57 |
| 396 | 19. 7 | I a ZB 22/66 | | 4, § 369 PatG | 68, 447 | | |
| 397 | 20. 9. | I b ZR 105/65 | | 59, § 16 UWG | 68, 212 | | 68, 95 |
| 398 | 20. 9. | I b ZB 13/66 | | | 68, 59 | | |
| 399 | 4. 10. | I b ZB 14/66 | | 8, § 16 WZG | 68, 365 | | 68, 62 |
| 400 | 18. 10. | I b ZR 81/65 | | 60, § 31 WZG | 68, 256 | | |
| 401 | 25. 10. | I b ZR 62/65 | | 44, § 25 WZG | 68, 419 | | 68, 97 |
| 402 | 25. 10. | I b ZR 159/65 | | 189, § 1 UWG | 68, 425 | | 68, 103 |
| 403 | 15. 11. | I b ZR 119/66 | | 58, § 16 UWG | 68, 259 | | 68, 180 |
| | **1968** | | | | | | |
| 404 | 10. 1. | I b ZR 149/65 | | 61, § 31 WZG | 68, 367 | | 68, 193 |
| 405 | 14. 2. | I b ZB 6/66 | | 62, § 31 WZG | 68, 414 | | 68, 285 |
| 406 | 29. 2. | I a ZR 49/65 | 49, 331 | | | | |
| 407 | 12. 3. | X ZB 12/67 | | 14, § 41 p PatG | 68, 615 | | |
| 408 | 10. 4. | I ZR 15/66 | 50, 77 | 63, § 31 WZG | 68, 550 | | 68, 298 |
| 409 | 8. 5. | I ZR 67/65 | | | 69, 90 | | |
| 410 | 15. 5. | I ZR 105/66 | | | 68, 698 | | |
| 411 | 22. 5. | I ZB 3/67 | | 64, § 31 WZG | 69, 40 | | 68, 367 |
| 412 | 22. 5. | I ZB 12/67 | 50, 219 | 17, § 4 WZG | 68, 694 | | 68, 400 |
| 413 | 29. 5. | I ZR 74/66 | | | | | |
| 414 | 5. 6. | I ZB 5/67 | | | 69, 43 | | |
| 415 | 14. 6. | I ZR 79/66 | | | 68, 697 | | |
| 416 | 26. 6. | I ZR 55/66 | | 12, § 11 WZG | 69, 48 | | 68, 443 |
| 417 | 26. 6. | I ZR 24/66 | | 199, § 1 UWG | 69, 190 | | 68, 369 |
| 418 | 12. 7. | I ZR 111/66 | | | 68, 702 | | |
| 419 | 17. 10. | KZR 11/66 | | 8, § 20 GWB | 69, 409 | | |
| 420 | 18. 10. | X ZB 1/68 | 51, 131 | 1, § 36 p PatG | 69, 433 | | |
| 421 | 30. 10. | I ZR 115/66 | | 68, § 31 WZG | 69, 601 | | |
| 422 | 8. 11. | I ZR 104/66 | | | 69, 538 | | |
| 423 | 27. 11. | I ZR 138/66 | | 45, § 25 WZG | 69, 541 | | |
| 424 | 3. 12. | VI ZR 140/67 | | 38, § 852 BGB | 69, 236 | | |
| 425 | 17. 12. | X ZB 7/68 | 51, 269 | 1, § 16 PatG; 10, § 78 ZPO; 15, § 41 p PatG | 69, 437 | | |
| 426 | 18. 12. | I ZB 3/68 | | 18, § 4 WZG | 69, 345 | | 69, 149 |

# Fundstellenverzeichnis BGH 1967, 1968

| BlPMZ | MBl | NJW | JZ | MDR | BB | DB | Schlagwort | Datum |
|---|---|---|---|---|---|---|---|---|
| 66, 309 | | 66, 2056 | | 66, 907 | | | Akteneinsicht IV | 14. 7. |
| 67, 82 | | | | | | | Anwaltszwang | 18. 10. |
| 67, 134 | 67, 18 | | | 67, 104 | 66, 1284 | 66, 1924 | Stute | 19. 10. |
| 67, 135 | | | | | | | CONNY | 19. 10. |
| | | 67, 499 | | 67, 109 | 67, 54 | | Myoplastic | 26. 10. |
| | 67, 27 | | | | 67, 93 | 67, 38 | Napoléon II | 4. 11. |
| | | 67, 723 | | 67, 381 | 67, 225 | | skai-cubana | 4. 11. |
| 67, 323 | 67, 35 | 67, 413 | | 67, 107 | 66, 1410 | 66, 2022 | Siroset | 11. 11. |
| 67, 138 | 67, 34 | | | 67, 194 | 67, 54 | 67, 769 | Zwillingspackung | 18. 11. |
| 67, 196 | 67, 38 | | | 67, 378 | 67, 182 | | Rabe | 18. 11. |
| | | 67, 675 | | 67, 283 | | | Spezialsatz | 14. 12. |
| 67, 160 | 67, 34 | 67, 1188 | | 67, 280 | 67, 182 | | Triosorbin | 16. 12. |
| | | | | | | | | **1967** |
| | | 67, 1182 | | 67, 380 | 67, 262 | | Schrankwand | 18. 1. |
| 67, 294 | | 67, 2116 | | | | | UHF-Empfänger II | 26. 1. |
| 67, 223 | | | | | | | Bleiphosphit | 31. 1. |
| 67, 299 | | | | 67, 467 | | | Kaskodeverstärker | 9. 3. |
| 67, 324 | | | | 67, 988 | | | Isoharnstoffäther | 9. 3. |
| | 68, 12 | 67, 1466 | | 67, 736 | 67, 646 | 67, 897 | Sirax | 5. 4. |
| 68, 73 | 67, 46 | 67, 1470 | | | | | WKS-Möbel II | 5. 4. |
| 68, 74 | | | | 67, 988 | | | Schweißelektrode II | 11. 4. |
| 67, 225 | | 67, 1468 | | 67, 988 | 67, 730 | | Rohrhalterung | 27. 4. |
| 68, 132 | 67, 46 | 67, 2114 | | | 67, 693 | 67, 1259 | badedas | 3. 5. |
| 68, 166 | | | | | | | Rechtsbeschwerdekosten | 30. 5. |
| 68, 167 | | | | 68, 212 | 67, 772 | | Ladegerät | 30. 5. |
| | | | | | 69, 553 | | | |
| | 68, 23 | | | 67, 817 | 67, 902 | | Zentralschloßanlagen | 31. 5. |
| | 68, 13 | | | | 67, 902 | | Gymnastiksandale | 8. 6. |
| 68, 351 | 68, 30 | | | | | | Zwillingsfrischbeutel | 21. 6. |
| 67, 326 | 68, 13 | | | | 67, 902 | 67, 1625 | D-Tracetten | 23. 6. |
| 68, 327 | 68, 51 | | | 68, 27 | 67, 1350 | 67, 1976 | Maggi II | 23. 6. |
| 68, 167 | | | | | | | UHF-Empfänger III | 27. 6. |
| | 68, 58 | | | | 67, 1353 | 67, 2218 | Blunazit | 12. 7. |
| 68, 353 | | | | 68, 120 | | | Flaschenkasten | 19. 7. |
| | 68, 34 | 68, 349 | | 68, 210 | 68, 143 | 68, 125 | Hellige | 20. 9. |
| | | | | | | | Golden Toast | 20. 9. |
| 68, 353 | 68, 50 | | | | 68, 102 | | praliné | 4. 10. |
| 68, 135 | 68, 38 | | | | 67, 1353 | 68, 262 | Zwillingskaffee | 18. 10. |
| 68, 385 | 68, 54 | | | 68, 117 | 68, 8 | 68, 171 | feuerfest I | 25. 10. |
| 68, 386 | 68, 54 | | | 68, 211 | 68, 102 | 68, 261 | feuerfest II | 25. 10. |
| 68, 386 | 68, 38 | | | 68, 211 | 68, 8 | | NZ | 15. 11. |
| | | | | | | | | **1968** |
| 69, 58 | 68, 50 | | | 68, 381 | 68, 228 | 68, 389 | Corrida | 10. 1. |
| 68, 355 | | | | 68, 472 | 68, 395 | | Fe | 14. 2. |
| | | 68, 1042 | | | | | Voran | 29. 2. |
| 69, 26 | | | | 68, 493 | | 68, 848 | Ersatzzustellung | 12. 3. |
| 69, 29 | 69, 1 | 68, 1183 | | 68, 561 | 68, 686 | | Poropan | 10. 4. |
| | | | | | | | Rüschenhaube | 8. 5. |
| | 69, 1 | | | | 68, 804 | 68, 1170 | Rekordspritzen | 15. 5. |
| 69, 198 | 69, 17 | 68, 2191 | | 68, 642 | 68, 727 | 68, 1308 | Pentavenon | 22. 5. |
| 68, 358 | 69, 1 | 68, 1628, 2188 | 68, 823 | 68, 823 | 68, 805 | 68, 1307 | Polyestra | 22. 5. |
| | | | | | | | Jägerfürst/Jägermeister | 29. 5. |
| | | | | | | | Marpin | 5. 6. |
| 69, 244 | 69, 1 | | | | | | SR | 14. 6. |
| 69, 246 | 69, 17 | 68, 1827 | | 68, 904 | 68, 972 | 68, 1532 | Alcacyl | 26. 6. |
| 69, 246 | 69, 29 | | | 68, 904 | 68, 1055 | 68, 1530 | halazon | 26. 6. |
| | | | | | 68, 972 | | Hamburger Volksbank | 12. 7. |
| | | | | 69, 552 | 69, 650 | | Metallrahmen | 17. 10. |
| | | | | 69, 684 | | | Waschmittel | 18. 10. |
| 69, 393 | 69, 60 | 69, 1253 | | 69, 831 | | | Candahar | 30. 10. |
| 70, 21 | 69, 56 | | | | | | Rheumalind | 8. 11. |
| 69, 357 | 69, 56 | | | 69, 548 | | | Grüne Vierkantflasche | 27. 11. |
| | | 69, 463 | | 69, 210 | | | Ostflüchtlinge | 3. 12. |
| 69, 246 | | 69, 984 | | 69, 571 | 69, 459 | | Inlandsvertreter | 17. 12. |
| 69, 319 | 69, 43 | | | 69, 455 | 69, 193 | 69, 386 | red white | 18. 12. |

# Fundstellenverzeichnis BGH  1969–1971   Chronologisches

| Nr. | Datum | Az. | BGHZ | LM, Nr. zu § | GRUR | WuW | WRP |
|---|---|---|---|---|---|---|---|
|  | **1969** |  |  |  |  |  |  |
| 427 | 15. 1. | I ZR 52/67 | 51, 295 |  | 69, 280 |  |  |
| 428 | 30. 1. | X ZR 66/67 |  | 54, Art. 7 ff. EGBGB | 69, 487 |  |  |
| 429 | 5. 2. | I ZR 134/66 |  | 5, ParÜb | 69, 357 |  | 69, 235 |
| 430 | 12. 2. | I ZR 30/67 | 51, 330 | 66, § 31 WZG; 62, § 24 WZG | 69, 348 |  |  |
| 431 | 21. 2. | I ZR 40/67 |  | 67, § 31 WZG | 69, 355 |  |  |
| 432 | 26. 2. | I ZR 133/67 |  | 12, § 16 WZG | 69, 274 |  | 69, 343 |
| 433 | 27. 2. | X ZB 11/68 |  |  | 69, 265 |  |  |
| 434 | 7. 3. | I ZR 36/67 |  |  | 70, 138 |  |  |
| 435 | 12. 3. | I ZR 32/67 |  |  | 69, 681 |  |  |
| 436 | 19. 3. | X ZB 12/68 |  | 16, § 41 p PatG | 69, 439 |  |  |
| 437 | 28. 3. | I ZR 33/67 |  | 206, § 1 UWG | 69, 474 | 70, 65 | 69, 378 |
| 438 | 2. 4. | I ZR 47/67 |  | 205, § 1 UWG | 69, 607 |  | 69, 345 |
| 439 | 23. 4. | I ZR 129/67 |  |  | 70, 302 |  |  |
| 440 | 29. 4. | X ZB 14/67 |  |  | 69, 562 |  |  |
| 441 | 30. 4. | I ZR 27/67 |  | 38, § 15 WZG | 69, 683 |  | 69, 283 |
| 442 | 30. 4. | I ZR 122/67 |  |  | 69, 686 |  |  |
| 443 | 13. 5. | I ZB 3/66 | 52, 274 | 20, §§ 1, 4 WZG | 70, 75 |  |  |
| 444 | 13. 5. | I ZB 1/68 |  | 20, § 4 WZG | 70, 77 |  |  |
| 445 | 14. 5. | I ZB 7/68 | 52, 337 | 29, §§ 5, 15 WZG | 70, 80 |  | 70, 108 |
| 446 | 21. 5. | I ZR 131/66 |  | 69, § 31 WZG | 69, 690 |  | 69, 443 |
| 447 | 30. 5. | I ZR 90/67 |  |  | 70, 31 |  |  |
| 448 | 4. 6. | I ZR 115/67 |  | 64, § 25 WZG | 69, 694 |  | 69, 408 |
| 449 | 25. 6. | I ZR 15/67 | 52, 216 | 5, § 133 (D) BGB | 69, 611 |  |  |
| 450 | 25. 6. | I ZR 26/68 |  | 2. Dt-franz. Abk über den Schutz von Herkunftsangaben | 69, 615 |  | 69, 486 |
| 451 | 26. 6. | X ZR 52/66 |  | 25, § 9 PatG | 69, 677 |  |  |
| 452 | 26. 6. | X ZB 10/68 |  | 2, § 28 PatG; 3, § 29 PatG; 17, § 41 p PatG |  |  |  |
| 453 | 27. 6. | I ZR 125/67 |  | 13, § 11 WZG | 69, 604 |  | 69, 489 |
| 454 | 17. 9. | I ZR 131/67 |  |  | 70, 528 |  |  |
| 455 | 1. 10. | I ZB 10/68 |  | 28, § 5 WZG | 70, 85 |  | 70, 111 |
| 456 | 8. 10. | I ZR 149/67 | 52, 359 | 40, § 675 BGB | 70, 87 |  | 69, 483 |
| 457 | 8. 10. | I ZR 7/68 | 52, 365 | 27, § 5 WZG | 70, 27 |  |  |
| 458 | 22. 10. | I ZR 47/68 |  | 62, § 16 UWG | 70, 141 |  | 70, 140 |
| 459 | 29. 10. | I ZR 63/68 | 53, 339 | 100, § 3 UWG | 70, 461 |  | 70, 254 |
| 460 | 10. 11. | II ZR 273/67 |  |  | 70, 320 |  |  |
| 461 | 21. 11. | I ZR 135/67 |  | 63, § 16 UWG | 70, 315 |  |  |
| 462 | 18. 12. | X ZR 52/67 |  | 34, § 6 PatG | 70, 358 |  |  |
|  | **1970** |  |  |  |  |  |  |
| 463 | 7. 1. | I ZB 6/68 |  | 18, § 41 p PatG | 70, 311 |  |  |
| 464 | 29. 1. | X ZR 230/68 |  | 31, § 6 PatG; 27, § 47 PatG | 70, 237 |  |  |
| 465 | 30. 1. | I ZR 48, 68 |  | 14, § 16 WZG | 70, 305 |  | 70, 178 |
| 466 | 13. 2. | I ZR 51/68 |  | 29, § 242 (Cc) BGB | 70, 308 |  |  |
| 467 | 26. 2. | KVR 2/69 | 53, 298 |  | 70, 374 | 70, 545 | 70, 259 |
| 468 | 26. 2. | KZR 5/69 | 53, 304 | 4, § 18 GWB (L) | 70, 482 |  | 70, 256 |
| 469 | 27. 2. | I ZR 52/68 |  |  | 70, 416 |  |  |
| 470 | 20. 3. | I ZR 54/68 |  | 64, § 16 UWG | 70, 479 |  | 70, 262 |
| 471 | 20. 3. | I ZR 7/69 |  | 43, § 15 WZG | 70, 552 | 70, 683 |  |
| 472 | 10. 4. | I ZR 121/68 |  | 38, § 12 BGB | 70, 481 |  | 70, 271 |
| 473 | 22. 5. | I ZR 125/68 |  | 104, § 3 UWG | 70, 517 | 70, 752 | 70, 354 |
| 474 | 18. 6. | X ZB 22/69 |  | 34, § 1 PatG | 70, 506 |  |  |
| 475 | 19. 6. | I ZR 31/68 |  |  | 71, 355 |  |  |
| 476 | 19. 6. | I ZR 72/68 | 54, 188 | 105, § 3 UWG | 71, 29 |  | 70, 357 |
| 477 | 17. 7. | X ZB 17/69 |  |  | 70, 621 |  |  |
| 478 | 25. 9. | I ZR 47/69 |  | 220, § 1 UWG | 71, 119 |  | 71, 67 |
| 479 | 2. 10. | I ZB 6/69 |  |  | 71, 86 |  |  |
| 480 | 23. 10. | I ZR 86/69 |  | 8, § 32 ZPO | 71, 153 |  |  |
| 481 | 9. 10. | I ZR 23/69 |  | 108, § 3 UWG | 71, 255 |  | 71, 120 |
| 482 | 13. 11. | I ZR 49/69 |  | 224, § 1 UWG | 71, 164 | 71, 352 |  |
|  | **1971** |  |  |  |  |  |  |
| 483 | 26. 2. | I ZR 67/69 |  | 15, § 16 WZG; 72, § 31 WZG | 71, 251 |  | 71, 312 |
| 484 | 5. 3. | I ZR 101/69 |  | 67, § 24 WZG | 71, 305 |  | 71, 320 |
| 485 | 11. 3. | X ZB 26/70 | 56, 7 | 2, § 11 PatG; 5, § 43 PatG | 71, 246 |  |  |

2690

# Fundstellenverzeichnis BGH 1969–1971

| BlPMZ | MBl | NJW | JZ | MDR | BB | DB | Schlagwort | Datum |
|---|---|---|---|---|---|---|---|---|
| | | | | | | | | **1969** |
| 70, 130 | 69, 53 | | | 69, 570 | | 69, 570 | Scotch Whisky | 15. 1. |
| 69, 322 | 69, 43 | | | 69, 549 | 69, 459 | 69, 522 | Ihagee | 30. 1. |
| 70, 130 | 69, 43 | 69, 980 | | 69, 548 | 69, 458 | 69, 703; 69, 745; 69, 785 | Sihl | 5. 2. |
| | | | | | | | Anker Export | 12. 2. |
| 69, 326 | 69, 43 | | | 69, 547 | 69, 417 | 69, 611 | Kim II | 21. 2. |
| 69, 361 | 69, 36 | | | 69, 437 | | 69, 786 | Mokka-Express | 26. 2. |
| | | | | | | | Disiloxan | 27. 2. |
| 70, 158 | | | | | | | Alemite | 7. 3. |
| | | | | | | | Kochendwassergerät | 12. 3. |
| 69, 326 | | | | 70, 45 | 69, 599 | | Bausteine | 19. 3. |
| | 69, 52 | 69, 1293, 1810 | | 69, 638 | | 69, 1010 | Bierbezug I | 28. 3. |
| 69, 327 | 69, 60 | 69, 1534 | | 69, 733 | 69, 695 | 69, 961 | Recrin | 2. 4. |
| 70, 389 | | | | | | | Hoffmann's Katze | 23. 4. |
| | | | | | | | Appreturmittel | 29. 4. |
| 70, 135 | | | | 69, 831 | 69, 972 | | Isolierte Hand | 30. 4. |
| | | | | | | 69, 1096 | Roth-Händle | 30. 4. |
| 70, 65 | | 70, 139 | | 69, 992 | 69, 1324 | 69, 1934 | Streifenmuster | 13. 5. |
| 70, 225 | | | | 69, 993 | 69, 1286 | 69, 1935 | Ovalumrandung | 13. 5. |
| 70, 389 | | 70, 563 | | 70, 120 | 70, 48 | 70, 48 | Dolan | 14. 5. |
| 70, 132 | | | | 69, 732 | 69, 930 | 69, 1599 | Faber | 21. 5. |
| 70, 392 | | | | | 69, 1409 | | Heinzelmännchen | 30. 5. |
| 70, 163 | | 69, 1485 | | 69, 732 | 69, 932 | 69, 1507 | Brillant | 4. 6. |
| | | 69, 2083 | | 69, 828 | | 69, 1595 | Champagner-Weizenbier | 25. 6. |
| 70, 29 | 69, 61 | 69, 2087 | | 69, 829 | | | Champi-Krone | 25. 6. |
| | | | | 70, 45 | 69, 1014 | | Rüben-Verladeeinrichtung | 26. 6. |
| 70, 163 | | | | | | | Faltbehälter | 26. 6. |
| 70, 392 | 69, 60 | | | 69, 830 | 69, 931 | 69, 1507 | Slip | 27. 6. |
| 70, 444 | | | | | | | Migrol | 17. 9. |
| 70, 393 | | | | 70, 211 | 70, 97 | | Herba | 1. 10. |
| 70, 418 | | 70, 35 | | 70, 23 | 69, 1452 | 69, 2332 | Muschi-Blix | 8. 10. |
| 70, 414 | | 70, 141 | | 70, 24 | 69, 1408 | 69, 2123 | Ein Tannen-Zeichen | 8. 10. |
| 70, 421 | | 70, 605 | | 70, 212 | 70, 274 | | Europharma | 22. 10. |
| 70, 421 | | 70, 1364 | | 70, 658 | 70, 727 | 70, 1218 | Euro-Spirituosen | 29. 10. |
| | | | | | | | Doktor-Firma | 10. 11. |
| 70, 422 | | 70, 997 | | 70, 306 | 70, 225; 70, 275 | 70, 440 | Napoléon III | 21. 11. |
| | | 70, 1131 | | 70, 586 | 70, 635 | | Heißläuferdetektor | 18. 12. |
| | | | | | | | | **1970** |
| 70, 444 | | 70, 611 | | 70, 394 | 70, 553 | 70, 438 | Samos | 7. 1. |
| 70, 447 | | | | 70, 414 | | | Appetitzügler II | 29. 1. |
| 70, 448 | | | | 70, 395 | 71, 1298 | 70, 629 | Löscafé | 30. 1. |
| 71, 28 | | | | 70, 486 | | | Duraflex | 13. 2. |
| | | 70, 1040 | | 70, 569 | 70, 552 | 70, 677 | Tennisbälle | 26. 2. |
| | | 70, 1139 | | 70, 570 | 70, 683 | 70, 924 | Diskothek | 26. 2. |
| | | | | | | | Turpo | 27. 2. |
| | | 70, 1365 | | 70, 658 | 70, 684 | | Treppchen | 20. 3. |
| 71, 161 | | | | 70, 568 | 70, 940 | | Felina-Britta | 20. 3. |
| | | 70, 1270 | | 70, 741 | 70, 684 | | Weserklause | 10. 4. |
| 71, 31 | | | | 70, 910 | 70, 859 | | Kölsch-Bier | 22. 5. |
| | | | | 70, 839 | | | Dilactame | 18. 6. |
| 71, 306 | | | | | | | Epigran II | 19. 6. |
| 71, 68 | | 70, 2105 | | 70, 990 | 70, 980 | 70, 1634 | Deutscher Sekt | 19. 6. |
| | | | | | | | Sitzungsschild | 17. 7. |
| | | 70, 2294 | | | 71, 28 | 70, 1413 | 70, 2211 | Branchenverzeichnis | 25. 9. |
| | | | | | | | Eurodigina | 9. 10. |
| | | 71, 323 | 71, 111 | | 71, 59 | | Tampax | 23. 10. |
| 71, 306 | | | | 71, 279 | 71, 283 | 71, 327 | Plym-Gin | 9. 10. |
| | | 71, 378 | | 71, 197 | 71, 144 | 71, 230 | Discount-Geschäft | 13. 11. |
| | | | | | | | | **1971** |
| 71, 307 | | 71, 458 | | | 71, 1382 | | Oldtimer | 26. 2. |
| 71, 287 | | | | 71, 555 | | | Konservenzeichen II | 5. 3. |
| 71, 196 | | 71, 1360 | | 71, 1005 | | | Hopfenextrakt | 11. 3. |

2691

# Fundstellenverzeichnis BGH 1972–1974

| Nr. | Datum | Az. | BGHZ | LM, Nr. zu § | GRUR | WuW | WRP |
|---|---|---|---|---|---|---|---|
| 486 | 19. 3. | I ZR 102/69 | | 47, § 25 WZG | 72, 122 | | 72, 314 |
| 487 | 26. 3. | I ZR 84/69 | | 15, § 11 WZG | 71, 309 | | |
| 488 | 2. 4. | I ZB 3/70 | | 30, § 5 WZG; 73, § 31 WZG | 71, 577 | | 71, 419 |
| 489 | 2. 4. | I ZR 22/70 | | 111, § 3 UWG | 71, 365 | | 71, 274 |
| 490 | 2. 4. | I ZR 41/70 | | 66, § 16 UWG | 71, 517 | | 71, 323 |
| 491 | 13. 5. | X ZB 17/70 | | 1, § 41 i PatG; 21, § 41 p PatG | 71, 484 | | |
| 492 | 13. 5. | X ZB 3/71 | | 6, § 41 h PatG | 71, 532 | | |
| 493 | 18. 5. | VI ZR 220/69 | | 33, Art. 5 GG | 71, 591 | | |
| 494 | 28. 5. | I ZR 35/70 | | 22, § 1 WZG | 71, 409 | | 71, 972 |
| 495 | 7. 7. | I ZR 38/70 | | 9, § 8 WZG | 71, 573 | | |
| 496 | 13. 7. | X ZB 1/70 | | 2, § 30 a PatG | 72, 535 | | |
| 497 | 8. 10. | I ZR 12/70 | 57, 116 | 235, § 1 UWG | 72, 189 | | 71, 520 |
| 498 | 15. 10. | I ZR 25/70 | | 48, § 25 WZG | 72, 546 | | 72, 193 |
| 499 | 19. 11. | I ZR 72/70 | | 69, § 24 WZG | 72, 180 | | 72, 309 |
| 500 | 24. 11. | X ZB 36/70 | | 22, § 41 p PatG | 72, 472 | | |
| 501 | 26. 11. | I ZB 8/71 | | 23, § 4 WZG | 72, 357 | | 72, 134 |
| 502 | 26. 11. | I ZB 15/71 | 57, 160 | 5, VwZG | 72, 196 | | |
| 503 | 10. 12. | I ZR 65/70 | | 7, § 23 UWG | 72, 550 | | |
| 504 | 17. 12. | I ZR 79/70 | | 74, § 31 WZG | 72, 549 | | 72, 313 |
| | **1972** | | | | | | |
| 505 | 14. 1. | X ZB 10/71 | | 2, § 27 PatG | 73, 139 | | |
| 506 | 25. 1. | X ZB 37/70 | | 2, § 16 PatG; 27, § 26 PatG | 72, 536 | | |
| 507 | 18. 2. | I ZB 6/70 | | | 73, 361 | | |
| 508 | 18. 2. | I ZR 82/70 | | 241, § 1 UWG | 72, 558 | | 72, 198 |
| 509 | 23. 2. | I ZB 28/70 | | 3,4, § 4 PatG | 72, 538 | | |
| 510 | 23. 2. | X ZB 6/71 | | 7, § 32 PatG | 72, 592 | | |
| 511 | 3. 3. | I ZB 7/70 | | 31, § 5 WZG | 72, 600 | | 72, 403 |
| 512 | 26. 5. | I ZR 44/71 | | 2, § 23 HGB | 73, 363 | | 72, 578 |
| 513 | 21. 6. | I ZR 140/70 | | | 73, 201 | | |
| 514 | 7. 7. | I ZR 67/70 | | | 73, 265 | | |
| 515 | 11. 7. | X ZB 17/71 | | 3, § 36 d PatG; 23, § 41 p PatG | 73, 46 | | |
| 516 | 22. 9. | I ZR 19/72 | | 250, § 1 UWG | 73, 208 | | 73, 23 |
| 517 | 11. 10. | I ZB 1/71 | | 6, § 10 WZG | 73, 523 | | 73, 86 |
| 518 | 11. 10. | I ZR 38/71 | | | 73, 532 | | |
| 519 | 20. 10. | I ZR 147/71 | | | 73, 314 | | |
| 520 | 6. 11. | KZR 63/71 | | 12, § 20 GWB | 73, 331 | 73, 637 | |
| 521 | 10. 11. | I ZR 60/71 | | 120, § 3 UWG | 73, 371 | | 73, 93 |
| 522 | 17. 11. | I ZB 15/71 | | | 73, 467 | | |
| 523 | 20. 12. | I ZR 1/72 | | | 73, 539 | | |
| | **1973** | | | | | | |
| 524 | 19. 1. | I ZB 1/72 | 60, 159 | 32, § 5 WZG | 73, 316 | | 73, 399 |
| 525 | 2. 2. | I ZR 81/71 | | | 74, 30 | | |
| 526 | 2. 2. | I ZR 85/71 | 60, 185 | 44, § 15 WZG | 73, 468 | | 73, 401 |
| 527 | 16. 2. | I ZR 74/71 | 60, 206 | 67, § 16 UWG | 73, 375 | | 73, 213 |
| 528 | 2. 3. | I ZB 11/72 | | 33, § 5 WZG | 73, 605 | | |
| 529 | 18. 3. | I ZR 12/72 | | 68, § 16 UWG | 73, 661 | | 73, 576 |
| 530 | 11. 5. | I ZB 2/71 | | 24, § 41 p PatG | 73, 606 | | |
| 531 | 8. 6. | I ZR 6/72 | | 71, § 24 WZG | 74, 84 | | |
| 532 | 6. 7. | I ZR 129/71 | | | 74, 162 | | |
| 533 | 13. 7. | I ZR 30/72 | | 49, § 25 WZG | 74, 337 | | 73, 471 |
| 534 | 24. 9. | KZR 2/73 | | | | 74, 413 | |
| 535 | 28. 9. | I ZR 136/71 | | 3, § 21 UWG | | | 74, 30 |
| 536 | 28. 9. | I ZB 10/72 | | 35, § 31 WZG | 74, 93 | | 74, 25 |
| 537 | 2. 10. | X ZB 16/72 | | 41, § 1 PatG | 74, 148 | | |
| 538 | 2. 10. | X ZB 7/73 | | 25, § 41 p PatG | 74, 210 | | |
| 539 | 16. 10. | X ZB 15/72 | | 7, § 41 h PatG | 74, 294 | | |
| 540 | 16. 10. | X ZB 6/73 | 61, 257 | 3, § 27 PatG | 74, 212 | | |
| 541 | 16. 10. | X ZB 10/73 | 61, 265 | 4, § 27 PatG | 74, 214 | | |
| 542 | 19. 10. | I ZB 3/72 | | 76, § 31 WZG | 74, 220 | | 74, 32 |
| 543 | 26. 10. | I ZR 67/72 | | 72, § 24 WZG | 74, 276 | | 74, 142 |
| 544 | 26. 10. | I ZR 112/72 | | | 74, 349 | | |
| 545 | 30. 11. | I ZB 14/72 | | | 74, 279 | | |
| 546 | 11. 12. | X ZB 18/72 | | 26, § 41 p PatG | 74, 419 | | |
| 547 | 21. 12. | I ZR 161/71 | | 7, § 249 BGB | 74, 351 | | 74, 152 |
| | **1974** | | | | | | |
| 548 | 15. 1. | X ZR 36/71 | | 13, § 249 (D) BGB | | | |

# 1972–1974 Fundstellenverzeichnis BGH

| BlPMZ | WM | NJW | JZ | MDR | BB | DB | Schlagwort | Datum |
|---|---|---|---|---|---|---|---|---|
| 72, 140 | | | | 72, 28 | | 71, 2306 | Schablonen | 19. 3. |
| 71, 309 | | | | | 71, 556 | 71, 1005 | Zamek II | 26. 3. |
| 71, 311 | | | | | 71, 554 | 71, 1299 | Raupentin | 2. 4. |
| | | | | 71, 645 | 71, 670 | | Wörterbuch | 2. 4. |
| | | 71, 1522 | | 71, 645 | | | SWOPS | 2. 4. |
| 71, 316 | | 71, 754 | | | 71, 885 | | Entscheidungsformel | 13. 5. |
| 71, 315 | | 71, 1936 | | 71, 840 | | | Richterwechsel I | 13. 5. |
| | | | | | | | Sabotage | 18. 5. |
| 71, 346 | | | | 71, 908 | 71, 972 | | Stallmeister | 28. 5. |
| 72, 142 | | 71, 1936 | | 71, 907 | 71, 972 | 71, 1709 | Nocado | 7. 7. |
| 72, 30 | | | | 72, 1136 | 72, 604 | 72, 1017 | Aufhebung der Geheimhaltung | 13. 7. |
| 72, 266 | | 72, 102 | 72, 321 | 72, 28 | | 71, 2354 | Wandsteckdose II | 8. 10. |
| 72, 354 | | | | 72, 396 | 72, 380 | 72, 671 | Trainingsanzug | 15. 10. |
| 72, 202 | | 72, 198 | | 72, 123 | 72, 110 | 72, 284 | Chéri | 19. 11. |
| 72, 289 | | | | 72, 513 | | | Zurückverweisung | 24. 11. |
| 72, 206 | | 72, 255 | | 72, 210 | 72, 811 | 72, 282 | euromarin | 26. 11. |
| 72, 142 | | 72, 50 | | 72, 235 | 72, 114 | | Dosiervorrichtung | 26. 11. |
| | | | | 72, 303 | 72, 239 | | Spezialsalz II | 10. 12. |
| 72, 318 | | | | 72, 484 | 72, 628 | 72, 1235 | Messinetta | 17. 12. |
| | | | | | | | | **1972** |
| 72, 171 | | 72, 824 | | 72, 512 | 72, 511 | | Prioritätsverlust | 14. 1. |
| 72, 354 | | | | 72, 776 | | | Akustische Wand | 25. 1. |
| | | | | | | | san Remo | 18. 2. |
| | | | | 72, 484 | 72, 376 | 72, 621 | Teerspritzmaschinen | 18. 2. |
| 72, 267 | | | | 72, 415 | | | Parkeinrichtung | 23. 2. |
| 72, 173 | | | | 72, 512 | | 72, 672 | Sortiergerät | 23. 2. |
| | | | | 73, 111 | | | Lewapur | 3. 3. |
| | | 72, 2123 | | 73, 28 | | 72, 2248 | Baader | 26. 5. |
| | | | | | | | Trollinger | 21. 6. |
| | | | | | | | Charme & Chic | 7. 7. |
| 73, 144 | | | | 73, 134 | | | Polytetrafluoräthylen | 11. 7. |
| | | | | 73, 30 | | 72, 2250 | Neues aus der Medizin | 22. 9. |
| | | | | 73, 112 | 73, 15 | | Fleischer-Fachgeschäft | 11. 10. |
| | | | | | | | Millionen trinken . . . | 11. 10. |
| | | | | | | | Gentry | 20. 10. |
| | | | | 73, 294 | 73, 59 | 73, 569 | Nahtverlegung | 6. 11. |
| | | 73, 279 | | 73, 382 | | 73, 327 | Gesamtverband | 10. 11. |
| | | | | | 73, 201 | | Praemix | 17. 11. |
| | | | | | | | product-contact | 20. 12. |
| | | | | | | | | **1973** |
| 73, 202 | | 73, 652 | | 73, 381 | | | Smarty | 19. 1. |
| | | | | | | | Erotex | 2. 2. |
| | | 73, 1079 | | 73, 562 | 73, 769 | 73, 1292 | Cinzano | 2. 2. |
| | | 73, 622 | | 73, 383 | 73, 536 | 73, 565 | Miss Petite | 16. 2. |
| 73, 315 | | | | 73, 648 | 73, 956 | 73, 1893 | Anginetten | 2. 3. |
| | | 73, 2152 | | 73, 998 | 73, 1504 | | Metrix | 18. 3. |
| 73, 319 | | | | 73, 997 | 73, 956 | 73, 1503 | Gyromat | 11. 5. |
| | | | | | 73, 1136 | 73, 1990 | Trumpf | 8. 6. |
| | | | | | | | Etirex | 6. 7. |
| | | 73, 1840 | | 73, 913 | | 73, 1992 | Stonsdorfer | 13. 7. |
| | | | | | 74, 336 | | Platzschutz | 24. 9. |
| | | 73, 2285 | | 74, 256 | 73, 1598 | 73, 2292 | Brünova | 28. 9. |
| 74, 62 | | 73, 2201 | | 74, 25 | 73, 1503 | | Räuber | 28. 9. |
| 74, 208 | | | | 74, 148 | 74, 8 | 73, 2341 | | 2. 10. |
| 74, 210 | | 74, 48 | | 74, 134 | 74, 109 | | Aktenzeichen | 2. 10. |
| 74, 257 | | | | 74, 309 | | | Richterwechsel II | 16. 10. |
| 74, 175 | | 74, 102 | | 74, 223 | 74, 248 | | Spiegelreflexkamera | 16. 10. |
| 74, 172 | | 74, 104 | | 74, 224 | | | Elektronenstrahlsignalspeicherung | 16. 10. |
| | | 74, 143 | | 74, 211 | 74, 1756 | 74, 132 | Club-Pilsener | 19. 10. |
| | | 74, 142 | | 74, 210 | | 74, 182 | King | 26. 10. |
| | | | | | | | KKB | 26. 10. |
| | | | | | | | ERBA | 30. 11. |
| 74, 263 | | | | 74, 399 | | | Oberflächenprofilierung | 11. 12. |
| | | | | 74, 379 | 74, 291 | 74, 379 | Frisiersalon | 21. 12. |
| | | | | | | | | **1974** |
| | | 74, 502 | | 74, 486 | 74, 621 | | Abstandshalterstopfen | 15. 1. |

# Fundstellenverzeichnis BGH 1975, 1976

| Nr. | Datum | Az. | BGHZ | LM, Nr. zu § | GRUR | WuW | WRP |
|---|---|---|---|---|---|---|---|
| 549 | 18. 1. | I ZB 3/73 | | 36, § 5 WZG; 45, § 15 WZG | 74, 465 | | |
| 550 | 23. 1. | I ZB 12/72 | | 9, PVÜ | 74, 777 | | |
| 551 | 8. 2. | I ZB 5/71 | | 77, § 31 WZG | 74, 467 | | |
| 552 | 8. 3. | I ZB 6/73 | 62, 212 | 25, § 1 WZG | 74, 657 | | 74, 393 |
| 553 | 3. 5. | I ZR 52/73 | | 271, § 1 UWG | 74, 666 | | 74, 400 |
| 554 | 3. 5. | I ZB 4/73 | | | 74, 659 | | |
| 555 | 10. 5. | I ZB 2/73 | | 24, § 4 WZG | 74, 661 | | 74, 405 |
| 556 | 10. 5. | I ZR 80/73 | | 69, § 16 UWG | 74, 735 | | 74, 403 |
| 557 | 29. 5. | X ZB 21/73 | | 6, § 43 PatG | 74, 679 | | |
| 558 | 31. 5. | I ZR 28/73 | | 74, § 24 WZG | 75, 135 | | 75, 151 |
| 559 | 31. 5. | I ZR 50/73 | | 50, § 25 WZG | 75, 67 | | 74, 619 |
| 560 | 3. 7. | I ZR 65/73 | | 2, § 14 GeschmMG | 75, 83 | | 74, 620 |
| 561 | 3. 7. | I ZR 91/73 | | | 75, 320 | | |
| 562 | 11. 7. | X ZB 9/72 | | | 75, 254 | | |
| 563 | 4. 10. | I ZR 75/73 | | 31, § 242 (Cc) BGB | 75, 69 | | |
| 564 | 11. 10. | I ZR 72/73 | | 275, § 1 UWG | 75, 375 | | 75, 104 |
| 565 | 18. 10. | I ZR 118/73 | | | 75, 257 | | |
| 566 | 6. 12. | I ZR 110/73 | | | 75, 434 | | |
| 567 | 20. 12. | I ZR 12/74 | | | 75, 441 | | |
| | **1975** | | | | | | |
| 568 | 17. 1. | I ZR 62/74 | | 78, § 31 WZG | 75, 312 | | 75, 223 |
| 569 | 31. 1. | I ZR 14/74 | | 18, § 11 WZG | 75, 258 | | 75, 228 |
| 570 | 7. 2. | I ZB 1/74 | | 7, § 10 WZG | 75, 368 | | 75, 234 |
| 571 | 21. 2. | I ZR 18/74 | | 79, § 31 WZG | 75, 370 | | 75, 298 |
| 572 | 24. 2. | KZR 3/74 | | 6, §§ 34, 18 GWB | 75, 498 | 75, 490 | |
| 573 | 14. 3. | I ZR 71/73 | | 26, § 1 WZG | 75, 487 | | 75, 357 |
| 574 | 16. 5. | I ZR 6/74 | | 27, § 1 WZG | 75, 550 | | 75, 439 |
| 575 | 21. 5. | I ZR 43/74 | | | 75, 658 | | |
| 576 | 22. 5. | KZR 9/74 | 65, 147 | | 76, 323 | 76, 129 | 76, 37 |
| 577 | 30. 5. | I ZR 37/74 | | | 75, 604 | | 76, 35 |
| 578 | 27. 6. | I ZR 81/74 | | | 75, 606 | | 75, 668 |
| 579 | 4. 7. | I ZR 115/73 | | 7, § 17 UWG | 76, 367 | | 75, 727 |
| 580 | 11. 7. | I ZR 77/74 | | 75, § 24 WZG | 76, 353 | | 75, 731 |
| 581 | 19. 9. | I ZB 3/74 | | 82, § 31 WZG | 76, 143 | | 75, 723 |
| 582 | 26. 9. | I ZB 4/74 | | | 75, 658 | | |
| 583 | 31. 10. | I ZR 89/74 | | 73, § 16 UWG | 76, 254 | | 76, 46 |
| 584 | 7. 11. | I ZR 128/74 | | 42, § 12 BGB | 76, 379 | | 76, 102 |
| 585 | 14. 11. | I ZB 9/74 | | 28, § 1 WZG | 76, 355 | | 76, 231 |
| 586 | 5. 12. | I ZB 3/75 | | | 76, 587 | | |
| 587 | 15. 12. | X ZB 4/75 | | | 76, 440 | | |
| | **1976** | | | | | | |
| 588 | 9. 1. | I ZR 71/74 | | 43, § 12 BGB | 76, 311 | | |
| 589 | 23. 1. | I ZR 69/74 | | | 76, 356 | | |
| 590 | 30. 1. | I ZR 108/74 | | 288, § 1 UWG | 76, 372 | | 76, 237 |
| 591 | 13. 2. | I ZR 1/75 | | 35, § 242 [Be] BGB; 291, § 1 UWG | 78, 52 | | 76, 306 |
| 592 | 20. 2. | I ZR 64/74 | | 290, § 1 UWG | 76, 434 | | 76, 308 |
| 593 | 9. 3. | X ZB 17/74 | | 28, § 41 p PatG | 76, 719 | | |
| 594 | 12. 3. | I ZR 15/75 | | | 76, 698 | | |
| 595 | 22. 3. | GSZ 1/75 | 66, 229 | 142, § 13 GVG | 76, 658 | | 76, 463 |
| 596 | 22. 3. | GSZ 2/75 | 67, 81 | 144, § 13 GVG | 77, 51 | 77, 507 | 76, 678 |
| 597 | 6. 4. | VI ZR 246/74 | 66, 182 | 55, § 823 (Ah) BGB | 76, 651 | | |
| 598 | 14. 5. | I ZR 29/73 | | | 76, 643 | | |
| 599 | 19. 5. | I ZR 81/75 | | 44, § 12 BGB | 76, 644 | | 76, 609 |
| 600 | 3. 6. | X ZR 57/73 | | 43, § 6 PatG | 76, 579 | | |
| 601 | 1. 7. | X ZB 3/75 | | 35, § 26 PatG | 77, 209 | | |
| 602 | 7. 7. | I ZR 113/75 | | 74, § 16 UWG | 77, 165 | | 76, 695 |
| 603 | 28. 9. | X ZR 22/75 | | | 77, 107 | | |
| 604 | 12. 10. | X ZB 18/74 | | 8, § 36 l PatG | 77, 508 | | |
| 605 | 14. 10. | KZR 36/75 | 68, 6 | | | 77, 338 | 77, 330 |
| 606 | 15. 10. | I ZR 23/75 | | | 77, 159 | | |
| 607 | 22. 10. | V ZR 36/75 | 67, 252 | 141, § 1004 BGB | | | |
| 608 | 3. 11. | I ZB 11/75 | | 2, § 17 UWG | 77, 488 | | 77, 94 |
| 609 | 12. 11. | I ZR 45/75 | | 75, § 16 I UWG | 77, 226 | | 77, 95 |
| 610 | 30. 11. | X ZR 81/72 | 68, 90 | 6, § 15 GebrMG; 123, § 812 BGB | 77, 250 | | |
| 611 | 3. 12. | I ZB 4/75 | | 83, § 31 WZG | 77, 218 | | 77, 176 |
| 612 | 3. 12. | I ZR 151/75 | | 141, § 3 UWG | 77, 503 | | 77, 180 |

## 1975, 1976 Fundstellenverzeichnis BGH

| BlPMZ | WM | NJW | JZ | MDR | BB | DB | Schlagwort | Datum |
|---|---|---|---|---|---|---|---|---|
| 74, 284 |  |  |  | 74, 471 | 74, 621 |  | Lomapect | 18. 1. |
|  |  | 74, 1049 |  | 74, 556 |  |  | LEMONSODA | 23. 1. |
| 74, 288 |  | 74, 749 |  | 74, 556 | 75, 392 |  | Sieben-Schwaben-Motiv | 8. 2. |
| 74, 289 | 74, 426 | 74, 1196 |  | 74, 734 |  | 74, 1105 | Concentra | 8. 3. |
|  |  | 74, 1244 |  | 74, 825 | 74, 756 | 74, 1329 | Reparaturversicherung | 3. 5. |
| 74, 345 |  |  |  |  |  |  | Porotex | 3. 5. |
| 74, 348 |  |  |  | 74, 909 | 74, 1133 | 74, 1381 | St. Pauli-Nachrichten | 10. 5. |
|  | 74, 638 |  |  | 74, 825 | 74, 813 | 74, 1330 | Pharmamedan | 10. 5. |
| 74, 350 |  |  |  | 74, 929 | 75, 485 |  | Internes Aktenzeichen | 29. 5. |
| 75, 203 |  |  |  | 75, 118 | 75, 436 | 75, 48 | KIM-Mohr | 31. 5. |
| 75, 171 |  | 74, 1511 |  | 74, 996 |  | 74, 1474 | Kroatzbeere | 31. 5. |
| 75, 171 |  |  |  | 75, 36 |  |  | Clarissa | 3. 7. |
|  |  | 74, 1906 |  | 75, 35 | 75, 713 |  | Werbegeschenke | 3. 7. |
|  |  |  |  |  |  |  | Ladegerät II | 11. 7. |
|  |  | 74, 2282 |  | 75, 33 |  |  | Marbon | 4. 10. |
| 75, 204 | 74, 1252 | 75, 119 |  | 75, 120 | 75, 109 | 74, 2345 | Kaufausweis II | 11. 10. |
|  |  |  |  |  |  |  | Buddelei | 18. 10. |
|  |  |  |  |  |  |  | BOUCHET | 6. 12. |
|  |  |  |  |  |  |  | Passion | 20. 12. |
|  |  |  |  |  |  |  |  | **1975** |
|  |  |  |  |  |  | 75, 1650 | Bi Ba | 17. 1. |
| 75, 253 |  |  |  | 75, 471 | 75, 1128 | 75, 687 | Importvermerk | 31. 1. |
|  |  |  |  | 75, 472 | 75, 1128 | 75, 637 | Elzym | 7. 2. |
| 75, 354 |  |  |  | 75, 555 | 75, 1127 | 75, 2030 | Protesan | 21. 2. |
|  |  | 75, 1170 |  | 75, 557 |  | 75, 924 | Werkstück-Verbindungsmaschinen | 24. 2. |
| 75, 381 |  | 75, 1223 |  |  | 75, 1127 | 75, 973 | WMF-Mondmännchen | 14. 3. |
| 76, 26 |  |  |  | 75, 818 | 75, 1127 | 75, 1740 | Drahtbewehrter Gummischlauch | 16. 5. |
|  |  |  |  |  |  |  | Sonnenhof | 21. 5. |
|  |  | 76, 194 |  | 76, 206 | 76, 100 | 76, 94 | Thermalquelle | 22. 5. |
|  | 75, 981 |  |  |  |  | 75, 1982 | Effecten-Spiegel | 30. 5. |
|  |  | 75, 1927 |  | 75, 997 | 76, 104 | 75, 1981 | IFA | 27. 6. |
|  | 75, 1263 | 76, 193 | 76, 318 | 76, 118 | 76, 60 | 75, 2363 | Ausschreibungsunterlagen | 4. 7. |
| 76, 145 |  |  |  | 76, 23 |  | 76, 1330 | COLOURBOY | 11. 7. |
| 76, 146 |  |  |  | 76, 119 |  |  | Biovital | 19. 9. |
| 76, 168 |  |  |  |  |  |  | Kim/KING | 26. 9. |
|  | 76, 35 |  |  | 76, 204 | 76, 58 | 76, 187 | Management-Seminare | 31. 10. |
|  | 76, 122 |  | 76, 130 | 76, 290 |  | 76, 478 | KSB | 7. 11. |
| 76, 169 |  | 76, 1027 |  | 76, 556 |  |  | P-tronics | 14. 11. |
| 76, 171 |  |  |  |  |  |  | Happy | 5. 12. |
|  |  |  |  |  |  |  | Textilreiniger | 15. 12. |
|  |  |  |  |  |  |  |  | **1976** |
|  |  | 76, 384 |  | 76, 998 |  | 76, 331 | Sternhaus | 9. 1. |
|  |  |  |  |  |  |  | Boxin | 23. 1. |
|  |  |  |  | 76, 556 |  |  | Möbelentwürfe | 30. 1. |
|  | 76, 480 |  |  | 76, 735 | 76, 663 | 76, 862 | Fernschreibverzeichnisse | 13. 2. |
|  |  |  |  | 76, 558 |  |  | Merkmalklötze | 20. 2. |
| 76, 428 |  | 76, 1688 |  | 76, 928 |  |  | Elektroschmelzverfahren | 9. 3. |
| 77, 119 |  |  |  |  |  |  | MAHAG | 12. 3. |
|  |  | 76, 1797 |  | 76, 905 | 76, 1338 | 76, 1375 | Studentenversicherung | 22. 3. |
|  | 76, 1146 | 76, 1941 | 76, 787 | 77, 117 |  |  | Auto-Analyzer | 22. 3. |
|  |  | 76, 1198 |  | 76, 749 |  | 76, 1099 | Der Fall Bittenbinder | 6. 4. |
|  | 76, 959 |  |  |  |  |  | Interglas | 14. 5. |
|  |  |  |  | 77, 27 |  |  | Kyffhäuser | 19. 5. |
| 76, 430 |  |  |  | 76, 927 |  |  | Tylosin | 3. 6. |
| 77, 23 |  |  |  | 77, 136 |  |  | Tampon | 1. 7. |
| 77, 165 |  |  |  | 77, 119 | 76, 1336 |  | Parkhotel | 7. 7. |
|  |  |  |  | 77, 225 | 77, 159 | 77, 89 | Werbespiegel | 28. 9. |
| 77, 168 |  | 77, 104 |  | 77, 224 |  | 77, 1184 | Abfangeinrichtung | 12. 10. |
|  | 77, 651 | 77, 804 |  | 77, 558 | 77, 409 | 77, 622 | Fertigbeton | 14. 10. |
|  | 77, 24 |  |  |  |  |  | Ostfriesische Tee-Gesellschaft | 15. 10. |
|  |  | 77, 146 |  |  | 77, 16 | 77, 162 |  | 22. 10. |
| 77, 146 |  |  |  | 77, 290 |  | 77, 200 | DIN-geprüft | 3. 11. |
| 77, 196 |  |  |  | 77, 291 |  |  | Wach und Schließ | 12. 11. |
|  |  | 77, 1194 | 77, 515 | 77, 397 | 77, 666 | 77, 442 | Kunststoffhohlprofil | 30. 11. |
| 77, 196 |  |  |  | 77, 379 | 77, 366 |  | MERCOL | 3. 12. |
|  |  |  |  | 77, 380 |  | 77, 1046 | Datenzentrale | 3. 12. |

# Fundstellenverzeichnis BGH 1977–1979  Chronologisches

| Nr. | Datum | Az. | BGHZ | LM, Nr. zu § | GRUR | WuW | WRP |
|---|---|---|---|---|---|---|---|
| 613 | 7. 12. | X ZB 24/75 | | 37, § 26 PatG | 77, 485 | | |
| | **1977** | | | | | | |
| 614 | 11. 1. | X ZB 9/76 | | 5, § 9 GebrMG; 5, § 33 PatG | 77, 559 | | |
| 615 | 14. 1. | I ZR 170/75 | | 84, § 31 WZG | 77, 491 | | 77, 264 |
| 616 | 21. 1. | I ZR 49/75 | | 15, § 1 GeschmMG | 77, 602 | | |
| 617 | 28. 1. | I ZR 109/75 | | 302, § 1 UWG | 77, 614 | | |
| 618 | 11. 2. | I ZR 39/75 | | 304, § 1 UWG | 77, 666 | | 77, 484 |
| 619 | 18. 2. | I ZR 112/75 | | 8, § 17 UWG | 77, 539 | | 77, 332 |
| 620 | 25. 2. | I ZR 165/75 | 68, 132 | 76, § 16 UWG | 77, 543 | | 77, 394 |
| 621 | 15. 3. | X ZB 11/75 | | 7, § 30 PatG; 9, § 319 ZPO; 25, § 119 BGB | | | |
| 622 | 18. 3. | I ZB 10/75 | | | | | |
| 623 | 3. 5. | VI ZR 24/75 | | | 78, 194 | | |
| 624 | 13. 5. | I ZR 177/75 | 68, 383 | 19, § 11 WZG | | | 77, 490 |
| 625 | 20. 5. | I ZB 6/76 | | 8, § 10 WZG | 77, 664 | | 77, 574 |
| 626 | 2. 6. | X ZB 11/76 | | 4, § 29 PatG; 6, § 28 PatG; 8, § 32 PatG | 78, 99 | | |
| 627 | 3. 6. | I ZR 114/73 | | 77, § 16 UWG | 77, 719 | | 77, 635 |
| 628 | 3. 6. | I ZB 8/76 | | 26, § 4 II WZG | 77, 717 | | 77, 578 |
| 629 | 3. 6. | I ZB 11/76 | | 9, § 13 WZG | 77, 789 | | 77, 577 |
| 630 | 15. 6. | I ZR 140/75 | | 6, § 7 GeschmMG | 77, 796 | | 78, 118 |
| 631 | 13. 7. | I ZR 136/75 | | 76, §§ 24, 16 WZG | 77, 789 | | 77, 708 |
| 632 | 28. 9. | I ZB 4/76 | 70, 143 | 40, § 5 VII WZG | 78, 294 | | |
| 633 | 14. 10. | I ZB 10/76 | | 85, § 31 WZG | 78, 170 | | 78, 41 |
| 634 | 21. 10. | I ZB 1/77 | | 1, § 9 WZG; 1, PatGebG | 78, 105 | | |
| 635 | 2. 12. | I ZR 143/75 | | 150, § 3 UWG | 78, 251 | | 78, 208 |
| 636 | 13. 12. | X ZR 28/75 | | 26, § 2 PatG | 78, 297 | | |
| 637 | 20. 12. | X ZB 10/76 | | 31, § 41 p PatG | 78, 356 | | |
| | **1978** | | | | | | |
| 638 | 10. 2. | I ZB 19/76 | | | | | |
| 639 | 14. 2. | X ZB 3/76 | | 32, § 41 p PatG; 50, § 1 PatG | 78, 420 | | |
| 640 | 14. 2. | X ZR 19/76 | 71, 86 | 11, § 823 [Ag] BGB | 78, 492 | | |
| 641 | 7. 3. | X ZB 1/77 | | 33, § 41 p PatG | 78, 423 | | |
| 642 | 27. 4. | X ZB 3/78 | 72, 1 | 4, § 281 ZPO 1976; 5, § 51 PatG; 7, § 23 ZPO; 27, § 519 b ZPO | 78, 527 | | |
| 643 | 7. 6. | I ZR 125/76 | | 20, § 11 I Nr. 4 WZG | 78, 647 | | 78, 813 |
| 644 | 9. 6. | I ZR 67/76 | | 41, § 5 WZG | 78, 642 | | 78, 814 |
| 645 | 23. 6. | I ZR 2/77 | | 27, § 4 WZG | 78, 591 | | 78, 817 |
| 646 | 29. 9. | I ZR 107/77 | | 37, § 209 BGB | 79, 121 | | 79, 883 |
| 647 | 28. 11. | X ZB 12/77 | | 6, § 320 ZPO; 9, § 32 PatG; 36, § 41 p PatG; 42, § 5 WZG | 79, 313 | | |
| 648 | 28. 11. | X ZB 15/77 | | 1, § 47 f PatG; 37, § 41 p PatG | 79, 219 | | |
| 649 | 28. 11. | X ZB 17/77 | | 35, § 41 p PatG | 79, 254 | | |
| | **1979** | | | | | | |
| 650 | 26. 1. | I ZB 19/77 | | | | | |
| 651 | 26. 1. | I ZR 112/78 | | 159, § 3 UWG | 79, 415 | | 79, 448 |
| 652 | 6. 2. | VI ZR 46/77 | | 53, § 823 BGB | 79, 425 | | 79, 536 |
| 653 | 9. 2. | I ZB 23/77 | | | | | |
| 654 | 16. 2. | I ZB 8/77 | | 43, § 5 WZG | 79, 468 | | 79, 450 |
| 655 | 20. 2. | X ZB 20/77 | 73, 330 | 29, § 2 PatG; 52, § 1 PatG | 79, 619 | | |
| 656 | 2. 3. | I ZB 3/77 | | 44, § 5 VII WZG | 79, 551 | | 79, 451 |
| 657 | 2. 3. | I ZR 46/77 | | 79, § 16 UWG | 79, 642 | | 79, 629 |
| 658 | 7. 3. | I ZR 45/77 | 74, 1 | 78, § 16 UWG | 79, 470 | | 79, 534 |
| 659 | 23. 3. | I ZR 50/70 | | 46, § 12 BGB | 79, 564 | | 79, 462 |
| 660 | 23. 3. | I ZB 18/77 | | 14, PVÜ | 79, 549 | | 79, 462 |
| 661 | 3. 4. | X ZB 14/76 | | 5, § 27 PatG; 7, § 43 PatG | 79, 626 | | |

# Fundstellenverzeichnis BGH 1977–1979

| BlPMZ | WM | NJW | JZ | MDR | BB | DB | Schlagwort | Datum |
|---|---|---|---|---|---|---|---|---|
| 77, 171 | | | | 77, 488 | | 77, 628 | Rücknahme der Patentanmeldung | 7. 12. |
| | | | | | | | | **1977** |
| 77, 237 | | | | | | | Leckanzeigeeinrichtung | 11. 1. |
| 77, 240 | | | | 77, 556 | | 77, 1257 | ALLSTAR | 14. 1. |
| | | | | | | | Trockenrasierer | 21. 1. |
| | | | | 77, 469 | 77, 962 | 77, 863 | Gebäudefassade | 28. 1. |
| | | | | 77, 645 | | 77, 1647 | Einbauleuchten | 11. 2. |
| | 77, 897 | 77, 1062 | | 77, 556 | | 77, 766 | Prozeßrechner | 18. 2. |
| 77, 305 | | 77, 951 | | 77, 646 | | | Der 7. Sinn | 25. 2. |
| 77, 305 | | | | 77, 751 | 78, 13 | | Metalloxyd | 15. 3. |
| 77, 371 | | | | | | | Kabelrap | 18. 3. |
| | | | | | | | profil | 3. 5. |
| 77, 307 | | 77, 1453 | | 77, 818 | 77, 1217 | 77, 1599 | Doppelkamp | 13. 5. |
| 77, 309 | | | | 77, 994 | | 77, 2134 | CHURRASCO | 20. 5. |
| 77, 277 | | | | 78, 47 | | | Gleichstromfernspeisung | 2. 6. |
| 77, 337 | | 77, 1587 | | 77, 996 | 77, 1215 | 77, 2436 | Terranova/Terrapin | 3. 6. |
| | | | | 77, 993 | | | Cokies | 3. 6. |
| | | | | 77, 994 | | | Tribol/Liebol | 3. 6. |
| | | | | | | 77, 2277 | Pinguin | 15. 6. |
| | | | | 78, 26 | | | Tina-Spezialversand | 13. 7. |
| | | 78, 1198 | | 78, 468 | | 78, 1175 | Orbicin | 28. 9. |
| 78, 216 | | | | 78, 293 | | | FAN | 14. 10. |
| 78, 26 | | | | 78, 294 | | | Verlängerungsgebühr | 21. 10. |
| 78, 257 | | | | 78, 639 | | | Euro-Sport | 2. 12. |
| 78, 257 | | | | 78, 573 | | | | 13. 12. |
| 78, 292 | | | | 78, 574 | | | Atmungsaktiver Klebestreifen | 20. 12. |
| | | | | | | | | **1978** |
| 78, 326 | | | | | | | STAR/SPAR | 10. 2. |
| 78, 349 | | | | 78, 662 | | | Fehlerortung | 14. 2. |
| 78, 352 | | 78, 1377 | | 78, 752 | | 78, 2161 | Fahrradgepäckträger II | 14. 2. |
| | | | | 78, 928 | | | Mähmaschine | 7. 3. |
| | | | | 78, 753 | 78, 925 | | Zeitplaner | 27. 4. |
| 79, 64 | | | | | 79, 645 | 78, 2021 | TIGRESS | 7. 6. |
| 78, 378 | | | | 79, 30 | 79, 646 | 78, 2022 | SILVA | 9. 6. |
| 79, 155 | | | | 78, 996 | | | KABE | 23. 6. |
| | | 79, 20 | 79, 217 | 79, 116 | 78, 1742 | 78, 2404 | Verjährungsunterbrechung | 29. 9. |
| | | | 79, 1166 | 79, 397 | | | Reduzier-Schrägwalzwerk | 28. 11. |
| | | | | 79, 398 | | | Schaltungschassis | 28. 11. |
| | | | | | | | ß-Wollastonit | 28. 11. |
| | | | | | | | | **1979** |
| 79, 406 | | | | | | | Hobby II | 26. 1. |
| 79, 407 | | 79, 1166 | | 79, 472 | | | Cantil-Flasche | 26. 1. |
| | | 79, 2203 | | 79, 568 | | | Fußballkalender | 6. 2. |
| | | | | | | | Torch | 9. 2. |
| 79, 383 | | | | 79, 820 | | | audio 1 | 16. 2. |
| | | 79, 2398 | | 79, 751 | | | Tabelliermappe | 20. 2. |
| | | | | 79, 644 | | 79, 1499 | lamod | 2. 3. |
| | 79, 924 | | | 79, 995 | | | Billich | 2. 3. |
| | | 79, 2311 | | 79, 554 | 79, 1116 | 79, 1027 | RBB/RBT | 7. 3. |
| | | 80, 280 | | 79, 729 | 79, 547 | | Metallzeitung | 23. 3. |
| | | 80, 521 | | 79, 910 | | | Mepiral | 23. 3. |
| 79, 435 | | | | 79, 753 | | | Elektrostatisches Ladungsbild | 3. 4. |

# Fundstellenverzeichnis BGH 1980, 1981

| Nr. | Datum | Az. | BGHZ | LM, Nr. zu § | GRUR | WuW | WRP |
|---|---|---|---|---|---|---|---|
| 662 | 6. 4. | I ZR 35/77 | | 160, § 3 UWG | 79, 716 | | 79, 639 |
| 663 | 8. 5. | KVR 1/78 | 74, 359 | 5, § 23 GWB | 79, 796 | 79, 760 | 79, 707 |
| 664 | 25. 5. | I ZB 13/76 | | 45, § 5 VII WZG | 79, 707 | | 79, 647 |
| 665 | 25. 5. | I ZR 132/77 | 75, 7 | 46, § 15 WZG; 52, § 25 WZG | 79, 853 | | 79, 780 |
| 666 | 19. 6. | X ZB 8/79 | | | 79, 696 | | |
| 667 | 28. 6. | X ZR 13/78 | | 31, § 9 PatG | 79, 768 | | |
| 668 | 29. 6. | I ZB 24/77 | 75, 150 | 47, § 5 WZG | 80, 52 | | |
| 669 | 13. 7. | I ZB 25/77 | | 46, § 5 WZG | 79, 856 | | 79, 786 |
| 670 | 6. 9. | X ZB 10/78 | | 3, § 41 q PatG; 3, § 41 w PatG; 40, § 41 p PatG | 80, 104; 80, 118 Int | | |
| 671 | 28. 9. | I ZR 146/77 | 75, 172 | 80, § 16 UWG | 80, 114 | | 80, 70 |
| 672 | 28. 9. | I ZB 2/78 | | 29, § 4 WZG | 80, 173 | | 79, 855 |
| 673 | 23. 10. | KZR 21/78 | | 9, EWG-Vertrag; 10, § 32 ZPO; 39, § 26 GWB | 80, 130; 80, 176 Int | | |
| 674 | 9. 11. | I ZR 24/78 | | 329, § 1 UWG | 80, 241 | | 80, 253 |
| 675 | 7. 12. | I ZR 157/77 | | 4, § 2 UrhG; 81, § 16 UWG | 80, 227 | | |
| 676 | 14. 12. | I ZR 44/78 | | 82, § 16 UWG | 80, 247 | | 80, 537 |
| 677 | 19. 12. | I ZB 4/78 | | 48, § 5 WZG | 80, 289 | | |
| | **1980** | | | | | | |
| 678 | 12. 2. | KZR 8/79 | 77, 1 | 15, § 34 GWB | 80, 747 | 80, 605 | 80, 485 |
| 679 | 27. 2. | I ZR 8/78 | | 337, § 1 UWG | 80, 797 | | 80, 541 |
| 680 | 27. 3. | X ZB 1/79 | | 4, § 278 ZPO; 41, § 41 p PatG | 80, 846 | | |
| 681 | 27. 3. | X ZB 5/79 | | 49, § 26 PatG | 80, 716 | | |
| 682 | 8. 5. | X ZB 15/79 | | 4, § 36 e PatG; 42, § 41 p PatG | 80, 848 | | |
| 683 | 6. 6. | I ZR 97/78 | | 171, § 3 UWG | 81, 71 | | 81, 18 |
| 684 | 13. 6. | I ZB 11/78 | | | | | |
| 685 | 13. 6. | I ZR 96/78 | | 24, § 91 ZPO | 80, 1074 | | |
| 686 | 27. 6. | I ZB 5/79 | | 49, § 5 WZG | 80, 1075 | | |
| 687 | 27. 6. | I ZR 70/78 | | | 81, 66 | | |
| 688 | 4. 7. | I ZR 56/78 | | 9, § 6 WZG | 81, 53 | | |
| 689 | 11. 7. | I ZR 105/78 | | 170, § 3 UWG | 81, 69 | | |
| 690 | 26. 9. | I ZR 19/78 | | 23, § 11 WZG | 81, 57 | | |
| 691 | 26. 9. | I ZR 69/78 | | 17, § 16 WZG | 81, 60 | | |
| 692 | 1. 10. | I ZR 174/78 | | 18, § 16 GWB | 81, 277 | | |
| 693 | 11. 11. | X ZR 49/80 | | 8, § 41 h PatG | 81, 185 | | |
| 694 | 14. 11. | I ZR 134/78 | | | 81, 142 | | |
| 695 | 14. 11. | I ZR 138/78 | | 341, § 1 UWG | 81, 286 | | 81, 265 |
| | **1981** | | | | | | |
| 696 | 16. 1. | I ZR 140/78 | | 19, § 16 WZG | 81, 362 | | |
| 697 | 23. 1. | I ZR 48/79 | | 351, § 1 UWG | 81, 517 | | 81, 514 |
| 698 | 12. 2. | X ZB 20/79 | | 1, § 100 PatG 1981 | 81, 507 | | |
| 699 | 27. 2. | I ZR 78/79 | | 83, § 16 UWG | 81, 591 | | 81, 517 |
| 700 | 3. 4. | I ZR 72/79 | | 20, § 16 WZG | 81, 592 | | |
| 701 | 10. 4. | I ZR 162/79 | | 175, § 3 UWG | 81, 666 | | 81, 518 |
| 702 | 6. 5. | I ZR 92/78 | | 2, § 17 UrhG; 11, EWG-Vertrag | 82, 100 | | |
| 703 | 22. 5. | I ZB 3/80 | | 32, § 4 WZG | 82, 49 | | |
| 704 | 22. 5. | I ZB 7/80 | | 31, § 4 WZG | 81, 910 | | |
| 705 | 27. 5. | I ZR 102/79 | | 8, § 2 UrhG; 9, § 97 UrhG; 38, § 286 (A) ZPO | 81, 820 | | |
| 706 | 10. 7. | I ZR 124/79 | | 51, § 5 WZG; 53, § 25 WZG | 82, 51 | | |
| 707 | 18. 9. | I ZR 11/80 | | 80, § 24 WZG | 82, 111 | | 82, 214 |
| 708 | 16. 10. | I ZB 10/80 | | 33, § 4 WZG | | | |
| 709 | 30. 10. | I ZR 149/77 | | 181, § 3 UWG | 82, 423 | | 82, 405 |
| 710 | 30. 10. | I ZR 7/80 | 82, 152 | 48, §§ 15, 24 WZG | 82, 115 | | 82, 261 |
| 711 | 24. 11. | X ZR 36/80 | | 1, § 139 PatG 1981; 58, § 287 ZPO | 82, 286 | | |
| 712 | 27. 11. | I ZR 194/79 | | 24, § 11 WZG | 82, 417 | | 82, 321 |
| 713 | 18. 12. | I ZR 34/80 | 82, 375 | 154, § 13 GVG | 82, 425 | | |

# Fundstellenverzeichnis BGH 1980, 1981

| BlPMZ | WM | NJW | JZ | MDR | BB | DB | Schlagwort | Datum |
|---|---|---|---|---|---|---|---|---|
| | 79, 910 | 79, 2401 | | 80, 30 | 79, 1212 | | Kontinent Möbel | 6. 4. |
| | | 79, 1987 | | 80, 31 | 79, 1418 | 79, 1978 | Paritätische Beteiligung | 8. 5. |
| | 79, 1261 | 79, 2400 | | 80, 995 | | | Haller I | 25. 5. |
| | | | | 80, 27 | | 79, 2170 | LILA | 25. 5. |
| | | | | 80, 53 | | | Kunststoffrad | 19. 6. |
| | | | | 79, 933 | 79, 1316 | 79, 2367 | Mineralwolle | 28. 6. |
| | 80, 46 | 80, 593 | | 80, 119 | 80, 173 | 79, 2481 | Contiflex | 29. 6. |
| | | | | 80, 28 | | | Flexiole | 13. 7. |
| 80, 176 | | | | 80, 53 | | | Kupplungsgewinde | 6. 9. |
| | 80, 43 | 80, 522 | | 80, 201 | 80, 1120 | 80, 79 | Concordia | 28. 9. |
| | | 80, 1279 | | 80, 118 | | | Fürstenthaler | 28. 9. |
| | | 80, 1224 | 80, 147 | 80, 204 | | 80, 392 | Kfz-Händler | 23. 10. |
| | 80, 1296 | 80, 1843 | | 80, 380 | 80, 594 | 80, 535 | Rechtsschutzbedürfnis | 9. 11. |
| | | | | 80, 282 | | 80, 682 | Monumenta Germaniae Historica | 7. 12. |
| | | | | 80, 380 | | 80, 536 | Capital-Service | 14. 12. |
| | | | | 80, 378 | 80, 438 | 80, 1642 | Trend | 19. 12. |
| | | | | | | | | **1980** |
| | 80, 498 | 80, 1529 | | 80, 554 | 80, 1175 | 80, 1064 | Preisblätter | 12. 2. |
| | | | | 80, 733 | | 80, 1986 | Topfit Boonekamp | 27. 2. |
| | | 80, 1794 | | 80, 753 | | | Lunkerverhütungsmittel | 27. 3. |
| 81, 36 | | | | 80, 666 | | | Schlackenbad | |
| | | | | 80, 843 | | | Kühlvorrichtung | 8. 5. |
| 81, 388 | | | | 81, 118 | | | Lübecker Marzipan | 6. 6. |
| | | | | | | | Toni's Hütten Glühwein | 13. 6. |
| 81, 71 | | 81, 224 | | 81, 24 | | | Aufwendungsersatz | 13. 6. |
| 81, 220 | | 81, 637 | | 81, 23 | | | Frisium | 27. 6. |
| 81, 221 | | | | | | | MAN/G-man | 27. 6. |
| 81, 159 | | | | 81, 115 | | | Arthrexforte | 4. 7. |
| | | | | 81, 118 | | 81, 88 | Alterswerbung für Filialen | 11. 7. |
| 81, 161 | | 81, 233 | | 81, 116 | | 80, 2334 | Jena | 26. 9. |
| 81, 222 | | | | 81, 117 | | | Sitex | 26. 9. |
| 81, 256 | | | | 81, 378 | | | Biene Maja | 1. 10. |
| | | | | 81, 401 | | | Pökelvorrichtung | 11. 11. |
| | | | | | | | Kräutermeister | 14. 11. |
| | | | | 81, 558 | 81, 937 | | Goldene Karte I | 14. 11. |
| | | | | | | | | **1981** |
| 81, 416 | | | | 81, 556 | | | Aus der Kurfürst-Quelle | 16. 1. |
| | | 81, 2252 | | 81, 821 | | | Rollhocker | 23. 1. |
| 82, 18 | | | | 81, 754 | | | Elektrode | 12. 2. |
| | | | | 81, 640 | | | Gigi-Modelle | 27. 2. |
| 82, 22 | | | | 81, 821 | | | Championne du Monde | 3. 4. |
| 82, 51 | | | | 81, 994 | | | Ungarische Salami | 10. 4. |
| | | 82, 1221 | 82, 115 | 82, 204 | | | Schallplattenexport | 6. 5. |
| 82, 133 | | | | 82, 292 | | | Insulin Semitard | 22. 5. |
| 82, 54 | | | | 82, 114 | | 81, 2325 | Der größte Biermarkt der Welt | 22. 5. |
| | | 82, 108 | | 82, 118 | | | Stahlrohrstuhl II | 27. 5. |
| 82, 137 | 82, 215 | | | 82, 293 | | | Rote-Punkt-Garantie | 10. 7. |
| 82, 163 | | | | 82, 380 | | | Original Maraschino | 18. 9. |
| 82, 217 | | | | 82, 726 | | | Zahl 17 | 16. 10. |
| 82, 361 | | | | 82, 727 | | | Schloßdoktor/Klosterdoktor | 30. 10. |
| | | 82, 700 | | | | | Öffnungshinweis | 30. 10. |
| | 82, 220 | 82, 1151 | | 82, 490 | | 82, 1006 | Fersenabstützvorrichtung | 24. 11. |
| 82, 198 | | | | 82, 726 | | | Ranger | 27. 11. |
| | | 82, 2117 | | 82, 639 | | | Brillen-Selbst- abgabestellen | 18. 12. |

# Fundstellenverzeichnis BGH 1982–1984       Chronologisches

| Nr. | Datum | Az. | BGHZ | LM, Nr. zu § | GRUR | WuW | WRP |
|---|---|---|---|---|---|---|---|
|   | **1982** |   |   |   |   |   |   |
| 714 | 9. 1. | I ZR 180/79 |   |   | 82, 229 |   |   |
| 715 | 21. 1. | I ZB 7/81 |   |   | 83, 441 |   |   |
| 716 | 27. 1. | I ZR 61/80 | 83, 52 | 84, § 16 UWG | 82, 431 |   | 82, 407 |
| 717 | 2. 2. | X ZB 5/81 |   | 2, § 100 PatG 1981 | 82, 406 |   |   |
| 718 | 25. 2. | I ZR 4/80 |   |   | 82, 419 |   |   |
| 719 | 11. 3. | I ZR 58/80 |   | 89, § 31 WZG | 82, 420 |   |   |
| 720 | 18. 3. | GSZ 1/81 | 83, 217 | 77, § 519 ZPO |   | 82, 785 |   |
| 721 | 23. 3. | KZR 5/81 | 83, 251 | 1, § 15 PatG |   |   |   |
| 722 | 25. 3. | X ZB 24/80 | 83, 271 | 5, § 34 PatG; 9, § 361 PatG; | 82, 414 |   |   |
| 723 | 29. 4. | I ZR 111/80 |   | 191, § 3 UWG | 82, 564 |   | 82, 570 |
| 724 | 6. 5. | I ZR 94/80 |   | 54, § 25 WZG | 82, 672 |   |   |
| 725 | 9. 6. | I ZR 85/80 |   | 8, § 7 GeschmMG | 83, 31 |   |   |
| 726 | 24. 6. | I ZR 62/80 |   | 49, § 31 WZG | 82, 611 |   |   |
| 727 | 24. 6. | I ZR 108/80 |   | 193, § 3 UWG | 82, 685 |   | 82, 648 |
| 728 | 8. 7. | I ZR 110/80 |   | 84, § 24 WZG | 83, 177 |   |   |
| 729 | 16. 9. | X ZR 54/81 |   | 2, § 139 PatG 1981; 23, § 259 BGB | 82, 723 |   |   |
| 730 | 5. 10. | X ZB 4/82 | 85, 116 | 22, Art. 101 GG | 83, 114 |   |   |
| 731 | 7. 10. | I ZR 187/80 |   |   |   |   |   |
| 732 | 11. 11. | I ZB 15/81 |   | 34, WZG | 83, 243 |   | 83, 453 |
| 733 | 25. 11. | I ZR 130/80 |   | 86, § 16 UWG | 83, 182 |   |   |
| 734 | 25. 11. | I ZR 136/80 |   | 36, § 50 ZPO; 249, § 242 (Cd) BGB | 83, 370 |   |   |
| 735 | 2. 12. | I ZR 121/80 |   | 12, § 9a UWG | 83, 186 |   | 83, 264 |
| 736 | 9. 12. | I ZR 133/80 | 86, 90 | 385, § 1 UWG | 83, 247 |   | 83, 268 |
|   | **1983** |   |   |   |   |   |   |
| 737 | 20. 1. | I ZB 4/82 |   |   | 83, 342 |   |   |
| 738 | 25. 1. | X ZR 47/82 | 86, 330 | 2, § 15 PatG | 83, 237 |   |   |
| 739 | 8. 3. | X ARZ 6/82 |   | 1, § 31 PatG 1981 | 83, 365 |   |   |
| 740 | 28. 4. | I ZR 52/81 |   | 25, § 11 WZG | 83, 764 |   |   |
| 741 | 30. 6. | I ZR 96/81 |   | 85, § 24 WZG | 83, 768 |   |   |
| 742 | 14. 7. | X ZB 9/82 | 88, 191 | 7, § 100 PatG 1981; 15, § 556 ZPO | 83, 725 |   |   |
| 743 | 14. 7. | X ZB 20/82 |   | 6, § 100 PatG 1981 | 83, 640 |   |   |
| 744 | 22. 9. | I ZR 108/81 |   | 215, § 3 UWG; 405, § 1 UWG | 84, 376 |   | 84, 254 |
| 745 | 27. 9. | X ZB 19/82 |   | 11, § 361 PatG | 84, 36 |   |   |
| 746 | 13. 10. | I ZB 3/82 |   | 35, § 4 WZG |   |   |   |
| 747 | 27. 10. | I ZR 146/81 |   | 404, § 1 UWG | 84, 210 |   | 84, 194 |
| 748 | 27. 10. | I ZR 148/81 |   |   | 84, 378 |   | 84, 376 |
| 749 | 10. 11. | I ZR 125/81 |   | 51, § 15 WZG | 84, 530 | 84, 623 |   |
| 750 | 17. 11. | I ZR 168/81 |   | 52, § 15 WZG | 84, 352 |   |   |
| 751 | 24. 11. | I ZR 124/81 |   | 50, § 15 WZG | 84, 794 |   |   |
|   | **1984** |   |   |   |   |   |   |
| 752 | 19. 1. | I ZR 194/81 |   | 89, § 16 UWG | 84, 545 |   | 84, 380 |
| 753 | 26. 1. | I ZR 195/81 |   | 15, § 198 BGB | 84, 820 |   | 84, 678 |
| 754 | 9. 2. | I ZR 11/82 |   | 88, § 16 UWG | 84, 471 |   | 84, 323 |
| 755 | 1. 3. | I ZR 48/82 |   |   | 84, 737 |   | 84, 540 |
| 756 | 15. 3. | X ZB 6/83 | 90, 318 | 7, § 100 PatG 1981; 59 § 26 PatG | 84, 797 |   |   |
| 757 | 17. 4. | VI ZR 246/82 | 91, 117 | 63, § 823 (Ai) BGB | 84, 684 |   | 84, 465 |
| 758 | 17. 5. | I ZR 5/82 |   | 52, § 5 WZG | 84, 813 |   |   |
| 759 | 17. 5. | I ZR 73/82 |   | 36, Art. 1 GG; 225, § 3 UWG; 417, § 1 UWG | 84, 907 |   | 84, 681 |
| 760 | 23. 5. | I ZB 6/83 | 91, 262 | 9, § 10 WZG; 36, § 4 WZG | 84, 815 |   |   |
| 761 | 20. 6. | I ZR 60/82 |   |   | 84, 872 |   |   |
| 762 | 20. 6. | I ZR 61/82 |   | 30, § 1 WZG | 85, 41 |   |   |
| 763 | 3. 7. | X ZR 34/83 | 92, 62 | 4, § 139 PatG 1981; 24, § 259 BGB | 84, 728 |   |   |
| 764 | 12. 7. | I ZR 2/82 |   | 26, § 11 WZG | 85, 46 |   |   |
| 765 | 12. 7. | I ZR 49/82 |   | 90, § 16 UWG | 85, 72 |   | 85, 21 |
| 766 | 19. 7. | X ZB 20/83 | 92, 137 | 9, § 100 PatG 1981; 16, § 184 BGB | 84, 870 |   |   |
| 767 | 20. 9. | I ZB 9/83 |   | 37, § 4 WZG | 85, 383 |   |   |
| 768 | 11. 10. | I ZB 14/83 |   | 53, § 5 WZG | 85, 385 |   |   |

2700

# Fundstellenverzeichnis BGH 1982–1984

| BlPMZ | WM | NJW | JZ | MDR | BB | DB | Schlagwort | Datum |
|---|---|---|---|---|---|---|---|---|
| | | | | | | | | **1982** |
| | | | | | | | Klix/Klick | 9. 1. |
| | | | | | | | Burkheimer Schloßberg | 21. 1. |
| 82, 273 | | 82, 2255 | | 82, 550 | | | POINT | 27. 1. |
| 82, 362 | | | | 82, 751 | | | Treibladung | 2. 2. |
| 82, 274 | | | | | | | Noris | 25. 2. |
| | | | | 82, 726 | | | BBC/DDC | 11. 3. |
| | | 82, 1651 | 82, 565 | 82, 637 | 82, 1141 | 82, 1560 | | 18. 3. |
| 82, 296 | | | | 82, 642 | 82, 1258 | 82, 1769 | Verankerungsteil | 23. 3. |
| 82, 296 | | 83, 2386 | | 82, 666 | | | Einsteckschloß | 25. 3. |
| 82, 298 | | | | 82, 987 | | 82, 1663 | Elsässer Nudeln | 29. 4. |
| 82, 362 | | | | | | | Aufmachung von Qualitätsseifen | 6. 5. |
| 83, 107 | | 83, 456 | | 83, 111 | | | Klarsichtbecher | 9. 6. |
| 82, 364 | | | 83, 26 | | | | Prodont | 24. 6. |
| 83, 107 | | | | 83, 197 | | 82, 2345 | Ungarische Salami II | 24. 6. |
| 83, 154 | | 83, 1974 | | 83, 555 | | | AQUA KING | 8. 7. |
| 83, 107 | | | | 83, 128 | | 82, 2393 | Dampffrisierstab | 16. 9. |
| 83, 131 | | 83, 671 | | 83, 312 | | 83, 2241 | Auflaufbremse | 5. 10. |
| | | | | | | | Die gute Idee | 7. 10. |
| 83, 186 | | | | 83, 554 | | | BEKA Robusta | 11. 11. |
| 83, 261 | | 83, 2382 | | 83, 465 | 83, 1559 | 83, 601 | Concordia-Uhren | 25. 11. |
| | | | | | | | Mausfigur | 25. 11. |
| | | 83, 1060 | | 83, 558 | | 83, 1420 | Wiederholte Unterwerfung | 2. 12. |
| | | 83, 1431 | 83, 505 | 83, 465 | 83, 854 | 83, 871 | Rolls-Royce | 9. 12. |
| | | | | | | | | **1983** |
| | | | | | | | BTR | 20. 1. |
| 83, 282 | | 84, 2943 | | 83, 487 | 84, 561 | 83, 1201 | Brückenlegepanzer | 25. 1. |
| 83, 187 | | 83, 2448 | | 83, 750 | | | Akteneinsicht Rechtsbeschwerdeakten | 8. 3. |
| 83, 375 | | | | | | 83, 2622 | Haller II | 28. 4. |
| | | | | | | | Capri-Sonne | 30. 6. |
| | | 84, 614 | | 83, 1021 | | 83, 2247 | Ziegelsteinformling | 14. 7. |
| 84, 56 | | 84, 2942 | | 84, 140 | | | Streckenausbau | 14. 7. |
| | | | | 84, 641 | | | Johannisbeerkonzentrat | 22. 9. |
| 84, 209 | | | | 84, 226 | | | Transportfahrzeug | 27. 9. |
| 84, 113 | | | | 84, 289 | | | MSI | 13. 10. |
| 84, 214 | | | | 84, 467 | | 84, 980 | AROSTAR | 27. 10. |
| | 84, 408 | | | | | | Hotel Krone | 27. 10. |
| 84, 300 | | 84, 1295, 2036 | | 84, 640 | | | Valium Roche | 10. 11. |
| 84, 300 | | 84, 1298 | | 84, 641 | 84, 1004 | | Ceramix | 17. 11. |
| 84, 244 | | | | 84, 553 | | 84, 1089 | Tina-Spezialversand II | 24. 11. |
| | | | | | | | | **1984** |
| | 84, 1345 | 86, 56 | | 84, 912 | | 84, 2611 | Schamotte-Einsätze | 19. 1. |
| | | 85, 1023 | | 85, 291 | | 84, 2559 | Intermarkt II | 26. 1. |
| | | | | 84, 817 | | | Gabor/Caber | 9. 2. |
| | | | | 85, 118 | | 84, 2691 | Ziegelfertigstütze | 1. 3. |
| 84, 332 | | | | 84, 752 | | 84, 2456 | Zinkenkreisel | 15. 3. |
| | 84, 1406 | 84, 1956 | 84, 940 | 84, 747 | | 84, 1925 | Mordoro | 17. 4. |
| 85, 24 | | | | 85, 292 | | | Ski-Delial | 17. 5. |
| | | | | 84, 997 | | | Frischzellenkosmetik | 17. 5. |
| 84, 392 | | 85, 2760 | | 84, 1000 | | 84, 2450 | Indorektal I | 23. 5. |
| 85, 141 | | | | | | | Wurstmühle | 20. 6. |
| 85, 141 | | | | 85, 292 | | 85, 435 | REHAB | 20. 6. |
| 85, 26 | | 84, 2822 | | 84, 935 | 84, 1513 | 84, 2134 | Dampffrisierstab II | 3. 7. |
| 85, 26 | | | | 85, 293 | | | IDEE-Kaffee | 12. 7. |
| 85, 141 | 84, 1549 | 85, 741 | | 85, 119 | 84, 2016 | 84, 2610 | Consilia | 12. 7. |
| 85, 51 | | 87, 130 | | 84, 935 | | | Schweißpistolenstromdüse II | 19. 7. |
| 85, 219 | | | | 85, 908 | | | BMW-Niere | 20. 9. |
| | | | | 85, 996 | | | FLUOSOL | 11. 10. |

# Fundstellenverzeichnis BGH 1985–1987  Chronologisches

| Nr. | Datum | Az. | BGHZ | LM, Nr. zu § | GRUR | EWiR | WRP |
|---|---|---|---|---|---|---|---|
| 769 | 17. 10. | I ZR 187/82 | | 227, § 3 UWG | 85, 140 | | 85, 72 |
| 770 | 22. 11. | I ZR 101/82 | | 91, § 16 UWG | 85, 389 | | 85, 210 |
| 771 | 29. 11. | I ZR 158/82 | 93, 96 | 423, § 1 UWG | 85, 550 | | 85, 399 |
| | **1985** | | | | | | |
| 772 | 17. 1. | I ZR 172/82 | | 92, § 16 UWG | 85, 461 | | 85, 338 |
| 773 | 17. 1. | I ZR 107/83 | | 28, § 11 WZG | 85, 926 | | |
| 774 | 14. 3. | I ZR 66/83 | | | 85, 930 | | |
| 775 | 21. 3. | I ZR 190/82 | | 93, § 16 UWG | 85, 566 | | 85, 410 |
| 776 | 28. 3. | I ZR 111/82 | 94, 218 | 89, § 24 WZG | 85, 970 | | 85, 621 |
| 777 | 28. 3. | I ZR 127/82 | | 434, § 1 UWG | 85, 978 | | 85, 624 |
| 778 | 3. 4. | I ZR 101/83 | | 18, § 33 ZPO | 86, 325 | | 85, 548 |
| 779 | 3. 4. | I ZB 17/84 | | 11, § 13 WZG | 85, 1052 | | |
| 780 | 18. 4. | I ZB 4/84 | | 38, § 4 WZG | 85, 1053 | | |
| 781 | 2. 5. | I ZB 8/84 | | 3, § 2 WZG | 85, 1055 | | |
| 782 | 9. 5. | I ZR 99/83 | | 62, § 286 (B) ZPO | 85, 1059 | 85, 613 | 85, 555 |
| 783 | 5. 6. | I ZR 53/83 | 95, 274 | 14, § 97 UrhG; 16, § 31 UrhG; 53, § 242 (Be) BGB | 86, 62 | | |
| 784 | 5. 6. | I ZR 77/83 | | | 86, 72 | | |
| 785 | 5. 6. | I ZR 127/83 | | 95, § 16 UWG | 86, 245 | | |
| 786 | 5. 6. | I ZR 151/83 | | 29, § 11 WZG | 86, 168 | | |
| 787 | 4. 7. | I ZR 54/83 | | 236, § 3 UWG | 86, 316 | | 85, 696 |
| 788 | 11. 7. | X ZB 18/84 | 95, 302 | 1, § 86 PatG 1981; 17, § 567 ZPO | 85, 1039 | | |
| 789 | 19. 9. | X ZB 37/84 | | 2, § 21a GVG | 86, 47 | | |
| 790 | 26. 9. | I ZR 85/83 | | 55, § 25 WZG | 86, 252 | | |
| 791 | 26. 9. | I ZR 86/83 | | 39, § 4 WZG | 86, 248 | 86, 305 | |
| 792 | 26. 9. | I ZR 181/83 | | 96, § 16 UWG | 86, 253 | 86, 197 | 86, 82 |
| 793 | 10. 10. | I ZR 135/83 | | 54, § 15 WZG | 86, 74 | | 86, 142 |
| 794 | 10. 10. | I ZR 170/83 | | | | | |
| 795 | 24. 10. | I ZR 209/83 | | 30, § 11 WZG | 86, 315 | 86, 307 | |
| 796 | 7. 11. | I ZR 105/83 | | 41, § 13 UWG | 86, 320 | 86, 301 | 86, 201 |
| 797 | 7. 11. | I ZB 12/84 | | 31, § 1 WZG, | 86, 380 | | |
| 798 | 28. 11. | I ZR 152/83 | | 31, § 11 WZG | 86, 538 | | |
| 799 | 12. 12. | I ZR 1/84 | | 98, § 16 UWG | 86, 402 | | 86, 265 |
| 800 | 18. 12. | I ZR 122/83 | | 97, § 16 UWG | 86, 475 | 86, 1029 | 86, 267 |
| 801 | 18. 12. | I ZR 216/83 | | 241, § 3 UWG | 86, 469 | 86, 409 | 86, 322 |
| 802 | 18. 12. | I ZB 10/85 | | | | | |
| | **1986** | | | | | | |
| 803 | 9. 1. | X ZB 38/84 | 97, 9 | 7, § 9 GebrMG; 19, § 567 ZPO | 86, 453 | | |
| 804 | 25. 2. | X ZB 14/85 | | | | | |
| 805 | 20. 3. | I ZR 10/84 | | 55, § 5 WZG | 86, 542 | | |
| 806 | 17. 4. | I ZR 18/84 | | 92, § 24 WZG | 86, 892 | | |
| 807 | 7. 5. | I ZB 9/85 | | 32, § 1 WZG | 86, 893 | 87, 197 | |
| 808 | 15. 5. | I ZR 22/84 | | 9, § 17 WZG | 86, 742 | | |
| 809 | 3. 6. | VI ZR 102/85 | 98, 94 | | 86, 759 | 86, 1237 | 86, 669 |
| 810 | 4. 6. | I ZB 5/85 | | 40, § 4 WZG | 86, 894 | | |
| 811 | 12. 6. | I ZR 70/84 | | 99, § 16 UWG | 88, 319 | | 86, 671 |
| 812 | 3. 7. | I ZR 77/85 | | | 87, 182 | 87, 193 | 87, 30 |
| 813 | 10. 7. | X ZB 29/84 | 98, 196 | 1, § 39 PatG 1981 | 86, 877 | | |
| 814 | 1. 10. | I ZR 126/84 | | 65, § 286 (B) ZPO | 87, 171 | 87, 191 | 87, 242 |
| 815 | 9. 10. | I ZR 158/84 | | | 87, 125 | 87, 89 | 87, 169 |
| 816 | 14. 10. | VI ZR 10/86 | | 187, § 12 BGB | 87, 128 | 87, 79 | |
| 817 | 16. 10. | I ZR 157/84 | | 254, § 3 UWG | 87, 365 | 87, 929 | 87, 375 |
| 818 | 6. 11. | I ZR 196/84 | | 93, §24 UWG | 87, 292 | 87, 299 | |
| 819 | 18. 12. | I ZR 111/84 | 99, 244 | 56, § 15 WZG | 87, 520 | 87, 723 | |
| 820 | 18. 12. | I ZR 67/85 | | | 87, 524 | | |
| | **1987** | | | | | | |
| 821 | 5. 2. | I ZR 56/85 | 100, 26 | 11, § 8 WZG; 34, § 11 WZG | 87, 525 | 87, 825 | |
| 822 | 10. 2. | KZR 43/85 | 100, 51 | 55, § 15 WZG | 87, 438 | 87, 509 | |
| 823 | 19. 3. | I ZR 23/85 | | 33, § 11 WZG | 87, 822 | | |
| 824 | 24. 3. | X ZB 23/85 | | 6, § 35 PatG | 87, 510 | | |
| 825 | 24. 3. | X ZB 14/86 | 100, 242 | | 87, 513 | 87, 709 | |
| 826 | 2. 4. | I ZR 27/85 | | 13, § 823 (Ag) BGB | 87, 711 | | 87, 667 |
| 827 | 9. 4. | I ZR 201/84 | | 258, § 3 UWG | 87, 535 | 87, 933 | 87, 625 |
| 828 | 9. 4. | I ZB 4/86 | | 1, § 93 PatG 1981 | 87, 515 | | |

2702

# Fundstellenverzeichnis 1985–1987 Fundstellenverzeichnis BGH

| BlPMZ | WM | NJW | JZ | MDR | BB | DB | Schlagwort | Datum |
|---|---|---|---|---|---|---|---|---|
| | | | | 85, 205 | | 85, 858 | Größtes Teppichhaus der Welt | 17. 10. |
| | 85, 550 | 86, 57 | | 85, 465 | 85, 748 | 85, 1935 | Familienname | 22. 11. |
| 85, 298 | | 86, 379 | | 85, 552 | | 85, 1936 | Dimple | 29. 11. |
| | | | | | | | | **1985** |
| 85, 300 | 85, 516 | | | 86, 26 | | 85, 1884 | Gefa/Gewa | 17. 1. |
| 85, 373 | | 85, 2762 | | 85, 646 | | | topfitz/topfit | 17. 1. |
| | | | | | | | JuS-Steuerberatungsgesellschaft | 14. 3. |
| | 85, 1242 | | | 85, 737 | 85, 1932 | 85, 1934 | Hydair | 21. 3. |
| 85, 335 | 86, 467 | 86, 432 | | 86, 116 | | | Shamrock I | 28. 3. |
| 86, 127 | 86, 470 | 86, 434 | | 86, 117 | | | Shamrock II | 28. 3. |
| | | | | 85, 911 | | | Peters | 3. 4. |
| 85, 337 | | | | 86, 465 | | | LECO | 3. 4. |
| 85, 338 | | | | 86, 24 | | | ROAL | 18. 4. |
| 85, 340 | 85, 1322 | 86, 219 RR | | 86, 289 | | 85, 2603 | Datenverarbeitungsprogramme als „Ware" | 2. 5. |
| | | 85, 2895 | | 86, 289 | | 86, 36 | Vertriebsbindung | 9. 5. |
| 86, 150 | | 86, 1244 | | 86, 559 | | | GEMA-VERMUTUNG I | 5. 6. |
| | | | | | | | Tabacco d'Harar | 5. 6. |
| 86, 176 | | | | 86, 468 | | | India-Gewürze | 5. 6. |
| 86, 38 | | | | | | | Darcy | 5. 6. |
| 85, 377 | | | | 86, 466 | | | Urselters | 4. 7. |
| 85, 379 | | 86, 2702 | | 86, 493 | | | Farbfernsehsignal II | 11. 7. |
| 86, 246 | | | | 86, 583 | | | GESCHÄFTSVERTEILUNG | 19. 9. |
| 86, 177 | | | | 86, 466 | | | Sportschuhe | 26. 9. |
| 86, 199 | | 87, 127 | | 86, 382 | | 86, 373 | Sporthosen | 26. 9. |
| | | 86, 196 RR | | 86, 290 | | 86, 796 | Zentis | 26. 9. |
| 86, 215 | | 86, 435 | | 86, 118 | | | Shamrock III | 10. 10. |
| | | 86, 1432 | | | | | | 10. 10. |
| 86, 215 | | 86, 396 RR | | 86, 383 | | 86, 1066 | COMBURTEST | 24. 10. |
| | | 86, 1347 | 86, 302 | 86, 467 | 86, 1042 | | Wettbewerbsverein I | 7. 11. |
| 86, 217 | | 86, 914 RR | | 86, 556 | | 86, 1115 | RE-WA-MAT | 7. 11. |
| 86, 369 | | 86, 783 RR | | 86, 731 | | 86, 1618 | Ola | 28. 11. |
| 86, 218 | | 86, 2761 | | 86, 645 | | 86, 1277 | Fürstenberg | 12. 12. |
| | 86, 602 | | | 86, 558 | | 86, 959 | Fernschreibkennung | 18. 12. |
| | | 86, 2575 | | 86, 644 | | 86, 1066 | Stangenglas II | 18. 12. |
| 86, 246 | | | | | | | | 18. 12. |
| | | | | | | | | **1986** |
| 86, 246 | | 86, 3205 | | 66, 493 | | | Transportbehälter | 9. 1. |
| 86, 251 | | 86, 1318 RR | | | | | Vertagungsantrag | 25. 2. |
| 86, 252 | | 86, 3139 | | 86, 907 | | 86, 1569 | King II | 20. 3. |
| 86, 369 | | | | 87, 112 | | | Gaucho | 17. 4. |
| 86, 370 | | | | 87, 111 | | | STELZER-MOTOR | 7. 5. |
| | | 86, 1251 RR | | 86, 1000 | | | Videofilmvorführung | 15. 5. |
| | | 86, 2951 | | 86, 925 | | 87, 90 | BMW | 3. 6. |
| | | 87, 25 RR | | 87, 26 | | | OCM | 4. 6. |
| 88, 214 | 87, 115 | 87, 438 | | 87, 116 | | | VIDEO-RENT | 12. 6. |
| | 87, 272 | | | 87, 208 | | | Stoll | 3. 7. |
| 86, 371 | | 87, 258 | | 87, 932 | | 86, 2380 | Kraftfahrzeuggetriebe | 10. 7. |
| | | | | 87, 292 | | | Schlußverkaufswerbung | 1. 10. |
| | | | | | | | Berühmung | 9. 10. |
| | | | 87, 158 | | | | NENA | 14. 10. |
| | | 87, 735 RR | | | | | Vier-Streifen-Schuh | 16. 10. |
| | | | | | | | KLINT | 6. 11. |
| | | | | | | | Chanel No. 5 | 18. 12. |
| | | | | | | | | 18. 12. |
| | | | | | | | | **1987** |
| 87, 398 | | 87, 2164 | | 87, 817 | | | LITAFLEX | 5. 2. |
| | | 87, 2016 | | 87, 643 | | 87, 1345 | Handtuchspender | 10. 2. |
| | | 87, 1147 RR | | 87, 994 | | | Panda-Bär | 19. 3. |
| 87, 354 | | 87, 1275 RR | | 87, 843 | | | Mittelohr-Prothese | 24. 3. |
| 87, 203 | | 87, 2872 | | 87, 756 | | | Streichgarn | 24. 3. |
| | | 87, 1389 RR | | 87, 994 | | | Camel Tours | 2. 4. |
| 88, 19 | | 87, 1059 RR | | 87, 996 | | | Wodka, Woronoff | 9. 4. |
| 87, 355 | | 87, 1147 RR | | 87, 909 | | | Richterwechsel III | 9. 4. |

# Fundstellenverzeichnis BGH  1988, 1989   Chronologisches

| Nr. | Datum | Az. | BGHZ | LM, Nr. zu § | GRUR | EWiR | WRP |
|---|---|---|---|---|---|---|---|
| 829 | 30. 4. | I ZR 39/85 | | 57, § 15 WZG | 87, 707 | | |
| 830 | 30. 4. | I ZR 237/85 | | 58, § 15 WZG | 87, 823 | | |
| 831 | 4. 6. | I ZR 109/85 | | 475, § 1 UWG | 88, 453; 88, 357 Int | | 88, 25 |
| 832 | 2. 7. | I ZB 5/86 | | | | | |
| 833 | 9. 7. | I ZR 147/85 | | 35, § 11 WZG; 95, § 24 WZG | 87, 825 | | |
| 834 | 8. 10. | I ZB 2/86 | | 33, § 1 WZG | 88, 820 | | |
| 835 | 13. 10. | X ZB 29/86 | | 15, § 100 PatG | 88, 115 | | |
| 836 | 22. 10. | I ZB 8/86 | 102, 88 | 34, § 1 WZG | 88, 377 | 88, 307 | |
| 837 | 22. 10. | I ZB 9/86 | | 41, § 4 WZG | 88, 211 | | |
| 838 | 28. 10. | I ZR 165/85 | | 54, § 12 BGB | 88, 635 | | 88, 440 |
| 839 | 28. 10. | I ZR 5/86 | | 59, § 15 WZG | 88, 213 | | |
| 840 | 5. 11. | I ZR 212/85 | | 266, § 3 UWG | 88, 313 | 88, 509 | 88, 359 |
| 841 | 5. 11. | I ZB 11/86 | 102, 163 | 35, § 1 UWG | 88, 306 | | |
| 842 | 12. 11. | I ZR 19/86 | | 103, § 16 UWG | 88, 638 | 88, 719 | |
| 843 | 26. 11. | I ZR 123/85 | | 22, § 16 WZG | 88, 307 | | |
| 844 | 26. 11. | I ZR 26/86 | | 1, § 98 UrhG | 88, 301 | | |
| 845 | 26. 11. | I ZB 1/87 | | 42, § 4 WZG | 88, 379, 821 | | |
| 846 | 10. 12. | X ZB 28/86 | | 5, § 59 PatG 1981 | 88, 364 | | |
| | **1988** | | | | | | |
| 847 | 28. 1. | I ZR 21/86 | 103, 171 | 104, § 16 UWG | 88, 560 | | 88, 443 |
| 848 | 28. 1. | I ZB 2/87 | | 93, § 31 WZG | 88, 542 | | |
| 849 | 21. 4. | I ZR 136/86 | 104, 185 | 278, § 3 UWG; 498, § 1 UWG | 88, 823 | 88, 1125 | 88, 722 |
| 850 | 19. 5. | I ZR 170/86 | | 277, § 3 UWG | 88, 832 | | 88, 663 |
| 851 | 26. 5. | I ZR 227/86 | | 45, § 242 BGB (Cc) | 88, 776 | | 88, 665 |
| 852 | 26. 5. | I ZR 238/86 | | | | | 89, 366 |
| 853 | 1. 6. | I ZR 83/87 | | 500, § 1 UWG | | 89, 89 | 89, 369 |
| 854 | 15. 6. | I ZR 211/86 | | 106, § 16 UWG | 90, 218 | | 89, 91 |
| 855 | 23. 6. | X ZB 3/87 | 105, 40 | 7, § 59 PatG 1981; 57, Art. 2 GG | 88, 754 | | |
| 856 | 3. 11. | X ZB 12/86 | 105, 381 | 2, § 21 PatG 1981 | 89, 103 | | |
| 857 | 9. 11. | I ZR 96/86 | | 101, § 24 WZG | | | |
| 858 | 1. 12. | I ZR 160/86 | 106, 101 | | 89, 440 | 89, 507 | |
| 859 | 1. 12. | I ZB 5/87 | | 43, § 4 WZG | 89, 264 | | |
| 860 | 1. 12. | I ZB 10/87 | | 36, § 1 WZG | 89, 420 | | |
| 861 | 14. 12. | I ZB 6/87 | | 44, § 4 WZG | 89, 349 | | |
| 862 | 20. 12. | X ZB 30/87 | | 16, § 100 PatG 1981 | 90, 346 | | |
| | **1989** | | | | | | |
| 863 | 19. 1. | I ZR 217/86 | | 57, § 5 WZG | 90, 361; 89, 703 Int | | |
| 864 | 19. 1. | I ZR 223/86 | | 98, § 31 WZG | 89, 350 | | |
| 865 | 26. 1. | I ZB 4/88 | | 46, § 4 WZG | 89, 421 | | |
| 866 | 26. 1. | I ZB 8/88 | | 12, § 13 WZG | 89, 425 | | |
| 867 | 2. 2. | I ZR 150/86 | | 103, § 24 WZG | 89, 425 | | |
| 868 | 2. 2. | I ZR 183/86 | | 107, § 16 UWG | 89, 449 | | 89, 717 |
| 869 | 14. 2. | X ZB 8/87 | | | 89, 494 | | |
| 870 | 23. 2. | I ZB 11/87 | 107, 71 | 37, § 1 WZG | 89, 347 | | |
| 871 | 2. 3. | I ZR 7/87 | | 12, § 8 WZG | 89, 422 | | |
| 872 | 9. 3. | I ZR 153/86 | | 104, § 24 WZG | 89, 510 | | |
| 873 | 9. 3. | I ZR 189/86 | 107, 117 | 3, PflanzenschutzG | 90, 221 | 89, 573 | |
| 874 | 30. 3. | I ZB 6/88 | 107, 129 | | 89, 506 | 89, 721 | |
| 875 | 6. 4. | I ZR 43/87 | | 23, § 16 WZG | 89, 508 | | |
| 876 | 17. 5. | I ZR 181/87 | | 108, § 16 UWG | 89, 626 | | 89, 590 |
| 877 | 1. 6. | I ZR 152/87 | | 55, § 12 BGB | 89, 856 | 89, 1233 | 90, 229 |
| 878 | 8. 6. | I ZB 17/88 | | 47, § 4 WZG | 89, 666 | | |
| 879 | 22. 6. | I ZR 39/87 | 108, 89 | 109, § 16 I UWG | 89, 760 | 89, 927 | 90, 242 |
| 880 | 29. 6. | I ZR 88/87 | | 524, § 1 UWG | 89, 754 | 89, 1131 | 89, 794 |
| 881 | 6. 7. | I ZR 234/87 | | 24, § 16 WZG | 90, 274 | | |
| 882 | 13. 7. | I ZR 157/87 | | 36, § 11 WZG | 90, 39 | | |

# Fundstellenverzeichnis BGH 1988, 1989

| BlPMZ | WM | NJW | JZ | MDR | BB | DB | Schlagwort | Datum |
|---|---|---|---|---|---|---|---|---|
| | | | | 88, 25 | | 87, 2354 | Ankündigungsrecht I | 30. 4. |
| | | | | 88, 113 | | 87, 2355 | Ankündigungsrecht II | 30. 4. |
| | | 88, 644 | | 88, 205 | | | Ein Champagner unter den Mineralwässern | 4. 6. |
| 87, 399 | | | | | | | | 2. 7. |
| 87, 399 | | | | 88, 113 | | 87, 2409 | Helopyrin | 9. 7. |
| 88, 161 | | 88, 166 RR | 88, 287 | | | | Oil of ... | 8. 10. |
| | | 88, 381 RR | | 88, 316 | | | Wärmeaustauscher | 13. 10. |
| 88, 188 | | 88, 1672 | | 88, 377 | | | Apropos Film | 22. 10. |
| 88, 186 | | 88, 1674 | | 88, 287 | | | Wie hammas denn? | 22. 10. |
| | 88, 429 | 88, 553 RR | | 88, 469 | | | Grundcommerz | 28. 10. |
| | | 88, 1388 | | 88, 467 | | 88, 1010 | Griffband | 28. 10. |
| | | 88, 554 RR | | 88, 468 | | 88, 1215 | Auto F. GmbH | 5. 11. |
| 88, 162 | | 88, 913 | | 88, 378 | | 88, 329 | Hörzeichen | 5. 11. |
| | | 88, 877 RR | | 88, 557 | | | Hauer`s Auto-Zeitung | 12. 11. |
| | | 88, 676 RR | | 88, 467 | | 88, 2297 | Gaby | 26. 11. |
| | | 89, 391 | 88, 315 | 88, 470 | 88, 361 | | Videorekorder-Vernichtung | 26. 11. |
| 88, 213 | | 88, 1124 RR | | 88, 555 | | 88, 1794 | RIGIDITE | 26. 11. |
| 88, 250 | | 88, 1203 RR | | 88, 579 | | | Epoxidations-Verfahren | 10. 12. |
| | | | | | | | | **1988** |
| | | 88, 1912 | | 88, 558 | | | Christopherus-Stiftung | 28. 1. |
| 88, 252 | | 88, 932 RR | | 88, 643 | | | ROYALE | 28. 1. |
| | | 88, 3152 | | | 88, 1911 | 88, 2632 | Entfernung von Kontrollnummern I | 21. 4. |
| | | 88, 1443 RR | | 88, 1027 | 88, 1629 | | Benzinwerbung | 19. 5. |
| | | 88, 2469 | | 88, 1029 | | | PPC | 26. 5. |
| | | | | | | | Entfernung von Kontrollnummern IV | 26. 5. |
| | | 89, 360 RR | 89, 228 | 89, 235 | 89, 171 | | Entfernung von Kontrollnummern III | 1. 6. |
| | | 89, 391 | | 89, 40 | | | Verschenktexte | 15. 6. |
| 88, 318 | | 88, 2788 | 88, 1034 | 88, 961 | | | Spulenvorrichtung | 23. 6. |
| 89, 32 | | 89, 1863 | | 89, 252 | | | Verschlußvorrichtung für Gießpfannen | 3. 11. |
| | | 89, 299 RR | | 89, 325 | | | St. Petersquelle | 9. 11. |
| | | | | | | | Dresdner Stollen IV | 1. 12. |
| 89, 162 | | 89, 695 RR | | 89, 608 | | | REYNOLDS R1/EREINTZ | 1. 12. |
| 89, 192 | | 89, 870 RR | | 89, 607 | | | KSÜD | 1. 12. |
| 89, 194 | | 89, 691 RR | | 89, 609 | | | ROTH-HÄNDLE-KENTUCKY/Cenduggy | 14. 12. |
| 89, 214 | | 89, 826 RR | | 89, 540 | | | Aufzeichnungsmaterial | 20. 12. |
| | | | | | | | | **1989** |
| | | 89, 690 RR | | 89, 716 | 89, 935 | | Kronenthaler | 19. 1. |
| 89, 216 | | 89, 692 RR | | 89, 609 | | | Abbo/Abo | 19. 1. |
| 89, 272 | | 89, 2624 | | 89, 787 | | | Conductor | 26. 1. |
| 89, 273 | | | | 89, 714 | | | Superplanar | 26. 1. |
| | | 89, 941 RR | | 89, 1075 | | | Herzsymbol | 2. 2. |
| | | 89, 808 RR | | 89, 794 | | | Maritim | 2. 2. |
| | | | | 89, 909 | | | Schrägliegeeinrichtung | 14. 2. |
| 89, 314 | | 89, 1931 | | 89, 608 | 89, 933 | 89, 1511 | MICROTONIC | 23. 2. |
| 89, 274 | | 89, 1126 RR | | 89, 788 | | | FLASH | 2. 3. |
| 89, 276 | | 89, 1000 RR | | 89, 882 | | | Teekanne II | 9. 3. |
| 89, 316 | | 90, 52 | | 89, 796 | 89, 1143 | | Forschungskosten | 9. 3. |
| 89, 318 | | 89, 3280 | | 89, 787 | | | Widerspruchsunterzeichnung | 30. 3. |
| 89, 351 | | 89, 1002 RR | | 89, 881 | | | CAMPIONE del MONDO | 6. 4. |
| | | 89, 1201 RR | | 89, 885 | | | Festival Europäischer Musik | 17. 5. |
| | | 89, 856 RR | | 90, 133 | | | Commerzbau | 1. 6. |
| 89, 352 | | 89, 1128 RR | | 89, 1075 | | | Sleepover | 8. 6. |
| | | 89, 3014 | 90, 44 | 89, 1077 | 89, 2070 | | Titelschutzanzeige | 22. 6. |
| | | | | 90, 23 | | 89, 2166 | Markenqualität | 29. 6. |
| 90, 32 | | 89, 1516 RR | | 90, 126 | | 90, 111 | Klettverschluß | 6. 7. |
| | | | | 90, 125 | | | Taurus | 13. 7. |

# Fundstellenverzeichnis BGH  1990, 1991                Chronologisches

| Nr. | Datum | Az. | BGHZ | LM, Nr. zu § | GRUR | EWiR | WRP |
|---|---|---|---|---|---|---|---|
| 883 | 13. 7. | I ZR 160/87 | | 532, § 1 UWG | 89, 830 | | 90, 250 |
| 884 | 21. 9. | I ZR 34/88 | | 37, § 11 WZG | 90, 37 | 90, 93 | 90, 170 |
| 885 | 26. 9. | X ZB 19/88 | | 19, § 100 PatG 1981 | 90, 33 | | |
| 886 | 11. 10. | IV a ZB 7/89 | | 25, § 518 Abs. 1 ZPO | | | |
| 887 | 12. 10. | X ZB 12/89 | | | 90, 109 | | |
| 888 | 3. 11. | I ZB 20/88 | | 48, § 4 WZG | 90, 360 | | |
| 889 | 7. 11. | X ZB 24/88 | | 8, § 59 PatG 1981 | 90, 108 | | |
| 890 | 8. 11. | I ZR 102/88 | | 106, § 24 WZG | 90, 367 | | |
| 891 | 16. 11. | I ZR 15/88 | | 27, § 97 UrhG | 90, 353 | | |
| 892 | 30. 11. | I ZR 191/87 | | 113–117, § 16 UWG | 92, 329 | | 90, 613 |
| 893 | 14. 12. | I ZR 1/88 | | 38, § 11 WZG | 90, 364 | 90, 719 | |
| 894 | 14. 12. | I ZR 17/88 | 109, 364 | 24, § 6 KO | 90, 601 | 90, 491 | 90, 500 |
| 895 | 21. 12. | X ZB 7/89 | | | 90, 348 | | |
| 896 | 21. 12. | X ZB 19/89 | 110, 25 | 2, § 86 PatG;<br>20, § 100 PatG | 90, 434 | | |
| | **1990** | | | | | | |
| 897 | 25. 1. | I ZR 83/88 | | 107, § 24 WZG | 90, 453 | | |
| 898 | 1. 2. | I ZR 108/88 | | 302, § 3 UWG | 90, 461 | 90, 613 | 90, 411 |
| 899 | 8. 3. | I ZR 65/88 | | 108, § 24 WZG | 90, 681 | | |
| 900 | 22. 3. | I ZR 43/88 | | 68, § 823 BGB (A) | 90, 711 | | 90, 696 |
| 901 | 22. 3. | I ZR 59/88 | | 28, § 97 UrhG | 90, 1008 | | |
| 902 | 22. 3. | I ZR 2/89 | | 49, § 4 WZG | 91, 458 | | |
| 903 | 5. 4. | I ZR 19/88 | | 309, § 3 UWG | 90, 604 | | 90, 752 |
| 904 | 5. 4. | I ZB 7/89 | 111, 134 | 5, MMA | 91, 838 | | |
| 905 | 26. 4. | I ZR 198/88 | 111, 182 | 109, § 24 WZG | 90, 678 | | |
| 906 | 15. 5. | X ZR 119/88 | | 4, § 81 PatG 1981;<br>120, § 242 (D) BGB | 90, 667 | | |
| 907 | 23. 5. | I ZR 176/88 | | 310, § 3 UWG | 90, 1035 | | 91, 76 |
| 908 | 31. 5. | I ZR 228/88 | | 54, § 13 UWG | 90, 1039 | | 91, 79 |
| 909 | 31. 5. | I ZB 6/89 | | | 91, 535 | | |
| 910 | 7. 6. | I ZR 298/88 | | 119–121, § 16 UWG | 90, 1042 | 90, 1023 | 91, 83 |
| 911 | 21. 6. | I ZB 11/89 | | 176, MMA | 91, 136 | | |
| 912 | 12. 7. | I ZR 236/88 | | 92, § 253 ZPO | 91, 138 | | |
| 913 | 12. 7. | I ZR 237/88 | | 32, § 339 BGB | 91, 139 | | |
| 914 | 27. 9. | I ZR 87/89 | | 122, § 16 UWG | 91, 153 | | 91, 151 |
| 915 | 4. 10. | I ZR 106/88 | | 39, § 11 WZG | 91, 215 | | |
| 916 | 11. 10. | I ZR 8/89 | | 123, § 16 UWG | 91, 155 | 91, 95 | 91, 162 |
| 917 | 11. 10. | I ZR 35/89 | | 94, § 253 ZPO | 91, 254 | | 91, 216 |
| 918 | 18. 10. | I ZR 283/88 | | 565, § 1 UWG | 91, 223 | | |
| 919 | 18. 10. | I ZR 292/88 | 112, 317 | 40, § 11 WZG | 91, 459 | 91, 405 | |
| 920 | 24. 10. | XII ZR 112/89 | | 57, § 12 BGB | 91, 157 | 91, 761 | |
| 921 | 30. 10. | X ZB 18/88 | | 6, § 14 PatG | 91, 307 | | |
| 922 | 15. 11. | I ZR 245/88 | | 109, § 31 WZG | 91, 319 | | |
| 923 | 22. 11. | I ZR 14/89 | | 124, § 16 UWG | 91, 393 | | 91, 222 |
| 924 | 29. 11. | I ZR 13/89 | 113, 82 | 567, § 1 UWG | 91, 464 | 91, 299 | 91, 228 |
| 925 | 4. 12. | X ZB 6/90 | | 22, § 100 PatG | 91, 831 | | |
| 926 | 6. 12. | I ZR 249/88 | | 38, § 1 WZG | 91, 317 | | 91, 231 |
| 927 | 6. 12. | I ZR 297/88 | 113, 115 | 113, § 24 WZG;<br>570, § 1 UWG | 91, 609 | 91, 301 | 91, 296 |
| 928 | 6. 12. | I ZR 27/89 | | 126, § 16 UWG | 91, 331 | | 91, 383 |
| 929 | 13. 12. | I ZB 9/89 | | 23, § 100 PatG 1981 | 91, 521 | | |
| | **1991** | | | | | | |
| 930 | 17. 1. | I ZR 117/89 | | 127, § 16 UWG | 91, 472 | | 91, 387 |
| 931 | 24. 1. | I ZR 60/89 | | 62, §§ 15, 24 WZG | 91, 607 | | |
| 932 | 31. 1. | I ZR 71/89 | | 115, § 24 WZG | 92, 48 | | |
| 933 | 21. 2. | I ZR 106/89 | | 318, § 3 UWG | 92, 66 | 91, 509 | 91, 473 |
| 934 | 28. 2. | I ZR 110/89 | | 128, § 16 UWG | 91, 475 | | 91, 477 |
| 935 | 7. 3. | I ZR 127/89 | | 320, § 3 UWG | 91, 848 | 91, 921 | |
| 936 | 7. 3. | I ZR 148/89 | | 129, § 16 UWG | 91, 556 | | 91, 482 |
| 937 | 12. 3. | KVR 1/90 | 114, 40 | 3, § 17 WZG | 91, 782 | 91, 683 | |
| 938 | 21. 3. | I ZR 111/89 | 114, 105 | 130, § 16 UWG | 91, 863 | 91, 667 | 91, 568 |
| 939 | 21. 3. | I ZR 158/80 | | 22, PVÜ | 92, 523 | | 91, 575 |
| 940 | 18. 4. | I ZR 176/89 | | 113, § 31 WZG | 91, 760 | | |
| 941 | 25. 4. | I ZR 283/89 | | 585, § 1 UWG | 91, 843 | | |
| 942 | 25. 4. | I ZR 134/90 | | 23, § 521 ZPO | 91, 772 | 91, 829 | |
| 943 | 2. 5. | I ZR 184/89 | | 39, § 242 BGB (Be) | 91, 112 | | |
| 944 | 16. 5. | I ZR 1/90 | | 131, § 16 UWG | 91, 780 | | 91, 645 |
| 945 | 23. 5. | I ZR 286/89 | | 586, § 1 UWG | 91, 914 | | |

# Fundstellenverzeichnis BGH 1990, 1991

| BlPMZ | WM | NJW | JZ | MDR | BB | DB | Schlagwort | Datum |
|---|---|---|---|---|---|---|---|---|
|  |  | 90, 1991 |  | 90, 129 |  |  | Impressumspflicht | 13. 7. |
| 90, 75 |  | 90, 295 RR |  | 90, 411 |  |  | Quelle | 21. 9. |
|  |  | 90, 254 RR |  | 90, 241 |  |  | Schlüsselmühle | 26. 9. |
|  |  | 90, 188 |  | 90, 226 | 89, 2357 | 90, 57 |  | 11. 10. |
| 90, 131 |  | 90, 380 RR |  | 90, 544 | 90, 378 |  | Weihnachtsbrief | 12. 10. |
| 90, 203 |  | 90, 503 RR |  | 90, 691 |  |  | Apropos Film II | 3. 11. |
| 90, 157 |  |  |  | 90, 433 | 90, 1094 | 90, 579 | Meßkopf | 7. 11. |
|  |  |  |  | 90, 693 |  |  | alpi/Alba Moda | 8. 11. |
|  |  | 90, 335 RR |  | 90, 698 |  |  | Raubkopien | 16. 11. |
|  |  | 90, 997 RR |  | 90, 696 |  | 90, 623 | AjS-Schriftenreihe | 30. 11. |
|  | 90, 898 | 90, 538 RR |  | 90, 691 | 90, 948 |  | Baelz | 14. 12. |
| 90, 326 |  | 90, 618 RR |  | 90, 600 |  | 90, 779 | Benner | 14. 12. |
| 90, 265 | 90, 820 |  |  | 90, 714 |  |  | Gefäßimplantat | 21. 12. |
|  |  | 90, 509 RR |  | 90, 544 |  |  | Wasserventil | 21. 12. |
|  |  | 90, 3150 |  |  |  |  |  |  |
|  |  |  |  |  |  |  |  | **1990** |
| 90, 367 |  | 90, 1192 RR |  | 90, 794 |  |  | L-Thyroxin | 25. 1. |
|  |  | 90, 744 RR |  | 90, 795 |  |  | Dresdner Stollen V | 1. 2. |
| 90, 367 |  | 90, 1194 RR |  | 91, 28 |  |  | Schwarzer Krauser | 8. 3. |
|  |  | 90, 1127 RR |  | 90, 793 |  |  | Telefonnummer 4711 | 22. 3. |
| 91, 162 |  | 90, 1377 RR |  | 90, 986 |  |  | Lizenzanalogie | 22. 3. |
| 90, 326 | 90, 1496 | 90, 1254 RR |  | 90, 1093 | 90, 1366 |  | SMARTWARE | 22. 3. |
|  |  | 91, 752 |  | 90, 796 |  |  | Dr. S.-Arzneimittel | 5. 4. |
| 90, 327 |  | 90, 3083 |  | 90, 898 |  |  | FE | 5. 4. |
|  |  | 91, 38 RR |  | 91, 27 |  | 90, 1586 | Herstellerkennzeichen auf Unfallwagen | 26. 4. |
|  |  | 90, 1401 RR |  | 91, 47 |  | 90, 1865 | 90, 1510 | Einbettungsmasse | 15. 5. |
|  |  | 90, 1187 RR |  | 90, 983 |  |  | Urselters II | 23. 5. |
|  |  | 90, 3204 |  | 90, 983 | 90, 2358 |  | Anzeigenauftrag | 31. 5. |
| 90, 430 |  |  |  |  |  |  | ST | 31. 5. |
|  |  | 90, 1318 RR |  | 90, 984 |  |  | Datacolor | 7. 6. |
| 91, 26 |  | 91, 1424 |  | 91, 126 |  |  | NEW MAN | 21. 6. |
|  |  | 91, 296 |  | 91, 222 |  |  | Flacon | 12. 7. |
|  |  | 91, 112 RR |  | 91, 318 |  |  | Duft-Flacon | 12. 7. |
|  |  | 91, 1350 |  |  |  | 91, 224 | Pizza & Pasta | 27. 9. |
| 91, 241 |  | 91, 298 RR |  | 91, 411 |  |  | Emilio Adani | 4. 10. |
|  |  | 91, 364 RR |  |  |  | 91, 906 | Rialto | 11. 10. |
|  |  | 91, 1114 |  | 91, 505 |  |  | Unbestimmer Unterlassungsantrag | 11. 10. |
|  |  | 91, 1485 |  | 91, 618 |  | 91, 804 | Finnischer Schmuck | 18. 10. |
|  |  | 91, 1355 |  | 91, 619 |  |  | Silenta | 18. 10. |
|  | 91, 596 | 91, 934 RR |  | 91, 532 | 91, 153 |  | Johanniter-Bier | 24. 10. |
| 91, 307 |  | 91, 700 RR |  | 91, 530 |  |  | Bodenwalze | 30. 10. |
| 91, 190 |  | 91, 558 RR |  | 91, 505 |  | 91, 699 | HURRICANE | 15. 11. |
|  |  | 91, 1353 |  | 91, 958 |  | 91, 590 | Ott International | 22. 11. |
|  |  | 91, 3212 |  |  | 91, 646 | 91, 491 | Salomon | 29. 11. |
|  |  | 91, 831 RR |  | 91, 1058 |  |  | Pharmazeutisches Präparat | 4. 12. |
| 91, 241 |  | 91, 539 RR |  |  |  | 91, 856 | MEDICE | 6. 12. |
|  |  | 91, 3214 |  | 91, 745 | 91, 441 | 91, 487 | SL | 6. 12. |
|  |  | 91, 1352 |  |  |  |  | Ärztliche Allgemeine | 6. 12. |
| 91, 305 |  |  |  |  |  |  | LA PERLA | 13. 12. |
|  |  |  |  |  |  |  |  | **1991** |
|  |  | 91, 752 RR |  | 91, 743 |  |  | Germania | 17. 1. |
|  |  | 91, 863 RR |  |  |  |  | VISPER | 24. 1. |
|  |  | 91, 1321 RR |  | 91, 741 |  |  | frei Öl | 31. 1. |
|  |  | 91, 1061 RR |  | 91, 614 |  | 91, 2437 | Königl.-Bayerische Weisse | 21. 2. |
|  |  | 91, 1063 RR |  | 91, 740 |  | 91, 1980 | Caren Pfleger | 28. 2. |
|  |  | 91, 1391 RR |  | 92, 44 |  |  | Rheumalind II | 7. 3. |
|  |  | 91, 1190 RR |  | 91, 1158 | 91, 1144 | 91, 1166 | Leasing Partner | 7. 3. |
|  |  | 91, 3152 |  |  |  |  | Verbandszeichen | 12. 3. |
|  |  | 91, 3218 |  | 91, 853 | 91, 1286 |  | Avon | 21. 3. |
|  |  | 91, 2211 |  | 91, 1153 |  |  | Betonsteinelemente | 21. 3. |
|  |  | 91, 1066 RR |  | 92, 43 |  |  | Jenny/Jennifer | 18. 4. |
|  |  | 91, 1512 RR |  | 91, 1155 | 91, 1955 |  | Testfotos | 25. 4. |
|  |  | 91, 3029 |  |  |  |  | Anzeigenrubrik I | 25. 4. |
|  |  | 91, 1266 RR |  | 92, 250 | 91, 2393 |  | pulp-wash | 2. 5. |
|  |  | 91, 1260 RR |  | 91, 954 |  |  | TRANS- ATLANTISCHE |  16. 5. |
|  |  | 92, 232 RR |  | 92, 147 |  |  | Kastanienmuster | 23. 5. |

# Fundstellenverzeichnis BGH 1992, 1993 — Chronologisches

| Nr. | Datum | Az. | BGHZ | LM, Nr. zu § | GRUR | EWiR | WRP |
|---|---|---|---|---|---|---|---|
| 946 | 29. 5. | I ZR 204/89 | | 84, § 286 (B) ZPO; 324, § 3 UWG | 91, 852 | 91, 1025 | 93, 95 |
| 947 | 29. 5. | I ZB 2/90 | | 1, § 127 PatG 1981 | 91, 814 | | |
| 948 | 20. 6. | I ZR 277/89 | | 582, § 1 UWG | 92, 61 | | 91, 654 |
| 949 | 4. 7. | I ZB 9/90 | | 23, PVÜ | 91, 839 | | |
| 950 | 11. 7. | I ZR 31/90 | | 584, § 1 UWG | 92, 116 | 91, 1131 | 91, 719 |
| 951 | 26. 9. | I ZR 149/89 | 115, 210 | 51, § 683 BGB | 92, 176 | | 92, 93 |
| 952 | 26. 9. | I ZR 177/89 | | 15, § 8 WZG | 92, 45 | | 92, 29 |
| 953 | 10. 10. | I ZR 136/89 | | 114, § 31 WZG | 92, 130 | | 92, 96 |
| 954 | 24. 10. | I ZR 271/89 | | 329, § 3 UWG | 92, 121 | 92, 189 | 92, 101 |
| 955 | 24. 10. | I ZR 287/89 | | 16, § 8 WZG | 92, 106 | | |
| 956 | 7. 11. | I ZR 272/89 | | 117, § 24 WZG | 92, 108 | | |

| Nr. | Datum | Az. | BGHZ | LM, Nr. zu § | GRUR | EWiR | WRP |
|---|---|---|---|---|---|---|---|
| 957 | 14. 11. | I ZR 24/90 | | 116, § 24 WZG | 92, 110 | | 92, 309 |
| 958 | 21. 11. | I ZR 263/89 | | 26, EGV | 92, 72 | 92, 45 | 92, 103 |
| 959 | 28. 11. | I ZR 297/89 | | 25, § 945 ZPO | 92, 203 | | |
| 960 | 28. 11. | I ZB 3/90 | | 52, § 4 WZG | 92, 514 | | |
| 961 | 28. 11. | I ZB 4/90 | | 53, § 4 WZG | 92, 515 | | |
| 962 | 3. 12. | X ZB 5/91 | | 24, § 100 PatG 1981 | 92, 159 | | |
| 963 | 5. 12. | I ZR 63/90 | | 330 § 3 UWG | 92, 171 | 92, 299 | 92, 165 |
| 964 | 17. 12. | VI ZB 26/91 | 116, 377 | 110, § 519 ZPO | | 92, 305 | |

**1992**

| Nr. | Datum | Az. | BGHZ | LM, Nr. zu § | GRUR | EWiR | WRP |
|---|---|---|---|---|---|---|---|
| 965 | 16. 1. | I ZR 84/90 | | 593, § 1 UWG | 92, 318 | | 92, 314 |
| 966 | 30. 1. | I ZR 54/90 | | 17, § 8 WZG | 92, 314 | | |
| 967 | 25. 2. | X ZR 41/90 | 117, 264 | 3, SortenschutzG | 92, 612 | | |
| 968 | 27. 2. | I ZR 103/90 | | 134, § 16 I UWG | 92, 547 | | 92, 759 |
| 969 | 12. 3. | I ZR 110/90 | | 135, § 16 I UWG | 92, 550 | | 92, 474 |
| 970 | 19. 3. | I ZR 122/90 | | 3, § 309 ZPO | 92, 627 | 92, 699 | 92, 553 |
| 971 | 24. 3. | X ZB 15/91 | | | | | |
| 972 | 2. 4. | I ZR 146/90 | | 52, RabattG | 92, 552 | 92, 813 | 92, 557 |
| 973 | 7. 5. | I ZR 119/90 | | 598, § 1 UWG | 92, 618 | 92, 917 | 92, 640 |
| 974 | 7. 5. | I ZR 163/90 | | 602, § 1 UWG | 92, 619 | | 92, 642 |
| 975 | 14. 5. | I ZB 12/90 | | 7, MMA | 93, 43 | | 93, 9 |
| 976 | 21. 5. | I ZR 9/91 | | 14, PAngVO 1985 | 93, 62 | | |
| 977 | 11. 6. | I ZR 161/90 | | 16, PAngVO 1985 | 92, 857 | 92, 1223 | 92, 696 |
| 978 | 17. 6. | I ZR 107/90 | 119, 20 | 608, § 1 UWG | 93, 55 | 92, 1027 | |
| 979 | 25. 6. | I ZR 136/90 | | 336, § 3 UWG | 92, 858 | | 92, 768 |
| 980 | 2. 7. | I ZR 250/90 | | 136, § 16 UWG | 92, 865 | 92, 1029 | 92, 776 |
| 981 | 7. 7. | KVR 14/91 | 119, 117 | 17, § 23 GWB | 92, 877 | 92, 1099 | |
| 982 | 23. 9. | I ZR 251/90 | 119, 237 | 59, § 12 BGB | 93, 151 | 93, 117 | 93, 109 |
| 983 | 15. 10. | I ZR 259/90 | | 117, § 31 WZG | 93, 118 | | |
| 984 | 29. 10. | I ZR 264/90 | 120, 103 | 60, § 12 BGB | 93, 404 | 93, 119 | 93, 175 |
| 985 | 19. 11. | I ZR 254/90 | 120, 228 | 138, § 16 UWG | 93, 692 | 93, 401 | 93, 383 |
| 986 | 8. 12. | I ZR 192/92 | | 152, § 16 UWG | 95, 156 | | 95, 307 |
| 987 | 10. 12. | I ZR 262/90 | | 139, § 16 UWG | 93, 488 | | |
| 988 | 10. 12. | I ZR 19/91 | | 140, § 16 UWG | | | 93, 694 |
| 989 | 17. 12. | I ZR 3/91 | 121, 58 | 1, § 12 WZG | 93, 476 | | |

**1993**

| Nr. | Datum | Az. | BGHZ | LM, Nr. zu § | GRUR | EWiR | WRP |
|---|---|---|---|---|---|---|---|
| 990 | 14. 1. | I ZR 301/90 | | 622, § 1 UWG | 93, 756 | 93, 497 | 93, 697 |
| 991 | 21. 1. | I ZR 25/91 | 121, 157 | 141, § 16 UWG | 93, 767 | 93, 405 | 93, 701 |
| 992 | 4. 2. | I ZR 42/91 | 121, 242 | 60, § 5 WZG | 93, 556 | | 93, 399 |
| 993 | 4. 3. | I ZR 65/91 | | 142, § 16 UWG | 93, 576 | | |
| 994 | 11. 3. | I ZR 264/91 | | 35, § 2 UrhG | | | |
| 995 | 18. 3. | I ZR 178/91 | 122, 71 | 144, § 16 UWG | 93, 574 | 93, 609 | |
| 996 | 1. 4. | I ZR 85/91 | | 143, § 16 UWG | 93, 579 | | |
| 997 | 22. 4. | I ZR 52/91 | 122, 262 | 627, § 1 UWG | 93, 757 | 93, 721 | 93, 625 |
| 998 | 6. 5. | I ZR 123/91 | | 145, § 16 UWG | 93, 923 | 93, 813 | 93, 705 |
| 999 | 13. 5. | I ZB 8/91 | | 5, § 2 WZG | 93, 744 | | |
| 1000 | 13. 5. | I ZR 113/91 | | 146, § 16 UWG | 93, 769 | | 93, 755 |
| 1001 | 27. 5. | I ZB 7/91 | | 56, § 4 WZG | 93, 746 | | 94, 385 |
| 1002 | 27. 5. | I ZR 115/91 | | 349/350, § 3 UWG | 93, 920 | 93, 923 | 93, 752 |
| 1003 | 3. 6. | I ZB 6/91 | | 4, 5, § 17 WZG | 93, 832 | 93, 1027 | 93, 769 |
| 1004 | 3. 6. | I ZB 9/91 | | 57, § 4 WZG | 93, 825 | | |
| 1005 | 16. 6. | I ZB 14/91 | 123, 30 | 11, § 10 WZG | 93, 969 | | |
| 1006 | 16. 6. | I ZR 167/91 | | 5, § 2 WZG; 61, § 5 WZG | 93, 912 | | |
| 1007 | 22. 6. | X ZB 16/92 | | 2, § 21 g GVG | 93, 894 | 93, 993 | |

# Fundstellenverzeichnis BGH 1992, 1993

| BlPMZ | WM | NJW | JZ | MDR | BB | DB | Schlagwort | Datum |
|---|---|---|---|---|---|---|---|---|
| | | 91, 1512 RR | | 92, 146 | | 91, 2437 | Aquavit | 29. 5. |
| 91, 420 | | 91, 1533 RR | | 92, 249 | 92, 1752 | | Zustellungsadressat | 29. 5. |
| | | 91, 1318 RR | | 91, 953 | | 91, 2483 | Preisvergleichsliste | 20. 6. |
| | | | | 91, 1152 | | | Z-TECH | 4. 7. |
| | | 92, 37 RR | | 92, 37 | | 92, 87 | Topfgucker-Scheck | 11. 7. |
| | | 92, 429 | | 92, 247 | 92, 728 | | Abmahnkostenverjährung | 26. 9. |
| | | 92, 172 RR | | 91, 953 | | 91, 2650 | Cranpool | 26. 9. |
| | | 92, 175 RR | | 92, 245 | | | Bally/BALL | 10. 10. |
| | 92, 504 | 92, 367 RR | | 92, 573 | | 92, 519 | Dr. Stein ... GmbH | 24. 10. |
| | | 92, 174 RR | | | | 92, 734 | Barbarossa | 24. 10. |
| | | 92, 431 RR | | 92, 762 | | | Oxygenol | 7. 11. |

| BlPMZ | WM | NJW | MDR | ZIP | BB | DB | Schlagwort | Datum |
|---|---|---|---|---|---|---|---|---|
| | | 92, 695 | | | | | dipa/dib | 14. 11. |
| | | 92, 648 | 92, 142 | 91, 1622 | | 92, 422 | quattro | 21. 11. |
| | | 92, 998 RR | | | | | Roter mit Genever | 28. 11. |
| | | 92, 1003 RR | | | | | Olé | 28. 11. |
| 92, 425 | | | | | | | Vamos | 28. 11. |
| 92, 278 | | 92, 510 RR | 92, 361 | | | | Crackkatalysator II | 3. 12. |
| | | 92, 427 RR | | 92, 722 | | | Vorgetäuschter Vermittlungsauftrag | 5. 12. |
| | | 92, 842 | 92, 407 | 92, 130 | | 92, 602 | | 17. 12. |

**1992**

| BlPMZ | WM | NJW | MDR | ZIP | BB | DB | Schlagwort | Datum |
|---|---|---|---|---|---|---|---|---|
| | | 92, 617 RR | 92, 359 | | | | Jubiläumsverkauf | 16. 1. |
| | | 92, 806 RR | 92, 761 | | | | Opium | 30. 1. |
| | | 92, 2292 | 92, 662 | | | 92, 1520 | Nicola | 25. 2. |
| | | 92, 1128 RR | 92, 862 | | | | Morgenpost | 27. 2. |
| | | 92, 925 RR | 92, 861 | | | | ac-pharma | 12. 3. |
| 92, 496 | | 92, 1065 RR | 93, 39 | | | | Pajero | 19. 3. |
| | | | | | | | Entsorgungsverfahren | 24. 3. |
| | | 92, 1069 RR | 92, 861 | | 92, 2024 | 92, 2292 | Stundung ohne Aufpreis | 2. 4. |
| | | 92, 2765 | 92, 954 | | 92, 1958 | | Pressehaftung II | 7. 5. |
| 93, 24 | | 92, 1067 RR | 93, 39 | | | 92, 2187 | Klemmbausteine II | 7. 5. |
| | | 92, 1255 RR | 92, 953 | | | | Römigberg | 14. 5. |
| | | 92, 1453 RR | | | | | Kilopreise III | 21. 5. |
| | | 92, 1394 RR | | | | 92, 2187 | Teilzahlungspreis I | 11. 6. |
| 92, 700 | | 92, 2753 | | 92, 1340 | | 92, 2622 | Tchibo/Rolex II | 17. 6. |
| | | 92, 1318 RR | | | | | Clementinen | 25. 6. |
| | 92, 1693 | 92, 1454 RR | 93, 37 | 92, 1579 | | | Volksbank | 2. 7. |
| | | 93, 264 | 93, 35 | 92, 1413 | 92, 2020 | 92, 2619 | Warenzeichenerwerb | 7. 7. |
| | | 93, 918 | | 92, 1777 | 92, 2381 | | Universitätsemblem | 23. 9. |
| 93, 195 | | 93, 787 | 93, 524 | | | | Corvaton/Corvasal | 15. 10. |
| | 93, 108 | | | 93, 144 | | 93, 578 | Columbus | 29. 10. |
| | | 93, 852 | 93, 434 | 92, 140 A | | | Guldenburg | 19. 11. |
| | | 95, 357 RR | 95, 709 | | | | Garant-Möbel | 8. 12. |
| | | 93, 1466 | | | | | Verschenktexte II | 10. 12. |
| | | 93, 553 RR | | | | | apetito/apitta | 10. 12. |
| 93, 227 | | 93, 1714 | 93, 858 | | | | Zustellungswesen | 17. 12. |

**1993**

| BlPMZ | WM | NJW | MDR | ZIP | BB | DB | Schlagwort | Datum |
|---|---|---|---|---|---|---|---|---|
| | | 93, 617 RR | 93, 522 | | 93, 1244 | | Mild-Abkommen | 14. 1. |
| | | 93, 1465 | 93, 964 | | | | Zappel-Fisch | 21. 1. |
| 93, 443 | | 93, 2873 | 93, 633 | | | | TRIANGLE | 4. 2. |
| | | 93, 1129 RR | 93, 1190 | | 94, 379 | 93, 1276 | Datatel | 4. 3. |
| | | 93, 1002 RR | 93, 747 | | | | Asterix-Persiflagen | 11. 3. |
| | 93, 1006 | 93, 2236 | | 93, 786 | | 93, 1233 | Decker | 18. 3. |
| | | 93, 934 RR | 93, 631 | | | 93, 1278 | Römer GmbH | 1. 4. |
| | | 93, 1989 | | 93, 943 | 93, 1466 | 93, 1466 | Kollektion Holiday | 22. 4. |
| | 93, 1607 | 93, 1065 RR | 93, 855 | | | 93, 1414 | Pic Nic | 6. 5. |
| 93, 443 | | 93, 1131 RR | 93, 854 | | | 93, 1819 | MICRO CHANNEL | 13. 5. |
| | | 93, 1319 RR | 94, 363 | | | | Radio Stuttgart | 13. 5. |
| 93, 444 | | 93, 1512 RR | | | | | Premiere | 27. 5. |
| 94, 33 | | 93, 1263 RR | 94, 49 | | | 94, 213 | Emilio Adani II | 27. 5. |
| | | 93, 3139 | 94, 789 | | | | Piesporter Goldtröpfchen | 3. 6. |
| 93, 482 | | 93, 3139; | 94, 268 | | 93, 1965 | 93, 1920 | Dos | 3. 6. |
| 94, 34 | | 93, 2942 | 93, 966 | | | 94, 775 | Indorektal II | 16. 6. |
| | | 93, 1451 RR | 94, 52 | | | 93, 2023 | BINA | 16. 6. |
| | | 93, 1406 RR | 94, 96 | 93, 1340 | 93, 1762 | | Senatsinterne Mitwirkungsgrundsätze | 22. 6. |

# Fundstellenverzeichnis BGH 1994, 1995 — Chronologisches

| Nr. | Datum | Az. | BGHZ | LM, Nr. zu § | GRUR | EWiR | WRP |
|---|---|---|---|---|---|---|---|
| 1008 | 22. 6. | X ZB 22/92 | | 26, § 100 PatG 1981 | 93, 896 | | |
| 1009 | 24. 6. | I ZR 187/91 | | 120, §§ 24, 31 WZG | 93, 913 | 93, 1021 | |
| 1010 | 1. 7. | I ZR 194/91 | | 63, § 5 WZG | 93, 972 | | |
| 1011 | 21. 9. | X ZB 31/92 | | 27, § 100 PatG 1981 | 94, 104 | | |
| 1012 | 30. 9. | I ZB 16/91 | | 4, § 4 II WZG | 94, 120 | | |
| 1013 | 14. 10. | I ZR 218/91 | | 18, PangVO 1985 | 94, 222 | 94, 85 | 94, 101 |
| 1014 | 20. 10. | X ZB 4/93 | | 28, § 100 PatG 1981 | 94, 188 | | |
| 1015 | 11. 11. | I ZB 18/91 | | 29, § 100 PatG 1981 | 94, 215 | | |
| 1016 | 11. 11. | I ZR 225/91 | | 56, RabattG | 94, 527 | 94, 285 | 94, 169 |
| 1017 | 11. 11. | I ZR 315/91 | | 20, § 4 I PAngVO | 94, 311 | 94, 703 | 94, 177 |
| 1018 | 25. 11. | I ZR 259/91 | 124, 230 | 641, § 1 UWG | 94, 219 | 94, 293 | 94, 175 |
| 1019 | 9. 12. | I ZB 23/91 | 124, 289 | 25, PVÜ | 94, 366; 94, 528 Int | | 94, 245 |
| 1020 | 9. 12. | I ZB 1/92 | | 61, § 4 WZG | 94, 370 | | 94, 249 |
| 1021 | 16. 12. | I ZR 210/91 | | 354, § 3 UWG | 94, 310 | | 94, 260 |
| 1022 | 16. 12. | I ZR 231/91 | | 1, ErstrG | 94, 288 | | 94, 252 |
| 1023 | 16. 12. | I ZR 277/91 | | 66, § 13 UWG | 94, 307 | | |
| | **1994** | | | | | | |
| 1024 | 27. 1. | I ZR 191/91 | | 33, EWG-Vertrag | 94, 374 | | 94, 237 |
| 1025 | 27. 1. | I ZR 234/91 | | 34, EWG-Vertrag | 94, 376 | | 94, 240 |
| 1026 | 27. 1. | I ZR 65/92 | | 35, EWG-Vertrag | 94, 372 | | 94, 242 |
| 1027 | 1. 2. | X ZR 57/93 | | 1, § 25 PatG 1981 | 94, 360 | | |
| 1028 | 3. 2. | I ZR 282/91 | | 36, EWG-Vertrag | 94, 519; 94, 960 Int | | 94, 533 |
| 1029 | 10. 2. | I ZR 79/92 | 125, 91 | 63, § 15 WZG | 94, 808 | 94, 493 | 94, 495 |
| 1030 | 24. 2. | I ZR 230/91 | | 147, § 16 UWG | 94, 905 | | 94, 616 |
| 1031 | 17. 3. | I ZR 304/91 | | 48, EGÜbk | 94, 530 | | 94, 543 |
| 1032 | 24. 3. | I ZR 152/92 | | 648, § 1 UWG | 94, 635 | 94, 711 | 94, 516 |
| 1033 | 24. 3. | I ZR 42/93 | 125, 322 | 652, § 1 UWG | 94, 630 | 94, 609 | 94, 519 |
| 1034 | 21. 4. | I ZR 291/91 | | 43, § 11 WZG | 94, 512 | | 94, 621 |
| 1035 | 21. 4. | I ZR 22/92 | | 148, § 16 UWG | 94, 652 | 94, 919 | 94, 536 |
| 1036 | 28. 4. | I ZR 5/92 | | 62, § 4 WZG | 94, 730 | | 94, 747 |
| 1037 | 5. 5. | I ZB 6/92 | | 63, § 4 WZG | 94, 803 | 94, 1147 | |
| 1038 | 5. 5. | I ZR 57/92 | | 359, § 3 UWG | 94, 736 | 94, 865 | 94, 613 |
| 1039 | 26. 5. | I ZR 33/920 | | 149, § 16 UWG | 94, 908 | | 94, 743 |
| 1040 | 9. 6. | I ZR 272/91 | 126, 208 | 660, § 1 UWG | 94, 732 | 94, 911 | 94, 599 |
| 1041 | 16. 6. | I ZR 24/92 | 126, 252 | | 94, 798 94, 1044 Int | | |
| 1042 | 23. 6. | I ZB 7/92 | | 64, § 4 WZG | 94, 805 | | |
| 1043 | 23. 6. | I ZR 15/92 | 126, 287 | 63, § 12 BGB | 94, 844 | | 94, 822 |
| 1044 | 29. 9. | I ZR 114/84 | | 125, § 24 WZG | 95, 50 | | |
| 1045 | 13. 10. | I ZR 96/92 | | 1, UrsprBezAbk CHE | 95, 65; 95, 411 Int | | 95, 11 |
| 1046 | 13. 10. | I ZR 99/92 | | 126, § 24 WZG | 95, 54 | | 95, 13 |
| 1047 | 19. 10. | I ZB 10/92 | | 65, § 4 WZG | 95, 48 | | |
| 1048 | 19. 10. | I ZR 130/92 | | 670, § 1 UWG | 95, 57 | 95, 193 | 95, 92 |
| 1049 | 19. 10. | I ZB 7/94 | | 16, § 13 WZG | 95, 50 | | |
| 1050 | 3. 11. | I ZR 71/92 | 127, 262 | 673, § 1 UWG | 95, 117 | | 95, 96 |
| 1051 | 17. 11. | I ZR 136/92 | | 153, § 16 UWG | 95, 505 | | |
| 1052 | 8. 12. | I ZB 15/92 | | 66, § 4 WZG | 95, 269 | | |
| 1053 | 15. 12. | I ZR 121/92 | | 127, § 24 WZG | 95, 216 | | 95, 320 |
| 1054 | 20. 12. | X ZR 56/93 | 128, 220 | 9, § 139 PatG | 95, 338 | | |
| | **1995** | | | | | | |
| 1055 | 10. 1. | X ZB 11/92 | | 13, § 59 PatG 1981 | 95, 333 | | |
| 1056 | 19. 1. | I ZB 20/92 | | 2, MarkenG | 95, 408 | | |
| 1057 | 19. 1. | I ZR 197/92 | | 369, § 3 UWG | 95, 354 | | 95, 398 |
| 1058 | 9. 2. | I ZB 21/92 | | 4, MarkenG | 97, 366 | 95, 603 | |
| 1059 | 9. 2. | I ZB 5/93 | | 64, § 5 WZG | 95, 347 | | |
| 1060 | 23. 2. | I ZR 75/93 | | 19, § 14 UWG | 95, 427 | 95, 611 | 95, 493 |
| 1061 | 23. 3. | I ZR 221/92 | | 61, RabattG | 95, 515 | | 95, 605 |
| 1062 | 23. 3. | I ZB 20/93 | | 5, MarkenG | 95, 410 | | 95, 617 |
| 1063 | 23. 3. | I ZR 173/94 | | | | | 95, 809 |
| 1064 | 30. 3. | I ZR 60/93 | | 6, MarkenG | 95, 507 | | 95, 615 |
| 1065 | 11. 5. | I ZR 111/93 | | 4, EGV | 95, 808 | | |
| 1066 | 18. 5. | I ZR 91/93 | 130, 5 | 620, § 1 UWG | 95, 592 | 95, 811 | 95, 688 |
| 1067 | 18. 5. | I ZR 99/93 | | 8, MarkenG | 95, 583 | | 95, 706 |
| 1068 | 29. 6. | I ZB 22/93 | | 1, MarkenRL; 9, MarkenG | 96, 198; 96, 60 Int | | 97, 443 |

# Fundstellenverzeichnis BGH 1994, 1995

| BlPMZ | WM | NJW | MDR | ZIP | BB | DB | Schlagwort | Datum |
|---|---|---|---|---|---|---|---|---|
| 94, 121 | | 93, 1468 RR | 93, 1237 | | 94, 602 | | Leistungshalbleiter | 22. 6. |
| | | 93, 1387 RR | 94, 51 | | | 93, 1971 | KOWOG | 24. 6. |
| 94, 159 | | 93, 1452 RR | 94, 679 | | | 93, 2178 | Sana/Schosana | 1. 7. |
| 94, 121 | | 94, 381 RR | 94, 265 | | | | Akteneinsicht XIII | 21. 9. |
| 94, 180 | | 94, 196 | 94, 465 | | | 93, 2480 | EUROCONSULT | 30. 9. |
| | 94, 913 | | 94, 902 | | 94, 26 | 94, 213 | Flaschenpfand | 14. 10. |
| | | 94, 382 RR | 94, 155 | | | | Alkoholfreies Bier | 20. 10. |
| | | 94, 363 RR | 94, 1042 | | | | Boy | 11. 11. |
| | 94, 518 | 94, 728 | 94, 677 | 94, 6 A | | 94, 726 | Werbeagent | 11. 11. |
| | 94, 399 | 94, 302 RR | 94, 461 | 94, 13 A | 94, 962 | 94, 725 | Finanzkaufpreis „ohne Mehrkosten" | 11. 11. |
| | | 94, 730 | 94, 568 | 94, 151 | | 94, 629 | Warnhinweis | 25. 11. |
| 94, 237 | | 94, 693 RR | 94, 463 | | | 94, 773 | RIGIDITE II | 9. 12. |
| 94, 286 | | 94, 1218 | 94, 464 | | | 94, 775 | RIGIDITE III | 9. 12. |
| | | 94, 622 RR | 94, 361 | | 94, 378 | 94, 776 | Mozzarella II | 16. 12. |
| 94, 288 | | 94, 1068 | 94, 572 | | | 94, 723 | Malibu | 16. 12. |
| | | 94, 619 RR | 94, 360 | | 94, 379 | | Mozzarella I | 16. 12. |
| | | | | | | | | **1994** |
| | | 94, 3040 | 94, 570 | | | | Kerlone | 27. 1. |
| | | 94, 3040 | 94, 571 | 94, 22 A | | | Mexitil | 27. 1. |
| | | 94, 3040 | 94, 571 | 94, 396 | | | Sermion | 27. 1. |
| 94, 284 | | 94, 759 RR | 95, 524 | | | | Schutzüberzug für Klosettbrillen | 1. 2. |
| 94, 458 | | 94, 2030 | 94, 901 | | | 94, 1616 | Grand Marnier | 3. 2. |
| 95, 168 | | 94, 1954 | 95, 65 | | | 94, 1562 | Markenverunglimpfung I | 10. 2. |
| | | 94, 1255 RR | 95, 64 | | | | Schwarzwald-Sprudel | 24. 2. |
| | | 94, 3248 | | | | | Beta | 17. 3. |
| | | 94, 944 RR | 94, 676 | 94, 980 | | 94, 1561 | Pulloverbeschriftung | 24. 3. |
| | | 94, 1958 | 94, 1200 | 94, 974 | | 94, 1509 | Cartier-Armreif | 24. 3. |
| | | | 94, 678 | | | | Simmenthal | 21. 4. |
| | 94, 1449 | 94, 2765 | 95, 63 | 94, 75 A | 94, 1238 | | Virion | 21. 4. |
| 95, 36 | | 94, 1127 RR | 95, 172 | | | | VALUE | 28. 4. |
| 95, 70 | | 94, 1530 RR | 94, 1198 | | | | TRILOPIROX | 5. 5. |
| | 94, 1952 | 94, 2288 | 94, 944 | 94, 57 A | 94, 1445 | 94, 1772 | Intraurbane Sozietät | 5. 5. |
| | | 94, 1460 RR | 95, 62 | | | | WIR IM SÜDWESTEN | 26. 5. |
| | 94, 1988 | 94, 1323 RR | 95, 170 | | | | McLaren | 9. 6. |
| | | 94, 2888 | 95, 493 | | | | Folgerecht bei Auslandsbezug | 16. 6. |
| 95, 214 | | 94, 1531 RR | 94, 1197 | | | | Alphaferon | 23. 6. |
| | | 94, 2820 | 95, 280 | 94, 1472 | 94, 1805 | | Rotes Kreuz | 23. 6. |
| | | 95, 424 RR | | | | | Indorektal/Indohexal | 29. 9. |
| | | 95, 493 RR | 95, 279 | | | 95, 39 | Produktionsstätte | 13. 10. |
| | | 95, 358 RR | 95, 60 | 94, 1804 | | | Nicoline | 13. 10. |
| 95, 254 | 95, 43 | 95, 494 RR | 95, 169 | | | | Metoproloc | 19. 10. |
| | | 95, 871 | | | | 95, 372 | Markenverunglimpfung II | 19. 10. |
| | 95, 255 | 95, 574 RR | 95, 925 | | | | Success | 19. 10. |
| | | 95, 2724 | 95, 1232 | | | | NEUTREX | 3. 11. |
| | | | | | | | APISERUM | 17. 11. |
| | | 95, 1219 | 95, 709 | | | 95, 769 | U-KEY | 8. 12. |
| 95, 168 | | 95, 1677 | 95, 816 | | | 95, 824 | Oxygenol II | 15. 12. |
| | | | | | | | Kleiderbügel | 20. 12. |
| | | | | | | | | **1995** |
| 95, 438 | | 95, 1901 | 96, 65 | | | | Aluminium-Trihydroxid | 10. 1. |
| 95, 193 | | 95, 1221 | 96, 492 | | | 95, 770 | PROTECH | 19. 1. |
| 95, 371 | | 95, 676 RR | 96, 384 | | | | Rügenwalder Teewurst II | 19. 1. |
| 95, 444 | | 95, 1752 | 96, 167 | | 95, 1818 | 95, 1601 | quattro II | 9. 2. |
| 95, 415 | | 95, 812 RR | 95, 814 | | | 95, 2313 | TETRASIL | 9. 2. |
| | 95, 945 | 95, 1965 | 95, 1032 | 95, 676 | 95, 841 | 95, 1397 | Schwarze Liste | 23. 2. |
| | | 95, 871 RR | 96, 603 | | 95, 1765 | 95, 1602 | 2 für 1-Vorteil | 23. 3. |
| 95, 416 | | 95, 1754 | 96, 384 | | 95, 1819 | 95, 1602 | TURBO I | 23. 3. |
| | | | | | | | f6/R6 | 23. 3. |
| 96, 24 | | 95, 1002 RR | 96, 279 | | | 95, 1226 | City-Hotel | 30. 3. |
| 96, 276 | | 95, 3254 | 96, 277 | | | 95, 2418 | P3-plastoclin | 11. 5. |
| | | 95, 2486 | 95, 1030 | 95, 1216 | | 95, 2064 | Busengrapscher | 18. 5. |
| 96, 132 | | 95, 1251 RR | 96, 63 | | | 95, 2366 | MONTANA | 18. 5. |
| 96, 180 | | 96, 744 | 95, 1136 | | | 95, 2366 | Springende Raubkatze | 29. 6. |

# Fundstellenverzeichnis BGH 1996, 1997 — Chronologisches

| Nr. | Datum | Az. | BGHZ | LM, Nr. zu § | GRUR | EWiR | WRP |
|---|---|---|---|---|---|---|---|
| 1069 | 29. 6. | I ZR 24/93 | 130, 134 | 2, EinigungsV Anl. I Kap. III E II 1 § 3 Nr.2 EinigungsV | 95, 754 | 95, 1113 | 95, 910 |
| 1070 | 6. 7. | I ZB 27/93 | 130, 188 | 27, PVÜ | 95, 732; 96, 158 Int | | |
| 1071 | 12. 7. | I ZR 85/93 | | 113, § 253 ZPO | 95, 697 | 95, 1019 | 95, 815 |
| 1072 | 12. 7. | I ZR 140/93 | 130, 276 | 5, EGV | 95, 825 | 95, 1133 | 95, 918 |
| 1073 | 27. 9. | I ZR 199/93 | | 12, MarkenG | 96, 68 | | 97, 446 |
| 1074 | 12. 10. | I ZR 191/93 | | 8, § 5 GeschmMG | 96, 57 | | 96, 13 |
| 1075 | 25. 10. | I ZB 33/93 | 131, 122 | 13, MarkenG | 96, 200 | | 97, 448 |
| 1076 | 9. 11. | I ZB 29/93 | | 67, § 4 WZG | 96, 202 | | 97, 450 |
| 1077 | 30. 11. | I ZB 32/93 | | 15, MarkenG | 96, 270 | | 96, 300 |
| 1078 | 7. 12. | I ZR 130/93 | | 65, § 5 WZG | 96, 267 | | 97, 453 |
| 1079 | 14. 12. | I ZR 210/93 | 131, 308 | 1, § 24 MarkenG | 96, 271 | 96, 185 | 97, 562 |
| 1080 | 14. 12. | I ZR 240/93 | | 703, § 1 UWG | 96, 210 | 96, 225 | 96, 279 |
| | **1996** | | | | | | |
| 1081 | 8. 2. | I ZR 216/93 | | 64, § 12 BGB | 96, 422 | | 96, 541 |
| 1082 | 8. 2. | I ZR 57/94 | | 3, ErstrG | 97, 224 | | |
| 1083 | 13. 2. | X ZB 14/94 | | 1, § 80 PatG 1981 | 96, 399 | | |
| 1084 | 15. 2. | I ZR 9/94 | | 376, § 3 UWG | 96, 910 | 96, 571 | 96, 729 |
| 1085 | 14. 3. | I ZB 36/93 | | 3, § 9 MarkenG | 96, 404 | | 96, 739 |
| 1086 | 14. 3. | I ZB 37/93 | | 4, § 9 MarkenG | 96, 406 | | 97, 567 |
| 1087 | 28. 3. | I ZR 11/94 | | 711, § 1 UWG | 96, 508 | | 96, 710 |
| 1088 | 28. 3. | I ZR 39/94 | | 712, § 1 UWG | 96, 781 | 96, 713 | 96, 713 |
| 1089 | 16. 4. | XI ZR 138/95 | 132, 313 | 156, § 134 BGB | | 96, 647 | 96, 744 |
| 1090 | 18. 4. | I ZB 3/94 | | 6, § 9 MarkenG | 96, 774 | | |
| 1091 | 9. 5. | I ZB 11/94 | | 5, § 9 MarkenG | 96, 775 | | 96, 903 |
| 1092 | 7. 6. | I ZB 10/94 | | 2, § 8 MarkenG | 96, 771 | | 96, 1160 |
| 1093 | 7. 6. | I ZR 103/94 | | 385, § 3 UWG | 96, 802 | | 96, 1032 |
| 1094 | 13. 6. | I ZB 18/94 | | 7, § 9 MarkenG | 96, 777 | | 97, 569 |
| 1095 | 20. 6. | I ZB 31/95 | | 1, § 8 MarkenG | 96, 770 | | 96, 1042 |
| 1096 | 4. 7. | I ZB 6/94 | | 8, § 9 MarkenG | 96, 977 | | 97, 571 |
| 1097 | 26. 9. | X ZR 72/94 | | | 97, 116 | | |
| 1098 | 21. 11. | I ZR 149/94 | | 6, § 5 MarkenG | 97, 468 | | 97, 1093 |
| 1099 | 5. 12. | I ZR 157/94 | | 727, § 1 UWG | 97, 311 | | 97, 310 |
| 1100 | 12. 12. | I ZB 15/94 | | 2, MarkenRL | 97, 221 | | 97, 557 |
| 1101 | 12. 12. | I ZB 8/96 | | 1, § 83 MarkenG | 97, 223 | | 97, 560 |
| | **1997** | | | | | | |
| 1102 | 16. 1. | I ZR 225/94 | | 396/397, § 3 UWG | 97, 669 | | 97, 731 |
| 1103 | 30. 1. | I ZB 3/95 | | 2, § 83 MarkenG | 97, 637 | | 97, 762 |
| 1104 | 20. 2. | I ZR 187/94 | | 156, § 16 UWG | 97, 903 | | 97, 1081 |
| 1105 | 27. 2. | I ZB 2/95 | | 68, § 4 WZG | 97, 627 | | 97, 739 |
| 1106 | 13. 3. | I ZB 4/95 | | 9, § 8 MarkenG | 97, 634 | | 97, 758 |
| 1107 | 20. 3. | I ZR 246/94 | | 736, § 1 UWG | 97, 754 | 97, 719 | 97, 748 |
| 1108 | 20. 3. | I ZR 6/95 | | 45, § 11 WZG | 97, 747 | | 97, 1089 |
| 1109 | 10. 4. | I ZR 234/91 | | | | | |
| 1110 | 10. 4. | I ZR 65/92 | | 66, § 15 WZG | 97, 629 | | 97, 742 |
| 1111 | 10. 4. | I ZR 178/94 | | 7, § 5 MarkenG | 97, 661 | 97, 761 | 97, 751 |
| 1112 | 10. 4. | I ZR 242/94 | 135, 183 | 1, § 18 MarkenG | 97, 899 | | 97, 1189 |
| 1113 | 10. 4. | I ZB 1/95 | | 8, § 8 MarkenG | 97, 527 | | 97, 755 |
| 1114 | 17. 4. | X ZR 2/96 | | | 97, 741 | | 97, 957 |
| 1115 | 24. 4. | I ZR 233/94 | | 7, § 15 MarkenG; 12, § 5 MarkenG | 97, 902 | | 97, 1181 |
| 1116 | 24. 4. | I ZR 44/95 | 135, 278 | 11, § 5 MarkenG | 98, 155 | | 97, 1184 |
| 1117 | 24. 4. | I ZB 1/96 | | 3, § 83 MarkenG | 97, 636 | | 97, 761 |
| 1118 | 29. 4. | X ZR 101/93 | | 1, § 141 PatG 1981 | 98, 133 | | |
| 1119 | 29. 4. | X ZB 13/96 | | | 97, 740 | | |
| 1120 | 29. 4. | X ZB 19/96 | 135, 298 | | 97, 890 | | |
| 1121 | 5. 6. | I ZR 38/95 | 136, 11 | 1, § 6 VermG | 97, 749 | | 97, 952 |
| 1122 | 17. 6. | X ZB 13/95 | | | 98, 363 | | 98, 64 |
| 1123 | 19. 6. | I ZB 7/95 | | | 98, 394 | | 98, 185 |
| 1124 | 19. 6. | I ZB 21/95 | | 4, § 83 MarkenG | 98, 396 | | 98, 184 |
| 1125 | 26. 6. | I ZR 192/94 | | 1, EWG-VO 2333/92 | 97, 756 | | 97, 938 |
| 1126 | 26. 6. | I ZR 14/95 | | 157, § 16 UWG | 98, 165 | 98, 41 | 98, 51 |
| 1127 | 26. 6. | I ZR 56/95 | | 10, § 5 MarkenG | 97, 845 | | 97, 1091 |
| 1128 | 10. 7. | I ZB 6/95 | | 10, § 9 MarkenG | 97, 897 | | 97, 1186 |
| 1129 | 17. 7. | I ZR 228/94 | | 3, § 26 MarkenG | 97, 744 | | 97, 1085 |
| 1130 | 17. 7. | I ZR 58/95 | | | | | 98, 306 |
| 1131 | 16. 9. | X ZB 15/96 | 136, 337 | 46, Art. 103 GG | 98, 362 | | 98, 68 |
| 1132 | 2. 10. | I ZR 88/95 | 136, 380 | 35, § 97 UrkG | | 98, 85 | |
| 1133 | 2. 10. | I ZR 105/95 | | 10, § 15 MarkenG | 98, 391 | 98, 325 | 98, 394 |
| 1134 | 9. 10. | I ZR 95/95 | | 764, § 1 UWG | 98, 412 | | 98, 373 |

# Fundstellenverzeichnis BGH 1996, 1997

| BlPMZ | WM | NJW | MDR | ZIP | BB | DB | Schlagwort | Datum |
|---|---|---|---|---|---|---|---|---|
| 96, 132 | | 95, 615 | 96, 709 | 95, 1620 | | 95, 2105 | Altenburger Spielkartenfabrik | 29. 6. |
| 96, 182 | | 96, 128 | | | | | Füllkörper | 6. 7. |
| | | 95, 1379 RR | 96, 276 | | | 95, 2313 | FUNNY-PAPER | 12. 7. |
| 96, 276 | | 95, 2985 | 96, 930 | | | 95, 2416 | Torres | 12. 7. |
| 96, 276 | | 96, 230 RR | 96, 707 | | 96, 1032 | 96, 771 | COTTON LINE | 27. 9. |
| 96, 276 | | 96, 260 | 96, 490 | | | | Spielzeugautos | 12. 10. |
| 96, 223 | | 96, 1592 | 96, 815 | | 96, 1032 | 96, 1467 | Innovadiclophlont | 25. 10. |
| 96, 184 | | 96, 1137 | 96, 1032 | | 96, 1032 | 96, 1467 | UHQ II | 9. 11. |
| | | 96, 553 RR | 96, 600 | | 96, 1032 | 96, 879 | MADEIRA | 30. 11. |
| 96, 357 | | 96, 487 RR | 96, 379 | | 96, 1031 | 96, 1467 | Aqua | 7. 12. |
| 96, 357 | | 96, 994 | 96, 599 | | 96, 1031 | 96, 826 | Gefärbte Jeans | 14. 12. |
| | | 96, 613 RR | 96, 488 | | | 96, 880 | Vakuumpumpen | 14. 12. |
| | | | | | | | | **1996** |
| 96, 500 | 96, 1045 | 96, 1672 | 96, 705 | | 96, 1294 | 96, 1567 | J. C. Winter | 8. 2. |
| | | | 96, 1145 | | | | Germed | 8. 2. |
| 96, 411 | | 96, 999 RR | 96, 854 | | | | Schutzverkleidung | 13. 2. |
| | | 96, 2161 | 96, 1030 | | 96, 1959 | 96, 1334 | Der meistverkaufte Europas | 15. 2. |
| 96, 412 | | 96, 807 RR | 96, 812 | | 96, 1031 | 96, 1467 | Blendax Pep | 14. 3. |
| 96, 414 | | 96, 808 RR | 96, 813 | | | | JUWEL | 14. 3. |
| | | 96, 805 RR | 96, 704 | | | 96, 1568 | Uhren-Applikation | 28. 3. |
| | 96, 1866 | 96, 1196 RR | 96, 1143 | | | 96, 1618 | Verbrauchsmaterialien | 28. 3. |
| | 96, 995 | 96, 1812 | 96, 700 | 96, 913 | 96, 1186 | 96, 2537 | Akkreditiv-Übertragung | 16. 4. |
| 96, 496 | | 96, 1513 RR | 97, 59 | | | | falke-run | 18. 4. |
| 96, 415 | | 96, 1256 RR | 96, 1142 | | | 97, 93 | Sali Toft | 9. 5. |
| 97, 26 | | 97, 38 RR | 97, 57 | | | | THE HOME DEPOT | 7. 6. |
| | | 96, 3083 | 96, 1255 | | | 97, 86 | Klinik | 7. 6. |
| 97, 28 | | 97, 39 RR | 97, 56 | | | 97, 93 | JOY | 13. 6. |
| 96, 498 | | 96, 1258 RR | 96, 1028 | | | 97, 164 | MEGA | 20. 6. |
| 96, 499 | | 96, 1512 RR | 96, 1254 | | | | DRANO | 4. 7. |
| 97, 221 | | 97, 421 RR | 97, 965 | | | | Prospekthalter | 26. 9. |
| | | 97, 1928 | 97, 768 | | | | NetCom | 21. 11. |
| | | 97, 614 RR | 97, 672 | | | 97, 1075 | Yellow Phone | 5. 12. |
| 97, 171 | 97, 93 | 97, 88 EW | | | | 97, 1563 | Canon | 12. 12. |
| 97, 224 | | 97, 2524 | 97, 683 | | | | Ceco | 12. 12. |
| | | | | | | | | **1997** |
| | 97, 1347 | 97, 2817 | 97, 1146 | | | 97, 1767 | Euromint | 16. 1. |
| 97, 359 | | 97, 990 RR | | | | | Top Selection | 30. 1. |
| | 97, 2373 | 97, 2952 | | | | | GARONOR | 20. 2. |
| 97, 360 | | 97, 1197 RR | | | | | à la Carte | 27. 2. |
| 97, 433 | | 98, 43 RR | | | | | Turbo II | 13. 3. |
| | | 97, 2379 | 97, 1048 | | | | grau/magenta | 20. 3. |
| 98, 204 | | 97, 3317 | | | | 97, 1920 | Cirkulin | 20. 3. |
| | | | | | | | KERLONE | 10. 4. |
| 97, 402 | | 97, 2449 | 97, 962 | 97, 34 A | | | Sermion II | 10. 4. |
| | 97, 1542 | 97, 285 DtZ | 98, 117 | 97, 1353 | 97, 2448 | | B.Z./Berliner Zeitung | 10. 4. |
| 98, 198 | | 97, 3443 | 98, 116 | | 97, 2126 | 97, 2271 | Vernichtungsanspruch | 10. 4. |
| 97, 318 | | 97, 1263 RR | | | | 97, 1563 | Autofelge | 10. 4. |
| | | 98, 331 RR | | | | | Chinaherde | 17. 4. |
| 98, 198 | 97, 2228 | 97, 3315 | 98, 56 | | | | FTOS | 24. 4. |
| 98, 83 | 97, 2230 | 97, 3313 | 98, 57 | | | | PowerPoint | 24. 4. |
| | | 97, 1195 RR | | | | | Makol | 24. 4. |
| 98, 201 | | 97, 1196 RR | | 97, 866 | 97, 1555 | | Kunststoffaufbereitung | 29. 4. |
| 98, 201 | | 97, 1329 RR | | | | | Tabakdose | 29. 4. |
| 97, 396 | | 97, 2683 | | | 97, 2612 | | Drahtbiegemaschine | 29. 4. |
| 98, 204 | 97, 1910 | 97, 2948 | 98, 175 | 97, 1716 | | | L'Orange | 5. 6. |
| 98, 31 | | | | | | | Idarubicin | 17. 6. |
| 98, 150 | | 98, 475 RR | 98, 360 | | | | Active Line | 19. 6. |
| 98, 428 | | 98, 477 RR | | | | | Individual | 19. 6. |
| | | | | | | | Kessler Hochgewächs | 26. 6. |
| | 98, 306 | 98, 253 RR | 98, 428 | | 97, 2611 | | RBB | 26. 6. |
| 97, 435 | | 97, 1402 RR | 98, 56 | | | | Immo-Data | 26. 6. |
| 98, 202 | | 98, 41 RR | | | | | IONOFIL | 10. 7. |
| 98, 198 | | 98, 315 | | | | | ECCO I | 17. 7. |
| | | | | | | | TIAPRIDAL | 17. 7. |
| 98, 426 | | 98, 459 | | | 97, 2612 | | Rechtliches Gehör II | 16. 9. |
| | 98, 200 | 98, 1395 | | | | | Spielbankaffäre | 2. 10. |
| | 98, 1094 | 98, 1150 | | | 98, 867 | 98, 512 | Dr. St... Nachf. | 2. 10. |
| | | 98, 694 RR | 98, 670 | | | 98, 1559 | Analgin | 9. 10. |

# Fundstellenverzeichnis BGH  1998    Chronologisches

| Nr. | Datum | Az. | BGHZ | LM, Nr. zu § | GRUR | EWiR | WRP |
|---|---|---|---|---|---|---|---|
| 1135 | 23. 10. | I ZB 18/95 | | 12, § 8 MarkenG | 98, 465 | | 98, 492 |
| 1136 | 6. 11. | I ZB 17/95 | | 11, § 8 MarkenG | | | 98, 495 |
| 1137 | 13. 11. | I ZB 22/95 | | 11, § 9 MarkenG | 99, 158 | | 98, 747 |
| 1138 | 13. 11. | X ZR 132/95 | 137, 162 | 8, § 9 ArbEG | 98, 689 | | 98, 397 |
| 1139 | 26. 11. | I ZR 136/95 | | 66, § 5 WZG | 98, 570 | | 98, 497 |
| 1140 | 4. 12. | I ZR 111/95 | | 3, § 14 MarkenG | 98, 815 | | 98, 755 |
| 1141 | 18. 12. | I ZR 163/95 | | 4, § 14 MarkenG | 98, 934 | | 98, 759 |

| Nr. | Datum | Az. | BGHZ | LM, Nr. zu § | GRUR | EWiR | WRP |
|---|---|---|---|---|---|---|---|
| | **1998** | | | | | | |
| 1142 | 15. 1. | I ZR 259/95 | | 1, § 23 MarkenG | 98, 697 | 98, 661 | 98, 763 |
| 1143 | 15. 1 | I ZR 282/95 | | 13, § 5 MarkenG | 98, 1010 | | 98, 877 |
| 1144 | 16. 1. | I ZR 225/94 | | 396/397, § 3 UWG | 97, 669 | | 97, 731 |
| 1145 | 22. 1. | I ZR 113/95 | | 1, § 28 MarkenG | 98, 699 | | 98, 600 |
| 1146 | 5. 2 | I ZB 25/95 | | 13, § 8 MarkenG | 98, 813 | 98, 611 | 98, 745 |
| 1147 | 5. 2. | I ZR 211/95 | | 773, § 1 UWG | 98, 824 | 98, 713 | 98, 718 |
| 1148 | 12. 2. | I ZB 23/97 | | 5, § 83 MarkenG | 98, 817 | | 98, 766 |
| 1149 | 12. 2. | I ZB 32/95 | | 12, § 9 MarkenG | 98, 924 | | 98, 875 |
| 1150 | 12. 2. | I ZR 241/95 | | 5, § 14 MarkenG | 98, 696 | | 98, 604 |
| 1151 | 19. 2. | I ZR 138/95 | | | 98, 1034 | | |
| 1152 | 5. 3. | I ZR 13/96 | | 767, § 1 UWG | 98, 830 | 98, 617 | 98, 732 |
| 1153 | 5. 3. | I ZB 28/95 | | 13, § 9 MarkenG | 98, 932 | | 98, 868 |
| 1154 | 19. 3. | I ZB 29/95 | | 14, § 9 MarkenG | 98, 925 | | 98, 750 |
| 1155 | 2. 4. | I ZB 22/93 | | 2, § 89 MarkenG | 98, 818 | | 98, 767 |
| 1156 | 2. 4. | I ZB 25/96 | | 15, § 9 MarkenG | 98, 927 | | 98, 872 |
| 1157 | 30. 4 | I ZR 268/95 | 138, 349 | 7, § 14 MarkenG | 99, 161 | 98, 991 | 98, 1181 |
| 1158 | 12. 5 | X ZR 115/96 | | | 99, 145 | | |
| 1159 | 14. 5. | I ZB 9/96 | | 1, § 43 MarkenG | 98, 938 | | 98, 993 |
| 1160 | 28. 5. | I ZR 33/95 | | 16, § 9 MarkenG | 98, 930 | | 98, 752 |
| 1161 | 18. 6. | I ZR 15/96 | | 125, § 31 WZG | 98, 942 | 98, 1101 | 98, 990 |
| 1162 | 18. 6. | I ZR 25/96 | | | 99, 238 | 98, 1141 | 99, 189 |
| 1163 | 25. 6. | I ZB 10/96 | | | 99, 240 | | 98, 1177 |
| 1164 | 25. 6. | I ZB 11/96 | | | 99, 241 | | 98, 1179 |
| 1165 | 25. 6. | I ZR 62/96 | | | 98, 956 | | |
| 1166 | 2. 7. | I ZR 54/96 | | | 99, 251 | | 98, 998 |
| 1167 | 2. 7. | I ZR 55/96 | | 1, § 126 MarkenG | 99, 252 | | 98, 1002 |
| 1168 | 2. 7. | I ZB 36/95 | | | 98, 1014 | | 98, 988 |
| 1169 | 2. 7. | I ZR 273/95 | | | 99, 155 | | 98, 1006 |
| 1170 | 2. 7. | I ZB 24/97 | | 2, § 82 MarkenG | 98, 940 | | 98, 996 |
| 1171 | 2. 7. | I ZB 6/96 | | | 99, 52 | | 98, 986 |
| 1172 | 9. 7. | I ZB 37/96 | | | 99, 54 | | 98, 1081 |
| 1173 | 9. 7. | I ZB 7/96 | | | 99, 167 | | 98, 1083 |
| 1174 | 16. 7. | I ZB 5/96 | | | 99, 164 | | 98, 1078 |
| 1175 | 16. 7. | I ZR 6/96 | | 14, § 5 MarkenG | 99, 235 | | 99, 186 |
| 1176 | 16. 7. | I ZR 32/96 | | | | 99, 45 | 99, 208 |
| 1177 | 1. 10. | I ZB 28/96 | | | 99, 241 | | 99, 192 |
| 1178 | 8. 10. | I ZB 35/95 | | | 99, 245 | | 99, 196 |
| 1179 | 15. 10. | I ZR 69/96 | | | | | |
| 1180 | 5. 11. | I ZR 176/96 | | | | | 99, 432 |
| 1181 | 26. 11. | I ZB 18/96 | | | | | |
| 1182 | 3. 12. | I ZB 14/98 | | | | | 99, 435 |
| 1183 | 10. 12. | I ZB 20/96 | | | | | 99, 430 |

# 1998 Fundstellenverzeichnis BGH

| BlPMZ | WM | NJW | MDR | ZIP | BB | DB | Schlagwort | Datum |
|---|---|---|---|---|---|---|---|---|
| 98, 249 | | 98, 619 RR | | | | 98, 1560 | BONUS | 23. 10. |
| 98, 248 | | 98, 1261 RR | | | 98, 1230 | 98, 1029 | Today | 6. 11. |
| 98, 426 | | 99, 7 EW | | | | | GARIBALDI | 13. 11. |
| 98, 276 | | 98, 3492 | | | 98, 750 | 98, 771 | Copolyester II | 13. 11. |
| 98, 428 | | 98, 697 RR | | | | | Sapen | 6. 11. |
| | | 99, 9 EW | | | | | Nitrangin | 4. 12. |
| | | 98, 249 EW | | | | | Wunderbaum | 18. 12. |

| BlPMZ | MarkenR | NJW | MDR | ZiP | BB | DB | Schlagwort | Datum |
|---|---|---|---|---|---|---|---|---|
| | | | | | | | | **1998** |
| 98, 467 | | 98, 1418 RR | | | 98, 1177 | 98, 1560 | VENUS MULTI | 15. 1. |
| | | 98, 1651 RR | | | | | WINCAD | 15. 1. |
| | | 97, 2817 | 97, 1146 | | | 97, 1767 | Euromint | 16. 1. |
| 98, 467 | | 98, 1050 RR | | | | 98, 1560 | SAM | 22. 1. |
| 98, 366 | | 98, 1053 RR | | | | | CHANGE | 5. 2. |
| | | 98, 2208 | 98, 1238 | 98, 1084 | 98, 2225 | 98, 2161 | Testpreis-Angebot | 5. 2. |
| 99, 29 | | 98, 1261 RR | | | | 98, 1560 | DORMA | 12. 2. |
| 98, 467 | | 98, 1655 RR | | | | | salvent | 12. 2. |
| 98, 467 | | 98, 2045 | 98, 1112 | | 98, 1130 | 98, 1559 | Rolex-Uhr mit Diamanten | 12. 2. |
| | | | 98, 1362 | | | | Makalu | 19. 2. |
| | | 98, 3773 | | | | | Les-Paul-Gitarren | 5. 3. |
| 98, 469 | | 98, 1416 RR | | | | | MEISTERBRAND | 5. 3. |
| | | 98, 281 EW | | | | | | |
| 98, 471 | | 98, 1737 RR | | | | | Bisotherm-Stein | 19. 3. |
| 98, 367 | | 98, 1203 RR | | | | | Puma | 2. 4. |
| 98, 473 | | 98, 1414 RR | | | | | COMPO-SANA | 2. 4. |
| | | 98, 280 EW | | | | | | |
| | | 98, 3781 | | | | | MAC Dog | 30. 4. |
| 99,28 | | 98, 1732 RR | | | | | Stoßwellen-Lithotripter | 12. 5 |
| 98, 519 | | 98, 1506 RR | | | | 98, 2321 | DRAGON | 14. 5. |
| 98, 475 | | 98, 3565 | | | | | Fläminger | 28. 5. |
| | | 98, 1575 RR | | 98, 76 A | | | ALKA-SELTZER | 18. 6. |
| 99, 29 | 99, 28 | 99, 340 RR | | | | | Tour de culture | 18. 6. |
| 98, 521 | | 99, 113 RR | | | | | STEPHANSKRONE I | 25. 6. |
| 98, 522 | | 99, 114 RR | | | | | STEPHANSKRONE II | 25. 6. |
| | | | | 99, 110 | | | Titelschutzanzeigen für Dritte | 25. 6. |
| | | | | | 98, 2074 | | Warsteiner I | 2. 7. |
| 99, 29 | | 98, 3489 | | | 98, 2076 | | Warsteiner II | 2. 7. |
| 98, 524 | | 99, 43 RR | | | | | ECCO II | 2. 7. |
| | | 99, 60 EW | | | | | | |
| | | 98, 3052 | | | | | DRIBECK's LIGHT | 2. 7. |
| 98, 527 | | 98, 1504 RR | 99, 109 | | | | SANOPHARM | 2. 7. |
| 98, 525 | | 99, 44 RR | | | | 98, 2321 | EKKO BLEIFREI | 2. 7. |
| | | 99, 60 EW | | | | | | |
| 99, 30 | | | | | 98, 2283 | | Holtkamp | 9. 7. |
| 99, 29 | | 98, 1654 RR | | | 98, 2283 | | Karolus-Magnus | 9. 7. |
| 99, 32 | | 99, 116 RR | | | 99, 232 | | JOHN LOBB | 16. 7. |
| | 99, 25 | 99, 338 RR | | | | | Wheels Magazine | 16. 7. |
| | | 99, 363 | | | | | Vieraugengespräch | 16. 7. |
| | | 99, 360 | | | | | Lions | 1. 10. |
| | 99, 61 | | | | | | LIBERO | 8. 10. |
| | | 99, 948 | | | | | Vergleichen Sie | 15. 10. |
| | 99, 90 | | | | | | Achterdiek | 5. 11. |
| | 99, 93 | | | | | | TIFFANY | 26. 11. |
| | 99, 92 | | | | | | DILZEM | 3. 12. |
| | 99, 64 | | | | | | Farbmarke gelb/schwarz | 10. 12. |

# 3. Chronologisches Fundstellenverzeichnis für Entscheidungen des Bundespatentgerichts mit alphabetischem Entscheidungsregister

## Inhaltsübersicht

a) Alphabetisches Entscheidungsregister ........................................................ 2718
b) Chronologisches Fundstellenverzeichnis .................................................. 2733

# Fundstellenverzeichnis BPatG A3  Alphabetisches

## a) Alphabetisches Entscheidungsregister

Die Ziffern des alphabetischen Entscheidungsregisters bedeuten die laufenden Nummern
des chronologischen Fundstellenverzeichnisses.

| | |
|---|---|
| A3 .................................................... 1762 | Amalfi .................................................. 282 |
| A4 .................................................... 1763 | AMERICA TODAY ............................ 1540 |
| A6 .................................................... 1764 | Aminonorm/Kamillonorm ................. 357 |
| A8 .................................................... 1765 | amor-teen/Amoor-teen ...................... 821 |
| AALOHA ......................................... 1234 | AMORA ............................................. 540 |
| Abbildung eines Engelskopfes ........ 1775 | Amp-Edge/Esge ................................. 239 |
| Abhilfe VI ........................................ 1125 | Amtshaftung .................................... 1233 |
| ABN Bank ........................................ 975 | Andree ............................................. 1523 |
| Absatzrat ........................................... 240 | Anginexol/Anginex .......................... 1142 |
| ABSOLUT ....................................... 1588 | Anginfant ........................................... 692 |
| Absperrpoller ................................. 1454 | ANGO/ANG ..................................... 720 |
| Acafe .................................................. 206 | Animed/Anämex ............................... 482 |
| Acelat ................................................ 4 | Ankertex ............................................ 271 |
| AD ..................................................... 996 | Anmeldetag ..................................... 1594 |
| ADA GRIMALDI ............................ 1435 | Antibiotika/Dermatika ...................... 953 |
| Adalbert Prinz von Bayern ............. 1419 | Anwalt's Liebling ............................ 1672 |
| ADAMS sour apple GUM/Appel ...... 556 | Anwaltliche Doppelqualifikation .... 1300 |
| adato .............................................. 1196 | Anwaltlicher Verantwortungsbereich ..... 1659 |
| Adex ................................................... 138 | Anwaltlicher Verantwortungsbereich I ... 1660 |
| ADJUTOR ........................................ 633 | Apache/Winnetou ............................. 449 |
| Adlerhorst .......................................... 690 | Apfelbauer ...................................... 1681 |
| Adrett ................................................... 32 | Apia .................................................... 612 |
| ADVANCESTACK .......................... 1832 | APISOL ........................................... 1423 |
| ADVANTAGE .................................. 1914 | APOLLO ............................................ 745 |
| AFTER EIGHT ............................... 1102 | äppel glugger/APPEL ....................... 830 |
| Ahornblatt ....................................... 1701 | ARAL-blau I .................................... 1931 |
| Ahornblatt I .................................... 1702 | ARAL-blau II ................................... 1932 |
| Ahornblatt II ................................... 1703 | ARAL-blau III .................................. 1933 |
| Ahornblatt III .................................. 1704 | ARAL-Blau/Weiß ............................ 1930 |
| Ahornblatt IV .................................. 1705 | Arcel/Acella ...................................... 972 |
| Ahornblatt V ................................... 1706 | Ardor/Ardon ..................................... 671 |
| Ahornblatt VI .................................. 1707 | Ariston .............................................. 154 |
| AIR-AIR ............................................ 867 | ARMOGLOSS/ARNO ....................... 474 |
| Airesco/Eres ..................................... 341 | Arran .............................................. 1293 |
| airomatic/Airop ................................ 609 | ARS ELECTRONICA ..................... 1150 |
| Akteneinsicht .................................... 233 | ART TEC ........................................ 1756 |
| Akteneinsicht durch Dritte ............ 1371 | Arthrodest ...................................... 1198 |
| Akteneinsicht II ................................ 294 | ARTHROSAN ................................ 1444 |
| Akteneinsichtsinteresse ................... 878 | Asid Bonz/BONZO ......................... 1098 |
| ALBA/Alpha, alfa-time ................... 1035 | ASPARICOR/Aspirin ........................ 404 |
| ALBATRIN ..................................... 1078 | ASTHMA-BRAUSE ........................ 1650 |
| Albiose .............................................. 112 | ASTRA ............................................ 1530 |
| ALCA-CE/Alco .................................. 476 | ASTRO ............................................ 1308 |
| Aldeck/Waldeck ................................ 879 | ATLANTA ......................................... 942 |
| Ale-vita/Vitam-R .............................. 766 | Atlanta-Extra .................................... 213 |
| ALL ................................................... 998 | audio 1/audio 250, 300, 310 ........... 776 |
| allsport ............................................... 994 | Augusta .......................................... 1139 |
| Alma .................................................. 309 | ! ...................................................... 1714 |
| Alpenflora/Alpenblüte ...................... 403 | AUTOHOBBY .................................... 602 |
| ALPHA ............................................ 1155 | Autokühlergrill ................................. 724 |
| alpharma ........................................ 1175 | AUTOPARTNER ............................ 1697 |
| Alpurit/Aleurit ................................... 293 | autosoft ........................................... 1816 |
| ALTA ............................................... 1638 | AVANTGARDE .............................. 1661 |
| ALTUGLAS ....................................... 157 | AVANTI .......................................... 1555 |
| Alu-Instrument .............................. 1105 | AVEL/Vela und Wella .................... 1302 |

| Entscheidungsregister | | Caro Fundstellenverzeichnis BPatG | |
|---|---|---|---|
| Avenue | 66 | BIO | 1462 |
| Aviation Week & Space Technology | 1907 | Biobest/Bio, Test | 420 |
| avitron | 592 | Biofix | 29 |
| AVS | 1010 | BIOMINT | 758 |
| Azet | 135 | BioMix | 791 |
| | | BIONAPLUS | 1391 |
| BACTRIM/Azubactrin | 1373 | BIOSALM | 1318 |
| BAECKER | 987 | Biozon | 1212 |
| Bajo | 353 | Biscote by Claudio/claudia | 1467 |
| Balfast | 1154 | Bisotherm-Stein | 1486 |
| Balital | 361 | Black John/Lord John | 1104 |
| BALUBA | 1547 | Black Rage | 481 |
| Bambino | 107 | blaue Vierkantflasche | 1853 |
| Banesto | 1691 | BLAZEMASTER | 1186 |
| BARBEIDOS | 1636 | Blendi | 1440 |
| BARTLES & JAYMES | 1273 | Blinkers | 787 |
| Bär | 1831 | BLITZCARD | 1118 |
| BATIDA | 1312 | Blood Pressure Watch | 1665 |
| BAUMEISTER-HAUS | 1923 | BLUE LINE | 1564 |
| BauMineral | 1760 | BLUE MAX/MARS | 1132 |
| BAURAL/RAL | 932 | Blumenigel | 504 |
| Baustoffe | 258 | Bommi | 1028 |
| Bayer | 1779 | BOND STREET | 1003 |
| Beckers Snacky Dogs/Knacki | 967 | BOND STREET | 1021 |
| BEERENHEXE | 919 | BONGO | 1439 |
| BEKA Robusta | 1091 | bonjour | 1717 |
| belair | 1201 | BONUS | 1463 |
| Bella Bimba | 799 | BORIS | 1205 |
| Bellamedosan | 11 | BORIS BECKER | 1903 |
| belmare | 1185 | Botschafter/Ambassadeur | 312 |
| Benadretten | 183 | BRANDT ECCO | 1508 |
| Benedictus | 158 | BRASILIA | 698 |
| benetton | 1787 | Bratwursthäusele | 428 |
| BENICIL-IBSA/MEXTIL | 1169 | Brio/Brioui | 267 |
| Benutzungszwang | 591 | Brisk/Brisa | 454 |
| Benvenuto | 1514 | Bristol | 35 |
| BERGATAN/PRAECUTAN | 929 | Broadway | 172 |
| BERGER | 1458 | BROADWAY | 1753 |
| Berliner Allgemeine | 1600 | BRONQUIL | 243 |
| Berliner Bär | 30 | Bücher für eine bessere Welt | 1744 |
| Beschleunigungsgebühr | 169 | Bücher für eine bessere Welt I | 1745 |
| Beschleunigungsgebühr | 1653 | Bücher für eine humanere Welt | 1746 |
| Beschleunigungsgebühr | 1841 | Burg Layer-Weincabinet/Burg | 899 |
| Beschlußabschrift I | 1323 | BURGER KING/GING | 955 |
| Beschlußabschrift II | 1330 | Burgol | 186 |
| Beschlußabschrift III | 1342 | BUSINESS WEEK | 1149 |
| Beschlußänderung, Kostenauferlegung | 263 | | |
| Beschwerdefrist | 1539 | C 1 | 1828 |
| Beschwerdegebühr | 1868 | c.o.a./Kosa | 703 |
| Beschwerdestreitwert | 279 | C/Champion | 1229 |
| bessa | 538 | Calimbo/CALYPSO | 1396 |
| Bestellung eines Inlandsvertreters | 1261 | CALYPSOL BIOLUBE | 1334 |
| BETA | 1671 | Campino | 1484 |
| Betoflex/VITOFLEX | 1103 | Campione | 519 |
| Betonfilter | 553 | CANA | 441 |
| Betriebsverpachtung | 60 | Cantoris | 1089 |
| B-Free | 307 | CAPITO | 1506 |
| BGHZ | 1597 | Capriole/Capitol | 296 |
| BICAP | 1075 | Cardinal | 44 |
| BIDS | 1253 | Cardinal | 91 |
| Biene Maja | 1096 | Carl Link | 1769 |
| Bierhand | 1352 | Carlton | 287 |
| Bilderbuch Deutschland | 1904 | Carlton | 291 |
| Billy the Kid | 1392 | Caro | 837 |

# Fundstellenverzeichnis BPatG   Casa Domingo   Alphabetisches

| | |
|---|---|
| Casa Domingo | 711 |
| CA-SCHEDULER | 1157 |
| CASTELLONIC/CASTELL | 851 |
| Castora/Valora | 492 |
| Cavallino/Pferdemarke | 705 |
| Cbon | 102 |
| CD-Hülle | 1826 |
| Cefopor | 1878 |
| CELA | 1240 |
| centracolor | 600 |
| Ceresan | 754 |
| Cevical | 202 |
| CFC | 676 |
| Chambord | 99 |
| Champion | 1107 |
| Champs Elysée | 59 |
| Chancellor/Charmella | 306 |
| CHANGE | 1457 |
| CHARRIER | 1502 |
| CHARTWELL/STANWELL | 806 |
| CHATONDOR | 642 |
| Chemoform | 701 |
| CHEVY | 1382 |
| Chevy | 1913 |
| Chico/wico | 625 |
| CHIN LEE | 1612 |
| Chinesische Schriftzeichen | 1601 |
| Chirodrill | 649 |
| Chloromycetin | 219 |
| Choko-Flakes | 410 |
| CIAO | 1584 |
| Cit/Citi | 246 |
| City | 637 |
| Clair Printemps/Clairol/Clairex | 304 |
| Claude Ferraud/Louis Féraud | 939 |
| climaaktivplus | 1559 |
| climaplus | 1558 |
| CLINICULT/CLINITEST, CLINISTIX | 603 |
| Club | 730 |
| Club 99 | 108 |
| Club-Pilsener | 546 |
| COLLEEN/COLGATE | 844 |
| Colloduron/Duron | 370 |
| Color COLLECTION | 1524 |
| colorclip | 40 |
| Colors | 1675 |
| COLORS | 1776 |
| COLORSCRIPT | 1471 |
| Colours by Alexander Julian/Alexander | 1174 |
| Combina | 1194 |
| Compliment | 1461 |
| COMPOSIT | 584 |
| Compucolor | 1153 |
| COMPUTER ASSOCIATES | 1383 |
| Comtesse Esther de Pommery | 1459 |
| CONDUCTOR | 1259 |
| CONNOISSEUR | 1170 |
| CONNY | 245 |
| Contact | 248 |
| Content | 375 |
| contour | 907 |
| CONTOUR | 1527 |
| Contram | 763 |
| Convaforat | 124 |
| CORAN | 1148 |
| CORDOXENE/Cordalin | 741 |
| Cork Dry Gin | 927 |
| Coro-wrap/Coroplast | 290 |
| corton | 1460 |
| Corvasal/Corvaton | 1036 |
| COSA NOSTRA | 1511 |
| Cosmo-Cola/Coca-Cola | 795 |
| Cosy Issy | 779 |
| COTTON CLUB | 1379 |
| Coup | 268 |
| Coveri | 1674 |
| COWBOYS | 1685 |
| Crackers | 456 |
| Cratiserp | 170 |
| CRAVEN A | 1404 |
| creactiv | 1752 |
| CREATION GROSS | 1294 |
| Crenin/Kreon | 461 |
| cril/Leacril | 352 |
| CRISTALLO | 1686 |
| CT | 1924 |
| Cuja Cuja/COCA-COLA | 1040 |
| curadental/cura dentale | 845 |
| Curoniert | 167 |
| Cyclophamid | 1385 |
| Cycostat/Citostal | 618 |
| d. as. | 1037 |
| DAKS/DAX | 617 |
| Dall' Opera | 1448 |
| Dara I/O | 1790 |
| Das entspannte Etikett | 95 |
| DataSearch | 1908 |
| Datenträger | 1088 |
| DAVIS CUP | 1421 |
| DEADLINE | 1137 |
| Decaffè | 281 |
| Decefix/Tesafix | 221 |
| DECISION DATA | 756 |
| Decostal/Deko | 561 |
| Dee/CEE | 882 |
| Defensivzeichen | 47 |
| DEFLATOR | 1101 |
| DEFLEX | 1213 |
| DEK | 1122 |
| DELIAL | 1507 |
| Delivia | 195 |
| demoarchiv | 979 |
| Den Mobilen gehört die Welt | 1655 |
| DENAJET | 1059 |
| DENTACONTROL | 1297 |
| Denticovision/MEDICOVISION | 943 |
| DENTO FRESSHHH | 1568 |
| Der Flüsternde | 709 |
| Der Innendienstbote | 1043 |
| DESIGNA | 1109 |
| Desinfektionsmittel | 1298 |
| Dessous for you | 1887 |
| Detraflex | 244 |
| DEUS | 1111 |
| DEVOLAC | 452 |
| DGIP | 1269 |
| Diamalz | 173 |

# Entscheidungsregister — evit/ELIT Fundstellenverzeichnis BPatG

| | |
|---|---|
| DIBEN | 1356 |
| Die Saubermacht | 526 |
| Die Zukunft braucht unsere besten Ideen | 1552 |
| Diego/Digocyclin | 321 |
| DIESEL | 1926 |
| Difex | 969 |
| Diform | 627 |
| Digesta | 13 |
| DIGIPHON | 1235 |
| digital | 1735 |
| DIMESCO/dynexan | 810 |
| Dimple-Flasche | 1866 |
| DINACOR/DIN | 397 |
| Dionin | 54 |
| dip'n strip | 1048 |
| Director | 387 |
| DISC PREENER | 780 |
| Discware | 1557 |
| DIVA | 1370 |
| Diva/DivaCell | 1355 |
| Divan | 1470 |
| Diversa/DIVERSA | 1013 |
| DLW duke/LORD | 596 |
| Doktorol/Doktorhin | 739 |
| DOLMYXIN/YXIN | 961 |
| Domchor von St. Hedwig | 1711 |
| Domkapelle/Domkapitel | 280 |
| DORMA | 1648 |
| DOSOPAK/DOSTRO | 478 |
| DOTTY | 1243 |
| DPM | 1840 |
| „DP mit Doppelstern" | 1073 |
| DR SCHOCK'S | 1281 |
| Drachenblut | 1290 |
| DRAGON | 1516 |
| Dreamwell/Dreamwave | 530 |
| Dreidimensionale Marke | 1652 |
| 3 x 3 Dr. Welkers/8 x 4 | 325 |
| Dresdner Stollen/Bischofswerda | 1767 |
| Druckbehälter | 678 |
| DSS | 1834 |
| Du darfst | 1664 |
| DUC DE SANDRY | 871 |
| Duchesse | 685 |
| Dujardin | 1274 |
| DULINDA/DUOLIND | 774 |
| DUOFILM | 1179 |
| Duotherm | 1405 |
| duplothan/Durethan | 868 |
| Durchsetzungs-Glaubhaftmachung | 146 |
| Durolloyd | 177 |
| | |
| E & J | 1007 |
| E · 4/8 × 4 | 473 |
| EASYCOAT | 1692 |
| EAZ | 1339 |
| ebeco | 209 |
| ECAFE/NESCAFÉ | 417 |
| Eder-Weine | 1030 |
| EGG McMUFFIN | 1070 |
| EGGER NATUR-BRÄU | 1348 |
| Ein besonderes Paar | 1740 |
| Einhebelmischer | 1901 |
| Einhebelmischer mit Gravur | 1819 |
| Ei-Nuß | 16 |
| Eisträumereien | 1446 |
| EKKO BLEIFREI | 1495 |
| ELASTOFORM | 1801 |
| Elastolan | 484 |
| Elastoped/elastic pad | 815 |
| Elcodur | 554 |
| ELCOM | 1643 |
| electronic/Millitronic-tron | 491 |
| ELEGAN | 1219 |
| elegantia | 289 |
| 11er | 1358 |
| ELEVAGE | 950 |
| ELFI RAUCH | 1610 |
| ELMED | 1490 |
| Elmetra/Eltro | 416 |
| ELOR/Ela-Kleidung | 496 |
| ELSA | 1699 |
| ELTA/ETA | 1329 |
| Elzym | 621 |
| Empyrean | 523 |
| ENFIELD | 1368 |
| Enigen | 5 |
| Entwicklungshilfe | 105 |
| EPOS | 1864 |
| EPRO | 64 |
| Equilac-Stutenmilch-Creme/ EQUIGARD | 936 |
| ERDINGER | 1407 |
| Erfri | 192 |
| ErgoPanel | 1585 |
| ERGOTEC/ErgoDesk | 1469 |
| Eri | 555 |
| Eringer | 1436 |
| Erinnerung | 1106 |
| Ernesto | 415 |
| Erpisette | 212 |
| ESA | 131 |
| ESDUR/C DUR | 551 |
| ESPADA/SWORD | 915 |
| ESPIRITO SANTO | 1202 |
| Essenzen | 185 |
| ESTAVITAL | 1583 |
| Estella | 171 |
| Eticoll/Pelicoll | 583 |
| Etiketten | 1518 |
| ETOP | 1689 |
| EUKRATON | 1806 |
| Eulengeschrei | 689 |
| eurAuPair | 1400 |
| Eurobrandy | 429 |
| EUROCONSULT | 1322 |
| Euro-Henkel/Eurosil | 402 |
| Euro-Herli | 729 |
| EUROHONKA | 1619 |
| EUROINVEST | 1321 |
| EUROMILK | 42 |
| Europa-Hölzer | 1823 |
| Europhyt | 178 |
| EUROTHERM | 338 |
| EUROVLIESELON | 308 |
| EUROWEA | 455 |
| Euroyal | 118 |
| evit/ELIT | 952 |

## Fundstellenverzeichnis BPatG EVOLUTION — Alphabetisches

| | |
|---|---|
| EVOLUTION | 1526 |
| EXACT | 1783 |
| EXPO 2000 Hannover | 1708 |
| EXTRAVERAL/Verla | 372 |
| EXTREME | 1377 |
| Eye shiner | 465 |
| Eye-catcher | 1193 |
| Fabrik | 811 |
| Fahrerkabinen | 1873 |
| Fahrerkabinen I | 1874 |
| Falke-Fleurs | 445 |
| Falscher Anmeldetag | 1291 |
| Falta | 775 |
| falter | 1080 |
| FAMARIT/Fama | 974 |
| Farbbezeichnung | 182 |
| Farbmarke | 1521 |
| Farbvariant | 311 |
| Farina/Farnissima | 813 |
| Favorit | 257 |
| Feerie/FEE | 1277 |
| FEGACO REN | 732 |
| FEIST BELMONT | 469 |
| Fejadur | 115 |
| FELOPIN | 1265 |
| Femilux | 133 |
| FENDOROL | 1336 |
| Fernettchen | 1468 |
| Fernöstliche Schriftzeichen | 1464 |
| FERROBRAUSE | 1649 |
| Festival | 92 |
| FFF clipstick | 686 |
| Filigran | 557 |
| Filme | 69 |
| Finishmaster | 1493 |
| Fisch | 1718 |
| Fixident/Dentofixin | 903 |
| FKS | 1730 |
| Fläkt | 1136 |
| Fläminger | 1496 |
| Flamingo | 1351 |
| Flaschenform | 1839 |
| FLEUR charme | 1353 |
| FLEUR D'OR | 1624 |
| Fliesenfreund | 1812 |
| FLINT | 640 |
| Flip-Top Box | 778 |
| FLOR'DA-SWEET | 767 |
| Florina/Florida | 599 |
| Flotationstrennung | 531 |
| Flottenmanöver | 665 |
| Fluanxol | 1090 |
| FLUDEX | 938 |
| Fluicil | 1009 |
| Flute/Zauberflöte | 790 |
| FOCUS/LOGOS | 1418 |
| fontana Getränkemarkt | 1534 |
| Foot-Joy/Joy | 1411 |
| FOOTWAX | 1215 |
| FOR YOU | 1593 |
| Formwerkzeuge für Kunststoffteile | 958 |
| FORTUNE | 582 |
| Fosecid | 1000 |
| FOSTRAN | 1698 |
| Fotografische Zeichendarstellung | 910 |
| fotoperpost/Der Photo Porst | 1144 |
| 4 You | 1432 |
| FRANCIS DRAKE/DRAKE | 1029 |
| franko | 643 |
| Freistempel | 876 |
| FRESCO/FRISCO GmbH | 681 |
| Freshys | 541 |
| Freunde für's Leben | 1738 |
| Frisch durch Frost | 249 |
| Friskis Wasserquelle/Quelle | 849 |
| FRITEX | 941 |
| FROSTIES | 1669 |
| FRUBIAVENRUBIA | 761 |
| Früchtetraum | 1694 |
| FRUCTA | 1465 |
| FRUCTA | 1554 |
| Frukina/FRUTERA | 926 |
| Frutopekta | 1006 |
| FÜNFER | 1680 |
| Fürstenthaler | 818 |
| G | 1220 |
| Gabelfix/Gabelfisch | 458 |
| GALLUP | 1896 |
| Gandria | 252 |
| Ganglian | 119 |
| GARANT | 1869 |
| GARIBALDI | 1453 |
| GASTRONet | 1815 |
| GASTROPIRENZ/Pirenzgast | 1217 |
| Gaststätten Rixdorf Hähnchenhaus | 509 |
| GDDM | 1872 |
| gdo | 1044 |
| Gebühren bei Kostenerinnerung | 1087 |
| Gebührenmarken | 468 |
| GebührenO f. PatAnw. | 284 |
| Gebührenstundung | 278 |
| geg Cocktail/Gesichtscocktail | 485 |
| Gegenstandswert für Widerspruchsverfahren | 1927 |
| Gehäuseträger II | 1890 |
| Gehäuseträger mit dazugehörigem Uhrgehäuse | 1891 |
| gelb-rot | 130 |
| Gemini/Zwilling | 498 |
| Genießer | 113 |
| Gentleman | 305 |
| Geschmacksanzeiger | 89 |
| Geschmackswunder | 783 |
| Gesichtstücher | 316 |
| GfK | 1162 |
| GG | 1166 |
| GG | 1343 |
| gigi | 1430 |
| GILSONITE | 1876 |
| Ginny | 1252 |
| GIORGIO LEONE | 1628 |
| GIRO | 1800 |
| GIRONDA | 1319 |
| GLASBORD | 1114 |
| Glass-line | 1387 |
| GLEITEEN | 1120 |

| | |
|---|---|
| GLISTER/Gliss | 1145 |
| GLOBAL SCAN | 1773 |
| Glockenblume | 24 |
| Gold Dust/Goldax | 472 |
| Gold/Gelb | 1754 |
| Goldbraun | 479 |
| Goldene Serie | 1827 |
| Goldener Herbst | 376 |
| Goldener Ritter | 713 |
| Goldener Zimt | 1724 |
| Goldenes Weinfaß | 957 |
| Goldkrone | 1567 |
| Goldweizen-Toast | 1026 |
| GOLDWELL-JET | 1602 |
| GOOD-LUCK | 57 |
| GOURMET | 1637 |
| GRAN | 1489 |
| Grand Bal | 285 |
| GREEN POINT | 1615 |
| Grepade/GEG-Grenade | 589 |
| GREYHOUND | 1409 |
| GREYHOUND | 1608 |
| grün/gelb | 1877 |
| Grünring | 573 |
| GT/GeTe | 601 |
| gutso | 421 |
| gutso | 432 |
| GUY | 1056 |
| GV | 1666 |
| H. J. Müller-Collection | 1307 |
| HAEMOCLAN/Hämocura | 684 |
| Hagalith | 187 |
| HAKU | 822 |
| Hamilton Beach | 747 |
| HANDBOOK | 1784 |
| Handelsgold | 110 |
| Happy Star/CAPPY | 826 |
| Harry's Fashion/„Hardy" | 964 |
| hausboy | 693 |
| Hautactiv | 1546 |
| HEAVEN-ICECREAM | 659 |
| HELIOS | 808 |
| Heliostar/Helios | 614 |
| Hellaplast | 214 |
| Hells Angels | 1780 |
| Hells Angels I | 1781 |
| Hells Angels II | 1782 |
| Hellysport/Helly-Hansen | 1214 |
| HELVETIA | 116 |
| HEMERAN | 1757 |
| Hepalbin/EKNALIN | 856 |
| Heparin Azuchemie | 1349 |
| Hepatomed/Toned | 548 |
| Herbasol/Herborat | 1124 |
| Herrenwitz/Winzerwitz | 489 |
| Herrschaftswein | 477 |
| Hertie | 1039 |
| Herzkaffee | 862 |
| Heute Express | 1677 |
| Highland Tower/Tower Club | 330 |
| HIGHSCREEN | 1535 |
| hipp hipp/BIP, BiP | 828 |
| HIRO | 1807 |
| HIT-SERT | 894 |
| HKS/WKS | 890 |
| Holstentor | 999 |
| Holtkamp | 1556 |
| HOMBRE/HÔM | 863 |
| Homburg | 840 |
| Honigglas | 1894 |
| Hopfengold | 1363 |
| HORTIVER | 1565 |
| HORTOPAPER/HORTEON | 1178 |
| HOSENBOY | 1543 |
| Hot-Club | 31 |
| Hotshower | 1394 |
| HOUSE OF BLUES | 1520 |
| Howeflor/Hecoflor | 318 |
| HP | 946 |
| HQ | 1770 |
| Hubert Gröner | 500 |
| Humana | 1505 |
| Hydro Lift | 205 |
| Hydrojoint | 1204 |
| Hygenita | 194 |
| HYGOLAN | 544 |
| IBA | 1251 |
| ICPI | 1560 |
| Igc | 781 |
| Immencron | 141 |
| IMMUNINE | 1673 |
| IMODIUM | 1792 |
| India | 985 |
| INDIKATIV SWF-3 | 1595 |
| Indo/Indometacin | 1264 |
| indojeans/Jeandigo | 895 |
| Indorektal | 1076 |
| INGO/Cosy Ango | 977 |
| Innovaaktiv | 1376 |
| INTECTA | 1591 |
| Inter | 893 |
| Interfashion | 85 |
| Interglas | 750 |
| interlumen | 691 |
| INTERQUARTZ | 966 |
| INTERSHOP | 1614 |
| Intersport | 1809 |
| Irmazol | 251 |
| IRONMAN TRIATHLON | 1332 |
| Is'egal | 1732 |
| ISKA | 960 |
| ISO-3 | 200 |
| Isoblette | 706 |
| Isoklepa-Werk Emil | 654 |
| ISOL | 831 |
| ISOPRINOSIN | 1063 |
| ISOSIL/ICOSIT | 1299 |
| I-STAT | 1381 |
| JACKIE | 364 |
| JACOMO | 1438 |
| Jagdfieber | 666 |
| JAY | 1296 |
| Jean Barth | 1447 |
| JEAN BARTHET/Jeanette MODELL | 431 |
| Jeannette | 1428 |

# Fundstellenverzeichnis BPatG Jean's etc   Alphabetisches

| | |
|---|---|
| Jean's etc | 1791 |
| Jeanstasche mit Ausrufezeichen | 1922 |
| JIN SHIN DO | 1227 |
| JOBOL | 1151 |
| JOHN LOBB | 1542 |
| Joker Clown | 667 |
| JOMA-, NOVA THERM/THERM | 1057 |
| JOY of LEONARDO | 1398 |
| Jumbo-Foto | 1005 |
| JUMBOMOBIL | 1574 |
| Junior | 242 |
| jura-mont | 15 |
| JURIS LIBRI | 1747 |
| JUTLANDIA | 1375 |
| K | 1794 |
| K + E | 10 |
| K.U.L.T. | 1900 |
| Kabelmarkierung | 21 |
| kalkfrei | 129 |
| KAMILL | 1369 |
| Kamiloggen | 1434 |
| Kamp | 1046 |
| Kapitalsparbuch | 978 |
| Karamil | 196 |
| KARDIAKON | 1311 |
| Karex | 1207 |
| KARO | 1378 |
| Karolus Magnus | 1499 |
| Kartoffelchips | 1625 |
| KATJA | 864 |
| Kawoti/Sarotti | 120 |
| Kaylon | 315 |
| Kein Rezept für die Liebe | 1737 |
| Kerzenfilterabschluß | 1141 |
| KETAVAL/KETENEST | 1017 |
| K-Flow | 1335 |
| Kfz-Kühlergrill | 1081 |
| kik | 1164 |
| Kimber | 647 |
| KIMLADY | 1912 |
| King's Club | 140 |
| KINGINKA | 1189 |
| KINOPS/KIN, KINLEY | 1022 |
| Kirschpraline | 464 |
| KISS | 1442 |
| Klassentreffen | 1739 |
| Kleine Flaschen zum Vernaschen | 1808 |
| Kleine Kullerflasche | 1851 |
| Klosterfrau | 1452 |
| Knipping | 1092 |
| Koch | 1700 |
| Kollagelan/Colgate | 635 |
| Kompaktblitz | 207 |
| KÖNIG ARTHUR | 924 |
| König Laurin | 216 |
| König Stephan Wein | 1537 |
| KONTEXT | 1688 |
| Kornkammer | 1797 |
| Kornkater | 46 |
| Kosmetische Mittel | 204 |
| Kostenauferlegung | 223 |
| Kostenauferlegung | 266 |
| Kostenerstattung | 302 |
| Kostenfestsetzung | 191 |
| Kostenverteilung | 203 |
| Kraftfahrzeug- Leichtmetallfelge | 1413 |
| Kraft-Oel | 103 |
| Kräuter azid+Renegal | 834 |
| Krema | 229 |
| Kreyes/Kayser Spezial | 337 |
| Kronenbild | 1065 |
| Kronenbourg | 518 |
| Kunstfaser | 273 |
| Kunststoffe | 180 |
| Kurant | 869 |
| Kwin/Twin | 254 |
| Ky | 426 |
| Kyr/Sir | 232 |
| L | 1725 |
| LA AMISTAD | 1278 |
| La mode ROPE/lamod | 733 |
| LA NAVARRE | 1140 |
| LADIE'S LOVER/Lady Austia, Lady Regie | 636 |
| Ladyline | 106 |
| Lahco | 1372 |
| LAILIQUE | 1575 |
| Landfrost | 1188 |
| Landsana/Sana | 552 |
| LAR | 699 |
| Laranja/Aranas | 788 |
| Ledermeister | 1184 |
| LEGALITER | 1060 |
| Leichte Linie | 1239 |
| Letrosin | 885 |
| LIBERO | 1500 |
| Lido | 532 |
| LIDO | 1283 |
| LILI/Libby's | 114 |
| Lindora | 1723 |
| Liner | 1513 |
| LINN-Vac/VAC | 1126 |
| LINUSON/ANUSOL | 1051 |
| Lion | 760 |
| LION-DRIVER | 1569 |
| Lisabeth/Liz | 824 |
| LITRONIC | 1402 |
| Littera C | 1061 |
| Lodenfrey | 1115 |
| Logo I | 1533 |
| Logo II | 1867 |
| Lona | 125 |
| LORA DI RECOARO | 1586 |
| Lord | 723 |
| LORDS | 1603 |
| LORDSON | 565 |
| LORIDAN/RONILAN | 1152 |
| Löschungsantrag | 1053 |
| Löschungsinteresse | 819 |
| Louvre/LOUVRE DE PARIS | 1050 |
| Löwen-Piccolo | 145 |
| LUCKY WHIP/Schöller-Nucki | 593 |
| LUFTFAHRT WOCHE | 1843 |
| Lukull | 1177 |
| Luma/Lunacel | 366 |
| Lumpenstück | 645 |

Lupe .................................................... 1158
Luxabendol .......................................... 1347
Lyocod/Aneucod .................................. 400
Lystra-Leuchten ................................... 629
LZ ....................................................... 1803

M (32 W) ............................................ 1849
M (33 W) ............................................ 1821
m² ......................................................... 1712
Ma .......................................................... 1
MAC .................................................. 1734
Mac Ogo/Mao .................................... 322
MAD GOLD/mattgold ........................ 772
MADE IN PARADISE ...................... 1380
MADEIRA .......................................... 1633
Magenkraft ......................................... 827
magenta ............................................ 1892
magenta/grau ................................... 1893
MAGTOXIN/Macocyn ...................... 1130
malmit ................................................ 517
MANHATTAN .................................. 1424
Mann oh Mann nur keinen Ärger .... 1510
Männchen ........................................... 162
MANNEQUIN ..................................... 738
ManuFact .......................................... 1561
MAPAX .............................................. 1875
MAPINFO .......................................... 1777
MARC/MARS ..................................... 897
Märchen-Zoo ..................................... 668
MARIE CELESTE ............................. 590
Mariengold ....................................... 1066
MARILUND/Merryland ..................... 1257
Marinella ............................................... 7
Marke, Schüssel ................................ 300
Marque plastique ............................. 1902
MARQUIS DE MONTESQUIOU ..... 1572
marsoflex/MOTOFLEX ................... 1127
Martini/granini ................................... 329
Marvel .............................................. 1266
Mascasano ....................................... 1295
Massageapparate .............................. 122
MAST REDIPAC ............................... 900
MASTER .......................................... 1517
Master-Mix ........................................ 159
MASTERSOUND ............................. 1427
Mastertube ...................................... 1058
MAURO FERRINI ............................ 1487
Maxigold ........................................... 521
Maxi-Trac .......................................... 700
MAXITROI/Maxi-Max ....................... 438
Mayofond ............................................ 49
MCS .................................................. 1905
MEDATA .......................................... 1292
MEGA ............................................... 1472
Megeloid ............................................. 67
Meinl-Mohr ........................................ 111
MEISTER .......................................... 752
MEISTERBRAND ............................ 1485
Meliferm ............................................ 348
MELITTAGEFILTERT ...................... 340
Melusinpharma/Belusina, Miluvit .... 514
men's club ......................................... 529
Merci .................................................. 151
MESSIAS ......................................... 1401

Metatest/Merckotest .......................... 881
METOCAL/Togal ................................ 384
Metra .................................................. 945
MEVA/EVA ........................................ 990
Meyer ............................................... 1238
MEYLIP marina ............................... 1479
MEYLIP Sonja ................................. 1474
MICRO-AIRE ................................... 1228
Micropat/Microstat .......................... 1191
Microtec Research .......................... 1646
Mikropur .......................................... 1182
Milan ................................................ 1709
Milchmädchen ..................................... 41
Milchquelle/Quelle ............................ 510
Minigold ............................................. 522
minimag ........................................... 1211
Minimeto/Ermeto ............................... 632
Minirol/Mini ....................................... 359
Minis .................................................. 319
Minon ............................................... 1384
Minu/Milupa ...................................... 798
Mio .................................................... 199
MIRACLE MAID ................................ 768
Miramil/Milram .................................. 626
MISTAKE OUT .................................. 708
Mister Baby/Sir ................................. 398
MIT UNS KOMMEN SIE WEITER .... 1835
MIXFIX .............................................. 147
Moccacao/Mock/Cao ........................ 261
MOD'elle ......................................... 1532
Modeparade ....................................... 88
MODUL ............................................. 630
MODULAN ........................................ 644
Mohrenkopf ........................................ 56
Mohrenkopf ........................................ 58
MOI .................................................. 1083
Molino .............................................. 1246
Moltex ............................................... 190
Mona Lisa ....................................... 1848
MONA/Moras .................................. 1250
Monamie ........................................... 405
Monasirup/Mola ................................ 547
MONODENTI ..................................... 623
Monsieur Michel .............................. 1509
Montaband/Multiband ....................... 884
Montana .......................................... 1654
Monte Garda/MONTELERA ............. 436
MONTE GAUDIO ............................ 1301
Montre I ........................................... 1888
Montre II .......................................... 1889
Mosaic .............................................. 362
Motorradmotor ................................ 1354
MÖVENNEST/Mövenpick ............... 1226
Mövenpick ....................................... 1247
Mozart ............................................. 1117
Mozart-Stäbchen ............................ 1181
MR. „COLA" ..................................... 577
MTS ................................................. 1785
MUELLER/MÜLLER;
V. MUELLER/Müller .......................... 789
Muktananda .................................... 1536
MULTI-PILOT .................................. 1726
MULTIPLAN/multiland ...................... 980
Multistrong ........................................ 188

# Fundstellenverzeichnis BPatG Mundantiseptikum — Alphabetisches

| Eintrag | Seite |
|---|---|
| Mundantiseptikum | 866 |
| MY MAGIC DIARY | 1642 |
| N als Zick-Zack-Linie | 1920 |
| Nagmato/gabato | 334 |
| NATUA | 1286 |
| NATUR-A-TOP | 408 |
| Natürliches Mineralwasser/Bier | 236 |
| NEMASOL | 905 |
| Nervoscopol | 250 |
| NET FAX | 1741 |
| Neugefaßtes Warenverzeichnis | 1357 |
| Neuhof | 55 |
| NEUROHORM/Heparhorm | 785 |
| New Life | 1936 |
| NEW MAN | 1362 |
| NewsHighway | 1860 |
| newtec | 1316 |
| Nicht immer, aber immer öfter | 1749 |
| Night-Club | 363 |
| Ninon | 1367 |
| NISSKOSHER | 1578 |
| NITRORETARD | 563 |
| nobilia | 631 |
| Nordbaer | 12 |
| nOvafit | 211 |
| novaform | 382 |
| Novuxol | 1641 |
| NRJ | 1658 |
| Numiscop | 755 |
| NÜRNBERGER SINNWELL-TURM/ZINN 40 | 628 |
| NUTRISOL | 1528 |
| OBER | 1836 |
| Octo | 215 |
| OECOSTAR | 1222 |
| Öffentliches Interesse | 1304 |
| ohne Werbung | 566 |
| OIL-X | 1249 |
| OKAY/OKA | 594 |
| OKLAHOMA SOUND | 1503 |
| ÖKO?LOGO! | 1751 |
| Ökomat | 1865 |
| Old Penny/Twenny | 253 |
| OLD SALOON | 587 |
| Oldenhof | 430 |
| Oldpenny/Twenny | 327 |
| Ole | 1271 |
| Olympia | 276 |
| Olympia-Cuvée | 409 |
| OMEGA | 656 |
| OPANKA | 1582 |
| OPTICORTENOL/Optocor | 350 |
| OPTIMALT | 672 |
| OPTItherm/SUPERTHERM | 886 |
| OPW | 332 |
| Oramix/Orangix | 1123 |
| Orbicin | 735 |
| Original Klosterpforte | 1412 |
| ORION | 1563 |
| OROTHOTECH | 1255 |
| Oskar | 396 |
| OTHÜNA Geraer Marina I | 1475 |
| OTHÜNA Geraer Marina II | 1478 |
| OTHÜNA Geraer Sonja I | 1476 |
| OTHÜNA Geraer Sonja II | 1477 |
| Oui Designer Collection/De Signer's Finesse | 1203 |
| OUI OU NON/JA | 371 |
| Ovolan | 61 |
| Oxit | 52 |
| OXYDIVE | 1276 |
| Oxygenol II | 1431 |
| P20 | 1778 |
| PAGO | 1236 |
| Palmofundin/Palmolive | 265 |
| Pan/Panache | 303 |
| Panostar/Papstar | 989 |
| Paola | 198 |
| Paper Star | 1159 |
| Paperfill | 1727 |
| Papier | 391 |
| Papou Nappo | 227 |
| PAPPA GALLO | 1759 |
| paracet von ct/PARA-CET Woelm | 1331 |
| Paradies | 1571 |
| Paramount | 358 |
| paraprodontium/Prodont | 343 |
| Pareso | 136 |
| PARK | 1525 |
| Parkavenue | 512 |
| Parkhotel Landenberg | 1338 |
| Partner with the Best | 1722 |
| PATEK PHILIPPE NAUTILUS | 1504 |
| pâtres | 117 |
| PATRIC LION | 1566 |
| Patrizier Leicht/Robert Leicht | 1027 |
| PATT | 100 |
| PC-Computing | 1631 |
| PEER EXPRESS | 1710 |
| peha | 719 |
| Pehaplast | 1008 |
| Pei | 6 |
| PENA SOL | 1216 |
| Peppino | 658 |
| Perle de Caviar | 1617 |
| Perlonseide | 414 |
| Permanizing | 71 |
| Personalberatung | 1341 |
| Petersburger Schlittenfahrt | 1263 |
| Petitparis | 184 |
| PETTER | 638 |
| Pfeffer & Salz | 995 |
| Pfeffikrone/Pfiffikus | 336 |
| Pfund auf Pfund | 388 |
| PG | 740 |
| PGI | 1728 |
| Phebrosanal | 17 |
| PHRILON | 76 |
| Phritex | 14 |
| Phrix | 83 |
| Phytiole | 62 |
| Phytovenin | 377 |
| Picador/Torero | 447 |
| PICO | 1389 |
| Piesporter Goldtröpfchen | 1309 |

# Entscheidungsregister ROBOMAT Fundstellenverzeichnis BPatG

| | |
|---|---|
| Pils-Bier | 962 |
| Pinco Palino/Bimbo | 854 |
| PINGO | 1320 |
| PIRIMOR | 604 |
| PITOCIN/PITON | 380 |
| Placentan | 128 |
| Plak Guard | 1437 |
| Plantapret | 1844 |
| Plastipac | 153 |
| Plastische IR-Flaschenmarke | 1743 |
| Plasto | 51 |
| Plattoplast | 1095 |
| PLAYBOY/PLAYMEN | 1143 |
| Playcraft | 175 |
| Plus | 542 |
| PMA | 1635 |
| Pointe/Ponte Rubino | 255 |
| Polinova/Polli | 511 |
| Polsterwaren | 75 |
| Poly Elegance | 1199 |
| POLYCHROME | 916 |
| Polydor | 259 |
| Polyester/Polyestra | 295 |
| POLYFLAM | 1576 |
| Polymeral/Polymerin | 45 |
| POP swatch | 1895 |
| POPFIT | 726 |
| Portasan/Tobasan | 1209 |
| Portofolio | 536 |
| Portrait-Foto | 1916 |
| POSTAFEN | 751 |
| Postgebühren | 235 |
| Posthorn | 933 |
| P-Plus | 1935 |
| Praesent | 68 |
| Pralina/Eva Pralina | 641 |
| praliné | 237 |
| PRAXITEN | 1064 |
| PREGO | 1116 |
| PREMIERE I | 1548 |
| PREMIERE II | 1551 |
| PREMIERE III | 1550 |
| Prestige/taf-Prestige | 161 |
| Presto | 160 |
| Preta | 97 |
| Princesse D'ALBRET | 875 |
| PRISMAL | 925 |
| Privileg | 144 |
| Pro | 1289 |
| PRO LOCK | 1072 |
| Probiox/Biox | 1313 |
| Proctavenon/Pentavenon | 652 |
| Procto-Kaban | 1337 |
| Prodapharm | 976 |
| PRODONT/DURODONT | 769 |
| pro-fit | 1810 |
| Profit | 406 |
| profitdress | 386 |
| PROPACK | 1668 |
| protec | 1399 |
| PROTEST | 1899 |
| Provita | 101 |
| PROVOCATION | 1260 |
| PULSOTEST | 918 |
| PUMA | 1662 |
| Puppen für Spielzwecke | 528 |
| Putzhexe | 27 |
| Qualität aus Ton | 1805 |
| Quality Paperback Book Club | 1766 |
| Quarter Turn Gate | 1845 |
| quattro | 1361 |
| QUEEN'S CLUB | 1488 |
| Quelle | 1001 |
| Quickborn | 345 |
| Quickmix | 1445 |
| quickslide | 1450 |
| Quixil | 389 |
| Rack-Wall | 1786 |
| Radio von hier, Radio wie wir | 1626 |
| Rakofix-Teppichkleber/Tachofix | 331 |
| Rancher | 1082 |
| RANIFUG | 1443 |
| Rasenflor | 439 |
| Rasputin | 1679 |
| RATIONAL SOFTWARE CORPORATION | 1897 |
| ratiopharm/RATIOTEST | 817 |
| „Räuber-Kneißl" | 1054 |
| Rauschgold | 1480 |
| rdc-group | 1345 |
| Rdt | 1915 |
| RE POMODORO | 620 |
| REA/ZEA | 462 |
| Rebenfreund | 1842 |
| Rebenstolz | 1425 |
| Rechteck in Pink | 1921 |
| RED BAND | 1390 |
| Redito | 156 |
| Reducorton/CORTONE | 411 |
| REEFER | 1731 |
| Regelstreitwert bei Widerspruchs-Beschwerdeverfahren | 1403 |
| Regelwert | 571 |
| Reklamehand | 558 |
| Relacta | 394 |
| RELAYS | 1128 |
| rent a tel/telerent | 1589 |
| Reo-Diät | 2 |
| Repas-Fali | 126 |
| Resi/Reni | 270 |
| RESPECT | 1522 |
| RE-WA-MAT | 1119 |
| REXHAM | 1750 |
| Rhemolub | 168 |
| Rheuma-Quick | 367 |
| RHINISAT/Ysat | 921 |
| RHINOPRONT | 675 |
| RICE KRISPIES | 1210 |
| Richard Schwarzwälder/RICARD | 765 |
| Rien | 1346 |
| Riffels the chip/Ruffles | 1627 |
| Rigi | 163 |
| RISC 86 | 1793 |
| Rivo | 78 |
| ROAL | 1085 |
| ROBOMAT | 1497 |

# Fundstellenverzeichnis BPatG ROCKET/RACKE — Alphabetisches

| | |
|---|---|
| ROCKET/RACKE | 1052 |
| Rocky Limonaden/ROCKY | 1019 |
| RODI | 1491 |
| RODIZIO | 1544 |
| Rohrreiniger | 1622 |
| Rollinos/Rolo | 1042 |
| Rollpalast/Rockpalast | 1135 |
| Römertaler | 1011 |
| Römerturm-Agento | 922 |
| RÖMIGBERG II | 1374 |
| Rosalin | 53 |
| ROSENFELDER | 1837 |
| Rosenmontag | 859 |
| Rosenthaler Kadarka | 940 |
| Rossi/Rossini | 435 |
| rote Kreisfläche | 1577 |
| roter Fleck | 79 |
| Roter Streifen im Schuh-absatz | 1822 |
| Roter-Bock | 201 |
| Roumanie | 326 |
| ROUTE 66 | 1667 |
| Rovinex/Rovina | 1018 |
| ROYAL BLEND BY COPPERTONE/Royal | 841 |
| ROYAL SOURCES/Royel | 1733 |
| Royal Stuart | 525 |
| Royals | 1350 |
| RSW | 425 |
| RUB | 1016 |
| Rugard Exzellent | 297 |
| Ruoc | 1919 |
| Russet Rose | 379 |
| Rustiphoska | 174 |
| S | 1221 |
| S. OLIVER | 1613 |
| SACHSENKRONE | 1656 |
| Safa/Saka | 392 |
| Safta/Softi | 43 |
| sage und schreibe, der beste Ballograf | 84 |
| Sahara | 298 |
| SAINT GEORGES | 373 |
| SAINT MORIS | 1742 |
| Salitrisal | 63 |
| Salor | 1799 |
| Salorpharm/Sanopharm | 1716 |
| Salventerol/salvent | 1481 |
| san Remo | 487 |
| Sancip/SANCO | 1147 |
| Sanfor Plus | 123 |
| SANGRITA | 891 |
| Sanna | 193 |
| SANTA FEE/SANTA FU | 1414 |
| Santiago | 1315 |
| SANTIGO/SANTIAGO | 607 |
| Satin féminité | 241 |
| Satival-Zyma/Sati | 399 |
| Sawamat | 349 |
| Scala | 222 |
| Schenk' Musik mit Herz verpackt | 805 |
| Schenkelspreizer | 1854 |
| Scherletricots/Jerlaine | 838 |
| SCHLAFMOND | 37 |
| Schlagzeichen | 650 |
| Schlanke Linie | 728 |
| Schlaumarkierung | 902 |
| Schlemmerfrost | 1079 |
| Schloß Caestrich | 1306 |
| Schloß Pils | 225 |
| Schloß Wachenheim | 1570 |
| Schloß Zell | 486 |
| Schloßfestspiele Sommerhausen | 1825 |
| Schlüssel-Bild | 1553 |
| Schmerz-ASS | 1824 |
| SCHMIDT'S CORONA/Schmidt-Zigarre | 908 |
| Schnelleintragung | 23 |
| Schnick-Schnack | 1034 |
| Schoasdreiber | 1031 |
| Schokoladenriegel | 1721 |
| Schokovit | 870 |
| Schorli/Schorle | 443 |
| Schreibwaren | 139 |
| SCHÜRMANN SPEDITION | 1549 |
| Schuß | 412 |
| Schutzausdehnungsgesuch | 909 |
| Schutzverlängerung | 19 |
| Schwarz/Zink-Gelb | 1855 |
| schwarz/zink-gelb/weiß | 1856 |
| Schwarz-Weiß-Druck | 351 |
| Schweißring | 1395 |
| SCM | 1862 |
| SCOTCH-GRIP | 520 |
| SEDRESIN | 1317 |
| SEELENHEIL | 803 |
| Segler-Rum | 346 |
| Seifen | 317 |
| Seim | 507 |
| Seim-Lebkuchen | 506 |
| SEIT 1895 | 1416 |
| sekt | 148 |
| Sekurit | 94 |
| SELA | 1172 |
| selbst ist der Mann | 1156 |
| Select | 1288 |
| Selective Control System | 1429 |
| SERAPHARM | 1183 |
| SERIEFORM | 1272 |
| SERVA | 1494 |
| Service World | 513 |
| Sesam | 816 |
| SHAMROCK | 1359 |
| Shamtu-Fix/fit | 444 |
| Shapetrol/Cha | 328 |
| Sheriff/Chéri | 597 |
| Shorty/Porki | 354 |
| SHOW | 424 |
| Sicursiv/SEKURIT, Securit | 887 |
| SID | 81 |
| Sidon | 33 |
| Siesta | 1110 |
| Sigel | 1670 |
| SIGMA | 1562 |
| SILENTWRITER SUPERSCRIPT | 1814 |
| Silkhan | 301 |
| Silver/Silvertone | 374 |
| Silvodor | 109 |
| Sina/Zisina | 1024 |

| | |
|---|---|
| Siretendal/Sir | 335 |
| Sirocco/Rococo | 696 |
| Sitracord/Metracord | 460 |
| Skyliner/Ski | 471 |
| Sletten | 137 |
| SMART | 1758 |
| SMP | 1917 |
| SNUGGLEDOWN | 1285 |
| SOFT MATE | 1195 |
| Soft-Line | 314 |
| Softline | 360 |
| Solazur | 132 |
| Solent | 948 |
| Solidur | 1713 |
| SOLU-PARAXIN/Solu-Purgat | 390 |
| SOMETHING SPECIAL IN THE AIR | 1693 |
| SONETT | 1451 |
| SONETT | 1466 |
| Sonnenquell/Capri-Sonne | 823 |
| Sonnenzeichen | 210 |
| Sonniger September | 369 |
| Sonnland/Sonnentau, Sonnen | 757 |
| Sonorette/Stenorette | 865 |
| Soundboy | 1886 |
| SP | 1190 |
| SPARLETTA/SPAR | 829 |
| Spi | 1695 |
| Spielzeuglokomotive | 20 |
| Spreizdübelzeichnung | 1364 |
| Spring Garden/Frühlingsgarten | 1131 |
| Sprint | 586 |
| Spumann/Heparsumman | 288 |
| St. Pauli Girl | 1696 |
| St.-Johannes-Wein | 176 |
| Stabtaschenlampe I | 1881 |
| Stabtaschenlampe II | 1882 |
| Stabtaschenlampe III | 1883 |
| Städtesiegel | 493 |
| Stahl | 1084 |
| Standopol/Stokopol | 930 |
| Star-Beka-Küchen | 1324 |
| STARKRAFT | 1275 |
| Starlight | 264 |
| STATUS | 1498 |
| Status/Artus-Brunnen | 954 |
| Staufen Gold | 1099 |
| Stephanskreuz | 1538 |
| Stephanskrone | 1605 |
| Stereocenter | 467 |
| Sterilex | 611 |
| Stets mobil mit forbil | 313 |
| Stolli | 86 |
| Stop | 657 |
| STORM | 1682 |
| STRASS | 1254 |
| Streitwert Akteneinsicht | 1360 |
| Stretchever | 217 |
| Studio | 143 |
| Stümpfe | 437 |
| Sügro Big-Bär | 401 |
| SULFA-PERLONGIT | 1171 |
| Sulla | 1483 |
| Summit | 418 |
| SUMMIT | 1830 |
| SUPER-MEIER | 1237 |
| Supp-Hose | 260 |
| Supracell | 18 |
| Suprafertan/Verla | 731 |
| Surprise | 152 |
| Surprise | 1929 |
| Susanne | 634 |
| Süße Reise | 669 |
| Swatt | 149 |
| Sweater TOPS | 1581 |
| Swensor | 1192 |
| SWF-3 Nachrichten | 1596 |
| Swing | 1501 |
| Swiss Army | 1910 |
| Symetra/Netraphot | 320 |
| Synchrotron | 1325 |
| Tabac Original | 490 |
| Tafelwasser | 179 |
| Taiga | 1069 |
| TAPA | 1218 |
| Tapisman | 73 |
| Taralon/Perlon/Genalon | 368 |
| Taschenlampen | 1880 |
| TAX FREE | 1630 |
| taxa/Dexa | 450 |
| TEAM | 1038 |
| TEC | 1045 |
| Technik, die mit Sicherheit schützt | 1909 |
| TECHNOLAW | 1077 |
| TECHNOTHERM | 1230 |
| Teco | 1133 |
| TELECHECK | 310 |
| Telekopie | 1187 |
| Telekopie-Einspruch | 1344 |
| TeleOrder | 1918 |
| telerin | 466 |
| TELE-TRACER | 48 |
| TEMANA/Penaten | 937 |
| TENA/PENA | 1609 |
| Tencafé/Nescafé | 286 |
| TENTE | 1071 |
| terfen-basan/MERFEN | 1328 |
| TERRANOVA | 1531 |
| Terrapin/Terra/Terranova | 269 |
| Terratherm/Geatherm | 951 |
| Tesacell | 104 |
| TESATHERM | 96 |
| Tesoro | 1393 |
| test it | 1885 |
| TETRA-CITRO/CITO | 508 |
| Tevinetten/Tussinetten | 256 |
| Textilien | 231 |
| THAT'S BIKE | 1512 |
| THE OUTDOOR CHANNEL | 1861 |
| THE RIGHT ANSWER IN ANY LANGUAGE | 1911 |
| Thermokup | 8 |
| Thermostatisch gesteuertes Reguliervental | 1223 |
| Thiodril/Trionyl | 324 |
| Thiotab/Tyonat | 333 |
| Thunderbird | 1647 |
| TIFFANY | 1545 |
| Tigerflex/Interflex | 931 |

# Fundstellenverzeichnis BPatG TINY — Alphabetisches

| | |
|---|---|
| TINY | 1268 |
| Tireur/Tourneur | 963 |
| Tisa Samen/Tesa | 262 |
| Tixo-Therm | 26 |
| Toasta | 539 |
| TOBY/Toxi Cola | 773 |
| Toff | 50 |
| Togirén/CODIREN/Togirén, TOGIREN, Togiren | 836 |
| TOLKAN/Togal | 842 |
| Tonino/Mozino | 906 |
| Top | 247 |
| topfix | 688 |
| Top-Hat | 228 |
| TOP-STEEL | 1607 |
| Torero | 852 |
| TORRES/TORRESOTO | 971 |
| Tourringgas | 155 |
| Trafogehäuse | 1898 |
| TRAIL BLAZER | 1232 |
| TRAMPER | 433 |
| Transportbox | 1838 |
| Traphocard/Apocard | 283 |
| TRAUM/Traumfeuer | 872 |
| Traumhochzeit | 1870 |
| Trendschreib | 1161 |
| Treppchen | 712 |
| Treppenmeister | 1657 |
| Tresana/COMPO-SANA | 1541 |
| Treviseta | 413 |
| trigg/TRIAG | 515 |
| TRIGON/TRICON | 1683 |
| Trinkglas mit Luftblase | 1937 |
| TRIO | 1519 |
| Tritan | 74 |
| Tropa | 77 |
| Tumarol/DURADOL Mundipharma | 1833 |
| Turboclean | 1748 |
| TURBOMIX | 1852 |
| TURBO-TEK | 1245 |
| TURGAN/Turfa | 1871 |
| türkische Wurst | 1771 |
| türkische Wurst I | 1772 |
| türkischer Käse | 1719 |
| türkischer Käse I | 1720 |
| Tutto | 1270 |
| TWEAVE | 619 |
| Twen Club | 25 |
| Twist | 1802 |
| TWIXT/OLIVER TWIST | 1590 |
| Twixt/OLIVER TWIST | 1761 |
| | |
| U.S. OPEN | 1859 |
| Übernacht Express | 1676 |
| Übertragung der Widerspruchsmarke | 1623 |
| UFAC/ULTRAFAC | 911 |
| UHQ I | 1388 |
| UHQ III | 1580 |
| UHU | 93 |
| Ulan | 208 |
| ULCUGEL | 572 |
| ULTIMATE | 1651 |
| Ultra | 82 |
| ULTRA GLOW | 1587 |
| Ultracreme | 356 |
| Ultron | 70 |
| Umschreibegebühr | 1620 |
| Umschreibungsantrag | 1938 |
| UND | 1121 |
| Uniclip/mono-clip | 427 |
| Unionbau/UNIBAU | 934 |
| Unionspriorität | 877 |
| Unipor | 238 |
| Unitime | 651 |
| UNO DUE | 1817 |
| Unser Favorit/Favorit | 503 |
| Unter Uns | 1755 |
| unübertroffen | 39 |
| Unvollständige Anmeldung | 1176 |
| Unvorschriftsmäßige Besetzung | 883 |
| Uraton | 502 |
| UR-Pils | 716 |
| UTS-SYSTEM | 1224 |
| | |
| Valiant/Vagant | 275 |
| VALUE | 1415 |
| Van Holden | 1406 |
| van Linnen Primeur | 1093 |
| VAPO/Vapor | 1025 |
| Variator/Airator | 1012 |
| VARICOLOR | 1208 |
| VARIO | 1100 |
| Vasowert | 134 |
| VAUEFGE | 727 |
| VENDET | 545 |
| Venon | 234 |
| Venturon | 381 |
| Verfahren mit Festsetzung des Gegenstandswerts | 224 |
| Verlängerungsgebühr | 1606 |
| Vermol/Vermolysin | 274 |
| Verpackungsbox | 1366 |
| Verpackungsmaterial | 127 |
| Verve | 655 |
| Verwechslungsgefahr | 378 |
| VHS | 1598 |
| VIA TRICENTRIC/VIEGA | 1455 |
| Vibratom/Vibration, Vibrator | 624 |
| Vibudda/Bodda | 323 |
| Victoria | 80 |
| VIDEOCOLOR | 714 |
| Videothek | 581 |
| 420, 430, 440 | 1774 |
| 442 | 1798 |
| vileda | 677 |
| Villa Marzolini | 1928 |
| VINETA | 722 |
| violettfarben | 1934 |
| VIRGINIA/Classic/FULL FLAVOUR | 1284 |
| VISA-Streifenbild | 1640 |
| VISCON | 1397 |
| VISIT | 1729 |
| Visuelles Gesamtbild | 858 |
| VITA | 1768 |
| Vita Seltzer/Selzerbrunnen | 299 |
| Vita/Vita-Micoren | 568 |
| VITACOMBEX | 1884 |
| VITACOMBEX/Vita-Combex | 1244 |

vital/fit .......................................................... 1515
Vitaletten ..................................................... 1068
Vitalfutter .................................................... 1818
Vitaminkönig/Koenig ................................ 277
Vitaminol-stoß ............................................ 121
VITTEL ........................................................ 1333
Vittorio Rossi/Vittorio .............................. 1129
VODNI STAVBY ....................................... 1634
Vollmachtslose Beschwerdeeinlegung .......... 1248
Vorsicht Elch! ............................................. 1616
VP ................................................................ 1033
Vreneli ......................................................... 1365
Vyrenette/Vyrene ....................................... 347

Wagner computer/Gunther Wagner .......... 771
Wappenerklärung ....................................... 734
Warenabbildung ......................................... 463
Wäschemode .............................................. 164
Weberfleiß .................................................. 22
WECO/Elko ................................................ 1055
Weihnachtskarten ....................................... 534
Weihnachtströpfchen ................................ 1804
Weinbrand .................................................. 166
Weisel ......................................................... 660
weiß/zink-gelb ........................................... 1857
Weiße Flasche mit Fußwölbung ................ 1925
weiße Kokosflasche .................................... 1850
WEKROMA ................................................ 1241
WELASTIC ................................................. 564
Welch ein Tag ............................................ 1820
Wenko ........................................................ 1280
WERTFORM .............................................. 984
Wertpapiere ............................................... 550
Westfalen-Roß ........................................... 28
While You Wait .......................................... 1456
Whisky-Triangularflasche .......................... 98
White Lion ................................................. 1644
Widerspruchsberechtigung ........................ 1599
Widerspruchskosten .................................. 574
Wie Pech und Schwefel ............................. 1736
Wiedereinsetzung ...................................... 165
Wiedereinsetzung ...................................... 292
Wild Bitter/Wild ........................................ 1049
Windowmatrix ........................................... 1715
WINDOWS ................................................. 1645
WINDWARD ............................................. 1258

Winston/Windsorcastle ............................. 272
Winzerdoktor ............................................. 38
WIS .............................................................. 1167
WISA ........................................................... 1492
wisch frisch/Wisch-Wunder ...................... 850
WM .............................................................. 707
Wochenend-Express ................................. 1678
Wollsiegel ................................................... 762
WOOL-DURA ............................................ 1906
Wunder der Erde ....................................... 1789
Wurstförmige Rollenverpackung ............. 1788
Wurstwaren ............................................... 949
WZ-Benutzungszwang .............................. 1160

XENIA .......................................................... 687
xpert ............................................................ 702
XXL .............................................................. 1863
Xylee/Skailen ............................................. 339

YACHT CHARTER .................................... 1163
YES .............................................................. 1684
YTONG/YTON/Polyton ............................ 794
YUSI ............................................................ 988

Zahl 3000 ................................................... 1846
Zahl 9000 ................................................... 1847
Zahlendreher ............................................. 1618
Zahnpastastrang ........................................ 1829
Zar ............................................................... 220
Zaubergarten/Garten ................................ 562
ZEDA ........................................................... 1611
ZEN .............................................................. 622
Zeo-Teo ...................................................... 142
Zest .............................................................. 65
Zinnia .......................................................... 1231
Zisch & Frisch ............................................ 1858
ZOOM AWAY ............................................ 1180
Zorro ........................................................... 36
Z-TECH ....................................................... 1340
Zürich .......................................................... 1112
Zurücknahme der Anmeldung im
Beschwerdeverfahren ............................... 576
Zurückweisung .......................................... 802
Zustellung .................................................. 1108
Zwei Mönche ............................................. 72

## b) Chronologisches Fundstellenverzeichnis

### Abkürzungen

| | |
|---|---|
| BPatGE ......... | Entscheidungen des Bundespatentgerichts. Amtliche Sammlung |
| BlPMZ .......... | Blatt für Patent-, Muster und Zeichenwesen |
| Mitt ............... | Mitteilungen der Deutschen Patentanwälte |
| GRUR .......... | Gewerblicher Rechtsschutz und Urheberrecht |
| GRUR Int .... | Gewerblicher Rechtsschutz und Urheberrecht, Internationaler Teil |
| NJW .............. | Neue Juristische Wochenschrift |
| NJW-RR ...... | NJW-Rechtsprechungsreport Zivilrecht |
| NJW-EW ...... | NJW-Entscheidungsdienst zum Wettbewerbsrecht (NJW-E-WettbR) |

# Fundstellenverzeichnis BPatG 1961–1963 — Chronologisches

| Nr. | Datum | Az. | BPatGE | BlPMZ | Mitt | GRUR | Schlagwort |
|---|---|---|---|---|---|---|---|
|   | **1961** |   |   |   |   |   |   |
| 1 | 5. 10. | 25 W 54/61 |   | 61, 432 |   | 62, 142 | Ma |
| 2 | 12. 10. | 25 W 133/61 | 1, 211 | 62, 16 |   | 62, 197 | Reo-Diät |
| 3 | 12. 10. | 5 W 149/61 | 1, 175 | 62, 42 |   | 62, 191 |   |
| 4 | 13. 10. | 24 W 237/61 |   |   | 62, 29 |   | Acelat |
| 5 | 13. 10. | 24 W 291/61 | 2, 141 | 64, 232 | 62, 217 | 64, 627 | Enigen |
| 6 | 19. 10. | 25 W 108/61 | 1, 203 | 64, 316 | 62, 107 | 65, 37 | Pei |
| 7 | 20. 10 | 24 W 314/61 | 2, 135 | 64, 232 | 62, 219 | 64, 627 | Marinella |
| 8 | 20. 10. | 24 W 435/61 | 2, 118 | 62, 232 | 62, 132 | 64, 627 | Thermokup |
| 9 | 25. 10. | 5 W 195/61 | 1, 163 | 62, 48 |   | 62, 190 |   |
| 10 | 3. 11. | 24 W 475/61 | 1, 187 | 64, 351 | 62, 71 | 65, 37 | K + E |
| 11 | 16. 11. | 25 W 2933/61 | 1, 217 | 62, 77 |   | 62, 309 | Bellamedosan |
| 12 | 17. 11. | 24 W 467/61 | 2, 146 | 64, 277 |   | 64, 686 | Nordbaer |
| 13 | 23. 11. | 25 W 27/61 |   |   | 62, 72 |   | Digesta |
| 14 | 29. 11. | 26 W 97/61 | 1, 213 | 65, 65 | 62, 101 |   | Phritex |
| 15 | 30. 11. | 25 W 196/61 | 1, 186 | 64, 352 | 62, 73 | 65, 38 | jura-mont |
| 16 | 21. 12. | 25 W 1/61 | 1, 191 | 62, 50 |   | 62, 242 | Ei-Nuß |
|   | **1962** |   |   |   |   |   |   |
| 17 | 11. 1. | 25 W 292/61 | 1, 201 | 64, 277 | 62, 73 | 64, 686 | Phebrosanal |
| 18 | 12. 1. | 24 W 241/61 | 4, 85 | 64, 47 | 64, 23 | 65, 261 | Supracell |
| 19 | 19. 1. | 24 W 334/61 | 4, 191 | 64, 165 |   | 65, 463 | Schutzverlängerung |
| 20 | 2. 2. | 24 W 320/61 | 2, 220 | 64, 232 | 62, 236 | 64, 627 | Spielzeuglokomotive |
| 21 | 7. 2. | 26 W 4/61 | 1, 194 | 64, 352 | 62, 108 |   | Kabelmarkierung |
| 22 | 14. 2. | 26 W 266/61 | 2, 145 | 64, 233 | 62, 133 |   | Weberfleiß |
| 23 | 16. 2. | 42 W 377/61 | 2, 130 | 64, 233 | 62, 197 | 64, 627 | Schnelleintragung |
| 24 | 16. 2. | 24 W 478/61 | 2, 223 | 64, 233 | 63, 17 | 64, 628 | Glockenblume |
| 25 | 7. 3. | 26 W 570/61 | 2, 120 | 64, 233 | 62, 170 | 64, 629 | Twen Club |
| 26 | 8. 3. | 25 W 2975/61 | 2, 137 | 64, 233 | 62, 170 | 64, 628 | Tixo-Therm |
| 27 | 14. 3. | 26 W 802/61 | 1, 198 | 64, 352 | 62, 109 |   | Putzhexe |
| 28 | 16. 3. | 24 W 393/62 | 2, 139 | 64, 233 | 62, 132 | 64, 628 | Westfalen-Roß |
| 29 | 6. 4. | 24 W 636/61 | 3, 82 | 64, 179 | 63, 72 | 64, 505 | Biofix |
| 30 | 6. 4. | 24 W 672/61 | 2, 148 | 62, 350 | 62, 219 | 63, 29 | Berliner Bär |
| 31 | 13. 4. | 24 W 721/61 | 3, 70 | 64, 179 | 63, 49 | 64, 509 | Hot-Club |
| 32 | 25. 4. | 26 W 108/61 | 3, 189 | 64, 180 | 63, 91 | 64, 508 | Adrett |
| 33 | 18. 5. | 24 W 625/61 | 4, 63 | 64, 47 | 63, 136 | 65, 261 | Sidon |
| 34 | 23. 5. | 26 W 202/61 | 2, 230 | 64, 352 | 63, 39 |   |   |
| 35 | 30. 5. | 24 W 262/61 | 2, 123 | 64, 277 | 62, 216 | 64, 686 | Bristol |
| 36 | 6. 6. | 26 W 766/61 | 2, 225 | 64, 353 | 62, 237 |   | Zorro |
| 37 | 13. 6. | 26 W 599/61 | 2, 228 | 64, 353 | 63, 16 | 65, 39 | SCHLAFMOND |
| 38 | 5. 7. | 25 W 330/61 | 2, 125 | 63, 352 |   | 63, 30 | Winzerdoktor |
| 39 | 5. 7. | 25 W 1124/61 | 2, 215 | 62, 378 |   | 63, 141 | unübertroffen |
| 40 | 13. 7. | 24 W 336/61 | 4, 182 | 64, 165 |   | 64, 463 | colorclip |
| 41 | 20. 9. | 25 W 124/61 | 3, 194 | 64, 180 | 63, 109 | 64, 507 | Milchmädchen |
| 42 | 11. 10. | 25 W 660/62 | 2, 217 | 63, 15 |   | 63, 196 | EUROMILK |
| 43 | 26. 10 | 24 W 874/61 | 3, 197 | 64, 179 | 63, 106 | 64, 506 | Safta/Softi |
| 44 | 9. 11. | 24 W 1142/61 | 4, 66 | 64, 47 | 63, 141 | 64, 261 | Cardinal |
| 45 | 16. 11. | 24 W 657/61 | 4, 93 | 64, 71 | 63, 176 | 64, 312 | Polymeral/Polymerin |
| 46 | 23. 11. | 24 W 1434/61 | 3, 86 | 64, 179 | 63, 74 | 64, 506 | Kornkater |
| 47 | 23. 11. | 24 W 1469/61 | 4, 48 | 64, 47 | 63, 143 | 65, 262 | Defensivzeichen |
| 48 | 28. 11. | 26 W 864/61 | 3, 68 | 64, 180 | 63, 136 | 64, 508 | TELE-TRACER |
| 49 | 29. 11. | 25 W 2114/61 | 3, 66 | 63, 72 |   | 63, 270 | Mayofond |
| 50 | 30. 11 | 24 W 745/61 | 3, 73 | 64, 179 | 63, 48 | 64, 506 | Toff |
| 51 | 7. 12. | 24 W 1249/61 | 3, 203 | 64, 179 | 63, 91 | 64, 506 | Plasto |
| 52 | 11. 12. | 26 W 1433/61 | 3, 205 | 64, 180 | 63, 113 | 64, 509 | Oxit |
| 53 | 13. 12 | 25 W 248/61 | 3, 75 | 63, 73 |   | 63, 319 | Rosalin |
|   | **1963** |   |   |   |   |   |   |
| 54 | 10. 1. | 25 W 649/61 | 3, 85 | 64, 180 | 63, 73 | 64, 508 | Dionin |
| 55 | 25. 1. | 24 W 1458/61 | 3, 226 | 64, 179 | 63, 113 | 64, 507 | Neuhof |
| 56 | 31. 1. | 25 W 564/61 | 5, 167 | 65, 65 | 64, 172 |   | Mohrenkopf |
| 57 | 31. 1. | 25 W 50/62 | 3, 79 | 63, 176 |   | 63, 574 | GOOD-LUCK |
| 58 | 7. 2. | 25 W 155/61 | 5, 172 | 65, 65 | 64, 170 |   | Mohrenkopf |
| 59 | 8. 2. | 24 W 1320/61 | 4, 74 | 64, 72 | 64, 20 | 64, 313 | Champs Elysée |
| 60 | 8. 2. | 24 W 981/61 | 4, 73 | 64, 47 | 64, 20 | 64, 262 | Betriebsverpachtung |
| 61 | 14. 2. | 25 W 394/61 | 4, 54 | 63, 296 |   | 64, 77 | Ovolan |
| 62 | 28. 2. | 25 W 476/61 | 4, 69 | 64, 47 | 63, 142 | 64, 262 | Phytiole |
| 63 | 1. 3. | 25 W 306/61 | 3, 208 | 64, 180 | 63, 111 | 64, 508 | Salitrisal |
| 64 | 7. 3. | 25 W 582/61 | 4, 178 | 64, 165 | 63, 57 | 64, 463 | EPRO |
| 65 | 12. 3. | 26 W 701/62 | 3, 223 | 64, 180 | 63, 146 |   | Zest |
| 66 | 21. 3. | 25 W 3046/61 | 5, 207 | 65, 170 | 64, 186 | 65, 360 | Avenue |
| 67 | 22. 3. | 24 W 802/61 | 5, 53 | 64, 351 | 64, 131 | 65, 92 | Megeloid |
| 68 | 26. 3. | 26 W 646/61 | 3, 210 | 64, 180 | 63, 111 | 64, 509 | Praesent |

2734

# 1964 Fundstellenverzeichnis BPatG

| Nr. | Datum | Az. | BPatGE | BlPMZ | Mitt | GRUR | Schlagwort |
|---|---|---|---|---|---|---|---|
| 69 | 29. 3. | 24 W 315/62 | 5, 65 | 64, 352 | 64, 92 | 65, 92 | Filme |
| 70 | 2. 4. | 26 W 1271/61 | 4, 61 | 64, 47 | 64, 56 | 65, 262 | Ultron |
| 71 | 5. 4. | 24 W 1118/61 | 4, 42 | 64, 72 | 63, 135 | 64, 313 | Permanizing |
| 72 | 5. 4. | 24 W 502/62 | 3, 212 | 64, 179 | 63, 138 | 64, 507 | Zwei Mönche |
| 73 | 9. 4. | 26 W 861/61 | 4, 180 | 64, 165 | 64, 26 | 64, 463 | Tapisman |
| 74 | 9. 4. | 26 W 1018/61 | 3, 218 | 64, 180 | 63, 141 | 64, 509 | Tritan |
| 75 | 16. 4. | 24 W 96/61 | 3, 220 | 64, 179 | 63, 140 | 64, 507 | Polsterwaren |
| 76 | 23. 4. | 26 W 1684/61 | 4, 174 | 64, 165 | 64, 56 | 64, 464 | PHRILON |
| 77 | 30. 4. | 26 W 1217/61 | 4, 100 | 64, 47 | 63, 174 | 64, 262 | Tropa |
| 78 | 21. 5. | 26 W 1896/61 | 5, 163 | 65, 94 | 64, 117 | | Rivo |
| 79 | 21. 5. | 26 W 1065/61 | 4, 80 | 64, 47 | 64, 22 | 64, 262 | roter Fleck |
| 80 | 28. 5. | 26 W 777/62 | 4, 70 | 63, 340 | | 64, 206 | Victoria |
| 81 | 18. 6. | 26 W 774/61 | 4, 101 | 64, 72 | 63, 172 | 64, 313 | SID |
| 82 | 25. 6. | 26 W 910/61 | 4, 45 | 64, 47 | 63, 170 | 64, 263 | Ultra |
| 83 | 2. 7. | 26 W 874/61 | 4, 103 | 64, 47 | 63, 173 | 65, 263 | Phrix |
| 84 | 8. 7. | 24 W 904/61 | 5, 146 | 65, 64 | | 65, 190 | sage und schreibe, der beste Ballograf |
| 85 | 23. 7. | 26 W 1645/61 | 4, 82 | 64, 47 | 64, 22 | 64, 263 | Interfashion |
| 86 | 26. 7. | 24 W 1276/61 | 5, 201 | 65, 150 | 64, 188 | | Stolli |
| 87 | 7. 8. | S 41/62 | | | 64, 95 | | |
| 88 | 20. 8. | 26 W 608/62 | 4, 90 | 64, 72 | 64, 25 | 64, 313 | Modeparade |
| 89 | 23. 8. | 24 W 115/62 | 5, 56 | 64, 352 | 64, 118 | 65, 92 | Geschmacksanzeiger |
| 90 | 25. 9. | 4 W 87/63 | 4, 122 | 64, 46 | | 69, 257 | |
| 91 | 27. 9. | 24 W 309/62 | 7, 140 | 66, 162 | | 66, 441 | Cardinal |
| 92 | 22. 10. | 26 W 648/62 | 5, 39 | 64, 353 | 64, 92 | 65, 95 | Festival |
| 93 | 5. 11. | 26 W 1158/61 | 5, 51 | 64, 353 | 64, 93 | 65, 95 | UHU |
| 94 | 8. 11. | 24 W 346/62 | 7, 174 | 66, 162 | 65, 170 | 66, 441 | Sekurit |
| 95 | 8. 11. | 24 W 804/62 | 5, 149 | 65, 64 | 64, 116 | 65, 190 | Das entspannte Etikett |
| 96 | 12. 11. | 26 W 711/62 | 5, 62 | 64, 353 | 64, 94 | 65, 154 | TESATHERM |
| 97 | 19. 11. | 26 W 1365/61 | 4, 176 | 64, 166 | 64, 70 | | Preta |
| 98 | 22. 11. | 24 W 522/61 | 5, 44 | 64, 352 | | 65, 94 | Triangularflasche |
| 99 | 26. 11. | 26 W 832/62 | 4, 171 | 64, 166 | | | Chambord |
| 100 | 3. 12. | 26 W 786/61 | 5, 64 | 64, 353 | 64, 71 | 65, 154 | PATT |
| 101 | 3. 12. | 26 W 843/62 | 5, 71 | 64, 353 | 64, 94 | | Provita |
| 102 | 5. 12. | 25 W 193/63 | 5, 68 | 64, 352 | 64, 129 | 65, 94 | Cbon |
| 103 | 10. 12. | 26 W 1503/61 | 5, 165 | 65, 202 | 64, 151 | 65, 483 | Kraft-Oel |
| 104 | 19. 12. | 25 W 729/61 | 5, 60 | 64, 352 | 64, 130 | 65, 95 | Tesacell |
| | **1964** | | | | | | |
| 105 | 10. 1. | 24 W 712/62 | 5, 151 | 65, 64 | | 65, 190 | Entwicklungshilfe |
| 106 | 14. 1. | 26 W 520/61 | 5, 48 | 64, 353 | 64, 69 | | Ladyline |
| 107 | 21. 1. | 26 W 1256/61 | 5, 41 | 64, 354 | | 65, 155 | Bambino |
| 108 | 31. 1. | 24 W 931/62 | 5, 181 | 65, 65 | 64, 133 | 65, 190 | Club 99 |
| 109 | 6. 2. | 25 W 791/62 | 6, 69 | 65, 236 | | | Silvodor |
| 110 | 17. 2. | 4 W 250/64 | 5, 184 | 65, 62 | 64, 133 | 65, 188 | Handelsgold |
| 111 | 2. 3. | 4 W (pat) 306/64 | 5, 177 | 65, 62 | 64, 174 | 65, 189 | Meinl-Mohr |
| 112 | 2. 3. | 4 W 310/64 | 5, 185 | 65, 62 | 64, 153 | 65, 189 | Albiose |
| 113 | 13. 3. | 24 W 275/63 | 5, 188 | 65, 65 | 64, 239 | 65, 191 | Genießer |
| 114 | 27. 4. | 4 W (pat) 315/64 | | | 65, 71 | | LILI/Libby's |
| 115 | 5. 5. | 26 W 184/63 | 6, 97 | 65, 202 | 64, 238 | 65, 483 | Fejadur |
| 116 | 12. 5. | 26 W (pat) 1799/61 | 5, 152 | 65, 66 | | | HELVETIA |
| 117 | 21. 5. | 25 W 476/62 | 6, 136 | 65, 201 | | 65/253 | pâtres |
| 118 | 26. 5. | 26 W 1681/64 | 5, 192 | 65, 66 | | 65/253 | Euroyal |
| 119 | 11. 6. | 25 W 3028/61 | 6, 75 | 65, 201 | | 65, 428 | Ganglian |
| 120 | 15. 6. | 4 W (pat) 415/64 | 6, 247 | 65, 277 | 65, 33 | 65, 605 | Kawoti/Sarotti |
| 121 | 15. 6. | 4 W (pat) 716/64 | 5, 157 | 65, 62 | 65, 50 | 65, 190 | Vitaminol-stoß |
| 122 | 23. 6. | 26 W 1445/61 | 6, 134 | 65, 236 | 65, 108 | | Massageapparate |
| 123 | 30. 6. | 26 W 1434/61 | 6, 98 | 65, 202 | 64, 212 | 65, 484 | Sanfor Plus |
| 124 | 2. 7. | 25 W 1376/61 | 6, 101 | 65, 201 | 64, 210 | | Convaforat |
| 125 | 2. 7. | 25 W (pat) 234/64 | 5, 155 | 65, 65 | 64, 170 | 65, 252 | Lona |
| 126 | 6. 7. | 4 W (pat) 216/64 | 6, 104 | 65, 199 | 64, 209 | | Repas-Fali |
| 127 | 7. 7. | 26 W 428/62 | 7, 195 | 66, 163 | 65, 194 | 66, 562 | Verpackungsmaterial |
| 128 | 9. 7. | 25 W 1262/61 | 6, 106 | 65, 201 | | | Placentan |
| 129 | 17. 7. | 24 W 204/63 | 6, 118 | 65, 201 | 64, 209 | | kalkfrei |
| 130 | 20. 7. | 4 W (pat) 402/64 | 7, 137 | 66, 159 | | 66, 440 | gelb-rot |
| 131 | 11. 8. | 26 W 119/63 | 6, 121 | 65, 202 | 64, 239 | 65, 484 | ESA |
| 132 | 15. 9. | 26 W 1853/61 | 6, 122 | 65, 202 | 64, 237 | 65, 484 | Solazur |
| 133 | 15. 9. | 26 W (pat) 137/62 | 6, 125 | 65, 202 | 64, 237 | 65, 484 | Femilux |
| 134 | 24. 9. | 25 W 1250/61 | | | 65, 109 | 65, 109 | Vasowert |
| 135 | 24. 9. | 25 W 1335/61 | 6, 242 | 65, 279 | 65, 31 | 65, 676 | Azet |
| 136 | 25. 9. | 24 W 909/62 | 5, 204 | 65, 170 | | 65, 360 | Pareso |
| 137 | 28. 9. | 4 W (pat) 314/64 | 6, 127 | 65, 199 | 65, 211 | | Sletten |
| 138 | 2. 10. | 24 W 929/62 | 7, 155 | 66, 162 | 65, 134 | 66, 442 | Adex |
| 139 | 9. 10. | 24 W 134/63 | 7, 196 | 66, 162 | | 66, 442 | Schreibwaren |
| 140 | 9. 10. | 24 W 649/63 | 7, 193 | 66, 283 | 65, 196 | 66, 614 | King's Club |

# Fundstellenverzeichnis BPatG 1965, 1966 — Chronologisches

| Nr. | Datum | Az. | BPatGE | BlPMZ | Mitt | GRUR | Schlagwort |
|---|---|---|---|---|---|---|---|
| 141 | 15. 10. | 24 W 1234/61 | 6, 66 | 65, 202 |  |  | Immencron |
| 142 | 19. 10. | 4 W (pat) 279/64 |  | 65, 199 | 65, 51 |  | Zeo-Teo |
| 143 | 23. 10. | 24 W 442/62 | 6, 78 | 65, 201 | 65, 29 |  | Studio |
| 144 | 23. 10. | 24 W 650/62 | 6, 225 | 65, 279 | 65, 28 | 65, 606 | Privileg |
| 145 | 23. 10. | 24 W 291/63 | 7, 180 | 66, 162 | 65, 143 | 66, 442 | Löwen-Piccolo |
| 146 | 30. 10. | 24 W 745/63 | 7, 154 | 66, 163 |  | 66, 442 | Durchsetzungs-Glaubhaftmachung |
| 147 | 2. 11. | 4 W (pat) 733/64 | 6, 82 | 65, 199 | 65, 70 |  | MIXFIX |
| 148 | 3. 11. | 26 W 629/62 | 6, 84 | 65, 202 |  | 64, 485 | sekt |
| 149 | 5. 11. | 4 W (pat) 461/64 | 6, 91 | 65, 200 | 65, 27 |  | Swatt |
| 150 | 23. 11. | 4 W (pat) 56/64 | 6, 39 | 65, 200 | 65, 36 | 65, 597 |  |
| 151 | 26. 11. | 4 W (pat) 988/64 | 6, 227 | 65, 277 | 65, 211 | 65, 605 | Merci |
| 152 | 30. 11. | 4 W (pat) 507/64 | 6, 229 | 65, 277 | 65, 211 | 65, 605 | Surprise |
| 153 | 1. 12. | 26 W 1351/61 | 6, 131 | 65, 202 |  | 65, 485 | Plastipac |
| 154 | 1. 12. | 26 W 72/62 | 6, 245 | 65, 279 | 65, 211 | 65, 676 | Ariston |
| 155 | 1. 12. | 26 W 222/62 | 6, 232 | 65, 280 | 65, 211 | 65, 676 | Tourringgas |
| 156 | 4. 12. | 4 W (pat) 469/64 |  |  | 65, 165 |  | Redito |
| 157 | 11. 12. | 24 W 28/62 | 7, 43 | 66, 52 | 65, 94 | 66, 209 | ALTUGLAS |
| 158 | 11. 12. | 24 W 728/61 | 7, 70 | 66, 52 |  | 66, 209 | Benedictus |
| 159 | 14. 12. | 4 W (pat) 531/64 |  |  | 66, 174 |  | Master-Mix |
| 160 | 15. 12. | 26 W 165/62 | 6, 93 | 65, 236 | 65, 30 | 65, 539 | Presto |
| 161 | 15. 12. | 26 W 142/63 | 6, 142 | 65, 202 | 65, 51 | 65, 485 | Prestige/taf-Prestige |
| 162 | 18. 12. | 24 W 834/62 |  |  | 66, 212 |  | Männchen |
| 163 | 18. 12. | 26 W 41/64 | 6, 233 | 65, 279 | 65, 211 | 65, 606 | Rigi |
| 164 | 22. 12. | 26 W 1803/61 | 7, 48 | 66, 53 | 65, 209 | 66, 211 | Wäschemode |
| 165 | 22. 12. | 26 W 353/64 | 7, 230 | 66, 283 |  | 66, 641 | Wiedereinsetzung |
|  | **1965** |  |  |  |  |  |  |
| 166 | 8. 1. | 24 W 736/61 | 7, 198 | 66, 163 |  | 66, 502 | Weinbrand |
| 167 | 12. 1. | 26 W 227/62 | 7, 141 | 66, 164 |  | 66, 562 | Curoniert |
| 168 | 26. 1. | 26 W 261/62 | 6, 248 | 65, 280 | 65, 211 | 66, 38 | Rhemolub |
| 169 | 26. 1. | 24 W 1115/64 | 6, 249 | 66, 71 | 65, 113 | 66, 262 | Beschleunigungsgebühr |
| 170 | 28. 1. | 25 W 1272/61 | 7, 184 | 66, 283 | 65, 112 | 66, 614 | Cratiserp |
| 171 | 29. 1. | 24 W 360/63 |  |  | 65, 95 |  | Estella |
| 172 | 1. 2. | 4 W (pat) 459/64 | 7, 53 | 66, 13 | 65, 93 | 66, 209 | Broadway |
| 173 | 5. 2. | 24 W 469/63 | 7, 56 | 66, 53 | 65, 232 | 66, 210 | Diamalz |
| 174 | 9. 2. | 26 W 1235/61 |  | 66, 191 |  |  | Rustiphoska |
| 175 | 26. 2. | 24 W 660/62 | 7, 145 | 66, 163 | 65, 133 | 66, 502 | Playcraft |
| 176 | 12. 3. | 24 W 731/61 | 7, 147 | 66, 163 |  | 66, 502 | St.-Johannes-Wein |
| 177 | 25. 3. | 24 W (pat) 126/64 | 7, 185 | 66, 163 | 65, 171 | 66, 503 | Durolloyd |
| 178 | 25. 3. | 25 W (pat) 1039/64 | 8, 55 | 67, 131 | 65, 147 | 67, 427 | Europhyt |
| 179 | 26. 3. | 24 W 458/61 | 7, 63 | 66, 53 | 65, 166 | 66, 210 | Tafelwasser |
| 180 | 9. 4. | 24 W 130/63 | 7, 202 | 66, 163 | 65, 169 | 66, 503 | Kunststoffe |
| 181 | 28. 4. | 23 W (pat) 185/64 | 7, 26 | 66, 52 |  |  |  |
| 182 | 29. 4. | 4 W (pat) 632/64 | 7, 215 | 66, 159 |  | 66, 441 | Farbbezeichnung |
| 183 | 6. 5. | 25 W 625/63 |  |  | 66, 215 |  | Benadretten |
| 184 | 7. 5. | 24 W 974/63 | 7, 187 | 66, 163 | 65, 193 | 66, 503 | Petitparis |
| 185 | 14. 5. | 24 W 382/63 | 7, 202 | 66, 163 |  | 66, 503 | Essenzen |
| 186 | 18. 5. | 26 W 235/62 | 7, 204 | 66, 164 |  | 66, 562 | Burgol |
| 187 | 21. 5. | 24 W 851/63 | 7, 210 | 66, 233 | 66, 23 | 66, 641 | Hagalith |
| 188 | 25. 5. | 26 W 693/62 | 7, 189 | 66, 164 |  | 66, 562 | Multistrong |
| 189 | 26. 5. | 21 W (pat) 49/65 | 7, 33 | 66, 52 |  |  | Moltex |
| 190 | 8. 7. | 25 W (pat) 1031/64 | 8, 65 | 66, 307 |  | 67, 58 | Kostenfestsetzung |
| 191 | 15. 7. | 25 W 839/61 | 8, 63 | 67, 131 |  | 67, 438 |  |
| 192 | 16. 7. | 24 (pat) 900/64 | 7, 192 | 66, 163 | 65, 195 | 66, 503 | Erfri |
| 193 | 3. 8. | 26 W 589/63 | 7, 177 | 66, 164 | 65, 197 | 66, 563 | Sanna |
| 194 | 16. 9. | 25 W (pat) 545/64 |  |  | 66, 214 |  | Hygenita |
| 195 | 1. 10. | 24 W 1152/61 | 7, 207 | 66, 163 | 66, 212 | 66, 561 | Delivia |
| 196 | 4. 10. | 4 W (pat) 855/64 | 7, 228 | 66, 226 |  | 66, 614 | Karamil |
| 197 | 8. 10. | 19 W 38/62 | 7, 107 | 66, 123 |  |  |  |
| 198 | 12. 10. | 26 W 894/62 | 8, 71 | 67, 131 |  | 67, 428 | Paola |
| 199 | 14. 10. | 25 W 927/63 |  |  | 66, 90 |  | Mio |
| 200 | 29. 10. | 24 W 182/62 | 7, 150 | 66, 163 |  | 66, 561 | ISO-3 |
| 201 | 5. 11. | 34 W (pat) 984/64 |  |  | 66, 52 |  | Roter-Bock |
| 202 | 10. 11. | I R 287 338/2 Wz |  |  | 66, 192 |  | Cevical |
| 203 | 26. 11. | 24 W (pat) 504/64 | 8, 60 | 67, 24 |  | 67, 216 | Kostenverteilung |
| 204 | 9. 12. | 25 W 1363/61 | 9, 125 | 68, 165 |  |  | Kosmetische Mittel |
| 205 | 14. 12. | 26 W (pat) 262/65 | 8, 68 | 67, 158 |  | 67, 489 | Hydro Lift |
| 206 | 16. 12. | 25 W 2033/61 |  |  | 67, 10 |  | Acafe |
|  | **1966** |  |  |  |  |  |  |
| 207 | 18. 1. | 26 W 80/62 | 8, 74 | 67, 158 |  | 67, 489 | Kompaktblitz |
| 208 | 25. 1. | 26 W (pat) 267/64 |  |  | 66, 175 |  | Ulan |
| 209 | 25. 1. | 26 W (pat) 47/64 |  |  | 66, 91 |  | ebeco |

# Fundstellenverzeichnis BPatG 1967

| Nr. | Datum | Az. | BPatGE | BlPMZ | Mitt | GRUR | Schlagwort |
|---|---|---|---|---|---|---|---|
| 210 | 31. 1. | 4 W (pat) 1023/64 | 8, 110 | 67, 130 | | 67, 426 | Sonnenzeichen |
| 211 | 8. 2. | 26 W 876/63 | | | 66, 149 | | nOvafit |
| 212 | 8. 2. | 26 W 1230/63 | | | 68, 10 | | Erpisette |
| 213 | 15. 2. | 16 W 1907/61 | 8, 76 | 67, 158 | | 67, 489 | Atlanta-Extra |
| 214 | 1. 3. | 26 W 206/63 | | | 66, 150 | | Hellaplast |
| 215 | 3. 3. | 25 W 2235/61 | 8, 233 | 67, 164, 321 | | 67, 663 | Octo |
| 216 | 11. 3. | 24 W 19/63 | 8, 93 | 67, 32, 130 | | 67, 427 | König Laurin |
| 217 | 29. 3. | 26 W (pat) 408/65 | 8, 80 | 67, 158 | | 67, 490 | Stretchever |
| 218 | 18. 4. | 21 W (pat) 50/66 | 8, 157 | 67, 130 | | | |
| 219 | 25. 4. | 25 W 448/63 | 8, 212 | 67, 164, 321 | | 67, 663 | Chloromycetin |
| 220 | 3. 5. | 26 W (pat) 647/64 | | | 66, 176 | | Zar |
| 221 | 10. 5. | 16 W 340/63 | | | 67, 52 | | Decefix/Tesafix |
| 222 | 18. 5. | 27 ZA (pat) 2/66 | 8, 114 | 67, 131 | | 67, 437 | Scala |
| 223 | 1. 6. | 27 W (pat) 240/66 | | | 66, 217 | | Kostenauferlegung |
| 224 | 10. 6. | 2 Ni 32/63 | | | 66, 199 | | Verfahren mit Festsetzung des Gegenstandswerts |
| 225 | 14. 6. | 24 W 104/62 | 8, 32 | 67, 131 | | 67, 427 | Schloß Pils |
| 226 | 16. 6. | 16 W 358/61 | 9, 30 | 67, 357 | | | |
| 227 | 20. 6. | 4 W (pat) 258/65 | | | 67, 9 | | Papou Nappo |
| 228 | 29. 6. | 27 W 231/66 | 8, 89 | 67, 158 | | 67, 490 | Top-Hat |
| 229 | 4. 7. | 4 W (pat) 994/64 | | | 67, 101 | | Krema |
| 230 | 11. 7. | 5 W (pat) 33/66 | 8, 181 | 67, 320 | 66, 219 | | |
| 231 | 13. 7. | 27 W (pat) 63/66 | | | 66, 212 | | Textilien |
| 232 | 13. 7. | 27 W (pat) 84/66 | | | 67, 9 | | Kyr/Sir |
| 233 | 13. 7. | 27 W 512/66 | 8, 117 | 67, 196 | | 67, 499 | Akteneinsicht |
| 234 | 14. 7. | 25 W 3109/61 | | 67, 164 | | | Venon |
| 235 | 20. 7. | 27 W (pat) 817/66 | 8, 240 | 67, 321 | | 68, 110 | Postgebühren |
| 236 | 22. 7. | 24 W (pat) 1314/66 | | | 67, 174 | | Natürliches Mineralwasser/Bier |
| 237 | 25. 7. | 4 W (pat) 983/64 | | 67, 32 | | | praliné |
| 238 | 26. 7. | 26 W 573/63 | | | 66, 235 | | Unipor |
| 239 | 2. 8. | 26 W 1129/63 | | | 67, 68 | | Amp-Edge/Esge |
| 240 | 4. 8. | 4 W (pat) 931/64 | 8, 226 | 67, 222 | | 67, 663 | Absatzrat |
| 241 | 10. 8. | 27 W (pat) 20/66 | 9, 62 | 67, 357 | | 68, 92 | Satin féminité |
| 242 | 5. 10. | 27 W (pat) 12/66 | | | 66, 237 | | Junior |
| 243 | 6. 10. | 25 W (pat) 888/64 | 9, 86 | 67, 359; 68, 165 | | | BRONQUIL |
| 244 | 7. 10. | 26 W (pat) 70/66 | | | 66, 236 | | Detraflex |
| 245 | 19. 10. | I b ZB 10/65 | | 67, 135 | 66, 238 | 67, 253 | CONNY |
| 246 | 20. 10. | 25 W 3161/61 | | | 67, 52 | | Cit/Citi |
| 247 | 21. 10. | 24 W (pat) 182/65 | | | 67, 65 | | Top |
| 248 | 25. 10. | 26 W (pat) 300/64 | 9, 65 | 67, 363 | | 68, 92 | Contact |
| 249 | 25. 10. | 4 W (pat) 1035/64 | 9, 68 | 67, 357 | | 68, 92 | Frisch durch Frost |
| 250 | 28. 10. | 28 W (pat) 439/66 | 8, 236 | 67, 321 | | 68, 93 | Nervoscopol |
| 251 | 3. 11. | 25 W (pat) 3304/61 | 9, 73 | 67, 363; 68, 165 | | | Irmazol |
| 252 | 7. 11. | 4 W (pat) 463/65 | | | 67, 173 | | Gandria |
| 253 | 11. 11. | 24 W (pat) 264/65 | | | 68, 36 | | Old Penny/Twenny |
| 254 | 16. 11. | 27 W (pat) 79/66 | | | 68, 193 | | Kwin/Twin |
| 255 | 18. 11. | 24 W (pat) 538/65 | | | 67, 67 | | Pointe/Ponte Rubino |
| 256 | 24. 11. | 25 W 2938/61 | | | 68, 9 | | Tevinetten/Tussinetten |
| 257 | 25. 11. | 27 W (pat) 19/66 | 8, 219 | 67, 321 | | 68, 93 | Favorit |
| 258 | 29. 11. | 26 W (pat) 815/64 | 9, 81 | 67, 357 | | 68, 417 | Baustoffe |
| 259 | 6. 12. | 26 W (pat) 820/64 | 9, 70 | 67, 357 | | 68, 93 | Polydor |
| 260 | 7. 12. | 27 W (pat) 447/66 | | | 67, 49 | | Supp-Hose |
| 261 | 12. 12. | 4 W (pat) 330/65 | | | 67, 51 | | Moccacao/Mock/Cao |
| 262 | 20. 12. | 26 W (pat) 900/65 | | | 67, 69 | | Tisa Samen/Tesa |
| 263 | 21. 12. | 27 W (pat) 110/66 | | | 67, 53 | | Beschlußänderung, Kostenauferlegung |
| | **1967** | | | | | | |
| 264 | 9. 1. | 4 W (pat) 466/65 | | | 67, 103 | | Starlight |
| 265 | 13. 1. | 28 W (pat) 507/65 | | | 67, 107 | | Palmofundin/Palmolive |
| 266 | 18. 1. | 27 W (pat) 765/66 | | | 67, 10 | | Kostenauferlegung |
| 267 | 20. 1. | 24 W 824/63 | | | 67, 176 | | Brio/Brioui |
| 268 | 20. 1. | 24 W (pat) 669/65 | | | 69, 50 | | Coup |
| 269 | 3. 2. | 28 W (pat) 11/66 | | | 67, 108 | | Terrapin/Terra/Terranova |
| 270 | 8. 2. | 27 W (pat) 347/66 | | | 67, 196 | | Resi/Reni |
| 271 | 8. 2. | 27 W (pat) 505/66 | | | 67, 109 | | Ankertex |
| 272 | 21. 2. | 26 W (pat) 343/64 | | | 67, 106 | | Winston/Windsorcastle |
| 273 | 22. 2. | 27 W (pat) 31/66 | | | 67, 175 | | Kunstfaser |
| 274 | 24. 2. | 28 W (pat) 548/66 | | | 68, 38 | | Vermol/Vermolysin |
| 275 | 7. 3. | 26 W (pat) 447/64 | | | 67, 102 | | Valiant/Vagant |
| 276 | 7. 3. | 26 W (pat) 592/66 | | | 67, 171 | | Olympia |

# Fundstellenverzeichnis BPatG 1968

| Nr. | Datum | Az. | BPatGE | BlPMZ | Mitt | GRUR | Schlagwort |
|---|---|---|---|---|---|---|---|
| 277 | 17. 3. | 24 W (pat) 321/65 | | | 67, 105 | | Vitaminkönig/Koenig |
| 278 | 17. 4. | 4 W (pat) 461/66 | 9, 82 | 68, 66 | | 68, 417 | Gebührenstundung |
| 279 | 19. 4. | 27 W (pat) 316/66 | 9, 94 | 67, 358 | | 68, 454 | Beschwerdestreitwert |
| 280 | 21. 4. | 24 W (pat) 1049/65 | | | 67, 136 | | Domkapelle/Domkapitel |
| 281 | 24. 4. | 4 W (pat) 355/66 | 9, 79 | 68, 129 | 67, 177 | 68, 418 | Decaffe |
| 282 | 26. 4. | 27 W (pat) 331/66 | | | 67, 173 | | Amalfi |
| 283 | 3. 5. | 25 W 851/62 | | | 67, 196 | | Traphocard/Apocard |
| 284 | 8. 5. | 4 W (pat) 1099/64 | 9, 96 | 68, 129 | | | GebührenO f. PatAnw. |
| 285 | 17. 5. | 27 W (pat) 605/66 | | | 69, 111 | | Grand Bal |
| 286 | 22. 5. | 4 W (pat) 401/66 | | | 69, 114 | | Tencafé/Nescafé |
| 287 | 26. 5. | 24 W (pat) 360/62 | | | 67, 213 | | Carlton |
| 288 | 26. 5. | 28 W (pat) 672/66 | 9, 122 | 68, 196 | 68, 159 | 69, 136 | Spumann/Heparsumman |
| 289 | 31. 5. | 27 W (pat) 736/66 | 9, 99 | 68, 195 | 68, 159 | 69, 88 | elegantia |
| 290 | 6. 6. | 26 W (pat) 1299/65 | | | 67, 232 | | Coro-wrap/Coroplast |
| 291 | 7. 6. | 27 W (pat) 642/66 | 9, 225 | 68, 326 | 68, 52 | 69, 88 | Carlton |
| 292 | 14. 6. | 27 W (pat) 460/67 | 9, 128 | 68, 195 | | 69, 103 | Wiedereinsetzung |
| 293 | 16. 6. | 28 W (pat) 25/66 | | | 68, 112 | | Alpurit/Aleurit |
| 294 | 22. 6. | 28 ZA (pat) 2/67 | 9, 133 | 68, 326 | | 69, 103 | Akteneinsicht II |
| 295 | 5. 7. | 27 W (pat) 475/67 | | 68, 138 | | | Polyester/Polyestra |
| 296 | 11. 7. | 26 W (pat) 92/65 | | | 67, 235 | | Capriole/Capitol |
| 297 | 14. 7. | 24 W (pat) 81/64 | | | 67, 215 | | Rugard Exzellent |
| 298 | 14. 7. | 24 W (pat) 147/64 | | | 67, 212 | | Sahara |
| 299 | 14. 7. | 28 W (pat) 613/66 | 9, 231 | 68, 171, 349 | 68, 92 | 69, 137 | Vita Seltzer/Selzerbrunnen |
| 300 | 17. 7. | 4 W 342/65 | 9, 110 | 68, 195 | 68, 140 | 69, 136 | Marke, Schüssel |
| 301 | 19. 7. | 27 W (pat) 1064/66 | | | 68, 9 | | Silkhan |
| 302 | 26. 7. | 27 W (pat) 241/66 | 9, 137 | 68, 326 | | 69, 103 | Kostenerstattung |
| 303 | 26. 7. | 27 W (pat) 740/66 | 9, 116 | 68, 326 | | 69, 136 | Pan/Panache |
| 304 | 28. 7. | 24 W 986/63 | | | 68, 196 | | Clair Printemps/Clairol/Clairex |
| 305 | 28. 7. | 24 W (pat) 641/65 | | | 69, 51 | | Gentleman |
| 306 | 2. 8. | 27 W (pat) 596/66 | 9, 119 | 68, 196 | 68, 140 | 69, 136 | Chancellor/Charmella |
| 307 | 9. 8. | 27 W (pat) 643/66 | | | 67, 214 | | B-Free |
| 308 | 9. 8. | 27 W (pat) 1054/66 | 9, 104 | 68, 165 | 67, 193 | 69, 88 | EUROVLIESELON |
| 309 | 11. 8. | 24 W 603/63 | | | 67, 216 | | Alma |
| 310 | 22. 8. | 26 W (pat) 279/64 | 9, 229 | 68, 349 | | 69, 88 | TELECHECK |
| 311 | 29. 8. | 26 W (pat) 1052/64 | 9, 227 | 68, 349 | | 69, 88 | Farbvariant |
| 312 | 22. 9. | 24 W (pat) 403/65 | | | 67, 237 | | Botschafter/Ambassadeur |
| 313 | 22. 9. | 28 W (pat) 778/66 | 9, 240 | 68, 385 | 68, 229 | 69, 137 | Stets mobil mit forbil |
| 314 | 27. 9. | 27 W (pat) 1108/66 | | | 71, 130 | | Soft-Line |
| 315 | 27. 9. | 27 W 442/67 | 9, 263 | | | | Kaylon |
| 316 | 5. 10. | 25 W (pat) 342/64 | 9, 257 | 69, 23 | | | Gesichtstücher |
| 317 | 12. 10. | 25 W (pat) 290/64 | 9, 259 | 68, 385 | | | Seifen |
| 318 | 17. 10. | 26 W 512/63 | | | 68, 113 | | Howeflor/Hecoflor |
| 319 | 18. 10. | 4 W (pat) 307/67 | | | 68, 9 | | Minis |
| 320 | 24. 10. | 26 W (pat) 1149/64 | 9, 245 | 69, 23 | | | Symetra/Netraphot |
| 321 | 27. 10. | 28 W (pat) 755/66 | 9, 248 | 69, 23 | | 69, 137 | Diego/Digocyclin |
| 322 | 30. 10. | 4 W (pat) 513/66 | 9, 252 | 68, 385 | | | Mac Ogo/Mao |
| 323 | 30. 10. | 4 W (pat) 530/66 | 9, 255 | 69, 22 | 68, 55 | | Vibudda/Bodda |
| 324 | 2. 11. | 25 W (pat) 257/64 | | | 68, 76 | | Thiodril/Trionyl |
| 325 | 3. 11. | 24 W 315/63 | | | 68, 114 | | 3 × 3 Dr. Welkers/8 × 4 |
| 326 | 3. 11. | 28 W (pat) 264/66 | | | 68, 231 | | Roumanie |
| 327 | 10. 11. | 24 W (pat) 1441/65 | | | 68, 37 | | Oldpenny/Twenny |
| 328 | 15. 11. | 27 W (pat) 581/66 | | | 68, 39 | | Shapetrol/Cha |
| 329 | 17. 11. | 24 W (pat) 983/66 | | | 68, 11 | | Martini/granini |
| 330 | 1. 12. | 24 W (pat) 65/65 | | | 68, 53 | | Highland Tower/Tower Club |
| 331 | 8. 12. | 28 W (pat) 35/66 | 10, 74 | 68, 299 | | | Rakofix-Teppichkleber/Tachofix |
| | 1968 | | | | | | |
| 332 | 9. 1. | 26 W (pat) 550/65 | | | 68, 111 | | OPW |
| 333 | 11. 1. | 25 W (pat) 422/64 | | | 68, 77 | | Thiotab/Tyonat |
| 334 | 11. 1. | 25 W (pat) 1175/66 | 9, 262 | 69, 58 | | | Nagmato/gabato |
| 335 | 12. 1. | 28 W (pat) 90/67 | | | 68, 233 | | Siretendal/Sir |
| 336 | 19. 1. | 24 W (pat) 171/66 | | | 68, 91 | | Pfeffikrone/Pfiffikus |
| 337 | 23. 1. | 26 W (pat) 912/64 | | | 68, 208 | | Kreyes/Kayser Spezial |
| 338 | 23. 1. | 26 W (pat) 722/66 | 10, 68 | 69, 197 | 68, 173 | 69, 412 | EUROTHERM |
| 339 | 24. 1. | 27 W (pat) 1398/66 | | | 68, 54 | | Xylee/Skailen |
| 340 | 30. 1. | 26 W (pat) 576/66 | 10, 71 | 69, 308 | | 69, 412 | MELITTAGEFILTERT |
| 341 | 31. 1. | 27 W (pat) 824/66 | | | 68, 56 | | Airesco/Eres |
| 342 | 31. 1. | 27 W (pat) 128/67 | 9, 272 | 69, 23 | | | |
| 343 | 2. 2. | 28 W (pat) 998/66 | | | 68, 135 | | paraprodontium/Prodont |
| 344 | 14. 2. | 27 W (pat) 138/67 | | | 68, 134 | | |
| 345 | 16. 2. | 24 W (pat) 215/66 | 10, 116 | 69, 356 | | 70, 135 | Quickborn |
| 346 | 16. 2. | 24 W (pat) 218/66 | 10, 117 | 69, 356 | | 70, 136 | Segler-Rum |

# Fundstellenverzeichnis 1969 Fundstellenverzeichnis BPatG

| Nr. | Datum | Az. | BPatGE | BlPMZ | Mitt | GRUR | Schlagwort |
|---|---|---|---|---|---|---|---|
| 347 | 21. 2. | 27 W (pat) 237/66 | | | 68, 150 | | Vyrenette/Vyrene |
| 348 | 22. 2. | 25 W (pat) 1262/66 | | | 68, 178 | | Meliferm |
| 349 | 5. 3. | 26 W (pat) 997/65 | | | 68, 112 | | Sawamat |
| 350 | 7. 3. | 25 W (pat) 619/64 | 10, 83 | 69, 238 | | 69, 413 | OPTICORTENOL/Optocor |
| 351 | 13. 3. | 27 W (pat) 953/66 | 10, 89 | 69, 308 | | 70, 91 | Schwarz-Weiß-Druck |
| 352 | 20. 3. | 27 W (pat) 606/66 | | | 68, 234 | | cril/Leacril |
| 353 | 20. 3. | 27 W (pat) 1403/66 | | | 68, 174 | | Bajo |
| 354 | 1. 4. | 4 W (pat) 528/66 | | | 68, 175 | | Shorty/Porki |
| 355 | 23. 4. | 14 W (pat) 26/67 | 10, 155 | 69, 307 | 68, 214 | | |
| 356 | 26. 4. | 26 W (pat) 434/64 | | | 68, 172 | | Ultracreme |
| 357 | 26. 4. | 28 W (pat) 1705/66 | | | 68, 208 | | Aminonorm/Kamillonorm |
| 358 | 30. 4. | 26 W (pat) 566/63 | | | 68, 207 | | Paramount |
| 359 | 7. 5. | 26 W (pat) 608/65 | 10, 91 | 69, 308 | | 70, 92 | Minirol/Mini |
| 360 | 8. 5. | 27 W (pat) 1515/66 | | | 71, 130 | | Softline |
| 361 | 16. 5. | 4 W (pat) 298/66 | | | 68, 172 | | Balital |
| 362 | 17. 5. | 24 W (pat) 1290/65 | | | 68, 192 | | Mosaic |
| 363 | 17. 5. | 24 W (pat) 692/66 | 10, 118 | 69, 356 | | 70, 136 | Night-Club |
| 364 | 29. 5. | 27 W (pat) 138/68 | 10, 131 | 69, 308 | 69, 118 | 70, 100 | JACKIE |
| 365 | 7. 6. | 4 W (pat) 39/68 | 10, 35 | 69, 238 | 68, 136 | | |
| 366 | 19. 6. | 27 W (pat) 215/67 | | | 68, 232 | | Luma/Lunacel |
| 367 | 5. 7. | 28 W (pat) 1300/66 | 10, 126 | 69, 357 | 69, 113 | 70, 136 | Rheuma-Quick |
| 368 | 9. 7. | 26 W (pat) 422/65 | | | 68, 229 | | Taralon/Perlon/Genalon |
| 369 | 12. 7. | 24 W (pat) 219/66 | 10, 120 | 69, 356 | | 70, 136 | Sonniger September |
| 370 | 12. 7. | 28 W (pat) 148/67 | | | 69, 72 | | Colloduron/Duron |
| 371 | 26. 7. | 24 W (pat) 296/65 | | | 69, 95 | | OUI OU NON/JA |
| 372 | 5. 8. | 25 W (pat) 1022/65 | 10, 93 | 69, 308 | | 70, 92 | EXTRAVERAL/Verla |
| 373 | 30. 8. | 24 W (pat) 1028/66 | 10, 124 | 69, 356 | | 70, 136 | SAINT GEORGES |
| 374 | 15. 9. | 26 W (pat) 136/65 | | | 69, 116 | | Silver/Silvertone |
| 375 | 20. 9. | 28 W (pat) 283/66 | | | 69, 52 | | Content |
| 376 | 20. 9. | 24 W (pat) 50/68 | 10, 143 | 69, 356 | | 70, 136 | Goldener Herbst |
| 377 | 23. 9. | 28 W (pat) 59/67 | | | 69, 53 | | Phytovenin |
| 378 | 25. 9. | 27 W (pat) 1443/66 | | | 71, 131 | | Verwechslungsgefahr |
| 379 | 4. 10. | 24 W (pat) 64/67 | | | 71, 92 | | Russet Rose |
| 380 | 10. 10. | 25 W (pat) 1067/65 | | | 69, 55 | | PITOCIN/PITON |
| 381 | 16. 10. | 28 W (pat) 16/66 | 10, 289 | 70, 157 | | 70, 420 | Venturon |
| 382 | 16. 10. | 27 W (pat) 417/67 | | | 70, 231 | | novaform |
| 383 | 17. 10. | 28 W (pat) 1151/66 | 10, 140 | 69, 357 | | | |
| 384 | 22. 10. | 26 W (pat) 692/65 | 10, 269 | 70, 157 | 69, 144 | 70, 366 | METOCAL/Togal |
| 385 | 23. 10. | 28 W (pat) 1306/66 | 10, 296 | 70, 412 | | | |
| 386 | 23. 10. | 27 W (pat) 1522/66 | | | 70, 230 | | profitdress |
| 387 | 25. 10. | 24 W (pat) 518/66 | 10, 122 | 69, 356 | | 70, 136 | Director |
| 388 | 28. 10. | 4 W (pat) 376/68 | | | 69, 143 | | Pfund auf Pfund |
| 389 | 30. 10. | 28 W (pat) 145/66 | 10, 298 | 70, 157 | 73, 97 | 70, 420 | Quixil |
| 390 | 30. 10. | 28 W (pat) 690/66 | 10, 97 | 69, 357 | | 70, 92 | SOLU-PARAXIN/Solu-Purgat |
| 391 | 30. 10. | 27 W (pat) 808/68 | 10, 105 | 69, 356 | | 70, 92 | Papier |
| 392 | 19. 11. | 26 W (pat) 96/62 | | | | 70, 556 | Safa/Saka |
| 393 | 26. 11. | 26 W (pat) 159/67 | 10, 307 | 70, 157 | | | |
| 394 | 27. 11. | 26 W (pat) 15/67 | 10, 107 | 69, 356 | | 70, 92 | Relacta |
| 395 | 27. 11. | 27 ZA 14/68 | 10, 145 | 69, 356 | | | |
| 396 | 27. 11. | 27 W (pat) 297/68 | | 69, 93 | | | Oskar |
| 397 | 18. 12. | 27 W (pat) 580/67 | 10, 273 | 70, 412 | | 70, 366 | DINACOR/DIN |
| | **1969** | | | | | | |
| 398 | 21. 1. | 26 W (pat) 237/67 | | | 69, 117 | | Mister Baby/Sir |
| 399 | 23. 1. | 25 W (pat) 1071/65 | | | 69, 191 | | Satival-Zyma/Sati |
| 400 | 29. 1. | 28 W (pat) 1507/66 | | | 69, 146 | | Lyocod/Aneucod |
| 401 | 29. 1. | 27 W (pat) 113/69 | | | 69, 144 | | Sügro Big-Bär |
| 402 | 30. 1. | 25 W (pat) 363/67 | | | 70, 92 | | Euro-Henkel/Eurosil |
| 403 | 7. 2. | 24 W (pat) 977/65 | | | 69, 171 | | Alpenflora/Alpenblüte |
| 404 | 12. 2. | 28 W (pat) 1621/66 | 10, 280 | 70, 157 | | 70, 366 | ASPARICOR/Aspirin |
| 405 | 19. 2. | 27 W (pat) 103/69 | | | 69, 112 | | Monamie |
| 406 | 5. 3. | 28 W (pat) 174/68 | 10, 270 | 70, 157 | | 70, 366 | Profit |
| 407 | 7. 3. | 28 ZA (pat) 13/68 | 10, 314 | 70, 413 | | | |
| 408 | 12. 3. | 27 W (pat) 299/69 | | | 69, 189 | | NATUR-A-TOP |
| 409 | 14. 3. | 24 W (pat) 57/67 | | | 70, 70 | | Olympia-Cuvée |
| 410 | 19. 3. | 27 W (pat) 189/69 | 10, 311 | 70, 157 | 69, 171 | | Choko-Flakes |
| 411 | 19. 3. | 28 W (pat) 1773/66 | 10, 285 | 70, 413 | | 70, 367 | Reducorton/CORTONE |
| 412 | 19. 3. | 27 W (pat) 710/67 | | | 70, 172 | | Schuß |
| 413 | 7. 5. | 27 W (pat) 590/66 | 11, 143 | 70, 412 | | 70, 603 | Treviseta |
| 414 | 7. 5. | 27 W (pat) 1506/66 | | | 70, 191 | | Perlonseide |
| 415 | 9. 5. | 24 W (pat) 1123/65 | | | 72, 213 | | Ernesto |
| 416 | 13. 5. | 26 W (pat) 557/66 | | | 70, 232 | | Elmetra/Eltro |

# Fundstellenverzeichnis BPatG 1970  Chronologisches

| Nr. | Datum | Az. | BPatGE | BlPMZ | Mitt | GRUR | Schlagwort |
|---|---|---|---|---|---|---|---|
| 417 | 21. 5. | 27 W (pat) 46/69 | | | 70, 94 | | ECAFE/NESCAFÉ |
| 418 | 4. 6. | 28 W (pat) 161/68 | | | 70, 13 | | Summit |
| 419 | 11. 6. | 27 W (pat) 38/69 | | | 73, 97 | | |
| 420 | 25. 6. | 28 W (pat) 47/69 | | | 69, 193 | | Biobest/Bio, Test |
| 421 | 1. 7. | 26 W (pat) 208/63 | | | 70, 14 | | gutso |
| 422 | 1. 7. | 26 W (pat) 80/69 | | | 70, 34 | | |
| 423 | 4. 7. | 28 ZA (pat) 9/69 | 11, 171 | 70, 443 | | | |
| 424 | 9. 7. | 27 W (pat) 859/67 | | | 70, 174 | | SHOW |
| 425 | 15. 7. | 26 W (pat) 172/68 | 11, 116 | 70, 443 | 70, 130 | 70, 509 | RSW |
| 426 | 17. 7. | 25 W (pat) 47/69 | | | 69, 189 | | Ky |
| 427 | 29. 7. | 26 W (pat) 187/67 | | | 69, 191 | | Uniclip/mono-clip |
| 428 | 27. 8. | 28 W (pat) 210/69 | 11, 120 | 70, 413 | | 70, 509 | Bratwursthäusele |
| 429 | 19. 9. | 24 W (pat) 194/68 | 11, 125 | 70, 443 | | 70, 510 | Eurobrandy |
| 430 | 24. 9. | 28 W (pat) 183/69 | 11, 151 | 70, 413 | | 70, 604 | Oldenhof |
| 431 | 8. 10. | 27 W (pat) 620/67 | | | 71, 132 | | JEAN BARTHET/Jeanette MODELL |
| 432 | 8. 10. | 28 W (pat) 348/69 | | | 70, 14 | | gutso |
| 433 | 15. 10. | 27 W (pat) 306/68 | | | 70, 12 | | TRAMPER |
| 434 | 15. 10. | 28 W (pat) 147/69 | | | 73, 98 | | |
| 435 | 24. 10. | 24 W (pat) 554/67 | | | 71, 22 | | Rossi/Rossini |
| 436 | 24. 10. | 24 W (pat) 639/67 | | | 70, 131 | | Monte Garda/MONTELERA |
| 437 | 29. 10. | 27 W (pat) 842/67 | 11, 164 | 70, 443 | | 70, 604 | Stümpfe |
| 438 | 4. 11. | 26 W (pat) 518/66 | 11, 160 | 70, 443 | 70, 151 | 70, 604 | MAXITROI/Maxi-Max |
| 439 | 4. 11. | 26 W (pat) 39/67 | | | 70, 71 | | Rasenflor |
| 440 | 5. 11. | 27 W (pat) 1232/66 | | | 73, 97 | | |
| 441 | 12. 11. | 28 W (pat) 469/69 | 11, 139 | 70, 443 | | 70, 510 | CANA |
| 442 | 18. 11. | 26 W (pat) 443/67 | | | 70, 73 | | |
| 443 | 21. 11. | 24 W (pat) 564/67 | | | 71, 22 | | Schorli/Schorle |
| 444 | 12. 12. | 24 W (pat) 374/66 | | | 70, 111 | | Shamtu-Fix/fit |
| 445 | 17. 12. | 27 W (pat) 315/69 | 11, 154 | 70, 412 | | 70, 604 | Falke-Fleurs |
| | **1970** | | | | | | |
| 446 | 12. 1. | 5 W (pat) 89/69 | 11, 109 | 70, 427 | | | |
| 447 | 13. 1. | 26 W (pat) 1350/65 | | | 70, 196 | | Picador/Torero |
| 448 | 16. 1. | 28 W (pat) 382/67 | 11, 166 | 70, 443 | | | |
| 449 | 28. 1. | 27 W (pat) 180/68 | | | 70, 74 | | Apache/Winnetou |
| 450 | 18. 2. | 27 W (pat) 149/68 | 11, 273 | 71, 25 | | 71, 219 | taxa/Dexa |
| 451 | 25. 2. | 27 W (pat) 1541/66 | | | 70, 216 | | |
| 452 | 4. 3. | 28 W (pat) 452/69 | 11, 158 | 70, 443 | | 70, 604 | DEVOLAC |
| 453 | 5. 3. | 33 W (pat) 1/68 | 11, 179 | 74, 13 | 71, 179 | 71, 151 | |
| 454 | 6. 3. | 24 W (pat) 418/66 | | | 70, 132 | | Brisk/Brisa |
| 455 | 11. 3. | 27 W (pat) 298/68 | | | | | EUROWEA |
| 456 | 11. 3. | 27 W (pat) 224/69 | 11, 259 | 70, 25 | | 71, 151 | Crackers |
| 457 | 18. 3. | 27 W (pat) 73/69 | | | 70, 150 | | |
| 458 | 18. 3. | 28 W (pat) 209/69 | 11, 266 | 71, 26 | | 71, 220 | Gabelfix/Gabelfisch |
| 459 | 25. 3. | 7 W (pat) 80/69 | 11, 227 | 71, 24 | 72, 100 | | |
| 460 | 14. 4. | 26 W (pat) 113/67 | | | 71, 23 | | Sitracord/Metracord |
| 461 | 15. 4. | 28 W (pat) 122/68 | | | 71, 50 | | Crenin/Kreon |
| 462 | 22. 4. | 28 W (pat) 82/69 | | | 70, 193 | | REA/ZEA |
| 463 | 22. 4. | 27 W (pat) 173/69 | 11, 281 | 71, 26 | 70, 152 | | Warenabbildung |
| 464 | 22. 4. | 27 W (pat) 305/69 | 11, 251 | 71, 26 | | 71, 152 | Kirschpraline |
| 465 | 24. 4. | 24 W (pat) 162/69 | | | 70, 173 | | Eye shiner |
| 466 | 28. 4. | 26 W (pat) 138/69 | 11, 263 | 71, 25 | | 71, 152 | telerin |
| 467 | 5. 5. | 26 W (pat) 334/68 | | | 70, 229 | | Stereocenter |
| 468 | 6. 5. | 28 W (pat) 492/69 | 11, 283 | 71, 26 | | | Gebührenmarken |
| 469 | 11. 5. | 24 W (pat) 317/67 | 11, 254 | 71, 25 | | 71, 152 | FEIST BELMONT |
| 470 | 13. 5. | 28 W (pat) 228/69 | | | 73, 98 | | |
| 471 | 21. 5. | 25 W (pat) 94/68 | | | 71, 27 | | Skyliner/Ski |
| 472 | 22. 5. | 24 W (pat) 85/67 | | | 71, 51 | | Gold Dust/Goldax |
| 473 | 22. 5. | 24 W (pat) 187/67 | | | 70, 194 | | E · 4/8 × 4 |
| 474 | 29. 5. | 24 W (pat) 548/66 | 12, 54 | 71, 285 | 71, 25 | 72, 185 | ARMOGLOSS/ARNO |
| 475 | 3. 6. | 27 W (pat) 45/69 | | | 73, 97 | | |
| 476 | 25. 6. | 25 W (pat) 244/68 | | | 71, 49 | | ALCA-CE/Alco |
| 477 | 26. 6. | 25 W (pat) 115/68 | | | 71, 108 | | Herrschaftswein |
| 478 | 14. 7. | 26 W (pat) 249/69 | | | 71, 71 | | DOSOPAK/DOSTRO |
| 479 | 15. 7. | 28 W (pat) 285/69 | 11, 275 | 71, 26 | | 71, 220 | Goldbraun |
| 480 | 15. 7. | 27 W (pat) 333/69 | | | 73, 97 | | |
| 481 | 17. 7. | 24 W (pat) 46/68 | | | 71, 91 | | Black Rage |
| 482 | 22. 7. | 28 W (pat) 157/69 | | | 71, 24 | | Animed/Anämex |
| 483 | 22. 7. | 28 W (pat) 389/69 | 12, 62 | 71, 285 | | | |
| 484 | 9. 9. | 27 W (pat) 21/70 | 12, 67 | 71, 285 | | | Elastolan |
| 485 | 11. 9. | 24 W (pat) 253/66 | | | 71, 72 | | geg Cocktail/Gesichtscocktail |
| 486 | 18. 9. | 24 W (pat) 251/69 | | | 72, 52 | | Schloß Zell |

Fundstellenverzeichnis  **1971, 1972  Fundstellenverzeichnis BPatG**

| Nr. | Datum | Az. | BPatGE | BlPMZ | Mitt | GRUR | Schlagwort |
|---|---|---|---|---|---|---|---|
| 487 | 23. 9. | 27 W (pat) 743/66 | | 71, 189 | | | |
| 488 | 30. 9. | 27 W (pat) 46/70 | 12, 71 | 71, 285 | | | san Remo |
| 489 | 9. 10. | 24 W (pat) 103/68 | | | 71, 110 | | Herrenwitz/Winzerwitz |
| 490 | 16. 10. | 24 W (pat) 160/67 | | | 72, 34 | | Tabac Original |
| 491 | 20. 10. | 26 W (pat) 52/70 | | | 71, 155 | | electronic/Millitronic |
| 492 | 21. 10. | 27 W (pat) 329/68 | | | 70, 233 | | Castora/Valora |
| 493 | 30. 10. | 24 W (pat) 67/67 | 12, 208 | 72, 133 | | 72, 651 | Städtesiegel |
| 494 | 11. 11. | 27 W (pat) 73/68 | | | 71, 153 | | |
| 495 | 11. 11. | 27 W (pat) 195/68 | | | 71, 154 | | |
| 496 | 21. 12. | 27 W (pat) 384/69 | | | 71, 155 | | ELOR/Ela-Kleidung |
| 497 | 28. 12. | 22 W (pat) 27/69 | 12, 171 | 72, 133 | | | |
| | **1971** | | | | | | |
| 498 | 13. 1. | 28 W (pat) 287/69 | | | 71, 111 | | Gemini/Zwilling |
| 499 | 18. 1. | 4 W (pat) 61/69 | 12, 133 | 72, 28 | | 71, 569 | |
| 500 | 9. 2. | 26 W (pat) 551/67 | | | 71, 173 | | Hubert Gröner |
| 501 | 17. 2. | 28 W (pat) 133/68 | 12, 249 | 72, 58 | | | |
| 502 | 25. 2. | 25 W (pat) 775/66 | | | | 74, 425 | Uraton |
| 503 | 3. 3. | 27 W (pat) 237/69 | | | 72, 54 | | Unser Favorit/Favorit |
| 504 | 23. 3. | 26 W (pat) 92/66 | 13. 120 | 72, 287 | 72, 92 | 72, 711 | Blumenigel |
| 505 | 24. 3. | 28 W (pat) 311/69 | | | 72, 231 | | |
| 506 | 24. 3. | 27 W (pat) 392/69 | | | 71, 109 | | Seim-Lebkuchen |
| 507 | 24. 3. | 27 W (pat) 438/69 | | | 71, 109 | | Seim |
| 508 | 25. 3. | 25 W (pat) 119/70 | 13, 139 | 72, 287 | 72, 111 | 72, 712 | TETRA-CITRO/CITO |
| 509 | 26. 4. | 28 W (pat) 4/70 | 12, 210 | 72, 58 | | 72, 652 | Gaststätten Rixdorf |
| 510 | 28. 4. | 28 W (pat) 277/69 | | | 72, 234 | | Hähnchenhaus Milchquelle/Quelle |
| 511 | 30. 4. | 24 W (pat) 60/67 | | | 72, 53 | | Polinova/Polli |
| 512 | 7. 5. | 24 W (pat) 613/65 | 12, 215 | 72, 133 | | 72, 652 | Parkavenue |
| 513 | 26. 5. | 27 W (pat) 364/69 | | | 72, 51 | | Service World |
| 514 | 27. 5. | 25 W (pat) 570/66 | | | 71, 190 | | Melusinpharma/Belusina, Miluvit |
| 515 | 31. 5. | 27 W (pat) 205/70 | | | 72, 192 | | trigg/TRIAG |
| 516 | 2. 6. | 28 W (pat) 399/67 | 12, 245 | 72, 134 | | | |
| 517 | 16. 6. | 28 W (pat) 538/69 | 12, 220 | 72, 134 | | 72, 652 | malmit |
| 518 | 25. 6. | 24 W (pat) 88/68 | | | 73, 14 | | Kronenbourg |
| 519 | 30. 6. | 27 W (pat) 339/69 | 12, 225 | 72, 133 | 71, 189 | 72, 653 | Campione |
| 520 | 7. 7. | 28 W (pat) 245/68 | 12, 233 | 72, 134 | | 72, 653 | SCOTCH-GRIP |
| 521 | 7. 7. | 28 W (pat) 464/69 | 12, 232 | 72, 134 | | 72, 653 | Maxigold |
| 522 | 7. 7. | 28 W (pat) 486/69 | 12, 228 | 72, 134 | | 72, 653 | Minigold |
| 523 | 9. 7. | 24 W (pat) 66/70 | | | 72, 13 | | Empyrean |
| 524 | 14. 7. | 27 W (pat) 113/70 | 12, 238 | 72, 133 | | | |
| 525 | 16. 7. | 24 W (pat) 353/67 | | | 72, 214 | | Royal Stuart |
| 526 | 23. 7. | 24 W (pat) 278/68 | | 72, 30 | | | Die Saubermacht |
| 527 | 29. 7. | 20 W (pat) 2/71 | 13, 69 | 72, 286 | | | |
| 528 | 4. 8. | 27 W (pat) 6/71 | 13, 109 | 72, 287 | | 72, 713 | Puppen für Spielzwecke |
| 529 | 11. 8. | 27 W (pat) 22/70 | 13, 113 | 72, 287 | | 72, 710 | men's club |
| 530 | 3. 9. | 24 W (pat) 77/65 | 13, 245 | 72, 375 | | 73, 267 | Dreamwell/Dreamwave |
| 531 | 8. 9. | 4 W (pat) 71/69 | | | | 72, 90 | Flotationstrennung |
| 532 | 8. 9. | 28 W (pat) 432/69 | 13, 125 | 72, 287 | | 72, 710 | Lido |
| 533 | 8. 9. | 4 W (pat) 41/71 | 13, 77 | 72, 283 | | | |
| 534 | 11. 9. | 27 W (pat) 73/68 | | | | 72, 37 | Weihnachtskarten |
| 535 | 16. 9. | 24 W (pat) 187/70 | 13, 151 | 72, 286 | | | |
| 536 | 7. 10. | 851 698/16-S 46/69 Lösch | | | | 72, 426 | Portofolio |
| 537 | 20. 10. | 27 W (pat) 575/69 | | | 72, 110 | | |
| 538 | 22. 10. | 24 W (pat) 211/69 | 13, 240 | 72, 375 | | 73, 267 | bessa |
| 539 | 3. 11. | 27 W (pat) 206/69 | 13, 147 | 72, 287 | | 73, 267 | Toasta |
| 540 | 10. 11. | 28 W (pat) 459/69 | 13, 128 | 72, 287 | | 72, 711 | AMORA |
| 541 | 8. 12. | 27 W (pat) 382/69 | 13, 136 | 72, 287 | 72, 132 | 72, 712 | Freshys |
| 542 | 8. 12. | 27 W (pat) 140/70 | | | 72, 212 | | Plus |
| 543 | 15. 12. | 27 W (pat) 254/66 | | | 73, 97 | | |
| 544 | 15. 12. | 27 W (pat) 455/67 | 13, 253 | 72, 375 | 73, 97 | 73, 268 | HYGOLAN |
| 545 | 15. 12. | 28 W (pat) 54/70 | 13, 263 | 72, 376 | | | VENDET |
| 546 | 17. 12. | 24 W (pat) 20/67 | | | | 72, 654 | Club-Pilsener |
| | **1972** | | | | | | |
| 547 | 26. 1. | 28 W (pat) 57/68 | | | 72, 113 | | Monasirup/Mola |
| 548 | 27. 1. | 25 W (pat) 120/70 | | | 72, 165 | | Hepatomed/Toned |
| 549 | 1. 2. | 14 W (pat) 68/70 | 13, 201 | 72, 375 | | | Wertpapiere |
| 550 | 9. 2. | 27 W (pat) 495/69 | 13, 229 | 72, 376 | | 72, 476 | ESDUR/C DUR |
| 551 | 1. 3. | 28 W (pat) 29/70 | | | 74, 132 | | Landsana/Sana |
| 552 | 22. 3. | 28 W (pat) 152/70 | | | 72, 232 | | Betonfilter |
| 553 | 22. 3. | 28 W (pat) 24/71 | 14, 69 | 73, 142 | | 73, 28 | |

# Fundstellenverzeichnis BPatG 1973 — Chronologisches

| Nr. | Datum | Az. | BPatGE | BlPMZ | Mitt | GRUR | Schlagwort |
|---|---|---|---|---|---|---|---|
| 554 | 29. 3. | 27 W (pat) 155/70 | 14, 76 | 73, 142 | | 73, 30 | Elcodur |
| 555 | 12. 4. | 28 W (pat) 103/69 | 14, 165 | 73, 169 | | 73, 527 | Eri |
| 556 | 19. 4. | 27 W (pat) 603/69 | | | 73, 168 | | ADAMS sour apple GUM/Appel |
| 557 | 26. 4. | 27 W (pat) 645/69 | 14, 88 | 73, 142 | | 72, 602 | Filigran |
| 558 | 3. 5. | 27 W (pat) 265/70 | 14, 157 | 73, 169 | | 73, 527 | Reklamehand |
| 559 | 15. 6. | 25 W (pat) 141/70 | | | 72, 215 | | |
| 560 | 21. 6. | 27 W (pat) 251/70 | | | 72, 162 | | |
| 561 | 21. 6. | 28 W (pat) 28/71 | | | 72, 194 | | Decostal/Deko |
| 562 | 21. 6. | 27 W (pat) 94/71 | | | 72, 194 | | Zaubergarten/Garten |
| 563 | 22. 6. | 25 W (pat) 40/72 | 14, 148 | 73, 169 | | 73, 528 | NITRORETARD |
| 564 | 5. 7. | 27 W (pat) 60/70 | | | | | WELASTIC |
| 565 | 5. 7. | 27 W (pat) 27/72 | 14, 150 | 73, 169 | | 73, 198 | LORDSON |
| 566 | 2. 8. | 28 W (pat) 74/70 | 14, 218 | 73, 287 | | 73, 528 | ohne Werbung |
| 567 | 7. 9. | 27 W (pat) 7/72 | 14, 232 | 73, 256 | | | |
| 568 | 5. 10. | 25 W (pat) 110/71 | | | | 73, 367 | Vita/Vita-Micoren |
| 569 | 9. 10. | 4 W (pat) 34/72 | 14, 202 | 73, 255 | 73, 79 | | |
| 570 | 11. 10. | 27 W (pat) 491/69 | | | 73, 17 | | |
| 571 | 19. 10. | 25 W (pat) 81/70 | 14, 238 | 73, 256 | | 73, 529 | Regelwert |
| 572 | 19. 10. | 25 W (pat) 168/72 | 14, 222 | 73, 314 | 73, 159 | 73, 528 | ULCUGEL |
| 573 | 25. 10. | 28 W (pat) 53/71 | 14, 225 | 73, 288 | 73, 95 | 73, 528 | Grünring |
| 574 | 26. 10. | 25 W (pat) 142/71 | 14, 241 | 73, 256 | | 73, 529 | Widerspruchskosten |
| 575 | 8. 11. | 27 W (pat) 24/71 | | | 73, 73 | | |
| 576 | 23. 11. | 25 W (pat) 31/71 | 14, 247 | 73, 256 | | 73, 529 | Zurücknahme der Anmeldung im Beschwerdeverfahren |
| 577 | 29. 11. | 28 W (pat) 54/72 | 14, 251 | 73, 314 | | 73, 529 | MR. COLA |
| 578 | 5. 12. | 1 ZA (pat) 1/72 | 15, 49 | 73, 357 | 74, 99 | | |
| 579 | 13. 12. | 27 W (pat) 3/72 | 15, 19 | 73, 360 | | | |
| | **1973** | | | | | | |
| 580 | 10. 1. | 27 W (pat) 142/71 | | | 73, 108 | | Videothek |
| 581 | 19. 1. | 24 W (pat) 80/72 | | | 73, 189 | | FORTUNE |
| 582 | 23. 1. | 26 W (pat) 144/71 | | | 73, 166 | | Eticoll/Pelicoll |
| 583 | 24. 1. | 27 W (pat) 192/71 | | | 73, 151 | | COMPOSIT |
| 584 | 1. 2. | 25 W (pat) 40/69 | | | | 73, 415 | |
| 585 | 7. 2. | 28 W (pat) 13/71 | | | 73, 109 | | |
| 586 | 14. 2. | 27 W (pat) 83/71 | 15, 97 | 73, 360 | 73, 74 | 74, 108 | Sprint |
| 587 | 16. 2. | 24 W (pat) 3/72 | 15, 227 | 74, 256 | | 75, 75 | OLD SALOON |
| 588 | 21. 2. | 27 W (pat) 188/71 | | | 73, 75 | | |
| 589 | 2. 3. | 24 W (pat) 218/72 | | | 73, 168 | | Grepade/GEG-Grenade |
| 590 | 9. 3. | 24 W (pat) 195/72 | 15, 230 | 74, 257 | | 75, 75 | MARIE CELESTE |
| 591 | 14. 3. | 27 W (pat) 69/71 | 15, 73 | 73, 360 | 73, 162 | 74, 94 | Benutzungszwang |
| 592 | 21. 3. | 27 W (pat) 209/71 | 15, 85 | 74, 60 | | 74, 95 | avitron |
| 593 | 28. 3. | 28 W (pat) 3/72 | 15, 101 | 74, 123 | | 75, 74 | LUCKY WHIP/ Schöller-Nucki |
| 594 | 2. 5. | 28 W (pat) 74/72 | | | 73, 160 | | OKAY/OKA |
| 595 | 2. 5. | 28 W (pat) 96/72 | | | 73, 191 | | |
| 596 | 16. 5. | 27 W (pat) 105/72 | | | 73, 214 | | DLW duke/LORD |
| 597 | 16. 5. | 27 W (pat) 166/72 | | | 73, 167 | | Sheriff/Chéri |
| 598 | 23. 5. | 27 W (pat) 12/73 | | | 74, 31 | | |
| 599 | 23. 5. | 28 W (pat) 38/73 | | | 74, 29 | | Florina/Florida |
| 600 | 20. 6. | 26 W (pat) 428/68 | 15, 253 | 74, 257 | | 74, 96 | centracolor |
| 601 | 10. 7. | 26 W (pat) 228/71 | 15, 237 | 74, 283 | | 74, 223 | GT/GeTe |
| 602 | 10. 7. | 26 W (pat) 24/73 | 15, 206 | 74, 283 | | 74, 154 | AUTOHOBBY |
| 603 | 2. 8. | 25 W (pat) 19/72 | 15, 244 | 74, 283 | 74, 15 | 75, 140 | CLINICULT/CLINI-TEST, CLINISTIX |
| 604 | 2. 8. | 25 W (pat) 259/72 | 16, 85 | 74, 343 | 75, 33 | 75, 262 | PIRIMOR |
| 605 | 9. 8. | 5 W (pat) 59/72 | 15, 195 | 74, 253 | 73, 197 | | |
| 606 | 9. 8. | 25 W (pat) 368/72 | 16, 88 | 74, 344 | | | |
| 607 | 17. 8. | 24 W (pat) 255/72 | 15, 219 | 74, 257 | | 75, 74 | SANTIGO/SANTIAGO |
| 608 | 30. 8. | 25 W (pat) 111/71 | 15, 262 | 74, 283 | | | |
| 609 | 4. 9. | 26 W (pat) 216/72 | 15, 248 | 74, 257 | | 75, 140 | airomatic/Airop |
| 610 | 12. 9. | 28 W (pat) 11/72 | | | 74, 73 | | |
| 611 | 2. 10. | 26 W (pat) 21/72 | 16, 69 | 74, 344 | | 75, 141 | Sterilex |
| 612 | 16. 10. | 26 W (pat) 114/72 | 15, 214 | 74, 257 | | 75, 74 | Apia |
| 613 | 19. 10. | 24 W (pat) 311/72 | | | 74, 69 | | |
| 614 | 19. 10. | 24 W (pat) 313/72 | | | 74, 70 | | Heliostar/Helios |
| 615 | 24. 10. | 28 W (pat) 90/73 | | | 74, 260 | | |
| 616 | 24. 10. | 27 W (pat) 103/73 | 15, 258 | 74, 257 | 74, 11 | | DAKS/DAX |
| 617 | 24. 10. | 27 W (pat) 115/73 | | | 74, 14 | | Cycostat/Citostal |
| 618 | 25. 10. | 25 W (pat) 180/72 | | | 74, 13 | | TWEAVE |
| 619 | 7. 11. | 27 W (pat) 228/72 | | | | | |
| 620 | 14. 11. | 27 W (pat) 222/72 | | | 74, 92 | | RE POMODORO |

Fundstellenverzeichnis **1974, 1975 Fundstellenverzeichnis BPatG**

| Nr. | Datum | Az. | BPatGE | BlPMZ | Mitt | GRUR | Schlagwort |
|---|---|---|---|---|---|---|---|
| 621 | 22. 11. | 25 W (pat) 84/70 | | | | 74, 469 | Elzym |
| 622 | 27. 11. | 26 W (pat) 147/72 | 16, 73 | 74, 344 | | 75, 261 | ZEN |
| 623 | 27. 11. | 26 W (pat) 180/72 | 16, 79 | 74, 344 | | 75, 261 | MONODENTI |
| 624 | 11. 12. | 26 W (pat) 10/72 | | | 74, 111 | | Vibratom/Vibration, Vibrator |
| 625 | 12. 12. | 27 W (pat) 262/72 | | | 75, 213 | | Chico/wico |
| 626 | 12. 12. | 28 W (pat) 130/73 | | | 75, 115 | | Miramil/Milram |
| | **1974** | | | | | | |
| 627 | 13. 2. | 28 W (pat) 132/73 | | | 74, 130 | | Diform |
| 628 | 22. 2. | 24 W (pat) 85/73 | | | 74, 152 | | NÜRNBERGER SINNWELL-TURM/ ZINN 40 |
| 629 | 5. 3. | 26 W (pat) 370/72 | | | 74, 236 | | Lystra-Leuchten |
| 630 | 6. 3. | 27 W (pat) 91/73 | | | 75, 114 | | MODUL |
| 631 | 6. 3. | 27 W (pat) 149/73 | 16, 90 | 74, 385 | 74, 154 | 74, 663 | nobilia |
| 632 | 7. 3. | 25 W (pat) 2/74 | 16, 262 | 75, 324 | | 76, 96 | Minimeto/Ermeto |
| 633 | 7. 3. | 25 W (pat) 68/74 | 16, 82 | 74, 344 | | 75, 262 | ADJUTOR |
| 634 | 13. 3. | 27 W (pat) 11/70 | | | 74, 156 | | Susanne |
| 635 | 14. 3. | 25 W (pat) 120/72 | | | 75, 34 | | Kollagelan/Colgate |
| 636 | 26. 3. | 26 W (pat) 261/72 | | | 74, 237 | | LADIE'S LOVER/Lady Austia, Lady Regie |
| 637 | 2. 4. | 26 W (pat) 71/72 | | | 75, 15 | | City |
| 638 | 2. 4. | 26 W (pat) 412/72 | 16, 175 | 75, 196 | 74, 128 | 75, 374 | PETTER |
| 639 | 10. 4. | 27 W (pat) 85/73 | 16, 188 | 75, 251 | | | |
| 640 | 17. 4. | 26 W (pat) 51/73 | | | 75, 13 | | FLINT |
| 641 | 24. 4. | 27 W (pat) 10/73 | | | 75, 35 | | Pralina/Eva Pralina |
| 642 | 24. 4. | 27 W (pat) 154/73 | | | 74, 238 | | CHATONDOR |
| 643 | 25. 4. | 25 W (pat) 22/74 | 16, 181 | 75, 196 | | 75, 374 | franko |
| 644 | 8. 5. | 27 W (pat) 78/73 | 16, 184 | 75, 251 | | 75, 374 | MODULAN |
| 645 | 10. 5. | 24 W (pat) 86/73 | 16, 247 | 75, 291 | | 76, 95 | Lumpenstück |
| 646 | 10. 5. | 24 W (pat) 108/73 | | | 75, 84 | | |
| 647 | 22. 5. | 28 W (pat) 13/74 | 16, 171 | 75, 196 | | 75, 373 | Kimber |
| 648 | 5. 6. | 26 W (pat) 143/71 | | | 74, 71 | | |
| 649 | 20. 6. | 25 W (pat) 40/74 | | | 75, 132 | | Chirodrill |
| 650 | 3. 7. | 28 W (pat) 27/74 | 16, 237 | 75, 349 | | 76, 94 | Schlagzeichen |
| 651 | 12. 7. | 24 W (pat) 146/72 | | | 75, 164 | | Unitime |
| 652 | 18. 7. | 25 W (pat) 293/72 | 17, 158 | 76, 137 | | | Proctavenon/Pentavenon |
| 653 | 24. 7. | 27 W (pat) 66/73 | | | 75, 85 | | |
| 654 | 24. 7. | 27 W (pat) 175/73 | 16, 267 | 75, 325 | | 76, 157 | Isoklepa-Werk Emil ... |
| 655 | 26. 7. | 24 W (pat) 261/72 | | | 75, 81 | | Verve |
| 656 | 6. 8. | 26 W (pat) 222/73 | 16, 231 | 75, 325 | | 79, 94 | OMEGA |
| 657 | 7. 8. | 27 W (pat) 163/73 | | | 75, 83 | | Stop |
| 658 | 14. 8. | 27 W (pat) 2/74 | | | 75, 83 | | Peppino |
| 659 | 14. 8. | 27 W (pat) 3/74 | 16, 256 | 75, 325 | | 76, 95 | HEAVEN-ICECREAM |
| 660 | 18. 9. | 28 W (pat) 19/74 | 16, 244 | 75, 349 | | 76, 95 | Weisel |
| 661 | 12. 9. | 25 W (pat) 50/74 | | | 74, 261 | | |
| 662 | 4. 10. | 27 W (pat) 85/73 | 16, 188 | | | | |
| 663 | 10. 10. | 25 W (pat) 25/74 | 17, 101 | 76, 137 | 75, 31 | | |
| 664 | 16. 10. | 27 W (pat) 165/71 | 17, 172 | 76, 137 | | | |
| 665 | 16. 10. | 27 W (pat) 290/73 | | | 75, 166 | | Flottenmanöver |
| 666 | 16. 10. | 27 W (pat) 291/73 | | | 75, 166 | | Jagdfieber |
| 667 | 16. 10. | 27 W (pat) 292/73 | | | 75, 166 | | Joker Clown |
| 668 | 16. 10. | 27 W (pat) 293/73 | | | 75, 166 | | Märchen-Zoo |
| 669 | 16. 10. | 27 W (pat) 294/73 | | | 75, 166 | | Süße Reise |
| 670 | 23. 10. | 27 W (pat) 270/74 | 17, 106 | 76, 137 | | | |
| 671 | 24. 10. | 25 W (pat) 3/73 | | | 75, 168 | | Ardor/Ardon |
| 672 | 31. 10. | 25 W (pat) 298/74 | 16, 240 | 75, 325 | | 76, 94 | OPTIMALT |
| 673 | 6. 11. | 27 W (pat) 128/72 | 17, 135 | 76, 137 | | | |
| 674 | 6. 11. | 27 W (pat) 128/74 | 17, 97 | 76, 137 | | | |
| 675 | 7. 11. | 25 W (pat) 80/73 | 17, 161 | 76, 137 | | | RHINOPRONT |
| 676 | 19. 11. | 26 W (pat) 31/74 | 17, 128 | 76, 137 | | | CFC |
| 677 | 22. 11. | 24 W (pat) 109/73 | 17, 108 | 76, 133 | 75, 165 | | vileda |
| 678 | 27. 11. | 9 W (pat) 139/71 | | | | 78, 358 | Druckbehälter |
| 679 | 27. 11. | 27 W (pat) 216/73 | 17, 154 | 76, 138 | | | |
| 680 | 11. 12. | 27 W (pat) 152/72 | 17, 144 | 76, 138 | | | |
| 681 | 18. 12. | 28 W (pat) 118/74 | 17, 167 | 76, 138 | | | FRESCO/ FRISCO GmbH |
| 682 | 20. 12. | 34 W (pat) 51/74 | 17, 64 | 75, 325 | | | |
| 683 | 20. 12. | 4 W (pat) 54/74 | 17, 36 | 76, 130 | 75, 33 | | |
| | **1975** | | | | | | |
| 684 | 9. 1. | 25 W (pat) 244/72 | 17, 288 | 76, 409 | | | HAEMOCLAN/Hämocura |
| 685 | 14. 1. | 26 W (pat) 315/73 | | | 75, 173 | | Duchesse |
| 686 | 15. 1. | 28 W (pat) 87/74 | 17, 112 | 76, 166 | | | FFF clipstick |

# Fundstellenverzeichnis BPatG 1976   Chronologisches

| Nr. | Datum | Az. | BPatGE | BlPMZ | Mitt | GRUR | Schlagwort |
|---|---|---|---|---|---|---|---|
| 687 | 29. 1. | 28 W (pat) 182/73 | 17, 116 | 76, 166 | 75, 133 | | XENIA |
| 688 | 31. 1. | 24 W (pat) 355/74 | | | 76, 53 | | topfix |
| 689 | 7. 2. | 24 W (pat) 47/73 | | | 75, 171 | | Eulengeschrei |
| 690 | 7. 2. | 24 W (pat) 141/74 | | | 75, 169 | | Adlerhorst |
| 691 | 12. 2. | 26 W (pat) 201/71 | | | 75, 113 | | interlumen |
| 692 | 13. 2. | 25 W (pat) 287/74 | 17, 151 | 76, 166 | | | Anginfant |
| 693 | 18. 2. | 26 W (pat) 342/73 | | | 76, 55 | | hausboy |
| 694 | 19. 2. | 28 ZA (pat) 7/74 | 17, 177 | 76, 167 | | | |
| 695 | 19. 2. | 28 W (pat) 39/75 | 17, 147 | 76, 167 | | | |
| 696 | 25. 2. | 26 W (pat) 299/71 | | | 75, 214 | | Sirocco/Rococo |
| 697 | 7. 3. | 24 W (pat) 265/74 | | | 76, 210 | | |
| 698 | 12. 3. | 28 W (pat) 171/74 | 17, 121 | 76, 167 | | | BRASILIA |
| 699 | 13. 3. | 25 W (pat) 61/74 | 18, 73 | 76, 424 | 76, 220 | | LAR |
| 700 | 13. 3. | 25 W (pat) 102/74 | 17, 124 | 76, 166 | | | Maxi-Trac |
| 701 | 20. 3. | 25 W (pat) 276/74 | | | 75, 112 | | Chemoform |
| 702 | 8. 4. | 26 W (pat) 39/74 | 17, 261 | 76, 352 | | | xpert |
| 703 | 30. 4. | 27 W (pat) 201/74 | | | 76, 74 | | c.o.a./Kosa |
| 704 | 7. 5. | 28 W (pat) 157/74 | 18, 68 | 76, 426 | 76, 122 | | |
| 705 | 22. 5. | 25 W (pat) 282/74 | | | 76, 29 | | Cavallino/Pferdemarke |
| 706 | 27. 5. | 25 W (pat) 60/75 | | | 76, 17 | | Isoblette |
| 707 | 4. 6. | 27 W (pat) 196/72 | 17, 276 | 76, 425 | | | WM |
| 708 | 4. 6. | 24 W (pat) 271/74 | | | 76, 56 | | MISTAKE OUT |
| 709 | 13. 6. | 24 W (pat) 319/74 | 17, 267 | | 76, 149 | | Der Flüsternde |
| 710 | 18. 6. | 28 W 190/73 | 17, 284 | 76, 408 | 75, 212 | | |
| 711 | 25. 6. | 27 W (pat) 320/74 | 17, 271 | 76, 426 | | 76, 422 | Casa Domingo |
| 712 | 27. 6. | 24 W (pat) 177/74 | | | | 76, 194 | Treppchen |
| 713 | 27. 6. | 24 W (pat) 239/74 | | | 75, 172 | | Goldener Ritter |
| 714 | 4. 7. | 24 W (pat) 328/74 | | | 76, 150 | | VIDEOCOLOR |
| 715 | 10. 7. | 25 W (pat) 161/74 | 18, 114 | 76, 424 | 76, 118 | | |
| 716 | 11. 7. | 24 W (pat) 24/70 | | | | 75, 602 | UR-Pils |
| 717 | 16. 7. | 27 W (pat) 221/74 | | | 76, 22 | | |
| 718 | 29. 7. | 26 W (pat) 236/74 | 18, 90 | 76, 425 | | | |
| 719 | 30. 7. | 27 W (pat) 203/74 | 18, 76 | 76, 426 | 76, 12 | 76, 423 | peha |
| 720 | 6. 8. | 28 W (pat) 48/75 | | | 76, 121 | | ANGO/ANG |
| 721 | 11. 9. | 25 W (pat) 109/75 | 18, 116 | 76, 425 | | | |
| 722 | 17. 9. | 26 W (pat) 45/72 | 18, 137 | 76, 167; 76, 425 | 76, 156 | | VINETA |
| 723 | 23. 9. | 26 W (pat) 37/70 | 18, 144 | 76, 425 | | 76, 358 | Lord |
| 724 | 25. 9. | 25 W (pat) 110/75 | | | | | Autokühlergrill |
| 725 | 8. 10. | 26 W (pat) 92/72 | | | 76, 32 | | |
| 726 | 8. 10. | 28 W (pat) 168/74 | 18, 102 | 76, 426 | 76, 15 | | POPFIT |
| 727 | 8. 10. | 27 W (pat) 385/74 | 18, 82 | 76, 426 | | 76, 361 | VAUEFGE |
| 728 | 8. 10. | 28 W (pat) 107/75 | | | 76, 233 | | Schlanke Linie |
| 729 | 9. 10. | 25 W (pat) 267/71 | | | 77, 52 | | Euro-Herli |
| 730 | 10. 10. | 24 W (pat) 218/73 | | | 76, 147 | | Club |
| 731 | 16. 10. | 25 W (pat) 479/74 | | | 76, 120 | | Suprafertan/Verla |
| 732 | 30. 10. | 25 W (pat) 135/75 | 18, 121 | 76, 425 | 76, 31 | 76, 362 | FEGACO REN |
| 733 | 12. 11. | 27 W (pat) 282/74 | | | 76, 154 | | La mode ROPE/lamod |
| 734 | 14. 11. | 24 W (pat) 140/75 | 18, 108 | 76, 424 | | | Wappenerklärung |
| 735 | 20. 11. | 25 W (pat) 31/75 | | | | 76, 363 | Orbicin |
| 736 | 20. 11. | 25 W (pat) 245/75 | 18, 154 | 76, 425 | | | |
| 737 | 26. 11. | 28 W (pat) 208/74 | 18, 65 | 76, 426 | 76, 220 | | |
| 738 | 26. 11. | 27 W (pat) 280/74 | 18, 98 | 76, 426 | | 76, 425 | MANNEQUIN |
| 739 | 27. 11. | 25 W (pat) 262/74 | | | 77, 56 | | Doktorol/Doktorhin |
| 740 | 10. 12. | 28 W (pat) 218/74 | 18, 86 | 76, 427 | | 76, 365 | PG |
| 741 | 11. 12. | 25 W (pat) 50/75 | 18, 133 | 76, 425 | 76, 155 | | CORDOXENE/Cordalin |
| 742 | 12. 12. | 24 W (pat) 100/73 | 18, 125 | 76, 133 | 76, 95 | | |
| 743 | 17. 12. | 27 W (pat) 53/74 | | | 76, 152 | | |

### 1976

| Nr. | Datum | Az. | BPatGE | BlPMZ | Mitt | GRUR | Schlagwort |
|---|---|---|---|---|---|---|---|
| 744 | 20. 1. | 26 W (pat) 37/76 | | | 76, 119 | | |
| 745 | 3. 2. | 26 W (pat) 257/70 | 18, 239 | 77, 196 | | 76, 588 | APOLLO |
| 746 | 6. 2. | 24 W (pat) 92/74 | 18, 226 | 77, 164 | | | |
| 747 | 10. 2. | 26 W (pat) 260/74 | | | 77, 50 | | Hamilton Beach |
| 748 | 11. 2. | 27 W (pat) 319/74 | 18, 229 | 77, 164 | | | |
| 749 | 11. 2. | 27 W (pat) 350/74 | | | 76, 192 | | Interglas |
| 750 | 11. 2. | 27 W (pat) 45/75 | | | 77, 53 | | POSTAFEN |
| 751 | 12. 2. | 25 W (pat) 471/74 | 18, 221 | 77, 164 | | 77, 256 | MEISTER |
| 752 | 13. 2. | 24 W (pat) 365/74 | 19, 204 | 78, 187 | | | |
| 753 | 18. 2. | 27 W (pat) 317/74 | | | 77, 55 | | |
| 754 | 19. 2. | 25 W (pat) 168/75 | 18, 213 | 77, 196 | 76, 177 | 76, 591 | Ceresan |
| 755 | 27. 2. | 24 W (pat) 350/74 | | | 76, 175 | | Numiscop |
| 756 | 12. 3. | 24 W (pat) 53/74 | | | 76, 188 | | DECISION DATA |

## 1977 Fundstellenverzeichnis BPatG

| Nr. | Datum | Az. | BPatGE | BlPMZ | Mitt | GRUR | Schlagwort |
|---|---|---|---|---|---|---|---|
| 757 | 17. 3. | 27 W (pat) 21/75 | | | 76, 213 | | Sonnland/Sonnentau, Sonnen |
| 758 | 17. 3. | 27 W (pat) 113/75 | 18, 219 | 77, 164 | | | BIOMINT |
| 759 | 18. 3. | 25 W (pat) 426/74 | | | 76, 215 | | |
| 760 | 6. 4. | 26 W (pat) 11/76 | | | 76, 190 | 76, 593 | Lion |
| 761 | 22. 4. | 25 W (pat) 236/75 | | | 76, 217 | | FRUBIAVEN |
| 762 | 5. 5. | 27 W (pat) 357/74 | | | 77, 55 | | Wollsiegel |
| 763 | 5. 5. | 28 W (pat) 19/76 | 19, 77 | 77, 302 | | | Contram |
| 764 | 7. 5. | 24 W (pat) 94/75 | | | 77, 213 | | |
| 765 | 25. 5. | 26 W (pat) 100/76 | | | 76, 194 | | Richard Schwarzwälder/ RICARD |
| 766 | 16. 6. | 28 W (pat) 168/75 | | | 76, 236 | | Ale-vita/Vitam-R |
| 767 | 25. 6. | 24 W (pat) 110/75 | | | 76, 235 | | FLOR'DA-SWEET |
| 768 | 25. 6. | 24 W (pat) 183/75 | | | 76, 234 | | MIRACLE MAID |
| 769 | 2. 7. | 24 W (pat) 337/74 | | | 77, 28 | | PRODONT/ DURODONT |
| 770 | 15. 7. | 25 W (pat) 260/75 | | | 76, 218 | | |
| 771 | 16. 7. | 24 W (pat) 316/74 | | | 76, 196 | | Wagner computer/ Gunther Wagner |
| 772 | 16. 7. | 24 W (pat) 253/75 | | | 77, 49 | | MAD GOLD/mattgold |
| 773 | 16. 7. | 24 W (pat) 414/75 | | | 76, 212 | | TOBY/Toxi Cola |
| 774 | 4. 8. | 27 W (pat) 154/75 | 19, 72 | 77, 302 | | | DULINDA/DUOLIND |
| 775 | 10. 8. | 26 W (pat) 27/75 | 19, 62 | 77, 301 | | | Falta |
| 776 | 1. 10. | 24 W (pat) 19/75 | | 79, 383 | | | audio 1/audio 250, 300, 310 |
| 777 | 15. 10. | 24 W (pat) 132/76 | 19, 245 | 78, 187 | | | |
| 778 | 19. 10. | 26 W (pat) 180/76 | 19, 66 | 77, 302 | | | Flip-Top Box |
| 779 | 20. 10. | 27 W (pat) 92/75 | 19, 175 | 78, 215 | | | Cosy Issy |
| 780 | 5. 11. | 24 W (pat) 272/74 | | | 77, 28 | | DISC PREENER |
| 781 | 5. 11. | 24 W (pat) 306/75 | 19, 179 | 78, 187 | 78, 31 | | Igc |
| 782 | 11. 11. | 25 W (pat) 370/75 | | | 78, 74 | | |
| 783 | 17. 11. | 27 W (pat) 238/75 | | | 77, 234 | | Geschmackswunder |
| 784 | 17. 11. | 27 W (pat) 261/75 | 19, 182 | 78, 188 | | | |
| 785 | 18. 11. | 25 W (pat) 407/75 | 19, 187 | 78, 187 | 77, 174 | | NEUROHORM/ Heparhorm |
| 786 | 24. 11. | 28 W (pat) 88/76 | | | 77, 70 | | |
| 787 | 26. 11. | 24 W (pat) 136/74 | | | 77, 233 | | Blinkers |
| 788 | 3. 12. | 24 W (pat) 153/75 | | | 77, 92 | | Laranja/Aranas |
| 789 | 8. 12. | 28 W (pat) 199/76 | 19, 214 | 78, 253 | | | MUELLER/MÜLLER; V. MUELLER/Müller |
| 790 | 15. 12. | 27 W (pat) 304/75 | 19, 192 | 78, 215 | 77, 71 | | Flute/Zauberflöte |
| 791 | 17. 12. | 24 W (pat) 417/75 | 21, 179 | 79, 401 | | 79, 712 | BioMix |
| 792 | 17. 12. | 24 W (pat) 142/76 | | | 77, 73 | | |
| | **1977** | | | | | | |
| 793 | 12. 1. | 28 W (pat) 142/74 | 19, 196 | 78, 253 | | | |
| 794 | 2. 3. | 28 W (pat) 42/76 | | | 77, 93 | | YTONG/YTON/ Polyton |
| 795 | 2. 3. | 28 W (pat) 44/77 | | | 77, 174 | | Cosmo-Cola/Coca-Cola |
| 796 | 4. 3. | 24 W (pat) 297/75 | | | 77, 171 | | |
| 797 | 23. 3. | 27 W (pat) 44/76 | 19, 202 | 78, 252 | | | |
| 798 | 23. 3. | 28 W (pat) 152/76 | 19, 220 | 78, 253 | | | Minu/Milupa |
| 799 | 1. 4. | 24 W (pat) 118/75 | | | 77, 170 | | Bella Bimba |
| 800 | 6. 4. | 27 W (pat) 40/76 | 19, 230 | 78, 252 | | | |
| 801 | 13. 4. | 27 W (pat) 176/76 | 19, 225 | 78, 188 | | | |
| 802 | 25. 4. | 23 W (pat) 26/77 | | | 77, 199 | | Zurückweisung |
| 803 | 26. 4. | 26 W (pat) 76/76 | | | 77, 211 | | SEELENHEIL |
| 804 | 4. 5. | 27 W (pat) 242/75 | | | 77, 172 | | |
| 805 | 18. 5. | 27 W (pat) 139/76 | | | 78, 230 | | Schenk' Musik mit Herz verpackt |
| 806 | 14. 6. | 26 W (pat) 250/76 | | | 78, 54 | | CHARTWELL/ STANWELL |
| 807 | 22. 6. | 27 W (pat) 23/76 | 19, 237 | 78, 290 | | | |
| 808 | 22. 6. | 28 W (pat) 203/76 | 19, 240 | 78, 253 | | | HELIOS |
| 809 | 1. 7. | 24 W (pat) 100/75 | 20, 235 | 79, 249 | | | |
| 810 | 7. 7. | 25 W (pat) 111/76 | | | 77, 212 | | DIMESCO/dynexan |
| 811 | 5. 8. | 24 W (pat) 4/77 | | | 78, 32 | | Fabrik |
| 812 | 11. 8. | 26 W (pat) 148/76 | 19, 235 | 78, 252 | | | |
| 813 | 19. 8. | 24 W (pat) 382/75 | | | | 78, 50 | Farina/Farnissima |
| 814 | 6. 9. | 12 W (pat) 144/76 | | | 78, 58 | | |
| 815 | 22. 9. | 25 W (pat) 248/75 | 21, 124 | 79, 401 | | | Elastoped/elastic pad |
| 816 | 5. 10. | 27 W (pat) 223/76 | | | 78, 160 | | Sesam |
| 817 | 6. 10. | 25 W (pat) 303/76 | 21, 132 | 79, 401 | | | ratiopharm/ RATIOTEST |
| 818 | 18. 10. | 26 W (pat) 249/76 | | | | 78, 593 | Fürstenthaler |

2745

# Fundstellenverzeichnis BPatG 1978, 1979     Chronologisches

| Nr. | Datum | Az. | BPatGE | BlPMZ | Mitt | GRUR | Schlagwort |
|---|---|---|---|---|---|---|---|
| 819 | 19. 10. | 27 W (pat) 131/75 | 21, 140 | 79, 401 | 79, 56 | 78, 534 | Löschungsinteresse |
| 820 | 26. 10. | 28 W (pat) 139/77 | | | 78, 54 | | |
| 821 | 9. 11. | 27 W (pat) 104/76 | 21, 128 | 79, 401 | | | amor-teen/Amoor-teen |
| 822 | 22. 11. | 26 W (pat) 369/72 | 20, 208 | 79, 250 | 78, 213 | | HAKU |
| 823 | 22. 11. | 26 W (pat) 86/77 | | | 79, 91 | | Sonnenquell/Capri-Sonne |
| 824 | 23. 11. | 27 W (pat) 214/76 | | | 78, 57 | | Lisabeth/Liz |
| 825 | 23. 11. | 6 W (pat) 33/77 | 20, 157 | 79, 248 | 78, 96 | | |
| 826 | 23. 11. | 28 W (pat) 74/77 | | | 78, 135 | | Happy Star/CAPPY |
| 827 | 6. 12. | 26 W (pat) 260/76 | 20, 201 | 79, 250 | 80, 60 | | Magenkraft |
| 828 | 14. 12. | 27 W (pat) 121/77 | | | 78, 162 | | hipp hipp/BIP, BiP |
| 829 | 16. 12. | 24 W (pat) 393/75 | | | 78, 55 | | SPARLETTA/SPAR |
| | **1978** | | | | | | |
| 830 | 18. 1. | 28 W (pat) 77/77 | | | 80, 74 | | äppel glugger/APPEL |
| 831 | 31. 1. | 26 W (pat) 168/76 | | | 79, 88 | | ISOL |
| 832 | 8. 2. | 27 W (pat) 49/76 | 20, 231 | 79, 250 | 78, 216 | | |
| 833 | 8. 2. | 4 W (pat) 89/76 | 20, 184 | 78, 247 | 78, 139 | | |
| 834 | 10. 2. | 24 W (pat) 9/77 | | | 78, 114 | | Kräuter azid+Renegal |
| 835 | 15. 2. | 27 W (pat) 227/76 | | | 78, 161 | | |
| 836 | 23. 2. | 25 W (pat) 75/76 | | | 78, 134 | | Togirén/CODIREN/ |
| 837 | 7. 3. | 26 W (pat) 12/77 | 20, 191 | 79, 250 | 80, 60 | | Caro |
| 838 | 8. 3. | 27 W (pat) 255/76 | | | | 78, 535 | Scherletricots/Jerlaine |
| 839 | 8. 3. | 27 W (pat) 92/77 | 20, 216 | 79, 250 | 80, 60 | | Homburg |
| 840 | 9. 3. | 25 W (pat) 92/76 | 20, 250 | 79, 249 | | | ROYAL BLEND BY |
| 841 | 31. 3. | 24 W (pat) 30/77 | | | 78, 132 | | COPPERTONE/Royal |
| 842 | 6. 4. | 25 W (pat) 45/77 | 20, 267 | 79, 249 | 80, 58 | | TOLKAN/Togal |
| 843 | 19. 4. | 27 ZA (pat) 13/77 | 20, 261 | 79, 250 | | | |
| 844 | 21. 4. | 24 W (pat) 147/76 | | | 78, 133 | | COLLEEN/COLGATE |
| 845 | 21. 4. | 24 W (pat) 93/77 | | | 79, 52 | | curadental/cura dentale |
| 846 | 27. 4. | 10 W (pat) 73/75 | 21, 48 | 79, 428 | | 79, 51 | |
| 847 | 27. 4. | 31 W (pat) 20/78 | 21, 54 | 79, 401 | | | |
| 848 | 28. 4. | 24 W (pat) 73/76 | | | 88, 56 | | |
| 849 | 10. 5. | 28 W (pat) 179/77 | 20, 276 | 79, 251 | 80, 140 | | Friskis Wasserquelle/ Quelle |
| 850 | 10. 5. | 28 W (pat) 187/77 | 20, 271 | 79, 251 | 79, 35 | | wisch frisch/ Wisch-Wunder |
| 851 | 12. 5. | 24 W (pat) 251/76 | | | 79, 11 | | CASTELLONIC/ CASTELL |
| 852 | 9. 6. | 24 W (pat) 32/77 | 20, 220 | 79, 249 | 79, 116 | | Torero |
| 853 | 15. 6. | 28 W (pat) 45/77 | | | 78, 164 | | |
| 854 | 20. 6. | 26 W (pat) 311/76 | 20, 281 | 79, 250 | 79, 53 | | Pinco Palino/Bimbo |
| 855 | 21. 6. | 27 W (pat) 15/76 | 20, 266 | 79, 250 | 80, 60 | | |
| 856 | 22. 6. | 25 W (pat) 241/76 | 20, 286 | 79, 250 | 79, 240 | | Hepalbin/EKNALIN |
| 857 | 19. 7. | 27 W (pat) 22/78 | 20, 263 | 79, 251 | 79, 15 | | |
| 858 | 19. 7. | 27 W (pat) 47/78 | 21, 142 | 79, 401 | | 79, 242 | Visuelles Gesamtbild |
| 859 | 19. 7. | 6 W (pat) 67/78 | 21, 106 | 78, 376 | | 78, 710 | Rosenmontag |
| 860 | 26. 7. | 28 ZA (pat) 7/78 | 21, 152 | 79, 428 | 79, 131 | | |
| 861 | 3. 8. | 25 W (pat) 172/76 | | | 79, 90 | | |
| 862 | 9. 8. | 27 W (pat) 184/77 | 20, 225 | 79, 251 | 80, 40 | 79, 244 | Herzkaffee |
| 863 | 9. 8. | 27 W (pat) 14/78 | 21, 147 | 79, 428 | 79, 13 | | HOMBRE/HÔM |
| 864 | 14. 8. | 27 W (pat) 258/76 | 20, 195 | 79, 251 | 80, 60 | | KATJA |
| 865 | 1. 9. | 24 W (pat) 142/77 | | | 79, 193 | | Sonorette/Stenorette |
| 866 | 14. 9. | 25 W (pat) 54/77 | | | | 79, 54 | Mundantiseptikum |
| 867 | 17. 10. | 26 W (pat) 137/77 | 21, 154 | 79, 428 | | | AIR–AIR |
| 868 | 18. 10. | 28 W (pat) 137/74 | 21, 159 | 79, 428 | | | duplothan/Durethan |
| 869 | 7. 11. | 26 W (pat) 99/77 | 21, 184 | 80, 175 | | 79, 709 | Kurant |
| 870 | 15. 11. | 28 W (pat) 295/77 | 20, 198 | 79, 251 | 79, 198 | | Schokovit |
| 871 | 28. 11. | 26 W (pat) 248/76 | 22, 235 | 81, 35 | 81, 204 | | DUC DE SANDRY |
| 872 | 28. 11. | 26 W (pat) 171/77 | 21, 192 | 80, 175 | | | TRAUM/Traumfeuer |
| 873 | 29. 11. | 27 W (pat) 146/78 | 20, 240 | 79, 216 | | | |
| 874 | 6. 12. | 28 W (pat) 292/77 | | | 79, 34 | | |
| 875 | 8. 12. | 24 W (pat) 202/77 | 21, 166 | 79, 428 | | 79, 711 | Princesse D'ALBRET |
| 876 | 15. 12. | 24 W (pat) 7/78 | 22, 70 | 80, 209 | 79, 114 | | Freistempel |
| | **1979** | | | | | | |
| 877 | 9. 1. | 26 W (pat) 106/77 | 21, 169 | | 79, 131 | 79, 399 | Unionspriorität |
| 878 | 10. 1. | 27 ZA (pat) 8/78 | 21, 173 | 79, 428 | 79, 119 | 79, 401 | Akteneinsichtsinteresse |
| 879 | 16. 1. | 26 W (pat) 25/76 | 21, 198 | 80, 59 | | 79, 714 | Aldeck/Waldeck |
| 880 | 24. 1. | 27 W (pat) 78/77 | | | 79, 114 | | |
| 881 | 25. 1. | 25 W (pat) 88/78 | 21, 204 | 80, 175 | | | Metatest/Merckotest |
| 882 | 7. 2. | 27 W (pat) 245/78 | | | 80, 12 | | Dee/CEE |
| 883 | 14. 2. | 27 W (pat) 252/76 | 21, 176 | 80, 118 | 79, 228 | 79, 402 | Unvorschriftsmäßige Besetzung |
| 884 | 14. 2. | 28 W (pat) 132/78 | | | 79, 118 | | Montaband/Multiband |

# Fundstellenverzeichnis 1980 Fundstellenverzeichnis BPatG

| Nr. | Datum | Az. | BPatGE | BlPMZ | Mitt | GRUR | Schlagwort |
|---|---|---|---|---|---|---|---|
| 885 | 21. 2. | 27 W (pat) 53/78 | 22, 75 | 80, 209 | | | Letrosin |
| 886 | 27. 2. | 28 W (pat) 35/79 | 22, 231 | 81, 36 | 81, 22 | | OPTItherm/ SUPERTHERM |
| 887 | 7. 3. | 28 W (pat) 33/78 | | | 79, 117 | | Sicursiv/SEKURIT, Securit |
| 888 | 9. 3. | 24 W (pat) 225/78 | | | 79, 112 | | |
| 889 | 21. 3. | 27 W (pat) 141/77 | | | 80, 132 | | |
| 890 | 28. 3. | 27 W (pat) 77/78 | | | 79, 166 | | HKS/WKS |
| 891 | 20. 4. | 24 W (pat) 175/74 | 22, 81 | 80, 209 | | 80, 58 | SANGRITA |
| 892 | 2. 5. | 28 W (pat) 6/79 | | | 79, 167 | | |
| 893 | 16. 5. | 27 W (pat) 87/78 | 22, 84 | 80, 209 | 80, 56 | | Inter |
| 894 | 23. 5. | 28 W (pat) 290/77 | | 79, 402 | | | HIT-SERT |
| 895 | 30. 5. | 27 W (pat) 236/77 | 22, 86 | 80, 228 | 80, 57 | | indojeans/Jeandigo |
| 896 | 31. 5. | 25 W (pat) 78/77 | 22, 90 | 80, 209 | | | |
| 897 | 13. 6. | 27 W (pat) 176/78 | 22, 93 | 80, 228 | | 80, 59 | MARC/MARS |
| 898 | 22. 6. | 5 W (pat) 165 | 22, 54 | 80, 227 | | | |
| 899 | 26. 6. | 26 W (pat) 33/78 | | | 80, 14 | | Burg Layer-Weincabinet/ Burg |
| 900 | 28. 6. | 25 W (pat) 166/78 | | 79, 429 | 79, 223 | 80, 54 | MAST REDIPAC |
| 901 | 4. 7. | 27 W (pat) 197/78 | | | 79, 194 | | |
| 902 | 18. 7. | 28 W (pat) 176/77 | 22, 168 | 80, 289 | | | Schlaumarkierung |
| 903 | 25. 7. | 28 W (pat) 98/78 | | | 80, 115 | | Fixident/Dentofixin |
| 904 | 30. 7. | 4 W (pat) 69/78 | 22, 63 | 80, 207 | 80, 16 | | |
| 905 | 7. 8. | 25 W (pat) 188/77 | | | 79, 191 | | NEMASOL |
| 906 | 7. 8. | 26 W (pat) 103/78 | | | 80, 76 | | Tonino/Mozino |
| 907 | 7. 8. | 26 W (pat) 117/78 | | | 80, 92 | | contour |
| 908 | 27. 8. | 26 W (pat) 119/78 | 22, 97 | 80, 228 | 79, 225 | 80, 56 | SCHMIDT'S CORONA/ Schmidt-Zigarre |
| 909 | 29. 8. | 27 W (pat) 203/78 | 22, 155 | 80, 22 | 80, 72 | 80, 291 | Schutzausdehnungsgesuch |
| 910 | 5. 9. | 27 W (pat) 20/79 | 22, 160 | 80, 314 | | 80, 292 | Fotographische Zeichendarstellung |
| 911 | 3. 10. | 28 W (pat) 2/78 | 22, 173 | 80, 289 | | | UFAC/ULTRAFAC |
| 912 | 11. 10. | 25 W (pat) 35/78 | | | 80, 13 | | |
| 913 | 26. 10. | 3 Ni 11/78 | 22, 129 | 80, 288 | 80, 80 | 80, 331 | |
| 914 | 14. 11. | 28 W (pat) 15/78 | | | 80, 133 | | |
| 915 | 14. 11. | 28 W (pat) 23/78 | 22, 180 | 80, 289 | | | ESPADA/SWORD |
| 916 | 27. 11. | 26 W (pat) 31/77 | 22, 204 | 81, 35 | 81, 41 | | POLYCHROME |
| 917 | 28. 11. | 27 W (pat) 75/79 | 22, 187 | 80, 314 | | | |
| 918 | 12. 12. | 28 W (pat) 231/78 | 22, 164 | 80, 289 | | | PULSOTEST |
| 919 | 18. 12. | 26 W (pat) 177/78 | 22, 214 | 81, 35 | 81, 204 | | BEERENHEXE |
| 920 | 19. 12. | 27 W (pat) 9/79 | 22, 201 | 81, 35 | 81, 107 | | |
| 921 | 20. 12. | 25 W (pat) 148/78 | 22, 193 | 80, 289 | | | RHINISAT/Ysat |
| | 1980 | | | | | | |
| 922 | 9. 1. | 27 W (pat) 89/79 | | | 80, 114 | | Römerturm-Agento |
| 923 | 11. 1. | 24 W (pat) 120/78 | | | 80, 132 | | |
| 924 | 15. 1. | 26 W (pat) 176/80 | | | 80, 113 | | KÖNIG ARTHUR |
| 925 | 17. 1. | 25 W (pat) 109/78 | 22, 221 | 81, 34 | 81, 47 | 80, 922 | PRISMAL |
| 926 | 30. 1. | 28 W (pat) 45/79 | 22, 227 | 81, 134 | 81, 107 | | Frukina/FRUTERA |
| 927 | 5. 2. | 26 W (pat) 149/77 | 22, 240 | 81, 35 | 81, 204 | 80, 923 | Cork Dry Gin |
| 928 | 5. 3. | 27 W (pat) 242/79 | 22, 211 | 81, 35 | 81, 47 | | |
| 929 | 25. 4. | 24 W (pat) 170/78 | | | 80, 134 | | BERGATAN/ PRAECUTAN |
| 930 | 8. 5. | 25 W (pat) 134/79 | | | | 80, 855 | Standopol/Stokopol |
| 931 | 21. 5. | 28 W (pat) 200/78 | | | 80, 175 | | Tigerflex/Interflex |
| 932 | 22. 5. | 25 W (pat) 37/78 | 23, 66 | 81, 354 | | | BAURAL/RAL |
| 933 | 11. 6. | 28 W (pat) 95/79 | | | 81, 122 | | Posthorn |
| 934 | 18. 6. | 28 W (pat) 94/79 | | | 81, 40 | | Unionbau/UNIBAU |
| 935 | 19. 6. | 5 W (pat) 40/79 | 23, 48 | 81, 214 | 80, 218 | 80, 997 | |
| 936 | 19. 6. | 25 W (pat) 102/79 | | | 80, 237 | | Equilac-Stutenmilch-Creme/EQUIGARD |
| 937 | 25. 6. | 28 W (pat) 63/79 | 23, 183 | 81, 411 | | | TEMANA/Penaten |
| 938 | 1. 7. | 26 W (pat) 28/79 | 23, 158 | 81, 409 | 82, 195 | | FLUDEX |
| 939 | 2. 7. | 27 W (pat) 120/79 | | | 80, 234 | | Claude Ferraud/ Louis Féraud |
| 940 | 29. 7. | 26 W (pat) 52/80 | 23, 166 | 81, 409 | 82, 155 | | Rosenthaler Kadarka |
| 941 | 6. 8. | 28 W (pat) 174/79 | | | 87, 95; 94, 271 | | FRITEX |
| 942 | 7. 8. | 25 W (pat) 54/80 | 23, 71 | 81, 382 | | | ATLANTA |
| 943 | 22. 8. | 24 W (pat) 53/79 | 23, 74 | 81, 354 | 81, 102 | | Denticovision/ MEDICOVISION |
| 944 | 22. 8. | 24 W (pat) 6/80 | | 82, 215 | | | |
| 945 | 17. 9. | 27 W (pat) 82/77 | 23, 81 | 81, 383 | | 81, 133 | Metra |
| 946 | 17. 9. | 28 W (pat) 93/79 | 23, 78 | 81, 411 | | | HP |
| 947 | 17. 9. | 27 W (pat) 122/80 | 23, 171 | 81, 35 | 81, 200 | | |

# Fundstellenverzeichnis BPatG 1981, 1982　　　Chronologisches

| Nr. | Datum | Az. | BPatGE | BlPMZ | Mitt | GRUR | Schlagwort |
|---|---|---|---|---|---|---|---|
| 948 | 23. 9. | 26 W (pat) 133/79 | 23, 88 | 81, 410 | 81, 83 | 81, 136 | Solent |
| 949 | 1. 10. | 28 W (pat) 2/80 | 23, 184 | 81, 412 | | 81, 523 | Wurstwaren |
| 950 | 10. 10. | 24 W (pat) 31/80 | 23, 172 | 81, 187 | | | ELEVAGE |
| 951 | 21. 10. | 26 W (pat) 64/80 | | | 81, 199 | | Terratherm/Geatherm |
| 952 | 5. 11. | 28 W (pat) 41/80 | 23, 176 | 81, 412 | | | evit/ELIT |
| 953 | 6. 11. | 25 W (pat) 90/80 | | | 82, 18, 179 | | Antibiotika/Dermatika |
| 954 | 7. 11. | 24 W (pat) 15/80 | | | 81, 81 | | Status/Artus-Brunnen |
| 955 | 12. 11. | 28 W (pat) 47/80 | | | 81, 60 | | BURGER KING/GING |
| 956 | 13. 11. | 25 W (pat) 137/79 | 24, 78 | 82, 216 | | | |
| 957 | 18. 11. | 26 W (pat) 94/80 | | | | | Goldenes Weinfaß |
| 958 | 25. 11. | 8 W (pat) 104/78 | | | | 81, 651 | Formwerkzeuge für Kunststoffteile |
| 959 | 26. 11. | 28 W (pat) 73/79 | | | 81, 125 | | |
| 960 | 26. 11. | 28 W (pat) 20/80 | 23, 194 | 81, 158 | | | ISKA |
| 961 | 27. 11. | 25 W (pat) 49/80 | 23, 199 | 81, 408 | | | DOLMYXIN/YXIN |
| 962 | 28. 11. | 24 W (pat) 93/80 | | | 81, 198 | | Pils-Bier |
| 963 | 9. 12. | 26 W (pat) 61/80 | 23, 203 | 81, 219; 81, 411 | | | Tireur/Tourneur |
| 964 | 10. 12. | 27 W (pat) 234/79 | 23, 212 | 81, 411 | 81, 38 | 81, 527 | Harry's Fashion/Hardy |
| 965 | 12. 12. | 28 W (pat) 84/78 | | | 80, 233 | | |
| 966 | 17. 12. | 28 W (pat) 31/80 | | | 81, 197 | | INTERQUARTZ |
| | **1981** | | | | | | |
| 967 | 14. 1. | 28 W (pat) 56/80 | | | 81, 82 | | Beckers Snacky Dogs/ Knacki |
| 968 | 21. 1. | 28 W (pat) 87/80 | | | 82, 98 | | |
| 969 | 12. 2. | 25 W (pat) 54/76 | | 82, 216 | 81, 123 | 82, 231 | Difex |
| 970 | 12. 2. | 25 W (pat) 119/80 | 24, 112 | | | | |
| 971 | 24. 2. | 26 W (pat) 106/80 | | | | 81, 595 | TORRES/ TORRESOTO |
| 972 | 25. 2. | 27 W (pat) 73/80 | | | 81, 126 | | Arcel/Acella |
| 973 | 11. 3. | 28 W (pat) 131/80 | 23, 224 | 82, 216 | 82, 78 | | |
| 974 | 17. 3. | 28 W (pat) 91/80 | | | 83, 38 | | FAMARIT/Fama |
| 975 | 1. 4. | 27 W (pat) 171/80 | 23, 229 | 82, 162 | 82, 158 | 82, 233 | ABN Bank |
| 976 | 8. 4. | 28 W (pat) 53/80 | 23, 233 | 82, 216 | 82, 78 | | Prodapharm |
| 977 | 8. 4. | 28 W (pat) 71/80 | 23, 243 | 82, 162 | 82, 158 | | INGO/Cosy Ango |
| 978 | 15. 4. | 27 W (pat) 53/81 | | | 82, 35 | | Kapitalsparbuch |
| 979 | 24. 4. | 24 W (pat) 154/80 | | | 83, 35 | | demoarchiv |
| 980 | 29. 4. | 28 W (pat) 120/80 | | | 83, 58 | | MULTIPLAN/multiland |
| 981 | 30. 4. | 25 W (pat) 132/80 | | 81, 354 | | | |
| 982 | 30. 4. | 25 W (pat) 177/80 | 24, 91 | 82, 216 | | | |
| 983 | 7. 5. | 25 W (pat) 100/79 | | | 82, 117 | | |
| 984 | 8. 5. | 24 W (pat) 125/79 | | | 83, 76 | | WERTFORM |
| 985 | 20. 5. | 27 W (pat) 114/79 | 24, 67 | 82, 270 | 83, 39 | | India |
| 986 | 10. 6. | 27 W (pat) 296/79 | | | 82, 177 | | |
| 987 | 10. 6. | 27 W (pat) 119/80 | | | 82, 97 | | BAECKER |
| 988 | 24. 6. | 27 W (pat) 117/80 | 24, 94 | 82, 360 | | 82, 485 | YUSI |
| 989 | 10. 7. | 27 W (pat) 116/80 | | | 82, 38 | | Panostar/Papstar |
| 990 | 15. 7. | 28 W (pat) 25/81 | | | 82, 115 | | MEVA/EVA |
| 991 | 22. 7. | 27 W (pat) 14/80 | | | 82, 36 | | |
| 992 | 23. 7. | 5 W (pat) 18/80 | 24, 36 | 82, 212 | 83, 199 | 81, 908 | |
| 993 | 5. 8. | 27 W (pat) 72/80 | | | 81, 236 | | |
| 994 | 19. 8. | 27 W (pat) 87/80 | | | 82, 58 | | allsport |
| 995 | 20. 8. | 25 W (pat) 85/81 | 24, 64 | 81, 408 | 83, 98 | | Pfeffer & Salz |
| 996 | 28. 8. | 24 W (pat) 46/80 | 24, 84 | 82, 216 | 83, 78 | | AD |
| 997 | 21. 10. | 27 W (pat) 95/80 | 24, 105 | 82, 360 | 82, 16 | | |
| 998 | 28. 10. | 27 W (pat) 86/80 | | | 82, 18 | | ALL |
| 999 | 16. 12. | 27 W (pat) 150/81 | | | | 83, 78 | Holstentor |
| 1000 | 17. 12. | 25 W (pat) 117/80 | 24, 109 | 82, 295 | | 82, 488 | Fosecid |
| | **1982** | | | | | | |
| 1001 | 13. 1. | 27 W (pat) 228/81 | | | 82, 178 | | Quelle |
| 1002 | 22. 1. | 24 W (pat) 24/81 | 24, 229 | | | | |
| 1003 | 22. 1. | 27 W (pat) 216/81 | | | | | BOND STREET |
| 1004 | 8. 2. | 2 ZA (pat) 11/81 | 24, 165 | 82, 290 | | 82, 293 | |
| 1005 | 11. 2. | 25 W (pat) 154/81 | 24, 232 | 82, 358 | | | Jumbo-Foto |
| 1006 | 12. 2. | 25 W (pat) 119/80 | 24, 112 | 82, 359 | | | Frutopekta |
| 1007 | 2. 3. | 26 W (pat) 176/80 | 24, 235 | 82, 268 | | 82, 735 | E & J |
| 1008 | 10. 3. | 28 W (pat) 201/81 | | | 82, 194 | | Pehaplast |
| 1009 | 18. 3. | 25 W (pat) 168/80 | 24, 241 | 82, 23 | 82, 216 | | Fluicil |
| 1010 | 18. 3. | 25 W (pat) 266/81 | | | 82, 232 | | AVS |
| 1011 | 30. 3. | 26 W (pat) 49/76 | 24, 246 | 83, 23 | | 82, 733 | Römertaler |
| 1012 | 31. 3. | 28 W (pat) 32/82 | | | 82, 15 | | Variator/Airator |

## Fundstellenverzeichnis 1983 Fundstellenverzeichnis BPatG

| Nr. | Datum | Az. | BPatGE | BlPMZ | Mitt | GRUR | Schlagwort |
|---|---|---|---|---|---|---|---|
| 1013 | 5. 4. | 27 W (pat) 185/81 | | 83, 127 | | | |
| 1014 | 16. 4. | 24 W (pat) 132/80 | | 82, 267 | 82, 215 | | Diversa/DIVERSA |
| 1015 | 19. 4. | 3 ZA (pat) 2/82 | 24, 215 | 82, 265 | 82, 174 | | |
| 1016 | 20. 4. | 27 W (pat) 197/81 | 24, 254 | 82, 194, 270 | | 82, 731 | RUB |
| 1017 | 22. 4. | 25 W (pat) 219/81 | | 83, 23 | | | KETAVAL/KETENEST |
| 1018 | 27. 4. | 26 W (pat) 115/80 | | | 83, 14 | | Rovinex/Rovina |
| 1019 | 30. 4. | 24 W (pat) 52/80 | 25, 45 | 83, 374 | | | Rocky Limonaden/ROCKY |
| 1020 | 5. 5. | 27 W (pat) 185/81 | | 83, 127 | | | |
| 1021 | 7. 1. | 27 W (pat) 216/81 | | | | | BOND STREET |
| 1022 | 28. 5. | 24 W (pat) 128/81 | | | 83, 157 | | KINOPS/KIN, KINLEY |
| 1023 | 2. 6. | 27 W (pat) 265/81 | | | 83, 36 | | |
| 1024 | 2. 7. | 24 W (pat) 127/81 | | | 83, 76 | | Sina/Zisina |
| 1025 | 2. 7. | 25 W (pat) 38/82 | | | 82, 193 | | VAPO/Vapor |
| 1026 | 7. 7. | 27 W (pat) 70/82 | | | 82, 215 | | Goldweizen-Toast |
| 1027 | 9. 7. | 24 W (pat) 28/82 | | | 83, 56 | | Patrizier Leicht/Robert Leicht |
| 1028 | 20. 7. | 26 W (pat) 141/81 | 25, 50 | 83, 375 | | | Bommi |
| 1029 | 28. 7. | 28 W (pat) 44/82 | | 83, 48 | | | FRANCIS DRAKE/DRAKE |
| 1030 | 3. 8. | 26 W (pat) 163/81 | | | 83, 75 | | Eder-Weine |
| 1031 | 3. 8. | 26 W (pat) 5/82 | | | 83, 156 | | Schoasdreiber |
| 1032 | 11. 8. | 27 W (pat) 237/81 | | | 82, 233 | | |
| 1033 | 13. 8. | 24 W (pat) 152/81 | | 83, 22 | | | VP |
| 1034 | 26. 8. | 25 W (pat) 227/81 | 26, 219 | 83, 125 | | 83, 117 | Schnick-Schnack |
| 1035 | 15. 9. | 28 W (pat) 88/81 | | 83, 26 | | | ALBA/Alpha, alfa-time |
| 1036 | 16. 9. | 25 W (pat) 94/82 | | | 83, 16 | | Corvasal/Corvaton |
| 1037 | 22. 9. | 27 W (pat) 274/81 | | | 83, 57 | | d. as. |
| 1038 | 29. 9. | 28 W (pat) 95/82 | 25, 227 | | | | TEAM |
| 1039 | 6. 10. | 27 W (pat) 47/82 | | | 83, 36 | | Hertie |
| 1040 | 12. 10. | 26 W (pat) 197/81 | | | 83, 176 | | Cuja Cuja/COCA-COLA |
| 1041 | 14. 10. | 25 W (pat) 27/82 | 25, 53 | 83, 374 | 83, 97 | | |
| 1042 | 20. 10. | 27 W (pat) 25/82 | | | 83, 58 | | Rollinos/Rolo |
| 1043 | 21. 10. | 25 W (pat) 61/81 | | 83, 124 | | | Der Innendienstbote |
| 1044 | 28. 10. | 25 W (pat) 153/82 | 25, 230 | | | | gdo |
| 1045 | 29. 10. | 24 W (pat) 123/82 | | | 83, 74 | | TEC |
| 1046 | 24. 11. | 27 W (pat) 266/81 | | | 83, 116 | | Kamp |
| 1047 | 25. 11. | 25 W (pat) 15/82 | 25, 158 | 83, 129 | 83, 199 | | |
| 1048 | 29. 11. | 25 W (pat) 162/81 | | 83, 129 | | | dip'n strip |
| 1049 | 7. 12. | 26 W (pat) 18/82 | | 84, 146 | 83, 218 | | Wild Bitter/Wild |
| 1050 | 7. 12. | 26 W (pat) 19/82 | 25, 160 | | | | Louvre/LOUVRE DE PARIS |
| 1051 | 16. 12. | 25 W (pat) 115/82 | | | 83, 97 | | LINUSON/ANUSOL |
| 1052 | 17. 12. | 24 W (pat) 176/77 | | | 83, 217 | | ROCKET/RACKE |
| 1053 | 22. 12. | 27 W (pat) 5/81 | 25, 236 | | | 83, 320 | Löschungsantrag |
| | **1983** | | | | | | |
| 1054 | 14. 1. | 24 W (pat) 11/82 | | | 83, 153 | | Räuber-Kneißl |
| 1055 | 19. 1. | 28 W (pat) 352/82 | | | 83, 118 | | WECO/Elko |
| 1056 | 26. 1. | 28 W (pat) 214/82 | 25, 167 | | | 83, 509 | GUY |
| 1057 | 2. 2. | 28 W (pat) 511/82 | 25, 173 | 84, 56 | | | JOMA-, NOVA THERM/THERM |
| 1058 | 4. 2. | 24 W (pat) 191/82 | 25, 177 | 84, 178 | | 83, 511 | Mastertube |
| 1059 | 23. 2. | 28 W (pat) 457/72 | | | 83, 117 | | DENAJET |
| 1060 | 24. 2. | 25 W (pat) 81/82 | | 83, 185 | 83, 115 | | LEGALITER |
| 1061 | 2. 3. | 26 W (pat) 46/81 | | | 83, 14 | | Littera C |
| 1062 | 15. 3. | 11 W (pat) 54/83 | 25, 129 | 84, 176 | | | |
| 1063 | 30. 3. | 25 W (pat) 214/82 | | | 83, 195 | | ISOPRINOSIN |
| 1064 | 8. 4. | 24 W (pat) 136/81 | | | 84, 16 | | PRAXITEN |
| 1065 | 28. 4. | 28 W (pat) 465/82 | | | | 84, 434 | Kronenbild |
| 1066 | 17. 5. | 26 W (pat) 21/82 | | | 84, 18 | | Mariengold |
| 1067 | 17. 5. | 3 ZA (pat) 26/82 | 25, 155 | 84, 173 | | | |
| 1068 | 18. 5. | 28 W (pat) 584/82 | | | 83, 198 | | Vitaletten |
| 1069 | 20. 5. | 24 ZA (pat) 7/82 | | | 83, 197 | | Taiga |
| 1070 | 15. 6. | 28 W (pat) 466/82 | | | 83, 237 | | EGG McMUFFIN |
| 1071 | 19. 7. | 26 W (pat) 103/82 | 26, 81 | 84, 330 | | 84, 437 | TENTE |
| 1072 | 20. 7. | 28 W (pat) 599/82 | | | 83, 237 | | PRO LOCK |
| 1073 | 20. 7. | 27 W (pat) 320/83 | 26, 78 | 84, 330 | | 84, 439 | DP mit Doppelstern |
| 1074 | 22. 7. | 24 W (pat) 201/82 | 25, 243 | | 84, 116 | | |
| 1075 | 27. 7. | 28 W (pat) 568/82 | | | 83, 237 | | BICAP |
| 1076 | 17. 8. | 25 W (pat) 333/82 | | 84, 15 | | | Indorektal |
| 1077 | 18. 8. | 25 W (pat) 288/82 | | | 83, 238 | | TECHNOLAW |
| 1078 | 18. 8. | 25 W (pat) 296/82 | | | 84, 236 | | ALBATRIN |
| 1079 | 25. 8. | 25 W (pat) 7/82 | | | 84, 57 | | Schlemmerfrost |

# Fundstellenverzeichnis BPatG 1984, 1985 — Chronologisches

| Nr. | Datum | Az. | BPatGE | BlPMZ | Mitt | GRUR | Schlagwort |
|---|---|---|---|---|---|---|---|
| 1080 | 7. 9. | 27 W (pat) 367/82 | | | 84, 35 | | falter |
| 1081 | 14. 9. | 28 W (pat) 165/83 | | | | | Kfz-Kühlergrill |
| 1082 | 5. 10. | 28 W (pat) 630/82 | | | 84, 56 | | Rancher |
| 1083 | 19. 10. | 27 W (pat) 53/82 | 27, 148 | 86, 182 | 85, 216 | | MOI |
| 1084 | 8. 11. | 26 W (pat) 159/82 | 26, 70 | | | 84, 440 | Stahl |
| 1085 | 8. 11. | 26 W (pat) 282/82 | | 84, 179 | | | ROAL |
| 1086 | 9. 11. | 28 W (pat) 614/82 | | | 84, 156 | | |
| 1087 | 9. 11. | 27 W (pat) 240/83 | 26, 88 | 84, 330 | | 84, 442 | Gebühren bei Kostenerinnerung |
| 1088 | 11. 11. | 24 W (pat) 229/82 | | 84, 178 | | | Datenträger |
| 1089 | 22. 11. | 26 W (pat) 187/81 | 26, 167 | 84, 297 | | | Cantoris |
| 1090 | 22. 11. | 25 W (pat) 256/82 | | 84, 145 | | | Fluanxol |
| 1091 | 30. 11. | 28 W (pat) 195/80 | 26, 96 | 84, 330 | | | BEKA Robusta |
| 1092 | 30. 11. | 27 W (pat) 132/82 | | | 84, 77 | | Knipping |
| 1093 | 30. 11. | 27 W (pat) 235/82 | | | 84, 234 | | van Linnen Primeur |
| 1094 | 7. 12. | 21 W (pat) 90/82 | 26, 44 | 84, 241 | 85, 218 | | |
| 1095 | 14. 12. | 28 W (pat) 644/82 | | | 84, 97 | | Plattoplast |
| 1096 | 21. 12. | 27 W (pat) 435/82 | | | 84, 154 | | Biene Maja |

### 1984

| Nr. | Datum | Az. | BPatGE | BlPMZ | Mitt | GRUR | Schlagwort |
|---|---|---|---|---|---|---|---|
| 1097 | 11. 1. | 28 W (pat) 83/83 | | 84, 203 | | | |
| 1098 | 12. 1. | 25 W (pat) 91/83 | | | | 84, 819 | Asid Bonz/BONZO |
| 1099 | 13. 1. | 24 W (pat) 3/81 | | | 84, 76 | | Staufen Gold |
| 1100 | 24. 1. | 26 W (pat) 8/83 | | | | | VARIO |
| 1101 | 2. 2. | 25 W (pat) 386/82 | | 84, 298 | | | DEFLATOR |
| 1102 | 20. 3. | 26 W (pat) 12/83 | | | 85, 176 | | AFTER EIGHT |
| 1103 | 28. 3. | 28 W (pat) 110/83 | | | 85, 155 | | Betoflex/VITOFLEX |
| 1104 | 17. 4. | 26 W (pat) 273/82 | | | 84, 173 | 84, 655 | Black John/Lord John |
| 1105 | 18. 4. | 28 W (pat) 172/83 | | 85, 23 | | | Alu-Instrument |
| 1106 | 2. 5. | 26 W (pat) 15/83 | | | 84, 195 | | Erinnerung |
| 1107 | 2. 5. | 28 W (pat) 36/83 | | | 84, 177 | | Champion |
| 1108 | 2. 5. | 28 W (pat) 12/84 | | | 84, 177 | | Zustellung |
| 1109 | 9. 5. | 28 W (pat) 57/84 | | | 84, 195 | | DESIGNA |
| 1110 | 23. 5. | 27 W (pat) 180/83 | | | 84, 216 | | Siesta |
| 1111 | 29. 5. | 25 W (pat) 399/82 | | | | 85, 49 | DEUS |
| 1112 | 6. 6. | 27 W (pat) 30/83 | 26, 231 | 84, 387 | 85, 74 | | Zürich |
| 1113 | 31. 7. | 14 W (pat) 95/80 | | | | 85, 123 | |
| 1114 | 1. 8. | 28 W (pat) 267/83 | | | 84, 235 | | GLASBORD |
| 1115 | 3. 8. | 25 W (pat) 51/81 | 26, 237 | 85, 273 | | 85, 50 | Lodenfrey |
| 1116 | 8. 8. | 27 W (pat) 160/83 | | | 85, 118 | | PREGO |
| 1117 | 22. 8. | 27 W (pat) 382/83 | | | 85, 119 | | Mozart |
| 1118 | 19. 9. | 25 W (pat) 179/83 | | | | 85, 52 | BLITZCARD |
| 1119 | 25. 9. | 27 W (pat) 58/82 | | | | 85, 54 | RE-WA-MAT |
| 1120 | 28. 9. | 25 W (pat) 340/83 | 26, 252 | 85, 273 | | | GLEITEEN |
| 1121 | 15. 10. | 25 W (pat) 159/83 | 26, 258 | 85, 295 | | | UND |
| 1122 | 17. 10. | 27 W (pat) 76/83 | 27, 45 | 85, 216 | | 85, 443 | DEK |
| 1123 | 11. 12. | 26 W (pat) 222/83 | 27, 118 | 86, 181 | | | Oramix/Orangix |
| 1124 | 12. 12. | 27 W (pat) 268/83 | | | 85, 172 | | Herbasol/Herborat |

### 1985

| Nr. | Datum | Az. | BPatGE | BlPMZ | Mitt | GRUR | Schlagwort |
|---|---|---|---|---|---|---|---|
| 1125 | 7. 1. | 4 W (pat) 39/84 | 27, 23 | 85, 139 | 85, 92 | 85, 373 | Abhilfe VI |
| 1126 | 13. 2. | 28 W (pat) 251/83 | 27, 127 | 86, 226 | | | LINN-Vac/VAC |
| 1127 | 13. 2. | 28 W (pat) 175/84 | | | 85, 173 | | marsoflex/MOTOFLEX |
| 1128 | 20. 2. | 27 W (pat) 166/83 | 27, 133 | 86, 226 | 85, 157 | | RELAYS |
| 1129 | 27. 2. | 27 W (pat) 463/83 | | | 85, 174 | | Vittorio Rossi/Vittorio |
| 1130 | 7. 3. | 25 W (pat) 2/84 | | | 87, 57 | | MAGTOXIN/Macocyn |
| 1131 | 19. 4. | 24 W (pat) 487/84 | 26, 34 | 83, 197 | 86, 76 | 84, 340 | Spring Garden/Frühlingsgarten |
| 1132 | 24. 4. | 28 W (pat) 198/84 | | | 85, 175 | | BLUE MAX/MARS |
| 1133 | 10. 5. | 29 W (pat) 1/84 | 27, 141 | 85, 298 | 87, 117 | | Teco |
| 1134 | 23. 5. | 25 W (pat) 4/83 | | | 85, 176 | | |
| 1135 | 3. 7. | 29 W (pat) 220/84 | | | 86, 96 | | Rollpalast/Rockpalast |
| 1136 | 9. 7. | 26 W (pat) 152/84 | | 85, 370 | 86, 111 | | Fläkt |
| 1137 | 25. 7. | 25 W (pat) 294/84 | | | 88, 30 | | DEADLINE |
| 1138 | 1. 8. | 25 W (pat) 231/83 | 27, 214 | 86, 266 | 86, 218 | | |
| 1139 | 2. 8. | 24 W (pat) 89/82 | 27, 219 | 86, 301 | 87, 36 | | Augusta |
| 1140 | 14. 8. | 27 W (pat) 243/83 | | | 85, 217 | | LA NAVARRE |
| 1141 | 20. 8. | 26 W(pat) 151/84 | | 86, 153 | | | Kerzenfilterabschluß |
| 1142 | 26. 8. | 25 W (pat) 243/84 | | | 86, 36 | | Anginexol/Anginex |
| 1143 | 13. 11. | 29 W (pat) 274/84 | 28, 57 | 87, 133 | 87, 200 | | PLAYBOY/PLAYMEN |
| 1144 | 13. 11. | 29 W (pat) 172/84 | 27, 241 | | | | fotoperpost/Der Photo Porst |
| 1145 | 22. 11. | 24 W (pat) 500/84 | | | 86, 94 | | GLISTER/Gliss |
| 1146 | 27. 11. | 29 W (pat) 298/84 | 27, 246 | | | | |
| 1147 | 27. 11. | 28 W (pat) 304/84 | | | 86, 95 | | Sancip/SANCO |

| Nr. | Datum | Az. | BPatGE | BlPMZ | Mitt | GRUR | Schlagwort |
|---|---|---|---|---|---|---|---|
| | **1986** | | | | | | |
| 1148 | 16. 1. | 25 W (pat) 394/84 | 28, 41 | 87, 133 | 88, 178 | | CORAN |
| 1149 | 24. 1. | 29 W (pat) 310/84 | 28, 44 | 86, 269 | 87, 200 | | BUSINESS WEEK |
| 1150 | 5. 2. | 29 W (pat) 292/84 | | | 87, 76 | | ARS ELECTRONICA |
| 1151 | 21. 2. | 28 W (pat) 95/84 | 28, 65 | 86, 268 | 89, 37 | | JOBOL |
| 1152 | 6. 3. | 25 W (pat) 493/83 | 28, 125 | 86, 301 | | | LORIDAN/RONILAN |
| 1153 | 19. 3. | 29 W (pat) 313/84 | | 86, 341 | 87, 77 | | Compucolor |
| 1154 | 25. 3. | 24 W (pat) 22/85 | | | | 87, 236 | Balfast |
| 1155 | 9. 4. | 27 W (pat) 232/84 | | | 87, 97 | | ALPHA |
| 1156 | 16. 4. | 29 W (pat) 312/84 | 28, 149 | 87, 181 | | | selbst ist der Mann |
| 1157 | 18. 4. | 24 W (pat) 231/85 | | | 86, 175 | | CA-SCHEDULER |
| 1158 | 23. 4. | 29 W (pat) 15/85 | 28, 131 | 87, 182 | | 87, 238 | Lupe |
| 1159 | 7. 5. | 29 W (pat) 116/85 | | | 87, 55 | | Paper Star |
| 1160 | 21. 5. | 28 W (pat) 204/85 | | | 87, 56 | | WZ-Benutzungszwang |
| 1161 | 28. 5. | 29 W (pat) 372/84 | 28, 156 | 86, 383 | | | Trendschreib |
| 1162 | 4. 6. | 29 W (pat) 9/84 | | | | 86, 671 | GfK |
| 1163 | 25. 6. | 29 W (pat) 156/84 | 28, 139 | 86, 384 | | | YACHT CHARTER |
| 1164 | 2. 7. | 27 W (pat) 46/83 | 28, 161 | 86, 381 | 86, 215 | 87, 239 | kik |
| 1165 | 2. 7. | 28 W (pat) 155/85 | | | 87, 34 | | |
| 1166 | 9. 7. | 27 W (pat) 268/84 | | | 86, 236 | | GG |
| 1167 | 11. 7. | 24 W (pat) 141/85 | | 86, 380 | | | WIS |
| 1168 | 23. 7. | 29 W (pat) 36/85 | 29, 106 | 87, 182 | | | |
| 1169 | 7. 8. | 25 W (pat) 129/85 | | | 87, 116 | | BENICIL-IBSA/MEXTIL |
| 1170 | 8. 8. | 24 W (pat) 33/85 | | | 86, 235 | | CONNOISSEUR |
| 1171 | 14. 8. | 25 W (pat) 59/85 | | | 87, 117 | | SULFA-PERLONGIT |
| 1172 | 10. 9. | 29 W (pat) 13/86 | | | 87, 78 | | SELA |
| 1173 | 17. 9. | 29 W (pat) 89/85 | 29, 150 | 87, 158 | | | |
| 1174 | 24. 9. | 29 W (pat) 4/86 | 28, 175 | | | | Colours by Alexander Julian/Alexander |
| 1175 | 25. 9. | 25 W (pat) 278/84 | | | 88, 31 | | alpharma |
| 1176 | 25. 9. | 4 W (pat) 52/85 | | 87, 180 | | 87, 286 | Unvollständige Anmeldung |
| 1177 | 8. 10. | 29 W (pat) 53/85 | 28, 169 | | | | Lukull |
| 1178 | 22. 10. | 29 W (pat) 282/84 | 28, 245 | 88, 142 | | | HORTOPAPER/ HORTEN |
| 1179 | 30. 10. | 25 W (pat) 1/85 | | | 88, 51 | | DUOFILM |
| 1180 | 30. 10. | 25 W (pat) 123/85 | | | 87, 94 | | ZOOM AWAY |
| 1181 | 5. 11. | 27 W (pat) 126/85 | | | 87, 33 | | Mozart-Stäbchen |
| 1182 | 6. 11. | 25 W (pat) 267/85 | | | 88, 33 | | Mikropur |
| 1183 | 27. 11. | 25 W (pat) 140/85 | | | 88, 50 | | SERAPHARM |
| 1184 | 28. 11. | 24 W (pat) 301/85 | | | | | Ledermeister |
| | **1987** | | | | | | |
| 1185 | 19. 1. | 27 W (pat) 248/84 | 29, 17; 28, 235 | 88, 114 | | | belmare |
| 1186 | 21. 1. | 28 W (pat) 17/86 | | | 87, 114 | | BLAZEMASTER |
| 1187 | 17. 2. | 4 W (pat) 70/86 | | | | 88, 31 | Telekopie |
| 1188 | 25. 2. | 28 W (pat) 241/84 | | | 88, 17 | | Landfrost |
| 1189 | 27. 2. | 24 W (pat) 52/86 | | | 87, 162 | | KINGINKA |
| 1190 | 5. 3. | 25 W (pat) 8/86 | | | 88, 74 | | SP |
| 1191 | 6. 3. | 24 W (pat) 39/86 | | | 87, 159 | | Micropat/Microstat |
| 1192 | 6. 3. | 24 W (pat) 19/87 | | | 87, 220 | | Swensor |
| 1193 | 11. 3. | 28 W (pat) 19/86 | 29, 49 | | | 87, 826 | Eye-catcher |
| 1194 | 25. 3. | 28 W (pat) 166/86 | | | 87, 157 | | Combina |
| 1195 | 15. 4. | 25 W (pat) 282/85 | | | 88, 34 | | SOFT MATE |
| 1196 | 15. 4. | 25 W (pat) 66/86 | | | 88, 55 | | adato |
| 1197 | 28. 4. | 27 W (pat) 31/86 | | | 87, 241 | | |
| 1198 | 30. 4. | 25 W (pat) 112/86 | | | 87, 221 | | Arthrodest |
| 1199 | 4. 5. | 24 W (pat) 81/86 | | 88, 135 | | 88, 217 | Poly Elegance |
| 1200 | 14. 5. | 25 W (pat) 155/86 | | | 88, 53 | | |
| 1201 | 27. 5. | 25 W (pat) 133/85 | | | 88, 35 | | belair |
| 1202 | 10. 6. | 29 W (pat) 222/86 | | | 88, 75 | | ESPIRITO SANTO |
| 1203 | 7. 7. | 27 W (pat) 185/86 | | | 88, 79 | | Oui Designer Collection/ De Signer's Finesse |
| 1204 | 8. 7. | 28 W (pat) 186/86 | | | 88, 19 | | Hydrojoint |
| 1205 | 14. 7. | 27 W (pat) 212/86 | 29, 89 | | | | BORIS |
| 1206 | 16. 7. | 25 W (pat) 76/85 | | | 89, 95 | | |
| 1207 | 16. 7. | 25 W (pat) 107/85 | | | 88, 176 | | Karex |
| 1208 | 5. 8. | 29 W (pat) 213/86 | | | | | VARICOLOR |
| 1209 | 6. 8. | 25 W (pat) 130/86 | | | 88, 117 | | Portasan/Tobasan |
| 1210 | 11. 8. | 27 W (pat) 14/86 | | | 88, 78 | | RICE KRISPIES |
| 1211 | 26. 8. | 28 W (pat) 294/86 | | | 88, 113 | | minimag |
| 1212 | 27. 8. | 25 W (pat) 23/87 | | | 88, 54 | | Biozon |
| 1213 | 2. 9. | 29 W (pat) 5/86 | | | 88, 76 | | DEFLEX |
| 1214 | 30. 9. | 28 W (pat) 304/85 | | | 88, 155 | | Hellysport/Helly-Hansen |
| 1215 | 8. 10. | 25 W (pat) 359/84 | 29, 163 | 88, 221 | | | FOOTWAX |

# Fundstellenverzeichnis BPatG 1988–1990   Chronologisches

| Nr. | Datum | Az. | BPatGE | BlPMZ | Mitt | GRUR | Schlagwort |
|---|---|---|---|---|---|---|---|
| 1216 | 15. 10. | 25 W (pat) 75/87 | 29, 167 | 88, 221 | | 88, 380 | PENA SOL |
| 1217 | 5. 11. | 25 W (pat) 66/87 | | | 88, 154 | | GASTROPIRENZ/Pirenzgast |
| 1218 | 11. 11. | 26 W (pat) 59/86 | | | 88, 113 | | TAPA |
| 1219 | 13. 11. | 24 W (pat) 161/86 | 29, 181 | | | | ELEGAN |
| 1220 | 11. 12. | 24 W (pat) 171/87 | | | 88, 94 | | G |
| 1221 | 15. 12. | 27 W (pat) 230/86 | | | 88, 94 | | S |
| 1222 | 16. 12. | 26 W (pat) 70/87 | | | | 89, 56 | OECOSTAR |
| | **1988** | | | | | | |
| 1223 | 8. 1. | 6 W (pat) 225/85 | | | | 88, 903 | Thermostatisch gesteuertes Regulierventil |
| 1224 | 22. 1. | 24 W (pat) 23/87 | | | 88, 115 | | UTS-SYSTEM |
| 1225 | 2. 2. | 12 W (pat) 91/86 | 29, 206 | 89, 164 | | | MÖVENNEST/Mövenpick |
| 1226 | 3. 2. | 29 W (pat) 6/88 | 30, 112 | | | | |
| 1227 | 24. 2. | 29 W (pat) 90/87 | 29, 218 | 88, 261 | | 88, 696 | JIN SHIN DO |
| 1228 | 30. 3. | 28 W (pat) 29/87 | | | 89, 36 | | MICRO-AIRE |
| 1229 | 12. 4. | 27 W (pat) 38/87 | 29, 248 | | 89, 18 | | C/Champion |
| 1230 | 13. 4. | 26 W (pat) 83/86 | 29, 255 | | 88, 345 | | TECHNOTHERM |
| 1231 | 22. 4. | 24 W (pat) 195/87 | | | 88, 234 | | Zinnia |
| 1232 | 6. 5. | 24 W (pat) 98/87 | | | 88, 236 | | TRAIL BLAZER |
| 1233 | 20. 5. | 24 W (pat) 17/88 | 30, 14 | 89, 542 | 89, 201 | 89, 211 | Amtshaftung |
| 1234 | 8. 6. | 29 W (pat) 109/87 | | | 89, 19 | | AALOHA |
| 1235 | 8. 7. | 24 W (pat) 54/87 | | | 89, 94 | | DIGIPHON |
| 1236 | 10. 8. | 26 W (pat) 252/84 | | | 89, 35 | | PAGO |
| 1237 | 17. 8. | 29 W (pat) 78/87 | 30, 53 | 89, 169 | | 89, 266 | SUPER-MEIER |
| 1238 | 7. 9. | 26 W (pat) 163/87 | 30, 61 | 89, 168 | | 89, 268 | Meyer |
| 1239 | 28. 9. | 28 W (pat) 219/87 | 30, 97 | 89, 222 | 90, 122 | 89, 353 | Leichte Linie |
| 1240 | 28. 9. | 24 W (pat) 267/87 | 30, 94 | 89, 220 | 90, 23 | | CELA |
| 1241 | 28. 9. | 29 W (pat) 69/88 | 30, 101 | 89, 223 | | | WEKROMA |
| 1242 | 24. 10. | 4 W (pat) 20/88 | 30, 71 | 89, 219 | | | |
| 1243 | 11. 11. | 24 W (pat) 61/88 | | | 89, 153 | | DOTTY |
| 1244 | 23. 11. | 18 W (pat) 224/87 | | 99, 42 | 89, 118 | | VITACOMBEX/Vita-Combex |
| 1245 | 14. 12. | 29 W (pat) 145/88 | | | | | TURBO-TEK |
| | **1989** | | | | | | |
| 1246 | 25. 1. | 26 W (pat) 297/85 | 30, 169 | 89, 286 | 89, 198 | 89, 593 | Molino |
| 1247 | 3. 2. | 29 W (pat) 6/88 | 30, 112 | 89, 398 | 89, 156 | | Mövenpick |
| 1248 | 10. 2. | 18 W (pat) 88/87 | 30, 148 | 89, 285 | 89, 151 | 89, 495 | Vollmachtslose Beschwerdeeinlegung |
| 1249 | 22. 2. | 29 W (pat) 129/87 | | 89, 364 | | 89, 428 | OIL-X |
| 1250 | 1. 3. | 26 W (pat) 199/87 | | | 89, 243 | | MONA/Moras |
| 1251 | 1. 3. | 29 W (pat) 189/88 | 30, 152 | 89, 363 | | 89, 513 | IBA |
| 1252 | 2. 5. | 27 W (pat) 94/88 | 31, 8 | 90, 133 | | 90, 129 | Ginny |
| 1253 | 17. 5. | 29 W (pat) 132/88 | 30, 215 | 90, 159 | | | BIDS |
| 1254 | 24. 5. | 26 W (pat) 81/86 | 30, 220 | 89, 395 | | | STRASS |
| 1255 | 31. 5. | 27 W (pat) 118/87 | 30, 196 | 90, 159 | | | OROTHOTECH |
| 1256 | 19. 6. | 4 W (pat) 7/88 | 31, 176 | 91, 243 | | 91, 123 | |
| 1257 | 21. 6. | 26 W (pat) 226/87 | 30, 229 | 90, 78 | | 89, 825 | MARILUND/Merryland |
| 1258 | 4. 7. | 27 W (pat) 20/87 | | | 89, 242 | | WINDWARD |
| 1259 | 28. 7. | 24 W (pat) 148/86 | | | 90, 173 | | CONDUCTOR |
| 1260 | 22. 8. | 27 W (pat) 209/87 | | | 89, 217 | | PROVOCATION |
| 1261 | 28. 8. | 9 W (pat) 200/86 | 31, 29 | 90, 205 | | 90, 113 | Bestellung eines Inlandsvertreters |
| 1262 | 30. 8. | 28 W (pat) 155/88 | | | 90, 37 | | |
| 1263 | 6. 9. | 26 W (pat) 344/87 | 31, 31 | 90, 274 | | 90, 276 | Petersburger Schlittenfahrt |
| 1264 | 19. 10. | 25 W (pat9 62/87 | 31, 56 | 90, 404 | | | Indo/Indometacin |
| 1265 | 2. 11. | 25 W (pat) 78/87 | 32, 44 | 90, 372 | | 91, 321 | FELOPIN |
| 1266 | 10. 11. | 24 W (pat) 109/89 | | 90, 332 | | 90, 195 | Marvel |
| 1267 | 27. 11. | 4 W (pat) 48/88 | 31, 62 | 90, 246 | 90, 150 | 90, 350 | |
| 1268 | 13. 12. | 26 W (pat) 10/88 | 31, 72 | 90, 334 | | 90, 121 | TINY |
| 1269 | 13. 12. | 29 W (pat) 126/89 | 31, 99 | 91, 229 | | | DGIP |
| | **1990** | | | | | | |
| 1270 | 9. 1. | 29 W (pat) 318/88 | 31, 79 | 90, 437 | | | Tutto |
| 1271 | 10. 1. | 26 W (pat) 16/88 | | 90, 439 | | | Ole |
| 1272 | 10. 1. | 28 W (pat) 174/88 | | | 90, 122 | | SERIEFORM |
| 1273 | 29. 1. | 26 W (pat) 189/88 | 31, 114 | 90, 335 | 90, 157 | | BARTLES & JAYMES |
| 1274 | 31. 1. | 26 W (pat) 315/87 | 31, 118 | 90, 404 | 90, 215 | 91, 147 | Dujardin |
| 1275 | 7. 2. | 29 W (pat) 283/88 | 31, 126 | 90, 440; 91, 253 | | 90, 518 | STARKRAFT |
| 1276 | 9. 2. | 24 W (pat) 53/88 | | | 90, 175 | | OXYDIVE |
| 1277 | 14. 2. | 26 W (pat) 161/88 | 32, 1 | 92, 20 | 90, 237 | | Feerie/FEE |

# Fundstellenverzeichnis BPatG 1991

| Nr. | Datum | Az. | BPatGE | BlPMZ | Mitt | GRUR | Schlagwort |
|---|---|---|---|---|---|---|---|
| 1278 | 21. 2. | 26 W (pat) 79/88 | 31, 138 | 90, 373 | 90, 193 | 91, 141 | LA AMISTAD |
| 1279 | 1. 3. | 5 W (pat) 24/89 | 31, 160 | 90, 402 | 90, 215 | 91, 46 | |
| 1280 | 14. 3. | 29 W (pat) 442/88 | 31, 142 | 90, 437 | 90, 234 | | Wenko |
| 1281 | 29. 3. | 25 W (pat) 217/88 | 31, 165 | 90, 433 | 90, 236 | 91, 144 | DR SCHOCK'S |
| 1282 | 25. 4. | 29 W (pat) 27/89 | | | 90, 216 | | |
| 1283 | 2. 5. | 28 W (pat) 266/88 | | | 90, 177 | | LIDO |
| 1284 | 9. 5. | 26 W (pat) 236/88 | 31, 184 | 90, 434 | | | VIRGINIA/Classic/ FULL FLAVOUR |
| 1285 | 30. 5. | 26 W (pat) 248/88 | 31, 188 | 91, 250 | 90, 194 | | SNUGGLEDOWN |
| 1286 | 1. 6. | 24 W (pat) 26/90 | | | 91, 83 | | NATUA |
| 1287 | 20. 6. | 26 W (pat) 206/88 | 31, 168 | 90, 435 | 91, 19 | | |
| 1288 | 20. 6. | 26 W (pat) 235/88 | 31, 193 | 91, 141 | 91, 101 | | Select |
| 1289 | 20. 6. | 29 W (pat) 407/88 | | | 91, 165 | | Pro |
| 1290 | 11. 7. | 26 W (pat) 78/87 | 31, 207 | 91, 167 | 91, 78 | 91, 210 | Drachenblut |
| 1291 | 11. 7. | 29 W (pat) 26/89 | 31, 212 | 91, 169 | 91, 99 | 91, 216 | Falscher Anmeldetag |
| 1292 | 18. 7. | 29 W (pat) 103/88 | 31, 227 | 91, 199 | | | MEDATA |
| 1293 | 19. 7. | 25 W (pat) 452/88 | 31, 233 | 91, 248 | | 91, 212 | Arran |
| 1294 | 31. 7. | 27 W (pat) 6/89 | 32, 5 | 91, 197 | | | CREATION GROSS |
| 1295 | 1. 8. | 28 W (pat) 109/88 | 31, 240 | 91, 227 | | 91, 145 | Mascasano |
| 1296 | 1. 8. | 26 W (pat) 172/88 | 31, 171 | 90, 436 | 91, 18 | 91, 142 | JAY |
| 1297 | 1. 8. | 26 W (pat) 244/88 | | | 90, 235 | | DENTACONTROL |
| 1298 | 16. 8. | 25 W (pat) 23/89 | 31, 245 | 91, 196 | | | Desinfektionsmittel |
| 1299 | 5. 9. | 28 W (pat) 36/88 | | | 93, 348 | | ISOSIL |
| 1300 | 5. 9. | 2 ZA (pat) 13/90 | 31, 256 | 91, 307 | | 91, 205 | Anwaltliche Doppelqualifikation |
| 1301 | 12. 9. | 26 W (pat) 17/89 | 31, 262 | 91, 250 | 91, 164 | | MONTE GAUDIO |
| 1302 | 5. 10. | 24 W (pat) 401/88 | | | 92, 30 | | AVEL/Vela und Wella |
| 1303 | 10. 10. | 28 W (pat) 271/88 | | 92, 111 | | | |
| 1304 | 18. 10. | 13 W (pat) 12/89 | 31, 88 | 90, 273 | 90, 151 | 90, 512 | Öffentliches Interesse |
| 1305 | 19. 10. | 24 W (pat) 388/88 | | 91, 247 | 91, 74 | | |
| 1306 | 7. 11. | 26 W (pat) 288/97 | | | | 92, 346 | Schloß Caestrich |
| 1307 | 13. 11. | 27 W (pat) 61/89 | 32, 65 | 92, 259 | | | H. J. Müller-Collection |
| 1308 | 19. 11. | 24 W (pat) 95/90 | | 92, 111 | | | ASTRO |
| 1309 | 28. 11. | 26 W (pat) 290/87 | | 92, 111 | | 91, 538 | Piesporter Goldtröpfchen |
| 1310 | 30. 11. | 24 W (pat) 166/90 | | 92, 111 | | | |
| 1311 | 6. 12. | 25 W (pat) 76/88 | | 91, 249 | 92, 58 | | KARDIAKON |
| 1312 | 12. 12. | 26 W (pat) 88/89 | | | 91, 80 | | BATIDA |
| 1313 | 13. 12. | 25 W (pat) 233/89 | 32, 75 | 91, 316 | | | Probiox/Biox |
| 1314 | 18. 12. | 27 W (pat) 202/88 | 32, 78 | 91, 423 | | | |
| | **1991** | | | | | | |
| 1315 | 16. 1. | 28 W (pat) 160/89 | 34, 261 | 95, 325 | 95, 285 | 95, 411 | Santiago |
| 1316 | 23. 1. | 29 W (pat) 287/89 | | | 92, 250 | | newtec |
| 1317 | 24. 1. | 25 W (pat) 242/89 | 32, 98 | 92, 193 | | | SEDRESIN |
| 1318 | 31. 1. | 25 W (pat) 510/88 | 33, 203 | 94, 40 | 92, 59 | | BIOSALM |
| 1319 | 6. 2. | 26 W (pat) 99/89 | 32, 82 | 91, 252 | | | GIRONDA |
| 1320 | 5. 3. | 27 W (pat) 139/88 | 32, 85 | 91, 352 | 92, 32 | 91, 761 | PINGO |
| 1321 | 20. 3. | 29 W (pat) 245/89 | | 92, 112 | | | EUROINVEST |
| 1322 | 20. 3. | 29 W (pat) 246/89 | | 92, 196 | | | EUROCONSULT |
| 1323 | 23. 4. | 27 ZA (pat) 19/90 | | | 91, 216 | 92, 53 | Beschlußabschrift I |
| 1324 | 15. 5. | 26 W (pat) 88/90 | 32, 136 | 91, 397 | | 91, 842 | Star-Beka-Küchen |
| 1325 | 17. 5. | 23 W (pat) 40/90 | 32, 139 | 92, 193 | | 91, 828 | Synchrotron |
| 1326 | 11. 6. | 5 W (pat) 2/91 | 32, 162 | 92, 192 | | | |
| 1327 | 20. 6. | 25 W (pat) 60/88 | | 92, 194 | | | |
| 1328 | 20. 6. | 25 W (pat) 373/89 | 32, 200 | 92, 432 | | 92, 103 | terfen-basan/MERFEN |
| 1329 | 20. 7. | 24 W (pat) 318/88 | | | | 91, 537 | ELTA/ETA |
| 1330 | 29. 7. | Entschließung des 26. Senats, ohne Az. | 32, 172 | 92, 195 | 91, 217 | 92, 54 | Beschlußabschrift II |
| 1331 | 1. 8. | 25 W (pat) 94/89 | 32, 208 | 92, 432 | | 92, 105 | paracet von ct/ PARA-CET Woelm |
| 1332 | 6. 8. | 27 W (pat) 36/91 | 33, 12 | 92, 367 | | | IRONMAN TRIATHLON |
| 1333 | 14. 8. | 26 W (pat) 22/91 | | | 92, 62 Int | | VITTEL |
| 1334 | 4. 9. | 28 W (pat) 334/90 | 33, 106 | 92, 503 | 92, 293 | 93, 48 | CALYPSOL BIOLUBE |
| 1335 | 6. 9. | 24 W (pat) 179/89 | | | | | K-Flow |
| 1336 | 12. 9. | 25 W (pat) 262/88 | 32, 218 | 92, 364 | 92, 251 | 92, 442 | FENDOROL |
| 1337 | 4. 10. | 25 W (pat) 524/88 | 32, 227 | 92, 433 | 92, 218 | | Procto-Kaban |
| 1338 | 16. 10. | 26 W (pat) 72/89 | 32, 231 | 92, 433 | 92, 220 | 92, 392 | Parkhotel Landenberg |
| 1339 | 16. 10. | 26 W (pat) 73/89 | | | 92, 149 | | EAZ |
| 1340 | 30. 10. | 26 W (pat) 174/88 | 32, 237 | 92, 285 | 92, 219 | | Z-TECH |
| 1341 | 30. 10. | 29 W (pat) 148/89 | | | 93, 26 | | Personalberatung |
| 1342 | 6. 11. | 27 ZA (pat) 5/91 | 32, 241 | 92, 475 | 92, 34 | 92, 55 | Beschlußabschrift III |
| 1343 | 8. 11. | 24 W (pat) 412/90 | 32, 249 | 92, 432 | 92, 216 | 92, 395 | GG |
| 1344 | 11. 11. | 4 W (pat) 16/88 | 33, 24 | 92, 427 | | 92, 601 | Telekopie-Einspruch |
| 1345 | 27. 11. | 29 W (pat) 19/90 | 32, 255 | 92, 435 | | 92, 397 | rdc-group |

# Fundstellenverzeichnis BPatG 1992–1994

| Nr. | Datum | Az. | BPatGE | BlPMZ | Mitt | GRUR | Schlagwort |
|---|---|---|---|---|---|---|---|
| 1346 | 10. 12. | 27 W (pat) 44/90 | | | 93, 52 | | Rien |
| 1347 | 12. 12. | 25 W (pat) 53/90 | 33, 38 | 92, 500 | | 92, 700 | Luxabendol |
| 1348 | 18. 12. | 26 W (pat) 59/91 | 33, 42 | 92, 502 | | 92, 516 | EGGER NATUR-BRÄU |
| | **1992** | | | | | | |
| 1349 | 9. 1. | 25 W (pat) 7/90 | 33, 47 | 93, 65 | | 92, 701 | Heparin Azuchemie |
| 1350 | 15. 1. | 29 W (pat) 133/89 | 33, 53 | 93, 67, 162 | | 92, 704 | Royals |
| 1351 | 21. 1. | 27 W (pat) 15/90 | 33, 62 | 92, 474 | | | Flamingo |
| 1352 | 22. 1. | 26 W (pat) 52/91 | 32, 264 | 93, 28 | 92, 320 | | Bierhand |
| 1353 | 7. 2. | 24 W (pat) 278/89 | 33, 80 | 93, 65 | 92, 213 | 92, 607 | FLEUR charme |
| 1354 | 19. 2. | 28 W (pat) 104/90 | 33, 113 | 93, 110 | | 93, 392 | Motorradmotor |
| 1355 | 6. 3. | 24 W (pat) 303/90 | | | 93, 114 | | Diva/DivaCell |
| 1356 | 9. 3. | 30 W (pat) 2/91 | 33, 92 | 93, 30 | | 92, 609 | DIBEN |
| 1357 | 20. 3. | 24 W (pat) 239/89 | | | 94, 137 | | Neugefaßtes Warenverzeichnis |
| 1358 | 25. 3. | 28 W (pat) 153/90 | 33, 120 | 93, 65 | | 93, 45 | 11er |
| 1359 | 15. 4. | 28 W (pat) 37/91 | 33, 125 | 93, 112 | | 93, 47 | SHAMROCK |
| 1360 | 6. 5. | 29 W (pat) 117/91 | | | | 92, 854 | Streitwert Akteneinsicht |
| 1361 | 20. 5. | 28 W (pat) 294/90 | | 93, 457 | | | quattro |
| 1362 | 27. 5. | 29 W (pat) 212/88 | | 93, 159 | | | NEW MAN |
| 1363 | | 26 W (pat) 118/90 | | | | | Hopfengold |
| 1364 | 1. 7. | 26 W (pat) 56/90 | 33, 129 | 93, 348 | | 93, 121 | Spreizdübelzeichnung |
| 1365 | 1. 7. | 28 W (pat) 216/90 | 33, 133 | 93, 113 | | 93, 48 | Vreneli |
| 1366 | 22. 7. | 29 W (pat) 267/89 | 33, 135 | 93, 161 | | 93, 123 | Verpackungsbox |
| 1367 | 21. 8. | 24 W (pat) 387/90 | | | | 93, 559 | Ninon |
| 1368 | 16. 9. | 28 W (pat) 125/88 | 33, 164 | 93, 201 | | 93, 122 | ENFIELD |
| 1369 | 18. 9. | 24 W (pat) 247/89 | 33, 167 | 93, 348 | | | KAMILL |
| 1370 | 20. 10. | 27 W (pat) 214/89 | | 93, 351 | | 93, 670 | DIVA |
| 1371 | 26. 10. | 29 W (pat) 46/92 | 33, 175 | 93, 271 | | 93, 390 | Akteneinsicht durch Dritte |
| 1372 | 17. 11. | 27 W (pat) 85/91 | 33, 228 | 93, 454 | | | Lahco |
| 1373 | 24. 11. | 25 W (pat) 210/90 | 33, 235 | 93, 199 | | 93, 673 | BACTRIM/Azubactrin |
| 1374 | 9. 12. | 26 W (pat) 192/87 | 33, 194 | 93, 349 | | 93, 395 | RÖMIGBERG II |
| 1375 | 16. 12. | 28 W (pat) 44/91 | | | 93, 351 | | JUTLANDIA |
| | **1993** | | | | | | |
| 1376 | 6. 1. | 25 W (pat) 298/90 | 33, 254 | 93, 202 | 93, 310 | 93, 829 | Innovaaktiv |
| 1377 | 19. 1. | 27 W (pat) 184/91 | | | 93, 367 | | EXTREME |
| 1378 | 27. 1. | 28 W (pat) 97/91 | 33, 270 | 93, 404 | | 93, 827 | KARO |
| 1379 | 23. 3. | 27 W (pat) 133/91 | | | 93, 369 | | COTTON CLUB |
| 1380 | 24. 3. | 28 W (pat) 56/92 | 34, 20 | 94, 124 | 94, 216 | 94, 217 | MADE IN PARADISE |
| 1381 | 31. 3. | 28 W (pat) 45/90 | 34, 7 | 93, 405 | 94, 215 | 93, 828 | I-STAT |
| 1382 | 6. 4. | 27 W (pat) 68/92 | 34, 24 | 94, 76 | | 93, 975 | CHEVY |
| 1383 | 13. 4. | 24 W (pat) 229/91 | | | 94, 20 | | COMPUTER ASSOCIATES |
| 1384 | 14. 4. | 24 W (pat) 387/90 | | | | 93, 559 | Minon |
| 1385 | 6. 5. | 25 W (pat) 67/90 | | 94, 186 | 94, 162 | | Cyclophamid |
| 1386 | 10. 5. | 30 W (pat) 341/91 | | | 94, 167 | | |
| 1387 | 19. 5. | 26 W (pat) 228/91 | 34, 11 | 94, 40 | | 93, 741 | Glass-line |
| 1388 | 11. 6. | 24 W (pat) 279/90 | | 93, 399 | 93, 305 | 93, 742 | UHQ I |
| 1389 | 23. 6. | 29 W (pat) 225/91 | | | 94, 19 | | PICO |
| 1390 | 7. 7. | 26 W (pat) 87/92 | 34, 45 | 94, 41 | | | RED BAND |
| 1391 | 8. 7. | 25 W (pat) 83/91 | 34, 48 | 94, 160 | | 94, 122 | BIONAPLUS |
| 1392 | 3. 8. | 27 W (pat) 325/91 | 34, 69 | 94, 184 | | 94, 124 | Billy the Kid |
| 1393 | 11. 8. | 29 W (pat) 183/90 | 34, 73 | 94, 214 | | 94, 294 | Tesoro |
| 1394 | 11. 8. | 26 W (pat) 203/91 | | 95, 418 | | | Hotshower |
| 1395 | 18. 8. | 29 W (pat) 135/90 | | | 94, 245 | | Schweißring |
| 1396 | 25. 8. | 26 W (pat) 138/92 | 34, 76 | 94, 78 | 94, 164 | 94, 291 | Calimbo/CALYPSO |
| 1397 | 26. 8. | 29 W (pat) 92/92 | 34, 79 | 94, 184 | | 94, 292 | VISCON |
| 1398 | 8. 9. | 26 W (pat) 191/90 | 34, 105 | 94, 294 | 94, 214 | | JOY of LEONARDO |
| 1399 | 8. 9. | 29 W (pat) 234/91 | 34, 109 | 94, 241 | | | protec |
| 1400 | 15. 9. | 29 W (pat) 132/90 | | | 94, 165 | | eurAuPair |
| 1401 | 2. 11. | 27 W (pat) 85/92 | 34, 115 | | | 94, 377 | MESSIAS |
| 1402 | 3. 11. | 29 W (pat) 188/90 | 34, 117 | 94, 364 | 94, 272 | 94, 377 | LITRONIC |
| 1403 | 22. 12. | 28 W (pat) 146/91 | | | | 95, 415 | Regelstreitwert bei Widerspruchs-Beschwerdeverfahren |
| | **1994** | | | | | | |
| 1404 | 19. 1. | 26 W (pat) 2/92 | 34, 128 | 94, 295 | | | CRAVEN A |
| 1405 | 16. 2. | 26 W (pat) 63/92 | 34, 133 | 94, 419 | | 94, 629 | Duotherm |
| 1406 | 16. 2. | 26 W (pat) 197/92 | 34, 137 | 94, 420 | | | Van Holden |
| 1407 | 23. 3. | 26 W (pat) 17/91 | 34, 154 | 94, 459 | | 94, 627 | ERDINGER |
| 1408 | 5. 5. | 23 W (pat) 34/92 | 34, 207 | 95, 222 | | | |
| 1409 | 31. 5. | 27 W (pat) 15/91 | 34, 216 | 95, 72, 173 | | 95, 412 | GREYHOUND |
| 1410 | 13. 7. | 19 W (pat) 8/94 | 34, 224 | 95, 260 | 95, 173 | | |

Fundstellenverzeichnis **1995 Fundstellenverzeichnis BPatG**

| Nr. | Datum | Az. | BPatGE | BlPMZ | Mitt | GRUR | Schlagwort |
|---|---|---|---|---|---|---|---|
| 1411 | 19. 7. | 27 W (pat) 91/93 | | 95, 223 | | | Foot-Joy/Joy |
| 1412 | 27. 7. | 26 W (pat) 259/92 | 34, 239 | 95, 195 | | | Original Klosterpforte |
| 1413 | 31. 8. | 28 W (pat) 193/93 | | 95, 373 | | | Kraftfahrzeug-Leichtmetallfelge |
| 1414 | 21. 9. | 26 W (pat) 37/93 | 34, 254 | 95, 417 | | | SANTA FEE/ SANTA FU |
| 1415 | 6. 10. | 25 W (pat) 175/89 | | 95, 220 | | | VALUE |
| 1416 | 9. 11. | 26 W (pat) 124/93 | 34, 261 | 95, 325 | 95, 285 | 95, 411 | SEIT 1895 |
| 1417 | 21. 11. | 30 W (pat) 179/93 | | | 96, 57 | | |
| 1418 | 14. 12. | 26 W (pat) 148/92 | | 95, 326 | | | FOCUS/LOGOS |

| Nr. | Datum | Az. | BPatGE | BlPMZ | Mitt | GRUR | NJW | Schlagwort |
|---|---|---|---|---|---|---|---|---|
| | **1995** | | | | | | | |
| 1419 | 11. 1. | 26 W (pat) 226/93 | 35, 218 | 96, 315 | | 96, 282 | | Adalbert Prinz von Bayern |
| 1420 | 17. 1. | 27 W (pat) 185/92 | | | | | | |
| 1421 | 18. 1. | 26 W (pat) 168/93 | | | | | | DAVIS CUP |
| 1422 | 18. 1. | 29 W (pat) 67/94 | | | | | | |
| 1423 | 18. 1. | 26 W (pat) 198/93 | 35, 26 | 95, 327 | 95, 286 | 95, 488 | | APISOL |
| 1424 | 1. 2. | 26 W (pat) 273/92 | 35, 30 | | 95, 253 | 95, 590 | | MANHATTAN |
| 1425 | 1. 2. | 26 W (pat) 148/93 | 35, 36 | 95, 329 | | 95, 416 | | Rebenstolz |
| 1426 | 7. 2. | 29 W (pat) 89/94 | | | | | | |
| 1427 | 13. 2. | 30 W (pat) 134/94 | | | | | | MASTERSOUND |
| 1428 | 14. 2. | 24 W (pat) 5/93 | 35, 40 | | 95, 226 | 95, 588 | | Jeannette |
| 1429 | 14. 2. | 27 W (pat) 39/93 | | | 95, 288 | | | Selective Control System |
| 1430 | 14. 2. | 27 W (pat) 202/93 | | | | | | gigi |
| 1431 | 23. 2. | 25 W (pat) 61/93 | 35, 47 | | | | | Oxygenol II |
| 1432 | 6. 3. | 30 W (pat) 234/93 | | 96, 134 | | | | 4 You |
| 1433 | 8. 3. | 26 W (pat) 47/94 | | | 95, 323 | | | |
| 1434 | 13. 3. | 30 W (pat) 299/93 | | | | | | Kamiloggen |
| 1435 | 14. 3. | 27 W (pat) 158/93 | 35, 58 | 96, 277 | 95, 387 | | | ADA GRIMALDI |
| 1436 | 23. 3. | 26 W (pat) 17/91 | 34, 154 | 95, 459 | | 95, 627 | | Eringer |
| 1437 | 28. 3. | 24 W (pat) 116/93 | 35, 130 | 96, 461 | | 96, 128 | | Plak Guard |
| 1438 | 29. 3. | 27 W (pat) 126/93 | 35, 67 | 96, 186 | 95, 255 | | | JACOMO |
| 1439 | 30. 3. | 25 W (pat) 55/93 | | | | | | BONGO |
| 1440 | 31. 3. | 32 W (pat) 262/95 | | | | | | Blendi |
| 1441 | 4. 4. | 24 W (pat) 72/94 | | | | | | |
| 1442 | 12. 4. | 26 W (pat) 135/94 | 35, 74 | 96, 33 | 96, 55 | | | KISS |
| 1443 | 24. 4. | 30 W (pat) 9/94 | | | | | | RANIFUG |
| 1444 | 27. 4. | 25 W (pat) 95/93 | | | | | | ARTHROSAN |
| 1445 | 3. 5. | 26 W (pat) 75/93 | | | | | | Quickmix |
| 1446 | 9. 5. | 27 W (pat) 69/93 | | | 96, 20 | | | Eisträumereien |
| 1447 | 10. 5. | 26 W (pat) 12/93 | | 96, 277 | | | | Jean Barth |
| 1448 | 10. 5. | 28 W (pat) 95/94 | 35, 140 | 96, 67 | | 95, 812 | | Dall' Opera |
| 1449 | 10. 5. | 28 W (pat) 24/95 | | | | | | |
| 1450 | 16. 5. | 24 W (pat) 45/92 | 35, 180 | 96, 363 | 96, 51 | 96, 133 | | quickslide |
| 1451 | 16. 5. | 25 W (pat) 61/93 | 35, 47 | 96, 30 | 95, 250 | 95, 584 | | SONETT |
| 1452 | 17. 5. | 26 W (pat) 245/93 | | | | | | Klosterfrau |
| 1453 | 17. 5. | 26 W (pat) 285/93 | 35, 84 | 95, 418 | | 95, 739 | | GARIBALDI |
| 1454 | 17. 5. | 26 W (pat) 164/94 | 35, 90 | 96, 318 | | 95, 814 | | Absperrpoller |
| 1455 | 19. 5. | 32 W (pat) 3/95 | | | 96, 172 | | | VIA TRICENTRIC/ VIEGA |
| 1456 | 30. 5. | 27 W (pat) 147/93 | 35, 96 | 96, 318 | | 95, 734 | | While You Wait |
| 1457 | 31. 5. | 26 W (pat) 130/93 | | 96, 277 | | | | CHANGE |
| 1458 | 6. 6. | 24 W (pat) 165/93 | 35, 188 | 96, 134 | | 96, 126 | | BERGER |
| 1459 | 7. 6. | 28 W (pat) 163/94 | 35, 223 | 96, 189 | | 96, 283 | | Comtesse Esther de Pommery |
| 1460 | 7. 6. | 28 W (pat) 179/94 | 35, 106 | 95, 419 | | 95, 741 | | corton |
| 1461 | 13. 6. | 27 W (pat) 291/93 | | | | | | Compliment |
| 1462 | 13. 6. | 24 W (pat) 58/94 | 35, 226 | 96, 369 | | 96, 280 | | BIO |
| 1463 | 16. 6. | 25 W (pat) 75/92 | 35, 109 | 95, 418 | 95, 353 | 95, 737 | | BONUS |
| 1464 | 21. 6. | 29 W (pat) 225/92 | 35, 114 | 96, 382 | | | | Fernöstliche Schriftzeichen |
| 1465 | 21. 6. | 26 W (pat) 113/93 | | | | | | FRUCTA |
| 1466 | 22. 6. | 25 W (pat) 134/93 | 35, 196 | | | | | SONETT |
| 1467 | 27. 6. | 27 W (pat) 106/94 | | 96, 191 | | | | Biscote by Claudio/ claudia |
| 1468 | 28. 6. | 26 W (pat) 38/94 | 35, 202 | 96, 372 | | 96, 131 | | Fernettchen |
| 1469 | 28. 6. | 26 W (pat) 125/94 | | | | | | ERGOTEC/ErgoDesk |
| 1470 | 28. 6. | 28 W (pat) 204/94 | 35, 206 | 96, 374 | | 96, 61 | | Divan |
| 1471 | 3. 7. | 30 W (pat) 335/93 | | | | | | COLORSCRIPT |
| 1472 | 5. 7. | 26 W (pat) 176/93 | 36, 289 | 96, 190 | | | | MEGA |
| 1473 | 10. 7. | 30 W (pat) 154/93 | | | | | | |

# Fundstellenverzeichnis BPatG 1996     Chronologisches

| Nr. | Datum | Az. | BPatGE | BlPMZ | Mitt | GRUR | NJW | Schlagwort |
|---|---|---|---|---|---|---|---|---|
| 1474 | 12. 7. | 28 W (pat) 173/94 | | 96, 191 | | | | MEYLIP Sonja |
| 1475 | 12. 7. | 28 W (pat) 215/94 | | 96, 189 | 96, 137 | 96, 927 | | OTHÜNA Geraer Marina I |
| 1476 | 12. 7. | 28 W (pat) 219/94 | | 96, 190 | | | | OTHÜNA Geraer Sonja I |
| 1477 | 12. 7. | 28 W (pat) 228/94 | | 96, 189 | | | | OTHÜNA Geraer Sonja II |
| 1478 | 12. 7. | 28 W (pat) 229/94 | 35, 228 | 96, 189 | 96, 137 | 96, 886 | | OTHÜNA Geraer Marina II |
| 1479 | 12. 7. | 28 W (pat) 257/94 | 35, 235 | 96, 380 | 96, 139 | 96, 889 | | MEYLIP marina |
| 1480 | 12. 7. | 26 W (pat) 235/93 | | | | | | Rauschgold |
| 1481 | 13. 7. | 25 W (pat) 3/94 | | 96, 277 | | | | Salventerol/salvent |
| 1482 | 13. 7. | 25 W (pat) 13/94 | | | | | | |
| 1483 | 18. 7. | 27 W (pat) 226/93 | | 96, 466 | | | | Sulla |
| 1484 | 25. 7. | 27 W (pat) 284/93 | | 96, 190 | | | | Campino |
| 1485 | 26. 7. | 26 W (pat) 305/93 | | 96, 190 | | | | MEISTERBRAND |
| 1486 | 26. 7. | 28 W (pat) 167/94 | | 96, 190 | | | | Bisotherm-Stein |
| 1487 | 1. 8. | 27 W (pat) 62/94 | | | | | | MAURO FERRINI |
| 1488 | 2. 8. | 26 W (pat) 78/94 | 35, 312 | 96, 417 | | 96, 891 | | QUEEN'S CLUB |
| 1489 | 3. 8. | 25 W (pat) 252/93 | | | | | | GRAN |
| 1490 | 8. 8. | 24 W (pat) 190/94 | | | | | | ELMED |
| 1491 | 9. 8. | 26 W (pat) 291/93 | | | 96, 169 | | | RODI |
| 1492 | 11. 8. | 32 W (pat) 119/95 | | | | | | WISA |
| 1493 | 11. 8. | 32 W (pat) 137/95 | 35, 249 | 96, 419 | | 96, 303 | | Finishmaster |
| 1494 | 14. 9. | 30 W (pat) 141/94 | | | | | | SERVA |
| 1495 | 19. 9. | 27 W (pat) 166/93 | | | | | | EKKO BLEIFREI |
| 1496 | 20. 9. | 26 W (pat) 70/94 | | 96, 189 | | 96, 284 | | Fläminger |
| 1497 | 29. 9. | 32 W (pat) 149/95 | 36, 59 | 96, 278 | | | | ROBOMAT |
| 1498 | 4. 10. | 26 W (pat) 117/94 | | | | | | STATUS |
| 1499 | 11. 10. | 26 W (pat) 149/93 | 36, 64 | 96, 278 | 96, 214 | | | Karolus Magnus |
| 1500 | 11. 10. | 26 W (pat) 107/94 | 36, 68 | 96, 278 | | | | LIBERO |
| 1501 | 23. 10. | 25 W (pat) 134/93 | 35, 196 | 96, 371 | | 96, 204 | | Swing |
| 1502 | 24. 10. | 24 W (pat) 150/94 | 36, 1 | 97, 64 | | | | CHARRIER |
| 1503 | 25. 10. | 26 W (pat) 137/94 | 36, 8 | 96, 505 | 96, 133 | | | OKLAHOMA SOUND |
| 1504 | 26. 10. | 29 W (pat) 27/93 | | 96, 189 | | | | PATEK PHILIPPE NAUTILUS |
| 1505 | 26. 10. | 25 W (pat) 174/94 | 38, 176 | 98, 253 | | 98, 406 | | Humana |
| 1506 | 31. 10. | 27 W (pat) 172/94 | | | | | | CAPITO |
| 1507 | 7. 11. | 24 W (pat) 156/93 | | | | | | DELIAL |
| 1508 | 7. 11. | 27 W (pat) 68/94 | | 96, 466 | | 96, 287 | | BRANDT ECCO |
| 1509 | 14. 11. | 24 W (pat) 152/94 | 36, 14 | | 96, 247 | | | Monsieur Michel |
| 1510 | 14. 11. | 24 W (pat) 156/94 | | | | | | Mann oh Mann nur keinen Ärger |
| 1511 | 14. 11. | 24 W (pat) 206/94 | 36, 19 | 97, 224 | | 96, 408 | | COSA NOSTRA |
| 1512 | 15. 11. | 28 W (pat) 100/95 | | | | | | THAT'S BIKE |
| 1513 | 17. 11. | 32 W (pat) 397/95 | | | | | | Liner |
| 1514 | 22. 11. | 29 W (pat) 11/93 | 36, 25 | 97, 229 | | 96, 355 | | Benvenuto |
| 1515 | 22. 11. | 26 W (pat) 188/94 | | | | | | vital/fit |
| 1516 | 22. 11. | 26 W (pat) 230/94 | | 96, 278 | | 96, 414 | | DRAGON |
| 1517 | 22. 11. | 28 W (pat) 21/95 | | | 96, 216 | | | MASTER |
| 1518 | 24. 11. | 32 W (pat) 141/95 | | 96, 466 | | | | Etiketten |
| 1519 | 24. 11. | 32 W (pat) 162/95 | | | 96, 250 | | | TRIO |
| 1520 | 27. 11. | 30 W (pat) 147/94 | | 97, 175 | | | | HOUSE OF BLUES |
| 1521 | 27. 11. | 30 W (pat) 132/95 | | 97, 122 | 96, 248 | 96, 881 | | Farbmarke |
| 1522 | 28. 11. | 27 W (pat) 73/94 | | | | | | RESPECT |
| 1523 | 28. 11. | 27 W (pat) 142/94 | | | | | | Andree |
| 1524 | 28. 11. | 24 W (pat) 154/94 | 36, 29 | 96, 504 | | 96, 410 | | Color COLLECTION |
| 1525 | 29. 11. | 26 W (pat) 23/93 | 36, 82 | 97, 175 | | 96, 496 | | PARK |
| 1526 | 29. 11. | 28 W (pat) 94/95 | | | | | | EVOLUTION |
| 1527 | 29. 11. | 28 W (pat) 143/95 | | | | | | CONTOUR |
| 1528 | 13. 12. | 28 W (pat) 263/94 | | | | | | NUTRISOL |
| 1529 | 13. 12. | 26 W (pat) 187/94 | | | | | | |
| 1530 | 13. 12. | 28 W (pat) 95/95 | | 97, 410 | | 97, 833 | | ASTRA |
| 1531 | 18. 12. | 30 W (pat) 162/94 | | | | | | TERRANOVA |
| 1532 | 19. 12. | 27 W (pat) 276/94 | | | 96, 215 | | | MOD'elle |
| 1533 | 20. 12. | 28 W (pat) 129/95 | | | | | | Logo I |
| 1534 | 20. 12. | 26 W (pat) 180/94 | 36, 37 | 97, 226 | | 96, 419 | | fontana Getränkemarkt |
| | **1996** | | | | | | | |
| 1535 | 9. 1. | 24 W (pat) 279/94 | | | | | | HIGHSCREEN |
| 1536 | 10. 1. | 29 W (pat) 95/93 | | 96, 505 | | | | Muktananda |
| 1537 | 10. 1. | 26 W (pat) 198/94 | | 96, 321 | | 96, 417 | | König Stephan Wein |
| 1538 | 10. 1. | 26 W (pat) 241/94 | 36, 100 | 96, 321 | | 96, 417 | | Stephanskreuz |
| 1539 | 15. 1. | 17 W (pat) 6/95 | 36, 106 | | | 96, 872 | | Beschwerdefrist |
| 1540 | 16. 1. | 27 W (pat) 168/94 | | | | | | AMERICA TODAY |

Fundstellenverzeichnis  **1996 Fundstellenverzeichnis BPatG**

| Nr. | Datum | Az. | BPatGE | BlPMZ | Mitt | GRUR | NJW | Schlagwort |
|---|---|---|---|---|---|---|---|---|
| 1541 | 22. 1. | 30 W (pat) 39/94 | | 97, 175 | | | | Tresana/ COMPO-SANA |
| 1542 | 27. 1. | 27 W (pat) 124/92 | | 96, 467 | | 96, 356 | | JOHN LOBB |
| 1543 | 29. 1. | 30 W (pat) 156/94 | | | | | | HOSENBOY |
| 1544 | 31. 1. | 29 W (pat) 101/93 | | | | | | RODIZIO |
| 1545 | 31. 1. | 26 W (pat) 171/94 | 36, 115 | 96, 383 | | 96, 501 | | TIFFANY |
| 1546 | 6. 2. | 24 W (pat) 274/94 | 36, 119 | 97, 267 | | 96, 489 | | Hautactiv |
| 1547 | 6. 2. | 27 W (pat) 286/94 | 36, 123 | 97, 228 | | | | BALUBA |
| 1548 | 7. 2. | 29 W (pat) 38/93 | 36, 126 | 96, 384 | | 96, 490 | | PREMIERE I |
| 1549 | 7. 2. | 29 W (pat) 171/93 | | | 96, 397 | | 97, 133 EW | SCHÜRMANN SPEDITION |
| 1550 | 7. 2. | 29 W (pat) 83/94 | | 96, 384 | | 96, 494 | | PREMIERE III |
| 1551 | 7. 2. | 29 W (pat) 248/94 | 36, 130 | 96, 384 | | 96, 492 | | PREMIERE II |
| 1552 | 14. 2. | 28 W (pat) 169/93 | | 97, 209 | | | | Die Zukunft braucht unsere besten Ideen |
| 1553 | 14. 2. | 26 W (pat) 228/94 | 36, 137 | 96, 508 | | 96, 877 | | Schlüssel-Bild |
| 1554 | 15. 2. | 25 W (pat) 103/93 | | | | | | FRUCTA |
| 1555 | 15. 2. | 26 W (pat) 356/93 | | 97, 174 | | 96, 411 | | AVANTI |
| 1556 | 21. 2. | 26 W (pat) 4/94 | | | | | | Holtkamp |
| 1557 | 24. 2. | 29 W (pat) 199/93 | | | | | | Discware |
| 1558 | 27. 2. | 27 W (pat) 224/94 | | 97, 209 | | | | climaplus |
| 1559 | 27. 2. | 27 W (pat) 359/94 | | 97, 209 | | | | climaaktivplus |
| 1560 | 27. 2. | 24 W (pat) 8/95 | | 96, 464 | | 96, 413 | | ICPI |
| 1561 | 28. 2. | 26 W (pat) 48/95 | 36, 144 | 96, 505 | | | | ManuFact |
| 1562 | 28. 2. | 28 W (pat) 179/95 | | 97, 230 | | | | SIGMA |
| 1563 | 5. 3. | 24 W (pat) 124/94 | 36, 201 | 97, 268 | | 97, 133 | | ORION |
| 1564 | 8. 3. | 32 W (pat) 78/95 | 36, 153 | 96, 505 | | 96, 883 | | BLUE LINE |
| 1565 | 11. 3. | 28 W (pat) 4/95 | | | 96, 171 | | | HORTIVER |
| 1566 | 12. 3. | 27 W (pat) 175/94 | 36, 159 | 96, 467 | | 96, 879 | | PATRIC LION |
| 1567 | 13. 3. | 26 W (pat) 92/93 | | | | | | Goldkrone |
| 1568 | 19. 3. | 24 W (pat) 23/95 | | | | | | DENTO FRESSHHH |
| 1569 | 19. 3. | 27 W (pat) 304/94 | | 97, 231 | | | | LION-DRIVER |
| 1570 | 20. 3. | 26 W (pat) 224/94 | | | | 96, 885 | | Schloß Wachenheim |
| 1571 | 20. 3. | 26 W (pat) 88/95 | 36, 171 | 96, 505 | | 96, 499 | | Paradies |
| 1572 | 27. 3. | 26 W (pat) 217/94 | 36, 190 | 96, 505 | | | | MARQUIS DE MONTESQUIOU |
| 1573 | 27. 3. | 28 W (pat) 171/95 | | | | | | |
| 1574 | 29. 3. | 32 W (pat) 175/95 | | | 97, 98 | | | JUMBOMOBIL |
| 1575 | 16. 4. | 24 W (pat) 244/94 | 36, 204 | 97, 268 | 97, 25 | 97, 370 | | LAILIQUE |
| 1576 | 23. 4. | 30 W (pat) 102/95 | | 97, 230 | | | | POLYFLAM |
| 1577 | 24. 4. | 26 W (pat) 57/95 | 36, 214 | 97, 231 | | 96, 895 | | rote Kreisfläche |
| 1578 | 24. 4. | 26 W (pat) 67/95 | 36, 220 | 97, 269 | | 96, 893 | | NISSKOSHER |
| 1579 | | 29 W (pat) 140/94 | | | | | | |
| 1580 | 7. 5. | 26 W (pat) 279/90 | | | 97, 70 | | | UHQ III |
| 1581 | 14. 5. | 27 W (pat) 256/94 | 36, 229 | 97, 269 | | | | Sweater TOPS |
| 1582 | 14. 5. | 27 W (pat) 272/94 | | | | | | OPANKA |
| 1583 | 14. 5. | 24 W (pat) 152/95 | 36, 226 | 97, 268 | | 96, 981 | | ESTAVITAL |
| 1584 | 15. 5. | 26 W (pat) 37/95 | 36, 233 | 97, 269 | | 96, 978 | | CIAO |
| 1585 | 21. 5. | 24 W (pat) 235/94 | 36, 238 | 97, 269 | | 97, 132 | | ErgoPanel |
| 1586 | 2. 5. | 26 W (pat) 42/95 | | 97, 231 | 97, 164 | | | LORA DI RECOARO |
| 1587 | 4. 6. | 24 W (pat) 219/94 | | | 97, 160 | | | ULTRA GLOW |
| 1588 | 19. 6. | 26 W (pat) 5/95 | 37, 124 | 97, 365 | 97, 29 | | | ABSOLUT |
| 1589 | 24. 6. | 30 W (pat) 99/95 | | 97, 231 | | | | rent a tel/telerent |
| 1590 | 2. 7. | 29 W (pat) 150/96 | | 98, 374 | | | | TWIXT/OLIVER TWIST |
| 1591 | 3. 7. | 26 W (pat) 174/94 | 37, 30 | 97, 232 | | 97, 287 | | INTECTA |
| 1592 | 4. 7. | 25 W (pat) 70/94 | | | | | | |
| 1593 | 10. 7. | 26 W (pat) 90/95 | | 97, 366 | | 97, 279 | | FOR YOU |
| 1594 | 10. 7. | 29 W (pat) 66/96 | | | | 97, 134 | | Anmeldetag |
| 1595 | 10. 7. | 29 W (pat) 67/96 | 36, 241 | 97, 269 | | 97, 62 | 96, 205 EW | INDIKATIV SWF-3 |
| 1596 | 10. 7. | 29 W (pat) 68/96 | | | | 97, 60 | | SWF-3 Nachrichten |
| 1597 | 17. 7. | 29 W (pat) 93/94 | 38, 221 | 98, 251 | 97, 401 | 98, 51 | 98, 1402 | BGHZ |
| 1598 | 22. 7. | 30 W (pat) 240/94 | 37, 44 | 97, 365 | | | | VHS |
| 1599 | 23. 7. | 27 W (pat) 74/95 | 36, 246 | 97, 269 | | | | Widerspruchsberechtigung |
| 1600 | 24. 7. | 29 W (pat) 97/94 | 36, 251 | 97, 408 | | 96, 980 | | Berliner Allgemeine |
| 1601 | 24. 7. | 28 W (pat) 153/95 | | | | 97, 53 | | Chinesische Schriftzeichen |
| 1602 | 30. 7. | 24 W (pat) 230/94 | 36, 262 | 97, 325 | | 97, 368 | | GOLDWELL-JET |
| 1603 | 30. 7. | 24 W (pat) 64/95 | 37, 53 | 97, 408 | | 97, 301 | | LORDS |
| 1604 | 31. 7. | 28 W (pat) 121/93 | 36, 275 | 97, 230 | | | | |
| 1605 | 31. 7. | 26 W (pat) 156/94 | 36, 272 | 97, 269 | 97, 28 | | 97, 90 EW | Stephanskrone |
| 1606 | 31. 7. | 28 W (pat) 230/94 | 37, 130 | 96, 508 | | 97, 58 | | Verlängerungsgebühr |
| 1607 | 31. 7. | 28 W (pat) 144/95 | | | 97, 96 | | | TOP-STEEL |
| 1608 | 5. 8. | 30 W (pat) 159/95 | | | | | | GREYHOUND |

# Fundstellenverzeichnis BPatG 1997 — Chronologisches

| Nr. | Datum | Az. | BPatGE | BlPMZ | Mitt | GRUR | NJW | Schlagwort |
|---|---|---|---|---|---|---|---|---|
| 1609 | 12. 8. | 30 W (pat) 23/96 | | | 97, 370 | | | TENA/PENA |
| 1610 | 13. 8. | 24 W (pat) 61/95 | 36, 279 | 97, 269 | | 97, 290 | | ELFI RAUCH |
| 1611 | 13. 8. | 24 W (pat) 182/95 | | | | | | ZEDA |
| 1612 | 21. 8. | 26 W (pat) 181/95 | 37, 62 | 97, 447 | | 97, 292 | 97, 180 EW | CHIN LEE |
| 1613 | 30. 8. | 27 W (pat) 203/94 | 37, 1 | 97, 232 | | 97, 54 | | S. OLIVER |
| 1614 | 6. 9. | 12 W (pat) 27/96 | 37, 11 | 97, 405 | | 97, 280 | | INTERSHOP |
| 1615 | 18. 9. | 26 W (pat) 58/95 | 37, 67 | 97, 447 | | 97, 293 | 97, 154 EW | GREEN POINT |
| 1616 | 25. 9. | 27 W (pat) 45/95 | 37, 16 | 97, 447 | | | | Vorsicht Elch! |
| 1617 | 8. 10. | 24 W (pat) 218/95 | | | | | | Perle de Caviar |
| 1618 | 9. 10. | 5 W (pat) 9/95 | | | | 97, 525 | | Zahlendreher |
| 1619 | 9. 10. | 28 W (pat) 233/95 | | 97, 365 | | | | EUROHONKA |
| 1620 | 15. 10. | 24 W (pat) 26/95 | 37, 143 | 97, 408 | | | | Umschreibegebühr |
| 1621 | 22. 10. | 24 W (pat) 238/95 | | | | | | |
| 1622 | 22. 10. | 24 W (pat) 241/95 | 37, 148 | 97, 408 | | 97, 530 | | Rohrreiniger |
| 1623 | 23. 10. | 26 W (pat) 19/95 | 37, 75 | 97, 408 | 97, 162 | | 97, 231 EW | Übertragung der Widerspruchsmarke |
| 1624 | 23. 10. | 28 W (pat) 34/96 | | | | | | FLEUR D'OR |
| 1625 | 23. 10. | 28 W (pat) 214/95 | | | | | | Kartoffelchips |
| 1626 | 23. 10. | 29 W (pat) 47/95 | 37, 77 | 97, 232 | | 97, 282 | | Radio von hier, Radio wie wir |
| 1627 | 23. 10. | 28 W (pat) 214/95 | | | | | | Riffels the chip/Ruffles |
| 1628 | 25. 10. | 12 W (pat) 175/96 | 37, 153 | 97, 322 | | | | GIORGIO LEONE |
| 1629 | 27. 10. | 29 W (pat) 62/95 | | | | | | |
| 1630 | 29. 10. | 29 W (pat) 30/94 | 37, 72 | 97, 408 | 97, 97 | 97, 283 | 97, 228 EW | TAX FREE |
| 1631 | 30. 10. | 29 W (pat) 15/95 | | | | | | PC-Computing |
| 1632 | 5. 11. | 24 W (pat) 125/95 | | | | | | |
| 1633 | 13. 11. | 26 W (pat) 89/91 | | 97, 208 | | | | MADEIRA |
| 1634 | 13. 11. | 29 W (pat) 245/94 | 37, 79 | 97, 232 | | 97, 286 | | VODNI STAVBY |
| 1635 | 15. 11. | 33 W (pat) 112/96 | 37, 82 | 97, 270 | | | | PMA |
| 1636 | 19. 11. | 24 W (pat) 144/95 | 37, 179 | 97, 408 | | 97, 647 | | BARBEIDOS |
| 1637 | 20. 11. | 29 W (pat) 29/95 | | | 97, 224 | | | GOURMET |
| 1638 | 27. 11. | 29 W (pat) 60/95 | | | | | | ALTA |
| 1639 | 27. 11. | 29 W (pat) 62/95 | | | | | | |
| 1640 | 29. 11. | 33 W (pat) 17/96 | 37, 98 | 97, 408 | | 97, 285 | | VISA-Streifenbild |
| 1641 | 2. 12. | 30 W (pat) 119/96 | 37, 223 | 97, 447 | | | | Novuxol |
| 1642 | 3. 12. | 24 W (pat) 134/95 | | | | | | MY MAGIC DIARY |
| 1643 | 3. 12. | 24 W (pat) 136/95 | | | | | | ELCOM |
| 1644 | 4. 12. | 26 W (pat) 190/95 | | 97, 366 | | | | White Lion |
| 1645 | 9. 12. | 30 W (pat) 11/95 | | | | | | WINDOWS |
| 1646 | 9. 12. | 30 W (pat) 31/96 | | | | 97, 649 | | Microtec Research |
| 1647 | 10. 12. | 27 W (pat) 111/95 | | | | | | Thunderbird |
| 1648 | 11. 12. | 28 W (pat) 83/96 | | | | | | DORMA |
| 1649 | 12. 12. | 25 W (pat) 224/94 | 37, 190 | 98, 205 | 97, 221 | 97, 639 | | FERROBRAUSE |
| 1650 | 12. 12. | 25 W (pat) 45/95 | 37, 194 | 98, 205 | 97, 223 | 97, 640 | | ASTHMA-BRAUSE |
| 1651 | 17. 12. | 27 W (pat) 165/95 | 37, 199 | 98, 205 | | 97, 467 | | ULTIMATE |
| 1652 | 18. 12. | 28 W (pat) 91/96 | | 97, 326 | | | | Dreidimensionale Marke |
| | **1997** | | | | | | | |
| 1653 | 7. 1. | 24 W (pat) 229/96 | 37, 112 | 97, 366 | | | | Beschleunigungsgebühr |
| 1654 | 14. 1. | 27 W (pat) 83/95 | | | | | | Montana |
| 1655 | 15. 1 | 28 W (pat) 268/94 | | | | | | Den Mobilen gehört die Welt |
| 1656 | 15. 1. | 26 W (pat) 96/95 | 37, 233 | 98, 531 | | | | SACHSENKRONE |
| 1657 | 16. 1. | 28 W (pat) 103/96 | | | 97, 197 | | | Treppenmeister |
| 1658 | 20. 1. | 30 W (pat) 68/96 | 38, 26 | 98, 376 | | | | NRJ |
| 1659 | 21. 1. | 24 W (pat) 139/96 | 37, 241 | 97, 326 | | 97, 657 | | Anwaltlicher Verantwortungsbereich |
| 1660 | 21. 1. | 24 W (pat) 158/96 | | | | | | Anwaltlicher Verantwortungsbereich I |
| 1661 | 22. 1. | 28 W (pat) 138/96 | | | | | | AVANTGARDE |
| 1662 | 22. 1. | 26 W (pat) 205/95 | 37, 246 | 97, 447 | | 97, 651 | | PUMA |
| 1663 | 22. 1. | 29 W (pat) 181/95 | | | | | | |
| 1664 | 22. 1. | 28 W (pat) 35/96 | 37, 250 | 98, 317 | 97, 167 | 97, 532 | 97, 249 EW | Du darfst |
| 1665 | 22. 1. | 28 W (pat) 194/96 | | | | | | Blood Pressure Watch |
| 1666 | 24. 1. | 33 W (pat) 225/96 | 37, 252 | 97, 447 | | | | GV |
| 1667 | 28. 1. | 24 W (pat) 78/96 | | | | | | ROUTE 66 |
| 1668 | 29. 1. | 32 W (pat) 196/95 | 38, 38 | 98, 205 | | 98, 66 | | PROPACK |
| 1669 | 29. 1. | 28 W (pat) 146/95 | | | | | | FROSTIES |
| 1670 | 29. 1. | 36 W (pat) 97/96 | 37, 265 | 98, 317 | | 97, 532 | | Sigel |
| 1671 | 31. 1. | 33 W (pat) 121/96 | | | | | | BETA |
| 1672 | 31. 1. | 33 W (pat) 59/96 | | | | | | Anwalt's Liebling |
| 1673 | 3. 2. | 30 W (pat) 23/95 | | 98, 206 | | 97, 652 | | IMMUNINE |
| 1674 | 4. 2. | 24 W (pat) 107/96 | 38, 50 | 98, 205 | 97, 261 | 98, 59 | | Coveri |
| 1675 | 5. 2. | 29 W (pat) 232/94 | | | | | | Colors |
| 1676 | 5. 2. | 29 W (pat) 88/96 | | | | | | Übernacht Express |

## 1997 Fundstellenverzeichnis BPatG

| Nr. | Datum | Az. | BPatGE | BlPMZ | Mitt | GRUR | NJW | Schlagwort |
|---|---|---|---|---|---|---|---|---|
| 1677 | 5. 2. | 29 W (pat) 90/96 | | | | | | Heute Express |
| 1678 | 5. 2. | 29 W (pat) 91/96 | | | | | | Wochenend-Express |
| 1679 | 5. 2. | 29 W (pat) 131/95 | | | | | | Rasputin |
| 1680 | 5. 2. | 32 W (pat) 67/96 | 38, 57 | 97, 366 | | 98, 52 | | FÜNFER |
| 1681 | 12. 2. | 26 W (pat) 244/93 | 38, 62 | 98, 545 | | 97, 836 | | Apfelbauer |
| 1682 | 12. 2. | 29 W (pat) 184/95 | | | | | | STORM |
| 1683 | 17. 2. | 30 W (pat) 171/96 | | | | | 98, 112 RR | TRIGON/TRICON |
| 1684 | 19. 2. | 26 W (pat) 130/95 | 37, 277 | 97, 410 | | 97, 642 | | YES |
| 1685 | 19. 2. | 29 W (pat) 171/95 | | | | | | COWBOYS |
| 1686 | 19. 2. | 26 W (pat) 42/96 | | | 98, 371 | | | CRISTALLO |
| 1687 | 19. 2. | 32 W (pat) 510/95 | 38, 69 | 97, 408 | | | | |
| 1688 | 21. 2. | 33 W (pat) 115/96 | | | | | | KONTEXT |
| 1689 | 24. 2. | 25 W (pat) 252/94 | 37, 114 | 97, 232 | 97, 195 | 97, 534 | | ETOP |
| 1690 | 26. 2. | 25 W (pat) 305/95 | | | | | | |
| 1691 | 26. 2. | 28 W (pat) 99/95 | 38, 1 | 98, 546 | | | | Banesto |
| 1692 | 26. 2. | 28 W (pat) 185/95 | | | | | | EASYCOAT |
| 1693 | 26. 2. | 29 W (pat) 163/95 | 38, 4 | 97, 326 | | 97, 643 | | SOMETHING SPECIAL IN THE AIR |
| 1694 | 26. 2. | 32 W (pat) 152/96 | | | | | | Früchtetraum |
| 1695 | 26. 2. | 32 W (pat) 179/96 | 38, 71 | 98, 546 | | | | Spi |
| 1696 | 5. 3. | 32 W (pat) 34/96 | 38, 77 | 98, 36 | | 97, 830 | | St. Pauli Girl |
| 1697 | 7. 3. | 33 W (pat) 87/96 | | | | | | AUTOPARTNER |
| 1698 | 10. 3. | 30 W (pat) 110/96 | 38, 83 | 98, 34 | | | | FOSTRAN |
| 1699 | 12. 3. | 29 W (pat) 172/95 | | | | | | ELSA |
| 1700 | 12. 3. | 32 W (pat) 25/96 | | | 98, 272 | | | Koch |
| 1701 | 12. 3. | 32 W (pat) 105/96 | 38, 89 | 98, 547 | | | | Ahornblatt |
| 1702 | 12. 3. | 32 W (pat) 102/96 | | | | | | Ahornblatt I |
| 1703 | 12. 3. | 32 W (pat) 103/96 | | | | | | Ahornblatt II |
| 1704 | 12. 3. | 32 W (pat) 104/96 | | | | | | Ahornblatt III |
| 1705 | 12. 3. | 32 W (pat) 106/96 | | | | | | Ahornblatt IV |
| 1706 | 12. 3. | 32 W (pat) 107/96 | | | | | | Ahornblatt V |
| 1707 | 12. 3. | 32 W (pat) 108/96 | | | | | | Ahornblatt VI |
| 1708 | 14. 3. | 33 W (pat) 199/86 | | | | | | EXPO 2000 Hannover |
| 1709 | 18. 3. | 27 W (pat) 276/93 | 38, 7 | | | 97, 654 | | Milan |
| 1710 | 19. 3. | 26 W (pat) 62/95 | 38, 97 | 98, 206 | | 98, 62 | | PEER EXPRESS |
| 1711 | 19. 3. | 29 W (pat) 170/95 | | | | | | Domchor von St. Hedwig |
| 1712 | 21. 3. | 33 W (pat) 231/96 | | | | | | m² |
| 1713 | 26. 3. | 32 W (pat) 505/95 | 38, 16 | 98, 317 | | | | Solidur |
| 1714 | 2. 4. | 27 W (pat) 46/96 | | | | | | ! |
| 1715 | 8. 4. | 24 W (pat) 129/96 | | | | | | Windowmatrix |
| 1716 | 8. 4. | 30 W (pat) 191/95 | | 98, 206 | | | | Salorpharm/Sanopharm |
| 1717 | 8. 4. | 27 W (pat) 36/96 | 38, 102 | 98, 317 | | 98, 64 | | bonjour |
| 1718 | 9. 4. | 32 W (pat) 30/96 | | | | | | Fisch |
| 1719 | 9. 4. | 28 W (pat) 145/97 | | | | | | türkischer Käse |
| 1720 | 9. 4. | 28 W (pat) 167/97 | | | | | | türkischer Käse I |
| 1721 | 9. 4. | 32 W (pat) 429/95 | | | | | | Schokoladenriegel |
| 1722 | 14. 4. | 30 W (pat) 202/95 | 37, 259 | 97, 409 | | 97, 644 | | Partner with the Best |
| 1723 | 15. 4. | 24 W (pat) 255/95 | 38, 105 | 98, 34 | | 97, 840 | 97, 225 EW | Lindora |
| 1724 | 16. 4. | 26 W (pat) 70/96 | 38, 113 | 98, 545 | | | | Goldener Zimt |
| 1725 | 18. 4. | 33 W (pat) 180/96 | 38, 116 | 98, 206 | | | | L |
| 1726 | 22. 4. | 24 W (pat) 73/96 | | | | | | MULTI-PILOT |
| 1727 | 25. 4. | 33 W (pat) 185/96 | | | | | | Paperfill |
| 1728 | 28. 4. | 30 W (pat) 60/97 | 39, 1 | 98, 318 | | | | PGI |
| 1729 | 28. 4. | 30 W (pat) 181/96 | | | | | | VISIT |
| 1730 | 28. 4. | 30 W (pat) 59/96 | | | | | | FKS |
| 1731 | 30. 4. | 26 W (pat) 138/96 | 38, 127 | 98, 545 | | | | REEFER |
| 1732 | 30. 4. | 26 W (pat) 82/96 | | | | | | Is'egal |
| 1733 | 30. 4. | 28 W (pat) 121/96 | | | | | | ROYAL SOURCES/Royel |
| 1734 | 6. 5. | 24 W (pat) 16/97 | 38, 182 | 98, 373 | 98, 103 | | | MAC |
| 1735 | 6. 5. | 24 W (pat) 74/96 | 38, 131 | 98, 544 | | 97, 833 | | digital |
| 1736 | 7. 5. | 29 W (pat) 117/96 | | | | | | Wie Pech und Schwefel |
| 1737 | 7. 5. | 29 W (pat) 119/96 | | | | | | Kein Rezept für die Liebe |
| 1738 | 7. 5. | 29 W (pat) 120/96 | | | | | | Freunde für's Leben |
| 1739 | 7. 5. | 29 W (pat) 122/96 | 38, 138 | 98, 206 | | 98, 145 | | Klassentreffen |
| 1740 | 7. 5. | 29 W (pat) 140/96 | | | | | | Ein besonderes Paar |
| 1741 | 13. 5. | 24 W (pat) 204/95 | | | | | | NET FAX |
| 1742 | 13. 5. | 27 W (pat) 205/95 | 38, 266 | 98, 254 | | 98, 148 | | SAINT MORIS |
| 1743 | 14. 5. | 26 W (pat) 59/95 | 38, 185 | 98, 534 | | 98, 146 | | Plastische IR-Flaschenmarke |
| 1744 | 14. 5. | 29 W (pat) 194/95 | 38, 142 | 98, 36 | | 97, 832 | | Bücher für eine bessere Welt |
| 1745 | 14. 5. | 29 W (pat) 196/95 | | | | | | Bücher für eine bessere Welt I |

# Fundstellenverzeichnis BPatG 1997 — Chronologisches

| Nr. | Datum | Az. | BPatGE | BlPMZ | Mitt | GRUR | NJW | Schlagwort |
|---|---|---|---|---|---|---|---|---|
| 1746 | 14. 5. | 29 W (pat) 195/95 | | 97, 410 | | 97, 833 | | Bücher für eine humanere Welt |
| 1747 | 14. 5. | 29 W (pat) 11/96 | 38, 145 | 98, 546 | | 98, 58 | 98, 1404 | JURIS LIBRI |
| 1748 | 14. 5. | 32 W (pat) 153/96 | | | 97, 403 | | | Turboclean |
| 1749 | 14. 5. | 26 W (pat) 7/97 | 38, 189 | 98, 254 | | 98, 57 | | Nicht immer, aber immer öfter |
| 1750 | 15. 5. | 29 W (pat) 116/96 | 38, 148 | 98, 428 | | 98, 65 | | REXHAM |
| 1751 | 23. 5. | 33 W (pat) 34/97 | | | | | | ÖKO?LOGO! |
| 1752 | 23. 5. | 33 W (pat) 47/97 | 38, 153 | 98, 428 | | | | creactiv |
| 1753 | 27. 5. | 27 W (pat) 141/95 | 38, 157 38, 191 | | | | | BROADWAY |
| 1754 | 11. 6. | 32 W (pat) 439/95 | | | | | | Gold/Gelb |
| 1755 | 11. 6. | 29 W (pat) 110/96 | 39, 6 | 97, 446 | | | | Unter Uns |
| 1756 | 18. 6. | 29 W (pat) 121/95 | | | | | | ART TEC |
| 1757 | 19. 6. | 25 W (pat) 190/95 | | | 98, 75 | | | HEMERAN |
| 1758 | 20. 6. | 33 W (pat) 32/96 | | | | | | SMART |
| 1759 | 24. 6. | 29 W (pat) 108/96 | 38, 161 | 97, 410 | | 97, 838 | | PAPPA GALLO |
| 1760 | 25. 6. | 28 W (pat) 180/96 | | | | | | BauMineral |
| 1761 | 2. 7. | 29 W (pat) 150/96 | | 98, 374 | | | | Twixt/OLIVER TWIST |
| 1762 | 2. 7. | 28 W (pat) 24/96 | 38, 212 | 97, 362 | | 98, 404 | | A3 |
| 1763 | 2. 7. | 28 W (pat) 56/96 | | | | | | A4 |
| 1764 | 2. 7. | 28 W (pat) 57/96 | | | | | | A6 |
| 1765 | 2. 7. | 28 W (pat) 58/96 | | | | | | A8 |
| 1766 | 2. 7. | 29 W (pat) 181/97 | | | | | | Quality Paperback Book Club |
| 1767 | 5. 7. | 30 W (pat) 257/94 | | | | | | Dresdner Stollen/Bischofswerda |
| 1768 | 7. 7. | 30 W (pat) 110/95 | | | | | | VITA |
| 1769 | 7. 7. | 30 W (pat) 176/96 | | | | | | Carl Link |
| 1770 | 9. 7. | 29 W (pat) 51/96 | | | | | | HQ |
| 1771 | 9. 7. | 28 W (pat) 170/96 | | | | | | türkische Wurst |
| 1772 | 9. 7. | 28 W (pat) 233/96 | | | | | | türkische Wurst I |
| 1773 | 11. 7. | 33 W (pat) 49/96 | | | | | | GLOBAL SCAN |
| 1774 | 16. 7. | 28 W (pat) 232/96 | | | | | | 420, 430, 440 |
| 1775 | 16. 7. | 27 W (pat) 41/96 | 38, 168 | 98, 318 | | | | Abbildung eines Engelskopfes |
| 1776 | 18. 7. | 33 W (pat) 179/96 | | | | | | COLORS |
| 1777 | 21. 7. | 30 W (pat) 35/96 | | | | | | MAPINFO |
| 1778 | 21. 7. | 30 W (pat) 140/96 | | | | | | P20 |
| 1779 | 23. 7. | 28 W (pat) 204/96 | | 98, 318 | | | | Bayer |
| 1780 | 23. 7. | 28 W (pat) 245/96 | | | | | | Hells Angels |
| 1781 | 23. 7. | 28 W (pat) 250/96 | | | | | | Hells Angels I |
| 1782 | 23. 7. | 28 W (pat) 251/96 | | | | | | Hells Angels II |
| 1783 | 24. 7. | 25 W (pat) 74/95 | | | | | | EXACT |
| 1784 | 29. 7. | 24 W (pat) 16/96 | | | | | | HANDBOOK |
| 1785 | 30. 7. | 26 W (pat) 125/96 | | 98, 318 | | | | MTS |
| 1786 | 30. 7. | 26 W (pat) 155/96 | | | | 98, 399 | | Rack-Wall |
| 1787 | 5. 8. | 24 W (pat) 99/96 | | | | | | benetton |
| 1788 | 6. 8. | 26 W (pat) 80/96 | | | | | | Wurstförmige Rollenverpackung |
| 1789 | 6. 8. | 29 W (pat) 114/96 | | | | | | Wunder der Erde |
| 1790 | 12. 8. | 24 W (pat) 1/97 | | | | | | Dara I/O |
| 1791 | 12. 8. | 27 W (pat) 65/96 | 38, 239 | 98, 318 | | 98, 401 | | Jean's etc ... |
| 1792 | 14. 8. | 25 W (pat) 47/95 | | | | | | IMODIUM |
| 1793 | 14. 8. | 30 W (pat) 137/95 | | | | | | RISC 86 |
| 1794 | 20. 8. | 28 W (pat) 189/96 | 39, 29 | 98, 254 | 98, 229 | 98,10 | | K |
| 1795 | 26. 8. | 27 W (pat) 55/96 | | 98, 207 | | | | |
| 1796 | 26. 8. | 28 W (pat) 303/96 | | | | | | |
| 1797 | 27. 8. | 32 W (pat) 59/96 | | 98, 318 | | | | Kornkammer |
| 1798 | 3. 9. | 28 W (pat) 225/96 | 39, 45 | | | 98, 403 | | 442 |
| 1799 | 8. 9. | 30 W (pat) 86/96 | | | | | | Salor |
| 1800 | 10. 9. | 26 W (pat) 181/96 | | | | | | GIRO |
| 1801 | 12. 9. | 33 W (pat) 143/97 | | | | | | ELASTOFORM |
| 1802 | 15. 9. | 30 W (pat) 208/96 | | | | | | Twist |
| 1803 | 17. 9. | 26 W (pat) 105/96 | 39, 48 | 98, 546 | | 98, 724 | | LZ |
| 1804 | 17. 9. | 26 W (pat) 162/96 | | | | | | Weihnachtströpfchen |
| 1805 | 19. 9. | 33 W (pat) 129/97 | | | | | | Qualität aus Ton |
| 1806 | 22. 9. | 30 W (pat) 120/96 | 39, 52 | 98, 319 | | | | EUKRATON |
| 1807 | 22. 9. | 30 W (pat) 170/96 | 38, 254 | 98, 546 | | | | HIRO |
| 1808 | 24. 9. | 26 W (pat) 171/96 | | | | | | Kleine Flaschen zum Vernaschen |
| 1809 | 24. 9. | 29 W (pat) 184/96 | | | | | | Intersport |
| 1810 | 25. 9. | 25 W (pat) 69/95 | 40, 1 | | | 98, 1030 | | pro-fit |
| 1811 | 25. 9. | 29 W (pat) 262/94 | | | | | | |
| 1812 | 26. 9. | 33 W (pat) 152/97 | | | | | | Fliesenfreund |

# Fundstellenverzeichnis 1998 Fundstellenverzeichnis BPatG

| Nr. | Datum | Az. | BPatGE | BlPMZ | Mitt | GRUR | NJW | Schlagwort |
|---|---|---|---|---|---|---|---|---|
| 1813 | 29. 9. | 30 W (pat) 53/97 | | | | | | SILENTWRITER |
| 1814 | 29. 9. | 30 W (pat) 124/95 | | | | | | SUPERSCRIPT |
| 1815 | 29. 9. | 33 W (pat) 22/97 | | | | | | GASTRONet |
| 1816 | 30. 9. | 24 W (pat) 182/96 | | | | | | autosoft |
| 1817 | 30. 9. | 27 W (pat) 20/96 | 38, 258 | 98, 546 | | | | UNO DUE |
| 1818 | 1. 10. | 28 W (pat) 97/97 | | | | | | Vitalfutter |
| 1819 | 1. 10. | 32 W (pat) 111/97 | | | | | | Einhebelmischer mit Gravur |
| 1820 | 1. 10. | 26 W (pat) 11/97 | | | | 98, 712 | | Welch ein Tag |
| 1821 | 1. 10. | 33 W (pat) 12/97 | 39, 55 | 98, 547 | 98, 232 | | | M (33 W) |
| 1822 | 14. 10. | 27 W (pat) 140/96 | 38, 262 | 98, 546 | | 98, 390 | | Roter Streifen im Schuhabsatz |
| 1823 | 15. 10. | 26 W (pat) 4/95 | | | | | | Europa-Hölzer |
| 1824 | 16. 10. | 25 W (pat) 15/96 | 39, 116 | 98, 544 | | 98, 577 | | Schmerz-ASS |
| 1825 | 16. 10. | 29 W (pat) 50/95 | | | | | | Schloßfestspiele Sommerhausen |
| 1826 | 20. 10. | 30 W (pat) 152/97 | | 98, 541 | | | | CD-Hülle |
| 1827 | 21. 10. | 24 W (pat) 133/96 | | | | | | Goldene Serie |
| 1828 | 22. 10. | 29 W (pat) 243/96 | | 98, 478 | | | | C 1 |
| 1829 | 28. 10. | 24 W (pat) 38/97 | 39, 65 | 98, 319 | 98, 268 | 98, 713 | | Zahnpastastrang |
| 1830 | 28. 10. | 33 W (pat) 54/96 | 39, 70 | 98, 317 | | 98, 397 | | SUMMIT |
| 1831 | 29. 10. | 32 W (pat) 49/97 | | | | | | Bär |
| 1832 | 29. 10. | 24 W (pat) 26/96 | | | | | | ADVANCESTACK |
| 1833 | 30. 10. | 25 W (pat) 231/95 | 39, 273 | 98, 545 | | 98, 821 | | Tumarol/DURADOL Mundipharma |
| 1834 | 4. 11. | 24 W (pat) 14/96 | 39, 75 | 98, 317 | | 98, 731 | | DSS |
| 1835 | 4. 11. | 24 W (pat) 144/96 | 39, 85 | 98, 319 | | 98, 715 | 98, 480 RR | MIT UNS KOMMEN SIE WEITER |
| 1836 | 4. 11. | 27 w (pat) 14/97 | | | | | | OBER |
| 1837 | 5. 11 | 26 W (pat) 60/96 | 39, 90 | 98, 480 | | 98, 717 | | ROSENFELDER |
| 1838 | 5. 11. | 26 W (pat) 64/96 | | | | | | Transportbox |
| 1839 | 5. 11. | 26 W (pat) 119/96 | | | | | | Flaschenform |
| 1840 | 7. 11. | 33 W (pat) 118/96 | 39, 95 | | | | | DPM |
| 1841 | 12. 11. | 26 W (pat) 1/97 | | 98, 320 | | | | Beschleunigungsgebühr |
| 1842 | 19. 11. | 26 W (pat) 4/96 | 39, 208 | | | 98, 1025 | | Rebenfreund |
| 1843 | 19. 11. | 29 W (pat) 28/96 | 98, 478 | | | 98, 718 | 98, 622 RR | LUFTFAHRT WOCHE |
| 1844 | 20. 11. | 30 W (pat) 123/97 | 39, 105 | | | 98, 725 | | Plantapret |
| 1845 | 21. 11. | 33 W (pat) 108/97 | | | | | | Quarter Turn Gate |
| 1846 | 25. 11. | 24 W (pat) 96/97 | | | | | | Zahl 3000 |
| 1847 | 25. 11. | 24 W (pat) 85/97 | 39, 110 | 98, 544 | 98, 270 | 98, 572 | 98, 478 RR | Zahl 9000 |
| 1848 | 25. 11. | 24 W (pat) 188/96 | 40, 6 | 98, 528 | 98, 306 | 98, 1021 | | Mona Lisa |
| 1849 | 26. 11. | 32 W (pat) 124/96 | 39, 140 | 98, 547 | | | | M (32 W) |
| 1850 | 26. 11. | 26 W (pat) 87/96 | 39, 132 | 98, 480 | | 98, 581 | | weiße Kokosflasche |
| 1851 | 26. 11. | 26 W (pat) 175/96 | 39, 128 | 98, 480 | | 98, 584 | | Kleine Kullerflasche |
| 1852 | 26. 11. | 32 W (pat) 87/97 | | | 98, 308 | | | TURBOMIX |
| 1853 | 26. 11. | 26 W (pat) 98/97 | 39, 136 | 98, 481 | 98, 227 | 98, 582 | | blaue Vierkantflasche |
| 1854 | 26. 11. | 26 W (pat) 107/97 | | | | | | Schenkelspreizer |
| 1855 | 26. 11. | 32 W (pat) 187/96 | 39, 145 | | | 98, 574 | | Schwarz/Zink-Gelb |
| 1856 | 26. 11. | 32 W (pat) 145/96 | | | | | | schwarz/zink-gelb/weiß |
| 1857 | 26. 11. | 32 W (pat) 200/96 | | | | 98, 1015 | | weiß/zink-gelb |
| 1858 | 3. 12. | 26 W (pat) 97/97 | | | | | | Zisch & Frisch |
| 1859 | 3. 12. | 29 W (pat) 23/97 | | | | | | U.S. OPEN |
| 1860 | 3. 12. | 29 W (pat) 141/96 | | | | | | NewsHighway |
| 1861 | 5. 12. | 30 W (pat) 182/96 | 39, 152 | | | 98, 719 | | THE OUTDOOR CHANNEL |
| 1862 | 8. 12. | 30 W (pat) 75/97 | | | | | | SCM |
| 1863 | 8. 12. | 30 W (pat) 18/97 | | | | | | XXL |
| 1864 | 9. 12. | 27 W (pat) 166/96 | | | | | | EPOS |
| 1865 | 10. 12. | 32 W (pat) 156/96 | 39, 162 | 98, 547 | 98, 157 | 98, 729 | | Ökomat |
| 1866 | 10. 12. | 26 W (pat) 77/96 | 39, 158 | 98, 532 | | 98, 580 | | Dimple-Flasche |
| 1867 | 10. 12. | 28 W (pat) 190/97 | | | | | | Logo II |
| 1868 | 10. 12. | 26 W (pat) 118/97 | 39, 160 | 98, 545 | | | | Beschwerdegebühr |
| 1869 | 10. 12. | 32 W (pat) 138/96 | | | 98, 182 | | | GARANT |
| 1870 | 12. 12. | 33 W (pat) 73/97 | | | | | | Traumhochzeit |
| 1871 | 15. 12. | 30 W (pat) 63/97 | | | | | | TURGAN/Turfa |
| 1872 | 16. 12. | 24 W (pat) 143/96 | | | | | | GDDM |
| 1873 | 17. 12. | 28 W (pat) 45/97 | | | | | | Fahrerkabinen |
| 1874 | 17. 12. | 28 W (pat) 63/97 | | | | | | Fahrerkabinen I |
| 1875 | 19. 12. | 33 W (pat) 40/97 | 39, 212 | 98, 547 | | 98, 1032 | | MAPAX |
| 1876 | 19. 12. | 33 W (pat) 209/96 | 39, 172 | 98, 547 | | 98, 722 | | GILSONITE |
| | **1998** | | | | | | | |
| 1877 | 7. 1. | 32 W (pat) 170/96 | 39, 192 | 99, 44 | 98, 184 | 98, 1016 | | grün/gelb |
| 1878 | 8. 1. | 25 W (pat) 13/96 | | | | | | Cefopor |

# Fundstellenverzeichnis BPatG 1998

Chronol. Fundstellenverzeichnis

| Nr. | Datum | Az. | BPatGE | BlPMZ | Mitt | GRUR | NJW | Schlagwort |
|---|---|---|---|---|---|---|---|---|
| 1879 | 13. 1. | 27 W (pat) 214/94 | | | | | | |
| 1880 | 14. 1. | 32 W (pat) 91/97 | 39, 219 | 98, 319 | 98, 230 | 99, 56 | 98, 252 EW | Taschenlampen |
| 1881 | 14. 1. | 32 W (pat) 92/97 | | | | | | Stabtaschenlampe I |
| 1882 | 14. 1 | 32 W (pat) 93/97 | | | | | | Stabtaschenlampe II |
| 1883 | 14. 1. | 32 W (pat) 124/97 | | | | | | Stabtaschenlampe III |
| 1884 | 21. 1. | 28 W (pat) 100/97 | 39, 224 | | | 98, 727 | | VITACOMBEX |
| 1885 | 21. 1. | 26 W (pat) 67/97 | 40, 13 | 98, 480 | | 99, 168 | | test it. |
| 1886 | 26. 1. | 30 W (pat) 155/95 | | | | | | Soundboy |
| 1887 | 27. 1. | 27 W (pat) 100/96 | | | | | | Dessous for you |
| 1888 | 28. 1. | 29 W (pat) 50/97 | | | | 98, 706 | | Montre I |
| 1889 | 28. 1. | 29 W (pat) 51/97 | | | | 98, 710 | 98, 180 EW | Montre II |
| 1890 | 28. 1. | 29 W (pat) 52/97 | | | | | | Gehäuseträger II |
| 1891 | 28. 1. | 29 W (pat) 129/97 | | 98, 534 | | | | Gehäuseträger mit dazugehörigem Uhrgehäuse |
| 1892 | 28. 1. | 32 W (pat) 72/97 | | | | | | magenta |
| 1893 | 28. 1. | 32 W (pat) 79/97 | 39, 247 | 99, 47 | | | | magenta/grau |
| 1894 | 28. 1. | 32 W (pat) 176/96 | 40, 17 | | 98, 304 | 98, 1018 | | Honigglas |
| 1895 | 28. 1. | 29 W (pat) 47/97 | 39, 238 | 99, 47 | | | | POP swatch |
| 1896 | 30. 1. | 33 W (pat) 62/96 | | | | | | GALLUP |
| 1897 | 2. 2. | 30 W (pat) 252/97 | | | | | | RATIONAL SOFTWARE CORPORATION |
| 1898 | 2. 2. | 30 W (pat) 20/97 | 40, 98 | 98, 481 | | | | Trafogehäuse |
| 1899 | 3. 2. | 27 W (pat) 176/96 | 39, 252 | 99, 42 | | 98, 702 | | PROTEST |
| 1900 | 4. 2. | 27 W (pat) 56/96 | 39, 256 | 99, 42 | | 98, 1023 | | K.U.L.T. |
| 1901 | 4. 2. | 32 W (pat) 116/97 | | | | | | Einhebelmischer |
| 1902 | 4. 2. | 28 W (pat) 299/96 | | | | | | Marque plastique |
| 1903 | 10. 2. | 24 W(pat) 243/95 | 40, 23 | | | 98, 1027 | | BORIS BECKER |
| 1904 | 11. 2. | 29 W (pat) 90/97 | | 98, 537 | | | 99, 37 EW | Bilderbuch Deutschland |
| 1905 | 16. 2. | 30 W (pat) 310/96 | | | | | | MCS |
| 1906 | 18. 2. | 27 W (pat) 235/95 | | | | | | WOOL-DURA |
| 1907 | 18. 2. | 29 W (pat) 76/98 | | | | | 98, 154 EW | Aviation Week & Space Technology |
| 1908 | 18. 2. | 29 W (pat) 101/97 | | | | | | DataSearch |
| 1909 | 20. 2. | 33 W (pat) 235/97 | 39, 262 | 99, 44 | | | | Technik, die mit Sicherheit schützt |
| 1910 | 25. 2 | 29 W (pat) 58/96 | | 98, 480 | | 99, 58 | 98, 200 EW | Swiss Army |
| 1911 | 27. 2. | 33 W (pat) 221/97 | | | | | | THE RIGHT ANSWER IN ANY LANGUAGE |
| 1912 | 10. 3. | 27 W (pat) 51/96 | 40, 26 | | | | | KIMLADY |
| 1913 | 31. 3. | 27 W(pat) 173/96 | 40, 45 | | | 98, 1028 | | Chevy |
| 1914 | 1. 4. | 29 W (pat) 78/97 | | 98, 539 | | 99, 170 | 98, 1055 RR | ADVANTAGE |
| 1915 | 2. 4 | 25 W(pat) 33/96 | 40, 50 | | | | | Rdt |
| 1916 | 29. 4. | 29 W (pat) 81/98 | | 99, 43 | | | | Portrait-Foto |
| 1917 | 4. 5 | 33 W (pat) 16/98 | | | 98, 309 | | | SMP |
| 1918 | 4. 5. | 33 W (pat) 115/98 | 40, 57 | | | | | TeleOrder |
| 1919 | 7. 5. | 25 W (pat) 115/96 | 40, 127 | 99, 42 | | 99, 350 | | Ruoc |
| 1920 | 12. 5 | 27 W (pat) 153/96 | 40, 76 | | | | | N als Zick-Zack-Linie |
| 1921 | 12. 5. | 27 W (pat) 50/97 | 40, 136 | 98, 479 | | 99, 60 | | Rechteck in Pink |
| 1922 | 12. 5. | 27 W (pat) 45/96 | 40, 71 | 99, 71 | | 98, 819 | | Jeanstasche mit Ausrufezeichen |
| 1923 | 15. 5 | 33 W (pat) 225/97 | 40, 81 | 99, 79 | | | | BAUMEISTER-HAUS |
| 1924 | 2. 6. | 24 W (pat) 206/96 | 40, 85 | 99, 41 | 98, 369 | 99, 330 | | CT |
| 1925 | 17. 6. | 26 W (pat) 160/97 | | 98, 531 | | | | Weiße Flasche mit Fußwölbung |
| 1926 | 17. 6. | 26 W (pat) 172/97 | 40, 144 | | | | | DIESEL |
| 1927 | 23. 6. | 24 W (pat) 228/97 | 40, 147 | 99, 42 | | 99, 64 | | Gegenstandswert für Widerspruchsverfahren |
| 1928 | 24. 6. | 26 W (pat) 76/97 | 40, 149 | | | | | Villa Marzolini |
| 1929 | 30. 6. | 27 W (pat) 65/97 | | | | 99, 331 | | Surprise |
| 1930 | 15. 7. | 28 W (pat) 1/98 | | | | 99, 61 | | ARAL-Blau/Weiß |
| 1931 | 15. 7. | 28 W (pat) 296/97 | 40, 158 | | | | | ARAL-blau I |
| 1932 | 15. 7. | 28 W (pat) 297/97 | 40, 177 | 99, 77 | | | | ARAL-blau II |
| 1933 | 15. 7. | 28 W (pat) 305/97 | 40, 167 | | | | | ARAL-blau III |
| 1934 | 15. 7. | 28 W (pat) 108/96 | | | | | | violettfarben |
| 1935 | 29. 7. | 29 W (pat) 112/97 | 40, 182 | 99, 44 | | 99, 65 | | P-Plus |
| 1936 | 11. 8. | 27 W (pat) 84/97 | | | | 99, 333 | | New Life |
| 1937 | 23. 9. | 26 W (pat) 170/97 | | 98, 533 | | | | Trinkglas mit Luftblase |
| 1938 | 20. 10. | 24 W (pat) 109/97 | | | | 99, 349 | | Umschreibungsantrag |

## 4. Konkordanzlisten

a) Markenrechtsrichtlinie – Markengesetz .................................................... 2764
b) Markengesetz – Markenrechtsrichtlinie .................................................... 2766
c) Markengesetz – Warenzeichengesetz ........................................................ 2769

# Konkordanzlisten

## a) Markenrechtsrichtlinie – Markengesetz

| Markenrechtsrichtlinie | Markengesetz |
|---|---|
| Art. 2 | § 3 Abs. 1, § 8 Abs. 1 |
| Art. 3 Abs. 1 Buchst. a | § 3 Abs. 1 |
| Art. 3 Abs. 1 Buchst. b | § 8 Abs. 2 Nr. 1 |
| Art. 3 Abs. 1 Buchst. c | § 8 Abs. 2 Nr. 2 |
| Art. 3 Abs. 1 Buchst. d | § 8 Abs. 2 Nr. 3 |
| Art. 3 Abs. 1 Buchst. e | § 3 Abs. 2 |
| Art. 3 Abs. 1 Buchst. f | § 8 Abs. 2 Nr. 5 |
| Art. 3 Abs. 1 Buchst. g | § 8 Abs. 2 Nr. 4 |
| Art. 3 Abs. 1 Buchst. h | § 8 Abs. 2 Nr. 6, 7, 8 |
| Art. 3 Abs. 2 Buchst. a | § 8 Abs. 2 Nr. 9 |
| Art. 3 Abs. 2 Buchst. b | keine Entsprechung |
| Art. 3 Abs. 2 Buchst. c | § 8 Abs. 2 Nr. 6, 7 |
| Art. 3 Abs. 2 Buchst. d | § 50 Abs. 1 Nr. 4 |
| Art. 3 Abs. 3 | § 8 Abs. 3, § 37 Abs. 2, § 50 Abs. 2 |
| Art. 3 Abs. 4 | § 156, § 162 |
| Art. 4 Abs. 1 Buchst. a | § 9 Abs. 1 Nr. 1 |
| Art. 4 Abs. 1 Buchst. b | § 9 Abs. 1 Nr. 2 |
| Art. 4 Abs. 2 Buchst. a | § 9 Abs. 1 i. V. m. § 6 |
| Art. 4 Abs. 2 Buchst. a Nr. i) | keine Entsprechung |
| Art. 4 Abs. 2 Buchst. a Nr. ii) | § 9 Abs. 1 |
| Art. 4 Abs. 2 Buchst. a Nr. iii) | § 107, § 119 |
| Art. 4 Abs. 2 Buchst. b | keine Entsprechung |
| Art. 4 Abs. 2 Buchst. c | § 9 Abs. 1 und 2 |
| Art. 4 Abs. 2 Buchst. d | § 10 |
| Art. 4 Abs. 3 | § 50 |
| Art. 4 Abs. 4 Buchst. a | § 9 Abs. 1 Nr. 3 |
| Art. 4 Abs. 4 Buchst. b | § 12 |
| Art. 4 Abs. 4 Buchst. c | § 13 |
| Art. 4 Abs. 4 Buchst. d | keine Entsprechung |
| Art. 4 Abs. 4 Buchst. e | keine Entsprechung |
| Art. 4 Abs. 4 Buchst. f | keine Entsprechung |
| Art. 4 Abs. 4 Buchst. g | keine Entsprechung |
| Art. 4 Abs. 5 | § 51 Abs. 2 Satz 3 (teilweise) |
| Art. 4 Abs. 6 | § 158, § 163 |
| Art. 5 Abs. 1 Satz 1 | § 14 Abs. 1 |
| Art. 5 Abs. 1 Satz 2 Buchst. a | § 14 Abs. 2 Nr. 1 |
| Art. 5 Abs. 1 Satz 2 Buchst. b | § 14 Abs. 2 Nr. 2 |
| Art. 5 Abs. 2 | § 14 Abs. 2 Nr. 3 |
| Art. 5 Abs. 3 Buchst. a | § 14 Abs. 3 Nr. 1 |
| Art. 5 Abs. 3 Buchst. b 1. Alternative | § 14 Abs. 3 Nr. 2 |
| Art. 5 Abs. 3 Buchst. b 2. Alternative | § 14 Abs. 3 Nr. 3 |
| Art. 5 Abs. 3 Buchst. c | § 14 Abs. 3 Nr. 4 |
| Art. 5 Abs. 3 Buchst. d | § 14 Abs. 3 Nr. 5 |
| Art. 5 Abs. 4 | § 153 Abs. 1 |
| Art. 5 Abs. 5 | keine Entsprechung |
| Art. 6 Abs. 1 Buchst. a | § 23 Nr. 1 |
| Art. 6 Abs. 1 Buchst. b | § 23 Nr. 2 |
| Art. 6 Abs. 1 Buchst. c | § 23 Nr. 3 |
| Art. 6 Abs. 2 | von § 14 erfaßt |
| Art. 7 | § 24 |
| Art. 8 Abs. 1 | § 30 Abs. 1 |
| Art. 8 Abs. 2 | § 30 Abs. 2 |
| Art. 9 Abs. 1 (Löschungsanspruch) | § 51 Abs. 2 Satz 1 |
| Art. 9 Abs. 2 (Unterlassungsanspruch) | § 21 Abs. 2 |

# Konkordanzlisten

| Markenrechtsrichtlinie | Markengesetz |
|---|---|
| Art. 9 Abs. 2 (Löschungsanspruch) | § 51 Abs. 2 Satz 2 |
| Art. 9 Abs. 3 | § 21 Abs. 3 |
| Art. 10 Abs. 1 | § 26 Abs. 1 |
| Art. 10 Abs. 2 Buchst. a | § 26 Abs. 3 |
| Art. 10 Abs. 2 Buchst. b | § 26 Abs. 4 |
| Art. 10 Abs. 3 | § 26 Abs. 2 |
| Art. 10 Abs. 4 Buchst. a | § 152, § 153 Abs. 2, § 158, § 161 |
| Art. 10 Abs. 4 Buchst. b | nicht anwendbar |
| Art. 11 Abs. 1 | § 51 Abs. 4 Nr. 1, § 55 Abs. 3 |
| Art. 11 Abs. 2 | § 43 Abs. 1 |
| Art. 11 Abs. 3 | § 25 |
| Art. 11 Abs. 4 | § 25 Abs. 2 Satz 3, § 43 Abs. 1 Satz 3, § 55 Abs. 3 Satz 4 |
| Art. 12 Abs. 1 | § 49 Abs. 1 |
| Art. 12 Abs. 2 Buchst. a | § 49 Abs. 2 Nr. 1 |
| Art. 12 Abs. 2 Buchst. b | § 49 Abs. 2 Nr. 2 |
| Art. 13 | § 37 Abs. 5, § 43 Abs. 2, § 49 Abs. 3, § 50 Abs. 4, § 51 Abs. 5 |
| Art. 14 | keine Entsprechung |
| Art. 15 | |
| Art. 15 Abs. 1 | § 98, §§ 103–106 |
| Art. 15 Abs. 2 Satz 1 | § 99 |
| Art. 15 Abs. 2 Satz 2 | § 100 |

## b) Markengesetz – Markenrechtsrichtlinie

| Markengesetz | Markenrechtsrichtlinie |
|---|---|
| **Teil 1** | |
| § 1 | keine Regelung |
| § 2 | keine Regelung |
| **Teil 2** | |
| **Abschnitt 1** | |
| § 3 | Art. 2, Art. 3 Abs. 1 Buchst. a und e |
| § 4 bis § 6 | keine Regelung |
| **Abschnitt 2** | |
| § 7 | keine Regelung |
| § 8 Abs. 1 | Art. 2 |
| § 8 Abs. 2 Nr. 1 | Art. 3 Abs. 1 Buchst. b |
| § 8 Abs. 2 Nr. 2 | Art. 3 Abs. 1 Buchst. c |
| § 8 Abs. 2 Nr. 3 | Art. 3 Abs. 1 Buchst. d |
| § 8 Abs. 2 Nr. 4 | Art. 3 Abs. 1 Buchst. g |
| § 8 Abs. 2 Nr. 5 | Art. 3 Abs. 1 Buchst. f |
| § 8 Abs. 2 Nr. 6, 7 und 8 | Art. 3 Abs. 1 Buchst. h |
| § 8 Abs. 2 Nr. 6 und 7 | Art. 3 Abs. 2 Buchst. c |
| § 8 Abs. 2 Nr. 9 | Art. 3 Abs. 2 Buchst. a |
| § 8 Abs. 3 | Art. 3 Abs. 3 |
| § 9 Abs. 1 iVm § 6 | Art. 4 Abs. 2 Buchst. a |
| § 9 Abs. 1 Nr. 1 | Art. 4 Abs. 1 Buchst. a |
| § 9 Abs. 1 Nr. 2 | Art. 4 Abs. 1 Buchst. b |
| § 9 Abs. 1 Nr. 3 | Art. 4 Abs. 4 Buchst. a |
| § 9 Abs. 2 | Art. 4 Abs. 2 Buchst. c |
| § 10 | Art. 4 Abs. 2 Buchst. d |
| § 11 | keine Regelung |
| § 12 | Art. 4 Abs. 4 Buchst. b |
| § 13 | Art. 4 Abs. 4 Buchst. c |
| **Abschnitt 3** | |
| § 14 Abs. 1 | Art. 5 Abs. 1 Satz 1 |
| § 14 Abs. 2 Nr. 1 | Art. 5 Abs. 1 Satz 2 Buchst. a |
| § 14 Abs. 2 Nr. 2 | Art. 5 Abs. 1 Satz 2 Buchst. b |
| § 14 Abs. 2 Nr. 3 | Art. 5 Abs. 2 |
| § 14 Abs. 3 Nr. 1 | Art. 5 Abs. 3 Buchst. a |
| § 14 Abs. 3 Nr. 2 | Art. 5 Abs. 3 Buchst. b 1. Alt. |
| § 14 Abs. 3 Nr. 3 | Art. 5 Abs. 3 Buchst. b 2. Alt. |
| § 14 Abs. 3 Nr. 4 | Art. 5 Abs. 3 Buchst. c |
| § 14 Abs. 3 Nr. 5 | Art. 5 Abs. 3 Buchst. d |
| § 14 Abs. 4, 5 und 6 | keine Regelung |
| § 15 | keine Regelung |
| § 16 bis § 20 | keine Regelung |
| § 21 Abs. 1 | Art. 9 Abs. 1 (Unterlassungsanspruch) |
| § 21 Abs. 2 | Art. 9 Abs. 2 (Unterlassungsanspruch) |
| § 21 Abs. 3 | Art. 9 Abs. 3 |
| § 22 | keine Regelung |
| § 23 Nr. 1 | Art. 6 Abs. 1 Buchst. a |
| § 23 Nr. 2 | Art. 6 Abs. 1 Buchst. b |
| § 23 Nr. 3 | Art. 6 Abs. 1 Buchst. c |
| § 24 | Art. 7 |
| § 25 | Art. 11 Abs. 3 |
| § 25 Abs. 2 Satz 3 | Art. 11 Abs. 4 |
| § 26 Abs. 1 | Art. 10 Abs. 1 |
| § 26 Abs. 2 | Art. 10 Abs. 3 |
| § 26 Abs. 3 | Art. 10 Abs. 2 Buchst. a |
| § 26 Abs. 4 | Art. 10 Abs. 2 Buchst. b |
| § 27 bis § 29 | keine Regelung |

| Markengesetz | Markenrechtsrichtlinie |
|---|---|
| § 30 Abs. 1 | Art. 8 Abs. 1 |
| § 30 Abs. 2 | Art. 8 Abs. 2 |
| § 31 | keine Regelung |
| **Teil 3** | |
| **Abschnitt 1** | |
| § 32 bis § 36 | keine Regelung |
| § 37 Abs. 1 | keine Regelung |
| § 37 Abs. 2 | Art. 3 Abs. 3 |
| § 37 Abs. 5 | Art. 13 |
| § 38 bis § 42 | keine Regelung |
| § 43 Abs. 1 | Art. 11 Abs. 2 und 4 |
| § 43 Abs. 2 | Art. 13 |
| § 44 | keine Regelung |
| **Abschnitt 2** | |
| § 45 bis § 47 | keine Regelung |
| **Abschnitt 3** | |
| § 48 | keine Regelung |
| § 49 Abs. 1 | Art. 12 Abs. 1 |
| § 49 Abs. 2 Nr. 1 | Art. 12 Abs. 2 Buchst. a |
| § 49 Abs. 2 Nr. 2 | Art. 12 Abs. 2 Buchst. b |
| § 49 Abs. 3 | Art. 13 |
| § 50 Abs. 1 Nr. 1, 2 und 3 | keine Regelung (vgl. Art. 3) |
| § 50 Abs. 1 Nr. 4 | Art. 3 Abs. 2 Buchst. d |
| § 50 Abs. 2 | Art. 3 Abs. 3 |
| § 50 Abs. 3 | keine Regelung |
| § 50 Abs. 4 | Art. 13 |
| § 51 Abs. 1 | keine Regelung (vgl. Art. 4) |
| § 51 Abs. 2 Satz 1 | Art. 9 Abs. 1 (Löschungsanspruch) |
| § 51 Abs. 2 Satz 2 | Art. 9 Abs. 2 (Löschungsanspruch) |
| § 51 Abs. 2 Satz 3 | Art. 4 Abs. 5 (teilweise) |
| § 51 Abs. 3 und 4 | keine Regelung |
| § 51 Abs. 5 | Art. 13 |
| § 52 bis § 54 | keine Regelung |
| § 55 Abs. 1 | keine Regelung |
| § 55 Abs. 2 Satz 1 und 2 | Art. 11 Abs. 1 |
| § 55 Abs. 2 Satz 3 | Art. 11 Abs. 4 |
| § 55 Abs. 3 | Art. 11 Abs. 1 und 4 |
| **Abschnitte 4 bis 7** | |
| § 56 bis § 96 | keine Regelung |
| **Teil 4** | |
| § 97 und § 98 | keine Regelung (Art. 15 Abs. 1) |
| § 99 | Art. 15 Abs. 2 Satz 1 |
| § 100 | Art. 15 Abs. 2 Satz 2 |
| § 101 bis § 106 | keine Regelung (Art. 15 Abs. 1) |
| **Teil 5** | |
| **Abschnitt 1** | |
| § 107 | Art. 4 Abs. 2 Buchst. a Nr. iii) |
| § 108 bis § 118 | keine Regelung |
| **Abschnitt 2** | |
| § 119 | Art. 4 Abs. 2 Buchst. a Nr. iii) |
| § 120 bis § 125 | keine Regelung |
| **Teil 6** | |
| § 126 bis § 139 | keine Regelung |
| **Teil 7** | |
| § 140 bis § 142 | keine Regelung |

# Konkordanzlisten

| Markengesetz | Markenrechtsrichtlinie |
|---|---|
| **Teil 8** | |
| **Abschnitt 1** | |
| § 143 bis § 145 | keine Regelung |
| **Abschnitt 2** | |
| § 146 bis § 151 | keine Regelung |
| **Teil 9** | |
| § 152 | Art. 10 Abs. 4 Buchst. a |
| § 153 Abs. 1 | Art. 5 Abs. 4 |
| § 153 Abs. 2 | Art. 9 Abs. 1 |
| § 154 und § 155 | keine Regelung (Art. 8) |
| § 156 | Art. 3 Abs. 4 |
| § 157 | keine Regelung |
| § 158 | Art. 4 Abs. 6 |
| § 159 bis § 160 | keine Regelung |
| § 161 | Art. 10 Abs. 4 Buchst. a |
| § 162 | Art. 3 Abs. 4 |
| § 163 | Art. 4 Abs. 6 |
| § 164 | keine Regelung |

## c) Markengesetz – Warenzeichengesetz

| Markengesetz | Warenzeichengesetz |
|---|---|
| **Teil 1** | |
| § 1 | k. E. |
| § 2 | k. E. |
| **Teil 2** | |
| **Abschnitt 1** | |
| § 3 | k. E. (Rspr.) |
| § 4 Nr. 1 | §§ 15 und 24 |
| § 4 Nr. 2 | § 25 Abs. 1 (teilw.) |
| § 4 Nr. 3 | k. E. |
| § 5 | § 16 Abs. 1 und 3 UWG (teilw.) |
| § 6 | §§ 5 Abs. 4, 11 Abs. 1 Nr. 1 (teilw.) |
| **Abschnitt 2** | |
| § 7 | § 1 Abs. 1 |
| § 8 Abs. 1 | k. E. (Rspr. zu § 1) |
| § 8 Abs. 2 Nr. 1 | § 4 Abs. 2 Nr. 1 1. Alt. |
| § 8 Abs. 2 Nr. 2 | § 4 Abs. 2 Nr. 1 2. Alt. |
| § 8 Abs. 2 Nr. 3 | § 4 Abs. 1 |
| § 8 Abs. 2 Nr. 4 | § 4 Abs. 2 Nr. 4 (teilw.) |
| § 8 Abs. 2 Nr. 5 | § 4 Abs. 2 Nr. 4 (teilw.) |
| § 8 Abs. 2 Nr. 6 | § 4 Abs. 2 Nr. 2 |
| § 8 Abs. 2 Nr. 7 | § 4 Abs. 2 Nr. 3 |
| § 8 Abs. 2 Nr. 8 | § 4 Abs. 2 Nr. 3a |
| § 8 Abs. 2 Nr. 9 | k. E. (Rspr.) |
| § 8 Abs. 3 | § 4 Abs. 3 |
| § 8 Abs. 4 | § 4 Abs. 4 |
| § 9 Abs. 1 Nr. 1 | §§ 5 Abs. 4 Nr. 1, 11 Abs. 1 Nr. 1 |
| § 9 Abs. 1 Nr. 2 | §§ 5 Abs. 4 Nr. 1, 11 Abs. 1 Nr. 1 iVm § 31 |
| § 9 Abs. 1 Nr. 3 | k. E. (z. T. Rspr.) |
| § 9 Abs. 2 | § 5 Abs. 4 Nr. 1 (Rspr.) |
| | § 11 Abs. 1 Nr. 1 |
| § 10 Abs. 1 | § 4 Abs. 2 Nr. 5 |
| § 10 Abs. 2 | § 4 Abs. 5 |
| § 11 | §§ 5 Abs. 4 Nr. 2, 11 Abs. 1 Nr. 1a |
| § 12 | k. E. (Rspr.) |
| § 13 Abs. 2 Nr. 4 | §§ 5 Abs. 4 Nr. 3, 11 Abs. 1 Nr. 1b |
| § 13 im übrigen | k. E. (Rspr.) |
| **Abschnitt 3** | |
| § 14 Abs. 1 | § 15 Abs. 1 |
| § 14 Abs. 2 Nr. 1 | § 24 Abs. 1 |
| § 14 Abs. 2 Nr. 2 | § 24 Abs. 1 |
| § 14 Abs. 2 Nr. 3 | k. E. (z. T. Rspr.) |
| § 14 Abs. 2 Nr. 1 | § 24 Abs. 1 |
| § 14 Abs. 3 Nr. 2 | § 24 Abs. 1 (teilw.) |
| § 14 Abs. 3 Nr. 3 | § 24 Abs. 1 iVm § 1 Abs. 2 |
| § 14 Abs. 3 Nr. 4 | k. E. (z. T. Rspr.) |
| § 14 Abs. 3 Nr. 5 | § 24 Abs. 1 (teilw.) |
| § 14 Abs. 4 | §§ 24 und 25 (teilw.) |
| § 14 Abs. 5 | § 24 Abs. 1 |
| § 14 Abs. 6 | § 24 Abs. 2 |
| § 14 Abs. 7 | k. E. (vgl. § 13 Abs. 4 UWG) |
| § 15 Abs. 1 | k. E. (Rspr.) |
| § 15 Abs. 2 | § 16 Abs. 1 UWG |
| § 15 Abs. 3 | k. E. (z. T. Rspr.) |
| § 15 Abs. 4 und 5 | § 16 Abs. 1 und 2 UWG |
| § 15 Abs. 6 | § 16 Abs. 4 UWG (teilw.) |
| § 16 | k. E. |

# Konkordanzlisten

Markengesetz – Warenzeichengesetz

| Markengesetz | Warenzeichengesetz |
|---|---|
| § 17 | k. E. (Rspr.) |
| § 18 | § 25 a |
| § 19 | § 25 b |
| **Abschnitt 4** | |
| § 20 | § 25 c |
| § 21 | k. E. (z. T. Rspr.) |
| § 22 | k. E. (z. T. Rspr.) |
| § 23 | § 16 |
| § 24 | k. E. (Rspr.) |
| § 25 | k. E. (Rspr.) |
| § 26 | § 5 Abs. 7 |
| **Abschnitt 5** | |
| § 27 Abs. 1 | § 8 Abs. 1 Satz 1 |
| § 27 Abs. 2 | § 8 Abs. 1 Satz 2 |
| § 27 Abs. 3 | § 8 Abs. 1 Satz 3 |
| § 27 Abs. 4 | k. E. |
| § 27 Abs. 5 Satz 1 | § 8 Abs. 2 |
| § 27 Abs. 5 Satz 2 | k. E. |
| § 27 Abs. 5 Satz 3 | § 8 Abs. 3 Satz 1 |
| § 27 Abs. 6 | k. E. |
| § 28 | k. E. |
| § 29 | k. E. |
| § 30 | k. E. (Rspr.) |
| § 31 | k. E. (§ 8 Abs. 1 teilw.) |
| **Teil 3** | |
| **Abschnitt 1** | |
| § 32 Abs. 1 | § 2 Abs. 1 Satz 2 |
| § 32 Abs. 2 | § 2 Abs. 1 Satz 3 |
| § 32 Abs. 3 und 4 | § 2 Abs. 2 Satz 1 |
| § 33 | k. E. |
| § 34 | k. E. (§ 41 PatG) |
| § 35 | AusstellungsschutzG |
| § 36 | § 12 Abs. 1 iVm § 45 PatG; |
| § 37 Abs. 1 | § 12 Abs. 1 iVm § 45 PatG |
| § 37 Abs. 2 | k. E. |
| § 37 Abs. 3 | § 4 Abs. 2 Nr. 4 (teilw.) |
| § 37 Abs. 4 | k. E. |
| § 37 Abs. 5 | § 12 Abs. 1 iVm § 45 Abs. 2 PatG |
| § 38 | § 6 a (teilw.) |
| § 39 | k. E. (§ 12 Abs. 1 iVm PatG) |
| § 40 | k. E. |
| § 41 | k. E. (teilw. § 6 a Abs. 1) |
| § 42 Abs. 1 | §§ 5 Abs. 4, 6 a Abs. 3 Satz 2 |
| § 42 Abs. 2 Nr. 1 | § 5 Abs. 4 Nr. 1 |
| § 42 Abs. 2 Nr. 2 | k. E. |
| § 42 Abs. 2 Nr. 3 | § 5 Abs. 4 Nr. 2 |
| § 42 Abs. 3 | § 5 Abs. 5 |
| § 43 Abs. 1 | § 5 Abs. 7 |
| § 43 Abs. 2 | § 5 Abs. 6 Satz 1 |
| § 43 Abs. 3 | § 6 Abs. 3 |
| § 43 Abs. 4 | k. E. |
| § 44 | § 6 Abs. 2 Satz 2 bis 4 |
| **Abschnitt 2** | |
| § 45 | k. E. |
| § 46 | k. E. |
| § 47 Abs. 1 | § 9 Abs. 1 (teilw.) |
| § 47 Abs. 2 | § 9 Abs. 2 (Satz 1) |
| § 47 Abs. 3 | § 9 Abs. 2 Satz 2 bis 5 |
| § 47 Abs. 4 | k. E. |

| Markengesetz | Warenzeichengesetz |
| --- | --- |
| § 47 Abs. 5 | k. E. |
| § 47 Abs. 6 | k. E. |
| **Abschnitt 3** | |
| § 48 Abs. 1 | § 10 Abs. 1 (teilw.) |
| § 48 Abs. 2 | k. E. |
| § 49 Abs. 1 | § 11 Abs. 1 Nr. 4, Abs. 5 Nr. 1 |
| § 49 Abs. 2 Nr. 1 | k. E. (Rspr.) |
| § 49 Abs. 2 Nr. 2 | § 11 Abs. 1 Nr. 3 |
| § 49 Abs. 2 Nr. 3 | k. E. |
| § 49 Abs. 3 | k. E. |
| § 50 Abs. 1 Nr. 1 | § 10 Abs. 2 Nr. 2 Satz 1 |
| § 50 Abs. 1 Nr. 2 | k. E. |
| § 50 Abs. 1 Nr. 3 | § 10 Abs. 2 Nr. 2 Satz 1 |
| § 50 Abs. 1 Nr. 4 | k. E. (Rspr.) |
| § 50 Abs. 2 | k. E. |
| § 50 Abs. 3 | § 10 Abs. 2 Nr. 2 Satz 1 (teilw.) |
| § 50 Abs. 4 | k. E. |
| § 51 Abs. 1 | § 11 Abs. 1 Nr. 1 (teilw.) |
| § 51 im übrigen | k. E. |
| § 52 | § 15 Abs. 2 (teilw.) |
| § 53 | § 11 Abs. 4 (teilw.) |
| § 54 | § 10 Abs. 2 Nr. 2 Satz 2 und 3, Abs. 3 |
| § 55 Abs. 1 | § 11 Abs. 2 |
| § 55 Abs. 2 | k. E. |
| § 55 Abs. 3 Satz 1 | k. E. |
| § 55 Abs. 3 Satz 2 | k. E. |
| § 55 Abs. 3 Satz 3 | § 11 Abs. 6 |
| § 55 Abs. 3 Satz 4 | k. E. |
| § 55 Abs. 4 | § 11 Abs. 3 |
| **Abschnitt 4** | |
| § 56 Abs. 1 | § 12 Abs. 2 |
| § 56 Abs. 2 | § 12 Abs. 3 |
| § 56 Abs. 3 | § 12 Abs. 4 |
| § 57 | § 12 Abs. 6 |
| § 58 | § 14 |
| § 59 | k. E. (Praxis) |
| § 60 | § 12 Abs. 1 iVm §§ 46, 59 Abs. 3 PatG |
| § 61 | § 12 Abs. 1 iVm §§ 47, 59 Abs. 3 PatG |
| § 62 | § 3 Abs. 2, § 18 Satz 3 |
| § 63 | § 5 Abs. 6 iVm § 62 PatG |
| § 64 Abs. 1 Satz 1 | § 12a Abs. 1 Satz 1 |
| § 64 Abs. 1 Satz 2 | k. E. |
| § 64 Abs. 2 | § 12a Abs. 1 Satz 2 |
| § 64 Abs. 3 | § 12a Abs. 2 Satz 2 iVm § 73 Abs. 4 Satz 1, Abs. 5 PatG |
| § 64 Abs. 4 | § 12a Abs. 2 Satz 1 |
| § 64 Abs. 5 | k. E. |
| § 65 Abs. 1 Nr. 1 | § 36 Abs. 1 1. Alternative |
| § 65 Abs. 1 Nr. 2 | § 2 Abs. 2 Satz 1 |
| § 65 Abs. 1 Nr. 3 | § 2 Abs. 3 und 5 |
| § 65 Abs. 1 Nr. 4 | §§ 5 Abs. 9, 36 Abs. 1, 2. Alternative |
| § 65 Abs. 1 Nr. 5 | §§ 2 Abs. 1 Satz 1, 19 (teilw.) |
| § 65 Abs. 1 Nr. 6 | § 3 Abs. 1 (teilw.) |
| § 65 Abs. 1 Nr. 7 | § 36 Abs. 1 2. Alt. (teilw.) |
| § 65 Abs. 1 Nr. 8 | §§ 5 Abs. 9, 36 Abs. 1 2. Alt. (teilw.) |
| § 65 Abs. 1 Nr. 9 | § 36 Abs. 1 2. Alt. (teilw.) |
| § 65 Abs. 1 Nr. 10 | k. E. |
| § 65 Abs. 1 Nr. 11 | § 12 Abs. 5 Nr. 1 |
| § 65 Abs. 1 Nr. 12 | § 12 Abs. 5 Nr. 2 |
| § 65 Abs. 1 Nr. 13 | § 36 Abs. 2 |

# Konkordanzlisten

| Markengesetz | Warenzeichengesetz |
|---|---|
| § 65 Abs. 2 | § 2 Abs. 2 Satz 2, § 5 Abs. 9 Satz 2, § 12 Abs. 5 Satz 2, § 19 |
| **Abschnitt 5** | |
| § 66 Abs. 1 Satz 1 | § 13 Abs. 1 |
| § 66 Abs. 1 Satz 2 | § 13 Abs. 3 i. V. m. § 75 PatG (nachfolgend wird § 13 Abs. 3 nicht mehr zitiert) |
| § 66 Abs. 1 Satz 3 | § 75 PatG |
| § 66 Abs. 2 | § 73 Abs. 2 Satz 1 PatG |
| § 66 Abs. 3 | k. E. |
| § 66 Abs. 4 | § 73 Abs. 2 Satz 2 und 3 PatG |
| § 66 Abs. 5 | § 73 Abs. 3 PatG (teilw.) |
| § 66 Abs. 6 | § 73 Abs. 4 und 5 PatG |
| § 67 | § 13 Abs. 4 |
| § 68 Abs. 1 | § 76 PatG |
| § 68 Abs. 2 | § 77 PatG |
| § 69 | § 78 PatG |
| § 70 | § 79 PatG |
| § 71 | § 80 PatG |
| § 72 | § 86 PatG |
| § 73 | § 87 PatG |
| § 74 | § 88 PatG |
| § 75 | § 89 PatG |
| § 76 | §§ 90, 91 PatG |
| § 77 | § 92 PatG |
| § 78 | § 93 PatG |
| § 79 | § 94 PatG |
| § 80 | §§ 95, 96 PatG |
| § 81 | § 97 PatG |
| § 82 Abs. 1 Satz 3 | § 98 PatG |
| § 82 im übrigen | § 99 PatG |
| **Abschnitt 6** | |
| § 83 Abs. 1 | § 13 Abs. 5 Satz 1 und 2 i. V. m. § 103 Satz 1 PatG (nachfolgend wird § 13 Abs. 5 Satz 2 nicht mehr zitiert) |
| § 83 Abs. 2 | § 100 Abs. 2 PatG |
| § 83 Abs. 3 Nr. 3 | k. E. |
| § 83 Abs. 3 im übrigen | § 100 Abs. 3 PatG |
| § 84 | § 101 PatG |
| § 85 | § 102 PatG |
| § 86 | § 104 PatG |
| § 87 | § 105 PatG |
| § 88 | § 106 PatG |
| § 89 | §§ 107, 108 PatG |
| § 90 | § 109 PatG |
| **Abschnitt 7** | |
| § 91 Abs. 1 Satz 2 | § 5 Abs. 4 Satz 2 |
| § 91 Abs. 8 | k. E. (§ 12 Abs. 1 Satz 2) |
| § 91 im übrigen | § 12 Abs. 1 i. V. m. § 123 PatG (§ 12 Abs. 1 wird nachfolgend nicht mehr zitiert) |
| § 92 | § 124 PatG |
| § 93 | § 126 PatG |
| § 94 | § 127 PatG (teilw.) |
| § 95 | § 128 PatG |
| § 96 Abs. 1 bis 3 | § 35 Abs. 2 |
| § 96 Abs. 4 | k. E. |
| **Teil 4** | |
| § 97 | § 17 Abs. 1 (teilw.) und Abs. 3 |
| § 98 | § 17 Abs. 1 und 2 |
| § 99 | k. E. (Praxis) |

| Markengesetz | Warenzeichengesetz |
|---|---|
| § 100 Abs. 1 | k. E. |
| § 100 Abs. 2 | k. E. |
| § 101 | § 22 (teilw.) |
| § 102 | § 18 |
| § 103 | k. E. |
| § 104 | § 18 Satz 2 |
| § 105 | § 21 |
| § 106 | k. E. |
| **Teil 5** | |
| **Abschnitt 1** | |
| § 107 | § 3 Beitrittsgesetz zum MMA (BeitrG) (teilw.) |
| | § 1 VO über die internationale Registrierung (VO) (teilw.) |
| § 108 Abs. 1 | § 2 Abs. 1 BeitrG (teilw.) |
| | § 3 Abs. 1 VO (teilw.) |
| § 108 Abs. 2 | k. E. |
| § 109 Abs. 1 Satz 1 | § 2 Abs. 2 Satz 1 BeitrG, |
| | § 3 Abs. 2 VO |
| § 109 Abs. 1 Satz 2 | § 3 Abs. 2 Satz 2 VO (teilw.) |
| § 109 Abs. 1 Satz 3 | k. E. |
| § 109 Abs. 2 | § 3 Abs. 1 Satz 1 VO |
| § 110 | § 4 Satz 1 VO |
| § 111 | k. E. |
| § 112 | § 7 Abs. 1 Satz 1 und 3 VO |
| § 113 Abs. 1 | § 3 Satz 1 BeitrG, § 1 VO |
| § 113 Abs. 2 | k. E. (Praxis) |
| § 114 Abs. 1 | § 2 Abs. 1 VO |
| § 114 Abs. 2 | § 2 Abs. 2 VO |
| § 114 Abs. 3 | k. E. (Praxis) |
| § 115 Abs. 1 | § 10 Satz 1 VO |
| § 115 Abs. 2 | §§ 10, 2 Abs. 3 VO |
| § 116 Abs. 1 | § 2 Abs. 3 VO |
| § 116 Abs. 2 | §§ 10, 2 Abs. 3 VO |
| § 117 | k. E. |
| § 118 | § 9 Abs. 1 VO |
| **Abschnitt 2** | |
| § 119 bis § 125 | k. E. |
| **Teil 6** | |
| **Abschnitt 1** | |
| § 126 Abs. 1 | § 3 UWG, § 26 |
| § 126 Abs. 2 | § 26 Abs. 4, § 5 Abs. 1 UWG |
| § 127 | k. E. (§ 26; §§ 1, 3 UWG; Rspr.) |
| § 128 Abs. 1 | § 26 i. V. m. § 823 Abs. 2 BGB; |
| | §§ 3, 13 Abs. 2 UWG |
| § 128 Abs. 2 | §§ 1, 13 Abs. 6 UWG |
| § 128 Abs. 3 | § 13 Abs. 4 UWG |
| § 129 | § 21 UWG (z. T. § 852 BGB; u. U. auch § 25 c) |
| **Abschnitt 2** | |
| § 130 bis 136 | k. E. |
| **Abschnitt 3** | |
| § 137 bis § 139 | k. E. |
| **Teil 7** | |
| § 140 Abs. 1 | § 32 Abs. 1 |
| § 140 Abs. 2 Satz 1 | § 32 Abs. 2 |
| § 140 Abs. 2 Satz 2 und 3 | k. E. |
| § 140 Abs. 3 bis 5 | § 32 Abs. 3 bis 5 |

# Konkordanzlisten

| Markengesetz | Warenzeichengesetz |
|---|---|
| § 141 | § 33 |
| § 142 | § 31 a |
| **Teil 8** | |
| **Abschnitt 1** | |
| § 143 | § 25 d |
| § 144 | z. T. § 26 Abs. 1 bis 3, z. T. k. E. |
| § 145 Abs. 1 | § 27, z. T. k. E. |
| § 145 Abs. 2 | k. E. |
| **Abschnitt 2** | |
| § 146 | § 28 Abs. 1 und 2 |
| § 147 | § 28 Abs. 3 und 4 |
| § 148 | § 28 Abs. 6 und 7 |
| § 149 | § 28 Abs. 5 |
| § 150 | § 28 Abs. 8 |
| § 151 Abs. 1 | § 2 Abs. 1 Beitrittsgesetz zum Madrider Herkunftsabkommen (BeitrG) (teilw.) |
| § 151 Abs. 2, 3 und 4 Satz 1 | § 2 Abs. 2 BeitrG |
| § 151 Abs. 4 Satz 2 und 3 | k. E. |
| **Teil 9** | |
| § 152 bis § 164 | k. E. |

# 5. Fälleverzeichnis

**Benutzerhinweis**

Fette Zahlen bedeuten §§ bzw Art.; magere Zahlen bedeuten Randnummern.
Einl 7; **4** 5, 7; **8** 3 bedeutet Einleitung zum MarkenG, Rn 7; § 4 MarkenG, Rn 5 und Rn 7; § 8 MarkenG, Rn 3.
V **1** 3; V **3, 31** 2; **3** 9, 17; V **126, 139** 7, 9 bedeutet Vorbemerkung zu § 1 MarkenG, Rn 3; Vorbemerkung zu den §§ 3 bis 31 MarkenG, Rn 2; § 3 MarkenG, Rn 9 und Rn 17; Vorbemerkung zu den §§ 126 bis 139 MarkenG, Rn 7 und Rn 9.
V Int 4, 5; **6** PVÜ 4, 11; **6bis** PVÜ 7; V MMA 11, 12; **3** MMA 2 bedeutet Einführung in das Recht der internationalen Verträge, Rn 4 und Rn 5; Art. 6 PVÜ, Rn 4 und Rn 11; Art. 6bis PVÜ, Rn 7; Vorbemerkung zum MMA, Rn 11 und Rn 12; Art. 3 MMA, Rn 2.
HKA 6, 7; ZA 3, 9 bedeutet Herkunftsabkommen, Rn 6 und Rn 7; zweiseitige Abkommen, Rn 3 und Rn 9.

A 3 **3** 243; **8** 116b, 116f, 243
à la Carte **8** 163, 170; **23** 29
Aachener Stadtwappen **15** 34
Abbildung eines Engelskopfes **14** 145, 269
Abbo/Abo **14** 141, 220, 221, 222, 223, 224, 226, 228, 242, 267, 379
Aber Hallo **14** 547; **15** 167k
Abfangeinrichtung **64** 14; **66** 17; **85** 5
Abhilfe VI **72** 16
Abmahnkostenverjährung **20** 5; **21** 7
ABN Bank **8** 114
Abschlußkappe **14** 46, 219a
ABSOLUT **8** 125, 272f
Absperrpoller **8** 76, 77; **156** 6
Abstandshalterstopfen für Patentverletzung **15** 89
ac-pharma **15** 150, 153
ACAFE/AKA **14** 167
Acetogen **27** 9
8 x 4 **8** 114, 443
1860 München **30** 31
Achterdiek **26** 122e; **28** 5
Active Line **8** 165; **15** 123; **56** 3; **70** 7; **83** 1
AD **8** 114
ADA GRIMALDI **14** 211
Adalat (OLG) **24** 52
Adalat (EuGH) **24** 99
Adalbert Prinz von Bayern **14** 145, 204, 269
Adex **14** 319; **41** 15; **42** 58; **44** 3
adidas **3** 230; **14** 423a
adidas-Import **18** 39; **24** 16; **147** 4; **153** 8
ADJUTOR **8** 108
Adler **14** 293
Adlerhorst **8** 324
Adrett **14** 208
ADVANCESTACK **8** 108
ADVANTAGE **8** 19a, 19c, 27, 97f, 97g, 123b, 125, 128
Adventskranz mit Strahlenstern **41** 13
AEG **24** 7d, 16, 58b
AEG/AAG **8** 443; **10** 6; **14** 267; **21** 23, 43; **30** 51; **49** 33; **55** 5a
Aero/Epro **14** 183
Aeskulap **13** 2, 4; **15** 84; **27** 8; **28** 12; **55** 17, 18

After Dinner **8** 192
After Shave **8** 192
AGFA **24** 13
Agyn **4** 9; **14** 283; **32** 37; **42** 40, 53, 56; **44** 14
Ahornblatt **8** 117e, 161
AIR-AIR **8** 60
airomatic/Airop **14** 215
AjS-Schriftenreihe **15** 73, 148
Akteneinsicht II **83** 14; **89** 10
Akteneinsicht III **62** 6
Akteneinsicht IV **63** 4; **71** 4; **90** 4
Aktenzeichen **70** 4
Akustische Wand **96** 8, 12
Alba/Gurkendoktor **14** 203
ALBATRIN **43** 10
Albiose **14** 240, 388
ALCA-CE/Alco **14** 268
Alcacyl **3** 94; V **25** 8; **26** 67, 75, 77; **112** 1; **116** 1; **6bis** PVÜ 1; **4** MMA 2; ZA 11
Alcantara **14** 182, 376
Aldeck **8** 121, 324
Alemite **14** 54, 82, 538, 539; **50** 23, 28
aliseo **26** 7, 8, 30, 100, 110, 122b, 122e; **30** 37
Alka/Alkalysol **3** 91, 101
ALKA-SELTZER **14** 126, 149, 186, 270
Alles wird teurer **14** 30b
Alliance **14** 441
ALLSTAR **14** 52, 137, 246, 247, 249, 526; **15** 72
Almglocke **3** 28, 36; **4** 38, 142, 148, 167; **6** 9; **8** 179, 189, 281; **10** 7; **12** 2; **14** 140, 178, 212, 218, 219, 220, 221, 223, 294, 402; **15** 50; **30** 41, 43, 49; **41** 11; **97** 13
Alpenflora/Alpenblüte **14** 268
Alpenmilch **4** 122, 126, 135, 143, 157, 159, 162, 165, 167, 279; **8** 279; **21** 41
Alpha **4** 156; **8** 52; **13** 4; **14** 52, 169, 201, 268, 340, 341; **15** 30; **18** 10
ALPHA/alpil **14** 187
alpi/Alba Moda **14** 160, 205, 308b
Alpina **8** 192; **97** 13
Alpina-Uhren **14** 531, 534, 535, 537; **30** 41, 43
ALRODO **24** 16, 99
ALTA **14** 269, 398

2775

# Fälleverzeichnis Altenburger Spielkartenfabrik   fette Zahlen = §§ bzw Artt.

Altenburger Spielkartenfabrik Einl 45a, 77, 78, 79; **15** 3, 48, 96, 195, 196
Alto **8** 165
Alternative zur Marke **2** 9
Altpa-Alpah **15** 124, 147, 150
ALTUGLAS **8** 339
Am Rauchfang **14** 244; **15** 46, 81, 107, 120, 128, 146
Am Stadtpark **15** 120
ambiente.de **3** 300
AMERICA TODAY **8** 103b
American Home Products **24** 55, 75, 78
Amor teen **26** 101
AMORA **8** 108, 122, 162, 240, 247
An der schönen blauen Donau **8** 117l; **15** 160, 167g, 167i
Analgin (KG) **50** 23
Analgin (BGH) **3** 169; **4** 12; **42** 46; **50** 23, 25, 26
Anarchist **8** 349a
Andree **158** 12
Anginetten **42** 66; **85** 13, 14
Anginfant **43** 8a; **63** 4; **71** 4; **90** 4
Angino rectoi 6$^{quinquies}$ PVÜ 4
Anker Export **14** 201, 210, 293; **23** 34, 39
Ankerzeichen **14** 118, 293, 337, 340, 353, 390, 445, 452
Ankündigungsrecht **14** 492
Anmeldetag **3** 273; **32** 12, 28; **33** 5; **36** 8
Anodenkorb **83** 13, 19, 21; **85** 10
ansbach.de **3** 345
Antiformin **15** 85; **44** 23
Antimott **4** 122, 123, 167; **14** 267
Antipyrin **8** 169
Antisach **8** 244
ANUSOL **42** 57
Anusol/Vanosol **14** 267
Anwaltliche Doppelqualifikation **140** 19
Anwaltlicher Verantwortungsbereich **91** 4
Anwalt's Liebling **8** 97d
Anwaltszwang **90** 6
Anzeigenauftrag **14** 535
Anzeigenrubrik I **14** 537
Apache/Winnetou **14** 268
apetito/apitta **14** 191; **15** 73
Apfelbauer **14** 145, 269; **26** 105, 122e
Apia **8** 55, 207, 212, 217
APISERUM **15** 150
APISOL **14** 120, 269, 335, 385
APOLLO **8** 267, 271, 289; **42** 42
Appel **14** 268; **15** 77
Appreturmittel **66** 1; **70** 16
Apropos Film **3** 148, 255c; **8** 54; **15** 154g, 154k, 161, 171
Apropos Film II **8** 427, 428, 430, 431, 432
AQUA **14** 221, 223; **25** 24; **26** 7, 8, 24, 30; **153** 8
AQUA KING **24** 13, 24
Aquatherm **14** 231
Arabeske **8** 68
Aral II **4** 193; **15** 143
ARAL-blau I **8** 90d
ARAL-blau II **8** 90d
ARAL-blau III **8** 90d
ARAL-Blau/Weiß **8** 90d

Aral-Farben **3** 267d; **4** 193
Arctic **8** 193; **14** 267
Arctos **14** 515; **15** 192; **21** 40
Arctuvan/Artesan **14** 52, 155, 159, 268, 306, 308, 309, 310, 318, 320, 321; **30** 43
ARD-1/HH **1 8** 116b, 116i; **14** 243b, 270
ARD-1/Kabel-1 **8** 116b, 116i; **14** 243b, 270
Arena **15** 120
Aristokrat **8** 192
Ariston/Optimus **4** 30, 50
arko **14** 152, 160, 177, 179, 513, 515, 521, 524; **15** 46, 47, 150
ARMOGLOSS/ARNO **14** 229, 243
Arnheim **15** 98
Aroma **8** 58; **50** 25
AROSTAR **4** 221; **50** 23, 25
Arran **26** 59
ARS ELECTRONICA **8** 106
ART TEC **8** 242
Artbezeichnung **15** 42
Arthrexforte **26** 93, 94, 101, 103, 123; **41** 15; **43** 9; **44** 3, 7, 8
ARTHROSAN **14** 170, 269
Arwis **3** 335
Ärztliche Allgemeine **15** 119, 158, 163, 169, 171, 174
Ärztliches Journal **15** 157
Asbach Uralt **8** 444; **14** 219
Asbacher Landbrot **14** 451; **15** 78
Ascot Tweed **8** 320
Asid Bonz/BONZO **14** 205, 206
ASPARICOR/Aspirin **14** 225, 242
Aspirin **14** 510
Asterix-Persiflagen **14** 28
ASTHMA-BRAUSE **8** 192, 193
Astra Einl 13; **15** 80; **21** 27
ASTRA **14** 182, 269
Astrawolle **3** 186; **14** 52, 260, 268, 271, 340, 383
ATLANTA **8** 206
Atlanta-Extra **8** 206
Atlas **3** PVÜ 1
Atmungsaktiver Klebestreifen **83** 20
Attika/Atikah **23** 42
audio 1 **26** 93, 113, 115
Auditorium **8** 165
Aufgearbeitete Kupplung **24** 42, 44, 48
Aufina/Allfina **15** 104, 115
Auflaufbremse **83** 14
Aufmachung von Qualitätsseifen **4** 117, 125
Aufwendungsersatz **14** 543, 547; **18** 33; **49** 19
Aufzeichnungsmaterial **89** 10
Aus der Kurfürst Quelle **14** 26; **23** 43; **24** 44; **26** 128
Ausgleichen der Unwucht **83** 20
Auskunftserteilung **14**, 548
Ausländische Patentanwälte **140** 20
Ausschreibungsunterlagen **14** 525
Auto F. GmbH **20** 22
Auto-Analyzer **14** 41
Auto-Fox **14** 52, 173, 201, 205, 267, 340; **15** 97, 148; **23** 21
Autochromie **14** 488
Autofelge **3** 205; **8** 76
Autohobby **3** 96

2776

magere Zahlen = Randnummern

BIOMINT Fälleverzeichnis

Autokühlergrill **8** 78
AUTOPARTNER **8** 242
autosoft **8** 242
AVANTGARDE **8** 97f
AVANTI **8** 272b
AVEL/Vela und Wella **4** 182, 268
Avenue **8** 216, 320
Aviation Week & Space Technology **8** 54
avitron **14** 344, 390
Avon **14** 451
Axa Einl 41; **3** 41, 99, 101; **14** 268; **15** 63; **24** 78; **26** 78; **30** 24; **55** 11

Baader **15** 84; **27** 7, 8, 31
BACCHUSTRUNK **26** 54
Backmix **8** 190
BACTRIM/Azubactrin **14** 173, 206, 213, 216, 267
Bad Ems **14** 41, 42
badedas **14** 210, 213, 219, 234, 243
Baelz **2** 9; **26** 93, 94, 100, 101
Baggerparty **23** 55a, 66
Ballet **14** 500, 510
Bally/Ball **14** 161, 179, 189, 268; **15** 77
bally-wulf.de **3** 335, 340
BALUBA **14** 187, 270
Bambi **30** 50
Bambino **8** 109; **14** 243, 246
Bandmaster **14** 61, 63; **32** 46
Bandmaß **3** 263
Bandmotiv **14** 266
Banesto **14** 269, 385
Bär **8** 76
Bärenfang **24** 58c; **49** 12
Bärenstiefel **3** 101, 113; **4** 215; **14** 219; **55** 5a, 22
Bärenzeichen **4** 167; **49** 31
Barbarossa **27** 8
BARBEIDOS **14** 144, 270
Bartoplast **26** 126
Baseballkappen **24** 58b
Basica **14** 267
Basics **14** 155, 270, 294, 550; **50** 26, 30
Basoderm **14** 210, 211, 376
BATIDA **8** 192, 193; **6** PVÜ 9
Bau und Boden **15** 152
Bauland **15** 123
BAUMEISTER-HAUS **8** 265
BauMineral **8** 149d
Baufix **8** 190
BAURAL/RAL **3** 153; **14** 215, 243
Bausteine **83** 4
Bayer **14** 144, 270
Bayer-Kreuz **14** 203, 268, 304, 441, 443, 451
Bayer/Rorer **14** 203
Bayerisches Fernsehen **15** 77
Bayotensin **24** 51
BBC/DDC **8** 443; **14** 153, 169, 267, 526; **15** 50, 126, 146, 147, 152
Becho **51** 16
BECK'S/ISENBECK **14** 226, 270
Beerenhexe **14** 225, 242
Begründungsrügen **70** 2; **89** 3
BEGUELIN Import **24** 68
BEKA Robusta (BGH) **8** 114, 434

BEKA Robusta (BPatG) **8** 444
Beka-B-K **14** 189
belair **8** 242
Bellaflor **8** 247
Bellamedosan **44** 18; **71** 14
belmare **26** 20
Bénédictine **14** 267; **23** 42
Benediktiner-Flasche **4** 198; **15** 152; **6**$^{\text{quinquies}}$ PVÜ 4
benetton **14** 269, 385
BENICIL-IBSA/MEXTIL **14** 155, 268
Benner **15** 110
Benutzungszwang **25** 15
Benvenuto **8** 125, 272b
Benzinwerbung **20** 26
BERGER **14** 205, 269
Bergmännle **4** 18; **32** 39
Bergsteiger **8** 165, 192
Bericht einer Siebzehnjährigen **15** 179
Berko/Becro **15** 63, 76
Berliner Allgemeine **8** 220
Berliner Bär **8** 365; **42** 36
Berliner Illustrierte Zeitung **3** 254; **8** 446; **15** 172, 177b
Berliner Kindl **14** 267; **15** 152
Berliner Pils **126** 20b
Berncasteler Doctor **8** 341
Berühmung **20** 22
Beschleunigungsgebühr **38** 4
Beschwerdefrist **66** 16
Beschwerdegebühr **71** 14
Beschwerdekosten **63** 4; **71** 4; **90** 2, 4
bessa **8** 121, 174
Bestecke **4** 47, 122
BETA **14** 269, 385, 392
Beton-Zusatzmittel **14** 41
Betonfilter **8** 79, 431; **6**$^{\text{quinquies}}$ PVÜ 8
Betonsteinelemente **1** PVÜ 2; **2** PVÜ 1
Betriebsverpachtung **3** 101; **27** 44
BGHZ **3** 255b; **8** 54, 171, 425
BiBA **14** 221
BICAP **8** 243
Bielefelder Verarbeitung, Bielefelder Machart, Modell Bielefeld **127** 19
Biene **14** 293, 307; **44** 3, 8
Biene Maja **14** 161, 189, 285, 511; **23** 37
Bienenzeichen **4** 132
Bierbezug I **30** 29
Bierhappen **14** 293
Bierstraße **15** 123
BIG PACK **23** 34, 45
Biha **14** 243
bike.de **3** 338, 341, 342
Bilanzkritische Würdigung **142** 6
Bild-Zeitung **3** 254; **15** 165
Bildflicken **18** 25
Billich **15** 40, 76
Billy the Kid **14** 163, 268
BINA **14** 376
Binger Mäuseturm **8** 322
BIO **43** 16d; **158** 12
Biobest/Bio, Test **14** 229, 243
Biofix **14** 190, 211
BIOMINT **3** 208; **8** 41

2777

# Fälleverzeichnis   Biomix

fette Zahlen = §§ bzw Artt.

Biomix **26** 104
BIONAPLUS **8** 168; **14** 242, 267
Biovital **14** 162, 256, 257; **42** 39
Biovital/Revital **14** 182; **18** 43
BIP **14** 183, 267
Birresborner Mineralbrunnen **23** 42
Bisotherm-Stein (BGH) **14** 120, 169, 269, 335, 385
Bisotherm-Stein (BPatG) **14** 169
Black John/Lord John **14** 205, 242
Black Rage **8** 149a, 247
blaue Vierkantflasche **8** 117f, 117h
Blau-Gold **4** 179; **32** 17
Blau-Siegel **8** 68
blau-weißes Pumpengehäuse **4** 34, 182, 186, 193
Blaues Band **14** 293
Bleiarbeiter **15** 72; **21** 24, 29, 30, 31, 38, 41, 54
Bleicherde **20** 15
Bleiphosphit **83** 3, 14
Bleistiftabsätze **18** 47
Blendax Pep **14** 148, 201, 205, 216, 269
Blendi **14** 270, 392
Blendor/Blondor **21** 24, 26, 41
Blitz-Blank **15** 41
BLITZCARD **14** 399
Blitz-Magazin **15** 171
Blood Pressure Watch **8** 242
BLUE LINE **8** 109
Blumen in alle Welt **15** 142
Blumenigel **8** 123c, 192
Blunazit **2** 7; **14** 83, 207, 271, 293
BMW (EuGH) **14** 30c, 30d; **23** 12, 61a; **24** 10, 33, 57a
BMW (BGH) **14** 427, 437, 451
BMW (OLG) **14** 410
Bocksbeutelflasche **126** 8
Bodega **8** 192
Boden-Commerz **15** 76
Bodenwalze **83** 11
Bohnergerät **14** 58, 490; **23** 57, 60, 64
Bommi **26** 86
BOND STREET **8** 216
BONGO **14** 270
bonjour **26** 122b; **43** 10
BONUS (BGH) **3** 241; **8** 19a, 19c, 27, 54, 97g, 97h, 103a, 116e, 123a, 124, 126, 128-130, 132-134, 220, 263, 270, 272a, 272c, 272d, 272e, 293
BONUS (BPatG) **8** 124, 272a
Boonekamp **8** 285; **14** 392; **21** 43
Börsen-Order-Service-System **14** 268, 423a, 439, 444, 452
BORIS **8** 307
BORIS BECKER **14** 145, 269
Bosch-Kundendienst **15** 143
BOSS **15** 77
Botschafter/Ambassador **14** 188
BOUCHET **21** 24, 40, 42; **26** 106
Boxin **14** 184; **26** 57
BP CARD **8** 371, 377; **145** 6
BP-grün/gelb **8** 90d
Branchenverzeichnis **14** 42, 268
Brandenburg **14** 207

BRANDT ECCO **14** 144, 206
Brasilia **8** 149a
Bratwursthäusle **8** 59, 103
braunschweig.de **3** 345
Brehms Tierleben **15** 160, 179
Brennaborräder **14** 488, 492
Briefordner **4** 30; **8** 165
Brillant **21** 38, 47, 48
Brillen-Selbstabgabestellen **14** 41
Brillenbügel **4** 148; **30** 41, 48, 49
Brinckmann **14** 550
Bristol **8** 231
Bristol-Myers Squibb/Paranova Einl 36, 37; **14** 88, 91, 97; **24** 59, 60, 75, 79, 97; **30** 28; V **130** 11, 13
BROADWAY **8** 215, 216, 217
Broadway **8** 216, 320
brockhaus.de **3** 334
BRONQUIL **7** MMA 7
Brünova **20** 5, 23, 24, 31, 33
BTR **85** 14; **89** 6
Bücherdienst **4** 139; **14** 540; **15** 42, 45, 80, 150
Bücher für eine bessere Welt **3** 255b; **4** 212; **8** 54, 220
Bücher für eine humanere Welt **3** 255b; **4** 212; **8** 220
Buchgemeinschaft **14** 55, 82; **15** 43, 44, 71, 72, 147, 148, 152, 190
Buchgemeinschaft II **14** 534, 535, 537; **15** 43, 71
Buddelei **14** 21, 52, 76
Buntsatin-Irisette **4** 172, 194
Buntstreifensatin I **3** 211; **4** 52, 87, 95, 159, 172, 194; **14** 219
Bürgermeister Dr. Burchard Magnifizenz **8** 332
Burkheimer Schloßberg **3** 294; **8** 222, 223
Business Radio **15** 120
BUSINESS WEEK **3** 254; **8** 54, 220, 431
Buskomfort **97** 25
B.Z./Berliner Zeitung Einl 45a, 77, 78, 79; **15** 158, 163, 195, 196

C **1 8** 116f
C/Champion **8** 71, 115
ca-ha **8** 114
CABINET Einl 45a, 79; **14** 163, 270
Cafetino **8** 338
Calciduran **14** 155, 214, 267
Calimbo/Calypso **14** 267, 381
Calziophyll/Phosphyll **14** 186
Camel Tours **14** 410, 423, 439; **15** 78
Campari **30** 54
Camper **8** 170; **23** 51
Campino **14** 169, 270
Campione **8** 209, 212, 310, 320
CAMPIONE del MONDO **14** 57; **26** 128
CANA **8** 121, 234
Candahar **14** 27, 197; **23** 45
Cannstatter Zeitung **3** 254
Canon (BGH) **14** 120
Canon (EuGH) Einl 36; **8** 29; **14** 119, 130, 132, 335, 336a, 337, 341a, 341b, 345, 347
Cantil-Flasche **126** 8
Cantoris **14** 381
CAPITO **8** 272b

magere Zahlen = Randnummern  Con-Contessa/Continental  **Fälleverzeichnis**

Capri-Sonne **8** 119, 121, 212; **14** 206, 210, 233, 278; **126** 6; **127** 3; HKA 6
Cabur/Arnor **24** 94h
Carborundum **23** 24
Caren Pfleger **15** 66, 73, 75, 102, 150
Carl Hagenbeck **15** 57
Carl Link **14** 270
Carl Wilhelm Model **15** 66
Carla Einl 205
Carlton **8** 231
Caro **8** 68; **14** 451
Cartier (BGH) **14** 423a
Cartier (EuGH) **24** 57b, 57c, 94h
Cartier-Armreif **19** 3; **2** PVÜ 1
Casa Domingo **8** 402, 403
Cassis de Dijon **14** 99
Castellonic **14** 242; **39** 10; **45** 8
Castora **14** 182, 184
Caterina Valente **15** 56, 58, 60
Cbon **14** 357, 379
CD-Hülle **8** 117d
CDU **15** 33
Ceco **83** 2
Cefallone **14** 270
Cefopor **43** 13
Celanese **14** 368
celle.de **3** 345
Cellonierung **8** 155, 176
Cellophane **6**<sup>quinquies</sup> PVÜ 7
Centra **14** 161, 189; **50** 24
Ceramix **24** 51, 53
Ceresan **26** 58
Certo **14** 119, 330, 340, 341, 355, 379; **89** 7
ZEDA **14** 269
Cevical **7** MMA 7
CFC **8** 431, 443Cellophane
Chambord **8** 219, 312
CHAMPAGNE HKA 5, 7
Champagner-Palette HKA 7
Champagner-Weizenbier HKA 6; ZA 1
Champagner-Zange HKA 7
Champagnerfarben HKA 7
Champi-Krone **8** 121; **15** 141; **21** 52; HKA 7, 8, 10
Champion/Zustellung **43** 29
Championne du Monde **14** 27; **23** 37
Champs Elysées **8** 216
Chanel (Schweiz.BG) **24** 16a
Chanel (OLG) **24** 57e, 94h
Chanel No. 5 **14** 530
CHANGE (BGH) **8** 19c, 27, 119, 124, 128, 272d
CHANGE (BPatG) **8** 124, 128
Charles of the Ritz **26** 127
Charlie **14** 548; **26** 37, 127
Charme & Chic **8** 149a; **14** 52, 173, 201, 213; **15** 41, 76, 117
CHARRIER **14** 269; **26** 80, 83; **42** 13
Chartreuse Einl 13
Chateau **126** 19
Chatain **24** 99
Chaussures Manon **8** PVÜ 2
Chemotechnik **15** 41
Chemphar/Chemopharm **15** 83, 101, 104, 115

Chéri **3** 178; **14** 188, 268, 448, 521, 524; **26** 93, 112; **39** 10; **45** 8
Chevy **14** 144, 270
CHEVY **14** 340, 359, 389
Chiciak V **130** 21a, 21d;
Chiemsee (LG Düsseldorf) **14** 43, 509; **18** 26; **19** 6; **146** 10
Chiemsee (LG München I) **8** 205, 211, 431
CHIEMSEE (OLG) **8** 211a; **14** 269
CHIEMSEE (HABM) **8** 97f, 211, 211aChinesische Schriftzeichen **8** 105, 248, 313
CHIN LEE **14** 144, 270
CHIP **15** 167g
Choko Flakes **43** 29, 31; **63** 5; **71** 5
Christopherus-Stiftung **15** 38
Chronolog **8** 123c
Chronostop **8** 248
CHURRASCO **50** 39; **54** 5; **85** 14
CIAO **8** 272a, 272b
Cinzano Einl 31; **24** 7a, 13, 15, 23, 56b
Cirkulin **14** 454; **26** 40, 41, 43
Ciro **28** 6, 12
citroën.de **15** 30
City **8** 217
City-Hotel **15** 35, 134, 177a
City Plus **14** 205, 216, 270
Clarissa **14** 522
Classe E **3** 78; **50** 29, 30
climaaktivplus **8** 61
climaplus **8** 61
CLINICULT/CLINITEST/CLINISTIX **14** 228, 231, 233, 242
Clinique Einl 37; **14** 88, 97; **24** 60; **30** 28; V **130** 11, 13
Club-Pilsener **4** 108, 126; **14** 243, 268; **23** 39; **42** 42; **126** 20b
Coca-Cola **8** 95, 179; **14** 267; **6**<sup>bis</sup> PVÜ 4
CODIREN/Togiren **26** 101
coffeinfrei **4** 36, 156, 222; **14** 157, 158, 198, 201, 202; **32** 25; **50** 24, 25
Cognac **8** 307, 351; **15** 102; HKA 7
Cokies **8** 122, 162, 271; **33** 8; **42** 43
Colonia **3** 96, 158; **14** 473, 539; **23** 27; **26** 17
Color COLLECTION **8** 69; **39** 5, 6
Colors **8** 97f, 170
COLORBOY **14** 159, 173, 206
colorclip **3** 158; **50** 2, 3
COLORSCRIPT **8** 109, 125
Columbia **8** 320, 447; **35** 7
Columbus **15** 31, 73, 77, 114
COMBURTEST **26** 121; **55** 5a, 5c, 5d, 5e, 5f
Commerzbank **15** 76
Compliment **8** 272b
COMPO-SANA **14** 83, 148, 158, 205, 201, 221, 223, 235, 243, 270
COMPOSIT **8** 49, 170
Compucolor **8** 165, 171
CompuNet **15** 134; **21** 37
comtes **14** 269
Comtesse Esther de Pommery **14** 209, 269, 385
Comtoirfeder **8** 123c, 192
Con **8** 50
Con-Contessa/Continental **41** 13

2779

## Fälleverzeichnis Conan Doyles  fette Zahlen = §§ bzw Artt.

Conan Doyles **15** 173
Concentra **3** 112, 116
concert-conzept.de/concert-concept.com Einl 214; **3** 314, 345
Concordia **15** 51, 80; **8** PVÜ 2
Conductor **8** 109, 241; **6**[quinquies] PVÜ 8, 11
Condux **14** 247; **15** 73, 76, 134, 150
CONNOISSEUR **8** 122
CONNY **14** 297, 313, 321, 322; **42** 55
Conrad Johnson **15** 80
Consilia **21** 41, 54
Constanze II **21** 22
Contact **8** 106; **15** 72, 76
Content **8** 243
Contiflex **26** 4, 7, 8, 15, 17, 26, 27, 28, 29, 30, 33, 38, 65, 67, 75
CONTOUR **8** 170
Contram **14** 187
CORAN **8** 348
Cork Dry Gin **8** 170, 306, 337; **37** 23
Corona **8** 289; **14** 379; **26** 110
Corrida **14** 26, 76, 171, 203, 283, 370, 521; **20** 2, 3, 4; **23** 34, 41
corton **14** 269
Corvaton/Corvasal **14** 83, 152, 153, 155, 157, 205
COSA NOSTRA **8** 344, 352, 353, 355; **113** 1, 3; **5** MMA 10
Coswig Einl 13
Cosy Ango **26** 37, 59
Cosy Issy **26** 59, 92, 108
Côte d'or **6**[quinquies] PVÜ 5
Cotonelle **49** 3, 30
Cotto **19** 19; **23** 34, 55a
COTTON LINE **8** 165; **15** 123, 146, 150
Coup **8** 320
Crackkatalysator II **83** 20, 21
Coveri **14** 269
Cranpool **21** 24, 47
Craven A **8** 217
CREATION GROSS **8** 168
Crescent/Cresto **21** 24; **26** 41
Crunchips **14** 179, 269
CT **8** 116e
Cupresa-Kunstseide **8** 301
Cuypers Einl 13; **15** 30, 80; **21** 24, 42, 43
Cyclophamid **8** 52

D mit Frostblumen **6**[quinquies] PVÜ 13; **7**[bis] PVÜ 1
d-radio.de **3** 334
D-Tracetten **83** 19
Dachbahnenproduktion **140** 7
Daimon 270/Demand 280 **4** 128
DAKS **8** 121
Dall'Opera **26** 31, 37
Darcy **26** 31
Damas/Dimas **15** 145; **21** 33
Damenschuh-Absatz **83** 5, 12
DAN **14** 269, **23** 10
Dänia **8** 298
Darcy **26** 37
Darstellung des Vogels Phönix **14** 252
Das Auto **15** 163
das.de **3** 343, 345

Das bißchen Haushalt **15** 154f
Das Cabinett des Dr. Caligan **15** 160, 172
Das entspannte Etikett **8** 165
Das verwaltete Elend unserer Städte: Obdachlosigkeit **15** 179
Dassonville **14** 99, 101
Datacolor **15** 73, 80
DATA I/O **8** 107, 109, 239
Datatel **21** 47
Datenverarbeitungsprogramme als Ware **3** 139
Datenzentrale **15** 150; **21** 41
Dauerwellen **8** 70; **14** 153
DC-Schuhe **24** 58b
de Paris **8** 310; **15** 116; **26** 108; **126** 5, 13, 19; **127** 3, 18; HKA 16b
De vergulde Hand **15** 51; **44** 12; **8** PVÜ 2
Decker **15** 85, 89, 118
Defensivzeichen **3** 181, 183, 187; **41** 9; **42** 42, 53
DEFLEX **14** 399
Degea/Torol **30** 49
Dekortafeln **4** 36
Delhaize Einl 37; **14** 88, 97; **24** 60; **30** 28; V **130** 11, 13
DELIAL **14** 269
Den Mobilen gehört die Welt **8** 97c
Denta-Control **8** 51
Denticovision/MEDICOVISION **14** 225, 242
Dentist **15** 23
DENTO FRESSHHH **14** 270
Der 7. Sinn **15** 154f, 154g, 158, 171, 173, 179
Der Fall Bittenbinder **18** 32
Der Flüsternde **8** 123d
Der größte Biermarkt der Welt **8** 336
Der grüne Film **4** 193
Der grüne Punkt **30** 51
Der Heiligenhof **30** 26
Der Herrscher **15** 179
Der Innendienstbote **8** 220
Der kupferne Götze **15** 167g
Der Mensch lebt nicht vom Lohn allein **15** 179
Der neue Roman **3** 254
Der rote GARANTIE Punkt **26** 112
Der Schuhhof **8** 278; **14** 267
Der Spiegel **3** 254; **14** 82, 272, 286
DER SPIEGEL **15** 177b
Der Stern **15** 101
Der Struwwelpeter **15** 158
Derby **8** 21; **37** 29; **42** 59
derma **14** 210, 211, 213, 219, 267; **41** 9; **42** 39, 44, 53, 54, 56
Desinfektionsapparat **14** 526
Dessous for you **8** 97c
DESS **8** 116e
deta.com **3** 334, 335, 340, 343, 347; **14** 318
detag.de **3** 336, 340, 346
DEUS **8** 350; **14** 399
Deutsche Grammophon **14** 90; **24** 74, 101, 106
Deutsche Illustrierte **4** 139; **5** 215; **15** 80, 139, 157, 165, 169, 171; **21** 41
Deutsche Telekom **3** 80; **50** 30
Deutsche Zeitung **15** 157, 163, 177b
Deutscher Sekt **8** 315; **126** 19; **127** 18, 19
deutsches-theater.de **3** 335, 345

magere Zahlen = Randnummern  Ei des Columbus  **Fälleverzeichnis**

Deutschlands Stolz **14** 268
Deutz-Motor **8** 446
DEVOLAC **8** 339
Dextro **4** 162, 167; **8** 248; **14** 267
Dextropur/Inverpur **3** 28
Dia-Kopien **18** 28
Dia-Rähmchen II **14** 523
Diaderma/Diaterra **21** 33
Diamont **8** 273
Die Blauen Seiten **3** 334, 340; **14** 140, 269
Die da **14** 548, 550; **15** 89, 167g, 168d
Die gute Idee **23** 37
Die Saubermacht **8** 58
Die Stimme seines Herrn **14** 207, 264
Die Weissen **3** 33; **14** 210; **41** 11
Die Zukunft braucht unsere besten Ideen **8** 97b
Diego/Digocyclin **14** 228, 242
DIESEL **66** 24; **71** 5
Difex **14** 378
Diform **8** 172
Digesta **14** 340, 359; **84** 3
digital **8** 165; **50** 12, 36; **82** 4
Dilactame **83** 7
DILZEM **83** 2, 16, 20
Dimas **15** 145
Dimas Uhren **4** 221
Dimple Einl 28; **14** 410, 420, 423, 425, 431, 433; **15** 78
Dimple-Flasche **8** 117f, 117g
DIN-GEPRÜFT **97** 20
Dionin **14** 211, 243
Dior/Evora Einl 36; **23** 61a; **24** 7b, 10, 33, 57a, 59, 60, 75, 79
dipa/dib **14** 83, 121, 151, 157, 160
Director **8** 102
Discount-Geschäft **24** 58c
DISC PREENER **8** 172
Discotable **8** 441; **6**$^{\text{quinqies}}$ PVÜ 9
Discount-Geschäft **49** 12
Discount-Haus **15** 42
Discware **8** 170, 247
Disiloxan **89** 10
Diskothek **30** 17
Diva **8** 24, 31, 123e
Divan **14** 169, 269
Diversa **14** 399
DKW **23** 59
Doktortitel **8** 293, 334
Dolan **3** 26; **14** 332, 340, 367, 376, 377, 383
Dolex **3** 169, 179; **4** 12, 221, 222; **42** 46; **50** 24
Dominikus **23** 23
DOMO **2** 9
Doornkaat **8** 95; **23** 16
Doppelkamp **26** 31, 35, 38, 39, 85
Dori/Recreb **24** 16c
DORMA **83** 2
Dortmund grüßt ... **15** 32, 56, 58, 70, 146, 152
Dos Einl 94; **8** 115
Dosiervorrichtung **83** 3; **86** 3; **89** 14
Dotterblume **8** 339
DOYUM **50** 26
DPM **14** 270, 395b
DP mit Doppelstern **8** 114
Dr. Oetker **8** 334

Dr. St... Nachf. **15** 116
DRAGON (BPatG) **14** 145; **43** 8b, 16c; **82** 4
DRAGON (BGH) **14** 270; **43** 8b, 16c; **59** 1; **73** 1; **82** 4
Drahtbewehrter Gummischlauch **3** 211, 215, 263, 293; **32** 46
Drahtverschluß **30** 29
DRANO **14** 224, 233, 269
Dreamwell/Dreamwave **8** 315
Drei-Streifen-Kennzeichnung **4** 84
Drei-Punkt-Urteil **8** 88a, 161; **15** 173, 190, 198, 202, 203; **32** 20, 23
Dreiarmleuchter **14** 51, 62
Dreiglocken **14** 61
Dreikern/Dreiring **14** 271, 320, 329
3p **8** 115
Dreitannen **3** 176, 178; **4** 9, 139, 218; **13** 4; **55** 22
Dresdner Stollen I **126** 13
Dresdner Stollen II **126** 13
Dresdner Stollen III **126** 13
Dresdner Stollen IV **126** 13, 15
Dresdner Stollen V **126** 13, 15
Dresdner Stollen/Bischofswerda **126** 13
Dresdner Butterstollen I **126** 13
Dresdner Butterstollen II Einl 75; **126** 13
Dresdner Christstollen **126** 13
DRIBECK´s LIGHT Einl 79; **14** 221, 226, 270, 431; **25** 13
Druckereierzeugnisse **14** 385
Druckknopfkarte **4** 205; **14** 199; **32** 20, 23, 25
DSS **8** 116e; **156** 4
Du darfst **8** 97d
DUC DE SANDRY **8** 331
Duftwasserimport aus Mittel-/Fernost **14** 550
DULINDA/DUOLIND **42** 24
Dun **14** 84
DUN-Europa **15** 81, 83, 86, 87, 89, 114, 116, 189
Düngekalkhandel **20** 26
Dünger **14** 537
Duotherm **43** 8a, 10
Duraflex **8** 179; **14** 191, 213, 267; **21** 41
Durus **41** 15
Düssel **8** 279; **13** 4; **14** 281
Duspatal **24** 52
DUZ **15** 146, 147, 166a

E & J **8** 114, 136
E-Klasse **14** 270; **50** 30
E * 4/8 x 4 **14** 184, 267
Easy **8** 441; **6**$^{\text{quinqies}}$ PVÜ 8
EASYCOAT **8** 242
ECCO I V **25**, **26** 5; **26** 91, 97, 98, 100, 105, 122a, 122c, 122e
ECCO II **14** 148, 206, 270
Echo **14** 173; **15** 164, 172
Edeka-Schlöß-Export Einl 32; **3** 32; **14** 268
Edelschliff **8** 165Easy
Edler von Lorch **14** 267
Eff-Eff **8** 114
Effecten-Spiegel **15** 164, 177b
EGG Mc MUFFIN **8** 243
Egona **14** 268
Ei des Columbus **14** 270

2781

# Fälleverzeichnis  Ei-Ei/Ei

fette Zahlen = §§ bzw Artt.

Ei-Ei/Ei **4** 112
Ei-Nuß **8** 308, 338
Eibumin/Eipu **21** 32
Eichhörnchen mit Schwert **15** 110
Eifelgold **8** 180c
Ein Duft aus Paris **8** 320; **127** 19
Einhebelmischer **8** 117d
Einhebelmischer mit Gravur **8** 117d
Ein-Tannen-Zeichen **3** 178, 180, 182, 189, 196; **14** 450; **44** 14
Einbauleuchten **83** 20
Einbrandflaschen **15** 79; **14** 506; **24** 49
Einfield **8** 217
Eisträumereien **14** 144, 270
Eka **14** 267
EKKO BLEIFREI **14** 148, 213, 270
EKNALIN **14** 386; **26** 110
ELASTOFORM **8** 149d
Elastolan **62** 3; **64** 3, 14; **66** 3, 17; **84** 1; **85** 5
Elbelit/Elbel **15** 63
Elcodur **14** 383
ELCOM **14** 269, 385
ELECTROL **14** 187, 188, 211, 292, 294
Elefant **42** 62
Elegan/Elegance **14** 267, 268
Elektrizitätszähler **14** 43
Elektro **14** 211, 299
Elektro-Handschleifgerät **83** 21
Elektro-Kühlschränke und Zentrifugen **15** 76
Elektro-Lux **14** 211
Elektro-Muck **14** 299
Elektrode **83** 13, 17, 20, 21; **85** 10
Elektronenstrahlsignalspeicherung **34** 12
elektronic/Millitron **14** 299
Elektroschmelzverfahren **83** 14
Elektrostar **14** 211
Elektrostatisches Ladungsbild **34** 13; **35** 11
Elektrotechnik **14**, 176, 202, 305; **15** 165, 171, 172
Elektrouhr **14** 211, 268
Elektrozeit **14** 153, 211, 268
ELEVAGE **8** 318
11er **8** 115, 116c
ELFI RAUCH **14** 269
Elida **30** 10, 31
Elifect **26** 125
ELMED **14** 270, 392
Elmetra/Eltro **14** 153
ELOCRIL **14** 386
Eloxal **4** 146, 279, 282; **8** 280, 282; **30** 49
Eloxieren/Aloxieren **4** 36, 158
ELSA **14** 269, 394b
Elsässer Nudeln **126** 5; **127** 18
Elt **4** 166
eltern.de **3** 334, 337, 340, 343
Elzym **8** 114, 121, 138
emergency.de **15** 154j, 167g
EMI Einl 19; **24** 75, 98, 100, 105, 106
Empyrean **8** 315
Ems **14** 42
English Lavender **8** 320; **14** 196; **126** 7, 19; **127** 18
Entfernung von Kontrollnummern I **24** 39 57d, 94h
Entfernung von Kontrollnummern II **24** 57d, 94h
Entfernung von Kontrollnummern III **24** 94h
Entfernung von Kontrollnummern IV **24** 94h
Entscheidungsformel **79** 9
Entsorgungsverfahren **70** 7, 13
Epa/Epe **14** 267
Epigran I **14** 191, 283, 318, 367, 368; **42** 56
Epigran II **26** 10, 62; **42** 40; **44** 17
Epos **26** 8
Epoxidations-Verfahren **70** 16
Eppeleinsprung **14** 83, 148, 244, 251, 254, 293
EPRO **14** 183
epson.de Einl 214, 215; **3** 334, 335, 340, 345, 347; **14** 318
ERBA **42** 26, 70
Erdener Treppchen **15** 24, 35, 50, 86, 122, 191; **21** 41; **30** 50
ERDINGER **8** 432, 446
ERGO **15** 167c, 167iErgoPanel **8** 125
ERGOTEC/Ergo Desk **158** 12
Ernesto **8** 316
Erotex **14** 157, 184, 187, 189, 267
ERRTEE **8** 114
Ersatzteile zu Zigarettenmaschinen **23** 61
Ersatzzustellung **83** 3, 21
Erstattungsfähigkeit von Patentanwaltskosten **140** 2, 13
Erstes Kulmbacher **21** 43
Erstes Wernesgrün **37** 23
ESDE **15** 51
Eskimo Pie **14** 81; **15** 49, 58, 61, 68, 75, 81, 148; **2** PVÜ 1; **7** PVÜ 1, 2; **8** PVÜ 1, 2
ESPRIT **14** 472; **24** 12
Esslinger Neckarhalde I **14** 10
Esslinger Neckarhalde II **4** 38
ESTAVITAL **26** 8, 30
Eterna **8** 248
Etirex **14** 247; **15** 72, 74, 113, 119
Etobest **44** 8
ETOP **43** 8b
Ettaler-Klosterliqueur **3** 263; **4** 118, 182, 198; **14** 26, 63, 197, 207, 308, 310, 328, 329, 332
Etiketten **8** 78
Eu-Med **4** 166; **14** 211; **41** 11
Eucerin/Estarin **14** 186, 300, 443, 448, 452
EUKRATON **14** 144, 270
Eulengeschrei **8** 324
Eulenspiegel **15** 86
Eurim Pharm/Beiersdorf Einl 36; **14** 91; **24** 75, 79, 97
Euro **14** 243
Euro-Henkel/Eurosil **8** 252
Euro-Spirituosen **8** 253
Eurobrandy **8** 252
Eurock **14** 550
EUROCONSULT (BGH) **8** 252, 253
EUROCONSULT (BPatG) **8** 252
Eurodigina **83** 20
EUROHONKA **14** 269
euromarin **8** 253
EUROMILK **8** 251, 252, 337
Euromint **8** 253
Europa-Sekretärin **15** 71
Europa-Vermessungsgeräte **15** 116

magere Zahlen = Randnummern

Europapost **4** 89
Europharma **3** 211, 254; **14** 340, 358, 386; **15** 156b, 161
Europhyt **8** 252
Euro-Sport **8** 253
EUROTHERM **8** 252
EUROVLIESELON **8** 252
EUROWEA **8** 252
Euroyal **8** 252
evian **14** 144, 270
EVOLUTION **8** 124, 272b
EXACT **8** 170
Exhibition **8** 246
expert **8** 246
EXPRESS **15** 174
Exquisita **8** 164, 246
extra zart **23** 50
EXTRAVERAL/Verla **14** 186, 242
Eye shiner **8** 246

f.. **14**, 551
f6/R6 Einl 79; **14** 243b, 270
Faber **14** 308, 309, 310, 311, 321, 512; **23** 11; **142** 3
Faber Castell **143** 44
Fabrik **8** 59
Fahrerkabinen **8** 117d
Fahrradgepäckträger II **20** 31, 41
Falke-Fleurs **8** 317, 321
falke-run **14** 148, 201, 216, 270
Falscher Inserent **142** 10
Falta **8** 190, 192
Faltbehälter **83** 20
FAMARIT/FAMA **43** 13
Famila **30** 10; **26** 84
FAMILY **15** 172
Familienname **15** 66
FAN **14** 277, 278, 289, 441, 451
Farbbezeichnung **3** 47
Farben einer Gasflasche **3** 266
Farbenmischblock **8** 58
Farbfernsehsignal II **72** 12; **84** 4
farbiger Einlagestoff **3** 266
Farbmarke **8** 90b, 90f; **14** 258; **32** 20-24, 25; **37** 6
Farbmarke gelb/schwarz **3** 265, 267a, 267b, 267d, 267h; **8** 19a, 89, 90a, 90b, 90d, 90f, 91; **32** 30a
Farbringröhre **8** 72
Farbvariant **8** 96
Farina **15** 152, 153
Farina I **15** 100
Farina II **15** 13, 21, 27, 28, 97, 100, 102, 106b, 143, 150, 152; **21** 33
Farina III **15** 181
Farinissima/Farina **14** 247
FAT TIRE **14** 30b; **23** 35
Favorit **8** 123d
FAZ **15** 166
FE **8** 115
Fe **8** 122, 271; **42** 44
Feerie/FEE **14** 268
Fehlerortung **83** 11
Fehntjer Blatt **14** 153; **15** 177b

Fliesenfreund **Fälleverzeichnis**

FEIST BELMONT **8** 317
Felina-Britta **8** 92; **14** 201, 205, 206, 213, 268, 347, 352, 383; **23** 41
Fender Musical Instruments **14** 469, 483; **19** 7; **24** 7d, 16
Fernettchen **8** 276
Ferngriff **8** 58
Fernöstliche Schriftzeichen **8** 105
Fernschreibkennung **15** 144, 146, 153
Fernschreibverzeichnisse **14** 526
Fernschulrat **21** 22
Fernsehinterview **14** 42
Fernsprechnummer **15** 14, 15, 47, 50, 75, 122, 133, 139, 140, 144, 181
Ferrari **14** 423a, 423b
FERROBRAUSE **8** 192, 193
Ferrol **8** 209
Fersenverstärkung **8** 74
Fertigbeton I **14** 456
Festival **8** 315
Festival Europäischer Musik **15** 122, 154d, 154e, 154g, 157
Feta V **130** 16a
Fettchemie **4** 157; **14** 137; **15** 41, 44, 126, 146; **97** 15
feuerfest I **8** 433; **14** 219
feuerfest II **2** 7; **23** 67; **26** 68
Feuersozietät **15** 150
Feuerzeug-Ausstattung **4** 52, 70, 84, 115
FFF clipstick **8** 242
Fi.Ti.Wi./FiTiWi-KIFIFA **14** 153, 165, 201; **21** 24, 34, 41, 45
Filigran **14** 354, 381
Film als Film **15** 179
Filme **14** 391
Filmfabrik Köpenick Einl 13; **3** 99; **26** 78; **27** 8
Filmtheater Capitol **15** 80
Finest Cork Dry Gin **8** 170
Finishmaster **8** 109, 125
Finnischer Schmuck **2** PVÜ 1
Fips **14** 152, 160, 177, 268
Fisch **8** 76
Fischereifahrzeug **70** 10
Fischereinetzkordel **3** 293
Fischl **15** 24, 86, 122; **30** 44, 45, 47, 50
Fisherman's Friend **14** 196
Fissan/3/4 Fis **21** 26, 32
FKS **8** 116e
Flächentransistor **4** PVÜ 4
Fläminger (BGH) **14** 269; **23** 29
Fläminger (BPatG) **23** 10, 43
Flaschenkasten **82** 6; **83** 4; **90** 15
FLASH **15** 84, 85; **28** 6, 12
Flash/Smash **14** 267
Flava-Erdgold Einl 163, 223, 224, 238; **6**[quinquies] PVÜ 4
Fleischbezug **14** 42
Fleischer-Fachgeschäft **3** 77, 148, 154, 176; **97** 23
FLEUR charme **8** 149a, 149b
FLEUR D'OR **14** 144, 270
Flexiole **26** 93, 99, 108, 109, 111
FLIP-TOP **26** 126
Flippothek **14** 267; **8** 256
Fliesenfreund **8** 149d

# Fälleverzeichnis   Flockenwolle

fette Zahlen = §§ bzw Artt.

Flockenwolle **8** 444; **32** 38
Flügelradmotiv **14** 174
Fluicil **43** 13; **26** 14
FLUDEX **26** 27; **43** 8a
FLUOSOL **26** 83, 84
FLUTE **14** 260
Focus **14** 423a
FOCUS/LOGOS **14** 179, 185, 268
Folgerecht bei Auslandsbezug Einl 168
fontana Getränkemarkt **14** 119, 120, 144, 270, 400
FOOTVAX **8** 108
Forellenbild **8** 193, 262, 268, 270
Forellenzeichen **8** 77, 78, 143, 161, 291; **14** 207; **41** 11
form-strip **4** 52, 67, 70, 71, 74, 83, 123, 159, 172, 175, 188, 194
Formfit Einl 13; **8** 445; **14** 213
Formwerkzeug für Kunststoffteile **74** 14
Forschungskosten **20** 31
Forster Jesuitengarten **126** 6
Fortissimus **3** 90; **96** 4
For You **8** 124
4 You **8** 124
Fosecid **26** 27; **43** 10
FOSTRAN **14** 270
Fotografische Zeichendarstellung **32** 46
Fotoleiter **89** 5
fotoperpost/Der Photo Porst **14** 267; **26** 110
Fotorabatt **14** 531, 534, 535, 537
Frankenberg **15** 40, 54, 171
Frankfurter Römer Einl 5; **4** 209; **14** 251, 266; **126** 7, 8
franko **8** 168
Fratelli **3** 99; **26** 78; **27** 7
Frauenarzt Dr. R **15** 60
Frauenthermometer Einl 199, 238
frei öl **3** 267h; **4** 123; **14** 83, 268; **15** 50
Freiwillige Ketten **30** 54; **102** 7
FRESCO, Frisko GmbH **14** 210, 256
Freshys **8** 319
freundin.de (LG) **3** 319, 338, 341, 346
freundin.de (OLG) **3** 318, 319, 338, 341
Frilli **24** 62
frischatmen/frischgeatmet **23** 51
Frisiersalon **14** 525, 526
Frisium **25** 7, 8, 14; **26** 14
Fritex **14** 381, 386, 388
Fritz-Reuter-Kaffee **4** 205; **14** 196, 539
FROSTIES **14** 269, 385
FRUCTA (25 W) **14** 145, 269
FRUCTA (26 W) **14** 144, 270
Früchtetraum **8** 149c
Frukina/FRUTERA **14** 202
Frutopekta **44** 18; **52** 18
FTOS **3** 144; **15** 154c, 154j, 167b, 167c
Fuggerbräu **15** 76; **21** 37
Füllhalterclip **14** 293
Füllkörper **8** 76, 116d; **83** 11; **6**$^{\text{quinquies}}$ PVÜ 1, 5, 8, 16
FÜNFER **3** 205; **8** 116b, 116c
Fundgrube **15** 42, 123
Funkdienst **8** 101; **14** 267
Für Kinder **14** 30b, 269, 431; **23** 55a

Fürstenberg **15** 74, 75, 102, 150
Fürstenthaler **8** 323, 324, 329
Fussol/Fussariol **14** 160, 268
Fußball-Programmheft **14** 41
Fußballstiefel **4** 84, 88, 96; **14** 64; **23** 44

G **8** 71
Gabelfix/Gabelfisch **14** 210
Gabor/Caber **14** 153; **15** 73, 75, 77
Gaby **19** 11
Galalith **8** 279, 291
GARANT (OLG Hamm) **8** 431, 444
GARANT (BPatG) **8** 170. 163
Garant-Möbel **8** 444
Gardol **8** 248
Gargoyle **14** 306, 392
GARIBALDI **14** 120, 270, 335, 336b, 341c, 348, 357, 392; **158** 6
GARONOR **15** 106
Garten im Haus **15** 164
Gaselan **83** 5
Gasmessergehäuse **4** 112
GASTRONet **8** 242
Gastropa **14** 189
Gaststätten Rixdorf Hähnchenhaus **8** 136, 210, 233
Gaucho **26** 93, 98, 112
GDDM **8** 116e
GdP **15** 21, 32, 33, 57, 67
Gebäudefassade **23** 47
Gefa/Gewa **15** 50, 146, 147, 150
Gefärbte Jeans **24** 7, 16, 37, 41, 44; **153** 8
Gefäßimplantat **83** 18
Gefesselter Storch **8** 354
Gebündelte Originalpackungen **24** 53
geg Cocktail/Gesichtscocktail **14** 211
Gegenstandswert für Widerspruchsverfahren **63** 11; **71** 11; **90** 13
Geier/Aasgeier **32**, 41
gelb-rote Maggipackung **4** 193
gelb-rote Maggiwürfel **4** 193
gelb-rote Tankstelle **4** 34, 182, 186, 193
Gelbe Seiten (BezG Dresden) Einl 77; **15** 195
Gelbe Seiten (OLG Frankfurt) **3** 266; **4** 179, 193
GEMA **20** 2; **21** 45
GEMA-Vermutung I **14** 525
Gemini/Zwilling **14** 188, 267
Genießer **23** 16
Gentleman **8** 192
Gentry **14** 171, 184, 202, 203, 313, 318, 321
German Watch Center **15** 153
Germania **15** 41, 76, 155; **19** 3
Germataler Sprudel **41** 9, 15; **42** 52; **44** 3, 7
Germed Einl 46, 79; **152** 8; **153** 8
Germosan **27** 26
Gerstenähre **8** 289; **23** 44
Gervais **15** 43, 49; **126** 13
Gesamtverband **14** 41
Gesangbuch **21** 40
Gesangverein Germania **15** 33
Geschäftsidee **15** 174
Geschäftsverteilung **69** 2
Geschirrspülmittel **4** 198
Geska **14** 189, 266

magere Zahlen = Randnummern    Hauer's Auto-Zeitung  **Fälleverzeichnis**

Getränkeflasche **14** 539; **24** 37, 49
Getränke Industrie **15** 42, 44, 47, 57, 72, 147
Gigi-Modelle **14** 455; **49** 24
gigi **14** 144, 270
Gilette **23** 14; **30** 10, 51
GILSONITE **8** 279, 282
Gingomed **26** 41
GIORGIO LEONE **96** 10
GIRO **8** 170
Glass-line **8** 109
GLEITEEN **14** 214
GLOBAL SCAN **8** 242
Globe-Separator **23** 59
Globus **8** 170; **23** 59
Glockenstürmers Töchterlein **15** 154f
GmbH/Firmierung **15** 32
Gnom/Kobold **14** 188
Gold Dust/Goldax **14** 190
Gold-Zack **4** 117, 188, 190, 193; **14** 192, 198, 268, 448; **32** 24
Goldacker, Eduard **14** 268
Goldbraun **14** 167
Goldbronzierte Likörflaschen **4** 129, 130
goldcats/Chatondor **14** 260
Golden Toast **83** 12; **102** 9
Goldene Karte I **14** 526
Goldene Serie **8** 149c
Goldener Zimt **8** 180c
Goldenes Weinfaß **8** 180b
Gold/Gelb **8** 90b, 90f
Goldgulden **8** 201
Goldhähnchen **14** 167
Goldige Herztropfen **14** 296
Goldina Einl 5; **3** 41, 158, 163, 186; **8** 41; **14** 185; **21** 22; **41** 3; **49** 31
Goldkorn **8** 165
Goldkrone **3** 155; **8** 180c; **14** 349; **49** 42
Goldring **8** 68
Goldsonne **21** 26, 43, 47, 48, 52; **55** 18
Goldwell **14** 202; **15** 84; **27** 8
GOLDWELL-JET **14** 269
Gonal-F **24** 53
GOOD-LUCK **8** 313, 320
goodwill **8** 101
Gorgonzola/Cambozola V **130** 18, 21a; **135** 1
Grabdenkmäler **14** 537
Graf Zeppelin **15** 56, 58, 67, 68
Grammofox **21** 22, 31
Grammophon **8** 279, 280, 335
GRAN **14** 144, 270
Grand Bal **8** 320
Grand Hotel **15** 120
Granulit **14** 513
grau/magenta **3** 267f, 267h; **4** 123, 194; **8** 90f
GREEN POINT **14** 144, 270
Grenzquell **14** 83, 187
GREYHOUND (27 W) **26** 24
GREYHOUND (30 W) **14** 144, 270
Grieneisen 1830 **14** 62
Griffband **24** 7a, 37, 39, 41, 42, 45, 53
Größtes Teppichhaus der Welt **21** 43
Grohe **14** 455
Grundcommerz **15** 73, 76, 150

Grundig/Consten **24** 102; **30** 54
Grüne Vierkantflasche **4** 78, 113, 123, 198; **8** 433
grün/gelb **8** 90c, 90f
grüner Wickelstern **3** 266
Grünring **8** 68, 72, 83
GT ALL TERRA **24** 7, 16; **153** 8
GT/GeTe **14** 268
Gucci **3** 318; **14** 30b, 548, 550; **18** 34; **23** 34, 55a
Guldenburg (BGH) **14** 429, 439; **15** 154g, 159, 161, 171, 175
Guldenburg (BVerfG) **14** 429, 439; **15** 171, 175
Guldenburg (OLG) **15** 167c
Gumax/Gumasol **14** 158, 268, 273, 292, 299, 301, 306, 309, 313, 318, 320
Gummistrümpfe **14** 41
Gurkendoktor/Gurkenretter **14** 174, 198, 255, 266, 268
Gütermann's Nähseide **4** 90
gutso **8** 168, 174
Gut Springenheide **14** 83
GUY **14** 211, 213; **26** 25
Gymnastica **8** 193
Gymnastiksandale **30** 26
Gyromat **42** 66; **85** 13

H.J. Müller-Collection **14** 268
Hä/Orange **15** 92, 97, 98, 99, 100
Hadef **15** 89, 106b; **30** 21
HAEMOCALM **14** 322
Haftung für Links **3** 323
Hag **14** 268; **8** 291
HAG I **14** 91; **24** 75, 85, 86, 87, 90, 91
HAG II Einl 18, 20, 27, 36; **14** 90, 91, 341b; **24** 31, 32, 46, 59, 72, 74, 76, 82, 83, 85, 86, 87, 88, 91, 93
Hageda **14** 267; **15** 146, 153
Hageda-Hateha **15** 117
Hageda/Hadege **21** 26
Hähnel **15** 83, 104, 116
HAKU **14** 378, 387
halazon **4** 175, 222; **8** 433; **50** 24
Haller I **3** 14, 109; **8** 92; **26** 31, 85, 100, 128
Haller II **14** 52; **23** 27; **49** 23, 24
Hamburger Anzeiger **3** 254; **4** 177
Hamburger Kinderstube **14** 158, 217; **15** 145
Hamburger Volksbank **15** 81, 116
Hamburger Wappentürme **8** 364
Hamburger Wohnungsanzeiger **15** 172
Hammer/Hammerschmied **14** 291, 293
Hammerbohrer **23** 59
HANDBOOK **8** 242
Handfeuerlöscher **4** 32, 47, 50
Handtuchspender **14** 42; **24** 42, 49
Hanse Immobilien Einl 78
Hanseaten **8** 231
Hänsel-Pferd **4** 205
Hapol **3** 178; **14** 164, 283, 313, 337, 340, 380
Happy **8** 31, 109, 315
Harry's Fashion/Hardy **14** 206
Häschenkopf **14** 197
Hathea **14** 267; **15** 117
Haubetol **14** 188
Hauer's Auto-Zeitung **15** 171, 174, 177a

2785

# Fälleverzeichnis  Hausbücherei   fette Zahlen = §§ bzw Artt.

Hausbücherei **4** 139, 215, 218; **14** 540; **15** 35, 41, 45, 80, 83, 106, 121, 122, 127, 148; **21** 24, 27, 41, 54, 55
Hautactiv **8** 58, 431
Havana **8** 214; **14** 515; **126** 6; **127** 3; ZA 42
Head **24** 16a
HEAVEN-ICECREAM **8** 313
Hegab/Talisman **14** 268
Hegospirin/Aspirin **14** 173, 225
heidelberg.de **3** 345; **15** 32
Heidejäger **14** 213
Heilerde **4** 166
Heiltee **14** 531
Heinkel **26** 54
Heinzelmännchen **23** 13, 33, 34
HELIOS **3** MMA 2
Hellige **15** 72, 99, 100, 119, 190
Hells Angels **8** 413c
hellweg.de **3** 335, 340
Hellysport/Helly-Hansen **14** 267
HELVETIA **8** 106, 310
HEMERAN **14** 269, 385; **26** 111, 122e
Heparin Azuchemie **14** 155, 205, 268
Hepatomed/Tomed **14** 242
Herba **14** 221, 223, 234, 237, 331; **42** 55, 56
Herbula **14** 261, 269, 509, 510, 544, 548
Hermès International **14** 549
Hermosa **8** 246
Herrenwitz/Winzerwitz **14** 242
Herrschaftswein **8** 168
Herstellerkennzeichen auf Unfallwagen **24** 37, 41, 44, 48
Herva **4** 165
Herzbild **4** 205
Herzgold **14** 296
Herz-Kaffee **26** 23, 37, 114, 117, 126
Herzlein **14** 265
Herzsymbol **4** 172; **8** 75, 341; **14** 155, 163, 202, 203, 206
Hessen-Report **14** 548, 550
Heute Express **8** 149c
Heynemann Einl **12**; **3** 153; **14** 57, 469; **15** 106b
Hico/Hicoton **14** 267; **21** 41
Hie gut Württemberg allewege **8** 320
HIGHSCREEN **14** 269, 385
High Tech **15** 164
HILTITE **17 23** 59
Himbuko/Beruco **14** 184
Hindenburg-Wolle **8** 111
Hinterachse **84** 3
HIRO **14** 269, 385
His Masters Voice **14** 207, 264
Hobby **3** 254; **14** 56, 76, 189, 228, 247; **15** 154, 164, 171, 174; **41** 11
Hochbau-Tiefbau **15** 96, 101, 104, 115; **23** 28
Hoefelmayrs Silber Camembert **8** 320
Hoegaarden Bierglas I **8** 117i
Hoegaarden Bierglas II **8** 117i
Hoff Einl 160
Hoffmann's Katze **14** 239, 277, 289, 340; **23** 36; **5** MMA 4
Hoffmann-La Roche/Centrafarm Einl 36; **14** 91; **24** 51, 53, 75, 77, 78, 97
Hohner **14** 153, 185

Holländer Ruhm **8** 320
Hollywood Duftschaumbad **8** 311; **126** 19; **127** 3
Holtkamp V **25, 26** 5; **26** 91, 97, 122e; **43** 16c
Holstentor **14** 266, 293; **23** 42; **126** 8
Holzmaserung **4** 49
HOMBRE/HOM **14** 188, 243
Homburg **50** 12
Honigglas **8** 117i
Hopfenextrakt **84** 1
Hopfengold **8** 180b
HORTIVER **14** 270
hosenboy **8** 170
Hosenträger **4** 125
Hospiz Baseler Hof **15** 128
Hot Red/HOT-Club **14** 243
Hotel Krone **15** 101, 102
Hotshower **32** 42
HOUSE OF BLUES **8** 168
HP **8** 428
HQ **8** 116e
HTG **14** 267
Hubert Gröner **14** 202, 292
Hubertus **14** 21, 53, 55; **23** 36
huerth.de **3** 346
Hückel Einl 13, 162, 164, 176; **15** 106b; V **25** 8; **26** 75; **112** 1; **116** 1; **6**$^{quinquies}$ PVÜ 6, 15; V MMA 1; **4** MMA 2; **5** MMA 4; **8**$^{bis}$ MMA 4; **9**$^{bis}$ MMA 1; **9**$^{ter}$ MMA 1
Humana **14** 189, 191; **43** 33
Hummel-Figuren I **4** 24, 30, 51, 62, 85, 89, 90, 91, 95, 107
Hummer-Krebs-Bild **14** 268
Hunyadi Janos **21** 24, 41
HURRICANE **14** 201, 206, 220, 221, 222, 226, 268
Husten-heil **8** 192
Huthaken **4** 32, 50
Hutstein-Paste **4** 167
Hydair **15** 84, 85, 89, 106b
Hydraulik GmbH **15** 146
Hydro Lift **8** 168
Hydrojoint **8** 172
Hygenita **14** 214
HYGOLAN **14** 383

IA-33 **8** 443
i-Box **14** 270
IBUTAD **14** 269
Ich hab mein Herz in Heidelberg verloren **14** 437; **15** 167g
Ichthyol **8** 291; **14** 214, 267
ICPI **14** 206, 270; **153** 8
Ideal-Standard Einl 36, 162, 168; **24** 75, 83, 92; **30** 28
IDEE-Kaffee **23** 37; **26** 62, 99, 109
Iduna **15** 86, 87; **30** 53
IFA **15** 77, 147
IG **8** 443
Ihagee Einl 13
Ihr Funkberater **3** 20; **4** 129, 135, 157, 159; **8** 28, 103; **14** 210, 218; **42** 44; **97** 13, 14, 15
Immo-Data **15** 123
IMMUNINE **14** 269, 385; **26** 14
IMODIUM **14** 270

magere Zahlen = Randnummern

**KELLOGG'S Fälleverzeichnis**

Imperial **8** 170
Importvermerk **8** 319; **14** 215; **26** 54, 73; **32** 39
IMPULSE **15** 177c
INBUS **8** 279, 291; **14** 382
India **8** 429
India-Gewürze **8** 119, 121
INDIKATIV SWF-3 **3** 273; **32** 12, 28; **33** 5; **36** 8
Individual **8** 165; **83** 16
Indorektal I **8** 29, 115, 119, 121, 256; **14** 267
Indorektal II **83** 11
Infobahn (BGH)
Infobahn (OLG München) **14** 30b, **23** 55a
Ingelheim **8** 446; **42** 39, 57
Ingo/Cosy Ango **26** 37
Inlandsvertreter (BGH) **83** 17; **96** 1, 10
Inlandsvertreter (OLG) **24** 58a
Innovaaktiv **8** 168; **14** 242, 267
Innovadiclophlont **14** 113d, 141, 148, 201, 221, 222, 223, 229, 231, 270
Insel-Bücher **4** 36
Inselverlag **4** 117, 206
Instant **8** 243
Insulin **8** 167
Insulin Semitard **8** 51
INTECTA **14** 145, 269
Inter **8** 171, 254
Intercity **15** 41, 120, 137
INTERDEKT **15** 120
Interfashion **8** 109, 239, 254, 315
Interglas **8** 170, 254; **15** 41, 150; **50** 12
Intermarkt II **20** 2, 3, 4, 24
INTERQUARTZ **8** 254
INTERSHOP **8** 254
Intersport **8** 149d
Intertype **8** 78
IONOFIL **14** 148, 205, 216, 269
IPRax **15** 158, 167a, 177c
Irischer Patentanwalt **140** 20
Irus/Urus **14** 382, 521, 524, 526; **15** 72, 74, 76, 95, 150, 174, 188, 189, 267
Is egal **8** 97c
ISKA **26** 104
Isoglukose **24** 62
Isoharnstoffäther **66** 5; **83** 3; **84** 2
Isoklepa-Werk Emil ... **38** 3
Isolierte Hand **14** 26, 57, 254; **23** 34, 36
ISOPRINOSIN **32** 38; **42** 66
ISOSIL **26** 53
IX **8** 116a

J.C. Winter **15** 36
JACKIE **43** 32; **64** 3; **66** 2
JACOMO **14** 144, 270
Javico/Yves Saint Laurent **24** 94g, 104a
Jägerfürst/Jägermeister **14** 213
JEAN BARTHET/Jeanette MODELL **14** 243
Jean Barth **14** 270
Jeanette-Modell **23** 40
Jeannette **14** 269; **26** 97, 100, 122a, 122e; **43** 16c, 19
Jean's etc ... **8** 70, 138, 149a; 149c; 6 $^{quinquies}$ PVÜ 8
Jeanstasche mit Ausrufezeichen **8** 71, 117j

Jeansüberfärbungen **24** 42
Jena **49** 34
Jenaer Glas **14** 52; **15** 190; **21** 42
Jenny/Jennifer **14** 267
JIN SHIN DO **8** 105
Johann Maria Farina **3** 257; **8** 70; **15** 75, 100, 101, 102, 152, 153; **23** 26
Johanniter-Bier **8** 398; **15** 32, 57, 68
JOHN LOBB (BGH) **14** 270, 336b, 341c, 349, 385, 392
JOHN LOBB (BPatG) **14** 270, 336b, 392
John Player **14** 438; **15** 74
JOY **14** 148, 159, 201, 205, 262, 270
Jumbo-Foto **8** 129, 161
JUMBOMOBIL **8** 103c
Jungborn **15** 131
Juno **8** 271; **14** 243; **32** 39; **42** 42
Jupiter Bleistift **41** 15; **44** 21
JURIS LIBRI **8** 244
juris.de **3** 345
JUWEL **14** 148, 201, 205, 216, 270

K **8** 116b
K. Fr. Hütte und C.E.R. & Co AG **15** 108
K.U.L.T. **8** 116e
KABE **4** 123; **8** 114
Kabel 1/ARD-1 **8** 116i; **14** 243b, 247, 269
Kabel-Kennzeichnung **14** 26, 27
Kabelkennfaden **3** 213, 215, 263, 293; **4** 30, 124; **8** 73; **14** 506; V **83** 2
Kabelmarkierung **32** 22
Kabelrap **14** 210, 216, 242
Kabinett **8** 165, 227, 408
KaDeWe **14** 267
Kaffee HAG **4** 205; **8** 279, 291
Kaffeekanne **14** 61, 63, 157, 488; **15** 117, 143; **23** 44
Kaffeemühle **3** 263; **14** 51, 197; **23** 36
Kaffeetafelrunde **14** 254; **23** 34, 36
Kaisers Kaffeegeschäft **14** 265
KAL **14** 516
kalkfrei/Kalk Ex **14** 256
KALKSTEIN **19** 1
Kaloderma **4** 193; **14** 210, 211; **42** 39
Kamillogen **14** 170, 269, 385
Kapitän **23** 52
Kardinal **42** 44
Karriere **15** 156b
karriere.de **3** 337
Karlsbader Becher **126** 20; **127** 6
karo-as **14** 134, 137, 142, 174, 244, 247, 272, 288; **15** 72, 123, 126, 134, 139, 143, 147
Karolus Magnus V **25**, **26** 5; **26** 91, 97, 122b, 122e
Kartoffelchips **26** 55
Kaskodeverstärker **89** 9
Kastanienmuster **14** 522
Kathodenfallableiter **8** 58
Kathreiner/Blonde Kathrein **14** 83, 177, 189
Kathreiners Malzkaffee **4** 38
KATJA **8** 92
Kaufausweis II **15** 103
Keck und Mithouard **14** 101
KELLOGG'S **14** 270, 385

2787

# Fälleverzeichnis   Kelly-Chips

fette Zahlen = §§ bzw Artt.

Kelly-Chips **4** 194; **15** 143
Kentucky Ranger **49** 24
Kerlone **24** 51, 79
Kernschuß **8** 138
kerpen.de **3** 346
Kessler Hochgewächs **8** 325
KfA **8** 439; **14** 208; **15** 13, 14, 21, 35, 42, 47, 75, 120, 122, 123, 124, 126, 128, 139, 145, 146, 147, 148, 150
Kfz-Ersatzteile **23** 61
Kfz-Kühlergrill **8** 78
KG **15** 108
KID CARE **8** 149c
Kienzle **14** 154, 174
KINGINKA **14** 243, 268
kik **14** 397
Killer **15** 58
Kim I **127** 18, 19
Kim II **14** 118, 311, 313, 322, 383
KIMLADY **14** 145, 225, 269; **43** 8b
KIM-Mohr **3** 180, 196; **14** 165; **26** 93, 98, 106, 107, 123; **39** 10; **45** 8; **49** 23; **2** PVÜ 2
Kimber **32** 45, 47, 48
Kindl **15** 152
King **3** 164, 180, 187, 189, 190, 191; **26** 45; **49** 23, 24; **55** 17
King II **26** 45
King Size **14** 260
KINGINIKA **14** 243, 268
Kiosk **8** 192
Kirschpraline **8** 77
KISS **14** 269
KKB **15** 76, 146
KLA-FLÜ **15** 47, 146
Klasen Möbel **14** 176
Klassentreffen **3** 255c; **15** 154g
KLAUS BREE **14** 169, 269; **23** 10, 19
Klebemax **91** 12
Kleiderbügel **14** 61; **18** 18, 28
Kleine Flaschen zum Vernaschen **8** 97c
Kleine Kullerflasche **8** 117f, 117h
Klemmbausteine **3** 267a; **4** 70, 83, 84, 108, 172, 194
Klettverschluß **8** 279
Klix/Klick **14** 26; **23** 53
Klosterbrauerei **8** 320
Kloster-Doctor **8** 341
Klosterfrau **14** 144, 270
Knäckebrot Einl 13; **4** 166; **96** 16
Kneißl **14** 205
Knipping **14** 397; **15** 98
Knirps/Fips **14** 152, 160, 177, 267
Knopf im Ohr **3** 294
kobalt-blaue Flasche **3** 267d; **8** 117f; **6**<sup>quinquies</sup> PVÜ 4
Kobold **14** 188
Koch **8** 103c
Kochendwassergerät **4** 122, 124; **14** 221, 231, 233
Kodak Einl 13; **14** 43; **15** 190
Kofra/Koffea **3** 177
Koh-i-noor **14** 441, 452; **15** 68, 78; **26** 42; V MMA 1; **4**<sup>bis</sup> MMA 1
Kohlenanzünder **14** 349, 387
Köhler **23** 28, 54

Kolestral **4** 200
Kollektion Holiday **14** 522
Kölnisch Wasser **8** 70, 114; **15** 75; **24** 7a, 9, 10; **30** 30; **126** 13, 15
Kölsch **14** 540
Kölsch Bier **8** 310; **126** 13
Koma **12** 3; **14** 81, 247, 443, 539; **15** 22, 36, 46, 52, 58, 74, 75, 78, 117, 133, 146, 150; **23** 27; **50** 23
Kompaktblitz **8** 168
König Pilsener **8** 308; **126** 20b
König Stephan Wein **14** 144
Konservenzeichen I **4** 118, 182; **14** 154, 173, 287; **50** 24
Konservenzeichen II **4** 125, 126, 209, 217; **8** 427, 436; **50** 24
Konstruktionsbüro **14** 526
KONTEXT **14** 269, 394b
Kontinent-Möbel **126** 13
Kontrollnummern I **24** 39
Korall **15** 58
Kornfrank **3** 177
Kornkammer **26** 100, 108, 122d
Kornkater **14** 214, 242
Kosaken-Kaffee **14** 217, 515; **21** 24, 33, 38, 40, 41
Kostenerstattung **71** 19
Kostenerstattung I **14** 543
Kostenerstattung II **14** 546
Kostenerstattung III **14** 546
Kostenerstattung IV **14** 547
Kostenerstattung V **14** 546
Kowa **14** 267
KOWOG **21** 27, 41, 55
Krach um Jolante **15** 158, 175, 179
Kraftfahrzeug-Leichtmetallfelge **8** 77, 78
Kraftfahrzeuggetriebe **84** 2
Krambambuly **8** 285, 291
Krankenwagen **19** 6
Kräuter azid+Renegal **26** 105
Kräutermeister **14** 114, 215, 221, 243, 410, 449; **50** 24
Kräutertract **8** 155
Krebs-Fett **8** 170
Krebs/Hummer **14** 268
Kreiselantrieb **8** 58
Kreiszeichen **14** 303
Kreuzbodenventilsäcke III **14** 522, 523
Kreuzzeichen **3** 122, 148, 153
Kriesel **15** 84
Kristallid **8** 165
Kroatzbeere **4** 164, 166
Kronenbild **14** 203; **43** 29
Kronenmarke **14** 267, 292, 352, 383; **21** 27; **27** 31
Kronenthaler **14** 341c, 357, 359, 370a, 381; **471**
Krongold **15** 58
Kronprinz **15** 52, 72, 76
Krückenbrecher **14** 250
krupp.de **3** 345
Kruschensalz **4** 33, 102
KSB **15** 424
KSÜD **8** 116d, 146, 149b
Kubelik **8** 331

magere Zahlen = Randnummern  **Lord John/Black John  Fälleverzeichnis**

Küchenwunder 4 221
Kühlvorrichtung 83 14
Kukident 8 166; 14 211, 268
Kulm 8 320
Kulmbacher Bier 126 20a
Kunstseiden-Kurier 15 156b, 172
Kunststoffkästchen 4 108
Kunststoffkästen 4 108
Kunststofflacke Einl 224
Kunststoffrad 82 6; 83 13
Kupferberg 14 441, 442, 445, 447, 451; 15 78, 92, 96, 99; 20 7, 23, 24; 21 44
Kupplungsgewinde 83 13
Kurant 26 101
Kutschen-Motiv 14 266
KWO 8 114
Ky 8 349a
Kyffhäuser 15 34, 80, 89
Kytiazi Frètes 14 500

L 8 116b
L'Orange Einl 18, 79; 15 3, 80
L´Oréal 24 94h
L-Thyroxin 14 155, 268
LA AMISTAD 8 245, 247
La Chatte 15 163, 179
LA NAVARRE 5 MMA 10
La Satineuse 8 155
Ladegerät 87 2
Ladegerät II 35 10
Ladewagen 140 3, 4
Lady Rose 8 313; 126 7; 127 18; HKA 16b
Ladyline 8 242, 315
Lahco 43 10
LAILIQUE 14 269; 43 8b, 19
lamod 26 7, 17, 21, 22, 128
Lancaster 24 57e
Lancôme 24 94h
Landfrost 8 123c
Landsana/SANA 14 268
Lange Kerls 3 101; 14 188; 27 44
Lanolin 15 85; 30 10
LAR 8 234
LASTING PERFORMANCE 8 90g
Laß Dir raten, trinke Spaten 4 203; 8 95
Laternenflasche 14 61, 197
Laurentiuskapelle 8 324
Lavendel-Orangen 4 167; 8 433
Lavendelwasserflasche 4 38, 47, 146, 198
Le Rouge Baiser 24 26; 30 10
Le Soleil 14 261, 510
Leasing Partner 15 42, 150
Leckanzeigeeinrichtung 63 15, 16; 71 16, 17; 90 16
Leclerc 24 94h
Leco 85 14, 15; 89 6
Ledag GmbH 15 112
Ledermeister 8 103c
Lederoid 3 179; 13 4
Leerübertragungen Einl 79; 3 65; 27 28
Legalite 3 93
Lego 15 58, 67, 68
Leichte Kavallerie 15 179
Leitungsrohre 23 55a

LEMONSODA 6$^{\text{quinquies}}$ PVÜ 9, 14
Leonti 8 332
Leroy 8 PVÜ 2
Les Grottes 8 322
Les-Paul-Gitarren 3 318; 14 30b, 153 8
Les Rapides Savoyards 24 99
Lesering 2 7; 8 279, 282; 14 507; 23 67, 68
Letrosin 14 391; 32 39
Leukoplast/Hansaplast 3 267a; 4 30, 32, 47, 49, 172, 194
Leukos 8 247
Lewapur 43 29; 63 2, 4, 5; 71 2, 4, 5; 90 2, 4
Leykauf 15 101
LIBERO (BGH) 14 119, 120, 334, 335, 336a, 336b, 336c, 341c, 345, 347, 357, 370b, 385, 392
LIBERO (BPatG) 14 270, 385, 392
Libro 32 39
Lichtkuppeln 4 36, 53, 68, 80, 84, 112, 115, 116
Lichtmüller 14 124, 137, 173, 273, 292; 21 31, 52
Lidaprim 14 155; ZA 11
Lido 8 108, 217, 320
Liebig 8 331; 21 43
LIGHT GREEN 3 267e; 8 90g
Light Heart 8 342
Lignose 14 137, 244; 15 86, 87; 30 12, 51, 53
LILA 3 266; 4 159, 190, 193; 8 444; 14 160, 162, 252, 258Light Heart
Lili 14 16, 183, 327; 42 58; 43 29; 63 5; 71 5
LILI/Libby's 14 319
limo 24 58b
Lindbergh-Lindberg 14 514; 23 23
Lindora 14 269, 385; 42 56, 58, 60
Liner 14 145, 269
links 15 164
LINN-Vac/Vac 14 267
Linotype 24 44, 48, 54
Lion 8 234; 14 261
LION-DRIVER 14 187, 270
Lions 14 148, 152, 160, 179, 187, 202, 270, 308c
Liotard'sche Schokoladenmännchen 8 284, 285, 291; 14 343
Lip-Kiss 26 44; 43 16b
Liquid Veneer 8 123f
Liquiderma 3 186; 14 210, 211, 219, 402
lit.de 3 335, 340, 345
LITAFLEX 8 346; 6$^{\text{quinquies}}$ PVÜ 5
LITRONIC 14 362, 389
Lizenzanalogie 14 502, 517, 519, 522, 529
Locken 14 265
Lockwell 27 8, 26; 55 8
Lodenfrey 3 133, 148
Loendersloot/Ballantine Einl 36; 24 7c, 57d, 75, 79, 94h
LOGO I 8 142
LOGO II 8 97f
Lomapect 42 66; 85 14
Lona 8 240, 316
LOOK 15 164, 177b
Looschen 8 248
LORA DI RECOARO 14 270
Lord 8 21, 285, 286, 287, 291, 346; 37 29; 42 59
Lord John/Black John 14 205, 242

## Fälleverzeichnis LORDS

fette Zahlen = §§ bzw Artt.

LORDS **26** 108, 122e
Lordson **42** 26
LORIDAN/RONILAN **26** 54
Louvre/LOUVRE DE PARIS **26** 108
loveparade.de **3** 345
Löwen-Piccolo **14** 214
Löwenbräu **14** 205
Löwenzeichen **26** 112
Lübecker Holstentor **126** 8
Lübecker Marzipan **126** 6, 13; **127** 3
Lübecker Marzipan II **126** 13
LUCKY WHIP/Schöller-Nuki **14** 205
Luftfahrt Woche & Weltraum Technologie **3** 254, **8** 54
Luhn-Streifen **8** 34; **14** 266, **32** 24
Luhns Goldband **8** 72; **14** 198, 266, 295
Lukull **14** 397
Lumpenstück **8** 324
Lunkerverhütungsmittel **70** 15
Lupe **14** 395
Luppy **15** 92, 94, 96
Lusthansa **14** 427, 437, 451
Luxor **30** 10
Luxor/Luxus **14** 26, 202, 306, 308, 309, 310, 313, 328; **23** 37
Luxus-Seife **8** 292; **14** 267; **23** 37
Ly-Feder **3** 208; **4** 210; **8** 41, 114, 279; **14** 510; **15** 133, 137
Lysol **8** 279, 282; **14** 21, 44, 506; **23** 67
LZ **14** 243b, 269, 398

M (33 W) **8** 116b
M (32 W) **8** 116b
m² **8** 116g
MAC **8** 116e
MAC Dog V **1** 2; **2** 2, 3, 4; **14** 411, 411a, 423, 427, 440; **21** 40; **55** 6; **153** 8
Mac Fash **14** 423
Mac Ogo/Mao **14** 190
MACTOXIN/Macocyn **14** 267
Mädchen hinter Gittern **15** 167c
MADE IN PARADISE **8** 96, 97b, 103c, 123e, 272b
MADEIRA (BGH) **8** 203, 264; **97** 5, 27; **98** 1; **99** 2; **102** 5, 7; **103** 1; **127** 13
MADEIRA (BPatG) **8** 203, 264, 408; **97** 5, 27; **99** 2; **102** 7; **103** 1; **127** 13
Magenkraft **8** 402
magenta **8** 90b, 90f
magenta/grau **8** 90b, 90f
Maggi **2** 7; **3** 267h; **14** 207, 247, 525; **15** 143; **24** 49; **50** 24
Maggi I **14** 526
Maggi II **4** 117, 123, 175, 182, 189, 190, 193; **14** 258, 271, 310, 321, 326
Magirus **12** 3; **14** 52, 118, 287, 299, 340, 342, 358, 359, 389, 441, 443, 448, 450, 452; **15** 73, 78, 117, 121, 126, 132
Maglite (EFTA-Gerichtshof) **24** 16b, 16d
Maglite (LG München I) **14** 548, 550; **24** 58b, 58d
Magnetodyn **8** 58
Magnolia **27** 35; **28** 12
MAHAG **14** 340, 347, 382

Mähmaschine **70** 15
Maibier/Märzen **8** 236
Maja Einl 31, 32, 163, 176, 181, 183; **14** 161, 189, 205, 511; **23** 37; **24** 7a, 9, 13, 15, 22, 41, 56b; **30** 31
Makkaronipackung **4** 82
Makol **83** 20
Makose **14** 268
Makalu **14** 153, 269; **21** 27; **50** 25
Malibu Einl 79; **3** 65; **27** 28; **49** 23, 24
malmit **8** 58, 190, 192
Malzkaffee **4** 124
Malzkindl/Berliner Kindl **14** 267
Malzmann **15** 98, 99; **23** 23
Mampe **42** 64; **44** 8, 15
Mampe Halb und Halb **14** 42; **15** 190
MAN/G-man **21** 47, 48, 49, 54
Management-Seminare **15** 42, 123
MANHATTAN **26** 122
Mann oh Mann nur keinen Ärger **8** 97b
MANNEQUIN **8** 122
Manon **15** 51
ManuFact **8** 109
MAPAX **26** 8
MAPINFO **8** 242
Marbon **21** 29, 55
MARC/MARS **14** 158, 202
Mariani Einl 160; **24** 7a, 9
MARIE CELESTE **8** 348
Mariengold/Madonna **14** 266
MARILUND/Merryland **8** 231, 234; **14** 267, 268
Marinella/Marina **14** 241, 269
Maritim **8** 447; **15** 50, 73; **21** 24, 29, 41, 55
Marke Kaffeemühle **14** 51
Marke Schüssel **62** 2
Markenbenzin Einl 32
Markenschutzverband **8** 101; **15** 44, 56
Markenverunglimpfung I **14** 427, 436, 439
Markenverunglimpfung II **14** 427, 436, 439
Marlboro **49** 36; **54** 2; **55** 5b
Marleasing **24** 16c
Marpin **27** 38; **28** 21; **66** 26
MARQUIS DE MONTESQUIOU **8** 331
Mars **127** 10
Martin **50** 28
Martinsberg **15** 116, 120, 147, 150
Massageapparate **14** 382
MAST REDIPACK **26** 58
MASTER **8** 170
Master Mix/Mastamin **14** 191
MASTERSOUND **8** 109, 125
Mastertube **62** 2
MATADOR **26** 49, 83, 85
Matern **3** 100, 115; **26** 78
MAURO FERRINI **14** 269
Mausfigur **19** 5
Mauxion **8** 66
Mauxion/Venetia **14** 295
Mauxion/Waldbaur **8** 72; **14** 266, 293; **32** 24
Max **15** 158, 171
Maxi-Trac **8** 123g
Maxigold **8** 58, 123g, 180
Maxitroi/Maxi-Max **14** 234

magere Zahlen = Randnummern

McChinese **14** 267; **15** 51, 76
McDonald's **14** 400, 410, 423a, 423b, 430, 440; **15** 76
McLaren **14** 423b, 438; **15** 56
MCS **8** 116e
Mecki-Igel **3** 255a; **14** 153, 452
med **4** 166; **8** 166; **14** 211
Med Consult **15** 42
Medallienwerbung **8** 301
MEDATA **28** 6
medi-con **15** 76
Medi-Sport-Medifit **14** 211
MEDICE **14** 396, 397
Medley **14** 550
MEGA **8** 27, 128, 272d
Mein Tip: nimm Wipp **23** 51
Meinl-Mohr **14** 290
MEISTER **14** 215
Meisterbrand **3** 120; **14** 446; **15** 35, 36, 78, 131, 145
MEISTERBRAND (BPatG) **14** 144, 385
MEISTERBRAND (BGH) **14** 148, 158, 243, 270, 385
Meisterkorn **8** 170
Meißner Porzellan **24** 42, 44; **30** 10, 51, 52
Melittafilter **8** 149a
MELITTAGEFILTERT **8** 176
Melosuper/Meloskop **14** 268
Melusinpharma/Belusina, Miluvit **14** 268
men's club **8** 58
Menschenleben in Gefahr **15** 173
Mepiral **3** MMA 10; **3**[ter] MMA 1; **5** MMA 4
Mercedes-Favorit **14** 268
Mercedes-Stern **24** 39
Merck **14** 43, 148, 163, 173, 201, 202; **15** 102; **42** 45, 51, 56; **89** 6
MERCOL **14** 173, 206, 213, 216, 299
Mergenthaler Setzmaschinen **3** 261; **4** 205
Merkmalklötze **4** 70, 83
Merx **14** 177; **15** 52, 72, 133
Messias **8** 348
Messinetta **14** 220, 221, 222, 231, 241, 243
Mest/West **14** 192, 267
Meßkopf **64** 14; **66** 17; **85** 5
Meßmer Tee **14** 157, 159, 176, 214, 303, 340, 348, 354
Meßmer Tee II **14** 520, 522, 523, 529; **30** 10, 41, 51, 53
Metall-Zeitung **3** 254; **15** 35, 58, 156b, 171
Metalloxyd **61** 18
Methode Kneipp **8** 234
Metocal/Togal **14** 229
Metrawatt/symetra **14** 242
Metrix **15** 49, 51, 80; **8** PVÜ 1, 3
Metro I **24** 94h
Metro II **24** 94h
MEVA EVA **26** 20
Mexitil **24** 51
Meyer **14** 268; **15** 66, 71, 77
MEYLIP marina **14** 170, 269
MEYLIP Sonja **14** 170, 269
MHZ **14** 174, 221, 267
Micky-Maus-Orangen **30** 44, 45, 48, 50
MICROBOSS/MicroProse **15** 134

Monte Garda **Fälleverzeichnis**

MICRO CHANNEL **8** 20
Micropat/Microstat **14** 268
Microshell **14** 451
Microtec Research **14** 269, 385
MICROTRONIC **14** 369, 399
Migrol **15** 51, 84, 85, 86, 88, 106b; **30** 37, 51, 53; **50** 28; **8** PVÜ 4
Milan **14** 144, 145, 269, 270; **42** 61
Milburan **14** 379; **89** 6, 7
Milchhof **15** 44, 49
Milchmädchen **14** 265, 313
Milchquelle/Quelle **14** 243
Milka-Packung **4** 193
Millionen trinken ... **21** 43
Millipneu **14** 257; **30** 31
Mineralwolle **30** 17
Minigold **8** 58, 123g, 180
Minimax **14** 43; **24** 42, 45, 49, 54
Minimeto/Ermeto **14** 233
Minivisor/Philivisor **14** 267
Minu/Milupa **14** 229
Mirad's Lodix **14** 244
Mirocor ZA **11**
Miss Petite **14** 518, 522, 526, 528, 529; **15** 76, 85, 88, 106b
Mister Baby/Sir **14** 268
mit dem feinen Whipp **14** 450
mit dem Qualitätssiegel **8** 338; **106** 3
Mit uns kommen Sie weiter **8** 97c
Mit Tiefenwirkung **8** 445
Mitin/Litin **21** 38
Mitropa/Miorka **15** 77
Mittelohr-Prothese **78** 3
Mitwohnzentrale **15** 42
MIXFIX **8** 170
Mixmaster **8** 441
Möbel-Franz **15** 75
Möbelentwürfe **30** 29
Möbelhaus des Handwerks **14** 209
MOD'elle **8** 108, 149a, 239, 242, 247
Modell PB-Spezial **4** 200
Modeparade **42** 12
Modern-Kreuz **14** 203, 268
Modess Einl 163; **4** 222; **14** 539; **50** 25, 27; **55** 5a
MODUL **8** 185
Modulan **42** 13
Mohrenkopf **14** 381
Mokka-Express **8** 178; **23** 33, 34, 38, 39, 52
MOKLI **14** 530
Molino **8** 316, 319, 321; **37** 23
Molkerei Großbraunshain **14** 14b
Molkerei-Zeitung **3** 254; **4** 212
Mon Chéri I **4** 17, 18, 19, 20; **8** 319; **32** 39; **44** 13
Mon Chéri II **14** 512
Mon Chéri/Cérisio **14** 188
Mona Lisa **3** 205; **8** 117l, 266, 272f
Monamie **8** 320
Monasirup/Mola **14** 268
Mönchenbräu **8** 320
MONO DENTI **8** 53
Monsieur Michel **14** 145, 269
Montana **14** 269
MONTANA **15** 154d; **26** 8
Monte Garda/MONTELERA **14** 184

2791

# Fälleverzeichnis MONTE GAUDIO  fette Zahlen = §§ bzw Artt.

MONTE GAUDIO **8** 322
Montaband/Multiband **14** 267
MONTANA **26** 3, 7, 8, 11, 12, 30, 62; **115** 2; **116** 1
Montre II **8** 117d
Monumenta Germaniae Historica **14** 525; **15** 154f; **19** 3
Mordoro **14** 427, 437, 451; **15** 56
Morelia **8** 209
Morgenpost **15** 158, 163, 165
Morgenthaler Setzmaschinen **3** 261; **4** 205
Mosaik **8** 170
Motivschutz **14** 249
Mott-Nie **4** 167; **14** 267
Mouson/Tuson **14** 267
Mövenpick **14** 267
Mozzarella I **127** 3, 4; V **130** 21a
Mozzarella II **127** 18
Mozart **8** 168
Mozart-Stäbchen **8** 168
MPA Pharma/Rhône-Poulenc Pharma Einl 36; **14** 91; **24** 75, 79, 97
MR. COLA **62** 2
MSI **8** 114
MSU **4** 207; **8** 441, 443; **8** PVÜ 3; ZA 12
Müller/Lichtmüller **14** 124, 137, 173, 273, 292; **21** 31, 32
Müller/Mayer **15** 40
MULTI-PILOT **8** 242
Multibeton **30** 45
Multicolor **8** 58; **15** 41, 190
multikord **14** 221, 223, 224, 231, 233, 242; **15** 119
MULTISTRONG **14** 257
Multimedia **3** 254; **15** 157, 159
Mundantiseptikum **14** 268
Mundharmonikadecke **4** 25; **14** 165, 197
Muratti/Rimatti **14** 267; **21** 26; **27** 17
Muschi-Blix **14** 515

N als Zick-Zack-Linie **3** 243; **8** 117j; **36** 6
nach Schweizer Rezept HKA 16
nach Tallquist **23** 46
Nach Tisch **8** 192
Nachtgedanken **15** 168f
Nachträgliche Jeans-Bleichung **24** 44
Nadelpolitur **4** 30
Naftalan **14** 524
Naher Osten **15** 169, 179
Nährbier **4** 36, 108, 123, 131, 135, 156, 157, 159, 163, 166, 175; **8** 427; **14** 210, 219; **15** 50, 126
Nährgut **8** 165
Nahtverlegung **30** 17
Napoléon Brandy **8** 402
Napoléon I **14** 76, 205, 310, 315, 326, 330
Napoléon II **15** 49, 51, 80; **21** 52; **8** PVÜ 2, 3; **4** MMA 2
Napoléon III **15** 51, 102; **21** 46, 52; **23** 28; **55** 18; **8** PVÜ 2
Napoléon Le Petit Corporal **8** 122, 271; **51** 16
NATO-Pharmaka **14** 153
NATUR-A-TOP **8** 149a
natura **14** 26
„natürlich in Revue" **14** 539; **50** 25

Nelkenstecklinge **4** 30; **14** 43, 58, 490
Neocithin/Biocitin **14** 211
Nescafé **14** 191; **23** 51
Neska **14** 267
NetCom **3** 305
NETFAX **8** 242
Neuerburg **14** 81, 174; **15** 21, 28, 81, 113, 133
Neues aus der Medizin **14** 509, 535, 537
Neugefaßtes Warenverzeichnis **32** 38
Neurohorm/Heparhorm **14** 227
NeutralRed **50** 28
NEUTREX Einl 77, 79; **3** 65; **15** 48, 195; **27** 28; **50** 26
Nevada Skibindung **30** 51; **127** 3
New Century Caligraph **8** 236
NEW MAN **8** 27, 138, 241; **6**<sup>quinquies</sup> PVÜ 8
NewsHighway **8** 239, 242
Nichrome **8** 179
Nicht immer, aber immer öfter **8** 97a, 97c
Nicola **19** 11
Nicoline **3** 39
Night Club **8** 59, 103, 192
Nikon **24** 16a
Nimnasi/Nahsi **14** 215
Nino-Flex **8** 291
Ninon **26** 126
NISSKOSHER **9** 4; **14** 216, 270
Nitrangin **14** 148
NITRORETARD **8** 51
Nivea **14** 267, 436, 439; **21** 31
nobilia **54** 5
Nocado **27** 7, 8, 31, 35
Nola **8** 123c, 209, 212, 310; **15** 50; **126** 6; **127** 3
Nora-Cola **14** 328
Nordbaer **42** 38
NORDERSTEDTER **126** 20a
Nordhäuser **126** 13, 15
Nordona **3** 178, 179; **4** 9; **13** 4; **14** 177; **15** 47
Nordsee **15** 115
Noris **14** 340, 361
nOvafit **14** 211
novaform **8** 149a
Novo-Cola **14** 267
Novopan Einl 8
Novuxol **14** 270
NRJ **156** 4
NSU **15** 87; **30** 51, 52, 53
NSU-Fox/Auto-Fox **14** 52, 173, 201, 205, 267, 340; **15** 97, 148; **23** 21
Numiscop **8** 172
Nußknacker **15** 42, 80, 169
Nutrisol **14** 270, 385
NZ **15** 146, 166a, 171, 172

OBER **8** 170
Oberflächenprofilierung **83** 21
Océan Pacific **24** 16a
OCM **8** 428, 443
Odol-Flasche **4** 198; **14** 83, 239
Odorex **3** 186; **4** 9
OECOSTAR **8** 168
Ökomat/EKOMAX **94** 4
Oetker-Packung **32** 22, 25, 48
öffentliches Interesse **71** 12; **90** 14

magere Zahlen = Randnummern

Offenendspinnmaschinen Einl 205, 210
Öffnungshinweis Einl 32; **24** 7a, 39, 41, 52
OHG **15** 12, 108
Ohrstecker **18** 34
Oil of ... **3** 77; **26** 23
OIL-X **8** 179
OKAY/OKA **14** 267
OKLAHOMA SOUND **14** 120, 145, 269, 385
ÖKO?LOGO! **8** 97c
Ola **26** 17, 67, 71
OLD SALOON **8** 103
Old Scotch Whisky **10**ᵗᵉʳ PVÜ 1
Old-Ranger **49** 24
Oldenhof **8** 219, 338
Oldtimer **8** 164, 186, 187, 190, 191; **14** 26, 196, 515, 516; **15** 77, 192; **23** 34, 35, 52
Ole **8** 107
Oligoplex/Symptoplex **14** 186
Olympia Einl 13
Olympia-Cuvée **8** 192
Omega **14** 57
OMO **24** 99
Opal/Ecopal **3** 28; **14** 138, 142, 167, 223, 231, 309
OPANKA **8** 338
Opel/PEL **14** 267
Opernbrand **15** 175, 179
Opium **28** 12
Oplex/Homoplex **14** 268
Oppenheimer Kloster-Tröpfchen **8** 232
OPTICORTENOL/Optocor **14** 243, 300
Optikus **14** 389
OPTIMALT **8** 53, 121
Optimum **14** 410, 439
OPTIONSSCHEIN MAGAZIN **15** 167c
OPTItherm/SUPERTHERM **14** 256
OPW **8** 114
Oramix/Orangix **14** 267
Orange **3** 267d; **8** 90g
Orbicin **26** 4, 6, 7, 14, 31, 33, 38
Orfa **27** 8, 31
Original Allgäuzeller **127** 19
Original Bergmann **49** 33
Original Klosterpforte **8** 320
Original Oettinger Bier **126** 19, 20a; **127** 19
Original Zählerersatzteile Einl 31, 32
Original-Maraschino **14** 157
ORION **26** 51, 53, 55
Ortizon-Flasche **4** 198
Oskar **8** 285, 291
Osram **14** 124
Osram/Difram **14** 267
Osterkalender **15** 154f
Ostflüchtlinge **20** 22, 33
Ostfriesische Tee Gesellschaft **21** 43
OTHÜNA Geraer Marina I **14** 170, 269
OTHÜNA Geraer Marina II **14** 170, 269
OTHÜNA Geraer Sonja I **14** 170, 269
OTHÜNA Geraer Sonja II **14** 170, 269
Ott International **15** 66
Oui Designer Collection/De Signer's Finesse **14** 267
OUI OU NON/JA **14** 268
Ovalumrandung **8** 66, 430, 433, 436; **14** 219

Perlaine **Fälleverzeichnis**

Ovolan **14** 386
OXIDIVE **8** 242, 247
Oxit **14** 235
Oxygenol II **14** 119, 120, 335, 336b, 338, 356

P-Plus **63** 11; **71** 11; **90** 13
P-tronics **2** PVÜ 2
P3-plastoclin **8** 114; **152** 6, 8; **153** 8
P20 **8** 116f
Pack den Tiger in den Tank **14** 423b, 451
PAGO **8** 239
Palatia **8** 321
Palettenbildzeichen **4** 119; **14** 275, 280
Palma **8** 209
Palmolive **3** 77, 176, 179, 262, 263; **4** 25; **8** 28, 76, 85
Paloma/Baumona **14** 124
Pan-Europa **15** 27
Pan/Panache **14** 243
Panda-Bär **26** 93, 94
Paola **8** 316
Paperfill **8** 242
PaperStar **8** 164
PAPPA GALLO **14** 269, 398
Paracelsus-Messe **15** 154k, 154m
Paradies **8** 96, 103c, 163, 170, 272b
Parallelimport von Markenware **24** 16a
parazet von ct/PARA-CET Woelm **14** 268
Paris Tours **15** 120
Paritätische Beteiligung **3** 85
PARK **14** 182, 189, 205, 269, 270
Parkavenue **8** 216
Parkeinrichtung **83** 8
Parkhotel **15** 35, 42, 123
Parkhotel Landenberg **14** 397; **26** 98, 110
Parole/Paroli **37** 23
Partner with the Best **8** 97c
pasofast **2** 9; **20** 17
Passion **14** 189
PATEK PHILIPPE NAUTILUS **14** 169, 269
Patentanwaltskosten **63** 17
PATRIC LION **14** 187, 270
Patricia **15** 166a
Patrizier Leicht **26** 22, 126
paulaner.de **3** 335
PAURPOINT **3** 144; **15** 154e, 154j
Pavyco/Pivaco **21** 40
Pazifist **15** 49, 57, 61, 67; **8** PVÜ 1
PB-Spezial-Pistole **4** 35, 49, 185, 194
PC-Computing **8** 149c
PC-Welt **15** 169
Pecho/Pecose Einl 5; **3** 186; **4** 9; **12** 2; **41** 3, 15; **44** 21
PEER EXPRESS **14** 270
peha **8** 114
Pei/Rei **14** 187
PENA SOL **26** 112
Pengo **18** 34
Penneys **14** 457
Pentavenon **14** 186, 220, 221, 223, 224, 232, 235, 299
Pentax **24** 16a
Pepsi-Cola **14** 328
Perlaine **8** 338

2793

# Fälleverzeichnis  Perle de Caviar

fette Zahlen = §§ bzw Artt.

Perle de Caviar **14** 145, 269
Perlon **8** 291
Perlonseide **8** 338
Permanizing **8** 170
Persil **4** 193
Personalberatung **14** 394
Personalhansa **14** 268
personifizierte Kaffeekanne **12** 3; **14** 134, 244, 251, 254, 265; **15** 117, 143; **23** 34
Pertussin I **14** 481; **24** 7d; **27** 8, 31, 32
Pertussin II **14** 481, 482
Peters **15** 85, 90, 101
Petersburger Schlittenfahrt **14** 267; **26** 101
petite fleur **15** 41
Petitparis **8** 232, 247, 316
Petkuser Roggen **14** 205; **127** 19
Petter **8** 121, 247
Pfadfinder **8** 192
Pfaff-Nähmaschine **23** 59
Pfarrer Kneipp **4** 38
Pfau **8** 291
Pfeffer & Salz **8** 129, 161, 439
Pferdemotiv **14** 307
Pfund auf Pfund **8** 186
Pfundschokolade **8** 186
PGI **39** 6
Pharmamedan **15** 192
Pharmazeutisches Präparat **78** 3
Pharmon **24** 58, 89
Phebrosonal/Phebrocon **14** 140, 242
Philharmonisches Konzert **15** 120
Philips **24** 19
Philiviso **14** 267
Phönix Quelle in Birresborn **23** 42
Photoprint **4** 166; **14** 214, 268
PHRILON **14** 384
Phritex **14** 384
Phyteron/Bourdon **24** 7d, 7f, 54f, 59, 79, 94h
Phytovenin **8** 169
Pic Nic **15** 47
Picadilly **8** 217
Picador/Torero **14** 188
Piccolo **8** 246
Piek Fein **8** 164; **27** 8, 32; **30** 10, 51, 53
Piesporter Goldtröpfchen **8** 225; **70** 7
Pigodent **14** 211, 268
Pilsator **126** 20b
Pilsener Bier **21** 38
Pilsener **8** 297
Pinco Palino/Bimbo **14** 206
PINGO **14** 388
Pinguin **35** 10
Piscyol/Ichthyol **8** 291; **14** 214
Pistre V **130** 13, 21a, 21b
Pistyan's **14** 250
PITOCIN/PITON **14** 268
Pivaco/Pavyco **21** 24
Pizza & Pasta **15** 65, 154i, 159, 163, 171, 174, 177b
Plak Guard **14** 218, 270
Planex **8** PVÜ 2
Plantapret **14** 269, 270, 385
Plasticummännchen **3** 158; **14** 332, 340, 341, 342

Plastische IR-Flaschenmarke **3** 264a, **6**quinquies PVÜ 13
Platit **27** 8Plattoplast
Plattoplast **26** 126; **43** 10
Platzschutz **30** 54
PLAYBOY/PLAYMEN **14** 189, 267
Playcraft **8** 242, 247
Plexiglas **3** 26; **8** 339
Plus **8** 168Platzschutz
Plym-Gin **126** 17; **127** 20
PMA **156** 4
POINT **15** 154f, 154g, 158, 161, 171
Pökelvorrichtung **59** 3; **73** 2
Polar/Rennforth Polar **21** 26
Polinova/Polli **14** 243
Polo **8** 192
Polydor/Harlequin **24** 99
Polyestra **8** 44, 114, 115, 116c, 121, 138, 255
POLYFLAM **14** 144, 270
Polymar **4** 209; **8** 121, 138; **41** 11; **42** 36, 42, 43; **90** 5; **5** MMA 11
Polymeral/Polymerin **14** 140, 234
Ponyac **8** 307
pop **15** 174
POP swatch **3** 205, 207, 228, 230, 232; **8** 76
Popfit **8** 121; **54** 5
Poropan **14** 118, 132, 148, 155, 300, 334, 337, 340, 341, 342, 351, 355; **89** 7
Porotex **25** 15
Port du Salut **8** 291
Portasan/Tobasan **14** 155, 268
Portofolio **8** 168
POSTAFEN/POSTAFENE **26** 37, 101
Postgebühren **90** 2
Posthorn **8** 361
POURELLE **8** 239
PowerPoint **3** 144; **15** 3, 154c, 154e, 154j
Poxigen **44** 7
PP-Pistolen, PPK-Pistolen **4** 207
PPC **14** 267, 521; **21** 24, 28, 29, 38, 41, 53, 54, 55
Praemix **8** 66; **14** 202, 212; **41** 11; **42** 43
Praesent **14** 214
praliné **14** 26; **23** 34
Pralinenumhüllung **3** 227; **4** 96
PRAXITEN **14** 268
Preisblätter **30** 17
Premiere **8** 126, 127, 241, 272d
PREMIERE I **8** 424
PREMIERE II **8** 168; **37** 8; **113** 2, 3; **5** MMA 10
PREMIERE III **8** 424; **37** 8; **113** 1, 3; **5** MMA 10
Pressedienst **24** 58c
Prestige **8** 168; **42** 42; **44** 18
PRESTO **8** 243; **14** 267
Priamus/Primus **14** 185
Primeros Einl 216
Primula **8** 165
Prince Albert **21** 24, 31, 48, 52, 54; **50** 28, 37; **55** 18
Prince of Wales **8** 349a; **126** 8
Princess D'ALBRET **26** 108
Prioritätsverlust **34** 13
PRISMAL **26** 67

magere Zahlen = Randnummern

Privileg **8** 102, 170, 247
pro-fit **26** 102, 122c
Probiox/Biox **14** 224, 267
Procolon **8** 193
Procto-Kaban **26** 101
Prodont **14** 124, 186, 189, 210
Prodotto Italiano **8** 320
product-contact **15** 72, 75, 76, 150
Prodapharm **26** 21, 22
Produktionsstätte HKA 16b
Professor Biedermann **15** 59, 60
profil Einl 231
Profilkrümmer **83** 1
Profit **8** 58, 101
profitdress **8** 168
PROLOCK **8** 243
Promonta **14** 41, 442, 452; **15** 30, 41, 62, 68, 78, 81; **6**^bis PVÜ 8
Pronto **8** 247
PROPACK **50** 35
PROTECH **3** 205; **8** 19c, 23, 29, 35, 42, 51, 119, 121, 149b; **37** 28; **89** 7; **152** 3, 8; **6**^quinquies PVÜ 12
Protesan **14** 299; **49** 23
PROTEST **8** 27
Prozeßrechner **30** 10
Pschorr-Bräu **14** 149
Pudelzeichen **4** 222; **14** 522, 539; **21** 32, 38, 40, 42; **50** 23, 25
Pudelzeichen II **14** 522, 524
pulheim.de **3** 346
Pulloverbeschriftung **14** 439; **19** 3
PULSOTEST **8** 51
PUMA **14** 269, 385
Punktsystem auf der Lasche **8** 74
Putzhexe **14** 202, 242

Qualität **8** 435; **23** 50
Qualität aus Ton **8** 97c
Qualitex **3** 267a, 267d, 280
Quarter Turn Gate **8** 242
quattro **14** 423a, 439; **24** 75
quattro II **3** 243; **8** 116b, 116c, 116c, 236, 237
Queen **14** 267
QUEEN'S CLUB **14** 145, 269, 385
Quelle **15** 80
Quick **14** 124, 148, 160, 161, 189, 273, 286, 287, 441, 442, 447, 448, 449, 451; **15** 78, 171
Quickborn **8** 232
Quickmix **14** 144, 270, 385
quickslide **14** 270; **28** 16; **152** 7, 8; **158** 12
Quixil **14** 387

R-Zeichen **15** 98; **21** 52; **23** 7, 13
Rabe **15** 102
Rack-Wall **8** 242, 247
Radeberger Pilsener **126** 20b
Radio-Bayern/Bayerischer Rundfunk **14** 267
Radio Stuttgart **15** 154g, 156, 159, 168f
Radio von hier, Radio wie wir **8** 97c
Radium **8** 165
Radkappe **23** 57, 58, 59, 60, 61
Radschutz **4** 83

**Reißverschluß II** **Fälleverzeichnis**

Raiffeisensymbol **49** 31, 33, 36; **54** 2; **55** 4, 5b, 24
Rainbow Data **15** 76
Rakofix/Tachofix **14** 182, 322
Rancher **14** 261
Ranger **26** 7, 15, 36
RANIFUG **14** 144, 270
Rasierapparatkopf **3** 264b
Rasierklingen **8** 283; **49** 28, 37; **50** 42
Rasierklingen Rotbart Be-Be/Rivo Es-Es **14** 142
Rasputin **14** 269, 398
RATIONAL SOFTWARE CORPORATION **8** 242
ratiopharm/RATIOTEST **14** 233
ratiopharm **14** 186, 269, 270
Räuber **14** 205, 220, 221, 223, 224, 226, 231, 233
Räuber-Kneißl **14** 205
Raubkopien **18** 28
Rauschgold **14** 270, 385
Rauner **23** 7, 23
Raupentin **14** 186, 297, 308b, 318, 321, 322, 323; **42** 55
Ravensberg **8** 32, 138, 233
RBB **3** 243; **15** 3, 122, 134, 146, 147; **152** 8; **153** 8
RBB/RBT **4** 123, 130, 161, 207; **14** 268; **15** 50, 126, 128, 134, 146, 147;
Rdt **156** 4
Reál Sangria **2** 9
RE POMODORO **5** MMA 3
RE-WA-MAT I **3** 152; **14** 397, 399
RE-WA-MAT II **14** 396, 397, 399
Rebenfreund **14** 145, 269
Rebenstolz **14** 144, 270
Recherche-Kosten **14** 515; **140** 17
Rechteck in Pink **8** 89, 90f
Rechtsbeschwerde durch BGH-Anwalt **85** 1
Rechtsbeschwerdekosten **71** 6; **90** 6
Rechtsschutzbedürfnis **14** 309
Recresal **14** 169; **55** 5a
Recrin Einl 163, 223; **4** 224, 227; **50** 28; **6**^bis PVÜ 1, 7
Red Heart Jamaika Rum **8** 342
red white **4** 123, 163; **8** 66, 138, 433; **14** 258; **6**^quinquies PVÜ 8
Reducorton/CORTONE **14** 225
Reduzier-Schrägwalzwerk **70** 16
REEFER **8** 306, 318, 349b, 355, 402, 413b
Regelstreitwert **63** 11; **71** 11; **90** 13
Regelstreitwert bei Widerspruchsbeschwerdeverfahren **63** 11; **71** 11; **90** 13
Regensburger Karmelitengeist **4** 132; **21** 52; **55** 18
Regent **27** 19; **51** 16
REHAB **8** 171; **23** 7, 29, 54
REI-Chemie **14** 213, 292; **15** 41, 63, 68, 75, 190; **21** 33;
Reiherstieg **14** 208, 213; **15** 41, 65, 72, 171
Reimport aus Russland **14** 7
Reisebüro **3** 117, 118, 126; **14** 41, 394
Reisekosten des Patentanwalts **140** 16
Reiseverkäufer **14** 532, 534, 535
Reißverschluß II **19** 5

# Fälleverzeichnis   Reklame-Kaffeemühle   fette Zahlen = §§ bzw Artt.

Reklame-Kaffeemühle **3** 263
Reklamehand **14** 253, 266
Rekordspritzen **23** 60
RELAYS **8** 322
Remané/Romanée HKA 7
Remlo-med **14** 211
Reo-Diät **14** 342; **42** 65
Reparaturversicherung **14** 42
Repas-Fali **14** 205
RESPECT **8** 272b
Revlon I **24** 13
Revlon III **24** 19
Revlon IV **24** 19, 22
Revue **14** 76
Rexflaschen **23** 59
REXHAM **3** 149; **32** 33
REYNOLDS R1/EREINTZ **8** 115, 119, 121, 256; **14** 206, 267
Rhein Chemie/Rei-Chemie **14** 213, 292; **15** 41, 63, 68, 75, 190; **21** 33
Rheinblümchen **14** 299
Rheinische Post **15** 163
Rheinische Winzerstuben **15** 126, 128
Rheinmetall-Borsig **91** 12
Rhemolub **14** 229
Rhenania-Benzin **15** 58
Rheuma-Quick **8** 49, 179, 193
Rheumalind **14** 221, 223, 224, 231, 236, 314, 324
RHINISAT/Ysat **14** 231
RHINOPRONT **14** 205
Rialto **14** 267; **15** 117, 128
Ribana **8** 30; **14** 148, 158, 182, 221, 225, 288, 368, 539
RICE CRISPIES **26** 94, 126
Richterwechsel I **78** 7; **83** 14
Richterwechsel II **78** 69 2; **78** 7; **83** 13, 14; **85** 10
Richterwechsel III **78** 7; **83** 13, 14
Rigi **8** 218, 320
RIGIDITE I **8** 241, 243; **6**$^{quinquies}$ PVÜ 8
RIGIDITE II **8** 243; **6**$^{quinquies}$ PVÜ 11, 14
RIGIDITE III **8** 243
Rindsledernarbung **4** 95
Rippenstreckmetall II (BGH) Einl 31; **4** 107, 108, 156, 163; **8** 28, 433; **14** 219; **23** 68; **41** 11; **50** 35, 37
Rippenstreckmetall II (OLG) **14** 551
RISC 86 **8** 116f
Ritter Sport **3** 264b
RIWAX **3** MMA 6
ROAL **8** 115, 119, 121, 128, 256
ROBOMAT **14** 120, 269, 385
Robuso/Robur **4** 38; **21** 47, 48; **55** 18
Robusta **8** 105, 114, 434, 444
Rochusan **14** 228
ROCKET/RACKE **14** 278, 381
Rocky **26** 105, 123
RODI **26** 24
RODIZIO **8** 246
Rohrbogen **15** 44, 97, 139, 146, 147, 148, 190
Rohrhalterung **85** 3
Rohrreiniger **8** 88a
Rolex (BGH) **14** 423a
Rolex (OLG) **24** 39

Rolex-Uhr mit Diamanten **14** 43; **24** 39, 41
Rolex Uhren **24** 39, 42
Rolex-Ausstattungsschutz **24** 39
Roll-Notizer **8** 50, 170
Rollhocker **4** 70; **20** 31
Rolls-Royce **8** 78; **14** 49, 410, 423, 434, 439; **15** 78
Römer GmbH **15** 96, 99
Römerquelle - der Champagner unter den Mineralwässern **8** 351
Römerturm-Agento **26** 101
Romi/Romeria **14** 165, 173, 225
Römigberg **8** 119, 121, 217, 225, 226; **5** MMA 10
Römigberg II **8** 224, 226; **6**$^{quinquies}$ PVÜ 12
Roman einer Siebzehnjährigen **15** 167g
Romy **15** 26
Rondo **15** 76
Roquefort **8** 279
Rosalin **71** 14
Rosa-Weiß-Packung **4** 36, 175, 182; **194**; **14** 198
Rose **3** 180; **14** 165, 202, 203; **15** 84, 85, 87; **27** 7, 8, 31; **49** 31; **55** 8
ROSENFELDER **8** 324 Rosenheimer Gummimantel **8** 301
Rosenmontag **83** 7
Rosenthal **14** 451; **15** 78
Rosenthal-Vase **4** 24, 52, 86, 89, 95, 107
Rosenthaler Kadarka **62** 2
Rossi/Rossini **14** 241
Roßhaarstoffe **14** 244, 246; **15** 80, 84
Rot-Kreuz-Zeichen **8** 368; **15** 30
Rotaprint **30** 43
Rotbart Be-Be **14** 83, 142
Rote Grütze **4** 200
rote Herzwandvase **3** 267a; **4** 172, 194
rote Kreisfläche **14** 144, 202, 270
Rote-Punkt-Garantie **4** 117, 181, 189; **26** 93, 112
roter Fleck **8** 66, 77
Roter mit Genever **14** 268
Roter Punkt **4** 123, 138; **14** 83, 124; **18** 28
roter Punkt **3** 256; **14** 121, 287, 293; **50** 24
Roter Streifen im Schuhabsatz **3** 230, 294b; **8** 117j
Roter Streifen **3** 178
roter Strich **8** 274
Roterde **8** 322
Rotes Dreieck **14** 198, 200; **32** 20, 23
Rotes Kreuz **15** 32; **21** 43
Rot-Gelb **3** 266
Roth-Händle **4** 117; **14** 83, 193, 251, 254, 255, 266
ROTH-HÄNDLE-KENTUCKY/Cenduggy **8** 119, 121, 256; **14** 268
Rothschild **15** 99, 120; **8** PVÜ 1
Rotsiegel **8** 444
ROUTE 66 **8** 217
Rovina **26** 22, 126
Royal Bavarian Dresdner Art **8** 320
Royal Stuart **14** 381
Royals® **2** 9; **8** 335
RSW **8** 114
RUB **14** 396, 399

magere Zahlen = Randnummern

**Sedan Fälleverzeichnis**

Ruberoid/Lederoid **13** 4
RUBIA **43** 10
Rücknahme eines Widerspruchs im Rechtsbeschwerdeverfahren **42** 66
Rudol **14** 173
Rügenwalder Teewurst **4** 158; **126** 13; **127** 3
Rügenwalder Teewurst II **127** 4; V **130** 21a
Rüggeberg mit dem Pferd **15** 101, 115
Ruoc **43** 8b
Russet Rose **8** 149a, 247
Rustiphoska **14** 242, 314

S **8** 71
Saalegold **14** 175
Sabèl/Puma **14** 85, 103, 113d, 119, 121, 126, 132, 148, 160, 162, 251, 335, 336a, 341b
Sabotage **14** 41
Saccharin **8** 279
SACHSENKRONE **26** 43
Sachsenroß **8** 364; **23** 42
Sachverständigenkosten **142** 13
Safa/Saka **14** 267, 381
Safta/Softi **14** 294
Sage und schreibe, der beste Ballograf **8** 95, 337
SAINT GEORGES **8** 320
SAINT MORIS **14** 206, 270; **97** 5; ZA 12
Saintair **32** 39
Salamander **14** 244; **15** 12, 61, 64, 68, 76, 87, 95, 152
Salamander/santander **14** 83
Salem-Aleikum **4** 193, 207
Sali Toft **14** 159, 201, 270
Salome **14** 268
Salomon Einl 28; **14** 410, 420, 423, 425
Salvator **15** 64
salvent **14** 269
Sämereiausleser **30** 31
SAM **28** 5
SAMMWAT/Mann-Satti **52** 4
Samos **8** 209, 212, 310, 311; **126** 18; HKA 13
San Marco **126** 19
Sana/Schosana **14** 267; **26** 11, 129
SANGRITA **50** 37
Sankt Michael **26** 14, 20, 40
Sanopharm **28** 11; **82** 4
sanRemo **8** 302, 311, 320
Santax **26** 14
SANTIGO **8** 121
Sapen (BGH) **26** 14, 40
Sapen (OLG Köln) **26** 14
Sarotti **14** 267, 290
sat-shop.de **3** 336, 344, 346
Sauerbruch **23** 36; **30** 10, 31
Saunabau **15** 177a
Sauwohl **8** 193
SCALA **62** 2
Schablonen **4** 52, 63, 67, 68, 69, 70, 194
Schaffgeist **14** 267
Schalldämpfer **14** 531, 535
Schallplatte V Int 36, 37
Schallplattenimport III **24** 58a
Schaltungschassis **76** 10
Schamotte-Einsätze **14** 472; **15** 188
Scheidenspiegel **14** 523

Schenkelspreizer **8** 347, 355
Scherletricots/Jerlaine **14** 215
Schienenbefestigung Einl 226
nSchiffslukenverschluß **34** 13; **35** 11
SCHLAFMOND **14** 243, 292
Schlafwohl **42** 42
Schlauchmusterung **3** 293
Schlayand Buchhandlung **14** 527
Schlemmerfrost **8** 31, 123f
Schloß Caestrich **8** 322
Schloß-Pils **126** 20b
Schloß Wachenheim **8** 322; **37** 23
Schloß Zell **8** 221
Schloßdoktor/Klosterdoktor **8** 323, 324
Schlüpferstürmer **8** 347
Schlüssel-Bild **14** 145, 194, 269
Schlußverkaufswerbung **8** 301
Schmähkritik via Internet Einl 214
Schmalzler-Franzl **14** 249
Schmerz-ASS **8** 149c
Schmidt & Sohn **15** 63, 100
Schmidt-Zigarre/SCHMIDT'S CORONA **26** 110
Schnick-Schnack **14** 397
Schokoladenriegel **8** 76
Schokovit **8** 173
Scholl **3** 16, 95, 111, 117, 118, 131, 132, 135; **50** 6, 35; **6**$^{sexies}$ PVÜ 1
Schorli **8** 58, 121, 168
Schottenmuster **14** 515; **15** 192
Schrägliegeeinrichtung **70** 15; **89** 12
Schreibstift **83** 21
Schriftstellername **15** 26
Schuhcremedose Lodix/Murads **14** 142
Schulweg-Motiv **14** 266
Schüppen Aß **14** 192
SCHÜRMANN SPEDITION **14** 171, 269
Schüsselmühle **70** 15; **83** 20
Schuß **8** 155
Schutzrechtsverwarnung **14** 551
Schwabenstolz **4** 199
Schwardmann **14** 117, 152; **15** 104; **21** 27, 33, 43
Schwarz-Weiß **3** 101, 158; **26** 78; **27** 8; **49** 36; **54** 2; **55** 5b
Schwarz-Weiß-Druck **14** 198
Schwarze Liste **14** 532; **15** 60
Schwarzer Kater Einl 32; **3** 35, 41, 99, 101, 158; **4** 9; **13** 4; **14** 342, 388; **26** 78; **30** 24; **55** 17, 18
Schwarzer Krauser **4** 166; **14** 268; **15** 50
Schwarzkopf/Wella **14** 293
Schwarzwald **8** 218, 310; **37** 23
Schwarzwald-Sprudel **8** 292; **15** 42, 50
Schwarz/Zink-Gelb **8** 90b, 90f
schwarz/zink-gelb/weiß **8** 90b, 90f
Schweißelektrode **84** 2; **89** 6
Schweißelektrode II **89** 11
Schweißpistolenstromdüse II **70** 2
Schweizer HKA 8; **6**$^{quinquies}$ PVÜ 13
Schweizer **8** 403
Schweizerkarte **8** 350
SCM **8** 116e
SCOTCH GRIP **8** 321
Seal-Brand **6**$^{quinquies}$ PVÜ 8
Sedan **8** 349a

# Fälleverzeichnis  SEDRESIN  fette Zahlen = §§ bzw Artt.

SEDRESIN **43** 7
Segelschiff des Inselverlages **14** 266
Segler-Rum **8** 192
Seifenzusatz **63** 4; **71** 4; **90** 4
Seim-Lebkuchen **8** 49
Sektkellerei Kessler **8** 325; **14** 83, 126
Sektwerbung **21** 43; **55** 5a
Sekurit **14** 321; **26** 101
Selbstbedienungsgroßhandel **30** 29
selbst ist der Mann **3** 254; **8** 54, 58, 220
Selective Control System **8** 109
Seligmacher **126** 6
Selitstahl/Elitestahl **14** 177
SERAPHARM **8** 149a, 177
Serie Westerwald **126** 18, 19
Sermion **24** 51 (OLG Köln)
Sermion I **24** 79
Sermion II **24** 7c, 52, 79; **153** 8
SERVA **14** 145, 269
Service World **3** 254; **8** 54
SG Bank AG/SGZ Bank **15** 152
Shahi **25** 21
SHAMROCK **8** 359, 360
Shamrock I **14** 88; **26** 11
Shamrock III **50** 25
Shamtu-Fix/fit **14** 211
Shell **14** 58, 492
Sherlock Holmes **3** 255a; **15** 154g, 159, 161, 171, 173, 179; **21** 28, 53, 54
Shortening **4** 123, 159; **8** 121; **14** 210, 213, 294; **42** 43
Show **8** 109
Sicherheitstechnik **15** 41
Sidon **14** 380
Sieben-Schwaben-Motiv **14** 254, 266
7 Stern **8** 93
4711 **4** 182, 210; **8** 114, 443; **2** PVÜ 2
701-Die Show/702 **8** 116i; **14** 243b
Siegel **8** 68
Siemens **4** 129, 149; **49** 36; **54** 2; **55** 4, 5b
Siemens Regenkanone Hydor **14** 267
Sigel **8** 61; **14** 216, 269
SIGMA **14** 120, 270, 385
Sihl **8** 447; **14** 152, 232, 242, 326; **15** 49, 51; **8** PVÜ 2, 4
Silberal **13** 2
Silenta **26** 67
SILENTWRITER SUPERSCRIPT **8** 242
Silhouette **24** 7a, 16a–16c, 75, 79
Silhouette II **14** 10; **24** 16a
Silikatglas **8** 339
SILVA **25** 15; **26** 7, 16, 36, 93, 108, 109; **49** 21, 23, 24
Silva I **98** 10
Simmenthal **26** 42, 56
Simonsbrot **3** 115
Sinalco **3** 178; **14** 160
Singer **24** 9, 11, 37, 41, 42, 44, 48, 54
Singer-Nähmaschinen **8** 287; **14** 495
Sir **41** 13
Sirax **14** 221, 225, 235, 237, 331; **42** 58
Sirdar/Phildar **14** 457
Sirena/Novimpex Einl 18, 19; **24** 101, 105, 106
Siroset Einl 163; **4** 222; **14** 539; **50** 25, 28

Sitex **15** 119; **21** 30, 32, 42, 54
Sitracord/Metracord **14** 184
Sitzungsschild **83** 19
skai-cubana **4** 95
Ski-Delial **26** 98, 113
Skiometer **8** 58
Skyliner/Ski **14** 243
SL **3** 243; **8** 433, 443; **14** 83, 121, 153, 285, 410, 421, 423, 425, 439; **15** 73
Sleepover **8** 107, 238; **6**[quinquies] PVÜ 9
Sletten **14** 240
Slip **3** 186, 189, 196; **14** 342; **26** 57; **49** 3; **55** 17
Slopper/Fixlooper(s) **14** 215
SMART **8** 103c, 108
SMARTWARE **8** 122, 241
Smarty **14** 340, 360, 367, 368, 377, 383; **32** 37; **42** 60
Soft-Line **8** 109, 168
Soldigal/Pandigal **14** 155
Solidbau **15** 123
S. OLIVER **14** 269, 385; **43** 8b,19; **82** 4
SOLU-PARAXIN/Solu-Purgat **8** 106; **14** 268
Solidur/Solida **61** 2
SOMETHING SPECIAL IN THE AIR **8** 97c
SONETT **14** 120, 269, 385
Sonne **14** 307
Sonnenbild/Le Soleil **14** 196, 510
Sonnengold Einl 5; **12** 2; **13** 2
Sonnenhof **21** 43
Sonnenquell/Capri-Sonne **14** 233, 278
Sonnenschein **4** 47; **14** 523
Sonnenstück **8** 322; **49** 30; **55** 5b
Sonniger September **8** 168, 236
Sonntagsblatt **15** 163
Sonny Boy **15** 160, 175
Sorena **26** 125
Sorpresa **8** 246
Sortiergerät **70** 1, 2; **73** 5; **89** 2
SOS **8** 356
Soundboy **14** 145, 269, 385
SPAR **15** 147
Sparordner **8** 165
SPD **15** 33
Spectacle **8** 123e
Spiegel **6** 9; **14** 177; **15** 41, 78, 80, 83, 123, 164
Spiegel der Woche **3** 254; **15** 123, 172, 177b
Spiegelreflexkamera **35** 10, 12; **38** 9
Spielbankaffaire Einl 199
Spielfilm **15** 163
Spielkarten **3** 213
Spielzeuglokomotive **14** 214
Spitzenmuster **15** 18
Splendor **8** 247
Splenterkotten **15** 123
Sporthosen **4** 158; **14** 195, 383
SPORTS life **15** 158
Sportschuhe **4** 24, 52, 84, 88, 96
Spring **14** 269, 548, 550
Springende Raubkatze **14** 85, 113d, 148, 162, 163, 170, 193, 201, 202, 204, 253
Springendes Pferd **14** 505, 511, 513; **41** 15; **44** 21; **52** 4; **105** 10
Sprint **43** 32
Sprudella **8** 338

magere Zahlen = Randnummern   **Fälleverzeichnis**

SR **8** 438; **14** 247, 267, 287
ST **8** 115
St. Pauli Girl **3** 105, 216
St. Pauli-Nachrichten **3** 254; **4** 212; **8** 220
St. Pauli-Zeitung **15** 167c, 167g
St. Petersquelle **14** 83, 157, 268
Stabilotherm **4** 79
Taschenlampen **8** 117d
Städtesiegel **8** 68
Stadttheater **15** 58
Stahl **27** 23
Stahlexport Einl 194
Stallmeister **3** 164, 180, 186, 187, 188, 189, 190, 191; **49** 23, 24
Standard **4** 122; **8** 48, 271, 438, 444; **14** 349; **30** 51; **32** 39
Standard/Alupost **21** 43
Stangenglas II **126** 16
Star Pencils **14** 291
Star-Revue **14** 173; **15** 177b
STAR/SPAR **14** 292
Starlight **14** 268; **15** 77
STATUS **8** 103c, 170
Staufen Gold **8** 234
Staurodorm **14** 269
STEIFF **3** 294
steiff.com **3** 340, 343, 345
Steinhäger I **126** 15
Steinhäger II **14** 452; **126** 15
Steinhägerkrug **4** 198
Stellin **14** 51, 485, 492; **24** 49
Stelzer Motor **3** 148
Stephanskreuz **14** 144
STEPHANSKRONE I **14** 221, 226, 266, 270
STEPHANSKRONE II **14** 224, 226, 266, 270
Stereocenter **8** 165
Sterilex **8** 246
Stern **14** 307
Sternbild **2** 7; **14** 26, 171, 204; **23** 36, 47, 65; **30** 51
Sternhaus **15** 37
Sternkarten zum Aufwickeln von Seidenfäden **4** 47
Sternrad **4** 47
Sternseide **4** 30, 50, 75
Sternteppich **14** 307
Sternwolle **14** 368
Stets mobil mit forbil **8** 95; **23** 16
Steuerberatungsgesellschaft **15** 65
Stilschränke **2** PVÜ 1
Stoffzeichen R **4** 33
Stoll **15** 66, 96, 103
Stollwerck Goldkrone **14** 349; **49** 36; **54** 2; **55** 5b
Stollwercks extra zart **23** 50
Stollwerk **15** 98, 99
Stolper Jungchen **15** 80Strahlenkranz
Stonsdorfer **4** 157, 159, 163, 164, 166
Störche **14** 157, 306, 308; **21** 27, 32, 33, 38, 45
STORM **14** 270, 398
Strahlenkranz Einl 5; **14** 291; **41** 9, 14; **42** 53; **44** 3; **45**, 21
Streichgarn **83** 8; **84** 2
Streifen durch Seidenband **14** 295
Streifenmuster **3** 263; **8** 74, 435, 436; **14** 258
Streitwert **142** 4

Streitwertbegünstigung **142** 6, 11
Streitwertbegünstigung für Verband **142** 4, 6, 10
Streitwertherabsetzung **142** 6
Streitwertveränderung für Verbraucherverbände **142** 6
Stretchever **8** 242, 315
Streublümchen **14** 299
Strickende Hände **14** 249; **44** 7
Strickwarenhandel II **19** 11
Stromrichter **66** 12; **85** 1
Strumpf-Zentrale **14** 26, 27, 51, 117; **15** 138Studenten-Versicherung **14** 41
Studio **8** 444; **15** 42
Stundung ohne Aufpreis **20** 5, 37
Stute **66** 3, 5; **83** 4; **84** 2
Styled by Guccio Gucci **14** 29; **23** 34
Succhess **66** 16
Suchard **3** 41
Süddeutsche Molkerei Zeitung **15** 177b
Sügwest-Online **15** 133
Südwestbild **14** 267; **15** 44, 77
Südwestfunk **14** 267; **15** 44, 77, 171, 174
Sügro Big-Bär **8** 317
SULFA-PERLONGIT **14** 268
Sulla **14** 144, 270
Sultan **15** 192; **14** 515, 521; **15** 192
Summit **8** 247
Sunkist **4** 125, 126; **14** 162, 178, 254, 255, 256, 260, 294, 402
Sunpearl I **14** 84, 172, 196, 204, 261, 267, 292, 298, 306, 308, 310, 313, 315, 321, 328, 332
Sunpearl II **4** 122, 124, 126; **14** 83, 178, 260, 271, 286, 304, 402; **42** 60
Sunsweet **14** 137, 140, 178, 220, 244, 327, 402; **42** 36, 56, 60; **44** 3; **90** 5
Super-Meier **14** 189, 247, 268
Supergriff **8** 165
Superplanar **83** 20
Supracell **42** 26, 28
Surprise (4 W) **8** 246
Surprise (27 W) **8** 97f, 105
Süßbier **14** 541
Sütterlin Feder **15** 67
Swatt **8** 246
Sweater TOPS **8** 109
SWF-3 NACHRICHTEN **3** 273; **32** 12, 28; **33** 5; **36** 8
Swing **9** 4; **14** 120, 269, 385
SWISS ARMY **8** 27, 142
SWOPS **15** 49, 51, 61; **8** PVÜ 1, 2, 3
Synochem/Firmochem **14** 161, 189
Synthesizer **24** 94h
System E. **14** 551
Szene **15** 172
ß-Wollastonit **83** 20

Tabac Original **8** 433, 444; **14** 219
Tabacco d'Harar **14** 158, 159, 213
Tabelliermappe **83** 11; **85** 7
tabu I **15** 35, 41, 46, 47, 50, 75, 76, 117, 123, 128, 146, 150, 189
tabu II **15** 14, 80, 128
Taeschner/Pertussin I Einl 237; **14** 481; **24** 7d; **27** 8, 31, 32

2799

Taeschner/Pertussin II **14** 481, 482
Tafelgeräte und Bestecke **14** 154
Tagesschau I **14** 411, 440; **15** 178c
Tagesschau II **14** 411, 440; **15** 178c
Taiga **62** 2
Tallquist **49** 4
Tampax Einl 216, 231
Tampon **70** 7
Tarivid **24** 79
Taschenstreifen **4** 70, 74, 84, 96
Tauentzien **14** 267
Taurus **26** 54, 56, 58
taxa/Dexa **14** 267
TAX FREE **8** 88a
Tchibo/Rolex II **14** 439, 522
TEAM **8** 123f
Teaquick **126** 20
Technik, die mit Sicherheit schützt **8** 97c
Technika **15** 36, 73, 134
TECHNOLAW **3** 93; **8** 242
technomed.de **3** 334
Teco **26** 126
Teekanne **4** 117, 159; **8** 422, 444; **14** 201, 203, 514; **23** 36
Teekanne II **8** 145, 422; **14** 121; **15** 73; **26** 93, 100
Teenform **15** 51
Teerspritzmaschinen **2** 9; **14** 527; **20** 23
Teilstreitwert **142** 8
Telecheck **8** 165
Telefonnummer 4711 **14** 451; **15** 78
Telekopie **66** 12; **85** 1
TeleOrder **8** 254a
teleren **8** 122, 162; **14** 229
TELE-TRACER **8** 123f, 170, 242
TEMANA/Penaten **14** 290
Tencafé/Nescafé **14** 267, 322, 451
Tennisschläger **24** 13
Teppichbremse **8** 123f
Teppich-Bursch **15** 153
Teppichhaus Iran **15** 44
Teppichmeister **8** 103c
terfen-basan/MERFEN **14** 267, 268
Terminsladung **83** 17
Terranova **21** 54
TERRANOVA **14** 145, 269
Terranova/Terrameyer **14** 158, 211
Terranova/Terrapin (BGH) **14** 211, 213, 247, 406
Terranova/Terrapin (EuGH) Einl 19; **14** 91, 404, 405; **24** 19, 75, 76, 90, 92, 93, 101
Tesacell **14** 243
Test it. **8** 124
Testfotos **14** 535
TETRA-CITRO/CITO **8** 122, 162; **14** 267; **43** 33
Tetrasil **26** 7, 24
Textil-Zeitung **8** 425; **15** 158, 172
T.Golf **14** 550
THAT'S BIKE **8** 170, 242
The Beatles **26** 8, 9; **55** 5b
The Coventry **8** 441, 446
THE HOME DEPOT **8** 149b, 241, 247
THE OUTDOOR CHANNEL **8** 242

THE RIGHT ANSWER IN ANY LANGUAGE **8** 97c
THE SMELL OF FRESH CUT GRASS **3** 280
The White Spot **4** 38, 133; **12** 2; **14** 198; **15** 51; **32** 20, 25, 46
Thermalquelle **14** 456
Thermostatisch gesteuertes Reguliervenil **83** 4
Thomasschlacke **14** 154
THROMBEX **43** 10
Thunderbird **14** 269, 385
Thymopect **14** 83, 148, 155, 161, 182, 189, 268, 306, 308, 332
Tiefenfurter Bauernbrot **127** 20
TIFFANY (BGH) Einl 30, 39; **8** 29; **14** 119, 120, 130, 269, 335, 336a, 336b, 341a, 341b, 341c, 345, 347, 349, 370b, 385
TIFFANY (BPatG) **14** 269, 349, 385
TIGRESS **26** 56, 58, 60; **49** 42
Timberland **24** 16a
Tina Farina **15** 99, 100
Tina-Spezialversand I **14** 21, 53
Tina-Spezialversand II **14** 53; **26** 4
Tintenkuli **4** 19; **8** 88a; **14** 198, 218; **32** 20, 23, 24, 25
Tireur/Tourneur **14** 321
Titelschutzanzeige (BGH) **15** 167b, 167g; 167h, 167j
Titelschutzanzeige (HansOLG Hamburg) **15** 167g
Titelschutzanzeigen für Dritte **15** 167h
Tixo-Therm **14** 214
Toasta **14** 381
Today **8** 97g, 97h, 103a
toff **14** 380
TOGAL-SELTZER **14** 186, 270
TOLKAN/Togal **14** 278
Toltecs/Dorcet **14** 407, 457
Toltecs/Dorcet II **24** 102, 104
Toni's Hütten Glühwein **14** 215
Topfit Boonekamp **21** 43
topfitz/topfit **26** 31 37, 93, 110; **50** 23, 25
Top Hat **8** 170
Top Selection **70** 7; **83** 2
TOP STEEL **8** 149a, 249
Torch **8** 193, 248; **50** 23, 25, 26, 28
Torero **14** 188; **26** 126
Torgament **15** 85; **30** 10, 53
Torpedo **23** 61
Torres Einl 94; **14** 262; **15** 3, 119, 190; **8** PVÜ 1
Torsana **14** 41
Tosca **3** 30; **4** 180; **8** 92; **14** 57, 207, 441, 451; **23** 35, 40, 41; **26** 125
Toscanella V Int 40; V MMA 1
Tour de culture **8** 19, 238; **14** 30a; **23** 10, 12, 29, 55
Tour de Kultur **14** 269
Touringgas **8** 168
Tourneur **14** 321; **26** 126
Trafalgar **6** PVÜ 1
Trafogehäuse **3** 211, **8** 117c
Tragiseta **8** 338
Trainingsanzug **4** 30, 52, 84, 88, 95
Trakehnen **8** 320
TRAMPER **8** 193
Tramyl **8** 338

magere Zahlen = Randnummern        **Vaseline  Fälleverzeichnis**

TRANSATLANTISCHE **15** 85, 102
Transcommerce **15** 41
Transportbehälter V **66** 3; **83** 4
Transportbox **8** 76
TRAUM/Traumfeuer **14** 243
Traumhochzeit **8** 170
Treibladung **69** 2
Trend **26** 4, 7, 16, 28, 31, 33, 36
TRENDSCHREIB **8** 54
Treppchen **4** 130; **8** 324; **15** 35, 46, 120, 128, 146
Treppenmeister **8** 103c
Trevira Einl 32
Treviseta **8** 338
TRIANGLE **32** 59
Tricoline **14** 337, 340, 341, 348, 367, 374, 376, 383, 450
TRICOM **3** 142; **14** 267, 382
Triebol/Liebold **42** 66; **85** 14
trigg/Tirag **14** 367
TRIO **8** 125, 272b
Triosorbin **14** 313, 321; **28** 12; **42** 13; **44** 4
Tritan **14** 384
Triumph **14** 118, 340, 342, 347, 350, 390, 442, 445, 450, 452; **15** 78; **49** 33
Trockenrasierer **14** 61
Trockenwolle **8** 425; **14** 296
Trocklin **14** 374, 376
Troika-Dreika **3** 158; **14** 118, 267, 332, 340, 379; **15** 150
Trolli Einl 67, 79
Trollinger **127** 20
-tron **14** 144, 299
Tropa **14** 190, 350
Tropon **14** 155
Trotzkopf **15** 175
Trumpf **14** 26, 27, 52, 54, 57, 277, 289, 383, 511, 521; **26** 56, 57
Trustfeind **8** 101
Trylisin-Flasche **4** 198
Tubenverschluß Einl 206
TubRobinson **32** 59; **50** 30
Tula **23** 45
Tuma/Tula **44** 7
Tumarol **14** 269
TURBO I **3** 205; **8** 19c, 23, 27, 122, 142; **37** 28
Turbo II **8** 20, 122; **23** 29; **89** 6
TURBO-TEK **4** PVÜ 3; **1** MMA 5
Turnschuh **8** 76
Turpo **8** 121; **14** 190
Turrón de Alicante Einl 43; **1** 14; **126**, 1, 4, 5, 14; **127** 3, 4; V **130** 11
Tusom Creme/Creme Mouson **14** 267
Tutto **8** 109
tv. berlin **126** 20
Twen Club **14** 214
Twist **14** 270, 392
Tylosin **24** 58a
Typ H-Heizkissen **24** 11
Typobar **14** 539

U-KEY **8** 42, 119, 121; **6**^quinquies PVÜ 12
Übernacht Express **8** 149c
ufa.de (LG Düsseldorf) **3** 335, 343, 345

ufa.de (OLG Düsseldorf) **3** 305, 343
UFAC/ULTRAFAC **14** 240
UHF-Empfänger II **70** 15; **89** 12
UHQ I **8** 115
UHQ II **3** 244; **8** 116c
UHQ III **3** 244; **8** 32, 116c
Uhrenbalancewellen **4** 47
Uhrgehäuse mit Armbandteil **8** 117d
Uhrrohrwerk **4** 111
Uhu **21** 45
Ulan/Elan **14** 191
ULCUGEL **8** 51
ULTIMATE **8** 109
Ultra **8** 249, 250
Ultra-Basic **14** 270, 294; **50** 29
Ultron **14** 382
Umberto Rosso **4** 9; **14** 159, 202, 205, 294; **15** 66; **26** 75
Umsatzauskunft **14** 526
Umschreibungsantrag **28** 5, 13, 19
Underberg **4** 32; **15** 78, 92, 96, 99; **23** 28
Ungarische Salami I **21** 43; **126** 7, 8
Ungarische Salami II **126** 7, 8
Ungetreuer Agent **42** 35
Uniclip/mono-clip **14** 256, 268
Unimeter **8** 49, 162, 172
Union **14** 510
Unionspriorität **34** 11; **4** PVÜ 6
UNIPLAST **8** 49, 170, 172, 178, 179; **14** 52, 177, 207, 212, 402, 512; **15** 41; **41** 11; **49** 30
Universal **8** 192
Universitätsemblem **15** 34, 56, 58, 84, 85, 86, 89; **21** 24, 41, 55
Universitätssiegel **15** 58
UNO DUE **8** 116b
Unser Favorit/Favorit **14** 267
Unterkunde **14** 535, 537
Unter Uns **8** 97c, 272b
unübertroffen **8** 306, 336
Unvollständige Anmeldung **34** 10; **35** 9
UR-Pils **8** 165
Uralt **8** 435; **14** 219; **23** 50
Uraton **14** 379
Urbrand **14** 219
Urbraun **8** 48
Urhopfen **8** 165
Urköl'sch **15** 92, 93, 94, 95, 96, 97, 100, 153, 190
Urquell **8** 291
Ussems **15** 26

V.A.G. **24** 57b, 94h
Vacuum Oil **20** 23
Vakuum **8** 444
Valenciade **4** 162, 167; **27** 23, 26, 32; **28** 12
Valium II **24** 97
Valium Roche **24** 7a, 42, 49, 51, 53, 97
Valser **8** 447; **14** 268
VALUE **8** 35, 42; **83** 11
van Linnen Primeur **8** 149a, 149b
VARICOLOR **8** 171
Varimot **14** 389; **26** 62; **27** 32
VARIO **8** 96, 171
Vaseline **8** 269, 289

# Fälleverzeichnis Vasenol/Anusol

fette Zahlen = §§ bzw Artt.

Vasenol/Anusol **14** 267
VAT 69 **24** 22
VAUEFGE **8** 114
Velemint **140** 3, 4
VENDET **63** 11; **71** 13
Venezia **21** 44
Venostasin/Topostasin **14** 138, 142, 155, 186, 219, 223, 236, 268, 300, 306, 308, 402
Venturon **14** 380
Venus **14** 352; **27** 26
Venus/Afrodit **14** 268
VENUS MULTI **2** 12; **14** 30a; **23** 12, 55; **24** 36, 48, 58d; **153** 7, 8
Verankerungsteil **30** 10, 34, 35, 36
Verbandsmarke **14** 192, 193; **50** 24, 26, 27
Verbandszeichen **102** 9
Verein der Steuerberater **15** 12, 21, 32
Verein für deutsche Schäferhunde **15** 32
Vergleichen Sie **23** 49
Verjährung des Vertragsstrafenanspruchs **20** 8, 10
Verjährungsunterbrechung **20** 7, 15
Verlängerungsgebühr (BGH) **47** 10
Verlängerungsgebühr (BPatG) **47** 6, 10; **56** 8
Vernichtungsanspruch **18** 28, 32, 33, 35, 39, 40
Verona-Gerät **14** 535, 538
Verschenktexte I **15** 154b, 154f, 154g, 162, 167a, 168c, 168f
Verschenktexte II **15** 159, 163
Verschiffungsmarkierung **14** 51
Verschlußvorrichtung für Gießpfannen **73** 5; **84** 2
Vertagungsantrag **83** 17
Vertrieb durch Hersteller **14** 472
Vertriebsbindung **30** 29
Vibramycin **24** 75, 78, 97
Vicapan **14** 267
VICTOR **14** 267, 384; **15** 76
Victoria **15** 85; **30** 10
Video Land **15** 41
VIDEO-RENT **15** 41
Videofilmvorführung **19** 5
Videorekorder-Vernichtung **18** 18, 28
Videothek **8** 121
Vier-Streifen-Schuh **14** 521, 525, 529, 420, 430, 440 **8** 116b
442 **8** 116b
Vierling **8** 201
Vikingfjord **126** 19
Viktoria **15** 85; **66** 12; **85** 1
vileda **8** 121, 170, 174
Villa Marzolini **8** 322
Vimulsan/Lemulsan **4** 221
VINETA **8** 289
violettfarben **8** 90d
VIP **15** 148
VIRGINIA Classic FULL FLAVOUR **8** 149a
Virion **15** 3, 89, 106b
VISA-Streifenbild **8** 88a
VISCON **28** 6
VISIT **43** 10
Visite à Paris **8** 320
VISPER **14** 44
Visuelles Gesamtbild **8** 147; **14** 158, 210
Vita Seltzer/Selzerbrunnen **14** 228, 233, 242; **41** 11
VITACOMBEX **14** 269, 385

VITA-MALZ **8** 49, 149a, 170, 178, 179, 197; **14** 202, 210, 212, 213; **90** 5
VITA-MED/MEDI-VITAN **14** 186
Vita/Vita-Micoren **14** 268
Vitacor **8** 193
vital/fit **8** 103b, 168
Vitaletten **14** 344
Vitalfutter **8** 149c
Vitaline/Vitalis-Creme **14** 298
Vitalis **14** 124, 273, 298, 344
Vitapur **8** 149a, 179; **14** 189, 283, 297, 308, 308c, 309, 310, 311, 313, 319, 322, 331; **41** 9, 15; **42** 29, 53, 55, 56, 58; **44** 3, 8
Vitasulfal **14** 523, 529
Vitello **8** 247
Vittel **8** 209; 6$^{quinquies}$ PVÜ 12
Vivil **4** 36
VHS **8** 237
VODNI STAVBI **8** 238, 243
Vogeler **15** 22, 110; **29** 23
Volks-Feuerbestattung **15** 146, 150
Volksbank **15** 41
Volksboot **8** 192
Volkstabak **8** 192
Vollob/Vollruhm **14** 267
Volta **8** 184
Voran Einl 162
Vorrasur/Nachrasur **8** 445; **14** 27, 202, 210; **23** 11, 51; **41** 11
Vorratstitel **15** 167i
Vorsicht Elch! **14** 144, 270, 392
Vorwerk **15** 76
Vossische Zeitung **3** 254
VUBI **15** 153
Vulkollan **18** 16, 28, 32
Vulnophyll **42** 61
VW/Audi (OLG Dresden) **24** 57e
VW/Audi (OLG Düsseldorf) **24** 57e
VW/Audi (OLG Hamm) **24** 57e

W-5 **4** 123, 135; **8** 42, 114; **14** 212, 268, 292, 310; **41** 11; **42** 44
W.C. & Co. GmbH **15** 91
Wach- und Schließ **15** 41, 42, 43
WAGAMAMA **14** 113d
Wagner/Wagnella **14** 173, 225, 539
Waldbaur **4** 38
Wanderer/Wittler **14** 153, 202
Wandsteckdose **4** 36, 52, 70, 84, 112, 113, 115, 138, 139, 218
Wandsteckdose II **14** 522
Wappen der Stadt Neisse **15** 34
Wappenerklärung **59** 2
Warengleichartigkeit **42** 63
Warenkredit **15** 41
Warenverteiler **8** 192
Warenzeichenerwerb **3** 40
Wärmeaustauscher **83** 4
Warmpressen **83** 13, 20; **84** 4; **85** 10; **89** 5
Warsteiner (OLG Karlsruhe) **126** 6, 20a; **127** 6
Warsteiner I **127** 4, 21; V **130** 21a, 21e;
Warsteiner II Einl 16, 43; V **1** 2; **2** 2, 3, 4, 10; V **126** 3; **126** 3, 4, 6, 20a, 21; **127** 3, 5, 6a, 6b, 8, 21

magere Zahlen = Randnummern

Wäschepresse **91** 12
Waschmittel **70** 7, 13, 14; **89** 11
Wasserventil **72** 12; **83** 15
Watt **8** 184
Weber & Fields **8** 330, 332
Weber-Kaffee **27** 8
Weberlied **15** 60
Webers Feigenkaffee **15** 84
Weck/Rex **23** 59
Weidepumpe **69** 1; **70** 5
Weihnachtsbrief **78** 3; **89** 10
Weihnachtströpfchen **8** 149c
Wein-eingefangener Sonnenschein **14** 57, 210; **41** 11
Weinbergsrolle Einl 24, 101; **8** 223; **14** 10, 106; V **27** 2; **126** 2
Weinbrennerei Hch. Raetsch GmbH **15** 110
Weisel **8** 212
weiße Kokosflasche **8** 117f, 117h
Weißer Hirsch **3** 95, 96; **55** 5a
Weißpunkt-Tabakpfeifen **41** 15
weiß/zink-gelb **8** 90b, 90f
WELASTIC **14** 383
Welch ein Tag **3** 241; **8** 97c
Wella **14** 410, 423, 441, 451
Wella-Perla **4** 118; **14** 153, 173, 201, 208, 267, 303; **15** 72
Wella-Wienna **14** 152, 268
Wellenbänder **14** 165
Wellenreiter **14** 187
Wellplatten **30** 38
Wells Fargo **6**bis PVÜ 5
Welt Echo **15** 172
Weltkrepp **14** 513
Wenco **3** 148
Wer ist Wer **14** 267
Werkstück-Verbindungsmaschinen **30** 17
Wertpapiere **3** 116, 153
Weserklause **15** 146, 150
West **8** 234
Westfalen-Roß **14** 192; **23** 42
Westfalenkoks **8** 310
Westfälisches Schinkenfrühstück **23** 17, 36
Wettbewerbsverein I **20** 15
Wetten, daß ... **14** 439
Wheels Magazine **15** 3, 158, 161, 163, 171, 177a, 177c
While you Wait **8** 109
Whisky **21** 55
Whiskyflasche **8** 88
White Horse **15** 49, 51, 73, 76, 153; **21** 43; **30** 51; **8** PVÜ 2
White Lion **14** 270, 398
Who's who **15** 163, 169
Wickelsterne **4** 146, 147, 148, 193; **21** 27, 43, 46; **30** 51
Widerspruchsberechtigung **42** 66
Widerspruchskosten **43** 29
Widerspruchsunterzeichnung **42** 25
Widia/Ardia **14** 84, 121, 124, 137, 160, 174, 187, 188, 247, 267, 272, 287
Wie hammas denn? **8** 96, 101; **15** 159; **59** 2; **73** 2
Wiedereinsetzung **79** 6, 7
Wiederholte Unterwerfung **14** 509

Zentralschloßanlagen **Fälleverzeichnis**

Wiederholungszeichen **14** 423a; **25** 20, 21
Wiener Emailmanufaktur **15** 44, 74, 147
WINCAD **15** 154j, 167b, 167g
Windboy **3** 186; **14** 382
Windward **8** 123f
Winkelverzierung **8** 74
Winthrop **24** 75
Winzerdoktor **8** 308, 341, 402
WIR IM SÜDWESTEN **15** 159, 161
Wirkzeichen für Strumpfwaren **14** 165, 174
wirtschaft-online.de **3** 344
WISA **14** 145, 269
wisch frisch/Wischwunder **14** 299
Wit/Wipp **3** 186; **14** 183, 267, 306, 308, 403, 540; **21** 1; **41** 14, 15; **42** 57; **44** 7
WKS-Möbel **3** 20; **4** 38; **15** 126; **23** 33; **97** 13, 15
WKS-Möbel II **4** 129; **14** 267, 402
WM **3** 254; **4** 212
WM '94 **14** 270; **15** 123
WMF-Mondmännchen **3** 77, 162; **14** 162, 201, 266
WOCHE aktuell **15** 167g
Wochenend-Express **8** 149c
wolff/nolf **14** 231, 267
WOOL-DURA **14** 270
Wörterbuch **21** 43
Wunderbaum **2** 4; **14** 202; **26** 114
Wurstförmige Rollenverpackung **8** 117d
Wurstmühle **26** 93, 98, 112, 122a
Wyeth **15** 92, 93; **39** 10, 11; **45** 8, 9; **126** 7; **127** 18, 20

xpert **8** 32, 58, 101, 136, 246
XTensions **50** 23, 26, 27
XXL **8** 116e
YACHT CHARTER **8** 340; **97** 21
Yale **23** 59, 61
Yellow Phone **14** 431, 440; **153** 8
YES **8** 97f
Yurop **6** PVÜ 1
Yusi **8** 121, 138; **50** 2

Z-TECH **8** 115; **6**quinquies PVÜ 1, 5, 16
Z/MHZ **14** 267
Zahl **17** 8 114
Zahl 55 **4** 133; **14** 531
Zahl 3000 **8** 116b
Zahl 9000 **3** 205; **8** 116b; **156** 4
Zählerersatzteile **24** 7a, 11 37, 41, 42, 44, 48
Zählkassetten **4** 24, 52, 63, 70, 71, 72, 79, 107, 112
Zahnbürsten **14** 384, 526
Zahnpastastrang **8** 76; **36** 6
Zahnrad **14** 167, 192, 298, 307, 485; **21** 47; **32** 19; **39** 10; **45** 8
Zamek I **14** 52, 57, 489; **15** 92, 100, 104; **21** 46
Zamek II **8** 162; **23** 28; **25** 21
Zappel-Fisch **15** 154c, 154d, 154e, 154i, 158
Zeiß Einl 13; **14** 481; **15** 190
Zeitplaner **140** 11
Zeitschrift Uhu **21** 23
ZEN **8** 114, 119
Zentimeter-Kleidung **8** 155
Zentralschloßanlagen **23** 57

# Fälleverzeichnis  Zeppelin    fette Zahlen = §§ bzw Artt.

Zeppelin **8** 331
ZERO **8** 114
Zeus/Jupiter **14** 188
Ziegelsteinformling V **83** 3; **83** 1, 6, 11; **85** 12; **88** 3
Zigarillos **4** 47, 77, 199
Zinkenkreisel **66** 5; **83** 6, 11; **84** 2, 3; **89** 4
Zin **8** 50, 162
ZINNIA **8** 170
Zinnlot **89** 4
Zirkusname S. **15** 86
Zisch & Frisch **8** 97d
Zonenbericht **15** 11, 59, 78
Zorro **14** 229
Zürich **50** 12

Zum Möbelhandel **14** 153
Zum Paradies der Damen **15** 158
Zur feurigen Bratwurst **15** 128
Zurückverweisung **66** 2; **70** 14; **83** 3; **89** 11
Zustellungsverzögerung **20** 15
Zustellungswesen **32** 6
Zustellungszeitpunkt **66** 16
Zwilling **14** 268; **21** 24, 43, 52; **55** 5a
zwilling.de (OLG) **3** 318; **14** 423b
zwilling.de (LG) **14** 423b
Zwillingsfrischbeutel **23** 51, 52; **42** 58
Zwillingskaffee **14** 251, 276, 289, 448
Zwillingspackung **23** 51; **42** 42
Zwillingszeichen **14** 451

# 6. Sachverzeichnis

**Benutzerhinweis**

Fette Zahlen bedeuten §§ bzw Art.; magere Zahlen bedeuten Randnummern.
Einl 7; **4** 5, 7; **8** 3 bedeutet Einleitung zum MarkenG, Rn 7; § 4 MarkenG, Rn 5 und Rn 7; § 8 MarkenG, Rn 3.
V **1** 3; V **3, 31** 2; **3** 9, 17; V **126, 139**7, 9 bedeutet Vorbemerkung zu § 1 MarkenG, Rn 3; Vorbemerkung zu den §§ 3 bis 31 MarkenG, Rn 2; § 3 MarkenG, Rn 9 und Rn 17; Vorbemerkung zu den §§ 126 bis 139 MarkenG, Rn 7 und Rn 9.
V Int 4, 5; **6** PVÜ 4, 11; **6**$^{bis}$ PVÜ 7; V MMA 11, 12; **3** MMA 2 bedeutet Einführung in das Recht der internationalen Verträge, Rn 4 und Rn 5; Art. 6 PVÜ, Rn 4 und Rn 11; Art. 6$^{bis}$ PVÜ, Rn 7; Vorbemerkung zum MMA, Rn 11 und Rn 12; Art. 3 MMA, Rn 2.
HKA 6, 7; ZA 3, 9 bedeutet Herkunftsabkommen, Rn 6 und Rn 7; zweiseitige Abkommen, Rn 3 und Rn 9.

**Abbildung der Verpackung**
– s. Verpackungsbildmarke
**Abbildung der Ware**
– s. Produktbildmarke
**Abgrenzungsvereinbarungen 14** 453–458; **15** 90; **24** 102–104; **26** 82; **42** 50; **55** 20
**Abkürzungen 8** 171; **15** 146–153; **15** 166
**Ablehnung**
– Gerichtsverfahren **72** 9–17
– patentamtliches Verfahren **57** 8–16
**Abmahnung 14** 542–547; **18** 34; **20** 5, 10, 37; **21** 31, 36; **55** 10; **142** 10
– wegen Lizenzrechtsverletzung **30** 31
**Abmahnkosten 14** 546, 547
– Titelschutzanzeige **15** 167k
– Verjährung **20** 5, 37
**absolute Schutzhindernisse**
– allgemein sprachgebräuchliche Bezeichnungen **8** 263, 266–269
– amtliche Gewährzeichen **8** 378–388
– amtliche Prüfzeichen **8** 378–388
– Artangaben **8** 151–156
– Begriff **8** 17
– Berühmungen **8** 335–337
– Beschaffenheitsangaben **8** 157–180
– beschreibende Marken **8** 118–256
– – Abwandlungen **8** 255, 256
– – Begriff **8** 130–134
– – Freihaltebedürfnis **8** 119–126
– – – aktuelles **8** 119, 120
– – – konkretes **8** 122–129
– – Produktmerkmalsbezeichnung **8** 130, 131
– – Verkehrsauffassung **8** 137–139
– Bestimmungsangaben **8** 188–193
– Exportmarken **8** 319
– fehlende Unterscheidungskraft **8** 22–117
– – Begriff **8** 22
– – Freihaltebedürfnis **8** 30, 31
– – Verkehrsdurchsetzung **8** 43
– Fruchtsaftbezeichnungen **8** 411
– Gattungsbezeichnungen **8** 257–293
– – Abwandlungen **8** 273–275
– – Begriff **8** 263–265

– gesetzwidrige Marken **8** 400–413
– Gewichtsangaben **8** 186, 187
– Goldbezeichnungen **8** 180
– graphische Darstellbarkeit **3** 200–202, 217–220; **8** 11–16
– Hoheitszeichen **8** 359–377
– internationale Organisationen **8** 389–399
– Kreuzmarken **8** 368
– Lagenamen **8** 221–229, 322–329
– Lebensmittelbezeichnungen **8** 412
– Maßangaben **8** 184, 185
– Mengenangaben **8** 181–187
– Ordnungswidrigkeitenrecht
– – amtliche Gewährzeichen **8** 387
– – amtliche Prüfzeichen **8** 387
– – Bezeichnungen internationaler Organisationen **8** 396–398
– – Hoheitszeichen **8** 377
– – Wappen **8** 377
– Preisangaben **8** 199–201
– Saatgutbezeichnungen **8** 410
– Schweizer Wappen **8** 369
– Sortenbezeichnungen **8** 410
– Systemangaben **8** 175, 176
– Täuschende Marken **8** 294–343
– Titel **8** 334
– Verkehrsdurchsetzung **8** 415–448
– – Abgrenzung zur Verkehrsgeltung **4** 103, 104; **8** 417
– – Begriff **8** 421–425
– – Freihaltebedürfnis **8** 432, 433
– – Grad **8** 430–436
– – Territorium **8** 439–441
– – Verkehrskreise **8** 426–429
– – s. Verkehrsgeltung
– verkehrsübliche Bezeichnungen **8** 263, 266–269
– Wappen **8** 363–366, 369
– Weinbezeichnungen **8** 408, 409
– Wertangaben **8** 194–201
– Zeitangaben **8** 235, 236
**Abstandslehre 14** 309–311, 312–332
**Abstrakte Unterscheidungseignung**
– s. Unterscheidungseignung

2805

# Sachverzeichnis

Abwehranspruch — fette Zahlen = §§ bzw. Art.

**Abwehranspruch**
- s. Unterlassungsanspruch

**Agentenmarke 11** 1–15; **6** septies 1, 2
- Agentenverhältnis **11** 9, 10
- ausländischer Markenschutz **11** 13
- Begriff **11** 8
- Betriebsinhaberhaftung **17** 9
- Löschungsgrund **11** 14
- relatives Schutzhindernis **11** 1, 8
- Schadensersatzanspruch **17** 8
- Übertragungsanspruch **11** 15; **17** 2–5
- Unterlassungsanspruch **17** 6, 7
- Vertreterverhältnis **11** 9, 10
- Weitervertriebshaftung **17** 10
- Widerspruchsgrund **11** 14
- Zustimmung des Markeninhabers **11** 12
- s. Marke, Markenschutz

**Aggressionsmarke 50** 29
- s. bösgläubige Anmeldung, Rechtsmißbrauch

**Ähnlichkeit**
- s. Markenähnlichkeit, Produktähnlichkeit

**AIPPI** V Int 3

**Akronyme 15** 124
- mittelbares Kennzeichen **24** 41

**Akteneinsicht 62** 2–7; **82** 7–12

**Aktivlegitimation 14** 507; **55** 4–7

**Akzessorietät der Marke**
- Begriff **3** 52
- Erstreckungsgesetz Einl 72
- s. Nichtakzessorietät der Marke

**allgemein sprachgebräuchliche Bezeichnungen 8** 263, 266–269

**amtliche Gewährzeichen 8** 378–388

**amtliche Prüfzeichen 8** 378–388

**Amtsermittlungsgrundsatz 59** 1–15; **73** 1–4

**Amtsrecherche**
- bei Gemeinschaftsmarke Einl 135
- s. Markenrecherche

**Amtssprache 93** 1–5

**Anbieten des Produkts**
- Dienstleistung **14** 476
- Ware **14** 469

**Anbringen der Marke 14** 462–468

**Angestellter**
- s. Betriebsinhaberhaftung

**Ankündigungsrecht 14** 459, 460

**Anlehnung 2** 6
- offene **2** 6
- versteckte **2** 6

**Anmeldeprinzip 32** 1
- s. Anmeldeverfahren der Marke, Priorität

**Anmeldepriorität 4** 13; **6** 9; **33** 7; **34** 15; **35** 13
- s. Priorität

**Anmeldeverfahren**
- Anmeldefähigkeit **32** 3–8
- Anmeldepriorität **4** 13; **6** 9; **33** 7
- Anmeldetag **33** 1–7
- Anmeldungserfordernisse
- – Mindesterfordernisse **32** 13–43
- – weitere Anmeldungserfordernisse **32** 13–43
- Anwartschaftsrecht **4** 15, 221; **27** 11; **31** 1; **32** 1
- Aussetzung **32** 51
- Bedeutung **4** 15, 16; **32** 1
- Berichtigung **39** 8
- beschleunigte Prüfung **38** 1–7
- – Gebühr **38** 4–6
- Beschreibung der Marke **32** 44–48
- Disclaimer **39** 6
- Einschränkung der Anmeldung **39** 5, 6
- Eintragungsanspruch **33** 8
- Ersichtlichkeit der Täuschungseignung **37** 22, 23
- Form **32** 10, 11
- Gebühren **32** 56–58
- – Säumnis **36** 9
- Gemeinschaftsmarke Einl 133–136
- Inlandsvertreter **32** 6; **96** 3–16
- Klasseneinteilung **3** 17, 120; **32** 31–42
- Mängel der Anmeldung **33** 3–6; **36** 5–10
- Prüfung der Anmeldung **36**; **37**
- – absolute Schutzhindernisse **37** 1–29
- – – notorisch bekannte Marke **37** 16, 24, 25
- – – Schutzhindernisse nach § 8 **37** 5–15
- – – Zeitpunkt **37** 17–21
- – Anmeldungserfordernisse **36** 1–10
- – beschleunigte Prüfung **38** 1–7
- – Teilhindernis **37** 26
- Rücknahmeklage **32** 59
- Teilung der Anmeldung **40**
- – Gebühren **40** 16
- – Rechtsfolgen **40** 11–14
- – Übergangsrecht **40** 17
- – Voraussetzungen **40** 9, 10
- Unveränderlichkeit der Marke **39** 10, 11; **45** 8, 9
- Veröffentlichung der Anmeldung **33** 10–12; **65** 24; **165** 2
- Vertreter **32** 5–8
- Wiedergabe der Marke **32** 14–30
- Wirkung **32** 52–55
- Zurücknahme der Anmeldung **39** 1–4

**Anschlußbeschwerde 64** 6; **66** 6, 7, 17; **82** 4; **85** 12

**Ansprüche**
- geographische Herkunftsangaben **128** 1–7; **135** 2–9
- geschäftliche Bezeichnungen **15** 180–194; **18** 1–44, 45–48
- Marken **14** 503–541; **17** 2–10; **18** 1–44, 45–48

**Anspruchskonkurrenz** V **1** 2; **2** 1, 2–5
- s. Rechtsschutzkonkurrenz

**Anwartschaftsrecht**
- s. Markenanwartschaftsrecht

**Artangaben 8** 151–156

**Arzneimittelmarken 8** 51

**Assoziationsgefahr** Einl 41; **14** 108–116, 144, 145, 245, 246

**Ausbeutung**
- s. Rufausbeutung

**Auskunftsanspruch 14** 525–527; **15** 193; **19** 1–21; **146** 18
- Anspruch auf Drittauskunft **19** 1–20
- – Auskunftsberechtigter **19** 5
- – Auskunftsverpflichteter **19** 6
- – einstweiliger Rechtsschutz **19** 17–19
- – Geltendmachung **19** 15, 16
- – Inhalt **19** 8–10
- – Unverzüglichkeit **19** 13
- – Verhältnismäßigkeit **19** 14

magere Zahlen = Randnummern  **Benutzungsmarke**  **Sachverzeichnis**

- – Verwertungsverbot **19** 20
- – Zeitraum **19** 11, 12
- Auskunftsrecht bei Grenzbeschlagnahme **146** 18
- sonstige Auskunftsansprüche **14** 525–527; **15** 193; **19** 21
- – Tatbestände **14** 525; **19** 21

ausländischer **Markeninhaber 7** 47
**ausländisches Unternehmen 3** 94
- s. Unternehmen

**Auslandspriorität 6** 15–19; **32** 49; **34** 4–9
- IR-Marken **6** 16–18; **34** 5
- Sonderstaatsvertrag **34** 6
- sonstige ausländische Priorität **34** 7–9
- Unionspriorität **6** 15; **34** 4
- Verfahren **34** 10–15
- s. Priorität

**Auslandssachverhalte 14** 19
- s. internationales Markenprivatrecht Einl 179–197

**Auslandswettbewerb 14** 19
- s. internationales Markenprivatrecht Einl 179–197

**Ausschließlichkeitsrecht 14** 8
- Benutzungsmarke **4** 37
- geographische Herkunftsangabe **126** 4
- geschäftliche Bezeichnung **15** 9
- Kennzeichenrechte **14** 8
- Registermarke **14** 9, 10
- Notorietätsmarke **4** 223

**Ausschließung**
- Gerichtsverfahren **72** 2–8
- patentamtliches Verfahren **57** 2–7

**Ausschlußgründe der Markenfähigkeit 3** 222–234
- technisch bedingte Form **3** 229, 230
- warenbedingte Form **3** 227, 228
- wertbedingte Form **3** 231, 232

**Außenseiterwettbewerb 24** 57b
**außermarkenrechtliche Schutzhindernisse**
- Begriff **8** 18

**Äußerungsrecht des Präsidenten 68** 1–3
**Aussetzung des Verfahrens**
- Eintragungsverfahren **32** 51
- Löschungsverfahren **9** 9
- Widerspruchsverfahren **9** 8; **43** 32, 33

**Ausstattung** Einl 6; **4** 22–25
- s. Benutzungsmarke

**Ausstellungspriorität 6** 10, 20; **35** 1–13
- s. Priorität

**Ausstellungsschutz 11** PVÜ 1, 2
**Auswirkungsprinzip**
- Anknüpfungsregel im IPR Einl 173
- s. internationales Markenprivatrecht

**Beauftragter**
- s. Betriebsinhaberhaftung
**Beitritt des Präsidenten 68** 4–10
**begleitende Marke 3** 26; **14** 372–378
- s. Marke, Markenschutz, Produktähnlichkeit

**bekannte geschäftliche Bezeichnung 15** 19
- Kennzeichenausbeutung **15** 19
- Kennzeichenverwässerung **15** 19
- s. Bekanntheitsschutz

**bekannte Marke 14** 410–440
- Abgrenzung zur Benutzungsmarke **14** 415
- Abgrenzung zur berühmten Marke **14** 415
- Abgrenzung zur Notorietätsmarke **14** 416
- Begriff **14** 415–423b
- – qualitative Elemente **14** 422
- – quantitative Elemente **14** 420, 421
- Fallkonstellationen **14** 433–438
- Inlandsbekanntheit **14** 432
- Markenausbeutung **14** 425, 426
- Markenverwässerung **14** 427
- Priorität bei Rechtszuwachs **22** 2; **51** 13
- s. Bekanntheitsschutz, notorisch bekannte Marke

**Bekanntheitsschutz 14** 127, 410–440; **15** 19
- geschäftliche Bezeichnung **15** 19
- Marke **14** 127, 410–440
- s. bekannte Marke, notorisch bekannte Marke

**Benutzung als Marke 14** 69; **23** 10, 32–55
**Benutzung der Marke 3** 169–196
- s. markenmäßige Benutzung, rechtserhaltende Benutzung

**Benutzungsfrist 25** 7–15; **26** 47, 130; **43** 16a–19
- s. Benutzungszwang

**Benutzungsmarke 3** 22; **4** 21–222; **12** 1–7
- Abgrenzung zur Notorietätsmarke **4** 224
- Ausschließlichkeitsrecht **4** 37
- Begriff **4** 26–36
- Designschutz **4** 97
- Erlöschen **4** 214–220
- Inhaberschaft **4** 141–153
- Kollektivmarke **4** 153
- Löschungsgrund **12** 7
- Markenanwartschaftsrecht **4** 221, 222
- Markenfähigkeit **4** 45–102
- – ästhetische Formgebung **4** 50
- – ästhetische Zeichen **4** 85–96
- – technische Zeichen **4** 66–84
- – technisch funktionelle Produktgestalt **4** 47–49
- Markenformen **4** 154–213
- – Bilder **4** 205
- – Buchstaben **4** 207
- – Bücher **4** 206
- – deskriptive Marken **4** 155–167
- – Farbmarken **3** 265-267h; **4** 168–194
- – Flaschen **4** 197, 198
- – graphische Gestaltungsmerkmale **4** 209
- – Verpackungen **4** 195–200
- – Werbeanzeigen **4** 201–204
- – Werbetexte **4** 201–204
- – Werktitel **4** 211–213
- – Zahlen **4** 210
- Priorität **4** 137–140
- Rechtsnatur **4** 37–44
- relatives Schutzhindernis **12** 1, 5
- Unterschied zur Ausstattung **4** 22–25, 45–55
- Verkehrsgeltung **4** 103–136
- – Abgrenzung zur Verkehrsdurchsetzung **4** 103, 104
- – Anforderungen **4** 120–126
- – Besitzstand **4** 109
- – Produktbezug **4** 119
- – Territorium **4** 128–133

# Sachverzeichnis   Benutzungsprinzip          fette Zahlen = §§ bzw. Art.

– – Verlust **4** 214–218
– – Zeitdauer **4** 127
– Verkehrsgeltungshindernisse **4** 98–102
– Wettbewerbsschutz **4** 222
– Widerspruchsgrund **12** 7
– s. Marke, Markenschutz
**Benutzungsprinzip 4** 12
**Benutzungsrecht 4** 17; **14** 12
**Benutzungswille 3** 77–80, 170; **25** 21
– Begriff **3** 77
– genereller Benutzungswille **3** 78
– individueller Benutzungwille **3** 78
– Nachweis bei Mehrfacheintragung **25** 21
– Nachweis bei Wiederholungsmarken **25** 22
– PVÜ **5** PVÜ 1
– Vermutung **3** 79, 80
**Benutzungszwang 25** 1–22; **26** 1–131; **43** 1–34; **49** 10–24, 42; **55** 4, 5, 19; **100** 5, 6
– abweichende Markenformen **26** 89–123
– Altmarken **26** 123
– Benutzungsfrist **25** 7–15
– – Berechnung **25** 9–15
– – Hemmung der Benutzungsfrist **26** 47
– – Nichtbenutzungseinrede **43** 16a–19
– – Rechtslage **25** 7, 8
– – Unterbrechung der Benutzungsfrist **26** 47
– – Widerspruchsverfahren **26** 130
– Dauer der Benutzung **26** 34–36
– Drittbenutzung **26** 78–88
– Einrede der Nichtbenutzung **42** 7, 41; **43** 7–19; **55** 19
– – Benutzungsfrist **43** 16a–19
– – Bestreiten der Benutzung **43** 7, 8
– – Glaubhaftmachung **43** 9–15
– ernsthafte Benutzung **26** 31–39
– Exportmarken **26** 66–74
– Exportvermerk **26** 73
– funktionsgerechte Benutzung **26** 4–30
– Geltendmachung der Nichtbenutzung **26** 48
– Gemeinschaftsmarke Einl 111–116
– Importvermerk **26** 73
– Inlandsbenutzung **26** 64, 65
– Integration bei Produktoberbegriffen **26** 56–61
– Kollektivmarke **26** 87, 88
– Lizenznehmer **26** 79; **30** 24
– Markenabweichungen **26** 89–123
– – Identitätstheorie **26** 92
– – Schutzbereichstheorie **26** 92
– – Zweischrankentheorie **26** 93–96
– Mehrfacheintragungen **25** 16–22
– Mehrfachkennzeichnung **26** 124–129
– Rechtfertigung der Nichtbennutzung **26** 40–48
– rechtserhaltende Benutzung **26** 3–77
– – Abgrenzung zur rechtsverletzenden Benutzung **14** 70; **26** 3
– – Begriff **26** 3–77
– Scheinbenutzung **26** 38
– Subsumtion unter Registereintrag **26** 51–55
– Testmarkt **26** 36
– Umfang der Benutzung **26** 37
– wettbewerbswidrige Benutzung **26** 39
– Wiederholungsmarken **25** 16–22

**Bereicherungsanspruch 14** 530; **15** 193
**Berichtigung**
– Anmeldung **39** 8
– Beschlüsse des DPMA **61** 18–20
– Eintragung **45** 5–7
– Entscheidungen des BPatG **80** 1–8
– Löschung **52** 19
– Veröffentlichung **45** 5–7
**Berührung 8** 335–337
– s. Schutzrechtsanmaßung
– s. Schutzrechtsberührung
**berühmte Marke 2** 9; **14** 441–452
– Schutzvoraussetzungen **14** 443–447
– – Alleinstellung **14** 445
– – Eigenart **14** 446
– – Einmaligkeit **14** 445
– – überragende Verkehrsgeltung **14** 443, 444
– – Wertschätzung **14** 447
– – Verwässerungsgefahr **14** 448, 449
– – Zeitrang **14** 450
– s. Berühmtheitsschutz
**Berühmtheitsschutz 14** 441–452
– geschäftliche Bezeichnung **15** 19
– Marke **14** 441–452
– s. berühmte Marke
**Berühmungen 8** 335–337
**Beschaffenheitsangaben 8** 157–180
**Beschlagnahme 146**–**151**; **10** PVÜ 1, 2
– Antrag **148** 3–5
– Auskunftsrecht **146** 18
– Benachrichtigung **146** 16, 17
– Besichtigungsrecht **146** 19
– Einziehung **147** 3
– geographische Herkunftsangaben **151** 1–9
– Kosten **148** 6, 7
– Rechtsmittel **148** 8
– Schadensersatz **149** 1–3
– VO (EG) Nr. 3295/94 **150** 1–3
– Voraussetzungen der Grenzbeschlagnahme **146** 6–11
– Widerspruch **147** 4, 5
– Zuständigkeiten **148** 3
**beschleunigte Prüfung 38** 1–7
– s. Anmeldeverfahren
**Beschlüsse des DPMA 61** 1–20
**beschreibende Angaben**
– Benutzung als beschreibende Angabe **23** 9–12, 29–55
– Unterscheidungseignung **3** 242
– s. beschreibende Marken
**beschreibende Benutzung 23** 9–12, 32–55
**beschreibende Marken 8** 118–256
– s. absolute Schutzhindernisse
**Beschwerde 66** 1–27
– Beschwerdeentscheidung **70** 1–16
– Durchgriffsbeschwerde **66** 18–23
**Beschwerdesenate 67** 1
**Beseitigung der Marke 2** 9
**Beseitigungsanspruch**
– s. Unterlassungsanspruch
**Besichtigungsrecht 146** 19
**Besitzen des Produkts**
– Hilfsware **14** 477
– Ware **14** 475

magere Zahlen = Randnummern

**DPMA Sachverzeichnis**

**Besitzstand 4** 109
**Bestandskraft prioritätsjüngerer Marken 22** 1–4
– Begriff **22** 1
– Gründe **22** 2, 3
– – Rechtszuwachs **22** 2; **51** 13
– Koexistenz **22** 4
– Verfall **22** 3; **51** 14, 15
**Bestellzeichen 3** 110; **8** 92, 93
– s. Marke
**Bestimmtheitsgrundsatz 3** 197; **32** 1
**Bestimmungsangaben 8** 188–193; **23** 56–61a
**betriebliche Herkunftskennzeichnung**
– s. Herkunftskennzeichen
**betriebliche Unterscheidungszeichen**
– s. Geschäftsabzeichen
**Betriebsinhaberhaftung**
– geographische Herkunftsangaben **128** 8; **135** 10
– geschäftliche Bezeichnungen **15** 194
– Marken **14** 531–538; **17** 9
**Bewegungsmarke 3** 289–291
– s. Marke, Markenformen
**Beweiserhebung 74** 1–16
**Beweiswürdigung 78** 1–3
**Bewertungsmethoden**
– s. Markenbewertung
**Bezeichnungen internationaler Organisationen 8** 389–399
**Bierbezeichnungen 126** 20a, 20b
**Bildmarke 3** 256–262; **8** 62–88; **32** 18–25
– s. Marke, Markenformen
**Bindung der Marke an den Geschäftsbetrieb**
– Begriff **3** 55; **27** 7–9
– s. Akzessorietät der Marke
**Bindungswirkung**
– s. Tatbestandswirkung
**bösgläubige Anmeldung 2** 8; **21** 15–17; **50** 23–30
– s. Rechtsmißbrauch
**Buchstabenfirma 15** 122, 124
**Buchstabenmarke 3** 243, 244; **4** 207; **8** 113–116i; **14** 243a, 243b
– graphische Gestaltung **3** 257
– s. Marke, Markenformen
**Buchtitel**
– s. Werktitel
**Bühnenwerke**
– s. Werktitel

*Canon*-Formel **14** 341a
**Codierungssysteme 24** 57d–57g
**cross referencing 3** 322
– s. Domainnamen
**characteristics 3** 233
**Com 8** 254a
**Computerhardware 3** 142
**Computersoftware 3** 139–144
– Arten
– – Individualsoftware **3** 140–143
– – Mischunternehmen **3** 143
– – Standardsoftware **3** 140–143
– Rechtsentwicklung **3** 139
– Werktitelschutz **3** 144

**DDR**
– Altrechte Einl 12
– Berechnung der Benutzungsfrist **25** 13
– Enteignung von DDR-Unternehmen Einl 13
– Rechtslage zum WZG Einl 12
– Spaltungstheorie Einl 13
– s. Erstreckungsgesetz
**DE-NIC 3** 300, 303, 315
– s. Domainnamen
**Defensivdienstleistungen**
– s. Defensivprodukte
**Defensivmarke 3** 23, 172–183
– Begriff **3** 174
– Gesetzwidrigkeit **3** 172
– Rechtsentwicklung **3** 176–183
– s. Marke
**Defensivprodukte 3** 155–157
**Defensivwaren**
– s. Defensivprodukte
**Deliktsschutz der Marke 2** 11
– s. Verwässerung der Marke
**demoskopische Gutachten**
– Feststellung der Verwechslungsgefahr **14** 83
**Designschutz 3** 233; **4** 97
**Deutsches Patentamt**
– Bezeichnung V **56** 4
– s. Patentamt
**Dienstleistung 3** 123–128, 129–147
– Abgrenzung zur Ware **3** 118, 129–147
– Arten
– – Dienstleistungen mit Warenbezug **3** 127
– – reine Dienstleistungen **3** 126
– Begriff **3** 123–125
– Defensivdienstleistungen
– – s. Defensivprodukte
– Dienstleistungsklassen **3** 128
– Hilfsdienstleistungen
– – s. Hilfsprodukte
– Mischunternehmen **3** 134
– Nebenleistungen beim Warenabsatz **3** 133
– Vorratsdienstleistungen
– – s. Vorratsprodukte
– s. Klasseneinteilung
**Dienstleistungsklasse**
– s. Klasseneinteilung
**Dienstleistungsmarke**
– Abgrenzung zur Warenmarke **3** 15–17
– PVÜ **6** sexies PVÜ 1, 2
– s. Marke
**Dienstleistungsmarkengesetz** Einl 8; **3** 16
– Priorität **6** 28, 29
**dingliche Rechte an der Marke**
– Nießbrauch **27** 52–54; **29** 8–10
– Pfändungspfandrecht **29** 13–21, 22
– Vertragspfandrecht **27** 55–57; **29** 6, 7
**Disclaimer**
– Einschränkung der Anmeldung **39** 6
– Gemeinschaftsmarke Einl 134
**doctrine of aesthetic functionality 3** 232
**Domain-Grabbing 3** 317–321
– s. Domainnamen
**Domainnamen 3** 296–347
**DPMA**
– s. Patentamt

**Sachverzeichnis** dreidimensionale Marke fette Zahlen = §§ bzw. Art.

**dreidimensionale Marke 3** 239, 263–264f;
  **8** 117a–117j; **14** 219a; **32** 26
– Benutzung **14** 60–65
– graphische Darstellbarkeit **3** 220; **8** 14, 15
– Kollision **14** 197
– Verwechslungsgefahr **14** 219a
– Verpackung **8** 86
– s. Marke, Markenformen
**dreifache Schadensberechnung 14** 518–520
**Dresdner Stollen 126** 13, 15
**Dringlichkeitsvermutung 14** 550
**Druckgraphik als Ware 3** 115
– s. Ware
**Druckschriften**
– s. Werktitel
**Durchgriffsbeschwerde 66** 18–23

**EFTA-Gerichtshof 24** 16d
**Einheit von Wettbewerbs- und Markenrecht**
  Einl 5
**Einheitlichkeit der Marke 3** 197, 216
**Einigungsvertrag** Einl 10, 44; V Int 42
**einstweiliger Rechtsschutz 14** 548–551
**einstweilige Verfügung 14** 548–551; **140** 4
– Dringlichkeitsvermutung **14** 550
– Glaubhaftmachung **14** 551
**Eintragung der Marke**
– Bedeutung **4** 15, 16; **41** 3
– Eintragungsbewilligungsklage **41** 15
– Eintragungsgrundsatz **3** 169; **4** 12; **32** 1
– Legitimationswirkung der Eintragung **28** 5–11
– Vermutung der Rechtsinhaberschaft **28** 5
– Veröffentlichung **41** 8
– Zuständigkeit **41** 9–15
– s. Anmeldeverfahren, Eintragungsverfahren
**Eintragungsbewilligungsklage 41** 15; **44** 1–23
– Aktivlegitimation **44** 4
– Einreden **44** 15
– Klagefrist **44** 6
– Klagegründe **44** 9–14
– Passivlegitimation **44** 4
– Prioritätswahrung **44** 20
– Urteil **44** 16, 17
Eintragungsfähigkeit
– Abgrenzung von der Markenfähigkeit **8** 8–10
– Begriff **8** 8–10
**Eintragungsgrundsatz 3** 169; **4** 12; **32** 1; **41** 2, 3
**Eintragungshindernisse**
– Gemeinschaftsmarke Einl 94–99
– s. Schutzhindernisse
**Eintragungsprinzip**
– s. Eintragungsgrundsatz
**Eintragungsverfahren**
– Anmeldepriorität **4** 13; **6** 9; **33** 7
– Anmeldetag **33** 1–7
– Anmeldung **32** 1–58
– Berichtigung **39** 7–9
– beschleunigte Prüfung **38** 1–7
– Disclaimer **39** 6
– Einschränkung der Anmeldung **39** 5, 6
– Eintragungsanspruch **33** 8
– Eintragungsbewilligungsklage **41** 15; **44** 1–23
– Prüfung der Anmeldung **36** 1–10; **37** 1–29

– Teilung der Anmeldung **40** 1–17
– Teilung der Eintragung **46**
– – Gebühren **46** 19
– – Rechtsfolgen **46** 14–17
– – Übergangsrecht **46** 20
– – Voraussetzungen **46** 10–13
– Veröffentlichung der Eintragung **41** 8
– Widerspruch **42** 1–71
– – s. Widerspruchsverfahren
– Zurücknahme der Anmeldung **39** 1–4
– Zweigleisigkeit des Verfahrens **41** 9
– s. Anmeldeverfahren, Widerspruchsverfahren
**Enteignung**
– berechtigter Grund für Nichtbenutzung **26** 42
– Enteignungsunfähigkeit der Firma **15** 106c
– Erschöpfung **24** 85–88, 90, 91
– hoheitliche Markenaufspaltungen **24** 85–88, 90, 91
– Rückübertragungsanspruch Einl 65
– Territorialität Einl 13
– Verwirkungseinwand **21** 42, 43
– Wiederaufnahme des Verfahrens **15** 80
**Entstehung des Kennzeichenschutzes**
– Firmenschutz **15** 114–116
– geographische Herkunftsangaben **126** 9, 10
– Geschäftsbezeichnungen **15** 122–127
– Marken
– – durch Benutzung **4** 21–222
– – durch Eintragung **4** 13–20
– – durch notorische Bekanntheit **4** 223–227
– Namensschutz **15** 51, 52
– Unternehmenskennzeichen
– – durch Benutzungsaufnahme **5** 3
– – durch Verkehrsgeltung **5** 3
– Werktitel **15** 158, 159
**ergänzender Kennzeichenschutz** V 1 2; **2** 1, 2–5
– s. Rechtsschutzkonkurrenz
**Erinnerung 64** 1–20
**Erlaubnisscheininhaber 32** 7, 8; **42** 18, 19; **94** 4; **96** 7, 15
**ernsthafte Benutzung 26** 31–39
**Ersatzteilgeschäft 23** 56–61a
**Erschöpfung**
– Beweislast **24** 58a–58c
– Codierungssysteme **24** 57d–57g
– Enteignung **24** 85–88, 90, 91
– europarechtliche **24** 7a–58d
– Freihandelsabkommen **24** 99
– Garantieausschlußklauseln **24** 57c
– Gemeinschaftsmarke Einl 109
– gemeinschaftsrechtliche **24** 59–99
– Import
– – Drittstaaten **24** 98
– – Drittvertragsstaaten **24** 99
– – internationale **24** 13, 14
– IPR Einl 181
– Kontrollnummernsysteme **24** 57d
– Konzern **24** 19, 95
– Lizenz **24** 25–27; **30** 25
– Markenaufspaltungen
– – hoheitliche **24** 85–89
– – privatautonome **24** 31, 32, 90–94
– Markenaustausch **24** 55

magere Zahlen = Randnummern  **Fruchtsaftbezeichnungen**  **Sachverzeichnis**

- Parallelimport **24** 58d
- Produktdifferenzierungen **24** 56a, 56b, 95
- Produktveränderungen **24** 36–54, 95
- Produktverpackung **24** 50–53
- Reimport **24** 58d
- Reparatur **24** 48
- Rufausbeutung **24** 57a
- spezifischer Gegenstand des Markenrechts **24** 73–80
- Territorium **24** 13–16d
- Umpacken der Ware **14** 466–468; **24** 50–53, 77–79
- unlautere Markenbeeinträchtigung **24** 57a
- Ursprungsidentität Einl 36; **24** 76–79, 83, 85–89, 90–94
- verschleierte Handelsbeschränkung **24** 96, 97
- Vertriebsbindungssysteme **24** 57b–57g
- Warenverkehrsrecht **24** 62
- Wettbewerbsregeln **24** 100–106
- – Kartellvereinbarungen **24** 102–104
- – Mißbrauch einer marktbeherrschenden Stellung **24** 105, 106
- willkürliche Diskriminierung **24** 96, 97
- Zustimmung **24** 20–30, 95
- Zustimmungsvorbehalte **24** 28–30
- zweigleisiger Vertrieb **24** 55

**Ersichtlichkeit**
- gesetzwidrige Marken **8** 405
- täuschende Marken **8** 343; **37** 22, 23

**Erstanmeldung 4** PVÜ 2
**Erstbenutzungsprinzip 4** 12
**Erstreckungsgesetz** Einl 10, 44–79; V Int 43
- Akzessorietät Einl 72; **3** 59–61
- Altrechte (BRD) Einl 45
- Altrechte (DDR) Einl 46, 48
- Ausgleichsanspruch Einl 69
- Bestandsschutz Einl 58–71
- Entscheidungspraxis Einl 79; **14** 552; **15** 48, 195
- Firmenaltrechte **15** 48
- geschäftliche Bezeichnungen Einl 77, 79; **15** 195, 196
- geographische Herkunftsangaben Einl 73
- Gleichnamigenrecht Einl 79
- IR-Marken Einl 47
- Kollisionsrecht Einl 56
- Kollisionstatbestände Einl 58–71
- Leerübertragung **27** 26–28
- Markenlizenz **30** 55
- Priorität **6** 27
- Rückübertragungsanspruch Einl 65
- Rückwirkung Einl 79; **3** 65
- Unbilligkeitsklausel Einl 67
- Verwechslungsgefahr **14** 552
- Warenzeichenverbände Einl 55

**Erstvertriebsrecht 14** 459, 460
**Euro 8** 251–253
**Export 14** 478, 479
**Exportmarken 8** 319; **26** 66–74
**Exportvermerk 26** 73
**Exterritoriale Verletzungshandlungen 14** 19
- s. internationales Markenprivatrecht Einl 179–197

**Fabrikmarke 3** 31
- s. Marke, Herstellermarke

**Farbenschutz**
- s. Farbmarke

**Farbmarke 3** 265–267i; **4** 168–194; **8** 89–91; **14** 258; **15** 143; **26** 116, 117; **32** 20–25, 30a; **37** 6

**fehlende Unterscheidungskraft 8** 22–117
- s. absolute Schutzhindernisse
- s. Marke, Markenformen

**Fernsprechnummern 15** 144
**Feststellungsklage 14** 524
**fiktive Figuren 15** 154l
**Filmwerke**
- s. Werktitel

**Firmenschutz 15** 106–119
- Abkürzungen **15** 146–153
- Begriff **15** 106
- Firmeneinheit **15** 108
- firmenmäßiger Gebrauch **15** 117; **23** 23
- Firmenmißbrauch **15** 111–113
- – Firmenmißbrauchsverfahren **15** 112
- – Klagerecht des Verletzten **15** 113
- Handelsname **15** 106
- materieller Firmenschutz **15** 114–116
- Schlagworte **15** 146–153
- Schutzbereich **15** 117–119
- Unterscheidbarkeit **15** 118
- Verwechslungsgefahr **15** 118

**Flaschen als Benutzungsmarke 4** 197, 198
**Flaschenmarken 3** 264; **8** 117e–117h
- s. Marke, Markenformen

**Flaschenbildmarken 8** 88
- s. Marke, Markenformen

**Flaschenformmarken 8** 117e, 117f
- s. Marke, Markenformen

**Formmarke**
- s. dreidimensionale Marke

**Fortsetzungszusammenhang 20** 24; **143** 25
**Franchising 3** 145–147; **27** 51; **30** 27
- Arten
- – Dienstleistungsfranchising **3** 146, 147
- – Warenfranchising **3** 146, 147
- Begriff **3** 145
- Markenfranchising **27** 51
- Markenlizenz **30** 27

**Freie Berufe 3** 93
- s. Unternehmen

**Freihaltebedürfnis**
- Beschaffenheitsangaben **8** 162
- beschreibende Marken
- – aktuelles Freihaltebedürfnis **8** 119, 120
- – konkretes Freihaltebedürfnis **8** 122–128
- deskriptive Benutzungsmarke **4** 159–161
- Domainnamen **3** 342
- fehlende Unterscheidungskraft **8** 30, 31
- internationale Herkunftsangaben **8** 211–214
- Name **15** 50
- Verkehrsdurchsetzung **8** 432, 433

**Freihandelsabkommen 24** 99
**Freizeichen 8** 258–262, 289–292
**fremdsprachige Bezeichnungen 8** 104–109, 238–254a, 313–318
**Fruchtsaftbezeichnungen 8** 411

# Sachverzeichnis    Funktionen der Marke    fette Zahlen = §§ bzw. Art.

**Funktionen der Marke** Einl 30
- EuGH-Rechtsprechung Einl 36
- Garantiefunktion Einl 30, 32
- Hauptfunktion Einl 36, 38
- Herkunftsfunktion Einl 30, 31, 36
- Herkunftsgarantie Einl 36
- Identifizierungsfunktion Einl 30, 34, 36, 38, 39, 40, 41; **3** 11–13
- Individualisierungsfunktion Einl 30
- Informationsfunktion Einl 34
- Kommunikationsfunktion Einl 34, 39, 40, 41
- Monopolisierungsfunktion Einl 30
- Namensfunktion **3** 11
- ökonomische Funktionen Einl 35, 39
- Produktverantwortung Einl 30, 36, 38, 41
- Qualitätsfunktion Einl 30, 32
- Sortenfunktion Einl 30
- Unterscheidungsfunktion Einl 30, 39; **3** 9
- Verbraucherschutzfunktion Einl 40
- Vertrauensfunktion Einl 30, 32, 40
- Werbefunktion Einl 30, 33, 40
- Werbewert Einl 28

**funktionsgerechte Benutzung 26** 4–30

**Garantieausschlußklauseln 24** 57c
**Garantiemarke 3** 46; **97** 16–22
- s. Marke, Kollektivmarke

**Gattungsbezeichnungen 8** 257–293; **23** 62, 67, 68
**Gattungsmarke 3** 33
- s. Marke, Handelsmarke
**Gebäudenamen 8** 219
**Gebrauchsüberlassung 3** 135–138; **30** 6, 9, 10
- s. Markenlizenz
**Gebühren**
- Anmeldung **32** 56–58; **36** 9
- Antrag auf Grenzbeschlagnahme **148** 6, 7
- beschleunigte Prüfung **38** 4–6
- EG-Schutz geographischer Herkunftsangaben **130** 9; **131** 4; **132** 6; **134** 8
- IR-Marke **109** 1–5; **111** 1–3; **8** MMA 1–6
- Teilung der Anmeldung **40** 16
- Teilung der Eintragung **46** 19
- Verlängerung der Schutzdauer **47** 8
- Widerspruch **42** 68–70
**gedankliches Inverbindungbringen 14** 2, 3, 13, 77, 103, 108, 113–113d, 125, 135, 140, 144, 206, 245–248, 253, 254, 263, 279
- Begriff **14** 113–113d
**Gegenstandswert 90** 13
**Gemeinfreie Zeichen 8** 117k, 117l, 272, 273, 345
**Gemeinschaftskollektivmarken** Einl 100
- Rechtsverordnungsermächtigungen **137–139**
- Rückbildung **126** 15
- Schadensersatzanspruch **128** 7
- Unterlassungsanspruch **128** 1–6
- Verjährung **129** 1, 2
- Vernichtungsanspruch **128** 6
**Gemeinschaftsmarke** Einl 80–153; **1** 17, 18; **125a–125h**
- Amtsrecherche Einl 135
- Anmeldung Einl 133

- Ausführungsvorschriften zur GMarkenV **125a–125h**
- Ausschließlichkeitsrecht Einl 101
- Begriff **1** 17
- Benutzungszwang Einl 111–116
- – Art der Benutzung Einl 113
- – Benutzungsgebiet Einl 112
- – Drittbenutzung Einl 114
- – Nichtbenutzungseinwand Einl 141
- – Rechtsfolgen Einl 115
- Beschwerdeverfahren Einl 145
- Disclaimer Einl 134
- Einheitlichkeitsgrundsatz Einl 83
- Eintragungsgrundsatz Einl 90
- Eintragungshindernisse Einl 94–99
- – absolute Einl 94
- – relative Einl 97
- Entschädigungsanspruch Einl 105
- Geltung Einl 84
- Gemeinschaftskollektivmarken Einl 100
- Gemeinschaftsmarkengerichte Einl 146
- Inhaberschaft Einl 89
- IR-Marke Einl 153
- Koexistenz Einl 86
- Lizenz Einl 119, 138
- Markenformen Einl 87
- Nichtigkeit Einl 127–131
- – Nichtigkeitsgründe
- – – absolute Einl 127
- – – relative Einl 128
- – Rechtsfolgen Einl 130
- – Verfahren Einl 144
- Prioritätsrecht Einl 91
- Rechtsübergang Einl 117
- Schutzschranken Einl 108
- Schutzumfang Einl 102
- Territorialität Einl 80
- Übertragbarkeit Einl 85, 117
- Umwandlung Einl 132
- Verfahrensaussetzung Einl 151
- Verfall Einl 123–126
- – Feststellung Einl 124
- – Rechtsfolgen Einl 125
- – Verfahren Einl 144
- – Verfallsgründe Einl 123
- Verwirkung Einl 131
- Widerklage Einl 152
- Widerspruch Einl 137
- Zuständigkeit Einl 146–152
- – Gemeinschaftsmarkengerichte Einl 146
- – internationale Einl 147
- – örtliche Einl 149
**Gemeinschaftsmarkenverordnung** Einl 11
- s. Gemeinschaftsmarke
**Generics 3** 33
- s. Marke, Handelsmarke
**geographische Angaben**
- s. geographische Herkunftsangaben
**geographische Herkunftsangabe** Einl 43; **1** 13; **2** 10; **8** 202–234; **99** 1, 2; **126–139**
- Arten **126** 5–8
- – bekannte (mit besonderem Ruf) **127** 13–16
- – einfache **117** 3–8
- – mittelbare **126** 7

magere Zahlen = Randnummern

- - qualifizierte **127** 9–12
- - unmittelbare **126** 6
- Ausschließlichkeitsrecht **1** 14; **126** 1, 4
- Begriff Einl 43; **126** 4–11
- beschreibende Marke **8** 202–234
- Betriebsinhaberhaftung **128** 8
- Bierbezeichnungen **126** 20a, 20b
- Denaturierung **126** 13, 14
- EG-Schutz V **130** 1–31; **130–136**
- - Betriebsinhaberhaftung **135** 10
- - deutsche Bezeichnungen V **130** 22–31
- - Einspruchsverfahren **132** 1–6
- - Eintragungsantrag **130** 1–13
- - Rechtsmittel **133** 2, 3
- - Schadensersatzanspruch **135** 9
- - Schutzgegenstand V **130** 8–13
- - Schutzinhalt V **130** 17–20
- - Schutzvoraussetzungen V **130** 14a–16
- - Spezifikationsänderung **131** 1–4
- - Überwachung **134** 1–9
- - Unterlassungsanspruch **135** 2–8
- - Verhältnis zum nationalen Schutz V **130** 21a, 21b
- - Verjährung **136** 1, 2
- - Zuständigkeit **133** 1
- Eintragbarkeit als Kollektivmarke **99** 1, 2; **126** 21
- Entlokalisierende Zusätze **127** 17–21
- Entstehung **126** 9, 10
- Erstreckungsgesetz Einl 73
- Gattungsbezeichnung **8** 264; **126** 12–18
- Kollisionstatbestände
- - Irreführungsschutz **127** 3–8
- - Qualitätsschutz **127** 9–12
- - Rufgefährdungsschutz **127** 13–16
- Lizenzen **30** 58
- *Pilsener*-Entscheidungen **126** 20b
- wettbewerbsrechtlicher Irreführungsschutz **2** 10

**Gerichtssprache 93** 1–5
**Geruchsmarke 3** 279–282
- s. Marke, Markenformen
**Gesamtverweisung** Einl 199
- s. internationales Markenprivatrecht
**geschäftliche Bezeichnung** Einl 42; **1** 8–12; **5** 1–7
- Arten **1** 9; **5** 3–6
- - Unternehmenskennzeichen **5** 3, 4
- - Werktitel **5** 5, 6
- Ausschließlichkeitsrecht **15** 9
- Begriff Einl 42; **5** 2; **15** 9
- Erstreckungsgesetz Einl 77
- Kollisionstatbestände **15** 10–20
- Lizenzen **30** 56
**geschäftlicher Verkehr 14** 39, 40–45; **15** 11
**Geschäftsabzeichen 15** 136–145
- Abgrenzung zur besonderen Geschäftsbezeichnung **15** 139
- Begriff **15** 136, 137
- Bilder **15** 143
- Farben **15** 143
- Fernsprechnummern **15** 143
- Figuren **15** 143
- Schlagworte **15** 142

**Heilung** Sachverzeichnis

- Telegrammadressen **15** 145
- Verkehrsgeltung **15** 140
- Werbesprüche **15** 142
**Geschäftsbetrieb**
- Abgrenzung zum Unternehmen **3** 82–84
- Begriff **3** 84
- Fortgeltung der Rechtsprechung **3** 88–101
- s. Unternehmen
**Geschäftsbezeichnung**
- s. Unternehmensbezeichnung
**Geschäftsführer als Markeninhaber 3** 101
- s. Inhaberschaft, Unternehmen
**Geschäftsführungsanspruch 14** 529; **15** 193
**Geschichte des Markenrechts** Einl 1
**Geschmacksmarke 3** 283–285
- s. Marke, Markenformen
**Gesellschafter als Markeninhaber 3** 101
- s. Inhaberschaft, Unternehmen
**Gesetzesgeschichte** Einl 4
**gesetzwidrige Marken 8** 400–413c
**Gewährleistungsmarke 3** 46
- s. Marke
**gewerbliches Eigentum 1** PVÜ 2, 3
**Gewichtsangaben 8** 186, 187
**Glaubhaftmachung**
- Benutzung **43** 9–15
- Verfügungsanspruch **14** 551
**Gleichartigkeit**
- Begriff **14** 118
- Entscheidungspraxis **14** 379–384
- s. Produktähnlichkeit
**Gleichnamigenrecht**
- Erstreckungsgesetz Einl 79
- Namensschutz **15** 92–105
- Priorität **6** 23
**Gleichrangigkeit**
- s. Koexistenz
**Goldbezeichnungen 8** 180a–180c
**graphische Darstellbarkeit der Marke**
  **3** 200–202, 217–220; **8** 11–16
**gustatorische Marke 3** 283–285
- s. Geschmacksmarke
**Gutachten 58** 1–3
**Gütemarke 3** 46; **8** 92, 93; **97** 18–22
- s. Marke, Kollektivmarke
**gutgläubiger Erwerb**
- Markenpfandrecht **29** 7
- Markenrecht **41** 4

**Handelsmarke 3** 31; **8** PVÜ 1–5
- s. Marke
**Handelsname**
- s. Firmenschutz
**Handelsvertreter als Markeninhaber 3** 101, 113
- s. Inhaberschaft, Unternehmen
**haptische Marke 3** 286–288
- s. Tastmarke
**Hausmarke** Einl 1, 30; **3** 29, 30; **5** 7
- s. Marke
**Heilung**
- keine Heilung unwirksamer Leerübertragung **27** 28
- Löschungsreife **25** 11; **49** 20–24

2813

# Sachverzeichnis   Herkunftskennzeichen   fette Zahlen = §§ bzw. Art.

- Zustellungsmängel **94** 6
**Herkunftskennzeichen 3** 221
- s. Marke
**Herstellermarke 3** 31
- s. Marke
**Hilfsdienstleistungen**
- s. Hilfsprodukte
**Hilfsprodukte 3** 148–154
- Begriff **3** 148–151
- Beispiele **3** 152–154
**Hilfswaren**
- s. Hilfsprodukte
**Hinterhaltsmarke 50** 30
- s. bösgläubige Anmeldung, Rechtsmißbrauch
**Hinterlegungsprinzip 4** 12
**Hoheitszeichen 8** 360–362; **6ᵗᵉʳ** PVÜ 1–10
**Hold-Status 3** 316
- s. Domainnamen
**Holdingmarke 3** 41, 42
- Abgrenzung zur Konzernmarke **3** 34
- s. Marke, Konzernmarke
**Hörmarke 3** 268–278
- s. Marke, Markenformen

**Identitätsschutz 14** 71–76; **15** 16
- geschäftliche Bezeichnung **15** 16
- Marke **14** 71–76
- – absoluter Markenschutz **14** 71–75
- – Identitätsbereich der Marken **14** 76
- – Vermutung der Verwechslungsgefahr **14** 72
**Immaterialgüterrecht**
- Marke Einl 18
**Immobilie als Ware 3** 112
- s. Ware
**Import 14** 478, 479
**Importvermerk 26** 73
**Individualmarke 3** 18–21
- Abgrenzung zur Kollektivmarke **3** 18–21
- als Garantiemarke **3** 46
- s. Marke
**Inhaberschaft**
- ausländischer Markeninhaber **7** 47
- Begriff **7** 6–14
- Benutzungsmarke **4** 141–153
- Bruchteilsgemeinschaft **7** 43
- Erbengemeinschaft **7** 42
- EWIV **7** 40
- Fehlen bei Anmeldung **36** 10; **37** 4
- GbR **7** 34–38
- juristische Personen **7** 22–27
- – öffentliches Recht **7** 24–27
- – Privatrecht **7** 23
- Kennzeichenrechtsfähigkeit **7** 11, 12
- Konkurs des Markeninhabers **7** 44, 45
- Konkursverwalter **7** 19, 20
- Konzern **3** 34–41; **7** 39
- Markenanmeldefähigkeit **7** 13
- Markenrechtsfähigkeit **7** 6–14
- Markenverfügungsbefugnis **7** 14
- Markenverwaltungsbefugnis **7** 14
- mehrere Markeninhaber **7** 46
- Nasciturus **7** 16
- natürliche Personen **7** 15–21
- nichtrechtsfähiger Verein **7** 41

- Partenreederei **7** 31
- Partnerschaftsgesellschaft **7** 30
- Personengesellschaften **7** 28–43
- Personenhandelsgesellschaften **7** 29
- stille Gesellschaft **7** 32
- Testamentsvollstrecker **7** 17, 18
- Treuhänder **7** 21
- Unterbeteiligung **7** 33
**Inländerbehandlung 2** PVÜ 1–3
**Inlandsbezug von Auslandswettbewerb 14** 19
- s. internationales Markenprivatrecht Einl 179–197
**Inlandsvertreter 96** 1–16; **5** MMA 14, 15
- Anmeldung **32** 6
- patentgerichtliches Verfahren **81** 6
- Widerspruch **42** 19
**Inlandswirkung eines Auslandssachverhalts 14** 19
**INN-Zeichen 8** 52
**Inquisitionsmaxime 59** 1–5; **73** 1–4
**Insolvenz des Markeninhabers**
- Abwicklung **29** 29, 30
- Firmenschutz **15** 110
- Insolvenzvermerk **29** 33
- Insolvenzverwalter **3** 101; **7** 15, 20; **15** 110; **29** 26, 27, 29; **32** 3
- Markenanwaltschaft **32** 3
- Markeninhaber **7** 44, 45
- Markenlizenz **29** 27
- Nießbrauch **29** 28
- Rechtswirkungen **29** 26–29
- Verfahrensbeteiligter im Widerspruchsverfahren **42** 16
**Integration bei Produktoberbegriffen 26** 56–61
**Inter 8** 254
**Interessenschutz des Namens 15** 17, 18
**internationale Organisationen**
- Bezeichnungen **8** 389–399
**Internationales Büro 15** PVÜ 1, 2; **11** MMA 1, 2
**Internationales Markenprivatrecht** Einl 154–212
- Anknüpfungsregeln Einl 158–199
- – Auswirkungsprinzip Einl 173
- – Schutzlandprinzip 168–172, 174, 187
- – Territorialitätsgrundsatz Einl 158–167, 188–190
- Auslandswettbewerb Einl 179–197, **14** 19
- Domainnamen **3** 329–333
- exterritoriale Verletzungshandlungen Einl 179–197; **14** 19
- Inlandsbezug ausländischer Sachverhalte Einl 179–197; **14** 19
- Markenlizenz Einl 210
- Rechtsquellen Einl 156, 157
- Rechtsübertragung Einl 200–209
- Rechtswahlvereinbarungen Einl 199
**Internationales Markenprozeßrecht** Einl 213–239
- Domainnamen **3** 347
- EuGVÜ-Zuständigkeit
- internationale Zuständigkeit Einl 213–226

magere Zahlen = Randnummern

- – Gemeinschaftsmarke Einl 147, 148
- – Territorialitätsprinzip Einl 158–167
- Ordre Public Einl 236
- Privilegium Germanicum Einl 237–239

**Internationale Zuständigkeit**
- s. internationales Markenprozeßrecht

**Internationales Privatrecht**
- s. internationales Markenprivatrecht
- s. internationales Markenprozeßrecht

**Internet**
- s. Domainnamen

**Internet-Adresse**
- s. Domainnamen

**Inverkehrbringen der Ware 14** 470–474

**IR-Marke 107–125**
- Antrag auf internationale Registrierung **108** 1–3
- – Prüfung **113** 1–4
- Berechnung der Benutzungsfrist **25** 12
- Berechnung der Widerspruchsfrist **42** 22
- Doppeleintragung **4**$^{bis}$ MMA 1–3
- Eintragung **110** 1, 2; **1** MMA 4; **3** MMA 1–11
- Erneuerung **7** MMA 1–7
- Erstreckungsgesetz Einl 47
- Gemeinschaftsmarke Einl 153; V MMA 10
- IR-Markenregister **107** 1
- Internationales Büro **15** PVÜ 1, 2; **11** MMA 1, 2
- Löschung der Registrierung **6** MMA 4, 5
- Löschungsklage **116** 1, 2
- Nichtbenutzung **117** 1, 2
- Nichtigkeit **50** 41
- Priorität **6** 16–18; **34** 5
- Protokollmarke **119–125**
- Schutzdauer **6** MMA 1–7
- Schutzentziehung **115** 1–3
- Schutzerstreckung **111** 1–5
- Schutzversagung **5** MMA 1–7
- Übertragung **118** 1, 2; **9**$^{bis}$ MMA 1–7
- – Teilübertragung **9**$^{ter}$ MMA 1–5
- Verfall **49** 43
- Verzicht **8**$^{bis}$ MMA 1, 2
- Widerspruch **114** 1–4; **116** 1, 2
- Wirkung der Registrierung **112** 1–3; **1** MMA 6; **4** MMA 1–5

**IR-Markenregister 107** 1
- s. Markenregister

**irreführende Marken**
- s. Irreführung
- s. täuschende Marken

**Irreführung**
- irreführender Markengebrauch **2** 8
- R im Kreis **2** 9
- s. täuschende Marken

**Kaiserliches Patentamt**
- Bezeichnung V **56** 4
- s. Patentamt

**Kennfadenmarke 3** 213–215, 264e, 292a–293; **32** 27
- s. Marke, Markenformen

**Kennzeichen** Einl 16; V **1** 1
- Ausschließlichkeitsrecht V **1** 1; **14** 8
- Begriff **1** 2, 3

**Kollektivmarken**   Sachverzeichnis

**Kennzeichenrechtsfähigkeit**
- Begriff **7** 11, 12
- s. Inhaberschaft

**Kennzeichenstreitsachen 140–142**
- Begriff **140** 1
- Gerichtsstand UWG/MarkenG **141** 1, 2
- Konzentrationsermächtigung **140** 7–10
- Patentanwaltskosten **140** 13–21
- Streitwertbegünstigung **142** 1–13
- Vertretung **140** 11
- Zuständigkeit **140** 6–10

**Kennzeichnungskraft 14** 271–332
- Abstandslehre **14** 309–311
- Begriff **14** 121–127
- Drittmarken **14** 307–332
- Grundsätze **14** 271–281
- Marken verschiedener Marktstärke **14** 282–300
- – normale Marken **14** 282–285
- – schwache Marken **14** 291–297
- – schwache Zeichenbestandteile **14** 298–300
- – starke Marken **14** 286–290

**Kennzeichnungsrecht 14** 459, 460
- s. Dienstleistung, Ware

**Klageberechtigung**
- Aktivlegitimation **14** 507; **55** 4–7
- Löschungsklage **55** 4–7
- Passivlegitimation **14** 508
- Vernichtungsanspruch **17** 26

**Klagenhäufung 2** 12

**Klasseneinteilung**
- Anmeldung **3** 17, 120; **32** 31–42

**Klassifikationsabkommen**
- Nizza V Int 7
- Wien V Int 8

**Koexistenz**
- Bestandskraft **22** 4
- Kennzeichenrechte **6** 24, 25
- Verwirkung **6** 26; **21** 18
- Zwischenrecht bei Heilung der Löschungsreife **49** 24

**Kollektivmarken 97–106; 7**$^{bis}$ PVÜ
- Abgrenzung zur Individualmarke **3** 18–21
- Begriff **97** 1–9
- Entstehung **97** 10–15
- Garantiemarke **3** 46; **97** 16–22
- Gemeinschaftskollektivmarken Einl 100
- geographische Herkunftsangaben **99** 1, 2
- Gütemarken **97** 18–22
- Inhaberschaft **98** 1–6
- Klagebefugnis **101** 1–5
- Kollektivmarkenlizenz **98** 12
- Konzernkollektivmarke **98** 7
- Lizenzen **30** 57
- Markensatzung **102** 1–13
- – Änderung **104** 1–3
- – Einsichtsrecht **102** 13
- Nichtigkeit **106** 1–3
- Nichtmitglieder **97** 26
- PVÜ **7**$^{bis}$ PVÜ 1, 2
- RAL-Gütezeichen **97** 19–22
- rechtserhaltende Benutzung **26** 87, 88; **100** 5, 6
- Übertragbarkeit **97** 24, 25
- Verfall **105** 1–10

2815

# Sachverzeichnis

**Kombinationsmarke**     fette Zahlen = §§ bzw. Art.

– Verkehrsgeltung **4** 153
– s. Marke
**Kombinationsmarke 3** 239, 295; **8** 149a–149d, 434–436; **14** 201-219
– s. Marke, Markenformen
**Kommissionär als Markeninhaber 3** 113
– s. Inhaberschaft, Unternehmen
**konkrete Unterscheidungskraft**
– s. Unterscheidungskraft
**Konkurs des Markeninhabers**
– s. Insolvenz des Markeninhabers
**Konnexität 3** 81–104
– Begriff **3** 81
**Kontrollnummernsysteme 24** 57d
**Kontrollzeichen 3** 110; **8** 92, 93
– s. Prüfzeichen, Marke
**Konzernkollektivmarke 98** 7
**Konzernmarke 3** 34–40; **7** 39
– Abgrenzung zur Holdingmarke **3** 41
– PVÜ **5** PVÜ 2
– s. Marke, Holdingmarke
**Kosten**
– Abmahnng **14** 546, 547
– – Verjährung **20** 5, 37
– Antrag auf Grenzbeschlagnahme **148** 6, 7
– Beschwerdeverfahren **71** 1–19
– Kennzeichenstreitsachen **140** 12, 13–21
– patentamtliches Verfahren **63** 1–18
– Rechtsbeschwerdeverfahren **85** 17–19; **90** 1–18
– Urteilsveröffentlichung **143** 36–40
– Widerspruchsentscheidung **43** 28–31
**Kreuzmarken 8** 368
**kubanische Ortsangaben 8** 214; ZA 42

**Ladung 75** 1–5
Lagenamen **8** 221–229, 322–329
**Leasing**
– Arten
– – Finanzierungs-Leasing **3** 137
– – Hersteller-Leasing **3** 138
– – Operating-Leasing **3** 136
– Begriff **3** 136
– Markenleasing **27** 50
**Lebensmittelbezeichnungen 8** 412
**Leerübertragung 27** 26–28
**Leihe 3** 135
**lex fori** Einl 165
– s. internationales Markenprivatrecht
**lex fori protectionis** Einl 165, 172, 178, 207
– s. internationales Markenprivatrecht
**Lizenz**
– s. Markenlizenz
**Lizenzanalogie 14** 522
**Löschung**
– Löschungsgründe
– – s. Nichtigkeit, Verfall
– Löschungsklage **55** 1–24
– – Aktivlegitimation **55** 4–7
– – Einrede des Löschungsgrundes **55** 17
– – Passivlegitimation **55** 8, 9
– patentamtliches Löschungsverfahren
– – wegen absoluter Schutzhindernisse **54** 1–7
– – wegen Verfalls **53** 1–6

– Teillöschung **55** 24
– Wirkung **52** 1–19
**LUA** V Int 12

**Marke** Einl 17–41; **1** 4–7; **3** 9–51
– Arten **1** 5; **3** 15–51
– Begriff Einl 17; **3** 9–14
– Formen **3** 235–294
– – s. Markenformen
– Immaterialgüterrecht Einl 18
– Produktkennzeichen **1** 6
– Sprachgebrauch **1** 4
– Unternehmensleistung Einl 28; **3** 10
– Unterscheidungszeichen Einl 17; **3** 9–14
– Verfassungseigentum Einl 22
– Vermögensgegenstand **2** 9
– s. Markenrecht, Markenschutz
**Markenabweichungen**
– s. Benutzungszwang
**Markenähnlichkeit 14** 146–270
– Abwandlungen der Kollisionsmarke **14** 168–173
– Arten
– – begrifflich **14** 160–164, 188, 193, 248–266
– – bildlich **14** 160–164, 187, 192
– – klanglich **14** 160–164, 179–191
– Begriff **14** 146, 147
– begriffliche Markenähnlichkeit **14** 248–266
– Bildmarken **14** 192, 193
– dreidimensionale Marken **14** 197
– Drittmarken **14** 175
– engere Verwechslungsgefahr **14** 136
– Farbmarken **14** 198–200
– Gesamteindruck **14** 148
– Kombinationsmarken **14** 201–219
– Markenabwandlungen **14** 238–241
– Markenfamilien **14** 220
– mittelbare Verwechslungsgefahr **14** 140–143, 220–243
– Serienmarken **3** 28; **14** 220–237
– unmittelbare Verwechslungsgefahr **14** 139, 179–219
– Verkehrsauffassung **14** 149–156
– weitere Verwechslungsgefahr **14** 137, 244–247
– Wortmarken **14** 179–191
– Zeichenbestandteile **14** 201–219
– zusammengesetzte Marken **14** 201–219
– s. Verwechslungsgefahr
**Markenanmeldefähigkeit**
– Begriff **7** 13; **32** 3–8
– s. Inhaberschaft, Anmeldung der Marke
**Markenanwartschaftsrecht 4** 15, 221; **27** 11; **31** 1; **32** 1
**Markenartikel**
– Begriff **3** 51
– s. Markenware
**Markenbewertung 27** 59–67
– Bewertungsmethoden **27** 60–67
– – Ergebnisbeitragsmethode **27** 64
– – Mehrgewinnermittlungsmethode **27** 63
– – Vergleichspreismethode **27** 65
– – Verkehrswertmethode **27** 66
– Markenwert **27** 59

magere Zahlen = Randnummern **Markenverwaltungsbefugnis** **Sachverzeichnis**

**Markenfähigkeit 3** 197–234
– Abgrenzung von der Eintragungsfähigkeit **8** 8–10
– Begriff **3** 197–202; **8** 11–13
– Benutzungsmarke **4** 45–102
– Fehlen bei Anmeldung **37** 4
– Kriterien **3** 210–221
– Schranken **3** 222–234
– – technisch bedingte Form **3** 229, 230
– – warenbedingte Form **3** 227, 228
– – wertbedingte Form **3** 231, 232
**Markenformen 3** 235–294
– Begriff **3** 235–237
– Benutzungsmarke **4** 154–213
– Bewegungsmarke **3** 289–291
– Bildmarke **3** 256–262; **8** 256–262; **32** 18–25
– Buchstabenmarke **3** 243, 244
– dreidimensionale Marke **3** 239, 263, 264f; **8** 117a–117j; **14** 219a; **32** 26
– Farbmarke **3** 265–267i; **4** 168–194; **8** 89–91; **32** 20–25, 30a; **37** 6
– – s. Farbmarke
– Formmarke
– Flaschenmarke **3** 264; **8** 117e–117h
– – s. dreidimensionale Marke
– Geruchsmarke **3** 279–282
– Geschmacksmarke **3** 283–285
– gustatorische Marke **3** 283–285
– haptische Marke **3** 286–288
– Hörmarke **3** 268–278; **32** 28
– Kennfadenmarke **3** 213–215, 264e, 292a–293; **32** 27
– Kombinationsmarke **3** 239, 295
– Mehrwortmarke **3** 241
– multimediale Marke **3** 289–291
– olfaktorische Marke **3** 279–282
– Positionsmarke **3** 264e, 294a, 294b; **8** 117j
– Produktbildmarke **3** 258–261; **8** 76–83
– Tastmarken **3** 286–288
– Verpackungsbildmarke **3** 262; **8** 84–88
– Verpackungsformmarke **3** 264; **8** 117b, 117d, 117e
– virtuelle Marke **3** 294c, 294d
– Wortbildmarke **3** 239, 294
– Wortmarke **3** 240–255c; **8** 47–55; **32** 16, 17
– Zahlenmarke **3** 243, 244
– zusammengesetzte Marke **3** 239, 294
**Markengesetz** Einl 11
– Überblick Einl 14
**Markenhinweis in Nachschlagewerken 16** 1–11
**Markenlizenz 30** 1–58
– ausschließliche Lizenz **30** 15
– Beendigung **30** 45–47
– dingliche Lizenz **30** 6, 7, 8
– einfache Lizenz **30** 15
– Eintragung **30** 20, 21
– Erschöpfung **30** 25
– Erstreckungsgesetz **30** 55
– Form **30** 16–18
– Franchising **3** 145, 146
– Geltungsbereich
– – personal **30** 15
– – räumlich **30** 13

– – sachlich **30** 14
– – zeitlich **30** 12
– Gemeinschaftsmarke Einl 119
– geographische Herkunftsangaben **30** 58
– geschäftliche Bezeichnungen **30** 56
– IPR Einl 210
– irreführende Lizenzen **30** 51–53
– Kartellrecht **30** 54
– Klagebefugnis **30** 31–33
– Kollektivmarke **30** 57; **98** 12
– Konkurs **29** 27
– Konzernlizenz **30** 15
– Lizenzvertragspflichten **30** 37–40
– Lizenzvertragsverletzungen **30** 25–30
– – dingliches Lizenzrecht **30** 26–28
– – schuldrechtliche Lizenzvereinbarung **30** 29, 30
– Nichtakzessorietät der Marke **3** 100
– Pfändung der Markenlizenz **29** 22
– Rechtsnatur **30** 6–10
– schuldrechtliche Gebrauchsüberlassung **30** 6, 9, 10
– Treuhandlizenz **30** 15
– Unterlizenz **30** 22, 23
– Unternehmenslizenz **30** 15
**markenlose Ware 2** 8
**markenmäßige Benutzung**
– Begriff **14** 21–28, 29–38, 39, 48, 49, 50–65
– Benutzung als Marke **14** 69; **23** 10, 32–55
– s. rechtserhaltende Benutzung
**Markenpiraterie**
– s. Produktpiraterie
**Markenrecherche 14** 515–517
– Recherchekosten **140** 17
– s. Amtsrecherche
**Markenrecht**
– Entstehung
– – s. Markenschutz
– Geschichte Einl 1
– s. Marke
**Markenrechtsänderungsgesetz** Einl 11
**Markenrechtsfähigkeit**
– Begriff **7** 6–14
– s. Inhaberschaft
**Markenrechtsreformgesetz** Einl 11
**Markenrechtsrichtlinie** Einl 11
**Markenregister 32** 2–49
– s. IR-Markenregister
**Markenschutz**
– Entstehung
– – durch Benutzung **4** 21–222
– – durch Eintragung **4** 13–20
– – durch notorische Bekanntheit **4** 223–227
– – formeller **4** 9–12
– – materieller **4** 9–12
– – s. Marke, Markenrecht
**Markenschutzgesetz** Einl 4; **1** 4
**Markenverfügungsbefugnis**
– Begriff **7** 14
– Konkursverwalter **29** 26
– s. Inhaberschaft
**Markenverordnung** Einl 11
**Markenverwaltungsbefugnis**
– Begriff **7** 14

2817

# Sachverzeichnis   Markenware                                  fette Zahlen = §§ bzw. Art.

- Konkursverwalter **29** 26
- s. Inhaberschaft

**Markenware**
- Abgrenzung zum Markenartikel **3** 51
- Begriff **3** 48–50

**Markierungsrecht 14** 461

**Marktstärke**
- s. Kennzeichnungskraft

**Marktverwirrungsschaden 14** 521
- s. Schadensberechnung
- s. Schadensersatzanspruch
- s. Verkehrsverwirrung

**Marktwirtschaft** Einl 25

**Maßangaben 8** 184, 185

**Mehrfacheintragungen 25** 16–22

**Mehrfachkennzeichnung 26** 124–129

**mehrseitige Abkommen** V Int 1–31

**Mehrwortmarke 3** 241
- s. Marke, Markenformen
- s. Werbeschlagwörter
- s. Werbeslogans

**Mengenangaben 8** 181–187

**MHA** V Int 9–11

**Miete 3** 135

**mißbräuchlicher Markenerwerb**
- bösgläubige Anmeldung **2** 8; **21** 15–17; **50** 23–30
- Mißbrauchstatbestände **3** 75, 76
- s. Rechtsmißbrauch

**Mitglieder des DPMA 56** 3

**mittelbares Kennzeichen 24** 41

**MMA** V Int 4, 5

**Modelle 32** 30

**Motivmarke 14** 248–266

**Motivschutz**
- s. Motivmarke

**mündliche Verhandlung 69** 1–4

**multimediale Marke 3** 289–291
- s. Bewegungsmarke

**Muster 32** 30

**nachgeschaltetes Widerspruchsverfahren**
V **32** 1, 3; **42** 6
- s. Widerspruchsverfahren

**Nachschlagewerke**
- Anspruch auf Markenhinweis **16** 10, 11
- Markenhinweis bei Wiedergabe der Marke **16** 3–9

**Namensgleichheit**
- s. Gleichnamigenrecht

**Namensschutz 15** 21–105
- Akzessorietät **15** 84
- Entstehung **15** 51, 52
- Geltungsbereich
- – persönlich **15** 49
- – territorial **15** 46, 47, 48
- Gleichnamigenrecht **15** 92–105
- Name
- – Arten **15** 24–39
- – Begriff **15** 21, 22
- – Rechtsnatur **15** 24
- – Wahlname **15** 23
- – Zwangsname **15** 23
- Namensanmaßung **16** 55–105

- Namensfunktion **3** 11; **5** 3, 4; **15** 40
- – Domainnamen **3** 324, 325
- Namensleugnung **15** 54
- Unterscheidungskraft **15** 40–43
- Verkehrsgeltung **15** 44, 45
- Verwässerungsgefahr **15** 78
- Verwechslungsgefahr **15** 72–77

**Nichtakzessorietät der Marke 3** 52–76
- Begriff **3** 66–72
- Benutzungswille **3** 77
- Erstreckungsgesetz **3** 59–61
- Franchising **3** 147
- Kritik **3** 73, 74
- Mißbrauchstatbestände **3** 75, 76
- Rechtsentwicklung **3** 55–65
- Rechtslage nach dem MarkenG **3** 66–72
- Übertragbarkeit **3** 54; **27** 7–9
- s. Konnexität, Übertragbarkeit der Marke

**Nichtangriffsabreden 14** 454; **42** 50; **55** 20–23
- s. Abgrenzungsvereinbarungen

**Nichtigkeit**
- Ausschlußgründe **50** 31–35
- Gemeinschaftsmarke Einl 127, 144
- IR-Marke **50** 41
- Nichtigkeitsgründe **50** 6–30
- – absolute Schutzhindernisse **50** 8–20
- – bösgläubige Anmeldung **2** 8; **21** 15–17; **50** 23–30
- – fehlende Markenfähigkeit **50** 6
- – fehlende Markenrechtsfähigkeit **50** 7
- – prioritätsältere Rechte **51** 3–8
- – Prioritätswahrung bekannter Kennzeichen **51** 13
- – Schranken der relativen Nichtigkeitsgründe **51** 9–15
- Teilnichtigkeit **50** 40
- Wirkung der Löschung **52** 1–19

**Niederschrift 77** 1–11

**Nießbrauch 3** 101; **27** 52–54
- Markennießbrauch **27** 52–54; **29** 8–10
- Nießbrauch im Konkurs **29** 28
- Pfändung des Markennießbrauchs **29** 22
- Unternehmensnießbrauch **3** 101
- s. Rechtsübergang, Unternehmen

**NKA** V Int 7, 8

**No-names 3** 33
- s. Marke, Handelsmarke

**Notorietätsmarke 3** 22; **4** 223–227; **10** 1–9; **37** 4; **6**<sup>bis</sup> PVÜ 1–13
- Abgrenzung zur bekannten Marke **4** 226; **10** 5
- Abgrenzung zur Benutzungsmarke **4** 224
- Amtsbekanntheit **37** 24
- Begriff **4** 227; **10** 4; **6**<sup>bis</sup> PVÜ 4–6
- Löschungsgrund **10** 9
- relatives Schutzhindernis **10** 1
- Verhältnis zur Registermarke **4** 225
- Verhältnis zur täuschenden Marke **10** 6
- Widerspruchsgrund **10** 8
- s. Marke, Markenschutz

**notorisch bekannte Marke 3** 22; **4** 223–227; **10** 1–9; **37** 4; **6**<sup>bis</sup> PVÜ 4–6
- s. Notorietätsmarke

2818

magere Zahlen = Randnummern

## Sachverzeichnis

**Öffentlichkeitsgrundsatz 67** 2, 3
**offensichtliche Unrichtigkeiten 39** 7–9
**olfaktorische Marke 3** 279–282
– s. Geruchsmarke
**OMPI** V Int 15
**Ordnungswidrigkeitenrecht**
– amtliche Gewährzeichen **8** 387
– amtliche Prüfzeichen **8** 387
– Bezeichnungen internationaler Organisationen **8** 396–398
– Bußgeldvorschriften **145** 1–22
– Hoheitszeichen **8** 377
– Wappen **8** 377
**Ordre Public** Einl 236
**Originalzustand der Ware** Einl 36

**Pacht**
– Markenpacht **47** 48
– Unternehmenspacht **3** 101; **27** 44–47
– s. Rechtsübergang, Unternehmen
**Pächter als Markeninhaber 3** 101, 113
– s. Inhaberschaft, Unternehmen
**Parallelimport**
– s. Erschöpfung
**Passivlegitimation 14** 508
**Patentamt**
– Bezeichnung V **56** 4
– Zuständigkeiten **56** 1a, 1b
– – Markenabteilungen **56** 5–7
– – Markenstellen **56** 2–4
**Patentassessoren 32** 7, 8; **81** 3; **85** 16; **94** 4; **96** 7
**Personenname 3** 245–247
**Pfändung**
– Marke **29** 11–24
– Markenlizenz **29** 22
– Markennießbrauch **29** 22
*Pilsener*-**Entscheidungen 126** 20b
**PMMA** V Int 6; V MMA 6–9
**politische Begriffe 8** 110, 111
*Polyestra*-**Doktrin 8** 121
**Popularklage 55** 4
**Positionsmarke 3** 264e, 294a, 294b; **8** 117j
**positives Benutzungsrecht**
– s. Benutzungsrecht
**Präsident des DPMA**
– Äußerungsrecht **68** 1–3
– Beitritt **68** 4–10
**Preisangaben 8** 199–201
**Priorität**
– Anmeldepriorität **4** 13; **6** 9; **33** 7; **34** 15; **35** 13
– Auslandspriorität **6** 15–19; **32** 49; **34** 4–9
– – Verfahren **34** 10–15
– Ausstellungspriorität
– – anerkannte Ausstellungen **35** 6–8
– – Verfahren **35** 9–13
– – Verhältnis zur Anmeldepriorität **6** 10, 20; **35** 1
– – Voraussetzungen **35** 4, 5
– Benutzungsmarke **4** 137–140
– berühmte Marke **14** 450
– DMG **6** 28, 29
– Eintragungsbewilligungsklage **44** 20
– Erstreckungsgesetz **6** 27

**Prokurist**

– Gleichrangigkeit **6** 24, 25
– IR-Marken **6** 16–18; **34** 5
– Koexistenz **6** 24–26
– Prioritätsprinzip **6** 6
– Prioritätsregeln **6** 8–13
– Rechtszuwachs bekannter Kennzeichen **22** 2; **51** 13
– Teilprioritäten **6** 30; **32** 40
– TRIPS-Priorität **6** 15b; **34** 4b
– Unionspriorität **6** 15a; **34** 4a; **4** PVÜ 6; **4** MMA 3, 4
– Verwechslungsgefahr **14** 401–403
– Verwirkung **6** 26; **21** 18
**prioritätsältere Marke 9** 1–9
– Begriff **9** 1
– Löschungsgrund **9** 9
– relatives Schutzhindernis **9** 5
– Widerspruchsgrund **9** 8
– s. Marke, Markenschutz
**Privilegium Germanicum** Einl 237–239
**Produkt 3** 105–108
– s. Dienstleistung, Ware
**Produktähnlichkeit 14** 333–400
– begleitende Marke **3** 26; **14** 372–378
– Begriff **14** 119, 120, 334–338
– Beurteilungskriterien **14** 345–360
– Dienstleistungen **14** 393–400
– Gleichartigkeit **14** 379–384, 386–391
– Produktarten **14** 361–371, 379–384
– – Arzneimittel **14** 386
– – Haushaltsprodukte **14** 387
– – Lebens- und Genußmittel **14** 388
– – sonstige Produkte **14** 391
– – technische Produkte **14** 389
– – Textilien **14** 390
– Rechtsbegriff **14** 335
– Verkehrsauffassung **14** 337
– s. Verwechslungsgefahr
**produktbezogene Vermarktungsregeln 14** 98–102
**Produktbezug**
– absolute Schutzhindernisse **8** 19
– allgemein sprachgebräuchliche Bezeichnungen **8** 270–272f
– beschreibende Marke **8** 123a–128
– Rechtsprechung **8** 19a–19c
– Unterscheidungskraft **8** 97g, 97h
**Produktbildmarke 3** 258–261; **8** 76–83
– s. Marke, Markenformen
**Produktformmarke 3** 264; **8** 117b, 117d
– s. Marke, Markenformen
**produktidentifizierendes Unterscheidungszeichen** Einl 17; **3** 9–14
– s. Marke
**Produktionsmarke 3** 31
– s. Marke, Herstellermarke
**Produktmerkmalsbezeichnungen 8** 150
**Produktmarkierungsrecht 14** 461
**Produktpiraterie 14** 75
**Produktpirateriegesetz** Einl 8
**Produktverantwortung** Einl 30, 36, 38, 41; **14** 130, 131
**Prokurist als Markeninhaber 3** 101
– s. Inhaberschaft, Unternehmen

# Sachverzeichnis  Protokoll

fette Zahlen = §§ bzw. Art.

**Protokoll 77** 1–11
**Protokollmarke**
– s. IR-Marke
**Prozeßleitung 76** 1, 2
**Prüfer des DPMA 56** 3
**Prüfzeichen 3** 46, 110; **6ter** PVÜ 1–10
– s. Kontrollzeichen, Marke
**Pseudonym 3** 247
**Publizität des Registers 41** 4–7
**PVÜ** V Int 2, 3

**Qualitätsmarke 3** 46
– s. Marke, Qualitätszeichen
**Qualitätszeichen 3** 110
– s. Marke, Qualitätsmarke

**RAL-Gütezeichen 97** 19–22
**Recherchekosten 140** 17
– s. Markenrecherche
**Rechnungslegungsanspruch 14** 528; **15** 193
**rechtliches Gehör 59** 6, 7; **78** 4, 5
**Rechtsbeschwerde 83** 1–22
– Anwaltszwang **85** 15, 16
– Beschwerdeberechtigung **84** 1, 2
– Beschwerdegründe **84** 3, 4
– Beteiligte **87** 1–7
– Entscheidung **89** 1–4
– Voraussetzungen **85** 1–20
– Zulässigkeit **86** 1–3
**rechtserhaltende Benutzung 26** 3–77
– Abgrenzung zur rechtsverletzenden Benutzung **14** 70; **26** 3
– Begriff **26** 3–77
– Domainnamen **3** 313
– s. markenmäßige Benutzung
**Rechtshilfe 95** 1–3
**Rechtsmißbrauch**
– bösgläubige Anmeldung **2** 8; **21** 15–17; **50** 23–30
– Mißbrauch einer formalen Rechtsstellung **13** 4; **14** 539
– Mißbrauch einer Markenlizenz **26** 85
– mißbräuchlicher Markenerwerb **2** 8; **3** 75, 76; **21** 15–17; **50** 23
– Rücknahmeklage **32** 59
– unzulässige Rechtsausübung **14** 539–541; **21** 23
– Verhinderung ausländischer Konkurrenz **50** 27, 28
– vorsätzliche Schadenszufügung **14** 541
– widersprüchliches Verhalten **14** 540
**Rechtsschutzkonkurrenz**
– Arten der Kennzeichen **1** 15, 16
– s. Anspruchskonkurrenz, ergänzender Kennzeichenschutz
**Rechtsübergang**
– Franchising **27** 51
– IPR Einl 200–209
– kraft Gesetzes **27** 18
– Leasing **27** 50
– Leerübertragung **27** 26–28
– Nießbrauch
– – Markennießbrauch **27** 52–54
– – Unternehmensnießbrauch **3** 101
– Pacht

– – Markenpacht **47** 48
– – Unternehmenspacht **3** 101; **27** 44–47
– PVÜ **6quater** PVÜ 1, 2
– Registereintrag **27** 35
– – Beschränkungen vor Eintragung **28** 12–21
– – Verfahren **27** 36–40
– Sicherungsübertragung **27** 58
– Teilübergang **27** 22–25
– Treuhand **27** 17
– Vermutung des Rechtsübergangs **27** 29–33
– Verpfändung **27** 55–57
– Vertrag **27** 14–16
**rechtsverletzende Benutzungshandlungen**
– Abgrenzung zur rechtserhaltenden Benutzung **14** 70; **26** 3
– geschäftliche Bezeichnungen **15** 20
– Marken **14** 459–498
**Rechtsverordnungsermächtigung 65**
**redlicher Geschäftsverkehr 23** 13–18, 63–68
**Regelgegenstandswert 90** 13
**Registereinsicht 62** 8
**Registermarke 3** 22; **4** 12–20
– s. Marke, Markenschutz
**Reichspatentamt**
– Bezeichnung V **56** 4
– s. Patentamt
**Reimport 14** 480
– s. Erschöpfung
**relative Schutzhindernisse 9–13**
– Agentenmarke **11** 1–15
– Begriff **8** 18; **9** 1; **10** 1; **11** 1, 8; **12** 1; **13** 1
– Benutzungsmarke **12** 1–7
– geschäftliche Bezeichnung **12** 1–7
– notorisch bekannte Marke **10** 1–9
– prioritätsältere Marke **9** 1–9
– sonstige ältere Rechte **13** 1–4
**richtlinienkonforme Auslegung**
– Begriff der Verwechslungsgefahr **14** 85–87
– Grundsatz Einl 37
**R im Kreis 2** 9
**Rücknahme des Widerspruchs 42** 66, 67
**Rücknahmeklage 2** 4; **32** 59; **50** 28
**Rückübertragungsanspruch**
– enteignete Marken Einl 65
**Rückwirkung**
– keine Rückwirkung des ErstrG Einl 79; **3** 65
**Rufausbeutung** Einl 28; **2** 6; **14** 425, 426

**Saatgutbezeichnungen 8** 410
– s. Sortenbezeichnungen
**Sachverhaltsermittlung 59** 1–5; **60** 1–11; **73** 1–10
**Sammelmarke 3** 43–45; **26** 119
– s. Marke
**Sammelverwendungserklärung 3** 43, 44
– s. Sammelmarke, Zeicheneinheitserklärung
**Schadensberechnung 14** 518–523
– dreifache Schadensberechnung **14** 518–520
– Lizenzanalogie **14** 522
– tatsächlicher Schaden **14** 521
– Verletzergewinn **14** 523
**Schadensersatzanspruch**
– Betriebsinhaberhaftung

magere Zahlen = Randnummern

– – geographische Herkunftsangaben **128** 8; **135** 10
– – geschäftliche Bezeichnungen **15** 194
– Marken **14** 531–538; **17** 9
– geographische Herkunftsangaben **128** 7; **135** 9
– geschäftliche Bezeichnungen **15** 191, 192
– Grenzbeschlagnahme **149** 1–3
– Kollektivmarken **100** 2–4
– Marken **14** 513–524; **17** 8
– Schadensberechnung **14** 518–523
– – dreifache Schadensberechnung **14** 518–520
– – Lizenzanalogie **14** 522
– – tatsächlicher Schaden **14** 521
– – Verletzergewinn **14** 523
– – vorsätzliche Schadenszufügung **14** 541
– Weitervertriebshaftung **17** 10
**Schlagworte 15** 142, 146–153
**Schmarotzen 2** 6
**Schranken der Markenfähigkeit**
– s. Ausschlußgründe der Markenfähigkeit, Markenfähigkeit
**Schutzdauer**
– Beginn **47** 2
– Ende **47** 2
– Gebühren **47** 8
– Rechtsfolgen **47** 10–14
– Verlängerung **47** 4–8
– – teilweise **47** 9
**Schutzhindernisse**
– s. absolute, relative, außermarkenrechtliche Schutzhindernisse
**Schutzlandprinzip**
– Anknüpfungsregel im IPR Einl 168–172, 174, 187
– s. internationales Markenprivatrecht
**Schutzrechtsanmaßung 2** 9
– s. Berühmung
– s. Schutzrechtsberühmung
**Schutzrechtsberühmung 2** 9
– s. Berühmung
– s. Schutzrechtsanmaßung
**Schutzrechtsverwarnung 2** 11
**Schutzschranken**
– Gemeinschaftsmarke Einl 108
**Schutzumfang**
– Gemeinschaftsmarke Einl 102
**Schweizer Wappen 8** 369, 397; **32** 25, 48
**Selbständigkeit der Marke 3** 197, 211–215
**Serienmarke 3** 28; **14** 220–237; **26** 115
– s. Marke, Markenähnlichkeit
**Sicherungsübertragung 27** 58
**sonstige ältere Rechte 13** 1–4
– Arten **13** 2
– Begriff **13** 1
– Löschungsgrund **13** 3
– Rechtsmißbrauch **13** 4
– relatives Schutzhindernis **13** 1
– s. Marke, Markenschutz
**Sortenbezeichnungen**
– absolutes Schutzhindernis **8** 410
– relatives Schutzhindernis **13** 2, 3
**Sortenmarke 3** 30, 109
– s. Marke, Zweitmarke
**Sperrmarke 50** 30

Transit **Sachverzeichnis**

– s. bösgläubige Anmeldung, Rechtsmißbrauch
**Spezialmarke 3** 30
– s. Marke, Sortenmarke
**spezifischer Gegenstand des Markenrechts**
Einl 36; **14** 89–92; **24** 73–80
**Spiele 15** 154i
**staatliche Hoheitszeichen 8** 360–362
**Strafvorschriften 143; 144**
– strafbare Benutzung geographischer Herkunftsangaben **144** 1–25
– strafbare Kennzeichenverletzung **143** 1–44
**Streitwertbegünstigung 142** 1–13
**subjektives Recht**
– s. Ausschließlichkeitsrecht
**Subsumtion unter Registereintrag 26** 51–55
**Systemangaben 8** 175, 176

**Tastmarke 3** 286–288
– s. Marke
**Tatbestandswirkung 8** 21, 414; **37** 29; **41** 10–13; **42** 59
**Täuschende Marken 8** 294–343
**Teilung der Anmeldung 40** 1–17
– s. Anmeldeverfahren
**Teilung der Eintragung 46** 1–20
– s. Eintragungsverfahren
**Tele 8** 254a
**Telegrammadressen 15** 145
**Telle-quelle-Marke** Einl 177, 178; **3** 6, 16, 47; 6$^{quinquies}$ PVÜ 4
– Begriff **3** 47; 6$^{quinquies}$ PVÜ 4
– s. Marke
**Territorialer Geltungsbereich**
– Auslandssachverhalt **14** 19
– Benutzungsmarke **4** 128–130; **14** 17
– geographische Herkunftsangabe **14** 18
– geschäftliche Bezeichnung **14** 18
– Registermarke **14** 16
**Territorialitätsgrundsatz**
– s. Territorialitätsprinzip
**Territorialitätsprinzip**
– Anknüpfungsregel im IPR Einl 158–199
– ausländisches Markenrecht als Vorfrage Einl 234, 235
– Domainnamen **3** 330
– Enteignungen von Marken Einl 13
– Erschöpfungslehre **24** 2, 3, 7a–58d
– Rechtswahlvereinbarungen Einl 199
– s. internationales Markenprivatrecht
**Testamentsvollstrecker als Markeninhaber**
**3** 101; **7** 17, 18
– s. Inhaberschaft, Unternehmen
**Titel**
– s. Werktitel
**Titel als täuschende Marke 8** 334
**Titelschutz**
– s. Werktitel
**Titelschutzanzeige 15** 167f–167k
**TLT** V Int 13, 14
**Tonwerke**
– s. Werktitel
**Transaktionskosten** Einl 34
**Transit 14** 481–483
– s. Erschöpfung

**Sachverzeichnis**  Treuhand                    fette Zahlen = §§ bzw. Art.

**Treuhand 27** 17
**Treuhänder als Markeninhaber 7** 21
**TRIPS** V Int 17–31
**TRIPS–Priorität 6** 15b; **34** 4b
**TRT** V Int 15; V MMA 4, 5

**Übergangsvorschriften** 152–164
**Überleitungsgesetze** Einl 8
**Übertragbarkeit der Marke**
– Begriff **3** 54; **27** 7–9
– PVÜ **6**quater PVÜ 1, 2
– treuhänderische Übertragung **27** 17
– s. Nichtakzessiorietät der Marke, Rechtsübergang
**Übertragungsanspruch 17** 2–5
**Ultra 8** 249, 250
**Umbrellamarke 3** 29
– s. Marke, Hausmarke
**Umpacken der Ware 14** 466–468; **24** 50–53, 77–79
**Unabhängigkeit des Markenschutzes 6** PVÜ 1
**Unionsfrist 4** PVÜ 5
**Unionspriorität 6** 15a; **34** 4a; **4** PVÜ 6; **4** MMA 3, 4
– s. Priorität
**Universitätssiegel 7** 25; **15** 34, 35, 58, 84, 85, 86, 89; **21** 24, 41; **22** 55
**Unterlassungsanspruch**
– geographische Herkunftsangaben **128** 1–5; **135** 1–7
– geschäftliche Bezeichnungen **15** 184–190
– Kollektivmarken **100** 1
– Marken **14** 509–512; **17** 6, 7
**Unterlizenz 30** 22, 23
– s. Markenlizenz
**Unternehmen**
– Abgrenzung zum Geschäftsbetrieb **3** 82–84
– Arten **3** 89
– Aufgabe des Unternehmens **3** 104
– Aufnahme des Unternehmens **3** 102
– ausländisches Unternehmen **3** 94
– Beendigung des Unternehmens **3** 104
– Begriff **3** 85–87
– Freie Berufe **3** 93
– Gewinnerzielungsabsicht **3** 92
– Nießbrauch eines Unternehmens **3** 101
– Pacht eines Unternehmens **3** 101
– Selbständigkeit **3** 90
– s. Geschäftsbetrieb, Unternehmenseigenschaft
**Unternehmensbezeichnung**
– Abkürzungen **15** 146–153
– Begriff **15** 120
– Entstehung **15** 131
– Erlöschen **15** 132
– Geltungsbereich
– – persönlich **15** 129
– – räumlich **15** 128
– – sachlich **15** 130
– Rechtsnatur **15** 121
– Schlagworte **15** 146–153
– Schutzfähigkeit **15** 122–127
– Unterscheidungskraft **15** 122
– Verwechslungsgefahr **15** 133, 134

**Unternehmenseigenschaft des Anmelders**
– Rechtsentwicklung **3** 62–65
– Rechtslage im MarkenG **3** 98–104
– s. Nichtakzessorietät der Marke, Unternehmen
**Unternehmenskennzeichen 5** 3, 4
**unternehmerischer Leistungsschutz** Einl 28; **2** 3; **14** 11
**Unterscheidungseignung 3** 203–209
– Abgrenzung zur Unterscheidungskraft **3** 204, 205; **8** 22, 23
– Begriff **3** 203
– Verkehrsdurchsetzung **3** 206, 207
**Unterscheidungskraft**
– Abgrenzung zur Unterscheidungseignung **3** 204, 205; **8** 22, 23
– Domainnamen **3** 340, 341
– fehlende Unterscheidungskraft als absolutes Schutzhindernis **8** 22–117
– Unternehmenskennzeichen **5** 3
**Unterscheidungszeichen** Einl 17; **3** 9–14
– s. Marke
**unzulässige Rechtsausübung 14** 539–541
– s. Rechtsmißbrauch
**Ursprungsbezeichnungen**
– s. geographische Herkunftsangaben
**Urteilsbekanntmachung 143** 36–40
**Urteilsveröffentlichung 143** 36–40

**Veranstaltungen 15** 154k
**Verbandsverträge**
– Geltungsbereich V Int 33–35
– – räumlich V Int 33
– – Übersicht V Int 35
– – zeitlich V Int 34
– Transformation V Int 36
**Verbandszeichen**
– PVÜ **7**bis 1, 2
– s. Kollektivmarke
**Verbietungsrecht 4** 17; **14** 12
**Verbraucher**
– s. verständiger Verbraucher
**Vereinsemblem 15** 34
**Verfahrensaussetzung**
– s. Aussetzung des Verfahrens
**Verfall**
– Gemeinschaftsmarke Einl 123
– Heilung der Löschungsreife **25** 11; **49** 20–24
– IR-Marke **49** 43
– Koexistenz von Zwischenrechten **49** 23
– Teilverfall **49** 42
– Verfallsgründe **49** 10–41
– – Gattungsbezeichnung **49** 25–29
– – Nichtbenutzung **49** 10–24
– – Täuschungsgefahr **49** 30–38
– – Verlust der Markenrechtsfähigkeit **49** 39–41
– Wirkung der Löschung **52** 1–19
**Verfassungsrecht** Einl 22
**Verfügungsgrundsatz 73** 5
**Verjährung 20** 1–42; **129** 1, 2; **136** 1, 2
– Beweislast **20** 42
– geographische Herkunftsangaben **129** 1, 2; **136** 1, 2
– schwebende Verhandlungen **20** 38–40
– Verhältnis zur Verwirkung **21** 19

magere Zahlen = Randnummern

## Sachverzeichnis

- Voraussetzungen **20** 19–37
- – Abmahnkostenersatzanspruch **20** 37
- – Auskunftsanspruch **20** 32
- – Beseitigungsanspruch **20** 33
- – Lizenzverletzungsanspruch **20** 36
- – Markenhinweisanspruch **20** 35
- – Rechnungslegungsanspruch **20** 32
- – Schadensersatzanspruch **20** 30, 31
- – Übertragungsanspruch **20** 34
- – Unterlassungsanspruch **20** 19–29
- – Vernichtungsanspruch **20** 33

**Verkehrsauffassung**
- beschreibende Marken **8** 137–139
- fehlende Unterscheidungskraft **8** 32–35
- Markenähnlichkeit **14** 149–156
- Produktähnlichkeit **14** 337
- täuschende Marken **8** 301–305
- Verkehrsgeltung der Benutzungsmarke
- – Beweis **4** 116
- – Feststellung der Verkehrsauffassung **4** 114, 115
- – Maßgeblichkeit der Verkehrsauffassung **4** 112, 113

**Verkehrsdurchsetzung**
- Abgrenzung zur Verkehrsgeltung **4** 103, 104; **8** 417
- Begriff **8** 421–425
- Grad **8** 430–436
- Territorium **8** 439–441
- Überwindung absoluter Schutzhindernisse **8** 415– 448
- Verkehrskreise **8** 426–429
- s. Verkehrsgeltung

**Verkehrsgeltung 4** 103–136; **5** 3, 4
- Abgrenzung zur Verkehrsdurchsetzung **4** 103, 104; **8** 417
- Unternehmenskennzeichen **5** 3, 4
- s. Benutzungsmarke
- s. Verkehrsdurchsetzung

**Verkehrsgeltungshindernisse 4** 98–102

**Verkehrsgeltungsmarke 4** 26
- s. Benutzungsmarke

**Verkehrsübliche Bezeichnungen 8** 263, 266–269

**Verkehrsverwirrung 2** 7
- s. Marktverwirrungsschaden

**Verkündung 79** 1–8

**Verlängerungsgebühr 47** 4-8, 10
- s. Gebühren

**Vermarktungsrecht 14** 461

**Vermarktungsregeln**
- s. produktbezogene Vermarktungsregeln

**Vermögensgegenstand 2** 9

**Vernichtungsanspruch 18** 1–44
- Abwendungsbefugnis **18** 41, 42
- Aktivlegitimation **18** 26
- Aufbrauchsfrist **18** 43
- Begriff der Vernichtung **18** 30
- Gegenstände **18** 13, 14
- gemeinnützige Verwertung **18** 44
- Kosten der Vernichtung **18** 32, 33
- Passivlegitimation **18** 26
- Rechtsnatur **18** 10, 11
- Sicherung **18** 34

**Verwechslungsgefahr**

- Umstellungsfrist **18** 43
- Vorrichtungen **18** 15–21
- weitergehende Beseitigungsansprüche **18** 45–48

**Verpackungen als Benutzungsmarke 4** 195–200

**Verpackungsbildmarke 3** 264; **8** 84–88
- s. Marke, Markenformen

**Verpackungsformmarke 3** 264; **8** 117b, 117d, 117e
- s. Marke, Markenformen

**Verpfändung 27** 55–57; **29** 6, 7

**verspätetes Vorbringen**
- Angriffs- und Verteidigungsmittel **82** 4
- Einrede der Nichtbenutzung **43** 19

**verständiger Verbraucher 14** 123–126, 149, 150
- verständiger Nutzer **16** 6

**Vertretung 81** 1–13

**Vertriebsbindungssysteme 24** 57b–57g

**Verwässerung der Marke**
- bekannte Marke **14** 427
- berühmte Marke **2** 11; **14** 441, 442, 448, 449
- geschäftliche Bezeichnung **15** 19

**Verwechslungsgefahr 14** 77–409; **15** 72–77
- Abstraktheit **14** 117
- Assoziationsgefahr Einl 41; **14** 108–116, 144, 145, 245, 246
- Begriff **14** 79–116
- – beweglich **14** 103
- – eng **14** 136
- – ernsthaft **14** 404–409
- – funktional **14** 104, 105
- – gemeinschaftsrechtlich **14** 83–102
- – kennzeichenrechtlich **14** 79–82
- – mittelbar **14** 140–143, 220–243
- – normativ **14** 83, 84, 103–107
- – unmittelbar **14** 139, 179–219
- – weit **14** 137, 244–247
- *Canon*-Formel **14** 341a
- demoskopische Gutachten **14** 83
- Domainnamen **3** 340, 341
- engere Verwechslungsgefahr **14** 136
- – s. Markenähnlichkeit
- ernsthafte Verwechslungsgefahr **14** 404–409
- Erstreckungsgesetz **14** 552
- Firmenschutz **15** 118
- Fortwirkung **14** 176
- gedankliches Inverbindungbringen **14** 2, 3, 13, 77, 103, 108, 113–113d, 125, 135, 140, 144, 206, 245- 248, 253, 254, 263, 279
- – Begriff **14** 113–113d
- – Gesamteindruck **14** 148
- – Geschäftsbezeichnung **15** 133, 134
- – Identitätsschutz
- – keine Verwechslungsgefahr **14** 71–75
- – Vermutung der Verwechslungsgefahr **14** 72
- Kennzeichnungskraft
- – Begriff **14** 121–127
- – Grundsätze **14** 271–332
- – s. Kennzeichnungskraft
- Markenähnlichkeit
- – Begriff **14** 146, 147
- – s. Markenähnlichkeit

# Sachverzeichnis

**Verwechslungsschutz**   fette Zahlen = §§ bzw. Art.

- mittelbare Verwechslungsgefahr **14** 140–143, 220–243
- – s. Markenähnlichkeit
- Nachweis **14** 177
- Namensschutz **15** 72–77
- Priorität **14** 401–403
- Produktähnlichkeit
- – Begriff **14** 119, 120
- – s. Produktähnlichkeit
- richtlinienkonforme Auslegung **14** 85–87
- Serienmarken **14** 220–237
- – s. Markenähnlichkeit
- unmittelbare Verwechslungsgefahr **14** 139, 179–219
- – s. Markenähnlichkeit
- Unternehmensbezeichnung **15** 133, 134
- Verkehrsauffassung **14** 149–156
- verständiger Verbraucher **14** 123–126, 149, 150
- weitere Verwechslungsgefahr **14** 137, 244–247
- – s. Markenähnlichkeit
- Werktitel **15** 171
- Zeitpunkt **14** 178
- s. Verwechslungsschutz

**Verwechslungsschutz 3** 340, 341; **14** 77–409; **15** 17, 18; **127** 5, 6
- Domainnamen **3** 340, 341
- geographische Herkunftsangaben **127** 5, 6
- geschäftliche Bezeichnung **15** 17, 18
- Marke **14** 77–409
- relativer Markenschutz **14** 77, 78
- – Verwechslungsgefahr als Voraussetzung **14** 77
- s. Verwechslungsgefahr

**Verwertungsverbot 19** 20

**Verwirkung 21** 1–55
- allgemeine Verwirkung **21** 21–55
- – Besitzstand **21** 25–32
- – Duldung der Rechtsverletzung **21** 38–42
- – Rechtsfolgen **21** 44–53
- – Schranken **21** 43
- – verspätete Rechtsverfolgung **21** 33–37
- – Voraussetzungen **21** 24–42
- Gemeinschaftsmarke Einl 131
- Koexistenz bei Verwirkung **6** 26
- markengesetzliche Verwirkung **21** 6–20
- – bösgläubige Anmeldung **21** 15–17
- – bösgläubiger Rechtserwerb **21** 15–17
- – Koexistenz **21** 19
- – Verhältnis zur Verjährung **21** 19
- – Voraussetzungen **21** 6–17

**Verzicht**
- Löschungsantrag **48** 7
- Rechte Dritter **48** 8
- Verzicht **48** 3
- Verzichtserklärung **48** 5, 6
- Wirkung **48** 2, 3

**virtual malls 3** 323
- s. Domainnamen

**virtuelle Marke 3** 294c, 294d

**Vollmacht 81** 1–13

**Vorabgesetz** Einl 8

**Vorbenutzungsrecht 3** 169; **4** 12; **42** 46

**Vorbereitungshandlungen 14** 499–502

**Vorprozessuale Abmahnung**
- s. Abmahnung, Abmahnkosten

**Vorrang**
- s. Priorität

**Vorratsdienstleistung**
- s. Vorratsprodukte

**Vorratsmarke 3** 24, 184–196
- Begriff **3** 184
- Rechtsentwicklung **3** 186–196
- s. Marke

**Vorratsprodukte 3** 158–167

**Vorratswaren**
- s. Vorratsprodukte

**Vorstandsmitglied als Markeninhaber 3** 101
- s. Inhaberschaft, Unternehmen

**Warenbezeichnungsschutzgesetz** Einl 4; **1** 4

**Wahrheitspflicht 92** 1–3

**Wappen 8** 359–377; **6ter** PVÜ 2–4
- kommunale **8** 363–365
- Nachahmung **8** 370, 371; **6ter** PVÜ 4
- private **8** 366
- Schweizer Wappen **8** 369

**Ware 3** 111–122, 129–147
- Abgrenzung zur Dienstleistung **3** 118, 129–147
- Begriff **3** 111–113
- Beispiele **3** 114–117
- Defensivwaren
- – s. Defensivprodukte
- Hilfswaren
- – s. Hilfsprodukte
- Mischunternehmen **3** 134
- Nebenleistungen beim Warenabsatz **3** 134
- Vorratswaren
- – s. Vorratsprodukte
- Warenklassen **3** 120
- s. Klasseneinteilung

**Warengleichartigkeit**
- s. Gleichartigkeit

**Warenkennzeichengesetz** Einl 10, 49

**Warenmarke**
- Abgrenzung zur Dienstleistungsmarke **3** 15–17
- Abgrenzung zur Markenware **3** 48
- s. Marke

**Warenklasse**
- s. Klasseneinteilung

**Warenzeichengesetz** Einl 6

**Warenzeichenmäßiger Gebrauch**
- s. markenmäßige Benutzung

**Warenzeichenverbände** Einl 55

**Weinbezeichnungen 8** 408, 409

**Weiße Marken 3** 33
- s. Marke, Handelsmarke

**Weitervertriebshaftung 17** 10

**Werbeanzeigen als Benutzungsmarken 4** 201–204

**Werberecht 14** 461; **23** 61a

**Werbeschlagwörter 8** 94–97f

**Werbeslogan 8** 94–97f

**Werbetexte als Benutzungsmarken 4** 201–204

**Werbewert** Einl 28

**Werbung**
- Geschäftspapiere **14** 487–489

magere Zahlen = Randnummern

Zweitmarke **Sachverzeichnis**

- Händlerwerbung **14** 491–495
- Marke als geschäftliche Bezeichnung **14** 497, 498
- vergleichende Werbung **14** 496
- Werbemittel **14** 486, 487–489

**Werke**
- s. Werktitel

**Werktitel 15** 154–179
- Abkürzungen **15** 166a
- Akzessorietät **15** 167
- als geschäftliche Bezeichnung **5** 5, 6
- Benutzungsmarke **4** 211–213
- Bildtitel **15** 166b
- Buchtitel **15** 154f
- – Markenfähigkeit **3** 255a, 255b
- – Verkehrsgeltung **4** 211–213
- Bühnenwerke **15** 154g
- Computersoftware **3** 144; **15** 154j
- Domainname **3** 312
- Druckschriften **15** 154f
- fiktive Figuren **15** 154e
- Filmtitel **3** 255c; **15** 154g
- Priorität **15** 167d, 167e
- Spiele **15** 154i
- Schutzbereich **15** 171–178c
- Titelschutzanzeige **15** 167f–167k
- Tonwerke **15** 154g
- Übertragbarkeit **15** 168a–168d
- Unterscheidungseignung **3** 251–255
- Unterscheidungskraft **15** 157–159
- Untertitel **15** 156b
- urheberrechtlicher Titelschutz **15** 179
- Veranstaltungen **15** 154k
- Verwechslungsgefahr **15** 171
- Vorbereitungshandlungen **15** 167c
- Werkbegriff **15** 154a–154e
- Werkkonzeption **15** 167c
- Werktitelankündigung **15** 167f–167k
- Zeitschriftentitel
- – Eintragungsfähigkeit als Marke **8** 54, 220
- – Markenfähigkeit **3** 254
- – Verkehrsgeltung **4** 211–213
- – Verwechslungsgefahr **15** 177b, 177c

**Wertangaben 8** 194–201

**wertvoller Besitzstand**
- s. Besitzstand

**Wettbewerbsregeln 24** 100–106
- Kartellvereinbarung **24** 102–104
- Mißbrauch einer marktbeherrschenden Stellung **24** 105, 106

**Wettbewerbsschutz der Marke 2** 6–8
- Anlehnung **2** 6
- – offene **2** 6
- – versteckte **2** 6
- bösgläubige Anmeldung **2** 8; **21** 15–17; **50** 23–30
- Irreführung **2** 8
- Schutzrechtsverwarnung **2** 9
- Verkehrsverwirrung **2** 7

**Widerspruchsverfahren**
- Aussetzung **43** 32, 33
- Berechtigung **42** 12–19
- Einrede der Nichtbenutzung **43** 7–19
- – s. Benutzungszwang
- Einreden **42** 40–51
- Entscheidung **43** 20–31
- Frist **42** 20–22
- Gebühr **42** 68–70
- Gemeinschaftsmarke Einl 137–143
- Gründe **42** 29–35, 36–39
- Inlandsvertreter **42** 19
- Kosten **43** 28–31
- Liquidität der Benutzungslage **42** 58
- Löschungswirkung **43** 34
- nachgeschaltetes Widerspruchsverfahren V **32** 1, 3; **42** 6
- Rechtsnachfolger **42** 8
- Rücknahme **42** 66, 67
- Teilwiderspruch **42** 61–65
- Veröffentlichung **42** 71
- Vertreter **42** 18
- Zeitpunkt **42** 60
- s. Eintragungsverfahren

**Wiedereinsetzung 34** 14; **35** 12; **91** 1–13

**Wiederholungsmarken 25** 16–22

**WIPO** V Int 16

**Wortbildmarke**
- s. Marke, Markenformen

**Wortmarke 3** 240–255c; **8** 47–55; **32** 16, 17
- s. Marke, Markenformen

**Zahlenmarke 3** 243, 244; **4** 210; **8** 113–116i; **14** 243a, 243b
- graphische Gestaltung **3** 257
- s. Marke, Markenformen

**Zeicheneinheitserklärung 3** 44
- s. Sammelmarke, Sammelverwendungserklärung

**Zeichenmäßiger Gebrauch**
- s. markenmäßige Benutzung

**Zeitangaben 8** 235, 236

**Zeitrang**
- s. Priorität

**Zeitschriftentitel**
- s. Werktitel

**Zubehörgeschäft 23** 56–61a

**zusammengesetzte Marke 3** 239, 294; **8** 434–436
- s. Marke

**Zustellung an eingetragenen Inhaber 28** 22, 23

**Zustellungen 94** 1–6

**Zwangsvollstreckung**
- Firma **15** 109
- Marke **29** 11–24

**zweiseitige Abkommen** V Int 32

**Zweitanmeldung 4** PVÜ 3

**Zweitmarke 3** 25
- s. Marke, Sortenmarke